中国大百科全书

邓小平

中国大百科全书

（第三版）

物理学 I

中国大百科全书出版社

图书在版编目（CIP）数据

中国大百科全书：第三版．物理学 / 中国大百科全书（第三版）总编辑委员会著 .-- 北京：中国大百科全书出版社，2023.12

ISBN 978-7-5202-1474-2

Ⅰ. ①中… Ⅱ. ①中… Ⅲ. ①百科全书—中国—现代 ②物理学—百科全书 Ⅳ. ① Z227 ② O4-61

中国国家版本馆 CIP 数据核字（2023）第 241425 号

中国大百科全书

（第三版）

物 理 学

中国大百科全书出版社出版发行

（北京阜成门北大街 17 号　邮编：100037）

http://www.ecph.com.cn

北京雅昌艺术印刷有限公司印制

2023 年 12 月第 1 版　2023 年 12 月第 1 次印刷

开本：889×1194　1/16　印张：95.5　字数：4456 千字

ISBN 978-7-5202-1474-2　　定价：1380.00 元

中国大百科全书（第三版）
总编辑委员会

中国大百科全书（第三版）
物理学编辑委员会

分支编写组

热学

主　编　刘玉鑫

电磁学

主　编　陈熙谋
成　员　陈晓林

光学

主　编　杨国桢
成　员　冯宝华　朱　星　李师群
　　　　宋菲君

凝聚态物理学

主　编　于　渌
成　员　丁大伟　王楠林　甘景玉
　　　　邢定钰　向　涛　刘俊明
　　　　李建奇　汪卫华　沈　健
　　　　沈保根　赵同云　夏建白
　　　　姬　扬

原子与分子物理学

主　编　丁大军
成　员　王义遒　高克林

原子核物理学

主　编　张焕乔
成　员　张智勇　柴之芳　徐殿斗
　　　　靳根明

粒子物理学

主　编　张肇西
成　员　李学潜　李海波　陈　斌
　　　　郑志鹏　赵政国　黄光顺

等离子体物理学

主　编　王　龙
成　员　刘万东　胡希伟

相对论

主　编　张元仲
成　员　朴云松　凌　意　郭宗宽
　　　　黄超光　龚云贵　蔡荣根

统计物理学

主　编　陈晓松
成　员　邓友金　刘全慧　刘寄星
　　　　欧阳颀　郑伟谋　胡　岗
　　　　黄　亮

量子力学

主　编　孙昌璞
成　员　庄鹏飞　张　芃　周正威
　　　　郑　杭

软物质物理学

主　编　欧阳钟灿
成　员　刘向阳　吴晨旭　黎　明

物理学与其他学科的交叉

主　编　欧阳钟灿
成　员　王　炜　帅建伟　黎　明

前　言

党的十八大以来，以习近平同志为核心的党中央高度重视文化建设，把坚定文化自信，推动社会主义文化繁荣兴盛，建设社会主义文化强国，提到前所未有的战略高度。《中国大百科全书》第三版作为新时代中国一项重大文化工程，编纂出版适逢其时。习近平总书记对《中国大百科全书》第三版编纂出版工作高度重视，作出重要指示，寄予殷切期望，勉励学术界、出版界将《中国大百科全书》第三版打造成一个有中国特色、有国际影响力的权威知识宝库。

国运兴则文化兴。《中国大百科全书》的编纂出版，与时代发展、科技进步、文化繁荣密不可分，体现了中华文明与时俱进的创新精神。1978 年，中央决定编纂出版《中国大百科全书》，并为此项工作的开展，专门成立了中国大百科全书总编辑委员会和中国大百科全书出版社。《中国大百科全书》第一版按学科或知识门类分卷编纂，总计 74 卷，选收条目 7.8 万个，共 1.3 亿字，1993 年出齐。《中国大百科全书》第一版是中国第一部大型现代综合性百科全书。它的出版结束了中国没有百科全书的历史，被誉为“中华文化的丰碑”。

1996 年，《中国大百科全书》第二版开始编纂，总计 32 卷，选收条目 6 万个，共 6000 万字，2009 年出版。《中国大百科全书》第二版在第一版的基础上，充分反映了中国改革开放后各方面取得的巨大变化和最新成果，在体例上按条目标题的汉语拼音字母顺序统一编排，使读者更加便于寻检查阅。

2014 年，顺应互联网技术新变革、出版融合发展新趋势，《中国大百科全书》第三版正式启动编纂工作，同步编纂出版网络版、纸质版，并适时推出外文条目。《中国大百科全书》第三版，以马克思列宁主义、毛泽东思想、邓小平理论、“三个代表”重要思想、科学发展观、习近平新时代中国特色社会主义思想为指导，认真贯彻落实习近平总书记重要指示精神，以社会主义核心价值观为引领，坚持守正创新、实事求是、开放包容，汇聚科技界、社科界等各方面专家，系统总结国际国内各领域科学文化最新成果，力求构建有中国特色、有世界影响力的权威知识宝库。在《中国大百科全书》第三版总编委会主任委员陈奎元同志和总编委会的组织协调下，近 3 万名专家、学者和研究人员精心编制、倾力奉献，于 2021 年 7 月完成首批条目编纂出版并公开发布，实现纸网同步。网络版最终上线条目将达到 50 万条，纸质版、外文条目依托网络版陆续出版，并不断创新传播方式，改善读者体验，更好满足读者高品质、多方面、个性化的知识需求。

《中国大百科全书》第三版纸质版以科学知识体系分类为基础，其条目从网络版专业版块条目中精选，按学科分卷的形式编纂加工，分批出版。每卷按各学科的体系、层次设计框架，以条目的形式编写。所收条目力求详尽地叙述和介绍各学科的专业基本知识，适合于高中以上文化程度的广大读者使用。每个学科卷前设置概观性文章，介绍该学科的历史，描述现在的发展状况，展望该学科的发展前景。同时配以适当的图片和地图，以期达到图文并茂的效果。

在党中央的关怀下，《中国大百科全书》第三版的编纂工作得到国家各有关部门、科研机构、学术团体、大专院校等单位的大力支持，全国各学科、各领域、各部门专家、学者积极参与，凝聚了各方面的智慧与心血，在此谨致以诚挚的感谢，并衷心希望广大读者对书中疏漏之处给予批评指正。

《中国大百科全书》编辑部

凡　例

一、编　　排

1. 全书按学科（知识门类）分类分卷出版。一个学科（知识门类）辑成一卷或数卷，或几个学科合为一卷。

2. 条目是全书的主体，一般由条目标题、释文和相应的插图、表格、扩展阅读等组成。

3. 条目按条目标题的汉语拼音字母顺序并辅以汉字笔画、起笔笔形顺序排列。第一字同音时按声调顺序排列；同音同调时按汉字笔画由少到多的顺序排列；笔画数相同时按起笔笔形横（一）、竖（丨）、撇（丿）、点（丶）、折（包括乛、㇆、乚、＜等）的顺序排列。第一字相同时，按第二字排列，余类推。条目标题中夹有外文字母或阿拉伯数字的，依次排在相应的汉字条目标题之后。以拉丁字母、希腊字母和阿拉伯数字开头的条目标题，依次排在全部汉字条目标题之后。

4. 各学科（知识门类）卷在条目分类目录之前，都有一篇介绍本学科（知识门类）内容的概观性文章。

5. 各学科（知识门类）卷均列有本学科全部条目的分类目录，以便读者了解本学科的全貌。分类目录还反映出条目的层次关系，例如：

粒子物理学……………………………………680
　基本粒子……………………………………524
　　轻子……………………………………822

6. 学科（知识门类）与学科（知识门类）之间相互交叉的知识主题在有关学科中均设有条目，例如“粒子加速器”在《物理学》卷和《核技术》卷均设有条目，但释文内容分别按各学科的要求有所侧重。

二、条目标题

7. 条目标题一般为词或词组，例如“准晶”“光学纤维”“角锥反射器”。

8. 同一概念具有不同名称时，根据检索需求，分别设条，例如“超导隧道效应”与“约瑟夫森效应”。

9. 条目标题一般由汉语标题和与汉语标题相对应的外文两部分组成，例如：

光学 optics

10. 条目标题有两个及以上对应外文的，中间用分号（;）隔开。

11. 条目标题外文主要为英文，例如“磁性 magnetism”，少数为法文、德文、西班牙文、意大利文等，或与其相应的拉丁字母转写。

12. 无通用译名纯属中国内容的条目标题，不附条目标题外文。

三、释　　文

13. 释文力求使用规范化的现代汉语。条目释文开始一般不重复条目标题。

14. 释文一般依次由定义和定性叙述、词源、简史、基本内容、研究状况、插图、表格和扩展阅读等构成，视条目的性质和知识内容的实际状况有所增减或调整。

15. 条目释文较长时，设置层次标题，并用不同的字体和排式表示不同的层次标题。

16. 一个条目的内容涉及其他条目并需由其他条目的释文补充的，采用“参见”的方式。所参见的条目标题在释文中用楷体字排印，例如“随着体系尺寸的不断缩小，它们的光学性质将由经典的变为量子的，如半导体光学微腔、拉比振荡、珀塞耳效应”；所参见的条目标题未在释文中出现的，另用括号加“见”字标出，例如“有 MOSFET 等新型集成模块（见硅微条探测器）”。

17. 释文中的外国人名，在姓的前面加上外文名字的缩写，即名字的第一个字母，例如 A. 爱因斯坦，L.D. 朗道。

四、插　　图

18. 条目释文中配有必要的随文插图，包括照片、线条图等。

19. 插图附图题、图注等说明文字。

五、扩展阅读

20. 在重要条目的释文后附有扩展阅读书目，供读者选阅。

21. 附设纸网关联方式，读者使用媒体终端扫描二维码或登录网址，可以扩展查阅网络版的内容。

六、大事年表

22. 条目正文后附有学科大事年表。表中内容设为“参见”的，以楷体字表示。

七、索　　引

23. 各学科（知识门类）卷均附有条目标题汉字笔画索引、条目标题外文索引和内容索引。

八、其　　他

24. 全书所用汉字，除必须用繁体字和异体字的以外，以国务院 2013 年 6 月公布的《通用规范汉字表》为准。

25. 全书所用科学技术名词以各学科有关部门审定的为准，未经审定和尚未统一的，从习惯。

26. 全书所用数字，执行国家标准 GB/T 15835—2011《出版物上数字用法》。

27. 全书所用地名，除历史地名外，一般以中国地名委员会审定的为准（含中国地名、外国地名）。历史地名后一般括注今地名。

28. 根据学科特色，大事年表后附有“诺贝尔物理学奖获得者”表，供读者参阅。

目　录

物理学

冯　端

探讨物质与运动基本规律的科学。其内容包括物质结构以及物质运动形式和它们之间的改变与转化。这一定义虽阐明了物理学的主要特征，但没有将它和其他的自然科学分支明确地予以界定。首先应对物质的运动形式加上适当的限制：应该不包括与生命现象有关的运动形式，这样就使物质科学与生命科学区分开来；进而再与涉及化学变化的运动形式加以区分，从而分清物理学与化学的界限。这里所指的物质结构为微观结构。更大尺度的物质聚集态，诸如地层、大气层等属于地球科学的领域；而地球以外的天体，乃至整个宇宙，都属于天文学和宇宙学的领域。当然各种物质结构层次和运动形式之间必然存在相互关联，这就构成了物理学与其他学科相互交叉的领域，诸如物理化学与化学物理、生物物理、地球物理、天体物理与宇宙学等。

物理学是建立在大量实验事实基础上的。物理实验的特色在于精密且定量的测量，而且应该在可控制和可重复的条件下进行。只有在取得大量可靠数据并总结出经验规律之后，才能建立融会贯通的理论体系。物理学的理论是采用数学形式表达的定量规律。理论一旦建立以后，就要针对特定的问题从理论推导出具体的预言，再通过进一步的实验来证实或证伪。经过实验物理学家和理论物理学家的大量工作和反复印证，物理学的理论才具有较高程度的可信性。随着研究范围的扩大、研究程度的深化和测量精度的提高，又会在新的水平上发现有些现象与原有理论相悖，导致对原有理论的修正和更改，在某些情况下甚至可能推翻原有理论，建立新的理论。实验研究和理论研究是物理学研究的两种主要工作方式。由于计算机技术的飞速发展，介乎其间的计算机模拟和仿真也发挥了越来越重要的作用。

下面大体上按照物理学发展的历史来概述物理学的主要内容。

经典物理学

经典物理学为宏观世界的物理规律。从奠基到19世纪末已基本完备地建立起来。由于人们生活在宏观尺度的物质世界里，经典物理学的重要性是不言而喻的。现今它仍是物理学的重要组成部分，也构成许多工程技术的理论基础。

经典力学 17世纪经典力学体系的确立是物理学第一次伟大的集成。经典力学实际上是将天空的行星运动（J. 开普勒根据天文观测所总结出的行星运动规律）与地面的落体与抛体运动（伽利略揭示的规律）概括到一个规律里，建立了经典力学。I. 牛顿实际上建立了两个定律，一个是运动定律，另一个是万有引力定律。运动定律是在力的作用下物体怎样运动的规律；万有引力是一切物质之间都存在的一种基本相互作用力。牛顿从物理上把这两个重要的力学规律总结出来的同时也发展了数学，他也是微积分的发明人之一。由运动定律得出来的运动方程，可用数学方法具体求解。计算行星运动轨道的问题，基本上可按照牛顿定律，加上用数学方法解运动方程即可。根据现在的轨道上行星位置，倒推千百年前或预计千百年后它们的位置都是可行的，从而创立了天体力学。海王星的发现史就充分显示了这一点。按照牛顿定律写出运动方程，若已知粒子的位置和速度作为初始条件，原则上就可求出以后任何时刻的粒子位置和速度。

到19世纪，经典力学新的发展表现为一些科学家重新表述了牛顿定律。新表述的有拉格朗日方程组、哈密顿方程组，形成了分析力学。这些新的表述形式，在不改变实质的条件下，用新的、更简洁的形式来表述牛顿定律。另外，就是将牛顿定律推广到大量质点构成的系统，即首先建立了刚体力学，随后又出现了弹性力学、流体力学等。在这方面，20世纪有更大的发展，特别是流体力学、空气动力学，这些学科与航空技术的发展密切相关，而空气动力学的发展又和喷气技术密切相关，进而经典力学还构成了航空和航天技术的理论基础。机械振动在介质中的传播构成了声波，在19世纪后半叶瑞利建立了声学的基本理论。20世纪，声学研究的频段从可听声（$20 \sim 2\times10^4$赫）扩充到次声（$10^{-4} \sim 20$赫）和超声（$2\times10^4 \sim 10^{14}$赫），传播的介质也从空气扩充到液体（如海水）和固体，一些交叉学科如建筑声学、语言声学、电声学、水声学、超声学等依次地建立起来。

经典电磁学 经典电磁学的研究对象是宏观电磁现象。最初是由经验总结出来的库仑定律，用以表达电荷与电荷间的相互作用力，也表达磁极与磁极之间的相互作用力。随后发现了电与磁之间的关联，包括H.C. 奥斯特的电流磁效应，A.-M. 安培的电流与电流之间相互作用的安培定律，以及M. 法拉第的电磁感应定律，这样电与磁就联系在一起了。到19世纪中叶，J.C. 麦克斯韦提出了统一的电磁场理论，概括了所有的宏观电磁现象的基本规律。其核心思想是：变化的电场能产生磁场，变化着的磁场也能产生电场。在此基础上他提了一套表达电磁现象基本规律的方程组，称为麦克斯韦方程组。麦克斯韦方程组和洛伦兹力构成了经典电动力学的基础。电磁定律与力学规律有一个很大的不同。力学考虑相互作用，特别是万有引力相互作用，根据牛顿的设想是超距的相互作用，没有力的传递问题（当然用现代观点看，引力也应该有传递问题）。从粒子的超距作用到电磁场的场相互作用，这在观点上有很大变化，重点从粒子转移到场。麦克斯韦考虑电磁场的相互作用，导致后来电磁波的发现，电场和磁场不断相互作用造成电磁波的传播，H.R. 赫兹在实验室中实现了电磁波的发射。电磁波除无线电波外，还包括光波。光学在过去是与电磁学完全分开发展的，到麦克斯韦的电磁理论出现以后，电学、磁学、光学得到了统一，这在技术上有重要意义。发电机、电动机都是建立在电磁感应基础上的，电磁波的传播导致现代无线电技术的出现。电磁学直到现在，在技术上还是起主导作用的学科，因而在基础物理学中电磁学始终保持着它的重要地位。

光学 早在认识到光是特定频段的电磁波之前，对光学的研究即已开始。对光的传播、反射、折射等现象的研究导致几何光学的建立。有关光的干涉、衍射和偏振等现象的研究导致物理光学的建立。光学是研究光的产生、传播、性质及与物质相互作用的学科。光学不仅研究可见光，也包括紫外和红外两部分。光学方法是研究大至天体、小至微生物乃至原子分子极其有效的方法。光谱研究则取得了有关原子与分子结构的信息，为随后发展起来的原子物理学与分子物理学奠定了坚实的理论基础。到 20 世纪，可利用的电磁波的频谱范围又进一步扩大，包含了 X 射线与 γ 射线等。

经典热学 热学研究热的产生和传导，研究物质处于热状态下的性质和这些性质如何随着热状态的变化而变化。在此基础上开始探索热现象的本质和普遍规律。关于热现象普遍规律的研究称为热力学。但科学家不满足于单纯在宏观层次上来描述，企图从分子和原子的微观层次上来阐明物理规律。气体动理论便应运而生，阐明了气体物态方程、气体导热性与黏滞性等物性参量的微观基础。显然，1 摩尔气体中的分子数高达 10^{23} 量级，要追踪每一个分子，列出其运动方程来求解，是不可能的。因而只能采用概率和统计的方法，虽丢掉许多细节，但抓住了总的演变趋势，这就是L.玻尔兹曼与J.W.吉布斯所发展的经典统计力学。热力学与统计物理学的发展，促使物理学家接触到具体的物性问题，加强了物理学与化学的联系，建立了物理化学，但传统的热力学与统计物理学只探讨平衡态之间可逆过程。到 20 世纪，热力学与统计物理学被推广到不可逆过程和非平衡态，与之相应的是涉及凝聚态物质的物理动力学也得到了发展。

向现代物理学的过渡

以相对论和量子力学为标志。

相对论 19世纪的科学家不满足于用麦克斯韦方程组来解释电磁现象，热衷于采用机械模型来说明问题，即使是麦克斯韦本人也不例外。以太被引入作为真空中传播电磁波的介质。A.A.迈克耳孙与F.W.莫雷设计了精巧的实验来验证物体和以太的相对运动，取得了负的结果。A.爱因斯坦提出了狭义相对论（1905），其物理洞见在于摒弃了不必要的以太假设，肯定电磁学的规律对于一切惯性参考系都是成立的，且具有相同的形式，真空中的光速不变，不同惯性系之间的变换关系为洛伦兹变换。众所周知，经典力学对于惯性参考系才成立，而不同惯性系之间的变换关系为伽利略变换。这样经典力学和经典电磁学之间就存在矛盾。爱因斯坦肯定了经典电磁学，而对经典力学做了相应的修正，摒弃了牛顿的绝对时空观，认为空间、时间与运动有关，并首创性地提出了质量与能量的对等关系，将牛顿力学修正后成功地应用于物体高速运动的情形。

牛顿力学的另一局限性表现在它不能圆满地解释强引力场中物体的运动，这从它无法定量解释水星轨道近日点的进动问题而初露端倪。另一个带根本性的问题是它对万有引力的存在没有任何理论解释。爱因斯坦创立了广义相对论。这一理论的出发点在于肯定惯性质量与引力质量等同的等效原理，将非惯性参考系中观测到的惯性力与局域的引力等同起来，进而提出一切参考系均有相同的物理规律这一广义相对性原理，而引力被理解为空间弯曲的必然结果。广义相对论成功地预言了一些效应，如强引力场中光线的弯曲，引力场与光谱线频移的关系，并用空间的弯曲很自然地解释了引力的存在。由于广义相对论是针对强引力场和大质量物体而提出来的，因而广泛应用于天体物理学，也构成了现代宇宙学的基础。爱因斯坦预言的引力波，已在2016年被首次观测到，从此开启了引力波天文学时代。

量子物理学 相对论如果是消除了经典物理学的内在矛盾并推广其应用范围，量子论则是开启了微观物理学的新天地。在19世纪，化学家J.道尔顿提出了原子论，物理学家也提出由原子－分子微观运动的概念来构筑分子动理论和统计物理学。特别是物理学家玻尔兹曼在发展原子－分子运动理论和推动统计物理学的发展上，做出了杰出的贡献。爱因斯坦于1905年提出布朗运动的理论，为分子运动的图像提供了有力的支持。随后，J.B.佩兰的实验观测提供了更加确凿的证据。

在明确了宏观世界之外存在有微观世界后，进一步的问题在于探索微观世界的物理规律。19世纪末的一系列重要发现，对这方面的研究起了很大促进作用。1895年W.C.伦琴发现了X射线，随后X射线成为揭示物质的微观结构的重要工具；1896年H.贝可勒尔发现了放射性，随后居里夫妇发现了强放射性元素镭，E.卢瑟福确认了α、β、γ射线的本质，这些工作拉开了原子核科学研究的序幕；1897 年，J.J. 汤姆孙发现了电子，随后电子被作为重要的工具应用于研究物质的微观结构，而控制电子的电子元器件则成为现代信息技术的基础。

如果说证实原子与分子的存在意味着揭示物质结构在微小尺度上具有不连续性，那么早期量子论则揭示了能量在微小尺度上的不连续性。1900 年，M. 普朗克为拟合黑体辐射能量分布的实验数据，在经典物理学的理论无效之后，提出了包括作用量子 h 的量子论。就是如今大家熟知的普朗克常数 h。1905 年，爱因斯坦根据光电效应存在能量阈值的规律提出了在物理上更明确的具有能量为 $h\nu$ 的光量子这一种基本粒子。1911 年，卢瑟福根据金箔对于 α 粒子的大角度散射实验结果，提出了有核的原子模型（见原子结构）。1913 年，N. 玻尔提出了量子论的原子模型，认为原子中的电子处于确定的轨道上，处于定态，而束缚定态的能量是量子化的，在定态之间的量子跃迁则导致发光。玻尔用这种半经典的量子理论相当成功地解释了氢原子的光谱线系，但对于更复杂的原子光谱问题则遇到了困难。科学家需要发展更全面的量子理论。1924 年，L.V. 德布罗意正确地提出，正如电磁波具有粒子性质（光子）一样，而具有粒子性质的电子等也应具有波动性。1925～1926 年，W.K. 海森伯与 E. 薛定谔分别完成了量子力学的两种表述，即矩阵力学与波动力学，强调了波动与粒子的二象性。电子衍射的实验结果证实了电子具有波动性，而量子力学的理论全面地解读了纷纭繁复的原子光谱实验结果，一举在原则上解决了原子结构的问题，并为阐明化学元素周期表奠定了理论基础。随后 P.A.M. 狄拉克将非相对论的薛定谔方程推广到（狭义）相对论的情形，建立了狄拉克方程，为量子力学做了重要补充。这样微观世界的物理规律终于确立。

处理多粒子的量子统计力学在这段时间内也建立起来。微观同类粒子具有不可分辨性，而且粒子还有自旋和宇称，自旋为 $h/2\pi$ 半奇数的粒子（费米子）服从费米－狄拉克统计；自旋为 $h/2\pi$ 整数倍的粒子（玻色子）则服从玻色－爱因斯坦统计。这样科学家就掌握了大量微观粒子的统计规律。

现代物理学

量子力学确立之后，物理学进入了现代物理学新时期。下面就从实验和理论这两条主线对此进行概括介绍。

实验技术 20 世纪是实验技术突飞猛进的时期。早期卢瑟福的粒子散射实验为随后的原子核物理学与粒子物理学的研究树立了样板。但技术上的改进是多方面的。轰击靶的粒子束有质子、中子、电子、光子和各种离子等。30 年代初中子被发现后，由于其散射截面大，容易引起核反应，受到学术界的重视。E. 费米及其合作者用中子来轰击周期表中不同元素，发现了一系列的核反应和新的放射性元素。1938 年，O. 哈恩与 L. 迈特纳终于发现和确认铀的裂变。随后原子核裂变的链式反应得以实现，导致了核裂变反应堆的问世。随后，轻元素的核聚变提供了另一种核能源。但可控的聚变能的和平利用还要经历漫长的发展过程。

到 30 年代，科学家开始认识到天然放射性元素发射的粒子能量太低，束流也不够强，在这种情况下发展了加速器技术，早期有高压倍加器和静电加速器，主流是 E.O. 劳伦斯开创的回旋加速器及其变型。以后加速器的能量要求越来越高，技术越来越精。能量已从早期的兆电子伏量级升高到如今的太电子伏量级。加速器为原子核物理学和粒子物理学的研究提供了必要的实验保证，发现了几百种粒子。与之并行发展的还有粒子检测技术，从早期的盖革－米勒计数器、云雾室，到照相乳胶、气泡室、火花室和闪烁晶体列阵等。虽然技术的进展十分引人注目，但许多物理实验的基本思路，如通过质子对高能电子的深度非弹性散射来论证质子具有夸克结构，仍然与卢瑟福的原型实验十分相似。加速器和反应堆也被用于非核物理学以及其他科学的研究，同步辐射和高通量中子源就是例证。

另一高速发展是基于物理观测技术的天文望远术。光学望远镜越做越大；由雷达技术推动而发展起来的射电望远镜也朝向巨型发展；依据射电望远镜发展起来的综合孔径技术也反馈到光学望远镜的技术中。新波段（如红外、X 射线和 γ 射线）的望远技术得到了发展，带动了新的检测技术的进步。为了超越大气层的吸收和干扰，还将望远镜放到太空中去，如哈勃空间望远镜、钱德拉望远镜、康普顿望远镜等。大量天体谱线红移的数据为宇宙膨胀提供证据，宇宙微波背景辐射、脉冲星、类星体、黑洞及 γ 射线暴等重大发现，为理论天体物理和宇宙学提供了大量数据，使星体和宇宙成为检验物理理论的庞大实验室。现代高能物理学（包括部分原子核物理）及天体物理学已经成为大科学的主宰领域。

20 世纪 20 ～ 30 年代，光谱学研究为原子物理学的建立奠定了基础。但第二次世界大战中雷达技术的发展又为微波波谱及磁共振的研究提供了机遇。50 年代初，首先在微波频段实现了受激发射，随后转移到光学频段，导致激光器的问世。激光技术引起了光学和光谱学的一场革命，促进了量子光学的诞生，影响十分深远。应该指出，早在 1916 年爱因斯坦就提出了受激发射的理论，而实验室中的实现却延迟到 40 年之后。激光技术引入物理实验室，为小型精巧的实验研究提供了机会。

X 射线衍射和由之派生的电子衍射与中子衍射，导致了晶体结构分析的发展。它为凝聚态物理学和材料科学奠定基础，亦大大地促进了化学、生物学和矿物学的研究。电子显微术超越了光学显微术的分辨极限，并实现了原子尺度的成像。80 年代以后，扫描隧道显微术发展成为类型繁多的显微探针技术，不仅实现了原子尺度的成像，还实现了多种原子尺度的测量和控制技术，充分显示了微加工实验技术富有强大的生命力。

为消除热运动对凝聚态物质中许多现象的干扰，将试样冷却到低温下进行研究成为重要的手段。现代低温技术始于氦的液化（4.2 开），进一步采取稀释致冷可以达到毫开的温度，再进行核退磁致冷，可以达到微开的量级。现在发展起来的激光冷却，再加上蒸发制冷，可使原子气体达到微开以下的温度。低温物性的研究取得许多重要成果：金属与合金的超导电性，^{4}He 和 ^{3}He 液体的超流动性，多种非常规的超导电性和高温超导电性，如有机化合物、重费米子、铜氧化物超导电性的超导转变温度已高于液体氧的温度（77 开）。1995 年起又在微开温度以下观测到多种气体原子的玻色 - 爱因斯坦凝聚，随后相位相干的原子束得到了实验演示，即所谓原子波激射器。

其他一些极端条件如高压技术也受到科学界的重视。利用大体积压机如单级和 6 ～ 8 双级推进装置可获得 8 ～ 20 吉帕的静态高压，可用来研制人造金刚石等功能材料。金刚石压砧技术可在微区内产生高达 500 吉帕以上的静态高压，和高温低温强场结合形成综合极端条件，成为高压物理学研究的主要工具之一。利用冲击波可获得数百到数千吉帕的动态高压。1996 年，利用高温下的动态高压技术观测到液态氢从绝缘体到金属的转变，成为实测到金属氢的首例。高压技术可模拟地球等星体内部的条件，对于地球科学和天体研究颇有意义。

强磁场技术也是物性研究的重要手段。恒定的强磁场可以用介质冷却的电磁铁（通常称为水冷磁体）或超导线圈来产生，单独使用水冷磁体可达 40 特以上，单独使用超导磁体可达 30 特以上，混合使用可达 45 特以上。可用脉冲方法产生 50 ～ 200 特脉冲强磁场，而爆炸法则可高达 1300 特。

激光超短脉冲技术则提供瞬态过程的物理和化学的信息，时间间隔可以压缩到阿（10^{-18}）秒的量级。亦可以利用超短脉冲的光场产生瞬态的强电场与强磁场来模拟天体物理的一些条件。

晶体纯度和完整性对物性有重要的影响，促使固体制备技术诸如单晶拉制、区熔提纯、控制掺杂的进步。这些技术已成功地应用于光学材料和半导体材料的制备中。1947 年，晶体管的发明可以说是 20 世纪中物理学家所做出的取得最大经济与社会效益的一项成就。70 年代后，在超高真空技术下的结构与能谱测试手段相继问世，开拓了表面物理学的新领域。以分子束外延为标志的当代薄膜与异质结制备技术的开发，引起量子纳米结构（量子阱、量子线与量子点等）的研究热潮，并向磁性材料（巨磁电阻效应）和超导电体方面延伸。许多新的物理效应的发现，诸如整数与分数量子霍尔效应、介观量子输运等，显示了凝聚态物理尚有蓬勃发展的新领域。

理论与计算 量子力学建立之后，理论发展的一个方向是深入到更加微小尺度的微观世界中去。首先发展的是原子核结构和动力学理论。虽然核子之间存在强相互作用，但基于平均势场中做有效单粒子运动的壳模型也取得成功。还有强调核的集体行为的液滴模型和复合核模型，也有将单粒子运动和集体运动结合起来的综合模型、核子配对的相互作用玻色子模型等，颇成功地说明原子核的某些性质。

进入更深层的物质结构就到达了粒子物理学的研究领域。20 世纪 50 ～ 60 年代，除核子外，又发现大量的强子（具有强相互作用的粒子），其中多数是不稳定的。1964 年，M. 盖耳－曼等提出了强子的夸克模型，认为强子并非基本粒子，而是由具有分数电荷（1/3 或 2/3 电子电荷），还具有色荷（红、蓝、绿三种颜色之一）的夸克所构成的。质子的夸克结构已为实验所证实。理论所预言三色六味的各种夸克，均被实验所揭示，最后一种顶夸克是到 1995 年才被发现的。夸克虽然存在于强子结构中，但独立存在的自由夸克却一直没有被观测到。科学家又提出夸克禁闭模型来说明这一事实。

四种基本力的主要特征

力的类型	引力	弱力	电磁力	强力
强度	约 10^{-40}	约 10^{-10}	$\frac{e^2}{hc}\sim\frac{1}{137}$	约 1
力程	$r\to\infty$	$r<10^{16}$m	$r\to\infty$	r 约 $10^{-15}\sim10^{-16}$m
反应速度		τ 约 10^{-18}s 直到 15min	τ 约 10^{-21}s	τ 约 10^{-23}s
规范玻色子	引力子？	中间玻色子	光子	胶子
作用对象	一切物质	强子、轻子	带电及带磁矩粒子	强子、夸克
典型现象	宇宙演化	β 衰变、中微子反应	原子和分子力、安培力	强子的产生
理论	广义相对论	电弱统一理论	量子电动力学	量子色动力学

到 20 世纪中叶，已明确自然界只有四种基本相互作用，即引力、电磁力、弱力与强力（见表）。其中，引力和电磁力是长程的，而弱力与强力是短程的，限于原子核的范围之内。爱因斯坦晚年致力于统一场论，试图将引力和电磁力统一起来，未取得成功。量子力学建立之后，处理量子体系与相互作用场的理论（量子场论）得到了发展。首先发展的是处理电磁相互作用的量子场论，即量子电动力学。在 40 年代末，利用重整化消除了发散的困难，使量子电动力学的理论预言得到了高精确度的实验证实。杨振宁等提出了规范场理论为量子场论的进一步发展铺平了道路。随后，处理强相互作用的量子场论、量子色动力学得到了发展。弱相互作用的理论始于费米的 β 衰变理论。50 年代中期，杨振宁、李政道与吴健雄的工作确证了在弱相互作用中宇称不守恒；60 年代末，S.L. 格拉肖、S. 温伯格与 A. 萨

拉姆成功地将电磁相互作用与弱相互作用统一起来。在量子场论中，一些粒子被理解为场的激发态，而另一些粒子则成为传递相互作用的玻色子。

进一步探索各种相互作用的统一理论尚在进行之中。大统一理论企图将统一的范围包括强相互作用，尚有待实验的证实。进而将引力包括在内的超大统一理论的设想也被提出。三代夸克与轻子的粒子模型、量子色动力学与电弱统一理论被统称为粒子物理学的标准模型，概括和预言实验事实取得了非凡成功。2013 年，欧洲核子中心宣布发现了基于标准模型预言的**希格斯粒子**。而标准模型仍带有唯象性质，它包含十几个参量，且对粒子的质量不提供理论解释。如何超越标准模型，从更根本的微观模型来解释粒子物理，并将量子力学与广义相对论融合起来，成为对理论物理学家的重大挑战。这方面的努力以**超弦理论**最引人注目。这一理论极其精巧，也推动了相关数学问题的研究，但尚不完备，最终如何评价这一理论尚有待于实践来检验。

当代天文学研究的大爆炸理论被称为宇宙学标准模型。按此理论设想，宇宙起源于约 138 亿年前的一次大爆炸。原先是时空奇点（密度和曲率为无限大），各种相互作用统一在一起，到 10^{-43} 秒发生了引力与其他相互作用分离的对称性破缺；到 10^{-36} 秒发生强力与其他相互作用分离；到 10^{-10} 秒又发生弱力与电磁力的分离，成为如今四种基本相互作用并存的世界；到 10^{-6} 秒时，开始合成强子；到 3 分钟后形成原子核，逐步形成各种原子，再经过漫长的演化逐步形成各种星系与星体。大爆炸宇宙学是建立在若干天文学观测基础之上的，哈勃定律所描述的宇宙膨胀、3K 宇宙微波背景辐射、宇宙原初轻元素（氢、氦）的丰度数据，现已被观测结果所证实。它是言之有据的物理学理论，当然还有许多问题尚待澄清。

量子力学建立之后，理论发展的另一个方向是在于进入较大尺寸的物质体系。将量子力学应用于分子，建立了量子化学；将量子力学与统计物理学应用于固体，建立了固体物理学，随后发展为凝聚态物理学。涉及了这些问题，就需要明确区分量子力学和经典物理学的各自适用的范围。通常的提法是量子力学适用于微观体系，而经典物理学适用于宏观体系，这显然不够精确，因为也存在宏观量子体系。对于特定粒子构成的体系，可采用量子简并温度（粒子的德布罗意波长等于粒子的平均间距对应的温度）$T_c=\dfrac{h^2}{3mka}$来区分。式中 h 为普朗克常数；m 为粒子质量；k 为玻尔兹曼常数；a 为粒子的平均间距。如果温度远大于 T_0，则可采用经典物理学的理论方法来处理这一体系，否则采用量子力学的方法。至于 T_0 的高低则取决于粒子的质量和体系中粒子的平均间距 a（或密度）。对于固

体和液体 a 约为 0.3 纳米。对电子系统，T_0 约为 10^5 开，表明处理电子系统的问题离不开量子力学。对于原子核或离子，T_0 为 $50/A$ 开（A 为原子质量数）。对于轻元素（如氦与氢），在低温下要考虑量子力学的效应。因而，在通常情况下处理大量原子核（或离子）与电子的混合体系，对于电子这一子体系，必须采用量子力学的理论方法，而对于原子核这一子体系，则不妨采用经典物理学的理论方法，凝聚态物理学和量子化学由于大量采用这种混合的处理方案而取得了成效。但这类的电子理论涉及相互作用粒子的多体问题。基于有效场单电子近似的固体能带理论显然很有成效，引入适度的相互作用而发展起来的费米液体理论、巡游电子铁磁性理论和 BCS 超导理论也成绩斐然，但强关联电子体系（包括高温超导体）仍然是一个难题，对理论物理学家提出了强有力的挑战。

如果仅关注原子（或离子）与分子常温下的位形与动力学问题，采用经典物理学的方法是无可非议的，正如当代液体物理学和软凝聚态物理学所做的那样。如果涉及键合的细节和电子的跃迁，还是需要量子力学。低温下的量子流体（^{4}He 与 ^{3}He）突出地体现了量子力学效应。气体中要体现量子力学效应，由于原子间距，简并温度要压得很低。在进入 20 世纪 90 年代后，方始观测到这类理论预期的效应，原子束光学和玻色－爱因斯坦凝聚都是例证。特高密度下的物质（如中子星），使简并温度高达 10^{10} 开，可能使这些星体内部呈现超流性等量子力学效应。

应该指出，当代也是经典物理学复兴的时代。在相变与临界现象领域，研究了具有长程涨落的经典统计体系，呈现了普适性和标度律，发展了重正化群理论。经典动力学系统理论和非线性物理学都取得了长足的进展。像混沌、分形、孤子等概念，在交叉学科中获得了广泛的应用，成为理解复杂性的钥匙，也为解决湍流这个长期悬而未决的难题提供了有意义的线索。

电子计算机的突飞猛进，对于当代物理学产生了异乎寻常的影响。量子化学与凝聚态电子理论的**从头计算**方案变得切实可行，促进了计算材料科学这门新的交叉学科的发展。分子运动论、蒙特卡罗方法，乃至于元胞自动机为物理学的各个分支提供了生动的物理图像和信息。以至于有些科学家认为计算和计算机模拟已成为可与实验和理论并立的科学研究的第三个支柱。

学科分划与发展趋势 当代物理学的研究表明，物质结构在尺度上和能量上都呈现不同的层次。明确了物质结构的不同层次之后，当代物理学的分支学科如何划分的问题，也就迎刃而解（见图）。

最微小（也是能量最高）的层次是粒子物理学（又称高能物理学），然后是原子核物理学。原子核物理学研究原子核的性质、相互作用和相互转化，它的内部结构与运动，激发态和衰变与裂变特性以及原子核反应，包括核裂变和核聚变过程等。接着就是原子物理学和分子物理学。它们研究原

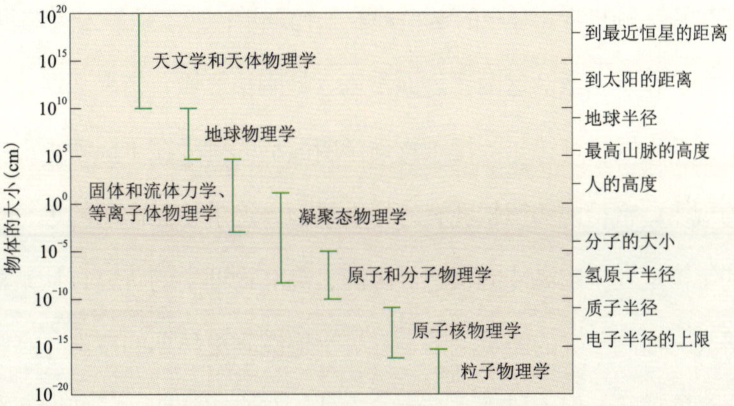

物理学不同分支学科与所研究结构的尺寸

子和分子的结构，原子、分子之间的相互作用，以及原子和分子与光的相互作用。激光器问世之后，这一学科获得了新的生命力。这方面技术的进展，对其他分支学科也产生重大的影响。原子、离子或分子聚集起来构成了气相、液相和固相，不同的聚集相，乃至于固液之间的中介相，如液晶、复杂流体与聚合物等软物质。其中凝聚态物质（固相、液相和软物质）构成了凝聚态物理学的研究对象，由于其结构与物性丰富多彩，新现象与新概念层出不穷，又与当代高新技术密切相关，已成为当代物理学中最庞大也是十分活跃的分支学科。拓扑物态的发现与研究给物理学的发展带来了深远的影响。另一类气相（由宏观中性的正负带电粒子所构成）就是等离子体，相应的学科是等离子体物理学。等离子体的研究是在实验室、地球外的空间和星际中并行地发展起来的。电离层的研究，范艾伦带与太阳风的发现表明了必须用等离子体物理学来考虑地球与太阳周围的空间。而受控热核聚变的困难又促使科学家去研究复杂等离子体中各种不稳定性与湍流。这些又和当代流体力学所面临的问题有不少相似性。尽管处理大块物质的固体力学和流体力学已偏离了物理学的主流，但其中仍有不少问题需要物理学家的参与。如流体的湍流与固体的塑性形变与断裂，聚集相的复杂组合构成了岩石、土壤、河流、山脉、湖泊、海洋、大气、地幔与内核等，成为地球物理学的研究对象；而细胞、器官、植物、动物及人体亦构成了生物物理学的研究对象。继续扩大物质研究的空间尺度，就引导到空间物理学和行星物理学的领域。进而包括太阳、恒星、星系、星系团，乃至于整个宇宙，构成了天体物理学和宇宙学的内容。在这里似乎遗漏了一些传统物理学的分支学科，如光学与声学。它们的部分内容正朝向偏重技术的工程学科转化，而另一部分则和某些结构层次的物理学相结合。如光物理学就和原子与分子物理学密不可分，也和凝聚态物理学关系密切；而物理声学则与凝聚态物理学及固体与流体力学密切相关。

从物质结构层次化的图表来看，物理学的主要空白区域突出地显示为图表的底部和顶部。其一是尺度上最微小但能量最高的世界，对应的学科为粒子物理学；其二是最宏大的世界，即天体与宇宙，对应的学科为天体物理学和宇宙学。这两者表面看来，是南辕北辙，结果却殊途同归，有合二为一的趋向，奇妙地体现了大与小的辩证统一。粒子物理学所面临的挑战在于探索更加细微尺度下，也就是更高能区物质结构的规律，希望能够超越现有的标准模型，追求相互作用的进一步统一。而宇宙学标准模型则表明早期的宇宙是处于超高能的状态。因而，高能物理学的研究，从某种意义上来说，是对宇宙进行考古学的研究。提高研究的能量范围，就等于追溯到更早期的宇宙。高能物理和天体物理的实验研究都属于大科学的范畴。但大科学亦有大的难处。在冷战时期，巨型加速器成为国力的象征，理所当然地得到国家的支持。冷战以后，情况显然有所不同，需要考虑这类基础科学研究的社会效益问题。今后的出路在于走国际合作的道路。对这两个前沿学科现今是机遇和挑战并存。

除了这两个很明显的前沿外，还存在一个在各个结构层次上，朝复杂物质展开的前沿问题。固体物理学早期所研究的多半是简单的物质，进一步研究中才接触到比较复杂的物质，当中蕴含有许多尚待发展、挖掘的物性。元素半导体硅研究得最清楚，应用得最广泛；然后是复杂一点的砷化镓化合物半导体；更进一步就涉及结构更复杂的聚合物半导体。聚合物半导体研究十分引人注目，已能做出了聚合物晶体管。由聚合物想到了人的大脑问题，大脑思维复杂程度远远超过现代大型计算机。故从简单物质的研究到复杂物质的研究的发展过程中，物理学应该是大有用武之地的。可以认定，物理学的前沿，应包括探讨不同结构层次上复杂物质的结构与物性。

统一性与多样性 物理学家惯用的一个观点是还原论。所谓还原论就是将世界分成许多小的部分，每一部分研究清楚了，最后拼接起来问题就得到解决。尽管有许多物理学家抱有这类观点，但现在来看问题并不这么简单，基本规律知道了，具体规律是不是就一定能够推出来，这个问题一直是有争议的。应该看到，物质结构存在不同的层次，层次与层次之间是有关联的、有耦合的，因此需要理解更深层次的一些规律。如固体的导电问题，牵涉电子在固体中的行为问题，如果把电子在固体中的行为搞清楚，那么对固体为什么导电，为什么有的是半导体、有的是金属、有的是超导体这一类问题，就都可以做出解释。这就有利于推动人们去研究导电现象，以及利用这些现象制出晶体管，制造集成电路，制造超导的约瑟夫森结来为人类服务。这就说明层次与层次之间存在耦合现象。另外，层次与层次之间也存在脱耦现象。所谓脱耦现象，就是下一个层次的现象对上个层次未必有重要关系。如粒子物理有一个重要的发现，就是 1995 年发现了顶夸克，这对粒子物理是件大事，因为设想的几种夸克，包括最后一种顶夸克也都被发现。但是，顶夸克的发现对固体物理或凝聚态物理没有可以观察到的影响。这表明层次跟层次之间，在某些情况下存在脱耦。就是说粒子物理的进一步发展，对于本身，对理解粒子的性质和宇宙早期的问题具有极大的重要性，对于原子核理论也具有一定的重要性。但它的发展，对理解相隔了好几个层次的物质，就丧失了重要性。再如原子核的壳结构对遗传一般说来看不出有太大的影响。这就是层次之间既存在耦合，又存在脱耦，而且大量粒子构成的体系往往涌现新的规律。

再来看看另一个所谓的层创论的观点。如果仅知道两三个或四五个粒子的规律，这并不能说明 10^{20} 或 10^{24} 个粒子的集体规律。在每一种复杂的层次上，会有完全新的性质出现，而且对这些新的性质的研究，其基本性并不亚于其他研究。也就是说，物质结构存在不同的层次，而层次跟层次之间，往往到上一个层次就有新的规律出现。对这些新的规律的研究，其本身也具有基本性。重要的是要认识到各个层次之间既有耦合，也存在脱耦。并非是探究清楚最微观层次的规律，就可以把世界上的问题全部解决。

尽管由于物质结构层次化的结果，使得当今的物理学家很难精通，也不必要精通物理学的各个分支，但是物质结构在概念上是有其统一性的。类似的概念会在不同的层次上出现。如壳层结构，既可以在原子核的结构中存在，也可以在原子结构中存在。

物理学与其他自然科学的关系

物理学作为严格的、定量的自然科学的基础学科之一，一直在科学技术的发展中发挥着重要的作用。过去如此，现在和将来亦复如是。这里首先讨论物理学与其他自然科学的关系，进而再论述物理学与现代技术的关系。

数学　物理学与数学的关系密切，源远流长。历史上有许多著名科学家如牛顿、L. 欧拉、C.F. 高斯等，对于这两门科学都做出了重要贡献。此风一直延伸到 19 世纪末 20 世纪初。当时的一些大数学家如 H. 庞加莱、M.D. 克列因、D. 希尔伯特等，尽管学术倾向不尽相同，但都精通理论物理。到 20 世纪前期，数学与物理学开始有分道扬镳的趋势，但仍有不少著名的数学家如 H. 外尔、J. 冯·诺伊曼、A.N. 科尔莫戈罗夫等还对理论物理甚至于具体的物理问题感兴趣而且做出贡献。总的来看，抽象数学之风日益鼎盛，到 20 世纪中叶因布尔巴基学派的问世而达到新的水平高度。

转机的出现，一方面是来自理论物理学的新发展。20 世纪 50 年代初，杨振宁等提出的规范场论，赋予了微分几何中像纤维丛这一类相当抽象的概念也具有具体的物理内容。1990 年，作为数学界最高荣誉的菲尔兹奖破天荒地授予从事超弦理论研究的理论物理学家 E. 威顿，表明两大学科在重新靠拢。另一方面是电子计算机发展的结果。计算机高速发展，不仅技术上成果累累，理论上也有其重要意义。过去物理学所乐道的是运动方程式的可积问题，特别是可以将物理解以解析函数来表示（如谐振子、二体运动等），显示出对于运动状态高度精确的可预测性。但可积问题只是少数特殊情况，多数的问题是不可积的，由于数学上求解困难，只有数值计算的结果，因而对于这类问题的物理本质理解不透。计算技术的进展大大地促进了这一领域的发展，为现代非线性物理这一新学科分支奠定了基础。

天文学 物理学与天文学的关系更是密不可分，可追溯到早期的开普勒与牛顿。到当代提供天文学信息的已从可见光扩展到从无线电波到 X 射线宽广的电磁波频段，必然采用现代物理所提供的各种探测手段。而宇宙空间提供了地球上实验室所不具备的极端条件，如高温、高压、高能粒子、强引力等，构成了检验物理学理论的理想实验室。因此，几乎所有的广义相对论的证据都来自天文观测。正电子和 μ 子都是首先在宇宙线研究中观测到的，为粒子物理学的创建做出了贡献。H.A. 贝特的热核反应理论首先是为解释太阳能源问题而提出的。L.D. 朗道、J.R. 奥本海默等人的中子星理论由 A. 海威什与 J. 贝尔发现了脉冲星而得到证实。而现代宇宙论的标准模型大爆炸理论，是完全建立在粒子物理理论基础上的。从 20 世纪 70 年代以来，诺贝尔物理学奖不仅授予物理学家，也授予天文学家，这也是天文学与现代物理学密不可分的一个标志。

化学 物理学与化学息息相关。热力学、统计物理和量子力学都在化学中得到重要应用。19 世纪吉布斯的工作横跨了这两个学科。20 世纪的 P.J.W. 德拜、L. 昂萨格也复如是。但是，在物理学与化学之间也存在阻梗理解的壁障。经典物理学几乎将所有涉及具体材料的物性问题让给了化学，它本身只关心较理想化的简单系统。量子力学诞生后，固体物理学得到发展，情况就有很大的改变，但思维的惯性仍然存在。物理学家看到包括许多苯环的复杂分子结构式，往往望而生畏，同时又不满足甚至轻视从大量实验结果总结出来的经验规律。另外，概念与术语上的差异也是一个现实问题。如谈到固体的电子结构，化学家习用由量子化学导来的化学键，而物理学家则立论于以固体物理学引入的能带。随着固体物理学发展为凝聚态物理学，研究的对象日益深入更加复杂的物质结构的层次。就超导体而言，从合金超导体到氧化物和有机超导体，都反映了结构复杂化的趋势，化学家的配合与参与愈加重要。凝聚态物理学的概念和方法促进了液晶科学、高分子科学和分子膜科学的日趋成熟，导致了软物质科学的建立。另外，化学反应动力学这一化学的基本问题，也得到了分子束、激光等实验技术的推动。它和量子力学、统计物理、原子物理、分子物理等理论分析的配合，成为当今化学发展的前沿领域。在原子、分子和大块凝聚态物质之间新开辟的研究领域，即团簇和纳米材料，得到物理学界和化学界的共同关注。

生物学 聚合物和复杂结构的分子再前进一步就到达生物大分子，接触到分子生物学的核心问题。从19世纪起，生物学家在生物遗传方面进行了大量的研究工作，他们在前人所得规律的基础上于20世纪提出了基因的假设。当时对基因的物质基础问题，仍是一个疑问和挑战。在40年代，物理学家M. 德尔布吕克和薛定谔对生命的基本问题提出了遗传密码存储于非周期晶体的观点，并在薛定谔的《生命是什么？》中进行了阐述。几乎同时，英国剑桥大学卡文迪什实验室在W.L. 布拉格的领导之下，开展了对肌红蛋白和血红蛋白的X射线结构分析，持续时间超过25年，为此，J.C. 肯德鲁与M.F. 佩鲁兹于1962年共同获得诺贝尔化学奖，推动了对生物大分子结构的物理学研究。美国化学家L. 鲍林利用他熟谙的化学知识，利用搭模型的方法，解决了 α 螺旋的晶体结构。受德尔布吕克与薛定谔的影响，生物学家J.D. 沃森与物理学家F.H.C. 克里克，在晶体学家R.E. 富兰克林与M. 威尔金斯的X射线衍射图的启发下，采用搭模型的捷径，在卡文迪什实验室确定出了DNA的晶体结构，揭示了遗传密码的本质，这是20世纪生物科学最重大的突破。人类的基因组测序工作业已完成，如何利用这些珍贵的资料来发展生物学是当前生物学家面临的重大挑战。显然这需要物理学家的参与。当今生物物理学家是大有可为的。随着单分子操纵与探测技术的发展，已经可以对细胞与分子层次的生化功能过程进行实时单分子探测和实验，为生命科学从定性走向定量以来的革命性进展。单分子研究、DNA动力学模型、神经系统物理学、亚细胞结构物理学、生物物理学复杂系统、生物分子结构与动力学、生物纳米技术与表面科学等，代表了21世纪理论与应用生物物理学的发展全貌。

地球科学 20世纪地球科学的重大突破在于板块理论的确立。1945年以后，物理学家P.M.S. 布莱克特倡导岩石磁学的研究，形成了古磁学这一新的交叉学科。后来，在大西洋脊附近的古磁学研究中揭示了洋脊扩展的时序，为板块理论的确立奠定了基础。板块运动的驱动力问题，又涉及下地幔的缓慢对流问题，是非线性科学中的一个课题。地球的内核也存在着许多挑战性的疑难问题，诸如地球磁场的产生及其反转等。大气物理学是大气科学与物理学相接触的领域，两者存在强烈的相互作用。大气科学中有重要意义的罗斯比波，以及美国气象学家E.N. 洛伦茨为探讨长期天气预报的可能性而导出的洛伦茨方程，在现代非线性科学中扮演了重要的角色。

物理学与技术的关系

物理学一直和现代技术有密切关系。一般而论，它与技术的关系存在两种基本模式：其一是由于生产实践的需要而创建了技术（如蒸汽机等热机技术），然后提高到理论上来（建立了热力学），再反馈到技术中去，促进技术的进步。其二是先在实验室中揭示基本规律，建立完整的理论，再在生产中发展全新的技术部门。19世纪电磁学的发展，提供了这一模式的范例，创建了现代的电机工程与无线电技术。在当今世界中，上述的两种模式都还在起作用。从物理学的角度来看，第二类模式的重要性越发明显。

经典物理学已经孕育出一系列的工程技术，诸如建立在经典力学基础上的机械工程、土木建筑工程和航空航天工程，建立在经典电磁学基础上的电机工程、无线电工程和电子工程，建立在热力学上的有动力工程和工程热物理。下面就现代物理学的基础研究在信息、材料、能源等当代技术中所起的突出作用，做一概略的叙述。

信息技术 信息技术在现代工业中的地位日趋重要。计算技术、通信技术和控制技术已经从根本上改变了当代社会的面貌。

信息技术的物理基础首先体现在电子学的建立。第一代信息技术所用的电子器件是真空电子管。早在19世纪末，汤姆孙在阴极射线的研究中发现了电子，随后L.F.李查孙通过热电子发射的基础研究，对于发展真空电子管技术起了关键作用。应该说真空电子管技术的重要性已经减弱，但有些地方仍然未被取代，如雷达技术中磁控管与速调管、电视技术中显像管等。第二代信息技术所用电子器件中则是半导体晶体管。

1947年，贝尔实验室的J.巴丁、W.H.布拉坦与W.B.肖克莱发明的晶体管标志着信息时代的开始。他们的发明是在基于量子力学的固体能带理论启发下进行的，又有坚实的材料研究作为基础。随即发展了一系列半导体器件，建立了半导体工业。从离散的半导体器件到将有源器件和无源元件合为一体，即集成电路，又是一个飞跃，这是在20世纪50年代末实现的。而后集成电路向微型化方向发展，集成度约以每两年翻一倍的摩尔定律在增长。在40年代中建成的第一台大型电子计算机ENIAC，使用了18 000个真空管，1500个继电器，几十万枚电阻器与电容器，自重30吨，耗电200千瓦。而今天一台笔记本计算机的性能完全可以超过它，显示了半导体技术对电子计算机发展的决定性影响。

集成电路的微型化基本上是采用工艺手段使电路的几何尺寸缩小。最关键的是光刻技术；多种物理手段，如紫外线、电子束和 X 射线（包括同步辐射），用来减小刻线的细度。工业生产上已达到 7 纳米左右，实验室中却向更小的尺度推进。但微型化必然存在物理的极限。研究表明，到了几十纳米的量级，量子限制效应即已凸现出来。原来半导体器件工作的原理就不再适用。今后，可能需要用全新的技术来取代业已成熟的半导体芯片工艺。量子阱、量子线、量子点等这类呈现新的物理效应的器件，都已受到重视。

芯片性能的提高，取决于电路的运算速率和能耗的降低。用高迁移率的量子阱来代替常规的硅器件，在物理上是可行的。对于以砷化镓为基质的集成电路的研制工作也早已在进行。但砷化镓材料的质量控制比硅要困难得多，一系列工艺技术尚难于达到硅的水平，因而要用砷化镓集成电路来取代硅还并不现实。

激光器的发明导致了光子学作为信息技术的另一物理支柱。早在 1917 年，爱因斯坦就认识到两能级的辐射中必须引入与受激吸收相对应的受激发射。但由于在热平衡态，在高能级上的粒子数小于低能级上的粒子数，因而受激发射为受激吸收所掩盖。50 年代初 C.H. 汤斯及 A.M. 普罗霍罗夫与 N.G. 巴索夫分别使氨分子束实现了粒子数反转，观察到微波的受激发射。1958 年，汤斯与 A.L. 肖洛提出了利用法布里－珀罗干涉仪作为腔体实现光的受激发射的激光器的设想。1960 年，T.H. 梅曼制出了第一台红宝石激光器，为光子学揭开了序幕。激光器一经问世，首先想到的重要应用就是光通信，因为高频的光波具有更大通信容量。但早期的进展都令人沮丧。激光器问世 15 周年时，虽然在测距、加工、准直、计量等方面取得了重要的成果，唯独光通信仍然停滞不前。在贝尔实验室，由于科学家的远见卓识和锲而不舍，研制出了低损耗的光纤，研制出稳定可靠、寿命超过 1 万小时的半导体激光器。这样就使光通信走出实验室成为一种重要的现代通信手段。光子学的发展，人们设想用光计算机来取代电子计算机。光的传播速度高，光的信息处理是平行式，对图像的处理应有其突出的优越性。光计算机的基本元件是高速的光双稳态元件，量子阱就是一个候选者。应该指出，光计算机尚处于探索的阶段，离实用还有相当的距离。当然，在电子计算机中采用部分的光学部件，如用于存储信息的光盘业已大量应用。

铁磁性或亚铁磁性物质构成的磁存储器一直是计算机的重要配件。但传统的电子器件只是应用了电荷的输运，而忽略了自旋的输运。1988 年，A. 费尔等在铁磁与非铁磁金属多层膜中发现了巨磁电阻效应，自旋输运问题取得了突破。几年后自旋阀问世，用于硬盘的读出磁头。另外，隧道磁电阻效应作为可擦除的磁随机存储器也可能获得更大规模的应用，从自旋电子学基础研究脱颖而出的这项新技术，受到科技界的普遍关注。操纵自旋输运比操纵电荷输运所需的能耗更小。之后的如何将自旋极化的电流注入半导体，如何获得居里点高于室温的铁磁半导体等研究，在信息技术中的应用有远大前程。

1962 年，B.D. 约瑟夫森提出了超导电子对的隧道效应并获得实验的证实后，电子学又产生了一个新分支，即超导电子学。两个或更多个约瑟夫森结可以组成超导量子干涉器件（SQUID）。SQUID 除在实验室中作为精密测量磁场的仪器外，在地质探矿和测量人体的微弱磁性方面都有重要的应用。超导体也用于微波技术，可以作为高 Q 谐振腔的材料。而约瑟夫森结也可用于探测微波、毫米波和亚毫米波。SQUID 也可作为门电路，用于计算机的逻辑元件。

1949 年，C.E. 香农创立的信息论是建立在经典统计物理的基础上的，它提供了现代信息技术的理论基础。到 20 世纪 90 年代，科学家发展了量子信息理论。基于量子力学的叠加原理，量子位同时既为 0 又为 1，与经典位（0 与 1 中选取一种）截然不同。许多实验已演示了少数量子位的实现。量子信息的发展将是 21 世纪中值得关注的一件事，将来能否发展为重要实用技术还很难说。但至少在某些特殊的信息技术领域中可能有用，如量子密码学就已经接近于实用化。量子通信由于其保密性强的特点，已经在有限的领域中得到应用。

材料技术 材料技术的核心为新材料的研制和传统材料性能的提高。20 世纪初，基于热力学的复相平衡规律的应用，为研究材料相图与相结构提供了依据，进而相变动力学理论得到了发展。到 30 年代，固体能带理论提供了理解材料电子性质的依据，晶体的位错理论为理解金属的塑性提供了依据。到 40 年代，物理金属学或金属物理学得以建立。对于锗、硅等半导体的研究，揭开了材料技术的新篇章。区熔提纯、单晶制备、外延生长、掺杂工艺等方法相继问世，彻底变革了材料工艺的面貌。这方面的研究工作，除了在半导体器件上开花结果外，也促使材料科学在定量化、微观化和现代化方面迈出了一大步。

对金属材料行之有效的多种研究方法也成功地向陶瓷材料的领域延拓。铁氧体与铁电体等新型功能材料也丰富了陶瓷学的内涵。到 60 年代，物理陶瓷学趋于成熟。

金属、半导体和陶瓷共同点较多：以晶态为主，辅以非晶态的玻璃。而以高分子为主的有机材料的发展途径和研究工具与无机材料有较大的差异。高分子科学的研究始于 20 世纪 20 年代。通过 H. 施陶丁格、W. 库恩与 P.J. 弗洛里等化学家的努力，高分子科学也趋于成熟。到 70 年代，液晶物理学受到物理学家的关注。随后，P.-G.de 热纳等人又将临界现象的标度律引入高分子科学，并关注于胶体或更复杂的系统，如水、油与表面活性剂的混合物等，从而引发了处理软物质的材料科学的诞生，使材料科学朝向一体化方向迈出了一大步。

能源 能源的取得和利用是工业生产的大事。20 世纪物理学的一项重大贡献在于核能的利用。然而，核电事业的发展速度和普及程度并没有达到 40 ～ 50 年代科学界的期望。其原因是多方面的，但核电厂已是工业上的现实。在中国，大亚湾、秦山等核电厂的建设，核电的发展已经作为工业发展的一部分。如何进一步降低成本，充分而经济地利用核燃料，仍是一个重要的研究方向。如果说核裂变能的利用是今天的现实，则核聚变能的研究便是为解决 21 世纪的能源问题开辟道路。可控热核聚变能的研究，比原来预期要困难得多，但还是在向前推进。在能源和动力方面，可无损耗地传输电流的超导体的广泛应用，也可能导致一场革命。在液氦温区工作的常规超导体所绕成的线圈，已在粒子加速器、磁流体发电装置乃至托卡马克装置等大型实验设备中用来产生强磁场，可节约大量电能；在发电机和电动机上应用超导体，已制成接近实用规模的试验性样机；超导储能、超导输电和磁悬浮列车等的应用前景与开发的价值是不言而喻的。自从 1987 年液氮温区的超导体问世以来，它在强电中的应用前景是最激动人心的。通过 30 多年的努力，这方面应用的物理可行性已得到证实：已经掌握制备长线材的工艺技术，但还需要进一步降低成本。2001 年初，日本科学家又发现金属间化合物 MgB_2 的 T_c（超导临界温度）为 39 开，虽然不及氧化物超导体，但加工容易，某些应用有可能后来居上。太阳能的利用也对物理学提出了挑战，如何制出价廉而高效的太阳能电池是一个关键性的问题。至于更加常规的能源利用，如石油勘探、煤的燃烧、氢能的利用、节能技术等，也有不少涉及物理学的问题有待于进一步研究。

其他技术 除了信息、材料、能源技术之外，医疗卫生技术也是物理学发挥作用甚大的领域：诸如 X 射线透视和层析技术、核磁共振透视与层析技术等，引发了诊断技术的革命；放射线元素和加速器的利用提供了治癌的有效手段。高能物理学是探索微观世界最基本规律——基本粒子及其相互作用的学科领域，涉及大量数据的提取、处理和传输，因而在信息处理和网络技术中发挥了极其关键性的作用。欧洲核子研究中心（CERN）为因特网的诞生做出了贡献，而中国科学院高能物理研究所也为中国因特网的建立起了关键的作用。20 世纪 30 年代，爱因斯坦与玻尔曾对量子力学的理论解释展开激烈的争论。1935 年，爱因斯坦及其合作者曾经提出 EPR 佯谬，来非难量子力学的流行解释。但 20 世纪 80 年代实验证实了 EPR 态确实存在，并构成了当今迅速发展中的量子信息技术的基础。一场带哲学意味的争论产生了技术性的后果，也是前人始料不及的。这说明在基础科学与技术应用的问题上，不能采取过于急功近利的态度。

条目分类目录

说　明

1. 本目录供分类查检条目之用。

2. 目录中凡加〔××××〕的名称，仅为分类集合的提示词，并非条目名称。例如：〔电磁波的激发〕〔光的一般性质〕。

〔物理学的一般概念〕

原子和分子物理学

A

阿贝，E. Ernst (Carl) Abbe（1840-01-23～1905-01-14） 德国物理学家。生于爱森纳赫，卒于耶拿。1861年在耶拿大学获得博士学位。1863年在耶拿大学担任数学、物理学和天文学讲师，1870年任教授。1866年与C.蔡司合作研制光学仪器，任蔡司光学厂研究室主任。这一合作有力地促进了德国光学工业的发展。阿贝1876年成为蔡司工厂股东，1888年成为该厂唯一拥有者。

以显微镜为中心，阿贝在光学仪器的光具组理论上做出了两项重要贡献：一是几何光学的“正弦条件”，确定了可见光波段上显微镜分辨本领的极限，成为光学设计的基本依据之一；二是波动光学的显微镜二次衍射成像理论，把物面视为复合的衍射光栅，在相干光照明下，由物面二次衍射成像。A.B.波特1906年通过实验证明了这一理论。这一理论在以激光为实验条件的光学变换理论中成为基础理论之一。

在光学元件和仪器方面，阿贝在1867年制成测焦计，1869年制成阿贝折射计及快速测定玻璃色散的分光仪。1870年后，又制成数值孔径计、高度计和比长仪等，1879年与O.肖特合作，研制成可用于整个可见光区的复消色差镜头。

阿贝对天文学有很大兴趣，在他从事光学仪器的研究和设计中也改进了不少天文观察仪器，如棱镜望远镜和立体测远计等。（戴念祖）

阿贝成像原理 principle of Abbe's imaging 透镜组在相干照明下的分辨原理。是1873年由E.阿贝在显微镜成像中提出来的。在相干照明下，被物体衍射的相干光，只有当它被显微镜物镜收集时，才能对成像有贡献。换句话说，像平面上光场分布和像的分辨率由物镜收集多少衍射光来决定。最简单情况是考虑一个振幅透过率周期变化的物体——**光栅**，讨论光栅在相干平面波照明下的成像问题。相干平面波被光栅衍射后，各衍射级次平面波有各自传播方向，在物镜后焦面上产生光栅的**夫琅禾费衍射**图样，即物镜起了变换透镜作用，后焦面就是频谱面。如图所示，$S_{-1}, S_0, S_1, \cdots$ 表示衍射图样的各个极大值的位置。

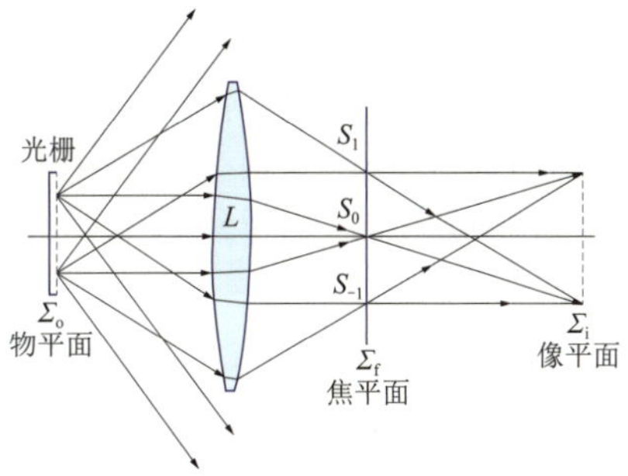

相干照明时显微镜成像的阿贝理论图示

根据**惠更斯-菲涅耳原理**，在焦面上的这些衍射图样可以看成许多相干次波源，每个次波源的强度正比于该点的振幅。因此在像平面Σ_i上成像过程可以看成从这些次波源发出的光波互相干涉的结果，即所谓成像的两次衍射过程。要得到一个逼真的像，所有衍射光都必须参与成像过程。事实上由于物镜的孔径有限，高衍射级次光波（相当于物的高空间频率分量）不能被收集进物镜，因而在物镜后焦面上的空间频谱中也缺少了高频分量，这些损失了的高频分量会使像的细节失真。以光栅为例，零级衍射沿光轴传播，其他衍射级次在零级两侧以各自方向传播，假若物镜只收集零级衍射波，则像平面是均匀照明，原光栅物体的周期结构消失；假若收集了零级和两个正负一级衍射光波，这时像有与物相同的周期结构，但强度分布被拉平；假若只收集正负二级衍射光波，这时像的细节有很大失真，出现完全虚假的二倍周期结构的像。（张洪钧）

阿贝折射仪 Abbe refractometer 一种用于高精度测量物质折光率的实验室设备。因发明人E.阿贝而得名。阿贝折射仪利用以下物理原理进行测试：当光从光疏介质射入光密介质时，折射角β_0小于入射角α_0，物质折光率n可写为：

$$n=\frac{\sin\alpha_0}{\sin\beta_0}=\frac{1}{\sin\beta_0}\quad(\alpha_0=90^\circ)$$

通过测量临界角β_0，即测得物质折光率。根据此原理，阿贝折射仪使入射光在0°～90°射入待测物质，此时临界角以内的区域是明亮的，而临界角以外的区域没有光通过，是暗的。调节明暗界线至视野中心，即可读出折光率。阿贝折射仪既可测量液体样品，也可测量固体样品如玻璃、塑料等的折光率。可以使用一种波长的光，也可以使用多波长光工作。（邱 东）

阿布里科索夫，A.A. Alexei Alexeyevich Abrikosov（1928-06-25～2017-03-29） 美籍俄裔理论物理学家。生于苏联莫斯科，卒于美国加利福尼亚州帕罗奥多。1948～1965年，在苏联科学院物理问题研究所学习、工作，1951年在该所获物理学博士学位。1965年起任苏联科学院理论物理研究所研究室主任。1966年起兼任莫斯科大学教授。1976年起兼任莫斯科钢铁合金学院教研室主任。1991年任职于美国伊利诺伊州国立阿贡实验室物质科学部凝聚态物质理论组。

阿布里科索夫的研究涉及超导体、金属、半金属、半导体和高压物理等多个领域。1952年，在研究当时的玻璃底板上镀金属薄膜的实验数据时，发现第Ⅱ类超导体，并提出磁通线形成周期性“格子”的“混合态”予以解释。但他的研究没有得到导师L.D.朗道的认可，他自己也还没有充分认识这一理论的意义，这样论文就被搁了下来。直到1957年才正式发表他的论文，建立超导合金磁性理论。由于在超导电性方面的贡献，阿布里科索夫获得2003年诺贝尔物理学奖。此后，他还预言了无能隙超导现象，建立了铋型半金属理论、无能隙半导体理论、自旋玻璃理论。（郭奕玲）

阿尔法磁谱仪 Alpha Magnetic Spectrometer; AMS 人类首次送入太空进行天体物理、宇宙学和粒子物理研究的大型探测装置。物理目标是寻找宇宙中的反物质和暗物质，精确测量宇宙中各种同位素成分和能量高达数百吉电子伏的**γ射线**，为解决人类面临的若干重大疑难问题提供相应的实验依据。由诺贝尔物理奖获得者丁肇中教授领导建造，有美国、中国等11个国家和地区的数百名科学家和工程师的共同参与。

1998年6月2日，AMS搭乘美国“发

阿尔法磁谱仪外观

现”号航天飞机，在距离地球表面约400千米的高空成功地进行了为期10天的太空实验飞行，检验了探测器的各项性能，收集到许多实验数据，得到了一些有趣的物理结果，观察到了400千米高度赤道附近区域的一些反常效应。这次飞行为磁谱仪的正式运行打下了基础。（王书鸿）

阿尔费罗夫，Z.I. Zhores Ivanovich Alferov（1930-03-15～2019-03-02） 俄罗斯半导体物理学家。生于白俄罗斯维捷布斯克，卒于圣彼得堡。1970年获列宁格勒（今圣彼得堡）约飞技术物理学院物理学和数学博士学位，长期任约飞技术物理研究所研究员、所长，1972年起兼任列宁格勒电子技术学院教授。

阿尔费罗夫从事半导体物理、半导体电子学、量子电子学、技术物理等方面的研究，参加了第一批晶体管、发光二极管和大功率锗整流器的研制工作，发现了异质结构中的超注入现象。从1962年起，他一直致力于半导体异质结构的研究，开发了半导体异质结构快速光电和微电子器件。1963年和R.F.卡扎林诺夫提出双异质结构激光器的原理。他的研究小组在1968年获得了双异质结构脉冲激光输出，1970年5月送出了室温下连续激光器的报告。由于在半导体异质结构研究的开创性工作，阿尔费罗夫获2000年诺贝尔物理学奖。（郭奕玲）

阿尔苏勒-阿罗诺夫-斯皮瓦克振荡 Altshuler-Aronov-Spivak oscillation 与电子的弱局域化或弱反局域化相关的一种电阻随磁通量振荡的量子效应。简称AAS振荡。它是1981年由B.L.阿尔苏勒、A.G.阿罗诺夫和B.Z.斯皮瓦克三人提出的，同年为实验所证实。考虑电子经历的运动路径构成一个回路并且该回路包围了一个磁通，电子沿顺时针方向绕回路一周和沿逆时针方向绕回路一周将在原点相遇并发生干涉。两条绕行路径的相位差相当于绕回路两周积累的相位，因而与两倍的磁通量相关，这一干涉效应导致的电阻随磁通量的振荡就是AAS振荡。AAS振荡与**阿哈罗诺夫-玻姆效应**（AB效应）不同。AB效应中，决定电子干涉的相位差是绕行回路一周积累的相位，因而AAS振荡的周期（$h/2e$）只有AB效应振荡周期（h/e）的一半，这里h是普朗克常数，e是电子电量。对于自旋轨道耦合较弱的体系，AAS振荡在零磁场时会得到电阻极大值，是弱局域化效应的一个证据，而对于自旋轨道耦合较强的体系，AAS振荡在零磁场时会得到电阻极小值，是弱反局域化效应的一个证据。（沈　瑞）

阿尔瓦雷茨，L.W. Luis Walter Alvarez（1911-06-13～1988-09-01） 美国实验物理学家。生于加利福尼亚州旧金山，卒于加利福尼亚州伯克利。1936年获芝加哥大学哲学博士学位。此后一直任加州大学伯克利分校辐射实验室教授。其间，1941～1945年先后在麻省理工学院和洛斯阿拉莫斯国家实验室做科学研究。1969年任美国物理学会会长。是美国国家科学院院士。

阿尔瓦雷茨在读研究生期间，随A.H.康普顿发现宇宙线粒子带正电的“东-西效应”。1939年他又与F.布洛赫一起首次测定中子磁矩。第二次世界大战期间，在麻省理工学院的辐射实验室从事雷达研究，做出微波早期警报系统、雷达瞄准投弹系统、盲目着陆系统等多项发明。1944～1945年在洛斯阿拉莫斯实验室提出聚爆型原子弹起爆技术，发明了钚弹的引爆剂。1945～1947年领导建造了第一台质子直线加速器。特别是运用D.A.格拉泽发明的气泡室并发展出氢气泡室和数据分析技术，从而发现了许多共振态，对粒子物理学的发展有决定性贡献。为此，获得1968年诺贝尔物理学奖。（郭奕玲）

阿尔文，H. Hannes (Olof Gösta) Alfvén（1908-05-30～1995-04-02） 瑞典物理学家。生于诺尔雪平，卒于于什霍尔姆。1934年获乌普萨拉大学博士学位并在此任教。1937年任诺贝尔物理研究所研究员。1940年起任瑞典皇家工程研究院教授。1967年起兼任美国加利福尼亚大学教授。他是瑞典科学院和瑞典工程科学院院士，美国国家科学院外籍院士。

阿尔文开拓了磁场中导电气体的磁流体动力学的研究领域。他首先意识到等离子体是宇宙中比固态、液态或气态更为普遍的物质状态。1942年他在太阳黑子的理论研究中发现，处在磁场中的导电流体，在一定条件下可以使磁力线像振动的弦那样运动，出现一种磁流体波。这种波后来被称为阿尔文波。但当时并不理会他的这个发现，因为按照传统的电磁理论，在导电介质中是不可能存在电磁波的。直到1949年，阿尔文波才首先在液态金属中被观察到，1959年又在等离子体中得到证实，终于受到应有的重视。这一发现在等离子体物理、天体物理、受控热核反应以及超声速飞行、太空飞行中都有重要应用。他还提出过处理带电粒子在磁场中运动的“导向中心”近似法，此方法可较简捷地求得带电粒子在磁场中的运动规律。由于在磁流体动力学和等离子体物理学方面的贡献，获得1970年诺贝尔物理学奖。1971年还获得苏联科学院罗蒙诺索夫金质奖章。

从1943年起，阿尔文系统地发表了关于太阳系的天体演化方面的论文，对宇宙磁场的起源、太阳系的质量分布与结构、地球与月球系统的起源与演化、彗星的性质与起源、小行星带的演化等方面，也都有贡献。他提出宇宙是由等量的物质和反物质构成的，提出了与大爆炸起源说不同的宇宙早期演化学说。（戴念祖）

阿伏伽德罗，A. Amedeo Avogadro（1776-08-09～1856-07-09） 意大利物理学家、化学家。生于都灵，卒于都灵。早年致力于法学工作，1796年获法学博士学位。1800年起开始自学数学和物理学。1809年任韦尔切利学院自然哲学教授。1819年被选为都灵科学院院士。当都灵大学于1820年设立意大利的第一个物理讲座职位时，他就被任命为这一讲座的教授。他还担任过意大利度量衡学会会长。

他的努力使公制在意大利得到推广。

阿伏伽德罗毕生致力于化学和物理学中关于原子论的研究。当时由于J.道尔顿和J.-L.盖-吕萨克的工作，近代原子论处于开创时期，阿伏伽德罗从盖-吕萨克定律（又称气体化合体积定律）得到启发，于1811年提出了一个对近代科学有深远影响的假说：在相同的温度和相同压力条件下，相同体积中的任何气体总具有相同的分子个数。但他这个假说却长期不为科学界所接受，主要原因是当时科学界还不能区分分子和原子，同时由于有些分子发生了离解，出现了一些阿伏伽德罗假说难以解释的情况。直到1860年，由于意大利化学家S.坎尼扎罗的努力，阿伏伽德罗假说才被普遍接受，后称为阿伏伽德罗定律。为了纪念他，后人将标准状态下1摩尔物质中所含分子数称为阿伏伽德罗常数。他还反对当时流行的气体分子由单原子构成的观点，认为氮气、氧气、氢气都是由两个原子组成的气体分子。阿伏伽德罗定律对科学的发展，特别是原子量的测定工作，起了重大的推动作用。1893年德国化学家W.H.能斯特在他的理论化学专著的书名下还特别加了一个很有分量的标题“根据阿伏伽德罗的观点”。阿伏伽德罗还研究了液体的热膨胀、比热和毛细管现象。（戴念祖）

阿哈罗诺夫-玻姆效应 Aharonov-Bohm effect 理论上预言磁矢势具有直接物理意义的量子相干效应。简称AB效应。经典电动力学中，描述电磁场的电场强度$\boldsymbol{E}$和磁感应强度$\boldsymbol{B}$被认为是具有直接物理意义的物理量，它们确定了电磁场对电荷、电流的作用力，可被测量。关于电磁场的基本方程就是关于$\boldsymbol{E}$和$\boldsymbol{B}$的**麦克斯韦方程组**，根据$\boldsymbol{B}=\nabla\times\boldsymbol{A}$和$\boldsymbol{E}=-\nabla\varphi-\frac{\partial \boldsymbol{A}}{\partial t}$定义的电磁标势$\varphi$和矢势$\boldsymbol{A}$是为了计算方便所引入的辅助量，它们具有一定的不确定性，因而不具备直接的物理意义。经典电动力学的这种观点与整个经典物理学中认为力才是具有直接物理意义的观点相一致。而量子力学中带电粒子在电磁场中运动的**薛定谔方程**的形式，源于对经典运动方程的正则表述，电磁标势和矢势出现在基本方程中，显示它们在物理上的实在性。

基于这种考虑，1959年Y.阿哈罗诺夫和D.J.玻姆提出一个电子干涉实验，如图所示。S为电子束源，O为双孔屏。由于电子的波动性，电子束通过双缝分成两束，在接收屏上相干可得双缝干涉条纹（图a）。现在考虑在紧靠双缝的后面放置一个细小的通电密绕长螺线管，管外的磁感应强度$\boldsymbol{B}$为零，但存在着环形的磁矢势$\boldsymbol{A}$分布，因此通电密绕长螺线管外是一个非零势的零场区域。按照经典观念，由于螺线管外$\boldsymbol{B}=0$，电子从螺线管的两侧穿过时，电子的运动不会受到任何影响，电子在屏上的干涉条纹不会有任何变化。但按照量子观念，磁矢势$\boldsymbol{A}$具有直接的物理意义，可引起电子运动的可观察的物理效应。由于磁矢势$\boldsymbol{A}$的存在可影响到电子波的相位，电子波从螺线管两侧穿过所附加的相位差为：

$$\Delta\varphi=\varphi_1-\varphi_2=\frac{q}{\hbar}\int_1 \boldsymbol{A}\cdot \mathrm{d}\boldsymbol{l}-\frac{q}{\hbar}\int_2 \boldsymbol{A}\cdot \mathrm{d}\boldsymbol{l}$$

$$=\frac{q}{\hbar}\oint \boldsymbol{A}\cdot \mathrm{d}\boldsymbol{l}=\frac{q}{\hbar}\iint \boldsymbol{B}\cdot \mathrm{d}\boldsymbol{S}=\frac{q}{\hbar}\boldsymbol{\Phi}$$

式中q为电子电荷；$\hbar=\frac{h}{2\pi}$为约化普朗克常数；第一式中的两个线积分分别为沿路径1、2的积分；第二式中的第一个积分为矢势$\boldsymbol{A}$沿绕通电螺线管的环路积分，第二个积分为磁感强度$\boldsymbol{B}$沿环路面积的积分；$\boldsymbol{\Phi}$为通电螺线管内的磁通量，此相位差将引起电子波干涉条纹的移动（图b）。

AB效应虽在1959年才正式提出，但W.埃伦贝格和R.E.西代基于半经典的处理方法，在更早的1949年，就已涉及类似的概念。AB效应提出来之后，引起物理界的重视，从1960年起得到了多个实验验证。其中1982年外村彰等人的实验尤其令人信服。1985年R.A.韦布等在介观尺度的金属环中观察到AB效应，说明电子在经受多次弹性散射后还保持着相位的记忆。

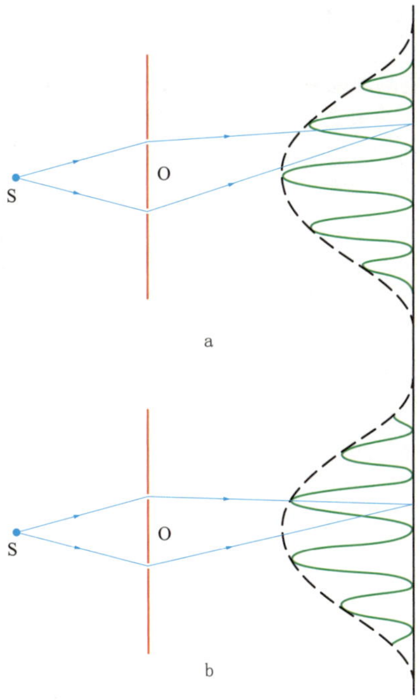

电子干涉实验

除了上述关于磁矢势的AB效应之外，还有标势的AB效应。将两相干的电子束分别射入两个金属筒后，两筒上加不同的电势，而在电子越出筒之前撤销电势，再将两电子束会聚，同样会引起电子波干涉条纹的移动。

另外，根据电磁理论的对偶性，将具有磁矩的通电密绕螺线管换成均匀带电细棒，用一束带有磁矩的中性粒子（如中子）从带电细棒的两侧沿不同路径通过后再会聚起来，也会获得不同的相位而产生干涉条纹的移动，这是1984年阿哈罗诺夫和A.卡舍尔提出的，简称AC效应。

AB效应的重要性在于，它指出在量子力学中电磁势具有基本的物理意义。AB效应显示了量子相位因子的特殊重要性。量子相位概念是现代物理发展的主旋律之一，其基本概念几乎已渗透到物理学的各个领域。（陈熙谋 沈 瑞）

阿基米德 Archimedes（约前287～前212）古希腊力学家和数学家。生于西西里岛的叙拉古（今意大利锡拉库萨），卒于叙拉古。其父是天文学家和数学家。11岁到亚历山大里亚城学习数学、力学和天文学。公元前240年回到叙拉古，当了国王的顾问。前213年，在反对罗马人攻占叙拉古城的战斗中阿基米德起了重要作用。

他制造了许多有效的作战机械，将罗马人攻占叙拉古城的时间推迟了很久。另一难以置信的传说是，他曾让许多人手执凹面镜会聚阳光，烧毁了围攻叙拉古城的罗马船只。前212年，叙拉古城失陷，正在聚精会神研究科学问题的阿基米德，不幸被罗马士兵杀害。

流传下来的关于阿基米德的生平资料比古希腊其他科学家更详细，但大多是奇闻逸事，或许是他的机械天才在民众中留有深刻印象的缘故。据说他发明了用水力推动的星球仪，并用它模拟太阳、行星和月亮的运行及表演日食和月食现象。为解决船内积水的问题，他发明了圆筒状的螺旋扬水器，后人称它为“阿基米德螺旋”。阿基米德的主要科学贡献是：

①在总结前人经验的基础上，系统地研究了物体的重心和杠杆原理，为静力学奠定了基础。提出了精确地确定物体重心的方法，指出在物体的重心处支撑，就能使物体保持平衡。在《论平面板的平衡或平面的重心》一书中，进一步确定了各种平面图形和圆锥曲线弓形的重心，并对杠杆平衡条件做了严格的数学证明，得出重物的重量比和它们离支点的距离成反比的杠杆定律。运用这一定律，阿基米德设计过杠杆滑轮系统，创造了用小力把大船拉到水里的奇迹。为了说明杠杆原理的威力，他曾说过：“假如给我一个支点，我就能推动地球。”

②发现**阿基米德原理**，从而奠定了流体静力学的基础。传说希伦王召见阿基米德，让他鉴定纯金王冠是否掺假。他冥思苦想多日，在跨进澡盆洗澡时，从看见水面上升得到启示，有了关于浮体问题的重大发现，并通过王冠排出的水量解决了国王的疑问。在著名的《论浮体》一书中，他按照各种固体的形状和比重的变化来确定其浮于水中的位置，并且详细阐述和总结了后来闻名于世的**阿基米德原理**：放在液体中的物体受到向上的浮力，其大小等于物体所排开的液体重量。从此使人们对物体的沉浮有了科学的认识。

③在数学上，他确定了各种几何图形的面积和物体的表面积、体积的计算方法。他精通几何学，先后发现了几十条定理。在《圆的测定》等著作中，提出了计算圆的周长、面积及扇形面积的准确公式；他用圆内接多边形与外切多边形边数增多、面积逐渐接近的方法，精确求出圆周长与直径之比（常数 π）应处在小于22/7、大于223/71的误差范围。在这些计算中，他创立的“穷竭法”，实质上与现代数学积分计算的基本思想相同。在《论抛物线面积的求法》《论球和圆柱》等著作中，阿基米德在计算抛物线弓形面积和球、椭球、旋转抛物体等的表面积与体积时，进一步发展了“穷竭法”。可以说他是现代微积分学的先导。他还首创任意大数的记数方法，突破了当时用希腊字母记数最大数不能超过1万的局限。

阿基米德和他的前辈及同时代的学者相比，他的学术活动有一个显著的特点，就是极为重视科学的严密性、准确性，要求对每一个问题都进行精确的、合乎逻辑的证明。特别是，他将数学方法和物理问题紧密结合，不仅用数学推导力学问题，而且将力学思想用以发现数学定理。如在他的《关于力学定理和方法》中描述了他如何用“力学”方法得到了某些数学发现（如弓形面积、球的面积和体积）。在文艺复兴运动期间及其之后，阿基米德的科学方法就成为近代科学得以诞生的基本方法。

阿基米德还是古代天文学家。他精确测定的二至（夏至、冬至）点，被后来天文学家喜帕恰斯所引用，发明了用仪器观测太阳视直径的精巧方法。相传，关于行星间距离与音程相关的一组数据，不是毕达哥拉斯发现的，而是属于阿基米德的发现。

遗憾的是，中世纪时期，阿基米德及其科学和科学方法并未引起人们的重视。阿拉伯人在8～9世纪将其著作译成阿拉伯文，至少使阿拉伯数学家获益匪浅。16～17世纪，他的著作又从阿拉伯文译成拉丁文，这对于传播其科学成就起了很大作用。近代科学兴起之时，J.开普勒、伽利略、R.笛卡儿和P.de费马等人都从他的著作中得到启发。

流传下来的阿基米德的著作除以上涉及者外，尚有《论螺线》《论锥体和球体》《沙的计算》等。据现在所知，他失传的著作有《天球仪的制造》《论杠杆》《支持》《原理》和《反射光学》等。在他死后差不多两千年，1670年英国牛津出版了《阿基米德遗著全集》。经历这么多世纪而保留下来的阿基米德的著作，已全部收在这部全集中。（戴念祖）

阿基米德原理 Archimedes principle 由**阿基米德**提出的流体力学的一个重要原理。阿基米德原理指出：潜没于静止流体中的物体受到一个垂直向上的力（**浮力**），大小等于该物体所排开的流体的重量，作用点为所排开流体的形心。此结论适用于部分浸于液体的物体（浮体），处于流体静力学平衡的浮体所受的浮力等于它自身的重量。可利用流体静力学理论，通过计算物体所受的流体压力的合力严格地证明该原理。

阿基米德原理可用于解释气球的上升机理：充满轻气体的气球的自重小于它所排开的空气的重量（浮力）。利用该原理可制成液体比重计。对部分浸入液体的比重计，它所受到的浮力：

$$F=W=\gamma V$$

式中 W 为比重计的重量；V 为浸入液体的体积；γ 为液体的比重。若已知 W 和 V，可确定比重 γ。（戴世强）

阿拉戈，D.-F.-J. Dominique-François-Jean Arago（1786-02-26～1853-10-02） 法国物理学家、天文学家。生于埃斯塔热勒，卒于巴黎。1803年毕业于巴黎国立工艺美术学院。1809年任巴黎国立工艺美术学院画法几何讲座教授，同年被选为法国科学院院士，1830年任巴黎天文台台长，暨法国科学院终身秘书。在政治上他是资产阶级共和派著名人物之一，1830年进入议会，1848年二月革命后出任临时政府海军部长。拿破仑称帝后，因拒绝效忠而被革职。

在光学上，阿拉戈于1811年使用薄云母片发现色偏振现象，阐明了产生牛顿环的必要条件，发明了一种偏振镜，用以观察天空散射光的偏振。阿拉戈与A.-J.菲涅耳共同研究了**偏振光**的干涉，于1816年发现偏振方向互相垂直的两束光线不干涉。发现石英有使偏振方向旋转的能力，这就是物质的旋光性。1833年，又发明一种光度计，用以测定星尘的相对强度。他支持菲涅耳、É.-L.马吕斯、T.杨等人的波动说。光从光疏介质进入光密介质时，其速度是增大还是减小的问题，按照微粒说，此时光的传播速度在稠密介质中应较大，而按波动说则相反。阿拉戈1838年设计一个判决性实验，打算直接比较光在空气、水和玻璃中的传播速度。但实验难度较大，直到1848年法国革命和1850年他失去视力，仍未能完成。阿拉戈在晚年鼓励青年科学家继续进行这项工作。后来J.-B.-L.傅科和A.H.L.斐索改进了他的设计，把这个实验做成，直接否定了微粒说。

在磁学上，1820年阿拉戈重复奥斯特发现的电流磁效应实验，从而鼓舞了安培等人对电磁理论的研究。1824年还发现转动的铜盘能影响磁针转动。后经法拉第证明这是一种电磁感应现象，旋转的铜盘被称为“阿拉戈盘”。在天文学上，阿拉戈支持U.-J.-J.勒威耶对天王星运动反常的研究，这一研究导致了海王星的发现。作为科学院秘书，阿拉戈写了大量科学家传记和科学读物，对法国科学的发展起了不小的促进作用。

（戴念祖）

阿罗什，S. Serge Haroche（1944-09-11～ ）法国物理学家。生于摩洛哥卡萨布兰卡。1967年获巴黎高等师范学校学士学位，1971年获巴黎第六大学博士学位。1967～1975年在法国国家科学研究中心工作。1975年担任巴黎第六大学教授，同时在巴黎综合理工大学（1973～1984）、麻省理工学院（1980）、哈佛大学（1981）、耶鲁大学（1983～1993）和法国国立工艺学院（2000）授课。1994～2000年担任巴黎高师物理系主任。自2001年起担任法兰西学院教授。

自20世纪80年代以来，研究光与物质相互作用的量子光学发展迅速。物理学家逐渐利用微观实验检验量子力学基本原理和微观与宏观世界之间的转变。阿罗什构建了一个空腔限制单光子行为。在接近绝对零度温度下布置两个相距2.7厘米的超导镜面，单光子进入空腔后被限制0.1秒后才会丢失或吸收。阿罗什利用对磁场变化极其敏感的里德伯原子研究光子量子态。在光子逃离光学腔或被吸收前，里德伯原子以特定速度逐个进入光学腔与光子耦合，形成一种纠缠态。当里德伯原子离开光学腔时，其量子态发生改变。因此，通过测量里德伯原子状态改变便可推知光学腔内光子状态，计算其中光子数目，了解其从量子态到经典状态的转变过程，为制造新型超高速量子计算机打下基础。2012年，阿罗什与D.J.维因兰德因“提出了突破性的实验方法，使测量和操控单个量子体系成为可能”而共同分享诺贝尔物理学奖。（刘金岩）

阿秒激光 attosecond laser 一种脉冲宽度极短（短于百阿秒）的超快激光。阿秒是指10^{-18}秒。由于阿秒激光脉冲宽度非常短，具有很宽的光谱范围，其中心频率会进入极紫外甚至X射线波段。可以产生阿秒激光脉冲的主要方法有气体高次谐波、固体高次谐波、高阶拉曼边带等，其中最常用也最成熟的是气体高次谐波方法。气体高次谐波是飞秒强激光脉冲（一般光强在10^{13}～10^{15}瓦/厘米^2）与气体介质相互作用产生的，它可以产生从可见光到软X射线波段的超宽带光谱，且由于其非微扰的物理特性导致这么宽的光谱辐射具有近似平顶的强度分布，这些恰好满足了阿秒激光脉冲产生的条件。通过控制气体高次谐波的产生过程，然后从中滤出一定宽度的光谱，在时域上就能获得阿秒激光脉冲。如果要产生单阿秒激光脉冲，还需要载波包络相位稳定（CEP）的飞秒激光脉冲。阿秒激光的主要用途在于超快电子动力学的探测和控制。由于介质中电子能级差比较大，一般都在数电子伏以上，这导致大部分电子运动的时间尺度都在阿秒的时间尺度，因此其动力学过程的探测需要阿秒激光脉冲。

阿秒激光脉冲在原子、分子、凝聚态物质等体系的超快电子动力学探测中获得了广泛应用。但由于气体高次谐波的产生效率比较低，导致产生的阿秒激光脉冲强度很低，这限制了很多方面的应用。因此，一个重要问题是如何产生高强度的阿秒激光脉冲。可能的途径包括：精确控制气体高次谐波产生过程中的电子运动以提高其产生效率，采用高功率的少周期飞秒激光脉冲泵浦，以及在自由电子激光或X射线激光中进一步放大阿秒激光脉冲等。其中采用高功率的少周期飞秒激光脉冲泵浦是比较常用的方法，其难点转移至少周期飞秒激光脉冲产生技术。而用自由电子激光或X射线激光进一步放大的方法，其难点在于放大过程的增益带宽难以保证。（曾志男）

阿普顿，E.V. Edward Victor Appleton（1892-09-06～1965-04-21）英国大气物理学家。生于布莱德福，卒于爱丁堡。曾在剑桥大学圣约翰学院学习，1920年在剑桥卡文迪什实验室工作。1924年，任伦敦大学国王学院惠斯通物理学教授，12年后返回剑桥大学主持自然哲学讲座。曾短期担任卡文迪什实验室主任，开创了该实验室的无线电物理学学派。1938～1954年任国际无线电联合会主席，1941年被授予爵士。1939～1949年任英国科学和工业研究部大臣，此后任爱丁堡大学校长。

阿普顿于1924年证实了O.亥维赛等人提出的高空反射电离层（96.6千米）的存在，1926年又发现了241千米高的新的电离层，后被称为阿普顿层。他还创造了一系列用无线电波探测电离层的方法，建立了电离层的磁离子理论。他的发现使远距离无线电通信成为可能，也促进了雷达的发展，为此获1947年诺贝尔物理学奖。（郭奕玲）

阿斯顿，F.W. Francis William Aston（1877-09-01～1945-11-20）英国物理学家、实验化学家。生于伯明翰哈伯恩，卒于剑桥。1891年开始在莫尔文学院学习，1893年转入伯明翰大学。1903～1908年在伯明翰大学担任J.H.坡印廷的研究助手。1910年去剑桥大学卡文迪什实验室担任J.J.汤姆孙的研究助理，协助他从事阳极射线的研究。1912年获剑桥大学学士学位。1919年成为剑桥大学三一学院教员，并在剑桥卡文迪什实验室从事研究。1921～1945年担任卡文迪什实验室的研究员。1921年选为英国皇家学会会员。

阿斯顿起初研究气体放电现象。1908年发现了阴极附近的一个“暗区”，后来被命名为“阿斯顿暗区”。1913年在J.J.汤姆孙实验基础上，发现了氖的同位素^{22}Ne。1919年创制了质谱仪，并用此仪器检查了50种以上元素，证明多数化学元素是几种质量不同但化学性质相同的原子的集合物。1920年提出“整数规则”，即原子质量是^{16}O标度的整数倍。由于他发明质谱仪和发现非放射性元素的同位素及其整数规则而获得1922年诺贝尔化学奖。1925年他对质谱仪做了新的改进，精密度达1/10 000，从而发现了更多的同位素。（戴念祖）

阿斯金，A. Arthur Ashkin（1922-09-02～2020-09-21）美国物理学家。生于纽约。1947年获哥伦比亚大学学士学位。1952年获康奈尔大学博士学位。1942～1945年任职于哥伦比亚辐射实验室。1952～1991年任职于贝尔实验室。

20世纪60年代初，阿斯金致力于研究激光物理。相比于普通光，

激光具有单色性、相干性、方向性和高亮度等特点。阿斯金发明一种光镊工具，能够利用单束高度汇聚的激光形成三维势阱捕获、操纵微粒，即利用激光将微粒推向光束中心，将其固定并进行操纵。从而实现用激光抓取粒子、原子、病毒和其他活体细胞。20世纪80年代后期，阿斯金首次将该技术应用于生物学领域，利用它捕获单个烟草花叶病毒和大肠杆菌。1997年，朱棣文利用该项技术俘获原子而获得诺贝尔物理学奖。2018年，阿斯金因在激光物理学领域的突破性发明，尤其是“光学镊子及其在生物系统的应用”方面的贡献，与法国科学家G.**穆鲁**和加拿大科学家D.**斯特里克兰**共同分享诺贝尔物理学奖。（尹晓冬）

矮偶极共振 pygmy dipole resonance 远离β稳定线的丰中子核在远低于巨共振能量区域的低能端（<10兆电子伏）出现的巨偶极共振峰。在实验和理论研究中均已发现。矮偶极共振可以解释为原子核内弱束缚的中子皮相对于同位旋饱和的核芯振动。这种现象不仅在有很大的中子盈余的奇特核中被观察到，而且在一些中子质子不对称度较大的稳定核中也能观察到。人们对这个新的核激发模式的认识刚开始，研究还在深入。

矮偶极共振对天体核合成的快过程中的中子俘获率计算起重要的作用，尽管它的强度相对于总巨偶极共振的强度很小，但是它能增强快过程中辐射中子俘获截面。（马中玉）

爱丁顿，A.S. Arthur Stanley Eddington（1882-12-28～1944-11-22） 英国天文学家和理论物理学家。生于肯德尔，卒于剑桥。曾在曼彻斯特的欧文学院和剑桥的三一学院学习。1913～1944年任剑桥大学天文学教授，1914年任剑桥大学天文台台长，同年被选为英国皇家学会会员。1921～1923年任皇家天文学会会长，1930～1932年任英国物理学会会长，1932年任英国数学协会会长，1938～1944年任国际天文学联合会主席。

爱丁顿是英国最早研究A.爱因斯坦的广义相对论的科学家，他在1918年首先把它完整地介绍到英国。1919年，他组织了两个日食观测队，并亲自率领一个队到非洲普林西比岛进行观测，首次证实了爱因斯坦所预言的光线在引力场中的偏折。1920年，他出版了《空间、时间和引力》一书，1923年，他的名著《相对论的数学理论》问世。爱因斯坦曾称赞此书是用各种文字所写的相对论著作中最好的一本。晚年，在未完成的著作《基本理论》一书中，他试图通过统一量子论和相对论来找出普适物理常数。

爱丁顿的主要贡献在天体物理方面，特别是恒星物理学方面。著名的恒星学家E.A.米尔恩说爱丁顿把真正的物理思想引入了恒星结构，使这个领域重新活跃起来，并大放异彩。

爱丁顿的其他著作有：《物理世界的本性》(1928)、《科学和未知世界》(1929)、《膨胀的宇宙》(1933)、《科学的新途径》(1935)、《质子和电子的相对论理论》(1936)、《物理科学的哲学》(1939)等。（刘　辽）

爱因斯坦，A. Albert Einstein（1879-03-14～1955-04-18） 美籍犹太裔物理学家，20世纪伟大的自然科学家之一。生于德国符腾堡乌耳姆一个经营电器作坊的犹太人家庭，卒于美国新泽西普林斯顿。1880年随全家迁居慕尼黑。父亲和叔父在那里合办一个为电站和照明系统生产电机、弧光灯和电工仪表的电器工厂。在任工程师的叔父等人的影响下，爱因斯坦较早地受到科学和哲学的启蒙。1894年，全家其他人迁到意大利米兰。继续在慕尼黑上中学的爱因斯坦因厌恶德国学校窒息自由思想的军国主义教育，自动放弃学籍和德国国籍，只身去米兰。1895年转学到瑞士阿劳市的州立中学，1896年进瑞士苏黎世联邦理工学院师范系学习物理学，1900年毕业。由于他落拓不羁的性格和独立思考的自学习惯为教授们所不满，大学一毕业就失业。1900年春取得瑞士国籍。1902年被伯尔尼瑞士专利局录用为技术员。他利用业余时间开展科学研究，于1905年在物理学三个不同领域中取得了历史性成就。同年，以论文《分子大小的新测定法》取得苏黎世大学的博士学位。1909年离开专利局任苏黎世大学理论物理学副教授。1911年任布拉格德国大学理论物理学教授。1912年任母校瑞士苏黎世联邦理工学院教授。1914年，应M.普朗克和W.H.能斯特的邀请，回德国任威廉皇帝物理研究所所长兼柏林大学教授，直到1933年。在此期间，1920年曾应H.A.洛伦兹和P.厄任费斯脱的邀请，兼任荷兰莱顿大学特邀教授。回德国不到4个月，第一次世界大战爆发，他投入公开的和地下的反战活动。经过8年艰苦的探索，于1915年建立了广义相对论。爱因斯坦和相对论在西方成了家喻户晓的名词，同时也招来了德国和其他国家的沙文主义者、军国主义者和排犹主义者的恶毒攻击。1933年1月纳粹攫取德国政权后，爱因斯坦是科学界首要的迫害对象，幸而他当时在美国讲学，未遭毒手。3月他回欧洲后避居比利时，9月9日发现有准备行刺他的盖世太保跟踪，星夜渡海到英国，10月转到美国普林斯顿，在新建的高级研究院任教授，直至1945年退休。1940年取得美国国籍。1939年他获悉铀核裂变及其链式反应的发现，在匈牙利物理学家L.西拉德推动下，上书罗斯福总统，建议研制原子弹，以防德国占先。第二次世界大战结束前夕，美国在日本两个城市上空投掷原子弹，爱因斯坦对此强烈不满。战后，为开展反对核战争的和平运动和反对美国国内法西斯危险，进行了不懈的斗争。1955年因主动脉瘤破裂逝世。

科学贡献 爱因斯坦的科学生涯开始于1900年冬天，至1904年，他每年都写出一篇论文，发表于德国《物理学杂志》。头两篇是关于液体表面和电解的热力学，后转而研究热力学的力学基础，1902～1904年所写的三篇论文都属于这一领域。1902年的论文就是从力学定律和概率运算推导出热平衡理论和**热力学第二定律**。1904年的论文认真探讨了统计力学所预测的涨落现象，发现能量涨落（或体系的热稳定性）取决于玻尔兹曼常数。他把这一结果大胆地用于辐射现象，得出辐射能涨落公式，使他于1905年在辐射理论和分子运动论两个方面同时做出重大突破。1905年，爱因斯坦在科学史上创造了除I.**牛顿**之外的又一个奇迹年，他在物理学的三个不同领域（布朗运动和分子实在性、光量子论、狭义相对论）做出了有划时代意义的贡献。

布朗运动和分子实在性 关于分子、原子是否存在的问题，即使在化学和物理学上有许多研究成果表明它们的存在，但科学家、哲学家中仍有些人持反对意见。

1895年以来，以W.奥斯特瓦尔德为代表的“唯能论”和以L.玻尔兹曼为代表的“原子论”展开了激烈辩争。玻尔兹曼在斗争中深感孤独、忧闷，导致精神失常，于1906年自杀。**布朗运动**是1827年植物学家R.布朗发现的，它显示出悬浮水中微粒的无规则运动。爱因斯坦的博士论文是研究布朗运动的前奏。他反对那些认为布朗运动可能导致第二种永动机存在的说法，并确信布朗运动使我们在显微镜下可以证实我们称为分子的那种热运动。由于分子的实在性是统计物理学的物质基础，因此爱因斯坦曾以多种方式研究它，并进而提出测定阿伏伽德罗常数N_A的方法。

爱因斯坦的博士论文理论计算的N_A值，经第二年修正和后来J.B.佩兰的指正为6.6×10^{23}。此前，爱因斯坦在论光电效应的论文中，利用黑体辐射长波极限，测得$N_A=6.17\times10^{23}$。在1905年5月发表的和1905年12月完稿的有磁布朗运动两篇论文中，爱因斯坦共提出另外三种测定N_A值的方法。1907年在《普朗克辐射理论和比热理论》一文中，提供了一种N_A值测定法。1910年，爱因斯坦又利用临界浮光测定N_A值。各种各样的方法得到近似的N_A值，让人们确认了分子的实在性。对此做出多种实验验证的佩兰曾指出，此后“要对分子假设持敌对态度，那将是困难的”。奥斯特瓦尔德也在1908年不得不认输，承认“充满空间的物质是由原子组成的”。佩兰因布朗运动的实验研究获1926年诺贝尔物理学奖。

光量子论　爱因斯坦于1905年3月写的论文《关于光的产生和转化的一个推测性的观点》把普朗克1900年提出的量子概念扩充到光在空间中的传播，提出光量子假说，认为：对于时间平均值（即统计的平均现象），光表现为波动；而对于瞬时值（即涨落现象），光则表现为粒子。这是历史上第一次揭示了微观客体的波动性和粒子性的统一，即**波粒二象性**。这篇论文还把玻尔兹曼提出的“一个体系的熵是它的状态的概率的函数”命名为玻尔兹曼原理。他用光量子概念轻而易举地解释了光电现象，推导出光电子的最大能量同入射光的频率之间的关系。由于他的光电效应定律的发现，爱因斯坦获得了1921年诺贝尔物理学奖。爱因斯坦的光量子论，遭到几乎所有老一辈物理学家的反对，但他仍坚持不懈地发展它。1906年他把量子概念扩展到物体内部的振动上，基本上说明了低温条件下固体的比热同温度间的关系。1916年他发表了《关于辐射的量子理论》论文，提出关于辐射的吸收和发射过程的统计理论，从N.玻尔1913年的量子跃迁概念，推导出普朗克的辐射公式（图1）。论文中提出的受激发射概念，

图1　爱因斯坦（右）与N.玻尔交谈

为20世纪60年代蓬勃发展起来的激光技术提供了理论基础。在光量子论所揭示的波粒二象性概念的启发下，1923年L.V.**德布罗意**提出物质波理论。爱因斯坦审查德布罗意关于物质波理论的博士论文，确认该文的价值。1924年当爱因斯坦收到印度青年物理学家S.**玻色**关于光量子统计理论的论文时，便把这理论同物质波概念结合起来，提出单原子气体的量子统计理论。这就是关于整数自旋粒子所服从的玻色-爱因斯坦统计（量子统计法）。受爱因斯坦这项工作的启迪，E.**薛定谔**把德布罗意波推广到束缚粒子，于1926年建立了波动力学（**量子力学**）。美国物理学家A.派斯认为：“爱因斯坦不仅是量子论的三元老（指普朗克、爱因斯坦和玻尔）之一，而且是波动力学唯一的教父。”

狭义相对论　1905年6月爱因斯坦写了一篇开创物理学新纪元的论文《论动体的电动力学》，完整地提出狭义相对性理论。该文在很大程度上解决了19世纪末出现的古典物理学的危机，推动了整个物理学理论的革命。他从自然界的统一性的信念出发，考察了这样的问题：牛顿力学领域中普遍成立的相对性原理，为什么在电动力学中却不成立？根据M.法拉第的**电磁感应**实验，这种不统一性显然不是电磁感应现象所固有的，问题一定在于古典物理理论基础。他吸取了E.马赫对牛顿的绝对空间与绝对时间概念的批判，从考察两个在空间上分隔开的事件的“同时性”问题入手，否定了没有经验根据的绝对同时性，进而否定了绝对时间、绝对空间，以及“**以太**”的存在。他把伽利略发现的力学运动的相对性这一基本实验事实，提升为一切物理理论都必须遵循的基本原理，同时又从斐索实验和光行差概念出发，将光在真空中总是以一确定速度c传播而不论光源运动与否这一基本事实提升为原理。要使相对性原理和光速不变原理同时成立，不同惯性系的坐标之间的变换就不可能再是伽利略变换，而应该是另一种类似于H.A.洛伦兹1904年发现的那种变换。对于**洛伦兹变换**，空间和时间长度不再是不变的，但包括麦克斯韦方程组在内的一切物理定律却是不变（即协变）的。原来对伽利略变换是协变的牛顿力学定律，必须加以改造才能满足洛伦兹变换下的协变性。这种改造实际上是一种推广，是把古典力学作为相对论力学在低速运动时的一种极限情况。这样，力学和电磁学也就在运动学的基础上统一起来。1905年9月，爱因斯坦写了《物体的惯性同它所含的能量有关吗？》一文，揭示了质量m和能量E的相当性，$E=mc^2$，由此解释了放射性元素（如镭）之所以能释放出大量能量的原因。这为20世纪40年代实现的核能的释放和利用开辟了道路（图2）。

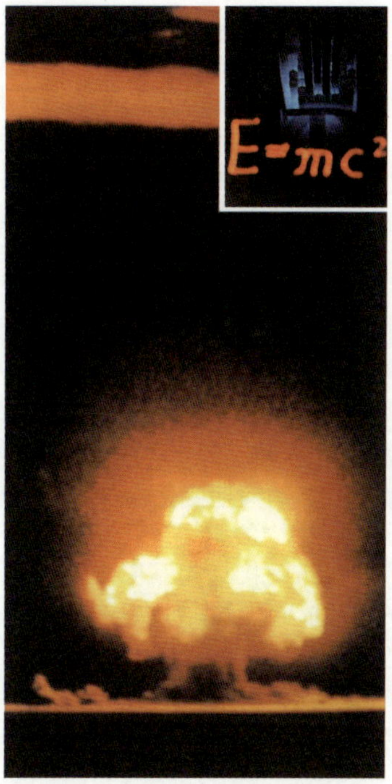

图2　质能关系与原子弹爆炸

广义相对论　狭义相对论建立后，爱因斯坦把相对性原理的适用范围推广到非惯性系。他从伽利略发现的引力场中一切物体都具有同一加速度这一事实找到了突破口，于1907年提出了等效原理：“引力场同参照系的相当的加速度在物理上完全等价。”并且由此推论：在引力场中，钟要走得快、光波波长要变化、光线要弯曲。爱因斯坦认为等效原理的发现是他一生中最愉快的思索。1912年初，他意识到在引力场中欧几里得几何并不严格有效。同时他还发现：洛伦兹变换不是普适的，需要寻求更普遍的变换关系；为了保证能量-动量守恒，引力场方程必须是非线性的；等效原理只对无限小区域有效。解决这些

问题，他在数学上遇到了困难。1912年他离开布拉格回到苏黎世母校工作。在M.格罗斯曼教授的帮助下，他学习了黎曼几何和张量分析。他们于1913年发表了重要论文《广义相对论纲要和引力理论》，提出了引力的度规场理论。这是首次把引力和度规结合起来，使黎曼几何获得实在的物理意义。可是他们当时得到的引力场方程只对线性变换是协变的，还不具有任意变换下的协变性。1915年10～11月他集中精力探索新的引力场方程，于4日、11日、18日和25日接连向普鲁士科学院提交了四篇论文。在第一篇论文中他得到了满足守恒定律的普遍协变的引力场方程，但加了只允许幺模变换下的限制。第三篇论文中，根据新的引力场方程，推算出光线经太阳表面所发生的偏折是1″74（这一预言于1919年由爱丁顿等通过日食观测得到证实，图3）；同时还推算出水星近日点每100年的剩余进动值是43″，同观测结果完全一致，完满地解决了60多年来天文学中一大难题。第四篇论文《引力的场方程》中，他放弃了对变换群的不必要限制，建立了真正普遍协变的引力场方程，宣告“广义相对论作为一种逻辑结构终于完成了”。1916年6月爱因斯坦研究引力场方程的近似积分，发现一个力学体系变化时必然发射出以光速传播的**引力波**。引力波的存在曾引起一些科学家的异议。1974年开始，通过4年测定射电脉冲双星PSR1913+16的周期变化，许多人认为它完全符合引力波阻尼理论所作的预言。1979年宣布间接证实了引力波的存在。2016年，激光干涉引力波天文台（LIGO）首次直接观测到引力波的存在，这是对广义相对论的又一验证。在强引力场情况下，广义相对论有许多独特的结论。如J.R.奥本海默根据广义相对论预言，恒星在核能用尽之后，如果质量足够大，就不可避免地会演变成黑洞。1967年发现脉冲星并证实为中子星后，认识到天空中的确存在着强场天体。天鹅座X-1现在被认为可能就是一个黑洞。1917年爱因斯坦用广义相对论的结果来研究整个宇宙的时空结构，发表了开创性论文《根据广义相对论对宇宙学所作的考察》。像他多次以一篇论文开创一个领域一样，这篇论文宣告了相对论宇宙学的诞生。在探索宇宙学中爱因斯坦首先指出无限宇宙与牛顿理论之间存在着难以克服的内在矛盾。根据牛顿力学不能建立无限宇宙这一物理体系的动力学。从牛顿理论和无限宇宙这两点出发，根本得不到一个自洽的宇宙模型，因此必然是：或者修改牛顿理论，或者修改无限空间观念，或者二者都加以修改。爱因斯坦放弃了传统的宇宙空间三维欧几里得几何的无限性，根据广义相对论建立了静态有限无界的自洽的动力学宇宙模型。在这个模型中，宇宙就其空间广延来说是一个闭合的连续区。这个连续区的体积是有限的，但它是一个弯曲的封闭体，因而是没有边界的。他在宇宙学的研究中引进用动力学建立宇宙学模型的方法，引进了宇宙学原理、弯曲空间等新概念。而且主张，宇宙的体积是无限的或是有限的这个问题，只有依靠科学而不是依靠信仰才能解决。他曾说：“科学研究能破除迷信，因为它鼓励人们根据因果关系来思考和观察事物。”因此，无论是同意或反对他的宇宙观念的人，都不能不承认爱因斯坦在宇宙学中写下了十分光辉的一页。

图3 爱因斯坦（左）与爱丁顿讨论光受大质量的物体影响产生偏离的现象

统一场论 爱因斯坦要把广义相对论再加以推广，使它不仅包括引力场，也包括电磁场。他认为这是相对论发展的第三个阶段，而且要把相对论和量子论统一起来，为量子物理学提供合理的理论基础。他希望在试图建立的统一场论中能够得到没有奇点的解，用来表示粒子，也就是企图用场的概念来解释物质结构和量子现象。最初的统一场论是数学家H.外尔于1918年把通常的四维黎曼几何加以推广而得到的。对此，爱因斯坦表示赞赏，但指出这一理论与一切氢原子都有同样光谱的事实相抵触。接着数学家T.卡鲁扎于1919年试图用五维流形来得到统一场论，得到了爱因斯坦的高度赞扬。他于1922年完成的第一篇统一场论的论文就是与卡鲁扎的理论相关的阐述。1925～1955年，除了关于量子力学的完备性问题、引力波以及广义相对论的运动问题以外，爱因斯坦几乎把全部的科学创造精力都用于统一场论的探索。1937年从广义相对论的引力场方程推导出运动方程，进一步揭示了空间-时间、物质、运动之间的统一性，这是广义相对论的重大发展，也是他在科学创造活动中所取得的最后一个重大成果。可是在统一场论方面，他始终没有成功。他碰到过无数次失败，但从不气馁，每次都满怀信心地从头开始，一直到临终前一天，还在病床上准备继续统一场论的数学计算。历史的发展没有辜负他，20世纪70年代和80年代一系列实验有力地支持电弱统一理论，统一场论的思想以新的形式显示着它的生命力，为物理学未来的发展提供了一个大有希望的前景。

和平卫士、唯理论者 爱因斯坦在科学思想上的贡献，只有N.哥白尼、牛顿和C.R.达尔文可以与之媲美。他同时以极大的热忱关心社会，关心政治。他说：“人只有献身于社会，才能找出那实际上是短暂而有风险的生命的意义。”他爱憎分明，有强烈的是非感和社会责任感。1933年他同刚上台的纳粹进行斗争时，他的挚友M.von劳厄劝他采取克制态度，他斩钉截铁地回答：“试问，要是G.布鲁诺、B.斯宾诺莎、伏尔泰和A.von洪堡也都这样想，这样行事，那么我们的处境会怎样呢？我对我说过的话没有一个字感到后悔，而我相信我的行为是在为人类服务。”他一贯反对侵略战争，反对军国主义和法西斯主义，反对民族压迫和种族歧视，为人类进步和世界和平进行不屈不挠的斗争。1914年第一次世界大战爆发时，他在一份仅有四人赞同的反战宣言上签了名，随后又积极参加地下反战组织“新祖国同盟”的活动。他对1917年俄国十月革命和1918年德国十一月革命都热情支持。第一次世界大战后，他致力于恢复各国人民相互谅解的活动，结果事与愿违。1933年纳粹的得逞，使他改变了反对一切战争和暴力的绝对和平主义态度，号召各国人民团结起来进行殊死的武装斗争。出于对法西斯的憎恨，促使他于1939年建议罗斯福总统抢在德国之前研制原子弹。第二次世界大战后，原子弹成为人类安全的极大障碍。他向全世界人民大声疾呼，要尽全力来防止核战争。他逝世前7天签署的《罗素-爱因斯坦宣言》，是当代反核战争和平运动的重要文献。爱因斯坦关心受纳粹残杀的犹太人的命运。第二次世界大战后他始终强调以色列同阿拉伯各国之间应“发展健康的睦邻关系”。1922年底至1923年初，爱因斯坦赴日本讲学曾两次途经上海。第一次经过上海时，瑞典驻上海总领事将他获1921年底诺贝尔物理学奖的消息正式通知爱因斯坦本人，大学生在南京路上将爱因斯坦高高举起。两次在上海的见闻使爱因斯坦对处于水深火热中的中国劳动人民的苦难寄予深切同情。

爱因斯坦的科学成就和社会政治活动都同他的哲学思想密切相关。主要受到三方面的影响：首先是如列宁所说的作为一个严肃的科学家所必然具有的自然科学唯物论（爱因斯坦称为“实在论”）的传统。其次是他终生景仰并作为自己人生榜样的斯宾诺莎的唯理论思想。这主要是相信自然界的统一性和合理性，相信人的理性思维能力。第三方面的影响来自D.休谟和E.马赫的经验论和他们的批判精神（爱因斯坦称之为“怀疑的经验论”）。休谟要求一切在传统上被认为是先验的东西都回到经验基础上来，这是哲学史上的重大突破。马赫对牛顿的绝对空间概念的批判，也给爱因斯坦很大启发。由于爱因斯坦坚持唯理论的唯物论，他对实证论（包括操作论）思潮采取抵制态度。1927年开始关于量子力学的解释问题同以玻尔为首的哥本哈根学派之间的长期激烈争论，就是基于这样的认识。他把对方的观点归于实证论，认为它必然导致唯我论。他是把统计理论用于量子物理学的先驱，但他对统计性的量子力学感到不满意，认为这只是过渡性的，不完备的，不能为量子理论的进一步发展提供理论出发点。他感觉到他的“科学本能”同当时理论物理学界流行的哲学倾向格格不入。他虽然孤单，但依然信心十足，且常用德国启蒙思想家G.E.莱辛的名言来自勉：“对真理的追求要比对真理的占有更为可贵。”爱因斯坦的一生，正是这种永不故步自封地对真理的探索精神的体现。（范宝新）

爱因斯坦速度相加定理 Einstein velocity addition theorem 狭义相对论中，描述洛伦兹变换下速度转换关系的定理。如果洛伦兹变换中的时间坐标和空间坐标描述的是某一物体的运动，则用时间变换式去除三个空间坐标变换式就得到爱因斯坦速度相加公式：

$$\left.\begin{aligned} u'_x &= \frac{u_x - v}{1 - vu_x/c^2} \\ u'_y &= \frac{u_y}{1 - vu_x/c^2}\sqrt{1-\frac{v^2}{c^2}} \\ u'_z &= \frac{u_z}{1 - vu_x/c^2}\sqrt{1-\frac{v^2}{c^2}} \end{aligned}\right\}$$

式中（u'_x, u'_y, u'_z）为物体在S'系中的速度分别沿（x', y', z'）轴的分量；（u_x, u_y, u_z）则为S系中的相应速度分量。爱因斯坦速度相加定理解释了A.H.L.斐索曾于1851年完成的流动水中的光速实验。1905年之后许多运动流体和运动固体中的光速实验也都在更高的精度上与爱因斯坦速度相加公式的预言相符。（张元仲）

爱因斯坦引力场方程 Einstein gravitational field equations *广义相对论*中引力场所需满足的最基本的方程组。它由A.*爱因斯坦*和德国数学家D.希尔伯特于1915年几乎同时得到，之后爱因斯坦又在方程中加入了宇宙学常数。

爱因斯坦引力场方程：

$$G_{\mu\nu}+\Lambda g_{\mu\nu}\equiv R_{\mu\nu}-\frac{1}{2}Rg_{\mu\nu}+\Lambda g_{\mu\nu}=\frac{8\pi G}{c^4}T_{\mu\nu}$$

是一个（关于下标对称的）张量场方程（其中下标取0、1、2、3代表弯曲时空的4个分量），它把描述时空几何弯曲程度的爱因斯坦张量$G_{\mu\nu}$与描写物质的能量-动量-应力张量$T_{\mu\nu}$联系在一起。式中Λ为宇宙学常数；$g_{\mu\nu}$为时空的度规张量，其逆是$g^{\mu\nu}$；$R_{\mu\nu}$为里奇曲率张量，$R=g^{\mu\nu}R_{\mu\nu}$是曲率标量；c为真空中的光速；G为牛顿引力常数。当$T_{\mu\nu}=0$时，方程化为：

$$G_{\mu\nu}+\Lambda g_{\mu\nu}\equiv R_{\mu\nu}-\frac{1}{2}Rg_{\mu\nu}+\Lambda g_{\mu\nu}=0$$

称为真空爱因斯坦引力场方程。

没有宇宙学常数的爱因斯坦引力场方程在弱场低速极限下给出牛顿引力理论中的泊松方程：

$$\Delta\phi=4\pi G\rho$$

式中$\Delta=\partial_x^2+\partial_y^2+\partial_z^2$为拉普拉斯算子；$\phi$为牛顿引力势；$\rho$为物质的密度。

爱因斯坦引力场方程与其他场方程（如牛顿引力场方程、电磁场的麦克斯韦方程等）相比，有一个非常特殊的性质。由于曲率张量存在毕安其恒等式，爱因斯坦张量$G_{\mu\nu}$总满足：

$$G^{\mu\nu}{}_{;\nu}=0$$

式中分号表示协变导数（度规张量$g_{\mu\nu}$及其逆$g^{\mu\nu}$的协变导数都为零），所以物质的能量-动量-应力张量$T_{\mu\nu}$满足协变守恒定律：

$$T^{\mu\nu}{}_{;\nu}=0$$

协变守恒定律给出物质的运动方程。这就是说，爱因斯坦引力场方程不仅包含引力场本身的方程，还同时给出了引力场源（即物质）的运动方程。这一性质说明，时空与物质的存在和运动并不是完全独立的。一方面，时空弯曲会影响物质的能量、动量等的分布，以及物质在时空中的运动；另一方面，物质的能量、动量等的分布与变化也直接影响着时空的曲率。这意味着在求解爱因斯坦引力场方程时，一般不能像求解牛顿引力场方程那样，任意假定物质分布，除非系统具有高度对称性，如物质具有球对称分布。

弯曲时空的度规张量$g_{\mu\nu}$关于$\mu\nu$对称，故只有10个独立分量。爱因斯坦引力场方程虽有10个分量方程，但由于存在4个毕安其恒等式，实际只有6个独立方程，不足以完全确定度规张量$g_{\mu\nu}$。为完全确定度规张量$g_{\mu\nu}$，需另外加4个坐标条件。

当宇宙学常数为正、零、负时，真空爱因斯坦引力场方程最简单的解分别是德西特时空、闵可夫斯基时空和反德西特时空，它们都是常曲率时空，曲率分别大于零、等于零、小于零。

爱因斯坦引力场方程是一个关于时空度规$g_{\mu\nu}$的高度非线性、二阶偏微分方程组，且场源的运动与引力场的构形一般必须同时求解，因而寻找这组方程的严格解非常困难。尽管如此，人们还是建立了许多求解方法，并求得这组方程的大量严格解。

在很多情况下引力场相当弱，时空仅稍微有一点弯曲，这时可只保留相对平直时空（或其他给定时空）的一阶扰动项，给出线性化理论。爱因斯坦利用广义相对论的线性理论预言了*引力波*的存在。

广义相对论的线性理论只要求引力场扰动很弱，并未要求物质做非相对论运动。对于束缚在弱引力场中的粒子，当引力势很小［$GM/(c^2r)\ll 1$］、粒子运动速度很低（$v^2/c^2\ll 1$）时，按引力势和粒子运动速度的幂次把引力场方程、粒子运动方程等逐级展开，头一阶就是牛顿近似，次一级近似是后牛顿近似。后牛顿近似可用来解释粒子运动轨道对牛顿轨道的偏离，也可用来计算自转同轨道运动耦合等重要的广义相对论效应。

广义相对论以前的所有动力学理论有一共同性质，即一旦给定系统的初值就可通过运动方程确定系统任一时刻的值。但在爱因斯坦引力场方程中，四维时空度规是作为一个整体出现在引力场方程中的，利用它不便于研究包含引力场的初值问题。为解决此问题，可针对一大类时空将广义相对论改写成几何动力学的形式，即对时空做1+3分解，在某一初始的三维超曲面上给定物质分布与三维几何，研究物质与几何沿时间方向的演化。几何动力学将爱因斯坦引力场方程的10个分量方程，分解为6个动力学演化方程和4个对初值的约束方程。

由于爱因斯坦引力场方程是高度非线性的，对现实存在的、广义相对论效应很大的、物质体系的动态演化过程无法求出解析解，甚至无法求出解析近似解，因而只能使用计算机，依据几何动力学做数值模拟。星体演化晚期的引力坍缩、致密天体碰撞、黑洞并合等过程的不同模型的数值模拟，可为引力波探测提供模板，为深入了解极端条件下粒子物理、核物理及引力物理等奠定基础；对不同宇宙演化模型的数值模拟，可展示宇宙早期演化的不同图像。

爱因斯坦引力与牛顿万有引力定律还有一个重要区别：在牛顿引力理论中，引力相互作用是瞬时超距作用；而在广义相对论中，引力相互作用则是以光速c传递的。 （黄超光）

安德森，C.D. Carl David Anderson （1905-09-03～1991-01-11） 美国实验物理学家。生于纽约，卒于加利福尼亚州的圣马利诺。父母是瑞典人。1927年毕业于加州理工学院，1930年获该院哲学博士学位。先后在该院任助教、副教授和教授。1941～1945年，参加美国国防研究委员会和科学研究发展部的工作。1962年以后在美国国家科学院工作。

从1930年起用磁云室观测γ射线和宇宙射线。为了鉴别粒子的性质，在云室中安有几块金属板，粒子穿过金属板，就可以区别其能量。1932年在照片中发现一条奇特的径迹，此径迹与电子的径迹相似，但却又具相反的方向，显示这是某种带正电的粒子。这一观测结果与P.A.M.狄拉克在1928年关于正电子的预言相吻合。稍晚又由P.M.S.布莱克特和G.P.S.奥恰利尼从簇射现象的观测中提出正电子产生的机理。此外，他还研究过宇宙射线粒子的能量分布和高速电子在穿过物质时的能量损耗。1936年，他和S.H.尼特迈耶一起在云室实验中又发现了一种带负电的新粒子，质量比电子大207倍，他们称之为μ子。安德森由于发现了正电子获1936年诺贝尔物理学奖。 （郭奕玲）

安德森，P.W. Philip Warren Anderson （1923-12-13～2020-03-29） 美国理论物理学家。生于印第安纳州印第安纳波利斯。卒于普林斯顿。1949年获哈佛大学哲学博士学位。同年起在贝尔实验室从事研究工作，先后任实验室理论物理部主任、实验室副主任、顾问委员会主任。1975年起兼任普林斯顿大学物理学教授。在此期间还在东京大学、英国剑桥大学任客座教授。1976年当选美国国家科学院院士。

1956年以来，在固体物理学的两个前沿即磁学和无序体系领域做出了突破性成就。先是提出两个磁性原子通过一个非磁性原子相互作用的超交换理论；后又发展为安德森局域化理论，即在杂质电导中，如果材料的无序程度足够大，则导带里的电子只能局限在有限范围内。此后又阐述了金属中存在杂质的原子磁矩的电子结构。这些概念被N.F.莫特运用并加以扩充，许多年后成为理解非晶态的无序系统中量子输运系统的关键。计算机上廉价的电子开关和存储器与安德森理论相关。由于对磁性和无序系统的电子结构所做的基础性研究，与莫特、J.H.范扶累克同获1977年诺贝尔物理学奖。 （郭奕玲）

安鲁效应 Unruh effect 20世纪70年代由S.A.富林、P.C.W.戴维斯和W.G.安鲁分别提出的一种平直时空的量子热效应。安鲁效应指在惯性观测者定义的闵可夫斯基真空中，匀加速（固有参考系中）观测者会认为自己处于一个充满了林德勒（Rindler）粒子的热库之中。这个热库的温度正比于匀加速观测者的固有加速度。这里以林德勒时空实标量场为例介绍安鲁效应。

对于平直时空坐标（t,x）引入坐标变换：

$$\begin{cases} t=\dfrac{1}{a}\mathrm{e}^{a\zeta}\sinh a\tau \\ x=\dfrac{1}{a}\mathrm{e}^{a\zeta}\cosh a\tau \end{cases}$$

式中$-\infty<\xi,\tau<0$，可得林德勒时空线元：

$$\mathrm{d}s^2=\mathrm{e}^{2a\xi}\left(\mathrm{d}\tau^2-\mathrm{d}\xi^2\right)-\mathrm{d}y^2-\mathrm{d}z^2$$

当$a>0$时，林德勒坐标（τ,ξ）对应闵可夫斯基时空$x>|t|$的区域；当$a<0$时，对应闵可夫斯基时空$x<|t|$的区域。这里只考虑$a>0$的情形。将林德勒度规代入标量场的克莱茵-戈登方程，有：

$$\frac{\partial^2\phi}{\partial\tau^2}=\left[\frac{\partial^2}{\partial\zeta^2}+\mathrm{e}^{2a\zeta}\left(\frac{\partial^2}{\partial y^2}+\frac{\partial^2}{\partial z^2}\right)-m^2\mathrm{e}^{2a\zeta}\right]\phi$$

求解可得一组正交归一的正频场模v_k。利用博戈留波夫变换计算林德勒正频场模v_k与闵可夫斯基正频场模u_k的混频系数β，可得闵可夫斯基真空态下林德勒粒子数算符的平均值为：

$$\langle 0_{\mathrm{M}}|b^{+}b|0_{\mathrm{M}}\rangle=\frac{1}{\mathrm{e}^{2\pi\omega/a}-1}$$

即满足玻色-爱因斯坦统计的粒子在温度为$T=\dfrac{a}{2\pi}$的热库的分布。在国际单位制中$T=\dfrac{\hbar a}{2\pi ck}$，式中$\hbar$、$c$和$k$分别为约化普朗克常数、光速和玻尔兹曼常数。由上式可见，为了达到1开的安鲁温度需要约10^{20}米/秒^{2}的固有加速度。因此，安鲁效应的观测十分困难，实验上还没有确切的证据证实安鲁效应。 （余宏伟）

安培 ampere 国际单位制中物理量电流的单位。简称安。符号为A。为纪念法国物理学家A.-M.安培而命名。1908年在伦敦举行的国际电学大会上，定义1秒时间间隔内从硝酸银溶液中能电解出1.118 00毫克银的恒定电流为1安培，又称国际安培。1946年，国际计量委员会（CIPM）提出定义为：在真空中，截面积可忽略的两根相距1米的平行而无限长的圆直导线内，通以等量恒定电流，导线间相互作用力在1米长度上为2×10^{-7}牛时，则每根导线中的电流为1安培，又称绝对安培。1国际安培=0.999 85绝对安培。该定义经1948年第9届国际计量大会（CGPM）通过并沿用至今。实际上，定义中的两根“无限长”导线是无法实现的，根据电动力学原理，可以用作用力相似等效的两个线圈替代。1960年10月第11届国际计量大会决定采用安培为电学量的基本单位，并作为国际单位制的基本单位。 （陈熙谋）

安培，A.-M. André-Marie Ampére （1775-01-22～1836-06-10） 法国物理学家。生于里昂，卒于马赛。1802年在布尔让-布雷斯中央学校任物理学和化学教授。1808年被任命为新建的大学联合组织的总监事，此后一直担任此职。1814年被选为帝国学院数学部成员；1819年主持巴黎大学哲学讲座。1824年担任法兰西学院实验物理学教授。1827年被选为英国皇家学会会员，柏林科学院和斯德哥尔摩科学院院士。1836年在巡视法国各大学途经马赛时逝世。

安培于1800～1814年研究过概率论

和积分偏微分方程。1808～1815年做了一些化学研究，试图寻找各种元素的分类和排列顺序关系。安培最主要的成就是1820～1827年对电磁作用的研究。1820年7月，H.C.奥斯特发表关于电流磁效应的论文后，同年9月4日，D.-F.-J.阿拉戈在法国科学院报告了奥斯特实验，引起安培的注意。两周后（9月18日）安培报告了他的实验结果：通电的线圈与磁铁相似；9月25日，他报告了两根载流导线存在相互影响，相同方向的平行电流彼此相吸，相反方向的平行电流彼此相斥；对两个线圈之间的吸引和排斥也做了讨论。通过一系列经典和简单的实验，他认识到磁是由运动的电产生的。他用这一观点来说明地磁的成因和物质的磁性。他受到挚友A.-J.菲涅耳的启示，提出分子电流假说：电流从分子的一端流出，通过分子周围空间由另一端注入；非磁化的分子的电流呈均匀对称分布，对外不显示磁性；当受外界磁体或电流影响时，对称性受到破坏，显示出宏观磁性，这时分子被磁化。安培的分子电流假说在当时物质结构的知识甚少的情况下无法证实，它带有相当大的臆测成分。在今天已经了解到物质由分子组成，而分子由原子组成，原子中有绕核运动的电子，安培的分子电流假说有了实在的内容，已成为认识物质磁性的重要依据。

为进一步说明电流之间的相互作用，1821～1825年安培做了关于电流相互作用的4个精巧的实验，并根据这4个实验导出两个电流元之间的相互作用力公式。虽然安培在推导中用了不必要的假设，但他的精湛的实验技巧与探求根源的思想一直为后人所称颂。1827年，安培将他的电磁现象的研究综合在《电动力学现象的数学理论》一书中，这是电磁学史上一部重要的经典论著，对以后电磁学的发展起了深远的影响。

为了纪念安培在电学上的杰出贡献，电流的单位安培（A）就以他的姓氏命名。

（戴念祖）

安培定律 Ampère's law 描述两个恒定电流元相互作用的规律。电磁学的基本规律之一。1820年丹麦物理学家H.C.奥斯特发现电流的磁效应，揭开了把电与磁联系起来研究的序幕。此后A.-M.安培做了两平行载流长直导线之间相互作用及载流螺线管与磁棒等效性的实验，认识到磁的本原就是电流。并认为电流之间的作用力是支配电磁现象的基本力。他进一步做了4个极为精巧的实验，得到电流相互作用力的一些结论：电流反向时产生的作用力也反向；电流元具有矢量的性质；作用在电流元上的力与电流元垂直；电流相互作用中几何线度（电流元的长度、相互距离等）增大相同倍数时作用力大小不变。安培曾假设电流元之间的相互作用力应沿它们的连线，根据实验结果导出电流元相互作用的一个公式。此前所发现的力（如万有引力、静电力）都具有牛顿式的有心力性质，而磁力并不具有这一性质，故这一假设并不正确。考虑到电流元的相互作用力不再沿它们连线方向，可导得两个电流元相互作用力公式为：

$$\mathrm{d}\boldsymbol{F}_{12}=k\frac{I_1I_2}{r_{12}^3}\mathrm{d}\boldsymbol{l}_2\times(\mathrm{d}\boldsymbol{l}_1\times\boldsymbol{r}_{12})$$

式中k为比例系数，它与各量的单位选择有关；$I_1\mathrm{d}\boldsymbol{l}_1$为电流元1；$I_2\mathrm{d}\boldsymbol{l}_2$为电流元2；$\boldsymbol{r}_{12}$为从电流元1到电流元2的径矢，$r_{12}$为其绝对值，亦即电流元1和电流元2之间的距离；$\mathrm{d}\boldsymbol{F}_{12}$为电流元1对电流元2的作用力。此式即称为安培定律。

将此式分解成两式：

$$\boldsymbol{B}=k\frac{I_1\mathrm{d}\boldsymbol{l}_1\times\boldsymbol{r}_{12}}{r_{12}^3}$$

$$\mathrm{d}\boldsymbol{F}_{12}=I_2\mathrm{d}\boldsymbol{l}_2\times\boldsymbol{B}$$

第一式为电流元1在$\boldsymbol{r}_{12}$处激发的磁感应强度，它与毕奥-萨伐尔定律的形式一致，是讨论恒定电流激发的磁场性质和计算其磁场分布的基础。第二式为电流元2在磁场$\boldsymbol{B}$处所受的安培力，它是研究电流线圈在磁场中受力和力矩以及运动的基础，它与运动电荷在磁场中受的洛伦兹力公式一致，因而也是研究运动电荷在磁场中运动的基础。

（陈熙谋）

安培环路定理 Ampère's circuital theorem 恒定磁场的基本定理之一。安培环路定理可表述为在恒定磁场中磁感应强度$\boldsymbol{B}$沿任意闭合环路L的线积分等于穿过此环路所有电流强度I代数和的μ_0倍，用公式表示则有：

$$\oint_L\boldsymbol{B}\cdot\mathrm{d}\boldsymbol{l}=\mu_0\sum_{(L内)}I$$

式中μ_0为真空磁导率。电流I的正负规定如下：当穿过以环路L为周界的任意曲面的电流方向与环路L的环绕方向服从右手法则时，电流$I>0$；反之，电流$I<0$。恒定磁场的安培环路定理可以从毕奥-萨伐尔定律和磁场的叠加原理导出。运用数学中的斯托克斯公式可将安培环路定理表达成微分形式，恒定磁场中磁感应强度的旋度等于电流密度$\boldsymbol{j}$的μ_0倍，用公式表示为：

$$\nabla\times\boldsymbol{B}=\mu_0\boldsymbol{j}$$

这说明恒定磁场是有旋的，描述恒定磁场的磁感应线是与电流线相互套连的环形线。当存在磁介质时，安培环路定理可表述为在恒定磁场中，磁场强度$\boldsymbol{H}$对任意闭合环路L的线积分等于穿过此环路所有传导电流I_0的代数和，用公式表示为：

$$\oint_L\boldsymbol{H}\cdot\mathrm{d}l=\sum_{(L内)}I_0$$

式中磁场强度$\boldsymbol{H}=\dfrac{\boldsymbol{B}}{\mu_0}-\boldsymbol{M}$，$\boldsymbol{M}$为磁化强度矢量。存在磁介质时安培环路定理的微分形式为：

$$\nabla\times\boldsymbol{H}=\boldsymbol{j}_0$$

式中$\boldsymbol{j}_0$是传导电流d密度。

在非恒定磁场情形安培环路定理并不成立，它导致与电荷守恒基本规律的尖锐矛盾。J.C.麦克斯韦深入分析了其中存在的问题，提出位移电流假设，为建立普遍的电磁场理论做出了杰出的贡献。

（陈熙谋）

安培力 Ampère force 通电导线在磁场中受到的作用力。由法国物理学家A.-M.安培首先通过实验确定。可表述为：将电流强度为I的长度为l的直导线，置于磁感应强度为$\boldsymbol{B}$的均匀外磁场中，则导线受到的安培力的大小为：

$$f=IBl\sin\alpha$$

式中α为导线中的电流方向与$\boldsymbol{B}$方向之间的夹角，$\boldsymbol{f}$、$\boldsymbol{l}$、I及$\boldsymbol{B}$的单位分别为牛（N）、米（m）、安（A）及特（T）。安培力的方向垂直于由通电导线和磁场方向所确定的平面，且$\boldsymbol{l}$、$\boldsymbol{B}$与$\boldsymbol{f}$三者的方向间呈右手螺旋关系。任意形状导线在均匀磁场中受到的安培力，可看作无限多直线电流元$I\Delta\boldsymbol{l}$在磁场中受到的安培力的矢量和。

（范宝新 陈熙谋）

暗光子 dark photon 一种理论预言的新U(1)规范场对应的轻矢量玻色子。作为标准模型的自然扩充，这种粒子可以和光子通过拉氏量里的混合项$\epsilon F'_{\mu\nu}F^{\mu\nu}$发生混合，$\epsilon$为表征混合的待定系数。混合后的暗光子与标准模型粒子之间存在一种有效电磁相互作用，其强度可以由$\alpha'\equiv\epsilon^2\alpha$来表征（$\alpha\equiv e^2/4\pi$为精细结构常数）。由于标准模型得到了大量实验的精确检验，因此暗光子和光子之间的混合必须是被压低的，即ϵ是一个很小的量。在理论上，混合项可能来自某些重的新物理粒子所传递的高阶圈图效应，其预言的ϵ能自然达到10^{-6}～10^{-2}量级。

暗光子主要指无质量或质量不大于GeV量级的轻规范U(1)玻色子。通过某些非标准模型希格斯破缺机制可以使暗光子自然获得量级为MeV至GeV的质量。这种暗光子能通过有效电磁相互作用迅速衰变到电子、μ子或强子。

许多新物理模型都预言了额外的U(1)规范场和有效电磁相互作用，一些早期工作可以追溯到20世纪80年代。2008年起PAMELA、ATIC、AMS02等实验发现高能宇宙线正负电子存在超出。这种超出可以由暗物质湮灭产生的正负电子来解释，而暗光子是理想的传递暗物质和标准模型粒子之间相互作用的中介粒子。因此暗光子的研究引起了高能物理领域的广泛关注。

搜寻质量为MeV至GeV量级的暗光子的实验包括轻子反常磁矩测量、固定靶实验、介子衰变测量、高能强子对撞机和低能正负电子对撞机等实验。μ子反常磁矩标准模型预言值与实验观测之间可能存在一定的偏差，但是解释这个偏差的暗光子参数区间（$m \lesssim 1\text{GeV}$，$\epsilon \sim 10^{-2}-10^{-3}$）基本已被其他实验排除。

暗光子有可能在质心能为GeV量级的高亮度正负电子对撞机上直接产生，通过它的各种衰变产物可以重建其信号。2007～2009年的一些理论研究表明中国的BESIII实验具有很强的探测暗光子信号的能力。BESIII、KLOE、BABAR等一系列国内外实验尚未发现可靠的暗光子信号。实验结果表明对于质量在几十MeV至几GeV之间的暗光子，ϵ不应超过10^{-4}～10^{-3}的量级。

在文献中暗光子也经常被称为重光子（heavy photon）或者U玻色子（U boson）。

（殷鹏飞　朱守华）

暗能量　dark energy　具有负压强、能够提供排斥力的物质。只参与引力相互作用而不参与电磁相互作用，其分布是均匀且各向同性的，无明显的成团性质。在两个独立的天文观测小组通过遥远超新星的观测而发现宇宙在加速膨胀的事实以后，D.胡特尔和M.S.特纳于1999年首次引入了能够解释宇宙加速膨胀机制的“暗能量”这一术语。虽人类尚未直接观测到暗能量，但几乎所有的天文观测数据都表明暗能量是存在的，并指出暗能量约占宇宙总能量的68%，在宇宙中均匀地分布着。

在理论上与宇宙学观测符合得最好的暗能量模型是最简单的宇宙学常数模型，其状态方程参数为常数−1，不随宇宙的演化而变化。而宇宙学常数是1917年A.爱因斯坦为建立一个静态的宇宙模型而引入的。该模型指出已经开始的加速膨胀将会永远持续下去，宇宙的时空会越来越接近一个德西特时空。宇宙学常数加上冷暗物质的宇宙学模型就是著名的ΛCDM模型。尽管宇宙学常数是暗能量最简洁的也是第一的候选者，但它却存在以下两个严重的理论问题：

①精细调节问题。一般认为宇宙学常数是由真空能给出的，但量子场论所预言的真空能与观测到的暗能量相差上百个数量级，这意味着要得到现在的宇宙学常数，就必须对宇宙的初始条件进行非常精细的调节。

②巧合性问题。物质的演化行为与宇宙学常数完全不同，因而很难解释今天的物质密度为何恰好会与宇宙学常数的能量密度在同一个量级。

为了缓解上述理论问题特别是巧合性问题，人们希望暗能量的物态方程可随时间演化，而且天文观测显示一定范围内状态方程参数是允许随时间变化的。这样就提出了很多动力学暗能量模型，如精质模型、幽灵模型、精灵模型、快子模型等，以讨论暗能量随时间演化的可能性。此外，基于全息原理还提出了全息暗能量模型。其基本思想是宇宙中的暗能量不能超过与宇宙同体积的黑洞质量，从而暗能量密度和宇宙尺度的平方成反比。通过选取适当的宇宙尺度作为理论的红外截断，全息暗能量模型也可驱动宇宙加速膨胀并与试验观测很好地吻合，同时对宇宙学常数问题及巧合性问题提供较为合理的解释。

解释宇宙加速膨胀效应的另一种思路是修改广义相对论，例如标量-张量理论、矢量-张量理论、有质量引力理论等。修改引力模型和动力学暗能量模型在背景层面是不可区分的，但是它们所预言的扰动演化行为有所不同，因此有可能借助大尺度结构形成来区分它们。

暗能量的本质决定着宇宙的命运。如果加速膨胀是由真空能引起的，那么宇宙将永远延续这种加速膨胀的状态。如果导致当今宇宙加速膨胀的暗能量是动力学的话，那么宇宙的未来将由暗能量场的动力学性质来决定，有可能会永远加速膨胀下去，也有可能重新进入减速膨胀的状态，甚至可能收缩，特别是在精灵暗能量框架下，宇宙将有可能是膨胀、收缩、再膨胀再收缩，循环往复的。

自从宇宙加速膨胀发现以来，各种暗能量模型层出不穷，暗能量问题亦成为宇宙学研究的核心之一，但暗能量的本质和起源仍然是未解之谜。随着大规模宇宙学观测项目的相继实施、观测数据的大量积累和观测手段的突飞猛进，宇宙学研究已经迈进了“精确宇宙学时代”，这为进一步研究宇宙加速膨胀的规律、确定暗能量的形式和物理特性，以及甄别各种暗能量模型提供了可能。

宇宙加速膨胀是宇宙学的一个里程碑性的重大发现。暗能量的本质是21世纪物理学面临的重大挑战。中国和国际上将运行一批大型的地面和空间暗能量项目，包括国际上的DESI、Euclid、LSST，中国的空间站巡天、天籁计划。中国的阿里CMB实验将建成并运行，对宇宙原初引力波的探索和暗能量的研究具有重要的意义。

（潘启沅　张新民）

暗物质　dark matter　通过天文观测研究推断出的可能存在于星系、星团及宇宙中其质量远大于宇宙中全部可见天体之总和的不可见物质。暗物质一词最早由J.C.卡普坦在1922年提出，用以指利用引力效应，通过观测星体的运动间接推断出其周围可能存在的不可见物质。

简史　卡普坦和J.H.金斯在1922年，以及J.H.奥尔特在1932对太阳系附近星体运动的研究未能发现暗物质存在的确凿依据。

1933年F.兹威基利用光谱红移测量后发座星系团中各个星系相对于星系团的运动速度。发现它们的速度弥散度太高，仅靠星系团中可见星系的质量产生的引力是无法将其束缚在星系团内的。因此星系团中应该存在大量的暗物质。其质量为可见星系的至少百倍以上。S.史密斯在1936年对室女座星系团的观测也支持这一结论。不过这一突破性的结论在当时未能引起学术界的重视。

1939年H.W.巴布科克通过研究仙女座大星云的光谱，显示星系外围的区域中星体的旋转运动速度远比通过开普勒定律预期的要大。对应于较大的质光比，这暗示着该星系中可能存在大量的暗物质。1940年奥尔特对星系NGC3115外围区域星体运动速度的研究，指出其总质光比可达250。1959年F.D.卡恩和L.沃尔特耶研究彼此吸引的仙女座大星云和银河系之间的相对运动，通过研究它们靠近的速度和彼此间的距离，推论出人类所处的本星系团中的暗物质比可见物质的质量约大十倍。

暗物质存在的一个重要证据来自1970年V.C.卢宾和W.K.福特对仙女座大星云中星体旋转速度的研究。利用高精度的光谱测量技术，可以探测到远离星系核区域的外围星体绕星系旋转速度和距离的关系。按照牛顿万有引力定律，如果星系的质量主要集中在星系核区的可见星体上，星系外围的星体的速度将随着距离而减小。但观测结果表明，在相当大的范围内星系外围的星体的速度是恒定的。这意味着或者牛顿万有引力定律是不正确的，或者星系中有大量的不可见物质并不分布在星系核心区，且其质量远大于发光星体的质量总和。1973年M.S.罗伯茨和A.H.罗梯斯运用21厘米特征谱线观测技术探测仙女座大星云外围气体的速度分布，也从另一角度证实了这一结论。暗物质存在这一推论逐渐被天文学界广泛认可。虽然通过修改牛顿或爱因斯坦引力理论也是一种可能的途径，但这一方法仍离统一解释全部的观测事实还有很长距离。

基本内容　星系团中普遍存在能发射出X射线的炽热气体，当气体在星系团引力场中达到流体力学平衡后，可通过其温度推测出星系团的质量。大量的星系团X射线观测数据表明星系团质量远大于其中发光部分的贡献。暗物质虽不可见，但其存在可通过其引力透镜效应改变背景星系团的影像显现出来。通过对强弱引力透镜效应的研究，发现星系团中大量暗物质存在的证据。利用弱引力透镜效应，还发现超大星系团中也存在暗物质。这些结论和通过X射线观测得到的结论保持一致。在宇宙尺度上，通过对宇宙中微波背景辐射各向异性的精细观测，可确定出宇宙中暗物质的总量。观测表明，宇宙总能量的27%由暗物质贡献，构成天体和星际气体的常规物质只占5%，其余为推动宇宙加速膨胀的暗能量。

暗物质的存在已经得到了广泛的认同，然而对暗物质属性了解很少。已知的暗物质属性仅包括有限的几个方面：暗物质应是有质量的，参与引力相互作用，但单个暗物质粒子的质量大小还很不确定；暗物质应是高度稳定的，由于在宇宙结构形成的不同阶段都存在暗物质的证据，暗物质应该在宇宙年龄时间尺度上是稳定的；暗物质基本不参与电磁相互作用，与光子的相互作用必须非常弱，以至于暗物质基本不发光；数值模拟表明暗物质的运动速度应该是远低于光速，否则我们的宇宙无法在引力作用下形成大尺度结构；暗物质不可能是常规致密天体。微引力透镜的巡天观测研究显示，宇宙中不发光的致密天体的总量是很小的。更重要的是，暗物质不应是重子物质，即不是由质子和中子构成的。因为宇宙中重子物质的总量是确定的，可由原初核合成理论计算得出，并和观测很好地符合。因此如此大量的暗物质不可能来自重子物质。人类已知的物质世界几乎全部由重子物质构成。相比而言，暗物质是一种完全未知的新的物质类型。

研究状况　暗物质的存在是对描述物质结构及其相互作用规律极为成功的粒子物理标准模型的明确挑战。**粒子物理标准模型**中只有中微子有可能是暗物质粒子。但从早期宇宙中热退耦出来的中微子是几乎以光速运动的，与暗物质低速运动的特征不相符合，并且其数量无法成为暗物质的主要组成部分。标准模型中没有合适的暗物质候选者，这表明当前的标准模型还不是一个统一描述物质世界的完备理论。

如果暗物质与常规物质存在微弱的相互作用，其丰度可能是来源于热力学退耦的剩余丰度。研究表明，如果暗物质的相互作用强度和质量在电弱相互作用能标附近，则可自然解释宇宙中的暗物质丰度。这一类候选者通常被称为弱相互作用的有质量粒子（WIMP）。很多超出标准模型的新物理理论模型中都预言存在这类粒子。典型的候选者是超对称理论中最轻的超对称粒子。当然不起源于热退耦的非WIMP类型的暗物质也是有可能存在的，如与强相互作用中电荷共轭-宇称反演联合对称性破缺相联系的轴子。

若暗物质与常规重子物质有微弱的相互作用，则有可能通过实验室手段探测暗物质的粒子属性。除了天文观测，暗物质的实验探测手段大致有三个途径：一是通过宇宙星系中暗物质的湮没或微衰变产生的次级粒子，如正负电子、正反质子、中微子、光子等进行探测；二是在深部地下实验室的低辐射本底环境下探测暗物质与原子核的可能的碰撞散射过程；三是在高能对撞机上直接产生出暗物质粒子并进行探测。对于轴子类型的暗物质，可通过其在强磁场中光子的产生进行探测。

（周宇峰）

昂萨格倒易关系　Onsager's reciprocal relation　描述不可逆热力学过程的线性唯象定律中各系数间的倒易关系。动力系数满足$L_{kl}=L_{lk}$，即$\mathbf{L}$为二阶对称张量。在有磁场情况下，动力系数为磁感应强度$\boldsymbol{B}$的函数，并有$L_{kl}(\boldsymbol{B})=L_{lk}(-\boldsymbol{B})$。此式的意义为，在某一磁感应强度$\boldsymbol{B}$时测得的$L_{lk}$等于在反向相等磁感应强度时测得的$L_{kl}$。上述两式称为昂萨格倒易关系，也简称昂萨格关系。　（班士良　崔　鑫　宫　箭）

奥本海默，J.R.　Julius Robert Oppenheimer（1904-04-22～1967-02-18）　美国

理论物理学家。生于纽约，卒于普林斯顿。1925年毕业于哈佛大学，1927年获得格丁根大学博士学位。1929年再次去欧洲，先后在荷兰莱顿大学和瑞士苏黎世大学工作。回国后，1929～1942年在加利福尼亚大学和加利福尼亚理工学院任教和做研究工作。1941年参与曼哈顿工程，1943年任美国物理学会会长。1946～1966年任普林斯顿高级研究院院长。1946～1952年，他是美国原子能委员会总顾问委员会主席，又曾是美国派驻联合国原子能委员会代表团顾问。美国国家科学院、丹麦皇家文理科学院、巴西科学院和日本帝国学士院院士。

奥本海默从青年时代起主要从事物理学的理论工作，在原子核理论、量子场论等方面都有过贡献。早在1926年，他就利用量子力学方法研究了分子振动光谱；与M.玻恩一起提出量子力学中**玻恩-奥本海默近似法**。1930年指出P.A.M.狄拉克电子理论中的“空穴”不是质子，而应是质量与电子相同的一种带正电的新粒子，从而预言了正电子的存在。1937年与J.F.卡尔森共同提出一种研究宇宙线中电子-光子簇射的方法。1939年又同别人合作，提出了中子星的质量上限，即奥本海默极限，还根据广义相对论提出球对称下的引力坍缩现象，它是黑洞理论的先驱性论文。

1942年奥本海默负责筹建属于曼哈顿工程的洛斯阿拉莫斯实验室，次年任该实验室主任。在此期间，他组织领导一大批世界著名的物理学家，研究、设计了首批原子弹。第二次世界大战以后，他反对美国制造氢弹，主张原子能的和平利用；曾受到麦卡锡主义者的迫害（即所谓奥本海默案件）。

奥本海默培养了许多理论物理学家，促进了第二次世界大战后美国的新的物理学中心的形成。　（戴念祖）

奥斯特　oersted　绝对电磁单位（CGSM）制和高斯制中物理量磁场强度的单位。简称奥。符号为Oe。为纪念丹麦物理学家H.C.**奥斯特**而命名。定义在长直细导线中通有1绝对电磁单位的恒定电流（等于10安培）时，在距导线2厘米处的磁场强

度为1奥斯特。当同一电流通过半径为1厘米的单匝环形线圈时，则在环心处产生的磁场强度为2π奥斯特。在绝对电磁单位制中磁感应强度$\boldsymbol{B}$与磁场强度$\boldsymbol{H}$有如下的关系，$\boldsymbol{B}=\boldsymbol{H}+4\pi\boldsymbol{M}$，$\boldsymbol{M}$为介质磁化强度，因而$\boldsymbol{B}$的单位（高斯）和$\boldsymbol{H}$的单位（奥斯特）实际上相同。奥斯特和国际单位制中的磁场强度单位安/米（A/m）之间的换算关系为：

$$1奥斯特=\frac{1000}{4\pi}安/米$$

（陈熙谋）

奥斯特，H.C. Hans Christian Ørsted（1777-08-14～1851-03-09） 丹麦物理学家、化学家。生于鲁兹克宾城，卒于哥本哈根。1794年考入哥本哈根大学，1799年获哲学博士学位。1801～1803年，先后到德国和法国游学，受到I.康德和F.W.J.von谢林关于自然力统一思想的熏陶。1806年担任哥本哈根大学物理学教授，1829年出任哥本哈根理工学院院长。

奥斯特从事物理学和化学方面的研究，主要的贡献是发现电流的**磁效应**。在康德的哲学引导下，他坚信电力和磁力有着共同的根源。1820年4月他观察到通电导线扰动磁针的现象，发现了电流的磁效应。奥斯特的发现促进了安培对电磁力的研究（1820～1827），也导致发现了毕奥-萨伐尔定律，并由此导致电与磁关系的一系列发现以及应用广泛的电磁铁的出现。

奥斯特早年曾以吸引和排斥来解释燃烧和酸碱中和；1822年曾测定水的压缩系数的精确数据；1825年最早提炼出铝，但纯度不高。他最后一项研究是19世纪40年代末期对抗磁体的研究，试图用反极性和反感应效应来解释物质的抗磁性。

为了纪念奥斯特在电磁学上的贡献，1934年召开的国际标准计量会议通过用“奥斯特”命名CGS单位制中的磁场强度单位。奥斯特又是一位优秀的物理学教师，美国物理学教师协会从1937年起每年颁发一枚“奥斯特奖章”，奖给在教学上做出杰出贡献的物理学教师。

（戴念祖）

奥斯特实验 Oersted's experiment 1820年丹麦自然哲学家H.C.**奥斯特**所进行的首次揭示电流磁效应的著名实验。电与磁的一些现象人们很早就多次观察到，到16世纪英国的W.吉尔伯特将它们归入两种彼此不相干的现象之中。虽然早在1750年美国B.富兰克林已经观察到莱顿瓶放电可使钢针磁化，甚至更早在1640年已有人观察到闪电使罗盘磁针倒转，但到19世纪初科学界仍然普遍认为电和磁是两种独立的作用。与这种传统观念相反，奥斯特接受德国哲学家I.康德和F.W.J.von谢林关于自然力统一的哲学思想，坚信电与磁之间有着某种联系。经过多年研究，在1820年发现电流的磁效应。他用伏打电堆连接铂丝导线组成的回路，在电流导线的下方放置一个与导线平行的罗盘小磁针。当电流接通时，看到磁针转动一下；接着他使电流反向，又看到磁针反向转动一下。以后他又利用大型的伏打电堆进行了一系列的研究，发现：用不同的金属导线都能产生相同的效应，只是程度有所不同；用玻璃、木头、水、松脂、瓦片、石块等非磁性物质放在导线和罗盘之间，它们对磁针的偏转没有影响；用黄铜针代替磁针，电流不会引起铜针扰动；他还发现电流对磁针的偏转具有圆形环绕的特性，把磁针放在电流导线的上方和下方，磁针的指向刚好相反。奥斯特的发现开启了电磁学研究的新纪元。

（陈熙谋）

奥谢罗夫，D.D. Douglas Dean Osheroff（1945-08-01～ ） 美国低温物理学家。生于华盛顿州的亚伯丁。1973年获康奈尔大学博士学位。1972年加入贝尔实验室，1982年任固体低温物理部主任。1987年任斯坦福大学物理学和应用物理学教授，1993～1996年任该校物理系主任。

1972年，奥谢罗夫在康奈尔大学低温物理实验室当研究生期间，跟随导师D.M.**李**教授，和R.C.**里查森**一起研究^{3}He在极低温下的核磁有序转变，却意外地发现了^{3}He的超流体现象。由于他的敏锐观察力，才使实验成为一个大发现。这一发现为低温物理研究开辟了一个新方向，也为高温超导机制和宇宙大爆炸初期的相变研究有所贡献。为此，他们共获1996年诺贝尔物理学奖。

（郭奕玲）

B

巴巴散射 Bhabha scattering 电子与正电子的散射过程。量子电动力学中的一类基本量子过程。这里的正电子是电子的反粒子。从**量子电动力学**（QED）退化到**经典电动力学**中，巴巴散射反映了正负电子通过库仑力产生相互吸引的物理本质。该散射名称来源于印度物理学家H.J.巴巴。

量子电动力学是描述电子与光子等粒子相互作用的基本量子理论，其中电子与正电子是物质粒子，而光子是传递相互作用的中间玻色子。电子与正电子之间的相互作用必须由光子来传递。巴巴散射主要包含两个机制：一个是湮没过程，一个是散射过程，分别称为s道和t道。相应的最低阶费曼图如下图所示。左图表示初态的电子e^-与正电子e^+首先湮灭成虚光子γ，然后再重新产生正负电子；右图中初态电子辐射一个光子，随后该光子被正电子吸收。在小角度散射时，电子改变的动量较小，t道中交换的虚光子离壳较小，因此右图给出领头项贡献。

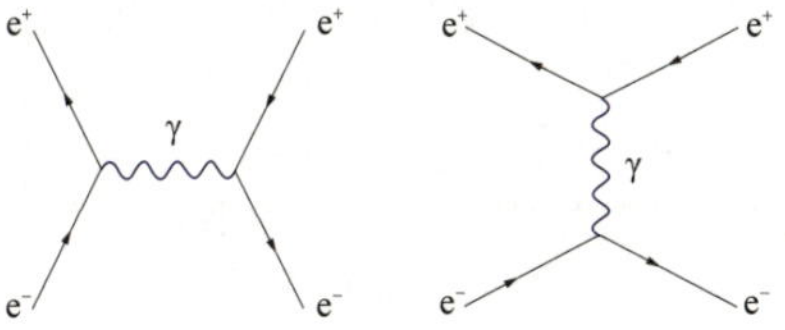

巴巴散射机制

在正负电子对撞机中，巴巴散射的散射率往往被用来当作光度的监视指标。如中国的**北京谱仪**（BES），利用大角度的巴巴散射精确测量其光度。（王 伟）

巴俾涅－索列尔补偿器 Babinet-Soleil compensator 一种最为常见的光相位机械补偿器。巴俾涅－索列尔补偿器基本原理是利用晶片平移的方法来改变通过光的相位延迟量。如图所示，巴俾涅－索列尔补偿器采用两块光轴方向相同的光楔组成，并在下面加上一块与光轴垂直的平晶。固定部分和移动部分通常选用同种晶体材料，常见的如石英晶体等。可移动部分的光楔在平移过程中由于楔厚的变化与

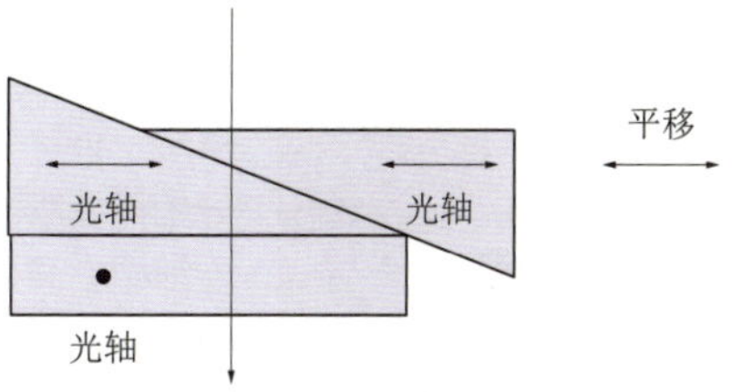

巴俾涅－索列尔补偿器

平晶的厚度间产生连续变化的差值，光通过补偿器后产生的相位延迟量正比于厚度改变量，也正比于晶体楔的平移量，从而能够得到所需要的相位延迟量，且在两个光楔接触的区域内，相位延迟量都相同。光线通过巴俾涅－索列尔补偿器时o光和e光不分开，整体相位延迟均匀。移动时相位延迟量也呈现周期性变化。这种补偿器对于窄光束和宽光束均适用。（张 颖）

巴俾涅原理 Babinet's principle 一个有关光的衍射的原理。其内容是两个互补屏单独衍射时在场中某点产生的复振幅之和等于光波自由传播时该点的复振幅。所谓互补屏指这样两个衍射屏：其中一个的开孔部分正好对应另一个的不透明部分，反之亦然。设$U_1(P)$和$U_2(P)$分别代表第一个屏和第二个屏单独放在光源和观察点P之间同一位置时P点的衍射场复振幅，$U(P)$是没有屏时的值。由于U_1和U_2可表示为对开孔部分的积分，而两个屏开孔部分加起来正好是整个平面，因此：

$$U_1+U_2=U$$

由巴俾涅原理可立即得到两个结论：①如$U_1=0$，则$U_2=U$。因此，放上其中一个屏时强度为零的那些点，在换上另一个屏时，强度将跟不放屏时一样。②如$U=0$，则$U_1=-U_2$。这意味着，即在$U=0$的那些点，U_1和U_2的位相差为π，强度$I_1=|U_1|^2$和$I_2=|U_2|^2$相等。

巴俾涅原理在电磁学中有更严格的表述，用于论述互补屏（理想导电屏和理想导磁屏）的矢量电磁场问题。巴俾涅原理指出，满足互补条件的问题是对偶问题，其场分布满足对偶原理。（白本锋）

巴丁，J. John Bardeen（1908-05-23～1991-01-30） 美国理论物理学家。生于威斯康星州麦迪逊城，卒于波士顿。1923年入威斯康星大学电机工程系就学，1928年毕业后留校担任电机工程研究助理，研究地球物理和天线辐射的数学问题。1930～1933年在匹兹堡海湾实验研究所从事地球磁场及重力场勘测方法的研究。1933年到普林斯顿大学，在E.P.维格纳

的指导下，从事固态理论的研究。1935～1938年任哈佛大学研究员，同J.H.范扶累克和P.W.布里奇曼合作研究金属的结构和导电性，并提出原子核能级密度的理论计算模型。1936年以《金属功函数理论》的论文在普林斯顿大学获得哲学博士学位。1938～1941年任明尼苏达大学物理学助理教授，从事利用气体热扩散分离同位素的理论研究。1941～1945年在华盛顿海军军械实验室从事有关水下军械及扫雷工作的研究。1945～1951年在贝尔实验室研究半导体及金属的导电机制、半导体表面性能等基本问题。1947年为了解释半导体的导电整流性能，他提出半导体表面态理论，并和同事W.H.布拉坦一起发现晶体管效应，这一工作导致他二人共同发明了第一个半导体三极管（点接触型晶体管）。一个月后，W.B.肖克莱发明PN结晶体管。这一发明使他们三人获得1956年诺贝尔物理学奖，巴丁被选为美国国家科学院院士。

1951年后巴丁同时任伊利诺伊大学物理系和电机工程系教授。他和L.N.库珀、J.R.施里弗合作，于1957年提出低温超导电现象的电子对量子理论（BCS理论），成为后人研究超导电现象的基础。为此，他们三人获1972年诺贝尔物理学奖。巴丁也成为在同一领域（固态理论）中两次获得诺贝尔奖的第一人。

巴丁晚年研究如何用简单而基本的成分理解大自然非常复杂的性质，对整个近代理论物理学发展提出明确的见解。1980年发表题为《物质结构的概念统一》的总结性论文，强调相同的基本物理概念可以广泛地用于表面上似乎悬殊的各个问题上，包括固体、液晶、核物质、高能粒子等领域。（戴念祖）

巴耳末，J.J. Johann Jakob Balmer（1825-05-01～1898-03-12） 瑞士物理学家、数学家。生于洛桑，卒于巴塞尔。中学时代在巴塞尔度过，后曾在卡尔斯鲁厄大学和柏林大学攻读数学。1849年巴塞尔以关于摆线的论文获博士学位。1859～1897年一直在巴塞尔女子中学任教，1865～1890年兼任巴塞尔大学讲师。

巴耳末长期研究原子光谱线。1884年

发现了氢光谱波长规律的经验公式，后称其为巴耳末公式。由此计算得到的可见光谱线的波长，和实验值的误差小于四万分之一。巴耳末公式成为后来发现其他光谱线公式的范例，对原子光谱学和原子理论的发展起了很大的推动作用。1897年巴耳末又发表了可用于计算锂和铊的光谱线波长的公式。

（戴念祖）

巴克拉，C.G.　Charles Glover Barkla（1877-06-07～1944-10-23）　英国实验物理学家。生于兰开夏郡的威德内斯，卒于爱丁堡。1894年进利物浦大学攻读数学和物理学，1898年毕业于物理系，次年获硕士学位。1899年进入剑桥大学三一学院。1902年回到利物浦大学当助教。1909年任伦敦大学教授。1913年起直到去世，在爱丁堡大学任自然哲学教席。

从1902年起，巴克拉开始进行X射线的研究并在这一领域有一系列重大发现。他发现了元素发出的X射线辐射都具有和该元素有关的标识谱线。他第一个证明了X射线的二次辐射具有两种成分，一种是被散射的X射线未经改变的部分，另一种是因物质而异的荧光辐射。1909年，巴克拉和他的学生C.A.萨德勒进一步发现，标识谱线其实并不均匀，它可以再分为硬的成分和软的成分。他们把硬的成分称为K线，把软的成分称为L线。每种元素都有其特定的K线和L线。这些谱线的吸收率与发射元素的原子量之间近似有线性关系，但却跟普通光谱不同，不呈周期性。X射线标识谱线对建立原子结构理论极为重要。为此巴克拉获1917年诺贝尔物理学奖。

（郭奕玲）

巴里什，B.C.　Barry Clark Barish（1936-01-27～　）　美国物理学家。生于内布拉斯加州奥马哈。1957年和1962年分别获加州大学伯克利分校学士学位和博士学位。1963年起加入加州理工学院。1994年开始担任激光干涉引力波天文台（LIGO）项目组负责人，1997年担任实验室主任。2005～2013年担任国际线性加速器总体设计主任。美国科学院院士，美国艺术与科学院院士，美国科学促进会院士，美国物理学会会士。

1916年A.爱因斯坦基于广义相对论预言引力波存在。**引力波**指时空曲率像波一样以光速在时空中传播。两个相互环绕的致密天体是一种典型的引力波波源。天体质量越大，间距越小，引力越强。类似地，越致密的两个天体相互环绕对方时越可以以更短的距离靠近对方，从而产生更强的引力波。探测引力波可以对广义相对论进行实验检验。自20世纪80年代开始，麻省理工学院和加州理工学院共同提出LIGO项目，并于2002年开始搜索引力波。LIGO由位于华盛顿的汉福德和路易斯安那的利文斯顿的干涉仪组成，每个干涉仪都带有两个4千米长的臂并组成L型。2015年9月14日，LIGO首次探测到距离地球约13亿光年的两个质量分别约为36倍和29倍太阳质量的黑洞相互转绕并合产生的引力波。这是人类首次直接探测到引力波。巴里什领导LIGO项目得到美国国家自然科学基金资助，领导汉福德和利文斯顿两个引力波天文台的建设，并建立LIGO国际科学合作组，使引力波探测成为可能。2017年，巴里什与同事K.S.索恩和麻省理工学院教授R.韦斯因对LIGO探测器建设及引力波探测所做的贡献分享诺贝尔物理学奖。

（尹晓冬）

巴索夫，N.G.　Nikolay Gennadiyevich Basov（1922-12-14～2001-07-01）　俄罗斯实验物理学家。生于苏联乌斯曼（今属俄罗斯），卒于莫斯科。第二次世界大战期间，应召服役，1945年复员。1946年进莫斯科机械学院学习，从1948年开始在苏联科学院列别捷夫物理研究所任实习研究员，同时在莫斯科工程物理研究所学习，1950年毕业。1956年获物理数学博士学位。1958年任列别捷夫物理研究所副所长，1963年任该所新建立的量子电子学实验室主任，1973年起任所长。1962年为苏联科学院通讯院士，1966年为院士。他也是德国柏林科学院、瑞典皇家工程科学院院士。

1952年和A.M.普罗霍罗夫预言量子放大与振荡的可能性。1954年他们提出了微波激射器原理，1956年制成氨分子束微波激射器。20世纪60年代初，组织青年物理学家开展激光器研究，并制出第一批半导体激光器。为此，他和普罗霍罗夫及美国C.H.汤斯同获1964年诺贝尔物理学奖。60年代中期，他提出用激光实现受控热核聚变的设想，并于1968年在用强激光照射氘化锂（LiD）靶中，首次发现靶中产生出中子。他和合作者还在化学激光器方面进行了研究。在信息的光学处理方法、激光稳频、激光频标、激光诱发化学反应、金属表面的激光涂层与固化等方面都有重要贡献。

（郭奕玲）

白炽灯　incandescent lamp　一种利用导体通电加热升温，从而以热辐射形式发出主要为可见光和红外光的光源。19世纪后半叶，为制作电加热的白炽灯，许多国家的科技人员进行了研究。其中1878年英国的J.W.斯旺有了关键性突破。1879年1月美国T.A.爱迪生试验成功，发明了可商业化生产的白炽灯，并实现市场推广应用。中国到1930年才实现白炽灯批量生产。白炽灯的诞生被国际科技界公认为人类进入现代文明社会的一个里程碑。白炽灯的设计和生产经历了许多改进和提高。它价廉物美，使用简便，尤其是显色性为所有人造光源之最（显色指数$Ra\geqslant 99$）。尽管它的光效率较低，全球主要国家均制定了淘汰白炽灯的进度计划，但它在很多方面还是具有不可替代性，其光效改进和提高仍不时传来可喜的消息。有理由相信，只要它的性能得到实质性改进和提高，在LED新光源日渐普及的情况下，白炽灯仍会有良好的应用前景。

（陈大华）

白光发光二极管　white light emitting diode　利用发光二极管（LED）混合或激发荧光物质产生白光的半导体器件。1996年日本日亚公司中村修二等首先提出蓝光LED激发黄光荧光粉混合得到白光的技术。白光LED的发明引发了新一代照明技术的革命。相比传统的照明，白光LED

具有更高的发光效率。2014年美国克雷公司报道350毫安电流下白光LED的光效可以达303流明/瓦。这个效率约为节能灯的3倍，白炽灯的20倍。白光LED取代传统光源将显著节约能源。照明消耗电力约占总电力的20%，如果有一半的能源被白光LED取代，可节约超过10%的电力，这将大大降低煤炭、石油等的消耗，保护环境。

白光LED的制备技术大致分为三类：荧光粉技术、红绿蓝LED多色混光技术、单芯片白光LED技术。

荧光粉技术是主流技术，蓝光LED加黄光荧光粉是白光LED生产厂家广泛使用的技术。荧光粉主要成分以发黄光的掺铈的钇石榴石为主。为了提高LED的显色性，新的红色荧光粉及绿色荧光粉也不断开发出来。荧光粉技术的特点是工艺成本低，发光效率较高。紫外光激发荧光粉技术也是荧光粉技术的一个重要补充。由于都是荧光发光，白光LED的颜色空间均匀性大大改善，同时三基色发光的紫外光激发荧光粉也使得LED具有更优良的显色性。

红绿蓝LED多色混光技术是得到白光LED的重要技术路径。多色LED混光技术具有许多优势：①具有更高的理论发光效率。②提供了动态光源的可能性。其光谱成分可根据组成光源的LED的功率比例而发生变化。自然光随着地球的自转发生着色温和照度的变化，这些变化可以同步人体的生物节律。动态光源为仿自然光提供了可能，有望更加绿色健康。③提供更高的光源品质。由于整个可见光谱的LED都被发明，可以完整地再现自然光谱，得到完美的显色性。同时可以根据人体的生理状况和情绪变化，实时调控光源环境。④较高的可靠性。由于没有荧光粉的参与，LED的寿命将大大增加。不过多色LED混光得到的白光LED也有一定的劣势。由于分别受单个芯片的性能影响，其色稳定性很差，常常需要集成电路芯片控制电流配置，加上其光学方面的设计，使封装难度较大，成本很高。最为关键的是在AlInGaN和AlInGaP发光材料体系中，还存在绿光光隙。这也限制了多色混光的白光LED的应用。

单芯片白光LED技术是在单一衬底材料上通过外延生长不同有源区实现直接发白光的技术。由于在同一种材料体系上实现发光，不同发光单元性能及老化特性不会显示较大的差异。单芯片白光LED器件结构紧凑，控制相对容易，节约工艺成本。同时因为属于多色混光LED的白光，其发光效率和光源品质也有望得到较大的提高。单芯片白光技术有隧道级联多有源区、选区外延、纳米柱核壳结构等技术。由于单个有源区LED的发光光谱较窄，要形成用于照明的白光，多个有源区需要级联，这将带来电压的增高，器件工艺难度增加，同时光的吸收也是非常严重的问题。选区外延则是利用不同小面生长速率的不同，形成不同组分和厚度的InGaN发光层，混合形成白光。另外也有通过模板的制备在不同区域选区外延不同的InGaN有源区。研究发现，外延得到的核壳结构的LED发光波长从红光至紫光变化，可被纳米柱尺寸所控制。只要在单个像素内制备不同尺寸的核壳结构LED，并加以微米尺寸的驱动，即可得到白光以至任意可见光谱的发光。

白光LED应用依然以视觉照明为主。随着技术的发展，其应用领域也在不断扩展。其动态的变化可以仿自然光，也可以营造各种情境，在医疗和改善人们生活方面将起到重要的作用。白光LED也是可以快速开关的器件，配合光纤技术、电力线载波技术可以实现可见光通信、光子密钥、虚拟现实等应用。（陈志忠）

白光条纹 white-light fringe 由白光产生的干涉条纹。白光条纹最明显的特征是零级处干涉条纹为白色且两侧有较为清晰的暗条纹，而其他级次上则为彩色条纹且一般无清晰暗条纹。白光由可见光波段不同波长的光构成。同一波长的光相干，形成光强调制的干涉条纹。不同波长的光彼此不相干，干涉条纹光强是单一波长干涉条纹光强的线性叠加。一般而言，干涉条纹的间距与干涉光波长成正比，除零级处外，同一级次不同波长干涉条纹的空间位置不重合。非零级次处，不同波长不能同时达到极大或极小值。因此，非零级次干涉条纹没有清晰的光强零点，即暗条纹存在，且不同颜色光强的叠加使得条纹看起来是彩色的。

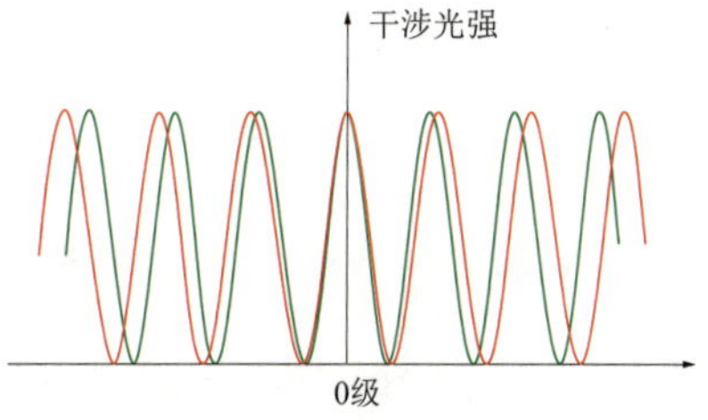

图1 两个波长形成的杨氏双缝实验光强分布图

图2 杨氏双缝实验形成的白光条纹示意图

白光干涉条纹在干涉测量中有重要应用，可用于判断干涉仪两光臂是否等光程。（孙 骞）

摆 pendulum 能够产生摆动的机械装置。摆的发展和研究同钟表有密切关系。伽利略首先研究了单摆，后来C.惠更斯研究了复摆。他们的研究为摆的力学理论奠定了基础。

单摆 质量可忽略的细杆或细绳，上端悬于一固定点，下端系一质量较大的质点。质点受重力作用，在平衡位置附近一竖直平面内作摆动，称为单摆（图1）。若忽略空气的阻力，当摆角较小时（如小于5°），摆作简谐运动，周期是$2\pi/\sqrt{l/g}$，l和g分别是摆长和重力加速度，与质点质量无关。

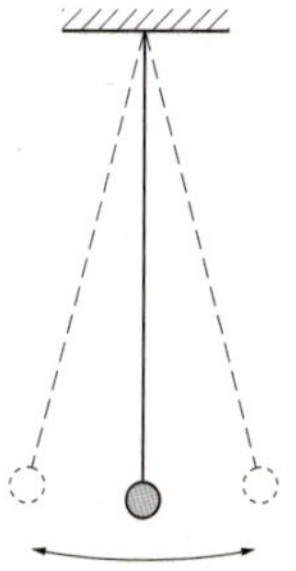
图1 单摆

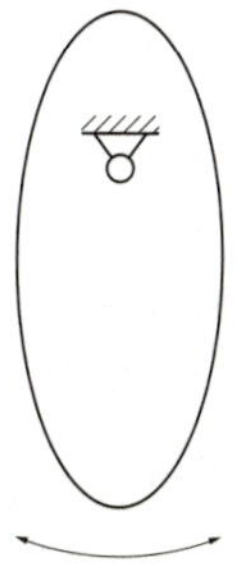
图2 复摆

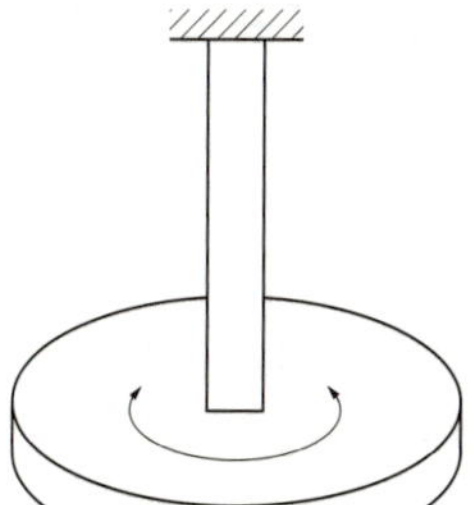
图3 扭摆

傅科摆 J.-B.-L.傅科发明的用以验证地球自转的摆。1851年他用67米长的细钢丝悬挂28千克的铅球，作长时间的摆动。由于摆动平面相对惯性坐标系是不动的，但地球上的观察者随地球转动，因此看到摆的平面沿地球自转相反的方向转动。这种转动的周期等于$T\sin\phi$，T是地球自转的周期，ϕ是摆所在的纬度。

复摆 在重力作用下绕固定转轴摆动的刚体（图2）。摆动周期为$2\pi\sqrt{I/mgd}$，I是绕固定轴的转动惯量，m是质量，d是质心到固定轴的距离。

扭摆 由细弹性杆支撑能绕杆轴扭转的装置（图3）。（张海澜）

坂田昌一 Sakata Shyoichi（1911-01-18～1970-10-16） 日本理论物理学家。生于东京，卒于名古屋。1933年毕业于京都帝国大学物理系。1941年以《介子自发衰变的理论研究》的论文获理学博士学位。1942年任名古屋大学教授，在该大学创设基本粒子研究室，终生从事基本粒子理论研究，在发展介子理论和基本粒子结构模型方面做出了重要贡献。

1942年坂田昌一和井上健提出“两种介子”的理论，其中预言的新介子（即π）和新中微子（即ν_μ）都为其后的实验所证实。1949年，坂田昌一研究基本粒子构造问题。1953年盖耳－曼－西岛法则提出后，坂田昌一为给这个法则以实体论的解释，于1955年提出强相互作用粒子的复合模型，即坂田模型。坂田模型为基本粒子模型的研究开辟了道路，同时也为基本粒子对称性的研究打开了大门。

坂田昌一也是一位积极的社会活动家，担任过日本学术会议委员等社会职务，参加过促进世界和平的国际活动。主要著述收编在《物理学和方法》《科学家和社会》两部论文集中。其中有不少文章是阐述自然科学领域内的唯物辩证法思想的，如《新基本粒子观的对话》，影响力很大。

（董光璧）

板中弹性波 elastic waves in plates 在固体板中传播的弹性波。简称板波。见*固体中的弹性波*。

半单举深度非弹散射 semi-inclusive deeply inelastic scattering 在高能物理实验和理论研究中被广泛运用于探测核子结构以及部分子碎裂机制的散射过程。20世纪90年代以来被广泛研究的散射过程。利用诸如电子的轻子束流，轰击强子靶或束流，在末态中除了测量散射的轻子外，还需测量一个末态强子。相比于单举深度非弹散射，半单举深度非弹散射能获得更多关于核子的部分子分布、部分子碎裂到强子的信息。特别是通过对末态强子横动量及方位角的测量，可以探测横动量依赖的分布函数或碎裂函数，从而得到核子内部的三维图像。另外，通过对轻子束流或强子靶进行极化，亦可以探测单举过程无法获取的手征奇性的极化分布函数，如横动量依赖分布函数；以及与部分子内禀横向运动相关的核子自旋结构和碎裂函数，如通过对单自旋不对称度的测量获取西弗斯分布和柯林斯函数。

半单举深度非弹散射的理论描述可以在量子色动力学因子化框架进行。小横动量下过程的截面可写成横动量依赖分布函数、轻子－部分子硬散射振幅、横动量依赖的碎裂函数、软因子四部分的卷积。利用因子化定理可以进行理论预言和唯象分析，亦可以从实验数据抽取分布函数和碎裂函数。但因子化证明仅在领头扭度成立。在次领头阶，因为横动量依赖分布函数的计算中存在难以消除的光锥发散，因子化定理尚未得到证明。

半单举深度非弹性散射实验已被德国DESY的HERMES合作组、欧洲核子中心的COMPASS等合作组、美国的杰斐逊实验室运行，收集了大量数据。为进一步研究，理论家和实验家提出了新一代半单举深度非弹散射实验，将对尚不清楚的胶子和海夸克的极化或横动量依赖分布和碎裂函数进行精确测量，发现新的实验现象，并推动理论工作的进展。

（吕 准 马伯强）

半导体光调制器 semiconductor optical modulator 对输入光信号进行调制的半导体器件。根据被调制光信号参量的不同，光调制器分为强度光调制器、相位光调制器和偏振光调制器等；根据驱动信号的不同，光调制器分为电光调制器、光光调制器和声光调制器等。半导体光调制器是材料载体为半导体的一种光调制器，常见半导体光调制器通过外加电信号对输入光信号进行调制，是一种电光调制器。

半导体光调制器的调制方式主要有吸收系数调制和折射率调制。两种不同类型的光调制通过克喇末－克罗尼格关系建立联系。吸收系数调制对输入光信号的强度进行调制，常用作强度光调制器，又称电吸收光调制器。折射率调制对输入光信号的相位进行调制，常用作相位光调制器。相位光调制器由马赫－曾德尔干涉仪、微环谐振器或微盘谐振器等集成，可实现对输入光信号强度的调制。相位光调制器由偏振控制器件等集成，可实现对输入光信号偏振状态的调制。

半导体光调制器采用的物理效应包括电光效应（泡克耳斯效应和克尔效应）、弗朗兹－凯尔迪什效应、量子限制斯塔克效应、等离子体色散效应等。

*电光效应*指材料折射率在外加电场作用下发生改变的一种现象。线性电光效应指材料折射率变化与电场强度呈线性关系，又称泡克耳斯效应，存在于非中心对称半导体材料和介电材料（如$LiNbO_3$）中。砷化镓和磷化铟等在外加电场作用下成各向异性，也会表现线性电光效应。二阶电光效应指材料折射率变化与电场强度的二次方呈线性关系，又叫克尔效应，存在于中心对称或非晶材料中。

弗朗兹－凯尔迪什效应指半导体吸收边在外加电场作用下向长波长移动的一种现象。在外加电场的作用下，电子能带发生倾斜，电子波函数转变为艾里函数，电子通过带间隧穿进入禁带的概率增加，从而降低了有效禁带宽度。弗朗兹－凯尔迪什效应调制吸收系数，可用于实现强度光调制器。常见材料体系为InP基和GaAs基材料，常用电光调制结构为PIN管和肖特基二极管。

量子限制斯塔克效应指半导体量子阱的能级随外加电场变化而移动的一种现象，电子能级移动和波函数变化导致吸收系数和折射率发生相应变化。量子限制斯塔克效应既可调制吸收系数，也可调制折射率，可以用于实现强度光调制器和相位光调制器。为增强量子限制斯塔克效应，常采用多量子阱结构。常见材料体系有GaAs/AlAs、InGaAs/InP、SiGe/Si量子阱结构，常用电光调制结构为PIN管和肖特基二极管。基于Ⅲ-Ⅴ族半导体量子阱的电吸收光调制器与分布反馈/分布布拉格反射激光器在材料体系、结构和制作工艺等方面具有一定的兼容性，它们的单片集成器件已经成为25吉比特/秒光纤通信城域网和100吉比特/秒数据中心光发射模块的主要器件。

等离子体色散效应指材料折射率与吸收系数随载流子浓度变化而改变的一种现象。等离子体色散效应既可调制吸收系数，也可调制折射率，可用于实现强度光调制器和相位光调制器。常见材料体系为硅，常用电光调制结构为PIN管、MOS结构和反向PN结。1987年，美国空军实验室R.A.索里夫和B.贝内特首次测得光通信波段硅的折射率和吸收系数随载流子浓度的变化关系。硅基光调制器采用等离子体色散效应实现相位调制和强度调制。由于硅的等离子体色散效应较弱，利用吸收系数调制实现强度光调制器需要较长的调制区，难以实现高速光调制，因此硅基强度光调制器常采用相位调制器与马赫－曾德尔干涉仪、微环谐振器或微盘谐振器集成的方案。硅基微纳波导结构紧凑，能对输入光信号的偏振状态进行控制，因此利用硅基相位光调制器和偏振控制器件集成可实现对输入光信号偏振状态的调制。早期由于采用的波导结构较大（约20微米^2），硅基强度光调制器的速率仅能达到100兆比特/秒水平。2004年，英特尔公司利用结构更为紧凑的硅基微纳波导（约4微米^2）和MOS电光调制结构，实现了首个1吉比特/秒硅基强度光调制器。2013年之后，已经有多个实验室报道了40吉比特/秒以上速率的硅基强度光调制器。相干调制方式同时利用强度调制和相位调制，从而具有更高的频谱利用效率。硅基相干光调制器具有可单片集成以及与CMOS工艺兼容的优点，被认为是未来光纤通信城域网光发射模块中光调制器的理想选择。2013年，贝尔实验室报道了速率为112吉比特/秒的硅基相干光调制器。（杨　林）

半导体光学微腔　semiconductor microcavity　一种能使光受限在半导体介质内部的谐振结构。之所以称为微腔，是因为它的结构尺寸可以小至与光波长相比拟。通过光在介质界面的多次反射，形成闭合反射光路，并因此在谐振腔内形成光波的驻波模式。光学微腔的尺寸和形状决定了腔模的频率和空间分布。大部分波长的光无法在腔内稳定存在，只有腔模对应的特定波长才能不断反射或传输。

传统的光学腔和光学微腔的根本区别源于极微小的尺寸所带来的影响。半导体光学微腔的种类有很多：通过两个相对的镜面反射形成的法布里-珀罗（F-P）微腔；通过在两种具有不同折射率介质的弯曲界面发生全反射而形成的回音壁模式微腔；通过介电性质的周期形成光子禁带从而反射光的光子晶体缺陷模式微腔等。（陈张海）

半导体激光器　semiconductor laser　以半导体为激活介质的**固体激光器**。半导体激光器的有源层区为半导体PN结，光发射和光放大在PN结中产生。电流注入（泵浦）PN结，在导带和价带之间实现粒子数反转，载流子从导带到价带的跃迁产生自发辐射乃至受激辐射，后由于谐振腔的作用形成激光。

半导体激光器有多种类型。以器件的结和层结构分类：①同质结半导体激光器。PN结两边半导体材料有相同的禁带宽度，但掺杂类型不同。此类激光器不实用，仅有原理性意义。②双异质结半导体激光器。高折射率、窄带隙的半导体有源层夹在低折射率、宽带隙的P型和N型两种半导体包层之间。③量子阱半导体激光器。窄带隙、厚度为电子德布罗意波长量级的超薄半导体层夹在两个宽带隙的半导体薄层之间，此为一个基本单元，可有多个基本单元。以激光的输出方式分类，有PN结端面发射半导体激光器和表面发射半导体激光器。以谐振腔的结构分类，有法布里-珀罗腔半导体激光器、分布反馈式半导体激光器及分布布拉格反射式半导体激光器、外腔半导体激光器等。还有较特殊的量子级联激光器、垂直腔表面发射激光器。

半导体激光器的输出波长已从近紫外的366.9纳米处一直延伸到中红外的14 800纳米处，并有进一步拓宽的趋势。半导体激光器的体积小、效率高、发展非常迅速，有广阔的应用前景。（佘文龙　王天及）

半导体射线探测器　semiconductor radiation detector　用半导体材料制成的能将射线信息转换成电信号的探测器。见**半导体探测器**。

半导体探测器　semiconductor detector　利用带电粒子进入半导体内电子-空穴运动产生电信号输出来探测辐射的器件。1949年K.G.麦凯首次用α射线照射PN结二极管观察到输出信号。随着20世纪60年代出现的半导体集成电路和多种新型半导体材料和器件的高速发展，半导体探测器也迅速发展起来并得到广泛应用。半导体探测器比气体电离型探测器的能量分辨率一般要好一个数量级，由此根据不同探测对象，并考虑结构特点等，发展出多种探测器。以下分五方面简述。

面垒型探测器。金硅面垒型探测器是此类型的典型。探测器由一块N型材料一侧蒸上金层（或者铝层）构成，如图a所示。金渗入N型硅后变成P型，类似于PN结。该探测器主要用于测量带电粒子的能量。具有窗薄、能量分辨率好（对5兆电子伏的α粒子能量分辨可达13千电子伏）、线性响应好、时间响应快等优点，是一种常用的探测器（见**α谱仪**、**β谱仪**、**γ谱仪**）。缺点是其灵敏区有限，且对环境条件敏感。图b用5价元素（如磷）扩散入硅则构成扩散型探测器，中间薄氧化绝缘层用于欧姆接触和加深灵敏区（N-I-P型）等。

漂移型探测器。利用在硅或锗中注入锂以加大耗净区的一种探测器。锂有低的电离能和高的迁移率，在P型（硅、锗）材料上扩散锂，反向电压下注入后使锂离子沿电场方向漂移，锂离子漂移运动到受主离子附近，可达到补偿受主杂质的目的。最常用的硅锂探测器有平面型、顶帽型和具有良好耐击穿电压特性的槽沟型，可测量质子和β射线。锗锂探测器在结构上可分为平面型和同轴型，同轴型中又分为双开端型和单开端型。采用同轴圆柱形结构可使探测器做成大的体积。同轴型锗锂探测器的体积可达200立方厘米；单开端型探测器的有效体积大，常用于能谱测量；双开端型探测器时间性能好，常用于时间谱测量。锗锂探测器测量γ射线能区在60千电子伏到10兆电子伏，在低温77开对^{60}Co 1.332兆电子伏的γ射线的能量分辨优于2千电子伏。这种探测器要在液氮中保存和使用。自20世纪60年代锗锂探测器问世以来，已经在核γ谱学方面大大改进了原有的应用。

高纯锗探测器。可获得更大灵敏体积，耗尽层深度与杂质浓度二次方根成反比。在高纯度的锗单晶的两侧分别用锂扩散的方式得到N^+层，用离子注入硼或蒸发金等方式得P^+层，并施以足够高的偏置电压，就可以使粒子能量被全吸收且具有很高的能量分辨率。其结构也分为平面型和同轴型两种。平面型可测量5～10^2千电子伏的X射线。由于制造锗晶体沿轴向可以拉得很长，在圆柱形材料中央开孔（直径6～8毫米，即单端型），制成同轴型高纯

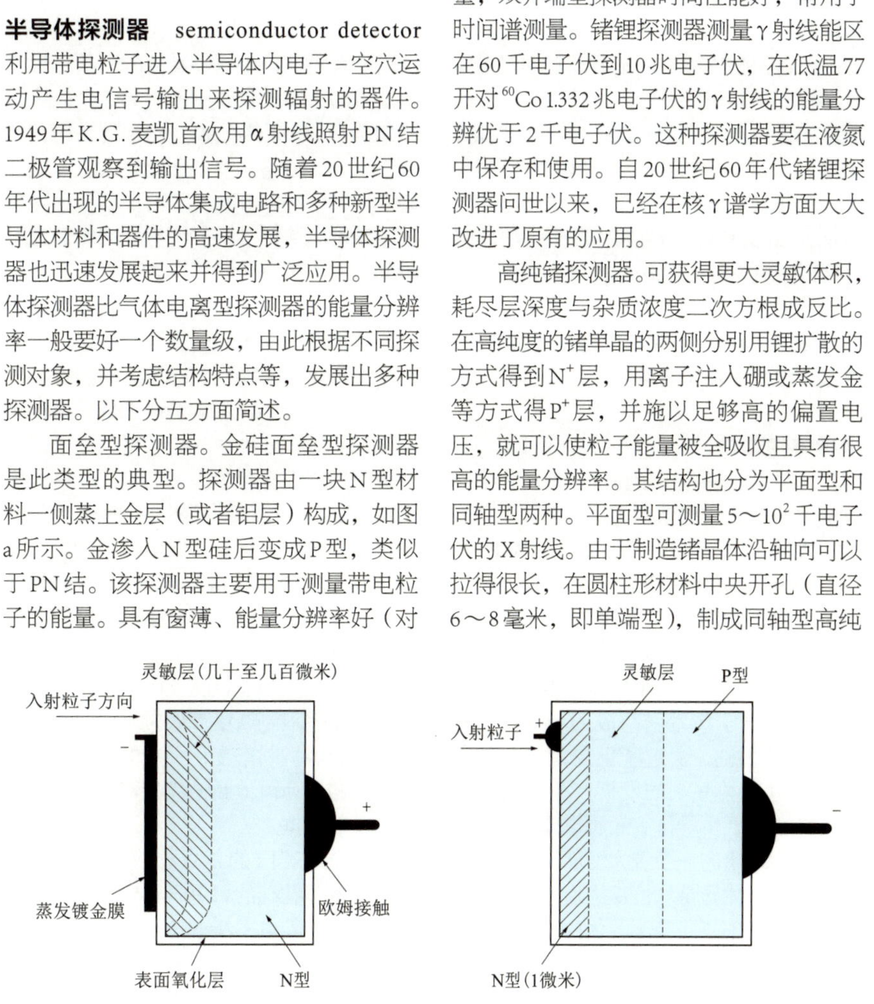

a　金硅面垒型探测器　　b　扩散型探测器

面垒型探测器示意图

锗探测器可用于5千电子伏到10兆电子伏能区的γ射线能量测量。若用P型高纯锗单晶，则将锂由外侧面扩散进入得到N^+层，将硼离子注入在圆孔的表面得到P^+层并有很薄的入射窗，加负偏压。同轴型高纯锗探测器，灵敏体积可达400立方厘米左右，在低温77开条件下，^{60}Co 1.332兆电子伏的γ射线能量分辨达1.77千电子伏。不测量时高纯锗探测器可以在室温下保存，这也正是它相对锗锂探测器的优越之处。

其他化合物半导体探测器。新型化合物半导体主要有碲化镉、碘化汞、砷化镓。它们的共同特点是都能在常温下工作且原子序数分别比硅和锗约高4倍和2倍，有利于高能量粒子测量。如碲化镉的高原子序数，其单位厚度的光电效率比硅的大4.5倍，比锗的大约100倍。对^{241}Am的59.5千电子伏硬X射线，能量分辨率可达1.7千电子伏（3%），对^{55}Fe的差一些。碘化汞的则有更高的探测效率，已研制成兼有较大的灵敏体积、好的能量与空间分辨率的阵列，可用于扫描电子和X射线显微镜等。

位置灵敏探测器。基于高能物理需要而发展起来的重要领域。位置分辨率由探测单元读出条的周期（宽度+间隙）决定，一般为0.1～2毫米确定。发展到双侧读出即可测量二维信息。为了更快地读出，像素探测器发展很快，最大的发展是在21世纪以来开发了在几平方厘米内有上千路探测器单元与前级电子学一对一直接键和在一起的技术，有MOSFET等新型集成模块（见**硅微条探测器**）。（谢一冈）

半导体物理学 semiconductor physics 凝聚态物理学的分支学科。主要研究半导体的性质及其内部结构。

发展简史 1948年J.巴丁、W.H.布拉坦和W.B.肖克莱发明了晶体管，带来了现代电子学的革命，同时也促进了半导体物理、材料、器件研究的蓬勃发展。从那以后的几十年间，半导体微电子技术和半导体光电子技术已经成为现代社会的重要技术基础，引起了世界范围的信息革命，对人类文明的发展产生深远的影响。1954年，半导体有效质量理论的提出是半导体理论的一个重大发展，它定量地描述了半导体导带和价带边附近细致的能带结构，给出了研究半导体中浅杂质（施主和受主）能级、激子能级、磁能级等的理论方法，促进了当时的回旋共振、磁光吸收、自由载流子吸收、激子光谱等实验研究。1958年集成电路问世。1959年赝势概念的提出，使得固体能带的计算大为简化。利用价电子态与原子核心态正交的性质，用一个赝势代替真实的原子势，得到一个固体中价电子态满足的方程。用赝势方法得到了几乎所有半导体的比较精确的能带结构。1962年半导体激光器发明，1970年半导体激光器室温连续工作得到实现。1968年硅MOS（金属－氧化物－半导体）器件发明，大规模集成电路实现产业化大生产。1970年超高真空表面能谱分析技术相继出现，开始了对半导体表面、界面物理的研究，其中包括硅表面的7×7表面再构问题、金属与Ⅲ－Ⅴ族化合物界面肖特基势垒形成起因、CoSi/硅和金属/硅界面性质、费米能级钉扎等问题。特别是1982年G.宾尼希等发明的扫描隧道显微镜（STM）技术，不仅能对物质表面原子的几何排列和表面形貌进行直接观察，还可以获得表面价键、能隙等电子结构信息。

70年代初期，江崎玲於奈与朱兆祥试图人为地控制半导体中电子的势分布和波函数的设想，首次提出了半导体超晶格的新概念。与此同时，美国贝尔实验室的卓以和发明了分子束外延技术。新思想和新技术的巧妙结合，制成了第一个晶格匹配组分型的$Al_xGa_{1-x}As/GaAs$超晶格，标志着半导体材料的发展开始进入人工设计的新时代。1978年R.丁格尔等人对异质结中二维电子气沿平行于界面的输运进行研究，发现了电子迁移率增强现象。在以后几年中，由于工艺的改进，将二维电子气的迁移率提高了近三个数量级，导致高电子迁移率晶体管（HEMT）的出现，为量子霍尔效应的发现创造了条件。1980年德国的K.von克利青发现了整数量子霍尔效应，1982年崔琦等人又在电子迁移率极高的$Al_xGa_{1-x}/GaAs$异质结中发现了分数量子霍尔效应，这是半导体物理的重大发现，两个发现都获得了诺贝尔物理学奖。由于超晶格、量子阱对电子运动的限制效应，1984年D.A.B.米勒等人观察到量子阱中激子吸收峰能量随电场强度变化发生红移的量子限制斯塔克效应，以及由激子吸收系数或折射率变化引起的激子光学非线性效应，为设计新一代光双稳器件提供了重要的依据。

1990年英国的L.T.坎汉首次在室温下观测到多孔硅的可见光光致发光，使人们看到全硅光电子集成技术的新曙光。纳米微粒、纳米固体与纳米薄膜材料开辟了材料研究的新领域。这类包含有大量表面或界面原子的新型功能材料具有许多独特的物理、化学和力学性能，被誉为21世纪最有前途的材料。各国科学家将选择生成超薄层外延技术与精细束加工技术紧密结合起来，以及利用化学自组织生长的方法，研制各种半导体量子线与量子点及其光电器件，预期能发现一些新的物理现象和得到更好的器件性能。在器件长度小于电子平均自由程的所谓介观系统中，电子输运不再遵循通常的欧姆定律，电子运动完全由它的波动性质决定。人们发现了电子输运的阿哈罗诺夫－玻姆振荡，电子波的相干振荡以及量子点的库仑阻塞现象等。以上这些新材料、新物理现象的发现产生了新的器件设计思想，促进了新一代半导体器件的发展。

从以上讨论可以看到半导体物理的发展和半导体微电子技术、光电子技术的发展是密切相关、互相促进的。

半导体物理 **半导体电子结构、声子结构** 主要的半导体材料包括元素半导体，如Ⅳ族元素硅、锗，以及化合物半导体，如Ⅲ－Ⅴ族化合物、Ⅱ－Ⅵ族化合物等。这些半导体的能带由组成这些半导体的原子的s和p电子组成，称为价电子。半导体每个元胞包括2个原子，每一个原子平均贡献4个价电子。它们形成了半导体的价带和导带，中间有一个能隙。能隙大小随半导体的不同而不同，由零点几个电子伏到几个电子伏，因此给利用半导体材料提供了很大的空间。半导体如果有N个原子，则有$4N$个价电子，它们正好全部占据了价带。由于能隙的存在，低温下它们不可能跃迁到导带，因此不能导电。有关半导体材料的能带结构可以参阅**布洛赫定理**、**带隙**、**电子态密度**。计算能带的方法可参阅**能带模型**、**紧束缚近似**、**经验赝势方法**、**密度泛函理论**。非晶半导体因为没有周期结构，所以没有能带。它仍具有与晶体半导体类似的电子态密度，在带隙中电子态密度不等于零。这些态称为**带尾态**。

要使半导体导电，一般采用掺杂的方法。杂质主要是浅杂质，它们在能隙（即禁带）中形成靠近导带底或者价带顶的杂质能级，分别称为施主能级或受主能级。它们在室温下能在导带中产生电子或在价带中产生空穴。这种由杂质产生的电子或空穴浓度可以在几个数量级的范围内调节，因此使半导体成为制造电子器件最佳的材料。与浅杂质能级相对，还有一种深杂质能级和缺陷（如位错、空位等）能级，它们位于禁带的中部，不靠近导带底或价带顶，因此它们在半导体中起的作用也与浅杂质能级不同。浅杂质能级能提供载流子，而深杂质能级能用作复合中心或发光中心。有关半导体的浅杂质能级和深杂质能级可参阅杂质态、浅能级杂质、深能级杂质、深能级、缺陷态、等电子中心。计算浅杂质能级以及磁场下的半导体能级，一般用有效质量理论，可参阅有效质量。磁场下的能级称为朗道能级。

半导体中原子的热振荡波的量子称为声子，与电子能带类似，声子能量是声子动量的函数。在周期结构中，声子动量被定义在布里渊区中，形成声子能带，或称晶格振动谱。在半导体（例如硅）中一个空位附近，或者表面附近，周围的硅原子都要偏离原来的平衡位置，这种现象称为晶格弛豫。晶格弛豫对空位能级或表面能级都会产生影响。有关内容可参阅晶格振动谱、磁极化子、晶格弛豫。

光学性质　研究半导体电子结构最直接的方法是光谱方法。当一束频率为ν的光射到一块半导体上，如果光子的能量$h\nu$小于带隙E_g，则这束光将透过半导体。如果$h\nu$大于E_g，则光子被半导体吸收，同时将一个电子从价带激发到导带。用光谱测量不同频率光的吸收，从光的吸收边就能确定这个半导体带隙的大小。吸收光谱是最基本的研究半导体电子结构的光谱方法，此外还有荧光发光光谱、反射光谱、研究晶格振动谱的拉曼散射谱等。有关内容可参阅直接跃迁、激子、吸收边、光谱响应率、光谱探测率、荧光光谱、反射差分光谱、圆偏振光电流效应、反常圆偏振光电流效应。

早期光谱研究光的频率范围从紫外到近红外，随着基础研究和应用技术的发展，光谱研究范围向短波和长波两端不断发展，特别是在长波方向，从近红外到红外、远红外、太赫兹一直到无线电波段。与此有关的研究内容有黑体、黑体响应率、黑体探测率、基尔霍夫辐射定律、普朗克定律、瑞利－金斯公式、热噪声、红外辐射、红外光谱、太赫兹波、太赫兹波传输。

半导体中电子与声子相互作用形成的元激发称为极化子，在磁半导体中这种极化子称为磁极化子。有关内容可参阅极化子、极化激元、极化激元激光、磁极化子。由黄昆先生发展的与极化子有关的理论有黄方程组、黄散射、黄昆－里斯因子、无辐射跃迁。

随着体系尺寸的不断缩小，它们的光学性质将由经典的变为量子的，如半导体光学微腔、拉比振荡、珀塞耳效应。此外，在金属/介质界面发现了一种新的电磁波传播方式，它可以突破衍射极限，使电磁波沿尺寸比波长小很多的金属纳米线传播，因此对集成光学具有重要的应用前景，见表面等离激元。

输运性质　半导体的输运性质决定了半导体微电子器件的性质。对于处于小电场下的半导体材料，它的电流与外加电场成正比，电导率是一个常数，这称为线性输运现象，大多数的半导体器件的输运都在这个范围。线性输运现象可以用经典的玻尔兹曼方程描述。电子在电场下加速，但受到各种散射机制的散射，最后达到动态平衡。电子的分布函数偏离它的平衡分布很小，可以用线性近似解玻尔兹曼方程。研究各种散射机制是解决电子输运问题的关键。输运机制包括声子（晶格振动）散射、杂质散射等。有关内容可参阅玻尔兹曼输运方程、电子晶格相互作用、玻恩－黄近似、电子迁移率、迁移率边。

除了单纯地外加直流电场外，还有许多因素影响半导体的输运性质，如外加磁场、光场、温度场等，因此发现了许多新的效应，如量子霍尔效应、光致反常霍尔效应、光电导、珀耳帖效应、热激电流谱、齐纳隧穿。

随着微纳铁磁材料生长和特性的研究进展，发展了一门新的学科微纳自旋电子学，它将利用电子的自旋代替过去所用的电子电荷来传输和存储信息。与此有关的可参阅半导体自旋电子学、巨磁电阻效应、自旋霍尔效应、自旋弛豫、自旋－自旋耦合、隐藏自旋极化。

低维结构　自从超晶格概念问世以来，许多新的半导体器件都是基于超晶格或量子阱，特别是半导体激光器、探测器以及高电子迁移率器件等。这方面的内容可参阅低维结构、Ⅱ类超晶格、量子尺寸效应、带阶、微能带、二维电子气、共振隧穿、双势垒隧穿。

单电子输运　随着微电子器件尺寸越来越小，人们已经观察到由单个电子运动产生的输运现象。1989年，J.斯科特－托马斯等人在硅反型层的宽30纳米的窄通道上，在0.4开温度下观察到电子电导随电极电压做周期性的振荡，电导按$2e^2/h$量子化变化，与材料尺寸无关。理论证明这是单电子输运产生的。单电子输运在未来的电子学中具有重要的应用，特别在超越摩尔定律极限下单电子晶体管将是下一代的晶体管的代表。与此有关的可参阅量子点接触、介观物理、量子电导、量子输运、普适电导涨落、弹道输运、比特克公式、朗道尔公式、库仑阻塞、库仑台阶。

半导体材料　材料生长方法　半导体材料是半导体集成电路、光电子器件等的基础，它要求晶体质量高。高纯度的单晶、纯度要求达到10^9以上，特别是集成电路基础的硅单晶，由于工艺线的要求，它的直径已经达到14英寸（约35.56厘米）。半导体材料的生长方法一般是单晶炉中的高温熔融生长，从一个籽晶开始生长，一边生长一边往上拉，直到一个单晶体生成。这种方法有晶体生长、布里奇曼生长法、切克劳斯基生长法、区熔精炼法。超晶格和薄膜生长除了有分子束外延方法外，还有化学气相沉积法、金属有机化合物气相外延、气相外延、侧向外延等。

半导体的键合方式　固体中的原子或分子有不同的键合方式，如金属是金属键，绝缘体是离子键。在单质（由一种原子组成，如Ⅳ族半导体硅、锗）半导体中原子间以共价键结合。在Ⅲ-Ⅴ族半导体中，键合的方式是共价键加离子键，共价键比Ⅳ族半导体减弱，同时由于组成半导体的两类原子（Ⅲ族和Ⅴ族）离子性不同，增加了离子键的成分。对Ⅱ-Ⅵ族半导体，两种原子差别更大，离子键更强，同时共价键更弱。可参阅成键态、键杂化、内聚能。除了纯单晶半导体材料外，根据需要还要对半导体进行掺杂，另外半导体中还存在空位等缺陷。有关内容见离子注入、极化掺杂、调制掺杂、位错、悬键、原子单层。

材料种类　随着分子束外延等方法的发展，半导体材料从三维（体材料）发展到二维、一维甚至零维。在这些新材料体系中发现了许多新的物理现象，也发展了许多新的应用。下面按照材料的维度来分类：

三维材料。磁性半导体、多孔硅、共价晶体、光子晶体、混晶、宽禁带半导体、热电材料。

二维材料。量子阱、层状晶体、二维可饱和吸收材料、绝缘体上硅薄膜、原子单层。

一维、零维材料。量子线、碳纳米管、量子点、碳60。

半导体器件　基本性质　半导体器件的基本性质称为器件物理。半导体器件工作的最基本原理是PN结，以及电子跃迁和散射过程。基本性质包括半导体器件的一些共同的性质：摩尔定律、电流－电压特性曲线、欧姆接触、半导体照明、效率骤降。

半导体电子器件　电子器件用作信息的传递、储存和提取，已经广泛应用于国防、经济和日常生活的各个领域，如大数据的利用、金融、通信、交通等系统的运行和操作，直到个人的电脑、手机、智能电话、平板电脑等。其中包括集成电路、

高电子迁移率晶体管、闪速存储器、易失性存储器、功率半导体器件、晶闸管、微电子机械系统、传感器件、自旋阀、自旋场效应晶体管、单电子晶体管。

半导体光电子器件　光电子器件是利用光制造各种器件。特别是半导体激光器和光纤发明以后，引起了通信系统的重大革命。以前的由电线传送的电报、电话都被光纤通信所代替，效率大大提高，成本大大降低。这类光电器件包括**激光二极管、垂直腔面发射激光器、量子级联激光器、锑化物激光器、半导体光调制器、薄膜晶体管、雪崩光电二极管、自电光效应器件、猫须探测器、太阳能电池**。

另一类重要的光电器件是发光器件。自20世纪日本科学家中村修二发明高亮度GaN基蓝光发光二极管（LED）以来，全世界掀起了一场照明革命。由于半导体LED具有亮度大、节约电以及寿命长等一系列优点，它已逐渐取代原来的白炽灯和汞节能灯，为全世界节约大量的电能。这类光电器件包括**白光发光二极管、蓝光发光二极管、光子晶体发光二极管**。

（夏建白）

半导体照明　semiconductor lighting　应用半导体器件发出白光，作为普通照明光源的技术。相对于真空管的照明，半导体照明有时也称固态照明。半导体照明是在1996年日本日亚公司的白光发光二极管（LED）发明之后提出的。半导体照明节能、环保、高品质、长寿命，引起了世界各国和高技术公司的广泛重视。影响较大的有美国能源部的“半导体照明国家研究项目”，日本的“21世纪照明技术”，欧盟的“彩虹计划”，中国的“国家半导体照明工程”。进入21世纪，中国的半导体照明芯片、封装和应用取得长足的进展，成立了一些大型LED公司，具备参与国际竞争的实力。

半导体照明的技术主要使用GaN基LED激发荧光粉产生白光以及多色LED混光产生白光这两种技术。随着技术的发展，半导体照明的发光效率已经从最初的10流明/瓦左右提高到300流明/瓦（市场典型产品150流明/瓦）。技术发展目标已经从发光效率提高到追求高可靠性、高品质、低成本、智能照明和超越照明等方面。在半导体照明中，还存在的技术瓶颈是效率骤降和绿光光隙。如果效率骤降得到较好的解决，则无论是加大LED的注入电流密度，还是提高其工作结温，LED的效率都不会下降，因此成本将大大降低。解决绿光光隙的关键是高效率黄绿光波长的LED的制备技术，这是实现半导体照明全光谱、高品质特性的重要保证。

智能化照明和超越照明也是半导体照明发展的重要方向。智能化照明是基于智能控制，可见光通信及传感器系统技术，结合物联网、云计算和大数据的技术，实现智能家居、智能建筑、智能交通、智慧城市等目标的照明技术。而超越照明则是指半导体照明在非视觉照明领域方面的应用，如农业、医疗等方面。在农业方面，可用LED照明促进光合作用，改进生长周期，提高农业产品的质量和产量。利用半导体照明高品质、可调节的特点治疗视觉、皮肤、失眠、抑郁、骨质疏松、老年痴呆、心血管疾病、肿瘤等方面疾病。

半导体照明的主要技术基于蓝宝石衬底的Ⅲ-Ⅴ族氮化物LED，其主要的技术障碍是蓝宝石衬底绝缘、导热性能差。LED制备一般采用平面工艺，导致LED的性能和可靠性较低。而使用衬底剥离、垂直结构LED技术则会增加工艺成本，降低成品率。GaN自支撑衬底用于半导体照明器件的技术被称为第二代GaN基LED的技术。它不但可以耐受普通芯片10倍以上的电流密度，具有优越的效率骤降性能，而且其光电性能也可以得到较大幅度的提高。不过GaN自支撑衬底的成本还很昂贵，很难实用化。另一个半导体照明的候选技术是基于GaN基蓝绿光激光器的照明技术。在激光器结构中，大注入下的效率骤降明显减小，同时激光器的尺寸更小，还具有相干、偏振特性，能够实现更加优越的照明特性。但激光器工艺成本高，激光激发的荧光粉效率仍然很低。

（陈志忠）

半导体自旋电子学　semiconductor spintronics　利用半导体中载流子的自旋（或自旋和电荷）自由度，在一块芯片上同时实现信息的逻辑运算、通信和存储功能研究的学科。在半导体自旋电子学兴起之前，基于金属的自旋电子学已经取得了丰硕的成果，如巨磁阻效应和隧穿磁阻效应的发现大大提高了信息存储密度。但金属自旋电子学在自旋逻辑方面却有内在瓶颈，这主要是因为在金属中载流子自旋寿命和自旋扩散长度都很小，不利于自旋的传输和调控。这些问题在半导体中有望得到解决，半导体自旋电子学由此应运而生。

通常将半导体自旋电子学的源头追溯到1990年S. 达塔和B. 达斯提出自旋场效应晶体管概念，器件功能的实现涉及自旋注入、传输、调控和探测等过程，如图1所示。

为了实现半导体自旋电子学的研究目的，必须在半导体中产生自旋极化，即不平衡的自旋载流子浓度。在解决这个问题的过程中，已经取得了一系列研究成果，加深了对许多物理效应和物理过程的理解。在半导体中产生自旋极化的方法可以归纳为三大类：①利用半导体中强的自旋轨道耦合效应，如**自旋霍尔效应**和Rashba效应（一种自旋轨道耦合效应）等，产生自旋极化的载流子，如在InGaAsP/InGaAs异质结中利用强的Rashba自旋轨道相互作用，分离不同自旋取向的载流子，从而在半导体中产生自旋极化的载流子。②将自旋极化的角动量传送给半导体中的载流子从而使其产生自旋极化，如用圆偏振光将自旋角动量传输给半导体中的载流子或者在铁磁金属/半导体结构中将自旋极化的载流子，以电流形式注入半导体。③通过掺杂使半导体变成铁磁性从而有自发自旋极化的载流子，如稀磁半导体(Ga,Mn)As等。

在半导体中成功产生室温自旋极化后，下一步的研究重点是如何实现低功耗的自旋调控，如磁化翻转等。借鉴金属自旋电子学中利用自旋转移矩效应实现自旋极化翻转的成功经验，大野英男等利用自旋极化电流实现了稀磁半导体(Ga, Mn)As的磁化翻转，并发现在半导体中磁化翻转的临界电流密度要比金属小两个数量级。但要更好地和传统半导体工艺相兼容并进一步减小功耗，最理想的是直接利用电场调控半导体中的自旋极化载流子。人们也已观察到电场对半导体磁性薄膜矫顽力、居里温度和磁各向异性的调控，但要实现磁化翻转则必须有外磁场的辅助。因此，若能结合某些自旋电子学器件的特殊结构和工作原理，则有望通过电场使得输出信号在稳态之间转换，降低所需的能耗。

经过多年的努力，半导体自旋电子学

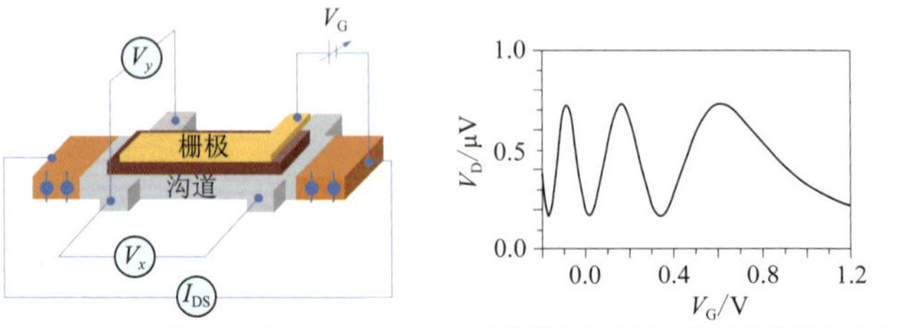

a 结构示意图　　b 典型的探测端电压随栅压的震荡曲线

图1　自旋场效应晶体管

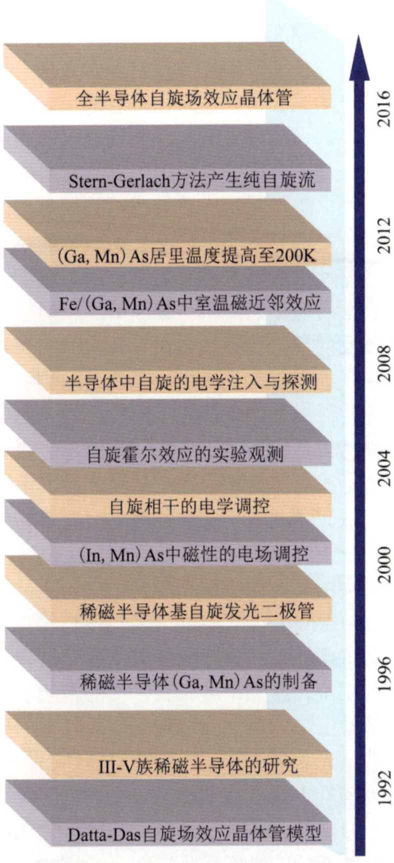

图2 半导体自旋电子学部分代表性成果

研究取得了长足的进展。图2列出了其中的一部分代表成果。虽然一些概念型器件（如自旋场效应晶体管和自旋发光二极管）在低温环境中得到了演示，但要实现应用仍需要进一步深入研究。

（赵建华 王海龙）

半峰全宽 full width at half maximum 衡量光谱特征的一个指标。原子和分子等系统在自发辐射或对外界入射场的响应过程中通常会伴随着发射或吸收现象，信号的频率分布称为光谱，并在共振频率附近形成特征谱线。该光谱线不是严格单色的，其强度曲线$I(\nu)$呈现出按频率ν（或波长λ）的一定的统计分布。下图是一种典型的分布曲线。中心频率$\nu_0=(E_i-E_j)/\hbar$，E_i和E_j为共振跃迁上、下能级对应的能

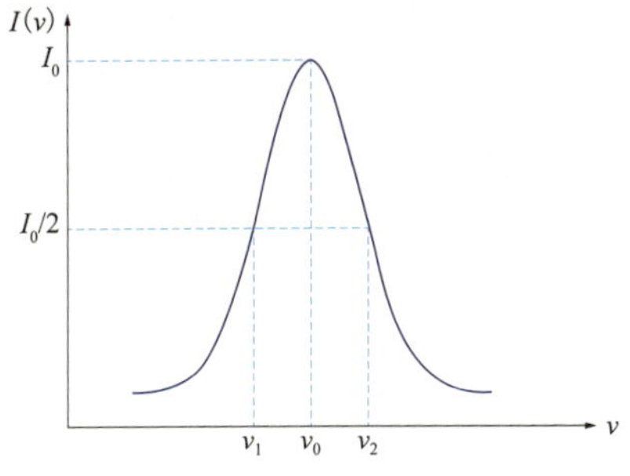

谱线强度随着频率的分布

量。若频率ν_1和ν_2满足光谱强度关系$I(\nu_1)=I(\nu_2)=\dfrac{1}{2}I(\nu_0)\equiv\dfrac{1}{2}I_0$时，频率间隔$\Delta\nu=\nu_2-\nu_1$为该光谱线的半峰全宽，有时也称光谱线的半高全宽、半宽度或半峰宽。

半峰全宽有时也用角频率表示为$\Delta\omega=2\pi\Delta\nu$，或用波长表示为$\Delta\lambda=|\lambda_1-\lambda_2|$，利用$\lambda=c/\nu$得到$\Delta\lambda=\dfrac{c}{\nu^2\Delta\nu}$。$\Delta\nu$、$\Delta\lambda$和$\Delta\omega$满足$\dfrac{\Delta\nu}{\nu}=\dfrac{\Delta\lambda}{\lambda}=\dfrac{\Delta\omega}{\omega}$。

（王兵兵）

半经典爱因斯坦场方程 semi-classical Einstein field equation 在弯曲时空量子场论中时空背景是经典的，而物质场是量子化的。如果将爱因斯坦场方程中的能动张量用量子化的物质场能动张量在某种量子态下的平均值代替，就得到半经典爱因斯坦场方程。半经典爱因斯坦场方程形式如下：

$$G_{\mu\nu}=-\varkappa\langle T_{\mu\nu}\rangle$$

半经典爱因斯坦场方程可用来研究物质场的反作用。将重正化能动张量代入半经典爱因斯坦场方程，解得新的度规，随后在修正的时空中重新计算重正化能动张量，以此类推。这是一种逐级迭代的做法。此外，半经典爱因斯坦场方程还能用来研究自洽解问题，即首先在一般弯曲时空中计算出物质场的重正化能动张量，代入半经典爱因斯坦场方程，解得具体度规形式，同时定出相应的重正化能动张量。

（余宏伟）

半经典理论 semi-classical theory 利用经典力学中的物理量（加上**普朗克常数**）来近似表示量子物理量的理论与方法。半经典理论的基本思路是将所研究的问题按照普朗克常数进行展开，然后保留一次（或低次）项，即在经典描述上加上一级量子修正。具有代表性的半经典理论有玻尔-索末菲量子化理论等。最为系统且严谨的半经典处理是从R.P.费曼的量子力学路径积分表述出发的。当作用量随路径的变化足够快时，利用稳相近似来求得所关心的量（根据哈密顿原理，稳相点对应于经典轨道），由此可以推导传播子的范扶累克-古茨维勒表示式，以及量子混沌系统能谱的古茨维勒迹公式。

半经典理论还常指对量子系统的一种处理：系统的一部分用经典方式描述，另一部分用量子力学描述，例如场看成是经典的，与场相互作用的粒子是量子的。

半经典理论不仅仅是一个求解复杂量子力学问题的工具，从原理层面上说，它与对应原理有密切关系。因此，半经典理论的发展与经典-量子对应问题的研究有着密切联系，是后者的重要内容之一。

（赵 鸿）

半浓聚合物溶液 semi-dilute polymer solution 浓度大于临界交叠浓度的高分子溶液。在稀溶液中，不同高分子链间没有相互作用，彼此分离，高分子链段在溶液中的分布是不均匀的。随着高分子浓度的增加，不同高分子链彼此接触，但还未相互贯穿，此时的高分子溶液浓度称为临界交叠浓度c^*，表示为：

$$c^*\sim\frac{N}{4\pi R_g^3/3} \qquad (1)$$

式中N为高分子链的单体单元数目；R_g为高分子链的旋转半径。当高分子溶液浓度大于临界交叠浓度时，高分子链出现重叠。随着高分子浓度的进一步增加，高分子链间的交叠程度增加，形成一种网络结构。高分子链段在溶液中的分布是均匀的，此时的高分子溶液称为半浓聚合物溶液，这种网状结构的网眼平均尺寸为相关长度ξ。由于高分子链的尺寸远大于网眼尺寸，ξ值与分子量无关，只与浓度有关：

$$\xi\approx C^{-3/4} \qquad (2)$$

式中C为高分子溶液浓度。在临界交叠浓度时，平均网眼尺寸与一个高分子线团的尺寸相当，即$\xi=R_g$。从相关长度公式可以看出，半浓聚合物溶液浓度越大，相互贯穿的网络结构的网眼越小。在θ溶液中，形成半浓聚合物溶液的临界体积分数为$\Phi^*\sim N^{-1/2}$。在良溶液中，$\Phi^*\sim N^{-4/5}$，由于$\Phi^*\ll 1$，高分子链彼此开始发生重叠时的浓度很低，因此高分子链间发生重叠和互相穿插的高分子溶液浓度范围跨度大。半浓聚合物溶液中，可以把高分子链看作由一串尺寸为ξ的小液滴组成，称为半浓聚合物溶液的串滴模型，每个小串滴内部的链与其他的链没有相互作用。有人利用串滴模型推导出半浓聚合物溶液中高分子链尺寸和浓度的关系，即$\langle R_g^2\rangle\propto NC^{-1/4}$，高分子链的尺寸不仅与分子量有关，而且与半浓聚合物溶液的浓度有关。

（张晓华）

棒中弹性波 elastic waves in solid rods 在固体棒中传播的弹性波。见**固体中的弹性波**。

包层 blanket 聚变堆关键核部件之一。聚变堆包层的简称。包层放置在环形真空室内部，主要功能是中子能量移出和氚增

殖，通常设计成模块结构以便于安装和拆卸。包层模块的前端是第一壁，模块内部布置特殊功能材料和传热管道，模块的后端固定在真空室的内壁上。在包层模块和真空室之间还装配有真空室屏蔽层，以保护真空室器壁免受包层模块的残余核辐射和热辐射的影响。由包层模块的第一壁和偏滤器靶板环绕组成燃烧等离子体区域，核聚变反应在此区间发生。聚变中子穿过第一壁在包层模块中慢化和产氚。核反应产生的热量在包层中沉积并经冷却介质带出，经热交换器转换成蒸气并推动发电机透平发电。

包层模块承担着80%核聚变功率（由中子携带）的转换和燃耗氚的补充任务。包层模块的第一壁直接面对燃烧等离子体，需要承受来自等离子体的高热负荷，因此包层是未来核聚变堆的关键核部件。除了实现中子能量移出和氚增殖两大功能外，包层还是研究高热负荷材料、低活化结构材料、高效传热介质、氚增殖剂和相关功能材料的载体。此外，如果在包层中放置铀-238或钍-232，可生产裂变燃料钚-239或铀-233。若放置长寿期放射性核废物，可用于嬗变、裂解处置核废物。

包层结构材料。低活化铁素体-马氏体钢具有低活化、抗中子辐照肿胀和工业技术成熟等优点，普遍认为是包层结构材料的首选。由于包层的服役环境异常苛刻，要求包层结构材料能够承受接近150dpa（dpa为晶格原子位移次数，是表征中子辐照损伤程度的物理量）的高能中子辐照损伤，能够长期在强磁场高热工况条件下服役。因此铁素体-马氏体钢的制造工艺仍需要不断优化，中子学数据也在不断完善当中。

包层第一壁材料。包层第一壁是聚变堆堆芯面对高温等离子体的固体结构，用于包容高温等离子体并在其中发生释能核聚变反应，又称面向等离子体部件。它的后端与包层模块紧密相连，主要功能是承受和吸收来自等离子体的高热负荷和粒子轰击。因此要求第一壁材料具有低溅射、高热导率、耐高温、低氢（氚）滞留，以及与结构材料兼容性等特性。

包层功能材料。含氚增殖剂、中子倍增剂及阻氚涂层材料等。氚增殖剂为含锂的合金或化合物，分为液态增殖剂（液态锂-铅合金）和固态增殖剂（“锂陶瓷”球床）两类。液态增殖剂可同时作为冷却剂，具有高热导率、抗辐照损伤及在线补充锂等优点，而固态增殖剂具有较好的氚释放特性、热物理性能、热机械性能及化学惰性等优点。中子倍增剂为含铅和铍等核素的合金或化合物，也分为固态中子倍增剂（铍球床）和液态中子倍增剂（液态锂-铅合金中的铅）两大类。技术较为成熟的阻氚涂层材料是氧化铝，能够使氚渗透率下降三个量级，但铝核的中子反应截面大，因此阻氚涂层材料还在进一步的比较和甄别之中。

（潘传红）

包裹团簇 coated cluster 表面被另一种物质包裹的**团簇**。包裹团簇表面的包裹物可以是有机物、氧化物或者其他金属。在化学法制备团簇的过程中，为了控制团簇尺寸以及防止团簇之间的团聚，通常在合成溶液中加入有机物，用于包裹在团簇表面。另外，在一些催化反应中，通过在团簇表面包裹特定的有机物可以调节团簇的催化性能。金属团簇自然氧化也形成包裹团簇。合金团簇也有以包裹形式存在的。

（宋凤麒）

薄膜光学 thin-film optics 处理层状不同介质组成的薄膜结构中光的传播的学科。是光学的分支学科。薄膜光学基于光的干涉效应，研究通过薄的分层介质（几纳米～几十微米）界面传播的光束的反射、透射和偏振等各种光学特性。薄膜光学的理论基础是麦克斯韦电磁理论，依据光在分层介质中的传播规律进行各种功能的光学薄膜的计算与设计，发展新算法，优化镀膜工艺，开发新薄膜材料，研究成膜过程中实时监控薄膜各项参数的新技术，寻找薄膜光学新的应用领域等，这些都是薄膜光学的研究内容。

薄膜光学可追溯到18世纪的“牛顿环”现象。1873年J.C.麦克斯韦的《论电与磁》(*Treatise on Electricity and Magnetism*，又译《电磁通论》）进一步奠定了薄膜光学的理论基础。虽然1817年J.von夫琅禾费就用湿法腐蚀制成了第一批减反射膜，但是直到1930年出现扩散泵后，用真空物理气相沉积法制备光学薄膜这一技术得到发展，才使得光学薄膜在各个领域得到广泛的应用，如光通信系统中的波分复用窄带滤光片、数码相机或手机摄像头前的红外截止滤光片、荧光显微镜中的负滤光片等。几乎所有的光学系统、光电系统或光电仪器都离不开光学薄膜。

光学薄膜按应用可分为减反射膜、高反射膜、分束镜、滤光膜和偏振膜等。

减反射膜　又称增透膜。主要功能是减少光学表面（如透镜、棱镜、平面镜等表面）的反射光，从而增加这些元件的透光量，减少或消除系统的杂散光。最简单的增透膜是一层折射率低于光学零件的单层膜，当它的光学厚度是某一波长的1/4时，两个界面的反射光发生干涉相消，因此对该波长的反射光减少。现代光学系统中的光学表面，往往采用多层薄膜来实现宽波段的增透或单一激光波长处极低的反射率。在所有的光学薄膜中，**减反射膜**使用最为广泛，其生产总量超过其他类型的薄膜。

高反射膜　又称反射镜。用于增加光学表面反射率的薄膜。最简单的反射膜是金属反射镜。良导体金属具有大的消光系数和低的吸收率。光束由空气入射到金属表面时，反射的光能较高。常用的金属反射镜材料是铝、银、金和铜。但是金属薄膜还是不可避免地存在一些吸收性，反射率受限，因此在一些需要极高反射率的光学系统中必须采用全介质反射膜。全介质反射膜由高、低折射率的两种材料交替构成，每层膜的光学厚度为某一波长的1/4。在这种条件下，各界面上的反射光具有相同的相位，产生干涉相长，反射率通常随着薄膜层数的增加而增加。反射膜常用来制造反光、折光和谐振腔镜等器件，与减反射膜几乎同样重要。

分束镜　把入射光分离成反射光和透射光两部分的光学薄膜器件，通常倾斜使用。在一定的波长区域内，对各波长有相同的透射率和反射率比，即把一束光分成光谱成分相同的两束光，称为中性分束镜。如果反射光和透射光有不同的光谱成分，通常称为二向色镜或截止滤光片。

滤光膜　又称干涉滤光片。最常见的是带通滤光片，在一定的光谱区间内，只允许光谱带中的一段通过，而其他部分被滤掉。带通滤光片按结构可分为法布里-珀罗型滤光片、长短波通叠加滤光片、多腔滤光片和诱导透射滤光片。

偏振膜　又称偏振分束镜。使入射自然光中某一偏振态光高反射，而另一偏振态光高透射的器件。可分为两类：一类以布儒斯特角入射，在每个界面上P偏振光高透，而S偏振光高反，可用作宽波段的偏振分束；另一类利用光斜入射时的偏振效应，S偏振光的反射带宽增大，而P偏振光的反射带宽减小，因此在过渡区域的窄波段内实现偏振分束。

（沈伟东）

薄膜晶体管 thin film transistor; TFT 通过在衬底（基板）上沉积各种不同的薄膜来制备的一种场效应晶体管，是液晶显示器的关键器件。包括源极、漏极、栅极、介电层和半导体沟道层（有源层），结构示意如图所示，图中以氢化非晶硅（a-Si:H）做有源层为例。

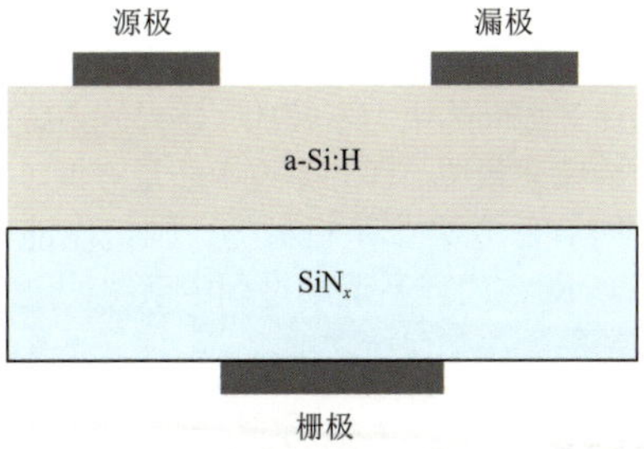

薄膜晶体管剖面示意图

薄膜晶体管的研究起始于20世纪60年代，P.韦默等用多晶CaS薄膜制备出TFT。1973年，T.P.布罗迪等用硒化镉TFT作为开关单元，首次研制出有源矩阵液晶显示，TFT开始应用于液晶显示器（LCD）中。随着硅加工工艺的发展，P.勒孔布等于1979年制备出了采用a-Si:H做有源层的TFT。1986年后以有机半导体材料（如聚噻吩，并五苯等）作为有源层的有机薄膜晶体管引起了科研工作者们的广泛关注。以透明氧化物氧化锌等半导体材料作为有源层的TFT，因性能改进显著业已引起研究热潮。

TFT作为一种绝缘栅场效应晶体管，是通过加在栅极上的电压调控有源层中载流子的浓度和分布，进而控制沟道宽度，即由输入电压来控制输出电流的电压控制型晶体管，其工作原理与金属－氧化物半导体场效应晶体管的类同。TFT主要应用在LCD中，晶体管被做在面板里，可在减少各像素间相互干扰的同时提高画面的稳定性。

多数TFT使用a-Si:H为主要材料，它的禁带宽度比单晶硅（1.12电子伏）小，所以TFT大多是不透明的。而TFT通常在电介质和电极间使用的铟锡氧化物是透明材料，因此若采用透明半导体材料（如氧化锌）作为主要材料，就可得到透明的TFT。就加工技术而言，由于大部分TFT基板不能忍受较高的退火温度，整个的沉积制备过程必须在相对低温下进行，常用的制备方法有化学气相沉积、物理气相沉积、分子束外延等。

基于TFT的液晶显示器凭借其大容量、高清晰度和全彩色的视频显示成为液晶显示技术中的主导，但就TFT本身而言，未来发展重点在于寻求新材料、新工艺和优化制备工艺参数，从而得到性能更优异的器件。同时TFT技术将会向集成化、高分辨率、节能化和轻便化的方向发展。 （王开友）

薄片激光器 thin disk laser 一种半导体激光泵浦固体激光器。20世纪90年代初，以A.吉森为首的德国斯图加特大学IFSW研究所和德国航空航天研究所ITP联合研究组首先实现了薄片激光器运行。之后，薄片激光器不断发展，无论是连续输出还是脉冲输出激光，都取得了很好的成绩，已经在激光器市场上占据了稳固地位。

薄片激光器的突出优点是较好地同时实现了高输出功率、高转换效率和高光束质量。

薄片激光器设计的核心思想是将激光介质做成很薄的碟片，厚度在0.1～1毫米（视不同介质材料、掺杂浓度而定），直径5～50毫米（取决于激光输出功率或能量）。其中一个面用于冷却，用铟或金膜将该表面与热沉焊接，既要保证热接触良好，还需避免对晶体产生应力。该表面还镀以同时对激光波长与泵浦光波长的高反射介质膜，使其成为激光谐振腔的端面镜或折叠镜（取决于腔型设计）。另一个表面则镀以对激光波长与泵浦光波长都有增透作用的介质膜。图1是薄片激光器的原理图。

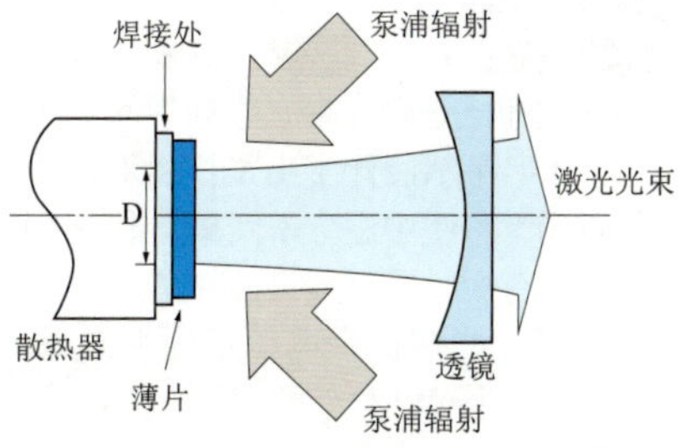

图1 薄片激光器原理

薄片的表面积与体积之比很大，使得热流方向几近与激光光束方向平行，温度梯度主要沿着激光传输方向，从而将热透镜效应和折射率椭球变形的影响降到最小，保证了光束质量。这种结构的另一优点是提高输出功率不是仅靠增加泵浦功率密度，而是靠增大泵浦光面积，从而从原理上就保障了高功率情形下依然有很好的光束质量。

由于薄片厚度很薄，即使晶体中用以产生激光的离子掺杂浓度很高也难以在一次来回的过程中将泵浦光吸收（况且掺杂浓度的增加受荧光淬灭限定）。吉森等人通过精巧的光学设计，实现泵浦光多次穿越薄片形晶体反复被吸收，成功解决了这一矛盾。图2展示了多程泵浦设计，此处为16程泵浦，有的系统甚至多达44程。

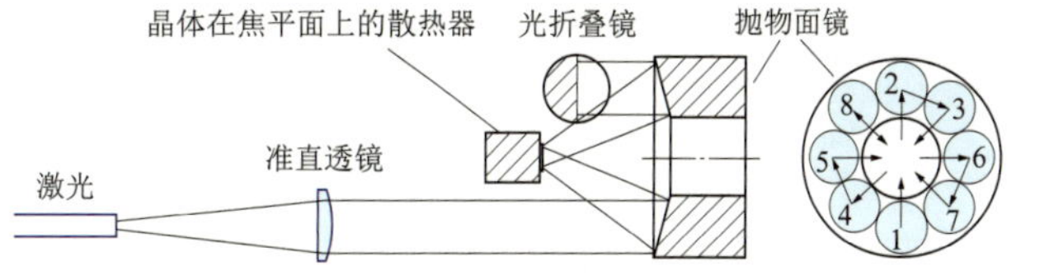

图2 薄片激光器16程泵浦吸收示意图

几乎所有灯泵固体激光器采用的激光晶体都可以用于薄片激光系统，尤其是对泵浦光吸收系数较高，激发态寿命较长的晶体。

最初的设计选用了Yb^{3+}为激光介质，掺杂到最常用的基质YAG（钇铝石榴石）晶体中。Yb^{3+}是准三能级系统，选用它是因为两大优点：其一是吸收波长与激光波长接近，量子亏损小，转换效率高；其二是没有诸如上转换、交叉弛豫、激发态吸收等寄生效应。Yb^{3+}:YAG以往没有被灯泵固体激光采用是因为其激光下能级与基态能级间隔小，容易产生热布居数，造成要求很高的泵浦光功率密度，但这一困难在半导体激光二极管泵浦时容易被克服。

以Yb^{3+}:YAG为介质的薄片激光无论是连续（cw）运转还是脉冲运转都得到了高功率（高脉冲能量）、高效率、高光束质量。除了YAG为基质之外，以Yb^{3+}为激光离子的晶体还有很多，其中Yb^{3+}:LuAG晶体以其优良的导热特性格外引人关注。

以Tm:YAG、Ho:YAG、Nd:YVO_4为介质的薄片激光拓宽了激光波段。值得注意的是Nd:YAG、Nd:YVO_4不仅可以用其四能级系统，也可以用其准三能级系统得到不同波长的激光。

除了经典固体激光材料之外，也已采用半导体作为激光材料，经特别设计的量子阱器件薄片激光已经获得10瓦连续功率输出。

迄今薄片激光器cw输出采用单一碟片最大功率已超过10千瓦，其光－光转换效率超过50%；同一谐振腔中采用多个碟片，最大功率已超过27千瓦，光束质量依然很好。

脉宽从纳秒、皮秒到飞秒的脉冲激光，特别是高平均功率脉冲激光普遍得以实现，并保持了高转换效率和高光束质量。由于泵浦光斑大，平均功率密度不高，所以非线性效应很低，致使窄线宽运行得以保持，有利于频率转换至可见光和紫外区域。

整个薄片激光的研究发展过程，伴随进行了数值模拟，并得到了增容规律。按此规律预测，cw运行单碟片激光功率可达到100千瓦，而同一谐振腔中多碟片激光输出可达到兆瓦量级，并依然保持好的光束质量。而脉冲运行单碟片激光单脉冲能量有望达到10焦，这将开创一条建立高脉冲能量、高重复频率、高光束质量激光的道路。

薄片激光器的缺点是激光增益比较低，原因是激光在增益介质里的光程太短以及泵浦强度比较低。另外增益最大的方向是和薄片表面平行的方向，因此薄片的边缘需要做特殊的处理来防止横向的寄生振荡。由于增益比较低，设计放大器时一般采用再生放大的方式，这限制了它的应用范围。同样由于增益比较低，设计振荡器的时候需要较低的输出耦合率，这增加了腔内的功率负载，不利于脉冲运转的激光器。另外一个问题是较大的泵浦面积不利于设计基横模腔，需要腔比较长或比较复杂的腔型才可在激光晶体处获得较大的基横模。（吴念乐）

饱和吸收光谱学　saturated absorption spectroscopy　一种利用*泵浦-探测技术*来有效消除多普勒展宽从而获得精确原子跃迁谱线的方法。泵浦-探测技术同时将一束光强较高的“泵浦激光”和另一束频率相同但反向传播的低光强“探测激光”射在原子气体上。实验时通过改变激光频率并记录探测光透过原子气体的透射率来获得原子跃迁谱线。

在没有泵浦光的情况下，探测光经过原子时被吸收，其透射光谱（探测光的强度随频率的变化）将出现一个“谷”，“谷”的宽度由原子的多普勒展宽决定。在有泵浦光的情况下，若激光频率与原子不共振，由于*多普勒效应*，泵浦光和探测光因传播方向相反作用于不同的原子，因此泵浦光的存在对探测光的透射光谱没有影响。而在共振的情况下，泵浦光和探测光作用于同一群原子，强的泵浦光将把大量原子激发到激发态。当基态与激发态原子的占据数接近相等时，称这些原子处于饱和状态。在此状态下，能够吸收探测光的基态原子减少了，而能受到探测光影响从而发生受激辐射的激发态原子增多了。因此与跃迁频率共振的弱探测光经过原子气体时，透过原子气体的探测光比不共振的情况强很多，形成一个反向的吸收峰，这就是所谓的饱和吸收峰，其宽度由自然线宽决定。饱和吸收技术一般可以清楚地分辨原子的超精细结构，因此常被用来将激光频率锁定到原子的超精细结构的跃迁谱线上。（郑盟锟）

饱和蒸气压　saturated vapor pressure　纯物质系统汽化或液化过程中可以存在气液两种状态的比例相对平衡的状态，也就是液态部分的温度与气态部分的温度相同，液态部分的压强与气态部分的压强相同的状态。物质在这种特殊的状态下的压强称为该物质的饱和蒸气压。纯物质系统汽化或液化时，饱和蒸气压与温度之间的函数关系称为该物质的饱和蒸气压方程，其具体的函数形式依赖于该物质的汽化热、热容量等性质。（穆良柱）

保尔，W.　Wolfgang Paul（1913-08-10～1993-12-08）　德国实验物理学家。生于萨克森州洛仑茨基希，卒于波恩。1939年获慕尼黑工业大学博士学位。1939～1952年在基尔大学和格丁根大学任教。1952年后一直在波恩大学任实验物理学教授、物理研究所主任，1981年退休。1965～1967年间还任欧洲核子研究中心物理学部主任。

1951年保尔设计了由6个磁极构成的聚焦磁场，可使中性分子聚集，对分子束研究极为有用。后来他又设计了一种射频四极电场，能够把带电粒子囚禁在电场中。这一电场就相当于一个捕捉粒子的阱，称*离子阱*。这项工作成为以后带电粒子存储技术的先驱。为此他与H.G.德梅尔特同获1989年诺贝尔物理学奖。（郭奕玲）

保守力　conservative force　质点运动时，作用于质点的所做功与质点的运动路径无关，只取决于运动的始末位置的力。又称有势力、势力。保守力的定义也可等价地叙述为质点沿封闭的路径运动一周时，保守力的功等于零。

万有引力、*重力*、弹性力、静电力等都是保守力，而摩擦力、流体的黏滞阻力等都是非保守力。如果质点在空间各处均受到确定的保守力的作用，则在空间中形成一个保守力场。在保守力场中有势能的概念。如果选定一位置为基准点，则将质点由位置A处移至基准点的过程中保守力所做之功就称为质点在位置A处的势能。势能反映了物体在该位置处的潜在做功能力，故又称位能。保守力$\boldsymbol{F}$与势能函数V的微分关系为$\boldsymbol{F}=-\nabla V$，积分关系为

$$V_A-V_B=\int_A^B \boldsymbol{F}\cdot \mathrm{d}\boldsymbol{r}。$$

如果自由质点系中各质点间的作用力都是保守力，或非自由质点系中的主动力是保守力而约束力不做功，这样的系统就称为保守系统。保守系统中能量守恒（如果所有保守力都是机械力，则机械能守恒），即在质点系运动过程中系统的动能与势能的总和保持常量。（贾书惠）

鲍威尔，C.F.　Cecil Frank Powell（1903-12-05～1969-08-09）　英国物理学家。生于英格兰的汤布里奇，卒于意大利米兰附近。1925年毕业于剑桥的西尼·塞索克斯学院。1925～1927年作为E.卢瑟福和C.T.R.威耳孙的研究生在卡文迪什实验室做研究工作。1927年获博士学位。1928年去布里斯托尔大学威尔斯物理实验室工作，1948年升任教授，1964年任副校长。1961～1963年任欧洲核子研究中心科学政策委员会委员。1949年当选为英国皇家学会会员。他还是苏联科学院院士。1964年担任威尔斯物理实验室主任。

鲍威尔早期在卡文迪什实验室时研究与云室有关的凝聚现象。20世纪30年代后期，鲍威尔和他的同事在布里斯托尔大学开创了用核乳胶探测高能粒子的方法。1947年获得高灵敏度的乳胶片并和G.P.S.奥恰利尼用这种方法进行宇宙线的研究。在海拔2800米的山顶上，直接记录宇宙线的辐射，并通过对底板乳胶中射线径迹的分析，证实了$\pi^{\pm}$介子的存在，以及π介子衰变成μ子和中微子的过程，为此获得1950年诺贝尔物理学奖。1949年又用这种方法发现了K介子的衰变方式。（戴念祖）

暴涨宇宙学说　inflationary cosmology　描述极早期宇宙演化的一个可能阶段的学说。20世纪70年代，基于核合成的大爆炸宇宙学得到长足发展。该学说不仅成功解释了宇宙中的轻元素丰度，同时为人们勾勒了大约100多亿年的完整的宇宙演化历史。但这一理论学说却面临着一系列无法用当时的物理机理所解释的困难，包括*视界问题*、平坦性问题、磁单极子问题等。如通过现在的宇宙学观测在约300亿光年的尺度上没有发现空间弯曲的明显迹象。这就意味着宇宙在大爆炸创生那一刻的空

间部分应该是极度平坦的，而这一初始条件在大爆炸宇宙学模型中无法得到自洽的物理解释。因此，到了20世纪70年代末，一个基于大爆炸宇宙学模型的拓展学说应运而生，即暴涨宇宙学说。

暴涨刻画了宇宙在极早期的一种空间加速膨胀的过程。但这么短时间内，宇宙的单位空间尺度可被放大约10^{80}倍。暴涨之后的宇宙变得非常空，且温度几乎为绝对零度，需要通过重加热过程将宇宙温度提升到极高，并与现在被观测到的热膨胀历史平稳衔接。利用这一剧烈加速膨胀的动力学过程，即便宇宙在创生伊始不是那么平坦，暴涨也会将这些非平坦的空间弯曲拉直，从而在现在的宇宙学观测尺度中显现不出来。由于粒子物理对称性破缺过程，宇宙在极早期产生出拓扑缺陷，如磁单极子。但从星系到宇宙尺度的各类天文实验从未发现过这些理论预言的拓扑缺陷，这令人们感到十分费解，而暴涨宇宙学说则通过在短时间内将宇宙的空间尺度极速放大的方式，稀释了这些拓扑缺陷，因此合理解释了这一理论疑难。

尽管驱动暴涨这一宇宙学过程的物理学机理尚未被发现，但根据其基本绘景所做出的多项理论预言业已被宇宙学观测所验证。通常的研究方法是通过引入一个称作暴涨子的标量场粒子来进行唯象研究。基于这一标量场所发展出来的宇宙学扰动理论，亦非常精巧地统一解释了宇宙大尺度结构形成和微波背景辐射各向异性的物理起源。暴涨场在它的量子关联尺度——哈勃视界以内会产生量子涨落。这些量子涨落的物理波长，在暴涨期间会因宇宙尺度的放大而被迅速红移到哈勃视界之外，从而退相干成了经典曲率扰动，并进而诱生物质密度扰动。这些原初的物质密度扰动，在随后漫长的宇宙演化中逐渐形成被观测到的大尺度结构。此外，它的分布信息会在大爆炸38万年后最早的氢原子形成时被解耦的宇宙光子记录下来，并在宇宙微波背景辐射中造成微小的各向异性。

最早的暴涨模型可以追溯到物理学家E.格林纳于1965年的工作，但其理论并未获得广泛重视。1980年，美国物理学家A.古斯基于一阶相变理论独立提出了暴涨机制，并明确给出磁单极子疑难和平坦性疑难的物理解释。同一年出现了至少其他三篇实现暴涨宇宙图像的文章，分别来自苏联的A.斯塔罗宾斯基、日本的佐藤胜彦、中国的方励之。

早期的暴涨模型普遍存在一个理论困难，即暴涨的退出机制不够高效以至于暴涨会永久发生下去。1982年，A.林德以及A.阿尔布雷彻和P.J.斯坦哈特分别独立提出基于慢滚动思想的新的暴涨模型。新暴涨模型中，暴涨场从假真空态衰变的机制不再是量子隧穿，而是沿着平坦的势能缓慢滚动到真真空态。一旦势能变得陡峭，暴涨就会结束，重加热过程就会开始。

不过暴涨宇宙学仍存在一些理论疑难。其一，暴涨仍需初始条件的微调；其二，暴涨子是什么还不清楚；其三，暴涨宇宙尽管解释了大爆炸学说的一系列问题，但初始奇点问题并未得到解决。这些疑难是极早期宇宙学方向的研究前沿。

（蔡一夫　朴云松）

爆炸力学 explosion mechanics 研究爆炸现象的发生和发展规律、力学效应的利用和防护力学的一个分支学科。爆炸泛指由一种能量快速转化为另一种或几种能量并伴随产生高压、高温以及冲击波的现象。如火炸药受到外界足够强的扰动时发生急剧的化学反应，是一类化学爆炸；大至星体小至颗粒的两个物体发生的高速碰撞，是一类物理爆炸；核燃料受强扰动时发生急剧的核反应，则是一类核爆炸。爆炸力学是流体力学、固体力学和物理学、化学等学科之间的一门交叉学科。多学科、多因素的渗透和结合成为爆炸力学发展的必要条件。

学科内容　爆炸力学的一个基本特点是研究高功率密度的能量转化过程。大量能量通过高速的波动来传递，历时短，强度大。其次，爆炸力学研究常需要考虑力学因素和化学物理因素的耦合、流体特性和固体特性的耦合、载荷和介质的耦合等。

爆炸力学的研究大致可分为爆炸的基础性质、爆炸的效应两个方面。前者主要有可反应物质的爆轰、爆燃等现象和爆炸冲击下介质（气、液、固等）或材料的物理力学性质。后者主要有各种介质中的爆炸（空中爆炸、水下爆炸、土岩爆破等）和结构物的爆炸响应、高速冲击、高能量密度动力学（核爆炸、激光辐照爆炸、粒子束辐照爆炸等）。自然界的雷电、地震、火山爆发、陨石碰撞、星体爆发等现象也可用爆炸力学方法来研究。

研究爆炸波在各种介质中的传播以及波所引起的各种效应是爆炸力学的中心内容。对于空中核爆炸，应考虑在高温、高压下包括辐射在内的空气热力学平衡性质和非平衡性质。对于水下爆炸，水的高速空化及其消失往往是重要的因素。对于地下爆炸和高速冲击，则应考虑介质在高温、高压、高应变率条件下的本构关系和损伤破坏准则。因此，介质在极端条件下的力学性质是爆炸力学和其他学科共同感兴趣、合作研究的领域。

爆轰的流体力学理论的核心问题是波在可反应介质中化学反应和力学因素强烈耦合情况下的传播。气相、液相、固相和多种混合相物质的稳态和非稳态爆轰，包括爆燃和爆轰间的转化在内的各种点火和起爆熄爆机理、爆轰波结构以及爆轰产物状态方程等都是爆轰学研究的对象。

此外，还有与工程应用直接相联系的工程爆破理论和技术，爆炸加工的理论和工艺，抗爆防护工程和工业安全中的结构撞击、结构动力学和岩土动力学问题，同常规武器设计相联系的内弹道学与终点弹道学，与空间反导动能弹和激光武器的设计、空间飞行器对空间垃圾的防护有关的超高速冲击理论以及激光与物质的相互作用理论等。

应用　爆炸力学的应用广泛，大致有以下几个方面。在军事技术方面，无论是核武器、空间反导武器（动能弹和激光武器）的研制和防护，还是常规武器弹药的研制和防护，以及爆炸和冲击对人体的杀伤和防护等都需要进行爆炸力学的研究。在国民经济建设方面，采矿、水利和交通运输、城市改造和国土整治等工程中，用炸药爆破岩石和土壤是必不可少的手段。爆炸加工可用于成形、焊接、硬化表面、消除残余应力、合成超硬材料等。此外，爆炸安全与防护有特殊重要的地位，可燃气体爆炸、粉尘爆炸（如铝粉、煤粉、粮食粉末等的爆炸）、煤与瓦斯突出、危险化学品爆炸、压力容器爆炸等工业爆炸灾害都是公众十分关心的问题。

研究方法　爆炸力学基本的研究方法包括理论分析、实验研究和数值计算。

理论分析。爆炸力学研究促进了流体和固体介质中冲击波理论、流体弹塑性理论、黏塑性固体动力学的发展。爆炸在固体中产生的高应变率、大变形、高压和热效应等推动了凝聚态物质高压状态方程、非线性本构关系、动态断裂理论和热塑不稳定性理论的研究。爆炸现象十分复杂，并不要求对所有因素都进行精确描述，因此抓住主要矛盾进行实验和建立简化模型，特别是运用和发展各种相似律或模型律，具有重要意义。

实验研究。爆炸力学实验研究包含两个方面：一是动态加载技术，二是瞬态测试技术。根据加载速率不同，各种加载实验设备有霍普金森杆、落锤、各种一级气体炮、压剪炮和多级气体炮、激波管。根据驱动的能量不同，又有炸药驱动技术、压缩气体驱动技术、电爆炸驱动技术、电磁驱动技术、激光驱动技术等。瞬态测试技术是以捕捉和处理燃烧、起爆、爆炸等快速反应过程的动态信息为目的一门综合性技术，包括高速摄影、脉冲X射线照相、瞬态波形记录和数据处理等技术。它以爆炸力学、燃烧学、电磁学和光学等学科为基础，主要对起爆、传爆、燃烧、爆炸、冲击等作用过程中的物理力学参数进行测试，观察其中的温度、压力、密度、燃速、爆速、加速度、位移等参数随时间和空间的快速变化关系，找出其规律。由于测量过程中具有高速、高压、高温和瞬时性等特征，使测量难度明显增加，形成了与一般动态测量技术所不同的鲜明个性。

数值计算。爆炸与冲击问题具有非定常、大变形、多物质、多种分界面等特点，常用的数值计算方法有特征线、有限差分、有限元、离散元、光滑粒子法等多种动态数值方法。炸药爆轰计算中的一个必要前提是要有爆轰产物的状态方程。目前常用的BKW状态方程、LJD状态方程、JWL状态方程和JCZ状态方程等都是半经验性质的方程。尽管如此，爆轰的数值计算已能提供许多有用的知识，帮助解决许多工程技术问题，并有利于对爆轰本质的深入研究。近年来，爆炸力学的数值模拟技术有很大进展，发展了一维、二维、三维流体力学和流体弹塑性力学等计算程序，可以综合考察爆炸与冲击过程及其力学效应。

展望　爆炸力学的发展与流体力学、固体力学、物理、化学等学科的发展以及军事工程、采矿工程、安全工程等应用领域的推动分不开。多学科的交叉及其工程应用是爆炸力学未来主要研究方向的增长点。例如爆轰波的精细结构与非理想爆轰理论，常规弹药的高威力与钝感问题，强动载下材料的力学、物理和化学现象及其耦合行为，材料动态行为的宏观、细观、微观机理及其多尺度模拟方法，核武器小型化及其对应的数值模拟和实验方法，新材料的爆炸法制备和改性，复杂环境条件下爆炸灾害的预防与控制，新型的爆炸冲击加载技术和快速响应、高分辨能力的实验诊断技术等。

（郑哲敏　朱兆祥）

北京谱仪　Beijing spectrometer; BES　工作在中国北京正负电子对撞机上的大型通用磁谱仪探测器。1988年10月建成。正负电子的束流能量范围为1.5～2.8吉电子伏特，相应的质心能量可以覆盖3.0～5.6吉电子伏。北京谱仪（BES）的主要物理目标是研究粲和轻子物理。第一代北京谱仪（BES Ⅰ）运行时间在1989年到1995年。为了提高北京正负电子对撞机（BEPC）的对撞亮度和BES的探测性能，从1995年夏到1997年底实施了升级改进，BEPC对撞亮度提高了2.5倍，在此基础上第二代北京谱仪（BES Ⅱ）运行在1998年到2004年。利用BES Ⅰ和BES Ⅱ获取的实验数据，北京谱仪国际合作组取得了一批重要的物理成果，比如τ轻子质量的精确测量和2～5吉电子伏R值精确测量等结果解决了当时国际高能物理关注的轻子普适性和希格斯粒子质量下限等疑难问题。此外，在粲偶素物理、粲介子衰变和轻强子谱学等领域也都做出了国际领先结果，比如发现正反质子阈值增长效应和X（1835）共振态等。

2003年2月，国家批准对BEPC/BES进行重大改造，将对撞亮度由原来的10^{31}/（厘米^2·秒）提高到10^{33}/（厘米^2·秒）（亮度提高100倍），把改造后的对撞机和探测器称为BEPC Ⅱ / BES Ⅲ。2008年7月完成了建造、安装和调试，2009年4月BES Ⅲ（见图）开始获取物理数据。

北京谱仪

BES Ⅲ实验已经在该能区获取了大量实验数据，取得大批物理成果。实验对检验强相互作用机制起到重要作用，特别是寻找新型强子谱、强子产生及其相互作用机制有深远意义。在阈值附近产生的正反超子对，粲介子和粲重子对的量子关联效应，对于理解强子产生和衰变机制有独特之处。比如BES Ⅲ实验确认了正反质子阈值增长效应和X（1835）共振态，发现含正反粲夸克带电结构Z_c（3900）、首次开展粲重子Λ_c绝对分支比的测量、开展超子的极化和CP破坏测量等。

BES Ⅲ实验国际合作组由来自中国、美国、俄罗斯、德国、英国、意大利、荷兰、瑞典、波兰、蒙古国、巴基斯坦、印度、日本、韩国、泰国、土耳其和智利等国家的83个大学和研究所的500多位物理学家组成。BES Ⅲ探测器由束流管、内漂移室、外漂移室、飞行时间计数器、电磁量能器、螺线管超导磁铁、μ子计数器和小角度亮度探测器及其电子学读出系统组成，是大型粒子探测装置。此外还包括数据获取系统、电子学系统、离线软件分析系统等。

第二代北京正负电子对撞机自2009年开始运行以来，在其上工作的BES Ⅲ探测器已经积累了大量实验数据，获取了一系列重要成果。BES Ⅲ实验国际合作组已经发表近500篇实验论文，在强子物理和粲能区标准模型的精确检验等领域均领先世界。

（郑志鹏　李海波）

北京谱仪－Ⅱ　Beijing spectrometer Ⅱ; BES Ⅱ　工作在中国北京正负电子对撞机（BEPC）上的第二代大型谱仪。见**北京谱仪**。

北京谱仪－Ⅲ　Beijing Spectrometer Ⅲ; BES Ⅲ　工作在中国北京正负电子对撞机（BEPC）上的第三代大型谱仪。见**北京谱仪**。

北京正负电子对撞机　Beijing electron-positron collider; BEPC　中国第一台高能物理实验装置。工作在τ粲能区的正负电子对撞机。北京正负电子对撞机由注入器与束流输运线、储存环、北京谱仪和同步辐射装置四大部分构成（图1）。

工作过程　BEPC像一支硕大的羽毛球拍，由北向南而卧。球拍的“把”——注入器，是一台长202米的行波正负电子直线加速器。电子枪产生的电子束在盘荷波导加速管中被行波电场加速。在电子束被加速到150兆电子伏（BEPC）和240兆电子伏（BEPC Ⅱ）时，轰击一个约1厘米厚的钨靶。由于级联簇效应产生正负电子对，将正电子聚焦、收集起来加速，就得到高能量的正电子束。正负电子束流通过输运线注入球拍的“框”——储存环中，积累、储存、加速、对撞。正负电子束流在储存环240米长的真空盒里做回旋运动，安放在真空盒周围的各种高精度电磁铁将束流偏转、聚焦、控制在环形真空盒的中心附近。高频腔不断把微波功率传递给束流，使之补充能量并得到加速。上百个探头检测束流的强度、位置等性能。计算机通过各种接口设备，控制对撞机的上千台设备的工作。当正负电子束流被加速到所需要的能量时，安放在对撞点附近的**北京谱仪**开始工作，获取对撞产生的次级粒子信息。北京同步辐射装置的光束线和实验站也可以开展各种实验。BEPC储存环每隔4～6小时重新注入正负电子束流，

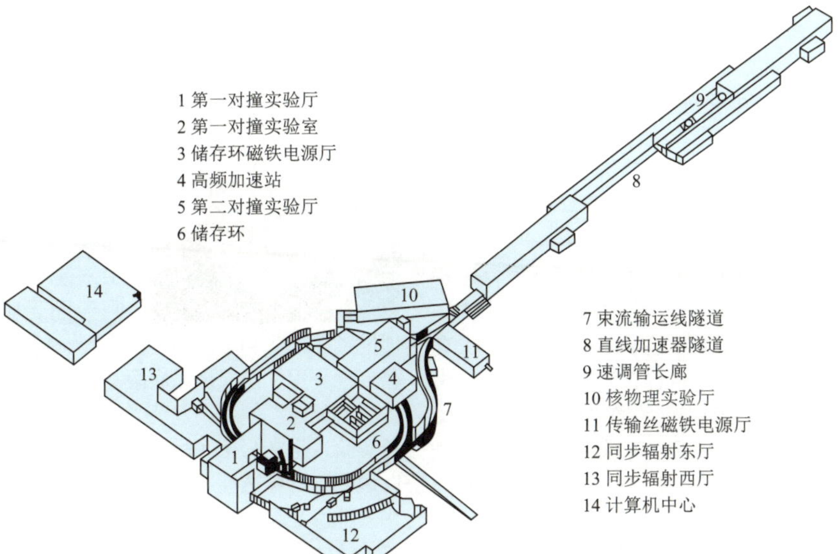

图1 BEPC总体布局

重复以上过程。

发展历程 从20世纪50年代起，中国就开始考虑建设高能物理实验装置。经历了多次上马、下马和反复论证，最终决定建造一台束流能量为1.1～2.2吉电子伏的正负电子对撞机。选址在北京中国科学院高能物理研究所园区内，这就是BEPC。BEPC于1984年10月7日破土动工，1988年10月16日首次实现对撞。BEPC建成后成为在τ粲能区性能国际领先的对撞机，在1.89吉电子伏时的亮度为1×10^{31}/（厘米^2·秒），取得了诸如τ轻子质量精确测量、*R*值测量和新粒子X（1835）的发现等重要物理成果。

BEPC的成果引起了国际高能物理界的高度兴趣，粲物理成为研究热点之一，而该能区还有许多重大科学问题要求高精度的高能物理实验来回答。瞄准粲物理研究的科学目标，面对激烈的国际竞争，中国科学家提出了采用双环、大交叉角对撞对BEPC进行重大改造的方案，在BEPC隧道里安装两个储存环（图2）。正负电子在各自的环里运动，在对撞区交叉对撞，其设计亮度比BEPC高两个数量级。同时改造注入器，新建北京谱仪。BEPCⅡ于2004年开始建设，2008年7月19日，加速器与北京谱仪联合调试对撞成功，2009年5月对撞亮度超过3×10^{32}/（厘米^2·秒）的验收指标。2009年7月17日通过国家验收，2016年4月对撞亮度达到1×10^{33}/（厘米^2·秒）的设计目标。BEPCⅡ保持和发展了在粲物理研究中的国际领先地位，开展高能物理实验和同步辐射研究，取得了四夸克态粒子的发现等重大物理成果。

图2 BEPCⅡ的正负电子储存环

社会效益 对撞机涉及高功率微波、高性能磁铁、高稳定电源、高精密机械、超高真空、低温超导、束流测量、自动控制、高精度粒子探测、快电子学、数据在线获取和离线处理等高技术，其设计指标都接近当代技术的极限。BEPC和BEPCⅡ的建设中发展的高性能粒子源、大功率速调管、等梯度加速管、高频加速系统、各种类型的磁铁及其电源、大容积超高真空系统、束流测量、计算机控制和大规模低温系统等均达到了国际同类装置的先进水平，有力推动了相应高科技的发展和相关工业部门的技术升级，促进了加速器和探测器相关产业的发展，各种磁铁、微波和低温、超导等设备出口到世界多个国家，取得了良好的社会效益与经济效益。 （张 闯）

贝德诺尔茨，J.G. Johannes Georg Bednorz（1950-05-16～ ） 德国物理学家。生于德国威斯特瓦的诺因基星。1976年移居瑞士苏黎世。1982年获瑞士苏黎世联邦工学院博士学位，同年进入位于瑞士鲁希利康的IBM公司苏黎世研究实验室。1987

年以后任公司研究员和高温超导研究组组长。1986年，和K.A.缪勒一起发现钡镧铜氧（Ba-La-Cu-O）材料突破30开的超导性，打开了高温超导的大门。因在发现陶瓷材料的超导电性方面有重大突破，贝德诺尔茨和缪勒获1987年诺贝尔物理学奖。 （郭奕玲）

贝尔不等式 Bell’s inequality 在贝尔定理基础上提出的一个定域决定论的隐变量理论应该满足的不等式。20世纪60年代，J.S.贝尔发现定域实在性的隐变量理论不能够完全得到与量子力学一致的结果，并给出定理说要构造一个定域决定论的隐变量理论且能和所有的量子力学预言相符是不可能的，这就是所谓的贝尔定理。贝尔在定理的证明中提出了一个不等式，隐变量理论满足这个不等式，量子力学的结果则破坏这个不等式。贝尔不等式使得量子力学的完备性争论可以通过实验校验。

贝尔不等式的形式并不是唯一的。应用最多的贝尔不等式是1969年由J.F.克劳泽、M.A.霍恩、A.E.希莫尼、R.A.霍尔特等人提出的，也就是所谓的CHSH不等式。

从70年代起陆续进行了一些实验，实验值都显示违背贝尔不等式，实验结果都支持量子力学。 （傅立斌）

贝尔纳，J.D. John Desmond Bernal（1901-05-10～1971-09-15） 英国物理学家、分子生物学家，科学社会学奠基人。生于爱尔兰蒂珀雷里的尼纳，卒于英国伦敦。1919年入

剑桥大学，1923～1927年在伦敦皇家研究所从事晶体学研究。1927年当选剑桥大学晶体学系的负责人。1937年当选英国皇家学会会员。1938年担任伦敦大学伯克贝克学院物理学教授。他关心社会，参加共产主义运动，20世纪30年代后期积极投入反法西斯斗争，成为剑桥反法西斯的科学家运动的核心人物。在第二

次世界大战中先后任职国家安全部、空军部顾问和盟军总司令的科学顾问，1945年获英国皇室颁布的皇家奖章。战后当选为世界和平理事会主席，为促进世界和平，奔走于包括中国在内的各国之间。他又是世界科学工作者协会的创始人之一，1948年提出《科学家宪章》的草案，并为该协会所通过。

贝尔纳主要研究X射线晶体学和化合物的原子结构。早在剑桥大学学习期间，他由于用数学推导出晶体结构的230个空间群，受到伦敦皇家研究所**布拉格父子**的重视。1926年前后在W.H.布拉格指导下，完成了用于标定以旋晶法拍摄的单晶X射线照片的图表，后来被称为贝尔纳图表，还确定出石墨的晶体结构。之后他同他的学生们一起拍摄到固醇、氨基酸、蛋白质等重要的生物大分子的X射线衍射图，开拓了分子生物学的研究领域。他认为这些分子的几何结构和物理结构，同解释生命起源有关。1951年撰《生命的物理学基础》一书。贝尔纳还从科学与社会的关系的角度对科学史进行研究。1939年著有《科学的社会功能》，在历史和现实结合上，首次系统、全面论述科学的社会作用。1954年著有《历史上的科学》，第一次从历史角度研究科学与社会的相互影响。一般认为这些著作是科学社会学的开创性文献。

（戴念祖）

贝可勒尔家族 Becquerel family 法国的贝可勒尔祖孙三代。他们都从事物理学、化学研究工作，尤以H.贝可勒尔发现放射性贡献为大。

A.-C.贝可勒尔 电化学家，H.贝可勒尔的祖父。1788年3月7日生于卢瓦雷的卢万河畔沙蒂永。毕业于巴黎综合工科学校。1829年被选为法国科学院院士，1838年法国自然史博物馆设置物理学教授职位，他是第一任教授。1878年1月18日在巴黎逝世。

A.-C.贝可勒尔在做矿物的电实验时，发现了压电效应，进而研究矿物的热电效应。但他的突出贡献是对伏打电池的理论和应用的研究。他制成了在较长时间内可提供电流的电池，用自制的电池组成功地从矿物中提取到各种物质的晶体，这种方法随即在工业上得到应用，为此在1835年获得英国皇家学会的科普利奖章。在能量转换和守恒的原理还没有弄清楚之前，A.-C.贝可勒尔已坚信电和热、光、化学力之间有着密切关系。他用实验证实：只要两种不同物体互相接触，如两者温度不同，或互相摩擦，或进行化学反应，都可以生电。他还发明了电磁秤和差动电流计。

A.-E.贝可勒尔 实验物理学家，H.贝可勒尔的父亲。1820年3月24日生于巴黎。1840年获巴黎大学理学博士学位后，任该校助教。后在凡尔赛农艺学院任物理学教授。1852年任国立工艺博物馆物理学教授，巴黎艺术与商业学院教授。1860～1863年任巴黎化学会会长。1863年被选为法国科学院院士。1878年继其父A.-C.贝可勒尔任自然史博物馆物理学教授。1891年5月11日在巴黎逝世。

A.-E.贝可勒尔在电、磁、光学等方面都有重要成就。突出的是对发光现象的研究。1839年，他发表了关于温度对磷光发射持续时间影响的研究成果。1843年他证明不同物质的磷光都是受一些特定频率的光激励而产生的，只要切断某些频率入射光源，磷光就会停止。1857～1859年他继续进行了三项关于发光现象的开拓性研究，出版了题为《物体在光作用下所产生的各种发光效应的研究》的重要著作。他发明了磷光计，并用这种磷光计对许多新磷光物质做出鉴定，证明了G.G.斯托克斯1852年所说的荧光现象实际上只是一种持续时间极短的磷光现象。

H.贝可勒尔 物理学家，**放射性**的发现者。1852年12月15日生于巴黎。1872年进巴黎综合工科学校，1874年进桥梁公路学校，1877年毕业后任桥梁工程师。1892年继其父A.-E.贝可勒尔担任自然史博物馆物理学教授。1895年任巴黎工艺学校物理学教授，1897年当选为法国科学院院士，1908年担任法国科学院院长，同年7月又被选为科学院终身秘书，8月25日在布列塔尼地区勒克鲁瓦西克逝世。

H.贝可勒尔早年致力于光学研究工作。1875年起主要研究M.法拉第首先发现的磁场对平面偏振光的旋转作用。1883年开始红外光谱的研究。1886年转向晶体对光吸收的研究，并由此于1888年获博

士学位。H.贝可勒尔发现放射性。1896年之前他曾误将自己发现的放射性当成X射线。在继续实验中，有一次因阴天而受阻，他把铀盐晶体和黑纸包裹的底版一起放在暗室抽屉里，当显影后底版上同样出现晶体的雾翳像。他用不发荧光的铀化合物进行实验，也在照相底版上形成雾翳像，可以说明这种穿透性射线和荧光无关。他又用其他发光晶体进行实验，发现只有含铀的晶体才产生穿透性射线。最后，他再用纯铀进行实验，发现其穿透性辐射强度比钾铀酰硫酸盐要高三四倍。最后证实，穿透性射线是由晶体中的铀发出的，发出射线是铀元素的一种特性。他又用实验证明，这种射线像X射线一样能使周围的气体电离，但又和X射线不同，它可被电场或磁场偏转。因此，当时称这种射线为贝可勒尔射线。后经G.C.施密特，特别是居里夫妇的努力，发现钍、钋、镭等都放射这种射线，从而把这种现象定名为放射性，把这类物质称作放射性物质。此后，H.贝可勒尔又做了两项重要工作。1900年3月26日他根据镭射线在电场和磁场中的偏转角度，测出射线中含有带负电的粒子，后来定名为**β射线**。第二个重要工作是1904年最先发现了放射性衰变（从一种元素转变为另一种元素）。H.贝可勒尔发现天然放射性，标志着原子核物理学的开始。由此他和居里夫妇共同获得1903年的诺贝尔物理学奖。

（戴念祖）

贝里几何相位 Berry's geometric phase 英国物理学家M.V.贝里于1984年从理论上揭示的一个量子力学效应。又称贝里几何位相。根据量子绝热近似，如果量子系统的哈密顿量$H(t)$随着时间缓慢变化，则在时间演化中，系统的量子态处在哈密顿量的每个瞬时本征态的概率近似不随时间变化。例如，如果$t=0$时系统处在$H(t=0)$的第n个不简并本征态，即$|\psi(t=0)\rangle=|n(t=0)\rangle$，则任意$t$时刻系统都处在$H(t)$的第$n$个本征态，即$|\psi(t)\rangle$可以写成：

$$|\psi(t)\rangle=|n(t)\rangle e^{i\phi(t)}$$

贝里在1984年通过计算指出相因子$\phi(t)$的表达式为：

$$\phi(t)=\phi_d(t)+\phi_g(t)$$

式中 $\phi_d(t)=-\int_0^t E_n(t')\,\mathrm{d}t'$ 被称为动力学相因子，这里$E_n(t')$是t'时刻$|n(t')\rangle$态对应的本征能量。而$\phi_g(t)$的表达式为：

$$\phi_g(t)=\int_0^t\langle n(t')\,|\,\frac{\mathrm{d}}{\mathrm{d}x}n(t')\,\rangle\,\mathrm{d}t'$$

它被称为贝里几何相位。尽管在经典光学传播和扬-特勒效应等具体问题中曾探讨过$\phi_g(t)$，但在过去的研究中，人们长期忽视了该相位。贝里的工作指出相位的普适性和重要性，并引发后来一系列研究。

该相位的几何意义在于：如果H通过一组参数（记为矢量$\boldsymbol{R}$，其所有可能取值组成的几何称为参数空间）依赖时间，即$H=H[\boldsymbol{R}(t)]$，且瞬时本征态写成$|n[\boldsymbol{R}(t)]\rangle$，则当系统在参数空间循环演化时，即$\boldsymbol{R}(t=0)=\boldsymbol{R}(t+T)$，相应几何相位$\phi_g(T)$的取值只与系统在演化中在参数空间走过的路径（即参数曾经取哪些值）有关，而和参数随时间变化的快慢无关。此时$\phi_g(t)$可写成参数空间的路线积分：

$$\phi_g(T)=\int_C\langle n[\boldsymbol{R}]\,|\,\nabla_R\,|\,n[\boldsymbol{R}]\rangle\mathrm{d}\boldsymbol{R}$$

式中C为从0时刻到T时刻系统在参数空间走过的路径。贝里的工作完成后，人们迅速发现该几何相位在数学上可以表述为参数空间纤维丛上闭合轨道对应的绕异性。

贝里的文章发表后，人们在不同系统中都实验观测到该相位带来的物理效应，并在理论上把该结果推广到了哈密顿量的简并本征态。此后该相位进一步被推广到周期性晶格系统的准动量空间，成为拓扑物态研究的核心概念之一。 （张　芃）

贝塞尔光束 Bessel beam 一种横截面光场分布为贝塞尔函数的光束。作为自由空间中麦克斯韦方程组导出的波动方程的一个平面波特解，第一类零阶贝塞尔光束J_0的光强分布在垂直于传播方向的横截面上表现为一个中心光斑和许多同心的圆环，强度由内至外递减，而且这样的横向光强分布在传播方向上不发生变化（如图，z轴是传播方向，ρ是光束横截面上半径），即在自由空间传播过程中不会发生衍射。

由贝塞尔函数的平面波展开积分表达式可见，贝塞尔光束可看作一种干涉场，可视为由许多等振幅的非轴向传播的平面子波相干叠加而成。

在满足自由空间中波动方程的解中，第一类贝塞尔函数与第二类贝塞尔函数以及它们的线性组合都是满足波动方程的解，并且这些解都具有和传播距离无关的横截面光场分布，因此自由空间中无衍射

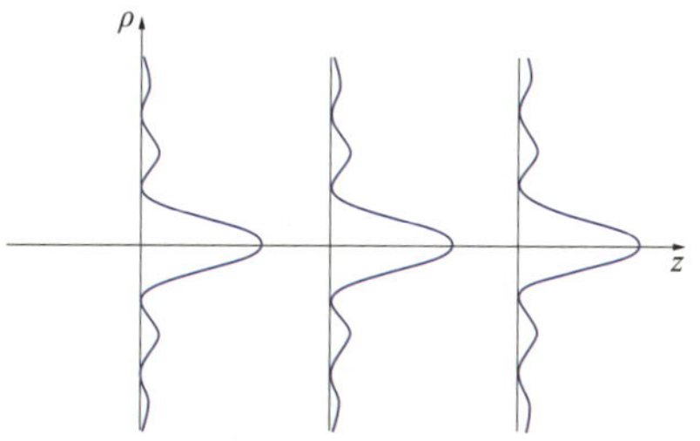

J_0贝塞尔光束横截面光强分布在传播中不发生变化

传播光束实际上有多种形式。事实上，满足传播中横向电磁场分布不变的还有麦克斯韦方程的其他特解，如无衍射传播的马蒂厄光束和艾里光束等。

因为一个实际的光束只能包含有限的能量，并且横向尺寸受光学元件的孔径限制，在实验上并不能实现理想的贝塞尔光束，但已可产生接近贝塞尔光束的光束。有限的横向束宽限定了环形波瓣的数量，只能在有限的传播距离范围内表现为近似的无衍射传播特性。 （汪　力）

贝特，H.A. Hans Albrecht Bethe（1906-07-02～2005-03-06） 美籍德国物理学家。生于德国的斯特拉斯堡（今属法国），卒于美国纽约州伊萨卡。贝特在法兰克福大学学习物理，1928年在慕尼黑大学获博士学位。他的论文是电子衍射理论，迄今仍有重大价值。1929年研究晶体中能级的劈裂，指出晶体中的对称电场对其能级的影响。1930～1933年在慕尼黑大学和蒂宾根大学任教。在这段时间内，他曾赴英国随E.卢瑟福、赴意大利随E.费米进行研究工作。1933年离开德国去英国曼彻斯特大学和布里斯托尔大学，1935年赴美国康奈尔大学任教。1941年入美国籍。1936～1937年，贝特及其两个合作者澄清了当时的核力理论、核结构理论及核反应理论。1938年贝特推测太阳能源可能来自它的内部氢核聚变成氦核的热核反应，但直接反应是不可能的，他提出了“碳循环”的解释，即一个碳-12相继与三个氢核（质子）反应，形成氮-15，再通过与第四个氢核聚变释放出一个氦核（α粒子）和最初的碳-12而释放出能量。由于这一贡献，他获得了1967年诺贝尔物理学奖。贝特1947年最早用重正化理论计算了兰姆移位，准确地解释了这个一度使人困惑的实验。他和E.E.萨耳彼特提出了著名的贝特-萨耳彼特方程，在轻核理论、介子理论和合金的有序-无序态理论等方面也有贡献。第二次世界大战期间，贝特曾对雷达的发展做出贡献。他还任曼哈顿计划的洛斯阿拉莫斯实验室理论物理部主任，负责设计原子弹。

1954年贝特当选为美国物理学会会长，1957年成为英国皇家学会外籍会员和美国国家科学院院士。1961年被授予费米奖。1970年贝特回到天体物理问题的研究工作中，他和一些合作者计算了中子星内部的物质分布。1978年研究了巨星引力坍缩所引起的超新星爆炸。 （戴念祖）

背散射分析 backscattering analysis 通过探测由入射粒子与靶核发生弹性碰撞而产生的大角散射粒子谱来分析靶物质组成的核分析方法。

原理 当具有一定能量的粒子轰击靶物质时，入射粒子与靶核可发生库仑散射。对于一定能量和质量的入射粒子（在背散射分析中，一般用α粒子），散射粒子的能量、强度和散射角同靶核物质的性质、含量相关。由于大角散射具有较好的质量分辨，所以将探测器置于大散射角（一般为165°～170°）位置处，可实现样品的成分分析。

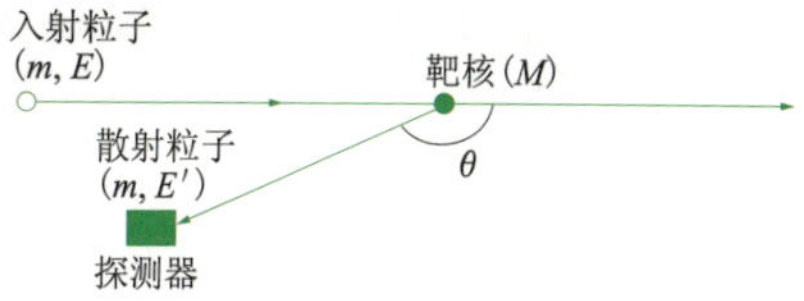

背散射分析示意图

图中的入射粒子（质量为m，能量为E）与靶核（质量为M）发生弹性碰撞后，在散射角θ处可探测到被散射后的散射粒子（质量为m，能量为E'）。$E'=kE$，k为背散射运动学因子，其值与入射粒子和靶核的质量及散射角有关。散射粒子的能量E'决定于靶核的质量。若靶核质量M越大，则E'也越大，因此从测得的背散射能谱可以确定靶物质中的元素组成；根据背散射能谱峰的面积，则可以给出元素的含量。

特点 背散射分析的优点是快速、无损和定量分析，有时还可实现多元素分析。更重要的是用这一方法可分析元素的深度分布。缺点是分析灵敏度较差，一般误差为0.1%左右。对于重基体元素中的轻元素杂质，或质量同基体元素相近的杂质则很不灵敏，因为这种情况下测得的轻杂质元素的背散射能谱峰被重基体元素的背

散射谱所掩盖。

方法 背散射分析一般用由低能加速器产生的能量为1～2.5兆电子伏的α粒子作为入射粒子，因为此能量范围是α粒子的经典库仑散射能区。与其他粒子相比，α粒子具有较好的质量分辨率与深度分辨率。测量背散射粒子能谱的探测器一般为金-硅面垒型半导体探测器。对于2兆电子伏特的α粒子，能量分辨率一般可达15千电子伏。

应用 适用于轻基体杂质中重元素的分析。在固体物理、半导体物理和材料科学等领域中有重要应用价值。与沟道效应相结合，可分析单晶样品中经离子注入产生的辐射损伤、退火过程中损伤的恢复情况，以及掺杂离子的空位等。背散射分析还可用于爆炸物等危险品的现场分析。

（柴之芳）

被吸附物 adsorbate 在材料学领域中与基质相对的概念。被吸附物和基质之间存在一定的相互作用力，并且通过最终的吸附状态达到能量最低的稳定态系统。被吸附物在基质上的吸附状态与两者的结构以及之间的相互作用力有关，如通过化学气相沉积法可以在硅片或石英玻璃上得到被逐层吸附的碳纳米管材料。基质上的成核过程也是一种吸附状态，并且在某些情形下，通过一定的外延作用可继而吸附周围环境中的相关离子得到具有规则结构的晶体。

（侯 旭）

本体极迹 polhode 在本体坐标系中瞬心的轨迹。又称本体瞬心迹。见刚体平面运动。

本体极面 polhode cone 在本体坐标系中转动瞬轴随时间扫出的曲面。见刚体的一般运动。

本体坐标系 body coordinate system 在研究刚体的运动时用到的一种固定在刚体上并与刚体同步运动的坐标系。见空间坐标系。

本征态 eigenstate 量子力学中与描写力学量的算符有关的概念。见本征值。

本征无序蛋白 intrinsically disordered proteins 在生理环境下无固定三维结构的一大类蛋白质分子。又称固有无序蛋白。传统观点认为，蛋白质只有折叠到特定的三维结构才能行使其生物学功能。然而，有一大类蛋白质分子，其在生理环境下无固定三维结构，称为本征无序蛋白。这类本征无序蛋白在信号传导、转录调控、翻译等生物过程中发挥着重要作用，从而更新了对蛋白质结构-功能关系的认识。本征无序蛋白包括完全无序蛋白和含有无序区域的蛋白，占真核生物基因所编码蛋白总量的30%以上。本征无序蛋白在序列上的显著特征为：富含极性和带点氨基酸，输水氨基酸含量较少，具有较低的序列复杂性。因此能够基于序列信息预测本征无序蛋白或无序区域。相对于具有折叠结构的蛋白，本征无序蛋白通常具有更为扩展的构象。本征无序蛋白在与靶蛋白识别过程中有着特殊的优势：①其柔性构象易于匹配多种相互作用界面，能够与多个靶蛋白相结合，实现对不同信号通路的调控，往往是基因调控网络的中心节点；②扩展的构象使其具有较大的相互作用半径，易于俘获靶蛋白；③易于通过翻译后共价修饰调节其与靶蛋白的相互作用。

本征无序蛋白具有较为平坦的能量面，因此其构象状态存在较高的能量简并度。对部分本征无序蛋白，配体分子以及其他生物大分子的结合能够重塑其能量面，增强稳定性，从而能够正确折叠到特定的三维结构。这种由配体分子或其他生物大分子的结合所导致的本征无序蛋白的折叠，称为诱导折叠。研究本征无序蛋白的结构和动力学性质的常用方法包括核磁共振、圆二色谱、红外和拉曼谱、单分子荧光技术、动态光散射、小角度X射线散射技术，以及分子动力学模拟等。

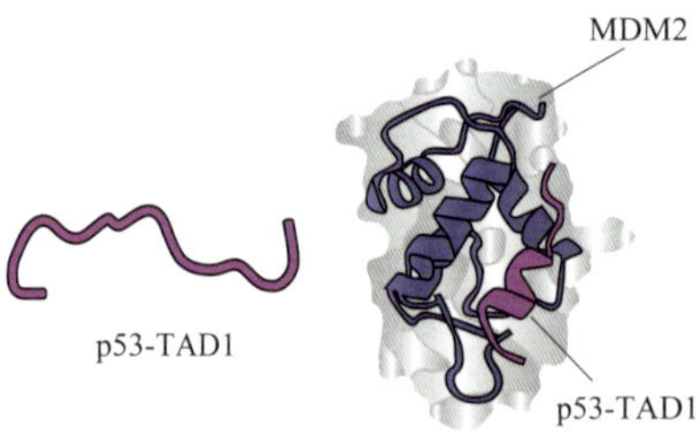

本征无序蛋白诱导折叠机制示意图

肿瘤抑制蛋白p53包含多个本征无序区域。p53蛋白N端的TAD1结构域在结合靶蛋白MDM2前后的结构示意见上图。在自由状态下TAD1处于无规结构状态；结合MDM2后，其能够折叠到特定的螺旋结构。另外，TAD1有多个磷酸化位点，其磷酸化状态影响p53与MDM2的结合能力，进而调控p53蛋白在细胞内的含量以及细胞命运抉择。

（李文飞）

本征值 eigenvalue 量子力学中与描写力学量的算符有关的概念。算符$\hat{A}$作用到函数$f(r)$上一般将得出一个新函数$g(r)$。若作用到某些特定的函数$f_i(r)(i=1,2,3,\cdots)$上，所得的新函数与原来的函数只差一个常数因子a_i，即：

$$\hat{A}f_i(r)=a_if_i(r)$$

式中a_i为算符$\hat{A}$的第i个本征值；$f_i(r)$为算符与本征值a_i对应的本征函数。这个本征函数所描写的状态称为算符$\hat{A}$或力学量A的本征态，上式称为算符$\hat{A}$的本征方程。如不含时的薛定谔方程就是能量算符的本征方程。

量子力学中描写力学量的算符都是厄米算符。厄米算符的本征值都是实数。不同算符的本征值谱有的是离散的，有的是连续的，也有一部分离散，一部分连续的。如位置算符的本征值都是连续的，取从$-\infty$到∞的所有实值，角动量算符平方L^2和其沿任一方向的分量L_z的本征值都是离散的；氢原子的哈密顿算符的本征值小于零的部分是离散的，大于零的部分是连续的。量子力学中的任意波函数$\Psi(r)$都可用体系的某一组算符$\hat{A}$完全集的本征函数$f_i(r)$展开：

$$\Psi(r)=\sum_i c_if_i(r)$$

展开系数c_i的模方$|c_i|^2$就是在状态$\Psi(r)$下力学量A取a_i值的概率。

（喀兴林）

泵浦 pump 把激励源的能量传递给目标介质的过程。按照激励源的不同，常用的泵浦方式包括：①电泵浦。利用电压、电流、高能离子（或电子）进行激励。②光泵浦。利用闪光灯、激光束进行激励。

按照泵浦过程的物理机制，可分为：①将目标介质的原子或分子从低能态（如基态）激发到高能态（如激发态）。②在目标介质中激发出电子、空穴或激子等不同的自由载流子，或者激发出表面等离激元等极化激元。③将目标介质线性极化或非线性极化，尤其是产生非线性光学效应。

（胡小永）

泵浦-探测技术 pump probe technique 一种研究物质微观动力学特性的超快测量方法。超快激光作为研究物质微观动力学特性的重要手段受到广泛关注，泵浦-探测技术在化学、生物大分子、半导体材料等学科中的分子合成、电荷转移、超快过程研究得到广泛应用。

泵浦-探测技术的基本做法为：将一束以一定重复频率运行的超快激光脉冲分为两束后，一束入射到待测量的样品上，作为泵浦光激发样品，以引起其微观粒子特性的变化；另一束经过光程可变的光学延时系统后，作为探测光再入射到样品上，测量泵浦光作用后引起的物理特性变化，常用的方法是测量样品的反射率或透射率的变化。调节两束光在样品上完全空间重合，并微调延时使得探测光先于泵浦光到达样品，这时测量到的探测光透过率或反射率，可反映样品常规的静态情况；调节延时使得泵浦光与探测光的延时完全相等，在时间上完全重合，即所谓的零延时位置，这时测量得到的透过率或反射率，反映着物质材料中微观动力学激发开始的情况；进一步按一定步长微调延时，使得探测光晚于泵浦光到达样品，这时测得的透过率或反射率数据，反映该时刻的微观瞬态行为；由于空间延时对应着泵浦光与探测光的相对时间差，继续改变光学延时系统的光程，就能得到泵浦光不同时刻后引起的样品透过率或反射率的变化，直到延时足够长，测得样品的透过率或反射率恢复到与泵浦光激发之前一样的情况。这样得到的透过率或反射率与延时之间的变化关系，可间接揭示该样品微观结构的超快动力学特性。泵浦-探测技术的一个基本要求，就是所用激光的脉宽必须远小于研究对象的微观动力学过程，或原子分子的弛豫时间，否则是不可能得到准确的超快动力学特性的。其不仅已成为物质飞秒动力学研究最常用的技术，也在阿秒超快研究中起着重要的作用。

加州理工学院A.H.齐威尔应用飞秒泵浦-探测技术成功地对化学键断裂过程进行了实时观测，从而开创了飞秒化学研究领域。齐威尔因此获得1999年诺贝尔化学奖。 （魏志义）

比热容量 specific heat capacity 单位质量物体的热容量。表示为c。简称比热。通常单位质量既可选为千克（kg），也可选为摩尔（mol），这样定义的比热容量则分别称为比热和摩尔比热，其单位分别为焦/（千克·开）[J/（kg·K）]和焦/（摩·开）[J/（mol·K）]。常用的比热容量有定压比热c_p和定容比热c_V。

（班士良 官 箭 邢 燕）

比特克公式 Büttiker formula 对于介观尺度上任意数目的端口器件，考虑到尺度特点的电路计算公式。自1985年以来，人们利用在样品上做小型化的霍尔桥进行测量。但由于对接触电阻不了解，因此这些四端测量结果的解释引起了混乱。M.比特克注意到在介观的大小范围（介于宏观与微观之间的尺度）内，探针和回路没有本质的差别。如图所示，4个探针可看作4个回路，每一端与电子库相连，分别具有化学势μ_1、μ_2、μ_3、μ_4，由电子库的电压决定。假设中心导体是一个有磁通量Φ通过的阿哈罗诺夫-玻姆环（见**阿哈罗诺夫-玻姆效应**）。

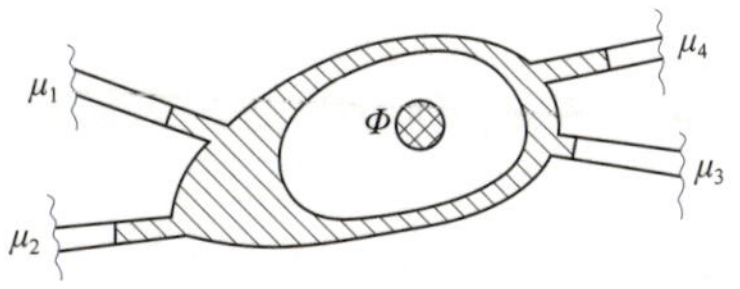

多端结构示意图

为简单起见，假定引线都很窄，是一维通道。系统的弹性散射性质由透射概率$T_{ij}(\Phi)$和反射概率$R_{ii}(\Phi)$描写。$T_{ij}(\Phi)$是由引线j注入的电子透射至引线i的概率，$R_{ii}(\Phi)$是由引线i入射的电子沿原路反射的概率，它们都是穿过中心区域磁通量Φ的函数。由电流守恒和磁体存在时间反演不变性，可以得出：

$$R_{ii}(\Phi)=R_{ii}(-\Phi),\ T_{ij}(\Phi)=T_{ji}(-\Phi)$$

引入一个比所有化学势都低的化学势μ_0，化学势μ_i以μ_0作为零点。

电子库i在引线i中注入电流$ev_i(\mathrm{d}n_i/\mathrm{d}E)\mu_i$。其中$v_i$为费米能级处的速度；$\mathrm{d}n_i/\mathrm{d}E$为一维电子态密度，$\mathrm{d}n_i/\mathrm{d}E=1/2\pi\hbar v_i$，因此由库$i$注入的电流是$(e/h)\mu_i$。除注入电流外，还有反射电流$-(e/h)R_{ii}\mu_i$，以及从其他引线透射至引线$i$的电流$-(e/h)\sum_{j\neq i}T_{ij}\mu_j$，因此引线$i$处的电流为：

$$I_i=\frac{e}{h}\left[(1-R_{ii})\mu_i-\sum_{j\neq i}T_{ij}\mu_j\right]$$

这就是比特克公式。公式适用于任意数目的端口器件，而不仅仅限于四端。作为该公式的第一个应用，比特克用它证明了霍尔系数测量中的**昂萨格倒易关系**。

（夏建白）

比重 specific gravity 物质的密度与标准物质的密度之比。又称相对密度。对于液体或固体是以4℃的纯水为标准，所以液体或固体的比重是样品的密度与标准水的密度之比，或者说是样品的重量除以同体积水的重量。对于气体则是将气体的分子量与空气的分子量（28.9644）的比值称作样品气体的比重。比重是物质的属性，对同种物质的不同样品其比重都一样（但物质要纯、成分要相同，且没有空洞或杂物）。通过比重可鉴别各种未知的物质。浮力与比重密切相关。如果物质的比重小于流体，它就浮在流体上面。充氦气球会在空气中上升，油漂在水面形成一层油膜，铅在水中会沉下去，而铅在水银中又会浮起来。比重是无量纲量，简写为$s.g.$。

中国有些书籍中把单位体积内所含物质的重量也译成比重。它大体也能指示物体在水中的沉或浮，现在通称它为单位体积重量，可用符号W表示。W和$s.g.$有所不同。W和密度ρ之间的关系为$W=\rho g$，式中g为当地重力加速度。g随地区和高度不同而变化，所以W也随之变化。

（牛家玉）

毕奥，J.-B. Jean-Baptiste Biot （1774-04-21～1862-02-03） 法国物理学家、天文学家。生于巴黎，卒于巴黎。1791年毕业于巴黎综合工科学校，1797年任博韦大学数学教授，1800年任法兰西专科学校数学物理学教授。1808～1894年任巴黎大学理学院天文学教授，其间曾教授物理学，1840～1849年任理学院院长。1803年当选为法兰西科学院院士，1835年出任副院长，1856年任院长。1856年还当选为法兰西语文学院院长。

1804年毕奥和J.-L.盖-吕萨克首次乘气球飞行做科学考察，得到地球磁场随高度无明显变化的结论，并检验了高层大气的成分。也曾同D.-F.-J.阿拉戈合作，研究气体的折射问题。1816年发现电气石的双折射，并以此研究偏振光现象。1820年，他和F.萨伐尔合作研究电磁现象，发现流经导线的电流所产生的磁场强度与其离导线的距离平方成反比，即**毕奥-萨伐尔定律**，它是现代电磁学理论的基石之一。1835年研究偏振光现象，发现当偏振光穿过糖溶液时其偏振面会发生旋转，即发现了旋光现象，而偏振面的旋转角度可作为糖溶液浓度的度量，从而提供了一种无破坏性的测定糖浓度的方法。这种量糖术在化学分析中极为有用。毕奥因此获得1840年英国皇家学会伦福德奖。

毕奥还研究了玻璃、石英等对太阳紫外线的吸收率，发现它们与可见光的吸收率无关。他与阿拉戈在1806年赴西班牙考察有关子午线测量工作。对陨石现象做了多方调查，论证陨石的存在，并说明天体与地球具有相同构造。他的多部著作中以《物理天文学初阶》（1805）闻名。

（戴念祖）

毕奥理论　Biot theory　由M.A.毕奥于1956年提出的描述声波在饱和多孔弹性介质传播的理论。毕奥理论前提为多孔介质由骨架和孔隙组成，孔隙大小均匀、相互连通，孔隙内充满可压缩的黏滞流体。毕奥理论建立了多孔岩石的弹性参数与其中流体、固体颗粒和骨架的密度、速度以及岩石的孔隙度的关系。毕奥理论首次预测波在多孔介质传播速度的频散特征，即不同频率的波传播速度不同。多孔介质中的波速除与频率有关外，还与岩石的渗透率、孔隙中流体的黏度有关。毕奥理论最重要的成果是预测在饱和多相孔隙介质中除了通常固体中的纵波和横波外，还存在慢纵波。三种体波的速度和衰减与频率的关系见图。其中快纵波（图中P1）速度最快，其性质类似固体中的纵波；慢纵波（图中P2）速度最慢；横波速度介于二者之间，

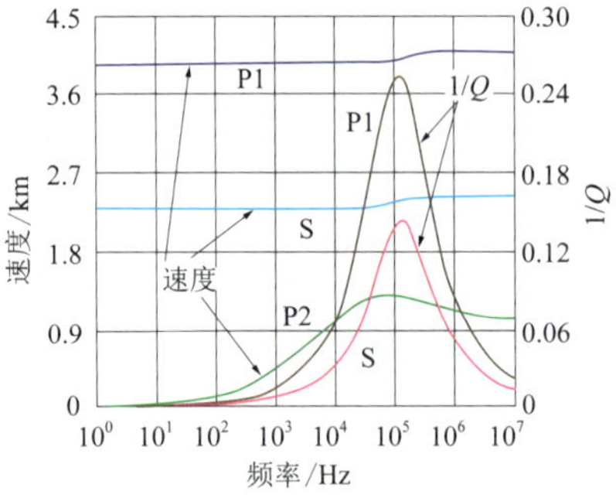

液体饱和多孔介质中声速、衰减分别与频率的关系曲线

其性质类似于固体中的横波。三种体波总是相互耦合的。慢纵波只有在较高频率才能观测到，但是它的衰减速度高于快纵波和横波。与加斯曼理论比较，毕奥理论考虑了波在饱和多孔介质中传播的频率效应，假定流体与骨架之间可发生相对运动，并遵循达西定理。可以认为加斯曼理论是毕奥理论的低频极限结果。在声波测井和地震的实际资料分析中，更多的是应用加斯曼理论，而毕奥理论则更多是对实验室的测量结果进行精确分析与建模。除在地震勘探与声波测井方面有重要应用外，毕奥理论还在海底沉积物声学特性研究、吸声材料的衰减以及纤维材料的等效声阻抗方面有广泛应用。在实验室和海底沉积物中观测到慢纵波之后，毕奥理论迅猛发展并逐步得到完善。（陈　浩）

毕奥－萨伐尔定律　Biot-Savart law　恒定电流元激发磁场的基本规律。真空中恒定电流元矢量$I\mathrm{d}\boldsymbol{l}$在空间一点$P$所激发的磁感应强度$\mathrm{d}\boldsymbol{B}$为：

$$\mathrm{d}\boldsymbol{B}=\frac{\mu_0}{4\pi}I\mathrm{d}\boldsymbol{l}\times\frac{\boldsymbol{r}}{r^3}$$

式中$\mathrm{d}\boldsymbol{l}$为载流导线上的线元，方向为电流方向；$\boldsymbol{r}$为电流元到P点的径矢；$\mu_0=4\pi\times10^{-7}$亨/米是真空磁导率。磁感应强度的大小$\mathrm{d}B$为：

$$\mathrm{d}B=\frac{\mu_0}{4\pi}\frac{I\mathrm{d}l\sin\theta}{r^2}$$

式中θ为电流元$I\mathrm{d}\boldsymbol{l}$与径矢$\boldsymbol{r}$之间的夹角。国际单位制中电流$I$的单位为安培，$\mathrm{d}\boldsymbol{l}$和$\boldsymbol{r}$的单位为米，则$\mathrm{d}\boldsymbol{B}$的单位为特斯拉。$\mathrm{d}\boldsymbol{B}$的方向垂直于电流元$I\mathrm{d}\boldsymbol{l}$和径矢$\boldsymbol{r}$所决定的平面，指向由右手定则确定，当四指由$I\mathrm{d}\boldsymbol{l}$经小于$\pi$的角度转向$\boldsymbol{r}$时，伸直大拇指的指向就是$\mathrm{d}\boldsymbol{B}$的方向。恒定电流元的磁场遵从线性叠加原理。整个恒定电流回路在空间一点的磁感应强度$\boldsymbol{B}$等于各电流元所引起的磁感应强度的矢量叠加，表示为：

$$\boldsymbol{B}=\frac{\mu_0}{4\pi}\oint_L I\mathrm{d}\boldsymbol{l}\times\frac{\boldsymbol{r}}{r^3}$$

毕奥－萨伐尔定律是讨论恒定电流的磁场性质和计算其磁场分布的基础。根据这一定律可导出恒定磁场的两个基本定理：*磁高斯定理*和*安培环路定理*。毕奥－萨伐尔定律并不是直接的实验结果，原因是恒定电流元不可能孤立存在。事实是1820年H.C.奥斯特发现电流的磁效应后不久，J.-B.毕奥和F.萨伐尔即着手研究电流产生磁效应的规律。他们做了几个恒定电流产生磁作用的实验：如一长直电流对磁极的作用力同电流成正比，同磁极到电流导线的距离成反比；再如一弯折成一定角度的电流导线对其顶点外的磁极作用力不仅与电流和距离有关，还与弯折的角度有关。他们在数学家P.-S.拉普拉斯的帮助下，倒推回去，导出上述定律。这种由个别特殊实验导出的普遍规律的正确性，是靠由此得出的一切推论都与实验相符而得到确认的。（陈熙谋）

边缘态　edge state　在有些体材料和薄膜材料中，被束缚在体系边缘区域内的准粒子激发态。如果该激发模式具有非零的群速度，即可以作为物质、电荷或能量的输运通道，则也可称其为边缘通道。边缘态激发的普遍特点是其波函数在空间上集中分布在体系的边界附近，穿透深度远远小于体系的线度。常见的边缘态可以根据它们是否受到拓扑保护而分为两类。第一类是没有拓扑保护的边缘态，它们来自晶体势能在边界处的突然变化，其性质取决于边界处具体的物理参数。此类边缘态的典型例子有金表面的肖克莱态。第二类是有拓扑保护的边缘态，它们来自材料整体的非平庸的拓扑量子数，其存在与否独立于表面上具体的物理参数，但取决于系统表面所具有的对称性。此类边缘态包括量子霍尔态的手性边缘态（边缘通道）、拓扑绝缘体表面的“狄拉克锥”边缘态（边缘通道）、拓扑超导体边界上的马约拉纳零能量模式（于一维体系的端点）以及马约拉纳行波模式（于二维体系的边缘和三维体系的边界面）。有拓扑保护的边缘态由于其稳定性，被认为有良好的应用前景，如利用边缘通道制造低能耗的纳米级电子元件，利用马约拉纳零能量模式制备量子比特等。从基础研究的角度，有拓扑保护的边缘态是体态的非平庸拓扑性质的最主要的体现之一，因此对它们的观测成为研究拓扑量子态的重要手段。（方忠　方辰）

边缘通道　edge channel　边缘态激发模式构成的物质、电荷或能量的输运通道。见边缘态。

变磁性　metamagnetism　由外磁场、压力或温度的（很小）变化导致材料磁化强度（或宏观磁矩）的剧烈变化的性质。变磁性的主要代表为巡游电子变磁性和反铁磁变磁性（包括常规局域反铁磁性和螺旋反铁磁性）。

巡游电子变磁性指具有巡游电子特性的材料由于外磁场、压力和温度的变化导致该材料从磁无序状态到铁磁态或其他磁有序态的转变，通常属于一级磁性相变。该现象与交换劈裂巡游磁性的非稳定性密切相关，即与费米面附近的奇异能带结构和自旋涨落密切相关。常见于交换增强的泡利顺磁体材料，如Laves相化合物YCo_2、$NaZn_{13}$型化合物$La(Fe_xSi_{1-x})_{13}$等。

变磁性的另一类代表是反铁磁变磁性。通过施加磁场或温度引起的反铁磁自旋取向的不连续变化，导致磁化强度的剧烈变化，包括临界磁场下自旋轴从易轴方向突然转向垂直磁场方向，这称为自旋垂直陡变，如MnF_2、$GdAlO_3$等，以及自旋的突然反转使反铁磁自旋排列向铁磁性自旋排列转变，如$FeCl_2$、$DyPO_3$等。亦有反铁磁材料，如$CoCl_2\cdot2H_2O$在不同临界磁场下依次发生反铁磁自旋排列向亚铁磁性自旋排列，进而向铁磁性自旋排列的两次变磁转变。反铁磁－铁磁转变通常也属于一级磁性相变。对于磁各向异性较小的反铁磁材料，当施加在易轴方向上的磁场超过一个临界值时，由于垂直于自旋轴方向的磁化率$\chi_\perp$大于平行于自旋轴方向的磁化率$\chi_\parallel$，自旋轴垂直磁场方向的能量更低，因而反铁磁材料的自旋轴会突然转

向垂直于磁场的方向，此即所谓自旋翻转。进一步增加磁场，材料的磁化强度将会按照恒定磁化率$\chi_{\perp}$逐渐增加至饱和值。对于磁各向异性很大的反铁磁材料，反铁磁材料的自旋轴固定在易轴方向，施加在易轴方向上的磁场将会使平行于磁场的亚点阵的磁矩以磁化率$\chi_{\parallel}$随磁场而逐渐增加，直到一个临界场，反铁磁自旋排列向铁磁性自旋排列转变，材料的磁化强度突然增大至饱和值。历史上有人认为反铁磁自旋翻转和反铁磁-铁磁转变是两种变磁转变，也有人认为反铁磁-铁磁转变是由于反铁磁的强磁各向异性使自旋翻转临界场大于垂直自旋轴状态下的饱和磁场H_s导致自旋方向直接反转，从而将反铁磁-铁磁转变也归于自旋转向。（蔡建旺）

变分蒙特卡罗方法 variational Monte-Cario method 量子多体系统的一种常用的数值计算方法。变分蒙特卡罗方法主要物理思想在于：针对特定的量子多体系统，通过物理分析，采用合理的试探波函数来模拟体系的基态或低能元激发，继而通过基于蒙特卡罗方法的数值计算得到并优化体系的能量，以确定变分参数，并在此基础上计算其他物理观测量和研究体系的物理性质。

量子多体系统的微观状态用包含宏观数目（约为10^{23}）自变量的波函数$\psi(\boldsymbol{r}_1,\boldsymbol{r}_2,\cdots,\boldsymbol{r}_N)$来描述。它满足多体薛定谔方程。一般很难通过直接求解薛定谔方程这样一个多自变量的偏微分方程组得到体系的多体波函数。变分方法的思想在于：针对特定的物理系统，选取特定类型的试探波函数$\psi(\boldsymbol{r}_1,\boldsymbol{r}_2,\cdots,\boldsymbol{r}_N|\{\alpha_i\})$来近似地描述系统的基态或低能元激发。该试探波函数中待定的变分参数组$\{\alpha_i,i=1,\cdots,m\}$的取值，由能量极小值条件来确定。通常物理观测量$\widehat{O}$（如能量）的期望值可以表达为该波函数对全部自变量的积分：

$$\bar{\widehat{O}}=\int\int\cdots\int \mathrm{d}^{3N}\boldsymbol{r}\psi^{*}\widehat{O}\psi$$

这是一个维度为宏观量级的积分，通常很难通过解析或一般的数值计算来完成，可采用**蒙特卡罗方法**进行计算。在该方法中，上述积分可以表达为：

$$\bar{\widehat{O}}=\int\int\cdots\int \mathrm{d}^{3N}\boldsymbol{r}P(\{\boldsymbol{r}_i\})O(\{\boldsymbol{r}_i\})$$

式中$P(\{\boldsymbol{r}_i\})=|\psi(\{\boldsymbol{r}_i\})|^2$为某粒子组态$\{\boldsymbol{r}_i\}$在构型空间的概率密度；$O(\{\boldsymbol{r}_i\})$由算符$\widehat{O}$的具体形式决定，可以理解为在构型$\{\boldsymbol{r}_i\}$下$\widehat{O}$的平均值。蒙特卡罗方法采用重要性抽样的梅特罗波利斯方案来生成一组马尔可夫构型序列，使得在该序列中每个构型$\{\boldsymbol{r}_i\}$出现的概率正比于$P(\{\boldsymbol{r}_i\})$。因而该构型序列可以看作构型空间的一套样本组，对该样本组的$O(\{\boldsymbol{r}_i\})$做算术平均即可得到物理量$\widehat{O}$的期望值。

通常构造试探波函数的方法为，由某二次型平均场哈密顿量的基态或低能激发态波函数作为基础，施加包括古茨威勒投影算符和贾斯特罗因子等形式的修正来获取。对于费米体系，这些平均场波函数多为斯莱特行列式或普发菲安形式；对于玻色体系则通常为稽合式。（杨　帆）

变换光学 transform optics 基于**麦克斯韦方程组**在任意坐标变换下的协变性而提出的一套电磁理论。坐标变换前后的空间分别称为虚拟空间（或变换空间）和物理空间（或现实空间）。通过选择合适的变换函数，能够将虚拟空间或者其中的一部分映射到物理空间中去。上述映射通过两个空间中坐标变量的变换来具体实现。在此过程中，定义在虚拟空间中的麦克斯韦方程组也会随之迁移到物理空间。通过对变换后的方程组进行合理变形，并确保其形式保持不变，则两个空间中的电磁场矢量、相应区域材料的电磁参数必须按照一定的规律变化。换句话说，虚拟空间的电磁现象会随着上述空间的映射按照一定规律变换到物理空间，前提是在相对应的区域内填充按照一定规则定义的媒质，称为变换媒质。因此，如果将虚拟空间映射到一个有空洞的物理空间，那么在部署了相应的变换媒质之后，物理空间内的电磁场永远不能进入该空洞，也无法探测到空洞内的物体，这就是著名的完美隐身衣的雏形。将麦克斯韦方程组用张量形式表示，并考虑时空坐标情况，上述变换特性依然存在。

变换光学由英国帝国理工学院的J.彭德里提出，在各种电磁隐身装置的设计和实验中发挥了巨大作用。基于变换光学理论设计的各种微波和光学器件大多数情况下由非均匀、各向异性的电磁媒质构成，在自然界很难找到现成的相应材料，因此采用超构材料是一个可行、有效的方法。以变换光学为理论基础，以超构材料进行物理实现，是该研究领域的重要方法。需要指出的是，当给定虚拟空间和对应的物理空间时，可采用的变换函数和映射方式有无数种，从而为具体实现提供了很大的灵活性和自由度。例如，采用保角变换实现二维空间的映射，得到各向同性变换媒质，可以用普通介质材料实现；如果采用准保角变换实现映射，所得到的媒质为近似各向同性，也相对容易获得。线性变换是经常使用的变换形式，具有函数形式简单、容易理解等特点，但某些情况下采用非线性变换形式，可在一定程度上降低变换媒质实现的难度。

类比变换光学理论，科学家对物理学中的其他方程，如稳定场方程、热力学方程等进行了类似的变换研究，从而将变换光学的概念、理论和方法拓展到其他领域，据此提出了变换静电学、变换静磁学、变换热学、变换声学等概念，并且在光学、微波、声学等完美隐身、表面等离激元调控、天体物理实验仿真、热流控制、地震防灾等方面得到广泛应用，取得了巨大成功。（梅中磊　崔铁军）

变换声学 transformation acoustics 坐标变换方法在声学领域的应用。随着J.彭德里等提出**变换光学**并将其广泛应用到隐身斗篷等新型器件的设计和研究中，变换声学的研究也随之兴起。无论变换光学还是变换声学，其理论基础都是物理定律的普遍适用性，即物理定律不随坐标系的选取而改变。坐标系是由研究者引入的。坐标系的选取是研究者根据研究对象及研究目

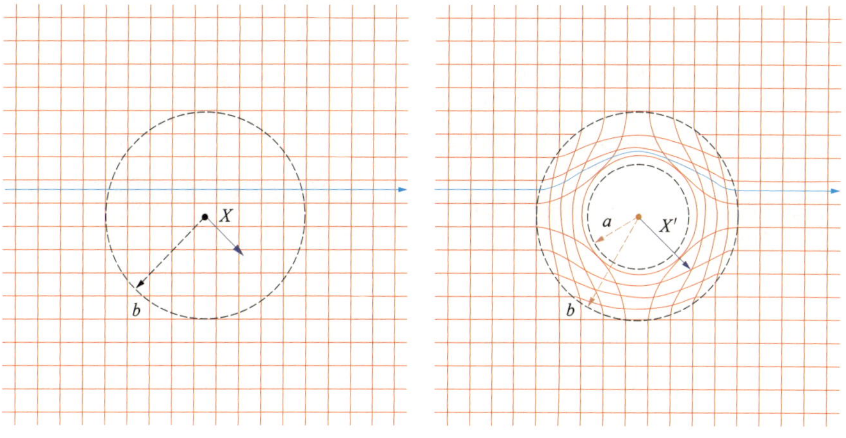

a　　b

基于变换声学的隐身斗篷示意图

的，为方便数学描述而选取的，是研究者量化物理现象的一个数学工具，不影响背后支配物理现象的物理规律。物理规律相对于坐标系的选取应该是不变的。变换声学的内涵是声学波动方程在坐标变换下保持形式的不变。基于此，可在不同空间声场之间建立联系。一般将这两个相互关联的空间分别称为实空间和虚空间，两者边界情况一致。虚空间中的声场以及材料分布已知，实空间中材料分布未知而声场已知，且与虚空间声场满足一定几何关系。根据两个声场之间的几何关系可在实空间中找到一个新的坐标系，使其中物理量的值以及对应的声波方程在数学上与虚空间中对应一致，并将新坐标下的材料参数反推，得到实空间在直角坐标系下实际的材料参数分布。这一设计方法是设计声隐身斗篷的主要方法之一。虚空间中仅由背景媒质填充的自由声场（图a），通过变换声学的方法可将包裹散射体的隐身斗篷（图b）映射到目标虚空间的相应区域，同时根据两个空间的几何关系得到斗篷的参数分布。这实际上是构造了一个声学幻象，可以使散射物体不被外界探测到。

（阚威威　程建春）

变像管高速相机　high-speed camera with image converter tubes　一种宽电子束成像器件。变像管高速相机主要由光阴极、电子光学部件和荧光屏3部分组成。光阴极上所呈的光学图像转换成电子图像，再经电子光学系统（如偏转、倍增聚焦等）转移到荧光屏上，形成可见光图像。利用增加电子功能的不同电子倍增器（如光阴极-荧光屏近贴耦合、微通道板电子倍增器或Ⅲ-Ⅴ族化合物次级电子发射膜等）可以实现图像亮度增益（可达数百万倍以上），用于微光夜视或弱目标捕获。其时间分辨率可达皮秒、飞秒量级。

变像管高速相机又分为分幅相机和扫描/条纹相机。

随着CCD/CMOS（电荷耦合器件/互补金属氧化物半导体）传感器的快速发展又出现了增强型ICCD和电子轰击型EBCCD。该器件能和变像管荧光屏通过光纤锥形板直接耦合，以提高整个光电子系统的量子效率，并可直接进行图像数字化处理。

21世纪研制成功全固态高时空分辨超快相机，其成像原理为：待探测信号投射在半导体探测芯片上后，注入非平衡自由载流子，诱导材料折射率发生变化，从而将信号光的时间-空间-强度信息“写入”探测芯片中，形成与入射信号光相对应的瞬时折射率空间分布图样。探针光经过双折射晶体、光栅对等时序化系统后，波长及偏振态与时间一一对应，形成时间序列化的探针光脉冲，相位被瞬时调制，其相位信息映射信号光的二维强度信息。出射的探针光，经由空间滤波系统将其相位信息提取，经由光束位移器、色散光栅等空间展开系统，实现分幅，每幅图像对应不同时刻目标信号的强度、二维空间信息，再被CCD成像记录下来。

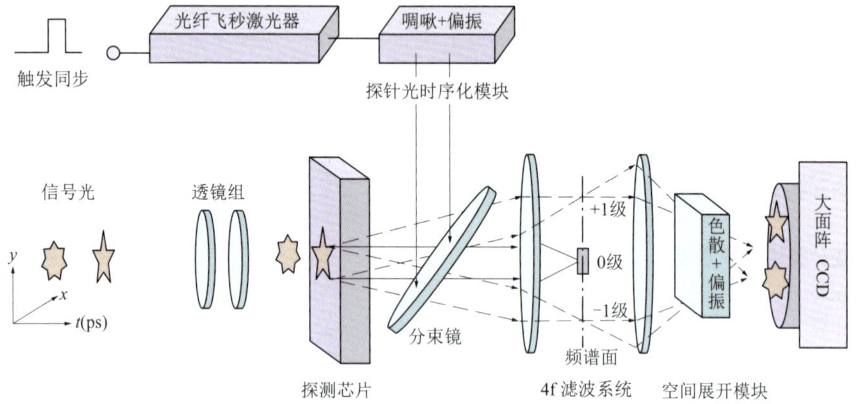

一种全固态变像管高速相机示意图

图为高时空分辨超快相机原理示意图。信号光时间-空间-强度信息转化为超快探测芯片的时间-空间-折射率变化信息，同时时序化探针光脉冲入射到探测芯片上并将探测芯片的动态信息提取出来，转化为探针光的波长（偏振态）-空间-相位变化信息。再经空间滤波、色散及偏振分光后实现超快分幅成像。

这类相机是超高速变化现象（激光核聚变、核物理、光化学和光生物学等）超快记录的一种重要诊断器件。　（李育林）

变质量质点运动方程　motion equation of variable mass particles　反映变质量质点运动与受力之间关系的方程式。如果质点的质量不是常量，不断有质量加入或排出，则称为变质量质点，且有 $m=m(t)$。变质量质点运动方程的表达式为：

$$m\frac{\mathrm{d}\boldsymbol{v}}{\mathrm{d}t}=\boldsymbol{F}+\frac{\mathrm{d}m}{\mathrm{d}t}\boldsymbol{v}_r \qquad (1)$$

或

$$m\frac{\mathrm{d}\boldsymbol{v}}{\mathrm{d}t}=\boldsymbol{F}+\boldsymbol{F}_p,\ \boldsymbol{F}_p=\frac{\mathrm{d}m}{\mathrm{d}t}\boldsymbol{v}_r \qquad (2)$$

式中 $\boldsymbol{F}$ 为质点所受的力；$\boldsymbol{v}_r$ 为加入或排出质量对质点的相对速度；$\boldsymbol{F}_p$ 为由于质量变化而引起的附加项，有力的量纲，常称为反推力。式（2）是俄国科学家I.V.密歇尔斯基于1897年提出，故又名密歇尔斯基方程。

自然现象中有许多变质量系统。如流星在闯入大气层时，质量由于摩擦剥蚀而逐渐减少；河流中的浮冰由于融化而逐渐减少质量；雨滴下落时不断携带周围的水分子而不断增加质量。工程中的水轮机、棉纺纱锭、自卸车、喷气式飞机，甚至传送带、楼层间的自动扶梯都属于变质量系统。最典型的例子是火箭。火箭的起飞质量中有85%～90%是推进剂（燃料及氧化剂），当推进剂燃烧完毕进入最终轨道时，质量只是原来的1/10。火箭发动机以相对速度 $\boldsymbol{v}_r$ 向下喷射燃气而获得 $\boldsymbol{F}_p$；因 $\mathrm{d}m/\mathrm{d}t<0$，故 $\boldsymbol{F}_p$ 与 $\boldsymbol{v}_r$ 方向相反，这就是常将 $\boldsymbol{F}_p$ 称为反推力的原因。当变质量系统的转动可忽略时，变质量系统可简化为变质量质点；转动不能忽略的情况下，用式（2）可求解系统质心的运动，故式（2）又名变质量系统质心运动定理。

变质量系统中，研究的是确定的控制界面内的质点所组成的系统（如火箭控制界面内部的质点系，燃气不断将质量排出，因而控制界面内的质量是不断变化的）。系统称之为开放系统。密歇尔斯基方程指出了将适用于封闭系统的定律用来研究开放系统的方法。这种处理方法具有普遍性，如可将只适用于封闭系统的**热力学第一定律**用于开放系统（如具有工质流入及流出的热机），并推导出开放系统的能量方程。　（贾书惠）

标度无关性　scaling　物理量不随能量变化的性质。粒子物理学中的标度无关性是一个很普遍的概念。这里主要介绍结构函数以及**部分子分布函数**的标度无关性，被称作布约肯标度无关性。

一般由轻子核子深度非弹性散射过程定义的核子的结构函数依赖于两个独立的变量，如核子静止坐标系内虚光子的能量 ν 和四动量二次方 $Q^2=-q^2$。理论与实验研究发现，当把独立变量取成 $x=Q^2/2M\nu$ 和 Q^2 时，在深度非弹性散射过程，即 $Q\gg M$ 且 $M_X>M$ 的区域内，结构函数只依赖于无量纲量 x，与 Q^2 无关。这样的一个性质称作结构函数的布约肯标度无关性。无量纲量x和Q^2称作布约肯变量，x常被称为布约肯x，记作x_B。$Q^2\to\infty$且x_B固定的运动学极限为布约肯极限。

按照**部分子模型**，布约肯标度无关性的成立，表明部分子是自由的点粒子。Q^2的增大标志着时空分辨率的提高。如果部分子是自由的点粒子，当Q^2达到一定值，使深度非弹性散射中参与相互作用的基本单元是单个的部分子，此时如果再提高分辨率，探测到的内容不再增加，从而使结构函数不再随Q^2改变。对应的实验现象即为结构函数的布约肯标度无关性。

当考虑部分子之间的相互作用时，布约肯标度无关性将被破坏，结构函数将随Q^2的改变而改变。布约肯标度无关性的破坏可以用微扰量子色动力学（QCD）计算，得到部分子分布函数满足的一组QCD演化方程。

（宋玉坤　周　剑　梁作堂）

标架　frame　一般是指流形上的非坐标基底场。流形上的任意矢量场在任一点的矢量，都可以用标架在该点的基底线性展开。标架基底场的对偶基底场称为对偶标架。流形上的任意张量场在任一点的张量，都可以用标架和对偶标架在该点的基底和对偶基底的某种张量积组合线性展开，展开的系数称为该张量在基底下的分量。如果流形上有度规场，则使得度规场在基底下的分量在每点都相同的标架称为刚性标架。能使度规场在各个点的分量写成对角矩阵且对角元只能为+1或−1的刚性标架称为正交归一标架。用正交归一标架可以构造出度规场，因此正交归一标架包含了度规的全部信息。在三维流形上的标架也称3标架；四维流形上的标架也称4标架。

广义相对论中经常使用正交归一标架来代表时空几何的信息。由于标架具有内部转动自由度，因此在引力与旋量场耦合的理论中标架是不可或缺的描述时空几何的变量。

（马永革）

标量波理论　scalar wave theory　光学中用标量函数代替矢量函数描述电磁波传播的理论。光学中把光波看成是矢量电磁波，光波的传播遵从麦克斯韦方程组推出的矢量波动方程。一般来说，对电磁场的完全描述，不但需要确定场矢量的大小，还需要确定它们的方向（偏振），二者都是位置和时间的函数。但在一些电磁波的偏振不影响结果的情况下，也可以只研究其中一个电磁场分量，矢量波问题变成标量波问题。另外，由于光频很高，我们在实际观测中只能测量在某时间间隔内的平均值，如果遇到自然光，可观测场没有择优的偏振方向，那么代表光场的物理量，首选就是光的强度，即可用单个复标量波函数来描述光波场。在光学中这种用标量函数代替矢量函数描述电磁波传播的理论就是标量波理论。

光学的标量波理论的方法成功地应用于光的衍射、散射、成像等问题（如在M.玻恩《光学原理》中所述）。例如在光的标量衍射理论中得到菲涅耳－基尔霍夫衍射公式，可以推得巴比涅原理，计算各类衍射孔的**夫琅禾费衍射**和**菲涅耳衍射**；标量散射理论中可以建立入射场加散射场的势散射积分方程，方便地分析散射场的一般行为的全貌；对于常见的自然光源和中等数值孔径的光学成像系统，可采用复标量函数来计算像的强度分布。

（李师群）

标量－张量引力理论　scalar-tensor theory of gravity　爱因斯坦广义相对论的推广。**布朗斯－狄克理论**是其中一个特例。在爱因斯坦广义相对论中，传递引力相互作用的是无质量的自旋为2的度规张量场$g_{\mu\nu}$。在标量－张量引力理论中，传递引力相互作用除了度规张量场$g_{\mu\nu}$外，还有一个标量场ϕ。一般的标量－张量理论的作用量为：

$$(16\pi G)^{-1}\int d^4x\sqrt{-g}\Big[f(\phi)R-\frac{1}{2}\omega(\phi)g\partial_\mu\phi\partial_\nu\phi-V(\phi)\Big]$$

在上述形式下，物质只与度规张量之间发生耦合，也称最小耦合。如果把度规张量做一个共形变换：

$$g_{\mu\nu}=A^2(\varphi)\tilde{g}_{\mu\nu}=\frac{\tilde{g}_{\mu\nu}}{f(\phi)}$$

并把标量场ϕ变换成φ，则标量－张量作用量可写成标准的爱因斯坦广义相对论加上一个标量场形式：

$$(16\pi G)^{-1}\int d^4x\sqrt{-\tilde{g}}\Big[\tilde{R}-\frac{1}{2}\tilde{g}^{\mu\nu}\partial_\mu\varphi\partial_\nu\varphi-U(\varphi)\Big]$$

通常把度规$g_{\mu\nu}$所在坐标系称为约旦标架，$\tilde{g}_{\mu\nu}$所在坐标系称为爱因斯坦标架。在爱因斯坦标架下，物质与引力相互作用是通过度规$A(\varphi)\tilde{g}_{\mu\nu}$来发生的，物质与引力之间的耦合不再是最小耦合，标量场会对物质施加额外的引力相互作用而破坏等效原理。但是很多情况下这个标架更方便求解。标量－张量引力理论同样需要通过太阳系及其他各种观测检验。为方便比较各种引力理论，通常引入后牛顿参数对不同引力理论进行参数化。上述标量－张量引力理论中的参数主要与后牛顿参数γ与β相关。对于爱因斯坦标架，由于物质与度规场及标量场都有耦合，标量场引起的附加引力与周围物质能量密度有关，如果一个物体的能量密度和宇宙背景能量密度相差很大，可能产生一种屏蔽效应使得标量场所产生的引力基本上被屏蔽，故该标架下的引力可观测效应基本上和爱因斯坦广义相对论没多大差别，可以逃避太阳系检验。

1974年G.W.霍恩德斯基发现了场方程保持为二阶微分方程的标量－张量理论的最一般形式，该理论虽然包含更高阶的导数项，但是传播引力相互作用的自由度只有度规张量及标量场。霍恩德斯基标量－张量理论的作用量为：

$$\frac{1}{16\pi G}\int d^4x\sqrt{-g}(R+L_2+L_3+L_4+L_5)$$

式中

$$L_2=K(\phi,\ X)$$

$$X=-\frac{1}{2}\nabla_\mu\phi\nabla^\mu\phi=-\frac{1}{2}g^{\mu\nu}\nabla_\mu\phi\nabla_\nu\phi$$

$$L_3=-G_3(\phi,\ X)\Box\phi$$

$$L_4=G_4(\phi,X)R+G_{4,X}[(\Box\phi)^2-(\nabla_\mu\nabla_\nu\phi)(\nabla^\mu\nabla^\nu\phi)]$$

$$L_5=G_5(\phi,X)G_{\mu\nu}\nabla^\mu\nabla^\nu\phi-\frac{1}{6}G_{5,X}[(\Box\phi)^3-3(\Box\phi)(\nabla_\mu\nabla_\nu\phi)(\nabla^\mu\nabla^\nu\phi)+2(\nabla^\mu\nabla_\alpha\phi)(\nabla^\alpha\nabla_\beta\phi)(\nabla^\beta\nabla_\mu\phi)]$$

式中K、G_3、G_4及G_5为任意函数。

（龚云贵）

标准灯　standard lamp　光度学和辐射度学计量中的量具。是用于复制和测量光度和辐射度量单位及量值的一类电光源。按用途分类，标准灯有光强灯、光通量灯、光辐射亮度灯、光辐射照度灯和温度灯五大类。其主要特点是结构牢靠、使用简便、重复性和再现性好。为有利于这类灯稳定燃点和量值复现，一般以直流或恒流供电。在它工作时都必须遵循严格的使用条件，要求在其工作寿命期内使用，才具有稳定的性能，受外界因素如温度和震动的影响小。

作为辐射和光度测量的初级标准，常用黑体过渡得来的钨带灯、钨管灯、高压氙灯、氢灯、氪灯和氘灯作为标准灯。其中钨带灯和钨管灯适合作为可见光、紫外和红外辐射测量的标准灯，它们的精度较高。高压氙灯、氢灯、氪灯和氘灯是很好的紫外辐射标准灯。尤其氘灯能产生波长190～500纳米的连续辐射。与氢灯相比，具有紫外辐射强度高3倍以上的优势，稳定性和复现性好，寿命长，体积小，使用

简便，因此在测量紫外光源、探测器、材料的光谱特性、航天设备和天文仪器的光谱特性中，获得广泛的应用。（陈大华）

标准电池　standard cell　一种可校定各种电池电动势的标准器件。在正确使用条件下，它提供一个恒定不变的标准电动势。使用较多的一种标准电池是韦斯顿标准电池，其结构如图所示。该电池是一个

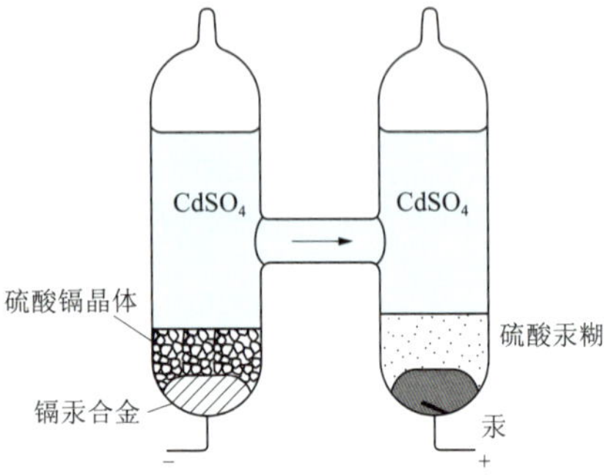

韦斯顿标准电池结构示意图

H形的玻璃管容器，其中充满硫酸镉$CdSO_4$的水溶液，外接线封接在管脚的底部，一侧管脚盛纯汞用作阳极，其上封以硫酸汞Hg_2SO_4的糊状物，另一侧管脚是溶解了镉的汞用作阴极，上面覆盖以硫酸镉晶体以保证硫酸镉水溶液始终饱和。韦斯顿标准电池提供1.018 30伏的电动势，它几乎完全不受温度变化所影响。电池的内阻甚大，不能用以供给电流。

（陈熙谋）

标准具　etalon　由两块中间距离固定的平板玻璃或石英板构成的干涉仪。在光学中，通常指法布里－珀罗标准具。法布里－珀罗（FP）标准具由具有两个平行反射面的透明板组成。为了提高反射率，在这两个表面镀有多层介质膜或金属膜。FP干涉仪与FP标准具的不同之处在于，FP干涉仪为了改变透射率峰值的波长位置而设计为两板间的距离（G_1和G_2的距离h）可调，而FP标准具两板间距离不变，FP干涉仪的结构见图，其中L_1和L_2是两个透镜。它们的透射谱都是波长的函数，表现出尖锐的透射峰。它以1889年发明这个仪器的C.法布里和A.珀罗而命名。etalon来源于法语étalon，意味着“测量规范”或“标准”。

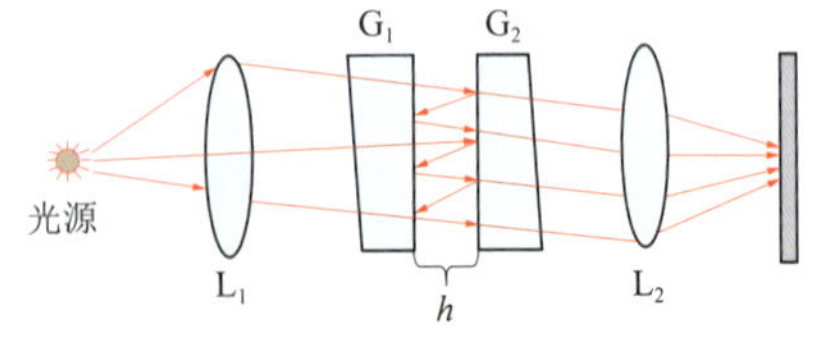

FP干涉仪

标准具广泛应用于光学测量、光调制解调器以及作为选模元件插入谐振腔产生单纵模激光。

标准具的透射率函数是由光在两反射表面的多次反射导致的干涉造成的。如果透射光相位同相，相长干涉发生，导致标准具具有高的透射峰。如果透射光不同相，相消干涉发生，透射率最小。多次反射的光束是否同相取决于真空中的光波长λ、光通过标准具的角度θ、标准具的厚度h和反射表面间的折射率n。两相邻透过光的相位差为：

$$\delta=\frac{2\pi}{\lambda}2nh\cos\theta$$

如果两表面的反射率都为R，那么标准具的透射率函数为：

$$T=\frac{(1-R)^2}{1-2R\cos\delta+R^2}=\frac{1}{1+A\sin^2(\frac{\delta}{2})}$$

其中：

$$A=\frac{4R}{(1-R)^2}$$

当两透射光束的光程差为波长整数倍时，透射率最大。在不考虑吸收时，标准具的反射率R与透射率T互补，即$T+R=1$。当光程差为半波长的奇数倍时，最大的反射率出现：

$$R_{max}=1-\frac{1}{1+A}=\frac{4R}{(1+R)^2}$$

自由光谱范围。$\Delta\lambda$是指各色光干涉极大不发生级次交叠的最大波长范围：

$$\Delta\lambda=\frac{\lambda_0^2}{2nh\cos\theta+\lambda_0}\approx\frac{\lambda_0^2}{2nh\cos\theta}$$

式中λ_0为透射峰最近的中心波长。在可见光波段，腔长为$h\sim1$厘米的FP标准具，其自由光谱范围约为10^{-2}纳米，h限制了自由光谱范围。

FP分辨本领。如果入射光波长分别为λ_1、λ_2，同一k级亮环挨得很近。根据瑞利判据，可得出分辨的最小波长间隔如下：

$$\delta\lambda_m=\frac{\lambda}{\pi k}\frac{1-R}{\sqrt{R}}$$

分辨本领定义为：

$$R_c\equiv\frac{\lambda}{\delta\lambda}=\pi k\frac{\sqrt{R}}{1-R}$$

精细度F定义为：

$$F=\pi\frac{\sqrt{R}}{1-R}$$

标准具的分辨本领可以高达10^7，可以分辨出塞曼效应导致的光谱分裂，如钠黄光双线589.0纳米和589.6纳米在0.1T外磁场下谱线分裂为10^{-4}纳米。精细度高的标准具拥有较尖细的透射率峰和较低的透射率系数。在倾斜入射情况下，由于菲涅尔方程给出的R值对p光和s光有较大的不同，因此精细度会与光束的偏振态有关。

角色散率。D表示单位波长间隔两条谱线分开的角距离。设波长差为$\delta\lambda$的两同级主极大值之间的角距离为$\delta\theta$，则：

$$D=\frac{\delta\theta}{\delta\lambda}$$

对于k级主极大，$2nh\cos\theta=k\lambda$，两端求微分后可以求出：

$$D=-\frac{1}{\lambda\tan\theta}$$

标准具通常可以放置在激光腔内来实现激光器单纵模运转。没有标准具时，激光器会产生一定波长范围内的多种激光模式；插入特定精细度和自由光谱范围的标准具，可以实现从多模输出到单模输出，使光谱仪能分辨塞曼效应。另外，在天文学中，标准具可用于选择单原子跃迁以成像，如太阳光谱的H_α线。（宋　峰）

标准量子极限　standard quantum limit　由量子力学原理决定的噪声极限。多粒子系统处于真空态时，两个正交分量的量子噪声相等且满足海森伯最小不确定关系。以单模量子化光场为例，两个正交分量可以定义为：

$$\hat{X}_\phi=\frac{\hat{a}e^{-i\phi}+\hat{a}^\dagger e^{i\phi}}{2}$$

$$\hat{Y}_\phi=\frac{\hat{a}e^{-i\phi}-\hat{a}^\dagger e^{i\phi}}{2i}$$

式中$\hat{a}$和$\hat{a}^\dagger$分别为光场的湮灭和产生算符；ϕ为任一角度。正交分量满足对易关系：

$$[\hat{X}_\phi,\hat{Y}_\phi]=\frac{i}{2}$$

由此可得海森伯不确定关系：

$$(\Delta\hat{X}_\phi)^2(\Delta\hat{Y}_\phi)^2\geqslant\frac{1}{16}$$

式中$(\Delta\hat{Q})^2=\langle\hat{Q}^2\rangle-\langle\hat{Q}\rangle^2$代表算符$\hat{Q}$的涨落，$\langle\hat{Q}\rangle$代表算符$\hat{Q}$的量子力学期待值。

不确定关系对于任意量子态均成立，当光场处于真空态$|0\rangle$时，满足$\hat{a}|0\rangle=0$以及$(\Delta\hat{X}_\phi)^2=(\Delta\hat{Y}_\phi)^2=\frac{1}{4}$，不确定关系式取等号，其中涨落值1/4被称为单模光场的标准量子极限。光场处于相干态$|\alpha\rangle$时，$\hat{a}|\alpha\rangle=\alpha|\alpha\rangle$，结论与真空态同样。但光场处于压缩态时，会有一个正交分量的涨落值小于1/4，即量子噪声低于标准量子极限。（金光日）

表观视界　apparent horizon　时空中“陷俘区”边界的连通部分。在黑洞的研究

中，黑洞的事件视界无疑有着重要的作用，但是黑洞事件视界的定义强烈依赖于时空的整体性质，很难依靠局部的几何量来判断，从而带来了理论和应用中的一系列困难，特别是在动态黑洞的情况下。因此希望寻找一些局部的几何量来替代事件视界，帮助理解黑洞的性质。首先是陷俘面，若S是一个光滑连通紧致的类空二维曲面，两个未来指向的类光法方向记为k和l，若k和l的协变散度$\theta_k=\nabla_a k^a,\theta_l=\nabla_a l^a$均小于零，则称$S$为一个陷俘面。可以证明，当时空流形满足一些合理的整体条件且物质场满足能量条件时，从一个陷俘面上发出的任何信号都不可能达到无穷远，即该曲面被包含于黑洞区中。因此陷俘面的出现可用来作为黑洞形成的标志。若θ_k或θ_l中有一个为零，称为“临界陷俘面”。若Σ为一个类空曲面，T为Σ中一个区域，任意T中一点均存在过该点的一个陷俘面，则称区域T为一个“陷俘区”，而陷俘区边界的连通部分，称为一个“表观视界”。

在存在黑洞的情况下，表观视界总是被包含于事件视界之内（很多情况下两者重合）。相比于黑洞事件视界，表观视界的优点在于对于时空的整体依赖性不大，可靠计算局部几何量来判断，也易于推广到传统黑洞定义不适用的情况（如非渐近平坦时空、宇宙视界等）以及其他引力理论。鉴于表观视界的优点，人们不断尝试用表观视界代替黑洞视界来研究黑洞特别是动态黑洞的行为。最早是S.A.海沃德提出所谓“未来外俘获视界”，即由一系列临界陷俘面构成的一个类光或类空的三维曲面。随后A.阿什替卡等又提出了“动力学视界”的概念来描述黑洞的动力学行为。研究还发现，表观视界同样具备类似黑洞事件视界的物理性质，如霍金辐射、热力学定律等。在数值相对论中，表观视界对于计算黑洞并和等问题也有着重要的应用。（吴小宁）

表面波 surface wave 在一定条件下沿不同介质间的界面传播的波。在光学中指沿不同介质间的界面传播的**电磁波**。表面电磁波具有平行于界面的波矢和能流，其振幅在垂直于界面两边的方向上呈指数衰减（具有不同的衰减常数）。

J.泽纳克在1907年分析了有限导电率的半空间材料与自由空间分隔的平面边界的情况，讨论了具有表面波特性的麦克斯韦方程组的解。后来有人进一步发展出沿着地球表面进行传播的电磁波，形成了所谓“地波”传播技术。

电磁波在两种电介质的分界面的反射和折射，可以通过电磁场的界面关系来讨论。当发生全反射时，在分界面近旁光疏介质一侧的电磁波是沿着界面传播的非均匀电磁波，其振幅在垂直于界面的方向呈指数衰减，因此也是表面波。

对表面电磁波的研究内容很多。首先是表面极性元激发与电磁波（光子）的耦合模，即表面极化激元波，它沿着两种介质之间的界面以准波的形式传播，其振幅随着远离界面呈指数式迅速衰减。也就是说，波被“束缚”在界面上。依照不同的界面条件，极性元激发可以是光学声子、激子、等离激元或磁偶极子等，其中特别受到广泛关注的是电介质/金属表面等离激元与入射光子耦合产生的表面等离极化激元（SPP）。在无损耗的简单情况下，表面电磁波出现在一个介电常数（或磁导率）为正，而另一个介电常数为负的两种介质构成的界面上。

另外，各向同性/单轴电介质界面的电磁表面波（Dyakonov波）也得到理论和实验研究。纳米技术的发展和具有新特性的材料的不断增长成了电磁表面波研究的动力，产生了一系列对复杂材料的界面导引的各种类型的电磁表面波的研究。例如超构材料的引入，它是一种新型的人工电磁材料，能理论上实现任意值的等效介电常数和磁导率，使得其界面上传输的表面波出现了更加丰富的性质，带来了更为新颖的应用。（崔大复）

表面重构 surface reconstruction 晶体表面原子层在水平方向上的周期性不同于体内，导致在平行表面的方向上的平移对称性与体内明显的不同，但在垂直方向上的层间距则与体内相同的现象。利用低能电子衍射仪（LEED）、扫描隧道显微镜（STM）和透射电子显微镜（TEM）等表面分析设备可以有效研究表面结构。（李建奇）

表面磁各向异性 surface magnetic anisotropy 表面处原子与内部原子所处的环境不同以及表面原子排列的改变所导致的磁各向异性。表面可以看成是一种特定的原子对排列。这种由于表面存在导致的磁各向异性可看成一种特定的晶体各向异性。这种各向异性与磁性层原子的种类、基片或覆盖层的原子种类和磁性层的晶体取向有关。对于大块材料，表面各向异性能对总的各向异性的贡献是非常小的，但对于薄膜和微粉，表面各向异性能的贡献却不能忽略。如对于直径为10纳米的超细铁粉，将其表面各向异性能折合为微粉的各向异性能，其相应的各向异性常数高达10^6焦/米^3。这一表面各向异性往往造成超细微粉表面自旋的钉扎。（颜世申）

表面磁学 surface magnetism 研究磁性材料的表面或界面原子独有特性的一个磁学领域。表面磁学是研究磁性材料的表面或界面原子独有特性的一个磁学研究方向。如图所示，在磁性材料中，相对于体原子而言，表面（界面）原子具有对称性破缺和更少的近邻原子，同时表面原子态（或界面电子态）也直接影响表面（界面）原子自旋性质，因此表面（界面）原子的自旋相关性质可能与体原子的自旋特性显著不同，包括交换作用强度、自旋-轨道耦合、磁矩大小和磁各向异性等。这使得表面（界面）原子自旋存在新的自旋结构和特性，并可能产生一些新颖的磁学现象。

表面磁学研究中的基础科学问题包括：表面原子磁矩和体内原子磁矩的差别、表面原子的交换耦合作用大小、表面原子的磁各向异性大小等。对于这些基础科学问题的理论和实验研究也决定了人们对于磁性的认识深度。一般认为，晶体材料表面对称性的破缺降低了晶体场对轨道磁矩的淬灭作用，表面原子的磁矩与体内原子磁矩可能显著不同，其磁各向异性和体原子磁各向异性也可以存在上百倍的差别。另外，由于表面原子近邻数的降低也会削弱交换耦合作用，使得表面原子的磁有序温度要比体内原子略低。在一些磁性氧化物材料中，表面或界面的原子甚至会失去磁性，呈现磁死层现象。对于表面磁学的研究，一般集中在高质量的单晶材料表面。

表面磁学的发展始于20世纪70年代。随着半导体工业的快速发展，超高真空技术、电子能谱技术、电子衍射技术等表面物理研究技术也开始成熟，同时高质量的磁性单晶原子表面的制备以及单晶磁性薄

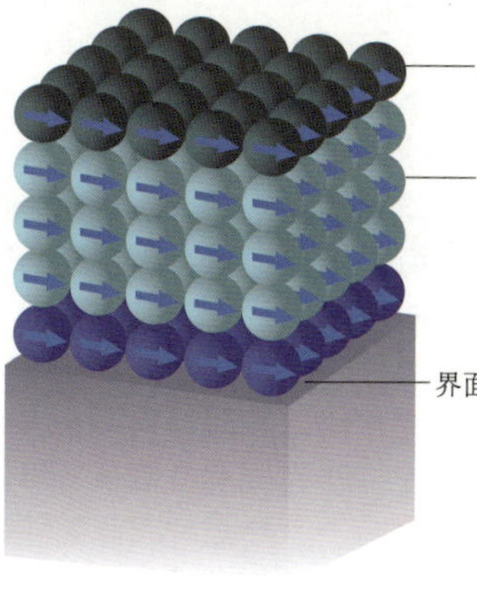

磁性薄膜中磁矩分布示意图

膜的外延成为可能，这使得磁学研究对象从体材料拓展到材料表面。与此同时，很多表面物理研究技术也被拓展到研究自旋特性。例如，自旋极化的光电子能谱技术可以用于测量磁性材料表面的自旋极化能带结构；表面磁光克尔效应可以研究表面原子的磁性；自旋极化的低能电子衍射测量表面电子的自旋结构；自旋极化低能电子显微镜和具有自旋分辨能力的扫描电子显微镜可以用于测量表面磁畴结构；自旋极化扫描隧道显微镜可以在原子分辨水平上研究表面原子的自旋结构。这些实验技术的发展极大地拓展了表面磁学的研究范畴。

随着**巨磁电阻效应**的发现，**自旋电子学**从20世纪80年代得到蓬勃发展。由于自旋电子学器件往往由磁性薄膜和多层膜组成，表面磁学的相关研究也逐渐拓展到薄膜磁学研究中。如图所示，当薄膜厚度降低到纳米量级，表面原子占有的比例会显著上升，使整个薄膜的磁学性质受到表面（界面）原子磁性的调控。在纳米磁性薄膜中，磁性会随着厚度的降低存在从三维到二维的维度变化，同时**量子尺寸效应**对于能带结构的调控也会对薄膜磁性产生极大的影响。很多薄膜体系，如Fe/Ag(001)、Co/Pt(111)和CoFeB/MgO(001)等，表面或界面原子具有垂直磁各向异性，因此薄到一定程度，表面（界面）磁性使得整个薄膜的磁矩可以克服形状各向异性的影响而垂直于薄膜表面。在磁性超薄膜中，由于衬底应力的作用，可以产生很多自然界中不存在的亚稳态结构，而由于自旋和结构的关联，磁性超薄膜中也会产生一些新奇的磁学特性。Fe/Cu(001)体系是一个典型的例子。Fe在室温下的稳定相是体心立方（bcc）结构，但是外延生长在面心立方（fcc）结构的Cu(001)表面，可以产生fcc亚稳相结构，并随着厚度的增加逐渐转变为面心正方（fct）结构，最后再转变为bcc稳定结构；同时磁性也发生从垂直各向异性铁磁相，到具有自旋螺旋结构的反铁磁相，再到面内各向异性铁磁相的丰富磁相变过程。在铁磁和非磁的异质结薄膜中，由于界面反演对称破缺和自旋-轨道耦合作用，界面原子自旋之间除了海森堡交换耦合作用外，还存在一种特殊的非共线贾洛申斯基-守谷作用（简称DM作用）。DM作用可以产生具有手性的磁畴壁和磁斯格明子，而具有拓扑保护特性的**磁斯格明子**是自旋电子学研究中的一个热点。因此磁性超薄膜中的表面（界面）磁性也可以用于调控磁结构。

表面磁学研究还进一步拓展到亚单层原子甚至是单原子磁性研究中，通过调控原子自旋和衬底的相互作用，提高单原子自旋的磁各向异性，希望在室温下固定原子自旋的取向，从而使得自旋信息存储尺寸达到原子极限。相关研究已经表明，在合适衬底上的单原子自旋具有非常大的轨道磁矩，可以极大增强磁各向异性。但是多数单原子自旋系统的磁各向异性仍然不能克服热激发的影响。直到2015年，才有报道表明Ho原子在MgO(001)表面存在巨大的磁各向异性，能够在低温下保持其自旋取向。如何实现室温下单原子自旋取向的固定，将是表面磁学研究中的一个长期挑战。

（吴义政）

表面等离激元 surface plasmon 金属表面电子集体振荡的量子激发。它是金属表面存在的电荷密度波的量子化描述，是一种准粒子。表面等离激元实际可存在于任意两个介电函数实部符号相反的物质界面间，支持表面等离激元的体系常见于金属/介质、重掺杂半导体/介质、二维电子气材料/介质以及石墨烯二维材料/介质等两相界面。其中，金属/介质界面处表面等离激元的频率通常在紫外～红外波段，半导体以及石墨烯/介质界面处表面等离激元的频率主要集中于中远红外～太赫兹波段。

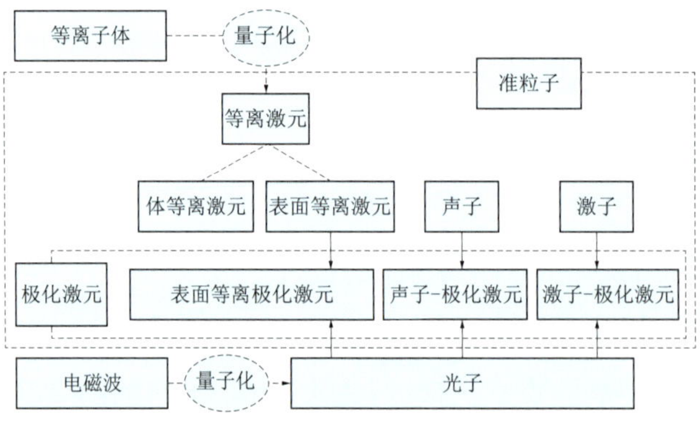

表面等离极化激元名称的由来及与其他（准）粒子的关系示意图

表面等离激元与入射光子（或高能电子）耦合，产生了传播模式的表面等离极化激元（SPP）和非传播模式的局域表面等离激元（LSP）。极化激元指的是一个混合态的准粒子，由光子与其他基本粒子或元激发（如电子、声子、磁子等）耦合构成。J.J.霍普菲尔德引入极化激元的概念以描述光子与物质的相互作用与耦合。常见的极化激元有表面等离极化激元、声子-极化激元、激子-极化激元等。

表面等离极化激元是光子和表面等离激元相互耦合形成的混合态准粒子，刻画的是光与金属表面自由电子振荡相互耦合形成的一种特殊电磁形式，表现为沿金属和电介质界面传播的电磁表面波。它是一种消逝波，在垂直于金属电介质界面方向上，电场强度随距离呈指数衰减。表面等离激元具有三方面特性：低维度、亚波长和强场强。低维度来源于其仅存在于表界面的事实。该特性决定了表面等离极化激元对表界面处环境折射率等变化极其敏感，相关器件已经被应用于化学和生物传感领域。亚波长来源于其界面方向的波矢大于相同频率光波的真空波矢。强场强来源于其表面集体震荡电荷的局域高电荷密度。表面等离极化激元这个名称本身具有量子化的概念，体现了其作为一种准粒子的内涵。表面等离极化激元作为一种元激发，其不仅应具有波动特性，也具有粒子特性，相关量子等离激元研究方兴未艾。

局域表面等离激元广泛存在于金属纳米颗粒的散射中，是指金属纳米结构中的自由电子与电磁场相互作用在金属表面产生的集体振荡。局域表面等离激元被激发的过程称为局域表面等离激元共振（LSPR），可以引起金属表面的局域场增强，使许多在表面的非线性光学过程大大加强，相应转换效率显著提高。

随着表面等离激元理论研究的深入以及各种纳米结构的器件的成功制作，其在纳米光学领域展现了巨大的潜力，在数据存储、超分辨成像、光准直、太阳能电池、生物传感器、负折射材料等方面有着重要的应用前景，成为广受科学家关注的热点领域之一。

（黄翔东 方哲宇 资 剑 石 磊）

表面电输运 surface electrical transport 流经材料表面的电子传输现象。在表面物理研究领域，表面电输运特指处于晶体表面或表面超结构的表面态中的电子或空穴在外加电场的驱使下传输的现象。这种表面电流局限在晶体材料最表面的一至若干个原子层当中，表现出极强的二维电输运特性。表征表面电输运的主要参数为表面电阻率，即材料表面单位面积上的电阻，其量纲与电阻一样。

测量材料表面电阻率的常用实验手段是四探针法。四个探针的通常排列方式有两种：将四个探针放置在四个角的四方阵列和放置成一排的线阵列。为了得到更多的表面电输运信号，四个探针的间距越小越好。在计算表面电阻率时需考虑到由四个探针的排列方式所决定的几何参数。在四个探针之间的间距相较样品尺寸不是足够小的情况下，还需要考虑材料的尺寸边缘效应。（贾金锋）

表面电子结构 surface electronic structure 表面物理学的一个重要研究内容，即研究固体表面对电子结构的影响。电子态在空间的位置分布（波函数），电子态的能量分布（态密度）以及能量E与波矢$\boldsymbol{k}$的关系（能谱）$E(\boldsymbol{k})$总称为电子结构。因为固体的许多物理性质，例如电子发射、吸附和催化等都与表面电子结构有着密切联系。现在半导体集成电路中，元件的集成度越来越大，表面与体积之比随之增高，因而表面（或界面）电子性质本身已经成为决定的因素。

表面态　表面的存在破坏了晶体原有的三维平移周期性，因而三维波矢不再是表征电子态的好量子数。I.Ye.塔姆于1932年最先提出，在周期性势场中断的表面，存在局域的表面电子态。在平行于表面的平面里，仍然存在二维的平移周期性（可能与晶体原来的周期性相同，也可能因为表面原子排列的畸变使它们的排列具有更大的周期——再构现象），因此，表面电子能谱$E(\boldsymbol{k})$中的波矢$\boldsymbol{k}$限制在二维布里渊区内，是平行于表面的二维波矢。

表面上的原（离）子与周围原（离）子之间的相互作用，例如配位数，以及一对原（离）子的电子态之间相互作用强弱，均不同于内部。为了降低由于电子密度突然变化所引起的动能增加，在表面附近又会发生电子向真空区的迁移。因此电子所处的表面势场与三维晶体内部有很大的差别，电子态也具有一种特殊的局域性状——表面态。电子的波函数基本上集中在表面区域，例如一两个原子层厚度以内。电子的能量落在具有同样的二维波矢和波函数具有同样的对称性的固体（内部）能带（即所谓三维能带在二维布里渊区的投影）的能隙里。因而这种电子态的波函数不可能延伸到固体内部，而是向体内逐渐衰减，一直到零。表面态的存在使表面附近的局域态密度与内部不同。尤其是当这些表面态的能量很靠近费米能量时，会很显著地影响固体的表面性质。例如表面态（与延展遍及于整个固体内部的布洛赫态相比）与外来吸附原子的价电子态之间的波函数重叠较大，且能量又比较相近，因而相互作用强，容易形成稳定的吸附态。在共价晶体（如硅等）的表面上，由于原子间的共价键被部分地切断，在真空区域形成了所谓悬键表面态，这是W.B.肖克莱提出的。这些悬键表面态为了降低自由悬键带来的能量而相互满足，常常导致表面原子排列的畸变，如再构。

实验研究方法　表面电子分布变化引起的表面电场改变是导致功函数随着表面状况（取向、吸附和覆盖等）而变化的重要原因。从功函数的测量可以得到有关表面电子结构的信息。20世纪60年代之后的十多年里，由于超高真空（$<10^{-10}$托）、表面结构与化学分析（低能电子衍射、俄歇电子能谱等）与紫外和X射线光电子谱（UPS和XPS）为基础的各种电子态探测技术的发展，获得了许多关于固体表面的可靠数据。光电子谱测量中，利用一定能量和动量的入射光子激发固体中的电子，使之逃逸出固体表面，然后测量出射电子的能量分布和方向（角度分辨）分布。根据能量和动量守恒，不难确定初态（固体内的）电子的能带结构$E(\boldsymbol{k})$。当出射电子能量在约$10\sim10^2$电子伏范围时，由于电子的平均自由程（在金属中）仅相当于一两个原子层厚度，所以这是一个探测表面电子能带的理想工具。入射能量较高的光电子谱还可以探测由于价电子分布改变引起的表面原子的内层能级的化学位移。这个内层能级位移往往被用来作为认证一些特殊的组态（结合键、配位数等）在表面上形成的标志。（郑伟谋　王鼎盛）

表面分凝 surface segregation　在平衡状态条件下，金属合金中的某种组分在自由表面的富集。表面分凝的例子有金属镍中极微量的铜会分凝到表面上去；不锈钢中的铬，经过一定的热处理后，也会分凝到表面上去。这种表面分凝现象，对于催化、腐蚀、微电子学以及和金属强度有关的晶粒间界的分凝都有很大的影响。

对表面分凝现象的解释，要追溯到一百年前J.W.吉布斯的固体和液体的表面势力学理论。吉布斯指出，金属合金的表面组分不一定和体内组分一样，某一种组分会分凝到表面上来，这种表面分凝有助于降低表面自由能。现在，认为促使表面分凝的“驱动力”有两个，即原子间的结合能和因原子大小不同而引起的点阵应变能。

建立在“正则溶液”理论基础上的键合模型，认为键合比较弱的元素，也就是升华热较低的元素富集在表面时其表面自由能最低。另外，从点阵应变模型来看，如溶质（即数量较少的元素）原子的大小和基体原子的大小相比有较大的差别，那么溶质原子分凝到表面上去，会减轻点阵的应变。在研究表面分凝问题时，通常要把两者结合起来考虑。但也还有一些实验结果不能简单地用上述两种模型来解释。当外界条件（如温度、气体吸附、离子轰击、辐照等）改变时，合金的表面为了达到新的热力学平衡，表面分凝的元素的种类和程度也会有相应的变化。

用表面分析的方法来研究表面分凝是直接和可靠的方法。如用电子激发脱附（ESD）、俄歇电子谱（AES）、X射线电子谱（XPS或ESCA）、离子散射谱（ISS）、背散射谱（BS）、次级离子质谱（SIMS）和原子探测束场离子显微镜（APFIM）等方法可以探测到最表层和表面数层内的元素组分的分布状况（见表面物理学）。（沈电洪）

表面分析技术 surface analysis technique 利用各种射线与固体浅表层相互作用产生的物理效应来获得表面的成分、结构、电子态、元激发以及物理化学过程等信息的各种技术的统称。20世纪50年代瑞典科学家K.M.B.西格班建立第一台化学分析用电子谱（ESCA），随着超高真空技术和高灵敏度电子测量技术的进步，数十种表面分析技术相继开发出来，各有特色。

表面成分分析的关键技术有俄歇电子能谱（AES）、X射线光电子谱（XPS）、扫描俄歇探针（SAM）、软X射线出现电势谱（SXAPS）、俄歇电子出现电势谱（AEAPS）以及二次离子质谱（SIMS）等。它们可探测1至数个原子层中的化学成分。

表面结构探测的专门技术有低能电子衍射（LEED）、反射高能电子衍射（RHEED）、扫描高能电子衍射（SHEED）、中能电子衍射（MEED），以及20世纪90年代出现的低能正电子衍射（LEPD），它们能获得表面有序结构在波矢空间的影像所带来的信息。80年代问世的扫描隧道显微镜（STM）和原子力显微镜（AFM）以其独特的原理和方式在实空间获得表面原子结构的图像，有很高的分辨率。改换工作模式STM可作为扫描隧道谱（STS）之用，可获得表面电子态的信息。STM还可作为单原子操纵工具在晶体表面搬移原子组成预定的图案或文字（见表面物理学），以及用于DNA等生物大分子结构的探测和研究。

在表面电子态研究方面，有研究价带电子态密度的紫外光电子谱（UPS），有探索晶体中空能级和空能带电子结构的反光电子谱（IPES），有可获得能带电子色散关系的角分辨光电子发射谱（ARPES）。同步辐射光源波长可变，由此发展了几种能量扫描的新技术，如部分产额谱（PYS）、恒定初态谱（CISS）可分别测定真空能级以下和以上能量范围的空态。恒定末态谱（CFSS）则可测定电子占有的初态密度。

研究表面元激发方面的技术有低能电子能量损失谱（LEELS），可用于获得表面原子振动的信息。表面拉曼散射谱（RAMAN），此法对拉曼散射有活性的表面振动特别有效。**衰减全反射**（ATR），在测量中可获得表面电磁耦合子的信息。

此外，表面扩展X射线吸收精细结构（SEXAFS）可用于表面短程序结构的研究。热脱附谱（TDS）用于研究表面吸附成分和吸附状态非常有效。

这些表面分析技术不仅可获得表面的不同信息，而且探测信息的深度和灵敏度亦有差别，可以起到互为补充的效果。

（陆　栋）

表面活性剂 surfactant 降低两种液体之间或液体和固体之间的表面张力的化合物。表面活性剂可用作洗涤剂、润湿剂、乳化剂、发泡剂和分散剂。表面活性剂通常是两亲性的有机化合物，意味着它们含有疏水基团（尾部）和亲水基团（头部）。因此，表面活性剂含有水不溶性（或油溶性）成分和水溶性成分。在与水混合的情况下，表面活性剂将在水中扩散并吸附在空气和水之间的界面处或在油和水之间的界面处。水不溶性疏水基团可以延伸出水本体相，进入空气或进入油相，而水溶性头基保持在水相中。

在本体水相中，表面活性剂形成聚集体，例如胶束，其中疏水尾部形成聚集体的核心，并且亲水性头部与周围液体接触。还可以形成其他类型的聚集体，例如球形或圆柱形胶束或脂质双层。聚集体的形状取决于表面活性剂的化学结构，即亲水性头部和疏水性尾部之间的尺寸平衡。表面活性剂通过吸附在液－空界面来降低水的**表面张力**。表面张力和**化学势**之间的关系称为吉布斯等温线。

在发泡、乳化或涂布等实际应用的过程中，表面活性剂吸附的动力学有重要影响。**吸附**的动力学取决于表面活性剂的扩散系数。当界面产生时，吸附受限于表面活性剂向界面的扩散。在某些情况下，对表面活性剂的吸附或解吸可能存在能量障碍。如果这种障碍限制了吸附速率，则动力学被认为是“动力学限制的”。这种能量障碍可能是由于空间或静电排斥。表面活性剂层的表面流变性，包括层的弹性和黏度，在泡沫和乳液的稳定性中起重要作用。

大多数表面活性剂的“尾”是非常相似的，它可以由支链、直链或芳族的烃链组成。含氟表面活性剂具有碳氟链，硅氧烷表面活性剂具有硅氧烷链。许多重要的表面活性剂包括终止于高极性阴离子基团的聚醚链。聚醚基团通常包含插入以增加表面活性剂的亲水特性的乙氧基化（聚环氧乙烷）序列。相反，可以插入聚环氧丙烷以增加表面活性剂的亲油性。表面活性剂分子有一尾或两尾。有两条尾巴的叫作双链式的。表面活性剂通常根据极性头基进行分类。**非离子型表面活性剂**在其头部没有带电荷的基团。离子型表面活性剂的头部带有净正电荷或负电荷，如果电荷为负，则表面活性剂称为**负离子型表面活性剂**；如果电荷为正，则称为**正离子型表面活性剂**。如果表面活性剂包含具有两个相反电荷的基团的头，则称为**两性离子型表面活性剂**。

胶束表面活性剂分子的亲脂尾端聚于胶束内部，避免与极性的水分子接触；分子的极性亲水头端则露于外部，与极性的水分子发生作用，并对胶束内部的厌水基团产生保护作用（图1）。形成胶束的化合物一般为两亲分子，因此一般胶束除可溶于水等极性溶剂以外，还能以反胶束的形式溶于非极性溶剂中。

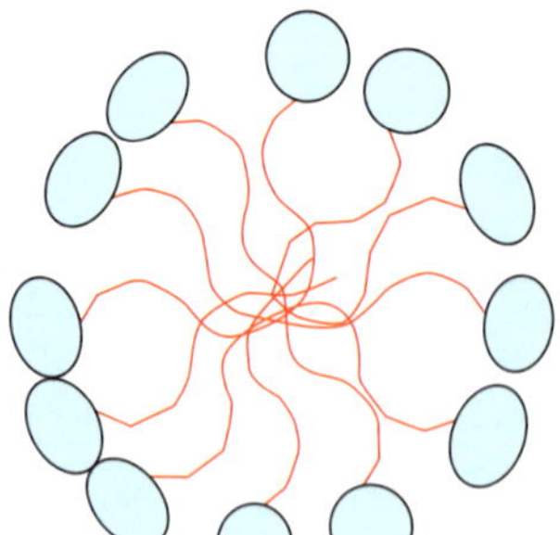

图1　胶束表面活性剂分子示意图

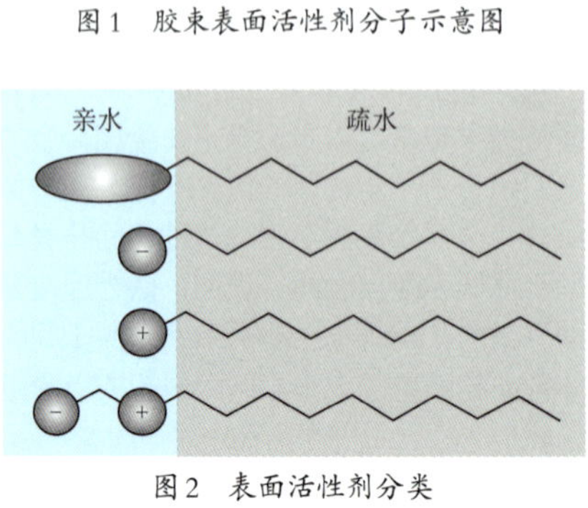

图2　表面活性剂分类

表面活性剂分类（根据其头部组成，图2）：非离子、阴离子、阳离子、两性。

（邢向军）

表面结构 surface structure 晶体表面几个原子层内原子的排列情况，即表面单位网格的形状和尺寸，相对基层网格的取向、单位网格中原子的数目和位置以及各原子层之间的距离。理想的晶体表面具有二维周期性，表面结构可用其二维平移周期性来表征。表面原子受力的情况由于与物体内部原子受力情况不同，或由于外来原子的吸附，最外层原子常会有垂直于或倾斜于表面的位移，表面下的几层原子也会有相应的垂直或横向位移。研究表明，表面结构通常可分为三大类：第一类为清洁的弛豫表面。如果表面原子只有垂直于表面的位移，称为表面弛豫。这类表面上第一层与第二层原子之间的距离通常比体内相邻原子层收缩百分之几，不仅最外层会发生弛豫，还可能发生多层的弛豫，甚至出现振荡弛豫，即层间距离相间地发生收缩－膨胀－收缩的现象。第二类为清洁的再构表面。表面层原子既有垂直于表面又有横向位移的现象，称为表面再构。对于再构表面，不仅要确定层间的距离，还要确定横向的原子排列和原子间距离。第三类为吸附表面。这是外来原子或分子被吸附于清洁的表面上。对吸附表面要确定的最重要参数是吸附质在衬底上的位置、键长和键角。

研究表面结构最常用的手段是**低能电子衍射**（LEED），利用这种方法已经研究了许多清洁金属表面的弛豫和再构、金属表面上的吸附、半导体表面的弛豫和再构等。表面扩展X射线吸收精细结构（SEXAFS）是20世纪70～80年代发展起来的研究表面结构的另一种手段，能够测量吸附原子的近邻及其和周围原子形成的键长的信息。

（吴述尧）

表面扩散 surface diffusion 原子、分子或原子团簇在固体表面的运动。表面扩散不仅依赖于外界环境（如温度、湿度、压强等），还受到表面化学成分、化学势梯度、电子结构、晶面取向、缺陷浓度等多项因素的影响，因此其过程较为复杂。表面扩散在真空镀膜、薄膜半导体器件工艺、粉末冶金、多相催化等领域都起到了重要的作用。

基本动力学过程　当固体表面有梯度（例如化学位、浓度、应力梯度等）存在时，由于热运动会导致表面扩散现象发生。在原子尺度上，扩散过程可以考虑为表面吸附原子在二维晶格的沟道之间相互跃迁的过程。表面跃迁率Γ则由尝试频率（或原子的振动频率）ν和热动力学因素决定。Γ可以表述为$\Gamma=\nu e^{-E_{diff}/k_BT}$，式中$E_{diff}$为扩散势垒，$T$为温度，$k_B$为玻尔兹曼常数。在多数情况下，$E_{diff} \gg k_BT$，因此跃迁率远低于原子的振动频率。

吸附原子扩散运动可以看作原子的随机跃迁过程。其平均自由程$\langle \Delta r^2 \rangle$可以描述为$\langle \Delta r^2 \rangle = \nu a^2 t$，式中$a$为跃迁距离（或沟道间距），$t$为跃迁时间。由此可定义扩散常数$D$：

$$D=\frac{\langle \Delta r^2 \rangle}{zt}=\frac{\nu a^2}{z}$$

式中z为原子周围的近邻沟道数。扩散常数是表征扩散程度的重要物理量。

理想状态下，在稳态扩散（即扩散过程中扩散物质的浓度分布不随时间变化的扩散过程）中，扩散过程可以用菲克第一定律描述。而非稳态扩散（即扩散物质的浓度分布随时间变化）则需要由菲克第二定律来描述。然而在实际体系中，情况往往更加复杂，多种扩散机理和机制会共存和相互依赖。

分类 按照表面原子、分子或原子团簇的覆盖度，表面扩散可分为示踪扩散和化学扩散。对于示踪扩散，表面的覆盖度低（通常小于1%），因此表面吸附原子、分子或团簇间的相互作用可忽略，其扩散过程和扩散系数可以由$\langle \Delta r^2 \rangle$公式描述。对于化学扩散，表面的覆盖度较高，因此需要考虑吸附物之间的相互作用。

表面扩散也可根据扩散环境分为本征扩散和传质扩散。本征扩散发生在均匀表面，即表面无缺陷、台阶等外在因素。在此理想情况下，原子面对的扩散势垒E_{diff}是均匀的；传质扩散发生在非均匀表面，即表面有缺陷、台阶或其他吸附物等外在因素。这种情况下，扩散形式与这些外在因素的分布和形成能等有强烈的联系。传质扩散发生于大多数真实固体表面。

机制和现象描述 大量实验和理论均表明，表面扩散具有多种机理，以下列举最常见的一些扩散机制和现象。

近邻跃迁或跳跃机制 该机制是表面扩散最基本和常见的机制之一。吸附粒子从某一位置跨越势垒，跳跃到相邻位置。跳跃的概率和速率与固体表面的对称性、吸附粒子的密度、分布等等均相关。

原子交换机制 该机制涉及邻近吸附原子之间的交换作用。如图1所示，图中黑色和灰色原子代表了发生交换作用的原子。当一个吸附原子从一个位置跳跃到另一位置时，相邻位置的吸附原子会代替其原先位置，完成原子交换。该机制可发生在同质表面（即吸附原子与固体表面为相同物质）或异质表面（即吸附原子与固体表面为不同物质）中。其理论研究仍在继续开发。

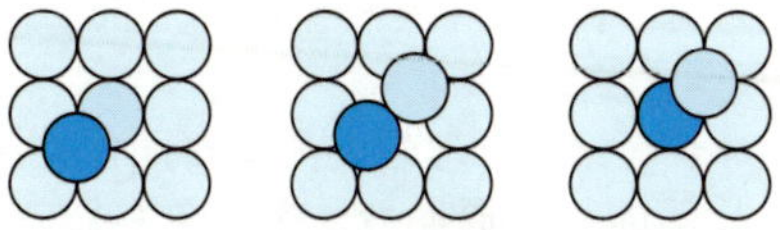

图1 原子交换机制的演示过程

隧穿扩散机制 该机制发生在吸附原子质量小以及扩散势垒低的体系中，其过程与量子力学中的电子隧穿有许多相似之处。在低势垒情况下，吸附原子会发生隧穿现象，且其隧穿率与温度依赖关系较小。

缺陷扩散机制 该机制主要发生在表面覆盖率高的情况下。在高覆盖率时，吸附原子的表面扩散可以等效为一个新表面中缺陷的扩散过程。该扩散过程由缺陷的动力学起主导作用。

长程跳跃机制 该现象是指吸附原子跳跃至非近邻位置的扩散现象，如图2所示：原子1到2的跳跃为近邻跳跃；而1到3、4、5以及6到7为长程跳跃；8为回弹跳跃机制。例如，实验观察到吸附原子可跳跃至第二近邻（1到3）、第三近邻（1到4）甚至更远（1到5，或者6到7）的位置。某些表面的吸附原子较容易发生长程跳跃，例如Ag（110）表面，并且该现象主要在高温区域较为显著。

回弹跳跃机制 该现象是指吸附原子跳跃至新位置后，又跳跃回原位置的过程，见图2（原子8）。值得注意的是，该

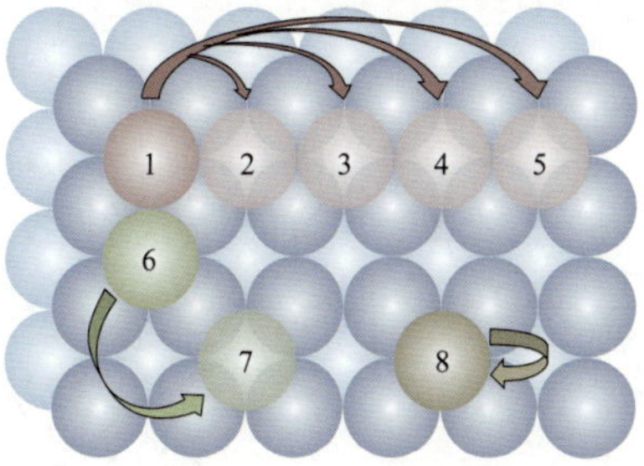

图2 长程跳跃和回弹跳跃机制

跳跃过程的结果是吸附原子并未发生位移，因此观察该现象通常需通过原子分布的统计分析。该现象通常发生在一维情况下，例如在W(211)表面铼、钼、铱、铑等原子的一维跳跃过程。

跨通道跳跃机制 在许多表面，由于晶格对称性的影响，通常会存在一些扩散势垒较低的“通道”。吸附原子的扩散往往会在单个通道内发生。但吸附原子会经历一些中间过程，在这些通道之间发生相互跳跃。该过程称之为跨通道跳跃。

长程原子交换机制 该机制可以考虑为原子交换机制和长程跳跃机制的结合，即吸附原子在近邻位置以外的区域发生长程交换作用。

团簇扩散机制 上述举例的扩散机制通常用于描述原子的扩散过程，然而在固体表面会形成由多个原子组成的团簇。团簇的扩散会使其重心在表面发生位移。团簇的扩散机制可分为两大类别：独立扩散和协同扩散。

在独立扩散中，扩散过程是由团簇中的单个原子逐一扩散，从而完成团簇的整体扩散。单个原子逐一扩散又可分为顺序位移、边界位移、蒸发-沉积位移等多种不同形式。而协同扩散是指团簇中的多个原子形成一个局部团簇，这些局部团簇逐步进行扩散的过程。协同扩散可分为位错扩散、滑移扩散、爬行扩散、切变扩散等不同形式。

研究表面扩散的实验手段 表面扩散的研究对于实验手段和仪器有较高的要求。为了防止外界空气的影响，研究表面扩散需要在超高真空或者填充少量惰性气体（例如氦气、氖气）的环境下进行。最常用的实验手段有场离子显微镜和扫描隧道显微镜等。

场离子显微镜在1951年由E.W.弥勒等人发明。其基本原理是：在少量惰性气体环境中，在针尖形金属表面加上正高压（通常5～30千伏）。吸附在针尖处的惰性气体原子会被大电场电离并形成气体离子，该气体离子所形成的离子流会沿表面电场向外辐射到达探测屏。探测屏上的强度分布代表了金属针尖表面的电场强弱分布。而电场的分布是由针尖表面的曲率变化造成的，因此可分辨针尖表面的原子排列，并鉴定单个原子的类别，观察其扩散过程。

扫描隧道显微镜在1981年由G.宾尼希、H.罗雷尔等人发明。基本原理是通过针尖与导电样品表面的量子隧穿效应，并通过横向扫描的办法来实现原子电子态的二维成像。**扫描隧道显微术**在1986年获得诺贝尔物理学奖，是现代物理中的核心技术之一，并且对研究表面扩散现象可提供直接证据。

影响 表面扩散现象在表面物理、化学工业、半导体工业以及交叉领域等有着重要的影响。例如，表面扩散的速率和方式直接影响了化学催化的效率和稳定性，

对于催化的工业应用和生产有着直接的联系。表面扩散现象对于半导体薄膜沉积和扩散工艺等方面也有着重要影响。理解表面扩散现象有助于发展高质量的半导体制造工艺和提高器件效率。（郭杭闻　沈　健）

表面模　surface mode　固体表面原子之间通过相互作用形成沿表面传播的格波。由于表面原子受到表面以下几层原子的制约，表面原子的运动会引起体内原子的运动，但振幅逐层递减，因此表面模通常仅涉及几个原子层中原子的运动。

表面模的出现需满足一定条件。如对于一维半无限单原子链，只考虑最近邻原子间的准弹性力。设表面原子与体内近邻原子间弹性力常数为β'，其余原子间力常数为β，则$\frac{\beta'-\beta}{\beta}>\frac{1}{3}$时，半无限单原子链存在一个表面模，其振动频率大于体内模的最大频率。对于一维半无限双原子链，当表面原子质量较大时，不存在表面模；当表面原子质量较小时，存在一个位于一维无限双原子链频谱禁带中的表面模。

（姚道新　曾宜杰）

表面失稳　surface instability　软物质材料因外界刺激诱导产生的表面形貌失稳的现象。液晶、聚合物、胶体、细胞、蛋白质、生物软组织等软物质材料在自然现象和工业应用中广泛存在。与普通固体材料相比，软物质材料对某些特定的刺激，如力、热、光、电、湿度、离子浓度、pH等具有很强的响应。软物质的低弹性模量和对外界刺激的敏感性，使得它们与普通的固体材料相比，非常容易丧失表面几何形貌的稳定性，产生规则或无规则的表面特征，如各种褶皱、屈曲、变形等。

在实际应用中，通过考察软物质材料表面失稳的临界条件，能够测量与确定材料弹性层的几何和物理参数，并通过合理的表面设计来避免失稳的发生；同时能够通过表面形貌的制备来实现人为控制的表面失稳，对材料或结构的功能和性能产生影响，实现所需的光学性质、亲疏水特性、表面黏附、自组装有序斑图等表面性质。这些应用使得表面失稳现象在微纳米表面形貌制备、柔性电子材料性能表征、智能材料与在控制系统、生物医学工程等领域起到愈发重要的作用。

（方海平）

表面物理学　surface physics　研究固体表面附近的几个原子层内具有异于体内的结构和物理性质的学科。表面物理学是20世纪60年代以后固体物理学中的一个重要且发展迅速的领域。实验上是超高真空（10^{-10}～10^{-11}托）下，通过电子束、离子束、光子、热、电场和磁场等与表面相互作用，以及通过特殊针尖对表面的隧穿效应，获得有关表面结构、表面电子态、吸附分子品种、键合类型、成键取向等信息。

表面结构　理想的晶体表面保持原有晶面的二维周期性，其原胞（或单位网格）为由基矢$\boldsymbol{a}_1$和$\boldsymbol{a}_2$组成的平行四边形。根据对称性的要求，二维只可能具有斜方、六角、简单长方、中心长方、正方五种布拉菲格子。表面原子受力情况不同于体内原子，或由于吸附外来原子，最表面原子的平衡位置与本来晶面原子所在格点不同，它仍具有二维周期性，但其基矢$\boldsymbol{a}_{s1}$和$\boldsymbol{a}_{s2}$与理想表面$\boldsymbol{a}_1$和$\boldsymbol{a}_2$也不同。这种现象称为表面再构。如果表面原子仍以$\boldsymbol{a}_1$和$\boldsymbol{a}_2$为基矢，但在垂直表面方向有位移，则称为表面弛豫。研究表面结构就是要弄清$\boldsymbol{a}_{s1}$和$\boldsymbol{a}_{s2}$与$\boldsymbol{a}_1$和$\boldsymbol{a}_2$之间的关系。E.A.伍德给出以下符号表述。如$\boldsymbol{a}_{s1}=p\boldsymbol{a}_1$和$\boldsymbol{a}_{s2}=q\boldsymbol{a}_2$，$p$和$q$都是整数，则该晶体表面结构为$R(hkl)p\times q$。式中$R$是晶体元素或化合物符号，$(hkl)$是与该表面平行的晶面的米勒指数。如这表面是吸附元素或化合物A引起的则记为$R(hkl)p\times q-A$，或$A/R(hkl)p\times q$。如果表面和衬底晶面的基矢不平行，$\boldsymbol{a}_{s1}$与$\boldsymbol{a}_1$及$\boldsymbol{a}_{s2}$与$\boldsymbol{a}_2$之间夹角为α，其结构的符号为$R(hkl)p\times q-\alpha$。

为了定量研究表面原子结构，常用的实验方法是**低能电子衍射**（LEED）。把能量5～500电子伏范围的电子，以近于正入射方向射向晶体表面，产生的衍射电子投射于荧光屏，由屏上衍射斑点的规则分布可获得表面原胞的信息。1959年正是用LEED发现Si(111)解理面在高温退火后形成7×7重构的。若对衍射斑点记录其强度随电子能量变化的I-V曲线，根据设定的几何构形计算理论曲线拟合I-V曲线，可得到二维原胞内各原子的位置。中能电子衍射（MEED）和**反射高能电子衍射**（RHEED）也是研究表面结构的手段。

1982年G.**宾尼希**和H.**罗雷尔**等制成扫描隧道显微镜（STM）。同年他们用STM测得Si(111)-7×7结构的原胞尺度，并发现原胞中有12个小丘台。直到1985年高椰等对Si(111)的7×7重构表面的透射电子衍射图做了结构分析，结合STM图像，给出一个由二聚体和叠顶原子和层错组成的模型，解决了困惑人们20多年的Si(111)的7×7重构表面结构。其结构如图1所示。图1a中大实心圆为叠顶原子，二号实心圆为静止原子，单胞边线（虚线）和短对角线上成对小圆圈是二聚体。图1b沿单胞长对角线剖开，右半11/12/24等对应B/a/A排列，为无层错排列；左半8/20/32等对应C/a/A排列，与右半相比，出现层错。

表面成分　利用原子芯能级位置和原子质量可确定表面原子的类别。常用的有X射线光电子谱（XPS）和**俄歇电子能谱**（AES）以及**次级离子质谱**（SIMS）等。XPS以能量为$\hbar\omega$的X射线将样品中原子芯能级E_b中的电子打出，测量出射电子

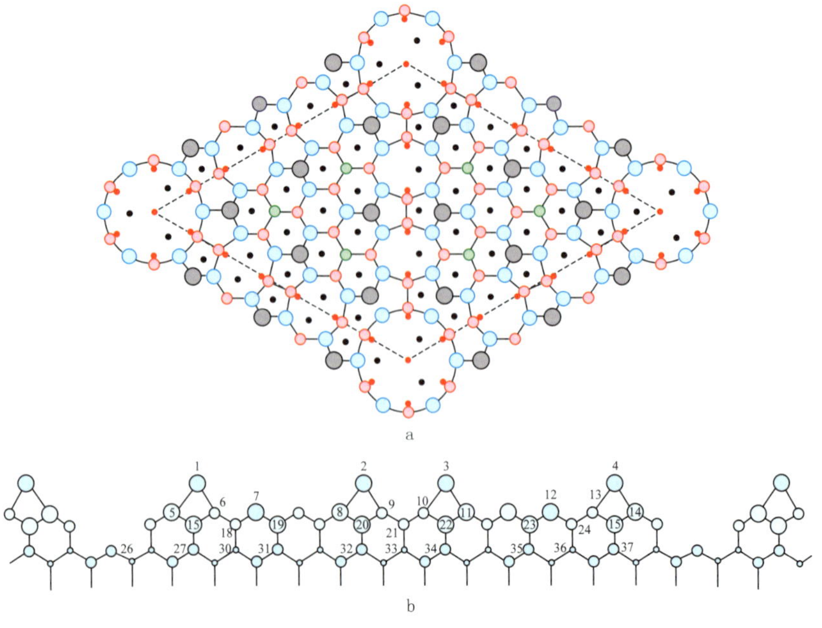

图1　Si(111)-7×7模型的俯视图和侧视图

动能E_k，可确定：

$$E_b = \hbar\omega - E_k - w$$

式中w是样品的功函数，E_b依赖于与它周围原子成键的状态，称为化学位移，测此位移可获得有关化学键的信息。AES利用约3～5千电子伏的电子束射入晶体，将其浅表层原子的芯态K壳层电子打出，同时壳层L_1的电子落到K层的空穴，但不发射光子，而使壳层L_2的电子出射，因此俄歇电子形成的谱线用KL_1L_2表示。在不同化学环境中谱线所在能级不同，即也有化学位移。如将2～20千电子伏氩等离子束投射固体表面，通过一系列碰撞次级离子及离子团逸出体外，用质谱仪识别离子品类，这就是SIMS。

表面声子　由于表面原子具有的对称性和所受的力与体内原子不一样，因而表面原子振动形成的二维格波或局域振动都具有不同简正模式。表面原胞含两个原子或离子时，也有声频和光频表面格波之分，长波长表面格波也可用弹性媒质模型处理，得到的是表面弹性波，即瑞利波，其特点是波速略小于横波波速，且没有色散。极性晶体的光频表面格波中的横波，其电磁场可与光波电磁场联合形成表面电磁耦合场振荡，相应的量子是表面电磁耦合子，频率ω在体光频横波ω_{TO}和纵波ω_{LO}的频隙之中，且$\omega_{TO}<\omega<\omega_s=\beta\omega_{TO}$，式中$\beta$是一个常数。若晶体表面吸附小量原子或分子，它们可形成相应的表面局域振动模。

实验上，通过低能粒子束或光束同固体表面相互作用引起的物理效应，可探测表面振动模的频率、频率－波矢关系等特性。这方面有氦原子束散射、低能电子能量损失谱、**表面增强拉曼散射**、**衰减全反射**等实验技术。

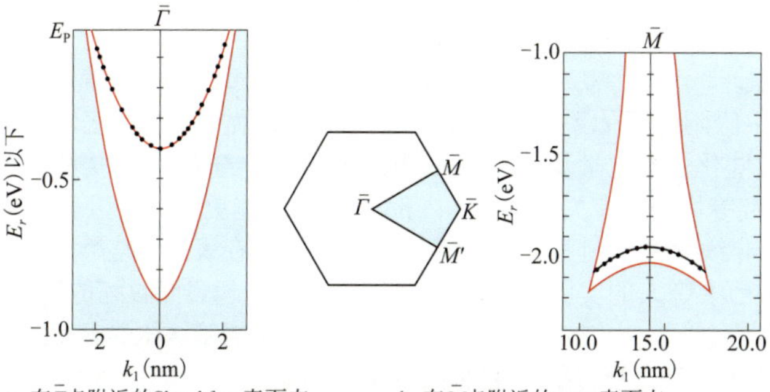

a 在$\bar{\Gamma}$点附近的Shockley表面态　　b 在$\bar{M}$点附近的tamm表面态

图2　Cu(111)表面态的能量色散关系

表面电子态　表面电子态和有关物理性质是表面物理学主要研究内容。紫外线光电子能谱(UPS)是主要的研究手段。真空紫外线光子可将固体价带和表面态电子激发，出射成为光电子，若测量其能量分布曲线（EDC）便可获得价带和表面态的状态密度。表面电子与体内电子服从不同的选择定则。若测量不同能量光子产生的光电子EDC，则其中不随光子能量变化而移动的峰即为表面电子态的峰。如果测量光电子的角分布，根据能量和动量守恒，可求得价带电子的能量－波矢关系$E_i(\boldsymbol{k})$或表面电子能带的色散关系$E_s(\boldsymbol{k}_\parallel)$。这里$\boldsymbol{k}$是体内电子波矢，而$\boldsymbol{k}_\parallel$是表面电子波矢。图2是Cu(111)面的价带和表面电子能带的色散关系。STM是研究表面电子态的另一种重要手段。STM的隧穿电流取决于针尖和样品中电子的状态密度。如针尖中电子用自由电子气模型，其状态密度已知，隧穿电流只取决于样品的状态密度。固定针尖位置，改变针尖－样品之间的电压U，测量隧穿电流I随U变化，得到的是定点位置的隧穿谱。若测其动态电导率dI/dU，其值正比于样品的电子态密度。如将针尖在表面上扫描，便得到扫描隧穿谱（STS），获得具有空间分辨的表面电子态信息。

理论研究　主要是采用传统能带计算方法，如以薄板模型用紧束缚法、赝势法、缀加平面波线性组合法等计算表面电子能带和表面局域态等。趋于发展计算总能量取极小的途径同时确定原子位形坐标和电子态。亦有用量子化学中惯用的分子集团模型，以有限个原子的聚集体模拟半无限大晶体，可较容易计算系统的总能量，确定表面原子构形以及表面局域态密度。所有理论计算都应以实验结果来检验。表面物理的研究与催化科学和技术、金属防腐蚀机制和技术、超大规模集成电路、光电子技术的发展都有直接关系。

（陆　栋）

表面效应　surface effect　固体表面与固体内部各种性质存在差别的现象。固体是由大量原子聚集而成的。当固体物质形成一个相时，其内部有均匀的物理和化学性质。但在物质表面，所处的环境和所受的相互作用情况都和在物质内部有所不同，这就造成表面和内部的各种性质有显著差别。表面效应发生在处于物质表面层的组元上。对于一般的宏观物体，表面层的组元在整个固体的组元总数中只占很小的比例，除非是专门研究固体表面的表面物理学，多数情况下表面效应是可以忽略的。

对于体积很小的凝聚态颗粒，表面效应就相当重要。可以用处于表面的组元数和颗粒所有组元总数之比作为描述表面效应程度的系数。当颗粒很大时，系数接近于零；当颗粒不断减小时，系数不断加大；当颗粒小到纳米范围时，系数明显增大。以球形颗粒为例，其表面积与直径的平方成正比，其体积与直径的立方成正比，故其比表面积（表面积/体积）与直径成反比。对直径大于100纳米的颗粒，表面效应可忽略不计。随着颗粒直径变小，比表面积显著增大，颗粒表面原子数相对增多。当尺寸小于100纳米时，其表面原子百分数变得很大，这时的表面效应将不容忽略。计算可以发现，随着纳米颗粒粒径的减小，表面原子百分数迅速增加。如当粒径为10纳米时，表面原子数为整个颗粒原子总数的20%，比表面积为90米^2/克；而当粒径为2纳米时，其表面原子百分数增大到80%，比表面积为450米^2/克。

从结构上来看，表面原子配位不足，即表面原子周围缺少相邻的原子，所以出现许多悬挂键。这种不饱和性使表面原子具有很高的化学活性且极不稳定，致使颗粒表现出特殊的物理和化学性质。纳米颗粒容易与其他原子结合，颗粒表面能及表面张力也随着增加，从而导致纳米颗粒较大块固体材料性能的不同。实验观察证实，纳米颗粒的表面与大块物体的表面是十分不同的。在高倍率电子显微镜下可以看到，直径为2纳米的金纳米颗粒没有固定的形态，可以形成立方八面体、十面体或二十面体等多种形状，处在各种亚稳的准固体状态。只有尺寸大于10纳米后才看不到这种颗粒结构的不稳定性，这时纳米颗粒具有稳定的结构状态。

从物理性质上来看，以表面等离子体波为例，其是在两种界面附近存在的电荷集体振荡，界面两侧的折射率分布对波的行为有很大的影响。表面等离子体波具有局域分布的特性，而且其分布深度可小于波长量级，突破衍射极限，所以能够用它来做近场显微镜等。对于金属纳米颗粒，表面等离子体波将被局限在金属纳米颗粒的边界附近。空间局域化后，从不确定原理可知，空间不确定度小，波矢不确定度就大，波矢匹配的条件容易得到满足。因此，局域化的表面等离子体振荡可以很容易地被远场辐射过来的光波激发。这种局域化的表面等离子体振荡的能量可以从金属纳米颗粒的吸收/散射光谱上的共振峰位置读取。随着纳米技术的发展，将会有许多表面等离子体器件得到应用。

（金国钧）

表面应力 surface stress 因拉伸或弯曲引起的材料表面单位面积变化所消耗的能量。表面应力和表面自由能在定义方面很相似，都表示材料产生单位表面面积变化所需要的能量。但表面应力不同于表面自由能。表面自由能是表面热力学中一个很重要的概念，对于特定材料在一定物理化学条件下是一个常数，定义为生成单位面积表面所需要的能量。表面或界面热力学最先在流体系统中由J.W.吉布斯提出。在那时表面自由能和表面张力的概念通用，这对于流体是正确的。因为流体无法在等表面原子数的条件下进行拉伸；但对于固体材料情况则不同。由于传统习惯的影响，难免将两者的概念相互混淆。

随着研究的深入，慢慢认识到尽管这个定义原来被认为是相当精确的，若考虑材料的弹性变形，如拉伸或弯曲过程，问题就变得比较复杂。因为拉伸或弯曲也会引起材料表面面积的变化，同时也消耗能量。材料产生此种单位面积变化所消耗的能量称为表面应力。表面应力与表面自由能两者的主要区别在于发生这种物理过程的前提不同：前者为等表面原子数，后者是等应变；前者表现为纯变形，后者表现为表面的创造；前者是一个张量，后者是一个标量。事实上表面应力和表面自由能是有联系的。表面应力可以表达为$f=\gamma+\partial\gamma/\partial e$，$\gamma$为单位面积上的表面自由能，$e$为弹性力张量。对于气体和液体来说，由于$\partial\gamma/\partial e$为0，因此应力$f$和表面自由能$\gamma$在数值上是相等的。但对于固体来说，$\partial\gamma/\partial e$不为0，应力$f$和表面自由能$\gamma$显著不同。

从本质上说，在弹性形变中，表面原子的结构已经发生改变。对固体来说，这是由于表面的原子的化学键与体相固体中不同，进而造成表面原子之间的平衡距离也与体相中不同，等效于固体内部的原子在表面上施加了一个应力。表面应力可正可负，且会受到材料表面的杂质以及表面缺陷的影响。这一问题的理解对于纳米力学、纳米科技中的许多重要问题，如薄膜生长、表面重构等问题可能有重要指导意义。应力和应变对材料表面性质的影响越来越受到重视，这方面的研究亦蓬勃进行着，已发表了不少包括理论、计算和实验方面的成果，但离深刻理解表面弹性作用的机理仍相距甚远。

（方海平）

表面增强拉曼散射 surface-enhanced Raman scattering; SERS 一种表面敏感技术，通过吸附在粗糙金属表面上的分子或离子等增强拉曼散射。1974年M.弗莱施曼等人测量到了电化学池中经过几次氧化还原反应的银表面吸附吡啶分子的拉曼散射线。1976年R.P.范德伊内等证实了上述实验并推算出银表面吸附的吡啶的拉曼散射截面比纯吡啶的大10^6倍。

后来的研究表明，银、铜、金、铂等金属表面吸附不同的分子或离子，如吡啶、氰离子、苯、钴、氮等（已有一二百种有机、无机分子和离子）时均发现拉曼散射截面有不同程度增强。增强效应与表面亚微观的粗糙程度有关。电子显微镜分析表明对于银，100埃左右的不平整对增强效应最显著。除了分子振动谱增强之外还发现一个宽频带的连续背景。

该效应发生于金属-吸附分子体系，而许多重要过程如多相催化、电化学及单层分子检测、表面研究等均与此有关。此外，根据理论估计，非线性光学过程也应有增强，这已被**沈元壤**等人的实验证实。

解释表面增强拉曼散射的理论模型很多。如镜像场模型认为，光场在吸附分子上感应出电偶极子，在一定条件下使偶极辐射强度大大增强。调制反射理论认为，吸附分子的振动通过吸附分子和金属的相互作用，改变了金属表面电子的密度，从而调制了金属的反射率，造成“有频移的反射”，因而散射强度大大增强。此外，还有共振增强模型、电子-空穴对激发模型、受激散射模型等。所有这些模型均不能完美地解释全部实验。因此较多人认为表面增强效应是一个复杂过程，增强效应可能是几种因素的综合。

理论和实验都还在迅速发展着。除电化学池系统外，还在超高真空金属表面，胶体中金属颗粒表面，以及用机械抛光造成粗糙的金属表面等实验中，观察到增强拉曼散射效应。除了物理的增强因素之外，还可能有化学增强的贡献。见**光散射**。

（张鹏翔）

表面张力 surface tension 液体表面相邻两部分间的相互牵引力，是液体分子力的一种表现。液体与其蒸气或另一种介质相接触的交界面（或之间的分界面）称为液体的表面。液体表面的厚度为其组分粒子数密度从开始减小到变为零之间的空间间隔。液体表面的厚度很薄，一般不到一个组分粒子层的线度。想象液体表面画一条线，则该线两侧的液面之间存在着拉力的作用。这一位于液面内处处与此线垂直的拉力称为表面张力。表面张力的大小与所考虑的线的长度成正比。比例系数称为表面张力系数。表面张力的量纲是牛顿/米。液体的表面张力与表面面积的大小无关。

在液气界面，表面张力起源于液体内部分子间的相互吸引力大于液体分子和气体分子间的相互吸引力。这两种力的净效果是导致在液体表面产生一个指向液体内部的力。这个力导致液体表面好像覆盖着一层紧绷的弹性膜。由于氢键的作用，水分子间有较强的相互吸引作用，这导致水比一般的液体有更强的表面张力。

表面能　设想把一种液体沿一个平面剖开，然后再把两部分慢慢分开。在这过程中必须克服液体两部分之间的分子吸引力而做功。这样一段过程的结果就是造成了两个自由表面，所做的功也就表现为两液面的表面能。表面层的分子的势能比在液体内部分子的势能更高，所以表面越大，则有越多的分子在表面，整个液体的势能也越高，这就引起表面收缩的现象。它可以解释为表面张力使液体的表面面积趋于最小化。

表面熵　由于表面系统有明显的密度变化，也就是系统的熵（熵密度）会发生变化，这部分熵变通常表述为表面熵。对于通常的液体表面，表面熵密度为表面积不变情况下表面张力系数随温度的变化率的负值，对于表面积为A_S的表面，其表面熵为：

$$S_S=-A_S\left(\frac{\partial\sigma}{\partial T}\right)_{A_S}$$

对于一些过程的精细研究，表面熵非常重要。如对于早期宇宙强相互作用物质演化中，随温度降低而强子化的过程，如果仅在热力学极限下讨论，存在熵密度不增大疑难；考虑了形成的强子与夸克物质之间的分界面（类似由气体中凝结成液滴时的两相的分界面）的表面熵的贡献，该疑难即得以解决。

表面张力系数及影响因素　单位长度上的表面张力称为表面张力系数，亦即形成单位面积表面过程中外界需要克服表面张力所做的功。这样根据功能原理可以得到摩尔质量为μ、摩尔汽化热为L_m、密度为ρ的液体的表面张力系数为：

$$\sigma=(1-r)\frac{L_m}{N_A}\left(\frac{\rho N_A}{\mu}\right)^{2/3}$$

式中N_A为阿伏伽德罗常数，r为液体表面层内的组分粒子数密度占内部组分粒子数密度的比例（常简称为相对粒子数密度）。由此，液体的表面张力系数依赖于液体密度、摩尔质量和摩尔汽化热等内禀因素。液体的摩尔汽化热和相对粒子数密度都依赖于液体内部的杂质和液面外相邻物质的种类及性质，因此液体的表面张力系数亦依赖于液体内部的杂质和液面外相邻物质的种类及性质。因为液体的摩尔汽化热和相对粒子数密度还依赖于液体的温度，则液体的表面张力系数也依赖于液体的温度。具体地，当温度升高时，液体的组分粒子的无规则运动动能增大，较多的组分粒子可以进入表面层，从而表面层内粒子之间的间距变小，导致粒子之间的吸引作用减弱，每一组分粒子所受的指向液体内部的合力减小，这样单位长度上的表面张力减小，液体的表面张力系数则随温度升高而减小。

与表面张力有关的现象 同种分子间的吸引力常称内聚力，不同种分子间的吸引力常称附着力。内聚力与附着力二者共同作用的整体效果即表面张力的效果。因此表面张力会使得表面呈弯曲状。当内聚力强于附着力时，液体会形成一个凸起的液面，如玻璃管中的水银；当附着力强于内聚力时，液体会形成一个凹陷的液面，如玻璃管中的水。理论认为，一个液体表面系统都包含其内部、外部和表面层本身三部分，表面系统的自由能则为这三部分自由能之和。利用与等温等体过程相联系的系统的稳定条件，可以导出弯曲液面内外的压强差，其值与表面张力系数和表面上的两个正截口的曲率半径的关系为：

$$\Delta p=p_i-p_o=\sigma(\frac{1}{R_1}+\frac{1}{R_2})$$

式中曲率半径R_i的符号，由曲率中心的位置决定。曲率中心在液体内部情况下，如液滴，$R_i>0$；曲率中心在液体外部情况下，如气泡，$R_i<0$。由于表面张力使受限的液面发生弯曲，从而引起一系列的现象和效应，如出现润湿现象、毛细现象、过冷和过热现象等。

表面张力和由其引发的毛细现象普遍存在，并在自然现象、工农业生产活动和技术等中发挥重要作用。如植物中水和养分的传输（对于很高大的树木中养分和水传输，除了表面张力决定的毛细现象外，还有其他机制，正处于研究阶段）、农作物的中耕、石油开采中注入水和物质、炼钢中加入表面活化剂、热管等，都是典型的应用实例。 （全海涛　刘玉鑫）

表面振动 surface vibration 固体表面层原子和分子的振动。由于表面原子只在平行表面方向上的排列有周期性，在垂直表面方向原子的分布失去严格周期性，表面原子的近邻配位原子同体内的不一样。因而表面原子具有的对称性与它受力的分布同体内原子差异显著，致使表面振动形成特殊的模式，表面也有了独特的物理性质。

表面振动模式 *表面点阵波* 对于表面元胞（或单位网格）中有多个原子的体系，在原子间的作用是简谐力的近似下，按点阵动力学的方法，可以确定表面振动模的频率和特征极化矢量。由于在表面中原子的排列仍有周期性，表面振动模形成的表面点阵波是一些沿表面传播的波。它们对应的能量量子称为表面声子。它们的频率一般处于体内原子振动模频率许可值范围之下，这是因为表面可视为一个广延的大缺陷，由无限晶体中某一分界面两侧原子间的力变为零得到的。按表面振动模的频率-波矢关系，表面点阵波可分为两类：一是声频表面点阵波，二是光频表面点阵波。在特定的传播方向它们又都有纵波和横波之分。

声频表面点阵波 特点是在波矢趋于零时频率也趋于零。就是说在长波长情况，晶体可看作连续媒质，这些声频表面点阵波就是局限于表面的弹性波，也就是瑞利表面波。在表面它有较大的振幅，向体内随离表面距离增大而振幅按指数规律衰减，可以深入到一个波长的距离。对于压电晶体，压电效应相当于增大弹性常数，使弹性波速度增大。此外，压电晶体表面还存在一种新的表面横波，离子位移平行于表面是这种新表面横波的特征。这个横波由于电磁作用的长程性质，也会深入到体内较大的距离。如果声频表面点阵波的波长比10^{-6}厘米还短，晶体就不再可以看作连续媒质，此时必须采用点阵动力学的方法，考虑晶体的原子结构。

光频表面点阵波 只存在于表面元胞中包含多个原子的体系，它代表元胞中原子相对运动产生的振动模。一般只局限于表面几层原子的范围，振动模频率比声频表面振动模的高，所以它是局限于晶体浅表面的点阵波。但是在离子晶体表面，由于离子位移形成极化场，它同光波的电磁场耦合形成复合的电磁场，可以进入体内较深的距离。在晶体表面这种复合的电磁场振荡的能量量子称为表面极化激元。

表面杂波模 在晶体表面吸附原子或分子时，如果吸附量很小，吸附原子间的侧向相互作用可以忽略。吸附原子或分子产生的振动模，由该原子或分子同近邻的衬底原子间的作用力以及形成的构型所决定，它的振动频率可能高于体内点阵波的最高频率。如果吸附量较大，吸附原子在晶体表面形成有序的结构。但吸附原子之间的距离还较大，直接的相互作用仍可忽略。在此情况需要考虑吸附原子通过衬底原子或电子传递的间接的相互作用。如吸附量更大，形成的有序结构中吸附原子之间距离较近，则须同时考虑它们之间的侧向直接相互作用。

表面振动谱的实验研究 通过低能粒子束或光束同固体表面相互作用可以探测表面振动模的频率、频率-波矢关系等特性。从而结合理论分析求得固体表面原子结构、吸附在表面的原子和分子成分以及键合性质等。低能粒子束可同表面几层原子中的表面振动发生作用产生非弹性散射。而光束可同表面吸附原子或分子以至深入体内约一个波长距离范围之内的表面振动耦合，显示这些表面振动的特性于吸收谱、反射谱和散射谱之中。表面振动谱的实验研究主要有以下几种。

电子能量损失谱（EELS） 在超高真空中，动能E_i只有几个电子伏特的电子束，射向晶体在表面三四个原子层中激发表面振动的量子$\hbar\omega_0$，背散射进入真空的电子含有能量为$E_s=E_i-\hbar\omega_0$的成分，所以分析背散射电子能谱提供了衬底物质的表面振动频率以及吸附在表面的原子或分子的振动频率的信息。目前最佳的分辨率可达波数30厘米$^{-1}$。如果同时考虑动量守恒$k(\sin\theta_i-\sin\theta_s)=q$，式中$k$是电子束的波矢值，$\theta_i$为入射角，$\theta_s$是散射角，$q$是表面声子的波矢值。在实验中固定$\theta_s$改变$\theta_i$，则可测得表面声子的色散$\omega_0(q)$。

非弹性电子隧道谱（IETS） 在金属-氧化物-金属的隧道结中，吸附在薄氧化层的分子的振动，受通过此层的电子激发，引起非弹性电子隧道效应。从隧道结的微分导纳特性曲线可以确定吸附分子的振动频率。此实验需在液氦温度下进行，分辨率可达波数8～40厘米$^{-1}$。

红外反射吸收谱（IRAS） 红外线以掠射投到金属表面，电矢量平行入射面的p偏振光，激发特定的表面振动模，引起反射光的相移和强度变化，由此反射吸收谱可获得表面振动的信息。此实验既可在超高真空，也可在实际气压下进行，便于研究固体表面发生催化作用时的过程。分辨率可达1厘米$^{-1}$。

表面增强拉曼散射（SERS） 银等金属表面吸附某些分子，拉曼散射截面比气态或液态中分子的散射截面增大10^4～10^6倍。实验表明此效应同表面存在线度为50～500埃的粗糙度有关，分辨率可达波

数1厘米$^{-1}$。优点是可对浸在透明气体或液体的样品做实验研究。对光滑的表面，本征的拉曼散射截面小，信号弱。改善实验条件，可使入射和散射光子同表面极化激元有强的耦合，也会增强散射截面。

此外，**衰减全反射**（ATR）方法，可研究表面极化激元或表面等离激元。低能氦原子束非弹性散射方法，入射氦原子动能只有20毫电子伏，是一种表面振动谱研究的有力实验手段。（陆 栋）

表面X射线衍射 surface X-ray diffraction 一类表征单晶或薄膜表面界面晶体结构的X射线衍射技术。X射线衍射是最广泛使用的材料晶体结构表征手段。由于用于常规X射线衍射方法中的硬X射线具有强大的透射能力，在对称的布拉格反射条件下，表面或者近表面原子散射贡献很小，很难取得块材料的表面结构信息。随着薄膜材料的广泛应用，发现薄膜的表面结构和材料体相结构有很大的差异，并且表面结构对材料和器件的性能影响很大，因此为了研究薄膜表面结构，逐步发展了各种特有的表面X射线衍射技术。通常表面衍射技术需要有高亮度同步辐射光源才能实现，利用高强度和高准直的X射线，可获得外延薄膜表面埃量级到纳米量级的结构特性。概括来说，表面衍射技术是一类针对单晶或者外延薄膜表面界面晶体结构表征的X射线衍射技术。最常用的两种技术分别是掠入射衍射和晶体截断杆技术。

当单色X射线束以小于材料全反射临界角的掠入射角入射到材料的表面时，X射线在材料表面产生全反射现象。此时材料内部的X射线电场只分布在表面下很浅的表层，其指数衰减深度随入射角而改变，范围从几埃到几千埃。这时只有表层附近的原子与X射线相互作用，因此可以获得材料表层原子分布信息，这种X射线散射技术即为掠入射X射线衍射技术（GIXRD）。这种方法最早由W.C.马拉、P.M.艾森贝格尔和卓以和等人在1979年实现，图1为GIXRD实验技术的示意图，α_i和α_f分别是入射光束和衍射光束和表面的夹角，由于角度很小，这时候入射和衍射矢量（$\boldsymbol{K}_{i,f}$）几乎平行于表面，因此$\boldsymbol{Q}$值约等于$\boldsymbol{K}_i-\boldsymbol{K}_f$近似平行于样品表面，所以通过掠入射衍射测量，可以获得薄膜面内的晶格结构特性。这种方法广泛应用于半导体和功能氧化物等单晶和外延薄膜的结构测定。

无限尺寸的完美晶体在倒易空间里面会呈现出和正空间有着对应关系的倒格

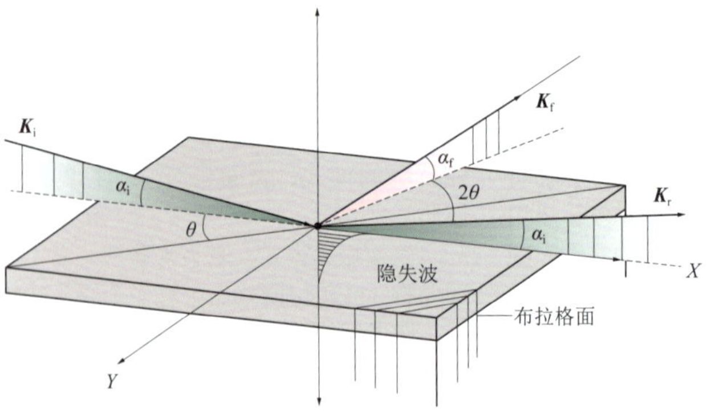

图1 掠入射X射线衍射实验方法示意图

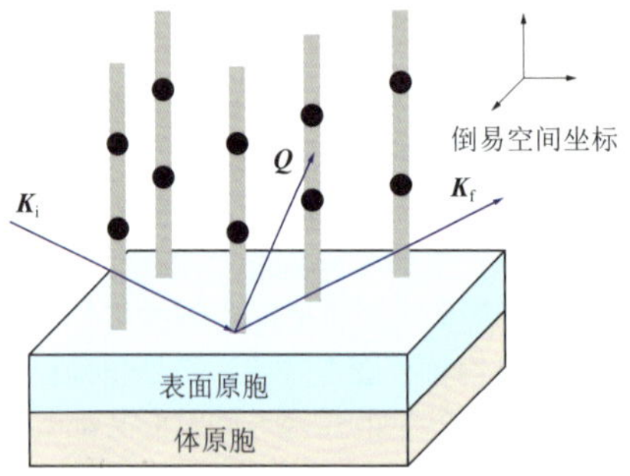

图2 晶体截断杆实验方法示意图

点。但是如果晶体存在表面中断，会在三维倒易空间导致倒易杆的形成，倒易杆通过布拉格点并且和表面垂直，如图2所示。同时倒易杆的强度依赖于表面晶格和形貌等微结构特性，因此通过扫描倒易杆的强度分布，就可以获得埃量级的表面和界面的微结构信息。这种方法被称为晶体截断杆扫描，晶体截断杆数据可以通过运动学理论进行拟合。由于晶体截断杆信号特别弱，几乎相当于几个原子层的信号强度，所以这种方法一般在第三代同步辐射光源才能开展，同时实验必须优化以增加信噪比，例如样品需要在真空或者氦气下面进行测量以减少空气杂散信号等。使用这种方法便可以精确地获得薄膜表面几个原子层或者几个单胞的晶格常数，表面重构，表面吸附和表面弛豫等信息。（高新宇）

宾尼希，G. Gerd Binnig（1947-07-20～ ）德国实验物理学家。生于法兰克福。1978年在法兰克福大学获博士学位，之后接受

了位于瑞士鲁希利康市的IBM公司苏黎世研究实验室的聘任。宾尼希与在同一个实验室的H.罗雷尔从1979年起开始构想一种新仪器，以便进行超导研究。1981年，他们发明了扫描隧道显微镜。其中，最大的困难是如何设计一个只有原子大小的扫描针尖，以确保外界噪声和各种振动不会传递到针尖上；又如何固定这样的针尖。由于成功地设计了扫描隧道显微镜，宾尼希和罗雷尔获得1986年诺贝尔物理学奖。（郭奕玲）

波 wave 介质中移动着的某物理量的扰动，也包括真空中的扰动。扰动指对无波时某个物理量原值的偏离，移动的是这个扰动，不是介质自身。波是自然界中十分广泛的现象，以多种形式经常出现。生活中常见的波有水波。这里水没有整体流动，只是水的某个扰动在移动。水的扰动通常是水面的上下起伏，海洋内部有密度分层的区域，会产生深水内的起伏，即深水波。生活中经常接触的还有**声波**和光波。普通的声波是在大范围空气中移动着的小区域空气的密度变化（密度变化和压强变化是相当的）。人的口对静态（或平衡态）的空气产生扰动，这个扰动在空气中传播到人耳，被人耳所感知，便是声音。光波是介质（包括真空）中的移动着的电、磁强度，这里的扰动是对比原来为零的量。这个电磁波为人眼所感知，就成为人类极为珍惜的视看本领的基础。不过并不是所有电磁波都是光波。光波只是**电磁波**的一部分，或说一小段。所谓一小段涉及波的主要性能之一的频率。电磁波的频率范围很宽，只有很小的一段能被人眼所感知，显现为光，包括红橙黄绿青蓝紫各种颜色的光。其他频率的光人眼看不见，但都很有用，大都也为人们所熟知，包括频率比光波低的无线电波，频率比光波高的**X射线**等。声波的频率范围也超出了人耳听得见的频率范围，频率低于普通声音的是次声波，频率高于普通声音的是**超声波**。声波又可出现在液体或固体中。地球上常出现的地震波，也可看作是声波。

此外，还有在等离子体里可激发等离子体-电子波、等离子体-离子波、磁声波等。广义相对论预言了**引力波**。量子力学论证了有质量的粒子也具有波的性质，即物质波。

波的数学表达式 介质中移动着的一维扰动，可用图1来表示。假设移动过程

中扰动没有变形，而移动的速率v是常数。图中横坐标是直线距离或直线位置r，小峰代表初时刻在起点r_0处的扰动，数学上用函数$F(r_0)$来表示。这样在任何$r>r_0$处F都维持$F(r_0)$的形状不变。三个分图各代表不同的时刻。扰动移到的位置容易看出，设在任意时间$t>0$，扰动移到r处，则$r=r_0+vt$。这样在任意时间t和相应位置r，表示移动着的函数应是$F(r-vt)$，这里不论r_0是多少，只要r_0是$t=0$时扰动的位置。这就是说，数学上可以用$F(r-vt)$来表示沿正r方向、以速率v传播的波。如果波是沿负r方向传播，则它可用$F(r+vt)$来表示。$(r\pm vt)$称波的相位。有时$(r\pm vt)$归一化（对比某个值）后称相位。

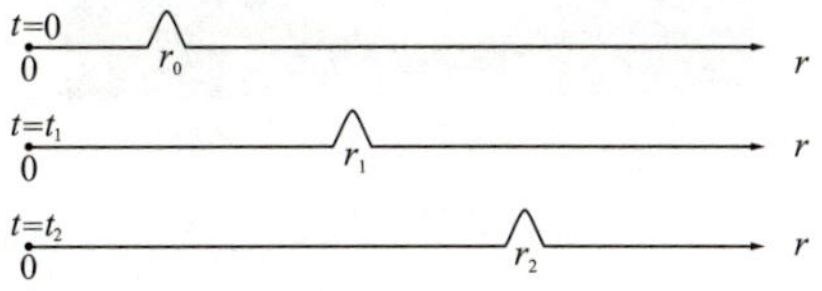

图1　沿正r方向传播的波

三维波　实际的波一般沿四面八方传播，是散开的三维波。简单的情况是一个点波源向各方发射的波。由于假设沿各方传播的速率都是常数v，各方散开的波将同一时刻到达一个以点波源为中心的球面上的不同点。这里可引用波阵面的概念。波阵面指空间一个面，同一时刻面上所有点上扰动的相位$(r-vt)$有相同的值。上述情况，一个点波源发射的波的波阵面是以速率v扩张的球面。这种波叫球面波。另两种简单的空间波，是波阵面为平面的**平面波**和波阵面为柱面的柱面波。图2是这三种波的示意图。传播过程中球面波或柱面波的波阵面不断扩大，从能量观点看，移动着的扰动不可能像所假设那样毫无变形，至少会减弱即幅度减小。因此，平面波、柱面波和球面波的数学表达式分别是：

$$F(x+vt)$$

$$\frac{1}{\sqrt{x^2+y^2}}F(\sqrt{x^2+y^2}-vt)$$

$$\frac{1}{\sqrt{x^2+y^2+z^2}}F(\sqrt{x^2+y^2+z^2}-vt)$$

x、y、z是空间直角坐标系的坐标。

连续波　图1表示的是移动着的孤立扰动，是移动着的扰动脉冲。实际中存在这类扰动，而且还可能出现一串的扰动脉冲。但更多出现在有限空间和有限时间内连续变化的扰动，又可以是周期性的。一种简单理想的周期波是$F(r\pm vt)$为$A\sin\left[\frac{2\pi}{\lambda}(r\pm vt)\right]$或$A\cos\left[\frac{2\pi}{\lambda}(r\pm vt)\right]$的简谐波。这种波在空间无头无尾，时间上

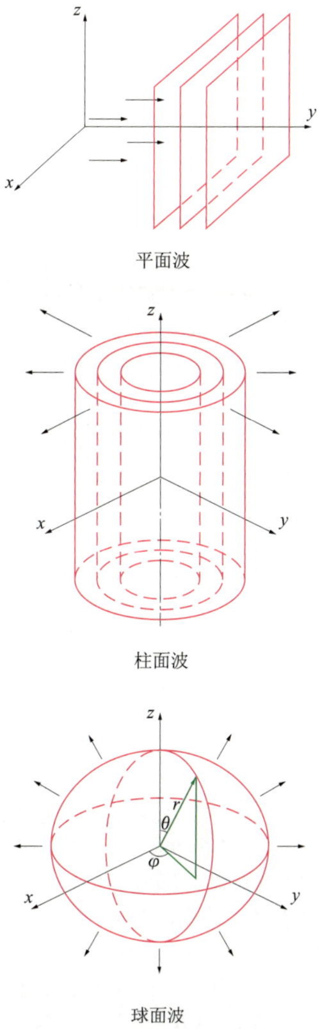

图2　三种多维波示意图

无始无终，又在空间和时间上无限地重复，所以是理想波。但许多实际波在不同程度上逼近它，它是理论上众多这种波之和，可表达任何波形波的意义，因此这种波是经常提到的一种波。简谐波在空间以波长λ重复，时间上以周期T重复，$T=\lambda/v$。$1/T=v/\lambda=f$，称频率。光波的颜色便决定于频率。简谐波的一个重要特征是频率单一，即是单色波。A称幅度或振幅，$\frac{2\pi}{\lambda}(r\pm vt)$称相位，零时刻的相位称初相位，$k=2\pi/\lambda$称波数，$\omega=2\pi f$称圆频率。方向平行于波的传播方向、值为$k$的矢量$\boldsymbol{k}$称波矢：$\boldsymbol{k}\cdot\boldsymbol{r}=kr$。简谐波的正弦形式和余弦形式只差一个初相位$\pi/2$，没有实质性差别。

线性波和非线性波　波是在介质中移动着的某物理量的扰动，而扰动指这个物理量对它静态（无波）时值的小偏离。这里的“小”应当是有度量的，要看波源发射波时“使劲”的大小。实验发现，不同的“小”度会导致波的性质有所不同。对扰动的“小”度可划分一个界线，这样对波也可划分一个界线。扰动可以是足够小，以致它的（数学的）二次项加所有更高项之和，与它的一次项相比较可忽略不计。相反的情况是比起来不能忽略。扰动足够小的波叫**线性波**，扰动不够小的波叫**非线性波**。把波分成线性和非线性，实际意义在经常遇到的多种波（不是所有的波），如一般的水波、声波、光波等都可用数学上比较简单、容易运算的线性波来描述。对波的了解，首先也是通过线性波的概念开始的。许多实际的波可看作线性波，可用线性波的理论来解释和预期它们的行为。

在对许多常见波取得了一定认识之后，对其他实际波进行探讨，发现不少是非线性波。声音是线性波，而飞机以超声速运行所形成的冲击波或轰声是非线性波。强电磁波在某些晶体内会产生倍频、参量振荡、参量放大等现象，这不是线性电磁波所能做到的。20世纪末引入备受重视的孤立子，是19世纪就注意到的非线性水波的延伸。以下重点讨论线性波。

纵波和横波　波函数F表示物理量的扰动，它可是标量，也可是矢量。温度波的物理量扰动是标量，称标量波；电磁波的物理量扰动是矢量，称矢量波。当波这个物理量同它的传播方向平行时，称**纵波**，像流体中的声波；当波这个物理量同它的传播方向垂直时，称**横波**，像表面水波。有些情况纵波和横波是共存的，却是分离的，即纵波和横波的传播速度不一样，两波一前一后，像固体中的两种声波。

波的一般性质　波具有一些独特的性质，下面只谈线性波。

叠加性　波的重要属性。如有两列以上同类波在空间相遇，在共存的空间内分波相互并不影响对方的性质，总的波只是分波的矢量和，即各分波相加时不仅要考虑振幅，还要考虑相位。众波分开后仍保持各自的性质不变。数学表达方式是，波方程的几个解之和仍是这个方程的解。这个原理称波的叠加原理。

惠更斯原理　这个原理给出波的传播规律。从波源发出的波，某一时刻到达波阵面，下一时刻到达的新波阵面可确定如下：原波阵面的每个面元将分别成为发射球面波的次波源，所有这些次波在某下一个时刻的包络面就是这下个时刻全波的新波阵面。由此可确定波是怎样传播的。能够证明，波只会向一方（前方）传播，而不会向后传播。惠更斯原理限于标量波，在均匀、各向同性的介质内的示意图见图3。

干涉　两列或更多列同类波相互叠加

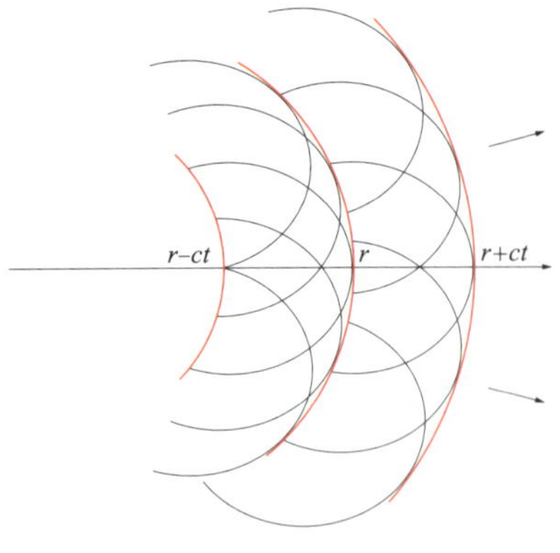

图3　惠更斯原理示意图

时，如果叠加的波能满足某些条件，则这时会形成振幅相互加强或相互减弱现象，产生明暗相间的条纹或图形。这种现象称**干涉**，所形成的条纹或图形称干涉条纹或干涉图形。波列相互加强时称相长干涉，相互减弱时称相消干涉。图4是显示一组干涉条纹的例子。

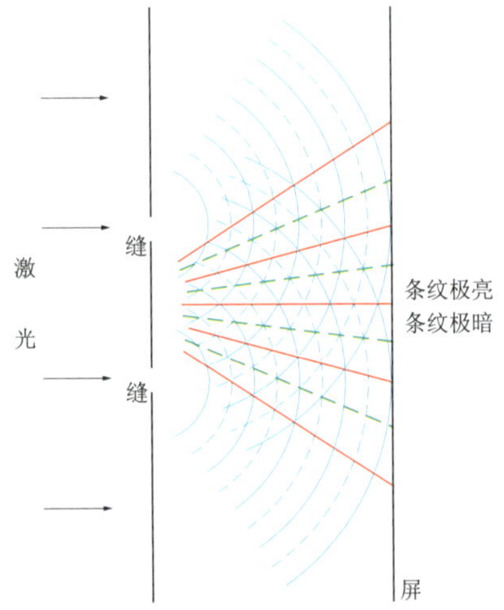

图4　双缝光所产生的干涉条纹

干涉现象可用来比较和测量长度，其精度可达10^{-9}。如果干涉条件得到严格满足，干涉图形将十分清晰；如果干涉条件只是近似满足，干涉图形的清晰程度就不同。作为图形清晰度的定量表征，定义了“条纹可见度”：

$$V=\frac{I_{max}-I_{min}}{I_{max}+I_{min}}$$

I_{max}和I_{min}分别表示干涉场中一点附近，亮纹的最大强度和暗纹的最小强度。

波的干涉要满足哪些条件，以两列同类波叠加为例。这两列波应当传播方向一致，振幅一致，偏振面一致，还应当频率一致，相位相对固定。但实际上这些条件很难完全满足，只有两列理想的简谐波才能做到，而实际波只能部分满足。关于多列同类波是否满足干涉条件的概念，对于其中单列波来讲，常用波的“相干性”这个概念来描述。如果每列波是完全相干的，两列或多列这样的波相互叠加时便会满足干涉条件。同干涉条件会有不同的满足度一样，单列波可是完全相干的，部分相干的，以至非相干的。

光波最早被人们成功产生干涉现象，而光波的种种干涉现象又广泛而有效地得到利用。同时，光波的相干性理论亦得到深入发展，并适用于其他类型的波。后来还发明了相干性突进式提高的实用光波（激光）。经典的单色光源，由于源于自发辐射，所发光并不是单频率的，而是有一定的线宽；同时光源的尺寸是有限大的，实际上由多点源拼成。经典的单色光只是“准”单色光，可看作带有随机的相位调制和振幅起伏的连续波，又可看作是一系列前后相继的波群，各个波群的长短、频率和初始的相位都是随机的。由于光源由多点组成，所发光的波矢方向是不确定的。这样相干可分为时间相干和空间相干。**时间相干性**指传播的是单列连续波，某点上的相位在某一时刻有一个已知值，此后随时间的前进在这一点的可预期的值是随时间t的前进，相位将变得越来越不确定，相应地这时有不同长短的“相干时间”。**空间相干性**指某个时间在波传播方向的垂直平面上某点的相位在某时刻是已知的，这点附近另一任意点的相位在同一时刻将随着后一点对前一点距离r的增加而变得越来越不确定。这样类似地有参量“相干长度”或“相干面积”。早期只具有发射部分相干光的光源。为了产生清晰的干涉现象，采取了分别属于分割波阵面和分割振幅的两大类措施。1960年发明激光，导致光的自然准直和同相，大大提高了波的时间相干性和空间相干性。激光的方向性强、亮度大、单色性强。

衍射和散射　波在传播中遇到不透明大障碍物的孔隙或部分透明区，或遇到有限大的不透明或部分透明障碍物时，会偏离直线传播。这时入射的波阵面受到限制或部分改变。用惠更斯原理分析，受到障碍物的干扰，新形成的波阵面不再是均匀的，而会形成相应的明暗图案。当限制波阵面的是一维、二维的孔隙或部分透明区或只是三维的阵列时，这种现象称**衍射**，所投影的二维图案称衍射图案。这时障碍物称衍射屏，而衍射图案则显示在接收屏上。当障碍物是三维或二维的有限整体时，有关现象常称**散射**。这时所关心的常是扰动（振幅、强度之类）经散射后的三维分布，熟知的例子是用雷达追踪飞机、用声呐探寻潜艇。对光波也有所谓瑞利散射，它说明了蓝天的蓝。衍射或散射现象同干涉现象一样亦常有混杂，如称为“衍射光栅”的作用实际上是衍射同干涉的混合。

衍射一般分菲涅耳和夫琅禾费两类，区别在于波源和接收屏都离居中的衍射屏较近（**菲涅耳衍射**）或甚远（**夫琅禾费衍射**），近远的确切含义同衍射体的截面和波长有关。图5例示一个屏上圆孔的夫琅禾费衍射图案。

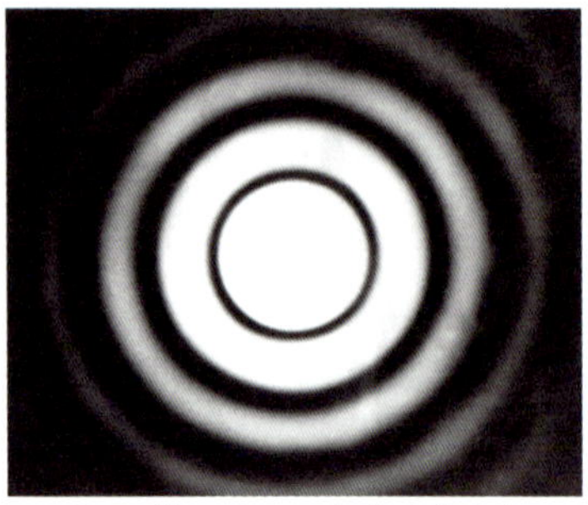

图5　屏上圆孔的夫琅禾费衍射

能量　所有的波都携带能量。水面波把水面的上下振动传给波阵面前方原来静止的水面，这意味着波带有动能和势能。波所携带的能量常用波内单位体积所具有的能量来计量，叫波的能量密度。又常用在单位时间内通过垂直于波矢的单位面积所传递的能量来标志，叫波的强度或能流密度，它是波的能量密度和传播速度的乘积。电磁波的坡印廷矢量便是能流密度矢量。

波的传播规律　波在不同的环境中传播情况不同。惠更斯原理可演示波的传播规律，它着重波动特性，但只适用于标量波。此外，还有另一个更早些的原理，称费马原理，这一原理可同样推算波的一些传播规律，虽然这个原理没有凸显波动性质。从费马原理很容易推论出波的一个基本行为，即在均匀和各向同性介质中波沿直线移动。费马原理以及其他一些具体的波传播的规律有如下一些。

费马原理　波从一种介质的一点传播到同一介质或另一种介质的另一点时所循行的路径，其波程为极值。波程指几何路程与介质的折射率的乘积，极值指极小值、极大值或稳定值。相对折射率指两种介质中波的相速度之比，绝对折射率指波在真空中的相速度与介质中相速度之比。

反射和折射　波在均匀介质中沿直线传播，但遇到另一种均匀介质的界面时，一般波的一部分将反射回第一介质（称反射波），波的另一部分则将透过界面折入第二介质（称折射波）。波的反射、折射的方向将不同于波的原入射方向。其中反射角恒等于入射角，而折射角的大小依赖于两种介质的相对折射率。当波是矢量波时，反射和折射的情况可能要复杂些。以固体中的声波为例，当固体中声波从一种固体投射到另一种固体时，在第一介质中一个入射波将被反射出两个波（图6），其中一个是纵波，一个是横波。进入第二介质时也将折射出两个波。两种反射波的反射角和两种折射波的折射角都遵循折射率之比的规律。

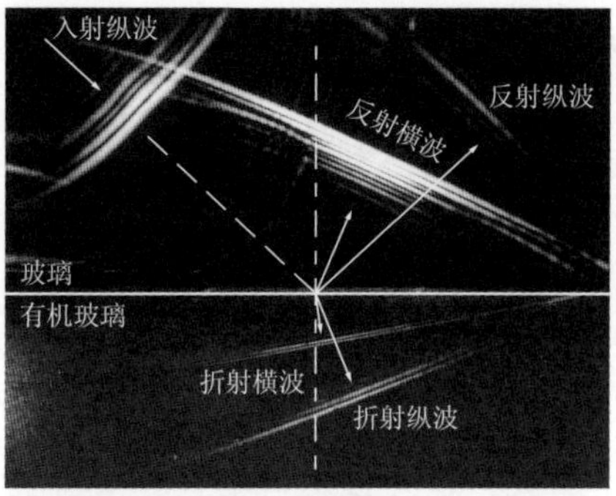

图6 固体中入射纵声波在界面上的反射和折射

行波和驻波 提起波时一般指不断前进的波，但特殊情况也可建立起局限在有限空间内的似乎不移动的波。前者称为行波，后者称为**驻波**。实际上驻波是由行波建成的。两列振幅和频率都相同，而传播方向相反的同类行波适当叠加起来就形成驻波。常用的方法是让一列入射波在介质边界经反射产生满足条件的反向波，叠加到原入射波。如让简谐波在一个细长腔内两端之间来回反射，腔的长度是半波长的整数倍，腔端每个界面在反射时产生π相位差。驻波中振幅恒为零的点称波节，相邻波节相距半个波长，两个波节间的振幅按正弦形分布。振幅最大的点称波腹。管、弦乐器便利用了声驻波。声驻波还在航天中用来悬空托起颗粒。驻波还导出了一个重要的概念，即频率的分立，对量子力学的创立曾起到启发作用。

色散和群速度 在一些介质中，简谐波的相速度是个常数。如真空中不论什么颜色的光，相速度总是恒量，等于$2.997\,924\,58\times10^8$米/秒。但另一些介质中相速度（包括光的相速度）会因频率不同而异，这种现象称为**色散**或频散。波的色散由介质的性质决定，因此常把介质分为色散的或非色散的。介质会导致波的色散，一个原因是它的尺寸有限，这种色散叫位形色散。如在尺寸比波长大得多的固体块内，弹性波的相速度是常数，但沿同材料、直径同波长可比拟的棒内传播的弹性波便是色散的。介质是色散的另一个原因在于介质内部某些微观结构的作用。如有些介质内部的带电粒子（如电子），受入射可见光的电场激励而振动，从而反作用于这个光，导致它的色散。正是由于水的色散性，雨后才有可能映出彩虹。

实际存在的波不是严格的简谐波，因此它不是单频的。如果介质是色散的，则在这个介质中传播的波，由于各个不同频率的成分移动快慢不一样，会“扩散”开来。但假若这个实际波是由一群频率差别不大的简谐波组成，则在相当长的传播途程中实际波仍将维持成一个整体，以一个固定的速度移动。这个整体的波群称波包，它的传播速度称**群速度**。群速度的值比波包中心相速度的值要小，二者之差是中心波长乘中心相速度随波长的变化率。群速度是波包能量的传播速率，也是波包所表达信号的传播速率。

衰减 实际的波在传播过程中不可能维持它的振幅不变，除非它在真空中传播的是平面波。在介质中传播时，波所带的能量总会因某种机理或快或慢地转换成热能或其他形式的能量，波从而不断衰减。这些机理常与波同介质内部某些微观结构的相互作用有关。有时可人为地把其他形式的能量连续供给传播中的某些波，如微波行波管中的慢电磁波或压电半导体内的超声波，这时这些波不仅不减弱，还可能增强，但这是极特殊情况。普遍情况是介质中传播的波因能量被吸收而逐渐衰减。与此同时，波的能量还可能被分散开来，转到其他的一些方向，如当平面波遇上一个障碍物时在原传播方向上的波显得额外衰减了。因此，波的衰减可有吸收和散射两种起源。波的被吸收起源于波同介质内部某些微观结构的相互作用。介质的色散性也常起源于介质微观结构的作用。这两种作用其实常是一致的。波的衰减程度也常随频率而异。这样研究波的吸收机理或色散机理成为研究某些介质结构及其行为的一项重要手段。有一种称作弛豫现象的是后者的一大类别。

复杂介质中波的传播 上述多指简单介质中波的传播情况。简单主要指介质是均匀的（宏观看）和各向同性的。不少实际的介质要复杂些。有些介质是各向同性的但不均匀。由于温度、盐度、随深度而增长的压强等因素，海水可以是分层的。这时声波的传播速度随层而异，结果是声波的传播路径不再是直线，导致声源前方的海洋中有可能出现无声波的区域。在地球上空，大气的情况同样常是很复杂的。介质又可能是均匀但各向异性的。单晶是这类介质。一束光射入像方解石的单轴晶体时，会分裂成两束光：一束遵守普通的折射定律称寻常光，另一束不遵守的称非寻常光。寻常光和非寻常光的偏振面是互相垂直的，这种现象叫**双折射**。同它相类似的有所谓锥形折射现象。这发生在光沿着晶体的光轴射入像霰石的双轴晶体时，当细束光垂直射入这样一个平块晶体时会因锥形折射在晶体的背面出射成一圈光。对于声波同样能观察到这样的现象。

对某些种类的介质，有时还可施加外场以影响和控制介质内部的波传播。M.法拉第早在1845年便发现，对高折射率的各向同性材料施加强磁场，可旋转材料中传播的光的偏振面。介质的运动也会影响波的传播。

波的粒子性 波以它的叠加、干涉、衍射、能量在空间和时间上连续铺展等特征而在通常概念中区别于具有集中质量的粒子。但20世纪初期，一些实验和理论表明，光在和物质作用时却会表现出粒子的性质。**黑体辐射**、**光电效应**、X射线的自由电子散射（**康普顿效应**）等实验现象中，不把光看作粒子便无法解释这些现象。如光电效应中用波的概念无法解释为什么光电子的最大动能和入射光的强度无关却和光的频率有关，为什么光电子会在光入射的刹那间从金属表面射出等。上述实验情况下，光的能量是不连续的，是量子化的，也就是说光是量子，由此称为光子。它的能量是$h\nu$，h是普朗克常数，ν是光的频率。同光类似，一般称为声波的声，当波长很短时也明显表现为粒子性，称为**声子**。不过声子只存在于物质中，是物质振动的整体效应，与**光子**是不同类型的。因此，波又有粒子性，在碰撞时遵守能量和动量守恒定律。这种情况一般在波与物质相互作用时表现出来。另一方面，静止质量不为零的微观粒子，在传播时也会具有波的特性。这样大为扩大了波的范围。

波动方程 波动方程以数学语言表达波的运动特征，给出波随空间坐标和时间的变化关系。通过对带有特定的边界条件的波动方程求解，能够深入刻画波的传播规律，认识波的本质。波动方程可分为经典的和量子力学的两类。

经典的波动方程是线性二次偏微分方程，一般形式是：

$$(\nabla^2-\frac{1}{v^2}\frac{\partial^2}{\partial t^2})F(\boldsymbol{r},t)=0$$

式中v是具有速度量纲的参量；$F(\boldsymbol{r},t)$即前面的波函数；$\boldsymbol{r}$是空间坐标；t是时间；∇^2是拉普拉斯算符，根据需要可用不同的坐标表示。对于简单的问题，波动方程可以简化。如对于均匀各向同性的介质中的点波源，波函数只同矢径有关，这时波动方程可以简化成：

$$(\frac{\partial^2}{\partial r^2}+\frac{2}{r}\frac{\partial}{\partial r}-\frac{1}{v^2}\frac{\partial^2}{\partial t^2})F(\boldsymbol{r},t)=0$$

弦上的波动方程是最简单的一类：

$$\left(\frac{\partial^2}{\partial x^2}-\frac{1}{v^2}\frac{\partial^2}{\partial t^2}\right)\xi(x,t)=0$$

$\xi(x,t)$是质点位移。流体中传播的平面声波的波动方程也具有相同的形式，但ξ的方向不同：

$$\left(\frac{\partial^2}{\partial x^2}-\frac{1}{v^2}\frac{\partial^2}{\partial t^2}\right)\xi(x,t)=0$$

电磁波的波动方程可写为：

$$\left(\nabla^2-\frac{1}{v^2}\frac{\partial^2}{\partial t^2}\right)\boldsymbol{E}(\boldsymbol{x},t)=0$$

$$\left(\nabla^2-\frac{1}{v^2}\frac{\partial^2}{\partial t^2}\right)\boldsymbol{H}(\boldsymbol{x},t)=0$$

$\boldsymbol{E}$和$\boldsymbol{H}$分别是电场强度和磁场强度；v是相速，真空中$v=c$是常数，介质中$v=c/n$，n是介质的折射率。

量子力学波动方程与经典的波不同，描述微观粒子的运动规律的波是概率波。描述概率波的量子力学波动方程又称薛定谔方程，非相对论的薛定谔方程的一般形式是：

$$\left(\mathrm{i}\hbar\frac{\partial}{\partial t}+\frac{\hbar}{2m}\nabla^2-V\right)\psi(\boldsymbol{r},t)=0$$

式中$\hbar$是约化普朗克常数，m是粒子质量，V是势函数，$\mathrm{i}=\sqrt{-1}$。

（应崇福）

波长 wavelength 波在一个振动周期内传播的距离。也就是沿着波的传播方向，相邻两个振动位相相同的点之间的距离。波长λ等于波速v和周期T的乘积，即$\lambda=vT$。同一频率的波在不同介质中以不同速度传播，所以波长也不同。

（张海澜）

波带片 zone plate 由透明和不透明的同心圆环带相互交替构成的衍射光学元件。又称菲涅耳波带片。波带片是一种特殊的光阑。其上的同心圆环对应着菲涅耳半波带（惠更斯－菲涅耳原理），其作用是使所有奇数（或偶数）波带通过而偶数（或奇数）波带被阻挡，各通光波带产生的复振幅将在轴上某一观察点处同相位叠加，从而使该点的复振幅和光强大大增加。它的聚光作用类似于透镜，且满足物距、像距和焦距的关系式，焦距$f=\rho_1^2/\lambda$，式中λ为波长，ρ_1为中央半波带的半径。波带片与普通透镜在成像方面主要的不同是：波带片不仅有上述主焦点，还有一系列光强较弱的次焦点，它们对应的焦距分别为$f/3, f/5, \cdots$此外，根据菲涅耳波带法原理，波带片除有上述实焦点外，还有一系列与实焦点位置对称的虚焦点，其焦距为$-f, -f/3, -f/5, \cdots$

在设计波带片时，除了用遮挡奇数（或偶数）波带的方法，还可以采用相位补偿的方法，通过减小或增加偶数（或奇数）波带的厚度，使光通过奇数波带后相对于偶数波带产生π的相位变化，于是通过奇数波带的光与通过偶数波带的光传播到焦点处就同相位而互相加强。相位补偿可以通过在玻璃表面刻蚀或沉积形成浮雕结构实现。这种二台阶的波带片称为二元相位菲涅耳透镜。通过进一步增加台阶的数目，可以使光能向二元相位光栅衍射的$+1$级集中，因此可以使菲涅耳透镜的主焦点具有很高的衍射效率，次焦点消失。

随着制造技术的进步，以及可用材料范围的增大，波带片被广泛用于各种波段，如可见光波段、微波波段，甚至超声波等。又由于菲涅耳透镜具有体积小、重量轻、便于复制等优点，已广泛应用于传感器、激光器、像差校正、扫描器、光互连等领域。

（白本锋）

波的共振 resonance of waves 等离子体中波在流体描述下的特殊状态，当波的折射率趋于无穷大时称为共振。见波的截止。

波的截止 cut-off of waves 等离子体中的波在流体描述下的特殊状态。等离子体中波在流体描述下有两种特殊的状态，分别为截止和共振。当波的折射率为零时称为截止，此时波长及相速度均趋于无穷大，群速度为零；当波的折射率趋于无穷大时称为共振，此时波长、相速度、群速度均为零。

截止和共振都意味着波不能继续沿原来的方式传播。但截止对应的是沿波前方向的衰减和与之伴随的波的反射；而共振对应的是波前的堆积，波既不能透射也不能反射，通常意味着模式转换或吸收的发生。

在冷等离子体中，波的截止点包括等离子体振荡截止、左旋截止和右旋截止，共振点则对应于电子回旋共振、离子回旋共振、上杂化共振和下杂化共振等。

在截止层附近，波长趋于无穷大，光学近似不再成立；而在共振层附近，相速度远小于热速度，冷等离子体假设不成立，必须考虑动理学效应。流体理论中的共振和动理学中的波－粒子共振是不同的。动理学中的波－粒子共振意味着波与粒子的能量交换，即波的吸收，而流体理论中的共振状态尽管和吸收相关，但并不能直接提供波吸收的物理机制。如在上杂化和下杂化共振处，电磁波并不是直接被吸收而是转化为伯恩斯坦波，再通过波－粒子共振被等离子体吸收。

（高 喆）

波的模式转换 mode conversion 波在非均匀等离子体中传播时，波的波矢、极化等特征量会随着等离子体参数变化而发生的演化。当两个波或多个波的特征量在某区域满足一定的条件时，不同的波模之间就会发生耦合或者转换激发，发生波功率转移的现象。根据参与转换过程的模频率变化，可以分为线性模转换和非线性模转换。

发生相同频率的波之间的耦合或激发被称为线性模转换。这类转换要求在非均匀等离子体某区域的参数下，两个波的特征量趋于一致，即两个波色散曲线相交。例如低杂波段的慢波和快波间的转换。特别地，在一个模的截止处，经常发生这类模转换，例如寻常波与非寻常波之间的转换、电磁波与朗缪尔波之间的转换。另外，广义的线性模转换，还要包括波靠近共振－截止层时发生的散射（包括隧穿、转换）过程，如回旋波向伯恩斯坦波的转换。

不同频率的几个波之间的耦合则被称为非线性模转换，它要求参与转换的波模之间满足频率匹配和波数匹配条件。大部分非线性模转换都可以认为是参量过程的另外一种说法。

（高 喆）

波动光学 wave optics 光学的一个分支。是人类认识光的主要理论体系之一。波动光学中把光看成是一种波动，其运动遵从波动方程；波动光学可以描述光波传播的反射、折射、干涉、衍射、偏振（对矢量波）等现象。若把光波看成是电磁波，波动光学就过渡到光的电磁理论。

光的波动学说首先是C.惠更斯在1690年提出来的。他设想光的传播类似水波、声波。光振动所达到的每一点都可以看作次波的中心。次波的包络面为传播着的波阵面。波阵面上每一点又产生新的次波，依次继续传播。这个原理可以说明光的折射和反射。1807年，T.杨做了双孔干涉实验，说明了光波的干涉。1815年A.-J.菲涅耳进一步补充了惠更斯原理，即各次波到达某一点的作用，要考虑到次波间的位相关系。这个补充能很好地说明光的衍射现象，称惠更斯－菲涅耳原理。1832年前后，菲涅耳从光在弹性以太中传播的理论出发，推导出不同偏振的四个关于折射光、反射光与入射光振幅之比的关系式。虽然这四个关系式和光的偏振实验符合，但弹性以太的假设是不正确的。直到1865年J.C.麦克斯韦提出电磁波理论以后，才能完全地说明光的干涉、衍射、偏振及光在晶体中传播的现象。大约在1896年，H.A.**洛伦兹**创立了电子论。他假设物质是由带正负电荷的粒子组成。粒子在光场或其他交变电场的作用下，形成振动的偶极子，发出次波。用这样模型来说明光的吸收、色散、散射、磁光、电光等现象。1960年发明激光器，产生了相干光。激光器的输出可以用波动光学的高斯光束来描述，从光的波动性出发，结合电波通信信息理论，发展了光学信息处理、全息术等新的学科分支。研究激光在非线性光学介质中传播时的光波耦合催生了**非线性光学**。又当光在尺寸很小的介质中传播时，它的行为和微波在波导管中传播相似。论述这类波动，发展出光学波导、纤维光学、集成光学以及纳米光学等。

（沈寿春）

波尔登规 Bourdon pressure gauge 一种由气体压力原理制成的真空计。弯曲的铜

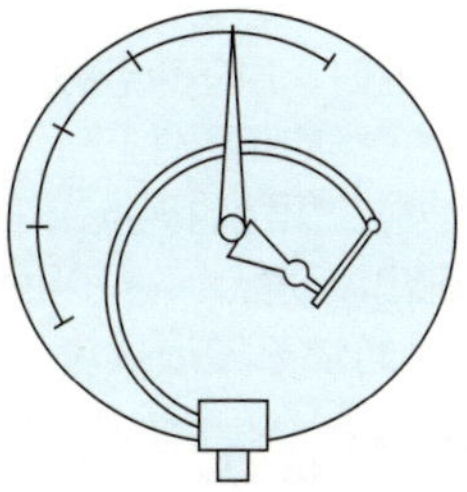

波尔登规

管受气体压力不同会有舒展现象。测量范围100帕至1大气压（约101 325帕）。

（吴小山）

波分复用 wavelength division multiplexer; WDM 为了充分利用光纤的带宽资源、增加光纤通信传输容量而提出的一种光波复用技术。WDM基于光波的严格相干条件，在光发射端，利用光复用器将两个或多个携带大量信息的不同波长光载波信号耦合进入同一根光纤中传输，而不会相互干扰；在光接收端，通过光解复用器分离出各个波长的光载波信号，然后再由光接收机进行处理、恢复出原始信号。

性能指标及技术特点 光WDM技术的主要性能以信道带宽、复用波长数、波长间隔$\Delta\lambda$（或波长间隔度）、信道间线性和非线性串扰、波长管理能力等来表征。根据不同信道间隔的大小或按复用波长（载波）数将WDM技术划分为：稀疏WDM（波长间隔$\Delta\lambda$为几百至10纳米）和密集WDM（DWDM，波长间隔$\Delta\lambda$在10纳米以下）两种。可复用的信道数（或波长数）主要取决于光纤信道之间的波长间隔（或信道间隔）$\Delta\lambda$和使用的波长带宽，而在实际应用中，影响波长间隔$\Delta\lambda$大小的主要因素是光源波长的稳定性、允许波长间隔的线性或非线性串扰、实现复用与解复用的不同光技术等。

WDM技术的特点如下：①充分利用光纤的巨大带宽。一根光纤的传输容量比单个波长的传输容量要大几倍，甚至几十几百倍，从而可降低成本。②能够传输不同类型的光信号，对不同数据格式、不同速率、不同通信业务类型的光信号均是透明的，即各信道的传输特性、传输速率及调制方式等是各自独立的，因此可对各种多媒体通信业务实现综合传输或分离。③多个波长光信号被复用在一根光纤中传输，并能同时实现双向传输，这就便于采用多信道复用的光放大器、减少光放大器和光纤，简化系统结构、降低线路成本。④能够降低光纤通信系统中对器件的超高速要求。WDM技术存在的主要缺点是：光复用/解复用器引入插入损耗、减小了系统的可用功率，光复用信道间的串扰会降低光接收的灵敏度，波分复用器件的价格较高。这些问题需要通信研发人员继续努力来改进、提高。

系统基本结构 光WDM系统由光发送机、光中继放大、光接收机、光监控信道发送/接收器和网络管理模块这五个主要部分组成（图1）。在光发送端系统中来自不同信道的电信号由光转发器进行电光变换、调制和处理，使电信息转换为携带高速数字信号的不同光载波，这些光载波通过光合波器耦合在一起。混合的多波长信号在传输前、传输过程中和传输后、接收前均可由光放大器（功率放大器BA、光路放大器LA、前置放大器PA）进行放大。在光接收端，由光分波器将多个波长的光信号载波分开，分别送入不同的接收机进行接收，将承载信息的光信号变成原始电信号，系统中信道的发送与接收由光监控信道器和网络管理系统来实现。从20世纪80年代初开始，光WDM技术逐步成为最为成功、应用最广泛的光信道复用技术，从而使光WDM系统在90年代开始实用化并大规模商用。

应用形式 光WDM系统主要有以下三种基本应用形式：①双纤单向传输；②单纤双向传输；③光插分复用或交叉连接传输。图2是双纤单向传输的WDM系

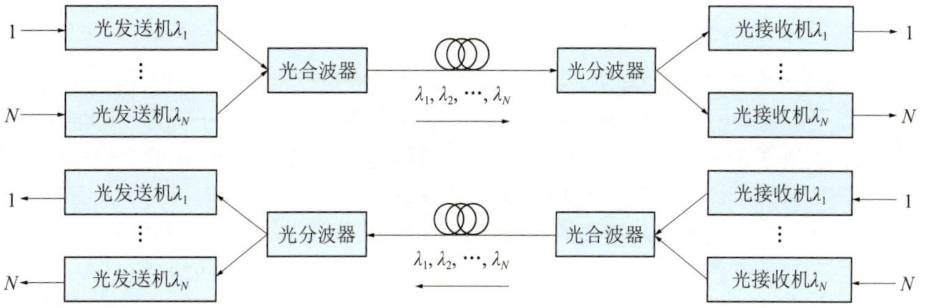

图2 双纤单向传输

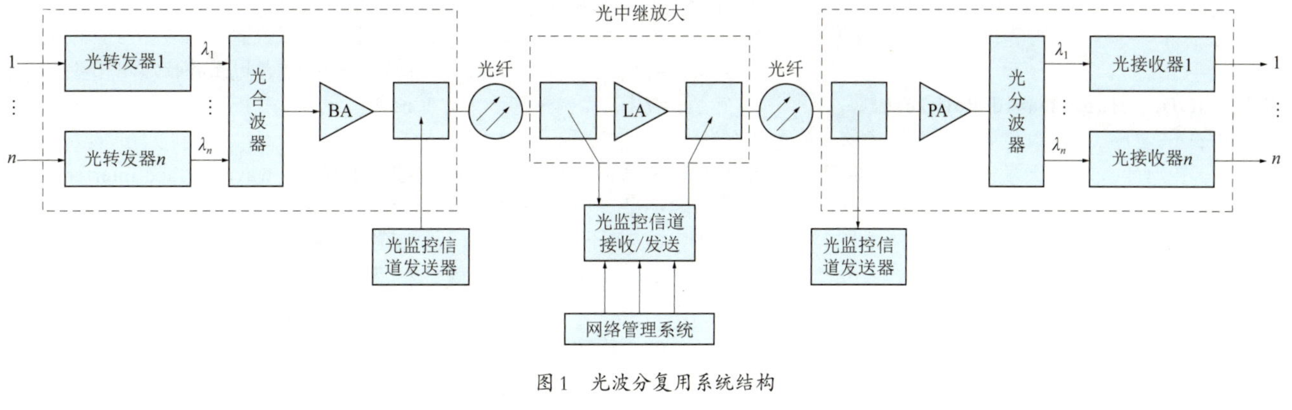

图1 光波分复用系统结构

统，采用两根光纤，每根光纤中所有波长的光信号都在同一方向上传输。图3是单纤双向传输的WDM系统，只用一根光纤，多个波长的信号在两个方向上同时传输。大多数WDM系统采用双纤单向传输形式，只有在个别情况下才采用单纤双向传输形式。图4是光插分复用和光交叉连接的传输系统，光交叉连接器（OXC）将某些波长的光信号从光路中分离出来，并将另一些波长的光信号插入到光路中进行传输。不同波长的上、下路及路由分配均由OADM或OXC来完成，这就可以根据传输系统中的各段业务量（或各光网络的业务量）分布情况及其路由交换需求，合理地安排插入（耦合）或下载（分离）某些波长的光信号。

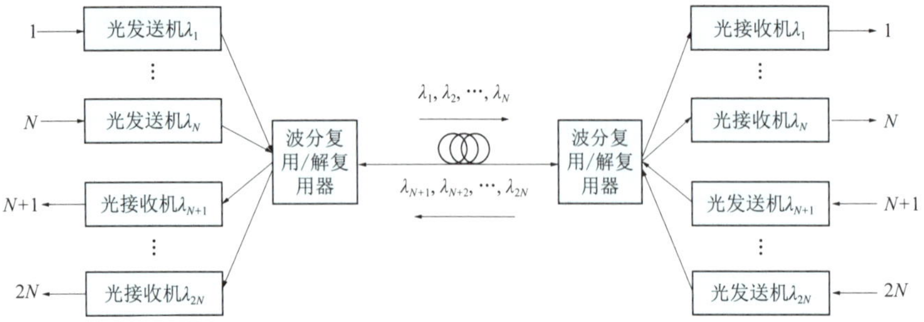

图3 单纤双向传输

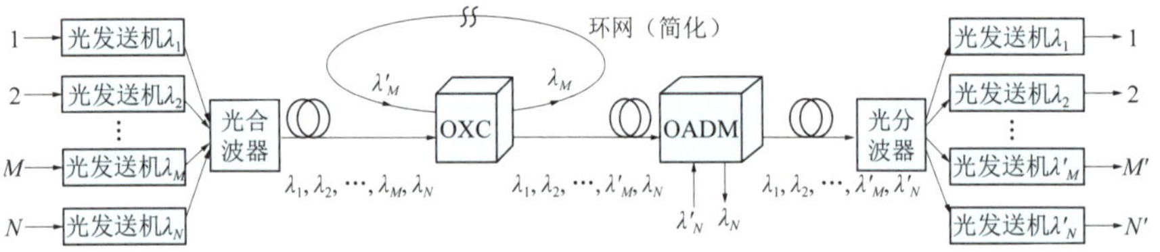

图4 光插分复用和光交叉连接传输

WDM技术发展得很快。典型的WDM商用系统利用1540～1564纳米的波长范围，安排了8～32个波长，每个波长承载速率为2.4吉比/秒或10～40吉比/秒的光信号。在实验室同时传输的波长已达到数百个，一些新型的WDM系统又在更宽的波长范围（如C+L波段）内实现了同时传输160个波长信号。随着WDM技术的不断发展和完善，更加先进的WDM技术和光交换技术相结合的WDM光网络将会展现。（余重秀）

波利策，H.D. Hugh David Politzer （1949-08-31～ ） 美国理论物理学家。生于纽约。1974年获哈佛大学博士学位，次年以访问助理身份加入加利福尼亚理工学院，1976年被正式聘用。1979年任教授，1986～1988年任该校物理系主任。1973年波利策还在读研究生时，就提出了粒子物理强相互作用中的“渐近自由”理论，很好地解释了夸克囚禁的事实。

与此同时，D.J.格罗斯和F.威尔切克也独立地提出了类似理论，为此他们三人获2004年诺贝尔物理学奖。（郭奕玲）

波粒二象性 wave-particle duality 自然界物质具有的普遍性质。在经典物理学中，粒子的性质以能量、动量表征，波的行为以频率、波长表征。然而在M.普朗克的黑体辐射、A.爱因斯坦的光电效应理论以及康普顿效应中，光在吸收、发射和散射过程中却表现出粒子行为，即能量和动量都是量子化（不连续）的。这表明光既有波动性（干涉-衍射行为）又有粒子性（同时具有确定的动量和坐标）。

德布罗意关系 1924年，L.V.德布罗意分析了光的费马原理和经典力学最小作用量原理的相似性，提出实物粒子也像光一样可以表现出波动行为，对应的物质波的频率ν和波长λ与粒子的能量E与动量p有以下关系：

$$E=h\nu$$

$$p=h\lambda$$

这一关系被称为德布罗意关系。将这个关系用于氢原子的定态轨道上的电子，根据玻尔理论给出的动量算出物质波的波长，发现轨道周长正好是波长的整数倍。1927年，C.J.戴维森和L.H.革末以及G.P.汤姆孙分别进行电子束在晶体上的衍射实验，证实了电子的波动性和德布罗意关系。

物理意义 光和电子波粒二象性中涉及的粒子与波已不再是经典意义下的粒子与波。由于不确定度关系，电子的运动轨道概念，即粒子的概念的使用是有限制的。作为物质波，描述电子的波函数并不代表电子时空分布的实体波。物理上，电子波函数代表的是电子出现在时空中的概率振幅。波的本质取决于它的相位，确定相位差导致的量子相干体现在干涉实验中。光的波动性也可以理解为光子的概率波。由于光子是玻色子，在一个电磁波模式聚集大量光子形成概率波可以表现为随时间变化的能量（动量）分布。然而电子是费米子，要服从泡利不相容原理，在一个量子态上只能有一个电子。因此，电子的干涉条纹是许多位于相同状态上的电子系综通过双缝和单缝的多次积累的统计效应。人们还探讨了极端条件下宏观物体的物质波效应，发现波粒二象性在超冷气体原子的玻色-爱因斯坦凝聚中可以得到充分的展现。这些玻色原子如同光子一样凝聚在同一个量子状态上，形成相干的宏观量子体系。此时，原子束若被引出，可以表现出光波一样的相干性。

按照波粒二象性的观点，任何实物粒子可以表现出波动行为，可以发生低能物体穿透势垒的量子隧道效应。关于微观体系，电子、原子、中子乃至碳60（C_{60}）这样的大分子，实验上已经展示了各种量子隧道效应，并在实际技术中得到了广泛应用，如扫描隧道显微镜（STM）。现在的问题是：一个宏观物体，像足球、人等，可否发生量子隧道效应，人可否破墙而出，破墙而入？对这一问题的基本看法是不可能。因为宏观物体的质量较大，物质波波长短，远远小于物体的尺度，不可能展示出量子相干效应。维也纳大学研究小组于1999年实现了C_{60}分子的干涉实验，证实了波粒二象性在这样的大分子上仍然成立。他们后来用结构相对松散的碳70（C_{70}）分子进行同样的实验，质心与内部结构以及外部环境的耦合导致了渐进的量子退相干。

对波粒二象性物理内涵乃至哲学意义的进一步阐述，见**互补性原理**和**量子力学诠释**。（孙昌璞）

波面干涉仪 wave surface interferometer 用以检测光学元件的面形、光学镜头的波面像差以及光学材料均匀性等的一种精密仪器。波面干涉仪测量精度一般为$\lambda/10$～$\lambda/100$，λ为检测用光源的平均波长。常用的波面干涉仪为特外曼干涉仪和斐索干涉仪。

特外曼干涉仪由两个准直透镜、分束器、标准平板以及标准球面镜所组成。单色光经小孔、光源准直透镜后被分束器分解成参考光束和检测光束。二者分别由标准平面和检测系统自准返回后，再经分束器，通过观测准直透镜重合，形成等厚干涉条纹，如图1所示。根据条纹的形状来判断被测件的光学质量。

用特外曼干涉仪检测平板或棱镜的表面面形及其均匀性和检测无限或有限共轭距镜头的波面像差，只需在检测光路中，用一标准的平面或球面反射镜，或再附加一负透镜组，以形成平面的自准检测光束即可，分别如图1a、图1b、图1c、图1d、图1e所示。

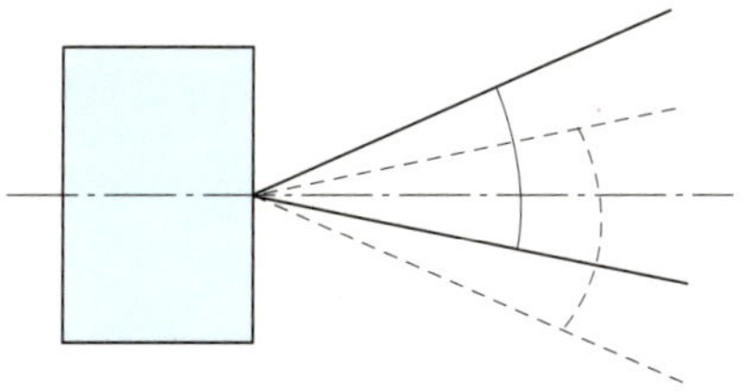
图3　横向干涉仪

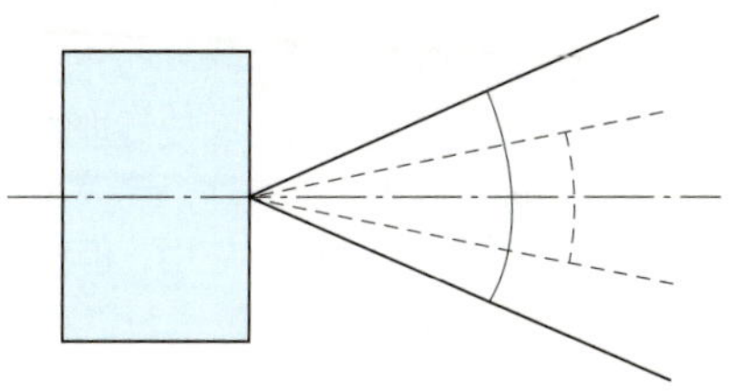
图4　径向干涉仪

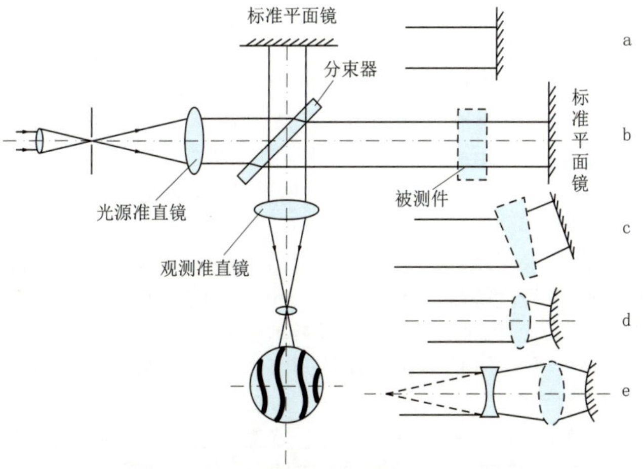

图1　用特外曼干涉仪检测表面面形及其均匀性的示意图

斐索干涉仪有平面的和球面的两种。前者由分束器、准直物镜和标准平面所组成；后者由分束器、有限共轭距物镜和标准球面所组成（图2）。单色光束在标准平面或标准球面上，部分反射为参考光束；部分透射并通过被测件的，为检测光束。检测光束自准返回，与参考光束重合，形成等厚干涉条纹。

用斐索平面干涉仪可以检测平板或棱镜的表面面形及其均匀性，如图2a、图2b、图2c所示。用斐索球面干涉仪可以检测球面面形和其曲率半径。后者的测量精度约1微米；也可以检测无限、有限共轭距镜头的波面像差，如图2d所示。

除了上述两种常用的干涉仪外，还有横向、径向剪切干涉仪，这种干涉仪没有参考波面。横向剪切干涉仪把被测光束分解成两个相同的，但相互横移的相干光束。径向剪切干涉仪则是把被测光束分解成波面面形相似，但横截面大小不相同的两相干光束。干涉出现在两相干光束的重叠区域内。两者分别如图3、图4所示。该两种干涉仪有多种多样的形式，如平板式、棱镜式、透镜式、光栅式等。横向剪切干涉仪不能直接测得波面像差；径向剪切干涉仪系统误差稍大。虽然这两种干涉仪易于加工，但仍未能像特外曼干涉仪那样被广泛使用。

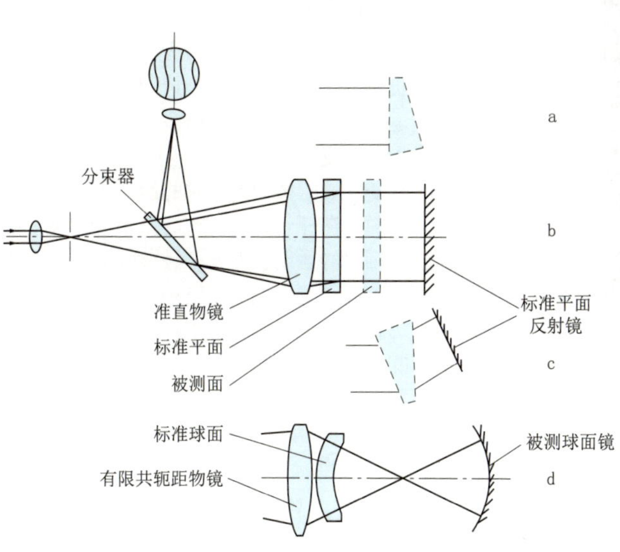

图2　用斐索干涉仪检测表面面形及其均匀性的示意图

干涉图的分析，可用目视或照相，也可在干涉仪上配备光电探测器件和微处理机及终端系统，扫描、采样和分析干涉花样。这种干涉仪称为数字干涉仪。

（向才新）

波片　wave plate　一种常用的光学元件。通常由光轴平行于表面的双折射晶片制成，使振动方向相互垂直的两个光振动间产生特定的光程差（或相位差），所以又称相位延迟器。当线偏振光垂直入射，入射光的振动方向与晶片光轴的夹角为θ，在晶片中会分解成振动方向相互垂直的寻常光（o光）和非常光（e光），相应的折射率分别为n_o和n_e。o光和e光穿过厚度为d的波片后产生的光程差为$\pm(n_o-n_e)d$，其中当$n_o>n_e$时取正号，反之取负号。

波片可使入射光的偏振态发生改变。对于完全偏振光，波片对于入射光波偏振态的变换可由米勒矩阵（Mueller matrix）或琼斯矩阵（Jones matrix）描述，出射光一般变为椭圆偏振光；在特殊情形下，如线偏振光垂直入射，当$\theta=0,\pi$时出射光仍为线偏振光。

四分之一波片　凡能使o光和e光间产生$(N+1/4)\lambda$光程差的波片称为四分之一波片，其中N为正整数，λ为真空中的光波长。线偏振光垂直入射经过**四分之一波片**后，出射光通常为椭圆偏振光；当$\theta=\frac{\pi}{4}$时，出射光为圆偏振光；圆偏振光垂直入射经过四分之一波片后，出射光为线偏振光。

二分之一波片　凡能使o光和e光间产生$(N+1/2)\lambda$光程差的波片称为**二分之一波片**，或半波片。线偏振光垂直入射经过二分之一波片后，出射光仍为线偏振光，其振动平面相对于入射线偏振光的振动平面旋转了2θ角度。

全波片　凡能使o光和e光间产生$N\lambda$光程差的波片称为全波片。光波经过全波片之后其偏振态不变。

对于所有波片，当$N=0$时称为零级波片，当$N\neq0$时称为多级波片。通常情况下，波片只能在特定波长下工作，其性能依赖于温度和光波的入射角度，零级波片性能优于多级波片。可以将两个光轴方向相互垂直放置的多级波片组合起来，使振动方向分别平行于两个波片光轴方向的光振动分量之间产生$\lambda/4$或$\lambda/2$的光程差，这种组合波片称为复合零级四分之一波片或二分之一波片。能够在较宽光谱范围内使振动方向相互垂直的两光振动之间产生相同光程差的波片称为消色差波片，通常由色散效应相互抵消的多种不同材料组合而成。

光程差可连续调节的波片称为补偿

器，通常用来补偿由样品引起的附加光程，常见的有巴俾涅补偿器和索列尔补偿器等。

按结构分类　波片按结构来分类有多级波片、胶合零级波片和真零级波片。

多级波片：该波片的厚度等于多个全波厚度加一个所需延迟量厚度。多级波片相对比较容易制造，缺点是其对波长、温度和入射角均很敏感。

复合零级波片：该波片是将两个多级波片胶合在一起，通过将一个波片的快轴和另一个波片的慢轴对准以消除全波光程差，仅留下所需的光程差。复合波片可以在一定程度上改善温度对波片的影响，但增加了波片延迟量对入射角度及波长的敏感性。

真零级波片：延迟量的波长敏感度低，温度稳定性高，接受有效角度大。但真零级波片往往非常薄，如此薄的波片在制造和使用上都有一定的困难。

按材料分类　波片按材料来分类包含晶体波片（石英、云母和方解石等）、聚合物波片和液晶波片。

晶体波片：石英因为双折射系数过大，一般只适合做多级或复合零级波片。云母是可以被很精细劈开的天然晶体，可以用来做真零级波片，但云母波片的缺点是口径一般比较小，整个平面的均一性比较差，并且长时间使用的光学质量及可靠性也比较差。

聚合物波片：该类材料的双折射系数比较小，所以更适合制造真零级波片，尤其是在可见光波段。各种聚合物在不同波段的色散程度不同，所以对不同应用要考虑用不同类型的聚合物。消色差波片是由几层不同的聚合物或晶体精确对准层叠而成的，消色差波片主要优点是在一定的带宽之内延迟量对波长的变化不敏感。

液晶波片：液晶相位延迟器是一种新型的可控相位延迟器，通过控制加在液晶两边的电压，可以改变液晶的双折射系数，从而改变通过液晶波片光的相位差。

波片常作为偏光显微镜的附件用来检测应力双折射、岩矿晶体的双折射性质等。（张国权　虞　应）

波矢　wave vector　与波的行进方向相同的一个矢量。又称波矢量。平面行波是最基本的波，向x方向传播的行波的方程为：

$$\psi(x,t)=A\cos(kx-\omega t+\phi)$$

式中x为位置；t为时间；ψ为对波进行描述的物理量（例如对于海浪，ψ为超出水面的高度；对于声波，ψ为声压）；A为波的振幅（振动的峰值）；ϕ为相位偏移；ω为波的角频率，描述在一个给定点波振动的快慢程度；k是波数：

$$k=\frac{2\pi}{\lambda}$$

与波长λ成反比。波数表示2π距离内有多少波长。推广到三维情况下的方程为：

$$\psi(x,y,z,t)=A\cos(k_x x+k_y y+k_z z-\omega t+\phi)$$

式中k_x、k_y和k_z组成一个矢量，称为波矢，它的大小是波数，方向是平面波行进的方向。除了平面波以外，波矢这个名词在晶格和粒子物理的研究中也有应用，但定义有些不同。（张海澜）

波速　wave velocity　单位时间内周期运动沿任一方向所穿越的距离。波速等于其波长与频率的乘积而与波的强度无关。如果一个质点在刚体内振动，则同时发射相同频率的横波和纵波，并且，由于纵波因波长较长而移动得更快一些。这样，由纵波（P波）和横波（S波）组成的地震波，就以两种速度穿过地球。至于像声波那样的纵波，在介质中传播的速度取决于介质的密度和弹性。声波在空气中的速度约为0.33千米/秒，在水中的速度为1.5千米/秒，在钢中的速度约为5千米/秒。所有的声波在空气中以同样的速度传播，与它们的频率无关。在真空中光速也与其频率无关；在透明介质中，它取决于材料中的色散效应，从蓝光到红光，光速的变化略大于1%。（张海澜）

玻恩，M.　Max Born（1882-12-11～1970-01-05）　德国理论物理学家，**量子力学**的奠基人之一。生于普鲁士的布雷斯劳，卒于格丁根。1901年进入布雷斯劳大学，1905年前后到格丁根大学听D.希尔伯特、H.闵可夫斯基等数学、物理学大师讲学，于1907年获格丁根大学哲学博士学位。1912年受聘为格丁根大学无薪金讲师，同年与T.von卡门合作发表了《关于空间点阵的振动》的著名论文，修正了低温下固体比热的爱因斯坦–德拜公式，使之更符合极低温度下的实验结果。1915年创立了在原子基础上的晶体点阵动力学。从此开始了他以后几十年创立点阵理论的事业。先后任柏林大学教授、法兰克福大学理论物理系主任。1919年在法兰克福大学直接用分子射线测量气体的理论参数，特别是分子的自由程长度；1921年精确定义热量，完成了对**热力学第一定律**的数学表述。之后玻恩于1921年接替P.J.W.德拜成为格丁根大学物理系主任。从1923年开始，他集中致力于发展量子理论。他和W.K.海森伯、E.P.约旦合作以严整的数学形式全面系统地阐明了海森伯的理论。1926年从具体的碰撞问题分析提出了波函数的统计诠释——波函数的二次方代表粒子出现的概率。由于这一贡献，他获得了1954年诺贝尔物理学奖。1926年发展了玻恩近似法，用来求解原子散射问题，奠定了量子力学微扰理论的基础。1933～1936年，与L.因菲尔德一起提出非线性电动力学理论。1938年提出倒易理论，即物理学基本定律在物理量从坐标表象变换到动力表象时保持不变。1933年希特勒在德国掌权以后，玻恩由于犹太血统而流亡到英国，1953年退休后返回德国居住。

玻恩是英国皇家学会和爱丁堡皇家学会会员，柏林科学院和哥本哈根科学院院士。1914～1919年，玻恩在柏林时期经常与**A.爱因斯坦**往来，并建立了终生的友谊。爱因斯坦从认识论的观点，始终拒绝接受量子力学的统计诠释作为客观世界的基本规律。玻恩–爱因斯坦的通信集生动地记载了他们在这个问题上近30年的论战。（戴念祖）

玻恩–奥本海默近似　Born-Oppenheimer approximation　求解描述包含电子与多个原子核构成的分子的**薛定谔方程**的一种基本的重要近似方法，由物理学家**J.R.奥本海默**与**M.玻恩**在1927年提出。简称BO近似。BO近似是量子绝热近似在一个更为严格的框架下的拓展。组成分子的原子与核电子的质量相差极大（核质量比电子质量大10^3～10^5倍），因而在分子中电子运动速度比原子核快得多，当核的位置发生微小变化时电子都能立即调整并建立起与变化后的核力场相应的运动状态。换句话说，在任一确定的核的排布下，电子都有相应的运动状态，并且核间运动可视为电子运动的平均作用结果。依据这种物理思想，玻恩和奥本海默建议处理分子体系的定态薛定谔方程时把使分子中核的运动和电子运动分离开来。为了探求能使核运动和电子运动分离的条件，BO近似的波函数设为：

$$\psi(R,r)=u(R,r)\,v(R) \qquad (1)$$

这里$v(R)$仅与核的坐标有关。由此薛定谔方程可以分解出：

$$-\frac{1}{2}\sum_i \Delta_i u + V(R,r)u = E(R)u \qquad (2)$$

$$-\sum_i \frac{1}{2m_p}\Delta_i v + E(R)v = \varepsilon u \qquad (3)$$

方程（2）为在固定核的位置时的电子运动方程，方程（3）为核的运动方程。在电子运动方程中，用$E(R)$代表在固定核时体系的电子能量。在BO近似下，分子体系的波函数在取方程（1）的情况下，分子体系波函数中$u(R,r)$和$v(R)$可以由方程（2）和（3）确定。$E(R)$为分子体系所含的核的坐标函数，从方程（3）可以看出，它是与核运动有关的势能。在空间中，可以画出$E(R)$与R的变化关系即为势能面，使得分子几何结构有了理论研究意义，对了解分子的微观性质和化学反应的微观途径十分重要。由此出发，原子核定态波函数描述了分子的振动，能够用来获得振动零点能，进行红外、微波光谱或电子光谱振动与转动结构的计算；而波函数随时间的演变则描述了化学反应的动力学过程。玻恩和黄昆还在理论上将这一近似表述为更为实用的形式，应用到晶体的晶格振动即声子系统中。由于玻恩－奥本海默近似在大多数情况下足够精确，使得处理真实分子体系成了可行。在这一基础上大量现代分子物理、化学反应动力学相关分子电子结构、光谱和碰撞问题得以解决，被广泛应用于分子结构及其动力学、凝聚态物理、量子化学、化学反应动力学等研究领域。

与量子绝热近似类似，BO近似也在电子的不同本征能量之间间距较大时使用。当本征能量接近时，应考虑修正。早期主要考虑对有效势能的修正，后来的研究者进一步给出了对有效哈密顿量动能部分的修正，即诱导规范场。近来BO近似在一些相关的物理和化学现象的精确解释中出现了不能适用的情况，包括新近观察到的一些光化学过程（如扬－特勒效应、解离电离、角锥交叉等）、电荷转移反应、高温超导、表面反应的电子过程等。这些情况表明，在自然界许多实际分子体系中电子运动与核运动有着强而不可分离的相互作用，同时也展示了人们认识自然界能力的不断进步和更为准确的在本质上对分子过程深入理解的必要。因此，发展了非BO近似的理论计算方法、实验上直接超快地观测电子运动波包过程等。

（崔中华　丁大军　张　芃）

玻恩概率解释　Born's probability interpretation　属于量子力学基本诠释（见量子力学诠释）的一部分，是“哥本哈根诠释”中得到实验证实和能够正确解释实验的核心部分。又称玻恩概率诠释。1926年，M.玻恩提出了应用波动力学解决微观系统散射问题的基本方法——玻恩近似，玻恩几（概）率解释是作为这个工作的副产品出现的。

玻恩认为，量子力学对微观系统的描述本质上是概率性的。刻画量子系统的状态的波函数代表一个观察者对于量子系统所能知道的全部知识，一个事件发生的概率是其对应的波函数分量的绝对值的二次方。量子系统可以处在某个力学量本征态的相干叠加：

$$|\psi\rangle = \sum C_n |n\rangle$$

这里$|n\rangle$是力学量A的本征态，对应于A的本征值是a_n。此时测量力学量A，每次测量结果只能是$\{a_n\}$中的一个，其出现的概率为$|C_n|^2$。根据玻恩概率解释，通过对稳定系统的多次测量或对于一个样本进行系综测量，得到力学量A的平均值为：

$$\overline{A} = \sum a_n |C_n|^2 = \langle\psi|A|\psi\rangle$$

对不可对易的力学量A和B同时进行测量，它们的均方根涨落：

$$\Delta D = \sqrt{\overline{(D^2)} - (\overline{D})^2} \quad (D = A, B)$$

具有约化普朗克常量$\hbar$约束的不确定性，即由玻恩解释推导出著名的海森伯不确定性关系为：

$$\Delta A \Delta B \geqslant \overline{|[A,B]|}/2$$

这种不确定性关系限制了同时测量A和B的理论精度。　（孙昌璞）

玻恩－黄近似　Born-Huang approximation　将电子与原子核的运动进行分开处理并考虑了非绝热效应的近似方法。可用于分子系统以及金属超导等连续态体系。电子的质量要远小于原子核，其运动速度比原子核快若干个数量级，当电子处于高速运动中时，原子核只是在它们的平衡位置附近热振动。但当核的位置发生微小变化时，电子能迅速调整自己的运动状态使之与变化后的库仑场相适应，因此，M.玻恩与J.R.奥本海默提出将电子与原子核的运动分开处理，称为玻恩－奥本海默近似。在玻恩－奥本海默近似下，对于给定原子核坐标求解电子的不含时薛定谔方程，得到电子波函数和能量特征值，从方程的解可以获得电荷梯度形成的作用在原子核上的量子力学力，原子核在一个绝热的电子势能面上运动。这一近似方法后来催生了平均场理论和广泛使用的第一性密度泛函理论，使之能够求解成千上万个原子的体系。对玻恩－奥本海默近似的第一个修正是玻恩－黄近似。在1954年出版的玻恩和黄昆合著的国际经典教科书《晶格动力学理论》中，他们在玻恩－奥本海默近似的基础上，在电子哈密顿量中引入了非绝热效应电子矩阵元，体系的电子波函数则由玻恩－奥本海默方法的电子波函数线性组合而成。换言之，在玻恩－黄近似下，虽然原子核仍在一个个独立的电子势能面上运动，但对玻恩－奥本海默近似所做的非绝热效应修正则通过跳跃或隧穿允许原子核的运动在多个不同的电子势能面上进行，从而包括了电子波函数和原子核波函数的耦合效应。

玻恩－黄近似和玻恩－奥本海默近似所给出的能量都偏离体系的真实能量，其中玻恩－黄近似给出的是体系真实基态能量的上限，而玻恩－奥本海默近似则给出了体系真实基态能量的下限。

玻恩－奥本海默近似只适用于不同电子态间的能量充分分离的体系，例如分子。当电子态出现交叉或者接近时，玻恩－奥本海默近似就会失效。而玻恩－黄近似则仍然适用于这些玻恩－奥本海默近似失效的情形。所以玻恩－黄近似不限于分子系统，可以用于金属、超导等连续态体系，也不要求体系原子核处于平衡状态。

（骆军委）

玻恩近似　Born approximation　求解散射问题的一种近似方法。考虑入射粒子在靶上的散射，玻恩近似适用于入射动能很大，粒子和靶相互作用足够弱的情况。此时可以把该相互作用的势能当作微扰，利用李普曼－施温格方程把散射波函数或者散射振幅展开成相互作用势能的级数，并做截断，忽略高阶项。如果只保留相互作用的最低阶项（一阶项），则称为一阶玻恩近似，类似有二阶、三阶玻恩近似等。

（张　芃）

玻尔，A.N.　Aage Niels Bohr（1922-06-19～2009-09-08）　丹麦物理学家，N.玻尔的第四子。生于哥本哈根，卒于哥本哈根。

曾就读于哥本哈根大学，因战争中断，于1954年取得博士学位。1943～1945年随父在美国参加曼哈顿计划，1946年回丹麦。1963～

1970年继其父任哥本哈根大学理论物理研究所（1964年改名为尼耳斯·玻尔研究所）所长，1975年任北欧理论原子物理研究所所长。

20世纪50年代初，他先后与J.雷恩沃特在理论上、与B.R.莫特森在实验上发现，亚原子粒子的运动能使原子核变形，从而对于那种被广泛承认的所有原子核都具有完美球形的理论提出了挑战。他们提出了原子核的集团模型：原子核在有单个核子运动的同时，还有作为整体而改变形状和取向的集体运动，这两种运动的互相影响改变了重原子核的对称性。这个模型得到实验证实，并对于了解并发展核聚变起了重要作用。为此，他们三人共同获得了1975年诺贝尔物理学奖。（戴念祖）

玻尔，N. Niels (Henrik David) Bohr（1885-10-07～1962-11-18） 丹麦物理学家，最先将量子论用于原子结构理论研究的先驱者之一。**量子力学**发展的主导人物，哥本哈根学派的创始人。生于哥本哈根，卒于哥本哈根。1903年玻尔入哥本哈根大学，主修物理学。1909年和1911年分别获得哥本哈根大学理学硕士和哲学博士学位。随后赴英国深造。先在剑桥J.J.汤姆孙主持的卡文迪什实验室工作，几个月后转曼彻斯特，师从E.卢瑟福。1912年夏季回国结婚，并任哥本哈根大学讲师。1914年到曼彻斯特大学任教。1916年任哥本哈根大学理论物理学教授，1921年创建了该大学理论物理研究所并任所长，直至去世。1917年当选丹麦皇家文理科学院院士，1939年起任该院院长并终身担任此职。1940年德国人入侵丹麦。玻尔由于犹太血统及其毫不隐蔽的反纳粹观点，受逮捕之威胁。1943年，玻尔携妻和第四子A.N.玻尔逃往瑞典，又经英国而赴美国。在其后的两年中，与其子A.N.玻尔在美国参与研制原子弹的曼哈顿计划。1945年回国。1955年任丹麦原子能委员会主席，并领导建设了欧洲核子研究中心（CERN）。

1907年，玻尔在大学时代就发表了以射流振动来测定液体表面张力的论文，获得了丹麦皇家文理科学院的金奖。玻尔的博士论文是关于金属电子论的研究，论文中强调经典物理学不足以在原子水平上研究物质的特性。1913年，玻尔发表了《论原子构造和分子构造》的长篇论文。假定当原子在某一稳态（定态）时，不发生辐射；只有当原子从一个定态跃迁到另一个定态时，才发生辐射，并可以相当精确地计算出那些辐射谱线的频率。这一最为精彩的结果意味着原子不能连续吸收或放射辐射能，而只能通过量子跃迁达到。或者说，原子发射的辐射频率不等于原子内电子的运动频率。这种大胆的看法，是基于将M.普朗克和A.爱因斯坦的量子论与原子的核模型相结合的结果，它有力地冲击了经典理论，解释了氢原子光谱，推动了量子力学的形成。这篇论文为20世纪原子物理学开辟了道路，并被誉为划时代之作。

1918年，玻尔发表《论线光谱的量子理论》一文，详细阐述了对应原理的思想。根据这一原理，由量子公设推定的定态之间的每一跃迁过程，必定和经典力学描述周期性体系的电子运动的有关谐分量（单一频率的）相对应。也就是说，能从原子发射的辐射和从粒子运动获得辐射源的经典想法之间找到关联。玻尔试图发展一种协合的量子论，使它既能在原子水平取代经典力学和电动力学，又能处理原子世界的一切问题，甚至能解释化学元素周期表的有序规律和原子光谱的复杂图样。当时基础尚不确定，理论是试探性的，模型也尚原始，因此玻尔常以对应原理指导他的研究。在一定范围内，用上述不同方法计算所得的频率，竟然精确相等。对应原理在其时成了从经典理论通向量子理论的桥梁。由于玻尔在原子结构和原子辐射方面所做出的贡献，他获得了1922年诺贝尔物理学奖。

玻尔创建的理论物理研究所很快就成为研究原子物理和量子论活跃的国际中心。从研究所成立之初起，有各国学者到此与玻尔一起工作，如荷兰的H.A.克喇末，匈牙利的G.C.de赫维西、瑞典的O.克莱因、德国的W.K.海森伯和美国的J.C.斯莱特。1924～1926年，量子力学诞生。这种全新的综合性理论不仅是一种计算所要求的数学结构，而且要求有物理解释。这种新的物理解释是由玻尔和一批批到他的理论研究所访问的科学家在热烈的讨论中产生的。他们讨论怎样把这种对自然界的新数学描述与实验物理学的运作过程及其成果联系起来。这就形成了以玻尔、海森伯、W.泡利、克喇末等物理学家为核心的“哥本哈根学派”。这个学派对量子力学的创建和发展做出了重大贡献。1927年，玻尔提出诠释量子力学的“并协性”（又称“互补性”）原理，就是这个学派的重大理论成果之一。

玻尔用并协原理来说明量子力学的特性，认为“任何原子物体的性态，与界定相关现象产生条件的测量仪器的相互作用不能明显分开”。其结果是，在不同实验条件下所得出的诸实验证据，不能各自独一地构成整体的物理图像，而只能认为，它们是彼此互相补充才构成该物理现象的完备描述。微观客体的“粒子性”与“波动性”就是论证这种并协原理的一个自然事件的典型。后来，玻尔又将它的并协原理推广为一条哲学原理。认为哲学的因果性概念已不敷应用，应以并协性概念来代替它。玻尔对于量子物理含义的这种新解释、新看法逐渐为多数物理学家所接受，但爱因斯坦是最有名和最直言不讳的反对者，他们之间关于量子力学解释的争论从1927年起整整持续了30年，对于量子力学概念的深刻理解和发展起了积极的作用。

1930年起，玻尔继续从事量子力学中的认识论问题的研究，同时对核物理学这个新领域做出贡献。1936年提出原子核的“液滴模型”。他将原子核比作一个液滴，这个概念曾经是理解许多核作用过程的关键手段，特别是在1939年在理解核裂变（一个重核分裂为几乎等质量的两部分，并释放巨大的能量）的机制中起了重要作用。他还预言了慢中子引起核裂变的是铀-235，而不是铀-238。

玻尔一生主张和平与民主，反对侵略与独裁。1933年希特勒在德国上台后，他曾亲自赴德国安排受迫害的知识分子出逃，后又在丹麦组织专门机构以协助和营救这些人。玻尔赴美后，虽参与研制原子弹，但他的动机是为了反击纳粹，而且特别关心原子武器对人类的可怕威胁和核军备竞赛的危险。早在1944年，他试图说服英国首相丘吉尔和美国总统罗斯福必须通过国际合作来解决这些问题。第二次世界大战在1945年结束后，他毅然断绝和任何核武器制造的关系。1950年，他发表《致联合国的公开信》，努力提倡“开放世界和合理的和平政策”。他大力推动核能的和平利用，提倡以国际合作和自由交流来控制核武器。他领衔推动了1955年在日内瓦召开的第一届国际和平利用原子能会议。在他获得的诸多荣誉中，有1947年丹麦政府颁发的“大象勋章”，1957年第一届“美国和平利用原子能奖”。为了纪念他，他所创建的哥本哈根大学理论物理研究所于1964年改名为“尼耳斯·玻尔研究所”。

1937年夏，玻尔携其妻及儿子A.N.玻尔来中国，访问了上海、杭州、南京和北平（今北京）。当1947年丹麦政府为他授勋时，要求受勋者有族徽。玻尔亲自设计其族徽，其中心图案乃是古代中国闻名的太极图。在他看来，太极图中阴阳盘旋、阴中有阳、阳中有阴的绘画是他的并协原理的生动而又美妙的表述。（戴念祖）

玻尔磁子 Bohr magneton 原子物理中的一个常数。符号μ_B，是电子由其轨道角动量或自旋角动量引起的磁矩的自然单位。玻尔磁子在国际标准单位下定义为：

$$\mu_B = \frac{e\hbar}{2m_e}$$

在高斯单位下定义为：

$$\mu_B = \frac{e\hbar}{2m_e c}$$

式中e是单位电荷，$\hbar = h/2\pi$是约化普朗克常数，m_e是电子的静止质量，c是光速。

玻尔磁子表示氢原子中轨道角动量为$\hbar$的电子的轨道运动引起的磁偶极矩。根据玻尔模型，此时电子处于最低能态。丹麦物理学家N.玻尔在1913年给出他的原子模型时自然而然地得到了玻尔磁子的表达式。1920年W.泡利将这一数值命名为玻尔磁子。（钟振祥 史庭云）

玻尔对应原理 Bohr correspondence principle 丹麦物理学家N.玻尔1920年提出的，在经典极限（大量子数极限）下，量子物理与经典物理的对应原理。玻尔对应原理认为，经典物理（经典力学与麦克斯韦电磁理论）对宏观现象描述准确，所以在经典极限下，量子物理对于物理系统所给出的预测应该符合经典物理的预测。其具体内容为：

任何一个物理系统的量子理论计算结果，在所有细节上都必定对应于经典结论。当系统量子态的量子数非常大时，量子理论的计算结果必定与经典结论相同。

任何一个物理系统的量子理论选择定则，在其经典极限（大量子数）情况下也必须与经典结论一致。（杨玉军）

玻尔马特，S. Saul Perlmutter（1959-09-22～ ）美国天体物理学家。生于伊利诺伊州厄巴纳-香槟。1981年获哈佛大学学士学位。1986年获加州大学伯克利分校博士学位。担任劳伦斯伯克利国家实验室超新星宇宙学项目负责人，同时担任加州大学伯克利分校教授。美国科学院院士。

20世纪20年代末，美国天文学家E.P.哈勃最早发现宇宙不是静止的，而是在膨胀。要确定宇宙的膨胀是加速还是减速，需测量遥远天体的距离和红移关系。天文学领域通常利用测距方法，即通过测量天体亮度来推断距离。Ⅰa超新星是白矮星产生剧烈爆炸结果的激变变星。白矮星通过吸积伴星质量以获得额外质量，当其质量超过钱德拉塞卡极限时便开始坍缩，再度提高温度至超越核聚变所需燃点。核聚变后几秒内，白矮星释放极高能量，成为一颗超新星。几乎所有已知Ⅰa超新星具有相似的绝对亮度，被看作宇宙的“标准烛光”。测量超新星到地球的视亮度，通过对比视亮度和绝对亮度差异，便可推知超新星到地球的距离。由于宇宙膨胀，超新星发出的光传播到地球时波长变长，光谱向红色方向移动。科学家可测量超新星的“红移”。1988年，玻尔马特建立劳伦斯伯克利国家实验室，致力于超新星的观测研究。1998年，劳伦斯伯克利国家实验室超新星宇宙学项目通过对Ⅰa型超新星的距离-红移观测证明宇宙加速膨胀。后来物理学家又通过宇宙微波背景辐射观测、重子声波振荡信号等方式证实宇宙加速膨胀。2011年，玻尔马特、B.P.施密特以及A.G.赖斯因“通过超新星发现宇宙加速膨胀”共同分享诺贝尔物理学奖。（刘金岩）

玻尔氢原子模型 Bohr hydrogen atom model 丹麦物理学家N.玻尔1913年提出的关于氢原子结构的模型。玻尔氢原子模型在经典力学基础上引入量子化概念，研究氢原子中的电子运动和跃迁，正确地解释了氢原子的大小和稳定性，导出了里德伯方程，部分地解释了氢原子光谱，包括巴耳末、帕邢光谱线系，预言了尚未被观测到的谱线，因而获得成功。但是玻尔模型属于旧量子论的范畴，之后建立的量子力学理论，才是精确的原子分子结构的理论。

玻尔在1913年发表了三篇原子结构模型的论文。其中第一篇是最重要的一篇，这篇论文指出了卢瑟福模型存在的问题。其一，该模型不能确定原子的尺度，缺少一个表征原子大小的特征量，即不能通过原子核和电子的电荷、质量等，构造出表征原子大小的特征量。其二，该模型中原子是不稳定的。电子绕核运行，按照经典电动力学，电子的加速度引起电磁辐射，使轨道越来越小，旋转频率也越来越高，直到电子轨道尺度的量级与原子核尺度的量级相同为止。计算这个过程辐射出去的电磁能量过大，辐射谱是连续谱，与自然界原子体系的行为不符。实验观察到的现象是原子辐射后，其大小的量级仍然与辐射前相同，辐射谱为线状光谱。

针对卢瑟福模型的这些困难，玻尔提出新的原子模型假设，目的是解决原子的大小和稳定性问题。玻尔提出三点假设。

假设1，假定电子在绕核的封闭轨道上运动，稳定不产生辐射，可用经典力学处理。电子的旋转频率ω，轨道的半径a都由其总能量W（使用高斯单位制）决定：

$$\omega = \frac{\sqrt{2}}{\pi}\frac{W^{3/2}}{\sqrt{m}Ze^2}, 2a = \frac{Ze^2}{W}$$

式中电子和原子核的电荷分别为$-e$和Ze；m为电子的质量；W是结合能。

假设2，假定离原子核很远处，电子开始与核发生相互作用。相互作用之后，处在绕核运动的上式描述的稳定圆轨道上。玻尔假定在此过程中均匀发出频率为ν的单色辐射，并假定$\nu = \omega/2$。根据普朗克理论，在这一过程中辐射的能量：

$$W = \tau h\nu = \frac{1}{2}\tau h\omega$$

$\tau = 1, 2, 3, \cdots$ 对应体系的一系列定态。把假设2的公式代入假设1的公式得到：

$$W = \frac{2\pi^2 mZ^2e^4}{\tau^2h^2}$$

$$\omega = \frac{4\pi^2 mZ^2e^4}{\tau^2h^2}$$

$$2a = \frac{\tau^2h^2}{2\pi^2 mZe^2}$$

电子在定态时，其能量$E = -W$。定态的能量为：

$$E = -\frac{2\pi^2 mZ^2e^4}{\tau^2 h^2}$$

$\tau = 1$时，是最稳定的状态。借助于实验值$e = 4.7\times10^{-10}$，$e/m = 5.31\times10^{17}$，$h = 6.5\times10^{-27}$，取$Z = 1$可以得到$2a = 1.1\times10^{-8}$厘米，$\omega = 6.2\times10^{15}$秒$^{-1}$，$W/e = 13$伏，这些结果与已知的氢原子线性尺度、光学频率和电离势的数量级一致。

假设3，氢原子从一个定态到另一个定态的跃迁，发出单色辐射，辐射频率与辐射能量之间的关系是普朗克关系。当原子从$\tau = \tau_1$的态跃迁到$\tau = \tau_2$的态时，发射的能量为：

$$E_{\tau_1} - E_{\tau_2} = h\nu$$

假定辐射是单色的，得辐射频率：

$$\nu = \frac{2\pi^2 me^4}{h^3}\left(\frac{1}{\tau_2^2} - \frac{1}{\tau_1^2}\right)$$

取$\tau_2=2$，τ_1改变，得到正常巴耳末线系。如果取$\tau_2=3$，就得到帕邢线系。$\tau_2=1$，$\tau_2=4, 5, \cdots$，将会得到其他紫外线系和红外线系，当时这些线系尚未被观察到。式中的系数由物理常数m、e、h确定，根据当时的实验值，$\frac{2\pi^2 me^4}{h^3}=3.1\times10^{15}$，而该系数的实验观测值是$3.290\times10^{15}$。

需要特别说明的是玻尔从另一角度导出了假设2。他认为，量子体系在大量子数的极限情况下，其行为应当与经典体系一致，这就是对应原理。不过玻尔在这篇论文中没有使用“对应原理”一词。他讨论了从$\tau=N$的定态到$\tau=N-1$定态的跃迁。$N\to\infty$时，根据经典物理，电子的经典频率ω_N应当趋近于跃迁辐射频率ν，于是导出了假设2中的辐射能量公式。

由假设2中的系列公式，可以求得电子的轨道角动量为：

$$M = ma^2(2\pi\omega) = \tau\hbar,\ \hbar = \frac{h}{2\pi}$$

即角动量是量子化的。在这篇论文中，角动量量子化是推论而不是假设。在玻尔的第二篇论文中以角动量量子化作为出发点，联立假设1中的公式，可以推导得到假设2中的量子化的能量和半径。

玻尔模型成功解释、预言了氢原子的光谱，但是在研究具有二个或更多个电子的原子所发射的光谱时，玻尔理论遇到无法克服的理论困难，后来终被量子力学理论所代替。玻尔理论促进了量子论的发展，在历史上起过重要作用。他提出的原子定态能量量子化，量子跃迁，以及跃迁频率的概念，在量子力学的理论建立之后，仍然保留了下来。

（裴寿镛　杨玉军）

玻尔兹曼，L.　Ludwig (Eduard) Boltzmann（1844-02-20～1906-09-05）　奥地利物理学家，统计力学的主要创建者之一。生于维也纳，卒于意大利杜伊诺。1863年入维也纳大学，1866年获博士学位，此后任维也纳物理学研究所助理教授。从1869年起历任格拉茨大学（1869～1873，1876～1889）、维也纳大学（1873～1876，1894～1900，1902～1906）、慕尼黑大学（1880～1894）和莱比锡大学（1900～1902）教授。

玻尔兹曼从原子论观念研究气体分子运动论问题。1866年在试图建立热力学第二定律和力学的最小作用量原理之间的直接联系时，解释并预言了物质的黏滞性、导热性和扩散等特性是由原子的质量、电荷和结构等决定的。1868年，他推广了麦克斯韦的能量分布理论，得到了在一定温度下系统的各部分能量分布的一般规律，并导出能量均分定律，即麦克斯韦-玻尔兹曼定律。1872年，对热力学熵与气体分子的组态分布给出数学表达式，称为**玻尔兹曼方程**，1877年进一步阐明热力学第二定律的统计性质，最早用概率解释热力学第二定律。此后，他在热力学的熵和分子组态出现的概率之间架起了数学桥梁，即熵和状态概率的对数成正比关系，其比例因子为玻尔兹曼普适常数。一个系统的熵的增加意味着该系统内气体分子向更多的概率状态的过渡，从此奠定了统计力学的基础。他还发现了分子运动的微小的涨落现象。1884年，他从理论上导出了由J.斯忒藩实验发现的辐射公式，称为斯忒藩-玻尔兹曼定律。19世纪20世纪之交，他的统计力学成功地解释了原子物理学的一系列重大发现和布朗运动的涨落现象，以概率研究物理学问题以及长期被误解的统计力学的学科正确性逐渐为人们所接受。

玻尔兹曼是欧洲最先理解麦克斯韦电磁学理论重要性的科学家之一。为捍卫原子论而与E.马赫为首的逻辑实证主义和W.奥斯特瓦尔德的唯能论进行了长期辩争。由于这一论战的激烈和他本人感受到的孤独与郁闷，以及疾病的苦恼，他自杀而卒。

（戴念祖）

玻尔兹曼方程　Boltzmann equation　分析稀薄气体动力学的基本方程。对于稀薄气体，假定以下三个条件：①粒子之间仅有两体相互作用；②气体稀薄，使得分子之间的作用力程远小于分子之间的平均距离，这保证了分子的平均自由程远大于分子之间的平均距离；③相互碰撞的分子之间相互独立，即分子混沌条件成立。

在这些条件下，玻尔兹曼方程可以由刘维尔方程推导出，并具有以下一般形式：

$$\left[\frac{\partial}{\partial t} + v\cdot\nabla_r + \frac{F(r)}{m}\nabla_v\right] f(r,\ v,\ t) = \left(\frac{\partial f}{\partial t}\right)_{\text{coll}}$$

$$\left(\frac{\partial f}{\partial t}\right)_{\text{coll}} = \int \mathrm{d}^3 v_1 \mathrm{d}\Omega\,|v-v_1|\,\sigma(v,\ v_1\,|\,v',\ v'_1)$$

$$f(r,\ v',\ t)f(r,\ v'_1,\ t) - f(r,\ v,\ t)f(r,\ v_1,\ t)]$$

式中∇_r和∇_v为对于位置和速度的梯度；$\sigma(v, v_1|v', v'_1)$为碰撞前速度分别为v、v_1，碰撞后速度分别为v'、v_1'的两粒子的碰撞微分散射截面；Ω为$v-v_1$与$v'-v'_1$之间的夹角。在两粒子碰撞过程中诸如能量和动量守恒条件以及微分散射截面的对称性包含在碰撞项中。

玻尔兹曼方程相当复杂。分布函数$f(r, v, t)$有7个变量，方程既包含偏导数又包含多重积分。而且碰撞项中对分布函数是非线性的。这些因素使得玻尔兹曼方程的求解十分困难。根据具体的物理过程提出了诸如BGK模型、椭球模型、多项式模型、谱系运动论模型等碰撞模型，以简化玻尔兹曼方程的求解。主要的思想是由形式上较简单的统计和碰撞松弛模型表达式代替玻尔兹曼方程碰撞项。如在BGK模型中，碰撞项由一个速度分布函数向平衡麦克斯韦分布的松弛过程来描述：

$$\left(\frac{\partial f}{\partial t}\right)_{\text{coll}} = \gamma\sqrt{\frac{m}{2\pi kT}}\,\mathrm{e}^{-\frac{mv^2}{2kT}}\left[\int f(r,\ v,\ t)\mathrm{d}^3 v - f(r,\ v,\ t)\right]$$

这样大大降低了原始玻尔兹曼方程的求解难度。

在非平衡统计力学建立的初期，玻尔兹曼方程起了奠基作用。对于粒子间相互作用很强、很稠密的体系、粒子的量子性表现比较突出的系统，玻尔兹曼方程不再成立。现已发展了不少针对各类情况的理论方法和模型。尽管如此，稀薄气体仍然是一个比较简单而又带有某种普遍意义的物理模型。玻尔兹曼方程在非平衡统计力学中仍然有重要的理论意义。

（晏世伟）

玻尔兹曼输运方程　Boltzmann transport equation　小电场极限下电子分布函数的运动方程。电子分布函数$f(\boldsymbol{k}, \boldsymbol{r}, t)$代表了固体中动量为$\boldsymbol{k}$的电子在空间$\boldsymbol{r}$和时间$t$的小间隔内的分布概率。在有限外电场下计算$f$是非常困难的，因为电子动量不再守恒，它在外电场下加速得到能量，电子态依赖于电子所在位置。但在小电场极限，利用微扰理论，可以求得f。这时可以写：

$$f(\boldsymbol{k}, \boldsymbol{r}, t) = f_0(E) + f_1(\boldsymbol{k}, \boldsymbol{r}, t)$$

式中$f_0(E)$为外场为零时的电子平衡分布；f_1由外电场引起。

一个电子在时刻t有三种方式离开相空间点$(\boldsymbol{k}, \boldsymbol{r})$：①速度引起空间位置变化；②外场力引起波矢$\boldsymbol{k}$改变；③晶格不完整性引起$\boldsymbol{k}$的散射。因此可以写下连续性方程：

$$\nabla_k f\cdot\frac{\mathrm{d}\boldsymbol{k}}{\mathrm{d}t}+\nabla_r f\cdot\frac{\mathrm{d}\boldsymbol{r}}{\mathrm{d}t}=\left(\frac{\partial f}{\partial t}\right)_s$$

式中右边一项为散射引起的f的增加率。此方程称为玻尔兹曼方程。

在弛豫时间近似下：

$$\left(\frac{\partial f}{\partial t}\right)_s=-\frac{f-f_0}{\tau}=-\frac{f_1}{\tau}$$

式中τ为弛豫时间。假定电子分布是空间均匀的，则$\nabla_r f=0$，玻尔兹曼方程左边第二项为零。利用：

$$\frac{\mathrm{d}\boldsymbol{k}}{\mathrm{d}t}=-\frac{e\boldsymbol{F}}{\hbar},\ \boldsymbol{v}=\frac{1}{\hbar}\nabla_k E$$

式中$\boldsymbol{F}$为外电场；$\boldsymbol{v}$为电子速度。在一维导体的情况下就能得到：

$$f_1=eF\tau v\left(\frac{\mathrm{d}f_0}{\mathrm{d}R}\right)$$

这就是在弛豫时间近似下，利用微扰方法得到的玻尔兹曼方程的解。给出了分布函数$f=f_0+f_1$后，所有的输运系数都能计算。

黄昆在其著作《固体物理学》中用玻尔兹曼方程讨论了金属的输运性质，包括电流的磁效应、温差电效应以及电子热传导，得到了霍尔系数、温差电动势系数、电导率和热传导系数等物理量。

（夏建白）

玻璃 glass 微观结构的原子或分子排列混乱、缺乏长程有序的一类固体。是自然界中物质的基本形态之一。玻璃没有固定的熔点，在性能上表现为各向同性。玻璃常为熔体在快速冷却至低温时获得的一种有别于晶体的凝固相。人类最早发现的玻璃源于火山熔岩遇海水固化而成。当温度降低到凝固点以下，熔体开始进入过冷态，快速冷却避免了晶化的发生，熔体持续过冷并最终在某一温度下转变为玻璃。这一温度称为玻璃化转变温度。玻璃在热力学上比同成分的晶体具有更高的能量，大多数情况下处于非平衡态，不具有各态遍历性特征。处于非平衡态的玻璃在一定条件下可通过降低自身能量向亚稳平衡态与稳定晶态转变，表现为弛豫与晶化。玻璃广泛存在于各类物质中，如无机化合物、金属合金、离子化合物、混合水溶液、有机小分子以及高分子等。常见玻璃材料包括日常生活所用的硅酸盐与硼酸盐玻璃器皿，以及亚克力玻璃制品、建筑与汽车的窗口玻璃、信息工业的光学器件与光纤、医药行业的非晶药物、电力工业中的铁基非晶合金变压器、半导体与印刷工业的非晶硅与非晶硒等。（王利民）

玻璃的脆度 glass brittleness 描述玻璃形成液体动力过程的典型物理量。玻璃的脆度是玻璃形成液体的一个重要特性。反映动力学参量（如黏滞系数、弛豫时间等）随温度降低而偏离指数行为的程度，即液体在快速降温时其动力学参量趋近玻璃转变点时的变化快慢。当液态降温到玻璃转变温度时，不同系统的动力学参量表现出不同的温度依赖关系，一般可以从动力学参量对数-温度比图（安吉尔图）上反映出来，见图中示意。脆度的强弱一般用参数m表征，即对应材料温度降低到玻璃转变温度时其动力学参量（如黏滞系数）对温度的斜率。m值越小过冷液体越“强”，在安吉尔图上表现为动力学参量（如黏滞系数）对温度的变化关系越接近直线（阿伦尼乌斯行为）；而m值越大则表示液体越“脆”，在安吉尔图上表现为动力学越偏离阿伦尼乌斯行为。

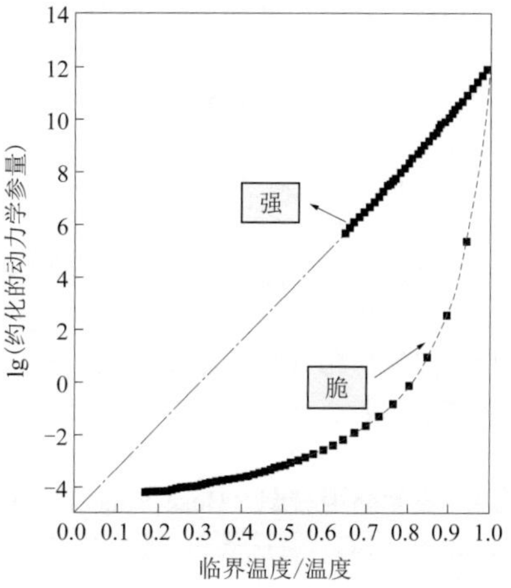

安吉尔图示意

安吉尔图示意玻璃脆度与玻璃材料的诸多物理性质密切相关，建立脆度和其他物理量与玻璃转变的关联由来已久，也是进一步理解安吉尔图普适性的一个重要问题。脆度高时材料的玻璃转变温区窄，而低脆度的材料其玻璃转变温区宽且具有更好的玻璃形成能力。一般脆度与玻璃转变温度无关，但认为脆度的程度与液体的微观相互作用力（如范德瓦耳斯力、氢键、共价键等）相关。如SiO_2为具有网络结构液体，它的黏度系数随温度的变化规律呈现自然指数模式，能很好地符合热激活模型下的阿伦尼乌斯关系，且具有恒定的流动激活能。而更多的玻璃形成液体在其玻璃转变温度附近表现出更加显著的黏度变化的特征，表明玻璃形成液体的流动激活能不再是一个定值，而是温度依赖的函数。（徐莉梅 武振伟）

玻璃化转变温度 glass transition temperature 物质在玻璃态和橡胶态之间相互可逆转化的温度。玻璃泛指处于非晶态的固体。熔体在快速加压或快速降温时来不及发生结晶过程，进入过冷态，随着过冷度的增加，体系的黏度不断增加直至失去流动性，就成为玻璃。玻璃具有优越的类似于晶体的力学性质及光学性能，又具有类似于液体的无序结构，在生命系统中也具有重要的意义。玻璃化转变是一个可逆的转变，这种转变描述了随着温度的变化，物质从硬而脆的“玻璃态”变为黏弹的“橡胶态”的过程。玻璃化转变温度（T_g）就是该转变过程发生的温度。如制作一次性泡沫餐具的聚苯乙烯和常用的塑料容器聚甲基丙烯酸甲酯的玻璃化转变温度为100℃左右。在室温时这些材料处于玻璃态，其外形固定而且坚硬。而像聚异戊二烯或聚异丁烯等这类橡胶材料的玻璃化转变温度一般在零下六七十摄氏度甚至更低。它们在室温附近则表现出较好的弹性，适合用来制作轮胎或橡胶垫片等。因此玻璃化转变温度对于理解材料的性能非常重要。

测试玻璃化转变温度的方法主要包括差示扫描量热仪、热膨胀仪，以及动态热机械分析仪等。关于玻璃态的本质及玻璃化转变还存在广泛的争议，有待进一步的研究。一般认为玻璃化转变是类似于二级相变的转变，与高分子链链段协同运动能力的冻结有关。实际操作中，基于不同的测定方法，玻璃化转变温度的具体测定结果也会有一定的不同，但变化往往在几度之内，对应用没有太大的影响。

（张文彬）

玻璃转变 glass transition 非晶态物质从液态到结构无序固态（玻璃态）的转变。玻璃态通常是通过快速降温液体以避免结晶来实现。玻璃态的结构长程无序与液态类似，而其在动力学实际观察的时间尺度上相对缓慢，与固体类似。玻璃转变温度（T_g）在实验上通常定义为降温曲线上玻璃态和过冷液态的交线对应的温度。该转变温度在熔点以下，体系结构没有弛豫到平衡，因此玻璃态是热力学非平衡态。玻璃转变与物理过程（如降温速率等）相关，因此转变温度不是定值而是一个温度范围。与一级相变时热力学物理量发生跃变不同，体系的热力学量（能量、熵、体积等）与动力学量在玻璃转变时连续变化。此外，玻璃转变时体系动力学行为在很窄的温度区间极速变缓而结构无明显变化，因此一般不认为玻璃转变是相变，而是一个动力学的冻结过程。

熵是描述体系无序程度的热力学量，在晶体态熵最低。玻璃转变过程中熵连续变化，从玻璃转变点以上与液态类似的值连续变化到转变温度以下与固态类似的值。如果熵的值一直沿过冷液态的趋势降低，在玻璃转变温度以下某个温度T_K会出现液态的熵小于晶体态的熵，即熵危机，对应的温度T_K称为考兹曼温度。这一温度对应的玻璃态叫理想玻璃态。由于体系的熵等热力学量在玻璃转变时具有连续相变的某些特征，因此玻璃转变是否为一个长时间极限下的二级相变（如液态到理想玻璃态的转变）仍是需要继续研究的课题。（徐莉梅）

玻姆扩散　Bohm diffusion　由D.玻姆等在1946年为了解释在实验中磁约束带电粒子在垂直磁场方向的扩散比由粒子弹性碰撞引起的经典扩散大得多而提出的一种半经验的理论。玻姆提出的半经验扩散系数为：

$$D_B = \frac{1}{16}\frac{kT}{eB}$$

式中k、T、e和B分别为玻尔兹曼常数、温度、电子电荷和磁场强度。它与经典扩散系数$D_\perp$最大的不同在于：①与磁场的一次方（而不是二次方）成反比；②与温度因而粒子在磁场中的回旋轨道运动有关。两扩散系数之比可写为：

$$\frac{D_B}{D_\perp} = \frac{1}{16}|\omega_c|\tau$$

式中ω_c、τ分别为粒子在磁场中的回旋频率和弹性碰撞时间。因此在磁场足够强，即$\omega_c\tau = \frac{\omega_c}{\nu} \gg 1$（即回旋频率远大于碰撞频率）时，玻姆扩散造成的粒子扩散损失会远大于经典扩散。在大多数磁约束装置中，实验显示的粒子扩散是更接近玻姆扩散的B^{-1}定标而不是经典扩散的B^{-2}定标，只是其扩散速度一般都小于玻姆扩散速度。

玻姆扩散只是一个实验定标关系，理论上认为这可能是由于等离子体中存在的扰动（湍流）电漂移粒子流$\boldsymbol{E}\times\boldsymbol{B}$造成的。这个垂直磁场方向的扰动电场$\boldsymbol{E}$则可以由多种原因所产生。（胡希伟）

玻色，S.　Satyendra Bose（1894-01-01～1974-02-04）　印度物理学家。生于加尔各答，卒于加尔各答。1915年毕业于加尔各答大学，1924～1925年于巴黎在P.朗之万指导下进行工作。1926～1945年任达卡大学教授和物理系主任。1945～1956年任加尔各答大学教授。1949～1950年任印度国家科学院主席。1958年当选为英国皇家学会会员。

玻色最主要的贡献是建立了一种量子统计——玻色统计。玻色于1924年7月将第一篇论文《普朗克准则和光量子假设》寄给A.爱因斯坦征求意见。爱因斯坦立即将它译成德文并加注，高度评价了玻色的工作，推荐发表在德文物理学期刊上。这篇论文采用计数光子系统所有可能的各种微观状态的统计方法，导出了黑体辐射的普朗克公式，证明了普朗克公式可以从爱因斯坦量子气模型导出。同年，爱因斯坦把玻色统计方法推广到静止质量不为零、粒子数不变的系统上，建立了量子统计学中两种统计方法之一的**玻色-爱因斯坦统计**。以后P.A.M.狄拉克把服从玻色-爱因斯坦统计的粒子，称为**玻色子**，它们具有整数自旋（0, 1, 2, ⋯），如光子和介子等。相同的玻色子组成的系统的波函数对于粒子的交换是对称的。此外，他对电离层的电磁性质、X射线晶体学和热致发光理论，以及统一场论均有贡献。（戴念祖）

玻色-爱因斯坦凝聚　Bose-Einstein condensation; BEC　遵从**玻色-爱因斯坦统计**且总粒子数守恒的理想气体，当温度低于一个极低但非零的转变温度T_c时，占全部粒子数有限百分比的（宏观数量的）部分将聚集到单一的粒子最低能态上的现象。这是1925年**A.爱因斯坦**将**S.玻色**提出的处理黑体辐射（光子气体）的方法推广到实物粒子理想气体得出的理论预言。后来被称为玻色-爱因斯坦凝聚（BEC）。聚集到最低能态上的所有粒子的集合被称为玻色-爱因斯坦凝聚体。

到20世纪30年代末期，BEC理论并没有受到物理学界广泛的关注。一般认为，凝聚需要依靠分子之间的相互作用力。对理想气体，粒子之间的相互作用已被忽略，不会发生凝聚。由于历史条件的限制，当时物理学家（包括爱因斯坦本人在内）还不知道全同多粒子系存在量子起源的统计关联：对玻色子是有效吸引，对费米子是有效排斥。自然也就不能理解，对于玻色气体即使忽略了动力学相互作用，仍有可能在特定条件下，由于有效相互作用而发生凝聚现象。

1938年F.伦敦提出液氦（^4He）从正常态转变为超流态的λ相变可能是玻色-爱因斯坦凝聚的一种表现形式。他用爱因斯坦的T_c公式估算出λ相变的温度为3.09K，接近实验值2.17K，并把差别归结为液氦分子之间所存在的强的相互作用的结果。此后，BEC逐渐被人们所接受。物理学家后来认识到，无论超导相变还是超流相变，都是BEC的某种形式，但它们与理想玻色气体有很大的不同。后来的中子散射实验表明，处于极低温度下的液氦中，有大约10%的粒子凝聚在最低能态上。

1976年，W.斯特瓦勒与L.偌萨诺伍通过计算基态能量，证明强磁场下的氢原子气体可保持到绝对零度。80年代初，美国、法国和苏联的物理学家发展了冷却和囚禁中性原子的激光冷却和磁光囚禁以获得超低温的方法，为BEC的实现提供了必要的实验基础。80年代中期，开始了探索用稀薄碱金属原子气体实现BEC的道路。经过不懈的努力，终于在1995年6月由美国国家标准技术研究所与科罗拉多大学联合实验室的C.E.威曼和E.A.科纳尔的研究组首先用激光冷却和蒸发冷却相结合的方法，将^{87}Rb原子气体温度降至约170nK，观察到原子的速度分布呈现尖锐的峰，这是BEC最清楚的标志。他们还进一步将气体冷却至20nK，得到包含约2000个原子的凝聚体。同年9月，W.克特勒研究组在^{23}Na原子气体中观察到BEC，并获得具有5×10^5原子的凝聚体。3人共同获得2001年诺贝尔物理学奖。1998年用自旋极化原子氢实现BEC的途径，也最终获得成功。迄今为止，有许多物理系统在低温下都展现出玻色-爱因斯坦凝聚的现象。

对于满足热力学极限的均匀理想玻色气体，爱因斯坦所导出的BEC的转变温度为：

$$T_c = \frac{h^2}{2\pi mk}\left(\frac{n}{2.612}\right)^{2/3}$$

上述条件可等价地表达为无量纲相空间密度$\rho_{ph} = n\lambda_T^3 = 2.612$，式中$n$为粒子数密度；$\lambda_T = h/(2\pi mkT)^{1/2}$为粒子的热德布罗意波长，它随温度的降低而增大。上式的物理意义代表$\lambda_T \approx \bar{d}$时，即粒子的热德布罗意波长与粒子之间的平均距离$\bar{d}$可比拟时，粒子波包之间将发生高度重叠，气体变成强简并的量子气体，具有强的统计关联，从而发生BEC。可以证明，在发生BEC处比热连续但其微商不连续，因此BEC是三级相变。

由于宏观量的粒子处在同一个量子态上，即有宏观多数目的粒子表现出一模一样的行为。这保证了该体系在宏观尺度上的相干性。因此玻色-爱因斯坦凝聚体可以用单一波函数描述。玻色－爱因斯坦凝聚因此成为宏观量子现象的一个主要的研究对象。由于这种宏观量子性质，形成玻色－爱因斯坦凝聚的体系不仅表现出超流的性质，还会表现出诸如**约瑟夫森效应**、形成稳定的量子涡旋等其他性质。对新的量子流体（量子气体）的研究，如非均匀约束，排斥或吸引相互作用，多组分和旋量凝聚体，凝聚体的超流动性质，相互作用对热力学、动力学和元激发的影响，以及超出平均场理论的更为完善的理论等，都得到迅速的发展。

超冷原子中玻色－爱因斯坦凝聚的实现是近20年来原子分子物理发展的一个重大里程碑。由于其卓越的可调控性，它成为原子分子物理、量子光学、凝聚态物理、量子信息和量子计算以及精密测量等前沿学科的交叉点。凝聚体是一种新的物态，研究这种相干原子波的相干效应以及相应的原子激光和原子光学受到极大的关注。开发原子激光器以及它在原子光学及精密测量中的应用，对于技术发展产生了重要的推动作用。

（林宗涵　张世忠　翟　荟）

玻色－爱因斯坦统计　Bose-Einstein statistics　近独立全同（不可分辨）玻色子所遵从的统计规律。在近独立条件下，具有N个全同粒子的系统的哈密顿量H是所有粒子的单粒子哈密顿量之和$H=\sum_{i=1}^{N}h_i$。系统的微观状态由系统的波函数描述。玻色子是自旋量子数为整数的粒子。根据量子力学，不可分辨的全同玻色子组成的系统的波函数是交换对称的。交换对称的H的本征函数构成系统的完备本征函数集。在给定系统能量E的条件下，根据统计物理的基本假设，系统等概率处于能量为E的交换对称H本征函数所描述的微观。设单粒子能级用ϵ_l表示，其能级的简并度为g_l，$l=0,1,2,\cdots$微观状态由这些单粒子量子态被占据的方式决定。

如果有n_l个粒子处于能级ϵ_l上，则：

$$\sum_l n_l = N$$

$$\sum_l n_l \epsilon_l = E$$

这称为一个分布$\{n_l\}$。此分布对应的系统的微观状态的数目记为$W(\{n_l\})$。

对于某个给定的单粒子能级l，n_l个粒子共有W_l种方式占据g_l个简并态。考虑到粒子的不可分辨性，以及玻色子每个态上粒子占据数不限，这个数目为：

$$W_l=\frac{(n_l+g_l-1)!}{n_l!(g_l-1)!}$$

再考虑到不同能级之间粒子交换不改变交换对称的波函数，所以总的微观状态数为：

$$W(\{n_l\})=\Pi_l W_l$$

对于宏观系统，不同的分布对应的微观状态数差别很大。可以记微观状态数最多的分布为$\{\overline{n}_l\}$，在计算热力学量时忽略其他分布对应的微观状态。

考虑分布必须满足的约束条件，利用拉格朗日乘子法可求出：

$$\overline{n}_l=\frac{g_l}{e^{\alpha+\beta\epsilon_l}-1}$$

这个分布就是玻色－爱因斯坦分布。通过与热力学公式的对比可以知道两个参数α和β的物理意义：

$$\alpha=-\frac{\mu}{k_B T}$$

$$\beta=\frac{1}{k_B T}$$

式中μ为粒子的化学势；T为温度；k_B为玻尔兹曼常数。

根据玻色－爱因斯坦分布，可以计算系统的相关热力学量。

玻色－爱因斯坦统计最早由印度物理学家S.**玻色**提出，之后被A.**爱因斯坦**接受并与玻色共同发展。这一理论可以用来解释包括光子气体行为、液氦超流等的一系列物理现象。它的一个直接推论就是玻色子在低温下聚集到低能级的行为，称为**玻色－爱因斯坦凝聚**。

（郭文安）

玻色峰　boson peak　通过中子衍射、拉曼光谱和红外光谱、比热、热导等实验方法发现非晶态物质中声子的振动态密度偏离晶体中的能量二次方关系，而出现过剩的振动态密度的普遍现象。玻色峰出现的频率范围在太赫兹（THz）附近，声子的色散关系仍为线性。在中子衍射或拉曼光谱实验中玻色峰表现出，测量得到非关联散射因子$S(Q,\omega)$普遍在0.1～5.0毫电子伏的能量区间内偏离德拜模型的预计结果。而在比热测量中玻色峰表现为，当把非晶态物质的比热除以温度的3次方，会在10开附近出现一个峰值，该行为与1开温度以下的比热异常实验现象不同，不能用**两能级模型**解释。玻色峰的本质尚未完全认识清楚，一般有三种观点：第一种观点认为玻色峰来源于无序（如力学常数和原子排列的无序）对声学波激发的强散射，与玻璃的本质特征直接关联，与双能级系统模型无关；第二种观点认为玻色峰起源于玻璃的结构不均匀性；第三种观点认为玻色峰起源于非晶态物质中存在软化的局域振动模。

（罗　强）

玻色子　boson　物理学家P.A.M.狄拉克以物理学家S.玻色姓氏命名的一类粒子。在量子理论中，玻色子服从**玻色－爱因斯坦统计**。按照自旋－统计定理，无自旋和整数自旋（以$\hbar$为单位）的粒子服从玻色－爱因斯坦统计，因此都称为玻色子。玻色子系统在极低温下会产生**玻色－爱因斯坦凝聚**现象。玻色子可以是基本粒子，也可以是复合粒子，甚至是准粒子或集体激发模。粒子物理学中的希格斯粒子、传递电磁相互作用的光子等是玻色子；强子中的介子（比如π介子）是复合粒子并具有整数自旋或零自旋，因此也是玻色子；凝聚态系统中的准粒子如声子、库珀对等也具有玻色子特性。

（廖　益）

玻意耳，R.　Robert Boyle（1627-01-25～1691-12-30）　英国物理学家、化学家。生于爱尔兰利斯莫尔，卒于伦敦。曾在伊顿公学读书，后在瑞士、法国、意大利学习。

1654年到牛津大学后开始从事系统的物理学和化学的研究工作。积极参加了英国皇家学会的创建活动，1680年被选为皇家学会会长。终生未婚。

1659年玻意耳在R.胡克协助下改进O.von盖利克发明的空气泵，利用它作了许多实验，观察到稀薄空气下水的沸腾，真空中虹吸失效及毛细管效应等现象。他把这些实验结果汇编成《涉及空气弹性及其效果的新物理——力学实验》(1660)一书。这本书引起了耶稣教徒的诘难，认为其中有诈。为此，他在助手R.汤利的协助下，对一端封闭的弯管内气体体积随压强的变化做了实验研究，发现了气体体积与压强的反比关系（《关于空气的弹性与重量学说的答辩》，1662）。这是在力学运动以外的第一个自然定律。1676年法国物理学家E.马略特也独立总结出在温度恒定时气体的压强与体积成反比的定律，在表述上比玻意耳完整，数据更令人信服。因此，这一定律以后被称为玻意耳－马略特定律。玻意耳在物理上其他成就还有：主张热是分子的运动，首先提出色光是白光的变种，观察到静电感应现象，指出化学发光现象是冷光等。

玻意耳是近代化学的开拓者之一。他反对当时还残存的中世纪炼金术，主张物质的微粒学说，提出了接近于近代化学元素的概念，区分了化合物和混合物，曾做了大量化学实验。玻意耳强调实验的重要意义。他从事实验的面很广，在流体静力学、热学、声学、医学、生物学、生理学等方面也做过许多实验，对以后实验物理学的发展有积极影响。

玻意耳的晚年热衷于调和宗教与自然科学的矛盾。他捐款设立玻意耳讲座，专门用来进行反对无神论的宣传。

（邹延肃）

玻意耳定律 Boyle's law 气体等温变化所遵循的规律。该定律可表述为：一定质量的气体，当温度保持不变时，它的压强 p 和体积 V 成反比，即 $pV=$ 常数。常数的数值决定于气体的温度和克分子数。理想气体严格遵循这个规律，其他气体在压强不太高、温度不太低时也遵循这个规律。由英国科学家R.玻意耳和法国物理学家E.马略特分别在1662年、1676年各自通过实验发现，故又称玻意耳－马略特定律。

（仲 佰）

伯格斯回路 Burgers circuit 在实际晶体中，从距位错一定距离的原子出发，以到相邻原子为一步，沿逆时针方向绕位错线所作的一个闭合晶体点阵回路。利用伯格斯回路的方法，可以确定**伯格斯矢量**。伯格斯矢量是表征位错性质最重要的量，其大小表征位错的强度，其相对于位错线的取向表征位错的类型。

（李建奇）

伯格斯矢量 Burgers vector 表征**位错**的类型和性质的滑移矢量。是位错尺寸的量度。当位错在晶体内滑动时，原子沿着某一特定的方向相对于其邻近原子切变了某一特定的距离，表示这种原子位移的矢量定义为位错的伯格斯矢量。

（杨槐馨 李建奇）

伯克兰，K. Kristian Birkeland（1867-12-13～1917） 挪威地球物理学家，磁层物理的奠基人。生于克里斯蒂安尼亚（今奥斯陆），卒于日本。

1890年在克里斯蒂安尼亚大学获得相当于硕士的学位，1898年成为该大学的物理学教授。为了筹集进行极光研究所需的大量经费，他花了几年的时间进行技术和应用物理方面的研究。他与S.埃德共同得到利用电磁固氮肥的专利，成为挪威工业的主要创业人，为他以后组织科学家在极光研究方面取得重大成果创造了条件。

1895年，伯克兰在一块磁铁附近进行阴极射线实验时，注意到电子导向磁极的现象。1896年提出了来自太阳的电子可直接产生极光的理论。为了验证这一理论，他在真空室中做了模拟日地系统的实验，即著名的地球模型实验，首次在实验室内产生了人工极光。

伯克兰也十分重视极光和地磁的实地观测工作。他多次组织北极探险队，在气候条件十分恶劣的极区建立了四个高山观测台。根据观测资料，他把全球的地磁扰动分为三种“元扰动”：赤道扰动（磁暴）、极区元磁暴（即磁层亚暴）和环中磁暴（几乎都在日照半球发生的一种磁暴，现把它归因于硬太阳耀斑光子）。为了说明磁扰动的产生，他提出一种沿地磁场的垂直电流体系模式，这种电流体系现在被称作伯克兰电流。

（周 炜）

伯努利，D. Daniel Bernoulli（1700-02-08～1782-03-17） 瑞士物理学家、数学家、医学家。生于荷兰格罗宁根，卒于瑞士巴塞尔。著名的伯努利家族中最杰出的一位。

他是数学家J.伯努利的次子，和他的父辈一样，违背家长要他经商的愿望，坚持学医，曾是一位外科名医。由于自幼受父叔兄弟学术思想的熏陶，最后还是转向研究数学和力学。他和L.欧拉曾在圣彼得堡科学院共事，既是亲密朋友，也是竞争对手。他们都曾以25年中获得10次法兰西科学院奖而闻名于世。伯努利在25岁时（1725）就应聘为圣彼得堡科学院的数学院士。8年后回到瑞士的巴塞尔，先任解剖学教授，后任动力学教授，最后任物理学教授。他离开圣彼得堡之后，就开始了与欧拉之间最受人称颂的科学通信。他向欧拉提供最重要的科学信息，欧拉运用杰出的分析才能和丰富的工作经验，给予最迅速的回助。他们先后通信40年，最重要的通信是在1734～1750年。他们的通信录是了解伯努利的重要资料。

伯努利的贡献涉及医学、力学、数学，而以流体动力学最为著名。流体动力学这个学科就是由他命名的。他著有13章的《流体动力学》。他用流体的压强、密度和流速作为描写流体运动的基本物理量，写出了流体动力学的基本方程，后人称之为伯努利方程。提出了“流速增加，压强降低”的伯努利原理。他还提出把气压看成气体分子对容器壁表面撞击而产生的效应，建立了分子运动论和热学的基本概念，并指出了压强和分子运动随温度升高而加强的事实。从1728年起，他和欧拉还共同研究弹性链和梁的力学问题，包括这些物体的平衡曲线，还研究了弦和空气柱的振动。他曾因天文测量、地球引力、潮汐、磁学、洋流、船体航行的稳定性、土星和木星的不规则运动和振动理论等成果而获奖。他在概率论方面也做了大量重要的工作。他几乎对当时每个科学的前沿问题都有重要贡献，特别是航海中的问题。他的父亲曾和他合作，分享有关行星轨道研究的奖励。

（钱伟长）

伯努利定理 Bernoulli's theorem 表述密度均匀的无黏性流体做定常流动时，沿流线总能量守恒的定理。定常流动指流场中任一点的物理量如速度、压强、温度、密度等均不变的流动。流线指流体内任一点的运动轨迹。伯努利定理是**流体力学**的基本定理之一，它建立起质点速度同压力、密度和其他量之间的关系。瑞士学者丹尼尔第一·伯努利在1738年从实验和推理中创立。

对于密度均匀的水沿着高程表变化的管道中的定常流，伯努利定理写成方程的形式是：

$$\frac{p}{\rho}+\frac{v^2}{2}+gh=C$$

式中 p 为压强；v 为水流质点速度；g 为重力加速度；ρ 为密度；h 为高度；C 为常数。方程左边是单位质量水流的压力能、动能和势能之和。整个式子表示单位水流的总能量沿流线守恒。

根据伯努利定理可以推出一系列重要结果。如E.托里拆利导出了大容器内的水在重力作用下从小孔流出时，由他姓氏命名的托里拆利公式 $v=\sqrt{2gh}$，式中 v 为小孔处的水流速，h 为小孔到大容器内水面的距离。可见，小孔处水的流速与质点从液面自由下落到达小孔时的速度相同。应用伯努利定理还可以阐明飞机在飞行时机翼为什么会受到举力。当气流吹过机翼时，下面的流速较上表面的低，根据伯努利定理推出，下表面的压力高于上表面的压力，由此产生了向上的举力。快船从两个停泊的船中间穿过时，因与两船的距离不等，常被“吸引”到一船旁并与之相撞，以致发生严重的沉船事故。伯努利定理在水力学和应用流体力学诸如无黏性流体的管道输运中有着广泛的应用。

（范宝新）

泊松括号 Poisson bracket 包含广义动量（$p_1,p_2,\cdots,p_N$）、广义坐标（$q_1,q_2,\cdots,q_N$）和时间t的两个任意函数u和v的算式：$\sum_{i=1}^{N}\left(\frac{\partial u}{\partial q_i}\frac{\partial v}{\partial p_i}-\frac{\partial u}{\partial p_i}\frac{\partial v}{\partial q_i}\right)$用（$u,v$）表示，称为泊松括号。泊松括号有下列一些数学特性：

①若c是一个常数，$(c,v)=0$；

②$(u,v)=-(v,u)$；

③$(cu,v)=c(u,v)$；

④$(u+w,v)=(u,v)+(w,v)$；

⑤$\frac{\partial}{\partial t}(u,v)=(\frac{\partial}{\partial t},v)+(u,\frac{\partial v}{\partial t})$。

恒等式：

$$[(u,w),v]+[(w,v),u]+[(v,u),w]\equiv 0$$

称为泊松恒等式。

下面是泊松括号的一些力学特性：

①$(q_i,q_j)=0$，$(p_i,p_j)=0$，$(q_i,p_j)=\delta_{ij}$。δ_{ij}的意义是：当$i=j$时，$\delta_{ij}=1$；当$i\neq j$时，$\delta_{ij}=0$。

②泊松括号是正则变换的不变式。

③泊松括号和下列拉格朗日括号$[u,v]=\sum_{i=1}^{N}\left(\frac{\partial q_i}{\partial u}\frac{\partial p_i}{\partial v}-\frac{\partial q_i}{\partial v}\frac{\partial p_i}{\partial u}\right)$，有关系式：$\sum_{r=1}^{2N}(u_r,v_i)[u_r,v_j]=\delta_{ij}$。

④若$f(q,p,t)=c$是正则方程$\frac{\mathrm{d}q_i}{\mathrm{d}t}=\frac{\partial H}{\partial p_i}$，$\frac{\mathrm{d}p_i}{\mathrm{d}t}=-\frac{\partial H}{\partial q_i}$（$i=1,2,\cdots,N$）的一个一次积分，则有关系式$\frac{\partial f}{\partial t}+(f,H)=0$。

⑤若$u(q,p,t)=c_1$和$v(q,p,t)=c_2$是正则方程的两个一次积分，那么$(\mu,v)=c_3$也是这正则方程的一个一次积分，证明应用了泊松恒等式。

（汪家訸）

博戈留波夫变换 Bogoliubov transformation 由N.N.博戈留波夫和J.G.瓦拉丁在1958年分别独立提出的场模的变换理论。博戈留波夫变换常用于哈密顿量的对角化，它对于一些弯曲时空量子效应，如霍金辐射和安鲁效应的研究也具有重要意义。在场量子化的过程中需要选择一组正交完备场模对场算符展开。一般正交完备场模的选取方式并不唯一。以标量场$\varphi(t,x)$为例，可以分别用两组正交完备的场模展开：

$$\varphi(t,x)=\sum_j[a_j u_j(t,x)+a_j^{+}u_j^{*}(t,x)]$$

$$\varphi(t,x)=\sum_j[\bar{a}_j\bar{u}_j(t,x)+\bar{a}_j^{+}\bar{u}_j^{*}(t,x)]$$

因为两组场模都是完备的，所以$\bar{u}_j(t,x)$可以用$\bar{u}_j(t,x)$展开：

$$\bar{u}_j(t,x)=\sum_i[\alpha_{ji}u_i(t,x)+\beta_{ji}u_i^{*}(t,x)]$$

同理，所以$u_j(t,x)$也可以用$\bar{u}_j(t,x)$展开：

$$u_i(t,x)=\sum_j[\alpha_{ji}^{*}\bar{u}_j(t,x)-\beta_{ji}\bar{u}_j^{*}(t,x)]$$

这种场模间的变换就是博戈留波夫变换，其中系数矩阵α_{ji}、β_{ji}称为博戈留波夫系数。值得注意的是，当博戈留波夫系数$\beta_{ji}\neq 0$时，两组场模定义的真空不等价，即：

$$a_i|\bar{0}\rangle=\sum_j\beta_{ji}^{*}|\bar{1}_j\rangle\neq 0$$

（余宏伟）

博特，W. Walther Bothe（1891-01-08～1957-02-08） 德国实验物理学家。生于柏林附近的奥兰宁堡，卒于海德堡。1914年获柏林大学哲学博士学位。第一次世界大战期间在俄国被捕，被送往西伯利亚一年，在那里他继续研究理论物理，还学习了俄文，1920年被遣返德国。先后任柏林大学（1920～1930）、吉森大学（1931～1934）和海德堡大学（1934～1957）教授。

博特的主要贡献是发明了符合测量法：利用两个盖革计数器组成的符合电子线路，记录同时发生且彼此相关联的两个事件。1924年，他以此方法证实康普顿散射中单个光子和电子的碰撞也符合能量和动量守恒定律，从而否定了N.玻尔于1924年提出的该定律在微观领域只有统计平均意义的说法。这种符合测量法，很快被用到宇宙射线和核物理的许多领域。1929年，他和同事以此法发现宇宙射线不像过去人们相信那样完全由硬γ射线组成。1930年又发现铍受一种未知粒子轰击后产生一种异常辐射，后由英国J.查德威克证实为中子。他还从事中子物理和宇宙射线等方面的研究。第二次世界大战期间，负责建造德国第一座回旋加速器，于1943年完成。由于提出了符合法和用这一方法做出的各种发现，博特获1954年诺贝尔物理学奖。

（郭奕玲）

博伊尔，W. Willard (Sterling) Boyle（1924-08-19～2011-05-07） 加拿大/美国物理学家。生于加拿大阿默斯特，卒于加拿大新斯科舍省华莱士。1947年、1948年和1950年分别获麦吉尔大学学士、硕士和博士学位。1951年任职于麦吉尔大学辐射实验室，1952～1953年任加拿大皇家大学军事学院教授。1953年加入贝尔实验室。

1962年，博伊尔与同事D.尼尔森研制出第一台红宝石连续激光器。同年，博伊尔担任贝尔实验室下属空间科学和探索研究部主任。他曾参与阿波罗计划，帮助选择登月着陆点。1964年，博伊尔回到贝尔实验室半导体部门工作研发信息存电荷耦合器件。1969年，博伊尔与同事G.E.史密斯合作研制出电荷耦合器CCD。CCD是基于光电效应的图像传感器，即光电池阵列发出的电子数与入射光强成正比。CCD由一种高感光度半导体材料制成，能将光线转变成电荷，通过模数转换器芯片转换为数字信号，数字信号经压缩后由相机内部闪速存储器或内置硬盘卡保存。从而易于将数据传输给计算机，并借助计算机处理手段修改图像。该发明用电子捕获光线代替以往的胶片成像，带来摄影技术革新，推动医学和天文学发展，广泛应用于疾病诊断、人体透视及显微镜外科等领域。2009年，博伊尔与史密斯因发明数码相机图像感应器——“感光半导体电荷耦合器件”而分享诺贝尔物理学奖。

（刘金岩）

薄珏 Bo Jue（约1606～？） 中国明末望远镜制造者。字子珏。长洲（今属苏州）人。于崇祯七年（1634）或之前一二年制成开普勒式望远镜，崇祯八年（1635）在安庆战役中以此镜观察农民起义军之远近，并指挥炮击，是世界上最早在军事实战中使用望远镜的人。善于制造铜炮，制水车、水铳、地雷、地弩等器，以后又制造浑天仪。明亡（1644），隐遁嘉兴，晚年生活窘迫，在贫困交加中死去。

（王 飚）

不对称欧拉陀螺 asymmetric Euler's top 不受外力矩而自由转动，且三个主转动惯量彼此不等的刚体。选取质心为空间坐标系和本体坐标系的共同原点，不对称欧拉陀螺有总角动量$\boldsymbol{J}$和总能量E两个首次积分：

$$\boldsymbol{J}^2 = I_1^2\omega_x^2 + I_2^2\omega_y^2 + I_3^2\omega_z^2$$

$$E = \frac{1}{2}(I_1\omega_x^2 + I_2\omega_y^2 + I_3\omega_z^2)$$

将它们与欧拉动力学方程：

$$I_3\dot{\omega}_z - (I_1 - I_2)\,\omega_x\omega_y = 0$$

联解可得：

$$I_3\dot{\omega}_z - (I_1 - I_2)f_1(\omega_z)f_2(\omega_z) = 0$$

其中：

$$f_1(\omega_z) = \omega_x = \pm\sqrt{\frac{J^2 - 2EI_2 - I_3(I_3 - I_2)\omega_z^2}{I_1(I_1 - I_2)}}$$

$$f_2(\omega_z) = \omega_y = \pm\sqrt{\frac{J^2 - 2EI_1 - I_3(I_3 - I_1)\omega_z^2}{I_2(I_2 - I_1)}}$$

定量结果一般需要通过数值计算获得，但潘索几何法可以给出定性图像：代表陀螺的中心惯量椭球在固定不变的平面上做纯滚动。

不对称欧拉陀螺沿不同方向的转轴转动时，对外界扰动的响应是不一样的。绕主转动惯量为最小或最大的主轴转动时是稳定的，而绕主转动惯量取中间值的主轴转动时是不稳定的。（秦　敢）

不可逆过程 irreversible process　系统从初态出发变到末态所经历的一种过程。对应该过程找不到一个能使系统和外界都复原的过程，即原过程是不可逆的。见**可逆过程**。

不可逆过程热力学 thermodynamics of irreversible process　研究处于非平衡状态的热力学系统在趋向平衡时出现的不可逆过程的性质及演变规律的热力学分支。又称非平衡态热力学。不可逆过程通常发生在开放系统中，外界与系统之间既有能量又有物质交换。描述系统状态的宏观热力学量是空间时间的函数，达到稳定态时它们只与空间有关。但过程的演变总伴随着系统熵的增加。研究表明，对于偏离平衡不远的非平衡系统，稳定态在其中所扮演的角色恰似平衡态在孤立系中。因为后者的熵最大，而前者的熵增率最小。单位时间里单位体积熵增加的数值叫作系统的熵增率。

局域平衡　不可逆过程热力学主要研究能处理为连续介质的宏观系统，其理论框架的一个基本构件是假设系统处于**局域平衡**。就是说能把系统分隔为足够小的小体元，以使其中描述系统状态的热力学量变化很小；同时小体元又足够大，以致可将其处理为周围介质包围的宏观热力学子系。因此，在每个小体元中可定义局域热力学变量诸如温度$T(\boldsymbol{r},t)$、压强$p(\boldsymbol{r},t)$、浓度$C(\boldsymbol{r},t)$、内能$U(\boldsymbol{r},t)$和熵$S(\boldsymbol{r},t)$等，它们在空间形成连续的、随时间变化的场。因此，不可逆过程热力学理论组成之一，就是写出与上述场变量有关的守恒方程：给出系统状态演变的局域描述。局域平衡假设成立，意味着局域的热力学方程仍然有效，即：

$$T\mathrm{d}s = \mathrm{d}u + p\mathrm{d}v - \sum\mu_i\mathrm{d}c_i$$

式中s、u分别为单位质量的熵和内能；$v=1/\rho$是系统的比容；而脚注i表示系统组元的标号，故μ_i是第i组元的化学势；c_i为第i组元的质量百分数。为了将上式推广应用到具有对流的动力学系统，假设它对处于宏观运动系统的质心参考系成立；再考虑到对于满足局域平衡的系统，发生在相邻小体元之间的过程在热力学上是缓慢的，故下列本质微商式成立：

$$T\frac{\mathrm{d}s}{\mathrm{d}t} = \frac{\mathrm{d}u}{\mathrm{d}t} + p\frac{\mathrm{d}v}{\mathrm{d}t} - \sum\mu_i\frac{\mathrm{d}c_i}{\mathrm{d}t}$$

若把上式联立场变量的守恒方程如质量、动量、角动量和能量守恒方程，可得局域熵密度的守恒方程：

$$\rho\frac{\mathrm{d}s}{\mathrm{d}t} = -\mathrm{div}J_s + \sigma_s$$

式中J_s是熵通量；$\sigma_s = \sum Y_iX_i \geqslant 0$叫作熵增率，表示单位时间内在单位体积中因不可逆过程引起的熵增长，即熵源强度。σ_s由两个因子乘积之和组成；Y_i因子称为热力学流，在不同的物理问题中它们可以是热流、物质流、动量流（或黏滞应力张量）和化学反应率等；X_i因子是与热力学流Y_i相共轭的广义力，它们相应地可为温度梯度、化学势梯度、速度梯度和化学亲和势等。

近平衡区　不可逆过程热力学理论框架的另一个基本构件是在实验观测的基础上，定义特定系统中联系热力学流和与之共轭的广义力之间关系的结构方程。对于偏离平衡不远的系统（近平衡区），通常假设线性关系成立：

$$Y_i = \sum L_{ik}X_k$$

式中的L_{ik}是表征第k个广义力诱发第i个热力学流的线性唯象系数。唯象系数L_{ik}矩阵的对角元确定“基本”的输运过程，如熟知的电流密度欧姆定律、热传导傅里叶定律、扩散斐克定律和黏滞流动牛顿定律及相应的唯象系数是电阻率、热导率、扩散系数和黏滞率。唯象系数L_{ik}的非对角元描述“交叉”的输运过程，如由温度分布不均匀引起物质输运的热扩散和浓度分布不均匀引起热传导的索雷特效应等。

居里定律和昂萨格倒易关系式　不可逆过程热力学理论框架的再一个基本构件是对唯象系数L_{ik}的非对角元可取的数值做出限制，从而减少系统独立变量的数目，并且把性质不同的物理现象联系了起来，这就是居里定律和昂萨格倒易关系式。居里定律确认，并非每个流的分量都与热力学力的所有分量有关联，一部分唯象系数L_{ik}会因系统的对称性质而恒等于零。对于一个各向同性系统，居里定律进一步确认，不同张量特性的流和力是互不耦合的，故熵增率可写成三项的乘积之和：

$$\sigma_s = \sum Y_iX_i + \sum Y_jX_j + \sum Y_kX_k \geqslant 0$$

式中角标i、j和k分别表示对标量（如化学反应和结构弛豫现象）、矢量（如热传导和扩散现象）和张量（如黏滞流动现象）求和。

早在1854年**开尔文**已经假设，对于热电效应有$L_{ik} = \pm L_{ki}$的性质。后来，H. von **亥姆霍兹**电扩散过程时建议了类似的对称式。1931年L. 昂萨格证明了在唯象线性定律成立的热力学系统中发生的输运现象，这类对称关系式具有普遍的意义，故称之为昂萨格倒易关系式。以后的研究表明，对于有外磁场$\boldsymbol{B}$作用、以角速度$\boldsymbol{\omega}$并且与时间反演为奇的参数有关的系统而言，此关系式的普遍形式可写为：

$$L_{ik}(\boldsymbol{B}, \boldsymbol{\omega}, \sigma_1, \cdots, \sigma_l)$$
$$= \varepsilon_i\varepsilon_kL_{ki}(-\boldsymbol{B}, \boldsymbol{\omega}, -\sigma_1, \cdots, -\sigma_l)$$

式中若$\varepsilon_i = +1$，广义力X_i在时间反演下为偶函数；若$\varepsilon_i = -1$，广义力X_i在时间反演下为奇函数。将理论应用于各种物理问题时，研究互易关系的物理结论是不可逆过程热力学的课题之一。

在不可逆现象中存在一类过程，即稳态过程，其中在外界条件影响下的力和流都与时间无关。它们在不可逆过程热力学中所起的作用，类似于平衡态在热力学中。正如达到平衡态的绝热系的熵最大那样，I. 普里戈金应用昂萨格倒易关系式，证明了最小熵增率原理：线性非平衡区（或近平衡区）系统随时间总是朝着熵产生减少的方向进行；达到稳定态时熵产生最小，并不再随时间变化。最小熵增率原理说明：在近平衡区系统是稳定的，任何对定态的偏离都将随时间没灭，重新回到定态。因此，在线性非平衡区不可能发生使系统呈现新的有序结构的突变现象。

远离平衡区　远离平衡区的情况远比线性非平衡区遇到的情况要复杂，此时非平衡系统中的力和流之间的关系通常是非线性的，可把这个区域称为非线性区。流体动力学、化学和生命科学中面临的大量前沿问题，恰是远离平衡的和非线性的问题。故对远离平衡区的不可逆过程热力学理论及其应用的研究在国际上引起很大的关注和兴趣。事实上任何生命结构包括它的基本单元（细胞）都是处于极端非平衡状态的开放的热力学系统。远离平衡区不可逆过程热力学研究在这些领域取得的重要进展，使之成为当代物理学发展迅速的分支之一。

对于远离平衡的系统，在证明熵产生最小原理时应用过的线性关系和昂萨格倒易关系式不再成立。此时系统的熵产生由两部分组成：第一部分$\partial_x P_s/\partial t$是由于热力学力的改变引起的；第二部分$\partial_y P_s/\partial t$是由于流的改变引起的。普里戈金等证明第一部分熵产生是非正的，即$\partial_x P_s/\partial t \leqslant 0$。由于此结论的普遍性，把它称为演变的通用法则。对它的理论分析表明，对于近平衡区由演变的通用法则可导出熵产生最小原理，所以系统是稳定的；但对于远离平衡的非线性区的系统，就不总是稳定的。存在一个临界态，称为分支点，系统在越过分支点后，任意小的扰动譬如说涨落都可能诱发系统从稳定到不稳定态的突变，在其中呈现出新的时空有序结构。普里戈金等把这种有序结构称为耗散结构，这种现象叫自组织现象。如1900年H.贝纳德在非均匀加热的流体中观察到的有序六角形对流格子和流体在高雷诺数区出现的从层流向湍流结构的转变等现象，其中都可观察到大量分子团的有序运动。化学反应的远离平衡区观测到的非均匀和准周期性的混合物的空间有序结构和可能出现的反应时序是在空间和时间上呈现出来的耗散结构和自组织现象的重要例证（见**热力学第二定律**）。

应用　长期以来认为，19世纪发展起来的两个重要的理论——平衡的热力学理论和C.R.达尔文的进化论是互相矛盾的。热力学第二定律确认，孤立系中的过程沿熵增加方向进行，达到平衡态时熵最大。这实际上认定了孤立系中过程无序化的自发性。以致有一些学者把热力学称之为结构破缺的理论。另一方面达尔文的进化论说，自然界中不断地发生物质的自组织，使得物质世界的内在结构变得越来越多样化。两个理论给出的完全不同的结论，是否意味着热力学第二定律与生命科学的不相容，答案在于生命构造并非孤立系，而是与周围环境不断地发生物质和能量交换的开放系统。只有建立在热力学第二定律基础上的，可统一处理非孤立系中不可逆过程的不可逆过程热力学理论的发展，才能从理论和实验上揭示出，处于远离平衡状态的开放系中会发生自组织现象，从无序中产生有序，形成在时间上循环和空间上有序的耗散结构。科学家预言，生命科学关于耗散结构和自组织现象的研究将填平热力学第二定律与生命科学之间的沟壑。

正如平衡态热力学原理须用统计物理学加以解释和概括其微观基础一样，不可逆过程热力学作为一个宏观理论同样也需要研究其微观基础，形成了统计力学的一个新的分支——非平衡态统计物理学。其中涨落理论和随机过程的概念起重要作用。非平衡态统计物理学中昂萨格倒易关系式可从多粒子系统动力学行为的统计性质推出。昂萨格等曾用布朗运动形式的模型研究涨落的产生和衰退，证明了热力学关系式对偏离平衡态系统的适用性。随机过程理论方法被用来研究系统自发涨落和外加强迫力作用下的宏观响应之间的关系，得到了涨落耗散定理。不可逆过程热力学原理的合理性还可应用气体分子动理论方法加以讨论，尽管这类讨论只适用于低密度的气体系统，但因在气体动理论的基本方程——玻尔兹曼积分微分方程中已经蕴藏了不可逆性的因子，故用它得到不可逆过程中宏观量的微观描述，讨论热力学关系在偏离平衡系统中的适用性和证明昂萨格倒易关系式都是十分有益的。

（包科达）

不可逆性　irreversibility　不可逆过程所具有的性质。相对于可逆过程而言，不可逆过程是指在外界环境不发生改变的情况下，不能使逆过程完全重复正过程每个状态的过程。**热力学第二定律**表明一切与热现象相关的宏观过程都是不可逆过程，一个系统经过不可逆过程依然可能恢复到初始状态，但外界环境不可能同时恢复到初始状态。例如粒子在介质上做机械运动时总是伴随着摩擦耗散，但是当粒子回到初始位置时，摩擦耗散不能恢复。自然界中一切自发的宏观过程都是不可逆过程，且都向着熵增加的方向演化。比如热量总自发地从高温热源传到低温热源，粒子总是自发地从高浓度区向低浓度区扩散，系统总是自发地从非平衡态向平衡态演化。从微观动力学角度上看，单分子的运动遵守牛顿力学规律，其演化是可逆的，即每个分子都可能通过时间反演变换下的运动恢复到初始状态。但是，对于宏观系统，由于其组成分子数量非常庞大，所有分子都回到初始状态的时间经常会远大于宇宙的年龄。因此，微观粒子所满足运动规律的可逆性，与宏观物理过程中所观察到的不可逆性并不矛盾。在给定的宏观条件下，大量分子组成系统的微观态以及相应的宏观态都是以一定概率发生的偶然事件，系统的平衡态是概率最大的宏观态，其发生的概率远远大于其他宏观态的概率。一般情况下，初始状态可能是概率极小的状态，系统需要向更大概率的状态演化，最后达到最概然状态，即热力学平衡状态。因此，宏观系统中自发过程的不可逆，实际上是在一定的条件下系统从概率较小的宏观态向概率较大的宏观态演化的过程，同时也是一个熵增加的过程。

（艾保全）

不良溶剂　poor solvent　对高分子溶解能力较弱的溶剂。不良溶剂中，聚合物链段单元之间吸引作用远强于单元/溶剂间的吸引作用，表现出的吸引势阱超过了链段单元之间的刚性排除能垒，排除体积为负值，因此链段单元倾向于紧密聚集。在“热团”尺度以内，热能可以克服负的排除体积作用，聚合物线团采取无规行走构象。也就是说，在不良溶剂中聚合物线团尺寸-分子量标度也表现为两个区域，转变点对应于热团的尺寸和分子量。可见，该物理图像与**良溶剂**条件类似。区别在于不良溶剂条件下，排除体积为负值。

由于热团尺寸对应的转变点分子量具有溶剂性质依赖性和温度依赖性，该原理可用于聚合物分级，这是制备单分散聚合物样品的经典方法：①调整混合溶剂中不良溶剂与良溶剂比例，可控制临界溶解分子量，从而实现聚合物分子量分级；②温度影响链段单元/溶剂相互作用，从而影响排除体积数值和热团尺寸，因此可以改变溶液温度控制临界溶解分子量，实现分子量分级。

（张宝庆）

不全位错　partial dislocation　伯格斯矢量不能表示为单位点阵矢量整数倍的位错。见**全位错**。

不确定度关系　uncertainty relation　量子力学状态的一个重要性质。不确定度关系界定了用经典力学描述作为近似时的近似程度。又称测不准关系。

坐标-动量不确定度关系　W.K.海森伯从想象中的实验出发，基于德布罗意关系（见**波粒二象性**）得出测量坐标的不确定度Δq与测量动量不确定度Δp二者之间应有$\Delta q \Delta p \sim \hbar$关系，此处$\hbar$为普朗克常数$h$除以$2\pi$。测量中的不确定度是量子力学描述的微观粒子状态性质的反映，并非测量手段的不完善所导致。用量子力学可以严格证明，在力学量算符q、p满足对易关系$[q,p]=i\hbar$条件下，它们的不确定度Δq和Δp必然满足：

$$\Delta q\Delta p\geqslant\hbar/2$$

不确定度定义为：

$$\Delta q=(\langle q^2\rangle-\langle q\rangle^2)^{1/2}$$

式中⟨⟩符号代表力学量平均值，这是任意量子力学态的力学量不确定度的普遍性质。不确定度关系在量子力学中有普遍呈现，如一维谐振子的基态能量为$\hbar\omega/2$（ω为振子角频率）就是不确定度关系的体现。根据经典力学，最低能量态时粒子位于原点且动量为零，此时能量为零。根据不确定性原理，位于原点的粒子态（$\Delta q=0$）动量可任意大，动量为零的粒子态（$\Delta p=0$）坐标可任意大，因此它的能量不可能最小。将能量对Δq或Δp的变化求极小值，就得到$\hbar\omega/2$，这是位置和动量的不确定性“协调”得到最低能量的结果。这个能量被称为**零点能**。零点能在物理学中是很重要的。如激发原子的自发辐射就是电子和电磁场的零点能（又称真空涨落）相互作用的结果。

物理学中各种体系的特征能量尺度也可从不确定度关系直接得出。如原子大小为10^{-8}厘米，将电子局限在这个范围，$\Delta x\approx10^{-8}$厘米。它的动量不确定度就是$\Delta p\sim\hbar/\Delta x$，相应的能量数量级是$E\sim(\Delta p)^2/2m\sim4$电子伏（$m$为电子质量）。类似原子核的特征能量大小为百万电子伏数量级。

能量-时间不确定度关系　量子力学中还有一个能量和演化时间的不确定度关系$\Delta E\Delta t\sim\hbar$。它的地位与式(1)的位置-动量不确定度关系不同。位置与动量是一对共轭力学量，满足对易关系$[q,p]=i\hbar$。时间在量子力学中不是力学量，仅是个参数。用自由波包的演化可通过波粒二象性导出能量-时间的不确定度关系。波包的能量不确定度和动量不确定度的关系为：

$$\Delta E=\frac{\mathrm{d}E}{\mathrm{d}p}\Delta p$$

用$E=\hbar\omega$，$p=\hbar k$得：

$$\frac{\mathrm{d}E}{\mathrm{d}p}=\frac{\mathrm{d}\omega}{\mathrm{d}k}=v_g$$

因此$\Delta E=v_g\Delta p$。令波包宽度为Δx，则波包通过空间某一点所需的时间（时间不确定度）为$\Delta t\approx\Delta x/v_g$，故有$\Delta E\Delta t\approx\Delta x\Delta p\approx\hbar$。如果体系的亚稳态寿命为$\tau$，则根据能量-时间的不确定度关系，它的能级宽度应该为$\hbar/\tau$。量子力学的定态是能量本征态（$\Delta E=0$），因此寿命应为∞。但原子的激发态寿命有限，这是因为电子和辐射场的真空涨落相互作用的结果（见**量子电动力学**）。

人们还尝试着建立量子力学玻色体系的所谓数-相不确定度关系，但由于还没有能成功构建简便的可直接联系实验的厄米量子相位算符而遇到困难。　（张　礼）

不稳定腔　unstable cavity　腔中光线除去极少量特殊光线外，不管其初始条件如何，都会逸出腔外的谐振腔。不稳定腔是激光三种谐振腔类型的一种。对于简单的两个曲率半径R_1、R_2球面镜按一定间距L组成的共振腔，定义$g_i=1-\dfrac{L}{R_i}$，在满足条件$g_1g_2<0$或$g_1g_2>1$的情况下，就构成了不稳定腔。如果是凸面镜，则曲率半径R前要加负号。对于任何多个光学元件构成的复杂共振腔而言，利用往返一周$ABCD$光线传输矩阵来描述，在满足条件$A+D>2$或$A+D<-2$的情况下，就构成不稳定共振腔。对于共焦不稳定腔，$g_1g_2<0$为负支，$g_1g_2>1$为正支。正支不稳定腔有更广泛的应用。

任何不稳定腔都存在一对轴向共轭像点，这一对共轭像点发出的球面波满足在腔内往返一次成像的自再现条件。对于不稳定腔而言，其腔内任意一条光线均存在固有的横向偏折损耗，最容易起振的是一对互为共轭像点往返行进的轴向球面波。模式的横向偏折逸出损耗由腔的几何放大率因子M所决定，与镜面尺寸无关。而非轴向传输模式与轴向传输模式之间的损耗率与稳定腔相比可明显增大，不稳腔的模式分辨能力显著增强，可以获得发散角小的高亮度输出光束。一般情况下，不稳腔通常采用侧面逸出输出耦合，输出光束为中心空的环状光束。不稳定腔主要适用于增益较高和菲涅耳数较大的激光器系统。　（金玉奇）

布居数　population　原子或分子系统处在基态或激发态的粒子数。一般情况，原子或分子系统各能态的粒子布居数，处在低能态的多于处在高能态的。

布居数反转　population inversion　原子或分子系统处于高激发态的粒子数多于处在低激发态粒子数的状态。又称粒子数反转。一般情况，原子或分子系统处在低激发态粒子数多于处在高激发态的粒子数。但是在特定的条件下，如存在激光抽运、碰撞等情况，系统处于高激发态的粒子数会多于处在低激发态粒子数。一般激光器（除自由电子激光器、无反转激光器）中，产生粒子数反转是产生激光的必要条件，或形成激光的必需步骤。　（陈徐宗）

布拉菲点阵　Bravais lattice　同时考虑周期性和与之相容的对称性的点阵。又称布拉菲格子。A.布拉菲同时考虑点阵的周期性和与之相容的对称性，得到只可能有14种点阵，以不同几何形状的原胞相互区别。故称为14种布拉菲点阵。分别是面心立方、体心立方、简立方、六角、体心四方、简单四方、面心正交、体心正交、底心正交、简单正交、三角、底心单斜、简单单斜、简单三斜。布拉菲点阵的选择原则是：平行六面体内相等的棱和角的数目应最多；平行六面体棱间直角最多；选取的平行六面体的体积最小。

（施宏龙　王文忠）

布拉格定律　Bragg's law　确定X射线照射晶体发生衍射时反射强度极大方向的规律。1913年由英国物理学家**布拉格父子**（W.H.布拉格和W.L.布拉格）首先提出。

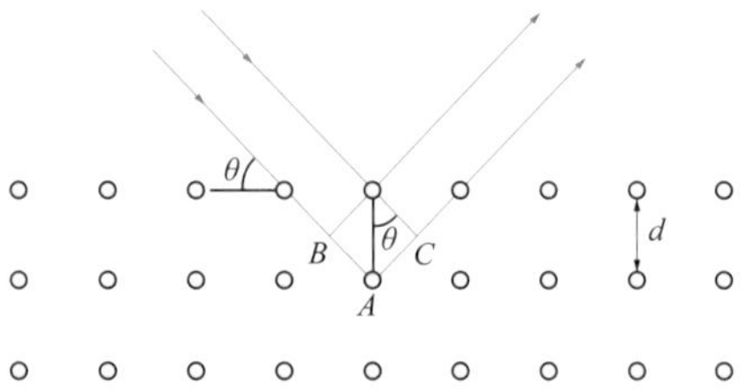

布拉格衍射

波长为λ的一束平行的X射线投射于一组晶面，被不同的晶面反射，相邻两个晶面所反射的X射线之间出现干涉。如图，当入射X射线与晶面的夹角θ（称为布拉格角）满足以下公式时，得到干涉条纹：

$$2d\sin\theta=n\lambda$$

式中d为晶面间距；若n为整数得到干涉条纹的亮点，若n为半整数则得到干涉条纹的暗点。由不同晶面在各个方向的反射极大亮点的分布图可以测定晶体的结构（见**晶体的X射线衍射**）。　（陆　栋）

布拉格父子　Bragg and his son　英国物理学家。他们的主要贡献都在X射线晶体学方面，并将X射线衍射理论和技术应用到无机化学、有机化学、土壤学、金属学和生物学等领域。

W.H.布拉格（William Henry Bragg，1862～1942）1862年7月2日生于威格顿。1881年入剑桥大学学习，1885年毕业后去澳大利亚，1885～1908年担任阿德莱德大学教授，其间1903年兼任澳大利亚科学发展学会天文数理组主席，1907年被选为

英国皇家学会会员。1909～1915年任英国利兹大学物理学教授，1915～1923年任伦敦大学教授，1923～1942年任皇家研究所教授和所长。1935～1940年为皇家学会会长。

W.L.布拉格（William Lawrence Bragg，1890～1971）1890年3月31日生于澳大利亚阿德莱德，在阿德莱德大学学习数学，1909年随父回国转入剑桥大学改学物理，

1911年毕业。1912年在剑桥大学J.J.汤姆孙的指导下工作。1919～1937年任曼彻斯特大学物理学教授，1921年被选为英国皇家学会会员，1938～1953年任卡文迪什实验室教授和主任。1954～1966年任皇家研究所教授和所长。1954年任皇家学会会长。1948年被选为中国物理学会名誉会员。

W.H.布拉格从1904年开始研究放射性物质。1912年他从M.von劳厄晶体的X射线衍射中推导出著名的布拉格公式。这个公式反映了X射线的波长和晶面间距之间的定量关系，因而既可测定X射线波长，又可作为探索晶体结构特征的有力工具。1913年W.H.布拉格制成了第一台X射线摄谱仪，测定了许多元素的标识X射线的波长。他们父子二人利用这台仪器测定了金刚石、水晶等几种简单晶体的结构，并提出晶体结构的分析方法。这就从理论及实验上证明晶体结构的周期性与几何对称性，奠定了X射线谱学及X射线结构分析的基础。为此，1915年布拉格父子共同获得诺贝尔物理学奖。

布拉格父子首次推算了晶体中正负离子的半径；改进X射线摄谱仪及计算方法，并用以测定X射线的衍射强度及多至11个参量的复杂晶体结构，包括当时所能得到的各种硅酸盐结构。他们的研究领域从无机物扩大到有机化合物、金属和合金乃至生物肌体等。在W.L.布拉格的指导下，A.J.布莱德雷和H.利普森等人发展了X射线粉末（多晶）衍射法。W.L.布拉格大力支持他的学生们对血红蛋白、脱氧核糖核酸（DNA）结构和肌肉收缩时的滑移机制、金属位错理论等的研究，从各方面推动了X射线光谱分析和晶体学乃至分子生物学的发展。在他的努力下，卡文迪什实验室建立了居于世界前列的分子生物学研究实验室。1957～1958年，他和学生们合作，用置换重原子的技术和测定同构衍生物结构的方法解读出了肌红蛋白和血红蛋白的三维结构。

布拉格父子特别是W.L.布拉格在综合与组织不同学科领域的科学研究方面做出了巨大的努力。他们还十分注意科学教育工作，培养与他们合作的各国学者（包括中国学者在内）近百人。W.H.布拉格是一位杰出的科普作家和讲演家。他曾经研究中国古代的青铜“透光”镜，分析其成像的原因，并将其结果撰入其1933年出版的科普著作《光的世界》一书中，该书在20世纪40年代已出版中译本。

W.H.布拉格于1942年3月12日于伦敦逝世。W.L.布拉格1966年退休后仍关心晶体学研究及科学普及工作，1971年7月1日在英格兰的伊普斯威奇逝世。

（戴念祖）

布拉坦，W.H. Walter Houser Brattain（1902-02-10～1987-10-13） 美国物理学家。生于中国厦门，童年时返美国。卒于美国西雅图。1928年获明尼苏达大学哲学

博士学位，1929～1967年成为贝尔实验室研究物理学家，1967～1972年任华盛顿的惠特曼学院教授。1959年当选美国国家科学院院士。

主要致力于研究固体的表面性质，特别是物质表面的原子结构。他曾发现半导体硅表面的光生电动势，对半导体锗的性质做过详细研究。1947年年底，他与J.巴丁和W.B.肖克莱合作，发明点接触晶体三极管，做成了第一个放大倍数达100量级的固体放大器。这一发明促进了无线电电路的小型化和微型化，引起电子器件的革命性变革。因此，他和巴丁、肖克莱同获1956年诺贝尔物理学奖。

布拉坦还研究过压电现象、频率标准、磁强计和红外侦察等。在第二次世界大战期间，还做过磁侦察潜艇的研究。

（郭奕玲）

布莱克特，P.M.S. Patrick Maynard Stuart Blackett（1897-11-18～1974-07-13） 英国物理学家。生于伦敦，卒于伦敦。1919年入剑桥大学，1921年和1923年先后获

文学学士和文学硕士学位。1923～1933年在卡文迪什实验室工作。1933年任伦敦大学物理学教授，1937～1953年任曼彻斯特维多利亚大学兰沃西讲座物理学教授。1943年曾被中国物理学会选为名誉会员。1953年任伦敦大学帝国理工学院的物理教授和物理系主任。1956年获得科普利奖章。1965～1970年担任英国皇家学会会长，1969年被封为终身贵族。

布莱克特在卡文迪什实验室重要的研究工作是，与同事一起对威耳孙云室做了两项重要改进：一是设计安装了一个线路，使得只有来自两个盖革计数器的信号符合时才能触发云室膨胀，并进行照相记录，从而提高云室拍摄粒子事件的命中率；二是将云室置于磁场中，以便从带电粒子的径迹曲率中获取有关粒子的电荷和动量信息。布莱克特以此云室照相，取得了大量数据，不仅验证了E.卢瑟福发现的人工轻核嬗变现象，而且以他的数据第一次解释了这种现象。1933年，他用改进的云室发现了宇宙射线的簇射现象，并在云室照相的径迹中发现正负电子成对产生过程，证实了不久前C.D.安德森发现的正电子确实存在。布莱克特由于改进威耳孙云室并在核子物理和宇宙线领域的发现而获得1948年诺贝尔物理学奖。

（戴念祖）

布朗斯-狄克理论 Brans-Dicke theory 爱因斯坦广义相对论的推广。是众多**标量-张量引力理论**中的一个。在爱因斯坦广义相对论中，传递引力相互作用的粒子是自旋为2的引力子。在布朗斯-狄克理论中，传递引力相互作用除了度规张量场$g_{\mu\nu}$外，还有一个无质量的标量场ϕ，且牛顿引力常数G不再是一个常数，而是由标量场ϕ代替$1/G$。1961年C.H.布朗斯与R.H.狄克在约旦1959年的工作基础上，基于马赫原理提出了布朗斯-狄克理论。该理论的作用量为：

$$\int d^4x\sqrt{-g}(\phi R-\omega g_{\mu\nu}\phi\partial_\nu\phi/\phi)$$

式中g为度规$g_{\mu\nu}$的行列式；标量场ϕ称为布朗斯-狄克标量场；ω为该理论中的无量纲参数，称为布朗斯-狄克耦合常数。在上述形式中，物质与引力之间的耦合仍然是最小耦合，即该理论中检验粒子走测地线、等效原理仍然适用。广义相对论中的爱因斯坦场方程的真空解也是布朗斯-狄克理论的真空解，但布朗斯-狄克理论的真空解不一定是爱因斯坦场方程的真空解。和广义相对论一样，布朗斯-狄克理论也预言了引力红移、光线偏折、行星的近日点进动及雷达回波延迟等，只是它给出的相应公式依赖于该理论中的耦合常数。所以可以利用太阳系中的观测来限制布朗斯-狄克理论中的耦合常数。卡西尼号土星探测器于2003年给出的最精确的观测结果要求ω应该大于50 000。

（龚云贵）

布朗运动　Brownian motion　微小粒子表现出的无规则运动。1827年英国植物学家R.布朗在花粉颗粒的水溶液中观察到花粉不停顿的无规则运动。进一步实验证实，不仅花粉颗粒，其他悬浮在流体中的微粒也表现出这种无规则运动，如悬浮在空气中的尘埃。后人就把这种微粒的运动称为布朗运动。以悬浮在水中的藤黄颗粒为例，一个半径为2×10^{-7}米的藤黄颗粒，质量约为3×10^{-17}千克，在27℃时它的运动速率接近0.02米/秒。起初人们不了解这种运动的起因。1877年J.德耳索首先指出，布朗运动是由于颗粒受到液体分子碰撞的不平衡力作用而引起的。1904年法国科学家H.潘卡雷进一步解释，大物体（如线度为0.1毫米）将从各个方面受到运动原子的冲击，冲击非常频繁，概率定律使之互相补偿，故它们不移动。微小的粒子受到的冲击太少，以至无法补偿。这就是说，布朗运动是液体分子处于不停顿无规则热运动的宏观表现。1905～1906年A.爱因斯坦和M.von斯莫卢霍夫斯基分别发表了理论上分析布朗运动的文章。1908年J.B.佩兰用实验验证了爱因斯坦的理论，从而使分子动理论的物理图像为人们广泛接受。

（包科达）

布劳恩，K.F.　Karl Ferdinand Braun（1850-06-06～1918-04-20）德国实验物理学家。生于德国富尔达，卒于美国纽约州布鲁克林。1872年获柏林大学博士学位。1876年任马尔堡大学教授，1880年任斯特拉斯堡大学教授。1883年任卡尔斯鲁厄工业大学的物理学教授。1885年受聘蒂宾根大学任教，并在该校建立了物理研究所。

1895年返回斯特拉斯堡大学任教授并任物理研究所所长。晚年在美国度过。

布劳恩的第一项研究工作是关于弦的振动和弹性棒的振动，特别是棒的振动幅度和周围环境对振动的影响。他最重要的研究工作是在电学方面，发明了布劳恩静电计。1897年第一个设计了阴极射线示波器。

1898年布劳恩开始从事无线电报的研究，试图以高频电流将莫尔斯信号经过水的传播发送。后来他又把闭合振荡电路应用于无线电电报，而且是第一批使电波沿确定方向发射的试验者之一。1902年成功地用定向天线系统接收到了定向发射的信号。由于在发展无线电报上所作的贡献，布劳恩和G.马克尼共同获1909年诺贝尔物理学奖。

（郭奕玲）

布里奇曼，P.W.　Percy Williams Bridgman（1882-04-21～1961-08-20）美国物理学家。生于马萨诸塞州剑桥，卒于新罕布什尔州兰道夫。1900年入哈佛大学学习，

1908年获哲学博士学位，1919年任物理学教授。1942年担任美国物理学会主席。

致力于高压物理实验，发展高压技术，开拓了相关领域。1909年发现无支承面密封；发明了许多高压装置，尤其是1952年发明的压缸型高压容器——布里奇曼容器。他利用高压装置研究了许多不同物质在高压下的物理性质：导电性、导热性、压缩性、抗张强度和黏滞性等。他发现了许多物质在高压下的多形性（如冰至少有六种新的形态等）、黑磷和铯在某一转变压力下的电子重新排列。他所测定的数据，多数仍用作标准。

布里奇曼从事以上研究时，固体物理学尚处在发展初期，只是到20世纪80年代才能对他的许多测定结果做出理论上的解释。他提供了一个与地下数百千米深处的压力相当的模拟压力，合成了多种矿物，为人造金刚石开辟了道路。他证明了岩石处在高压下，其物理性质和晶体结构必然会发生剧烈的变化。他留下的许多数据对固体物理学、地球物理学和地质学都有重大意义。由于超高压装置的发明和在高压物理学领域内的发现，获得了1946年诺贝尔物理学奖。此外，他还发展了区域熔融纯化金属的早期方法和发现了金属晶体中的内部珀耳帖热。

布里奇曼还从事哲学研究，著有《现代物理学的逻辑》(1927）等书。他把一切基本的物理概念都归结为操作。这种观点在当时美国哲学界引起强烈反响，以后发展成为操作主义，形成实证论的一个流派。

（戴念祖）

布里奇曼生长法　Bridgman crystal growth method　在特定温度场的条件下，使物料保持全熔状态，之后从熔体的一端到另一端缓慢结晶的方法。美国P.W.布里奇曼于1925年首先发表了这种生长单晶的方法，故名布里奇曼法。1936年经D.斯托克巴杰完善后用来生长Ⅱ-Ⅵ族化合物晶体，称为垂直布里奇曼-斯托克巴杰法。1959年又经L.魏斯伯格等改进完善，用以生长砷化镓单晶，称为水平布里奇曼法，今天已成为生产砷化镓等单晶材料的一种方法。

布里奇曼法实为定向结晶法。此法主要用来生长单晶，亦可用来做一次分凝简单提纯。布里奇曼法单晶生长方式有：①盛晶体的容器体系不动，而整个加热炉体系缓慢移动，依靠结晶部位的温度梯度移动而生成单晶；②加热炉体系不动，盛晶体的容器体系缓慢移动，使熔体缓慢地经过炉子特定的温度梯度部位而生长成单晶。垂直布氏法已发展成为一种生长低位错密度砷化镓和磷化铟单晶的主要方法，可直接生长出完整性好的圆形单晶。

（赵有文）

布里渊函数　Brillouin function　根据统计力学，在讨论具有局域原子（或离子）磁矩的顺磁性材料的磁性量子理论模型时被推导出来的一个函数。布里渊函数的数学表达式为：

$$B_J(x)=\frac{2J+1}{2J}\coth\left(\frac{2J+1}{2J}x\right)-\frac{1}{2J}\coth\left(\frac{1}{2J}x\right)$$

式中$\coth\alpha=\dfrac{e^{\alpha}+e^{-\alpha}}{e^{\alpha}-e^{-\alpha}}$为双曲余切函数，参数$x$是一个可变量，$J$是正整数或者半整数的情况。布里渊函数的数值范围在$-1$到1，当$x$趋于正无穷大时，函数取最大

值1；当x趋于负无穷大时，函数取最小值−1。对于具有局域原子（或离子）磁矩的顺磁性材料，在外磁场H作用下，其磁化强度M可通过布里渊函数描述如下：

$$M=Ng_J J\mu_B B_J(x)$$

式中N为单位体积的原子个数；g_J为朗德g因子；J为原子（或离子）总角动量量子数；μ_B为玻尔磁子；x为原子（或离子）磁矩在外磁场H中的塞曼能和热能k_BT之比，$x=\dfrac{\mu_0 g_J J\mu_B H}{k_BT}$，式中$k_B$为玻尔兹曼常数、$T$为温度。（蔡建旺）

布里渊区 Brillouin zone 倒点阵矢量的中垂面划分的波矢空间区域。布里渊区是法国科学家L.N.布里渊引进的一个概念。晶体里面原子排列具有周期性。可以用点阵来描写晶格的周期性，点阵中任何一格点的位置由正格矢决定：

$$\boldsymbol{R}_l=l_1\boldsymbol{a}_1+l_2\boldsymbol{a}_2+l_3\boldsymbol{a}_3=\sum_{i=1}^{3}l_i\boldsymbol{a}_i$$

式中l_1、l_2、l_3取所有整数；$\boldsymbol{a}_1$、$\boldsymbol{a}_2$、$\boldsymbol{a}_3$为点阵的基矢。固体的能带理论中，各种电子态按照它们的波矢分类，为了方便，在波矢空间引入了另外一套点阵，称为倒点阵。倒点阵的基矢$\boldsymbol{b}_i$（$i=1,2,3$）是由上述的晶体点阵基矢$\boldsymbol{a}_i$决定：

$$\boldsymbol{a}_i\cdot\boldsymbol{b}_j=2\pi\delta_{ij}=\begin{cases}2\pi & (i=j)\\ 0 & (i\neq j)\end{cases}\ (i,j=1,2,3)$$

在倒点阵中任一格点的位置矢：

$$\boldsymbol{K}_l=l_1\boldsymbol{b}_1+l_2\boldsymbol{b}_2+l_3\boldsymbol{b}_3=\sum_{i=1}^{3}l_i\boldsymbol{b}_i$$

在波矢空间中取任意一倒点阵格点为原点，作所有倒点阵矢量的垂直平分面，这些面在波矢空间中划分一系列的区域：其中最靠近原点的一组面所围的闭合区称为第一布里渊区。在第一布里渊区之外，由次一组平面所包围的波矢区叫第二布里渊区。依次类推可得第三、四等等布里渊区。（万贤纲）

布罗克豪斯，B.N. Bertram Neville Brockhouse（1918-07-15～2003-10-13） 加拿大物理学家。生于艾伯塔省莱斯布里奇，卒于安大略省哈密尔顿。1950年获多伦多大学博士学位。1949～1950年曾在多伦多大学和白垩河国家核反应堆实验室工作。1950～1962年先后任加拿大原子能公司研究员，中子物理分部主任。1962年在安大略省麦克马斯特尔大学任教，直到1984年退休。

主要科学贡献是发展了中子谱学。1950年开始致力于中子非弹性散射技术的研究。他在原有的单轴和二轴中子谱仪的

基础上设计了三轴谱仪，使慢中子谱学发展成为一门普遍采用的技术。三轴谱仪已经成了研究凝聚态物理的基本工具。布罗克豪斯因发展中子谱学而获1994年诺贝尔物理学奖。（郭奕玲）

布洛赫，F. Felix Bloch（1905-10-23～1983-09-10） 美籍瑞士裔物理学家。生于苏黎世，卒于德国慕尼黑。1924年入瑞士苏黎世联邦理工学院，一年后入德国

莱比锡大学，1928年获哲学博士学位。1934年移居美国，任斯坦福大学教授，直至1971年退休。1939年入美国籍。1948年当选美国国家科学院院士。1954年任欧洲核子研究中心第一任主任。1965年当选美国物理学会会长。

布洛赫1928年的博士论文提供了金属和绝缘体结构的近代图像，是半导体研究的理论基础。1934年提出将磁场中的一中子束分为两部分的方法，该方法使中子相应于两种可能的取向。1939年与同事用此方法测量了中子磁矩。1946年与助手们发现了高精度测量原子核磁矩的核感应方法，即后来称之为核磁共振。他们以此方法测得核磁矩和角动量，进而求出核结构；发展了核磁共振能谱学，并已成为对原子和分子键进行精细研究的有力工具。为此，他与E.M.珀塞耳同获1952年诺贝尔物理学奖。由于布洛赫创造性的工作，以其名字命名的概念和定律有布洛赫方程、布洛赫波函数、布洛赫自旋波、布洛赫线、布洛赫壁，以及铁磁物质磁化时的布洛赫效应、自发磁化的布洛赫定律等。（郭奕玲）

布洛赫定理 Bloch theorem 利用周期性描写完整晶体（没有边界）中的量子态的定理。由于周期性，晶体中存在元胞，每个元胞的位置可以表示为：

$$\boldsymbol{R}_i=n_{i1}\boldsymbol{a}_1+n_{i2}\boldsymbol{a}_2+n_{i3}\boldsymbol{a}_3$$

式中$\boldsymbol{a}_i$为元胞基矢；n_{ij}（$j=1,2,3$）为整数。如果晶体中所有原子位移任意一个矢量$\boldsymbol{R}_i$，晶体保持不变。

在单电子近似下，电子波函数满足薛定谔方程：

$$H\psi=E\psi$$

式中哈密顿量H是周期的：

$$H(\boldsymbol{r}+\boldsymbol{R}_i)=H(\boldsymbol{r})$$

对一个周期哈密顿量，薛定谔方程解的基本性质是：

$$\psi_k(\boldsymbol{r}+\boldsymbol{R}_i)=\mathrm{e}^{\mathrm{i}\boldsymbol{k}\cdot\boldsymbol{R}_i}\psi_k(\boldsymbol{r})$$

所以如果电子的坐标改变了一个矢量$\boldsymbol{R}_i$，则它的波函数仅仅改变了一个相位因子，其中的$\boldsymbol{k}$称为电子的波矢，是电子态的好量子数。上式称为布洛赫定理。

由布洛赫定理可以将电子波函数写成：

$$\psi(\boldsymbol{k},\boldsymbol{r})=\mathrm{e}^{\mathrm{i}\boldsymbol{k}\cdot\boldsymbol{r}}u(\boldsymbol{k},\boldsymbol{r})$$

式中$u(\boldsymbol{k},\boldsymbol{r})$具有与哈密顿量相同的周期性：

$$u(\boldsymbol{k},\boldsymbol{r}+\boldsymbol{R}_i)=u(\boldsymbol{k},\boldsymbol{r})$$

这里的完整晶体是指三维的。布洛赫定理同样适用于低维晶体，如二维晶体（如石墨烯）和一维晶体（如量子线）。（夏建白）

布洛姆伯根，N. Nicolaas Bloembergen（1920-03-11～2017-09-05） 美籍荷兰裔物理学家。生于荷兰多德雷赫特，卒于美国亚利桑那州图森。1948年获莱顿大学哲

学博士学位。1958年入美国籍。先后在哈佛大学任副教授、应用物理学教授。

致力于激光光谱学、非线性光学等领域。20世纪40年代末到50年代中期，对微波激射器和激光器的基本原理及其应用做了大量研究。1955年提出了一个能够描述液体、半导体和金属等物质的非线性光学的一般理论框架。60年代，相继发现和探讨多种非线性光学效应及其应用，从而建立了非线性光学光谱学的新分支学科。提出了"四波混频法"等非线性光学方法。由于在发展激光光谱学方面的贡献，与A.L.肖洛同获1981年诺贝尔物理学奖。（郭奕玲）

布儒斯特定律 Brewster's law 由苏格兰物理学家D.布儒斯特在1811年发现的定

律。自然光经过玻璃表面发生反射，当反射角的正切等于玻璃的折射率（即反射光线与折射光线垂直）时，反射光便是全偏振光（线偏振光），其振动垂直于入射面。这时的入射角θ_b称为布儒斯特角或起偏角。一般情况，如图1所示，自然光从折射率为n_1的介质到折射率为n_2的介质交界面上反射时，布儒斯特角为$\theta_b=\arctan(n_2/n_1)$。后来知道，这个布儒斯特定律可由光的电磁理论推出，光的振动就是光的电场强度E的振动。根据布儒斯特定律，可用玻片堆（一些平行放置的玻璃片）来产生线偏振光，如图2所示。

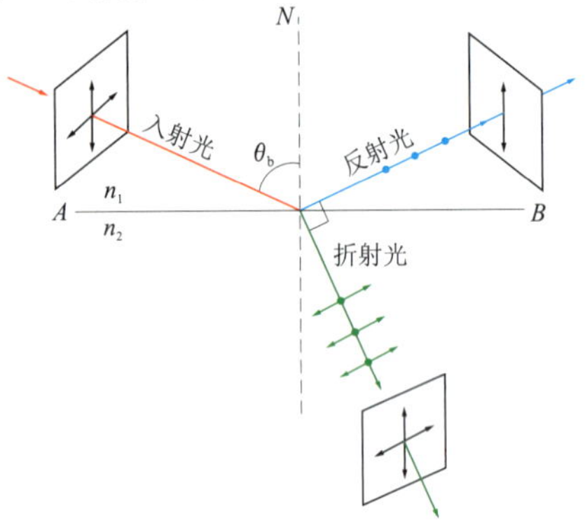

图1 入射角为布儒斯特角θ_b时，反射光为线偏振光

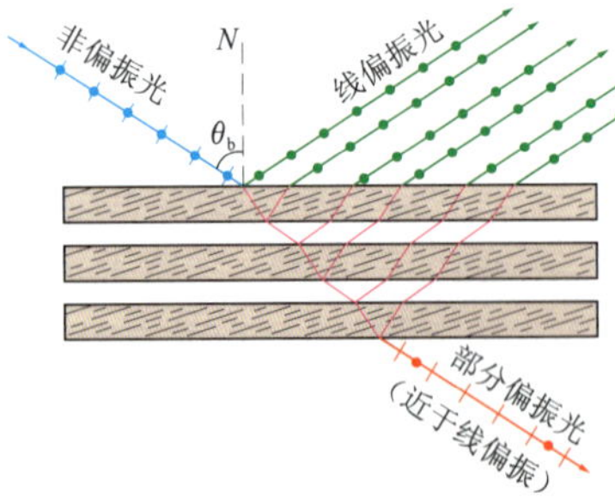

图2 用玻片堆产生线偏振光

激光器中常利用布儒斯特定律产生线偏振光。图3是一种外腔式的氦氖激光器的谐振腔，其中B是玻璃片或石英片，称

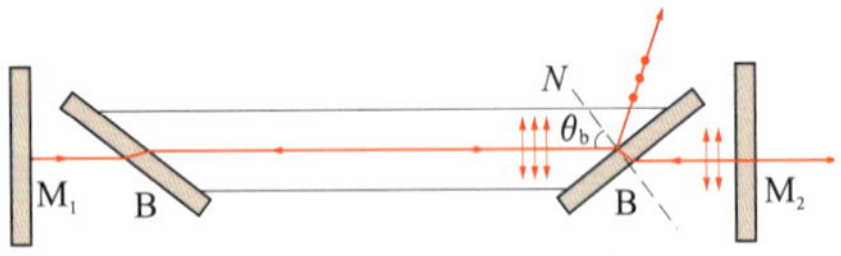

图3 激光器中的布儒斯特窗片

为布儒斯特窗片，法线N与谐振腔的轴线的夹角为布儒斯特角θ_b。平行于轴线传播的光里，s分量（垂直于入射面振动的光）有一部分被反射出谐振腔，p分量（平行于入射面振动的光）则全部通过B。经过反射镜M_1和部分反射镜M_2的来回反射，s分量每通过B一次都要损失一部分，结果在谐振腔内不能形成振荡；p分量则因为可无损失地通过B在谐振腔内形成振荡，从M_2射出的激光便是只有p分量的线偏振光。（胡望雨）

部分相干光 partially coherent light 通过一定的装置后能够产生干涉的实际光波。部分相干光的特性可以采用统计的方法加以分析，并用互相干函数和自相干函数描述。不同特性的部分相干光所产生的干涉花样的反衬度各不相同，部分相干光的相干度在0和1之间。

严格来说，来自扩展光源上不同位置的光波是不相干的，但是在满足一定条件时依然能够产生具有一定反衬度的干涉花样，这就是光的空间相干性。若光源的空间尺度为b，到杨氏双缝的距离为l，双缝间隔为d，光波长为λ，则光源大小满足$b<\dfrac{1}{d}\lambda$时能够产生干涉。若将双缝对光源的张角记作$\Delta\theta=\dfrac{d}{l}$，称作干涉孔径角（见图）。能够产生干涉的最大干涉孔径角

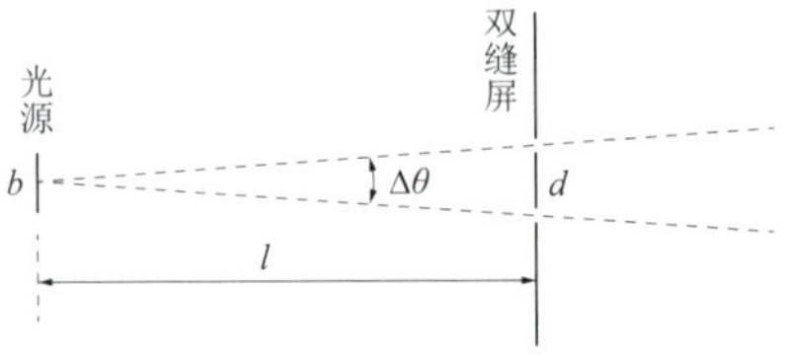

干涉孔径

被称作相干孔径角，则相干孔径角满足$\Delta\theta_0=\dfrac{\lambda}{b}$，这就是空间相干性的反比关系。

不同波长的光波不是严格的相干光，但是在满足一定条件时依然能够产生具有一定反衬度的干涉花样，这就是光的时间相干性。若光波长的范围为$\lambda_0\sim\lambda_0+\Delta\lambda$，相应的频率范围为$\nu_0\sim\nu_0+\Delta\nu$，则光波的相干长度（即相干时最大的光程差）为$\Delta L=\lambda_0^2/\Delta\lambda$。相干长度就是非单色波叠加后所形成的波包的有效长度。若记$\tau=\Delta L/c$，τ为相干时间，即为波包传播过其自身长度所需要的时间，则可得$\tau\Delta\nu=1$，这就是时间相干性的反比关系。这样的波包经干涉装置后分为两列，依然能够在空间相遇，所以能够产生干涉。（崔宏滨）

部分子 parton **部分子模型**中描述强子结构的比强子更深层次的微观粒子。部分子模型最早由R.P.费曼提出，是描写高能反应过程中以极高速度运动的强子的结构模型。按照部分子模型，一个接近光速运动的强子可以看作是由一束高速运动的自由的点粒子所组成，这些点粒子被称为部分子。强子参与的高能反应通过部分子之间的相互作用而发生。

最初的部分子模型借助所谓的无穷大动量参考系而构建，从而使部分子的概念非常直观。在理想的无穷大动量参考系中，强子与构成它的部分子都以接近光速沿同一方向运动，不同部分子之间的相互作用可以忽略，从而可以看作是自由粒子。现实中对一般高速运动的强子，其结构可以用更广义的**量子色动力学**（QCD）改进的部分子模型来描述。此时部分子可以有一定的横动量，彼此之间有强相互作用，用QCD描写。

由于量子场论具有真空激发的基本性质，强子内的部分子包括价夸克、海夸克和胶子。强子中价夸克的数目和味道与夸克模型中相同，强子的一些内禀量子数如电荷、奇异数、重子数等都由价夸克决定，而自旋、动量等物理量中海夸克和胶子的贡献不可或缺。由于真空激发是动力学效应，部分子的数密度随着探针分辨率的变化而变化，演化方程由QCD理论给出。

强子内部分子的数密度即为**部分子分布函数**。（宋玉坤 周 剑 梁作堂）

部分子分布函数 parton distribution function 描述强子中部分子的性质的分布函数。深度非弹性散射是指电子或轻子与强子的大角度散射，其中实验上只观测末态的电子或轻子。初态的强子一般为质子。20世纪60年代在美国SLAC加速器上开展了此类实验，结果清楚地表明了质子内部具有点状结构。当时，R.P.费曼提出了**部分子模型**去描写此类实验。在部分子模型中，质子中的点状结构被称为**部分子**，深度非弹性散射截面可以写成部分子分布函数和轻子-部分子散射截面的卷积。

部分子分布函数只依赖于部分子动量和质子动量的百分比。随着理论和实验的进一步研究，尤其是量子色动力学的研究，可以确定部分子就是量子色动力学的基本场所对应的粒子，即夸克和胶子。依据场论中算符展开或量子色动力学因子化定理，可以对部分子模型的正确性给出严格的理论证明和进一步的完善。在量子色动力学中，深度非弹性散射截面可以被预言为部分子分布函数和微扰论系数函数的卷积，且这些微扰论系数是有限的，不包含红外或共线发散。量子色动力学中的部分子分布函数，即夸克或胶子分布函数，是由场算符严格定义的一类非微扰强子矩阵元，它们的确定只能通过实验或非微扰方法。这些部分子分布函数包含了关于强子内部结构的信息。

对其他的含有强子的高能散射过程，

也可以证明类似于深度非弹性散射截面因子化的因子化定理，其中的部分子分布函数是普适的。结合深度非弹性散射，或已知部分子分布函数，可以通过量子色动力学微扰论得到关于这些高能散射过程的理论预言。

在部分子分布函数中，部分子在垂直于强子运动方向的运动被忽略或只考虑垂直动量的积分效应。因此部分子分布函数只依赖于部分子沿强子运动方向的动量分量和强子动量的百分比。实验上存在一类散射过程，它们的散射截面依赖于部分子的垂直动量。对这一类散射过程，可以证明存在依赖横向动量的量子色动力学因子化定理。利用此定理，散射过程截面可用依赖横向动量的部分子分布函数表述。该部分子分布函数依赖于部分子的三维动量。利用依赖横向动量的因子化定理并结合相关的实验研究，可以确定依赖横向动量的部分子分布函数，并了解强子或质子的内部三维结构。（马建平）

部分子横向动量分布函数 parton distribution function of transverse momentum 描述散射截面依赖于横向动量（垂直于强子运动方向）的部分子深度非弹性散射过程的部分子分布函数。见**部分子分布函数**。

部分子模型 parton model 描述高能反应中以极高速度运动的强子的结构模型。部分子模型最早由R.P.费曼提出，随后很快被J.D.布约肯和E.A.帕索斯应用到轻子核子深度非弹性散射过程，被S.D.德莱勒和颜东茂应用到强子－强子碰撞中描述轻子对产生（被称作德雷尔－颜过程）。依照部分子模型，一个接近光速运动的强子可以看作是由一束高速运动的自由的点粒子——**部分子**所构成，高能反应通过这些部分子之间的相互作用发生。强子内部分子的性质由**部分子分布函数**（PDF）来描述，直观定义为强子内携带确定动量分数的某类部分子的数密度，如$u(x)$表示强子内u夸克的数密度，x是部分子携带的动量分数。部分子模型的物理实质就是碰撞过程中的冲量近似，即在非常剧烈而又十分短暂的碰撞过程中，碰撞以外的相互作用可以忽略。这当然是一种理想的物理图像，称为朴素的部分子模型。因为部分子之间的相互作用被忽略，部分子分布函数具有**标度无关性**，即所谓的布约肯标度无关性。

在实际的高能反应中，由于强相互作用的基本理论——**量子色动力学**（QCD）具有渐近自由的性质，冲量近似仍然成立，但部分子之间相互作用的影响必须考虑，布约肯标度无关性将被破坏。在QCD理论的框架内导出了包含强相互作用的部分子模型，称为QCD改进的部分子模型。相比于朴素的部分子模型，QCD改进的部分子模型具备如下特点：①部分子分布函数$q(x,Q^2)$具有严格算符定义，随着探针分辨率的变化而演化，演化方程（如DGLAP方程、BK方程、BFKL方程等）可以由QCD理论导出。②反应截面的计算精度可以系统地改进，正比于α_s^n的高阶QCD修正和正比于$(\Lambda/Q)^{\tau-2}$的高扭度修正可以在一个系统的框架内计算。

由于量子场论真空激发的基本特性，强子内的部分子不仅包括与夸克模型中对应的夸克或反夸克，还包括有真空激发导致的夸克、反夸克和胶子，分别称为价夸克与海夸克。单举深度非弹性散射过程中涉及的一维的部分子分布函数由夸克－夸克关联子定义：

$$f(x)=\int\frac{\mathrm{d}\xi^-}{2\pi}\mathrm{e}^{\mathrm{i}xp^+\xi^-}\langle p|\overline{\psi}(0)U(0,\xi)\frac{\gamma^2}{2}\psi(\xi)|p\rangle$$

式中$U(0,\xi)$为规范链接，来源于末态胶子多重散射，以保证$f(x)$具有规范不变性。由此也可以看出，胶子多重散射对部分子分布函数有重要影响。部分子分布函数是能量标度（分辨率）的函数，随标度的演化由QCD演化方程给出，典型的如DGLAP方程：

$$\frac{\mathrm{d}f_i(x,Q^2)}{\mathrm{dln}Q^2}=\frac{\alpha_s(Q^2)}{2\pi}\int_x^1\frac{\mathrm{d}y}{y}P_{ij}\left(\frac{x}{y},\alpha_s\right)f_j(y,Q^2)$$

半单举深度非弹性散射过程中必须考虑横动量依赖的（简称TMD）或三维部分子分布函数。在考虑自旋以及横动量依赖时，另一类部分子分布函数也起到不可忽略的作用，即高扭度部分子分布函数。对TMD分布函数和高扭度部分子分布函数的研究是当前粒子物理的前沿。

由于核子内部分子分布包含大量非微扰信息，不能用微扰QCD理论，主要依靠对实验数据的参数化研究其分布形状。分布函数的参数化形式有多个合作组分别提供，常见的如CETQ、MRST等，均可以在部分子分布函数库中调用。

（宋玉坤　周　剑　梁作堂）

C

擦痕 scratch 光学表面呈现的细微的长条形凹痕。是*光学表面疵病*之一。擦痕可以视作若干麻点的组合，或形状不规则的麻点，其对光学系统性能的影响与麻点类似。长宽比大于等于160∶1的擦痕，称之为长擦痕；反之，称之为短擦痕。长擦痕的“基本级数”就是长擦痕的最大宽度，在疵病面积不变的前提下，长擦痕可以在一定的规律下折算成不同长宽比的短擦痕。

引起擦痕的原因除了加工因素外，还有一个重要的原因是包装及擦拭损伤。所以对光学表面进行擦拭时要使用专业的擦镜纸配合特定的溶液（如无水乙醇和乙醚的混合液，在不同的季节采用不同的配比）来进行；而包装材料也要符合光学要求，对于较软的光学材料（如KTP、YVO_4、$LiNbO_3$等）或较软的镀膜层（如无介质保护的裸金Au膜）最好采用非接触式的包装。

具体可参考中国国家标准GB/T 1185—2006《光学零件表面疵病》。

（王 茹）

材料力学 mechanics of materials 研究结构构件的强度、刚度和稳定性的力学分支学科。即研究构件在载荷作用下不破坏，不产生过度的变形以及保证构件变形的稳定性。材料力学的主要任务是研究构件在外力作用下产生内力、应力、变形和破坏的规律，材料在复杂应力状态下的强度理论，以及动载荷和交变应力强度，压杆稳定性等，为构件的合理设计提供必要的理论基础和计算方法，以便设计出既安全又经济的结构构件和机械零件。对强度、刚度和稳定性这三方面的要求，有时统称为“强度要求”，而材料力学在这三方面对构件所进行的计算和试验，统称为强度计算和强度试验。

材料力学作为机械、土木、水利、采矿、建筑、航空航天、石油工程、地质勘探、海洋工程等领域的基础学科，在设计、制造与生产、技术创新、增产措施等方面具有重要的作用。同时，材料力学是基础课和专业课之间的桥梁，起到承上启下的作用。它既具有基本概念和基础理论的特点，又有重要应用价值的一面。20世纪末，材料力学已经成为世界各国工科大学各专业共同必修的专业核心课程。

研究内容 包括三大部分：①材料的宏观力学性能（或称机械性能）的研究。材料的力学性能参量不仅可以用于材料力学的计算，而且也是固体力学其他分支学科的计算中必不可少的依据。②杆件在载荷作用下产生内力、应力、变形和位移的力学分析。杆件按受力和变形可分为拉杆、压杆、受弯曲（有时还应考虑剪切）的梁和受扭转的轴等几大类。③联结材料宏观力学性能和应力应变力学分析的本构关系研究。包括：弹性应力应变关系研究，如一维胡克定律、三向应力广义胡克定律、剪切胡克定律；材料在复杂力状态下产生屈服和破坏的规律研究，即强度理论研究，如考虑材料拉伸强度和三个主应力的单参数强度理论（适合于拉压强度相同的材料）以及考虑材料拉伸强度和压缩强度两个参数的强度理论（适合于拉压强度不同的材料）。塑性应力应变关系研究则不在材料力学研究范围。材料力学的具体内容可以分为基本变形和专题两大部分。

杆件的基本变形 工程中经常遇到的各种结构物和机器，如房屋、桥梁、飞机、车辆、船舶、电机和机床等，都是由若干构件组成。构件在外力作用下都将发生形状和尺寸的改变，即变形。如果构件的设计不合理，或选用的材料不恰当，则构件在一定的载荷作用下将会发生过度的变形或破坏。

实际杆件的变形是多种多样的，但通常可以归结为比较简单的四种基本变形形式，即拉伸或压缩、剪切、扭转、弯曲。杆件发生各种基本变形时的受力和变形情况如图所示。复杂受力的杆件可以作为这些基本变形的组合，即组合变形。简单变形杆件的应力分析和强度条件较为简单。组合变形杆件的应力分析和强度条件较为复杂。需要进一步研究点的应力状态理论和强度理论。

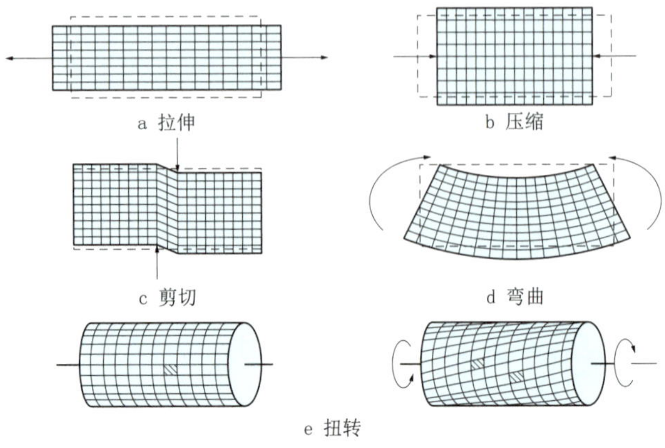

杆件的基本变形

拉伸（压缩）、剪切、扭转、弯曲、点的应力状态理论和强度理论构成了材料力学的基本部分。

专题研究 包括能量法、动载荷、交变应力疲劳强度、压杆稳定性、简单结构塑性分析等。在大学的材料力学教学中，材料力学专题部分内容需根据专业的不同可以有所增加，如厚壁筒等。

构件的强度、刚度和稳定性均与其所用材料的力学性质有关，而这些力学性质必须通过实验来测定。此外，理论还需要实验的验证，有的问题有时须借助于实验来解决。因此，实验研究和理论分析，同样都是材料力学解决实际问题必不可或缺的手段。

研究方法 实际工程构件一般比较复杂，研究必须分两步进行。即先作简化假设，再进行力学分析。

简化假设 一般可把材料抽象为可变形固体。对可变形固体，可引入三个基本假设。①连续性假设。认为材料是密实的，在其整个体积内毫无空隙。实际材料的内部空隙尺寸与整个构件的尺寸相比很小，因而在一般情况下，这一假设是合理的。②均匀性假设。认为从材料中取出的任何一个部分，不论体积如何，在力学性能上都是完全一样的。这里所说的材料的力学性能是指所有组成部分性能的统计平均量。大多数材料的内部组成和性能基本均匀，所以这一假设从统计意义上说也是成立的。③各向同性假设。认为材料在各个方向的力学性能都相同。根据这一假设可以简化应力-应变关系。对大多数金属来说，这一假设是成立的，但对很多复合材料则不能成立，因为它们具有明显的各向异性性质。

此外，通常还要作下列几个工作假设：①小变形假设。假定物体变形很小，从而可认为物体上各个外力和内力的相对位置在变形前后不变。对大多数金属材料来说，这一假设是合理的，但对能够产生大变形的物体（如橡胶和塑料等）以及对压杆的稳定性问题则不适用。②线弹性假设。即在小变形和材料中应力不超过比例极限两个前提下，可认为物体上的力（或应力）和位移（或应变）始终成正比。这个假设使计算大为简化，而且在这一假设的基础上，一个较复杂的问题可以分解为一些简单的问题，然后将结果进行叠加。③平截面假设。认为杆件的横截面在杆件受拉伸、压缩或纯弯曲而变形的过程中，保持为平面，并与变形后的杆件轴线垂直。这一假设使杆的无限自由度问题化为有限自由度问题。

力学分析　首先应求得构件在外力作用下各截面上的内力。某截面上的内力是指分布在该截面上的力的合力。内力可通过取分离体利用平衡条件来确定。其次应求得构件中的应力和构件的变形。对此，单靠静力学的方法就不够了，还需要研究构件在变形后的几何关系以及材料在外力作用下变形和力之间的物理关系。根据几何关系、物理关系和平衡关系，可以解得物体内的应力、应变和位移。把它们和材料的允许应力、允许变形做比较，即可判断此物体的强度是否符合预定要求。若材料处于多向受力状态，则应根据强度理论来判断强度。

同弹性力学和塑性力学相比，材料力学的研究方法显得简单。用材料力学方法计算构件的强度，有时会由于构件的几何外形或作用在构件上的载荷较复杂而得不到精确的解，但由于方法比较简便，又能提供足够精确的估算值作为工程结构初步设计的参考，所以常为工程技术人员所广泛采用。（孙训方　俞茂宏）

蔡柏龄　Belling Tsai（1906-12-01～1988）　中国物理学家。生于浙江绍兴，卒于德国柏林。蔡柏龄的父亲是中国著名教育家蔡元培。幼少年时期随父母几次去德、

法等国。1928年起，先后在比利时沙勒罗瓦专门学校、法国格勒诺布尔电工学院、巴黎理学院学习。1931年到法国强电磁体实验室（贝尔维尤）从事研究工作。1955年到法国原子能委员会（萨克莱）工作，同年获法国国家理学博士学位。1934年获得法国研究发明局银质奖章，1947年获得埃梅·贝尔泰奖。

从事磁学的研究。主要工作有：①气态和液态分子的磁性和磁光性质；②多种反铁磁性固体盐类的磁性与温度关系；③大型电磁体的设计研究和强电流的测量等。蔡柏龄在1936～1938年研究过气态一氧化氮、氧和氦的磁（致）双折射和磁（致）法拉第旋转，以及液态一氧化氮的磁化率。之后直到60年代，他主要致力于元素周期表中第4周期过渡金属的氧化物、卤化物和碳酸盐等的多晶体和单晶体的磁化率与温度关系的研究，从实验上最早发现了其中多种化合物的磁化率-温度曲线出现最大值的反铁磁特性，也是最早把反铁磁性理论应用于解释这些化合物磁性的学者之一，对早期反铁磁性研究有重要贡献。此外，还参加了法国"土星"质子同步加速器用的电磁体（1960）和大型气泡室的电磁体（1963）的设计、大型永磁体（1947）和高梯度磁场（1947）的设计，以及采用磁位计法测量强电流（30千安，1939）等工作。（王　飚）

蔡诗东　Cai Shidong（1938-05-01～1996-06-20）　中国等离子体物理学家。生于福建漳州东山岛，卒于北京。1960年毕业于台湾东海大学物理系。1965年获美国新罕

布什尔州达特茅斯学院超流物理硕士学位。1969年获美国普林斯顿大学哲学博士学位。1969～1973年先后任美国加州大学圣迭戈分校讲师、马里兰大学助理教授。1973年回国到中国科学院物理研究所工作，历任副研究员、研究员、等离子体理论组组长、等离子体学术小组组长、物理所学术委员会委员等职。曾任中国等离子体研究会主席（1985）、亚非等离子体培训协会副主席（1988）、协会研究和培训中心主任（1995）等职。1991年当选为美国物理学会高级会员。1992年获国家级突出贡献中青年专家称号。1995年当选为中国科学院院士。

一直从事等离子体理论研究工作，在基础和聚变等离子体理论研究，特别是关于具有高能粒子的等离子体磁流体动力学不稳定方面，做出了系统的、创造性的贡献。他预言的熵漂移不稳定性、鞘对漂移模的作用都被实验所证实。他建立了热流非对角元与逆磁对流项相消的恒等式（被称为蔡氏等式）；对大幅度波的研究提出了解析与数值模拟混合算法，大大减少了计算量。他用离子温度梯度不稳定性解释了普林斯顿托卡马克装置的实验结果，得到离子反常输运与电流的定标关系。推导出弱相对论普遍色散关系，并建立了漂移等离子体色散函数的解析计算方法。他与合作者将原回旋动力论方程推广到任意频率、任意磁场位形和相对论情形，扩大了适用范围。提出高能分量粒子致稳的新概念，证明了高能分量粒子对托卡马克等离子体气球模等不稳定性的抑制作用。发现高能分量粒子会激发一些新的不稳定性，已被实验所证实。他对推动亚非第三世界国家的等离子体物理研究和人才培养做出了贡献。（尹晓冬）

参变超荧光　parametric superfluorescence　非线性光学晶体中量子噪声光子的单通高增益参量放大。又称参量超荧光。通常的非线性三波光参量相互作用中，泵浦光将能量转给信号光，即放大了信号光，同时产生闲置光。三个光波需满足相位匹配条件：

$$\omega_p = \omega_s + \omega_i$$

$$\boldsymbol{k}_p = \boldsymbol{k}_s + \boldsymbol{k}_i$$

式中ω_p、ω_s、ω_i分别为泵浦光、信号光、闲置光的频率；$\boldsymbol{k}_p$、$\boldsymbol{k}_s$、$\boldsymbol{k}_i$分别为相应的波矢。

但若只有泵浦光进入非线性光学晶体，没有信号光进入，非线性晶体中的量子噪声将作为信号光与泵浦光进行参量作用，一定条件下也得到信号光输出，同时产生闲置光。这称为光学参量产生（OPG），这个过程产生的信号光称参量荧光。若随着泵浦光行经非线性晶体，量子噪声形成的参量荧光得到高的增益放大，此时即被称为参量超荧光。因此，参量超荧光的产生可以看成是通过量子噪声作为种子的受激参量放大得到的。

由于满足相位匹配条件的量子噪声都有可能得到参量放大，因此参量超荧光的空间角分布和频谱有一定的规律。通常参量超荧光显示出平滑的角强度分布，典型地在与泵浦光束方向成几度角处达到峰值，在垂直泵浦光束的平面上形成参量超荧光光环（闲置光也有相应的光环，但通常在红外谱区）。

参量超荧光可用来实验确定光参量振荡的频率调谐曲线。产生量子纠缠普遍采用激光泵浦非线性晶体的OPG过程，所以参量超荧光的研究对于量子成像和量子通信等研究具有重要意义。强光光学领域迅速发展的光学参量啁啾放大器（OPCPA）中，抑制和控制参量超荧光是确保放大后重新压缩脉冲的对比度的关键技术。（李师群）

参考系　frame of reference　与参考体固连的整个延伸空间。参考体是用来确定物体的位置和描述它的机械运动而选作标准的另一个物体。讨论物体的机械运动，即其位置的变化时，必须首先选定一个参考体，然后才能确定物体相对这个参考体的位置。选择不同的参考体，所观察到的物体运动也不相同，这就是运动的相对性。如在等速前进的车厢中垂直上抛并下落的小球，在地面上看来就不做直线运动，而做抛物线运动。为了能用数值表示物体的位置，还需在参考体上设置坐标系，称为参考坐标系。同一参考体上可设置不同的参考坐标系，同一物体的位置坐标在不同参考坐标系中虽然不同，但有确定的变换关系。通常按照问题的实际情况，选取适当的参考体，如在讨论跳水运动员的翻腾动作时，常取质心参考系，它是随运动员的质心在空间做平移运动的参考系。运动学的研究中各种参考系都是等价的，即在不同参考系中运动学的各种理论表述都相同。但在动力学的研究中，应区分惯性参考系与非惯性参考系。　（贾书惠）

参量过程　parametric process　在振荡系统中，某一参量以适当频率调制，使系统振荡得以增强的过程。在任何振荡系统中，当其中某一个表征本征振荡的参量以合适的频率调制时，可能激励出调制频率与系统固有频率差频或和频的振荡模式；尤其是当调制频率是系统固有频率的两倍时，系统振荡可以得到增强。参量过程（或者参量衰变、参量不稳定性）并不是等离子体中特有的现象。可以用荡秋千来理解这个过程，秋千振荡的频率与其有效长度有关，当人在荡秋千过程中利用重心的改变来改变有效长度时，他实际上在对秋千的振荡进行调制，如果调制频率等于原有频率的两倍，秋千的振荡会被不断增强。在这个过程中，人不断改变重心的周期运动就起到了一种“抽运”的作用。参量过程被广泛应用在电子学和光学上进行谐波的产生或者信号的放大的器件，被称为参量振荡器（或称参量放大器）。

可以从耦合振子的物理模型来进一步理解参量过程中频率匹配、波数匹配和抽运阈值等几个基本特征。图中M_1和M_2是两个固有频率为ω_1和ω_2的振子。当支点P不运动时，M_2的振荡只会导致M_1的小振幅运动。但如果支点P以频率ω_0往复滑动，而M_1以$\omega_1=\omega_2\pm\omega_0$开始振荡，$M_2$就被共振激励而持续获得能量。这就是参量不稳定性的频率匹配条件。当振子变换为波时，还需要满足波矢匹配条件$\boldsymbol{k}_1=\boldsymbol{k}_2\pm\boldsymbol{k}_0$。当然，能量的来源是“泵”$P$。如果不存在阻尼，任何振幅的振荡都可以引发参量不稳定性，但各个系统的阻尼会阻止不稳定性的发展，这样对泵的强度就有要求，即参量不稳定性存在功率阈值。

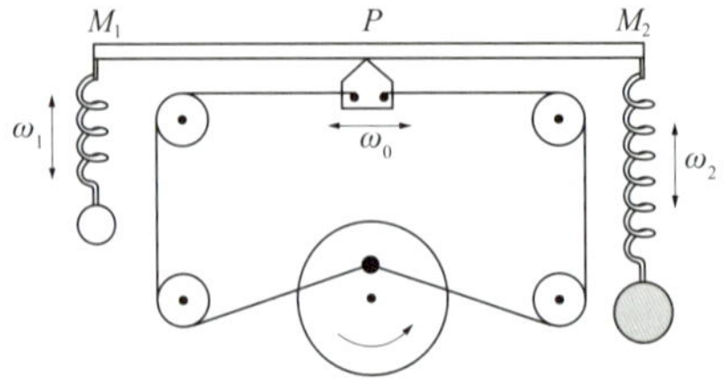

耦合振子的物理模型

在等离子体中，存在着多种振荡及波动模式，因此存在着丰富的参量过程。当电磁波入射到等离子体中，入射的抽运波被低频的扰动散射成边频波，边频波再与抽运波相拍提供低频的驱动效应，从而增强低频涨落，驱动起参量不稳定性，导致入射波功率损失、在不希望的位置发生功率沉积等后果。如在激光等离子体中，受激拉曼散射和受激布里渊散射是常见的两种参量不稳定性，它们导致激光烧蚀效率的降低。在磁约束等离子体中，随着电磁波辅助加热功率达到兆瓦至几十兆瓦量级，参量过程也变得重要起来。此外，等离子体内部存在的波动模式也可进一步发生参量过程，如电子等离子体波可以进一步向离子声波等模式衰变。等离子体湍流还可以利用不同频率间分量的相互作用，调制出带状流等介观尺度的结构。

当衰减子波均为在等离子体中传播的波时，称为共振衰减；而当衰减波（抽运波与边频波的拍波）直接满足朗道阻尼或回旋阻尼条件时，衰减波在电子或离子通道产生强烈的吸收，这种情况称为非线性阻尼或者准模衰减。后者在数学处理上要更困难一些。

参量过程是研究最深入的一种波–波相互作用，这是因为传统意义上研究的参量过程尽管描述的是波–波非线性相互作用，但基本上可以理解为是一个线性理论，只不过其平衡态是振荡的波动。但当考虑诸如等离子体参数的不均匀性和抽运波束的不均匀性等因素后，参量不稳定性会出现饱和行为，从而决定参量过程的最终效果。对这种行为的研究是真正非线性的，这也是研究参量过程的主要方向。　（高　喆）

参量下转换　parametric down conversion　一种二阶非线性光学效应。在非线性过程中，介质本身不参与能量的净交换，但光波频率可以发生转换的现象被称为参量转换。参量转换可分为参量下转换和参量上转换。参量下转换过程在量子光学中是一个重要的过程，尤其是作为压缩态光源、纠缠光子源和单光子源。

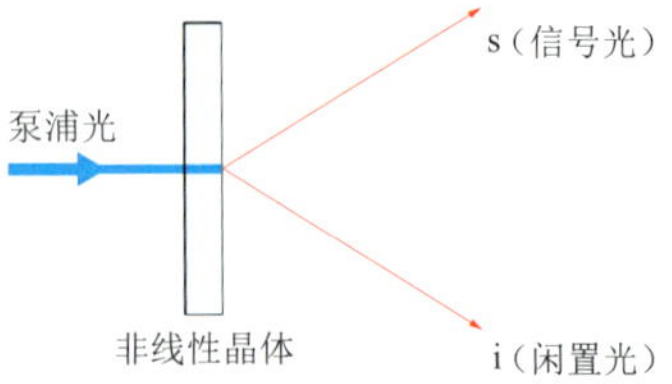

参量下转换过程示意图

一束较高频率的泵浦光入射到一个非线性晶体，在合适条件下晶体中会发生泵浦光子以一定的概率同时产生两个低频光子（下转换）的二阶非线性过程，低频的两个光子分别称为“信号光子”和“闲置光子”，若两个光子频率相同，则过程被称为简并参量下转换。

过程遵从能量守恒定律与动量守恒定律，即光子对的总能量与总动量分别等于泵浦光子的能量与动量：

$$\omega_p=\omega_s+\omega_i$$

$$\boldsymbol{k}_p=\boldsymbol{k}_s+\boldsymbol{k}_i$$

式中ω_p、ω_s、ω_i分别为泵浦光子、信号光子、闲置光子的频率；$\boldsymbol{k}_p$、$\boldsymbol{k}_s$、$\boldsymbol{k}_i$分别为相应的波矢。这两个关系式也称为相位匹配条件，可以通过适当选择相位匹配角或改变晶体温度来实现。两个低频光子在空间、时间以及能量方面有很高的相互关联性质，在适当条件下，一旦闲置光子被探测到就可以确定它的“同胞”光子（信号光子）的存在。

参量下转换已经成为现今产生压缩光场和纠缠态光场最重要的手段之一。1986年，首次通过参量下转换产生单模正交压缩光；1992年，利用阈值以下的非简并参量下转换首次实现了连续变量的EPR（由A.爱因斯坦、B.波多尔斯基和N.罗森提出的思想的简称）双光子对；1997年，用参量下转换的方法产生了EPR关联光子。　（何琼毅）

粲夸克　charm quark　基本粒子之一，组成物质的6种夸克的一种。粲夸克符号为c，自旋为$\frac{1}{2}$，电荷为$+\frac{2}{3}e$，质量为1.3GeV/c^2，约为质子质量的1.4倍，粲数为+1。参与强相互作用、电磁相互作用、弱相互作用和引力相互作用。其反粒子为反粲夸克（anticharm quark）。

“粲夸克”于1964年由J.D.布约肯和S.L.格拉肖引入，1970年格拉肖、J.伊略普洛斯和L.马亚尼对其性质及物理应用进行了深入讨论，并建议了实验寻找的方法。由粲夸克和反粲夸克构成的J/ψ介子于1974年由丁肇中领导的实验组在美国布鲁克海文国家实验室（BNL）和由B.里克特领导的实验组在美国斯坦福直线加速器中心（SLAC）分别独立发现。第一个带粲数的强子D^0于1976年在斯坦福直线加速器中心发现。

由粲夸克和反粲夸克组成**粲偶素**，如J/ψ、η_c、X_c等；粲夸克和一个反轻夸克（u、d、s）组成粲介子，如D^0、D^+、D_s^+等；粲夸克和一个反底夸克组成B_c介子；粲夸克和两个轻夸克组成粲重子，如Λ_c、Σ_c等；两个粲夸克和一个轻夸克组成双粲重子，如X_{cc}、Ω_{cc}等；包含两个粲夸克和一个轻夸克或包含三个粲夸克的重子尚未发现。21世纪以来，实验上发现了一些具有奇特性质的含一对正反粲夸克的粒子，如X（3872）、Y（4260）、Z_c（3900）、P_c（4350）等，统称为类粲偶素粒子，也称XYZ粒子，其性质尚不清楚。

粲夸克性质几乎可以在所有加速器实验上进行研究，结果主要来自BaBar、Belle、BESⅢ、LHCb等实验。（苑长征）

粲量子数　charm number　为体现在强子组成中所包含粲夸克成分所引入的量子数。**粲夸克**的粲量子数为+1，反粲夸克的粲量子数为−1。粲量子数属于相加性守恒量，由一对正反粲夸克构成的粲偶素，其粲量子数为0；若某强子内只含有一个粲夸克或反粲夸克，则其对应的粲量子数就是+1或−1。在强相互作用和电磁相互作用过程中，粲量子数守恒；但在弱相互作用中，粲量子数的守恒可以被破坏。（刘　翔）

粲偶素　charmonium　由**粲夸克**和反粲夸克组成的束缚态。1974年**丁肇中**实验组与**B.里克特**实验组分别利用美国布鲁克海文国家实验室的质子加速器和美国斯坦福直线加速器中心的正负电子加速器发现了质量为3096兆电子伏和宽度为87千电子伏的J/ψ粒子。J/ψ粒子的发现证实了第四种夸克即粲夸克的存在。越来越多的粲偶素在实验中被发现，它们组成了丰富的粲偶素粒子家族，其包括了基态、径向激发态和轨道激发态。这些低质量的粲偶素具有“重质量、窄宽度”的特性。在粲偶素家族中，ψ（3770）是第一个能够衰变到一对粲介子（由粲夸克与反轻夸克或反粲夸克与轻夸克组成的束缚态）的粒子，因而ψ（3770）的宽度相较比其质量低的那些粲偶素要宽。正是由于组成粲偶素的粲夸克的质量较重，非相对论近似可被用于考察粲偶素的性质。在粒子物理数据表中可找到当前实验上已发现的粲偶素及它们的质量和宽度信息。（刘　翔）

粲强子　charmed hadron　带粲素的参与强相互作用的色单态粒子。见**粲量子数**、**强子物理势模型**。

粲数　charm　描述强子内禀性质的一种量子数，用C表示。粲夸克（c）的粲数为1，反粲夸克（$\bar{c}$）的粲数为−1。粲量子数属于相加性守恒量，强子的粲数为其中所有粲夸克和反粲夸克的粲数的代数和，由一对正反粲夸克构成的粲偶素，其粲量子数为0；若某强子内只含有一个粲夸克或反粲夸克，则其对应的粲量子数就是+1或−1。粲数在**强相互作用**和**电磁相互作用**过程中守恒，在**弱相互作用**过程中可以不守恒。

1964年，**粲夸克**由J.D.布约肯和S.L.**格拉肖**引入，1970年格拉肖、J.伊略普洛斯和L.马亚尼对其性质及物理应用进行了深入讨论，并建议了实验寻找的方法。1974年底，**丁肇中**和**B.里克特**所领导的实验组分别在美国布鲁克海文国家实验室和美国斯坦福直线加速器中心独立地发现了一种寿命相对长的重矢量介子——J/ψ粒子。J/ψ的质量为3096.9MeV/c^2，总衰变宽度为93keV，相应的寿命比通常的矢量介子ρ、ω、Φ等长几十到一千多倍。认为J/ψ是由粲夸克和反粲夸克组成的粲偶素可以很好地解释J/ψ的性质以及之后发现的粲偶素能谱。

凡带粲数的粒子都叫粲粒子，如粲介子D^+（由$c\bar{d}$组成）、D^-（$\bar{c}d$）、D^0（$c\bar{u}$）、D_s^+（$c\bar{s}$），粲重子Σ_c^{++}(cuu)、Λ_c^+（cud）、双粲重子Ξ_{cc}^{++}(ccu)等。J/ψ等粲偶素由$c\bar{c}$组成，它们的粲数为零，通常称粲偶素为隐粲粒子。（苑长征　刘　翔）

侧泵激光器　side-pumped laser　泵浦方式为侧泵的光泵激光器。光泵激光器的泵浦方式通常有两种：端泵和侧泵。半导体激光二极管泵浦的固体激光器（全固态激光器）通常就使用这两种泵浦方式。侧泵也称为横向泵浦，即泵浦光从增益介质侧面入射，垂直于振荡光的传播方向。增益介质可以是棒状或板条形状。下图是侧泵激光器的简单示意图。

由于激光工作物质的侧表面的面积相比端面一般要大得多，所以泵浦面可以很大，这样就可以将更高功率的泵浦光耦合进增益介质。高功率输出的全固态激光器通常使用的是侧面泵浦。但是在侧泵条件

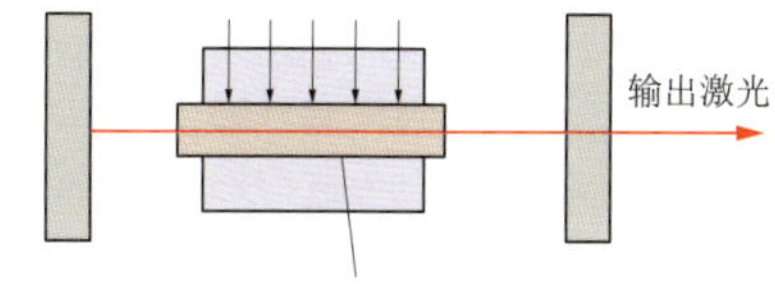

侧泵激光器示意图

下，由于泵浦光的入射方向垂直于振荡光的传播方向，调节二者的模式匹配相对不容易，使泵浦光与腔模体积之间在工作物质内的空间交叠程度较低，以致泵浦光的功率较难被高效吸收，所以会影响光−光转换效率的提升。为了获得高功率的激光输出和较好的光束质量，则需要提高激光工作物质的吸收效率，而且使泵浦光尽可能分布均匀，以便获得均匀的增益分布。采用多向（三向或以上）侧泵方式可以明显改善激光输出参数。（冯宝华　薄　勇）

侧向扩散　lateral diffusion　细胞膜上的磷脂分子和蛋白质分子在细胞膜的面内所做的无规则扩散运动。早在1905年，A.爱因斯坦研究**布朗运动**时，就导出自由扩散粒子的均方位移与时间成正比。对于二维问题，比例系数是扩散系数的4倍。在细胞膜上，蛋白质与磷脂分子的扩散系数不同。蛋白质分子（或磷脂分子）在细胞膜上不同脂畴中的扩散系数也不同。一般来说，在液体有序相中的扩散系数相比液体无序相中的扩散系数小。

膜蛋白的扩散动力学对于生命活动十分重要，是否满足爱因斯坦方程可以通过单粒子追踪、荧光关联光谱或荧光淬灭后恢复等方法来检验。实验上发现一些蛋白质由于受到膜骨架的限制，扩散不满足爱因斯坦扩散规律，均方位移随时间增长比线性情况慢，称为亚扩散。有些蛋白受马达蛋白及脂质分子流动性的影响，均方位移随时间增长比线性情况快，称为超扩散。此外，在微米量级的大尺度上，由于膜的异质性，膜蛋白在细胞膜上的分布并不均匀，膜蛋白的扩散可能还是面内各向异性的。（涂展春）

侧向外延　epitaxial lateral overgrowth　一种通过控制横向生长的方式获得连续外延薄膜的方法。侧向外延多用于异质外延过程，可有效抑制横向生长区缺陷向上延伸以提高外延层晶体质量。一般分为两种情况：一是有掩膜侧向外延，基本过程是在图形衬底窗口区进行外延生长，同时抑制掩膜区域表面的成核及后续的生长，当外延层扩展到窗口区外后，以足够大的横纵向生长速率比完成合拢，得到连续外延薄

膜，在此过程中通过多生长面的镜像力作用引导位错弯转，以保证连续外延薄膜的高质量；二是无掩膜侧向外延，其基本过程是在图形衬底平台上进行外延生长，横向生长跨过凹陷图形区后完成合拢以得到连续外延层，在此过程中，凹陷区域上方形成的多生长面通过镜像力作用能有效控制平台上方区域的位错弯转，提高外延层晶体质量。侧向外延在Ⅲ族氮化物的外延生长中已被广泛应用。（许福军）

测地线 geodesics 弯曲时空中最直的线。是平空间中直线在弯曲空间中的推广。从几何上看，当曲线上任一点P的切矢量沿着这条曲线平行移动到另一点Q后与这条曲线在Q点的切矢量重合，则这条曲线就是测地线。

在弯曲时空中，测地线可依据线上每一点的切矢量相对该点的光锥分为类时、类光、类空三大类。测地线满足：

$$\frac{\mathrm{d}^2x^\sigma}{\mathrm{d}\lambda^2}+\Gamma^\sigma_{\mu\nu}\frac{\mathrm{d}x^\mu}{\mathrm{d}\lambda}\frac{\mathrm{d}x^\nu}{\mathrm{d}\lambda}=0$$

它称为测地线方程（对重复指标求和）。式中λ称为测地线的仿射参数。对于类时测地线，λ就是固有时τ；对于类空测地线，λ就是测地线的弧长参数s。式中$\Gamma^\sigma_{\mu\nu}$是克里斯托费尔联络。*广义相对论*认为，引力场中自由的检验粒子沿着类时测地线运动，而光子沿着类光测地线传播。

在平直时空中，两相邻同向的测地线间的距离保持不变，但在弯曲时空中两相距为δx的无穷邻近同向测地线间的距离就不再保持不变。通过观察两条相邻测地线的分离与接近就可洞察时空的弯曲。确定两相邻同向测地线间偏离大小的方程称为测地线偏离方程：

$$\frac{\mathrm{d}^2\delta x^\sigma}{\mathrm{d}\lambda^2}+R^\sigma_{\mu\rho\nu}\delta x^\rho\frac{\mathrm{d}x^\mu}{\mathrm{d}\lambda}\frac{\mathrm{d}x^\nu}{\mathrm{d}\lambda}=0$$

或

$$\frac{\mathrm{d}^2\delta x^\sigma}{\mathrm{d}\lambda^2}+C^\sigma_{\mu\rho\nu}\delta x^\rho\frac{\mathrm{d}x^\mu}{\mathrm{d}\lambda}\frac{\mathrm{d}x^\nu}{\mathrm{d}\lambda}=0$$

式中$R^\sigma_{\ \mu\rho\nu}$和$C^\sigma_{\ \mu\rho\nu}$分别为时空的黎曼曲率张量和外尔曲率张量。两相邻测地线的偏离给出有限大系统所受到的潮汐力。引力波的探测就是通过测量测地偏离的周期性变化给出的。（黄超光）

测辐射热计 bolometer 测量细微辐射能量的仪器。通常用于测量波长较长的电磁波，如可见光、红外线和微波等范围的辐射能等。（班士良 宫 箭 邢 燕）

层状晶体 layered crystal 存在两层及以上层的晶体，其中每一层内的原子与所在层内的邻近原子紧密成键结合，而层间结合明显不同并弱于层内结合。层状晶体中层的数目，称为层状晶体的层数。典型的层状晶体有多层石墨烯、体石墨、多层和体过渡金属硫族化合物等。多层石墨烯和多层过渡金属硫族化合物等这类超薄层状晶体是典型的二维材料，通常可以用微机械剥离法从体层状晶体制备而得。除了剥离法，还可以通过气相沉积或者分子束外延等技术制备二维层状晶体材料。由于二维层状晶体材料既薄又小，它通常无法单独存在于环境中，只能至少将其部分或全部置于一定的衬底之上。二维层状晶体材料因制备技术的成功成为凝聚态物理的研究热点之一。单层石墨烯不属于层状晶体，但属于二维材料。

对二维层状晶体的研究是于2004年英国曼彻斯特大学K.诺沃肖罗夫和A.盖姆等人利用微机械剥离法成功制备单层石墨烯之后逐渐兴起的。随着多种二维层状晶体陆续被发现，如过渡金属硫族化合物、过渡金属氧化物以及一些新兴的二维化合物等，二维层状晶体的家族不断被发展壮大。二维晶体材料在光学、电学、力学以及磁学方面所表现出的独特性质（见*低维结构*，*介观物理*），使其在下一代纳米电子器件方面具有潜在应用。

二维层状晶体的层与层之间仅依靠范德瓦耳斯力等弱的相互作用来结合，由于受到层间弱相互作用的影响，它们的能带结构等性质都会随着层数以及层间耦合作用的改变而发生显著改变。例如，对于二硫化钼来说，从体材料逐渐减少层数到双层甚至单层，其能带结构逐渐由间接带隙过渡到直接带隙，从而拓宽了其在光电学领域方面的应用。因此，在二维层状晶体中，探测其层数和层间耦合作用，对于掌握其物理和材料性质极为重要。通常我们也可以通过控制层数以及层间耦合作用的强弱来调控二维层状晶体的物理性质，丰富其在光学、电学器件中的潜在应用。此外，对于各种不同二维层状晶体材料的组装还可以轻易制备垂直型二维异质结或者平面型二维异质结，进而制备各种类型的光电子学纳米器件。层状晶体在超导体、电极、储氢材料、显示器、电池以及光学偏振器等方面具有广泛地应用前景。（谭平恒）

层子 straton 粒子层次上的构成组分。见*层子模型*。

层子模型 straton model 由北京基本粒子理论组提出的，基于对*强子*（参与强相互作用的粒子总称）内部结构的认识，认为强子由下一层次的层子组成，并以*夸克*（当时有三种：上夸克u、下夸克d、奇异夸克s）为对象引入相对论性束缚态波函数的理论，用于描述强子参与的各种过程的模型。层子模型的主要思想是：①物质结构在强子层次上的构成组分是层子，强子是层子或层子与反层子的束缚态。强子所参与的相互作用归结为层子所参与的相互作用。夸克可以作为层子的一个可能方案去构造强子具有内部结构的模型。②要解释强子的动态性质，只考虑对称性质不够，必须计及强子的内部结构，进而假设使夸克结合为强子的力与组成强子的夸克种类（u、d、s）无关，因此可以通过表达层子在强子内部结构的波函数来着手研究。因为相当一部分的动力学的信息，包含在反映强子内部结构的波函数中。③由于强子是层子或反层子的束缚态，不能当作点粒子处理，因此要发展计算含束缚态的矩阵元的方法，自洽处理束缚态的内部运动波函数。④层子在强子内部的运动，可以做非相对论近似，但强子作为一个整体运动，必须具有相对论协变的性质。⑤不同的强子的动态性质，通过对称性及相对论协变的束缚态与波函数有着一定的内在联系。

相对论协变的层子模型是层子间动力学基本理论建立前的一个较好的强子结构模型理论。层子模型以夸克作为层子的一种方案，成功说明当时粒子物理实验数据的一些主要方面。通过强子内部结构波函数，将强子的各种电、弱过程联系起来，得到超出电、弱作用对称性的结果，纷繁的粒子物理现象呈现出有机联系的、统一的图像。（黄 涛）

查德威克，J. James Chadwick（1891-10-20～1974-07-24） 英国实验物理学家。生于曼彻斯特，卒于剑桥。1911年毕业于曼彻斯特大学，后又在柏林大学和剑桥大学深造。

1923～1935年在剑桥大学任教。1935～1948年任利物浦大学教授。1948年起任剑桥大学戈维尔和凯尔斯学院院长。1927年当选为英国皇家学会会员。1945年被封为爵士。

主要从事原子核物理学的实验研究。

1914年他首先发现放射性物质的β射线能谱。1920年他通过铂、银和铜核研究α粒子的散射，第一次直接测出了原子核的电荷，从而完全证实了卢瑟福的原子理论和关于元素的核结构以及核电荷数与元素的原子序数相等的结论。查德威克对科学的最大贡献是他发现了**中子**。1930年德国的W.博特和约里奥-居里夫妇用氦核轰击铍观察到一种穿透性很强的辐射，认为它是一种γ辐射，这时查德威克也在进行相关的研究，他根据约里奥-居里夫妇的实验，敏锐地觉察到铍辐射绝不是γ辐射，很可能就是卢瑟福在1920年所预言的并多年寻找的中子辐射。查德威克通过一系列实验研究，最后终于证实了中子的存在。中子的发现标志着原子核的研究进入一个新的时代。它不仅改变了物质结构的概念，同时还为研究和变革原子核提供了一种有力的手段，促进了核裂变研究工作的发展和原子能的利用。由于这一重要的发现，他获得了1935年诺贝尔物理学奖。

（戴念祖）

查理定律 Charles' law 气体等容变化所遵循的规律。该定律可表述为：一定质量气体，当体积保持不变时，它的压强p和绝对温度T成正比，即$p/T=$常数。此定律只对理想气体才严格成立，其他气体在压强不太高、温度不太低时也遵循这个规律。此定律是法国物理学家J.A.C.查理通过实验确定的。

（仲 佰）

查普曼，S. Sydney Chapman（1888-01-29～1970-06-16） 英国应用数学家和地球物理学家。生于英国兰开夏郡的埃克尔斯，卒于美国科罗拉多博尔德。毕业于曼彻斯特大学和剑桥大学。1919年后，历任曼彻斯特大学、伦敦帝国理工学院和牛津大学教授。1919年被选为英国皇家学会会员。1953年赴美国，在阿拉斯加大学地球物理研究所任顾问科学所长，并兼全国大气研究中心高山天文台高级研究员。

早期查普曼在气体分子运动论方面有著名的查普曼-恩斯库格气体理论。他一生涉足地球物理学的许多领域，并做出了重要的贡献。他长期从事磁暴理论和极光的研究，预言磁层的存在，奠定了近代日地物理学的基础。在高层大气的研究领域内，他用光化反应的原理解释高空臭氧层的存在，成为从事这方面研究的第一个科学家；他提出了电离层的形成理论和夜光云的激发机制。在大气潮汐和地磁短期变化的研究中，他不仅在分析方法和理论方面具有独创见解，而且对世界各地长时期积累的观测记录进行了精心分析，阐明了它们的基本规律。他在太阳物理、等离子体物理以及气象物理等方面，也有重要贡献。

先后获英国皇家学会、英国物理学会、伦敦数学学会、皇家天文学会、皇家气象学会，以及美国斯密松林研究所、地球物理学联合会等机构的金质奖章；被选为美国、印度、挪威、芬兰和德国格丁根等科学院的外籍院士。在国际科学活动中，查普曼曾任国际大地测量学和地球物理学联合会（IUGG）、国际气象学和大气物理学协会（IAMAP）、国际地磁学和高空大气学协会（IAGA）等学会的主席。1953～1959年，他在国际地球物理年（IGY）任特别委员会主席。

（朱岗崑）

掺钛蓝宝石激光器 titanium-doped sapphire laser 以掺钛蓝宝石为增益介质的一种固体激光器。简称钛宝石激光。激活离子为掺钛蓝宝石中的三价钛离子（Ti^{3+}），激光工作波长可覆盖660纳米～1.1微米范围，最强的发射峰波长在800纳米附近，吸收带位于400～600纳米，峰值吸收在490纳米附近。钛宝石激光器的激光上能级寿命较短，只有3.2微秒，用闪光灯泵较困难，通常用氩离子激光、Nd:YAG倍频激光泵浦。掺钛蓝宝石是优秀的宽带可调谐激光晶体，具有优良的光学性能和热效应，机械加工能力强，并可以生长出200毫米以上的大口径晶体。因此，掺钛蓝宝石激光器是重要的激光器之一，在科研、工业和医疗等领域具有重要应用价值。

采用克尔透镜锁模技术，掺钛蓝宝石激光器可直接输出脉宽短至6.5飞秒的激光脉冲，这是所有激光器中从谐振腔直接输出的最窄激光脉冲。采用调谐技术，掺钛蓝宝石激光器可以获得660纳米～1.1微米范围内调谐输出。

掺钛蓝宝石激光器可以获得超强超短激光输出。国际上在建的峰值功率最高达到10拍瓦量级的飞秒脉宽超强超短激光主要是基于掺钛蓝宝石激光器，商用的超强超短脉冲激光的产生也主要是基于掺钛蓝宝石激光器。

（杜 鹏 张泽宇）

掺杂团簇 doped cluster 由两种或多种元素构成的**团簇**。其中一种元素的原子数量较多，作为母体；其他元素的原子数量较少，可以看作是掺入的杂质。与体材料的掺杂相类似，掺杂是调控团簇物理化学性质的有效手段。如在硅团簇或锗团簇中掺杂单个或2、3个过渡金属原子可以提高稳定性、增大能隙、引入磁性。如在单质金属团簇中掺杂其他金属原子，可以改变金属团簇的电子性质和催化性能。在当前的团簇物理研究中，掺杂团簇引起了较多的重视，被认为是获得新型材料和器件构造单元的有效手段。

（赵纪军）

长程关联 long-range correlation 平均势场之外的“剩余”核力的长程相互作用（在原子核尺度范围）。原子核的平均场模型认为核多体系统中的某一个核子与其他核子作用的总效果可以用一个平均势场来代替，这个核子“独立”地在这个平均势场中运动，与其他核子不再发生作用。这种模型能够相当成功地描述原子核的大多数性质，比如原子核壳层结构等。但是平均场模型无法解释原子核的形变与集体运动。而这正是由于核子之间还存在长程关联所导致的。

（冯兆庆）

长程序 long-range order 固体中原子排列在长距离或整个固体范围内都保持规则有序的状态。只在几个原子范围内，原子排列保持一定的规则有序的状态，称为短程序。不仅有短程序而且也有长程序的固体称为**晶体**，只有短程序而无长程序的固体称为非晶体。晶体中的长程序可用周期性及对称性进行描述。晶体中原子在各方向都作周期性排列，周期性排列的最小重复单元称为原胞。整个晶体就是由原胞在各个方向作周期性重复排列而成。晶体也具有一定的几何对称性，对晶体做一定的对称性操作，如中心反演、镜面反射或围绕某条直线作一定角度的旋转，晶体内各原子分布状况仍保持不变。理论上可采用空间群的数学方法对晶体对称性进行讨论。长程序的概念不仅限于描写原子的规则排列。如在铁磁体或者反铁磁体中，原子或分子磁矩可以在长距离保持规则有序的状态，呈现出长程序。

（盛 利）

长度的测量 measurement of length 对空间直线距离长短的物理量，通过与规定标准长度（米）的比较实施的测量。可以用米尺进行简单的长度测量。对于不同的长度，可以使用不同的尺和长度测量仪器，如游标卡尺与螺旋测微器。对于较长的距离，可以用激光测距仪。测量长度的尺和仪器，都要校准和刻度，要和作为长度标准的米进行比较。通过米定义的历史发展过程，可以看到长度测量技术的进步。

第一次国际米定义 1889年第一届国际计量大会通过了第一次国际米定义："国际计量局保存的铂铱米尺上所刻两条刻线间的轴线在0℃时的距离。它保存在标准大气压下，放在两个对称置于同一水平面上并相距571毫米的直径至少为1厘米的圆柱上。"这个定义的环境条件非常严格，以保证复现长度单位的准确性。定义的精度可达1.1×10^{-7}，相当于1米的长度的差值小于0.1微米。这个定义使用了71年，直到采用光谱线作为新定义为止。

第二次国际米定义 20世纪60年代，由于提纯同位素的技术迅速发展，发现氪86同位素的谱线是当时谱线纯度最好的谱线，具备了取代基准米尺的条件。1960年第11届国际计量大会通过了第二个国际米定义："米的长度等于氪-86原子的$2p_{10}$和$5d_5$能级之间跃迁的辐射在真空中波长的1 650 763.73倍。"这个定义开创了用原子跃迁的波长来作为基本单位定义的时代。

第三次国际米定义 1983年，第17届国际计量大会正式通过米的重新定义："米是光在真空中1/299 792 458秒的时间间隔内行程的长度。"米的重新定义与1960年的原定义相比有着重大的变革。首先，在这个新定义中，把真空中光速c的数值作为一个约定值299 792 458米/秒，从而结束了物理学家们测量真空中光速长达三百年的历史。这是从物理量或计量单位制的定义角度给光速测量结果画了句号。因为长度l单位米和时间t单位秒都是基本单位，原来两者是相互独立的，其间不存在依存关系。由这两个单位得到的光速值$c=l/t=\nu\lambda$，是一个导出的速度单位。该定义的复现方法如下：①用$l=ct$的方法，可简称为测距法，即根据光行进的时间来测距，这种方法可在大地测量、军事测距或天文测量中应用。②在实验室内复现米定义主要采用$\lambda=c/\nu$的方法，可简称为测频法，即通过测量光频标准的频率值ν来得到激光波长值λ，从而复现米定义。③将研制的光频标准在符合国际规范的条件下，采用国际推荐的频率或波长值。（沈乃澂）

长度收缩 length contraction 一种狭义相对论效应。考虑静止在S'系中x'轴上的一根杆子，其长度称为固有长度$l_0\equiv\Delta x'=x'_2-x'_1$。但在$S$系看来，这根杆子是以不变速度$v$沿$x$轴的正方向运动的，其长度定义为同时（即时间间隔$\Delta t=t_2-t_1=0$）测量杆子的两端所获得的空间坐标间隔。为此，将$\Delta t=0$代入洛伦兹变换：

$$\left.\begin{aligned}\Delta x'&=\frac{1}{\sqrt{1-v^2/c^2}}(\Delta x-v\Delta t)\\ \Delta t'&=\frac{1}{\sqrt{1-v^2/c^2}}\left(\Delta t-\frac{v}{c^2}\Delta x\right)\end{aligned}\right\}$$

得到：

$$\left.\begin{aligned}[l]_{\Delta t=0}&=l_0\sqrt{1-v^2/c^2}\\ [\Delta t']_{\Delta t=0}&=-\frac{1}{\sqrt{1-v^2/c^2}}\left(\frac{v}{c^2}l\right)\end{aligned}\right\}$$

其中第一式表示运动杆子的长度（$l=\Delta x$）比静止长度（即固有长度$l_0=\Delta x'$）短；第二式是说在S系测量杆子两端是同时进行的，而在S'系看来并不是同时的（同时性的相对性）。第二式右边的负号表明，先测量了杆子的前端（即x'_2点）而后经过了$\Delta t'$的时间间隔才测量杆子的后端（即x'_1点），在这段事件内S系已经向杆子的尾端走了一段距离δ，其大小是：

$$\delta=v\Delta t'=\frac{l}{\sqrt{1-v^2/c^2}}\frac{v^2}{c^2}=l_0\frac{v^2}{c^2}$$

注意到这一点对于解释与同时性相关的问题时至关重要，否则会出现错误（实际是佯谬）。（张元仲）

长基线中微子实验 long-baseline neutrino experiment 观测长基线的中微子振荡行为的实验。加速器产生的中微子能量较高，可观测的振荡行为通常发生在数百千米甚至上千千米之外，因此被称为长基线中微子实验。而中微子在地球内部穿行可以产生物质效应，有利于探测中微子质量顺序。1998年日本的超级神冈实验发现大气中微子振荡现象之后，长基线实验迅速发展，按物理目标可以分为三代。

第一代实验以证实大气中微子振荡为目标。代表实验包括日本的K2K实验、美国的MINOS实验和欧洲的OPERA实验等。其中K2K实验是国际上第一个长基线中微子实验，利用超级神冈探测器观测250千米之外日本高能加速器研究机构（KEK）提供的中微子束流，于2003年公布结果，观察到μ中微子的消失，首次通过人工的中微子源证实了中微子振荡。MINOS实验2005年开始运行，基线长度735千米，是国际上第一个分别观测到正反μ中微子消失的实验。OPERA实验位于意大利格兰萨索地下实验室，由欧洲核子中心提供中微子束流。从2008年开始共运行5年，首次观测到μ中微子转化成τ中微子的信号，从而给出不同类型中微子相互转化的直接证据。

第二代实验以日本的T2K实验和美国的NOvA实验为代表。主要目标是测量第三个中微子混合角θ_{13}，并初步探索测量中微子质量顺序和轻子CP破坏相位的可能性。T2K实验在K2K实验的基础上升级了束流功率，可以产生更多的中微子，于2011年首次观测到μ中微子到电子中微子的转化。T2K实验与NOvA实验联合探测质量顺序和CP破坏有望在2020年达到95%以上的置信水平。

第三代实验仍在构想当中。希望通过更高的束流功率、更长的基线、更大的探测器体积和更先进的探测技术确定中微子质量顺序和CP破坏。代表实验包括日本的T2HK实验，以及美国和欧洲联合推动的DUNE实验。中国于2013年提出的μ子衰变中等基线中微子束实验方案（MOMENT）也属于第三代实验。（何 苗）

长链体系 long chain system 由多个重复结构单元组成的聚合物体系。结构单元之间以化学键相连，每一结构单元相当于一个小分子。长链体系的分子量大且多数具有多分散性。长链高分子是由小分子通过不同的聚合方法获得的长链化合物，与小分子相比，长链高分子具有丰富的构型和构象，高分子长链有一定的内旋转自由度，使其可以发生构象转变，赋予高分子长链一定的柔性，且具有独特的静态柔顺性和动态柔顺性。用聚合物分子不同热力学平衡态构象之间的位能差来描述的柔性为静态柔顺性，用聚合物分子在不同平衡态构象间转变的速率来描述的柔性为动态柔顺性。长链高分子的单元结构与其小分子单体类似，其物理性能却有很大的差异。如小分子单体一般为气体、液体或固体，当它们聚合成长链高分子后，大多为固态，其机械性能（弹性、塑性、刚度、时效敏感性、强度、硬度、冲击韧性、疲劳强度和断裂韧性等）大大提高。随着高分子链长度的增加，聚合物的黏度逐渐增加，分子链较短时，室温条件下聚合物可为高黏度的液态，当小分子单体聚合成高分子长链分子时，室温条件下呈固态。长链高分子可以产生缠结，熔融状态下缠结会导致高分子长链体系黏度升高，缠结同时会导致高分子长链体系物理性能的提高，使其在应力作用下的稳定性大大提高。（张晓华）

场的量子化 quantization for a field 从物理的经典场过渡到量子场，从而建立量

子场论的法则（或规则）。把场看作无穷维自由度的力学系统，将量子力学的量子化原理应用于该系统就是场的量子化。随着19世纪末、20世纪初粒子物理实验的发展（如电子的发现、**光电效应**、**康普顿散射**等）。M.玻恩、W.海森堡、E.P.约旦、P.A.M.狄拉克、W.泡利和E.维格纳等建立了量子场论，它是能够既遵从量子力学原理又遵从狭义相对论原理的理论，是粒子物理学的理论基础。

20世纪20年代末建立的场的量子化法称为正则量子化。具体内容是：①在经典场论中，从时空洛伦兹变换和内禀对称变换下不变性所决定的拉氏量出发，推导出系统的哈密顿量，确定出与场变量对应的正则共轭量，写出场与其对应的共轭量的泊松括号。②对应于一经典场引进一场算符（即量子场），对应地从经典场所满足的正则运动方程得到同样形式的量子场（算符）所满足的正则运动方程。③将经典场论中的泊松括号替换成对应算符的对易（对于玻色子场，如光子场）或反对易（对于费米子场，如电子场）关系：

$\{A,B\}_{PB}\to -i[A,B],[A,B]\equiv AB-BA$（对玻色子）

$\{A,B\}_{PB}\to -i\{A,B\},\{A,B\}\equiv AB+BA$（对费米子）

式中PB为指经典泊松括号。

以自由量子场运动方程的平面波解对波函数作傅里叶展开，展开系数量子化为场量子的产生和湮没算符。从这些（无穷多）产生和湮没算符，可构造态矢量及相应的希尔伯特空间。这样建立的理论就是量子场论。它可描述量子场的波和粒子、连续和离散二象性，尤其可描述粒子（场量子）的产生和湮没。上述的正则量子化是和相对论的因果性自洽的。需要指出的是，对于某些场论系统，从拉氏量推导哈密顿量时会出现约束，对于出现第二类约束的拉氏量，泊松括号应当换成狄拉克括号。

还存在一些基本上与正则量子化形式等价的量子化形式，其中最常用的是R.P.费曼（1948）、J.S.施温格（1951）、L.D.法捷耶夫和V.N.波波夫（1967）等所建立和发展的路径积分形式。场量子化的这一形式由量子作用原理所表述。从量子作用原理可推出正则量子化规则。路径积分把量子力学量用经典量来表述，经典轨迹对应于经典作用量的极值，而量子力学可解释围绕着这一经典轨迹的涨落。从路径积分形式所得到的S矩阵是明显洛伦兹不变的，但不是明显幺正的，而从正则量子化形式所得到的S矩阵是明显幺正的，但不是明显洛伦兹不变的。因为从正则量子化方法可以推导出路径积分方法，而且两种方法产生同一个S矩阵，所以实际上S矩阵是洛伦兹不变和幺正的。

无论是哪种量子化形式，场的量子化必须对独立的场进行。规范理论里不同规范的选取，就是对独立场的不同的选取。对于非阿贝尔规范理论，路径积分量子化比正则量子化更简单。（黄朝商）

场方程 equation of field 描述场的运动规律的方程。场和粒子是统一的物质的两种不同表现形式。场反映着物质的连续特性，粒子反映着物质的不连续特性。由于场和粒子的统一联系，使得场和粒子都由同一的相对论的方程所描述，相对论的粒子方程就是场方程。

场最初被看作是以太的特殊状态，后来由于**狭义相对论**否定了静止不动的以太的观念，因而场就被看成是物质的一种特殊形态，而代替以太的观念是**真空**。场观念的典型代表是**电场**和**磁场**，它们由**麦克斯韦方程组**所表述。这是人们发现的第一组场方程。关于相对论性粒子的方程最早是被**P.A.M.狄拉克**发现的，并用来描写自旋为1/2的粒子，如电子或**质子**。后来发现狄拉克方程既能用来描写电子又能描写正电子，实验上又发现了正负电子对可转化为**光子**，光子转化为正负电子对的事实，这就导致提出"电子也是场"这个观念。描述电子的狄拉克方程也就看成是场方程。反过来，由于发现了光也具有一系列粒子的性质，另外麦克斯韦方程在动量空间也可解释为粒子的方程，也能用来反映光子所具有的自旋为1的性质，因此场方程也就可看成是粒子的方程。既然场方程又是粒子的方程，因而所有描述不同自旋的粒子的方程就又是场方程。

历史上有许多描述不同自旋的相对论性方程。自旋为零的方程称为**克莱因－戈登方程**。可以将自旋为零的方程改为只含有对时间一次偏导的形式，这时就称为杜芬－凯默方程。带有质量并且自旋为1的方程为**普罗卡方程**。也可将普罗卡方程换成只有一次偏导数的杜芬－凯默方程。所不同的是对于自旋为零的杜芬－凯默方程的波函数有5个分量，而自旋为1的有10个分量。对于自旋为3/2的方程称为喇里塔－施温格方程，任意高自旋的方程有一个通称，称为巴格曼－维格纳方程。（何祚庥）

场离子显微镜 field ion microscope; FIM 能直接用于观察金属表面原子的分析装置。1951年E.W.弥勒发明的场离子显微镜分辨率为0.2～0.3纳米，可对金属表面原子做直接分析观察。

FIM是点投影的显微镜，结构见图。但与通常的高分辨率电子显微镜不同，它成像时不使用磁或静电透镜，是由所谓成像气体的"场电离"过程来完成的。

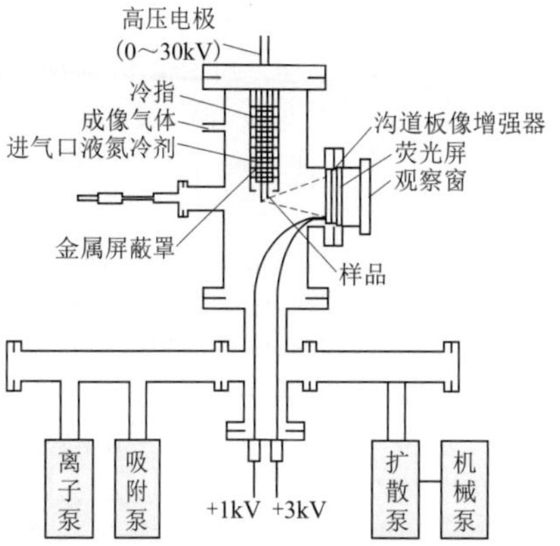

场离子显微镜装置示意图

实验时，镜体内保持超高真空。用电解腐蚀法制成的针状样品（其尖端曲率半径小于100纳米）装于镜体内并被冷却到78开以下，然后通入成像气体He或Ne。当样品加上高电场（约40伏/纳米）后，由于热运动而射到样品针尖的成像气体原子会因受电场的诱导而极化并吸附于针尖表面的各个晶面的突出原子的上方。随后，更多的成像气体原子射到针尖表面，它们在表面上几经跳跃并由于能量交换而逐渐被减速。最后，它们中的一些停留在表面的突出原子处被极化了的成像气体原子的上方。它们因电子隧道效应而被电离（"场电离"）。电离后的成像气体离子再次受电场加速而沿电场线飞向阴极一侧，中间经过电子倍增沟道板，由离子变成倍率很高的电子，然后投射到荧光屏，映射出与样品针尖表面的原子相对应的、倍率为10^6～10^7的原子放大像。

1967年，弥勒又设计出一种所谓原子探针场离子显微镜（APFIM）。它是由FIM与飞行时间（TOF）质谱仪组成的一种联合分析装置。APFIM的优点在于它不仅能观察表面单个原子的行为，而且通过脉冲高压使表面原子"场蒸发"的办法，将被观察的原子逐个进行"剥离"，并对其作质量分析，确定它的质量数。从而研究从表面到体内各个原子面上原子排列的三维状态以及不同元素原子的分布。

FIM以及APFIM不仅可用于观察固体表面原子的排列，研究各种晶体缺陷（空位、位错以及晶界等），而且利用场蒸发还能观察从表面到体内的原子的三维分布状况。早期的FIM研究，主要着重于金属表面的结构缺陷，合金的晶界，偏析以及有序－无序相变和辐照损伤等。之后扩展到表面吸附、表面扩散、表面原子相互作用以及由温度或电场诱导的各种表面超结构的研究。 （陆 华）

场强叠加原理 field strength superposition principle 电荷组的场强与各点电荷场强之间关系的基本原理，可表述为点电荷组所产生电场在某点的场强等于各点电荷单独存在时所产生的电场在该点场强的矢量和。在一般情况下，实际的情形是符合叠加原理的。但在某些超强电场的情况下可偏离场强叠加原理而出现非线性效应。场强叠加原理是根据点电荷所产生的场强来计算任意带电体电场分布的基本方法。任意形状的带电体可分割为许多小的电荷元，每个电荷元可看作一个点电荷，则总的带电体的电场在空间某点的场强就等于各个点电荷单独存在时所产生电场在该点场强的矢量叠加。 （陈熙谋）

超场 superfield 用超空间坐标定义的场。见*超对称*。

超出标准模型的理论 theory beyond the standard model 超出*粒子物理标准模型*的新理论。按照粒子物理理论，组成世界的基本“砖块”是*轻子*和*夸克*，描述这些砖块相互作用的标准模型已经取得了巨大成功，它所预言的所有粒子都已经被发现。但仍然相信标准模型只是一个低能有效理论而不是最终的基本理论，超出标准模型的新物理应该存在。一方面，标准模型不仅没有把引力包含进来，而且模型也没有把电磁相互作用、弱相互作用和强相互作用真正统一进来（把三种相互作用真正统一起来的理论叫*大统一理论*）；另一方面，标准模型存在所谓的精细调节问题，也就是随着能量标度的上移而要把*希格斯粒子*的质量稳定在电弱标度就需要对参数进行精细调节（精细调节的难度就像是在光滑的镜面上竖起一根针）。另外，标准模型解释不了宇宙中冷暗物质的存在和重子的产生，*中微子振荡*所表明的中微子具有质量这一事实也需要对标准模型进行扩充，μ轻子的反常磁矩的实验值与标准模型的理论预言之间的大约三个标准偏差，以及来自银河系中心的γ射线的超出也都可能预示着新物理的存在。

超出标准模型的新物理主要包括*超对称理论*、额外维理论、小希格斯理论、人工色理论、大统一理论和*超弦理论*等。

①超对称理论。把希格斯粒子当作基本的标量粒子，这个理论不仅可以解决标准模型所存在的精细调节问题，还能实现电、弱、强三个规范耦合常数的统一（大统一理论的基础）以及为暗物质提供了一个自然的候选者（能自然解释暗物质残留密度）。

②额外维理论。把希格斯粒子当作基本的标量粒子，这个理论假设存在尺度极小的额外的空间维度，引力可以在额外维中传播，它可以解决标准模型所存在的精细调节问题。

③小希格斯理论。这一理论把希格斯粒子当作是戈德斯通粒子因而比较轻，通过集体对称性破缺机制使得在单圈层次希格斯粒子的质量没有平方发散，可以解决标准模型所存在的精细调节问题。

④人工色理论。假设在高能量标度（太电子伏以上）存在类似量子色动力学的新的强动力学，并引入参与新强动力学的新费米子——人工色费米子。这些费米子在太电子伏能量标度通过强动力学发生凝聚，从而导致一些新玻色子的存在，但在这些新玻色子中找出一个粒子作为轻的希格斯粒子是比较困难的。

⑤大统一理论。这一理论是为了解释规范耦合的来源而提出的，它统一了电磁、弱、强相互作用，最简单优美的理论是SU(5)大统一理论。它预言了质子可以通过重的规范玻色子而衰变，而质子衰变至今没被实验发现。后来发展的SO(10)大统一理论可以纳入右手中微子从而使得中微子有质量。但最初的这些（非超对称）大统一理论中，严格计算会发现三种规范耦合并不相交于一点，而引入超对称后规范耦合统一可以很好地实现，所以大统一理论需要超对称。

⑥超弦理论。大统一理论可以很好地统一强、弱、电磁三种相互作用，但并没有纳入引力作用。超对称的局域化可以得到超引力理论，它遇到的一些困难基本上都可以在超弦理论中得到解决。在超弦理论中，基本对象都不是点状的，而是具有一维或高维结构、特征长度很小的弦（包括具有两个端点的开弦和没有端点的闭弦），而不同的粒子对应弦的不同振动模式。超弦理论可以将引力量子化，而且可以给出有限的结果，理论的自洽性能自然将引力和其他作用统一起来，是终极理论的最热门的候选者。这一理论仍在发展中。

所有这些超出标准模型的新理论都预言有新粒子的存在，如超对称理论中的超粒子、小希格斯理论中的T夸克等，这些新粒子一般都很重，它们在宇宙的极早期都已经衰变掉了，要洞察它们的真面目就必须在高能对撞机上把它们产生出来。世界上运行的最高能量的LHC对撞机正在对这些粒子进行寻找，任何新发现都将震惊世界，并写入人类文明的史册。

（杨金民）

超导磁体 superconducting magnet 超导线绕制的线圈。利用超导体电阻为零的特性，超导磁体可通以大电流，产生很强的磁场。由于超导体存在临界磁场H_c、临界电流密度J_c、临界温度T_c，超过临界值的超导体从超导态转变成正常态，因此超导磁体产生的磁场不能随意提高，一般在几特到十几特。绕制超导磁体的材料要求有高的临界参数，通常是第二类超导体，而且机械性能和加工性能也是选择用材的一个重要因素。制造超导磁体最常用的材料是铌钛（NbTi）合金，其次是金属间化合物铌三锡（Nb_3Sn）。高温超导体发现后，高温超导材料也在研制中。与常规磁体相比，超导磁体没有焦耳损耗，维持磁体正常工作温度（约4.2开）所需制冷功率约比常规磁体损耗小一二个量级；超导磁体的电流密度比常规磁体高二个量级，也不用铁芯，因此超导磁体重量轻、体积小；超导磁体可用超导开关进行闭环电路运行，不受电源及外界干扰，达到极高的稳定性（10^{-7}/时）等。超导磁体有广泛的应用价值，特别是在高技术领域，超导磁体已应用在磁共振成像技术、高能加速器、核聚变装置、磁流体发电、磁悬浮列车及其他科学实验中用的强场设备。超导磁体在电力工业中有很诱人的应用前景，超导电机、超导储能、超导变压器和超导限流器的性能已远优于常规器件。

（杨乾声）

超导磁悬浮 superconducting magnetic levitation 超导体中的磁通线被冻结，与外部磁力线达到稳定状态而悬浮的现象。对于可承载很大电流的第二类超导体，外加磁场超过一定值后，磁场会以磁通线的形式穿透进去，加上缺陷的钉扎作用，磁通线可稳定地存在。当超导体在外磁场中被冻结，超导体内部的磁通线和外部的磁力线会达到相对稳定的状态，改变超导体的位置和角度必须付出能量，因此超导体就会稳定悬浮在空中。在超导体形状和外磁场非常对称的情况下，超导体可沿轴心旋转，如果没有空气阻尼，超导体中的磁通线也钉扎不动，旋转会永远持续下去，这就是超导陀螺的工作原理。超导体在旋转和运动过程中，不会出现对磁力线的切割过程，因为随超导体一起运动的磁通线弥散开来形成磁力线，与外界随时保持平衡。但当超导体从一种磁场位型变化到另外一种磁场位型（包括角度和位置）时需要做功，这是超导磁悬浮具有高度稳定特点的原因。超导磁悬浮不能解释成是由于超导体的抗磁能力，如果仅仅是抗磁，把超导体从磁场中移开时应该不需要做功，而实际上把超导体从一种磁场位型变化到另外一种磁场位型时都需要做功。超导磁悬浮具有其他技术所难以达到的稳定性，因此在制造磁悬浮列车方面有非常大的优势。（闻海虎）

超导电性 superconductivity 某些材料在温度低于一定值时，发生超导凝聚而呈现出电阻等于零和排斥磁力线的性质。

发现 1908年荷兰莱顿实验室的创建者H.开默林·昂内斯首次将氦气液化。当时现代固体理论尚未建立。按照经典电子气模型，对于纯净的金属材料，其电阻随着温度的降低会逐渐下降，最后在绝对零度时应下降到零。然而当材料中有缺陷时其电阻在绝对零度有一定的值，甚至随着温度的下降而上升。因此无论如何电阻不可能在有限温度下降为零。开默林·昂内斯为此对金属的电阻进行了研究。1911年他在测量水银的电阻时发现，电阻在4.2开消失。他将材料中这种电阻完全消失的现象称为超导电性，此状态被称为超导态。

常规超导理论发展 最初把超导态与电导率无穷大的金属态等同起来。1933年W.迈斯纳和R.奥克森菲尔德发现情况并非如此。他们发现超导体具有无条件的抗磁能力。根据对比实验，对一个电导无穷大的导体，加外磁场时磁场被屏蔽在外。但高温情况下电导为有限值时加磁场，再降温使得电导变成无穷大，这时就有大量的磁力线被屏蔽在导体中。而对于超导体，无论是进入到超导态前加磁场，还是进入到超导态后加磁场，磁场都会被屏蔽在外。但当磁场超过一定的值或样品中有缺陷时，这种抗磁能力就不会是完全的。超导体的这种抗磁能力被称为迈斯纳效应。

1934年C.J.戈特和H.B.G.卡西米尔提出二流体模型来解释超导现象。这个模型把超导体中的电子划分为超导电子和常规电子，绝对零度时所有传导电子变成超导电子，半定量地描述了金属超导体的一些热力学性质，但它未触及超导的本质。1935年伦敦兄弟提出伦敦方程，从而解释了超导体的抗磁特性。但伦敦方程是在麦克斯韦方程组之外的一个方程，它是一个经验方程，仍没有涉及超导的本质。它只能描述磁场对超导体的穿透等宏观行为，以及给出磁场穿透深度的概念。后来有人从超导微观理论（BCS理论）出发，可反推回伦敦方程。

伦敦方程推演到微观的情况时，发现空间某点的矢势，决定了该点的超导电流密度，即所谓定域条件。1950年A.B.皮帕德注意到某点的超导电流并非由该点的矢势唯一决定，而是由某一个相干体积内的所有电子决定，因此对定域的伦敦方程进行非定域修正，引入了相干长度的概念。几乎同时，V.L.京茨堡和L.D.朗道从二级相变理论出发，引入超导波函数作为超导的序参量，建立了描述超导电性的唯象理论（GL理论）。1957年A.A.阿布里科索夫基于GL理论，对不同种类的超导体性质进行研究，发现根据超导体和正常态的界面能量，可将超导体划分成第一类超导体（界面能为正）和第二类超导体（界面能为负），并预言了磁通量子化、单根磁通线结构和磁通晶格点阵等重要概念，这些都被后来的实验所证实。

1950年左右，E.麦克斯韦和O.雷诺就发现元素超导体的转变温度随着元素质量的增加而下降，这给出启示：超导的出现与电子和原子晶格的相互作用有关，这就是著名的同位素效应实验。后来，H.弗洛里希认识到，两个电子可通过与晶格之间的延时相互作用而出现吸引。由于晶格的集体运动模式可用声子的量子来描述，因此这种电子与晶格的相互作用又被称为电子–声子相互作用。1956年L.N.库珀证明，两个处于金属费米面之上的电子之间有任何微弱的吸引力都会导致费米面失稳，形成电子对的束缚态。1957年，J.巴丁、库珀和J.R.施里弗把这个结果推广到多电子系统，发现电子之间由于电子–声子耦合而出现吸引并形成库珀对，在费米面附近一定能量（能隙）范围内的电子因为配对而凝聚到一个低能量态。每个库珀对的质心动量为零，因此其量子运动的德布罗意波长为无穷长，不受晶格的散射，从而没有能量耗散。或者说超导凝聚体中的电流载体——库珀对的运动出现相位相干。这个基于量子力学的理论预言了能隙的存在及其随温度的依赖关系，给出了超导态和正常态之间的能量差。这些都被后续的比热和光反射谱实验所证实。至此，常规超导体（基于电子–声子耦合）的机理问题得以解决。库珀对的存在也被后来的安德列夫反射实验和单根磁通量测量实验所证实。由此可见，超导电性的形成是大量电子的运动发生相位相干的结果。迄今在所有超导体中这种量子相干都是以库珀对的形式来实现的，尽管库珀对的形成可以有多种原因。

高温超导体研究进展 在超导被发现后的75年里，超导转变温度仅被提高到23开左右，而这都是在单元素金属和多元合金中实现超导的。1986年10月，瑞士科学家K.A.缪勒和德国科学家J.G.贝德诺尔茨在研究氧化物导电陶瓷材料LaBaCuO时发现在30开以上有超导迹象。他们为此而获得1987年的诺贝尔物理学奖。随后，在世界上展开的对高温超导体研究的追逐中，科学家们已经制备出多系列近百种超导体，其中钇钡铜氧超导体的转变温度高于液氮温度（77.3开）。氧化物超导体的转变温度已经高达130开以上（高压下可达160开），在某些方面的应用已经崭露头角。氧化物超导体的超导机制已是摆在凝聚态物理学家面前的最富有意义的课题之一，这是由于此类材料中电子之间的相互作用很强，其运动行为似乎不能用业已成熟的固体物理的知识来理解。超导态尽管仍是库珀对的凝聚而出现的，但实验表明它可能不是通过电子–声子耦合所致。对高温超导机理的理解可能会导致对很多被称为电子强关联的一大类材料物理本质的理解，同时在科学和技术两个方面产生飞跃。（闻海虎）

超导加速器 superconducting accelerator 以超导技术为核心技术的加速器。超导技术可以是关于加速腔（提供束流能量）的，也可以是关于磁铁（束流偏转或聚焦）的。如果加速器中包含一些超导元件，但不是技术的主体，则不属于超导加速器。如在北京正负电子对撞机中包含超导的终聚焦磁铁、超导的螺线管，也包含超导的高频腔，但这些元件或设备不是对撞机的主体，不能称为超导加速器。

对于高能的环形质子或离子加速器，粒子的弯转满足$Pc=qB\rho$方程，式中P是粒子动量；q是粒子电量；B是弯转磁铁的磁感应强度；ρ是弯转半；c为光速。对于常规的磁铁，B最大也就能达到2特斯拉左右，如果采用超导磁铁B最大可以达到约10特斯拉，那么粒子的弯转或环的半径可以减少约5倍，这将大大减少加速器的周长。第一台大量使用超导磁铁可称为超导加速器的是美国费米国家实验室（FNAL）的万亿电子伏质子同步加速器（TEVATRON，1981～2011）。后来又有德国的电子同步加速器实验室（DESY）的强子电子环形工厂（HERA，1984～2007）、美国布鲁克海文国家实验室的相对论重离子对撞机（RHIC，1992年开建，2000年建成），以及欧洲核子中心（CERN）的大型强子对撞机（LHC，1998年开建，2008年建成）等超导加速器相继建成、运行。未来还有可能建设更大型的超导环形加速器（FCC，由欧洲核子中心提出），或超级质子－质子加速器（SPPC，由中国物理学家提出）。使用超导磁铁技术也有超小型同步辐射加速器被建造，如日本住友的AURORA（1989年建成）。中国的华中科技大学联合国内一些机构，将使用超导技术，结合同步回旋加速器的原理，在研制超导质子同步回旋加速器，以满足质子治癌的需要。

常规的加速腔在给束流加速时会伴随很大的腔耗。而超导加速腔就可避免这些损耗，并且可以提供更高的加速梯度，使加速器的长度变短，减少加速器的造价。世界上第一台超导直线加速器是美国阿贡串列直线加速器系统ATLAS，此后直到1990年相继共有SUNYLAC、SACLEY等5台重离子超导直线加速器建成。中国的洁净核能系统（ADS）是基于超导加速技术的质子直线加速器。（徐　刚）

超导量子干涉器件 superconducting quantum interference device; SQUID　根据嵌入约瑟夫森结的超导环中电子对电流随结的量子相位差相干的原理制成的磁场敏感器件。按其结构和工作条件可分为直流SQUID和射频SUQID两种。

直流SQUID　用直流电流I_b偏置的双结超导环结构。其电路如图1所示。电子对从图中P点流向Q点的总超流是左、右两个通道上超流相干的结果。各通道中超流的方向和大小分别与其中的约瑟夫森结的相位差有关。当两个结的相位差相同时，两个通道的超流是相长的，干涉器的临界电流最大。当两个结的相位差不同时，临界电流将减小。如果两个结的相位差相反（即差180°），两个通道的超流是相消的。或者说电子对从点经一个通道流向点，同时又从点经另一个通道流回点，这时临界

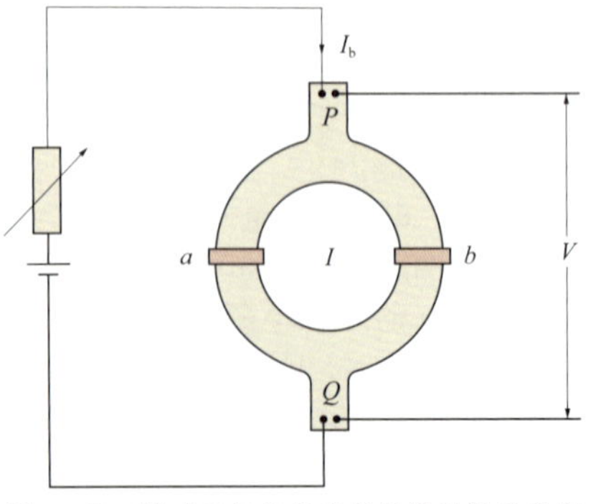

图1　无回滞直流超导量子干涉器结构示意图

电流最小。由磁通量子化条件，两个结的相位差之间的改变，使干涉器的临界电流将随穿过超导环的总磁通Φ周期性变化，周期是一个磁通量子韦伯。在偏置电流略大于临界电流时，两端的电压也将随磁通周期变化。事实上，以上效应与光学中双缝干涉和金属微环中阿哈罗诺夫－玻姆效应有着共同的物理内涵，只是产生效应的量子载体分别是电子对波、光波和正常电子波。

射频SQUID　用射频场激励的单结超导环结构。其电路如图2所示。

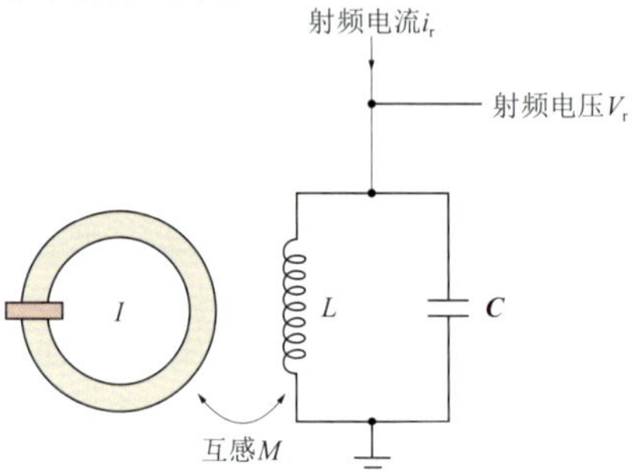

图2　射频超导量子干涉器结构示意图

在射频电流i_r偏置下，高Q谐振电路（LC）的振荡幅度不断攀升，与它有互感耦合的单结超导环中的射频超流也随之增大。当该超流幅度达到结的临界电流时，超导环在不同量子态间产生跃迁（环磁通来回改变一个磁通量子），引起能量耗散，从而使谐振电路中的电压振幅V_r严重下跌。随后这一过程又重新开始，周而复始，造成射频电压振幅V_r呈锯齿状，但其平均值是一定的。当外磁场在单结超导环上产生一个磁通Φ时，结的相位差将随之改变，使超导环内产生一个随外磁通周期性变化的相干的附加环流。超导环在量子态间的跃迁行为与附加环流有关，从而射频电压V_r的平均值也与外磁通有周期性依赖关系，周期也是一个磁通量子Φ_0。这是射频SQUID的回滞运行模式。此外，还有非回滞模式，其工作原理基于环路等效电感随外磁通的周期变化，因而也称为"电感模式"。还有一种所谓"双张弛振荡超导量子干涉器"，是将两个双结超导环串联起来，工作于回滞模式。它是根据相位逃逸率随外磁通改变的原理设计的，可算作回滞型直流SQUID。

应用　SQUID可对磁场或磁通作直接测量，其磁场分辨率可优于10^{-14}特/赫$^{1/2}$，磁通分辨率优于10^{-5}磁通量子/赫$^{1/2}$，可用来检测人体中微弱的心磁和脑磁信号及其他弱磁信号，还可用于对电流、电压、电阻、磁化率、位移等多种物理量作间接测量。高灵敏度是其突出的优点，如用窄带技术测量交流电流，灵敏度可达10^{-15}安培量级。除高灵敏度外，SQUID器件还有高的响应速度（10皮秒）和低的功耗（微瓦）。

由于氧化物超导薄膜工艺和高温SQUID理论的进展，再加上使用液氮冷却带来的极大便利，除脑磁测量等少数特殊应用外，在常规测量中高温SQUID大有替代传统的低温器件之趋势，但在灵敏度和稳定性方面还有待提高，其性能的改善将来自对此类新材料中相关物理过程更深入的了解。（陈庚华）

超导能隙 superconducting gap　在超导基态上平均激发一个准粒子所需的最小能量。超导基态是动量相反的电子两两配对（称为**库珀对**）形成的宏观量子态，最先由J.巴丁、L.N.库珀、J.R.施里弗三人从微观理论上提出（BCS理论）。超导能隙也可以说是拆散一个库珀对（产生两个准粒子）所需的能量之一半。在超导基态，库珀对的质心动量为零，库珀对之间的统计关系类似于**玻色子**之间的统计关系。但是，库珀对具有内部结构，依赖于参与配对的电子的动量和自旋，这种内部结构由一个能隙函数来描写，广义上可以认为是库珀对内两个电子的二体波函数。能隙函数的绝对值就是超导能隙。由于组成库珀对的电子为费米子，交换两个电子的位置（或动量）和自旋，能隙函数必须改变符号。在具有中心反演对称性和自旋旋转对称性的系统中，能隙函数可以按库珀对的总自旋来分类。若总自旋为零，即自旋单态配对情况，能隙函数是动量的偶函数或具有偶宇称；若总自旋为$\hbar$（其分量包括0、$\pm\hbar$三种情况，称为自旋三态），能隙函数是动量的奇函数或具有奇宇称。一般能隙函数随电子动量而改变。特别重要的是在正常态费米面上的变化，可以按类似于原子轨道的球谐函数展开或分类，因此有所谓自旋单态的s波和d波配对，以及自旋三态的p波配对等。BCS理论的最初形式描写自旋单态的s波配对，应用于常规金属及金属合金超导体非常成功。这类超导体被称为常规超导体。弱耦合极限下的BCS理论预言，零温极限下的超导能隙与该超导体的临界转变温度之比为一普适常数，$\frac{\Delta(0)}{k_B T_c}\sim1.75$，这一结论在多数弱耦合常规超导体中近似成立。在He-Ⅲ超流体中，也存在费米子配对，尽管它们不带电。实验表明He-Ⅲ超流体中的库珀对是自旋三态情况下的p波配对。铜氧化合物高温超导体中，实验表明其库珀对是自旋单态情况下的d波配对，能隙函数在动

量空间每旋转90°变一次符号，在布里渊区的对角线方向能隙为零。在非中心反演对称或自旋轨道耦合的系统，自旋单态和自旋三态配对会有混合。由于能隙函数的结构与电子配对的微观机理密切相关，因此实验上测量能隙函数有助于超导微观机理的探索。（王强华）

超导配对对称性 superconducting pair symmetry 描述超导态的库珀对波函数的一种对称性。根据BCS理论，超导态是由超导序参量或库珀对的宏观波函数来描述。库珀对的波函数是形成配对的两个电子的自旋与空间相对坐标的函数。若超导配对相互作用保持自旋宇称，波函数可分解为自旋及空间两部分波函数的乘积。自旋部分的波函数可以处在电子交换反对称的自旋单态，也可以处在电子交换下对称的自旋三重态。由于库珀对的整体波函数在电子交换下为反对称，当自旋为单态配对，空间波函数必须对称；当自旋为三重态配对，空间波函数则必须为反对称。空间相对坐标的波函数可以用轨道角动量来分类，而超导配对对称性就是由轨道角动量来决定的，所谓s波、p波、d波超导体就是由轨道角动量分别为0、1、2的电子配对所导致的超导体。其中s波超导体对应的超导序参量是球对称且非简并，能隙函数体现为不存在节点的各向同性；而d波超导体有5种对称性，能隙函数体现为存在节点的各向异性。这些特性对于不同超导体的低能激发物理性质有重大影响。

超导配对对称性既与超导配对相互作用相关，也与体系的晶体对称性有关。通常的电子-声子相互作用会导致各向同性的s波超导电性。而近邻的强烈电子关联可能是铜氧化物高温超导体d波超导电性的来源。在铁磁关联很强的体系中，可能出现自旋三重态的p波超导体。在固体体系中，超导配对对称性与晶体的点群对称性相符合。

实验上判断不同超导配对对称性的手段包括：相位敏感实验，如基于约瑟夫森效应的量子相干实验等；探测超导低能元激发的实验，如扫描隧道谱、角分辨光电子谱、磁穿透深度、核磁共振、光电导、热导、比热等测量手段。（陈 焱）

超导隧道效应 superconducting tunnel effect 被一个薄势垒层（如薄绝缘层）隔开的两块超导体之间存在的超导电子对电流（简称超流）的量子力学隧道效应。又称约瑟夫森效应。超导隧道电流的方向和大小与势垒两边超导体中电子对的相位差有关，并且存在一个对磁场很敏感的称为临界电流的上限值。当两块超导体之间的电压为零时，隧道电流是直流；加上电压时，隧道电流作高频振荡，振荡频率与电压成正比。比例系数为电子对电量$2e$（电子电量的两倍）与普朗克常数h之比，约为483 598×10^9赫/伏。在一定电流范围内，因为共振的缘故，电压很容易被一个微波场锁定在它的基频和谐频点上，从而在伏-安特性曲线中呈现电流台阶。这已成为现代电压基准的基础。

超导隧道效应是英国B.D.约瑟夫森于1962年从理论上预言的，并在第二年被P.W.安德森和J.M.罗厄耳的实验所证实。超导隧道效应的起因是势垒两边超导体中电子对之间的弱耦合。这种有弱耦合的超导体结构被称为弱连接或约瑟夫森结。约瑟夫森结的耦合势能也与电子对之间的相位差有关。通常相位差被局域在势能相对极小的一个区域内。但相位差也可由隧道过程穿透势垒从一个区域进入到另一个区域。这种宏观多个电子对的量子态相位的隧穿过程称为宏观量子隧道。这也是一种超导隧道效应。

超导隧道效应已广泛应用于计量科学、弱信号检测等领域。最近的研究表明，在极低温条件下，用约瑟夫森结中的宏观量子态可组成可控的两状态系统——量子比特，它是量子计算的基本单元。约瑟夫森量子比特是基于超导隧道效应的“超导量子电子学”中一个最新、最活跃的研究领域。（陈赓华）

超导体电动力学 superconductor electrodynamics 关于超导体的经典唯象理论。电动力学的基本规律是**麦克斯韦方程组**、介质方程和洛伦兹力公式，它适用于各种介质，不同介质只是介质方程不同。如电介质的介质方程是$\boldsymbol{D}=\varepsilon_r\varepsilon_0\boldsymbol{E}$，磁介质的介质方程是$\boldsymbol{B}=\mu_r\mu_0\boldsymbol{H}$，正常导体的介质方程是$\boldsymbol{j}=\sigma\boldsymbol{E}$等。1935年F.伦敦和H.伦敦考虑超导态的基本实验事实，在二流体模型的基础上提出描述超导电流与电磁场关系的介质方程（称为伦敦方程），把它和麦克斯韦方程组联立起来，构成超导体电动力学的基本方程。

1934年，C.J.戈特和H.B.G.卡西米尔提出超导电的二流体模型，把传导电子分为正常电子和超导电子两类：正常电子在超导体中运动要受到晶格的散射，形成的电流为正常电流，有电阻效应；超导电子在超导体中运动不受晶格散射，作无阻力的完全有序流动，形成超导电流。因此超导体中的总电流密度$\boldsymbol{j}$等于满足$\boldsymbol{j}_n=\sigma\boldsymbol{E}$的正常电流密度$\boldsymbol{j}_n$和超导电流密度$\boldsymbol{j}_s$之和，$\boldsymbol{j}=\boldsymbol{j}_n+\boldsymbol{j}_s$。按照超导电的二流体模型，超导电子在超导体中以速度$\boldsymbol{u}_s$运动时形成的超导电流密度$\boldsymbol{j}_s=n_se_s\boldsymbol{u}_s$，而超导电子在电场$\boldsymbol{E}$的运动方程为$m\dot{\boldsymbol{u}}_s=e_s\boldsymbol{E}$，由此两式可得$\frac{\partial \boldsymbol{j}_s}{\partial t}=\frac{n_se_s^2}{m}\boldsymbol{E}$，此称为伦敦第一方程。它反映了超导体的零电阻性质，在稳恒条件下，$\frac{\partial \boldsymbol{j}_s}{\partial t}=0$则超导体内$\boldsymbol{E}=0$，从而正常电流$\boldsymbol{j}_n=\sigma\boldsymbol{E}=0$。将伦敦第一方程代入麦克斯韦方程组的$\nabla\times\boldsymbol{E}=-\frac{\partial \boldsymbol{B}}{\partial t}$中可得$\nabla\times\boldsymbol{j}_s=-\frac{n_se_s^2}{m}\boldsymbol{B}$，此称为伦敦第二方程。由第二方程可得出在超导体表面附近，磁场按指数规律衰减，穿透层的深度为10^{-6}厘米量级，超导体内部磁场为零，因此伦敦第二方程反映了超导体的完全抗磁性。

伦敦超导电经典唯象理论成功解释有关超导体的电磁性质，并预言了一些新的结果。但它只是一种定域理论，即空间某点的电流密度仅由同一点的电磁场决定，事实上空间一点的电流密度还受到邻近点磁场的影响；而且伦敦理论没有阐明超导电子究竟是什么，它是怎样产生的等微观实质问题。经过物理学家多年的努力，1957年建立低温超导体的BCS理论才阐明超导电子形成的微观机制，揭示了低温超导现象的本质。（陈熙谋）

超导体界面能 superconductor interface energy 磁场影响下超导体形成的正常区域和超导区域界面的界面能。磁场高于一定值以后，会进入超导体，形成非超导的正常区域和超导区域的界面。由于超导序参量在相干长度ξ尺度变化，而磁场会在穿透深度λ的尺度变化，因此在不同超导材料中的界面能量会出现差别。这种界面能的计算是与完全迈斯纳态的吉布斯自由能密度的比较来进行的。通过京茨堡-朗道理论的计算，这种界面的单位面积自由能表达式是：

$$\sigma_{ns}=\frac{1}{2}\mu_0H_c^2\int_{-\infty}^{\infty}\left[-|f(x)|^4+(1-\frac{B}{\mu_0H_c})^2\right]\mathrm{d}x$$

式中$f(x)=\psi(x)/\psi_0$是超导约化的序参量在空间上的变化，在超导区域的深处是完全迈斯纳态，超导序参量是ψ_0，$f(x)=1$。H_c是超导体的热力学临界磁场，超导体单位体积的凝聚能是$\mu_0H_c^2/2$。可以看出，超导相干长度ξ较小时，在界面处更多体积内的电子发生超导凝聚，总自由能较低。同样的道理，如果穿透深度λ较大，超导体磁化过程中所需要的磁化能（或称磁化功）就会降低，总自由能也降低。这两种情况下有利于界面能的下降。反之，就会使得界面能增加。因此可用京茨堡－朗道参量$\varkappa=\lambda/\xi$作为一个基本变量进行界面能的讨论。进一步求解上式可知，$\varkappa=1/\sqrt{2}$是σ_{ns}正、负值的转变值：当$\varkappa<1/\sqrt{2}$时，$\lambda<\xi/\sqrt{2}$，$\sigma_{ns}>0$，界面能是正；$\varkappa>1/\sqrt{2}$时，$\lambda>\xi/\sqrt{2}$，$\sigma_{ns}<0$，界面能是负。界面能的正负决定了超导体的热力学性质和基本属性。（闻海虎）

超导微观理论 microscopic theory of superconductivity 从研究电子运动来阐明**超导电性**的量子理论。1911年发现超导电性之后，其物理原因成为人们所关注的问题。大量实验事实证明，超导电性的产生是体系中电子状态的变化所引起的，源于电子间有某种吸引作用，导致体系能量的降低。W.K.**海森伯**、M.**玻恩**和**程开甲**等都曾尝试根据量子力学和金属电子论来做出微观的解释，但均未成功。1950年实验发现了超导临界温度的同位素效应，表明导致超导的机制是电子－声子的相互作用。1957年J.**巴丁**、L.N.**库珀**和J.R.**施里弗**建立了正确的微观理论，即BCS理论。以后的发展表明，这是一个成功的理论。他们三人为此获得1972年诺贝尔物理学奖。

BCS理论有两个基本概念：①超导电性的起因是费米面附近的电子间存在通过交换声子而发生的吸引作用。②费米面附近的电子因此而两两结合成对，称为库珀对。

交换声子的吸引作用，从经典意义上理解，意味着这是通过对晶格的牵动而实现的。第一个电子在晶格中所经处，会引起周围正离子向它聚拢的晶格畸变，在其附近造成局域正电荷密度的增加（图1）。

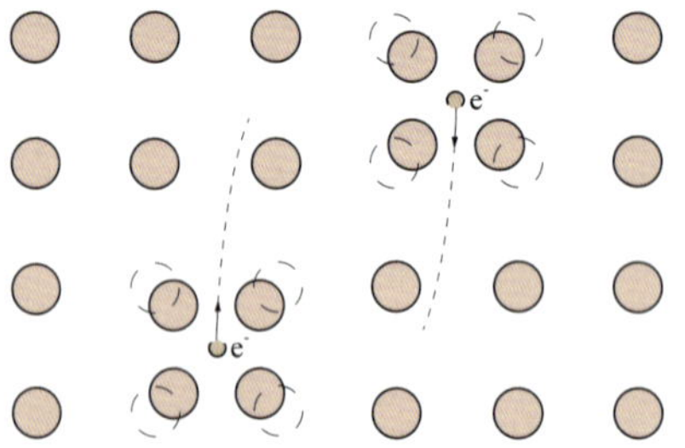

图1 以晶格为媒介导致电子间吸引作用的经典模型示意图

如此时有另一电子经过畸变区附近，它将因正电荷的吸引而向这一区域靠拢。这样，由于晶格的极化，使两电子间产生了间接的有效吸引作用。计算表明，每个电子相互作用前后状态的能量差需要小于声子的能量。考虑到费米球内已被电子填满，以及泡利不相容原理，可知只有在费米面附近的电子间才存在吸引作用。这一部分恰恰就是呈现超导电性的电子。

吸引作用的强弱取决于一对电子可能转变过去的状态的多寡。据此可知，在费米面附近动量或波矢$\boldsymbol{k}$相反、自旋也相反的电子，存在比其他情形都要强得多的吸引作用。假如这种吸引作用超过两个电子间的静电斥力，就会使一对$(\boldsymbol{k}\uparrow,-\boldsymbol{k}\downarrow)$的电子结合成**库珀对**。

库珀对由两个作为费米子的电子组成，可看作复合玻色子。超导相变相当于温度降低到一定程度时库珀对的玻色－爱因斯坦凝聚。全体库珀对组成一个凝聚体，构成二流体模型的超流成分。凝聚体的各个库珀对协同地或相干地处在有序化状态。可以是每个库珀对的总动量一致为零（无电流态），也可以是每个库珀对的总动量一致地等于某个非零数值（无电阻地传输电流，即超流动态）。

把一个库珀对拆成不相关的两个单独电子，需要的能量记为2Δ，拆散后的电子，每个都处在连续能级的状态上。对于单个电子而言，Δ表示库珀对态能级与连续能级之间的间隔，称为超导体的能隙。由于超导电性是众多电子的集体效应，在绝对零度，费米面附近电子全部配对，能隙Δ最大。当温度高于绝对零度时，一些库珀对因热激发而被拆散，Δ也减小，直到某一温度T_c，库珀对全被拆散，Δ变为零，超导态消失而转入正常态。T_c就是超导体的临界温度，能隙Δ便是体系有序化程度的量度，其更根本的意义是序参量。超导相由序参量Δ不等于零来定义，超导－正常相变因而是二级的。

图2给出利用隧道效应测量的Δ-T关系曲线，图中同时给出理论结果以供比较。理论计算给出$2\Delta(T=0\mathrm{K})=3.53k_BT_c$，式中$k_B$为玻尔兹曼常数。对于大多数常规超导体，这个关系与实验测量相符。$T=0$开时，Al、In、Nb、Sn、Ta、Tl、V、Zn等元素的$2\Delta/k_BT$的测量值为：3.37、3.45、3.6、3.46、3.60、3.57、3.4、3.2。

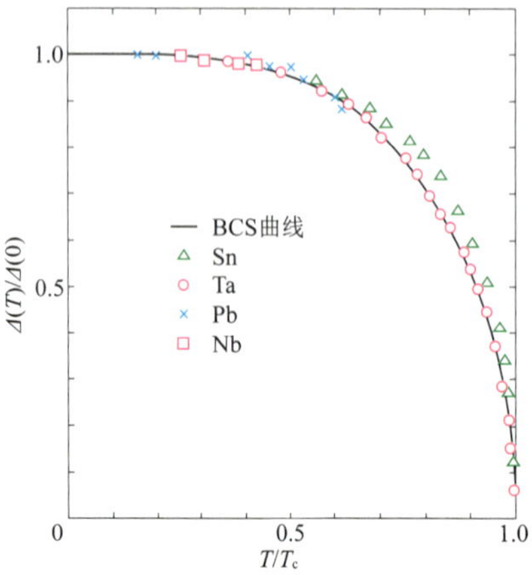

图2 超导能隙对温度的依赖关系

对超导态的电子比热、临界磁场、超声吸收等实验测量结果和理论计算比较都说明BCS理论是一个成功的理论。对于超导磁通量子数值的测量，更是对库珀对概念的直接支持。

对于高温超导电性，实验表明亦源于费米面附近动量和自旋相等相反的电子间的配对。不同处在于，对用BCS理论描述的常规超导体，库珀对中两电子相对运动的角动量量子数$l=0$，属各向同性的s波配对；而对高温超导体，绝大多数实验都支持其为$l=2$的d波配对。对于高温超导体中电子的配对机制，以及高温超导体表现出来的诸多不一般的性质，尚未建立起为人们普遍接受的微观理论。（阎守胜）

超导直线加速器 superconducting linear accelerator 利用超导材料做成的高频直线加速器。见**超导加速器**。

超短脉冲激光 ultrashort pulse laser 脉冲宽度为皮秒（10^{-12}秒）量级以及比皮秒更短的激光。又称超快激光。包括皮秒、飞秒（10^{-15}秒）及阿秒（10^{-18}秒）脉冲激光。超短脉冲激光通常是通过锁模激光器产生的。对于一个激光振荡器，根据电磁场理论，其腔内存在着与腔长有关的大量纵模，相邻纵模的频率间隔$f=c/2nL$，式中c为真空中的光速，n为腔内激光介质的折射率，L为激光腔长。通过控制腔内的损耗或相位，可以使所有的纵模都锁定在一起，形成所谓激光锁模，这样输出的激光便是一列重复频率为f的超短激光脉冲。理论上讲，激光腔内被锁定的纵模数q越多，其可输出的激光脉宽也就越窄。对于增益带宽为$\Delta\nu$的激光而言，由于最大的纵模数q为$\Delta\nu/f$，因此锁模后能获得的激光脉宽反比于激光增益带宽，为此用于锁模激光的增益介质通常需要具有较宽的带宽，如液体染料、掺钛蓝宝石晶体等。正是受激光增益带宽所限，基于一般锁模技术获得的激光脉宽在皮秒或百飞秒量级，掺钛蓝宝石激光晶体虽然有极宽的增益可支持数飞秒的脉宽，但由于色散效应，由振荡器直接输出的脉宽也很难突破10飞秒。要获得更短的脉冲，就需要进一步借助腔外压缩技术。至于阿秒激光脉冲，主要产生方法有气体高次谐波、固体高次谐波、高阶拉曼边带等，其中最常用也最成熟的是气体高次谐波方法。

（魏志义）

超对称 supersymmetry 玻色子与费米子之间的一种对称性。具有超对称的场论称为**超对称场论**。在超对称变换下，**玻色子与费米子**相互联系。在一个具有超对称的系统中，玻色自由度与费米自由度数目相同。在20世纪60年代，S.柯尔曼和J.曼杜拉通过对S矩阵的研究认为其对称性只能是庞加莱群与一个紧致内部对称群的直积。但苏联的Yu.A.盖尔仿德和E.P.里希特曼发现，通过引进阶化李代数可以把庞加莱代数推广到超庞加莱代数。幺正S矩阵实际上可以拥有阶化的对称性，把玻色自由度与费米自由度联系起来，即超对称。R.哈格等证明幺正S矩阵所能拥有的对称性只能是超庞加莱代数生成。

具有超对称的场论构造首先是由J.-L.吉尔维、崎田文二在1971年构造完成的。他们考虑的是二维弦世界面上的量子场论。1971年盖尔仿德和里希特曼构造了四维超对称电动力学。1974年J.外斯和B.朱米诺完成了四维超对称标量场论和规范场论的构造。很快A.萨拉姆和J.斯特拉斯迪意识到超对称与超空间有关。超空间是具有格罗斯曼数的空间，超对称变换可以看作是超空间中的平移。利用超空间坐标可以定义超场。在具体计算中可以定义超费曼图，其中的场都是超场。利用超场可以方便地构造具有超对称的理论，而**超图**大大简化了费曼图的计算。进一步地发现，如果允许局域超对称，则可以得到超引力理论。1976年P.范纽文豪生、D.Z.弗里德曼和S.费拉拉成功构造了具有超对称的超引力理论。

在超对称理论中，每一个粒子都有超对称伴侣，它们具有相同的质量，因此理论的紫外性质会得到改善。这为解决粒子物理的等级问题提供了解决方案。在标准模型中，希格斯粒子的质量随着能标的提高量子修正会出现平方发散，如果考虑超对称，则只有对数发散。但如何破缺超对称并构造与实验相符的超对称模型仍然困扰着人们，期待在未来的对撞机中发现超对称粒子的迹象。

实际上，超对称变换可以不止有一个，这样就得到扩展超对称理论。超对称变换的数目越多，理论的紫外性质越好。如果要求理论只包含自旋为1的规范粒子，则在四维中最多的超对称是4个，相应的理论是所谓的$N=4$超对称杨-米尔斯理论，它是一个紫外有限的理论，具有共形不变性，在**AdS/CFT对应**中有着重要的应用。对于$N=2$的超对称场论，它可能是完全可解的。而对于$N=1$的超对称场论，它具有丰富的相结构以及对偶性。超对称场论为研究场论的非微扰性质提供了理想的依据。而对于引力，四维中的超对称变换数目最多是8个，由此得到的$N=8$超引力很特殊，人们怀疑它也是一个紫外有限的理论。

超对称不仅存在于场论系统中，还可以在有限自由度的系统中定义，如超对称量子力学。在一些凝聚态系统中，已经发现了超对称存在的实验迹象。在光学和动力系统中也出现了超对称的结构。

（陈　斌）

超对称场论 supersymmetry field theory 具有超对称的量子场理论。超对称是在玻色场和费米场之间变换的一种对称性。超对称变换和庞加莱变换所生成的超庞加莱群是存在S矩阵的量子场论所能具有的最大的对称性。在共形场论中，超对称变换和共形变换一起可生成超共形群。超对称场论在很多方面具有比其他量子场论更好的性质。如很多时候紫外发散的程度减轻了许多，这是因为玻色场的贡献和费米场的贡献互相抵消，或者部分地互相抵消。很多时候对超对称场论的非微扰行为也有更多深入的结果，最代表性的结果是N.塞博格和E.威滕关于四维$N=2$超对称规范理论有效超势的工作。

四维$N=4$超对称规范理论有着很多独特的性质。它具有的超对称形式是在不引入引力的前提下所能允许的最多数目。这个理论在量子水平上具有超共形不变性，它的强耦合极限等价于另一个$N=4$超对称规范理论的弱耦合极限（有时候等价于自己的弱耦合极限）。在平面图极限下，这一理论是可积的，并且对偶于特定十维背景上的超弦理论。

超对称理论有很多应用。标准模型的超对称扩充是超出标准模型的新物理的重要候选者，可用来解决标准理论中的规范等级问题。在这一框架下，强相互作用、弱相互作用和电磁相互作用有可能被更好地统一在一起。超对称标准模型也提供了暗物质的候选者。在量子色动力学做圈图计算的时候，将单圈图分解成$N=4$超对称杨-米尔斯理论贡献、$N=1$超对称杨-米尔斯理论贡献和标量粒子贡献是一个非常有效的计算方法。对超对称场论非微扰性质的研究也有助于对一般量子场论非微扰性质进行研究。超对称场论的发展也对微分拓扑等现代数学分支的发展起到很大的推动作用。

（吴俊宝）

超对称扩充的标准模型 supersymmetric extension of the standard model 为解决希格斯粒子质量量子修正的发散问题，把标准模型扩充为超对称性的模型。**粒子物理标准模型**描述自然界中基础粒子（包括夸克、轻子、光子、胶子、弱玻色子和希格斯粒子）及其之间的相互作用。**希格斯粒子**于2012年7月被确认发现后，标准模型被证实在100吉电子伏能标左右是一个正确的理论。普遍认为粒子物理标准模型是一个有效理论，但在更高的能标下将需要新的理论模型。特别地，在标准模型中希格斯粒子是标量粒子，其质量的量子修正具有平方发散性，即该粒子的质量平方与能标的平方成正比。在高能标下，量子修正将远超过希格斯粒子本身的质量，这将导致希格斯粒子质量不稳定。

为解决希格斯粒子质量量子修正的平方发散问题，一种可能性是把标准模型扩充为具有超对称性。超对称是费米子和玻色子之间的对称性，即在超对称变换下，费米子可变成玻色子，反之亦然，理论是对称的（见**超对称理论**）。显然，在超对称模型中费米子和玻色子自由度相等，二者的量子圈修正相差一负号，相互完全抵消。真实的世界表明没有严格的超对称，超对称必然是破缺的，破缺后剩下的量子修正效应也可以具有较为温和的行为。超对称扩充的标准模型就是假设在某一高能标下，模型具有超对称性，低于此能标时超对称破缺。因此在现阶段对撞机能够达到的能标只能看到标准模型的粒子，但由于潜在的超对称，希格斯粒子质量量子修正的发散问题得到解决。

超对称扩充标准模型中强、弱和电磁相互作用的耦合常数可以在一个高能标下得到统一。这些耦合常数刻画了相互作用的强弱，但并非常数。它们在不同的能标下取值不同，可通过重整化群来计算。如果存在超对称，则这三个耦合常数在高能标下归一。这对超对称大统一理论是一个强有力的支持。

对标准模型的最小超对称扩充得到最小超对称标准模型。它的粒子谱除了原来标准模型的粒子外，还包括这些粒子的超对称伴侣：夸克和轻子的超对称伴侣是标量粒子，称为斯夸克和斯轻子；希格斯粒子的超对称伴侣是费米子，称为希格斯诺；规范玻色子的超对称伴侣是费米子，称为规范诺。与标准模型不同，理论的自洽性要求最小超对称标准模型必须有两个希格斯场。而且在这个模型中最轻的超对称粒子可以是暗物质的候选者。

超对称扩充的标准模型不仅能够解决标准模型的主要问题，还能够联系低能粒子物理与高能粒子物理大统一模型理论。

另一方面，至今尚没有一个标准模型的超对称伴粒子被实验发现，因此超对称破缺的能标也无从知道。超对称扩充的标准模型只是一个很有吸引力的粒子物理理论模型，其正确与否还需要未来粒子物理实验的检验。（李田军）

超对称理论 supersymmetry theory 狭义相对论时空对称性的扩展。理论预言的重要结果之一是超粒子的存在与否，正在等待实验的检验。**对称性**是物理学的主旋律，时空对称性包括时间和空间的平移和转动。**超对称**是时空对称性的扩展（狭义相对论的扩展）。它是不是真实的物理，需要实验最后来回答，运行的大型强子对撞机（LHC）正在检验这一理论。

超对称自提出以来以它的优美征服了无数的理论家，它不仅能解决粒子物理标准模型所存在的精细调节问题（通过对称性使得**希格斯粒子**质量的辐射修正没有平方发散），把希格斯粒子的质量稳定在电弱标度，并且还能实现电、弱、强三个规范耦合常数的统一（大统一理论的基础）以及自然解释宇宙中暗物质的存在。另外，超对称也是终极大统一理论（**超弦理论**）所必需的。

超对称理论预言每一个粒子都有它的超对称伴子（超粒子），因而存在另一半粒子世界（超粒子世界）。另外，超对称还预言共有5个希格斯粒子。这些众多的超粒子在宇宙大爆炸的极早期曾经大量存在并甚是活跃，但这个家族的绝大部分成员都很短命，在宇宙的早期与其他众多粒子相遇后便纷纷衰变消失，到现在只剩下最轻的超粒子。为了与宇宙学观测不冲突，最轻的超粒子预测为电中性且稳定的、自宇宙大爆炸早期就大量充斥于宇宙，成为当今宇宙中的冷暗物质候选者。

超对称理论认为，绝大部分早已衰变消失的超粒子是有可能可以在高能对撞机实验中让它们得以重生，从而揭示宇宙创生的玄机，这正是LHC的主要使命之一。另一方面，作为可能的暗物质的最轻的超粒子一直弥漫于宇宙之中无处不在，全球各地寻找暗物质的实验正在展开，中国在锦屏山也在开展寻找暗物质的实验。LHC尚未发现超对称粒子，各种寻找暗物质的实验也尚未探测到超对称暗物质，这些实验结果大大压缩了超对称理论的参数空间，但并没有排除超对称存在的可能。

从理论上讲，超粒子的质量有两个来源：电弱对称破缺和超对称破缺，它们一般要比普通粒子重得多。而现运行的LHC和各种寻找暗物质的实验只能探索质量在太电子伏以下的超粒子。如果这些超粒子的质量在太电子伏以上，则LHC和寻找暗物质的实验将不能发现它们。中国正在积极推动的超级质子对撞机SPPC的质心能量将可达到100太电子伏，可以探索质量达10太电子伏以下的超粒子，因此探索超对称的能力会超过LHC。

超对称作为一种基本的对称性，它的存在与否有深远的物理意义：它若存在，那将可以解决标准模型所存在的精细调节问题，并为大统一理论以及超弦理论夯实基础；它若不存在，说明自然界可能是精细调节的，从而支持人择原理或者多重宇宙理论。粒子物理学在一个十字路口，超对称的存在与否将直接影响粒子物理的走向。

LHC正在运行，随着数据量的加大，重大发现，包括超粒子的发现，随时可能出现，粒子物理学家都在拭目以待。

（杨金民）

超发光 superluminescence 自发辐射光通过布居数反转介质（增益介质）后得到放大增强的现象。又称放大的自发辐射。它与激光的不同之处在于没有谐振腔提供多次反馈形成振荡，因此不具有激光那样的高单色性和高相干性。（郑 杭）

超分辨成像 superresolution imaging 可获得超越光学衍射极限分辨率的远场光学显微成像方法。由于光学衍射极限的存在，常规远场光学显微镜的横向分辨率被限制在半个波长左右，轴向分辨率被限制在一个波长左右。根据现有方法和手段，超分辨成像可大致分为以下几类：①基于点扩散函数工程的远场光学超分辨显微成像方法；②基于荧光随机定位的远场光学超分辨显微成像方法；③基于频域扩展的远场超分辨方法；④其他远场超分辨方法。超分辨成像技术已取得长足进步，2014年的诺贝尔化学奖授予美国科学家E.白兹格、W.莫纳尔和德国科学家S.黑尔，以表彰他们对超分辨荧光显微技术领域的贡献。

基于点扩散函数工程的成像方法 基于点扩散函数工程的远场光学超分辨显微成像，是利用对系统点扩散函数的空间调制来实现超分辨的光学显微方法，因此该技术多是采用基于点扫描、点探测的成像方法。此类方法主要包括受激辐射损耗显微术（STED）、可逆饱和荧光显微术（RESOLFT）、基态损耗显微术（GSD）等技术。

基于荧光随机定位的成像方法 基于荧光随机定位的远场光学超分辨显微成像方法主要是利用时间调制的方法获取超分辨图像。凭借荧光分子的光开关特性，通过极低光强的激活光保证同一时间只有极少数、稀疏、随机的荧光分子被激活，发射荧光。因此，在衍射光斑内的荧光分子就可以分时发光，被一一区分并定位；连续重复这一过程，理论上可以获取视野内所有荧光分子的中心位置，最后重构出一张超分辨显微图像。此类方法的代表性技术主要有E.贝兹与H.赫斯于2006年提出的光敏定位显微术（PALM）或荧光光敏定位显微术（FPALM），庄小威提出的随机光学重构显微术（STORM）以及基于随机荧光漂白定位的光学超分辨方法。

基于频域扩展的成像方法 在频域看光学显微成像系统类似于一个低通滤波器，样品的高频信息无法被收集，导致系统最终成像分辨率受限。基于频域扩展的远场超分辨成像方法就是通过扩大可探测频域范围来获取超分辨图像。该方法的主要特点在于不限于荧光显微成像。基于频率扩展的远场光学超分辨成像方法的代表技术是结构光照明显微术（SIM）和饱和结构光照明显微术（SSIM）。此外，还有一类基于倏逝波、表面等离子波等近场效应的频域扩展方法。该类方法利用移频的机理，将近场高频信息收集并转化为远场传导波，获取高分辨率。常用的转换手段主要采用微球耦合、微结构耦合、光纤耦合和负折射率透镜等手段。

其他成像方法 超分辨光学涨落成像方法（SOFI）是利用荧光分子强度的随机性的超分辨方法，由T.德丁格等人于2009年提出。SOFI利用荧光分子连续发光时发光强度存在涨落这一现象，通过对一段时间内探测得到的荧光强度进行高阶时间相关运算，从而提高系统的分辨率。另一种饱和激发超分辨显微成像方法（SAX）是一种基于强度非线性效应的超分辨方法。通过对荧光样品进行饱和激发，可以采用锁模技术获取激发过程中的高阶非线性荧光信号。高阶信号携带着样品的高频信息，对应着更高的系统分辨率。

（匡翠方 吴 兰）

超分子凝胶 supramolecular gel 一种以具有明确结构和分子量的有机小分子，通过协同的分子间非共价键相互作用力，在溶剂介质中自组装形成交联的三维网络结构后得到的软物质材料。在超分子凝胶中，仅需要相当少量的胶凝剂（质量分数小于5%）便能将大量的溶质液体束缚住，使体系失去流动性。其中非共价键相互作用作为形成超分子凝胶的主要驱动力，通常包括氢键作用、主客体作用、π-π堆积作用、配位作用、静电作用、亲疏溶剂作用等。由于超分子凝胶是由较弱的非共价键力形成的，因此也是**物理凝胶**。

制备 超分子凝胶的形成过程，一般是先将一定量的凝胶因子在适当的溶剂中加热，待到凝胶因子完全溶解形成热溶液状态时，再将过饱和状态的溶液冷却至室温。在热溶液冷却过程中，分子由于浓缩聚集会产生凝胶。凝胶化的过程一般认为包含两个阶段：首先是作为凝胶因子的小分子，通过非共价键力的协同作用自组装形成一维的纤维状结构；接着这些纤维结构的聚集体通过相互之间的缠绕，进一步形成三维的自组装纤维网络结构。除了加热冷却的方法，也有一些特殊的凝胶因子可以通过超声诱导的方法来形成凝胶。此外，还有一些凝胶因子可以在温和的条件下，通过化学反应形成凝胶。

性质 超分子凝胶具有热响应性，即在给定的温度下可以发生从凝胶到溶液状态的转变。当高于凝胶-溶液转变温度时，凝胶因子之间的非共价键相互作用受到破坏，凝胶转变为溶液，冷却后非共价键相互作用恢复，则又可以再次形成凝胶。此外，通过对小分子凝胶因子进行设计，可以产生丰富的组装结构基元及多样可调控的超分子组装驱动力。因此有序的分子组装形式，除使小分子凝胶具有常见纤维结构以外，还有带状、管状、球状、螺旋等丰富多样的结构。

分类 超分子凝胶对外界刺激具有响应性，根据刺激种类的不同，超分子凝胶可以分为几个大类：化学物质和pH值响应型凝胶、热敏感型凝胶、光敏感型凝胶、机械力刺激响应型凝胶、氧化还原响应型凝胶以及多重刺激响应型凝胶。

应用 当超分子凝胶受到外界刺激时，如温度、光、pH值、化学物质、机械力等，该凝胶能够产生响应诸如溶胶-凝胶转化、颜色变化或体积变化等。利用这种刺激响应性，使得超分子凝胶在分子识别材料、环境响应材料、传感材料、自修复材料和生物材料等领域展现出非常好的应用前景。此外，超分子凝胶还被广泛应用于不对称合成、自催化、非线性光学、聚合物和材料科学、有机/无机纳米材料合成模板、液晶材料、光电材料以及分子器件设计等领域。 （刘鸣华）

超辐射 superradiance 在量子光学领域，超辐射是指多原子集体合作的辐射，即N个激发态原子共同与电磁场相干相互作用产生的辐射，其脉冲强度可以是单个原子自发辐射强度的N^2倍。超辐射现象是一种量子效应，源自N个激发态原子共同与量子化辐射场之间的相干集体相互作用。超辐射现象对N个原子所处空间尺度和形状有一定要求，这样N个原子与辐射场之间共同的相互作用具有合作和相干的方式，使得N个原子集体自发辐射脉冲的总振幅正比于N，从而总强度正比于N^2。而N个独立原子在辐射场中自发辐射的振幅互不相干，因此它们同时自发辐射时的强度只是单个自发辐射强度之和（正比于N）。

超辐射现象是R.H.狄克在1954年做出理论预言的。第一次实验观察到超辐射现象是1973年在氟化氢气体中，后来也在其他体系（如铯、锂原子气体，亚氯酸钾晶体等）中观察到同样的现象。

（郑 杭）

超高能宇宙线 ultrahigh energy cosmic ray 能量位于10^{15}与10^{18}电子伏之间的宇宙线。观测上，宇宙线的流强在大约4×10^{15}电子伏处变陡，在大约3×10^{18}电子伏处变平，这分别被称为宇宙线能谱的"膝"和"踝"。在银河系约3微高斯的磁场下，它们的回旋半径大约为1光年和1千光年，"膝"以下的宇宙线很难进出银河系，"踝"以上的宇宙线可以自由出入银河系，从而普遍认为"膝"以下的宇宙线起源于银河系内部的源，"踝"以上的宇宙线起源于银河系外的源。

空间和卫星实验可以对100太电子伏以下的宇宙线能谱做出比较精确的测量，实验发现质子的能谱比其他原子核的能谱下降得更快。尽管地面实验对超高能宇宙线分成分的能谱的测量尚存在较大的误差，但都倾向于认为质子在10^{15}电子伏附近快速下降，因而超高能宇宙线以氦核或更重的核为主，"膝"有可能是氦核或碳、氮和氧的能谱变陡所致。此外，实验还发现大约3×10^{17}电子伏处存在第二个"膝"，这有可能是由于铁核能谱在此处变陡所致。

宇宙线的加速及传播过程都受电磁相互作用的制约，从而与宇宙线粒子的电荷大小密切相关。"膝"所对应的能量可能是银河系宇宙线加速源加速质子的最大能量，也可能是宇宙线粒子逃逸出银河系的速度发生突变的能量。无论哪种情况，其他核子所对应的能量都是质子能量与该核子电荷相乘得到的能量值。如果质子的"膝"是10^{15}电子伏，那么氦核和铁核的"膝"就分别是2×10^{15}电子伏和2.6×10^{17}电子伏。从这个角度看，超高能宇宙线很可能就是银河宇宙线中较重的核子。

超高能宇宙线的各向异性与100太电子伏以下能量的宇宙线各向异性有很大的不同，它们表现为预期的偶极各向异性，且方向指向银心，这也为超高能宇宙线来自银河系提供了有力的证据。

（胡红波）

超高压技术 ultra-high pressure technique 将物质加压到100万大气压（1万大气压$\approx10^9$帕）以上开展物质结构与物性研究的综合实验技术。在实验室中对物质施加静态高压和动态高压均可以实现这样高的压力。静态高压是利用金刚石对顶压砧（DAC）产生的压力对物质缓慢施加负荷进行挤压来实现的。由于受压样品有足够的时间与周围环境进行能量交换，通常不会使受压物质在被挤压的过程中温度升高。因此，静态高压是等温压缩过程。而动态高压技术是利用爆炸或强放电等产生的冲击波在微秒到皮秒的瞬间以很高的速度将压力加载到物体上，可使物体内部产生几十万乃至一千万大气压。动态高压是以波的形式在物质中传播的，属于绝热压缩，所以在对物质产生冲击压的同时会伴随着温度的突然上升。

根据科学家推测，每种物质在100万大气压下平均会发生5次相变，出现5种新的物态。可见在超高压下所展示出的物质世界比常压下的更加丰富多彩。其中超高压下金属氢的研究被誉为"高压物理研究的皇冠"。对超高压下物质的研究促进了高压下物质研究相关技术的发展，为认识常压下的物质结构与物性发挥了重要的作用。高压下的物性及物理研究是凝聚态物理及材料物理研究最活跃的研究方向之一，正在为验证相关的理论、发现新的现象和探索新材料做出重要贡献。

（孙力玲）

超高真空系统 ultra high vacuum system 本底压力达到10^{-7}帕的真空系统。主泵多采用离子泵、分子泵和制冷机低温泵（也可采用油扩散泵），其他就是必需的系统结构和附件，如获得超高真空都要采取的除气手段（如烘烤、轰击、光照等）。

（吴小山）

超构材料 metamaterial 由具有亚波长尺度的人工基本单元周期性/非周期性排列而成的材料。又称新型人工电磁材料、新型人工电磁媒质、超材料。超构材料通过在关键物理尺度上对构成材料的基本单元进行有序设计，可以突破某些现有规律的限制，从而获得可控的超常材料功能。超构材料的研究可以追溯到20世纪60年代。R.E.柯林在著作《导波场论》中明确提出了仿真介质的概念，即利用人工方法实现电磁参数可控的等效介质。苏联科学家V.韦谢拉格提出了**左手材料**的概念，并理论分析和预测了其电磁特性：在介电常数和磁导率均为负的材料中，电场、磁场和波矢具有左手螺旋关系，电磁波会产生负折射、逆多普勒现象和反向切伦科夫辐射等。他称这种介质为左手材料，后来又称双负材料、负折射率材料。

20世纪90年代中后期，英国帝国理工学院的J.彭德里等人创造性地用人造的金属谐振单元模拟原子结构，然后将这些人工“原子”按照周期性排列，从而实现了微波频段的等效负介电常数和磁导率，开创了超构材料领域的研究。2001年，美国加州大学圣迭戈分校的R.A.谢尔比等人基于以上研究成果开展了实验验证，用细金属导线阵列和开路环谐振器阵列实现了微波频段的左手材料，并验证了其负折射特性。这一突破性成果引起全球学者的极大关注，并在2003年被美国《科学》杂志评为年度十大科学突破之一。

随着研究的深入，超构材料已经远远超出了左手材料的范围。已广泛认同的超构材料涵盖所有由周期/非周期单元结构组成的具有新异电磁特性的人工复合功能材料，如梯度折射率材料、极限参数电磁材料、可编程电磁表面、电磁特性可控材料等。在这个范畴上，超构材料实际上也包含已经广泛研究的光子晶体材料、电磁带隙材料、频率选择表面、阻抗表面等。2006年，彭德里提出可用于任意控制电磁波的变换光学理论并设计了完美“隐身衣”，同年被美国杜克大学D.史密斯利用微波段超构材料予以实现并实验验证，相关成果再一次被美国《科学》杂志评为年度十大科学突破之一。

正是由于超构材料具备超常的物理性质和灵活可控的特点，具有重要的应用前景，并在电磁领域获得了巨大成功，其他领域的超构材料也被陆续提出并得到关注，如声学超构材料、热学超构材料及力学超构材料等。对超构材料物理特性、性能优化、工程实现的研究，是当前科学领域的重要课题之一。（梅中磊　崔铁军）

超固体　supersolid　具有超流特性物态的固体。对物态的理解和分类，是物理学中最重要的课题之一。按照传统的物态分类，物质首先分为固、液、气三种常规状态。在超高温和超高压下有等离子态。在极低温下，氦-3和氦-4体系中又有超流态。从氦-4液体出发，到固态和超流态的转变都可以看作是不同方式的对称性破缺导致的。其中氦-4液态的对称性最高，具有空间任意平移、旋转对称，以及粒子数守恒所对应的U(1)规范对称。氦-4固态则破缺了空间任意平移，只具有分立平移对称。氦-4超流态则破缺了U(1)规范对称从而导致粒子数不守恒。从对长程有序分类的角度看，固态和超流态分别属于典型的对角和非对角长程序。在自然界中，是否可能存在同时具有对角和非对角长程序的状态，或固态是否也能具有超流特性，在理论上这种可能性当然是存在的。

超固体存在的可能性，只在量子力学效应足够明显时才会存在，也就是说它是量子力学微观粒子全同性的后果之一。由于量子力学效应的大小，是由组成原子的质量来决定的，质量越小则量子效应越大，所以超固体态只有在氢、氦等原子量低的体系中才能存在。又由于氢原子是非满壳层，在低温下形成分子晶体，不利于超固体态的形成，因此在天然物质中最有可能出现超固体态的是氦的体系。由于超固体态的存在对凝聚态物理和低温物理的重要意义，有关超固体的实验和理论研究一直是备受瞩目的领域。20世纪80年代美国加州大学圣迭戈分校的J.古坎德首先在低温氦-4的超声波实验中看到一些反常信号，并提出这可能是超固体存在的证据。受到这个实验的鼓舞，2004年美国宾夕法尼亚州立大学的张莫森和金殷相等在超低温下测到了氦-4固体态的转动惯量反常，似乎暗示有部分氦-4原子并未跟着整体一起转动，这是在固体中存在超流分量的证据之一。这个工作在当时引起了不小的轰动，也激发了对超固体的实验和理论研究。但氦-4固体中存在的超流分量，到底是其本征特征，还是由固体形成过程中产生的空位和晶界导致的，关于这一点学术界尚处于争论的状态，有待进一步更精细的实验予以澄清。（戴　希）

超核　hypernucleus　至少含有一个超子的原子核。**超子**是指组分夸克由上夸克（u）/下夸克（d）和奇异夸克（s）以及它们的反夸克组成，并且至少含有一个奇异夸克的重子，包括Λ、$\Sigma^{\pm}$、Σ^{0}、Ξ^{0}、Ξ^{-}和Ω等。

由于超子的不稳定性，超核一般也是不稳定的，它会通过弱相互作用衰变。典型的超核寿命为10^{-10}秒，对应的衰变长度为几个厘米。同时，由于SU(3)味对称性的破缺，不同超子的质量相差很大。

1952年，波兰科学家M.达内什和J.普涅夫斯基在核乳胶实验中发现了第一个Λ超核信号，从此以后，超核进入了核物理研究范畴。此后一系列的发现拓宽了奇异性自由度在重子-重子相互作用中的研究，尤其是2001年KEK实验中双Λ超核的发现和2010年RHIC-STAR实验组第一个反超核信号的观测。

在超核研究中，新自由度“奇异性”的引入，帮助人们深入了解多体强子系统。超核物理研究中的两个主要的目的是：解释多体强子系统的性质和动力学，以及帮助理解多体系统中的强子-强子相互作用。

产生超核的方法主要是奇异交换反应和协同产生反应。奇异交换反应，如：

$$K^{-}+{}^{12}C\rightarrow{}^{12}_{\Lambda}C^{+}+\pi^{-}$$

式中${}^{12}_{\Lambda}C^{+}$为产生的Λ超核${}^{12}_{\Lambda}C$处于激发态。由于在这个反应中K^{-}介子带的奇异数转移到Λ超子上，因此称其为奇异交换反应。对于协同产生反应，例如：

$$\pi+{}^{89}Y\rightarrow{}^{89}_{\Lambda}Y+K^{+}$$

由于这个反应中同时产生了两个奇异粒子（Λ超子和K^{+}介子），故称其为协同产生反应。值得指出的是，由于大型加速器及探测技术的蓬勃发展，超核在高能核物理中也有闪光点。在这个系统中，由于超子产生率及系统温度较传统中低能核物理的高很多，使得在系统演化的后期，超子能够与相空间中临近的核子结合成超核（一般是轻超核），这个机制称为超子-核子聚合。例如：

$$\Lambda+n+p\rightarrow{}^{3}_{\Lambda}H$$

超核中含有的奇异量子数使得其中的超子可以不受泡利不相容原理的约束，这一性质使得超子可以容易地与其他核子区分开来，并成为研究核子性质的有力工具之一。

超核的性质，如寿命、结合能等，对超核中核子与超子的相互作用十分敏感，因此对超核的研究，不仅可以帮助人们理解超核的原子核结构，更可以理解普通核子与超子间的相互作用。而对核子-超子相互作用的研究将一方面帮助理解强相互作用的一些性质和动力学，另一方面也帮助人们更深入地理解量子色动力学中SU(3)对称性等相关问题。同时，将对超核中超子-核子相互作用的研究与核子-核子相互作用、超子-超子相互作用的结果进行比较分析，能帮助人们统一地理解原子核中的重子-重子相互作用。

此外，因为超核一般通过弱相互作用衰变，研究超核也能在一定程度上帮助理解核子中的弱相互作用本身。

同时，奇异性自由度会对核状态方程产生影响，而超子–核子相互作用在高温高密物质中被认为十分关键，因此对于天体物理，尤其是中子星的内部结构的研究也有十分重要的意义。（马余刚）

超荷 hypercharge 描述强子的一种可以进行“代数求和”的量子数，通常用Y表示。强子的超荷的定义为$Y=B+S$。B是强子的重子数，S是强子的奇异数，它们都是可以进行“代数求和”的量子数，所以Y也是可以进行“代数求和”的量子数。

因为所有夸克的重子数B为1/3，s夸克的奇异数S为−1（其他夸克的奇异数都为零），反夸克的B和S与夸克的B和S数值大小相同，符号相反。所以不难从强子的夸克组成，将该强子的超荷推算出来。例如质子和中子分别由uud和udd三个夸克组成，不含s夸克，因此质子和中子的重子数$B=3\times\frac{1}{3}=1$，奇异数$S=0$，则$Y=B=1$。再如Ω重子由sss三个s夸克组成，其重子数$B=3\times\frac{1}{3}=1$，奇异数$S=3\times(-1)=-3$，则$Y=-2$。

超荷概念是从味道SU(3)对称性的需要引入的。u、d、s三种夸克质量小，如果将它们的质量和差异忽略，三种夸克完全对称，构成“味道”的SU(3)对称性。这样由此三种夸克构成的强子也具有这一对称性。u、d、s三种夸克和由它们构成的介子和重子的电荷不同，在SU(3)对称性下，它们的电荷满足著名的*盖耳–曼–西岛法则*$Q=I_3+Y/2$，其中Q是粒子带的电荷（以质子电荷为单位），I_3是粒子的同位旋的第三方向的分量（u夸克$I_3=1/2$，d夸克$I_3=1/2$，s夸克$I_3=0$）。正是“味道”SU(3)对称性和盖耳–曼–西岛法则使得超荷Y的概念变得有特别的意义；重子数B和奇异数S并不在“味道”SU(3)对称性中有“独立”的意义。（张肇西）

超级质子同步加速器 Super Proton Synchrotron; SPS 位于瑞士和法国交界的欧洲核子中心（CERN）一系列加速器中的第二大的环形加速器。超级质子同步加速器周长6.9千米，包含1317个常温下的电磁铁，其中744个二极磁铁用来偏转束流。可以用来加速质子、反质子、正负电子（大型正负电子对撞机也曾用它作为正负电子注入器）和重离子。最初它的能量设计为300吉电子伏，但实际上于1976年6月17日正式安装时能量已经可以达到400吉电子伏。

SPS接受前级的质子同步加速器的26吉电子伏质子，将其加速到450吉电子伏，为大型强子对撞机（LHC）提供质子束流。2006～2012年SPS被CERN用来给意大利格兰萨索国家实验室中微子传输实验提供中微子流。此外，SPS也给一些固定靶实验，比如为结构及谱学通用μ子质子装置、北区61/SPS重离子与中微子实验和NA62（研究K介子稀有衰变实验）提供能量为400吉电子伏的注入质子束流。

SPS曾作为质子–反质子的对撞环于1981～1991年运行，因此也被称为超级质子–反质子同步加速器。它将质子和反质子的能量从注入的26吉电子伏加速到315吉电子伏，由此利用地下区间1和地下区间2等探测器来进行探测质子的内部结构、探索自然界中物质比反物质多的原因、寻找宇宙中的奇异粒子等研究。1983年利用它发现了传递弱相互作用的W和Z玻色子，随后*C.鲁比亚*和*S.范德梅尔*因为该发现以及随机冷却的控制反质子束流发散的技术获得了1984年诺贝尔物理学奖。此外，研究K介子物理的NA48实验利用SPS提供的束流于1999年发现了直接的电荷宇称破坏。

面对LHC的高亮度升级，CERN加速器系统需要处理更强束流，SPS也将提高高频腔压以适应这种需求。此外，SPS废束站也将升级以保证在强流的情况下能够持续运行。（方亚泉）

超级质子–质子对撞机 super proton-proton collider; SPPC 中国环形正负电子对撞机的未来规划，升级为超级质子–质子对撞机。见*高能环形正负电子对撞机*、*未来环形正负电子对撞机*。

超级B介子工厂 Super B factory 日本高能加速器研究机构（KEK）的加速器SuperKEKB及其上的Belle Ⅱ实验。由于底偶素能区（质心系能量9～12吉电子伏）丰富的物理以及对新物理的敏感性，日本的B介子工厂在2010年运行结束后，将加速器进一步升级为SuperKEKB，设计亮度为8×10^{35}/（厘米^2·秒），约是KEKB最高亮度的40倍，称为超级B介子工厂。

超级B介子工厂项目2010年10月得到正式批准，2011年11月开始建造，2016年2月首次储存束流，2018年4月26日实现首次对撞，2019年正式物理运行，截至2021年底，加速器亮度已达到3.8×10^{34}/(厘米^2·秒)。实验将持续到21世纪30年代，至少采集50ab^{-1}数据，是此前KEKB数据量的50倍。超级B介子工厂的物理目标是通过精确测量夸克混合参数和寻找稀有或禁戒的物理过程，发现新物理信号或对新物理的参数空间进行限制；通过τ轻子衰变寻找轻子味改变的衰变；寻找暗物质、暗光子；研究奇特强子态等。

为提高束流寿命、提高亮度，SuperKEKB采用纳米束流技术（竖直方向束团尺寸为50纳米，是KEKB的1/20）和83毫弧度大对撞夹角将7吉电子伏的电子束和4吉电子伏的正电子束对撞。正负电子束各有2500个束团，束流流强为2.6安（e^-），3.6安（e^+）。Belle Ⅱ探测器采用了全新的像素探测器和硅微条顶点探测器、中心漂移室，以及更新的粒子鉴别、电磁量能器和K_L及μ探测器。

截至2021年底，Belle Ⅱ合作组有来自26个国家和地区120个研究单位的1100余名成员，包括中国科学院高能物理研究所、复旦大学、中国科学技术大学、山东大学、郑州大学、南京师范大学、北京航空航天大学等12个中国单位。（苑长征）

超级τ粲工厂 super τ-charm factory 新一代高亮度，能产生巨量供研究的τ和粲等粒子的正负电子对撞机及相关设施。超级τ粲工厂正负电子的束流能量范围为1.0～3.5吉电子伏（1吉电子伏=10^9电子伏），相应的质心能量$\sqrt{S}$可以覆盖2.0～7.0吉电子伏；对撞亮度在峰值处（$\sqrt{S}$=4吉电子伏）为0.5～1.0×10^{35}/（厘米^2·秒）；且要求单束极化电子束。

超级τ粲工厂每年可获取超过1ab^{-1}的实验数据，是粒子物理高精度研究前沿的代表设施之一。其运行在τ粲能区，处于微扰与非微扰量子色动力学（QCD）的过渡区域，能够直接产生由第一、第二代夸克构成的强子态和全部三代的轻子和中微子，是研究强子物理和寻找新物理的绝佳场所。超级τ粲工厂的物理研究内容十分丰富，涵盖了粲偶素、类粲偶素（又称XYZ粒子）和轻强子谱学的研究，粲介子和τ子的精确测量，非共振态区域强子产生和相关QCD物理的研究以及超出标准模型新物理现象的寻找等。与现在正在运行BEPC Ⅱ/BES Ⅲ相比，新一代的超级τ粲工厂的对撞亮度提高了100倍，其质心能量延伸到7吉电子伏，填补了国际上加速器对撞能量在5～7吉电子伏的空白，可以直接研究该能区的相应QCD问题，同时可以直接产生（双）粲重子对，为（双）粲重子谱以及相关的物理研究打开新的领域。超级τ粲工厂极化的电子束可以极大提高QCD和τ子CP破坏等重大物理探测灵敏度。

中国正在运行的BEPCⅡ/BESⅢ获得了巨大的成功，发表了令世人瞩目的物理成果，并预期十年内结束其历史使命。中国高能物理学会正在积极组织开展后BEPCⅡ/BESⅢ时代的中国加速器粒子物理实验装置的发展规划和实施方案，超级τ粲工厂是重要选项之一。未来新一代超级τ粲工厂将为中国提供新一代一机多用的综合大装置，同时可以作为一台性能较好的第三代同步辐射光源，为中低能区的用户提供多学科研究条件。（彭海平）

超结构 superstructure 有序固溶体结构的通称。适当成分的合金在较高温度形成无序的固溶体，当温度降到临界温度T_c时变成原子有序化的结构。如原子比为1∶3的金－铜合金在高于T_c=395℃时是无序的固溶体，在T_c时合金变成有序化的结构，金占据面心立方晶格的角顶位置，铜占据晶格的六个面心位置。对比同一成分的两个试样，一个试样在高于T_c温度下淬火，另一试样在低于T_c的温度下长时间退火，发现后者的X射线衍射图出现了超结构对应的衍射条纹。合金中出现超结构时其物理性质诸如比热、导热性和磁性也发生明显变化。这是合金无序与有序间的转变，一般属于二级相变。

（陆 栋）

超晶格 superlattice 由两种或多种不同组分，以几纳米到几十纳米的薄层交替生长并保持严格周期性的多层膜结构。薄膜具有新周期性的交替层结构。如砷化镓与砷化铝组成的超晶格$(GaAs)_m(AlAs)_n$，就是m个单层的砷化镓片层与n个单层的砷化铝片层，沿着某个晶向交替地周期生长而成。此时的超晶格材料在垂直于生长方向的平面内仍然维持原来两种晶体材料的周期性，而沿着生长方向，产生另外一种新的周期性，即长度为$(m+n)a/2$的周期性（a为晶格常数，$m+n$为偶数），或长度为$(m+n)a$的周期性（$m+n$为奇数）。固体布里渊区的大小与周期成反比，因此超晶格的布里渊区在垂直于生长方向上大，而在平行于生长方向上小，由此决定了超晶格的许多物理特性。

概念的提出 超晶格的概念是在研究合金的有序结构时提出来的。合金组分为特定比例时，可能自发生长成为具有某种新的特定有序结构的材料，称之为超晶格。但超晶格真正开始研究始于1969年。当时在美国IBM公司工作的江崎玲於奈和朱兆祥提出了半导体超晶格的概念，即把两种半导体材料周期交替生长，形成新的周期结构。半导体材料在价带和导带间存在能隙，由于构成半导体超晶格的两种材料的能隙大小不同，导带底或价带顶相对位置也不同，这对电子（空穴）分别形成势阱（即量子阱）和势垒。当单个量子阱的厚度薄到与电子的德布罗意波长可比时，量子阱中的电子态变成一系列分立的电子能级。如果势垒层比较薄，则不同量子阱的电子态之间的耦合，将量子阱中的分立能级展宽形成微带。不仅量子阱内分立能级可形成超晶格微带，能量稍高于势垒处准束缚态也能形成微带。20世纪70年代，美国贝尔实验室的卓以和发明了用于制备半导体超晶格的分子束外延装置，在两种材料的界面处可得到原子级平整的平面。80年代后期金属有机化学气相沉积技术，使超晶格结构的生长效率更高。现已可能用不同的半导体材料，按照预先的设计制成各种新型的超晶格和其他层状结构，使之具有所需要的各种量子特性。

分类 超晶格有多种不同的分类方法。按照组成超晶格的材料可分为半导体超晶格、金属超晶格、介电超晶格、磁超晶格等；按照组成超晶格的材料的晶格常数的匹配程度，可分为晶格匹配超晶格和应变超晶格；按照超晶格的周期又有短周期超晶格、准周期超晶格等。半导体超晶格又分组分超晶格和掺杂超晶格两大类：前者由不同的材料组成，后者是同种半导体但经周期性的空间掺杂（n型或p型）。

超晶格材料按形成它的异质结类型分为第一类、第二类和第三类超晶格（见图）。

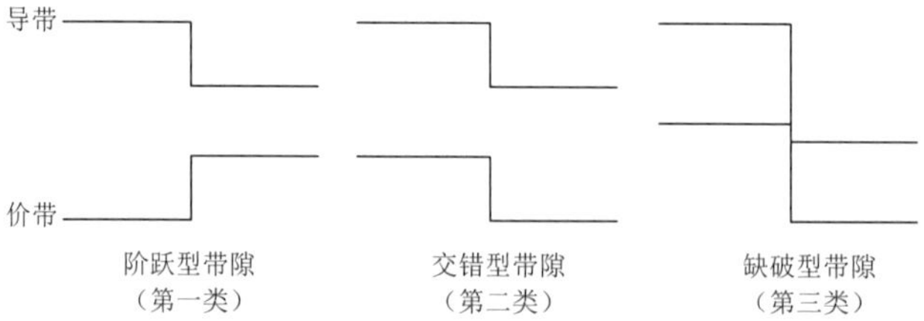

三类超晶格的能带结构

第一类超晶格的导带和价带由同一层的半导体材料形成。

第二类超晶格的导带和价带在不同层中形成，因此电子和空穴被束缚在不同半导体材料层中。

第三类超晶格涉及半金属材料。尽管导带底和价带顶在相同的半导体层中产生，与第一类超晶格相似，但其带隙可从半导体到零带隙到半金属负带隙之间连续调整。

超晶格又分以下四种。①组分超晶格。在超晶格结构中，超晶格的重复单元是由不同半导体材料的薄膜堆垛而成的。②掺杂超晶格。在同一种半导体中，用交替改变掺杂类型的方法做成的新型人造周期性半导体结构的材料。掺杂超晶格的优点是，任何一种半导体材料只要能很好控制掺杂类型都可做成超晶格；多层结构的完整性非常好，由于掺杂量一般比较小，杂质引起的晶格畸变也较小，掺杂超晶格中没有像组分超晶格那样明显的异质界面；掺杂超晶格的有效能隙可以是从零到未掺杂的基体材料能隙之间的任何值，取决于各分层厚度和掺杂浓度的选择。③多维超晶格。④应变超晶格。

超晶格性质 人工裁剪周期的超晶格会出现许多独特的电学性质。在外偏置电压下，超晶格出现负微分电阻（即电流随电压增大而减小）现象，这是江崎玲於奈等提出半导体超晶格结构的初衷。随着电压增加，电导率随电压周期性振荡。这是由于缺陷和不均匀性，外加电压并非均匀降在整个超晶格上，而是在超晶格中局部形成高电场畴，在高电场畴区发生共振隧穿。当电压继续增加时，高电场畴区隧阱扩大，逐次产生负微分电导，产生振荡电流。

随着电场继续增强，在高质量的超晶格中将出现瓦尼尔－斯塔克阶梯和布洛赫振荡。按半经典理论，能带电子在外电场驱动下如果被散射，将在动量空间匀速运动，直到布里渊区边界，然后返回到布里渊区另一边的等价点，再继续匀速运动。电子在动量空间这样的周期运动，对应于实空间中电子的来回振荡，称为布洛赫振荡。如果一个振荡周期与散射弛豫时间可比，就可能在实验上观察到布洛赫振荡。由于超晶格的周期比通常半导体的晶格常数大很多，沿生长方向的布里渊区比通常半导体的布里渊区小很多，因此半导体超晶格中完成一个周期振荡所需时间远短于体材料振荡的时间。现已在半导体超晶格实验中观察到体材料中的布洛赫振荡。布洛赫振荡对应的量子化能级，称为瓦尼尔能级。能级的间隔是eFd。式中e为电子电荷；F为电场强度；d为超晶格周期。当瓦尼尔能级间隔大于各种机制引起的展宽，微带分裂成一系列瓦尼尔能级，这样的能级结构称为瓦尼尔－斯塔克阶梯。瓦尼尔能级在超晶格实空间中分布的范围为Δ/eF，Δ为微带宽度。随着垂直于界面的外电场加强，瓦尼尔能级波函数逐渐局域化，最后局域在一个量子阱中，称为斯塔克局域化。瓦尼尔－斯塔克阶梯最早在半导体光谱中被确认。

超晶格材料的应用　如果超晶格是由两种具有不同带隙的半导体材料构成，每个量子阱都会形成新的选择定则，影响电荷在此结构中的运动。这两种半导体材料是交替地以一定的周期沿着特定的生长方向来沉积的。自从江崎玲於奈和朱兆祥提出这种合成超晶格的方法以来，这种超晶格半导体物理机制的研究已取得大量的成果。在量子限域概念提出以后，已经从孤立的量子阱异质结中观察到了量子效应，这些都通过隧穿现象和超晶格紧密地联系在一起。所以这两种物理概念都是在同样的物理基础上进行讨论的，但在电子学和光学设备上有着不同的应用。建立在超晶格（量子阱）和微结构基础上的许多新颖器件的研究工作日新月异。最大的成就可认为是在高效率、低功耗光电子器件和超高速电子器件等方面，如制作高性能红外焦平面成像阵列，以及基于超晶格光器件的光逻辑运算。

带隙工程。根据量子尺寸效应，在量子阱或超晶格中，带隙是阱宽和势垒高度的函数，通过这两个参数可人为改变带隙的宽度。此外，由于人工周期的引入，通过布里渊区的折叠效应，还可将间接带隙的超晶格材料变成直接带隙。这样就为半导体器件的设计以及新的光学材料的合成开辟了新的途径。

异质结激光器。超晶格量子阱结构材料最重要的应用之一是制造多量子阱异质结激光器。量子阱激光器可分为单量子阱激光器（SQW-LD）和多量子阱激光器（MQW-LD）。多量子阱激光器又称超晶格激光器，其有源层为GaAs和GaAlAs，由两种不同材料周期生长而成（即超晶格结构）。GaAs的禁带宽度E_g=1.42电子伏，GaAlAs的禁带宽度E_g=2.667电子伏。因此在两种材料交界面上将出现能级突变，这种突变对载流子是一种势垒，能够有效约束载流子的复合空间，加大复合概率。量子阱激光器现只在一个方向上限制了电子的运动，在另外两个方向上电子运动是自由的，这种系统又称为二维电子气；如果能在两个方向限制电子的运动，使之只有一个方向是自由的，称为量子线；如果电子在三个方向运动都受到限制，则称为量子点。这时电子在半导体材料中的行为，就与气体和固体类似。这种量子阱既具有一般半导体激光器的低注入、小型化、能量转换率高的特点，又具有气体和固体激光器的能级跃迁发光的特点，可成为单色性好、温度影响小的高质量激光器件。

应变超晶格激光器。应变超晶格激光器的研制已取得很大进展，突出特点是它的阈值电流大大降低。用掺铒（Er）的光纤放大器作为光纤通信的中继站具有很大的优越性，因为它不需要光电转换，可直接将光信号放大，且具有高增益、低噪声、带宽、高饱和输出功率等优点。

光电探测器。光纤通信除需要与之相匹配的长波长激光器外，还需要有红外光电探测器。以往的光电探测器都是将锗（或者InGaAs/InP）和硅集成电路做在各自的芯片上。而现在的探测器和硅集成电路可同时集成在同一个芯片上，这样既简化了工艺，又可利用非常成熟的硅工艺技术。

光学双稳态器件。超晶格在光学器件的另一应用是制造光学双稳态器件（如吸收性双稳态光开关等）。这类光学非线性元件有可能成为光逻辑计算机中的关键元件。半导体光学双稳态器件的发展目标是小型化达微米量级，快速达皮秒量级，低功率达微瓦量级和能在室温条件下工作，现已经部分实现或正在实现。超晶格和量子阱的光学双稳元件主要是利用量子阱中激子的饱和吸收原理，其特点是响应时间快，可在室温下工作。

高速场效应器件。这是利用超晶格调制掺杂原理而制成的器件。在这种器件中，势垒区由宽能隙的掺杂材料构成，势阱区则由窄能隙的未掺杂材料构成。势阱中的输运电子和提供电子的杂质原子在空间上是分离的，因而杂质散射大大减小，电子的迁移率大大提高。

雪崩光电二极管。在光通信系统中，作为探测器的雪崩光电二极管（APD）的重要参数之一是它的信噪比（SNR）。改进SNR的重要手段是使电子和空穴有不同的电离率。在量子阱或超晶格中，电子和空穴有不同的势垒高度，它们的雪崩电离率很不相同，因此这种雪崩光电二极管的SNR可大大提高。

量子点光存储器件。在半导体中如何利用电荷分离来实现信息存储的思想早已有之。最典型的例子就是光电二极管，它是利用电场将电子和空穴进行分离的。但利用这种方法将丢失入射光子的某些信息，如相位、能量和光子数等，如果利用量子点具有分立能级的特点，可以保证在“信号吸收—存储—发射—读出”循环过程中的能量不变和光子数守恒等优点。

（杨槐馨　李建奇）

超精细结构　hyperfine structure　分裂程度比精细结构小的原子光谱结构。原子核具有一定的几何大小与电荷分布，同时还具有自旋以及相应的磁矩。这些性质将对电子的运动产生细微的影响，从而使原子光谱进一步分裂。由于这种分裂程度比精细结构还要小，所以称之为超精细结构。光谱的超精细结构由美国物理学家A.A.迈克耳孙在1881年观察到，其理论解释由物理学家W.泡利于1924年给出，认为是原子核存在的微小核磁矩导致的。进一步的研究发现一些原子核磁矩导致的超精细结构与实验存在一定的差异。1935年德国物理学家H.许勒和T.施密特提出原子核存在电四极矩，以此解释反常的超精细结构。因此超精细结构还可以分为磁性超精细结构和电性超精细结构。

磁性超精细结构　来自原子核磁矩与电子产生的磁场相互作用，其哈密顿量为：

$$H_D = -\boldsymbol{\mu}_I \cdot \boldsymbol{B}$$

式中$\boldsymbol{\mu}_I = g_I\mu_N\boldsymbol{I}$，为自旋角动量为$\boldsymbol{I}$的原子核磁偶极矩，$g_I$为原子核$g$因子，$\mu_N$为原子核磁子；$\boldsymbol{B}$为电子感生的磁场在原子核处的磁感应强度，包含来自电子轨道运动感生磁场和电子自旋磁矩两个部分，即：

$$\boldsymbol{B} = \boldsymbol{B}_{el}^l + \boldsymbol{B}_{el}^s$$

考虑一个氢原子，假定电子和原子核的间距为r，电子轨道角动量为$\boldsymbol{l}$，电子自旋角动量为$\boldsymbol{s}$，则：

$$\boldsymbol{B}_{el}^l = -2\mu_B \frac{\mu_0}{4\pi}\frac{\boldsymbol{l}}{r^3}$$

$$\boldsymbol{B}_{el}^s = \frac{\mu_0}{4\pi}\frac{l}{r^3}[3(\boldsymbol{\mu}_s\cdot\hat{\boldsymbol{r}})\hat{\boldsymbol{r}} - \boldsymbol{\mu}_s] + \frac{2}{3}\mu_0\boldsymbol{\mu}_s\delta^3(\boldsymbol{r})$$

式中μ_B为玻尔磁子；μ_0为真空磁导率；电子磁偶极矩$\boldsymbol{\mu}_s = -g_s\mu_B\boldsymbol{s}$，$g_s$为电子自旋$g$因子；$\delta^3(\boldsymbol{r})$为三维狄拉克$\delta$函数。

对于$l\neq0$的氢原子，将$\boldsymbol{B}$代入哈密顿量公式，此时狄拉克δ函数的期待值为零。那么，磁性超精细结构哈密顿量可写成：

$$H_D = 2g_I\mu_N\mu_B\frac{\mu_0}{4\pi}\frac{\boldsymbol{I}\cdot\boldsymbol{N}}{r^3}$$

式中$\boldsymbol{N} = \boldsymbol{l} - \frac{g_s}{2}[\boldsymbol{s} - 3(\boldsymbol{s}\cdot\hat{\boldsymbol{r}})\hat{\boldsymbol{r}}]$。

超精细结构小于精细结构时，原子核自旋量子数I和电子总角动量量子数J是好量子数。将$\boldsymbol{N}$投影到$\boldsymbol{J}$上，哈密顿量改写成：

$$H_D = A\boldsymbol{I}\cdot\boldsymbol{J}$$

这里超精细结构常数A表征超精细结构的大小，$A = 2g_I\mu_N\mu_B\frac{\mu_0}{4\pi}\frac{1}{J(J+1)}\langle\frac{\boldsymbol{N}\cdot\boldsymbol{J}}{r^3}\rangle$。此时，超精细结构相应的能量大小为：

$$E_D = \frac{A}{2}[F(F+1) - I(I+1) - J(J+1)]$$

式中$\boldsymbol{F} = \boldsymbol{I} + \boldsymbol{J}$为原子的总角动量。

电性超精细结构　来自原子核电四极矩与原子核处的电子云电场梯度之间的相互作用。

对于自旋$I\geqslant 1$的原子核，其核内电荷分布偏离球对称，具有电四极矩。原子核的电四极矩是一个二阶张量，其分量可以表达为核自旋的函数：

$$Q_{ij}=\frac{eQ}{I(2I-1)}\left[\frac{3}{2}(I_iI_j+I_jI_i)-\delta_{ij}I(I+1)\right]$$

式中e为单位电荷；Q为实验测量的原子核电四极矩；δ_{ij}为克罗内克符号。电子云的电场梯度也是一个二阶张量，其分量为角动量量子数的函数：

$$q_{ij}=\frac{\partial^2 V}{\partial x_i\partial x_j}$$

$$=-\frac{eq_J}{J(2J-1)}\left[\frac{3}{2}(J_iJ_j+J_jJ_i)-\delta_{ij}I(I+1)\right]$$

式中耦合系数$q_J=\frac{1}{e}\langle\partial^2V_e/\partial z^2\rangle$，$V_e$为电子电势。

此时，电性超精细结构的哈密顿量是两个二阶张量的内积，整理后可得：

$$H_Q=\frac{e^2q_JQ}{2I(2I-1)J(2J-1)}\left[3(\boldsymbol{I}\cdot\boldsymbol{J})^2+\frac{3}{2}(\boldsymbol{I}\cdot\boldsymbol{J})-I(I+1)J(J+1)\right]$$

其相应的能级移动为：

$$\Delta E_Q=\frac{B}{4}\frac{\frac{3}{2}K(K+1)-2I(I+1)J(J+1)}{I(2I-1)J(2J-1)}$$

式中$K=F(F+1)-J(J+1)-I(I+1)$；$B=eQq_J$为电四极超精细结构常数，表征电四极超精细相互作用大小。

（张佩佩　钟振祥　史庭云）

超静定问题　question of statically indeterminate　未知数数目大于平衡方程数目的力系平衡问题。又称静力学不定问题、静不定问题。见**静定问题**。

超距作用　action at a distance　物理学史上出现的关于作用力及传递媒介的一种观点。这一观点认为，相隔一定距离的两个物体之间存在着直接、瞬时的相互作用，不需要任何媒介传递，也不需要任何传递时间。与之相对立的观点被称为近距作用或接触作用。

古代原子论者认为，世界是由微粒和真空（空虚的空间）二者组成的，微粒之间的作用是在空虚的空间中传递的。这是古老的超距作用的观点。而古代中国人认为，世界并无空虚，阴阳二气充满太虚，一切作用（电的、磁的、星体间以及潮汐作用）都是由阴阳二气作用为传递的媒质。这是古老的接触作用。17世纪，在西方关于物体之间的作用就存在两种对立的猜想。R.笛卡儿吸取古希腊亚里士多德的以太观念，提出以太涡旋说，以此解释太阳系内行星的运动和彼此之间的作用，即星体间的作用是以太传递的。此时，由于法国哲学家P.伽森狄的努力，古希腊的原子论复活。大多数物理学家仍然相信超距作用。

1686年，I.牛顿发表万有引力定律，并以此说明月球和行星运动以及潮汐现象。但是牛顿本人并不认为引力是超距的。他在给R.本特利的一封信中曾写道："很难想象没有别种无形的媒介，无生命感觉的物质可以无须相互接触而对其他物质起作用和产生影响……一个物体可以通过真空超距地作用在另一个物体上而不需要任何其他介质，它们的作用和力可以通过真空从一个物体传递到另一个物体，这种观点在我看来是荒唐之极，以致我认为没有一个在哲学上有足够思考力的人会同意这种观点。"牛顿曾经以"稀薄的以太""以太精气的连续凝聚"等观念来解释引力和光的现象。但是，他对以太的具体设想与当时的颇具影响的笛卡儿观点在细节上有所不同。18世纪以后，人们往往把引力作用中的"超距"信条归之于牛顿是不正确的。其实，将此信条归之于牛顿的追随学者R.科茨更合适些。

科茨于1713年为牛顿的著作《自然哲学的数学原理》第二版作序。该序言以大量文字攻击笛卡儿的涡旋以太论。序文中虽然没有引用"超距作用"一词，但他在抨击以太论的同时认为宇宙中存在真空，这一观点无形中让人们以为牛顿的引力定律是倡导超距作用的。超距和近距两种对立观点在18世纪初争论激烈。甚至于出现了这样的情形：法国笛卡儿主义者在反对超距作用的同时，不恰当地否认引力的平方反比定律；年轻的牛顿追随者为捍卫牛顿的学说，又反对包括以太在内的全部笛卡儿观点。

由于引力定律在说明太阳系内的星体运动获得极大成功，而对于以太的探索却未有任何实际结果，超距作用观点因之流行。J.-L.拉格朗日、P.-S.拉普拉斯和S.-D.泊松等人又从引力定律发展出数学上简单而优美的势论，更加支持了超距作用的观点。于是，超距观点被移用到物理学其他领域，早期的电磁理论就是一例。尤其是法国物理学家C.-A.de库仑等人在静电、静磁领域假定电荷或磁体是超距地彼此吸引或排斥，而不受其间介质的任何影响。德国F.U.T.艾皮努斯、英国H.卡文迪什和法国泊松等人也以超距的直线作用观点解释静电和静磁的感应现象。整个18世纪和19世纪的大半个世纪，超距作用观点在物理学中居统治地位。一些持此观点的物理学家也曾对物理学的发展做出相当的贡献。

超距作用的衰落和近距作用的确认得益于**M.法拉第**和**J.C.麦克斯韦**等人的研究成果。

19世纪30年代至50年代初，法拉第对电磁现象的实验研究做出了卓越的贡献。他反对超距作用，提出"邻接作用"概念。后者也就是近距作用或接触作用。起初，他用"力线"描述磁极之间和带电体之间的相互作用，指出力线在空间是曲线而不是直线。各种各样的力线（如"热力线""重力线""电力线""磁力线"，甚至"光线"）布满空间，各自形成力场。继而，他又产生了空间和力的全新概念。在他看来，空间不仅是物质和力的场所，而且这场所本身总是处在一种特定的"状态"之中，即"抻紧"的振动状态。因此，空间还是一种能承载电力、磁力和其他各种力所引起的应变介质。世界的能量并不局限于发出力的物质粒子中，而且存在于这些物质粒子的四周空间中。可以说，法拉第从研究电磁感应而得到力线概念，又从力线推导出场的观念。在他心目中，力场完全取代了以太。他说："我的观点是要排除以太，而并不是排除振动。"超距作用在法拉第心目中首次被严格地排斥在科学之外。

受法拉第影响的不仅有开尔文，更有麦克斯韦。麦克斯韦将电磁场概念以一组数学方程式归纳之，并推导出以有限速度传播的电磁波，其波速就是光速。1887年，H.R.赫兹以实验证实电磁波存在，并确认法拉第和麦克斯韦电磁理论的正确性。起初，麦克斯韦借用以太观念推导出他的一组方程式，而当赫兹证实电磁波时，人们还以为这是以太存在的证据。也就是说，麦克斯韦的电磁理论是以接触作用为基础的。后来麦克斯韦在他的《电磁理论》著作中强调说："电抻紧状态是电磁场的运动性质，它具有确定的量，数学家应当把它作为一个物理真理接受下来。"A.爱因斯坦在1931年纪念麦克斯韦诞生100周年时曾说：法拉第和麦克斯韦的工作是自牛顿以来"物理学公理基础的最伟大的变革"；从此，"连续的场同质点一起看来都是物理实在的代表"。到20世纪初，"电磁场概念作为一种终极实体已经被普遍接受"。至此，"场"这种物质实体完全代替了假想的以太。无须介质传递的超距作用的观念在磁学领域已为多数物理学家所抛弃。

1905年，爱因斯坦的狭义相对论确立了崭新的时空观，并指出真空中的光速是一切物理作用传播速度的极限。这又排除了瞬时超距作用的可能性。1916年，爱因斯坦建立了广义相对论，他将牛顿的引力定律作为一种近似保留下来，并且提出了引力波、引力辐射的概念。引力辐射也是以光速传播的。1979年，J.H.泰勒等人通过天文观测，确认引力辐射阻尼的存在。星际空间的引力场也为人们所普遍接受。星体之间的超距引力作用也被放弃了。

人们认识到自然界中四种基本相互作用，即引力相互作用、电磁相互作用、弱相互作用和强相互作用。它们都是通过场而彼此传递着作用的。 （戴念祖）

超快泵浦探测 ultrafast pump-probe 伴随着超快激光出现发展起来的测量技术。早期主要用在化学领域研究化学反应基本过程。20世纪90年代以来，随着更加稳定的全固态掺钛蓝宝石飞秒激光器的实现，超快泵浦探测迅速发展并广泛用于原子分子物理、材料和凝聚态物理等领域。典型的泵浦探测是将超快激光分成两束：一束功率较强作为泵浦光入射到样品，从平衡态激发准粒子到激发态；另一束经时间延迟后照射到样品同一区域，用来探测样品经过不同时间延迟后所激发载流子往平衡态的弛豫过程，通常是测量反射率或透射率的变化。这种非平衡态弛豫过程的探测能够给出包含电子结构和载流子激发方面的诸多信息。

超快飞秒激光广泛和其他尖端的物理探测手段结合在一起，实现激光泵浦后各种不同技术的时间分辨探测，如时间分辨的太赫兹和超连续光谱、时间分辨的角分辨光电子能谱、时间分辨X射线衍射和电子衍射、时间分辨扫描隧道谱等。这些技术的发展正在把研究的前沿由平衡态的探测拓展到非平衡态的弛豫过程，不仅为认识和理解长期存在的未解科学问题提供新的信息，而且发现大量全新的现象，有力推动了物质科学的发展。 （王楠林）

超快光学 ultrafast optics 涉及皮秒（10^{-12}秒）、飞秒（10^{-15}秒）及阿秒（10^{-18}秒）光脉冲的技术与应用的前沿学科。是新发展起来的光学分支。由于激光技术特别是超短激光脉冲产生（主要利用锁模技术）和测量技术（主要利用自相关技术）的快速发展，人们在可见至近红外波段已产生了脉宽不到3飞秒的单周期量级脉冲；通过光学参量技术及差频技术将其波段从可见及近红外波段扩展到了大于10毫米的中红外区域；采用啁啾脉冲放大（CPA）获得了峰值功率大于10拍瓦（PW，1拍瓦$=10^{15}$瓦）的超强光场；进一步基于啁啾脉冲参量放大（OPCPA）技术产生大于100拍瓦乃至200拍瓦的工作也在进行之中。此外采用基于薄片及板条结构的固体激光技术、相干合成光纤激光技术，飞秒激光的平均功率正在从数百瓦向数千瓦乃至万瓦迈进。特别是通过少周期飞秒激光与惰性气体相互作用产生的高次谐波研究，超快激光已经到了阿秒时代，最短脉冲的世界纪录在2017年前后从53阿秒推进到了43阿秒。

超快超强激光脉冲的产生、控制、传输技术的巨大进步，为超短光脉冲与物质相互作用的研究提供了许多崭新的课题，如超高时间分辨率光谱学、分子反应及电子的超快动力学、超导及磁性材料的物理机制、光合作用中的电子输运及传能、激光粒子加速及粒子物理、光核作用物理及实验室天体物理、X射线及质子成像、高速大容量信息处理、复杂体系的高精度制作等课题。应用范围覆盖了包括化学、物理学、生物医学、信息科学及精密加工等学科在内的众多领域。对这些前沿科学问题及应用研究的不断追求探索，构成了超快光学的重要内容。 （魏志义）

超快时间分辨光谱 ultrafast time-resolved spectrum 利用飞秒超短脉冲（10^{-15}～10^{-13}秒）实现的时间分辨光谱。简称超快光谱、飞秒光谱。又称飞秒时间分辨光谱。飞秒时间分辨能力甚至快于某些化学键的变化，因此可以用于研究分子动力学及凝聚态超快动力学等超短时间尺度的物理现象。超快时间分辨光谱从光源到研究手段都与其他时间分辨光谱有明显不同。

光源　飞秒激光器，通常采用宽光谱锁模技术来实现。早期的飞秒激光系统多采用染料作为增益介质，实现宽光谱发射，并采用反饱和吸收体以实现模式锁定，获得飞秒激光的输出。染料激光器通过更换多种染料实现宽的调谐范围，缺点是操作较复杂，有些染料有毒。掺钛蓝宝石作为增益介质的飞秒激光器的出现大大推进了超快光谱学的发展。掺钛蓝宝石具有宽的光谱发射范围（700～1000纳米），利用克尔镜自锁模来实现模式锁定，获得飞秒脉冲的输出。通过啁啾镜等色散补偿技术，可获得光振荡周期量级短至数飞秒的超短脉冲输出。利用再生放大和多通放大的方法可实现太瓦级（10^{12}瓦）以上的瞬时激光功率。这类固态激光器通过光学参量与振荡，利用晶体非线性光学方法实现波长的调谐，调谐范围200纳米～20微米（商业设备）。此外，还有基于光纤的飞秒激光器。经过稀土元素掺杂的玻璃光纤可在激光二极管的泵浦下产生宽发射光谱，最终实现飞秒激光的输出，在光通信领域有广泛应用。

利用强飞秒激光脉冲可以在介质中产生X射线波段的高次谐波，从而获得更短的阿秒（10^{-18}秒）脉冲光源。

脉冲测量方法　由于飞秒脉冲的宽度极小，因此即便是高速光电探测器件也无法测量脉冲的宽度。飞秒脉冲的测量需采用自相关的方式实现，即将脉冲自身分为两束，共同照射到非线性光学晶体上，产生光学倍频脉冲。这个倍频脉冲的产生取决于两束光是否能同时到达非线性晶体，因此，通过改变两束光到达晶体的相对时间，便可以控制倍频脉冲的产生以及判断脉冲的宽度。

除脉冲宽度外，飞秒脉冲的内部往往具有时间相关的光谱（啁啾）特性及强度分布，使脉冲宽度大于光谱的傅里叶变换极限。其测量方法也有很多种，其主要原理是在测量中同步测量时间分辨的强度与光谱，并反推脉冲中的具体形式。方法包括频率分辨光学门以及光谱位相干涉直接电场重建方法。

当脉冲的宽度达到振荡周期量级，脉冲中电场的振荡相位相对于脉冲峰值的变化不可忽略，它会显著地影响脉冲导致的非线性过程，例如高次谐波的产生，以及高精度时间测量等。这种位相称为载波包络相位。这种包络的测定及稳定则通过宽光谱脉冲与其倍频光的光谱干涉实现，即通过f-2f干涉测量实现。

超快时间分辨光谱测量技术　超快瞬态吸收方法，这是一种泵浦-探测实验方法。首先利用飞秒脉冲激发研究对象，使样品吸收光子而跃迁至激发态能级。随后，利用第二束飞秒脉冲（光谱宽且连续或光谱较窄）在一定时间延迟后对样品进行探测。这一探测会观察到很多现象，如样品中的电子被激发后会再次吸收光子跃迁至更高能级导致额外的吸收，或经过受激辐射发生跃迁释放光子；在泵浦过程中失去电子的能级则无法继续吸收光子，表现为漂白；当电子发生转移时，原来空的能级被填充而具有了吸收光子的能力。因此，这种研究方法具有普遍的适用性，对于辐射及非辐射过程，基态及激发态过程均可以探测。若利用宽光谱探测，可以观察多个能级的同步演化，获得样品对象中的完整的动力学过程，具有不可替代的地位。

超快荧光上转换方法　对于辐射跃迁的动力学过程，可以采用超快荧光测量的方法，避免瞬态吸收中多个过程的重叠。这种方法将飞秒脉冲分为两个脉冲，其中一个作为泵浦光入射至样品，引起样品的荧光辐射。随后将荧光收集并聚焦至一块非线性晶体，并将另一部分激光脉冲也入射至该晶体。荧光与激光脉冲在晶体上重叠，并通过非线性和频过程产生一个紫外光子，实现荧光的上转换。由于和频过程必须有飞秒脉冲参与，因此飞秒脉冲仅仅与荧光衰减过程中某一瞬时的荧光和频。通过改变飞秒脉冲的延时，便可逐点描绘荧光衰减的动力学过程。同时，利用和频晶体的相位匹配条件，可选择荧光中的特定波长进行探测。由于和频后的紫外光谱区域背景噪声信号可以忽略不计，该方法具有很高的灵敏度。

二维红外光谱方法　是一种三阶超快时间分辨光谱。它不仅描述了分子的各个振动模式，具有一维光谱的特征，同时也解析出各种振动模式间的耦合，从而获知各个模式间的超快动态转换，了解分子相关结构信息及动态变化。（王树峰）

超冷中子　ultracold neutron　动能小于3×10^{-7}电子伏的**中子**。用温度作低能区中子能量范围划分的一种习惯说法。超冷中子速度小于8米/秒，相应介质温度小于4毫开。让冷中子通过温度更低的介质（如固体氘或者超流体液氦）发生非弹性散射后可以得到超冷中子，早期借用重力场或与透平叶片的碰撞来降低冷中子能量得到超冷中子。10^{-7}电子伏的超冷中子相应的波长约为90纳米。这样的超冷中子（其速度小于8米/秒）对于某些特殊介质（如^{58}Ni、类钻石碳等），不管它们的入射角如何，都会发生全反射，因此可使用特制的容器（称为“中子瓶”）将超冷中子储存起来。超冷中子对基础物理学和自由中子性质的研究很重要，因为超冷中子自身的动能很低，能与地球的万有引力相比拟，因此它可以用来研究万有引力（例如研究引力的量子化）。因为用中子瓶能储存上万个超冷中子，它可以用来研究自由中子的性质，例如对自由中子的β衰变、电荷和中子电偶极矩等进行精密测量，探索微观世界的一些基本规律。（唐洪庆）

超连续光发生　supercontinuum generation　激光器输出的激光作用于介质后的频谱远宽于原来带宽的现象。具有一定峰值功率的皮秒或飞秒激光作用于介质时，由于激光强度的瞬时变化，会引起介质对光脉冲自身的相位调制，这种自相位调制效应（SPM）将导致激光的频谱向两边扩展，随着作用区域的增加，光谱会展宽到远宽于原来的带宽，从而形成所谓的“超连续光发生”。早期由于激光强度不高，能产生超连续发生的主要介质是单模光纤。2000年随着光子晶体光纤（PCF）的问世，可以用普通飞秒激光振荡器输出的激光直接产生大于一个倍频程的超连续光，大大降低了对激光能量要求，并促成了光学频率梳的实现。利用PCF不仅可以产生平均功率数百瓦量级的超连续光，而且利用能量放大了的超短激光脉冲，在固体介质、大气及透明液体中也能产生具有一定能量的超连续光，如利用空芯波导、石英薄片等器件，已能产生毫焦耳量级能量的超连续光，在成像、光学测量、光谱分析及国防等领域具有广泛的应用。（魏志义）

超流性　superfluidity　低于临界温度时，液体可以毫无阻力地通过很窄管道的物理性质。超流性是在1938年由两组物理学家同时发现的，一组是英国剑桥的物理学家J.F.艾伦和A.D.米塞纳，另一组是在苏联莫斯科的P.L.**卡皮察**。他们发现当温度低于临界温度，液氦可以毫无阻力地流过很窄的管道。卡皮察把这种现象称为超流。超导也可以被看成是超流在电子体系中的表现。

事实上，超流包含了至少两个概念上不一样的现象，可以用以下实验加以说明。其中一个被称为赫斯－费尔班克效应。将液氦限制于一个环形容器中并保持其温度高于临界温度。在这种情况下，液氦表现和一般液体无异。现在将环形容器绕其对称轴以极慢的角速度转动，同时慢慢降温。实验发现，当温度低于临界温度并趋于零温时，液氦慢慢与容器脱耦，不再转动，即使容器仍旧在转动。这个效应和超导中的**迈斯纳效应**类似，表明在热力学平衡下，液氦在惯性系中保持静止。另一个则表现为超流的亚稳性。在同样的实验程序下，只将环形容器转速逐渐加大，当温度趋于零温时停止容器的转动，液氦此时仍会转动下去，并与容器脱耦，对应于惯性系中的一个高激发态。这两个效应不一样是因为一个是平衡态，另一个是亚稳态。

现在，人们对超流的一般性理解是建立在**玻色－爱因斯坦凝聚**的基础上的。由于宏观尺度的粒子数集中在某一单粒子态上，可以用一个单一波函数来描述。由于此单体波函数必须要满足单值边界条件，这就要求每个粒子的角动量必须是$\hbar$的整数倍（$\hbar=h/2\pi$，h为普朗克常数）。对于赫斯－费尔班克效应，由于起初液氦的角动量很小，当温度降到临界温度之下时，宏观数目的粒子必须取一个与初始角动量最靠近的值，也就是角动量为零，因而液氦不再转动。而对于超流的亚稳性，它对应于与初始角动量最靠近的整数非零。

L.D.**朗道**于1941年提出超流的二流体唯象理论，并提出了非常重要的准粒子概念。朗道的二流体理论假设液氦在低温下的激发谱是由长波声子和局域的旋子构成。在这个基础上，朗道把低温下的液氦分成两部分：一部分是背景超流体，这部分熵为零，而且无耗散；另一部分是准粒子激发，它们组成正常流体部分。当液氦流经管道时，黏滞系数来源于管壁可能在液氦中导致的激发。朗道利用伽利略变换的性质证明，对于这一类的准粒子激发谱，当管壁运动速度低于临界速度时，能量和动量守恒保证了准粒子不可能产生，导致超流现象的出现。后来，N.N.博戈留波夫、**李政道**、黄克孙和**杨振宁**等用微扰论严格计算了弱相互作用的玻色子体系的激发谱，证实了长波声子的存在。对于液氦这样的体系，R.P.**费曼**通过分析基态波函数的性质，论证了长程激发只有声子。这都加深了对超流的理解。（张世忠　翟荟）

超扭曲向列相　super twisted nematic phase　向列相液晶在两基板间形成180°～270°扭曲的分子取向，并显示双折射效应的液晶相。在液晶盒中，根据上下层液晶分子指向矢扭曲的角度差可定义液晶的扭曲向列相类型。最普遍的是扭曲角为90°的扭曲向列相（TN相）；当扭曲角为90°～180°时，被称为高扭曲向列相（HTN相）；扭曲角大于180°的被称作超扭曲向列相（STN相）。一般超扭曲向列相指的是扭曲角为180°～270°的液晶相。

将液晶层的扭曲角从90°增加到180°～270°可大大提高电致畸变曲线的陡峭程度，因此对比TN型显示模式，STN型显示模式具有更好的特性，视角更大，对比度也更好，还可用于多路显示。但对于液晶分子沿基板平行排列的STN相液晶盒来说，在施加一定电压时液晶中会出现周期性的条纹织构，形成晶畴，这将引起光的散射。为了解决这一问题，需要增大液晶分子的预倾角。因此超扭曲向列相液晶盒的制作工艺比较特殊，首先为了维持液晶层的扭曲角大于90°，需要使向列相液晶具有本征的扭曲结构，即手性向列相，可在向列相中添加手性剂来得到，再采用斜蒸SiO_2或摩擦等表面处理技术，使液晶分子在取向表面呈高预倾角。经过上述取向层处理的液晶盒便可灌入STN相液晶应用于显示器件中。（王琼华）

超声波 ultrasonic wave 频率超过人耳可听闻频率（即在2万赫以上）的声波。又称超声。为弹性介质中的应力波。超声波可为纵波（如在空气中传播的声波），也可为横波（如在固体中传播的剪切波）。主要特征是：①功率大。对相同振幅的波而言，所携带的能量比一般声波大得多。②频率高，波长较短，衍射不严重，有良好的定向性。另外，一些超声波可沿固体表面（瑞利波）或在细杆和材料截面中（兰姆波）传播。有许多产生和探测超声振动的方法。最常用的是磁致伸缩或压电换能器，它们将高频交变磁场或电流转换为机械振动。超声波根据它是否使介质产生畸变，可分为高功率和低功率两类。高功率超声波的应用有超声焊接、超声钻孔（其中振动和切割方向垂直于被钻孔材料的表面，因此可钻出任何形状的孔）和超声除尘。施加于液体的大振幅超声波可使液体空化并出现激波，从而产生强劲冲流和剪应力。可以利用这些效应生产乳状液，清洗工件表面和破坏生物组织。低功率超声波用于声呐系统进行水下探测和导航，以及测绘海底的轮廓。类似的脉冲回声技术用于工业材料和设备（如强化塑料、铁道钢轨、飞机和反应堆堆芯压力容器）的无损检测；超声波在受检对象的不连续点会发生散射，因而可用来检测空腔、裂纹或测量工件厚度。在医学上，低功率超声波可以代替X射线用来产生人体内部组织的影像。在实验室中用超声波研究材料的某些性质，其中包括溶液中分子的压缩性、固体的弹性模量以及气体和液体的分子结构。在甚高频（100兆赫及以上），超声显微术对细微组织的目视分辨率与光学显微术相当。这些频率的超声波也用在固体物理学中。（张海澜）

超声操控 ultrasonic manipulation 利用超声波机械效应（超声辐射力、声流）控制物体运动的一种非接触声学操控技术。声波携带动量和能量，非线性流体介质会吸收声波，处于流体介质中的物体会吸收、散射声波，这导致声波动量和能量在声场、流体、物体之间发生交换，从而形成力的作用驱动物体运动。根据力的产生方式可以分为：超声辐射力和声流引起的拽力。超声辐射力是入射声场直接作用在被操纵的物体上，是入射声场与物体之间的动量交换形成的作用力；声流引起的拽力是由于流体介质的非线性特性，导致声场与流体介质之间的动量交换形成声流引起流体运动，处于流体中的物体会由于流体运动受到流体的拽力。当物体尺寸与波长相当或大于波长时，声辐射力起主导作用；当物体尺寸减小至远小于波长时，受到的声辐射力急剧下降，声流引起的拽力将起主导作用。

驻波是常用的操控微粒的声场形态，由于驻波可以产生稳定的声能场分布，在其波腹或波节位置的声能为极值（极大或极小），微粒在其波腹或波节也可以获得声辐射力的极值（极小或极大），因此可以操控微粒停驻在波腹或波节位置。形成驻波的声场主要包括压电陶瓷振动产生的体波，以及叉指换能器形成的声表面波，体波操控可获得较大的通量，而声表面波频率较高，易于实现精确操控。通过调控驻波的参数使得波腹或波节空间位置产生变化，从而被操控微粒相应地实现移动。此外，利用面阵换能器电子延迟技术和声人工结构调控声场技术获得各种新型可变化声场，实现多形式、多功能操控，成为研究热点。

超声操控技术是一种源于超声物理的非接触、无损伤、低能量的微纳米颗粒声学操控技术，在有机和无机微纳米材料、细胞、药物、生物微粒甚至活体微生物的分离、分类、筛选、移动、收集等方面均具有重要用途，在生物医学和分析仪器等领域具有重要的应用前景。（郑海荣）

超声换能器 ultrasonic transducer 发射和接收超声波的关键部件。用机械、电、磁、激光的能量激发换能器振动，这种振动作用于周围介质，以弹性波动的形式向外传播。向外传播的弹性波动就是换能器发射的超声。接收超声时，在介质中传播的弹性波动，即超声波作用到换能器上，再由换能器转换成其他可接收的能量，如电能、磁能和光能等。超声换能器有多种类别：利用电声和声电能量转换的称电声换能器，利用磁声和声磁能量转换的称磁声换能器，利用电磁效应产生和接收超声的称电磁声换能器，利用激光产生和接收超声的称激光换能器，利用机械能产生超声的称机械声波换能器。

电声换能器 应用最为广泛。工作原理是利用压电晶体的压电性和多晶铁电体的电致伸缩效应，在交流电场的作用下产生振动辐射声波发射，或在声波作用下产生电场接收，是一种接触式可逆换能器。铁电体在外加恒定电场作用产生的极化，而在去掉电场后极化仍可保留，所以使用中不必再外加极化电场。通常用的压电晶体有石英，多晶铁电体有压电陶瓷等。新发展的有带压电性的塑性薄膜和把压电陶瓷做成压电复合材料等。此外，还有静电换能器，它是利用样品表面作为电容的一个电极，外加另一个与之平行的电极做成电容式换能器，可作发射和接收超声用。

磁声换能器 早期应用较多的一种。主要是利用材料的磁致伸缩效应在交变磁场作用下产生振动发射声波，或在声波作用下产生交流磁场作声波接收。这种换能器多作功率超声发射用，也适用于较低频率的发射接收。

激光换能器 一种可非接触产生和接收超声的方法。作发射时将一束激光打在物体上，物体表面由热弹或烧蚀作用产生振动而发射声波。发射超声的效率取决于材料的热膨胀性和热传导性。小激光功率作用主要由热弹效应在材料表面产生偶极子声源辐射声波；大功率激光作用主要由表面烧蚀效应产生表面法向反冲力辐射声波。激光接收超声时，声波传播至物体表面产生的波动起伏，利用激光干涉的办法进行测量接收。

电磁声换能器 具有导电性物体表面，在恒定磁场作用下再加通过线圈由交流电产生的交变电磁场，在材料表面产生的洛伦兹力，或者利用铁磁性物体表面具有的磁致伸缩性质而产生和接收超声。它和激光产生和接收超声的共同点是利用物体本身表面实现换能而不需外加换能器件。电磁声换能器换能是可逆的，而激光超声换能是不可逆的。

机械声波换能器 利用机械办法，如射流冲击激励换能器振动产生声波，主要有各种类型的哨。主要用在功率超声发射，是历史最为久远的一种声波换能方法，但在容量比较大的液体超声处理中仍有其意义。（李明轩）

超声弹性成像 ultrasound elastography 生物组织的弹性模量（这里一般指杨氏模量或剪切模量）很大程度上依赖于组织的分子构成以及这些分子构成在微观、宏观上的组织形式。在某些正常的组织中，不同的解剖结构之间存在较小的弹性模量差异。例如，在正常乳房中，纤维组织通常比乳腺组织的弹性模量大，而乳腺组织又比脂肪组织的弹性模量大；正常肾脏组织中，肾实质与肾髓质或者肾锥体之间也存在一定的弹性模量差异。某些正常的组织与病理性的组织之间存在较大的弹性模量差异。例如，乳房硬癌、前列腺癌、甲状腺癌等恶性病灶通常表现为硬的小结，弹性模量较大。乳房硬癌是乳腺癌的最常见形式，由于其基质密度增大而表现为致密的硬块，弹性模量较大；而其他类型的乳腺癌，如导管内癌和乳头状瘤，却表现为柔软的组织，良性的乳腺纤维囊性病也很少表现为硬块，其弹性模量较小。充满液体的囊肿则比周围组织柔软得多，弹性模量较小。另一些疾病，例如胶原质沉积或者脂肪过多，也会增大或减小组织的弹性模量。弥散性的疾病，如肝硬化，也会使得肝脏的弹性模量显著增大。对于上述疾病的检测，临床上用得比较多的还是延续了千百年的传统方法——触诊。触诊的基本原理就是对组织施加一个压力，利用手指的触觉定性地测量组织的响应，从而得到组织弹性模量的定性估计。由于触诊的简单性，它被广泛应用于乳房、前列腺及肝等部位疾病的筛查过程。然而，触诊有很大的局限性。首先，触诊很大程度上依赖于大夫的主观经验，并且它得到的只是一个定性的信息。因此，不同大夫或者同一大夫在不同时期诊断的结果难以比较。其次，当病灶太小或者埋藏太深，这种方法就无能为力了。超声弹性成像能够得到关于组织弹性的信息，弥补了医学成像诊断技术的不足，具有重要的临床价值和广阔的应用前景。

超声弹性成像的基本原理如下：对组织施加一个作用力，根据弹性力学、生物力学等物理规律，组织将产生一个响应，例如位移、应变等参数在空间分布或者随时间的变化发生改变。一般来说，弹性模量较大的组织在激励下产生的位移或应变较小，振动的幅度较小，激发的剪切波速度较大。利用超声成像设备获得组织的超声信号或图像，结合信号处理或图像处理技术，估计出组织内部的响应情况，有时还需要进行弹性成像逆问题的求解，从而定性、半定量或定量地得到组织内部的弹性模量等力学属性的差异。

超声弹性成像首先要对组织施加一个激励力。这个激励可以来自组织外部，也可以来自组织内部（包括组织自身引起的）。这个激励可以是静态或准静态的，也可以是动态的。根据组织激励方式的不同，超声弹性成像可以分成许多种不同的方法，常见的包括挤压型弹性成像、声辐射力脉冲成像、剪切波弹性成像、瞬时弹性成像等。挤压型弹性成像采用对组织施加一个外部的静态或准静态的挤压（利用超声探头对乳腺仿体施加挤压），然后估计组织应变的分布（估计得到弹性仿体应变分布），反映组织内部的弹性模量差异，通过弹性成像逆问题的求解，还可以定量地重建出组织内部的弹性模量（重建得到弹性仿体相对弹性模量分布）；声辐射力脉冲成像对组织内部施加一个脉冲的超声辐射力，然后估计组织的位移大小，反映组织内部的弹性模量差异；剪切波弹性成像也是使用超声辐射力，在组织内部产生一个剪切波，然后估计剪切波的位移时空变化，计算剪切波速度及其在空间的分布，从而反映组织内部的弹性模量差异；瞬时弹性成像一般用于肝脏纤维化的检查，对肝脏施加一个外部的、间歇的低频振动，然后估计肝脏在该激励下产生的机械波传播速度，反映肝脏的弹性模量。

超声弹性成像技术在临床上主要用于乳腺、前列腺、甲状腺、肝脏等器官的检查与诊断，该技术也被尝试应用于心血管组织。例如，血管内弹性成像一般是使用侵入式的血管内超声探头采集血管的超声数据，血管弹性成像则采用常规的、非侵入式的超声探头采集血管的超声数据。这两种方法都需要估计血管在血压变化作用下的速度、位移、应变率或应变分布，反映血管的弹性模量，可望用于冠状动脉或颈动脉的粥样硬化斑块的弹性模量检测，从而估计其组成成分或破裂风险。类似的，声辐射力脉冲成像与剪切波弹性成像等方法也被尝试用于心脏或血管，估计其弹性模量等力学属性。另外，超声弹性成像的方法也进一步扩展，除了用于估计组织的杨氏模量或剪切模量，还被用于估计组织的泊松比、黏弹性、孔弹性与非线性等属性。（罗建文）

超声探伤 ultrasonic testing 以超声波作为采集信息的手段，在不损坏被检对象情况下，对其内部缺陷进行探测。超声探伤原理可分为两大类：一类是利用超声在介质中的传播特性而发展起来的超声传播探伤法；另一类是利用超声作用下被检物体的振动特性而发展起来的振动检测法。在传播探伤中又分为主动式和被动式两种。

超声主动式探伤主要有穿透法探伤和反射法探伤两种。穿透法探伤是在超声探伤中应用最早的方法，它是通过测定超声波透过被检物体后强度（或声压振幅）的变化来实现探伤目的。检测的超声波多是采用调制的连续波。反射法探伤是在超声探伤中应用最为广泛的一种。检测的超声波是脉冲波。脉冲波在介质中传播时，如遇有声阻抗率发生变化的各种缺陷，则在缺陷界面产生反射或散射，通过探测缺陷的回波来实现探伤。脉冲反射法探伤有多种方法。按工作探头分，有单探头法、双探头法和多探头法；按耦合的方式分，有直接接触法、液浸法、干接触法和非接触法；按超声波波型分，有纵波法、横波法、表面波法、板波法和爬波法等。采用哪种方法主要是由检测的对象和具体的探伤要求来决定。

主动式非接触超声探伤是新发展起来的方法，主要有电磁超声探伤和激光超声探伤两种。电磁超声探伤主要适用于导电体，通过改变被探导体表面上方1毫米以内的平面线圈的形状可实现纵波、横波以及板波等多种方法探伤。激光超声探伤不受介质的限制，但具体的检测结果受到介质的热膨胀性质和热传导性质的影响。用小功率激光激励，由于热弹效应产生声波的声源是一种偶极子声源，发射的是中空的斜射声波，可作纵波和横波探伤。对于大功率激光，由于烧蚀效应产生的是表面法向反冲力源，也可作纵波和横波探伤。激光超声是一种非可逆声源，用于探伤作接收时用激光干涉仪作非接触接收，也可用一般电声换能器作接触接收。

被动式超声探伤的检测原理是，材料在外部条件作用下，内部的缺陷或内部状态的变化改变了内部的能量分布，使一部分能量以弹性波形式释放出来。释放的弹性波声信号包含有材料内部结构或缺陷性质和状态变化的许多信息。通过对接收到材料发射出的声信号加以处理分析和研究，可得到材料内部缺陷和结构变化的信息。声发射超声探伤是一种动态检测，更适用于在役监测。产生材料声发射的机制有多种，除缺陷外有如塑性形变和位错运动、马氏体相变、磁性效应等。大多数声发射效应是不可逆的和不可重复的。声发射探伤的技术关键是声信号的接收，要克服的困难是在大干扰背景下的信号提取、处理及发射声源的定位等方面。

振动超声探伤是由敲击探伤法而发展起来的，它是通过激励物体振动来测量其物体的振动特性实现探伤和检测的目的。实现振动探伤的具体方法有很多种，最为常见的有敲击法、共振法和声阻法，以及由敲击法发展起来的声撞击技术和由共振法发展起来的自由振动法等。（李明轩）

超声显微镜 ultrasonic microscope; SAM 利用超声波对物体微细结构进行成像显示的显微观察仪器。又称扫描声学显微镜。超声显微镜有机械扫描和激光扫描之分。机械扫描声学显微镜分透射式和反射式，后者尤被广泛重视并得以发展。

简史 1936年S.索科洛夫提出超声显微镜的设想，1984年，C.F.库特研制成功。超声工作频率高达5吉赫，横向分辨力为0.2微米。不久，英国V.G公司、德国Leitz公司都推出商品。20世纪80年代后期，由于计算机技术的迅速发展，基于PC机的宽场扫描低频SAM的研制成为主要发展趋势。1989年，R.G.马耶夫研制成功宽场扫描SAM，工作频率为25～100兆赫。

构造 SAM利用物体声学特性（声阻抗率、声速和声衰减）的差异来显示物体。声学特性与物质的弹性和黏弹性有关，因而SAM能够提供被测物体的力学信息。对于生物组织样品无须染色，可进行活体观测；对于被测材料试样，可进行无损检测和评价，特别适于观测不透光试样。基于PC机的反射式宽场扫描SAM工作原理如图所示。

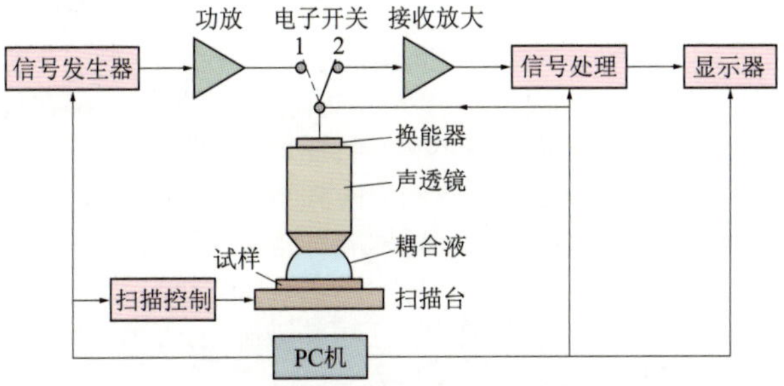

扫描声学显微镜工作原理图

在PC机控制下信号发生器发出电脉冲，经过功放和电子开关的端点1激励换能器。换能器发出的声脉冲经过声透镜和耦合液进入试样。从试样返回的反射声脉冲带有试样的信息，经耦合液和声透镜到达换能器，转换为电脉冲。这时电子开关在计算机控制下使电脉冲经过端点2进入放大和处理部分，最后在显示器上显示。上述过程不断重复，同时PC机控制扫描部分运动，使声脉冲通过试样的不同部分，同时把运动位置的信息送入处理和显示部分，达到成像的目的。

SAM采用聚焦声束，核心部分是声透镜，分辨能力取决于超声工作频率。基于PC机的SAM可对试样进行多维扫描，并可实现准三维图像。

应用 超声显微镜的应用领域主要有：①材料无损检测和无损评价。微电子工业中检测大规模集成电路；航空航天工业中，检测和评价先进陶瓷复合材料、胶接材料构件，检测固体焊接材料，检测发动机叶片上的微裂纹等。②材料科学。研究和表征材料的声学力学性质，特别适于毫米级小样品和薄样品的试样研究（如C_{60}、高压金属玻璃等）。③生物学和医学。进行活体观察，对细胞、心脏壁、骨骼、血栓、牙齿的成像观察。 （胡建恺）

超声学 ultrasonics 研究*超声波*的学科。声学的重要分支。频率高于人类听觉上限频率（约2万赫）的声波，称为超声波或超声。超声学主要研究超声的产生和检测技术（包括显示）、超声在各种介质中的传播规律、超声的各种效应，以及超声在基础研究和国民经济各部门的应用等。

超声产生和检测 超声的发展与介质中超声的产生和检测技术的研究密切相关。它是光能、热能、机械能、电能等与声能之间的转换过程。介质中的超声波是由作超声振动的声源产生的。这类声源通常称为换能器。1883年首次制成的超声气哨，就是一种机械型的超声换能器，可在流体中产生超声波。改进后的各种气哨、液哨仍广泛应用于流体介质的超声处理技术中。

20世纪初由于电子技术的发展，利用某些材料的压电效应和磁致伸缩效应制成了各种机电换能器，不仅可用作声源，也可用于检测超声。1917年，法国物理学家P.朗之万用天然压电石英制成夹心式换能器，用于探测海底的潜艇。随着材料科学的发展，各种机电耦合系数高、性能良好的压电陶瓷、人工压电单晶、压电半导体、有机压电薄膜及高性能磁致伸缩陶瓷材料等的涌现，拓宽了超声换能器产生和检测超声波的频率范围及其发射的功率。产生的波型也由单纯的纵波扩大为横波、板波、扭转波、表面波等。超声波的产生和检测也由单个换能器发展为换能器线阵或面阵，并已在超声诊断与治疗等领域得到广泛应用。

压电和磁致伸缩换能器是机电能量转换发生在试样外的超声产生和检测的器件，但换能器必须与试样接触。为了在线检测的需要，各种非接触式超声的产生和检测方法得到迅速发展，如激光超声技术、电磁力换能器和静电换能器等。利用凹形纵波谐振腔，可在石英棒内获得几万兆赫的超声。用半导体雪崩、超导结、光子与声子相互作用等方法也可在试样内产生或接收更高频率的超声。

超声传播 超声波在介质中的反射、折射、衍射、散射等传播规律与可听声波无质的区别。超声在一般流体介质（气体、液体）中的传播理论已经比较成熟。而声波在高速流动的流体介质中的传播，在液晶等特殊物质中的传播，以及大振幅声波在流体介质中传播的非线性问题的研究仍在不断发展。

超声能在固体中传播。由于固体介质本身形状和性质的多样性，导致了超声在固体中的传播的复杂性。在无限大、各向同性的均匀介质中，一般只有纵波和横波两种基本波型。无限大各向异性固体介质中，一般沿每一个传播方向上可有三种波：一种是近似于纵波的准纵波；另两种是近似于横波的准横波。介质的应力、应变关系是张量关系，所以同一种波型的波在不同方向上的相速度是不同的，同一传播方向上不同波型的波的相速度一般也是不同的，而且相速度与能量传播的群速度两者的大小和方向也不相同。

在有界介质中，当介质的几何尺寸与声波的波束宽度及波长可相比较时，受边界的影响，介质中只允许一些满足边界条件的特定振动模式的声波传播，这就是导波。固体中的导波一般有纵波、切变波、板波和扭转波，且在两介质的界面上还存有界面波。真空与固体界面上的界面波称为瑞利波，又称声表面波。流体-固体界面上，除在固体一侧界面上有称为伪瑞利波的界面波外，流体一侧界面上还有称为斯高特波的界面波。在介质中导波的相位以相速度c_p传播，而能量以群速度c_g传播，而且c_p和c_g都是频率的函数。

声子晶体是一种有介质弹性性质且在空间有周期性分布的人造材料。由于结构空间的周期性，使它们对某些频率的声波是“透明”的，而对于某些频率的声波是“不透明”的，在频域上存在禁带。

超声效应 超声波在介质中传播时，由于声波与介质之间的相互作用，会在介质中产生一系列的力学、光学、电学、热学的物理效应，以及降解、合成、催化等化学效应。超声产生这些效应的基本作用主要有三个：①线性交变的振动作用。由于它是介质在一定频率和声强的超声波作用下的受迫振动，使介质的质点位移、速度、加速度及介质中的应力等分别达到一定数值，产生诸如悬浮粒子的凝聚、声光衍射、超声在压电或压磁材料中产生电场或磁场等效应。这些效应是由于介质质点的振速远小于介质中声速时产生的，可用线性声学理论说明。②由于大振幅超声振动的非线性而产生的各种直流定向力（如辐射压力、乌森力和平均黏滞力等）及激波，引发了一系列的超声特殊效应。③液体内的空化作用。超声强度超过该液体的空化阈值时，液体中会出现气泡的产生、生长、增大、急剧崩溃的现象，称为空化。由于小气泡在惯性压缩下急剧崩溃时，气泡内产生了高温、高压，气泡外形成激波，从而产生超声清洗、粉碎、乳化、分散、声化学等一系列作用，同时还会伴有强烈的声致发光和空化噪声。液体中进行的超声处理技术，大多都与超声空化作用有关。

超声应用　超声的传播机理和超声对介质的各种效应是所有超声应用的物理基础。超声的应用大致包括三个方面。

超声检测和控制技术　以小功率的超声为工具，通过测量介质的声学量来检测、测量或控制各种非声学量及其变化的技术。用超声波易在空间获得指向性极好的定向声束，在时域上采用超声窄脉冲，就能达到较高的时空分辨率。加上超声波能在不透光介质中传播，使它能够广泛应用于各种材料的无损探伤、测厚、测距、医学诊断和超声成像。利用介质的非声学特性（如应力、黏度、浓度、温度、硬度、流量等）和介质的声速、声衰减及声阻抗率之间的联系，通过对声学量的测量，还可实现对非声学量的无损检测和控制。材料科学、信息科学、激光技术、微机电技术等的发展，促进了超声检测在理论和技术方面的研究。激光超声、医疗超声、扫描隧道声显微镜、扫描探针（原子力）声显微镜等的发展，表明超声检测开始进入一个非接触、实时成像和微区特性检测的新阶段。

超声处理技术　利用高声强的超声与物质作用，来改变物质的物理、化学、生物某些特性或状态的技术。采用适当的换能器可产生大功率的超声波，通过聚焦等方法可获得高声强的超声波，加上液体中的空化效应，使超声加工、清洗、焊接、乳化、粉碎、脱气、促进化学反应、医疗及种子处理等技术广泛应用于工业、农业、医疗卫生等部门，并开始形成声化学、高强度聚焦超声技术等新的分支学科和新的处理技术。

基础研究领域的应用　机械运动和其他形式的物质运动与物质结构之间的关系非常密切。超声振动是一种高频机械运动，因此超声方法也是研究物质结构的一种重要途径。20世纪80年代，研究介质中超声波的声速和声衰减随频率变化的关系时，就发现它们与各种分子弛豫过程（如分子内、外自由度之间能量转换的热弛豫，分子结构状态变化的结构弛豫等过程）及微观谐振过程（如铁磁、顺磁、核磁共振等）间的关系，从而形成了分子声学。

利用压电法、磁致伸缩法、热脉冲法以及超导结法等技术，可获得10^{11}～10^{12}赫的高频超声。利用这些频率趋近于点阵热振动频率的超声量子化声能（声子）来研究物质中原子的相互作用、能量的传递等问题是十分有意义的。通过对甚高频超声声速和声衰减的测量，可获得声波与点阵振动的相互关系及点阵振动各模式之间耦合的信息，可用来研究金属和半导体声子与电子、声子与超导结、声子与光子之间的相互作用等。超声和电磁辐射及粒子轰击一起被列为研究物质微结构和微观过程的三大重要手段，而且与之有关的分支学科量子声学也开始形成。

超声学是一门理论性、应用性和交叉性很强的科学。它不断借鉴电子学、材料科学、光学、固体物理学、信息科学等学科而丰富自己，同时超声学的发展又为这些科学的进展提供了行之有效的新技术和研究手段。如超声探伤和超声成像技术都是借鉴了雷达原理和技术而发展起来的，而超声的发展又为电子学、光电子学、雷达技术的发展提供了超声延迟线、滤波器、卷积器、声光调制器等重要的体波和表面波器件。

（钱梦騄）

超声医学分子成像　ultrasound medical molecular imaging　超声分子成像利用靶向超声微泡造影剂作为分子探针，从静脉注入体内，通过血液循环特异性地积聚于靶组织。运用超声成像技术得到造影剂的图像是靶组织在分子或细胞层次上的特异性显像，反映其在分子基础上的变化。与其他分子影像方法（PET、MRI、CT等）相比，超声医学分子成像的优点有：无创、无毒、无放射污染，能实时、动态、多次重复地对靶组织进行观察，可设计单靶点、多靶点和多模式的超声分子探针，可用于直接测量微血管或大血管内的血流速度等。

超声分子探针，是指能与靶组织特异性结合（如配体或抗体等）并产生影像信号的一种复合物。借助分子探针，通过靶向结合或酶学激活的原理，并用适当的扩增策略放大信号后，高分辨力的成像系统即可检测到这些信号的改变，从而间接反映分子或基因的信息。所使用的超声分子探针按构成的成分分为磷脂微泡（球）造影剂、高分子（聚合物）微泡（球）造影剂和液态氟碳纳米粒（图1）；按探针粒径大小分为微米级超声造影剂和纳米级超声造影剂（图2）；按探针功能分为单功能、多模态和多功能造影剂。

靶向超声微泡（球）造影剂（超声分子探针）可用于分子成像诊断。例如，评

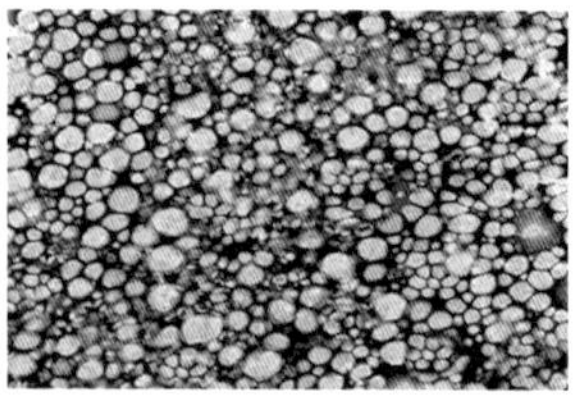
图1　液态氟碳纳米粒

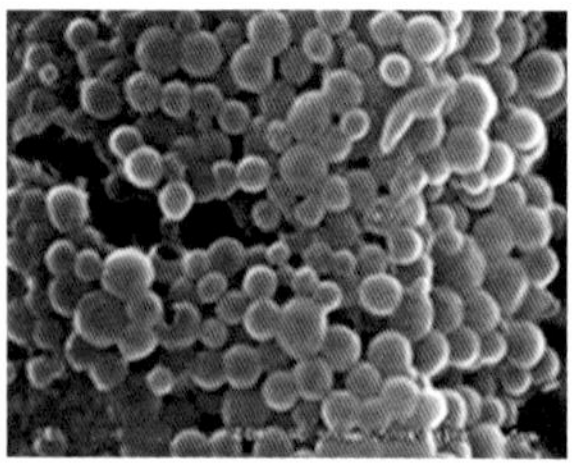
图2　超声“纳泡”

价炎症过程，可对血栓、肿瘤及新生血管进行显影，还可载药物或基因用于靶向治疗。靶向超声微泡（球）造影剂，在一定能量超声波的作用下，可促进血栓溶解；其产生的“声孔效应”，可增强细胞膜的通透性，从而有助于药物或基因的靶向转染。一定能量的超声波可致超声微泡造影爆破，产生一系列的生物学效应，如溶血、微血管渗漏、毛细血管破裂、点状皮下出血等。这些生物学作用的产生为疾病的治疗提供了新思路。液态氟碳纳米粒在超声、激光等作用下，可产生液气相变，有利于超声显像，还可涨破肿瘤细胞达到治疗目的。

（王志刚）

超声造影剂　ultrasound contrast agent　一类能够显著增强医学超声检测信号的诊断试剂，临床上获批使用的超声造影剂大多为由磷脂、蛋白质等膜材料包封SF_6或C_3F_8等惰性气体所形成的、直径在1～10微米范围内的微泡。除了满足安全性和注射的要求以外，理想的超声造影剂应该是物理稳定的、能够通过肺循环、具有满足成像要求的线性和非线性声学特性等。超声造影微泡的直径远小于超声波的波长（在水中，3兆赫的超声波长大约为0.5毫米），所以超声场中的微泡可以近似看作为一个点状的散射体。由于微泡内所含气体与周围血液组织存在明显的声阻抗差，使得微泡的散射强度远大于与其尺寸相近的血细胞。从而能够有效地增强血流回波强度，极大提高超声图像中灌注组织的对比度，实现造影功能。同时，超声造影微泡又不仅仅是一个简单的散射体。研究结果表明，即使是在高度稀释的情况下，超声造影微泡的散射能力也是出人意料的。这是由于在一定强度的超声作用下，微泡发生了谐振现象。当激励声波频率接近微泡的谐振频率时，随着声功率的增加，微

泡开始发生谐振，这使微泡对超声波的吸收和散射值都达到了最大。与此同时，谐振时又可将微泡看作次极声源向外辐射声波，而不仅是符合**瑞利散射**原理的被动散射体。也就是说，超声造影微泡并不像其他成像模式的造影剂那样被动地发挥作用，而是在外加声场的激励下，主动地发挥作用。当超声波强度进一步增大时，微泡会加速振荡，其膨胀、收缩的改变量不再相等，收缩开始明显滞后于膨胀。这时微泡振动出现非线性，开始发射出非线性谐波分量（见图，左图为微泡在声波压力作用下的线性谐振，其半径的伸缩振荡变化与入射声波相一致，发射出基频回波；右图为较高的入射声压导致了微泡的非线性谐振，其半径的不均匀振荡变化产生了一系列谐频波）。微泡的非线性振动使换能器检测到的超声回波中含有二次谐波、高次谐波、次谐波、超谐波等谐波成分，就像音乐中过于用力地拨动一根琴弦会产生泛音的现象一样。基于造影微泡的非线性检测手段和成像方法正是利用了造影剂微泡的这一特性。除了入射超声的峰值强度外，造影剂微泡在超声场中是否具有谐波效应取决于微泡的尺寸分布、包膜材料的物理特性（如刚性的包膜使气泡振荡阻尼增加，气泡非线性响应减弱）等因素。当进一步受到更高强度谐频超声波的作用时，微泡将振动、生长并不断聚集声场能量。当能量达到某个阈值时，微泡发生急剧地崩溃破裂而释放出能量。这一瞬间会产生一宽频带信号，大多数微泡造影剂都会在高振幅超声诊断声场中破裂并产生这一特殊的声学现象。

（宗瑜瑾　万明习）

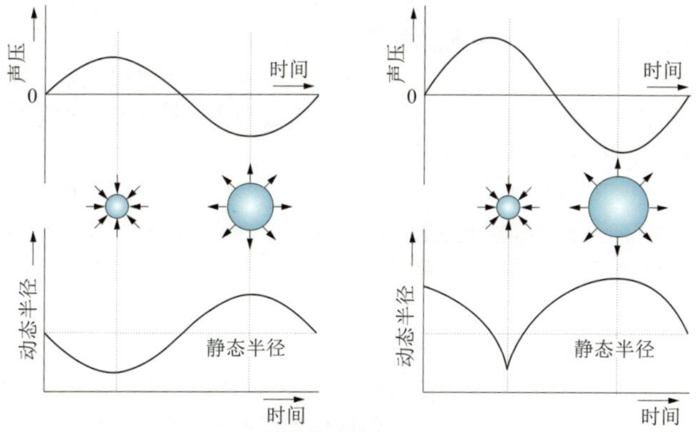

声场中微泡的反应

超顺磁性　superparamagnetism　铁磁性或者亚铁磁性物质的颗粒小于某一临界尺寸时具有单畴结构，在较高温度下表现为顺磁性特点，但在外磁场作用下其顺磁性磁化率比一般顺磁材料大很多的性质。临界尺寸与温度有关，如球状纯铁颗粒在室温的临界半径为12.5纳米，而在4.2开时，半径为2.2纳米时还是铁磁性的。由铁磁性或者亚铁磁性转变为超顺磁性的温度通常记为T_B，称为超顺磁性临界转变温度。

超顺磁性颗粒随磁场的变化关系与铁磁体不同，不存在磁滞现象，这与一般顺磁性相同。但在整个颗粒内存在自发磁化，即各原子磁矩的取向基本一致，只是整体磁矩的取向因受热运动的作用而随时在变化。在临界转变温度以下时，颗粒的磁矩沿各向异性的易轴方向取向，故整个材料表现为铁磁性。

（陈慧余）

超图　supergraph　超费曼图，用于简化**费曼图**的计算。见**超对称**。

超稳定玻璃　ultrastable glass　处于极低能量状态，与常规玻璃相比具有更高热力学和动力学稳定性的玻璃。在一定冷却速率下，液体的无序原子结构可以被保留到固态，形成玻璃。与对应的晶态材料相比，玻璃在热力学上处于亚稳状态，随着时间逐渐向能量更低的稳定状态演化。受动力学因素的限制，这种演化过程在常规条件下会非常缓慢，玻璃需要几年甚至上万年才能够达到热力学上的极低能量状态。制备超稳定玻璃一般采用气相沉积的方法。在沉积的过程中，表面原子具有很高的运动能力，比内部原子的扩散快几个数量级。在适当的沉积温度和沉积速率下，表面原子有足够的能量和时间快速到达排列最紧密、能量最低的状态，从而在短时间内实现通常几万年才能到达的极低能量状态。超稳定玻璃具有比常规玻璃更高的热力学稳定性，原子/分子排列更加紧密，密度更高，弛豫时间更长，玻璃转变温度明显提高。在性能上超稳定玻璃的模量、强度、硬度比常规玻璃有显著提升。

（柳延辉）

超细纤维　microfiber　一般指直径5微米以下的纤维。超细纤维的生产可以追溯到20世纪50年代后期，使用熔喷纺丝和闪纺技术。但这种工艺生产出的超细纤维长度不可控，也很难找到实际应用。随后开始了生产连续长丝型超细纤维的实验，60年代日本科学家冈本三好和日高丰彦在这方面进行了开创性的工作，生产了许多具有工业应用前景的产品。其中之一是超软皮，在70年代进入市场。超细纤维在纺织工业中的应用随之扩大。90年代初，超细纤维在瑞典首次公布，随后的数十年间在欧洲作为一种商业化产品取得了很大的成功。

超细纤维的生产技术也在发生着变化，较为流行且已实现工业化的超细纤维生产技术有：直接纺丝法、复合纺丝法和共混纺丝法。最常见微纤维类型有聚酯、聚酰胺或聚酯、聚酰胺和聚丙烯的共轭物制成。超细纤维应用于制造业，如室内装潢、工业过滤器和清洁产品的垫子、针织品和编织物等。选择合成纤维的形状、尺寸和组合用于特定特性，包括柔软度、韧性、吸收性、防水性、静电性和过滤性能等。

（刘向阳）

超弦理论　superstring theory　一个自洽的量子引力理论，也是一个包括引力在内的相互作用大统一理论。自然界存在着电磁、强、弱和引力四种相互作用。前三种相互作用都可在量子规范场论的框架下统一，得到粒子物理的标准模型。而引力的传播媒介子是自旋为2的引力子。由于其作为场论的不可重整性，还无法简单地构造一个基于规范相互作用在高能标下仍然有意义的量子引力理论。

在宇宙的极早期以及黑洞的奇点附近，引力的量子效应都非常强烈，需要一个量子引力的理论来描述其中的物理，这对于理解宇宙的产生、演化和终极命运，理解宇宙中暗能量的本质，理解黑洞的熵和霍金辐射等都具有重要的物理意义。构造一个自洽的量子引力理论，实现其与其他三种已知相互作用的统一不仅是物理学的一个重要问题，也是实现爱因斯坦相互作用统一的梦想。

超弦理论是基于**弦理论**发展起来的。弦理论的基本思想是所有的基本粒子都并非点粒子，而是有一定尺度的弦。这个尺度称为弦尺度，通常认为比普朗克尺度大两个数量级。弦在时空中的运动形成二维的世界面，其不同的振荡模式在低能下表现为不同的粒子。弦有两种拓扑结构：一种是开弦，它的激发谱中包含着自旋为1的无质量规范玻色子，因此包括通常的规范相互作用；另一种是闭弦，它的激发谱中包含着自旋为2的无质量引力子，从而包括了引力相互作用。因此弦理论自然地实现了四种相互作用的统一。而由于引力子的自然出现，弦理论也是一种量子引力理论。在第一次超弦革命期间，发现了五种自洽的量子微扰弦理论。这些量子意义上自洽的弦理论不仅要求十维时空维度，还要求一种联系时空玻色子和费米子之间的对称性，称为超对称性。

超对称指的是玻色子和费米子间的对称性，最早是因弦理论的研究而提出的。最初的弦理论在世界面上仅具有玻色自由度，称为玻色弦。玻色弦有一个致命的问题，即它的真空是一个快子态，因此不稳定。此外，玻色弦的振荡只能产生玻色子，无法产生费米子。为克服真空不稳定以及费米子产生困难，人们在世界面上引入了费米自由度。研究发现，世界面上的玻色坐标场与费米场之间存在着一种新的对称性，即超对称性。这种世界面上的超对称最早是由P.拉蒙在1971年引入的，对应的费米自由度在闭弦世界面上满足周期性边界条件。三年后A.内沃和J.H.施瓦茨发现了另一种表面上实现超对称的方法，费米子在世界面上满足反周期性边界条件。严格说，内沃－施瓦茨弦并不具备世界面上的超对称性，其费米自由度的反周期边界条件破坏了超对称性。拉蒙弦与内沃－施瓦茨弦构成了时空超弦的两个部分：时空费米子来自拉蒙弦；而时空玻色子来自内沃－施瓦茨弦。引入世界面的费米自由度并没有解决上述真空不稳定问题，给出的真空仍然是快子态，也没有给出时空意义下的超弦理论。通过对弦谱的考察，1976年，F.廖齐、J.舍克和D.I.奥利弗提出了一种自洽的投影方式，不仅能投影掉快子态，还能使投影后剩下的态在同一质量谱下具有相同的时空费米和玻色自由度，暗示着得到了一个自洽的时空意义的超弦理论。这种投影被称为GSO投影。研究发现，GSO投影还保证了超弦理论单圈振幅模不变性的要求。对于闭弦而言，存在着两种独立的激发模式，即左行波和右行波。如果两种行波都拥有超对称，再加上适当的GSO投影，则可以得到两种不同的弦理论，分别称为ⅡA-型和ⅡB-型超弦理论：前者没有手征性而后者有。正如普通的玻色弦理论必须在二十六维时空中传播一样，一个自洽的超弦理论必须是十维的。这一方面来自超弦的激发必须保证洛伦兹对称性的物理要求，另一方面这也是世界面上理论保持共形不变性的要求。

对于闭弦理论，还可以构造其他的自洽超弦理论。如果只要求闭弦的一种行波上拥有超对称，另一种行波是玻色型的，则可以构造自洽的超弦理论，称为杂化弦。杂化弦只有两种，分别具有规范群SO(32)和$E_8\times E_8$。杂化弦是由普林斯顿大学的D.J.格罗斯、J.A.哈维、E.马丁内茨和R.罗姆在1985年提出的。

超弦理论的另一种构造来自开弦理论。对于开弦而言，由于端点的存在只有一种行波模式，但在开弦的端点可引入新的内部自由度，即所谓的陈－佩顿因子。这个自由度在振动激发中反映为规范群，所以在开弦理论中自然出现了规范群。由于开弦端点可以首尾相连形成闭弦，因此在开弦理论中必然会出现闭弦态。开弦的超对称化没有任意性，GSO投影是唯一的。如果考虑非定向超弦将得到Ⅰ-型超弦。

超弦理论的低能有效理论是**超引力**理论。对于Ⅰ-型超弦，其低能有效理论是具有$N=1$的超引力与超对称杨－米尔斯耦合的手征理论。1984年，M.B.格林和施瓦茨发现只有当规范群是SO(32)时，理论中的各种**量子反常**才能相消。也就是说，只有规范群取SO(32)时Ⅰ-型超弦理论才是自洽的。格林和施瓦茨的发现引发了第一次超弦革命，激励人们寻找其他的没有量子反常的弦理论。

20世纪80年代人们认识到自洽的微扰超弦理论只有五种：ⅡA型、ⅡB型、两种杂化弦和SO(32) Ⅰ型超弦。前两种弦都保持了最大的时空超对称，即$N=2$的十维时空超对称，后面三种弦都只保持了$N=1$的时空超对称。但为何有五种不同的超弦理论呢，这个问题直到90年代中期第二次弦革命才获得了答案。

第二次弦革命起源于E.威滕在1995年弦理论大会的报告。他指出五种超弦理论之间通过对偶关系相联，可以看作是一个在十一维时空中的未知理论在不同极限下的表现。这个十一维的理论被命名为**M理论**。首先，人们很早就知道ⅡA和ⅡB理论可以通过所谓的T对偶相联。T对偶是弦理论中所特有的，来自弦理论本身存在一个最小尺度——弦尺度l_s。由于弦尺度的存在，微扰弦理论无法探测比弦尺度更小的尺度。更准确地说，对于弦而言，尺度为R的圆与尺度为l_s^2/R的圆看起来都一样，这就是T对偶。对于超弦而言，在半径为R圆上的ⅡA弦理论等价于半径为l_s^2/R圆上的ⅡB弦理论。两种杂化弦也可以通过T对偶相联。其次都具有规范群SO(32)的杂化弦与Ⅰ型弦通过S对偶相联。S对偶是一种强弱对偶，即一个理论在强耦合极限下等价于另一个弱耦合的理论。ⅡB弦理论本身是S自对偶的，其强耦合极限就是它自身。如果考虑ⅡA弦的强耦合极限，则会得到一个在十一维的理论，即M理论。

第二次弦革命厘清了微扰超弦理论相互之间的关系。随着**D膜**物理的深入研究，产生了一系列重要的成果，简要总结如下。

黑洞的微观熵 J.D.贝肯斯坦和S.W.**霍金**指出黑洞具有熵，正比于黑洞视界的面积。黑洞熵的微观统计诠释是量子引力中的核心问题之一。1995年A.施特罗民格和C.瓦法发现，对于一个由D1膜和D5膜形成的黑洞位形，黑洞的熵可以通过描述D膜的有效理论即一个二维共形场论的微观熵来给出。类似的构造可以推广到其他情形。在超弦理论的框架下给出黑洞熵的微观诠释是超弦理论最重要的成就之一。进一步研究了各种D膜形成的黑洞位形中的熵和霍金辐射等，发现很多情形下黑洞的物理都可以对偶地通过D膜的开弦描述来研究。这直接导致了AdS/CFT对应的发现和深入研究。

弦唯象学 超弦理论是一个大统一的理论，如何从超弦理论中构造粒子物理中的模型是超弦理论面临的重大挑战。在第一次弦革命中，威滕等提出十维的杂化弦理论如果紧化到一个所谓的卡拉比－丘流形上，可以得到四维的超对称杨－米尔斯理论，这就为构造现实的粒子物理模型提供了可能性。在第二次弦革命中，随着D膜的发现提出了更多构造粒子物理模型的方法。超弦理论中构造的粒子唯象模型通常都是基于世界在高能标下具有超对称这一假设，因此未来对撞机上是否能够发现超对称具有重要的物理意义。此外，还提出了具有大额外维的膜世界模型，可以较自然地解释粒子物理中的等级问题。**弦唯象学**最重要的问题包括：如何得到粒子物理的标准模型或者其超对称推广，这种构造是否是唯一的等。

弦宇宙学 在宇宙极早期，特别是宇宙奇点附近，引力的量子效应将非常强，需要一个量子引力理论来研究奇点的消解和宇宙的诞生等重要的物理问题。在超弦理论的框架下讨论宇宙学就是弦宇宙学的研究内容。1989年R.布兰登伯格和瓦法研究了超弦的热力学及其可能的宇宙学意义，提出了弦－气体模型。在20世纪90年代初，G.韦内齐亚诺等利用T对偶的观念提出了所谓的前大爆炸模型，可以避免宇宙奇点问题。戴自海等提出在膜世界模型的基础上，如果考虑反D膜的存在，则可以构建有暴胀的宇宙学模型。2001年，P.J.斯坦哈特等提出了火劫模型，认为可观测宇宙起源于两个平行膜间的碰撞。此外，也有人提出在宇宙奇点附近，物理自由度并非通常的微扰弦及其激发，而有可能是非微扰的自由度，由此提出了所谓的矩阵宇宙学。随着宇宙实验观测的进步，宇宙学进入了精确宇宙学阶段，对各种弦宇宙学下的模型可以进行检验，这为弦宇宙学的发展提供了新的机遇和挑战。其中最关键的两个问题是宇宙学常数问题和原初扰动的形成问题。

弦与数学 弦理论有着丰富的数学结构。在一次弦革命中，威滕等人利用卡拉比-丘流形来讨论紧化问题。让人惊讶的是P.坎德拉斯等在20世纪80年代末发现卡拉比-丘流形中存在着镜像对称性。利用镜像对称性可以解决长期困扰数学家们的一些问题。镜像对称性引起了数学家们的浓厚兴趣。与此相关的是90年代初期威滕、瓦法等对线性σ模型、拓扑弦的构造和研究，发展出了代数几何的重要分支。1996年，施特若明格、丘成桐和E.扎斯洛指出镜像对称性实际上是弦理论中的T对偶。

弦理论不仅对代数几何有着深远的影响，对其他数学分支也有着重要的意义。1999年，威滕和N.赛博格指出了弦理论与非对易几何的联系。

2002年威滕发现了散射振幅与缠量弦理论间的关系，极大促进了散射振幅的深入研究。2006年威滕等指出了几何朗兰兹纲领可以通过变形的$N = 4$超对称杨-米尔斯理论紧化在一个黎曼面上来描述。这为研究几何朗兰兹纲领开辟了新方向。

超弦理论尽管取得了很大的成功，但也面临着很多的挑战。首先，超弦理论的绝大部分研究是相对于自由弦，或者一次量子化的弦。如果考虑弦的相互作用，就必须发展弦的二次量子化，构造弦场论。弦场论有很长的研究历史，但所知甚少。由于缺乏对弦理论对称性的精确了解，妨碍了对超弦场论的构造和研究，阻碍了对非微扰弦理论的进一步研究。其次，超弦理论尽管有着优美的理论构造，也通过了大量非平凡自洽性的检验，但与实验间的联系却很微弱。如何在实验上对弦理论进行检验是一个重要的问题。这种检验有可能来自未来加速器的新发现，但更有可能来自极早期宇宙学的实验观测。AdS/CFT对应关系可能为超弦理论的研究提供了新的方向和动力。它所蕴含的丰富物理内容值得深入的挖掘和研究。

（陈　斌　卢建新）

超引力 supergravity　一种具有超对称的引力理论。这种理论都包含一种或者多种引力子的超对称伙伴，称为引力微子。在四维，引力微子的自旋是3/2。这里的超对称性是局域对称性，而不是像超对称场论中那样作为整体对称性出现。如果超对称没有破缺，引力微子是没有质量的。

超引力理论最早作为统一所有相互作用的候选者被提出，但之后发现这一目标没法实现。后来也研究了高维超引力理论。为了避免自旋大于2的无质量粒子出现，所能允许的最高时空维数是十一维。

*超弦理论*和*M理论*的低能有效理论给出十维和十一维超引力理论。具体地，狭义的M理论的低能有效理论给出十一维超引力理论，ⅡA型/ⅡB型超弦理论分别给出十维ⅡA型/ⅡB型超引力理论。Ⅰ型超弦理论和规范群为SO(32)的杂化弦理论给出规范群为SO(32)的十维Ⅰ型超引力理论，而规范群为$E_8 \times E_8$的杂化弦理论给出规范群为$E_8 \times E_8$的十维Ⅰ型超引力理论。ⅡB型超引力理论和规范群为$E_8 \times E_8$和SO(32)的$N=1$超引力理论中所有反常互相抵消是20世纪80年代超弦理论第一次革命中非常重要的进展。一些低维的超引力理论可从高维超引力出发作紧致化得到。

在超引力理论中，保持一部分超对称的经典解一直得到大家关注。特别是弦论中的弦、D膜，Neveu-Schwarz5膜和M理论中的M2膜、M5膜都可由相应超引力理论中的保持一半超对称的p膜解实现。

超引力理论的紫外发散行为要比一般的引力理论好许多。最近通过高度非平庸的计算，发现四维极大（$N=8$）超引力理论的四引力子振幅直到四圈水平都是有限的。这也使得人们提出了这一理论在所有圈水平都是有限的猜测。但即使它真是紫外有限的，也不是紫外完备的，仍然需要嵌套到一个更大的紫外完备的理论如弦/M理论之中。

（吴俊宝）

超原子 superatom　在电子结构上具有类似于某类元素原子特征的原子团簇。通常还具有较高的稳定性。又称超原子团簇。超原子团簇可以是单质团簇，也可以是掺杂团簇，其超原子特征和电荷状态也密切相关。例如，中性Al_{13}团簇拥有39个价电子，而球形凝胶模型预言的闭壳层电子数为40，因此中性Al_{13}团簇可以被看作是超级卤素。进一步分析Al_{13}团簇的分子轨道能级，发现也具有和Cl原子相类似的特征。再者，对Al_{13}团簇中的一个Al原子进行替换掺杂或改变团簇的电荷状态，可以获得超级惰性元素（如$Al_{12}Si$、Al_{13}^-）和超级碱金属（如$Al_{12}P$）。由于团簇中的原子数量和元素种类的多样性，对应于某一元素，原则上可以设计出许多的超原子团簇。因此有人提出了三维元素周期表的概念。超原子的概念被进一步扩展，不一定要在元素周期表中对应于某个元素。只要团簇的分子轨道具有超原子特征，且团簇具备较高的稳定性，都可以看作是超原子团簇。

（赵纪军）

超重核 superheavy nucleus　处于*核素图*上端并继续向前延伸的核。所谓核素图，即以核素的质子数Z和中子数N为坐标的平面图，已发现的原子核在图上形成一个连续分布的半岛（见图）。研究原子核时，常根据原子核在核素图上所处的位置划分为轻（质量）核区、中等（质量）核区、重（质量）核区以及超重（质量）核区等。通常把锕系元素（$Z=89\sim103$）称为重质量核区，将超锕系元素（$Z>103$）所对应的原子核统称为超重核，但有些化学家只将$Z>110$的原子核称为超重核。这些核处在核素图的上端，并继续向前延伸。

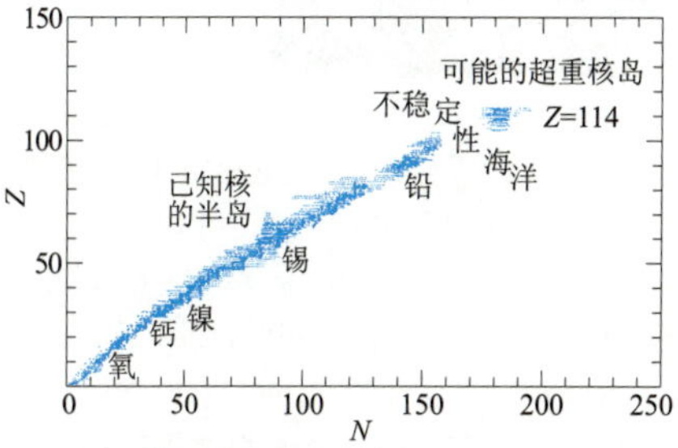

可能的超重核岛和已知核的半岛的位置图

对超重核的研究，特别是对处在超重区的稳定岛上的核素的合成和研究，一直是核物理、核化学和天体物理学等领域的前沿课题。它关系到究竟存在多少种元素，它们的寿命有多长，哪些特性决定了它们的稳定性，它们的化学性质是否符合元素周期表的外推等一系列重大的基本科学问题，超重核的研究不仅对了解原子核的性质和发展核理论非常重要，还对了解和研究天体和宇宙的演化至关重要。

现已人工合成的超重元素（从$Z=104$的元素算起）共有12种，包括50余种超重核素，但确信还有未知的超重核有待合成和研究，并总结它们的结构和衰变特性的规律。

（郭俊盛　靳根明）

超子 hyperon　奇异数不为零的一类重子。按照经典夸克模型，重子由三个夸克组成，其中含有奇异夸克的一类称为超子。含有一个奇异夸克的超子分为两类：同位旋为0的一类称为Λ超子，同位旋为1的一类称为Σ超子；含有两个奇异夸克的超子称为Ξ超子；含有三个奇异夸克的超子称为Ω超子。最轻的超子是由一个上夸克u、一个下夸克d和一个奇异夸克s组成处于基态的Λ(1116)，它也是人类最早发现的超子，于1950年在宇宙线观测实验中发现。由于强相互作用奇异数守恒，各类处于基态的超子，除Σ^0可以通过电磁相互作用衰变到Λγ外，只能通过弱相互作用衰变。

（邹冰松）

朝永振一郎　Tomonaga Shinichiro（1906-03-31～1979-07-08）　日本理论物理学家。生于东京，卒于东京。1929年毕业于京都大学理学部物理学科。1937年留学德国，

在W.K.海森伯的领导下研究原子核理论和量子理论。1939年底，回国接受东京帝国大学的理学博士学位。1941年，任东京文理科大学物理学教授，1949年赴美国普林斯顿高级研究院从事研究工作，1951年回国，创建了东京大学原子核研究所。1956年以后，先后出任东京教育大学校长、日本学术会议会长、东京教育大学光学研究所所长。他还得到日本学士院院士、日本文化勋章以及多个国家的科学院荣誉院士称号。

从事量子电动力学和量子场论的研究。1941年提出量子场论的超多时理论。第二次世界大战期间，曾经研究雷达技术中磁控管的理论及应用问题，战后继续研究和发展他的超多时理论和介子耦合理论。以他的超多时理论为基础，找到了一种避开量子电动力学中发散困难的办法，这就是著名的重正化方法。利用这种方法，可以成功地解释兰姆移位和电子反常磁矩的实验。几乎同时，美国物理学家J.S.施温格、R.P.费曼也独立地完成了类似的研究。1965年，朝永振一郎与施温格、费曼因此而共同获得诺贝尔物理学奖。1949年，朝永振一郎提出了高密度极限的多费米子体系的一维模型理论。1953年从事中间结合理论中的散射问题研究。1955年提出量子力学集体运动的理论。

1957年5月朝永振一郎曾率领日本物理学界代表团来中国访问并进行学术交流。

（戴念祖）

尘埃等离子体　dusty plasma　等离子体中存在带电尘埃，即由电子、离子、尘埃颗粒以及中性气体分子组成的部分或完全电离的复合体系。又称复杂等离子体。尘埃等离子体性质与普通等离子体有很大的差异。尘埃颗粒的大小通常在几纳米到几千微米的数量级，所带电荷从几个到超过几十万个基本电荷。

尘埃等离子体最显著的特点是尘埃颗粒所带的电荷不是常数，而是随等离子体参数变化的量。尘埃颗粒最基本的带电过程是等离子体中的自由电子和离子对其充电，由于电子热运动速度远大于离子而使颗粒带负电。对于处于热平衡的氢等离子体，半径为r的颗粒所带的电荷q_d满足：

$$q_d/(4\pi\varepsilon_0 r)=-2.51k_BT/e$$

式中ε_0、k_B、e分别为真空介电常数、玻尔兹曼常数、基本电荷；T为温度。若r=1微米，k_BT=1电子伏，则q_d=−1774e。其他的一些过程，如二次电子发射、紫外线辐照等，可使颗粒带正电。在等离子体中存在扰动的情况下，颗粒的电荷会出现涨落，这会造成等离子体中集体波动模式的反常阻尼。

尘埃等离子体另一个显著的特点是颗粒质量很大，荷质比很小，重力不能忽略。因此通常实验室条件下颗粒悬浮在鞘层区域，由鞘层的电场力抗衡重力，而准中性的主等离子体区往往存不住颗粒。由于颗粒惯性大，其运动的时间尺度远大于一般的离子，因此会出现新的超低频集体波动模式，即尘埃声波。该波的频率可低至几十赫，其波形甚至肉眼可见，而且容易达到强的非线性状态，这曾一度引起人们极大研究兴趣。

尘埃等离子体容易达到强耦合的状态。耦合参数定义为相邻带电粒子间的平均库仑势能与平均热运动动能的比值，即：

$$\Gamma=[q^2/(4\pi\varepsilon_0 d)]/(k_BT)$$

式中d为相邻粒子间的平均间距。通常等离子体中的电子和离子$\Gamma\ll1$，为弱耦合。但由于尘埃颗粒的电荷数很高，其Γ值大幅度提高而成为强耦合的。理论和数值模拟预言$\Gamma\geqslant170$便可结晶，而尘埃颗粒的Γ极易超过此临界值，因此实验上常观察到排列有序的宏观晶格结构（见图）。该结构可借助相机显微镜观察，有时甚至肉眼可见，这为实验模拟微观的晶体及相变过程提供了一种宏观可视的途径。与此相关的研究一直是尘埃等离子体物理中的热点问题。

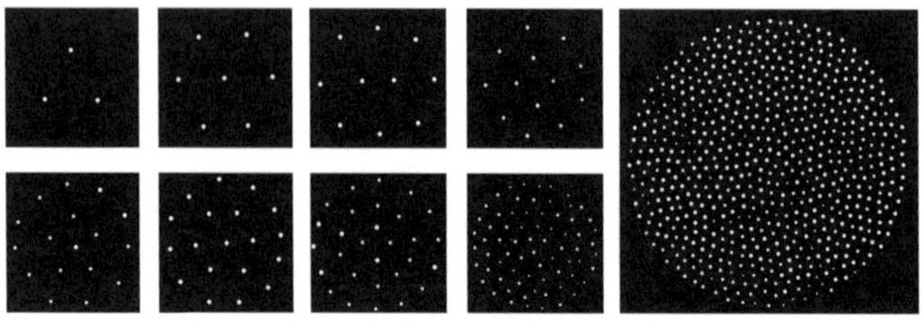

由带电尘埃颗粒在等离子体中形成的有序结构，从少体、团簇到晶格结构

尘埃等离子体的研究热潮源于20世纪80年代的两个分水岭事件：一个是“旅行者”2号飞船发现土星环中有辐条状的无法用引力解释的微观结构；另一个是IBM实验室意外发现在等离子体刻蚀过程中悬浮在芯片上方的尘埃，在放电结束时对芯片造成的污染。这两个事件的共同特征是等离子体中存在带电尘埃。随后多年尘埃等离子体物理问题引起了广泛研究。研究热点包括（但不限于）输运机制、流体性质、统计分布、相变、非线性波动、振动模式耦合、极端条件下（如超强磁场、微重力等）的尘埃等离子体动力学等相关问题等。

（马锦秀）

陈芳允　Chen Fangyun（1916-04-03～2000-04-29）　中国无线电电子学和空间系统工程专家。生于浙江黄岩，卒于北京。1938年毕业于西南联大物理系。同年在昆明清

华无线电研究所任助教。1941年到航空委员会成都无线电厂研究室工作。1944～1948年作为访问学者到伦敦和曼彻斯特雷达工厂研究室学习并从事研究。1949～1952年在中国科学院生理化学所任技正。1953年调中国科学院电子学研究所筹备处工作。1954年电子学所并入物理研究所，组建电子研究室，任该研究室主任。1956年电子所成立，任脉冲技术实验室主任，研究方向是电子线路。1965年任中国科学院西南电子所副所长。1976～1984年任国防科学技术工业委员会测量通信总体所副所长。1980年当选为中国科学院学部委员（院士），并任技术科学部副主任和国家自然科学基金委员会委员。1984年调回国防科学技术工业委员会任科技委常委，1988年后任顾问。1985年获国际宇航科学院院士称号。1999年被授予国家“两弹一星功勋奖章”。

陈芳允为中国无线电电子学做了开创性工作，单独或与他人合作完成多项国家急需的电子系统课题。和合作者研制并

参加组建成功人造卫星无线电测量控制系统，提出了微波统一测控系统的新方案，并负责这一系统的研制和星地技术协调工作，为发射通信卫星做出了重要贡献。进一步研究适应中国需要的应用卫星系统，包括定位导航、遥感和移动卫星通信系统。1957年陈芳允对世界第一颗人造地球卫星进行无线电多普勒频率测量。1965年担任中国第一颗人造地球卫星测量总体技术负责人。1967～1975年在国防科学技术委员会新成立的卫星测量部指导卫星测控设备的研制和发射台站的建设工作。1970年4月24日中国第一颗人造卫星“东方红一号”升空后，陈芳允主持制定了卫星测量方案，完成测量任务，为卫星测控网的建立奠定基础。参加返回式遥感卫星测控系统方案的设计和制定。1983年，与合作者提出了微波统一测控“双星定位系统”。1986年和王大珩、王淦昌、杨家墀联名向中央提出发展中国高技术的倡议（“863”计划）。 （尹晓冬）

陈和生 Chen Hesheng（1946-08～ ） 中国粒子物理学家。生于湖北武汉。1970年毕业于北京大学技术物理系。1979年4月被派遣到德国汉堡的德意志电子同步加速器中心，在丁肇中的Mark-J实验组工作。1984年获美国麻省理工学院博士学位。1984年6～11月在美国麻省理工学院作博士后。1984年11月回国，在中国科学院高能物理研究所作博士后，1986年被评为副研究员，1992年晋升研究员，1998～2011年任该所所长。曾任中国高能物理学会理事长、国际未来加速器委员会委员、亚洲未来加速器委员会主席、北京正负电子对撞机国家实验室主任等职。2005年当选为中国科学院院士。

主要从事高能实验物理研究。在参加Mark-J实验中系统地发展了簇射计数器的刻度方法，提高了位置和能量分辨率，从而提高了能流测量精度，为三喷注事例的发现做出了贡献。参加了欧洲核子研究中心L3实验物理方案制定和探测器设计，负责过强子量化器程序包的重建工作，开展了有关物理结果分析、L3上检验标准模型、测定电弱参数和中微子代数等工作。作为阿尔法磁谱仪大型永磁体系统研制的技术负责人，领导和协调合作组工作，在系统总体方案、运用高能物理蒙特卡罗方法设计、优化探测器和空间环境模拟试验方面做出了重要贡献。主持了北京正负电子对撞机重大改造工程BEPC Ⅱ方案设计、可行性论证和一些预研工作。

（尹晓冬）

陈佳洱 Chen Jia'er（1934-10-01～ ） 中国加速器物理学家。生于上海。1954年毕业于东北人民大学（今吉林大学）物理系。1955年调入北京大学物理研究室，负责专业实验室的建设工作。1959年物理研究室改称技术物理系后，曾先后担任加速器教研室主任和系副主任。1963～1966年在牛津大学和卢瑟福实验室从事等时性回旋加速器的研究。1969年随技术物理系迁往北大汉中分校。1982～1984年，在美国纽约州石溪大学和劳伦兹伯克利研究所访问，从事超导直线加速器与束流脉冲化系统的研究。1984～1999年先后任北京大学副校长、校长。1990～2001年兼任北京大学重离子物理研究所所长。曾任国家自然科学基金委员会主任（1991～1999）、亚太物理学会理事长（1998～2000）、中国科学院数学物理学部主任、中国物理学会理事长等职。1993年当选为中国科学院院士，2001年当选为第三世界科学院院士。

长期致力于粒子加速器的研究与教学，是低能加速器物理领域的开拓者之一。领导并主持设计、建造中国首台国产高性能4.5兆伏静电加速器，领导完成对2×6兆伏串列静电加速器进行改建与提高，并在此基础上建成中国第一台面向用户的高精度、超灵敏碳-14加速器质谱仪。领导建立了中国第一个射频超导加速器实验室，发展了国际先进水平的多组元、实用性射频超导加速腔。首次阐明了扇形回旋加速器中心起束流衰减的物理机制，提出了越隙共振的实验判据及限制方法，在提高束流输运和利用效率方面做出了贡献。曾获国家高技术研究发展计划“八五”先进工作者一等奖、何梁何利基金科学与技术进步奖、中青年有突出贡献专家、国家科技进步奖二等奖、光华科技基金一等奖、德意志联邦功勋十字勋章等。

（尹晓冬）

陈立泉 Chen Liquan（1940-03-29～ ） 中国无机功能材料专家。生于四川南充。1964年毕业于中国科学技术大学。同年毕业后被分配到中国科学院物理研究所工作，曾任研究组长、晶体学室副主任、固体离子学室副主任，兼任刊物室主任。1976年12月至1978年8月，到德国马普学会固体研究所做访问学者。1986～1990年任亚洲固体离子学会副主席、理事。1987～1995年任国际固体离子学会理事。1986～2000年任中国硅酸盐学会固体离子分会理事长、副理事长。2000～2004年任中国硅酸盐学会常务理事。2004年起任中国硅酸盐学会副理事长。先后任法国科研中心波尔多固体化学研究所、日本东京工业大学工业材料研究所、荷兰代尔夫特理工大学化工和材料系的客座教授。2001年当选为中国工程院院士。

早期从事晶体生长研究，1976年去德国后专攻固体离子学。回国后于1980年创建了中国第一个固体离子学实验室，在中国率先开展锂电池及相关材料研究。从“六五”到“八五”一直主持中科院重点课题“全固态锂电池”的研究，曾主持国家863计划中的第一个全固态锂电池专题，成功研制出国内第一块锂离子电池，建成国内第一条锂离子电池中试生产线，实现了锂离子电池的产业化。他曾是物理所高温超导材料研究的负责人和主要研究者。他参与研制出一系列世界先进水平的高温超导材料，世界上首先发现液氮温区超导现象，研制出临界温度达92.8开的钇钡铜氧超导体并首先公布了其成分。在国内率先研制出铋系等氧化物超导体，为中国高温超导材料研究处于国际先进行列做出了重要贡献。1987年被授予“国家级有突出贡献中青年专家”称号。1988年获中国科学院科学技术进步特等奖。1989年，他因“液氮温区氧化物超导体的发现”获国家自然科学奖一等奖。1999年获中国科学院科技进步奖二等奖。2003年获何梁何利基金科学技术进步奖。2007年获国际电池材料协会终生成就奖。 （尹晓冬）

陈难先 Chen Nanxian（1937-10-30～ ） 中国物理学家。生于上海。1956～1962年就读于北京大学物理系。毕业后任教于北

京钢铁学院（今北京科技大学），历任助教（1962）、讲师（1979）、教授（1986），应用物理研究所副所长（1986）、所长（1988），博士生导师（1997）。1980～1986年于美国宾夕法尼亚大学、维拉诺瓦大学、IBM公司担任访问学者和研究员。1984年获美国宾夕法尼亚大学电气工程与科学博士学位。2000年到清华大学工作，历任国家863材料设计实验室主任（2000）、清华大学理学院学术委员会副主任（2001）、国家863计划监督委员会常务副主任（2001）等职务。曾获1981年美国CDC公司技术发明奖，1991年北京市优秀教师奖，1993年国家自然科学奖二等奖，1994年国际理论物理中心（意大利）资深研究员奖，1990年、1994年863计划重要贡献奖，2001年国家863计划十五年重要贡献奖，香港理工大学2001年度杰出华人学者奖，2003年973计划优秀成果奖，2004年国家973计划先进个人奖，2007年何梁何利基金科学技术奖。1997年当选为中国科学院院士。

陈难先在国际上明确提出凝聚态物理和应用物理中玻色体系、费米体系和晶格及界面体系四大类逆问题，并发展了独特而系统的方法，建立了比热逆问题的普遍解，推广和统一了爱因斯坦解与德拜的解。1990年*Nature*发表整版评论，认为这是开创性的工作。在此基础上1998年这项工作又有新的进展，登在*Physical Review*上。同样方法还解决了黑体辐射逆问题，在天体物理中已有广泛应用。在国际上开创用数论方法由结合能曲线得出原子间对势的简捷而严格的公式，并结合虚拟结构设计解决了一系列原子间、离子间和原子与离子间相互作用势的建立问题。与国际先进软件平台接轨，建立了面向国家目标和有系列性、含自主原创性内容的科技部材料模拟设计实验室。针对中国稀土资源丰富，建立了国际上未曾解决的稀土原子相关的原子间相互作用势。对1:12，2:17，3:29等上百种新型稀土化合物的结构参数的计算得到了迄今为止最好的结果，并预测了4:41的结构特征，与中科院物理所合作在实验上做出了初步确认，这可能是中国在稀土化合物研究上突破的一个方向，在国际著名杂志上发表了关于新型稀土金属间化合物的原子级模拟的文章多篇。除此之外还包括建立了第一原理离子相互作用势的系统方法，并用分子动力学模拟高压相变和熔解等，计算结果与实验符合。这类方法已推广到化合物半导体。建立了以第一原理计算与数论反演为基础的界面两侧离子－原子间相互作用势的公式。 （尹晓冬）

陈能宽 Chen Nengkuan（1923-05-13～2016-05-27） 中国金属物理学家、核武器科学和技术专家。生于湖南慈利，卒于北京。1946年毕业于交通大学唐山工程学院矿冶工程系。1947年赴美国耶鲁大学深造，1950年获工学博士学位。1950～1955年先后在美国约翰斯·霍普金斯大学机械系任助理教授，西屋电器公司任研究工程师。1955年底回国，历任中国科学院应用物理所（后改名物理研究所）、金属研究所研究员，第二机械工业部核武器研究院实验部主任、副院长、科技委主任，核工业部科技委副主任，国防科学工业委员会科技委副主任。1980年当选中国科学院学部委员（院士）。

长期从事金属物理和物理冶金的基础研究，在多种金属单晶体形变、再结晶以及核材料在高温高压下特性方面有独到发现。进入核武器研究领域后，在原子弹、氢弹研制工作中，领导和组织了爆轰物理、特殊材料冶金、实验核物理等学科的实验与验证，包括某些关键工艺技术和产品质量的控制等的研究与试验，参与了原子弹和氢弹的各种爆炸方式的试验。在氢弹试验中，对于构件的动态断裂与防护，波形调整与冲击起爆，二维影响与减弱措施等关键技术与工程科学问题的解决起了重要作用。两弹试验成功后，又向核武器小型化、安全、轻量等方向努力，还探讨了一整套冷试验的物理思想、方法与技术途径。

1982年获全国自然科学奖一等奖，1984年获国家发明奖二等奖，1986年和1987年获国家科技进步奖特等奖，1999年获"两弹一星功勋奖章"。 （戴念祖）

陈式刚 Chen Shigang（1935-11-28～ ） 中国理论物理学家。生于浙江温州。1958年毕业于复旦大学物理系，分配到中国科学院物理研究所，主要开展超导理论和输运过程方面的研究。1963年奉调至第二机械工业部北京第九研究所（今中国工程物理研究院前身）参加核武器相关的理论研究与设计工作。现为北京应用物理与计算数学研究所研究员。2001年当选为中国科学院院士。

代表著作有《高温超导研究》《映象与混沌》《圆映射》《混沌的控制、同步与利用》《非平衡统计力学》等。1982年到2010年期间，他分别担任理论物理通讯（CTP）、物理学报（APS）、中国物理B（CPB）、中国物理快报（CPL）和计算物理（JCP）这五个中国重要物理学期刊的编委。

在科研生涯中，潜心前沿基础理论研究，是中国二十世纪八九十年代开展混沌理论和强场物理研究的开拓者之一，为中国核武器事业做出重要贡献。主要研究方向包括非平衡统计物理、凝聚态理论、混沌理论、强场物理等。首次阐明如何从久保输运系数形式公式获得具体的、正确的输运系数，并获得强磁场下横向输运系数。与学生合作提出了外场下双链布洛赫电子问题的SU(2)代数解法。在映射、混沌、符号动力学、混沌控制与同步等方面获得多项成果，特别是对耗散系统。在对非微扰多光子阈上电离的研究中改进和拓宽了凯尔迪什理论，带领学生用半经典理论计算发现了电离电子与离子多次散射对能谱和角分布的重要影响；研究了多光子区、隧穿区与稳定化区双色光电离与双色光初始相对相位的关系，发现稳定区的电离率随相位变化幅度可达2～3个量级。后期主要关心和研究黑洞、神经网络上的临界动力学以及引力量子化等深刻的基础问题。曾获国家科技进步奖二等奖，多次获部委级科技进步奖。 （尹晓冬）

陈数 Chern number 微分几何中，由陈省身提出的一种拓扑不变量。为了解释整数量子霍尔效应中霍尔电导率呈现精确整数量子化的行为，D.J.索利斯、甲元真人、M.P.南丁格尔和M.丹尼斯将霍尔电导率与一个拓扑不变量建立了联系，该拓扑不变量被称为TKNN数。TKNN数描述的是二维系统中被电子占据的能带的拓扑性质，因此只能在能隙发生闭合时才可能改变，不会受到少量杂质或无序散射的影响，直接对应该系统边界上出现的整数量子化霍尔电导率。TKNN数正是微分几何中陈省身发现的陈数。（盛　利）

成键态　bonding state　相邻原子的轨道波函数重新线性组合而成的能量最低的态。当两个孤立原子由远及近靠近，它们的原子轨道逐渐重叠最后形成一个双原子分子，在其相互作用下，原本分属不同原子的两个原子轨道线性组合后形成两个分子轨道波函数，其中一个分子轨道波函数在两个原子互换下保持对称，电子云密集分布在原子核之间的为成键态，如图a所示；另一个在两个原子互换下为反对称，原子核之间电子云密度减小的为反键态，如图b所示。原子轨道间的相互作用改变了它们的能量，其中成键态能量下降，反键态能量上升，上升和下降的能量值相等，由相互作用哈密顿量决定。成键态上可以填充自旋相反的两个电子，即成为具有饱和性和方向性的共价键。

a

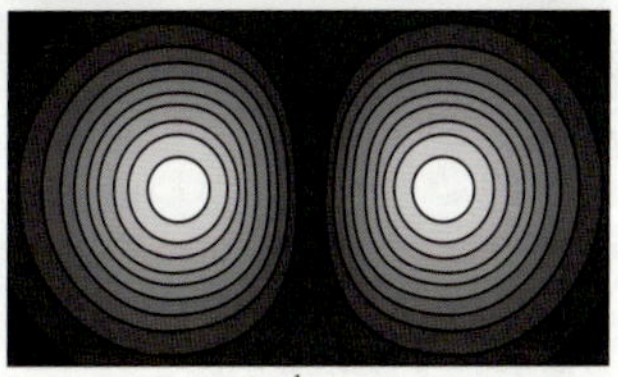
b

双原子组成分子时的成键态a和反键态b

如果假定在晶体中每个原子的轨道只与它最近邻原子的轨道发生相互作用，则分子的成键态和反键态概念可以很容易扩展到晶体中。对于大多数固体，这是一个很合理的假定。轨道重叠形成的成键态和反成键态在固体中展宽为能带，其中占满电子的为价带，没有电子占据的空带为导带。对于共价晶体，例如硅，原子首先进行sp^3轨道杂化，形成四个杂化轨道，然后近邻原子的杂化轨道之间组合成为成键态和反键态，最后以成键态和反键态为基础组成布洛赫和，形成能带。因此能带与成键态和反键态之间有着简单的相互对应关系：成键态对应的四个能带交叠在一起即为价带，反键态对应的四个能带交叠在一起即为导带。

为了说明成键态、反键态与一般的原子轨道波函数之间的关系，现以一维原子链为例。假定有一个一维原子链，链上每个原子都等距离地排列，这是一个理想的一维晶体。链上每一个原子包含了两个电子态：s和p态，s态波函数对原子中心是偶对称的，而p态波函数是奇对称的。将s和p态波函数重新线性组合一下：

$$\phi_1=\frac{1}{\sqrt{2}}(|s\rangle+|p\rangle)$$

$$\phi_2=\frac{1}{\sqrt{2}}(|s\rangle-|p\rangle)$$

这两个新组成的波函数ϕ_1和ϕ_2就具有空间的方向性，一个向右，一个向左，因此就称为键轨道，其实它们和一般的原子轨道只是线性变换的关系。正是由于键轨道的空间方向性，它与相邻原子的键轨道有相互作用。两者相加组成成键态，能量较低。两者相减组成反键态，能量较高。

（骆军委）

程开甲　Cheng Kaijia（1918-08-03～2018-11-17）　中国物理学家，核武器科学和技术专家。生于江苏吴江，卒于北京。1941年毕业于浙江大学物理系。1946～1948年在英国爱丁堡大学攻读研究生，获博士学位。1948～1949年任英国皇家化学工业研究所研究员。历任浙江大学物理系的讲师（1949～1952），南京大学物理系教授（1952～1960），第二机械工业部核武器研究院副院长（1960～1978），国防科工委核试验研究所副所长、所长，核实验基地副司令（1962～1984）。1980年当选中国科学院学部委员（院士）。

长期从事理论物理和凝聚态物理研究。在爱丁堡大学师从M.玻恩，与其师共同提出超导电性的双带理论模型。20世纪80年代，他又完善并发展这一模型的理论。程开甲曾从事托马斯-费米-狄拉克（TFD）统计分布的理论研究和高压TFD状态方程的研究，并以此论证核材料状态方程和核武器试验的安全问题，为中国原子弹设计解决了一个理论上的关键问题。90年代，又提出有特色的凝聚态电子理论，开创了材料性能研究和设计的新途径。调任第二机械工业部后，负责原子弹内爆机理研究，创建了多学科性的、安全与技术诸要素配合的核武器试验研究所，提议并实施核爆模拟全过程的检测试验，并成功地设计和主持了包括首次氢弹、首次导弹核武器，首次平洞、竖井和加强型原子弹在内的几十次试验。解决了核爆炸测试研究中一系列物理与化学方法、安全设计等技术问题，为中国人民解放军的核武器应用和核火力控制奠定了基础。

曾获得多项国家科技进步奖特等奖和一等奖。1999年获“两弹一星功勋奖章”。2014年获2013年度国家最高科学技术奖。编著《固体物理学》一书。（戴念祖）

弛豫　relaxation　在一定条件下（如改变外力或温度），材料从非平衡态向平衡态转变的过程。弛豫的宏观表现可分为热力学弛豫（如焓弛豫）、动力学弛豫（如黏度弛豫）以及伴随的材料力学、磁学等性质的变化。与上述宏观性质相对应，其外在性质的变化来源于内在微观结构的改变，即结构弛豫。根据演变机理的不同，非晶材料的弛豫主要分为α弛豫和β弛豫。α弛豫对应非晶体系中程或长程尺度范围的协同结构重组运动，对应玻璃转变过程的发生。β弛豫则对应近程尺度范围内原子（或分子）的重排运动，可理解为非晶材料中结构松散区的原子局部运动。1970年，美国科学家G.P.约哈里的研究首次揭示了慢β弛豫对玻璃转变过程的潜在重要性。α弛豫和β弛豫两者之间的密切联系已经得到理论和实验证实：β弛豫是α弛豫的诱导和基础，β弛豫同样是非晶材料发生断裂的关键决定因素。

非晶材料作为一种亚稳态材料，即使在常温常压下，也可能会发生弛豫，因此对其弛豫问题的研究意义重大。通过改变热处理时间或温度，非晶材料发生弛豫，逐渐向更稳定的原子排列结构演变。这一过程可使金属玻璃的许多性质发生变化，如金属玻璃的稳定性及脆性，铁磁金属玻璃的饱和磁化强度和居里温度，金属玻璃的电阻率、比热、体积模量、杨氏模量等。对这些性质的要求决定了金属玻璃的热处理情况，而其本质就是金属玻璃的内在弛豫。（胡丽娜）

弛豫时间　relaxation time　表征物理系统由受扰动的状态回归平衡状态过程的时间特性的物理量。一个宏观系统受到外界瞬时扰动偏离平衡态后，经过一定时间必能恢复到原来的平衡态。若这个演化过程遵循指数变化规律，则宏观系统向平衡态的演化具有一个特征时间，我们将演化到初态的1/e所需的时间称为弛豫时间，以τ表示。弛豫时间的尺度起着重要作用，可以表征快/慢变量的影响程度；弛豫时间也与系统的大小有关，大系统达到平衡态所需时间长，故弛豫时间长。

在光学和原子物理学中，纵向弛豫时间一般以T_1来表示，指的是一个能级的寿命，它可以来源于自发辐射或由相互作用引起的能级转移，此过程对应于能量的消散。与T_1相关的是横向弛豫时间T_2，它对应的是两能级间相对相位的破坏。

在凝聚态物理学中，一个系统从非平衡态或非稳定态回到原来的平衡态或稳定态所经历的时间称为弛豫时间。自旋-晶格弛豫称为纵向弛豫，所经历的时间称为纵向弛豫时间；自旋-自旋弛豫称为横向弛豫，所经历的时间称为**横向弛豫时间**。

（傅盘铭　郑志刚）

弛豫铁电性 relaxor ferroelectricity　描述一类特殊的铁电体中介电铁电及相关现象的物理规律。这一类特殊铁电体被称为弛豫铁电体，它们的结构与性质与正规铁电体不同，表现出3个重要特点。

在高温区间，这些体系呈现非极性顺电态，与铁电体的顺电态行为类似。随温度下降，体系进入一种遍历弛豫态，即基体中会形成纳米尺度的偶极矩随机取向的极性微区（PNRs）。对应于这一转变的特征温度，或者说起始温度称之为伯恩斯温度T_B，温度靠近T_B时，开始形成PNRs，且这些PNRs是可动和遍历的。这种遍历的状态随温度进一步下降会发生慢化甚至冻结，冻结温度被定义为T_f。

在温度下降通过T_B和T_f过程中，体系介电常数实部ε'（虚部ε''）对温度T的关系会呈现一很宽的峰值，且这一宽峰会随频率不同而有很大移动，展示了很强的介电色散。特别地，介电峰值大小与正规铁电体介电常数在相变点附近的值大致吻合。这一现象称之为弛豫铁电体的介电色散，色散关系满足沃格尔-富尔彻关系。

伴随弛豫铁电体的强烈介电弛豫色散，在冻结温度T_f以下，并无明确的结构相变发生。弛豫铁电体存在很强的成分无序分布，这种无序源于等价离子占位无序，也源于非等价离子占位无序。

弛豫铁电理论　对弛豫铁电行为的微观机制理解尚不完备，存在很多不清之处。已有的理论模型包括超顺点模型、有序-无序模型、微畴-宏畴转变模型、偶极模拟模型和随机场冻结模型等。早在1959年，G.A.斯摩棱斯基就针对$Pb(Mg_{1/2}Nb_{2/3})O_3$(PMN)体系提出了成分涨落理论，引入PNRs中偶极矩的空间涨落，与实验定性吻合，也展示了沃格尔-富尔彻关系。进入21世纪，有若干更加细致的理论工作从不同侧面展示了弛豫铁电体中的结构-性能关系，但全面的理解依然是一个未解决的课题。

材料与性能　弛豫铁电性在很多体系中都存在，特别是在过渡金属氧化物陶瓷体系中更是常见。事实上，具有最典型弛豫铁电性特征的两大类材料是钙钛矿氧化物和钨青铜氧化物体系，如PMN、$Pb(Sc_{1/2}Ta_{1/2})O_3$(PST)，还有Mg^{2+}、Sc^{3+}、Ta^{5+}、Nb^{5+}等在离子B位掺杂的ABO_3体系。

由于独特的无序结构特征和PNRs的存在，弛豫铁电体具有一些独特的性能。首先弛豫铁电体的介电常数很高，而且在介电峰值附近还具有很宽的高介电温区，因此非常适合应用于需要高介电常数的微电子光电子器件。其次，由于PNRs的存在，若干弛豫铁电体具有极高的电致伸缩性能和压电性能，等效压电系数可以达到10^3～10^4pC/N，因此这些材料广泛应用于驱动器和传感器，特别是医用B超、扫描探针显微镜、喷墨打印机、自调节光学系统、微马达、电光器件、光折变器件等都广泛使用此类弛豫铁电体作为功能介质。还有更多新的应用正在不断涌现。

（刘俊明）

赤崎勇 Akasaki Isamu（1929-01-30～2021-04-01）　日本半导体材料学家。生于日本九州南的鹿儿岛。卒于日本名古屋。1952年获京都大学学士学位，1964年获名古屋大学工学博士学位。1981～1992年，担任名古屋大学教授，后任名城大学教授和名古屋大学特聘教授。

1952～1959年，供职神户工业公司，历任助手、讲师和副教授。其间，他弄清美国RCA公司生产的显像管内部的硫化锌荧光薄膜的涂布方法，为仿制显像管奠定工艺技术基础。此外，为满足市场上日益增长的放射线检测需求，他开发利用荧光材料检测核辐射强度技术。1959年，转入名古屋大学工学院电子工程系半导体工程研究室，使用气相外延生长法制备锗的单结晶。1964年，入松下电器东京研究所致力于化合物半导体研究。1969年，利用使用磷化镓结晶成功研制高亮度超小型红色LED。自1973年起，开始致力于利用氮化镓研制高亮度蓝色LED。1981年，返回名古屋大学并担任教授。名古屋大学专门为其建造无尘实验室。赤崎勇自行拼装金属有机化合物气相外延生长（MOVPE）装置，指导学生天野浩选用氮化铝作为蓝宝石基板的缓冲层，于1985年成功制备氮化镓单晶体。20世纪80年代末，赤崎勇团队实现氮化镓结晶掺镁，在光谱并未改变的情况下极大提高发光强度，最终成功用氮化镓PN结制作高亮度蓝色LED。2014年，赤崎勇、天野浩与加州大学圣巴巴拉分校电子工程学家中村修二因发明“高效率蓝色发光二极管”共同获得诺贝尔物理学奖。

（白　欣）

冲击波 shock wave　扰动在非线性介质中传播，若它的马赫数和雷诺数足够大，频散足够小，媒质中的扰动可能形成间断面，该面的两侧有关物理量产生跃变，间断面的运动形成冲击波。有很多扰动可形成冲击波，如爆炸波、弹道波、雷击声以及飞机轰鸣等。一个正弦式扰动所形成的黎曼-厄恩肖波最终形成冲击波即为一个数学描述的例子（见**非线性声学**）。马赫数大于1时扰动只限于锥体内，其表面可当作间断面。如果介质存在耗散（如黏滞、热传导等），间断不是出现在一个面上，而是在一个薄层内，后者称为间断层。

（钱祖文）

冲量 impulse　力在一段时间内的积累作用。在常力$\boldsymbol{F}$的情况下，力$\boldsymbol{F}$在时间间隔$[0,\tau]$上的冲量$\boldsymbol{I}$等于力与时间的乘积$\boldsymbol{I}=\boldsymbol{F}\tau$；对于变力$\boldsymbol{F}(t)$，则冲量为积分：

$$\boldsymbol{I}=\int_0^\tau \boldsymbol{F}(t)\,\mathrm{d}t$$

在国际单位制中冲量的单位是牛·秒。

冲量是力在时间间隔$[0,\tau]$上的积累，效果是改变物体的动量。**动量定理**指出，质点系动量的变化等于外力的冲量。在打桩、锻压一类的碰撞问题中，冲量有特别重要的意义。

（贾书惠）

重铬酸盐感光材料 bichromate photosensitive material　采用以胶体（如阿拉伯胶、明胶或蛋白等）制成的乳剂与重铬酸盐（如重铬酸钾或重铬酸铵）结合而构成的光敏感材料。是非银盐感光材料的一种。重铬酸盐感光材料在光照后可以被硬化而不溶于水，将未曝光部分的胶层洗去，就可获得复制的图像。将这种材料涂布于纸基或片基上就可得到商品的光敏-复印材料。胶体与重铬酸盐的结合被称为铬酸盐胶体，它是法国化学家L.-V.波艾特威于1855年发现的。铬酸盐胶体感光材料的特点是它允许在乳剂中可加入任何色调的水彩染料，于是其色调就取决于所加入的染料，而不像某些类似的照相过程（如氰版照相法），其颜色是其乳剂化学反应的结果。因此铬酸盐胶体感光材料，如在曝光期间通过多次重涂，甚至可得到如CMYK四色印刷的效果。材料于曝光后，可将曝光材料置于温水浴中，使未曝光可溶解的胶层与多余的重铬酸盐洗去。为使印刷物表面清洁，需要多次换水。当印刷物所有层次都被洗净、干燥后，再将它浸入洁净的焦亚硫酸钠溶液中，除去最后残余的一些重铬酸盐，就可使印刷物长期保存。铬酸盐胶体感光材料还可应用于丝网印刷、全息照相以及光刻技术等多种领域。（吴世康）

重加热 reheating 宇宙经历极早期暴胀过程温度接近绝对零度之后，在某个动力学机制下宇宙温度恢复到接近暴胀前水平的过程。宇宙在极早期经历的暴胀过程是一个过冷膨胀阶段，这一期间宇宙温度降低到原来的10^{-26}，这意味着暴胀结束后的宇宙温度几乎为绝对零度。通常是让暴胀场完成慢滚后围绕其真空态振荡将原来巨大的势能转化成动能，从而可衰变出各种辐射粒子，这样可以将宇宙重新加热到极高温度。值得注意的是，由于对暴胀本身的物理性质知之甚少，因此宇宙重加热的具体机制仍然是宇宙学研究的一个热点问题。（朴云松）

重散射过程 rescattering 在开展飞秒强激光与气相原子分子相互作用研究中逐渐建立并发展起来的半经典物理图像。重散射过程广泛应用于对飞秒强激光诱导的原子分子电离、高次谐波产生等强场超快物理现象的解释并取得巨大成功，对阿秒物理与分子超快成像等新兴学科领域的形成与发展起到了关键作用。按照该图像，原子或分子中的最外层电子首先通过由强激光电场和原子库仑场共同形成的势垒发生隧穿电离。电离电子随后在激光电场中加速并获得能量，当激光电场反向时部分电子将被电场拉回重新回到母离子实位置。返回电子可以与母离子实发生复合或者碰撞。如回碰电子被母离子实俘获发生复合，电子从激光场中获得的能量将以高频光子的形式释放出去，产生高次谐波。如回碰电子与母离子实发生弹性散射，电子在激光场中被进一步加速获得能量，产生高能电子，形成光电子能谱中的高能平台结构。回碰电子还可与母离子实发生非弹性碰撞，将部分能量转移给其他束缚电子并使之激发或电离，引起多电子电离过程。因在该图像下飞秒强激光驱动的原子分子物理过程可简单分为电子电离、电子传播和电子回碰三个步骤，故该图像有时也被称为“三步模型”。最新有关飞秒强激光与固体材料相互作用的研究表明，重散射图像可能也是导致强激光驱动固体介质中的一些强场超快物理现象，如高次谐波产生等的背后物理机制。（柳晓军）

重整化 renormalization **量子场论**和统计力学中用于处理计算过程中出现的无穷大发散的一套方法。从操作上来看，重整化的过程是“将可观测量用可观测量来表示”的过程。也就是说，首先将理论中出现的参数用一些物理可观测量来表示，然后再用这些参数去计算新的物理可观测量。借助重整化的方法，H.A.贝特于1947年首次使用**量子电动力学**从理论上计算了氢原子的兰姆移位，即$^2S_{1/2}$与$^2P_{1/2}$两个能级之间的能量差。此后，重整化方法在量子电动力学和其后的非阿贝尔规范场论中得到了广泛的应用，是粒子物理标准模型的基石之一。

量子场论中的紫外发散和重整化　在量子场论中进行微扰计算时，需要对中间态（虚粒子）进行求和。由于中间态的数量为无限大（特别是虚粒子的能量可以任意高），这一求和往往会给出发散的结果。这类发散跟高能（高频）虚粒子有关，因而它们通常被称为紫外发散。重整化就是移除这些紫外发散从而得出物理上有意义的有限结果的过程。

量子场论中紫外发散和重整化的一个经典例子是电子电荷的重整化。当对电子参与的散射过程进行计算时，需要对量子涨落所产生的虚光子和虚的正负电子对进行求和。这些中间态的能量可以任意高，导致这一求和是发散的。重整化方法解决这一问题的思路是重新定义电子的电荷，将它与某个物理可观测量进行关联。在进行这个重定义的操作之后，计算结果将会是一个有限的量，从而可以与实验测量的结果进行比较。利用这种方法，对一些可观测量例如电子反常磁矩的计算已经达到了微扰展开的第五阶，其理论计算精度达到了10位有效数字，并且与实验结果符合得非常好。这是物理学史上对一个物理理论最为精确的检验，标志着量子场论的巨大成功。

上述电子电荷的重定义可以从真空极化的物理图像来理解（见图）。电子所产生的电磁场可以在真空中激发出虚的正负电子对，从而改变电子的电荷分布。在实验观测的意义上，电子总是这样一个被大量虚粒子围绕的对象，而不可能以“裸”电子的形式被观察到。因此，讨论“裸”电子的电荷是没有物理意义的，只能通过实验观测来定义一个有效的电子电荷，并以这个有效电荷作为参数来计算其他的物理可观测量。这正是重整化的意义所在。

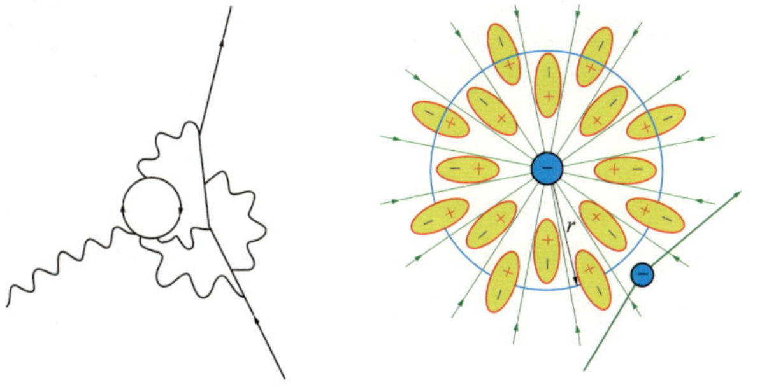

a 电子散射中的量子涨落示意图　　b 真空极化示意图

真空极化的物理图像

一个简化模型　由于量子场论过于复杂，为了理解重整化的含义，下面来考虑一个简化的物理模型。假定这个模型中唯一的自由参数是一个耦合常数g_0，从而某个可观测量$F(x)$可以通过微扰计算表示为g_0的幂级数。类比到量子电动力学，可以把g_0类比为电子电荷，把函数$F(x)$类比为某个散射过程的截面，其中的变量x类比为散射的能量。这个简化模型也同样可以类比到统计物理中的连续相变理论。假定$F(x)$可以表示为：

$$F(x)=g_0+g_0^2F_1(x)+g_0^3F_2(x)+\cdots$$

并且假定这些微扰展开的系数$F_i(x)$是由一些发散的积分所给出的。一个具体的例子可以是：

$$F_1(x)=a\int_0^\infty\frac{\mathrm{d}t}{t+x}$$

这一积分显然是对数发散的。为了给这些表达式以意义，需要引入所谓的**正规化**。正规化的手段可以是多种多样的，一个简单的方案是给这些积分引入一个截断Λ，从而定义：

$$\begin{aligned}F_\Lambda(x)&\equiv F_\Lambda(x\ g_0,\Lambda)\\&\equiv g_0+g_0^2F_{1,\Lambda}(x)+g_0^3F_{2,\Lambda}(x)+\cdots\end{aligned}$$

其中：

$$F_{1,\Lambda}(x)\equiv a\int_0^\infty\frac{\mathrm{d}t}{t+x}$$

显然，当Λ趋于无穷大时，$F_\Lambda(x)$将会回到原始的$F(x)$。

有了上述这些准备之后，重整化方法

的一个重要洞察在于：一个物理理论的自由参数可以有无穷多种等价的选取方式。例如，上述简化模型中的自由参数完全可以不选为g_0，而是选为可观测量$F(x)$在某个$x=\mu$处的值$F(\mu)$。于是可以定义一个重整化的耦合常数$g_R\equiv F(\mu)$，并将结果重新表示为g_R的函数，即：

$$F_\Lambda(x, g_0, \Lambda)\rightarrow F_\Lambda(x, g_R, \mu)$$

这一操作的结果是，当Λ趋于无穷大时，$F_\Lambda(x,g_R,\mu)$可以表示为g_R的一个幂级数$F(x, g_R, \mu)\equiv\lim_{\Lambda\to\infty}F_\Lambda(x, g_R, \mu)=g_R+g_R^2F_{1R}(x, \mu)+g_R^2F_{2R}(x, \mu)+\cdots$ 并且其中所有的展开系数$F_{iR}(x,\mu)$都是有限的。这样就完成了将可观测量$F(x)$用另一个可观测量g_R来表示的过程，即重整化的操作。

上述简化模型中只有一个自由参数。在实际的量子场论中通常有若干个独立的自由参数，因而需要若干个可观测量作为输入来确定这些参数的重整化。如果一个量子场论中的自由参数可以由有限个可观测量来确定，就被称为是可重整的，反之则被称为是不可重整的。

对于重整化的解读　由于涉及对于"无穷大"的运算，在量子场论发展的早期，重整化被认为是一种非常令人不安的操作手段。前面讨论的简化模型中的"裸"耦合常数g_0和截断Λ也被认为是数学推导的中间过程中出现的毫无物理意义的量。另一方面，由于必须要经过重整化才能得到有用的计算结果，可重整性被看作是对一个场论模型自洽性的重要要求。但自20世纪70年代开始，随着重整化群理论和有效场论方法的发展，人们对于重整化的观念逐渐发生了转变。在现代的观念中，类似量子电动力学这样的量子场论都是在某个截断能标以下成立的有效场论，而计算中出现的紫外发散则反映了理论参数对于截断能标以上的物理的依赖性。重整化的方法通过使用可观测量重新定义理论参数，将这种依赖性隐藏起来并直接建立起低能有效理论中可观测量之间的关系。在这个意义上，重整化非但不是"荒谬的数学手段"，反而是定义量子场论时不可缺少的要素。在公理化场论中的进展也支持这一观点。在新的观念下，之前被抛弃的"不可重整"的量子场论也被赋予了新的意义而在有效场论的框架下得到了大量的应用。

重整化方案　在重整化的过程中，重整化的参数可以有不同的选取方式，这相应于采用不同的物理可观测量（或物理可观测量与某些有限量的组合）来定义它们。这些不同的选取方式被称为重整化方案。在非微扰严格解的意义上，不同的重整化方案之间是相互等价的。但在微扰论中，由于本质上得到的是近似解，不同的重整化方案会给出不同的计算结果。这种对重整化方案的依赖性常常被用来估计微扰计算结果的理论误差。在粒子物理中，比较常用的重整化方案包括在壳方案（on-shell方案）、修改的最小减除方案（MS方案）等。　（杨李林）

重整化群　renormalization group　在量子场论和统计力学中，用来描述物理现象随观察尺度变化的一套系统的数学工具。在不同的尺度上观察同一个物理体系，往往会看到不同的现象。一个形象的比喻是用不同放大倍数的显微镜去观察同一个物体。随着放大倍数变小（观察的尺度变大），物体的细节逐渐变得模糊，而物理的整体信息则逐渐显现出来。这样一个"粗粒化"的过程可以用数学语言描述得更为准确，即重整化群。

在量子电动力学的理论建立之后，N.N.博戈留波夫、M.盖耳－曼和F.E.洛等人就研究了其中的尺度变换规律。1966年，L.P.卡达诺夫在凝聚态物理中提出了块自旋模型并研究了其中的"粗粒化"过程。另一方面，在粒子物理中，C.G.卡伦和K.西曼吉克于1970年提出了卡伦－西曼吉克方程并研究了相互作用强度随尺度的变化规律，也就是跑动耦合常数的概念。K.G.威耳孙则基于路径积分方法在统计力学和量子场论中进一步发展了重整化群和有效场论的理论框架，使其更为系统和严谨，并成功地应用于相变和临界现象的研究。重整化群已经成为粒子物理和凝聚态物理中不可或缺的一个重要方法，并且在化学、生物学、计算机科学等其他学科中也得到了广泛应用。

量子场论中的重整化群　在量子理论中，由于海森堡不确定关系，不同的尺度对应着不同的能量动量标度（能标）。用于描述不同能标处发生的物理过程的量子场论有着不同的形式，而重整化群将这些不同的形式相互联系起来。

重整化群与重整化的概念紧密相连，这也是其名称的由来。作为一个例子，参考重整化中引入的简化模型。该模型中耦合常数的重整化可以由一个物理可观测量$F(x)$给出：$g_R\equiv g_R(\mu)\equiv F(\mu)$。这里的$\mu$称为重整化标度。但是，选择$x=\mu$这个点来定义重整化的耦合常数$g_R\equiv g_R(\mu)\equiv F(\mu)$带有一定的任意性。选择其他的点如$x=\mu'$或$x=\mu''$也同样可以完成重整化的操作。如果把相应的重整化的耦合常数记为$g'_R\equiv g_R(\mu')\equiv F(\mu')$和$g''_R\equiv g_R(\mu'')\equiv F(\mu'')$，可以知道，由于这些不同的耦合常数$g_R$、$g'_R$和$g''_R$实际上是对同一个物理理论的不同参数化方式，它们之间一定存在某种关系，从而使得最终的物理结论不变。换句话说，这些参数化方式属于同一个物理等价类。这种等价关系可以隐式地表述为：

$$\begin{aligned}F(x)&=F(x, \mu, g_R)=F(x, \mu', g'_R)\\&=F(x, \mu'', g''_R)\end{aligned}$$

或者表述为微分方程的形式：

$$\mu\frac{\mathrm{d}F}{\mathrm{d}\mu}=\mu\frac{\partial F}{\partial\mu}+\mu\frac{\partial g_R}{\partial\mu}\frac{\partial F}{\partial g_R}=0$$

即物理可观测量与重整化标度的选取无关。在上式中，一个关键的量是所谓β函数：

$$\beta(g_R)\equiv\mu\frac{\partial g_R}{\partial\mu}$$

它表征了重整化的耦合常数随重整化标度的变换（跑动）规律。这种变换规律满足群的乘法关系，即先从(g_R,μ)变到(g'_R,μ')再变到(g''_R,μ'')，与直接从(g_R,μ)变到(g''_R,μ'')是等价的。因此，这种变换被称为重整化群变换。相应地，上述这几个方程被称为重整化群方程。

强相互作用的渐进自由　描述强相互作用的理论是一个非阿贝尔量子规范场论：量子色动力学（QCD）。跟其他量子场论一样，QCD中的参数如强耦合常数α_s也满足一个重整化群方程：

$$\frac{\mathrm{d}\alpha_s(\mu)}{\mathrm{d}\ln\mu}=\beta(\alpha_s)$$

其中函数$\beta(\alpha_s)$描述了强耦合常数随标度的变化规律。D.J.格罗斯、H.D.波利策和F.威尔切克于1973年在第一阶微扰近似下计算了这一函数，发现该函数小于0。这一事实表明强相互作用的强度随着能标的升高而变小，也就是具有渐进自由的性质。渐进自由的发现使得在高能区域对强相互作用的微扰计算成为可能，对QCD的实验验证起到了决定性的作用。由于这一发现，上述三位物理学家于2004年获得诺贝尔物理学奖。强耦合常数的β函数已经被计算到了微扰论的第五阶，其跑动规律已经在很大的能标Q范围里得到了实验的精确检验（图1）。

统计物理中的重整化群　上面对于重整化群的描述是基于动量空间的。在统计物理中，重整化群通常是在坐标空间中来描述，因此也被称为实空间重整化群。一个很好的例子是卡达诺夫的块自旋模型（图2a）。在这一模型中，大量的原子被排列在一个二维的正方形网格中。当需要考察其中某几个原子的自旋状态时，需要在

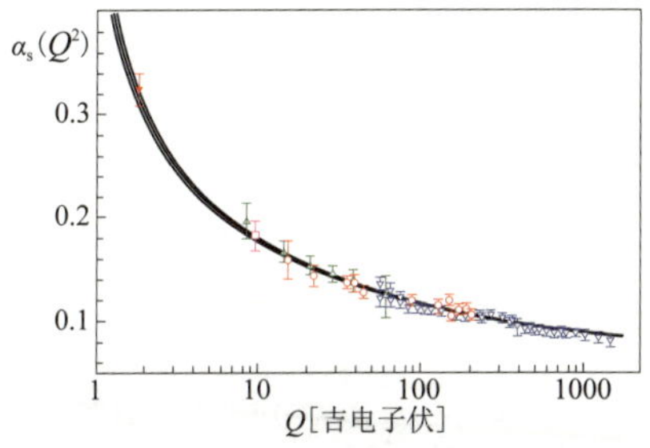

不同颜色的点状符号来自不同的实验测量

图1　跑动强耦合常数的理论（实线）和实验对比示意图

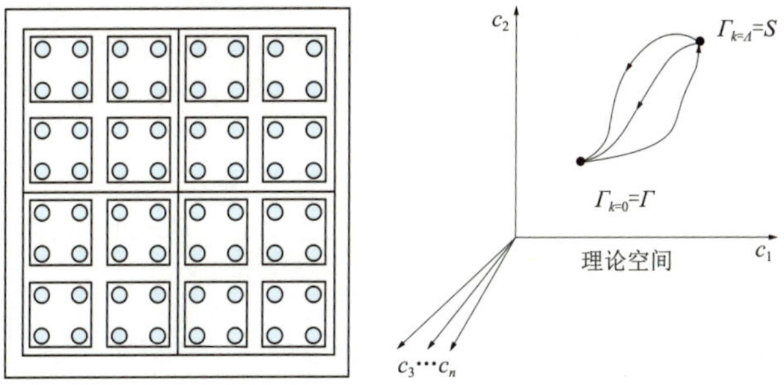

a　b

图2　卡达诺夫的块自旋模型（a）、重整化群流及不动点（b）示意图

非常小的尺度上去观察这个体系，或者形象地说需要使用放大倍数非常大的显微镜。这样，可以将每个原子的自旋状态作为自由度来建立理论描述并进行计算。然而，当需要考察的原子个数增多时，这样的描述方式逐渐变得不太可行。一方面，由于自由度过多，理论计算变得非常复杂甚至于实际上无法完成计算。另一方面，当考察由大量粒子构成的体系时，往往并不关心微观上的结构，而是更关心体系的宏观性质。而从小尺度的微观理论描述得到大尺度的宏观性质并不直接。重整化群的思想则提供了从小尺度的理论描述向大尺度的理论描述过渡的方法，从而解决了上述的两个问题。

在块自旋模型中，重整化群的演化是通过"粗粒化"的过程来实现的。当观察的尺度从单个原子的尺度开始变大时，可以将处在一个2×2小方块中的四个相邻原子看作一个整体，并将它们的整体状态作为一个基本自由度来建立理论描述。这样一个新的理论与原始的理论在形式上非常相似，只是新的理论中的"原子"其实是由四个原子构成的。这种体系在尺度变换下的自相似性是重整化群的关键。随着观察的尺度进一步变大，可以再次进行上述的粗粒化过程，即将四个相邻小方块组成一个大方块，并以大方块中原子的整体状态作为基本自由度来建立理论描述。不断重复这个过程，就可以得到直接描述体系宏观性质的一个大尺度理论。

重整化群与有效场论　重整化群与有效场论的概念有着密切的联系。一个有效场论天然地伴随着一个截断能标。如果某个有效场论的截断能标为Λ，并假设$\Lambda'<\Lambda$，则可以利用路径积分的方法将Λ'和Λ之间的动量模式"积掉"从而得到一个新的、截断为Λ'的有效场论。这种从高能标理论过渡到低能标理论的过程与上面统计物理中从小尺度理论过渡到大尺度理论的过程有着很好的对应。这也是威耳孙的一个重要发现，即重整化群和有效场论的方法可以同时应用于基本粒子物理和统计物理。

构成有效场论拉式量的各种算符在上述重整化群变换下的演化行为是很不一样的。有些算符的系数在从高能向低能演化的过程中变得越来越小，这表明这些算符对于描述低能（大尺度）的现象是无关紧要的，因此被称为"无关算符"。反之，有些算符在低能下变得越发重要，它们被称为"相关算符"。无关算符在低能下通常呈现为一些不可重整的相互作用，这为不可重整的量子场论带来了重新解读。它们不再是毫无物理意义的理论，而是在某个截断能标以下成立的有效场论。

一个有效场论在重整化群变换下的行为，可以用各个算符的系数所张成的一个高维空间中的一条曲线来描述。这被称为重整化群流。不同的高能标理论对应空间中不同的流线（图2b）。在这一图像中，一个重要的研究对象是所谓的不动点，它们是不同流线交汇的地方。处于不动点的理论在重整化群变换下不会再变化，因而具有了尺度不变性。不动点可以分为两类：紫外不动点和红外不动点。前者是理论在往高能标（小尺度）方向演化的过程中出现的，而后者是理论在往低能标（大尺度）方向演化的过程中出现的。一个很有趣的发现是，很多形式不同的高能标理论在往低能标演化时，会趋向同一个红外不动点。这表明这些不同的微观体系有着相似的宏观性质。这些理论被称为属于同一个普适类。这一发现可以解释在统计物理中，一些看起来很不一样的体系在相变点附近的临界现象有着惊人的一致性。

（杨李林）

重正化能动张量　renormalized energy-momentum tensor　经典场的能动张量是场量的函数。对于量子化的物质场，如果场算符在流形每一点都有定义，则就可直接得到其能动张量。但场算符只有作为一种时空分布才有明确的定义，直接将经典物质场能动张量中的场变量用场算符来代替会导致发散。因此在量子场论中定义场的能动张量必须采用某种重正化的手段。平直时空量子场论中就有能动张量发散的问题。如直接计算闵可夫斯基真空态能动张量的平均值$\langle 0\mid T_{\mu\nu}\mid 0\rangle$，$aa^{\dagger}$项的贡献会造成发散。如果采用正规排序，这个发散就不会出现。因此重正化也可理解成将真空零点能作为本底扣除。在弯曲时空中，这一问题更为复杂。在平直时空中，由于只有能量的差值才是可观测量，因此可将真空零点能作为本底扣除。对于弯曲时空，由广义相对论可知，能量是引力的来源，会导致时空弯曲，因此不能随意扔掉。此外，一般来说，即使将闵可夫斯基真空能作为本底扣除，所得结果仍然可能是发散的。在弯曲时空中，可以将物质场的有效拉格朗日量$L_{\rm eff}$分为收敛部分$L_{\rm ren}$和发散部分$L_{\rm div}$，使得这两部分都是协变的。值得指出的是，发散部分$L_{\rm div}$可用黎曼张量$R_{\alpha\beta\gamma\delta}$及其缩并构建，仅与空间的几何性质有关，与物质场的量子态无关。因此物质场有效拉格朗日量的发散是由引力场造成的，有多种正规化方法可去除这一发散，常用的方法包括维数正规化、ζ函数正规化、点分离正规化等，这些方法都得到一致的结果。

（余宏伟）

出现电势谱　appearance potential spectroscopy; APS　表面分析用芯能级谱的一个大类。出现电势谱用能量逐渐增长（50→1500电子伏）的电子轰击固体表面。并测定次级粒子的产额。当入射电子的能量E_0超过某一阈值（相当于某一出现电势）时，就有可能激发固体原子，使某一芯能级$E_{\rm B}$上的电子跃迁到费米能级E_0以上空带中的某一位置，而在该能级上留下空穴，如图1a所示；然后在退激发（电子重新落入空穴）时将产生俄歇电子或相当于芯能级束缚能（$E_{\rm B}$-E_0）的标识X射线，如图1b所示。因此测定次级粒子流强度I与入射电子能量E_0之间的关系就可以得到一种相当于测定芯能级束缚能的谱，可用作元素分析以判明固体表面的成分。由于不同元素的各个芯能级束缚能相差很大，所以APS的谱线清晰易读（图2），不会发生混淆；加以不需要能量分析器，仪器结构比较简单，所以是一种很有用的表面分析方法。

上述方法还可以按所测粒子的种类分为软X射线出现电势谱（SXAPS）和俄

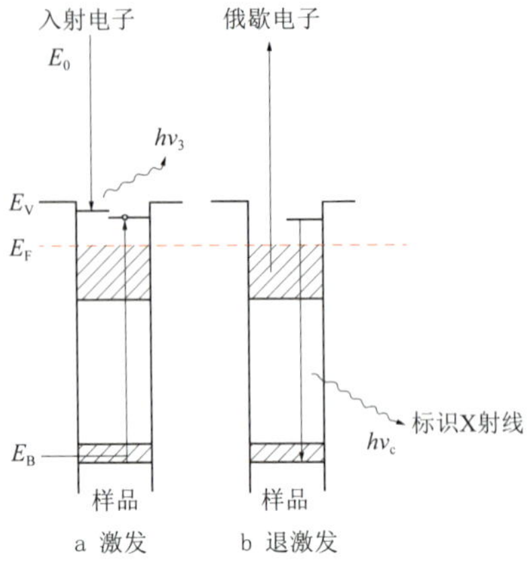

图1 出现电势谱过程示意图

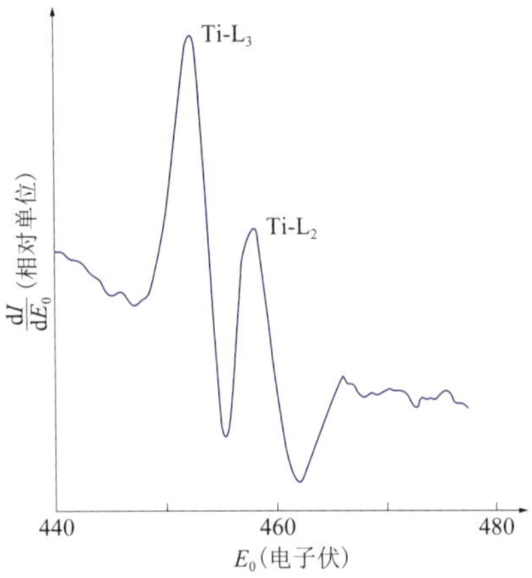

横轴为入射电子能量E_0，纵轴为产额I对E_0的一阶微商

图2 一种钛合金的钛软X射线出现电势谱（SXAPS）

歇电子出现电势谱（AEAPS）两种。前者灵敏度较低，一般需要毫安级的入射电子流，因而用于测定较深的芯能级（束缚能>500电子伏）时，可能会在样品表面造成损伤。后者灵敏度较高，只需要10微安左右的入射电子流，损伤可以忽略，但缺点是较低能量（<300电子伏）的电子出射时会由于固体原子的衍射而产生附加信息，干扰正常谱的读出。所以合理的办法是在较低能量时用SXAPS而在较高能量时用AEAPS。

从理论上说来，入射粒子也可以采用适当（相当于软X射线波段）的光子，这样可完全避免对样品表面的损伤。但鉴于单色性良好的X射线源（例如**同步辐射**）装置比较复杂，有人就使用能量渐变的电子轰击金属靶所产生的赝单色X射线源作为入射粒子，而测定俄歇电子的产额。这就是X射线光电子出现电势谱（XPAPS）。但实验结果表明这种方法的灵敏度很低，不适于一般的表面分析。然而，如用某一元素的标识X射线来照射另一个表面含有这一元素的样品，则后者所对应的芯能级上的电子会产生共振跃迁，而在退激发时再产生俄歇电子。具体的做法是把同一固体材料分为两块：一块作为受电子轰击的X射线管阳极（靶），另一块作为被测样品。逐渐改变阳极电压至某一阈值（出现电势）而测定样品的出射电子产额，可得到共振光电子出现电势谱（RPAPS）。由于共振跃迁具有选择性滤波功能，因此RPAPS的灵敏度和分辨率都优于一般的出现电势谱，只是样品的制备要略为复杂一些。

已经发现，出现电势谱对各元素的相对灵敏度与俄歇电子谱（AES）不同，它对碳、氧、硫并不特别灵敏，却能对3d和4f过渡金属给出最佳灵敏度，因此适于作为探测这一类元素的表面分析。在能谱研究方面，APS能给出空带态密度的信息，而AES给出的是满带态密度信息，二者是互补的。从APS也能看出氧化造成的谱位移，但不如X射线光电子谱（XPS）清晰。此外，也有人用AEAPS的谱边形状来测定表面结构。这种方法称为扩展出现电势精细结构（EAPFS），与扩展X射线吸收精细结构（EXAFS）的原理相类似。

同APS的物理过程相类似的，还有一种消隐电势谱（DAPS）。由于入射电子能量达到阈值时有一部分激发芯能级电子失去其能量，然后在固体中消隐，因此如观察准弹性反射的电子流就会发现骤降，这同样可作为固体原子E_B的指示。实际上这就是APS的负过程。DAPS的特点是只与激发过程有关，而不受退激发过程的干扰；而且由于所观察的电子是从表面进入和发出的同一电子，因此比APS或AES更为“表面灵敏”（一般为1～3个原子层的信息）。但是DAPS要使用电子能量分析器以分离出电子流中准弹性反射的部分，因此仪器结构要比APS复杂。 （华中一）

初级宇宙线 primary cosmic ray 在宇宙电磁场中被加速出来的高能带电粒子。这些粒子是电子、氢原子核和氦原子核，以及那些在恒星演化过程中产生的原子核。初级宇宙线在所观测到的所有宇宙线中占绝对主导的比例。初级宇宙线在随后的传播过程中，会与星际空间里的磁场、电磁辐射场和尘埃物质发生作用，自己会被打碎并产生出次级的粒子，比如正负电子、γ射线、中微子，还有那些恒星演化中难以产生的原子核。锂、铍、硼由碳和氧核碎裂而来，钪、钛、钒、铬、锰则由铁核碎裂而来。相比初级宇宙线，这些传播过程中产生的宇宙线则被称为***次级宇宙线***。初级宇宙线的成分应该与太阳系元素丰度基本相同。观测发现，^{22}Ne（氖-22）与^{20}Ne（氖-20）的丰度比是太阳系的120倍，这表明可大量产生^{22}Ne的沃尔夫-拉叶星（一种大质量恒星）应该显著贡献了银河宇宙线。

通过比较初级和次级宇宙线成分，人们能够得到许多有关宇宙线加速和传播的知识。在低能（每核子1吉电子伏左右）宇宙线中测量，只能通过电子捕获而衰变的^{59}Ni（镍-59）及其次级产物^{59}Co（钴-59）的丰度，由于原初宇宙线中看不到^{59}Ni，人们可以推断这些宇宙线的加速有大于10^5年的延迟。这样的延迟表明产生^{59}Ni的过程与加速其衰变产物^{59}Co的过程很可能是两个独立的恒星爆炸事件。另外，^{60}Fe（铁-60）通过β衰变，半衰期为260万年，原初宇宙线中测到了^{60}Fe，表明这些宇宙线的加速延迟不超过几百万年。此外，通过测量初级宇宙线碳、氮、氧及其次级产物锂、铍、硼的丰度和能谱，可推算出宇宙线在银河系的传播时间以及扩散系数与能量的依赖关系。 （胡红波）

初态辐射 initial state radiation 在对撞机实验中，碰撞前粒子就发生辐射的物理过程。对撞机实验是让加速后的两束粒子进行碰撞，以期产生其他粒子。碰撞前的粒子称为初态，碰撞反应后产生的粒子称为末态。初态辐射是指初态中的某个粒子（一般指正电子e^+或负电子e^-）在碰撞之前便辐射出光子γ或其他粒子的过程（见图）。由于正电子和负电子在碰撞之前会

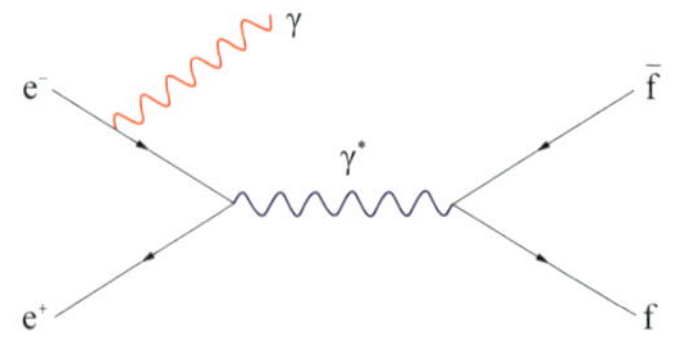

初态辐射费曼图

率先放出光子，这就使得反应前的正负电子的质心能量是可变的。因此实验上就可通过该过程来研究能量在某个区间的物理现象，而不用人为地刻意调节束流的能量。初态辐射在粒子物理实验中有极为重要的应用，如2004年BaBar实验发现的类粲偶素Y（4260）就是在初态辐射过程被观测到的。 （刘 翔）

储存环 storage ring 一种用来储存一定能量粒子（主要是电子和质子）的闭轨型环形加速器装置。储存环由偏转段和直线段交错组成。电子储存环是同步辐射装置的核心部件，由真空系统、磁铁系统、射频加速腔、束流探测系统、辐射装置、控制系统等组成。真空系统保证整个腔体运行在真空状态。磁铁系统由注入磁铁、二

极磁铁、四极磁铁、六极磁铁甚至八极磁铁及部分轨道校正磁铁等组成。射频加速腔位于直线段，用于补充粒子在偏转磁铁和插入件中损失的能量。束流探测系统测量束流横向位置，保证束流位置能够精确校正。辐射装置有偏转铁和插入件，用以产生高质量的光源。控制系统对整个系统的同步、功率等进行控制，保证束团稳定运行。

发展历程　储存环的概念最初来源于粒子对撞机，1956年G.K.欧尼尔首先提出利用储存环建立对撞机的概念。1960年B.托歇克等人在罗马建造了第一台能量为200兆电子伏的电子储存环，1966年斯坦福大学和普林斯顿大学合作在斯坦福大学建立了电子－电子储存环。其后建立了许多基于正负电子对撞的储存环，如斯坦福直线加速器中心（SLAC）的SLC等。1969年欧洲核子中心（CERN）第一台用于质子－质子对撞的储存环ISR投入使用，能量30吉电子伏的单束团电流达到30安培，这台加速器于1981年停止运行。1947年同步辐射发现之后，20世纪70年代部分对撞机的储存环也用于产生同步辐射。20世纪90年代，专门用于第三代同步辐射光源的储存环陆续建成。典型的有美国阿贡国家实验室的APS，美国劳伦斯伯克利国家实验室的ALS，位于法国的欧洲同步辐射装置ESRF，日本的spring-8等。中国的储存环技术开始于20世纪90年代，相继在合肥建成了800兆电子伏的电子储存环作为第二代同步辐射源和在北京的用于对撞和同步辐射应用的BEPC，2009年在上海建成了用于第三代光源的3.5吉电子伏的电子储存环ESRF。

基本原理　当前运行的电子储存环周长一般为几百米到1千米，储存几个吉电子伏的电子能量。储存环的基本布局见图。前级加速器的束流通过注入磁铁注入储存环，并顺利进入储存环的束流轨道运动。

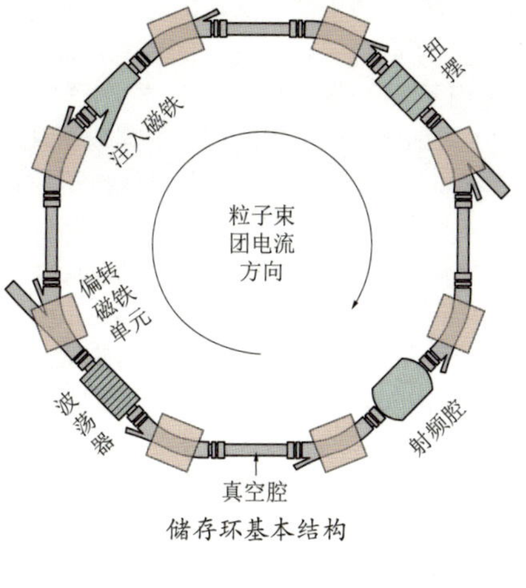

储存环基本结构

为保证粒子在储存环内稳定运行，需要合理安排磁铁结构。在第三代同步辐射储存环中，多使用二块偏转磁铁的消色差透镜DBA（double achromat）或三块偏转磁铁的消色差透镜TBA（triple bending achromat），即图中的偏转磁铁单元。DBA或TBA是最小的磁铁单元，一般由二极磁铁、四极磁铁、六极磁铁组成。环上对称地安装一定数量的偏转磁铁单元，保证束流精确偏转、聚焦、消色差透镜外面色散函数为0，非线性效应也得到补偿，使束流动力学孔径和接受度尽可能大，保证束流不丢失。

不同的储存环和不同的用户需求采用不同的辐射装置。一种是束流圆周运动时切线方向发射的同步辐射，即同步辐射光源；另一种是采用波荡器，电子束流在波荡器周期性的磁场中做周期性摆动，并将部分能量转换为γ射线辐射出来，即同步辐射光。带电束流运动辐射过程损失的能量在安放于直线段的射频腔中得到补充。储存环产生的同步辐射光源的亮度与环中束流的发射度相关。束流发射度越小，光源的亮度越高。最终的束流发射度由辐射阻尼效应和量子激发效应决定。储存环中束流平衡发射度只与储存环的偏转磁铁结构和环的结构有关，与注入束流性质无关，因此合理安排磁铁结构是储存环设计运行的核心技术，第四代光源的磁铁设计新技术正在试验中。

应用及挑战　储存环装置作为储存粒子束团的环形加速器，主要应用于高能粒子对撞机和同步辐射光源领域。

由于高能物理研究的需要，已经建造了高能量环形对撞机。法国和瑞士边界上，欧洲核子中心的大型强子对撞机（LHC）质子对撞能量可达到15.4太电子伏。如此高能量的束团需要储存在一个周长为27千米左右的储存环上，并在环合适的位置发生对撞。

电子储存环的同步辐射光源具有普通同步辐射光不能比拟的品质，不仅应用于物理学、化学、生物学等基础学科，在材料、医学、电子学等各个领域也是一种极其重要的光源。电子储存环的同步辐射光有以下几个特点：①高偏振特性。从电子轨道平面引出的光是完全线偏振的。利用特殊设计的波荡器可以得到可调偏振的圆偏振光。②高平均功率。总功率为几十千瓦到百千瓦量级。③高亮度。第三代储存环式同步辐射光源波荡器引出的亮度为10^{18}～10^{19}光子/（秒·毫米^2·毫弧度·0.1%带宽）。

新技术及展望　储存环技术经过几十年的发展日渐成熟。为了第四代辐射光源的发展，提出了衍射极限储存环的概念和相关技术，设计目标使电子发射度达到衍射极限范围（10皮米弧度）。新一代衍射极限环将采用多偏转消色差磁透镜MBA（multi-bending-achromat）技术，在消色差透镜中使用多块偏转磁铁。一般使用7块，如瑞典的MAX-Ⅳ，美国阿贡国家实验室的APS-U等。美国劳伦斯伯克利国家实验室的ALS-U将使用9块技术。

基于新的磁铁结构，发展了许多新技术。包括紧凑型一体化的磁铁结构设计，非蒸发吸收式（NEG）的合金材料泵浦技术，以及新型的蓄水池式交换注入技术等。瑞典的MAX-Ⅳ已经进入试运行阶段，预计不久的将来能提供第四代的同步辐射光源。

（唐传祥）

褚圣麟　Chu Shenglin（1905-11-29～2002-03-26）　中国物理学家。生于浙江杭州，卒于北京。1927年杭州之江大学物理系毕业。1928～1929年任苏州萃英中学教员。1931年获燕京大学物理系硕士学位。1931～1933年任广州岭南大学物理系讲师。1933年赴美国芝加哥大学物理系深造，1935年获博士学位后回国。1935～1938年任岭南大学物理系副教授，1937年代理系主任。1939年2～7月任昆明同济大学理学院兼职教授。1940～1941年任北平燕京大学物理系副教授。1942～1945年任北平辅仁大学数理系副教授、中国大学兼职教授。1945～1952年任燕京大学物理系教授、物理系主任、理工学院院长、副教务长。1952年任北京大学物理系教授、物理系主任、系学术委员会主任。

研究领域涉及离子分析、宇宙线和粒子物理、X射线晶体结构、大气电现象以及磁学等多个方面。是中国最早立足国内开展宇宙线实验研究的先驱之一。在岭南大学期间，与赵邦俊一起从事大气电学研究。在北平辅仁大学期间，他亲自安装设备研究宇宙线。他还指导研究生从事离子质谱计和宇宙线中高能粒子的研究，以及X射线晶体结构分析研究等。他从事高等院校物理学教育事业50余年，对中国物理学人才的培养、物理科学知识的普及和发展，对北京大学物理系的建设和发展都做出了重要贡献。著有《原子物理学》等。

（尹晓冬）

触变性凝胶　thixotropic gel　*物理凝胶*的一种。只用机械力（振摇等），不需加热就可使凝胶变为溶胶；不需冷却，只需静置一定时间，又由溶胶变为凝胶。触变性凝胶在流变学上表现为：在超过一定的剪切应力下，凝胶的损耗模量（G''）开始大于其存储模量（G'），此时体系表现为液体行为；当去除外部的剪切应力一段时间，其存储模量大于其损耗模量，体系又表现出类似于固体行为。

触变性凝胶一般多为物理凝胶。物理凝胶是由小分子量的胶凝剂或非化学交联的高分子胶凝剂，在溶剂介质中通过多种非共价键的作用力自组装形成的三维网络状结构，将溶剂固定，则在宏观上表现出半固态的一类软物质材料。物理凝胶形成的驱动力通常包括氢键、π-π 堆积、疏水作用、主客体相互作用、静电作用、配位作用等。由于构筑超分子凝胶驱动力的非共价键特性，它们具有很强的刺激响应性，即对外界的刺激因素（包括温度、pH值、光照、机械力、化学物质等）会表现出一定的响应性行为。作为物理凝胶中的一种，触变性凝胶是由凝胶纤维在三维空间上相互缠绕形成互穿性网络，而纤维之间会形成交联区，这些交联区就像锚一样将整个凝胶纤维固定。外界的剪切力会破坏这些交联区域凝胶纤维之间的物理交联作用，使体系发生凝胶-溶胶的转变。对于触变性凝胶，交联区的非共价键作用力通常为氢键和金属-配体作用，因此触变性凝胶多发生在氢键体系和金属-配体体系中。这些键的强弱决定了它们在外界剪切力的作用下的稳定性，而这些键的可逆性决定了它们可以在外界剪切力下经过一段时间的重组而恢复到凝胶状态。

触变性凝胶的研究仍处于初期，触变性凝胶的发现也多靠偶然性。但触变性凝胶在药物缓释、自适应材料，以及一些特殊场合下的润滑方面具有潜在的应用价值。　（刘鸣华）

氚核　triton　由一个质子和两个中子组成的原子核。氢的一种同位素原子核。结合能是8.481 821兆电子伏。它是β放射性的核素，半衰期为3.87×10^{8}秒。氚核与其他核素，如氘核发生反应发射中子的阈能低，截面大，产生的中子能量高。因此，可用作中子源的材料或核聚变的燃料。　（靳根明）

氚自持　tritium self-sustaining　实现氘-氚核聚变反应中所需氚能自给自足。氘-氚聚变反应的燃料是氘和氚，其中氘在海水中有丰富的储量且提取成本低，可以直接从海水里提取；氚在自然界中并不存在，即使人工制造也价格十分昂贵，而一座标准聚变堆年氚的消耗量可达几十千克。利用聚变中子在包层里增殖氚，再通过复杂工艺流程收集氚，并及时补充核反应中燃耗的氚，可实现氘-氚核聚变反应中所需氚能自给自足，即氚自持。包层里用于产氚的材料称为氚增殖剂，通常为含锂的合金或化合物。考虑到中子本身的损失及其与包层里其他核素的反应，需要在包层模块中布置中子倍增剂来增加中子数量，以补偿中子的消耗。中子倍增剂是包层模块中另一功能材料，通常为含铅和铍等核素的合金或化合物。此外，由于氚的物理化学性质与氢完全相同，因为渗透、泄漏和滞留包层等原因，会导致氚回收率降低。理论分析表明，只有当氚增殖率达到1.2时，才能够实现氚自持。

中子与锂核的产氚核反应方程式为：

$$n+{}^{6}Li\rightarrow T+He$$

式中n为中子；^{6}Li为锂同位素锂-6；T为氚核；He为氦核（α粒子）。氚增殖剂有液态氚增值剂（液态锂-铅合金）和固态氚增殖剂（锂陶瓷球床）两大类。其中，液态氚增殖剂本身可同时作为冷却剂，具有高热导率、抗辐照损伤及在线补充锂等优点。而固态氚增殖剂则具有较好的氚释放特性、热物理性能、热机械性能及化学惰性等优点。二者的共同要求是高纯度和严格的杂质控制。　（潘传红）

穿越辐射　transition radiation　带电粒子穿越两种不同介质界面时产生的低能电磁辐射。1946年V.L.京茨堡和I.M.夫兰克预言，高能带电粒子穿过两个具有不同介电常数的介质交界面时，会产生一种环绕粒子入射方向的朝前的弱电磁辐射（如图中的θ角所示）。高速运动的带电粒子从第一种介质（如图中的空气）接近第二种介质（含碳氢塑料）时，在第二种介质中产生反向运动的感生电荷。介质两侧电荷重新分配导致电场发生变化，以致介质瞬时极化。相向运动的电荷就好像电偶极子天线一样可发射电磁辐射。就是穿越辐射的根源。

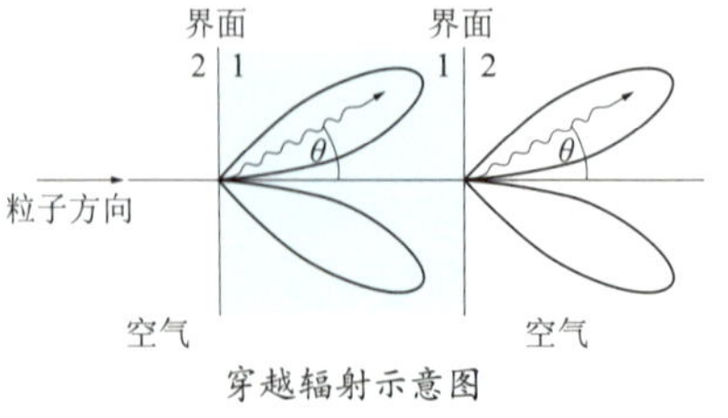

穿越辐射示意图

穿越辐射有以下特性：辐射的能谱是连续谱；根据**狭义相对论**，粒子的速度v和洛伦兹因子γ的关系可表示为$\gamma=1/(1-\beta^{2})^{1/2}$，$\beta=v/c$，$c$为光速。辐射的强度随粒子的$\gamma$增加而增强，当$\gamma>1000$时，这种辐射强度才达到可测水平；另外，入射粒子能量越高，发射角θ越小，在$1/\gamma$左右。

粒子的总能量E及其静止质量m_0与γ之间有简单关系$\gamma=E/m_0$。电子的质量比强子π的质量小273倍，高能电子要比同样能量的π强子的γ值大得多，因而产生的穿越辐射要强得多。穿越辐射光子的能量与介质箔片厚度、种类及带电粒子的种类和能量有关，可用的范围主要在能量为2～20千电子伏的X射线能区。利用这种辐射效应可制成探测和鉴别高能带电粒子（主要是电子）的探测器（见**穿越辐射探测器**）。　（谢一冈）

穿越辐射探测器　transition radiation detector; TRD　利用穿越辐射效应制成的粒子探测器。由于**穿越辐射**的强度很弱并主要在X射线能区，必须用多层（多至数百层）两种介质交叠配置的系统才能探测到足够强度的X射线辐射（见图）。

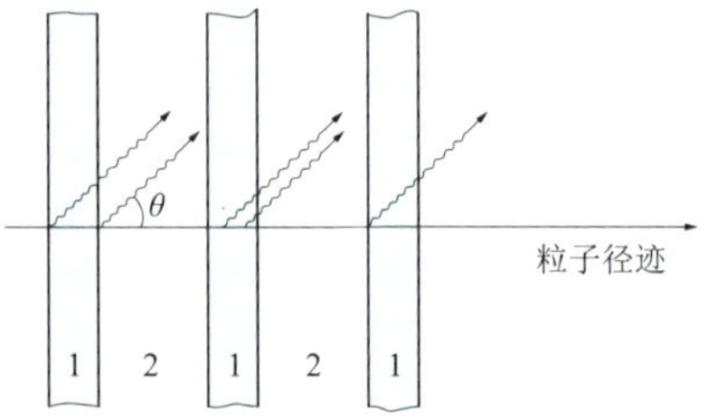

穿越辐射探测器示意图

穿越辐射是界面效应，且单层有效发射的光子数概率很小，因此要用数十层，并需考虑减少X射线在介质交叠层中的吸收和光子数同介质原子序数Z成反比，因此作为第一种介质的多层辐射体常采用极薄（几十微米）的轻物质箔片（如塑料、氢化锂和铍等），而第二种介质为空气隙（1毫米左右）。

另外，因为发射角θ很小，如能量很高，即速度接近光速的极端相对论性粒子，θ只有几个毫弧度，这就要将测量穿越辐射的探测器放置在距介质层较远处（如1米远左右）才行。一般常用的探测器为二维信号读出的**多丝正比室**，工作气体用氩气（适用于10千电子伏以下）或氙气（适用于20千电子伏左右）。探测器置于图中辐射体下游一定距离。由穿越辐射效应可知，穿越辐射光子的强度随粒子的洛伦兹因子γ增大而增强，并利用γ同粒子质量m_0与能量E的关系（$\gamma=E/m_0$），结合粒子的能量或动量测量就可确定粒子质量。电子的质量比强子π和K的质量分别小273和968倍，因此高能电子要比同样能量的π和K的γ值大得多。当电子能量在0.5吉电子伏（$\gamma>1000$）直到200吉电子伏的范围内，特别有利于从强子中鉴别出电子。当电子速度极高，其他粒子探测器（如**切伦科夫探测器**等）都已难以鉴别时，TRD就显得特别重要。

TRD已用于国外许多大型粒子物理实验。2007年已运行的世界最高能量强子对撞机LHC上的ATLAS等大型实验也都选用了TRD。新的发展是将能探测X射线的大量薄壁稻草管置于多气隙的泡沫塑料体内作为穿越辐射径迹室，既可测出带电粒子径迹又可鉴别粒子。（谢一冈）

传播损失 transmission loss 定量描述声波传播一定距离后声波强度衰减变化程度的物理量，记为TL。它是将距离声源的"声学中心"1米处声强与传播到距离声源的"声学中心"r米处声强之比取10为底的对数再乘以10，即

$$TL = 10\lg\frac{I_1}{I_r}$$

式中I_1为距离声源"声学中心"1米处声强，I_r为距离声源"声学中心"r米处声强。

海水是一种不均匀的非理想介质，由于其本身的吸收、声传播过程中波阵面的扩展及海水中各种不均匀性的散射等原因，声波在传播过程中，声传播方向上的声强度将会逐渐减弱。水声传播损失可归纳为以下三个方面：①扩展损失。扩展损失表示声波的波阵面从声源向外不断扩展的简单几何效应，它是由于声波波阵面在传播过程中不断扩展而引起的声强衰减，也称为几何衰减。②吸收损失。在均匀海水中，由于海水的黏滞性、热传导性，海水中硫酸镁和硼酸–硼酸盐离子的弛豫过程引起的声强衰减为吸收损失，吸收损失使声强以指数形式随距离下降，吸收系数一般正比于频率二次方。③散射损失。在海水介质中，存在泥沙、气泡、浮游生物等悬浮粒子及海水介质理化性质的不均匀性和边界的不平整性，声场散射使能量重新分配而引起原传播方向上的声强衰减即是散射损失。（吴立新）

传感器件 transducer; sensor 一种能够灵敏感受被测的量，并按规律将其转换成输出电信号或其他形式输出信号的器件。传感器对应的英文有transducer或者sensor。前者表示一种能量转换器，将一种形式的能量转换为另外一种能量形式；后者是将一种形式的能量换成电能。所以传感器是一种能量信号的转换器，通常输出的是电信号。它像人的感官，能够感受周围气味、味道、声音、视觉和触觉等信息，也能感受人们无法感知的信息。随着信息化社会发展和物联网时代的到来，传感器将被广泛应用到日常生活、工业、农业、林业和国防等各个领域，满足信息的检测、传输、处理、存储、显示、记录和控制等需求。

类别　根据工作原理，传感器可分为物理型传感器、化学型传感器和生物型传感器三类。物理型传感器是利用材料结构、物理效应和材料特性将被测的量转换成输出电信号的传感器，如温度传感器、霍尔磁传感器、压电型压力传感器、加速度传感器、声音传感器、图像传感器和磁电式振动传感器等。化学型传感器是利用敏感材料与待测物质间的电化学反应原理，将化学成分和浓度参数等特性转换成电信号，如气体传感器、酸碱盐浓度传感器、离子传感器和湿度传感器等。生物传感器是利用材料的生物效应构成的传感器，如微生物传感器、DNA传感器、免疫传感器等。

按被测的量与输出电信号之间的关系，可分为间接传感和直接传感方式的传感器。间接传感方式传感器首先将被测的量转换成与被测的量成确定关系的非电学参数，再把这个非电学参数转换成输出电信号，如应变式压力传感器和电磁式振动传感器就是间接式传感器，它们首先分别将压力和振动转换成应变片电阻值和机械振动，然后再分别转换成电流（压）和电振荡信号。直接传感方式传感器是直接将被测的量转换成与被测的量成确定关系的输出电信号，如半导体光电传感器和二极管温度传感器，它们可直接将光和温度转成输出电信号。

特性　传感器输出的电信号通常很微弱，并且伴随着各种噪声、非线性和误差特性。为了高效、准确地得到被测的量，传感器的输出信号需要配备各种信号处理电路，如电桥电路、低噪声放大器、跨导放大器、补偿校正电路和模拟数字转换电路等，主要功能是提高传感器信号的幅度，抑制噪声，提高被测的量和输出信号间的线性度和模拟信号数字化，便于后续的信号处理。传感器的特性可分为静态特性和动态特性。静态特性是传感器在被测的量稳定条件下的输出信号和输入量的关系，衡量传感器静态特性的性能指标包括线性度、灵敏度、分辨率、量程和重复性等。动态特性是指对随时间变化的输入量的输出响应特性，反映传感器输出信号是否能够跟随被测的量时间变化的能力，包括频率响应特性、瞬态响应和动态误差等。在实际应用过程中，需要根据应用场景确定传感器的静态特性和动态特性，来选择所使用的传感器。

发展　传感器技术历经了三个发展阶段。第一阶段是结构型传感器阶段，这个阶段的传感器利用结构参量变化来感受和转化信号，如应变电阻式传感器、电感式传感器和电容式传感器等。第二阶段是随着20世纪70年代半导体微电子技术的发展，出现了新型固体传感器。这种传感器由半导体、电介质、磁性材料等固体元件构成，利用材料特性和物理效应实现传感，如利用热电效应、压电效应、霍尔效应和光敏效应分别制成热电偶传感器、微机电系统压力传感器、霍尔传感器、光敏传感器。第三阶段是随着信息化发展、物联网时代的到来和微电子集成技术发展，传感器不断向微型集成化、无线可移动化和智能化方向发展。微型集成化传感器可实现多种传感器和信号处理电路集成，具有集成度高、体积小、信号检测、信息处理和通信功能一体化优点；传感器无线可移动化是未来传感器发展的一个重要特征，无线传感网络和可穿戴设备发展推动着传感器技术不断向无线可移动方向发展；智能化传感器集成了传感器和智能信息处理器，不仅能够实现信号探测、自动校正补偿、变换处理和通信功能，还能利用人工智能技术，实现智能化信息处理、识别和判断。（吴南健）

传声器 microphone 将声信号转换为相应电信号的电声换能器。因换能原理或所用元件不同，有碳粒、电容（静电、驻极体）、电磁、电动（动圈）、铝带、热线、压电（晶体、陶瓷）、磁致伸缩、电子、半导体等传声器。因用途不同，有声压、压差、振速、全向、线列、抗噪声、近讲、喉式、标准等传声器。声压传声器的电输出与入射声波的瞬时声压相应。压差传声器的电输出与入射声波的声压梯度相应。振速传声器的电输出与入射声波的质点速度相应。全向传声器的灵敏度与入射声波的方向无关。线列传声器是由换能元件排列成直线阵或排列成声学上的等效结构的指向传声器。抗噪声传声器能降低环境噪声影响。近讲传声器是特为发音人在口旁使用而设计的。喉式传声器是在发音人喉部附近接触而受激励的传声器。标准传声器是声学测量的基础，用它来标定声压值。它在规定工作条件下频率响应已知，其灵敏度已按国际标准精确地校准。通常采用电容传声器作标准传声器。

传声器的主要电声指标有灵敏度、频率响应、指向性、输出阻抗和动态范围等。（章汝威）

垂直腔面发射激光器　vertical-cavity surface-emitting laser; VCSEL　一种谐振腔及出光方向都垂直于激光器芯片平面的半导体激光器。垂直腔面发射激光器的结构由镜面、有源层和金属接触层等组成，如图所示：

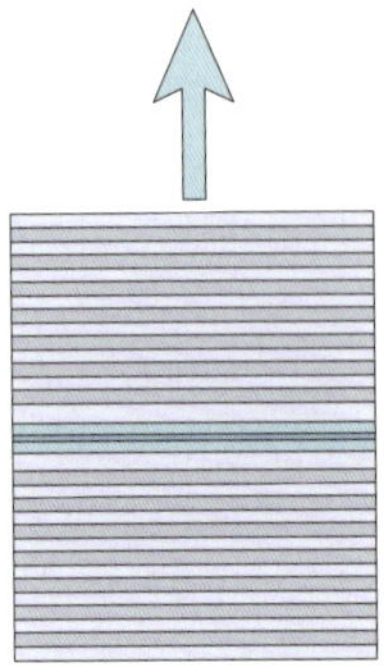

垂直腔面发射激光器

上下两个反射镜分别为p型和n型分布式布拉格反射镜（DBR）；有源区由多量子阱组成，两侧是限制层，一方面限制载流子，另一方面调节谐振腔长度，使其谐振波长正好是所需的激光波长；在衬底和p型DBR的外表层是金属接触层，形成欧姆接触，p型DBR上有圆形出光窗口，输出激光束。

上述各个半导体层通常是采用分子束外延（MBE）或金属有机化学气相沉积（MOCVD）的方法在衬底上外延生长而成，需要一百多层，而每层厚度只有几纳米。在生长中每层的厚度必须得到很好的控制，因为它对激射波长和最终的成品率有重要的影响。其横向结构通常用刻蚀法形成台面结构。

衬底的选择有以下几种：①硅衬底。将AlAs/GaAs DBR直接生长在硅上，由于其界面不平整，使DBR的反射率较低，所以在硅上制作的垂直腔面发射激光器还不曾实现室温连续激射。②蓝宝石衬底。采用晶片键合的方式将垂直腔面发射激光器结构从吸收光的GaAs衬底移开，转移到透明的蓝宝石衬底上，提高了功率。③砷化镓衬底。垂直腔面发射激光器采用最多的一种是GaAs基材料系统，能够实现高的Q值。④磷化铟衬底。对于较长波长（1550纳米）生长几十对的DBR已经比较困难，因此通过用高对比度光栅等结构取代DBR可以实现1550纳米波段的垂直腔面发射激光器。

与传统的端面发射半导体激光器相比，VCSEL具有诸多优点：谐振腔可以很短，纵模间距及纵模增益差很大，易于实现动态单纵模工作，模式控制主要是横模及偏振控制；VCSEL的有源区体积可以做得很小，具有阈值电流低，且基横模的圆对称输出光束可实现高光纤耦合效率；刻蚀成柱状结构的VCSEL，可实现微腔光场与量子点发光材料的强耦合，有利于研制单光子发射器件；易于完成工艺制作和检测，成本低；易于实现大规模阵列及光电集成。

1979年伊贺健一首先报道了77开温度下脉冲工作的InGaAsP/InP VCSEL，方案采用在衬底和外延层使用金和金/锌作为反射镜，有源层为1.8微米厚。随着精确可控的半导体材料生长技术的发展，1989年报道了室温连续工作的GaAs/GaAlAs VCSEL。AlAs材料可以在高温湿氮条件下氧化成低折射率的氧化层，能形成电流注入的窗口，同时又有波导的限制作用，简化了GaAs系列VCSEL的制作过程。但InGaAsP/InP系列VCSEL的制作一直进展缓慢。为了研制长波长InP系列VCSEL，人们尝试了许多方案，如利用GaAs系DBR、埋层隧穿注入以及不同材料键合等，但总体工艺过程远比GaAs系列VCSEL复杂。利用近波长尺度的单薄层高对比度光栅，可实现宽光谱范围垂直入射光大于99%的反射率，而且具有偏振选择作用，这种新型光栅结构已用于研制1550纳米VCSEL。

垂直腔面发射激光器有广泛的应用前景。该器件可高密度、高传输率、高并行光输出，方便进行二维空间组合，使其成为理想的集成光电子有源器件和空间光学及光计算机并行处理的关键器件；其高密度的平面阵列集成，可用于图像处理与模式识别，还可用于光神经网络计算技术和多值逻辑等新型电路；控制二维阵列中各激光器的相位可以控制输出光的相干性，各个激射光的锁模，可获得方向性强的大功率激光；其高的响应速度特别适用于计算机中的芯片光互连和自由空间光互连，还可做成高速率的光开关；该器件适宜与光纤实现高效率耦合，可作为高密度光盘的读写光源；还可成为固体激光器的理想泵浦光源。　（王宇飞　黄永箴）

纯态　pure state　可用一个波函数描述的量子态。见混合态。

磁标势　magnetic scalar potential　为简化磁场的计算处理磁介质相关的磁场问题，在一定条件下引入的一个辅助物理量。如果稳恒磁场的某个单连通局部区域V中没有传导电流，则可以类似于静电场中引入电势的方法，可在该区域内引入磁标势ϕ_m。这时由于区域内没有传导电流，因此：

$$\oint_L \boldsymbol{H}\cdot d\boldsymbol{l}=\int_S \boldsymbol{J}_f\cdot d\boldsymbol{a}=0$$

式中$\boldsymbol{H}$为磁场强度；$\boldsymbol{l}$为任意封闭曲线。由上式可以规定磁标势与磁场强度的关系式为：

$$\boldsymbol{H}=-\nabla\phi_m$$

根据$\boldsymbol{B}=\mu_0(\boldsymbol{H}+\boldsymbol{M})$和$\nabla\cdot\boldsymbol{B}=0$得：

$$\nabla\cdot\boldsymbol{H}=-\nabla\cdot\boldsymbol{M}$$

在此基础上，可以引入磁荷ρ_m，$\rho_m=-\mu_0\nabla\cdot\boldsymbol{M}$磁场和磁荷的关系为$\nabla\cdot\boldsymbol{H}=\rho_m/\mu_0$。则磁标势与磁荷满足的微分方程为：

$$\nabla^2\phi_m=-\rho_m/\mu_0$$

这样磁场、磁标势和磁荷可以分别类比静电场中电场、电势和电荷，求解磁场的某些问题可以归结为在给定边界条件下求解磁标势的泊松方程。对于分区均匀的各向同性线性介质，问题归结为在给定边界条件下解磁标势的拉普拉斯方程。

（陈晓林）

磁层　magnetosphere　在天体周围被空间等离子体包围并受天体磁场控制的区域。许多天体都具有磁场，绝大部分宇宙物质以等离子体形式存在，所以磁层在宇宙中是很普遍的。磁层一词最早是T.戈尔德在1959年研究太阳风与地球磁场相互作用时提出来的，当时专指地球磁层，随着对其他天体磁层的探测和研究逐渐增多，磁层一词就泛指所有天体的磁层。

直接探测证明，太阳系中的水星、地球、木星和土星都具有较强的磁场，太阳风流过它们时都形成磁层。太阳及其行星际磁场一同在星际空间运动，排斥星际介质而形成的日球，就是太阳磁层。由于等离子体的密度和速度以及星体磁矩的大小和方向等不同，磁层的尺度和结构也有很大差异。

磁层研究虽已由地球磁层扩展到行星磁层，但地球磁层还是人类有能力直接探测并详细研究的唯一空间区域，是研究的重点，地球磁层具有很复杂的磁层结构和密度变化范围很宽的等离子体。研究地球磁层，有助于对其他天体磁层的了解。

（陈熙谋）

磁场　magnetic field　电流、运动电荷、磁体或变化电场周围空间存在的传递磁相互作用的一种特殊形态的物质。其基本特性是对置于其中的运动带电粒子施加力的作用，根据这一点可描述磁场。描述磁场的基本物理量是***磁感应强度*** $\boldsymbol{B}$，它是一个矢量，其大小和方向根据运动电荷所受的洛伦兹力$\boldsymbol{f}=q\boldsymbol{v}\times\boldsymbol{B}$确定。磁感应强度的国际单位制单位为特斯拉（T），另一个常用的单位是高斯（Gs），1高斯$=10^{-4}$特。磁场可用磁力线形象地图示。***磁力线***是由一些无源的闭合曲线组成的有向曲线族，表明磁场是有旋无散的矢量场。直接或间接的观测表明，地球、天体和星际空间都存在强度极为不同的磁场。人体的一些组织和器官也会由于生命活动而产生强度不同的微弱磁场。磁场的普遍存在，对于科学研究、现代生产技术和人类生活有着重要意义。如以电磁感应为基础的发电、传输电和用电技术中广泛需要磁场，在能量转换过程中起重要作用；控制带电粒子运动的加速器、电子显微镜、微波电子管（如磁控管、行波管、返波管等）中磁场具有重要地位；磁场使处于其中的载流导体受到力的作用是电动机、扬声器、磁电式仪表等换能器和检测仪表的工作原理；非均匀磁场使磁性不同的物体受到大小和方向不同的力作用是磁力分离技术的物理基础，这种技术已广泛用于工业选矿、除杂质和医学上除细菌、病毒以及分离红白细胞等；各种微弱磁场的探测已用于医疗诊断等。（陈熙谋）

磁场强度 magnetic field strength 描述磁场的一个辅助量。磁场强度通常用$\boldsymbol{H}$表示，定义为：

$$\boldsymbol{H}=\boldsymbol{B}/\mu_0-\boldsymbol{M}$$

式中$\boldsymbol{B}$为磁感应强度；$\boldsymbol{M}$是介质的磁化强度；$\mu_0=4\pi\times10^{-7}$亨［利］/米是真空磁导率。与*磁感应强度*$\boldsymbol{B}$不同，磁场强度$\boldsymbol{H}$是有源场，在磁体的磁极处是$\boldsymbol{H}$线的源或汇。以前曾认为磁性起源于磁荷，并得到与静电库仑定律相似的磁库仑定律。与静电情形类似，很自然地用单位指北磁荷所受的磁力描述磁场，这样定义的就是磁场强度$\boldsymbol{H}$，因此$\boldsymbol{H}$是描述磁场的基本量。在认清磁性起源于电流之后，利用运动电荷或电流受磁力的性质来描述磁场，这样引入的磁感应强度$\boldsymbol{B}$成为描述磁场的基本量，而$\boldsymbol{H}$则退居为描述磁场的辅助量。$\boldsymbol{H}$在国际单位制中的单位为安［培］/米，在高斯制中的单位为奥［斯特］，1安/米＝$4\pi\times10^{-3}$奥。（陈熙谋）

磁重联 magnetic reconnection 等离子体物理中一种重要的快速能量转换过程。又称磁力线重联、磁感线重联、磁对消、磁场湮灭。磁重联一般指在高导电率的磁化等离子体的电流片中，磁场拓扑结构发生改变，同时伴随磁能快速转化成等离子体的动能和热能的过程，即磁重联过程中等离子体中的带电粒子会迅速被加热、加速。

电流片中的重联区结构大致如图所示。电流片流向在与图垂直方向，在横向展开，所产生的磁力线分布亦如图中所示。分形线将这一重联区分成上下两个入流区和左右两个出流区。中间阴影区域为重联耗散区。等离子体从入流区进入重联

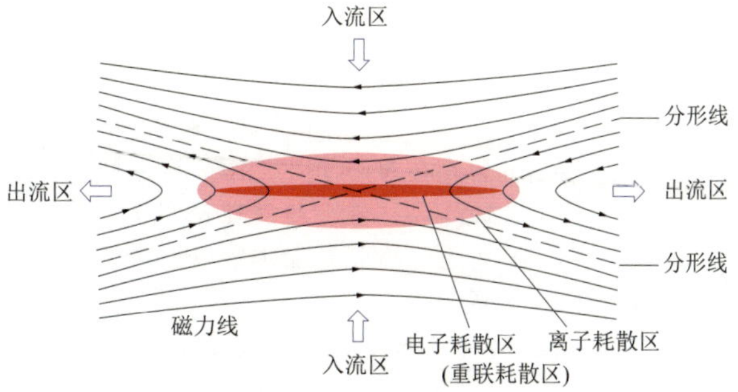

磁场重联区域结构示意图

耗散区后，迅速被加热加速后，从出流区离开。具体来说，高导电率的磁化等离子体中，带电粒子（电子和离子）均冻结在固定的磁力线上，这称为理想等离子体的磁冻结效应。磁重联过程中，大部分区域磁冻结效应基本成立，称为理想磁流体区域；只在重联电流片中心附近的重联耗散区，磁冻结效应被破坏，磁力线发生断开和重新连接。耗散区的中心区域，电子和离子的冻结效应均不成立，被称为电子耗散区；重联耗散区中电子耗散区之外的部分则是离子耗散区，此处较重的离子已经与磁力线解耦，但电子依然被冻结在磁力线上。此处由于电子和离子磁冻结性质不同而产生*霍尔效应*。研究表明，无碰撞等离子体中离子耗散区的霍尔效应会大大提高磁重联的能量转换速率，即重联率。

磁重联分自发重联和受迫重联两类。自发重联的能量来自重联发生之前存储在电流片中的自由能，其触发机制和重联过程中的粒子加热加速机制与耗散区的等离子体波动（如哨声波、阿尔文波、低混杂波等）或等离子体湍流等密切相关。重联率的大小则与离子耗散区的性质密切相关。受迫重联的触发和重联速率主要由电流片外边沿理想磁流体区域的外界驱动条件决定。

磁重联理论在实验室、空间、天体等离子体物理领域里都有重要的应用。很多“快尺度”的大规模能量转换过程，如实验室中磁约束等离子体的锯齿崩塌、撕裂模不稳定性，空间物理中太阳风等离子体与地球磁层之间的耦合、地磁暴和磁层亚暴，天体（太阳）物理中的恒星耀发、太阳耀斑、日冕物质抛射等，都与磁重联密切相关，甚至是磁重联为主导。而且基于磁重联理论发展起来的“磁场拓扑”理论对几何与拓扑研究也有很大的推动。（肖池阶）

磁畴 magnetic domain 铁磁性或者亚铁磁性材料中磁化强度（磁矩）方向相同的微小区域。当温度低于材料的居里温度时，在铁磁材料中发生自发磁化，由于退磁能的作用，材料中的磁化强度将分成沿不同方向磁化的许多小区域即磁畴，各个区域的磁化强度方向不同相互抵消。一般无外磁场时，磁体的宏观磁化强度为零。铁磁体的磁畴大小一般在微米量级。同一区域（磁畴）内原子磁矩整齐排列，取向相同，不同区域内磁矩取向由其晶体的磁各向异性决定。1931年F.比特等用显微镜观测到磁畴。1935年L.D.朗道和E.M.栗弗席兹从理论上阐明铁磁体内产生磁畴是使体系内能降低和状态稳定的必然结果，最主要是降低了退磁能。对体心立方或六角晶体，相邻磁畴间的磁矩取向可能相反（形成180°畴），或相互垂直（形成90°畴）。对面心立方晶体，除180°畴外，因为磁化轴间交角可能有71°或109°，相邻磁畴间的磁矩交角因接近90°，亦常称为90°畴。此外，还有树枝状磁畴等。两磁畴之间由于存在一个磁矩转向的过渡区成为畴壁，畴壁能γ由各向异性能常数K和交换能常数A决定（为$\sqrt{KA}$量级）。畴壁能因磁畴的数量增加而增大，对体系的稳定不利。畴壁使磁畴体积具有适当的尺度，一般在10^{-3}厘米。另外，畴壁的厚度δ与$\sqrt{A/K}$成比例，一般在几纳米到几十纳米。在反铁磁物质中也具有磁畴结构。（杨金波）

磁单极子 magnetic monopole 带单极性磁荷的粒子。1931年英国物理学家P.A.M.*狄拉克*从分析量子系统波函数相位的不确定性出发，指出现在理论允许只带一种磁极性（北极或南极）的粒子（磁单极子）单独存在，并导出相应的狄拉克量子化条件：

$$\frac{qg}{\hbar c}=\frac{n}{2}\quad(n=1,2,3,\cdots)$$

磁单极子的磁荷g与其他任何带电粒子的电荷q乘积被$\hbar c$除，必须是整数或半整数。$n=1$对应最小电荷和最小磁荷，分别称为单位电荷和单位磁荷。狄拉克量子化条件指出，任何带电粒子的电荷必须是单位电荷的整数倍，任何带磁粒子（磁单极子）的磁荷必须是单位磁荷的整数倍。如果磁单极子确实存在，它在一定程度上

解释了实验上观测到的带电粒子电荷量子化现象，即任何一种带电的物质不管它们在其他方面的性质如何，它们所带的电荷精确地等于电子电荷的整数倍，如实验测得的质子电荷与电子电荷的绝对值在很高精度上相等。进一步地，J.S.**施温格**指出，可以存在既带电荷又带磁荷的粒子，称为双荷子。对两个双荷子（q_1g_1, q_2g_2）组成的系统，狄拉克量子化条件应推广为：

$$\frac{q_1g_2 - q_2g_1}{\hbar c} = \frac{n}{2}$$

狄拉克关于存在磁单极子的假设引起了理论和实验物理学家的广泛兴趣。在经典电动力学理论中引入磁单极子，它对应的电磁势必然存在奇异性。狄拉克通过引进一根弦来抵消这个奇异性，这根弦称为狄拉克弦。狄拉克弦是非物理的，正如**杨振宁**和吴大峻所指出的，它本质上来源于磁单极子对应的U(1)规范势无法在一个二维球面上整体地定义。除狄拉克量子化条件外，磁荷的量子化值在理论上没有限制。1974年，G.特霍夫特和A.M.波利亚科夫分别独立地把U(1)电磁场嵌入到SU(2)**规范场**中，并通过**希格斯机制**把SU(2)对称性自发破缺到U(1)对称性，从而避免了引入狄拉克弦，得到了在全空间正则的能量有限的磁单极（数值）解，能量大约是相应的矢量粒子质量的137倍，磁荷为狄拉克单位磁荷。

因为SU(2)规范理论并非真实的物理模型，而SU(2)×U(1)电弱统一理论已经从数学上证明不存在磁单极解，存在正则磁单极解的最简单的物理模型是SU(5)大统一理论。在这一理论中磁荷只能是狄拉克单位磁荷的±1、±2、±3或±4倍。其中±3倍单位磁荷的磁单极是不带色的，根据色禁闭的假设（见**量子色动力学**），它也许在物理上更使人感兴趣。因为大统一理论中重矢量粒子的质量在10^{14}吉电子伏量级，所以磁单极子的质量也重达10^{16}吉电子伏。理论上还有不少人讨论磁单极子与物质相互作用的特点和性质，磁单极子的存在对宇宙学的影响，以及磁单极子媒介质子衰变的可能性。磁单极子的存在还会引起物理上可能很重要的新现象，如带整数自旋的电荷和带整数自旋的磁单极子构成的系统可具有半整数的自旋；费米子和磁单极子系统可有带半整数费米子数的状态存在。

磁单极子在理论中有诸多的应用，除了可以解释电荷量子化以外，它本身是一个非微扰的物体，而且具有非平凡的拓扑数。这一类的半经典解在凝聚态物理、量子色动力学和粒子宇宙学中都有着重要的应用。更为重要的是，磁单极子的存在启发人们提出了电磁**对偶性**的思想。C.蒙托宁和D.I.奥利弗指出在规范理论中磁单极子和规范粒子的角色可以互相交换。在强耦合情形，通常的规范粒子变得很重，而磁单极子很轻，因此在对偶的理论中原来的规范粒子变成了磁单极子而原来的磁单极子变成了规范粒子。这个对偶的思想在$N=4$超对称杨－米尔斯理论中得以实现，并在**超弦理论**中发展成熟，成为第二次弦革命中统一五种超弦理论的基石。

实验方面，主要是按照狄拉克磁单极子的观念，在宇宙线、磁铁矿、海底沉积物、陨石、月球岩样、加速器的轰击物等中做了广泛查寻，几乎都得到否定的结果。唯有1982年美国加利福尼亚大学的B.卡夫雷拉利用超导环的方法检测到一个似乎是带单位狄拉克磁荷的粒子的事例。以后许多人用更敏感的探测系统来检测，但都没有探测到磁单极子事例。

尽管实验上尚未肯定地找到磁单极子，但因为磁单极子解是很自然地由现有理论中得到的，而且它的存在能较自然地解释电荷量子化现象，所以磁单极子仍吸引一部分理论和实验物理学家进行研究。

（马中骐　陈　斌）

磁导率　magnetic permeability　表征物质磁性的物理量。定义为物质内部的磁感应强度$\boldsymbol{B}$与磁场强度$\boldsymbol{H}$的比值，常用μ表示，$\boldsymbol{B}=\mu\boldsymbol{H}$，$\mu$单位为亨/米。为了描述物理状态的方便，写成$\mu=\mu_r\mu_0$，式中$\mu_0$称为真空磁导率，国际单位制中规定$\mu_0=4\pi\times10^{-7}$亨/米，$\mu_r$称为相对磁导率，相应地有时也称$\mu$为绝对磁导率。对于各向同性线性介质，$\mu_r$是一个无量纲的纯数，它与磁化率的关系是$\mu_r=1+\chi_m$，$\chi_m$为磁化率。对于各向异性介质，磁感应强度$\boldsymbol{B}$与磁场强度$\boldsymbol{H}$方向不同，$\mu_r$是一个张量。对于强磁性的铁磁质或磁场很强的情形，$\boldsymbol{B}$与$\boldsymbol{H}$呈现非线性关系。

（陈熙谋）

磁岛　magnetic island　在非理想等离子体中，靠得较近的平行反向磁场间可能存在的闭合磁力线结构。在圆柱位形和环位形等离子体中，理想磁流体力学平衡的磁场位形，一般由环绕单根磁轴的简单嵌套磁面族组成，从圆柱的横截面上来看，就是一系列同心圆。实际等离子体中通常有电阻、黏滞等耗散效应。在非理想等离子体中，当两个方向相反的平行磁场靠得很近时，电阻撕裂模等不稳定性引起的垂直于磁场方向的扰动，就有可能在有理面附近产生磁场重联，即在两个反向平行场间形成闭合磁力线，从而形成磁岛结构。

磁岛拥有自己局部的磁轴，以及环绕该磁轴的自己的嵌套磁面族。在环位形等离子体中，磁场由环向磁场和极向磁场合成，每根磁力线都是同时绕着环向和极向旋转的螺旋线。因此每个磁岛随着自己的磁轴，环绕圆环发生螺旋形扭曲。每个磁岛的整体结构沿着环向绕行一圈或若干圈之后会自我闭合。需绕的圈数取决于磁岛所环绕的磁轴所在有理面的q值，$q=m/n=$绕环向圈数/绕极向圈数，这里m和n分别为极向模数和环向模数，见图（图a为简单嵌套磁面的情况，图b为具有$m=1, 2$磁岛结构的情况）。磁岛对等离子体不稳定性、输运和约束均有很大影响。

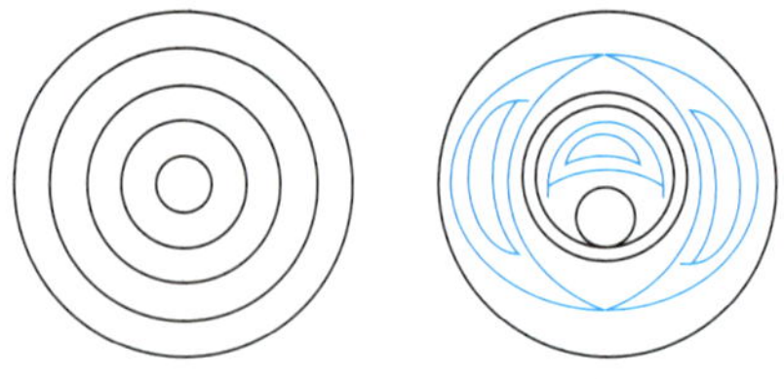
a　　b

磁场位形的横截面

（李　定）

磁缔合　magnetic association　通过磁场调谐的费希巴赫共振效应将两个相互碰撞的基态原子缔合成一个冷分子或超冷分子的过程。费希巴赫共振技术是调节超冷玻色气体或费米气体中原子之间相互作用的一个强有力的工具。费希巴赫共振是一种散射共振，当入射原子的开放通道与闭合的分子通道耦合（两个自由原子的碰撞能量与一个准束缚的分子态一致）时，就会发生这种共振，从而形成冷分子或超冷分子。通常利用磁场调谐的费希巴赫共振缔合形成的分子叫作费希巴赫分子；当磁场存在时，这种费希巴赫分子的寿命很长，而当磁场撤除时分子寿命较短，一般小于1秒。

（印建平）

磁电复合材料　magnetoelectric composite　由两种或两种以上具有不同性质的材料通过物理或化学方法在宏观/微观上组成的材料。通常构成磁电复合材料的铁电相和磁性相本身都不具有**磁电效应**，但二者之间的耦合可使铁电－磁性共存体系在室温下产生显著的磁电效应。在磁电复合材料中，磁电复合必须借助铁电和磁性之外的序参量，并通过复合界面来实现磁电耦合传递。尽管复合材料中的磁电效应为非本征效应，但其显著的室温磁电性比单相化合物高几个数量级，显示出更好的应用价值。

磁电复合材料中的磁电效应来源于两相间弹性耦合的乘积效应，可以形象地描述为0+0>0型复合效应。即利用界面将不具有磁电效应的各组分通过形成复合材料具有了磁电性。根据这个定义，复合材料中磁电效应为磁性相磁致伸缩效应（或压磁效应）与铁电相压电效应（或逆压电效应）的乘积，表明磁电复合材料中两相之间通过力学应变/应力传递实现电与磁现象的耦合。

磁电复合的物理意义在于：首先人工复合材料有很大自由度，方便实现人工设计；其次交变外场驱动下的磁电耦合性能显著，共振状态下具有超高敏感度。通过选择合适的组成相、改变各相成分比、调控显微结构及界面结构等，为磁电复合材料的设计制备提供了灵活性，实现了磁电效应的优化。研制的多种组成成分（如陶瓷基复合材料、铁磁金属基复合材料、高分子基复合材料）、多种连通型结构的磁电复合材料（如0-3型颗粒复合材料、2-2型叠层复合材料、1-3型纤维复合材料等），力学共振频率在10千赫～1兆赫范围，室温磁电耦合系数达10～10 000伏/（奥斯特·厘米），推动了磁电复合材料走入应用研发轨道。

紧随着磁电复合材料研究的步伐，2003年左右开始基于磁电效应设计并制造了具有各类电-磁-力特性的器件原型。如基于正磁电效应设计的磁场传感器，室温交流磁场探测精度可达10^{-13}特斯拉量级，直流磁场探测精度达10^{-10}特斯拉量级，并具有成本低、功耗小的优点，在包括航海航空、医学检测、地质勘探等方面具有应用前景。基于逆磁电效应设计的可调电感器件、可调微波器件，在电场作用下器件电感可调谐度达到450%，铁磁谐振峰移动达200兆赫以上。

作为一种新型多功能材料，磁电复合材料不但能用于单一铁性材料的应用领域，更在新型磁电传感器件、自旋电子器件、新型信息存储器件等领域展现出巨大的应用前景。另外，磁电耦合的物理内涵涉及电荷、自旋、轨道、晶格等材料物理的多个范畴，已成为一个新的前沿研究领域。磁电材料将传统上缺乏内禀联系的铁电与磁性两大类材料与电子、信息和能源产业密切联系的学科领域有机结合起来，并赋予了其新的学科内容。

（马 静）

磁电耦合 magnetoelectric coupling 磁有序和铁电有序之间的耦合。见*磁电效应*。

磁电效应 magnetoelectric effect 物质的磁学和电学性质之间的耦合。广义的磁电效应泛指磁场对物质电学性质的影响，包括*磁电阻效应*、*霍尔效应*、磁介电效应、磁电容效应、磁阻抗效应等。狭义的磁电效应指*磁电耦合*效应，即磁场改变电极化强度或者电场改变磁化强度的物理现象。前者被称为正磁电耦合效应，后者被称为逆磁电耦合效应。磁电耦合效应可划分为线性磁电耦合效应和非线性磁电耦合效应，静态磁电耦合效应和动态磁电耦合效应。

早在1894年，P.居里就猜想自然界中存在本征的磁电耦合效应——用磁场使非运动介质产生电极化或者用电场使非运动介质产生磁化。1926年，P.J.W.*德拜*在总结了前人一系列不太成功的实验后，提出了磁电效应一词。1958年，L.D.*朗道*和E.M.栗弗席兹理论预言了线性磁电耦合效应。随后，I.E.贾洛申斯基根据对称性的分析预言了Cr_2O_3的反铁磁态应存在线性磁电耦合效应。1960年苏联物理学家D.N.阿斯特罗夫在Cr_2O_3中首次观察到电场导致的磁化强度变化。随后，G.T.拉多和V.J.弗仑在Cr_2O_3单晶中观测到了磁场诱导的电压变化。此后陆续合成出几十种磁电耦合材料，但是其中的磁电耦合系数都非常小。2003年起先后在多铁性材料$TbMnO_3$和$TbMn_2O_5$中发现了明显的磁电耦合效应，通过外加磁场能够改变电极化强度。

磁电效应蕴含着丰富的基础科学问题，对它的研究极大地推动了凝聚态物理基础理论和实验技术发展。同时，磁电效应在能源、信息、国防和生物医学等领域有着广泛的应用前景。基于磁电效应可以实现电荷与磁通的直接关联，从而构建第四种基本电路元件电耦器和相应的非线性记忆元件忆耦器。对磁电效应的研究正在发展成为一门新兴的学科——磁电学。

（孙 阳）

磁电阻效应 magnetoresistance effect; MR 金属或者半导体的电阻（率）随磁场发生变化的现象。通常定义比值$MR=[\rho(B)-\rho(0)/\rho(0)]\times100$为磁电阻的大小，用其来表示磁电阻效应的强弱。在大多数金属中，磁电阻一般都为正值，但在一些特殊的过渡族金属和类金属合金中，磁电阻可能会出现负值现象。一些材料的磁电阻效应具备高灵敏度和抗干扰的特点，因而被广泛应用于磁敏传感器、电子罗盘、角度传感器以及磁记录读头等器件中。关于磁电阻效应，最主要的可以分为以下几类。

①正常磁电阻效应。在非磁性的金属或者半导体中，由于电子在磁场下会受到洛伦兹力的作用而做圆周运动，从而使电子的运动路程增加、散射概率增大，进而增加材料的电阻，该效应称为正常磁电阻效应。

②各向异性磁电阻效应。在磁性材料中，电阻随磁矩与电流的相对取向改变而发生变化的现象，它来源于自旋轨道耦合和磁矩的共同作用。

③巨磁电阻效应。在铁磁性层（FM）/非磁性金属层（NM）/铁磁性层（FM）构成的三明治结构或者周期性多层膜体系$(FM/NM)_N$以及相关的颗粒膜系统中，由于电子的自旋相关散射，当铁磁层或铁磁纳米颗粒的磁矩处于平行和反平行排列时体系的电阻会产生显著变化的现象。

④隧穿磁电阻效应。在铁磁性层/绝缘层/铁磁性层的三明治结构中，由于电子在绝缘层中的自旋相关隧穿效应，其电阻随两边铁磁层磁矩相对取向的改变而发生显著变化的现象。

⑤庞磁电阻效应。一般在具有钙钛矿结构的锰氧化物中，在居里温度附近，电阻随磁场变化而发生若干数量级巨大变化的现象。庞磁电阻效应被认为源于磁场诱导的铁磁-顺磁相变及与之伴随的金属-绝缘体转变等物理机制，庞磁电阻效应进一步量化的物理起源还需要更多的研究。

（韩秀峰）

磁冻结 magnetic frozen 处于磁场中的良导电流体与所处的磁力线一起运动的现象。多发生在高温等离子体中。磁冻结是对等离子体作磁流体描述时出现的一种重要现象。由于磁流体元中包括了同电荷量的电子和离子，整体上是电中性的，不会产生空间电荷分离以及空间静电场。但磁流体元运动时，电子和离子产生的电流方向和大小都完全不同，会有空间电流及随时间和空间变化的电磁场出现。当等离子体的电阻为零时，磁场随时间的变化仅由流体元切割磁力线时引起的感生电场自洽决定，而这个感生电场又由磁场和流速决定。这时磁力线的运动与流线的运动是耦合在一起的，即初始骑在某一流线上的磁力线，以后也永远骑在这条磁力线上，不会移到旁边的流线之上。这种现象就形象地被称为磁力线冻结，或简称磁冻结。

磁冻结是就流体运动的观点而言的，反过来也可以认为流体冻结在磁力线上，或流体冻结。这就要看驱动磁流体运动的源项是什么。在实验室磁流体中，驱动源往往是热压力，它先迫使流体元运动，然后才是磁场被冻结在流线上跟着运动。而在自然界的磁流体（如日珥和地球磁层）中，磁重联等磁场重组往往是驱动磁流体运动的主要源头，这时磁场形态先改变，然后拖着流体一起运动。无论驱动源是什么，当动起来时磁场和流场都是自洽地耦合在一起的。

在实验室等离子体中磁冻结主要发生在电阻率很低的高温等离子体中。随温度降低，电阻率增加，磁场就逐渐从原来所处的流体元向周围扩散，称为磁扩散。磁扩散时间取决于电阻率和等离子体尺度。空间等离子体由于有很大的尺度，有很长的扩散时间。（胡希伟）

磁感应强度 magnetic induction 描述磁场分布的基本量。又称磁通密度。磁感应强度是一个矢量，用符号$\boldsymbol{B}$表示。它是通过磁场对运动电荷或电流所施的力来定义的。速度为$\boldsymbol{v}$的点电荷q在磁场中受的力$\boldsymbol{f}$可表示为$\boldsymbol{f}=q\boldsymbol{v}\times\boldsymbol{B}$，式中$\boldsymbol{B}$即为磁感应强度。当电荷运动方向与磁场方向相同或相反时，运动电荷不受力；当电荷运动方向与磁场方向垂直时，受的力最大，为$f_m=|q|vB$，比值$f_m/(|q|v)$是一个与运动电荷无关的量，反映了磁场本身的性质，因而可用以定义磁感应强度的大小；而磁感应强度的方向定义为与电荷不受力时的速度方向平行，指向为由正电荷所受最大力$\boldsymbol{f}_m$的方向转向电荷运动方向时右手螺旋前进的方向。定义了$\boldsymbol{B}$之后的上述公式即为洛伦兹力公式，根据它可确定运动电荷在磁场中所受到的力。电流元$I\mathrm{d}\boldsymbol{l}$在磁场中所受的安培力公式为$\mathrm{d}\boldsymbol{f}=I\mathrm{d}\boldsymbol{l}\times\boldsymbol{B}$，由它也可定义磁感应强度。国际单位制中磁感应强度的单位是特［斯拉］，高斯单位制中磁感应强度的单位是高斯，1特$=10^4$高斯。（陈熙谋）

磁高斯定理 magnetic Gauss' theorem 磁场的基本定理之一。磁高斯定理可表述为磁场中磁感应强度$\boldsymbol{B}$对任意闭合曲面的积分恒等于零，用公式表示为：

$$\oint \boldsymbol{B}\cdot \mathrm{d}\boldsymbol{s}=0$$

磁高斯定理可以从毕奥－萨伐尔定律和磁场的叠加原理导出。运用数学中的高斯公式可将磁高斯定理表述为微分形式，即磁感应强度的散度为零：

$$\nabla\cdot\boldsymbol{B}=0$$

磁高斯定理与静电场高斯定理有很大的不同，它说明：磁场是无源的，或无散的，描述磁场的磁感应线是一些无源头的连续曲线；对于磁场中的任意闭合曲面，磁感应线从一端穿入，必定连续地从另一端穿出。对于电的情形，可以存在单独的正电荷和负电荷，正电荷是静电场的源头，负电荷是静电场的尾闾。磁场的无源性与实验中未观测到磁单极子是一致的，指北磁极和指南磁极总是同时存在的。磁高斯定理是普遍的电磁场麦克斯韦方程组的组成部分。（陈熙谋）

磁各向异性 magnetic anisotropy 物质的磁性随方向而变的现象。主要表现为弱磁体（包括抗磁、顺磁和反铁磁体）的磁化率及强磁体（铁磁体）的磁化曲线随磁化方向的不同而不同。铁磁体的磁各向异性尤为突出，是铁磁体的基本磁性能之一，表示饱和（或自发）磁化在不同磁化方向时自由能密度不同，其磁化曲线的形状也不同。磁各向异性包括磁晶各向异性、形状磁各向异性（也叫退磁场各向异性）、表面磁各向异性、感生磁各向异性、应力磁各向异性（也叫磁弹各向异性）、交换磁各向异性等。（翟宏如）

磁共振 magnetic resonance 在恒定磁场和高频磁场（回旋共振时为高频电场）同时作用下，当恒定磁场强度与高频磁场的频率满足一定条件时，固体对高频电磁场的共振吸收现象。见*磁学*。

磁共振成像 magnetic resonance imaging 利用核磁共振现象从人体中获得电磁信号，并重建人体信息的成像技术。是断层成像技术的一种。

沿革　1946年，F.布洛赫和E.珀塞耳各自独立地发现了**核磁共振**现象，此为磁共振成像技术的理论基础。1972年，P.劳特布尔发明了一套对核磁共振信号进行空间编码的方法，这种方法可以重建人体图像。

磁共振成像技术诞生之初曾被称为核磁共振成像。到20世纪80年代初，作为医学新技术的NMR成像越来越为公众所熟悉。随着大磁体的安装，有人开始担心字母“N”可能会对磁共振成像的发展产生负面影响。另外，“nuclear”一词还容易使医院工作人员对磁共振检查产生另一个核医学检查技术的联想。因此，为了突出这一检查技术不产生电离辐射的优点，同时与使用放射性核素的核医学相区别，放射学家和设备制造商均同意把“核磁共振成像术”简称为“磁共振成像（MRI）”。

成像原理　含单数质子的原子核，例如人体内广泛存在的氢原子核，其质子有自旋运动，带正电，产生磁矩，有如一个小磁体。小磁体自旋轴的排列无一定规律，但如在均匀的强磁场中，则小磁体的自旋轴将按磁场磁力线的方向重新排列。在这种状态下，用特定频率的射频进行激发，作为小磁体的氢原子核吸收一定量的能而共振，即发生了磁共振现象。停止发射射频脉冲，则被激发的氢原子核把所吸收的能逐步释放出来，其相位和能级都恢复到激发前的状态。这一恢复过程称为弛豫过程，而恢复到原来平衡状态所需的时间则称之为弛豫时间。有两种弛豫时间，一种是自旋－晶格弛豫时间，又称**纵向弛豫时间**，反映自旋核把吸收的能量传给周围晶格所需要的时间，也是90°射频脉冲质子由纵向磁化转到横向磁化之后再恢复到纵向磁化激发前状态所需时间，称T1。另一种是自旋－自旋弛豫时间，又称横向弛豫时间，反映横向磁化衰减、丧失的过程，即横向磁化所维持的时间，称T2。T2衰减是由共振质子之间相互磁化作用所引起，与T1不同，它引起相位的变化。人体不同器官的正常组织与病理组织的T1是相对固定的，而且它们之间有一定的差别，T2也是如此。这种组织间弛豫时间上的差别，是磁共振成像的成像基础。获得选定层面中各种组织的T1（或T2）值，就可获得该层面中包括各种组织影像的图像。

设备　磁共振成像系统包括MR信号产生和数据采集、处理及图像显示两部分。MR信号的产生是来自大孔径、具有三维空间编码的MR波谱仪，而数据采集、处理及图像显示部分，则与CT扫描装置相似。

磁共振成像设备包括磁体、梯度线圈、供电部分、射频发射器及MR信号接收器，这些部分负责MR信号产生、探测与编码；模拟转换器、计算机、磁盘与磁带机等，则负责数据处理、图像重建、显示与存储。

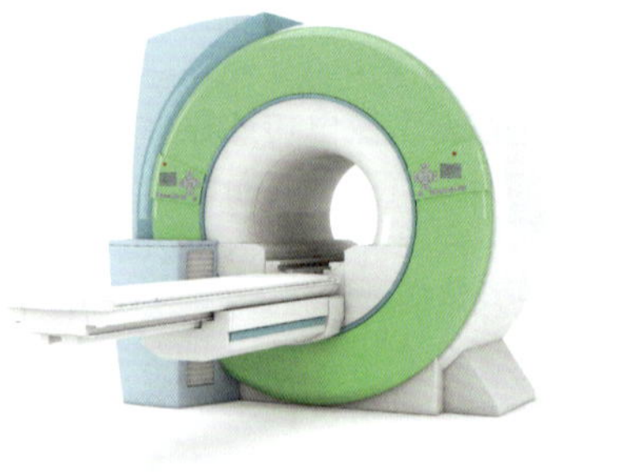

磁共振成像设备

适用证　①神经系统病变，如脑梗死、脑肿瘤、炎症、变性病、先天畸形、外伤等，为应用磁共振成像最早的人体系统，对病变的定位、定性诊断较为准确、及时，可发现早期病变。

②心血管系统，可用于心脏病、心肌病、心包肿瘤、心包积液以及附壁血栓、内膜片的剥离等诊断。

③胸部病变，如纵隔内的肿物、淋巴结以及胸膜病变等诊断，可以显示肺内团块与较大气管和血管的关系等。

④腹部器官，如肝癌、肝血管瘤及肝囊肿的诊断与鉴别诊断，腹内肿块的诊断与鉴别诊断，尤其是腹膜后的病变。

⑤盆腔脏器，如子宫肌瘤、子宫其他肿瘤、卵巢肿瘤，盆腔内包块的定性定位，直肠、前列腺和膀胱的肿物等。

⑥骨与关节，如骨内感染、肿瘤、外伤的诊断与病变检查，尤其对一些细微的改变如骨挫伤等诊断有较大价值，对关节内软骨、韧带、半月板、滑膜、滑液囊等病变及骨髓病变有较高诊断价值。

⑦全身软组织病变，对来源于神经、血管、淋巴管、肌肉、结缔组织的肿瘤、感染、变性病变等，皆可做出较为准确的定位、定性的诊断。

特点 ①灰阶成像，像X射线、CT图片一样有黑白灰度，但不表示密度，而是信号的强度。

②流空效应，流动的液体信号不能获得，呈无信号与周围信号形成对比，如血管、脑脊液的流空。

③可多方位、多层面成像，以二维、三维方式显示人体的解剖结构和病变，不仅能达到定位诊断，对定性诊断亦有重要的参考价值。

④软组织结构显示清晰，对中枢神经系统、膀胱、直肠、子宫、阴道、关节、肌肉等检查优于CT。

⑤对人体没有任何放射性损害，可多次检查（多部位、多次复查）。

注意事项 ①安装人工心脏起搏器者及神经刺激器者禁止做检查。

②颅内有银夹及眼球内含金属异物者禁止做检查。

③心电监护仪不能进入MRI检查室。曾做过动脉病手术、曾做过心脏手术并带有人工心瓣膜者禁止做检查。

④各种危重病患者，如外伤或意外发生后的昏迷、烦躁不安、心律失常、呼吸功能不全、不断失血及二便失禁者等禁用。

⑤检查部位有金属物（如内固定钢针钉等）不能检查。

⑥妊娠妇女慎做检查，如有可能怀孕者，需告知检查医生。 （廖 伟）

磁光阱 magneto-optical trap; MOT 一种利用激光冷却技术有效捕获中性原子的装置。在室温下，原子通常以几百米每秒的速度运动，难以进行实验观测。磁光阱借助激光冷却技术及强磁场作用，可显著降低中性原子的速度，从而“冷却”它们并将这些冷原子“囚禁”起来，用于开展实验研究。

磁光阱装置包括一个装有中性原子蒸气的超高真空室，一组反亥姆霍兹磁线圈，一个红失谐（即激光频率略低于原子的共振频率）的激光器作为光源，以及一套包括透镜、反射镜、分束器和晶体等原件的光学装置。磁线圈放置在真空室两侧，用以产生中心磁场强度为零的会聚磁场。具有特定波长和功率的激光入射到光学装置中，通过精确设计使之在真空室内沿三维方向x、y、z两两对射，使真空室中的原子能吸收入射光子。由于原子在吸收光子后还会向各个方向自发辐射光子，其动量会逐渐减小，从而冷却下来。进而，通过反亥姆霍兹线圈磁场的作用使这些冷却的原子囚禁在真空室中心附近，形成一团冷原子云。磁光阱由于捕获原子成功率高以及实验装置相对简单，已经成为激光冷却和囚禁原子的重要技术手段。

磁光阱可广泛应用于冷原子实验，是许多相关实验装置的重要组成部分，用以精确观测、操纵冷原子的行为，从而极大地推动了诸多前沿领域的研究，如玻色-爱因斯坦凝聚态、量子计算、原子频标等。 （白本锋）

磁光克尔效应 magneto-optic Kerr effect 线偏振光入射到磁化介质表面反射后，反射光偏振面发生旋转的现象。除了偏振面的变化外，反射光的椭偏率也会受到表面磁化强度的影响。克尔旋转角一般在1°以下。磁光克尔效应由英国科学家J.克尔于1877年发现，这是继**法拉第效应**之后的第二个重要的磁光效应。按磁化强度和入射面的相对取向，磁光克尔效应可分极向克尔磁光效应、横向克尔磁光效应和纵向克尔磁光效应。对于极向克尔效应，磁化强度与介质表面垂直；对于纵向克尔效应，磁化强度平躺于介质表面，同时平行于光入射面；对于横向克尔效应，磁化强度平行于介质表面，但垂直于光入射面。极向和纵向磁光克尔旋转角都正比于样品的磁化强度，通常极向克尔效应大于纵向克尔效应。这两种克尔效应都在磁光存储技术中得到应用。横向磁光克尔效应实际上没有偏振面的旋转，只有反射率有微小的变化，其变化量正比于样品的磁化强度。1898年P.塞曼等证实了横向磁光克尔效应的存在。磁光克尔效应源于磁性材料介电张量中与磁化强度相关的非对角元，因此其物理基础与法拉第效应相同。

磁光克尔效应正比于样品磁化强度大小，因此可以用于磁性样品的磁滞回线测量。磁光克尔效应具有极高的探测灵敏度，可以用于测量单原子层样品的磁性，因此是表面磁性研究中的一个重要研究手段，在磁性超薄膜的磁有序、磁各向异性、层间耦合和磁性超薄膜的相变行为等研究中都有重要应用。磁光克尔效应具有原子单层磁性的探测灵敏度，因此在很多科研文献中常用表面磁光克尔效应来特指磁光克尔效应在表面磁学中的应用。

磁光克尔效应的另外一个重要应用是结合光学显微镜对铁磁材料的磁畴进行成像，横向分辨率可达光学极限（约200纳米）。当偏振光入射到样品表面，不同磁畴内磁化强度的不同取向使反射光产生方向、大小不同的偏振面旋转，而不同磁畴上的反射光经过检偏器后在探测器上呈现与磁畴对应的明暗不同区域。利用现代光学成像技术，不但可对磁畴进行静态高分辨测量，还能对磁畴进行动态研究。磁光克尔显微镜可以用于研究磁性材料中的微区磁性分布，以及有效测量材料中的磁畴和磁学参数分布。 （吴义政）

磁光空间光调制器 magneto-optic spatial light modulator; MOSLM 基于法拉第效应或磁光克尔效应的电寻址器件。因其可实时地对光束进行空间调制而成为实时光学处理、光计算和光学神经网络等系统的关键器件。MOSLM是由磁光薄膜调制单元和寻址电极组成的一维或二维的像元阵列以及外围电路和附件构成。磁光调制器利用偏振光通过磁性介质，透射光或反射光的偏振面发生旋转，进而实现对光束相位和强度的调制。

磁光材料的磁化状态随寻址磁场的变化而变化。法拉第效应是偏振光通过透光磁性材料并在与光传输方向垂直的磁场作用下，光的偏振会发生旋转；磁光克尔效应是偏振光照射到不透光的磁性材料时，反射光的偏振会发生旋转。基于法拉第效应或磁光克尔效应的MOSLM具备电寻址、写入速度快、性能稳定、对比度高等特点。

MOSLM的应用非常广泛，可作红外检测器的斩波器，可制成红外辐射高温计、高灵敏度偏振计等。 （陈 笑）

磁光效应 magneto-optic effect 光与处于磁化状态的物质发生相互作用而引起的各种光学现象。磁光效应包括**法拉第效应**、科顿–穆顿效应、磁光克尔效应和塞曼效应等。

法拉第磁致旋光效应　当线偏振光在某些磁光介质中传播时，若在平行于光的传播方向上加一强磁场，则光的偏振面将发生偏转，这称为法拉第磁致旋光效应，最早由M.法拉第于1845年发现。偏振旋转角度θ与光在介质中的传播距离l、磁感应强度B的乘积成正比，即：

$$\theta = VlB$$

式中系数V是费尔德常数，与介质性质和光频率有关。偏振旋转方向取决于磁场方向和磁光介质性质，而与光的传播方向无关。因此当光的传播方向相反时，旋光方向不倒转，即法拉第效应是非互易效应。这种非互易性质在微波和光的通信中有重要应用，许多微波、光的隔离器、环行器、开关就是用旋光性磁性材料制作的。利用法拉第效应，还可实现光的显示、调制等许多重要应用。

当左、右旋圆偏振光在置于磁场中的介质内传播而有不同的吸收系数时，入射的线偏振光传播一段距离后会变为椭圆偏振光，这个效应称作法拉第椭圆度效应或磁圆二向色性效应，简记为MCD。法拉第椭圆度和法拉第旋转均由介质的介电张量非对角组元的实部和虚部决定。

科顿–穆顿效应　当光在某些磁光介质中传播时，若在垂直于光的传播方向上加一外磁场，则平行于磁场方向的线偏振光的相速度不同于垂直于磁场方向的线偏振光的相速度而产生双折射的现象。首先由A.科顿和H.穆顿于1907年发现。此时介质表现出单轴晶体的性质，光轴沿磁场方向，主折射率之差与磁感应强度的平方成正比，故此效应亦称磁致双折射效应。当介质对两种偏振方向的光的吸收率也不同时，就表现出二向色性，称为磁二向色性。科顿–穆顿效应可用于物质能级结构的研究和单原子层的磁性研究等。

磁光克尔效应　当线偏振光入射到磁化物质表面发生反射时，其偏振面发生旋转的现象。1876年由J.克尔发现。按磁化强度和入射面的相对取向，磁光克尔效应分为极向磁光克尔效应、横向磁光克尔效应和纵向磁光克尔效应。极向和纵向磁光克尔旋转都正比于样品的磁化强度，通常极向克尔旋转最大、纵向次之，偏振面旋转的方向与磁化强度方向有关。横向磁光克尔效应实际没有偏振面的旋转，只有反射率的微小变化，变化量也正比于样品的磁化强度。磁光克尔效应的物理机制与法拉第效应相同，只是前者发生在物质表面，后者发生在物质内部。磁光克尔效应最重要的应用是观察铁磁体的磁畴。因不同磁畴有不同的自发磁化方向，引起反射光的偏振面发生不同方向和大小的旋转，通过检偏器观察反射光就可区分与各磁畴对应的明暗不同的区域。

塞曼效应　发光体置于足够强的磁场中时，其光谱线发生分裂的现象。1896年由P.塞曼发现。塞曼效应是由于外磁场对电子的轨道磁矩和自旋磁矩的作用，引起能级分裂。其中谱线分裂为2条（顺磁场方向观察）或3条（垂直于磁场方向观察）的称为正常塞曼效应；分裂为3条以上的称为反常塞曼效应。塞曼效应证实了原子具有磁矩和空间取向量子化，使人们对物质光谱、原子、分子有了更多了解。

（李国栋　胡望雨　白本锋）

磁化弛豫　magnetic relaxation　对于一个磁性系统，在磁场作用下，磁化状态常需要经过一定的时间趋于平衡态或稳态的过程。磁化弛豫对应的特征时间称为弛豫时间。由于与磁性直接相关联的自旋之间存在很强的相互作用（即交换作用），且自旋还受到其他多种相互作用，因此磁化弛豫过程通常分为多个阶段，每个阶段由自身的弛豫时间来描述。如自旋–自旋弛豫描述自旋之间内部趋向平衡的过程，其弛豫速度通常很快；而自旋–晶格弛豫描述自旋与材料体系的热平衡过程，该过程将改变相互作用的总能量，引起能量耗散，弛豫时间较长。在铁磁和反铁磁材料中，磁化弛豫过程主要通过自旋波（或磁振子）之间的相互碰撞以及与声子、杂质、缺陷的碰撞来完成。减小杂质、缺陷的数目，降低材料温度可以增加磁化弛豫时间。磁化弛豫对磁性材料的交、直流磁化过程具有重要影响，磁黏滞性现象与多种磁化弛豫机制相关，铁磁、反铁磁材料的高频磁化特性强烈依赖于磁化弛豫，核磁共振、电子自旋共振、铁磁共振和反铁磁共振的线宽都取决于磁化弛豫。（蔡建旺）

磁化强度　magnetization　描述介质磁化状态的物理量。通常用$\boldsymbol{M}$表示。磁化强度定义为介质微小体元ΔV内的全部分子磁矩$\boldsymbol{M}_i$的矢量和与ΔV之比：

$$\boldsymbol{M} = \sum_i \boldsymbol{M}_i / \Delta V$$

无外磁场时，或者是介质的分子磁矩$\boldsymbol{M}_i$为零，或者是分子磁矩的无规排列，介质的磁化强度$\boldsymbol{M}$为零；有外磁场时，介质被磁化，$\boldsymbol{M}\neq 0$。顺磁物质的$\boldsymbol{M}$与外磁场方向相同；抗磁物质的$\boldsymbol{M}$与外磁场方向相反。如果介质是各向异性的，$\boldsymbol{M}$与磁场有一定的夹角。对于铁磁物质$\boldsymbol{M}$与磁场有复杂的非线性关系。介质磁化后，介质的表面及非均匀介质的内部会出现磁化电流，磁化电流由磁化强度的分布确定，并决定了有介质存在时的磁场分布。磁化强度在国际单位制中的单位为安/米。

（陈熙谋）

磁化曲线　magnetization curve　表征物质的磁化强度$\boldsymbol{M}$或磁感应强度$\boldsymbol{B}$与磁场强度$\boldsymbol{H}$之间依赖关系的曲线。磁化曲线是物质材料磁性的体现。$\boldsymbol{B}=\mu_0(\boldsymbol{H}+\boldsymbol{M})$，因此已知物质的$\boldsymbol{M}$-$\boldsymbol{H}$曲线便可求出其$\boldsymbol{B}$-$\boldsymbol{H}$曲线；反之亦然。在常温及通常的磁场强度下，顺磁物质和抗磁物质的磁化曲线为通过原点的直线，且其$\boldsymbol{M}$值远小于$\boldsymbol{H}$值。而铁磁性物质在居里点温度以下时，磁化曲线较为复杂，不仅易于达到趋近磁饱和状态，而且磁化曲线既随材料及其外界条件而异，还依赖于所经历的磁化历史，$\boldsymbol{B}$和$\boldsymbol{M}$一般不是$\boldsymbol{H}$的单值函数。一种具有基本意义的磁化曲线是起始磁化曲线，它是介质原来处于磁中性状态，$\boldsymbol{B}=\boldsymbol{M}=\boldsymbol{H}=0$，然后受到一方向不变而数值作单调增大的磁场作用，所得到的磁化曲线。如图1所示，随着$\boldsymbol{H}$增大，开始时$\boldsymbol{B}$增加较为缓慢，以后增加较快，最后又增加变缓趋于饱和。根据此起始磁化曲线可定义铁磁质的起始磁导率μ_i和最大磁导率μ_m，并可得磁导率随磁场强度的变化曲线，如图2中所示。它们表征了铁磁物质的磁性质，是实际中关心的问题。另一种重要的磁化曲线是磁滞回线。

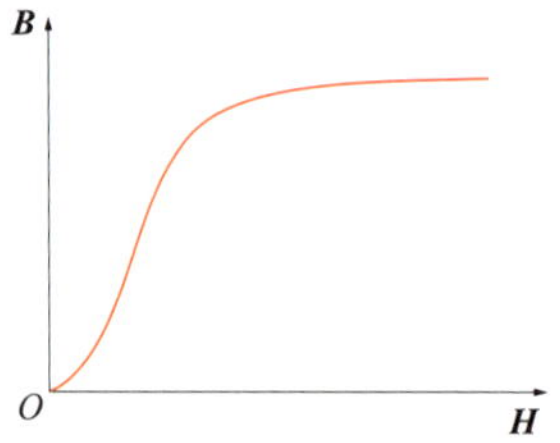

图1　起始磁化曲线

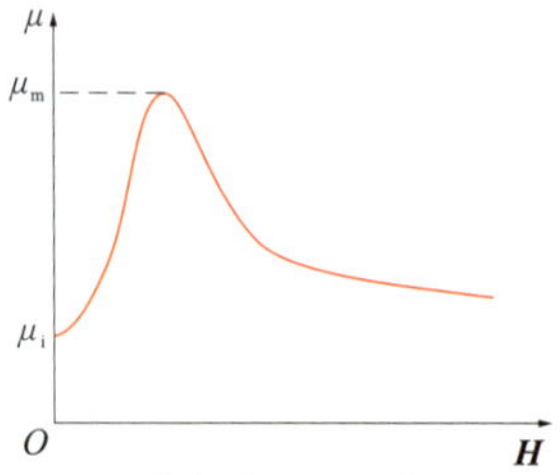

图2　磁导率随磁场强度变化曲线

（陈熙谋）

磁极　magnetic pole　磁铁上磁性最强的区域。原来想象该处具有类似于电荷的磁荷，描述磁荷的数量称为磁极强度。在J.C.麦克斯韦电磁理论中，指北磁荷与指南磁荷总是同时出现的，不存在单独的磁荷。1931年P.A.M.狄拉克提出一种假设，为了说明电荷量子化的事实，应该存在单独的磁荷即磁单极。这曾引起实验探测磁单极的热潮，但仍然没有充足的实验事实证明磁单极的存在。按照磁荷观点曾发展了一套与电场类似的磁场理论。有类似于电库仑定律的磁库仑定律；类似于电场强度，定义了磁场强度$\boldsymbol{H}$，它是描述磁场的基本量，相应地有$\boldsymbol{H}$的高斯定理和环路定理。由于$\boldsymbol{H}$的环路积分为零，可引入磁标势，使磁场的计算简化。此外，还发展了一套以磁荷观点为基础的介质磁化理论，这一套理论与分子电流观点的介质磁化理论完全等效。从计算方法上看，磁荷观点的磁化理论有时非常简便，在一定的实用领域仍较多地被采用，并未丧失实用价值。（陈熙谋）

磁极化子 magnetic polaron 通过载流子的自旋和局域磁性离子的自旋之间交换相互作用形成的一种粒子。通常存在于磁性半导体以及稀磁半导体中。比如在稀磁半导体中，**激子**与局域的磁性离子的自旋产生交换相互作用将形成激子磁极化子，这是一种玻色子。这种交换相互作用将导致极化自旋的聚集并且形成有序的自旋取向，所以能将这种局域的磁极化子看成具有一定磁矩的磁性分子。**极化子**的概念首先在离子晶体或极化晶体中电子和晶格振动（声子）的关联态中被提出，发现极化子的质量、迁移率等物理量与孤立的电子不同，取决于电子与晶体的相互作用常数。之后极化子被拓展到各种自束缚载流子态中，如铁电极化子、电子极化子（导电电子与核心态之间的相互作用）、小极化子（紧束缚近似下的电子与纵光学声子的相互作用）等，这里的磁极化子就是其中的一种局域的具有有序自旋取向的极化子。（陈张海）

磁记录材料 magnetic recording material 可通过对其剩余磁化状态进行系列编码操作以实现信息存储的磁有序材料。磁记录是一项利用**磁性材料**作为载体进行信息记录的技术，是一种非易失性信息存储，主要由写入磁头、读出磁头以及磁记录介质构成，三者具有不同的磁性功能特性。磁记录过程包括信息写入和读出两个过程：写入过程就是把随时间变化的电信号，通过写入磁头的磁场，转化成记录介质中磁化强度的空间分布；读出过程则是把介质中磁化强度空间分布，通过读出磁头转换成随时间变化的电信号。根据磁记录应用，可以分为模拟式和数字式两种。模拟式磁记录，记录信号的频率和幅值可连续变化，而数字式磁记录中先将模拟记录的信号转化成二进制形式，对应于磁记录介质中两种不同的磁化状态。根据磁化强度方向与介质面的几何关系，又可分为纵向磁记录和垂直磁记录。从介质结构则可分为磁粉涂布和连续薄膜两种，它们都对介质的磁化强度、矫顽力、磁性颗粒大小、磁致伸缩、回线形状等基本参数有严格要求。从磁记录设备看，分成磁带、磁卡片、磁鼓、磁软盘、磁硬盘等。

磁记录介质和磁头材料与技术的演变过程可以很好反映磁记录技术的发展历程。从磁记录介质的演变过程来看，最早的磁记录可以追溯到1898年丹麦工程师V.蒲耳生展示的第一台磁带录音机，其中以一根钢丝作为记录介质，但由于各种原因，信号噪声很大。20世纪20年代两项具有里程碑意义的专利极大地推动磁记录技术的发展。第一项是美国海军工程师G.W.卡彭特和W.L.卡尔森提出的交流偏磁，这项技术显著改善了信噪比；第二项是德国发明家F.普卢默于1928年申请的关于纸带上涂布磁粉专利，后来用聚氯乙烯（PVC）带取代纸带。随后磁粉质量逐渐改善，包括γ-Fe_2O_3、包Co的γ-Fe_2O_3、钡铁氧体、CrO_2、Fe、FeCo等金属磁粉先后被开发并获得广泛使用。随着薄膜技术的问世和发展，CoNi、CoCr、CoCrPt、CoCrTa等密排六方晶格结构的合金薄膜在纵向磁记录介质上获得巨大成功。2000年提出使用反铁磁耦合的磁记录介质，将纵向磁记录发展到了极致，但由于原理性限制，使记录密度难以进一步提升，为此开始使用垂直磁记录技术。钡铁氧体磁粉、CoCrPt基合金薄膜以及$L1_0$FePt有序合金薄膜等先后作为垂直磁记录介质，其中$L1_0$FePt有序合金薄膜的垂直磁各向异性高达10^6焦/米^3，成为当前垂直磁记录介质的主流材料。

磁头种类可以分为体型磁头和薄膜磁头。从工作原理又分为感应式（环形磁头）和磁通式（磁电阻）。早期的写入和读出过程共用一个磁头，后来写入和读出磁头分开，并一直延续。写入磁头材料经历了从磁性金属薄片到铁氧体，以及磁性薄膜的过程。FeNi合金、Mn-Zn铁氧体、Ni-Zn铁氧体、Fe-Al-Si合金材料等，具有高磁导率、高饱和磁化强度、低矫顽力、低磁各向异性等性能，在写磁头中得到广泛应用。读出磁头材料则从感应式阶段的磁性金属薄片、铁氧体、磁性薄膜，到利用磁通式新阶段的各向异性磁电阻薄膜、巨磁电阻自旋阀和磁性隧道结薄膜。读出磁头材料和技术的发展在相当长的历史时期内左右着磁记录技术的发展水平，各向异性磁电阻读头的开发使硬盘记录密度的提高速度加倍，巨磁电阻自旋阀和室温磁性隧道结的相继发现和随后作为读头的进一步应用，使硬盘磁记录的记录密度在2000年前后的若干年内，以年复合增长率100%的超高速度发展。

硬盘磁记录技术1955年由IBM公司推出，存储密度为2千比特/英尺^2。2000年硬盘存储密度达100吉比特/英尺^2，已接近1太比特/英尺^2。垂直磁记录密度的进一步提高，要求记录介质晶粒尺寸不断减小，从而要求介质磁各向异性不断增大，进而导致介质矫顽力太高，因而写入磁场太大而难以将信息写入，这便是磁记录面临的著名“三难”问题。为此已提出热辅助磁记录、微波辅助磁记录等方式来解决这个技术难题。前者通过在磁头中集成激光加热装置，利用近场光学提升介质局部范围温度从而减小其矫顽力；后者则在磁头中集成自旋力矩纳米微波振荡器，利用其产生的局域微波磁场降低介质局部的磁化翻转场。这两项技术在硬盘生产企业希捷和西部数码获得生产认证。

广义上说，磁光存储和磁性随机存储器也属于磁记录范畴。磁光存储在20世纪80～90年代得到很好发展。利用激光辅助加热，同时通过磁头磁场实现记录介质磁化翻转，这里通过电信号对激光功率或者磁头磁场大小进行调制，实现介质的磁化翻转将信息写入。另一方面，利用介质材料的**磁光克尔效应**分辨其磁化方向，进而读取信息。TbFeCo等非晶态重稀土-过渡金属薄膜具有较大的垂直各向异性和磁光克尔效应，作为磁光存储介质被商业化采用。磁性随机存储器（MRAM）采用磁性隧道结阵列作为信息载体。当位线和写线中脉冲电流磁场共同作用时，实现选取地址位的隧道结自由层的磁化翻转，使之相对于被钉扎层磁矩平行或反平行，对应于隧道结的低、高阻态，实现信息写入；在位线和读线电压的共同作用下，选择所在地址的隧道结导通，并感知其高、低电阻态，即实现了信息的读取。（周仕明）

磁结构 magnetic structure 物质的一种内禀属性，是物质中磁矩取向在空间的分布状态。狭义的磁结构通常仅指晶体中的原子或者离子磁矩的取向自发形成的具有某些空间对称性或者规律性的空间排列方式或者分布状态，因其具有类似于晶体点阵结构的特征，故称为磁（有序）结构，而这种有序排列的现象则被称为**磁有序**。相对而言，磁矩取向在空间无规律分布的情况则通常被认为不具有磁“结构”，只称其为磁无序。实际上，磁无序也具有不同的磁结构，可以统称为磁无序结构。如同为宏观（长程）磁无序的顺磁性与自旋玻璃，两者的磁无序“结构”明显不同。同时对于宏观上的长程磁无序结构，也可能存在局域的短程磁有序结构，如在长程磁无序的磁性稀释合金中的局域磁有序自旋团簇。

广义的磁结构是指任一物质中的磁矩在某一温度下自发形成的空间取向排列方式，即磁矩取向在空间的分布状态，包括磁有序结构和磁无序结构。其中的磁矩可以是单个原子或者离子的磁矩，也可以是由多个原子或者离子磁矩组成的团簇磁矩。采用广义的磁结构概念可以对物质的各种磁性类型进行统一描述和表征，也可以将磁性相变过程看作是磁结构发生转变的过程。

中子衍射技术是已知的唯一能直接测定出材料磁结构的实验手段。对于磁有序结构，其对称性质可用舒布尼科夫群（也称二色群，亦称黑白群或磁群）来描述。在物质磁结构的研究中，一般不计入原子核磁矩的空间取向情况。

从物质的角度，无论是狭义的还是广义的磁结构都是物质的一种内禀属性，只依赖于物质的化学成分、结构参数和温度，本质上仅由物质内部的交换作用和磁晶各向异性共同决定。这一概念适用于所有的物质，物质的磁结构并不必然与物质的原子空间排列结构相关，通常也与外界磁场强度的大小无关。理论上当外界磁场强度高于反铁磁性交换作用的等效磁场强度时，物质的反铁磁性或者亚铁磁性磁结构将转变为铁磁性磁结构，此过程被称为磁场诱导的变磁转变。物质在被磁化和反磁化过程中，其磁矩取向在空间的各种动态分布状态，一般被称为磁畴结构的变化，而不是磁结构的转变。

从具体材料的角度，仅在固态物质中发现了磁有序结构，实验上尚未发现呈现磁有序结构的液态物质。同时几何形状、尺寸、显微结构以及检测手段等也都将影响对实际材料的磁结构的判定，典型的例子是超顺磁性颗粒。此外，在受限体系中所发现的一些新的磁矩取向空间排列方式，如磁涡旋态、磁斯格明态等，对于这些状态是否也属于自发形成的本征磁结构，还没有明确的结论，有待更深入的实验与理论研究。

从相对于空间某一特定方向的角度，可以将磁结构分为共线型与非共线型两种。

①共线型磁结构。所有磁矩的取向均平行或者反平行于某一方向，是一类长程的磁有序结构。现只发现了三种共线型磁结构，分别是铁磁性磁结构、反铁磁性磁结构和亚铁磁性磁结构。

②非共线型磁结构。相邻磁矩之间的磁矩取向存在某一夹角。可以根据夹角的取值情况，将已发现的非共线型磁结构分为三大类。

第一类是相邻磁矩取向夹角完全随机分布，包括传统上认为不具有磁结构的磁无序结构，如顺磁性、抗磁性、自旋玻璃、巨磁矩或者簇玻璃等磁结构。由超顺磁性颗粒以及单分子磁体构成的集合体也可以归入此类。第二类是相邻磁矩取向的夹角取某一固定值，如稀土金属及其合金中磁矩取向的排列方式所具有的螺旋型、方波型、正弦型、锥面型以及反相锥面型等磁结构。由DM相互作用（贾洛申斯基-守谷相互作用）导致的倾斜弱铁磁性磁结构也可以归入这一类之中。第三类则是相邻磁矩取向的夹角取值存在一个范围，如含有稀土元素的非晶态合金中的散铁磁性、散反铁磁性和散亚铁磁性等散磁性磁结构。（赵同云）

磁晶各向异性 magnetocrystalline anisotropy 沿单晶磁体的不同晶轴方向上测量磁化曲线，在扣除退磁场影响后所得的磁化曲线表现出磁化到饱和的难易程度不同或者说磁化功不同，对应的各向异性能与晶体结构在对称性上相同的现象。磁晶各向异性用磁晶各向异性常数和磁化方向对晶轴的夹角的关系来表达，前者表示磁晶各向异性的强弱，后者是对称性的最终体现，因此通常分为单轴磁晶各向异性和立方磁晶各向异性。磁晶各向异性能的微观机制主要有以下几种：①磁偶极相互作用。经典的磁偶极作用只对非立方晶体才能引起各向异性，但常常不是主要的贡献。②各向异性交换作用。包含赝偶极和赝四极相互作用。来自自旋-轨道作用对交换作用的影响，存在于某些稀土离子及低对称化合物中。经典磁偶极相互作用和赝偶极与赝四极相互作用形式上一致，所以两者统称为双离子各向异性或自旋对模型。③单离子各向异性。为晶体电场和自旋-轨道作用的联合效应，它使单个离子的能级呈现各向异性。对铁氧体和一些稀土离子，它的贡献是主要的。④巡游电子各向异性。来自自旋-轨道作用对能带的影响，适用于3d金属及合金。

单轴磁晶各向异性是低对称性晶体结构（如六角晶体和四方晶体）磁性材料所具有的磁晶各向异性，其表达式相对简单，在忽略高阶项的情形下，可表述为：

$$E_K = K_{u1}\sin^2\theta$$

式中K_{u1}为磁晶各向异性常数；θ为磁化方向与高对称轴的夹角。顺便指出，磁性材料经磁场热处理或强的冷加工而产生的感生各向异性，以及一些特定外形的磁体的形状各向异性都具有单轴磁各向异性，其各向异性的表达式在形式上与上式一样。当磁晶各向异性常数$K_{u1}>0$，自发磁化的稳定方向平行于特定的高对称晶轴，称为易磁化轴或易轴；当$K_{u1}<0$，自发磁化的稳定方向处在垂直于高对称晶轴的面内，称为易磁化面或易面。另外，若需要同时考虑高阶项磁晶各向异性常数K_{u2}，其更为完整的表达式为：

$$E_K = K_{u1}\sin^2\theta + K_{u2}\sin^4\theta$$

这种情况下，依赖于K_{u1}和K_{u2}的符号和大小，可能出现易轴型或者易面型；当K_{u1}和K_{u2}满足条件$K_{u1}<0$，且$K_{u1}+K_{u2}>0$，则自发磁化的稳定方向处于离开高对称晶轴一定角度的圆锥面上，称为易锥型。

立方磁晶各向异性是对具有高对称性的立方晶体磁性材料的磁晶各向异性的宏观描述，是另一种常见的磁晶各向异性表现形式，可表示为：

$$E_K = K_1(\alpha_1^2\alpha_2^2+\alpha_2^2\alpha_3^2+\alpha_3^2\alpha_1^2)+K_2\alpha_1^2\alpha_2^2\alpha_3^2$$

式中K_1、K_2为磁晶各向异性常数；α_1、α_2、α_3为磁化方向与立方体三个晶轴的方向余弦。立方磁晶各向异性常数通常比单轴磁晶各向异性常数小。（蔡建旺 颜世申）

磁晶各向异性单离子模型 single ion model of magnetocrystalline anisotropy 关于**磁晶各向异性**起源的一种理论模型。认为磁晶各向异性仅由相互独立的单个离子的各向异性所贡献。磁晶各向异性的单离子模型属于局域电子理论，可以很好说明铁氧体中3d、4d和5d金属离子的磁晶各向异性，也能说明稀土材料中4f离子的各向异性。单离子模型假定晶体中的磁性离子都是彼此独立的（局域的），晶体的宏观各向异性能就是这些磁性离子的微观磁晶各向异性能的统计平均。单个磁性离子的微观磁晶各向异性起源于晶体电场（晶场）和自旋-轨道耦合共同作用的结果。晶场使磁性离子的轨道能级劈裂，即轨道电子云的分布要沿着某些特定方向时，磁性离子的能量才最低。同时由于自旋-轨道耦合，使磁性离子的自旋也产生择优取向，即当磁性离子的自旋磁矩平行

或反平行于这一优越取向，磁性离子的能量最低。（颜世申）

磁晶各向异性原子对模型 pair model of magnetocrystalline anisotropy 用一对磁性离子之间的相互作用来解释局域电子磁性材料中的**磁晶各向异性**起源的理论模型。磁性离子之间各向异性的相互作用有两种：一种是经典的磁偶极子相互作用；另一种是各向异性的交换作用。在非立方对称的晶体中，磁性离子的磁偶极相互作用能够给出磁晶各向异性。在立方对称的材料中，磁偶极子相互作用不能给出各向异性。各向异性交换作用是在一对具有交换作用的磁性离子之间引入自旋-轨道耦合后而形成的与自旋所在位置的空间方向相关的高阶交换作用项。各向异性交换作用包括：贾洛申斯基-守谷相互作用（简称DM相互作用），以及J.H.**范扶累克**提出的赝偶极交换作用和赝四极交换相互作用。其中DM相互作用强度较大，只在不具有中心反演对称的低称性体系中存在；赝偶极相互作用使得非立方对称材料显示出磁晶各向异性；赝四极相互作用使得立方对称的情况下也显示出磁晶各向异性。一般在高对称性的材料中，只有当单离子各向异性贡献很小时，原子对模型（亦常称为双离子模型）才显出其重要性。（颜世申 蔡建旺）

磁阱 magnetic well 磁场位形中磁感应强度最小的空间磁场区域。相应的磁场位形称最小B位形。磁感应强度沿磁力线平均值最小的空间区域称平均磁阱，相应的位形称平均最小B位形。如均匀分布几根载流导体棒，且相邻导体棒中的电流方向相反（这种导体棒称为约飞棒，如图所示），则此时位形中心点的磁感应强度最

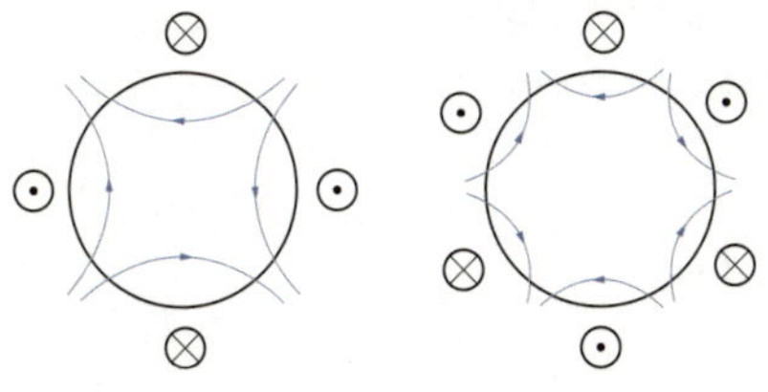

a 四根约飞棒构成的磁场位形　　b 六根约飞棒构成的磁场位形

会切形磁阱示意图

小，从这点出发沿任何方向磁感应强度均增加，即形成了磁力线到凸向中心的位形，因而有助于抑制等离子体中的交换不稳定性。（李 定）

磁镜效应 magnetic mirror effect 强磁场对沿磁场运动的带电粒子的反射效应。一个带电粒子在磁场中运动时，在垂直磁场方向作回旋运动，在平行磁场方向自由运动，也就是说它的回旋中心沿磁力线运动。如果磁场的强度随时间或空间变化缓慢，运动带电粒子的磁矩为绝热不变量。磁矩定义为：

$$\mu=\frac{1}{2}mv_{\perp}^{2}/B$$

式中m为粒子质量；$v_{\perp}$为垂直磁场方向运动速度；B为磁感应强度。当粒子从弱磁场向强磁场运动时，由于磁矩守恒，粒子垂直方向速度也随之增加。又由于粒子动能守恒，相应平行方向速度减弱。如果磁场强度继续增加，平行方向速度可能降低到零，继而返回运动。这种对带电粒子的反射效应为磁镜效应，相应的磁场形态称为磁镜场。

磁镜场概念多用于两端强、中间弱的磁场形态，可将带电粒子约束在两端的磁镜之间。这种磁场形态最重要的参数是两端磁场最强处磁感应强度B_m和中心最弱处磁感应强度B_0之比，称为磁镜比$R=B_m/B_0$（图1）。

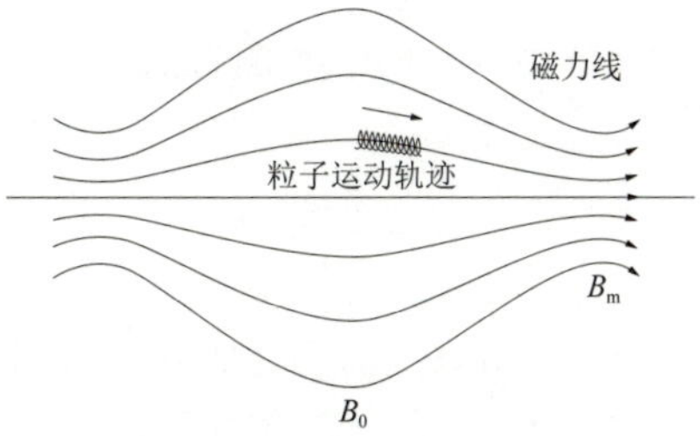

图1　磁镜场和带电粒子在其中的运动

一个沿磁场运动的带电粒子被强磁场反射或通过，与它的速度大小无关，而决定于它的速度方向与磁场方向的夹角θ，称为投射角。如果$\theta>\theta_0$，粒子被反射；如果$\theta<\theta_0$，粒子通过强磁场区而逸出。这个临界角可表为$\sin\theta_0=1/\sqrt{R}$，即其正弦与磁镜比的二次方根成反比。在速度空间中，临界角θ_0围绕与磁场平行方向的速度坐标$v_{\parallel}$形成一个圆锥，称为损失锥。带电粒子处于中间的弱磁场时，如果其速度处于这个损失锥中，它运动到强场区时将逸出损失（图2）。

地球磁场是一个偶极磁场，在临近南北极的地方磁场最强，在远离地球的地方

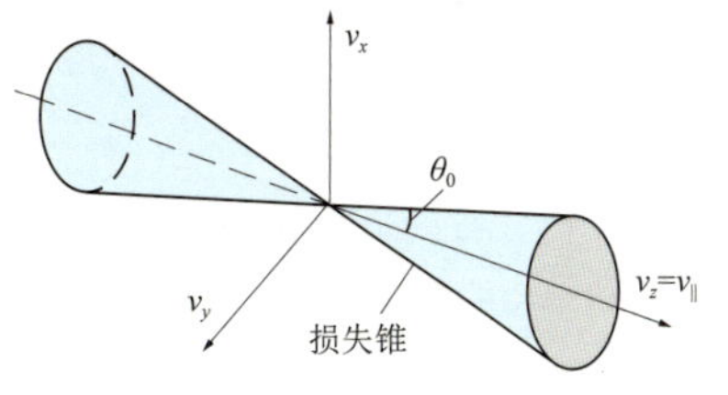

图2　速度空间的损失锥

很弱，因而构成了磁镜场，可以约束带电粒子，形成地球附近的辐射带。

利用磁镜效应可以制成磁镜装置，简称磁镜，是一种重要的等离子体约束装置。（王 龙）

磁镜装置 magnetic mirror machine 一种利用**磁镜效应**制成的磁约束等离子体装置。简称磁镜。主要用于受控聚变反应研究。磁镜装置是一种磁力线在两端开放的装置，两端的磁场很强，将等离子体约束在磁镜内部。它的主要参数是磁镜比，即两端最强处的磁场和中心磁场之比。最初的磁镜就是这样一个轴对称的磁场形态，称为简单磁镜（图1）。

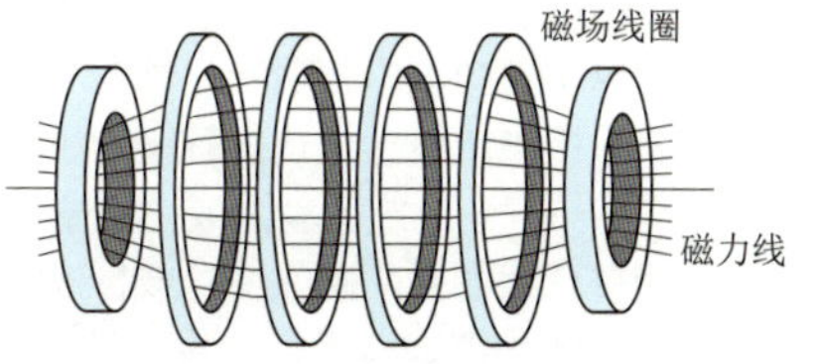

图1　简单磁镜磁场位形

20世纪50年代，受控聚变研究刚刚开展的时候，美国、英国和苏联几乎同时提出了磁镜装置概念。美国的利弗莫尔实验室曾致力于这种装置的发展。苏联则建造了一个较大规模的磁镜OGRA。在以后的年代里，磁镜在不同的国家得到发展，出现了不同类型的装置。

磁镜装置约束等离子体的主要问题是终端损失。这是因为处在速度空间损失锥内的带电粒子，也就是速度偏向磁场方向的带电粒子会从磁镜两端逸出。由于等离子体中的电子速度高，流失速率高，等离子体呈正电位，对电子有一定静电约束作用。等离子体的约束时间主要由离子在速度空间的碰撞频率决定。

简单磁镜不能很好地解决终端损失，这种位形的磁流体稳定性也不好。在历史上为解决这些问题，提出了标准磁镜概念。这种磁镜位形不再是轴对称的，而由外磁场设计形成中心磁场最弱的最小B形态（B表示磁感应强度）。最初的磁场设计是使用几根导电棒平行放置于等离子体周围，电流方向交替反向。这样的导电棒称为约飞棒，以纪念苏联科学家A.F.约飞。后来又将这几根棒和磁镜终端的磁场线圈联合起来，构成垒球缝线的形态，称为垒球线圈。也有的装置上，把这种垒球线圈分成两个，称为阴阳线圈（图2）。用这几种线圈做成的磁镜称为标准磁镜，能较好地解决磁流体不稳定性问题，获得较高的等离子体参数，但仍没能解决终端损失问题。

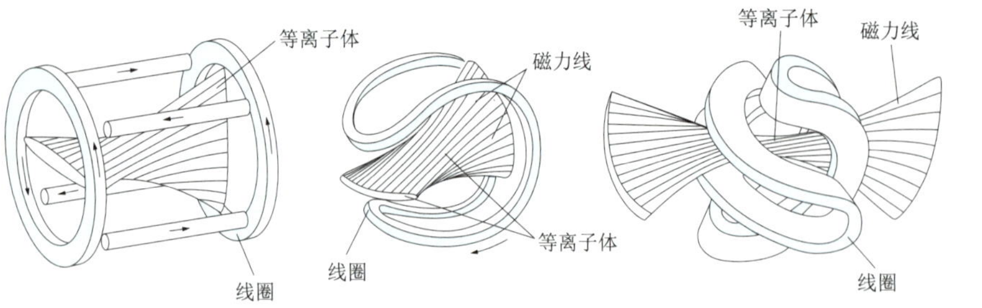

图2　约飞棒、垒球线圈和阴阳线圈

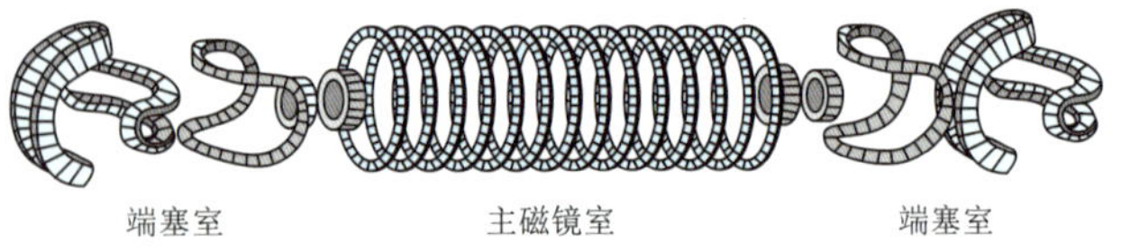

图3　串接磁镜磁场线圈结构

为解决这些问题，科研人员在1976年又提出串接磁镜概念。这种磁镜由主磁镜室和两端的两个端塞室组成。端塞室一般使用垒球线圈或阴阳线圈构成标准磁镜，能较好地约束等离子体，并采用提高局部等离子体密度或温度的办法提高电位以约束离子（图3）。这种设想也在实验中得到验证。

但这种较复杂的磁场位形限制了磁场强度和磁镜比，也牺牲了磁镜的纯轴对称的结构，导致了粒子径向输运的增加。现提出了轴对称磁镜的两端处于发散磁力线区域的等离子体可以稳定磁流体的理论，为磁镜回归简单和轴对称的结构提供了可能。

磁镜装置经长期发展，多次演变，已达到很高的等离子体参数，是将来聚变堆的候选类型之一。　（王　龙）

磁矩　magnetic moment　表征电流线圈的磁性质以及微观粒子磁性质的物理量。一个小的电流平面线圈的磁矩为$\boldsymbol{m}=iS\boldsymbol{n}$，式中$i$为线圈内的电流，$S$为线圈的面积，$\boldsymbol{n}$为与电流成右手螺旋关系的单位矢量。磁与电有许多相似之处，小电流圈有磁矩，电偶极子有电偶极矩，一个小电流圈在远处激发的磁场和小电流圈在外磁场中的行为，同电偶极子在远处激发的电场和电偶极子在外电场中的行为很相似。原子中电子绕原子核运动具有轨道磁矩，电子本身还有自旋磁矩，原子的磁矩为原子中各电子轨道磁矩和电子自旋磁矩的矢量和。*原子磁矩*是研究物质磁性的基础，原子磁矩受到外磁场作用还会引起能级分裂，造成塞曼效应。原子内部各磁矩的相互作用也会引起能级分裂，构成能级的精细结构，因此原子磁矩在研究物质的磁性、原子的精细结构、磁场中的塞曼效应以及磁共振方面具有重要意义。近代物理的理论和实验都证明，原子核、质子、中子以及其他一些粒子都具有确定的自旋角动量和磁矩，对这些粒子磁矩的研究有助于认识粒子的内部结构。　（陈熙谋）

磁矩守恒　magnetic moment conservation　在磁场随空间或时间缓慢变化时，在磁场中做回旋运动的带电粒子的磁矩保持不变的性质。带电粒子在磁场中的回旋运动形成一个半径为拉莫尔半径的小电流圈。它的磁矩定义为它的电流乘圈面积，可推导为：

$$\mu=\frac{\frac{1}{2}mv_{\perp}^{2}}{B}$$

式中m为粒子质量；$v_{\perp}$为粒子垂直磁场方向速度；B为磁感应强度。因为正负电荷回旋运动方向相反，磁矩的方向总与外磁场相反。

可以证明，当磁场随时间或空间缓慢变化时磁矩守恒。这个条件具体写为：

$$|\nabla B|r_{\mathrm{L}}\ll B$$

$$\frac{\partial B}{\partial t}/\omega_{\mathrm{c}}\ll B$$

式中r_{L}为拉莫尔半径；ω_{c}为回旋圆频率。即在拉莫尔半径的空间范围内或回旋周期的时间范围内磁场变化不大。　（王　龙）

磁库仑定律　magnetic Coulomb's law　静止点磁荷之间相互作用力的基本规律。1787年法国物理学家C.-A.de *库仑*根据他的实验得出：两个点磁荷之间的相互作用力沿它们之间的连线，与点磁荷的数量q_{m_1}和q_{m_2}的乘积成正比，与距离的平方成反比，用公式表示则有：

$$f=k\frac{q_{m_1}q_{m_2}}{r^2}$$

式中的比例系数k与磁荷周围的介质以及式中各量单位的选择有关。与点电荷电力规律一样，库仑只是较严格地证明了磁力与距离平方成反比的关系，而没有严格证明磁力与磁荷的乘积成正比，他认为这种关系是显然的。

磁力基本定律和静电力基本定律的相似性在库仑的研究中就被注意到了。在磁的分子电流观点之前就有人按照电的情形建立起磁荷观点的磁介质理论。在这种磁介质理论中，磁场由磁场强度矢量$\boldsymbol{H}$描述，它是基本量，$\boldsymbol{H}$定义为单位指北磁荷所受的磁力。由此可建立与静电平行的磁荷观点的磁介质理论。从现代关于原子结构认识来看，分子电流观点更符合实际，磁荷观点不太符合磁介质的微观本质。但从计算方法上看，磁荷观点简便得多，特别是它与静电场的规律一一对应，静电学的一些计算方法和计算结果可直接借用过来，因此在一定的实际领域仍然较多地采用磁荷观点。磁荷观点作为一种有效的工具，仍然没有失去其实用价值。　（陈熙谋）

磁力显微镜　magnetic force microscopy; MFM　利用锐利的磁性针尖来扫描磁性样品表面，探测磁性针尖与样品之间的磁性相互作用并以此重构样品表面的磁畴结构的仪器。由*原子力显微镜*（AFM）发展而来。通过磁力显微镜可测量多种磁相互作用，包括磁偶极-偶极相互作用。MFM扫描通常使用抬高模式即非接触AFM（NC-AFM）模式。对样品表面每一处进行两次扫描：①利用AFM下轻敲模式来获得样品表面的形貌像，此时样品与探针非常接近（小于10纳米），包括磁相互作用、原子之间相互作用以及静电相互作用都会被探知；得到样品在这一处的高低起伏并记录下来。②采用抬起模式，让磁性探针抬起一定的高度（通常为10～200纳米），并按样品表面起伏轨迹进行第二次扫描，在这种模式下，探针与样品表面距离相对较远，磁性相互作用信号被突出出来，磁性探针因受到的长程磁力的作用而引起振幅和相位变化，因此将第二次扫描中探针的振幅和相位变化记录下来，就能得到样品表面漏磁场的精细梯度，从而得到样品的磁畴结构。　（杨金波）

磁力线　magnetic force line　用来直观图示磁场分布的虚设有向曲线族。曲线上每一点的切线方向与该点磁感应强度的方向一致。因此磁力线不仅显示空间各点磁感应强度的方向，其疏密程度也显示磁感应强度的大小。磁力线密集的地方磁场较强，稀疏的地方磁场较弱。19世纪30年代M.*法拉第*非常强调磁场的力线描述，他在一张均匀撒了铁粉的纸下面用磁棒轻轻颤动，铁粉就能把磁力线清晰地呈现出来。他认为磁力线是真实存在的。法拉第的力线思想虽然带有机械论的色彩，但他认为力线是物质的，必须通过物质才能传递相互作用的思想是极其可贵的，对当时的“超距作用”观念是一个重大的突破。但磁力线并不真实存在，现在磁力线作为形象显示磁场的分布在教学和实用工程中仍被广泛采用。（陈熙谋）

磁力效应 magnetomechanical effect 物质磁性或磁场与物质力学性质的相互影响。如磁致伸缩效应是强磁物质在外加磁场作用下的伸长或缩短，磁致扭转效应是强磁物质在纵向磁场和纵向电流同时作用下产生的扭转，磁致弹变效应是强磁物质在外磁场作用下弹性模量的改变。磁力相互密切关联的现象（效应）总是互易地、存在于同一强磁体中。这些效应发现于19世纪，一般称为广义磁致伸缩。20世纪以来，对线性磁致伸缩现象和理论进行了广泛深入的研究，并在军事、电子工业等方面得到了实际应用。磁力效应的表现形式有以下几种类型。

线性形变 强磁体在磁化后，其线度发生变化，体积不变。实验观测上往往选用细长棒状磁体，其线度变化有三种形式：①焦耳效应。J.P.焦耳在1847年第一次发现，将铁棒沿轴向磁化时，其长度伸长或缩短，直到饱和磁化后才不再变化。如伸长或缩短的相对大小用饱和磁致伸缩系数λ_s表示，其量级一般在10^{-5}～10^{-6}。铁和钴的$\lambda_s>0$，表示伸长；镍的$\lambda_s<0$，表示缩短。这一现象又称为线性磁致伸缩效应。②吉耳曼效应。将铁棒两端下侧固定在支架上，在纵向磁场作用下，棒的上部受张力伸长，致使整个棒变弯，故又称磁弯曲效应。③磁（致）弹（性变化）效应。当强磁体被磁化后，其杨氏模量E发生变化。B.B.布雷克特在1897年发现铁的E值变化了1.5%。这种现象通常叫作ΔE效应，被研究得比较多。也称为布雷克特效应。

环形变化 棒形强磁体在特定的磁场作用下，除棒长发生变化外，同时还发生扭转形变，具体表现为：①维德曼效应。在纵向和环向磁场同时作用之下，强磁体棒发生扭转形变，故又称为磁致扭转效应。②金伯耳效应。强磁体磁化后，由于形变而引起刚性变化。以后不少研究结果证实了这一现象，又称磁致刚性效应。

体磁致伸缩效应 磁有序体在磁转变（有序）温度以下，由于交换作用产生的自发磁化，会使其体积发生变化，称为体磁致伸缩效应。W.F.巴雷特于1882年首次观测到此现象，故又称巴雷特效应。

爱因斯坦-德哈斯效应 A.爱因斯坦和W.J.德哈斯在1915年从实验观测到，一根竖直悬挂而可以自由转动的磁棒在纵向磁化时会发生转动，又称磁致转动效应。

巴尼特效应 强磁体棒绕其轴旋转时发生磁化现象。S.J.巴尼特在1913年首先实验上测出这一结果，又称转动磁化效应。它是磁致转动效应的逆效应。这种磁性与力学转动相互关联的现象是由于电子自旋磁矩与自旋角动量密切相联系而引起的。从上述实验得到铁磁物质g因子，近似等于2。由此得出结论，所有3d族元素的磁性主要是电子自旋磁矩贡献的。

（戴道生）

磁流体力学 magnetohydrodynamics 研究导电流体与磁场相互作用的学科。适用于等离子体、液态金属、电解液等介质。磁场包括外加磁场和流体中感应电流产生的磁场。类似于一般的（中性）流体力学，磁流体力学将流体看作连续介质，考察流体元的运动。流体元的尺度应远小于系统的尺度，且忽略其内部的参数分布。从微观角度，流体元的尺度也充分大，其中包含相当多的粒子，忽略其密度涨落，在局部热平衡假设下速度分布用温度表示。且因相互碰撞频繁，平均自由程远小于流体元尺度。在强磁场条件下，粒子的回旋半径相当于自由程，即使无碰撞等离子体在垂直磁场方向的运动也适用磁流体力学方法，至于平行磁场方向则视具体情况而定。

研究简史和研究方法 1832年，M.法拉第首先就海水切割地球磁力线问题提出磁流体力学问题。1937年J.F.哈特曼根据法拉第的想法对水银在磁场中的运动进行了测量，提出哈特曼流动概念。1940年以后，H.阿尔文对磁冻结、磁流体力学波和太阳黑子进行了深入研究，在1949年出版的《宇宙电动力学》一书中集中讨论了他的主要工作，推动了磁流体力学的发展。1950年S.伦德奎斯特研究了磁流体静力学问题，即如何用磁场来约束等离子体，并继而研究了磁流体运动的稳定性问题。20世纪50年代以后，随着受控核聚变研究和空间物理的发展，有关磁流体力学的平衡、稳定性和磁流体力学波的实验、理论和数值模拟的研究也相应取得很大进展。

早期实验研究经常使用水银或其他液态金属诸如液态钠作为介质。但液态金属几乎不可压缩，与等离子体的性质有很大区别。等离子体呈现非常复杂的磁流体力学现象，必须发展各种诊断手段和数据处理方法进行研究。天体等离子体中的磁流体力学现象则主要依赖于观测。在一般情况下，磁流体力学方程是非线性的且变量较多，只在很少情况下有解析解。所以经常采用简化模型，并主要用数值模拟方法研究。此外，量纲分析方法和相似律也经常在实验和理论研究中使用。

基本方程 磁流体力学方程组的推导类似于一般流体力学，即从质量守恒定律推导出连续性方程，从动量守恒定律推导出运动方程，从能量守恒定律推导出能量方程。一般采用微分形式，后两方程包含电磁作用。上述方程加上麦克斯韦方程组、欧姆定律及热力学方程，构成完整的磁流体力学方程组。

从统计物理学的动理论方程的矩方程，即推导某一速度函数的平均值随时间的变化，也可推导出磁流体方程。但随函数的速度幂次的增加，每一幂次的方程总包含高一次幂次的平均量，所以这个矩方程链是发散的，必须在某阶截断。此外，从磁场中粒子回旋运动出发，也可以推导出这些磁流体方程。

磁流体方程可取不同形式。最简单的是单流体方程，即不区分流体内不同种类的粒子。双流体方程则对等离子体中的电子和正离子分别列出动量和能量方程，电流密度用广义欧姆定律描述。如果存在不止一种离子，则必须推导多流体方程。形式最简单的是单流体方程。对于无黏性、无热导、无电阻的理想导电流体，净自由电荷为零，动力压强各向同性，非相对论近似下位移电流也可忽略，欧姆定律为$\boldsymbol{E}+\boldsymbol{u}\times\boldsymbol{B}=0$。此外，无耗散时的流体运动是绝热等熵的。在这样的条件下，磁流体方程组简化为下列理想磁流体方程：

$$\frac{\mathrm{d}\rho}{\mathrm{d}t}+\rho\nabla\cdot\boldsymbol{u}=0$$

$$\rho\frac{\mathrm{d}\boldsymbol{u}}{\mathrm{d}t}=-\nabla P+\boldsymbol{j}\times\boldsymbol{B}$$

$$\nabla\times(\boldsymbol{u}\times\boldsymbol{B})=\frac{\partial\boldsymbol{B}}{\partial t}$$

$$\nabla\times\boldsymbol{B}=\mu_0\boldsymbol{j}$$

$$p\rho^{-\gamma}=\text{const}$$

式中未知量包括质量密度ρ和压强p两个标量，以及速度$\boldsymbol{u}$、磁感应强度$\boldsymbol{B}$和电流密度$\boldsymbol{j}$三个矢量，μ_0为真空磁导率，γ为比热比。

理想磁流体的行为类似于超导体，对磁场有屏蔽作用，但由于其流动性质，表现为和磁场一起运动，称为**磁冻结**。对于具体的导电流体，在较长的时间尺度则电阻起作用，表现为磁场的扩散。这一磁扩散时间为$\tau_B=\mu_0\sigma L^2$，式中σ为电导率，L为系统尺度。

主要研究内容　可分为磁静力学和动力学两部分。静力学研究导电流体的平衡问题，对于多数等离子体不考虑重力的影响，则基本平衡方程为$\nabla p=\boldsymbol{j}\times\boldsymbol{B}$，即动力压强梯度为洛伦兹力所平衡。如果存在稳态的流动，则必须加上流动项。从这一基本方程出发可以推导磁场产生的各向同性的磁压力密度，即磁压强$B^2/2\mu_0$，以及沿磁场方向的磁张力密度$-B^2/\mu_0$。综合二者可表为垂直磁场方向的单位面积受压力$B^2/2\mu_0$和平行磁场方向的张力$-B^2/2\mu_0$。

这一平衡方程可用于各种具体磁场位形。最简单的是无限长的对称均匀圆柱，所得结果可近似用于箍缩型磁约束等离子体装置。而有限区域的磁流体平衡可证必须存在外加磁场才能得到，而且这样的位形必须是环拓扑的。在轴对称条件下，这样的环位形平衡可用Grad-Shafranov方程来描述，应用于各种环形磁约束等离子体装置。

一般使用考虑到黏性的纳维-斯托克斯方程研究磁流体力学流动，可分为层流和湍流两种，与磁雷诺数和雷诺数有关。哈特曼流动即属于层流。湍流的性质符合一般的湍流理论。一般磁流体力学方程中的湍流项来源于其非线性项。这是因为每一物理量均可分为慢变的直流项和涨落项。涨落项的一次项的平均值为零。二次项中，如果涨落项间无相位耦合，则平均值也为零。但如果这个涨落有结构，就是相互间有相位耦合，则平均值不为零，对宏观量有贡献。

磁流体力学波　就线性波而言，和一般流体类似，在等离子体中也存在声波，称为离子声波。如果考虑到磁场的作用，则存在磁声波和阿尔文波。磁声波垂直磁场传播，为纵波；压缩等离子体后，恢复力除去气压外，磁压力也起作用，阿尔文波平行磁场传播，为横波。磁力线弯曲后的恢复力为磁张力。它的特征波速为阿尔文速度$v_A=\sqrt{B^2/\mu_0\rho}$，式中B为磁感应强度，μ_0为真空中的介电常数，ρ为质量密度。

对于非线性波，不同振幅处的传播速度不同，因而波形发生变化，波阵面变陡，最后发展成物理参数急剧变化的薄层而成为激波。由于存在磁场，磁流体中的激波有更多的类型，相应理论也复杂得多。磁流体力学激波的实验研究一般在电磁激波管中进行。

磁流体不稳定性　导电流体存在名目繁多的不稳定性，一般具有宏观的尺度，称为宏观不稳定性，可分为理想磁流体模和电阻模两种。理想磁流体模不考虑电阻，即没有电阻也可能发生。实际情况两类不稳定性都会发生，在线性阶段是理想磁流体的，然后发展为电阻性的，并达到饱和。也可从驱动源区分为电流驱动和压强驱动。

主要理论研究方法有两种。一种是简正模分析，即把流体元的任意小扰动展开为独立的傅里叶分量，代入磁流体方程组中，考察各个模式的振动频率，可以得到某一种模式的增长率来分析其稳定性。另一种是能量原理，即计算扰动造成的系统能量变化。如对任何可能的扰动，这个变化是负的，则系统不稳定；如果对所有扰动，这个变化都是正的，则系统是稳定的。

应　用　磁流体力学方法广泛用于磁约束核聚变研究，也用于惯性核聚变研究。如激光等离子体中也有自生磁场存在。在这一领域，普遍用于平衡位形分析、宏观不稳定性和磁流体波的研究。研究不稳定性的一般模式是从基本方程组出发，针对不同磁场位形得到一些不稳定性的判据，在实验中验证，并寻找避免这种不稳定性的方法。在低温等离子体装置如各类等离子体源中，也经常使用磁流体力学方法进行分析。

在天体等离子体研究中，磁流体力学方法集中于太阳黑子的成因和周期现象、太阳风在地球磁层顶端形成的激波面、星际磁场的产生和维持机制等领域。对于地球和其他行星磁场的起源，则从磁流体力学出发，提出了发电机理论予以解释，即认为构成地球外核的铁、镍导电流体在某种能量驱动下做对流运动，构成电流产生地磁场。这种假设可解释磁极反转等现象。

在工程上，最重要的应用是磁流体发电。这种发电技术利用的是法拉第原理，使导电流体通过垂直方向磁场，即可在与流向和磁场都垂直的方向产生感应电动势，使流体动能转换成电能。它的优点是省却一些能量中间转化过程，可能有较高的效率，而且没有机械运动部件，一般与汽轮发电机组联合运行以提高效率。使用的导电流体可以是燃料或裂变堆产生的高温气体，加进一些易电离物质以提高电导率，也可使用液态金属。

此外，核裂变反应和聚变反应堆中的传热剂（钠、钾等）和增殖剂（锂、铅等）、化学工业中的置换剂（钠、钾等），以及冶金工业中的熔融金属也都属于导电流体，在工程上发展了各种电磁输送技术如电磁泵，也基于磁流体力学原理。

（王　龙）

磁路　magnetic circuit　由产生磁场的源（电流线圈或永磁体）、一定形状的软磁材料和空气隙组成的磁感应线的通路。借用类似于直流电路的方法，简便计算可获得所需求强度和分布的磁场。由于存在磁导率悬殊的介质（铁磁质和非铁磁质）与电导率极为悬殊的介质（金属与绝缘体）具有相似性，对比磁路和直流电路，可以看出它们有非常相似的概念和公式（见表）。

磁路与直流电路对比

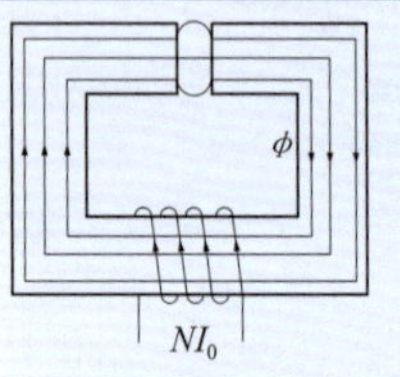	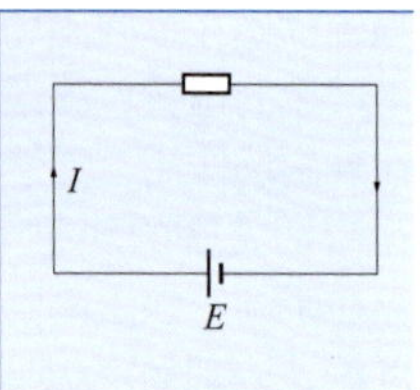
磁动势NI_0	电动势E
磁感应通量ϕ	电流I
磁导率$\mu_i\mu_0$	电导率σ_i
磁阻$\dfrac{l_i}{\mu_i\mu_0 S}$	电阻$R_i=\dfrac{l_i}{\sigma_i S_i}$
磁势降落$\phi_i\dfrac{l_i}{\mu_i\mu_0 S}$	电势降落IR_i

例如，单回路直流电路中有电源的电动势等于各段电路的电势降落的和：

$$E=\sum I_iR_i=I\sum\frac{l_i}{\sigma_i S_i}$$

式中I为电路中的电流，l_i为第i种导体的长度，S_i为第i种导体的截面积，σ_i为第i种导体的电导率；忽略磁漏的单回路磁路中有安培环路定理：

$$NI_0=\sum H_il_i=\sum\frac{B_il_i}{\mu_i\mu_0 S_i}$$

式中N为线圈的匝数，I_0为线圈里的电流，NI_0叫作安匝数，H_i为第i种磁介质中的磁场强度，l_i为第i种磁介质的长度，S_i为第i种磁介质的截面积，$\mu_i\mu_0$为第i种磁介质的磁导率。此式又称为磁路定律。两者的相似程度列于表中。在磁路设计中，可应用直流电路的运算方法，选用最佳的永磁材料及其尺寸和工作点，或选择最佳线圈数和工作电流，选定软磁轭铁材料及大小以获得预期强度和分布的磁场。由于运算中略去磁漏，计算结果与实际有一定的偏差，但对粗略的设计来说，仍有参考价值。

（陈熙谋）

磁螺旋度　magnetic helicity　描述磁场力线的拓扑结构及交连程度的物理量。空间某点$\boldsymbol{r}$的局部磁螺旋密度$K(\boldsymbol{r},t)$定义为磁矢势$\boldsymbol{A}(\boldsymbol{r},t)$与磁感应强度$\boldsymbol{B}(\boldsymbol{r},t)$的标量乘

积$K=\boldsymbol{A}\cdot\boldsymbol{B}$，其中$\boldsymbol{B}=\nabla\times\boldsymbol{A}$。而磁螺旋度$H(t)$则是$K$的空间积分即$H=\int_V K\mathrm{d}\tau$，其积分区域是磁场所占有的全空间或是某个磁面所包围的区域。这可以保证磁螺旋度是规范变换不变的，否则磁螺旋度概念需要推广到“相对磁螺旋度”概念。

磁螺旋度在理想磁流体的封闭系统内是一个守恒量，而在包括电阻、黏滞等效应的非理想磁流体中会随时间而减少，即磁螺旋度耗散。磁螺旋度具有磁通平方的量纲，在环形等离子体中它正比于角向磁通与环向磁通的乘积。

根据磁场的拓扑结构可把磁螺旋度分为三类：

①交连磁螺旋度。如图1所示，C_1、C_2为两个交连的磁通管，设其磁通量分别为ψ_1和ψ_2，由定义可得到磁螺旋度$H=2\psi_1\psi_2$，若C_2中磁通取反向，则$H=-2\psi_1\psi_2$。

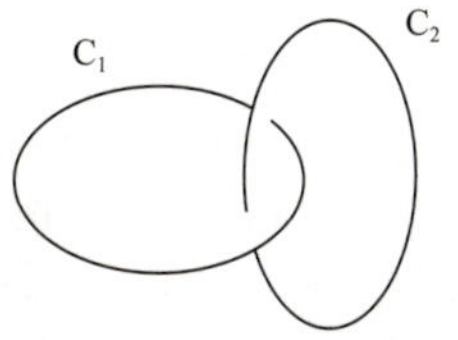

图1　交连磁螺旋度示意图

②缠绕磁螺旋度。磁通管C_1缠绕磁通管C_2 N次，如图2所示（N=3），可把C_1虚构成N个与C_2交连的磁通管以及中间一个独立的环，于是有$H=2N\psi_1\psi_2$或$H=-2N\psi_1\psi_2$。两磁力线管无论如何变化，只要它们的交连次数不变，H值就不会改变。

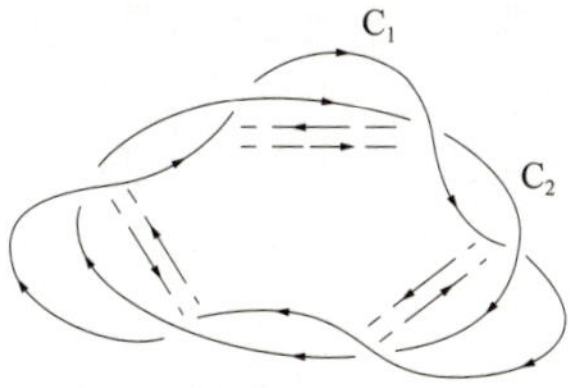

图2　缠绕磁螺旋度示意图

③结缠磁螺旋度。如图3a所示，单个磁通管C打一个结，可把其虚构成两个磁通管C_1、C_2的交连（图3b），即得到$H=2\psi^2$。

磁螺旋度在天体等离子体和实验室等离子体中均有很广泛的应用。如等离子体

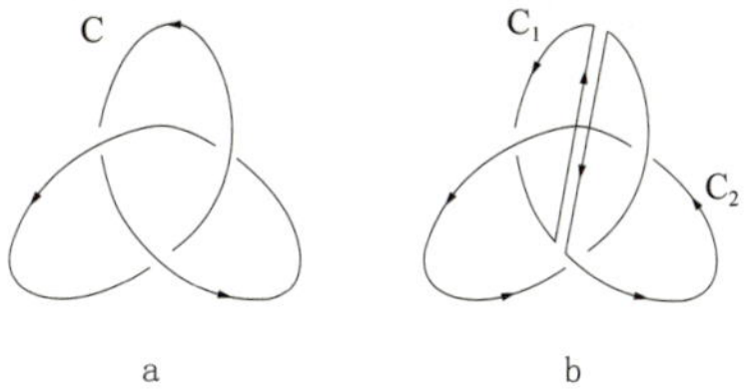

图3　结缠磁螺旋度示意图

弛豫理论；某些磁约束装置中的电流驱动机理；为了保持实验室等离子体的稳态运行，采用输入磁螺旋度来补充因电阻等非理想效应所耗散的磁螺旋度的研究等。

如果考虑到等离子体的旋转，还可以引入广义螺旋度把磁螺旋度和等离子体运动场的螺旋度统一起来。广义螺旋度概念及其守恒、耗散、转化和控制的研究，将对等离子体研究起重要作用，可作为研究旋转等离子体物理的一个新表象。

（张　澄）

磁面　magnetic surface　磁约束等离子体中磁力线缠绕形成的曲面。一般用于平衡的环形等离子体位形中。此时磁面形成一系列嵌套的拓扑环面。这是在环形磁约束等离子体装置中才出现的空间磁场形态。这时装置中的三维磁力线被设计成反复通过与其相交的一个二维截面（即庞加莱截面），但这些交点彼此并不重合，而是构成了一个无限接近一维闭圈的环状链——任何一个交点的旁边都有无限靠近但不相连的两个交点，即这些点是由一个一维无理数构成的。这样的三维空间磁场结构就被称为磁面，又称无理磁面，这是严格意义上的磁面。有时截图上的交点在经过一定次数后会与第一个交点重合——这时每个交点附近的有限间隔内都没有其他交点存在，因此其三维磁场形态不是严格意义上的磁面。但习惯上也被称为磁面——有理磁面。

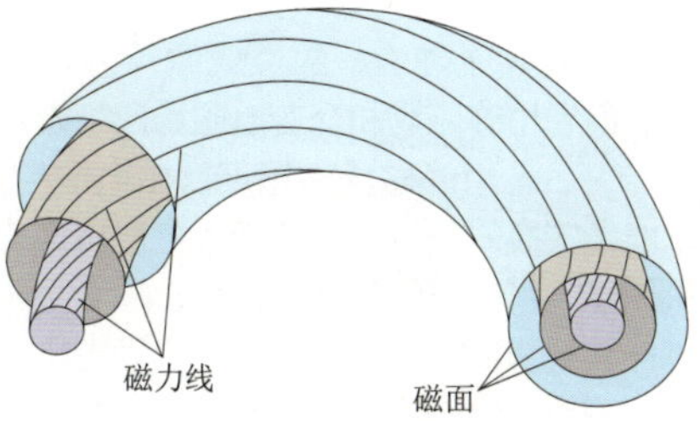

磁面的示意图

三维的无理磁面虽然不是真正意义上的封闭曲面，但它像由柳条编成的密实篮子一样，可以将等离子体像是篮子装水一样地约束在其中。因此无理磁面对等离子体的约束是很理想的。但有理磁面就像一个漏水的篮子，对等离子体的约束很差。好在任意一个磁面（无论有理还是无理）的附近都存在着无数多个无理磁面——就像一维数轴任意点附近都存在无数个无理数，而有理数则是足够稀疏互不相接一样，因此环形磁约束装置仍可较好地约束住其中的高温高密度等离子体。只不过，在其有理磁面上往往出现许多会破坏等离子体约束性能的宏观或微观不稳定扰动。这些不稳定性是影响磁约束性能的主要障碍，如何消除或抑制它们一直是受控核聚变研究的重点目标。

（胡希伟）

磁能　magnetic energy　形成电流系统所具有的能量，也就是磁场所具有的能量。线圈中建立电流需反抗线圈的自感电动势而做功，与这部分功相联系的能量储存起来叫作自感磁能。线圈的自感磁能为$W_{自}=\frac{1}{2}LI^2$，式中L为线圈的自感系数，I为线圈中的电流。两个线圈之间存在互感作用，在两个线圈中分别建立电流，除了需反抗线圈的自感电动势而做功外，还需反抗线圈的互感电动势而做功，与后者相联系的能量储存起来叫作互感磁能。两个线圈的互感磁能为$W_{互}=MI_1I_2$，式中M为两线圈之间的互感系数，I_1和I_2分别为两线圈中的电流。两个线圈分别建立电流I_1、I_2情形下，总磁能为全部自感磁能和互感磁能之和：

$$W=W_{自}+W_{互}=\frac{1}{2}L_1I_1^2+\frac{1}{2}L_2I_2^2+MI_1I_2$$

磁能的这一表述形式并不意味着磁能仅是与电流相联系。可以通过磁场公式将它改写成另一种表述形式：

$$W=\frac{1}{2}\int\boldsymbol{H}\cdot\boldsymbol{B}\mathrm{d}V$$

式中$\boldsymbol{B}$为磁感应强度，$\boldsymbol{H}$为磁场强度，积分遍及磁场存在的空间。这表明可以将磁场存在的空间分成无数体积元，每个体积元的磁能为$\frac{1}{2}\boldsymbol{H}\cdot\boldsymbol{B}\mathrm{d}V$，总的磁能则是它们的求和（积分），而$\frac{1}{2}\boldsymbol{H}\cdot\boldsymbol{B}$则是磁场能量密度。

在静磁情形，电流与磁场总是相伴存在的，因此无论将磁能看成与电流联系起来还是储存在磁场之中，效果完全相同。然而科学实践证明磁场是一种特殊形态的物质，它可以脱离电流而存在。变化的电场也能产生磁场，这种变化电场产生的磁场亦具有能量，其能量密度与静磁情形相同。在一般情形下，变化的电磁场以波的形式传播，传播过程中伴随着能量的传递。

（陈熙谋）

磁偶极子　magnetic dipole　一种按磁荷观点建立起来的类似于电偶极子的模型。由相距不太远的一对等量的指北磁荷q_m和指南磁荷$-q_m$系统组成。描述磁偶极子的物理量是磁偶极矩$\boldsymbol{p}_m=q_m\boldsymbol{l}$，式中$\boldsymbol{l}$是指南磁荷$-q_m$到指北磁荷$q_m$的径矢。均匀的外磁场中磁偶极子受力为零，但受到一个

磁偶极矩转向外磁场方向的力矩；非均匀的外磁场中磁偶极子除了受到一个力矩外，还受到一个力。磁荷观点的磁偶极矩 $\boldsymbol{p}_m$ 与分子电流观点的磁矩 $\boldsymbol{m}$ 有一定的对应关系，$\boldsymbol{p}_m=\mu_0\boldsymbol{m}$。磁偶极子是理解磁荷观点的介质磁化理论的重要模型。

（陈熙谋）

磁屏蔽 magnetic shielding 排除磁干扰的技术措施。是有关磁的精密实验或电子仪器设备中的一个重要课题。用磁导率很大的铁磁材料制成的空腔是一个良好的磁屏蔽装置。当这样的空腔把要屏蔽的空间隔开，根据磁场的边界条件，若界面上没有传导电流时，磁感应强度的界面法线方向分量 B_n 是连续的，磁场强度的界面切向分量 H_t 是连续的，有：

$$B_{1n}=B_{2n},$$

$$H_{1t}=\frac{B_{1t}}{\mu_1\mu_0}=\frac{B_{2t}}{\mu_2\mu_0}=H_{2t}$$

当空腔壳层外部介质的磁导率 μ_1 比壳层材料的 μ_2 小得多时，则由第二式得 $B_{1t}\ll B_{2t}$，这表明在壳层外的空间里磁感应线倾向于垂直界面方向；在壳层的空间里磁感应线则倾向于平行界面的方向。结果采取了磁屏蔽措施，磁感应线分布发生的畸变，使得磁感应线聚集在壳层中，而空腔内的磁场则显得极其微弱，从而起到了磁屏蔽的效果。磁屏蔽的原理也可以用**磁路**的概念来说明。从磁路的角度来看，内部空腔与空腔壳层属于并联磁路，由于壳层的磁导率比空腔内的磁导率大得多，壳层的磁阻则比空腔内的磁阻要小得多，因此磁感应通量则主要流经壳层。

为了提高磁屏蔽的效果，应使屏蔽壳具有适当的厚度；另外采用多层铁壳屏蔽罩，可将漏入空腔的残余磁通量进一步屏蔽掉。

排除交变电磁场（电磁波）的干扰是靠电磁波在屏蔽罩表面诱导出的涡流，涡流使交变电磁场向屏蔽罩透入衰减，其贯穿深度的大小随屏蔽材料的电导率、磁导率及电磁波频率的增加而减小。

（陈熙谋）

磁声成像 magnetoacoustic tomography 一种融合了超声和电磁的耦合成像方法。以电导率为成像参数，兼具对比度好、分辨率高等优点。按照检测方式，可分为超声检测式和电磁检测式两类。超声检测式磁声成像的原理如图1所示。对置于静磁场中的物体施加交变电磁激励，用电极向物体注入交变电流，或用线圈在物体内部感应电流。注入或感应电流与静磁场作用

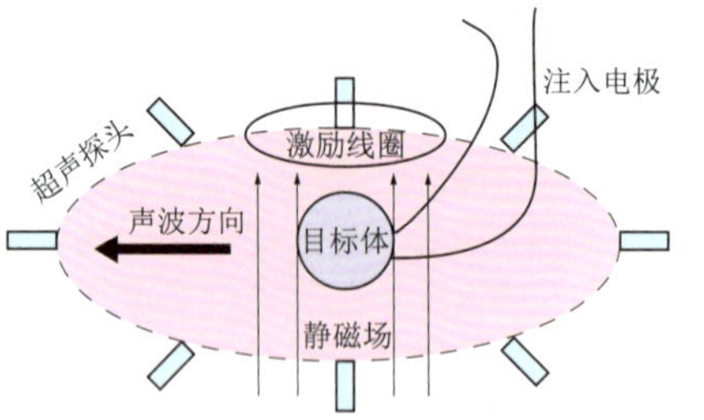

图1　超声检测式磁声成像原理图

产生洛伦兹力，在物体内形成声源，向外辐射超声。通过物体周围的若干个换能器测量超声信号，利用时间反演算法重建声源图像，进一步利用电磁场逆问题算法重建物体的电导率图像。

电磁检测式磁声成像的原理如图2所示。对置于静磁场中的物体施加超声激励，用物体周围的若干个换能器依次发射超声。物体内部离子随超声传播而振动，在静磁场作用下，受到洛伦兹力发生正负电荷分离，形成局部的动生电源，在物体内产生电流分布。通过电极或线圈测量电信号，利用电磁场逆问题算法重建物体的电导率图像。

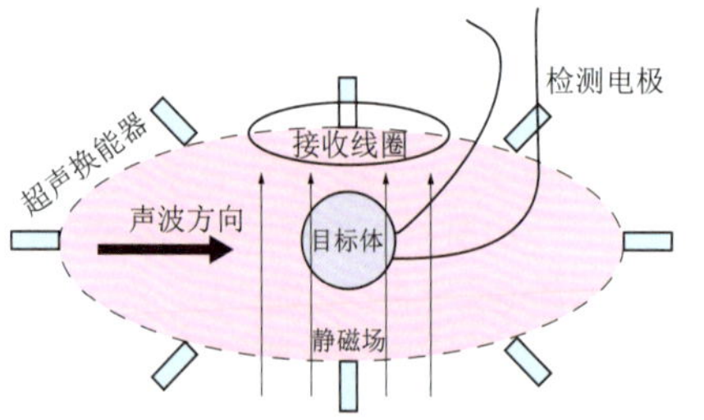

图2　电磁检测式磁声成像原理图

从成像原理看，两类成像互为反模式。前者用静磁场和交变电磁场产生超声信号，后者用静磁场和超声产生电信号。从能量转换的角度看，前者是电能转换为机械能，可以看作广义电动机；后者是机械能转换为电能，可以看作广义发电机。

磁声成像是声学和电磁学在成像领域的交叉，作为一种新兴的检测技术，有很多应用场景，不同应用涉及不同介质的流固属性、导电特性和场耦合特性。例如，对于油水两相流成像或生物医学成像，油水两相流是低电导率流体，生物介质近似为低电导率流体或准流体，对于地球物理测井，井中液体和地层分别为低电导率流体和固体，声场和电磁场为弱耦合，介质的流固属性和导电特性分别决定了声场传播特性和电磁场分布特性；对于金属材料的无损检测，介质为高电导率固体，两种物理场为强耦合，介质的流固属性和导电特性共同决定了两种物理场的特性。

磁声成像在生物医学、地球物理、工业无损检测等领域有广泛的应用前景。超声检测式磁声成像，用于地球物理裸眼井电阻率测量，兼具电法测井和声波测井的优势；用于生物医学，可获取高分辨率的病变组织电导率图像，实现疾病的早期诊断。电磁检测式磁声成像，用于套管井电阻率测量，可穿过金属套管监控井外油气分布；用于石油管道油水两相流，便于工业在线检测；用于生物医学，可与超声弹性成像联合，形成同时获取生物组织黏弹性系数和电导率参数的双模成像方法；用于金属材料无损检测，可对内部缺陷进行评估。

（刘国强）

磁声效应 magnetoacoustic effect 强磁体中磁化状态与声振动之间相互影响和相互转换的效应。表现为物质磁性或磁场与声学性质的相互影响。如磁化发声效应是强磁材料受外磁场磁化时的振动发声，磁致音叉效应是音叉振动的振幅和频率在磁场中发生变化。它们起源于磁弹（性）耦合即磁化强度与弹性应变间的耦合，这种耦合也导致磁致伸缩。受到交变磁场作用的强磁性物体会发生相应的机械振动。此原理已用于超声换能器中，其逆效应为声振动对磁化状态影响。在恒稳磁场中，强磁体的磁化强度随声振动而变化；在剩磁状态下，声振动会引起剩磁的降低。磁弹（性）效应使自旋波（磁振子）与点阵振动（声子）发生耦合。当强磁体中自旋波与声波的频率和波长均相等时，称为交叉，两者发生强烈耦合，并且可以相互转换。这时产生的是两种波耦合的磁弹（性）波。引起此效应的声波则出现强烈衰减。在稳恒磁场和高频声场同时作用并满足一定条件时，一些弱磁性（抗磁性或顺磁性）物质会发生传导电子在空间运动的能级（朗道能级）间的共振跃迁或发生电子自旋能级（塞曼能级）间的共振跃迁，称为磁声共振。

（翟宏如）

磁斯格明子 magnetic skyrmion 一种具有非平庸拓扑数的磁畴结构，其磁矩在三维空间的投影为一完整的球，拓扑数为±1。因其在数学上对应于T.H.R.斯格明于1962年提出的用于解释强子激发态构型的一种拓扑孤子模型，故而称其为磁斯格明子，是拓扑孤子在凝聚态物理领域的磁性对应体。磁斯格明子相邻磁矩通常处于非共线排列，磁矩方向在空间上连续旋转，具有非平庸（非零整数）拓扑数，亦称为斯格明子数，可通过 $S=\frac{1}{4\pi}\iint\widehat{M}\cdot\left(\frac{\partial\widehat{M}}{\partial x}\times\frac{\partial\widehat{M}}{\partial y}\right)\mathrm{d}x\mathrm{d}y$ 计算来获得，式中 $\widehat{M}$ 为局域磁矩的方向矢量。

磁斯格明子中以拓扑数为±1的研究最为普遍，拓扑数为±1的磁斯格明子磁矩方向在空间的投影为4π。根据其磁矩空间旋转方向的不同，磁斯格明子可分为布洛赫型和奈耳型两种。其中布洛赫型磁斯格明子因通过对称中心的纵截面为一布洛赫型360°磁畴壁而得名，又因其中心磁矩分布为一涡旋而称涡旋型；奈耳型磁斯格明子因通过对称中心的纵截面为一奈耳型360°磁畴壁而得名，又因其磁矩分布形状类似一刺猬而称刺猬型。由于具有不同拓扑数的磁结构不能连续相互演化，磁斯格明子不能连续过渡到拓扑平庸磁畴结构（拓扑数为零，如单畴态），因而具有较好的稳定性。由于磁斯格明子具有孤子的性质，能在电流等外力的驱动下保持其基本形状进行运动，不易受杂质或缺陷干扰，还可以形成磁斯格明子晶格。

对磁斯格明子的兴趣，除了拓扑霍尔效应、斯格明子霍尔效应等新颖拓扑相关效应外，很重要的一个原因还在于磁存储和逻辑器件等方面的潜在运用。这主要是基于磁斯格明子的拓扑稳定性，最小尺寸可达几纳米，并且容易受电流驱动（临界电流比驱动磁畴壁运动低几个数量级），因而基于磁斯格明子的赛道存储器有望取代基于磁畴壁的赛道存储器。磁斯格明子可以通过以贾洛申斯基-守谷（DM）相互作用为代表的手性相互作用与交换相互作用竞争来稳定，也可以通过控制磁偶极相互作用来获得。通常通过体DM相互作用稳定下的磁斯格明子为布洛赫型，而通过界面DM相互作用稳定下的磁斯格明子为奈耳型。除静态稳定形式外，磁斯格明子还可以动态形式存在。此外，磁斯格明子存在对应的反粒子——反斯格明子，在反铁磁材料中也有对应的形式——反铁磁斯格明子。 （丁海峰）

磁通钉扎 flux pinning 超导体量子磁通线被缺陷或其他各种势阱所束缚的状态。磁通线是第二类超导体中有磁场时出现的磁力线束，每束的总磁通量为$h/2e$。由于涨落效应，磁通线总是在其平衡位置周围作无规则运动。当超导体中通以电流时，磁通线受到洛伦兹力作用会定向运动，并在其正常芯及其周围放出热量，超导体就会有电阻出现，不再是真正意义上的超导体。但超导材料中总有一些缺陷，或人为制造一些缺陷，使得磁通线刚好处于这些缺陷位置时，系统的总能量最低，因此磁通线会被束缚住，这个现象叫磁通钉扎。根据磁通线的结构特点，磁通钉扎可通过降低凝聚能（非超导芯钉扎）、超导电子动能（平均自由程钉扎）、磁相互作用能、表面能等来实现。如利用高能重离子束对超导体进行辐照会产生半径与相干长度相当的柱状钉扎中心，对于横向涨落强的磁通线（如高温超导体的涡旋饼）可起到非常有效的钉扎，可大大提高超导体的临界电流。通过纳米尺度非超导颗粒的夹杂，亦可对磁通形成非常有效的钉扎。利用现代微加工技术对超导体进行刻蚀形成特殊形状的缺陷阵列，可对磁通的集体运动加以限制，出现磁通的单向流动的二极管行为。磁通钉扎的研究对超导体的强电方面的应用非常重要。 （仲 佰）

磁通量 magnetic flux 磁感应强度通过表面垂直分量的面积分。在均匀磁场中磁感应强度矢量$\boldsymbol{B}$与面积矢量$\boldsymbol{S}$的标量积，$\phi=\boldsymbol{B}\cdot\boldsymbol{S}$；在非均匀磁场中磁感应强度$\boldsymbol{B}$对面积的积分，$\phi=\int\boldsymbol{B}\cdot\mathrm{d}\boldsymbol{S}$，简称磁通。对于磁场中的多匝线圈所通过的磁通量称为全磁通或磁通匝链数，它等于通过每一匝线圈的磁通量的代数和。磁通量是电磁学中的一个重要概念。它揭示磁场作为矢量场的属性。磁场中通过任意闭合曲面的磁通量恒为零，$\oint\boldsymbol{B}\cdot\mathrm{d}\boldsymbol{S}=0$，说明磁场是无源场，不存在磁单极，磁感应线是闭合曲线。另外，磁通量也是表达电磁感应现象的组成部分，穿过任意闭合回路的磁通量发生变化时，回路中产生感应电动势，感应电动势与穿过闭合回路的磁通量的变化率成正比。 （陈熙谋）

磁通量子化 flux quantization 超导体的一种*宏观量子现象*。超导体在超导态具有宏观量子相干特性，即超流电子的波函数具有同样的相位。根据量子力学对相位的基本表述，可计算出在超导体内沿着某封闭路径走一圈，因为其波函数的单值性，相位的改变量是2π的整数倍（包含零），反映在磁通量上面总磁通量应该是$h/2e$的整数倍。这就是超导体中的磁通量子化。这个规律对第一类超导体和第二类超导体都是满足的。这里的$2e$反映超流态基本载流子是两个电子组成的库珀对。第二类超导体中超导-正常界面能量为负值，磁通束细分到单根磁通从能量上看更有利，这就出现了单根磁通量子线，即磁通线，每根磁通线的磁通量为$h/2e$。常规超导体中磁通线的结构可看成一个以相干长度（几到数十纳米）为半径的正常态芯子和一个以穿透深度（数十到数百纳米）为半径的磁场衰减区域所构成。每根磁通线之间有排斥力，因此在无缺陷的情况下，众多的磁通线会排列成一个完善的磁通晶格，通常是三角点阵，有时是四方点阵，或介于其间。磁通晶格的点阵形式与磁通周围的超导环流的空间位型和超导配对对称性有关。

磁通量子化可以用来精确测量*普朗克常数*的数值。 （仲 佰 庄鹏飞）

磁通密度 magnetic flux density 描述磁场强弱、方向的物理量。见*磁感应强度*。

磁线二色性 magnetic linear dichroism 线偏振光在穿过磁场作用下的材料时，其透射率会与线偏振光的偏振方向与磁场方向之间的夹角有关的现象。其大小通常定义为线偏振光的偏振方向与磁场方向垂直或平行时候的吸收率的差别，即：

$$\Delta A=\frac{A_{\parallel}-A_{\perp}}{A_{\parallel}+A_{\perp}}$$

磁线二色性效应的大小通常比*磁圆二色性*要弱。与磁圆二色性效应相比，磁线二色性效应无法区分总角动量中磁量子数$\Delta m_j=\pm1$的跃迁，但它可以测量到磁圆二色性无法观察到的$\Delta m_j=0$的跃迁，因此磁线二色性和磁圆二色性这两种效应各有所长，都可以用于探测材料在基态和激发态的电子结构，在实际应用中经常相互补充。

随着同步辐射光源的发展，X射线的磁线二色性也被用来研究过渡元素原子在外磁场下的能级分裂。另外，在反铁磁材料中，由于净磁矩为零，不存在磁圆二色性，但存在磁线二色性，因此磁线二色性经常被用于研究反铁磁材料的自旋取向和磁有序等特性，在反铁磁薄膜材料磁性研究中得到广泛应用。 （吴义政）

磁效应 magnetic effect 物质的磁性与其力学、声学、热学、光学及电学等性能均取决于物质内原子和电子状态及它们之间的相互作用。这些性能相互联系、相互影响。磁状态的变化引起其他各种性能的变化；反之，电、热、力、光、声等作用也引起磁性的变化，这些变化统称为磁效应。物质的磁效应具有基础研究的意义，它提供了物质结构、物质内部各种相互作用，以及由此引起的各种物理性能相互联系的丰富信息。如磁光效应可用来探测磁性物质内磁性电子的跃迁及其能级；磁电效应则反映传导电子与导致宏观磁性的电子之间的相互作用。磁效应已经或正在获得重要应用，为各种需要提供了性能优良的新器件、新材料和新手段。如磁力效应与磁声效应分别用于制造电声换能器及延迟线；磁光效应被用于观察磁化强度的分布，研制磁光器件及磁光存储器件；核磁的绝热去磁为获得超低温的有效手段；磁电阻效应则用于检测磁场而制成新型磁头及磁泡检测器。工程技术上有特殊应用的恒弹性材料及低膨胀系数材料则基于磁力效应及磁热效应，均与磁致伸缩效应有关。磁效应主要有**磁力效应**、**磁声效应**、**磁光效应**、磁热效应和**磁电效应**，以及它们的逆效应。（翟宏如　李国栋）

磁性　magnetism　能激发磁场以及在磁场作用下能产生有关效应的性质。粗浅地说，指物质具有吸引铁性物质（铁、钴、镍及其化合物）和物质制成细长形自由悬挂可指南北的性质。最早发现的具有磁性的物质是天然的磁铁矿石，主要化学式为Fe_3O_4。1820年，H.C.奥斯特发现电流的磁效应，电流能使放于其近旁的小磁针发生偏转。不久A.-M.安培做出重要贡献：①观察到载流螺线管与磁铁具有等效性，同样可吸引铁屑和指南北；②观察了两平行电流的相互作用。通过研究，他提出了分子电流假说，认为组成磁铁的最小单元是环形的分子电流，把产生磁性的本源归结为单一的电流的作用。当时人们对于物质的结构还一无所知，但安培提出了近似正确的分子电流假说，这是难能可贵的，这个假说是认识磁现象和物质磁性的依据。

磁性是物质的固有属性。按照现代物理理论，物质由原子组成，原子中电子绕原子核运动具有轨道磁矩，电子自旋具有自旋磁矩。原子中各电子的轨道磁矩和自旋磁矩的矢量和不等于零，在磁场中表现出顺磁性；原子中各电子的轨道磁矩和自旋磁矩的矢量和等于零，但轨道运动和自旋运动依然存在，在磁场中则会表现出抗磁性；而对于某些物质，电子自旋间的特殊的量子相互作用则表现出铁磁性。通常情况下，多数物质之所以不呈磁性是由于热运动使原子的磁矩取向混乱所致。

（陈熙谋）

磁性半导体　magnetic semiconductor　同时具有磁性材料性质和半导体性质的材料，是半导体自旋电子学的重要研究对象。有些半导体材料本身就具备磁性，如含稀土元素的半导体$CdCr_2Se_4$等。但是大部分半导体材料如硅、锗、砷化镓、硒化锌和碲化镉等都是非磁性（抗磁性）的，为了使其具有铁磁性，最直接有效的办法是对其进行磁性掺杂。

磁性半导体的研究可以追溯到20世纪60年代末。磁性半导体涵盖的物理内容非常丰富和深入，按磁性元素的浓度可以划分为浓缩磁性半导体和稀磁半导体。浓缩磁性半导体包括尖晶石结构$CdCr_2Se_4$等和岩盐结构的氧化铕和硫化铕等，其中磁性元素铬和铕存在于每个*原胞*之中，因此往往具有很大的饱和磁化强度。通过掺杂手段，人们能比较有效地改变这些材料的载流子浓度。但这些材料的居里温度往往很低，并且高质量的单晶材料及相关薄膜异质结构难以生长，因此在70年代人们逐渐将兴趣转移到了稀磁半导体材料。按照宿主材料的类型，**稀磁半导体**又分为Ⅱ-Ⅵ、Ⅲ-Ⅴ、Ⅳ和Ⅳ-Ⅵ族等不同种类。代表性的Ⅱ-Ⅵ族磁性半导体包括闪锌矿结构的(Zn, Mn)Se和(Cd, Mn)Te等，与Ⅱ族元素等价替换的锰元素有较高的溶解度，从而引入了局域磁矩。但这些局域磁矩之间的相互作用在低温下通常是反铁磁性的，在高温下则表现为顺磁性。此外，很难通过掺杂改变这类材料的导电类型和载流子浓度，这些因素极大地限制了其应用范围。尽管如此，利用Ⅱ-Ⅵ族磁性半导体较强的法拉第效应，它们被成功地应用在光隔离器中。自80年代末起，得益于低温分子束外延非平衡生长技术的发展，人们突破了磁性元素在Ⅲ-Ⅴ族半导体中的溶解度极限，成功合成了闪锌矿结构的(In, Mn)As和(Ga, Mn)As等Ⅲ-Ⅴ族磁性半导体。替代镓位的锰原子不仅能提供局域磁矩，还能作为受主提供空穴载流子，进一步的实验和理论证明这类材料的长程铁磁序是由空穴为媒介诱导产生的。上述三类磁性半导体的典型晶体结构如图所示。基于Ⅲ-Ⅴ族磁性半导体特别是(Ga, Mn)As薄膜，一系列自旋电子功能器件在实验室条件下被成功制备，如自旋发光二极管、全半导体磁性隧道结及磁性的电场和电流调控器件等。

在21世纪20年代初，限制Ⅲ-Ⅴ族磁性半导体更多走向应用的最大障碍便是其居里温度仍然低于室温。以研究最为广泛且最具代表性的(Ga, Mn)As为例，即使结合了重锰掺杂、纳米加工和最优退火等多种手段，(Ga, Mn)As薄膜和纳米结构的最高居里温度仍然只有191K和200K左右。此外，对于常见的磁性半导体而言，由于磁性杂质散射较强，载流子迁移率大都很低。最后，载流子和磁性的相互关联不利于对电荷和自旋自由度的分离调控。虽然在Li(Zn, Mn)As和$(Ba, K)(Zn, Mn)_2As_2$块材中成功实现了电荷和自旋的分离掺杂和调控，但这些材料也存在居里温度低于室温的问题，同时还与主流半导体不兼容且很难获得高质量的单晶薄膜及相关异质结构。基于这些原因，为了获得可大规模应用的磁性半导体，未来的主要研究目标是寻找并合成兼具以下几个特征的材料：①与主流半导体相兼容的单晶薄膜；②居里温度高于室温；③室温高迁移率突破100厘米²/（伏·秒）；④导电类型（电子或空穴）可控。（赵建华　王海龙）

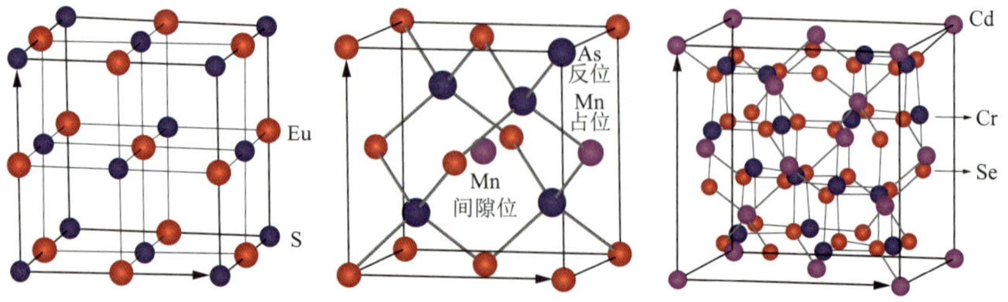

a 岩盐结构EuS　b 闪锌矿结构(Ga, Mn)As　c 尖晶石结构$CdCr_2Se_4$

磁性半导体的常见晶体结构示意图

磁性材料　magnetic material　在磁场作用下表现出磁性的物质。物质在外磁场作用下表现出磁性的现象称为磁化。所有物质都能磁化，故都是磁介质。按磁化机构的不同，磁介质可分为抗磁体、顺磁体、铁磁体、反铁磁体和亚铁磁体五大类。在无外磁场时抗磁体分子的固有磁矩为零，外加磁场后，由于电磁感应每个分子感应出与外磁场方向相反的磁矩，所产生的附加磁场在介质内部与外磁场方向相反，此性质称为**抗磁性**。顺磁体分子的固有磁矩不为零，在无外磁场时，由于热运动而使分子磁矩的取向作无规分布，宏观上不显示磁性；在外磁场作用下，分子磁矩趋向于与外磁场方向一致的排列，所产生的附加磁场在介质内部与外磁场方向一致，此性质称为**顺磁性**。介质磁化后的特点是在宏观体积中总磁矩不为零，单位体积中的总磁矩称为磁化强度。

实验表明，磁化强度与磁场强度成正比，比例系数χ_m称为磁化率。抗磁体和顺磁体的磁性都很弱，即χ_m很小，属弱磁性物质。抗磁体的χ_m为负值，与磁场强度无关，也不依赖于温度。顺磁体的

χ_m为正值，也与磁场强度无关，但与温度成反比，即$\chi_m=C/T$，C称为居里常数，T为热力学温度，此关系称为居里定律。

铁磁体在低于一定温度T_C时，内部存在许多自发磁化的小区域，称为磁畴，磁畴具有磁有序结构，同一磁畴内分子磁矩同向。无外磁场时不同磁畴的取向作无规分布，宏观上不显示磁性。在外磁场作用下磁畴转向，宏观体积内的总磁矩不为零，内部可产生与外磁场方向一致且比外磁场要强得多的附加磁场。外磁场撤去后仍保留部分磁化强度。铁磁体还具有磁滞现象。铁磁体属强磁物质，是应用最广的磁介质。温度高于T_C时，物质的铁磁性质消失而成为顺磁质，T_C称为铁磁质的居里温度。

反铁磁体内由于原子之间的相互作用使之与铁磁体一样具有磁有序结构，相邻自旋磁矩作反平行排列，大小恰好相抵消，因而不具有固有的自发磁化磁矩，此种性质称为反铁磁性。反铁磁体具有较大的顺磁磁化率，在一定温度T_N处存在磁化率的峰值，温度大于T_N时反铁磁性消失而成为顺磁体，临界温度T_N称为奈耳温度。在奈耳温度T_N处，反铁磁体的热胀系数和比热等均发生突变。铁、钴、镍、锰等过渡族金属的氧化物均是反铁磁体。

亚铁磁性与**反铁磁性**具有相同的物理本质，只是亚铁磁体中反平行的自旋磁矩大小不等，存在部分抵消不尽的自发磁矩，类似于铁磁体。铁氧体大都是亚铁磁体。 （赵见高）

磁性相变 magnetic phase transition 当温度、压力、磁场等条件变化时，物质的磁有序状态发生改变的现象。磁性相变过程涉及磁的长程序结构的出现或消失，铁磁-顺磁的转变、反铁磁-顺磁的转变、亚铁磁-顺磁的转变等都是典型的磁性相变。以铁磁-顺磁的转变为例，在温度低于居里温度T_C时，铁磁体表现出原子（或离子）磁矩平行的铁磁有序状态。当温度升高超过居里温度时，铁磁体的磁有序状态遭到破坏，原子（或离子）磁矩变得无序，对外不显示宏观磁性，变为顺磁态。反铁磁-顺磁的转变和亚铁磁-顺磁的转变情况类似，其中反铁磁-顺磁的转变温度称为奈耳温度T_N。磁性相变和结构相变没有必然的联系，大多数材料的磁性相变都属于二级相变，也就是其吉布斯自由能分别对温度、压力、磁场等的微分，即摩尔熵、摩尔体积、摩尔磁化强度及其他摩尔参数随温度连续变化，但二阶微分发生不连续变化；也有一些材料发生磁性相变的同时伴随有结构的相变，存在明显的体积变化和熵的变化，属于一级相变。磁性相变过程中除了磁结构的改变之外，也会引起其他物理性能的改变，如电阻、比热的改变等。 （蔡建旺）

磁性液体 magnetic fluid 微小的磁性颗粒悬浮在非磁性液体中形成的悬浮液。磁性液体分为磁流体和磁流变液两种。磁流体是由磁性纳米颗粒（直径小于10纳米）悬浮在基液中形成的一种胶状液体。一般常用的磁性颗粒有Fe_3O_4、Fe_2O_3、Ni、Co等，以水、有机溶剂、油等作为基液，以油酸等作为表面活性剂。磁流体中的纳米颗粒之间的相互作用很微弱，表面活性剂的范德瓦耳斯力足以阻止纳米颗粒的团聚。磁流体通常表现为**超顺磁性**，在无外加磁场时没有宏观磁化强度。磁流体可应用于苛刻条件下的流体密封、润滑、减震、阻尼器、磁共振成像等领域。

磁流变液是由微米量级的磁性颗粒分散于非磁性液体（矿物油、硅油等）形成的悬浮液。在零磁场下，磁流变液表现为流动性能良好的液体，其表观黏度很小；在强磁场作用下可在短时间（毫秒级）内表观黏度增加两个数量级以上，并呈现出类固体的特性。这种变化是连续的、可逆的，即去掉磁场后又恢复到原来的状态。磁流变液可广泛应用于机械和建筑中的减震器、汽车中的刹车器、军事上的防弹装甲，以及高精度抛光等领域。 （孙 阳）

磁悬浮 magnetic levitation 利用磁力克服重力使物体处于无摩擦、无接触悬浮平衡状态的一种方法。在磁悬浮中两个主要的因素分别是：提升力和稳定性。提升力指提供给物体足够克服重力向上的力，稳定性是能够确保系统不会自发地滑向或跳至提升力被中和掉的状态。磁悬浮被用在磁悬浮列车、磁悬浮熔炼、磁悬浮轴承等方面。磁性材料或系统能够通过依赖于磁场以及磁体的力，相互吸引或挤压。多种类型的磁性材料已被用来产生提升力，如永磁体、直流电磁铁、抗磁体、超导磁体，以及导体中导电线圈产生的磁性等。**超导磁悬浮**是由于超导体处于超导态时，由于迈斯纳效应使磁通不能通过磁体，超导体中的磁通线被冻结，与外部磁力线达到稳定状态而悬浮的现象。涡流磁悬浮是指材料表面或者内部产生涡流时相当于产生了抗磁效应。由于永磁体与铁磁体、永磁体之间的作用力满足平方反比关系，根据恩肖定理，永磁体之间或者永磁体与铁磁体之间是不能产生稳定的悬浮的，因此只使用顺磁性材料不可能使一个静态的系统被稳定地提升起来。如一个最简单的例子是上下放置的两个相互排斥的相反磁极的磁体是非常不稳定的，顶部的磁体可以侧向滑动或翻转。但通过使用抗磁性材料、超导体或者具有涡旋电流等能自我调制的系统可以实现稳定性，从而避开了恩肖定理。 （杨金波）

磁学 magnetism 研究磁的现象、磁的本质以及磁同其他物性关系和规律的学科。包含物质的**磁性**和**磁场**。磁性是物质在磁场中会受到磁力作用的物性。磁场是运动的带电粒子在其中会受到洛伦兹力作用的物理场。磁性和磁场是普遍存在的。任何物质都具有磁性，只是有强弱之分。任何空间都存在磁场，只是有的空间磁场高，有的空间磁场低。由于历史的原因，习惯上常把强磁性物质称为磁性物质，把弱磁性物质称为无磁性物质或非磁性物质。物质磁性的强弱和空间磁场的高低都是可测量的。由于观测和研究对象的不同，磁学可分为狭义磁学和广义磁学。狭义磁学是研究宏观物质磁性的科学，一般称为磁学，是物理学的组成部分。广义磁学包括：研究宇宙磁现象（磁性和磁场等）的宇宙磁学，也称天体磁学；研究地球磁现象的地球磁学；研究生物（生命）磁现象的**生物磁学**；研究原子核磁现象等的原子核磁学，简称核磁学；研究基本粒子磁现象等的基本粒子磁学，简称粒子磁学；研究化学中磁现象等的磁化学等。这里仅介绍狭义磁学。

磁学的发展 磁现象的观察、记录、应用和研究，既有着悠久的历史，又是现代研究不断深入的领域。从古代磁学的发展看，中国有不少的贡献。在天然磁石的发现，天然磁石吸铁和天然磁石指示南北方向的发现，利用天然磁石制成指南器（称为司南），利用人工磁化制成指南鱼和指南针，地磁偏角的发现和地磁倾角的利用，利用指南针作海上导航，利用磁石治病，以及对北极光（地磁现象）和太阳黑子（太阳磁现象）的观察和记载等方面，中国都是世界上最早者或最早者之一。其他国家在古代磁学上的发明、发现和应用等方面也有不少的贡献，如磁石吸铁现象的发现，指南针在美洲新大陆的发现及其在环绕地球航行一周中的作用，对北极光和太阳黑子的观察记载，利用磁石治病等，对于古代社会文明和进步都起过重要作用。磁学近现代的发展可从对物质的磁性、物质的磁效应和物质的磁共振的研究中得以反映。

物质的磁性 任何物质都具有磁性，但各种物质磁性的强弱、种类和特点却不相同。这既决定磁学研究的内容，又影响磁学应用的范围。从物质磁性的强弱、种类和特点看，可把宏观物质的磁性分为弱磁性和强磁性两大类。弱磁性又分为**抗磁性**、**顺磁性**和**反铁磁性**；强磁性又分为**铁磁性**和**亚铁磁性**。宏观物质的磁性来自组成宏观物质的原子的磁性，而原子磁性又包含原子中的电子磁性和原子核磁性。但由于原子核的质量约为电子质量的2000倍或更高，故原子核磁性仅为电子磁性的1/2000或更低。一般原子磁性只考虑原子中电子的磁性。原子中电子的磁性又包含电子的自旋磁矩和电子绕原子核作轨道运动产生的轨道磁矩两部分，它们的大小和方向分别用自旋磁矩矢量和轨道磁矩矢量表示。原子中多个电子的自旋磁矩与轨道磁矩的矢量和称为原子磁矩。宏观物质的磁性便是由组成该物质原子的原子磁矩的大小和排列情况决定的（图1）。

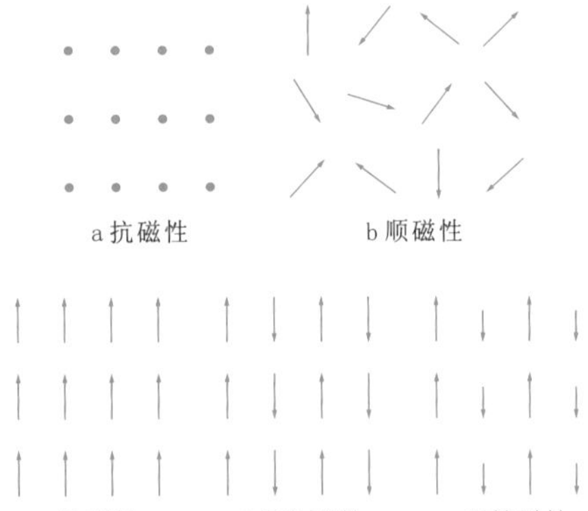

图1 五种磁性的原子磁矩排列

抗磁性 物质中各原子的原子磁矩均为零（图1a）。但受到外磁场作用时，会在外磁场相反方向产生微弱磁矩，使磁化强度（单位体积的原子磁矩之和）与磁场强度之比的磁化率为负数，绝对值很小（约10^{-6}），如水、碳、金、银为抗磁（性）物质。某些物质虽然具有抗磁性，但当这些物质具有其他磁性时，其抗磁性便因磁性微弱而表现不出来。超导体在超导状态为磁化率较高的抗磁物质。

顺磁性 物质中的原子虽具有原子磁矩，但在绝对温度不为零时，因受热扰动的影响，各原子磁矩呈混乱排列（图1b），如果该物质受到外磁场作用时，原子磁矩部分转向磁场，使磁化率为很小的正值。一般顺磁物质的磁化率随温度升高而降低，如氧气和二氧化钛等。但一些顺磁性金属的磁化率却不随温度变化而变化，如锂和钠等。

铁磁性 物质中原子磁矩间如果具有很强的相互作用，则这种强相互作用主要是与磁矩相关联的自旋之间的交换作用（一种量子力学相互作用），它在一定温度以下可胜过热扰动作用使自旋（磁矩）有序排列起来。如果交换作用为正值可使自旋平行排列，产生铁磁性（图1c）。当温度升高到热扰动作用胜过交换作用时，可完全破坏自旋的有序排列而失去铁磁性，转变为顺磁性。这一转变温度称为居里温度。铁磁性物质中由于原子磁矩的平行有序排列而具有强的磁性。

反铁磁性 物质中的原子磁矩由于自旋间的交换作用为负值而产生反平行排列，而当相邻磁矩相等时则原子磁矩相互抵消，使总合磁矩为零（图1d）。这种情况同铁磁性相反，故称为反铁磁性。使反铁磁性消失而转变为顺磁性的温度称为奈耳温度。如氧化铁（FeO）和氧化镍（NiO）等为反铁磁（性）物质。

亚铁磁性 物质中的原子磁矩由于自旋间的交换作用为负值而产生反平行排列，而相邻磁矩并不相等时（图1e），则原子磁矩不完全抵消，使总合磁矩不为零。这种在宏观上表现铁磁性，在微观上却类似反铁磁性的磁有序称为亚铁磁性。大多数铁氧体如镍铁氧体（$NiFe_2O_4$）和锰铁氧体（$MnFe_2O_4$）等都为亚铁磁性。

由于各种磁性研究的深入、磁性材料范围的扩大，以及测量微观原子磁矩排列分布（称为磁结构）的中子衍射技术的应用，人们进一步观测到一些新的磁性特点，诸如稀土磁性材料中的螺旋铁磁性和螺旋反铁磁性，非晶磁性材料中的散铁磁性、散反铁磁性，特殊磁性材料中的超顺磁性、超铁磁性和超反铁磁性，低浓度磁性原子在抗磁基体中的自旋玻璃磁性，低浓度磁性原子在超导体中出现与超导体共存的隐铁磁性，超低温度下一些物质中的原子核磁矩的铁磁性和反铁磁性等。这些现象都是当代研究的新课题。

物质的磁效应 宏观物质不但具有磁性，而且这些磁性和磁场还与物质的其他性质相互影响。强磁物质中这些影响更为明显。这种相互影响称为磁效应。物质的各种磁效应是磁学研究的重要方面，也获得了广泛的应用。研究较多的磁效应主要有下列五种。

磁力效应 表现为物质磁性或磁场与物质力学性质的相互影响。如磁致伸缩效应是强磁物质在外加磁场作用下的伸长或缩短；磁致扭转效应是强磁物质在纵向磁场和纵向电流同时作用下产生的扭转；磁致弹变效应是强磁物质在外磁场作用下弹性模量的改变。

磁声效应 表现为物质磁性或磁场与物质声学性质的相互影响。如磁化发声效应是强磁材料受外磁场磁化时的振动发声；磁致音叉效应是音叉振动的振幅和频率在磁场中发生变化。

磁热效应 表现为物质磁性或磁场与物质热学性质的相互影响。如绝热去磁制冷效应是顺磁、铁磁或核磁物质通过等温磁化和绝热去磁过程降低其温度。

磁电效应 表现为物质磁性或磁场与物质电学性质的相互影响。如霍尔效应是导体在通电流和垂直磁场作用下，在垂直电流和磁场的方向产生电动势，并在此基础上又发现了量子霍尔效应和分数量子霍尔效应；磁电阻效应是固体电阻在外磁场中发生的变化。一些强磁物质的电阻在外磁场中会发生巨大变化，称为巨磁电阻效应，这一效应已成为磁电子学发展的一种重要基础。

磁光效应 表现为物质磁性或磁场与物质光学性质的相互影响。如法拉第旋转效应是偏振光通过透光磁性材料并在与光传输方向垂直的磁场作用下，光的偏振会发生旋转；磁光克尔效应是偏振光照射到不透光的磁性材料时，反射光的偏振会发生旋转。

物质的磁共振 物质在互相垂直的恒定磁场和交变（高频）磁场同时作用下，当恒定磁场的强度与交变磁场的频率满足一定条件时，这种物质便会对交变电磁场产生强烈的吸收，称为磁共振。根据磁共振产生的不同情况，一般分为下面五种。

铁磁共振 铁磁物质（广义可包括亚铁磁物质和反铁磁物质）在恒定磁场和微波磁场同时作用下，微波频率固定而改变恒定磁场的强度，可观测到微波功率的变化。由于铁磁物质是电子磁矩强耦合的集体运动系统，故从铁磁共振可获得有关这个系统的结构和动态等各种信息。铁磁共振也是多种微波磁性器件应用的基础。

顺磁共振 又称电子自旋共振，是顺磁物质的电子自旋系统在恒定磁场和微波磁场同时作用下产生的磁共振。由此可获得顺磁物质中顺磁原子或离子及其周围环境的多种信息。

回旋共振 又称抗磁共振，是物质中电子轨道运动在恒定磁场和高频（或微波）电场的同时作用下，在满足一定条件时产生的共振。回旋共振的一种重要应用是测定半导体中电子和空穴的有效质量。

核磁共振 物质中具有核磁矩的原子核系统，在恒定磁场和射频磁场同时作用下，满足一定条件时产生的共振。具有核磁共振的化学元素非常多，故核磁共振应用范围广泛。从核磁共振进一步发展到核磁共振成像，更开拓了新的重要应用。

穆斯堡尔效应　又称核γ共振，是原子核基态与激发态之间的共振跃迁。在两态的核由磁场分裂的磁能级之间的共振跃迁则属于磁共振。这种磁共振同核磁共振相似，具有选择性强和分辨率高等优点，在物理学、化学、生物学和地学多领域得到广泛的应用。

磁性材料　具有特定磁性和应用的磁性物质，主要是铁磁性和亚铁磁性物质。根据其磁特性可分为五类。

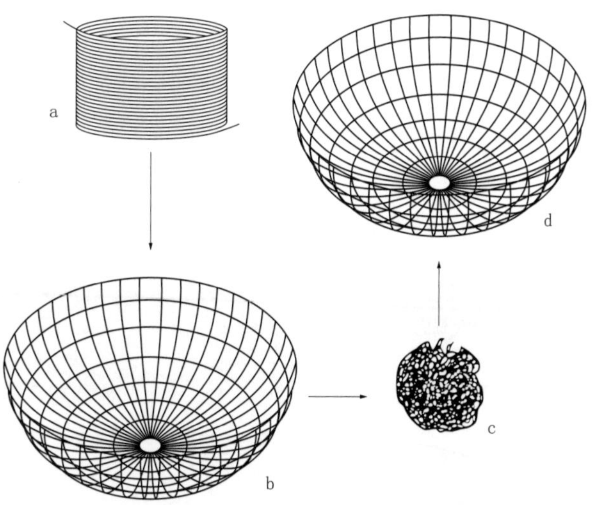

a 奥氏体合金丝　b 马氏体天线　c 马氏体天线变形缩小
d 加热后恢复马氏体天线形状

图2　Ni-Ti形状记忆磁性合金天线示意图

永磁材料　经过外磁场磁化后，在去掉外磁场后仍能保持强磁性的磁性材料，又称硬磁材料。主要特性是高磁能积、高矫顽力和高剩余磁通密度。常用的永磁材料有稀土型、铝-镍-钴型、铁氧体型、纳米型、铁-铬-钴型等，其中以稀土型永磁材料的永磁性能最好。

软磁材料　容易受外磁场磁化而得到强的磁性，但去掉外磁场后又失去强磁性的磁性材料。主要磁特性是磁导率高，矫顽力低。常用的软磁材料有铁-硅型（又称硅钢）、铁-镍型（又称坡莫合金）、铁氧体型、非晶型、纳米型等软磁材料。

信磁材料　信息科学技术上应用的磁性材料，如磁记录用的磁记录介质材料和磁记录头（简称磁头）材料，电子计算机用的磁存储（器）材料，微波技术（如雷达和微波通信）用的微波磁性材料等。因为信息技术涉及面广，对磁特性的要求也多种多样，如磁记录介质要求适当的永磁性能，磁头材料则要求好的软磁性和耐磨（硬）的力学性能。

特磁材料　特殊技术应用要求具有特殊磁特性或磁效应的磁性材料。如磁电子学需要应用巨磁电阻材料，光学技术需要具有高磁光效应的磁光材料，一些高科技需要多功能的磁性材料（如同时具有铁电性和铁磁性的铁电-铁磁材料，同时具有高载流子迁移率和铁磁性的半导-铁磁材料）等。

磁智能材料　对外界环境具有感知、反馈和响应（执行）的智能磁性材料。这是在现有功能磁性材料基础上发展起来的新材料，已研制成一类形状记忆磁智能材料。如利用镍钛（Ni-Ti）合金研制宇宙飞船用的无线电通信天线（图2），先高温加热使这合金丝变为稳定的奥氏体（图2a），冷却后转变为马氏体制成一定形状和大小的天线，并在合金丝交叉处焊接稳定（图2b），再把这天线压紧成小团，便于飞船运载（图2c），然后把天线小团加热使其转变为马氏体，天线便恢复原来的大小和形状（图2d）。这一合金的另一些应用是可制成喷气式战斗机上输液管道的套管接头、人造卫星的闭锁装置和医学上的骨折接合器等。　（李国栋）

磁有序　magnetic ordering　物质磁矩的取向在空间呈现某种有序分布的现象。不需要外界磁场作用而自发形成的磁有序现象，称为自发磁化。实验上仅在固态物质中观测到自发的磁有序现象。相应地这种物质被称为磁有序物质，其磁结构被称为磁有序结构。

磁有序可以分为贯穿物质整体的长程磁有序与仅在局部区域存在的短程磁有序。在不引起歧义的情况下，习惯上仅将长程磁有序简称为磁有序，而将短程磁有序简称为短程序。从磁结构的角度，磁有序也可以分为共线型和非共线型两种磁结构类型。铁磁性、反铁磁性、亚铁磁性、螺旋磁结构等都属于典型的磁有序结构（见磁结构）。

从物理原理角度，各种自发的磁有序虽然在表现形式上多种多样，但在本质上与自旋相对取向相关的磁有序都根源于物质中的电子之间等效全同粒子不可分辨性的交换作用能量，是多电子体系量子效应的一种宏观体现。不同的磁有序因其交换作用的机制不尽相同，理论处理的具体数学形式也不同，还尚未形成能够统一描述各种磁有序现象的普适理论体系。

从能量的角度，原则上交换作用能量本身是空间各向同性的，因而仅能决定各个自旋（磁矩）之间的相对取向。磁矩的总体宏观取向方向将主要由与物质的晶体场效应和自旋-轨道耦合作用等相关的磁各向异性能量决定。磁各向异性能量本身并不能直接导致磁有序现象的自发产生，只是通过对电子波函数的调制从而间接影响磁矩相对于物质的宏观取向。对于具体的材料，特别是考虑自旋-轨道耦合作用后，磁有序的各向异性问题实际上要复杂得多（见交换作用和磁各向异性）。

（赵同云）

磁圆二色性　magnetic circular dichroism　介质对沿磁场方向传播的左旋和右旋圆偏振光吸收率不同的性质。一般磁圆二色性的大小可以通过测量材料对左旋光的吸收率A_-和对右旋光的吸收率A_+的差别得到，即：

$$\Delta A = \frac{A_- - A_+}{A_- + A_+}$$

磁圆二色性大小一般远小于吸收率，但可以被现代精密仪器测定，具有非常高的灵敏度。磁圆二色性可以利用量子力学来解释。材料的基态或激发态在磁场作用下，由于塞曼效应产生能级分裂，跃迁选择定则的限制，使得不同能级间的光吸收对于左旋光和右旋光的吸收效率不同。因此磁圆二色性是一种探测材料在基态和激发态电子结构的有效光学手段，对常用的吸收谱测量是一个重要的补充。

由于带有简并能级的金属原子通常会有很强的磁圆二色性效应，这种效应在生物学中经常被用来研究金属蛋白的性质。随着同步辐射光源的发展，可以测量材料对X射线波段的左旋光和右旋光的吸收率的差值。X射线磁圆二色性一般基于元素芯能级到费米面的共振吸收，具有元素分辨能力，同时具有非常高的磁性探测灵敏度。另外，还可以定量分析出元素的轨道磁矩和自旋磁矩，因此在磁学研究领域具有广泛的应用，特别是对3d过渡族金属和合金中原子磁性的研究。　（吴义政）

磁约束　magnetic confinement　受控热核反应所要求的一种技术措施。要实现等离子体受控热核反应的温度在10^7K以上，任何固体容器都不可能经受如此的高温。科学家利用磁场来约束等离子体，其根据的原理就是带电粒子在磁场中的运动轨迹是以磁感应线为母线的螺旋线，螺旋线的半径与磁感应强度B成反比，B越大则半径越小。在很强的磁场中，每个带电粒子的活动被约束在一根磁感应线附近很小范围内。带电粒子回旋轨道的中心只能沿着磁感应线作纵向运动，而不能横越它；只有当带电粒子发生碰撞时才能由一根磁感应线跳到另一根磁感应线上，因此强磁场可以使带电粒子的横向输运过程如扩散、热导等受到很大的限制。

为了在纵向进一步约束带电粒子，可利用磁镜，即在强磁场区的两端再加两个电流方向相同的线圈，使两端的磁场更强到可使带电粒子运动到强场区被反射回来。另一种装置是把受控热核装置做成环形磁场结构，如**托卡马克**、**仿星器**。

（陈熙谋）

磁约束聚变　magnetic confinement fusion　用磁场约束高温等离子体以实现**受控热核聚变**的方法和途径。因为组成等离子体的带电粒子在磁场中做沿磁场方向的回旋运动，可使用一定形态的磁场把氘、氚等轻原子核和自由电子组成的高温等离子体约束在有限的体积内，在可控的参数和状态下发生聚变反应，释放出核能。作为研究可控核聚变的一种重要方法，磁约束聚变概念起源于第二次世界大战前后。战后的20世纪50年代初，英、美、苏等国的科学家提出不同具体形式的脉冲放电和磁约束位形并进行了初步实验研究。从60年代中期到70年代，是磁约束等离子体研究多途径的科学探索时代，各国先后建成了很多种不同磁场位形的实验装置，有托卡马克、仿星器、磁镜、箍缩类等多种装置类型。在以后的年代里，托卡马克由于其磁位形简单、约束效率和聚变等离子体参数最高而成为最流行的磁约束聚变装置。

这些不同种类的磁约束聚变装置按磁场形态可大致分为两类，即开端装置和封闭形装置。①开端装置。磁场走向大致相同，两端磁力线开放，代表为磁镜装置。在磁镜装置中，利用磁镜效应，将等离子体约束在两端的强磁场之间，但是仍有少数粒子逸出，称为终端损失。为解决终端损失问题和磁流体不稳定性问题，磁镜装置沿简单磁镜、标准磁镜和串接磁镜这条路线发展，经长期发展，取得很大进展。②封闭形装置。为环拓扑，一般简称环形装置，磁场形态一般封闭为环形，少数为跑道形。封闭形装置主要问题是带电粒子的漂移。在环形磁场中，带电粒子不是严格沿磁力线做回旋运动，而是有一定偏移（见图）。这种垂直磁场方向的运动称为磁场漂移，由曲率漂移和梯度漂移组成，带负电的电子和带正电的离子的磁场漂移方向相反，因而在环形磁场中分别朝上下方向运动，造成电荷分离，产生一个垂直方向的静电场。这个静电场与其垂直的环向磁场作用又产生电漂移。其方向朝环外侧，对不同符号电荷粒子一致，造成粒子损失。在托卡马克和仿星器两种有代表性的环形装置中，托卡马克装置使用流经等离子体的环向电流产生角向磁场，与外加环向磁场合成螺旋磁力线使粒子沿磁力线运动，消除电荷分离。而在仿星器中，则采用外加螺旋磁场造成同一效果。

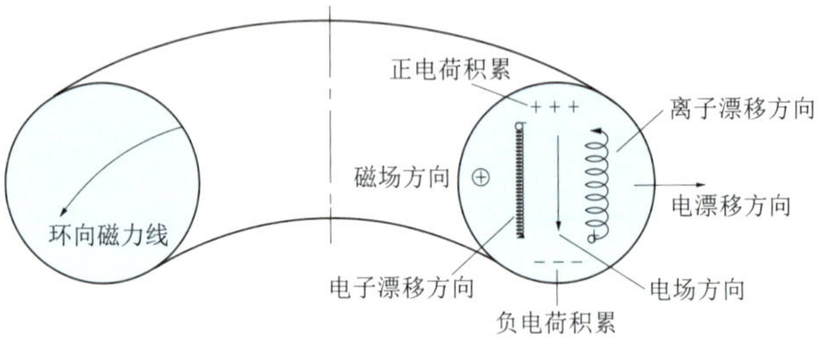

简单环形磁场位形中的带电粒子漂移

从传统的放电技术角度，即放电脉冲长度区分，磁约束聚变装置可分为稳态、准稳态和快放电类型几种。一般磁镜、仿星器为稳态，托卡马克为准稳态，箍缩类装置为快放电类型。但是从聚变堆的目标考虑，都在朝稳态运行发展。

在物理上，磁约束聚变的主要研究课题是等离子体不稳定性。其中，宏观不稳定性会造成能量和粒子的损失，因而限定参数运行区域。微观不稳定性则造成反常输运，降低装置的约束性能。这些物理过程非常复杂，尚不能完全掌握，所以一般使用定标律，即根据实现的等离子体参数和装置参数之间的经验关系，来推断未建成的实验装置或聚变堆可能达到的各项指标。

在工程上，磁约束聚变装置的主要部件是产生磁场的磁体。小型装置一般采用常温脉冲磁体，多用电容器储能，现代大中型装置则采用飞轮储能。随需要的磁场增强，大型装置也多采用超导磁体。此外，磁约束聚变研究也对等离子体诊断，以及大功率微波、电源、控制、真空、结构材料等工程领域不断提出新的要求。

（李建刚）

磁致伸缩　magnetostriction　强磁体由于磁化状态变化而引起长度和体积变化的现象。通常形变很小，长度形变只有约$1/10^5$。磁致伸缩起因是强磁体内存在磁性原子间的相互作用，引起磁体自发磁化，点阵发生自发畸变，导致形成的磁畴发生自发形变。强磁体受到外磁场作用发生磁化时，由于磁畴结构的变化和相应的磁畴自发形变的变化，出现了整个物体的磁致伸缩。磁致伸缩是强磁体内各种相互作用的结果，并与技术磁化性能有密切的关系，因此对磁致伸缩的研究有助于阐明强磁体的各种相互作用和磁化过程。磁致伸缩的逆效应为应力及应变对磁化的影响。磁致伸缩及其逆效应统称为磁弹（性）效应。磁弹性效应也存在于反铁磁性材料中，它是磁有序（序磁性）物质的一种共性。磁致伸缩应用于磁性和形变之间的转换，如制成超声波换能器、机械滤波器以及微小机械振动的检测等。

人们研究和发展了一系列磁致伸缩材料，主要有三大类：第一类是过渡族金属与合金，如镍基合金和铁基合金；第二类是氧化物如铁氧体磁致伸缩材料；第三类是稀土金属间化合物磁致伸缩材料，也被称为稀土超磁致伸缩材料。

（陈熙谋　杨金波）

磁致伸缩材料　magnetostrictive material　磁性功能材料的一种，主要特性是在外磁场作用下表现出明显的长度或体积的变化。磁致伸缩是磁性材料普遍具有的一种物理效应，来源于磁化过程中磁矩改变方向所带来的晶体结构畸变，也称为磁弹性。应用和研究较多的磁致伸缩材料包括：磁性金属（如铁、镍等）、磁性合金（如FeGa、FeAl等）、稀土金属间化合物［如$(Tb,Dy)Fe_2$等］、磁性氧化物（如钴铁氧体等）。磁致伸缩材料具有将磁能与机械能进行相互转化的功能，制成的器件称为磁致伸缩换能器。在交变磁场的作用下，磁致伸缩材料可以将磁能转化成与交变磁场频率相同的机械能；在拉伸、压缩力作用下，磁致伸缩材料内部磁通密度发生相应变化，在线圈中感应电流将机械能转换为电磁能。因此工程上常用磁致伸缩材料制成各种换能器件，如超声波发生器和接收器、超声探伤器、超声钻头、超声焊机等，以及各种传感器，诸如回声探测仪、机械滤波器、混频器、压力传感器以及超声延迟线等。但有些情况下磁致伸缩效应也会带来有害作用，在材料设计和器件制造中需要尽量消除，如交流变压器（镇流器）磁芯的振动会产生噪声并消耗电能。

（王文洪）

磁致双折射　magnetic birefringence　**磁光效应**中的一种。又称**科顿–穆顿效应**。

磁致弹性效应 magnetoelastic effect; piezomagnetic effect 铁磁性材料在机械应力（应变）的作用下，材料磁性发生变化的现象。简称磁弹性效应或磁弹效应。又称逆磁致伸缩效应，有时也称为压磁效应。磁弹效应是**磁致伸缩**的逆效应。又由于该效应是E.维拉里于1865年发现的，因此也称为维拉里效应。磁弹效应表示在对样品施加机械应力σ时材料磁化强度M（给定外加磁场H下）的变化。磁弹效应的定性解释为：在给定的单轴方向机械应力σ下，对应于给定磁场强度H的磁通量密度B可能会增加或减小。材料对于应力的响应依赖于饱和磁致伸缩λ_s，在此分析中，抗压应力σ被认为是负的，拉张应力是正的。根据勒夏特列原理：$\left(\frac{\mathrm{d}\lambda}{\mathrm{d}H}\right)_\sigma=\left(\frac{\mathrm{d}B}{\mathrm{d}\sigma}\right)_H$。这意味着当乘积$\sigma\lambda_s$是正时，磁通量$B$在应力下增加。另外，当乘积$\sigma\lambda_s$是负时，通量$B$在应力下减小。这一效应已被实验证实。磁弹效应已广泛应用在力学传感器的发展上，这些传感器被应用在土木工程、大型柴油发动机的检测、球形阀的检测以及生物医药检测等。

（杨金波）

磁滞回线 magnetic hysteresis loop 铁磁性物质在交变的磁场强度作用下其磁感应强度B随磁场强度H变化的曲线。图中OAS为磁场强度增大时的起始磁化曲线。磁场强度减小到零时，磁感应强度并不沿起始磁化曲线退回到原点，而是沿另一条曲线到R，$B_R\neq0$，B_R称为剩磁。H沿反方向增加到H_C，B_R才减小到零，H_C称为矫顽力。H再增加，曲线延伸到正向S的对称点S'。H减小下来到零，B的减小走另一条曲线到R'，R'与R对称。H变为正向增大，B经C'回到S，C'点与C点对称。图中$SRCS'R'C'S$为磁滞回线。剩磁B_R和矫顽力H_C为表征物质磁性的重要参量。

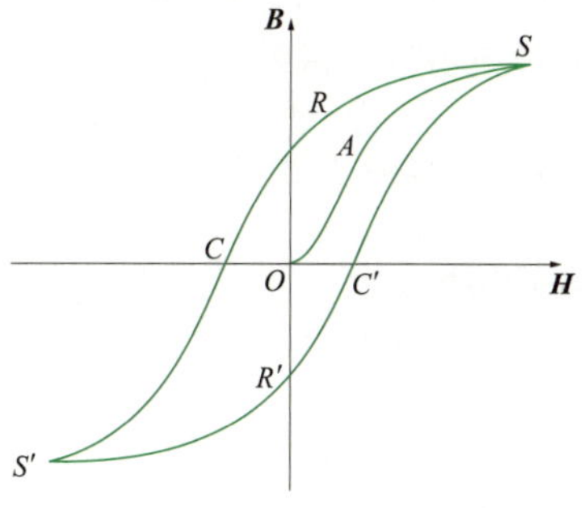

起始磁化曲线

强磁性物质的磁滞现象来源于磁畴壁的不可逆位移和磁畴的不可逆转动，它们还引起磁滞损耗。反复磁化过程中磁滞损耗与磁滞回线的面积成正比。

不同的强磁性物质的磁滞回线很不相同，有的材料磁滞回线细窄，有的材料磁滞回线宽阔，有的材料磁滞回线呈矩形。根据实际中的不同需要可选择不同参量，如永磁材料要求高H_C和高B_R，软磁材料要求低H_C，而记忆元件的磁芯则要求适当低的H_C和高比值B_R/B_S，B_S为接近饱和的磁感应强度。

在非理想第二类超导体（又称硬超导体）中，也有磁滞回线。这类超导体在成分结构上具有不均匀性，如存在各类缺陷、杂质、空洞或晶格畸变等。当外磁场增加时磁通线进入超导体内部受到阻塞；而当外磁场减小时，磁通线也受到阻塞而不易从超导体内排出去，好像被钉扎住一样。这种外磁场变化时磁通线受到的钉扎作用是不可逆的，正是它造成反复磁化时的磁滞效应而形成磁滞回线。钉扎作用不仅影响磁化过程，而且对第二类超导体中的临界电流的大小也起决定性的作用。

（陈熙谋）

次级电子发射 secondary electron emission 由于初级电子撞击固体，导致固体内发射电子的过程。次级电子发射是制作扫描电子显微镜、电子倍增器、光电倍增管及很多真空器件的基础。扫描电子显微镜的次级电子像又是区别不同表面形貌的重要手段，它的分析深度大约是200埃。

次级电子产额δ定义为对应于每个初级电子所发射出的次级电子数目，δ的数值与初级电子的能量有关。由固体发射的次级电子依赖于体内和表面的电子结构、入射束的能量、角度以及表面形貌。次级电子发射可认为有三个基本步骤：固体内的电子被激发到高能态；然后在表面附近运动；最后克服表面势垒逃逸到真空。可将电子在表面附近的传播和逃逸表面的能力用逃逸深度表示。逃逸深度一般与入射束的能量关系较小，而与样品种类关系很大。例如对金属，电子间相互作用强，在传播过程中能量损失大，逃逸深度小于10纳米，电子产额极值δ_m也较小。对于绝缘体，电子逃逸表面时只有用于激发**声子**的能量损失。逃逸深度和δ都比金属的大。次级电子的动能大多数小于50电子伏，远离次级电子能谱主峰，位于1～6电子伏的峰称作慢峰。俄歇电子也是次级电子，是强度很低的次级电子，用作表面化学分析。

晶体次级电子发射的各向异性，与激发电子的能量分布、态密度结构密切相关。降低入射电子能量，可以得到激发到表面共振态的次级电子发射。

（黄　绮）

次级离子质谱 secondary ion mass spectrometry; SIMS 自20世纪70年代发展起来的一种表面分析技术。次级离子质谱以离子轰击固体表面，再将从表面溅射出来的次级离子引入质量分析器，经过质量分离后从检测－记录系统得出被分析表面的元素或化合物的组分。由于离子束射入固体表面时的穿透深度要比电子来得浅，所以次级离子法是一种有效的表面分析法。又由于离子的质量较大，因而原离子束与表面原子之间有较大的动能交换，使表面原子产生一定程度的溅射。只要采用低能量、低束流密度的原离子束，这种溅射效应对表面的破坏作用是能够减小到表面分析所允许的程度的。

按不同工作模式，次级离子质谱仪器可分为静态次级离子质谱计、动态次级离子质谱计、次级离子成像质谱计和次级离子微探测束。

静态次级离子质谱计是在超高真空条件下（10^{-8}～10^{-9}帕），用低束流密度（约1×10^{-9}安／厘米^2）和较大轰击面积（典型面积为0.1厘米^2）的原离子束来轰击样品表面，使样品表面的消耗率降低到一个单层以下。这种仪器的检测器通常采用按脉冲计数方式工作的通道式电子倍增器。图1示出静态次级离子质谱计的原理。这种质谱计除了可作表面的单层检测外，还可用来研究气体与固体间的化学反应。

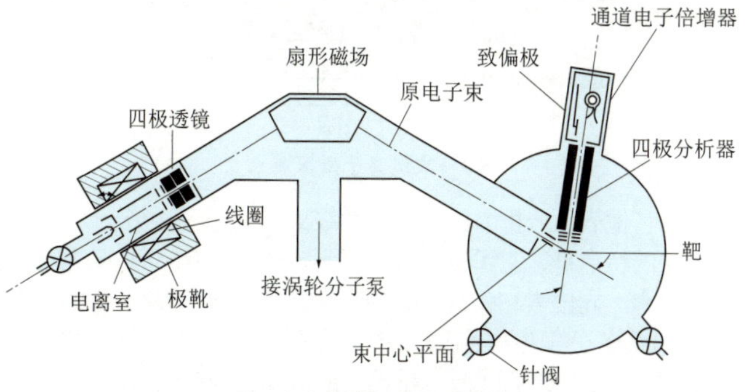

图1　静态次级离子质谱计

与前者不同，动态次级离子质谱计的原离子束具有较高的能量、较高的束流密度和较大的束斑直径。它的分析灵敏度高，样品消耗率也高。通常将消耗一个单层样品的时间小于分析所需时间的次级离子质谱计称作为动态次级离子质谱计；也可将分析信息深度大于一个单层的次级离子质谱计称作为动态次级离子质谱计。

次级离子成像质谱计和次级离子微探测束属于采用扇形磁场质量分析器的大型次级离子质谱仪器。两者都具有成像能力，并且都具有较高的空间分辨本领和质量分辨本领。从成像原理上讲，前者和发射式电子显微镜相似，利用了离子光学系统直接成像的原理（图2）。后者利用了电子探测束的成像原理，即用直径很细的原离子束在样品表面进行扫描，再将质量分离后的次级离子束调节在某一质量数上，在与原离子束同步扫描的情况下，记录被分析表面某一元素或化合物的分布图像（图3）。

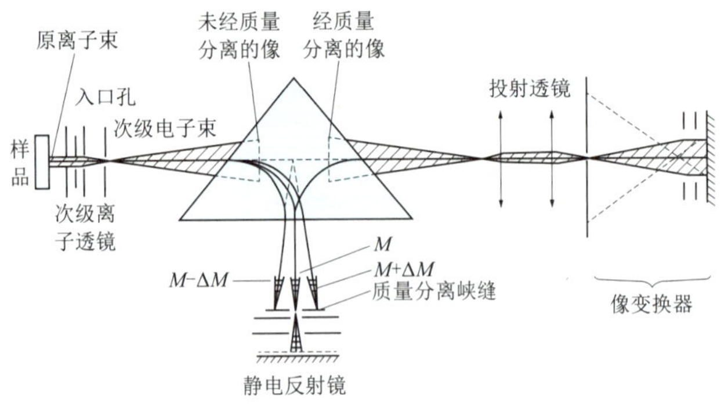

图2　次级离子成像质谱仪

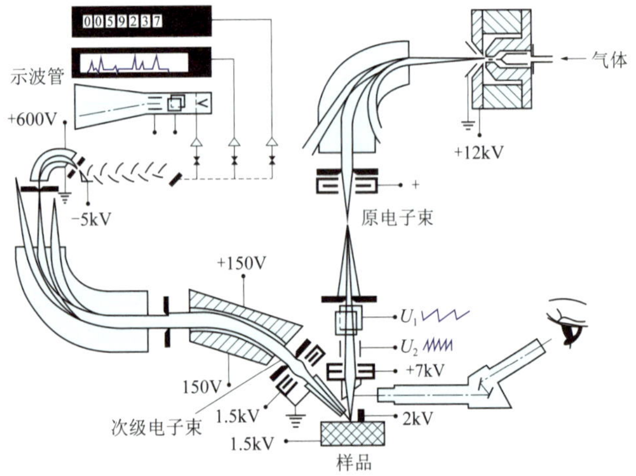

图3　次级离子微探测束

与其他表面分析方法不同，次级离子质谱法的特点是，它可以检测从氢到铀的所有元素、同位素和化合物；同时它又是以检测原离子轰击样品表面产生的特征（“指纹”）次级离子谱为基础的。所以次级离子质谱法既可提供表面元素的信息，也可提供化学组分的信息。次级离子质谱法的灵敏度高，能检测10^{-2}～10^{-7}单层，最小可检质量为10^{-14}克，最小可检浓度为1ppm～1ppb。由于利用了溅射原理，所以在动态工作模式下很容易直接进行包括纵向在内的三维分析。在一定条件下，能进行定量和半定量分析。除分析半导体材料微量杂质外，次级离子质谱法在金属学、薄膜及催化研究和有机化合物分析等方面也得到广泛应用。（胡炳森）

次级宇宙线　secondary cosmic ray　*初级宇宙线*进入大气层后与物质相互作用产生的次级粒子。地球大气层为垂直入射的原初质子和原子核提供了约12个核作用长度和30多个辐射长度的广阔舞台，使之能通过核级联、电磁级联和弱衰变等机制在空中生成一种称为空气簇射的粒子“阵雨”，其小者在低空已被完全吸收，大的能以百万之众降落地面。

大气中宇宙线的强子成分主要由*核子*、*高能介子*、*超子*等组成。它们都源于核级联。*光子*、*电子*成分则源于核作用次粒子π^0引发的电磁级联；也有少量电子出自介子、超子和μ子的衰变。它们是高空宇宙线的主要成分，在12～16千米上空达到数目极大。μ子成分主要是100吉电子伏以下的K、π介子的衰变产物，多产生于约16千米上空。由于μ子是寿命较长的弱作用粒子，一旦产生，除了约2.2吉电子伏电离能损外，它们可直达地面，成为在中低海拔的主要宇宙线成分。μ子在海平面的流强约8×10^{-3}/（$cm^2\cdot sr\cdot s$），占宇宙线总流强的3/4。大气中的中微子并不全是次级产物，其中的ν_e就主要来自太阳中微子的直接穿透；ν_μ也不全源于π、K介子及μ子的衰变，而杂有少量宇宙中微子及太阳中微子在日地空间震荡变换的产物。

到了地下、水下，众多具强相互作用和电磁相互作用的宇宙线很快被吸收干净，从而以低背景突出了μ子和中微子的存在。在每平方厘米达10^6重力常数的深处都检测到过μ子的残存；而中微子则可轻易穿透地球，仅偶尔留下几处稀有的作用痕迹。日本的超级神冈和加拿大萨德伯里地下实验室均因在太阳中微子观测中展现了中微子震荡的存在而获得了2015年度诺贝尔物理学奖。（谭有恒）

次声学　infrasonics　研究次声波的产生、传播、监测、识别、定位等及次声波的生物效应的学科。声学的一个分支，为20世纪50年代以来迅速发展的研究领域之一。

发展简史　早在1886年克拉克火山爆发产生的次声波绕地球数周被接收到后，1908年西伯利亚大陨石坠落产生的次声波在英国也被完整地记录到。1962年物理学家G.C.库克所著《大气神奇的声》引起广泛的反响和关注，并进一步开展了观测和理论研究。21世纪初，高灵敏度、极低频次声传感器研制成功以及抗干扰技术的发展和提高，观测和记录系统才日臻完善。计算机技术在次声领域的应用，能够实时确定次声波形、入射声压、传播路径的方向以及地面相速度、三维动态谱等特性。次声的研究已括及次声波、声重力波和重力波的地面观测、传播理论、产生机制、仪器、系统设计、数据处理、电离层效应、生物效应等领域。

性质及类型　次声波是其频率比最低声频（约15赫）还低的声波。大部分的次声波集中在10^{-3}～1赫的范围。它们通过大气传播，甚低频的次声波被吸收得很少。低层大气中0.1赫的平面次声波，吸收系数小于2×10^{-9}分贝/千米。因此，次声波可传播几千千米的距离而没有明显的能量损耗。次声传播远的原因是大气中存在距地面50千米和100千米的两条声道。

次声波分为自然次声波和人工次声波两种类型。前者包括流星、火山爆发、地震、气象等自然现象产生的次声波。后者是由于核爆炸、火箭发射等产生的次声波。次声波的种类和特征如表所示。

传播　声波在空气中传播受热传导和黏滞性的影响，声能量随传播距离的增加而衰减，这种现象叫作空气吸收。最简单的平面波的衰减公式为：

$$p=A_0e^{-\alpha R}$$

式中R为距离；p为离声源为R处的声压；A_0为一个常数；α为吸收系数，它可近似地表示为：

$$\alpha\approx1.6\times10^{-4}/T^2p_0$$

式中p_0为大气静压力；T为声波的周期。对于一个周期为10秒的次声波，代入上式可求得$\alpha\approx2\times10^{-9}$分贝/千米。倘若空气吸收比单纯由黏滞性和热传导所引起的吸收大1000倍，对于周期大于10秒的次声波，在低层大气中传播时空气吸收系数小于10^{-6}分贝/千米，基本上可不必考虑

大气中典型次声波特征一览表

次声波源		频率 /Hz	声级 /dB	相速度 /m·s^{-1}	激发机制和波特征
自然源	冰雹	8×10^{-4}～1.6×10^{-3}	128～158	5～40	降冰雹前1～4小时强对流激发，间歇性增强，叠加锯齿振荡波
	雷暴	0.16～0.77	68～108	330	冲击波衰减成声波
	台风	0.16～0.3	74～94	340	热带气旋，源于赤道海洋
	山背波	0.05～0.1	74～103	330～360	过山风
	日食	2.7×10^{-4}～1.6×10^{-3}	101～120	320～330	月影超声速运动
	流星	0.6～5	68～94	320	与大气爆炸式相互作用，柱面击发
	强地震	0.03～0.05	92～97	340	地面运动辐射次声波
		0.006～0.01	102～111	340	震中地面运动辐射次声波
	火山喷发	0.01～2.8×10^{-3}	117	320～340	大气压缩高能爆炸
人工源	核爆炸	0.1～0.2 0.003～0.02	94～114 108～120	330 328	冲击波颓变，声道反射传播

空气吸收。

大气核爆炸次声波可传播很远的另一个原因是大气高20千米处存在一个低温层，形成了一个非常适宜声波传播的通道。声速随大气层的高度变化也同温度随高度有相类似的变化。由折射定律可知波的传播方向总是指向低速区的，地面和50千米高度的高温层形成了两个声音的反射面，声波被限制在这一层大气中传播距离自然遥远。

次声监测　测量次声波的仪器有多种，1903年探测大气波的仪器是微气压计，它是根据浮在水银上的铝锥形钟罩随大气中压力的波动而上下浮动的原理制成。已采用的核心仪器是高精度宽频带电容次声传感器。其工作原理类似于电容微音器。由于电子技术的发展，传感器的灵敏度可达到测量0.1微巴的信号。而且，输出电信号也可达到500毫伏/帕的输出，能直接连接记录器、磁带记录器和模数转接器，由计算机直接进行信号处理和分析。次声测量系统至少由四个次声传感器组成接收阵，以确定次声波通过该观测站时的五个基本特性，即入射声压幅度和波动、波的传播方向、水平相速度、多种振荡频率的声波能量的分布及次声出现的时间。计算机被用作阵元之间声压相关计算、次声波图的频谱分析、三维动态谱分析、定向和定位计算、水平传播速度的计算、爆炸当量的计算及提高信噪比的分析处理等。

次声监测系统是一套集次声波探测、模/数转换、动态谱和相关分析、实时显示、定位、识别指标和分类为一体的高新技术，包括电容式次声微音器、PC机、A/D和D/A数据转换板及软件配置。次声监测能力与本底噪声情况及当时当地的自然条件密切相关。风是最常见的噪声源。风不仅影响次声波的传播，且地面风产生的扰动噪声也影响次声波的检测。声阵设计中需考虑风干扰的背景，噪声在阵元之间不相干，而对次声信号则是相干的，次声阵可提高信噪比。圆形次声阵对接收大气声波具有良好的性能，对各种风速产生的噪声干扰有显著的抑制作用。

应用　大气中存在两个天然声道，次声波在声道中上下来回反射传播，利用这一特点可作为远距离的侦察手段。次声技术适用于核爆炸的侦察，以其实效、可靠、经济为特长。1958年日内瓦裁军会议上列为监测手段之一。1994年列为全面禁止核试验条约中国际监测系统四种（次声、地震、水声、放射性核素）手段之一，已在全球建立60个次声站，每个次声站由间距1～3千米的四元次声传感器阵加抗干扰管阵组成，配备自动数据采集并传送至国际数据中心处理，可监测地球上任何一个角落进行的千吨级大气核试验。此外，次声预测灾害性天气，灾害性冰雹的监测和临近预报，预报7级以上地震，观测日环食激发声重力波，观测台风及其路径等获得成功。

生物效应　次声的生物效应特别是对人体的影响越来越引起科学家的重视。次声波可使人失去控制，酿成车祸等各种灾难，对此许多国家都竞相开展研究。

（谢金来）

从头计算　ab initio calculation　利用量子力学这一最基本原理或者第一性原理来进行原子、分子、团簇、材料等的结构计算研究。ab initio这个词首次出现在R.帕尔等的量子化学结构计算工作中，但现代意义上的ab initio首次出现在陈廷志等的文章中，并由L.C.艾伦和A.M.卡洛明确定义。一般地，从头计算方法采用有限基组展开电子态波函数进而近似求解薛定谔方程，随着构建电子态波函数的基组逐渐增加渐趋完备基时，得到的能量本征值和的本征函数将逐渐收敛到精确解。

主流的从头计算方法包括：①哈特里-福克（HF）类方法。如HF方法、受限的开壳层HF方法（ROHF）、非受限的HF方法（UHF）等。②后HF方法。如摩勒-普莱赛特微扰理论（MPn）、组态相互作用方法（CI）、耦合簇方法（CC）、二次组态相互作用（QCI）、多组态自洽方法（MCSCF）、全活动空间自洽场方法（CASSCF）、变分量子蒙特卡罗方法等。③密度泛函理论。如密度泛函理论方法（DFT）、混合函数方法（结合密度泛函和HF方法）等。

（吴　勇）

辏力场　central force field　对场中任意位置上的质点的作用力恒通过场中某一固定点的力场。又称有心力场。固定点称为该辏力场的力心。指向力心的场力称为引力；背向力心的场力称为斥力。

辏力场是物理学中极为重要的力场。质点和密度分布是点至球心距离的函数的球体所产生的万有引力场，就是它的最常见的特例。在辏力场中，质点只受到通过力心的场力的作用，因而质点对力心的角动量守恒。质点被限制在它的初速度矢量和力心所构成的平面内运动，且以力心为原点的矢径在单位时间内扫过的面积为常数，即面积速度为常数，它等于质点初始时刻对力心的角动量$\boldsymbol{L}_0$的一半。

如辏力场的场力的大小只依赖于质点至力心的距离r，而和质点在力场中的方位无关，即场力$\boldsymbol{F}(r)=F(r)\frac{\boldsymbol{r}}{r}$，式中$\boldsymbol{r}$为单位矢量，这样的辏力场必为保守力场（见**保守力**），因而具有势能$V(r)$。质量为m的质点以速度v在这样的力场中运动时，质点的机械能守恒，即$\frac{1}{2}mv^2+V(r)=E_0$，式中E_0是质点在初始时刻所具有的总机械能。如以力心为极坐标的极点，则质点在这种力场中运动时，它在任意时刻t的位置(r,φ)满足：

$$t=\pm\int_{r_0}^{r}\left\{2\left[\frac{E_0}{m}-\frac{V(\rho)}{m}\right]-\frac{L_0^2}{m^2\rho^2}\right\}^{-\frac{1}{2}}\mathrm{d}\rho$$

$$\varphi-\varphi_0=\pm L_0\int_{r_0}^{r}\rho^{-2}\left\{2\left[\frac{E_0}{m}-\frac{V(\rho)}{m}\right]-\frac{L_0^2}{m^2\rho^2}\right\}^{-\frac{1}{2}}\mathrm{d}\rho$$

式中r_0、φ_0为质点在初始时刻的位置。它的轨道方程$r(\varphi)$的倒数$u(\varphi)=1/r(\varphi)$满足微分方程：

$$L_0^2 u^2(\varphi)\left[\frac{\mathrm{d}^2 u(\varphi)}{\mathrm{d}\varphi^2}+u(\varphi)\right]=-\frac{F(u)}{m}$$

在力心质量为M的万有引力场中，一个质量为m的物体所受的引力为$F(r)=-\frac{GMm}{r^2}$，式中G为引力常数。该物体在此力场中的轨道方程为：

$$r(\varphi)=\frac{P}{1+e\cos(\varphi+\delta)}$$

式中P、δ为常数；$e=\sqrt{1+\frac{2E_0L_0^2}{G^4M^2m}}$为轨道的偏心率。初始能量$E_0<0$、$E_0=0$、$E_0>0$，分别对应于偏心率$e<1$、$e=1$、$e>1$，即对应于轨道为椭圆、抛物线和双曲线的情况。在太阳系中，行星运动轨道的$e<1$，彗星则还有$e\gtrsim 1$或$e\lesssim 1$。上式中的M就是太阳的质量，m是行星或彗星的质量。（叶开沅　俞焕然）

簇发放电 bursting　神经元常见的一种放电模式。神经元膜电位的一次去极化会同时伴随着2个或多个动作电位组成，形成团簇式放电。而每一次团簇式放电后会伴随一个时间段的超极化膜电位或静息状态，然后进入下一个去极化期间的团簇式放电。神经元的簇发放电比单个动作电位放电能更可靠地响应刺激信号，且能更可靠地诱发并增强突触传递信号，对神经信息的可靠处理和传递起到非常重要作用，当然耗能也更多。实验发现，很多感觉神经系统的神经元倾向于以簇发放电来发放动作电位。已经在突触可塑性、神经元之间的选择性交流以及功能障碍状态（如癫痫等实验现象）中经常发现簇发放电。

簇发放电不同的离子机制可能导致不同的数学机制，并进而决定了突发器的神经计算特性，即它们如何响应输入。大多数簇发数学模型可以被一个快－慢调节机制描述，如：

$$\frac{\mathrm{d}x}{\mathrm{d}t}=f(x,y)$$

$$\frac{\mathrm{d}y}{\mathrm{d}t}=\mu g(x,y)$$

式中$f(x,y)$描述了动作电位产生的快调节机制；而$g(x,y)$描述的是慢调节机制。f和g都是霍奇金－赫胥黎类型的动作电位产生机制；常数$\mu<1$，决定了时间尺度的比例。（古华光）

崔琦 Daniel Chee Tsui（1939-02-28～　）美籍华裔物理学家，美国国家科学院院士。生于中国河南宝丰。后迁居香港。1958年赴美求学，1967年获芝加哥大学博士学位，做了一年的博士后研究，于1968年加入贝尔实验室，在固体电子学研究实验室工作。1982年任普林斯顿大学电气工程系教授。2000年当选中国科学院外籍院士。

1982年崔琦和H.L.施特默在进行凝聚态物理实验时发现了分数量子霍尔效应，以及一种具有分数电荷激发态的量子流体。次年，R.B.劳克林对此做出理论解释。为此，崔琦和施特默、劳克林获1998年诺贝尔物理学奖。（郭奕玲）

脆性凝胶 brittle gel　凝胶分散体系的一类重要分支。大部分是由刚性质点，如二氧化硅、二氧化钛、三氧化二铁、五氧化二钒等无机物，相互连接形成的一类非弹性凝胶。又称刚性凝胶。脆性是表征凝胶性质的重要参数。凝胶脆性越大，自身断裂能越低，其体系越易受外界张力作用而发生破坏。大部分脆性凝胶，如硅胶等，因其质点本身及骨架结构的刚性，活动性受限，导致凝胶吸收或释放空间骨架内的液体时自身的体积变化很小，属于非膨胀型凝胶。另外，脆性凝胶通常具有多孔性结构，当它被液体润湿时，凝胶便能吸收液体，表现吸收作用无选择性。同时，脆性凝胶经脱水干燥后再置于水中加热，一般不会恢复到原来的凝胶状态，属于不可逆凝胶。

无机分子可通过溶胶－凝胶方法，制备高活性吸附材料、光催化材料、无机玻璃、生物陶瓷或其他氧化物薄膜材料。一般获得的凝胶大部分具有纳米多孔性及特殊的表面特性。脆性凝胶在很小应变作用下易发生脆性破坏，韧性很小。因此，科学家们致力于研究无机/有机复合凝胶，即将有机聚合物组分贯穿于无机组分的网络结构中，相互掺杂形成紧密的新形态，可有效增强脆性凝胶的韧性，改善这类无机材料的性能，从而使其在光纤、波导材料、低密高强材料、无机黏合剂等方面有潜在的应用前景。（刘鸣华）

D

达·芬奇 Leonardo da Vinci(1452-04-15～1519-05-02) 意大利文艺复兴中期的著名美术家、科学家和工程师。全名译为列奥纳多·达·芬奇。生于意大利托斯卡纳的芬奇附近，卒于法国昂布瓦兹。他在少年时即已显露艺术天赋。15岁左右到佛罗伦萨拜师学艺，成长为具有科学素养的画家、雕刻家、军事工程师和建筑师。1482年应聘到米兰后，长期在贵族宫廷中进行创作和研究活动。1513年起漂泊于罗马和佛罗伦萨等地。1516年侨居法国，直至1519年病逝。

达·芬奇与米开朗琪罗、拉斐尔并称文艺复兴三杰，尤以《最后的晚餐》和《蒙娜·丽莎》等画驰名。他的现实主义艺术成就奠基于光学、力学、数学和解剖学等自然科学的研究。他以博学多才著称，在数学、力学、光学、植物学、动物学、人体生理学、天文学、地质学、气象学，以及机械设计、土木建筑、水利工程等方面都有不少创见或发明。在神学统治一切的时代，达·芬奇积极主张“我们的一切知识来源于我们的感觉”，强调视觉在认识中的作用。他认为实验是认识真理的重要途径，提倡在科学研究中要反复观察和实验，并且身体力行，注重测量，喜用模型及直观标志。达·芬奇认为：“如果不通过物质的证明，任何人的研究不可能称为真正的科学。”同时，他也重视数学的作用，认为任何研究如果不能用数学加以证明，就不能称为科学。他将科学定义为“对自然界中终极原理的理智分析，否则就不成其为科学的一部分”。在他看来，力学现象和声、光等等之间存在着某种一致性，“力学是数理科学的乐园”。达·芬奇经常注意由定量的观察和实验逐步建立起某种数学“法则”，然后应用于有关领域的实际问题的研究。他的科学思想在文艺复兴运动中产生过重要的影响，对近代科学的诞生和发展，起了促进作用。

达·芬奇用深刻的观察、敏捷的思考和熟练的数学与工程知识丰富了几乎所有各个知识领域。他随身携带的笔记手稿现已发现约7000页，可惜没有完整的著作发表，因此有许多先进思想和天才预见当时未能发挥作用。他在力学领域内有许多重要的发现和预见。例如，他曾用虚速度原理来解释静力学的基本问题。他在分析鸟类飞行时描述过合力的平行四边形，也曾将重物沿斜面的运动分解为两个分量。他对流体力学研究颇多。例如，他发现下部连通诸容器中的静止液体有同一表面高度。在类似于水压机的实验中，他观察到左管中活塞的压重与右管中高于左管水面的水柱重量之比等于活塞所压的面积与右管截面积之比。在对液流的一系列观察中，他断定河流或血管中的流速与通道的大小成反比。他还测定过材料强度。他所设计的机械装置和发明据说有上千项。如他从模仿鸟类飞行着手研究飞行原理，设计过多种飞行器。他还确信用任何普通机械工具作永恒运动是不可能的。

达·芬奇结合绘画研究过光影、明暗、色彩和各种透视现象，指出黑和白不是真正的颜色。他设想光的传播如同投石击水引起的水波和空气中的声波一样，也由中心向外传播。他做过针孔成像实验，并以光线的直进加以阐明；他研究过眼球的构造和功能，还设计过一些光学仪器。

达·芬奇拒绝用拉丁文而是用意大利文书写，手稿中绘有大量草图。19世纪中叶开始，根据在伦敦、巴黎、米兰等图书馆保存的手稿，已编辑出版了他的遗著，如《绘画论》《莱奥纳多·达·芬奇手稿》《马德里手稿》等。 （沈康身）

达朗贝尔原理 D'Alembert's principle 求解约束系统动力学问题的一个普遍原理，由法国数学家J.le R.达朗贝尔于1743年提出。

原理的表述 受约束的非自由质点受有主动力$\boldsymbol{F}$及约束力$\boldsymbol{F}_N$，如果再加上虚构的惯性力$\boldsymbol{F}_I=-m\boldsymbol{a}$，则下式成立：

$$\boldsymbol{F}+\boldsymbol{F}_N+\boldsymbol{F}_I=0 \qquad (1)$$

即在质点运动的任一时刻，主动力、约束力与惯性力构成平衡力系（见图）。上式为质点的达朗贝尔原理。对质点系，如果在每个质点上都加上虚构的惯性力$\boldsymbol{F}_{Ii}=-m_i\boldsymbol{a}_i$，则质系中每个质点均处于平衡，即：

$$\boldsymbol{F}_i+\boldsymbol{F}_{Ni}+\boldsymbol{F}_{Ii}=0 \quad (i=1,2,\cdots,n) \qquad (2)$$

达朗贝尔最初提出的原理与式（1）不同。他把主动力$\boldsymbol{F}$分为两部分：$\boldsymbol{F}^{(1)}$使质点产生加速度，$\boldsymbol{F}^{(1)}=m\boldsymbol{a}$，称为有效力；$\boldsymbol{F}^{(2)}=\boldsymbol{F}-\boldsymbol{F}_N$克服约束力（见图），对改变质点的运动状态不起作用，称为损失力。损束力与约束力平衡：

$$\boldsymbol{F}^{(2)}+\boldsymbol{F}_N=0 \qquad (3)$$

这就是达朗贝尔原理，它与质点静止时的平衡方程$\boldsymbol{F}+\boldsymbol{F}_N=0$形式上一致。如果将前面$\boldsymbol{F}^{(1)}$、$\boldsymbol{F}^{(2)}$的表达式代入达朗贝尔原理，就得到：

$$\boldsymbol{F}+\boldsymbol{F}_N+(-m\boldsymbol{a})=0 \qquad (4)$$

与式（1）相同，它们均与牛顿第二运动定律等价。

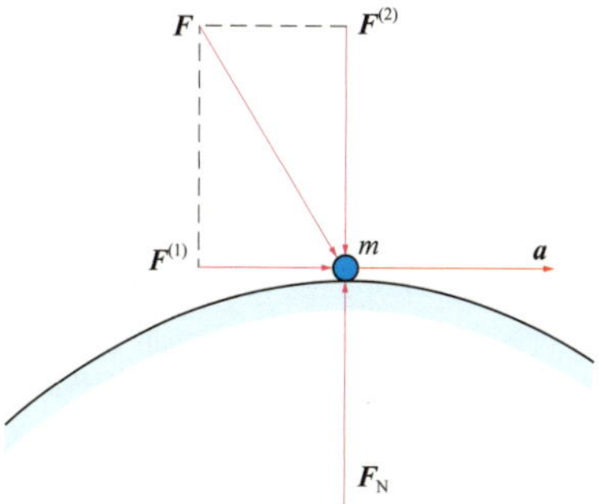

运动质点的受力

原理的应用 从数学上看，达朗贝尔原理只是牛顿第二运动定律的移项，但原理中却含有深刻的意义。这就是通过加惯性力的办法将**动力学**问题转化为**静力学**问题。亦即所有动力学中的定理通过引入惯性力的概念转化成静力学中的平衡关系，而且求解过程中可充分使用静力学的各种解题技巧。一些动力学现象亦可从静力学的观点做出简洁的解释，这就形成了求解动力学的静力学方法，简称**动静法**。这种方法在工程技术中获得了广泛的应用。此外，在分析力学中，将被称为静力学普遍方程的虚功原理与达朗贝尔原理相结合，就得到动力学普遍方程，它是处理非自由质点系的最基本方程，是分析动力学的基础。 （贾书惠）

达伦，N.G. Nils Gustaf Dalén(1869-11-30～1937-12-09) 瑞典工程师。生于斯滕斯托普，卒于斯德哥尔摩。1892年进入哥德堡的查尔莫斯学院，1896年毕业，通过了工程师的考试，又到瑞士的多科性工业大学学习了一年。

达伦大学毕业后，参加过制造热空气涡轮机和有关的空气压缩机以及气泵的工作，还发明了牛奶消毒装置及挤奶机。1901年，达伦发明了日光阀，完善了灯塔的功能。他发明了在容器中用多孔石棉和硅藻土来储存乙炔，大大减小了封存这种物质的危险性。还发明了一种混合器，使

可燃气体和空气保持恒定的正确比例，以及一种能更换航标灯上的破碎灯罩的装置。

1912年，达伦在室外试验他的乙炔安全封装装置，因突遇爆炸而造成双目失明，但此后他仍坚持实验研究。因发明用于灯塔和浮标照明的储气器的自动调节器而获1912年诺贝尔物理学奖。 （郭奕玲）

打分矩阵 scoring matrix 为进行核苷酸或氨基酸比对的分数的集合，又可称为替换矩阵。打分矩阵中的分数通常表示一个核苷酸或氨基酸变异为或替换为另一个核苷酸或氨基酸的概率。在序列比对的过程中，这些分数常用来度量相似性。为了比较具有不同差异程度的分子序列，往往需要不同的替换矩阵。在蛋白质序列比较中，应用比较广泛的如PAM矩阵和模块替代矩阵BLOSUM。

PAM矩阵的计算通常是基于蛋白质序列的全局比对，这种全局比对包含着查询序列和目标序列从头到尾的全部残基，对于序列间的空位往往可以采取空位惩罚方法。PAM1矩阵是从不超过1%分歧的序列比较分析中计算得到的，PAM2矩阵可以表示成一个PAM1乘以一个PAM1。根据PAM矩阵的计算和命名规范中，大数字的PAM矩阵一般用于较远相关的蛋白质序列分析，小数字的PAM矩阵通常用于较近相关的蛋白质序列计算。PAM矩阵的目的之一是反映蛋白质的进化同源相关性，PAM矩阵的每个值可反映一个氨基酸被另一个氨基酸所替换的经验频率。

不同于基于全局比对计算的PAM矩阵，另外一种打分矩阵BLOSUM是基于局部比对，通常只比较查询序列和目标序列的保守区域的子序列，如BLOSUM62矩阵是从相似性不低于62%的序列比较中计算得来。按照BLOSUM矩阵的计算和命名规则，大数字用来比较近相关的蛋白质序列，小数字用来比较远相关的蛋白质序列。BLOSUM矩阵中的每个元素是对数似然评分，通常反映了一对氨基酸在生物学意义上出现的概率和随机出现的概率之比。

BLOSUM更容易理解和使用，在实际的蛋白质序列分析问题中，BLOSUM矩阵被广泛应用。 （沈红斌）

大爆炸宇宙模型 the big bang model 基于爱因斯坦**广义相对论**及宇宙学原理的解释宇宙膨胀、演化及大尺度结构形成的理论模型。根据这个模型，宇宙在过去有限的时间之前（大约138亿年前），由一个密度极大且温度极高的太初状态演变而来。宇宙温度随着膨胀而逐渐降低，随后粒子、原子、分子开始形成并通过引力作用结团，最终形成星系及星系团等大尺度结构。

模型的提出和改进 1917年A.**爱因斯坦**将他的广义相对论应用到整个宇宙，提出静态宇宙学模型，开创了现代相对论宇宙学。1922年A.弗里德曼在大尺度上宇宙是均匀和各向同性的假设下得到不带宇宙学常数的爱因斯坦场方程的膨胀宇宙解。弗里德曼于1924年进一步完善了弗里德曼方程及被称为弗里德曼－勒梅特－罗伯逊－沃克的宇宙模型。G.勒梅特于1927年提出用以解释观测到的星云红移现象的膨胀宇宙模型，他在不了解弗里德曼工作的情况下独立地提出了弗里德曼方程。E.P.哈勃于1929年发现了星系退行速度与其距离成正比的哈勃定律，从而支持了膨胀宇宙理论。勒梅特在1931年指出，宇宙正在膨胀意味着它在时间反演下会发生坍缩，这种情形会一直发生下去直到它不能再坍缩为止，此时宇宙中的所有质量都会集中到一个几何尺寸很小的“太初原子”上。时间和空间的结构就是从这个“太初原子”产生的。F.霍伊尔在1949年3月英国广播公司的一次广播节目中将勒梅特等的理论称作“这个大爆炸的观点”，从此弗里德曼－勒梅特－罗伯逊－沃克宇宙模型被称为热大爆炸宇宙模型。当然这是将广义相对论一直应用到宇宙诞生时刻所得到的结果，并不意味着宇宙是从一点开始的。20世纪40年代G.**伽莫夫**等在大爆炸理论框架下提出了原初元素合成的理论，并进一步发展和完善了热大爆炸宇宙理论。R.阿尔菲和R.赫尔曼在伽莫夫的工作基础上预言了宇宙微波背景辐射的存在。1964年A.彭齐亚斯和R.W.**威耳孙**观测到宇宙微波背景辐射。在不同波段对微波背景辐射的精确测量表明宇宙微波背景辐射是一个完美的黑体辐射谱，其温度为2.725K，而且是各向同性的。这为宇宙学原理提供了观测证据。微波背景辐射及宇宙轻元素丰度的观测结果强有力地支持了大爆炸宇宙模型。

基于该模型的宇宙演化 根据宇宙学原理，在大尺度上宇宙是均匀各向同性的，而描述均匀各向同性宇宙的最一般的时－空度规是罗伯逊－沃克度规：

$$ds^2=-dt^2+a^2(t)\left[\frac{dr^2}{1-Kr^2}+r^2(d\theta^2+\sin^2\theta d\phi^2)\right]$$

这里取光速$c=1$。式中$a(t)$称为标度因子，是一个无量纲的时间的函数；t为宇宙标准时；坐标r、θ、ϕ为共动球坐标系中的坐标；曲率参数K为一常数。$K=0$对应平直空间，$K=-1$对应开宇宙，$K=1$对应闭宇宙。将罗伯逊－沃克度规及理想流体能量－动量张量表达式代入爱因斯坦场方程$G_{\mu\nu}=8\pi GT_{\mu\nu}$则得到宇宙学方程。由场方程的时间－时间分量可得到标度因子所满足的弗里德曼方程：

$$\left(\frac{\dot a}{a}\right)^2+\frac{K}{a^2}=\frac{8\pi G}{3}\rho$$

由场方程的空间－空间分量得到方程：

$$\left(\frac{\dot a}{a}\right)^2+\frac{K}{a^2}+2\frac{\ddot a}{a}=-8\pi Gp$$

上述方程结合弗里德曼方程便得到加速度运动方程：

$$\frac{\ddot a}{a}=-\frac{4\pi G}{3}(\rho+3p)$$

结合弗里德曼方程和加速度方程得到物质能量守恒方程：

$$\dot\rho+3\frac{\dot a}{a}(\rho+p)=0$$

弗里德曼方程和物质能量守恒方程，加上物态方程$\omega=p/\rho$及宇宙学参数现在的取值作为初始条件，则可求解宇宙的演化。如果物态方程参数是一个常数，则能量守恒方程的解为：

$$\rho\propto a^{-3(1+\omega)}$$

对于普通尘埃物质$\omega=0$，则$\rho\propto a^{-3}$；对于辐射物质$\omega=1/3$，则$\rho\propto a^{-4}$。可以看出，物质能量密度与标度因子的三次方成反比，而辐射能量密度与标度因子的四次方成反比。因此尽管今天宇宙中的物质密度远大于辐射密度，但在宇宙早期标度因子足够小时，宇宙中的能量密度贡献主要来自辐射，称为辐射为主时期。对于空间平坦的宇宙，辐射为主时期$a(t)\propto t^{1/2}$。随着标度因子逐渐增大，宇宙从辐射为主时期过渡到物质为主时期。对于空间平坦的宇宙，物质为主时期$a(t)\propto t^{2/3}$。过去时间为零的时刻通常称为大爆炸时刻，此时标度因子为零，宇宙的时空曲率和物质密度都为无限大，称为奇点。至于宇宙未来的命运，则依赖于宇宙的密度是小于、等于还是大于临界密度。在前两种情况下，宇宙将永远膨胀下去；对后一种情形，宇宙将在某个时刻膨胀到极大，然后收缩返回奇点。

宇宙的演化 在宇宙极早期，构成宇

宙的物质包括夸克-胶子等离子体，以及其他所有基本粒子。此时的宇宙非常炽热，粒子都在做相对论性运动。而粒子-反粒子对在此期间通过碰撞不断地产生和湮没，从而宇宙中粒子和反粒子的数量是相等的（宇宙中的总重子数及轻子数为零）。直到其后某个时刻，一种未知的违反重子数守恒的反应过程出现，使夸克和轻子的数量略微超过了反夸克和反轻子的数量——超出范围大约在三千万分之一的量级上，这一过程被称作重子数产生。这一机制导致了宇宙中几乎没有反物质。宇宙诞生10^{-6}秒之后，夸克和胶子结合形成了诸如质子和中子的重子，由于夸克的数量要略高于反夸克，重子的数量也要略高于反重子。此时宇宙的温度已经降低到不足以产生新的质子-反质子对（也不能产生新的中子-反中子对），而粒子和反粒子之间的湮没使得原有的质子和中子仅有十亿分之一的数量保留下来，而对应的所有反粒子则全部湮没。大约在1秒之后，中微子从宇宙等离子体中退耦，电子和正电子湮没成光子。经过这一系列的湮没，剩余的质子、中子和电子的速度降低到相对论性以下，而此时宇宙能量密度主要来自湮没产生的大量光子（一部分来自中微子，中微子温度比光子温度低1.4倍）。在大爆炸发生几分钟后，宇宙的温度降低到大约十亿K量级，密度降低到大约空气密度的水平。少数质子和所有中子结合，组成氘和氦的原子核，这个过程叫作原初核合成。而大多数质子没有与中子结合，形成了氢原子核。在大约37.9万年之后，电子和原子核结合成为原子（主要是氢原子），而光子与物质退耦并在宇宙空间中自由地传播，这个辐射的残迹就形成了观测到的宇宙微波背景辐射。虽然宇宙在大尺度上物质几乎是均匀分布的，但仍存在某些密度稍大的区域，因而在此后相当长的一段时间内这些区域内的物质通过引力作用吸引附近的物质，从而变得更大，并最终形成了气体云、恒星及星系等观测到的大尺度结构。

暴涨宇宙模型　大爆炸宇宙学模型虽然成功解释了原初核合成、微波背景辐射及大尺度结构形成等问题，但该理论本身却无法理解视界、平坦性和磁单极等问题。为解决这些问题，A.古斯等在20世纪80年代提出了暴涨宇宙模型。该模型假设宇宙在极早期经历了一个迅速膨胀的阶段，那时宇宙中的能量主要由类似于真空能的暴涨子提供，而且暴涨子的能量密度几乎为常数，标度因子几乎以指数形式增长。从而宇宙中一个小于哈勃尺寸的因果联系区域会在很短的时间内迅速膨胀成一个很大的区域，这个暴涨后的区域包含了现在可观测的整个宇宙，这样就解决了视界问题。另外，宇宙的剧烈暴涨把宇宙空间变得非常平坦，暴涨子的量子涨落导致时空的涨落，引起物质密度分布的不均匀性，以及微波背景辐射小的各向异性。而且原初引力波会在宇宙微波背景辐射各向异性极化谱中留下特征的B模极化。所以宇宙微波背景辐射小的各向异性观测可用于检验暴涨模型及探测原初引力波。

宇宙加速膨胀带来的挑战　自从1998年两个独立的超新星观测小组发现宇宙正处在加速膨胀的阶段以来，人们就一直试图解释宇宙加速膨胀的原因。越来越多的天文观测如宇宙微波背景各向异性的观测（包括威尔金森微波各向异性探测WMAP实验及普朗克卫星实验）、斯隆数字巡天SDSS实验以及超新星等数据进一步证实了宇宙现在处在加速膨胀阶段。按照标准宇宙学模型，宇宙中物质之间的引力作用是吸引力，其膨胀应该是减速的，因此加速膨胀的发现对物理学的基本原理提出了挑战。要解释宇宙现在的加速膨胀现象，可以修改爱因斯坦场方程的左边，即对引力理论进行修改；也可以在物质中加入一种压强为负的组分，即**暗能量**。暗能量的特性是什么，对此仍然不清楚。结合天文观测数据，拟合得到的哈勃常数约为70千米/秒/兆秒差距，可估算出宇宙年龄约为138亿年，宇宙中普通物质约占4%～5%，暗物质约占25%，暗能量约占70%。了解暗物质和暗能量的本质，仍然是宇宙学和物理学当前面临的重大理论难题。

越来越丰富和精确的天文观测数据强力支持了一个包括早期暴涨、暗物质与暗能量的热大爆炸宇宙学模型。

（郜　青　黄玉梅　龚云贵）

大地测量仪器　geodetic instrument　用于野外测量地面点相对位置，即测量高程、角度、距离、经纬度的一类测绘仪器。大地测量仪器大量应用于工业、农业建设和国防工程中，主要用于测绘各种大、中比例尺的地形图，以及测定各种等级控制点的平面位置与高程。

大地测量仪器中的大多数是光学仪器，如经纬仪、水准仪、平板仪、光学测距仪等。大地测量光学仪器是精密光学仪器的一个重要分支，与其他分支中的计量光学仪器和军用测量光学仪器相比，无论在原理方面或结构方面都比较接近，因而在设计方面也就有许多的共同性。

大地测量仪器以野外测量对仪器提出的要求为出发点，应用光学与精密机械的各种技术知识和工艺手段来研究并解决仪器设计制造中的各种问题。20世纪80年代后，新一代仪器应用了光电技术和电子计算机技术、智能化和自动化技术、软件系统、新型光源——**激光**，使大地测量仪器光、机、电三者结合，从而得到新的发展。大地测量仪器成为现代工程测量数字化测绘技术体系，集信息的采集、记录、存储、计算、处理为一体的信息系统工程。

大地测量仪器产品系列有：①测定水平角和垂直角的经纬仪、罗盘仪等系列。②测定地面点高点的水准仪、测高仪等系列。③测定两点间距离的光学测距仪、电磁波测距仪等系列。④直接在野外测绘地形图的平板仪等系列。⑤测定角度和两点间距离的组合式和整体式全站仪、半站型测距经纬仪。⑥全站仪和内外业一体化的综合测绘系统。⑦测定地面点的三维坐标和钟差的全球卫星定位系统GPS接收机，已有单频和双频GPS接收机。

根据使用上对精度的不同要求，大地测量仪器大致可以分为四个等级：

①高精度仪器。一般指用来进行国家一、二等控制测量以及相应精度的工程测量应用的仪器。

②中等精度仪器。指用于国家三、四等控制测量及精密工程测量方面的仪器。

③一般精度仪器。指用于等外控制测量、测图及一般工程测量方面的仪器。

④低精度仪器。指低于一般精度的仪器，主要用于野外踏勘、概略测量，以及精度要求不高的工程测量方面的仪器。

中国大地测量仪器在全国范围内实行了标准化与系列化方案。大地测量仪器系列化方案中规定，其总代号为“D”，经纬仪的代号为“J”，水准仪的代号为“S”，平板仪的代号为“P”，连起来写就成为“DJ”“DS”“DP”。每一类仪器又按精度等级划分。经纬仪的精度指标在方案中规定为仪器在野外观测时“一测回方向中误差”。如野外测量“一测回方向中误差”为6″（或稍小于6″）的经纬仪用代号为“DJ6”表示。水准仪的精度指标规定为每千米往返测高差偶然中误差（毫米/千米）。平板仪的精度指标规定为用仪器进行视距测量归算到100米处的测距全中误差（分米/100米）。除了主系列的基本型号外，还有一些派生型号的变型仪器，如矿山经纬仪的代号为“DJK”，自动安平水准仪的代号为“DSZ”等。　（骆东淼）

大脑皮层动力学　neocortical dynamics　主要研究大脑皮层的活动随时间变化过程

的学科。哺乳动物大脑皮层的活动可以在不同的任务和状态下进行有效切换。在时间尺度上，可以分为皮层结构连接的动力学和皮层功能连接的动力学。前者指在较长的时间内，大脑皮层在不断与外界环境交互的过程中其结构逐渐发生的变化，即结构可塑性；后者指在较短的时间内，皮层结构连接相对恒定的情况下，皮层根据需求的不同其活动状态可以进行快速地切换。在空间尺度上，大脑皮层动力学可以包括单个神经元膜电位的动力学、局部兴奋性和抑制性神经元网络发放的动力学、不同脑区活动的动力学，直至大脑皮层与皮层下脑结构相互作用的动力学。

实验上常用的观察大脑皮层活动的手段包括脑电图、脑磁图、皮层脑电图、局部场电位、膜片钳技术等。在理论上则有多种模型描述不同尺度下的大脑皮层活动过程。在单细胞层面上，以霍奇金-赫胥黎模型为基础，通过增加离子通道的类型或减少模型的参数发展出一系列描述神经细胞膜电位的复杂或简化模型。在神经元网络层次上，则常用单细胞模型配合突触可塑性模型，来模拟神经元网络在不同刺激状态下的动作电位发放模式，以及时空动力学演化过程。（古华光）

大气等离子体 atmospheric plasma 大气中自然产生的等离子体或以大气为工作气体的人工等离子体。在电离层中，主要由太阳光中的紫外辐射使气体电离。底层大气本底中带电粒子成分很低，主要来源于放射性同位素和宇宙射线的作用。在大气科学中，称一般气体分子和团簇形成的离子为小离子，称带电的气溶胶粒子为大离子。闪电产生的也是典型的大气等离子体。

21世纪以来，以大气为工作气体的等离子体研究发展迅速。在大气中产生等离子体的方法主要是放电，有电晕放电、弧光放电、介质阻挡放电、等离子体射流等方法，也可用紫外光电离。虽然有时使用惰性气体作为工作气体，但其中大气成分也是不可忽略的。

等离子体在大气中产生后将与大气发生复杂的物理和化学过程，其成分发生很大变化。这些过程包括电离、复合、电荷交换、附着、脱附、结合脱附、化学键重组等反应过程，以及因存在粒子密度梯度而产生的扩散。在开放大气中形成的等离子体中，电子寿命很短，一般来不及扩散就与正离子复合或附着于中性粒子形成负离子。负离子活动性较电子差，与正离子复合概率低，寿命较长，所以地面附近的大气等离子体中负电荷载体主要是氧和氮的负离子，称为负电等离子体，有一些特有的性质。

大气等离子体的研究主要集中在应用领域，如臭氧的产生与使用、负离子发生器、大气中有害气体或者汽车尾气的处理、材料表面处理，也用于飞行器隐身和减阻、通信黑障、激光大气传输，以及电离层变态等高技术领域。（房同珍）

大气光学 atmospheric optics 研究光（从紫外到远红外）与大气相互作用（包括折射、反射、衍射、色散、散射、吸收、偏振等）的物理现象和规律，以及利用这些相互作用规律来获取大气特性的一门**光学**分支学科。大气光学和许多自然现象、光学工程应用等密切相关，因此它在日常生活、国民经济和国防建设中都有重要地位。大气光学主要包括以下三个方面内容。

大气中光的自然现象 是指发生在大气中肉眼能直接观察到的光现象。它可以分为三类。

①大气折射引起的光现象。大气折射率（正比于大气密度）的变化引起光线的折射而改变其传输轨迹，观测的物体高度角θ与实际高度角θ'有明显差异（如图1所示，其中S为物体），即天文和地球观测中的折射现象。当大气密度出现显著梯度分布时，来自远处目标物的光线会发生**全反射**，可看到它的反射像即海市蜃楼现象。图2、图3分别为上现蜃楼和下现蜃楼。图4为实际大气中海市蜃楼的照片。

②大气散射引起的光现象。天空色彩变化是大气散射引起的常见光现象之一。在清洁大气中，大气气体分子起主要散射作用，其散射光强度和入射波长四次方成反比。大气对太阳光中波长较短的蓝青色光要比波长较长的黄红色光的散射强，从而使天空呈现蓝色效果。当大气中悬浮的颗粒物（即气溶胶）大量增加时，起主要作用的是米散射（见**光散射**）。米散射与入射波长的依赖关系不明显，天空就呈现灰白色。曙暮光是大气散射的另一现象。黎明和黄昏时，太阳在地平线下无法照射地面，但能照亮地面以上的大气层，大气散射使天空明亮。天空背景是指来自天空的向下辐射通量，主要是大气和云对太阳光散射的可见光短波辐射，也包含大气和云的自发长波辐射（最大辐射通量的波长为10.5微米左右）。大气能见度的降低主要是大气气溶胶散射造成的。能见度是指正常视力人眼在大气中能清晰辨识物体轮廓的最远距离。大气散射造成观测目标物体光亮度的衰减和背

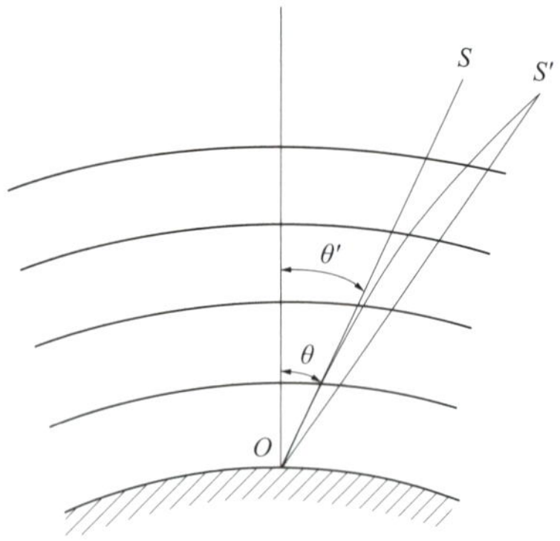

图1 天文折射原理图

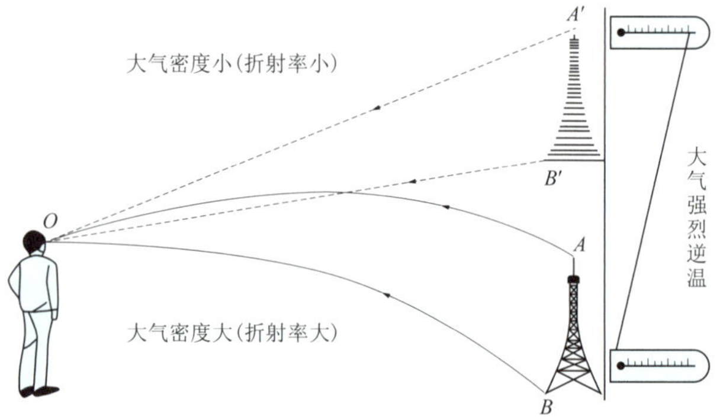

图2 上现蜃楼原理图

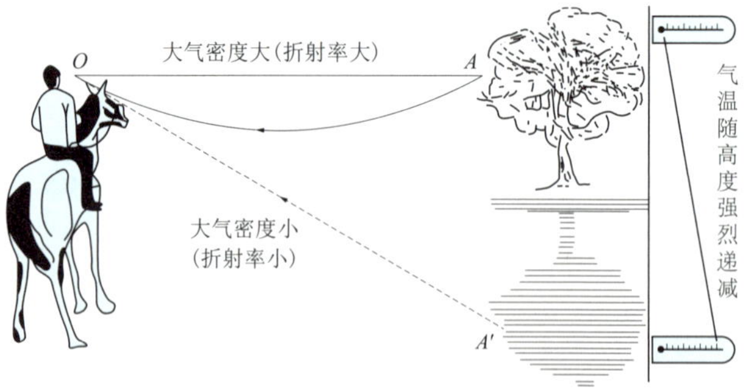

图3 下现蜃楼原理图

图4 海市蜃楼

景光的增大，降低了目标背景的对比度，从而降低能见度。

③水滴、冰晶等大粒子对光的折射、反射与衍射引起的光现象。最常见的有虹、华和晕等。彩虹（图5）是太阳光线照射在大气水滴里的折射与反射产生的内紫外红的彩色圆弧。类似的还有“佛光”。晕是由于太阳（或月亮）光通过冰晶的反射与折射引起的一系列光学现象的总称。根据着色的性质，有由折射色散而引起的略带色彩的晕（如彩虹圆环、幻日等）和由反射引起的白色晕（如水平环、侧日等），图6所示为幻日。它是由于云中的水滴与冰针分别起小孔与狭缝的作用，使光衍射引起的围绕太阳（或月亮）的许多彩色圆环。同样，朝（晚）霞等各种云朵的色彩斑斓也是由于大气和云自身散射、折射和色散等多种效应产生的美丽自然景观（图7）。

图5 彩虹

图6 幻日

图7 彩云

光在大气中的传输特性 是指光波大气传输时所产生的光学特性的变化。它主要包括下列三个方面。

①大气衰减是指大气散射与吸收造成的辐射能量的损失。大气散射衰减主要是气体分子和气溶胶的一次散射，在云、雾、霾等天气时要考虑多次散射的影响。大气衰减的另一个重要因素是气体分子吸收。H_2O、CO_2、O_3是主要的吸收气体分子，CH_4、N_2O、CO、HDO等分子的吸收在长距离传输时也需考虑。每一种吸收气体都存在一系列吸收线，有些大量密集的吸收线组成吸收带。吸收线的中心波长（频率）、线强度和线宽度决定于分子的振动/转动能级、分子数密度、大气温度和压力。大气分子吸收线的宽度一般都很窄，需要高分辨率光谱测量装置进行定量测量。大气中存在透过率较高的波长区域称为大气窗口。除可见光波段外，主要大气窗口还有8～14微米、3～5微米以及1～2微米波段。

②大气湍流效应是指大气折射率的随机起伏造成的光强起伏（闪烁）、光束漂移（抖动）、扩展以及激光相干性的降低等效应，星星眨眼即是大气湍流造成光强起伏的现象。湍流效应会造成天文观测等光学成像系统分辨率的降低、光学跟踪瞄准制导等精度的下降以及自由空间光通信误码率的增大。这正是天文台尽可能选择建在较高海拔且较平坦的山台上的主要原因。通过测量目标附近星光（信标）的相位畸变，自适应光学系统能够部分校正大气湍流引起的相位畸变，提高天文观测等光学系统性能。为解决观测目标附近无信标星或克服信标星与观测星张角大带来的非等晕性问题，利用大气对激光的后向散射光（如钠离子层对激光的共振荧光散射或大气分子的**瑞利散射**），为自适应光学相位校正系统提供信标光即激光导星。当大气湍流较强或传输距离较远时，传输光束与其湍流效应产生的次级波的相干相消，还会形成光束的相位奇点（或相位不连续性）等强湍流效应。相位奇点处光强为零，相位发生2π的跃变。相位奇点一般成对出现，用干涉仪观察，在相位奇点会出现干涉条纹的分叉现象（图8）。

图8 相位奇点位置及其纵横方向剪切干涉条纹

③光在大气中传输的非线性光学效应。非线性效应在强激光大气传输时才能显示出来，主要包括热晕效应、气体击穿效应和自聚焦等。热晕效应是指大气吸收激光能量导致光路上的大气加热而改变其折射率，反过来又影响激光的传输特性，造成光束扩展、弯曲和畸变等。热晕效应主要取决于激光束光强及其分布、大气吸收特性、大气对流和热传导等热交换机制。在强热晕效应情况下，湍流效应产生的光束小尺度相位和振幅起伏还会导致受激热散射的放大，即所谓小尺度热晕不稳定性或湍流热晕相互作用不稳定性。气体击穿是指高功率激光导致的大气电离，形成能强烈吸收激光能量的等离子区，因而限制了高功率激光在大气中传输。气体击穿的阈值光强和气压、辐射波长、光斑大小以及大气透明度等因素有关。自聚焦效应是高功率强激光使大气产生非线性极化（如克尔效应等），自感应产生正比于光强分布的折射率变化，**高斯光束**情况下即形成正透镜，从而造成光束聚焦的现象。自聚焦一般都会伴随大气击穿，在一定条件下自聚焦与等离子体散焦和衍射发散等达到平衡，会导致光束形成较长的或断续的丝状结构。自聚焦等离子击穿伴随的宽带光辐射可能会为大气探测带来新手段。

大气的光学探测技术 根据大气光学现象以及光的传输特性，利用自然光（被动探测）或人工光源（主动探测）可以遥感大气某些物理量。例如对太阳辐射衰减的测量可确定大气的混浊度；通过测量大气透过率和背景亮度等综合分析可计算能见度；通过对太阳光紫外辐射衰减的测量，已能相当精确地确定大气臭氧的总量；利用多波长光度计测量太阳直接辐射和散射辐射强度，可推断整层大气气溶胶浓度与谱分布。同样，通过测量大气中的向上辐射光谱，可以反演得到大气温度分布、水汽、臭氧、二氧化硫分布等，这已成为卫星大气光学遥感的重要手段。以激光作为光源，利用脉冲激光的测距功能和大气散射（荧光）可同时获得被测参数的空间分布信息即激光雷达技术。现已发展了一系列大气探测激光雷达系统，包括米散射雷达（多波长和偏振）、差分吸收雷达、拉曼雷达、荧光雷达、多普勒雷达等，可对大气气溶胶、水汽和多种污染气体、大气温度、风速风向、云等进行高分辨率时空分布探测。一些大气探测激光雷达已进入了实用阶段，并部分实现机载、星载探测，如气溶胶分布和云高等，还建立了若干地基激光雷达大气观测网，开展大气气溶胶和沙尘时空分布及其输送规律研究。

随着红外和激光技术的迅速发展，大气气溶胶光学特性、不同形状粒子的散射特性及其多次散射、强湍流效应、高功率激光传输非线性效应、星载激光大气探测等方面将是大气光学的主要研究方向。

（王英俭 龚知本）

大气声学 atmospheric acoustics 研究声音在实际大气中的发生、传播、效应及其应用的**声学**分支。作为以声学方法探测大气的一种手段，也可看成是大气物理学的一个分支。

研究对象和学科范围　从声学观点来看，大气是一种运动着的不均匀介质。而大气声学正是研究声波（不仅包括可听声，更包括次声——频率低于人耳听阈下限即20或16赫的声波）与这种介质的各种相互作用（包括反射、折射、散射、衍射、吸收等）以及利用这些效应对大气进行探测的学科。大体上可分为“经典”和“现代”两大范畴：前者以低层大气中的可听声为主要研究对象；后者以涉及高层大气的次声为主要研究对象。当然，二者不能截然分开，而是相互联系、相互补充的。对环境噪声的关注形成了研究大气声学的另一推动力，以致有人认为应将“空气动力声学”或“航空声学”作为一“亚分支”归入大气声学，其主要研究对象是作为声源或噪声源的强大大气流。

历史简述　在声学各主要分支中大气声学是发展较早者之一。1635年在自由大气中测量**声速**可算是人类历史上首次在大气中进行的声学实验，但真正的开创性工作还得算英国牧师W.德勒姆和意大利人G.阿维冉尼于1704年进行的传播实验，其宗旨在于澄清当时流传的所谓“英国的户外听闻情况优于意大利的”这一含混说法。实验结果表明，在适当考虑风的影响后二者并无实质性差异。19世纪初已一般性地鉴定出影响大气音响效果的物理现象，但对这些现象的许多细节和数学描述则要晚得多，而大气声学的持续发展直到19世纪下半叶才真正开始。G.G.**斯托克斯**、O.雷诺和J.廷德尔分别研究了风、风梯度和温度梯度的声折射效应及大气起伏的声散射效应。大气声学这些最基本原理在瑞利于1877年出版的《声学原理》中得到了全面的总结和提高。20世纪初，紧接着同温层的发现，许多学者注意到声音的“反常”传播现象：在距强烈爆炸中心周围数百千米的“可闻区”内，存在着一个宽达100千米的“寂静区”；“逆温层”的假定从理论上解释了这一现象，而后来的观测证实在约50千米高度处的确存在逆温层。

从G.I.泰勒开始，逐步引进湍流理论来研究大气的小尺度动力学结构，并以这一观点重新研究了声散射。A.M.奥布霍夫将声散射截面同湍流能量谱密度联系起来，对大气声散射做了初步定量解释。伯格曼首先以相关函数研究了散射。后来V.I.塔塔尔斯基系统地总结了湍流大气中波的传播问题。

大约从1929年哥万开始，注意到大气中还充斥着大量频率极低的声波，对这种所谓“次声”的研究大大拓宽了大气声学的范畴，使其进入“现代”大气声学时代。由于严格可解的传播问题极其有限，各种近似方法和数值方法的应用就显得非常重要，特别是后者的发展已有初步形成崭新的“计算大气声学”的趋势。

“大气声遥感”作为大气声传播问题的“逆问题”，也是大气声学的应用方面。随着大气中多种自然源次声波相继被检测到，以及大气层中核试验的开展，自20世纪60年代以来大气的被动声遥感得到迅速发展，而主动声遥感则是受到若干相关学科的启发而得到发展，如“声达”就是在雷达的启发下于1946年发明的，在此基础上，回声探测仪于1968年发明，这在很大程度上重新唤起了大气物理研究者们对声学的兴趣，对现代大气声学的发展起到很大促进作用。

大气声学的基本课题　大气声学的基本问题归结为在一定的定解条件下，对一定的大气模型求解“修正”(计及大气的不均匀性以及运动）的波动方程，以确定声场分布。大气的不均匀性首先表现为分层结构，即描述它的物理量（密度、压力、温度决定的声速）以及它的运动速度（风速）基本上均可看成只是高度的函数（称为剖面）。这样虽已使问题大为简化，但仍然只在极少数情况下才能得到解析解（严格的封闭形式解）；而大多数情况下不得不依靠各种近似解法和数值解法。随着计算技术的发展，以21世纪初一本专著的出版为标志，一门崭新的亚分支“计算大气声学”已形成，对大气声学的发展起到了重要的推动作用。

除了波动方法外，射线方法在大气声学中也有广泛应用。用射线概念可以形象地解释许多传播现象，如上文提到的“反常”传播以及“波导”现象等。大气“波导”（或声道）的形成是由于大气的温度（从而影响声速）剖面存在着两个极小值，分别位于大约15千米和80千米（会随纬度和季节而稍有变化）高度处；声波一旦进入其中就会被“擒获”，并按柱面波规律（即按传播距离的一次方衰减）而不像在自由空间中那样按球面波规律（即按传播距离的二次方衰减）传播，因而可以传播很长距离。特别对于本身衰减就小的次声波更是如此，有时甚至可绕地球数圈（“超远传播”）。大气声学另一基本课题是用射线法对某给定声源进行射线寻迹，这也是一项烦琐的工作，但现已对某些特殊情况开发出专用的计算机软件。

大气中的声散射和声衍射　大气的不均匀性表现为无规不均匀性，主要指大气成分的不均匀性（如含有雨滴、雪花、雾粒、尘埃等物质）和大气运动的不均匀性（大气湍流），它们都会使声波产生散射，但湍流（特别是“风力驱动”湍流）所产生的散射更为重要。散射是指在传播路径上遇到不均匀性的一部分声波会偏离其原来路径而在各个不同方向上产生次级波，频率愈高（即波长相对于散射不均匀性的尺寸愈小）这种效应就愈强烈。散射引起声波的附加衰减，但其却是声遥感的物理基础。

衍射在大气声学中主要指声波透入“影区”的现象。在大气的某些剖面（如声速随高度线性递减）下，从一定声源出发的任何射线（无论直达的、反射的、折射的）都到达不了某一区域而形成影区，其中的声压振幅小至消失。但它并非不连续地骤降为零，而是先作增幅振荡，在紧靠影区边缘前方达到极大值后再单调下降，最后在深入影区相当距离处趋于零。

大气中的声吸收　声波在大气中传播时，声强将随传播距离而减弱。这一衰减过程由许多因素决定。除球面扩展、反射、折射和散射等“几何”因素（这些因素只涉及能量的重新分布而不涉及能量转换）外，更由于空气对声波的吸收，这使与分子有序运动动能相关联的声波能量转换为与无规热躁动相关联的热能。大气对声波的吸收过程主要包含如下两方面机制。一是大气黏性和导热性所造成的损耗（合称为“经典吸收”）：声波引起空气分子的振动，而黏性使其振动能量部分地消耗于分子间的内摩擦；声波同时使大气某些部分受到压缩而变热，其他部分因膨胀而变冷，大气的导热性使这两部分之间的温差减小，这相当于一部分声能转化为分子的无规热运动。经典吸声系数是温度和压力的函数，并正比于声波频率的二次方。第二种机制是由大气主要成分氮分子和氧分子的双原子结构引起的：能量从声波的集中运动（分子的平动）转移到分子的内自由度（转动和振动）为一不可逆过程，而声压只决定于分子的平动，故这种能量转移导致声能的衰减。分子平动能向内能的转换需要一定的时间，是一种弛豫过程，所以这种吸收机制被称为“弛豫吸收”或“分子吸收”。弛豫吸收中转动受激分子弛豫过程所引起的“转动弛豫”部分也是温度、压力和频率的函数，可与经典吸声系数结合起来。但是，与振动受激分子弛豫过程相关联的吸声系数非常复杂，既依赖于温度、压力和频率，还依赖于所涉及的特定大气成分及所含水汽的摩尔百分数。最重要的结论是：总吸声系数仍正比于声波频率的二次方。悬浮在大气中的雾滴和其他微粒可以造成声波的额外吸收机制，这些机制包括微粒周围的蒸发和凝结、部分微粒为声波中的速度起伏所引开、微粒与周围空气之间的热交换、微粒形态振荡的激发，以及伴随着热流和黏性效应的温度梯度和速度梯度等。研究表明，雾的吸声系数对频率的依赖关系存在两个峰值：由质量转移弛豫过程引起的位于低频段的第一峰值，明显高于由动量和能量转移弛豫过程引起的位于高频段的第二峰值，第一峰值对于较大雾滴（10微米量级）位于次声频，而对于较小雾滴（1微米量级）位于低可听声频。雾的吸声效应可以被利用来进行人工消雾。

重力场和地球自转对大气声传播的影响　一般情况下，重力场对可听声和频率较高的次声传播的影响完全可以忽略，但当频率低到一定程度，达到所谓“浮力频率”或瓦依萨拉－布隆特（V-B）频率（通常为高度的函数，其数量级为重力加速度与声速之比，约等于0.029赫）时，波动中的运动加速度与重力加速度同数量级，后者就不再能被忽略。这时除了寻常声波所赖以传播的介质压缩性恢复力之外，密度随高度的递减又提供了另一种恢复力——浮力（实即重力）。这种既要考虑重力同时又仍然保留着弹性恢复力的波，既具备寻常声波的性质又具备某些重力波的特征（如各向异性），因而得名为声重力波。随着频率的继续降低，浮力的作用会愈来愈大，而原来居主导地位的弹性恢复力的作用则相对愈来愈小，直到可以忽略不计。就是说在这种频率（约为V-B频率的1/10，约0.003赫）下，大气可看成是“不可压缩的”，而相应出现的波称为内重力波，其机制完全类似于通常的（外）重力波，只是它并非存在于两种不同介质的分界面上，而是存在于密度连续变化着的同一介质的内部。

当声波频率与地球自转角速度同数量级（约为10^{-4}赫）或更低时，还应考虑地球本身的曲率和自转对波动产生的影响。地面上任何物体相对于地球运动（如振动着的空气粒子）时，只要其相对速度方向不与地轴平行，都会受到科里奥利加速度的影响，该加速度的方向垂直于地轴与物体运动速度所确定的平面，而大小则随纬度而变化。正是这一随纬度变化的科里奥利效应形成了又一外力场，导致一种波长非常之长（可达数百千米）的水平横波，即所谓行星波或罗斯比波。这种波的相速度总是指向西方，并且经常是指向与背景风相反的方向，因此其概念常被用来解释西风带，也被用来描述与移动的波状高压系和低压系相联系的压力分布。

周期为太阳日或太阳日约数的大气运动称为大气潮，与主要由月球引力引起的海潮不同，大气潮主要由太阳的热效应引起。另一个不同之处在于，海潮可通过海面高度的变化来精确计量，但大气由于不存在这样一个明确边界而无法如此测量，只得另觅他途。由能量守恒关系可直接推出大气潮与大气重力波的一个重要共同点，它们的振幅都是反比于大气密度的平方根而随高度增加的，并由此推定高层大气中必定存在非常可观的风速分量。

大气声遥感　以声波为手段在地面探测大气状态和其中现象的技术，包括主动（有源）和被动（无源）两种方式。前者系在探测处人为可控制地发出声波，然后在同一处或其附近来接收经大气“作用”过后的回波，再根据其作用时间以及幅度和相位等的变化来判定大气状况。后者系直接测量大气中客观存在的声波，其中既有人工源，更有自然源，由此判定大气中的相应现象。与大气声学可分为经典的和现代的两大范畴这一观点相对应，作为逆问题的大气声遥感亦可分为低层大气遥感和高层大气遥感两大范畴：前者的物理基础是大气微观结构对声波的散射，以可听声的主动遥感为主；后者的物理基础是大气宏观分层结构对声波的折射，以次声的被动遥感为主。

低层大气遥感的主要探测对象是大气温度和风速随高度的变化状况。所用主要仪器就是回声探测仪，有收发合置和收发分置两种系统。二者的差别在于用作发射和接收的换能器是合二为一（或相距很近）还是相距很远而分别配置。分置系统在使用的灵活性和方便性上远不如合置系统，但在某些应用（如对风速的探测）上却有其优越性。可是这种优越性又为更先进的、由三个不同方向合置结构组成的“三元系统”所压倒。低层大气遥感绝对是以主动遥感为主；自然源的被动遥感基本上只是可听声频的雷声遥感。人工源被动遥感则有多种军事应用。如利用炮声测定敌方炮位至今仍不失为有效手段，并随着声大气传播理论和三点阵（或多点阵）声定位技术以及计算机技术的发展，这种方法已得到很大改进。又如利用收听发动机噪声来判断敌机来袭方向这种“过时”方法曾因雷达的发明而被淘汰，但由于抗雷达隐形飞机的出现而在新水平上它又得到新生。受功率因素的限制，可听声是无法从地面发送到高层大气的，同样由于技术原因，人为地向大气发射大功率次声波也非常困难，从而高层大气声遥感几乎只限于被动遥感，而正好大气中的次声波异常丰富。现在已被探测到的自然源均由各种气象、地球物理以至天文现象等产生，如微气压、恶劣天气、锋面过境、急流、山背波、火山喷发、陨石、极光、地震、日食等。根据被动遥感可以获取许多与之相对应的信息，并进一步达到预报某些灾害性现象的目的。人工源的被动遥感则主要盛行于20世纪60年代对大气核试验的监测。

另外，研究大气中的声波传播规律可以为大气中的各类声学工程提供基础，还可用来探测大气结构和研究大气物理过程，特别是研究边界层结构、强对流的发生和发展，以及大气上下层耦合过程等。这方面的研究正与大气重力波等各类波动过程的研究紧密结合。

大气中的非线性现象　声波的本质是非线性的，如激波就是由于很小的非线性扰动持续积累而发展起来的，辐射压是非线性效应施加到物理实体上一个微小量值，声爆是飞行器在超音速飞行时产生的一种非线性声学现象，即所谓的“N波”传播到地面上所形成，还有一类可在长距离传播中保持其波形不变的所谓“孤波”。这些现象都相互相关，对这些方面已进行了深入研究，无论在理论分析上、计算方法上还是实际观测上都取得了很大进展。

（杨训仁）

大气中微子　atmospheric neutrino　高能宇宙线粒子撞击地球大气中的原子核会产生大量强子，这些不稳定粒子迅速衰变产生的中微子。大气中微子的能谱随能量变化。当入射宇宙线能量在拍电子伏量级以下，产生的μ中微子主要来自π和K介子的衰变（如$\pi^+ \to \mu^+ + \nu_\mu$）。能量低于1太电子伏的电子中微子主要来自介子衰变产生的μ子的次级衰变（如$\mu^+ \to e^+ + \nu_e + \nu_\mu$），而能量高于1太电子伏的电子中微子主要来自K介子的三体衰变（如$K^+ \to \pi^0 + e^+ + \nu_e$）。由于介子能量越高越容易和大气作用而损失能量，因而其衰变产生的中微子能谱（约$E^{-3.7}$）比原初宇宙线能谱（约$E^{-2.7}$）更软。

大气中微子的味道组成也是随能量变化的。能量小于1吉电子伏的μ中微子和电子中微子的流强比大致为2∶1。中微子能量大于1吉电子伏时，次级μ子能量越高或者到达地面前在大气中运动时间越短，在大气中衰变的概率就越小，因此随着能量升高和天顶角（≥90°）的增大，实验测量到的两种中微子流强的比值逐渐增大。由于在水平方向的介子有较长时间运动在物质稀薄的高空，更容易在与物质发生相互作用之前衰变，从而使得这个方向产生的大气中微子流强最大。通过对大气中微子能谱和流强的测量，可以进行原初宇宙线能谱、强相互作用以及中微子振荡的研究。

如果入射宇宙线能量很高，宇宙线和大气相互作用产生的包含粲夸克的强子也将大量产生并衰变出中微子。一般预期这部分电子中微子和μ中微子分别在几十太电子伏和1拍电子伏以上的能量区间成为主要贡献。由于包含**粲夸克**的强子寿命很短，相应的大气中微子容易获得更多的能量，其能谱更接近原初宇宙线能谱，且两种中微子的流强大致相同。由于强相互作用的复杂性，这部分大气中微子流强的预言仍存在一定的不确定性。

1965年位于印度和南非的两个地下闪烁体实验探测到了大气中微子事例。20世纪80年代，两个水切伦科夫实验观测到了大量大气中微子事例，并且发现探测到的μ中微子事例可能少于理论预言值。1998年超级神冈实验通过比较不同方向的大气中微子流强，发现了μ中微子到τ中微子的振荡模式，给出了相关的振荡参数。其领导人**梶田隆章**因为这个发现获得了2015年诺贝尔物理学奖。超级神冈和位于南极的大型切伦科夫实验组对大气中微子的测量分别到了10太电子伏和100太电子伏能区之上。通过对高能大气中微子的研究，有助于准确测量来自高能天体源的中微子能谱以及发现新物理现象。

（毕效军　殷鹏飞）

大统一理论　grand unified theory　把描述**强相互作用**、**弱相互作用**，以及**电磁相互作用**所用到的不同的规范群统一到一个更大规范群的理论。自然界有四种相互作用：强相互作用、弱相互作用、电磁相互作用和**引力相互作用**。粒子物理的标准模型描述基本粒子之间的前三种相互作用。这三种相互作用都是规范相互作用，但由三个不同的规范群SU(3)、SU(2)和U(1)描述，因而有三个独立的规范耦合常数。尽管在标准模型里，弱相互作用和电磁相互作用可以一起描述，但独立耦合常数并未减少。如果把标准模型的三种规范群看成是一个大的规范群在更高能量下的破缺产物，由于这个大的规范群只有一个规范耦合常数，三种相互作用就实现了真正的统一。相应的理论框架就是大统一理论。除了对耦合常数的统一外，在大统一理论中还可以自然解释“荷”的量子化问题。在大的规范群的破缺下，如果理论有磁单极子解，则通过狄拉克量子化条件自然给出了荷的量子化。

SU(5)是能够容纳标准模型规范群的最小单群，对应着一类最简单的SU(5)大统一模型。在这类模型里，标准模型的每一代**费米子**填满SU(5)群的两个最小不可约表示。费米子质量的不同可以通过引入多个标量**希格斯粒子**来解决。SU(5)大统一模型的一个主要问题是，随着实验精度的提高，发现标准模型的三个规范耦合常数并未如早先预期的那样在高能下跑动到一点来实现规范耦合的统一。另一个主要问题是，因为引入了新的规范相互作用，导致质子可以衰变，但计算出的质子寿命已远小于实验下限。这两个问题都也可以通过引入超对称来解决，特别是耦合常数的统一问题。但在超对称大统一模型中有导致质子衰变的其他机制，造成绝大多数模型预言的质子寿命仍小于实验下限，这需要引入更复杂的机制来解决。

SO(10)是一个次小的可以容纳标准模型规范群的单群。在SO(10)的大统一模型中，需要在标准模型的每一代费米子之外加上一个右手中微子，而这正是解决低能中微子振荡实验所需要的。在SO(10)大统一模型里费米子质量的不同是自然地；规范相互作用导致的质子衰变可以满足实验。在超对称SO(10)大统一模型里，还可以更好地解释为什么标准模型里的粒子远轻于大统一或者普朗克能标的所谓规范等级问题。此外，还有在更大的群如E(6)等基础上构造的大统一模型。无论是基于SO(10)群还是E(6)群的超对称大统一理论都有望在**弦唯象学**中得到实现。

大统一模型最重要的预言是以质子衰变为代表的重子数或（和）轻子数不守恒过程，这些过程是标准模型和很多超出标准模型的新物理模型所没有的。因而在实验上寻找质子衰变是一个长期进行的重要工作。实验上测到的质子寿命下限是10^{34}年以上，远高于宇宙的年龄，仅此一类实验就排除了早期构造的许多简单而优美的大统一模型。这是一个挑战大统一模型构造的最重要问题。此外，大统一模型可以给出费米子质量和混合的很好描述，但不能独立预言费米子质量和混合的可检验的新关系。

与以上介绍的单群基础上的大统一模型不同，也可通过仅仅扩大标准模型规范群，在不追求规范耦合常数统一的前提下来构造模型，这些模型习惯上也被称为大统一模型。如帕蒂–萨拉姆的SU(4)×SU(2)×SU(2)模型，它的提出甚至早于SU(5)模型。帕蒂–萨拉姆模型是左右对称的，给出了标准模型中弱超核量子数的意义，同时也自然地要求引入右手中微子。这类模型还包括翻转的SU(5)和翻转的SO(10)等模型。帕蒂–萨拉姆模型和翻转的SU(5)模型的规范群是SO(10)群的子群，因此它们也经常被嵌入到SO(10)大统一模型里研究。

大统一理论中不包括引力，而引力量子化是一个重大问题。目前最好的量子引力理论的候选者是**超弦理论**。超弦模型可能将四种相互作用统一在一起，特别是超弦模型能自然解决大统一模型的上述主要问题。

（张大新　李田军）

大型磁谱仪　large magnetic spectrometer　由多种子探测器和线圈、磁铁组成的粒子探测装置。具有多功能的特点，是高能物理实验最常用的大型综合性实验设备。20世纪60年代末70年代初，在固定靶实验和对撞机实验装置上，相继出现了由多种探测器组成的磁谱仪，可同时测量粒子的多种性能，如电荷、质量、自旋、宇称、衰变宽度（寿命）等；以及粒子的多种运动学参量，如能量、动量、速度等。具有较好的粒子分辨本领，比只具有单一功能的探测器显示出无可比拟的优点。此后随着加速器能量的提高和粒子测量精度的需求，磁谱仪及探测器规模越来越大、指标越来越先进，在高能物理研究中发挥着越来越重要的作用。

由于高能粒子碰撞过程中产生的绝大多数粒子是不稳定的，在探测器中还未来得及留下径迹就已衰变。那些衰变后的末态粒子会在探测器中留下径迹和其他信息。通过测量末态粒子的运动学参量，便可推算出原初粒子的特性。常见的末态粒子有γ光子、正负电子（$e^{\pm}$）、μ子（$\mu^{\pm}$）、π介子（$\pi^{\pm}$）、K介子（$K^{\pm}$）、质子（p）和反质子（$\bar{p}$）等。其中γ、$e^{\pm}$、p和（$\bar{p}$）都是稳定粒子。$\mu^{\pm}$、$\pi^{\pm}$、$K^{\pm}$虽然不稳定，但寿命都在10^{-8}～10^{-6}秒。它们都可在通常的探测器尺度（米）范围内留下径迹和有用信息。对其他数百种粒子的探测，最终可归结为对上述数种粒子的观测。观测的前提是鉴别它们。鉴别的方法有两种：一是测量粒子固有的静止质量，二是区别不同种类粒子所显示的与物质相互作用的不同特性。对前者往往是测量粒子的运动学参量，如能量E、动量p、速度v、洛伦兹因子$\gamma=\dfrac{1}{\sqrt{1-v^2/c^2}}$，以及单位长度的电离能量损失$\mathrm{d}E/\mathrm{d}x$等，从其中的两个参量（如已知动量$p=m_0v\gamma$），再知道$v$或$\gamma$则可求出粒子的静止质量$m_0$。对后者常利用一些相互作用特征：如γ光子、$e^{\pm}$会产生电磁簇射；强子（π、K、p）会产生强子簇射；μ子穿透性强，有很大的射程。在大型磁谱仪中，每一个子探测器都有其主要任务，综合起来可达到粒子分辨、运动学参量等的测量。

工作在对撞机上和固定靶上的大型磁谱仪拥有的子探测器类型都有多种，但布局却十分相似。前者各子探测器紧紧包围对撞点，有接近4π的接收立体角。后者各子探测器从靶往外，沿着束流下游方向层层排开，具有较小的立体角。磁谱仪选用的子探测器类型和组合方式，视物理目标、工作能区的不同而异。构成大型磁谱仪中常见的子探测器及其功能如下：

①顶点探测器。测量寿命为10^{-12}～10^{-9}秒的粒子（如K_s^0介子、D介子、B介子）衰变顶点的位置，安排在紧靠相互作用点的地方。气体型顶点探测器的位置分辨率约为100微米。新研制的微像素探测器位置分辨率可达几微米。

②中心径迹室。能给出带电粒子的径迹，配合外加磁场，测量粒子偏转半径可得到粒子动量。它同时还给出粒子单位长度的电离能量损失dE/dx，提供粒子鉴别信息。常见的有圆柱形漂移室和时间投影室，其位置分辨率可达70～100微米，dE/dx分辨率为5%～7%。在更高能量的对撞机LHC上的大型磁谱仪，内径迹室使用硅微条探测器，位置分辨率可达十几个微米。

③**飞行时间计数器**。可测量带电粒子的飞行时间（速度），若与动量信息配合，便成为分辨强子（π、K、p）的重要手段。此外，它还有触发和排除宇宙线的功能。最常用的是塑料闪烁计数器。大面积闪烁计数器已可做到100皮秒的时间分辨率。多气隙电子板作为一种新型飞行时间计数器，其时间分辨率可达50皮秒。它的建造工艺简单、价格低廉、时间分辨率高，已经应用于高能物理及重离子对撞物理实验中。

④**切伦科夫计数器**。探测高速（超过光在同样介质的传播速度）带电粒子产生的**切伦科夫辐射**方向，从而确定粒子的速度。再加上动量信息，可提供高动量范围的e、π、K、p的鉴别。常用的有环形成像切伦科夫计数器、内反射切伦科夫探测器及以气凝硅胶为辐射体的切伦科夫计数器。

⑤**穿越辐射探测器**。测量高速带电粒子穿过不同介质表面产生的穿越辐射强度，确定粒子运动的洛伦兹因子γ。配合动量的信息，可提供高γ值的电子和强子的分辨手段。辐射体为多层有机薄膜或轻金属箔。辐射光的探测常用充氙气的**多丝正比室**或稻草管。辐射体与探测部件相互交叠组成探测器。

⑥**电磁量能器**。利用γ光子和$e^{\pm}$等在介质中会产生电磁簇射的原理制成的探测器。通过测量电磁簇射次级粒子的沉积能量，得到γ光子和$e^{\pm}$等的能量，因此它又称簇射计数器。它是鉴别γ光子和$e^{\pm}$等电磁作用粒子与其他种类粒子的主要探测器。由无机晶体（如碘化钠、碘化铯、氟化钡、锗酸铋、钨酸铅）组成全吸收型的电磁量能器，有好的能量分辨率，但价格也十分昂贵。碘化铯电磁量能器能量分辨率可达到2%（相对1吉电子伏）左右。相对于全吸收型电磁量能器，取样型电磁量能器是另一类型量能器。其粒子能量只有少部分沉积在取样探测器中，大部分被吸收体所吸收，通常能量分辨率为10%～25%（相对于1吉电子伏）。位置分辨率也是电磁量能器的一个重要指标，对于γ光子和π^0（衰变为两个γ光子）的区分十分重要。γ光子和$e^{\pm}$的入射方向可通过测量簇射产生的横向分布重心得到。

⑦**强子量能器**。利用强子在介质中产生强子簇射的原理制成的探测器。通过测量强子簇射次级粒子的沉积能量，可得到强子的能量。它是鉴别强子（如π、K、p）和其他种类粒子的主要探测器。它可测量带电粒子，也能测量中性强子，如中子等。高能强子在介质中的**核作用长度**较长，很难像电磁量能器那样做成全吸收型的强子量能器，通常都是做成取样型的，其能量分辨率为10%～30%（相当于1吉电子伏）。

⑧**μ子计数器**。通过测量μ子的方向、位置和动量，以区别μ子和其他种类粒子的探测器。通常放在磁谱仪的最外层，原因是μ子穿透力强，只有它才能穿过这么多物质后抵达这里。计数器也是由取样探测器和吸收体两部分组成。取样探测器有多种选择，而吸收体往往与磁体轭铁合二为一。

⑨亮度监测器。工作在对撞机磁谱仪上测量**对撞亮度**（对撞机的一个参数，与对撞后粒子产额成正比）的探测器。以正负电子对撞机上的亮度监测器为例，由靠近束流管道小角度位置上的四组对称的探测器组成。每组探测器分别由**闪烁计数器**和小型电磁量能器构成。通过测量每组探测器的计数率，得到小角度正负电子散射事例率来推算出亮度。

⑩线圈和磁铁。提供大体积的均匀磁场，使带电粒子在磁场下偏转。通过中心径迹室对径迹的测量，得到粒子的轨道偏转半径，从而求出粒子动量。工作在对撞机上的大型磁谱仪，较多使用螺线管线圈，以获得磁力线与束流方向平行的磁场。但也有使用其他形式的线圈，得到偶极磁场或环形磁场。20世纪70～80年代开始使用超导磁场代替常规磁场。可获得更高的磁场强度（1～2特），改善了粒子的动量分辨率。随着粒子能量的增加，所需的磁场强度更高，如CMS磁谱仪拟采用4特的超导磁场。

此外，信息的处理和分析系统是大型磁谱仪的重要组成部分。从各子探测器输出的大量信息需要经过复杂处理和分析过程才能变成有用数据，最终还原为所研究的物理事件，获得有意义的物理成果，该系统包括：

①触发判选系统。通常加速器产生的事例率很高并伴随着大量的本底。触发判选系统的任务是选择满足物理条件的好事例后才启动，过滤、压缩不需要的本底事例。此过程需在尽可能短的时间内完成。触发常分几级进行，对本底事例逐步压缩，直至总事例率在处理允许的范围内。

②电子学系统。紧连接探测器之后，将电脉冲形式的信号进行放大、成形以及各种逻辑处理，进行数字化，将信息暂存并做数据预处理。为了适应处理越来越大的信息量，电子学系统往越来越快的方向发展。随着磁谱仪规模越来越大，电子学道数的增长十分惊人。20世纪90年代的道数为十万量级，到21世纪初已达亿量级。

③数据获取和在线分析。对电子学系统的信号进行快速处理并以数字信息形式记录下来。给出反映探测器性能的各种统计图形及所获事例的分类统计图形，实现对探测器与电子学工作状态的监测。为了提高数据获取速度，采用了一系列新技术，如多数据缓冲、并行处理、总线高速读出和网络传输等。

④离线数据分析。将在线机上记录下来的数据在离线计算机上进行分析与处理。把数据还原为粒子种类、能量、动量等物理量。离线数据分析一般包括蒙特卡罗模拟（见**蒙特卡罗方法**）和事例重建、显示和物理分析等部分。随着数据信息量的增大，离线数据分析所需计算机处理能力越来越大。

自大型磁谱仪诞生之日起，在粒子探测方面就显示出综合性能的优势。利用大型磁谱仪做出了许多重要成果，如一些重要粒子的发现（J/ψ、τ、$W^{\pm}$、Z^0、顶夸克、

表1 已运行或停止运行的主要大型磁谱仪

磁进仪名称	所在对撞机名称	对撞机类型	束流能量(GeV)	所在国家或地区(实验室)
CDM-2	VEPP-2M	e^+e^-	0.7	俄罗斯(BNP)
SND	同上	同上	同上	同上
KLOE	DAØNE	e^+e^-	0.7	意大利(Frascati)
BES(北京谱仪)	BEPC(北京正负电子对撞机)	$e^+e^-e^+e^-$	2.5	中国(中科院)
CLEO	CESR	e^+e^-	6	美国(Cornell)
Belle	KEK-B	e^+e^-	3.5×8	日本(KEK)
BaBar	PEP-Ⅱ	e^+e^-	3.1×9	美国(SLAC)
SLD*	SLC	e^+e^-	50	同上
ALEPH*	LEP	e^+e^-	101	欧洲(CERN)
DELPHI*	同上	同上	同上	同上
L_5^*	同上	同上	同上	同上
OPAL*	同上	同上	同上	同上
H_2	HERA	ep	30×920	德国(DESY)
Zeus	同上	同上	同上	同上
CDF	TEVATRON	$p\bar{p}$	1000	美国(FNL)
D_0	同上	同上	同上	同上
PHENIX	RHIC	重离子对撞	200/粒子	美国(BNL)
STAR	同上	同上	同上	同上

* 磁谱仪已于2006年停止运行。

表2 2007年后运行的主要大型磁谱仪

磁谱仪名称	所在对撞机名称	对撞机类型	束流能量(GeV)	所在国家或地区/实验室
ATLAS	LHC	pp	8～20	欧洲(CERN)
CMS	LHC	pp	8～20	同上
LHCB	LHC	pp	8～20	同上
ALICE	LHC	重离子对撞		同上

希格斯粒子等，绝大部分发现者获得了诺贝尔物理学奖)，以及电弱统一模型的精确测量和**量子色动力学**模型的检验等。大型磁谱仪还在其他领域诸如天体物理学、宇宙学的研究中有重要应用。国际上已运行(或已停止运行)的大型磁谱仪分别见表1、表2。 (郑志鹏)

大型电子强子对撞机 Large Hadron electron Collider; LHeC 基于**大型强子对撞机**(LHC)7太电子伏质子束与设计中的60吉电子伏电子束进行对撞的对撞机。简称LHeC。大型强子对撞机升级计划之一，增加一个60吉电子伏电子加速器，达到质心能量3.5太电子伏的强子－电子对撞。LHeC质心能量达到3.5太电子伏，是迄今设计的能量最高的强子－电子对撞机。其物理目标是探索如希格斯玻色子及更小尺度下的物理现象。这要求LHeC的亮度需要达到10^{34}/(厘米^2·秒)量级。因此，LHeC所需的60吉电子伏、10毫安电子束流由一个能量回收型**直线加速器**负责提供，对撞后的电子束流可以将能量回收到直线加速器系统中用于新束流的加速。这种方式可以提高电子束流强度、对撞亮度及降低电网功率消耗。LHeC在高亮度模式下能够达到10^{34}/(厘米^2·秒)以上。在LHeC的设计上能满足LHC与LHeC同时工作，这样的ep-pp运行模式使得LHeC在物理上可以大大提升高亮度LHC(HL-LHC)发现新物理的潜力。在LHeC加速器设计中需要考虑由于束束相互作用对质子与电子束流的影响，使得质子束与电子束相互碰撞后不影响LHC的质子－质子对撞，同时保证对撞后的电子束可以进入能量回收直线加速器进行能量回收。

由于LHeC本质上是LHC的自然升级，它的物理成果将成为LHC巨大投资产生成果的进一步完善。无论LHC在标准模型上的研究可以得到什么结果，一个能量前沿电子－质子对撞机的运行均将进一步深入在太电子伏能量上物理问题的理解，从而支持粒子物理理论的进一步发展。 (高 杰)

大型强子对撞机 Large Hadron Collider 迄今世界上能量最高、规模最大的**粒子加速器**。大型强子对撞机(LHC)建造在日内瓦附近的欧洲核子研究中心(CERN)。LHC的周长约27千米，约四分之三在法国境内，四分之一在瑞士境内，加速器的造价约50亿瑞士法郎。LHC可以把两束质子加速到7太电子伏并进行对撞，质心系能量达14太电子伏。在LHC的对撞区安装了超环面仪器(ATLAS)、紧凑μ子线圈(CMS)、底夸克探测器(LHCb)和大型离子对撞探测器(ALICE)，四个各有特点又相互补充的大型探测器以及两个小型的探测器TOTEM和LHCf。有来自世界100多个国家、数百个研究机构的上万名科学家在LHC上开展合作研究。

科学目标 LHC是一台高能量前沿的加速器，旨在利用超高能量的强子(质子－质子和重离子－重离子)对撞，开展物质结构深层次的研究，发现新现象，研究新物理，其主要的科学目标有：①探索质量的起源，寻找**希格斯粒子**；②探寻超对称粒子；③探索**暗物质**；④研究**反物质**，解释宇宙中的物质和暗物质不均衡之谜；⑤重现并研究宇宙产生早期的现象。

简要历史 早在20世纪80年代，在大型轻子对撞机(LEP)设计和建造时，CERN就开始考虑强子对撞机的计划，并开展了物理需求和加速器技术的研究。1994年12月16日，CERN各成员国理事会投票批准了在LEP隧道里建造LHC的计划。1995年10月LHC概念设计完成，从1996～1998年，LHC上的四个实验，即ALICE、ATLAS、CMS和LHCb和其他实验的计划先后得以批准，并着手建设。经过10多年的建设，LHC终于于2008年9月10日开始注入质子束流。同年9月19日在对LHC的两个区段的超导偏转磁铁进行励磁时，由于偏转磁铁和聚焦磁铁之间的超导连接线故障，造成磁铁损坏、大量液氦从低温系统流入隧道，运行被迫停止。经过一年多的维修和改进，2009年11月20日束流再次注入LHC。2010年3月30日在LHC中首次实现能量为3.5太电子伏的两束质子对撞，质心能量为7太电子伏。2012年5月4日，LHC中质子对撞的质心能量达到8太电子伏。两个月后，2012年7月4日LHC上工作的ATLAS和CMS实验组公布了寻找希格斯粒子的结果，所观测到的新粒子的质量为125～126吉电子伏。经过近两年的停机检修和改进，2015年6月3日LHC开始在质心系13吉电子伏的能量下工作。随着对撞机性能的改进，对撞亮度逐步提高，超过了其设计指标1×10^{34}/（厘米^2·秒）。

装置结构　LHC有两个相同的环，其中准圆形轨道由8个弧段和连接它们的直线段组成。在每个弧区安放了154台偏转磁铁和周期性排列的聚焦磁铁及校正磁铁，把束流限制在轨道中心附近。在LHC中共有约9600块各种类型的磁铁，其中有1232块每块长15米的超导偏转磁铁和392块长度为5～7米的超导聚焦磁铁。它们工作在1.9开的低温下，在7太电子伏时的主导磁场为8.33特。在LHC中两束质子或重离子在27千米的环形真空室里以接近光速的速度相向运动，并在四个对撞点交叉对撞。分布在LHC的储存环上数以千计的真空泵，可把总容积约6500立方米的真空室内抽到10^{-13}大气压的超高真空。在真空盒上安装了各种各样的探头，可以自动、准确、快速地测量束流的位置、强度和截面等参量，提供工作人员分析和控制。每个环上各安装了8台工作频率为400兆赫的超导高频加速腔，放置在两个4.5开的低温恒温器里，可以提供2兆伏的加速电压。束团在LHC里以接近光速运动，每秒钟旋转11 245圈，每转一圈就在高频腔里得到一次加速，并补充由于同步辐射引起的能量损失。在加速过程中，所有磁铁的磁场也按能量的增加同步提高，使束流始终保持在真空盒的中心附近。为了避免在束流运行过程中由于对撞和其他原因引起的粒子丢失而造成超导磁铁的失超，在LHC上安放了各两组束流清洁器，把束流边缘的粒子挡掉。如果整个束流发生不稳定，安放在环上的快冲击磁铁就会立即起动，把束流偏转到束流垃圾桶里。LHC的设备都通过计算机和接口设备进行控制，运行人员可以在中央控制室对加速器上的各种设备进行操作。

工作过程　为了实现两束质子达最终能量后对撞，LHC使用了CERN几乎所有的加速器（见图）。质子和重离子是在离子源中产生的。在质子源中，氢原子中的一个电子在电磁场的作用下被剥离而得到带一个正电荷的质子。质子束被送到一台直线加速器（LINAC2）中，加速到50兆电子伏。这时质子束的运动速度约为光速c的31%（$0.31c$），再通过束流传输线注入同步增强器（PSB）中，在其中能量和速度分别达到1.4吉电子伏和$0.92c$。质子束从PSB中引出后，又注入质子同步加速器（PS）中，并加速到26吉电子伏的能量。这时质子的速度已接近光速（$0.96c$），在加速器里的加速主要是增加束流的能量。最后**超级质子同步加速器**（SPS）把来自PS的质子束流能量提升到450吉电子伏（$0.999\ 998c$），并从两个位置引出，通过两条束流传输线送到LHC的两个环中，注入、加速和对撞。当加速到7太电子伏时，质子束的速度已经达到$0.999\ 999\ 99c$。重离子的情况与质子类似。所不同的是重离子来自另一台离子源，并在直线加速器（LINAC3）中加速，再送到一台低能量离子环（LEIR）中加速，以后的加速路径与质子相同。LHC可以把来自SPS的两束铅离子从每核子0.177太电子伏加速到每个核子2.76太电子伏的高能量，并进行对撞。束流在LHC里大约需要20分钟才能加速到工作能量7太电子伏。加速过程结束后，还要对聚焦磁铁的磁场做一些调整，以便把对撞点的束流截面调得更小，最后还要调整束流轨道，使两束粒子在对撞点的轨道从注入和加速阶段分开的状态，改变为对撞状态。这时安放在LHC的探测器就开始工作，获取数据，开展高能物理实验。束流在LHC里要连续对撞10小时以上，再重新注入，重复以上过程。

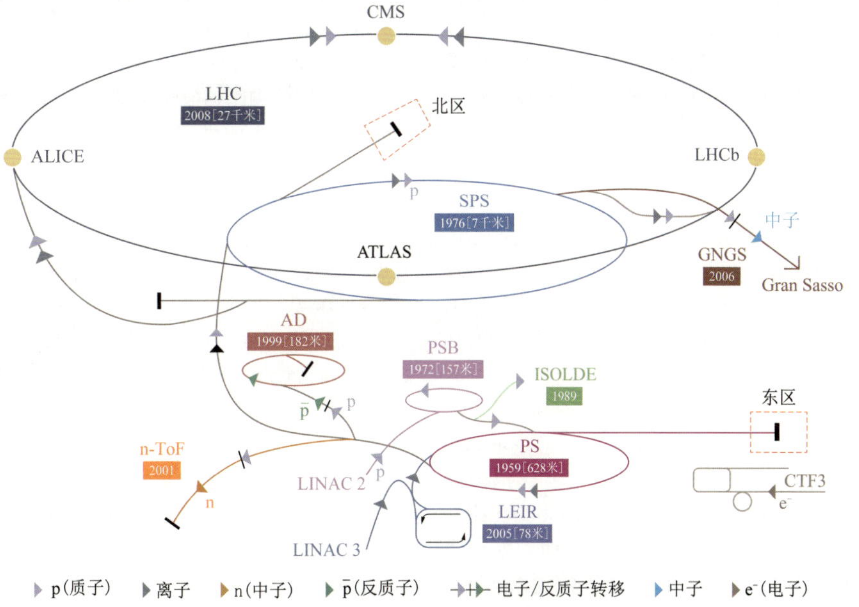

CERN的加速器复合体和LHC

研究成果　自2009年LHC开始实验运行以来，取得了一系列重要的物理成果。其中最主要的是在2012年发现希格斯粒子。比利时物理学家F.**恩格勒特**和英国物理学家P.**希格斯**因提出粒子质量来源的机制，其预言的基本粒子——希格斯玻色子在LHC实验中发现，而荣获2013年诺贝尔物理学奖。

升级计划　LHC主要有三方面的升级计划。①亮度提高计划（HL-LHC）。计划将LHC的峰值对撞亮度提高到5×10^{34}/（厘米^2·秒），年积分亮度达到250fb^{-1}。②电子-强子对撞计划（LHeC）。这个计划需增加一个能量为60吉电子伏的电子加速器，产生的电子束与LHC中的强子束进行对撞。③高能量LHC计划（HE-LHC）。计划将主导磁场提高到15～20特，质子-质子对撞的质心能量25～33太电子伏，重离子-重离子对撞的能量也相应提高。HL-LHC计划已获批准，正加紧实施，预期在2023年完成。LHeC和HE-LHC仍在方案研究阶段，能否实施取决于经费和技术可行性等诸方面的因素。

（张　阓）

大型强子对撞机底夸克探测器　Large Hadron Collider beauty; LHCb　运行在欧洲核子研究中心**大型强子对撞机**上的一个大型粒子物理探测装置，是粒子物理最前沿实验装置之一。大型强子对撞机底夸克探测器是为重味强子物理设计的单臂前向谱仪。通过精确测量重味强子（含**粲夸克**或**底夸克**的强子）中的电荷宇称破坏参数和稀有衰变过程，间接寻找超出标准模型的新物理，是LHCb实验最主要的物理目标。对量子色动力学和电弱理论的精确测量也是LHCb实验的重要物理课题。LHCb国际合作组成立于1996年，由LHCb实验的科研人员组成，合作组成员已近1200名，来自全球16个国家的69所大学和科研机构。其中来自中国的成员单位包括清华大学、华中师范大学、中国科学院大学和武汉大学，分别于2000年、2013年、2015年和2016年正式加入LHCb合作组。

新物理的寻找　LHCb实验主要通过对重味强子中电荷宇称破坏和稀有衰变的精确测量间接探测新物理存在的迹象。间接探测的优点在于，即使超出标准模型的新粒子质量远高于对撞机的能量，它们仍然可以在标准模型允许的某些物理过程中以中间态的形式出现，并产生实验上可观测的效应。这一方面要求标准模型过程的贡献很小且可精确预言。例如没有树图贡献的味道改变中性流过程，但这就要求探测器有很高的探测精度。尽管尚无确切证据，但粒子物理与宇宙学的很多观测事实表明标准模型不可能是最终的理论，必然存在新物理。例如，标准模型已知的电荷宇称破坏水平远远无法解释宇宙中正反物质的不对称性，必然存在超出标准模型的电荷宇称破坏来源。许多新物理理论对电荷宇称破坏相角和稀有衰变分支比的预言迥异于标准模型，有可能在重味强子衰变过程被观测到。LHCb实验对电荷宇称破坏的多个参数进行了世界上最精确的测量，其中LHCb中国组在电荷宇称破坏相角ϕ_s的精确测量中做出了主导性的贡献。在稀有衰变方面，LHCb实验对$B_s^0\to\mu^+\mu^-$的衰变分支比进行了最精确的测量，极大地限制了新物理存在的空间；通过测量$B^0\to K^{*0}\mu^+\mu^-$与$B^0\to K^{*0}e^+e^-$衰变率的比值$R_{K^{*0}}$来检验轻子普适性，试图寻找新物理存在的迹象。

量子色动力学和强子谱　得益于大型强子对撞机上底夸克对和粲夸克对产生的巨大截面以及LHCb探测器精确的顶点探测、径迹重建、强子鉴别和μ子探测能力，LHCb实验可以精确测量重味强子的产生和衰变性质，研究强子谱性质，从而深入理解并检验描述强相互作用的量子色动力学，检验夸克模型。LHCb实验在重味强子的强相互作用产生机制和强子谱研究中取得了很多重要进展，LHCb中国组在多项研究中做出了主导性贡献。如对重夸克和重夸克偶素产生机制的系统研究，包括对粲夸克偶素和底强子的微分产生截面的精确测量，对粲夸克偶素的极化的精确测量等；对B_c介子性质的精确测量和多个衰变道的首次观测；对质子－铅核对撞中冷核物质效应的系统研究；在$\Lambda_b^0\to J/\psi\, pK^-$衰变的$J/\psi p$质量谱中发现了五夸克态$P_c(4380)^+$和$P_c(4450)^+$；通过$\Xi_{cc}^{++}\to\Lambda_c^+K^-\pi^+\pi^+$衰变道首次观测到双粲重子$\Xi_{cc}^{++}$。这些研究有助于深入理解强相互作用及强子结构，有助于理解重核碰撞中夸克胶子等离子体的产生。五夸克态的发现先后入选英国物理学会旗下期刊《物理世界》2015年度国际物理学领域的“十项重大突破”和美国物理学会《物理》杂志2015年度国际物理学领域的“八项重要成果”。　（高原宁　杨振伟　张黎明）

大亚湾反应堆中微子实验　Daya Bay Reactor Neutrino Experiment　一个研究**中微子振荡**的粒子物理实验。简称大亚湾实验。位于中国广东深圳大亚湾核电站内，主要科学目标是通过探测反应堆产生的中微子，寻找对应于混合角θ_{13}的振荡模式，并精确测量其振荡参数。实验项目由中国科学院高能物理研究所主持。国际合作组由来自中国、中国香港、中国台湾、美国、俄罗斯、捷克、智利等41个研究机构的200多名研究人员组成，是中美两国在基础科学领域最大的合作项目之一。

科学背景　中微子是组成物质世界最基本的粒子之一。1998年发现大气中微子振荡（对应中微子混合角θ_{23}），2002年发现太阳中微子振荡（对应混合角θ_{12}），证明中微子具有微小的质量，是超出粒子物理标准模型的实验现象，被授予2015年诺贝尔物理学奖。发现中微子振荡现象后，寻找对应混合角θ_{13}的第三种振荡模式成为中微子研究最关键的问题。为此，国际上共提出了8个反应堆中微子实验方案，其中包括中国科学院高能物理研究所2003年提出的大亚湾方案。最终大亚湾实验、法国Double Chooz实验、韩国RENO实验得以实施。

实验装置　大亚湾实验装置主要由3个地下实验大厅组成，由总长3千米的水平隧道连接。其中大亚湾近厅（EH1）距大亚湾核电站的两个反应堆（D1，D2）360米；岭澳近厅（EH2）距岭澳和岭澳二期的四个反应堆（L1～L4）约500米，远厅（EH3）距六个反应堆平均约1650米。通过远厅和近厅的相对测量，可以极大地提高测量精度。8个中微子探测器（图中用蓝圆柱表示）置于三个大厅内的水池中，两个近厅各2个，远厅4个（近厅水池边长为16米×10米，远厅水池边长16米，深10米，注满纯净水）。每个中微子探测器重110吨，由直径5米、高5米的三层同心圆柱组成，由内向外依次为20吨掺钆液体闪烁体、21吨普通液体闪烁体、37吨矿物油，用有机玻璃罐分隔。每个探测器内装有192个8英寸光电倍增管。水池内装有光电倍增管，作为探测宇宙线μ子的水切伦科夫探测器。水池上方装有探测宇宙线的阻性板探测器。

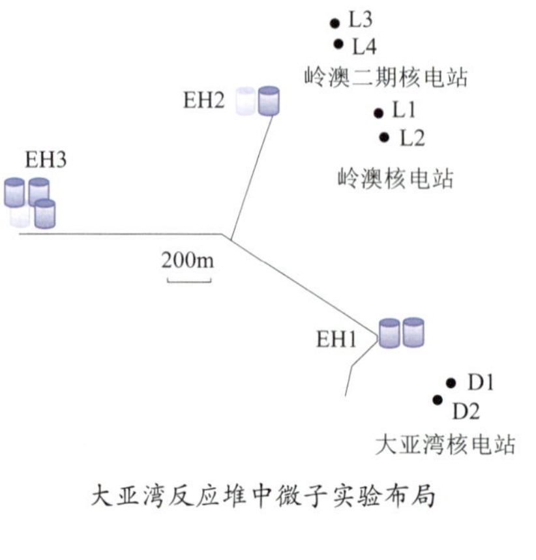

大亚湾反应堆中微子实验布局

实验历程　2003年提出大亚湾实验设想，当年11月在香港大学召开第一次国际研讨会，2004年1月在中国科学院高能物理研究所召开第二次国际研讨会，提出了初步实验方案。2006年2月正式成立国际合作组，同年先后在中国科学院和国家科技部立项。2007年10月破土动工，2011年8月15日大亚湾近厅投入运行，同年12月24日大亚湾近厅、岭澳近厅、远厅同时取数，分别安装了2、1、3个中微子探测器。2012年3月8日宣布发现新的中微子振荡。同年10月19日安装完全部8个探测器并投入运行。2016年12月21日大亚湾近厅1个探测器退出联合取数，为**江门中微子实验**进行预研究。2017年1月26日开始7探测器运行。大亚湾实验于2020年12月停止运行。

主要成果　利用55天的数据，大亚湾实验2012年3月以5.2倍标准偏差的置信度发现了中微子振荡的新模式，精确测量了中微子混合角θ_{13}。这是中国本土首次测得的粒子物理学基本参数，为未来的中微子研究明确了发展方向，对中微子理论、大统一理论、天体物理学、宇宙学等有重要影响。该成果被《科学》杂志评选为2012年度十大科学突破之一，获得了2016年度中国国家自然科学一等奖和基础物理学突破奖等十多个国内外科学奖项。此后大亚湾实验多次改进测量精度，最终将振荡幅度和频率分别测量到2.8%和2.3%的精度。其他成果包括：大幅度改进了对惰性中微子的搜索；精确测量了反应堆中微子能谱，发现流强低于理论模型5.4%，且在中微子能量5兆电子伏附近超出模型预言10%，对未来反应堆中微子实验具有重要意义。　（曹　俊）

带电粒子的电离能量损失　ionizing energy loss of charged particles　运动的带电粒子在穿过介质时与介质中的原子发生相互作用，或使得介质的原子失去核外电子而电离，或将核外电子激发到更高的能量，从而损失能量的过程。带电粒子使得介质原子电离和激发而损失的能量称为电离能量损失。带电粒子在介质中走过单位长度所损失的能量，常用dE/dx来描述。对于质量大于μ子质量的高能带电粒子在介质中的dE/dx可以用贝特-布洛赫公式来描述，其大小主要取决于介质的原子序数和质量数，以及带电粒子的电荷和速度。因此通过测量带电粒子在介质中的电离能损是测定其电荷及速度，确定其粒子种类的主要实验手段。利用这一特性的探测器很广泛，包括电离室、多丝室、漂移室、云室、气泡室、核乳胶等。

（郑阳恒）

带电粒子的回旋运动 cyclotron gyration of a charged particle 带电粒子在磁场中绕磁力线在垂直于磁场方向的匀速圆周运动。一个电量为q、质量为m和速度为$\boldsymbol{v}$的粒子，在磁场$\boldsymbol{B}$中运动时，要受到洛伦兹力$\boldsymbol{F}=q\boldsymbol{v}\times\boldsymbol{B}$的作用，作用力$\boldsymbol{F}$的方向垂直于速度$\boldsymbol{v}$和磁场$\boldsymbol{B}$的方向，数值为$F=qv_{\perp}B$，$v_{\perp}$是速度$\boldsymbol{v}$在垂直于磁场方向上的分量。这个力只能改变速度的方向，不改变速度的数值。

在洛伦兹力作用下，粒子围绕磁力线做回旋运动（或称拉莫尔运动），其圆频率为$\omega_c=qB/m$，称为回旋频率（或拉莫尔频率）。回旋运动的方向与带电粒子电荷符号有关（图1）。回旋运动的半径为$r_L=\dfrac{mv_{\perp}}{qB}$，称为回旋半径（或拉莫尔半径）。

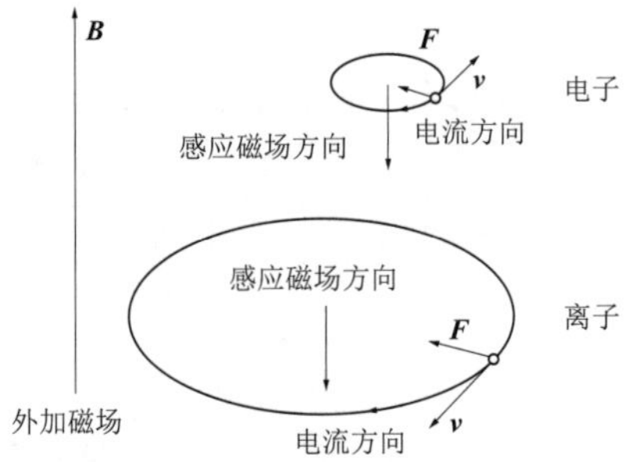

图1 正离子和电子在磁场中的回旋运动方向

另一方面，带电粒子在沿磁力线方向自由运动。合成运动的轨迹是以磁力线为轴的螺旋轨道。图2是电子束发射到均匀磁场中的照片，电子与残余气体分子碰撞发光显示了电子束的回旋运动轨迹。

在磁场中做回旋运动的带电粒子形成了一个个小电流环，正负电荷旋转的方向相反，但形成的电流方向相同。这个电流产生的感应磁场的方向与原磁场$\boldsymbol{B}$相反，起着抵消原磁场的作用。这种特性称为抗磁性。

对于具有一定速度的带电粒子，磁场越强拉莫尔半径越小。如果拉莫尔半径远小于等离子体尺寸，就称为磁化等离子体。利用足够强的磁场，可将带电粒子约束在磁力线的周围。根据这一原理设计成各种磁约束装置，用于受控热核聚变和其他研究及应用领域。

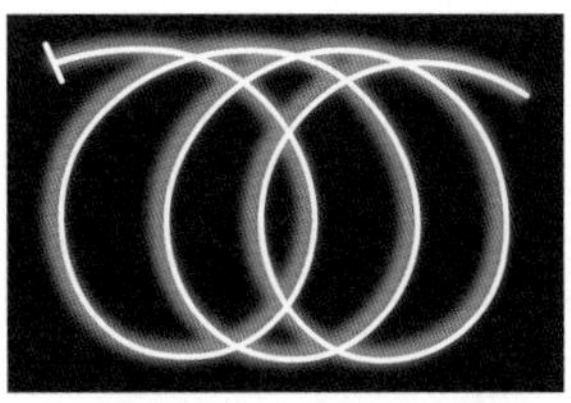

图2 电子束在磁场中的运动轨迹

速度相同的粒子，在同一磁场中的拉莫尔半径与粒子荷质比成反比。利用这一原理可制成磁偏转质谱仪器。

（李银安）

带电粒子核反应 charged particle nuclear reaction 由核电荷数不为零的弹核和靶核引起的核反应。根据带电粒子的核电荷数大小，可以将带电粒子核反应分为轻粒子核反应和重离子核反应。带电粒子核反应区别于中子引起的核反应或者γ光子引起的核反应。常见的轻粒子核反应是指质子或者α粒子引起的核反应。这一类核反应主要研究轻粒子反应截面的激发函数和双微分截面分布特性。这些截面的大小和分布特性包含了原子核的能级信息，且与弹核与靶核之间的相互作用光学势关系紧密。这类核反应的截面数据在核工业的各个领域中具有很重要的意义。

重离子核反应是指反应前弹核和靶核都是重离子。

（肖志刚）

带电粒子在磁场中的运动 charged particle motion in a magnetic field 研究带电粒子在磁场中受洛伦兹力而运动的形态和特点。在均匀磁场中：当带电粒子的速度$\boldsymbol{v}$与磁感应强度$\boldsymbol{B}$平行时，带电粒子不受洛伦兹力，做匀速直线运动；当带电粒子的速度$\boldsymbol{v}$与磁感应强度$\boldsymbol{B}$垂直时，带电粒子做匀速圆周运动，运动轨道平面垂直于磁感应强度$\boldsymbol{B}$，轨道半径为$R=\dfrac{mv}{qB}$，回旋周期$T=\dfrac{2\pi m}{qB}$，式中m是带电粒子的质量，q是带电粒子的电荷；当带电粒子的速度与磁感应强度$\boldsymbol{B}$有一夹角$\boldsymbol{\theta}$时，速度$\boldsymbol{v}$可按$\boldsymbol{B}$方向和垂直$\boldsymbol{B}$方向分解，与$\boldsymbol{B}$方向平行分量使其做匀速直线运动，与$\boldsymbol{B}$方向垂直分量使其做匀速圆周运动，两者叠加起来，带电粒子的运动轨迹是一条绕在半径为$R=\dfrac{mv\sin\theta}{qB}$的圆柱面上的匀螺距螺线，螺距$l=\dfrac{2\pi mv\cos\theta}{qB}$。如果从磁场中某点发射出一束很窄的带电粒子束流的速率差不多相等，且与磁感应强度$\boldsymbol{B}$的夹角都很小，由于速度的垂直分量不同，在均匀磁场的作用下，各粒子将沿不同半径的螺旋线行进，而它们速度的平行分量近似相等，经过相同距离又重新汇聚。这与光束经透镜后聚焦的现象类似，因此叫作磁聚焦现象。

更为复杂的情形是需要设计特殊的磁场位形，研究带电粒子在磁场（甚至还加上电场）中的运动，以达到人类所需的目的，为科学技术的发展服务。这种现象在各类加速器、质谱仪和电子显微镜等设备中有广泛的应用。

（陈熙谋）

带电轻子味破坏 charged lepton flavor violation 带电轻子的味量子数不守恒的过程。带电轻子e、μ、τ可以分别携带味量子数L_e、L_μ、L_τ。带电轻子的轻子数可以写为这三个味量子数之和：$L=L_e+L_\mu+L_\tau$。在标准模型中，不仅轻子数守恒，而且带电轻子的味量子数也分别守恒。这意味着带电轻子味改变过程，如$\mu\rightarrow e\gamma$、$\mu\rightarrow 3e$、$\tau\rightarrow e\gamma$、$\tau\rightarrow\mu\gamma$、$\tau\rightarrow 3e$、$\tau\rightarrow 3\mu$等过程不该发生。带电轻子味破坏就是破坏这些味量子数的效应。但带电轻子味破坏可以不破坏轻子数，它只是使轻子数在不同带电轻子之间转移，简单地说就是带电轻子的味混合效应。

带电轻子味破坏必定来自超出标准模型的新物理。特别地，能够给出中性轻子味混合的新物理模型也常能预言可观的带电轻子味混合（味破坏）。由于已经在中微子振荡中证实了中性轻子味混合，带电轻子味破坏被认为是很可能在自然界实现的一类超出标准模型的新物理现象。

（廖　玮）

带阶 band offset 半导体异质结界面处能带不连续性引起的相对能量差或者能带排列。能带可以细分为导带与价带。它们中的能带不连续造成的能量差分别是导带带阶与价带带阶。比带隙概念更进一步的是带阶，不但依赖于构成半导体异质结两种不同材料的带隙，还依赖于能带在界面是怎样对齐的、界面处可能存在的偶极场、应变效应等因素。导带和价带带阶分别决定了电子和空穴在异质结中的位置，带阶的大小则决定了它们的量子束缚势和所占据的量子能级。根据两种材料能带在异质结界面处“对接”情况的不同，可以把半导体异质结分成三类：Ⅰ型异质结的能带结构是嵌套式对准的，即窄带材料的导带底和价带顶都位于宽带材料的禁带中，以Ⅲ-Ⅴ材料为例，如图a所示；Ⅱ型异质结则是两种半导体材料的禁带完全错开，即一种半导体材料的导带底和价带顶分别位于另一种半导体材料的禁带和价带中，如图b所示；Ⅲ型异质结的两种半导体材料的带隙在界面处是错断的，即一种半导体材料的带隙和另一种半导体材料的带隙在界面处没有重叠，如图c所示。

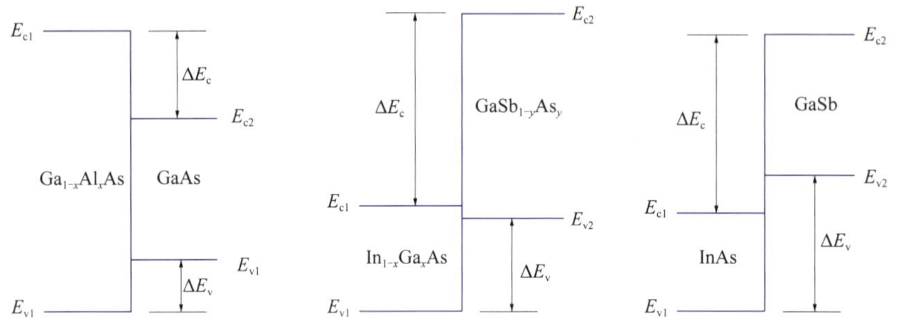

a Ⅰ型　　b Ⅱ型　　c Ⅲ型

导体异质结界面带阶半

有一些计算构成异质结的两种材料的带阶的理论模型和计算方法，如哈里孙理论、特索夫理论、自洽界面计算和模型固体理论等。通过分析实验数据有许多方法可以获得带阶，这些实验数据来自包括吸收测量、量子阱发光研究、发光谱、电流-电压测量、电容-电压测量、电荷转移分析和X射线核内层电子能级光电子能谱。最简单也最粗略的方法是基于安德森规则，也就是通过测量真空-半导体界面的性质，特别是半导体表面电子亲和势，来获得不同半导体相对于真空的能级。但这个方法最大的问题是忽略了半导体异质结界面化学键导致的效应。

（骆军委）

带尾态　band-tail state　半导体中从带边开始延续一直进入带隙的额外连续电子态。带尾态常见于重掺杂半导体。主要是由多体效应和杂质的随机分布引起的。在干净的半导体中放入杂质原子或缺陷后，等价于创造了一个稍微不一样的材料。能带结构既然是材料的一个特征，杂质的引入则表现为能带结构的畸变。能带结构的这个变化来自多个物理机制。首先，每个掺杂离子在半导体带隙中形成一个局域的能级，在重掺杂半导体中大量的杂质引入半导体晶格，这些高密度的局域能级最后相互作用形成一个能带（见图）。另外，在重掺杂情况下，这些杂质能带和半导体的导带或价带汇合在一起。其中自由电子和施主电子一起形成一个相互作用费米气。费米气内部电子的相互作用及与带正电离子的相互作用，显著改变了非相互作用费米气的色散抛物线关系。这些效应可以认为导带朝价带的刚性移动所导致的带隙变窄和态密度的扭曲。除了这个扭曲，杂质在空间的随机分布还引起态密度形成一个尾巴。虽然多体效应和杂质的随机分布都会产生带尾效应，但在重掺杂半导体光谱中观察到的带尾与纯随机效应引起的指数变化带尾是有本质区别的。电子-电子相互作用导致的带尾更加显著。态密度的变化对于决定重掺杂半导体中自由载流子的数目特别重要。可以从两个方面来衡量带尾态对半导体激光器的重要性：第一，带尾态可以显著提高自发辐射速率，从而对达到阈值所需的注入电流有很大的贡献；第二，带尾态参与的跃迁具有显著的光学增益，所以可以引起激光损失，对于重掺杂半导体在低温下工作，这个效应尤其明显。

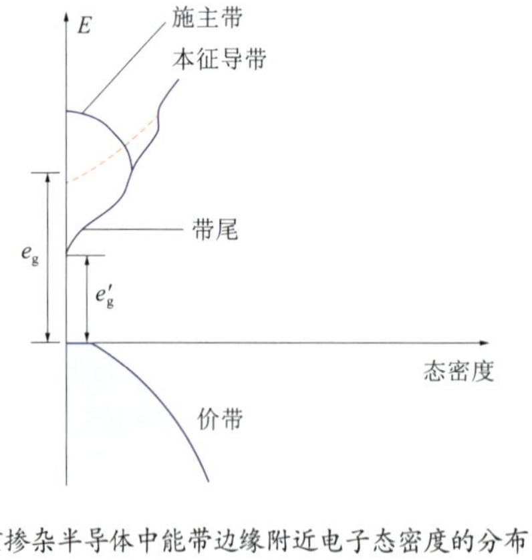

重掺杂半导体中能带边缘附近电子态密度的分布

另一种常见的带尾态常见于非晶硅和非晶锗，以及硫系玻璃（其中硒和碲具有无规网络结构）等**非晶半导体**中。这里非晶材料的原子结构具有短程有序性、长程无序性。它们的带隙要小于对应晶相的带隙，在靠近带边的带隙中仍有光学吸收。这些带尾态来自长程无序性，如键角和原子距离的变化引起的势的涨落。一般假定在非晶半导体中，带边附近的态可以分成扩展态和局域态两类。扩展态就是通常所说的布洛赫态，而局域态则局域在原子附近，波函数随着离原点的距离指数衰减。局域态电子要逃离这个原子只能靠与**声子**的相互作用。在能谱上扩展态与局域态有一个界线“**迁移率边**”，因为局域态的迁移率明显小于扩展态。

（骆军委）

带隙　band gap　在**能带模型**中决定固体导电性的一个重要参数。固体物理中带隙或能隙是指在半导体或绝缘体中电子或空穴能量不能取值处，即禁带的宽度。禁带是在导带底和价带顶之间没有电子态存在的一个能量范围。原子轨道重叠形成的成键态和反成键态在固体中分别展宽为**能带**，其中占满电子的为价带，没有电子占据的空带则为导带。价带顶和导带底之间的能量差为带隙值。如果价带是完全满的，而导带是完全空的，那么电子不能在固体中移动形成电流。但是，如果把电子从价带激发到导带，在价带留下空位称为空穴，激发到导带的电子和价带的空穴都可以在固体晶格中自由运动，成为自由载流子用来导电流。电子从价带激发到导带所需的最小能量为带隙，所以带隙是决定固体导电性的一个关键参数。如果价带顶和导带底之间在能量上重叠（或刚好接触），不存在一个带隙，则该固体为金属（或半金属）；一般带隙值大于0并小于3电子伏的固体定义为半导体；其余为绝缘体（见图）。随着技术的进步，越来越多的能量大于3电子伏的固体也称为半导体。带隙特别小的半导体称为窄带隙半导体，如带隙为0.235电子伏的锑化铟，能量大于3电子伏的半导体称为宽带隙半导体，如带隙为3.4电子伏的氮化镓。

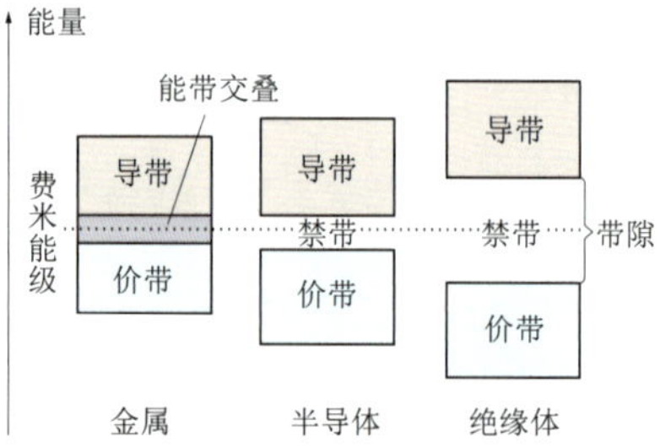

金属、半导体和绝缘体的能带示意

如果满带的极大和空带的极小的电子态位于$\boldsymbol{k}$空间（动量空间）中相同的$\boldsymbol{k}$点，如$\boldsymbol{k}=0$的Γ点，则带隙称为直接带隙。如果不在$\boldsymbol{k}$空间的同一点，则称为间接带隙。硅和锗的价带（满带）顶位于Γ点，而导带（空带）底分别位于X点和L点，因此它们的带隙是间接带隙。而一般的Ⅲ-Ⅴ族半导体，如砷化镓、砷化铟等都是直接带隙。在半导体发光过程中，电子从导带跃迁到价带要满足动量守恒，即跃迁前的动量要等于跃迁后的动量（跃迁过程中光子的动量可以忽略），因此只能是直接跃迁，即只能在具有直接带隙的半导体中发生。因此具有直接带隙的半导体在光学性质研究中具有重要的意义。

（骆军委）

带状流 zonal flow 流体中生成的一种形如带状的轴对称涨落剪切流。是自然界和实验室中普遍存在的现象。木星大气的明暗交替的带状条纹、地球大气层中的带状喷流、金星大气中的超快旋转带等都是带状流的典型例子。在磁约束等离子体中，带状流在圆柱等离子体静电湍流的计算机模拟中首先发现，是由湍流自组织形成的方位角对称、相干的静电势结构。自20世纪90年代中期开始，在对各种磁约束等离子体湍流模（离子温度梯度模、捕获电子模、电子温度梯度模、电阻和气球交换模等）的大规模计算机模拟中，也都发现存在带状流。

环形磁约束等离子体中，带状流具有以下特征：带状流是环向和方位角（极向）对称的、径向波数有限的径向电场（电位）涨落，它不能驱动径向输运，也不能从自由能直接获取能量。它是由等离子体湍流的非线性相互作用产生，又通过随机剪切效应而调节和抑制等离子体湍流，因此与等离子体湍流共存，并交换能量，从而构成湍流-带状流自调节系统。该系统饱和时，带状流的幅度由等离子体湍流的线性增长率决定，等离子体湍流的幅度由带状流的线性阻尼率决定，而带状流的线性阻尼率又由离子-离子碰撞频率和约束几何位形（如纵横比、安全因子、截面拉长比等）决定。因此带状流被认为是等离子体湍流幅度和输运水平的“控制按钮”。大型回旋动理学等离子体模拟中显示带状流存在迹象的结果表明，存在带状流时，径向相关长度变短且涨落幅度降低，即降低径向输运（见图）。

带状流有两个分支：低频带状流和测

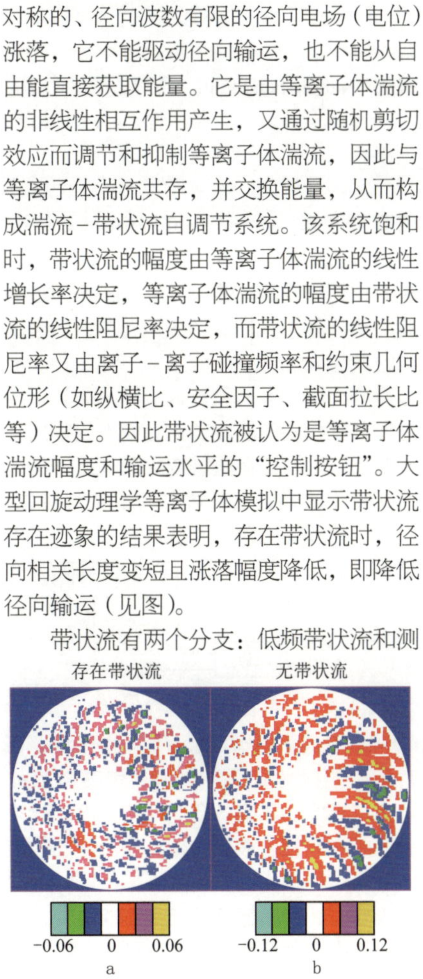

大型回旋动理学等离子模拟中显示的带状流存在迹象

地声模带状流。低频带状流频率接近零，远小于湍流平均频率，也叫剩余流或零频带状流，由F.L.辛顿和M.N.罗森布拉斯在理论中发现，也被称为辛顿-罗森拉普斯模。测地声模带状流具有有限的模频率，频率与等离子体声模接近，由$m=n=0$的电势涨落和$m=1$、$n=0$密度涨落通过环耦合产生，m和n分别为极向和环向模数。

（兰 涛）

戴传曾 Dai Chuanzeng（1921-12-21～1990-11-18） 中国实验核物理学家和反应堆工程专家。生于浙江宁波，卒于北京。1942年西南联合大学物理系毕业，后任教于西南联合大学和清华大学。1947～1951年，在英国利物浦大学攻读研究生，1951年获哲学博士学位。回国后历任中国科学院近代物理研究所、物理研究所和原子能研究所研究员（1951～1963），第二机械工业部北京194所副所长（1964～1977），中国科学院原子能研究所副所长（1978～1981），中国原子能科学研究院院长（1982～1984，此后任名誉院长）等职。1980年当选中国科学院学部委员（院士），1984年起任核能动力学会副理事长，国家核安全专家委员会、核环境保护委员会副主任。1985～1988年，为国际原子能机构国际核安全咨询顾问组成员。

在利物浦期间，戴传曾从事核削裂反应和中子物理实验研究。回国后，为中国核探测技术和中子物理研究做了开创性工作。1953年研制了卤素盖革计数管、三氟化硼中子计数管；1956年制成中子衍射谱仪。在他领导下，开展了堆中子谱、中子全截面和裂变截面、中子衍射、辐射屏蔽和放射性计量等实验研究。在北京194所期间，领导了有关生产堆、核潜艇堆、高通量堆及重水研究堆的研究，建成了中国第一座快中子零功率堆。此后又组织开发了单晶硅中子嬗变掺杂技术，领导了微型中子源反应堆的设计研制及其应用工作，还开创了中国核电安全方面的研究。

（戴念祖）

戴维南定理 Thevenin's theorem 由**基尔霍夫电路定律**导出的应用于电路分析和电路设计中的定理。又称等效电压源定理。可表述为二端有源网络可等效于一个电压源，其电动势等于网络的开路端电压，内阻等于从网络两端看除源（将电源电动势短路）网络的电阻。戴维南定理应用于具体的电路问题时，可把电路的一部分看成二端有源网络，利用电阻的串联和并联等公式，计算出其电动势和内阻，再利用简单的电路计算可算出其中的电路电流，而不必去解联立方程组。在实际应用中，有时需要对某一复杂电路网络中某一条支路中接入不同电阻计算该支路的电流。此时可不必对接入不同电阻的各种情形作庞杂的计算，也不必对接入不同电阻的各种情况每次都重新测量，只需在电阻的接入端对开路端电压和除源电路的电阻进行一次测量，获得电阻接入端的二端网络的电动势和内阻，从而根据等效电压源定理简便地计算出该支路不同负载情形下的电流。

（陈熙谋）

戴维森，C.J. Clinton Joseph Davisson（1881-10-22～1958-02-01） 美国实验物理学家。生于伊利诺伊州的布鲁明顿，卒于弗吉尼亚州的夏洛茨维尔。1902年就读于芝加哥大学，1911年获普林斯顿大学哲学博士学位。后在普林斯顿大学从事电子物理学研究。1917～1946年在西部电气公司的工程部（后称贝尔电话实验室）从事热离子学、电子显微镜和晶体物理学等的研究。1947～1949年，任弗吉尼亚大学的客座物理学教授。

1921年戴维森曾以电子束轰击镍靶的实验，发现了某些电子的弹性碰撞现象。1927年戴维森和L.H.革末合作研究，发现电子束被金属晶体反射时，显示出与X射线及其他电磁辐射相似的衍射图样，从而证实了**L.V.德布罗意**关于电子具有**波粒二象性**的观点，加深了对亚原子粒子波粒二象性的更深刻的理解。戴维森的实验方法后来发展成为**低能电子衍射技术**（LEED），在表面物理学中发挥了重要作用。因此，他和**G.P.汤姆孙**获1937年诺贝尔物理学奖。

（郭奕玲）

戴维森-革末实验 Davisson-Germer experiment 由**C.J.戴维森**与L.H.革末设计的一个量子力学相关实验。为验证L.V.德布罗意提出的所有物质都具有波的性质（即波粒二象性），1927年戴维森与革末设计了一个实验。他们用低速电子入射镍晶体表面，然后测量散射到不同角度的电子强度，发现了与X射线衍射类似的电子衍射图案。该实验证实了电子的波动性，为德布罗意假说提供了不可否定的证据。此后人们陆续用中子、质子以及原子、分子等进行了类似实验，所得结果都表明实物粒子具有波动性。（金光日）

戴维斯，R. Raymond Davis（1914-10-14～2006-05-31） 美国物理学家和天文学家。生于华盛顿特区，卒于纽约州布卢波因特。1942年获耶鲁大学化学博士学位。

1948年任职于布鲁克海文国家实验室化学部，1964年被授予高级化学家称号。1985年任宾夕法尼亚大学物理与天文学系教授。

20世纪60年代，戴维斯把一个装有615吨液态四氯乙烯罐放置在一个金矿的矿井中。罐中共有大约2×10^{30}个氯原子。他算出每个月应有大约20个中微子与氯核发生反应，应有20个氩原子产生。戴维斯改进了提取及计数这些氩原子的方法。他向四氯乙烯液体中通氦气，以使氩原子附在氦气上。实验数据的收集工作一直持续到1994年，总共提取了约2000个氩原子。这个数字比预期的小。根据实验中所采用的控制方法，戴维斯证明没有氩原子离开氯罐。这就说明要么是我们还未正确认识太阳上的反应过程，要么是有一些中微子在路上遗失。戴维斯的发现及他对仪器的改进为中微子天文学奠定了基础。由于对天体物理特别是在宇宙中微子探测方面做出了开创性贡献，戴维斯获2002年诺贝尔物理学奖和美国国家科学奖。（郭奕玲）

戴元本 Dai Yuanben（1928-07-31～2020-9-26） 中国理论物理学家。祖籍湖南常德。生于江苏南京，卒于北京。1952年毕业于南京大学物理系。后被分配到南京工学院任助教、讲师。1958年考取中国科学院数学研究所研究生，师从张宗燧。1961年硕士研究生毕业后留中国科学院数学研究所工作，先后任助理研究员、副研究员（1963）、研究员（1978）。1978年同年

调至中国科学院理论物理研究所任研究员，曾任第一研究室主任、学术委员会主任等职。1980年当选为中国科学院学部委员（院士）。曾任中国物理学会高能物理分会理事长、中国物理学会常务理事、国际纯粹与应用物理联合会粒子与场委员会委员。

长期从事粒子物理理论和量子场论的研究。在奇异位势和非定域位势的雷其极点理论、层子模型研究、非交换群规范场论中费米子的电磁形状因子的高能渐近行为和重强子物理等方面取得一系列重要成果。1963～1964年研究奇异位势和非定域位势的雷其极点，指出在高奇异位势下由于雷其极点的不同分布导致散射振幅有与通常理论不同的高能渐近行为。1965～1966年春参加北京基本粒子组关于“层子模型”的研究，在层子模型的计算方法和一些物理过程的研究方面做出了贡献。1975年与合作者研究了非阿贝尔群规范场论中费米子的电磁形状因子，得到了直到三圈图的高能渐进行为，并指出此形状因子的渐进形式是指数化的，成为这方面最早的开创性工作之一。80年代后在手征对称自发破缺的计算方法、含一个重夸克的重强子（包括高角动量态）束缚态波函数、量子色动力学求和规则、中微子振荡等方面做了独创性的工作。1982年获国家自然科学奖二等奖。（尹晓冬）

戴运轨 Yuin-Kwei Tai（1897-11-27～1982-04-04） 中国物理学家。生于浙江奉化，卒于台湾台北。1918年考取浙江省官费生，留学日本东京高等师范学校，1927年京都

帝国大学毕业后回国。先后历任北平师范大学（北京师范大学前身）（1927～1928）、国立中央大学（1949年改名为南京大学）（1928～1932）、金陵大学（1932～1956）物理教授。1940年起兼任四川大学物理系教授，并在1941～1942年兼任华西坝成都空军参谋学院物理学教授。1946年2月底至同年7月在国立台湾大学出任教务长兼代理校长。同年8月成立台湾大学物理系，兼任系主任至1962年。1954～1956年在美国明尼苏达大学原子核物理研究室和加利福尼亚州大学伯克利分校辐射研究所分别任名誉研究员和客座研究员。1962年7月任中国台湾“中央大学”地球物理研究所所长，1968年1月任该校理学院院长。

1941～1942年间，戴运轨从事X射线结晶构造的实验研究；创建了中国早期的航空风洞。抗日战争胜利后，参加接收日本在台湾设立的台北“帝国大学”，并将其改建为“国立台湾大学”，创建该校物理系，并在该系进行了中国第一个原子核嬗变实验；在该校创立^{14}C研究室，开辟了台湾鉴定古物年代的新技术。在20世纪70年代他还研究过台南部分地区引力异常分布的现象。参与筹建台湾新竹“清华大学”，并创建该校原子科学研究所。参与筹建台湾“国立中央大学”，创建了该校地球物理研究所，创立台湾自然科学促进会和物理学会，创办了台湾《中国物理学刊》和《地球物理研究所通报》，对台湾物理学事业的发展做出了诸多贡献。（尹晓冬）

单摆 simple pendulum 质点受重力作用，平衡位置附近一竖直平面内做的摆动。见摆。

单变型液晶 monotropic liquid crystal 在晶体加热或各向同性液体冷却时由不可逆的相变形成的液晶。是单变相变型液晶的简称。液晶存在的领域相当广，已被发现的或经人工合成的液晶不下几千种。液晶可分为溶致液晶和热致液晶两大类。在热致液晶物质随温度变化而引发的物质形态变化过程中存在两种变化形式，一种称为互变型液晶；另一种称为单变型液晶，其变化过程如图所示。

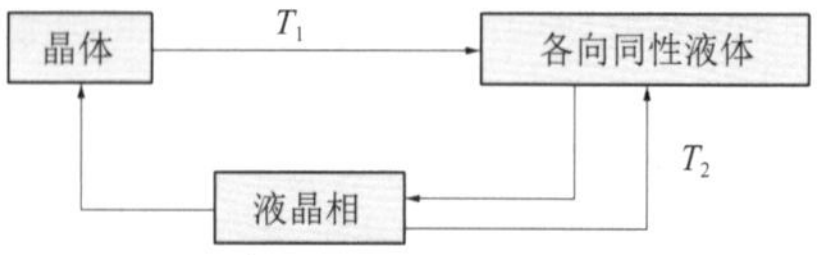

单变型液晶变化过程

图中的T_1为熔点，T_2为清亮点，在T_1至T_2之间为液晶相区间，单变型液晶只有在晶体加热或各向同性液体冷却时才能形成液晶相。液晶的相，是由不同的液晶分子结构和不同温度范围形成的。当温度改变时，会引起分子自由能的改变，从而使其中一种相变为另外一种相。在显示技术中，这种相变是十分有用的，相变型液晶显示器件是一种具有存储功能的液晶

显示器件，且不需要偏振片，因此底色很亮。单变型液晶可用作具有存储效应的液晶显示器件。单变型液晶器件所用液晶材料都是热致溶液材料，所以该器件必须储存和工作于一定的温度范围之内，任何超出这一温度范围都会使器件中的液晶材料失去液晶态，轻则使器件暂时不能工作，重则使器件损坏。　（王琼华）

单重态　singlet state　一种类型的分子状态。用符号S表示。根据**泡利不相容原理**规定，自旋为半整数的粒子（**费米子**）不能有两个或两个以上的粒子同时处于相同的单粒子态，或者说同一轨道上最多可容纳两个电子且这两个电子的自旋方向必须相反，即其中一个电子的自旋量子数为+1/2（用↑表示），则另一个电子自旋一定为−1/2（用↓表示）。当所有分子轨道里的电子都是配对的（↑↓），则自旋量子数的代数和s等于0，即自旋多重性$(2s+1)$为1。此时的分子状态称为单重态。单重态分子能级由于$s=0$，处在磁场中不发生能级分裂，在光谱中只能观察到一条谱线，所以单重态有时也称单线态。绝大多数分子的基态都是单重态，但也有例外，如氧分子的基态是三重态。

（石　英）

单电子近似　one electron approximation　多电子体系的一种近似方法。将电子间的库仑相互作用平均化，每个电子均视为在核的库仑势场以及其他电子对该电子作用的平均势相叠加而成的势场中运动。该近似下单个电子的运动特性只取决于其他电子的平均密度分布（即电子云），而与后者的瞬时位置无关。所以，每个电子的状态可分别用一个单电子波函数来描述。由于各单电子波函数的自变量彼此独立，N电子体系的总波函数可写成N个单电子波函数的乘积。

根据概率论原理，如果N个事件同时发生的概率等于每个事件单独发生的概率的乘积，则说明这些事件是彼此独立的。因此将上述近似称为单电子近似，又称为独立电子模型或轨道近似。单电子近似的结果是将原来需要求解含有N个电子坐标的体系总波函数的问题拆分为求解N个单电子波函数的问题。后者由于自变量数目大幅度减少，所以在数学上的求解难度也相应地大为降低，采用自洽场（SCF）方法即可进行求解。　（吴　勇）

单电子晶体管　single electron transistor; SET　用一个或者少数几个电子就能记录信号的晶体管。随着器件尺寸的减小，能容纳的电子数也随之减小，即电容C变得很小。在器件中增添一个电子，大约需要付出库仑能$e^2/2C$（e是电子电荷）。当器件电容很小的时候（大约10^{-15}法，器件尺寸为几十个纳米），库仑能可能会大于其他特征能量，如热能量k_BT（k_B是玻尔兹曼常数，T是温度），器件的电流−电压特性就会偏离欧姆定律的线性关系：在外加电压的时候，如果电压变化引起器件中电荷变化量小于电子电荷e，就不会有电流通过；直到电压引起的变化超过电子电荷，才会有电流通过，这就是**库仑阻塞**效应。利用这个效应，可以制备出单电子晶体管（SET），人为控制单个电子的运动。

具体的器件制备方法有“自下而上”的自组织生长方法和“自上而下”的半导体微细加工方法。利用单电子晶体管，可实现移动寄存器、电流驱动器、反相器、加法器、量子自动原胞机等器件。单电子晶体管只包含很少量的电子，因此它有可能大大降低功耗，提高集成电路的集成度。单电子晶体管大多还只能在低温下工作，也不能大规模批量化制作，离实用还有相当的距离。

单电子晶体管不能在室温下工作，主要是由于工艺水平的限制，量子点的尺度不能做得很小（小于10纳米），使得量子能级的间距大于热运动能量k_BT。斋藤益见等于2004年用一种方法使得点接触金属氧化物半导体场效应单电子晶体管的通道进一步减小，并用空穴输运代替了电子输运（也就是单空穴晶体管），在室温下观察到明显的库仑阻塞振荡峰，峰谷比高达40.4。同时还在室温下观察到明显的负电导，峰谷比达到11.8。负微分电导是由超小量子点中量子能级的间距远大于热运动能量而产生的。　（姬　扬）

单电子隧穿　single electron tunneling　单个电子发生的**量子隧穿**现象。一个三维都受到限制的零维电子体系，称为**量子点**。量子点内的能级是离散的，并存在强的电子−电子库仑相互作用。当量子点内的电子数变化一个点时，需要克服电子间的库仑能和能级差，这导致量子点内的电子数是确定的。在实验上，当研究量子点的输运性质时，要把量子点通过左右势垒耦合到左右电极。在低温和小电压下，由于存在强的电子间库仑作用能，电子只能一个一个的隧穿通过量子点。假设电子从左流到右，当一个电子从左电极隧穿进入量子点，在此电子隧穿出量子点到右电极之前，左电极的其他电子不能进入量子点，即两个电子隧穿进入量子点的事件被禁止。这是所谓的单电子隧穿现象。由于单电子隧穿，体系的微分电导上限为e^2/h。再者，通常量子点可以电容耦合到栅电极，通过调节栅电压，可以调控量子点内能级。当量子点内的有效能级（或电化学势）与左右电极的化学势不对齐时，量子点内的电子数为固定的整数N，这时电子不能隧穿经过量子点。但当能级与左右电极的化学势对齐时，发生单电子共振隧穿，量子点内的电子数改变1。因此，在线性微分电导−栅电压曲线上出现一系列的单电子共振隧穿峰。峰间距由电子间库仑能和能级差决定。从体系总能角度来说，发生单电子共振隧穿时，量子点的N个电子基态和$N+1$个电子基态的总能相等。

（孙庆丰）

单电子旋转门　single electron turnstile device　一种特殊的电流测量器件。单电子旋转门利用了**单电子晶体管**中的库仑阻塞效应，周期性地调节单电子晶体管的构型，特别是它与源极和漏极的耦合强度，每个周期里有且只有一个电子从源极经过单电子晶体管进入漏极。通过单电子旋转门器件的电流是$I=ef$。式中e为电子电荷；f为单电子旋转门的构型调制频率。因为e是物理常数，而频率f是可以精确测量的，所以单电子旋转门可以用来精密地测量微弱电流，有希望成为高精度的电流标准。把多个单电子旋转门器件串联起来，可以进一步提高电流的测量精度。单电子旋转门器件的电流测量精度可以达到10^{-5}～10^{-6}。　（姬　扬）

单光子探测器　single-photon detector　能够检测到单个**光子**的仪器。在许多领域都希望能探测到非常微弱的光信号，而光的最小能量单元为单个光子，所以就需要单光子探测器。

最早的单光子探测器为光电倍增管（PMT）、闪烁计数器和盖革计数器，发明于20世纪30年代，其输出为模拟电脉冲信号。20世纪末出现单光子雪崩光电二极管（SPAD），近年又研究出超导纳米线单光子探测器、参量上转换装置、基于量子点的单光子技术等，所覆盖的电磁波长范围从γ射线到近红外。

PMT、SPAD等常用单光子探测器的基本工作方式都是探测器材料吸收光子后转换出电子，电子经倍增放大、脉冲甄别和计数后输出。例如PMT中电子的倍增是靠“打拿极”被撞击出的二次电子（图1）；而SPAD在所谓的盖革模式下，即二极管的两端加一个大于击穿电压的反向偏压，一个入射光子被吸收所产生的光电子会很快大量倍增（图2），产生一个“雪崩”电流，在后续放大电路中以电脉冲形式释放。现在经常转换为数值的TTL信号输出。此后需重新加偏置电压让探测器复位，在此“死”时间内无法检测光子。近十多年发展迅速的超导单光子探测器的工作原理是，当超导材料吸收光子后，其温度升高超过临界温度，超导态瞬间转成正常导电状态，阻抗变了，便产生输出电脉冲。

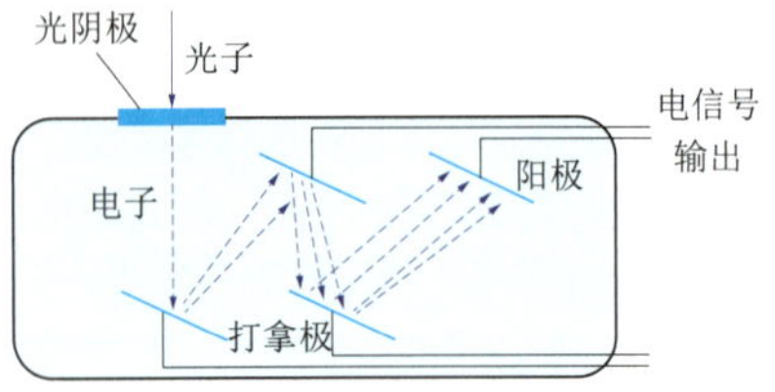

图1 PMT内电子倍增示意图

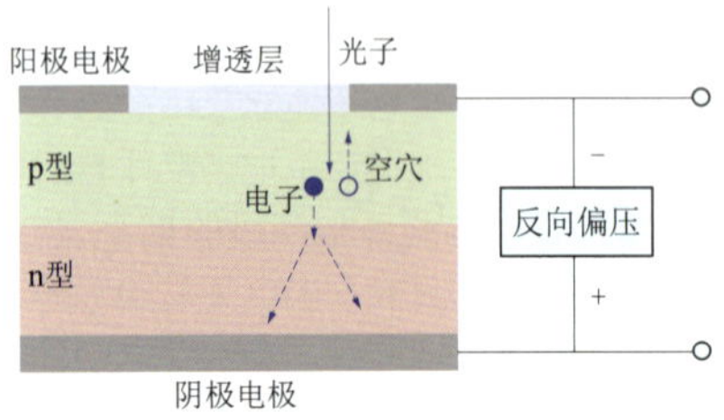

图2 SPAD内电子倍增示意图

单光子探测器的主要指标包括量子效率、暗计数、计数率等。量子效率是光子能够被探测器探测到的概率，取决于探测器的材料和设计结构。暗计数（无入射光时的错假计数）主要由材料内部的热噪声产生，也可由放大输出电路引起，所以通常采取低温冷却降低热噪声，并优化电路的设计。计数率主要由死时间所限制，所以要通过电路的优化尽量缩短探测器的复位时间；此外，提高响应速率也要通过电路和芯片设计的优化。理想的单光子探测器希望量子效率高至接近100%，暗计数低至接近零，死时间低至接近零。

工作中使用哪种单光子探测器合适要看所测波长和应用需求：在紫外、可见光范围可用光电倍增管，其优点是探测面积大，但量子效率不太高。对高能的光子，如紫外和软X射线，还可用微通道板实现面阵的成像探测器。为检测较长波长的可见光光子，现在用得最多为硅雪崩光电二极管，其量子效率较高，暗计数较低，并已有可成像的面阵单光子探测器，如电子倍增电荷耦合器。到近红外波段就需用InGaAs系列的雪崩二极管，但即使降温该材料的暗计数噪声仍高，所以需要在脉冲触发模式下运行。超导单光子探测器的特点是覆盖波长范围非常广，理论上可从γ射线到微波。其优点还包括暗计数很低，响应时间、恢复时间快，从而时间分辨率高，计数率高；但缺点是需要几开低温的真空室，装置重耗电和价格较高。

现代单光子探测器已广泛应用于物理、材料科学、天文、生命科学的各个领域，特别是：天体与深空探测、量子信息科学、荧光寿命显微术、医学成像与诊断、遥感和激光雷达等等。单光子探测器技术还在不断地发展，有望在不远的将来出现性能更好的新型单光子探测器。

（吴令安）

单光子源 single-photon source 每次发射一个光子的光源。单光子源相较作为相干光源的**激光**以及通常的**热光**光源具有非常不同的物理性质。理想的单光子源可以在需要的时间发射光子，发射时发射单个光子的概率为100%，多光子发射的概率为0%，且发射的光子不可区分，重复率足够快，仅受光子脉冲持续时间的限制。

理论上的单光子光场处于确定的单光子数态，表现出光量子特征，其二阶相干度$g^{(2)}(0)=0$，形成典型反聚束特性。

研究和应用的单光子源中，一类只是一种有效的单光子发射源，主要有基于色心、量子点、单原子、单离子、单分子和某些原子系综的所谓“确定性”单光子源，可以在一定程度上“按需”发射单个光子。另一类是基于晶体中或波导中的参数下转换以及在光纤中的四波混频成对产生光子的所谓“概率性”单光子源，光子对的产生是概率性的，而不是确定性的，但是由于光子是成对产生的，所以一个光子可用于预示另一个光子的出现。后一类中还包括所谓原子级联发射过程。

一般实际常使用的简便单光子源是采用通常的激光经过衰减得到单光子的所谓“准单光子源”，合适的衰减使每个激光脉冲中包含光子数目多于一个的概率极小，除包含一个光子的情况外，也有空脉冲但可不用。此时，人们主要关心经过一段时间的平均光子数。

单光子源在量子信息、量子密码、量子计算和量子计量研究方面意义重大。因此真正意义上的单光子源的研制，是当前研究前沿的热点也是难点。这方面研究的突破将会带来一系列科学和技术的重大进步。

（郑 杭）

单极子源 monopole source 向各个方向发出球对称的声场，产生的声压与距离成反比，与方向无关，与声源强度成正比。单极子源在声学中的作用相当于力学中的质点和电学中的点电荷。现实中经常用球表面做球对称周期膨胀和收缩运动的脉动球源来近似单极子源，特别是当脉动球源的半径无限缩小时它就是单极子源。声波测井实际使用的圆管状声源，在其受到激发电压激励时产生均匀的膨胀和收缩，使钻井液的体积发生变化并产生纵波，这种声源在测井中被称为单极子声源。当单极子声源放置在井轴上时，它产生的声场是轴对称的。

（林伟军）

单晶 single crystal 一块由原子或原子团沿三维方向周期性排列形成单一完整晶格的固体。又称单晶体。天然矿物中石英、金刚石、岩盐都有尺度可观的单晶体。作为现代信息技术基础的大规模集成电路的芯片都是大尺寸的硅单晶切片后制成的（见晶体）。

（陆栋 过聪）

单模 single mode 激光谐振腔输出的既是单纵模又是单横模的激光模式。电磁场理论表明，在具有一定边界条件的谐振腔内，电磁场只能存在于一系列分立的本征状态之中，称为腔的模式（简称**腔模**）。腔模沿腔轴线方向的稳定场分布称为纵模，而在垂直于腔轴的横截面内的稳定场分布称为横模。单纵模指谐振腔内只有单一纵模进行振荡；单横模又称基横模，指光强在光横截面上的分布为高斯分布。

获得单纵模激光的主要方法有：①短腔长法。即缩短谐振腔长使纵模间隔大于增益带宽。②标准具法。即在谐振腔内插入一参数合适的标准具，使只有单一纵模能通过标准具振荡。③色散腔法。即在谐振腔内加入棱镜或光栅构成色散腔，使只有某一特定频率的纵模能够振荡。④复合腔法。即通过外腔、耦合腔实现纵模选择。⑤滤光片法。即在腔内插入一双折射滤光片，使通过滤光片的光频率间隔大于增益带宽。获得单横模的主要方法是采取适当措施使高阶横模获得更大的衍射损耗而不能振荡，如改变谐振腔的结构和参数，或在谐振腔内插入附加的选横模器件（如光阑等），保证谐振腔内只有基横模能够振荡。

单模激光器凭借光束质量好、相干长度长、谱线宽度窄的特点在激光雷达、激光测距、激光遥感、全息影像、激光医疗、光谱学、光频标准和非线性光学频率变换等领域中具有广泛的应用。

单模的概念还出现在光纤通信中。借助光波在光纤中传输时由麦克斯韦方程组推出的亥姆霍兹方程和边界条件，可以得到光波传播的导波模式。一般光纤可传输多种模式，但满足一定条件的光纤只传输单一的模式，这种光纤称单模光纤。

（沈德元）

单色光源 monochromatic light source 产生单一频率光的光源。自然界中不存在严格意义上的理想单色光，因为它要求是一个无限长时间的等幅正弦（或余弦）振荡的电磁波。因此，通常说的单色光源实际发出的都只是准单色光，即光谱线型半高宽与中心波长的比值很小，它很接近单色，习惯上就把这类光源称为单色光源。可以作为这类单色光源的有：

①气体放电光源。通过在灯管中填充气体，并利用弧光放电，激发气体原子的核外电子到高能态。电子在由高能态向低能态跃迁的过程中，放出能量并辐射光子。常见的气体放电光源有氪灯、氩灯、氖灯、氢灯等，它们都可以发射单色性不错的光，但由于相位是混乱的，相干性不够好。

②**激光器**。与上面的气体放电光源不同，激光器能够产生相干的单色性很好的光。激光是利用受激辐射放大光产生的，激光腔使得这一受激放大光的过程可以反复发生形成稳定的振荡输出。激光具有高亮度、高方向性、高单色性和高相干性的特点。

③非线性光学过程。利用和频、差频、混频、参量产生、受激散射等非线性光学过程，可以由一些频率的高单色的光得到另外频率的高单色的相干光。

④利用光栅、滤光片等。入射的各种不同波长的复合光，经光栅衍射后彼此被分开，或经滤光片后只允许某些波长的光透射，从而可以选择得到某种单色性不错的光。

（包燕军）

单色仪 monochromator 从入射的宽带波长光中选取窄带波长光输出的**光学仪器**。单色仪的结构组成与**摄谱仪**类似。首先由复合光入射到狭缝上，通过光学系统准直成平行光，再照射到色散元件上，而后由会聚光学系统照射在出射面，调节出射面上的狭缝位置，选择特定窄波段光线输出。

衡量单色仪性能的指标与摄谱仪相近，除带宽、分辨率外，由于其不直接采用大光敏面的探测器接收，所以杂散光强度很小，若要进一步减小杂散光的影响，可采用级联单色仪（两个单色仪串联使用）实现更纯净的谱线输出（杂散光强度减低到百万分之一）。

除以上指标外，在应用中还应考虑出

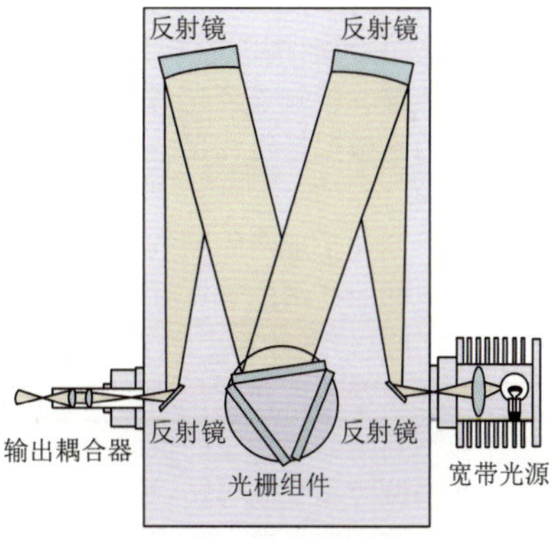

单色仪光路原理图

射狭缝宽度和输出功率的关系，以及具体应用时的电子学控制扫描速率指标。

在光谱带选取技术方面，通常通过转动单色仪中的光学部件来选取通过狭缝的单色光。在某些场合，已采用微反射镜阵列（DMD）来选取单色光输出，可以通过控制DMD不同列的开关状态来输出不同单色波长和对应强度，也可以输出组合波长及相应强度光源。

单色仪是应用最为广泛的**光谱仪器**之一。如在原子吸收分光光度计中，就包含一个单色仪来检测在中空阴极灯发射的锐线光谱照射下的样品中特定原子的含量浓度；在光学元件检测中，检测镜片反射特性、物体的漫反射率，以及太阳镜、激光防护镜和光学滤光片等的性能。

另外，还可以将白光直接照射在样品上，用单色仪分析样品的透射光和反射光来判定样品成分。在原子荧光光度计中，通常用两个单色仪，一个用于选择激发波长的光，一个用于检测样品受激后所发射荧光的特性。先进的光谱仪器已能实现波长自动扫描来显示被试样品随照射光波长改变的荧光变化规律。

单色仪还能作为标准光谱发生器来测试光电探测器（CCD、CMOS器件）、光电成像器件性能的标准光源，测试其量子效率、响应时间等关键参数，校准探测装置。

分光器件还有声光可调滤光器（AOTF）、环形渐变滤光片（CVF）、液晶调制滤光器（LCTF）等，可用于光谱仪或光谱成像仪中。

（高教波　宁子立）

单轴晶体 uniaxial crystal 只有一个**光轴**的晶体。三角晶系、四方晶系和六方晶系的晶体是单轴晶体。单轴晶体的折射率椭球是旋转椭球。当一束平面光波从真空或各向同性介质射入单轴晶体时，一般情况会出现两个折射波，一个称寻常波，一个称非常波，这是最常见的**双折射**现象。

（孔勇发　许京军）

弹道电子发射显微镜 ballistic electron emission microscopy 在扫描隧道显微镜基础上发展起来的一种用于研究界面性质的扫描探针显微镜。弹道电子发射显微镜由美国喷气推进实验室的W.J.凯瑟和L.D.贝尔于1987年发明。弹道电子发射显微镜的问世为无损、直接地研究材料的界面性质提供了新的方法，并且具有纳米尺度的高空间分辨率。

弹道电子发射显微镜的结构如图所示。扫描隧道显微镜的针尖作为电子发射极；样品为金属薄膜/半导体或半导体/半导体组成的复合结构，分别作为基极和电子收集极。当作为发射极的针尖靠近基极的表面并施加一定的偏压时，针尖中的电子会通过隧穿过程，越过针尖和基极之间的势垒进而到达基极。如果基极比较薄，小于电子的衰减长度，进入基极的一部分电子就会无能量损失地到达基极和收集极形成的界面，成为弹道电子。当基极和针尖之间的偏压大于基极和收集极构成界面的势垒时，弹道电子就能够通过界面到达收集极，在基极和收集极之间形成电流；相反，当基极和针尖之间的偏压小于基极和收集极构成界面的势垒时，弹道电子就不能通过界面到达收集极，在基极和收集极之间没有电流的产生。由此可见，收集极电流随着针尖和基极之间偏压的变化直接体现了基极和集电极之间界面的性质，比如直接地反映了界面的势垒高度。

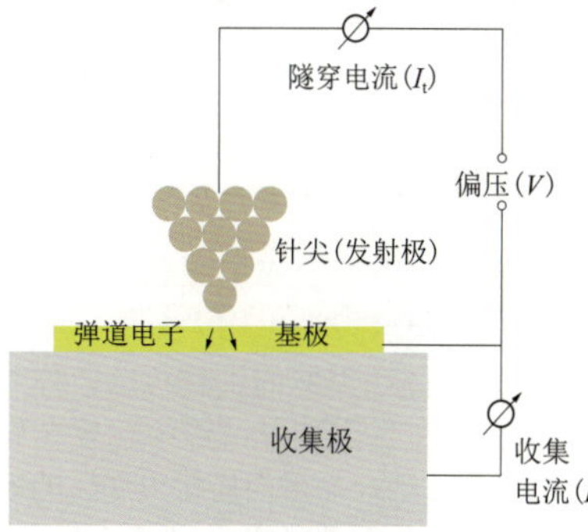

弹道电子发射显微镜的原理图

因此，当把针尖移动到基极（样品）的特定位置，改变针尖和基极之间的偏压V，探测基极和集电极之间的电流I_c，就能够获得特定位置的I_c-V谱，从而获得该位置的势垒高度和输运性质。如果在保持针尖和基极之间的隧穿电流I_t恒定的条件下，让针尖在样品表面扫描，并且同时记录收集极的电流I_c，就可以获得体现界面性质的图像。

（吴施伟）

弹道输运 ballistic transport 物体或粒子的一种运动类型，在运动过程中受到其他物体或粒子的影响可以忽略。宏观体系中的弹道输运指的是，物体在运动过程中没有与其他物体发生碰撞，就像发射出去的炮弹那样。微观体系和介观体系中的弹道输运指的是，微观粒子（很多时候特指电子）在输运过程中几乎不会受到其他粒子的散射。弹性散射长度（也称平均自由程）是粒子经历两次弹性散射间的平均距离，粒子在两次弹性散射之间的运动，当然是弹道输运。如果粒子的弹性散射长度大于体系的物理尺寸，粒子在这个体系中的运动也是弹道输运，只有碰到边界时，粒子才会改变运动方向。通过减少体系中杂质原子的数目或者降低体系的温度，可以提高弹道输运的平均自由程。　（姬　扬）

蛋白质别构　protein allostery　蛋白质分子通过在别构位点结合配体分子、化学修饰等方式改变远端活性位点的结构和动力学，进而实现信号传导和生物功能调控的性质。细胞内各种分子机器、别构酶、信号蛋白等普遍具有别构行为。这类别构蛋白通常有两个相距较远的位点，即别构位点和活性位点。配体分子结合在别构位点，通过别构耦合导致活性位点的构象变化，从而影响别构蛋白与下游靶蛋白/核酸的亲和性，实现对催化、输运以及信号传导等生物过程的调控（见图）。其中配

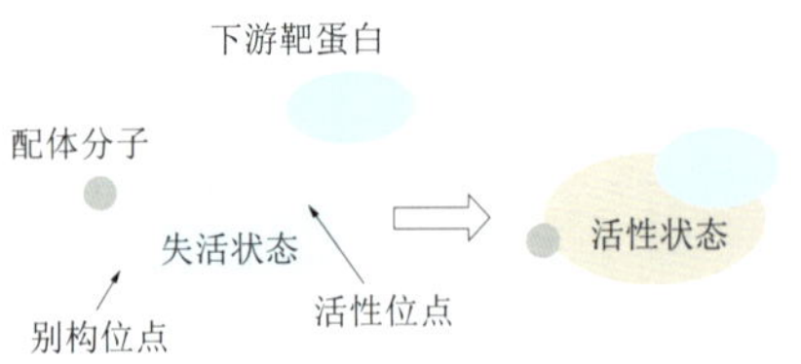

蛋白质别构调控示意图

体分子通常为小分子或金属离子，也可以为蛋白质和核酸等生物大分子。双链DNA分子也存在类似的别构行为，称为DNA别构，在基因转录调控中起重要作用。根据配体结合与蛋白质构象变化的耦合方式，将蛋白质别构分为“诱导契合”机制和“构象选择”机制。在诱导契合机制中，蛋白质的构象变化依赖于配体的结合，配体参与构象变化过程。在构象选择机制中，脱辅基蛋白质可以在不同的构象之间涨落，配体倾向于与其中特定的构象结合，并增加其稳定性。对同一蛋白质分子，两种别构机制可能共存，其相对重要性依赖于配体分子的浓度。通常随着配体浓度的增加，诱导契合机制变得越来越重要。此外，还发现了蛋白质的动力学别构行为，即配体的结合改变活性位点的动力学（而不是构象），调控其与下游生物大分子的结合。配体的结合可以增强或减弱别构蛋白与下游生物大分子的结合，将别构调控分为正向别构调控和负向别构调控。核磁共振、单分子荧光与力谱技术以及分子动力学模拟是研究蛋白质别构机制的主要方法。

尽管早期关于蛋白质别构行为的研究主要针对诸如血红蛋白等具有对称结构的多亚基蛋白质分子体系，后来的研究表明，别构现象普遍存在于包括单链蛋白在内的具有不同结构复杂性的蛋白质分子体系。如参与调控多个信号转导网络的钙调蛋白是典型的别构蛋白。在未结合钙离子时，其构象处于闭态；钙离子的结合使其构象由闭态转变为开态，使部分包埋的疏水残基暴露，能够通过疏水相互作用与skMLCK等靶蛋白结合，调控下游蛋白质的磷酸化等分子过程，进而调控代谢、肌肉收缩、细胞凋亡等生命过程。

（李文飞）

蛋白质动力学　protein dynamics　刻画蛋白质体系动态行为、研究蛋白质分子运动过程与物理相互作用之间关系的学科。蛋白质分子体系在正常的生理条件下常常是处在众多构象状态的动态平衡之中。这种运动状态是蛋白质自身柔性（即分子内相互作用）的必然结果，还常常与相关蛋白质分子的生物功能（如酶催化过程、分子变构信号传导等）存在着密切的关系。由于蛋白质相互作用的多尺度特点，蛋白质具有多尺度和层级特征的能量面结构，相应地蛋白质动力学在不同的时空尺度上表现出多样性的动力学行为。在原子层面上，局部的化学键和侧链间相互作用使得原子和相关侧链基团在平衡位置附近发生小范围的变化（如偏离平衡位置的振动、侧链的旋转异构体等）。在这些微观状态之间的转变常是十分快速的（可到纳秒尺度）。一些相关的运动特征可以通过核磁共振、X射线衍射结构测定等实验手段观察到。在蛋白质二级结构层次上，由于二级结构内部和相互之间的作用存在一定差异，蛋白质的运动常表现出以二级结构片段为单元的运动形式。这在蛋白质变构等功能运动中都有所反映。这种特点启发了蛋白质结构预测的方法，也成为蛋白质框架模型和结构分类等研究的基础。在蛋白质结构域层次上，除了通常的结构涨落，蛋白质折叠动力学是一种典型的大尺度蛋白质动力学过程。它刻画了蛋白质从无序状态到有序状态的过程。其有序度的变化不同于普通高分子的崩塌结构相变，成为蛋白质物理研究的一个重要课题。在更大的蛋白质复合体上，不同结构域之间常形成更复杂的结构形式，并表现出更大的柔性和复杂的动力学行为。这些大尺度的运动可以通过中子散射和小角X射线衍射等实验方法进行探测，也可以用**分子动力学模拟**等方法进行研究。针对球蛋白或相关复合物在其天然态的结构涨落，有研究分析表明，这些涨落运动具有长程的相关性（和分子大小相当），还表现出类似临界行为的标度性质。这反映出蛋白质动力学存在着一些普适特性，从动力学角度为蛋白质体系的演化提供了新的视角。　（王　骏）

蛋白质对DNA功能片段识别　recognition of functional DNA fragments by proteins　通过特异性或非特异性方式识别DNA上的碱基或酸性糖磷酸骨架结构，与单链、双链或更复杂的DNA分子体系相互结合，从而发挥其生物学功能的过程。DNA结合蛋白是一类包含DNA结合域的蛋白。DNA结合蛋白包括转录因子、各种聚合酶、核酶和组蛋白等，也包含一些类似转录激活子效应物的体系。组蛋白属于结构蛋白，是非特异DNA结合蛋白，存在于染色体中，通过碱性残基非特异性地识别DNA上的酸性糖磷酸骨架结构，形成离子键相互作用，将DNA组织成具有致密结构的染色质。通过化学修饰（包括甲基化、磷酸化和乙酰化等过程），可以有效调控相关相互作用，进而影响转录因子与DNA分子结合的界面，调控转录过程的速率。还有一些与DNA非特异性结合的蛋白质，能够通过结合，使得DNA分子发生弯曲或者变形，这些蛋白对于染色质高级结构的形成也有着重要的作用。

序列特异性DNA结合蛋白常包含DNA结合域，如锌指结构域、螺旋-转角-螺旋、螺旋-环-螺旋和亮氨酸拉链等结构域。由于含有DNA结合域，一种转录因子可以特异性识别一组DNA的碱基，形成氢键等相互作用，读取DNA序列，激活或抑制相应基因的转录。一些生物信息学研究指出，氨基酸侧链和碱基之间的π-π相互作用在蛋白质-DNA相互作用过程中也起到了很重要的作用。人们发现含有二聚化的bZIP类转录因子可以识别核心序列为ACGT的顺式作用元件，如CACGTG（G盒）、GACGTC（C盒）、TACGTA（A盒）等。一些受光或脱落酸（ABA）诱导的基因的启动子区都含有这些元件。螺旋-转角-螺旋基序中羧基端的α螺旋为DNA识别螺旋，负责识别DNA大沟的特异碱基信息。锌指结构的C末端形成α螺旋，可与DNA结合，不同的锌指结构具有不同的氨基酸组成，所

以可识别不同的碱基序列。由于DNA大沟中的氢键模式比小沟中的氢键模式更加保守，所以DNA大沟常常是序列特异性的识别位点。还存在一些蛋白质，能够特异性地与单链DNA分子相结合，对单链结构起到稳定的作用，防止形成单链茎环结构或被降解。这些蛋白常与DNA复制、重组和修复等过程密切关联。（王　骏）

蛋白质二硫键　protein disulfide bonds　蛋白质中两个半胱氨酸的巯基发生氧化反应而形成的硫硫共价键（—S—S—）。二硫键的键长为2.05埃，键能为60千卡/摩尔。二硫键在蛋白质中广泛存在，已解析出来的蛋白质结构中，四分之一以上的蛋白含有二硫键。这些蛋白质主要存在于真核细胞的内质网和原核细胞的胞外周质中。二硫键对这些蛋白质的折叠、结构和功能均起到重要的作用。

含有二硫键的蛋白质构象非常稳定，可以抵抗温度、酸、碱、尿素、盐酸胍或其他变性剂对其结构的破坏。特别是一些链长较短的蛋白质，其二级结构仅由β-发卡和无规卷曲组成，但由于二硫键的存在，其构象依然非常稳定。如毛发的主要成分是角蛋白，富含二硫键，可以稳定存在数千年，在埃及的金字塔（公元前3000多年建造）中，就发现有毛发的遗存。

二硫键还在蛋白质分子的折叠过程中起到重要的作用。美国生物化学家C.B.安芬森在其获得诺贝尔奖的工作中指出，蛋白质的折叠信息包含在其氨基酸序列之中，同时二硫键的正确配对也是蛋白质折叠的关键所在，任何一对二硫键错配都将会导致蛋白质结构局部或全局的去天然态化和功能活性的丧失。这是由于二硫键较强的相互作用强度，错误配对的二硫键在折叠的时间尺度内很难断开，影响了其他相互作用的形成，导致错误折叠的产生。在生物体系中常通过一些异构酶等机制，加速二硫键的断裂速率，从而保证折叠搜索进程的有效进行。另外，考虑到二硫键相关位点相对分散在序列的不同位置，其结合的过程受到构象扩散的影响和限制。蛋白质的天然结构也可以对二硫键的形成起到引导作用，从而减小折叠阻错。这一现象也得到了模拟研究的支持。在某些蛋白质中，二硫键本身还可以作为功能活性位点，如蛋白质异构酶（PDI）、蛋白质二硫键形成蛋白DsbA、DsbB、DsbC及DsbD等。（秦　猛）

蛋白质复合物　protein complex　由多条肽链所形成的蛋白质体系。体系中的多条肽链通过蛋白质间相互作用而形成四级结构并发挥相应的生物功能。复合物是蛋白质相互作用的一种重要形式。通过复合过程而形成的蛋白质体系可以在较小的空间中实现多种或级联的生物过程，从而显著提高相关功能的选择性和效率，提高细胞活动的效率。由于多条肽链在生物环境中可以受到调控而分离，复合物和单链形成的多域蛋白之间存在一定的不同。其不稳定性和易变性也给结构测定提出了更高的要求，常用手段包括X射线衍射、核磁共振以及冷冻电镜等。根据复合物组成及稳定性等特点，可以将复合物进行分类，包括同质多聚体与异质多聚体、瞬变型复合物与永久型复合物等。由于复合物体系的复杂性和多样性，分类还停留在较为唯象的层面上。针对一些较小的复合物结构（如由较少数目的肽链形成的寡聚体），人们基于能量面理论，分析了复合物形成过程中单体稳定性对复合物聚合过程的影响，指出单体稳定性和复合物界面相互作用的竞争会导致不同类型的复合物组装过程。考虑到蛋白质柔性特点，人们还提出了钓鱼机制来解释蛋白质复合过程中长程识别的物理机制。（王　骏）

蛋白质简化物理模型　simplified physical models in protein simulations　通过对蛋白质的组成、结构、相互作用以及动力学进行物理简化而实现的用于描述特定物理过程的模型。蛋白质体系具有复杂的相互作用。因此其动力学表现出丰富的多尺度特点。针对组成的简化模型，就是构建一个较小的单元种类来模拟自然界的20种氨基酸，如HP模型就是仅考虑疏水和亲水类型的单元。这种简化常常是通过分类来实现的。这样可以有效减少体系种类数目，可以突出关键的相互作用。在各种相互作用简化的模型中，一种很重要的模型是Go模型。这一模型是由日本科学家N.Go提出的，并在最小阻错原理提出后得到了广泛应用。这一模型中仅考虑天然态中所出现的吸引相互作用，从而有效保证天然态的稳定性，也充分反映了天然结构对蛋白质结构和动力学的重要作用，成为蛋白质物理研究的一个重要手段。在这一模型中通过引入蛋白质序列引起的相互作用异质性，成功解释了打结蛋白的折叠等问题。针对蛋白质结构的简化模型，常是通过把蛋白质中的氨基酸单元简化成一个或多个质点，这在一定程度上简化了蛋白质结构组织的复杂性，降低了系统的自由度数目，有效消除了一些内部自由度引入的高频运动。蛋白质模拟研究中的格点模型和非格点模型都是这种简化的典型例子。针对格点模型，由于空间自由度的离散化，一般采用**蒙特卡罗方法**进行模拟。对于非格点模型，通常不直接模拟环境，其模拟借助朗之万方程等方式进行。针对蛋白质相互作用的简化模型，通常需要对蛋白质相互作用的准确把握。如疏水作用和静电作用在蛋白质体系中十分重要，根据这些作用的特点，引入基于面积和平均场的模型相互作用势能，从而简化了非蛋白质自由度的计算，大大提高了分子模拟的效率。针对动力学的简化则需要相关过程更多的物理理解。针对特定物理过程的认识，可以对相关过程进行大尺度的抽象。如用典型的化学反应动力学来描述蛋白质折叠就是一种这样的简化。基于模拟轨迹构造的马尔可夫链模型也是运用了类似的思想。在具体的模拟中，还可以运用一些局部的动力学信息来引导整个分子模拟的进行，如通过放大局部的低频振动模式来降低蛋白质运动的随机性，提高蛋白质模拟的效率。这些简化的思路和方法常可以相互结合，得到更高效描述的相关物理过程。（王　骏）

蛋白质结构从头预测　ab initio protein structure prediction　利用由组成蛋白质的一维氨基酸序列来合理推测蛋白质的三维空间结构，特别是预测蛋白质的折叠、二级结构和三级结构的方法。蛋白质结构预测是生物信息学与理论化学所追求的最重要目标之一，在医学上（如药物设计）和生物技术上（如酶的设计）都非常重要。随着蛋白质测序技术的不断进步，大量蛋白质的一维氨基酸序列很容易获取。但在实验上，蛋白质三维空间结构的测定仍然面临非常大的挑战，因此蛋白质结构的理论预测就显得格外重要。

蛋白质结构从头预测的具体过程是先设计一个蛋白质能量函数，在该能量函数指引下，对构象空间中大量可能的蛋白质结构进行搜索和比较，从中选出具有最小能量函数的蛋白质结构。因此一个成功的蛋白结构从头预测算法，主要包含如下三个关键因素：一个能够准确描述蛋白结构的能量函数，能够满足大多数的热力学稳定状态所对应的构象空间；一个有效的搜索方法，能够快速确定搜索构象空间中的最小能量状态对应的构象；从构象空间中选取一个和生物学结构最接近的模型方法。

蛋白质能量函数的设计主要可以分为两类：一类是基于物理学原理的能量函数；另一类是基于统计已有蛋白质三维结

构得出的知识而定义的能量函数。基于物理学原理的能量函数主要有AMBER/CHARMM/OPLS、UNRES、ASTRO-FOLD等方法；它们使用的搜索方法分别为动力学模拟方法、构象空间退火算法、αBB算法；其模型选择方法有最小能量方法、自由能方法等。另一类是基于统计知识的相互作用能量函数方法，这类方法的构象搜索算法主要是蒙特卡罗模拟，模型选择主要用聚类、自由能等。

除了以上基于能量函数的方法，深度学习也已被应用于建立预测蛋白质二级、三级结构的模型。基于蛋白质序列数据库的多重序列比对（MSA）提供序列的同源性，是基于深度学习预测蛋白质结构的重要基础。值得一提的是，DeepMind公司于2020年底发布的人工智能系统AlphaFold 2仅凭蛋白质的氨基酸序列就能够精确预测蛋白质三维结构，预测精度明显优于传统的基于能量函数。

（帅建伟）

蛋白质结构设计 protein structure design 预测、构造和设计可以稳定折叠到特定空间构象（又称目标结构）的氨基酸序列的过程。蛋白质结构设计目的是设计具有新功能或新行为的蛋白质。通常把这一过程称为蛋白质逆折叠过程。蛋白质结构设计分为从头设计和基于已知蛋白质结构的改造。蛋白质稳定折叠态是其序列构象空间自由能极小的状态，因此蛋白质结构设计就是一个寻找满足折叠要求的理想氨基酸序列的最优化问题，使得所设计的目标结构就是其构象空间自由能极小的状态。所以蛋白质设计是结构预测的逆过程。蛋白质设计成功的关键牵涉两个问题：一是高效搜索巨大的分子构象空间；二是设计一个既准确又简单的评估函数，评估特定序列满足设计要求和蛋白质自身稳定性及动力学的要求。围绕构象搜索问题，提出了一些简化的方案，如利用已有天然结构作为模版来对构象空间进行重要性采样。对于从头设计就需要构建更大规模的参考结构集合，再进行有效筛选。在这一基础上，再对蛋白质的局域结构行搜索和优化。在评估函数方面，蛋白质设计中常用的能量函数有基于分子力学模拟中的能量函数、基于知识的能量函数或两者组合函数。理想情况下，应该使所设计序列的折叠能量地形图具有折叠漏斗的形状——目标结构能量最低，这一最低能量要比其他构象的能量都低很多，且折叠路径不能太曲折（阻挫最小原则），这是保证所设计的序列快速折叠，且不会折叠成其他结构的一个约束。

这种整合物理规律开展的蛋白质结构设计称为合理蛋白质设计过程。合理的蛋白质结构设计可以追溯到20世纪70年代中期。最初的设计方法主要基于序列组成，并没有考虑原子水平氨基酸侧链间的特异相互作用。分子力场、蛋白质折叠算法、氨基酸构象库的建立等，使得蛋白质结构设计有了长足进展。一些研究小组基于蛋白质折叠漏斗发展了一系列的理论来设计蛋白质，设计一些完整的蛋白质序列，可以折叠成自然界中还未见过的折叠类型。合理蛋白质结构设计已经成为蛋白质工程中最重要的工具。在实践中，蛋白质设计不只是一个计算问题。通过和实验筛选过程相配合，搜集实验筛选得到的一些特征可以有效提高结构设计的效率。这一思路已经在蛋白质设计中得到应用，极大提高了设计的效率。

（王 骏）

蛋白质能量面理论 protein energy surface theory 运用以蛋白质构象为坐标的自由能泛函来刻画蛋白质物理性质的统计物理理论。对于自然进化的蛋白质分子，根据蛋白质内部相互作用和环境对其的作用，每个构象都对应着一个有效自由能，形成一个具有复杂结构的高维超曲面。通常条件下，高维能量面是对溶剂和溶质分子自由度进行平均的结果，具有一定的平均场理论特点。这是基于环境小分子运动的时间和空间尺度较小的性质。对于动力学问题，有必要注意理论的适用范围。根据研究需要，能量面也常常被投影到一个较低的维度。蛋白质分子体系的性质可以运用统计物理方法进行计算和分析，是统计物理方法应用的典型案例。不同于传统的化学动力学描述，能量面理论指出蛋白质分子具有数量巨大的微观状态，其动力学行为表现为在复杂高维能量面上的扩散运动。而传统化学动力学理论中的状态对应于能量面上与测量手段相关的具有特定宏观特征的区域。能量面理论为多样性实验现象及相应化学反应动力学过程提供了更为全面的图像。通过对比随机物理系统（如自旋玻璃体系），人们提出用蛋白质能量面的一些有序参量和关键性控制参量，可很好地刻画蛋白质分子体系的特点。这一理论建立了蛋白质物理和凝聚态物理及统计物理之间的桥梁。

通过蛋白质分子体系的理论研究和实验发现，蛋白质能量面具有一些普适特征：①蛋白质能量面具有类似自相似的层次结构，因此蛋白质分子的动力学表现出丰富的多尺度特征；②蛋白质能量面常常是相对光滑的（即最小阻错原理）。对于典型的球蛋白而言，蛋白质能量面上的局域能垒通常远小于天然态和其他状态之间的能隙。这一性质极大地简化了蛋白质能量面的分析，并已被应用到蛋白质折叠、聚合等多个物理过程的研究中，人们运用一系列简化的物理模型，在蛋白质折叠核、蛋白质折叠路径、蛋白质变构等功能运动，以及蛋白质结构预测等方面取得了重要的进展。

（王 炜）

蛋白质同源建模 protein homology modeling 以已知结构的蛋白作为模板，用生物信息学的方法，通过计算机模拟和计算，对具有同源性的未知结构蛋白，根据其一级序列预测其三维空间结构的过程和方法。又称基于同源蛋白的比较建模法。通过对未知结构的同源蛋白的一级序列进行同源蛋白建模分析，能够很好预测其三维结构，并在一定程度上能准确预测相关结构域的生物功能。

同源建模基于两个认识或假定：首先，一个蛋白质的二级结构以及三级结构由其氨基酸序列唯一决定；其次，蛋白质的三级结构应该保持基本稳定或保守，即如果一个蛋白质的氨基酸序列有些许的改变，但其空间结构应该基本保持不变，从而保持其生物功能基本稳定。序列的高相似度会导致其结构的高度相似，并具有相似的生物功能。这是同源模型化方法在结构预测方面成功的保证。在实际预测计算中，同源建模要求模板蛋白与目标蛋白的序列一致性高于30%。

同源蛋白建模过程主要包括如下几个步骤：首先按照同源蛋白质的结构建立模板，所谓模板是一个已知结构的蛋白质，该蛋白质与目标蛋白质的序列非常相似。如果找不到这样的模板，则无法运用同源模型法。然后将目标蛋白质的序列与模板蛋白质的序列进行比对，使目标蛋白质的氨基酸残基与模板蛋白质的残基匹配，比对中允许插入和删除操作。再将模板结构的匹配残基的坐标拷贝到目标蛋白质，建立骨架。接下来再构建目标蛋白质的侧链，侧链坐标的预测通常采用已知结构的经验数据。在此基础上构建目标蛋白质的环区。通过上述过程为目标蛋白质建立了一个初步的结构模型。在这个模型中可能存在一些不相容的空间坐标，需要进行改进和优化，如利用分子力学、分子动力学、模拟退火等方法进行结构优化。蛋白质结构预测结果最后需要进行验证。一种验证方法是取已知结构的蛋白质，对这些蛋白质进行模拟结构预测，并将预测结构与真实结构进行比较，分析两者之间的差距，进一步改进预测方法，得出更好的结果。

（帅建伟）

蛋白质相互作用 protein-protein interaction 蛋白质分子之间的相互作用，特别是对蛋白质分子复合体结构、动力学特性以及相应生物功能（如生物过程的信号传导、调控等）有关键作用的物理相互作用。生物体系中蛋白质分子可以与众多的其他分子（包括蛋白质）发生相互作用，其中蛋白质间的相互作用具有重要的生物意义和丰富的物理内容。在系统生物学研究中，还根据蛋白质相互作用的有无等粗粒化信息构建了多尺度的蛋白质相互作用网络结构。这些相互作用常常具有特异性。由于蛋白质相互作用过程需要克服蛋白质分子的平移熵，蛋白质间相互作用常牵涉静电作用、疏水作用等较强的非键相互作用，有时还牵涉硫键等化学键作用。另外，水分子可以通过介导蛋白质之间的氢键网络而直接参与蛋白质相互作用。蛋白质分子之间的特异性界面相互作用通常与蛋白质单元内部的相互作用存在一定程度的自洽性，甚至可以通过蛋白质相互作用诱导本征无序蛋白质分子的折叠，并在蛋白质之间表现出界面形状和化学组成的互补性。这种微观结构上的相互作用特点可以通过解析蛋白质复合物三维结构来确定。在生物学中，还常常运用酵母双杂交、质谱、荧光光谱等手段来测定蛋白质相互作用的有无，为构建蛋白质相互作用网络提供了有关信息。蛋白质相互作用常常受到细胞环境中的蛋白浓度、其他分子的非特异相互作用以及蛋白质分子化学修饰的调控和影响。这一特点也使得蛋白质间相互作用有丰富的多样性和复杂性。（王 骏）

蛋白质组成复杂性 complexity of protein composition and sequence 蛋白质序列编码的复杂性，是蛋白质多样化结构和功能在组成和序列层面的反映。蛋白质是由氨基酸通过缩水反应生成的生物大分子。但不是任意的氨基酸序列都具有蛋白质的性质。由于结构和功能等多方面的要求，形成蛋白质常常具有特殊的氨基酸组成和序列。在自然界中，能够具有类似蛋白质结构和功能的序列是所有可能的蛋白质序列中极小的一部分。这展示了蛋白质的特殊性，也是生物界分子进化的结果。蛋白质序列的编码规律有时还被称为第二遗传密码，是衔接蛋白质序列信息和结构及功能之间的桥梁。

考虑到蛋白质结构和功能的多样性，蛋白质序列的复杂性包含有微观和宏观等不同层面的内容。对于具有类似结构或功能的蛋白质体系，通过序列比对分析，可以发现特定保守位点的存在。结合结构生物学和蛋白质工程的实验结果以及分子模型和模拟，揭示出这些保守性特征和结构与功能之间的关系，如准确刻画了折叠核的作用等，为研究蛋白质动力学机制提供了重要的模型和信息。进而根据多点协同突变的信息，可以帮助推断出蛋白质残基间的相互作用，从而帮助提高结构预测的精度。这些内容反映出蛋白质序列内部存在着跨越多种尺度的相关性。这在一定程度上解释了传统序列比对方法的一些局限性。

对于整个蛋白质序列空间而言，其序列也表现出一些整体的特征。如借助结构可设计性的概念，展示出自然界如何实现序列选择的图景。再如通过蛋白质内部相互作用和序列相似性等特征的分析，指出蛋白质的序列空间可以用较少的几种氨基酸进行刻画，揭示蛋白质序列空间的内禀维度，反映了蛋白质体系特别是序列组成复杂性的下限。还有研究发现，不同物种中蛋白质某些片段存在很强的特异性，这可以为物种分类提供一定的信息。这进一步展示了蛋白质本身的非随机性。但蛋白质序列-结构关系依然是一个没有完全解决的难题。如何运用物理和统计方法定量刻画蛋白质序列的复杂性仍然是蛋白质物理的重要方向。（王 骏）

氘核 deuteron 由一个质子和一个中子组成的稳定原子核。氘核是氢的一种同位素。它只有基态，无激发态。氘核的结合能为2.224 644兆电子伏，总角动量为$1\hbar$，磁矩和电四极矩也已精确测定。氘核是一个简单的两核子体系，对了解中子-质子相互作用的性质有特殊地位，实验上常用它来代替自由中子做中子固定靶使用。氘核引起的核反应可作为**中子源**。如$D+D\rightarrow{}^3He+n+3.265$兆电子伏和$D+T\rightarrow{}^4He+n+17.588$兆电子伏中，D为氘核，T为氚核。这些反应是氢弹的主要能量来源，也是可控核聚变的能量来源。

（靳根明）

导电聚合物 conducting polymer 由一种或几种不饱和的结构单元通过共价键连接起来的、具有单双键（或叁键）交替的π-π共轭结构、电子在整个链上离域的长链分子。带正电荷的载流子或电子沿着聚合物链的运动以及这些载流子在链间的跳跃使共轭聚合物具有导电性，其导电性能可通过可逆的掺杂-去掺杂（氧化-还原过程）转换而实现从导电态到绝缘态的性质切换，并能根据使用的需要在导体、半导体和绝缘体之间进行调节。

（陆 云）

导体 conductor 电阻率很小且易于传导电流的物质。导体中存在大量可自由移动的带电粒子称为载流子。在外电场作用下，载流子做定向运动，形成明显的电流。

第一类导体 金属是最常见的一类导体。金属中的原子核和内层电子构成原子实，规则地排列成点阵，而外层的价电子容易挣脱原子核的束缚而成为自由电子，它们构成导电的载流子。金属中自由电子的浓度很大，约10^{22}个每立方厘米，因此金属导体的电阻率很小，电导率很大。金属的电阻率为$10^{-8}\sim10^{-6}$欧·米，一般随温度降低而减小。金属导电过程中不引起化学反应，也没有显著的物质转移，称为第一类导体。

第二类导体 电解质的溶液或称为电解液的熔融电解质也是导体，其载流子是正负离子。实验发现，大部分纯液体虽然也能离解，但离解程度很小，因而不是导体。如纯水的电阻率高达10^4欧·米，比金属的电阻率大$10^{10}\sim10^{12}$倍。但如果在纯水中加入一点电解质，离子浓度大为增加，使电阻率大为降低，成为导体。电解液的电阻率比金属的大得多，这是因为电解液中的载流子浓度比金属中的小得多，而且载流子（离子）与周围介质的作用力较大，使它在外电场中的迁移率也要小得多。电解液在通电过程中伴随有化学变化，且有物质的转移，称第二类导体。它常应用于电化学工业，如电解提纯、电镀等。

气体导体 电离的气体也能导电，其中的载流子是电子和正负离子。通常情形下气体是良好的**绝缘体**。如果借助于外界原因，如加热或用X射线、γ射线或紫外线照射，可使气体分子离解，成为导体。电离气体的导电性与外加电压有很大关系。气体由于外界电离剂作用下的导电称为气体的非自持放电。随着外加电压增大，电流亦增大，电压增大到一定值时非自持放电达到饱和，继续再增加电压到某一定值后电流突然急剧增加，这时即使撤去电离剂，仍能维持导电，气体就由非自持放电过渡到自持放电。气体自持放电的特性取决于气体的种类、压强、电极材料、电极形状、电极温度、两极间距离等多种因素，并有发声、发光等现象发生。条件不同，自持放电采取不同的形式，有辉光放电、弧光放电和电晕放电等。气体的非自持放电和自持放电有许多实际应用。

（陈熙谋）

导体静电平衡条件　condition of electrostatic equilibrium in conductors　导体处于静电平衡状态所遵从的充分必要条件。此条件为均匀导体内部场强处处为零，意思是导体处于静电平衡状态，则均匀导体内部场强处处为零；反之均匀导体内部场强处处为零，则导体处于静电平衡状态。根据这一基本条件可导出一系列导体静电平衡性质，对于认识导体静电平衡的许多现象及其广泛应用十分有利。

（陈熙谋）

导体静电平衡性质　property of electrostatic equilibrium in conductors　根据导体静电平衡条件导出的导体处于静电平衡状态的一系列性质。这对于认识和理解导体静电平衡的许多现象及其应用十分有利。这一系列性质包括：①静电平衡的导体是一个等势体，导体表面是一个等势面。②静电平衡下的导体外靠近其表面地方的场强处处与表面垂直。③静电平衡下的导体内部处处没有未抵消的净电荷，电荷只分布在导体表面。④在静电平衡状态下，导体表面之外附近空间的场强$\boldsymbol{E}$与该处导体表面的电荷面密度σ_E的关系为$\boldsymbol{E}=\sigma_E/\varepsilon_0$，式中$\varepsilon_0$为真空电容率。⑤静电平衡下导体表面的电荷分布与导体表面的曲率两者之间没有唯一的函数关系，它还与导体的整体形状以及外部条件有关。大致说来，在静电平衡下孤立导体向外突出的地方（曲率为正且较大）电荷面密度较大，比较平坦的地方（曲率较小）电荷面密度较小，向里凹进的地方（曲率为负）电荷面密度更小。⑥当导体壳内没有其他带电体时，在静电平衡下，导体壳的内表面上处处没有电荷，电荷只能分布在导体壳的外表面，导体空腔内没有电场，空腔内的电势处处相等且等于导体空腔的电势。⑦当导体壳内有其他带电体时，在静电平衡下，导体壳内表面所带的电荷与腔内电荷的代数和为零。这些性质涉及电荷守恒、导体尖端放电、静电感应、静电起电、静电屏蔽等众多静电现象，在实际中有广泛的应用。

（陈熙谋）

倒格子　reciprocal lattice　晶格的傅里叶变换，由一套倒格点组成。由晶格基矢可以定义倒格子基矢，以此为基础构成的格子称为倒格子（见**倒易点阵**）。

（施宏龙　王文忠）

倒逆过程　umklapp process　在声子间相互作用过程中，倒格子矢量不为零的过程。又称翻转过程、U过程。见**正规过程**。

倒易点阵　reciprocal lattice　在晶体点阵的基础上按一定的对应关系建立起来的共轭点阵。晶格与倒易点阵之间的联系是傅里叶变换。最初由P.P.厄瓦耳引入这一概念，为的是便于认识和表述晶体结构同其X射线衍射效应之间的关系。晶体点阵称为晶格或正格子，同样倒易点阵又称为倒易晶格或倒格子。

设正空间点阵的一组基矢为$\boldsymbol{a}_1$、$\boldsymbol{a}_2$、$\boldsymbol{a}_3$，以它们为棱边决定的平行六面体（原胞）的体积为：

$$\Omega=\boldsymbol{a}_1\cdot(\boldsymbol{a}_2\times\boldsymbol{a}_3)$$

若再规定另一组基矢：

$$\boldsymbol{b}_1=\frac{\boldsymbol{a}_2\times\boldsymbol{a}_3}{\Omega}$$

$$\boldsymbol{b}_2=\frac{\boldsymbol{a}_3\times\boldsymbol{a}_1}{\Omega}$$

$$\boldsymbol{b}_3=\frac{\boldsymbol{a}_1\times\boldsymbol{a}_2}{\Omega}$$

则由这组新基矢$\boldsymbol{b}_1$、$\boldsymbol{b}_2$、$\boldsymbol{b}_3$所表述的新点阵与正空间点阵有互为倒易的关系。

以新基矢为棱边的平行六面体的体积为：

$$\Omega^*=\boldsymbol{b}_1\cdot(\boldsymbol{b}_2\times\boldsymbol{b}_3)=\frac{1}{\Omega}$$

表明新点阵原胞体积Ω^*与正空间点阵原胞体积互为倒数。

此外，正空间点阵中指数为h、k、l的一组平面的法线，就是倒易点阵中同一组指数表示的直线G，即$G=h\boldsymbol{b}_1+k\boldsymbol{b}_2+l\boldsymbol{b}_3$。而且这组平面的面间距同倒易空间直线上相邻两个倒格点的间距成反比。此特性可使倒格点同X射线衍射图中的衍射斑点联系起来，以便弄清正空间点阵中是什么平面组引起衍射的。

（陆　栋）

道尔顿分压定律　Dalton's partial pressure law　J.道尔顿于19世纪初发现的关于混合气体压强的实验定律。容器中混合气体的压强p等于组成混合气体各组元气体在同温同体积下单独存在时，压强$p_i(i=1,2,\cdots,s)$之和。这里s是组元的总数。各组元气体在同温同体积下单独存在时的压强，称为该组元气体的分压，故道尔顿分压定律也可表述为：混合气体的压强p等于组成混合气体各组元气体分压$p_i(i=1,2,\cdots,s)$之和，即$p=p_1+p_2+\cdots+p_i+\cdots+p_s$。严格讲，道尔顿分压定律只适用于理想气体，对于非理想气体只在高温低密度区近似成立。由道尔顿分压定律和理想气体的状态方程可知，对于总质量为M，而温度和体积分别为T和V的低密度混合气体，理想气体状态方程$pV=(M/\mu)RT$仍然成立。只是式中的μ是混合气体的平均摩尔质量，定义为：

$$\mu=[\sum_i C_i/\mu_i]^{-1}$$

式中$C_i=M_i/M$，C_i、M_i和μ_i分别为第i组元的质量分数、质量和摩尔质量。

（包科达）

得失相当　breakeven　聚变装置中核聚变反应输出能量等于输入能量的技术指标。是实现从聚变反应取得能量努力所追求的第一个阶段成果。聚变反应是轻原子核如氘、氚等，聚合成较重的原子核，释放出部分核能的反应。但要在可控的条件下发生反应，必须将燃料加热到很高的温度并维持一定的密度。为此必须输入一定的能量。对于**磁约束聚变**，必须使用强磁场将处于等离子体态的燃料约束并采用各种方法加热。对于**惯性约束聚变**，必须使用强激光或强流粒子束加热。当聚变反应的输出能量等于输入到等离子体的能量时，就认为达到得失相当。

这个指标也可以用另一方法表述。定义聚变反应输出能量与输入能量之比为增益因子Q，当$Q=1$时就实现了得失相当。为达到得失相当，必须对等离子体的温度T和数密度n，以及表征约束性能的能量约束时间τ提出一定要求。对于氘-氚反应而言，这个要求大约为：

$n\tau>0.4\times10^{20}$ 米$^{-3}$·秒，$T>3$亿度

实现得失相当并不意味着可以取得聚变能源。因为输出的聚变能转换成容易使用的电能有一定转换效率，对等离子体加热也有一定的能量效率，所以在聚变反应堆中，一般要求$Q\geqslant10$。

（王　龙）

德拜，P.J.W.　Peter Josef William Debye（1884-03-24～1966-11-02）　美籍荷兰裔物理学家、化学家。生于荷兰马斯特里赫特，卒于美国纽约。1900年进德国亚琛工业大学学习，1905年获电机工程师学位。

1908年获慕尼黑大学哲学博士学位。1911年去瑞士继**A.爱因斯坦**任苏黎世大学理论物理教授。以后曾在荷兰乌得勒支、德国格丁根、莱

比锡等大学任理论物理和实验物理教授。

1934年纳粹上台后的第二年，他到柏林受命为威廉皇家学会建立物理研究所，取名马克斯·普朗克物理研究所并任所长。当时德拜仍保留荷兰国籍。第二次世界大战爆发后不久，纳粹当局要他加入德国国籍，他断然拒绝，并于1940年去美国，任康奈尔大学化学系主任，直到1950年退休。1946年加入美国籍。

德拜早期从事固体物理的研究工作。1912年他改进了爱因斯坦的固体比热公式，得出在常温时服从杜隆-珀替定律，在温度T趋于0时和T^3成正比的正确比热公式。他在导出这个公式时，引进了特征温度即德拜温度的概念。1916年他和P.谢尔一起发展了M.von **劳厄**用X射线研究细晶粒晶体结构的方法（德拜-谢尔方法），它可用来鉴定样品的成分，并可决定晶胞大小。1926年德拜提出用顺磁盐绝热去磁致冷的方法，用这一方法可获得1开以下的低温。1932年发现超声衍射现象。

德拜是最早对聚合物进行研究的化学家之一。1923年，他发展了强电解质理论，以此解释电解质活度系数与浓度的关系式。在盐溶液极化分子、分子偶极矩和分子结构理论方面也有重要的贡献。他提出极性分子理论，确定了分子的偶极矩，定量地研究了溶质与溶剂分子间的联系，解释了稠密溶液中的一些反常现象。他在分子极化方面的工作，使人们对分子中原子排列的认识有了飞跃。在溶液理论中他引入一个被称为**德拜长度**的特征长度，描述了一个正离子的电场所能影响到电子的最远距离。德拜长度现在已成为溶液理论和等离子体物理中的一个基本物理量。

由于在X射线衍射和分子偶极矩理论方面的杰出贡献，德拜获得了1936年诺贝尔化学奖。 （戴念祖）

德拜长度 Debye length 等离子体中带电粒子被异性电荷所屏蔽的厚度。带电粒子或浸入等离子体的电极周围总是吸引着一层带相反电荷的粒子，因此带电粒子或电极的静电场在某个距离内基本上被屏蔽，类似于金属球屏蔽球内电荷的电场。这个屏蔽称为德拜屏蔽，而表征这个屏蔽程度的特征距离称为德拜长度λ_D。距离超过λ_D时，电场迅速消失。一个电荷为q的点电荷周围的屏蔽势随距离r的分布为：

$$\varphi=(\frac{q}{4\pi\varepsilon_0 r})\exp(-\frac{r}{\lambda_D})$$

$$\lambda_D=(\frac{\varepsilon_0 k_B T}{q^2 n})^{\frac{1}{2}}$$

式中ε_0为真空介电常数；k_B为玻尔兹曼常数；T、n、q分别为电子或离子的温度、数密度和电荷。德拜屏蔽势有时也称为德拜-休克尔势或汤川势。屏蔽势随距离的衰减远快于裸的库仑势（见图）。

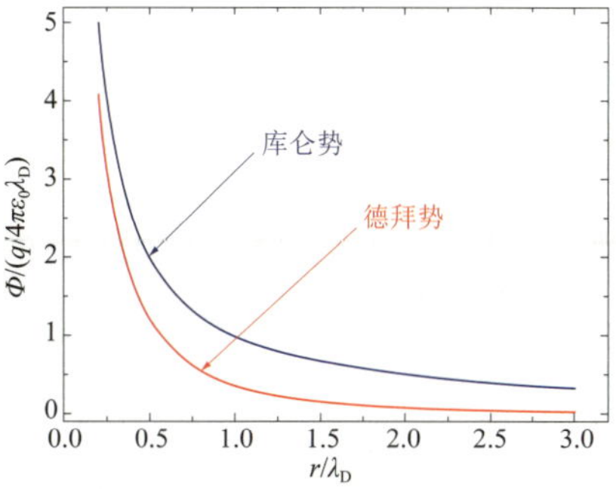

德拜屏蔽势示意图

假如温度为零，则屏蔽是彻底的，此时$\lambda_D=0$；但实际上总存在热运动，$T\neq0$，则λ_D为有限值，此时屏蔽不完全，有微弱的电场漏出德拜长度之外。

德拜长度是等离子体中最重要的基本参数之一，是衡量等离子体的两个基本性质，即准中性和集体效应的特征长度。在大于λ_D的空间尺度上，等离子体在宏观上呈现出准电中性，带电粒子间以集体相互作用为主。在小于λ_D的空间尺度上，等离子体偏离电中性，带电粒子间呈现出强的碰撞相互作用。因此λ_D也是单个带电粒子间碰撞距离的最大值，集体相互作用尺度的最小值。

德拜球内的粒子数为：

$$N_D=\frac{4\pi n\lambda_D^3}{3}$$

对于集体效应，要求$N_D\gg1$，此时带电粒子间的集体相互作用占主导，粒子间碰撞所起的作用居于次要地位，一般等离子体物理学大多研究这种情况。

（马锦秀）

德拜-休克尔理论 Debye-Hückel theory 1923年P.J.W.德拜和E.休克尔提出的强电解质溶液理论。又称离子互吸理论。德拜-休克尔理论是其他电解质溶液理论基础。提出了离子氛的概念，即溶液中每一个离子都被电荷符号相反的离子所包围，由于离子间的相互作用，使得离子的分布不均匀，从而形成了离子氛。由于离子的热运动，离子氛不是完全静止的，而是不断地运动和变换。所以离子氛的存在只能看作是时间统计的平均结果。

德拜-休克尔理论的假设前提为：①强电解质在低浓度溶液中完全电离，离子间的相互作用力（主要为静电库仑引力）可归结为中心离子和离子氛间的作用。②离子在静电引力下的分布遵从玻尔兹曼分布公式，电荷密度与电势之间的关系遵从静电学中的泊松公式。③离子是带电荷的圆球，离子中电场球形对称，离子不能被极化，在极稀溶液中可以看成点电荷。④只考虑离子间的库仑力，其他作用力忽略不计，离子间的吸引能小于热运动能。⑤在稀溶液中连续介质水的作用是提供介电常数，加入电解质后引起的介电常数变化，以及水分子与离子间的水化作用可以完全忽略。根据这些假定可以导出稀溶液中离子活度因子的计算公式：

$$\lg\gamma_i=-Az_i^2\sqrt{I}$$

这被称为德拜-休克尔极限定律。单种离子的活度因子无法直接由实验测定，需要变成平均活度因子的形式：

$$\lg\gamma_\pm=-A|z_+z_-|\sqrt{I}$$

若不把离子看作点电荷，考虑到离子的直径，则极限公式为：

$$\lg\gamma_\pm=\frac{-A|z_+z_-|\sqrt{I}}{1+aB\sqrt{I}}$$

式中$\gamma_\pm$为平均活度因子；I为离子强度；z为电荷；a为离子的平均有效直径；A、B为常数，在一定温度下对某一特定溶剂有定值。 （崔基炜 郝京诚）

德布罗意，L.V. Louis Victor de Broglie （1892-08-15～1987-03-19） 法国物理学家，**量子力学**创始人之一。生于下塞纳的迪耶普，卒于巴黎。1910年获巴黎大学文学学士学位。后来志趣转向理论物理学，1913年又获理学士学位。1924年获巴黎大学博士学位，在博士论文中首次提出了“物质波”概念。1926年起在巴黎大学任教，1932年任巴黎大学理学院理论物理学教授，1933年被选为法国科学院院士，1942年起任该院常任秘书。1962年退休。

1923年德布罗意将A.爱因斯坦关于光的**波粒二象性**原理扩展到实物粒子中，于1924年提出物质波的假说，指出微观世界中的粒子都具有波动性和粒子性的二重性质，从而为E.**薛定谔**建立波动力学奠定了基础。1927年，美国的C.J.**戴维森**和L.H.革末及英国的G.P.**汤姆孙**通过电子衍射实验各自证实了电子确实具有波动性。至此，德布罗意的理论作为大胆假设而成功的例子获得普遍的赞赏，使他获得了1929年诺贝尔物理学奖。

此后，德布罗意主要从事的仍是波动力学方面的研究，如P.A.M.狄拉克的电子论、光的新理论、自旋粒子的一般理论及波动力学在核物理中的应用等，为发展波动力学做出贡献。他在1951年以后着重研究了“双重解理论”，想要在经典时空概念的基础上对波动力学的概率和因果性做出解释，但这种努力未获得成功。德布罗意始终对现代物理学的哲学问题感兴趣，喜欢将理论物理学、科学史和自然哲学结合起来考虑，写过一些有关的论文。

（戴念祖）

德布罗意波 de Broglie wave 物质的波粒二象性中波动性的体现。在A.爱因斯坦的光量子及N.玻尔的原子量子论的启发下，考虑到光具有波动和粒子的两重性，L.V.德布罗意在1924年提出假设：所有实物粒子也具有波动性，一个具有动量p的粒子对应的波长为$\lambda=h/p$，即德布罗意波。他提出这个假设，一方面是企图把实物粒子与光的理论统一起来，另一方面是为了更自然地去理解微观粒子能量的不连续性，以克服玻尔的量子化条件带有人为性质的缺点。德布罗意认为，物质粒子的波动性与光具有相似之处，但由于h是一个很小的量，实物粒子的波长实际是很短的。在一般宏观条件下，波动性不会表现出来，所以经典力学处理是恰当的。但到了原子世界，物质粒子的波动性便会明显起来。

实物粒子的波动性的直接证明在1927年才实现。将具有一定能量的电子垂直射向金属镍单晶的晶面上，观察到不同角度的衍射波强度，与X射线衍射相似，这就证实了电子的波动性。1929年，德布罗意因提出物质波荣获诺贝尔物理学奖。

（庄鹏飞）

德冯舍尔－朗道理论 Devonshire-Landau theory 在朗道二级相变理论的自由能中引入六次项贡献的理论。朗道二级相变理论，经过适当变化，也能推广到可使用序参量描述的一级相变中。在朗道二级相变的自由能中引入三次项，或引入六次项，会得到一级相变的结果。德冯舍尔－朗道理论就是在二级相变的自由能中增加了六次项的贡献。考虑序参量为标量η，将相变点附近的吉布斯自由能按照幂级数展开，考虑对称性和稳定性要求，朗道自由能可以写为：

$$\Phi=\Phi_0+a\,(T-T_C)\,\eta^2+B\eta^4+D\eta^6$$

式中a和D为常数，$a>0$，$D>0$；T_C为特征温度。当$B>0$，系统发生二级相变。增加六次项只对平衡态的序参量和自由能数值有影响，不改变二级相变的基本特征。当$B<0$，系统发生一级相变。从高温降温，依次经历三个特征温度：

$$T^+=T_C+\frac{B^2}{3aD},\ T_t=T_C+\frac{B^2}{4aD},\ T_C$$

三个特征温度T^+、T_t、T_C分别对应有序相中作为亚稳相出现的温度、一级相变温度以及无序相失稳的温度。通过分析可以得到相变时序参量发生了突变。如果考虑参数B是温度、压强的函数，在p-T相图上，$B>0$区域，$T=T_C$对应二级相变的相平衡曲线，$B<0$区域，$T_C+\dfrac{B^2}{4aD}$对应一级相变的相平衡曲线，而$B=0$和$T=T_C$确定的点，就是临界终点。

（刘玉鑫）

德雷尔－颜过程 Drell-Yan process 在强子－强子碰撞过程中，轻子对产生的过程。在20世纪60年代末，美国布鲁克海文国家实验室的J.H.克里斯坦森等人在高能质子（$E_p\simeq 22\sim29$吉电子伏）与铀核的对撞实验中发现了轻子对的产生过程$p+U\rightarrow\mu^++\mu^-+X$，并且测量了$\mu$子对不变质量谱分布。1970年8月，美国物理学家S.D.德雷尔和美籍华裔物理学家颜东茂在美国物理评论快报发表论文，根据部分子（夸克）模型和脉冲近似，首先解释了强子对撞实验中发现的μ子对产生和$M_{\mu\mu}$能谱分布。根据R.P.费曼提出的部分子模型，可以把两个高能质子的对撞理解为质子内部近似自由的部分子（夸克）之间的深度非弹性散射。可以通过来自一个质子的夸克和来自另一个质子的反夸克之间的湮灭来产生一对正反轻子对：即$q+\bar{q}\rightarrow\gamma^*\rightarrow\mu^++\mu^-$。在夸克层次和领头阶近似下，$q+\bar{q}\rightarrow\gamma^*\rightarrow e^++e^-$轻子对产生过程实际上就是$e+e^-\rightarrow q\bar{q}$过程的时间反演。

人们在多种固定靶实验和所有强子对撞机实验中对德雷尔－颜过程做了细致的研究，还考虑了矢量玻色子Z^0和$W^\pm$交换对此类过程的贡献。此类过程是研究原子核内部结构动力学的理想工具。人们在量子色动力学（QCD）的理论框架下，计算了QCD高阶修正。计算精度已经达到次次领头阶，和实验测量结果符合的很好。德雷尔－颜过程的研究对抽取夸克、胶子的分布函数，对单自旋不对称性研究和横向动量依赖的分布函数研究有重要影响。对极化的德雷尔－颜过程的实验和理论研究也是十分重要的研究课题。

（肖振军）

德梅尔特，H.G. Hans Georg Dehmelt（1922-09-09～2017-03-07） 德裔美国实验物理学家。

生于德国格尔利茨，卒于美国西雅图。1940～1946年应召入伍。其间被送往布雷斯劳大学学习物理。1945年初被美军俘虏。1946年获释后进格丁根大学学习，并于1950年获哲学博士学位。1952年移居美国，在杜克大学工作。1956年入华盛顿大学，先后任助理教授、副教授和教授。1978年当选美国国家科学院院士。

德梅尔特从事电子和核子光谱学研究。1950年独立于R.V.庞德完成了晶体中核四极矩共振实验。1958年他就开始研究离子阱，开辟了用离子阱光谱学研究电子的实验方法。1973年，首次成功地观察到阱中单一电子。1975年，提出了冷却电子的方法。由此，大大地增加了对电子研究的准确性。他的小组测到的电子g因子的准确度比别的方法精确得多。20世纪70年代末期，他及其合作者建立了一个新的光谱学理论，称为单一离子光谱学，用N.F.拉姆齐的分立振荡场方法，实现了比铯原子钟更稳定的时间度量。由于发展了离子阱技术，德梅尔特和W.保尔同获1989年诺贝尔物理学奖。

（郭奕玲）

等电势高压带电作业 equipotential high voltage live work 在不停电条件下检修和维护高压电设备的技术措施。停电检修和维护高压电设备会造成工作中断，有可能造成不可估量的损失，因此能实现在不停电条件下检修和维护高压电设备是提高工作效能和效率的有效措施。接触高压线是危险的，但是对人体造成威胁的并不是电势高，而是电势梯度大，也就是说由于通过人体的电流大造成的。通常通过人体的电流达到毫安量级就有生命危险，而严格维持在高电势状态则是安全的。因此为了保证作业人员工作的绝对安全，作业人员应穿上由金属丝网编织成的衣、帽、手套和鞋并全身连成一体的保护服。一方面它相当于一个导体空腔，对人体起到电屏蔽作用，减弱穿过人体的电场；另一方面，当作业人员经过电势不同区域时，要承受一个一定幅值的脉冲电流，保护服与人体相当于并联，保护服与人体相比电阻很小，对脉冲电流分流，使绝大部分电流通过保护服，从而保证了作业的安全。

（陈熙谋）

等电子中心 isoelectronic or isovalent center 杂质原子与所取代的基体原子拥有相同价电子数目的一类替位杂质。硅的C_{Si}（掺入碳原子替换硅原子）缺陷和磷化镓的N_P缺陷等都是等电子中心。等电子中心可以是电子的施主、受主，或者保持非电活性。如图所示，在磷化镓中一个磷原子被等价的氮取代后形成一个复合中心，即等电子中心，在这个中心容易吸附一个电子成为N^-，是等电子受主。这是由于该替位杂质引起的微扰势足够强，在带隙中产生局域化的缺陷能级。因为氮的电负性要远大于磷（分别为3.0电子伏和1.6电子伏），它可以吸附一个电子成为带负电的N^-，而N^-像受主一样从价带俘获一个空穴形成一个激子，因此磷化镓的N_P是一个等电子受主。束缚在N_P等电子中心的这对电子-空穴对随后淹灭发射一个光子，光子的能量为半导体带隙减掉等电子中心的束缚能。类似地，磷化镓中的Bi_{Ga}是一个等电子施主。在有些情况下，如砷化镓中的镓和砷原子分别被铝和磷取代不能成为等电子中心，这是由于这类等电子杂质并不能产生局域化的缺陷态，相反产生的是与基体布洛赫态（满足布洛赫定理的电子态）杂化的共振态，在能量上和基体的能带结构重叠。当它们的浓度足够高后形成随机合金，这些随机合金的能带结构可以基于具有平均有效晶格势的完美晶格来计算获得（虚晶近似）。对于等电子中心，除了非常靠近中心的区域，它表现为电中性，因此等电子中心的势是短程的。虽然等电子中心的束缚能很小（例如，对于磷化镓的N_P，它的电子束缚能只有9毫电子伏），但等电子中心势的高度局域化特性使其成为深能级中心。

等电子杂质能级一般是深能级，在半导体中的作用有两方面：复合中心和发光中心。一般深能级由于荷电状态或者扬-特勒效应，在能隙中形成一系列的能级。导带中的被激发电子可通过这些能级无辐射跃迁至价带，与价带中空穴复合，同时放出声子，或者在某一个能级上较长时间被俘获，因此利用深能级杂质可以控制载流子的寿命。在有些器件中要求载流子有较长的寿命，如光电池、激光器等；而有些器件则要求较短的寿命，如快速开关。

等电子杂质还可以作为发光中心。磷化镓和$GaAs_xP_{1-x}$（$x<0.4$）是间接带隙半导体不能发光，但掺入N_P后就能非常有效地发光。因为等电子杂质的波函数在实空间是非常局域的，因此在$\boldsymbol{k}$空间是非常扩展的，除了有导带极小处$\boldsymbol{k}\approx(1,0,0)(2\pi/a)$的分量外，还包括较大价带极大处$\boldsymbol{k}=0$的分量。电子由价带激发至导带，再由导带弛豫到氮能级上，这时它就有较大的概率跃迁至价带，发出光来。利用这一特性，已经制成了红、绿的发光管。测量深能级主要用深能级瞬态谱。

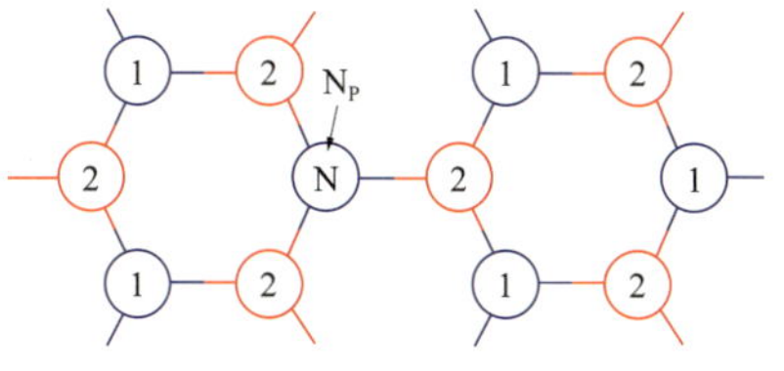

1：磷，2：镓

磷化镓（110）面

（骆军委）

等厚干涉 equal thickness interference 平行光照射到薄膜上产生的干涉现象。属于一种分振幅法干涉。当一束平行光入射到厚度均匀变化的薄膜上，经薄膜上、下两个表面反射的两个光束具有一个由薄膜厚度决定的光程差（相位差），当这个光程差为入射光半波长的偶数倍时为相长干涉，奇数倍时则为相消干涉。在薄膜厚度相同的地方形成同一条干涉条纹，称之为等厚干涉。

等厚干涉现象可以在微米尺度上检测加工过程中工件表面几何形状所存在的瑕疵。例如，在加工一个工件平面时，首先制造一个精度很高的平面（样板）。然后使样板平面与待测工件的表面相接触，此时两表面间便形成一层空气薄膜。若待测表面是很好的平面，当光照射时，空气薄膜形成的干涉光强呈一片均匀；若待测表面局部存在瑕疵，则此处的干涉光强与别处不同形成明暗变化的花样，从而判定待测表面偏离平面的情况。（刘仁明）

等离激元 plasmon 固体中的自由电子气集体振荡的元激发，是一种准粒子。类似于固体中的声子是晶格振动的量子化单元，等离激元是固体中电子气集体振荡的量子化单元，它的名字起源于它和一般的等离子态（plasma）的相似性。在经典理论图像中，金属可以被近似看作由带负电的自由电子气均匀分布在（相对于电子气）固定不动的带等量正电荷的离子实中。当自由电子气被真空涨落或外界电磁场扰动时，电子气的电荷中心会瞬时偏离离子实中心。此时高于和低于平均电子气密度的局部区域会分别产生净的负电荷和正电荷，在下一时刻两者的库仑吸引力又导致电子气的电荷中心向相反方向偏离离子实中心，如此往复形成电子气的集体振荡。不仅是金属，等离激元可以存在于所有具有自由载流子的物质中，如掺杂半导体与石墨烯。等离激元的能量在自由电子气模型中可以被表述为：

$$E_p=\hbar\sqrt{\frac{ne^2}{m\epsilon_0}}=\hbar\omega_p$$

式中n为自由电子气密度；e为元电荷；m为电子有效质量；ϵ_0为真空中的介电常数；$\hbar$为约化普朗克常数。在量子化描述中，等离激元的能量E_p可以看成它的能量单元$\hbar\omega_p$，式中ω_p为等离激元共振频率。由于等离激元来自经典理论中电子振荡的量子化处理，因此其主要性质可以很好地由麦克斯韦方程及其推导来描述。

体等离激元 指固体内自由电子气集体振荡的元激发，其能量$\hbar\omega_p$可由电子束能量损失谱实验测得：用能量远大于$\hbar\omega_p$的电子束穿透材料来激发其体等离激元，透射电子损失的能量就是$\hbar\omega_p$。ω_p取决于固体的电子气密度，也即自由载流子的浓度。材料的等离激元共振频率很大程度决定了它们的光学性质：当电磁波入射到金属或半导体上，低于其等离激元共振频率的电磁波会被电子气屏蔽而被反射；高于其频率的电磁波会因为电子气来不及屏蔽而直接穿透。对于大多数的金属，载流子浓度约为10^{22}～10^{23}/厘米^3，对应的$\hbar\omega_p$为5～15电子伏，因此金属在可见光波段呈现高反射率（金属光泽）。掺杂的半导体载流子浓度约为10^{15}～10^{21}/厘米^3，它们的价电子等离激元共振频率在紫外区域，但因为半导体的电子带间跃迁在可见光范围，会吸收一部分波段的可见光从而呈现出不同的颜色。部分的金属也存在可见光范围的电子带间跃迁，如金和铜，因此表现为有色金属。

表面等离激元 反映的是固体表面的自由电子气集体振荡。与仅取决于固体本身介电常数的体等离激元共振频率ω_p不同，表面等离激元的振荡频率ω_{sp}还取决于材料周围介质环境。ω_{sp}通常小于ω_p，如二维的空气-固体界面体系，$\omega_{sp}=\omega_p/\sqrt{2}$。当固体尺寸缩小到纳米尺度并小于入射光波长时，纳米颗粒上的自由电子气会随着入射电磁场的频率而振荡，当光频率为某一特定频率时，光会被强烈地吸收或者散射，这种现象称为局域表面等离激元共振，可以将光束缚在远小于波长的空间范围内，形成巨大的电磁场增强。不同纳米金属材料的表面等离激元共振频率覆盖紫外到近红外波段，重掺杂的半导体纳米颗粒和石墨烯等新型材料的振荡频率覆盖中红外到近红外波段。对这些特异性质的研究，是表面等离激元光子学的重点部分之一。（徐红星）

等离激元光子学 plasmonic-photonics 主要研究纳米尺度空间里的电磁场与金属自由电子相互作用的学科，是纳米光子学的重要组成部分。当金属纳米结构中自由电子与外界光场耦合产生振荡，会发生一系列新奇的光学性质，如选择性光散射和吸收、局域电场增强、电场强束缚、可传播等，在生物、化学、材料、能源等领域具有一系列重要的应用，其中包括等离激元传感器、表面增强光谱、表面等离激元激光、表面等离激元光回路，以及光逻辑运算等。同时，由于表面等离激元限域于金属纳米结构的表面，因此可以突破光的衍射极限，这一特点使得表面等离激元在超分辨成像技术、突破衍射极限的光刻技术、高集成光信息处理技术方面具有独特的优势。

金属中自由电子气整体密度的振荡量子化为等离激元，主要分为体等离激元和表面等离激元。体等离激元是体金属自由电子气中，电子相对正离子纵向振荡的量子化。正是由于它被激发的纵模特性，体等离激元并不与横电磁波耦合，只能通过粒子碰撞来激发。金属表面的电子振荡量子称为表面等离激元，它导致两种情况，一种是传播模式的表面等离极化激元（SPP），一种是非传播模式的局域表面等离激元。前者是金属表面的自由电子与入射光子耦合产生的沿金属和电介质界面传播的电磁表面波。它是一种衰减波，垂直于金属电介质界面方向上的电场强度随距离呈指数衰减。而局域表面等离激元广泛存在于金属纳米颗粒的散射中，是指金属纳米结构中的自由电子与电磁场相互作用，在金属表面产生集体振荡。它是一种非传播的元激发，可以引起金属表面的局域场增强，从而使许多在表面的光学过程转换效率得到显著提高。

早在20世纪初，A.J.W.索末菲等人在研究无线电波沿导体界面传播时，就给出了这些电磁表面波的数学描述。1902年，R.W.伍德在观测可见光照射金属光栅时，发现了反常的衍射光强分布，意识到光波和金属之间存在着某种相互作用。但由于条件和理论认识的限制，表面等离激元的存在一直没有得到重视。直到1941年，U.法诺将金属光栅的反常衍射与索莫菲的理论工作联系起来，用金属与空气界面的SPP激发解释了反常衍射现象。1957年，R.里奇在研究高能电子通过金属薄片时，发现不仅在体等离激元频率处有能量损失峰，而且在更低频率处也有能量损失峰，推断出与金属的界面有关。1960年，E.A.斯特恩和R.A.费雷尔研究了此种模式产生共振的条件，首次提出了表面等离激元的概念。1968年，A.奥托利用衰减全反射的方法，首次在实验中实现了光频段表面等离激元的激发，现在广泛应用的暗场照明模式近场光学显微镜正是基于奥托的实验构想。同年E.克雷奇曼和H.雷特尔改进了奥托的结构，提出了现在最为广泛应用的激发光频段SPP的克雷奇曼模型。至此，关于SPP相关现象的统一理论建立起来了。1998年，T.W.埃贝森等人发现光在通过金属薄膜上的二维孔阵列的时候存在透过增强效应，即通过对阵列周期等其他参数的调控，通光效率可以超过小孔面积的百分比，这种现象被称为光异常透射现象，引发了国际上对表面等离激元及其相关问题的广泛关注和研究兴趣，相应的理论和实验研究也不断得到完善。

随着纳米加工制备技术以及理论模拟分析手段的发展，人们对表面等离激元的机理和应用的研究逐渐广泛和深入，使其迅速发展成为一门新兴的学科——等离激元光子学，这一领域的研究不但发现许多新现象和提出许多新的科学问题，而且展示了巨大的应用前景，有望在生命科学、信息科学和新能源技术中产生广泛的应用，是国际上极具前瞻性和挑战性的重要领域。

（方哲宇）

等离子体 plasma 由大量电子、离子和尚未电离的中性粒子组成的体系。通俗地说，等离子体就是电离气体。或者说，通过能量注入，组成中性气体的原子或分子结构中的电子逸出成为自由电子，余下的原子或分子成为带正电的离子。按照严格的定义，等离子体指包含自由带电粒子的体系，其中长程库仑相互作用起主要作用。长程库仑相互作用指带电粒子间与距离二次方成反比的静电相互作用力。这种相互作用经常是集体性质的，表现为丰富的波和不稳定性现象。随物质内能的增加，物态逐渐经历了固态、液态、气态到等离子体态。古希腊人将物质本原分解为土、水、气和火四要素，分别对应四种物态。但在这四种物态中人类对等离子体认识得最晚。1879年，英国科学家W.克鲁克斯将放电管中的电离气体称为物质的第四态。1922年，等离子体（plasma）一词才由美国物理学家I.朗缪尔引入。它的原义是血浆，所以中文也可译为电浆。

等离子体中包含大量自由电荷，所以它的性质和气体有很大不同，有良好的导电性。虽然等离子体中包含了大量自由电荷，但总体上趋于中性，即正负电荷数接近相等，称准中性。因此，如果其中的离子仅为带一价电的正离子，离子数密度非常接近电子数密度，一般统称为等离子体密度。

除去等离子体密度，还有等离子体温度也为重要参数。如果等离子体处在磁场内，称磁化等离子体，磁感应强度也是主要参数。等离子体的其他重要参数可从这几个参数推出。

等离子体广泛存在于自然界，占据可观察空间的绝大部分，而且不同类型等离子体之间在参数上相差极大。图1在数密度-温度二维平面上表示了一些典型自然等离子体（椭圆形框）和人工等离子体（矩形框）的分布。一些分界线将这个图划分为不同区域。首先，随温度升高，部分电离等离子体转化为完全电离等离子体。常见气体的电离能在几万摄氏度到十几万摄氏度之间，所以把10万℃作为它们的大致分界线。等离子体的温度继续升高，电子速度可以与光速c相比时，相对论效应显现。这一界限以电子热运动能量达到电子静止能量即m_ec^2为标志，其中m_e为电子质量。图1其余两界线与温度密度都有关系。其中一条界线为：

$$n\lambda_D^3=1$$

式中λ_D为德拜长度；$n\lambda_D^3$为德拜球中粒子数目。这个无量纲量也是等离子体中粒子的势能与动能之比。常见等离子体这个数目小于1，称为弱关联等离子体，大于这个数目称强关联等离子体。另一界线是等离子体能量等于费米能。一般等离子体的能量小于费米能，呈经典性质。而当能量大于费米能时，呈量子性质，称简并等离子体。

图1中左侧的自然等离子体主要是比较稀薄的星际、星系际等离子体，以及行星、恒星表面的等离子体。从太阳表面的日冕、日珥（图2）到从太阳表面流出的太阳风到地球及其他一些行星的磁层、电离层实际上是连续的，称为空间等离子体，图1中只表现了几个典型区域。位于图1上方的黑洞吸积等离子体是相对论等离子体，位于黑洞附近，是强的辐射源。位于图1右侧的几种自然等离子体是几类星体内部区域的稠密等离子体。此外，类星体、脉冲星、超新星、星系核周围的等离子体也处于较为特殊的状态。

在地球表面环境中只能看到闪电、极光等少数自然等离子体。但鉴于等离子体有很重要研究价值和应用价值，用人工方法产生了不同种类的等离子体。这些人工等离子体主要分为两类。一类是温度较低的低温等离子体，常用于技术领域。另一

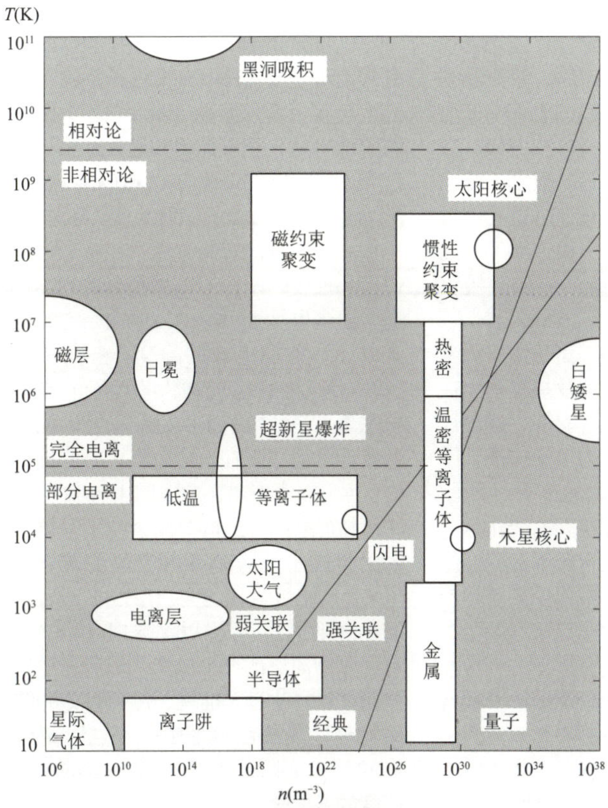

图1　自然等离子体（椭圆框）和人造等离子体（矩形框）在温度－密度参数平面上的分布

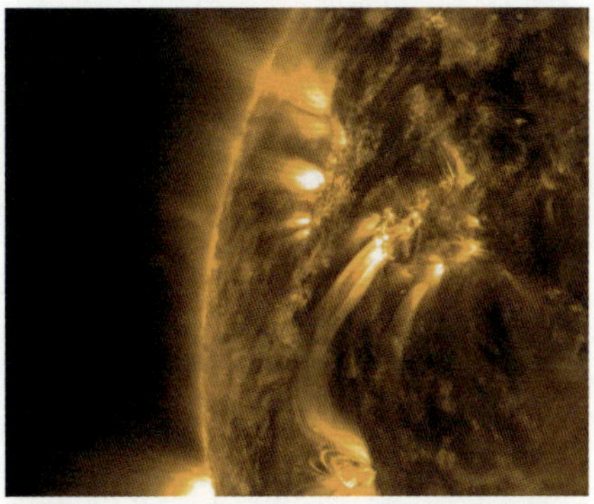

图2　2017年5月31日，美国宇航局拍摄一张太阳表面相距数万公里的等离子体流相互连接的画面

类是以受控聚变为目的的聚变等离子体，又分为**磁约束聚变**和**惯性约束聚变**两类。在惯性约束聚变中，激光产生的等离子体可接近固体密度。核爆炸产生的等离子体也属于这一参数范围，称为热密等离子体。而用超短波激光可产生温度较低的温密等离子体。

固态的金属和半导体内含有自由电荷电子和空穴，也具有某些等离子体的性质，称为固态等离子体。

在等离子体中，承载负电荷的粒子也可能是带负电的负离子。其他一些粒子也可组成等离子体。如宇宙大爆炸初期曾存在过夸克－胶子等离子体。正电子和电子也可组成等离子体。这种质量相同的正负粒子组成的等离子体称为对等离子体。

在通常的等离子体中掺杂了微小固体颗粒，带电成为新的组成部分，称为尘埃等离子体，见于空间和宇宙等离子体，也可在实验室中产生。

尽管一般的等离子体是准电中性的，也有一类非中性等离子体，如联合静电约束和磁约束产生的纯电子等离子体，也具有很多等离子体的普遍性质。这种单成分等离子体还有离子、正电子、反质子等粒子组成的等离子体。**离子阱**中的等离子体就是纯离子型的。

从产生过程而言，稀薄的空间等离子体和宇宙等离子体多由光电离和宇宙射线作用产生，在实验室中，多由粒子碰撞，特别是高速电子碰撞电离产生。具体方法是注入各种频率的电磁波，从直流到交流、高频、射频、微波到激光，驱动原来就存在的少数电子加速碰撞中性粒子产生大体积的电离。对于电离势很低的碱金属如铯，可以用热电离的方法。也可用铯原子束打在热钨板上，由于电子脱出功高于电离势，可在空间产生铯等离子体，称为接触电离。

实际电离过程非常复杂，对于双原子分子和多原子分子气体，可能先分解为原子，再进一步电离为离子。也可能先电离为分子离子，再进一步分解。除去氢原子以外，当温度进一步升高时，结构复杂的原子会多次电离，直到电子完全剥离，成为裸原子核。

由于等离子体的普遍存在和特殊性质，越来越多地用于基础研究和技术领域，在日常生活、国民经济和国防领域起着重要作用。

在聚变研究中，由于聚变燃料氘和氚核只有在高温下才有可观的反应截面，而在这样的温度下，物质必然呈等离子体态，因而受控聚变的研究首先是等离子体物理，包括等离子体的输运、约束、加热、稳定性及有关诊断、数值模拟和工程技术的研究。这种高温等离子体的研究成为等离子体物理研究的主流之一。聚变装置还可以用于放射性材料的嬗变、核废料处理、体中子源、高能γ射线源、氚的生产等领域。

等离子体另一重要应用方面是工程技术领域，特别是IT业、等离子体显示和材料领域。作为国民经济支柱产业的IT业中，等离子体刻蚀是芯片制造的关键技术，等离子体源的研制和等离子体过程的数值模拟对该行业的发展起了至关重要的作用。刻蚀技术还用于光栅制造、微型机械等行业。另一有重大影响力的等离子体技术是等离子体显示。

在材料领域，等离子体技术主要用于材料表面改性和薄膜沉积。一些成熟技术如表面硬质涂层和渗氮、功能材料制备，已广泛用于工业生产。等离子体技术在环境保护方面的应用也日益增多。气体放电产生臭氧用于水的净化。微等离子体用于消毒和医疗。此外，等离子体技术在冶金、焊接、废物处理、煤的气化、纳米材料的制备等研究和应用方面也有突飞猛进的进展，等离子体技术日益走进日常生活。

激光等离子体可用于核爆炸效应的模拟，聚变研究用于中子弹。飞行器通过大气层时通信遇到的黑障问题需要等离子体物理研究来解决。等离子体还可用于飞行器隐身、减阻。一些磁约束等离子体装置可推广到等离子体推进技术。还有人设计了等离子体帆，利用太阳风推动飞行器在地外空间漂移。在通信方面，可用等离子体制成快速响应的捷变天线，高频电磁波引起的电离层变态可用于散射通信和潜艇的远程通信。等离子体技术也可用于微波武器和动能武器（电磁炮和电磁发射）。

（王　龙）

等离子体比压　plasma beta ratio　等离子体中动力压强与磁压强之比，为处于磁场中的等离子体的重要参数。简称比压值。等离子体比压一般用希腊字母β表示，可写为：

$$\beta = \frac{p}{B^2/2\mu_0}$$

式中$p=n\varkappa T$为动力压强，n为粒子数密度，$\varkappa$为玻尔兹曼常数，T为粒子温度。如果等离子体由几种带电粒子组成，其温度不同，则压强为每种粒子分压强之和。$B^2/2\mu_0$是磁压强，其中B为磁感应强度，μ_0为真空中的磁导率。在磁约束等离子体装置中，主要靠磁压强约束等离子体，所以一般实验装置的比压值小于1。

在磁约束等离子体装置运行中，总希望有限强度的磁场内获得较高的等离子体温度和密度，所以比压值大致可认为是实验装置收支比的测度，应尽量在不发生不稳定性的条件下提高比压值。

比压值概念也用于天体等离子体。例如太阳表面日冕的等离子体比压值在0.1左右。 （王 龙）

等离子体不稳定性 plasma instability 研究等离子体达到动力学平衡时的稳定性质。等离子体物理的一个重要分支领域。平衡是在一定的时间期限内，特征参量不发生显著改变的系统的状态。当此时间期限为无限的情形，称为热力学平衡。在很多情况下**等离子体平衡**在某种短的时间尺度上不变，但在较长的时间尺度上变化。如理想磁流体力学平衡在流体时间尺度上（微秒到毫秒）不变，但在更长的电阻或黏滞时间尺度上（毫秒到秒）变化。所有现存的等离子体均不处于热力学平衡，但它们也许在很长的时间周期内保持不变。

当任何特征参量小的变化导致系统的状态偏离平衡时，平衡是不稳定的。而当所有特征参量小的变化导致一个恢复力使得系统趋于回到平衡态，则平衡是稳定的。

等离子体处于平衡时，一般是指其处于力学平衡，因而等离子体平衡方程可以有与时间无关的解。但如果等离子体不处于热力学平衡态，譬如说其宏观参量及外加磁场不是空间均匀的，或其带电粒子的速度分布函数不是麦克斯韦分布，则其力学平衡就是一种不稳定或亚稳态的平衡。由于等离子体具有过剩的自由能，也即具有驱动不稳定性的源，因此偏离力学平衡的小扰动就有可能导致不稳定性，通过释放体系的自由能，使得等离子体更接近真实的热力学平衡。

在等离子体中如果出现偏离平衡状态的某种扰动，且扰动的强度随时间而增长，则称等离子体具有不稳定性。在等离子体中不稳定性有时会导致破裂。绝大多数不稳定性伴随着波和其他等离子体振荡的自然（线性）模，尽管有些模仅仅起因于非线性效应。

等离子体不稳定性的类型是多种多样的，可以有各种不同的分类方式。如根据不稳定性的性质可以分成以下几类：宏观不稳定性与微观不稳定性；静电不稳定性与电磁不稳定性；绝对不稳定性与对流不稳定性；高频不稳定性与低频不稳定性；线性不稳定性与非线性不稳定性等。根据等离子体的性质又可以分成：理想不稳定性与非理想不稳定性；碰撞不稳定性与无碰撞不稳定性；均匀不稳定性与非均匀不稳定性；低比压不稳定性与高比压不稳定性等。根据不稳定性的驱动机制则可以分成：电流驱动不稳定性；压力驱动不稳定性；各向异性不稳定性；束流驱动不稳定性等。根据不稳定性的表观特征也可以分成：腊肠模；扭曲模；撕裂模；交换模；气球模；破裂现象等。根据不稳定性的发现者命名的则有：瑞利-泰勒不稳定性；开尔文-亥姆霍兹不稳定性等。此外，还有根据装置类型命名的如磁镜不稳定性等。

其中宏观不稳定性由等离子体宏观参量的非均匀性所驱动，只涉及等离子体在位形空间中的运动，扰动频率低，扰动尺度大，通常可以用磁流体力学来描述。微观不稳定性由速度空间的各向异性所驱动，涉及等离子体在速度空间的变化，对输运过程会产生影响，但一般不会引起位形空间的大尺度扰动，通常用**等离子体动理学**描述。 （李 定）

等离子体动理学 plasma kinetic theory 物理上对作为多粒子体系的等离子体的一种描述方式。等离子体是多粒子体系中的一种，另外三种分别是固体、液体和气体。而动理学描述则是物理上对多粒子体系的一种描述方式，另外几种分别是：热力学描述，流体或弹性力学描述，全粒子系的力学或轨道的计算机模拟。由N个粒子组成的粒子系的动理学描述是在$6N$维相空间中进行的，这个相空间由N个粒子的$3N$维坐标空间$(\boldsymbol{r}_1, \boldsymbol{r}_2, \cdots, \boldsymbol{r}_N)$和$3N$维速度空间$(\boldsymbol{v}_1, \boldsymbol{v}_2, \cdots, \boldsymbol{v}_N)$组成。这时，描述体系的特征物理量（状态量）不但和所有粒子的空间位置（坐标）有关，也与这些粒子的速度有关。这个特征量就是$6N$维相空间的N个粒子分布函数：

$$f_N(\boldsymbol{r}_1, \boldsymbol{v}_1; \boldsymbol{r}_2, \boldsymbol{v}_2; \cdots \boldsymbol{r}_N, \boldsymbol{v}_N; t)$$

它表示的是：在t时刻、在$6N$维空间中某个体积元$\prod_{i=1}^{N} \mathrm{d}\boldsymbol{r}_i \mathrm{d}\boldsymbol{v}_i$中找到这$N$个粒子的概率。粒子分布函数一般不是可测量（观测）的物理量，但可以通过它的各阶（速度）矩

$$\langle g(\{\boldsymbol{v}_i\})\rangle = \int g(\{\boldsymbol{v}_i\}) f_N g(\{\boldsymbol{r}_i\}, \{\boldsymbol{v}_i\}, i=1, 2, \cdots, N, t) \prod_{i=1}^{N} \mathrm{d}\boldsymbol{r}_i \mathrm{d}\boldsymbol{v}_i$$

与可测量量联系起来。如对于服从经典（玻尔兹曼）统计的多粒子体系来说，它的0阶矩

$$\int f_N(\{\boldsymbol{r}_i\}, \{\boldsymbol{v}_i\}, i=1, 2, \cdots, N, t) \prod_{i=1}^{N} \mathrm{d}\boldsymbol{r}_i \mathrm{d}\boldsymbol{v}_i = N!$$

就和体系的粒子数N有关。

这个分布函数随时间变化服从的规律就称为动理学方程。N个粒子系的动理学描述与N个粒子系的力学（轨道）描述不同的地方是，它不需要知道各个粒子初始位置和速度的精确值（$\{\boldsymbol{r}_i(0), i=1,2,\cdots, N\}, \{\boldsymbol{v}_i(0), i=1,2,\cdots,N\}$）。因为对多粒子体系，很难测得每个粒子在各个时刻的位置和速度，所以对其做精确的力学（轨道）描述也是不可能的。但在一定的外界条件下，如在已知的温度、密度和体积（通常是实验中容易被人为控制的热力学状态量）下，粒子系中的粒子初始位置和速度通常会局限在一个有限大小的相体积中，且这个相体积随时间在相空间中移动（随时间演化）。这样对N个粒子多粒子体系力学描述是从$6N$维相空间的某一相点（$6N$个初始位置和速度）出发的一条轨道，而动理学描述就是从$6N$维相空间中某一有限体积流出的一个流形。后者通常也被称为统计（物理）描述，每个时刻的粒子系物理性质是由流形中代表这时刻粒子系的那个有限体积相空间决定的（通过速度的各阶矩）。

对真实的多粒子体系，N是一个巨大的值（如$>10^{20}$），所以直接采取N个粒子的粒子分布函数f_N来描述不但不方便，也是不可能的。至今最常采用只是单粒子（速度）分布函数和两粒子分布函数：

$$f_1(\boldsymbol{r}_1, \boldsymbol{v}_1, t) \equiv f(\boldsymbol{r}, \boldsymbol{v}, t)$$

$$f_2(\boldsymbol{r}_1, \boldsymbol{v}_1; \boldsymbol{r}_2, \boldsymbol{v}_2; t)$$

后者还包含双粒子关联函数，用于描述两粒子间相关性的时空演化，因为这些相关性是与两粒子相互作用前后的速度（大小和方向）密切相关的。

如果不考虑粒子间的相互关联，则通常只用单粒子分布函数即已足够。对等离子体来说，单粒子分布函数满足的动理学方程被称为**弗拉索夫方程**。

如果需要考虑粒子间关联（如碰撞）造成的影响，则需要在单粒子分布函数满足的动理学方程（如弗拉索夫方程）中加入（一般加在方程右端）由两粒子分布函数f_2所引起的碰撞项$(\partial f/\partial t)_{\mathrm{coll}}$，它可以由各种碰撞模型给出，也可以结合两粒子分布函数f_2及其所满足的动理学方程导出。

在一定的近似条件下，可以用碰撞模型将$(\partial f/\partial t)_{\mathrm{coll}}$通过单粒子分布函数的非线性泛函（算子）表示出来。相应的动理学方程就用碰撞模型的名称来命名：如**玻尔兹曼方程、福克-普朗克方程**或**朗道方程**等。

在通过解两粒子分布函数f_2的动理学方程来求碰撞项时，会涉及三粒子分布函

数f_3的影响项（如三粒子碰撞项）。依此类推，这将会一直牵连到f_N，这样就要解相互耦合的N元方程组（又称BBGKY链式方程组），这无疑是不可解的。但如果3体以上的关联对我们所讨论体系物理性质的影响并不重要（如粒子密度比较稀，两体以上的碰撞可忽略），这时往往可以在两粒子分布函数处截断这个链（略去f_3）。等离子体中已发展了一些通过解这样的f_2动理学方程而得到的碰撞项。它们通常可以表示成

$$\left(\frac{\partial f}{\partial t}\right)_{\mathrm{coll}} = -\frac{\partial}{\partial \boldsymbol{v}}\cdot \boldsymbol{J}(f)$$

式中$\boldsymbol{J}$被称为碰撞流，也只是单粒子分布函数的非线性泛函。这类的方程有均匀磁场下的朗道方程（磁化的朗道方程）、巴列斯库－列纳德方程等。（胡希伟）

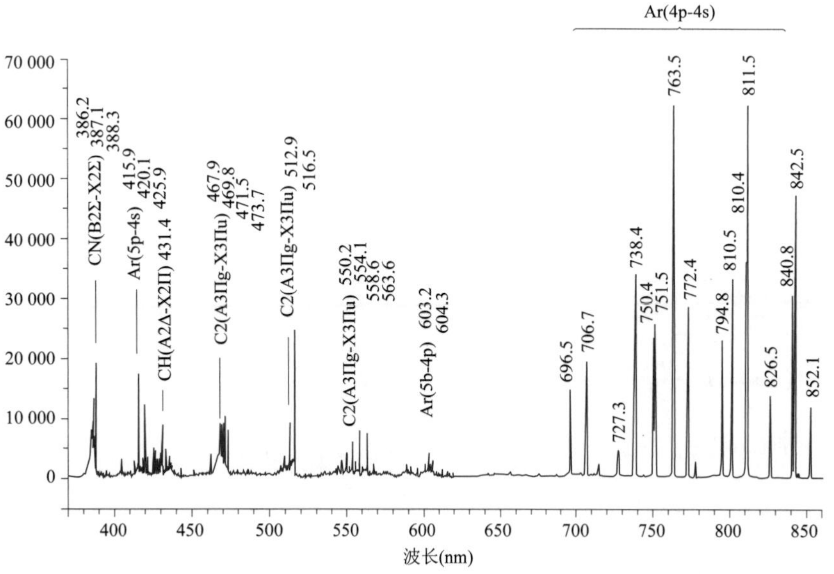

氩气电感耦合放电等离子体辐射光谱图

等离子体辐射 plasma radiation 从等离子体中发射的**电磁辐射**。等离子体作为物质第四态，由于温度较高，一般发射处于可见光谱区或更短波长的辐射，这成为等离子体态的明显标志之一。

等离子体辐射主要由作为其组成单元的各种粒子独立发出。比较常见的有以下4种：①线辐射。由原子或离子的不同电子激发态间跃迁产生。②复合辐射。是离子和电子复合为低电离态或原子态所产生的辐射，为连续谱。③**轫致辐射**。是电子在离子上碰撞产生的辐射，也是连续谱。④回旋辐射。是电子在强磁场中进行回旋运动时的辐射，机制类似于轫致辐射，属于线状谱，但相对论效应会使谱线展宽。上述几种辐射中，线辐射和复合辐射在低温等离子体中常见。低温等离子体还可能发射双原子分子和多原子分子的振动能级和转动能级间跃迁所产生的准连续带状谱。轫致辐射和回旋辐射在高温时很重要，是聚变等离子体中主要的能量损失机制。

等离子体中的相对论性高能电子，由于磁场作用沿曲线运动时会发出**同步辐射**，在未来的聚变堆中形成连续谱背景。在天体物理学中，来自太阳和一些星云的射电辐射也归于同步辐射。此外，当高能电子的运动速度超过等离子体中的电磁波相速时，会发出**切伦科夫辐射**。

上述各种辐射机制并非等离子体特有，但等离子体的性质可能影响这些辐射特征。如等离子体的德拜屏蔽和小角度多体碰撞特征均对轫致辐射谱产生影响，频率低于等离子体频率的轫致辐射不会存在。

实验室等离子体由于其尺度和密度较低，对于光辐射多为透明，无须讨论辐射的吸收，称为光学薄介质。但一些密度较高的等离子体，如电弧和激光产生的惯性聚变等离子体，在光学波段有较强的吸收，一些磁约束等离子体在微波波段也可能不透明，均称为光学厚介质，必须考虑辐射的输运问题，即同时考虑介质的辐射和吸收时的电磁波传播。往往用光学深度表示透明的程度。

在一些等离子体中，辐射的输运要考虑电磁波在粒子、结构或运动模式上的散射。电磁波在自由电子上的弹性散射称汤姆孙散射，散射截面很小，只有用强激光束射入时才能观察到散射光。在激光等离子体和强的波加热磁约束等离子体中，受激拉曼散射和受激布里渊散射是很重要的参量过程。受激拉曼散射是电磁波在静电波上的散射。受激布里渊散射是电磁波在声子上的散射。

等离子体所特有的集体运动模式本身也可激发辐射。这在非平衡等离子体中特别显著，往往与波和粒子相互作用有关。非热力学平衡状态的等离子体中，如果有相当数量的电子具有远高于热速度的运动速度，可以通过波－粒子的共振相互作用，或称逆朗道阻尼，将粒子能量传递给处于热扰动水平的等离子体波，使其迅速增强。这种不稳定波经历线性和非线性增长阶段达到饱和。这时波能可以和粒子的平均动能相比较。其中的电磁波可传出等离子体，而一些静电波也可能经过复杂的非线性相互作用转变成较强的电磁波。一种Ⅱ型太阳射电噪声就是由静电波转换成电磁波辐射出来的。

研究较多的是一种电子回旋不稳定性。它与回旋管发射微波的机制有关。将这类不稳定性机制用于空间等离子体观测，成功解释了地球极区的千米辐射，以及木星和土星周围类似的辐射现象。

等离子体辐射是等离子体能量损失的一种机制，是受控热核聚变能量约束和反应室器壁防护研究中的重要课题。另外，通过对辐射的测量可以获知等离子体体系的一些重要参数，如电子和离子的温度、密度、速度，以及等离子体内部的电场、磁场、电流分布等。等离子体辐射测量是最重要的一类等离子体诊断方法。等离子体的参数可以覆盖很大的范围，所以诊断所用的频谱也包括了从长波到γ射线的几乎整个电磁辐射波谱（见图）。

（胡希伟）

等离子体福克－普朗克方程 Fokker-Planck equation in plasmas 在粒子系的动理学描述中，其碰撞项采取福克－普朗克碰撞项（模型）表示的单粒子分布函数动理学方程。这个模型源自对**布朗运动**的描述，因此比较适合于碰撞数量大，但碰撞前后动量转移（或速度改变$\boldsymbol{\Delta v}$）小得多粒子体系。在导出这个碰撞项时，还用到了马尔科夫近似，即碰撞导致的粒子分布函数改变概率与历史无关（不依赖于时间）。

等离子体中带电粒子间是通过屏蔽库仑势，在小于德拜半径的范围内相互碰撞的，其特点是产生了大量的小角（因而小的速度改变）散射，它们对弹性碰撞过程的影响远超过了少量的大角（>90°）散射所造成的影响，因此很适于采用福克－普朗克碰撞项来进行描述。它通常以对于粒子分布函数的一阶和二阶速度改变矩（$\langle \boldsymbol{\Delta v}\rangle$、$\langle \boldsymbol{\Delta v \Delta v}\rangle$）、求速度一阶和二阶速度导数的形式出现：

$$\left(\frac{\partial f}{\partial t}\right)_{c}^{\mathrm{F-P}}=-\frac{\partial}{\partial \boldsymbol{v}}\cdot\left[\left(f\langle\Delta \boldsymbol{v}\rangle\right)+\frac{1}{2}\frac{\partial}{\partial \boldsymbol{v}}\cdot\left(f\langle\Delta \boldsymbol{v}\Delta \boldsymbol{v}\rangle\right)\right]$$

式中$\langle\Delta \boldsymbol{v}\rangle$、$\langle\Delta \boldsymbol{v}\Delta \boldsymbol{v}\rangle$的具体表达式与碰撞机制（模型）有关，对于带电粒子间由屏蔽库仑作用引起的小角散射来说，可以通过所谓的罗森布鲁斯势来表示：对于种类i和j（可以是电子e，也可以是某种离子i_{n}）的两体碰撞，有：

$$\langle\Delta \boldsymbol{v}_i\rangle=\Gamma_{ij}\frac{\partial H(\boldsymbol{v}_i)}{\partial \boldsymbol{v}_i},$$

$$H(\boldsymbol{v}_i)=\left(\frac{q_j}{q_i}\right)^2\frac{m_i+m_j}{m_j}\int \mathrm{d}\boldsymbol{v}_j\frac{f(\boldsymbol{v}_j)}{|v_i-v_j|};$$

$$\langle\Delta v_i\Delta \boldsymbol{v}_i\rangle=\Gamma_{ij}\frac{\partial^2 G(\boldsymbol{v}_i)}{\partial v_i\partial v_i},$$

$$G(\boldsymbol{v}_i)=\left(\frac{q_j}{q_i}\right)^2\int \mathrm{d}\boldsymbol{v}_j f(\boldsymbol{v}_j)|\boldsymbol{v}_i-\boldsymbol{v}_j|;$$

$$\Gamma_{ij}=\frac{4\pi q_i^2 q_j^2}{m_i^2}\ln\Lambda$$

式中q和m分别是粒子电荷和质量，$\ln\Lambda$为库仑对数。

在同样假定下，这碰撞项也可以通过所谓的朗道碰撞项来表示，相应的方程就称为**朗道方程**。这两种表示是等价的。

（胡希伟）

等离子体辅助加热 plasma auxiliary heating 用辅助加热手段将等离子体的温度提高的方法。一般用于核聚变装置中。为了实现聚变点火，必须把等离子体的温度提高到10千电子伏以上，使等离子体达到这样高的温度是受控热核聚变研究中的重要课题。常用的等离子体的加热方法包括**欧姆加热**和辅助加热方法。

等离子体辅助加热包括：波加热和中性粒子束注入加热。

①波加热。在等离子体中激发某种波，这些波在传播过程中将能量传递给等离子体将其加热，称为波加热。常用的波有阿尔文波、快磁声波、离子回旋波、电子回旋波、低混杂波及高混杂波，相应的加热称为阿尔文波加热、快磁声波加热、离子回旋共振加热、电子回旋共振加热、低混杂波加热和高混杂波加热。波加热是加热等离子体的一种很重要的方法。

②中性粒子束注入加热。用高能中性粒子束注入等离子体中来提高等离子体温度的方法。磁场对中性粒子不起作用，故中性粒子注入等离子体后能在其中到处运动。高能中性粒子通过与等离子体带电粒子的相互作用而变成高能离子被约束在磁场中。这些高能离子再通过与原有等离子体粒子的库仑碰撞把能量交给等离子体粒子，使等离子体的温度升高。常用的高能粒子束是高能中性氘原子束。但在中小型聚变实验中，大多采用中性氢原子束。中性粒子束的能量要足够大，粒子束才能进到等离子体的中心区域。除了对中性粒子的能量有要求外，对中性粒子的脉冲宽度和流强也都有一定要求。中性粒子束注入加热在托卡马克和磁镜中得到了广泛的应用。

除以上的加热方法以外，还有带电粒子束注入加热、湍流加热、参量波加热、压缩加热等方法，但未广泛使用。

（高　翔）

等离子体光谱学 plasma spectroscopy 以原子物理学和等离子体物理学为基础的研究等离子体光谱的学科。主要内容是确定等离子体的组成、主要参量及这些参量与各种物理过程的联系，研究等离子体平衡、稳定性，以及辐射和能量输运等物理问题，并作为对等离子体物质组分的光谱分析方法以及等离子体诊断的理论基础。**光谱学**的诞生和初期发展与等离子体光谱学密切相关。1802年，英国物理学家W.H.沃拉斯顿观察到太阳光中的光谱暗线。1814年，德国物理学家J.von **夫琅禾费**也独立发现了这些暗线，并以字母将其命名。19世纪60年代，德国物理学家G.R.**基尔霍夫**等解释了这些暗线来自太阳表面不同的元素，并将光谱分析方法用于化学分析，发展了实用光谱学。迄今，光谱法仍普遍用于物质成分的分析，而且多采用弧光放电、火花放电、电感耦合等离子体等光源。在天文学中，恒星光谱类型是恒星分类的主要标准，谱线的红移则用于遥远恒星的视向运动计算，与宇宙膨胀的大爆炸理论密切相关。

等离子体光谱学的研究方法主要是通过收集等离子体辐射的光，然后予以分光、探测，得到光谱后进行分析。这种测量方法收集的是等离子体内测量光路上的积分量，必须对多路探测得到的数据进行变换才能获得空间分辨。这种直接测量由等离子体自然发出的光谱的方法，称为被动光谱法（又称无源光谱法）。此外，在高温等离子体内，由于多数离子被完全剥离，缺乏适当的诊断谱线。针对这些问题，往往采用入射激光束或中性粒子束，激发适当的谱线进行诊断，这种方法称为主动光谱法（又称有源光谱法）。

等离子体光谱所处波段和等离子体温度有关。一般光谱分析和技术应用的低温等离子体是部分电离的，由电子、离子和中性粒子组成，辐射主要处于可见波段。而高温等离子体是完全电离的，而且随温度升高，高电离态增多，辐射逐渐向短波发展。随着分光和探测器件的发展，等离子体光谱学的研究范围逐渐向极紫外波段扩展。

等离子体光谱学主要研究发射光谱的特征，其中主要是各种元素的原子和离子不同电子态之间跃迁所发射的线状谱的特征。识别这些谱线的归属可以判断等离子体的组分。至于组分的密度可以认为大致和相应谱线的强度成正比。

不同组分，即各种元素的原子或分子的电离态和激发态的密度决定于不同电离态间的电离和复合，以及不同激发态间的激发与去激发，由相应的速率方程决定。而速率方程的选择依据不同的物理模型，与等离子体的参数及谱线跃迁性质有关。这些物理模型主要有日冕模型、局部热平衡模型和碰撞辐射模型。采用适当的模型，从一种元素不同发射谱线的强度比，可以计算等离子体的电子温度或密度。此外，由发射谱线粒子的视向运动造成的谱线位移，即多普勒位移，可以计算等离子体的宏观运动速度。

辐射线状谱线的轮廓亦为重要研究内容，一般有自然线宽、仪器线宽、多普勒展宽、斯塔克展宽等展宽机制。在磁场里还存在发射谱线的塞曼分裂。从多普勒展宽可以计算原子或离子的温度。对于密度较高、温度较低的等离子体，从斯塔克展宽可以计算等离子体的电子密度。磁化等离子体辐射谱线的塞曼分裂可用以计算磁场的强度和方向。

从等离子体中发射的线状谱多存在于连续谱的背景之上。连续谱来自电子的轫致辐射和复合辐射，对高温等离子体很重要，可从其频率分布计算电子温度，但多处于软X射线波段。

低温等离子体中的双原子分子和多原子分子存在振动能级和转动能级，发射准连续的带状谱，可用来计算相应的温度，研究等离子体中的能量弛豫过程。

（李银安）

等离子体宏观不稳定性 plasma macroinstability 在远大于粒子回旋半径和等离子体的**德拜长度**等微观尺度上发展的不稳定性。等离子体不稳定性的两大类之一。宏观不稳定性是由等离子体宏观参量诸如密度、温度、压强等的空间局域性或者不均匀性等原因造成的；通常由等离子体中的宏观电流或压强等所驱动，或者等离子体向弱磁场区膨胀时所释放的自由能所驱动。由于其物理机制可以用磁流体力学理论来描述，故又称磁流体力学不稳定性。

宏观不稳定性的发生，将导致等离子体中粒子宏观整体的运动，使等离子体的宏观形状发生改变。急剧发展的宏观不稳定性会破坏等离子体的约束或限制等离子体的约束时间。因此在受控核聚变中，需要寻求各种物理机制或手段，如利用优化的磁场位形或电流位形、主动或被动反馈、高能粒子的利用等手段来抑制不稳定性的发生，从而改善等离子体的约束性能，实现聚变能的利用或其他应用。

宏观不稳定性按照不同的方式可以划分为不同的种类：如按照是否考虑等离子体的电阻等耗散效应，可以分为理想磁流体模和耗散模（电阻模）；按照是否考虑边界的变化，可以分为内模和外模；按照不稳定性的驱动机制，则可以分为压强驱动和电流驱动等。

等离子体中的宏观不稳定性种类繁多，现仅列举部分的主要类型：交换不稳定性，由压强梯度及磁力线的弯曲（或者类似机制）所驱动；扭曲不稳定性，由平行于磁场的电流所驱动；耗散不稳定性，由等离子体的电阻等耗散效应引起的不稳定性，包括电阻交换模、电阻气球模、撕裂模或电阻扭曲模等不稳定性。在磁约束核聚变**托卡马克**装置中，现在认为的最重要的几类宏观不稳定性包括锯齿震荡模、撕裂模（新经典撕裂模）以及电阻壁模等不稳定性。

宏观不稳定性的演化一般可以分成三个阶段：扰动以指数方式增长的线性阶段；扰动使平衡量改变，馈入自由能减少，一般呈多项式增长方式的非线性阶段；以及不稳定性随时间零幂次增长的饱和阶段。

宏观不稳定性的分析方法，通常有以下四类：①直观方法。该方法为使平衡受扰动，若该扰动产生的力使得扰动进一步增长，则系统不稳定，否则稳定。②能量原理方法。该方法基于能量守恒原理，给定小的扰动位移，计算等离子体系统的势能变化。若对于任意的扰动位移，扰动势能均增加，则扰动动能减小，系统稳定；若只要存在一个扰动位移，使得扰动势能减小，则系统不稳定。③简正模方法。该方法通过求解一组封闭的磁流体力学方程的本征值，得到不稳定性的增长率，从而分析不稳定性。④求初值问题时间演化数值解的方法。（李 定）

等离子体焦点 plasma focus 用快脉冲放电技术产生快速运动的等离子体流并使其会聚到一个小区域内，形成的一个高温度高密度的等离子体团。产生等离子体焦点的装置有两种：Fillippov型和Mather型（见图），两者的放电电极均为同轴的，前者的电极粗而短，后者的则细而长，等离子体焦点形成的基本过程大体相同。

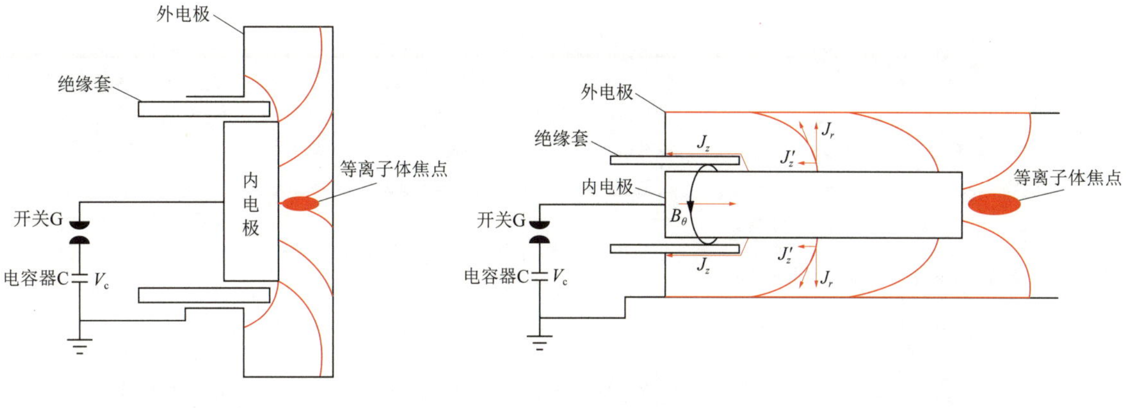

Fillippov型　　Mather型

产生等离子体焦点的装置示意图

等离子体焦点形成过程：开关G接通后，电容器C上的电压V_c加在内电极上，使绝缘套表面产生闪络，形成电流J_z（称为击穿阶段）。J_z与内电极电流产生的角向磁场B_θ构成的洛伦兹力～$J_z\times B_\theta$，将流经绝缘套表面的电流J_z推离绝缘套，称反箍缩。这时等离子体电流由Z-向分量J_z'和径向分量J_r组成。洛伦兹力～$J_z'\times B_\theta$继续将等离子体层推离绝缘套而到达外电极内表面。洛伦兹力～$J_r\times B_\theta$将等离子体电流层向内电极端部推进（称为传播阶段）。Filippov型等离子体焦点电极较短，不存在传播阶段。由于$B_\theta\sim r^{-1}$，电流层在内电极表面处受到的洛伦兹力～$J_r\times B_\theta$最大，前进速度最快，在外电极表面处受到的洛伦兹力～$J_r\times B_\theta$最小，前进速度最慢，这样电流层逐渐倾斜。电流层到达内电极末端时由于惯性作用继续向前运动从电极端面向前延伸成一个很短的Z-向电流层圆筒。这些同向电流相互吸引（即Z箍缩效应）将等离子体会聚成团，即等离子体焦点（称为压缩阶段或会聚阶段）。传播阶段和压缩阶段等离子体的动力学行为均可用雪耙模型描述。

在焦点处的电子密度为$10^{21}\sim10^{23}$厘米$^{-3}$，温度为几百到几千电子伏，焦点长度约1厘米，存在时间为几十到几百毫微秒，在此期间发射大量中子和X射线。发射的中子主要是由于焦点等离子体柱在$m=0$不稳定性（腊肠型不稳定性）作用下崩溃时产生的感应电场加速了部分氘核，高速氘核撞击未被加速的氘核后发生聚变反应时产生的（束靶机制），少量中子是由热氘核聚变反应产生的。X射线主要是电子束轰击内电极表面产生的硬X射线，少量是由热韧致辐射产生的软X射线。等离子体焦点有希望做成有实际应用价值的脉冲中子源和脉冲X射线源。（李银安）

等离子体频率 plasma frequency 等离子体粒子在平衡位置来回振荡的频率。在处于平衡态的等离子体中，由于涨落或其他扰动可导致某一区域内正负电荷整体偏离其平衡位置。这些偏离了平衡位置的带电粒子使空间出现了电荷分离，在它们之间产生静电场。静电场对这些偏离电荷产生的库仑作用力会把它们拉回到原来的平衡位置。但当带电粒子返回到平衡位置时，原来的静电势能变成动能，使它们冲过平衡位置继续往前运动，直到它的动能完全转变成静电势能为止。然后这些带电粒子又被库仑作用力拉向平衡位置，重复以上过程，带电粒子在其平衡位置做周期性的简谐运动，即振荡。这种带电粒子群的集体运动即是等离子体静电振荡，简称等离子体振荡。相应的振荡频率称为等离子体频率。

一片状等离子体原来处于虚线所示位置，受某种电扰动，电子向右位移到实线所示位置（见图）。这使得等离子体片的两侧分别形成正负面电荷和电场E。这个电场正比于电子密度n和位移x。因此，电子在这样的场中做简谐运动，振荡频率为：

$$f_p=\frac{1}{2\pi}\sqrt{\frac{ne^2}{\varepsilon_0 m}}$$

式中e为电子电荷；m为电子质量；ε_0为真空介电常数。这个频率称电子等离子体频率，它仅和电子密度有关，有一个简单公式为：

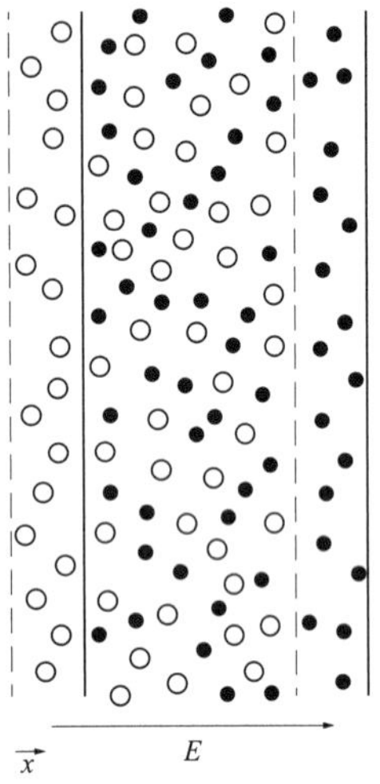

等离子体扰动产生的电荷分离及引起的电场

$$f_p = 8.98\sqrt{n}$$

式中电子密度n单位是$1/m^3$。由于离子的质量大，离子对于这种高频振荡几乎不响应，振荡频率很小，所以等离子体振荡通常指的是电子等离子体振荡，相应地，等离子体振荡频率指的是电子等离子体振荡频率。（李银安）

等离子体平衡 plasma equilibrium 通常指处于磁场内的等离子体宏观磁流体力学平衡。这是将等离子体看作处于局域热平衡态的流体，因此这一概念严格来说只适用于强碰撞等离子体，或者说等离子体平衡建立的时间尺度大于碰撞时间。由于等离子体的宏观电中性，通常并不考虑电场力在力学平衡中的作用。此外，大多数等离子体平衡问题都不涉及等离子体的宏观流动。典型的等离子体平衡问题，只涉及等离子体电流与磁场作用产生的安培力和等离子体压强梯度力之间的平衡，即$\boldsymbol{J}\times\boldsymbol{B}-\nabla P=0$，式中$\boldsymbol{J}$为等离子体电流密度，$\boldsymbol{B}$为磁感应强度，$P$为等离子体压强。

等离子体平衡的系统研究始于20世纪50年代。1957年苏联科学家V.D.沙夫拉诺夫，德国科学家R.卢斯特和A.施吕特尔，1958年美国科学家H.格拉德和H.卢宾，分别独立开展了基于上述方程的磁约束等离子体平衡研究。磁流体力学平衡方程表明，磁场和电流密度矢量都与等离子体压强梯度垂直，因此在磁约束等离子体中磁力线必定覆盖在嵌套的闭合等压面上；这些嵌套的闭合曲面称为磁面。

等离子体平衡问题在于根据磁流体力学平衡方程以及将电流与磁场自洽联系起来的*毕奥-萨伐尔定律*设计磁场位形以产生嵌套的闭合磁面从而约束等离子体。20世纪50年代的研究结果发现，磁约束平衡位形只能在系统满足一定对称性的情况下才能得到。这种平衡问题有两类解：一类是无限长圆柱体。这个解可以近似用于有限长度柱状等离子体，如各类箍缩装置，也可以作为环形等离子体在忽略环效应时的零级近似；另一类是有限体积内的解，这类解必须是环拓扑的，而且根据维里定理，必须用外加磁场维持平衡。

在磁约束环形等离子体中，平衡位形的磁面是嵌套的环面。螺旋状磁力线覆盖在环形磁面上，沿螺旋磁力线行走引起的大环方向和小环方向角度变化的比值称为安全因子。安全因子越大，发生宏观不稳定性的可能性越小，因而等离子体也就越安全。

但即使是在环对称情形下求解平衡方程也不是一件容易的事，这主要是因为人们事先并不精确知道自洽的磁面是何种形状以及等离子体压强以何种形式依赖于未定的磁场。很显然这是一个非线性问题。沙夫拉诺夫、卢斯特、施吕特尔、格拉德、卢宾等人的主要发现是将求解磁约束等离子体平衡这一复杂的物理问题，转换成求解一个非线性二阶椭圆型偏微分方程的数学问题。该方程称为格拉德-沙夫拉诺夫方程。从这一方程的解可知由于环的外侧面积比内侧大，等离子体压强的作用使得环面有向外侧扩张的倾向，这导致了每一个嵌套环面都向大环外侧移动，这就是著名的沙夫拉诺夫位移。

一般地，求解等离子体平衡问题分为两类：固定边界问题和自由边界问题。这区别于等离子体边界是否预先固定。由于问题的非线性和实际的复杂性，格拉德-沙夫拉诺夫方程的实际求解多使用数值方法。当今世界各大磁约束聚变实验室都有数值求解格拉德-沙夫拉诺夫方程的计算机程序运行，用以得到外部环向场电流、极向场电流和等离子体电流共同产生的磁场，以及与其平衡的等离子体压强分布。

等离子体平衡不仅是磁约束聚变装置设计也是等离子体稳定性等物理实验数据分析的基础。在磁约束聚变实验室中，由于平衡位形难以实际测量，往往需要通过等离子体压强的测量以及外部磁场的测量等推测等离子体的平衡位形，这就构成了通常平衡问题的逆问题。世界各大磁约束聚变实验室也都开发了解决这一逆问题的平衡反演程序。（王少杰）

等离子体破裂 plasma disruption *托卡马克*等离子体约束突然被破坏掉的一种突发事件。由一系列磁流体不稳定性过程组成。等离子体破裂的危害主要来源于破裂过程中产生的大量的热能沉积、电磁能量沉积和逃逸电子集中损失。在托卡马克运行过程中，大破裂会导致等离子体电流的中断并会导致一系列严重的问题：一是大破裂限制了运行电流和运行密度；二是大破裂会引起较大的机械应力和热负荷，严重时甚至可能毁坏面向等离子体的第一壁。

一般认为等离子体破裂难以完全避免。等离子体破裂的原因非常复杂。传统的等离子体破裂是认为等离子体运行在电流极限或等离子体比压极限或密度极限之上会导致等离子体破裂。但即使远离这三个极限运行，等离子体破裂也时常发生，如撕裂模、新经典撕裂模和压强驱动的不稳定性等都会导致等离子体破裂。由于这些电阻磁流体不稳定性的复杂性和这些不稳定性会激发理想磁流体不稳定性的可能性从而导致破裂，使得预测等离子体破裂很有挑战性。破裂的产生类似于大尺度的磁流体交换不稳定性，一般用磁场重联和非线性理想螺旋不稳定性来解释。

等离子体破裂时，一般会有前兆，再发生热猝灭，然后发生电流猝灭以及等离子体垂直不稳定性，最后等离子体碰到第一壁上。其中热猝灭阶段会在极短的时间排出大部分等离子体的热能，等离子体中心温度会迅速降低到100万度以下，典型的时间尺度在100微秒。在电流猝灭阶段，电流会迅速降低，并部分转化为逃逸电子携带的逃逸电流。在此过程中伴随着大量的电磁能量沉积。典型的电流猝灭和垂直不稳定性时间尺度在几微秒到几十微秒，与装置尺度和参数相关。

人们已经积累了一些防止破裂发生的方法。首先要选择适当的等离子体参数，主要是提高安全因子值和选择适当的位形，使得破裂难以发生。其次要密切观察破裂的前兆以进行快速的反馈控制来阻止破裂发生和发展。当破裂来不及阻止时，有多种措施可以有效减少它造成的危害。（李　定）

等离子体鞘层 plasma sheath 连接主等离子体与壁的非中性区域。任何有界的等离子体总存在边界层，如等离子体与放电室的器壁、电极、材料表面等（以下统称为壁）相接触的地方会自动形成一层薄的过渡层，该层会屏蔽壁的电场，使主等离子体保持准中性，同时也减缓易动的粒子（通常是电子）流向壁的损失，并调节电子和离子的通量平衡。鞘层厚度通常在几个到几十个*德拜长度*的数量级。鞘层概念与等离子体学科一样古老，I.朗缪尔在研究气体放电性质时于1923年引入鞘层的概念，比他1928年引入等离子体的概念还要早。他当年以这两个概念分别表征放电管中电子密度几乎可忽略的正空间电荷区和电子、离子密度几乎相等的准中性区。鞘层在很多领域有重要应用，因此对其研究经久不衰。

处于非磁化等离子体中的无偏压的壁，由于电子热运动速度大而首先到达壁，使壁带负电，进而阻止随后的电子而加速离子，最终使达到壁的电子流和离子流相等，此时为悬浮鞘。壁电位为悬浮电位，该电位通常是几倍的$-T_e/e$，其中T_e和e分别为电子温度和电荷。若对壁加偏压，则电流平衡被打破，鞘层为偏压鞘，其厚度与电流及偏压存在一定关系，对于较高的负偏压，该关系即为著名的柴尔德–朗缪尔定律。

鞘层最基本的性质之一是玻姆判据，即鞘边界的离子速度至少是离子声速，以保证鞘内电子密度下降快于离子，以便形成稳定的鞘结构。离子要达到该速度，必然在进入鞘之前获得加速，因此存在准中性的预鞘层。该层尺度较大，通常为碰撞平均自由程或装置尺度的数量级，并存在微弱电场（电势降约T_e/e）以加速离子。描述预鞘的方程在鞘–预鞘边界的电场和密度梯度均出现无穷大，即所谓的声障。而描述鞘层的方程在该边界的电场和密度梯度均很小，因此理论模型在鞘–预鞘边界不连续。为此有学者又提出平滑连接两个区域的过渡区模型，该模型的渐进解在靠近等离子体一侧与预鞘模型重合，而在靠近壁一侧与鞘层模型重合。等离子体边界层的一般结构如图所示，其中v_i、u_B、n_i、n_e分别为离子平均速度、离子声速、离子数密度和电子数密度。

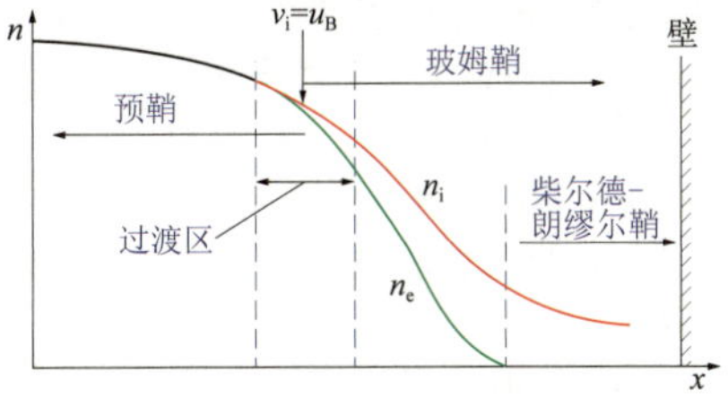

等离子体边界层的一般结构示意图

已进行基于多种模型的鞘层理论和数值研究，但实验研究比较困难，不过实验研究也得到长足的发展，主要依靠发射探针以及激光诱导荧光获得鞘内电势分布和离子速度分布函数。鞘层研究的主要应用包括磁约束等离子体第一壁附近的物理过程、低温等离子体与材料表面的相互作用，以及空间飞行器的充电和探针模型等。该领域的研究热点包含（但不限于）磁化鞘层以及射频鞘层等。　（马锦秀）

等离子体射流　plasma jet　在大气压环境下产生非平衡等离子体的一种方式。在高电压驱动下通常先在腔室内流动的气体中产生等离子体，然后在电场和气流等因素作用下喷射到大气环境中。等离子体射流的驱动方式有多种，包括直流、交流、射频或脉冲电源以及微波。在消耗功率相同的情况下，脉冲电压驱动的射流长度比连续电压驱动更长，射流传播速度更快，活性粒子数密度更高，而气体温度则保持在常温。对于实际应用来说，脉冲电压驱动比连续电压驱动更适于生物医学应用。微波驱动射流的活性粒子数密度要明显高于交流和射频驱动射流，但长度较短，且气体温度较高，比较适合于冶金等应用。

等离子体射流可以采用多种电极结构产生，常见的有环–环电极、针–环电极、单针电极、单环电极、板–板电极、同轴电极等。

等离子体射流的传播模式有两种，即连续模式和不连续模式。只有在一定条件下才能形成真正连续的等离子体射流，在大多数情况下，肉眼看似连续的等离子体射流实际是由一系列高速传播的电离发光体组成。由于电离发光体形似子弹，因此被称为“等离子体子弹”。其传播速度约为10^4～10^5米/秒。典型的传播距离是几厘米。等离子体子弹的传播机理与自由空间的流注放电相同，但传播形式与其不同。在自由空间传播的流注在空间上随机发展，通常会形成许多电离通道；而等离子体子弹只沿着射流中心轴定向传播，且传播过程具有良好的重复性。　（王艳辉）

等离子体生物学效应　biological effects of plasmas　等离子体作用于生物体后所引起的体内细胞、组织、器官等的结构和功能以及外在特性改变的效应。主要用于临床医学和生物育种。用于生物医用材料（如植入体等）的表面改性也可视为间接的等离子体生物学效应。等离子体中的带电粒子、激发态原子、分子及自由基等中性基团、紫外线，以及外加的交变电磁场等均能在细胞、亚细胞，甚至分子层面对生物体产生作用，导致生物体遗传物质的变异、代谢网络和免疫系统的改变、蛋白质活性的激发等。等离子体作用于生物体细胞所产生的效应，依据作用剂量的不同可分为致死效应和亚致死效应，其中亚致死效也包括激活等效应。

在医学领域，一方面可利用大剂量条件下等离子体的致死效应进行等离子体消毒灭菌。例如等离子体对于各类病菌，如革兰氏阴性菌、革兰氏阳性菌、细菌孢子、细菌生物膜、真菌、病毒等，都具有灭活能力。用于消毒灭菌的等离子体的气体温度通常接近于室温，因此等离子体消毒灭菌的突出优点表现在对被处理物无热损伤、没有毒副产物及残留物、灭菌时间短、节能环保等方面，适用于精密医疗器械的消毒灭菌处理。用于临床医疗器械的等离子体灭菌装置已有产品销售。另一方面，通过调节等离子体的放电参数和作用剂量进行美容保健、治疗预防。通常在作用剂量较低的情况下，等离子体可用于止血、牙根管消毒、皮肤病治疗、促进创面愈合、医学美容及癌症治疗等领域。如高密度氩等离子体可以加快血液的凝固，促进手术伤口的愈合，这一凝血机制可能与等离子体将纤维蛋白原直接转变成为纤维蛋白有关。又如在癌症治疗中发现，等离子体中的活性氮和活性氧成分能够有效抑制癌细胞的增殖，导致癌细胞的凋亡。

在生物育种领域，等离子体育种技术主要包括了离子束注入诱变育种、常压室温等离子体生物诱变育种、等离子体刺激作物生长等。种子作物的离子束注入育种研究在中国开展较早，但对其机制仍然有所争议。而采用常压室温等离子体的诱变育种技术已成功应用于包括细菌、放线菌、真菌、酵母、微藻等在内的100余种微生物，并正在推广至植物和动物的诱变育种。该方法具有操作简便、设备简单、条件温和、安全性高、诱变快、突变率高、突变库容大、获得的突变体遗传性状稳定等特点，并已形成产品销售。

等离子体的间接生物学效应主要指用于人造器官、组织移植、血管手术等植入体的等离子体表面处理。在等离子体处理过程中，发生多种物理、化学反应，或产生表面刻蚀，或在基体表面形成致密的交联层，或引入含氧极性基团，使生物材料的亲水性、黏结性、生物相容性或电性能等得到改善。此外，等离子体合成材料，如金刚石膜、CN膜、Ti-O膜等也经常用于植入体表面处理，以避免植入体的金属离子向周围组织扩散，阻止有害物质的迁移。

用于生物医学领域的等离子体源种类繁多，驱动电源的频率覆盖了从直流到交流甚至射频和微波等范围。等离子体发生器的电极结构包括无电极、单电极、双电极和多电极等多种设计方式。这一领域主要采用各种冷等离子体，但热等离子体源也在一些场合使用，如在医学领域用于外科的组织消融，通称电刀；等离子体喷涂常用于植入材料的表面处理；热等离子体在高危有害医疗垃圾的处理方面也具有其独特的优势。

面向不同的应用需求，在产生不同种类和浓度的化学活性粒子、控制等离子体的放电体积和均匀性等方面依然面临严峻的挑战：等离子体与生物活体相互作用机制仍然不是十分清楚；等离子体生物医用材料制备和表面改性研究中，能够处理和合成的材料种类有限，功能团成分和密度对材料表面形貌和表面能，对接枝改性后短暂植入体的组织整合，中长期植入体的抗菌性、排异性和细胞毒性等的影响机制和规律不清楚；接枝或合成的有机生物材料的稳定性和耐磨性需要改进等。等离子体生物学效应在走向广泛应用之前还需要开展大量深入细致的研究工作。

（陈　强　李和平）

等离子体输运 plasma transport　在多粒子体系中，各个状态量，如流体描述时流体元的密度、温度和速度这些可观测量，在空间的定向转移过程。其中由于粒子间弹性碰撞而产生的粒子扩散、热传导和流体的黏滞现象是在物理学严格意义上的输运。还有两类广义的输运现象，即由初始和边界条件决定的定向转移——对流，和与上面两个起因无关的状态量空间定向转移——反常输运，如各种湍流引起的湍流输运等。这是三类性质不同的现象，但由于在实验测量中很难将它们分开，所以在讨论输运时往往会将它们放在一起考虑，这就是通常意义下的输运现象。等离子体是由带电粒子组成的多粒子体系，它也有相应的输运现象，只是这时不同的带电粒子系有各自不同的输运流，所以要分别考虑。

严格物理定义下的碰撞输运又分为两大类：自扩散和集体输运。

自扩散　自扩散又称弛豫过程，是试探粒子近似下的输运。它描述一群特指（选）的粒子（被称为试探粒子）与等离子体的背景粒子碰撞后，试探粒子的状态量（动量，沿初始运动方向能量和垂直这个方向上的动能）是如何改变的，即所谓的弛豫过程。这时既不考虑试探粒子间的碰撞，也不考虑背景粒子受到试探粒子碰撞后有何改变。这种现象典型出现在数密度比较低的高能量电子束或离子束入射密度较大的等离子体中。而高温等离子体中由各种原因自生的高能带电粒子束（如磁约束装置等离子体中的逃逸电子，激光核聚变等离子体内爆过程中产生的高能热电子，聚变等离子体中产生的高能离子）在背景等离子体中的演化也可以近似用自扩散过程来描述。

但当讨论的是数量相当的两群或多群（带电或不带电）粒子间的弹性碰撞时，已经不能将这些粒子区分试探还是背景，这时不同种粒子群间的碰撞以及同一种群粒子之间的碰撞和相互影响都要考虑。其导致的物理现象就是所谓的集体输运。典型的集体输运过程是：粒子从密度高的区域扩散到密度低的区域（即扩散过程）；热量从高温区传导到低温区（热导过程）；动量从速度大的区域传递到速度小的区域（黏滞过程）；电流从电位高的区域（沿电场）流向电位低的区域（电导过程）。以上典型过程又被称为对角的输运过程，但还存在着众多的所谓非对角输运过程，如由于温差或电场引起的粒子流，以及压强差引起的热流等。

集体输运　等离子体集体输运通常是由一组简化的双流体方程组——输运方程组来描述的。这时在双流体方程组中略去了自洽场的影响，因而与描述自洽扰动场的麦克斯韦方程解耦。在输运方程组中已包括了三类状态量产生变化的机制，即碰撞输运、对流效应和反常输运。反常输运囊括了所有非对流和非碰撞起因所引起的变化，但湍流是被关注得最多的因素。湍流是扰动自洽场发展而成的，所以如果要严格考虑湍流的影响，应该将输运方程与描述自洽场的麦克斯韦方程耦合起来。但多数情况下，为了简单，只是将输运方程中由碰撞引起的经典输运系数换成反常输运系数，来半定量描述湍流造成的影响。由于这三种效应同时对粒子系的几个状态量的时空变化都起作用，所以密度、动量和能量的输运是相互影响的，它们对应的输运方程也是相互耦合的。只有在一定的条件下，才有可能将它们部分解耦或完全解耦。

粒子系的能量可分为内能、（平）动能和热（运动）能。在发生分子解离、原子电离、离子能级变化（能级间跃迁）及核聚变（一般称非弹性碰撞）时，带电粒子的内能不但会改变，还会引起动能和热能的相应变化。一般内能变化的比例不大，变化大的是外能，即动能和热能。由于在热力学平衡态下，热能可以通过测量粒子系的温度来得知，所以能量输运往往通过温度输运方程来描述。但在核聚变等离子体中，聚变反应产生的带电氦离子能量不仅相当大，其能谱也不是麦克斯韦分布，因而不能完全用其温度来描述。这时它的能量输运过程就不能用温度输运方程描述，甚至不能用流体方程来描述，而很可能要通过动理学描述来解决。

（胡希伟）

等离子体数值模拟 plasma simulation　现代研究广泛采用的计算机数值模拟应用于等离子体科学与技术领域的分支学科。由于等离子体所遵循的规律远比一般中性粒子系统复杂，其内外参数（如密度、温度、电场、磁场等）所跨越的量级尺度也远超一般中性粒子系，其行为涉及带电粒子和电磁场之间的复杂的非线性相互作用。所以，等离子体科学和应用领域对数值模拟的需求和依赖也格外强烈，作为对于传统解析理论方法的有效和必要补充。

自从等离子体物理学科诞生以后，数值模拟逐渐成为实验和理论之后第三个研究复杂等离子体物理规律的主要工具，在实验和理论之间搭起一座不可替代的桥梁。等离子体物理是计算机数值模拟应用最广泛和发展最快的学科分支之一。等离子体数值模拟的早期代表人物有J.M.道森、O.布里曼、C.K.伯德索等。

等离子体中的数值模拟可分成两类。第一类是利用计算机和计算编程，来数值求解等离子体所满足的基本物理规律或者方程（表示为各种微分-积分方程组及相应边界条件和初始条件），或在一定近似条件下通过简化而成的模型方程。换而言之，就是对计算机对各种无法得到解析解的物理方程求其数值解。第二类是将等离子体当作大量带电粒子组成的体系，在各种参数和外界条件下利用计算机跟踪每一个粒子的运动轨迹，再通过统计综合（所谓的诊断程序）得出整个体系的诸多可测量，以便与实验测量结果做比较。和其他领域的数值模拟一样，等离子体数值模拟也充分利用了计算机科学及计算数学的前沿成果，比如高性能计算和人工智能方法。最近30年等离子体数值模拟有了长足的进展，解决实际问题的能力也越来越强；同时现在的等离子体研究和应用已经离不开数值模拟，它与实验研究、理论研究并列为三大等离子体基本研究手段，并在实验和理论之间搭起了一座不可替代的桥梁。

一些常见的自然界和实验室等离子体，如核聚变等离子体、空间物理中的磁层离子体以及天体等离子体，往往具有复杂的电磁环境，实验手段很难进行足够准确的全面性测量，而且等离子体实验装置的建造和运行往往极为昂贵。另外，在极大或者极小时空尺度上，如天体和空间等离子体，或者高能量密度等离子体，实验手段经常很难进行准确测量。在这些领域，等离子体数值模拟经常起到补充或替代部分实验诊断的作用成为等离子体模拟实验室，通过模拟进行和实验观察以及理论研究的互动。此外，由于等离子体普遍存在湍流等高度非线性和多时空尺度耦合等现象，数值模拟能够为理论解释或预测复杂的实验现象提供物理直觉和正确的研究方向，甚至直接被用来解释实验现象并预测等离子体行为。例如，在磁约束聚变等离子体中，由于存在复杂的磁场结构，解析理论在理解和解释实验时观察到的非线性现象受到极大限制，这时等离子体数值模拟能够和理论以及实验互补比较，来增强对实验的物理理解和预测。

根据待求解模型方程的不同，等离子体数值模拟又可以分为动理学模拟和流体模拟。动理学模拟采用六维相空间的**弗拉索夫方程**和**麦克斯韦方程组**求解相空间的分布函数，能对等离子体物理中的波－粒共振现象比如**朗道阻尼**等重要动理学物理进行准确的模拟，但对计算资源的需求度很高。动理学模拟一般采用两种离散化算法：一种叫粒子模拟方法，即用蒙特卡罗的方法对相空间采样，用少量模拟粒子来代替物理系统中的大量粒子；另外一种就是用传统的网格法对相空间进行离散化求解弗拉索夫方程和麦克斯韦方程组，也叫弗拉索夫法、连续法或者网格法。为了在现有的计算资源允许的情况下扩展物理研究的前沿，很多等离子体数值模拟采用约化的模型方程，如在磁场约束下的核聚变等离子体或空间等离子体中，回旋动理学模拟被广泛应用（见图）。回旋动理学对

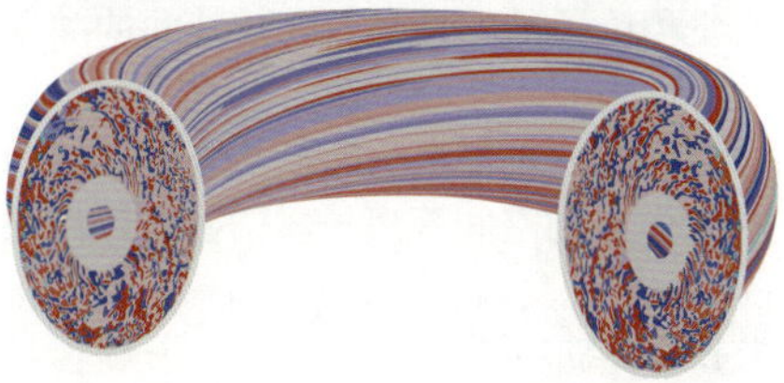

回旋动理学程序GTC模拟得到的托卡马克湍流图像

粒子运动进行回旋平均，将六维动理学（弗拉索夫）方程变为五维回旋动理学方程，可节省大量计算时间，并大幅度延长计算物理时间和提高计算精度。为了降低模拟中因为数值离散而导致的数值噪声，部分分布函数法（δf）被大量采用；其本质是将零阶平衡态分布函数从全分布函数中分离出来，因为零阶分布函数没有数值噪声，数值噪声只存在于一阶微扰分布函数δf中，成为高阶效应。这种方法极大降低了数值噪声对于模拟结果的影响。流体模拟使用另外一种约化模型方程，其本质是在动理学方程的基础上对速度空间进行积分，从而变为三维实空间的流体力学模型方程。流体模拟根据模型方程的不同又分为磁流体（单流体）、双流体和回旋流体等类别。流体模拟能大幅度提高计算效率，模拟等离子体中发生的大量重要的集体行为，但牺牲或部分牺牲了波－粒共振和有限拉莫尔半径效应等动理学物理。一般而言，流体模拟适合描述宏观的磁流体不稳定性和等离子体破裂等大尺度行为，为等离子体行为提供最基本的物理描述；而（回旋）动理学模拟适合描述微观等离子体不稳定性以及湍流输运等行为。

为了解决等离子体的时空尺度跨越很大的问题，结合多种模型方程的混合模拟得到越来越广泛的应用。常见的如用流体－动理学混合模拟来研究燃烧等离子体物理，用回旋动理学－全动理学混合模拟来研究高频加热物理。随着超级计算机的迅速发展，等离子体数值模拟变得日益复杂和强大，编程模型从串行变成以大规模并行为主导，物理研究从单物理过程模拟逐渐变为描述多种物理过程的集成物理模拟。

总之，等离子体数值模拟对于理解并预测等离子体的复杂行为起着不可或缺的作用，它对于发展等离子体物理的重要应用，比如受控热核聚变能源和空间以及天体等离子体物理，起到了关键的指导和促成作用。（肖　湧）

等离子体微观不稳定性　plasma microinstability　等离子体的速度空间分布函数偏离麦克斯韦分布而引起的等离子体不稳定性。又称速度空间不稳定性。因为多数时候需要采用动理学方程进行分析，有时也被称作动理学不稳定性。等离子体微观不稳定性一般波长短、频率高、驱动能量小，对等离子体约束的危害性远不及宏观不稳定性。但微观不稳定性会引起小尺度、快变化的等离子体湍流输运，一般会超过粒子碰撞所引起的经典输运，通常被称为反常输运。驱动微观不稳定性的能量来源主要有以下几类。

①等离子体偏离麦克斯韦分布时的自由能。根据热力学，等离子体系统处在麦克斯韦分布状态下的熵最大，在非麦克斯韦分布下熵值比极大值要小，从而导致自由能变大。当等离子体从非麦克斯韦分布向麦克斯韦分布过渡时，释放出来的自由能可以驱动微观不稳定性。如温度各向异性分布引起的准静电回旋波不稳定性（也称作赫利斯不稳定性），电子尺度的回旋波不稳定性也称作伯恩斯坦模，离子回旋波倍频处出现的静电不稳定模则被称作离子回旋共振不稳定性；磁镜装置中等离子体速度分布各向异性则会引起损失锥不稳定性。

②等离子体中粒子定向运动的动能。一般，这种定向运动的能量来源在数量上会比较小，但仍可能驱动某种微观不稳定性，影响等离子体的平衡。例如向等离子体中注入高能粒子或电子束，会引起粒子束不稳定性。依照不同的具体情况，该类不稳定性又可以细分为双流不稳定性（假定等离子体中电子和粒子密度相同、速度相反）、束－等离子体不稳定性（带电粒子束注入静止等离子体）等。由等离子体密度、温度的梯度引起的抗磁漂移也会驱动相应的微观不稳定性，该类不稳定性通常被称作漂移不稳定性。由于等离子体约束形态和技术的限制，等离子体内部通常广泛存在着密度与温度的梯度，因此漂移不稳定性是等离子体中较为常见的一种微观不稳定性。

③膨胀能。等离子体通过膨胀趋向于空间均匀分布的过程中，其内能将会降低，由此释放出来的自由能也可以引起不稳定性。

通常只要等离子体中存在上述任何一种能量来源，都会引起等离子体通过一定的耦合机制将能量传递给波，导致波动振幅随时间增长，即引起不稳定性。一般，微观不稳定性对等离子体约束的危害性要远小于宏观不稳定性。但随着约束装置的发展，技术的进步，在宏观不稳定性被充分抑制的情况下，微观不稳定性对等离子体平衡约束的威胁就不能被忽视了。

简正模分析时直接对小扰动的时间发展求解**弗拉索夫方程**和麦克斯韦方程，从而得到不稳定性的增长率。当振荡周期小于两体碰撞时间时，假设随时间变化的分布函数和电磁场均可以表示成平衡量加扰动量的形式，代入线性化的弗拉索夫方程和**麦克斯韦方程组**。对于初值问题，可以通过对方程的空间变量和时间变量分别进行傅里叶变换和拉普拉斯变换，将微分方程组简化为代数方程组来求解。可以导出分布函数满足的色散关系和分布函数不稳定必须满足的条件。（李　定）

等离子体物理学　plasma physics　研究等离子体的形态、运动规律以及与电磁场及其他形态物质相互作用的科学。物理学的分支学科。

发展简史　人类对于等离子体的认识，始于19世纪70年代，对气体放电管中电离气体的研究。1879年英国人**W.克鲁克斯**采用“物质第四态”这个名词来描述气体放电管中的电离气体。1928年美国人I.朗缪尔在系统研究气体放电现象基础上首先引入Plasma（等离子体）这个名

词。20世纪30～50年代初，在借鉴其他学科研究方法的基础上，创立了等离子体物理基本理论框架和描述方法，同时把研究范围从实验室中的放电管扩展到电离层和某些天体的电离气体。20世纪40年代，瑞典的H.阿尔文发现了后来以他的姓氏命名的磁流体力学波，并在与别人合著的《宇宙电动力学》一书中，讨论了磁流体力学和等离子体物理的一些基本问题，应用于磁层和星际等离子体的研究。1946年苏联科学家L.D.朗道提出了无碰撞的等离子体波朗道阻尼概念。这一杰出成就在当时未引起足够的关注，但它显示了等离子体具有与其他物态显著不同的特性，等离子体物理学丰富的内涵并非物理学基本理论的简单推论。20世纪50年代以后，等离子体物理学迅速的发展进一步确立了这一物理学分支学科的独立地位。

等离子体物理学在第二次世界大战以后的迅猛发展源于两方面的推动力。一是以取得能源为目的的核聚变研究。由于聚变反应的发生需要克服两轻核之间的库仑势垒，反应物质必须处于高温等离子体态，并维持一定的密度和约束时间，因而受控核聚变必须以等离子体物理学的研究为基础，这样的反应称为受控热核反应。随着研究工作的进展，很快发现等离子体的约束所遭遇的困难远超过原来的预想，特别是种类繁多的各种不稳定性的出现。二是以气体放电和电弧技术为基础发展了低温等离子体物理和工艺。20世纪末，在基础工业、国防工业及高技术领域中，低温等离子体得到广泛应用，推动了等离子体物理和其他物理学科及技术科学的相互渗透。随着等离子体物理研究的深入，研究领域逐渐扩展：从传统的电中性等离子体扩展到非电中性等离子体；从弱耦合的等离子体伸展到强耦合等离子体；从纯等离子体拓展到尘埃等离子体；从线性现象发展到非线性现象。此外，激光技术的进展也推动了超短脉冲强激光与等离子体相互作用的研究。这些领域的研究给等离子体物理增添了新的活力，并取得丰硕的学术成果。

研究方法 和其他物理学分支一样，等离子体物理学采取实验、理论和数值模拟的方法研究。但由于等离子体形态的复杂性，数值模拟在其中起着重要的作用。

实验研究 鉴于在地面条件下缺乏天然的等离子体，一般的等离子体实验研究均在脉冲或连续运行的实验装置中进行。在这些实验装置中使用气体放电、激光、微波或电子束等方法产生等离子体。为了提高等离子体参数、延长存在时间，在很多实验装置中使用磁场对其进行约束。为产生聚变反应所需要的高温等离子体，须设计、建造大规模、结构复杂的磁约束或惯性约束等离子体装置，并配备射频电源和传输系统或中性粒子束源进行进一步加热，形成一定投资规模和建造周期的大科学工程。各种型式的实验性聚变堆正在设计和建造。而对一些基础等离子体问题，如漂移波、相干结构、波和不稳定性，一般使用较简单位形的小型实验装置进行研究。

空间等离子体和天体等离子体原属观测对象，长期以来使用光学和射电方法研究。20世纪50年代以来，由于空间探针即人造航天器的出现，已能够在电离层、磁层和行星际空间进行直接探测。其重要成果之一就是地球附近辐射带的发现。而且随着人造钡云、电离层的人工变态等实验项目的实施，广袤的地外空间已经成为没有边界效应的天然等离子体实验室。

在等离子体物理学的实验研究中，由于研究对象特别是高温等离子体和空间等离子体难于进行接触测量，也因其参数范围的广泛性和物理过程的复杂性，一般基于不同物理模型，发展了各种诊断方法，并研制出很多专门设备对其进行诊断。诊断的意义较测量广泛，包括对测量数据的处理、分析、综合，以及对等离子体运动模式的判断。新物理现象的发现往往依赖于新的诊断方法的提出或原有诊断方法的改进。

理论研究 等离子体动力学决定于电磁场和大量统计性质的带电粒子间的自洽相互作用。即在给定电磁场情况下，每个带电粒子的运动轨道可以由牛顿方程和洛伦兹力方程决定；而如果知道每一粒子的位置和速度就可以从麦克斯韦方程决定此时的电磁场。但鉴于组成粒子的众多，这一精确的自洽解不可能得到，必须在某一方面采取近似，由此产生下述几种方法描述：

①单粒子轨道法。描述等离子体中单个带电粒子在外加的电场或磁场作用下的运动轨道。这一轨道可简单用运动方程和粒子的初始条件完全确定。该方法可以给出轨道运动的直观物理图像，但不能描述粒子间以及与电磁场的相互作用，适合描述非常稀薄的等离子体，能定性解释一些观测结果。该方法对磁约束聚变研究概念的提出及发展起过重要作用。

②流体描述法。将等离子体看成是导电的电磁流体，用流体力学方程组和电磁学的麦克斯韦方程组联立进行描述，而不考虑流体元中不同粒子间运动的差异。该方法能自洽地描述等离子体的宏观行为，如等离子体中的集体波动、宏观平衡、宏观不稳定性等现象。此方法是由中性流体方程发展而来的，包括双流体方程和单一的磁流体方程，前者将电子和离子分开描述，可以处理多重时间和空间尺度，后者将等离子体当作一种流体成分来描述，只能描述等离子体中发生的慢过程。

③统计描述法。或称动理学理论方法，是一种统计方法。等离子体中粒子的运动速度不尽相同，用统计物理学的方法，即速度分布函数满足的方程，能深刻揭示其运动规律。该方法包括描述无碰撞等离子体中波和粒子相互作用的弗拉索夫方程以及描述碰撞与输运过程的动理学方程。动理学方程可以通过求矩直接导出流体方程组。该方法能够描述波与粒子的共振相互作用，以及分布函数偏离热力学平衡而引起的不稳定性等微观现象，比上述两种方法更加严格，但数学处理往往较复杂，特别是描述非线性问题难度大。

④数值模拟研究。随着计算机技术的迅速发展，大规模数值模拟方法成为等离子体物理中备受青睐的研究方法。通常有流体模拟和粒子模拟两种方法，也有混合模拟方法。流体模拟法主要用来数值求解流体方程组，给出等离子体的宏观状态和输运性质。粒子模拟法主要是直接跟踪几千个甚至几百万个粒子的运动轨道来描述等离子体体系的行为，能同时给出众多有关波和粒子的物理量，以及其间的关联函数的时间演变。典型的实验室等离子体（聚变装置中的等离子体），粒子密度约为10^{19}/米^3，而空间等离子体的密度虽然很稀，但体积巨大（尺度大于或等于几千千米），以密度10^{18}/千米^{3}来计粒子数也是很大的。如果对这些粒子的轨道都加以考虑，则现代计算机的容量是远远不够的。若仅限于研究某类等离子体的某些行为，则只需考察一个相对小的模拟体系，其尺度和粒子数只要足以描述所要研究的等离子体现象即可，这样就能用粒子模拟法来描述等离子体的行为。

主要研究内容 **单个带电粒子的运动行为** 带电粒子在磁场中的基本运动，包括垂直磁力线方向的回旋运动（称为拉莫尔回旋）和沿磁力线方向的自由运动，整体是沿着磁力线做螺旋运动。如果带电粒子还受到其他外力场的作用，则粒子的回旋中心还要沿磁力线和外力场构成的平面的法线方向作漂移运动。外力可以是电场力、重力或磁场梯度和曲率引起的广义力。对应的漂移运动分别为电漂移、重力漂移、梯度漂移和曲率漂移。若电磁场的变化很缓慢，则带电粒子的运动具有近似的守恒量或不变量，称为浸渐不变量（或绝热不变量）。最常用的一个不变量为磁矩，定义为粒子回旋运动的动能和磁场强度的比值。其他不变量尚有磁镜场中的纵向不变量和磁通不变等。这些不变量对于理解和解释空间等离子体的一些行为，以及指导磁约束等离子体装置的设计等具有重要意义。

平衡与稳定性　等离子体在一定条件下的宏观形态会受其内部热压力、外加电磁场力及重力的影响。这些力达到平衡时，等离子体的宏观形态及其各参量的数值和空间分布都不再随时间改变。平衡时的等离子体形态及其参数和空间分布是讨论等离子体行为的基础。

等离子体常处于非热力学平衡状态，有多余的自由能驱动类型繁多的不稳定性。大致可分为宏观不稳定性和微观不稳定性两大类。等离子体宏观参量（密度、温度、压强等）的不均匀及磁力线的弯曲等可引发宏观不稳定性，通常用磁流体方程处理，故称磁流体力学不稳定性。等离子体速度空间的各向异性、偏离麦克斯韦速度分布律等会产生微观不稳定性（又称速度空间不稳定性），通常用动理学方程处理，故称动理学不稳定性。

集体波动及波－粒子相互作用　处于平衡状态的等离子体受到某种扰动时，其内部会产生相应的集体运动，使这种扰动以波动的形式传播到等离子体的其他区域。等离子体内部具有固有的集体波动模式，称为本征模，一般用色散关系来表征，即波的频率和波矢（或波长）的关系。由于等离子体具有多重时间和空间尺度，使其呈现出丰富的波动模式。等离子体内部热压力和电荷分离场的扰动，可驱动声波、电子等离子体波等物质波（静电波），电磁感应可引起电磁波的传播。等离子体温度和密度的空间不均匀性，造成粒子漂移运动进而激发各种漂移波。等离子体中磁力线的扰动与磁冻结效应可产生各种磁流体波；磁力线的弯曲和分布不均匀性也会激发各种与之相关的漂移波。而且波与波之间又会耦合成更为复杂的混合波。

在动理学描述的波动理论中，波与带电粒子会发生能量交换，出现波的阻尼或增长。在非磁化等离子体中，当粒子的速度与静电波的相速度接近时，会发生共振相互作用，波呈现出朗道阻尼或逆朗道阻尼。在磁化等离子体中，当波的频率扣除**掉多普勒频移**后与粒子的回旋频率整数倍接近时，会发生回旋共振相互作用，波呈现出回旋阻尼或逆阻尼。

电磁辐射　等离子体发出的电磁波可分为自发辐射和受激辐射两大类。自发辐射包括黑体辐射、线辐射、复合辐射、韧致辐射、回旋辐射（又称磁韧致辐射）、同步辐射等。大多数的实验等离子体发出的是自发辐射；等离子体物质受激发产生的跃迁、在地球及若干行星的磁层中观测到的一些电磁辐射则为受激辐射。探测等离子体的辐射可获得等离子体中一些重要参量的信息。

碰撞与输运　完全电离等离子体中带电粒子间的库仑碰撞是弹性碰撞。部分电离等离子体中还存在种类繁多的非弹性碰撞，这些碰撞对等离子体状态影响甚大。等离子体中物理量的不均匀性引起输运，粒子数密度的非均匀引起扩散，温度的非均匀引起热传导，流场的非均匀引起黏滞。传统理论认为，输运过程是热运动和碰撞效应共同引起的，通常称为经典输运。在磁约束和空间等离子体等领域，环形磁场效应和湍动效应会造成新经典输运和反常输运，与此相关的输运系数比经典输运系数高出几个数量级，因此在这些领域非经典输运或称反常输运占主导。

非线性效应　等离子体是高度非线性的介质，大多数物理问题是非线性的。描述等离子体的平衡状态是一组非线性的方程。等离子体的边界鞘层是典型的非线性问题。等离子体中激发的波动往往是非线性的，波会演化成孤立子或冲击波，这类波动常用KdV、KdV-Burgers方程或非线性薛定谔方程描述。大振幅的波动有时可用Sagdeev势的方法描述。大振幅的波还可以通过有质动力等非线性效应激发其他类型的波，或通过波破或串级形成湍动状态。

分支领域　受控热核聚变等离子体物理学　受控热核聚变是指在被控制条件下将两个轻核（常用的是氘和氚）在几亿度高温条件下结合成重核的反应。受控热核聚变等离子体物理就是研究实现这种热核聚变反应的实验装置中，以及未来的核聚变反应堆中的等离子体（又称高温等离子体）所涉及的各种物理问题。即受控热核聚变等离子体物理的研究课题主要集中在如何将燃料等离子体加热到几亿度的反应温度，以及如何将密度足够高的高温等离子体约束足够长的时间，使其进行充分的核反应等方面。

受控热核聚变研究始于20世纪中叶。20世纪后期直到21世纪初受控热核聚变研究，主要集中在利用磁场来约束等离子体（磁约束）的**托卡马克**和利用燃料自身的惯性来约束等离子体（惯性约束）的激光核聚变方面。其中所涉及的等离子体物理问题，自然就是受控热核聚变等离子体物理的主要研究内容。

空间和天体等离子体物理学　日地空间是由太阳大气、太阳风、地球磁层和电离层组成并相互关联的等离子体系统。空间等离子体物理学就是研究此系统所发生的等离子体物理过程的分支学科。它是由太阳大气、日层及行星际、行星磁层和行星电离层等离子体物理等子学科组成的，因而它是等离子体物理学、空间物理和太阳物理的交叉学科。空间等离子体物理学迅速发展。在日地空间物理前沿领域亦即日地系统能量传输和耦合机制研究中所涉及的等离子体物理的基本问题是磁力线重联、波－粒子相互作用和反常输运、无碰撞激波、等离子体加热和高能粒子加速、空间等离子体湍流、大尺度等离子体流分别和磁场及中性气体的相互作用方面。空间等离子体物理对于航天安全和空间应用、环境监测和预报、无线电通信、了解太阳活动引起地球生态环境的变化、预测天气的长期变化，以及对于研究等离子体的各种非线性现象具有十分重要的意义。

等离子体天体物理学是天体物理学和等离子体物理学相互结合的交叉学科。天体等离子体物理始于20世纪前半叶，主要研究内容集中在宇宙粒子的加速、天体等离子体的辐射机制，以及不稳定性和有关的爆发图像等方面。自20世纪80年代以来，该学科则主要研究天体等离子体诸多的非线性现象方面、辐射与等离子体的相互作用、天体等离子体中的原子和分子过程、粒子加速机制等。

低温等离子体物理和应用　低温等离子体是指在实验室和工业设备中，通过气体放电或高温燃烧产生的温度低于几十万度的部分电离气体。按其物理性质，低温等离子体可分为热等离子体（近局域热力学平衡等离子体）、冷等离子体（非平衡等离子体）和燃烧等离子体（火焰等离子体）三大类。热等离子体和冷等离子体在工业中已被广泛应用，统称为工业等离子体。低温等离子体物理就是研究部分电离气体的产生、性质与运动规律的科学。低温等离子体中粒子的组分，除电子和离子（密度在10^6～10^{13}/厘米^{3}之间）外，还有大量的中性粒子（原子、分子、自由基）。粒子的组分及其间的相互作用，包括各种多体碰撞与光子参与的过程，均随产生等离子体的方法及条件而改变。这些情况使得低温等离子体物理远比完全电离的高温等离子体物理的研究困难得多。低温等离子体涉及大规模集成电路的制造、材料表面的处理、改性和薄膜沉积，包括超细粉和超纯材料制备在内的化工生产、气体放电光源（高、低气压照明灯）、气体激光器、等离子体显示器、磁流体发电等许多应用方面，故其研究有着十分重要的实际意义。

基础等离子体　主要研究等离子体物理学一些基本物理问题，如等离子体和波的相互作用、非线性过程、非中性和单成分等离子体、发电机效应等。其中经长期研究经久不衰的一个课题是**磁重联**，涉及聚变等离子体中的撕裂模、日冕、地球磁尾等研究领域。

前沿方向　作为相对比较年轻的等离子体物理由于涉及关系国计民生的许多重要应用领域，在20世纪后半叶以后取得重大进展，并开辟了许多迅速发展的前沿研究方向。

等离子体湍流　又称微观不稳定性，普遍发生在聚变等离子体、空间、天体等离子体和低温等离子体中。现已综合了理论、数值模拟和实验方面的研究结果，取得较为突出的成就，也对理论研究、数值模拟和诊断方法提出新的挑战。如雷诺协强对L-H转换的贡献、湍流谱的反级联过程的探讨、不同类型介观尺度相干结构的发现，以及由此形成的多尺度物理的研究。此外，还有尚未充分研究的磁涨落可能也起重要作用。这些现象涉及聚变等离子体的能量、粒子和矩的反常输运过程，有时也要考虑到磁螺旋度的弛豫过程。由于等离子体较中性气体有更多的自由度，等离子体湍流研究的进展必然对一般湍流研究，以及微观现象和宏观现象的联系方面取得新的认识。

高能量密度物理　激光技术的发展，特别是超短脉冲激光技术的进展，使得脉宽接近10^{-15}秒量级、聚焦功率密度超过10^{21}瓦/厘米^{2}的超短脉冲强激光成为可能，从而开创出一个全新的前沿研究领域。这样强的光场超过原子内部的库仑场，所以这一研究领域又称为强场物理。在这样的场作用下，靶丸物质可被压缩成能量密度达到10^{10}焦/米^{3}的高温高密度状态，称为高能量密度物质。但根据温度高低，又可细分为温稠密物质和热稠密物质。温稠密物质实际上属于介于等离子体和固体之间的物态，接近于木星内部物质的状态，属于强耦合等离子体。这种激光等离子体实验可以模拟许多天体物理过程。

等离子体和其他物态之间的相互作用　等离子体和固体表面的相互作用是聚变等离子体装置中的重要研究课题，也是广泛用于制造业的芯片加工和材料改性的关键物理过程。鉴于等离子体医学这一新的应用领域渐成雏形，等离子体对生物活体组织的作用研究也提上日程。与此相联系的是邻近等离子体边界区的鞘层模型的建立和完善，以及相互作用的定量描述和效果的预测。

高能组分等离子体物理　随着空间探测技术的发展，除在太阳风中外，还在太阳射电爆发、弓形激波、地球极区辐射、电双层、地磁脉动、磁暴等物理过程中观测到高能粒子的存在。在进行聚变反应的等离子体中，则存在反应产生的高能α粒子。这些高能粒子与背景等离子体相互作用，可改变原有波模的稳定性，或激发一些新的不稳定模式，影响等离子体的约束和输运。这种高温聚变等离子体也称为燃烧等离子体。对具有高能组分等离子体物理的深入研究，发展成为一个重要领域。主要内容是高能粒子在背景等离子体中的弛豫、加速、加热和辐射、对背景等离子体平衡、稳定等的影响。

展望　等离子体物理学已发展成为物理学的重要分支。从学科整体研究状况来看，对核聚变等离子体（高温等离子体）物理和天体等离子体物理的研究相对来讲较为成熟，但对低温等离子体物理还缺少深入的探讨，而且一些新的研究领域还在不断地涌现出来，因此仍待进一步发展。等离子体物理在能源、国防、通信、材料科学、生物学、医学等领域也不断获得更广泛的应用。　（马锦秀　王　龙）

等离子体与表面的作用　interaction of plasma with surface　等离子体科学技术中的一个基本问题。无论是实验室等离子体、工业等离子体还是聚变等离子体，等离子体和表面的作用都不可或缺，它关系等离子体产生、运行和技术应用。等离子体与材料表面相互作用涉及两个方面：等离子体如何作用于表面及其技术应用；这种相互作用又是怎样影响等离子体。

等离子体与表面作用的微观元过程　由于等离子体中气相粒子的种类、能态不同，对材料表面而言可以是化学惰性的，也可以是化学活性的。因此等离子体与表面作用会诱发各种形式的物理和化学过程。从微观上，等离子体中的气相粒子作用于表面，会产生吸附、脱吸附、原子的级联运动、反射、溅射、离子注入和二次电子发射等现象，如图所示。

吸附　表面吸附是指入射到表面的气相粒子吸附在固体表面的现象。吸附分为物理吸附和化学吸附。物理吸附是指气相粒子和固体表面以范德瓦耳斯键结合，结合强度较弱。当气相粒子能量较大，或在发生物理吸附后，粒子本身还具有一定能量，同时还可以从表面得到热能，原子可以在表面进行迁移，与表面发生化学作用而形成化学吸附。化学吸附中气相粒子和表面以化学键结合；化学吸附时有势垒，需要热激活，吸附速度慢，而且吸附在一定元素间进行，化学键具有选择性。

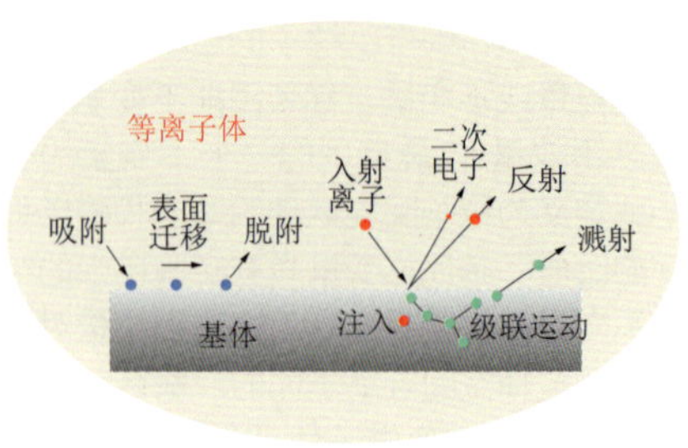

等离子体与表面作用过程示意图

并不是所有撞击到固体表面上的中性粒子都可以被表面吸附，这与撞击粒子的种类、能量及表面的性质有关。

脱吸附　脱吸附是指吸附在表面的粒子离开表面，重新回到气相，这是吸附的逆过程。物理吸附是可逆的，吸附分子脱附后性质不变。化学吸附有不可逆性，脱附分子的性质常有变化。

原子的级联运动　如果固体中的原子在同入射离子碰撞时获得能量大于某一阈值，它将做反冲运动。该反冲原子将进一步与其他静止原子发生碰撞，形成新的反冲原子。这样依次下去，形成一系列原子的运动，称为原子的级联运动，是多原子碰撞过程。级联碰撞作用引起晶格原子的位移和产生晶格缺陷。粒子的大部分动能转化为热能，且沟道效应可将这些作用带到表面下深处。

反射　入射到表面的离子具有一定的动能，离子不仅会吸附在材料表面或深入到材料内部，还可能未被材料捕获被反弹回等离子体，称之为反射。

溅射　当级联运动的原子运动到固体表面时，如果其能量大于表面的势垒，它将克服表面的束缚而飞出表面层，这就是溅射现象。溅射出来的粒子除了原子外，也可以是原子团，常称为溅射原子。

离子注入　入射到固体表面的粒子，如果是被边界或外部的电场加速的离子，其不仅被表面吸附，还要深入到固体的内部，与固体中的原子发生一系列的弹性和非弹性碰撞，并不断损失能量。当入射离子的能量损失到某一定的值，其将停止在固体中，不再运动。上述过程被称为离子注入过程。

离子在固体中传播时产生的能量损失，通常用阻止本领这个物理量来描述。

对于高能离子，能量被传输在入射和靶原子的电子云之间，电子被激活或剥离，引起进一步离化。这种方式引起入射离子的能量损失称为电子阻止。由于质量主要集中在原子核，入射离子导致靶原子做反冲运动，甚至从原来的晶格处移位，这样引起入射离子的能量损失称为核阻止。对于低能离子，**核阻止本领**是主要的。

二次电子发射　当固体表面受到载能粒子轰击时，产生电子，并从表面发射出来的现象被称为二次电子发射。一般等离子体中的离子、电子、中性原子、分子以及光都可以引起二次电子发射。在典型的放电过程中，主要考虑入射表面的离子引起的二次电子。当入射离子的动能较小时，大部分二次电子发射是由入射离子的势能作用引起的，称为位势发射。当入射离子的动能增大到一定程度，动能就将对二次电子发射起支配作用，称为动力学发射。动力学发射的机制相对简单些，就是入射离子的动能传输，将靶原子的电子剥离，形成二次电子发射。

相互作用产生的表面效应　等离子体与表面作用产生的表面效应，不仅取决于到达表面的粒子荷能特性，还与到达表面的粒子数有关。由于等离子体参数范围很宽，实际的等离子体与表面的作用是复杂的，一般牵涉到的微观元过程不是单一的；不同的等离子体对表面作用的效应差异极大。

低温等离子体对表面的作用　低温等离子体技术建立在等离子体对表面作用的基础上，通常利用的是以上某个微观元过程为主或几个过程的综合效应，在工业领域有着广泛的应用。例如：①等离子体清洗。就是利用**低温等离子体**对表面进行辐照，通过溅射效应使表面结合得不牢的物质脱离；或是表面污染物与气相粒子化学反应产生可挥发性物质被去除；还可以利用高能量密度的弧斑等离子体烧蚀金属表面的氧化物层等。②等离子体刻蚀。主要是利用等离子体中气相粒子在表面吸附，与表面粒子产生化学反应，产生可挥发性的物质，由于化学反应具有选择性，这样可以从表面去除一种材料而不影响其他物质；过程中或辅助以离子的荷能效应来增强刻蚀的各向异性。③等离子体化学气相沉积。利用气相粒子在表面吸附并进行化学反应，产生固态薄膜沉积物。等离子体物理气相沉积：借助于等离子体中离子的荷能效应进行薄膜沉积，如溅射、离子镀、离子束辅助沉积等。④等离子体注入技术。被边界或外部电场加速的离子，深入到固体的内部，特别是能量较高时，沿固体深度形成一个分布，改变固体表面化学组分；同时级联运动造成表面微结构和应力状态改变等，通过这些获得所需的表面性能。

高温等离子体对表面的作用　高温等离子体对表面的作用主要发生在受控热核聚变以及未来的聚变反应堆的反应室的第一壁（即等离子体直接照射的固体壁）表面。在聚变反应室的中心存在着几百万摄氏度以至亿摄氏度的高温等离子体，其辐射出高能粒子和各个频段的电磁波，还有像高能中子以及α粒子等的热核反应产物。这些粒子和辐射到达固体表面，除存在低温等离子体中所发生的各种过程外，还存在由于高能量密度而产生的效应。例如：①第一壁固体表面的烧蚀现象。由于瞬态等离子体强流造成表面熔化蒸发，产生杂质和灰尘，或在第一壁上由于电荷积累起弧引起的烧蚀现象。②器壁上起泡现象。一定能量的气体离子在固体内一定深度注入，并逐渐积累，当其剂量达到一定程度时，就在表面附近形成气泡，并逐渐增大，最后破裂；在有些情况下，表现为起片，形成洞或海绵状表面结构。③背散射现象。当离子或中性粒子入射到固体内后，它与固体内原子碰撞，逐渐失去原来的能量，最后停留在固体内，或者还残留一部分能量，从固体表面发射出去，这就是背散射。

相互作用对等离子体的影响　等离子体与表面的作用除了其技术应用外，也是等离子体源物理的基本问题，直接对等离子体的产生、特性和运行产生影响。当等离子体处于稳态时，电子要满足有效生成和损失达到平衡。除了等离子体中发生的电子损失以外，在表面上电子损失是一种重要的损失源。在一些辉光放电如直流等离子体中，加速离子轰击电极引起的二次电子直接参与放电，影响放电过程，是维持等离子体重要的电子产生源。在反应等离子体中，从表面脱附或溅射出来的粒子进入鞘层后，与鞘层内的带电粒子碰撞后发生电离，形成新的离子，也可以穿过鞘层进入等离子体，并俘获等离子体中的电子，形成带负电的粒子或粒子团，通常称为尘埃粒子。尘埃粒子的存在对等离子体特性和技术应用产生重要影响。

在受控热核聚变实验装置和聚变堆中，这一相互作用使大量不能参加核反应的杂质离开表面，进入等离子体，不但降低了反应粒子的浓度，使反应速率降低，还造成强烈的辐射能量损失，降低芯部等离子体的温度，增加等离子体稳定运行的难度等。高温等离子体与壁材料相互作用问题被认为是聚变能否获得成功的关键问题之一。　（朱晓东）

等离子体约束　plasma confinement　用不同的力将等离子体限制在有限区域。高温等离子体因其内部压强和其他原因会分散开来，必须设法把高温等离子体加以限制，使其有足够长的时间进行热核聚变反应。这种把等离子体限制在有限区域，称为等离子体约束。

约束等离子体已有多种方法，究其实质，就是用不同性质的力作用于等离子体粒子将其限制在有限的区域，这些力是引力，罗伦茨力，惯性力，电场力。分述如下。

①太阳内部的热核聚变反应所以能持续进行是由于引力引起的向内压力和聚变引起的向外压力平衡的结果。太阳质量很大，引力很强，产生向内的压力，挤压内部的氢和氦气体使其密度增大和温度升高，生成等离子体，产生热核聚变反应。聚变爆炸力产生向外压力。如果爆炸力比向内压力大一些，聚变区域随之增大一些，粒子的密度和温度下降，聚变就少一些，这时向外的爆炸压力也变得小一些。当向内压力稍大于爆炸力时，又产生向内压缩，聚变就多一点，向外的压力也随之大一些，达到与向内压力新的平衡。在向内压力和向外的爆炸力失衡和平衡反复进行的条件下，太阳内部的热核聚变反应能够维持下去，太阳也不会因为内部的聚变反应而炸毁。太阳内部的等离子体就是被引力约束的。

②磁约束。在磁场中，运动着的等离子体带电粒子和磁场产生洛伦兹力，在罗洛伦兹力作用下，粒子以磁力线为中心在磁力线垂直方向绕磁力线做圆周运动（称为回旋运动），磁场强度越大，回旋半径越小。当磁场足够强时，就可把等离子体约束在一定大小的区域中。但是带电粒子在磁力线方向匀速运动，可以沿着磁力线离开约束区（称为终端损失）。所以要把磁场做成不同的形状，这就做成了不同的磁约束装置，如**托卡马克**，**仿星器**，磁镜，角向（或轴向箍缩）装置，**反场箍缩**。这种利用磁场对带电粒子产生的洛伦兹力对等离子体的约束，称为磁约束。

③惯性约束。用激光束或粒子束均匀地照射在用几毫克的氘和氚构成的直径为几毫米的小球表面上，球面层吸收热量后蒸发，迅速向外喷出，此时其后面球体物质受到指向球心的反作用力（就像火箭从尾部喷气的同时，火箭受到向上的反作用力向前推进一样，这个反作用力是惯性

力），将球体物质从四周向球心挤压（这个过程称为爆聚或内爆过程），使氘氚加热，电离并在这些物质散开之前就完成聚变反应。因为向球心挤压的力是惯性力，所以由此产生的对等离子体的约束称为惯性约束。

④惯性静电约束。是指用静电场来约束等离子体。在真空室内设有两个同心金属网做成的球形电极，外球接地，内球加负高电压（例如−15千伏）。真空室内充燃料气体（如氘气）。在内球和外球之间的强电场将部分气体电离。这些带正电的离子在内球很高的负静电力作用下加速冲向球中心，由于网格较大，大部分粒子能直接穿过中心的阴极，由于离子的惯性，离子从另一侧出来到达外球壁附近，在此期间，电场会减慢离子，并最终将它们转向球中心，形成再循环。在来回循环途中可将中性气体电离，结果内球中心离子密度增加，产生聚变反应。（李银安）

等离子体增强化学气相沉积 plasma enhanced chemical vapor deposition; PECVD 利用气体放电产生的等离子体作用使参加反应的低分子气态化合物电离、离解或激发，通过气相与界面化学反应后在衬底上沉积薄膜的制备方法。由于该过程伴随着化学反应，因此称为等离子体增强（或辅助）化学气相沉积。等离子体增强化学气相沉积（PECVD）通常在非平衡态等离子体中进行，主要作用机理是利用非平衡态等离子体中高的电子温度、低的重粒子温度和离子温度，以及高的粒子化学活性，通过等离子体中高能电子激发反应气体，增强反应物质的化学活性以促进化学反应。因此，PECVD不仅可以实现在较低气体温度下的化学反应，还可以实现常规化学无法进行的反应，适合于沉积功能薄膜和化合物薄膜。

可应用于PECVD的装置几乎包括了所有低温非平衡态等离子体源。平板式PECVD设备（结构原理图见图）的工作过程是：反应气体在外界电场的激励下电离形成等离子体，等离子体中的电子经外电场加速后，其动能通常可达1～10电子伏左右，经过非弹性碰撞足以使反应气体分子电离或离解。由此产生的具有高化学活性的中性原子、分子以及离子等反应基团，受电场、热扩散和浓度梯度等的作用流向衬底表面，同时这些反应性基团在漂移和扩散的过程中还会发生各种气相反应而生成次级产物。这样各种初级和次级反应的产物被吸附到衬底表面后，可以在表面发生进一步反应，形成薄膜，同时亦可能伴随有气相分子的再次释放。

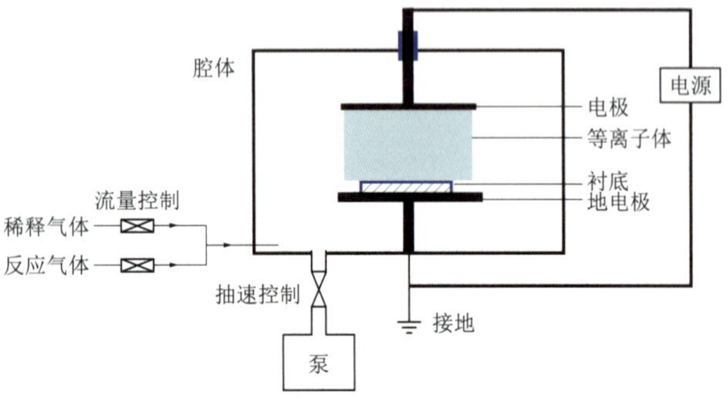

平板式PECVD设备系统结构示意图

PECVD过程受到工作气体的流速、气压、放电功率、放电模式、衬底位置、温度、电极偏压等诸多因素的影响，其主要优点是沉积温度低、对基体的结构和物理性质影响小、膜的厚度及成分均匀性好、膜组织致密、针孔少、膜层的附着力强、应用范围广，可制备各种金属膜、非晶无机膜和有机膜等。PECVD技术已经广泛应用于材料工程领域，特别是在电子材料、光学材料、能源材料、机械材料等各种无机材料，以及有机高分子材料等的制备中显示出了其独特的优势和巨大的应用潜力，在许多领域已被作为主要的生产技术广泛使用。（陈　强　李和平）

等离子体诊断 plasma diagnostics 对可表征等离子体物理参量及过程的量进行测量所采用的科学方法及技术。等离子体物理的探究源于对其外在现象的观测，而现象的具体表征则需要采用多个参量才能描述。等离子体诊断则是实现这一目的的手段，就像医生对病人的病情要作多方面的诊断后方可确诊一样。因此等离子体诊断借用医学中的“诊断”一词。宇宙中的主要物质形态是等离子体，因此早期的等离子体诊断源于光学天文的观测。从测量恒星发射可见光的天文观测开始，已发展成为包括射频电磁波、红外线、紫外线、X射线、γ射线，以及各种粒子在内的天体等离子体诊断，成为天体测量学和天体物理学的一个重要基础。进入19世纪以后，气体放电的研究也促进了实验室等离子体诊断的发展。20世纪中叶以来，受控热核聚变的研究进一步促进了等离子体诊断技术的发展。核爆炸试验、空间科学与航天技术、低温和工业等离子体的应用和无线电技术的发展也推动了等离子体诊断的发展。

等离子体为带电粒子组成的多粒子体系，对这种体系通常采用热力学描述，其主要的表征参数为粒子数密度和温度。等离子体主要包括电子和离子两种成分。由于宏观电中性，一般正负电荷密度相等，所以一般均只对等离子体中的电子组分进行数密度测量，以其作为等离子体密度的衡量。电子和离子的质量相差悬殊，在很多情况下二者的温度会有区别，需分别测量。

不同的等离子体具有不同的物理参量。可知的等离子体密度范围可从10^3到10^{33}每立方米，温度从10^2℃到10^9℃。

在低温等离子体或高温等离子体的边界区，容许固体探针插入进行接触测量，广泛使用静电探针测量电子温度和电子密度，也可测量等离子体电位和密度涨落。离子的能量及其分布的测量可以采用能量分析器，它由一个小圆筒、内置几个栅极和一个收集极构成，通过调整极间电场实现测量。考察等离子体内部粒子间的电磁相互作用，以及外加磁场与等离子体相互作用时，可采用一种小螺旋管线圈，亦称为磁探圈来测量局部磁场。它直接测量磁场随时间的变化，也可用霍尔元件直接测量磁场值。

几十万摄氏度以上的高温等离子体缺乏通用的诊断设备，只有发射光谱较易测量，但从测量结果计算等离子体密度和温度依赖使用的物理模型，而且一般是弦积分量，必须进行一定的变换，如阿贝变换，求得局部参数。对于密度较高的等离子体，可以用谱线的斯塔克展宽计算密度。通用的测量等离子体密度的方法是干涉法，将通过等离子体的光束或微波束和参考束之间的位相差的变化，计算折射率以推导弦积分密度。类似的诊断仪器有偏振仪和反射仪。

测量等离子体电子温度的最准确方法是激光汤姆孙散射。它有很好的空间分辨率，原来主要用于高温等离子体，后来也用于低温等离子体。这种方法也可用于测量空间一点的等离子体密度。此外，测量等离子体发射的X射线能谱可以计算电子温度。处在这一波段的辐射主要由**轫致辐射**和复合辐射组成，与电子温度有强的依赖关系。对于等离子体离子温度，可以使用中性粒子能谱仪测量等离子体中通过电荷交换产生的中性粒子逸出等离子体后的能谱，以决定等离子体中离子的温度和能量分布。在发生了聚变反应的燃烧等离子体装置中，反应产生的高能中子的能谱叠加产生反应离子的能谱，可进行反推决定离子能谱。

随着受控热核聚变研究的发展，磁约束等离子体诊断也丰富了等离子体诊断的内容。如在有约束磁场的情况，等离子体电子温度分布可以通过测量磁场中的电子回旋辐射来实现。电子回旋辐射信号强度正比于等离子体电子温度，信号频率正比于发射点的磁场，所以可以根据收到信号的幅度和频率确定发射地点的电子温度。

在**磁约束聚变**研究中，等离子体在宏观和微观尺度上的不稳定性研究也催生了比较多的测量方法和技术。在宏观不稳定性研究方面，较易探测的是等离子体边界磁场、等离子体发射的X射线，以及电子回旋辐射的低频涨落。用一种分布在等离子体周围的米尔诺夫磁探针阵列可以判断不稳定性的模式。可见光的高速照相则可直观地观测不稳定性形成的空间结构。但在高温等离子体内部缺乏可见光辐射，主要用多路软X射线探测器列阵采集数据，用类似医学中CT的数据处理方式（称为层析的方法）探测磁岛这样的磁场结构。电子回旋辐射成像等方法也已被广泛应用。在微观不稳定性研究方面，涉及小尺度、较高频率的涨落，而且希望知道它的频谱和波数谱。能全面探测等离子体内部涨落信息的方法不很多。一种常用的方法是集体散射，使用入射电磁波的波长大于等离子体的**德拜长度**，所探测的是等离子体的集体行为，称相干散射或集体散射。根据这一要求和等离子体密度和探测结构尺度选择入射电磁波的波段。另一种方法是重离子探针，使用高能重离子入射磁约束等离子体，离子束在约束磁场中偏转。但部分离子与等离子体相互作用被再次电离。二次电离离子的轨道偏离原来入射的一次电离离子的轨道，出射以后被收集并进行能量分析。二次电离离子束的能量的涨落反映了二次电离处电位的涨落，而束强度的涨落反映了此处电子密度的涨落。相对于静电涨落引起的密度和电位涨落的测量，等离子体内部幅度较弱的磁场涨落更难于探测。利用微波模式的转换效应的交叉偏振散射可以进行这种测量。

聚变反应产物粒子测量进一步丰富等离子体诊断的内容。聚变反应产物粒子主要是中子和α粒子的测量，采用的方法多基于核物理实验研究中的测量原理。可用裂变电离室测量中子通量，用氦-3正比管或反冲质子法测量中子能谱。飞行时间法可同时测量中子和逸出等离子体的α粒子的能量。而约束在等离子体中的α粒子必须用主动诊断，如入射氦原子，经过电荷交换形成氦离子或原子。从逸出等离子体可以测量其能谱。此外，还可注入杂质束，通过接收α粒子参与的核反应产生的γ射线来测量α粒子的空间分布。

等离子体诊断集物理学和技术科学为一体，通过对等离子体物理过程的理解来确定要测的等离子体参量并选定适用的测量方法。测得的结果又需要用等离子体物理知识加以分析，揭示测量结果所反映的物理本质。鉴于等离子体组成和行为的复杂性，等离子体诊断成为等离子体物理实验研究的重要柱石，其任何进展均可能促成**等离子体物理学**的新发现。

等离子体诊断设备选用原则以及改进方向取决于多种因素。首先是它的空间和时间分辨率。这应由物理研究目标决定。此外，鉴于多种诊断仅得到弦积分量，发展了多种从二维到三维的空间反演方法。与其他物理研究领域的测量相比，等离子体参数测量的精度尚比较粗疏，这源于其非接触测量本质、定标问题和所基于的物理模型的缺陷。除了继续提高其信噪比、时空分辨率、改进反演方法外，发展趋势之一是可视化，即直接观察等离子体内的二维甚至三维的参数分布及其演化图像，摆脱繁复的反演计算。此外，为适应燃烧等离子体的恶劣环境，这类等离子体的诊断设备必须强调其适用性。置于装置内部的部件如探圈、天线、反射镜等，需能耐受强的热冲击和高能粒子轰击而不致失效。而对于一些光学和微波接受部件，则向集成化发展。（李银安　庄　革）

等离子体中的波 waves in plasma　在等离子体中粒子-电磁场耦合系统，以波动形式呈现的集体运动模式。是等离子体集体效应的集中体现。等离子体波动的能量来源可以是外部功率源，也可以是等离子体自身的自由能，后者被称为**等离子体不稳定性**。在等离子体中，恢复力除了中性流体中存在的压强梯度，还包括电场力和磁场力，同时电子和离子对电磁场具有差异巨大的响应，再加上等离子体位形等方面的复杂性，使得等离子体中的波比中性气体更加复杂多样。

研究简史　人类对于等离子体波的认识贯穿整个等离子体物理研究的发展历程。等离子体波的研究在空间等离子体、天体等离子体、气体放电、聚变等离子体等领域都居于重要的地位。

1902年A.E.肯涅利和O.**亥维赛**为解释无线电波远距离传播的现象，推测大气层中电离层（被称为E电离层，高度在110～120千米）的存在，这个假设在1924年被E.V.**阿普顿**实验证实，1926年阿普顿又发现了高度在130千米之上的F电离层。1926年、1931年和1932年，H.拉森、D.R.哈特里和阿普顿分别独立提出无线电波在电离层和地磁场中的折射率公式，通常被称为阿普顿-哈特里方程。阿普顿因为对大气高层物理性质的研究，尤其是F电离层的发现，获得了1947年的诺贝尔物理学奖。

1929年，L.汤克斯和I.朗缪尔在研究气体放电时发现了等离子体中电子密度的疏密波，该波被称为电子等离子体振荡或**朗缪尔波**。朗缪尔波是等离子体中最普遍存在的一种本征波动。

1942年H.**阿尔文**指出，当理想导电流体处在磁场中（称为磁流体），“弹拨”磁力线会产生沿磁力线方向传播的电磁波，这个波被称为阿尔文波。阿尔文的预言被随后的实验所证实。阿尔文也在1970年因为在磁流体力学方面的基础性研究和发现获得诺贝尔物理学奖。阿尔文波是一种在空间和天体中经常被发现存在的波动现象。十余年的观测表明阿尔文波可能是日冕反常加热和太阳风加速的原因之一。

1936年和1938年，L.D.**朗道**和A.A.弗拉索夫开始发展等离子体动理学理论，开展对等离子体波的研究，这也标志着等离子体动理论的开端。1946年朗道得出结论，即使在无碰撞的情况下，朗缪尔波也会被波与共振电子的相互作用所衰减，这被称为**朗道阻尼**。朗道阻尼一直到1964年才被实验证实。朗道阻尼奠定了波加热和电流驱动及微观不稳定性的研究基础，开创了等离子体物理研究的新领域。

基于对等离子体波的不断了解，利用电磁波在等离子体中的反射、干涉、散射、偏振改变和辐射等行为发展等离子体诊断技术的研究也一直方兴未艾。微波诊断和激光诊断是两种重要的等离子体诊断方式。

等离子体中波的主要模式和分类　静电波和电磁波　根据存在振荡磁场与否，可以将等离子体中的波分为静电波和电磁波。由麦克斯韦方程可知，静电波必须是纵波，即波矢方向平行于振荡电场的方向；而电磁波存在振荡磁场分量，可以是横波或者横波和纵波的混合。

在磁化等离子体中，根据振荡电场的偏振方向，还可以把电磁波分为寻常波（O波）、非寻常波（X波），左旋波（L波）和右旋波（R波）。其中寻常波中振荡电场平行于外磁场，因此色散关系不受外磁场的影响；非寻常波则存在垂直于外磁场的椭圆极化的振荡电场；左旋波和右旋波则分别具有垂直于外场的左旋圆偏振电场和右旋圆偏振电场。当波的传播方向从平行于外磁场转向垂直于外磁场时，左旋波和右旋波会向寻常波和非寻常波过渡。

电子波和离子波 根据主要振荡粒子的不同，等离子体中的波还可以分为电子波和离子波。由于电子的质量远远小于离子质量，在一般条件下，电子的响应速度远远快于离子响应速度。对于电子波，电子随振荡波场运动，而离子可以认为是不动的；而对于离子波，离子运动起主要作用，而电子则依据玻尔兹曼关系跟随电势变化。一般而言，电子波是高频的，离子波则是低频的。当然也有一些中间频率的波，如低杂波，需要同时包含电子和离子响应。

冷等离子体中的波和热等离子体中的波 对于一大类等离子体波，尤其是在研究波的传播时，等离子体温度效应是不重要的，这时可以称之为冷等离子体中的波。冷等离子体的介电常数（或者说折射率）只和频率有关，即冷等离子体是时间色散介质，这使得等离子体中的波的色散关系大大简化。克莱莫－马拉利－艾利斯（CMA）图可以完整地描述磁化冷等离子体中的各种波。

等离子体温度对等离子体波带来三种效应：①热压强的引入使得冷等离子体中的一些振荡可以传播起来。②热压强可以修正冷等离子体中已有波的模式的色散关系。③动理学效应，包含波与粒子的共振效应引起波的阻尼或者增长，以及与有限拉莫尔半径效应相联系的新模式产生。这里前两种效应是相对平凡的，仍然可以在流体理论框架下理解，而第三种效应则需要应用等离子体动理学理论来解决。主要模式见表。

流体理论下均匀等离子体中波的主要模式

分类	特征	色散关系	命名
电子波（静电）	$\boldsymbol{B}_0=0$ 或 $\boldsymbol{k}//\boldsymbol{B}_0$	$\omega^2=\omega_{\mathrm{pe}}^2+3k^2v_{\mathrm{th}}^2/2$	电子等离子体波（朗缪尔波）
	$\boldsymbol{k}\perp\boldsymbol{B}_0$	$\omega^2=\omega_{\mathrm{pe}}^2+\omega_{\mathrm{ce}}^2\equiv\omega_{\mathrm{h}}^2$	高杂振荡
离子波（静电）	$\boldsymbol{B}_0=0$ 或 $\boldsymbol{k}//\boldsymbol{B}_0$	$\omega^2=k^2c_{\mathrm{S}}^2$	离子声波
	$\boldsymbol{k}\perp\boldsymbol{B}_0$（近似）	$\omega^2=\omega_{\mathrm{ci}}^2+k^2c_{\mathrm{S}}^2$	静电离子回旋波
	$\boldsymbol{k}\perp\boldsymbol{B}_0$（严格）	$\omega^2=\dfrac{\omega_{\mathrm{pi}}^2}{1+\omega_{\mathrm{pe}}^2/\omega_{\mathrm{ce}}^2}\equiv\omega_l^2$	低杂振荡
电子波（电磁）	$\boldsymbol{B}_0=0$	$\dfrac{k^2c^2}{\omega^2}=1-\dfrac{\omega_{\mathrm{pe}}^2}{\omega^2}$	电磁波
	$\boldsymbol{k}\perp\boldsymbol{B}_0$，$\boldsymbol{E}_1//\boldsymbol{B}_0$	$\dfrac{k^2c^2}{\omega^2}=1-\dfrac{\omega_{\mathrm{pe}}^2}{\omega^2}$	寻常波（O 波）
	$\boldsymbol{k}\perp\boldsymbol{B}_0$，$\boldsymbol{E}_1\perp\boldsymbol{B}_0$	$\dfrac{k^2c^2}{\omega^2}=1-\dfrac{\omega_{\mathrm{pe}}^2}{\omega^2}\dfrac{\omega^2-\omega_{\mathrm{pe}}^2}{\omega^2-\omega_{\mathrm{h}}^2}$	非常波（X 波）
	$\boldsymbol{k}//\boldsymbol{B}_0$，$\boldsymbol{E}_1$ 右旋	$\dfrac{k^2c^2}{\omega^2}=1-\dfrac{\omega_{\mathrm{pe}}^2}{\omega^2}\dfrac{1}{1+\omega_{\mathrm{ce}}/\omega}$	右旋波（R 波）
	$\boldsymbol{k}//\boldsymbol{B}_0$，$\boldsymbol{E}_1$ 左旋	$\dfrac{k^2c^2}{\omega^2}=1-\dfrac{\omega_{\mathrm{pe}}^2}{\omega^2}\dfrac{1}{1+\omega_{\mathrm{ce}}/\omega}$	左旋波（L 波）
离子波（电磁）	$\boldsymbol{B}_0=0$	无	
	$\boldsymbol{k}//\boldsymbol{B}_0$	$\omega^2=k^2v_{\mathrm{A}}^2$	阿尔文波（剪切阿尔文波）
	$\boldsymbol{k}\perp\boldsymbol{B}_0$	$\omega^2=k^2(c_{\mathrm{S}}^2+v_{\mathrm{A}}^2)$	磁声波（压缩阿尔文波）

注：ω 为波的频率，$\boldsymbol{k}$ 为波数，ω_{pe} 为电子等离子体频率，ω_{pi} 为离子等离子体频率，ω_{ce} 为电子回旋频率，ω_{ci} 为离子回旋频率，c 为光速，c_{S} 为等离子体声速，v_{th} 为电子热速度，v_{A} 为阿尔文速度。

非均匀等离子体中的波 真实的等离子体都是空间非均匀的。要研究非均匀等离子体中的波，可以求解与等离子体动理学方程耦合起来的麦克斯韦方程，这种方法称为全波法。但实际应用最多的还是束线追踪法。当波长远小于波束宽度和等离子体非均匀性的标长，可以考虑一个随空间位置缓慢变化的局域色散关系：

$$D=D[\boldsymbol{x},\boldsymbol{k},\omega(\boldsymbol{x},\boldsymbol{k})]=0$$

这样束线的轨迹方程由下面两个式子给出：

$$\frac{\mathrm{d}\boldsymbol{k}}{\mathrm{d}t}=-\frac{\partial\omega}{\partial\boldsymbol{x}}=\frac{\partial D}{\partial\boldsymbol{x}}\Big/\frac{\partial D}{\partial\omega}$$

$$\frac{\mathrm{d}\boldsymbol{x}}{\mathrm{d}t}=\frac{\partial\omega}{\partial\boldsymbol{k}}=\frac{\partial D}{\partial\boldsymbol{k}}\Big/\frac{\partial D}{\partial\omega}$$

当波束宽度相比于波长不能认为是无限大时，平面波假设不再成立，需要考虑波束的空间结构及其衍射效应。而当波长不再远小于等离子体非均匀性的标长时，如在截止层（波长趋于无穷）或者等离子体密度急剧变化的区域，束线追踪法不再有效。在研究这些区域波的反射、透射、模式转换时，需要在远离这些区域的地方使用束线追踪法，匹配到该区域边界，或者直接使用全波方法。

带有明确边界的等离子体可以认为是另一类非均匀性等离子体。由于边界条件的限制，等离子体波的波数谱不再是连续谱，而是分离谱。这种情况和波导中电磁波具有不同本征模式类似。此时需要研究一些特殊的空间电荷波或者表面波，如空腔模。此外，考虑等离子体波的鞘层边界条件后，等离子体中波的传输问题也成为一个非线性问题，而这在大功率波加热可能是个不能忽视的问题。一个典型的空间非均匀等离子体加上周期边界条件产生低阻尼的分离谱的例子是环形阿尔文本征模。

在磁化等离子体中，宏观参数（密度、温度、磁场等）不均匀性还会引起一支新的等离子体波，称作漂移波。漂移波的传播方向大体上沿电子或离子抗磁性漂移方向，但在平行方向上和离子声波、阿尔文波耦合起来。漂移波通常是不稳定的，称为漂移不稳定性。漂移不稳定性发展形成的漂移波湍流被认为是引起磁化等离子体中反常输运的最主要机制。

线性波和非线性波 对于小振幅的波，即波的能量远小于等离子体内能时，可以利用线性摄动方法求解波的色散关系，而且色散关系不依赖于波的振幅。这类波统称为线性波。

当波的振幅不能忽略时，需要考虑非线性波或波与波、波与粒子间的非线性效应。典型的非线性波包括等离子体激波、孤立子波等。典型的非线性波－粒子相互作用包括有质动力效应、随机加热。典型的非线性波－波参量不稳定性即非线性朗道阻尼，等离子体回波则涉及非线性波－粒子－波相互作用。

当等离子体不稳定性发展成为宽谱的有限振幅波时，等离子体进入湍流状态，这时非线性效应起主要作用。但如果可以假设湍流涨落幅度并不是非常强，非线性耦合只发生在线性模之间，而且非线性耦合系数是随时间缓慢变化的，这种状态被称为弱湍流。在弱湍流下，可以通过等离子体的线性响应与波场的非线性耦合计算等离子体平衡分布函数的缓慢演化，这种方法被称为准线性理论。准线性理论在研究湍流输运和波加热等问题上发挥了重要作用。总体来说，等离子体波的线性理论

已经比较系统完整，但非线性理论的研究还方兴未艾。（高　喆）

等倾干涉　equal inclination interference　当一束光以一定的倾角入射到厚度均匀的薄膜时，由薄膜上、下两个表面反射的光束经过透镜的汇聚而相干叠加形成干涉条纹的现象。入射角度相同的光波在薄膜上、下表面反射的两束光具有相同的光程差（相位差），当这个光程差为入射光半波长的偶数倍时为相长干涉，奇数倍时则为相消干涉。采用点光源照射时，入射倾斜度不同的光束经薄膜反射后所形成的干涉图样是一组明暗相间的同心圆环，这种干涉称为等倾干涉，属于一种分振幅法干涉。（刘仁明）

等熵过程　isentropic process　系统经历的熵保持不变（$\Delta S=0$）的准静态过程。又称绝热可逆过程。实验表明，对于一定质量的**理想气体**，在等熵过程中，系统的状态参量满足绝热过程方程：

$pV^{\gamma}=$ 常量或 $TV^{\gamma-1}=$ 常量或 $p^{\gamma-1}T^{-\gamma}=$ 常量

这里γ为比热容比，定义为：

$$\gamma=\frac{C_p}{C_V}$$

式中C_p为等压热容；C_V为等体热容。理想气体在有限等熵过程中对外做功可用初末状态的状态参量p、V来表示，满足：

$$W=\frac{p_1V_1-p_2V_2}{\gamma-1}$$

（刘志锋　崔　鑫　班士良）

等体过程　isochoric process　系统经历体积保持不变（$\Delta V=0$）的准静态过程。又称等容过程。实验表明，对于一定质量的理想气体，等体过程中系统的压强p与温度T成正比，其过程方程为：

$$pT^{-1}=\text{常量}$$

这一关系式也叫气体的**查理定律**。在等体过程中，若系统的温度从T_1变化为T_2，则系统所吸收的热量为：

$$Q=\int \mathrm{d}Q=\int_{T_1}^{T_2} nc_V\mathrm{d}T$$

式中n为气体的物质的量；c_V为摩尔等体热容（即在体积不变的情况下，每摩尔物质升高单位温度需要从外界所吸收的热量，国际单位为焦耳·摩尔$^{-1}$·开尔文$^{-1}$）。

（刘志锋　崔　鑫　班士良）

等体压缩系数　isochoric compressibility　在体积保持不变情况下，温度升高单位绝对温度引起的系统压强变化的比率。又称相对压力系数。通常用β表示，满足：

$$\beta=\lim_{\Delta T\to 0}\frac{1}{p}\left(\frac{\Delta p}{\Delta T}\right)_V=\frac{1}{p}\left(\frac{\partial p}{\partial T}\right)_V$$

（崔　鑫　班士良　宋铁磊）

等温过程　isothermal process　系统经历温度保持不变（$\Delta T=0$）的准静态过程。实验表明，对于一定质量的理想气体，在等温过程中，系统的体积V与压强p成反比，其过程方程为：

$$pV=\text{常量}$$

这一关系式也叫气体的**玻意耳定律**。在等温过程中，若系统的体积从V_1变化为V_2，则系统对外界做功为：

$$W=\int_{V_1}^{V_2} p\mathrm{d}V=nRT\ln\frac{V_2}{V_1}$$

式中R为理想气体常数，8.314焦/(摩·开)。此外，在等温过程中理想气体的内能不变，因此系统从外界吸收的热量全部用来对外做功，即$Q=W$。

（刘志锋　崔　鑫　班士良）

等温压缩系数　isothermal compressibility　在温度保持不变情况下，增加单位压强引起的系统体积减小的比率。通常用χ_T表示，满足：

$$\chi_T=\lim_{\Delta p\to 0}\left[-\frac{1}{V}\left(\frac{\Delta V}{\Delta p}\right)_T\right]=-\frac{1}{V}\left(\frac{\partial V}{\partial p}\right)_T$$

（崔　鑫　班士良　宋铁磊）

等效原理　equivalence principle　弱等效原理和强等效原理的统称。弱等效原理（又称伽利略等效原理）是**伽利略**从宏观物体的机械运动现象提出的运动规律。爱因斯坦把弱等效原理推广成强等效原理（又称爱因斯坦等效原理或局部等效原理），并连同广义协变原理（广义相对性原理）为基础，建立了**广义相对论**，即弯曲时空的引力理论。

在历史文献中并无记载伽利略曾在意大利比萨斜塔进行过自由落体实验。第一个有文献记载的是**I.牛顿**1680年用单摆进行的实验：两个并排悬挂的11英尺（1英尺＝0.3048米）长的单摆末端各有一个木盒，其中一个木盒放入木材另一个放入等重量的金子；两个单摆的长度、重量、形状和空气阻力完全相同。使这两个单摆同时开始摆动，观测它们的摆动周期有什么差别，而且更换了多种不同的材料重复进行了实验，结果发现在千分之一的精度上没有观测到不同。就是说单摆的运动与材料无关。此后300多年来，众多的物理学家使用多种不同方法对弱等效原理进行了精度愈来愈高的实验检验，而且至今还在继续进行。

弱等效原理表述为一个检验物体在引力场中所受的力由牛顿**万有引力定律**给出，即$F=m_gg$。一个宏观物体能够被称为“检验物体”需要有两个条件：该物体自身产生的引力场强度与外部引力场强度相比可忽略不计；在该物体所占据的空间范围内外部引力场强度的变化可以忽略不计。式中m_g为引力质量，g是引力加速度。引力质量又分为主动引力质量和被动引力质量：“主动”是指“产生”引力，“被动”则是“感受”引力；为了简单将假定两者相等。该物体在引力作用下的运动由牛顿力学第二定律给出，即$F=m_gg=m_ia$。其中m_i称为惯性质量，由此得到$a=(m_g/m_i)g$，即一个物体在引力场中的自由落体加速度a正比于引力加速度g，比例系数(m_g/m_i)是其引力质量与惯性质量之比。如果这个比值是一个不依赖于物体的任何物理性质的普适常数，则可适当选取质量和重量的单位使得该普适常数等于1，因而可把弱等效原理表述为“惯性质量等于引力质量”。

弱等效原理实验通常是测量两个不同材料的物体在引力场中的自由落体加速度的相对变化率η，即两物体的加速度之差(a_1-a_2)除以两物体的平均加速度$(a_1+a_2)/2$，用公式表示为：

$$\eta=\frac{(a_1-a_2)}{(a_1+a_2)/2}=2\frac{(m_g/m_i)_1-(m_g/m_i)_2}{(m_g/m_i)_1+(m_g/m_i)_2}$$

其中用到了公式$a=(m_g/m_i)g$。弱等效原理实验的类型包含（伽利略型）自由落体实验、（牛顿型）单摆实验、（厄缶型）扭称（或扭摆）实验等。在这类实验中最值得一提的是**厄缶实验**：在一个扭称横杆（在横杆的中点用一根扭丝将其悬挂起来）的两端挂上不同材料的物体，对这两个物体受力情况的分析可知，它们受到指向地心的引力和地球自转产生的惯性力。如果引力质量与惯性质量不等，则这两个力的水平分量会形成一个力矩而使横杆水平转动，最后被悬丝的反方向力矩平衡。在横杆的取向转动180°因而两个不同材料的物体互换位置后，引力和惯性力的水平分量所形成的力矩就会改变，使得扭称相对于支架偏转一个角度。厄缶在用不同材料反复进行的观测中，在5×10^{-9}的相对精度内没有出现这种偏转，用公式表示就是$\eta\leqslant5\times10^{-9}$。1964年R.H.狄克、1972年V.B.布拉金斯基和V.I.潘诺夫分别使用类似的装置和改进的技术重复了这种实验，在10^{-11}和10^{-12}的精度上仍未观测到弱等效原理的破坏（这两个实验与厄缶的差别在于观测的是物体相对于太阳而不是相对于地球的加速度）。1994年进行的类似实验其精度没有大的改善，仍是10^{-12}的量级。2004年利用30来年地–月距离的激光测量数据所获得的结果是：$\eta<10^{-13}$。2017年法国的MICROSCOPE卫星等效原理实验结果给出$\eta\leqslant10^{-15}$。上面介绍的各种不同类型的实验使用的都是宏观物体。微观粒子的等效原理实验不是很多，如1976年完成的中子自由落体实验其精度只有$\eta\leqslant3\times10^{-4}$。2015年使用冷原子干涉仪比较不同原子（铷原子的两种同位素^{85}Rb和^{87}Rb）的自由落体加速度给出$\eta=(2.8\pm3.0)\times10^{-8}$。

强等效原理是爱因斯坦对弱等效原理的一种推广（强等效原理自然包含了弱等效原理），即引力场中的任何时空点都有可能建立一个“局部惯性系”，在其中一切物理定律与没有引力场时的**狭义相对论**中的形式相同。如地球引力场中的“局部惯性系”（在忽略空气阻力等干扰的情况下）可以是自由落体的落舱、抛物线飞机、空间站、卫星等，“局部”就是指在其中进行实验的时间内引力效应可忽略不计（引力在“局部”被惯性力抵消了），因此在其中非引力的所有物理定律都取狭义相对论的形式。

甚强等效原理指具有不同引力自能的物体在引力场中具有相同的自由落体加速度，有的人把它纳入了强等效原理。检验引力自能对等效原理的可能破坏需要研究天体的运动：如果引力自能造成等效原理的破坏，则地球和月球在太阳引力场中的自由落体加速度会不同，因而月球绕地球运动的轨道就要有畸变。这种用天体系统检验等效原理的设想最早是牛顿提出来的；1825年P.-S.拉普拉斯研究的地–月系统最适合于用来做这种检验，他得到$\eta<2.9\times10^{-7}$。2004年利用30来年地–月距离的激光测量数据对强等效原理的检验精度是$\eta<10^{-13}$。　（张元仲）

等压过程　isobaric process　系统经历的压强保持不变（$\Delta p=0$）的准静态过程。实验表明，对于一定质量的理想气体，在等压过程中，系统的体积V与温度T成正比，其过程方程为：

$$VT^{-1}=\text{常量}$$

这一关系式也叫气体的盖–吕萨克定律。在等压过程中，若系统的温度从T_1变化为T_2，则系统所吸收的热量为：

$$Q=\int \mathrm{d}Q=\int_{T_1}^{T_2} nc_p\mathrm{d}T$$

式中n为气体的物质的量；c_p为摩尔等压热容（压强不变的情况下，每摩尔物质升高单位温度需要从外界所吸收的热量，国际单位为焦耳·摩尔$^{-1}$·开尔文$^{-1}$）。

（刘志锋　崔　鑫　班士良）

等晕角　isoplanatic angle　描述光学湍动效应的一个重要参数。

大气湍动模型　除了风洞、烟雾和热扰动等特殊的气流扰动环境外，在实验室中的光学仪器通常都忽略光波通过空气传播带来的效应，得到的结果与真空环境的结果非常接近。这主要由于空气的密度很低，折射率非常接近于1，且光波在空气中传播的路程很短，对观测结果的影响一般都可忽略。而来自天体的光波都得穿过厚度达几十千米的大气层才能被地基望远镜接收，或被人眼看到。大气中大范围内的温度变化产生了压强的梯度和风，导致不同密度的空气团的混合和复杂分布。气流扰动和其他因素破坏了温度和带电粒子密度的均匀性，引起空气折射率的涨落，甚至引起微小的各向异性。这些效应虽然非常微弱，但经过几十千米路径的积分效应非常可观。通常假设大气是由多个与地表平行的足够薄的层构成，每一层中的空气的光学参数近似相等，来自遥远恒星的平面光波经过大气后发生的相位变化近似等于各层内相位差的积分求和，即所谓大气湍动分层模型。

等晕角和自适应视场　假设用天文望远镜来观察遥远的一对双星，设两颗星对望远镜入瞳的张角为α，由于α很小，这两颗星的光波将历经略有不同的大气湍动，其相位分别记为$\psi'(x,t)$和$\psi''(x,t)$，长时间曝光的像的相关性可定义如下：

$$C_T(\alpha)\propto\langle T'\otimes T''\rangle$$

式中$T'(w)$和$T''(w)$为两颗星的光学传递函数；$\otimes$为相关运算；$\langle\rangle$为足够长时间的平均。$C_T(\alpha)$在$\alpha=0$处达到峰值，表明两颗星重合时，其光信号传播经历完全相同的路径和相位变化。当两颗星分开时，相关度将下降，下降到相位差大约为一个弧度时对应的张角α_0就定义为等晕角（见图）。如果两颗星位于同一等晕区内，其弥散斑（点扩散函数）形状大体相同，可以运用自适应光学的方法实时校正相位畸变，从而极大地提高望远镜的角分辨率，将双星分辨开。在天文观察领域等晕角又称为“自适应视场”。

地球上各地大气情况相差很大，等晕角也不相同。天文台

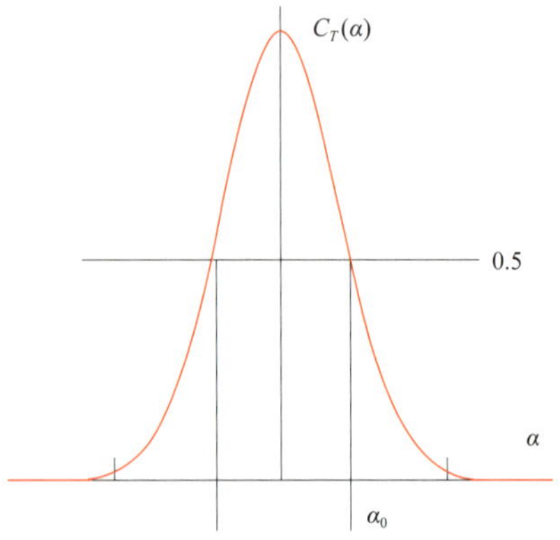

等晕区

大部分建在大气相对稳定的地方，如夏威夷的莫纳克亚，在可见光等晕角的平均值约为2～3角秒，在近红外波段会显著增大。　（宋菲君）

等晕条件　isoplanatic condition　当点光源在物面上移动时，像面的场分布（脉冲响应）只发生整体的位移，分布函数（弥散斑）的形式近似不变的情形。

线性空间不变和等晕条件　假设物平面上(ξ,η)处有一个点光源，其数学表示为δ函数。经过光学系统成像，在像平面上会出现它的像$h(x,y;\xi,\eta)$，称光学系统的脉冲响应。由于衍射效应和像差，脉冲响应不再是δ函数，而是一个弥散斑，称点扩散函数（PSF）。

一些像差校正得很好的光学成像系统，当点光源在物面上移动时，像面的场分布（脉冲响应）只发生整体的位移，分布函数（弥散斑）的形式近似不变，可表达为：

$$h(x,y;\xi,\eta)=h(x-\xi,y-\eta)$$

上式称为“等晕条件”，满足上式的系统

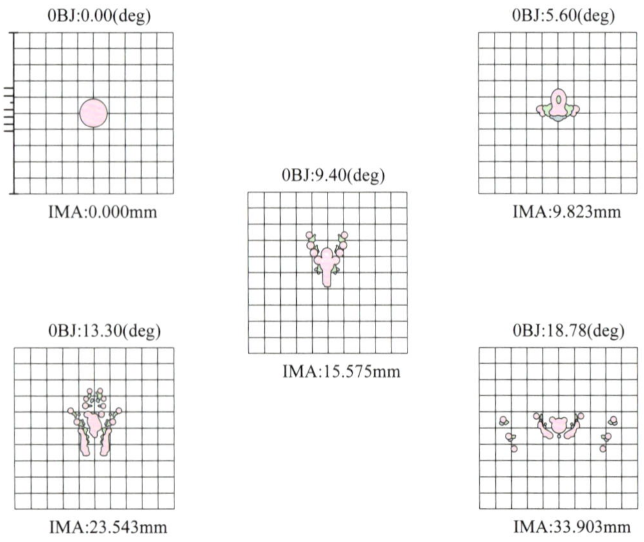

0视场（左上）、0.3视场（右上）、0.5视场（中）、0.71视场（左下）和1视场（右下）

50毫米照相物镜不同视场的弥散斑归一化视场

称为线性空间不变系统。

等晕区　实际的光学系统并不符合线性空间不变条件，如一个视场较大的光学成像系统，不同视场的PSF差别不小，但总可以把物平面划分为许多小区域，在该小区域中系统近似满足线性空间不变条件，这样的区域称为“等晕区”。

图为一个焦距50毫米照相机物镜不同的视场（对最大视场归一化）：0视场（中心视场）、0.5、0.7和1视场（最大视场）的弥散斑图（又称点列图，简称SPT），可以看出不同视场的脉冲响应差别很大。在光学系统设计和成像质量评价中，需要考察不同视场的PSF。（宋菲君）

邓稼先　Deng Jiaxian（1924-06-25～1986-07-29）中国核物理学家、核武器科学和技术专家。生于安徽怀宁，卒于北京。1945年毕业于西南联合大学物理系。先后在

中学和北京大学物理系任教。1948年夏赴美国普渡大学物理系深造，1950年8月获博士学位，旋即回国。历任中国科学院近代物理研究所（1956年改为原子能研究所）助理研究员、副研究员，并兼任中国科学院数理化学部副学术秘书（1950～1958）。1958年任第二机械工业部（简称二机部）九院（中国核武器研究院）理论部主任。1971年起，先后任国防科委九院901所副所长、九院副院长（1972），二机部九院院长（1980），核工业部科学技术委员会副主任（1982），国防科工委科学技术委员会副主任（1986）。1980年当选为中国科学院学部委员（院士）。

1950年，邓稼先以《氘核的光致蜕变》博士论文进入核物理领域。回国后，在**彭桓武**领导下继续从事核理论研究。调任二机部后，领导和组织了中国核武器的建立与发展工作。1959年，苏联毁约停援，中国决定自力更生研制核武器。邓稼先立即组织理论队伍对原子弹物理过程进行大量模拟计算与分析，1962年他领导起草了中国第一颗原子弹的理论方案，成为主持制订原子弹理论设计的总负责人，为中国研制第一颗原子弹并爆炸成功（1964年10月16日）做出了杰出贡献。此后，他和**于敏**等人着手探索氢弹理论和相关实验，又为中国第一颗氢弹成功爆炸（1967年6月17日）做出重要贡献。邓稼先还领导理论部科研人员致力于核武器小型化、实战化、提高核武器性能及其关键技术等研究，又为第二代核武器和核武器向高技术发展做出了毕生奉献。

邓稼先在核科学理论方面多有建树。在国际核材料物理过程保密形势下，他组织领导了爆轰物理、流体力学、核材料在不同物理条件下的状态方程、中子输运等基础理论研究，尤其是他对托马斯-费米理论做出了修正，求出极高压核材料状态方程，并使之与低压区状态方程连接，从而满足了原子弹理论设计的需要。他和**周光召**合著《我国第一颗原子弹理论研究总结》，成为中国核武器理论设计的基础著作。

1982年获得中国自然科学奖一等奖，1985年获两项国家科技进步奖特等奖，1984年被评为国家中青年有突出贡献的专家，1986年获中国劳动模范称号，其主要参与的4个项目分别于1987年和1989年各获一项国家科技进步奖特等奖，1999年被追授“两弹一星功勋奖章”。（戴念祖）

邓锡铭　Deng Ximing（1930-10-29～1997-12-20）中国光学、激光专家。生于广东省东莞市桥头镇邓屋村。1948年考入上海暨南大学物理系，1949年转入

北京大学物理系，1952年毕业，同年进入中国科学院长春光学精密器械研究所工作。1958年被调入中国科学院机关工作，同年申请调回中国科学院长春光学精密器械研究所，先后担任该研究所学术秘书、课题组组长、研究室副主任、研究部副主任（1960）。1964年赴上海参与中国科学院上海光机所的组建工作，1977～1985年担任上海光学精密器械研究所副所长。1964年晋升为副研究员，1978年晋升为研究员。1993年被聘为国家高科技863计划激光核裂变项目专家组成员，1996年被聘为中国工程物理研究员科技委员会顾问。他曾兼任中国电子学会量子电子学委员会副主任、中国核学会核聚变与等离子体物理学会副理事长、美国光学会和物理学会国外成员以及中国科技大学、中山大学、哈尔滨工业大学、上海大学的兼职教授。曾因负责研制的六路激光装置获中国科学院科技进步奖一等奖（1982）、因宽频带激光的产生及其对等离子体物理作用的研究获中科院科技进步奖二等奖（1987）、首届陈嘉庚技术科学奖（1988）、中科院科技进步奖特等奖（1989）、国家科技进步奖一等奖（1990）等奖项。1993年当选为中国科学院学部委员（院士）。

主要致力于强激光大功率、短脉冲激光器的研制与开发工作。20世纪60年代，邓锡铭首先倡议在中国开拓激光科技新领域。1961年9月，与王之江一起组织研制成功中国第一台红宝石激光器。1962年，几乎与国外同时独立提出了高功率激光调Q开关原理。1963年主持研制成功国内第一台氦-氖气体激光器，并做出了一系列对激光特性早期认识具有重要意义的理论与实验成果。1964年参与筹建上海光学精密机械研究所，开始“用激光打击氘冰产生中子”的实验室研究，开辟了一条激光应用的重要途径，引出以后被称为激光惯性约束核聚变的重要学科。研制了激光测速装置。组织领导大倍率大口径观察望远镜，并研制军用夜视装备。为实现**王淦昌**院士提出的激光核聚变设想，30多年领导科研集体，开拓、发展高功率激光驱动器，建成了中国最大的“神光”高功率激光装置，利用神光装置在惯性约束聚变、X光激光等高科技前沿领域取得了一系列重大研究成果。这些成果是中国激光技术发展史上的重大成就，并使中国在国际高功率激光领域占有重要地位。此外邓锡铭还建立靶场光学技术基础，发明列阵透镜系统，这些是高功率激光装置的非常重要的组成部分。他建立独创的光学模型——光流体模型，发展了光束传输理论。出版专著《有限束宽光动力学》等。（尹晓冬）

低放射性本底实验　low radioactivity background experiment　一类需要在极低放射性的环境中开展的专门探测自然界里极为稀有事件的粒子物理实验。例如中微子实验和暗物质直接探测实验等。地球上的万物均携带微量的天然放射性核素，常见的有铀-238、钍-232、钾-40等，它们的半衰期大于10亿年，几乎以恒定的衰变率持续衰变。值得提到的是，铀-238和钍-232衰变成氡-222和氡-220后有可能会析出固体表面，释放到空气中继续衰变。还有一些放射性是人造的，是人类核利用后的产物，如空气中的氪-85等。放射性核素的衰变能量约为兆电子伏量级，可能以α、β或是γ射线等形式释放出来。铀-238裂变或是α射线和轻核的反应后也

会产生兆电子伏量级的中子。

大气层和地球表面常年受宇宙射线的轰击，**宇宙线**及其产生的短寿命的核素（如氚、碳-14等）也是本底的重要组成部分。地壳中的岩石是宇宙射线的天然屏障，地下实验室成为这类实验的必须场所，这些实验有时也被称为是“地下物理实验”。

低放射性本底实验需要采用各种技术手段来降低环境和探测器材料的本底。除了位于地下实验室里降低宇宙线生成的本底外，这类实验通常有由低放射性材料构成的外围屏蔽体来屏蔽环境本底，无氧铜、铅、聚乙烯、水、液态闪烁体等都是常用的屏蔽体材料。水和液态闪烁体中还可以安装光电管后成为一个主动的反符合探测器来探测宇宙线等的外部辐射。中心探测器需要和外界的空气隔绝，以防止氡气、氪气等空气中的放射性气体漏入。在探测器自身材料的选择上需要利用多种极低本底的检测技术（高纯锗伽马谱仪、电感耦合等离子体质谱仪、中子活化等）筛选出极低放射性的材质，而探测器靶物质往往是通过物理和化学的提纯工艺去除放射性杂质。

低放射性本底实验中孕育出以中微子物理为代表的科学突破。美国科学家R.**戴维斯**发现了来自太阳的中微子，日本科学家**小柴昌俊**发现了超新星爆发产生的中微子，从而分享了2002年的诺贝尔物理学奖。而2015年，同样从事中微子实验的日本科学家**梶田隆章**和加拿大科学家A.B.**麦克唐纳**由于发现**中微子振荡**现象，从而揭示了中微子的非零质量再次获得诺贝尔物理学奖。近年来，越来越多的低本底实验开始从事对暗物质粒子和无中微子双β衰变的探测。（刘江来）

低能电子能量损失谱仪　low energy electron energy loss spectrometer　一种具有高分辨能力的电子能量损失谱仪，是表面物理常用的实验设备。低能电子能量损失谱仪利用一束低能（能量范围一般为1～100电子伏）单色化的电子入射到样品表面，探测散射电子的动能并通过能量守恒关系的分析，得到样品表面与电子发生相互作用元激发的能量信息，包括电子的带内与带间跃迁、化学键的特征振动能量、晶格集体振动模式（**声子**）、电荷集体激发模式（**等离激元**）等。与测量元素芯态能级的一般电子能量损失谱不同，低能电子能量损失谱具有很高的能量分辨率（主流的仪器可以达到1毫电子伏），可以精确探测上述低能表面模式（10^{-3}～10电子伏），因此一般又被称为高分辨电子能量损失谱（HREELS）。HREELS是一种表面科学常用的实验手段，在表面化学、吸附与催化、以及表面晶格动力学等研究中发挥着重要作用。

HREELS探测的样品信号深度一般在1纳米量级，是一种对表面极其敏感的测量技术。为避免异质吸附对测量造成的影响，HREELS的所有测量必须在超高真空中进行。另外，静电场或杂散电磁场会显著影响HREELS的测量分辨率，因此HREELS谱仪的电磁屏蔽和等电势屏蔽至关重要，而且通常只能测量导电样品。

利用高度平行的电子束以特定角度入射到单晶样品表面，并在不同出射角度探测散射电子的动能，还可以通过能量、动量守恒关系的分析，获取表面声子与等离激元等多种模式的色散特征。这种角分辨HREELS在表面与低维物理、材料物理、等离子体光子学等领域有重要的应用。近年来利用半球形电子能量分析器，已经能够实现HREELS的能量、动量二维成像探测，其测量效率和分辨率都得到提高。

利用自旋极化的电子束入射到样品表面，还可以与表面磁振子发生相互作用。这种自旋极化HREELS是研究表面磁激发动力学的有力工具。（郭建东）

低能电子衍射　low energy electron diffraction　一种定量研究表面原子结构的常用方法。低能电子衍射（LEED）是将能量为5～500电子伏范围的单色电子入射于样品表面，通过电子与晶体相互作用，一部分电子以相干散射的形式反射到真空中，所形成的衍射束进入可移动的接收器进行强度测量，或者再被加速至荧光屏，给出可观察的衍射图像（图1）。图中，第一栅接地，使衍射电子自由飞过样品和栅之间的空间；第二栅加几十伏负电压，可滤去非弹性散射电子。荧光屏施加千伏高压，使电子有足够的能量激发荧光物质。由于物质对电子的散射比对X射线的散射强很多，使低能电子具有很高的表面灵敏度。虽然在1927年C.J.**戴维森**和L.H.革末发现了LEED，但因多重散射带来了技术上和理论上的复杂性，使低能衍射的实际应用推迟了40年。直到70年代以后，在超高真空技术发展的基础上，才使此技术获得新生。

低能电子衍射图样给出晶体表面倒易空间的晶网像，或者说直接给出晶体倒易点阵的一个二维截面（见**表面结构**），它可以在一个二维模型基础上运用衍射的运动学理论加以解释（见**衍射动力学理论**）。一个无限大的二维晶体，其倒易点阵是垂直于二维晶面的倒易棒所形成之阵列，如图2所示。平行于此晶面的入射波矢$\boldsymbol{k}_{\parallel}$与散射波矢$(\boldsymbol{k}_i)_{\parallel}$之差等于此晶面的二维倒易点阵矢量$\boldsymbol{G}_i$，即有$(\boldsymbol{k}_i)_{\parallel}-\boldsymbol{k}_{\parallel}=\boldsymbol{G}_i$时，满足衍射加强条件。故于图2中以入射波矢$\boldsymbol{k}$为半径作一球（称为厄瓦耳球），球与倒易棒的交点即给出衍射束的波矢$\boldsymbol{k}_i$。在相应的正空间中，衍射加强条件就是布拉格公式$a\sin\phi=h\lambda$，$b\sin\phi'=k\lambda$，式中a、b为二维平移矢量的长度。从衍射图可以确定表面平移矢量$\boldsymbol{a}_s$、$\boldsymbol{b}_s$，研究各种类型的表面有序结构，给出相应的空间群。

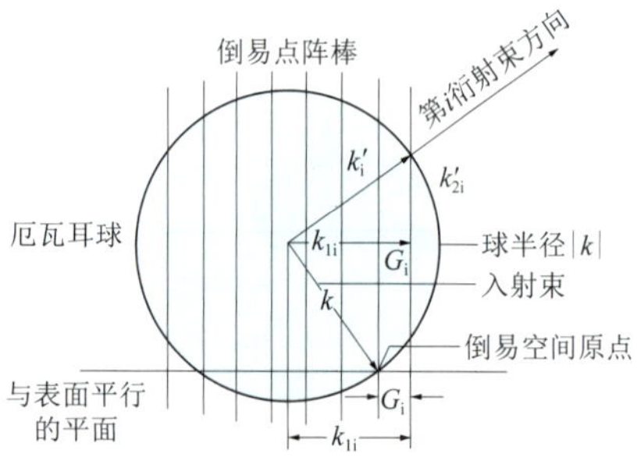

图2　二维周期性结构衍射束的厄瓦耳球结构

衍射强度分析是利用LEED确定表面单胞内原子位置的核心问题。由于慢电子的动能与晶体中散射势相近，通常处理高能电子衍射的运动学理论或修正的运动学理论不能用于**低能电子衍射**。理论计算与实验数据的比较表明，分析低能电子在晶体中的行为，必须考虑晶体中原子、电子及声子与它的相互作用，以及低能电子在晶体中所受的**多重散射**。将所有这些相互作用表示成为一个有效势$V(r)$，低能电子的哈密顿量即写为$H=H_0+V(r)$，H_0为入射电子动能。这就将多体问题归结为求解单电子薛定谔方程$H\psi=E\psi$。待求的衍射强度等于本征波函数的模的二次方$|\psi|^2$。现代低能电子衍射理论分析

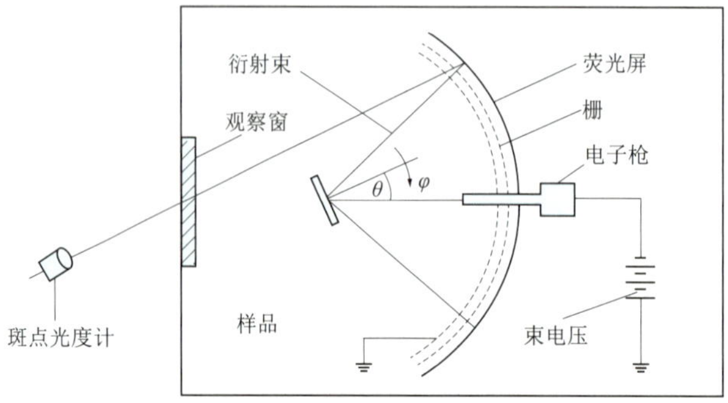

图1　低能电子衍射仪示意图

很多就是从多重散射格林函数方法出发，对具体散射过程做各种模型假设，发展了若干行之有效的方法，如KKR法、贝基T-矩阵法、重正化向前散射法、双层法、链方法及其他微扰法。低能衍射技术已推广到研究表面缺陷、二维相变，其理论分析方法也为其他的表面分析技术所借鉴。

低能电子衍射仪常与多种表面分析仪联用，综合地分析各种金属、半导体的清洁表面与吸附表面的元素组成和表面原子结构。（黄　绮）

低能重离子碰撞　low energy heavy ion collision　低能区重离子的碰撞现象。重离子一般指比α粒子（^{4}He核）更重的离子。两个原子核碰撞过程中，受到长程库仑排斥力和短程核吸引力的作用。两个相互作用叠加，在某个距离处形成一个势垒，通常称为库仑势垒。低能是参考能否发生核反应的能量标度（碰撞能量与库仑势垒比较）而言的，一般是指不大于每核子10兆电子伏的能区。具有一定相对运动能量的重离子与靶核作用时，核外的电子影响可以忽略，仅考虑原子核之间的强相互作用即可。习惯上称之为重离子碰撞，或重离子核反应。1919年英国科学家E.卢瑟福观察到第一个带电粒子人工核反应 $^{14}N+\alpha\rightarrow{}^{17}O+p$。

按半经典处理，可用经典粒子碰撞的轨道图像来描述低能重离子碰撞。随碰撞参量ρ的由大到小，即轨道角动量$l=\rho/\lambda$的由大到小（λ为波长），重离子与靶核的作用程度由浅到深。按照这种相互作用的深浅程度，可将重离子反应进行大体分类：卢瑟福散射和库仑激发（远距离碰撞）、转移、破裂、深度非弹性散射和熔合反应等。

重离子碰撞是研究核-核相互作用、核结构以及核反应机理的一个重要手段，也是产生放射性核束的方法。在低能区，核的集体自由度表现明显，反应机理丰富。另外，由于开放的反应道多，多步过程和耦合道效应显著。

（林承键　贾会明）

低维固体　low-dimensional solid　尺寸在某一个或几个维度上小到微观尺度时（通常在纳米量级）的固体。低维固体具有不同于分子和宏观固体的许多独特性质。通常情况下，根据微观尺度维度的个数，低维固体可分为二维固体、一维固体和零维固体。二维固体具有层状结构，只在一个维度上呈微观尺寸，如由单层碳原子构成的石墨烯，它的厚度不足1纳米，只有一个碳原子那么厚，由英国科学家在2004年首次制备出来。此外，单层及少层的六方氮化硼、二硫化钼、硅烯等材料也都是二维固体。一维固体具有链状或管状结构，在两个维度上呈微观尺寸，如长链状的聚合物分子、金属纳米线、碳纳米管等。零维固体则是在三个维度上都呈微观尺寸，如各种纳米颗粒、量子点等。低维固体由于在一个或多个维度上处于微观尺寸，表现出明显的空间各向异性以及量子效应，在凝聚态物理学、材料学、电子学等领域受到越来越多的关注与研究。需要说明的是，对于真实存在的二维固体，其二维并非数学意义上厚度为零的严格二维，因而二维固体在较严格的语境下也被称为准二维固体。类似地，一维固体和零维固体有时也被较严格的称为准一维固体和准零维固体。（刘贵斌　姚裕贵）

低维结构　low-dimensional structure　系统在一个或几个方向上电子或者空穴运动的尺度小于德布罗意波长的结构。自1969年江崎玲於奈和朱兆祥提出超晶格的概念，以及1971年卓以和首先用分子束外延方法成功生长出GaAs/$Al_xGa_{1-x}As$的周期结构以来，半导体材料研究开启了一个新的研究领域——低维和小量子系统。这些材料在一个或几个方向上的电子（或空穴）运动尺度小于德布罗意波的波长（大约100纳米），因此在这些新材料体系中发现了许多新的量子现象，如量子限制效应、共振隧穿效应、超晶格微带输运、声子约束效应、二维电子气效应等，统称量子尺寸效应。

用分子束外延方法可以生成量子阱或超晶格结构，其中一种材料的能带底低于另一种材料的能带底，前者形成势阱，后者形成势垒。在势阱中的电子由于受到势垒的限制，形成一系列分立能级，称为量子限制效应。在这基础上，除了在一个方向上限制电子运动外，还可以在两个甚至三个方向上限制电子运动。在量子阱材料的侧面用刻蚀方法可以得到量子线和量子点。

此外，还有用化学方法生长的碳60、碳纳米管以及石墨烯，它们可以是多层或单层的。尤其是单层石墨烯，它的电子态与普通电子不一样，具有相对论电子态的性质——狄拉克态。

利用调制掺杂的方法，在两种材料的界面形成三角形势阱，电子在界面附近形成二维电子气，具有比通常材料高得多的迁移率。在二维电子气的表面上，用蒸镀刻蚀金属电极的方法，能形成单电子晶体管结构，是研究单电子输运的平台。

用化学凝胶的方法能制造纳米尺度的半导体纳米颗粒，是一种低成本、高产量的方法，在利用它们的光电性质方面有宽广的前途。

低维结构的量子尺寸效应主要表现为：①原来的连续能级变成了分立的量子能级，在光学实验中可以观察到。②原来的经典输运（满足玻尔兹曼方程）变成半经典或者量子输运。特别是集成电路的元器件，当它的尺寸小于10纳米时，器件会出现非瞬态、非局域的输运，以及出现量子隧穿现象。当器件尺寸进一步减小，小于它的平均自由程时，输运就变成量子波导性质。③参与物理过程的载流子数目大大减小，甚至达到单个电子。如量子通信用的单光子发射器和探测器、单电子晶体管等，大大扩展了半导体器件的应用。

（夏建白）

低温泵　cryogenic pump　利用低温凝结气体的真空泵。低温泵内设有由液氦或制冷机冷却到极低温度的冷板，它使气体凝结，并保持凝结物的蒸气压力低于泵的极限压力而达到抽气作用。低温抽气的主要作用是低温冷凝、低温吸附和低温捕集。①低温冷凝。气体分子冷凝在冷板表面上，或冷凝在已冷凝的气体层上，其平衡压力基本等于冷凝物的蒸气压。抽空气时冷板温度必须低于25开；抽氢时冷板温度更低。低温冷凝抽气冷凝层厚度可达10毫米左右。②低温吸附。气体分子以一个单分子层厚（10^{-8}厘米数量级）被吸附到涂在冷板上的吸附剂表面上。吸附的平衡压力比相同温度下的蒸气压力低得多。如在20开时，氢的蒸气压力等于大气压力，用20开的活性炭吸氢时吸附平衡压力则低于10^{-8}帕。这样就可能在较高温度下通

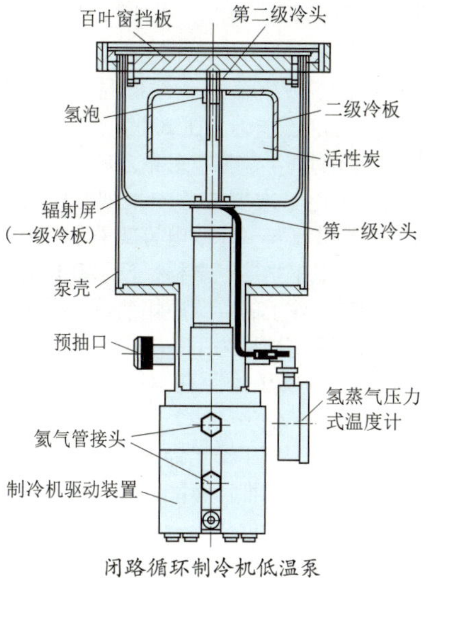

闭路循环制冷机低温泵

过低温吸附来进行抽气。③低温捕集。在抽气温度下不能冷凝的气体分子，被不断增长的可冷凝气体层埋葬和吸附。

（吴小山）

低温等离子体　low temperature plasma

电子温度低于10万摄氏度（约10电子伏）的实验室**等离子体**。由于电子温度低于常用气体的电离电位，其电离度一般<10%，主要由电子、单电离的正离子或负离子、中性气体分子和自由基组成。低温等离子体大致可以分为非平衡等离子体（又称冷等离子体）和平衡等离子体（又称热等离子体）两类。冷等离子体的电子的温度为十万摄氏度量级，而离子和气体温度接近室温，如辉光放电等离子体。热等离子体的电子温度与离子或气体温度相当，都为十万度摄氏度量级，如弧光放电等离子体。低温等离子体的典型密度为10^{12}～10^{24}/米^3，其持续时间可从纳秒量级到稳态不等。区分两类等离子体还有另一特征值，即维持电流所需电场和压强之比，在冷等离子体条件下该值高于10^3伏/（米·帕），而热等离子体则低于3伏/（米·帕）。此外，也有研究燃烧过程的电现象，称为燃烧等离子体或火焰等离子体，其电离度极低。

简史　等离子体物理的实验研究实际上开始于低温等离子体研究。早在18世纪末19世纪初，等离子体概念提出之前，即已出现电弧、辉光放电管这类低温等离子体实验装置，人们对有关现象进行了研究。1899年提出关于气体击穿条件的**帕邢定律**，1901年提出汤森放电模型。20世纪20年代，美国科学家I.朗缪尔完成一系列关键性实验，阐明了等离子体的基本性质。他在水银蒸气的放电实验中观察到了所谓的集体振荡模式，即后来被命名为朗缪尔振荡的现象。在这一时期，研究者主要关注等离子体中包含的原子物理过程，但这些初步成就为20世纪低温等离子体的应用奠定了基础。在20世纪的前30年中，英国物理学家**W.克鲁克斯**所研究过的简单放电管发展成为一系列电真空器件，并形成了与气体放电等离子体密切相关的真空电子学这一学科，预示着低温等离子体在工业上的广泛应用前景。因此低温等离子体也被称为工业等离子体。到了70年代，等离子体源在电子行业、材料科学，以及其他一些作为国民经济支柱的工业领域中占据了举足轻重的地位，也由于诊断技术和模拟计算能力的扩充，低温等离子体迅速发展成为一门独立的学科。

低温等离子体的产生多采用气体放电方法。其产生和维持的大致过程为：电子从电场中获得能量，电子与中性气体分子碰撞，从而将能量转化为分子或原子的内能、动能或激发态的能量。电子能够打开分子的化学键形成自由基，也能将部分原子或分子的外层价电子电离，形成自由电子和正离子。分子或自由基也能俘获一个电子形成负离子。激发态的分子或最外层电子能够回到基态并放出一个光子。所形成的低温等离子体的性质主要取决于驱动源特性、放电气体性质和发生器的几何结构。驱动源的驱动方式包括电极、线圈和波驱动三种：直流放电和容性耦合等离子体采用电极驱动；感应耦合和螺旋波等离子体采用线圈驱动；电子回旋共振等离子体采用波驱动。常用的驱动频率范围包括直流、低频、射频和微波波段。驱动源既可以是连续的，也可以是不同长度和重复频率的脉冲，功率可达兆瓦，气压则覆盖从低气压到大气压甚至更高的气压范围。在发生器几何结构方面，按照几何尺寸以及有无介质和磁场的存在，可分为微等离子体、介质阻挡放电和磁化低温等离子体等。热等离子体的产生方法主要有两种：直流电弧放电和高频感应耦合放电。

在一些特定研究或应用目标的设备上，也可采用其他方法产生低温等离子体。如用紫外辐射实现光电离、低电离电位气体（如铯蒸气）的表面电离、热阴极的电子发射、放射性同位素的辐射电离等方法。

低温等离子体的物理特征首先在于其存在于中性气体背景之中，和中性粒子碰撞决定了带电粒子的输运性质。带电粒子特别是电子与中性粒子的碰撞截面主要由中性粒子的几何截面决定。在处理这个问题时，一般认为中性粒子是静止的。工作气压在很大程度上影响电子与中性粒子的碰撞：在高压时以弹性碰撞为主；在低压时较多发生非弹性碰撞。

不存在磁场时，电子较离子有更高的迁移率和扩散系数，并造成双极扩散的效果。存在磁场时，如果回旋频率远低于碰撞频率，则磁场对带电粒子输运没什么影响。强磁场可影响带电粒子输运，对等离子体有约束作用。此时离子由于回旋半径较大，横向输运系数高于电子的输运。按照经典输运理论，扩散系数应反比于约束磁场的二次方。但在一些实验装置，如磁化弧中，发现扩散系数与磁场呈反比，且远高于理论预期值，归纳为玻姆扩散关系。继而发现等离子体波和不稳定性也增加输运效应，称为**反常输运**。湍流也是低温等离子体中的常见现象，例如电弧经常处于湍流状态。

低温等离子体的物理性质非常复杂，主要原因是其成分繁多，不但涉及多种物理过程，还包含多种化学反应。鞘层物理、等离子体和器壁表面的相互作用也是重要研究内容。

鉴于低温等离子体物理的复杂性，很难用统一的理论模型处理，必须针对不同情况选用不同的模型和方法。如对于接近局部热平衡的热等离子体的流动和传热问题可以使用单流体或双流体模型处理；对于鞘层研究、低气压下电离和激发问题可以采用动理学方法研究；而粒子之间的弹性和非弹性碰撞以及和器壁的相互作用，则粒子模拟和蒙特卡罗模拟方法比较适合。

诊断方法及应用　针对低温等离子体的特点发展了各种诊断方法。静电探针经常用于各类装置中电子温度和电子密度的测量。焓探针则用于测量热等离子体中的气体温度。被动和主动光谱是另一种主要诊断方法。激光诱导荧光诊断、拉曼散射等技术，由于有好的组分分辨并可进行亚稳态、激发态粒子密度的测量而得到广泛应用。原来主要用于高温等离子体诊断的方法，如激光汤姆孙散射等，也逐渐用于低温等离子体参数的诊断。另外，微波干涉、质谱等方法也被普遍用于等离子体的参数诊断。

低温等离子体特别是冷等离子体在工业中有极为广泛的应用。低温等离子体产生的电子可以用于开关电流，如气体电子学中的闸流管、引燃管等。低温等离子体产生的正离子和负离子可以用于离子源，以及离子束注入对材料进行表面改性，也用作航天中的电推进等；低温等离子体放电所包含的大量自由基可以产生气相或表面的化学反应，使得这些本来需要在高温下才能发生的化学反应在常温下就能完成。如在气相反应中可用于温室气体的转化或有害气体的处理，高分子气体的裂解等，也可在表面反应中用于微电子工业中的刻蚀、薄膜沉积、清洗等，以及织物、纸张等的表面亲水性处理、生物医学中的消毒杀菌等。另外，等离子体中的激发态粒子可以放出光子，是化学中各种光谱分析以及各种气体激光器和泵浦光源的基础，也是各种辉光、弧光光源的基础，等离子体电视、霓虹灯、日光灯都是低温等离子体产生光子的应用。除了冷等离子体的应用，电弧等热等离子体也被用于冶炼、切割、焊接、引燃、喷涂等工业应用。对非中性的低温等离子体，中性成分的运动会因碰撞和带电粒子相互作用，从而产

生许多以往想象不到的应用如离子风。随着人类对于低温等离子体认识的不断深入，其应用领域也在不断扩展。（姜　巍）

低温共烧陶瓷　low temperature co-fired ceramic; LTCC　将陶瓷与银、铜等金属导体，在比导体金属熔点低（1000℃以下）的温度下共烧而成的材料。制作LTCC技术是1982年美国休斯公司开发的一种新型材料技术，它是将低温烧结陶瓷粉制成生瓷膜片，在生瓷带上利用冲孔或激光打孔、微孔注浆、精密导体浆料印刷等工艺制出所需要的电路图形，并将多个无源元件和功能器件（如低容量电容、电阻、滤波器、阻抗转换器、耦合器等）埋入多层陶瓷基板中，然后叠压在一起，内外电极可分别使用银、铜、金等金属，在850～900℃一次性烧结，制成三维空间互不干扰的高密度电路；也可制成内置无源元件的三维电路基板，在其表面可以贴装集成电路（IC）裸芯片和其他微型无源元件，制成无源/有源集成的功能模块或电路。

LTCC制造流程　制造流程的主要过程包括：①将陶瓷制成资料并流延成膜片，按照尺寸要求切割至单片，冲打对位孔作冲孔初步对位用；②利用机械冲孔机或激光机在单片上进行打孔；③利用丝印机或填孔机在微孔中注入浆料，并烘干；④在单片上丝网印刷设计的电路图，并烘干；⑤叠层并热压；⑥排胶并共烧；⑦涂覆外电极；⑧测试、封装。

特点　陶瓷材料具有优异的高频、宽通带和微波特性，其介电常数可在很大范围内调节，有利于提高电路的品质因数。LTCC制作工艺特点有：①可制作多层电路基板，减少芯片之间的导体长度与连接点数，实现更多布线层数，实现无源和有源的集成，有利于提高电路的组装密度；②可适应于大电流和高温特性要求，陶瓷材料具有良好的热传导性，有利于基板的散热，提高了可靠性及寿命，可使用在更加恶劣的环境中；③与其他多层布线技术具有良好的兼容性，可实现更高组装密度和更好性能的混合多层基板和混合型多芯片组件；④非连续式的生产工艺，便于成品制成前对每一层布线和互连通孔进行质量检查，有利于提高多层基板的成品率和质量，缩短生产周期，降低成本。

应用　LTCC器件按其所包含的元件数量和在电路中的作用，大体可分为LTCC元件、LTCC功能器件、LTCC封装基板和LTCC集成模块。其主要应用技术领域仍然集中在高密度集成技术、大功率模块和微波/毫米波组件三大方向。另外在MEMS、光电、汽车、发光二极管（LED）等领域应用增长十分显著，如各种制式的手机、蓝牙模块、全球定位系统（GPS）、掌上电脑、数码相机、无线局域网（WLAN）、汽车电子、光驱等。其中，手机的用量占据主要部分，约达80%以上；其次，是蓝牙模块和WLAN。由于LTCC产品的可靠性高，汽车电子中的应用也日益上升。手机中使用的LTCC产品包括LC滤波器、双工器、功能模块、收发开关功能模块、平衡-不平衡转换器、耦合器、功分器、共模扼流圈等。（王晓慧）

低温温度计　cryometer　低温下用以准确判断和测量温度及温度梯度的工具。通常采用建立在*热力学第二定律*的卡诺热机概念基础上的绝对温标。这是一种理想化的温标，需用理想气体温度计来实现。低温下实际使用的温度计，主要有气体温度计、蒸气压温度计、电阻温度计、温差电偶温度计和磁温度计等。（崔　鑫　班士良　宫　箭）

低压钠灯　low pressure sodium lamp　通过低气压钠蒸气（约1帕斯卡）放电，从而产生称为钠双黄线或D线的589.0纳米和589.6纳米的黄光辐射的光源。由于这两个光谱波长十分接近人眼视觉函数最大值对应的波长$\lambda=555$纳米，因此发光效率可接近200流明/瓦，但其光色呈黄色，显色性较差，所以只适用于对颜色分辨率要求不高、仅以能见度要求为主的场所，以及多雾潮湿地区。（陈大华）

低杂波　low hybrid waves　磁化等离子体中频率在电子回旋频率和离子回旋频率之间的电磁波。因其频率范围接近低杂振荡频率而得名。低杂振荡频率可以表示为：

$$\omega_l=[(\omega_{ce}\omega_{ci})^{-1}+\omega_{pi}^{-2}]^{-\frac{1}{2}}$$

式中ω_{ce}为电子回旋频率；ω_{ci}为离子回旋频率；ω_{pi}为离子等离子体频率。它表征了一种在磁化等离子体中电子和离子共同参与的纵向振荡。这种振荡只发生在振荡方向几乎严格垂直于背景磁场的情形下，因为只有在这种情形下电子才不会沿着磁力线运动迅速满足玻尔兹曼关系，而只能遵循流体方程参与振荡。作为一个对比，当振荡方向不能严格垂直于背景磁场时，电子将不参与振荡，这种情形将导致另外一种更低频的波动，即静电离子回旋波。

在磁约束等离子体中，低杂波最初被考虑可能实现在低杂共振处的离子加热，但这个目标完全没有实现。相反地，由于低杂波具有功率近平行传播和可观静电电场分量的特征，低杂波驱动快电子实现电流驱动成为低杂波最重要的用途。

低杂波电流驱动的思想由N.J.费什在1978年提出。低杂波电流驱动很快在各种*托卡马克*装置上得到实验验证，并表现出明显高出其他射频波电流驱动的驱动效率。世界上托卡马克装置上的长脉冲放电几乎都采用了低杂波电流驱动的技术手段。但实验也明确观察到低杂波电流驱动在高密度下效率迅速降低。这种被称为低杂波电流驱动的密度极限问题，可能是由于参量过程、波的散射及碰撞耗散等过程分别或共同作用的结果。高密度下的低杂波电流驱动成为低杂波在未来聚变堆中能够得以应用的关键问题。（高　喆）

滴线　drip-line　*核素图*中，原子核的最后一个质子（或中子）的结合能为零的核素所连成的线。最后一个质子的结合能为零的核素连成的线称为质子滴线，最后一个中子的结合能为零的核素连成的线称为中子滴线。它们分别位于核素图的两侧。核素图中每个核素的结合能不同，其稳定程度也不同。大致位于核素图中间线上的原子核是稳定的，这些核组成的一条比较窄的带称为稳定线。在稳定线左边的核是丰质子核，距离稳定线越远的核素，其最后一个质子的结合能越小，最后减小为0，即到达了质子滴线。稳定线右侧的核是丰中子核，越远离稳定线的核，其最后一个中子的结合能越小，以至于为0，这时就到达了中子滴线。质子滴线距离稳定线不是太远，实验上合成和研究了大部分质子滴线上的核素。中子滴线比质子滴线距离稳定线要远得多。尽管理论上可以预言原子核的质量，但是不同的理论预言的原子核质量不同，特别是在远离稳定线区域，同一个核素，不同理论预言的质量有非常大的差别。因此，中子滴线的位置还不确定，实验上也只是在轻核区观测和研究了中子滴线上的核素。（靳根明）

狄拉克，P.A.M.　Paul Adrien Maurice Dirac（1902-08-08～1984-10-20）　英国理论物理学家。生于英国布里斯托尔，卒于美国佛罗里达。1918年入布里斯托尔大学学电机工程，毕业后入剑桥大学圣约翰学院改学物理，1926年获剑桥大学哲学博士学位。1929年在美国威斯康星大学、密歇根大学做访问学者，1931年在普林斯顿大学任教。1930年他被选为英国皇家学会会员，1932年起任剑桥大学卢卡斯讲座数学教授，1969年退职，1971年起任美国佛

罗里达大学教授。由于对**量子力学**所做的贡献，于1933年获诺贝尔物理学奖。

在1925年，狄拉克还是研究生时，就提出了量子力学的一种数学形式q数（非对易代数）理论，成为量子力学的创立者之一。1926年，他发现了用反对称波函数表示全同粒子系统的量子统计法则（后被称为**费米-狄拉克统计**）。1927年，在讨论辐射的量子理论时，通过把电磁场量子化，首先提出了二次量子化理论，为建立量子场论找到了一个出发点。1928年狄拉克提出了电子的相对论性运动方程（**狄拉克方程**），奠定了相对论性量子力学的基础。量子论与相对论的这一结合，很自然地解释了电子的自旋为$\hbar/2$，论证了电子磁矩的存在。而狄拉克这一理论最伟大的意义和深远的影响，则是赋予真空以新的物理意义并预示了**正电子**的存在。狄拉克方程除正能解外还有负能解，负能解使正能电子向负能态跃迁是不合理的。为了克服这一困难，狄拉克提出了“空穴假说”。他认为真空实际上是所有负能态都被填满的最低能态，如果有一个负能态没有被填满，就是出现了一个“空穴”（缺少一个负能电子），它相当于一个正能粒子。这一理论正确地预言了正负电子对的湮没和产生。1932年，C.D.**安德森**在用云室观测宇宙线时发现了狄拉克预言的正电子。9个月后，P.M.S.**布莱克特**等在用云室观测宇宙线时证实了电子对的产生和湮没。这样，狄拉克的这一理论不仅导致承认反物质的存在，而且对于物理真空也引入了新的概念，对物质世界的认识更加深入。此后，物理真空性质的研究已成为量子场论的重要课题之一。

狄拉克对量子力学的理论基础做了系统的总结，提出了整套的数学表示方法，

工作中的狄拉克

利用左矢、右矢、矩阵以及δ函数等简洁地表述了量子力学中诸量之间的关系，提出了量子力学的变换理论。

1933年，狄拉克根据电子的电荷量子化，提出“可能存在磁单极”的假说。这一假说尚未在实验上得到证实，但仍是当代物理学中引人关注的基本理论问题之一。1937年狄拉克提出“大数假说”。由于实验精度的限制，还不能做出判断，但也引起了人们的很大兴趣。

狄拉克在理论物理中还有许多创见，如提出重正化和路径积分的概念等。

狄拉克在许多国家的大学中做过研究工作，其中包括哥本哈根、格丁根、莱顿和普林斯顿等大学。1935年他曾来中国，在清华大学讲学，并曾被选为中国物理学会名誉会员。

他的主要著作有《量子力学原理》，于1930年出版。

（戴念祖）

狄拉克半金属 Dirac semimetals　一种能带结构中有狄拉克点的三维材料。材料拥有较低的载流子浓度和较高的迁移率呈半金属特性。在三维电子材料的能带结构中，当自旋简并的导带和自旋简并的价带在**布里渊区**内相交于孤立的动量点时，该材料称为（三维）狄拉克半金属，能带交点称为狄拉克点。在每个狄拉克点附近，电子的低能量、长波长的准粒子激发的运动可以用无质量的**狄拉克方程**近似描述，因此得名。

原理　在具有某些晶格对称（通常是中心对称）的非磁性三维材料中，即使存在强自旋-轨道耦合，能带结构在某些高对称或全部晶格动量处依然是二重简并的。在没有考虑其他晶体对称性时，简并能带之间由于能级排斥，不可能形成稳定的交点。但当体系具有某些晶体对称性时，导带与价带在高对称线上则可能出现被该对称性保护的能带交点。由于导带和价带分别具有自旋简并（即二重简并），狄拉克点作为它们的焦点是四重简并的。在狄拉克点附近，多数情况下导带和价带沿着三个垂直方向的色散关系都是线性的，因此在该点附近的准粒子激发近似满足无质量的三维狄拉克方程。理想情形下，无质量的三维狄拉克方程可以拆成两组去耦合的手性相反的外尔方程。因此，可以把一个在动量空间的狄拉克点理解成两个手性相反的外尔点重合在一起：中心对称性使得它们无法分开，而晶体对称性使得它们无法彼此湮没。由于可以保护狄拉克点的晶体对称性有数种，为了区分它们，有时会加上前缀“由旋转轴保护的”“由非简单空间群保护的”等。另外，还有两种实现狄拉克半金属的方式：一是在具有中心对称的三维体系中，当发生拓扑绝缘体到一般绝缘体或强、弱拓扑绝缘体相变时，会发生能隙的关闭和打开，相变点就是狄拉克半金属态；二是在某些非简单空间群中，布里渊区的高对称点具有本征的四重简并。根据形成四重简并狄拉克点的方式不同，可以分成偶然简并狄拉克半金属和本征简并狄拉克半金属等。

材料　（三维）狄拉克半金属通常出现在有强自旋-轨道耦合的中心对称的材料中。由旋转轴所保护的狄拉克点通常出现在拥有“能带反转”的体系中，而由非简单空间群保护的狄拉克点则通常要求电子填充数满足$\nu=4n+2$，其中n是整数。根据这些条件，通过第一性原理材料计算的方法，预言了很多种狄拉克半金属材料。在实验中只有被旋转轴对称性保护的材料被找到，如被六重轴保护的铋化钠和被四重轴保护的砷化镉等，它们都属于由能带反转导致的能带交叉形成的偶然简并狄拉克半金属。

性质　理想的狄拉克半金属在**费米面**附近拥有极低的态密度，正比于能量的二次方，这类似于石墨烯中的情形，但比后者态密度更低。在物理上这导致了体系同时拥有较低的载流子浓度和较高的迁移率。在一系列电子输运实验中，证实了铋化钠和砷化镉都拥有很高的迁移率，其中后者的迁移率达到了9×10^6厘米^2/(伏·秒)，跟已知最高电子迁移率处在同一个数量级。还在这两种材料中观察到很强的负磁阻效应，有人将这一效应与狄拉克点附近电子波函数非阿贝尔贝里曲率联系起来，但还没有一个被广泛认可的理论解释。狄拉克半金属另一个重要的性质是在材料的表面有着非平凡的表面态。将三维动量空间的狄拉克点投影到表面的表面布里渊区时，投影点的附近存在着拓扑表面态，其色散关系可以形象地表示为以该投影点为中心的一正一反两个螺旋面（图1），图1a为动量空间沿x方向和y方向的色散关系，图1b为动量空间沿x方向和z方向的色散关系。可见，在狄拉克点附近，三个垂直方向的色散都是线性的。这种双螺旋表面态的等能面是从投影点出发的两条弧线，

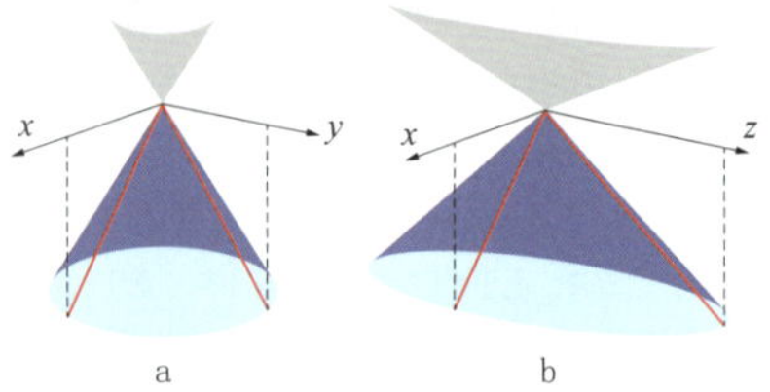

图1　狄拉克点附近的色散关系的示意图

图2 狄拉克点在表面布里渊区的投影点附近的色散关系示意图

称为双费米弧。这两条弧线连接了两个狄拉克点在表面布里渊区的投影点，与**外尔半金属**中单条费米弧连接了两个外尔点的投影的现象类似。在角分辨光电子发射谱的测量中，观察到了铋化钠表面的双费米弧（图2），橘红色和蓝色分别是正向和反向的两个螺旋面，$\overline{D}$是狄拉克点的投影。灰色的圆代表了一个（能量E）等高平面，它与双螺旋面相交于两条由中心射出的两条黄色的弧线。（方 忠 翁红明）

狄拉克方程 Dirac equation 描述自旋1/2、静止质量不为零的微观粒子（如电子）运动的相对论性波动方程。由英国物理学家**P.A.M.狄拉克**于1928年提出。在**E.薛定谔**发展非相对论波动方程的同时，O.克莱因从自由粒子的相对论能量公式出发提出了一个相对论性的波动方程，现一般称为克莱因-戈登方程。与非相对论薛定谔方程不同，克莱因-戈登方程是关于时间的二阶微分方程，会出现“负能量”和“负概率”的困难。

为了解决“负概率”的困难，狄拉克于1928年提出了电子的相对论性波动方程。该方程是时间的一阶微分方程，具有洛伦兹不变性，其波函数是一个四分量的旋量。狄拉克方程描述的粒子具有内禀的自旋角动量，其值为$\hbar/2$，同时可以推导出电子具有与自旋角动量对应的内禀磁矩，其值为一个玻尔磁子μ_B，相应的自旋g因子（无量纲的旋磁比）等于2。从狄拉克方程出发可以解释氢原子光谱的精细结构。

作为一个相对论性单电子方程，狄拉克方程仍然存在“负能量”的困难。为了克服跃迁到负能态的问题，狄拉克提出了“空穴”理论：由于电子是**费米子**，服从**泡利不相容原理**，没有任意两个电子具有相同的状态。物理上的真空状态实际上是所有负能态被电子填满的状态，形成所谓的“狄拉克海”。只有从“狄拉克海”中移去一个电子，才能产生可观测的效应，形成一个“空穴”。“空穴”的行为像一个带正电的粒子。狄拉克最初认为是质子，但德国物理学家H.外尔指出，“空穴”应该与电子具有相同的质量，狄拉克后来称其为**正电子**。

1932年美国物理学家**C.D.安德森**在宇宙线实验中观察到高能光子穿过重原子核附近时，可以转化为一个电子和一个质量与电子相同但带有单位正电荷的粒子，从而发现了正电子，证实了狄拉克的正电子预言。狄拉克的“空穴”理论给出了反粒子的概念，正电子就是电子的反粒子。（陈向军）

狄拉克符号 Dirac notation 由**P.A.M.狄拉克**创建的一套符号，用于描述量子系统的状态和物理量。狄拉克符号不依赖于具体表象，使**量子力学**的理论形式简单明了，而且便于做表象变换，因此被广泛采用。这套符号的规则是和狄拉克定义的右矢空间和左矢空间相配合的，因此需要结合右矢空间和左矢空间一起讨论。

右矢 在量子力学中，体系的状态是希尔伯特空间的向量，希尔伯特空间是完全内积空间。狄拉克把其中的向量记作$|\psi\rangle$ $|\varphi\rangle$，它们是特定的右矢，而记号$|\,\rangle$表示一般的右矢。

可以构造一个右矢空间，它的加法和数乘运算与希尔伯特空间完全一样，具有加法和数乘的封闭性。即右矢空间中的两个矢量$|\psi\rangle$和$|\varphi\rangle$相加，总有一个确定的右矢$|\chi\rangle$与之对应：

$$|\psi\rangle+|\varphi\rangle=|\chi\rangle \tag{1}$$

右矢空间一个矢量$|\psi\rangle$和一个复数a相乘，总有一个确定的右矢$|\sigma\rangle$与之对应：

$$|\psi\rangle a\equiv|\psi a\rangle=|\sigma\rangle \tag{2}$$

规定右矢空间具有与希尔伯特空间完全相同的加法和数乘应当满足的条件，即加法和数乘的交换律、结合律、分配律等，把右矢空间的零向量记为$|0\rangle$。这些条件是：

$$|\psi\rangle+|\varphi\rangle=|\varphi\rangle+|\psi\rangle \tag{3a}$$

$$|\psi\rangle+(|\varphi\rangle+|\chi\rangle)=(|\psi\rangle+|\varphi\rangle)+|\chi\rangle \tag{3b}$$

$$|\psi\rangle+|0\rangle=|\psi\rangle \tag{3c}$$

$$|\psi\rangle+|\varphi\rangle=|0\rangle\ (\text{对任意}|\psi\rangle,\ \text{必有}|\varphi\rangle=-|\psi\rangle\text{存在}) \tag{3d}$$

$$|\psi\rangle 1=|\psi\rangle \tag{3e}$$

$$(|\psi\rangle a)\,b=|\psi\rangle\,(ab) \tag{3f}$$

$$|\psi\rangle\,(a+b)=|\psi\rangle a+|\psi\rangle b \tag{3g}$$

$$(|\psi\rangle+|\varphi\rangle)\,a=|\psi\rangle a+|\varphi\rangle b \tag{3h}$$

与希尔伯特空间一样，右矢空间是内积空间，只是它的内积要借助左矢空间定义。

左矢 左矢空间是与右矢空间对偶的空间，一般的左矢记为$\langle\,|$。每一个右矢$|\psi\rangle$，都有一个左矢空间中的矢量$\langle\psi|$与之对应，与零右矢$|0\rangle$对应的是零左矢是$\langle 0|$。左矢空间中，矢量的加法和数乘的规则要在内积规定之后才能知道。

规定一种左矢$\langle\psi|$与右矢$|\varphi\rangle$的内积，有一个复数c与它们的对应。写成左矢$\langle\psi|$在左、右矢$|\varphi\rangle$在右的形式，为了简单，把中间的两条竖线缩减为一条：

$$\langle\psi|\varphi\rangle=c \tag{4}$$

规定内积应当满足以下条件：

$$\langle\psi|\varphi\rangle=\langle\varphi|\psi\rangle^* \tag{5a}$$

$$\begin{cases}\langle\psi|(|\varphi\rangle+|\chi\rangle)=\langle\psi|\varphi\rangle+\langle\psi|\chi\rangle\\(\langle\psi|+\langle\varphi|)|\chi\rangle)=\langle\psi|\chi\rangle+\langle\varphi|\chi\rangle\end{cases} \tag{5b}$$

$$\begin{cases}\langle\psi|(|\varphi\rangle a)=\langle\psi|\varphi\rangle a\\(a\langle\psi|)|\varphi\rangle=a\langle\psi|\varphi\rangle\end{cases} \tag{5c}$$

$$\langle\psi|\psi\rangle\geqslant 0\ \text{对任意的}|\psi\rangle\text{成立} \tag{5d}$$

若$\langle\psi|\psi\rangle=0$，则必有：

$$|\psi\rangle=|0\rangle\ \text{或}\ \langle\psi|=\langle 0| \tag{5f}$$

从内积的定义可以看出，左矢的作用是把右矢映射为一个复数。根据内积的性质［即内积的规则式（5a）—（5f）］，可知与右矢空间加法式（1）和数乘式（2）对应，左矢空间中应有如下的加法和数乘：

$$\langle\psi|+\langle\varphi|=\langle\chi| \tag{6}$$

$$\langle\psi|=a^*\langle\varphi|\equiv\langle a\psi| \tag{7}$$

在此基础上，与右矢空间加法和数乘应当满足的条件式（3a）—（3f）对应，左矢空间的加法和数乘应当满足以下条件：

$$\langle\psi|+\langle\varphi|=\langle\varphi|+\langle\psi| \tag{8a}$$

$$\langle\psi|+(\langle\varphi|+\langle\chi|)=(\langle\psi|+\langle\varphi|)+\langle\chi| \tag{8b}$$

$$\langle\psi|+\langle 0|=\langle\psi| \tag{8c}$$

$$\langle\psi|+\langle\varphi|=\langle 0| \tag{8d}$$

$$1\langle\psi|=\langle\psi| \tag{8e}$$

$$b^*(a^*\langle\psi|)=(b^*a^*)\langle\psi| \tag{8f}$$

$$(a^*+b^*)\langle\psi|=a^*\langle\psi|+b^*\langle\psi| \tag{8g}$$

$$a^*(\langle\psi|+\langle\varphi|)=a^*\langle\psi|+a^*\langle\varphi| \tag{8h}$$

算符 作用到右矢$|\psi\rangle$上的线性算符A，得到右矢$|\varphi\rangle$，即：

$$|\varphi\rangle=A|\psi\rangle\equiv|A\psi\rangle \tag{9}$$

式中A是定义在右矢空间的线性算符，在左矢空间没有定义。对应到左矢空间，与A对应的算符记为A，称为A的伴算符，它只能作用到左矢上，在右矢空间没有定义。和（9）式对应：

$$\langle\varphi|=\langle A\psi|=\langle\psi|A^\dagger \tag{10}$$

为了方便，用下式定义$A^\dagger$对右矢的作用：

$$\langle\varphi|(A^\dagger|\psi\rangle)\equiv(\langle\varphi|A^\dagger)|\psi \tag{11}$$

类似的，定义A对左矢的作用：

$$(\langle\varphi|A)|\psi\rangle \equiv \langle\varphi|(A|\psi\rangle) \qquad (12)$$

根据式（11）和式（12）的定义，A和$A^{\dagger}$都可以向右矢或左矢作用。如果$A=A^{\dagger}$，则称它是自伴算符或厄米算符。

用狄拉克符号表示几个常用公式　基矢的正交归一关系、完全性关系：

$$\langle u_i|u_j\rangle=\delta_{ij}\text{（分立本征值谱）} \qquad (13a)$$

$$\langle x|x'\rangle=\delta(x-x')\text{（连续本征值谱）} \qquad (13b)$$

$$\sum|u_i\rangle\langle u_i|=1,\ \int \mathrm{d}x|x\rangle\langle x|=1 \qquad (13c)$$

投影算符$P_i=|u_i\rangle\langle u_i|$　(13d)

A在$|\psi\rangle$态的平均值：

$$\langle A\rangle=\langle\psi|A|\psi\rangle \qquad (14)$$

（裴寿镛）

狄拉克-哈特里-福克方法　Dirac-Hartree-Fock method　基于相对论有效场论和核力的介子交换图像，在哈特里-福克近似下发展起来的相对论量子多体理论方法。该方法被广泛用于描述原子核结构性质，并取得很大成功。又称相对论哈特里-福克方法或相对论哈特里-福克理论。狄拉克-哈特里-福克方法是**协变密度泛函理论**的一种形式。它与采用哈特里近似的**相对论平均场理论**一样，将核子（质子与中子）作为基本自由度，用狄拉克旋量表示。核子间的相互作用通过交换各种虚介子实现。这些介子被视为类点粒子，并通过其量子数（如自旋、宇称、同位旋等）和质量以及与核子的耦合常数来表征。基于该物理图像，构建包含核子-介子场和核子-光子场相互作用的拉格朗日量，利用勒让德变换，导出仅含核子场自由度的哈密顿量并量子化。狄拉克-哈特里-福克方法采用斯莱特行列式表示原子核体系的基态，利用此基态计算哈密顿量的期待值，得到系统的能量泛函，变分给出核子的狄拉克-哈特里-福克方程。与采用哈特里近似的相对论平均场理论不同，狄拉克-哈特里-福克方法显式地包含了交换项，即福克项的贡献。

类似于相对论平均场理论，构建原子核体系的哈特里-福克基态时，同样忽略了负能态的狄拉克海的贡献，即所谓的无海近似，避免了繁杂的重正化处理。实际应用中，引入同位旋标量的ω矢量介子和σ标量介子分别描述核力的短程排斥和中长程吸引部分，同位旋矢量的ρ矢量介子和π赝标量介子描述核力的同位旋（区别中子和质子）性质。实际上，在狄拉克-哈特里-福克理论中，同位旋标量介子-核子耦合的交换项对核力的同位旋性质描述也有重要贡献。由于强相互作用低能非微扰性质的复杂性，狄拉克-哈特里-福克方法中，介子（主要是σ介子）的质量以及介子与核子的耦合常数与相对论平均场理论类似，通过拟合一些原子核的质量和半径等基态性质确定。目前，采用密度依赖介子-核子耦合的相对论哈特里-福克理论，在描述原子核结构性质等方面，取得与相对论平均场理论一样的成功。

在平均场近似的层次上，哈特里项（即直接项）与福克项（即交换项）是核力介子交换图像不可或缺的两个部分。不同于相对论平均场理论，狄拉克-哈特里-福克方法完整考虑了直接项和交换项的贡献，虽然理论与数值计算的复杂性增加，但是它在原子核结构研究中取得与相对论平均场理论同等的成功，并且由于交换项的引入，狄拉克-哈特里-福克方法克服了相对论平均场理论不能有效地考虑π介子与ρ介子张量耦合贡献的问题，而且介子-核子耦合的交换项中自然包含了核力重要成分——张量力的贡献。

（龙文辉　孟　杰）

狄拉克中微子　Dirac neutrino　具有狄拉克质量的**中微子**。一个粒子的质量不为零，意味着一定可以找到一个参照系，在此参照系中这个粒子处于静止状态。根据量子力学，处于静止状态的自旋1/2粒子有两个独立的量子态。如果粒子和反粒子都分别需要两个独立的态，就需要引入左手手征和右手手征的两个量子场以描述一个粒子及其反粒子的总共四个量子态。在这种情况下，由两种手征的场构造成的质量项就叫作狄拉克质量项。电子的质量项就属于这一类型。

狄拉克中微子就是具有狄拉克质量的中微子，它需要左手和右手手征的两个中微子场。狄拉克质量不破坏中微子携带的轻子数。

中微子可以同时具有狄拉克质量和马约拉纳质量（见**马约拉纳中微子**）。如果其狄拉克质量占主导地位，这样的中微子就可以被称为准狄拉克中微子。

（廖　伟）

笛卡儿，R.　René Descartes（1596-03-31～1650-02-11）　法国哲学家、数学家、物理学家和生理学家。生于法国都兰省拉艾，卒于瑞典斯德哥尔摩。出生于贵族家庭。少年就读于耶稣会的拉弗莱什学校时，就对各种知识特别是数学深感兴趣。以后在巴黎居住、军队服役和周游欧洲各国期间，对自然科学、数学以及各方面知识的钻研从未减弱。1629～1649年在荷兰定居，在那里完成了他大部分哲学、数学和物理学等著作，如《方法论》（1637）及其附录《几何学》《屈光学》《气象学》《形而上学的沉思》（1641）和《哲学原理》（1644）等。《论光》等则是他死后在1664年才出版的。

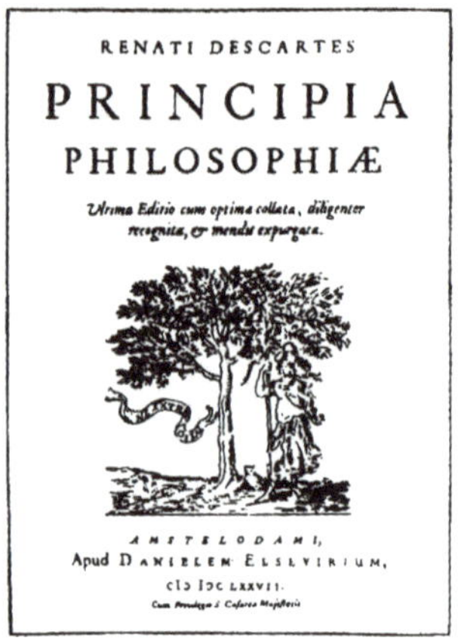

RENATI DESCARTES
PRINCIPIA
PHILOSOPHIÆ
Ultima Editio cum optima collata, diligenter recognita, & mendis expurgata.
AMSTELODAMI,
Apud DANIELEM ELSEVIRIUM,
CIↃ IↃC LXXVII.

笛卡儿《哲学原理》的扉页

文艺复兴时期以后，笛卡儿以他的自然哲学体系（机械宇宙观和唯理论的方法论）和丰富的物理思想促进了物理学的发展。笛卡儿在哲学上是二元论者，并把上帝看作造物主。但笛卡儿在自然科学范围内却是一个机械论者，这在当时是有进步意义的。K.马克思在《神圣家族》中指出，笛卡儿“把他的物理学和他的形而上学完全分开。在他的物理学的范围内，物质是唯一的实体，是存在和认识的唯一根据”。笛卡儿认为：物质由微粒构成，物质微粒是唯一的实体；物质的本性是其空间广延性，机械运动（即位置变动）是物质唯一的运动形式；一切自然现象，一切物质性质（包括色、香、硬度、热等）都是由于物质粒子的机械相互作用产生的；有了物质（空间）和（机械）运动，就能按照物质运动本身的自然规律，构造出全部世界，无须上帝照管。这类机械论的自然观以后曾统治自然科学两个多世纪。他又认为物质充满空间，即不存在真空（“要说有一个绝对无物体的虚空或空间，那是不合乎理性的”），物质可以无限分割（“宇宙中不可能有天然不可分的原子或物质部分存在”），空间是无限的（“世界的广袤是无定限的”），并且肯定物质世界的统一性（“天上和地下的物质都是一样的，而且世界不是多元的”）与多样性（“物质的全部花样，或其形式的多样性，都依靠于运动”)。因此，F.恩格斯在《反杜林论》中称赞笛卡儿是辩证法的卓越代表人物之一。

笛卡儿的方法论对于后来物理学的发展有重要影响。他在古代演绎法的基础上创立了一种以数学为基础的演绎法：以唯理论为根据，从自明的直观公理出发，运用数学的逻辑演绎，推出结论。这种方法和F.培根所提倡的实验归纳法结合起来，经过C.惠更斯和I.牛顿等人的综合运用，成为物理学特别是理论物理学的重要方法。作为他的普遍方法的一个最成功的例子，是笛卡儿运用代数的方法来解决几何问题，确立了坐标几何学即解析几何学的基础，把变化的坐标即变数的概念引进了数学。恩格斯在《自然辩证法》中把这称为“数学中的转折点”，并指出：“有了变数，运动进入了数学；有了变数，辩证法进入了数学；有了变数，微分和积分也就立刻成为必要的了。”解析几何学还给研究物理学带来了直接的便利，如图解法、笛卡儿坐标系的运用以及用实验曲线验证物理学定律等。

笛卡儿的方法论中还有两点值得注意。第一，他善于运用直观“模型”来说明物理现象。例如利用“网球”模型说明光的折射；用“盲人的手杖”来形象地比喻光信息沿物质做瞬时传输；用盛水的玻璃球来模拟并成功地解释了虹霓现象等。第二，他提倡运用假设和假说的方法，如宇宙结构论中的旋涡说。此外，他还提出“普遍怀疑”原则。这一原则在当时的历史条件下对于反对教会统治、反对崇尚权威、提倡理性、提倡科学起过很大作用，但在哲学上却使笛卡儿陷入“我正在怀疑——这一点是再也不能怀疑了”的矛盾，也就是陷入“我思故我在”的唯心论，削弱了他的方法论的科学性。

在力学上，笛卡儿发展了伽利略的运动相对性的思想，如在《哲学原理》一书中，举出在航行中的船上海员怀表的表轮这一类生动的例子，用以说明运动与静止需要选择参照物的道理。笛卡儿在《哲学原理》第二章中以第一和第二自然定律的形式第一次比较完整地表述了惯性定律：只要物体开始运动，就将继续以同一速度并沿着同一直线方向运动，直到遇到某种外来原因造成阻碍或偏离为止。这里他强调了伽利略没有明确表述的惯性运动的直线性。在这一章中，他还第一次明确提出了运动量守恒定律：物质和运动的总量永远保持不变。“既然运动不过是运动着的物质的条件，在物质中就会存在一定量的运动，它的总和在世界上永远不会增加也不会消失，尽管其各个分散部分将会改变。这就是说，假定一物体比另一物体小一倍但速度快一倍，二者的运动量是一样的……”笛卡儿在这里用物体的“大小”来表示物质的量，因为当时还没有确切的质量概念。

笛卡儿对碰撞和离心力等问题曾做过初步研究，给后来惠更斯的成功创造了条件。笛卡儿运用他的坐标几何学从事光学研究。在《屈光学》中第一次对折射定律提出了理论上的推证。他认为光是压力在以太中的传播，他从光的发射论观点出发，用网球打在布面上的模型来计算光在两种媒质分界面上的反射、折射和全反射，从而首次在假定平行于界面的速度分量不变的条件下导出$\sin i/\sin r=$常数的折射定律；但是他的假定条件是错误的。他的推证同时导致了光由光疏介质进入光密介质时速度增大的错误结论。后来由于人们测定出水中光速小于真空中光速的事实，使光的波动论在一段时期内占了上风。

笛卡儿把他的机械论观点应用到天体，形成了他关于宇宙发生与构造的学说。他认为，从发展的观点来看，而不只是从已有的形态来观察，对事物更易于理解。他用以太旋涡模型第一次依靠力学而不是神学解释了太阳、行星、卫星、彗星等天体的形成过程。他认为天体的运动来源于惯性（沿轨道切向）和某种宇宙物质（以太）旋涡对天体的压力，在各种大小不同的旋涡的中心必有某一天体（如太阳），以这种假说来解释天体间的相互作用。笛卡儿的天体演化说、旋涡模型和近距作用观点，正如他的整个思想体系一样，一方面以丰富的物理思想和严密的科学方法为特色，起着反对经院哲学、启发科学思维、推动当时自然科学前进的作用，对许多自然科学家的思想产生深远的影响；而另一方面又经常停留在直观和定性阶段，不是从定量的实验事实出发，因而一些具体结论往往有很多缺陷，成为后来牛顿物理学的主要对立面，导致了广泛的争论。尽管如此，作为自然科学家和哲学家，“笛卡儿的唯物论已成为真正的自然科学的财产”(马克思《神圣家族》)。

（邹延肃）

底夸克 bottom quark 已知的六种夸克中的一种。底夸克用符号b表示，反底夸克用符号$\bar{b}$表示。底夸克所带电荷为$-e/3$，而反底夸克所带电荷为$+e/3$。1977年Υ(1S)粒子的实验发现证实了底夸克的存在。底夸克的质量要远大于轻味的u夸克、d夸克和s夸克，所以底夸克与粲夸克和顶夸克都属于重夸克的范畴。底夸克不仅可以与反底夸克组成底偶素，而且可与轻味的反u夸克、反d夸克和反s夸克构成底介子。此外，底夸克也可与两个轻味夸克组成底重子。在重夸克极限下（当底夸克的质量趋于无穷时)，对于这些含有单个底夸克的强子，会存在自旋-味道近似对称性，也称为重夸克对称性。这种对称性在研究含有单个底夸克的强子的各种性质时具有很广泛的应用。（刘　翔）

底量子数 bottomness 为体现在粒子组成中所包含底夸克的量所引入的量子数。底夸克的底量子数为−1，反底夸克的底量子数为1。底量子数属于相加性守恒量，如由一对正反底夸克构成的底偶素，其底量子数为0，若某强子内只含有一个底或反底夸克，则其对应的底量子数就是−1或1。在强相互作用和电磁相互作用过程中底量子数守恒，但在弱相互作用中底量子数的守恒可以被破坏（见底偶素)。

（刘　翔）

底偶素 bottomonium 由底夸克和反底夸克组成的束缚态。1977年通过正电子和负电子的对撞实验发现第一个底偶素Υ(1S)粒子，其质量约为9.5吉电子伏，宽度很窄约50千电子伏。Υ(1S)粒子的发现证实了第五种夸克即底夸克的存在。随后，更多的底偶素在实验中被发现，它们构成了一个全新的粒子家族，包括了基态、径向激发态和轨道激发态。底偶素的电荷为0，底量子数也为0。在底偶素家族中，质量最低的几个粒子的宽度都很窄，这一现象被形容为“重质量，窄宽度”，是由正反重夸克组成的束缚态所特有的（此现象也在粲偶素家族中出现)，其主要原因是这些底偶素衰变到一对底介子（底介子是由底夸克与反轻夸克或反底夸克与轻夸克组成的束缚态，也被称为B介子）是运动学禁戒的。相比这些低质量的底偶素，底偶素Υ(4S)粒子具有较宽的宽度，这是因为Υ(4S)是底偶素家族中第一个能够衰变为一对底介子的粒子。也正是基于Υ(4S)的这一特性，已建立的两个B介子工厂（日本的Belle实验和美国的BaBar实验）通过由Υ(4S)衰变而来的B介子，观察到了B介子的CP破坏现象。（刘　翔）

底强子 bottom hadron 含有底夸克或者含有正反底夸克构成的强子总称，包括b介子、b重子和底偶素等。见底夸克、底偶素、底量子数。

递归神经网络 recurrent neural network 任何一种神经元间有相互连接和信息传递的神经网络。递归神经网络的含义在神经科学领域和人工智能领域有所不同。在神经科学领域，神经网络用于研究神经系统的结构与功能，神经网络的结构与真实神经系统相似，参数选择也受真实生理条件的限制。在人工智能领域，神经网络用于实现工程目标，不要求与真实神经系统相似。

在神经科学领域，递归神经网络指的是网络中神经元之间有相互连接，能够互相兴奋或抑制。相互连接发生在一个信息处理的层级之内是单层递归神经网络，相互连接发生在不同的信息处理层级之间形成多层的递归神经网络。

大脑中广泛存在神经元之间相互循环连接的递归神经网络，递归神经网络能够为许多重要的神经活动的机制提供合理的解释。单层的递归神经网络能够很好地实现感知觉中的对比度增强和标准化，工作记忆中的信息保存，决策中赢者通吃，以及不同频段的神经振荡现象。多层递归神经网络能够实现自下而上过滤信息的分类学习，自上而下的注意力引导的学习。递归神经网络已经成为一种常用的大脑神经网络模型，用于研究认知功能的神经基础。

在人工智能领域，递归神经网络指一类神经元之间的连接构成有向循环的人工神经网络。递归神经网络具有“记忆”性，用于表征时间中的动态信息，理论上可以处理任意长度的信号序列，在书写识别、语音识别等方面具有重要作用。

（王大辉）

第二维里系数 the second virial coefficient 研究分子间相互作用的重要热力学物理量。在讨论气体分子之间相互作用中经常被研究。**理想气体**只是实际气体的一种简化模型，因其分子密度非常低，所以分子间的相互作用能远小于分子自身热运动能而被忽略。理想气体满足：

$$pV_m=RT$$

式中p、V_m、T分别为气体的压力、摩尔体积和温度；R为摩尔气体常数。但当气体的密度逐渐增加时，分子间的相互作用将相对变强，尽管与分子自身热运动能相比仍然是小量，但却不可忽略。这种分子间相互作用不能被忽略的气体，称为非理想气体（实际气体）。实际气体对于理想气体的偏差，表现在其pV_m值在等温情况下不等于常数，而随压力的改变而变化。对于实际气体方程式可以通过维里方程形式表示：

$$pV_m=a+bp+cp^2+\cdots$$

或

$$pV_m=a(1+Bp+Cp^2+\cdots)$$

实际气体在$p\to0$时，其pV_m值等于RT，所以上式中的常数a等于RT，则：

$$\frac{pV_m}{RT}=1+Bp+Cp^2+\cdots$$

式中B、C分别称为第二、第三维里系数。对于纯物质来说，它们仅是温度的函数；对于混合气体，它们是温度和气体组成的函数。它们有着明确的物理意义，与分子间的作用力有直接联系。其中第二维里系数反映两个分子碰撞或相互作用导致的与气体理想性的差异，用来描述实际气体对理想气体偏离的程度，与分子大小、温度等都有关系。

第二维里系数是联系气体的宏观热力学性质与微观分子力学参量的一条有效途径，不仅在实用上可表示真实气体的状态，在理论上还可以验证和发展分子作用势模型，确定分子力学参量，从而预测物质的其他宏观性质。（崔基炜　郝京诚）

第一壁 first wall 安装在聚变反应堆包层模块和偏滤器（收集和排除核反应灰烬的部件）的前端，直接面向**等离子体**，承受高热负荷和粒子轰击的部件。其中包层模块第一壁上的热流密度达几兆瓦/米²量级，而偏滤器靶板承受的峰值功率可高达20兆瓦/米²以上，因此又被称为高热负荷部件。粒子流轰击到面向等离子体材料的表面时，会产生严重的（溅射、刻蚀、烧蚀等）损伤，加上高能中子辐照，使排热和材质选择成为第一壁的关键工程技术问题，对偏滤器而言则是挑战性的工程技术问题。

面向等离子体材料的总体要求是低溅射、高热导率、耐高温、低氢（氚）滞留，以及与结构材料兼容性等。低原子序数（低Z）材料有石墨、碳-碳复合材料和铍等，高原子序数（高Z）材料主要是钨及其合金。此外，在选用高原子序数材料做包层模块第一壁时，还应考虑高Z杂质对芯部等离子体的影响。根据共识，钨成为第一壁和偏滤器靶板的首选材料，其中又有钨块体、钨基合金和钨涂层等多种选择。（潘传红）

第一类与第二类超导体 type I and type II superconductors 分别对应于界面能为正和负两种情形的超导体。通过求解京茨堡-朗道方程，发现磁场达到一定值的时候，磁场会穿透到超导体中，形成不超导的正常区域和超导区域，其界面处的能量会出现正负之分。根据界面能的正负，将超导体分成第一类超导体（对应于正界面能）和第二类超导体（对应于负界面能）。当京茨堡-朗道参量$\varkappa<1/\sqrt{2}$时，$\lambda<\xi/\sqrt{2}$，$\sigma_{ns}>0$，界面能是正，为第一类超导体。当$\varkappa>1/\sqrt{2}$时，$\lambda>\xi/\sqrt{2}$，$\sigma_{ns}<0$，界面能是负，为第二类超导体。由于第一类超导体和第二类超导体的界面能正负属性之分，因此其热力学性质有很大差别。

第一类超导体　处于外磁场H中的块状样品，其所处的状态与**退磁因子**n（n可取从0到1的值）有关。若退磁因子$n=0$，如磁场平行于无限大平面或柱状超导体的长轴方向时，则在$H<H_c$时样品处于迈斯纳态。当$H>H_c$，则处于正常态，超导体失超。若$n\neq0$，则在$(1-n)H_c<H<H_c$的范围，样品可处在有正常相和超导相两种相多个区域共存的中间态。$H>H_c$时处于正常态，$H<(1-n)H_c$时处在迈斯纳态。在中间态，磁场穿透区域内的总磁通可以是量子化的，但不可细分成为单个磁通量子，因为对能量不利。第一类超导体的正常态区域有磁场穿透，会形成迷宫状的复连通体，可以用扫描磁力显微镜或比特成像技术进行观察。第一类超导体在零磁场的时候发生的相变是二级相变，而有磁场的时候发生的是一级相变。

第二类超导体　对于退磁因子为零的第二类超导体块状样品，当外磁场H超过下临界磁场的时候，磁场开始进入超导体，形成量子磁通线。这个临界磁场可用第一临界磁场$H_{c1}(T)$（又称下临界磁场）来表述。穿透到第二类超导体中的磁场会细分成为一根总磁通量为$\Phi_0=h/2e=2.07\times10^{-15}$韦伯的磁通线，这主要是因为界面能为负值的原因，磁通束可以细分成为磁通线，但在通常情况下，磁通线的磁通量不可以再分成更小。由超导区域和磁通线构成的态叫混合态。当磁场再继续增加，达到上临界磁场$H_{c2}(T)$时，超导区域就完全消失。对于BCS理论描述的超导体，此时的库珀对也被拆散，变成了正常态电子。第二类超导体随着磁场增加，会先后从迈斯纳态，过渡到混合态，再到正常态，其相变均为二级相变。**A.A.阿布里科索夫**根据对京茨堡-朗道理论的求解，首次预言了这种磁通线状态，并预言会形成正方形的磁通晶格。但后来实验发现大部分第二类超导体中的磁通线晶格是三角形的。尽管如此，不能否认阿布里科索夫的预言是一个很伟大的理论工作，他与**V.L.京茨堡**一起获得了2003年的诺贝尔物理学奖。（闻海虎）

第一性原理计算 first-principles calculation 直接从量子力学基本原理出发计算物质结构和性质的方法。因原则上除了基本物理常数（比如电子质量、原子序数等）外，不需要任何经验参数作为输入，所以被称为第一性原理计算。有时也被称为从头计算。

第一性原理计算的基本思想是：依赖于量子力学，将基本物理常数作为唯一输入参数，求解复杂物质体系的**薛定谔方程**，得到体系的波函数、能量以及其他物理量，从而预测分子或材料的力学、电学、光学和磁学等性质。第一性原理计算完全不依赖于实验测量值或是经验拟合参数，被广泛应用于当今凝聚态物理、化学化工、材料科学、地质科学、生命科学等领域中。

第一性原理计算与量子力学理论发展密不可分，其核心就是求解多电子体系的薛定谔方程得到波函数及其本征值，从而获得该体系的基态和激发态信息。1927年，M.**玻恩**和J.R.**奥本海默**提出绝热近似（又被称为**玻恩-奥本海默近似**），认为原子核的质量远远大于电子，其速度远低于电子速度，这样原子核相对于电子处于静止状态，体系波函数可表示为核与电子波函数的乘积，从而能够方便地求解出原子势场中的纯电子系统的波函数。1930年，D.R.哈特里、V.A.福克等考虑到晶体具有周期性结构，不同原胞但同样位置上的原子同一能态上的电子波函数只存在相位差，且在多体问题中可忽略，这样可将体系多电子波函数简化为单电子波函数的乘积。对于孤立分子体系，该近似仍然成立。60～70年代，J.A.波普尔等人引入了电子关联作用和多体波函数的多构型表达，并基于原子轨道的高斯展开发展了基于多体波函数的实用第一原理计算方法。1964～1965年，W.科恩、P.C.霍恩伯格、沈吕九提出了著名的**密度泛函理论**，通过引入电子密度作为基本变量表述多体波函数，证明电子密度和波函数对量子多体体系的描述是等价的，从而将体系的自由度从3*N*（*N*为电子数）变成3，极大降低了求解薛定谔方程的计算量。另外，通过引入额外的交换-关联势，将量子效应引起的难解的相互作用都放入该项，为一般性的第一性原理计算给出了完美解决方案。这也标志着基于密度泛函理论的第一性原理计算的诞生。70～80年代，随着超级计算机的诞生和迅猛发展，第一性原理计算才得以广泛地开展并应用于多个科学领域。

第一性原理计算方法主要分为波函数方法和密度泛函理论方法。前者以多电子体系的波函数作为基本变量，在量子化学领域应用广泛；后者以多个电子的空间密度为唯一变量，广泛应用于固体体系、凝聚态物理和材料研究中。两者在原理上都是精确理论，但在实际应用中需要做各式各样的近似，比如对多体波函数作某种程度的单电子近似，或对电子间的交换-关联等量子效应做局域密度近似等。除了基于波函数的量子化学方法和基于电子密度的密度泛函理论方法外，使用第一性原理计算得到的参数进行分子动力学、蒙特卡罗模拟、分子力学等方面的计算和模拟方法都属于广义第一性原理的范畴。

（孟　胜　任　俊）

第Ⅰ类多铁性 type-I multiferroicity 铁电性源于与磁性无关的微观机制的多铁性体系。最著名的第Ⅰ类多铁性体系是$BiFeO_3$，虽然它具有磁有序基态，但其中铁电极化主要源于Bi^{3+}的6s孤对电子配对导致的晶格空间反转对称性破缺，产生铁电极化。而Fe^{3+}的反铁磁螺旋序对铁电极化的贡献很弱。鉴于第Ⅰ类多铁性中铁电极化与磁性之间没有强的关联耦合，一般第Ⅰ类多铁性体的铁电极化较大、居里温度较高，而磁性有序化温度与铁电居里温度差别很大，磁电耦合效应微弱。

第Ⅰ类多铁性体系中铁电极化产生机制各种各样，同一体系甚至可能存在多重铁电产生机制。为此按照材料类别来梳理第Ⅰ类多铁性。

$BiFeO_3$。$BiFeO_3$单晶在室温下呈现菱方钙钛矿结构，氧八面体沿赝立方[111]方向交替旋转，表现为严重的结构畸变。这种结构畸变是铁电活性的，铁电居里温度高达1100K，Fe^{3+}自旋反铁磁奈耳温度为643K。

六角锰氧化物$RMnO_3$。$YMnO_3$和离子半径较小的$RMnO_3$呈现六角结构。

六角铁氧化物$RFeO_3$。与六角锰氧化物不同，六角结构$RFeO_3$是亚稳相，稳定相是正交相。

$A_3M_2O_7$体系。对$A_3M_2O_7$体系的探索，以$Ca_3Mn_2O_7$最有吸引力和挑战，因为这是第一个被定量预言的新体系，其铁电极化和磁性性能都很优异，且预言的磁电调控行为很显著。

氟化合物$BaMF_4$。氟化合物包括一大类功能晶体材料，具有多铁性的材料种类仅次于氧化物，而且远不限于氟八面体结构类型。

非d^0钙钛矿氧化物。钙钛矿氧化物中铁电性的d^0规则非常顽固，违反这一规则的晶体还很少发现。

其他一些化合物。除了上述类别外，还有很多零散的多铁性材料，它们属于第Ⅰ类，但可能是因为合成难度或者内禀性质的原因，不像上述列举那样成为系列。未来这些零散体系有可能各自发展成为系列，是挖掘多铁性新材料的可能宝库。典型的体系包括钙钛矿结构$Pb(Fe_{1/2}Nb_{1/2})O_3$和$BiMnO_3$、$CdCr_2S_4$、2H-$BaMnO_3$，V掺杂227系统$La_2Ti_2O_7$、GeV_4S_8等。还有一些奇特的体系也有铁电性，如Rh团簇有铁电性，$PbTiO_3$表面缺氧时会呈现磁性。

（刘俊明）

第Ⅱ类多铁性 type-II multiferroicity 铁电性源于特定的自旋序的微观机制的多铁性体系。微观机制主要表现为两种：①具有非共线螺旋序的磁结构。如果体系存在自旋-轨道耦合，则这类特定磁结构会破坏晶格空间反转对称性，产生铁电极化。改变这一磁结构就能调控铁电极化。②具有特定共线自旋序的磁结构。如果体系存在自旋-晶格耦合，则这类磁结构也会破坏晶格反转对称性产生铁电极化。除此之外，还有诸如p-d轨道杂化等机制也属于此类。具有此类磁致铁电性的行为称之为第Ⅱ类多铁性。

按照材料类别来梳理第Ⅱ类多铁性，主要分为如下五类。

正交结构$RMnO_3$。$TbMnO_3$（TMO）是第Ⅱ类多铁体的代表。TMO高温下是顺磁态，40K以下形成正弦反铁磁态，在28K锁定到非公度的反铁磁螺旋序，此处出现铁电极化。低温下最大铁电极化为0.1微库/厘米^2，低温下表现出稳定的反铁磁序，没有宏观磁性。发现TMO的意义在于它是磁致铁电物理的基石材料，中子衍射揭示低温磁结构相变和磁场驱动极化从c轴翻转到a轴。TMO中铁电极化是自旋-轨道耦合贡献的，这一机制具有普适意义，并触发了磁致铁电性的唯象和微观理论诞生。

RMn_2O_5化合物。这是一类特别的第Ⅱ类多铁性晶体，其中R是稀土离子或者钇、铋等，主体结构单元是MnO_5五面体形成骨架，骨架空隙填充了R稀土离子。一个重要特点是这类体系存在Mn^{3+}和Mn^{4+}两种离子占位，如果R^{3+}也有4f磁性，则这一体系的交换耦合复杂，很容易形成复杂的自旋失措磁结构。

正交结构铁氧化物和铬氧化物。与六角锰氧化物和铁氧化物是第Ⅰ类多铁性材料相对应，正交的铁氧化物和铬氧化物中很多是第Ⅱ类多铁性材料。其中以$RFeO_3$

最有特点。$DyFeO_3$在3.5K之下出现铁电极化与较大的自发磁矩，还有很强的磁电耦合效应，包括磁场控制磁矩和极化的转动。在$GdFeO_3$中也看到类似效应，相关物理机制也较为类似。

四倍体钙钛矿化合物。理论预测，如果钙钛矿锰氧化物具有小的晶格常数、严格1/4掺杂、很弱的扬-特勒畸变和很大带隙，则可能具有很好的磁致铁电性质。钙钛矿锰氧化物$CaMn_7O_{12}$=$(CaMn_3)Mn_4O_{12}$就是所谓的四倍体ABO_3化合物。

其他第Ⅱ类多铁性化合物。第Ⅱ类多铁性化合物种类繁多，还有诸如铜氧化物、六角铁氧体化合物、少数有机分子和聚合物体系，以及零散的各种化合物，有一些共同特点：①磁结构上有共性。虽然这些化合物成分、结构和晶格对称性很不同，但磁结构具有非共线或者特定共线结构是共同点，少数化合物具有单离子p-d杂化等机制存在，但磁致铁电性图像也可以归于自旋-轨道耦合与自旋-晶格耦合大类。②极性晶体对称性有共性。这些体系的磁有序都归结于多种磁性离子复杂的相互作用，导致自旋失措结构；或者一种磁性离子占据不同晶格位置导致的自旋失措结构。但这些体系从点群对称性角度看基本归属于极性点群，铁电对称性要求的原理依然发挥着作用。（刘俊明）

点的运动方程 motion equation of a mass particle 能在任一瞬时t确定动点M在参考系中的位置的方程。点的运动方程是对动点运动过程的数学描述。由参考坐标系原点O向动点M引一矢量$\boldsymbol{r}$，称为位矢或矢径（图1）。当M运动时，$\boldsymbol{r}$是变矢量：

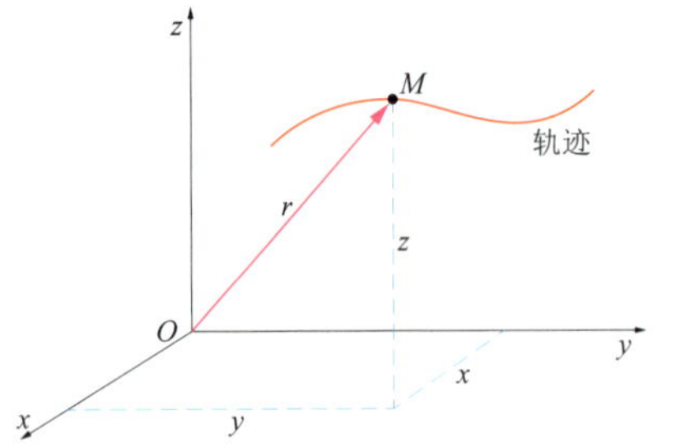

图1 直角坐标法描述点的运动

$$\boldsymbol{r}=\boldsymbol{r}(t)$$

这就是点的运动方程的矢量式。变矢量$\boldsymbol{r}(t)$的端点在空间描出曲线称为$\boldsymbol{r}$的矢量端图，也是动点的运动轨迹。用直角坐标法描述点的运动时，有$\boldsymbol{r}=x\boldsymbol{i}+y\boldsymbol{j}+z\boldsymbol{k}$，式中的$\boldsymbol{i}$、$\boldsymbol{j}$、$\boldsymbol{k}$分别为沿三坐标轴的单位矢量；用点的三个直角坐标描述点的运动，即得点的运动方程为：

$$x=x(t),\ y=y(t),\ z=z(t)$$

当点的运动轨迹为已知时，多用自然法描述点的运动（图2）。在轨迹曲线上选一原点O，规定曲线的某一方向为正，则弧长OM冠以正负号，称为弧坐标s。动点运动时，有$s=s(t)$，称为点沿轨迹的运动规律。它与轨迹曲线一起可完全确定动点在参考系中的运动。

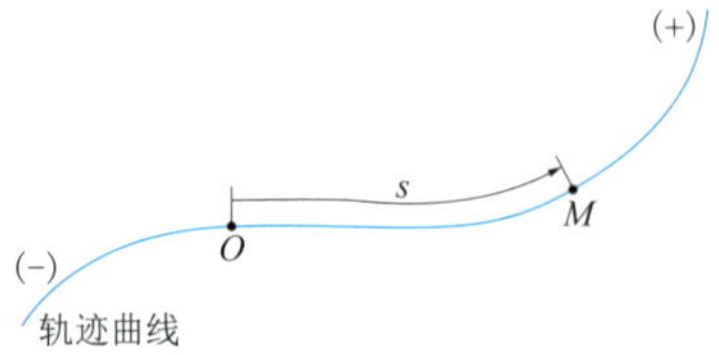

图2 自然法描述点的运动

点的运动方程还有其他形式，如雷达测定飞行目标时用球坐标法，研究点的螺旋运动时用柱坐标法。

运动方程中蕴含了有关运动几何性质的全部信息，因此建立运动方程在运动学中十分重要。（贾书惠）

点电荷 point charge 电磁学研究中的一种理想模型。几何尺度趋于零的电荷。点电荷在实际中并不存在，实际的电荷总有一定的体积，其上的电荷有一定的分布，如果所研究的电荷尺度比起它到其他电荷的距离要小得多，这种电荷的形状和电荷在其中的分布已无关紧要，则可把它抽象成一个点电荷。

采用理想模型是物理研究中的一种重要而有效的方法。例如一个实际的电荷产生的电场分布是复杂的，它与电荷的分布有关；一个实际的电荷在电场中所受的力也是复杂的，它与电荷的分布也有关。而一个点电荷产生的电场分布具有简单的规律，遵从**库仑定律**；一个点电荷在电场中所受的力也简单地等于电荷q与场强的乘积。由此将每个实际的电荷分割成无数的点电荷，再将每个点电荷的电场以及每个点电荷所受的力叠加起来，就可获得整个实际电荷的电场分布以及实际电荷所受的力。（陈熙谋）

点缺陷 point defect 缺陷尺寸在一两个原子大小的零维**晶体缺陷**。在空位、间隙和置换原子周围的原子偏离其平衡位置而形成的点阵畸变区域。最简单的是晶格空位和填隙原子。空位是正常晶格格点上原子空缺，称为肖特基缺陷。而填隙原子是落在晶格格点之间的间隙位置上的原子。（卢江波 屈世显）

点群 point group 晶体中所包含的至少相交于一点的全部宏观**对称元素**。又称点对称群。晶体对称性可以用一系列转动（或转动加反演）对称操作描述，这些对称操作的集合构成点群。它是正交群$O(3)$的离散子群，在其全部正交变换下三维空间中至少有一点是不动的。针对晶体对称操作的组合结果形成群，在这些宏观对称元素基础上组成的对称操作群称为晶体学点群。1830年J.F.C.赫塞尔研究晶体的宏观对称操作的集合，即点群究竟有多少个不同类型时，导出了32个点群，也就是32个晶类。这一成就为探索晶体物理性质的对称性提供了基础。（李建奇）

点阵 lattice 三维空间中周期重复排列的阵点的集合。又称空间点阵。点阵本是一个数学概念，用于描述晶体结构的周期性，是晶体学中的一个基本概念。说明晶体的重复单元（结构基元）在三维空间作周期性排列，这些周期性排列的重复单元可抽象成一些在空间以同样周期性排列的相同的点，这些点构成的整体定义为点阵。点阵是格点的总和。（杨槐馨 李建奇）

点阵像 lattice image 用透射电子显微镜拍摄的反映晶体结构周期性的图像。点阵像是由通过薄样品的透射电子束和不同取向的衍射电子束共同参与干涉所成的像。如果只选择一个电子衍射束参与成像，得到的是一组相互平行的条纹，即一维点阵像，从像中平行条纹可算出相应晶面族的间距。图中是一维点阵像的实例。如果选择多个衍射束参与成像，得到的是二维点阵像。（陆 栋）

电报方程 telegraph equation 研究电报传输线上电信号传输特性的方程。当交流电的频率高到电磁波的波长与传输线的长度差不多，甚至更短时，由于电磁波传播的推迟效应，沿导线的电流随距离而变化；另一方面传输线周围磁场变化产生涡旋电场，使电压概念也不成立，因而准稳电路的求解方法不再适用，原则上应该用**麦克斯韦方程组**来求解。这只有在少数情形下可严格解出，而且解法复杂。然而电报传输线是两条并行的导线，它们之间的距离却远小于电磁波的波长，因此在传输线的横向准稳条件成立。这种情形解准稳电路时所用的概念和方法可在严格的限制下有条件地使用，把传输线看成一系列分布电感和分布电容的串、并联的组合，由此可得大大简化了的近似方程，即电报方程。（陈熙谋）

电测量指示仪表 electrical measurement instrument 用于测量电流、电压、功率、相位、频率和电阻等电参量的仪表，简称电表。电测量指示仪表分指针式和数字显示式两大类。指针式仪表是用载流线圈或可磁化物体在磁场中的偏转角直接指示待测电参量的大小；数字式仪表是用模数转换（A/D转换）器把模拟量转换成数字量，再用数码显示器显示电参量的数值。这两类仪表中，前者有机械运动，显示的有效数字少（一般为三位）；后者无机械运动，显示的有效数字较多，读数清楚。虽然数字仪表使用了复杂的电路，但集成器件出现后，使它得到了广泛的应用。

指针式仪表 利用电的磁效应，由仪表运动部分的偏转角直接显示被测电参量的数值。它具有结构简单、稳定可靠的优点，被广泛应用于电力、电信各部门和各类仪器中。它的精度在0.1级至2.5级之间。

按工作原理的不同，常用的指针式电测量指示仪表可分为磁电系、电磁系、电动系三大类。另外，还有利用静电相互作用原理制成的静电式仪表如高压静电计，利用电流热效应制成的热电式仪表如热电式电压、电流计等。其中以磁电系仪表应用最广泛。

磁电系仪表 利用永久磁铁使载流线圈偏转的仪表。它主要用于测量稳恒电流和电压，具有灵敏度高、精度高、功率消耗小、刻度均匀等优点。如配以整流元件或变换器，它还可以用于交流电参量和非电参量的测量，是一种使用范围很广的仪表。这种仪表的构造如图1所示，一个蹄形磁铁的两极做成凹半圆形，在磁极之间放进一个圆柱形铁芯。在磁极和铁芯的气隙中有一个可绕固定轴转动的线圈，转轴的两端各有一个游丝，在它一端固定一根指针。线圈的两端分别同这两个游丝相接，被测电流通过这两个游丝引入线圈。线圈通过电流时，磁场对线圈产生一个转动力矩，使指针和线圈一起发生偏转，由偏转角度的大小可测出通过线圈的电流。圆柱形铁芯可使磁力线沿铁芯的半径方向形成均匀的径向磁场，如图2所示。在转动过程中，线圈的左右两边始终与磁力线垂直，并且因为这是一个均匀的径向磁场，所以线圈受到的转动力矩M的大小始终保持为：$M=BSNI$，式中B是磁场气隙中的磁感应强度，S是线圈的有效面积，N是线圈的匝数，I是通过线圈的电流。当线圈转动时，游丝发生变形，产生一个相反方向的力矩M'，随着指针偏转角度增大，M'也相应增大。游丝的反向扭转力矩和指针转过的角度α成正比。当线圈转动的力矩和游丝的反向力矩M'相等时，线圈处于平衡状态，这时$M=M'$，所以转动力矩M也和指针偏转角度α成正比了。对于同一个仪表来说，N、B、S都是不变的，上式表示通过线圈的电流正比于偏转角α，因此可以用指针偏转角α的大小来反映被测量的大小。

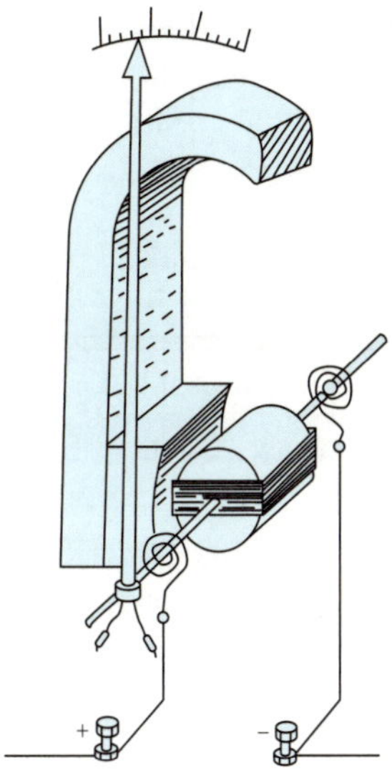

图1 磁电系仪表结构图

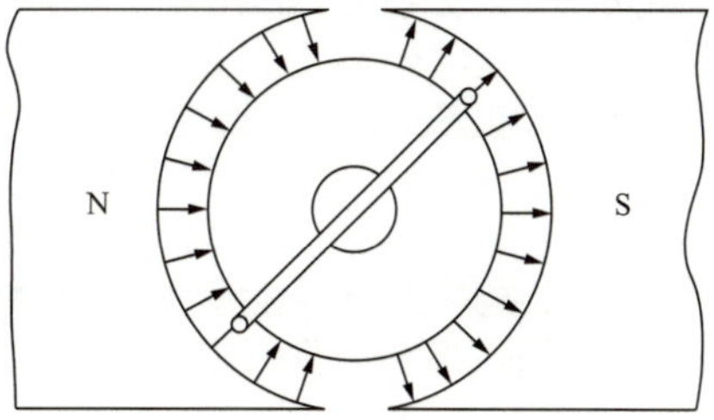

图2 磁电系仪表中磁力线分布图

电磁系仪表 利用载流线圈产生的磁场，使固定在线圈内转轴上的铁片运动，导致指针偏转的仪表。它分为排斥式、吸引式和排斥-吸引式三种。①排斥式。利用载流线圈产生的磁场同时磁化平行放置的动铁片（固定在转轴上）和静铁片（固定在支架上），由于两铁片在同一方向的磁性相同而互相排斥，使动铁片带动转轴转动，当力矩与固定在转轴上的游丝产生的反力矩相等时，指针固定的位置即指出待测电参量的数值。结构图见图3。②吸引式。动铁片放在线圈的一端，线圈通电后产生的磁场使动铁片带动轴转动，指针可指示出待测电参量的数值。结构图见图4。③排斥-吸引式。结构与排斥式相似，但线圈内有两个动铁片固定在轴上，且位置互成180°，两个静铁片固定在支架上，这四个铁片组成两对（排斥对和吸引对）铁片组。这种仪表可以减小外界磁场对仪表的影响，提高测量精度。

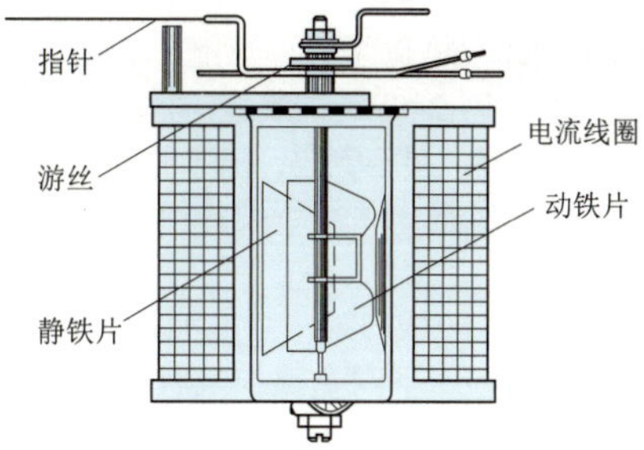

图3 排斥式仪表结构图

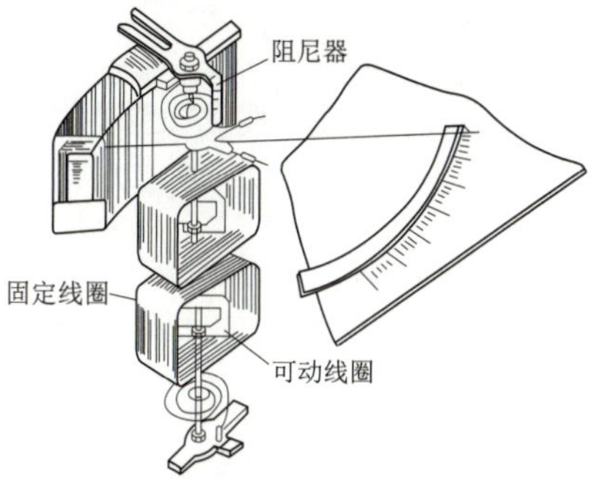

图4 吸引式仪表结构图

电磁系仪表除可以测量稳值电流外，还可直接测量交变电流的电参量，如电流、电压等。其缺点在于刻度是非线性的。

电动系仪表 利用固定线圈对放置在其中的可以转动的载流线圈的磁相互作用，使运动线圈带动轴转动的仪表。当电磁矩与游丝产生的反力矩相等时，动线圈不再转动，即指示待测电参量的数值。这种仪表受外界磁场的影响较大，因此线圈常需放置在磁屏蔽罩内。可采取两组共轴的可动线圈及固定线圈组成仪表，当两组线圈的磁场方向相反时，就可减少外界磁场的影响，而无须设置磁屏蔽罩。结构图见图5。这种电表测量电流一般为毫安级。它的刻度也是非线性的。

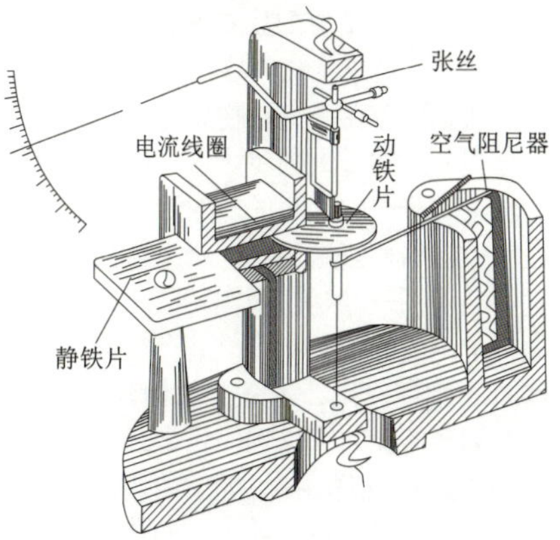

图5 电动系仪表结构图

数字显示仪表 这种仪器精度高、抗干扰能力强、测量速度快。用它可以测出电流小到10^{-17}安，电压小到10^{-8}伏的信号。在检测小信号时，它具有很高的输入阻抗。A/D转换器常用计数型和积分型。计数型A/D转换器由时钟脉冲控制解码网络的输出电压，将这电压与输入电压比较，二者相等时就停止计数，因此所计的脉冲数目与输入电压成正比，而将模拟量转换为数字量。积分型A/D转换器的原理是用积分器把输入电压变成随时间线性增大的电压，再把这电压按比例变换成时间间隔，然后把时间间隔转换成数字量。数码显示器显示的数都是十进制的。数码显示器一般用辉光数码管、荧光数码管、半导体发光管、液晶等。

数字显示仪表的几个单元都使用了脉冲数字电路，属于电子技术范围。

（蒋学良）

电场 electric field 电荷或变化磁场在其周围空间里激发的一种特殊形态的物质。电场基本特性是，对置于其中的静止电荷施以作用力。因此，可引入**电场强度**，即单位正的试探电荷所受到的电场力，来描述一定电荷系统或变化磁场周围的电场分布。电场是电作用的媒递物。

静止电荷激发的电场称作静电场，又称库仑场，遵从**库仑定律**。根据库仑定律和场强叠加原理可得出静电场的两个基本定理，即**高斯定理**和环路定理。表明静电场是有源无旋场，电荷是电场的源和汇，描述电场的电力线从正电荷发出，终止在负电荷上。变化磁场激发的电场称作感应电场或涡旋电场，遵从高斯定理和**法拉第电磁感应定律**。感应电场是有旋无源场，描述感应电场的电力线是一些无头无尾的闭合曲线。普遍情形的电场是静电场和感应电场的叠加。普遍情形的电场还与磁场相互紧密地联系在一起，变化的电场产生磁场，变化的磁场产生电场，电场和磁场是电磁场统一体中相互依存、相互制约的两个方面，遵从**麦克斯韦方程组**。

认识到存在场这种物质形态，是人类思想观念上的一大进步。这一进步是从电磁现象的研究中缘起的。对于非接触物体之间存在的相互作用力，历来存在两种对立的观点：一种是超距作用观点，认为相隔一定距离的两个物体之间存在着直接的瞬时的相互作用，不需要任何介质传递，也不需要传递时间；另一种是近距作用观点，认为相互作用都需要中间媒介物的传递，并且把这种无处不在的介质称为**以太**。在整个18世纪和19世纪中前期，物理学家大都信奉超距作用观点。但**M.法拉第**从他丰富的电磁现象的实验研究中逐渐形成特有的场观念。他用力线来描述带电体周围和磁体周围的“状态”，并用力线来说明他所观察到的各种电磁现象，认为力线是认识电磁现象必不可少的组成部分，甚至比“产生”和“汇集”力线的源更富有研究的价值。法拉第的场观念得到一些物理学家的重视，特别是**J.C.麦克斯韦**，他用严密的数学表述了法拉第的力线思想，并进一步研究发现了电磁场的新特性，变化的磁场在其周围产生电场，变化的电场在其周围产生磁场，从而建立起电磁场普遍遵从的麦克斯韦方程组，并预言了电磁波以及电磁场的物质性，后被实验所证实。如今“场”作为区别于实物的一种物质存在形式的思想已在物理学家头脑中根深蒂固。场是比实物粒子更基本的一种物质存在，具有更为丰富的内涵，任何实物粒子都有一种与之相对应的场。所谓粒子是对应的场的某种激发，而粒子之间的相互作用来源于场之间的相互作用。

（陈熙谋）

电场强度 electric field intensity 描述电场分布的物理量。简称场强。电场的基本性质是对放于其中的电荷有作用力。把一个试探电荷放在电场中的某一点，试探电荷的电量应充分小，从而对原来的电荷分布和电场的影响可忽略；它的体积也应充分小，以便可用它来确定空间各点的性质。实验发现，静止试探电荷所受的电场力$\boldsymbol{f}$与其电量q_0的比值$\boldsymbol{f}/q_0$是一个与试探电荷无关的量，它反映了电场本身的性质。因此，定义电场中某一点的电场强度为放于该点的静止试探电荷所受的电场力$\boldsymbol{f}$与其电量q_0的比值，即：

$$\boldsymbol{E}=\boldsymbol{f}/q_0$$

电场强度是矢量，方向为正试探电荷的受力方向，大小等于单位试探电荷所受的力。电场强度在国际单位制里的单位是V/m（伏/米），1V/m=1N/C（牛/库）。电场中各点的场强的大小和方向往往各不相同，因而构成矢量场。整个电场强度的空间分布描述了电场分布。（陈熙谋）

电场线 electric field line 用来直观地图示电场分布的虚设有向曲线族。又称电力线。曲线上每一点的切线方向与该点电场方向一致。（陈熙谋）

电池 cell 将化学能、光能、热能、核能等直接转化为电能的装置。有化学电池、太阳能电池、温差电池、核电池等，后三种属物理电池。通常所说的电池指化学电池。

简史 公认的第一个电池是**A.伏打**在1800年利用不同金属与电解液接触所构成的伏打电堆。1859年法国R.L.G.普兰特首次发明实用的铅蓄电池，并于1882年商品化。1865年法国工程师G.勒克朗谢发明采用氯化铵水溶液作为电解质的锌锰电池，并于1888年商品化。1899年瑞典W.荣格发明镉镍碱性蓄电池。1941年法国H.G.安德烈发明锌银碱性蓄电池。20世纪50年代，美国W.S.赫伯特首先开发成功碱性锌锰电池。锂电池的研究始于20世纪50年代，70年代进入实用化。其后电子技术、移动通信事业的进步推动电池产业和技术的高速发展。20世纪80年代金属氢化物镍电池由美国研发成功。1990年日本研究成功锂离子电池。1993年美国研制成功聚合物锂离子电池。

组成 电池由电极、电解质、隔离层和容器四个基本部分组成。电极由参加电化学反应的活性物质和导电材料等组成，是电池的核心部分。电极分为正极（用“+”表示）和负极（用“−”表示）。电解质是酸、碱、盐的水溶液或有机电解质溶液，在电池内部正、负极间担负着传递带电离子的作用，有些电池中电解质还参与电化学反应。隔离层位于电池正、负两极之间，起隔离作用，防止内部发生短路而消耗储存的电能。容器即电池的外壳，起保护和容纳电池组分的作用。有些电池的外壳又是电池的电极。

原理 电池放电时，电子由负极经过外电路流入正极，在电池内部的电解质溶液中，正、负离子分别向两极做定向移动，形成电流（见图）。两个电极上同时发生化学反应，负电极发生氧化反应，正电极发生还原反应。蓄电池充电时，电极上发生放电反应的逆反应，活性物质获得再生，将电能以化学能的形式重新储存起来。

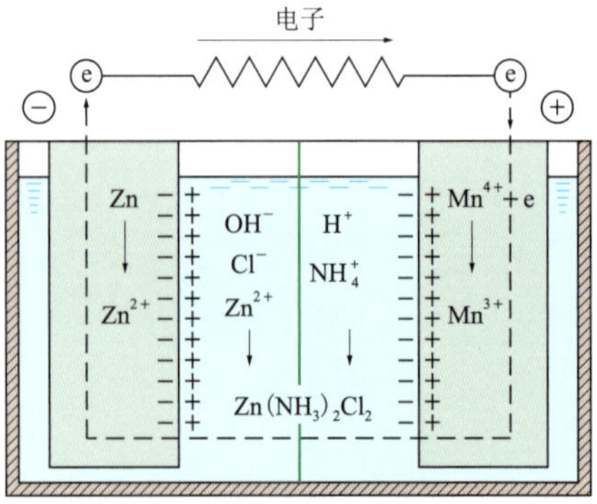

锌-锰电池工作原理示意

分类 电池按其使用性质的不同，可分为原电池、蓄电池、储备电池和燃料电池等几大类。原电池又称一次电池，一旦它的活性物质耗尽，不能通过充电的方式使其恢复使用。电解液不流动的原电池称为干电池。原电池是最常见的民用电池，如锌-锰电池、碱性锌-锰电池、锌-银电池、锂电池等。蓄电池又称二次电池，这类电池可通过充电多次重复使用，如铅酸电池、镉－镍电池、金属氢化物镍电池、锂离子电池等都是常用的蓄电池。储备电池是为了使电池有较长的储存期，储存时将电池的其他部分与电解质分别储存，使用时再注入电解质溶液进行活化，通常应用于军事等特殊场合。燃料电池利用氢或含氢载体和氧之间的反应产生电能，没有直接燃烧的过程，活性物质从电池外部补充。　（王敬忠　王金良）

电磁波　electromagnetic wave　电磁场的一种运动形态。它以变化的电场和磁场相互作用、相互依赖而存在，以有限速度（光速）在空间传播。又称无线电波。1864年，J.C.麦克斯韦建立了关于电磁场的方程组，从理论上预言了电磁波的存在，同时提出了光就是电磁波的论断。假定空间的介质是均匀各向同性的，而且是不导电的又不包含电荷和电流等场源，则麦克斯韦方程组中的两个方程可写为：

$$\nabla \times \boldsymbol{E} = -\mu \partial \boldsymbol{H} / \partial t$$

$$\nabla \times \boldsymbol{H} = \varepsilon \partial \boldsymbol{E} / \partial t$$

式中$\boldsymbol{E}$和$\boldsymbol{H}$分别为**电场强度**和**磁场强度**；μ和ε分别为磁导率和介电常数（电容率）；t为时间。上面两式表明，变化的磁场产生电场，而变化的电场又产生磁场，如此不断反复，从数学上可得出电场强度和磁场强度随着时间的推移在空间的变化满足波动方程，即在空间形成电磁波（图1）。

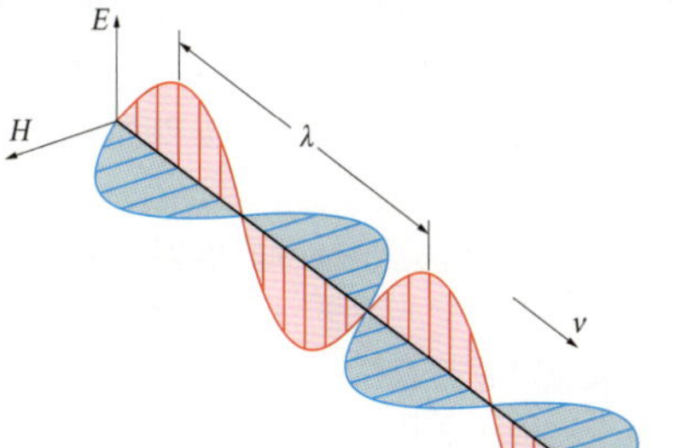

图1　电磁波的传播

在均匀无界的自由空间中，电磁波是一种横波，即电场和磁场位于垂直传播方向的横截面内，而电场、磁场又相互垂直（图1）。电磁波的传播速度为$v=(\mu\varepsilon)^{-1/2}$。真空或近似地在空气中，电磁波的速度$v_0=(\mu_0\varepsilon_0)^{-1/2}$，式中$\mu_0$和$\varepsilon_0$分别为真空磁导率和真空介电常数（真空电容率）。$(\mu_0\varepsilon_0)^{-1/2}$已经作为一个自然常量出现在电磁学的理论和测量中。它的值等于电荷的电磁系单位与静电系单位之比。当时很多物理学家都曾根据电磁测量做过计算：W.E.**韦伯**得3.1074×10^8米/秒；麦克斯韦得2.88×10^8米/秒；**开尔文**得2.82×10^8

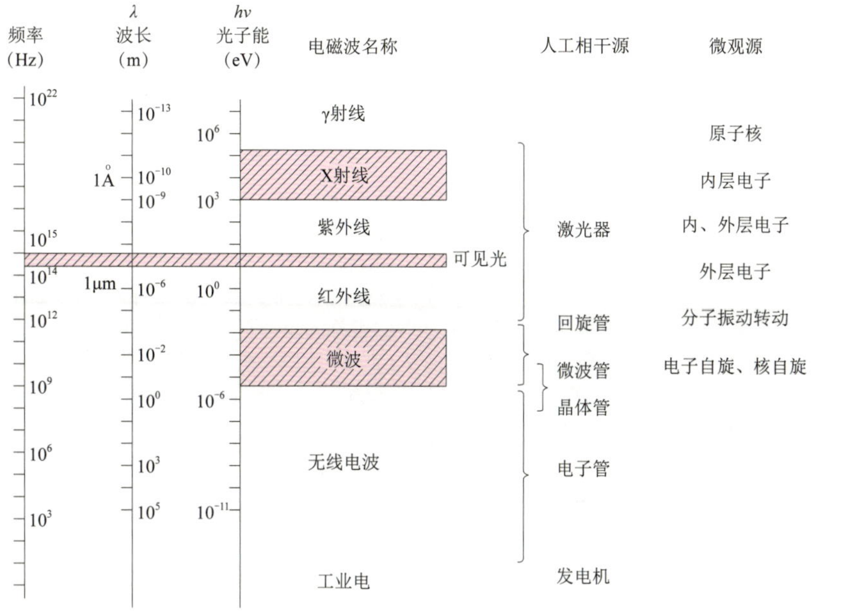

图2　电磁波谱

米/秒。另外，空气中的光速测量也得到若干数据：A.H.L.**斐索**得3.14×10^8米/秒；J.-B.-L.**傅科**得2.98×10^8米/秒等。比较v_0的数值和光速，两者基本一致，偏差在当时的测量误差范围内，因而有理由认为电磁波的速度$v_0=(\mu_0\varepsilon_0)^{-1/2}$恰好等于光速$c$。由于确定$(\mu_0\varepsilon_0)^{-1/2}$的方法和确定光速的方法是独立的，彼此无关，因而两者相等不能看成是偶然现象。麦克斯韦正是根据这一事实，提出了光是电磁波的假说。

1887年，H.R.**赫兹**首先用实验方法证实了电磁波的存在。他用电感和电容充放电的高频振荡，成功产生了电磁波。他的接收器是一个开路的铜导线回路，当接收器开路间跳过微弱的电火花时，就可知检测到了从发射器射来的电磁波。赫兹还用放大尺寸的方法模拟各种光学设备，以便于将电磁波聚焦，确定其偏振方向，使波发生反射和折射，进行干涉、衍射，形成驻波，测量其波长等。他的实验不仅证实了电磁波的存在，而且从实验方面显示了光和电磁波的同一性。

伴随着电磁波的传播有能量的传递，用$\boldsymbol{S}$表示确定方向单位时间内通过单位面积的能量。从麦克斯韦方程组利用能量守恒定律可导出$\boldsymbol{S}=\boldsymbol{E}\times\boldsymbol{H}$，$\boldsymbol{S}$称为能流密度矢量，或**坡印廷矢量**。它表明了能流与电场强度和磁场强度的数量关系，也表明了三者相互垂直的方向关系。不同频率（或波长）范围的电磁波具有不同的物理特性。电磁波的整个频率（或波长）范围称为电磁波谱或频谱（图2）。它的频率范围大致如下：工业电和无线电波为$10\sim10^9$赫；微波为$10^9\sim3\times10^{11}$赫；红外线为$3\times10^{11}\sim4\times10^{14}$赫；可见光为$3.84\times10^{14}\sim7.69\times10^{14}$赫；紫外线为$8\times10^{14}\sim3\times10^{17}$赫；X射线为$3\times10^{17}\sim5\times10^{19}$赫；γ射线为$10^{18}\sim10^{22}$赫以上。

自然界中的电磁辐射覆盖从无线电波到γ射线的整个电磁波谱。就非相干电磁辐射来说，从红外线到γ射线的各种人工光源都已齐备。用人工方法产生整个电磁波谱的相干辐射，是物理学和电子学的主要发展趋势之一。开拓电磁波谱的研究正在推向相干X射线和γ射线。

20世纪以来，电磁波的理论和应用不断取得重大成就，包括无线电技术、微波技术及光波导技术，使电磁波成为一类传递信息和能量的重要形式之一，使通信（包括卫星通信、光纤通信）、广播、电视、遥控、遥测、遥感、雷达、无线电导航、制导等得以实现，并成为探索宇宙空间和研究微观世界的重要途径。　（龚中麟）

电磁波的散射　scattering of electromagnetic waves　当**电磁波**与宏观物体或微观电子因电磁相互作用而发生传播方向、强度、频率等改变的现象。当电磁波入射到宏观物体或微观电子上时，引起物体上的诱导电荷和电流，或改变电子运动，从而向各个方向辐射电磁波的过程。以光波为例，它主要和物质（气、液、固）中的电子发生相互作用。因此当光波入射到物体上时，波的电场使物质中的电子加速。这些加速了的电子沿不同方向辐射出电磁波（见**电磁辐射**），结果沿入射波传播方向的辐射将有所减弱，所减弱的能量分布到其他方向上。

电磁波的散射是自然界中重要而普遍的现象之一，并有着广泛的应用。在波长极短的情形下，光的量子性十分显著，这时光的散射又称为光子的散射。波长小于4×10^{-12}米的电磁波的散射称为γ光子散射，它是研究核结构的工具之一。稍长的波长称为X射线的散射，它是研究晶体结构极有力的分析方法。在可见光区内，光的散射产生五彩缤纷的自然景象，如蓝天、红日和白云。有源遥感是通过可见光、红外线和微波的散射数据来确定目标性质的一种新技术。微波的散射是雷达确定目标的方位和距离的主要依据。超短波在对流层中的散射可以用作远距离的通信等。下面说明一些散射的主要特征。

无线电波散射　无线电波是波长较长的电磁波。当无线电波入射到尺寸较波长小得多的障碍物时，即发生散射。如障碍物尺寸比波长大，一部分遭受反射，一部分则绕过此障碍物产生所谓衍射现象。尽管原则上散射场可以根据麦克斯韦方程组及边界条件求得，但只有少数比较简单的情况，如处于均匀各向同性媒质中几何形状比较简单的障碍物（如柱、球、锥、尖劈、狭缝等）的散射才能求出其精确解。近代由于实践的需要，经典散射理论颇受科技界重视，并发展了旋磁介质和旋电介质电动力学，提出许多探讨任意形状障碍物散射的近似方法，如几何衍射法、变分法、微扰法、矩量法、单矩法、有限元法等。新的近似方法还在不断涌现。如E.M.珀塞耳与C.R.彭尼帕克曾把一个任意形状由任意电磁介质构成的障碍物用一个由基本偶极子所组成的粗粒点阵列来代替，使用电子计算机通过迭代法计算，可以求出一个自洽散射解。把这种计算结果和球体的精确解进行比较，可以看到，在$0.5\leqslant 2\pi r/\lambda\leqslant5$的波长范围内两者是一致的。这里$r$是球的半径，$\lambda$是波长。这一方法可以应用于星际粒子对光的散射和吸收。数值计算是一种令人瞩目的处理散射的近似方法。

如果介质是均匀各向同性的，则电磁波的传播不受干扰，也不发生偏转，如果媒质的电磁性质随空间或时间而变化，则波将发生散射。在高层大气中，由大气密度涨落所引起的无线电波的无规漫射，使远距离通信成为可能。根据从入射波吸收能量和稍后发生再辐射相隔时间的长短，可以对散射过程进行分类。

真正的散射基本上是瞬时的过程。如果吸收和再辐射之间有可觉察的时间延迟，则这一过程称为发光。如果延迟为微秒量级，该过程称为荧光。通常称长达几秒的延迟情况为磷光。

拉曼散射　按照入射波和散射频率偏移，瞬时散射过程可做进一步分类。有些散射是弹性的；在这过程中只有相移，没有频移。1928年印度物理学家C.V.拉曼发现了光的非弹性散射过程（见拉曼效应）。即当入射到分子上的是单色光时，在散射光的频谱中，入射线两侧的对称位置上，出现一些新的弱谱线，长波侧的谱线较短波侧的强些。前者称为斯托克斯线，后者称为反斯托克斯线，两者统称拉曼谱线。产生拉曼散射的原因是散射分子的转动能态和振动能态发生变化，结果散射光的频率不同于入射光。这一效应是分析分子结构的有力工具。

广义来讲，光波受到磁性晶体的自旋波、半导体中的等离子体波以及受到诸如“旋子”（超流氦的元激发）的外来激励而引起的非弹性散射，均可称为拉曼散射。

瑞利散射　一种光学现象，属于散射的一种情况。又称分子散射。前提是粒子尺度远小于入射光波长（小于波长的十分之一）。瑞利散射具有如下特点：①散射光强与波长四次方成反比。②粒子前半部和后半部的散射光通量相等，按$(1+\cos\theta^2)$的关系分布。③前向和后向的散射光与入射光偏振状态相同；而垂直方向的散射光为全偏振，即其平行分量（振动方向与观测平面平行的分量，观测平面系由入射光和散射光组成的平面）为零，只存在垂直分量。瑞利散射由英国物理学家瑞利的名字命名。

非线性散射　由于高功率脉冲激光器的问世，出现了许多新的散射现象。这些现象有：①光学倍频。即入射波束中两个光子转换成一个能量加倍的光子。如从红宝石激光器所发出的光子变成频率为原来的两倍的光子。②光学三次谐波。③光学混频。即两束激光相遇后所产生的散射光，其频率为两个入射波的频率之差。④超拉曼效应，散射光的频率是入射光的两倍加上（或减去）$\nu'=E'/h$，其中E'是振动能，h是普朗克常量。这些现象都是在极高功率下所发生的强烈散射作用。这些非线性散射现象可能在无线电物理研究中具有重要意义。

（鲍家善）

电磁波的衍射　electromagnetic wave diffraction　电磁波在传播过程中遇到障碍物或透过小孔时，由于其波动性而不按直线传播的现象。障碍物或孔的线度越小，或波长越大，衍射现象越显著。在光学中处理衍射现象的基本原则是惠更斯-菲涅耳原理。它指出波面上每一点都可看作次级波源，将它们所发射出的子波叠加后就得到向前传播的波，此原理可由麦克斯韦方程组出发从理论上予以说明。

对于以一定频率作正弦振荡的所谓定态电磁波而言，电磁场的任一直角分量ψ满足亥姆霍兹方程：

$$\nabla^2\psi+k^2\psi=0$$

式中波数$k=\omega\sqrt{\mu\varepsilon}$；$\omega$为角频率；$\mu$和$\varepsilon$分别为介质的磁导率和介电常数。在孔或障碍物的线度比波长大得多时，可以忽略电磁场的矢量性，把波场看作一个标量场，用边界上的ψ和$\partial\psi/\partial n$值表示界面内的ψ，这就是标量衍射理论。可用格林公式和格林函数方法将$\psi(x)$和边界上的值联系起来，结果为：

$$\psi(x)=\frac{1}{4\pi}\oint_S\frac{\mathrm{e}^{\mathrm{i}kr}}{r}\boldsymbol{n}\cdot\left[\nabla'\psi+\left(\mathrm{i}k-\frac{1}{r}\right)\frac{\boldsymbol{r}}{r}\psi\right]\mathrm{d}S'$$

式中S为区域V的边界；$\boldsymbol{n}$为面元$\mathrm{d}S'$处指向区域V内的单位法线矢量；$\boldsymbol{r}$为从面元处指向区域V内任一点x处的矢径。上式称为基尔霍夫公式，它是惠更斯-菲涅耳原理的数学表示。曲面S上每一面元$\mathrm{d}S'$都可以看作次波源，$\mathrm{e}^{\mathrm{i}kr}/r$表示由$\mathrm{d}S'$向$V$内$x$点传播的波，波源的强度由$\mathrm{d}S'$处$\psi$和$\partial\psi/\partial n$值确定。为了应用基尔霍夫公式，需要对曲面上$\psi$和$\partial\psi/\partial n$的值做某些近似假定。设无穷大平面衍射屏中部有一小孔，V为屏右边空间，其界面S包括三个部分，即孔面S_0，衍射屏右侧的屏面S_1和无穷大半球面S_2，除了无穷大半球面S_2上$\psi=0$，$\partial\psi/\partial n=0$外，G.R.基尔霍夫提出以下近似：①在平面$S_1$上，$\psi=0$，$\partial\psi/\partial n=0$；②在孔面$S_0$上，$\psi$和$\partial\psi/\partial n$等于原来入射波的值。

在经典光学里，标准的衍射计算都是以基尔霍夫近似为根据，在离衍射屏边缘的距离可以和波长相比拟的那些地方，基尔霍夫近似不适用，这时需要考虑衍射屏材料的影响。其实当波在其传播路径上遇到障碍物时，都有发生这种现象的可能性。此外，当波穿过折射率不均匀的介质时，也会发生类似的效应。在一定条件下，不仅水波、光波能够产生肉眼可见的衍射现象。其他类型的电磁波，如X射线、γ射线、无线电波等也能够发生衍射。由于微观粒子具有波粒二象性，亦即其也具有波动性的一面，因此它们也会表现出衍射现象，这类现象服从量子力学的规律。

（钱尚武）

电磁场边值问题　boundary-value problems of electromagnetic field　由区域内的已知电荷分布、电流分布及其在边界上的状况，通过麦克斯韦方程组求解区域内电磁场的问题。

静电场情形　对于静电场，基本方程归结为静电势的泊松方程：

$$\nabla^2\phi_i=-\frac{\rho_f}{\varepsilon_i}$$

界面条件为：

$$\phi_i=\phi_j$$

$$\varepsilon_i\partial\phi_i/\partial n_i+\varepsilon_j\partial\phi_j/\partial n_j=\alpha_f$$

式中ρ_f为已知的自由电荷体密度；ε_i为第i种电介质的介电常数，即真空介电常数乘以相对介电常数。如区域内无场源ρ_f，上述方程化为拉普拉斯方程。静电场的边值问题就是泊松方程或拉普拉斯方程的边值问题。在边界上，如果是导体面，往往是给定电势的第一类边值问题（狄利克雷问题）或给定其上的总电荷，后者相当于给定边界上的电位移的法向分量的面积分。

静磁场情形　在引入磁矢势后，可得到矢势的矢量式泊松方程。在相应的边界条件下，即可定出矢势的值。

由于电磁场方程是线性的，可将电磁场分解为各种频率的单色（单频率）场的线性叠加，即傅里叶级数或傅里叶积分，从而只需着重研究单色场。

当电磁场随时间变化时，可以通过上述傅里叶级数或积分把电磁场分解为各种频率成分的叠加。对每一种频率成分，仍然可以通过上述静电场和静磁场的求解方法。各种频率的电磁场求出后，通过傅里叶级数或积分叠加起来就得到了总的电磁场。常用的求解方法有分离变量法和格林函数方法等。①分离变量法。即对于某个正交坐标系，在边界形状比较规则的情况下，把偏微分方程分解成常微分方程，从而求出用本征函数展开成无穷级数的解。②格林函数法。即在一定条件下，寻找附加了边界条件的微分算子的反算子的积分核，进而求得积分形式解析解。此外，还有将某些边界条件较复杂的平面标量场转化为边界形状较简单的平面标量场的保角变换法等。

以上这些方法都受边界形状和场域介质的限制，用它们可以求得解析解的电磁场边值问题很有限，在很多情况下需要依靠数值解法。数值解法很多，如差分法、在一定边值条件下求某泛函极值的里兹法，以及由里兹法和伽辽金法发展而来的有限元法等。（梁昆淼）

电磁单位制　electromagnetic unit system
物理量单位制中电磁量单位的集合。在历史上起过重要作用的电磁单位制，主要有绝对静电制、绝对电磁制、高斯制、实用单位制、国际单位制等几种。

基本单位　为了建立一种物理量单位制，首先要选取若干个彼此独立的物理量，把这些量的单位作为基本单位。然后，利用物理学方程从基本单位导出其他各种物理量的单位，称为导出单位。基本单位和导出单位一起构成了一种物理量单位制。

对于一种单位制来说，应有足够数目的基本单位，以保证能从这些基本单位得到所有的导出单位。另一方面，基本单位彼此之间应相互独立，以保证单位制内部的一致性。选择何种物理量单位作为基本单位，由两方面的因素决定。首先，所选的物理量应是在物理学中起基本作用的量。同时，所选物理量的单位应能准确地复现，并便于保存。不同单位制的差别就在于基本单位的选取方法不同。

力学量的基本单位是最重要的，一般选取长度、时间和质量（或力）三种物理量的单位为力学量基本单位，并由此可导出所有的其他力学量单位。但电磁现象在原理上不能归结为力学现象，在单位制中还必须增加一个电磁量基本单位。从这样四个基本单位就可导出所有的电磁量单位。

绝对静电制　简称CGSE制。所选的长度单位为厘米，质量单位为克，时间单位为秒。此单位制中未明确规定电磁量基本单位，但把真空中的电学库仑定律的比例系数取为1。实际上等效于把真空介电常数ε_0取作电磁量基本单位，并把其值定为1。绝对静电制在静电学的发展中起过较大作用。其缺点是此单位制中的不少单位的量值太小或太大，不便于实用。

绝对电磁制　简称CGSM制。其中的力学量单位与CGSE制相同，但规定真空中的磁学库仑定律的比例系数为1，等效于把真空磁导率μ_0取作电磁量基本单位，并把其值规定为1。这种单位制较适用于磁学计算，但其中也有不少单位的量值过大或过小，使用不便。

高斯制　其中的静电量单位均与CGSE制相同，磁学量单位与CGSM制相同。此单位制的优点是静电学和静磁学的公式均较简单，大部分导出单位的量值也较适中，因此这种单位制在物理学中使用得较广泛。缺点是在联系静电量和磁学量的公式中会出现以光速c为因子的比例常数，使公式复杂化。

实用单位制　简称为MKSA制。在工程中使用得最广泛。所选的长度单位为米，质量单位为千克，时间单位为秒，并明确规定了电磁量的基本单位为电流单位安培（A）。这种单位制中绝大部分单位大小适中，便于实用。但采用此单位制时，真空的磁导率及介电常数均为不等于1的常数，因而一些公式显得稍微复杂。

国际单位制　由于实用单位制的明显优点，1954年第10届国际计量大会决定以实用单位制的四个基本单位为基础，再增添热力学温度单位开尔文（K）和发光强度单位坎德拉（cd）两个基本单位，从而构成更广泛的国际实用单位制。此种单位制在1960年的第11届国际计量大会上被正式命名为国际单位制，缩写为SI。在1971年的第14届国际计量大会上又决定在国际单位制中再增添物质的量的单位摩尔作为第七个基本单位。以后的各届国际计量大会对国际单位制中的基本单位的定义又有所修改，使之进一步完善。

国际单位制中的电学量基本单位——安培（电流单位）的定义如下：安培（A）是电流的单位。在真空中，截面积可忽略的两根相距1米的无限长平行圆直导线内通以等量恒定电流时，如导线间相互作用力在每米长度上为2×10^{-7}牛顿，则每根导线中的电流定义为1安培。这样的定义与规定真空磁导率$\mu_0=4\pi\times10^{-7}$亨/米等效。国际单位制现已被广泛接受。《中华人民共和国计量法》中亦已明确规定了在中国采用国际单位制。1984年颁布的《中华人民共和国法定计量单位》即以国际单位制为基础制定。（唐统一）

电磁动量　electromagnetic momentum
电磁场的动量。电磁场不仅有能量还具有动量，它是电磁场物质性的体现。物质之间通过相互作用而使运动发生转移，在转移过程中，遵守两条基本定律——**能量守恒定律和动量守恒定律**，电磁场的动量就是从动量守恒定律得出的。电磁场的动量密度表示为：

$$g=\varepsilon_0\boldsymbol{E}\times\boldsymbol{B}$$

式中$\boldsymbol{E}$为电场强度；$\boldsymbol{B}$为磁感应强度；ε_0为真空介电常数。某一空间区域内的电磁动量等于电磁场的动量密度对该空间区域的体积分：

$$\boldsymbol{G}=\iiint_V \boldsymbol{g}\mathrm{d}^3x=\iiint_V \varepsilon_0\boldsymbol{E}\times\boldsymbol{B}\mathrm{d}^3x$$

电磁场发生变化时电磁场动量亦随之变化。空间某一区域内电磁场动量的变化与带电体系机械动量变化之和等于通过区域边界流入或流出的电磁场动量。因此一般仅有两个运动电荷的体系机械动量不守恒，它们之间的相互作用力也不遵从牛顿第三定律。在这个体系中，除了两个电荷之外，还有它们产生的电磁场。两个电荷相互作用时，这个电磁场也发生变化，这个体系中两个电荷和电磁场三方之间进行动量交换维持动量守恒。电磁场具有动量，电磁波射向物体时会对物体施加一定的压力，称为辐射压力。对于光束说称为**光压**。光压的存在已被实验证实。通常辐射压力是非常小的，但在天体问题中起重要作用，它说明了恒星稳定存在的原因。星云物质在自身引力作用下凝聚收缩到一定程度，其中心温度升高到几百万度以上，引起轻核聚变为较重核的热核反应，产生强大的辐射压力与引力相抗衡。这种辐射压力与引力相平衡的星体就是处于主星序阶段的恒星。此外，辐射压力也是说明彗星尾取向的原因。（陈熙谋）

电磁辐射 electromagnetic radiation 振荡的电荷或电流系统以及任意加速运动的带电粒子向外辐射电磁波的过程。如天线辐射、原子和原子核辐射、电子的回旋辐射和韧致辐射等。根据麦克斯韦电磁理论，变化的磁场同时伴有电场，变化的电场同时伴有磁场，因此在空间某处变化的电荷或电流所产生的电磁扰动将会以电磁波的形式向四周传播出去。

在靠近辐射源的区域，准稳场较强，电场或磁场有不等于零的径向分量，场强随距离的变化依赖于源的分布，且其值随距离的变化正比于$1/r^2$。在远离辐射源的区域，电场和磁场强度均与径矢垂直，且与$1/r$成正比，电磁能量和电磁动量都沿着径矢方向流动，其值与$1/r^2$成正比，这部分交变电磁场称为辐射场。

在真空中，辐射场中单位时间内通过与径矢方向垂直的单位面积上的电磁能量，即能量流密度或**坡印廷矢量**，等于光速c和能量密度的乘积。辐射场中沿径矢方向的电磁动量流密度等于动量密度和c的乘积。由于存在动量流，所以若在辐射场的传播方向上放置一块平板，它将吸收或反射电磁波，从而使辐射场的动量发生变化，动量随时间的变化率就是作用力，这样该平板将受到辐射压力。

在讨论电磁辐射的问题中，主要是要研究辐射场强的分布以及辐射强度的角分布和总辐射功率等。此外，如果辐射场不是简谐场，还必须研究辐射功率随频率的分布，即辐射场的频谱。

经典电磁理论能够完全解决天线的辐射问题。但在其他情况下，经典理论将显示出它的局限性，如根据经典理论，任何在力场中的运动电荷都要辐射电磁能，因此原子中的运动电子将会由于电磁辐射而不断损失能量，这显然与原子的稳定性这个事实相违背。这个矛盾必须应用量子理论来解决。尽管如此，对于运动电荷的辐射以及原子或原子核的辐射，经典电磁理论仍然可以说明它们的某些基本特征，有时还能给出较好的定量结果。此外，根据对应原理，经典电磁理论关于辐射问题的某些结果在量子理论中仍然具有指导意义。（徐在新）

电磁感生透明 electromagnetically induced transparency; EIT **激光**与物质相互作用产生的一种典型量子光学现象。电磁感生透明是激光诱导的原子相干使跃迁通道之间形成量子干涉，导致在某一吸收谱线的很窄光谱范围内产生一个透明窗口，弱光信号在原本不透明的原子介质中透明通过的现象。这个很窄的透明窗口总是伴随着极陡的折射率色散，可用来实现弱光脉冲的群速减慢和可逆存储，在光学量子信息处理方面有重要应用价值。这种现象的实质是两个不同原子跃迁通道之间的量子相消干涉效应，可借助由一束较强耦合光（ω_c）和一束较弱探测光（ω_p）共同驱动的三能级Λ型原子系统（图1）进行解释：耦合光频率被调到基态3到激发态2的共振频率附近，令该激发态发生了动态斯塔克分裂，产生了两个相互关联的缀饰态，于是原本频率位于基态1到激发态2的共振频率附近的探测光感受到了由这个基态到两个不同缀饰态的跃迁通道，这两个通道之间存在着量子相消干涉，使得原本共振吸收的位置出现了透明窗口（图2）。

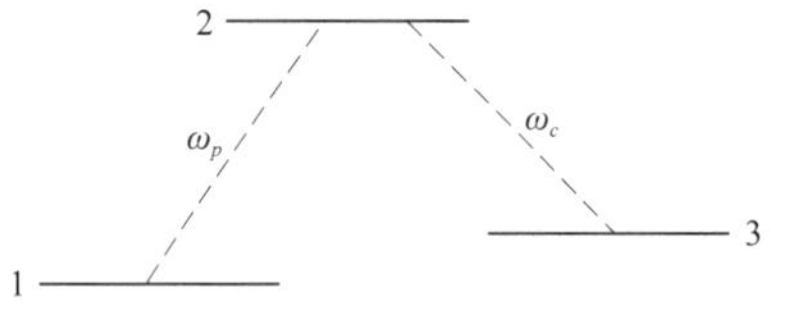

图1 Lambda型三能级原子系统

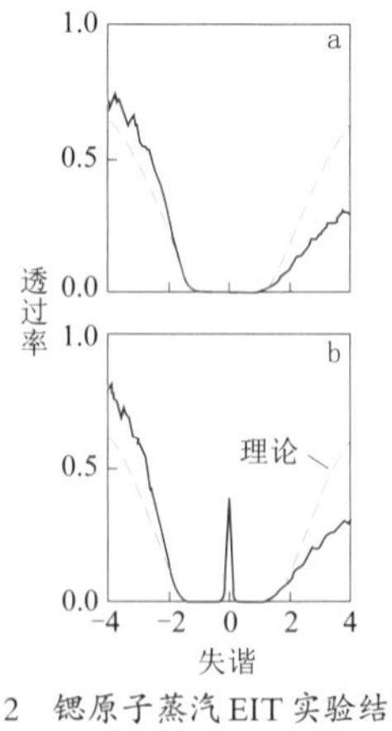

图2 铷原子蒸汽EIT实验结果

当然，EIT并不局限于三能级Λ型原子系统，也可在涉及更多能级的其他类型能级结构中实现，具有不止一个对应陡峭正常色散的透明窗口。与EIT密切相关的一个现象是相干布居囚禁（CPT）：当探测光和耦合光的强度可比且二者满足EIT条件时，原子系统处于由两个低能态相干叠加形成的一个与两个光场解耦（没有吸收和辐射等能量转换过程）的暗态上。

EIT现象从20世纪90年代以来不仅在若干原子系统中观察到，还陆续在分子系统（如氨气等）和固体材料（如掺稀土离子晶体、半导体量子阱、氮空位色心金刚石等）中观察到。（吴金辉）

电磁感应 electromagnetic induction 电磁学的基本现象。表现为穿过任意闭合回路的磁通量发生变化时回路中产生**感应电动势**。回路为导体回路时产生感应电流。1820年H.C.**奥斯特**观察到通电导线扰动磁针的现象，发现了电流的磁效应，启发物理学家们探讨磁是否也能产生电，不少物理学家做实验均未发现。M.**法拉第**凭着他坚持磁能产生电的信念和他精湛的实验技术，以及敏锐捕捉现象的能力，经过十年不懈地努力，在1831年发现了磁产生电的感应现象。随后他又做了一系列的实验，探明了产生感应电流的条件和决定感应电动势的因素。感应电动势按其产生原因的不同，可分为动生电动势和感生电动势：动生电动势是磁场不变、导体在磁场中运动，导体中的自由电荷受到洛伦兹力这一非静电力的作用引起的；而感生电动势是导体不动，磁场随时间变化在其周围激发一种涡旋的感应电场这一非静电力的作用引起的。感应电场是J.C.**麦克斯韦**分析电磁感应现象首先提出来的，变化的磁场激发涡旋电场，它是麦克斯韦后来提出普遍的电磁场理论的基础之一。电磁感应现象是电磁学中最重大的发现，揭示了电与磁相互联系和转化的重要方面，它的发现在科学和技术上具有划时代的意义。电工技术中运用电磁感应原理制造的发电机、感应电动机和变压器等，为充分而方便利用自然界的能源提供了条件；电子技术中广泛采用电感元件来控制电压或电流的分配及发射、接收和传输电磁信号；电磁测量中除许多重要电磁量的测量直接应用电磁感应原理外，一些非电磁量也可用它转换成电磁量来测量，从而发展了多种自动化仪表。（陈熙谋）

电磁级联簇射 electromagnetic cascade shower 高能电子、正电子或光子在物质中断续地，级联地经过多次电磁作用产生大量电子、正电子及光子的现象。基本机制是高能电子（或正电子）在物质的原子核库仑场中通过**韧致辐射**放出光子而损失部分能量，高能光子在原子核电磁场中转化为能量较低的正负电子对。这些产生出来的次级电子、正电子及光子，只要能量足够高，就会继续上述的过程，直到放出的电子、正电子低于临界能量后，它的辐射损失逐渐失去优势，电离损失逐渐占上风，最后终止在介质中。当后代的光子能量低于正负电子对产生阈，光子将通过康普顿散射或者光电效应逐渐被物质吸收。这个现象可被用来作为探测初级电子（或光子）能量的原理（见**电磁量能器**）。

（朱重远）

电磁量能器 electromagnetic calorimeter 用于测量高能γ光子、电子（$e^{\pm}$）等电磁作用粒子的能量，以及鉴别它们和其他种类粒子的主要探测器。又称电磁簇射计数器。高能γ光子和$e^{\pm}$电子在介质中会产生电磁簇射（级联簇射），即高能γ光子产生电子对和高能电子产生轫致辐射的级联过程。电磁量能器记录和测量这些级联过程产生次级粒子的能量沉积，从而得到入射γ光子和$e^{\pm}$的能量。入射γ光子和$e^{\pm}$的方向可通过测量簇射的横向分布重心来确定。

按结构，电磁量能器可分为全吸收型和取样型两种。全吸收型常见的有无机晶体和铅玻璃。较普遍使用的无机晶体有碘化铯、碘化钠、锗酸铋和钨酸铅等，它们具有光产额高、辐射长度（X_0）短等优点。碘化铯晶体的综合指标较理想，因而广泛用于高能物理实验，特别是大型磁谱仪中。它有很好的能量分辨率（对大块晶体，相对于1吉电子伏为2%）。与其配合，多用硅光二极管探测光子。取样型由取样探测器和吸收体两部分交叠而成，又分为气体、液体和固体三种类型。气体型的有多丝室，自猝灭流光室（管）等。液体型的有液氩、液氪电离室等。固体型的常用塑料闪烁体和塑料光纤，多用光电倍增管读出。吸收体广泛使用铅板，也有使用钨板的。图中给出取样型电磁量能器的几个实例。

取样型电磁量能器只能测量部分次级粒子能量沉积，因而能量分辨率不如全吸收型的高，通常在10%～25%（相对于1吉电子伏）。为了减少能量的泄漏，通常选择介质的纵向尺寸$L\approx(\ln E/E_c)\times X_0$。式中$E$为粒子能量；$E_c$为介质临界能量；$X_0$为介质辐射长度。位置分辨率也是电磁量能器的一个主要指标，对于γ光子和π^0介子衰变后产生的两个光子能否分开至关重要。电磁量能器是大型磁谱仪中的一个重要子探测器，提供区分γ光子和正负

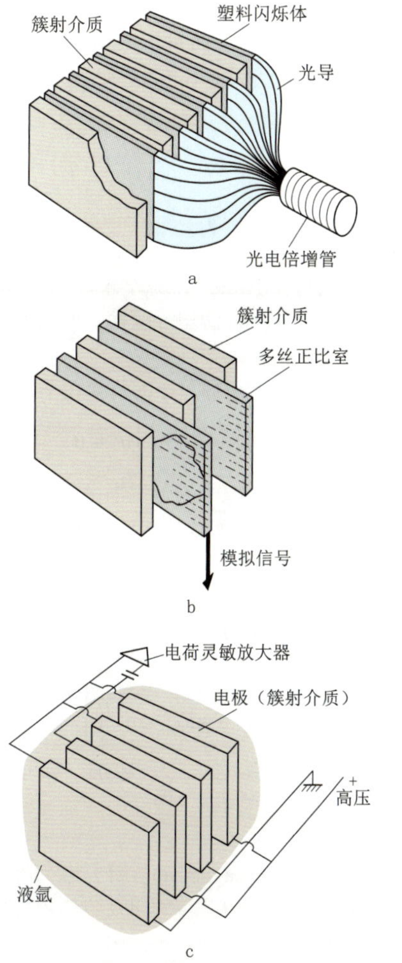

a 塑料闪烁体与吸收体介质夹层型，光电光导引出，光电倍增管读出；b 多丝室与吸收体介质夹层型；c 液氩电离室型，电极板兼做吸收体介质

取样型电磁量能器的几个实例

电子与其他种类粒子的主要手段。

（郑志鹏）

电磁能 electromagnetic energy 电能与磁能的总和，亦即电场的能量和磁场的能量的总和。电磁能的能量密度，即单位体积中的电磁场能量表达式为：

$$u=\frac{1}{2}(\boldsymbol{E}\cdot\boldsymbol{D}+\boldsymbol{H}\cdot\boldsymbol{B})$$

式中$\boldsymbol{D}$、$\boldsymbol{E}$、$\boldsymbol{B}$和$\boldsymbol{H}$分别为所述空间中的电位移、电场强度、磁感应强度和磁场强度，$\boldsymbol{E}\cdot\boldsymbol{D}/2$为电场能量密度，$\boldsymbol{H}\cdot\boldsymbol{B}/2$为磁场能量密度。对于某一个区域$V$，其内的电磁场能量为上述能量密度的体积分，即：

$$U=\iiint_V u\mathrm{d}^3x=\iiint_V\frac{1}{2}(\boldsymbol{E}\cdot\boldsymbol{D}+\boldsymbol{H}\cdot\boldsymbol{H})\mathrm{d}^3x$$

当空间中的电磁场发生变化时，某一区域内的电磁场能量亦随之变化：其中的一部分转化为该区域内其他形式的能量；另一部分则以能流的形式传递到该区域之外。关于电磁能究竟储存在哪里的问题，物理学家们开始认为是储存在电荷系统中；场观念兴起后，认为电磁能储存在电磁场中则是顺理成章的。事实上非恒定的电荷系统运动、变化情形，电磁场可脱离电荷系统而单独存在，此时空间存在着电磁能和能流，并伴随着电磁波传播。电磁能是电磁场物质性的体现。

（陈熙谋　陈晓林）

电磁势 electromagnetic potential 描述电磁场的物理量。包括矢势$\boldsymbol{A}$和标势φ两部分。电磁势与磁感应强度$\boldsymbol{B}$和电场强度$\boldsymbol{E}$之间的关系为：

$$\boldsymbol{B}\equiv\nabla\times\boldsymbol{A}$$

$$\boldsymbol{E}=-\nabla\varphi-\partial\boldsymbol{A}/\partial t$$

将上二式代入麦克斯韦方程组可得出电磁势所满足的一组微分方程，未知量个数和方程个数都会减少，而且电磁势与电荷密度ρ及电流密度j的依赖关系比较简单直接，具有对称性，易于求解。从电磁势和电磁场的关系可看出，作下列变换：

$$\boldsymbol{A}\longrightarrow\boldsymbol{A}'=\boldsymbol{A}+\nabla f$$

$$\varphi\longrightarrow\varphi'=\varphi-\frac{\partial f}{\partial t}$$

$\boldsymbol{E}$和$\boldsymbol{B}$保持不变，式中f为时空坐标的任意标量函数。这表明用矢势和标势描述电磁场是不唯一的，$(\boldsymbol{A},\varphi)$和$(\boldsymbol{A}',\varphi')$描述同一电磁场。上述变换称为规范变换。由于电磁势的这种任意性，为了使基本方程和计算简单，在不同的问题中可采用不同的规范条件来选定$\boldsymbol{A}$和φ，常用的规范条件有库仑规范和洛伦兹规范。量子力学中电磁势与粒子波函数的相位密切有关。带电粒子在磁场被屏蔽数值为零而矢势不为零的空间中运动时，也会受到矢势$\boldsymbol{A}$的作用而改变相位，引起可观察的物理效应，这种现象即所谓**阿哈罗诺夫－玻姆效应**。这表明，在某些情况下，电磁势相对电磁场来说，是更基本的物理量。

（陈熙谋　陈晓林）

电磁衰变 electromagnetic decay 通过电磁相互作用，由一个微观粒子衰变到其他微观粒子的过程。最早观察到的亚原子粒子的电磁衰变现象是原子核的γ跃迁。此过程中原子核由激发态跃迁到较低的能级同时放出一个光子。有一些介子和重子有相当大的电磁衰变概率。如中性的π介子几乎全部通过电磁作用衰变为两个光子或一个光子和一个正负电子对。中性的Σ重子几乎全部衰变为Λ重子和一个光子。由于电磁作用比弱作用强而比强作用弱，电磁衰变的粒子的寿命比只能弱衰变的粒子的寿命短很多，比能强衰变的粒子的寿命长很多。

（戴元本）

电磁相互作用 electromagnetic interaction 带电粒子与电磁场的相互作用以及带电粒子之间通过电磁场传递的相互作用，是自然界的四种基本相互作用之一。电磁相互作用是长程力，可在宏观尺度的距离中起作用而表现为宏观现象。它也是使带正电荷的原子核和带负电荷的电子结合成原子，并进一步结合成分子、固体和其他凝聚态的力。在强相互作用力程（约为10^{-13}厘米）以内直至弱作用的力程（约为10^{-16}厘米）的微观尺度，电磁作用的强度仅次于强相互作用而居于四种相互作用的第二位。在更短的距离处，它的强度与弱相互作用有相同的量级。

宏观的电磁相互作用理论总结在**麦克斯韦方程组**中，早在19世纪已为人们所掌握。微观的电磁作用理论是**量子电动力学**，它是麦克斯韦电磁理论与量子力学原理的结合。量子电动力学中，电磁场是量子化的光子场。光子的质量为零，自旋为$\hbar$（$\hbar=h/2\pi$，h是普朗克常数），能量为$h\nu$，ν是光的频率。带电粒子可发射和吸收光子，它们之间的电磁相互作用通过光子场传递。正反带电粒子对可以湮没而转化为光子，它们也可在电磁场中产生。这个理论中出现一个可代表电磁相互作用强度的无量纲的量$\alpha=e^2/(4\pi\hbar c)$。这里e是电子电荷；c是光速；α称为**精细结构常数**，值约为1/137，是一个很小的量。量子电动力学中各种物理量可按α的幂次作微扰论展开，因此可作精确的计算。量子电动力学的计算结果与一些高度精确的低能实验（如**兰姆移位**）有惊人的符合。也与电子、正电子碰撞等高能量的实验符合。这些结果证明在量子电动力学至少在粒子物理实验已探测到的范围内是正确的。 （戴元本）

电磁形状因子 electromagnetic form factor 描写强子作为复合粒子在参与电磁相互作用时与光子的耦合顶角的两个标量函数。电磁形状因子是光子四动量二次方q^2的函数，通常记作$F_1(q^2)$和$F_2(q^2)$或者$G_E(q^2)$和$G_M(q^2)$。考虑电子核子弹性散射过程$e^-p\to e^-p$，反应通过交换虚光子发生。若核子为没有结构的点粒子，则光子-核子相互作用顶角$ie\Gamma_\mu(q)$形式为：

$$\Gamma_\mu^{\text{point}}(q)=\gamma_\mu$$

但核子为有内部结构的复合粒子，满足对称性要求的最一般的顶角形式为：

$$\Gamma_\mu(q)=F_1(q)\gamma_\mu+\frac{\chi}{2M}F_2(q)\mathrm{i}\sigma_{\mu\nu}q^\nu$$

式中χ为核子的反常磁矩；$F_1(q^2)$为狄拉克形状因子；$F_2(q^2)$为泡利形状因子。形状因子$F_1(q^2)$和$F_2(q^2)$反映了核子的内部结构，它们与核子内部电荷分布与磁矩分布的联系，可以通过引入电形状因子$G_E(q^2)$和磁形状因子$G_M(q^2)$更加清楚地加以说明：

$$G_E(q^2)=F_1(q^2)+\frac{\chi q^2}{4M^2}F_2(q^2)$$

$$G_M(q^2)=F_1(q^2)+\chi F_2(q^2)$$

在所谓布赖顿参考系中，$q^2\to0$的极限下，$G_E(q^2)$和$G_M(q^2)$分别为电荷分布$\rho(\vec{r})$和磁矩分布$\vec{\mu}(\vec{r})$的傅里叶变换，此为电磁形状因子的确切的物理意义。

对于有一定电荷分布的复合粒子，即：

$$\langle r^2\rangle=6\left[\frac{\mathrm{d}G_E(q^2)}{\mathrm{d}q^2}\right]q^2=0$$

它被称作是核子的电磁半径。利用描写$e^-p\to e^-p$弹性散射截面的罗森布拉斯公式：

$$\frac{\mathrm{d}\sigma}{\mathrm{d}\Omega}=\frac{\alpha^2}{4E^2\sin^2\frac{\theta}{2}}\frac{E'}{E}\left[\left(F_1^{\,2}-\frac{\chi^2q^2}{4M^2}F_2^{\,2}\right)\cos^2\frac{\theta}{2}-\frac{q^2}{2M^2}(F_1+\chi F_2)^2\sin^2\frac{\theta}{2}\right]$$

可以测量电磁形状因子，求得质子的电磁半径。 （宋玉坤 周 剑 梁作堂）

电磁学 electromagnetism 研究电荷静止或运动时产生的电磁现象以及物质电磁性质的学科。属于经典物理。电与磁的研究涉及广泛的领域，随着科学技术的发展，某些带有专门知识和技术的内容逐渐分出去，形成专门的学科，如电子学、电工学、电机学、电化学、等离子体物理学、计算机科学、通信技术等。电磁学本身则仅限于电磁现象中较为基本的内容。

发展简史 人类对电和磁的认识可追溯到公元前600年，已有磁石吸铁、磁石指南北和琥珀经摩擦起电能吸引轻小物体的记载。16世纪W.**吉伯**对前人有关磁的研究进行了总结：他发明了第一个验电器，发现更多的物质摩擦后可带电；注意到带电与磁的区别，把它们看成两种无关的独立现象。17世纪O.von **盖利克**发明了摩擦起电机，18世纪电的研究才迅速发展起来。1729年英国的S.格雷发现了导体与绝缘体的区别。1733年法国的C.F.杜费认识到电有两种。1745年荷兰的P.van穆钦布罗克和德国的E.G.von克莱斯特分别独立发明了可储存电的莱顿瓶。1747年B.富兰克林提出电荷守恒，并用正负号表示两种电荷。1767年J.普里斯特利猜测电力与万有引力有相似的规律，都与距离平方成反比，后来分别被C.-A.de **库仑**和H.**卡文迪什**用实验证实，从此电的研究开始进入科学的行列。后来，通过S.-D.泊松等人的工作，发展了静电学的解析理论。18世纪末电学研究的重要进展是A.**伏打**在L.伽伐尼青蛙实验的基础上认清了产生持续电流的原因而发明了电池，为动电的研究提供了条件。进入19世纪，先后发明了一系列动电的应用，如电解、电弧照明、电镀等。最为重要的成就是，1820年H.C.**奥斯特**发现了电流的磁效应，电流引起导线近旁的磁针偏转，结束了电与磁相互割裂开来研究的历史，开拓了电磁学研究的新纪元。紧接着A.-M.**安培**提出磁的本源是电流，他和J.-B.**毕奥**、F.萨伐尔等进而研究稳恒电流与恒磁场相互作用的定律。1826年G.S.欧姆发现物质导电定律，到1848年G.R.**基尔霍夫**澄清了电势差、电动势和电场强度等概念，使欧姆理论与静电概念协调起来，解决了分支电路问题。1831年M.**法拉第**发现了电磁感应现象，可供实用的自激发电机和电能的远距离输送相继发明和实现，为能源的开发和利用开创了崭新前景。电动机的广泛使用，极大地改变了工业生产的面貌。法拉第在对于电磁现象的研究中，逐渐形成了他特有的场观念，这一不朽的思想对物理学的发展起着重大的推动作用。场是物质存在的基本形式。1864年J.C.**麦克斯韦**建立一组电磁场的普遍方程来体现法拉第的场思想，这一组简洁的数学方程（即麦克斯韦方程组）不仅可推论出电磁波，而且把电磁学和光学综合为一体。麦克斯韦电磁理论通过1888年H.R.**赫兹**电磁波实验的证实，开辟了一个全新的电磁波的应用和研究领域。以后电子管和晶体管的发明、通信技术的发展、电子计算机的出现，极大地改变了科学技术、工业生产、人类生活以及社会交往的各个方面。1896年H.A.**洛伦兹**提出“电子论”，将麦克斯韦理论应用到微观领域，并把物质的电磁性质归结为原子中电子的效应。这样可具体说明物质的极化、磁化、导电等现象，物质对光的吸收、散射和色散现象以及光在运动介质中的传播等，把麦克斯韦理论向前推进了一大步。

电磁学的进一步发展导致1905年A.**爱因斯坦**建立狭义相对论，它否定了绝对静止惯性系，确认相对性原理是物理学的基本原理。狭义相对论不仅发展了电磁理论，而且对整个物理学的发展具有划时代的推动作用。

20世纪物理学的发展，在带电粒子与电磁场的相互作用上，使经典电磁理论遇到了困难。经典理论的局限性在于：对带电粒子的描述忽略了其波动性；而对电磁波的描述又忽略了其粒子性。于是在波粒二象性的基础上发展了量子电动力学。

基本内容 主要包括静电场、恒磁场、电磁场、电路、物质的电磁性质和电磁效应。

静电场 研究静止电荷与静电场的相互作用，基本规律有三条：①**库仑定律**。真空中两个静止点电荷q_1和q_2之间作用力的大小与q_1与q_2的乘积成正比，与它们之间距离的平方成反比，作用力的方向沿它们之间的连线，同号电荷相斥，异号电荷相吸，用公式表示为：

$$\boldsymbol{F}_{12}=\frac{1}{4\pi\varepsilon_0}\frac{q_1q_2}{r^3}\boldsymbol{r}_{12}$$

式中$\boldsymbol{r}_{12}$是施力电荷q_1指向受力电荷q_2的径矢，$\varepsilon_0=8.854\,187\,817\times10^{-12}$法/米，称为真空介电常量。②叠加原理。电荷系对某一电荷的作用力等于电荷系中各电荷单独存在时对它的作用力的矢量和。③**电荷守恒定律**。任何物理过程中，体系的电荷代数和保持不变。

电荷之间的相互作用力是通过电荷产生的电场相互作用的，电荷产生的电场用电场强度$\boldsymbol{E}$来描述。根据库仑定律和叠加原理可导出静电场基本性质的两个定理：①**高斯定理**。通过任意闭合面的电通量等于闭合面所包围的电荷代数和除以ε_0，或电场的散度等于电荷密度除以ε_0，即$\nabla\cdot\boldsymbol{E}=\rho/\varepsilon_0$。②环路定理。电场对任意闭合曲线的线积分恒等于零，或电场的旋度恒等于零，即$\nabla\times\boldsymbol{E}=0$。由此，静电场是非旋场，可引入电势概念。

点电荷q在电场中所受的作用力为$\boldsymbol{F}=q\boldsymbol{E}$，点电荷在电场中由$a$点移动到$b$点，电场力所做的功为$A_{ab}=q(u_a-u_b)$，$u_a$和$u_b$分别是$a$、$b$两点的电势。由此可计算任意带电体在电场中受到的力和移动电荷电场力所做的功，从而得知带电体在电场中的运动。

恒磁场 研究稳恒电流与恒磁场的相互作用。电流之间的磁相互作用是通过磁场传递的。磁场用磁感应强度$\boldsymbol{B}$描述。真空中稳恒电流产生的磁场遵从**毕奥-萨伐尔定律**：

$$\boldsymbol{B}=\frac{\mu_0}{4\pi}\int\frac{I\mathrm{d}\boldsymbol{l}\times\boldsymbol{r}}{r^3}$$

式中$I\mathrm{d}\boldsymbol{l}$为电流元，$\boldsymbol{r}$为电流元到场点的径矢，积分遍及整个电流回路，$\mu_0=4\pi\times10^{-7}$亨/米，称为真空磁导率。据此，可导出恒磁场基本性质的两个定理，磁的高斯定理$\nabla\cdot\boldsymbol{B}=0$和安培环路定理$\nabla\times\boldsymbol{B}=\mu_0\boldsymbol{j}$，$\boldsymbol{j}$是电流密度。这表明恒磁场是有旋无源场。

电流元$I\mathrm{d}\boldsymbol{l}$在磁场中所受的力$\mathrm{d}\boldsymbol{F}$满足安培力公式$\mathrm{d}\boldsymbol{F}=I\mathrm{d}\boldsymbol{l}\times\boldsymbol{B}$。速度为$\boldsymbol{v}$的带电粒子$q$在磁场中所受的力满足洛伦兹力公式$\boldsymbol{F}=q\boldsymbol{v}\times\boldsymbol{B}$。同时存在电场和磁场时，运动电荷所受的洛伦兹力为$\boldsymbol{F}=q(\boldsymbol{E}+\boldsymbol{v}\times\boldsymbol{B})$。

物质的电磁性质和电磁效应 物质在电场和磁场中具有特殊的性质，并产生特殊的效应，它们在实际问题中具有广泛的应用价值。

物质按其导电性能的不同可分为两种极端情形：导体和绝缘体（电介质）。导体内存在可运动的自由电荷。当导体的成分和温度均匀时，达到静电平衡的条件是导体内部的电场恒等于零。由此可得导体静电平衡的一些性质，如导体是等势体，电荷只能分布在导体表面，接地导体空腔起**静电屏蔽**作用，两个导体板靠得很近的系统组成电容器并可容纳电荷等。电介质在电场中被极化，介质表面和体内将出现束缚的极化电荷，有介质存在时的电场规律为$\nabla\cdot\boldsymbol{D}=\rho_0$，$\nabla\times\boldsymbol{E}=0$，式中$\boldsymbol{D}$为电位移，$\rho_0$为自由电荷密度。对于各向同性线性介质，$\boldsymbol{D}=\varepsilon\varepsilon_0\boldsymbol{E}$，$\varepsilon$为介质的相对电容率。在两种不同电介质界面上电场强度的切向分量连续，$\boldsymbol{E}_{1\tau}=\boldsymbol{E}_{2\tau}$，电位移的法向分量连续，$\boldsymbol{D}_{1n}=\boldsymbol{D}_{2n}$。

磁介质在磁场中被磁化，介质的表面和体内出现磁化电流。有介质存在时的磁场规律为$\nabla\cdot\boldsymbol{B}=0$，$\nabla\times\boldsymbol{H}=\boldsymbol{j}_0$，式中$\boldsymbol{H}$为磁场强度，$\boldsymbol{j}_0$为传导电流密度。对于各向同性线性磁介质，$\boldsymbol{B}=\mu\mu_0\boldsymbol{H}$，$\mu$为介质的相对磁导率。在两种不同磁介质的分界面上，$\boldsymbol{B}_{1n}=\boldsymbol{B}_{2n}$，$\boldsymbol{H}_{1\tau}=\boldsymbol{H}_{2\tau}$。

物质中的电磁效应是电磁学与物理学其他分支之间联系的纽带，其种类繁多，有许多已成为或正在发展为专门研究领域。可列举如下：电致伸缩、压电效应、逆压电效应、塞贝克效应、**珀耳帖效应**、汤姆孙效应、热敏电阻、光敏电阻、**光生伏打效应**、**霍尔效应**、**磁致伸缩**、**磁声效应**、磁热效应、**磁光效应**、克尔效应等。对于各种电磁效应的研究，有助于了解物质的结构及物质中发生的基本过程；在技术上，它们也是实现能量转换、非电量电测以及控制技术的基础。

电磁场 研究随时间变化的电磁场是电磁学的普遍情形。法拉第电磁感应定律表述为闭合线圈内产生的感应电动势$\mathcal{E}$的大小与穿过线圈的磁通量$\boldsymbol{\Phi}$的变化率成正比，$\mathcal{E}=-\mathrm{d}\Phi/\mathrm{d}t$，式中负号反映感应电动势的方向。磁场变化时产生的感应电动势是由于变化的磁场在其周围产生有旋的感应电场$\boldsymbol{E}_{感}$，它与电荷激发的电场不同，满足$\nabla\times\boldsymbol{E}_{感}=-\partial\boldsymbol{B}/\partial t$。普遍情形下，总电场为两者的矢量和，总电场满足的方程为：

$$\nabla\cdot\boldsymbol{D}=\rho_0 \tag{1}$$

$$\nabla\times\boldsymbol{E}=-\frac{\partial\boldsymbol{B}}{\partial t} \tag{2}$$

变化的电场在其周围也激发有旋的磁场，总磁场为电流激发的磁场与变化电场激发的磁场的矢量和，总磁场满足的方程为：

$$\nabla\cdot\boldsymbol{B}=0 \tag{3}$$

$$\nabla\times\boldsymbol{H}=\boldsymbol{j}_0+\frac{\partial\boldsymbol{D}}{\partial t} \tag{4}$$

式中$\frac{\partial\boldsymbol{D}}{\partial t}$为位移电流密度，主要成分是变化的电场。（1）～（4）式是普遍情形下的麦克斯韦方程组。它同物质的介质方程（$\boldsymbol{D}=\varepsilon\varepsilon_0\boldsymbol{E}$，$\boldsymbol{B}=\mu\mu_0\boldsymbol{H}$，$\boldsymbol{j}=\sigma\boldsymbol{E}$）、洛伦兹力公式以及电荷守恒定律结合起来，可解决各种动力学问题。

根据麦克斯韦方程组可解出变化的电磁场以波的形式传播，电磁波在真空中的波速为$c=1/\sqrt{\varepsilon_0\mu_0}=2.977\,924\,58\times10^8$米/秒，与光在真空中的传播速度相同，说明光是电磁波，从而光学被纳入电磁学的范围。

电磁场具有能量，能量密度$w=\frac{1}{2}(\boldsymbol{D}\cdot\boldsymbol{E}+\boldsymbol{B}\cdot\boldsymbol{H})$。电磁场中存在能流，能流密度为$\boldsymbol{S}=\boldsymbol{E}\times\boldsymbol{H}$。电磁过程遵从能量守恒定律。电磁场还具有动量和动量流，电磁过程还遵从动量守恒定律和角动量守恒定律。

电路 包括直流电路和交流电路。直流电路研究电流稳恒条件下的电路定律和性质。直流电路中除了电源外只有电阻。物质导电的基本定律是**欧姆定律**，电压等于电流乘以电阻，微分形式是$\boldsymbol{j}=\sigma\boldsymbol{E}$，$\sigma$是物质的电导率。直流电路定律是基尔霍夫方程组，本质上是电荷守恒定律和环路定理的重新表述。

交流电路中除了电阻之外还有电感和电容。电源电动势和电路电流随时间变化，引起空间电场和磁场变化，存在电磁感应和位移电流引起的电磁波。当交流电频率远小于10^8赫时，电压概念仍然有效，电路的基本定律仍为基尔霍夫方程组。电路中电流与电压之间存在相位差，从而带来一系列直流电路所没有的电路特性，如谐振、滤波、相移、瞬态等，在实际中有广泛的应用。当频率高于10^8赫，电路中电磁波的传播效应不可忽略，原则上应该用麦克斯韦方程组处理。某些特殊情形下，尚可在限定范围内引入横向电压、分布电感和分布电容等概念，使处理简化。

地位和影响 电磁学是经典物理中较为重要的分支，它可描述各种宏观电磁现象。由于电结构是实物物质的基本组成形式，电磁场是物质世界的重要组成部分，电磁作用是物质的基本相互作用之一，电过程是自然界的基本过程，因此电磁学已渗透到物理学的各个领域，成为研究物理过程必不可少的基础。此外，它也是研究化学和生物学基本过程的基础。电与磁同其他运动形式之间的转化方便，传递迅速、准确，便于控制。电磁技术在能源开发输送和使用方面起着重要作用，使人类可更广泛、更有效、更方便地利用一切可利用的能源。电磁技术还在机电控制和自动化，信息的传递和处理，利用各种电磁效应实现非电量的电测方面也具有重要意义。电磁学也是技术科学的重要基础，在科学技术的不断发展中显示其深远影响。

（陈熙谋）

电磁质量 electromagnetic mass 带电粒子由于携带着自场，所表现出的惯性（质量）要比带电粒子原先的惯性（裸质量）更大的现象。一般带电粒子产生的电磁场中，有一部分场隶属于带电粒子，称为带电粒子的自场；而另一部分场是脱离粒子向外辐射的，称为辐射场。辐射场带走能量和动量，使粒子的能量和动量逐渐衰减，这表明粒子的运动受到某种阻碍作用，这种阻碍作用是因辐射引起的，称为辐射阻尼。而隶属于带电粒子的自场也具有能量和动量，当外力作用于带电粒子时，自场与带电粒子一样，其能量和动量也跟随发生变化。由于运动带电粒子与其自场不可分割捆绑在一起，因此当外力作用于带电粒子，外力所做的功和付出的冲量还应包括自场能量和动量的改变，即带电粒子由于携带着自场，表现出的惯性（质量）要比带电粒子原先的惯性（裸质量）更大。其中自场所对应的那部分质量m_{em}称为带电粒子的电磁质量。通常实验所测出的带电粒子质量m应是带电粒子的总质量，是带电粒子的裸质量m_0和电磁质量m_{em}之和：

$$m=m_0+m_{em}$$

带电粒子的电磁质量m_{em}与其固有能U_0相联系。对于电子，当其速度比光速小得多且电荷分布为球对称时，可得$m_{em}=\dfrac{4U_0}{3c^2}$。如果电荷是均匀分布在电子的球面上，可得固有能为$U_0=\dfrac{1}{2}\dfrac{e^2}{4\pi\varepsilon_0 r_0}$，式中$r_0$为电子的半径；如果电荷是均匀分布在电子的球体内，可得$U_0=\dfrac{3}{5}\dfrac{e^2}{4\pi\varepsilon_0 r_0}$。总之对于电子的绝对点模型，$r_0\to 0$，$m_{em}\to\infty$，这就是经典物理著名的发散困难。

曾经有物理学家假设电子的质量完全是电磁的，即裸质量$m_0=0$，由此根据电子质量公式$m=m_{em}=\dfrac{e^2}{4\pi\varepsilon_0 r_0 c^2}$（这里忽略了前面的数值系数）以及实测数据，可得电子的经典半径为：

$$r_0=\frac{e^2}{4\pi\varepsilon_0 mc^2}=2.82\times10^{-15}\text{米}$$

电子的质量完全是电磁的假设并不合理，这将导致电子电荷的不稳定性；得出的数据并不代表电子的真正大小。实际上粒子物理的实验资料表明，电子半径比10^{-18}米还要小。电子的经典半径只是一个由普适常量和电子基本参量所组成的具有长度量纲的量，在一些粒子物理的公式中常作为特征长度出现。

辐射阻尼力可通过能量守恒关系从带电粒子的能量辐射率导出，得$\boldsymbol{F}=\dfrac{e^2}{6\pi\varepsilon_0 c^3}\dot{\boldsymbol{a}}$。一般辐射阻尼力比带电粒子所受的外力要小得多。按照经典理论，辐射阻尼是原子发射光谱具有自然宽度的机制。原子辐射过程是带电粒子（电子）在其平衡位置附近发生谐振动的过程，电子受弹性力和辐射阻尼力联合作用作微弱的阻尼振动，它所辐射的电磁波也是随时间作衰减振动。由于辐射的电磁波不是时间上无限等幅延续的，因此它就不是严格的单色波，包含着一定范围的频率成分，谱线的频率宽度$\Delta\omega=\dfrac{e^2\omega_0^2}{6\pi\varepsilon_0 mc^3}$，它所对应的波长间隔为：

$$\Delta\lambda=\frac{e^2}{3\varepsilon_0 mc^2}=1.18\times10^{-14}\text{米}$$

经典理论导出的谱线自然宽度仅由一些基本常量做定，即它是一个常量，对各种原子的辐射都相同，这与实际的情形不符。按照量子理论，谱线的自然宽度是原子处于能级具有一定寿命的结果。

（陈熙谋）

电磁子激发 electromagnon 在微波或太赫兹频段电磁波的电场或磁场分量激励下，具有磁电耦合效应的固体介质中局域磁矩与电偶极矩同步运动而形成的一种耦合激发态。电磁子激发是磁电耦合体系中一种重要的物理效应。这一效应意味着，单一的外加电场或磁场可以同时激发电荷和磁性的响应，之间的媒介就是电磁子。

在多铁性体系（$TbMnO_3$、$DyMnO_3$）中首次观测到这种电磁子激发态。在这类体系中，自旋在空间呈现螺旋序排列。这一螺旋自旋序借助自旋-轨道耦合机制，诱发电偶极矩并形成宏观铁电极化。因此交变的外加电场通过改变铁电极化的大小和方向，反过来驱动自旋链发生集体振动甚至螺旋自旋序波矢反转。

实际探测时，当一束偏振的太赫兹波穿过样品，如果样品是磁有序的，则探测到的太赫兹波偏振态就会发生转动。此时如果对样品施加电场，翻转自旋螺旋序的波矢，则输出的太赫兹偏振态会发生额外的转动，从而表明电磁子激发。

（刘俊明）

电磁阻尼 electromagnetic damping 电路或导体因在磁场中运动而产生的感应电流，受到磁场的作用力表现为阻碍相对运动的现象。常用于制成电磁阻尼器或电磁制动器。在一些普通电磁仪表中，利用线圈的铝制框架的感应电流的阻尼作用使线圈较快地稳定在平衡位置；在精密的灵敏电流计中，电表线圈电路中因感应而产生的阻尼作用可用以控制线圈的运动状态；在千瓦时计（即电度表）中，利用制动磁铁在铝盘中引起涡流产生阻尼作用以稳定转动线圈的转速。由于电磁阻尼阻碍相对运动，因此在另外的情形可表现为电磁驱动。例如在感应电动机中通过交变电流产生旋转磁场，转子导体在旋转磁场中产生涡流，受磁场作用阻碍相对运动，从而跟随磁场旋转。这个过程实现电能转变为动能，但转子导体转速略小于磁场转速。在磁式转速计中也用到相同的原理。

（陈熙谋）

电导 conductance 电阻的倒数。单位为西门子。电导是金属及合金的重要属性之一。研究金属及合金的电导就是研究在不同温度范围内的电导率同温度的关系，研究杂质、缺陷、合金成分、压力、形变及磁场等因素对电导率的影响等。对这些问题的研究有助于揭示电导的微观机理，对了解材料中发生的物理过程、材料的性质，以及对探索具有一定电导性能的新型固体材料具有指导意义。

（陈熙谋）

电动势 electromotive force 表征电源性能的特征量。它是用电源非静电力做功的能力来反映电源性能的。电源电动势E的定义是将单位正电荷从电源负极通过电源内部移动到正极时，非静电力$\boldsymbol{K}$所做的功，用数学式表示为：

$$E=\int_{-}^{+}\boldsymbol{K}\cdot d\boldsymbol{l}$$

电动势是标量，其国际单位制单位为伏[特]。一般电源电动势是电源本身的性质，与外电路的性质以及电路是否接通都没有关系。电磁感应现象中，非静电力可能出现在整个线圈回路中，闭合回路的感应电动势则为将单位正电荷绕闭合回路一周非静电力所做的功，表示为：

$$E=\oint \boldsymbol{K}\cdot \mathrm{d}\boldsymbol{l}$$

（陈熙谋）

电功率 electric power 单位时间内电路中电场推动电流所做的功。设直流电路两端的电压为U，流过该段电路的恒定电流为I，则单位时间内电场力推动电流所做的功为$P=UI$，其国际单位制中的单位为瓦［特］。

电流在某段电路中做了功，意味着这段电路中有电能转化为其他形式的能量。如果这段电路中有电动机，则有电能转化为机械能。如果这段电路中有正在充电的蓄电池或正在工作的电解槽，则有电能转化为化学能。如果这段电路是电阻，则电能转化为损耗的热。

交流电的电功率为瞬时电压和瞬时电流的乘积。它随时间周期性变化，交流电瞬时电功率在一个周期内的平均值称为交流电功率，表示为：

$$\bar{P}=\frac{1}{T}\int_0^T ui\mathrm{d}t$$

计算结果为：

$$\bar{P}=UI\cos\varphi$$

式中U为交变电压的有效值；I为交变电流的有效值；φ为电压与电流的相位差；$\cos\varphi$称为功率因数。功率因数是影响电力设备能力充分发挥及功耗大小的重要因素，提高功率因数是实际应用中关心的重要问题。（陈熙谋）

电光效应 electro-optic effect 外加电场引起介质的光学性质发生变化的效应。1875年J.克尔发现，某些各向同性的透明液体介质放在强电场中时（电场方向与光传播方向垂直）会产生双折射现象。效应正比于外加电场强度的二次方，弛豫时间很短（10^{-10}s）。后来人们又发现，各向异性的介质中有的也会产生这种效应，称这种效应为克尔效应（或二次电光效应）。

1893年F.泡克耳斯发现，某些单轴晶体在强电场中会变成双轴晶体，沿原来光轴方向传播的光会产生双折射现象，效应导致的光传播的附加相位差与外加电场强度的一次方成正比，后来称之为泡克耳斯效应（或线性电光效应）。

物质对光信号的响应，归根结底是组成物质的各种电荷对光频电磁波的响应。在光要通过的物质中若外加一个强电场，由于强电场的作用，介质中的束缚电荷分布将会产生明显的变化，影响到介质的微观结构的对称性，也就影响到介质的光学性质，进而影响到光传播的一些参数如强度、偏振态、相位等。通过对外加电场的控制就能够相应改变这些参数，从而实现了光波的调控。

泡克耳斯（线性电光）效应 泡克耳斯效应按照外加电场（或电压）方向分为横向调制，即外电场和光传播方向垂直；以及纵向调制，即外电场和光传播方向一致。

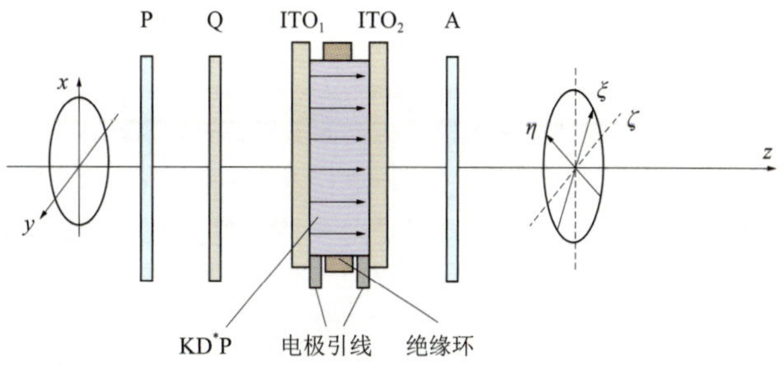

泡克耳斯盒

从技术的角度看，外电场作用下的晶体实质上是一个可变的相位延迟器。图中示意了振幅型纵调制泡克耳斯盒的结构（使用KD*P作为电光晶体），z切割（晶体切割方向与z轴正交）的KD*P晶体两端胶合上透明电极ITO_1、ITO_2，电压通过透明电极加到晶体上。透明电极的膜层材料为锡、铟的氧化物，膜层厚度从几十微米到几百微米，其透明度高，膜层的面电阻小，在通光孔径外镀铬，再镀金或铜即可将电极引出。KD*P调制器前后为一对互相正交的起偏振镜P与检偏振镜（分析镜）A。在KD*P和P之间通常还加相位延迟片Q（即四分之一波片），其快、慢轴方向分别与ξ、η相同。

设电光晶体是与xy平面平行的晶片，沿z方向的厚度为L，在z方向加电压（纵调制），在输入端放一个与x方向平行的起偏振器，入射光波沿z方向传播，且沿x方向偏振，射入晶体后，沿感生主轴ζ方向只能传播一对正交的本征模，分别在ξ、η方向偏振。当不考虑四分之一波片时，光波在ζ方向传播的距离为L，两个本征模的相位差为：

$$\Gamma=\frac{2\pi}{\lambda_0}(n_\eta-n_\xi)L$$

$$=\frac{2\pi}{\lambda_0}n^3\gamma_{63}E_zL$$

$$=\frac{2\pi}{\lambda_0}n^3\gamma_{63}V$$

式中$V=E_zL$为外加电压值。上式表明电光效应生成的相位差与调制晶体的厚度无关，这是纵调制的重要特征。通常把$\Gamma=\pi$时的外加电压称为半波电压，记为V_π，由上式可以得到$V_\pi=\lambda_0/(2n_o^3\gamma_{63})$。输出光波是沿$y$方向的线偏振光，其光强为：

$$I'=\frac{I_0}{2}(1-\cos\Gamma)=I_0\sin^2\left(\frac{\pi V}{2V_\pi}\right)$$

如在电极间加的是交变电压$V=V_m\sin\Omega t$，输出光强将受到外加电压的调制，泡克耳斯盒成为一个电光调制器。

泡克耳斯盒还可成为一个电光开关。当调制电压$V=0$、$T=0$，泡克耳斯盒是关态。实际这时KD*P晶体又恢复成单轴晶体，光波沿光轴传播时它仿佛是一块各向同性介质，对光波的偏振态不起作用，光波通不过正交的偏振镜，$T=0$。当$V=V_\pi$，若不计入介质中的吸收损失和表面的反射损失，可以认为光能量全部通过系统，$T=1$，泡克耳斯盒是开启态。这样一来，若输入一列幅度为V_π的方波，就可以实现光开关的功能。电光开关的响应时间可以达到纳秒的量级，消光比可以做得很高，在激光系统中用作调器件，在其他光电系统中也有广泛的应用。

二次电光效应 二次电光效应又称克尔效应。当存在线性电光效应时，二次电光效应是高一级的效应，一般难以观察到，仅当线性效应不存在时，二次效应才可能占主导地位。在一些具有对称中心的晶体中，线性效应不存在，却明显地呈现出二次电光效应。克尔效应中：

$$n_e-n_o=\frac{1}{2}n^3(s_{12}-s_{11})E^2=K\lambda E^2$$

式中n_o是光波振动方向与外电场方向正交时介质的折射率；n_e是光波振动方向与外电场方向一致（平行）时介质的折射率$K=\frac{n^3(s_{12}-s_{11})}{2\lambda}$是二次光电系数即克尔系数。

克尔效应也可应用到高速光开关和调制器。（张 颖）

电荷 electric charge 不同的非金属经过相互摩擦后具有吸引轻小物体的性质称为带电或荷电，所带的即为电荷。古希腊人发现用木块摩擦过的琥珀能吸引碎草等轻小物体，电一词在西方就是从希腊文ηλεκτρον（琥珀）一词转意得来；中国则是从雷闪现象中引出来的。随着历史的发展，人们认识到电的现象广泛存在于各种自然现象中，摩擦带电吸引轻小物体，夏日里的雷鸣闪电，导体通电发热以及电解析出物质等都属于电现象。电荷只有两种：把用丝绸摩擦过的玻璃棒所带的电荷叫作正电荷，用毛皮摩擦过的硬橡胶棒所带的电荷叫作负电荷。电荷的多少叫作**电量**。

电荷的基本性质是电荷之间存在相互作用力，同性电荷相斥，异性电荷相吸；两个静止点电荷的相互作用力遵从**库仑定律**。电荷之间的相互作用力是通过它们各自激发的电场来传递的。电荷的另一个基本性质是电荷守恒，即一个孤立系统的总电荷数在任何过程中总保持恒定（见**电荷守恒定律**）。近代自然科学研究表明，实物物质的基本结构就是电结构，原子核带正电，电子带负电，原子核和电子组成原子，原子组成分子，各种各样的分子组成自然界的万物。广大物质领域的各种物理化学性质，在很大程度上都取决于电的相互作用。（陈熙谋）

电荷共轭 charge conjugation 一个粒子与它的反粒子互为电荷共轭。见**C宇称**。

电荷交换反应 charge exchange reaction 入射粒子和靶核发生反应时，不交换核子数目，只有电荷发生交换的反应。电荷交换反应的本质是弹核中的质子或中子，分别交换了靶核中相同数目的中子或质子。典型的电荷交换反应是(p,n)反应和(^{3}He,t)反应。

电荷交换反应的截面和原子核的电荷分布半径直接相关。因此电荷交换反应提供一种实验手段来测量原子核的电荷分布半径。（肖志刚）

电荷密度波 charge density wave 固体电子系统的一种新的有序状态。

电荷密度波 电荷密度波一般认为是由固体电子系统**费米面**的拓扑结构对外加扰动势场的不稳定性引起，通常可由系统对外势的密度响应函数体现出来。对于固体电子系统，当存在扰动势场时，其电子密度会发生变化。在线性近似下，电子密度变化和扰动势场在动量空间中满足响应过程的普遍关系：

$$\rho(\boldsymbol{q})=-\chi(\boldsymbol{q})\varphi(\boldsymbol{q})$$

式中$\chi(\boldsymbol{q})$为响应函数。对于能带电子，其一般形式为：

$$\chi(\boldsymbol{q})=\int\frac{\mathrm{d}\boldsymbol{k}}{(2\pi)^d}\frac{f_{k+q}-f_k}{E_k-E_{k+q}}$$

式中f_k为电子的费米分布函数；E_k为电子能带色散关系；d为系统的维度。由上式可知，响应函数的大小与分母E_k-E_{k+q}有关。对于$|q|\leqslant 2k_F$的情形，如果$\boldsymbol{k}+\boldsymbol{q}$和$\boldsymbol{k}$恰好都落在费米面附近，这时上式的分母小，$\chi(\boldsymbol{q})$将具有较大的值。由此可以理解，如果费米面存在嵌套，即一段费米面在移动某个波矢后能够与另外一段费米面重合，则响应函数在该波矢相应的动量处会显著增大。对于一维情形，费米面是在$\pm k_F$的两个点。它们在移动$|\boldsymbol{q}|=2k_F$后完全重合，即存在完整的嵌套，则相应的响应函数会在$|\boldsymbol{q}|=2k_F$处发散。这种发散反映出电子系统强烈的不稳定性，即微弱的扰动可导致系统失稳，进入新的有序态。对于二维甚至三维电子系统，当费米面在部分区域存在嵌套时也同样会导致响应函数在连接相应嵌套部分的波矢处发散或显著增大，导致费米面有不稳定性倾向。

固体中晶格离子的振动（声子）相当于使电子受到一个扰动势场的作用，这被认为是驱动电荷密度波相变的主要原因。电子对此扰动的响应反过来又会屏蔽离子势，使离子间有效相互作用减弱，导致晶格振动频率降低。对于低维系统，响应函数在$|\boldsymbol{q}|=2k_F$的增强或发散会导致波矢为$|\boldsymbol{q}|=2k_F$的声学声子完全软化（称为科恩反常），因而发生结构相变。结构相变形成新的晶格调制，其周期$a'=1/|\boldsymbol{q}|=1/(2k_F)$，对应的新**布里渊区**会折叠原有的能带，导致原来形成嵌套费米面的能带在费米能附近杂化打开能隙，嵌套的费米面会消失。同时伴随有波长为a'的电荷密度调制。如果新的晶格周期与原来的晶格周期之比是整数，通常称为公度的电荷密度波；如果新的晶格周期与原来的晶格周期之比是无理数，通常称为非公度的电荷密度波。

激发模式 单粒子激发谱存在能隙是电荷密度波有序态最重要的特征。由于能隙的打开，电荷密度波系统的一系列物理性质，包括输运、比热、磁性、光学性质等都将会发生改变，从而容易在实验上探测和指认。除了单粒子激发，电荷密度波还存在两种集体激发模式，即相位子激发和振幅子激发。相位子集体激发表现为电荷密度波整体的横向平移运动，而振幅子集体激发表现为电荷密度波整体的纵向振动。对于非公度的电荷密度波，其横向集体运动并不改变电荷密度波的凝聚能，因而理想情况下相位子激发不需要能量。由于电荷密度波本身携带电荷的原因，零能的相位子集体激发应该导致材料出现无电阻的理想导电行为。但实际材料由于有各种缺陷的存在，会将相位子集体激发钉扎在有限能量（通常在微波能量）区间，因而并不出现理想的导电行为。但当施加电场超过钉扎相位子的阈值时，电荷密度波材料会出现显著的非线性电流-电压关系，表现为电阻的急剧下降。这些现象也被称为电荷密度波的滑移。另外，电荷密度波的振幅子集体激发具有能隙（一般在10毫电子伏量级），由于与晶格耦合在一起，其色散关系类似于晶格振动的光频支声子，因而对导电等相关的性质影响较小。（王楠林）

电荷守恒定律 charge conservation law 关于孤立系统的总电荷量在任何过程中都保持不变的定律。**电磁学**的基本定律之一，也是自然界最普遍的规律之一。物理学所有分支都适用。对一孤立系统，如经过某一过程内部产生（或消失）某种符号的电荷，则必定有等量异号的电荷相伴产生（或消失）；或者一个系统经过某一过程内部增加（或减少）某种符号的电荷，则必定有等量的同号电荷流出（或流入）该系统。电荷既不能被创造，也不能被消灭，它们只能从一个物体转移到另一个物体，或者从物体的一部分转移到另一部分。20世纪粒子物理发现正反粒子对的产生和湮没。如一个高能γ光子同原子核相互作用，可产生一个带负电的电子和一个带正电的正电子；相反一个电子和一个正电子可湮没为两个高能γ光子。这些过程中系统的电荷代数总和保持不变，电荷守恒定律仍然成立。按照近代物理的观点，守恒定律与物理规律的一定的对称性联系在一起。电荷守恒定律则是与一种被称为物理规律的规范变换对称性相联系的。（陈熙谋）

电荷转移盐 charge-transfer salt 由富电子组分和强吸电子组分按照某种比例所形成的复合物，又称电荷转移复合物、电子给体-受体复合物。富电子组分称为电子给体D，强吸电子组分称为电子受体A。电荷从电子给体D转移到电子受体A，形成稳定的结构。这种电荷转移所形成的相互作用不同于通常的离子键、共价键、配位键和氢键等，是一种新的化合物结合模式。电荷转移盐可以是有机物，也可以是无机物。

有机电荷转移盐 电子给体和受体是有机分子或基团的电荷转移盐。给体分子和受体分子常排列成各自的分子链，链与链之间的电子迁移率很低，电子运动被限制在各个分子链上。TTF-TCNQ是这类化合物的典型材料：TCNQ是7,7,8,8-四氰基对苯二醌二甲烷；TTF是四硫富瓦烯。在TTF-TCNQ中电子沿着垂直于分子平面的TTF分子链和TCNQ分子链方向运动，它的电导率具有很强的空间各向异性。作为一维有机导体，TTF-TCNQ在一定的条件下会发生佩尔斯相变，并出现科恩反常行为。在TTF-TCNQ的导体-绝缘体转变中，主要起作用的是TCNQ上的电荷密度波。在有机电荷转移盐中，电子的给体和受体也可以是同一个大分子上的不同基团。如聚乙烯咔唑-3,6-二苯邻二酰亚胺，这一聚合物中的咔唑基和苯邻二酰亚胺基，分别是电子给体和受体。在生物高分子中，这种分子内的电荷转移现象十分常见。

无机电荷转移盐　由无机配体和金属组成的电荷转移盐。根据电荷转移的方向，可分为配体到金属型（LMCT）和金属到配体型（MLCT）。当配体具有高能量的孤电子对且金属具有低能量的空轨道时，就会形成LMCT型电荷转移盐，如具有d^6电子构型的八面体复合物$IrBr_6^{3-}$。对MLCT型的电荷转移盐，金属处于一个低的氧化态，且配体拥有低能量的空轨道，其典型例子是$Ru(bipy)_3^{2+}$。

形成机制　关于电荷转移盐的形成有两种理论解释。一个是从价键理论的角度，电荷转移盐处于一个共振杂化态，是电荷转移前的量子态$\varphi_1(D,A)$和电荷转移后的量子态$\varphi_2(D^+,A^-)$之间的共振杂化，可表示为$\varphi=a\varphi_1(D,A)+b\varphi_2(D^+,A^-)$。所以，共振杂化态的性质不是量子态$\varphi_1(D,A)$和$\varphi_2(D^+,A^-)$性质的简单相加。另一个是从分子轨道理论的角度，电子从给体的最高占据轨道转移到受体的最低空轨道上。

光谱特性和导电性　与金属配位化合物中d-d跃迁产生的弱吸收光谱相比，电荷转移跃迁产生的吸收谱带较强，这是电荷转移盐的一个典型特征，如碘和淀粉之间形成的紫红色谱带。这一特性常用于鉴别电荷转移盐的种类，并在发光器件和非线性光学元件中有广泛应用。部分有机电荷转移盐具有好的导电性，甚至在低温下可变成超导体，如$(TMTSF)_2PF_6$（二-四甲基四硒富瓦烯-六氟磷化物）。导电的电荷转移盐具有密度低、机械性能好、易加工等优点，可以制成电发热元件或代替金属导体。　（闫循旺）

电介质　dielectric　主要以极化方式而不是以传导方式传递电作用及其影响的物质。导体和绝缘体是以**电导**的高低区分物质的两种极端情形，半导体居于其间。过去曾认为电介质就是不导电的绝缘体，实际上许多半导体从其传递电的作用及影响来说均属于电介质，甚至在特定条件下，金属薄膜也可看成特殊的电介质。而在一定条件下，一定的半导体和电介质亦可成为导体。因此，物质按电性质的上述分类是相对的，得随具体条件而定。

电介质极化　一般情形下，未经电场作用的电介质宏观上不显电性；在外电场的作用下，电介质被极化，束缚于原子范围的电荷发生位移。描述电介质极化情况的物理量是电极化强度$\boldsymbol{P}$，定义为单位体积内的电偶极矩的矢量和。电场不太强时，各向同性介质的极化强度与该点的**电场强度**$\boldsymbol{E}$成正比：

$$\boldsymbol{P}=\chi_e\varepsilon_0\boldsymbol{E}$$

式中ε_0为真空介电常量；χ_e为极化率。相对介电常量ε_r定义为$\varepsilon_r=1+\chi_e$。χ_e和ε_r是描述电介质极化性能的重要参量。对于各向异性介质，它们是张量。电介质极化后，介质表面和体内非均匀处出现极化电荷，这些极化电荷也激发电场，改变和影响空间的电场分布，并引起电介质的其他性能。

电介质损耗　电场随时间变化时，电介质的极化也随时间变化。如果电场变化比较迅速，极化跟随不及而滞后，称为极化弛豫。在交变电场作用下，介电常量为一复数量$\varepsilon_r=\varepsilon'-i\varepsilon''$，$i=\sqrt{-1}$，$\varepsilon'$为动态介电常量，它不同于静态介电常量，$\varepsilon''$反映电介质内有能量损耗。极化弛豫使介质内电位移与电场强度的相位差为φ，电介质损耗用损耗角$\delta=\pi/2-\varphi$或损耗角的正切$\tan\delta$描述。$\tan\delta=\delta''/\delta'$，称为损耗因数或介电损耗因子。

电介质击穿　电介质在足够强的电场作用下将失去介电性能而成为导体，称为电介质击穿。电介质击穿时的场强称为击穿场强。电介质击穿的因素十分复杂，不仅同材料的物质结构、杂质缺陷有关，还同电极形状、周围条件、表面状况有密切关系。击穿的主要类型有：①电击穿。又称本征击穿，是当电场强度达到一定值时，电介质内部形成由一电极到另一电极的导电沟道，大约在10^{-8}秒的时间内电流骤然增大，电击穿的场强很高，约10^6～10^7伏/厘米。②热击穿。发生在高温情形，电场强度达到一定值时，电介质内产生的热量大于散失的热量而形成导电通道。热击穿过程，在毫秒量级或更长，击穿场强为10^4～10^5伏/厘米，且随温度升高而降低。③化学击穿。强电场作用下电介质的化学成分发生变化，如电解、还原等，使电介质的耐电压强度大大降低。

介电常量、损耗因数和击穿场强是电介质的三个基本参量。用于储能和绝缘的电介质主要考虑介电常量和击穿场强，而用于高频传输系统的电介质则主要考虑介电常量和损耗因数。

特殊电介质　固体电介质除了上述一般情形外，还有一大类特殊电介质。如有的固体中电极化会引起内应力，引起固体形变，称为电致伸缩；有些固体在外界压力的作用下，通过内部的电极化过程使晶体表面出现面电荷，称为压电效应；有些固体电介质在一定的温度之下，即使没有外加电场也具有自发极化。自发极化可被外电场反转的电介质称为铁电体。“铁电”一词是由于最初发现它的极化强度$\boldsymbol{P}$同电场强度$\boldsymbol{E}$之间存在电滞回线，形式上和铁磁体的磁滞回线非常相似而得名。其实铁电体中并不含铁，铁电体具有较大的介电常量。自发极化不能被外电场反转的电介质称为热电体，热电体具有较大的热胀系数，温度改变时引起较大的形变，电极化强度发生显著变化，晶体上面的电荷亦发生显著的变化。驻极体是另一类具有持久极化的固体电介质，强电场中使驻极体缓慢冷却，极化可沿电场方向“冻结”起来，它是一种类似于永磁体的永电体。这些特殊的电介质在实际中有着广泛的特殊的应用。

电介质的研究已有很大发展，新型的具有特殊性能的电介质材料不断被发现和制造出来，电介质的应用已不仅限于绝缘和储能方面，而是涉及换能、热电探测和记录、电光调制、非线性光学、光信息存储和实时处理等广阔领域。　（李从周）

电介质的极化　polarization of dielectric　外电场作用下，**电介质**显示电性的现象。一般情形下，未经电场作用的电介质内部的正负束缚电荷平均说来处处抵消，宏观上并不显示电性。在外电场的作用下，束缚电荷的局部移动导致宏观上显示出电性，在电介质的表面和内部不均匀地方出现电荷，这种现象称为极化，出现的电荷称为极化电荷。这些极化电荷改变原来的电场。充满电介质的电容器比真空电容器的电容大就是由于电介质的极化作用。

电介质的极化机制　①电子极化。在电场作用下原子核与负电子云之间相对位移，它们的等效中心不再重合而分开一定的距离$\boldsymbol{l}$形成电偶极矩$\boldsymbol{p}_e=e\boldsymbol{l}$（$\boldsymbol{l}$由负电中心指向正电中心，$e$是电荷量，见**电偶极子**）。当电场不太强时，电偶极矩$\boldsymbol{p}_e$同有效电场成正比，$\boldsymbol{p}_e=\alpha_e\boldsymbol{E}_{有效}$，式中$\alpha_e$称为电子极化率。②离子极化。又称原子极化。在正负离子组成的物质中异极性离子沿电场向相反方向位移形成电偶极矩$\boldsymbol{p}_a$。$\boldsymbol{p}_a$与有效电场成正比，$\boldsymbol{p}_a=\alpha_a\boldsymbol{E}_{有效}$，$\alpha_a$称为离子极化率。这两种极化都同温度无关。③固有电矩的取向极化。某些电介质分子由于结构上的不对称性而具有固有电矩$\boldsymbol{p}$。在无外电场时，由于热运动，这些分子的取向完全是无规的，电介质在宏观上不显示电性。在外电场的作用下，每个分子的电矩受到电场的力矩作用，趋于同外场平行，即趋于有序化；另一方面热运动使电矩趋于无序化。在一定的温度和一定的外电场下，两者达到平衡。固有电矩的取向极化也可以引入取向极化率α_d描述，当电场强度不太大而温度不太低时，$\alpha_d = \frac{p^2}{3k_B T}$，式中$k_B$为玻尔兹曼常数，$T$为热力学温度。这种极化同温度的关系密切。④界面极化。由于电介质组分的不均匀性及其他不完整性，如杂质、缺陷的存在等，电介质中少量自由电荷停留在俘获中心或介质不均匀的分界面上而不能相互中和，形成空间电荷层，从而改变空间的电场。从效果上相当于增强电介质的介电性能。

电介质的极化是几种极化机制的宏观总效果。

极化弛豫　电介质的极化是一个弛豫过程，从施加电场到达极化平衡需要一定的时间，这个滞后的时间用弛豫时间τ描述。电子极化和离子极化的时间非常短，而固有电矩的取向极化与热平衡性质有关，界面极化与电荷的堆积过程有关，它们则有较长的弛豫时间。极化弛豫现象造成电介质内部电位移$\boldsymbol{D}$和场强$\boldsymbol{E}$具有一定的相位差，是引起电介质损耗的一个原因，研究极化弛豫可获得物质结构的知识。

自发极化　普通的电介质当场强不太大时，$\boldsymbol{P}$同$\boldsymbol{E}$成正比关系，场强回到零时，极化也为零。但也存在一些电介质在一定的温度下，当外电场撤离后仍有一定的极化，称为自发极化。自发极化不能被外电场反转的电介质称为热电体，自发极化可被外电场反转的电介质称为铁电体。在铁电体中极化强度同电场的关系构成电滞回线。电滞回线表明铁电体中存在电畴，它是一些具有正负极性的自发极化区。铁电体中一般包含若干个电畴，相邻电畴的边界称为畴壁。对于单晶体的铁电体只有在足够强的电场下，电畴都沿外电场取向而成为单畴结构。铁电体也存在一临界温度（称为铁电居里点）。当铁电体的温度高于此温度时，铁电性消失，铁电相成为顺电相。

极化灾变　指在某些临界条件下，极化变得很大，此时由极化引起的有效场比晶体中作用在离子上的弹性恢复力增加得更快，导致离子从平衡位置移动的不对称性，引起点阵的畸变，位移型铁电性的出现就与一定温度下点阵对称性的降低有关。极化灾变是引起铁电性的原因。

（李从周）

电介质物理学　physics of dielectrics　主要研究电介质极化的微观机制与极化过程，以及在各种外界条件作用下极化状态的变化和由此引起的物理性能的改变的学科。电介质物理学可能是物理学最古老的分支之一，并且与化学、材料科学和电子工程学有密切的联系。电介质的概念首先源于法拉第，他针对一个由金属导体作电极、绝缘体作电容器填充物的电容器充电放电过程而定义。到了今天，电介质可以覆盖所有物质形态，包括固、气、液、非晶（玻璃）、等离子体等。电介质物理学主要研究电介质内部束缚电荷在外场（传统上只包括电磁，到今天还包括磁场、应力场、光场等）作用下的电极化过程，以及这一过程与电介质内部其他物理自由度（自旋、轨道、晶格声子等自由度）的相互作用与耦合；阐明电极化规律与电介质宏观和微观不同层次结构之间的关系及介电性质的微观机制；进而发展电介质的功能应用。

电介质物理学作为一门科学，其覆盖的研究领域和内涵大致可以由表格来体现。本主题下的所有条目从不同层面和角度构成了电介质物理学的全部内涵。

（刘俊明）

电介质物理学覆盖的研究领域与内涵

研究领域	研究内涵
科学基础	电极化率、弛豫、带电离子、电击穿物理
	基本元激发：极子、激子、极化子、声子
	对称性、序参量耦合、相变、临界现象、电极化现代量子理论
	多铁性共存、铁性序参量耦合、磁电微观机制、磁致铁电性理论、电磁子激发物理
	成键、离子性、晶体场、配位场、电子关联
	反应过程、动力学、输运、能量学、热力学
	界面、中间相、缺陷、畴与畴壁、拓扑结构
性质与功能	多尺度结构表征、力学性能
	晶格动力学、热学性质
	电子结构、电磁输运
	磁性、磁电复合、磁电耦合
	铁电半导体、铁电金属、铁电拓扑量子态
	光学性质、电光效应、光伏效应
	化学性质、电/光催化效应
制备与工艺	沉积：化学气相沉积CVD、等离子体CVD、物理气相沉积、溅射、蒸发沉积、脉冲激光沉积、分子束外延沉积
	生长：热法生长、助熔剂法单晶生长、光学浮区法单晶生长、传统单晶生长、陶瓷烧结、湿化学法生长
	光刻技术：光速/电子束/离子束光刻技术
	刻蚀技术：湿法化学刻蚀、等离子刻蚀、离子束、反应离子束刻蚀等
	分析技术、模块制造技术、监控技术、产率、统计分析
可靠性评估	服役行为、失效模式分析
	性能预测与评估、计算方法
	质量控制
	组装与运输
	微电子学、自旋电子学、光电子学
	腐蚀与钝化
	能源转换与储存

电卡效应　electrocaloric effect　在极性材料中因外电场的改变导致极化状态发生改变，从而产生的绝热温度或等温熵变化的现象。对于极性材料，材料的熵由晶格熵、极化熵和电子熵构成。对于一个系统，其总熵保持不变，并且电子熵很小，可以忽略不计，从而晶格熵变与极化熵变大小相等、符号相反。对极性材料施加电场，材料中的电偶极子从无序变为有序，材料的极化熵减小，晶格熵增加。在绝热条件下，晶格熵的增加使得材料的温度上升。移去电场，材料中的**电偶极子**从有序变为无序，材料的极化熵增加，晶格熵减小。在绝热条件下，熵的减小使得材料的温度降低。在等温条件下材料从外界吸收热量使

能量守恒。这就是电卡效应的制冷原理。

电卡效应直接与极化强度的变化相关，因而强极性的铁电材料能产生较大的电卡效应。对于二级相变的铁电体，其极化强度随温度连续变化，通常用麦克斯韦关系$(\mathrm{d}S/\mathrm{d}E)_T=(\mathrm{d}P/\mathrm{d}T)_E$，式中$S$、$E$、$P$、$T$分别为熵、电场强度、极化强度和温度，来计算铁电材料等温熵和绝热温度随电场强度的变化。对于一级相变铁电体，由于极化强度随温度不连续变化，在相变温度处产生跃变，所以通常用麦克斯韦关系和克劳修斯-克拉珀龙方程$(\Delta S/\Delta E)_T=(\Delta P/\Delta T)_E$来计算。对于弛豫型铁电体，由于遍历性问题的存在，麦克斯韦关系在非遍历性区域不能应用。在其他区域，因电场可以感应出极化强度，其随温度连续变化，可以近似用麦克斯韦关系来计算。

铁电制冷就是利用铁电体的电卡效应来实现制冷效果的。对于一个理想的制冷循环，电场移去时电卡材料能从接触的负载吸收热量（等温熵变），然后电卡材料与负载分开，此时若对电卡材料施加电场，材料的温度将会升高（绝热温变）。将电卡材料与散热片接触，多余的热量将要释放出去，使得电卡材料的温度与室温一致，此时电卡材料与散热片断开，并与负载相接触。移去电场，电卡材料的温度降低，并从负载处吸收热量。重复整个过程，负载的温度会不断降低。这就是电卡制冷机的基本原理。由于在热循环过程中，电卡材料的熵变和温变都起到了作用，两者对热循环都是非常重要的。

（鲁圣国）

电控磁性 electronic control of magnetism 通过施加电场或者电流的方法对材料或器件的磁性（如磁矩的大小或方向、磁各向异性、矫顽场、居里温度等）进行调控。电控磁性在低能耗、高密度磁存储领域有着尤为重要的研究意义和应用价值。

材料组成　电控磁性的研究对象多集中在单相磁电耦合材料和**磁电复合材料**。目前在室温下具有强本征磁电耦合效应的单相材料稀少；大部分磁电复合材料至少包括两个部分：磁性材料（大多为铁磁材料）和介电材料。其中，磁性材料作为磁性的载体，是被调控的对象，并与绝缘介电材料复合以施加足够大的电场。电控磁性研究中常使用的介电材料包括一般介电材料（MgO、Al_2O_3、$SrTiO_3$等）、铁电材料［$BiFeO_3$、$0.7Pb(Mg_{1/3}Nb_{2/3})O_3$-$0.3PbTiO_3$、聚偏氟乙烯等］、电解质材料（LiPON、DEME-TFSI、GdO_x等）。

基本原理　电控磁性的原理和起源多种多样，取决于多个因素，如磁性和介电材料的选择、器件的结构设计、薄膜的厚度、电场或电流的施加方式等。常见的电控磁性基本原理包括以下几种。

①自旋转移矩和自旋轨道矩。电子除了电荷，还具有自旋属性。自旋极化的电流流经磁性材料时，会将自旋角动量转移给磁性材料，改变磁矩方向，被称为自旋转移矩作用。而利用重金属等较强的自旋轨道耦合产生自旋流，并用于调控磁矩方向，则被称为自旋轨道矩作用。

②载流子调控。在“磁性材料/介电材料”构成的异质结中，如果电场的施加方向垂直于界面，由于电荷屏蔽效应，电场的施加将不可避免地改变磁性材料在临近界面屏蔽长度范围内的载流子浓度。众多磁性材料的磁性质大都与载流子浓度相关，因此可以实现以载流子调控为媒介的磁电耦合效应。其具体的电控磁性机理也随磁性材料的不同而有很大的差别。

③轨道调控。轨道杂化和占据对材料的电子结构和磁性有着重要作用和影响，有可能被电场调控。比如，在“磁性/介电”材料界面上，电场的施加将不可避免导致带电离子的位移，改变磁性材料界面处的化学键强度，影响轨道杂化和占据，从而实现电控磁性。

④交换偏置调控。“铁磁/反铁磁”界面常表现出交换偏置效应。通过施加电场改变反铁磁材料的磁性质，从而可以通过交换偏置效应为媒介有效调控相邻的铁磁材料的磁性质（如矫顽场）。

⑤应变调控。由于逆磁致伸缩效应的存在，磁性材料的磁性将随其应变状态的改变而变化。而压电材料（一种特殊的介电材料）由于逆压电效应可在电场影响下发生形变。因此磁性材料与压电材料所组成的复合材料和复合薄膜器件可以表现出一种以应变作为媒介的电控磁性。

⑥电化学效应调控。在电场作用下，离子（氢、氧、金属等离子）在磁性材料中的迁移和嵌入，可引发电化学效应或氧化还原反应，从而对材料磁性产生有效调控。

在很多情况下，具有电控磁性的材料或器件中常共存多种原理，并可能具有竞争或者协作的关系。因此大多数情况下，无法直接通过材料选取和器件结构直接判断电控磁性的起源，而常需要根据实际的磁性表征结果分析获得起主导作用的因素。

（殷月伟　李晓光）

电缆理论 cable theory　描述神经元膜电势沿神经突起轴向传播的理论。神经元的轴突、树突和突触的结构及功能都可等效看成电缆电路，电导率较小的细胞膜构成圆柱状的半绝缘层，包裹着内部易导电的细胞液。电缆模型将三维的神经结构简化为一维轴状结构，对应的电路图如附图所示，细胞内、外轴向的电阻分别为r_i、r_o（单位：Ω · cm），径向的膜电阻为r_m（单位：Ω/cm），膜电容为c_m（单位：F/cm）。

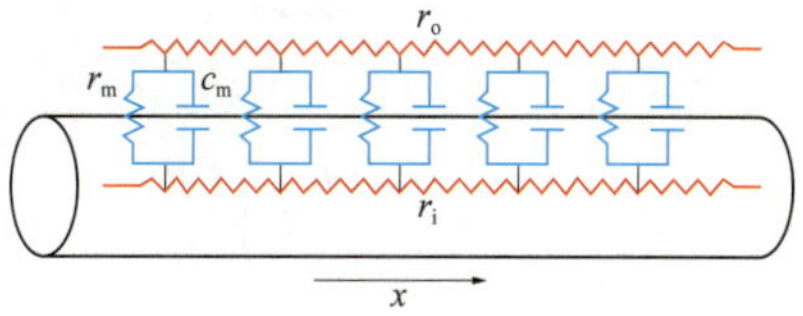

电缆模型对应的电路图

忽略胞外电阻（$r_o\approx0$），假设各处均匀且与膜电势无关，根据基尔霍夫定律，可导出描述膜电势$V(x,t)$（简记为V）变化的一般方程，即电缆方程：

$$\tau\frac{\partial V}{\partial t}=\lambda^2\frac{\partial^2 V}{\partial x^2}-V$$

式中$\lambda=\sqrt{r_m/r_i}$为特征长度系数；而$\tau=r_m c_m$为特征时间常数。求解上面的方程，还需要合适的边界条件。边界条件决定神经电缆的分枝或终结处的膜电势。在神经电缆的分枝处，要满足总电流和流入各分枝的电流之和相等。对于神经突起的终点，一般假设没有电流流入或流出，即取$\partial V/\partial x=0$。对于无限长电缆和在$x=0$处$t=0$时刻施加的幅度为I_0的阶跃电流，可解得：

$$V(x,t)=\frac{r_i I_0\lambda}{4}\left[\mathrm{e}^{-\frac{x}{\lambda}}\mathrm{erfc}\left(\frac{x/\lambda}{2\sqrt{\frac{t}{\tau_m}}}-\sqrt{\frac{t}{\tau_m}}\right)-\mathrm{e}^{-\frac{x}{\lambda}}\mathrm{erfc}\left(\frac{x/\lambda}{2\sqrt{\frac{t}{\tau_m}}}+\sqrt{\frac{t}{\tau_m}}\right)\right]$$

电缆理论最早见于1855年英国物理学家**开尔文**关于电报的理论中，其后在1898年被引入到神经膜的电势传播中，并于20世纪初发展，最终基于电导的神经纤维传导数学理论由英国生理学家和细胞生物学家A.L.霍奇金等科学家完善。

（于玉国）

电离度 degree of ionization　气体中已被电离的粒子数占原气体中粒子总数的百分比。气体中的粒子指电中性的原子或分子。随气体温度升高或其他导致电离的因素出现，一些原子或分子失去轨道电子而形成带正电的离子，称为电离。也有一些原子或分子附着电子而形成带负电的负离子。对多原子分子而言，电离过程经常伴随着分解过程，分子离子和原子离子并存。而除去氢及其同位素以外，所有元素的原子都可能电离多次，失去不止一个轨道电子，称高电离态。

电离度这个概念经常用于电离度小于0.1的弱电离等离子体。此时电离度约等于等离子体中离子数目与中性粒子数目之比，也约等于电子数目与中性粒子数目之比，所以有略微不同的定义。

电离过程的逆过程是离子和电子的复合。在热力学或局部热力学平衡时，电离和复合过程相平衡，电离度将会保持在一个稳定的水平。根据不同的热力学平衡情况，各种带电粒子的数量可分别用细致平衡、日冕模型、萨哈公式等来表示。

（王 龙）

电离室 ionization chamber 利用测量射线通过气体产生的电离信号的效应来探测射线的装置。由处于不同电位的电极之间的工作气体组成。带电粒子或中性粒子（γ射线和中子等）通过阳极和阴极间的气体时，沿其径迹或其次级带电粒子径迹附近的气体分子被激发或电离，产生大量的正离子和自由电子组成的离子对，在极间的电场作用下分别向阴极和阳极漂移运动而被电极所收集。利用收集的信号即可测量射线强度或粒子能量。

电离室是最基本、最简单也是最早出现的测量辐射射线的气体探测器。1911～1912年V.F.赫斯等曾将电离室带到5000米高空发现了宇宙线。1932年J.查德威克发现中子和1939年O.哈恩与L.迈特纳发现核裂变都是用的电离室。这些发现对原子能的和平利用和原子弹的出现起到关键作用。

气体探测器的工作原理是，当探测器受到射线照射时，射线与气体中的分子作用，产生由一个电子和一个正离子组成的离子对。这些离子对向周围区域自由扩散。扩散过程中，电子和正离子可以复合重新形成中性分子。但若在构成气体探测器的收集极和高压极上加直流电压形成电场，则电子和正离子就会分别被拉向正负两极并被收集。随着工作电压逐渐增加，气体探测器的工作状态就会从复合区、饱和区、正比区、有限正比区、盖革区一直变化到连续放电区。电离室就是工作在饱和区。

按输出信号的类型分有电流电离室（或称累计电离室）和脉冲电离室，前者测量多个射线粒子产生的累积电流，后者测量与单个粒子相应的脉冲信号。按电极形式分则有平行板式和圆筒型，分别见图a和图b所示，也有球形和其他形式的。电极间用绝缘体分开并密封于充以一定工作气体的容器内。电流电离室气体多为空气、氩、氮等。脉冲电离室的气体多为氩等惰性气体和少量多原子、分子气体如二氧化碳等。与记录仪器相连的电极称为收集电极。

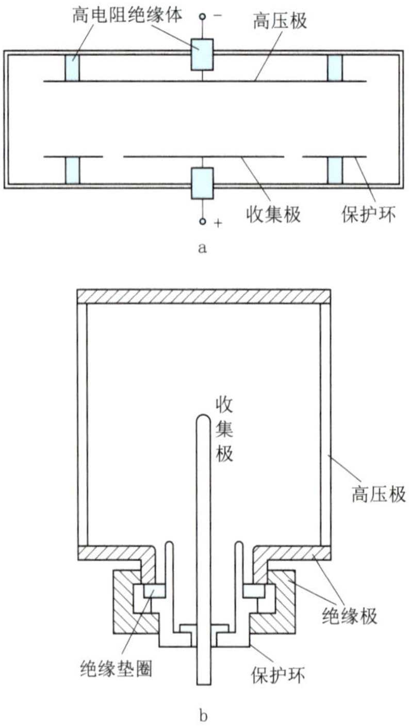

电离室示意图

对于电流电离室，由于其输出的电流一般最小可测到10^{-14}安，因此绝缘体的电阻一般要求大于10^{15}欧。电离电流可准确测量射线的强度。平行板电离室收集电极周围常设置接地的保护环电极（图a），它起到减少收集极漏电流和限定气体灵敏空间的作用，以便精确计算有效灵敏体积。图b所示的圆筒型电流电离室与正比计数管相似，但重要的区别是中心电极用较粗的丝甚至是圆棒状，以便避免丝附近发生雪崩放电。电流电离室广泛用于各种放射性剂量测量和粒子束流检测等。

脉冲电离室是利用电离后的正离子与电子分别向负极和正极快速运动而在电极上形成正负脉冲而工作的。由于单个带电粒子在气体中产生的正离子在电场中的运动速度为厘米/毫秒量级，远小于厘米/微秒量级的电子运动速度，因此收集全部正离子感生的信号需要毫秒量级以上。而收集全部电子感生的信号仅需要微秒量级。虽然正负电荷在电场中的运动都能在电极上感应出信号，脉冲电离室更常用在正极上提取信号，即在作为收集极阳极上选择适当小的负载电阻R，即有小的时间RC常数（C是电极总电容），这样就可得到只收集电子漂移所产生的较窄的微秒级脉冲信号，消除正离子所贡献的长尾部分。另外，20世纪50年代出现的屏栅脉冲电离室，利用在阴阳级间设置屏栅电极而使粒子径迹只在阴极和屏栅极之间，这样利用电子只在栅极与阳极之间区域漂移产生的阳极脉冲信号幅度就不再受粒子径迹位置的影响，从而能够精确地测量粒子能量。脉冲电离室的脉冲信号比正比计数管的小很多，因此对轻粒子的测量已很少采用，但在测量重带电粒子及核裂变碎片等方面仍起到重要作用。

（谢一冈）

电力线 electric force line 用来直观图示电场分布的虚设有向曲线族。曲线上每一点的切线方向与该点电场方向一致。又称电场线。17世纪初，“力线”这一术语已在描述有关磁的现象中提到，但M.法拉第研究电磁现象时形成他独到的力线见解。他用磁力线描述磁铁和电流周围的“状态”，用电力线来描述带电体周围的“状态”，并用力线来说明他所观察到的各种电磁现象。力线也是他用来批判当时居统治地位的超距作用观念的武器。在他看来力线是物质的，充满了整个空间。力线好像橡皮筋，在纵向具有张力，在横向彼此排斥。法拉第的力线思想带有机械论的色彩，但它是场概念的先声。通过J.C.麦克斯韦的研究和发展，法拉第的力线思想升华为比较完善的电磁场理论。现在电力线仅看作描述电场分布的图示法，不仅图示出空间各点的场强的方向，而且其疏密程度也图示了场强的大小。电力线密集的地方场强较大，稀疏的地方场强较小。不仅可用来图示静电场，也可用来图示非恒定时的电场以及辐射场。至今电力线在物理教学和实用工程中仍有广泛的应用。图1、图2、图3、图4是各种情形的电力线分布所显示的电场分布。然而，以一根根分立的电力线描绘电场分布并不

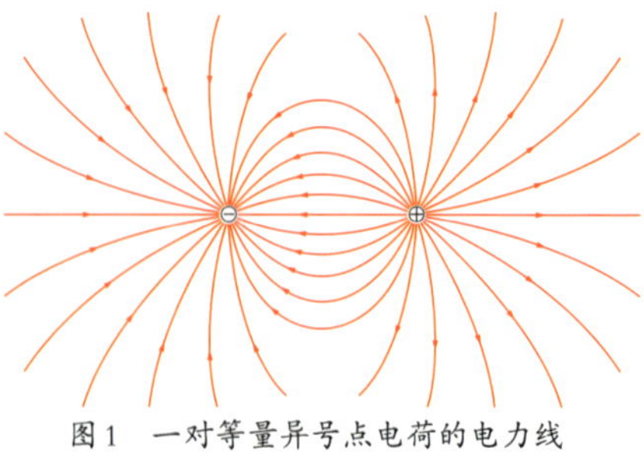
图1 一对等量异号点电荷的电力线

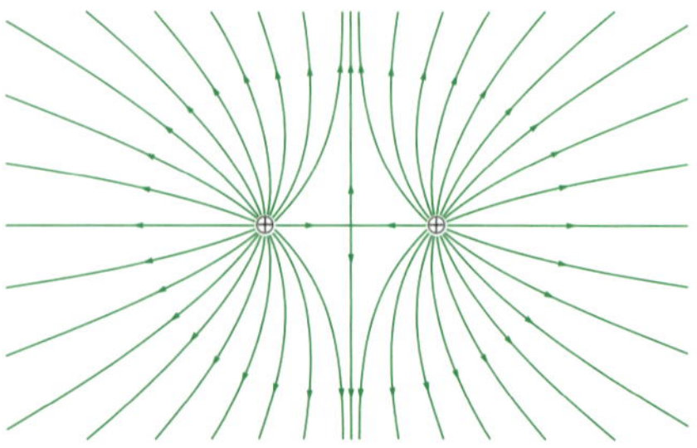
图2 一对等量同号点电荷的电力线

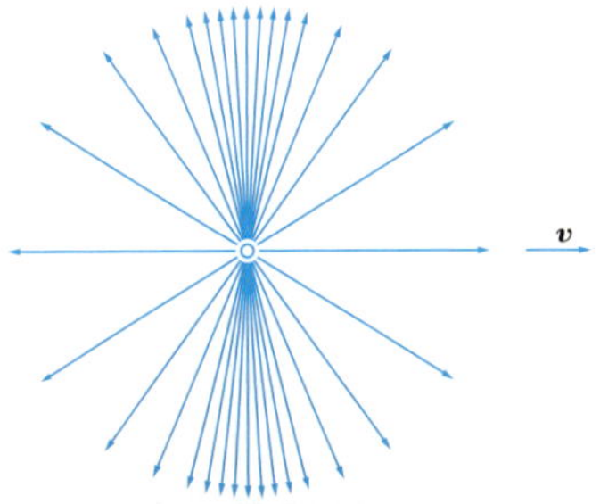

图3 匀速运动带电粒子的电场

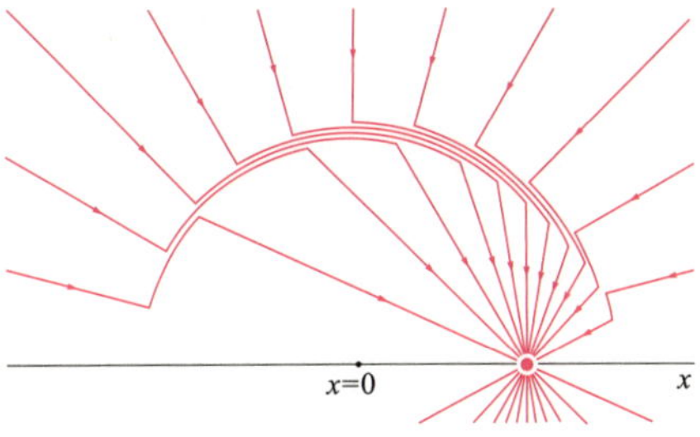

图4 静止在$x=0$处的电荷在$t=0$时刻突然加速，然后匀速运动的电场

能真正反映电场在空间的连续分布，而通过垂直单位截面的电力线数也不能准确反映场强的量值，因此用电力线图示电场只是近似的。 （陈熙谋）

电–力响应理论 electromechanical response 电介质材料应变S随电场E的变化关系，即函数$S(E)$，称作为电介质材料的电–力响应或电–力耦合。由于系统响应的复杂性，这一关系可以展开为电场E的泰勒级数：$S(E)=d\cdot E+Q\cdot E^2+\cdots$，其中随电场激励成线性关系的称作为压电效应，随电场激励成二次方关系的称作为场致伸缩效应。因此，d和Q分别称为压电效应系数和电致伸缩效应系数。

对于极性晶体和非极性晶体，相应的电–力响应存在着不同的机理。极性的压电晶体不仅存在着压电效应，而且存在着场致伸缩效应。非极性晶体没有压电效应，但是存在着场致伸缩效应。 （罗豪甦）

电量 electric quantity 电荷的多少。有时也直接称之为电荷。在国际单位制中电量的计量单位为库仑。质子带正电，一个质子所带的电量等于1.6×10^{-19}库；电子带负电，一个电子所带的电量等于-1.6×10^{-19}库。每个电子所带的电量都是-1.6×10^{-19}库，与每个质子所带的电量在数量上相等，这个数量称为基本电荷，是物理学中的一个基本常量。1911年R.A.**密立根**通过做油滴实验第一次对这个基本常量做了令人信服的直接测量，其现代精确实验值为$e=1.602\,176\,620\,8(98)\times10^{-19}$库。电荷的一个重要特征是量子性。实验表明，任何裸粒子所带的电量都是电子电荷e的整数倍，从来没有观察到任何裸粒子带有e的分数值电荷。为什么裸粒子永远不以e的分数值出现，以及为什么e正好具有这一特定的数值，理论上还没有很好的说明。

（陈熙谋）

电流 electric current 电荷的定向流动。电流可以是由正电荷、负电荷或者正、负电荷同时作有规则的移动而形成。就电荷移动所产生的电磁效应而言，负电荷的移动等效于等量的正电荷沿相反方向的移动。传统规定正电荷流动的方向为电流的方向。

电流的发现 18世纪后期，电的研究逐渐由“静电”转向“动电”。1780年，意大利解剖学教授L.伽伐尼在做青蛙解剖实验中发现，电流通过时，能使蛙腿发生痉挛。在这一重大发现的影响下，1800年意大利物理学教授A.**伏打**用铜片、锌片及浸透盐水的布叠置而组成伏打电堆，第一次获得了稳定而持续的电流。自此电学的研究进入了蓬勃发展的新阶段。此后，电的化学效应、热效应等的研究迅速发展。1820年H.C.**奥斯特**发现电流的磁效应，1831年M.**法拉第**发现电磁感应，这两个伟大的发现则深刻地揭示了电现象与磁现象之间的联系，促成了电磁学研究的飞跃发展，导致了经典电磁场理论的建立。

电流的类型 单位时间内通过导体（或电流流经的区域内）任一截面的电荷量，代表通过该截面的电流强度，又称电流。

电流场和电流密度 当电流在某一区域内流动时，不同地点的电流大小和电流方向各不相同，形成一定的电流分布，叫作电流场。电流场用电流密度描述。电流场中某点的电流密度$\boldsymbol{J}$，其方向即正电荷流动的方向，其量值等于通过垂直于电荷流动方向的面积元$\mathrm{d}\boldsymbol{S}$的电流$\mathrm{d}I$同面积元$\mathrm{d}\boldsymbol{S}$之比。电流场可用电流线来描绘。电流线上每一点的切线方向和该点的电流密度方向相同；而电流场中任一点的电流线数密度则与该点的电流密度的大小成正比。

在电流场中，通过任意曲面S的电流I可用下式表示：

$$I=\int\boldsymbol{J}\cdot\mathrm{d}\boldsymbol{S}=\int J\cos\theta\,\mathrm{d}S$$

式中θ是电流密度$\boldsymbol{J}$与面积元$\mathrm{d}\boldsymbol{S}$的正法线之间的夹角。

不随时间变化的电流场叫作稳恒电流场。在稳恒电流场中，电荷分布不随时间变化，因而电荷所产生的电场是稳恒电场。

传导电流 在电场力作用下，物体内可自由移动的电荷（称作自由电荷）相对于物体作有规则的移动，所形成的电流称作传导电流。金属、石墨、电解液、导电气体等导体中的电流，玻璃、橡胶、油类等绝缘体中的漏电电流，导电能力介于导体和绝缘体之间的半导体中的电流等，都是传导电流。在超导体中，电流一经激发就可持续流动而不再需要外电场维持，一般又称传导电流。

在不同类型的导体中，电荷的携带者（叫作载流子）各不相同。在金属中载流子是带负电的自由电子，自由电子流动的方向与电流的方向相反。在电解液中载流子是溶解在其中的酸、碱、盐等溶质分子离解成的正、负离子。在导电的气体中载流子是气体中的正、负离子和电子。在半导体中载流子是带负电的电子及带正电的空穴。当电流是由带正电的载流子和带负电的载流子沿相反的方向流动而形成时，电流是这两者的贡献之和。

一切电流都产生磁场。如在电磁铁中载电流的导线产生磁场。载电流的导线及运动的电荷在磁场中受到磁力的作用。在电动机中载电流的线圈受到磁力的作用而转动，在磁场中运动的带电粒子受磁力作用而偏转。电流在导体内流动时产生热。在电池或电解槽中电流是和化学变化相伴随的。可以利用电流的磁效应、热效应、化学效应等来检验电流的存在和量度电流。

位移电流 J.C.麦克斯韦提出的一种假设电流。见**位移电流**。 （陈熙谋）

电流崩塌效应 current collapse effect 电流输出能力下降或者输出功率严重压缩的现象。是Ⅲ族氮化物半导体高电子迁移率晶体管特有的一种物理现象。Ⅲ族氮化物半导体高电子迁移率晶体管（HEMT）一般是基于AlGaN/GaN（势垒层/沟道层）异质结构体系制备的。AlGaN/GaN异质结间通过自发和压电极化会诱导出高密度高迁移率的**二维电子气**（2DEG），如图所示。因此Ⅲ族氮化物HEMT器件具有很高的电流输出能力和射频性能，广泛应用于微波功率放大器和电力电子器件。

Ⅲ族氮化物HEMT外延衬底一般包括蓝宝石、碳化硅和硅等。由于Ⅲ族氮化物与外延衬底间存在较大的晶格失配和热失配，Ⅲ族氮化物外延层中一般存在大量的线位错和点缺陷，同时材料表面态也明显高于硅、砷化镓等半导体材料。

Ⅲ族氮化物HEMT属于晶体管结构，

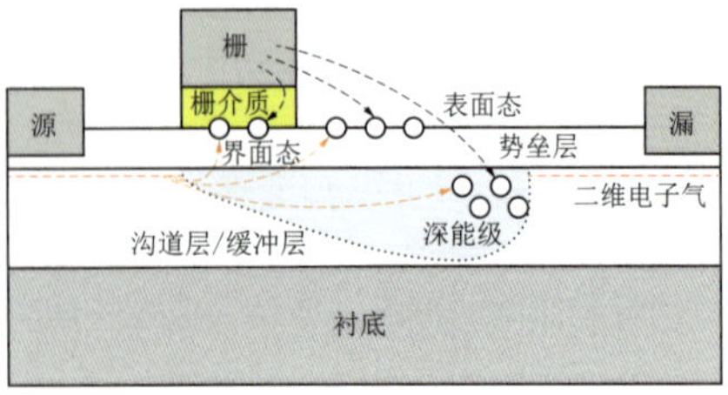

基于Ⅲ族氮化物异质结构外延材料的高电子迁移率晶体管的电流崩塌效应示意图

包含源极、栅极和漏极。它在射频放大和电力电子开关应用中，一般会经历关态、高漏极偏置工作状态。在该状态下构成栅极漏电的电子和从源极注入的电子，在栅漏间高场作用下可能会注入栅介质与势垒层间的界面态，或栅漏间势垒层的表面态，甚至是2DEG沟道下缓冲层的深能级中，如图所示。当HEMT器件回到开态、低漏极偏置工作状态时，由于表/界面态和缓冲层中深能级放电时间常数较长，跟不上器件的高频转换速度，2DEG一直处于被耗尽状态，导致器件的电流输出能力下降，也称电流崩塌。对氮化镓基微波功率放大器，电流崩塌表现为DC-RF频散，输出功率严重压缩；而对电力电子器件，电流崩塌则表现为动态导通电阻急剧增加，动态损耗变大，电能转换效率下降。

（黄　森）

电流-电压特性曲线 current-voltage characteristic curve　电路、电学器件或导电材料中直流电流与电压的关系曲线。电学中各种电学元件的工作特性常使用其在电路中的电流-电压特性曲线来描述。

狭义地讲，电流-电压特性曲线又常被称为伏安特性曲线，它表示的是电路中电流以及此电流通道上电压之间的关系，这时曲线上某点的微分斜率即是相应的电导率。如电阻元件、二极管元件等二端点电学元件性能的描述，见图1的测试示意图。I表示通过电学元件的电流，V表示此电流通路上的电压。但对于含多端点元件的电路，电流-电压特性曲线有更广义的含义，它还可用来表示一对端点的电流与另一对端点对应的电压之间的关系特性。图2中给出CMOS器件为例的三端点元件的不同对端点间电流-电压特性曲线测试示意图，图中电流表测得的是源漏电流，而电压表指示的是栅极电压。

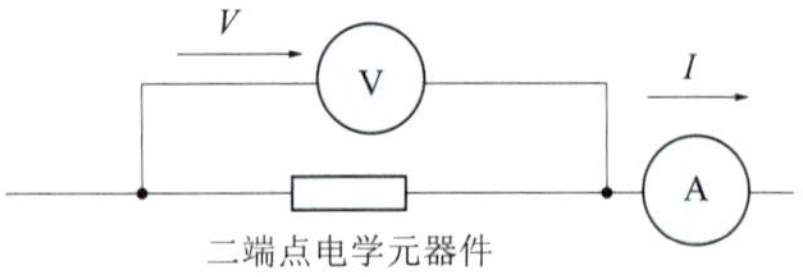

图1　电阻元件电流-电压测试示意图

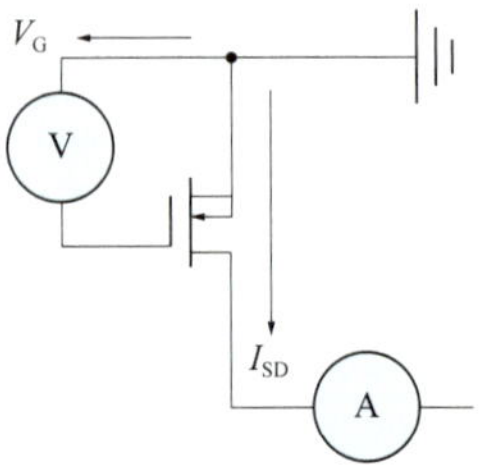

图2　场效应管电流-电压测试示意图

最初的电流-电压特性曲线出现在欧姆定律之中，用来表示导体的电流电压特性（图3），并认为其斜率代表电学元件的电导。然而20世纪初，随着二极管器件的应用，以及随后PN结等半导体电学元件的出现，人们发现其电流-电压曲线不再呈线性关系而是有新的特点（图4）。因此，人们常用电流-电压特性曲线来划分线性与非线性元件：关系曲线为通过原点直线的电学器件称为线性元件；而关系曲线为曲线或不过原点直线的器件被称为非线性元件。

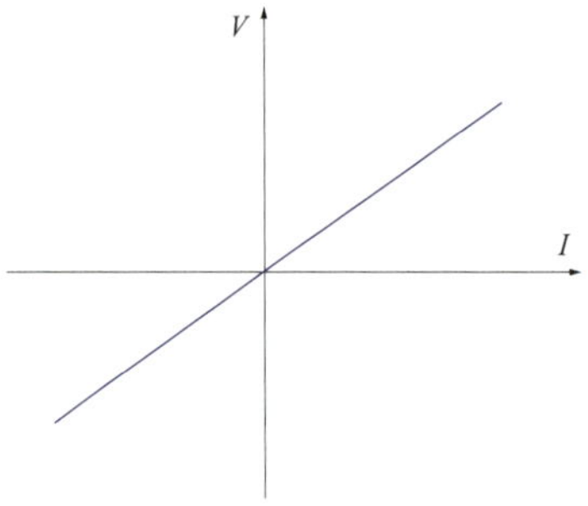

图3　线性元件的电流-电压特性曲线

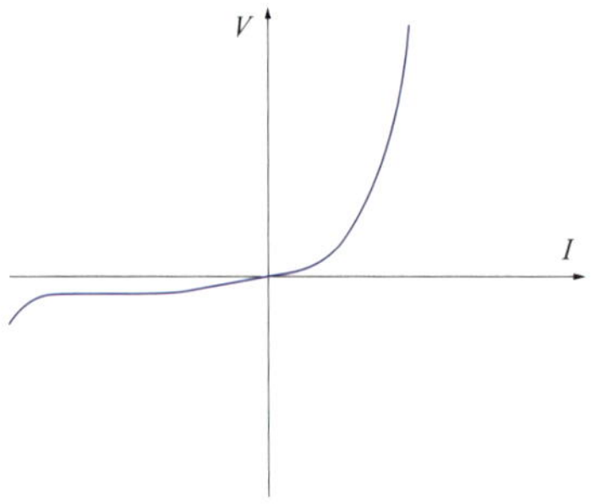

图4　PN结的电流-电压特性曲线

（王开友）

电流计 ammeter　用于测量电流的机械式指示电表。又称安培计。常用的电流计是把磁电系仪表扩大量限改装而成的。通常未经改装的仪表能够测量的电流仅为几十微安至几十毫安。为了测量更大的电流，可用分流电阻分去大部分电流（见图），

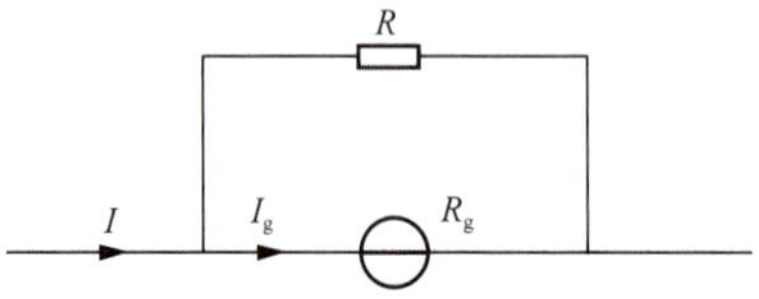

电流计测量大电流的原理示意图

待测电流$I=\frac{R+R_g}{R}I_g$，式中R为分流电阻，R_g为仪表内阻，I_g为通过仪表的电流值。除了磁电系电流计之外，还有电磁系、电动系、热丝系电流计，它们主要供测量交流电流用。

（陈熙谋）

电流连续性方程 continuity equation of electric current　电流场的一个基本性质。它反映电流分布与电荷分布之间存在的普遍关系，其实质就是**电荷守恒定律**，它是电荷守恒的数学表述。按照电荷守恒定律，在电流场中作任意闭合曲面$\boldsymbol{S}$，包围的区域为V，则单位时间内从该曲面$\boldsymbol{S}$流出的电荷为$\oint \boldsymbol{j}\cdot \mathrm{d}\boldsymbol{S}$，等于单位时间内区域$V$中电荷$q$的减少$-\frac{\mathrm{d}q}{\mathrm{d}t}$，用公式表示为：

$$\oint_s \boldsymbol{j}\cdot \mathrm{d}\boldsymbol{S}=-\frac{\mathrm{d}q}{\mathrm{d}t}$$

从公式可以看出，电流线起始于正电荷减少（负电荷增加）的地方，终止于正电荷增加（负电荷减少）的地方；在电荷密度不变的地方，电流线不可能中断（生成）。运用数学中的高斯公式，可获得电流连续性方程的微分形式：

$$\nabla\cdot \boldsymbol{j}=-\frac{\partial \rho}{\partial t}$$

这表示电流场中电流密度的散度等于电荷密度变化率的负值。电流连续性方程在讨论电磁过程中常常要用到，它提供了电磁过程的某个基本关系式。

（陈熙谋）

电流驱动 current drive　环形聚变等离子体电流形成的技术手段和物理过程。在现代主流聚变装置类型**托卡马克**中，环向等离子体电流由欧姆变压器产生。但这与聚变堆的稳态运行相矛盾，所以发展了多种靠外界能量注入的驱动电流方法。此外，从新经典输运理论可知，等离子体的径向压强梯度可以自发产生与现存电流同向的**自举电流**。估计在稳态运行的聚变堆中，要求至少20%的等离子体电流来自外部的注入，余下的80%由自举电流承担。

原则上所有对等离子体进行辅助加热的技术都可以用于电流驱动。这些技术可分为射频波注入和中性粒子束注入两大类。和辅助加热不同的是，驱动环向电流的射频波注入时必须有环向波矢分量，而粒子束必须沿环的切向注入。而所产生的电流可以局域在不同的空间位置，即在轴或近轴，以及离轴。在轴电流适合于控制中心安全因子的大小，离轴电流用于控制电流轮廓和保持等离子体的稳定性。

射频波驱动电流可选择不同频段，均与等离子体中粒子的某种运动模式相耦

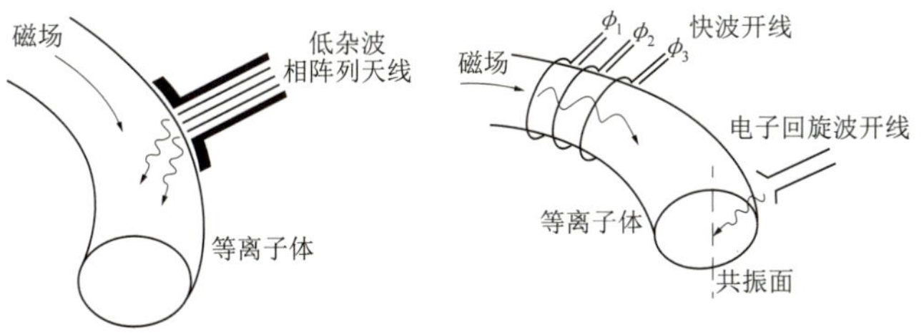

低杂波、快波、电子回旋波驱动等离子体电流原理示意图

合，即共振模式。其设备由波源、传输线或波导、发射天线等部件组成。波入射后，尚经传播、吸收、模式转换等物理过程。几种主要的波驱动设备见图。

射频波驱动电流最成功的范例是低杂波驱动。托卡马克装置中使用的低杂波频率范围在0.8～8吉赫之间，使用波导相阵列天线将波功率在某个环向传播的波之间相耦合，从而在电子运动方向发生波-粒子相互作用驱动电流。低杂波电流驱动效率与平行磁场方向的相速大小有关。当相速远小于电子热速度时，驱动效率与相速成反比，当相速很高时，与相速二次方成正比。一般选择热速度的几倍。低杂波在等离子体边界区域的电流驱动效率非常高，并且在电流驱动的同时会形成大量的超热电子。实验中依靠这些非感应驱动的电流份额的贡献，使托卡马克中的等离子体电流能够维持很长的脉冲放电。但是由于低杂波的传播存在密度极限，波难以传播到内部高密度区。

现发展一种新的射频波驱动电流方案是使用频率为几到几十兆赫、处于离子回旋波段的快波驱动。此时通过形成不对称性的天线电流带的相位，波的功率会耦合到等离子体中。这种不对称性的吸收将形成快波驱动也有很高的驱动效率，并且与电子温度呈线性关系。所驱动的电流剖面形成峰化。这种电流驱动方式可以有效驱动等离子体芯部的种子电流，形成较大份额的自举电流，并且用于控制电流分布。

另一射频波驱动方案是电子回旋波驱动，一般使用频率几十到一百多吉赫、处于电子回旋频率波段的波，用回旋管产生、波导传输；原来多用喇叭天线，后多改用反射镜发射。这种方案的驱动原理是粒子在速度空间的非对称扩散，有很高的局域性，因为可以选择共振面的位置，适合于控制电流轮廓和宏观不稳定性。

另一类驱动电流方法是使用强流中性粒子束，一般为工作气体氢同位素原子束在大环切向注入，通过碰撞电离或电荷交换成为快离子，沿大环方向运动，形成环向快离子电流。这些快离子通过与电子碰撞逐渐慢化。电子沿快离子运动方向漂移，产生方向相反的电子电流。两种电流部分抵消，余下的净电流就是粒子束驱动的电流。入射粒子束能量和等离子体的尺度及密度有关，一般为几十到一百多千电子伏。

（高 翔）

电流源 current source 如果电源的**电动势**很大，内阻也非常大，连接负载后仍有电流输出，这时输出的电流与负载电阻的依赖关系很不明显，可以看成是一个恒流源。实际的电源可以看成是由输出电流的恒流源和内阻并联而成，这样的电源称为电流源。见**电压源**。

电路 electric circuit 由电路元件按一定方式连接成的整体。电路理论中的电路一词和实际电路有区别。实际电路由实际器件或设备组成；电路则是由实际器件的模型组成，所以是实际电路的模型。如变压器、电动机、晶体管是实际器件或设备，而它们的等效电路则是它们的模型。许多情况下，电路又称电网络，但后者通常指较复杂的电路。简单电路有串联电路、并联电路等，复杂的如电力网络。有时，一个词既代表电路，又代表实际电路，如集成电路。电路有多种分类。电力工业中，按所加电源的形式分，有单相电路、三相交流电路和多相电路等。按电路的用途分，有测量电路、控制电路、滤波电路、整流电路、逆变电路等。半导体技术在电工中得到广泛应用以来，电力电子电路成为电路的一个大类。电子电路又可分为模拟电子电路和数字电子电路。前者以电流、电压等物理量作为研究对象，通过它们来反映电路的功能；后者以电路的状态诸如电平的高低作为研究对象，通过它们来反映电路的功能。以电压、电流等量为研究对象的电路还可分为时不变电路和时变电路、线性电路和非线性电路、集总参数电路和分布参数电路、动态电路、正弦交流电路。

时不变电路和时变电路 由时不变电路元件和独立电源组成的电路为时不变电路。时不变元件指特性或参数不随时间而变的元件。反之，含时变元件的电路为时变电路。

线性电路和非线性电路 仅由线性电路元件和独立电源组成的电路为线性电路。线性元件指其输入与输出之间在量值上保持线性关系的元件。不具备线性关系的元件称为非线性元件。非线性电路中至少有一个非线性元件。

集总参数电路和分布参数电路 信号波长远大于电路元件尺寸时，元件就称作集总参数元件。由集总参数元件（如电阻器、电感器等）组成的电路称集总参数电路。如果元件的尺寸与所传输的信号的波长可比拟时，其特性参数需用无限多个连续分布的基本元件参数来表征，这种元件即称为分布参数元件。若电路的参数是分布参数或者电路含分布参数元件，电路称作分布参数电路。传输线是典型的分布参数电路。

动态电路 含有动态元件（如电感器、电容器）的电路。自治电路和非自治电路都属于动态电路。前者指由直流独立电源和时不变元件构成的动态电路；后者为由直流独立电源和时变元件构成的动态电路。

正弦交流电路 一种非自治电路。其中，所有独立电源的波形是同频率的正弦波；其他元件是线性时不变元件；电路的稳态响应的波形也是正弦形；其频率和独立电源的频率相同。当这电路只涉及稳态响应时，则为正弦交流电路。

（陈熙谋）

电能表 electric power meter 测量电能的仪表。对于交流一直使用由感应系机构组成的电能表。20世纪70年代出现了采用模拟和数字电子技术制成的电子式电能表。电能表俗称电度表。因一度电代表的能量为1千瓦·时（kW·h），故又称千瓦时表。由于负载和电源有单相和三相两种，便相应生产单相电能表和三相电能表。

电功率是单位时间内负载消耗或电源输出的能量。为测量电能，要对功率进行随时间的积算。为此，在感应系电能表中采用各种不同原理的积算机构，在电子式电能表中则利用电子计数器积算并显示电能。图1中电压$\dot{U}$加到电磁铁上产生磁通$\dot{\Phi}_U$，电流$\dot{I}$通过电流圈产生磁通$\dot{\Phi}_I$，这

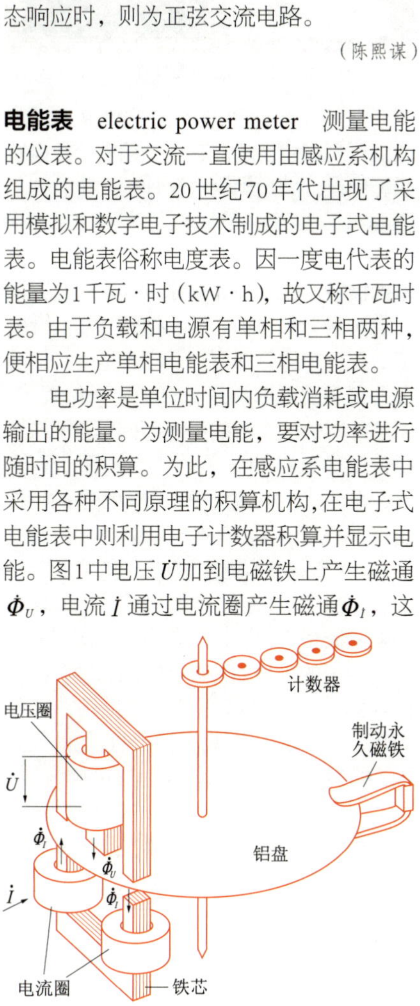

图1 单相感应系电能表原理图

两者都穿过铝圆盘，在其中产生相应的涡流。源于$\dot{\Phi}_U$的涡流与$\dot{\Phi}_I$作用，$\dot{\Phi}_I$引起的涡流则与$\dot{\Phi}_U$作用，它们均形成使铝圆盘转动的力矩。这两力矩的合成力矩，与U和I组成的功率P成比例。为使铝圆盘转速与P成正比，需要一个与速度快慢成比例的反向制动力矩。铝圆盘边缘处加装的永久磁铁，用来提供制动力矩，转动力矩与制动力矩的动平衡决定铝圆盘的转速即电功率P的值。

为获得电能值，必须将电功率P对时间进行积累，计数器即为此目的而设置。它一般显示千瓦时值。

电子式电能表是利用模数转换技术先进行电压与电流的相乘，获得平均电功率后再做积分运算，以求出电能值，并以数字形式显示（图2）。

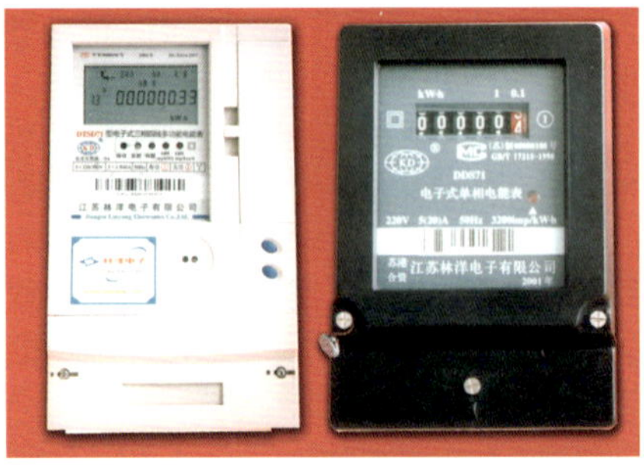

图2 电能表外观

电子式电能表具有准确度高、功耗低、容易形成多功能、便于输出计数电脉冲等优点，满足供用电管理自动化的技术要求。（唐统一）

电偶极子 electric dipole 相距不太远的一对等量异号电荷q和$-q$所组成的系统。不对称分布的分子可形成正负电中心的分离，可看成电偶极子；在外电场作用下，原子外围的电子云的中心可偏离原子核中心，对称分布的分子的正负电荷也可分离，形成感生电偶极子。电偶极子的特性用电偶极矩$\boldsymbol{p}=q\boldsymbol{l}$描述，式中$\boldsymbol{l}$为由$-q$指向$q$的径矢。电偶极矩的国际单位制单位为库·米（C·m）。电偶极子产生的场强与电偶极矩成正比，与距离的三次方成反比。均匀的外电场中电偶极子受力为零，但受到一个电偶极矩转向外电场方向的力矩，可表示为电偶极矩与外电场的矢量积，即$\boldsymbol{M}=\boldsymbol{p}\times\boldsymbol{E}$。电偶极矩与外电场方向垂直时所受的力矩最大。非均匀外电场中，电偶极子除受到一个转向外电场方向的力矩外还受到一个力，当电偶极矩与外电场平行时，电偶极子受力的方向指向场强较强的区域。电偶极子是电介质理论、电化学理论、电磁辐射理论以及原子和原子核物理的重要模型，对于说明物质的电磁性质有重要意义。

将电偶极子的概念加以推广，则有电多极子的概念。它是含有$2n$个电量相等的点电荷，正负各占半数，排列成有规则的点阵，$n=0$是点电荷，$n=1$是电偶极子，$n=2$是电四极子，$n>2$统称高阶电多极子。有限区域内任意电荷源产生的静电场可多极展开为：

总场＝单极场＋偶极场＋四极场＋…

这种多极展开的各项有助于理解各级电场的特征。（陈熙谋）

电桥 electric bridge 采用桥式电路以比较的方法对电参量进行精确测量的仪器。其测量的准确度和灵敏度都很高，在电磁测量中应用极为广泛。最简单的电桥包括由四条支路（又称桥臂）形成的闭封回路（即桥体）和辅助设备（图1）。后者主要有电源和检测仪表。各支路由电参数元件组成，它们的四个连接点A、B、C、D称作顶点。电源接在两个相对顶点间，检测仪表接在另两个相对顶点间。桥式测量电路于1833年首先由S.H.克里斯蒂发明。当时电桥一词系指连接两个相对顶点的支路，特别是图中的检测仪表支路，如同在相对顶点间架设的一座小桥。后来，电桥这一名词被用来泛指整个线路。复杂的电桥还包括更多数量的桥臂。

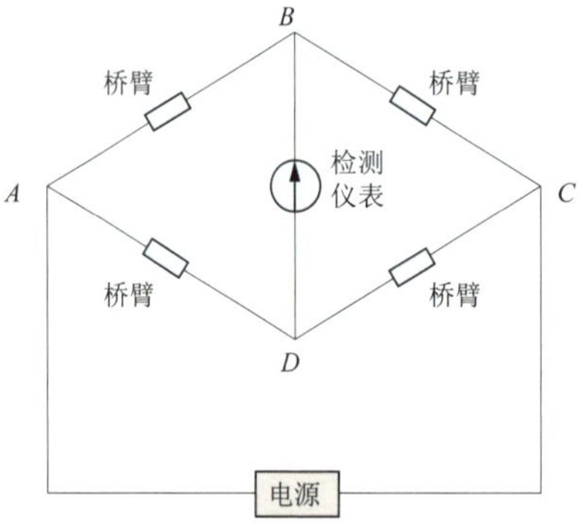

图1 电桥的基本形式

电桥有两种工作方式。①平衡方式：检测仪表支路两端的电位差为零，且该支路中的电流为零，因而检测仪表又称指零仪表。如以被测元件为一个桥臂，而其他各臂由标准元件组成，则当电路平衡时，可读出或计算出被测参数的量值。工作在平衡方式的电桥，特点之一是测量结果不受电源电压高低和变化的影响。这种工作方式多用于对测量准确度要求较高的情况。②不平衡方式：检测仪表支路两端的电位差不为零，该支路中有电流通过。检测仪表的指示数是被测参数变化的函数。这种工作方式多用于非电量的电测量和生产过程的检测中。电桥主要用于测量电路元件（如直流电阻、交流电感、电容、电阻等）的量值、变化量，也用于测量转换为电参数的非电量。

电桥又可分为直流电桥和交流电桥两类。

直流电桥 用于测量电阻。根据结构的不同特点，又可分为惠斯通电桥和开尔文电桥两种。前一种适用于测量中值电阻（$1\sim10^6$欧），后一种适用于测量低值电阻（1欧以下）。

惠斯通电桥 又称单电桥，其原理性电路如图2所示。R_1、R_2、R_4、R_x为电桥的四个桥臂，R_x是被测电阻；平衡指示器D为较灵敏的检流计。测量中调节R_4，使指示器D指零，此时电桥平衡，满足条件$R_xR_2=R_1R_4$。若电桥有三个桥臂R_1、R_2、R_4为已知，则可以求得未知电阻。R_x的测量误差取决于比率R_1/R_2和R_4的误差。

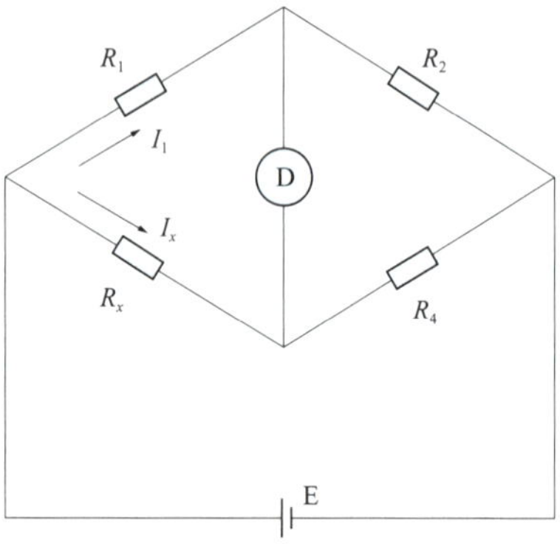

图2 惠斯通电桥

开尔文电桥 又称双电桥。它可以消除接线电阻和被测电阻与电桥相连处的接触电阻所引起的误差。因而可以测量低电阻。它的原理性电路如图3所示。R_1和R_2是主要比率臂电阻，R_3和R_4是辅助比率臂电阻，R是粗接线电阻。当电桥平衡时，满足条件

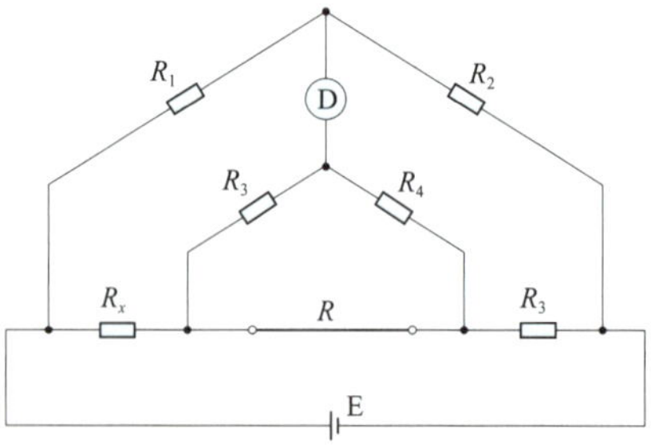

图3 开尔文电桥

$$R_x=\frac{R_1}{R_2}\cdot R_s+R\left(\frac{R_3}{R+R_3+R_4}\right)\cdot\left(\frac{R_1}{R_2}-\frac{R_3}{R_4}\right)。$$

设计中使$R_1/R_2=R_3/R_4$，就可以根据这个平衡条件计算出待测电阻。为了减小误差，应使各桥臂电阻R_1、R_2、R_3和R_4较大（>10欧），而连接被测电阻R_x与比较电阻R_s间的导线电阻R要尽量小。

交流电桥 可精确测量电容器的电容

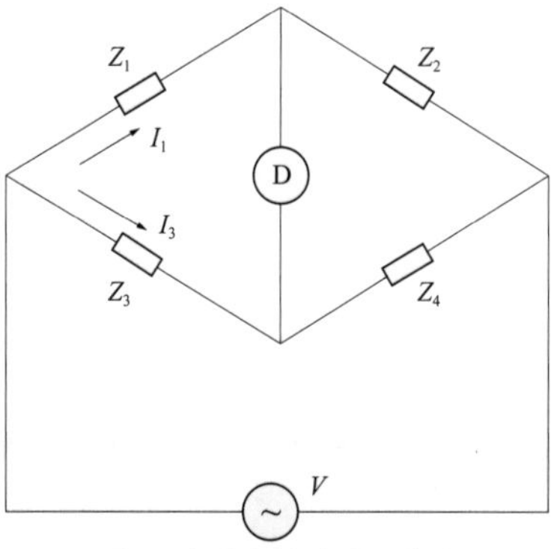

图4 交流电桥的原理线路

和线圈的电感损耗，还可测量交流电的频率和电器的品质因数（Q值）。交流电桥的原理性电路如图4所示。交流电桥一般用1000赫的音频电源，指示器可用耳机。当指示器指示的电流等于零时，电桥达到平衡，满足平衡条件$|\boldsymbol{Z}_1|\cdot|\boldsymbol{Z}_4|=|\boldsymbol{Z}_2|\cdot|\boldsymbol{Z}_3|$和$\varphi_1+\varphi_4=\varphi_2+\varphi_3$。这两个条件说明电桥平衡时，相对两桥臂上阻抗模$|Z|$的乘积等于另外相对两桥臂上阻抗模之乘积；相对两桥臂上阻抗幅角φ之和等于另外相对两臂上阻抗辐角之和。第二个条件表明，要使电桥平衡，如相邻两臂接入电阻时，则另外相邻二臂也必须同接电容或同接电感，称为电容电桥，如图5所示；而相对

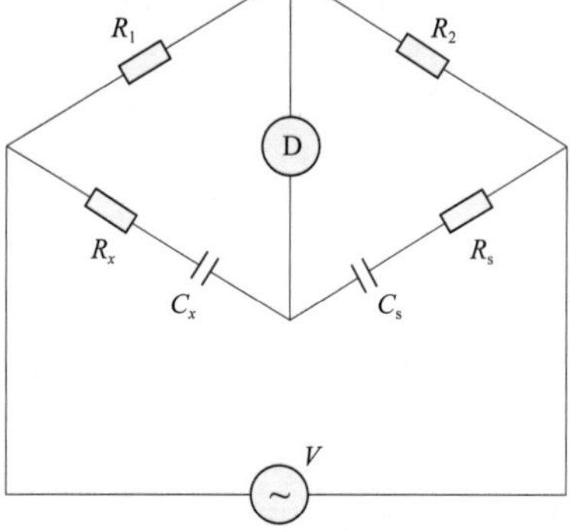

图5 电容电桥

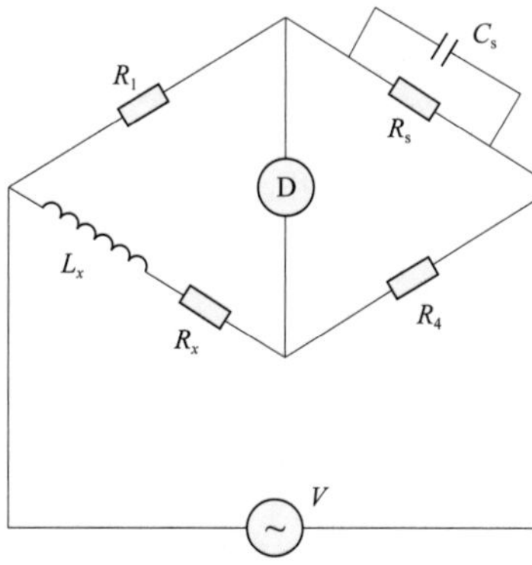

图6 电感电桥

两臂接入电阻时，则其他相对二臂必须一接电感，一接电容，称为电感电桥，如图6所示。根据平衡条件可由已知的三个桥臂的电参量求得未知桥臂的电参量。

除去上述两种交流电桥外，常用的还有变压器电桥等交流电桥。（陈熙谋）

电容 capacitance 表征两个导体容纳电荷能力的参量。若两个导体分别带有等量异号电荷$+Q$、$-Q$，导体之间的电势差为U，则此二导体间的电容C定义为Q与U之比，即：

$$C=\frac{Q}{U}$$

体现电容作用的器件称为**电容器**。在国际单位制中，电容的单位为法（F）。常见电容器的电容值C多为微法（μF）、皮法（pF）的数量级。

两导体间电容的值决定于导体的尺寸、形状、相对位置和其间**电介质**的介电常量。对于平行板电容器，两个导体板的面积为A，极板间距离为d，电极间介质的介电常量为ε，经计算其电容为：

$$C=\varepsilon\frac{A}{d}(\mathrm{F})$$

由此可见极板面积A越大，极板间距d越小，介电常量ε越大，则电容器的电容越大。

电容C可视为一种基本电路元件。当电容上电压变化时，其电荷随之变化，电容C就要被充电或放电，这就形成电容中的电流

$$i=\frac{\mathrm{d}Q}{\mathrm{d}t}=C\frac{\mathrm{d}U}{\mathrm{d}t}$$

电容器电极间的电场中储存有电场能量。带电荷Q，极间电压为U的电容C所储存的能量是：

$$W_\mathrm{e}=\frac{1}{2}CU^2=\frac{Q^2}{2C}$$

电容的储能作用在电子学技术和电工中有着十分广泛多样的应用。

（王先冲 陈熙谋）

电容薄膜式真空计 capacitance film vacuum gauge 一种根据压差引起电容变化为原理的真空计。压力使薄片变形，与压力大小成比例的变形量通过电容值进行表征。测量范围为1大气压至10^{-3}帕。

（吴小山）

电容率 permittivity 表征电介质极化性质的宏观物理量。见**介电常数**。

电容器 capacitor 以储存电荷为特征，能隔断直流电流而允许交流电流通过的电子元件。电容器是电子电路不可缺少的基本元件之一，在电路中能起耦合、隔直、旁路、滤波、谐振、储能和变频等作用。应根据电路中电压、频率、信号波形、交直流成分和温湿度条件来加以选用。

简史 最原始的电容器是1745年荷兰莱顿大学P.von穆森布罗克发明的**莱顿瓶**，它是玻璃电容器的雏形。1874年发明云母电容器。1876年发明纸介电容器。1900年发明瓷介电容器。1921年出现液体铝电解电容器，1938年前后改进为由多孔纸浸渍电糊的干式铝电解电容器。1949年出现液体烧结钽电解电容器，1956年制成固体烧结钽电解电容器。而后，元件向小型化方向发展。随着混合集成电路的发展，又出现了无引线的超小型片状电容器和其他外贴电容器等。

原理 两个导体分别带有电荷$+Q$和$-Q$，如果导体之间的电位差为U，则有$Q=CU$，C称为**电容**，单位为法（F）。表示电荷与电压成正比，电容有储存电荷的能力。对于平行板电容，两个导体的面积均为A，两个导体之间的距离为d，板间充满相对介电常量为ε的介质，则$C=2\varepsilon\varepsilon_0A/d$，式中$\varepsilon_0$为真空介电常量。电容储存电荷的过程称充电，放出电荷的过程称放电。一个电容器的电容为C，若电荷为Q，电压为U，则其储存的电能W为：

$$W=\frac{1}{2}UQ=\frac{1}{2}CU^2$$

为了高效地储存电荷，电容器的极板之间必须插入电介质，电介质是利用极化在其表面产生电荷的物质。介电常量ε是电介质的性能表征，$\varepsilon=\varepsilon_0\varepsilon_\mathrm{S}=8.85\times10^{-12}\times\varepsilon_\mathrm{S}$，$\varepsilon_0$是真空的介电常量，$\varepsilon_\mathrm{S}$是相对于真空的介电常量。空气的$\varepsilon_\mathrm{S}\approx1$，而钛酸钡的$\varepsilon_\mathrm{S}$可达1000～5000。电容器所用电介质材料主要为固体，可分为有机和无机两大类。无机电介质材料有微晶离子结构、无定形结构和两者兼有的结构（如陶瓷、玻璃、云母等）。有机电介质材料主要为共价键组成的高分子结构，按其是否对称又可分为非极性（如聚丙烯、聚苯乙烯等）和极性（聚对苯二甲酸乙二酯等）两类。利用这些电介质材料可做成各式各样的电容器。电容器的结构示例见图，各种电容器的特性如表中所示。

应用 电容器为相当敏感的电子元件，使用温度、电压、脉动电流和频率等对其特性产生重要影响。①由于电介质种类不同，使用温度将影响其性能和寿命。特别是像铝电解电容器（非固体）这种发生化学反应的电介质，随着温度上升化学反应速度变快。一般铝电解电容器（非固体）、聚丙烯薄膜电容器、陶瓷电容器（半导体）等的使用温度范围窄，聚酯薄膜电容器、陶瓷电容器（温度补偿）、陶瓷电

固定电容器的种类和性能例子

种类	介质	额定电压/V	标称静电电容/μF	使用温度范围/℃	特征、用途等
铝电解（非固体）	氧化铝皮膜	4～450	$0.1\sim10^6$	−55～+105	有极性，大容量，低频用
铝电解（固体）	氧化铝皮膜	4～25	0.1～220	−55～+105	有极性，小型化，低频用
钽电解（固体）	氧化钽皮膜	4～50	0.047～220	−55～+125	极性，小型化，因铝电解温度特性，电流泄漏特性良好，低频用
金属喷镀聚酯薄膜	聚酯薄膜	100～1250	0.001～10	−40～+105	有自愈性，一般用
聚酯薄膜	聚酯薄膜	50～400	0.000 47～0.47	−40～+105	薄膜系中最流行，一般用
金属喷镀聚丙烯薄膜	聚丙烯薄膜	100～630	0.001～12	−40～+105	有自愈性，$\tan\delta$小，一般用
聚丙烯薄膜	聚丙烯薄膜	50～630	0.0001～4.7	−40～+105	$\tan\delta$小，一般用
陶瓷（温度补偿）	氧化钛	25～500	$0.5\times10^{-6}\sim0.043$	−55～+125	小型化，高频用
陶瓷（高介质常数）	钛酸钡	25～500	$220\times10^{-6}\sim10$	−55～+125	小型化，高频用
陶瓷（半导体）	绝缘层	12～50	0.001～0.47	−25～+85	小型化，高频用
镀银云母	镀银云母	100～500	$1\times10^{-6}\sim51\times10^{-6}$	−55～+125	温度特性良好，高频用

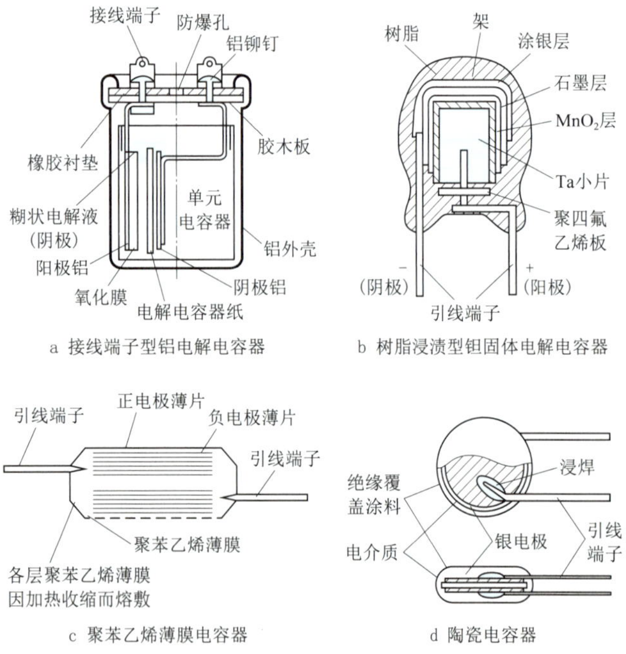

a 接线端子型铝电解电容器　b 树脂浸渍型钽固体电解电容器

c 聚苯乙烯薄膜电容器　d 陶瓷电容器

电容器的结构示意图

容器、镀银云母电容器等使用温度范围广。另一方面，电容器在低温使用温度范围内工作，因环境温度低，会使铝电解电容器和层压陶瓷电容器一部分种类的静电电容和等效串联电阻发生变化。②过电压是引起电介质破损的原因，所以额定电压要充裕。如电解系的电容器有极性，若错误地外加逆电压或交流电压会因短路或者压力阀作用造成电容器破损。③电容器流入电流时会因内部损失而发热，影响寿命。如电源电路的实用滤波电容器，脉动电流大，使用时要确认其是否在容许的脉动电流值范围内。④电容器除自身规定的静电电容外还有导线和内部构造产生的电感成分和电阻成分，因此等效电路和阻抗的频率特性就很重要。常以电容自身的共振频率为界限，但高频时电感成分就不可忽略。一般，铝电解电容器和薄膜系电容的电感成分大，所以共振频率变低；相反，陶瓷电容器电感成分小，可在高频下使用。为有效降低大范围频率下的阻抗，可将特性相异的多个电容组合使用。⑤理想的电容为在外加交流电压和流过的交流电流之间的相位差是90°，电流超前电压，电容器的电功率损失为0。但实际的电容器，在电介质内以及电容器的导线和电极都会有少量电功率损失。在这种状态下，相位差比90°小δ°，为$(90-\delta)$°，$\tan\delta$为电容器的视在功率与损失功率之比，为介电损耗因数。电介质内的损失由电子等的振动产生，外加交流电压的频率越高，损失越大。

（陈佳圭）

电弱统一理论 unified electroweak theory 电磁相互作用和弱相互作用的统一理论。物质间的基本物理作用共有四类，即**引力相互作用**、**电磁相互作用**、**强相互作用**和**弱相互作用**。前两种相互作用广泛表现在宏观的物理过程中，已较早地为人们所认识。电磁作用还在微观物理过程中占着极其重要的地位。无论是在原子物理、分子物理和凝聚态物理中，还是在光物理及光化学中，所涉及的物质间基本相互作用就只是电磁作用。强作用和弱作用是通过核物理的发展，在20世纪30年代以后才为人们所认识而进行研究的。强作用使质子和中子结合成原子核，而导致原子核β衰变的则是弱作用。

四费米子作用模型　1957～1958年建立的普适费米型弱相互作用理论（即V-A理论）表明，弱作用与电磁作用有一个重要的相似处，即它的普适流-流作用的形式。带电粒子之间的电磁作用也可表成普适流-流耦合的形式，只是其中的流是电流（这里的流都是指四维时空变换中的流，矢量和轴矢也是对四维时空变换而言）。但弱作用在一些基本性质上与电磁作用有类型上的差异。首先是在力程方面，带电粒子之间的流-流作用是通过**光子**传递的，由于光子的质量为零，故作用是长程作用。在V-A理论中，弱流与弱流之间的作用是直接的，即力程为零。这意味着弱作用不仅属于短程作用，还是短程作用的极限情况。其次是在时空对称性方面，电磁作用对空间坐标反射是对称的，而弱作用对于空间坐标反射是不对称的。表现在流中即为：电流只有矢量（V）成分，而弱流却为矢量（V）和轴矢（A）两种成分的叠加，并且两种成分具有同等的大小。另外，电磁作用是一种规范作用，而V-A理论不是。

V-A理论虽在唯象上获得很大成功，但在理论上存在着严重困难。由于它不可重整化，在计算高阶修正时将不能避开发散困难。这表明它不是一个完整的理论，只能给出初级近似的结果。这种初级近似的结果虽然在低能领域与实验相符合（当时所研究过的弱作用过程只是各种粒子的衰变，它们都属于低能领域），但一旦过渡到高能领域，理论计算值将不可避免地要与实验结果相矛盾。如在弱作用引起的散射和反应的过程中，当质心系中的能量值超过一定值（量级为几百吉电子伏）时，计算出的截面值将超过幺正性所允许的极限，这显然不可能是正确的。

带电中间玻色子作用模型　V-A理论的流－流耦合特性使人们想到弱作用也可能像电磁作用那样，是通过某种矢量玻色子传递的（光子是一种矢量玻色子），这种传递弱作用的矢量玻色子又称中间玻色子。弱作用的极短程特性可以归结为中间玻色子具有很大的质量。但这样建立的重中间玻色子理论仍然是不可重整化的。

从弱流的性质可以得出，中间玻色子必定是带电的（通常以符号$W_\lambda^\pm$来标志），这又引起了矢量带电玻色子与光子的耦合要取何种形式，才能使相应的电动力学可重整化的新问题。这一情况使得一些物理学家认为，只有将弱作用与电磁作用结合起来考虑才能得到一套完整的理论。

电磁作用是一种阿贝尔规范作用，1954年杨振宁和R.L.米尔斯把规范作用推广到带有内部对称性的情况，提出了非阿贝尔规范场理论，这就为规范理论的扩大应用创造了条件。但直接将此理论应用到弱作用有一个重大障碍，即规范理论要求其中的矢量玻色子必须是零质量的，而中间玻色子则应具有很大的质量。另外，弱作用的宇称不守恒也为建立严格的对称性理论造成了困难。宇称不守恒意味着，如果弱作用具有内部对称性，则这种对称性必定是左右手有别的，即一个费米子的左右手分量要具有不同的量子数。但哈密顿量中的费米子质量项将破坏这种对称性，因为它使得一个费米子的左右手分量互相转化。这样严格的弱作用内部对称性要求费米子的质量也必须为零，但除了中微子以外，所有的费米子都是有质量的。

1958年，G.范伯格发现，当带电矢量玻色子具有特定的磁矩时，某一类型的发散可以消去。这一磁矩并不等于“最小电磁耦合”所给出的值，而对应于某种非阿贝尔规范场理论中所要求的磁性。这一迹象表示非阿贝尔规范场理论可能在解决发散困难中起重要作用。

当将非阿贝尔规范概念应用到弱作用，并把内部对称性取为弱同位旋时，除带电规范玻色子外，还应有一个中性的。1957～1959年，J.S.施温格、S.L.格拉肖、A.萨拉姆和J.C.沃德都分别设想过这个中性规范玻色子就是光子的方案，从而得到一个弱作用与电磁作用的统一理论。但由此给出的结果与实验有明显的矛盾。1961年，格拉肖首先意识到，要同时描写弱作用和电磁作用，内部对称性应当扩大，即除了弱同位旋以外还应加上弱超荷。这时中性规范玻色子就有两个，混合后一个即为光子，另一个具有质量，称为Z，它与一个形式很特殊的中性弱流相耦合。1964年，萨拉姆和沃德也提出了类似的理论。

格拉肖的这个理论并不是严格的非阿贝尔规范场理论，因为这个理论中加进了中间玻色子的质量项。实际上只有在引入对称性自发破缺概念之后，才有可能建立一个既可重整化又使中间玻色子具有质量的电弱统一理论。

对称自发破缺　对称性自发破缺的概念是1960年左右被南部阳一郎等物理学家从固体物理引入到粒子物理中的。它指的是物理规律本身具有某种精确的对称性，但基态是简并的，实际的物理基态只是这些众多可能的基态中的某一个，因此在这个特定基态的基础上所发生的物理现象，将不显示或只部分地显示物理规律固有的对称性。这里对称性并未受到外界因素的破坏，它的破缺完全是自发产生的。从实质上说，这时物理规律的对称性并没有任何破缺，只是在特定的背景下不能显示出来。因此自发破缺的对称性又称为隐含的对称性。固体物理中的超导电性就是对称性自发破缺的一个例子。

在超导电理论的启发下，南部等在1960年左右提出一个使核子获得质量的理论模型。设想物理规律原来具有手征对称性，从而里面的费米子不具有原始质量。此模型中手征对称性的自发破缺使得原无质量的两个二分量的费米子合成为一个有质量的核子（具有四分量）。南部发现，与此同时还有一个零质量的标量玻色子存在的迹象。这个标量粒子被认定为π介子，并假设由于其他原因而获得了一个小质量。

J.戈德斯通于1961年通过具体模型清楚地揭示了相对论性场论中连续对称性自发破缺如何导致零质量粒子的出现，并认为这是一个普遍性的结论。此结果被称为戈德斯通定理，而上述零质量标量玻色子通常称为戈德斯通玻色子（或南部－戈德斯通玻色子）。1962年，戈德斯通、萨拉姆和温伯格对该定理给出了一般性的证明。

1964年，P.希格斯等指出，戈德斯通定理有一个例外，即发生自发破缺的是规范对称性的情况。这时戈德斯通玻色子并不作为物理粒子表现出来，它可通过规范变换吸收到规范玻色子中成为它的纵分量，并使得规范玻色子获得质量。这种现象可看成是超导电中等离激元现象的相对论变种。以上所述的消除戈德斯通玻色子的机制称为希格斯机制。它既可在理论中消去不期望有的戈德斯通粒子（而实际上未观察到），又可使规范玻色子获得质量，一举解决了将规范理论应用到弱作用所遇到的两个重大难题。

电弱统一作用模型　1967年，温伯格将规范理论和对称性自发破坏的概念用到电弱作用中，提出了一个可重整化的理论，统一处理轻子的电磁作用和弱作用，其中所采用的规范对称性即为格拉肖所提出的弱同位旋和弱超荷对称性。1968年萨拉姆也提出了类似的理论模型。这一模型因而被称为格拉肖－温伯格－萨拉姆电弱统一理论模型。该理论模型所涉及的费米子暂时还只限于为轻子，其与费米子的电弱作用拉氏量为：

$$L_i = -\mathrm{i}g\overline{\Psi}\left[\widehat{T}\gamma^\lambda W_\lambda(1-\gamma5)\right]\overline{\psi}$$

$$-\mathrm{i}g'\overline{\Psi}\left[\frac{\widehat{Y}}{2}\gamma^\lambda B_\lambda\right]\overline{\psi}$$

式中$\widehat{T}$为弱同位旋算符；$W_\lambda(\lambda=0,1,2,3)$为弱SU(2)同位旋（左手）规范玻色子；$g$为相应的耦合常数；$\widehat{Y}$为弱超荷算符；$B_\lambda$为相应的U(1)规范玻色子；$g'$为弱超荷耦合常数；$\Psi$为相应费米子场算子，$\overline{\Psi}$为$\psi$的复共轭的场算子。$\gamma^\lambda$、$\gamma5$为$4\times4$狄拉克矩阵。另外，模型中基态即真空态。此模型中造成真空简并的是由于一个弱同位旋的标量粒子在真空中的凝聚，该标量粒子（希格斯粒子）带有弱超荷$\widehat{Y}=1$。

对于轻子质量问题，模型采用了南部模型中的思想，即假定所有的轻子都无原始质量。这样电子或其他带电轻子的左手分量和右手分量原来是两种不同的费米子，各自只有两个分量，只是因为它们与真空中凝聚的标量粒子相耦合，从而在这种真空背景下可互相转化，才被称为同一粒子的不同分量，并合成为具有四个分量的有质量的费米子。用这种方式在理论中引入轻子质量，既可不破坏原来的对左右手分量有别的对称性（见手征性），因而能适应弱作用宇称不守恒的需要，又保证了自发破缺后剩余下来的电磁规范作用对左右手是对称的。因为按上式配成的左右手分量对于仍然守恒的量子数——电荷，必定具有相同的值。至于中微子，则因为它不通过标量粒子与其他二分量费米子耦合，故保持质量为零。它虽然只有左手分量从而不是左右对称的，但它不带电荷，故对电磁作用的左右对称性没有影响。

此模型中，左手电子e_L和相应的中微子ν_{eL}构成弱同位旋二重态并带弱超荷-1，右手电子e_R为弱同位旋单态并带弱超荷-2。其他轻子情况类似。当标量粒子发生真空凝聚后，只有一个量子数所相应的规范对称性没有被破坏，它就是电荷，所相应的算符用$\widehat{Q}$表示：

$$\widehat{Q}=\widehat{T}_3+\frac{1}{2}\widehat{Y}$$

式中$\widehat{T}_3$为弱同位旋第三分量。与电荷相应的规范玻色子保持无质量，即光子A_λ。A_λ为W^3_λ和B_λ的某种混合：

$$A_\lambda=\cos\theta_W B_\lambda+\sin\theta_W W^3_\lambda$$

式中θ_W代表混合角，称为温伯格角，它可通过弱同位旋耦合常数g和弱超荷耦合常数g'的比表示，即$\tan\theta_W=g'/g$。W^3_λ和B_λ的另一个组合$Z^0_\lambda=\sin\theta_W B_\lambda-\cos\theta_W W^3_\lambda$以及$W^{3+}_\lambda$、$W^{3-}_\lambda$都获得质量，其理论预言的值为：

$$M^2_W=\frac{e^2}{4\sqrt{2}G\sin^2\theta_W}$$

$$M^2_Z=\frac{M^2_W}{\cos^2\theta_W}$$

Z^0_λ所耦合的中性弱流具有下述形式：

$$\mathrm{i}\overline{\Psi}\gamma_\lambda(\widehat{T}_3-\widehat{Q}\sin^2\theta_W)\Psi$$

耦合常数为$g/\cos\theta_W$。

标量粒子的四个实分量中，有三个成为戈德斯通粒子，并已吸收到W^+_λ、W^-_λ和Z^0_λ中，剩下的一个为有质量的中性标量粒子，称作**希格斯粒子**。

温伯格和萨拉姆曾猜想这种自发破缺的规范场理论仍然是可重整化的，但未能给出证明。1971年G.特霍夫特论证了它的可重整性。1972年，B.W.李和J.津恩-查斯丁以及特霍夫特和M.J.G.韦特曼进一步给出了这种理论可重整化性的详尽证明。

格拉肖-温伯格-萨拉姆理论提出来时还存在一个问题，即如何推广应用到强作用粒子（在夸克理论中即推广到夸克）上去。困难在于如何在理论中避免奇异数改变的中性弱流的出现（实验表明此种弱流不存在）。不过到1971年时，这个问题实际上已有现成的解决办法。1970年格拉肖、J.伊略普洛斯和L.马亚尼对奇异数改变的中性弱流问题进行了分析。由于当时尚不知道有任何可重整化的理论，他们用了截断的处理。此项工作中他们论证了对于已知的各类弱作用模型（如四费米子作用、带电中间玻色子作用、电弱统一作用），都会出现一些实验上未观察到的效应，如K_1、K_2大质量差，$K\to\pi\nu\nu$衰变等，除非强作用粒子服从某种约束。他们指出，若存在第四种夸克（**粲夸克**），即可在理论中消去这些不期望的效应。

有了格拉肖-伊略普洛斯-马亚尼机制，就不难把格拉肖-温伯格-萨拉姆模型推广到强作用粒子。这只要补进去四个右手夸克的弱同位旋单态u_R、d_R、s_R、c_R和两个左手夸克的弱同位旋二重态即可：

$$\begin{bmatrix} u_L \\ d_L\cos\theta_C+s_L\sin\theta_C \end{bmatrix},\ \begin{bmatrix} c_L \\ s_L\cos\theta_C-d_L\sin\theta_C \end{bmatrix}$$

式中θ_C为卡比玻角。为使夸克带分数电荷，应假设右手夸克u_R和c_R带弱超荷4/3，d_R和s_R带弱超荷−2/3，而左手夸克二重态带弱超荷1/3。

直到1971年，一个完整的电弱统一理论模型已经形成。同时实验技术也有了很大发展，特别是有了中微子束可进行中性弱流实验。1973年F.J.哈塞特和A.本韦努蒂等在欧洲核子研究中心和美国费米国家加速器实验室都测到了中性弱流反应的事例，形式和强度与理论预言的一致，定出的$\sin^2\theta_W$的值约为0.215。1983年在欧洲核子研究中心已经发现了$W^\pm$粒子和Z^0粒子，定出的质量值分别为81.2吉电子伏和92.5吉电子伏左右，与电弱统一标准模型的预言一致。2012年在大型强子对撞机上观测到了一个标量粒子，其质量约为125吉电子伏，至今观测到的性质基本与电弱统一标准模型中的希格斯粒子接近。虽然当前人们尚在深入研究它，但是人们普遍认为其正是电弱理论中的希格斯粒子。目前出现在电弱统一理论中的粒子全部被发现，它们的性质与理论预言相符，表明了格拉肖-温伯格-萨拉姆电弱统一理论已取得巨大的成功，成为近代物理学的重大基石。

（曹昌祺　张肇西）

电声学 electroacoustics 研究声、电转换的原理、技术和应用的学科。包括电声系统中声信号的传输、存储、处理、重放、合成和测量分析等的技术。是声学、电子学和信号分析处理技术相交叉的边缘学科。一般指可听声的频率范围，也就是语言、音乐和自然声是电声系统的前端，人耳是电声系统的终端。电声学应用范围包括：声音（语言和音乐）合成的电声系统；声音分析测量的电声仪器；广播、电影和唱片的录音和录音监听系统，放声系统（家用、汽车、电影），扩声系统（厅堂、剧院、体育场、体育馆、歌舞厅），公共有线广播系统和背景音乐系统（宾馆、商场、机场、车站）；会议系统（电话会议、同声传译）；还有医疗中的耳聋助听器、听力计、听力康复设备等。

简史　1876年，A.G.贝尔发明电话实现了电声转换，1877年T.A.爱迪生发明留声机实现声音信号的存储和重放。1881年巴黎电气展览会演示由两路碳粒传声器连接几对耳机的立体声系统。1919年出现使用电子管放大器和电磁式扬声器的扩声系统。电话通信、有声电影、无线电广播和会场扩声是推动电声技术早期发展的应用背景。20世纪20～30年代，机电类比方法应用于电声换能器分析中，建立了电声学研究方法。模拟电声设备持续发展至今，数字技术的发展使声音信号的传输、存储和处理发生了根本变化。1972年定义的综合数字网（IDN）和综合业务数字网（ISDN）实现了电话中的语音数字传输。1980年提出了数字声音广播（DAB）的概念。1982年推出数字激光唱片（CD）。同时各种数字测量分析仪（如FFT分析仪）的出现，可完成声音信号的频域和时域的多种分析处理。电声技术的发展还需要结合其他学科的研究成果，如立体声、环绕声和虚拟环绕声重放是电声学和心理声学的结合，微型硅传声器是电声学同微电子工艺的结合，传声器和扬声器阵列应用了电声信号数字处理技术，扩声和广播电声设备的网络化是通过接口和网络协议实现的。

类别　电声器件包括传声器、扬声器、扬声器系统（音箱）、头戴耳机、送话器等，受话器是电声系统设备的前端和终端。传声器用于通信、广播和娱乐，小型化、微型化和音质设计技术为其发展方向，阵列设计可实现强指向性接收。扬声器已发展成多种类型，从收音机、电视机到汽车扬声器。家用扬声器系统从单声、立体声到环绕声；专业扬声器系统从广播和唱片录音监听到场、馆、厅的扩声；还有实现房间特性补偿、电子分频，指向性控制的信号处理扬声器系统。头戴耳机有耳罩型录音监听头戴耳机，轻型开放式家用头戴耳机，手机、助听器用耳塞机，医用听力计用标准耳机及有源消声的隔声耳罩式耳机等。

录放声技术　该电声系统是由录音和放音（重放）两部分组成的组合链。录音系统由传声器、调音台、录音机和录音监听系统组成，实现信号存储。由电台广播或制成唱片，实现声音的传播。录音技术从声道区分有单声、双声道立体声、多声道环绕声和虚拟环绕声（由双声道重放实现环绕声的声像效果）。录音存储可通过机械、光（电影）、磁、激光、磁光及半导体存储器等形式实现。信号可采用模拟或数字信号。由于PCM（脉码调制）音频数字信号的采样频率和采样精度不断提高，大量的数据传输和存储都需要压缩，从而发展了音频数据的有损压缩和无损压缩技术。放声系统由节目源（唱片和磁带）和相应的放声设备（唱机和磁带放音机）组成，其组合方式由小型随身听、家用组合音响设备到各种公共场所的放声设备。节目源最常用的有激光唱片（CD）和盒式磁带，还有小型磁光盘（MD）等。
（翁泰来）

电势 electric potential 描述静电场的一种标量场。静电场的基本性质是它对放于其中的电荷有作用力，因此在静电场中移动电荷，静电场力要做功。但静电场中沿任意路径移动电荷一周回到原来的位置，电场力所做的功恒为零，即静电场力做功与路径无关，或静电场强的环路积分恒为零。用公式表示为：

$$\oint \boldsymbol{E} \cdot \mathrm{d}\boldsymbol{l} = 0$$

静电场的这一性质称为**静电场的环路定理**。根据静电场的这一性质可引入电势来描述电场，就好像在重力场中重力做功与路径无关，可引入重力势描述重力场一样。电场中某一点的电势定义为把单位正电荷从该点移动到电势为零的点，电场力所做的功。通常选择无限远点的电势为零，因此某点的电势就等于把单位正电荷从该点移动到无限远，电场力所做的功，表示为：

$$\varphi = \int_{(p)}^{\infty} \boldsymbol{E} \cdot \mathrm{d}\boldsymbol{l}$$

电势的单位为V（伏），1V=1J/C（焦/库）；此外，静电场强等于电势的负梯度，$\boldsymbol{E} = -\nabla\varphi$。这两个式子是静电场强与电势之间关系的基本公式。静电场中电势相等的点构成一些曲面，这些曲面称为等势面。**电力线**总是与等势面正交，并指向电势降低的方向，因此静电场中等势面的分布就绘出了电场分布。电势虽然是引入描述电场的一个辅助量，但它是标量，运算比矢量运算简单，许多具体问题中往往先计算电势，再通过电势与场强的关系求出场强。电路问题中电势和电势差（即电压）是一个很有用的概念。电势是普遍描述电场的**电磁势**的特例。
（陈熙谋）

电四极矩 electric quadrupole moment 带电体的电场分布可以写成多级展开形式。其展开的零阶项为电荷项，一阶项为电偶极项，二阶项为电四极项。反映电四极项的物理量为电四极矩。电荷分布对原点对称且可看作由两个大小相等方向相反的偶极子所组成的电荷系统可以视为一个电四极矩。电四极矩是一个张量，共有九个分量。由于其对称且可无迹化，即三个对角分量之和为零，故实际上只有五个独立分量。

如果系统的电荷分布是球对称的，则不存在各极电多极矩，电偶极矩为零，电四极矩也不存在；若电荷分布偏离球对称性，一般会出现电四极矩，标志着对球对称分布的偏离。一定电荷系统激发的静电势可按电多极矩展开，可看成是点电荷激发的电势、电偶极矩激发的电势及电四极矩激发的电势等的叠加。类似地，对于辐射场也可做多极展开，首项是电偶极辐射，第二项是电四极和磁偶极辐射等。因此测量远场的四极势项，就可对系统的电荷分布形状做出一定的推断。原子核物理学中电四极矩是重要物理量，反映了原子核偏离球形形变的大小。讨论电磁波的辐射问题，电四极矩也是一个重要概念。

一般对于在空间V内，电荷密度为ρ的电荷体系，其电四极矩定义为：

$$\boldsymbol{D} \equiv \int_V (3\boldsymbol{r}'\boldsymbol{r}' - r'^2\boldsymbol{I})\rho dV$$

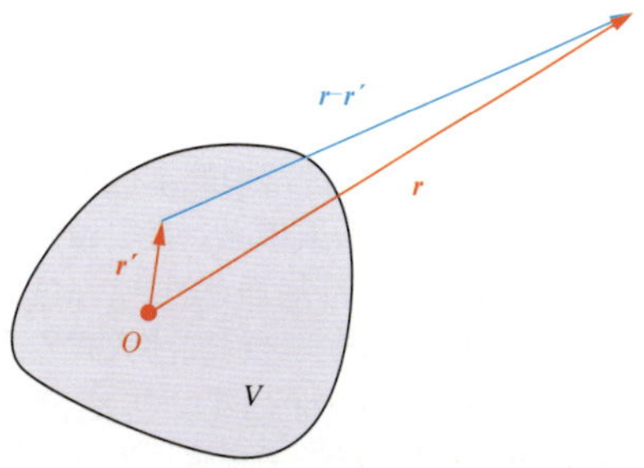

电荷体系示意图

式中$\boldsymbol{I}$为二秩单位张量；ρ为电荷密度；$\boldsymbol{r}'$为源变量，积分遍及电荷所在的整个区域V（见图）。
（陈熙谋）

电位 electric potential 描写静电场的一个标量。又称电势。见**电势**。

电位粒度仪 surface potential particle size analyzer 用来测量胶体尺度颗粒粒径和表面电位的仪器。有些仪器配置了静态光散射模式，可用于大分子的分子量或胶体颗粒表观质量的测定。

电位粒度仪通常采用动态光散射法来测定颗粒的粒径及粒径分布。为了适应高浓度样品的测量，新的技术也被应用到测量中，如背散射技术。

通常测量的电位是Zeta**电位**，采用电泳光散射的方法来测定。测量时通过外加电场使带电颗粒运动，从而导致散射光的频率相对于入射光发生改变（**多普勒效应**）。散射光频率变化的大小与颗粒的电泳淌度成正比，而电泳淌度与颗粒的Zeta电位成正比。因此，通过测量电泳时散射光频率的变化就可得到颗粒的Zeta电位。

电位粒度仪适用于胶体颗粒分散体系、大分子溶液等体系粒径分布及Zeta电位的测量，水溶液和非水体系均适用，在化工、涂料、采矿、农药等许多行业都有广泛应用。
（邱　东）

电学 electricity 物理学的分支学科。又称**电磁学**。属于经典物理。
（陈熙谋）

电压 voltage 电路问题中的电势差。见**电势**。

电压表 voltmeter 用于测量直流电压、交流电压的机械式指示电表。电压表分为直流电压表和交流电压表。

直流电压表 主要采用磁电系电表和静电系电表的测量机构。磁电系电压表由小量程的磁电系电流表与串联电阻器（又称倍压器）组成，最低量程为十几毫伏。为了扩大电压表量程，可增大分压器的电阻值。如用50微安的电流表形成250伏的电压表时，要使分压器与测量机构的总电阻值为250/（50×10^{-6}）欧=5×10^{6}欧，这相当于电压表的内阻为20千欧/伏。为了避免电压表的接入而过多影响原工作状态，要求电压表有较高的内阻。用几个电阻组成的分压器和测量机构串联，可形成多量程电压表（见图）。静电系电压表的最低量程为几十伏，扩大量程是靠改变电表内部结构和极间距离来达到。

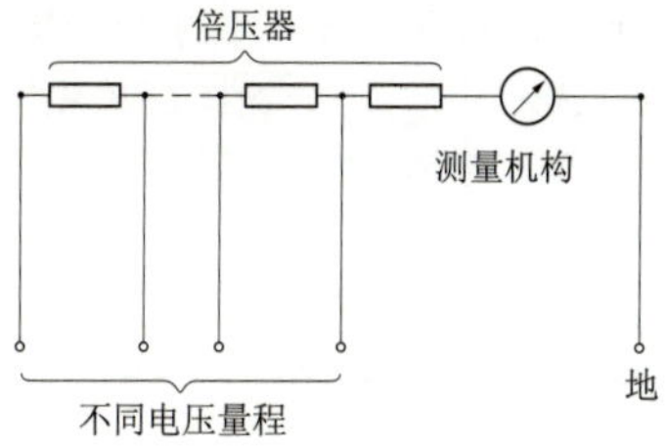

a 多量程电压表

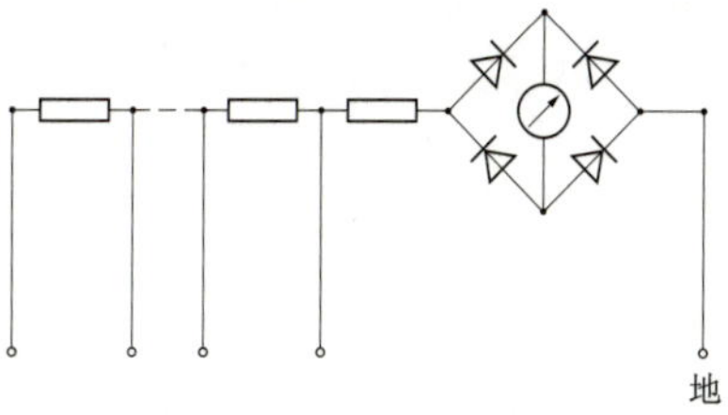

b 全波整流式多量程电压表

电压表

交流电压表 主要采用整流式电表、电磁系电表、电动系电表和静电系电表的测量机构。除静电系电压表外，其他系电压表都是用小量程电流表与倍压器串联而成。也可用几个电阻组成的分压器与测量机构串联而形成多量程电压表。这些系的交流电压表难于制成低量程的，最低量程在几伏到几十伏之间，而最高量程则约为1～2千伏。静电系电压表的最低量程约

电压表的性能比较

电表种类		量程 10^{-4} 10^{-2} 10^{0} 10^{2} 10^{4} (V)	使用频率范围 直流 10^{1} 10^{3} 10^{5} (Hz)	内阻 10^{1} 10^{3} 10^{5} (Ω/V)	最高准确级
模拟式	磁电系	——	·	——	0.05
	电磁系	——	· ——	——	0.1
	电动系	——	· ——	——	0.05
	静电系	——	· ——	MΩ 以上	0.5
	整流式	——	——	——	0.5
数字式	直　流	——	·	MΩ 级	
	交　流	——	——	几百 MΩ	

为30伏，而最高量程则可达很高。20世纪80年代已制成可测500千伏电压的静电电压表。电力系统中用的高压电压表是由电压额定量程为100伏的电磁系电压表，结合适当电压变比的电压互感器组成。

由于受测量机构线圈电感的限制，电磁系电压表、电动系电压表的使用频率范围较窄，上限频率低于1～2千赫，电动系略优于电磁系。静电系电压表的使用频率范围都较宽。整流式电压表的上限使用频率约几千赫，但应注意仅当交流电压为正弦波形时，整流式电表读数才是正确的。

各系电压表的比较　各系电压表的量程，使用频率范围、内阻以及能达到的最高准确级见表。（陈熙谋）

电压源　voltage source　能够输出恒定的且与负载无关的电压，这样的电源称为恒压源。实际的内阻非常小以致可以忽略的电源就可视为恒压源。实际的电源可看成由输出电压为电动势E的恒压源和内阻r串联而成，这样的电源称为电压源。如果电源的电动势很大，内阻也非常大，连接负载后仍有电流输出，这时输出的电流与负载电阻的依赖关系很不明显，可以看成是一个恒流源；此外电子学中常用的晶体管电路或五极电子管电路是恒流源的例子。实际的电源可以看成是由输出电流I_0的恒流源和内阻r_0并联而成，这样的电源称为电流源。

实际的电源可以看成电压源，也可以看成电流源，也就是说电压源与电流源可以等效。所谓等效是对同样的外电路来说，它们所产生的电压和电流分别相同，由此可得出电流源的电流$I_0=E/r$，内阻$r_0=r$。利用电流源与电压源之间的等效性，可以使某些电路计算简化。（陈熙谋）

电致发光　electroluminescence　电流或电场作用于物质，电能直接转换为光能的发光现象。如各种气体放电（包括火花放电、辉光放电及弧光放电等）所产生的发光现象。电子束流（包括阴极射线）激发的发光也可归入电致发光。现代物理学中电致发光通常专指固体发光中的场致发光（electroluminescence）。材料产生场致发光的形式主要有两类：①本征电致发光。固体中的电子在电场作用下被加速，获得足够能量后碰撞发光中心，使发光中心被激发或被电离，发光中心随后回到基态或同电子复合时产生发光，这就是本征电致发光。ZnS是一种常用的本征电致发光材料，可制成薄膜或单晶。在电致发光过程中，ZnS常作为基质，TbF_3、Mn等掺杂物作为发光中心。②材料注入式发光（injection luminescence of solid）。包括无机材料及有机材料在载流子通过界面注入时的发光，其中应用最广的是PN结发光。当PN结正向偏置时，电子（空穴）注入P（N）型材料区，这样注入的少数载流子，通过直接或间接途径与多数载流子复合而发光。2014年诺贝尔物理学奖授予日本学者赤崎勇、天野浩和中村修二，表彰他们高效蓝光发光二极管（LED）的发明，该发明将导致照明技术的革命性变化。20世纪90年代以来，有机电致发光材料得到了开发，其优点是发光光谱范围宽、驱动电压低，以及能制成超薄可弯曲的低功耗平面显示器件。（朱鹤年）

电致伸缩　electrostriction　绝缘体介质在外电场作用下发生形状改变的物理效应。电致伸缩定性上与逆压电效应类似，不过它们之间有本质的差别。电致伸缩适用于所有绝缘介质，而压电效应只存在于具有特定对称性的电介质。电致伸缩是电场的二次方函数，因此，电致伸缩效应与电场反向与否无关，而逆压电效应是电场的线性函数。

事实上，人们可以在更广泛的角度理解绝缘体介质形变与电场的关系。在外电场作用下，材料内部的正负电荷载体（离子、电子、带电分子、带电粒子等）总是会或大或小发生“位移”，导致材料形状发生改变。所发生的形变也总是可以展开为外加电场的泰勒级数。这种展开必然表现为低阶项比高阶项更重要，其中的线性项可以等效为压电效应、二次项可以等效为电致伸缩效应。

机制　唯象上，电场总是会驱使材料沿着电场方向伸长，而垂直于电场方向会收缩，两者之比就是所谓的泊松比。所有绝缘体只要组成超过一种原子，不同原子之间电负性差别必然导致材料具有某种离子键特征，电致伸缩不可避免。

严格而言，对绝缘体晶体，电致伸缩系数是一个四阶张量Q_{ijkl}，将二阶应变张量ε_{ij}和一阶电极化P_m联系起来，表示为如下本构关系：

$$\varepsilon_{ij}=Q_{ijkl}P_kP_l$$

电致伸缩的微观物理机制与材料有密切联系，不同材料的微观机制可以很不相同，详细的讨论超出本词条的范畴。但是，唯象上，上述本构关系是一种很好的普适性近似。

材料与应用　虽然所有绝缘介质材料都有电致伸缩效应，但效应最显著的是弛豫铁电体，其电致伸缩系数非常高。最常见的包括铌酸镁铅（PMN）、铌酸镁铅－钛酸铅（PMN-PT）、钛酸锆镧铅（PLZT）等。一般情况下，电致伸缩应变在每米2兆伏电场下可以达到0.1%以上。由此，电致伸缩效应在探测器和驱动器领域有广泛应用。（刘俊明）

电致双折射　electric birefringence　原本不具有双折射性质的光学介质在电场作用下具有双折射性质的现象。电致双折射现象产生的原因是克尔效应。当电场作用于气体、液体或溶液等中心对称介质时，会产生克尔效应，导致介质折射率发生如下变化：

$$n_{\parallel}=n_0+\Delta n_{\parallel}$$

$$n_{\perp}=n_0+\Delta n_{\perp}$$

式中$n_{\parallel}$、$n_{\perp}$分别为偏振方向平行和垂直于电场方向入射光的折射率；n_0为未施加电场时折射率。施加电场所引起不同偏振光折射率变化正比于克尔效应所对应的介质等效三阶非线性极化系数：

$$\Delta n_{\parallel}\propto\chi_{\parallel}^{(3)}$$

$$\Delta n_{\perp}\propto\chi_{\perp}^{(3)}$$

偏振方向平行于施加电场方向与垂直偏振方向的三阶非线性极化系数不同，导致偏振方向分别平行和垂直于电场方向入射光的折射率不同，从而使介质体现出双折射性质。

电致双折射可应用于光调制器。选用适当介质长度或电场强度，通过电致双折射可以实现波片功能，实现入射光光强、相位等性质的调制。电致双折射也可应用于胶体粒子悬浮溶液电光特性测量。不加电场时，粒子在溶液中随机取向，样品不体现出双折射性质。但当外加电场时，粒子在溶液中取向受电场方向影响，具有一致性，从而体现出双折射性质。此时，电致双折射可应用于检测电致双折射系数、转动扩散常数、电极化率或单分散性等物质性质。（刘伟伟）

电子 electron 带有单位负电荷的原子的基本构成粒子。电子属于第一代**轻子**，参与弱相互作用和电磁相互作用，是最早发现的亚原子粒子。原子是由一个带正电荷的原子核和若干带负电荷的电子组成的。

发现 “电子”这个名词是1874年爱尔兰物理学家G.J.斯托尼提出的。他依据**法拉第电解定律**，认为任何电荷都由基元电荷组成，并将这个电荷的最小单位命名为电子。

1897年，英国物理学家J.J.**汤姆孙**通过一系列实验对阴极射线的特性进行了深入研究，证明阴极射线是由带负电的粒子组成的，并测定了阴极射线粒子的荷质比（电荷与质量之比）远远大于氢离子荷质比。由此他得出结论：阴极射线粒子是一种比氢原子小得多的带单位负电荷的粒子，爱尔兰物理学家G.F.菲茨杰拉德建议将其命名为“电子”。电子的发现揭示了原子具有内部结构，打破了原子是组成物质的最小单元的学说。

电荷 电子带负电荷，电荷量是一个单位的基元电荷。1909年前后，美国实验物理学家R.A.**密立根**和他的学生H.弗莱彻利用油滴实验对基元电荷量进行了精密的测量。实验装置的主体是一个水平放置的平行板空气电容器，加上一定电压可在平行板间产生静电场。将雾化器产生的细小油滴引入到两极之间，利用雾化过程的摩擦力或X射线照射使油滴带上电荷。测量油滴在重力、电场力、空气的黏滞阻力和浮力共同作用下的平衡收尾速度，可以计算出油滴所带电荷的大小。根据对数百个油滴测量结果的分析，他们得出结论，即油滴所带电荷总是一个基元电荷的整数倍。为了准确测量基元电荷量，还须对油滴在空气中的黏滞阻力进行修正，其原因是对微小的油滴而言空气不能再视为连续媒介。

基元电荷e是一个基本物理常数。根据国际科学与技术数据委员会（CODATA）1998年的建议，e不再是一个独立常数，而由其他基本常数导出。2014年CODATA的建议值为：

$e = 1.602\,176\,620\,8(98) \times 10^{-19}$库

静止质量 电子的质量比原子核的质量小很多，与氢原子核（即质子）相比，电子的质量约为其1/1836。电子的静止质量m_e是电子处在静止状态时的质量，也是一个基本物理常数，可由里德伯常数R_∞、精细结构常数α、普朗克常数h和光速c根据下式导出：

$$m_e = \frac{2R_\infty h}{c\alpha^2}$$

2014年CODATA的建议值为：

$m_e = 9.109\,383\,56(11) \times 10^{-31}$千克

大小 电子无结构，可视为携带点电荷的点粒子。离子阱囚禁单电子的实验表明电子半径的上限值约为10^{-22}米。还有一个被称为“经典电子半径”的物理常数，是根据电子的经典相对论模型得到的，其值为$2.817\,940\,322\,7(19) \times 10^{-15}$米（2014年CODATA的建议值），与实际的电子结构无关。

自旋 电子具有内禀角动量，即**自旋**，其自旋量子数为1/2。电子自旋角动量在特定方向上的投影值为$\pm\hbar/2$［式中$\hbar = h/(2\pi)$，为约化普朗克常数］。1925年，受奥地利物理学家W.**泡利**的启发，在分析原子光谱精细结构的基础上，两位荷兰物理学家G.E.乌伦贝克和S.A.古兹密特首先提出电子具有自旋的运动自由度。1928年，英国物理学家P.A.M.狄拉克给出了电子的相对论波动方程，从理论上直接得出电子具有内禀自旋角动量的结论。自旋量子数为1/2的电子是**费米子**，服从**费米-狄拉克统计**。

电子还具有与自旋对应的内禀磁矩，方向与自旋角动量相反，其大小为一个玻尔磁子μ_B（特定方向上投影的大小），2014年CODATA的建议值为：$927.400\,999\,4\,(57) \times 10^{-26}$焦/特。

波动性 电子具有波动性。1924年，法国理论物理学家L.V.**德布罗意**提出像电子这样的实物粒子也具有波动性，其波长$\lambda = h/p$（p为电子的动量）。1927年，电子的波动性分别独立地被美国科学家C.J.**戴维森**和L.H.革末及英国物理学家G.P.**汤姆孙**的晶体衍射实验所验证。在量子力学中，电子的波动用复形式的波函数描述，其模二次方表示电子在空间某处出现的概率密度。（陈向军）

电子导电 electronic conduction 以电子在电场中的定向运动构成的导电过程。常见的金属和半导体中的导电过程为电子导电。按照经典电子论，金属导体内有正离子（原子实）组成的点阵和原子的价电子形成的自由电子，自由电子在导体内可自由运动。无外电场时，金属导体内的自由电子犹如气体分子作无规则热运动，沿任意方向都不显示电流；加外电场后，自由电子一方面做无规则运动，另一方面逆着电场方向发生漂移运动，形成宏观电流。通常情形下，自由电子的漂移速率远小于其热运动平均速率。经典电子论可说明金属导体的导电规律，即**欧姆定律**，电流密度j与电场强度E成正比，$j = \sigma E$。但它不能说明金属电导率σ与温度的依赖关系，以及自由电子对热容量的贡献很小的事实，所存在的矛盾只有在量子理论发展后才得到解决。根据量子理论，自由电子的运动用电子波函数描述，理想晶格内势场是严格周期性的，对电子是完全“透明”的，自由电子的运动不会受到阻碍，因而不存在电阻。但点阵的热振动以及晶格中的杂质原子、空位、位错等点阵缺陷破坏了势场的严格周期性，引起电子波函数的散射，从而构成电阻。电子波函数被点阵振动的散射又称为电子与声子的碰撞或电子-声子相互作用。考虑了电子-声子相互作用之后，理论上说明电导率与温度的关系；而点阵的不完整性，如杂质原子、空位、位错等造成的散射也是电阻的起因，这部分电阻称为剩余电阻。至于电子对热容量的贡献为零，是由于电子遵从费米-狄拉克统计和**泡利不相容原理**在其中所起的作用。（陈熙谋）

电子的有效质量 effective mass of electrons 晶体能带理论中描述电子对外场响应的一个重要物理量。见**有效质量**。

电子对产生 electron-positron pair production 由于粒子间的相互作用而产生电子和正电子对的效应。最简单的一种效应是：当能量大于两倍电子静质量（即1.02兆电子伏）的γ光子与原子核周围的库仑场作用时，能产生一对电子和正电子。计算表明，正负电子对的总动量小于γ光子的动量，而剩余的部分动量由反冲核带走。电子对的动能与其静质量相应的能量以及反冲核动能之和恰等于γ光子的能量，即系统遵守能量守恒、动量守恒定律。

产生电子对的概率与物质的原子序数二次方成正比，并随γ光子能量增加而增大。考虑实际放射性防护中（如防护材料为铅），当γ射线能量高于2兆电子伏时，正负电子对产生是使γ射线强度衰减的主要原因。高能光子和电子因与物质作用产生级联正负电子对等效应而最终被吸收是**电磁量能器**的理论基础。

正负电子对也可由其他粒子转化而产生出来。如高能电子对湮没，强子－强子碰撞和一些介子（如ρ、ω、φ、J/ψ、Γ等）衰变时也会产生正负电子对。1974年正是通过测量正负电子对的总能量和动量，发现了由粲夸克－反粲夸克组成的J/ψ粒子。以上各种正负电子对的产生过程要用P.A.M.狄拉克的正负能态的电子理论或量子电动力学及粒子间的复杂的相互作用过程解释。（谢一冈）

电子对湮没　electron-positron annihilation　电子与正电子碰撞后消失并转化为其他粒子的效应。它是电子对产生的逆过程，要用P.A.M.狄拉克的正电子理论和粒子间的相互作用过程解释。低能正负电子对湮没后可产生一对0.51兆电子伏的γ光子。相互对撞的高能量的正负电子的质心系总能量（经质能换算）高于某些粒子的总质量时就可产生出相应的末态粒子，如正负μ子对或正负τ轻子对或许多种介子，如ρ、ω、J/ψ、Υ等。

随着能量的增高或正负电子束流的增强，愈加复杂或稀有的事例随着出现，极有利于深入研究粒子物理学领域的新课题。这是重视发展高能正负电子对撞机的原因。如20世纪末世界最高能量正负电子对撞机的能量高达200吉电子伏，超过一对中间玻色子（W,Z）的质量，适用于粒子物理前沿领域的课题研究。另外，相对于较低能区（1～10吉电子伏），高束流强度的正负电子对撞机由于产生某些粒子的概率非常大，被分别称为这些粒子诸如Φ、τ-c（粲）、B的“粒子工厂”。21世纪初，中国的北京正负电子对撞机第二代实际上就是一座τ-c“粒子工厂”。在应用方面，利用加速器和放射性钠等产生的低能正电子与介质中电子的湮没现象研究固体的晶体缺陷以及化学动力学受到重视。另外，20世纪70年代发明的正电子发射断层照相已广泛应用。在医学上，它是利用人体摄入作为正电子源的某些短寿命放射性同位素后，利用计算机断层照相提供人体病变诊断和代谢研究。（谢一冈）

电子概率密度　electron probability density　量子力学中，用以表示电子在空间出现的概率分布的量。在量子力学中，电子的运动状态用波函数$\boldsymbol{\Psi}(\boldsymbol{r},t)$来描述。根据1926年德国理论物理学家M.玻恩提出的统计诠释，波函数是概率幅，其模的二次方$|\boldsymbol{\Psi}(\boldsymbol{r},t)|^2$表示电子$t$时刻在空间$\boldsymbol{r}$点单位体积里出现的概率，即电子概率密度。（陈向军）

电子光学　electron optics　研究电子在电磁场中聚焦、成像、偏转等规律及其应用的一门学科。电子光学的主要理论基础是经典力学、经典电动力学和光学。人们依据电子在电磁场中运动与光线在光学介质中传播的某些相似性，采用类似于光学的方法和概念，如变分原理、光程函数、折射率、射线、透镜和相差等，建立起电子光学完整的理论体系。

在电子光学中，通常利用旋转对称的电场和磁场来构成电子透镜以使电子束聚焦。例如，在具有旋转对称的几何构形的金属导体电极系统的电极上分别加上一定的电压，便构成静电透镜；在带有或不带有铁壳和极靴的圆形线圈绕组中通以恒定电流或由永久磁铁形成的旋转对称磁场构成磁透镜；电磁多极透镜是由几个对称放置在方位角方向上具有一定电（磁）位的电（磁）极所构成的非旋转对称场。电子束的偏转则分为静电偏转和磁偏转两种，分别利用垂直于电子束运动方向的静电场（磁场）来使电子束改变方向或发生偏转。

电子光学主要应用于高性能透射电子显微镜、电子枪式彩色显像管、高频示波管、微光夜视的变像管、像增强器和电视摄像管、地面和卫星通信中的微波管、新型高能加速器以及微米或亚微米的电子束加工技术。（周立伟　彭练矛）

电子光子簇射计数器　shower counter for electrons and photons　用于测量高能光子、电子等电磁作用粒子的能量，以及鉴别它们和其他种类粒子的探测器。见电磁量能器。

电子－核子深度非弹散射　electron-nucleon deep inelastic scattering　核子从高能电子获得大动量转移而被击碎并产生大量粒子的反应过程。见深度非弹性散射。

电子回磁比　electron gyromagnetic ratio　电子的自旋磁矩与自旋角动量的比值。电子回磁比公式为$\gamma_e=g_e\dfrac{e}{2m_e}$，式中$e$为电荷；$m_e$为电子质量；$g_e$为无量纲的电子的$g$因子。狄拉克方程预言$g_e=2$，但实验测量中$g$因子与2相差大约千分之一。这个差异称为电子的反常磁矩：$a_e=\dfrac{1}{2}(g_e-2)$。量子电动力学很好地解释了这反常磁矩，即电子与外电磁场作用过程中有产生一个或多个虚光子。在更精确的计算中，还要考虑来自其他虚粒子的修正。即在粒子物理的标准模型框架内，$g_e=2$对应于领头阶费曼图的结果；而反常部分a_e来自单圈图与高圈图的修正。实验值是$a_e^{\mathrm{EXP}}=11\,596\,521\,809.1(2.6)\times10^{-13}$，标准模型给出的理论预言是$a_e^{\mathrm{SM}}=11\,596\,521\,817.8(7.7)\times10^{-13}$，两者在非常高的精度下一致。（冯太傅）

电子回旋波　electron cyclotron waves　磁化等离子体中频率在电子回旋频率量级的电磁波。电子回旋波具有高频、短波长的特性，具有良好的耦合特性，通常利用光学近似就可以相当精确地描述其传播过程。通过电子回旋共振（$\omega\sim\omega_{ce}$）或者高杂共振$\omega\sim\sqrt{\omega_{pe}^2+\omega_{ce}^2}$，电子回旋波可在等离子体实现高效的、局域的功率沉积。电子回旋波也可通过非对称波谱的功率注入实现非对称的电阻率，以实现电流驱动。因此电子回旋波在磁化等离子体启动、加热和电流驱动方面具有重要的作用，尤其由于其效应具有良好的局域性，电子回旋加热和电流驱动被用来实现新经典撕裂模、锯齿振荡等磁流体模式的控制，以及用来实现调制脉冲开展输运研究。

在高密度等离子体中，电子回旋波会遭遇截止问题。这对于较低磁场的（如球形托卡马克）或运行密度较高的磁约束位形（如仿星器）可能会变得重要。这时可通过电子回旋波向电子伯恩斯坦波的转化，实现高密度等离子体的启动、加热和电流驱动。

电子回旋波应用的瓶颈在于极高频回旋管的研制。在5特斯拉的磁场下，电子回旋频率基频达到140吉赫兹。虽然这一频率量级的回旋管的研制已经成功，但高功率、长时间（甚至稳态）的极高频回旋管的研发仍然是未来电子回旋波应用的关键因素。（高　喆）

电子晶格相互作用　electron-lattice interaction　电子在固体中的运动状态与原子的集合（晶格）的排列方式、运动状态密切相关的物理表示。具有金刚石或者闪锌矿结构的半导体，一个元胞（最小的不重复的晶体结构单元）中包含两个原子，其声子谱包含声学声子和光学声子。声学声子代表了一个元胞内两个原子整体的运动；而光学声子代表了一个元胞内两个原子相对的运动。每一种声子由一个纵波支和两个横波支组成。在半导体中对电子起主要散射作用的是长波声子，它的波矢$\boldsymbol{k}\approx0$，波长比原子间距大很多倍。而在长波长的声子中，又只有纵波声子在散射中起主要作用，因为纵波声子会引起体积的压缩和膨胀，而横波声子则不能。对于声学声子，体积的膨胀和压缩将引起局部的能带的变化，对于载流子就像产生一个附加的势能，称为形变势。对于光学声子，如果是极化晶体（化合物半导体），一个元胞内正负两个离子的相对运动将产生一个附加的静电势能，称为极化势，或者弗洛里希（Frölich）势，它们将对电子产生散射作用。

在散射过程中，电子将吸收或者放出声子，整个过程应满足动量守恒和能量守恒，即电子始末状态的能量和动量改变，应与参与散射的声子相匹配。电－声子散射概率与声子种类、温度、电子能量等有关。光学声子由于具有一定的能量 $\hbar\omega_0$，因此在一般温度下光学声子数较少，光学声子散射率比声学声子散射率小得多。但当体系远离热平衡状态特别是在激发状态下（如外加光泵浦或电泵浦的情况），电－声子散射的渠道繁多而高效，体系往往在极短的时间内（0.1～10皮秒）释放能量而达到一个等效温度较低的准平衡状态。

（夏建白）

电子－离子对撞机 electron-ion collider; EIC 用高能电子撞击高能离子来探测核子的夸克胶子结构并研究**强相互作用**。粒子对撞机的一种。其目的是探测离子中的核子（质子和中子的通称）和核物质中的夸克和胶子分布，并研究夸克和夸克及夸克和胶子间的主要作用，即强相互作用。电子与质子或轻离子对撞是研究核子的夸克胶子结构的有效工具。电子与重离子对撞能探测到核环境下核子的夸克胶子结构的变化并可研究强相互作用在特殊条件下的新现象，如检验是否存在胶子饱和状态。

电子与质子的弹性散射实验首次发现了质子是有结构的，其发现者获得了1961年诺贝尔物理学奖。深度非弹性散射（DIS）实验则首次发现了夸克的存在，获得了1990年诺贝尔物理学奖。其后数十年的DIS实验确定了核子不但有价夸克，还有同样重要的胶子及海夸克并提供了大量的夸克及胶子分布的精确数据。与固定靶散射实验相比，电子－离子对撞（EIC）能达到的质心能量要高很多。除能研究价夸克性质外，还能深入精确研究胶子和海夸克的性质。

世界上唯一运行过的高能EIC是德国DESY实验室的HERA。其电子和质子的能量可分别高达27.5吉电子伏和920吉电子伏。HERA把DIS测量的能区扩张了近千倍，提供了大量高能区域的质子结构函数的精确数据，使人们对质子的夸克胶子分布及性质有了深入的了解。但HERA局限于非极化的质子。没有极化也没有其他离子。亮度对一维非极化分布的研究还够高，但对极化或超越一维的研究就不够高。近些年的研究已突显了极化自由度的重要，且看到了从一维分布走向多维成像的必要性。建造高亮度极化EIC已经成为当务之急。

美国的核科学长期规划明确提出把“高能高亮度极化EIC”作为新建大装置中最高优先建设项目。有两个设计方案：一个是杰弗逊实验室的JLEIC方案，用现有的高强度极化电子束流与新建8字型极化离子束流对撞，电子与质子能量为11吉电子伏与100吉电子伏，并可升级至20吉电子伏与200吉电子伏，亮度可达10^{34}；一个是布鲁克海文国家实验室的eRHIC，拟建一高强度极化电子束流与现有的极化离子束流对撞。电子与质子能量为5吉电子伏与250吉电子伏，可升级至25吉电子伏与250吉电子伏，亮度可达10^{33}～10^{34}。美国已从这两个方案中选择了eRHIC方案，已于2022年开始建造，预计到2030～2035年可建成。

欧洲对建造EIC的计划中，一个可能是在德国GSI实验室正在建设中的FAIR（正负质子环）设施上加建一极化电子环成为电子核子对撞机（ENC），电子与质子能量为3.3吉电子伏与15吉电子伏，亮度可达10^{32}。但因FAIR建成时间延迟，且ENC方案竞争力不够强，此方案的讨论暂时停止。另一可能是在CERN的LHC上升级成LHeC。电子与质子能量为60吉电子伏（可升级至140吉电子伏）与7太电子伏，亮度可达10^{33}。作为升级可能性之一，前景尚不明确。

中国科学院近代物理研究所提议的一高强度重离子加速器设施（HIAF）的方案已开始建造。一个可行的EIC方案是在HIAF上加建一极化电子束流环使其成为一极化EIC，电子能量为3～5吉电子伏，质子为10～20吉电子伏，其质心能量低于美国提议建造的EIC，但仍比杰弗逊实验室直线加速器升级后的能量高数倍，亮度可达10^{32}～10^{33}，与美国提议建造的EIC互补，并有升级余地。它将为研究核子和核的深层结构，尤其是海夸克和价夸克的多维结构提供一高效高强度的超级显微镜。

（陈剑平）

电子能量损失谱 electron energy loss spectroscopy; EELS 具有一定能量的电子入射到固体样品经过非弹性散射而损失了能量，非弹性散射电子进入能量分析器后，测量其能量损失及强度的能量损失谱。电子与固体的相互作用可引起各种激发，包括：价电子激发和芯能级电子激发，即单电子激发；光学声子和电磁声子激发；体内和表面的等离子激发以及表面原子、分子吸附的振动激发。由于声子和吸附物的振动激发电子能量损失很小，对谱仪的分辨率要求很高，所以在电子能量损失谱中又有高分辨电子能量损失谱（HREELS），其能量分辨率随仪器设计不同而异，最好的能量分辨率可达0.5毫电子伏。在高分辨电子能量损失谱中必须有一个低能的单色电子作入射源照射在样品上（见图），

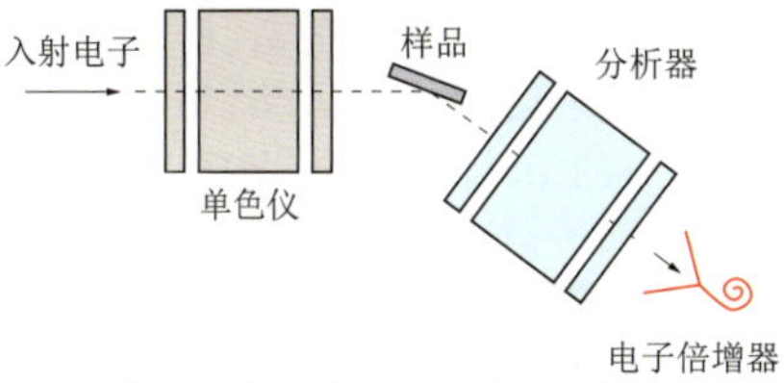

高分辨电子能量损失谱仪示意图

入射能量一般为2～10电子伏。高分辨电子能量损失谱可测出固体表面的振动谱，并能够给出样品表面吸附物的种类、位置和大致取向，此方法用于单晶表面及吸附物的研究中。

（郭沁林）

电子偶素 positronium 正电子靠近电子时由于库仑静电作用而形成的类似氢原子一样的束缚态。电子偶素是M.道依奇在1951年发现的。由于它的折合质量$\mu=m_e/2$，大致是氢原子的折合质量的一半，因此，相对氢原子来说有一些不同的性质。

电子偶素的能量是同一主量子数氢原子能量的一半，因此，电子偶素的基态电离能为6.8电子伏，也为氢原子的一半。

电子偶素的半径比同一主量子数的氢原子大一倍，基态为1.06×10^{-10}米。

电子偶素的能级精细结构介于氢原子与氦原子之间，但更类似于氦原子而不是氢原子。这是由于正电子的磁矩大小等于电子的磁矩，比质子的大很多，造成正、负电子之间的自旋－自旋磁相互作用比在氢原子中的电子与质子之间的大很多，不能忽略。氢原子中的电子自旋与自身的轨道运动角动量耦合成总角动量，是二重态。而电子偶素的正、负电子的自旋首先耦合成总自旋S，再与轨道角动量L耦合成总角动量J。这种情况类似于氦原子基态中的二电子耦合。精细结构分为两类：正、负电子的自旋反平行的$S=0$的单重态^{1}S和平行的$S=1$的三重态^{3}S，如图所示。但有两点与氦原子的能级不同。首先，氦原子的两个电子是全同粒子，交换效应

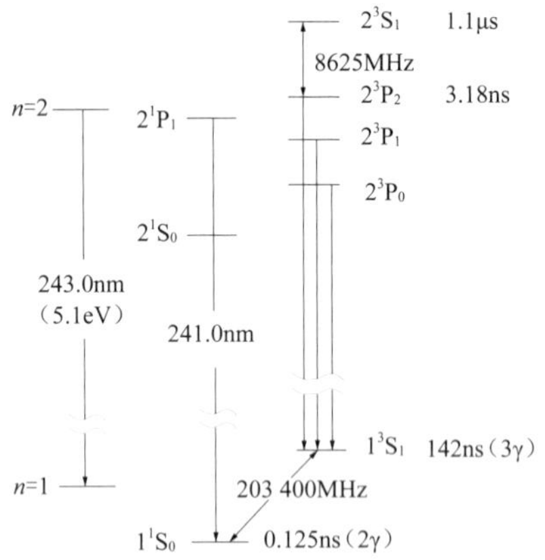

电子偶素的能级图

造成自旋对称的^{3}S态的能级比自旋反对称的^{1}S态能级低；而电子偶素的正电子的电荷与电子的相反，不是全同粒子，不存在交换效应，S态又不存在自旋与轨道作用，电子和正电子的自旋–自旋作用的精细结构效应的影响就显露出来，造成自旋反对称的^{1}S态能级比自旋对称的^{3}S态的能级低。其次，由于正、负电子不是全同粒子，不受泡利原理限制，不像氦原子那样基态不存在1^3S三重态，电子偶素存在1^3S态。基态分裂为1^1S和1^3S，1^1S能级低些，两者能量差为8.45×10^{-4}电子伏。处于1^1S单态的电子偶素称为仲电子偶素，记为p-Ps；处于1^3S三态的电子偶素称为正电子偶素，记为o-Ps。

氢原子和氦原子是稳定的，不衰变；而电子偶素却是不稳定的，这是由反粒子与粒子的湮没效应引起的。在正电子与电子的湮没中，可以发生双光子（2γ）和三光子（3γ）的湮没，双光子湮没是正、负电子自旋形成反平行的^{1}S单态的湮灭，三光子湮灭是正、负电子自旋形成平行的^{3}S三态的湮没。电子偶素1^1S_0态的寿命为0.125纳秒。1^3S_1态寿命为142纳秒。

1946年J.惠勒预言了电子偶素离子（包括两个电子–一个正电子，或两个正电子–一个电子）的存在，在1981年被实验观测到。2007年，电子偶素的分子态，即两个电子–两个正电子的束缚态被发现。随后大量的理论工作计算了它们的能谱，以及衰变模式和寿命。由于这是多体（三体或四体）问题，计算变得很复杂，基本上都是用变分法来处理的，理论研究工作还在进行，希望得到更精确的结果。

（徐克尊　李学潜）

电子迁移率　electron mobility　单位**电场强度**下所产生的电子的平均漂移速度。电子迁移率是表征半导体的一个重要参数。用公式可表示为$\mu=v/E$，其中E表示电场，v表示电子的平均速度，迁移率μ的单位是厘米^2/（伏·秒）。电子迁移率反映了在外加电场下，半导体或者金属中电子运动的快慢。在半导体中，还存在另一种载流子——空穴。空穴也有空穴迁移率。电子迁移率和空穴迁移率统称为载流子迁移率。在n型半导体中载流子主要是电子。载流子迁移率及载流子浓度决定了半导体的电导率。

电子迁移率与电子的有效质量和散射概率成反比。通常情况下，空穴的有效质量比电子的大，所以电子迁移率一般要大于空穴迁移率。有效质量与材料有关，不同的半导体中电子有不同的有效质量。如硅中电子有效质量为$0.5m_0$（m_0是自由电子质量），砷化镓中电子的有效质量为$0.07m_0$。

真空中的电子在外电场下会一直加速，但在实际的材料中，电子会受到缺陷、杂质、声子等的散射，不能无限加速运动。半导体中载流子在低温下主要受到缺陷和杂质的散射。对于电离杂质散射，迁移率与温度的3/2次方成正比，中性杂质散射的影响与温度无关。杂质浓度越高，散射越强，迁移率越低。高温下主要受到由原子晶格振动产生的声子的散射，温度上升，声子数增加，散射变强，迁移率减小。普通半导体材料的迁移率通常为10^2～10^6厘米^2/（伏·秒）。通过**调制掺杂**技术制造的调制掺杂异质结，迁移率可达到10^6厘米^2/（伏·秒）以上。

迁移率越大，器件的运行速度越快，截止频率就越高；迁移率越大，电导率越大，通过相同电流时功耗越小。砷化镓的电子有效质量比硅的小很多，因此砷化镓被用来制作高频器件。一些**低维结构**的体系也有很高的电子迁移率，比如碳纳米管在室温下迁移率可达到10^5厘米^2/(伏·秒)，石墨烯在低温下迁移率可达到2×10^5厘米^2/（伏·秒）。

（王开友）

电子亲和势　electron affinity　在气相条件下一个中性的原子或分子得到一个电子形成负离子所释放的能量。即$X+e^-\rightarrow X^-+$能量。是衡量原子或分子得到电子能力的一个基本参数。与电子亲和势相对应的是电离势，即从原子或分子中取走一个电子形成正离子所需要的能量。实验上通常是利用光电子效应测量电子亲和势：$X^-+h\nu\rightarrow X+e^-$。这里初态负离子$X^-$和末态中性原子X均处于基态，电子亲和势数值就等于光子能量$h\nu$减去光电子的动能。如利用这种方法得到的氢原子电子亲和势为0.754 195电子伏，氧原子为1.461 113 6电子伏，铁原子为0.153 236电子伏。一些原子不能形成稳定的负离子，如氦原子、氮原子，但在电子碰撞过程中，如果碰撞的电子动能合适，有可能形成寿命较短的共振态。这类原子的电子亲和势数值上为负数，例如氦原子电子亲和势为−0.52电子伏。大多数元素的电子亲和势都已经被精密测量，有专门表格可供查阅。但是，还有些元素的电子亲和势是未知的，这些元素主要集中在过渡族、镧系，以及锕系元素。

（宁传刚）

电子–声子相互作用　electron-phonon interaction　电子与晶格振动之间的相互作用。固体中带正电荷的原子实在静态时所处的平衡位置形成晶格，晶格的周期性场使电子的能谱存在能带。在周期场中电子有确定的能量和称之为准动量的$\hbar\boldsymbol{k}$，式中$\boldsymbol{k}$为波矢；$\hbar$为$h/2\pi$。表明能带电子的行为与自由电子相似。周期场的作用可归结在电子的有效质量。晶格原子实在格点（即平衡位置）附近振动，由于原子间相互牵连，各原子实的振动形成种种格波，即不同的频率、波矢和偏振的简谐波模（简正模）。各个简正模的能量量子就是声子。故电子与声子相互作用代表了电子与晶格振动之间的作用。

晶格原子振动偏离其格点，周期性场在局部遭破坏，使电子运动方向偏折，即发生散射。在电子与晶格振动之间出现动量和能量的交换。当电子将一部分能量和动量转移给晶格时，晶格某一简正模的格波幅度增大，升高了该简正模的量子化能级，这时电子发射一个声子。如果在散射过程中，某一简正模格波降低了它的量子化能级，把能量和动量转移给电子，则是电子吸收一个声子的情况。这种发射或吸收声子的过程就是电子–声子相互作用的基元过程。这些过程中电子和声子满足能量和准动量守恒关系。

电子–声子相互作用引起许多物理效应。金属的电阻随温度而变化的原因，就在于各种频率的声子密度依赖于温度。电子–声子相互作用会引起电子能量有所修正，相当于修改了能带电子的有效质量。离子晶体中存在原胞中离子相对位移形成光学格波，其中纵向光学格波具有极化电场，它与能带电子相互作用形成**极化子**。

金属和合金在低温下出现的超导电性，亦起因于金属中电子–声子的相互作用。1950年两个实验组同时发现：汞同位素的超导临界温度与该同位素质量的二次方根成反比。此同位素效应预示电子–晶格振动是超导现象的因由。现在知道，正是电子–声子相互作用造成金属费米面附近两个电子之间存在吸引力。吸引力是两个电子通过交换声子来实现的，即一个电子发射一个声子，这声子随即被第二个电子吸收，或者第一个电子吸收了由第二个电子发射的声子。吸引力的强弱直接决定了金属或合金超导临界温度的高低。

（蔡建华）

电子顺磁共振 electron paramagnetic resonance; EPR 恒磁场中具有*顺磁性*的物质中的原子或离子对特定频率电磁波的吸收或发射现象。简称顺磁共振。电子具有内禀自旋磁矩，在绕原子核运动时产生轨道磁矩。原子中各个电子的自旋磁矩和轨道磁矩耦合成总电子磁矩。原子组成分子时，多数情况下电子的磁矩将互相抵消，使分子的总电子磁矩等于零。但在某些分子和离子或自由基中，总电子磁矩不为零。由它们组成的电子顺磁物质就是顺磁共振观测的对象。对于一些金属和半导体，使它们发生晶体缺陷（如位错）和辐射损伤（如色心）等，它们就能变成顺磁物质。其中的总电子磁矩基本上（99%以上）来自电子自旋，它们的顺磁共振则又被称为电子自旋共振（ESR）。电子自旋共振已成为顺磁共振应用的主要部分。（孟庆安）

电子隧穿 electron tunneling 入射电子能量小于势垒能量高度时电子仍然可以穿越势垒的一种量子过程。电子隧穿是量子物理中具有重要意义的基本物理过程，是经典力学中无对应现象的几个典型之一（其他如干涉、纠缠、非局域等），凸显了经典力学与量子物理的冲突，反映出微观粒子的波动特性。电子隧穿现象在量子物理和物质科学中广泛存在。早在1928年J.R.*奥本海默*已经基于隧穿图像解释原子核的不稳定性。其他重要的隧穿过程还包括束缚在势阱的粒子，在外加电场下隧穿有限宽度的势阱而逃逸导致的隧穿电离。隧穿过程中，局域的、束缚的电子波包与远场的自由电子形成联系。通过探测自由电子或电流可实现对束缚电子波包的探测与成像，而通过控制势垒则可实现对隧穿过程的操控。隧穿效应被广泛应用于从原子、分子、光物理到凝聚态物理等领域，解释各种现象和实现大量应用，如隧道二极管、隧道扫描显微（STM）、电子输运和单分子器件、原子在强激光场中的隧穿电离和超快分辨多电子激发与弛豫等。（赵增秀）

电子态密度 electronic density of states 在能量区间E到$E+\Delta E$之间单位能量内的电子态数目。电子态密度可用来决定电子态随能量的一般分布，也能反映出半导体能带的间距和*带隙*。在不同类型的低维量子结构（见*低维结构*）中，随束缚维度的变化电子态密度发生显著改变。如图所示，通常三维块体材料（3D）的电子态密度是能量的平方根；在二维量子阱（2D）中，电子态密度是能量的台阶函数，台阶发生在出现一个新子能带处；超晶格是准二维系统，态密度用虚线表示；一维量子线（1D）的电子态密度则与能量的平方根成反比；在零维量子点中，量子化的离散能级导致电子态密度是能量的δ函数（未在图中示意）。电子态密度随维度的改变

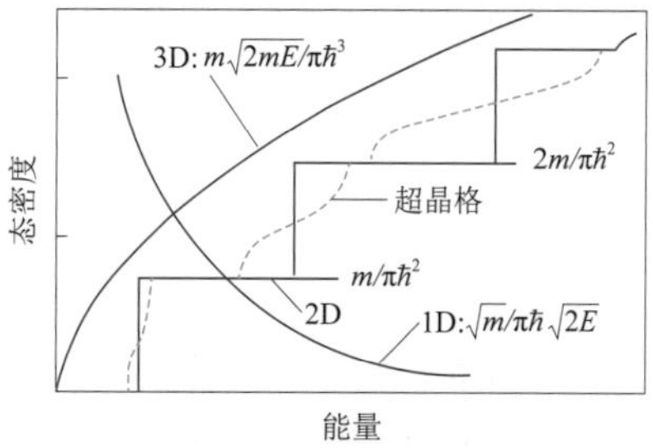

一维、二维、三维电子体系态密度以及超晶格的态密度示意图

而发生显著变化的这个特性，有助于实现光学和电学性质优异的高级纳米器件。电子态密度既可以通过理论计算获得又可以从实验测量获得，所以它是一个实验验证理论的重要物理量。系统的比热、顺磁磁化率和导电固体的其他输运现象等性质依赖于电子态密度。

实验上一般用紫外光电子谱测量固体的电子态密度。用能量为几十电子伏的电子打在固体上，测量吸收能量随电子能量的变化。如果在能量E与$E+\Delta E$的范围内，吸收能量大，则表示电子态密度大。如果吸收能量为零，则表示电子态密度为零，比能量范围是带隙。用这种方法测量了主要半导体的价带和导带的电子态密度，实验结果与理论计算的结果符合得很好。

半导体的吸收光谱与它的导带和价带的联合态密度有关。假设半导体的导带和价带都是抛物型的，分别具有有效质量m_e和m_h。导带和价带单独的态密度分别与$(m_e)^{3/2}$和$(m_h)^{3/2}$成正比，而导带和价带的联合态密度与$[m_e m_h/(m_e+m_h)]^{3/2}$成正比。联合态密度与半导体的吸收系数$\alpha$和消光系数$\varkappa$成正比。

电子态密度的一个重要衍生量是局域态密度。局域态密度是一个描述材料的空间分辨的电子态密度。在材料科学，由于扫描隧道显微镜（STM）可以用来对原子精度的电子密度进行成像，局域态密度对于解释STM数据非常有用。局域态密度可用来获得对固体器件保持洞察力。如电子晶体管沟道内的局域态密度可以用门电压进行大幅调控，门电压对晶体管的开关可以很好地用沟道内局域态密度的变化来说明。

（骆军委）

电子探针X射线微区分析 electronprobe X-ray microanalysis 利用电子束轰击固体样品的微小区域，并测量所产生的特征X射线谱而对样品微区内的元素进行定性和定量分析的X射线荧光分析方法。简称电子探针分析。由X射线理论可知，当用聚焦到很细的高能电子束轰击样品表面某个微区时，被轰击区域内的元素的原子就会被激发到高能态，其退激发时产生特征X射线，不同的元素可以产生能量不同的特征X射线。这种X射线具有特征波长和能量，通过X射线分光谱仪鉴别其特征波长或利用能谱仪测量该特征X射线的能量就可以确定所分析的元素。电子束轰击产生的特征X射线的强度与样品中该元素的浓度成正比。将被测样品与标准样品中该元素的X射线强度进行对比，就可以进行定量分析。将电子放大成像与X射线衍射分析结合起来，还能将所测微区的形状和物相分析对应起来。电子探针X射线微区分析可以一次全分析从铍到铀的所有元素，具有分析速度快和方便的特点，其定量分析的相对误差通常低于2%，常规分析的检测限达到0.01%～0.05%；此外，还具有很强的微区分析能力，其空间分辨率可达到0.5微米，具有进行选区分析和元素面分布分析的功能。

简史 1942年J.希利尔首先描述了电子探针的工作原理。1949年R.卡斯塔因把电子显微镜、X射线分光光度计和金相显微镜加以改造和组装，建立了世界上第一台用电子探针X射线微区分析仪。1958年法国卡麦卡公司试制成功定点式分析的商品仪器。扫描型电子探针X射线微区分析仪由英国科学家V.E.科斯莱特和P.丹坎布研制成功，并于1960年由英国剑桥仪器公司正式商业化生产。随着计算机系统的发展，逐步实现了自动化扫描和数据分析。空间分辨率也随着真空技术和电子枪技术的发展，得到很大的提高。

仪器 电子探针X射线微区分析仪主要由电子光学系统、X射线谱仪和数据采集与记录系统组成。电子光学系统主要由电子枪、透镜系统和扫描系统组成，为电子探针分析提供具有足够高的能量和束流的聚焦电子束。一般采用钨丝热发射电子枪和两三个聚光镜的结构。通常加速电压

为10～30千伏，束流为10^{-9}～10^{-7}安，束斑直径约为0.5微米。X射线谱仪主要有波谱仪和能谱仪两种。波谱仪是采用分光晶体的方法对电子束激发产生的X射线进行色散分析，利用特征X射线的波长来确定元素的仪器。能谱仪是采用硅锂漂移探测器进行X射线能量分析的仪器。能谱仪的特点是检测效率较高，空间分辨能力高，分析速度快；波谱仪的特点是能量分辨本领比能谱仪高一个数量级，分析元素广，分析误差小，定量效果好。

应用和进展　在金属学方面，可用于合金、金属间化合物的偏析、夹杂和脱溶物的组成分析，研究结晶过程中的原子迁移，了解杂质或合金原子在晶界和晶粒内部的分配，考察金属在气相或液相介质中的腐蚀和氧化机理，测定金属渗透层、镀层厚度和组成，观察样品中的元素分布等。在岩石学和矿物学方面，可用于鉴定微粒矿物和细小包裹体，研究矿物内部的化学元素均匀性和地球化学特性，对找矿、矿产的评价、改进冶金流程，以及促进地质理论的发展具有重要作用。在材料科学技术方面，可以利用电子探针分析研究微电子原件和器件中的杂质和缺陷，进行产品质量检测等。随着纳米材料和纳米器件研究的高速发展，电子探针在纳米材料的分析以及纳米器件的研究上显示了广阔的应用前景。在化学、化工方面，常用于对催化剂、颜料和腐蚀物的元素分析和成分分析，了解元素的分布和偏析信息。在医学和生物学方面，进行生物质的元素分析。还可以研究大气中气溶胶的成分，以研究大气环流和污染源。（朱永法）

电子衍射　electron diffraction　电子束显示具有波动性并发生衍射的现象。1927年C.J.**戴维森**和L.H.革末用镍单晶表面对能量为100电子伏的电子束进行散射，发现晶体对电子的衍射现象。几乎同时，G.P.**汤姆孙**和A.里德用能量为2×10^4电子伏的电子束透射多晶薄膜，也观察到电子衍射图样。从而证实了L.V.**德布罗意**提出的电子具有波动性。电子衍射成为量子力学的实验基础。

电子衍射和X射线衍射一样，都遵从布拉格反射公式$2d\sin\theta=n\lambda$，式中d为晶面间距，$\lambda=h/mv$是速度为v的电子的德布罗意波波长，θ为电子束与晶面间夹角，h为普朗克常数，m为电子质量。但两者衍射的内在物理机制不同。X射线是受晶体中电子云散射；电子则受原子核和核外电子的散射。严格讲，晶体对电子的衍射问题要从解有关**薛定谔方程**来确定。但若考虑到势能远小于入射电子动能，衍射束远弱于入射束的条件，获得的解与布拉格公式的结果一致。如果进一步考虑衍射波与入射波以及各衍射波之间的相互作用，则可形成电子的**衍射动力学理论**。

利用电子衍射可测定晶体表面结构和薄膜的结构等。（陆　栋）

电子-振动耦合　vibronic coupling　分子内电子运动和核振动运动的相互作用。电子-振动耦合使得分子的电子态和振动态不可分开，不同电子态间可通过核振动耦合，其强度表明了相互作用的强弱。电子-振动耦合导致**玻恩-奥本海默近似**失效，对于理解分子激发态的光谱和非绝热动力学有非常重要的意义。（徐海峰）

电子组态　electron configuration　原子内电子壳层排布的标示。又称电子构型、核外电子排布（壳层）。电子的排布主要遵循**泡利不相容原理**，即“不能有两个电子处于同一状态”，也就是这两个电子不能具有完全相同的四个量子数（n, l, m_l, m_s）。同时电子填充壳层时应遵循原子核外电子的壳层结构（最大填充数$2n^2$）和最低能量原理，从低到高依次填充在不同壳层中，形成原子的电子组态。如^{12}Mg原子的基电子组态为$1s^22s^22p^63s^2$，^{28}Ni原子的基电子组态为$1s^22s^22p^63s^23p^63d^84s^2$，^{29}Cu原子的基电子组态为$1s^22s^22p^63s^23p^63d^{10}4s^1$。（蒋　刚）

电阻　resistance　根据**欧姆定律**，导体两端的电压U和通过导体的电流I成正比，比值R称为电阻。电阻用公式表示为：

$$R=\frac{U}{I}$$

其单位为欧[姆]（Ω），量纲为$L^2MT^{-3}I^{-2}$。电阻的倒数$1/R=G$，称作**电导**，单位为西[门子]（S）。电阻或电导的量值反映了导体的导电性能。（陈熙谋）

电阻表　ohmmeter　测量电阻的机械式指示电表。电阻表的原理电路见图。它由磁电系微安表、电池和可调电阻组成。

当被测电阻$R_x=0$时，电路中的电流最大，调节R使测量机构指针的偏转角为满刻度值，此时电路中的电流值$I_0=E/R$。当被测电阻R_x增大时，电流$I=E/(R+R_x)$逐渐减小，指针的偏转角也减小。因此电阻表表盘上的电阻值标尺是反向的，而且刻度不均匀。若被测电阻$R_x=R$，则电流$I=I_0/2$，指针偏转角为满偏转角的一半。因此，刻度中点处所标的电阻值（称为中

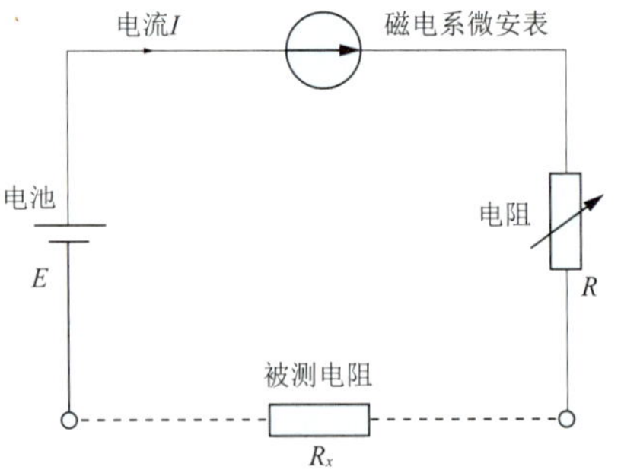

测电阻的原理电路

值电阻）即为该量程下多用表的内阻值。通常电阻值标尺的有效读数范围为0.1～10倍中值电阻值。（唐统一）

电阻定律　law of resistance　确定导体电阻的定律。横截面均匀的导体（如导线）在一定温度下导体的电阻R与其长度l成正比，与横截面积S成反比，即：

$$R=\rho l/S$$

式中比例系数ρ是导体的**电阻率**。（陈熙谋）

电阻规真空计　resistance vacuum gauge　利用电阻测量真空度的仪器。又称皮拉尼真空计。加热电阻丝，气体离子与电阻丝碰撞带走能量，电阻丝温度变化与热丝周

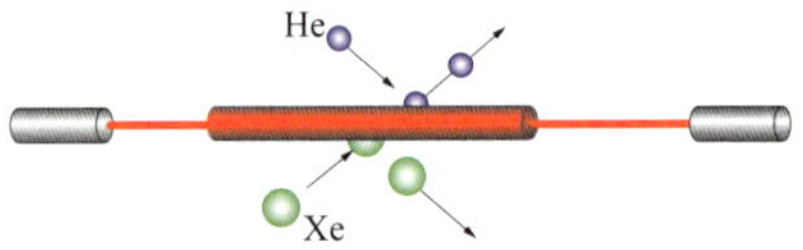

电阻规真空计

围气体浓度及气体成分成比例关系。测量范围：1大气压至10^{-2}帕。（吴小山）

电阻率　resistivity　表征物质导电性的物理量。对于由一定材料制成的横截面均匀的物体，其电阻R与长度l成正比，与横截面S成反比，可写成：

$$R=\rho l/S$$

式中比例系数ρ称为电阻率，在国际单位制中的单位为欧·米，其倒数$1/\rho=\sigma$称为电导率，单位为西门子/米。常温下金属导体的电阻率为10^{-8}～10^{-6}欧·米。银的电阻率最小，在20℃时为1.59×10^{-8}欧·米，导电性能最佳；其次为铜，在20℃时电阻率为1.67×10^{-8}欧·米。绝缘体的电阻率一般为10^8～10^{18}欧·米。聚丙烯的电阻率达10^{19}欧·米，是最好的绝缘材料。半导体的电阻率介于导体和绝缘体之间，为10^{-5}～10^6欧·米。各种材料的电阻率都随温度变化，纯金属的电阻率随温度的变化比较规则。常温下当温度变化范围不大时，电阻率与温度近似呈线性关系，随温度下降而

降低，表示为：

$$\rho=\rho_0(1+\alpha t)$$

式中ρ为t℃时的电阻率；ρ_0为0℃时的电阻率；α称为电阻温度系数，单位是℃$^{-1}$。不同材料的电阻温度系数α不同。多数纯金属的$\alpha\approx0.004$℃$^{-1}$。绝缘体和半导体的电阻率随温度升高而急剧降低，而且变化也不是线性的。金属、合金及其化合物当温度降到绝对零度附近某一特定温度T_c时，电阻率突然降到无法测量的数值，这种现象称为**超导电性**现象，T_c称为转变温度。铜氧化物高温超导材料的转变温度已超过100K。材料的电阻率还受压力或光等其他物理因素的影响而发生变化，热敏电阻、光敏电阻以及电阻应变片等广泛应用于测量技术、自动控制及遥感技术中。

（陈熙谋）

电阻器 resistor 用电阻材料制成的能在电路中起降低电压和限制电流通过的二端电子元件。阻值不能改变的称为固定电阻器，阻值可变的称为电位器或可变电阻器。决定电阻大小的因素有材料、温度、截面积和长度。理想的电阻器是线性的，即通过电阻器的瞬时电流与外加瞬时电压成正比。一些特殊电阻器，如热敏电阻器、压敏电阻器等敏感元件，其电压与电流的关系是非线性的。

简史 1885年英国C.布雷德利发明模压碳质实心电阻器。1897年英国C.甘布里尔和A.哈里斯用含碳墨汁制成碳膜电阻器，1913～1919年英国J.W.斯旺和德国F.克鲁格先后发明金属膜电阻器，1925年德国西门子-哈尔斯克公司发明热分解碳膜电阻器。晶体管问世后，对电阻器的小型化、阻值稳定性等指标要求更严，促进了各类新型电阻器的发展。美国贝尔实验室1959年研制成TaN电阻器。之后，采用滚筒磁控溅射、激光阻值微调等新工艺，向平面化、集成化、微型化及片状化方面发展。

原理 设每边为1米的立方体的电阻称为此导体的**电阻率**ρ。对于一定粗细金属丝组成的电阻器的线电阻$R=\rho l/S$，式中l为长度，S为截面积。而薄膜电阻的电阻膜厚度很小，ρ又随厚度变化，因此对均匀薄膜，其电阻是面电阻R_S，都用欧姆(Ω)表示。R和R_S是工程技术上的应用，而ρ则在物理学上使用。对电阻的概念还有接触电阻和绝缘电阻，这是在某些应用中需要考虑的问题。

电阻器的电阻常随温度变化，金属的电阻随温度上升而增加（正温度系数），半导体、电解液、绝缘体的电阻随温度上升而减小（负温度系数）。若温度T_1时的电阻为R_1，T_2时为R_2，则：

$$R_2=R_1[1+\alpha_1(T_2-T_1)]$$

α_1表示在T_1时的电阻温度系数。图是各种常用电阻器的结构和外形，表是各种电阻器的特性。

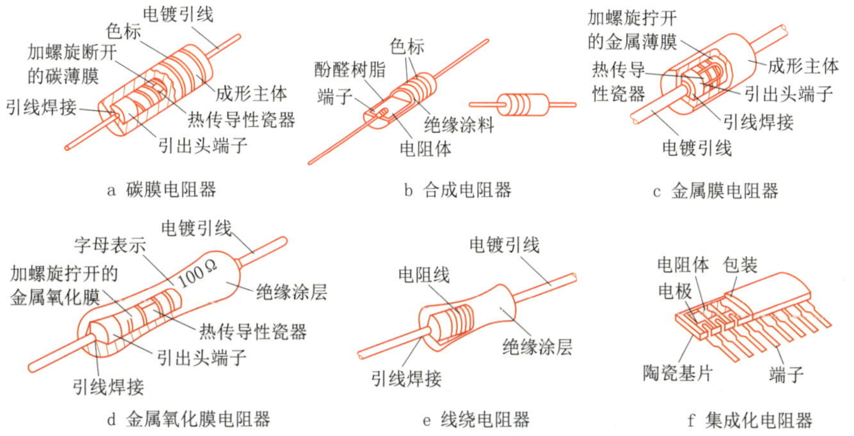

常用电阻器的结构和外形

固定电阻器的种类和特性

种类	材料	额定电功率（W）	标称电阻值（Ω）	容许误差（%）	电阻温度系数（10^{-6}/℃）	特征、用途等
碳膜电阻器	碳膜	1/8～1/2	$0.47\sim5.1\times10^4$	±2～±5	－1500～－150	又称碳电阻器，廉价，为最标准的电阻
金属膜电阻器	金属膜	1/8～1/2	$1.0\sim2.2\times10^4$	±0.1～±5	±50～±200	温度性能良好，低噪声，用于计测器
金属氧化膜电阻器	金属氧化膜	1/2～7	$0.2\sim470\times10^2$	±2～±10	±300～±3500	可以在高温下工作，方向系数良好，用于电功率
碳膜混合体电阻器	碳膜混合体	1/4～1/2	$0.1\sim22\times10^4$	±5～±20	+100或－1500～－500	又称固体电阻器，高频性能良好
金属混合膜电阻器	金属混合物膜	1/16～1	$0.36\sim10\times10^4$	±0.5～±10	±100～+1000或－500	作为集成化的芯片应用
线绕电阻器（电功率型）	电阻线（电功率型）	1～40	$0.01\sim62\times10^2$	±0.5～±10	±50～±250	低噪声，有胶型，用于电功率
线绕电阻器（精密型）	电阻线（精密型）	1～3	$0.1\sim3\times10^2$	±0.25～±1	±50～±90	低噪声，用于高精度电功率和计测器

表征电阻器特性的参数还有：标称阻值（用数字或色标在电阻器上标志的设计阻值）、允许偏差（实际阻值与标称阻值间允许的最大偏差，以百分比表示）、额定功率（电阻器在额定温度下连续工作所允许耗散的最大功率）。除以上几种参数外，还有非线性（I-V伏特性偏离线性关系的程度）、电压系数（所加电压每改变1伏阻值的相对变化率）、噪声、高频特性和长期稳定性等技术指标。电阻在构造上有电感成分、静电电容成分，在高频下使用时会出现波形变化或者振荡等问题。由于电阻值、构造、制造条件等因素，阻抗的频率特性有偏移。线绕电阻器是将电阻线绕成线圈状，所以阻抗成分大，降低阻抗的方法是采用艾尔顿-皮里绕组和双线线圈等的无感型材料。保护膜电阻的电阻体上旋刻的槽与电极间有杂散电容，高频时电容性电抗将不能忽略。所能使用的频率的上限与电阻的种类和电阻值有关，从经验上讲，线绕电阻器的低电阻值、保护膜电阻器的高电阻值易受限制。在高频电路中，使用10瓦左右的额定电功率的电阻时，需注意电阻的种类和电阻值的选择。电阻器是最常用的电子元件，其发展方向是小型化、高可靠性、高精度和集成组合网络。

（陈佳圭）

叠层电容器 multilayered capacitor 由电介质（一般为陶瓷）和金属内电极交替堆叠，经过一次性高温烧结形成陶瓷芯片，再于两端封上端电极，形成具有独石结构的电容器件。多层陶瓷电容器（MLCC）是典型的叠层电容器。MLCC具有“隔直通交”作用，还具有体积小、比容大、寿命长、可靠性高、适合表面贴装特点，广泛应用于移动通信、航空及军事领域中。

MLCC结构（图1）主要由电介质层、内电极、端电极组成。内电极分为在空气气氛烧结的贵金属（钯、银-钯等）和在还原气氛下烧结的贱金属（镍、铜等）。端电极一般包含三层：外电极涂覆层（以贵金属作为内电极时则以银为外电极，以贱金属作为内电极是则以铜为外电极）、镍电镀层（提高可靠性）、锡电镀层（易于焊接贴装）。

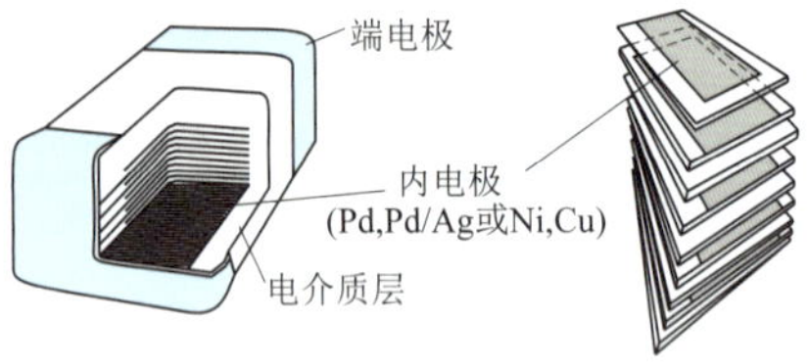

图1　MLCC结构示意图

MLCC的电容量可通过如下公式计算：

$$C=\varepsilon_0\varepsilon_r N\frac{S}{t}$$

式中C为电容器容量；S为有效电极面积；t为电介质层厚度；ε_0为真空介电常数；ε_r为相对介电常数；N为电介质层数。一般根据陶瓷电介质的不同分成两类：第一类是TiO_2、$CaTiO_3$等线性电介质，特点是容量小、损耗低、温度稳定性优异，可用于温度补偿及高频电路等。第二类是$BaTiO_3$等非线性电介质，特点是容量大、温度稳定性较差、同时表现出介电非线性；可用于耦合电路、平滑电路等。

MLCC器件的主要特征参数包括额定电压、绝缘电阻、损耗、直流偏压特性、阻抗特性和温度特性。

额定电压。能够稳定地施加给电容器的、可使用的最大电压称为额定电压。

绝缘电阻。施加直流电压于电容器，经过一定时间极化过程结束后，流过电容器的泄漏电流对应的电阻称绝缘电阻。如果超过额定电压，再进一步提高所施加的电压，最终电容器就会发生绝缘击穿。

损耗。理想状况下，电路上不存在电容器内部的能量消耗，但实际上，电容器的介电损耗、电极、导线、电极的电阻成分都会引发能量损耗。

直流偏压特性。MLCC的电容量会因所施加的电压而发生变化，在直流电压下被称为直流偏压特性。电容量的变化在第一类低容量电容器中不明显，但在第二类高容量电容器中表现明显，这主要是因为第二类高容量电容器的电介质主要是自发极化高的陶瓷。对于$BaTiO_3$等电介质而言，电畴的自发极化是朝向不同的方向，相互抵消，整体不表现出自发极化。当所施加的直流电场增大时，自发极化方向会定向为电场的方向，电容增大。当进一步提高电场时，所有电畴极化方向均朝向电场方向，达到饱和状态，电容减小。一般来说，越是小型尺寸的电容器，因直流偏压所引发的电容量的减少越大。

阻抗特性。理想的电容器随着频率增高，阻抗会无限接近于零，但在现实的电容器中，阻抗会以某个频率为临界升高，其阻抗-频率特性呈V形曲线。这是因为电容器所具有的等效串联电感（ESL）与电容器之间形成了LC谐振电路。阻抗最小值对应的频率叫作自谐振频率（SRF），在该频率以下都作为电容器发挥作用，在此以上的频率范围内则作为电感器发挥作用，见图2。

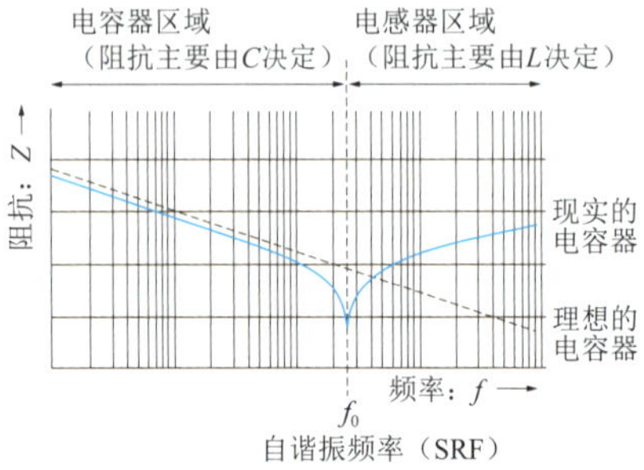

图2　MLCC的阻抗特性曲线

表1　第一类电容器温度特性标准

电容变化率（ppm/K）	电容变化率倍率	电容变化率公差（ppm/K）
C: 0.0	0: −1	G: ±30
B: 0.3	1: −10	H: ±60
L: 0.8	2: −100	J: ±120
A: 0.9	3: −1000	K: ±250
M: 1.0	4: +1	L: ±500
P: 1.5	6: +10	M: ±1000
R: 2.2	7: +100	N: ±2500
S: 3.3	8: +1000	
T: 4.7		
V: 5.6		
U: 7.5		

表2　第二类电容器温度特性标准

温度范围		电容变化率
X=−55 ℃	4=+65 ℃	P=±10%
Y=−30 ℃	5=+85 ℃	R=±15%
Z=+10 ℃	6=+105 ℃	S=±22%
	7=+125 ℃	T=+22/−33%
	8=+150 ℃	U=+22/−56%
	9=+200 ℃	V=+22/−82%

温度特性。陶瓷电容器的电容量会随温度而发生变化。美国电子工业协会（EIA）对第一类和第二类电容器分别作有标准规定。第一类电容器温度系数的EIA-RS-198标准（温度范围：25～85℃）见表1，例如第一行的C0G，表示在25～85℃范围，电容变化率应小于±30ppm/K。第二类电容器温度系数的EIA-RS-198标准见表2，如X7R，表示在−55～125℃范围，电容变化率应小于±15%。（王晓慧）

丁大钊　Ding Dazhao（1935-01-12～2004-01-14）　中国核物理和粒子物理学家。生于江苏苏州，卒于北京。1955年复旦大学物理系毕业。1955～1956年任中科院近代物理研究所三室研究实习员。1956～1960年被国家选派苏联杜布纳联合核子研究所做研究生，导师是**王淦昌**。1960～1964年任原子能研究所二部助理研究员。1974年任原子能研究所副研究员。1984年被推荐为国家级有突出贡献的中青年科学家。1982年获国家自然科学一等奖。1983～2004年任中国原子能科学研究院研究员、科技委副主任。1991年当选为中科院数理学部委员（院士）。1990～2004年任中国科学院高能物理研究所北京正负电子对撞机国家实验室副主任。

1959年参与发现反西格马负超子，提出并发展了一种确定径迹气泡密度，进而鉴别粒子的方法，为鉴定与分析反西格马负超子事例解决了关键问题。20世纪60年代初负责轻核反应实验小组，为完成氢弹研制所需部分基础数据的测量准备了条件。70年代中期及以后负责开辟快中子核反应γ谱学分支学科，并领导热中子辐射俘获与原子核巨共振研究。1977～1983年负责原子能研究所串列加速器核物理实验室的实验区建设，建成适于进行精细核反应谱学与核结构研究的实验室。1990～1995年兼任北京正负电子对撞机国家实验室副主任，负责同步辐射应用并参与高性能同步辐射光源的建设。他是国家重大科学工程项目上海光源建设的最早建议人之一。1999年负责开展的“加速器驱动洁净核能系统的物理和技术基础”项目被列入国家“973”计划项目，并担任该项目首席科学家。1982年获国家自然科学奖一

等奖。（尹晓冬）

丁舜年　Ding Shunnian（1910-12-04～2004-09-20）　中国电机工程专家。生于江苏泰兴，祖籍浙江长兴县。1932年毕业于上海交通大学电机工程系，后留校任电机系助教。1934年任上海华生电器厂工程师。后曾任资源委员会中央电工器材厂工程师。1947年被资源委员会派往美国西屋电气公司实习，同时在美国匹兹堡大学研究生院进修。1948年回国。1949年上海电机厂成立，丁舜年任该厂副厂长兼总工程师。1951年任华东工业部电器工业管理局第二设计分局副局长。1954年任第一机械工业部设计总局副总工程师。1956年任第一机械工业与生产组织科学院副院长兼总工程师。50年代初，丁舜年与毛启爽等一起组建上海电机工程学会。1956年后，曾任中国电机工程学会副秘书长、理事、副理事长、名誉理事长，并被授予终身荣誉会员称号。1958～1964年调至第一机械工业部电器科学研究院担任院长。1964～1978年任第一机械工业部电器工业管理总局总工程师。1979年任第一机械工业部教育局副局长，直到1984年退休。70年代末，与褚应璜等发起创办中国电工技术学会，该学会于1981年正式成立，曾任副理事长兼教育工作委员会主任、名誉理事长。1984年跨国电气电子工程师学会（IEEE）北京分部成立，任副主席。1990年获跨国电气电子工程师学会特级荣誉会员称号。1980年当选为中国科学院学部委员（院士）。

丁舜年主要从事电机电器设计、制造、研究和电工科技人员培训教育工作。在华生电器厂期间，从事发电机、变压器设计等技术工作，主持设计了国内自制最大的交流同步发电机，低噪声新型“华生”牌电扇。在上海电机厂工作期间，领导设计了国内最大的高速感应电动机，研制成功无轨电车直流牵引电机。在担任电器科学研究院院长期间，组织领导建成第一机械工业部系统第一个电子计算机站，还领导了电工标准化工作，组织制定了数百项标准。指导研制成功许多新产品，如高精度控制微电机（包括自整角机、伺服电机）和磁放大器等，并指导研制成功新型电工材料和新型绝缘材料。在担任电工总局总工程师工作期间，于1966年，研制成功完全由中国自行设计制造的第一台采用氢内冷的10万千瓦汽轮发电机及配套设施。在20世纪60～70年代，研制成功双水内冷20万千瓦发电机组，参与研制60万千瓦发电机组。对中国发展电机、电器工业做出了重要贡献。（尹晓冬）

丁西林　Ding Xilin（1893-09-29～1974-04-04）　中国物理学家、剧作家。原名丁燮林。生于江苏泰兴，卒于北京。1914年赴英国伯明翰大学攻读物理学，获理科硕士学位。1919年回国后，历任北京大学物理学系主任兼理预科主任，中央研究院物理研究所所长，并三次代理中央研究院总干事。中华人民共和国成立后，历任文化部副部长、中国对外文化联络委员会副主任和中国人民对外友好协会副主任等职务。

丁西林早年以热电子发射的实验直接验证了麦克斯韦速度分布律。在北京大学任教期间曾大力整顿和充实物理实验室。在担任中央研究院物理研究所所长时，对重力和地磁做过多方面测试和研究，建立了中国自己建造的第一座地磁台；主持制造600套高中物理实验仪器和3000套初中物理实验仪器，并亲自编写了实验讲义，分发给全国各初高级中学。这些工作对全国中学的物理教学，特别是对中学物理的实验起了开拓与推动作用。

丁西林还是一位著名的文艺家、剧作家，是中国话剧的创始人之一，曾创作了不少优秀的话剧剧本。在文化部任副部长期间，曾兼任北京图书馆馆长和中央自然博物馆筹备委员会主任。1950年被选为中华全国科学普及协会副主席，1958年被选为中华人民共和国科学技术协会（后改名为中国科学技术协会）副主席，对科学界的团结组织工作和普及科学知识都有不少贡献。他还对中国文字改革，特别是对汉字检字法进行过长期的研究，曾提出汉字编号法。（戴念祖）

丁肇中　Samuel Chao-chung Ting（1936-01-27～　）　美籍华裔物理学家。祖籍中国山东日照。生于美国密歇根州安亚柏市，曾在中国度过少年时期。1956年入美国密歇根大学物理系和数学系学习，1960年获硕士学位，1962年获理学博士学位。曾在瑞士欧洲核子研究中心工作一年。1964年起在美国哥伦比亚大学工作。1967年起任麻省理工学院物理学系教授。美国国家科学院院士。

丁肇中专长实验物理学，研究方向是高能粒子物理，包括**量子电动力学**、**电弱统一理论**、**量子色动力学**。他所领导的实验组先后在几个国际实验中心做了出色的工作。

1965年起，丁肇中领导的实验组在联邦德国汉堡电子同步加速器上进行了关于量子电动力学和矢量介子的一系列出色的实验工作，其中包括光生矢量介子、矢量介子衰变的研究，矢量为主模型的实验检验，介子光生相位的测量和介子干涉参数的精密测量等，推进了对矢量介子的认识。还在实验上证明了量子电动力学的正确性。

1972年夏，丁肇中实验组利用美国布鲁克海文国家实验室的质子加速器寻找长寿命中性粒子。1974年，他们发现了一个质量约为质子质量三倍（质量为3.1×10^9电子伏）的具有奇特性质的长寿命中性粒子。在公开发表这个发现时，丁肇中把这个新粒子取名为J粒子。与此同时，美国人B.里克特也发现了这种粒子，并取名为ψ粒子。后来1975年就把这种粒子称为J/ψ粒子。J/ψ粒子的发现大大推动了粒子物理学的发展。为此丁肇中和里克特共同获得1976年诺贝尔物理学奖。

1978年起，丁肇中领导一个包括中国在内的国际合作组——马克·杰组，在汉堡电子同步加速器中心，进行高能正负电子对撞的物理实验。1979年夏，发现了三喷注现象，为**胶子**的存在和量子色动力学提供了实验依据。此外，这个组还进行了高能量下量子电动力学的实验检验及电磁作用与弱作用干涉效应的实验证明，后一工作为电弱统一理论提供了实验证据。

1981年起，丁肇中组织和领导了一个包括中国在内的约13个国家近400名物理学家参加的国际合作组，在欧洲核子研究中心高能正负电子对撞机LEP上进行高能物理实验，在寻找新粒子以及探索物理新现象等方面，进行了一系列研究。

丁肇中热心培养中国高能物理学人才，经常回中国选拔年轻科学工作者去他

所领导的小组工作；并受聘为中国科学技术大学名誉教授，中国科学院高能物理研究所学术委员会委员。 （戴念祖）

顶夸克 top quark 基本粒子中的一种。顶夸克（t）是目前已知最重的基本粒子，基本属性为自旋 $J=\frac{1}{2}$ 第三代夸克费米子，带 $Q=\frac{2}{3}e$ 分数电荷，质量为 $m=173.21\pm0.51\pm0.71$ 吉电子伏（直接测量）。1973年，益川敏英和小林诚为解释K介子衰变过程CP破坏实验，提出存在第三代顶－底（b）夸克弱同位旋二重态理论假说。1995年，费米实验室TEVATRON对撞机CDF和D0两项实验发现顶夸克。顶夸克很“重”，单粒子质量相当于一个钨原子，实验上主要是TEVATRON/大型强子对撞机（LHC）通过胶子（g）聚合或轻夸克（q）湮灭强作用产生顶夸克及其反粒子对（见图1）。

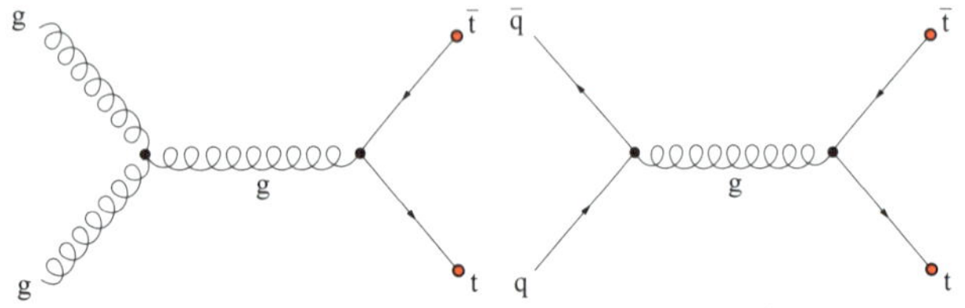

图1 强子对撞机上胶子聚合和轻夸克湮灭产生顶夸克对机制

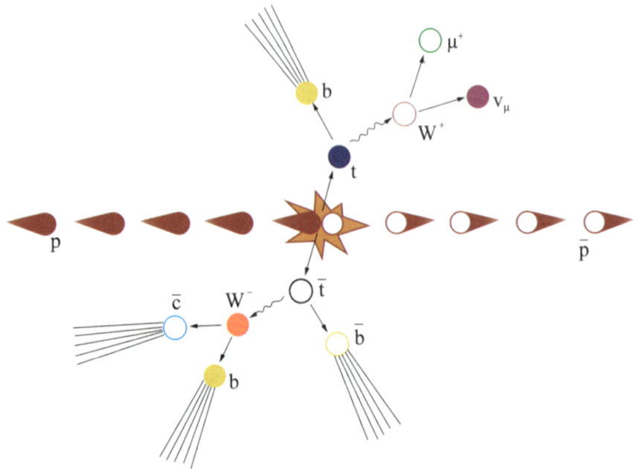

图2 TEVATRON对撞机上顶夸克对产生的W半轻子衰变

另外，顶夸克的衰变宽度远大于量子色动力学强子化能标，即其寿命极短（约 4.6×10^{-25} 秒），无法形成强子束缚态，而是以100%的分支比衰变到一个底夸克和一个W矢量玻色子 $t\to b+W$。因此，强子对撞机实验主要是通过观测顶夸克对产生的W半轻或全轻衰变，研究其产生截面和测量顶夸克质量。衰变示意见图2（图中各种基本粒子符号可参见粒子物理学）。 （韩 良）

顶色相互作用 top-color interaction 具有低能区的色禁闭和高能区的渐近自由的强相互作用。见仿色相互作用。

东方超环 experimental advanced superconducting tokamak; EAST 中国自主设计、研制的世界上第一个非圆截面全超导托卡马克装置（EAST）。它的建成使中国成为世界上少数几个拥有先进超导托卡马克装置的国家之一。使中国磁约束核聚变研究进入世界前沿。EAST科学目标是针对托卡马克核聚变堆尚存在的前沿性物理问题，探索通过非感应电流驱动实现托卡马克稳态运行的方法，为未来安全、稳态、高效的聚变反应堆提供长脉冲条件下的实验基础和工程技术指导。EAST于2006年9月第一次产生等离子体，2010年实现高约束模放电，2012年实现1兆安满参数设计指标，同年实现400秒、2000万摄氏度长脉冲偏滤器运行和30秒的高约束模运行。于2016年成功实现电子温度超过5000万摄氏度、持续时间达102秒的高性能长脉冲等离子体放电。2021年5月28日，“东方超环”成功实现可重复的1.2亿摄氏度101秒和1.6亿摄氏度20秒等离子体运行，创造新的世界纪录。

EAST装置的主机部分高11米，直径8米，重 4×10^5 千克，由超高真空室、纵场线圈、极向场线圈、内外冷屏、外真空杜瓦、支撑系统六大部件组成。辅助系统由大规模低温氦制冷、大型高功率脉冲电源、先进计算机控制和数据采集处理、34兆瓦级辅助加热（12兆瓦射频加热、10兆瓦低杂波、8兆瓦中性注入、4兆瓦电子回旋）系统、大型超高真空、80项先进诊断测量等系统以及多项类国际热核聚变实验堆（ITER）实验控制系统（10兆瓦/米^{2}水冷钨偏滤器、边界局域模控制系统等）组成。EAST大半径为1.88米，小半径为0.45米，它的大半径和小半径分别只有ITER的1/3和1/4，且其位形比ITER更加灵活。它是在ITER之前国际上最重要的稳态偏滤器托卡马克物理实验设施之一，能够为ITER和聚变堆的发展做出重要贡献。

EAST装置

（李建刚）

动静法 kineto-statics 根据达朗贝尔原理用静力学平衡方程研究非自由质点系动力学的一种普遍方法。又称动态静力学。对非自由质点系中的每个制裁点都加上惯性力 $\boldsymbol{F}_{\mathrm{I}i}=-m_i\boldsymbol{a}_i$，则质点系上的主动力、约束力与惯性力平衡，它们的主矢及对某点的主矩都是零，写为：

$$\boldsymbol{F}_{\mathrm{R}}=\sum\boldsymbol{F}_i+\sum\boldsymbol{F}_{\mathrm{N}i}+\sum\boldsymbol{F}_{\mathrm{I}i}=0$$

$$\boldsymbol{M}_O=\sum\boldsymbol{M}_O(\boldsymbol{F}_i)+\sum\boldsymbol{M}_O(\boldsymbol{F}_{\mathrm{N}i})+\sum\boldsymbol{M}_O(\boldsymbol{F}_{\mathrm{I}i})=0$$

由于质点系的内力成对出现，在上式中两两相消，故上式也可写为：

$$\sum\boldsymbol{F}_i^{(e)}+\sum\boldsymbol{F}_{\mathrm{I}i}=0$$

$$\sum\boldsymbol{M}_O[\boldsymbol{F}_i^{(e)}]+\sum\boldsymbol{M}_O(\boldsymbol{F}_{\mathrm{I}i})=0$$

式中 $\boldsymbol{F}_i^{(e)}$ 为作用于质点系各质点的外力。上式表明，质点系的外力系与惯性力系构成平衡力系。上式可用来求解动力学两个基本问题：已知主动力求运动（相当广求惯性力）及已知运动求约束力。

用动静法求解动力学问题是一种重要的工程方法。因为相对于动力学的定理及公式，静力学的平衡方程更容易为工程技术人员所掌握，且具有方便灵活的优点。如在力矩平衡方程中可选任意点，特别是未知力通过的点为矩心，以减少方程中的未知量。而动力学的动量矩定理，只有矩心选在固定点或质心时才有简单形式。此外，引入惯性力转化成静力学问题亦可使一些力学现象有简洁的解释。 （贾书惠）

动力堆 power reactor 供发电或动力用的裂变反应堆。动力堆的主要类型有压水堆、沸水堆、重水堆、熔盐（增殖）堆、石墨水冷堆、中子增殖堆等。

压水堆 一次冷却水保持在不发生整体沸腾的压力之下的反应堆。它是建造数量最多的一种动力堆型（图1）。

一般压水堆均采用低浓二氧化铀燃料，其中 ^{235}U浓缩度为1.66%～4.4%，燃料包壳为锆锡合金。核潜艇压水堆为了缩小反应堆体积和延长换料周期，通常采用高浓二氧化铀燃料。现有核电站压水堆用

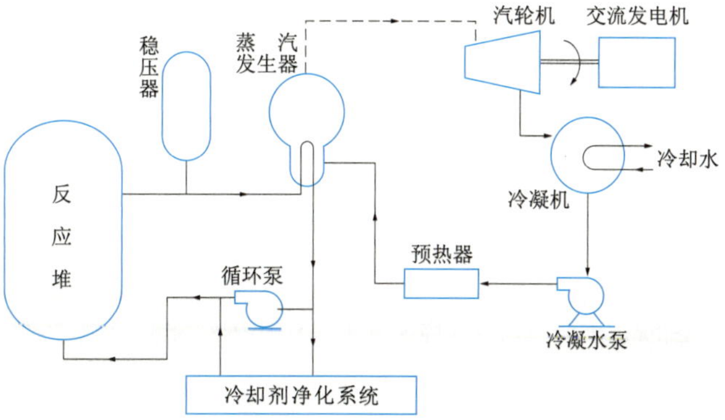

图1　压水堆示意图

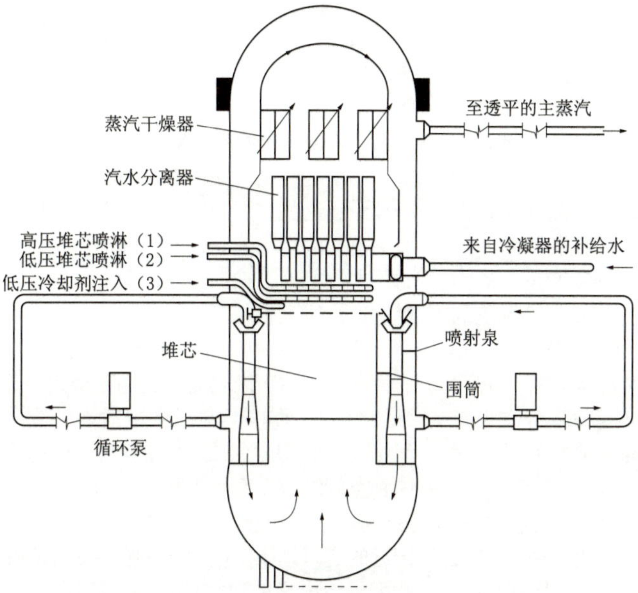

图2　沸水堆示意图

的控制棒是不锈钢管或镍合金管，也有用碳化硼或硼钢的。压水堆运行时，一回路水的温度和压力较高。以1000兆瓦级的核电站压水堆为例，水温为595～604开，压力为15.2～15.7兆帕，二回路产生的蒸汽温度为538～585开，压力为5.5～7.06兆帕。为了保持一回路水工作压力基本稳定，采用自动电加热方式的稳压器。每个环路有一个循环泵和一台蒸汽发生器。压水堆核电站一般有2～4个环路。

压水堆最危险的潜在事故是冷却剂流失，又称失水事故。此时一回路管道破裂，冷却剂从破口流出，堆芯冷却恶化，燃料元件损坏，放射性物质逸出。为了减轻这类事故的后果，核电站压水堆都装有完备的应急堆芯冷却系统和自动喷淋系统，整个核蒸汽供应系统安装在一个能接受一定压力的密封性良好的安全壳内。由于采取了这一措施，压水堆核电站有良好的安全运行记录。

沸水堆　主要通过一次冷却剂水的汽化导出堆内热量的反应堆。这样就省去了蒸汽发生器、主循环泵、稳压器和一回路管道。不仅减少了设备投资，而且工作压力可降低到6～7兆帕。这种反应堆是建造数量仅次于压水堆的动力堆型（图2）。

沸水堆的燃料一般是^{235}U为1.7%～2.7%的低浓二氧化铀芯块，压装于^{40}Zr合金管内。由于水在堆内大量沸腾，密度减小，使中子慢化的能力减弱，因此与相同热功率的压水堆相比，燃料装载量要多50%左右，压力容器体积比压水堆约增大两倍。原因是必须为冷却水堆内循环和汽水分离提供足够的空间。

沸水堆一般采用十字形的碳化硼控制棒，设计有安全壳和应急冷却系统。安全壳内设有泄压水池，当主回路管道破裂时，汽水混合物被引入泄压水池内，使蒸汽冷凝，达到泄压目的。此外，即使在正常运行情况下，输出的蒸汽也会有一定的放射性，所以汽轮机组、冷凝器和给水系统均应加以适当屏蔽。

重水堆　以重水作慢化剂的反应堆。重水动力堆的冷却剂多数也是重水，少数用沸腾轻水或二氧化碳。重水动力堆按堆体结构分为压力管式和压力容器式两种。发展得最成熟的是加拿大重水天然铀反应堆——坎杜（CANDU-PHW）堆，它是压力管式的（图3）。

坎杜型重水堆的主要特点是：①重水的热中子吸收截面很小，所以可采用天然铀燃料。一个热功率为2180兆瓦的重水堆，天然铀的装料量为105吨。燃料元件为短棒束型，包壳为薄壁^{40}Zr合金管。②燃料元件置于锆锡合金管内。冷却剂和慢化剂各有自己的系统，相互分开。冷却剂工作压力为8.5～11.0兆帕，温度566～531开。③堆体压力管为水平布置，允许在不停堆情况下换料。④为了使反应堆适应负荷变化和在半小时内能够停堆后再开堆，设置了用硼钢或镉作吸收材料的调节棒。

这种动力堆的优点是不仅可使用天然铀，而且燃料利用率高。燃料内的^{235}U含量可利用至0.13%，低于扩散厂尾料中^{235}U的浓度。此外，堆内中子经济性好，可利用多余中子生产氚和发展成先进的转换堆，实现^{232}Th-^{233}U燃料循环。其缺点是重水装载量大，600兆瓦的坎杜堆的重水初装量为376吨左右；重水的密封防漏问题较多；氚的危害程度较轻水堆大。

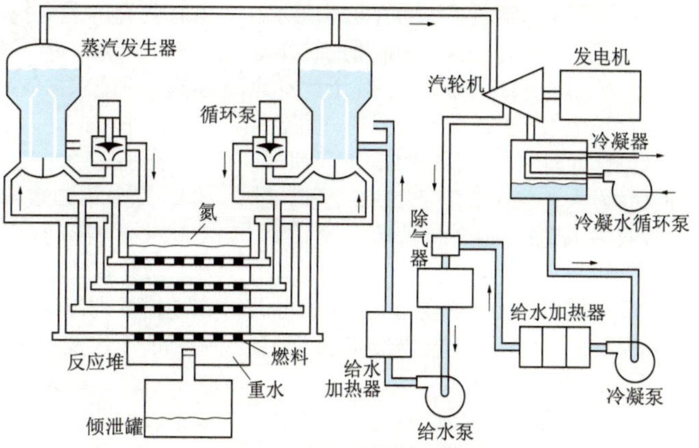

图3　坎杜型重水堆示意图

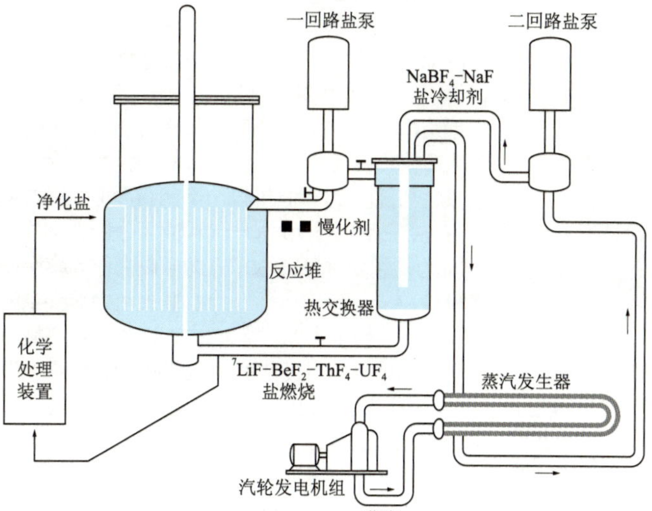

图4　熔盐（增殖）堆示意图

熔盐（增殖）堆　采用^{232}Th-^{233}U燃料循环的热中子增殖反应堆（图4），慢化剂为石墨，因燃料熔融氟盐混合物（UF_4+ThF_4+^7LiF+BeF_2）而得名。利用熔融燃料循环，将其在堆芯部分产生的裂变热能传给中间回路的介质氟硼酸钠（$NaBF_4$-NaF），然后将热能传给蒸汽发生器，使其变为过热蒸汽，推动汽轮机发电。

熔盐（增殖）堆的优点是：①可在高温低压下运行，热效率高（约44%）。②与固体燃料元件相比，节省了燃料加工费用。③燃料燃耗不受辐照操作的限制，既可利用气体净化系统不断清除料液内的裂变气体产物（如^{135}Xe等），又利用其他化学方法连续排除裂变产物，从而更有效地利用堆内中子。④省略了辐照过的燃料运输、冷却存放和全部处理过程，减少了燃料循环过程中的燃料积压。⑤燃料装量少，每1兆瓦电功率输出只需1.0～1.2千克裂变燃料，而一般轻水堆需3千克，钠冷快堆约需5千克。

熔盐（增殖）堆的缺点是：①燃料回路的放射性很强，屏蔽要求高。②材料的防腐问题大。③必须防止裂变产物产生的氚在高温下扩散穿过系统内的金属壁对工作人员造成的危害。这种增殖堆的转换比不大，为1.05～1.07。此外，由于^{233}Pa的半衰期长达27.4天，远比燃料在一回路内每次循环的时间长，而它的热中子吸收截面又相当大，在其未衰变为^{233}U之前，就会吸收中子变成无益的同位素^{234}Pa。因此，必须随时将它从反应堆燃料回路内提取出来，妥善储存，使其衰变为^{233}U之后再供燃料循环回路使用。熔盐堆最初启动时必须用^{235}U或^{239}Pu点火。

石墨水冷堆　用石墨作慢化剂，轻水作冷却剂的热中子反应堆。其燃料为天然金属铀，专门用来生产军用钚，制造原子弹。最初设计的是一次通过的开路冷却方式，后来改为闭路循环冷却系统。

中子增殖堆　采用气体（主要是氦）作冷却剂的快中子增殖堆，是一种正在研究中的堆型，简称气冷快堆。反应堆布置类似于池式钠冷快堆，与高温气冷堆的区别是没有石墨慢化剂。采用PuO_2和UO_2混合燃料，其中^{239}Pu为易裂变材料，UO_2中的^{238}U为可转换材料。

与钠冷快堆相比，气冷快堆有如下优点：①氦的中子吸收截面很小，不会被激活产生放射性。②氦不会与水反应，不需要中间回路。③燃料增殖比较大（可达1.5），燃料加倍时间比钠冷快堆短。④氦没有化学腐蚀性。⑤氦可在任何温度和压力下运行，不会发生相变，不存在流体力学不稳定性问题。⑥反应堆例行维修所需停堆时间较短，设备利用率较高。气冷快堆缺点是，系统工作压力较高（一般为8～12兆帕），不能像钠冷快堆那样可以依靠自然循环将停堆后余热排出。

气冷快堆最严重的事故是冷却剂压力突然下降，它将使堆芯烧毁。设计中必须考虑可靠的后备安全措施，确保在发生这种事故时，堆芯能得到足够的冷却。

（柴之芳）

动力学　dynamics　研究物体机械运动与受力之间的关系的学科。力学的分支。自然界与工程中存在大量的动力学问题。研究动力学问题时，应首先进行分析、简化，抽象成物理模型，再建立动力学方程，即物理模型的受力与运动之间的关系。这个过程称为动力学建模，简称建模。对有限多自由度的离散系统，得到的是常微分方程；对无限多自由度的连续系统，得到的是偏微分方程。动力学问题通常有两种提法：①已知系统的运动规律，求作用于系统的力。②已知系统的受力，求系统的运动规律。有时也有两者的混合提法。运动微分方程有时有解析解，但多数情况下它们是非线性的，只能求数值解。

I.**牛顿**是动力学的奠基者，他于1687年提出了运动的三大定律（见**牛顿运动定律**），其中第二定律建立了动力学方程，由此可推导出动力学的三大定理：**动量定理**、**动量矩定理**与**动能定理**。它们都是用来建模及进行运动特性分析的有力工具。牛顿的工作及后来L.**欧拉**关于刚体动力学的研究，构成了经典力学的牛顿–欧拉体系，也是矢量力学的主要内容。

动力学基本规律的另一种叙述方法称为**达朗贝尔原理**，它可看成牛顿第二定律的演变。依据达朗贝尔原理建立起来的动静法是解决工程问题的一种实用方法。

牛顿运动定律发表100年后，J.-L.**拉格朗日**建立了受完整约束的非自由质点系的动力学方程，称为**拉格朗日方程**。拉格朗日及后来W.R.**哈密顿**等人的工作构成了分析力学的主要内容。如果说矢量力学以力作为核心概念，则分析力学将核心概念由力转移到能量。在经典力学范围内，以力为核心概念与以能量为核心概念是等价的；但在物理的其他领域，力与加速度的概念可能显得没有意义，而能量的概念却无处不在。因此，分析力学成为由经典力学过渡到现代物理的桥梁。

根据研究对象的不同，动力学通常包括质点动力学、质点系动力学、刚体动力学及动力学专门问题几个部分。

（贾书惠）

动力学对称性　dynamics symmetry　量子系统中与守恒量对应的一种对称性。考虑量子系统哈密顿量$H=T+V$，其中T和V分别为动能和势能。如果系统有守恒量A，该守恒量和T、V都不对易，但和H对易，则称该守恒量对应的对称性为动力学对称性。

（张　芃）

动力学平均场　dynamical mean field　一种包含时间变量或者时间关联函数的平均场。与静态平均场相比，动力学平均场描述了相互作用的多电子系统中的部分局域自由度受到其他自由度的动态影响的平均效果。在凝聚态物理的研究中，基于动力学平均场的理论方法被统称为动力学平均场理论。这些方法忽略了关联电子晶格模型中电子的空间关联，而精确描述了局域的动力学行为，被广泛应用于关联电子材料的理论研究中。

简史　1989年，W.梅茨纳和D.沃尔哈特在运用古茨维勒变分波函数研究哈巴德模型的过程中，发现通过适当标度模型中电子的跃迁系数并将哈巴德模型推广到空间维数无穷大极限，可以极大简化图形微扰理论的计算，并给出与三维模型接近的定量结果。E.米勒–哈特曼证明在此极限下电子的自能函数是格点局域的。U.布兰特和C.米尔施以及V.贾尼斯等在空间维数无穷大的极限下将法利科夫–金博尔模型映射为一个处于含时外场（即动力学平均场）下的单格点问题并进行了求解。1992年，A.乔治和G.科特利亚尔以及M.贾莱尔等人将哈巴德模型映射为处于等效环境中的安德森杂质模型并自洽求解。这种自洽计算理论成为普遍采用的动力学平均场理论形式。“动力学平均场”最早出现在贾尼斯的文章和乔治等的综述文章中。

自洽方程　动力学平均场由如下自洽方程决定（以最简单情形为例）。对具有在位（on-site）相互作用的关联电子晶格模型的哈密顿量：

$$H=-\sum_{<i,j>\sigma}t_{ij}c_{i\sigma}^{\dagger}c_{j\sigma}+\sum_{i}H_{i}^{\text{on-site}}$$

在动力学平均场近似下的有效杂质模型作用量为：

$$S_{\text{eff}}[g_0^{-1}]=\int_0^{\beta}\mathrm{d}\tau\int_0^{\beta}\mathrm{d}\tau'\left[\sum_{\sigma}c_{\sigma}^{*}(\tau)[-g_0^{-1}(\tau-\tau')]c_{\sigma}(\tau')\right]+\int_0^{\beta}\mathrm{d}\tau H^{\text{on-site}}(\tau)$$

其中$g_0^{-1}(\tau-\tau')$是虚时表象下的动力学平均

场，该作用量对应于一个具有相同局域相互作用项的安德森杂质哈密顿量。求解该杂质作用量或者哈密顿量可以得到杂质电子的虚时格林函数$G_\sigma(\tau-\tau')$。晶格模型在大空间维数极限下自能只在同一个格点上非零，在不同格点之间为零。该局域自能由杂质自能给出：

$$\Sigma_\sigma(\mathrm{i}\omega_n)=g_0^{-1}(\mathrm{i}\omega_n)-G_\sigma^{-1}(\mathrm{i}\omega_n)$$

杂质电子格林函数提供晶格模型的局域格林函数，由晶格的戴森方程给出：

$$G_\sigma(\mathrm{i}\omega_n)=\int_{-\infty}^{+\infty}\frac{D(\varepsilon)}{\mathrm{i}\omega_n+\mu-\varepsilon-\Sigma_\sigma(\mathrm{i}\omega_n)}\mathrm{d}\varepsilon$$

其中$D(\varepsilon)=\frac{1}{N}\Sigma_k\delta(\varepsilon-\varepsilon_k)$是无相互作用晶格模型的局域态密度。上述公式形成封闭方程组，可以迭代求解，见图。

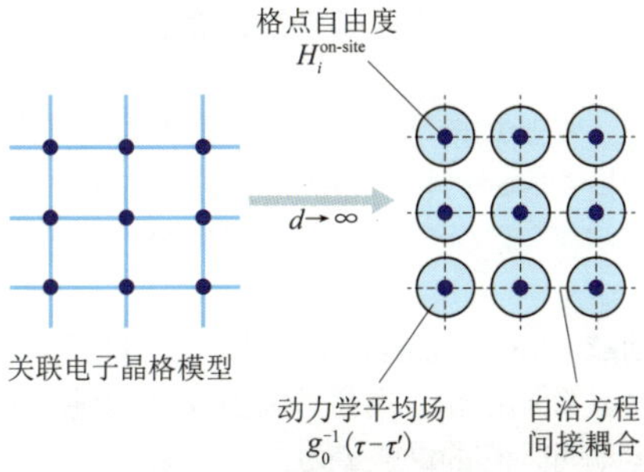

动力学平均场理论的示意图

理论导出　动力学平均场理论的形式推导，有如下一些常用的方法：①基于图形微扰理论的形式推导；②基于空腔方法和连接团簇定理的形式推导；③基于热力学巨势作为自能或格林函数的泛函的变分近似；④基于动力学相干势近似的推导。

动力学平均场理论扩展　针对不同的物理问题，对动力学平均场理论做了多种扩展，包括：①可以计入短程空间关联、适用于描述低维模型的团簇扩展理论（元胞动力学平均场理论、动力学团簇近似）；②计入$1/d$修正的扩展理论（对偶费米子动力学平均场理论、动力学顶角近似等）；③引入动力学平均场描述非局域相互作用的扩展动力学平均场理论；④用于研究非平衡量子多体问题的非平衡动力学平均场理论；⑤描述相互作用玻色子系统的玻色子动力学平均场理论；⑥基于自能变分原理的变分团簇理论；⑦与第一性原理计算（LDA或GW）相结合的材料电子结构计算方法；⑧应用于量子化学计算的自能嵌入理论。

应用　动力学平均场的相关理论被广泛应用于凝聚态物理中关联电子材料和其他量子多体问题的研究。应用范围包括莫特金属－绝缘体相变问题，巡游电子铁磁性问题，重费米子材料中的关联效应和量子相变，近藤晶格模型和周期性安德森模型的研究，锰氧化物的巨磁电阻效应、轨道和电荷有序、电子相分离，哈巴德－霍尔斯坦模型和极化子问题，铜氧化物高温超导体和铁基高温超导体的有关理论模型，锕系和镧系元素金属中的电子关联效应，关联无序电子体系。在光晶格中的超冷原子物理、量子化学、关联电子材料的第一性原理计算等领域也有很多应用。

（同宁华）

动力学普遍定理　general theorems of dynamics　由*牛顿运动定律*推导出来的在动力学中普遍适用的三个定理：*动量定理*、*动量矩定理*和*动能定理*。牛顿定律说明物体的加速度与所受的力成正比，而与质量成反比，由此可以导出物体的速度随时间变化的关系，从而得到动量、动量矩及动能的变化规律。

用普遍定理还可建立复杂机械系统的动力学模型。动量定理与动量矩定理都是矢量关系，各相当于三个标量方程；动能是标量，动能定理只给出一个标量方程。

（贾书惠）

动力学普遍方程　general equation of dynamics　具有理想、双侧约束的非自由质点系，在任一瞬时作用于质点系的主动力及惯性力在质点系任一组虚位移上元功之和为零的方程。数学表达式为：

$$\sum_{i=1}^{N}(\boldsymbol{F}_i-m_i\boldsymbol{a}_i)\cdot\delta\boldsymbol{r}_i=0$$

动力学普遍方程是联合*达朗贝尔原理*及J.-L.*拉格朗日*提出的*虚功原理*而得出的。首先应用达朗贝尔原理对各质点施加的惯性力化成静力学问题，再应用有静力学普遍方程之称的虚功原理就得到上式，因此又称达朗贝尔－拉格朗日原理。它是非自由质点系的普遍规律，既适用于完整系统，也适用于非完整系统。在理想约束情况下，应用动力学普遍方程可在避免出现约束力的情况下建立主动力与惯性力（即主动力与加速度）之间的关系，从而得到动力学方程。动力学普遍方程还是推导分析动力学中描述运动规律的其他方程的基础，如完整系统中的拉格朗日方程、非完整系统中的阿佩尔方程等，因此它是分析动力学的基本方程。

（贾书惠）

动量　momentum　量度物体运动的一个物理量。质点的动量是质点质量m与速度$\boldsymbol{v}$的乘积。以$\boldsymbol{p}$表示，$\boldsymbol{p}=m\boldsymbol{v}$。动量是矢量，方向与质点的速度一致，又称线动量。质点系的动量是系中各质点动量的矢量和，即：

$$\boldsymbol{p}=\sum_i\boldsymbol{p}_i=\sum_i m_i\boldsymbol{v}_i$$

在国际单位制中，动量的单位是千克·米/秒。

动量是从动力学角度度量物体运动的一个物理量，而速度只从运动学角度描述了物体的运动。轮船靠岸时的速度虽小，因其质量很大，可撞坏坚固的码头；子弹质量虽小，因其速度极高，能将钢板击穿。所以，从动力学角度描述物体的运动，应该使用质量与速度的乘积。“动量”一词最早出现在*伽利略*的著作中，R.*笛卡儿*继承了他的说法，把$m\boldsymbol{v}$称作“运动之量”，并提出了宇宙间运动之量的总和不变的原理。

计算质点系的动量时可借助质点系的质心C的运动。以$\boldsymbol{v}_C$表示质心的速度，则质点系的动量为$\boldsymbol{p}=m\boldsymbol{v}_C$，即将质点系的质量全部集中到质心上而计算这个集中质点的动量——质心的动量。质量为m的歼击机以$\boldsymbol{v}$做等速直线飞行，它的动量是$m\boldsymbol{v}$。如果再绕质心做翻滚特技，虽然飞机上各点的速度都发生变化，但飞机的动量不变。一个质量为m的均质圆盘绕其中心做转动，不管角速度如何，圆盘的动量为零。

（贾书惠）

动量定理　momentum theorem　反映物体的*动量*的变化与物体所受外力*冲量*之间关系的定理。动力学普遍定理之一。对单个质点，由牛顿第二运动定律直接得出质点的动量定理：

$$\frac{\mathrm{d}(m\boldsymbol{v})}{\mathrm{d}t}=\boldsymbol{F}$$

或

$$\frac{\mathrm{d}\boldsymbol{p}}{\mathrm{d}t}=\boldsymbol{F}$$

式中m为质点的质量；$\boldsymbol{v}$和$\boldsymbol{p}$为质点的速度和动量；$\boldsymbol{F}$为外力。

对质点系，列写其中每个质点的动量定理并求和，考虑到质点系的内力两两相消，即得质点系的动量定理的微分形式：

$$\frac{\mathrm{d}\boldsymbol{p}}{\mathrm{d}t}=\sum\boldsymbol{F}_i^{(\mathrm{e})}=\boldsymbol{F}_R^{(\mathrm{e})}$$

式中$\boldsymbol{p}$为质点系的动量；上标（e）为外力；$\boldsymbol{F}_R^{(\mathrm{e})}$为质点系所受外力的合矢量。上式表明，质点系动量对时间的导数等于外力的合矢量。

质点系的内力可使质点系内各质点的动量发生变化，但不能改变质点系的总动量。

动量定理建立了质点系动量变化与外力冲量之间的关系，反映了力的时间积累效应，因此在研究运动（速度）与时间的关系时，经常使用动量定理。动量定理可

用来求解动力学两大基本问题，即已知运动求力和已知力求运动。（贾书惠）

动量矩 moment of momentum 度量物体转动运动的一个物理量。质点的动量对某点O之矩称为质点对点O的动量矩。又称角动量。动量矩是矢量，表达式为$\boldsymbol{L}_O=\boldsymbol{M}_O(m\boldsymbol{v})=\boldsymbol{r}\times m\boldsymbol{v}$，其中$\boldsymbol{r}$为由点$O$到质点的矢径。如果过点$O$有轴$x$，则质点动量对轴$x$之矩称为质点对轴$x$的动量矩，它是代数量，以$L_x=M_x(mv_x)$表示。可以证明，对点的动量矩在过此点某轴上的投影等于对此轴的动量矩。质点系中各质点对点O的动量矩之矢量和称为质点系对点O的动量矩：

$$L_O=\sum \boldsymbol{r}_i\times m_i\boldsymbol{v}_i$$

同样，各质点对某轴动量矩之代数和称为质点系对该轴的动量矩。动量矩的单位在国际单位制中是千克·米²/秒。

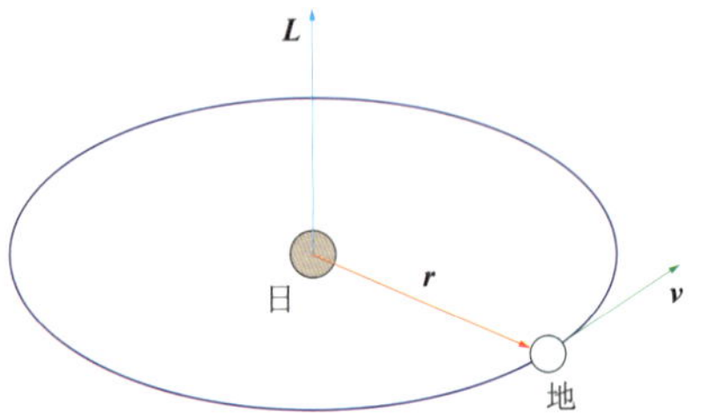

公转运动中地球对太阳的动量矩

动量矩是从动力学角度度量物体转动运动的一个物理量。地球绕太阳的公转如果看成半径为r的圆周运动，则如图地球对日心的动量矩矢量$\boldsymbol{L}$作用于日心，作用线垂直于地球的轨道平面，指向用右手定则确定，大小为$L=mrv$，代入相关数据后得$L=2.7\times10^{40}$千克·米²/秒。在刚体绕定轴转动中，常用到对转动轴z的动量矩，它的计算公式是：

$$L_z=J_z\omega$$

式中J_z为刚体对z轴的转动惯量；ω为转动角速度。在刚体绕定点转动中，刚体对定点O的动量矩是矢量，在过O的主轴坐标系中可表示为：

$$\boldsymbol{L}_O=J_x\omega_x\boldsymbol{i}+J_y\omega_y\boldsymbol{j}+J_z\omega_z\boldsymbol{k}$$

式中J_x、J_y、J_z分别为刚体对O点的三个主转动惯量；ω_x、ω_y、ω_z为角速度ω的三个投影。一般情况下，动量矩矢量既不与角速度矢量ω重合，也不与任一主轴重合。（贾书惠）

动量矩定理 theorem of moment of momentum 动力学普遍定理之一。动量矩定理给出质点系对矩心点**动量矩**的变化与外力对该点主矩之间的关系。选固定点O为矩心（取矩中心），则动量矩定理为：

$$\frac{\mathrm{d}\boldsymbol{L}_O}{\mathrm{d}t}=\boldsymbol{M}_O^{(e)} \qquad (1)$$

式中$\boldsymbol{L}_O$为质点系对点O的动量矩：

$$\boldsymbol{M}_O^{(e)}=\sum \boldsymbol{M}_i^{(e)} \qquad (2)$$

为质点系中所有质点所受外力对点O的力矩$\boldsymbol{M}_i^{(e)}$的总和。质点系动量矩定理表述为：质点系对固定点的动量矩对时间的导数等于外力对该点的主矩。式(1)为微分形式，在某时间间隔$[t_1,t_2]$上积分还可得动量矩定理的积分形式：

$$L_{O_2}-L_{O_1}=\int_{t_1}^{t_2}M_O^{(e)}\mathrm{d}t=\sum\int_{t_1}^{t_2}M_i^{(e)}\mathrm{d}t \qquad (3)$$

当质点系所受外力对某固定点或某固定轴的力矩为零时，相应的动量矩保持不变，是为**动量矩守恒**情况。（贾书惠）

动量矩守恒 conservation of moment of momentum 质点系不受外力作用或外力对某固定点的主矩为零时，质点系对此固定点的**动量矩**保持不变（为常矢量）的现象。又称角动量守恒。动量矩守恒定律反映了研究体系具有空间转动对称性。质点系不受外力作用或外力对某固定轴的力矩为零时，质点系对该轴的动量矩也守恒。

人造地球卫星运行时，受到地球引力的作用，因其通过地心，对地心的力矩始终为零，因而卫星对地心的动量矩$\boldsymbol{L}$守恒，为常矢量，即$\boldsymbol{L}$的方向不变，大小不变（$L=mrv\sin\alpha=$常量）。由前者可知卫星的轨道一定是平面轨道，由后者知卫星矢径在单位时间内所扫过的面积（称为面积速度）相等，这就是开普勒观察到的行星运动三定律中的第二定律（见图）。

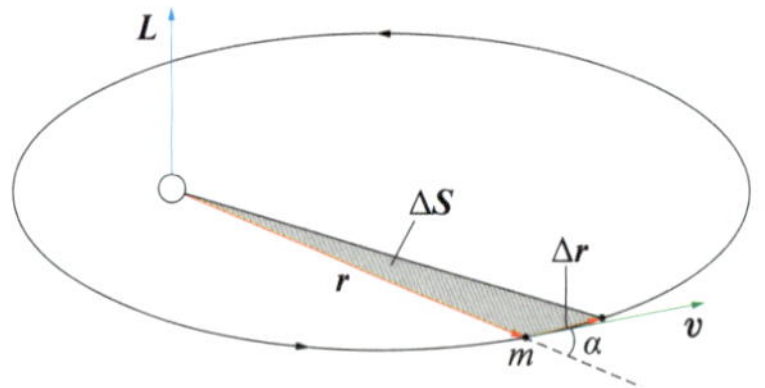

卫星对地心的动量矩守恒

鉴于动量矩是一个矢量，当外力矩的某个分量为零时，相对应的动量矩分量守恒。（贾书惠）

动量守恒定律 conservation law of momentum 在惯性系统中，任何物质系统在不受外力作用或所受外力之和为零，它的总动量保持不变。动量守恒定律是牛顿第二定律、作用与反作用定律（见**牛顿运动定律**）联合应用于力学系统的必然结果。动量守恒定律的成立，不随着系统内部发生什么变化（碰撞、分裂、爆炸、化学反应等）而变。系统动量守恒时其质心保持原速度方向做匀速直线运动。动量守恒定律反映了研究体系具有空间平移对称性。动量守恒定律是对同一个惯性坐标系而言的，如果换以不同的惯性坐标系，那么这个总动量的数值和方向就相应地需要改变。这个定律对于接近于光速c的相对论力学也成立。

在微观领域中粒子和粒子之间的散射也适合动量守恒定律。把光看成由光子组成的，频率为ν的光子的动量为$h\nu/c$，由**康普顿效应**证实，光子和电子的碰撞也适合动量守恒定律。现在认识到动量守恒定律是由空间不变性决定的。所以动量守恒定律是物理学中的一个基本定律。

场是物质的基本形态，它也具有能量和动量。在四维时空中，可以把物质（包括场）的动量守恒定律和**能量守恒定律**统一起来。

鉴于动量是一个矢量，当外力的某个分量为零时，相对应的动量分量守恒。（叶开沅 俞焕然）

动能 kinetic energy 物体由于机械运动而具有的能量。质量为m的物体以速率v运动时，它的动能T为：

$$T=\frac{1}{2}mv^2$$

质点系的动能为系中各质点动能的总和：

$$T=\sum\frac{1}{2}m_iv_i^2$$

动能是标量，且总为正数，单位与功相同，为牛·米或焦。

动能作为物体机械运动的一种度量，在力学发展史上很早就出现了，1686年G.W.莱布尼茨提出以mv^2度量物体做功的能力，并称为“活力”，后来G.G.科里奥利将它改为$\frac{1}{2}mv^2$。动能与**动量**是从动力学角度度量物体机械运动的两个重要物理量。

物体可以通过消耗动能来改变自身或其他物体的机械运动状态，使其变形、发热、发光、发声或产生电磁效应等变化；换言之，动能可以转化为其他形式的能量（见能量）。（贾书惠）

动能定理 kinetic energy theorem 动力学普遍定理之一，它给出质点系的**动能**的变化与作用力做功的关系。

动能定理的微分形式 单个质点的动能是：

$$T=\frac{1}{2}mv^2$$

作用力$\boldsymbol{F}$在质点元位移$\mathrm{d}\boldsymbol{r}$上的元功为$\delta W=\boldsymbol{F}\cdot\mathrm{d}\boldsymbol{r}$；对质点的动能定理为：

$$\mathrm{d}\left(\frac{1}{2}mv^2\right)=\delta W$$

对质点系，列写每个质点的动能定理再相加即得：

$$\mathrm{d}T=\delta W^{(e)}+\delta W^{(i)} \qquad (1)$$

式中$T=\sum\frac{m_iv_i}{2}$为质点系的动能；$\delta W^{(e)}=\sum\delta W_i^{(e)}$为质点系所有外力元功之和；$\delta W^{(i)}=\sum\delta W_i^{(i)}$为质点系所有内力元功之和。式(1)即为质点系的动能定理，文字表述为：质点系动能的微分等于全部外力元功与内力元功之和。式(1)是微分形式，在质点系两个位形之间积分，还可得动能定理的积分形式：

$$T_2-T_1=W_{1\to2}^{(e)}+W_{1\to2}^{(i)} \qquad (2)$$

式中$W_{1\to2}^{(e)}$、$W_{1\to2}^{(i)}$分别为由位形1到位形2的过程中外力和内力的总功。

主动力与约束力　质点系的内力虽成对出现，但两个力作用在不同的质点，作用点的位移不同，因而一对内力做功总和一般不为零；动能定理(1)、定理(2)中包含了许多未知的内力而不便应用。为克服此困难，将作用于质点系的力分为主动力$\boldsymbol{F}_i^{(a)}$及约束力$\boldsymbol{F}_i^{(c)}$。许多约束中，约束力虽然未知，但其做功总和为零，故而不出现在动能定理中。约束力做功之和为零的约束称为理想约束，即满足条件：

$$\sum\delta W_i^{(c)}=\sum\boldsymbol{F}_i^{(c)}\cdot\mathrm{d}\boldsymbol{r}_i=0$$

常见的理想约束有绝对光滑接触、绝对粗糙接触、不可伸长的轻质绳、不可伸长的轻质杆和刚体的约束等。

理想约束下的动能定理　质点系所受的约束为理想约束时，质点系动能定理成为：

$$\mathrm{d}T=\delta W^{(a)} \qquad (3)$$

$$T_2-T_1=W_{1\to2}^{(a)} \qquad (4)$$

式中$\delta W^{(a)}$为主动力在各质点元位移上元功之和；$W_{1\to2}^{(a)}$为由位形1到位形2过程中主动力的总功。当摩擦力做功时，约束不是理想约束，但仍可应用式(3)、(4)，只需将摩擦力看成主动力并计入摩擦力所做的功。　（贾书惠）

动平衡　dynamic balance　消除转子转动时产生的不平衡的技术。绕定轴转动的转子，当质量分布为动力对称时，由于旋转运动而作用于轴承上的动压力可为零，称这种转子为动平衡转子。对动不平衡转子，用加配重或钻孔的方法调整质量分布，可使转子对轴承的动压力变为零，这称为对转子进行动平衡。

转子绕定轴承转动时，两端的轴承O　O'上，除受有由主动力（如转子重力）引起的静压力外，还有由转子旋转引起的动压力，其值与旋转角速度的平方成正比，故角速度较大时，动压力可达到静压力的几十倍甚至上百倍，足以引起基座的剧烈振动，甚至造成轴承及结构破坏。消除动压力的方法是以转子的中心惯量主轴作为转动轴，这时转子可达到完全动平衡。

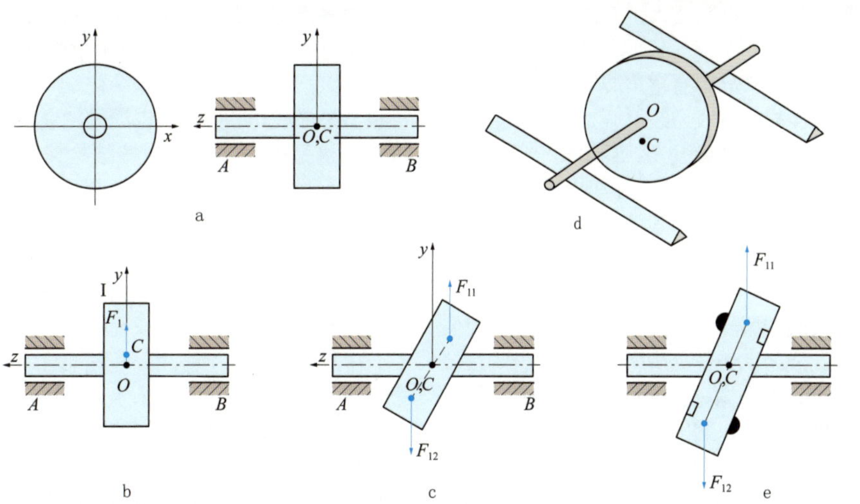

转子的动平衡

动压力的现象可用**动静法**直观地解释（见图）。转子等角速转动时，如果转子的每一点上都加上离心方向的惯性力，则转子不动。惯性力就是对轴承的动压力源。转子本身如果是理想对称的（图a），但安装时可能出现两种安装误差：图b所示为有偏心；图c所示为有偏角。两种情况的惯性力F_1都会引起转子对轴承的动压力。偏心转子的不对称性可通过静力学方法发现，如将转轴放在两个平行的刀口上，则转子重心所在的半径总是向下转动（图d），称为静不平衡转子。但有偏角的转子必须在转动情况下通过测量轴承动压力发现，称动不平衡转子。消除不平衡的方法是在适当位置挖去多余质量，或在相反方向添加平衡质量（图e）。汽轮机、发电机、电动机的转子及陀螺马达等需要动平衡。汽车车轮、电风扇也必须进行动平衡。人造地球卫星中的自旋稳定卫星，在空间运行时绕自旋轴自旋，并无固定它的轴承，但在地面制造时也必须进行动平衡以调整质量分布，保证自旋是正确地绕设计轴进行。　（贾书惠）

动生电动势　motional electromotive force　在恒定磁场中运动的导体切割磁力线时，在导体上产生的**感应电动势**。动生电动势是磁场作用于运动导体中带电粒子的**洛伦兹力**引起的。根据洛伦兹力公式可导出一段运动导体L上的动生电动势等于：

$$E=\int_L(\boldsymbol{v}\times\boldsymbol{B})\cdot\mathrm{d}\boldsymbol{l}$$

式中$\boldsymbol{v}$为导体线元$\mathrm{d}\boldsymbol{l}$的运动速度，$\boldsymbol{B}$为$\mathrm{d}\boldsymbol{l}$所在处的磁感应强度。可以证明此公式中的回路积分等于电磁感应定律中回路相对磁场运动时的磁通量变化率的负值。在应用此关系式时，积分路线必须取在指定的导体回路上，即在$t+\Delta t$时刻组成回路的实物质点必须同t时刻组成回路的实物质点相同。

动生电动势的应用实例有发电机、感应电动机、电磁阻尼机构等。　（陈熙谋）

动态磁电效应　dynamic magnetoelectric effect　交流磁场或交流电场产生的磁电耦合效应。与静态（直流）磁电耦合效应相对应，动态磁电耦合效应是由交流磁场H/电场E产生的，其特征参量是动态磁电耦合系数$a=\mathrm{d}E/\mathrm{d}H$。在一些材料中，高频动态磁电耦合效应可以产生新的元激发——电磁振子。在磁电复合材料中，当外加磁场频率与材料的机械共振频率一致时，会导致共振磁电耦合效应，产生巨大的磁电耦合系数。动态磁电耦合系数随外加直流磁场的变化被称为磁电耦效应。一些材料表现出室温下的巨磁电耦效应，可以应用于高精度磁场传感器。在忆耦器中，通过调控动态磁电耦合系数的状态可以实现非易失信息存储。此外，对动态磁电耦合系数的测量和分析可以用于研究凝聚态物理中的磁性和铁电相变。

（孙　阳）

动态光弹成像　dynamic photoelastic imaging　利用**偏振光**的暂时双折射效应，观察、测量**超声波**在透明固体内部传播或者散射时产生的应力场。由于超声波是一种动态应力波，为了捕捉瞬时声波图像，必须对高速运动的声波进行瞬时采样。通常采用高速照相或频闪光源的方法对超声波的运动图像进行观察和记录。暂时双折射效应是透明各向同性固体材料固有的性质，是动态光弹成像技术的物理基础。当这些材料中存在应力时，它们将像云母或方解石等晶体材料一样产生双折射；而当应力消失时，双折射效应也会消失。因此称为暂时双折射或人工双折射。

典型的动态光弹系统光路如图1所示。假设样品中有超声波传播，光源发出的光经起偏器成为线偏振光，再经四分之一波片成为圆偏振光。圆偏振光穿过超声波应力场，应力场引起折射率变化，产生暂时双折射现象，其沿应力主轴方向分解为两束速度不同的线偏振光，存在光程差（相位差）。两束线偏振光穿出样品后，合成为圆偏振光，再经四分之一波片和检偏器，成为携带样品中应力大小信息的线偏振光，由图像采集系统接收。在图1的圆偏振系统中，透射光强仅与超声波主应力的大小相关，而与方向无关。若不使用两个正交的圆偏振片，透射光将同时包含超声波主应力的大小和方向信息。在动态光弹实验中，一般认为应力区是二维的，即应力分布沿光线传播方向是不变的，因此每一像点的亮度都是光线沿样品厚度方向穿过整个应力区时的双折射效应累积的结果，得到的应力图像是应力区的透视图。

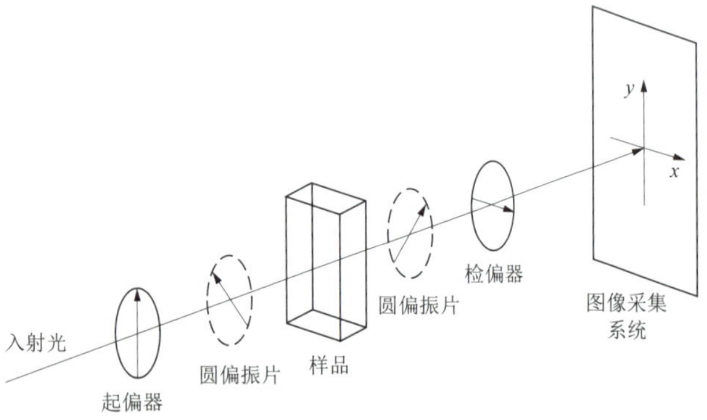

图1 动态光弹系统光路图

图2为贴在样品上表面的超声纵波换能器所辐射的脉冲声场图像。透射光的强度与声波应力的二次方成比例，因此图像中的每个亮条纹代表声波的半个周期。图像下方的波前为平面主纵波，两侧有边缘纵波。中间环状的条纹为边缘横波，由于横波速度慢，在传播过程中渐渐落后于纵波。通过调节光源和超声波的相对延时，可以观察不同时刻的超声波图像，也可制作成视频来观察超声波在固体中传播和散射的动态过程。（安志武）

图2 纵波换能器辐射声场的光弹图像

独立粒子模型 independent particle model 一种原子核结构模型。通过独立粒子近似，可以把复杂的多体问题简化。原子核壳模型是最成功、应用最广泛的独立粒子模型，也是绝大多数微观核结构模型的基础，有时独立粒子模型即指原子核壳模型。其他比较成功的独立粒子模型有费米气体模型等。独立粒子近似的微观基础是依据**核力**的基本性质和**泡利不相容原理**。核力的有效力程较短，其长程作用可以忽略，中程部分为吸引作用，短程部分为很强的排斥作用。核子是**费米子**，需满足泡利不相容原理，即两个相同的费米子不能占据同一量子态。这两点决定了核子在原子核中有较大的自由程，即可看作独立粒子。独立粒子模型作为一个简单的模型有其局限性，比如没有考虑多核子之间的关联，没有从核子-核子相互作用出发等。考虑到这些局限，人们提出了许多微观核结构模型。这些模型大体可以分为三类：基于平均场的模型、组态相互作用壳模型和从头计算。前两者都是从核子-核子相互作用出发，考虑多核子之间的部分关联。区别在于，组态相互作用壳模型在一个模型空间内考虑所有的单体和两体相互作用，其计算量更大，受现在的计算能力限制主要应用于轻质量和中质量原子核。基于平均场的模型在更大的模型空间内考虑主要的两体相互作用，比如哈特里-福克模型考虑两体交换项，并且可以进一步考虑对关联和四极相互作用。（袁岑溪 许甫荣）

独立裂变产额 independent fission yield 在瞬发中子发射后，发生β衰变以前生成的该核素的份额。见**裂变产额**。

杜祥琬 Du Xiangwan（1938-04-29～ ） 中国应用核物理与激光技术专家。祖籍河南开封。生于河南南阳。1957～1959年在北京大学数学力学系学习。1959年赴苏联留学。1964年毕业于莫斯科工程物理学院。1965年在第二机械工业部核武器研究院理论部工作，1988年任研究员。1975年受命重组中子物理研究室，任研究室主任。1984～1990年任核武器理论研究所副所长。1990～1993年任中国工程物理研究院科学技术委员会副主任。1991年当选为中国物理学会副理事长。1993～2001年任中国工程物理研究院副院长。1997年，任强辐射重点实验室主任。2002年任中国工程院副院长。2005年任清华大学原子分子纳米重点实验室学术委员会主任。2010年任北京大学核科学技术研究院院长。曾先后任国家高技术“863计划”激光技术主题专家组成员兼秘书长、专家组首席科学家，国家能源领导小组专家组成员，空军首席院士顾问，中国工程物理研究院高级科学顾问等职。1997年当选为中国工程院院士。2006年当选俄罗斯工程科学院外籍院士。

1965年起杜祥琬从事核试验诊断理论研究工作。曾主持核试验诊断理论和核武器中子学的系统性研究，为中国核武器设计与试验的成功做出了贡献。1987年起从事强激光技术研究。作为“863计划”激光技术主题专家组首席科学家，他主持新型激光发展战略研究、关键技术攻关、技术集成试验及工程化研究，获得多项重要成果，是该领域开拓者之一。2002年后从事中国能源发展战略咨询研究工作，为中国能源发展战略咨询研究做出系统性贡献。他主持研究了“中国能源中长期（2030年、2050年）发展战略”研究、“中国可再生能源发展战略”研究等中国能源发展战略重大咨询研究项目。参加了中国应对气候变化减排的科学论证，主持研究了“应对气候变化的科学技术问题研究”等重大咨询研究项目。曾先后获国家科技进步奖特等奖、国家科技进步奖一等奖及两项国家科技进步奖二等奖、十多项部委级一、二等奖。2000年获何梁何利基金科学与技术进步奖。（尹晓冬）

端泵激光器 end-pumped laser 泵浦方式为端泵的光泵激光器。光泵激光器的泵浦方式通常有两种：端泵和侧泵。半导体激光二极管泵浦的固体激光器（全固态激光器）通常就使用这两种泵浦方式。端泵也称为纵向泵浦，即泵浦光从增益物质的端面入射。端泵可以是单向端泵或双向端泵。泵浦光通过整形可以直接泵浦或经过光纤耦合以后再泵浦。下图是泵浦光经过光纤耦合以后单向端泵直线腔的简单示意图。

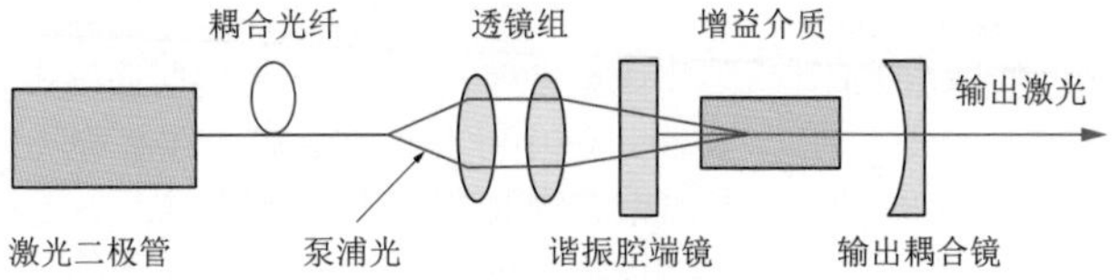

端泵激光器示意图

光纤耦合以后的泵浦光经过透镜和谐振腔端镜被准直且纵向聚焦到与谐振腔模共线的增益介质中。在端泵条件下，调节泵浦光和振荡光的腔内模式匹配相对容易，使二者在增益介质中可以实现最大的空间交叠，加之泵浦源发射波长与增益介质的吸收波长可以精确匹配，可使泵光功率被高效吸收。因此，采用激光二极管端泵的固体激光器，其优点是输出光束质量好，泵浦阈值低，光-光转换效率较高。但是在端泵情况下，由于泵浦光和振荡光主要集中在增益介质中很小的区域内，过高的功率密度会造成热效应加剧，从而影响激光的输出功率和光束质量，严重时还会造成增益介质的损伤，所以端泵通常适用于中小功率输出的激光器。

（冯宝华　薄　勇）

短程关联　short-range correlation　平均势场之外的“剩余”短程核力相互作用。电子和原子核的散射实验表明，**核子**在原子核内部有时候会形成束缚对，形成束缚对的两个核子具有较大的相对动量与较小的质心动量。这种张量力短程相互作用（在核子尺度范围）容易形成质子-中子对，质子-质子对或者中子-中子对形成概率较小。核子-核子短程关联导致原子核的核子动量分布有大约20%～25%的概率在**费米面**以上。

（冯兆庆）

短基线中微子实验　short-baseline neutrino experiment　飞行距离从几米到几百米的加速器中微子和反应堆中微子实验。中微子实验的基线一般是指中微子的飞行距离。**加速器中微子**指利用加速器装置产生的中微子束流，装置由质子束流、靶、聚焦管道、衰变通道、垃圾站五部分组成。质子束流轰击靶物质可产生介子，进一步衰变产生中微子；**反应堆中微子**指核反应堆的核燃料裂变燃烧过程中产生的中微子，最主要的核燃料包括铀-235、铀-238、钚-239和钚-241，这些核燃料的裂变产物会发生β衰变，产生电子型反中微子。

世界上有很多基于加速器或核反应堆的短基线中微子实验，其中微子探测器通常放置在距离中微子源几米到几百米的距离，用于研究中微子的性质及其与物质相互作用、中微子束流监测，以及惰性中微子引发的振荡信号。在标准模型建立的过程中，短基线中微子实验起到了至关重要的作用。如1973年欧洲核子中心观测到加速器μ子与强子或电子通过“中性流”发生弱相互作用的过程，成为电弱统一理论的重要证据，电弱统一理论的三位创始人**S.温伯格**、**A.萨拉姆**和**S.L.格拉肖**因而获得了1979年诺贝尔物理学奖。**长基线中微子实验**为了准确测量中微子的振荡行为也都放置短基线的“近点探测器”来监测加速器和反应堆产生的中微子，降低实验误差。短基线中微子实验也是寻找质量为电子伏特的惰性中微子的主要途径之一，受到了中微子及其相关领域的广泛关注。

（李玉峰）

断裂　fracture　材料或构件力学性能的基本表征。根据断裂前发生的塑（范）性形变的大小，可把材料的断裂分为脆性断裂和延性断裂两大类。随材料和条件的不同，循环载荷作用下的疲劳断裂、高温下的蠕变断裂以及环境作用下的应力腐蚀断裂，均可表现为脆性断裂或延性断裂。

脆性断裂　没有或仅伴随着微量的塑性变形的断裂。玻璃的断裂不发生任何塑性变形，是典型的脆性断裂；而金属的断裂总伴随着塑性变形，故金属的脆性断裂只是相对而言。根据裂纹扩展的路径，脆性断裂又可分为解理断裂和晶间断裂两类。

解理断裂　一种典型的穿晶脆性断裂。一定晶系的金属一般都有一组在正应力作用下容易开裂的晶面，称为解理面。一个晶体如果沿着解理面发生开裂，则称为解理断裂。从晶体结构上看，面心立方金属没有明确的解理面，通常不发生解理断裂。解理断裂的断口特征是宏观上十分平坦，而微观上则是由一系列的解理面构成，每个解理面上可看到一些十分接近裂纹扩展方向的阶梯，称为解理台阶。解理断口上的所有特征花样都是扩展中的解理裂纹同微观组织相互作用的结果。金属材料的脆性解理断裂常以塑性形变为先导，即解理裂纹的成核是位错运动的结果。

晶间断裂　断裂路径沿着不同位向的晶粒间界出现的断裂。晶间断裂可是脆性的，也可是延性的，分别称为晶间脆性断裂或晶间延性断裂。晶间脆性断裂的特征是在宏观断口上有许多光滑的无特征的亮面，每一个亮面都是一个晶粒的界面。造成晶间脆性断裂的条件可归纳为四类：第二相在晶界的析出；有害杂质在晶界的偏聚；环境的作用；高温下的应力作用。晶间延性断裂的断口不像晶间脆性断裂那样光滑，而是布满韧窝或塑坑，有时还有滑移线，说明断裂伴随着较大的塑性变形。

延性断裂　伴随有较大的塑性变形的断裂。典型的延性断裂是穿晶的，通常有剪切断裂和法向（或正向）断裂两类。单轴拉伸载荷作用下沿着与拉伸轴成大约45°的面滑开的断裂称剪切断裂。单晶情况下的滑开面通常是滑移面。当剪切在一组平行滑移面上出现时，则形成倾斜型剪切断裂。剪切若沿两个方向发生时，形成凿尖型剪切断裂。厚板或圆柱试样在单向拉伸时，剪切断裂从颈缩区中心开始，并向外扩展。宏观断裂路径垂直拉伸轴，微观上断口呈锯齿状，因其裂纹扩展时是通过与拉伸轴成30°～45°的交替面上剪切而实现的，故这种断裂方式一般称法向（或正向）断裂。它的最终断裂是通过与拉伸轴成45°平面上的剪切断裂。延性断裂是空洞在第二相颗粒上形成、长大和汇合的过程。延性断裂的断口呈韧窝或塑孔状。

非晶合金材料的断裂在宏观上表现为脆性，在微观上表现为延性断裂。

断裂机制　在恒定或不断增加载荷条件下，固体材料发生断裂的机制概括有四种：①解理断裂机制。拉伸应力使原子间发生断裂。②塑性孔洞长大断裂机制。孔洞长大和粗化，或通过塑性流动发生完全缩颈。③蠕变断裂机制。通过原子或孔隙沿应力方向扩散使空穴长大粗化。④应力腐蚀开裂机制。应变速率参与的发生在裂纹尖端局部的化学侵蚀。

（丁炳哲）

堆垛层错　stacking fault　一种**面缺陷**。指晶体结构层正常的周期性重复堆垛顺序在某层间出现了错误。在面心立方晶体中，面心立方晶体可以看成由密排面{111}按ABCABC…的顺序堆垛而成的。若{111}面不是按以上正常的顺序进行堆垛，即密排面发生错排，则在堆垛顺序改变的地方产生的晶体缺陷就称为堆垛层错。见**晶体缺陷**。

（卢江波　屈世显）

对称操作　symmetry operation　通过某种变换或操作，能够使物体自身重合，这样的变换或操作称为对称变换或对称操作。如旋转、反映等。晶体对称性的重要基础是平移不变性，也就是空间周期性，以点阵或晶格来表征。晶体还具有旋转和反映的对称性。有限图形也具有这些对称操作，它在晶体中存在，就应该同时满足晶格周期性的限制。晶体中只能有n=1、2、3、4、6次旋转对称轴，不可能有5次、7次或更高的旋转对称轴，因为后面这些旋转对称轴与周期结构不相容。国际符号用n来表示旋转角为$2\pi/n$的旋转轴。熊夫利符号则用C_n（n=1、2、3、4、6）来表示。2次旋转轴再加上法线与轴重合的反映面两个对称操作组合在一起等同于以原点为对称中心的反演，即坐标(x,y,z)变换为$(-x,-y,-z)$晶体结构不变，此组合对称操作叫作反演。n次旋转轴与反演组合成的对称操作称为n次旋转反演轴，国际符号用$\bar{n}$来表示。

若n次旋转轴又是反映面m的法线，则以n/m表示。6次旋转反演等价于3次旋转轴加反映面m，即$\bar{6}=3/m$。此外，旋转轴和反映面还可与某个轴或面的非点阵平移组合成新的对称操作，即螺旋轴和滑移反映面。螺旋轴用n_p表示，$p=1,2,\cdots,n-1$，如4_1代表4次螺旋轴，再沿轴方向平移$p/n=1/4$倍点阵滑移周期。滑移反映面的符号有a、b、c、d，代表对某一平面反映后，再沿某轴滑移该方向的点阵平移周期的分数倍。平移、螺旋轴和滑移反映面都不是**点群的对称元素**，它们是**空间群**特有的对称元素。

（施宏龙　王文忠）

对称欧拉陀螺　symmetric Euler's top　不受外力矩而自由转动且有两个主转动惯量相等的刚体。$I_1=I_2\neq I_3$的自由刚体，此时的欧拉动力学方程简化为：

$$\begin{cases} I_1\dot{\omega}_x-(I_1-I_3)\,\omega_y\omega_z=0 \\ I_1\dot{\omega}_y-(I_3-I_1)\,\omega_z\omega_x=0 \\ I_3\dot{\omega}_z=0 \end{cases}$$

解得：

$$\omega_x=A\cos(\Omega_t+\phi_0)$$
$$\omega_y=A\sin(\Omega_t+\phi_0)$$
$$\omega_z=\omega_{z0}$$

式中$\Omega\equiv\dfrac{I_3-I_1}{I_1}\omega_{z0}$；$\omega_{z0}$、$A$和$\phi_0$为由初始条件决定的常量。

将上述角速度与欧拉运动学方程联解得：

$$\theta=\theta_0,$$
$$\psi=\frac{\pi}{2}-\Omega t-\phi_0,$$
$$\varphi=(\omega_{z0}+\Omega)\sec\theta_0 t+\varphi_0,$$

式中θ_0、ϕ_0和φ_0为由初始条件决定的常量。由于章动角$\theta=\theta_0$，对称欧拉陀螺没有章动，这样的运动称为规则进动。

在空间坐标系中，转动瞬轴总是按右手螺旋绕z'轴进动，描绘出空间圆锥（见图）。在本体坐标系中，当$I_3>I_1$和$I_3<I_1$时，转动瞬轴分别按z轴的右手螺旋和左手螺旋方向旋转，描绘出本体圆锥（见图）。下图是$I_3<I_1$时本体圆锥和空间圆锥的几何关系。

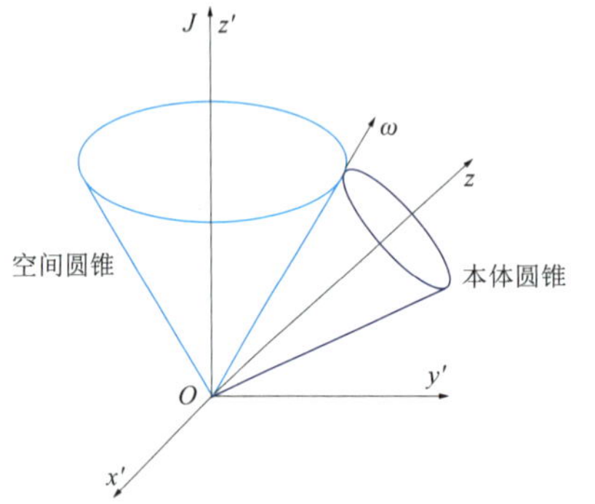

空间圆锥和本体圆锥的几何关系

对称欧拉陀螺在沿不同方向的转轴转动时，对外界扰动的响应是不一样的。它在绕旋转对称轴的转动总是稳定的，但绕另外两个惯量主轴的转动是不稳定的。

（秦　敢）

对称破缺　symmetry breaking　物理系统表现出的对称性低于其基本理论对称性的一类现象。通常所说的对称破缺是指自发对称破缺，即系统自发选择一个对称性较低的状态。比如用纵轴表示系统能量，横轴表示状态，圆点表示系统选择的状态，见图左侧为无自发对称破缺，右侧是有自发对称破缺的情况。此外，还有显性对称破缺，即添加对称性较低的微扰而使系统选择低对称性状态。自发对称破缺通常发生于有相互作用的多体系统中，其中具有自发对称破缺的物相通常称为有序相。随着温度升高或其他参数的改变，有序相通常可以经过相变成为没有对称破缺的无序相，这类相变可以由**朗道相变理论**描述。

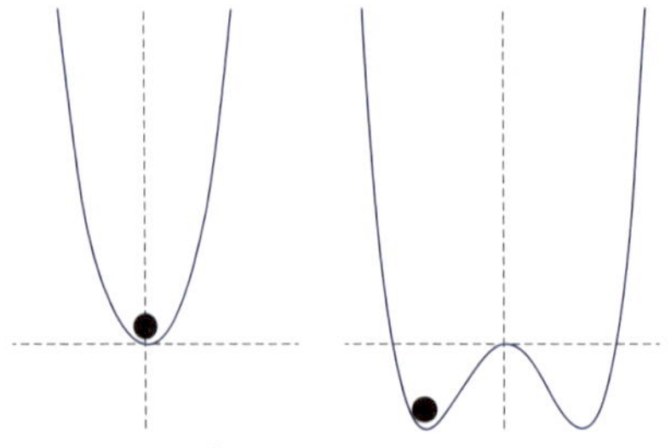

自发对称破缺示意

对称破缺现象的研究始于20世纪初对于磁性和相关统计物理问题的理论研究，并很快发展出了平均场理论、朗道相变理论等近似和唯象的理论方法。1944年L.昂萨格对于二维**伊辛模型**的严格解是自发对称破缺存在的最早的严格证明。此后还有很多重要的严格结果，如关于某些低维体系中连续对称性自发破缺不可能发生的梅尔曼－瓦格纳定理；多体系统中连续对称性的自发破缺必然会产生的无能隙集体激发模式（南部－戈德斯通模式）。到20世纪中叶对称破缺概念在高能物理和凝聚态物理中得到了广泛的应用，是粒子物理的希格斯机制、超导与超流的微观和唯象理论等重要理论的基础。

对称破缺现象的一个典型例子是固－液相变。宏观数量的全同粒子在低温下通常形成晶体形式的固相。晶体的晶格结构仅具有离散的平移和旋转对称性，而不具有描述这个粒子系统的微观理论通常具有的连续的平移和旋转对称性。因此晶体可以认为是一种自发对称破缺相或有序相，其对于连续平移对称性的破缺造成了无能隙的声学声子集体激发模式。对晶体升温经过固－液相变后形成的液相，通常不破坏连续平移和旋转对称性，可以认为是没有自发对称破缺的无序相。

对称破缺现象通常可以用测量序参量的方法判定。序参量是一个局域的可观测量，属于系统基本理论的对称群的一个非平庸表示。按照**选择定则**，在系统状态具有所有对称性的条件下，序参量的观测值必须为零。因此序参量有非零的观测值意味着这个系统发生了对称破缺。海森堡模型中的局域磁矩矢量是一个典型的序参量，其三个分量构成磁矩的SO(3)旋转群的非平庸表示。

对于对称破缺相中的拓扑激发在实验和理论中都有大量的研究，如磁性体系中的斯格明子可能在自旋电子学中得到应用，类似的拓扑激发可以影响磁性体系的量子相变造成超越朗道相变理论的解禁闭量子临界点。对于非平衡系统中的对称破缺现象研究也有很多进展，如提出的所谓时间晶体。

对称性破缺的研究在现代电介质物理中，特别是铁电性、铁磁性和多铁性的研究中具有特别重要的意义。

在描述物理系统的运动方程（一般是拉格朗日量或哈密顿量）中存在着一个或多个明显对称性破缺的对象，导致系统的物理行为不具备这种对称性或对称性从高到低变化，则称此为显性对称性破缺。**塞曼效应**就是常见的例子之一，即原子的光谱线在外磁场中发生劈裂，这是由于在描述原子的哈密顿量中引入了磁相互作用微扰。

不同于显性对称性破缺，自发对称性破缺是一个自发的过程。由一个处于对称状态的物理系统变化为不对称的状态。描述物理系统的拉格朗日量或哈密顿量服从某种对称性，但其能量最低的真空态或者基态不具有相同的对称性，因此打破了对称性。如果显性对称性破缺存在两种结果，它们发生的概率可以是不同的。但自发对称性破缺要求存在对称的概率分布——任何结果都具有相同的发生概率。系统在这种转变中作为一个整体变化。显性对称性破缺不依赖系统所处状态，而自发对称性破缺依赖于系统所处的状态。随着外界条件的变化，处于对称性自发破缺状态的系统常常可以通过相变过渡到对称的状态。常见材料的相变都可以由自发对称性破缺描述，如晶体、常规超导体、铁电和磁性材料等。

一些电介质材料中，在一定温度范围内晶体结构的正负电荷中心不重合而呈现出电偶极矩，且极化的方向可随外加电场而翻转，这种自发极化的性质称为铁电性。铁电性存在的必要条件是空间反演对称性的破缺，当晶体结构发生相变时失去中心对称，导致铁电极化的出现。从群的角度考虑，在32种晶体点群中，有10种极性点群可能导致自发极化。铁电性起源可以具体分为三种：质子有序化、偶极矩有序无序以及软模振动理论。以已知铁电体中最简单的一种晶体钛酸钡（$BaTiO_3$）为例，解释其铁电极化的起源。钛酸钡属于最常见的一类钙钛矿型铁电体，其通式为ABO_3。从晶格结构来看，钛酸钡中的氧原子形成八面体，B位原子钛位于氧八面体的中央，而A位原子钡则处在氧八面体的间隙里。在钛酸钡铁电体中自发极化的起因是随着温度的变化，晶格结构的相变导致的正负离子电荷中心的位移。在高温时钛酸钡的晶格结构属于立方晶系，此时处于顺电相，没有自发极化。当温度下降至居里温度T_c=120℃时，晶体结构转变为四方晶系，此时钛原子中心相对氧八面体中心在c轴方向产生相对运动，打破了空间反演对称性，呈现出自发极化的铁电性，引起从顺电相到铁电相的结构相变。

对称性破缺在铁电宏观理论（朗道相变理论）中有着重要的地位。高对称相中某一对称元素突然消失，就对应于相变的发生，导致低对称相的出现。朗道理论中用序参量Z描写系统内部**有序-无序相变**，当Z等于0时是无序态，当Z不等于0时是有序态。对称性破缺意味着序参量不为零的状态出现。序参量Z可通过自由能表达式求得。对于铁电体材料，极化分布均匀，自由能模型一般选择朗道模型。而由于铁电薄膜的尺寸在纳米尺度，由于尺寸效应和表面效应等，材料极化不均匀分布，一般采用京茨堡-朗道理论来描述。

由于原子核的磁矩比电子磁矩小3个数量级，一般可忽略不计，因此物质的磁性主要起源于原子内电子的轨道运动和自旋运动，其中自旋角动量是产生磁偶极矩的主要因素。磁性物质在居里温度以上时属于顺磁体，此时原子磁矩的分布排列是无序的，只显示一种弱磁性。当温度低于居里温度，物质发生二级相变，从顺磁体转变为铁磁体。在铁磁性物质中，由于相邻原子或离子间的交换作用，电子的自旋趋向于相同的运动方向，使得原子磁矩发生有序的排列，产生自发磁化。原子磁矩方向排列规律一致的自发磁化区域叫作磁畴。该区域的磁化强度称为自发磁化强度，在绝对零度时，铁磁体中原子磁矩都处于平行排列，磁化强度达到最大值。

时间反演算符T是指在时间反演操作下空间坐标保持不变，时间坐标改变符号的变换，即$t\to -t$。在此变换下动量为$\boldsymbol{k}$及自旋为s的粒子变成动量为$-\boldsymbol{k}$自旋为$-s$的粒子，即自旋角动量在时间反演下会变号。但在铁磁体中，原子磁矩的排列方向都是一致的，也就是说自旋的方向是唯一确定的，在时间反演对称操作下不会改变方向，因此铁磁性存在的必要条件是时间反演对称性是破缺的。

（王 垡 段纯刚）

对称性 symmetry 物质的状态和运动规律在对称变换（如镜面反射、转动等）下的性质。与对称性对应的物理量遵从守恒定律。对称性已成为物理学中一个最普遍而深刻的观念。

对称性的观念是人们在观察自然界各种事物的几何形状时逐步形成的。一个球在围绕通过中心的任何轴转动时，都不改变它的形状，称它具有转动变换的对称性。在观察晶体时，可以看到各种规则的多面体，经过一定面的镜面反射或是绕特定轴转动特定角度，不改变它们的几何形状，显示了各种对称的组合。按照对称方式的不同，可以把晶体分为32类，如果再考虑磁性，还可以找到58类不同的晶体对称方式；总共有90类磁性晶体的对称方式。

接连几次对称变换仍然是一个对称变换，这些对称变换之间满足结合律。而且存在恒等变换和对称变换的逆变换。因此对称变换的总和构成一个对称群。在一个群的所有对称变换下不变或协变的状态（或运动规律）具有这个群的对称性，如球具有转动群的对称性。

对称性和守恒量

对称变换和对称群	守恒量	附注
空间平移	动量P	
时间平移	能量E	
空间转动	角动量J	
洛伦兹变换	洛伦兹增压K	
电磁规范变换群U(1)	电荷Q	
色规范变换群SU(3)	色荷	
全同粒子交换		导致统计分类
时空强反射	CPT	
重子数变换	重子数B	可能破缺
轻子数变换	轻子数（e轻子数、μ轻子数、τ轻子数等）	可能破缺
空间反射	P宇称	破缺
时间反演	T	破缺
电荷共轭	C	破缺
味手征变换群 $SU(N)_L\times SU(N)_R$	超荷，同位旋等	破缺
味轴矢变换 $U(1)_A$		为辐射修正引起的轴矢反常项破缺
电弱规范群 $SU(2)_L\times U(1)_R$	电荷	自发破缺
强电弱大统一规范群		尚未确定
作为大统一的初步尝试：SU(5)、SO(10)等规范群		自发破缺

如果物质的运动规律具有某一连续变换群的对称性，同时它的能量最低的状态（基态或真空态）是对称的，那么与这个群的每一个生成元对应的物理量都会是一个守恒量（见表）。物质的运动形态可以千变万化，不断转化，而反映它们共性的守恒物理量将始终不变。守恒定律是物质运动过程中所必须遵守的最基本的法则。

最普遍的对称性是时空几何对称性和**量子力学**的代数对称性。所有的物质都在时空中运动，在不同时间和地点重复相同的实验反复证明了，对一个与周围物质切断了相互作用的孤立系统，时空坐标原点的选取和坐标轴方向的选取都不会影响这一系统的运动规律。时空表现为均匀和各向同性的。坐标系原点的平移和坐标轴的转动都是对称变换，它们构成非齐次洛伦兹群，又称庞加莱群。在庞加莱群中，与平移生成元对应的物理量为能量、动量矢量，与转动生成元对应的物理量为角动量。能量、动量守恒以及角动量守恒与时空均匀性和各向同性直接相关，它不依赖于物质的具体内容。不论是微观的还是宏观的，是粒子还是场，所有在均匀和各向同性的时空中运动的物质都必须遵守能量、动量和角动量的守恒律。

一个自由运动的微观粒子，不受其他粒子相互作用的影响，它的内部性质由与对称群相联系的守恒量来描写，而与时空相关的特性，则由对称群的不变量来描写。粒子的能量、动量和角动量虽然都是守恒量，但它们不是洛伦兹群的不变量，当坐标系进行**洛伦兹变换**时，在相对做匀速直线运动的不同坐标系上观测粒子的能量、动量和角动量会得到不同的数值。但是粒子的质量和它的总自旋则是洛伦兹群的不变量。只有用不变量才能准确地对微观粒子和时空相关的性质进行分类。

量子系统的状态由复数波函数来描写，它的运动服从海森伯方程或**薛定谔方程**。对量子力学的运动规律，通过复数共轭可将粒子和反粒子联系起来，形成电荷共轭的变换，但它不是一个严格的对称变换，在弱相互作用中，它遭到了破坏。

最重要的量子力学代数对称变换是多个相同粒子之间的交换。这个对称变换群是分立的置换群。交换的对称性与所有已知的粒子分为**玻色子**和**费米子**两大类这一实验事实密切相关。如果粒子具有整数自旋，描述它的多粒子系统的波函数在与它全同的粒子间交换下是完全对称的，而且其构成的多粒子系统满足玻色-爱因斯坦统计，则该粒子是玻色子；如果粒子具有半整数自旋，描述它的多粒子系统的波函数在与它全同的粒子间交换下是完全反对称的，而且其构成的多粒子系统满足费米-狄拉克统计，则该粒子是费米子。

量子力学状态常常显示出几何的特征形态，如在库仑场中运动的电子具有球谐函数的对称性。处于同一量子态的系统是全同的。两个或多个全同的子系统（如原子）构成一个总系统（如分子）时，交换的对称性使得总系统的量子态成为全对称的或是全反对称的。这种全同性的效应是各种多体现象得以发生的重要原因。如只有电子的全同性和它的波函数的全反对称性才能解释元素周期表的排列，而^{4}He的全同性和它波函数的全对称性则是超流动性发生的根本原因（见**全同粒子**）。

除了对每一种物质都适用的普遍对称性外，一些特定的物质形态有它自身独有的对称性，如晶体的对称性，对不同的晶体是不同的。又如夸克（见**强子结构**）有SU(3)色群的对称性，而轻子就没有［见**味道SU(3)对称性**］。现在已经知道的对称性都列在表中，其中给出了对称群和相应的守恒量。

各种形式的对称性及其相关的守恒律现在已经观察到的有四种基本的相互作用力，它们是**强相互作用**、**电磁相互作用**、**弱相互作用**和**引力相互作用**。此外，理论上在解释实验中观察到的很弱的CP破坏现象（即不具有电荷共轭和空间反射联合变换不变性的现象）时，也常可假定它是由一种超弱相互作用引起的，不过至今尚未排除这种可能性。相互作用的强弱是一个相对的概念，随着观察的距离和能量的不同，各种相互作用的相对强弱也会发生变化。到了10^{11}电子伏的能区，弱作用会变得与电磁作用差不多强；而到了10^{24}电子伏时，很可能强、弱、电三种相互作用的强度都差不多。

在低能区的现象中，作用较强的力常常具有更高的对称性，这种对称性遭到比较弱的作用力的破坏。如核子的结合力具有同位旋的对称性，即略去质子和中子的质量差，它们在同位旋空间的转动下互相转化，而核力具有在这一转动下的对称性。它们的电荷以及其他种种差别都是由电磁和弱相互作用引起的。称同位旋是近似的对称性，它遭到构成质子和中子中的u型和d型夸克的微小“裸质量”差和电磁、弱相互作用的破坏。

对称性反映不同物质形态在运动中的共性，而对称性的破坏才使得它们显示出各自的特性。如同建筑和图案一样，只有对称而没有对称的破坏，看上去虽然很有规则，但同时显得单调和呆板。只有基本上对称而又不完全对称才构成美的建筑和图案。大自然正是这样的建筑师。当大自然构造像脱氧核糖核酸（DNA）这样的大分子时，总是遵循复制的机制，将分子按照对称的螺旋结构连接在一起，而构成螺旋形结构的空间排列是全同的。但在复制过程中，对精确对称性的细微的偏离就会在大分子单位的排列次序上产生新的可能性，从而使得那些更便于复制的样式更快地发展，形成了发育的过程。由此可看到，对称性的破坏是事物不断发展进化、变得丰富多彩的原因。

在近似对称变换中，改变空间、时间轴方向的宇称P、时间反演T以及电荷共轭C，占有重要的地位。理论上预言宇称P和电荷共轭C在弱相互作用中遭到破坏的是**李政道**和**杨振宁**，而在实验中证实它的是**吴健雄**。对有洛伦兹群对称性的定域相互作用，虽然P、T或C遭到破坏，乘积CPT总是一个对称变换。实验表明，T和CP的破坏程度比C和P的破坏程度要弱得多，但它也可能由强作用真空态的性质所引起。

上面说过，粒子的内部特征由守恒量描写。如果粒子在产生时所带有的强相互作用守恒量的特征在随后的运动过程中为弱相互作用所破坏，就会发生复杂的物质转化现象。一个有名的例子是K^0和$\overline{K}^0$介子的系统。$\overline{K}^0$介子在强相互作用下是K^0的反粒子，它们具有相反的奇异数。但是，弱相互作用破坏了电荷共轭和奇异数的守恒，因而K^0和$\overline{K}^0$介子变得可以互相转化。事实上通过强相互作用产生出来的$\overline{K}^0$介子一产生之后，就会由于弱作用而形成寿命互不相等的K_S和K_L介子，它们都是由K^0和$\overline{K}^0$介子共同组成的状态。经过一段时间，短寿命的K_S介子差不多全部衰变，剩下的几乎全都是长寿命的K_L介子，而在剩下的K_L介子中，大约一半的成分竟是原先产生$\overline{K}^0$时并不存在的K^0介子。

所有的粒子都是相应的场的量子，所以可以说，物质的基本形态是场。场量在所有的时空点都存在，如果场的对称变换是在时空所有点上一起进行的，这样得到的对称性为整体对称性；如果在时空的每一点独立地进行对称变换，则所得到的对称性称为定域对称性。

连续的整体对称导致守恒流，满足守恒方程，如电流守恒方程。守恒流是四维时空的矢量，它沿时间轴的分量称为荷密度。荷密度对三维空间的积分是一个守恒量，称为守恒荷，它不随时间变化。场的能量、动量、角动量以及电荷等都是相应的整体对称性的守恒荷。

可以同时测量的守恒量构成物质的状态参量组。由于守恒律，物质运动变化过程中存在选择定则，只有在相同守恒量的状态之间可以进行转化。例如电荷为e的状态不会转变成为电荷为$2e$的状态。

一般还存在与状态参量不能同时测量的守恒量和对称变换，它们把两个状态的运动联系起来。在这种对称变换中最重要的一个是时间反演，它把沿时间前进的运动过程与它的逆过程联系起来。它虽是一个近似的对称变换，但对绝大多数过程，已是一个足够好的对称变换，它导致正过程和逆过程之间的细致平衡，并由此导出输运系数之间的对称关系，成为非平衡统计力学的基础。但是，现在还未彻底明了，为什么微观可逆的力学规律一定导致宏观不可逆的统计力学。

最早发现的定域对称性是电磁场的规范对称性。不同时空点上独立进行的对称变换只有通过由规范场表示的平行移动才能互相进行比较和联系。因此，定域对称性要求质量为零的矢量规范场（如电磁场）的存在，这是它区别于整体对称性最显著的特点。与电磁场对应的对称群是阿贝尔U(1)群，它只有一个生成元，对应一个矢量规范场。杨振宁和R.L.米尔斯最早把定域对称的观念应用于非阿贝尔群，得到杨-米尔斯规范场。非阿贝尔规范场有很多独特的性质。与电磁场不一样，它传递的作用力随着距离的减少越来越弱，形成所谓渐近自由的现象。同时，随着距离的增加，很可能相互作用越来越强，而产生所谓禁闭的现象。现在大多数物理学家都猜测物质世界中的四种基本相互作用力无一例外的都是由规范场传递的。

场量和连续介质的状态参量一般有多个分量，组成一个矢量空间，称作场量空间。场量作为时空点的函数，可以看作时空流形到场量空间的映像。这个映像可以按照场量任意连续变化下的拓扑不变性质进行分类，这样得到在最一般的连续变化下的对称性质，相应的守恒量是拓扑荷。已经知道，非阿贝尔规范场的真空具有不平凡的拓扑性质，形成θ真空，它可能引起时间反演T和CP不守恒。

在场论和凝聚态物理中，有很多有限大小的孤立子结构，例如磁涡线、磁单极子等，它们有不平凡的拓扑性质。拓扑数的守恒使得具有最小拓扑数的单个孤立子在运动过程中成为稳定的粒子。拓扑性孤立子的存在和冻结是许多系统由有序态到无序态相变的原因。

对称性的自发破缺　对称性显示物质世界的统一性，对称性的自发破缺则显示了它的多样性。

有两种对称破缺的方式。一种是上面讨论过的明显的对称破缺，它是由较弱的相互作用不具有这种对称性而引起对较强的相互作用的对称性的破坏。在这种情况下，作为整体，对称性是近似的，它只有在可以忽略较弱相互作用的过程中才近似地成立。

另一种更重要的对称破缺方式称为对称性的自发破缺，这时描写系统动力学的拉格朗日量具有对称群G的对称性，但是能量最低的真空态（或称为基态）不止一个，而是一组互相不能穿透的退化的状态，形成群G的表示。由于真空态（基态）影响到在其上运动着的一切事物，一旦真空态已经确定在一个特定的状态上，群G的对称性就受到了破坏。如磁铁在居里点以下显示出铁磁性，它的磁矩指向特定的方向。虽然磁铁的拉格朗日量是各向同性的，具有转动群的对称性，但基态不止一个，相应于磁矩可以指向空间不同方向。当磁铁由于某种原因已经选定了一个磁矩的特殊方向，在这块磁铁上发生的现象就不再是各向同性的了，这时我们说转动群的对称性产生了自发破缺。

常常从退化的基态中具体实现的状态仍然具有群G的子群H的对称性。如磁矩指向z轴方向时，磁铁仍然可以具有围绕z轴转动的对称性。因此对称性只在群G除以群H得到的H的陪集G/H上产生了自发破缺。

如果对称群G是连续变换群，它的生成元有N_G个，则当整体对称性在陪集G/H上产生自发破缺时，必然要伴随产生$N_G N_H$个能量随动量同时趋于零的振荡模式，其中N_H为群H的生成元个数。对相对论性系统来说，内部整体对称性的自发破缺所产生的这种振荡相应于静止质量为零的标量粒子，称为戈德斯通粒子。π介子的质量虽不为零，但它的性质非常接近戈德斯通粒子，很可能是由于近似整体对称性自发破缺而形成的。

如果定域的连续对称性产生自发破缺，系统中就不再出现静止质量为零的戈德斯通粒子，而在陪集G/H方向上的N_G–N_H个规范场将获得静止质量。这时静止质量为零的戈德斯通振荡模将与静止质量为零的规范场合并起来，组成带有静止质量的矢量场，戈德斯通振荡模构成这一矢量场的纵向分量。这一现象称为**希格斯机制**。

差不多所有的二级相变都与对称性的自发破缺有关。例如，铁磁在居里点以下破坏了整体的转动对称性，相应的戈德斯通振荡是自旋波；**超导电性**破坏了电磁的规范对称性，相应的光子（规范场）在超导体内获得静止质量，产生了排斥磁场的**迈斯纳效应**。在粒子物理中，强、电磁和弱相互作用在低能区强度相差很大，是具有共同的非阿贝尔规范群对称性的系统，经过对称性的自发破缺和希格斯机制后而形成的。

明显的对称破缺的方式不依赖于系统所处的状态，而对称性的自发破缺则依赖于系统的状态。随着某些条件（如温度）的变化，处于对称性自发破缺状态的系统常常可以通过相变过渡到对称的状态，例如铁磁和超导在临界温度以上都恢复到对称的状态。

根据粒子物理和宇宙学取得的进展，普遍认为构成今天的粒子世界是处于对称性自发破缺的物相中，粒子的质量和相互作用都由这个相决定；而在宇宙发展早期，宇宙是处于高度对称的状态中，粒子的性质可能与今天观察到的有很大不同，宇宙经过冷却和多次的相变才变成当今的样子。

在粒子物理实验中，发现夸克和轻子之间很可能有一种对称的对应关系。这促使人们猜测，它们可能是同一种粒子经过对称性的自发破缺而形成的。在这种猜测（**大统一理论**）中，质子可能是不稳定粒子，它的寿命虽然可能很长（$L \geqslant 10^{33}$年），但是有限的，会衰变为轻子和介子。如果确实观测到质子的寿命，将是粒子物理（大统一理论）的一次重大突破。　（周光召）

对称性与守恒流　symmetry and conserved current　任何客观对象，在折叠、平移或转动等变换下不变，即认为此对象是对称的。与守恒量相关的，就是某种连续对称性。

对称性　在自然界，对称几乎是无处不在的。如绝大多数动物的形态、植物的叶状，许多中式古建筑，是左右对称，这是二度对称。而正方形、正六边形、雪花的形状等，就具有更多的对称性，这些对称性统称为离散对称性。数学上用**点群**和**空间群**分别给出了平面或三维空间离散对称性的分类。车轮是迄今为止人类最重要的发明之一，这也是涉及对称性的运用。圆心距圆周的距离是确定的，圆周在水平面上作连续滚动时，圆心为高度保持不变的水平运动。与前面的离散对称性不同，与连续变换相关的对称性，称之为连续的对称性，这种对称性与守恒量相关。

诺特定理　E.诺特首先发现了对称性与守恒流二者之间的关系，从对称性得到守恒量，即**诺特定理**。诺特定理都是基于连续的无穷小变换。基于不同的无穷小的定义，诺特定理有许多版本，适用于不同程度的系统。原始的诺特定理，只适用于点粒子力学系统（表示为常微分方程），而不是场（表示为偏微分方程）。诺特证明，任一物理系统，若其作用量具有可微对称性，则存在相应的守恒定律。下面仅给出诺特定理的场论表述。

如果一物理系统的作用量，可由拉格朗日函数的积分得到：

$$S=\int L\mathrm{d}t=\int \mathcal{L}(\phi,\partial_\mu\phi)\,\mathrm{d}^4x$$

通过最小作用原理，得到欧拉－拉格朗日方程为：

$$\frac{\partial\mathcal{L}}{\partial\phi}-\partial_\mu\left[\frac{\partial\mathcal{L}}{\partial(\partial_\mu\phi)}\right]=0$$

如果场量作无穷小的改变：

$$\phi(x)\to\phi'(x)=\phi(x)+\alpha\Delta\phi(x)$$

式中α为无穷小参数；$\Delta\phi(x)$为场的位形空间的变更。如果拉格朗日作用量在此无穷小变换下不变，则欧拉－拉格朗日运动方程保持不变。这样的变换就是该拉格朗日系统的对称性，即存在一确定的$\mathcal{J}^\mu$，使得$\mathcal{L}(x)\to\mathcal{L}(x)+\alpha\partial_\mu\mathcal{J}^\mu(x)$保持不变：

$$\alpha\Delta\mathcal{L}=\alpha\partial_\mu\left[\frac{\partial\mathcal{L}}{\partial(\partial_\mu\phi)}\Delta\phi\right]+\alpha\left\{\frac{\partial\mathcal{L}}{\partial\phi}-\partial_\mu\left[\frac{\partial\mathcal{L}}{\partial(\partial_\mu\phi)}\right]\right\}\Delta\phi$$

如果定义：

$$j^\mu(x)=\frac{\partial\mathcal{L}}{\partial(\partial_\mu\phi)}\Delta\phi-\mathcal{J}^\mu$$

则有$\partial_\mu j^\mu(x)=0$相应于守恒流$\partial_\mu j^\mu(x)$的守恒荷为：

$$Q=\int j^0\mathrm{d}^3x$$

场论中经常用到的是能量－动量张量：

$$T^\mu_\nu\equiv\frac{\partial\mathcal{L}}{\partial(\partial_\mu\phi)}\partial_\nu\phi-\mathcal{L}\delta^\mu_\nu$$

显而易见，能量守恒和动量守恒，分别是该系统时间平移不变和空间平移不变的结果。一种现代的观念是，对称性决定了动力学，也就是对称性决定了物理。有什么样的对称性，就有相应的物理。

（杨文力）

对称性自发破缺 spontaneous symmetry breaking 反映世界多样性的一种规律。20世纪和21世纪物理学最大的进步之一是逐渐认识到**对称性**在物理学中的重要意义。目前普遍认识到，基础理论物理学的框架就是发现对称性以及寻找破缺对称性的机制。

对称性作为最根本的原则决定了整个物理机制，但几乎所有对称性都不是完美的，是破缺了的［当然也有未被破缺的对称性，如电荷守恒对应的U(1)对称性］，理论物理中一个关键问题是对称性是如何破缺的。

对称性破缺可以分为明显破缺和自发破缺两种不同的机制。前者是由于动力学或反常破缺的，在相互作用的拉氏函数中明确地存在破缺对称性的项，如费米子的质量项就明确破缺了手征对称性，是由于和希格斯场的汤川耦合以及非微扰**量子色动力学**（QCD）决定的真空凝聚产生的，是动力学破缺，又如QCD反常导致强CP破坏。

与之不同的自发破缺是由于物理真空性质产生的对称性破缺。这个概念来源于**铁磁性**。当铁磁体未被磁场磁化时，内部磁畴取向是任意的，各向同性对应最大的空间对称性，用O(3)三维旋转群来描写。这时假定用一个强磁场磁化它，使所有磁畴的磁矩一致转向外磁场这个特殊方向，然后再缓慢地将外磁场降到0。这时大部分磁畴的磁矩并不恢复原来的混乱状态，而是保持在这个特殊方向，尽管外磁场已不存在了。原来的空间各向同性也不存在，只有绕这个特殊方向的旋转对称性O(2)保持。这样可以说原有的O(3)对称性就破缺到有较小对称性的O(2)了。

规范场理论要求拉氏量是规范不变的，这样规范场量子一定没有质量，而且只能有两个极化方向（$h=\pm1$），这显然和弱相互作用中要求存在很重的$W^\pm$和Z^0规范玻色子（它们的极化方向为三重态±1,0）相矛盾。它们的质量从哪儿来，还有众多的费米子（夸克、轻子）的质量起源是什么，显然要想得到质量不为0的规范玻色子，规范对称性必须破缺。确实使真空自发破缺就能得到让人满意的回答。

对于该规范理论，考虑存在一个经典场，它的势函数为：

$$V(\phi)=\frac{1}{2}\mu^2\phi^2+\frac{1}{4}\lambda\phi^4$$

并且$\mu^2<0$，则$V(\phi)$的最小值不在0点，而$\phi=\pm(-\mu^2/\lambda)^{1/2}$。当$\phi$可以是复数时，这对应一个以0点为中心，$(-\mu^2/\lambda)^{1/2}$为半径的圆，见图，这好像香槟酒瓶底形状。这一圈上每个点都对应势的极小值，称之为简并真空。但物理真空只能是一个点，即要在这个环上选择一个“真空”，如$\phi_0=+(-\mu^2/\lambda)^{1/2}$，它的真空期望值$V(\phi_0)\neq0$。**南部阳一郎**和J.戈德斯通证明这时会存在一个（或几个）质量为零的标量（赝标量）粒子，称为戈德斯通粒子。这个自旋为0的无质量粒子被无质量的规范玻色子“吃掉”，成为它们极化矢量的第三分量，并给予原来无质量的玻色子以质量。同时在拉氏量中存在费米子（夸克、轻子）和希格斯场的汤川耦合，所以当真空从原点移动到$v=(-\mu^2/\lambda)^{1/2}$，费米子就获得了质量。这有点像“水落石出”，规范玻色子质量和费米子质量都和真空期望值成正比。这个理论解决了**杨振宁**当年提出杨－米尔斯理论时被**W.泡利**提出的质量在哪的问题。至于规范粒子的个数和戈德斯通粒子的个数是与所选的规范群相关的。当戈德斯通粒子被“吃”掉后，还会有剩余玻色子（具有质量），它们就成为量子化的标量（赝标量）粒子，这就是多年寻找并最终找到的**希格斯粒子**。

对称性自发破缺应用到规范理论的一个极为成功的典例是**S.温伯格**的弱电模型理论。弱电的规范群是$SU_L(2)\times U_Y(1)$，它破缺成对应电荷守恒的电磁规范群$U_{em}(1)$。原来的群有四个生成元，破缺后只有一个生成元（电荷）保留，就产生了三个戈德斯通标量粒子，它们成为$W^\pm$、Z^0极化矢量的第三分量，也使$W^\pm$、Z^0获得了质量，其数值和理论预言非常一致，对称性自发破缺的理论被广泛接受，并成为21世纪理论物理的基石。

如果在规范理论的拉氏量中引入明显的破缺项，让规范玻色子有质量，则会改变理论的高能行为，理论变得不可重整化，这是不可接受的。但同时规范玻色子必须有质量，这是唯象学所要求的。两者间的矛盾在对称性自发破缺的理论中得到自然解决。物理具有“隐藏”的对称性：拉氏量还是在对称操作下不变的，但是动力学却变了，也就是对真空做了选择，系统的基态不再是对称群的单态。在所有可能的简并基态中选择一个作为物理真空，这就破坏了简并性，即破坏了通常的能级简并的对称推论。这个真空选择意味存在无质量的标量粒子——戈德斯通粒子。如果认为无质量的规范玻色子和无质量的戈德斯通粒子是理论缺陷的话，在规范理论中它们刚好互相补足。它们从理论的物理谱中消失，而代之的是结合起来称为有质量的矢量粒子。这样，它们不会摧毁对称理论完美的高能行为。

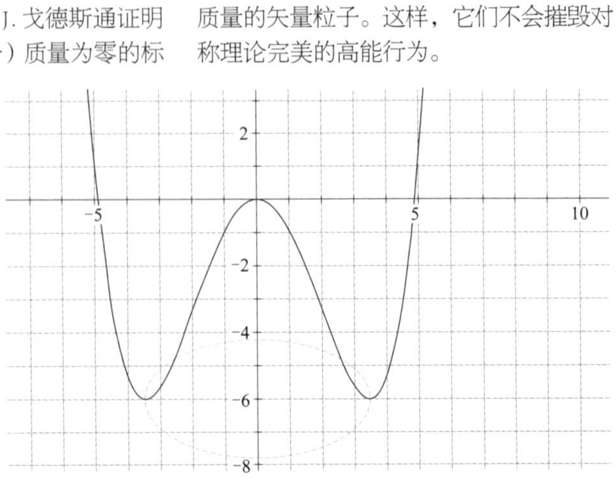

经典场的势函数

在欧洲CERN的大型强子对撞机LHC上两个合作组CMS和ATLAS都找到了盼望已久的希格斯粒子，质量在125～126GeV/c^2，宣布了对称性自发破缺理论－希格斯机制的完全胜利，至此**粒子物理标准模型**完全成功。但新的问题又已出现，有理论建议μ^2为负是由于量子效应（圈图的辐射修正）导致。一些新物理模型也预言真空可能不稳定，即存在比在真空期望值～246GeV对应的$V(\phi)$还低的真空态（在这个理论下就是“真的”真空态），这样的话物理图像就会发生根本的变化。这些都是没有定论的问题，需要将来的理论和实验去解决。正如**李政道**指出的：21世纪要解决的根本问题是一为真空（物理）到底是什么；二为什么“力”破缺了真空。这是一代代学者持续追求回答的。

（李学潜）

对称元素 symmetry element **对称操作**中所借助的几何元素。又称对称要素。对称元素上的点在对称操作中不动，这些几何元素为：点（对称中心）、线（转轴）和面（对称面）。

（施宏龙　王文忠）

对力 pairing force 表征中子－中子或者质子－质子相互作用的力。中子数或者质子数成对时相互作用最强。

（冯兆庆）

对偶性 duality 物理学中表示一种等价性或等价关系的性质。物理学中对偶性的例子：如量子力学的波的描述与粒子描述的等价性，真空中经典电磁理论的电磁对偶。如果考虑电流源后仍认为存在这种对偶，其自然推论是**磁单极子**的存在。这一对偶是强－弱对偶的一个例子，其电荷相互作用强度与磁荷相互作用强度之间是一种反比关系。但这种对偶在量子意义是不成立的。**量子电动力学**必须考虑光子、电子及其反粒子以及它们之间的相互作用。但对偶给出的对应费米子至少实验上还没有证据存在。理论上这种对偶理论的确存在比如$D=4,N=4$超对称规范理论。该超对称多重态唯一，在强－弱对偶下该理论变成自身。其实该理论是SL (2,Z)下自对偶的。另一个比较典型的强－弱对偶的例子是(1+1)-维带有质量的标量Sine-Gordon模型与带有质量的费米Thirring模型之间的严格对偶关系。

弦理论中有更多的对偶，了解最早的是所谓的T对偶，它是一种紧致在一个小（大）空间体积的弦理论等价于紧致在一个大（小）体积上的同一或不同弦理论之间的一种等价关系，如紧致的玻色弦的T对偶或ⅡA弦与ⅡB弦之间的T对偶。这种T对偶在微扰弦理论框架下已得到了证明，但在非微扰意义上仍是一种猜测。从弦世界叶角度，T对偶是一种世界叶上的电磁对偶。另一种是S对偶，它是一种强－弱对偶，其对偶操作涉及将弦耦合常数变为其倒数，典型的例子是ⅡB弦，该理论在S对偶操作下保持不变，因此是该理论的一种对称性。量子、非微扰ⅡB理论具有一个包括S对偶更大的SL(2, Z)对称性。其他这方面的例子包括：Ⅰ类弦与SO(32)杂交弦，ⅡA以及$E_8\times E_8$杂交弦与十一维M理论之间的S对偶。S对偶与T对偶共同操作给出所谓U对偶。AdS/CFT对偶也是一种强－弱对偶，但这种对偶是定义在十维AdS背景（如$AdS_5\times S^5$）上的弦理论与定义在膜方向上非引力规范理论之间的一种对偶。

对偶一般反映的是不同理论之间的一种等价性。对弦理论，5种不同的弦理论以及十一维超引力暗示存在一个更大的统一理论即M理论。对M理论来说，弦理论中各种对偶应上升为M理论的各种对称性。

对应也是指两种理论间的一种等价关系。特别地，AdS/CFT对偶习惯上被称为AdS/CFT对应。

（卢建新）

对应原理 correspondence principle 表述量子理论与经典物理学关系的原理。“对应原理”一词首先出现在**N.玻尔**的原子的量子论中。按此原理，原子和辐射的量子理论，在大量子数极限下将回到经典理论。在玻尔（1913）的原子结构的著名论文《伟大的三部曲》中已包含了这个思想，而对应原理一词正式出现在他1920年以后的文章和他接受诺贝尔奖的演讲中（1922）。有人把量子力学提出（1925）之前的量子论称为对应原理的量子力学，它为经典物理学通往微观世界的新力学铺设了桥梁。**W.K.海森伯**正是通过对应原理这座桥梁，最终建立了微观体系的**矩阵力学**。

对应原理的另一种等价的表述是：当体系的作用量S比普朗克常数h大得多的情况下（$S/h\gg 1$），量子理论将回到经典理论。可证明，在$S/h\gg 1$情况下，**E.薛定谔**的波动方程将回到经典力学中的雅可比－哈密顿方程。同样可证明，在$h\to 0$极限下，量子力学中两个力学量A和B的对易关系式：

$$[A,B]/\mathrm{i}\hbar=(AB-BA)/\mathrm{i}\hbar$$

将回到经典力学中相应的**泊松括号**$\{A,B\}$，而力学量随时间演化的方程，将回到经典力学中泊松括号形式下的**正则方程**。

（曾谨言）

对撞机 collider 两束或以上人工产生的粒子在同一空间以相反的方向相互碰撞产生次级束供探测，从而进行高能物理或核物理研究的大型装置。按粒子束的种类来分有正负电子、电子－电子、正反质子、质子质子、质子－电子、离子－离子、离子－电子、光子－光子、μ子－反μ子对撞机。按加速器的类型来分有直线对撞机、环形对撞机。按加速器个数来分有单环、双环对撞机，部分对撞机因为某一特定粒子的产额大，**对撞亮度**高，也叫粒子工厂，如τ/粲工厂、B（底夸克）工厂。

有效能量　早期的核物理、粒子物理是将加速器产生的粒子束打在一个靶上从而产生次级粒子再由探测器开展研究的，根据相对论的效应，粒子的有效能量也即质心能量是：

$$E_{\mathrm{cm}}=\sqrt{\begin{array}{l}2E_1E_2+(m_1^2+m_2^2)c^4+\\2\sqrt{E_1^2-m_1^2c^4}\sqrt{E_2^2-m_2^2c^4}\cos\theta\end{array}}$$

式中m_1、m_2为粒子的静止质量；E_1、E_2为粒子的能量；c为光速，θ为两粒子束在对撞点处运动方向的夹角。因此在打靶实验中，假设m_2为靶粒子质量，$E_2=m_2c^2$，通常$E_1\gg E_2$，$E_1\gg m_1c^2$，有效能量为$E_t\approx\sqrt{2E_1m_2c^2}$；在对撞机中，$E_1\gg m_1c^2$，$E_2\gg m_2c^2$，$\theta\approx 0$，因此$E_c\approx 2\sqrt{E_1E_2}$，通常$E_1\approx E_2$，因此有效能量基本是两束粒子的能量之和，比打靶实验显著提高。

对撞机简史　世界上第一台对撞机是AdA，这是一台正负电子对撞机，由B.陶舍克于1961年在意大利建成，能量为250兆电子伏，总质心能量500兆电子伏；第一台强子对撞机是ISR，1971年在欧洲核子中心（CERN）建成；如今能量最高、周长最长的对撞机是欧洲核子中心的**大型强子对撞机**LHC。历史上的所有对撞机见下表。

对撞亮度、积分亮度、平均亮度　对撞机除了质心能量外，另一个最重要的指标是对撞亮度，亮度是单位时间单位截面内单次碰撞反应所发生的事件数。其数学表达式为：

$$L=\frac{N_1N_2}{4\pi T_0\sigma_x\sigma_y}=\frac{I_1I_2T_0}{4\pi e^2\sigma_x\sigma_y}$$

式中L为亮度；N_1、N_2为对撞粒子数；I_1、I_2为束流强度；σ_x、σ_y为对撞点处的束团水平及垂直尺寸；T_0为对撞的周期。BEPC的亮度是$10^{31}\mathrm{cm}^{-2}\mathrm{s}^{-1}$量级。

由于加速器中的束流是有一定寿命的，因此随着时间推移，束流的流强会逐渐衰减$I=I_0\mathrm{e}^{-t/\tau}$，其中$I_0$是初始流强，$\tau$是束流寿命；亮度也会逐渐下降

历史上所有对撞机的主要参数

名称/类型	实验室/坐落国家	周长（m）	质心能量（GeV）	运行年代	备注
AdA/$e^{\pm}$/SR	Frascati/意大利	3	0.5	1961～1964	第一台对撞机
CBX/$e^{-}e^{-}$/DR	SLAC/美国	12	1	1962～1967	
VEP-1/$e^{-}e^{-}$/DR	BINP/苏联	2.70	0.26	1964～1968	
VEPP-2/$e^{\pm}$/SR	BINP/苏联	11.5	1.4	1965～1974	
ACO/$e^{\pm}$/SR	LAL/法国	22	1.1	1965～1975	
ISR/pp/DR	CERN/瑞士、法国	948	63	1971～1984	第一台强子对撞机
SPEAR/$e^{\pm}$/SR	SLAC/美国	236	5	1972～1990	发现粲夸克
VEPP2M/$e^{\pm}$/SR	BINP/苏联	17.88	1.4	1974～2000	
DORIS/$e^{\pm}$/DR	DESY/德国	300	10	1974～1993	
PETRA/$e^{\pm}$/SR	DESY/德国	2000	40	1978～1986	
CESR/$e^{\pm}$/SR	Cornell/美国	768	12	1979～2002	发现底夸克
PEP/$e^{\pm}$/SR	SLAC/美国	2200	30	1980～1990（?）	
SPS/$p\bar{p}$/SR	CERN/瑞士、法国	6900	315	1981～1984	
SLC/$e^{\pm}$/LC	SLAC/美国	3000	45	1988～1998（?）	第一个直线对撞机
LEP/$e^{\pm}$/SR	CERN/瑞士、法国	27 000	208	1989～2000	最大的正负电子对撞机
BEPC/$e^{\pm}$/SR	IHEP/中国	240.4	4.6	1989～2004	
HERA/ep/SR	DESY/德国	6336	27.5e/936p	1992～2007	电子与质子能量差很大
VEPP4M/$e^{\pm}$/SR	BINP/俄罗斯	366	14	1994～	
TEVTRON Ⅰ/$p\bar{p}$/SR	Fermilab/美国	6300	900	1992～1995	
PEP Ⅱ/$e^{\pm}$/DR	SLAC/美国	2200	10.6	1998～2008	
KEKB/$e^{\pm}$/DR	KEK/日本	3000	10.6	1999～2009	最高对撞亮度
DAΦNE/$e^{\pm}$/DR	Frascati/意大利	98	1.4	1999～	发明蟹腰对撞
TEVTRON Ⅱ/$p\bar{p}$/SR	Fermilab/美国	6300	1000	2001～2011	
RHIC/$I^{+}I^{+}$/DR	BNL/美国	3800	3.85-100/A	2000～	重离子对撞机/PP亦可
Cesr-c/$e^{\pm}$/SR	Cornell/美国	768	4	2002～2008	
VEPP2000/$e^{\pm}$/DR	BINP/俄罗斯	24.4	2	2006～	实现圆形束对撞
BEPC Ⅱ/$e^{\pm}$/DR	IHEP/中国	237.5	3.7	2008～	发现四夸克态
LHC/PP/DR	CERN/瑞士、法国	27 000	14 000	2008～	最大强子对撞机/$Pb^{+}Pb^{+}$

$L=L_0e^{-t(1/\tau_1+1/\tau_2)}=L_0e^{-2t/\tau}$，这里假定两个束流寿命相同。因此亮度寿命大约是束流寿命的一半。而物理的研究是一个亮度积分的过程，由此引入积分亮度的概念：

$$\mathcal{L}=\int_0^t L(t)\,\mathrm{d}t=L_0\frac{\tau}{2}(1-e^{-\frac{2t}{\tau}})$$

于是，平均亮度为：

$$\overline{L}=L_0\frac{\tau}{2t}(1-e^{-\frac{2t}{\tau}})$$

可以看到，取数时间t越长，平均亮度越小。考虑到加速器的注入、探测器的启动等过程所占的时间，往往有个最佳的取数时间。随着加速器、探测器技术的发展，很多对撞机已经采用恒流运行的方式来提高平均亮度及积分亮度。亦即不断注入束流来弥补束流因有限寿命造成的损失。这对加速器的注入束流品质、束流的准直系统、探测器的高压及数据获取系统都会提出很高的技术要求。

对撞机中的束束作用　对撞机大部分是两个带电粒子束的直接碰撞，其相互作用的**洛伦兹力**F_x、F_y沿着束团长度l方向的积分可以写成：

$$F_xl+\mathrm{i}F_yl=m_pc^2\left(1+\frac{v}{c}\right)\frac{Nr_p}{\gamma}\sqrt{\frac{2\pi}{\sigma_x^2-\sigma_y^2}}$$

$$\left[W(z_1)-e^{-\frac{x^2}{\sigma_x^2}-\frac{y^2}{\sigma_y^2}}W(z_2)\right]$$

式中$W(z)=e^{-z^2}[1-\mathrm{erf}(-\mathrm{i}z)]$，$z_1=(x+\mathrm{i}y)/\sqrt{2(\sigma_x^2-\sigma_y^2)}$，$z_2=(x\sigma_y/\sigma_x+\mathrm{i}y\sigma_x/\sigma_y)/\sqrt{2(\sigma_x^2-\sigma_y^2)}$，erf是误差函数，$v$是在对撞机中接近光速的粒子运动速度，$N$是电荷数，$r_p$是粒子的经典半径，$m_p$是粒子的静止质量，$\gamma$是相对论因子。这个力是非线性的，对于$\sigma_x=\sigma_y$的情况，可简化并归一化为$f(l)=\frac{2}{l}(1-e^{-l^2/2})$。

由于洛伦兹力的作用，一个束团会对与之对撞的另一束团产生影响，用束束作用参数$\xi^{\pm}_{x,y}$来描述这一作用的大小：

$$\xi^{\pm}_{x,y}=\pm\frac{N^{\pm}r_p}{\gamma_{\pm}}\frac{\beta^{\pm}_{x,y}}{2\pi\sigma^{\mp}_{x,y}(\sigma^{\mp}_x+\sigma^{\mp}_y)}$$

式中$\beta_{x,y}$是束流在对撞点的振幅函数，单位为厘米；这里上下标中的±是对撞的两束的区分符号，不是数学意义上的正负号；束束作用参数的正负号在两种束流电荷符号相同时为负号，反之取正号；对电子来说其经典半径约为2.818×10^{-15}米，对质子来说约为1.535×10^{-18}米；对离子对撞机同样处理。

对于一个对撞机来说，束束作用参数不是可以任意大的，有一个上限，对于不同类型的加速器上限也是不同的，还与束流的能量有关。通常电子加速器能达到的束束作用参数会大一些，大致在0.05左右，最大不超过0.1；对于强子对撞机来说，由于没有同步辐射效应的阻尼作用，能达到的束束作用参数非常小，一般比电子对撞机小一个量级以上；对于BEPC来说$\xi\sim0.04$，对LHC$\xi\sim0.005$；对于直线对撞机来说，由于束流是一次性碰撞，这一参数就不适合了，描述直线对撞机的束束作用有一个类似的叫瓦解参数$D_{x,y}$：

$$D_{x,y}=\frac{2Nr_p\sigma_s}{\gamma\sigma_{x,y}(\sigma_x+\sigma_y)}$$

束束作用的结果是束团形状完全被破坏因而瓦解了，式中σ_s是束团的长度。

提高对撞亮度的各种方法　根据亮度的定义公式和束束作用参数的公式，亮度可以改写成为：

$$L=K(1+r)\xi_y\frac{EI}{\beta_y}$$

式中r是耦合系数即束团的垂直尺寸与水平尺寸之比，其通常很小，～0.01；K是一个常数，为2.17×10^{34}；E是束流能量，单位为吉电子伏；I是束流强度，单位是安培。因此能量越高的对撞机通常亮度越高。

提高对撞亮度第一个方法是减小对撞点的振幅函数β_y，因此在对撞点附近往往需要特别的设计，早期的对撞机这一数值在几米量级，后减少到零点几米的低β区间，进一步又减少到几厘米的所谓小β区间，迄今已达到微小β即几毫米到十几毫米范围。超级底夸克工厂（Super-KEKB）β值已经设计到1毫米以下。

提高对撞束流流强也是提高亮度的一个方法。对于单环对撞机，正负粒子所带电荷相反，而运动方向也相反，因此在加速器中所受到的磁场力正好是相同的，这就是对撞机可以是一个环形加速器的原因。束流在储存环的一圈运动中，每碰撞一次就会有一次束束作用过程，这些作用是叠加的，因此单环对撞机正负粒子束分别只有一个束团，否则多次碰撞后将会导致束流发射度生长。另外由于束束作用是一个非线性的力，会引起其他动力学效应，致使粒子丢失。为了使单环对撞机能容许多个束团进行对撞，可在储存环上形成一个所谓的麻花轨道将束团在不需要对撞的交叉点处分开。麻花轨道的原理如图所示。一些静电分离器（粉色点处SP）形

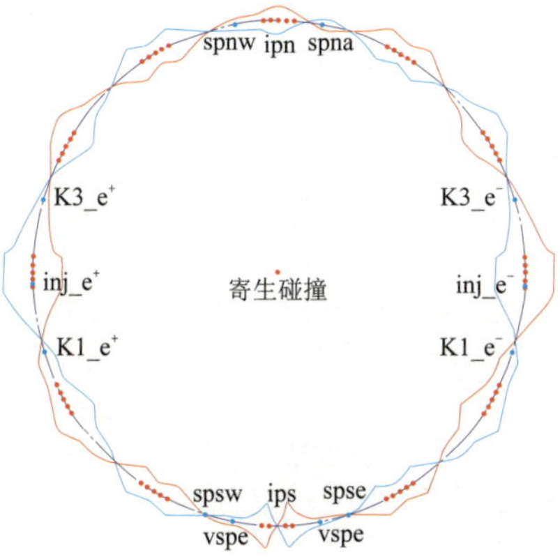

麻花轨道原理图

成红线与浅蓝线的正负粒子的运动轨道。在除对撞点（最下面的交叉点）以外的红色点交叉点（又称寄生对撞点）处，正负粒子束团运动轨道之间有一定的距离，不会对撞。进一步增加束团数的方法是采用双环即不同粒子束在不同的加速器里运行，只是在有粒子探测器（又称谱仪）的地方使其轨道交叉，并进行对撞。这就是双环对撞机。双环对撞机因为亮度很高，常称为粒子工厂。

增大耦合因子r也可以提高亮度，这就是圆形束的对撞起因，当然r最大只能为1。

对于共振峰特别窄的粒子，还采用有效亮度来描述对撞过程的效率。提高有效亮度的方法是在对撞点处引入色散。色散可使一束中能量低的粒子与另一束中能量高的粒子碰撞，从而获得更多的有效碰撞，等效增加亮度。

还有很多其他提高亮度的想法，其中值得一提的是所谓蟹腰对撞方法。这个方法在意大利的DAΦNE上已经试验成功。在Super-KEKB中也采用这种方法，其亮度将由KEKB的2.11×10^{34}厘米$^{-2}$秒$^{-1}$再提高100倍。这种方法还会在轻正负电子对撞机中被采用。

不同类型的对撞机特点及未来可能的发展 对于粒子物理的研究以及加速器本身来说，不同的对撞机有不同的特点。

单环对撞机只能使用正负电荷的粒子束进行对撞，投资少。但亮度比较低，对于像HERA那样的质子与电子的对撞，质子与电子的能量差异很大。

双环对撞机亮度高，投资大，原则上可以使用各种不同粒子束进行对撞，如e^+e^-、e^-e^-、pp、$p\bar{p}$，甚至是各种离子之间、离子与电子的对撞。

直线对撞机主要使用正负电子束进行碰撞，由于没有同步辐射，原理上可以达到任意高的能量。对于环形正负电子加速器，在200吉电子伏以上的对撞能量运行成本非常高昂。直线加速器本身使用加速管（纯铜或超导的）来加速，制造成本也是非常高的。

$p\bar{p}$对撞机由于反质子$\bar{p}$的产生很困难，产额很低，对撞亮度也很低，对于大型高能量对撞机基本不采用。

双环的质子-质子对撞机由于参与强相互作用会产生很多本底，对于探索发现新粒子难度会大大增加。对于正负电子对撞机，对撞产生"新粒子"之前不会发生强相互作用，本底只是一些轻子过程，远远小于强子之间相互作用的本底。但由于质子的静止质量很大，在几百太电子伏以下不会有很强的同步辐射，这对新粒子的探索与发现是不多的选择之一。

μ子对撞机，与正负电子对撞机一样，在对撞产生"新粒子"前不参与强相互作用，本底较低。同时它的静止质量比电子大得多，同步辐射也比电子的低得多，因而是很值得研究的。只是正负μ子不是天然存在的，获取困难，需要特殊的装置来产生。这是加速器方面的科学家的研究方向。

2012年在欧洲核子中心（CERN）大型强子对撞机上发现了能量约125吉电子伏**希格斯粒子**，由于能量仅比LEP能量略高，因而重新激发了科学家使用环形正负电子对撞机研究希格斯粒子的想法。

光子对撞机最早在1981年由苏联科学家提出，它主要是利用激光康普顿背散射将电子束的能量转移到光子束，两束光子再对撞进行研究。由于希格斯粒子的发现又活跃起来。原因是光子与光子碰撞直接可以产生单个希格斯粒子，而不像正负电子对撞产生两个希格斯粒子，因而理论上光子的能量只需要电子的一半。当然很复杂的技术难度需要仔细研究。

（徐　刚）

对撞亮度 collider luminosity **对撞机**（加速器）性能的一项基本指标。加速器是将粒子加速到极高能量的装置。在对撞机上进行的高能物理实验中，反向运动的粒子束团（正-负电子、质子-质子束团等）被束缚在很小的空间，并使它们在特定的区域（对撞点）相遇，束团中的粒子将发生相互作用，这过程称之为对撞。对撞的结果往往是将束团中高能粒子的能量转化为末态粒子的质量和动量，产生多种末态。束团中粒子发生对撞是微观随机过程，不同的对撞机运行时在单位时间内实际发生的平均对撞次数不相同，通常用瞬时亮度$\mathcal{L}$来表示对撞机的这项最基本的性能指标。另一项指标是有效对撞能量，反映对撞过程产生末态粒子的能力。若两束团中的粒子数分别为n_1和n_2，通常束团中粒子密度分布呈高斯型，在水平方向和垂直方向的均方根半径为σ_x和σ_y，束团的有效横截面积为$S=4\pi\sigma_x\sigma_y$，当束团在存储环中的回转频率为f，存储环中每一束流的束团数为B，瞬时亮度可以表示为：

$$\mathcal{L}=\frac{n_1n_2}{S}Bf$$

在单位时间内因束团对撞而发生某种反应的次数N与对撞机亮度$\mathcal{L}$成正比，还与该过程的性质（反应截面σ）有关，可定量地表示为$N=\mathcal{L}\sigma$。在高能物理实验中，更关心的是积分亮度L，它表示为瞬时亮度对运行时间T的积分，$L=\int_0^T\mathcal{L}(t)\mathrm{d}t$。如果某反应过程的截面为$\sigma$，则在时间$T$内所发生的该反应过程的事例数为$N=L\sigma$。

（胡海明）

多变量分析 multivariable analysis; MVA 常用的统计方法，是统计学的重要分支，在粒子物理领域常用于高效鉴别各种不同类型的粒子。统计学中的多变量统计分析起源于医学和心理学。20世纪30年代在理论上发展很快，但由于计算复杂，实际应用很少。70年代以后，由于计算机的蓬勃发展和普及，特别是到80年代后期，计算机软件包已很普遍，多变量统计分析已渗透到几乎所有的学科领域。

对于有多个变量客观存在而相互影响的数据，采用简单的单变量统计分析是不合理的。多变量统计分析能把变量间的相互影响和内在联系系统地考虑在内。多变量统计的理论基础和工具是数学中的概率论和矩阵。对于实际应用者，只要有合适

的软件包以及掌握一些初步的多变量统计知识，就可用来解决实际问题。多变量统计的内容很广泛，主要包括回归分析、判别分析、因子分析、主成分分析、聚类分析、生存分析六个大的分支。此外路径分析和典则相关分析也比较常用。如当多个自变量x_i同时影响某个指标y（称为因变量）时，可进行回归分析获取：①自变量对指标y影响的统计规律性（又称回归关系）；②筛选众多的自变量中哪一些能对指标y产生影响（常称因素分析）；③在固定其他自变量后，考察每一个自变量对指标y的相关程度（相关分析）。这三项相互联系，可同时完成。一般回归分析只能计算每一个变量（其他变量固定）对指标y的直接作用大小，而路径分析可同时计算每一个变量对指标y的间接作用，即通过与它相关的变量作用于y。典则相关分析是回归分析的进一步发展。对每个事物同时测量多个指标（$y_1,y_2,\cdots$）和多个自变量（$x_1,x_2,\cdots$），分析指标的综合与自变量的综合是如何相关时多使用典则相关分析。

在粒子物理实验领域，经常需要鉴别各种不同类型的粒子，从各种背景本底事例中提取感兴趣的信号事例，为了提高效率，通常采用多变量分析（MVA）方法。2005年开始逐渐发展了一套基于面向对象C++语言的高能物理分析工具ROOT和机器学习环境的多变量分析软件包（TMVA）。该软件包中的主要多变量方法包括：①长方形选择优化；②投影似然估计；③多维度概率密度估计；④多维度K-最近邻方法；⑤线性判别分析：H-矩阵，费舍尔和线性判别；⑥函数判别分析；⑦人工神经网络；⑧增强决策树；⑨通过规则集合预测学习；⑩支持向量机。

TMVA由面向对象C++语言来实现各种多变量分析方法，并提供相应的训练、测试、性能评估算法和可视化脚本。MVA训练和测试使用由用户提供的基于ROOT树类型或文本格式的数据集合，组成数据的每个事件有独立的权重，其事件分类或目标值是已知的。

TMVA工作在透明模式来保证各算法之间无偏的性能比较：所有的多变量方式使用相同的训练和测试数据，并按照相同的作业流程进行评价。TMVA提供用户和分析步骤的交互界面、执行训练数据的预分析和处理、评估各输入变量的基本属性、计算和显示输入变量之间的关联系数、对输入变量的区分能力进行排序等。对于性能比较，TMVA打印分析结果，效对背景排斥曲线信息存储在输出文件里，附有各种图形显示的评价信息。这些结果可利用ROOT宏和图形用户界面很方便地执行和显示。TMVA在粒子物理相关领域有非常广泛的应用，包括在**大型强子对撞机**LHC实验上发现希格斯玻色子和寻找新粒子等。　（杨海军）

多步过程　multi-step process　路径比较复杂的直接核反应过程。在其他类型的核反应中也使用这一概念。通常的直接核反应，是指一步微扰过程，理论上可用扭曲波玻恩近似（DWBA）等来描述。但在有的核反应中，一步过程可能被某些特殊条件（如某种守恒条件）压低，而其他一些特殊的反应路径可能变得突出起来，比如经过弹核或靶核的激发态再回到反应出射道基态，多核子分步多次转移到末态原子核等。这时在理论上往往需要采用多反应道耦合计算。多步过程对于弱束缚核（比如晕核）的反应往往更加重要，这是由于弱束缚核更容易与连续态（破裂道）等相耦合，也更容易出现分步转移（中间态可能是非束缚态）等。多步过程的特点在于只有少数几个反应路径特别重要，而且这些路径还是属于直接过程，可以用直接反应的理论比较准确地处理。因此在多步过程中，正确识别有特殊贡献的反应路径就显得特别重要，这往往需要综合的实验观测和理论分析来实现。显然，多步过程与强耗散过程等是有区别的。

多步过程的概念也用到其他一些反应方式中。比如复合核过程也可被视为是多步过程（有中间态），熔合、裂变等反应往往也可以通过多步过程实现等。

（叶沿林）

多步雪崩室　multi-step avalanche chamber　利用两级或更多级电离雪崩放大过程的气体探测器。1979年由G.**夏帕克**提出，基本以两级**多丝正比室**和**漂移室**为基础。粒子进入第一个多丝正比室后，阳极丝附近产生气体电子雪崩放大，称为预放大。倍增后的电子，有一部分通过栅网状电极后进入漂移区，并进一步漂移到第二多丝正比室区，在阳极附近又发生电子雪崩放大。这样从第二级阳极丝输出的信号就同两级气体放大因子的乘积成正比。常在两级漂移区之间加一个"门控"脉冲电极，选择适当的时间开门，当雪崩电子到达该电极时恰能通过，以便减少其他杂乱信号。

提出多步雪崩室的目的，是为克服当粒子束流很高时（超过10^4每秒每平方毫米），正离子空间电荷效应（见**正比计数器**）使得一级多丝正比室的阴阳极间的有效电场降低，且不能施加过高电压以防电击穿，因此气体放大因子受到限制（$\leqslant 10^4$）。采用多步雪崩放大方法就可以在很高的粒子流强下仍能获得较大的信号。多步雪崩室有利于在高计数率下（$\geqslant 10^5$每秒每平方毫米）工作，时间分辨约10纳秒，有利于测量带电粒子束流精密位置分布，也常用以测量切伦科夫探测器输出的光子和X射线等弱信号。这时需在第一级多丝正比室前加一层转换体使它们转换成多丝室能探测的带电粒子。　（谢一冈）

多重产生　multiple production　高能反应中产生多个末态粒子的现象。通常特指在高能碰撞或重粒子衰变中产生多个**强子**的现象。只有当反应的质心系总能高于产生粒子的质量和时，才有可能发生。多重产生是高能反应的重要特征现象，也是相对论性量子场论的重要预言。高能碰撞多重产生属于非弹性碰撞过程，但与弹性碰撞截面和总截面均有密切的关系，这是反应过程**幺正性**的结果。多重产生过程还是高能强子碰撞总截面随能量增大的原因。

20世纪30年代末，W.K.**海森伯**预言了这类过程和现象。40年代末首先在宇宙线与核作用实验中观察到。使用氢靶的实验也观察到多强子末态，证明这些粒子可产生于同一次作用。早期主要研究末态粒子的种类和性质。产生的粒子主要是π介子，随着碰撞能量增高也产生了诸如奇异粒子等更重的强子。在多重产生现象中，除继续研究新粒子（包括新强子态）外，还对反应截面、产生粒子的数目（多重数）及其相空间分布（角度、能量和横动量等）以及这些物理量随入射粒子能量变化的情况，进行测量和理论分析，目的主要在于探究强子相互作用的机制，特别是其高能行为。

对多重产生现象的理论分析，早期主要是一些现象性模型：①费米模型。将作用体积看作高温黑体，介子产生像黑体辐射。②海森伯模型。假定作用体积形成波包，用波包膨胀的力学类比来描写多粒子产生过程。③朗道模型。引入流体力学考虑。④火球模型。假定碰撞粒子受到激发形成两个或多个高温火球，粒子产生于火球衰变。20世纪60年代以后发展了多重周缘碰撞理论、统计热力学模型、标度无关性模型和极限碎裂模型等。随着强子夸克结构理论和**量子色动力学**的发展，出现了夸克-部分子模型（包括玻密子模型和色玻璃凝聚模型等）、组分交换/（重）组合模型、集团碎裂模型和弦碎裂模型等。

横动量是产生粒子的动量矢量在垂直于入射粒子运动方向的分量。按照测不准关系，动量反比于碰撞距离，因而横动量的大小反映强子碰撞的程度。量子色动力学具有渐近自由特性，对大横动量粒子或粒子集团（如喷注）的产生过程可以用微扰论来分析计算。多重产生事例中，大横动量（“硬”）过程是稀有事例。中小横动量（“软”）过程，由于数学上的困难，尚不能用量子色动力学解决。

20世纪50年代，在宇宙线多重产生现象中，发现产生粒子的平均横动量约为0.32GeV/c。10～100吉电子伏级的加速器实验也得出了相同的结论。到60年代，在太电子伏以上能区的宇宙线实验中观察到横动量甚大的事例。70年代初以后，在ISR、SPS、LEP、TEVATRON和LHC等高能加速器实验中，大横动量事例由于联系于深层粒子的作用，成为研究新物理的重要手段之一。

在高能重离子碰撞中，大多重数过程被认为可能产生高温高密的新强相互作用物态（如夸克胶子等离子体），这些产生粒子的集体（热力学）性质及其对喷注造成的影响，是当前一个十分活跃的研究领域。（金　毅　李世渊　司宗国）

多重乳状液 multiple emulsion　一种水包油（O/W）型和油包水（W/O）型乳液共存的复合体系。含有水滴的油滴被悬浮在水相中形成的乳状液被称为水/油/水（W/O/W）型乳状液。含有油滴的水滴被悬浮于油相中所形成的乳状液则构成油/水/油（O/W/O）型乳状液。

多重乳状液性能优良，兼备两种乳状液的优点。更重要的特点是由于其多重结构，在内相添加的有效成分或活性物质要通过两重界面才能释放出来，这可延缓有效成分的释放速度，延长有效成分的作用时间，达到控制释放和延缓释放的作用。因此多重乳状液在药物输送、化妆品、石油行业的深度调剖、酸化压裂等方面具有非常重要的应用价值。

多重乳状液的制备方法大致可以分为两种，即一步乳化法和两步乳化法。

①一步乳化法：在油相中加入小量水相先制成W/O型乳状液，然后再继续加水使之转相得到W/O/W型多重乳状液。为了使转相容易形成，需强力搅拌（如5000r/min）。

②两步乳化法：制备多重乳状液，特别是制备三组分体系（W/O/W）最可靠的方法。第一步是先用亲油性乳化剂制备W/O型乳状液，然后将该乳状液滴加至含有亲水性乳化剂的水相中，即可制得W/O/W型复合乳状液。（邱　东）

多重散射 multiple scattering　带电粒子射入物质层后，多次发生**库仑散射**的现象。又称多次库仑散射。库仑散射是带电粒子入射到物质中受物质原子核库仑电场作用产生偏转而散开的现象。粒子入射方向与散射方向的夹角称为散射角θ。库仑散射的特点是散射粒子按角度的分布，与$\sin^4(\theta/2)$成反比，即散射粒子多集中在前向小角度区域。由于1912年E.**卢瑟福**的著名α粒子散射实验和他发展了这种散射的理论而常被称为卢瑟福散射。带电粒子与物质中原子的外层电子也有类似的作用，但散射角一般很小而可以忽略。

带电粒子射入物质层后，发生多次库仑散射。射出物质层粒子主要在最终偏转角θ_0内分布。它是多次小角度散射的总效果。θ_0近似地与入射粒子的电荷Z和所穿过物质层厚度的平方根成正比，与其动量$\boldsymbol{p}$与速度$\boldsymbol{v}$的乘积成反比。因在原子核物理和粒子物理实验中常利用带电粒子在磁场中的偏转半径测定其动量，而对动量越低的粒子，多次库仑散射越加影响偏转半径的测量精度。这时选择多次库仑散射效应较小的物质和尽可能减少偏转过程中穿过的物质量以减小偏转角θ_0，用以改善动量测量精度是很必要的。反之，在早期的径迹探测器诸如**核乳胶**及**气泡室**中，常利用测量尽可能明显的偏转角θ_0以确定带电粒子的$\boldsymbol{pv}$值，并进一步以此鉴别粒子。（马新文）

多重数 multiplicity　在一次非弹性碰撞过程中新产生的粒子（通常称为次级粒子）的总数。实验上有时只观测带电次级粒子。实验表明，一定碰撞能量下次级粒子多重数的平均值（平均多重数）随碰撞能量缓慢增加，可用碰撞质心系总能量的对数$\ln S$的适当幂次多项式来参数化。碰撞能量不是很高的情况下，多重数分布的形状，近似满足KNO标度无关性。但在很高的质心系能量下，已经观测到KNO标度无关性的破坏。这与高能反应过程中较大横动量粒子产生（半硬、硬过程）有密切关系。

在**多重产生**过程中，入射粒子传递一部分能量给次级粒子，自身仍保持较大份额的初能。末态粒子中的这个能量高的粒子，叫作先导粒子。入射粒子损失的能量（即用于产生次级粒子的能量）在初能中所占的百分比，称作非弹性系数。（金　毅　李世渊　司宗国）

多重碎裂 multiple fragmentation　具有高激发能的原子核同时裂开为三个或更多中等质量碎片的现象。在重离子碰撞中，由于入射核的动能大量沉积在形成的新“原子核”体系，使其不仅具有很高的热激发能，同时也被压缩，密度增加。随后，这一体系开始膨胀、冷却。当其密度降到原子核正常密度的约1/3时，体系会冻结为质量大小不一的多个碎片。对这一现象的研究始于20世纪80年代初期。当时一方面从理论上预言原子核体系具有高激发能（包括热激发能和压缩能）时，会发生多重碎裂，另一方面中能重离子加速器业已建成，具备了实验研究这一现象的条件，因此成为那个时期核物理的一个热门课题。实验上通过测量35～400兆电子伏每核子的重离子与重靶核的近中心碰撞中出射的中等质量碎片及其发射时标，证明了重核体系确实可以发生多重碎裂，且发射的中等质量碎片数目随入射能量的增加而增加，在100兆电子伏每核子（记为100MeV/u）左右达到最大值（与反应系统有关），随后就开始降低。这表明多重碎裂机制随体系激发能可能会有些变化。在理论上利用多种模型对其进行描述，例如BUU、QMD、AMD、FMD等。利用分子动力学模型加统计多重碎裂衰变模型（QMD+SMM）可以较好地符合入射能在100MeV/u及其以下的实验结果，但对更高入射能的实验结果（IMF多重性）符合欠佳。（靳根明）

多重碎裂反应 multifragmentation reaction　在中能重离子反应中，所生成的热核系统达到很高的激发态，不受核力束缚，瞬即发射大量质量不等的核碎块的一类反应。通常有两种途径可以实现这一类反应：一类是重离子入射，重离子的入射能量在每核子50兆电子伏左右及以上便可发生这类反应；另一类是用轻粒子，例如千兆电子伏能量的质子或者π介子入射，或者较高能量的反质子入射也可以产生该类反应。

多重碎裂和核物质的液-气相变紧密相关。在核物质的相图上，多重碎裂反应路径可能已经进入核物质的液-气共存区。根据美国科学家M.E.费舍尔的相变理论，核物质如果发生液-气相变，生成的碎块质量分布满足指数分布形式，并且在加热过程中，会有相变潜热出现，这些均被实验所证实。

多重碎裂反应中形成的液-气两相共存状态随即解体，并随着系统的膨胀而冷却。当入射能量达到每核子50兆电子伏左右的时候，实验上观测到了体系膨胀的速度。通过小角关联技术测得的粒子出射时标在100飞米/c量级。

多重碎裂反应中形成的热核体系在发生液－气相变或者冷却过程中，粒子数和电荷数分别守恒。区别于单守恒荷的体系相变，中子和质子在液－气两相中的配比随着温度或体系激发能可连续变化。

（肖志刚）

多重正则采样 multi-canonical sampling 一种取样的方法。又称平直方图采样。通常系综取样是通过梅特罗波利斯－黑斯廷斯算法按照玻尔兹曼分布在$\boldsymbol{r}$的参数空间进行随机行走，从而完成重要性取样。然而，当存在多个能量$E(\boldsymbol{r})$极小值，并且每个极小值在参数空间的位置离得很远时，由于随机行走过程很容易局域在局域极小点上，从而由一个极小点到另一个极小点的演化时间可能非常长，这就导致模拟很难收敛。如一级相变时，从一个物理态演化到另一个物理态，有可能会出现局域极小点自束缚问题，诸如过热或过冷。为了解决这个问题，多重正则采样选择通过引入新的抽样，使其在$E(\boldsymbol{r})$的空间内趋向于均匀，如图为波茨模型蒙特卡罗模拟时系综和多重系综采样的分布函数（纵轴为分布函数，横轴是作用量）。

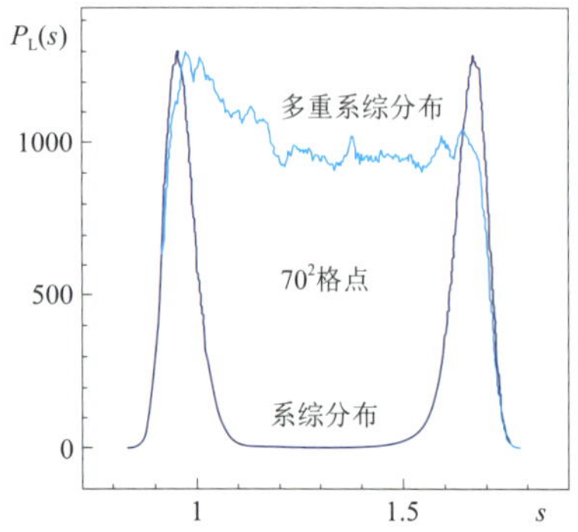

波茨模型蒙特卡罗模拟时分布函数选择的比较

这样使样本在能量空间更均匀，一个直接的方法是将分布函数变为态密度函数的倒数。因为每一个能量对应了很多种可能的状态，而这个状态数即为态密度$\Omega(E)$。选取其倒数作为分布函数进行抽样之后，样本在能量空间中即呈现出均匀分布，所以多重正则采样也被称为平直方图采样。由于样本在能量空间连续分布，所以避免了$\boldsymbol{r}$参数空间内局域极小值自束缚问题。此外，抽样过程与温度无关，所以一次模拟过程就可以得到所有温度下的测量值。缺点在于态密度的函数形式一般并不都能通过解析得到。但是，通过王－朗道数值迭代求解，可近似得到态密度的离散值，从而可直接对配分函数、自由能以及其他物理观测量进行计算。王－朗道方法已应用于量子蒙特卡罗来计算**量子纠缠**，此外通过与并行退火方法结合可进一步的增强了对于蛋白质折叠方面的计算。

（张学峰）

多次库仑散射 multiple Coulomb scattering 多次接续发生的**库仑散射**。多次库仑散射后带电粒子的净偏转角近似正比于该粒子的电荷，反比于其动量p与速度v的乘积pv。在**核乳胶**及重液泡室中，常用此性质测定带电粒子的pv值。

（朱重远）

多方过程 polytropic process 状态参量满足方程$pV^n=$常量（亦可写成$TV^{n-1}=$常量或$p^{n-1}T^{-n}=$常量）的热力学过程。式中n为多方指数。当$n=\gamma$时，多方过程对应于**等熵过程**；当$n=1$时，多方过程为**等温过程**；当$n=0$时，多方过程为**等压过程**；当$n=\infty$时，多方过程为**等体过程**。理想气体在有限多方过程中对外做功可用初末状态的状态参量p、V来表示：

$$W=\frac{p_1V_1-p_2V_2}{n-1}$$

（刘志锋　崔　鑫　班士良）

多刚体系统动力学 dynamics of multi-rigid-body systems 研究多个**刚体**按照确定方式连接组成的系统运动与受力之间关系的学科。又称多体系统动力学。各刚体之间的连接物称为铰，不同形式的铰允许所连接的刚体做不同的相对运动，如滑移、定轴转动、定点转动、纯滚动、又滚又滑等。许多复杂机械系统，如果变形对运动的影响可以忽略，则都可看成多刚体系统，如飞机起落架机械臂、坦克、航天器、磁悬浮列车、机器人（图1、图2）甚至人体（图3）。要制造这样的复杂系统就需要了解其运动原理，如研究和制造机器人就要求知道作用在各关节的控制力与手端的运动之间的关系。解决问题的方法有多种。

图1　在倾斜地面上只要调整车轮位置就可保持水平的机器人

图2　可上下52.5°（负载时为42.5°）行走的机器人

牛顿－欧拉法　将系统拆成单个的质点或刚体，用矢量力学的方法分别建立动力学方程（见**刚体动力学**），再补充反映刚体之间约束的运动学方程，组成封闭的方程组，从而求解未知的运动及约束力。此法属于最大方程数方法，缺点是未知量多。拉格朗日第一类方程建模方法也属于最大方程数方法。

拉格朗日第二类方程法　用广义坐标描述系统的运动，在完整、理想的约束情况下，获得与自由度数相等的动力学方程（见**拉格朗日方程**），建立运动与主动力（控制力）之间的关系。此法的优点是未知量少，缺点是要对动能表达式进行两次求导，且求未知的约束力时还须借助其他方法。

凯恩方法　美国学者T.R.凯恩于20世纪60年代提出，他以动力学普遍定理在广义坐标中的表达式作为动力学方程：

$$K_i+K_i^*=0\quad(i=1,2,\cdots,n)$$

式中K_i与K_i^*分别对应于广义坐标q_i的广义主动力与广义惯性力。上式的物理意义是：系统运动的每一瞬时，广义主动力与广义惯性力相平衡（凯恩将它称为凯恩动力学方程），它是动力学建模方法中的最小方程数法。由于使用广义坐标及伪速度描述系统状态，因而所得方程简短，且能用于非完整系统。对K_i及K_i^*提出了一套计算方法，其中大量使用矩阵加法与乘法，因而容易在计算机上实现。

R/W方法　美国学者R.E.罗伯森和德国学者J.维滕堡于1966年提出，思路是给出一个对任何系统都适用的普遍方程。对具体系统，只要将代表该系统最基本的若干参量代入此方程，展开后就得到具体系统的动力学模型。这里的关键在于

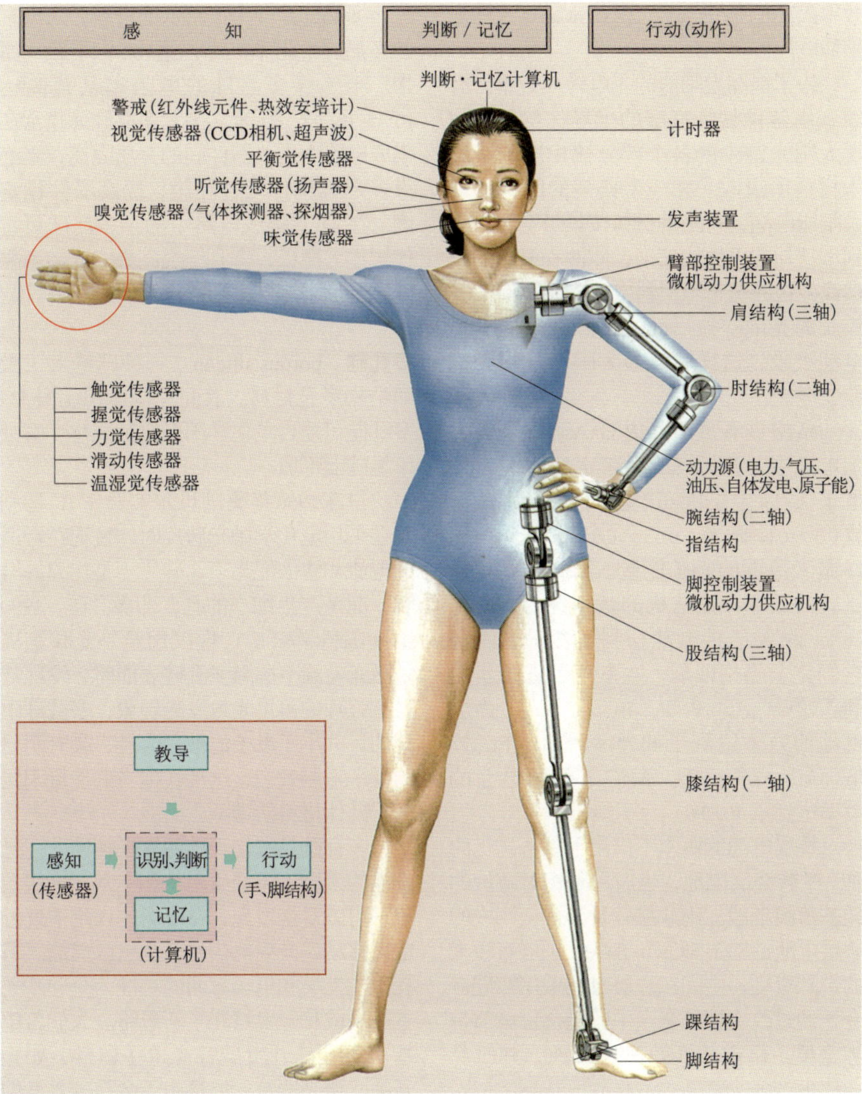

图3　人体简化为多刚体系统

如何用数学语言描述那些变化多端的系统结构。罗伯森与维滕堡将数学中的图论引入动力学，用关联矩阵与通路矩阵描述系统的拓扑结构，很好地解决了这一问题。

高斯原理法　C.F.高斯于1829年提出了一个分析力学中的普遍原理，称为高斯最小拘束原理，表述为：在相等的条件下，在符合约束的所有可能运动中，真实运动的加速度使拘束函数Z为极小。其中：

$$Z=\sum_i \frac{1}{2}\left(\frac{\mathrm{d}^2 r_i}{\mathrm{d}t}-\frac{F_i}{m_i}\right)^2$$

或者简写为$\delta_G Z=0$。用高斯原理解题时，首先在计算机中建立拘束函数Z，然后用优化方法求出使Z为极小的加速度，再进行数值积分即可求出运动及约束力。此法在机器人动力学中应用较多。　（贾书惠）

多光束干涉　multi-beam interference　光场具有多个来源时发生的干涉。见**光的干涉**、**法布里-珀罗干涉仪**。

多光子过程　multiphoton process　在电磁辐射与物质相互作用时，伴随着多个光子吸收或发射的过程。对于吸收或者发射n个相同频率光子的多光子过程，其跃迁概率正比于多光子跃迁截面与辐射场强度的n次方。相比于单光子过程，多光子跃迁截面非常小，实验观察多光子过程需要极强的辐射光源。因此尽管20世纪30年代初物理学家就从理论上预言了两光子跃迁发生的可能性，实验上对多光子过程的直接观察直到20年后才得以实现。50年代科学家利用发展起来的强射频源观察到了原子和分子的塞曼子能级之间的多光子跃迁过程。

60年代激光的发明为系统、深入地开展多光子过程研究，奠定了坚实基础，光与物质相互作用研究也随之被拓展到多光子区域。后很快发现利用强激光不仅能观察束缚态到束缚态之间的多光子跃迁过程，还可以实现束缚态到自由态之间的多光子跃迁，如多光子电离。80年代以来，受益于超快强飞秒激光技术的发展与成熟，对多光子过程的研究和认识更加广泛、深入，伴随着激光强度的提高，实验上观察到一系列新的多光子物理现象，如阈上电离、高次谐波产生、多电子电离、分子阈上解离、库仑爆炸等，对应这些过程吸收的光子数目甚至可以达到上百个。当激光光强进入10^{13}瓦/厘米^{2}或更高强度范围时，由于原子、分子内部电子感受到的激光电场已经达到甚至超出原子核对电子的库仑力作用，将激光电场看作微扰的传统物理图像将不再适用，光与物质相互作用研究进入全新的非微扰区。过去20年来，基于对非微扰区飞秒强激光与气相原子分子体系相互作用引起的多光子物理过程的广泛研究和深入认识，一些新兴学科领域，如阿秒物理、分子超快成像逐渐形成并得到迅速发展。

随着飞秒光参量放大和自由电子激光技术的快速发展，对多光子物理过程的研究得以从近红外及可见波段向长波长和短波长极限拓展。在长波长下多光子过程对应的能量变化将远远大于单个光子的能量，经典描述成为一种很好的近似，这为研究强激光与物质相互作用中的经典量子对应提供了实验途径。结合自由电子激光技术发展起来的极紫外乃至X射线超快强激光为研究原子分子内壳层结构、超快弛豫动力学以及材料损伤机制提供了先进实验手段。

对多光子过程的研究不仅在基础研究领域有重要科学意义，由此发展起来的技术还对实际应用有重要价值。如利用多光子过程对激光强度的非线性依赖关系，结合飞秒激光发展起来的多光子技术在生物及医学成像、材料微加工等领域已得到了广泛应用，对改善成像分辨率、加工精度有显著作用，具有广阔的发展前景。

（柳晓军）

多极子源　multipole source　由多个单极子构成的源。在柱坐标下，将$2m$个单极子源等间隔放置在$z=0$平面的圆周$r=r_0$上，相邻单极子源的相位相反（见图）。r_0

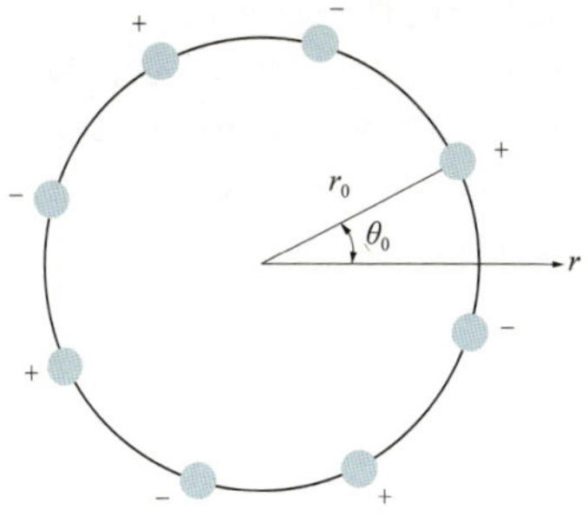

多极子源示意图

非常小，而每个单极子源的幅度相等，这样就组成了m阶多极子源。一阶多极子源就是偶极子源，二阶的多极子源也称为四极子源。在**声波测井**中，偶极子源可激发弯曲波，四极子源可激发扭转波。由于弯曲波和扭转波在低频的相速度和群速度趋于地层横波速度，因此多极子声源是测量慢速地层横波速度的一种重要手段。

（林伟军）

多间隙阻性板室 multi-clearance resistivity panel room; MRPC 利用多级阻性板室组成的气体粒子探测器。这种新型探测器基于**阻性板室**的原理发展出现。基本结构如图所示。有以下几个特点：由于粒子通过的间隙很窄，且放电是雪崩模式，因此可以产生极快的信号上升时间和很高的计数率。这样就不宜采用流光模式。为了提高信号幅度即每个快脉冲的电荷量，利用高能粒子可以通过多个间隙的原理，将多个信号加起来得到适于测量的幅度或电荷量。这种探测器的阻性材料一般选用1毫米左右厚的平整度要求很高的薄玻璃，因此不可能做成过大面积的室体（一般在几十厘米宽，一米多长的范围内）。其间隙一般用圆柱型的分币状的高绝缘体按棋盘式间隔排列黏合在玻璃间隙之间。

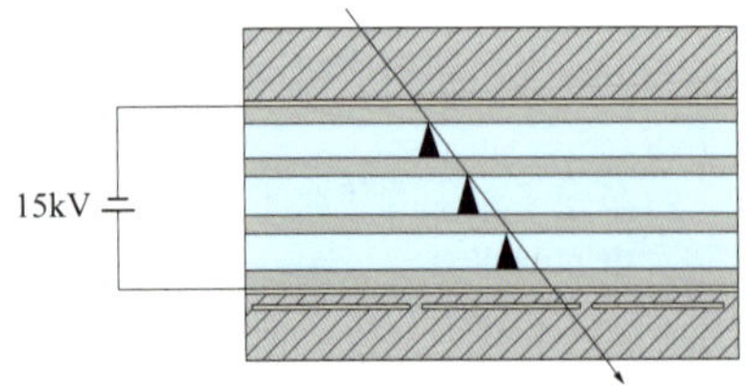

多间隙阻性板室示意图

多间隙阻性板室因具有很快的时间分辨（40～60皮秒），最适于时间测量，常作为大型谱仪的触发系统和粒子的飞行时间测量。通过粒子速度的测量，作为鉴别粒子类别的重要参数之一。已用于大型高能物理实验中的飞行时间测量，如美国的STAR国际合作实验，中国北京谱仪BES升级等。

（谢一冈）

多结太阳能电池 tandem cells 电池器件结构中具有多个由不同半导体材料构成的PN结，具有更高光电转换效率的**太阳能电池**。与单晶硅太阳能电池、多晶硅太阳能电池等单结太阳能电池相比，多结太阳能电池能够更加充分吸收利用太阳光谱能量，实现电池器件更高效率地光电转换，在国防科技和民用发电领域都具有十分重大的应用价值。常见的多结太阳能电池有2结、3结和4结等类型，其中光电转换效率最高的是InGaP/GaAs/InGaAs三结太阳能电池。

为了提高太阳能的光电转换效率，必须利用各种禁带宽度的半导体材料，使得太阳光谱中的各个部分被相应的半导体材料所吸收。如一个典型的四结叠层太阳能电池，将四种材料按禁带宽度从大到小从外向里叠加起来，使波长最短的光被最外边的宽带隙材料电池利用，而波长较长的光依次被后面的带隙较小的材料电池吸收，这样可能最大限度地将光能变成电能。

晶格匹配的GaInP/GaAs/Ge叠层太阳电池中，各材料的禁带宽度分别为1.9电子伏/1.4电子伏/0.7电子伏，分别能吸收0.3～0.65微米、0.65～0.85微米、0.85～1.8微米范围的光子能量，因此提高了能量转换效率。该结构的效率约为25%～28%。改变三种电池材料的组分，使得它们完全晶格匹配，效率得到进一步提高。如$Ga_{0.44}In_{0.56}P/Ga_{0.92}In_{0.08}/Ge$三结叠层电池的效率达到了40.7%。而$Ga_{0.51}In_{0.48}P/In_{0.04}Ga_{0.96}As/In_{0.37}Ga_{0.63}As$三结叠层电池的效率达到了40.8%。

叠层电池的概念不仅用于制备昂贵的Ⅲ-Ⅴ族叠层电池，也应用于相对廉价的硅基薄膜电池。用非晶硅及其合金制成的叠层电池a-Si/a-SiGe/a-SiGe，顶层有较大的带隙宽度，中间和底层电池采用锗硅合金，通过改变锗硅合金中的锗含量调节带隙宽度。稳定转换效率为12.1%，并已产业化生产。

电池中的子电池数目不是越多越好，在子电池数目超过4以后，效率增长的趋势变缓。在实际工作中，结的数目的增加带来了许多设计及工艺烦琐的问题，使得成本增加，抵消了结数增加带来的效率提高的好处。事实上报道的最高效率约40%，仍然是由三结叠层电池所得到的。

（曾一平）

多晶体 polycrystal 由大小不同、取向各异、尺度为几个至几十个微米的细微小单晶无规排列的固体。每个晶粒中原子排列是有规则的，多晶材料的宏观物性是各向同性的。在二相合金中，占少数的晶粒作为第二相分散在作为主体的基质相之中。如果晶粒所含的体积比较大，在基质相中晶粒可能聚集成团。如果晶粒所占体积比超过一定限度（临界值），晶粒可能自相连通成一个网络，称为逾渗型网络结构。晶粒的不同聚集形态，与合金的物性有密切关系。这种合金在宏观上是均匀的，但在微米尺度是非均匀的。

多晶硅是一个很特殊的材料，未掺杂的多晶硅电阻率很高，达10^6～10^7欧·厘米。半绝缘多晶硅的电阻率甚至高达10^{10}～10^{11}欧·厘米。因此多晶硅薄膜常在集成电路中作为器件间的介质隔离；半绝缘多晶硅则作为钝化膜，提高器件稳定度。在MOS集成电路中掺杂多晶硅可替代铝作为栅极，有利于提高集成度。多晶硅掺杂后可制作太阳能电池。

（陆 栋）

多孔硅 porous silicon 一种硅基人工微纳结构多孔材料。表面积与体积比很大。多孔硅可通过电化学阳极腐蚀或化学腐蚀单晶硅而形成。

早在1956年美国贝尔实验室A.乌利尔在采用电化学抛光硅片时，发现在合适的电流和溶液配比下，硅片不是均匀的溶解，而是产生细小的孔，即多孔硅。1990年英国科学家L.T.坎汉用紫外光和氩离子激光室温下照射多孔硅表面时，发现其具有强烈的可见光致发光现象，多孔硅中硅的尺寸小于**激子**的玻尔半径，具有明显的量子限制效应，这种红橙光的能量明显大于硅体材料的带隙。

多孔硅具有优于硅的发光特性，在光或电的激发下可产生电子和空穴，这些载流子可以复合发光，在电场的作用下进行定向移动，产生电信号，也可以储能。多孔硅在光学和电学方面的特性为全硅基光电子集成和开发打开了新思路。人们希望基于多孔硅开发硅基光电子器件，如光开关、激光器等。但是由于多孔硅本身的化学和机械稳定性，以及由于多孔硅是间接带隙半导体，发光效率低下，因此在20世纪90年代人们对多孔硅的研究热情慢慢褪去。但是，在相同时期，由于多孔硅的比表面积大，孔尺寸可控，和CMOS工艺兼容，人们开始研究其在生物医疗和生化传感器等中的应用。

多孔硅的很多物理性质可以用于传感器应用，如电容、电阻、荧光和反射率。第一个基于多孔硅的生化传感器展示于20世纪80年代，它采用多孔硅吸附化学物质引起的电容变化作为检测手段。多孔硅可以用于检测毒素、挥发性有机物、爆炸物、DNA、蛋白质等，检测极限可以达到十亿分之几个的量级。

随后多孔硅的应用研究领域已经由生物与化学传感器拓展到光催化，能源、超级电容器，生物成像，药物递送等领域。

（郑婉华）

多孔膜 porous membrane 结构较疏松的膜。如微滤膜和大多数超滤膜。当膜的孔径大于5纳米时称为微孔膜；孔径小于5纳米时，称细孔膜，包括超滤膜和反渗透膜。微孔膜的分离过程属于微孔过滤，其分离的动力为压力差，可分离粒径为0.03～10微米、分子量大于300万的悬浮颗粒，可用于除去悬浮胶粒及细菌。亲水的微孔膜用于液体分离，而疏水的微孔膜用于气固分离。微孔膜的孔径大小不同，其用途也不同：当孔径为0.03～0.05微米时，可用于过滤细菌和病毒；孔径为0.08～0.1微米时，可用于过滤病毒、超纯水的最终过滤及净化血液等；孔径为0.2～0.6微米时，可用于细菌的过滤及捕集、分离血浆等；孔径为0.8～1.0微米时，可用于除去溶液中的酵母菌和霉菌、做一般过滤及空气净化等；孔径为3.0～8.0微米时，可用于检出溶剂、试剂、润滑油和溶液中的微粒等。

超滤膜是以压差为推动力进行分离过程，它介于微滤和纳滤之间，其孔径范围为0.5～1纳米。最早使用的超滤膜是用天然的动物脏器制作成的薄膜。在一定的压力下，当含有大、小分子物质两类溶质的溶液流过膜表面时，小分子物质和溶剂将透过薄膜，被收集起来；而大分子溶质则被膜截留下来，作为浓缩液被回收。超滤膜可分离粒径为1～30纳米、分子量为100万～500万的固体粒子，在超纯水的制备中超滤是重要过程。

反渗透膜分离属于压力驱动型膜分离技术，适用于0.1～1纳米的离子或小分子物质的截留，反渗透过程的操作压力一般为1～10兆帕。它可在压力的作用下使溶液中的溶质与溶剂分离，其作用方式与渗透膜正好相反。在浓溶液侧加压，使膜两侧的静压差大于两溶液间的渗透压差，则溶剂将会从浓溶液侧流向稀溶液侧。反渗透膜可以应用于咸水脱盐、海水淡化、制备药用超纯水的高子交换系统的预处理、肾透析及少量的废水回收和再循环使用等。

多孔膜按照膜的材料不同可以分为天然膜与合成膜。合成膜又可以分为无机膜和高分子聚合物膜两类。无机多孔膜的制备方法有固体粒子烧结法、溶胶－凝胶法、阳极氧化法、有机聚合物热分解法等。高分子聚合多孔膜的制备方法有核径迹法、拉伸法、溶出法、烧结法、溶剂蒸发法及热凝胶法等。

膜分离是一项高效节能的分离技术，经过近半个世纪的发展，膜分离技术已完成了从实验室到大规模工业应用的转变，开始在工业生产中发挥重要的作用。在能源、水资源短缺、环境污染日益严重的情况下，对膜分离的研究越来越得到世界各国的高度重视。膜材料是膜分离技术的核心，如何提高膜的分离效率、分离的精度、抗污染能力、抗堵塞性能等是膜材料研究的重点。（陶胜洋）

多夸克态 multiquark state　夸克和反夸克总数超过3的夸克束缚态。作为夸克束缚态的*强子*分为两大类，自旋为整数的*介子*和自旋为半整数的*重子*。按照经典夸克模型，介子由一个夸克和一个反夸克组成，重子由三个夸克组成。夸克和反夸克总数超过3的夸克束缚态就统称为多夸克态，如四夸克态、五夸克态、六夸克态等。

四夸克态是指由两个夸克加两个反夸克构成的介子共振态。广义的四夸克态包括两种主要的类型：①四个夸克处在一个口袋中，只形成一个无色集团；②由两个 $\bar{q}q$ 介子无色集团构成强子分子态。狭义的四夸克态只包括第一种。现有的被实验观测到的介子，绝大多数都可以用经典的一对夸克和一对反夸克来描述。2007年在日本高能加速器研究机构KEK做实验的Belle实验组观测到衰变到 $\pi\psi'$ 的Z（4430）共振态肯定无法用通常的一对夸克和一对反夸克来解释，是 $\bar{c}c\bar{u}d$ 四夸克态候选者。2013年由中国物理学者主导的在*北京正负电子对撞机*做实验的BES Ⅲ实验组和在KEK做实验的Belle实验组，又先后观测到衰变到 $\pi\psi$ 的 Z_c（3900）共振态，是首个得到不同实验验证了的 $\bar{c}c\bar{u}d$ 四夸克态。此后又有多个四夸克态候选者被观测到。

五夸克态是指由四个夸克加一个反夸克构成的重子共振态。广义的五夸克态包括两种主要的类型：①五个夸克处在一个口袋中，只形成一个无色集团；②由 $\bar{q}q$ 介子和qqq重子两个无色集团构成强子分子态；两种类型的五夸克态示意见图。狭义的五夸克态只包括第一种。

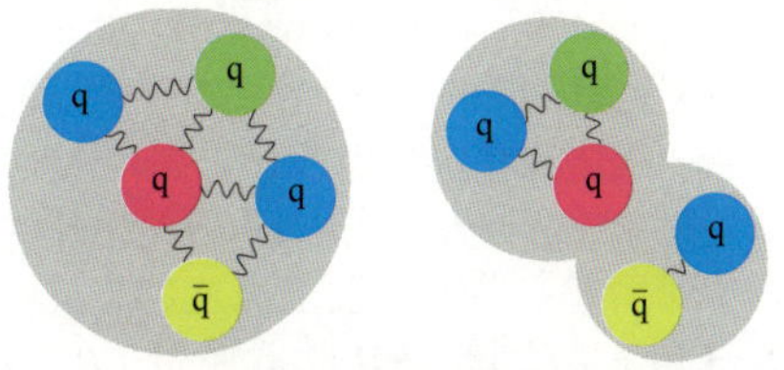

五夸克束缚态示意图

所有已被实验确立的重子都可以用三夸克组态夸克模型来描述，尽管有些重子共振态的性质用五夸克态或介子－重子分子态描述会更好。自从20世纪60年代夸克模型提出以来，人们就预期五夸克态的存在。但寻找了几十年，直到21世纪初，才先后有两类五夸克态被实验声称发现。一个是由俄罗斯科学家预言、由日本的SPRING8的一个实验组在2003年首先声称发现的由 $\bar{s}uudd$ 构成的 θ^+（1540）五夸克态。尽管包括美国、德国、日本、俄罗斯等国家的十余个著名实验室的实验组也相继给出基本一致的结果，使得具有国际权威的粒子数据组也不得不将 θ^+（1540）列为2004年度《粒子数据表》基本确立的粒子。但最终高统计量的实验已否定了 θ^+（1540）五夸克态的存在。另一类是由中国和西班牙科学家首先预言的由 $\bar{c}cuud$ 组成可衰变到 $J/\psi p$ 的五夸克态，2015年由在欧洲核子研究中心做实验的LHCb实验组观测到。中国物理学家在其中发挥了重要作用。

六夸克态是指由六个夸克组成的双重子态或三对夸克－反夸克的组成的介子共振态。如由中国物理学家预言的由六个奇异夸克组成的双Ω态和由轻夸克组成的 d^* 态。2014年于利希研究中心COSY实验观测到一个 d^*（2380）共振峰，很可能是预言的 d^* 态。（邹冰松）

多普勒冷却 Doppler cooling　一种基于*多普勒效应*的激光冷却技术。在1975年由D.J.*维因兰德*和T.W.*亨施*与他们各自的合作者独立提出，并于1978年由维因兰德小组首次在实验上应用于冷却镁离子。1982年，W.D.*菲利普斯*等人将之应用于减速中性钠原子束。

多普勒冷却使用对射的激光束照射原子，激光的频率略低于原子某条强吸收线的共振频率。静止不动的原子对红失谐的激光吸收很弱，原子的状态几乎不会发生改变。而当原子以一定速度对着某一束激光运动时，由于存在多普勒效应，它所"感受"到的激光频率会更接近原子吸收线的共振频率，因此更容易吸收，而对射的另一束激光会更远离共振频率，不被吸收。吸收光子而到了激发态的原子自发辐射光子带来的动量反冲分布在空间前后对称，多次平均约为零。因而在多次吸收/辐射的散射过程中，原子会吸收更多的从前方而来的光子，受到与原子运动方向相反的反冲动量而平均被减速。原子的质心运动的能量得到降低，这一过程导致系统温度降低，因为原子系统的平均动能在宏观上体现为体系的温度。

多普勒冷却技术不能将原子团的温度冷却至绝对零度，它所能达到的温度下限受到光子吸收谱线的特征宽度，也就是自发辐射的线宽所决定。一般情况下，即所谓的宽线极限，即谱线的自发辐射宽度大于单光子反冲动量对应的原子动能时，当原子多普勒效应带来的激光频率变化小于自发辐射线宽时，原子对前后对射激光的吸收趋于相等，多普勒冷却机理失效。

多普勒冷却的应用之一是“光学黏团”技术。三对相互垂直的激光束从空间不同方向上照射原子，处于激光交汇处的原子在光子的散射作用下不断被减速，感受到被陷俘在如同黏稠的光子海洋的激光场中做布朗运动。这一技术通常可以将原子系统的温度冷却至几十至几百微开尔文，是获得超冷原子以及量子简并气体的重要步骤。此外，因为冷却后原子具有更窄的多普勒光谱，多普勒冷却了的原子也被广泛应用在高精度的光谱学和测量学领域。

早期的几个“光学黏团”实验所得到的冷却温度都与多普勒冷却理论极限相吻合，然而后续的有一些更精确的定量测量实验却得到了远低于这一极限的冷却温度，被称为亚多普勒冷却。这是因为实际所使用的原子都具有更加复杂的能级结构，且在激光交汇处，激光的偏振状态也随空间位置而异，这就为更多样的冷却过程提供了可能。多种物理机制，如偏振梯度冷却、西西弗斯冷却等都可以得到低于多普勒冷却极限的冷却温度，达到与单个自发辐射光子反冲动量相对应的动能极限。这时对应的原子在吸收光子至激发态后，同样自发辐射出一个光子。尽管自发辐射光子的反冲动量平均值可趋近于零，但是它们统计的方差，也就是多次辐射的平均效果使得原子获得不为零的动能展宽。

（尤 力）

多普勒频移 Doppler frequency shift 多普勒效应发生时，接收频率与发射频率之差。多普勒频移的计算公式为：

$$f_d=\frac{f_0 v\cos\theta}{c}$$

式中f_d为多普勒频移；f_0为发射源频率；v为发射源与接受体之间的相对运动速度；c为波束在介质中传播的速度；θ为接受体的运动方向与接受体到发射源的连线之间的夹角（两者相对靠近时，θ小于90°）。

多普勒频移在近代科学中有广泛应用。天文学家E.哈勃在发现银河外星系的光的频率移向光谱的红端，也就是红移后，曾依据多普勒频移得出星系远离人们而去的结论（还有其他因素的红移），推动了现代宇宙学的发展。另外在彩色多普勒超声血流成像系统中，正是对血细胞散射的超声回波中携带的多普勒频移信息进行检测，根据多普勒频移的计算公式计算出相应的血细胞运动参数，从而通过分析血细胞运动参数来完成疾病诊断。在无线通信中，多普勒频移会导致无线通信中发射和接收的频率不一致，从而使得加载在频率上的信号无法被正确接收，甚至无法被接收到。因此，克服多普勒频移带来的影响，成为提高无线通信系统性能的重要途径。

（陈晓冬 郁道银）

多普勒效应 Doppler effect 波源和观察者有相对运动时，观察者接收到的波的频率与波源发出的波的频率不同的现象。对着运动的波源观测，波被压缩，波长显得较短，频率也就较高（蓝移）；背着波源运动的方向观测，波长显得较长，频率较低（红移）。波源的速度越高，所表现出的效应越明显，由波的频率红移或蓝移，可以计算出波源运动的速度。所有的波动现象都存在多普勒效应。

声波多普勒效应　当接收器离开声源运动时，接收器接收到的声波的频率低于声源发出的声波的频率；当接收器朝向声源运动时，接收器接收到的声波的频率高于声源发出的声波的频率。设声源的频率为ν_0，相对媒质的速度为v_s，声波在媒质中的传播速度为v，接收器相对媒质的速度为v_B，则接收器接收到的声波的频率是

$$\nu=\frac{v+v_B}{v-v_s}\nu_0$$

声源与接收器相对靠近时，v_B和v_s取正值，反之取负值。若运动方向不在二者的连线上，则接收器在垂直于连线方向的运动不影响接收频率，即没有横向多普勒效应。

光波多普勒效应　光波多普勒效应与声波的相似但结论不完全相同，原因有二：①光的传播不需要介质，而且光速相对于任何参照系都是c。②考虑相对论的时间延迟和长度缩短效应。光波（电磁波）的多普勒效应的公式，要根据狭义相对论中的洛伦兹变换求出：

$$v_R=v_S\frac{\sqrt{1-\beta^2}}{1-\beta\cos\theta}$$

现以S代表波源的位置，R代表接收器的位置，式中v_S和v_R分别表示波源和接收器的频率，$\beta=v/c$，式中v和θ是以接收器（观测者）为参照系来表述的，波源的速度$\boldsymbol{v}$是矢量，$\boldsymbol{SR}$也是矢量，θ是$\boldsymbol{v}$和$\boldsymbol{SR}$之间的夹角。电磁波的多普勒效应有以下特点：①虽然参照系选在接收器R上，而R也是以一定速度运动的，物理上式中只有S和R间的相对关系，即矢量$\boldsymbol{v}$和$\boldsymbol{SR}$。②当$\boldsymbol{v}$和$\boldsymbol{SR}$垂直时，$\theta=90°$，$\cos\theta=0$，这时仍然有多普勒效应，叫作横向多普勒效应；当$\boldsymbol{v}$和$\boldsymbol{SR}$同向或反向时，叫作纵向多普勒效应。

多普勒效应在近代科学中的应用　多普勒效应常用于测量运动体的速度，如雷达发射已知频率的电磁波并接收飞机回波，由回波与发射波频率之差可算出飞机靠近雷达的速度。同样，可用微波监测汽车行驶速度；观测人造卫星发射的电磁波的频率变化，可以判断卫星的运行情况；测量星体发出的光的多普勒频移可以确定星体运行的速度等。多普勒效应也用于医学的超声诊断，就是所谓的彩超。彩超一般是用自相关技术进行多普勒信号处理，把得到的血流信号经彩色编码后实时叠加在二维图像上，即形成彩色多普勒超声血流图像。它既具有二维超声结构图像的优点，又同时提供了血流动力学的丰富信息，可认为是“非创伤性血管造影”。

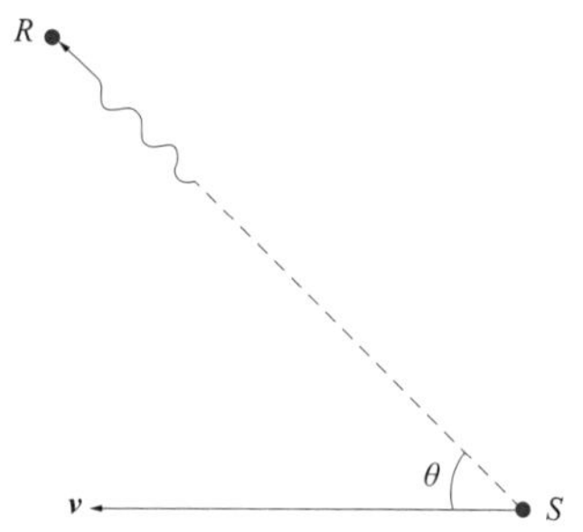

运动的电磁波辐射源

（陈晓冬 郁道银 诸国祯）

多嵌段共聚物 multiblock copolymer 嵌段数大于3的嵌段共聚物。多嵌段共聚物可以是两组分、三组分、多组分嵌段共聚物，其链拓扑结构也具有多样性。多嵌段共聚物不仅具有独特的自组装行为，其形成的有序结构也具有一些独特的物理性能。例如，线型二元多嵌段共聚物$(AB)_n$由n个重复AB两嵌段连接形成，将它加入对应AB两嵌段共聚物体系中，组分对称时自组装形成层状结构，该多嵌段共聚物可以在层状结构中形成桥连，连接多个层状相畴，大幅提高结构的伸展性。另外，线型的$A(BC)_nBA$三元多嵌段共聚物是由两个较长A嵌段（尾链）、$n+1$个较短B嵌段以及n个较短C嵌段交替连接形成的，其自组装形成的层状结构是具有两个周期的多级结构，也就是短周期的B/C交替层夹在两个A相畴之间，形成长周期结构。

（李卫华）

多丝正比室 multiple-wire proportional chamber 工作在气体电离放大正比区，由多根平行丝结的粒子探测器。1968年由G.夏帕克发明。这是第一次利用电子学方法获得粒子径迹的突破性进展，对后来粒子气体探测技术的发展有重大影响。因此夏帕克获得1992年诺贝尔物理学奖。

结构和原理　如图所示，中心平面为一排互相平行的阳极灵敏丝，丝间距离为s。阳极丝面的两侧为阴极平面。阳极丝平面与阴极平面相距为l。阳极阴极间充工作气体，并加较高电压（一般为2～4千伏），形成灵敏空间。其单丝的工作原理与**正比计数器**类似。当入射粒子进入灵敏空间后，气体沿粒子径迹电离。入射粒子在阳极丝附近由电离而引起气体放大，产生“雪崩”式的电离增殖，在该丝上建立一个负脉冲，而相邻的阳极丝及阴极丝平面感应出相反极性的正脉冲，这种正脉冲信号大部分被相邻阳极丝上因丝间电容

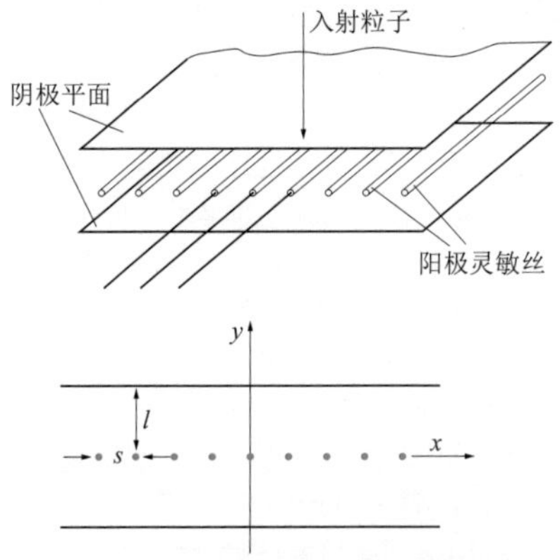

多丝正比室结构和原理图

耦合所产生的同极性负脉冲所补偿（同极性脉冲通常小于1/10），因此各阳极丝可看成是独立的。这样就可使每根阳极丝独立（像一个有管壳的正比计数器一样）对入射粒子计数和沿图中x坐标定位，其定位区域以两根阳极的丝间距离之半为界，即某丝上有脉冲输出，就表明有一粒子入射在该丝的1/2丝距区域内。丝直径很小（直径为20～40微米的镀金钨丝），阴极平面也用相互平行的金属丝（直径100微米左右的铍铜丝）或独立的导电条构成，丝或条的取向与阳极丝的取向垂直，则利用其上的感应正脉冲信号可确定粒子的另一维y方向的位置。多丝正比室有方形、长方形、圆筒形等。小的面积仅几十平方毫米，大的达十几平方米。阳极丝常用直径20微米、40微米的镀金钨丝，阴极丝通常用直径100微米左右的铍铜丝、镀金钨丝或不锈钢丝。

若对两个不同到达时间的粒子，它们各自相应的输出脉冲信号受到室体内离子、电子漂移时间涨落与扩散以及电子学因素等影响造成的时间晃动，恰能分辨出这两个粒子的最小时间称为分辨时间。多丝正比室的单丝分辨时间大约可小到20纳秒。单丝最高计数率受脉冲宽度等限制，为10^4～10^5计数/秒，甚至更高。带电粒子计数效率接近100%，但对γ光子、X射线效率则很低，约1%，取决于气体种类和室体厚度。工作气体一般选用电离作用大的稳定气体，如惰性气体氩。为了克服工作电压增高氩产生的光子造成的不稳定自持放电，常另加入少量“猝灭”光子的气体，如多原子分子气体甲烷、异丁烷等。最有名的是体积之比为75.0%氩＋24.5%异丁烷＋0.5%氟利昂13B1构成的“魔异气体”。各丝输出约几毫伏的小脉冲信号经放大等处理后，送至计算机等进行精确定位测量或在线分析。

应用　多丝正比室已成为高能物理最重要的探测器之一，在原子核物理学、核医学、天体物理学、同步辐射等领域得到广泛应用。现已发展了多种读出方法：用相邻几路输出脉冲幅度的拟合曲线峰位置（即重心法）可大大提高位置分辨率；用丝两端电荷分配法与电荷沿丝传播时间差法，只用一维丝就可得到两维信息；用延迟线法定一维位置可使问题简化等。采用不同的光子（γ、X）和中子转换体可提高对中性粒子的探测效率。如在多丝室外配置多层铅片微孔型γ-电子转换体用以测量γ射线；在多丝室内充氙或氪等气体用以提高测量硬X射线的探测效率；在室内充三氟化硼或^{3}He用以分别测量慢中子等。除20世纪70年代初在多丝室的基础上发展了**漂移室**外，以后又发展了不少新型探测器，如**时间投影室**和**时间扩展室**、**阴极条室**、窄间隙室、微条气体室、微条丝室等，并已得到广泛应用。

（谢一冈）

多态存储器件　multi-state memory device　一个单元具有多个磁、电等存储状态，可用于高密度信息存储的器件。传统的半导体存储器件是二进制存储器件，一个存储单元中只能存储一个比特的信息。而多态存储器件可以在一个存储器单元中存储超过一个比特的信息，不仅显著提升存储密度，甚至可以设计物理层面上的保密信息存储原理。人们在物理和材料领域做出了大量工作，提出了多种基于电荷、自旋、结构（或成分）等不同原理的多态存储材料媒介备选和器件原型。针对不同的存储媒介和原理，多通过器件设计使多态存储器件的电阻随存储状态变化，从而通过简单测试电阻读取器件的信息状态。因此相应的多态存储器件也被称为多阻态存储器件。

电荷　电荷可被定量操控和表征。利用有、无电荷作为1、0状态，是常用的二进制存储器件（如动态随机存储器）的媒介和原理。利用对电荷的定量控制，可获得闪存、铁电存储等不同的多态存储器件。

①闪存。闪存结构类似于金属-氧化物半导体场效应晶体管，但在控制栅极和沟道之间还有一个浮栅极。通过精确控制浮栅极上电荷（电子）的数目可实现多态非易失存储。

②铁电存储。铁电材料具有自发电极化，可使用不同极化方向作为存储媒介。在铁电场效应管、铁电二极管、铁电隧道结等铁电阻变器件中，通过铁电多畴状态可实现多阻态。另外，不同的铁电拓扑畴结构、铁电畴壁电导也可以实现多态信息存储。

自旋　铁磁材料的自旋或者磁矩具有方向性，可以用作信息存储的媒介。通过自旋转移矩、自旋轨道矩等作用调控多磁畴、磁矩方向获得不同磁状态，可以用于设计多态存储。

磁隧道结。即“铁磁/绝缘势垒/铁磁”隧道结。结电阻取决于上下铁磁电极的平行和反平行状态。利用自旋转移矩、自旋轨道矩等作用改变自由层的磁多畴状态或者使其与固定层磁矩呈现非共线构型，可使隧道结处于不同电阻状态，实现多态信息存储。

多层磁隧道结。即具有更多铁磁自由层的磁隧道结结构，如具有三个铁磁电极的双势垒磁隧道结，可对两个自由层的磁矩分别操控，获得多阻态存储。

磁斯格明子多态存储。利用多个具有单位磁拓扑荷的磁斯格明子构成一个拓扑磁性准粒子，如磁斯格明子袋、磁束子。该种拓扑准磁性粒子具有多磁拓扑荷特性。由此可以利用不同的磁拓扑荷表示不同的数据状态，实现多态数据存储。

结构或成分　众多材料的结构或成分在电场下会发生变化，导致其电阻也随之改变。通过调控结构或成分的变化程度，可调节阻变的大小获得多阻态，用于设计多态存储器件。

相变存储器。相变材料如硫族玻璃材料，在电流焦耳热效应作用下，可在低阻多晶态和高阻非晶态间相互转化，表现出巨大的电阻开、关效应。通过施加不同的电热量调控晶态和非晶态的比例，使其处于不同阻态，可用作多阻态存储。

金属氧化物阻变器件。金属氧化物材料的氧离子在电场（场致或热致）下移动，产生缺氧材料组成的传导丝。传导丝在电场下的导通或断裂，使器件表现出开、关阻态。通过施加不同的电脉冲，可以调整传导丝的个数、直径、长度等，获得不同的阻态。

金属丝阻变器件。类似金属氧化物阻

变器件，但通过使用易于氧化的金属材料（如银、铜等）作为电极材料。电场下金属阳离子会移动，在介质层中形成金属传导丝，其长短、粗细、个数也都可以被调控，使器件表现出不同的阻态。

（殷月伟　李晓光）

多体散射理论　multiple scattering theory; MST　最早是由J.科林加、W.科恩和N.罗斯托克提出的理论。又称多重散射理论、KKR近似。多体散射理论最初被用来计算周期结构中薛定谔方程的解，后来被拓展应用于电磁波和声波中。多体散射理论将研究对象看作一个开放环境中多个散射体的组合，波在其中的传播过程被视作一系列的散射过程，波动方程的求解问题归结为对散射问题的求解。对任意一个散射体来说，它的入射波是外界入射波和从其他散射体传播过来的散射波的总和，可以将这些波用柱函数（或球函数）形式展开，并利用Graf加法定理将从其他散射体传过来的散射波重新表示成在该散射体中心的展开式，通过比对边界条件建立关于散射波系数的自洽方程组，得到本征方程并求解。多体散射理论可用于周期性结构及无序结构的研究，在*声子晶体*的能带计算等方面具有优越性，并且与相关物理现象的内在机制直接相关。

（阚威威　程建春）

多铁性　multiferroicity　在一种材料中至少同时存在两种铁性有序的现象。本义上铁性有序包括铁电性、铁磁性和铁弹性。拓展开来多铁性泛指各种磁有序（如铁磁、反铁磁、亚铁磁、螺旋磁有序等）与铁电性或反铁电性、铁弹性、铁矩性等其他有序性的共存现象。多铁性涉及电荷、自旋、轨道和声子等多种微观自由度的关联、耦合效应，是磁学与铁电/介电物理学的交叉研究领域，是凝聚态物理学中一个全新的内涵丰富的分支研究方向。

1970年，相津敬一郎根据铁电、铁磁、铁弹三种性质有一系列的相似点将其归结为一类，提出了铁性材料的概念。1994年，瑞士的H.施密德明确提出了多铁性和多铁性体的概念。2003～2004年，在$BiFeO_3$薄膜中发现了室温多铁性，在稀土锰氧化物$TbMnO_3$和$TbMn_2O_5$中发现了磁致多铁性和强磁电耦合效应，从而激发了对多铁性的关注。

多铁性材料按照铁电极化来源的不同可被分为不同的种类。其中由磁有序产生铁电性的材料被统称为第Ⅱ类多铁性材料，其余的被称为第Ⅰ类多铁性材料。在第Ⅰ类多铁性材料中，由于磁有序和铁电有序来源于不同的离子，其磁电耦合效应往往较弱。第Ⅱ类多铁性材料由于磁有序和铁电有序密切关联，有望表现出较强的磁电耦合效应。非共线磁有序产生的铁电性通常可以通过贾洛申斯基-守谷（DM）相互作用或者自旋流模型来解释；而在一些特定的共线排列的磁有序结构中（如↑↑↓↓），可以通过交换收缩机制而诱导出宏观电极化。现有大多数已知的单相多铁性材料的磁电耦合效应都比较微弱，并且往往发生在低温区，难以得到实际应用。一些非共线螺旋磁结构的六角铁氧体被发现具有大的磁电耦合效应，并且其磁电耦合效应可以一直保持到室温。

除了上述单相材料所具有的本征多铁性，还可以利用人工方法将铁磁和铁电两种材料复合在一起，形成复合多铁性材料。复合多铁性材料通常是由具有大磁致伸缩系数的磁性材料（如Terfenol-D、Metglas、Ni、FeGa等）和具有大压电效应的铁电材料（如PMN-PT、PZT等）复合而成，通过两相界面处的应力实现间接的磁电耦合效应。在一些铁磁/铁电薄膜异质结构中，界面处的电荷积累或者交换偏置效应，也可以导致界面附近的磁电耦合。

基于复合多铁性材料室温下大的磁电耦合效应，已经开发出多种应用功能器件，例如：①高精度磁电传感器。是*磁电效应*最为直接的应用。其最大的特点在于无须外加电源，即可探测磁化状态，进而输出相应的电信号，避免了传统磁电传感器额外通入电流带来的热效应。除降低功耗外，基于多铁体的磁电传感器具有灵敏度高、成本低、质量轻、体积小、探测范围广等优势，应用前景囊括能量采集、磁场检测、玩具制造、生命医药、航海航空等多种民用、军用领域。②能量收集转换器。集铁电相的压电效应与铁磁相的磁致伸缩效应于一体的多铁性复合材料，可同时对机械振动和磁场产生响应，应用于能量收集转换器件具有集成化的优势。基于磁电耦合作用的能量转换器，可将周围环境中微弱的机械振动和杂散的电磁场转化为可用的电能，对缓解日益严峻的能源问题具有积极意义。利用多铁性实现能量收集转换的研究尚处于初级阶段，提高能量密度及磁电能量转换效率是亟待解决的问题。③多态存储器。铁电极化与铁磁极化两种序参量的共存，为在多铁性磁电材料中实现四态存储，提高信息存储密度提供了可能。这些理论和实验进展为最终实现基于多铁性隧道结的高性能室温四态存储，推动多态存储器的实用化进程打下了坚实的基础。④多铁性内存。具有非易失性的铁电随机存储器与磁电阻随机存储器均取得了飞速的发展，多铁性内存这一新概念存储器件将两者结合。基于多重铁性的耦合作用，在多铁性内存中可以通过不同外界方式对存储单元分别进行读写操作。利用外界电压对信息记录层磁性材料的磁化方向进行调控，进而实现低能耗的数据写入，而信息的读取则可以简单通过测量磁性隧穿电阻的方式得以无破坏性的实现。这种“磁读电写”方式具有的非易失性、高速度和低功耗等特性，赋予了多铁性内存应用于计算机以及小型数字器件之中得天独厚的优势。⑤可调微波器件。多铁性材料体系中逆磁电效应的存在，不仅昭示着电场诱导磁性序参量变化的深刻物理内涵，在电可调微波器件的应用方面亦具有重要的技术价值。相比传统微波器件中利用外加磁场调节铁磁谐振峰的方式，基于铁电铁磁性耦合的电可调微波器件，通过静电场控制铁磁共振行为，避免了因焦耳热产生的能量损失，具有超低损耗、方便可控、低噪声、易集成等优点，潜在应用范围涵盖微波频段的滤波器、谐振器、移相器等。

（孙　阳　段纯刚）

多铁性畴壁　multiferroic domain wall　多铁性材料中几种铁性（铁电性、铁磁性、铁弹性和铁矩性等）共存下出现的多种等价畴和不同的畴壁类型。

产生原因　从产生原因来说，一个铁性系统最重要的一个特征就是具有单一序参量的畴和序参量不连续或突变处产生的畴壁。因此多种铁性在多铁体中的共存使得单一的多铁畴可能同时具有多个独立的序参量。这导致了其等价畴和畴壁类型的数目要多于单一铁性材料，可以产生非常丰富的物理效应和潜在的应用价值。特别是多铁性畴壁中晶体结构（及能带结构）有时会发生变化，导致畴壁的输运性质与畴有所不同。这也对基于多铁性材料的器件性能有很重要的影响。

数目与类型　不同多铁性畴互相之间形成的多铁性畴壁的数目及种类远远比单一铁性畴壁复杂。1994年科学家们就通过对称性约束条件研究过具有磁电耦合效应的多铁体中畴壁的数目。他们发现多铁性畴壁的数目比单一铁性畴壁数目多很多，类似于多铁性畴的情况。此外，多铁性畴壁中多种序参量的共存也导致畴壁导电及磁电耦合等很多新奇的物理现象。

带电畴壁　一般的铁电体的畴壁都是电中性的，因为带电的头对头或者尾对尾畴壁的静电能会比较高，结构上是不稳定的。但在有些多铁性材料中铁电性是二级序参量，可以克服静电能，形成头对头或者尾对尾的带电多铁性畴壁。对于不绝缘的半导体材料，这类畴壁具有的大静电势会改变畴壁内的自由电荷分布，导致畴壁与畴的电输运行为有所不同。如前面提到的六角稀土锰氧化物$RMnO_3$的六度畴结构的畴壁，如果沿着面内方向观察，垂直于c方向的畴壁的电极化在畴壁两边的方向是相反的，其畴壁恰好是一种带电的多铁性畴壁。并且由于$RMnO_3$体系是窄带隙的p型半导体，电荷的再分布对能带和输运性质的影响更加显著。导电原子力显微镜在$HoMnO_3$和$ErMnO_3$等样品中确实观察到非常明显的畴壁电导的变化，头对头的畴壁相比畴内部更加绝缘，而尾对尾的畴壁变得更加导电，完全符合上述理论预期。

中性畴壁　对于六角$YMnO_3$平行于c方向的畴壁，畴壁内将不再会有净电荷积累，成为中性畴壁。但导电原子力显微镜发现其畴壁比畴内部更加绝缘。另一方面，在室温多铁体$BiFeO_3$[110]方向生长的外延薄膜中，观察到完全相反的趋势，即畴壁比畴更导电。这种中性畴壁与畴的输运性质的差别主要来自畴壁晶体结构的变化。夹在两个相反铁电极化中的畴壁，在晶体结构中更接近高温的顺电相，晶体的点群是非极性的。因此，在高温顺电相中更绝缘的$YMnO_3$对应于更绝缘的中性畴壁，而顺电相更导电的$BiFeO_3$对应于更导电的中性畴壁。

畴壁的磁电耦合效应　在第二类多铁性材料中，铁电性是由磁有序打破空间反演对称性产生的，因而铁电性与磁有序会强烈地耦合在一起。在这种情况下，多铁性畴壁既是磁性的，也是铁电的，形成复合畴壁，在磁场及电场的作用下都会产生移动，实现磁场对电极化的控制或电场对磁性的控制。如在六角铁氧体$Ba_{0.5}Sr_{1.5}Zn_2(Fe_{0.92}Al_{0.08})_{12}O_{22}$中，60K温度以下具有横向圆锥的磁结构。这一磁结构通过自旋流($\sim\boldsymbol{S}_i\times\boldsymbol{S}_j$)可以产生与之相垂直的面内铁电极化，使得铁磁与铁电序参量在同一多铁性畴中永远保持垂直。因此多铁性畴$(+M+P)$与$(-M-P)$之间的多铁性畴壁，在M与畴壁平行时，铁电分量会头对头或者尾对尾，形成带电铁电畴壁。由于这类六角铁氧体在低温下都比较绝缘，导电行为影响不大。实验发现，该样品的带电畴壁在外电场下会产生定向移动，实现了巨大的磁电耦合效应与电场对宏观磁性的翻转。另外，在第二类多铁性材料$GdFeO_3$中也观察到类似的电控磁效应。该体系的电极化是由两套磁格子间通过交换伸缩机制($\sim\boldsymbol{S}_i\cdot\boldsymbol{S}_j$)产生的。这些磁性与铁电的序参量总共可以产生三种畴壁：铁磁畴壁、铁电畴壁及多铁性畴壁。电场对多铁性畴壁的移动会引起宏观M的部分改变。　（孙　阳　柴一晟）

多铁性拓扑结构　topological structure in multiferroics　与材料**多铁性**相关的拓扑结构。第一种如以六角结构锰氧化物$YMnO_3$为代表的铁电拓扑畴结构。该类体系有一大部分具有磁性，通常为反铁磁，因此它们是多铁体，并且该类体系具有与铁电畴壁相关的磁电效应。

第二种如磁性斯格明子体系。磁矩在实空间形成具有手性的非共面结构。斯格明子的磁结构具有拓扑性，非共面磁性对电子传输带来额外的贝里相位，导致电子能带的拓扑性。并且非共面磁性能导致局域的电偶极矩，如果样品是绝缘体，则可能表现出多铁性。

第三种如以$Dy_2Ti_2O_7$为代表的自旋冰体系或其他某些磁性体系。其磁结构可以模拟**磁单极子**或者磁涡旋行为，而磁单极子具有磁电效应（即使不具备自发极化，不是多铁）。　（董　帅）

多铁性微观理论　microscopic theory of multiferroics　从量子层面上阐述**多铁性**的物理机制的理论。多铁性涉及很多方面，牵涉到很多微观理论。列举三个阐述磁与电如何耦合的微观机制。

贾洛申斯基-守谷（DM）相互作用。以钙钛矿ABO_3为例，一般氧八面体有转动和倾斜，因此B—O—B键都不是180°。对于每个B—O—B键而言，绕连接B—B轴的旋转对称性被破坏，自旋-轨道耦合效应会产生DM作用，表达式为$\boldsymbol{D}_{ij}\cdot(\boldsymbol{S}_i\times\boldsymbol{S}_j)$，其中$\boldsymbol{D}$矢量方向垂直于B—O—B键构成的平面，在一阶泰勒展开近似下，$\boldsymbol{D}$矢量长度正比于O离开B—B中心对称点的位移，$\boldsymbol{S}$为自旋矢量。从DM相互作用的叉乘形式看，DM作用会倾向于自旋非共线。而如果给定螺旋型的自旋结构，DM作用的反作用会为了降低能量而诱导出一个整体的$\boldsymbol{D}$矢量，即整体的氧离子会发生相对于金属离子的移动，这样的离子移动就导致了铁电性。一言蔽之，DM作用起源于自旋-轨道耦合，出现在空间对称性破坏的环境。DM作用在非共线自旋体系广泛起作用，不仅仅是在磁致铁电体中。

自旋依赖的金属配合物杂化。自旋-轨道耦合导致的单金属离子与周围阴离子的p-d轨道杂化，诱发出局部的电偶极矩。其表达式为：$\boldsymbol{P}=\Sigma_i(\boldsymbol{e}_i\cdot\boldsymbol{S}_i)^2\boldsymbol{e}_i$，式中$\boldsymbol{e}$为阴阳离子键方向矢量；$\boldsymbol{S}$为自旋矢量；$\boldsymbol{P}$为电偶极矩。

交换伸缩。除了自旋-轨道耦合，自旋-晶格耦合也可以连接磁序与电极化。以Ca_3CoMnO_6为例，沿着c轴是Co-Mn的准一维链，且自旋序为Co↑-Mn↑-Co↓-Mn↓。因为磁交换作用不对称，Co↑-Mn↑距离和Mn↑-Co↓距离变得不一样。加上Co和Mn的价态是不一样的，沿着Co-Mn链的离子位移产生了一个沿着c轴的电偶极矩。

虽然上述理解只是解释了为什么磁序能产生铁电性，但在多铁性其他诸多问题中，如电磁振子，其微观机制亦可追溯到上述机理或其变形。　（董　帅）

多铁性唯象理论　phenomenological theory of multiferroics　采用**朗道相变理论**来描述磁性相变、铁电相变的理论。如设$\boldsymbol{M}$和$\boldsymbol{P}$分别为铁磁和铁电的序参量，则铁磁和铁电体系的自由能在相变点附近可以分别写成如下形式：

$$\begin{cases}F_m=F_{m0}+a_mM^2+b_mM^4+\cdots\\F_p=F_{p0}+a_pP^2+b_pP^4+\cdots\end{cases}$$

式中$F_{m0}(F_{p0})$为与磁性（铁电）无关的能量；a和b为朗道系数。因为自由能是一个标量，在时间反演和空间反演操作下不变。在无外场情况下，上式中不存在M和P的奇数次项。对于反铁磁体系，可以用反铁磁序参量L取代上述公式中的M。

应用于多铁材料，也可以将相变点附近的自由能表达成某些序参量的泰勒展开形式。如对于具有螺旋型自旋序的多铁体，其中磁电交叉项可以写作：

$$F_{em}=\gamma P\cdot[M(\nabla\cdot M)-(M\cdot\nabla)M+\cdots]$$

而对于++−−型共线磁序：

$$F_{em}=[\alpha(r)\cdot P]\Omega$$
$$\Omega=\Psi_1\cdot\Psi_4=\Psi_2\cdot\Psi_3=(M_1-M_3)\cdot(M_2-M_4)$$

式中下角标为子格序号；Ψ_i为宇称序参量。其他可能形式：

$$\begin{cases}F_{em}=[P\cdot\beta(r)][M\cdot\gamma(r)]^2\\F_{em}=[\nabla\cdot P][M\cdot\gamma(r)]^2\end{cases}$$

这些唯象的磁电耦合形式基本都能找到微观的磁电耦合机制来实现。原则上不管M和P怎么组合，只需要耦合能量表达式满足时间反演不变和空间反演不变。　（董　帅）

多铁性异质结　multiferroic heterostructure　将铁电材料和（反）铁磁材料以薄膜生长

的方式结合在一起，形成在较高的温度下既有铁电性，又有（反）铁磁性，并能够通过异质界面传递相互作用，进行磁电耦合的人工多铁材料。由于室温下可工作的铁电材料和（反）铁磁材料种类繁多，多铁性异质结可选择不同的材料和组合方式，为通过人工设计、针对不同应用需求优化性能提供了广阔的空间。

多铁性异质结的物性与界面附近电子的自旋、轨道、电荷多重量子序之间的耦合和竞争及其与晶格的相互作用密切相关。随着薄膜制备技术的发展，特别是钙钛矿磁、电功能氧化物外延薄膜制备方面的进步，已经能够制备化学成分在原子尺度上明锐的多铁性异质结，一方面拓展了铁电/（反）铁磁界面耦合的方式，另一方面也提高了耦合的强度。多铁性界面耦合有三种方式。

应变耦合　将磁性薄膜沉积在压电单晶衬底上，衬底施加电压时，由于逆压电效应导致面内晶格常数发生变化。应变传递到磁性薄膜中引起剩余磁化、矫顽场、磁转变温度、磁各向异性、磁极化方向等参数的改变。

交换偏置效应　许多单相多铁性材料同时具有反铁磁性和铁电性，如$YMnO_3$、$BiFeO_3$等，其反铁磁畴和铁电畴重合，铁电畴翻转时，反铁磁畴随之翻转。以反铁磁-铁电材料和铁磁材料构建多铁性异质结，通过电场控制翻转铁电畴使得反铁磁畴翻转，可改变异质结界面的交换偏置相互作用，调控对铁磁层中自旋的钉扎，获得磁电耦合。

序参量重构　多铁性异质结界面处还可能发生电荷、自旋、轨道和晶格序参量的重构，导致新颖的量子磁电耦合现象。①电荷重构。电荷从界面一侧转移到另一侧，引起原子磁矩及其相互作用的改变。②自旋重构。多铁性异质结中铁电薄膜极化翻转时，铁电极化电荷通过静电相互作用改变界面附近磁性薄膜中的电子浓度（铁电场效应），相邻磁性原子之间以电子作为媒介的磁交换相互作用随之改变，从而改变基态自旋的排列方式。这里原子磁矩的大小没有变化，而是由自旋的排列方式改变引起宏观磁性和输运特性的一系列变化，实现磁电耦合。③轨道重构。多铁性异质结界面的轨道重构常和电荷、自旋量子序的重构耦合在一起，导致更加复杂的磁电现象。④晶格重构。外延异质界面两侧的晶格对称性不同时，即使晶格常数一致，也可能发生晶格对称性的重构，为稳定在大块材料或厚膜中没有的对称性、获得新效应提供了可能。（吴　迪）

多通道量子数亏损理论　multichannel quantum defect theory　一种可以统一处理原子（含离化态原子）激发态（即受激态）能级结构的量子理论。多通道量子数亏损理论已经被推广应用于处理负离子和双原子分子的激发态能级结构。原子激发态能级结构包括分立、自电离共振和连续三类能谱区域。原子（离化度为q）的连续能级和自电离共振能级结构同电子与该离化态原子离子（离化度为$q+1$）的各种碰撞过程直接密切相关。当激发态原子可以被视为“一个离子实和一个激发电子”的体系时，多通道量子数亏损理论能够严谨分析其激发态能级结构和有关的物理过程。激发电子可以是束缚的，也可以是非束缚的，这将视该激发态处于分立能级，自电离共振或连续能态而定。对这个激发电子，在位形空间中可分解为两个区域，即作用域内和作用域外。在作用域内，激发电子穿入离子，与离子组成一个复合体，此时电子与离子相互作用是个多体问题，必须考虑所有电子之间的相互作用。在作用域外，激发电子和离子间的相互作用可以用库仑势来描述。这就成为量子力学中的双体问题，即单电子问题。离子可能有不同的能态，激发电子也可有不同的角动量和能量。因此，对于具有一定总能量、总角动量和宇称性的“电子-离子”体系，将有各种不同的分解模式。例如，把氩原子Ar的3p电子激发至s或d的激发轨道，形成处于激发态的氩原子，当该激发态的总角动量和宇称性J^{π}为1时，将可能存在对于该氩离子Ar^+（$^2P_{1/2}$或$^2P_{3/2}$）与激发电子（$s_{1/2}$、$d_{3/2}$或$d_{5/2}$）的五种耦合模式，即（$^2P_{3/2}s_{1/2}$）、（$^2P_{1/2}s_{1/2}$）、（$^2P_{3/2}d_{3/2}$）、（$^2P_{1/2}d_{3/2}$）和（$^2P_{3/2}d_{5/2}$）。这些耦合（分解）模式被称为分解通道。在特定分解通道中，作用域外的单电子问题可以用解析方法严谨地求解。因此只要确定了这“电子-离子”体系波函数在作用域面的边界条件，该体系的激发态能级结构就可以简化成为量子力学中的单电子问题；具体地说，利用库仑波函数的数学性质，可以由各种不同能谱区域的无限远边界条件解析得出各种不同的能级结构。因此可以统一地描述分立、自电离共振和连续能态结构，以及有关的碰撞物理问题。

多通道量子数亏损理论表明，可以用短程散射矩阵（不计长程库仑作用引起的相移，因这部分已经解析处理完毕）代表作用域面的边界条件，该短程散射矩阵的对角化表象就是本征通道。本征通道的物理图像可以理解为：在第α个本征通道中，由于作用域内较强的相互作用，使得在作用域外所有分解通道的电子径向波函数成为具有共同相移$\pi\mu_{\alpha}$的库仑驻波，在各个分解通道中的库仑驻波则以特定的权重$U_{i\alpha}$线性叠加在一起（下角标表示各分解通道）。因此所有的本征通道能够有效地描述在作用域内复合体的动力学特性，并可用下列物理参数定量地描述：它们是短程散射矩阵的本征值（即本征量子数亏损μ_{α}）和其本征矢量$U_{i\alpha}$（所有本征矢量组成正交的转换矩阵）。此外还可定义与本征通道波函数Ψ_{α}有关的动力学矩阵元，如描述光跃迁过程的跃迁矩阵元D_{α}等。短程散射矩阵在数学上具有随体系能量解析延拓的特性，故当体系激发能量变化时，（$\mu_{\alpha}, U_{i\alpha}, D_{\alpha}$）这组物理参数的变化是缓慢平滑的。因此只要得到本征量子数亏损μ_{α}和转换矩阵$U_{i\alpha}$的数据，就等于定量地掌握了该原子体系的激发能级结构及其有关的电子-离子碰撞过程；如果有D_{α}等描述跃迁过程的数据，还可定量掌握光激发、光电离等物理过程。这组物理参数的值可以从下面两种方法之一得到：①根据精确的能谱实验数据，采用数值逼近法决定；②采用第一原理的理论计算方法决定。全相对论的第一原理计算方法已经可以计算出任何离化态原子不同物理能区的本征通道物理参数，利用短程散射矩阵解析延拓的特性，可以通过精密的能谱实验数据对所有能区（分立能级、自电离共振和连续能态）物理参数的理论计算精度进行判断和标定，从而可以系统、精确、高效地掌握各种原子体系的激发能级结构及其相关物理过程，满足天体物理、惯性约束聚变等相关研究领域对大量精密原子数据的需求。（高　翔）

多用表　multimeter　由磁电系电表的测量机构与整流器构成的多功能、多量程的机械式指示电表。可用以测量交流电压、直流电压、电流及电阻，又称繁用电表或万用电表。有些多用表还具有测量电容、电感等功能。多用电表主要由磁电系电表的测量机构，测量电路和转换开关组成。满偏转电流为40～200微安。多用表用一个测量机构来测量多种电学量，各具有几个量程。其工作原理是：通过测量电路的变换，将被测量变换成磁电系测量机构能够接受的直流电流。如测量机构结合分流器及倍压器，就形成测量直流电流和电压的多量程直流电表。磁电系测量机构与半波或全波整流器组成整流式电表的测量机构，再结合分流器及倍压器，就形成测量交流电流和电压的多量程交流电表。多用电表内还带有电池，当被测电阻值不同

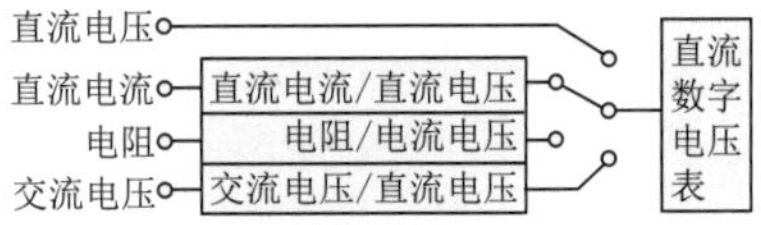

数字式多用电表框图

时，电池使测量机构内通过不同数值的电流，从而反映出不同的被测电阻值。转换开关是多用表选择不同测量功能和不同量程时的切换元件。将直流数字电压表与一些转换电路结合，可组成数字式多用电表(见图)。 （陈熙谋）

多原子分子振动 vibration of polyatomic molecule 多原子分子中原子间的周期性往复运动。这种周期性的运动频率称为振动频率。一个拥有N个原子的非线性分子的振动可归结为$3N-6$个简正振动模式，线性分子有$3N-5$个简正振动模式。简正振动模式包括伸缩振动和弯曲振动等。每一简正振动模式有不同的振动频率，一般在10^{12}～10^{14}赫兹。分子的振动能量是各简正振动能量之和，简正振动能量的量子化形成了分子的振动能级。分子振动可用谐振子近似描述，但振动能级很高时，非谐振效应会很明显，导致振动能级间隔减小。在光谱学上常用红外光谱与拉曼光谱来测量分子的振动。 （徐海峰）

多组态近似 multi-configuration approximation 一种基于单组态**自洽场方法**求解多电子体系**薛定谔方程**的近似方法。在自洽场方法中，假定一个电子在由原子核和其他电子形成的平均势场中独立的运动，得到单电子轨道波函数并将其组合为多电子组态波函数。该方法考虑了粒子之间时间平均的相互作用，但没有考虑电子之间库仑相关作用，计算能量时过高地估计了电子排斥势，使计算出的体系总能量过高。

为了计入电子相关作用，组态相互作用方法将原子的多电子波函数展开为不同组态波函数的线性组合。用变分法确定线性组合系数，使其体系能量取最小值，得到精确的数值波函数。如果计算包括了合适对称性的所有的组态波函数，则就是完全组态相互作用，它可以准确地求解由单粒子基组限定的空间内的电子薛定谔方程。但实际计算中只能取有限多的组态波函数作为基矢，所以组态相互作用方法只能近似地计算多电子体系波函数，称之为多电子近似。 （吴 勇）

惰性中微子 sterile neutrino 不带电、不具有弱相互作用和强相互作用的带有轻子数，自旋为1/2的费米子。除了不参与弱作用，其他量子数（如轻子数、自旋数等）与标准模型中微子相同，所以称作惰性中微子。标准模型中没有这类粒子。

惰性中微子可能与标准模型中微子混合，参与到中微子振荡的现象之中。短基线**中微子振荡**实验数据的一些异常，表明可能在eV/c^2（c为光速）质量标度存在惰性中微子。这类惰性中微子可以由于这个混合效应在宇宙早期被产生出来，贡献给宇宙早期的辐射物质密度，因而改变早期宇宙的演化以及核合成。

中微子跷跷板机制中的右手中微子（见**中性重轻子**）也可以当作一类惰性中微子。与前一类惰性中微子的不同之处是，跷跷板机制中的右手中微子一般较重，不会参与中微子振荡。

此外，ReV/c^2质量标度的惰性中微子是一个重要的温暗物质候选者。

（廖 玮）

E

俄歇电子能谱 Auger electron spectroscopy; AES 一种测量俄歇电子能量分布的技术，是对材料表面进行元素分析的重要方法。俄歇电子能谱(AES)具有操作简单、分辨率高、可探测微量杂质（可探测到小于千分之一单原子层的表面元素)的特点，被广泛应用于表面物理、化学和材料科学等领域。

1925年，P.V.俄歇在威耳孙云室中研究气体光电效应时发现电子的踪迹，并将其解释为由于X射线激发后，从外层能级到内壳层的非辐射跃迁而激发的电子。从此，所谓俄歇电子引起了理论和实验的广泛研究。此后，在1953年，J.J.兰德研究了低能电子辐照后固体的二次电子发射能谱，发现二次电子有一定的特征峰，并将其解释为俄歇电子。他同时指出这些电子可以用来进行表面分析。但是，直到1967年后，这一想法才随着真空以及电子能量分析技术的发展而得以实现，并在20世纪70年代之后逐渐成为实验室及工业界进行表面分析的常规手段。

俄歇电子的原理是原子内壳层能级电子被离化后，高能级电子无辐射地跃迁到内壳层空态，同时将能量传递给第二个电子，然后这一携带有一定特征能量的电子会离开原子，形成俄歇电子（见图)。俄

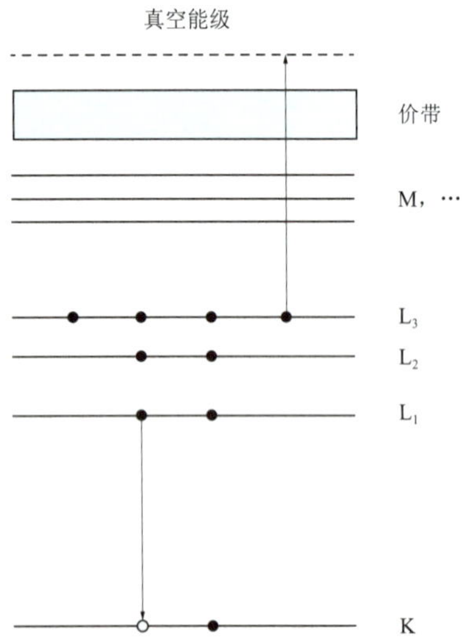

俄歇电子过程示意图

歇电子可以按照在其产生过程中涉及的能级进行分类，比如说，芯能级的空穴是在K壳层，而填充其的电子来自L_1壳层，并且能量被传递给L_3壳层的电子，让其离开原子形成俄歇电子，这一俄歇电子被称为KL_1L_3电子，以此类推。由于不同的原子其壳层间电子跃迁的能量不同，俄歇电子可以被用来分辨不同种类的元素，能够分析俄歇电子能量的谱仪即**俄歇电子能谱仪**。

俄歇电子能谱仪包含以下关键部分：激发源、样品和电子能量分析器。虽然理论上任何能使原子产生内壳层电子离化的辐照源都可以作为激发源，一般来说，最方便的是利用能量在3～5千电子伏,光斑直径在0.1毫米的聚焦电子束，若将能量进一步增强，束斑可减小到0.1微米以下，可在样品表面进行扫描，进行微区分析，即扫描俄歇显微镜。从电子能量分析器的角度来说，广泛使用的是筒镜分析仪，其结构简单，能量分辨率高，并且容易和电子枪进行集成，配合以一定的计算机辅助软硬件设备，就可实现对表面元素成分的定性和半定量的分析。 （高春雷）

俄歇电子能谱仪 Auger electron spectrometer 用于测量**俄歇电子能谱**的专用仪器。利用高能电子束为激发源进行物体表面性质分析，其物理根据是**俄歇效应**。当一电子束照射物体时，原子内层电子受到激发，激发态电子可以通过特征X射线发射发出能量，也可以在经过一系列松弛后激发出另外一个自由电子，这一自由电子就称为俄歇电子。这个现象称为俄歇效应，得名于发现者P.V.俄歇。俄歇电子能谱仪主要检测物体在电子束激发下释放出的俄歇电子能量分布谱图，以此对物体进行定性分析。由于俄歇电子的能量通常较低，在物体中的自由程较短，通常只有物体表面原子释放的俄歇电子可以被检测到，因此俄歇电子能谱仪主要用于物体表面化学性质及元素定性分析。

俄歇电子发射和特征X射线发射概率与原子系数有关：重原子易于发生特征X射线；而轻原子易于发射俄歇电子。因此俄歇电子能谱仪更适合轻原子物体表面的表征分析。 （邱 东）

俄歇复合 Auger recombination 描述一种三个电子参与的吸收、复合、跃迁和发射的动力学过程。是俄歇电子产生的物理机制。俄歇复合现象是1925年法国科学家P.V.俄歇发现的。他用X射线照射威耳孙云室时，发现有两个电子径迹，一个径迹是由光电子射出产生，另一个是由后来称为俄歇电子的发射产生。俄歇信号很弱，直到1969年P.W.帕尔姆贝格采用筒镜分析器分析能量，才使俄歇谱仪的性能得到很大提高，成为研究薄膜材料组分的重要工具。

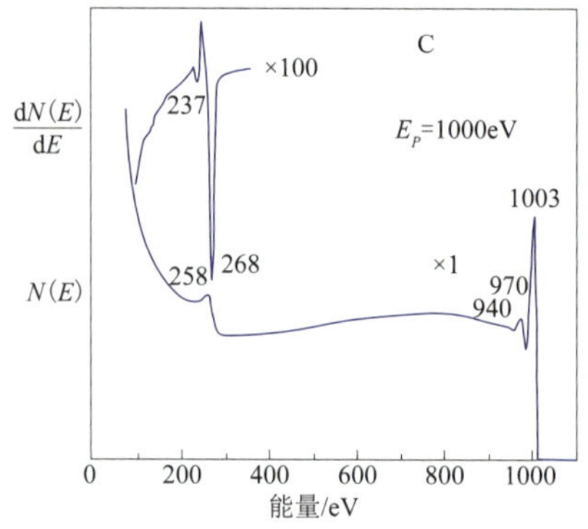

图1 石墨表面的俄歇谱（下曲线）和俄歇微分谱（上曲线）

图1给出的是石墨表面发射的二次电子$N(E)$随能量E的分布曲线和俄歇微分谱$dN(E)/dE-E$，入射电子能量E_p为1000电子伏。主要是两个峰，一个在能量等于入射电子能量E_p的高能端，它是由入射电子束被固体表面弹性散射形成的二次电子。另一个是能量为268电子伏附近的俄歇电子峰。因为它很小，所以采用微分形式的能量分布曲线使俄歇信号大大增强。

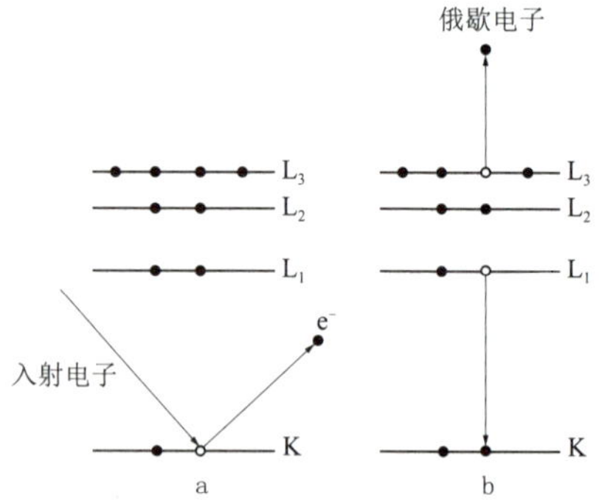

图2 KL_1L_3俄歇跃迁图

俄歇电子产生的原理见图2。在一定能量（1～10千电子伏）电子的照射下，固体表面原子某一壳层（如K壳层）的一个电子获得足够能量后脱离原子核的束缚，离开固体表面，结果在K壳层留下一个空穴（图2a)。这时处在外壳层，如L_1壳层的电子跃迁到K壳层的空穴（电子复合过程）上，放出能量$E_{L_1}-E_K$。这个能量能激发出另一个电子，如L_3壳层的电子，这一电子就是俄歇电子，如图2b所示。这种跃迁和发射俄歇电子的过程称为KL_1L_3俄歇跃迁。每一种材料的俄歇电子的能量是不同的，因此可作为表征材料的

标记，这就是俄歇谱仪的基础。

俄歇电子的能量通常用$dN(E)/dE$峰的最大负振幅对应的能量值表示。大多数元素和一些化合物的俄歇谱和俄歇电子的能量都可以从俄歇谱仪手册查得。用来进行表面分析的俄歇电子能量通常在0～2000电子伏范围。对原子序数为3～14、14～40、60～79的原子，最主要的俄歇峰分别由KLL、LMM和MNN跃迁形成。

（夏建白）

俄歇效应　Auger effect　当原子的内壳层出现空穴时，原子通过发射电子而非辐射X射线的形式回到低能态的过程。发射的电子称之为俄歇电子。俄歇效应是由法国科学家P.V.俄歇在1925年观测到的。由于俄歇过程发射的是电子而不是电磁波，因此俄歇过程也称为无辐射退激发过程。俄歇过程发生后，原子将具有两个空穴，成为二价态的离子（见图）。俄歇过程和X射线发射都是原子内壳层空穴退激发的方式，这两种过程之间存在竞争。在重原子的内壳层空穴的情况下，通过X射线退激发的概率要远大于俄歇过程退激发的概率。对轻原子或者空穴在靠外壳层的重原子，俄歇退激发的概率要远大于X射线退激发的概率。俄歇电子的能量与不同壳层电子跃迁能量以及俄歇电子所处外壳层的能量相关，因此俄歇电子的能量能够提供与原子种类和其所处化学环境相关的信息。测量**俄歇电子能谱**的设备称为俄歇电子谱仪，是重要的材料分析技术之一。

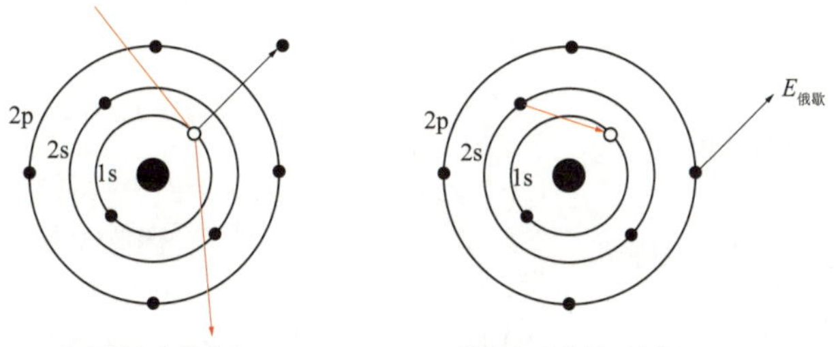

俄歇效应示意图

（马新文）

厄缶实验　Eötvös experiment　首次利用扭秤高精度地检验了惯性质量和引力质量之间等价关系的实验。这种等价关系也被称为弱等效原理。厄缶将两种不同材料制成的质量块A和B放在横杆两端，其中的一个质量块（如B）用细丝悬挂在横杆的一端，横杆再由一根细丝悬挂构成扭秤。扭秤可在水平面内自由转动，其转动角度可用带标尺的望远镜监测固定在横杆上的反射镜偏转来进行精确测量，实验原理如图所示。

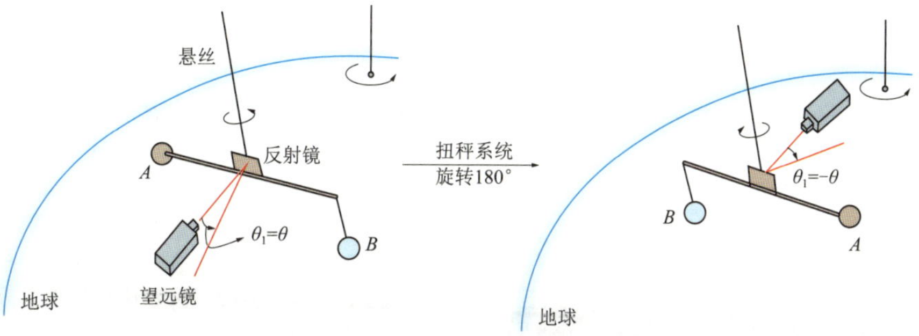

厄缶扭秤检验弱等效原理实验示意图

整个扭秤由于处于地球表面而受到地球的引力以及地球自转惯性离心力。细丝沿重力（引力与惯性离心力的矢量和）的方向被拉直，两质量块A、B可沿垂直于细丝和横杆的方向做自由运动。若A和B的引力质量与惯性质量的比相同，则它们各自的重力沿该方向上的分量相同，不会引起细丝的扭转。如果它们的引力质量与惯性质量的比不相同，那么它们各自的重力沿该方向上的分量就会不同，进而产生一个力矩而引起悬丝扭转。在该力矩的作用下，扭秤的平衡位置将变化角度θ。但由于实验中无法提供一个既无地球引力又没有惯性离心力的环境去确定扭秤原先的平衡位置，如果要知道偏转角θ的大小，需要将整个实验装置旋转到不同的角度。最简单的一种方式是将整个实验装置旋转180°，这样扭秤前后两次平衡位置的变化量应为2θ，通过测量前后两次扭秤平衡位置的变化量即可确定θ的大小，进而反推出扭力矩的大小。厄缶首先采用该精密扭秤在1890年左右检验了镁铝合金与铂、铜与铂等材料之间的等效性，发现引力质量与惯性质量之比的差别均小于10^{-8}。

（郑　琳　赵慧慧　刘　祺　胡忠坤　周泽兵　杨山清）

厄任费斯脱，P.　Paul Ehrenfest（1880-01-18～1933-09-22）　奥地利理论物理学家。生于维也纳，卒于荷兰阿姆斯特丹。1899年就读于维也纳大学，1904年在**L.玻尔兹曼**指导下获得博士学位。1912年**H.A.洛伦兹**退休时，由**A.爱因斯坦**推荐到莱顿大学继任洛伦兹的职位。

厄任费斯脱在1911年应《数学物理百科全书》主编F.克莱因之约，与T.A.阿

凡娜斯耶娃合写了著名的《力学的统计方法概念之基础》，他们明确地提出这个理论的逻辑结构，阐明了当时统计力学中还存在着的若干概念上的模糊和矛盾，清晰地指出各态历经假设在阐释时间平均和系综平均之间的关系中的作用，从而引起许多数学家对此问题的注意。他们还列举出真正建立热力学第二定律的统计基础所必需的一系列有待证明的定理。

在**M.普朗克**发表量子论以后，厄任费斯脱是首先注意到量子的特殊意义的科学家之一。他在1911年就指出早期量子论的主要特点，并且严格证明了如果空腔中的黑体辐射能量是有限的话，则电磁振动的能量只能不连续地改变。这就看出对于黑体辐射普朗克量子假说不仅是充分的，而且是必要的。他还证明对一个谐振子来说，唯一可以量子化的变量是能量与频率之比E/ν。当足够缓慢地也就是绝热地改变决定频率的那些参数，唯有E/ν不变。后来他发展了这个只适用于谐振子的结果，证明了每个周期运动在其参数的绝热（缓慢）变化下都具有一个不变的量——一个周期中的平均能量和频率之比。在旧量子论的发展处于困难时（当时连能量守恒和动量守恒这些定律都受到怀疑），厄任费斯脱的绝热定理对旧量子论的发展起了很大的指导和推动作用。

厄任费斯脱留下几十册笔记，其中记录了他从中学时代起直到逝世向自己提出的问题。他在科学讨论会上经常提出一些使人为难的问题，有时会被认为是愚蠢而引起一阵笑声；但他从不退却，直到他弄清了（也使报告人和听众弄清了）问题的症结所在。他逝世前写的一篇文章中提出了许多关于量子力学的物理学和数学

方面的根本性的问题，只有他才会提出这些被别人认为难于理解甚至是毫无意义的问题。但是**W.泡利**不这样看待，不久就在一篇论文中认真地讨论了其中的几个问题。

厄任费斯脱为人诚恳，富于感情，思想敏锐，才华出众，是当时国际物理学界领袖人物们的畏友，得到他们的尊敬。他坦率、平易而有独立的见解。但是他接替洛伦兹担任莱顿大学理论物理学教授之后，从他和爱因斯坦的通信中，又表露出他的自卑。虽然他的学生G.E.乌伦贝克等人多少年后都认为他是一位难得的学识渊博而循循善诱的老师，而他却从未摆脱受任初期的这种自卑心理。这大概是由于他对自己要求过于严格，因而时有抑郁之感。在希特勒攫取德国政权之后犹太人备受迫害的恶劣政治气候中，他终于如爱因斯坦所说，未能摆脱每一个有良心的年满50岁的教授一定会遇到的危机，在绝望中结束了自己的生命。（何成钧）

厄任费斯脱方程 Ehrenfest equation 二级相变平衡曲线的（微分）斜率满足的关系。常表述为：

$$\frac{\mathrm{d}p}{\mathrm{d}T}=\frac{\Delta c_p}{VT\Delta\alpha}=\frac{\Delta\alpha}{\Delta K_T}$$

式中p为压强；T为温度；c_p为定压比热；α为热膨胀系数；K_T为等温压缩率。上式表示相图上二级相变平衡曲线的斜率等于比热突变与热膨胀系数突变、体积、温度这三者乘积的比值，也等于热膨胀系数突变与等温压缩率突变的比值。（刘玉鑫）

恩格勒特，F. François Englert（1932-11-06～ ）比利时理论物理学家。生于布鲁塞尔。1955年和1959年分别获布鲁塞尔自由大学电气工程学士学位和物理学博士学位。

1959～1961年在美国康奈尔大学工作。1961年起在布鲁塞尔自由大学工作，1980年任教授，1998年任荣誉教授。

根据现代物理学，物质由基本粒子构成，基本粒子间相互作用力由规范玻色子传递。绝大多数基本粒子具有质量，质量起源是物理学的重要问题之一。1964年，恩格勒特和R.布鲁特在题为《对称性破缺和规范矢量介子的质量》一文中指出：当真空被赋予一种特殊类型结构时，规范矢量场（包括阿贝尔规范场和非阿贝尔规范场）将获得质量。随后，他们又指出假定在量子真空里标量场的期望值不等于零，则会引起自发对称性破缺，从而促使某些规范玻色子获得质量。由于传递电磁相互作用的光子与传递弱相互作用的W及Z玻色子都是规范玻色子，这结果是统一**弱相互作用**与**电磁相互作用**的关键。**P.希格斯**也于1964年提出类似想法。这一机制被称为布鲁特-恩格勒特-希格斯机制。2012年7月4日，欧洲核子中心（CERN）宣布其大型强子对撞机（LHC）实验发现质量为125吉电子伏的疑似希格斯（Higgs）粒子。2013年，恩格勒特与希格斯因在理论上预言希格斯玻色子存在共同获得诺贝尔物理学奖。（刘金岩）

二次量子化 second quantization 描述量子多体系统的一种方式。量子多体系统的态矢量必须满足交换对称性，以体现全同粒子不可分辨的物理特性。以单粒子坐标X作为力学量完全集，建立一个n粒子的对称化的希尔伯特空间，对称化的基矢为：

$$|n:x^\alpha,x^\beta,\cdots,x^\nu\rangle=\frac{1}{n!}\sum_p\varepsilon^pP|x^\alpha\rangle_1|x^\beta\rangle_2\cdots|x^\nu\rangle_n$$

式中，P是一个算符，对它右面的每一个右矢的下标（即粒子编号）$1,2,3,\cdots,n$取一种排列；$\sum_p$表示对一切排列求和；**玻色子**$\varepsilon=1$，**费米子**$\varepsilon=-1$，指数p表示置换次数。基矢之间满足正交归一关系和完全性关系，所有基矢$\{|n:x^\alpha,x^\beta,\cdots,x^\nu\rangle\}$张成$n$个全同粒子的对称化空间。$x^\alpha,x^\beta,\cdots,x^\nu$可以分别取坐标的不同本征值，因此基矢的数目无穷多。粒子数不同的各个对称化空间的基矢之间也没有简单的关系，这给多体系统的处理带来不便。如果用单粒子的产生湮灭算符表示对称化的基矢，可以带来很大方便。

设单粒子坐标的产生、消灭算符为$\psi^\dagger(x)$、$\psi(x)$，相当于通常使用的符号$a^\dagger(x)$、$a(x)$，它们对n粒子坐标基矢的作用分别是：

$$\psi^\dagger(x)|n:x^\alpha,x^\beta,\cdots,x^\nu\rangle=\sqrt{n+1}|n+1:x,x^\alpha,x^\beta,\cdots,x^\nu\rangle$$

$$\psi(x)|n:x^\alpha,x^\beta,\cdots,x^\nu\rangle=\frac{1}{\sqrt{n!}}[\delta(x-x^\alpha)|n-1:x^\beta,x^\gamma,\cdots,x^\nu\rangle+\varepsilon\delta(x-x^\beta)|n-1:x^\alpha,x^\gamma,\cdots,x^\nu\rangle+\cdots+\varepsilon^{n-1}\delta(x-x^\nu)|n-1:x^\alpha,x^\gamma,\cdots,x^\mu\rangle]$$

对称化基矢就可以写成由产生算符表示的形式：

$$|n:x^\alpha,x^\beta,\cdots,x^\nu\rangle=\frac{1}{\sqrt{n!}}\psi^\dagger(x^\alpha)\psi^\dagger(x^\beta)\cdots\psi^\dagger(x^\nu)|0\rangle$$

玻色子和费米子系统的基矢的不同对称性，由$\psi^\dagger(x)$、$\psi(x)$（产生、消灭算符）满足对易关系或反对易关系来保证：

$$\psi^\dagger(x)\psi^\dagger(x')-\varepsilon\psi^\dagger(x')\psi^\dagger(x)=0$$

$$\psi(x)\psi(x')-\varepsilon\psi(x')\psi(x)=0$$

$$\psi(x)\psi^\dagger(x')-\varepsilon\psi^\dagger(x')\psi(x)=\delta(x'-x)$$

海森伯绘景中消灭算符的运动方程为：

$$\mathrm{i}\hbar\frac{\partial}{\partial t}\psi(x,t)=[-\frac{\hbar^2}{2m}\nabla^2+V(x)]\psi(x,t)+[\int\mathrm{d}y\psi^\dagger(y,t)V(x,y)\psi(y,t)]\psi(x,t)$$

这是位置表象中消灭算符的运动方程。从形式上看（把消灭算符看成波函数），当粒子的相互作用$V(x,y)=0$时，它与单粒子的薛定谔方程形式一样。当$V(x,y)\neq0$时，它同薛定谔绘景中的哈特里-福克方程相近。

为什么把以上全同粒子系统的对称化处理称为二次量子化呢？如果从单粒子的薛定谔方程出发：

$$\mathrm{i}\hbar\frac{\partial}{\partial t}\psi(x,t)=[-\frac{\hbar^2}{2m}\nabla^2+V(x)]\psi(x,t)$$

其中$\psi(x,t)$是单粒子的薛定谔绘景的波函数。把$\psi(x,t)$和它的复共轭函数$\psi^*(x,t)$看成海森伯绘景的算符，$\psi(x,t)\longrightarrow\hat{\psi}(x,t)$，$\psi^*(x,t)\longrightarrow\hat{\psi}^\dagger(x,t)$赋予这两个海森伯绘景的算符满足对易关系或反对易关系，于是它们具备了产生消灭算符的意义：取一个固定时刻的产生算符，作用于真空态：

$$\hat{\psi}^\dagger(x,0)|0\rangle=|x\rangle$$

继续作用下去：

$$\hat{\psi}^\dagger(x',0)|x\rangle=\sqrt{2}|x',x\rangle$$

继续这样的产生算符的作用，生成基矢，从而建立起对称化的多粒子系统的希尔伯特空间，以及相应的量子多体理论的算符形式。这样的思路是把薛定谔绘景的单粒子量子力学，形式上做了“量子化”的处理，因而称为“二次量子化”。

如果在建立多粒子的对称化希尔伯特空间时，选择其他表象而不是坐标表象，由于实质并无差别，也称为二次量子化。（裴寿镛）

二次衍射 secondary diffraction 源自阿贝成像理论中描述相干成像中的一个过程。在阿贝二次成像理论描述中，相干光照射物面经透镜后在焦平面产生**夫琅禾费衍射**，得到一次衍射像。该光场作为次级波源在像面上相干叠加，形成物体的像，并认为是二次衍射的结果。在这种描述方式中，焦平面上的光场可以视为来自物体衍射光的空间频谱分布（透镜看成相位型透射屏），然后这些不同的空间频谱分量再经过相干叠加在像面形成物体的图像。这里实际涉及的是两次傅里叶变换。如果在透镜的焦平面放上空间滤波器或空间光调制器，改变空间频谱的振幅和相位分布，就可以对最后的成像结果产生影响。一个有用的例子是，可以在频谱平面用小屏部分遮挡住中心的零级衍射斑（其作用是对像平面均匀照明），用以提高成像的对比度。（汪　力）

二端网络　two-terminal network　仅具有两个外接端口的部分电路。其中含有电源电动势的称为有源二端网络。其中不含电源仅含有电阻的称为无源二端网络。（陈熙谋）

二分之一波片　half-wave plate　使寻常光与非常光之间的光程差是半奇数波长的一种特殊波片。见*波片*。

二硼化镁超导体　MgB_2 superconductor　一种典型的多能带和多能隙超导体。二硼化镁，分子式为MgB_2，是2001年由日本青山大学科学家秋光纯教授小组发现的新超导体，临界温度为39开。二硼化镁是典型的中间金属化合物超导体，由镁形成三角晶格和硼形成蜂窝结构，上下相互堆砌而成。

电子能带计算表明，二硼化镁中穿越费米面的主要是硼原子的p轨道电子，其中p_z轨道形成了具有二维特性的σ电子能带，而p_x和p_y构成了具有三维特性的π电子能带。硼原子面内伸缩运动的声子B_{2g}模与σ能带的电子强烈耦合，形成很强的电声子耦合强度，造成电子配对。计算表明，总的电声子耦合强度系数$\lambda_{elec-ph}$为0.7～0.8。因此，普遍认为σ能带电子的电声子耦合是超导配对的主要驱动力，能隙为7毫电子伏左右，然而π能带的超导能隙是2毫电子伏左右。二硼化镁是一个典型的多能带和多能隙超导体。

二硼化镁超导体制备过程简单，原材料价格低廉。纯二硼化镁系统的上临界磁场只有5～10特斯拉（磁场平行于c轴方向）。但是通过硼位置掺杂碳元素的方法，可以有效缩短有效相干长度，使得上临界磁场大大增加，在液氦温度下能达到50特斯拉左右。通过工业界广泛使用的粉末套管制备技术可以生产出数千米长的多芯超导导线，其工程临界电流密度已经达到实用化水平，因此可以制备出新型超导磁体，在工业界得以使用。可以预期的一个

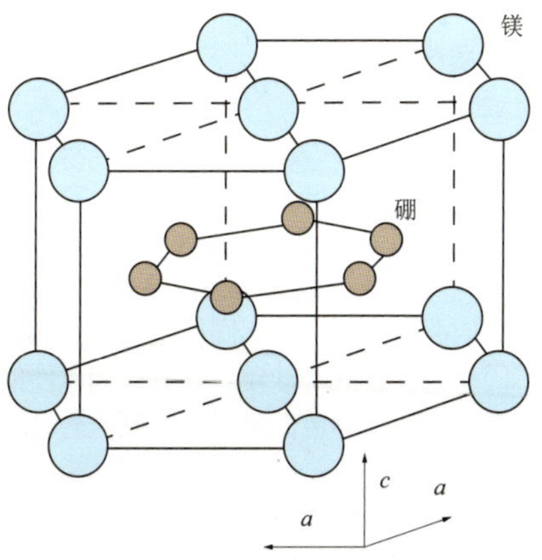

二硼化镁原子结构示意图

较广泛的应用是在20开温区，通过电制冷直冷技术使用的磁共振成像（MRI）设备，使人们第一次摆脱液氦使用磁共振成像，在未来的医疗诊断中有很大的应用空间。（闻海虎）

二嵌段共聚物　diblock copolymer　由两种不同化学组分的均聚物通过共价键连接形成的*嵌段共聚物*，通常是线形的。线形二嵌段共聚物是最简单的嵌段共聚物，一般标记为AB。PS-b-PMMA（聚苯乙烯-嵌段-聚甲基丙烯酸甲酯）为最常见的两嵌段共聚物之一。嵌段共聚物最重要的特性之一就是自组装：不同组分之间的不相容性会导致相分离，而嵌段之间的连接性将相畴尺度限制在嵌段共聚物分子链尺度上。整个系统在宏观上形成周期性有序结构，其周期依赖于共聚物的分子量，通常范围为10～100nm。控制二嵌段共聚物自组装的两个主要参数为f和χN，其中f为A嵌段的体积分数，χN是弗洛里-哈金斯相互作用参数χ和整条链内总单体数N的乘积。随着f增加到0.5，AB二嵌段共聚物可以形成无序相、六角密堆球状相、体心立方球状相、六角排列的柱状相、双连续的网状相以及层状相等结构。其中双连续相包括主要的Gyroid相和小区域的Fddd相。

当考虑两个嵌段具有不同的关联长度或者库恩长度，也就是存在构象不对称性，例如PI-b-PLA（聚异戊二烯-嵌段-聚乳酸），AB二嵌段共聚物还可以形成复杂的FK球状相。

除了线形二嵌段共聚物，还有环形二嵌段共聚物。（李卫华）

二维电子气　two-dimensional electron gas　载流子被限制在二维空间内运动的电子系统。早期二维电子气研究主要集中于SiO_2/Si场效应器件、GaAs/（$Al_{1-x}Ga_x$）As异质结等。在这些半导体低维结构中，载流子在垂直于界面方向上受到量子阱的限制，但可在平行于界面的平面内运动，从而形成一系列子能带。严格意义的二维电子气是指只有一个子带被占据的系统。当少数几个子带被占据时，载流子在垂直方向上的自由度没有被完全冻结，这样的系统可视为准二维电子气。

在高迁移率半导体二维电子系统中，电子的平均自由程（微米量级或更长）远大于费米波长（10纳米量级），一些物理性质可用近自由的二维电子气模型进行描述。但在许多情形下，电子-电子相互作用不能被忽略，如强磁场条件下电子-电子之间的库仑相互作用可导致分数量子霍尔效应；在低载流子浓度系统中，库仑相互作用可远远超过电子的动能，即使在零磁场条件下，样品也可能表现出与二维电子自由电子气截然不同的物理性质。因此，当前文献更倾向于使用二维电子系统这一更有普遍意义的术语。

二维电子系统材料，特别是高迁移率体系，不仅是场效应晶体管等器件应用的基础，而且是量子输运研究的重要平台。一类重要的高迁移率二维电子系统是GaAs/（Al_xGa_{1-x}）As、Si/$SiGe_{1-x}$、ZnO/（$Mg_{1-x}Zn_x$）O等半导体异质结或量子阱，其中调制掺杂的GaAs/（Al_xGa_{1-x}）As样品电子迁移率最高已超过3.5×10^7厘米/（伏·秒）。另一类是*石墨烯*等二维原子材料，石墨烯中的电子能量-动量满足线性色散关系，并由无质量的*狄拉克方程*描述。二维狄拉克电子系统具有许多与传统半导体二维电子系统迥异的性质。三维拓扑绝缘体的表面态也是一种二维狄拉克费米子系统，其电子的动量与自旋保持垂直锁定，因此在*自旋电子学*方面有独特的研究价值。此外，基于氧化物异质结（如$SrTiO_3/LaAlO_3$）的二维电子系统由于丰富的物理性质也受到了研究者的广泛重视。（李永庆）

二维可饱和吸收材料　two-dimensional saturable absorbing material　吸光强度随入射光强的增大而减小的二维材料，是*超短脉冲激光*的核心部件。可饱和吸收材料是一类具有非线性光学吸收特性的二维材料，其吸光强度随着入射光强的增大而减小。具有可饱和吸收特性的材料可用于被动锁模激光产生超短脉冲激光，其基本原理是在光路中加入可饱和吸收体，光源通过可饱和吸收体之后，边翼部分的损耗大于中央部分，导致光脉冲变窄，从而产生超短脉冲激光。由此可见，可饱和吸收体

是超短脉冲激光的核心部件。激光系统通常包括泵浦系统、激光工作物质和光学谐振腔三个部分。泵浦过程中，当激光腔体中增益大于损耗时，会产生激光振荡，此时大量纵模干涉，形成较强的波动，但仍保持噪声特性。由于激光工作物质具有增益色散效应，每个波峰的频谱宽度将压缩几十倍，从而形成强度随机分布的尖峰脉冲。将可饱和吸收体材料放置于谐振腔中，由于可饱和吸收材料的光吸收率随着光强的增大而减小，因此对形成的强度随机分布的尖峰脉冲，强脉冲吸收得少，而弱脉冲吸收得多，逐渐弱脉冲就被抑制掉，激光介质产生的增益完全用于强脉冲的不断增强，从而使得脉宽不断变窄。强脉冲不但使得可饱和吸收体材料达到饱和状态，腔内损耗最小，而且使激光工作物质的增益达到饱和，致使每经过一次循环，脉冲前后沿都得被衰减，最终导致脉冲两边变陡，脉宽进一步变窄，在这个过程中，小脉冲被完全抑制，最后输出一个高强度窄脉宽的脉冲序列。这就是采用可饱和吸收体材料锁模得到超短脉冲激光的过程。

锁模激光器中使用较多的是半导体可饱和吸收镜（SESAM），但是SESAM还是存在很多短期内难以克服的问题。例如在制备方法上，SESAM通常是采用金属有机化学气相沉积或分子束外延法制备，不仅制作工艺复杂，而且必须基于昂贵的超净室制造系统，同时，性能上还存在工作波长范围窄（<100纳米）、恢复时间长、调制深度难以调控、光损伤阈值低等诸多问题。因此，寻找一种能够替代SESAM的可饱和吸收体材料成为超短脉冲激光领域的关键技术。

新型的具有单原子层或几个原子层厚度的二维可饱和吸收材料成为可能替代SESAM的优质候选材料，这类材料主要包括石墨烯、二维过渡金属硫化物（MoS_2、WS_2、$MoSe_2$、WSe_2等）、黑磷、拓扑绝缘体（Sb_2Te_3、Bi_2Te_3等）。二维可饱和吸收体材料各自都存在着优缺点，例如石墨烯，其激发态寿命很短，所以可以得到飞秒量级的超短脉冲，但是由于单原子层吸光太弱，导致调制深度太小（接近1.3%），使得锁模不稳定。类石墨烯过渡金属硫化物（TMDCs）与石墨烯有着类似的二维层状结构，它克服了石墨烯存在的吸光弱、调制深度小的缺陷，但TMDCs较长的激子衰减时间导致其不能有效压缩脉冲宽度，通常只能得到亚纳秒及皮秒量级的脉冲激光。因此需要研究行之有效的方法以提高TMDCs压缩脉宽的能力，例如将不同的饱和吸收体材料形成异质结饱和吸收体，从而获得高性能超短脉冲激光器。

（李京波）

二向色性　dichroism　在光学中，有些材料所具有的可将光分开成不同波长（颜色）的光（与色散不同），或者其吸收特性与光的偏振态有关，对不同偏振态的光具有不同的吸收系数的性质。具有二向色性的材料，称为二向色性材料。二向色性，源于希腊语dikhroos（两种颜色的），指的是光学材料或器件所具有的能将一束光分开为两束不同波长光的特性。这样的器件包括二向棱镜和滤波器，通常镀有涂层，以便在某些范围反射光，在这些范围之外透射光。用于摄像机的二向棱镜，利用涂层把光分为红绿蓝三部分以在不同的CCD阵列上记录。这样的二向器件通常不依赖于光的偏振态。

还有一种情况指的是材料对不同偏振态的光表现出不同的吸收系数。这些材料一般由具有对电场方向响应灵敏的各向异性分子组成，二向色性强烈的光学介质可做成**偏振片**。最常用的二向材料是H偏振片（见图）。以具有网状结构的高分子化合物聚乙烯醇薄膜作为基片，再浸染具有强烈二向色性的碘，经硼酸水溶液还原稳定后，再将其单向拉伸4～5倍制成。拉伸后，碘分子则整齐地吸附并排列在该薄膜上面，具有起偏或检偏性能，使与偏振片方向相同的光通过。比较典型的另一个例子是金属光栅偏振片，它由平面形状的沿某方向延伸的密集细线组成。与线的方向相同的电场分量被吸收，而与线垂直的电场分量通过。

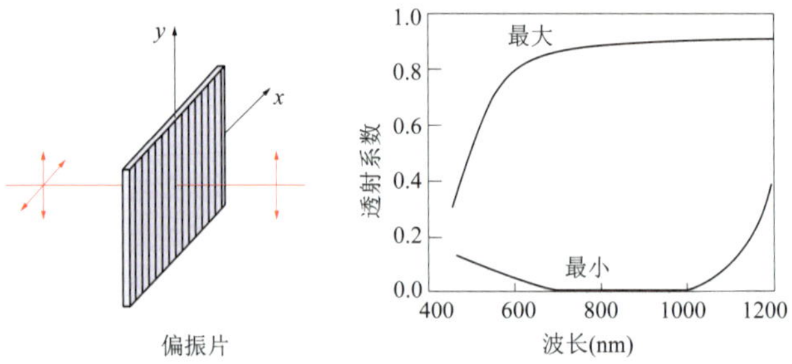

典型二向偏振片最大、最小透过率与偏振光波长的关系

当入射光是左旋和右旋圆偏光时，它们处于具有不同的自旋角动量（SAM）的状态，此时的二向色性意味着自旋角动量的二向色性，叫圆偏二向色性。

（宋　峰）

二氧化碳分子激光器　carbon dioxide molecular laser　以CO_2、N_2、He、H_2等混合气体为工作物质的气体激光器。其中CO_2分子是发射激光的粒子，其他几种气体是辅助气体，起改善激光器性能的作用，如提高激光功率、激光能量转换效率和使用寿命等。二氧化碳激光器在工业生产，如材料的切割、焊接、打孔、表面强化处理以及激光医疗等领域发挥着重要作用。

激光是由CO_2分子振动能级00^01上的各个转动能级向振动能级02^00上的各个转动能级之间跃迁发射的，以及从振动能级00^01上的各个转动能级向振动能级10^00上的各个转动能级之间跃迁发射的。发射的激光波长在9～18微米，相邻两条激光谱线的波数间隔在1～2厘米$^{-1}$。按激光器的工作方式划分，它有以下几种类型。

封离式气体放电管CO_2分子激光器。这是最常见的CO_2分子激光器。由于CO_2分子发射激光的能级离基态不远，能级粒子数布居反转状态受温度影响比较大，进而影响激光器输出性能和运转寿命，所以激光器工作时需要通水冷却放电管管壁。每米放电长度可以获得的激光功率大约为70瓦，在需要获得较大输出激光功率时，为了减小放电管空间长度，可以采取折叠方式，每折之间用反射镜耦合光路，制造成折叠式激光器。

流动工作气体型CO_2分子激光器。通过流动CO_2分子混合气体，把激光器工作时产生的热量带出共振腔外，能够比较有效地维持工作气体在较低温度，能够获得更高激光功率输出。根据混合工作气体流动方向与共振腔光轴是同方向或者是垂直，又分为轴流式CO_2分子激光器、横向流动CO_2分子激光器，它们的输出激光功率可以达到万瓦。

气动CO_2分子激光器。这是利用气体动力学方法使由电加热或燃烧生成的CO_2混合气体迅速冷却，在冷却的过程中实现CO_2分子能级粒子数布居反转，并实现激光振荡，这种激光器能够使连续输出激光功率更高。是当前连续输出激光功率最高的气体激光器。

高气压CO_2分子激光器。这是CO_2混合气体的气压高于10^4帕的激光器。因为激光器输出功率是正比于CO_2混合气体气压的二次方，所以通过提高CO_2混合气体的气压可以获得更高激光功率，这是输出脉冲激光功率最高的气体激光器之一。因为这种激光器一般都是采用横向气体放电方式，即气体放电电极与激光传播方向垂直，所以这种激光器又称横向高气压CO_2分子激光器。工作气压升高，放电的不稳定性变得严重，容易过渡到弧光放电和发生放电不均匀性，这都会让激光器不能正常运转。产生均匀气体放电的技术主要有针电阻型横向放电技术和预电离技术。（雷仕湛）

二中微子双β衰变 two-neutrino double β decay 母核放出两个电子和两个反中微子，从而衰变到子核基态或激发态的稀有衰变过程。该过程由于同时放出两个电子和两个反中微子，所以它满足轻子数守恒，这与粒子物理的标准模型一致。二中微子双β衰变过程是由迈耶夫人在1935年根据自己的理论计算预言的。1987年有研究人员报道在实验室利用时间投影谱仪观测到了^{82}Se的双β衰变。后来逐渐观测到一系列核会发生二中微子双β衰变。发生二中微子双β衰变的核通常由于衰变能的原因不能发生单β衰变，使得有可能观测到二中微子双β衰变过程。二中微子双β衰变的核有很长的衰变寿命。

（任中洲）

F

发光二极管　light emitting diode; LED　一种固体发光器件。LED的基本结构是一个半导体PN结，当合适的电压加到其上时，半导体中的电子和空穴会在结区复合发出光来（见图）。

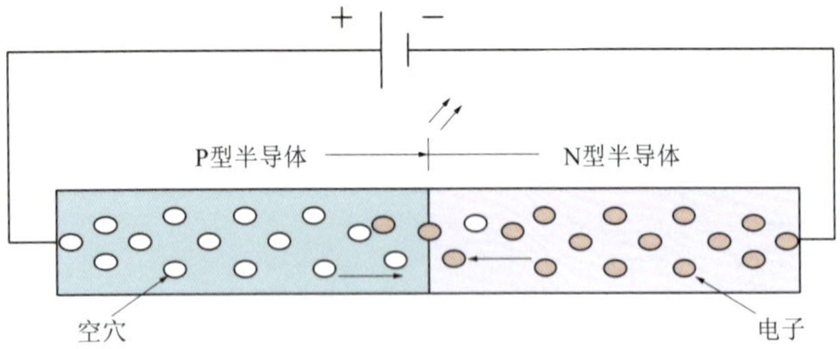

发光二极管原理图

100多年前，科学家就已经发现，半导体材料可产生光的现象，但直到1962年，用气相外延法，才发明制成了光效小于0.1流明/瓦的第一个商用磷砷化镓LED光源。1968年，在此基础上，改进和降低成本制造出红色的GaAs LED光源。自此以后每10年LED光效提高10倍，到1998年，LED的光效较1968年的产品已提高了1000多倍，与此同时价格急剧下降。LED光源真正进入照明领域的突破是在1994年，研制出GaN基双异质结（AlGaInP和InGaN）蓝光LED光源，并使用量子阱结构，使LED发光亮度大大增强，还在蓝色LED芯片上涂敷YAG黄色荧光粉，从而获得实验室LED光效大于250流明/瓦、商用LED光效超过150流明/瓦的白光光源。这给LED光源进入照明领域，打开了一扇崭新的大门。

发光二极管大都是采用直接带隙半导体材料制成的，其发光效率比间接带隙半导体的效率高3～5个数量级（10^3～10^5），因而易于实现高效率的发光。间接带隙材料中，如果能够实现等电子杂质的掺杂，形成等电子陷阱，也能制作发光二极管。

依器件的结构和特性划分，发光二极管可以分为表面出光LED、端面出光LED和超发光LED（super-luminescent light emitting diode，简称SLED或SLD）。SLD是一种很接近激射但还不是激光的光源。其结构类似激光器，但没有谐振腔。即使有两个相对平行的发光面，也要用端面镀增透膜、斜的条形或者弯曲的条形等结构破坏掉谐振腔；其发射逼近受激振荡，但始终还未共振，因而是一种部分相干的光源。

描述LED的特性有：伏-安特性、*P*-*I*特性（*P*为输出光功率，*I*为电流）、温度特性、光谱特性、近场和远场分布特性、调制特性等。

LED具有体积小、抗震动、亮度高、可调光、维修和更换简便，以及寿命可超过5万小时等诸多优点，可以说它满足了人类对人造光源的期望和要求。照明企业已批量生产LED的球泡灯、灯丝球泡灯、日光灯、投光灯、道路灯、隧道灯、洗墙灯、吸顶灯、装饰灯、工矿灯和农业灯等各种形式和规格的产品，而且打破了以前光源和灯具分开的局面，出现了照明器件的新电子产品。它们在全球取代传统照明光源中势不可挡，每年的替换率在15%以上，尤其景观照明中LED应用率已超过95%。可以预见，LED在智能照明和智慧城市的进展中，将起到重要作用。

LED在显示、照明、光通信中广为应用，是至今产量最多、应用最广的半导体光电子器件。

（余金中）

发光二极管、超发光二极管和激光二极管（LD）的特性比较

器件	LED	SLD	LD
器件结构	PN结	复合区+吸收区+端面增透膜	异质结+谐振腔
光输出功率	小，通常<1mW	0.3～5mW	1～100mW或更大
光谱半宽Dl（nm）	50～150	30～90	<0.5
相干长度	不相干	短，微米量级	长，毫米量级
光束发散角度	120°	30° ～40°	约15×45°
工作原理	自发辐射	自发辐射+光放大	受激辐射+光放大
应用领域	显示、照明、短距离光通信等	光纤陀螺、光纤传感	光纤通信、光盘存储、激光测距、光纤传感、光学仪器等

发光聚合物　light-emitting polymer　受到激发光照射后可发射出不同波长的光的聚合物材料。发光聚合物的发光本质上是聚合物分子中的共轭杂环及各种生色团吸收光能再以荧光形式耗散的过程。

根据生色团的结构及其在聚合物中所处的位置，发光聚合物可分为：①全共轭主链型，整个分子为一个大的共轭聚合物体系；②部分共轭主链型，生色团位于聚合物主链上，彼此之间相互隔开未形成一个共轭体系；③侧链型，生色团挂接在聚合物的侧链上。

（陆　云）

发光学　luminography　研究发光现象的学科。当某种物质受到诸如光的照射、外加电场或电子束轰击等激发后，只要该物质不会因此而发生化学变化，它总要恢复到原来的状态。在这个过程中，一部分多余的能量会通过光或热的形式释放出来。如果这部分能量是以可见光或近可见光的形式发射出来的，就称这种现象为发光。对于各种发光现象，可按其被激发的方式进行分类：光致发光、电致发光、阴极射线发光、X射线及高能粒子发光、化学发光和生物发光等。

光致发光　光致发光是用光激发发光体引起的发光现象。它大致经过吸收、能量传递及光发射三个阶段。光的吸收及发射都发生于能级之间的跃迁，都经过激发态，而能量传递则是由于激发态间的转移。

电致发光　可将电能直接转换成光能的过程是电致发光。又因这是在电场作用下产生的发光，还曾使用过“场致发光”的术语。

本征型电致发光是电致发光中的一种。所用的发光材料电阻率很高，把它悬置在树脂等绝缘介质中，并夹在两块平板电极间（其中一块常为透明电极）。当这样的系统与交流电源连接后，发光就可以由透明电极一侧透射出来。对这种现象的典型解释是：材料中的施主通过电场、热激发到达导带的电子或从电极通过隧穿效应进入材料中的电子，电子受到电场加速获得足够高的能量，碰撞激发发光中心导致发光。

电致发光的另一种类型是半导体PN结的注入式电致发光。当半导体PN结正向偏置时，电子（空穴）会注入P（N）型材料区。这样注入的少数载流子会通过直接或间接途径与多数载流子复合。这种由载流子注入引起的复合发光被称为注入式电致发光。

阴极射线发光 发光物质在电子束激发下所产生的发光，称作阴极射线发光。通常电子束激发时，电子所具有的能量很大，都在几千电子伏以上，甚至达到几万电子伏，因此，阴极射线发光的激发过程是一个很复杂的过程。高速的电子入射到发光物质后，将离化原子中的电子，并使它们获得很大的动能，成为高速的次级(发射)电子。而这些高速的次级电子又可能产生新的次级电子，所有次级电子激发发光物质产生发光。

X射线及高能粒子发光 在X射线、γ射线、α粒子和β粒子等高能粒子激发下，发光物质所产生的发光称作X射线及高能粒子发光。发光物质对X射线和高能粒子能量的吸收包括三个过程：带电粒子的减速、高能光子的吸收和电子-正电子对的形成。X射线和γ射线是不带电的高能光子流。一般来说，X光子主要产生光电效应；γ光子三种效应都会产生。这些效应都会产生大量的次级电子，而这些次级电子又会进一步激发或离化发光物质而产生发光。

α粒子和β粒子等高能带电粒子入射到发光物质后，会发生晶格原子的离化，产生很多具有很大动能的离化电子。这些离化电子又可以继续引起其他原子的激发或离化，产生次级电子。这就是发光物质在高能带电粒子激发下的能量吸收过程。当这些激发或离化状态重新回到原来的状态时，就产生了发光。

化学发光 由化学反应过程中释放出来的能量激发发光物质所产生的发光，称作化学发光。

生物发光 在生物体内，由于生命过程相应的生化反应释放能量，激发发光物质所产生的发光，称作生物发光。

（徐叙瑢 张 新）

发射 emission 粒子从高能量量子态跃迁到低能量量子态并发射光的物理过程。发射所产生的光的能量是粒子发生跃迁的两能态之间的能量差的函数。在自然界中有很多可能的粒子跃迁，对应于不同的能量差，而由发射所产生的光则覆盖了从低能微波到可见光乃至高能γ射线的频率范围。

在光的照射下粒子从高能级跃迁到低能级并发出光的现象称为受激发射。如果在没有光照的情况下，粒子自发从高能级跃迁到低能级并发出光的现象称为自发发射。受激发射所产生的光的相位、频率、偏振和传播方向都与照射光一致，这一过程具有相干性。而自发发射则不同，其发射的光具有随机性。

受激发射可看作吸收的逆过程，是产生激光的重要步骤。在通常处于热平衡的介质中吸收强于受激发射，这是因为处于低能态的粒子要多于处于高能态的。然而当在介质中存在布居数反转时，受激发射强于吸收并产生雪崩式的光学增益放大。将布居数反转的增益介质置于光学谐振腔中就是产生激光的主要方法。除此之外，光学放大器和超辐射源的工作原理也是受激发射。

受激发射过程在理论上通常可用半经典量子力学来描述，即粒子的能级结构是由量子力学来决定的，而光则被处理为电磁波。这样一个量子力学问题可用含时微扰理论来进行求解，可证明粒子在发射过程中其动力学遵循著名的费米黄金规则。

A.爱因斯坦在1916年提出了自发发射的理论，他利用热力学和统计物理的平衡条件建立了自发发射概率与受激发射概率之间的关系，从而求出粒子自发跃迁的速率。然而对于自发发射和受激发射问题的严格处理则要采用量子电动力学。

（张卫平）

发射光谱 emission spectrum 处于激发态的原子或分子跃迁回到基态或较低激发态时产生辐射，辐射的强度按频率或波长分布的集合。通常用光谱仪器分光并记录发射光谱。研究发射光谱的特征和规律可了解原子或分子的能级结构、运动状态以及原子和分子同电磁场或粒子相互作用的性质。

由原子的电子能态间跃迁产生的光谱主要是线状谱。分子的电子能态间跃迁时总伴随着转动能态和振动能态间的跃迁，许多光谱线密集在一起产生若干组光带，形成带状谱。除线状谱和带状谱外，炽热的固体、电子同步辐射加速器等均可发射连续光谱。

发射光谱是光谱学研究的重要内容。20世纪70年代以来，电感耦合等离子体光源、微波等离子体光源和激光等离子体光源的出现，使发射光谱分析方法的发展进入了一个新的阶段。

每一种元素有其标识的发射光谱。发射光谱的出现亦可证明一种元素的存在。元素的发射光谱分析已广泛地应用于材料的成分分析，广泛地应用于物理学、化学、生物学、天文学、地理学等学科的科学研究工作，也广泛地应用于工业、农业和医药等领域。

（张在宣）

发射器指向性系数 emitter directivity factor 表征发射器指向性强弱的物理量。又称指向性因子。发射器指向性系数定义为，在远离发射器某一固定距离的声场中，最大响应方向上（声轴方向上）的声强I_D（或声压有效值的二次方p_D^2）与各方向取平均的声强I_{ND}或声压有效值的二次方P_{ND}^2之比值，即：

$$R_\theta = \frac{I_D}{I_{ND}} = \frac{p_D^2}{p_{ND}^2}$$

R_θ的物理意义是：一个有指向性的发射器，在主波束方向上，其远场中某距离处的声强比相等辐射声功率下无指向性发射器在同一处所产生的声强大R_θ倍。对R_θ取对数形式（即以分贝为单位时），则称它为指向性指数DI。

$$DI = 10\lg\frac{I_D}{I_{ND}}$$

它表征了在相同距离上，指向性发射器声轴上声级高出无指向性发射器激发声场声级的分贝数。

当发射器的尺度能和它所在介质中的声波波长相比拟时，其发射声场的声压随方位不同具有一定的分布特征，这就表明发射器具有指向性，它通常由指向性函数来描述。其定义为：在远离发射器的声场中，以发射器的有效声中心为球心的球面上，不同方向处的声压$p(\theta,\varphi)$与最大方向上的声压之比值称为该发射器的指向性特性函数$D(\theta,\varphi)$，即：

$$D(\theta,\varphi) = \frac{p(\theta,\varphi)}{p(\theta_0,\varphi_0)}$$

式中θ为方位角（直角坐标系中与x轴夹角），φ为仰角（直角坐标系中与z轴夹角）。

对于声强归一化指向性函数常用$b(\theta,\varphi)$来表示：

$$b(\theta,\varphi) = \frac{I(\theta,\varphi)}{I(\theta_0,\varphi_0)}$$

式中$I(\theta,\varphi)$表示空间任意方向上的声强，$I(\theta_0,\varphi_0)$表示在主波束最大方向上的声强，有$b(\theta,\varphi)=D(\theta,\varphi)^2$。当用分贝来表示归一化指向性图时，则有：

$$10\lg b(\theta,\varphi) = 20\lg D(\theta,\varphi)$$

近代声呐向低频大功率方向发展，发射阵是由许多发射器基元组成，其指向性特征同样是主要性能指标。发射阵的指向性函数与发射器指向性函数类似，当基阵中基元间隔大于半波长（即可忽略基元间的相互作用）时，以发射阵的有效声中心为球心的球面上，不同方向处的声压$p(\theta,\varphi)$与最大方向上的声压之比值称为该发射阵的指向性特性函数$D(\theta,\ \varphi)$，即：

$$D(\theta,\varphi)=\frac{p(\theta,\varphi)}{p(\theta_0,\varphi_0)}$$

式中，θ为方位角（直角坐标系中与x轴夹角），φ为仰角（直角坐标系中与z轴夹角）。

同样，发射阵指向性因子（也叫轴向集中系数γ）定义为：在远离发射阵某一固定距离的声场中，最大响应方向上的声强I_{max}（或声压有效值的二次方p_{max}^2）与各方向取平均的声强I_e（或声压有效值二次方的平均值p_e^2）之比值，即：

$$R_\theta=\frac{I_{max}}{I_e}=\frac{p_{max}^2}{p_e^2}$$

指向性因子R_θ是描述发射阵的声能量集中程度的一个物理量。它与方向性函数的关系为：

$$R_\theta=\frac{4\pi}{\int_0^{2\pi}\mathrm{d}\theta\int_0^{\pi}[D(\theta,\varphi)]^2\sin\varphi\mathrm{d}\varphi}$$

（吴立新）

法布里－珀罗干涉仪 Fabry-Perot interferometer 由C.法布里和A.珀罗于1897年所发明的一种能实现多光束干涉的仪器。又称法布里－珀罗标准具。由于法布里－珀罗干涉仪所产生的干涉条纹非常细锐，它一直是长度计量和研究光谱超精细结构的有效工具；它还是激光共振腔的基本构型，其理论也是研究干涉滤光片的基础。在光学中一直起着重要的作用。

法布里－珀罗干涉仪由平行放置的两块平面玻璃板或石英板P_1、P_2组成（图1）。在两块相对的平面上镀有高反射率的膜层，镀膜表面的平整度要在1/20至1/100波长范围之内。这两个高反射率表面之间的空气层就是借以产生多光束干涉的平行平面板。为消除两平板相背平面上的反射光的干扰，每块板都不是平行平面板，而是使两面有一很小的楔角。最初把干涉仪中的一块平面板固定不动而使另一块可以平移。机械上严格保证可移平面板的自身平移是比较困难的，现大多是把两高反射面的间隔用热膨胀系数很小的殷钢环固定下来。这种间隔固定的法布里－珀罗干涉仪通常称作法布里－珀罗标准具。也常用一块平行平板玻璃（或石英）两面镀膜做成标准具。

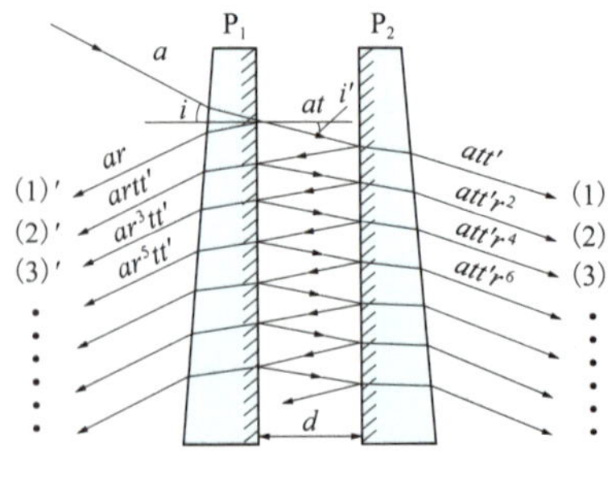

图1 法布里－珀罗干涉仪原理图

图1表示光在两块高反射平面间进行多次反射的情形。自扩展光源上任一点发出的一束光，射在两高反射平面上后，光就在两者之间多次往返反射，结果构成多束平行的透射光（1）、（2）、（3）、…和多束平行的反射光(1)′、(2)′、(3)′、…。在这两组光中，相邻光的相位差都相同，即相位差为：

$$\delta=\frac{4\pi}{\lambda}nd\cos i$$

式中n和d分别为空气层的折射率和厚度，i为光在反射面上的入射角，λ为光波波长。由**光的干涉**可知，此时属等倾干涉，透射光在无限远或透镜焦平面上所产生的干涉条纹的形状为同心圆。

干涉图样的**光强**分布也不难求得。由简单的计算知，透过法布里－珀罗干涉仪的光在透镜焦平面上所产生的光强分布为：

$$I_T=\frac{I_0}{1+\frac{4R}{(1-R)^2}\sin^2\frac{\delta}{2}}$$

式中I_0为入射光强，R为反射面的反射率。

图2表示对不同的R值I_T/I_0与位相差δ的关系。由图可见，反射面的反射率越高，由透射光所得的干涉亮条纹就越细锐。图中，根据透射光和反射光的互补关系，也表示出反射光在透镜焦平面上所生干涉条纹的光强分布。

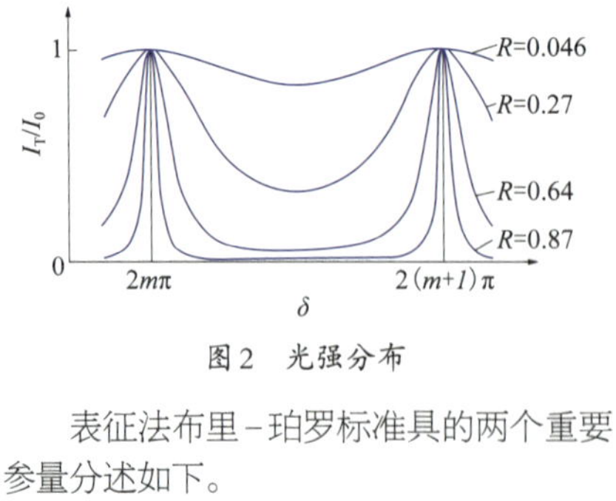

图2 光强分布

表征法布里－珀罗标准具的两个重要参量分述如下。

自由光谱范围 这是指用给定标准具所能研究的最大光谱范围$\delta\lambda$，可表示为：

$$\delta\lambda=\frac{\lambda^2}{2nd}$$

在给定d的标准具中，若入射光的波长在λ到$\lambda+\delta\lambda$的波长范围以内，则所生干涉环不重叠。因此$\delta\lambda$就是用给定标准具研究波长在λ附近的光谱结构时所能研究的最大光谱范围，$\delta\lambda$称为标准具常数或标准具的自由光谱范围。

分辨本领 表征标准具特性的另一个重要参量是它所能分辨的最小波长差$\Delta\lambda$。就是说，当波长差小于这个值时，两组条纹不再能分辨开。常称$\Delta\lambda$为分辨极限，而把$\lambda/\Delta\lambda$称作**分辨本领**。分辨本领可由下式表示：

$$A=\frac{\lambda}{\Delta\lambda}=kN_e$$

其中k为干涉级次，N_e为有效的等强干涉光束的数目。N_e与反射面反射率R有关系式$N_e=\pi\sqrt{R}/(1-R)$。因此R越大，分辨本领就越高。一般取R在90%以上。k与间隔d有关，即$2nd=k\lambda$，因此d越大，分辨本领越高。但考虑到d对自由光谱范围的影响，所以在实际应用中，应针对所研究的具体问题，合理地选择标准具的间隔。

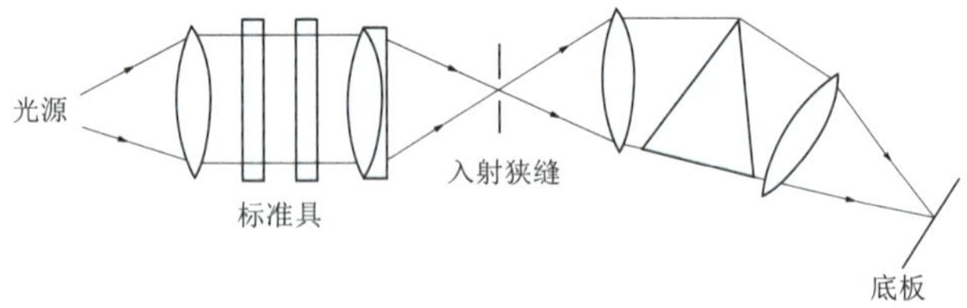

图3 研究谱线超精细结构的一种装置

在用法布里－珀罗标准具研究光谱线的超精细结构时，常把它和光谱仪联用，如图3所示。（战元龄）

法拉 farad 国际单位制中物理量电容的单位。简称法。符号为F。是库仑每伏特（C/V）的专用名称。为纪念英国物理学家、化学家M.**法拉第**而命名。定义为当电容器两极板各带有1库仑异号电量，极板之间产生1伏特电势差时，此电容器的电容值。法拉作为电容单位，是L.克拉克于1867年提出的。实用上由于法拉单位太大，常使用它的分数单位微法拉（μF）和皮法拉（pF）。（陈熙谋）

法拉第，M. Michael Faraday（1791-09-22～1867-08-25） 英国物理学家、化学家。生于英格兰萨里郡纽因顿镇，卒于伦敦汉普顿宫。法拉第出身于一个贫苦的铁匠家庭，5岁时随父母到伦敦。在一所普通的日校读书。13岁时法拉第在书店当学徒，起初送报，后学装订，工余时间自学化学和电

学，并动手做实验，验证书上的内容。他在装订《不列颠百科全书》时，偶然看到了“电学”这个条目，更加激发了他对科学的热情。1812年2月至4月，在皇家研究所听了H.戴维的四次化学讲座，每次他都细心笔录，整理成稿，这年10月法拉第写信给戴维，表示献身科学事业的决心，并随信附上自己记录、装订的《H.戴维爵士讲演录》。1813年3月，经戴维介绍进皇家研究所任实验室助手。同年10月，随戴维去欧洲大陆作科学考察旅行。1815年5月回皇家研究所，在戴维指导下从事化学研究。1824年为英国皇家学会会员，1825年为伦敦皇家学院实验室主任，1830年当选为圣彼得堡科学院院士，1833～1862年为皇家研究所富勒化学讲座教授。

早期科学工作　法拉第的第一篇科学论文发表于1816年。从1818年起他和J.斯托达特合作，研究合金钢，首创了金相分析方法。1820年他用取代反应制得六氯乙烷和四氯乙烯。在1820年H.C.奥斯特发现电流能使其周围的磁针偏转以后，引起法拉第研究电和磁的关系的热情。法拉第研究了这方面的问题，并在1821年9月发现通电流的导线能绕磁铁旋转，这是他的第一个重要发现。1823年，他发现了氯气和其他气体的液化方法。1825年发现苯，为芳香族化合物的研究和应用开辟了道路。

电磁感应的发现和场的概念的诞生　从1831年起，法拉第的科学工作进入一个新阶段。早在1824年，他就论证过，既然电对磁有作用，那么磁也应当对电有反作用。经过多次实验，他终于在1831年8月获得成功。他在一个圆形软铁环两边绕上A、B两组线圈，在A组线圈同伏打电池接通或切断的瞬间，B组线圈中会感生出电流，法拉第把这叫作“伏打电感应”。10月又发现，磁铁和导线的闭合回路有相对运动时，回路中会产生感生电流，法拉第称之为“电磁感应”。接着几年间，他建立了电磁感应定律。1835年以实验确立了感生电流的方向。从而奠定了整个电磁学的发展基础，也预告了一个新的时代的到来。

受电磁感应启示，法拉第直觉地揣测到磁铁周围是一个充满力线的场，感生电流的产生是由于导体切割磁力线。1845年，法拉第使用了“磁场”一词。1850年，他提出了关于空间的力的新观念：空间是一种能承载电磁力所应起的应变的介质，能量不仅限于发生力的物质粒子中，而且存在于这些粒子的周围空间中。这是牛顿以来又一次震动科学界的最独特的思想，也是导致后来J.C.麦克斯韦提出电磁场数学物理理论的最基本的概念。

法拉第电解定律和其他电学实验研究　1832年他用实验证明了各种不同来源的电的统一性。1833～1834年，他发现了两条电解定律（后来称为法拉第第一和第二电解定律），这是电化学的开创性工作。第二定律还指明了电荷具有最小单位。法拉第电解定律是基本电荷存在的有力证据。法拉第还制定了许多电化学术语，如阴极、阳极、离子、电解质、电解、电极等概念，并测定了电解1摩尔物质所需要的电量，后来这被称为法拉第常数。从1834年起，法拉第对伏打电池、静电、电容和电介质的性质进行了大量实验研究。1837年发现电介质对电相互作用的影响（电介质极化），并引入了介电常数的概念。1843年，用冰桶实验证明电荷守恒原理，为了纪念他在静电学方面的工作，国际单位制中电容的单位为法拉。

磁致旋光效应和抗磁性现象的发现　1845年8月，法拉第研究电和磁对偏振光的影响，9月他用过去研制的重玻璃做实验，发现原来没有旋光性的重玻璃在强磁场的作用下产生旋光性，使偏振光的偏振面发生偏转。这是人类第一次认识到电磁现象和光现象之间的关系。磁致旋光效应后来称为法拉第效应。

1845年11月，法拉第发现大多数物质具有抗磁性，1849年又发现了顺磁性，并以这些物质的结晶长轴或分子结构的长轴是否与磁力线的方向平行来解释它们。

晚年研究工作　法拉第工作过度劳累，1839～1845年健康恶化乃至病倒。晚年他研究火焰和各种气体的磁性，研究晶体在磁场中所受的力。重视探讨自然界的各种力相互关联，特别是电力和重力的统一性，但没有成功。1862年他还在寻找磁场对光源发射光谱谱线的影响，也没有成功。1865年退休。1867年8月25日，这个一生以“平民”身份为乐的法拉第逝世于伦敦。

法拉第是19世纪最伟大的实验物理学家，他的关于自然界的各种力彼此相关并具有同一来源，空间有场，力的作用以场为中心以有限速度传递等观点，是19世纪最具革命性的思想。法拉第的一些失败了的实验，在许多年后由别人做成功，如电光效应在30年后由J.克尔发现，磁场对光源发射光谱谱线的影响在34年后由P.塞曼证实；而引力场和电磁场的统一至今仍是物理学中的重大问题。20世纪发展起来的广义相对论和量子场论，更进一步发展了法拉第的场的理论。

法拉第还是一位热心的科普工作者。他写的《蜡烛的故事》一书家喻户晓，被译成各种文字而影响一代又一代年轻人。

法拉第的主要著作有《电学实验研究》《化学和物理学实验研究》《日记》。

（戴念祖）

法拉第电磁感应定律　Faraday's law of electromagnetic induction　电磁感应现象的定量规律。M.法拉第于1831年首次观察到电流变化时产生的感应现象。他在一个铁环上相对绕了两组线圈A和B，线圈A与电池组和开关连接成回路，线圈B用一导线连接起来，在导线下方平行放置一小磁针。他发现线圈A回路中的开关接通和断开的瞬间，线圈B回路下方的小磁针扰动一下，恢复原来的位置，接通和断开瞬间对磁针扰动的方向相反。实验的结果出乎原来的预料，感应不是持续的而是短暂的。他又做了一系列实验，用来探明产生感应电流的条件和决定感应电动势的因素。他对电磁感应的规律有过一些具体的叙述，但没有最终用数学公式将它表达出来。电磁感应定律的数学公式是1845年F.E.诺伊曼在法拉第和H.F.E.楞次研究的基础上通过理论分析给出的。但法拉第对电磁感应现象的丰富研究，无疑有资格赢得发现的全部荣誉。法拉第电磁感应定律指出，当穿过导体回路的磁通量发生变化时，回路中产生感应电动势，感应电动势E与穿过回路的磁通量中的变化率成正比，表示为：

$$E=-\frac{\mathrm{d}\phi}{\mathrm{d}t}$$

式中ϕ为穿过以导体回路为边界的任意曲面S的磁感应强度的通量：

$$\phi=\iint_{s}\boldsymbol{B}\cdot\mathrm{d}\boldsymbol{S}$$

式中ϕ、E和t的单位分别为韦伯、伏特和秒。如果导体回路由多匝线圈组成，则定律中的ϕ应计入穿过每一匝的磁通量，称为磁通匝链数或全磁通。电磁感应定律数学表达式中的负号是定律的组成部分，它用来确定感应电动势的正负。

（陈熙谋）

法拉第电解定律　Faraday's law of electrolysis　英国物理学家和化学家M.法拉第于1834年确定的关于电流通过电解液导电过程的两条基本定律。18世纪末19世纪初，科学家们已经了解和掌握了多种制备电的方法，有伏打电、摩擦电、电磁感应电、动物电和温差电。虽然它们含有相同的“电”字，但当时不少人质疑各种电具有相同的性质。1832年法拉第着手研究来自不同源的电的同一性，研究过程中法拉第萌发了用实验研究各种电的电化分解效应，导致他发现电解定律。

电解第一定律：电流通过电解液导电过程中电极上析出（或溶解）的物质的质量M同通过电解液的总电量Q（即电流强度I与通电时间t的乘积）成正比，即：

$$M = KQ = KIt$$

式中比例系数K的值同析出（或溶解）的物质有关，叫作该物质的电化当量。电化当量等于通过1库仑电量时析出（或溶解）物质的质量。

电解第二定律：当通过各电解液的电量Q相同时，电极上析出（或溶解）的物质质量M同各物质的化学当量C（即原子量A与原子价Z之比）成正比。电解第二定律也可表达为物质的电化当量K同其化学当量C成正比，即：

$$K = \alpha C = \alpha \frac{A}{Z}$$

式中比例系数α为一普适常量，通常把它写成$1/F$，F叫作法拉第常量，简称法拉第，其精确值为96 485.336 5(21)库/摩，近似值为9.65×10^4库/摩。

电解第一定律和电解第二定律可以合起来用一个公式表示为：

$$M = \frac{1}{F}\cdot\frac{A}{Z}\cdot Q$$

如果物质的质量M以克表示时的数值恰好等于其化学当量A/Z，则称物质的量为1克当量。按照法拉第电解定律，电解时电极上析出（或溶解）1克当量物质所需的电荷量为$F = 9.65\times10^4$库。

法拉第电解定律是电化学中的重要定律，在电解、电镀等工业中有广泛的应用，为工业生产做出重要贡献。但在历史上法拉第电解定律还对人类认知做出重要贡献。它曾启发物理学家形成电荷具有原子性的概念，这对于导致基本电荷的发现及建立物质的电结构理论具有重大意义。原来物理学家们大都相信电荷是连续分布的，但法拉第电解定律揭示出，电解时电极上析出（或溶解）1克当量的任何物质就有相同的电量被带到电极上，这相同的电量就是9.65×10^4库仑。对于原子价$Z=1$的物质，1克当量等于1摩尔。换句话说，任何1摩尔物质本身带有这一相同的电量。将这一结果结合分子运动论发展的阿伏伽德罗定律，1摩尔物质含有N_A个数目的原子，N_A是阿伏伽德罗常数，$N_A=6.022\times10^{23}$，很自然地得到任何单价物质的每个离子都带有相同的电荷，$e = F/N_A$，任何二价物质的每个离子都带有相同的电荷为$2e$，e就是电荷的最小值，e称为基本电荷，从而电荷不是连续分布的，现代物质的结构理论就是建立在基本电荷的基础上的。1897年J.J.**汤姆孙**发现电子，1916年R.A.**密立根**用油滴实验直接测量了单个油滴的电荷最小单元值，为基本电荷的确立奠定坚实的基础。

（陈熙谋）

法拉第效应 Faraday effect 线偏振光在某些磁光介质中传播时，若在平行于光的传播方向上加一强磁场，光的偏振面发生偏转的现象。法拉第磁致旋光效应的简称。见**磁光效应**。

法诺－费希巴赫共振 Fano-Feshbach resonance U.法诺和H.费希巴赫研究的一种共振物理机制。法诺－费希巴赫共振指：在一个多通道散射过程中，如果一个通道（通常用原子的自旋等内部自由度量子数定义）的入射态的能量与另外一个通道上的某个束缚态能量十分接近，且两个通道之间存在耦合，那么此时散射振幅将敏感依赖于入射态和束缚态的能量差。当该能量差取特定值（即共振点）的时候，散射振幅的模会被共振放大，甚至可能发散。当该能量差取共振点附近的另外一个特定值时，散射振幅的模会被抑制，甚至可能等于0。

法诺－费希巴赫共振的物理机制可以解释为两条散射路径之间的量子干涉。一条路径是直接在入射通道上完成散射并出射，另一个路径是从入射通道跃迁到束缚态，再回到入射通道，再出射。当两条路径之间干涉增强时，散射振幅被放大；当干涉相消时，散射振幅被抑制。

法诺在1935年研究过与该共振相关的物理，发表在意大利文刊物上。1958年，费希巴赫在核物理中研究该共振机制。1961年，法诺在原子电离问题中研究了这一共振。这两个工作都发表在英文刊物上。法诺－费希巴赫共振在原子物理、凝聚态物理等领域有很多实例，并且是超冷原子之间相互作用调控技术的物理基础。

（张 芃）

法诺线形 Fano line shape 物理科学中一种引起非对称线形的共振散射现象。在一个物理体系中，共振散射过程和连续散射之间的干涉会造成非对称线形。1961年意大利裔美籍物理学家U.法诺对电子在氦原子的非弹性散射的散射线形给出理论解释后，这一效应被命名为法诺线形（法诺共振）。因为这一特征是波具有的一般现象，在原子物理、核物理、凝聚态物理、电子电路、微波工程、非线性光学和纳米光子学等领域都可以观察到法诺共振。

共振散射截面的形状方程可以表述为：

$$\sigma = \frac{(\beta + q)^2}{\beta^2 + 1}$$

式中，q描述线形非对称程度，称为法诺系数。$\beta = 2(\omega-\omega_0)/\gamma$，$\omega_0$和$\gamma$分别表示法诺共振峰的位置和线宽。图中给出了不同

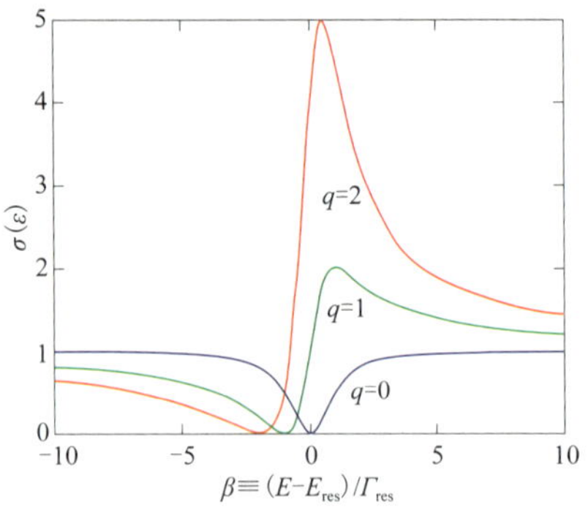

法诺共振峰

q值的法诺共振峰的形状，$q=0$是对称情况；随q值增加，不对称程度增加。

（马新文）

反常磁矩 anomalous magnetic moment 粒子磁矩与正常磁矩的偏差。见**粒子磁矩**、**μ子回磁比**、**电子回磁比**。

反常散射 anomalous scattering 散射光子的相位被延迟的散射。常发生在X射线晶体散射中。当入射光子有足够的能量造成晶体中原子的电子跃迁，就能在非中心对称晶体中观察到反常散射。反常散射与反常色散相关，一般发生在材料中某种原子的吸收带边。反常散射的散射因子f（受迫电子的散射振幅与自由电子的散射振幅之比）在正常散射因子f_0上增加一个复数项的修正：

$$f = f_0 + \Delta f' + \mathrm{i}\Delta f''$$

式中f_0为正常散射因子；$\Delta f'$为修正项的实部，而$\Delta f''$为虚部。这一复数修正项实部是负的，抵消部分正常散射因子，物理上就表现为吸收，虚部取正值。散射因子在反常散射时才有的虚分量说明，散射光子的相位与正常散射相比被延迟了。

反常散射对原子内电子云的非中心对称特别敏感，因此反常散射通常是大能量X射线的散射。一般在改变入射X射线能量时，吸收或荧光的突然增加意味着反常散射发生。反常散射时晶体表面发生的X射线衍射，弗里德尔定律不再成立。

反常散射常被用在X射线晶体学中解决待测物的相角问题以及确定分子的构型。单波长反常散射法和多波长反常散射法是X射线晶体学中确定生物大分子结构的常用技术。由于较难改变台式X射线光源的波长，实际中常使用同步辐射X射线光源。（张卫平）

反常输运 anomalous transport 各种物态中与传统输运理论不符的输运现象。如输运流（粒子流、能流、电流等）和输运量（粒子密度、温度、电场等）间的非线性关系，或者长程相关（即时空的远距离作用）等现象。现在主要指磁约束等离子体中的与**经典输运理论**和环形等离子体中的**新经典输运理论**不符的现象。这种反常输运一般较预期的输运高得多，从而降低了**等离子体**的约束性能，成为当前等离子体物理和受控聚变研究的重点。一般的反常输运可能存在各种不同的产生机构，而磁约束等离子体的反常输运主要来自各种等离子体不稳定性。

根据经典输运理论，等离子体中的带电粒子在横越磁场方向时的输运系数（主要指粒子输运和能量输运）与粒子密度成正比，与约束磁场强度的二次方成反比。但很早就发现，实际的等离子体约束不符合这一规律。实验中发现约束性能较此输运理论的预期要差得多，也不与磁场强度的二次方成反比。这样在1949年总结出输运系数与磁场强度成反比的**玻姆扩散**，并在以后的实验中以此规律作为判断约束性能的标准。

20世纪70年代以后，以**托卡马克**为代表的环形装置成为磁约束聚变研究主流，等离子体输运研究也集中于环形等离子体。在此期间发展了针对环形磁场位形中粒子运动特征的新经典输运理论。这一理论解释了部分实验现象，但根据这一理论预测的输运系数仍低于实验值。后来的大量实验结果证实这一反常输运主要来自以漂移波为主的微观不稳定性。如实验中发现，输运系数和等离子体涨落水平高度相关。80年代以后，在托卡马克和其他类型磁约束装置上实现了各种改善约束态，在降低涨落水平的同时改善了约束性能。在这样的运行条件下，等离子体芯部的能量输运和粒子已接近新经典理论水平，而边界区仍以湍流输运为主。由于存在各种漂移波类型并由此产生不同尺度和作用的相干结构，观察到多种反常输运现象，如等离子体参数的刚性轮廓、瞬态输运等。

现今与环向旋转相关的环形等离子体的动量矩输运成为研究重点。实验结果证实，这一矩输运也高于新经典理论的预期，接近能量输运水平。此外，还观察到一种湍流驱动的自发旋转现象。

平行磁场方向驱动电流的实验结果符合考虑到捕获粒子作用的新经典电导公式。但在电流上升阶段观察到电场渗透的趋肤效应往往是反常的。可用双撕裂模等宏观不稳定性及其他机制解释这一现象。（王 龙）

反常吸收 anomalous absorption 光波通过晶体的吸收超过正常吸收或低于正常吸收的现象。反常吸收发生在辐射被一个完美(或近乎完美)的晶体的动态衍射。G.博尔曼通过入射波和反射波间的干涉形成的**驻波**来解释反常吸收。这些驻波的波节和波腹具有周期性晶格面。对于波节位于晶格面的透射波，吸收很小，对于波腹位于晶格面的透射波，产生更大的吸收。

反常吸收也发生在**量子光学**中，将原子介质制备具有量子相干性后，对适当频率的光原本正常吸收的原子介质会变得透明或完全吸收。通常称为电磁诱导透明和电磁诱导吸收。电磁诱导透明是基于在原子态的跃迁概率振幅间的相消干涉，相干的非线性使得介质的吸收谱线产生一个窄透明窗口；而电磁诱导吸收是基于跃迁概率振幅间的相长干涉，使得介质的吸收谱线中产生一个很强的吸收峰。

还有一种反常吸收，就是相干的完美吸收。一个相干的完美吸收器，就是一个吸收相干光的设备并将它转换成某种形式的内部能量如热能或电能。相同的激光射向一个空腔，其中包含一个硅晶片，一个吸光物质作为“损失媒介”。晶片将光波排成一行，导致大部分的光子来回反弹直到它们吸收和转化为热量。此外，许多剩余的光波相互干涉而抵消。（张卫平）

反常圆偏振光电流效应 anomalous circular photogalvanic effect 圆偏振的光束照射某些半导体材料时，因光束光强的高斯分布，沿径向产生载流子的自旋浓度梯度，形成扩散的自旋流，最终呈现涡旋状光电流的效应。

通常的圆偏振光电流效应，光电流垂直于圆偏振光的入射方向，改变入射光的旋性，电流随之反向。它依赖于材料的对称性，是由自旋轨道耦合引起，空间载流子选择性激发的结果。在半导体的光跃迁过程中，光子和电子交换能量，也交换动量和自旋，动量和自旋都和能量一样，遵循守恒定律。

反常圆偏振光电流效应在产生机制上有不同的物理因素。在垂直入射的圆偏振激光束作用下，半导体中也产生自旋极化的载流子。但由于光束光斑的高斯状光强分布，沿着径向存在着载流子的自旋浓度梯度，进而产生沿着径向扩散的自旋流。受逆自旋霍尔效应的作用，自旋极化的载流子运动产生横向偏转，因而形成了涡旋状的电流，涡旋电流的方向依赖于光的旋性。反常圆偏振光电流效应最先在AlGaN/GaN半导体异质结构中被观测到。（唐 宁）

反场箍缩 reversed field pinch 一种典型的环形磁约束等离子体位形，其中用于约束等离子体的磁场主要由等离子体中的电流产生。等离子体中环向磁场与角向磁场强度相当，同时边缘处环向磁场与芯部方向相反。在具有导体壁或主动控制线圈形成的等效导体边界情况下，通过大电流放电，等离子体通过自组织弛豫过程自发形成反场箍缩状态。对聚变反应堆目标而言，反场箍缩位形主要优点有：①等离子体比压大，约束磁场低，可以用常规磁体；②**欧姆加热**持续有效，有可能无须辅助加热即可达聚变温度；③无大破裂现象。

在20世纪50年代聚变实验研究的初期，以电流箍缩为基本约束原理开展了大量实验研究。其中典型装置包括角向箍缩装置Scylla Ⅰ（1958）、Z箍缩装置Sceptre（1957），以及当时最大的磁约束装置英国原子能公司的环形箍缩装置ZETA（1954）。由于等离子体不稳定性限制了箍缩位形下的等离子体参数，上述装置因约束性能较差而相继关闭。1968年就在ZETA装置即将停止运行时，研究人员分析发现，当等离子体边缘纵向磁场发生反向时，能有效抑制不稳定性，等离子体约束性能显著改善，称作反场箍缩位形。1974年，J.B.泰勒提出了在磁螺旋度守恒条件下，通过磁能弛豫过程，可以产生实验上的反场箍缩状态。受理论研究的鼓舞，20世纪80年代起，欧盟、日本、美国分别建立装置开展反场箍缩实验研究，其中包括卡拉姆的HBTX装置、洛斯阿拉莫斯ZT-40装置、帕多瓦的ETA-BETA Ⅱ装置及东京的REPUTE-Ⅰ装置等。这些装置上的实验结果表明，大电流的反场箍缩等离子体温度和劳森判据指数都得到了提升。21世纪以来，反场箍缩研究获得重要进展，通过两种改善约束途径，使其约束性能可与同等规模托卡马克装置相当。其一，以帕多瓦的RFX-mod装置为代表，在主动控制情况下，通过大电流放电，获得单螺旋态平衡态；其二，以麦迪逊的MST装置为代表，通过外界脉冲电流驱动手段，调节电流分布控制磁混沌水平而获得约束改善。2015年中国科学技术大学建成了在控制运行方面领先的先进反场箍缩装置KTX，成为反场箍缩磁约束位形研究的重要力量。（刘万东）

反电动势 back electromotive force 由于电磁感应作用产生的感应电动势具有与既有态势相反的表现。是感应电动势的一大特征，它包含在楞次定律的表述中。如在一个具有电感的线路中电流增加，电路中电磁感应作用产生的感应电动势将与电流增加的方向相反，阻碍电流的增加；当该电路中电流减小时，电路中电磁感应作用产生的感应电动势将与电流减小的方向相反，阻碍电流的减小。在电磁感应现象的讨论中称之为反电动势，突出其特征，有助于对问题的深入理解。（陈熙谋）

反对称分子动力学模型 antisymmetrized molecular dynamics; AMD 一种研究中低能重离子碰撞的物理模型。在该模型中，体系波函数利用含有自旋的单粒子高斯波包反对称化来描写，体系状态的演化方程用时间依赖的变分给出。由于聚焦于中低能重离子碰撞问题，所以也对核子－核的子碰撞项进行了处理，其方法是采用物理坐标来实现碰撞的。（张英逊）

反粒子 antiparticle 与某粒子质量相同但电荷相反的粒子，称为该粒子的反粒子。在亚原子层次物质以微观粒子形态存在，如原子是由原子核和电子构成的，原子核是由质子和中子构成的。1928年P.A.M.狄拉克在研究描述电子的相对论性量子力学方程时，从理论上预言了正电子。这是一个和电子质量相同但电荷相反的粒子，称为电子的反粒子。1932年C.D.安德森在实验中发现了正电子，从而证实了反粒子的存在。

所有的粒子都有与其对应的反粒子。反粒子与粒子具有相同的质量、寿命、自旋、同位旋，但电荷、强子数、轻子数、奇异数符号相反。1955年美国物理学家O.张伯伦等在加速器实验中发现了反质子。1956年底，B.考克等发现了反中子。迄今几乎已经在实验中发现了所有粒子的反粒子。（杨茂志）

反氢原子 antihydrogen atom 氢原子的反物质对象。普通氢原子由一个质子和一个电子组成，而反氢原子则由一个反质子与一个正电子组成。物质与反物质之间存在CPT对称性。这里C指的是电荷共轭，即正电荷与负电荷之间的互换；P指的是空间反转，又称宇称；T指的是时间反演。可以说一个反氢原子是一个氢原子沿着空间与时间的反方向运动的表现。由于CPT对称性，反氢原子与氢原子有许多完全相同的性质，如质量、自旋、原子结构、激发态的能量与寿命等。同时由于其所含的电荷相反，它们的磁偶极矩正好相反，所以在类似塞曼实验中的磁场梯度的作用下，同样自旋方向的反氢原子与氢原子会向相反方向偏转。可能是因为这个原因，有人猜测反氢原子在重力场中往上升，而不像氢原子那样往下掉。这个猜测是错误的。根据等效原理，反物质所受到的万有引力与物质相同，反氢原子的自由落体运动与氢原子相同。

任何物理定律都要接受实验检验，包括CPT对称性与等效原理。在欧洲核子中心（CERN）的实验室里，物理学家通过结合正电子和反质子制备出反氢原子，并用磁场梯度所产生的力把它们囚禁在真空腔内，以免它们接触任何正物质而发生湮没。通过精密光谱测量，实验证实反氢原子的激发态能量与氢原子相同。研究人员计划不断提高光谱测量精度，在更高精度上检验二者的对称性。（卢征天）

反弱局域化 weak anti-localization 在有些系统中，电子沿顺时针和逆时针方向走过同一个向后散射的路径时，所获得的附加位相的差值为 π，它们之间的量子干涉总是互相抵消的现象。在弱局域化效应中，电子沿着顺时针方向和逆时针方向走过同一个向后散射的路径所获得的相位差的大小是一样的，因此这两个通道之间的量子干涉总是使向后散射增强，造成对电导的负的量子修正，对应的磁电阻也是负的。但在有些系统中，电子沿着顺时针和逆时针方向走过同一个向后散射的路径时，所获得的附加位相的差值为 π。这使得它们之间的量子干涉总是互相抵消，向后散射的概率变小，造成对电导的正的量子修正，对应的磁电阻也是正的，这就是反弱局域化效应。反弱局域化效应在具有狄拉克型的色散关系的系统中可以观测到。石墨烯和三维拓扑绝缘体的表面态都属于这样的系统。当电子沿着顺时针方向和逆时针方向走过一个向后散射的路径时，电子的动量各转了180°，二者的叠加相当于在动量空间绕着简并的狄拉克点转了一圈。根据贝里定理，在这个过程中电子会得到附加的数值为 π 的贝里位相，从而导致反弱局域化效应。（熊诗杰）

反射差分光谱 reflectance difference spectroscopy 可在近垂直入射条件下，测量出沿样品平面内两个互相垂直方向上反射系数的相对差异，即平面内光学各向异性的一种新型偏振光谱。反射差分光谱是20世纪90年代发展起来的一种新型偏振光谱。由于采用了偏振调制技术，反射差分光谱可以测量出弱至10^{-5}量级的反射各向异性信号。反射差分光谱具有非破坏性、极高的表面界面灵敏度（原子尺寸）和极好的信噪比、实验原理和数据分析简单、可原位实时测量等特点，在半导体和金属外延生长过程的实时原位表面分析和生长监控方面得到了很大发展，已经成为金属有机物气相淀积（MOCVD）和分子束外延（MBE）等外延商用设备的可选附件。反射差分光谱还可以用来测量半导体和半导体低维结构材料中界面、电场和应变等引起的平面光学各向异性，是一种可以用来表征半导体界面化学键、界面原子偏析互混、界面应变等界面性质的新型光谱技术，也是研究半导体线性电光效应和弹光效应的有力工具。

用反射差分光谱研究半导体表面性质时，工作波段通常选择在可见光和紫外波段。此时光穿透深度为10纳米量级，可增强表面原子对反射的贡献。研究掩埋在材料内部的界面时，则需要选择较长的近红外和红外波段以保证光能够穿透到界面处。由于光穿透深度的增加，界面原子相关的反射差分信号会减小很多，因此用反射差分光谱研究界面要比研究表面困难。（陈涌海）

反射定律 law of reflection 描述入射光在不同介质界面处发生反射时所遵循规律的定律。是几何光学中的一个基本定律。光从一种均匀介质入射到另一种均匀介质界面时，光线传播方向会发生改变。反射定律的内容包括：①入射光线、界面法线和反射光线位于同一平面内；②入射光线和反射光线分别位于法线两侧；③入射角θ_1（入射光线与法线夹角）等于反射角θ_2（反射光线与法线夹角），如图所示。

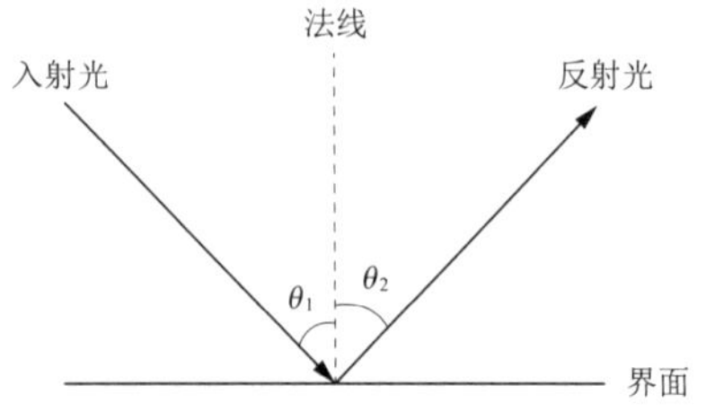

反射定律示意图

当不同介质的分界面是平面时，发生的反射叫镜面反射；当不同介质的分界面凹凸不平时，界面各处法线方向不同，所以入射光线以一定角度平行入射时，反射光线将沿不同方向传播，即发生漫反射。

（方哲宇）

反射高能电子衍射 reflection high-energy electron diffraction　一种用于表征晶体材料表面结构的技术。反射高能电子衍射是高能电子衍射的一种工作模式。它将能量为10～50千电子伏的单能电子掠射（1°～3°）到晶体表面，在向前散射方向收集电子束，或将衍射束显示于荧光屏（见图）。

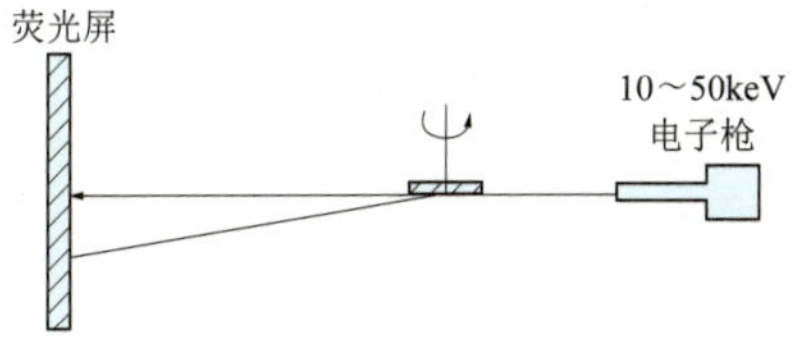

反射高能电子衍射示意图

一幅反射高能衍射图只能给出倒易空间（见**倒易点阵**）某个二维截面，从衍射点之间的距离可确定相应的晶面间距。旋转样品，可以在荧光屏上得到不同方位角的二维倒易截面，从而仍可获得表面结构的全部对称信息。

由于在晶体中电子散射截面远大于X射线的散射截面，加之掠射角小，从而使反射高能衍射与低能电子衍射一样具有表面灵敏度（10～40埃），但它不仅限于作单晶表面结构分析，也可用于多晶、孪晶、无定形表面及微粒样品的表面结构分析。

反射高能电子衍射得到广泛运用是与**分子束外延**技术发展有关。它可用于原位观察外延膜生长情况，为改进生长条件提供依据。与低能电子的情况有所不同，高能电子束与晶体相互作用中非弹性散射较弱，其强度分析的理论在不断探索中。

（黄　绮　陈芸琪）

反射棱镜 reflection prism　利用玻璃介质内反射平面的反射作用使光路发生转折，并能展开成等效平板的光学元件。反射棱镜如图1所示，图中L为等效平板

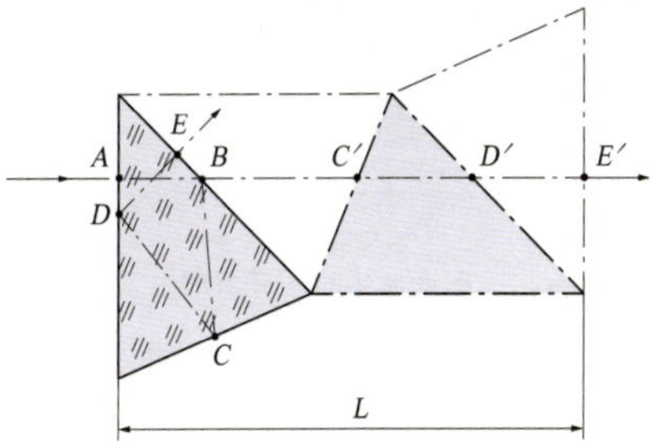

图1　将棱镜展开成等效平板

厚度。

棱镜基本术语及定义　棱镜中起折射和反射作用的平面称为工作面，两相邻工作面的交线称为棱。光学系统光轴通过棱镜的部分，如图2中的ABC折线为棱镜光轴，若将棱镜展开成等效平板，则棱镜

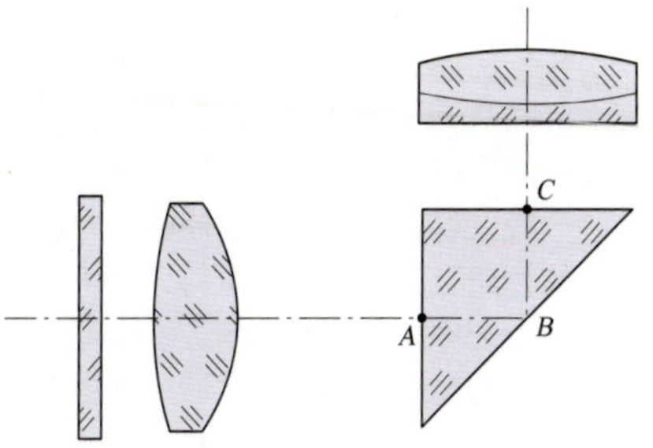

图2　一个具有棱镜的光学系统

光轴为一条直线，如图1中的$ABC'D'E'$。

棱镜光轴自棱镜入射端起，至出射端止的几何总长度称为光轴长度L，对于光轴垂直入射面入射的棱镜，光轴长度等于棱镜展开成等效平板的厚度。

棱镜光轴所决定的平面称为光轴截面，也称棱镜的主截面。当棱镜光轴在反射面发生折转时，通过折转前后光轴的平面，构成了光轴截面。包含棱镜光轴入射端的光轴截面称为入射光轴截面，包含棱镜光轴出射端的光轴截面称为出射光轴截面。图3所示棱镜，阴影部分的平面为该棱镜的光轴截面，其中A为棱镜光轴入射端，D为棱镜光轴出射端，S_A为入射光轴截面，S_D为出射光轴截面。

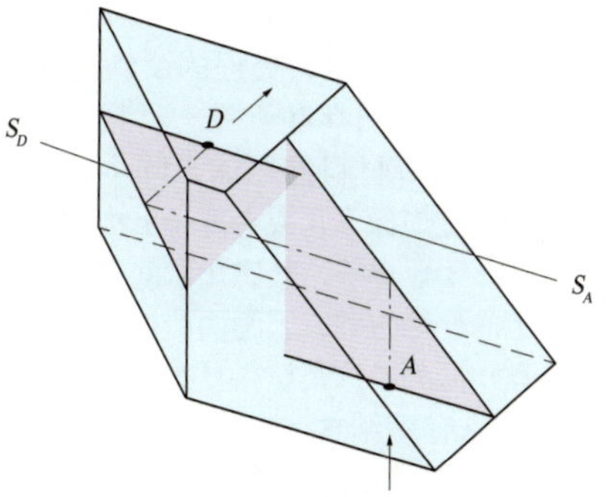

图3　棱镜的截面

由一块光学材料制成的棱镜称为单棱镜，由两个或两个以上单棱镜组成的棱镜称为复合棱镜，全部棱镜光轴分布在同一平面内的棱镜称为平面棱镜，如图1、图2所示。棱镜光轴不在同一平面内分布的棱镜称为空间棱镜，如图3所示。

将棱镜展开成等效平板后，该平板的平行度，称为棱镜的光学平行度θ。对于光轴垂直入射面入射的棱镜，为光轴在出射前和出射面法线的夹角。

光学平行度在入射光轴截面内的分量称为第一光学平行度θ_{I}。光学平行度在入射光轴截面法向的分量称为第二光学平行度θ_{II}。

屋脊棱镜　用两个相互垂直相交的反射平面代替一个反射平面的棱镜称为屋脊棱镜。

屋脊棱镜的部分或全部光轴位于棱镜两相互垂直反射面的平分面上，如图4所示。两反射面被称为屋脊面（W），其夹角称为屋脊角，其交线（C）称为屋脊棱。屋脊面能将入射像翻转成镜像。在不改变光轴方向和主截面内成像方向的条件下，用两个相互垂直的反射面代替一个反射面，增加一次反射，使系统总反射次数由奇数变成偶数，达到物像相似的要求。

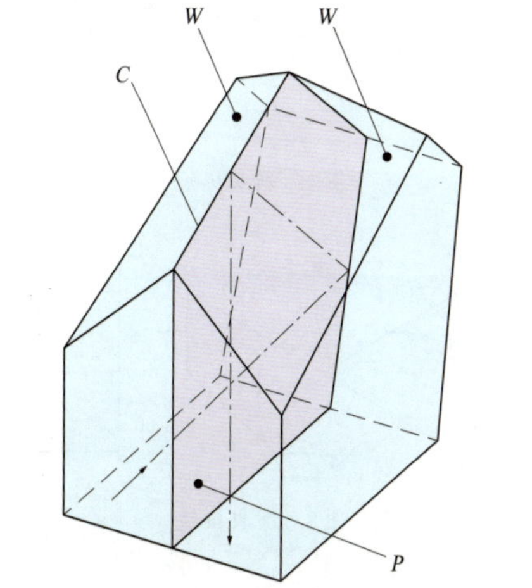

图4　屋脊棱镜

常用棱镜　常用的有如下几种：

①直角棱镜。有一个顶角为直角的三角棱镜，两个锐角可以都是45°，或一个为30°，另一个为60°等（图5）。

②五（角）棱镜。一般指两反射面的夹角为45°，出射面和入射面的夹角为90°的棱镜（图6）。

③别汉棱镜。由两个被空气隙分离的玻璃棱镜组成（图7）。

④阿贝棱镜。能使倒像成正像的直视棱镜（图8）。

⑤道威棱镜（旋转棱镜）。使像在一个平面内转动，而轴线不偏离或移动的棱镜（图9）。

此外，常用棱镜还有三垂面棱镜、分像棱镜、折射棱镜、色散棱镜、光楔、消

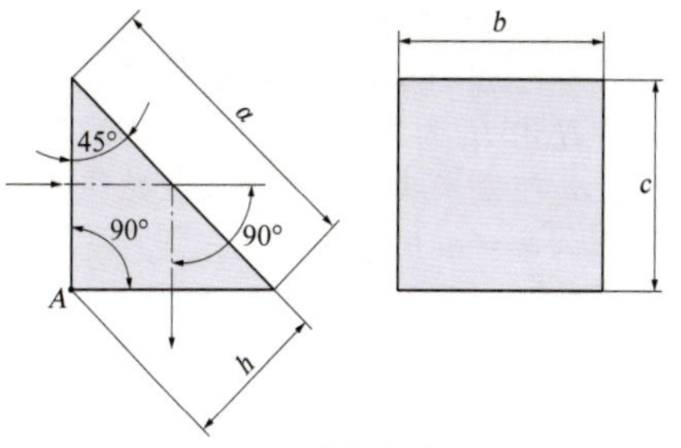

图5　直角棱镜

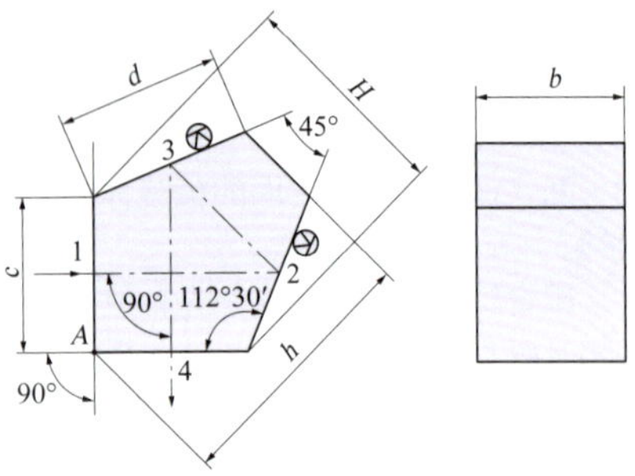

图6　五（角）棱镜

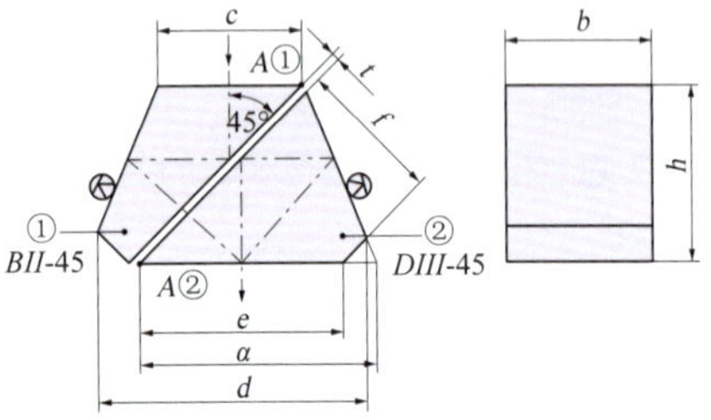

图7　别汉棱镜

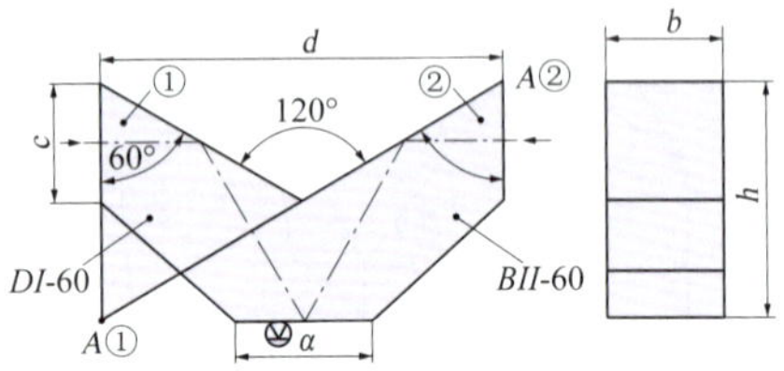

图8　阿贝棱镜

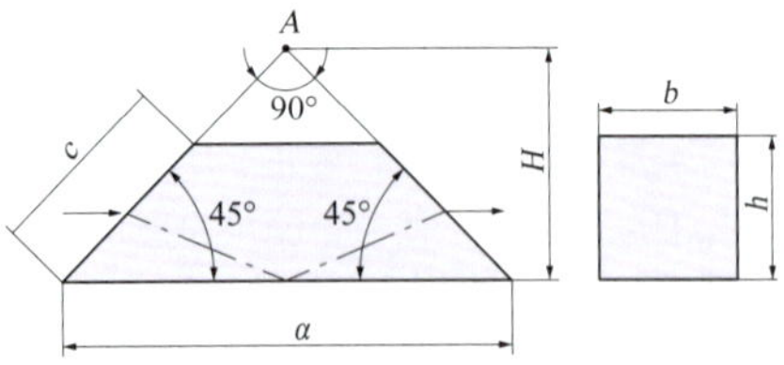

图9　道威棱镜（旋转棱镜）

色差棱镜、直视棱镜、阿米西棱镜、分色棱镜、分束棱镜、双像棱镜、偏振（光）棱镜、（菲涅耳）双棱镜、尼科耳棱镜、格兰-汤普森棱镜、沃拉斯顿棱镜、罗雄棱镜、合像棱镜、目镜棱镜、物镜棱镜、施密特棱镜、保罗棱镜等。（李　林）

反铁磁共振　antiferromagnetic resonance　反铁磁体在奈耳温度（见**反铁磁性**）以下的磁共振。两个相反取向的磁矩可绕交换作用和各向异性作用耦合情况下的有效场进动，其进动频率

$$\omega_0=\gamma\sqrt{H_A(H_A+2H_E)}$$

式中H_A和H_E为各向异性和交换作用等效场，ω_0在毫米或亚毫米波段。如外加一频率为$\omega=\omega_0$的微波磁场，则可观测到共振现象，即反铁磁共振。由于两彼此反向的自旋绕同一个等效场进动，两组相反磁矩的进动频率相同，所以是简并的。如外加一磁场H，简并可解除，可观测到共振频率$\omega_{+}=\gamma\left[H\pm\sqrt{H_A(H_A+2H_E)}\right]$的共振吸收峰。

在一定外磁场作用下，利用反铁磁共振可制成毫米波或亚毫米波器件。

（戴道生）

反铁磁性　antiferromagnetism　物质中的大小相同的原子（或者离子）磁矩因其空间取向两两反平行排列而相互抵消，从而使得物质的自发磁化强度为零的**磁有序结构**。一般仅将具有长程的反铁磁性磁有序结构的物质称为反铁磁性材料，而将只是局域的近邻原子（或者离子）磁矩互相反平行排列的物质称为具有局域反铁磁性交换作用的材料。反铁磁性材料在任一温度下的磁化率均为正值，低磁场磁化曲线为过坐标原点的第一、三象限直线。在某一临界温度以上，反铁磁性转变为**顺磁性**，此临界温度称为反铁磁性的**奈耳温度**，一般用T_N表示，如γ-Mn的T_N为480开。

从磁结构起因的角度，1932年L.-E.-F.**奈耳**用定域分子场理论解释了巡游电子型材料（锰-铬合金）的反铁磁性质，其磁化率χ随温度的变化遵从奈耳公式：

$$\chi=C/(T-T_N)$$

式中C为居里常数，可由实验测定，T_N即奈耳温度。后来此理论也被用于解释其他化合物的反铁磁性质。1934年H.A.克喇末首先提出间接交换作用模型，定性解释了氧化物（MnO）的反铁磁性起因。1950年P.W.**安德森**对反铁磁性间接交换作用进行了精确化理论处理。

从材料的角度，长程的反铁磁性磁有序结构一般只存在于晶态材料中。在MnO、CoO等材料的晶体点阵中，具有净磁矩的金属原子（或者离子）构成两个等效的磁矩亚点阵，其磁矩取向只沿着几个特定的晶轴方向，因两两严格反平行排列而互相抵消，这类材料具有理想的共线型反铁磁有序结构。也有一些材料，如γ-FeMn等，其原子或离子磁矩彼此之间不是两两反平行取向，而是存在一定夹角，但是材料的总磁矩在一个磁结构单胞内相互抵消，净磁矩为零，自发磁化强度亦为零，这类材料的磁结构属于非共线型反铁磁有序结构。此外，还有一类材料，如金属铬（T_N=311K）及其合金等，其磁矩在空间呈现出一种沿某一晶轴方向以非整数倍晶格常数为波长的自旋密度的周期性分布，这种特殊的反铁磁有序结构也称为非公度的自旋密度波。在一些存在层间反铁磁交换耦合作用的天然层状化合物和人工多层膜中，其中的每一层内的原子（或者离子）磁矩的取向为相互平行的铁磁性排列，而相邻层的磁矩的取向则呈现为反平行的反铁磁性排列。

从应用的角度，反铁磁性物质的应用已逐步有所开发，如γ-FeMn、Ir-Mn、$L1_0$-PtMn等反铁磁薄膜已用作巨磁电阻薄膜中的钉扎层。（赵同云　蔡建旺）

反铁电储能　antiferroelectric energy storage　利用材料反铁电态到铁电态的相变实现电能的存储。反铁电材料在储能方面有着独特的优势。它具有高的介电常数，且一定电场下其介电常数随电场的增大而增大。钙钛矿结构的$Pb(Zr,Ti)O_3$基化合物是最具有应用价值的一类反铁电材料，以它为介电材料制备的储能电容器，具有高储能密度和高储能效率。**反铁电体**相邻的偶极矩反平行排列，宏观并不表现出自发极化，当增加电场至临界值E_{AF}时，发生反铁电-铁电相变。高电场诱发的铁电相为亚稳态，当降低电场至另一个临界值E_{FA}时，会发生铁电-反铁电相变。这种特性使得其具有独特的双电滞回线特征，如图所示。该相变过程伴随着极大的应力变化和高密度电荷瞬间释放的现象，因而反铁电体成为优良的高密度储能电容器的候选材料。反铁电体在较强的电场作用下转变为铁电体，这便是一个储能的过程，所储存的能量为区域Ⅰ和区域Ⅱ的总能量$W_{Rec}+W_{loss}$。当撤去电场时，电场强度逐步减小到零，铁电相变为反铁电相。由于反铁电材料具有很小的剩余极化P_r，因此大部分能量能够被释放出来，释放能量即为：

$$W_{Rec}=\int_{P_r}^{P_{max}}E\mathrm{d}P$$

在充放电过程中有一部分能量被消耗，消耗的能量为W_{loss}，所以整个过程中的能量利用率η可表示为：

$$\eta=\frac{W_{Rec}}{W_{Rec}+W_{loss}}$$

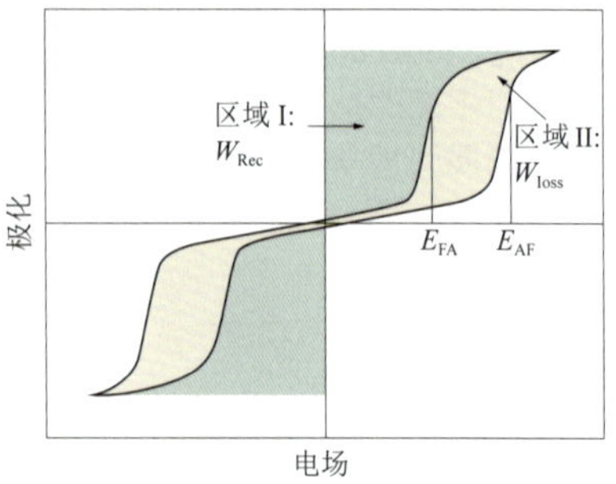

反铁电体的电滞回线

由于相变储能材料具有储能密度高、放电速度快、电流密度大，即功率密度高、储能性能稳定性好等特点，在强磁脉冲、

高功率微波装置、电磁炮、综合全动力舰艇、强流加速器以及混合动力交通工具等领域都有着广泛的应用。（翟继卫）

反铁电体 antiferroelectric 相邻偶极子沿反平行方向排列的晶体或材料，在强外加电场下可转变到铁电相。相邻晶格中的偶极子沿反平行方向产生自发极化，形成两组反向极化的子晶格，晶体宏观上不显示自发极化，并能够在足够高直流电场下诱导出长程铁电相。在反铁电体中，相邻偶极子沿反平行方向排列，此时就需要施加足够高的直流电场才能使偶极子的极化取向沿外场排列，诱导长程铁电相。该过程为电场诱导相转变。这也表明，铁电相和反铁电相的自由能差异是较小的。反铁电体具有两个重要特征：①宏观上对外不显示自发极化强度；②电滞回线在高电场下呈现双电滞回线特征。图1给出反铁电体极化过程示意图。图2为典型反铁电体

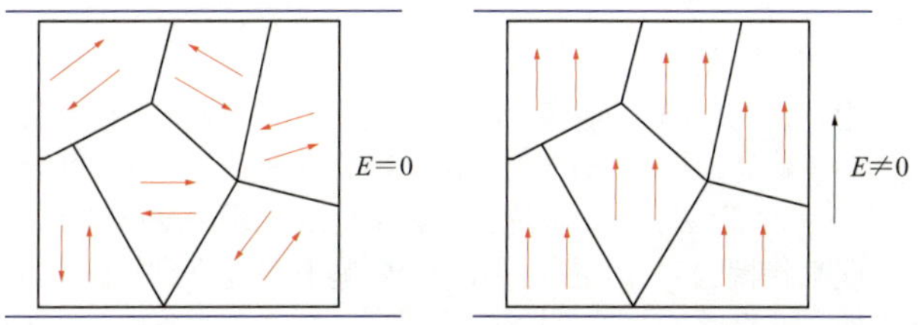

图1 反铁电体极化过程示意图

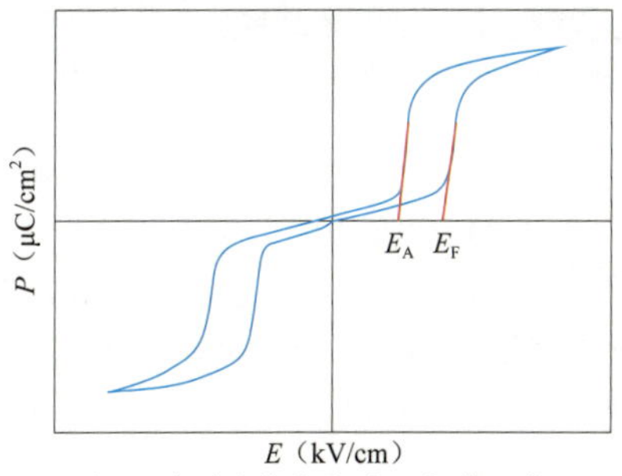

图2 典型反铁电体的双电滞回线

的双电滞回线，反铁电相与铁电相转变的临界电场可以通过电滞回线外推得出，即E_A和E_F。在反铁电材料中，电场诱导产生的铁电相是不稳定的，施加电场、温度、应力都可以使其回归反铁电相。

在相变过程中，反铁电材料的极化强度以及晶胞体积会发生显著变化。因此利用反铁电材料特殊的物理性质，即通过电场诱导相变提供可开关的介电、压电和热释电性能，应用于高储能密度电容器、高应变致动器、热释电红外探测器以及制冷器件等方面。（翟继卫）

反物质 antimatter 组成单元都是**反粒子**的物质。粒子和反粒子具有相同的质量、寿命、自旋、同位旋，但它们所具有的内部相加性量子数（如电荷、重子数、轻子数、同位旋第三分量、奇异夸克数、粲夸克数、底夸克数、顶夸克数等）都是异号的。理论上，所有的粒子都有对应的反粒子。例如，最简单的反粒子就是**正电子**，它是电子的反粒子。反核子包括反质子和反中子，反质子是质子的反粒子，反中子是中子的反粒子。如果这样的粒子是费米子，通常被统称为狄拉克费米子。但对于纯中性粒子（所有的内部相加性量子数都等于零），反粒子就是它们自己。例如，光子是纯中性粒子，光子的反粒子就是光子。

由不同数目的反质子和反中子组成的原子核是反物质原子核。最简单的反物质原子核是由反中子和反质子组成的反氘核。人们已经在实验室里观测到了反氘核、反氚核、反氦-3核。直到2011年，由RHIC-STAR国际合作组在相对论的金核-金核的对撞中，观测到了反氦-4核，俗称为反阿尔法原子核。它是由两个反中子、两个反质子组成的稳定的反物质原子核，也是迄今能观测到的最重的反物质。

同样，由反质子、反中子和反奇异粒子（如反Λ粒子）可结合组成反物质超核，它与由质子、中子和奇异粒子（如Λ粒子）结合组成的超核互为反物质。第一个超核（超氚核）是由波兰科学家在1952年从宇宙线中发现的。而它的反物质粒子（反超氚核）是在2010年由RHIC-STAR国际合作组在相对论的金核-金核的对撞中，通过不变质量重构而发现。它是由一个反中子、一个反质子和一个反Λ粒子所组成的不稳定的反物质原子核。这是迄今观测到的第一个反物质超核，是在三维（中子、质子、奇异粒子）核素图沿着反奇异夸克自由度上的首个反物质原子核。

对于理解反物质原子核是如何束缚在一起的，首先要建立在对反物质粒子相互作用的理解基础上。2015年，RHIC-STAR国际合作组在相对论的金核-金核的对撞数据中，通过对反质子-反质子动量关联函数的定量测量，首次测量了反质子之间的相互作用并提取出对应的作用参数：散射长度和有效力程。结果表明反质子之间存在吸引相互作用，且在当前的测量精度内，反物质间的相互作用参数是与正物质之间的相互作用参数相等，这也从新的角度验证了**CPT对称性**。该测量是迄今对反物质相互作用的首次测量。

在反物质原子核的基础上，它和对应的正电子束缚可构成反物质原子。最简单的反物质原子是**反氢原子**，它由一个反质子和一个正电子组成原子，是在1995年由欧洲核子中心的科学家首次合成的。利用反氢原子已经开展了一系列检验基本物理规律的实验。但对于更重的反物质原子，还没有观测到或被合成。进一步，反物质原子可结合成反物质分子，进而可形成宏观的反物质，甚至可形成反物质星体。

在反物质的研究中，除了前面提到的基于狄拉克费米子的反物质研究外，也有可能存在正粒子即是反粒子本身的费米子候选者。意大利物理学家E.马约拉纳预言中微子（费米子）有可能就是反中微子本身，这样的粒子通常被称为马约拉纳粒子，以区别于前面提到的狄拉克费米子。近来在一些凝聚态物理的实验研究中，已经观测到了具有马约拉纳费米子行为的准粒子，但作为基本粒子的马约拉纳粒子，国际上的众多实验还在积极寻找中。这些实验通常都基于极低本底的深地实验室，通过观测无中微子的双β衰变现象来寻找实验证据。（马余刚）

反应堆 reactor 裂变反应堆的简称。一种实现可控核裂变链式反应的装置。见**裂变反应堆**。

反应堆中微子 reactor neutrino 核反应堆运行时，裂变产物衰变产生的电子反中微子。核燃料如铀-235、铀-238、钚-239、钚-241等，一般裂变成两个中等质量的不稳定原子核，再通过β衰变变成稳定的核。每次裂变释放约200兆电子伏（百万电子伏特）能量，平均释放6个中微子，其能量范围为0～9兆电子伏。它们各向同性地飞离反应堆，流强正比于反应堆热功率，反比于距离平方。反应堆中微子的流强和能谱可以通过反应堆功率测量和堆芯模拟预言到百分之几的精度。

反应堆是最强的人工中微子源。一个典型的热功率为2.9吉瓦（百万千瓦）的反应堆每秒产生约5×10^{20}个中微子，是研究中微子的重要工具，迄今进行了几十个实验。其中，1956年**F.莱因斯**利用反应堆首次证实了中微子的存在，被授予1995年诺贝尔物理学奖。2002年日本KamLAND实验首次发现反应堆中微子振荡，测量了中微子混合角θ_{12}；2012年大亚湾反应堆中微子实验发现中微子振荡新模式，测得了混合角θ_{13}。2015年开始建设的**江门中微子实验**利用反应堆中微子确定中微子质量顺序。

探测反应堆中微子最主要的方式是采用液体闪烁体，探测反β衰变反应。电子反中微子与氢核反应，生成正电子与中子。正电子与中子形成快慢符合信号，能被干净地甄别出来。其他探测方法包括与电子弹性散射或与原子核相干散射。

（曹　俊）

反应阈能　reaction threshold energy　在实验室坐标系中，能够引起核反应的入射核(粒子)的最低动能。对于吸能反应而言，反应阈能（E_{th}）的大小可以在反应系统的质心坐标系中进行计算。在质心系中，入射粒子的动能至少与反应Q值的绝对值相等，即$E=|Q|$才能发生核反应。质心系中入射粒子能量（E）与实验室系中的入射粒子能量（E_{in}）有如下关系：

$$E=\frac{m_t}{m_t+m_p}E_{in}$$

式中m_p、m_t分别为入射粒子和靶核的质量。如果

$$\left[\frac{m_t}{m_t+m_p}\right]E_{in}=|Q|$$

这时的E_{in}即为反应阈能E_{th}，即$E_{th}=E_{in}=$ $E_{th}=E_{in}=[(m_t+m_p)/m_t]\cdot|Q|$。

对于放能反应，原则上反应阈能等于零，但是如果入射粒子是带电粒子，由于存在库仑势垒的作用，也需要一定的入射能量才能引起核反应。

（靳根明）

反应Q值　reaction Q value　一次核反应所释放出的能量。通常用符号Q表示，因此称为反应Q值。$Q>0$时，为放能反应；$Q<0$时，为吸能反应。如果反应前入射粒（离）子和靶核以及反应后的产物都处于基态，根据定义，可以用反应后的产物总动能减去反应前的总动能即得反应Q值。另一方面，也可利用广义质量亏损计算Q值，即反应前系统的质量总和与反应后产物核的质量总和之差。而且，由于反应前后核外电子数目守恒，因此，可以利用原子质量代替原子核质量计算Q值，或者利用相关粒子和核的质量盈余进行计算。用公式可表示为：

$$Q=E_f-E_{in}=(m_{in}-m_f)c^2$$

式中f表示末态，in表示初态。

反应Q值可以由已知的粒（离）子和核的质量计算得到，也可以通过实验测量反应前后各个粒（离）子和核的动能求得。如果反应后的产物核处于激发态，这表明它吸收了一定的动能，那么实验测得的Q就要比基于基态时理论计算的Q值小，小的值即是核处于激发态的能量。因此，可以利用核反应获得原子核的激发能数据。

在粒子物理中也用到了Q值，例如粒子的衰变Q值。

氘（D）氚（T）聚变反应和^{235}U俘获热中子裂变反应Q值都是大于零的，即放能反应，因此，可以提供巨大的能量。

$$D+T\rightarrow{}^4He+n$$

$$Q=m_D-m_T-m_{He}-m_n=17.284MeV$$

式中m_D、m_T、m_{He}、m_n分别是D、T、^4He和中子的质量。

中子衰变的Q值为：

$$Q=(m_n-m_p-m_e-m_{\bar{\nu}})c^2=E_p+E_e+E_{\bar{\nu}}=0.782MeV$$

式中m_n、m_p、m_e、$m_{\bar{\nu}}$分别表示中子、质子、电子和电反中微子的质量，E_p、E_e、$E_{\bar{\nu}}$表示质子、电子和电反中微子的动能。

（靳根明）

反远摄物镜　reverse telephoto objective　为了适应焦距短，但需要有大于焦距的后工作距的要求而发展起来的一种物镜结构。采用常规结构设计的短焦距物镜（广角物镜），其后工作距l'_F总是比焦距f'要短，但许多应用场合需要足够大的后工作距（镜头中最后一个透镜表面至像面间的距离）来安放其他光学元件，以实现某些特定功能。如单反镜头的后工作距处需要足够的空间长度才能加入取景反光镜，多光谱成像系统需要在后工作距处一定长度内设置分光结构等。此时可选用反远摄物镜。

如图1所示，反远摄物镜与远摄物镜一样由正负两个分离透镜组构成，但组合

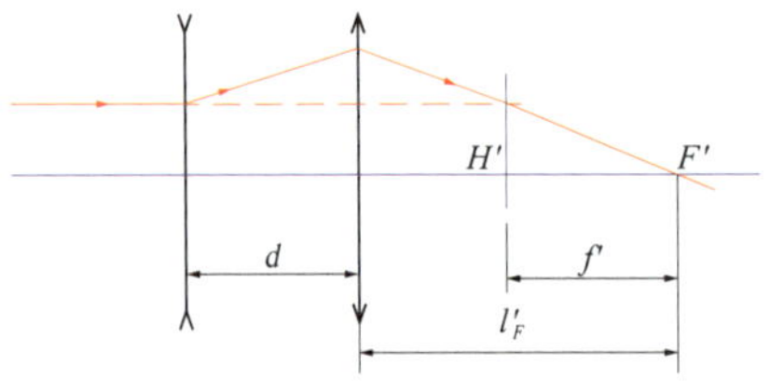

图1　反远摄结构

顺序正好相反。负组在前，正组在后，使组合后的像方主平面H'位于像空间，从而让后工作距l'_F长于焦距f'。后工作距与焦距之比l'_F/f'称为反远距比。反远距比是反远摄物镜的重要指标，并且越大越难设计。实际的反远摄物镜正、负组都是复杂的结构，如图2所示。

这种物镜结构最早是由法国的P.爱

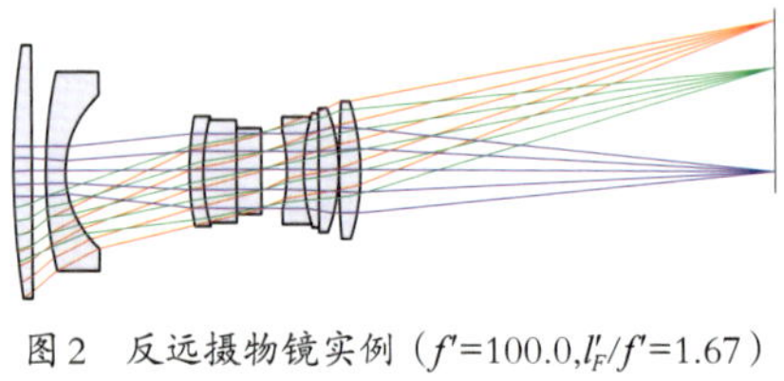

图2　反远摄物镜实例（$f'=100.0, l'_F/f'=1.67$）

展能在20世纪20年代为一种摄影机研制的，因为这种摄影机的棱镜要求物镜有一定距离的后工作距。不过它真正的兴起与发展是因为单反相机。单反相机的反光镜决定了镜后距不能太小，所以想要做广角镜头，这种结构是必需的。基本上焦距短于35毫米的单反镜头都需要采用这种结构。

（谢洪波　郁道银）

反质子　antiproton　质量与质子相同，但带负电且磁矩方向相反的粒子。它是质子的反粒子。1955年E.G.塞格雷和O.张伯伦等在加利福尼亚大学伯克利分校用从质子同步加速器射出的高能质子轰击铜靶产生反质子，为此两人获得1959年诺贝尔物理学奖。20世纪30年代初就有人预言反质子的存在，但实际发现反质子要等到高能粒子加速器达到60吉电子伏能量才行。一个反质子与一个质子碰撞就会湮没，但是贴近掠过时就可能交换电荷而产生中子－反中子对。

（仲　佰）

泛音　overtone　一根弦或空气柱整体振动产生基础音时，在该基础音上方发出的微弱的音。如果分成几段振动就产生一些泛音。听者一般能清楚地听到基础音，专心时能听到泛音。泛音列由分成等分的部分（如1/2、1/3、1/4）振动产生。振动的分段越小，泛音的音高越高。各上方泛音的频率与基础音频率形成简单的比率（如2∶1、3∶1、4∶1）。有些乐器能产生非泛音列中的泛音。音乐的色彩即音色，受某一乐器独特泛音的极大影响。因此，单簧管由于较低的泛音，使声音柔和丰满；而双簧管则因缺乏类似泛音而听上去比较尖利。

（陈　通）

范德格拉夫起电机　Van de Graaff generator　1931年R.T.范德格拉夫发明的能产生高电压的静电起电机。范德格拉夫起电机结构如图所示，主要部件是一个装在直立绝缘管上的巨大空心金属球和一个装在管内上下两个转轮上的绝缘传送带。下转轮用电动机带动旋转，使传送带左边向上右边向下地运动，在下转轮旁放置一台高电压电源，电源的一端通过尖端导体产生的电晕放电将电荷喷射到传送带上。在上转轮旁放置另一与金属大球相连接的尖端导体。由于尖端放电以及电荷具有趋于导体空腔外表面的倾向，传送带上的电荷就被不断地传送到金属大球的外表面，使之电压不断升高。范德格拉夫起电机能产生的最高电压与金属大球的半径有关，半径为1米的金属大球约可产生百万伏量级的

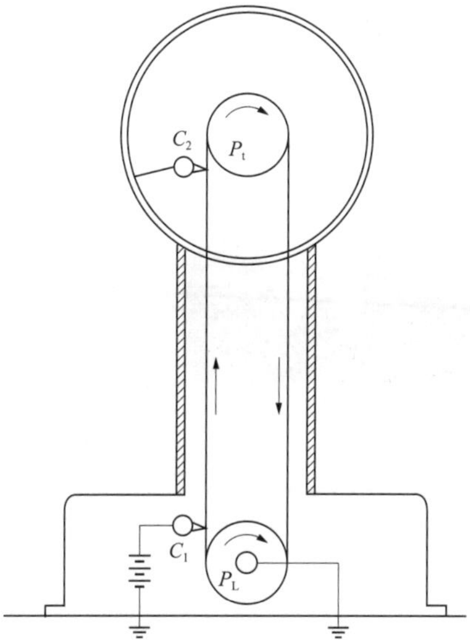

范德格拉夫起电机示意图

高电压。为了减少大气中的漏电，提高电压，减小体积，可将整个装置放在充有10～20个大气压的氮气钢罐中。

范德格拉夫起电机在科学研究中用作电子、质子或离子的加速电源，相应地称为电子、质子或离子静电加速器。这类加速器可用来做物理学的基础研究，以及核技术的应用研究，如离子注入等。它还为分子生物学、表面物理、束箔光谱学、辐射化学、辐射育种和放射生物学等边缘学科的发展提供了重要的技术设备支持。

（陈熙谋）

范德梅尔，S. Simon Van der Meer（1925-11-24～2011-03-04） 荷兰高能物理学家。生于荷兰海牙，卒于瑞士日内瓦。1952年毕业于达尔夫特理工大学技术物理系。后入

菲利普公司物理实验室，在电子显微镜方面从事高电压和电子学的研究。1956年入欧洲核子研究中心（CERN），从事反质子束的研究，提出了高流量脉冲聚焦法。在CERN参加C.**鲁比亚**领导的科研小组，负责存储环的设计。1976年，发明随机冷却技术，对质子-反质子对撞实验和$W^{\pm}$、Z^0粒子的发现起了关键作用。为此，他和鲁比亚分享1984年诺贝尔物理学奖。

（郭奕玲）

范德瓦耳斯，J.D. Johannes Diderik Van der Waals（1837-11-23～1923-03-08） 荷

兰物理学家。又译范德瓦尔斯，曾译范德华。生于莱顿，卒于阿姆斯特丹。1873年获莱顿大学哲学博士学位。1876年任阿姆斯特丹大学物理学教授。1910年为荷兰科学院院士。主要贡献是把气体动力理论的原理运用于气液两态，并成功地从理论上对两态之间的连续性过渡做出定量分析。1873年他在博士论文《论气态和液态的连续性》中考虑了分子体积和分子间吸力的影响，推出了物态方程。这个方程对“永久气体”液化的理论起了指导作用。

1880年范德瓦耳斯发表了他的第二项重大发现，当时他称之为“对应态定律”。这个定律指出：如果压强、体积和温度分别表示成相应的临界物理量的单调函数，就可得到适用于所有物质的物态方程的普遍形式。1890年，他又发表了“二元溶液理论”，继而在1893年发表毛细现象热力学理论。因对气液状态方程所做的工作获1910年诺贝尔物理学奖。

（郭奕玲）

范德瓦耳斯键 van der Waals bond 广泛存在于分子及原子间的一种弱相互作用力。极性分子的永久偶极矩、极性分子所产生的诱导偶极矩，以及分子中电子运动所产生的瞬时偶极矩，都可以形成范德瓦耳斯键。永久偶极矩所形成的静电力、诱导偶极矩产生的诱导力，以及瞬时偶极矩产生的色散力都是范德瓦耳斯键形成的重要驱动力，其中色散力是范德瓦耳斯键的主要驱动力。极性分子与极性分子之间所形成的范德瓦耳斯键，取向力、诱导力、色散力都存在。而极性分子与非极性分子之间所形成的范德瓦耳斯键，存在诱导力和色散力。非极性分子与非极性分子之间所形成的范德瓦耳斯键，则只存在色散力。这三种类型的力的比例大小，决定于相互作用分子的极性和变形性。极性越大，取向力的作用越重要；变形性越大，色散力就越重要；诱导力则与这两种因素都有关。

虽然范德瓦耳斯力仅有2.0～4.0千焦/摩，但由于其具有加和性，当两个大分子相互靠近时大量的范德瓦耳斯力产生，使得范德瓦耳斯力之和非常可观。对于蛋白质及DNA等大分子体系，包含了大量的范德瓦耳斯力相互作用，使其分子间相互作用变得尤为重要。如C—H在苯中范德瓦耳斯力仅有7千焦/摩，而在溶菌酶和糖结合底物中范德瓦耳斯力却有60千焦/摩。范德瓦耳斯键中当吸引力与排斥力实现平衡时所展现的键距离为范德瓦耳斯半径，如碳原子的范德瓦耳斯键半径为1.7埃，C—C的范德瓦耳斯键半径和为3.4埃。当C—C距离远大于3.4埃时，碳原子不受范德瓦耳斯力所影响，而原子间距离小于3.4埃时，原子间将受到很强的静电排斥。

范德瓦耳斯键广泛存在于大量的生物分子体系及材料体系，对体系中分子聚集状态、结构稳定性以及功能等方面都起着重要作用。

（崔中华）

范德瓦耳斯模型 van der Waals model 一种描述非理想气体体积、压强和温度关系的模型。J.D.**范德瓦耳斯**给出1摩尔实际气体的状态方程为：

$$\left(p+\frac{a}{v^2}\right)(v-b)=RT$$

即著名的范德瓦耳斯方程，式中v为气体的摩尔体积；p为压强；T为温度；R为普适气体常数（见**气体状态方程**）；a和b称为范德瓦耳斯修正量，分别表征分子之间的吸引力和排斥力的大小。

（崔 鑫 班士良 宋铁磊）

范扶累克，J.H. John Hasbrouck Van Vleck（1899-03-13～1980-10-27） 美国理论物理学家。生于康涅狄格州的米德尔敦，卒于马萨诸塞州的剑桥。1922年获哈

佛大学哲学博士学位。此后在明尼苏达大学、威斯康星大学任物理教授。1935年起任哈佛大学教授、物理系主任、工程与应用物理系主任、数学和自然哲学教授，1969年退休。曾任美国物理学会会长。美国国家科学院院士。

范扶累克主要从事原子结构的量子理论、磁学等方面的研究，是现代磁学创始人之一。20世纪30年代初期，他把物质的磁性和原子结构联系起来，建立了磁学的第一个明晰的量子力学理论。1940～1941年创建了晶体内部配位场理论，对反铁磁性做出了详细解释，提出了磁各向异性的微观理论。1948年又发展了晶体中

磁相互作用的量子力学理论。对自由分子光谱、顺磁弛豫等课题也多有贡献。由于他对认识磁性非晶态固体中电子特性所做的贡献，与P.W.安德森、N.F.莫特同获1977年诺贝尔物理学奖。（郭奕玲）

范海福 Fan Haifu（1933-08-15～2022-07-08） 中国晶体学家。生于广东省广州市，卒于北京。1956年毕业于北京大学化学系。毕业后在中国科学院物理研究所从

事晶体学研究，历任研究实习员、助理研究员、副研究员、研究员。兼任中国科技大学分析测试中心教授（1982～1993）、中山大学教授（1983～1995）、北京大学生命科学院教授（2005～2008）。曾任国际晶体学会中国委员会委员，第14、15届国际晶体学会晶体学计算委员会委员等。1991年当选为中国科学院学部委员（院士）。2000年当选为第三世界科学院院士。

范海福主要从事晶体结构分析方法的理论和应用研究，是中国最早从事晶体学计算自动化研究的学者之一，也是国际上最早提出并成功将小分子晶体结构分析中的“直接法”应用于蛋白质晶体结构分析的学者之一。20世纪60年代主持测定在中国发现的天然氨基酸——南瓜子氨酸和使君子氨酸的晶体结构，并开展针对天然有机物晶体结构分析的直接法研究，提出将当时尚处于孤立状态的直接法与重原子法、异常散射法以及同晶型置换法相结合的原理。20世纪70年代中至80年代初主持完成“直接法处理晶体结构分析中的赝对称性问题”的研究。80年代中至90年代末主持开展直接法用于蛋白质结构分析的实验，获得国际上同类研究的最佳结果。主持建立多维空间中的直接法，使之成为当前国际上最有效且从头求解非公度调制结构和组合结构的方法。他与李方华合作在电子显微学研究中引进X射线晶体学方法，建立一种电子显微学的图像处理新方法。2000年后主持建立针对结构基因组学研究的双空间结构碎片扩展方法，并发行相应的计算机程序OASIS。1993年与英国皇家学会会员M.M.沃尔夫森教授合作专著《解晶体结构的物理和非物理方法》。1987年获国家自然科学奖二等奖，1996年获第三世界科学院物理学奖。（尹晓冬）

范性 plasticity 外力作用下材料发生不可逆的永久性形变而不被破坏的能力。又称塑性。见**塑性**。

范绪筠 Hsu Yun Fan（1912-07-15～2001-06） 美籍华裔物理学家。生于上海，卒于美国。1932年毕业于哈尔滨工业学校，同年赴美。1937年获麻省理工学院理

学博士学位。同年回国，先后任清华大学和西南联大教授，清华大学无线电研究所研究员。1947年休假赴美，先在其母校作研究，后任普渡大学教授、该校物理学邓肯教授。1957年入美国国籍，1978年退休。退休后为该校荣誉教授。

范绪筠从事半导体物理的理论与实验研究。西南联大期间，他以《固体间电接触的理论》和《金属间以及金属和半导体间的接触》两篇论文，分别定性和定量地讨论了金属和半导体的不同特性，特别是半导体中传导电子的密度可能会出现偏离正常值相当大的现象，从而对固体电子学的发展，尤其是第二次世界大战以后的半导体广泛应用起了重要作用。20世纪40年代末，他研究锗、硅半导体，以光学性质证明半导体有禁带，从实验上证明锗和硅有吸收限。50年代中期以后，又对半导体材料各种特性及其**晶体缺陷**、对多元化合物以及氧化物半导体的**拉曼散射**和相变等进行研究。

范绪筠曾是美国国家研究委员会固体科学小组的成员，1969～1972年任国际纯粹物理学与应用物理学联合会半导体委员会通讯会员，1959～1961年是美国物理学会固体物理行政委员会成员。（王飚）

方守贤 Fang Shouxian（1932-10-28～2020-01-19） 中国加速器物理学家。生于上海，卒于北京。祖籍安徽太平（今黄山市黄山区）。1951～1955年，先后在上海交通大学、复旦大学物理系学习。1955年毕业于复旦大学物理系。1955年调到中国科学院近代物理研究所（1956年改名为原子能研究所），在**王淦昌**教授指导下从事研究工作。1957～1960年被公派到苏联

列别捷夫研究所及联合核子研究所实习和工作。1960～1968年任中国科学院原子能研究所助理研究员。1973～1982年任中国科学院高能物理研究所研究员。1982～1983年在欧洲核子研究中心工作。1983年回国后任**北京正负电子对撞机**（BEPC）工程副经理，领导BEPC建造。1986年任BEPC经理兼中国科学院高能物理研究所副所长，1988年任高能物理所所长。2005～2009年任北京正负电子对撞机重大改造工程顾问。曾任中国科学院数学物理学部主任。1991年当选为中国科学院学部委员（院士）。

方守贤长期从事加速器理论研究及设计工作。20世纪60年代初，发现等时性回旋加速器中存在着一种由于自由振荡而引起的不等时性现象。1982～1983年在欧洲核子研究中心工作，参加新型强流反质子积累环设计，负责聚焦结构设计，发展了一种适合于小中型环形加速器的消色散方法，先后用于欧洲核子研究中心强流反质子积累环及北京正负电子对撞机（BEPC）储存环设计，取得成功。所做的“等时性回旋加速器粒子动力学研究”获1978年全国科学大会奖。“等时性回旋加速器中的不等时现象”获1982年国家自然科学四等奖。20世纪50年代至80年代初期，参与了中国高能加速器建设7次方案的论证和理论设计。1986～1992年全面领导BEPC工程设计、建设、运行及改进，按期完成投入运行，整机性能在国际同能区的对撞机中占领先地位，对加速器物理与技术的发展做出了国际公认的成绩。90年代后从事强流质子加速器、同步辐射光源、散裂中子源等前沿领域研究。1990年北京正负电子对撞机工程获得国家科技进步奖特等奖。（尹晓冬）

方以智 Fang Yizhi（1611～1671） 中国明清之际的哲学家、思想家。字密之，号曼公。安徽桐城人。崇祯十三年（1640）进士，官拜翰林院检讨。清兵入关后，转徙于闽、粤、桂、湘、黔间，曾以卖药为生。明亡弃家为僧，法名行远，号无可、药地、极丸老人等，曾在江西的几个寺院任住持。1671年因事牵累，被解入粤，途经万安时暴卒。

方以智博通今古，是明清之际的杰出

学者。哲学上他反对宋明理学，也不满意西方传来的基督教神学。自然科学上，他倡导“质测之学”，重视观测和实验，并接触过一些西方的自然科学知识；他的诗文词赋都有独特风格；艺术上，他的山水画简而传神。他的《通雅》一书，“坐集千古之智，折衷其间”(《通雅·考古通》)，考据精赅，一扫空谈，开清考证之学的先河。

方以智著作甚多，属于自然科学方面的有《物理小识》(“物理”指事物之理，不是今天物理学的物理）十二卷，成书于崇祯年间（17世纪30年代），直到清康熙三年（1664）才有刊本问世。这是一部百科全书式的自然科学著作，共分天、历、风雷雨旸、地、占候、人身、医药、饮食、衣服、金石、器用、草木、鸟兽、鬼神方术和异事十五类，记录了包括天文、历算、物理、矿物、植物、动物、医药等方面的知识近1000条，集中反映了当时中国人对自然认识的丰硕成果，但也含有一些迷信荒诞的内容。

《物理小识》中有不少属于物理知识方面的内容，对力、热、声、光、磁等都有所记录和阐述。力学如简单机械现象，虹吸现象，潮汐同月球运行的关系，地方时及时间和空间的联系；热学如凝固、熔解、蒸发、凝结，以及风云雨露的变化；声学如声的发生、反射、共振；光学如小孔成像、反射、折射、透镜的焦点、色散、日月食；磁学如磁针指南、磁偏角等。有的是摘录前人的记述，有的是摘记所见所闻，有的是阐明己见，有的是记录亲见的观测和实验。这些都表明当时这一领域已有一定的发展。（汪世清）

仿色相互作用 technicolor interaction 与粒子物理普通强相互作用中的色相互作用类似，具有低能区的色禁闭和高能区的渐近自由的强相互作用。仿色是把普通强作用的夸克换为仿色费米子，胶子换为仿色规范粒子；顶色中的费米子仍沿用普通夸克家族中的顶夸克，认为其额外参与顶色相互作用，而把普通的胶子换为顶色规范粒子。这两种作用都是超出现有已知的四种基本相互作用的新的强规范相互作用。来自对粒子物理标准模型中出现的基本标量场——希格斯场的缺陷的改进尝试，即认为希格斯场不再像粒子物理的标准模型设定的那样是基本粒子场，而是某些其他费米子对的束缚态（在仿色相互作用理论中是仿色费米子，在顶色相互作用理论中是普通的顶夸克）。在这类理论中，传递弱作用的规范粒子W和Z的质量（进一步如把所有夸克和轻子的质量包括进来就叫扩展的仿色相互作用）来自这些其他费米子对的玻色–爱因斯坦凝聚，是这类新的色作用的动力学效应，类似于普通强作用中的夸克对凝聚。只不过在普通强作用中的夸克对凝聚，导致的是近似的手征对称性的自发破缺，而这些其他费米子对的凝聚，导致的是电弱对称性的自发破缺。仿色作用强调模仿普通的色相互作用，但置换了其组分；顶色相互作用强调顶夸克具有的额外色作用，希望把顶夸克质量和电弱对称性能标关联起来。它们在超出粒子物理标准模型的理论模型中，属于更一般地把希格斯粒子看成是束缚态的理论模型的两种特殊类理论模型。其特点是除了希格斯粒子外，理论模型中通常还会存在很多其他的束缚态粒子。这类模型的性质，很多涉及量子场论的很难进行计算的非微扰效应，理论上还了解得不很清楚，因而仍有可探索的空间。早期比较简单的仿色和顶色相互作用受到实验数据的限制已被排除，希格斯粒子的发现进一步排除了那些没有希格斯粒子，或给出了不正确希格斯质量及其他性质的含仿色和顶色的理论模型，也因此这类模型的关注度大大下降。但作为一大类超出标准模型的新物理理论，它们仍一直被列在新物理的探索名单上，通常是仅位列超对称理论之后。虽然还不能说实验已经完全排除这类模型，但随着实验上对标准模型越来越精确的限制，对含仿色和顶色相互作用的理论构造，也只有越来越复杂并不断加入其他新的内容才有可能继续生存。（王　青）

仿星器 stellarator 一种用于研究受控热核聚变的环形实验装置。仿星器是受控磁约束核聚变研究最主要的实验装置之一。其名称源于英语stellar（恒星），意思是表示在这类装置中可以产生像恒星一样的热核聚变高温等离子体。该装置通常由闭合的环形不锈钢真空室以及外部用于产生磁场的螺旋绕组、极向和环向场线圈等组成。首先将中性的燃料气体（如氘氚混合物）注入真空室，通过波加热电离形成等离子体，从而使带电粒子在三维螺旋磁场作用下被约束在环形真空室内。接着，注入大功率射频波或中性束进一步加热等离子体，使其达到很高的温度、密度及能量约束时间，以实现聚变“点火”。

最初科学家们为了抑制环位形下等离子体中粒子漂移引起的电荷分离，将仿星器设计成“8”字形，其后又将其展开成环形，以便增加磁场的剪切率等。仿星器与另一种环形磁约束聚变装置（托卡马克）的工作原理十分相似。它们都具有螺旋形的磁场结构，这些磁场都具有旋转变换性质，从而抑制环位形下粒子漂移导致的横向输运损失。两者的主要区别在于：托卡马克中的螺旋形磁场是由外置线圈的电流和等离子体电流共同产生，而仿星器中的螺旋形磁场则完全是由外置线圈的电流产生。此外，仿星器的磁场位形是环向不对称的，比起环向对称的二维托卡马克磁场位形要复杂得多，因此仿星器的设计和制造工艺远比托卡马克复杂，造价很高。这也是世界上仿星器装置为数不多的原因之一。新一代仿星器的磁场线圈多采用三维非平面模块化结构。

与托卡马克装置相比，传统仿星器的主要缺点是磁场的波纹度很高，导致其中的等离子体新经典输运损失较大，约束性能不及同等规模的托卡马克装置。此外，由于受三维不对称性磁场的影响，仿星器中等离子体的流阻尼较大，等离子体的旋转速度通常较小。但与托卡马克相比，仿星器的优点也十分突出。除了在高比压（等离子体的热压力与磁压力之比）运行时会产生一定的自举电流，仿星器中等离子体电流通常很小，因而没有强的磁流体不稳定性和大破裂风险，安全性更好，更加适合作为商用聚变堆。另外，仿星器边界区的多偏滤器打击点或随机化磁场拓扑结构，也有利于边界等离子体热通量在器壁上的分散，从而更好地保护器壁和装置。鉴于以上优点，仿星器在一些发达国家（如德国、日本和美国等）始终受到关注。世界各大国高度重视对仿星器磁场位形优化的研究以降低其磁场波纹和输运损失，并取得了令人瞩目的进展。德、日、美、法等国家已将先进位形仿星器的研制作为未来聚变能源开发的重要方向之一。中国正在建造准环对称仿星器（CFQS），建成后将填补中国仿星器相关领域的空白。（许宇鸿）

放大自发发射 amplified spontaneous emission; ASE 在增益介质中通过受激辐射对自发辐射光进行的光学放大。又称超发光（superluminescence）。在激光产生时，总是会有放大自发发射。当激光增益介质被泵浦产生粒子数反转时，由于自发发射总是存在，受激辐射过程就会放大自发发射。那些由于谐振腔存在被反馈的放大自发发射达到阈值，就形成了激光。不被谐振腔反馈的放大自发发射实际成了激光中的噪声。过量的放大自发发射对激光器是不利的，因为它还限制了增益介质能够获得的最大增益，增益介质的激发将会被非相关放大自发辐射而不是想要的相关激光辐射所耗尽。

有些没有谐振腔的高增益介质，产生的放大自发发射有一定的强度和相干性，常被用作相干性要求不高的宽带光源。

（李福利）

放射系 radioactive series 重放射性核素的递次衰变系列，包括三个天然放射系和一个人工放射系。自然界存在三个天然放射系——钍系、铀系、锕系和一个人工放射系——镎系。天然放射系母核半衰期都很长，和地球年龄（约4.6×10^9年）相近或大于地球年龄，因而经过漫长的地质年代后还能保存下来。它们的成员大多具有α放射性，少数具有β^-放射性，一般都伴随有γ辐射，但没有一个具有β^+放射性或轨道电子俘获放射性。每个放射系从母核开始，经过至少10次连续衰变，最后达到稳定的同位素（见放射性）。

钍系 从^{232}Th开始，经过10次连续衰变，最后到稳定核素^{208}Pb。该系成员的质量数A都是4的整倍数，$A=4n$，所以钍系也叫$4n$系。母核^{232}Th的半衰期为1.40×10^{10}年。子核中半衰期最长的是^{228}Ra，其值为5.76年。所以，钍系建立起长期平衡，需要几十年时间。

铀系 从^{238}U开始，经过14次连续衰变，最后到稳定核素^{208}Pb，该系成员的质量数A都是4的整倍数加2，$A=4n+2$，所以铀系也叫$4n+2$系。母核^{238}U的半衰期为4.47×10^9年。子核中半衰期最长的是^{234}U，其值为2.455×10^5年。所以，铀系建立起长期平衡，需要几百万年的时间。

锕系 从^{235}U开始，经过11次连续衰变，最后到稳定核素^{208}Pb。由于^{235}U俗称锕铀，因而该系称为锕系。该系成员的质量数A都是4的整倍数加3，$A=4n+3$，所以锕系也叫$4n+3$系。母核^{235}U的半衰期为7.04×10^8年。子核中半衰期最长的是^{231}Pa，其值为3.25×10^4年，所以锕系建立起长期平衡，需要几十万年的时间。

镎系 该系母体通常是^{241}Pu。把^{238}U放在反应堆中照射，连续俘获3个中子变成^{241}U，再经过两次β^-衰变，便得到^{241}Pu。^{241}Pu的半衰期是14.4年，经过13次衰变到^{209}Bi。这个放射系中^{237}Np的半衰期最长，为2.14×10^6年，所以这个系称为镎系。该系成员的质量数A都是4的整倍数加1，$A=4n+1$，因此也叫$4n+1$系。

除了这四个放射系以外，核裂变碎片也往往形成递次衰变的放射系。如：

$$^{140}\mathrm{Xe}\xrightarrow{\beta^-}{}^{140}\mathrm{Cs}\xrightarrow{\beta^-}{}^{140}\mathrm{Ba}\xrightarrow{\beta^-}{}^{140}\mathrm{La}\xrightarrow{\beta^-}{}^{140}\mathrm{Ce}\text{（稳定）}$$

由于可利用的裂变碎片都是人工产生的，所以裂变碎片放射系（也叫裂变碎片链）都属于人工放射系。（卢希庭）

放射性 radioactivity 原子核自发地放射出各种射线的现象。其中有α、β、γ放射性等。1896年，法国科学家H.贝可勒尔在研究铀盐的荧光现象时，发现含铀物质能发射出穿透力很强的不可见的射线，使照相底片感光。后来经过多年研究，终于证明射线是由三种成分组成的：①高速运动的氦原子核粒子束，称为α射线。它的电离作用大，贯穿本领小，穿不透一张薄纸。②高速运动的电子束，称为β射线。它的电离作用较小，贯穿本领较大，但仍难于穿透一张薄金属片。③波长很短的电磁波（光子），称为γ射线。它的电离作用最小，贯穿本领最大，有些γ射线可穿透1厘米以上的厚铅板。放射性射线的性质、发射机制以及各种科技上的应用，一直是原子核物理学研究的一个重要方面。

类型 放射性有天然放射性和人工放射性之分。天然放射性是指天然存在的放射性核素所具有的放射性。它们大多属于由重元素组成的3个放射系（即钍系、铀系和锕系）。人工放射性是指用核反应的方法所获得的放射性。人工放射性最早是在1934年由法国科学家约里奥-居里夫妇发现的。

许多天然和人工生产的核素都能自发地放射出射线。放出的射线类型除α、β、γ射线以外，还有正电子、质子、中子、重离子、中微子等其他粒子。能自发地放射出射线的核素，称为放射性核素（以前常称为放射性同位素），也叫不稳定核素。实验表明，实验条件下的温度、压力、磁场都不能显著地影响射线的发射。这是由于一般实验所能达到的温度只能引起核外电子状态的变化，而放射现象是由原子核内部变化引起的，同核外电子状态的改变关系很小。除自发裂变外，放射现象一般与衰变过程有关，主要同α衰变、β衰变过程有关。

α放射性出现在α衰变过程中。此时衰变后的剩余核（通常叫子核）与衰变前的原子核（通常叫母核）相比，原子序数减少2，质量数减少4。α衰变是母核通过强相互作用和量子隧道效应发射α粒子而发生的。

β放射性出现在β衰变过程中。β衰变有三种类型：①β^+衰变。放出正电子和电子中微子的β衰变。②β^-衰变。放出电子和反电子中微子的β衰变。③轨道电子俘获（EC衰变）。从原子轨道俘获一个电子，并放出一个中微子的过程。β衰变是通过弱相互作用而发生的。

γ放射性通常和α衰变或β衰变有联系。α和β衰变的子核往往处于激发态。处于激发态的原子核要放出γ射线而向较低激发态或基态跃迁，这叫γ跃迁。因此，γ射线的自发放射一般是伴随α或β射线产生的。

β衰变所形成的子核，当其激发能足够高时有可能放射中子、质子或α粒子，甚至可产生裂变。这些衰变类型分别叫作β缓发中子发射（β-n）、β缓发质子发射（β-p）、β缓发α发射（β-α）和β缓发裂变（β-f）。

自发裂变（SF衰变）是放射现象的另一种类型。某些重核可自发地分裂成两个质量相差不多的原子核，并放出几个中子。

质子放射性也是放射性的一种。已发现有^{53m}Co、^{151}Lu、^{147}Tm、^{147m}Tm、^{109}I、^{113}Cs等20多种核素能自发地放射出质子。

重离子放射性是一种奇异放射性。它是指原子核自发地放射出重离子的现象，又称集团放射性或集团衰变等。20世纪70～80年代初预言了重离子放射性存在的可能性。1984年英国科学家首次观测到^{223}Ra具有重离子放射性，即^{223}Ra可通过自发发射^{14}C衰变至^{209}Pb，相对α粒子的分支比为$(8.5\pm2.5)\times10^{-10}$。至今，已发现从^{221}Fr至^{138}Pu共有18种核素具有重离子放射性，被发射的重离子有^{14}C、^{20}O、^{23}F、^{22}Ne、^{24}Ne、^{28}Mg、^{30}Mg和^{32}Si等，相对于α粒子的分支比范围在10^{-17}～10^{-10}。

衰变规律 放射性原子核的衰变是一个统计过程，所以放射性原子的数目在衰变时是按指数规律随时间的增加而减少的，称为指数衰减规律：

$$N=N_0e^{-\lambda t}$$

式中N_0是衰变时间$t=0$时的放射性核的数目，N是t时刻的放射性核的数目，λ是衰变常量，表示放射性物质随时间衰减快慢的程度。对确定核态的放射性核素λ是常量，它也表示单位时间该种原子核的衰变概率。

放射性活度 处于某一特定能态的放射性核在单位时间的衰变数$-dN/dt$，记作A。由指数衰减规律可看到：

$$A=-\frac{dN}{dt}=\lambda N$$

放射性活度的国际单位是贝可[勒尔](Bq)，它定义为每秒一次衰变，与以往放射性活度的常用单位居里（Ci）的关系是：

$$1Ci=3.7\times10^{10}Bq$$

放射性源的放射性活度同其质量之比，称为比活度。

测量放射性活度的方法取决于射线的类型、活度的等级等，通常分为绝对测量和相对测量两大类。绝对测量是用测量装置直接按照定义进行测量。实际应用中放射源大多有α与β放射性，活度多数是微居里级的，这类放射性活度的绝对测量方法主要有小立体角法、4π计数法和符合法3种。相对测量是用一个已知活度的标准源与待测样品在相同条件下进行测量，根据它们计数率的比值和标准源的活度即可算出待测源的活度。

半衰期　处于某一特定能态的放射性原子核的数目或活度衰减到原来大小的一半所需的时间，通常用符号$T_{1/2}$表示。

平均寿命τ指处于某一特定能态的放射性原子核平均生存的时间。利用指数衰减规律，容易得到半衰期同衰变常量λ或平均寿命τ的关系如下：

$$T_{\frac{1}{2}}=\frac{\ln2}{\lambda}=\tau\ln2$$

各种放射性核素的半衰期在极大的范围内变化。一般说来，核素偏离β稳定线越远，它的半衰期越短。对于不同范围的半衰期采取不同方法测量。

对半衰期在10^{-9}秒到秒范围的核素，采用直接测量$N(t)$的方法，利用指数衰减规律求出$T_{1/2}$。对半衰期在数分钟到1～2年的核素，采用衰减跟踪法，测量探测器计数率随时间的变化求出$T_{1/2}$。对半衰期在10年以上的核素，采用放射性比度法。此外，还有测定子核法等。这些方法都基于放射性的指数衰减规律。对于极短的半衰期（小于10^{-9}秒）的测量，需要采用一些特殊的技术。

放射性应用　放射性的研究是十分重要的。基于放射性的研究所建立的衰变纲图是原子核结构理论研究的重要依据之一。通过各种核态的衰变特性的测量可研究各种核性质和核反应机制。大量远离β稳定线的核素就是根据它们的衰变特性进行鉴定和研究的。放射性在许多学科的研究中，在工农医和军事等部门都有重要应用。如在工业中的β射线测厚度和γ射线探伤，农业中的辐照育种和射线刺激生物生长，以及医学中的射线诊断和放射治疗等方面都是富有成效的。放射性测量的同位素示踪方法和活化分析方法在核技术的应用中也占有重要位置。　（卢希庭）

放射性核素　radioactive nuclide　一类不稳定的核素。能自发地发射出具有一定能量的粒子或射线，同时质子数或中子数发生变化，从而转变成另一种核素。核素图中，每一个位置上的原子核称为核，但是仅存在大约3450种核素，其中只有254种稳定的或至少没有观察到任何衰变的核素。放射性核素的几种主要衰变方式是：α衰变——放出α粒子，衰变核的中子数和质子数都减少2；β^-衰变——放出β^-射线（电子），衰变核内的一个中子变成质子，即中子数减少1，质子数增加1；β^+衰变——放出一个正电子，质子数减少1，中子数增加1；电子俘获——俘获一个电子，质子数减少1，中子数增加1；自发裂变——重的放射性核素自发地分裂为两个碎片，伴随有中子和γ射线发射。少数放射性核素还可以通过发射一个中子或者一个质子，甚至两个质子的衰变方式，以及β缓发质子、β缓发中子、β缓发裂变、发射重离子，如^{14}C、^{18}O、^{24}Ne、^{30}Mg、^{34}Si等衰变方式。　（靳根明）

放射性离子束反应　radioactive ion beam reaction　利用在线产生的放射性离子束流进行的一系列与核反应相关的研究。自从1985年发现晕核以后，放射性核束流的产生和放射性离子束反应的研究得到了迅速的发展。放射性离子束的产生主要有两种途径：弹核碎裂方法和在线同位素分离方法。弹核碎裂方法是利用中高能重离子轰击靶核，弹核与靶核碰撞过程中发生碎裂，其碎片的同位素分布较宽，能量接近依照弹核速度计算的能量，可以被直接分离出所希望的离子并形成束流，以用来开展各种研究。在线同位素方法是首先利用中高能离子（轻粒子或重离子）轰击靶核（靶位于在线同位素分离器的离子源内）产生许多核素的同位素，利用高温使这些同位素挥发并予以收集，然后通过在线同位素分离器分离并送入加速器进一步加速形成束流，用来开展各种研究工作。

放射性离子束可以用来合成新核素，并研究这些新核素的结构和基本性质，以及它们所引起的反应。通过这些研究不仅大大扩展核素的数量，也可揭示出更多新的物理现象，深化人们对原子核这个复杂微观量子有限多体体系的认识，也为宇宙演化和形成提供关键的核数据。

利用放射性离子束流可以研究奇特原子核的结构。例如原子核的晕结构就是利用产生的奇特核束流轰击靶核，测量其反应总截面，或者反应后类弹核的动量分布，并通过实验数据的分析判断得到的一种原子核的特殊结构形式。例如^{11}Li的晕结构就是由其总反应截面的异常增大，进而推出其具有异常大的核半径而发现的。也可以利用放射性核引起的反应研究激发态核的晕结构。

有许多放射性核，特别是弱束缚核，或者具有晕结构的核与稳定核之间在**库仑势垒**附近的熔合截面也是广泛研究的课题。实验还发现中子晕核在靶核上的弹性散射截面与稳定核的弹性散射截面有明显的差异，其库仑虹角附近的**散射截面**明显降低。

利用非常丰中子的放射性核束流进行超重核的合成也是人们所期待的。利用稳定核束流已经合成到了118号元素。要进一步合成更高原子序数或者更丰中子的超重核，从理论上讲，利用极丰中子核作为炮弹与丰中子靶核的熔合蒸发中子反应是一种可能的途径。

核天体环境中的核反应是非常低能量的核反应，也有大量非常远离β稳定线核的参与。因此，只有利用放射性核束流产生的非常远离β稳定线的核才能对它们进行研究。例如，测量远离核的质子俘获反应率等。　（靳根明）

放射源　radioactive source　能够发射致电离辐射的放射性物质，或用放射性物质制成的能够产生辐射的源。放射源包括天然放射源和人工放射源。天然放射源是自然界本身存在的放射源，人工放射源是用射线装置产生的放射源。《中华人民共和国放射性污染防治法》中对放射源的定义：放射源特指除研究堆和动力堆核燃料循环范畴的材料以外，永久密封在容器中或者有严密包层并呈固态的放射性物质。

放射源按照所释放射线的类型可分为α放射源、β放射源、γ放射源和中子源等；按照放射源的封装方式可分为密封放射源和非密封放射源。绝大多数工、农、科研和医用放射源是密封放射源。例如，工农业生产中应用的料位计、探伤机等使用的都是密封放射源，如钴-60、铯-137、铱-192等。某些供实验室和医院使用的放射性示踪剂属于非密封放射源，如医用碘-131、碘-125、锝-99m等。

放射源的强弱一般用活度标识。

（果申申）

飞秒磁学　femtomagnetism　研究飞秒激光脉冲对磁（自旋）有序度的超快调控以

及超快自旋动力学的一门磁学分支学科。利用**泵浦-探测技术**，通过飞秒（超短）泵浦激光脉冲诱导材料的磁化强度矢量的幅度或方向发生改变，由延时探测激光脉冲检测磁化强度的瞬时变化，可以在飞秒到纳秒的不同时间尺度上探测磁化强度随时间的演化过程，研究磁有序材料的超快退磁和自旋的翻转、进动、弛豫等与自旋（或者磁矩）动力学过程相关的物理机制。根据探测方式的不同，常见的泵浦-探测技术有时间分辨磁光克尔（或法拉第）效应、时间分辨双光子发射、时间分辨二次谐波、时间分辨磁圆二色谱和时间与自旋分辨的光电子谱等。

1996年E.博勒佩尔等利用时间分辨磁光效应首次发现超快退磁现象，飞秒激光脉冲诱导镍薄膜的磁化强度在几百飞秒内迅速降低，从此开辟了超快自旋动力学研究的新方向。超短激光脉冲诱导自旋动力学过程一般分为三个阶段：①超快退磁过程。对于过渡磁性金属与合金，超快退磁时间一般发生在亚皮秒量级。②磁化强度恢复过程。磁恢复时间一般在10皮秒量级。③磁化强度绕有效磁场进动和弛豫过程。时间尺度达到从100皮秒到纳秒量级。其中磁化强度绕有效磁场的进动和弛豫过程能够给出与铁磁共振相同的信息，如进动频率和阻尼等。

超快退磁过程依赖于材料中电子自旋角动量耗散机制，除了光子与电子、声子、磁振子之间散射等局域机制外，超快退磁也与材料中电子自旋角动量耗散机制密切相关，自旋流的超扩散和输运等非局域机制也起着重要作用。

飞秒磁学研究内容涉及光与磁有序物质的相互作用，主要是光子与电荷、晶格和自旋之间在非平衡态下的量子多体相互作用和角动量转移等基本物理问题。同时利用超短激光脉冲将有望成为操纵和控制磁（自旋）有序度的一个全新的手段，在未来高速自旋电子器件、数据存储和操作以及**量子计算**中发挥作用。（成昭华）

飞秒激光 femtosecond laser 持续时间小于100飞秒的**超短脉冲激光**。又称超快激光。飞秒（fs）是一个时间单位，定义为千万亿分之一秒（10^{-15}秒）。产生飞秒激光脉冲需要激光锁模技术。1981年，美国贝尔实验室的科学家R.L.福克等人利用碰撞脉冲锁模（CPM）染料激光器，直接产生了90飞秒的脉冲，首次实现了小于100飞秒的结果，标志着飞秒激光时代的到来。1996年，该实验室利用棱镜与光栅组合补偿色散的脉冲压缩技术，产生了6飞秒的当时最短脉冲世界纪录。1991年，W.西贝特教授的研究组发现了掺钛蓝宝石激光中的克尔透镜锁模现象，由于该技术不仅大大简化了传统锁模技术的复杂性，而且具有更高的输出功率及稳定可靠性，因此很快取代染料激光器而成为产生飞秒激光的主流光源，推动了飞秒激光在超快动力学、微纳加工制造、激光医疗、精密测量、超强激光物理等领域的广泛应用。结合腔外激光技术，利用掺钛蓝宝石激光已实现了小于3飞秒的脉冲。对于载波中心波长在900纳米附近的超快激光光场，单个振荡周期所需用的时间也仅为3飞秒，故这样的脉冲也称之为“单周期脉冲”；而脉宽仅能包含几个振荡周期的脉冲，则称之为“少周期脉冲”或“周期量级脉冲”。

飞秒激光具有广泛用途。飞秒激光可以用于物理、化学、生物、材料科学中超快现象的研究。经放大后的高功率飞秒激光是研究原子、分子体系高阶非线性、多光子过程以及强场物理的重要手段。飞秒激光在医学、超精细微加工、高密度信息储存和记录方面也有着很好的应用前景。（魏志义）

飞行时间计数器 time of flight counter; TOF 测量粒子飞行时间的探测器。粒子飞行时间结合其他运动学参量（常见的是动量）的确定，可得到粒子的静止质量，达到粒子分辨的目的。在核物理与高能物理研究中有广泛的应用。它是组成磁谱仪的子探测器之一，在高能粒子探测过程中，有触发和排除宇宙线的功能。

由于塑料闪烁体有较快的发光衰减时间、较高的光产额和较长的光衰减长度，再配合快光电倍增管，可得到很好的时间分辨率，因此成为飞行时间计数器技术方案的常见选择。为了获得更高动量的粒子分辨率，改善飞行计数器的时间分辨率至关重要。21世纪以来，闪烁体、光电倍增管的性能都有所提高。抗磁场的快光电倍增，可在强磁场条件下直接将光电倍增管与闪烁体耦合，省略了光导，减少了光传输损失，提高了时间分辨率。用闪烁体制成的大面积飞行时间计数器，时间分辨率可达100皮秒。将多间隙**阻性板室**作为大面积飞行时间计数器也得到很好的结果，时间分辨率可达60皮秒。它的建造工艺相对简单，价格低廉，长期运行稳定性不错，是一种有前景的新型飞行时间计数器。

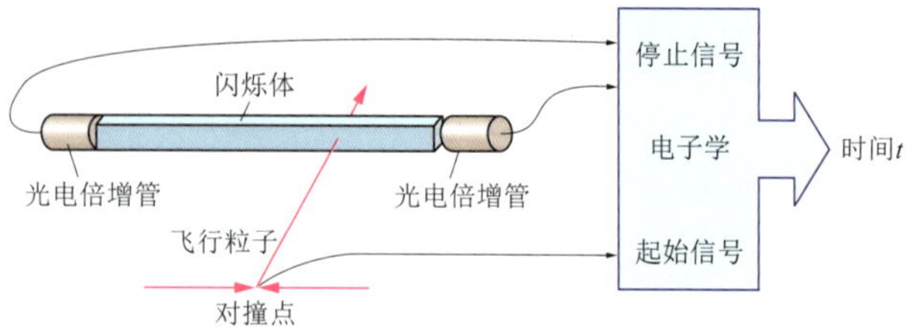

飞行时间计数器工作示意图

图中给出在对撞机上工作的飞行时间计数器的工作示意图。对撞机的两个束团对撞时给出起始信号，产生的粒子击中闪烁体给出停止信号，可得出自对撞到击中探测器粒子的飞行时间。其时间分辨率的贡献来自飞行时间计数器的本征时间分辨率、电子学的时间分辨率、束团长度带来的时间不确定性和不同输出信号幅度过阈时间不同带来的影响。后者可通过适当方法进行修正。（郑志鹏）

非常规超导电性 unconventional superconductivity 超导能隙函数在**费米面**上的平均值为零的超导体。广义上，凡是不能用基于电-声耦合的BCS理论解释的，或超导配对非s-波对称的，或超导转变温度超过麦克米兰极限的超导体，均称为非常规超导体。已知的非常规超导体包括：重费米子超导体$CeCu_2Si_2$、UPt_3、URu_2Si_2等，实验发现这些超导体中的能隙具有各向异性乃至节点；有机超导体$(TMTSF)_2X$（$X=PF_6$、ClO_4等），可能具有自旋三态配对。铜氧化物高温超导体家族，如$La_{2-x}Ba_xCuO_4$、$La_{2-x}Sr_xCuO_4$、$YBa_2Cu_3O_{7-\delta}$、$Bi_2Sr_2CaCu_2O_{8+\delta}$、$HgBa_2CuO_{4+\delta}$等。实验明确表明它们具有d-波超导配对，同时具有赝能隙现象。在相图中超导区邻近存在莫特绝缘极限的自旋反铁磁区，因此超导与强关联效应（包括自旋涨落）有密切关系，但理论尚不完善；Sr_2RuO_4超导体，它可能具有破坏时间反演对称的p+ip自旋三态配对。但尽管muSR和相敏SQUID等实验支持这种配对，理论预言的边缘自发电流在实验上尚未观测到，且最近的核磁共振奈特位移实验也不支持自旋三态配对；铁基超导体家族，如LaOFeAs、SmOFeAs、$BaFe_2As_2$、NaFeAs、LiFeAs、$FeTe_xSe_{1-x}$、KFe_2Se_2等。其中多数超导体的转变温度超过麦克米兰极限，在相图中超导区与反铁磁金属区邻近。这类超导体具有多个费米面。在铁-砷类超导体中，理论预言自旋涨落导致能隙函数在电子型和空穴型费米面上会变号，是一种扩展的s-波配对。但是，同样的机理似乎不适用于解释铁-硒类超导体，因为它们只有电子型费米面。研究非常规超导体的目的有两个：一是寻找更高超导转变温度的超导体；另一个是寻找具有非平凡拓扑性质的超导体，或**拓扑超导体**，比如p+ip配对的超导体。在拓扑超导体中可以构建马约拉纳零能模，在拓扑量子计算中具有应用前景。（王强华）

非常规铁电性 improper ferroelectricity 非常规铁电体中与铁电“活性”离子或极性基团无关，而是由其他一些序参量的相变导致的铁电性。与磁体类似，铁电体是一类在一定条件下具有自发极化现象的材料。根据铁电性的起源，已知的非常规铁电体不是由极性序参量相变所致，包括如下三种类型：磁致铁电体、几何铁电体、电子铁电体。见图1，其中的多铁体表示材料同时还具有磁性。

①磁致铁电体。具有某些特殊的磁序（如螺旋磁序），通过自旋-轨道耦合和/或自旋-晶格耦合实现电子云和/或离子的偏移。这类材料也被称为第二类多铁，代表性材料有正交结构的$TbMnO_3$和$HoMnO_3$。图2a示意了特殊磁性导致铁电性，其中箭头代表磁矩。

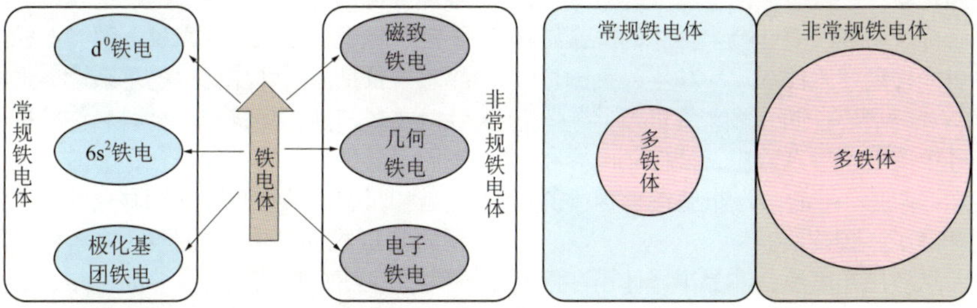

a 根据铁电产生机制大致分类铁电体　　b 铁电体与多铁体范域关系

图1　铁电体分类示意图

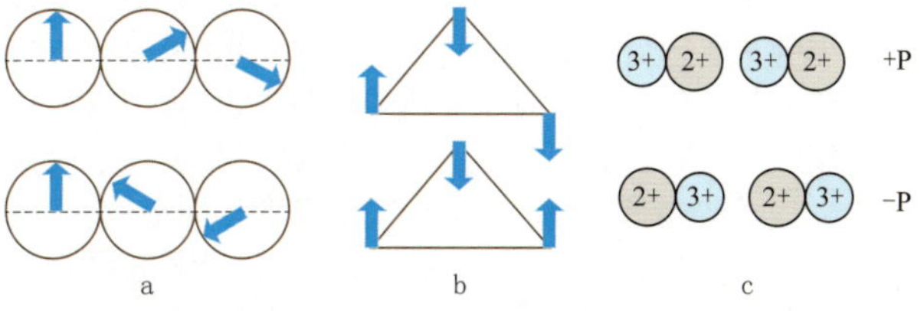

上下对应为铁电正负状态

图2　三种非常规铁电性示意图

②几何铁电体。在某些晶格失措体系中，通过多种非极性的晶格畸变模式叠加产生铁电性。引起重点关注的杂化非常规铁电体，也属于几何铁电范畴。过渡金属元素具有磁性的居多，因此多数几何铁电体是多铁材料，代表性材料有六角$YMnO_3$。图2b示意了几何失措导致铁电性，其中箭头代表晶格畸变方向。

③电子铁电体。通过电荷有序形成电偶极矩乃至铁电性。很多过渡金属元素具有变价，两种（甚至更多种）价态在一种材料中并存，并有序排列形成电荷序。某些电荷序，可以在两种有序态之间切换，形成铁电性，最初提出的材料是$Pr_{1/2}Ca_{1/2}MnO_3$。具有变价的元素基本都（至少部分价态）具有磁性，因此电子铁电体基本上也都具有多铁性。图2c示意了电荷有序导致铁电性，2+/3+代表价态。

这三类非常规铁电体多具有磁性，虽然几何铁电体中有少数例外，如$Ca_3Ti_2O_7$，因此它们多是多铁材料，普遍具有磁电耦合。（刘俊明　董　帅）

非费米液体行为 non-Fermi-liquid behavior 相互作用费米子系统中偏离费米液体的行为。

准粒子权重　在L.D.朗道的**费米液体理论**中，系统的低能激发态由相互作用的准粒子来描述。微观理论上用在费米面附近引入的准粒子权重Z（$0\leqslant Z\leqslant 1$）来刻画准粒子。在无相互作用的费米气体中$Z=1$；在相互作用的费米子系统中，准粒子的存在性由非零的准粒子权重$0<Z<1$刻画；当相互作用足够强的时候，准粒子权重$Z=0$，此时准粒子无法良好定义，系统失去费米液体的特征，呈现出非费米液体行为。

实验现象　非费米液体在实验中呈现出偏离费米液体的行为，包括低温下电阻、比热以及核磁共振谱的温度依赖关系等。这些现象是实验上判定非费米液体的依据。

电阻　低温下费米液体电阻随温度的依赖关系为：

$$\rho = A + BT^2$$

式中ρ为电阻率；T为温度；A和B为与温度无关的参数。物理上A来源于杂质对电子的弹性散射，T^2项来源于电子相互作用造成的非弹性散射。非费米液体低温下的电阻-温度依赖关系偏离了费米液体行为，典型的非费米液体行为表现为：

$$\rho = A + BT^n,\ n\neq 2$$

比热　费米液体的比热在低温下是线性温度依赖的：

$$c = \gamma T$$

式中c为比热；γ为比热系数。非费米液体的低温比热偏离了线性温度依赖，如：

$$c = -\gamma T\ln\frac{T}{T_0}$$

式中T_0为某一特征温度。

核磁共振谱　外加磁场下极化的核自旋会通过与电子自旋的耦合达到热平衡，称为自旋-晶格弛豫，其（纵向）弛豫时间为T_1，（纵向）弛豫率为$1/T_1$。在费米液体（金属）中，低温自旋-晶格弛豫率是线性温度依赖的，即：

$$\frac{1}{T_1}\propto T$$

而典型的非费米液体的低温自旋-晶格弛豫率的例子为：

$$\frac{1}{T_1}\propto T^{\alpha},\ \alpha\neq 1$$

或者：

$$\frac{1}{T_1}\propto T^{\alpha}\ln\frac{T}{T_0}$$

式中T_0为某一特征温度。

典型的非费米液体　凝聚态物理中的典型非费米液体系统包括但不仅限于：①**拉廷格液体**。相互作用的一维费米子系统，在一维空间中，任意微弱的相互作用都将使费米液体失去稳定性，形成最简单的非费米液体——拉廷格液体。②**重费米子系统**。该类电子系统包含未填满的4f或5f电子壳层，在接近临界区域的时候，此类系统常存在偏离费米液体的状态。③铜氧化物高温超导体的赝能隙态与奇异金属态。（周　毅）

非高斯性 non-Gaussianity 宇宙在原初时期的密度扰动中所存在的非线性性质。这一参数决定了宇宙微波背景辐射中的温度涨落偏离高斯分布的程度。尽管根据标准单场慢滚暴胀模型的预言，原初非高斯性是被慢滚参数压低的，但围绕它的宇宙学理论研究大大推动了在极早期宇宙中的有效场论发展。不同的极早期宇宙模型所预言的原初非高斯性的幅度和形状各不相同。如反弹宇宙学给出的非高斯幅度量级为一；而一般暴胀模型在大尺度上预言的非高斯正比于慢滚参数大小。因此通过对宇宙微波背景辐射温度涨落和大尺度结构物质功率谱的高精度测量，可有助于区分这些极早期理论模型。

最早研究非高斯的工作出现于20世纪80年代，但由于当时的宇宙学扰动理论远没有发展成熟，一直未能得出正确的研究方法。这一挑战困扰着人们，直到2002年由出生于阿根廷的弦论物理学家J.玛达切纳巧妙设计出有效场论高阶分解，并应用了封闭时间路径形式，首次严格求解出了单场慢滚暴胀模型的三点非高斯关联函数。自此对宇宙学扰动理论的认知才取得巨大突破。 （蔡一夫）

非共格孪晶界 incoherent twin boundary 相对于孪晶面旋转一角度，孪晶界上只有部分原子为两部分晶体所共有，原子错排较为严重的孪晶界。见孪晶。

非惯性参考系 non-inertial frame 相对某惯性参考系作非等速直线运动的参考系。又称非惯性坐标系。简称非惯性系。非惯性系中，描述物体的运动规律仍可使用牛顿运动定律，但作用在物体上的力，除了外力还要附加牵连惯性力与科氏惯性力，这两个力不服从通常的力的定义，可是在非惯性系中能产生力的效果。物体相对非惯性系处于静止状态时，科氏惯性力为零，只受牵连惯性力的作用，这就是通常所说的惯性力。火箭发射时惯性力与航天员所受的重力方向一致，航天员处于超重状态；航天器在轨道上运行时惯性力与航天员所受的重力方向相反、大小相等，航天员处于完全失重状态。

A.爱因斯坦曾考虑过升降机问题。设想一个升降机静止在均匀引力场中，另一个升降机在无引力场的地方相对某惯性系以等加速度直线上升，且加速度值与引力场强度相等。根据非惯性系中物体的运动规律，两个升降机中会观察到完全相同的力学现象。爱因斯坦断言，加速系中的惯性力与惯性系中的引力是等价的；或者说，一个均匀的引力场与一个等加速的非惯性参考系在力学上是完全等价的，这就是等效原理。以此为基础，爱因斯坦创立了广义相对论。 （贾书惠）

非晶半导体 amorphous semiconductor 原子排列仅有短程序而无长程序的半导体材料。短程序是指固体中的原子排列仅在各原子周围的局部区域内保持一定的规律性，如各原子的近邻原子数基本上保持相同，近邻原子的空间配置情况大致相同等。非晶半导体主要有两大类：一类是硫属非晶半导体（又称硫属玻璃）；另一类是四面体系非晶态半导体（如非晶硅）。

1968年，美国科学家S.R.奥弗申斯基在砷-碲-锗-硅多元硫系非晶半导体薄膜中观察到电的开关与存储效应。随后人们又发现了硫系非晶半导体的光诱导变化的特性，包括光黑化、可逆相变和光掺杂。光黑化是指在光子能量不小于带隙的光照条件下，光学吸收边向低能方向移动，导致光透过率减小的现象；可逆相变是指用强度与宽度适当的脉冲激光照射非晶半导体，当温度达到结晶与熔融温度之间时，会发生晶化现象，光照条件进一步超过熔融温度时，快速冷却可以重新导致非晶结构；光掺杂是光照导致银等元素在硫系非晶半导体中的异常扩散，因此可能改变其离子性的电导性能。1975～1976年，美国科学家P.W.安德森和英国科学家N.F.莫特等依据硫系非晶半导体具有结构柔软性与p轨道上存在孤对电子的特点，提出了有效负电子相关的缺陷模型。安德森和莫特因建立了非晶态半导体的电子理论而获得1977年的诺贝尔物理学奖。1977年，奥弗申斯基小组报道了在多元硫系非晶半导体中添加10%（原子分数）的镍，显著提高了电导率（室温下电导率增加了6个量级），电导类型从本征的p型转变为n型，并提出了化学修饰的概念。化学修饰既可能改变非晶半导体的能带结构也可能移动费米能级。1975年，英国科学家W.E.斯皮尔在四面体系非晶半导体非晶硅中实现了掺杂效应，使控制电导和制造PN结成为可能，为非晶态半导体的应用开辟了广阔前景。

从应用角度看，非晶半导体可在任意衬底成膜，容易实现大面积化，并且具有优异的光学和电学性能。另外非晶半导体制备工艺简单、造价低廉。制备方法主要有熔体冷却和气相沉积。非晶半导体的特性多样化，具有广泛应用的可能性。现已经在太阳能电池、场效应管、传感器、存储器、发光器件、光纤通信、集成电路等各领域取得了重要进展。 （王开友）

非晶材料 amorphous material 相对于晶体材料而言，原子（或分子、离子）的排列结构不具有晶体结构的周期性的一类材料。自然界中的固体材料，如果不以宏观性质为标准，而按照其微观结构的特点，可以大致划分为晶体、非晶体和准晶体三大类。晶体材料的结构，已获得了广泛的共识，其原子（或分子、离子）的排列方式具有周期性，或称为是长程有序的。非晶材料则原子（或分子、离子）的排列结构不具有晶体结构的周期性。准晶材料是1984年科学家从实验中发现的一类既区别于晶体又区别于非晶体的固体材料。准晶体的结构特点是：具有长程的取向序而没有长程的平移对称性（周期性）。因此准晶体是一种结构介于晶体和非晶体之间的固体。

尽管已经有了“非晶材料”这一名称以及从微观结构上对非晶材料的粗略划分，但是要给它一个严格的定义（像晶体材料那样）却非常不容易。首先，非晶材料不像晶体材料，没有确定的结构模型来描述其结构。其次，非晶材料形成的物理本质，即玻璃化转变的本质，是长期以来凝聚态物理领域研究的最基本问题之一。自然界中非晶态物质的种类繁多，既包括天然的非晶态物质，如火山灰、琥珀、树脂、松香、矿物、沥青、生物体（软物质）等物质，也包括人工合成的氧化物玻璃、塑料、非晶态半导体，以及新发展起来的非晶态电解质、非晶态离子导体、非晶态超导体和非晶态合金等新型非晶态物质。宇宙中的大部分水也是以非晶态形式存在的。人类的许多食物，生命体也大多是由非晶态物质所组成的。在人类生活和自然界中，晶体材料只占有很少一部分，大部分都是非晶材料。研究结果证明，物质的各种键合形态（包括共价键、金属键、离子键、氢键、范德瓦耳斯键）都能形成非晶态。正是由于非晶材料的复杂性、独特性以及多样性，尽管非晶材料名称的提出参照了晶体固体的类似概念，非晶态被认为是和气态、液态、固态相并立的第四种新的常规物质状态。20世纪60年代，随着非晶金属材料的发现，非晶材料的研究才获得长足的进步，特别是20世纪初的20多年来，包括中国研究人员在内，世界范围内块体非晶合金材料的研究蓬勃发展，人们对非晶材料结构、性能和本质的认识随之达到了从未有过的高度。

基于最新的研究结果，非晶材料具有以下特征：①微观结构上，其原子或分子只在几个原子间距的范围内保持着某些有序特征，而在较大的尺寸上则呈现长程无序，不具有晶态材料的周期性；其电子衍射、中子衍射和X射线衍射图是由较宽的晕和弥散的环组成；用电子显微镜也看不到任何由晶粒间界、晶体缺陷等形成的衍衬反差。②随着温度的升高，非晶材料逐步进入过冷液体状态，具有明显的玻璃化转变现象，以及随后的晶化转变过程。③非晶材料是一种亚稳材料，其能量状态比相应的理想的晶体材料要高，随着时间的延长，在一定温度下表现出结构弛豫和动力学时效效应。具有以上三点特征的材料，称为非晶材料。因为历史原因，非晶材料有时也被称为玻璃态材料。“玻璃”这个名词就是指氧化物玻璃，是通过熔体淬火过程得到的，也是人类最早使用的一种典型非晶材料。非晶材料，除了通过液体冷却方式获得外，还可以通过气相沉积、机械合金化、固相反应、机械变形等方式获得。在一般情况下，若只是强调“非晶”概念，“非晶材料”与“玻璃态材料”二者是通用的。（张 博）

非晶材料的断裂 fracture of amorphous materials 研究包括氧化物玻璃、高分子和金属玻璃等各种非晶材料的断裂行为和力学行为。由于**非晶材料**无序的原子结构，其断裂行为与晶体材料相比表现出很多特性。在非晶结构中不存在晶粒、第二相粒子、位错等微观结构，在连续介质力学里，非晶材料通常可以被看成是各向同性的固体。因此对非晶材料断裂的研究在断裂力学理论的建立和发展中起了非常重要的作用。

研究历史 对非晶材料断裂行为的研究起始于20世纪初期。A.A.格里菲思通过分析氧化物玻璃在低应力下的脆性断裂，提出了裂纹失稳扩展的能量准则。在此基础上弹性断裂力学理论开始建立。此后很长一段时间里，非晶材料通常被看成是脆性材料，其断裂行为采用弹性断裂力学来解释。而金属材料被看成是韧性材料，其断裂通常应用于弹塑形断裂力学的研究。从20世纪90年代起，一系列不同成分的块体金属玻璃体系相继被发现。和传统的非晶和晶体金属材料相比，块体金属玻璃表现出新颖和丰富的断裂特征和行为。对这类材料断裂机制的研究也不断丰富并挑战断裂力学理论。断裂特性的研究分几个方面。

断裂机制 氧化物玻璃和其他脆性非晶材料的断裂基本上没有塑性变形。在裂纹扩展中，材料内部释放出的弹性能基本转化成形成裂纹的表面能。金属玻璃则可以进行一定程度的塑性变形。但和晶体合金不同，金属玻璃的塑性变形高度集中在具有纳米宽度的剪切带内，并容易发生失稳。因此金属玻璃通常表现出沿着剪切带的剪切断裂行为。这使金属玻璃在宏观上表现为脆性断裂，但在微观尺度上却呈现出明显的塑性变形特征。对于某些脆性金属玻璃，裂纹的萌生和扩展往往独立于剪切带而使样品发生灾难性断裂，但在这些材料的裂纹尖端，仍然可以观察到纳米尺度的塑性变形区。由于这些特殊的塑性变形和机制，金属玻璃的断裂机制并不能简单用线弹性断裂力学和弹塑性断裂理论来理解。

断裂形貌 氧化物玻璃的断裂面通常呈现出脆性解理断裂的形貌。根据表面粗糙断裂面分为三个明显不同的区域：镜面区、模糊区和锯齿区，且距离裂纹萌生处的距离逐渐变大。镜面区的平整度一般在原子尺度级别，模糊区和锯齿区的平整度在微纳米级别，三种区域均没有塑性变形的痕迹。这些断面区域的形成主要是由裂纹扩展中的路径分叉导致。较脆的金属玻璃的断面形貌和氧化物玻璃类似。但和传统的氧化物玻璃的解理断裂不同，脆性金属玻璃的镜面区并非原子级别光滑，而是出现纳米尺度规则排列的条纹。这种纳米条纹的形成，是由于裂纹尖端局域塑性变形所导致，还是由裂纹的动态解理所形成，仍然存在很多争议。对于韧性的金属玻璃，其剪切断面上通常呈现出微米级别的脉络状的花样。这取决于具体的加载方式，脉络状花样的特征略有不同。在压缩下，脉络状花纹通常沿剪切方向；而在拉伸条件下，脉络状特征呈现出光滑核心和放射状；这些花纹的形成，通常认为和剪切带软化所导致的流体半月板失稳有关。

断裂韧性 断裂韧性表征材料抵抗裂纹扩展的固有能力，是衡量材料韧性好坏的一个重要指标。氧化物玻璃和其他较脆的非晶材料的断裂韧性值较小，K_{IC}（临界第一应力强度因子）在1兆帕·米$^{1/2}$左右，可看成理想的脆性材料。而金属玻璃的断裂韧性取决于具体的合金体系，表现出明显的差别。如镁基和一些稀土基金属玻璃的K_{IC}在1～2兆帕·米$^{1/2}$，与氧化物玻璃相近。锆基金属玻璃的K_{IC}在30～100兆帕·米$^{1/2}$，与一些金属结构材料（钢铁和钛合金）的断裂韧性在相同量级。一些贵金属如钯基金属玻璃的K_{IC}可达200兆帕·米$^{1/2}$，是发现的最韧的材料之一。与晶态合金相似，金属玻璃的断裂韧性和裂纹尖端塑性区大小R_p也满足关系式：

$$R_p = \frac{K_{IC}}{\pi \sigma_Y^2}$$

式中σ_Y为屈服强度。但非晶合金裂纹尖端的塑性区表现出不均匀特征，主要由剪切带形成。金属玻璃的断裂韧性还表现出明显的尺寸效应。在满足标准样品测试的条件下，尺寸或厚度较小的金属玻璃样品倾向具有较大的断裂韧性。（孙保安）

非晶材料的形变 deformation of amorphous materials 研究非晶态物质结构转变的特性。包含**弹性形变**和**塑性形变**两个阶段。

弹性形变 一般弹性形变指形状可回复的变形行为。非晶材料的弹性形变主要由其内部原子间的相互作用决定，其宏观应力和应变关系通常遵循线性行为。原子键（包括金属键或共价键）在外加载荷作用下产生的弹性伸长或缩短可传递弹性应变。当卸去外加载荷，原子键回复，应变消除。非晶材料往往具有良好的弹性。如锆基非晶合金屈服前的弹性应变可达2%。随着弹性形变的增加，非晶材料基体内将贮存越来越多的弹性能。原子键的伸长（或缩短）越过一定极限后，出现局域的剪切变形，进而诱发局域的原子重排。非晶材料进入塑性形变。

塑性形变 对于普通晶态材料而言，由于原子周期性排列，其塑性形变可通过晶体缺陷的形成和开动（如位错的滑移等）来传递。但非晶材料的原子排布长程无序，没有所谓的晶体缺陷（如**晶界**、**位错**等），因此其塑变机制成为凝聚态物理界的一个研究难点。普遍认为非晶材料塑性形变起源于基本的流变单元。单元内的原子在剪应变作用下产生局部重排，进而形成局域塑性应变。众多局域塑变的聚集，形成了宏观塑性形变。宏观塑性形变随温度和应变速率的改变将出现均匀变形和非均匀变形两种模式。

均匀变形 非晶材料所特有的**玻璃化转变温度**T_g使得非晶结构在温度高于T_g时，黏度急剧降低至小于10^{12}帕·秒，进入过冷液相区。在外加载荷作用下，此时的非晶材料变为黏性流体。一般在较高温度（$>0.7T_g$）以及低应变速率条件下，非晶材料就呈现出黏性流变行为。在此情况下，非晶材料内部的每个体积单元都参与形变，因此称为均匀变形。它能够有效抵抗应变局域化的发生，进而表现出超塑性行为。如锆基非晶合金在均匀变形时的拉伸应变达到了1600%。进一步的应变速率跳跃实验表明，非晶材料（包含非晶态合金和非晶态高分子材料）在低应变速率下表现出了牛顿流体形态，在高应变速率下则为非牛顿流变形态。牛顿流体的出现说明非晶材料的均匀变形出现了应变速率强化机制，因此易于实现高应变速率超塑性变形。这表明非晶材料在过冷液相区具有优良的塑性加工能力。而当应变速率高于一定临界值时，非牛顿流体出现。这往往导致塑性变形能力的恶化。继续提高应变速率，非均匀变形（应变局域化）出现。

非均匀变形 非均匀变形通常发生在较低温度（如室温）或高应变速率条件下。

其特点是剪切局域化的形成与扩展导致了材料的灾难性断裂。在无限制条件（单轴拉伸实验）下，剪切局域化造成一条或几条剪切带的形成与扩展，进而沿某一主剪切带形成裂纹快速扩展，导致灾难性断裂。因此拉伸过程中，非晶材料几乎没有塑性变形能力。而限制性条件（如压缩实验）下，剪切带的扩展受到边界的阻挡或捕获，因此为进一步配合宏观应变，非晶材料内部将诱发多重剪切带来承担塑性应变，从而有利于非晶材料塑性的增强。局域剪切的形成，导致剪切带内的非晶材料承受了极高的剪切应变并伴随有绝热升温，使得剪切带内的非晶材料呈现黏性流变状态，进而形成局域软化。局域软化的出现诱发非晶材料灾难性断裂行为提前发生，因此非晶材料的压缩塑性仅约为2%。相对于晶态材料，大部分非晶材料的形变总体上呈现低塑性和脆性。（王　刚）

非晶材料应用　applications of amorphous materials　包括氧化物玻璃、有机玻璃和金属玻璃等的非晶材料，因其独特的物理化学性质，在科研、生产及日常生活中具有广泛的应用。如氧化物玻璃可以用作窗玻璃、照相机镜头、光纤等。有机玻璃可以做包装和外壳等低强度器件，很多药物也都是由小分子有机玻璃包装。金属玻璃又称为非晶合金，与晶态合金相比，由于其特殊的无序原子结构和合金成分，表现出很多优异的物理化学性能，如高强度、高硬度、高弹性、耐腐蚀、优异的软磁性能和催化性能等。铁基和钴基非晶合金作为软磁材料具有损耗低和灵敏度高等特点，在变压器、互感器等电力电子元件中获得广泛应用。稀土基非晶合金在低温磁相变过程中具有较大磁熵变，作为绿色环保磁致冷材料有望获得应用。铁基非晶合金由于具有良好的耐腐蚀能力和高硬度，作为结构涂层材料也表现出很好的应用前景。非晶合金在化工和降解污水应用中表现出良好的催化活性，获得广泛应用。非晶合金由于具有与骨头相近的低弹性模量，作为生物植入材料表现出较好的应用前景，包括不可降解的钛基、铁基和锆基非晶合金，以及可降解的镁基、锌基和钙基非晶合金等。除了以上三种玻璃材料，一些非晶态薄膜作为功能材料也获得广泛应用，如非晶硅太阳能电池和非晶态相变存储材料等。由于其特殊的无序原子/分子堆积结构和成分可调性，更多具有优异性能的非晶材料将会被发现并获得广泛应用。（王军强）

非晶复合材料　amorphous composite　非晶态材料与其他材料复合在一起构成的材料。制备非晶复合材料的目的是综合利用非晶态材料与其他材料的性能优点，克服各自的缺点，如玻璃纤维复合材料、非晶合金与晶态合金的复合材料等。非晶合金复合材料能够利用非晶合金的高强度、高韧性、高耐蚀性、优异的软磁性等优异性能，又能利用晶态材料的复合作用来克服非晶合金的室温脆性、应变软化等缺点。已经开发的非晶合金复合材料包括树枝晶、球状晶增强的非晶复合材料，能够具有较大的拉伸塑性。其中能够在变形过程中发生“形变诱导相变”效应的复合材料，能够同时具有较大的拉伸塑性和加工硬化能力，工程应用价值较大；通过将非晶合金与晶态金属进行层状复合也能得到优异的综合力学性能；通过将钨丝、钢丝、形状记忆合金丝与非晶合金进行复合，能够进一步提高非晶合金的动态和静态力学性能；通过对铁、钴基非晶合金进行退火，析出部分纳米晶，也能有效提高软磁性能。非晶复合材料按照制备方法可以分为内生和外生非晶复合材料：前者是在制备过程中在非晶基体中原位析出生成晶态相；而后者则是通过外加的方式引入晶态材料。由于非晶复合材料能够同时结合非晶态材料和晶态材料的性能优势，因此应用非晶复合材料已经成为设计、制备高性能材料的一个重要途径。（吴　渊）

非晶合金催化特性　catalysis of amorphous alloys　非晶态合金由于具有各向同性的化学性质、特殊的无序原子结构和合金成分，表现出的比晶态催化剂更优良的催化活性和较高的抗毒性。非晶合金催化剂在化工、能源、环境等领域具有广泛的应用。实验表明，铁基和镁基非晶合金在降解水中有机污染物方面表现出很高的反应活性。通过球磨方法制备的非晶合金粉，由于残余应力使得表面能量状态高，反应激活能低，有机物降解速率可以达到商业铁粉的1000多倍。贵金属基和镍基非晶合金在苯环催化加氢反应中也表现出非常高的催化活性，在石油化工领域已经获得广泛应用。最新研究发现，由于局域化学结构不均匀性，钯基非晶合金在电解水催化制氢反应中比铂/碳催化剂具有更高的反应电位和稳定性。催化性能好坏与电子、原子结构密切相关，但人们对非晶合金的原子和电子结构仍然认识不清楚，需要持续努力深入研究其催化机制，并进一步设计研发具有更优异性能的非晶合金催化剂。（王军强）

非晶合金的磁热效应　magnetocaloric effect in amorphous alloys　在绝热过程中非晶合金（金属玻璃）的温度随外加磁场强度的改变而变化的现象。其基本原理是，在外磁场作用下未成对的自旋趋于与磁场平行，导致磁熵减小，体系绝热温度上升。在退磁过程中，自旋有序度下降，磁熵增加，体系绝热温度下降。利用这种在励磁和退磁过程中非晶合金的温度变化可以实现制冷，其中外加磁场相当于传统制冷中的压缩机，因而磁制冷相比于传统的气体压缩制冷具有制冷效率高、噪声低、体积小、绿色环保无污染等优点。开发具有大磁热效应的新型磁制冷工质一直都是提升磁制冷技术的关键。研究表明，非晶合金尤其是稀土基非晶合金作为磁致冷材料应用具有独特的优势，主要包括：①在冻结温度附近有大的磁熵变；②得益于非晶态合金的无序结构，磁熵变峰较宽，导致其制冷效率大过很多晶态材料；③无序对电子散射增大了电阻，减小了涡流损耗，提高使用效率；④在冻结温度附近及以上矫顽力很小，因此磁滞损耗也很小；⑤通过选择不同稀土元素的组合并调节成分可以控制材料的磁转变温度以及磁熵变大小；⑥通过热处理不仅可以调节磁转变温度，而且可以通过控制晶化行为得到具有特殊性能的复合材料；⑦在实际应用中，磁致冷材料是以微米级的颗粒或丝的形态存在，非晶合金在微纳加工成形、力学性能和耐蚀性等方面较晶态材料都具有优势。因此非晶合金作为磁制冷工质材料使用具有很好的应用前景。（霍军涛）

非晶合金软磁特性　soft magnetic property of amorphous alloys　由铁磁性元素铁、钴、镍与类金属（硅、硼、磷、碳等）、金属（锆、铪等）或稀土元素组成的非晶合金，具有软磁特性。这种合金称为非晶软磁合金。由于非晶态合金具有长程无序、短程有序结构，保留了近邻原子间的磁交换耦合作用和局域磁各向异性，呈现宏观各向同性特征，在自然状态下磁矩多呈随机分布。在外磁场作用下，磁畴容易转动并被磁化，呈现出低矫顽力及损耗、高磁导率的特征。通过设计组成元素类型及比例，可实现零磁致伸缩、高居里温度（700℃）、高起始磁导率、高最大磁导率、高饱和磁感应强度（1.80特）等不同软磁特征。典型铁基非晶合金的软磁特性为：矫顽力不高于3安/米；最大磁导率介于20万～100万亨/米；饱和磁感应强度介于1.5～1.80特；损耗P不高于0.25瓦/千克；其通常使用频率为50赫～50千赫，适用工作磁感在1.6特及以下；居里温度介于340～470℃；长期使用温度不高于130℃。合金通常以薄带或薄膜形式应用，使用前一般需要热处理退火，可通过调控磁场和退火温度，获得不同的磁滞回线及磁导率等参量。横向磁场退火得到恒磁导率特性，纵向磁场退火得到高剩磁比（高矩形比）特性。软磁性能受成分、应力、杂质及有序化程度影响，其性能的多样性决定了影响其性能因素的复杂性。可应用于多个领域，满足输配电、智能电网、无线充电、节能电器、磁屏蔽等需求。

（董帮少）

非晶合金纤维 amorphous alloy fiber 化学成分为合金且原子排列无长程序的丝状固体。非晶合金纤维的制备方法按形成物理过程分可分成两大类：一类是熔体快速凝固法；另一类是过冷液相区热塑性成型法。自从10纳米非晶合金纤维在室温下能稳定存在的实验证据被发现后，人们开始探索纳米尺度非晶合金纤维的制备。2009年热塑性模压法成功制备出直径为13纳米的非晶合金纤维。2010年，利用过冷液相区超塑性成型法成功的制备出直径从40纳米到200微米跨多尺度的非晶合金纤维。在非晶合金纤维形成机理系统研究的基础上，科研工作者提出了非晶合金纤维形成能力的判断参数：

$$f \propto m\frac{T_x - T_g}{T_g}$$

式中m为过冷液体的脆性参数；T_g为玻璃转变温度；T_x为晶化温度。非晶合金的f参数超过5.0时就能形成非晶合金纤维，而且f越大纤维形成能力越强。

非晶合金纤维具有高强度和优异的塑性变形能力，纳米尺度的非晶合金纤维甚至能在拉伸条件下进行均匀塑性变形和颈缩。与此同时，非晶合金纤维具有多种优异的功能特性，如压阻效应、巨磁阻抗效应和优异的软磁性能等，非晶合金纤维在应变传感器和磁性传感器等方面的应用研究取得了一定的进展。非晶合金纤维的其他功能特性（如电化学特性）还有待于进一步发掘。

（易　军）

非晶结构模型 amorphous structural model 研究非晶态物质微观原子和电子结构特征的模型。非晶结构模型主要包括描述无序密堆体系的硬球无规密堆模型，非晶合金的原子团簇模型，共价键玻璃的连续无规网络模型，和有机高分子材料的无规线团模型。

硬球无规密堆模型　1959年前后剑桥大学物理学家J.D.贝尔纳提出硬球无规密堆模型来研究简单液体的结构。该模型把原子看成大小相同的硬球，硬球不可压缩，认为简单液体的结构是均匀、连续、密堆的。硬球无规密堆模型的结构由四面体、八面体、三角棱柱、阿基米德反棱柱、四角十二面体五种多面体构成，称为贝尔纳多面体，多面体顶点为球心。其中四面体占比约73%，是构成非晶无序结构的重要结构单元。硬球无规密堆模型中无规密堆的堆积密度上限为0.6366，超过该堆积密度体系将发生晶化。该模型很好地描述了简单液体中原子的平均位置信息，与实验测量吻合很好。由于该模型只考虑了几何构型的无序和密堆，忽略了原子间的化学相互作用，因此不能用来描述非晶合金体系的结构特征。

非晶合金的原子团簇模型　该模型是基于20世纪50年代提出的二十面体短程序发展起来的。二十面体短程序是由13个原子密堆构成、具有五次旋转对称的原子团簇，由于其势能相对于面心立方和六角密堆晶体团簇较低，被认为是构成简单液体的基本单元。非晶合金的结构包含多种原子团簇，不同非晶合金体系的原子团簇种类和含量也不尽相同，不同类型的原子团簇对非晶合金的性能产生不同的影响。该模型对非晶合金的短程序给出了深入细致的描述，但是没有给出团簇之间的关联和空间堆垛信息。

连续无规网络模型　1932年F.W.H.扎卡利亚森提出连续无规网络模型，用来描述共价键非晶物质的结构特征。该模型认为，非晶结构单元与晶体类似，都是由四面体组成，四面体之间通过共享顶点形成三维空间网络结构，近邻原子间的键长和键角关系与晶体相似，且有一定程度的涨落。该模型的长程无序性表现在原子间键的无规排列。连续无规网络模型较成功地描述了非晶硅等共价键非晶材料的结构性质。

无规线团模型　1949年美国高分子科学家P.J.弗洛里提出无规线团模型，用来描述塑料、橡胶等非晶态聚合物的结构特征。该模型的主要思想是：非晶态中的高分子链呈无规线团的构型，高分子链之间可以相互贯穿，彼此之间无规则地缠结在一起；线团内的空间则被相邻的分子所占有，不存在局部有序的结构。该模型得到许多实验结果的支持。无规线团模型解决了高分子均方末端及高分子力、电性质等许多问题，推动了高分子科学的发展。

（李茂枝）

非晶热塑成型 thermal plastic-forming of metallic glasses 将具有玻璃转变特征的非晶合金加热至玻璃转变温度以上，晶化温度以下的过冷液态区，使非晶合金发生软化，在气体压力或机械压力下，采用适当的模具或夹具使其成为制品的一种成型方法。

成型温度　部分非晶合金具有玻璃化转变特征，它是非晶合金的玻璃态与液态之间的转变，是原子运动发生“冻结”与“自由”的转变。发生玻璃化转变的温度称为玻璃化温度，以T_g表示，这是非晶合金的特征温度。当非晶合金被加热至玻璃化转变温度以上时，非晶合金将从玻璃态转变为过冷液态。非晶合金的动力学发生急剧变化，黏度可降低6～10个数量级。当温度继续升高，非晶合金会发生晶化，此时非晶合金将从过冷液态转变为自由能更低的晶态。这一转变称为晶化转变，对应的转变温度称为晶化温度，以T_x表示。温度在T_x～T_g的温区称为过冷液态区。因为非晶合金在过冷液态区中黏度低，可以像热塑性高分子材料一样自由流动，易于成型。因此非晶合金的过冷液态区是非晶热塑成形的温区。温度越高，黏度越低，成型能力越强。

成型方法　非晶热塑成形方法主要有两种：其一为气压成型，其二为机械力成型。气压成型是依靠高压惰性气体将受热软化的非晶板（片）材加压、拉伸，使其紧贴在模具表面，冷却定型后成为制品的成型方法。机械力成型是在外应力作用下，将受热软化的非晶坯料压入模具中获得制

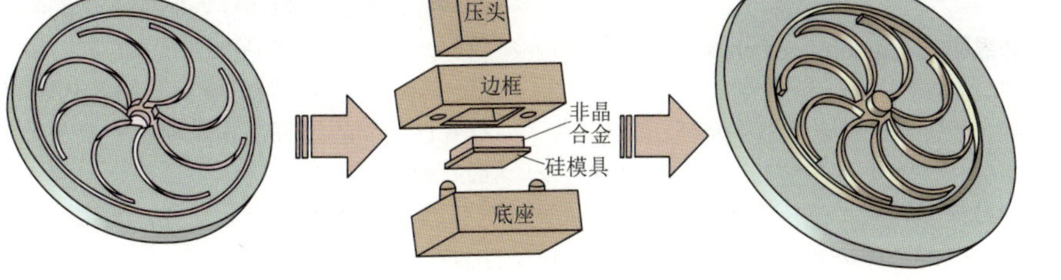

非晶热塑成型示意图

件的成型方法。依据模具的大小和形态，非晶热塑成型可以分为宏成型和微成型两种。宏成型通常采用金属材料制成的模具，尺寸较大，用于制造宏观构件（见图）。微成型主要采用通过半导体加工技术制成的硅模，或通过阳极氧化法制成的氧化铝模板，尺寸较小，用于制造微细器件。由于非晶合金具有在原子尺度上的结构均匀性，特别适合用于高精密的微细零件的成型制造。通过热塑性成型的非晶合金微细零件可用于压力传感器、生物微流槽芯片、引信、信息储存以及微机电等领域。（柳　林）

非晶微结构　amorphous microstructure　具有长程无序、短程有序特征的非晶材料的微观结构。长程无序表现为电子衍射花样呈弥散的晕环。非晶微结构的短程序是指中心原子与其近邻原子构成的序，其尺度范围为原子间距，称为短程序。20世纪50年代研究人员猜想非晶的短程序是具有五次旋转对称的二十面体。研究表明，非晶微结构的短程序多种多样，其几何结构可以用沃罗诺伊分割法得到的凸多面体表征，多面体满足几何拓扑规律。不同非晶体系的短程序种类和含量大不相同，对非晶体系的性能起重要作用。通过发展纳米尺度和埃尺度相干电子衍射技术，实验上直接观测到非晶微结构的短程序。这些短程序既包含局域五次对称性，也包含部分面心立方晶体对称性。非晶微结构的短程序的局域结构对称性可以用局域五次对称性统一描述，同时短程序的局域对称性的变化可用核磁共振技术来探测。非晶微结构还具有中程序。中程序通常是指空间距离在0.5纳米到2.0纳米范围内非晶微结构的序，称为中程序。短程序的空间堆垛可以形成中程序，但堆垛方式仍不清楚。实验发现非晶微结构的中程序具有分形特征，分形维度2.3～2.5。非晶的中程序决定了体系的弛豫动力学和力学行为，然而如何定量描述中程序仍然是未解难题。研究人员引入图论定量化描述短程序的堆垛和连接，为中程序的数学定量描述奠定了基础。（李茂枝）

非晶物理　amorphous physics　研究非晶态物质的形成和稳定规律、能量耗散机制、微观原子和电子结构特征、结构转变、结构和性能关系的学科。非晶态物质，又称玻璃态物质，是指没有原子的三维周期性排列的一类物质，即在超过几个原子间距范围以外，不具有长程有序的晶体点阵排布。常见的典型非晶态物质有氧化物玻璃、金属玻璃、橡胶、塑料等。非晶物质又可分为热体系（如液体和玻璃等，热影响性能变化显著）和力体系（如胶体和颗粒物体等，主要受控于力的因素）。前者包含液体、玻璃和众多的非晶态材料；后者有颗粒、胶体等复杂无序体系。非晶体物质涉及物质的两大状态：固态和液态。液体、玻璃、胶体和颗粒体等无序体系是非晶态物理研究的典型模型体系。

非晶物理是凝聚态物理具有挑战性的前沿课题。原因在于非晶物质是复杂的凝聚态物质，是组成粒子无序堆积的凝聚态物质。宏观上，它各向同性、均匀；但是在微观上又具有纳米和微米尺度的结构不均匀和动力学不均匀性。其宏观性能与原子尺度特征结构在空间尺度上存在7～9个数量级的差异。另外，非晶在能量上是亚稳态，结构弛豫是非晶的本征特性，其弛豫时间从液态的10^{-10}秒变化到玻璃态的10^{6}秒以上，存在12～16个数量级的巨大时间尺度差异。非晶物质是典型的无序多体相互作用体系，表征与建立非晶结构与性能的相关性从基本理论到实验手段上都极其困难。现有微观分析手段所描述的非晶态系统微观组织结构过于简单化，还不能建立原子尺度上的无序性和其化学和物理性能的对应关系，缺乏对非晶态本征微观组织结构的真正认识。所以关于非晶的基本范式和理论框架几乎是空白。非晶的结构和物理本质也不明确，非晶材料的探索研究始终缺乏坚实理论基石。非晶结构研究的困难是制约非晶物理和材料发展的瓶颈。

非晶物理中最关注的四大基本科学问题是：①玻璃转变的机制，即液体是如何凝聚成结构无序，能量上亚稳的非晶态固体的；②非晶的形变机制，即结构无序体系是如何耗散外力作用，如何发生形变的；③非晶固体的结构特征表征；④非晶结构与性能、玻璃转变、形变之间的关系。长期以来，非晶物理的研究基本围绕着这些重要问题，但进展缓慢。非晶物理研究的快速发展和非晶材料的广泛应用迫切需要对这些基本问题进行深入研究，因为现有理论和模型不能很好解释发现的新现象和新问题，无法有效指导人们探索新的非晶材料，也制约了非晶物理研究的进一步发展。著名的诺贝尔物理学奖获得者P.W.安德森认为非晶研究是固体理论中最困难和最有趣的问题之一。

回顾物理发展史会发现，因统计物理出现，气体相关物性早在19世纪就已理论化。固态的晶体，因20世纪量子物理的出现而被有效纳入认知范畴，现已建立系统的理论框架，成为现代科学体系的重要组成部分。气体和晶体完备的理论体系是现有物理基本准则成功应用的典范，是进一步认知物质世界的动力。随着科学的发展，人们的目光很自然开始面向非晶态这样的复杂体系，非晶等复杂体系正逐渐成为很多实验室关注的中心。这是因为在材料、工程和自然环境中，相对于有序晶态体系，非晶物质分布更为广泛，在高科技和军事领域发挥着重要作用。非晶无序体系还与生命存在、人类活动、社会运作和自然变化息息相关。非晶态物质的认知对于全面认识凝聚态物质、完善现有理论体系非常重要。21世纪凝聚态物质研究更大的挑战应该是建立对非晶物质体系的探索和认知基础。同时非晶体系研究在应用方面是以新材料发展和创新、工程安全性评估以及自然灾害预测等重大需求为背景的。另外，生物体就是主要由液态和非晶物质所组成。从这个意义上来说，研究非晶固体和液体是迈向更复杂和广阔生物世界的起步，将推动对复杂系统的深入认识。以金属玻璃等为代表的新型非晶态固体所展现出来的丰富而又奇妙的现象，进一步促进了非晶物理的发展。金属玻璃的实际应用、基础理论研究、新的实验技术的引入都是决定非晶物理未来发展的重要因素。（汪卫华）

非静电力　nonelectrostatic force　能够作用于电荷，且属于非静电类型的作用力。是能够产生恒定电流的要素。静电场是势场，仅靠静电场的作用不可能维持恒定电流，因为电流最终结果是将使原来的静止电荷越来越少，从而削弱静电作用。为了维持恒定电流，必须有非静电的作用将其他形式的能量补充进来，将流出的电荷移回原处，维持恒定电场。这种提供非静电力的装置就是电源。在干电池、蓄电池等化学电源中，非静电力是与离子的溶解和沉积过程相联系的氧化和还原化学作用；在温差电源中，非静电力是与温差和电子浓度差异相联系的扩散作用；在直流发电机中，非静电力是电磁感应作用；在广泛用于人造卫星和不载人航天飞行器中的太阳能电池中，非静电力是将日光能直接转化为电能的作用；在核电池中非静电力是利用某些放射性物质的核裂变过程中释放的核能转变为电能的作用。（陈熙谋）

非离子型表面活性剂　nonionic surfactant　亲水基团不带电的表面活性剂。许多长链醇表现出一些表面活性剂性质。其中主要是脂肪醇、鲸蜡醇、硬脂醇、鲸蜡硬脂醇

（主要由十六烷基和硬脂醇组成）和油醇。非离子表面活性剂可应用于地毯清洗产品，也是优质的油性土壤乳化剂。非离子表面活性剂一般具有较高的黏性。非离子表面活性剂包括聚氧乙烯醚、烷氧基化、椰油等。（邢向军）

非平衡态 nonequilibrium state 在没有外界影响条件下系统各部分宏观性质会自发地发生变化的状态。两端维持不同温度而其余部分孤立的一根金属棒，棒内各段的温度是不均匀的。若维持棒两端的温度不变，经一定时间后，沿棒的温度分布将不再随时间改变。还可观察到，有能量从高温端向低温端传递，在温差一定的情况下能量传递的速率由棒材的导热本领决定，通常把材料的导热本领称为此材料的热导率或导热系数。若将已达到温度稳定分布的此金属棒孤立，使之处于完全没有外界影响的条件之下，则能量流将自发地沿着棒从高温端流向低温端，一直到棒内的温度均匀一致，建立热力学的平衡态为止。因此，两端维持不同温度的金属棒处于非平衡态。而由于棒内温度分布不均匀引起的能量由高温端向低温端传递的现象称为热传导。

输运过程　流体中宏观流动速度分布得不均匀，或者由多种化学成分不同的物质组成的多元系中各种组元浓度分布得不均匀，也可导致系统处于非平衡态。流体各部分宏观流动速度分布得不均匀引起流体相邻各部分之间在平行速度方向的交界面上互相施以力，其作用使流动较慢的部分加速，而流动较快的部分减速的现象，称为流体的**黏滞现象**或内摩擦现象。由于多元系统内任一组元的浓度分布得不均匀引起系统内该种组元的物质由浓度较大的部分向浓度较小的部分迁移的现象，称为扩散现象。热传导、黏滞现象和扩散现象统称为**输运现象**。这些现象中存在着的由于能量、动量和质量的传递，促使系统从非平衡态过渡到平衡态的过程称为输运过程。描述系统状态的宏观量在空间的分布不随时间改变的输运过程，称为稳定的输运过程，系统所处的状态是稳定态；描述系统状态的宏观量在空间分布随时间改变的输运过程称为非稳定的输运过程，相应系统的状态是非稳定态。在实际问题中上述三种输运过程往往是同时存在的，而且还会发生交叉效应，即因一种输运过程的存在而引起另一种输运过程。如温度的不均匀分布可引起热传导，同时在多元系气体中会引起扩散，这种输运现象称为热扩散；反过来，浓度分布得不均匀可导致温度分布得不均匀，这种现象称为杜伏效应。

非平衡态热力学　为了研究非平衡态系统中发生的状态及其变化的不可逆过程，发展了唯象的宏观场理论和相应的微观的非平衡的统计理论。前者称为非平衡态热力学或不可逆过程热力学，后者叫作非平衡统计物理学。两者都是当前统计物理学最活跃的前沿，不仅在凝聚态理论如固体理论和等离子体物理学中有重要的应用，而且在愈来愈多的科学领域如生命科学、化学动力学、天体物理学等中得到重视和应用。

研究处于非平衡状态的热力学系统，在趋向平衡时出现的不可逆过程的性质及其演变必须遵循的基本规律的宏观学科构成不可逆过程热力学或非平衡态热力学的主要内容。研究表明，系统的稳定态在非平衡态热力学中所扮演的角色，可与绝热系统达到平衡态在平衡态热力学所扮演的角色相比较。后者的熵最大，而前者只要是偏离平衡不远的稳定态，熵增率最小。因此，近平衡区系统是稳定的，任何对定态的偏离随时间都将湮没，重新回到定态；在线性非平衡区不可能发生使系统呈现新的有序结构的突变现象。

但是，这一熵增率最小原理并非对处于稳定态的系统普遍成立。如对于偏离平衡很远的系统就不成立。远离平衡区的情况远比在线性非平衡区遇到的情况要复杂，此时非平衡系统中的“力”和“流”之间的关系是非线性的，这个区域称为非线性区。对于远离平衡的非线性区的系统，存在一个称为分支点临界态，系统在越过分支点后，任意小的扰动（譬如说涨落）都可能诱发系统从稳定态到不稳定态的突变，在其中呈现出新的时空有序结构。I.普里戈金等把这种有序结构称为**耗散结构**，这种现象叫自组织现象。

非平衡统计力学　正如平衡态统计力学是平衡态热力学理论的微观表述一样，与非平衡态热力学理论相应的微观表述是非平衡态统计力学。它从经典（或量子）统计力学的基本原理出发，研究各种物理系统（气体、液体、固体等）中的能量、动量以及质量的输运过程，得到计算各种输运系数的微观表达式，并说明涨落耗散定理，应用统计力学的方法导出描述处于非平衡态系统状态变化的输运方程。在不可逆过程的统计理论中，发展得相当完善的方法是分布函数的动力学方程方法。它首先是由**L.玻尔兹曼**开创，**S.查普曼**和D.恩斯库格等人研究和发展的。后来，N.博戈留波夫、J.柯克伍德、L.范霍夫以及普里戈金等人进一步完善了它的理论体系，并做了深入的研究。这一方法使得描述处于非平衡态系统状态变化的输运方程的推导和从理论上计算输运系数成为可能，这对处理实际问题有重要意义。但是，此法只适用于密度足够小、粒子间相互作用很弱的气体。对于更为普遍的系统，如何从非平衡的统计力学出发，推导不可逆过程热力学的输运方程组，并计算系统的输运系数，仍是需进一步研究的课题。

倘若系统偏离平衡不远，则通常的线性唯象的不可逆过程热力学可适用于任何系统。但此唯象理论并非是纯粹的宏观理论，因为它除了应用热力学方法外，还用到在微观层次上的论证，如从力学运动方程对时间反演的对称性，导出昂萨格的倒易关系式。

不可逆过程理论的发展已为建立普遍的不可逆过程的统计热力学迈出了一大步，现已确立了成熟理论体系的平衡态统计热力学，非平衡态统计热力学仍只是处于发展阶段。（仲　佰）

非平衡统计物理 non-equilibrium statistical physics 研究**非平衡态**系统中发生的物理行为的统计理论。见**统计物理学**。

非平衡相变 nonequilibrium phase transition 在外界作用下，与外界保持物质能量交换并处于非平衡稳态或亚稳态的系统，当外加条件改变时在其结构、时间演化行为等方面引发的突变。与平衡相变类似，导致非平衡相变发生的物理量在相变时达到其临界值。而在临界点附近，系统将表现出其特征的临界行为。非平衡相变是一个普遍现象，代表性的例子有瑞利-贝纳德对流、激光、“化学钟”（即某些化学反应中出现的有序时空结构）等。如当从下方均匀加热置于重力场中的水平流体薄层时，如果流体薄层上下表面之间的温差低于某个临界值，流体薄层在结构上将保持处处均匀，同时热量也将自下而上均匀地传导；但若使流体薄层上下表面之间的温差高于该临界值，其在结构上将不再均匀，而是涌现出规则的呈周期运动的宏观对流圈或对流胞，使得热量得以通过对流的方式迅速从下表面传递到上表面。这就是所谓的瑞利-贝纳德对流。如此例所示，非平衡相变可导致系统从无序或对称度高的非平衡稳态向高度有序或对称度低的非平衡稳态转化，是系统实现自组织的一个重要机制。涉及非平衡相变和自组织的两个主要理论是耗散结构理论和协同学。在耗散结构理论中，高度有序的非平衡稳态被称为耗散结构。该理论认为，其产生要求系统是开放的，并且要远离平衡态，同时系统内部元素之间保持着非线性相互作用。非平衡相变研究业已取得丰硕成果，但一些意义重大的复杂非平衡相变现象，诸如湍流等，仍未得到充分认识和理解，是深化非平衡相变研究的重要目标。

（王　娇）

非轻子衰变的QCD因子化　QCD factorization in non-leptonic decays　一种处理非轻子衰变的方法。非轻子衰变的QCD因子化过程的基本思想是将衰变振幅中不同能标的贡献进行分离，高能标贡献可以利用微扰论计算，低能自由度不能微扰计算但却是普适的，可通过拟合实验或非微扰方法如格点量子色动力学获得，进而计算整个过程的衰变振幅，从而预言各种物理量。重味强子如B介子可进行弱衰变。重味夸克尤其是底夸克质量较大，主要通过弱作用衰变。底味夸克的主要衰变产物为粲夸克，而粲夸克的主要衰变产物为奇异夸克等。相比起纯轻或半轻衰变，非轻衰变的初末态都是强子，因此都参与强相互作用。在低能下，强相互作用耦合常数可能很大，不能使用微扰论进行计算，因而理论上对非轻过程的处理也是最复杂的。

重味粒子在衰变过程中释放能量较大，因此其衰变是一个多标度的问题。一方面是夸克胶子的湮没与产生，这个过程时间很短，能标比较高，是可以微扰计算的。另一个方面，强子的碎裂与夸克和胶子等再结合成为实验上所看到的强子，这个过程比较长，是不可微扰计算的。处理跃迁这个多标度矩阵元，可通过算符乘积展开，在大动量区域内展开成动量依赖的系数与（非）定域算符的形式。高能标度的自由度放入短程系数中，表示短程大动量转移过程，可以使用微扰论计算。不能进行微扰计算的自由度被包含在小动量转移的剩余矩阵元中，长程过程是过程普适的。重整化群方程则可以通过演化来处理对不同标度的依赖。

QCD因子化方法是处理重味强子衰变的理论基础。理论上，QCD圈图计算的积分是从0到无穷大的积分。因此不同标度能否分开计算是需要证明的，其过程就是因子化定理的证明。在QCD完整理论下，这是不可能完成的任务。但利用重夸克有效理论，可以逐级证明一些过程的因子化。历史上计算重味B介子非轻子衰变的因子化方案有简单因子化方法、推广的因子化等。较为成熟的建立在有效理论基础上的因子化方案有QCD因子化方法和微扰QCD因子化方法。这里的QCD因子化指的是由M.贝内克等创立的一套方法，其理论基础为共线因子化。在b夸克质量无穷大极限下（对应于重夸克有效理论展开的领头阶近似）可以证明因子化。微扰QCD因子化方法则是由李湘楠等创立的基于横动量依赖的因子化方法。随后发展起来的软共线有效理论也是基于共线因子化，但它是从QCD基本理论出发的有效场论方法。这个理论在B介子物理发展起来之后应用到QCD理论和计算的各个能量标度和领域。

（吕才典）

非溶剂　non-solvent　聚合物强烈地倾向于链内单元的自我吸引，几乎将所有溶剂排除在聚合物线团之外的溶剂。在**不良溶剂**中，聚合物链段单元之间吸引作用远强于单元/溶剂间的吸引作用，表现出的吸引势阱超过了链段单元之间的刚性排除能垒，排除体积为负值，因此链段单元倾向于紧密聚集。非溶剂是不良溶剂的极端情况。例如，水是聚苯乙烯的典型非溶剂，甲醇是聚乙烯的非溶剂。聚合物非溶剂多用于将聚合物从其溶剂中沉淀出来，用于聚合物的纯化或者聚合物纳米复合材料的溶液共混制备。另外，加入非溶剂引起聚合物溶液的相分离，通过除去溶剂，可得到具有一定微孔结构的材料，这也是制备聚合物微孔滤膜常用的方法之一。

（张宝庆）

非弹性散射　inelastic scattering　散射后在质心系中粒子的动能或组分发生了改变的散射过程。与**弹性散射**相对的非弹性散射，指散射后在质心系中粒子的动能或组分发生了改变的散射过程。这种动能的损失将导致其他形式的能量改变，其中比较典型的类型有：参与散射的粒子的内部状态发生改变（如能级改变、结构变化）导致的能量变化，这种类型的非弹性散射的典型例子如拉曼散射；参与散射的粒子的结构遭到破坏，通过碎裂等形式产生新粒子，典型例子如深度非弹性散射；末态中产生全新粒子的能量，如现代能对撞机上产生大质量基本粒子的各种典型过程。

在入射粒子与靶核的非弹性散射过程中，入射粒子的总动量是不守恒的。入射粒子的一部分动能转变为弹核本身或者靶核的内能，而弹核与靶核的质量均未发生变化。在此过程中，最常见的是具有较低激发能级的核被激发到较高的能级。

（曹庆红　张　昊　靳根明）

非弹性系数　inelasticity coefficient　非弹性碰撞过程中，入射粒子损失的能量在初能中所占的百分比。见**多重数**。

非弹性中子散射　inelastic neutron scattering　一种用来研究材料中原子、分子运动以及电子元激发特性的实验方法。实验人员通过观测中子在入射到样品和出射到探测器之间过程中动能和运动方向的变化，并对大量散射事件进行统计分析，可以计算出对应于各种动量和能量变化的散射过程的发生概率，一般用动态结构因子$S(\boldsymbol{Q},\omega)$来表示。其中$\boldsymbol{Q}$和ω分别是中子从入射到出射的动量和能量的改变量，$S(\boldsymbol{Q},\omega)$通常只与材料的状态有关。对于具有显著动量-能量特征的元激发，如晶体中的**声子**，$S(\boldsymbol{Q},\omega)$也会带有相应结构，即当晶体动量$\boldsymbol{q}=\boldsymbol{Q}-\boldsymbol{G}$（$\boldsymbol{G}$为晶体的某个倒格矢）和$\omega$恰好满足声子的色散关系时，$S(\boldsymbol{Q},\omega)$会出现局部极大值。

由于中子带有磁矩，非弹性中子散射也是测量磁性元激发的有力工具。为了对磁性和非磁性的散射过程加以区分，可以检测中子在散射前后的自旋状态变化，即进行所谓的自旋极化中子散射。此外，$S(\boldsymbol{Q},\omega)$对$\boldsymbol{Q}$以及样品温度等的依赖关系也可以帮助判定散射的类型。

实验技术方面，非弹性中子散射主要有两种实现方式：“三轴”方法和“飞行时间”方法。前者通过中子在标准晶体（如单晶硅、铜、热解石墨等）上的布拉格衍射对中子的能量（和动量大小）进行筛选，通过散射的方位角对动量方向进行筛选，完成对感兴趣的$S(\boldsymbol{Q},\omega)$的测量。一般使用单个探测器，在连续束流的中子源上进行实验。后者通过中子波包的飞行速度筛选入射中子能量，并通过总飞行时间对每个出射中子的速度进行测定，使用具有时间、空间分辨率的阵列探测器采集数据，使用大型计算机将数据汇总而得到大范围的$S(\boldsymbol{Q},\omega)$。一般在脉冲束流的中子源上进行实验。

（李　源）

非弹性X射线散射　inelastic X-ray scattering　基于X射线能量段（200～30 000电子伏）光子的非弹性散射谱学实验方法。光子通过其电场分量可以与材料中的电子相互作用。而由于原子的内层电子与原子核紧密绑定，非弹性X射线散射可以用于测量晶格振动，其测量原理与**非弹性中子散射**相似，测量结果也可归纳为动态结构因子$S(\boldsymbol{Q},\omega)$。与同样使用光子进行散射的**拉曼散射**不同，X射线散射具有动量分辨能力，可以测量远离布里渊区中心的声子。通过使用完美晶体（一般采用单晶硅）作为单色器，硬X射线非弹性散射的能量分辨率可以达到亚毫电子伏，使其足以胜任大多数声子的测量。

非弹性X射线散射的一个重要分支是共振非弹性X射线散射。共振散射使用特定频率的入射X射线来完成散射实验，选取的频率恰好与材料中某个元素的特定X射线吸收边频率相吻合，能够通过共振吸收的过程显著增强散射信号。从发生散射的过程上看，共振与非共振X射线散射的主要区别在于，前者还额外涉及材料中原子吸收了一份入射X射线能量后所处的中间态，这个中间态缺失了一个内层电子，而多出了一个导带电子，这使得共振X射线散射对导带中电子的微观状态特别敏感。利用这一点，共振X射线散射可以用于测量材料的自发电荷或轨道有序以及相应的元激发。此外，由于内层（但不能为s壳层）的电子一般因相对论效应而具有很强的自旋轨道相互作用，共振X射线散射也可以用来探测磁性的元激发（而一般的非共振X射线散射则不能）。由于受益于软X射线光源和谱仪能量分辨率的提升，共振X射线非弹性散射技术迎来了一轮快速发展，正逐渐成为一种与非弹性中子散射互补的测定磁性元激发的重要实验手段。 （李　源）

非线性波 nonlinear wave　在介质中移动着的某物理量的扰动不够小的波。非线性波中扰动的二阶以上效应显著。见波。

非线性磁光克尔效应 nonlinear magneto-optical Kerr effect; NMOKE　在探测铁磁性材料的非线性光学响应时,信号偏振面依赖于样品磁化强度发生旋转的现象。非线性磁光克尔效应是指在探测铁磁性材料的非线性光学响应（如二次谐波、光学混频等）时，信号偏振面依赖于样品磁化强度发生旋转的现象，因其对磁性材料表、界面的高度灵敏得到了广泛的关注。在电偶极矩近似下，中心反演对称的材料体相不存在二阶非线性光学响应；但由于对称性破缺，材料的表、界面处可以存在非零的二阶非线性极化率。当磁性材料如铁、钴、镍等被磁化时，其表面结构对称性进一步发生改变，同时时间反演对称性也被打破，继而影响到二阶非线性极化率的形式与强度，导致非线性磁光克尔现象的产生。因此在探测该类体系的二次谐波信号时，非线性极化率中存在着与磁化强度相关的项，在电偶极矩近似下材料的极化强度可以写成：

$$\boldsymbol{P}_M^{(2)}(2\omega)=\overleftrightarrow{\chi}^{(2)}(\boldsymbol{M}):\boldsymbol{E}(\omega)\boldsymbol{E}(\omega)$$

式中二阶非线性极化率$\overleftrightarrow{\chi}^{(2)}$是表面磁化强度$\boldsymbol{M}$的函数，其构成取决于材料的结构对称性与磁化属性，往往与磁化强度近似成正比。

1987年，沈元壤等人根据对称性推导出立方晶系晶体（001）表面的二阶非线性极化张量可以存在与磁化强度相关的非零项，从理论上指出二阶非线性光学效应可应用于探测表面磁化。1991年，J.基施纳课题组首先在实验上观测到了铁（110）表面磁化对其二次谐波信号的影响，其实验装置如图1所示。样品为处于单磁畴态的铁Fe（110）晶体，其磁化方向沿着±[001]方向；$\boldsymbol{P}$偏振频率为ω（波长532纳米）的基频光与法向（如[$\bar{1}$00]方向）成45°入射，反射方向（如[010]方向）观测到的$\boldsymbol{P}$偏振的二次谐波可由格兰偏振器分解得到。如图所示，磁化对诱导产生的电子振荡的影响垂直于表面（e_z方向），导致了辐射场的偏振发生旋转（e_-方向）。各相应的晶向如图所示。之后，T.拉辛与基施纳等观测到Co/Cu超薄膜中的非线性磁光克尔效应，证明了该现象也可用以探测界面磁性（图2）。图2a为纵向非线性磁光克尔效应；图2b为$\boldsymbol{PP}$偏振组合下的磁化感生的二次谐波信号强度。图中的图像均为四次回线（每次测量耗时1分钟）平均的结果，值得指出的是图2b给出的是二次谐波信号的总强度。

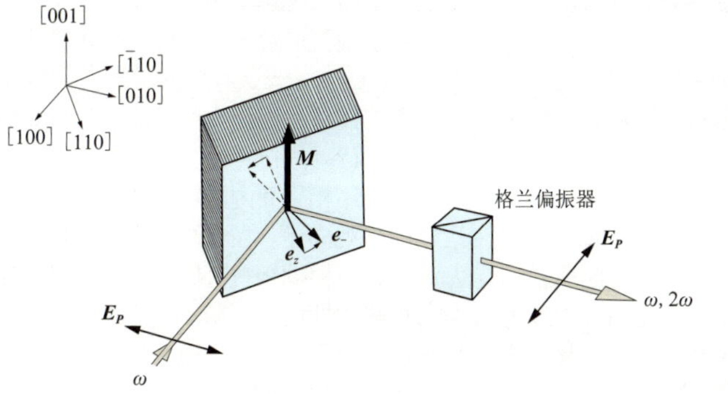

图1　实验装置示意图

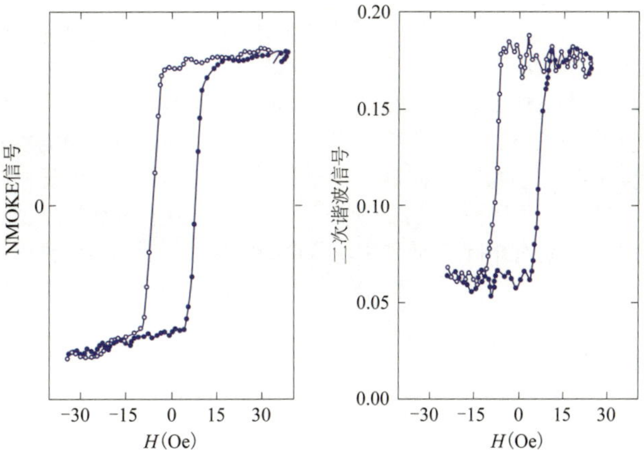

a　　b

NMOKE信号随磁场大小增加之后再减小的变化

图2　铜Cu(001)衬底上15层厚钴样品的磁滞回线图

非线性磁光克尔效应在量级上显著地超过了线性克尔效应：例如在铁/铬多层膜和单晶铁晶须结构中，非线性克尔转角比线性克尔转角可增大近三个数量级。该效应十分适合作为材料的表面结构及其电、磁特性的原位表征，目前已被成功应用于多层异质结构、以及自旋-极化量子阱中隐藏界面等的探测中。此外，非线性磁光克尔效应可与超快光谱学技术相结合，如结合激发-探测的方法，可以在皮秒乃至飞秒的时间尺度上对表界面磁性进行表征。 （刘韡韬）

非线性动力学 nonlinear dynamics　动力学与控制学科的一个重要而活跃的分支，主要研究非线性系统各类运动模和系统长时间式和演化过程的定性和定量规律尤其是不同运动模式之间相互转换和系统长时间行为的复杂性。非线性动力学旨在揭示现实世界及其相应数学模型所呈现的动态规律，发展研究非线性动力学问题的基本理论和方法，最终推动自然科学、工程技术、社会科学的发展。非线性动力学不仅是动力学与控制学科的重要组成部分，而且是现代科学技术的理论基础，对人们的世界观和方法论有深远的影响。

学科内容　非线性动力学是在微分方程和动力系统等数学理论基础上，发展和应用解析方法、数值方法和实验技术，针对非线性系统（尤其是工程系统）的动态特性和响应进行建模、分析、仿真和控制，重点研究系统的运动稳定性、分岔、混沌、分形和孤立子等方面的问题。

运动稳定性　运动稳定性是指系统运动（包括平衡）在初始小扰动下基本保持不变的性质。在李雅普诺夫的经典贡献基础上，早期工作为李雅普诺夫理论的发展与完善，特别是线性化方法对各种具体力学系统的应用，以及直接方法中李雅普诺夫函数的构造。随着控制理论和工程的发展，系统输入输出稳定性受到关注。为满足航天等科技工程领域的需求，刚体-柔体-液体-控制耦合系统以及更广泛的大系统稳定性也受到关注。运动稳定性近期的研究侧重于具有参数不确定、非光滑、时间延迟等复杂系统。

分岔　分岔是指动力学系统的定性行为随着系统参数的改变而发生质的变化。分岔的研究不仅揭示了动力学系统不同运动状态之间的相互转化规律，而且与混沌出现路径密切相关，成为非线性动力学的重要组成部分。分岔问题的研究主要包括分岔识别、保持分岔特性的系统降阶和简化、分岔数值计算和分岔控制等。分岔识别是指判定系统分岔的类型。保持分岔特性的系统降阶包括基于中心流形定理或李雅普诺夫-施密特约化的应用，系统简化为庞加莱-伯克霍夫范式或奇异性理论的应用。分岔数值计算包括基于延续算法跟踪解曲线、判定解曲线上的分岔点并计算分岔点处的分岔方向，从而跟踪分岔后的解曲线。分岔控制包括调整分岔参数值、改变分岔类型或分岔后动力学行为、引入新的分岔等。

混沌　混沌是一种由确定性非线性系统产生的、对系统初值极为敏感而具有内禀随机性和长期预测不可能性的往复非周期运动。21世纪以来，混沌研究已成为非线性动力学的主要研究方面，可包括混沌的数值识别、解析预测、数据建模、控制和同步化等。混沌的识别是指应用系统运动若干数值特征如**李雅普诺夫指数**、分形维数、功率谱、熵等判断该运动是否为混沌。混沌的解析预测是指在给定系统在运动开始之前便确定在其参数满足何种条件运动将呈现混沌性态。混沌的数据建模是指采用延迟坐标和确定嵌入维数从而提取隐含在部分系统数据中的原系统整体信息。混沌的控制是镇定混沌吸引子中的不稳定周期轨道或利用系统特性以较小的外界输入实现对周期目标的跟踪。混沌同步化通过耦合作用使得两个混沌系统有相同运动或以外界输入驱动混沌系统跟踪给定的混沌目标。

分形　分形是没有特征尺度而又具有自相似性的几何结构，适用于描述破碎、不规则的复杂几何形体。混沌与分形都是对复杂现象的描述，但侧重不同。混沌是动力学概念，说明时间过程的非周期性和随机性，其运动难以进行长期预测。分形是几何学概念，说明空间形体的不规则性和破碎性，其几何形态难以用单一的尺度描述。人们已在相空间中建立了几何学与动力学的联系。主要表现在两个方面，即系统的混沌吸引子一般是分形，多吸引子共存的动力系统的各吸引盆可能是分形。此外，有些全局分岔图也具有自相似性，可以用分形描述。

孤立子　对于孤立波非线性演化方程的局部行波解，若其稳定则称为孤立子。它的特点是相互碰撞后继续存在且波形和速度基本不变，是具有有限能量的无弥散解。孤立子及其相关孤立波已经有大量研究，包括演化方程的孤立波求解方法、典型演化方程的孤立子特性、无穷维系统的可积性及其守恒律、孤立子的几何结构、高维孤立子的坍塌和稳定性等。

研究方法　非线性动力学研究方法包括几何方法、解析方法、数值方法和实验方法。不同方法之间可以互相支持、验证和补充。例如，几何方法可以和解析方法互相补充，前者得到动力系统大范围的定性结果，后者则在一定范围给出定量结果。又如，解析方法与数值方法可以互相验证，用精确解析解验证数值解，用数值解支持近似解析解。再如，实验现象可以通过对实验系统建模后，将实验结果与所建立数学模型的解析解或数值解进行比较验证。

几何方法　几何方法是对非线性系统的动力学行为进行定性分析。经典的几何方法是利用相平面内的相轨迹作为对系统运动的直观描述。在常微分方程定性理论基础上，可根据相轨迹的几何性质判断微分方程解的性质，如用相平面内的奇点和极限环作为平衡状态和孤立周期运动的几何表述。非线性动力学的现代发展要求几何方法研究新对象和新问题。现代几何方法包括对一些抽象几何结构的研究。这些抽象几何对象构建较为简单，但具有非线性系统的某些典型行为。例如，斯梅尔马蹄和符号动力系统，都具有初值敏感性和周期点非周期点共存。对这种抽象结构的研究，有助于人们在真实系统中发现相应的动力学行为。几何方法在非线性动力学研究中起着重要作用，不仅能得到直观的定性结果，而且可为其他研究方法提供理论依据。

解析方法　解析方法建立非线性动力学系统特性或响应与系统参数之间关系的数学表达式。该方法主要是在给定的初值或边值条件下，精确或近似求解描述动力学系统的非线性方程，包括非线性差分方程、非线性常微分方程、非线性偏微分方程、非线性积分方程等，导出的动力学特性或运动规律及其对系统参数和初始条件的依赖关系。非线性微分方程的精确解析解通常涉及非初等函数（如椭圆函数）的引入和研究。能够得到精确解的非线性系统（即可积系统）较为有限，但精确解是摄动分析的基础，也可以用于检验数值算法。更常用的解析方法是近似解析方法。这类方法多用于弱非线性系统，即与线性系统十分接近的非线性系统，通常以退化线性系统的精确解为基础，将非线性因素作为一种摄动求出近似的解析解。这些近似解析方法原则上可应用于特殊的强非线性系统。如果存在与之相近而又精确可积的非线性系统，则可对精确的非线性解进行摄动。任何一种近似解析方法所得到的结果都是近似的结果，必须与其他方法互相印证。解析方法的主要局限是应用范围有限，仅适用于研究可积和近可积的系统的平衡和周期性运动。解析方法得到的解未必具有稳定性，因此可能不是实际问题中能出现的运动。

数值方法　数值方法是通过计算求出非线性动力学方程在特定的参数条件和初始和边界条件得下的数值解，以揭示系统的动力学特性、验证理论结果或发现新现象。数值方法既可以计算具体非线性系统的各种运动，包括平衡、周期运动和非周期运动，也可以数值确定参数对系统运动的影响，还可以通过数值确定吸引盆及其边界分析初始条件对系统运动的影响。由于处理**非线性振动**问题的数学工具尚不完备，数值方法起着非常重要甚至是不可替代的作用。数值方法在非线性动力学中的突出作用是发现新现象，例如混沌和分岔的一些特性。数值方法还可以补充理论结果，使一些理论结果定量化或揭示有关条件不成立时发生的情况。数值方法还可以借助具体直观的结果为一般理论研究提供启示，激发灵感。尽管数值方法是探索非线性动力学的强有力工具，但数值研究只能在有限精度下进行。即使不考虑建立系统模型本身的误差，数值方法在应用过程中也不可避免地存在截断误差和舍入误差。所以数值计算的结果必须仔细检验和诠释，用直观和理论加以印证，并仅仅应用于它所适用的场合和目的。

实验方法　实验方法是指人们有目的地用可控制的物质手段改变非线性系统而获得其性质或状态的信息。实验装置通常包括被测试非线性系统，受控制的外部激励源和实验信号的采集、转换、分析和处理系统。在基础研究中，实验研究不仅能证实现有理论的正确性，还可能突破原有理论框架，揭示新的现象和规律。在应用研究中，实验是非线性动力学从理论到应用不可缺少的中间环节，既可验证理论模型的正确性和精度，又可在缺少理论模型时提供基于实验数据的唯象模型。此外，一些直观的演示性实验有助于人们对非线性动力学的理解，加速知识的传播。实验工作是理论结果的先导、补充和验证。

与相关分支学科的关系 非线性动力学是综合数学理论、物理概念、计算技术和实验方法研究非线性系统，特别是工程系统的定性和定量动态行为，具有多学科交叉的特点。因此，它与力学、数学、物理中其他分支学科既有广泛联系，又有显著区别。这些分支学科包括振动力学中的非线性振动，数学中的微分方程和动力学系统、分岔理论，物理学中的非线性物理学，自动控制理论中的非线性系统理论等。

非线性动力学与非线性振动有着密不可分的联系。广义而言，可以认为非线性振动是非线性动力学的一部分。总体上，非线性振动主要关注系统平衡态和周期运动以及相伴随的幅值、频率、相角等特性参数，而非线性动力学更关注不同运动的转换以及混沌运动。

微分方程、动力系统、分岔理论等相关数学理论都是非线性动力学不可或缺的基础。但非线性动力学不是单纯的数学理论研究。数学理论和方法的发展和应用只是非线性动力学的一个方面，非线性动力学还包括对实际系统的建模、数值仿真、实验验证等。建立系统数学模型时不可避免地忽略一些因素，而数学理论所要求的条件通常只能近似满足。因此，应用数学理论与实际问题所得到的结果，还需要进行适用性分析。

非线性物理与非线性动力学的关系类似于物理与力学的关系。非线性物理属于基础科学，聚焦于对混沌、分形、孤立子、斑图形成、复杂性等问题进行机理性探讨。它的研究对象更为广泛，不局限于经典力学，还有量子混沌等。研究方法方面还包括统计物理学方法的应用。非线性动力学既是基础科学，又是工程科学，研究工程系统的稳定性、分岔和混沌等非线性物理通常不关注的问题。

自动控制理论中的非线性系统理论与非线性动力学的研究对象有一定重叠，研究方法也有类似之处，区别主要在于侧重点不同。非线性系统理论通常对系统复杂动态行为关注较少，更侧重系统尤其是控制器的设计。非线性系统理论中所处理的系统，往往需要考虑输入输出特性。

意义与展望 非线性动力学问题的研究具有深刻的理论意义。在混沌现象广为人知以前，人们将对自然界的描述分成随机性和确定性截然不同的两类，确定性系统具有决定论的性质。混沌研究的兴起促使人们重视有限性的问题，即随机检验只能在有限的时间和频率中进行，真实物理量的精度都是有限的。随着对确定性混沌的深入理解，机遇、因果、决定论等人类认识自然的基本概念和范畴需要重新认识。非线性动力学的研究导致了一种新的实验方式，即数值实验的产生和广泛应用。它的研究也促进了数学、物理，特别是其中力学中相关学科的发展。随着研究的深入，非线性动力学也日益在生物医学和社会科学中显示出广阔的应用前景。

非线性动力学在解决工程问题中正起着愈来愈重要的理论指导作用。非线性动力学表明简单的数学模型可能产生复杂的动力学行为，因而可应用于时间序列的非线性建模和预测以及控制。非线性动力学揭示了不规则的噪声信号可能产生于低阶的确定性非线性系统，从而为噪声的抑制提供了新的思路。非线性动力学对于系统全局和长期性态的分析结果，可用于数值仿真结果可靠性的研究。非线性动力学还为实验研究提供了新的概念和方法，在传统的频谱分析之外可以测量确定识别混沌运动的一些特征数值。

非线性动力学的未来将从研究问题的全面性和研究系统的复杂性两个维度发展。非线性动力学研究将不局限于问题的分析，而向建模、仿真、优化、控制等全部过程扩展。所研究的系统将含有高维、非光滑、有时间延迟、多时间尺度、不确定等复杂因素。 （陈立群）

非线性光谱 nonlinear spectroscopy 光与介质相互作用时，介质与光场振幅之间出现的非线性响应影响产生的光谱。见*光谱学*、*激光光谱学*。

非线性光学 nonlinear optics 研究光学波段非线性电磁现象的学科。非线性光学是激光问世后出现的一个近代光学重要分支。所有的非线性光学现象都是来源于光与介质相互作用时介质与光场振幅非线性的响应。可表现为介质折射率、吸收系数等常数不再是不变系数，而与光场有关；不同光波间可实现能量转移（如多波混合、受激光散射、倍频与差频、光学参量过程等）。

发展简史 1906年发现的*泡克耳斯效应*和1926年发现的克尔效应是最早就研究过的非线性光学效应，但非线性光学的历史还应该说是从1960年T.H.梅曼研制成功红宝石激光器后才开始的。激光提供了高强度的相干光，使光场接近甚至可和微观粒子中束缚电子的库仑场相比拟，为非线性光学效应的广泛观测创造了条件。1961年P.A.弗兰肯等首次用红宝石激光在石英晶体中观测到二次谐波，以后的各种非线性光学效应，如光学谐波、和频和差频、光学参量放大和振荡、多光子吸收、光束自聚焦、受激光散射和瞬态相干光学效应等迅速被发现。同时，*N.布洛姆伯根*等人也成功地进行了非线性光学理论研究，建立了以介质的非线性极化和*麦克斯韦方程组*为基础的非线性光学理论。1970～1990年是非线性光学研究全面深入的20年。*激光器*性能的改善，特别是调谐激光器的出现，又发现了一系列新的非线性光学现象，如光学双稳态、光学孤子现象等。研究对象由固体扩展到气体、原子蒸气和液体。由于采用可调谐激光，可充分利用非线性共振增强效应，开始研究三阶、五阶甚至更高阶的非线性光学效应。1990年以后，飞秒激光器技术的突破，超快非线性光学现象和各种非线性光学材料研究不断深入。由于光场振幅已经高于微观粒子中束缚电子的库仑场，极高强度飞秒激光与介质相互作用出现的非线性光学现象，使飞秒强光光学研究已经进入新的发展阶段。这期间非线性光学的应用也取得丰硕成果，在激光核聚变、*自适应光学*、光学存储、全息显示、光通信、材料物理、激光光谱、超快光学、强场物理等方面取得重要进展。

基本原理 非线性光学过程由两个部分组成：光感生出介质的非线性响应、介质的非线性响应改变光场。光场作用于组成介质的微观粒子，在光场不是很强的情况下，可以通过量子力学微扰理论算出粒子的各阶感生的电偶极矩，再通过统计平均得到介质的各阶极化强度，$P=P_1+P_2+P_3+\cdots$，式中P_1为线性极化强度，对应线性光学现象。其余各项是各阶非线性极化强度，对应各阶非线性光学现象。由此可计算出与光场振幅有关的介质折射率和介质非线性吸收系数。将特定的非线性极化强度代入经典麦克斯韦电磁方程，就可对各种非线性光学效应进行描述，而且可将麦克斯韦方程变为耦合波方程，描述多波混频过程。在一定的边界条件下可对和频、差频和谐波产生等非线性频率变换过程进行计算。非线性光学现象要求相位匹配条件，即在有色散的介质中实现动量守恒条件。如在二次谐波产生过程中，利用晶体的双折射效应，实现基频与倍频的相位匹配，倍频效率才会最高。而相位失配的结果是介质不同点产生的谐波相干相消，转换效率降低，因此在各种多波混合实验中设计特别的相位匹配方案是十分重要的。

学科内容 非线性光学内容非常丰富，以下列举其中的一些基本内容及其应用。

二阶非线性光学效应 是由两个光场振幅乘积成正比的二阶非线性极化强度引起的。只有在不具备反演中心的介质（晶体和界面等）中才能出现二阶非线性光学效应。

①泡克耳斯效应。又称线性电光效应。是在非线性光学理论出现以前就研究过的二阶非线性光学效应。直流或射频电场施加在晶体上时，为描述晶体中光传播而引进的折射率椭球将发生畸变。适当选择电场方向，可利用线性电光效应实现光的振幅和相位电光调制，还可用来产生光频边带。

②三波混频和二次谐波。在三波混频过程中，入射两个光波，通过二阶非线性极化在晶体中产生的和频或差频。这是二阶非线性极化强度将三个光波耦合了起来。利用晶体的双折射可实现三波混频的相位匹配。当入射两个光波的频率相同时，三波混频就变为二次谐波（倍频）。三波混频和二次谐波可用来在新的波段产生相干光。

利用多次倍频和特殊的非线性光学晶体现在已可得到深紫外相干光，而差频技术已成为产生太赫兹相干电磁辐射的重要方法。

③参量放大和振荡。参量放大是三个光波耦合的另一种形式。当一束强的高频相干光（泵浦光ω_3）入射到晶体时，由于晶体的二阶非线性极化可在一个较低频率上放大光波（信号光ω_1），此时产生出第三个光波（空闲波$\omega_2=\omega_3-\omega_1$）。实际上这是湮没一个光子（$\omega_3$），产生两个光子（$\omega_1$和$\omega_2$）的过程。如果将非线性晶体置于一个光学谐振腔中，并运用其相位匹配条件，可通过参量放大过程实现自激振荡（参量振荡）。利用参量振荡可获得频率可调的信号光和空闲波。这是在新的波段产生可调谐激光的一种有效方法。上述参量下转换过程还是**量子光学**中产生压缩态光场和纠缠态光场的主要手段。

三阶和高阶非线性光学效应 是由三阶及以上非线性极化引起的。二阶等所有偶阶非线性光学效应只出现在不具备反演中心的介质中，而三阶等奇阶非线性光学效应可出现在固体、液体和气体等所有介质中。高阶非线性光学效应需要更高的激光功率密度，超强飞秒激光脉冲可以在介质中产生高次谐波，也可用可调谐激光与介质的能级共振来增强效应。

①光克尔效应和自作用效应。克尔效应是电场感生的介质折射率变化的效应，不同的是折射率变化正比于电场的平方，是一种三阶非线性光学效应。激光光场也可产生克尔效应，称之为光克尔效应。与克尔效应一样，光克尔效应也是感应双折射现象。当另一束弱光入射时，偏振方向与强光偏振方向平行或垂直的两个方向上所感受的折射率是不相同的。光克尔效应可用来制作全光开关等全光器件。激光在介质中传播时，由于光克尔效应将发生附加的与自身光强有关的相移，导致自作用效应的出现。由于激光光场横向的高斯分布，光在传播过程中波阵面将出现畸变，自作用效应表现为自聚焦效应或自散焦效应。而脉冲激光在介质中传播时，由于光场振幅是时间的函数，激光相位将受到调制，导致激光频谱展宽，出现自相位调制。研究强激光在介质中传播规律时必须考虑自作用效应，例如现代最主要的飞秒激光器——钛蓝宝石自锁模激光器就是利用钛蓝宝石的光克尔效应实现克尔透镜锁模的，而飞秒激光脉冲在大气中传输时出现的成丝现象也是由于自聚焦效应产生的。自相位调制在飞秒激光技术中也有重要应用，如超连续光产生等。

②双光子和多光子吸收。是微观粒子同时吸收两个或两个以上光子由低能态跃迁到高能态的过程。这时介质的吸收系数不再是常数，而与光强有关。双光子和多光子吸收的跃迁选择定则与单光子吸收不同，可成为一种新的光谱方法。特别是通过气体的双光子吸收可获得消多普勒效应的高分辨光谱，现代双光子吸收甚至用到生物学研究中，例如基于双光子激发荧光的共焦显微镜。

③受激光散射。光散射表现为光与介质相互作用时光的频率或传播方向发生变化，同时伴随介质的不同形式的激发。如**拉曼散射**伴随介质内部微观运动状态的激发；布里渊散射伴随介质中声波的激发。激光光强足够强时，光散射可由自发散射变为受激光散射，受激光散射可产生新的相干光。拉曼散射也是一种双光子过程，介质吸收一个泵浦光子，散射一个低频光子后，粒子跃迁到高能态（斯托克斯–拉曼散射）；也有散射高频光子粒子跃迁到低能态的反斯托克斯–拉曼散射。受激拉曼散射可用来在红外和紫外产生相干光。金属蒸气和氢气常用作拉曼增益介质。受激布里渊散射是两个光波（泵浦波和散射波）和一个声波的三波耦合。由于声子能量比光子能量低得多，布里渊频移非常小，并且与散射方向有关。

④多波混频和高次谐波。是高阶非线性极化引起的，如三阶非线性极化可产生四波混频。奇阶非线性极化可用于高次谐波发生。通常用强激光或可调谐激光在气体中进行观测，理论上可通过多波耦合波方程对其进行计算。为提高转换效率，要设计各种相位匹配方案。采用具有不同色散特性气体进行混合、适当选择光波频率或光波传播方向等都能实现相位匹配。气体介质中的多波混频和高次谐波研究有助于在红外，特别是紫外、真空紫外和X射线波段产生相干光。由于飞秒激光的超强超短特性，介质中光场强度可远大于粒子内束缚电子的库仑场，由此引发新的非线性光学现象。在高次谐波产生过程中，人们发现高次谐波的强度并不随级次的增加而降低，而是出现了一个相当宽泛的平台区。这一区域内的各个谐波级次具有相似的强度，从而使得X射线区的阿秒脉冲得以实现。气体中的高次谐波研究已经在理论上和应用方面引起关注。

⑤相位共轭光学。相位共轭波可视为在一面特殊反射镜（共轭镜）上入射波的反射波，与传统反射镜上的反射波不同，它与入射波传播方向完全相反并且在空间相同点上与入射波具有完全相同的波前。因此，相位共轭波也可看作入射波的时间反演波。一系列非线性光学过程可用来产生相位共轭波，如三波差频（$2\omega-\omega$）和一面传统反射镜组合、相位共轭简并四波混频（$\omega+\omega-\omega$）、光子回波、光折变现象等。相位共轭波可修复已经畸变了的波阵面，因而在激光聚变、无透镜成像、高性能激光器和自适应光学等方面有重要应用。

光折变现象 是在一些非线性材料中发现的一类特殊的非线性光学现象。当两束激光以一定夹角在这种材料中相交而形成干涉花样时，杂质或缺陷形成的浅阱中的载流子被光激发出来，又由于扩散或光电压现象等原因发生迁移，这些载流子与晶格分离并重新分布。这样晶体中出现空间调制的光感生空间电荷，导致电场栅的出现。如果晶体不具备反演中心，线性电光效应将在晶体中形成折射率变化的相位栅，这就是**光折变效应**。光折变现象有重要的用途：相位栅上的布拉格衍射可产生相位共轭波；由于相位栅与光强栅在空间有90°相移，光折变现象可用来实现双光束耦合等。已发现有一系列晶体和有机物都具有光折变效应。

非线性导波光学　光在介质波导中传播时光束被限制在接近波长的一维或二维的狭小空间区域内，提高了光强并可保持光与介质长距离的相互作用。如在介质波导中可观测到许多二阶和三阶非线性光学现象。非线性导波光学可用于基于全光信息处理的光通信、光计算和图像处理等多方面。超短激光脉冲在作为介质波导的光纤中传播时也会出现许多非线性光学现象。自相位调制和群速度色散共同存在的结果，使光纤中可存在保持波形不变的光脉冲的传播，称之为**光孤子**。光孤子可用于极高比特率光通信。

光学双稳态　是指光入射到一种特殊装置（光学双稳器件）后，在一定光强范围内出射光强具有两个稳定状态的现象。光学双稳器件是具有反馈的非线性光学系统，可分为光电混合和全光两种反馈方式。混合光学双稳器件是由具有线性电光效应等二阶非线性光学材料和光电转换探测器组成；而全光光学双稳器件是由具有光克尔效应或非线性吸收的三阶非线性光学材料的法布里–珀罗标准具组成。光学双稳器件如同无线电波段的双稳器件一样，具有二值或多值逻辑等信息处理功能，是实现光信息处理的基本单元。

瞬态相干光学效应　大部分非线性光学效应都是稳态效应，即连续激光和长脉冲激光与介质相互作用引起的非线性光学效应。还有一类瞬态相干光学效应是在与某一跃迁共振的阶跃或脉冲强光作用下由介质瞬态响应引起的，包括光学章动、光学自由感应衰变、自感应透明和光子回波等。

新近引人注意的非线性光学领域　①用于动态过程研究的超快光谱技术；②相干非线性光学；③单光子非线性光学；④激光锁模与光梳；⑤强场激光物理；⑥强非线性光学效应；⑦高能密度物质等。

（叶佩弦　邹英华　王树峰）

非线性光学材料　nonlinear optical material　可以产生**非线性光学**响应的光学材料。一般而言，各种材料均可以产生非线性光学响应，但通常所说的非线性光学材料指的是具有较高二阶或三阶非线性极化率的光学材料。非线性光学材料主要有无机非线性晶体材料、有机非线性晶体材料、金属蒸气及气体介质、液态非线性介质、半导体量子阱/超晶格材料、光折变材料、光纤非线性材料、纳米非线性材料等。选择非线性光学材料的主要依据有以下几方面：①有较大的非线性极化率，这是基本的但不是唯一的要求。由于激光器的功率可达到很高的水平，特别是脉冲激光器的峰值功率很高，即使非线性极化率不是很大，也可通过增强入射激光功率的办法来加强所要获得的非线性光学效应。②有合适的透明程度及足够的光学均匀性，亦即在激光工作的频段内，材料对光的吸收及散射损耗都很小。③能以一定方式实现相位匹配。④材料的损伤阈值较高，能承受较大的激光功率或能量。⑤有合适的响应时间，分别对脉宽不同的脉冲激光或连续激光做出足够快的响应。

二阶非线性光学材料常用于光学倍频、和频、差频和光学参量振荡等效应。它们大多数是不具有中心对称性的晶体，分为两大类。一类是氧化物晶体，典型的如磷酸二氢钾（KDP）、磷酸二氘钾（KD*P）、磷酸二氢铵（ADP）、碘酸锂、铌酸锂等。这一类比较适宜于工作在可见光及近红外频段。另一类是半导体晶体，典型的如碲和淡红银矿（Ag_3AsS_3）等。后一类更适宜于工作在中红外频段。中国LBO、BBO等晶体的研发具有国际一流水平，用于深紫外倍频的BKKF晶体更是领先国际非线性光学晶体同行。

三阶非线性光学材料由于不受是否具有中心对称这一条件的限制，范围很广。这些材料可以是气体、原子蒸气、液体、液晶、等离子体以及各类晶体、光学玻璃等。从其产生三阶非线性极化率的机制来说也可以很不相同。有些来源于原子或分子的电子云形状的畸变等非共振响应，具有瞬时响应的特征；有些来源于分子的转向或重新排列；有些来源于固体的能带之间或能带以内的电子跃迁；有些来源于固体中的各种元激发，如激子、声子、各种极化激元等的状态改变。常见的三阶非线性光学材料有：①各种惰性气体，通常用于产生光学三次谐波、三阶混频，以获得紫外波长的相干光，也常用于产生高次谐波和阿秒脉冲。②碱金属和碱土金属的原子蒸气，如Na、K、Cs原子及Ba、Sr、Ca原子等，通常用于产生共振的三阶混频、受激拉曼散射、相干反斯托克斯–拉曼散射等效应，以实现激光在近红外、可见及紫外波段间的频率变换及频率调谐。③各种有机液体及溶液，如CS_2、硝基苯和各种染料溶液等，这些介质由于有较大的三阶非线性极化率，常用来进行各种三阶非线性光学效应的实验观测，如**光学克尔效应**、受激布里渊散射、简并四波混频及光学位相复共轭效应、**光学双稳态**效应等都曾先后在这类介质中进行过实验研究。④在液晶相及各向同性相中的各种液晶。由于液晶分子的取向排列有较长的弛豫时间，故液晶的各种非线性光学效应有自己的特点，引起人们特殊的兴趣。例如曾用以研究光学自聚焦及非线性标准具等效应的瞬态行为。⑤某些半导体晶体。最近发现有些半导体，如lnSb，在红外区域有非常大的三阶非线性极化率，适合于做成各种非线性器件，如光学双稳器件。

（叶佩弦　王树峰）

非线性光学极化率　nonlinear optical susceptibility　描述在强光场下介质非线性极化强度的一个物理量。介质在强光场作用下要产生非线性极化。设有l个光波作用于介质，其频率分别为ω_1、ω_2、…、ω_l，其偏振方向分别为α_1、α_2、…、α_l（其中任一α_i可以是x、y、z），则所产生的频率为l个光波频率的线性组合，l阶极化强度应与上述l个光波的电场成正比。该比例关系可由下式表达：

$$P^{(l)}_{\alpha_0}(\omega_0)=\chi^{(l)}_{\alpha_0\alpha_1\alpha_2\cdots\alpha_l}(-\omega_0\omega_1\omega_2\cdots\omega_l)E_{\alpha_1}(\omega_1)E_{\alpha_2}(\omega_2)\cdots E_{\alpha_l}(\omega_l)$$

式中$P^{(l)}_{\alpha_0}(\omega_0)$为该极化强度的$\alpha_0$分量的复振幅；$E_{\alpha_1}(\omega_1)$、$E_{\alpha_2}(\omega_2)$、…、$E_{\alpha_l}(\omega_l)$分别为上述$l$个光波电场的复振幅。式中的比例系$\chi^{(l)}_{\alpha_0\alpha_1\alpha_2\cdots\alpha_l}(-\omega_0\omega_1\omega_2\cdots\omega_l)$称为$l$阶非线性极化率。

由于$\chi^{(l)}_{\alpha_0\alpha_1\alpha_2\cdots\alpha_l}(-\omega_0\omega_1\omega_2\cdots\omega_l)$共有$l+1$个角标，每一个角标$\alpha_i(i=0,1,\cdots,l)$又可取三个值$x$、$y$和$z$，故$l$阶非线性极化率是一个三维$l+1$阶张量，共有$3^{(l+1)}$个张量元。

非线性极化率$\chi^{(l)}_{\alpha_0\alpha_1\alpha_2\cdots\alpha_l}(-\omega_0\omega_1\omega_2\cdots\omega_l)$是物质的一个常数。不同张量元之间往往有一定的关系，体现为张量元之间具有一定的对称性。一类是与物质的空间对称性无关的固有置换对称性。例如，α_1、α_2、…、α_l中的任意两个角标α_a与α_b互换，与此同时相应地ω_a与ω_b互换，$\chi^{(l)}_{\alpha_0\alpha_1\alpha_2\cdots\alpha_l}(-\omega_0\omega_1\omega_2\cdots\omega_l)$的值不变。另一类对称性是与物质的空间对称性有关的对称性。这种关系只与介质的空间对称性有关，与介质的其他性质无关。因此，只要其空间对称性相同，不论是何种介质，这种关系都是一样的。例如，各向同性介质或具有中心对称的晶体，二阶非线性极化率均为零。又如，各向同性介质的三阶非线性极化率张量元共有243个元素，但实际上独立的张量元只有3个。

非线性极化率是**非线性光学**中的重要常数，由它的对称性和大小可预测各种非线性光学效应的许多特性。

（叶佩弦　王树峰）

非线性科学 nonlinear science 20世纪80年代前后形成的一门跨学科前沿研究领域。非线性科学研究范围横跨数学、物理学、化学、天文学、地学、生物学等传统自然科学学科，贯穿数理科学、生命科学和技术科学，其研究目的是揭示各种非线性现象的共性，发展处理这些共性问题的普适方法。

线性与非线性 线性与非线性是数学上用于描述变量之间关系的术语。所谓线性指量与量之间的正比关系。线性系统中部分之和等于整体，描述线性系统的方程遵从叠加原理，即方程的解加起来仍然是解。非线性表示量与量之间的正比关系不成立，叠加原理失效，非线性方程的两个解之和不再是方程的解。

线性和非线性物理现象的区分有三个特征：①从运动形式上有定性区别。线性现象一般表现为时空中的平滑运动，并可用简单的函数表示；而非线性现象则往往涉及从规则运动向不规则运动的转化和跃变。②从系统对外界小扰动和系统参量微小变动的响应看，线性系统的响应平缓；而非线性系统中系统参量的极微小变化，在一些关节点上也可引起系统运动形式的定性改变。非线性系统在响应外界激励时行为上可与外界激励有本质区别。如周期驱动的非线性振动系统中可出现驱动频率的分频，而不像线性系统中那样仅重复外界频率，或简单和频差频。③反映在连续介质中的波动上，线性行为表现为色散引起的波包弥散，结构消失；而非线性作用却可促使空间结构的形成和维持，如孤立子、涡旋、突变面等。

自然界大量存在的相互作用都是非线性的，如力学中两个质点间的牛顿引力$F=Gm_1m_2/r^2$，电学中的静电库仑力$F=q_1q_2/r^2$等都是非线性相互作用。描写这些相互作用下物体运动规律的数学方程是非线性方程，常见的平面单摆运动方程$d^2\theta(t)/dt^2+g\sin\theta(t)/l=0$便是一个经典的非线性方程。

由于非线性方程必须分别求解，一直到20世纪60年代，在物理学和其他技术学科中充分发展的领域几乎都是采取线性模型或把非线性方程作线性化处理后发展起来的。如电磁学的**麦克斯韦方程组**，量子力学的**薛定谔方程**都是线性偏微分方程。线性问题的研究取得了极大的成功。线性系统存在普适的处理办法，如线性代数方程求解、线性常微分方程和偏微分方程求解、傅里叶级数展开、积分变换（傅里叶变换、拉普拉斯变换等）、点源函数方法等。利用这些方法解决了大量科学技术问题，为现代科学技术发展谱写了光辉篇章。

世界本是非线性的，线性模型和线性化方法只是在一定范围内适用的近似，其局限性日益暴露。如弹性力学的胡克定律在大变形情况下不再适用，气体动力学的线性化方程对高超声速流动和爆炸波传播失效，强声场和强电磁场情况下原有的线性声学和线性电磁学理论显得无能为力。而且，许多问题本质上就是非线性的，线性近似完全不能适用。如流体力学中的纳维-斯托克斯方程，物理学中的广义相对论场方程，反映基本粒子相互作用的非阿贝尔群规范场以及杨-米尔斯场方程等。除数理科学和工程技术之外，在化学、生命科学和经济学等社会科学方面，也提出大量非线性问题。要解决这些问题，必须发展系统处理非线性问题的理论和方法。

非线性科学的形成 非线性问题个性很强，只能对具体问题做具体分析。历史上虽曾解过一些非线性方程，但与大量存在的非线性方程相比，只能算是凤毛麟角。因而对非线性问题的研究，长期以来一直分散在自然科学和技术的各领域。面对非线性问题的挑战，各门学科虽都程度不同地发展了自己的非线性研究，如非线性动力学、**非线性光学**、**非线性声学**等，但直到20世纪60年代初，对非线性问题的研究基本上都还只在本学科内部进行。

60年代中期，从非线性系统的可积和不可积两个极端方向，几乎同时取得了突破。一方面，从可积系统的一端，通过对描述浅水波运动的KdV方程的数值计算，揭示了方程具有出奇稳定且性质保守的解，即所谓孤立子。这启发人们发展了求解一大类非线性偏微分方程的普遍数学方法——反散射方法。反散射方法扩展了哈密顿力学中原有的可积性概念，此一方法80年代向量子问题的推广，导致了可积问题与统计物理学中严格可解模型之间关系的发现。60年代初还证明了弱不可积保守系统普遍性质的**KAM定理**，从而非线性问题的可积的极端便清楚地勾画出来，成为一个广泛的研究领域。另一方面，在不可积系统一端，无论在保守系统还是耗散系统中，在天文学、气象学、生态学等领域中都发现了确定性系统的随机性表现——混沌运动。从对KAM定理条件不成立时系统行为的分析中，认识到保守力学系统中随机性运动的普遍性；在耗散系统研究中，发现了一批奇怪吸引子和混沌运动的实例。这些研究迅速融为一体，改变了自然观中确定性与随机性的概念，认识到原来不含有任何外来随机因素的完全确定论的数学模型和物理系统，其长时间行为可能对初值的微小变化极为敏感，同掷骰子一样随机和不可预测。

与以上研究进展几乎同时，计算科学的发展和计算机应用的普及，导致了“计算物理”和“实验数学”两个研究领域的诞生。科学工作者用计算机为研究手段，以理解和模拟许多过去用解析方法无从下手和研究的复杂现象。从随机与结构共存的湍流现象，到自然界大量存在的各种斑图花纹的选择和生长，以及生物形态的发生过程，都开始展现出其内在规律。

70年代初分形几何学的兴起，不仅为非线性科学研究增加了新的内容，而且为各门科学研究提供了新的数学工具。分形概念刻画自相似结构复杂性，适于进行曾被认为是十分“肮脏”或“病态”的难以用普通点、线、面等表达的概念的描述。

以上各方面研究的进展，打破了非线性问题研究长期分散在各门学科内部的局面，也使研究的侧重点从对单个非线性问题的具体探索转向研究各种非线性系统的共性和普适行为。这些研究的汇合，80年代前后导致了非线性科学这一贯穿数理科学、生命科学和技术科学领域的跨学科前沿学科的形成。

主要研究内容 非线性问题普遍存在的客观事实，导致非线性科学研究的多样性和持久性。从普适性的观点出发，非线性科学研究的前沿主要集中在以下方向。

孤立子和可积系统的数学理论 KdV方程孤立子的发现，推动了非线性问题中可积系统普遍方法的建立。数学方面发展了系统的孤立子理论，诸如反散射方法、达布变换方法、广田方法等，为除KdV方程之外的一大类从物理学和工程技术中提出的非线性方程（如非线性薛定谔方程、S-G方程、KP方程、DS方程等）的求解提供了系统方法。同时，孤立子理论的发展，大大推进了经典可积系统的研究，并使之与微分几何、李群和李代数等数学研究领域密切联系起来。量子反散射方法的建立，揭示了杨-巴克斯特方程的深刻内涵。通过相应的李群分析，建立起杨-米尔斯场方程与孤立子方程之间的联系。在物理学和其他科学方面，孤立子理论提供的普遍方法，使得在流体、等离子体、凝聚态物理、光物理、海洋、大气系统以及高分子化合物、生物系统中发现了各种孤立子。

理论研究上最清楚的孤立子，都还是空间一维的。但实验室发现或自然界呈现的相干结构，如流体和等离子体中的涡旋、大气中的台风等，其维数明显高于一维。建立高维孤立子的理论，从实验和理论上探索它们之间相互作用的规律，是当前孤立子研究的重要课题。与孤立子研究密切相关的可积系统数学理论研究，正在朝经典系统的可积性理论、非线性偏微方程的精确求解方法等方向上深入。

混沌　混沌运动、奇怪吸引子、通向混沌道路等概念的提出，开阔了理论和实验工作者的思路。从20世纪80年代开始，在等离子体放电系统、非线性电路、声学和声光耦合系统、激光器和光学双稳装置、化学振荡反应、动物心肌细胞的强迫振动、野生动物种群的数目消长、人类脑电波信号乃至社会经济活动（如股票市场的一些指数变化）等领域内到处发现混沌现象，充分显示出混沌运动是许多非线性系统的典型行为。作为非线性科学主要研究领域，混沌研究正在向如下方向深入。

①过渡过程的深入描述。以往研究的混沌多属长时间的渐远行为，缺少对过渡过程的深入探讨。为理解生命现象及社会经济活动等相对历史而言的过渡过程，有必要细化与时间有关的过渡过程的普适类划分乃至引入新的临界指数。

②混沌吸引子的精细刻画。混沌吸引子可通过**李雅普诺夫指数**、各种熵和维数等刻画。李雅普诺夫指数量度邻近轨道以指数函数形式随时间分离的速率，熵量度无序程度，维数则描述奇怪吸引子作为分形对象的几何特征。然而这些刻画方式仍然不足以全面精细勾画奇怪吸引子，有必要引入新的特征量。解决如何从实验数据中提取这些特征量，提出定量描述更一般复杂系统的方法是研究的核心问题。

③时空混沌。迄今研究较好的混沌现象，还仅限于自由度系统随时间变化的行为。为了真正理解湍流发生机制，直至理解发达湍流，必须研究在时间和空间上兼备近无规性的演化行为——时空混沌。由于时空混沌涉及无穷多自由度，采用离散化模型是必要的中间步骤。

④量子混沌。量子体系存在与经典体系的混沌运动相对应的不规则运动。量子混沌研究的基本途径，是采用解析和数值方法寻找各种典型量子系统所表现的非微扰特征，阐明这些特征与经典混沌的联系。

⑤混沌的控制。混沌运动普遍存在于各类非线性系统，某些混沌运动是不需要的或有害的，某些混沌运动又是所希望的或有利的。混沌控制研究的内容是通过影响非线性系统，抑制有害混沌，或引导系统进入目标态。

分形和分维　分形和分维概念的提出，为传统欧氏几何难于处理的具有不规则几何形体系统的定量描述提供了系统的数学方法。

作为非线性科学研究的前沿领域，对分形的深入探讨正从数学和物理两个方面开展。数学研究的重点在于分形的维数理论和测度的分形理论两个方面。研究的内容主要是各种自相似集的性质和分类，各种分形维数的实质差异与关系，多重分形的测度分析等。物理研究方面，已在理想分形上的相变、临界动力学、分形上的动力学、动力学中的分形、多重分形和各类分形生长模型等方面做了大量工作，但探索各种分形结构形成的机理仍是一大挑战。

斑图形成和动力学　斑图是普遍存在于自然界的空间和时间上具有某种规律性的非均匀宏观结构。可分为两类：一类是在热力学平衡状态下形成的，如无机化学中的晶体结构或聚合物中自组织形成的结构花样；另一类是在远离热力学平衡条件下产生的斑图，如天空的条状云、动物的体表花纹等。前一类斑图可根据平衡态热力学和统计物理原理分析，已有较好的理论解释。后一类斑图由于远离热力学平衡态，必须从动力学角度对其形成的原因和规律做探讨。后一类斑图曾经是耗散结构理论的研究对象，现成为非线性科学的另一前沿领域——斑图形成和动力学。

斑图形成和动力学研究的典型问题，包括伯纳德对流斑图、转动圆柱中的流动花样、化学振荡和图灵斑图、振动颗粒系统中斑图等。对这些问题的研究，揭示出远离热力学平衡态系统在临界点附近动力学行为的共性，表明系统失稳时会出现时空对称性破缺。不同对称性破缺规定了新的时空结构的自组织形成、选择和稳定性。斑图研究涉及流体、等离子体、化学反应系统、材料科学和生命科学等领域，不仅对深入理解这些远离热力学平衡态系统的行为有意义，更为重要的是，它为探索自然世界的复杂性提供了有效方法。

非线性科学的意义　非线性科学现已揭示的普遍规律和提供的普适方法，已广泛渗透于自然科学和技术科学的各部门，成为人们探索复杂非线性现象的有力工具。尤为重要的是，非线性科学的发展使人们对于自然界的认识发生了革命性变化。孤立子的发现使人们认识到非线性作用可产生严格的规整性，混沌现象的研究使人们看到确定性系统存在着内在的随机性，分形和分维的研究揭示了看来极不规则的几何形体原来具有特定的规律，斑图研究更使人们体验到在远离热力学平衡态时大自然的自组织能力。这些发现大大冲击了人们固有的自然观。复杂性可由简单的非线性作用规则产生，随机性可和确定性共存，局部能够反映整体，均匀状态可产生结构，这些由线性理论出发似乎完全不可理解的概念，正在深化人们对必然性和偶然性、量变和质变、局部与整体、有序和无序等哲学范畴的全面理解。

非线性科学是一门正在发展中的科学。现已揭示的非线性现象共同规律和处理这些问题的方法，对于理解和处理无处不存在的非线性问题仍是十分初步的，具有很大的局限性。揭示新的普遍规律，发展新的普适方法，不断推进非线性科学的深入发展，是人类理解世界复杂性的长期任务。

（刘寄星）

非线性黏弹性　nonlinear viscoelasticity　黏弹性材料中如果应变较大，应变与应力为非线性关系。一般情况下，应变可以被展开成应力的泰勒级数。对非线性黏弹性材料，则需要保留此级数的高阶项。

（邢向军）

非线性声学　nonlinear acoustics　研究高声强（又称作大振幅声波或有限振幅声波）时的声学现象的学科。这种情况下描述声学现象的各个参量（如声压、质点速度等）间的关系不再能满足线性关系。20世纪50年代以前仅限于研究平面大振幅声波在无吸收流体中的传播。随着大功率超声、高速喷气发动机等强声源的不断出现和广泛应用，50年代以后非线性声学取得了很大进展。

流体中的非线性声学　若介质中有一个扰动传播时，所产生的应变与应力、介质阻尼与质点速度等都成正比关系，则介质的性质如传播速度等与扰动的大小无关。如果扰动幅度是有限大，上述正比关系不成立，这时介质的性质、运动和动力性质等服从非线性关系。它处理的方程是非线性的，仅在一些特定情况能求得解析解（如黎曼-厄恩肖解），绝大多数是借助于微扰近似和数值解法。由于非线性相互作用，叠加原理不再成立，一个扰动在其传播过程中将产生谐波、分频波以及和差频组合波。扰动传播的速度依赖于质点振动速度，一旦条件成熟，则形成冲击波。

简单波　非线性波传播过程中，如果知道一种场（如速度）的波形，则其他有关场的波形即为已知，这种波即为简单波。

黎曼-厄恩肖解　在简单波的假设

下，黎曼-厄恩肖求解了欧拉方程组，得到的解称R-E解。这个解表明，一个正弦式的初始扰动所产生的质点速度为$u(x,0)=u_0\sin(\omega t)$，则任意时刻的质点速度可表示为下述隐函数形式，即：

$$u(x,t)=u_0\sin\left\{\omega\left[t-\frac{x}{c+u(x,t)}\right]\right\}$$

式中c为声速，可以证明，它随$u(x,t)$增大而增大。波的传播速度是$c+u(x,t)$，波峰处u最大，传播得最快；波谷处u为负最大，传播得最慢。$u=0$的点，波以小振幅波的传播速度c_0传播，波形的变化如图所示。由于物理量是单值的，故图中的虚线所表示状态实际上不存在，必须用陡峭的直线来代替，从而形成间断面。可以证明，二级近似下一个正弦平面波形成冲击波所经过的距离$x_s=1/(M_0 k\beta)$，式中M_0、k和β分别为马赫数、波数和二阶非线性系数。如气体中传播的正弦波，马赫数为0.1，频率是0.1千赫，经过4.5米后可形成冲击波。

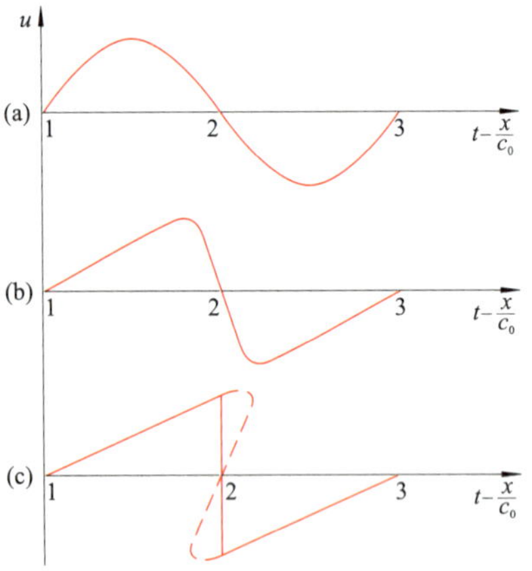

黎曼-厄恩肖解的波形图

声散射声　当介质中有声波传播时，介质的密度发生了变化，这时若有另一列声波在扰动了的介质中传播，将遭到散射，这一相互作用的现象称为声散射声。理论表明，两列平面波相互作用时，仅当它们的传播方向相同时才有非零的散射。

声参量发射器　非线性介质中，有一个（或一组）换能器发射两个声波，其原频率为ω_1和ω_2，由于二波相互作用的结果，介质中产生了组合频率为$|\omega_1-\omega_2|$的差频波，这时的换能器和介质就构成了差频波的发射器，或称为（单频）声参量发射器。若换能器发射一个频带信号，通过脉冲自解调过程，则构成宽带声参量发射器。这种声源具有指向性尖锐且旁瓣小、频带宽、传播衰减低等优点，缺点是效率太低。

声参量接收器　由一个频率为ω的大功率（泵波）发射器和一个接收换能器组成，它们处于非线性介质中，前者的设置是背对着待测（频率为ω_0）信号的方向。由于非线性相互作用，接收器将收到频率为$|\omega\pm\omega_0|$的组合波。若对该信号进行处理，可获得待测信号的信息。这种接收器具有频带宽、指向性好等优点；但由于组合波很弱，泵波很强，特别是在$\omega\gg\omega_0$的情况下，在强背景下检测弱信号的困难较大。

声辐射压力　非线性介质中存在一个压力，它与环境压力之差的时间平均值不等于零，称为“自由场”的平均压力差。按照传统定义，声场中物体表面所感受到的这个平均压力差称为辐射压力。它不仅依赖于物体不存在时“自由场”的平均压力差，还依赖于观察者所在的体系，以及物体的性质和它的几何状况等。根据不同的情况又定义了瑞利辐射压力和朗之万辐射压力。辐射压力法是声学标准的一种测量方法。

声流　一个正弦波在线性介质中传播时，通过任何表面的时间平均流量为零。但非线性介质中这个流量却不为零（直流），即声波产生了流（声流）。中国的鱼洗是显示这类非线性现象的仪器，据说它诞生于2000年前。

有限束非线性声学和高强度会聚超声　若声波主要影响区是有限尺寸的波束，相应的非线性声学称为有限束非线性声学。医用的高强度会聚超声，简称HIFU，就是将高强度声波会聚于很小的区域，使之产生高温高压，从而用于不同的场合。这种技术已被用于治疗肿瘤和活体止血等方面，很多潜在的应用正待开发。

气泡的大振幅振动　振动气泡是一个很好的蓄能装置。受到声场不断激励的气泡，其体积变到最小时，泡内的压力和温度可达到很高值，特别在发光时泡内的能量密度可提高十个数量级。描写气泡振动的方程是非线性的，它仅能应用于马赫数不太大的情况。如果激励声压低于某个值时气泡振动是周期的，当激励声压超过某个值时气泡振动频谱越来越接近噪声谱而通向混沌。

水波孤子　在一个无损耗系统（或有损耗但被外加力所抵消）中，由于介质的非线性和运动的非线性，一个扰动可形成冲击波；另一方面，由于介质或系统中存在频散，其效果是减弱非线性而阻止冲击波的形成。如果两者的效果能相互抵消，则在介质中产生经久不衰的扰动，即形成孤子。

固体中的非线性声学　当固体中的应力和应变关系不满足胡克定律时，其中的声传播规律是非线性的。与流体中情况相类似，波形畸变、谐波分频波以及组合波的产生等现象都会发生。往往在拉格朗日坐标系中应用微扰法和数值计算法求解。

三阶弹性常数　将固体弹性能展成应变的多项式，n阶应变项前的系数称为n阶弹性常数（简称n阶常数）。对于各向同性固体而言，二阶弹性常数是两个拉密系数，它对应于线性弹性力学量，而$n=3$时独立的三阶弹性常数有3个，它与流体中的二阶非线性系数相对应。对于各向异性固体而言，独立三阶常数的个数依赖于它的对称性，最一般的固体有56个之多。弹性常数有不同的定义，在一定的条件下可建立它们之间的联系。

三阶常数的测量方法　理论表明，即使是各向同性的固体，要想测出三个独立的三阶常数，必须应用P波、SV波和SH波来分别激励，才能得到足够的关系，借此求出3个独立的三阶常数。为了解决产生SH波困难的问题，人们在固体上加几种预负载（如加压力或单向压应力），在各种负载下求非线性声学方程的解并进行相应的测量，从而获得足够的数据关系式，就能够求出三个常数。这种方法也用于对各向异性固体的测量。高阶弹性常数是研究固体结构的有用参数，也是进行无损检测的有用参数。（钱祖文）

非线性振动　nonlinear vibration　恢复力与位移不成正比或阻尼力不与速度一次方成正比的系统的振动。若有一个重块与一个理想的弹簧相连，悬置于刚性支架上，将重物向下作一很小的拉伸后释放，达到稳态后，系统作简谐振动，振动的峰值频率为系统的固有频率，它与振幅无关。若系统存在阻尼，则系统作阻尼的简谐振动。若拉伸幅度较大，导致系统的恢复力与应变（非线性弹性）、阻力与速度（非线性阻尼）等出现非线性关系，则系统作非线性振动。非线性系统的例子很多，达芬振子和刚性简支摆是非线性弹性系统；范德波振子是非线性阻尼系统。系统的位移和速度（矢量）所满足的微分方程为：

$$\dot{x}=f(x,t)$$

特点　多频。在单频激励时，出现整倍数的谐频振动，还可能出现分倍数的分频振动；在双频激励时，则会出现组合频率为$m\omega_1\pm n\omega$（m、n为整数）的强迫振动；多频激励的振动更加复杂。若自由振动频率为ω_0的系统受到频率为ω的力的激励，当ω_0与ω差值达到一定的范围时，出现简谐振动，即出现所谓频率俘获现象，相应的频带称为俘获带域。

振动的固有频率与振幅有关。就达芬振子而言，频响曲线变形。受激之后其弹性增大的振子称为硬弹系统；弹性减小的振子称为软弹系统。前者的固有频率随振幅增大而增加，后者则相反。

振幅的频响依赖于频率变化的方向。当频率增大时，硬弹系统的振动响应曲线(向右歪)沿图1的路径*afbcd*变化，不经过*e*点；当频率降低时，路径为*dcefa*，不经过*b*点，即出现突变。相位响应也出现突变，从而产生滞后回线（图2）。软弹系统的频响曲线（向左歪）有类似的情形。到目前为止，除极个别情况外，难以得到严格解，常用的方法是微扰法和数值法。前者有助于对系统作定性分析以及对系统作发展的预测，后者可以对系统作一次逼近实际的实验。

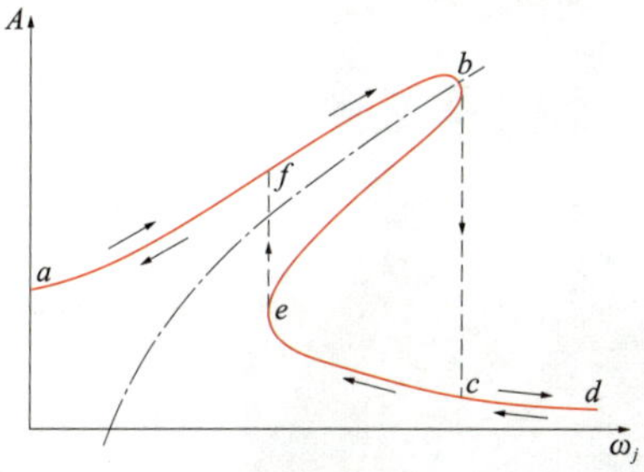

图1 幅频响应

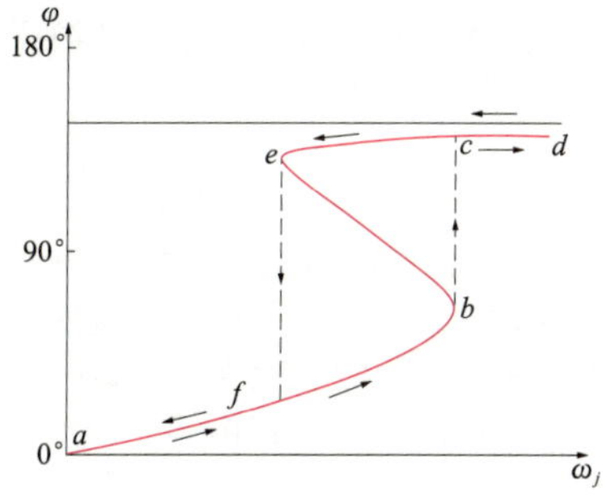

图2 相频响应

振动的稳定性和混沌　描述外控振动系统的振动方程可表示为：

$$\dot{x}=f(x,\boldsymbol{\mu})$$

式中$\boldsymbol{\mu}$为系统的控制参数矢量。当它（们）低于某个（些）值时，系统在相空间的轨

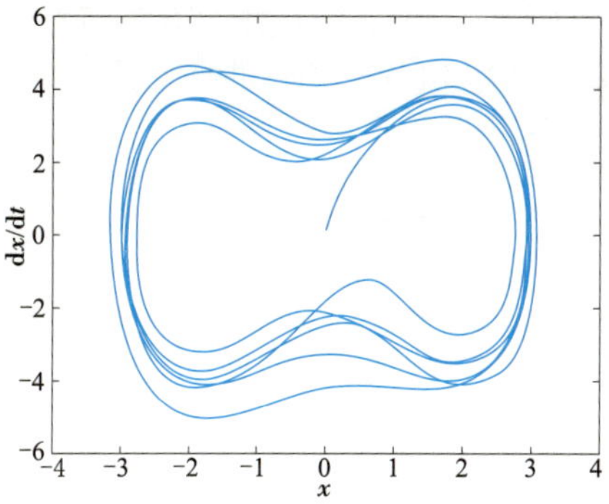

图3 达芬方程的位移-速度图

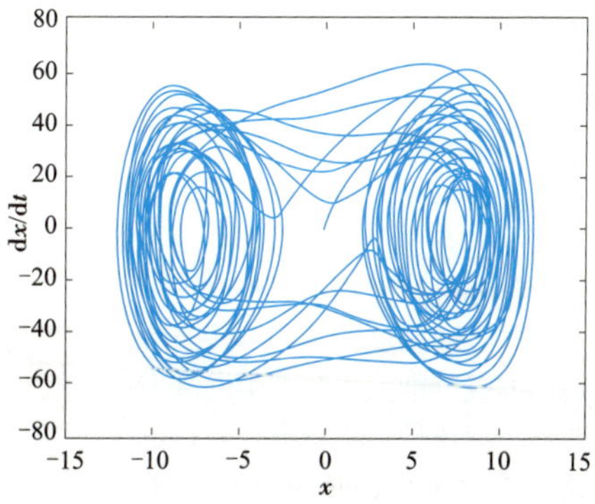

图4 达芬方程位移-速度图，其强迫力增大100倍

迹（位移速度曲线）是有限周（图3），对应于周期（稳定）振动；当控制参数增强，系统可能出现不稳定而通向混沌（图4），这时系统的状态和运动对初始条件非常敏感。（钱祖文）

非谐相互作用　anharmonic interaction　晶格振动势能表示式中含有三次以上各项的相互作用。晶格振动源于原子间的弹性恢复力。若用势能表述，表达式中只含原子位移相对值的二次项，故称之为简谐近似，这在原子位移较小时是正确的。若原子间位移相对值较大，在势能表示式中应当含有三次以上各项。这部分称为非简谐项。它们引导出的相互作用称为非谐相互作用。

晶体的热膨胀现象在简谐近似下是无法解释的。因谐振子的平均位置不因振幅大小而改变，永远处在中心点。非谐性带来格波频率$\omega_i(q)$依赖于晶体体积。体积增大使弹性能量增加，格波频率下降，导致振动引起的自由能减小。两种效应结合使晶体体积依赖温度。与热膨胀问题相似，有关晶体的热力学性质和状态方程的问题，如弹性常数与压力和温度的关系、高温比热与温度的关系等，都要考虑非谐相互作用才能得到正确的结果。

非谐相互作用还与晶格热导率有密切关系，没有非谐相互作用时各模式的声子之间不发生相互作用，携带热流的声子分布一旦建立，将不随时间变化，意味着没有热阻存在，与实际情况不符。只有计入非谐相互作用之后，各模式声子之间有相互作用，引起散射，声子的自由程变成有限的，才可给出热阻的存在。（甘子钊）

非寻常光线　extraordinary ray　自然光经过单轴晶体**双折射**产生的两条线偏振折射光线中的那条不遵守通常折射定律的光线。简称非常光，通常简写为e光。非常光的偏振方向位于自己的主平面内（包含晶体光轴和晶体中e光传播方向的平面）。由于寻常光和非常光的主平面并不总是重合的，两者的电场振动方向并不一定垂直。

非常光在单轴晶体中各个方向上的传播速度不同，存在各向异性，其子波面是椭球形而不是球形。非常光折射方向不仅与其入射角有关，也与晶轴相对于晶体表面的方向有关。非常光电位移矢量$\boldsymbol{D}$与电场$\boldsymbol{E}$方向并不平行，因此，非常光波矢$\boldsymbol{K}$

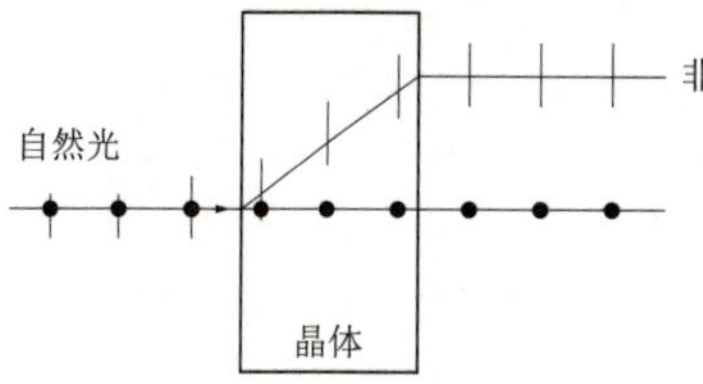

非寻常光线

的方向（$\boldsymbol{D}$、$\boldsymbol{H}$、$\boldsymbol{K}$形成右手系）与能流（**坡印廷矢量**$\boldsymbol{S}$）方向（$\boldsymbol{E}$、$\boldsymbol{H}$、$\boldsymbol{S}$形成右手系）并不一致，存在一定的夹角。（孙　骞）

非寻常折射率　extraordinary refractive index　真空中光速c与**非寻常光线**在垂直于光轴方向上传播速度v_e之比，即c/v_e，记为n_e。单轴晶体中一般会有两条光线，其中不遵从通常的折射定律的称为非寻常光线（简称非常光、e光）。单轴晶体中任意方向θ非常光传播速度满足关系式：

$$\frac{c^2}{v_e^2}=n_e^2\sin^2\theta+n_o^2\cos^2\theta$$

式中θ为非常光与光轴的夹角，n_o为寻常光的折射率。（孙　骞）

非中心力　non-central force　存在于粒子间，不仅与距离有关，还与粒子自旋、同位旋等其他物理量相关的相互作用力。自旋-轨道耦合力、**张量力**等均为非中心力。（冯兆庆）

非中性等离子体　non-neutral plasma　整体呈非电中性的带电粒子体系。其中粒子间的基本相互作用为长程的**库仑相互作用**，具有等离子体态的基本特点，即波与不稳定性、德拜屏蔽等，所以也属于**等离子体**的一种。由于整体非电中性，存在自生电场，又由于电荷的运动产生自生磁场，它们对非中性等离子体的性质有重要的，甚至是决定性的影响。最简单的非中性等离子体是由一种带电粒子组成的，如纯电子等离子体（见图），或者分别由离子、正电子、反质子等组成的等离子体。

在非中性等离子体这个名词提出之前，很多有关研究工作就已进行并取得一些成果，例如电子束和粒子束的产生、微

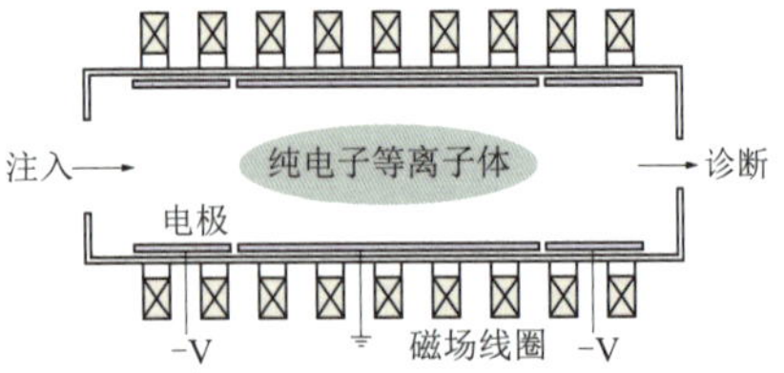

纯电子等离子体实验装置原理图

波管内电子束中的空间电磁波研究，以及一些多体带电粒子体系的理论研究。随着实验和理论研究的进展，逐渐形成非中性等离子体概念。在20世纪70年代，以R.C.戴维森的《非中性等离子体理论》一书出版（1974）为标志，非中性等离子体物理成为等离子体物理的一个分支学科。

与中性等离子体相似，非中性等离子体的理论描述主要是基于**弗拉索夫方程**的动理学理论和基于矩方程的宏观磁流体力学。基础研究的主要课题有平衡、粒子的约束和输运、等离子体波和各种不稳定性等。

经常用于实验研究的是一种结合磁约束和静电约束的柱状纯电子等离子体装置。它使用均匀轴向磁场实行径向约束，在两端的电极上加负高压使注入的电子约束在装置中心的位阱中。由于带电粒子间碰撞引起的扩散主要发生在异类粒子间，只需保证磁场的均匀性和相当高的本底真空，电子就可以被约束很长时间。这种约束装置有多种变型，适合于不同的物理实验目的。类似的实验装置可用于约束正电子等离子体，并可进一步用于合成**反物质**。

由于电子等离子体宏观带电，或者说存在空间电荷，除去轴向的约束电场外，还产生径向电场。径向电场引起的膨胀须由等离子体角向旋转和磁场作用产生的洛伦兹力来平衡。洛伦兹力还用来平衡旋转带来的离心力。这个平衡方程涉及实验装置和等离子体的多种参数，一般得到的旋转速度有快慢两个解。实际发生的旋转模式取决于电子注入方式。平衡方程也限制了一定磁场下最高的等离子体密度。在旋转有径向剪切的时候，还会发生一种滑移磁流体不稳定性。这种不稳定性也可发生在带电粒子束和微波器件中。

另一种实验方法是利用控制电极和液氦的极化在液氦表面层下形成一层二维离子等离子体，用以研究二维非中性等离子体的平衡和集体振荡模式，也可用于模拟二维不可压缩流体的性质，如非线性涡旋的相互作用。

非中性等离子体物理的主要传统应用领域是强流带电粒子束的产生、传播和应用，其中最重要的是电子束的传播和稳定性问题。这些强流粒子束在技术上主要应用于强流电子感应加速器、粒子束聚变、高功率微波器件和自由电子激光、粒子束在大气中的传输等领域。

在天体物理领域，旋转的磁化中子星的磁层中存在大尺度的非中性等离子体也属于重要研究对象。

非中性等离子体的另一重要应用领域是二维或三维强关联非中性等离子体的相变研究。这种实验研究一般在电磁约束的离子阱中进行，使用激光冷却等方法降低温度，使得粒子间的位能大于粒子动能，形成类似晶格的周期结构，用于相变研究。（王　龙）

菲茨休-南云神经元模型 FitzHugh-Nagumo neuron model　在R.菲茨休提出的简易神经元模型基础上，南云仁一等构建的等效电路模型。1961年菲茨休提出了一个简易的神经元模型，称为朋霍费尔-范德波尔（BVP）振子。1962年南云仁一等构建了BVP模型的等效电路。此后，该模型就被称为菲茨休-南云模型：

$$\dot{v} = v - \frac{v^3}{3} - w + I_{\text{ext}}$$

$$r\dot{w} = v - bw + a$$

式中v为膜电位；w为恢复变量；a与b为参数；I_{ext}代表外加刺激。菲茨休-南云模型是一个松弛振子，如果I_{ext}超出阈值，系统在v和w恢复静息值之前，在相空间产生一个特征偏移。菲茨休-南云模型能描述动作电位的基本特性，但不能模拟内源性混沌和簇放电等现象。（刘　锋）

菲利普斯，W.D.　William Daniel Phillips（1948-11-05～　）美国物理学家。生于宾夕法尼亚州威尔克斯-巴里。1976年获麻省理工学院博士学位，继而留校两年做博士后研究。1978年入美国国家标准与技术研究院，从事精密电学测量工作。

菲利普斯早就开始进行俘获原子的实验，通过运用磁学方法使原子减速。在**朱棣文**成功地用激光冷却和俘获原子后，菲利普斯立即采用并发展了朱棣文的方法。他的小组研究了光学黏胶中缓慢运动的中性钠原子冷云团，创造了精确测量处于不同冷却条件的云团温度的各种方法。1988年，他们使原子的温度达到40微开，比预计的理论极限240微开低得多。他们和巴黎高等师范学院C.**科昂-塔努吉**的小组一起，使实验温度达到比反冲冷却极限还要低的温度，中性铯原子可以冷却到2.5微开。他们三个小组创造的冷却和捕获原子的新方法，对扩大辐射和物质之间相互作用的知识，为可能研究单个原子及其结构做出了重要贡献。因此菲利普斯和朱棣文、科昂-塔努吉三人获1997年诺贝尔物理学奖。

（郭奕玲）

菲涅耳，A.-J.　Augustin-Jean Fresnel（1788-05-10～1827-07-14）法国物理学家。生于布罗利耶，卒于阿夫赖城。1806年毕业于巴黎综合工科学校，1809年又毕业于巴黎桥梁与公路学校，1817年任教于巴黎综合工科学校。以后在法国政府部门当工程师，一直到逝世。他的科学研究是在业余时间和艰苦的条件下进行的，这花费了他有限的收入，并损害了他的健康。菲涅耳在1823年当选为法国科学院院士。1825年被选为英国皇家学会会员。

大约从1814年起菲涅耳就对光学有兴趣，1815年做了一些重要的衍射实验。重新发现干涉原理，对已知的惠更斯原理做了补充。1816年引进波的相干性和干涉的基本概念，建立了**惠更斯-菲涅耳原理**，还观察到圆孔边缘的衍射现象，提出了衍射理论中被称为“菲涅耳波带”理论，获得了1818年法国科学院悬赏征求解决衍射问题的奖金。

此外，菲涅耳对光的偏振做了许多研究。他与D.-F.-J.**阿拉戈**一起于1816年研究了偏振光的干涉，肯定了光是横波（1821）；他发现了圆偏振光和椭圆偏振光（1823），用波动说解释了偏振面的旋转；他推出了反射定律和折射定律的定量规律，即菲涅耳公式；解释了É.-L.马吕斯的反射光偏振现象和双折射现象，从而建立了**晶体光学**的基础。他的实验具有很强的直观性、明锐性，很多仍通行的实验和光学元件都冠有菲涅耳的姓氏，如双面镜干涉、波带片、菲涅耳透镜、圆孔衍射等。

菲涅耳还提出了地球运动时部分地曳引以太的观点并给出相应的曳引系数，在

以太问题的讨论中曾产生影响。（戴念祖）

菲涅耳公式 Fresnel equations 描述入射、折射、透射光的电场、磁场相对强度和偏振取向与由反射定律及折射定律确定的角度间的关系的方程组。见*光在分界面上的折射和反射*。

菲涅耳透镜 Fresnel lens 由一系列同心圆环状带区构成的透镜。见*透镜及透镜组*。

菲涅耳衍射 Fresnel diffraction 在非成像系统中，当光源或观察屏之一与孔径或障碍物之间的距离为有限时产生的衍射。菲涅耳衍射积分公式中的相因子不再像*夫琅禾费衍射*情况那样，是波阵面次波坐标的线性函数，这种衍射的数学分析就复杂多了。可根据惠更斯-菲涅耳原理，用简化的半波带和细致的矢量图解法，可以求得圆孔圆屏在轴上的衍射光强。

半波带法和细致的矢量图解法 半波带法的要点如图1。以场点P_0为中心，分别以$b, b+\lambda/2, b+2\lambda/2, b+3\lambda/2, \cdots$为半径（$\lambda$为波长）将球面波阵面分割为一系列的环带（称为半波带），分析各个半波带在场点引起的各扰动之间的位相关系依次差π，振幅关系$A_1, A_2, \cdots, A_k$依次缓慢地减少，振幅递减的原因是次波面（半波带）

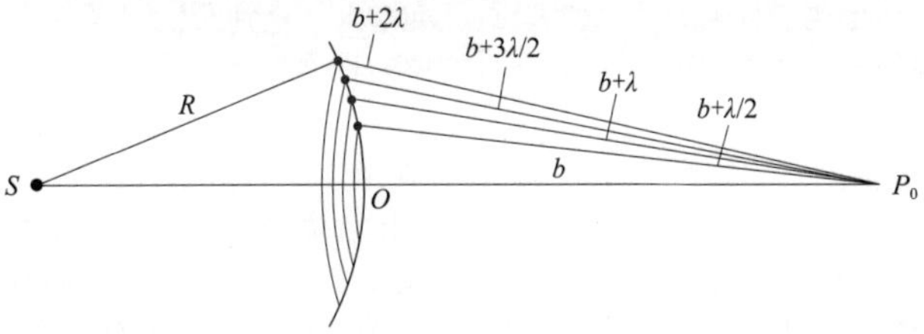

图1 半波带法

的倾斜因子引起的，A_k按$(1+\cos\theta_k)$函数随k的增加而下降，其中θ_k为第k个半波带的法线与半波带指向场点矢径之间的夹角。画出相干叠加的矢量图（图2），写出合成振幅的表达式如下：

$A(P_0)=A_1-A_2+A_3-\cdots+(-1)^{k+1}A_k+\cdots$

如果自由传播，全部半波带的贡献都应计及，则此时的合成振幅与强度分别为$A_0=A_1/2$，$I_0=I_1/4$。

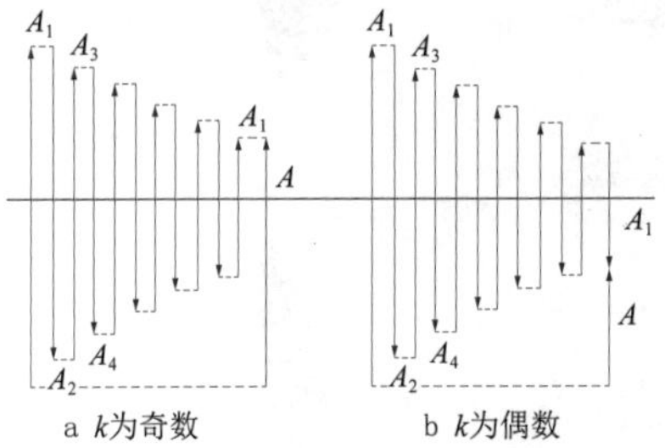

图2 半波带法中的振动矢量图

半波带半径ρ_k的计算公式，当$k\lambda\ll R$，$k\lambda\ll b$，忽略$(k\lambda)^2$项的近似条件下，可得：

$$\rho_k\approx\sqrt{k\frac{Rb\lambda}{R+b}}=\sqrt{k}\rho_1,\quad \rho_1\approx\sqrt{\frac{Rb\lambda}{R+b}}$$

在平行光照明下，令$R\to\infty$，有$\rho_1=\sqrt{b\lambda}$。

如果对每个半波带做更仔细的分割，再分析这些微分环带在场点产生的各扰动的振幅关系与位相关系，画出相干叠加的矢量图则是一系列直径缓慢收缩的半圆弧所衔接起来的螺旋线（图3）。

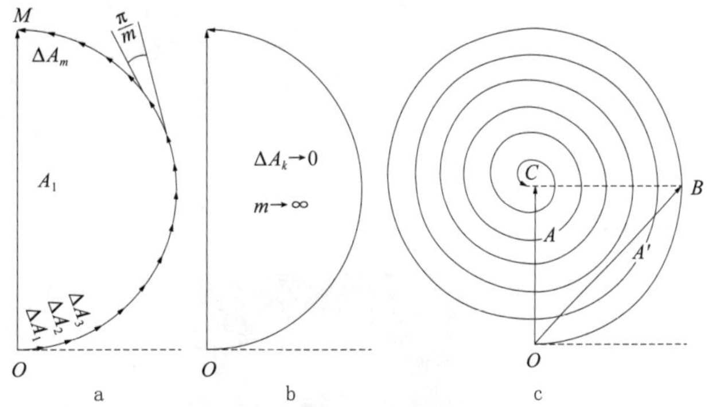

图3 振动矢量图

菲涅耳圆孔衍射 设圆孔半径为ρ，若它包含整数k个半波带，利用半波带法得到的结果是：k为偶数，$A(P_0)=A_1-A_2+\cdots+A_{k-1}-A_k\approx0$，$I(P_0)\approx0$中心场点为暗点；$k$为奇数，$A(P_0)=A_1-A_2+A_3+\cdots-A_{k-1}+A_k\approx A_1=2A_0$，$I(P_0)=A_1^2=4I_0$是亮点。所以，当场点固定，让圆孔半径由小变大时，该点衍射光强时亮时暗周期性的变化，亮点光强是自由传播时的4倍。若圆孔半径固定，让场点由近变远时，根据半波带半径公式，此过程中圆孔包含的半波带k数逐渐下降，因此场点的衍射光强呈现时亮时暗的变化图像。不过，第二种情形下的变化远没有第一种情形那么敏感。

如果圆孔露出非整个半波带，则可由细致矢量图解法所提供的螺旋线求解。例如，当圆孔包含1.5个半波带时，求得$A_{1.5}=\sqrt{2}A_0$，$I_{1.5}=2I_0$。

菲涅耳圆屏衍射 此时第一个半波带从圆屏外围开始，以后各个半波带全部开放，故轴上场点的合成振幅与光强分别为：

$$A'(P_0)=A'_1-A'_2+A'_3-\cdots\approx\frac{1}{2}A'_1$$

$$\approx\frac{1}{2}A_1=A_0,\quad I'(P_0)\approx I_0$$

可见，不论圆屏大小如何，中心P_0点总是亮的，光强近乎自由传播时的光强。当然圆屏太大了，倾斜因子作用不可忽略，光强逐渐下降，但没有圆孔衍射那样随孔径增加而时亮时暗的情景。在圆屏的几何阴影中心居然会有一个醒目的亮点存在，这首先是S.-D.泊松根据菲涅耳原理算出的一个惊人的结论，菲涅耳原理经受着又一次的挑战，不久D.-F.-J.*阿拉戈*在实验上证明了这一论断果真属实。菲涅耳原理的成功极大地肯定了光的波动说的正确性。

菲涅耳直边衍射 当用一束平行光照明直边屏时，在远处屏幕上的衍射图样在几何影界邻近照明区内出现若干亮暗条纹，然后强度起伏逐渐减弱而趋向均匀，在几何阴影一侧仍有光强的扩展，而后较快地衰减为零（全黑）。借助半波带法便可得到影界处的光强$I=I_0/4$，即等于自由传播光强的四分之一（图4）。

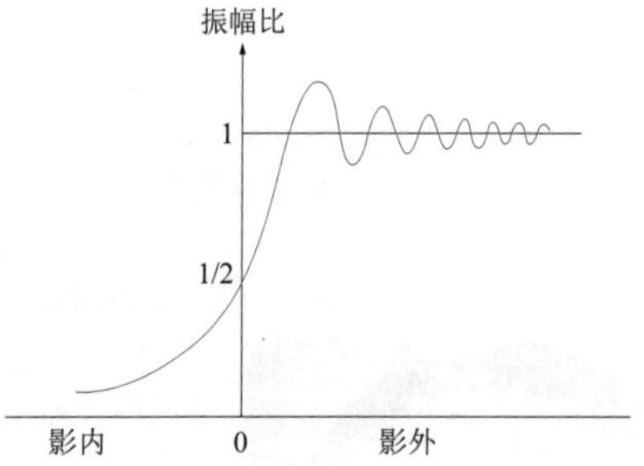

图4 由考纽螺线得到直边衍射的振幅分布

轴外光强的定量计算较为麻烦，在相干的线光源产生的柱面波照明直边屏的情形下，可以利用菲涅耳积分表和考纽螺线（图5）按以下程序进行：设轴外点为P，由P向光源作垂线，与波阵面交于一点M'_0，该点与M_0点的弧长为$s=\overset{\frown}{M'_0M_0}$，按下式算出无量纲参量：

$$v=s\sqrt{\frac{2(a+b)}{ab\lambda}}$$

式中a、b分别是直边与光源及屏幕的距离。然后从考纽螺线坐标的原点出发，沿曲线滑动一段长度v而达到B点，连接B与考纽螺线卷曲中心点z，则P点的振幅与光强分别为：

$$A(P)=\overline{Bz},\quad I(P)=\frac{A^2(P)}{2}I_0$$

实际上考纽螺线是按以下两个菲涅耳积分精确地绘制出来的：

$$x=\int_0^v\cos\frac{\pi v^2}{2}\mathrm{d}v,\quad y=\int_0^v\sin\frac{\pi v^2}{2}\mathrm{d}v$$

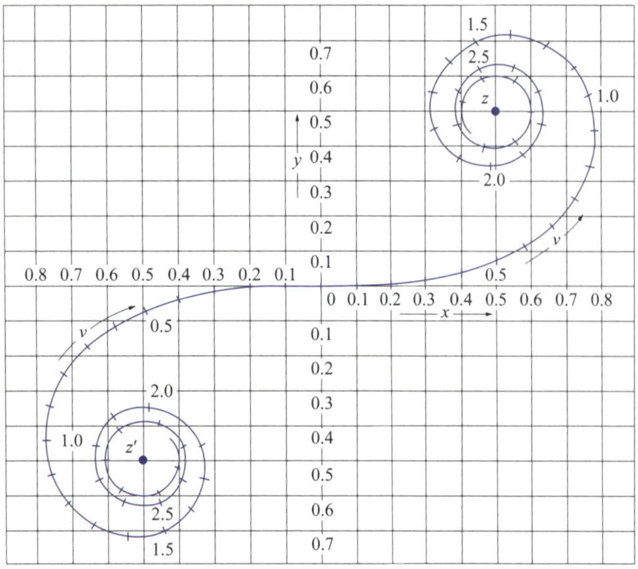

图5　考纽螺线

通常由v值计算x、y值可查菲涅耳积分表，于是合成振幅$A(P)$也可由(x,y)值直接表示出来：

$$A(P)=\overline{Bz}=\sqrt{\left(x-\frac{1}{2}\right)^2+\left(y-\frac{1}{2}\right)^2}$$

（钟锡华）

菲奇，V.L.　Val Logsdon Fitch（1923-03-10～2015-02-05）　美国核物理学家。生于内布拉斯加州梅里曼，卒于新泽西州普林斯顿。1954年获哥伦比亚大学哲学博士学位。此后，在普林斯顿大学任教，先后为讲师、副教授、教授。1966年当选美国国家科学院院士。

菲奇从事核物理、介子物理和粒子物理的研究。1953年发现**μ子**。精确测定了大多数元素的原子核半径。1956年以实验证实所谓τ介子和θ介子的寿命相等，对确认这两种粒子为同一粒子起了推动作用。发现了中性K介子，并在1964年，与J.W.**克罗宁**等人观测到中性K介子罕见的衰变，从而证明弱相互作用中CP不守恒。为此，菲奇和克罗宁获1980年诺贝尔物理学奖。（郭奕玲）

斐索，A.H.L.　Armand Hippolyte Louis Fizeau（1819-09-23～1896-09-18）　法国实验物理学家。生于巴黎，卒于楠特伊勒欧杜安。早年在法国斯塔尼斯拉学院攻读医学，后转入法兰西学院学习光学。1863年任巴黎综合工科学校教授。1860年被选为法国科学院院士，1878年任物理学科的副主席。1866年英国皇家学会授予他伦福德奖章。1875年任英国皇家学会的外籍会员。

1844～1847年与J.-B.-L.**傅科**一起发现红外波段的夫琅禾费衍射线。1849年9月斐索利用旋转齿轮机构，在实验室中测定了光速。其数值约为3.15×10[8]米/秒，这是第一次在地球上测得比较正确的光速数值。1850年5月他又利用这一实验方法，测定了光在水中的速度，并证实了光在水中的速度小于光在空气中的速度，这成了光的微粒说与波动说之间决定争论胜负的判决性实验，在历史上对光的波动本性的确立曾起过很大的作用。1851年斐索测量了运动介质中的光速，证实光要部分被运动介质曳引，肯定了A.-J.**菲涅耳**关于光被其传播介质部分曳引的说法。这曾激发起A.爱因斯坦对狭义相对论的研究。

斐索和傅科合作开创了天文照相术，用溴替代达盖尔照相术中的碘，从而改善了达盖尔照相术。1845年他们第一次摄得清晰的太阳表面像。用分光仪观察了天体光谱，又使用起偏振器从而独立地发现光波的**多普勒效应**。根据这一效应可用来测定天体的视向速度，因此又称为多普勒-斐索效应。

1845～1849年，斐索和傅科用干涉仪发现太阳光红外一端的不可见辐射和可见光服从同一规律，1852年研究了测定固体膨胀系数的方法，测量球直径的干涉法，设计了感应线圈、干涉谱仪和膨胀计等仪器。（戴念祖）

沸点　boiling point　液体开始**汽化**的温度。当蒸汽压为一个大气压时的沸点称为该液体的正常沸点，其他压力下的沸点则应注明外界压力的大小。水的正常沸点是100℃。液体的沸点随外界压力的改变而升降。一般，压强增高，沸点上升；压强减低，沸点下降。如在常压101千帕时，水的沸点是100℃；珠穆朗玛峰顶外界压力只有30千帕，水加热到70℃就沸腾；工厂高压锅炉内压力达1000千帕时，水的沸点为180℃左右。同时，在同一大气压下纯溶剂的沸点恒低于其溶液的沸点。（包科达）

沸水堆　boiling water reactor　主要通过一次冷却剂水的汽化导出堆内热量的反应堆。见**动力堆**。

沸腾　boiling　液体体内形成的汽化现象。此时在液体内形成的气泡迅速增长、升腾并冲破液面而出。以水为例，可描述沸腾的物理图像如下：一定温度下形成的体积为V的气泡中除空气外，还充满水的饱和蒸汽。力学平衡条件要求水的饱和蒸汽压p_0加上泡内气体压强$p'=nRT/V$等于液体压强p与表面张力σ引起的附加压强$\Delta p=2\sigma/r=\beta V^{-1/3}$之和，即$p+\Delta p=p_0+p'$。式中的$n$是泡内气体的摩尔数；常数$\beta=2\left(\frac{4\pi}{3}\right)^{\frac{1}{3}}\sigma$。$p_0$和$p'$都随温度上升而增加，故气泡增大，直到产生的浮力足以克服自身的重力和黏滞阻力后，气泡就会迅速上升，破开液面而出。由于p_0随温度以指数形式增加，而p随体积增长而减小，因此常把沸腾表述为液体饱和蒸汽压等于泡外液体压强时发生的汽化现象。这也就说明了为什么高山上的**沸点**要比海平面处的低，以及即使沸点低于室温的液体也可通过抽空减压使之沸腾。（包科达）

费尔，A.　Albert Fert（1938-03-07～　）法国物理学家。生于图卢兹附近的小城卡尔卡松。1962年在巴黎高等师范学院获数学和物理硕士学位。1970年在巴黎第十一大学获物理学博士学位。1970～1995年在巴黎第十一大学固体物理实验室工作，长期从事铁磁体中电子输运性质的研究，为该校物理学教授。1995年起任法国国家科学研究中心-

Thales集团联合物理小组科学主管。

1986年德国物理学家P.格伦贝格发现，在铬层厚度为8埃（0.8纳米）的铁-铬-铁“三明治”中，两侧铁磁层磁矩从彼此平行转变为反平行。1988年，受格伦贝格发现的启发。费尔小组将铁和铬的薄膜交替制成几十个周期的铁-铬超晶格，发现当改变磁场强度时，超晶格薄膜的电阻下降近一半，即磁电阻变化率达到50%。他们称这种巨大的电阻变化现象为巨磁电阻（GMR）。显然，周期性多层膜可以被看成若干个格伦贝格“三明治”的重叠，所以德国和法国的两个独立发现实际上是同一个物理现象。为此费尔和格伦贝格共同荣获2007年诺贝尔物理学奖。这一发现对于信息技术可带来革命性的变化，它可使计算机硬盘的容量提高几十倍。**巨磁电阻效应**的发现导致新兴学科**自旋电子学**的诞生。　（王　飏）

费马原理　Fermat's principle　光在两点间所走的路径是所需时间最少的路径。1657年，由法国数学家P.de费马发现。费马原理概括了几何光学的基本定律，即由费马原理可推出光在均匀介质中的直线传播定律、反射定律和折射定律。后来发现，光所走的并不都是最短的路径。如图光从A点出发，射到P点的镜面上，被反射到达B点。如果镜面是以A和B为焦点的旋转椭球面，则光所走的便是稳定路径（从A点发出的光，经P点附近各点反射到达B点，光所走的路径长度都相等）；如果反射镜面在P点的曲率比上述椭球面的小，如图中的CPD，则光所走的便是最短路径；如果反射镜面在P点的曲率比上述椭球面的大，如图中的EPF，则光所走的便是最长路径。

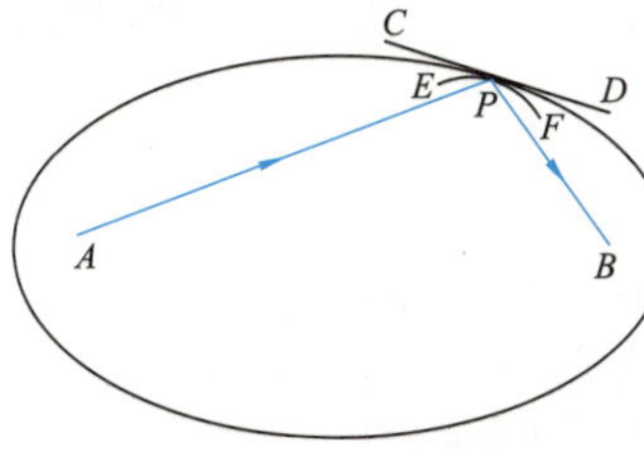

光从A到B所走的是稳定路径

总括上述三种情况，光所走的是平稳路径（包括最短、最长和稳定三种路径）。这是费马原理的推广。设介质的折射率为n，光从A点到B点所经历的光程定义为：

$$\int_A^B n\mathrm{d}s$$

这样推广了的费马原理为：光从A点到B点所走的是光程为极值（极小值、极大值或稳定值）的路径。用数学语言表示为光程为极值的条件是它的一阶变分为零，即：

$$\delta\int_A^B n\mathrm{d}s=0$$

由费马原理可以推出几何光学中光线轨迹遵循的数学方程——**光线方程**。　（胡望雨）

费曼，R.P.　Richard Phillips Feynman（1918-05-11～1988-02-15）美国物理学家。生于纽约，卒于洛杉矶。1939年毕业于麻省理工学院，1942年获得普林斯顿大学哲学博士学位。在第二次世界大战期间参加了美国发展核武器的工作。战争结束后到康奈尔大学任教。自1951年起任加利福尼亚理工学院教授。1954年当选美国国家科学院院士。

费曼于20世纪40年代发展了用路径积分表达量子振幅的方法，并于1948年提出**量子电动力学**新的理论形式、计算方法和重正化方法，从而避免了量子电动力学中的发散困难。由于这一贡献，他和美国的J.S.**施温格**、日本的**朝永振一郎**共同获得1965年诺贝尔物理学奖。量子场论中的“**费曼图**”“费曼振幅”“费曼传播子”“费曼规则”等均以他的姓氏命名。1958年他和M.**盖耳-曼**合作，提出了弱相互作用的矢量-赝矢量型理论（即V-A理论，又称普适费米型弱相互作用理论）。这是经过20余年曲折发展以后所达到的关于弱相互作用的正确的唯象理论。这一理论为以后S.**温伯格**、A.**萨拉姆**和S.L.**格拉肖**建立电磁相互作用和弱相互作用的统一理论开辟了道路。在50年代中期，费曼还曾经从事于超流液氦的微观理论的研究工作。60年代末期，在高能电子和核子的深度非弹性磁撞的实验基础上，他还提出了强子结构的“**部分子模型**”。费曼的重要著作有《量子电动力学》《费曼物理学讲义》(三卷)、《量子力学和路径积分》等。　（戴念祖）

费曼图　Feynman diagram　在量子场论微扰论中所用的一种图解法。在**量子场论**中，系统的总哈密顿量H_i（能量算符）包括自由场哈密顿量H_f和相互作用哈密顿量H_i两部分：$H=H_f+H_i$。忽略各场之间相互作用时的哈密顿量称为自由场哈密顿量H_f，而场之间的相互作用由相互作用哈密顿量H_i来描述。H_i中包含一个系数，称为耦合常数，它描述这种相互作用的强弱程度。由H_i可构成S矩阵，与具体物理过程的初末态相联系的S矩阵元决定着这一特定物理过程的跃迁概率。在S矩阵元中，提出一个反映由初态向末态转化过程中能量动量守恒的因子$\delta^4(\sum_p)$后，便得到M矩阵元，具体物理过程的跃迁概率直接与$|M|^2$成比例。一个重要而又困难的问题是建立一种计算方法，去具体计算各种反应的M矩阵元。在**量子电动力学**中，H_i的耦合常数就是电荷e，它的二次方给出**精细结构常数**$\alpha=2\pi e^2/(hc)\approx 1/137$。$M$矩阵可以按电荷$e$展开：

$$M=\sum_n M_n e^n$$

而且因为α很小，如果M_n不无限增大，那么只要计算前几项就足以描写反应过程了。这种计算方法称为**微扰论**。

R.P.**费曼**提出一种图解方法（即费曼图），把M矩阵的每一项都与一定的费曼图联系起来，由确定的图，可以根据费曼规则，很快写出相应矩阵元的表达式，而且由费曼图可以清楚地得出这过程的物理解释。在量子电动力学中，在费曼图里用一根带箭头的实线代表电子，带反箭头的实线代表正电子，虚线代表光子，电子、正电子和光子的每一次相互作用都用交于一点的两根实线（箭头分别指向和指离交点）和一根虚线来描写，这交点称为作用顶点。代表初态或末态的线只有一头连接顶点，称为外线，而介于两个顶点之间的线称为内线，内线描写传递相互作用的中间过程的粒子，称为虚粒子。在任一费曼图中，沿实线箭头方向移动，实线或者联成圈，或者由外线引向另一外线，它不会在任一顶点终止，这反映了在反应过程中电子数是守恒的。费曼图的顶点数目称为费曼图的级数，n级费曼图代表M矩阵展开式中M_n的一项。如两个电子的散射过程，它的二级费曼图，如图所示，它描写一个电子先放出一个光子，这带有一定能量动量的光子传递到另一电子，并被后一电子所吸收。

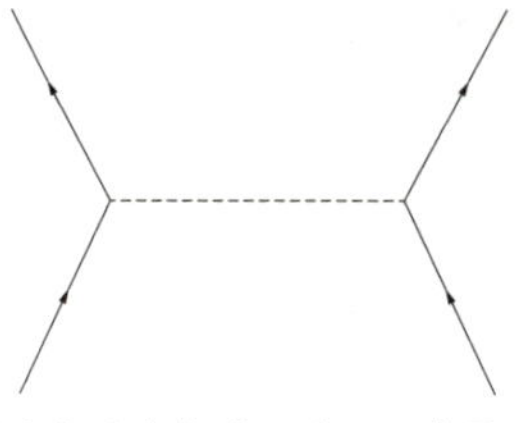
两个电子散射过程的二级费曼图

这样两个电子的电磁散射，不是它们的直接作用，也不是超距作用，而是由电子场与电磁场的相互作用，通过发射和吸收光子的过程来实现的。作为中间过程的光子，它被发射以后很快被第二个电子所吸收，它与可以被实验仪器直接观测到的物理光子不同，称为虚光子。利用费曼发展起来的这套方法，可以系统而方便地计算各种电磁过程概率，而且物理意义十分明确。这种方法也可以用于其他量子场论。（马中骐）

费米，E. Enrico Fermi（1901-09-29～1954-11-28） 美籍意大利物理学家。生于意大利罗马，卒于美国芝加哥。1918年进入比萨大学，1922年获博士学位。继而去德国格丁根大学随M.玻恩工作，后又去荷兰莱顿大学工作。1924年回到意大利，在罗马大学任教，1925年到佛罗伦萨大学任讲师。1927年回罗马物理研究所工作，并在罗马大学担任第一任理论物理讲座。1929年被选为意大利皇家学会会员，1950年被选为英国皇家学会外籍会员。为纪念他的贡献，原子序数为100的元素，以他的姓氏命名为镄。美国原子能委员会设立了费米奖金。费米对统计物理、原子物理、原子核物理、粒子物理都有重要贡献。

1926年初，费米根据泡利不相容原理，提出电子应服从的统计规律。这个统计规律也适用于服从不相容原理的其他粒子，如质子、中子，这对于理解物质的结构及其性质有很大的重要性。几个月以后，P.A.M.狄拉克独立地提出了相同的理论。因此后来称由费米和狄拉克所提出的处理服从不相容原理的全同粒子的统计方法为费米-狄拉克统计。

1927年冬，费米根据费米-狄拉克统计原理建立了一个原子结构的模型理论。在这以前不到一年，英国的L.H.托马斯曾提出过相同的理论。但当时费米并不知道托马斯的工作，他们都是各自独立进行的。因此后来这一原子结构的模型理论被称为“托马斯-费米模型”。

为了解释β衰变过程中电子能量连续分布的现象，W.泡利于1930年提出中微子假说（1933年正式发表）。当时泡利以为这一假说不会被人认真对待，一直没有公开发表。但费米却认真接受了中微子假说，结合W.K.海森伯1932年提出的β衰变就是原子核内一个中子放出一个电子变为一个质子的过程这个设想，于1933年提出了β衰变理论，成功地解释了β衰变现象的许多特点。此后费米的β衰变理论有了不少发展，特别是在20世纪60年代末70年代初，它已和电磁相互作用理论相结合，演化成为电弱统一理论。这一统计理论在低能弱相互作用现象中的等效形式仍与早年费米的β衰变理论的形式相同。因此，一般都认为费米是弱相互作用理论的开创人。

在实验物理方面费米同样做出了重要的贡献。1934年初，约里奥-居里夫妇用α粒子轰击原子核产生人工放射性元素之后，费米就想到可以用中子轰击原子核产生人工放射性元素。费米获得1938年诺贝尔物理学奖。

1939年N.玻尔去美国时告诉费米铀裂变的消息后，费米就着手探索核裂变链式反应的可能性。在他的领导下，他和助手们在1942年12月2日在芝加哥大学建成世界上第一座可控原子核裂变链式反应堆，使它达到临界状态，产生可控的核裂变链式反应。这一成就是原子能时代的一个重要里程碑。随后费米参加了原子弹的研制工作，到美国新墨西哥州的洛斯阿拉莫斯实验室任理事会委员。

为了反对把原子能用于战争目的，费米于1946年初离职回到芝加哥大学任教，转入粒子物理这个新领域的研究。一批有为的青年慕名来到芝加哥大学，聚集在他的左右，其中如杨振宁、李政道、M.盖耳-曼和O.张伯伦等人，后来成为有重要贡献的物理学家。芝加哥大学的同步回旋加速器建成以后，费米和他的小组于1951年发现了第一个核子共振态。

费米对理论物理和实验物理都做出了重要的贡献。（戴念祖）

费米-狄拉克统计 Fermi-Dirac statistics 近独立全同（不可分辨）费米子所遵从的统计规律，描述系统中粒子在单粒子能态上的分布。这一统计规律最早由美籍意大利物理学家E.费米和英国理论物理学家P.A.M.狄拉克独立提出，故此命名。

在近独立条件下，具有N个全同粒子的系统的哈密顿量H是所有粒子的单粒子哈密顿量之和：

$$H=\sum_{i=1}^{N}h_i$$

系统的微观状态由系统的波函数描述。

费米子是自旋量子数为1/2奇数倍的微观粒子。根据量子力学，不可分辨的全同费米子组成的系统的波函数是交换反对称的。这导致著名的泡利不相容原理，即两个粒子不能占据同一个量子态。交换反对称的H的本征函数构成系统的完备本征函数集。在给定系统能量E的条件下，根据统计物理的基本假设，系统等概率地处于能量为E的交换反对称H本征函数所描述的微观状态（见密度矩阵）。设单粒子能级用l表示，其能级的简并度为g_l，$l=0,1,2\cdots$。微观状态由这些单粒子量子态被占据的方式决定。如果有n_l个粒子处于能级ϵ_l上，则：

$$\sum_l n_l=N$$

$$\sum_l n_l\epsilon_l=E$$

这称为一个分布$\{n_l\}$，此分布对应的系统的微观状态的数目记为$W(\{n_l\})$。对所有可能分布的求和给出所有的微观状态。

对于某个给定的单粒子能级l，n_l个粒子共有W_l种方式占据g_l个简并态。考虑到粒子的不可分辨性，以及每个态上最多有一个费米子占据，这个数目为从g_l个态中选取n_l个态来占据的组合数：

$$W_l=\frac{g_l!}{n_l!(g_l-n_l)!}$$

再考虑到不同能级之间粒子交换不改变波函数，所以总的微观状态数为：

$$W(\{n_l\})=\Pi_l W_l$$

对于宏观系统，不同的分布对应的微观状态数差别很大，可以记微观状态数最多的分布为$\{\overline{n_l}\}$，这也就是最概然分布。在计算热力学量时，可以忽略其他分布对应的微观状态。

考虑分布必须满足的约束条件，利用拉格朗日乘子法，可以求出：

$$\overline{n_l}=\frac{g_l}{e^{\alpha+\beta\epsilon_l}+1}$$

这个分布就是费米-狄拉克分布。通过与热力学公式的对比，可以知道两个参数α和β的物理意义：

$$\alpha=-\frac{\mu}{k_B T}$$

$$\beta=\frac{1}{k_B T}$$

式中μ为粒子的化学势；T为温度；k_B为玻尔兹曼常数。

根据费米-狄拉克分布，可以计算系统的相关热力学量。费米-狄拉克统计被用来解释了白矮星的坍缩，金属中电子的热容量等重要的科学问题。（郭文安）

费米黄金定则 Fermi's golden rule 量子力学中用微扰方法所导出的一条重要定则，描述了体系在外界扰动下发生状态跃迁的概率。又称费米黄金规则。定则的主要内容是由P.A.M.狄拉克在1927年完成的。E.费米后来将其应用于解释原子核的β衰变，并在原子核物理教材中将其称作“黄金定则”，因而被命名为“费米黄金定则”。

内容 假设体系最开始处于哈密顿量H_0作用下的本征态$|i\rangle$，那么在加上随时间变化频率为ω的微扰哈密顿量$H'e^{i\omega t}$以后，体系在单位时间内跃迁到H_0的另一本征态$|f\rangle$的概率为：

$$\Gamma_{i\to f}=\frac{2\pi}{\hbar}|\langle i|H'|f\rangle|^2\rho$$

式中$\langle i|H'|f\rangle$是初态$|i\rangle$与末态$|f\rangle$之间的跃迁矩阵元（耦合强度），ρ是$|f\rangle$所在能量处的态密度，$|i\rangle$与$|f\rangle$的能量差必须等于$\hbar\omega$。因此，跃迁速率正比于态密度，正比于耦合强度的大小的二次方，这是费米黄金定则的两个特征。

应用 费米黄金定则被广泛应用于计算能态之间（特别是在涉及连续能级的情况下）的跃迁问题，例如粒子衰变、连续光谱、载流子迁移率、热导率，等等。定态散射理论里的玻恩近似就是费米黄金规则的直接应用。在瑞利散射中，散射截面正比于入射光频率的四次方，按照费米黄金定则的解释，其中有二次方是来自态密度的影响，而另外二次方则来自耦合强度的影响。（刘志荣）

费米加速 Fermi acceleration 高能宇宙线的一种可能产生机制。见纵向绝热不变量。

费米面 Fermi surface 晶格中电子最高占据能级的等能面，是零温时电子占据态与非占据态的分界面。电子是自旋为1/2的费米子，满足费米－狄拉克统计。根据费米－狄拉克分布，能量为ε_i的平均占据概率为：$\bar{n}_i=\frac{1}{e^{(\varepsilon_i-\mu)/k_BT}+1}$，式中$\mu$为化学势，零温时就是体系的费米能；$T$为温度；$k_B$为玻尔兹曼常数。在零温，当$\varepsilon_i>\mu$，则$\bar{n}_i=0$；当$\varepsilon_i<\mu$，则$\bar{n}_i=1$。由于电子满足泡利不相容原理，所以在绝对零度下，将粒子逐个填入现有而未被占据的最低能量的量子态，直到所有粒子全部填完。电子将占据$E\leqslant\mu$的全部能级，而大于μ的能级将全部空着。在晶格中电子的能量可以写为$E_n(k)$，所以费米面也就是波矢空间$E_n(k)=\mu$所构成的表面。费米面对金属的热学、电学、磁学和光学性质有重要的影响。费米面可以用德哈斯－范阿尔芬效应和舒布尼科夫－德哈斯效应来测量。

系统的费米能量就是体系零温时候最高占据态的能量；费米能级就是这个能态；费米波矢就是这个能态对应的波矢。（万贤纲）

费米面探测量子振荡方法 Fermi surface detection and quantum oscillations 利用量子振荡效应研究材料费米面的一种实验方法。根据泡利不相容原理，每个量子态仅允许一个电子占据。在绝对零度，金属中的电子在动量空间（k空间）中从最低能级开始依次填充能带，由此形成的分割占据态与非占据态的等能面被定义为费米面。在有限温度下，这一边界的模糊程度由费米－狄拉克统计分布决定。费米面以下能量低于热涨落的电子很难被激发到费米面以上。因此，金属材料的电、磁、热、光等物理性质主要来自费米面附近电子的贡献。费米面的大小和形状决定了材料的基本的物理性质。

在外加磁场下，材料中的电子因受到洛伦兹力的作用而进行螺旋运动。这一量子化的运动导致电子的占据态密度发生环状聚集，形成所谓的朗道能级。随着磁场的变化，朗道能级不断穿越费米面，导致电子态密度随磁场倒数发生周期性振荡，即量子振荡。实验上可以通过测量电阻、磁化率、比热等随磁场的变化来探测量子振荡。通常把磁化率随磁场倒数的周期变化称为德哈斯－范阿尔芬效应。电阻随磁场倒数的周期变化称为舒布尼科夫－德哈斯效应。

量子振荡是研究材料费米面的一种重要方法。对量子振荡数据进行快速傅里叶变换，可以得到相应的振荡频率，其频率的大小正比于相应的费米面在磁场垂直方向的截面积。通过测量量子振荡频率随角度的依赖关系，可以构造出完整的费米面。另一方面，通过拟合量子振荡的振幅随温度的变化关系，还可以得到螺旋运动电子的有效质量。此外，该方法还可以用来研究材料在磁场或压力等极端条件下的电子结构及其演化，这是角分辨光电子能谱等谱学测量方法难以开展的。实验上只有当电子在磁场中运动的回旋半径小于电子的平均自由程时才能观测到量子振荡。因此，量子振荡实验通常需要强磁场和极低温的实验条件，并且对测量样品的纯度要求很高。对于一些电子有效质量较大的体系，如重费米子金属，这些条件显得尤为重要。（袁辉球）

费米液体理论 Fermi liquid theory 描述费米液体的唯象理论。费米液体是相互作用费米子形成的一类宏观量子态，与低温下无相互作用的费米子形成的简并自由费米气体在定性上非常相似，其低能元激发是类似于自由费米气中单粒子激发的所谓准粒子。液态氦-3和大部分晶态金属材料在低温下的正常态都可以用费米液体理论描述。

费米液体理论是由L.D.朗道作为唯象理论于1956年首先提出，此后的研究发现该理论可以从相互作用费米子体系的微观理论导出。费米液体理论成功解释了关于液态氦-3和大量金属材料的实验现象，直到现在仍然广泛用于对相互作用费米子体系的研究。

费米液体理论的基本要素是准粒子的概念。准粒子和自由费米气体中的单粒子模式具有相同的量子数（如动量、自旋）。准粒子的分布函数和自由费米气体的费米－狄拉克分布函数不完全相同，但在零温条件下在费米面处也有有限大小的跳变。费米液体理论认为，费米液体系统的能量是准粒子分布函数的一个泛函，通常只展开到分布函数的第二阶，即只考虑准粒子之间的两体相互作用。在这样的近似下，可以导出费米液体的各种热力学性质，结果均与自由费米气体定性相同，但数值会受到相互作用的修正。如费米液体的低温比热和自由费米气体一样正比于温度。其零温磁化率为常数，与自由费米气体的泡利顺磁行为类似。费米液体理论也给出了费米液体系统的输运行为，如干净的费米液体由于相互作用导致的低温电阻率应该是正比于温度的二次方，这通常作为实验上判定费米液体的一个判据。费米液体理论还成功预言了费米液体中的零声。

强关联理论的一个重要研究方向是探索超越费米液体理论的相互作用费米子体系理论。一方面费米液体可能由于相互作用而失稳，经过相变（通常是自发对称破缺相变）成为其他物相。如电子费米面附近的某种吸引相互作用可能导致库珀配对而形成超导相；某些角动量通道中的强相互作用可能导致空间旋转对称性的自发破缺而形成向列相；具有合适动量转移的强相互作用可能导致晶体平移对称性的自发破缺而形成电荷密度波或自旋密度波。另一方面很多强关联材料是非费米液体，表现出不能用费米液体理论解释的热力学或输运行为。在这些方面铜氧化物高温超导体是一个典型的材料体系，表现出多种超越费米液体理论的现象。（王 垡）

费米子 fermion 半整数自旋的粒子。物理学家P.A.M.狄拉克以物理学家E.费米命名的一类粒子。在量子理论中，费米子服从费米－狄拉克统计。按照自旋－统计定理，半整数自旋（以$\hbar$为单位）的粒子服从费米－狄拉克统计，因此都称为费米子。费米－狄拉克统计意味着每个量子态只能被一个费米子占据，即费米子满足泡利不相容原理，这直接导致凝聚态系统（如金属）存在费米面。后者是理解凝聚态系统物理属性的一个重要概念。费米子可以是基本粒子，也可以是复合粒子。粒子物理学中的基本粒子轻子、夸克是费米子，而质子、中子是典型的复合费米子。自旋1/2的费米子又可以分为三类：零质量的称为外尔费米子，有质量但粒子与反粒子不相同的称为狄拉克费米子，有质量而且反粒子就是粒子自身的称为马约拉纳费米子。狄拉克费米子一般具有相加守恒的荷（如电荷、轻子数）以区分粒子与反粒子，而马约拉纳费米子没有相加守恒的荷。 （廖 益）

分辨本领 resolving power 表征光学系统分辨图像细节能力的物理量。又称分辨率。分辨本领分为成像仪器的像分辨本领和分光仪器的色分辨本领。

成像仪器的像分辨本领 为了给光学仪器规定一个分辨细节能力的统一标准，通常采用瑞利判据。像望远镜这类仪器中，物镜就是圆孔形。由于圆孔衍射物镜后焦面上的像由一系列艾里斑所组成，瑞利判据为：两个强度分布相同的（不相干）艾里斑重叠后，其总光强分布曲线中央凹陷处的光强是最大光强I_{max}的80%时，刚好能分辨。此条件相当于一个亮斑的第一极小正好与另一亮斑的中央极大重合。能分辨出两个亮斑的最小角间距称为最小分辨角，等于λ/D，物镜直径D越大分辨率越高，这就是为什么天文望远镜物镜的直径设计得越来越大的原因。

对显微镜的物镜，其衍射不属夫琅禾费衍射，最小分辨率距离为$\delta l=\dfrac{0.61\lambda}{NA}$，式中$NA=n\sin u$，称数值孔径，$n$为物方空间的折射率，$u$为入射孔径角之半，从而$\delta l$与照明光波波长及物镜的数值孔径有关。利用短波长的紫外显微镜，以及把物体浸在折射率较大的油中以增大数值孔径，均可增大显微镜的分辨率。

分光仪器的色分辨本领 色分辨本领是指把波长靠近的两条谱线分辨清楚的本领。人们仍然采用瑞利判据作为两条谱线能否分辨的界限（把像斑强度分布换成谱线强度分布）。分光仪器的色分辨本领R定义为恰能分辨的两条谱线的平均波长λ与这两条谱线的波长差$\delta\lambda$之比：$R=\lambda/\delta\lambda$。对于光栅，其色分辨本领为$R=kN$，即光栅的色分辨本领R与光栅的狭缝总数N以及光谱级次k成正比，与光栅常数无关。 （胡望雨 陈 笑）

分波法 method of partial waves 求解散射问题的一种近似方法。分波法的适用条件与玻恩近似相反。该方法适用于粒子入射动能较小的情况。把入射粒子和靶子相对运动的波函数用角动量基矢展开，每个分量都是一个径向波函数（粒子和靶子距离的函数）。在角动量为l的径向波函数满足的一维薛定谔方程中，等效的“势能”包含两项：一是粒子和靶相互作用势能；二是一个正比于$l(l+1)$的有效排斥势，称为离心势能，代表粒子以特定角动量运动时受到的离心力。如果粒子入射动能很小，则在l很大的情况下粒子会被离心势阻挡在靶子外面，即对于l很大的情况，粒子感受不到靶子的影响。这意味着人们可以忽略l较大的径向波函数对散射振幅的贡献，只求解l很小的径向波函数满足的薛定谔方程，该近似就是分波法。在最低阶近似下，可以只考虑l=0（s波）的径向波函数。 （张 芃）

分波分析 partial wave analysis 一种对高统计量的实验数据做分析的方法。20世纪90年代以后，基于大型探测器的高统计量实验使得对强子谱有了更好的理解，特别是对奇异强子（四夸克态和五夸克态）的发现极大地扩展了人类对物质结构的认识。所有这些信息需要通过分波分析获得。分波分析可以确定整个反应的中间共振态，并测量相应的共振态参数（质量、宽度、自旋和宇称）。量子场论表明，在这些反应过程中，不同中间共振态的重叠导致中间过程之间存在干涉效应，使用分波分析才能确定这些反应的动力学机制。高能物理主要用散射实验和对撞机实验来研究强子谱。在散射实验中，分波分析将量子系统的总振幅分解成描述散射过程各个成分的分波的总和。这些成分可进一步分解为更多的分波，直到有一个模型可以描述最小分波；在对撞机实验中，需要用分波分析来发现能描述衰变的动力学机制的模型并测量相应模型的参数。实验上通常使用Isobar模型来构建整个衰变链的振幅，它将衰变链描述成一序列的中间共振态的两体衰变。Isobar模型要求这些中间共振态具有明确的量子数（如同位旋、G宇称、自旋、宇称和电荷）。分波分析利用构造好的模型来拟合实验数据，通过最小化似然函数或χ^2值，从而确定模型中的中间共振态，并测出相应的共振参数和中间衰变过程的衰变分支比。 （董燎原）

分布反馈激光器 distributed-feedback laser; DFB laser 由分布在整个谐振腔中的光栅来实现光反馈的激光器。光栅分布在整个谐振腔中，称为分布反馈。此处的“分布”还有一个含义，就是与利用两个端面对光进行集中反馈的法布里－珀罗腔激光器相比而言的。因为采用了内藏分布布拉格光栅选择工作波长，所以分布反馈激光器的谐振腔损耗就有明显的波长依存性。这一点决定了它在单色性和稳定性方面的优势。

在分布反馈激光器中存在两种基本的反馈方式：其一为折射率周期变化引起的布拉格反向反射，即折射率耦合；其二为增益周期性变化引起的分布反馈，即增益耦合。与普通法布里－珀罗腔激光器相比，分布反馈激光器允许激射的波长所对应的谐振腔损耗不同，即分布反馈激光器的谐振腔本身具有选择模式（与光相对应的谐振状态被称为模式）的能力。此外，在与布拉格波长（与光栅周期的二分之一成整数倍关系）相对应的位置上，折射率耦合型分布反馈激光器存在着两个损耗相同且最低的模式。即折射率耦合型分布反馈激光器在原理上是双纵模激射的。而增益耦合型分布反馈激光器恰好在布拉格波长上存在着一个损耗为最低的模式，换言之，在原理上它是单一波长激射的。

采用内含光栅的分布反馈来构成谐振腔的概念始于1970年前后的染料激光器研究。1971年美国贝尔实验室的H.科克尼克和C.V.香克首先提出分布反馈激光器的概念，并在玻璃衬底上用染料胶制作光栅。1973年中村用光泵GaAs周期栅表面，实现了第一支半导体分布反馈激光器。1974年D.R.西弗勒斯研制出GaAlAs/GaAs单异质结电流注入型分布反馈激光器。早期在产生光的有源层区直接刻制光栅，以实现光的分布反馈，这意味着折射率耦合和增益耦合机理的并存。但直接在有源层上制作光栅会给有源层带来缺陷，降低发光效率，使这种激光器很难实现室温连续激射。而在有源层附近设置一个透明波导层，并在该波导层上刻制光栅能够实现室温脉冲和连续激射。

直到20世纪70年代中期为止，这种激光器的阈值居高不下，主要是因为GaAlAs中的Al在再生长时的氧化问题难以解决。1979～1982年发现在InGaAsP/InP材料系十分适合制作分布反馈激光器。这主要表现在该材料的二次外延生长几乎不存在氧化问题。所以1979年就做出了低温工作的分布反馈激光器。1981年日本东京工业大学的研究小组研制出第一支1.5微米的分布反馈激光器。宇多胜之等研制出1.5微米的室温连续工作的分布反馈激光器，并能稳定单模工作。此后在光通信发展的不断推动下，分布反馈激光器的研究飞速发展。

对于折射率耦合的分布反馈激光器，早在20世纪70年代中期，H.A.豪斯和香克就提出，在分布反馈的内含光栅中引入非连续变化就能够消除模式简并，并降低阈值。此后这一概念被具体化，在光栅的中心位置引入一个四分之一波长相移区，能够实现单模工作。增益耦合的分布反馈激光器不存在模式简并。

（王宇飞）

分聚 segregation 某一种分子或组元在空间位置的排列聚集在一起，与系统的其他组织分离的现象。分聚可以是完全的，该分子或组元存在的空间没有其他被排除的物质；分聚也可是部分的，某区域中该分子或组元的密度大于其他被排除的物质。分聚区域可以是介观尺寸也可以是宏观可观察尺寸。由不同成分的微观分子或大分子（包括胶体组元）组成的软物质，在一定的物理和化学条件或外部影响下，出现分聚现象。

分聚可以由微观上物理的相互排斥力、熵的增大、外场作用等导致。由相变引起分聚的系统中，作为分聚的特殊情况可有多相共存现象。由表面吸引力产生的分子分聚状态，也常被称作吸附现象。分聚可见于固体、液体、液晶、胶体等形态的物质中。

一个达到平衡态的系统里，若存在分聚，则系统的自由能已经达到最小。各分聚分离区域的界面上，可能局部有较高的表面能。从实际应用角度，需要完全混合的系统应尽量避免分聚。若需要利用分聚后的某个物理或化学特性，则可通过调整组元的性质达到。（陈征宇）

分束器 beam splitter 一种可以将一束光分成两束或多束的光学器件。它是**干涉仪**和很多光学实验装置中的重要部件。根据结构的不同，分束器一般分为立方分束器和平面分束器。

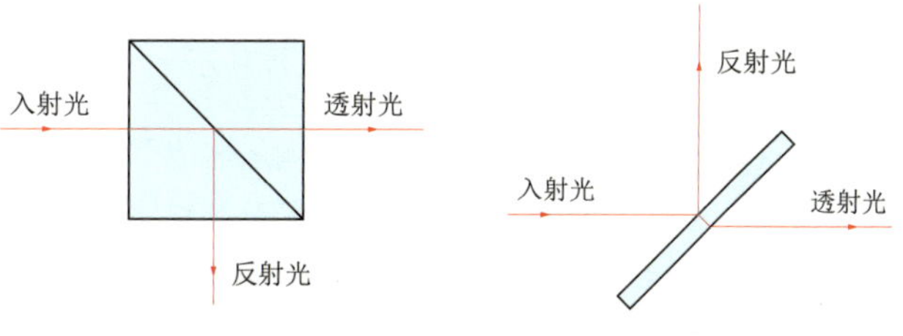

a 立方分束器　　b 平板分束器

分束器示意图

图a所示为立方分束器的示意图，两个三角玻璃棱镜通过聚酯等黏合剂粘在一起组成立方分束器。入射光进入分束器，在两个棱镜的结合面上一部分光被反射，一部分光透射，从而把一束光分成两束。图b所示为平板分束器示意图，一个薄的玻璃平板镀上金属层形成分束器。通过控制镀层的厚度使得以45°入射到分束器上的光一部分透射，另一部分被反射，从而达到分束的目的。根据功能的不同，分束器可分为**偏振分束器**和非偏振分束器。一束非偏振的入射光通过偏振分束器可以分成S-偏振的反射光和P-偏振的透射光。而非偏振分束器将一束光分成一定反射/透射比的光束，并保持入射光的偏振状态。

（赵彦辉）

分数电荷 fractional charge 不是电子或质子电荷的整数倍的电荷。强子、轻子的电荷都是电子或质子电荷的整数倍，已知的电荷中，只有**夸克**所带电荷以电子或质子电荷的1/3为单位，因此是分数电荷的粒子［见**味道SU(3)对称性**］。

（张肇西）

分数量子霍尔效应 fractional quantum Hall effect 具有高迁移率载流子的二维电子体系，在低温、强磁场等条件下，由于电子间相互作用而出现携带分数电荷的准粒子（元激发），从而其霍尔电阻（横向电阻）出现一系列不随磁场变化的分数量子化平台的效应。分数量子霍尔效应由**崔琦**和H.L.**施特默**等于1982年，在GaAs和AlGaAs异质结样品上发现。相比于1980年发现的整数量子霍尔效应，分数量子霍尔效应需要载流子迁移率更高的样品，以及更低的实验温度。在分数量子霍尔效应中，霍尔电阻出现一系列大小如下的平台：

$$\frac{1}{\nu}\frac{h}{e^2}\approx\frac{1}{\nu}25\,812.107\text{（欧）}$$

式中ν可以是诸如1/3、2/5等的分数；h为普朗克常数；e为元电荷电量；$h/e^2\approx$25 812.107（欧）为克利青常数，同时纵向电阻的大小为零。在整数量子霍尔效应中，ν必须是整数，其所对应的物理原理是整数个**朗道能级**被电子完全占据，而朗道能级之间的能隙是量子化霍尔电阻平台出现的必要条件。对于分数量子霍尔效应，虽然其实验现象和整数量子霍尔效应非常相似，但其对应的物理原理则与电子间的相互作用有关。由于电子之间的相互作用，在分数填充的朗道能级（在只考虑单电子运动的情况下，分数填充的朗道能级是无能隙的）中产生了能隙，从而产生出体态为绝缘态，而边缘态具有分数化的量子霍尔电阻的现象。

分数量子霍尔效应必须在考虑电子之间相互作用的框架内进行解释，因此可被视作一种新奇的量子液体系统。R.B.**劳克林**于1983年提出了一个描述多体电子系统的波函数（劳克林波函数），给出了分数量子霍尔效应的一个理论解释，并预言电子的集体运动会激发出携带分数电荷（电荷量为元电荷电量e的分数倍）的准粒子。1997年，量子点接触装置上的电流噪声实验，证实了携带分数电荷的准粒子的存在。这种新奇的携带分数电荷的准粒子，以及电子间强烈的关联和相互作用，超出了传统的**费米液体理论**的框架，因此在凝聚态物理理论中具有重要的意义。劳克林、施特默和崔琦也因分数量子霍尔效应的研究而获得1998年诺贝尔物理学奖。

1987年，通过实验首次发现了ν=5/2的分数量子霍尔效应。自20世纪90年代以来，包括ν=5/2在内的偶数分母的分数量子霍尔效应态，成为一个研究热点。物理学家认为，ν=5/2的分数量子霍尔效应态中的准粒子，可能满足非阿贝尔统计，因此可能应用于实现硬件上可容错的拓扑量子计算，具有重要的潜在应用价值。

（吴宜家　谢心澄）

分数统计 fractional statistics 存在于二维空间的一种新的统计。这种统计介于玻色-爱因斯坦统计和费米-狄拉克统计之间，因此被称为分数统计或中间统计。见**任意子**。

分析力学 analytical mechanics 用数学分析的方法研究受约束的非自由质点系的运动的力学分支学科。由J.-L.**拉格朗日**与W.R.**哈密顿**建立。分析力学与以I.**牛顿**、

L. 欧拉为代表的矢量力学共同构成**一般力学**的学科基础。

简史 拉格朗日的《分析力学》是分析力学的奠基著作，它以**牛顿运动定律**为基础，以系统的动能、势能、功等标量为主要变量，运用数学分析的工具获得了完整系统的动力学方程的普遍形式及其积分的一般方法，因而也为系统深入研究系统动力学的特性提供了可能。哈密顿的工作将分析力学推进到一个新阶段。他提出的哈密顿原理表明，力学的基本原理不仅可以按照牛顿方式叙述，也可以按照某种作用量的驻值，亦即变分方式叙述。由于变分原理更能反映客观规律的共同本质，因而有可能扩展到非经典力学的其他物理领域（如相对论力学、**量子力学**）。哈密顿还提出了用正则变量描述系统的状态，并获得了动力学方程的正则形式以及等价的"波动形式"，这种形式有极好的数学性质。经过后来C.G.J. 雅可比的发展，哈密顿力学开辟了解决天体力学以及物理学中一系列重要问题的新途径，并成为过渡到近代物理的桥梁。

研究内容 分析力学的研究对象是受约束的非自由质点系，并把自由质点系看成特殊情况；用**广义坐标**描述系统的位形，可使动力学方程数大为减少并易于求解。分析力学追求的是一般理论及一般方法，可应用它来求解具体的问题。

①导出非自由质点系的各种动力学方程。如完整系统的**拉格朗日方程**、**正则方程**、尼尔森方程，非完整系统中的**劳思方程**、阿佩尔方程等。对不同的具体问题，选择不同类型的动力学方程可简化推导与运算。

②研究求解动力学方程的一般方法。寻找首次积分使方程降阶，如利用能量积分降阶的惠特克方程，利用循环积分降阶的劳思方程。对正则方程，研究不对动力学方程直接积分的正则变换解法。

③探讨概括运动基本定律的变分原理，包括反映任一瞬时系统真实状态的微分变分原理及反映任一有限时间间隔中系统真实运动状态的积分变分原理。如静力学中的**虚功原理**、动力学中的达朗贝尔-拉格朗日原理（见**动力学普遍方程**）、高斯原理、马保梯最小作用量原理、**哈密顿原理**等。

④研究力学系统的一般运动特性。如守恒量与对称性的关系，积分不变量、运动稳定性、摄动、混沌等。

20世纪中叶以后，又发展了近代分析力学，主要指用新的数学工具，特别是近代微分几何（包括流形、张量丛、微分流形、辛流形等）来研究分析力学的各项内容。

（贾书惠）

分形 fractal 组成部分与整体以某种方式相似的几何形状。fractal是1975年由美国科学家B.B. 曼得布劳特根据拉丁词fractus（破碎的，碎裂的）创造的一个英语新词，意指某些被传统的欧几里得几何学排除在外的不规则几何形状。汉语将其译为分形。并非所有不规则形状的几何体都是分形。图形整体与局部相似的性质称作自相似性，分形特指一类具有自相似对称性的几何对象。

特征尺度和无标度性 自然界中事物通常都有自己的特征尺度。如原子的特征尺度是10^{-10}米，原子核结构的特征尺度是10^{-15}～10^{-14}米，而行星运行轨道的特征尺度则达到10^{11}～10^{12}米。但也有例外，如海岸线。地理书上通常都给出各国海岸线长度的数据，而这些数据实际上与测量它的比例尺密切相关。小比例尺的地图上，海岸线上许多小的曲折被拉直，总长度显短。随着比例尺的放大，一批批海湾、半岛显露出来，测得的海岸线越来越长。这种无穷尽地放大比例尺（标度变换）的过程，表明海岸线实际上没有特征尺度（又称无标度性）。同时海岸线在标度变换下显示出几乎无限嵌套的局部与整体的相似性。这种像海岸线一样的无标度性，在标度变换下显示自相似性的几何形体自然界中还有许多，如闪电、云团、山峦、烟雾、湍流等。它们的共同特征是不规整、不光滑，但用不同尺度观察时却十分相似。

规则分形 早在曼得布劳特提出分形概念之前，数学家就已构造出一批具有严格的无限嵌套自相似结构的几何形体，它们被称作规则分形或理想分形，又称确定性分形。最常见的有柯赫曲线、康托三分集、谢尔宾斯基镂垫和门杰海绵。这些几何体都是按照一定规则严格逐级构造的。图1的柯赫曲线的构造方法为：取一单位长直线段作为零级构造，将其三等分，舍去中间的一段，代之以底边在舍去一段上的等边三角形的另两边，形成一级构造。对一级构造的曲线中的每一段，实行前面的步骤，得到二级结构。以后仿此无穷重复。不难看出柯赫曲线上任一级构造的每一条线段的内部结构均与整体相似。图2的康托三分集的构造方法是逐级把三分线段中间的部分去掉。先取一单位边长的等边三角形作为零级构造，将各边中点连接，形成四个小三角形，然后去掉中间一个，形成一级结构。之后对这些剩下的三角形做同样连接、分割和取舍操作，得到二级结构。逐次重复，最终形成具有各种大小空隙的等边三角形集合。这就是图3所示的谢尔宾斯基镂垫。这种嵌置于二维欧氏空间的形体的任何一个部分，都与整体严格相似。图4所给出的是嵌置于三维欧氏空间的一种规则分形体，因其具有酷似海绵的大小不同的空

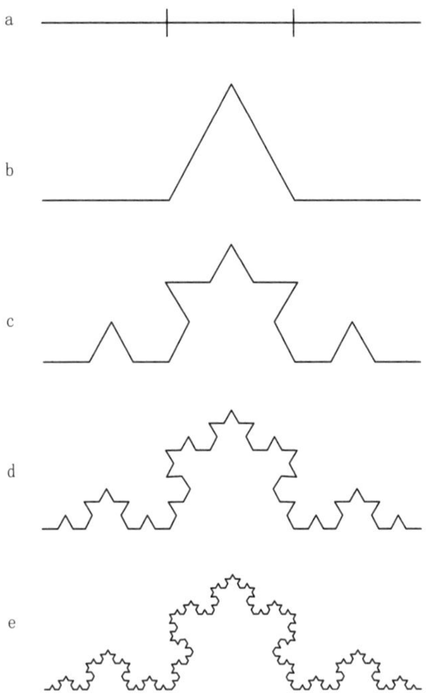

图1 柯赫曲线

图2 康托三分集

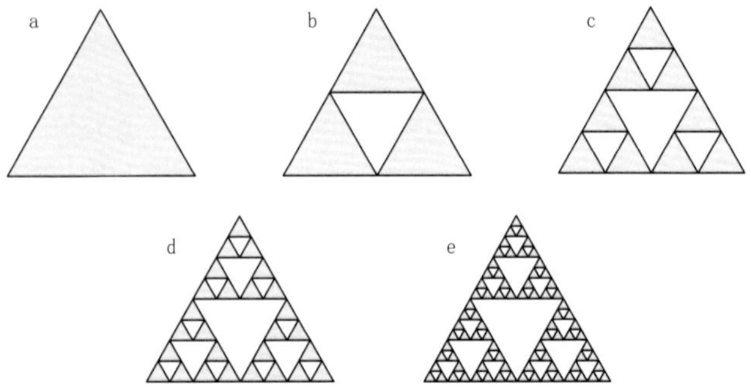

图3 谢尔宾斯基镂垫

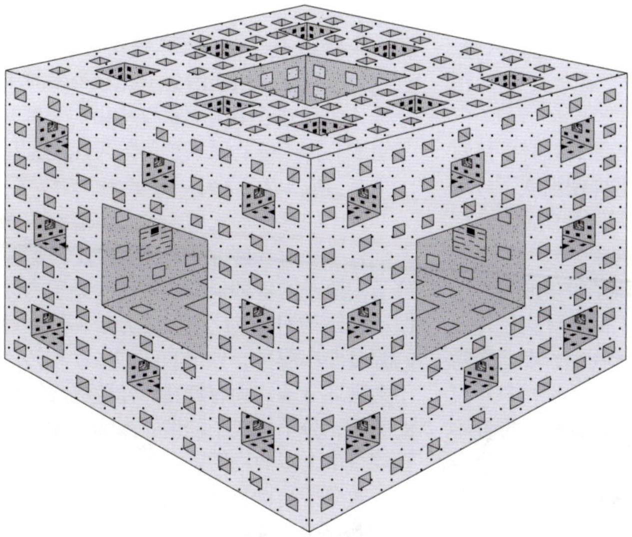

图4 门杰海绵

洞，称作门杰海绵。其构造规则为：取单位边长的正方形为零级结构，将立方体等分成27个小立方体，去掉位于立方体体心和六个表面中心的七个小立方体，形成一级结构。对余下的小正方体逐级做如上操作，便得到门杰海绵。以上各例分形都是按照等分原则逐级构造的，称作均匀规则分形。也可在构造过程中引入不等分规则，构造出不均匀规则分形。

规则分形突出显示了分形的严格自相似特性和无限多层次精细结构的特点。如何定量描述这类形态几何对象的复杂性，传统的欧氏几何学则无能为力。因为欧氏几何学不能给出这些处处破碎的几何对象的维数。

分形维数　维数是几何对象的重要特征量。它是确定几何对象中一个点的位置所需的独立坐标或独立方向的数目。平直欧氏空间中，直线、平面、立方体分别是一维、二维和三维的几何对象。对于更为抽象或复杂的几何对象，只要每个局部可与欧氏空间对应，也容易确定其维数。对这些几何对象进行拓扑变换，其维数也不变化，故称作拓扑维数，记为d。

维数与测量有直接关系。用单位长度l测量面积，结果是无穷大；用标准立方体l^3测量没有体积的平面面积，结果为零。只有用标准方块l^2测量面积，才会得出面积数。由此可见，用n维的标准体l^n测量某个几何对象，如果$n>d$，结果为0；如果$n<d$，结果是无穷大，只有n与d一致，才能得到有限值。

如果把d维几何对象的每个独立方向都增加为原来的l倍，结果得到N个原来的对象。此3个数之间的关系为：$l^d=N$。对这个关系式两边取对数，可写成$d=\ln N/\ln l$。式中d可是整数，也可是分数。式中定义的维数，称作分维或分形维数，记为D_0。

根据分维定义可算出各种规则分形的维数：柯赫曲线，$D_0=\ln4/\ln3\approx1.2619$；康托三分集，$D_0=\ln2/\ln3\approx0.6309$；谢尔宾斯基镂垫，$D_0=\ln3/\ln2\approx1.585$；门杰海绵，$D_0=\ln20/\ln3\approx2.7268$。

分形维数的定义对于规则分形十分适用，但分形不只是规则分形。对于像海岸线这样的分形体，其总长度的测量与测量尺的长短有关。为了测量得精确一些，只能缩小测量尺的单位。这样分维定义可改写成$D_0=\lim\limits_{\varepsilon\to0}\ln N(\varepsilon)/\ln(1/\varepsilon)$，式中$\varepsilon$为缩小比例尺的长度，$N(\varepsilon)$为用缩小比例尺后的量度单元覆盖对象时给出的读数。这个定义来源于豪斯道夫对维数的定义。可以证明，拓扑维数d与分形维数D_0之间满足$d\leqslant D_0$的关系，等式只对规整几何体适用。曼得布劳特最初对分形的定义，就是指使不等式$d<D_0$严格成立的几何对象。

分形维数这一定义提示了一种测量方法。取边长为ε的小盒覆盖分形，数出不空小盒的数目$N(\varepsilon)$。随着ε不断缩小，$N(\varepsilon)$自然要增大。按照定义，在$\ln\varepsilon$-$\ln N(\varepsilon)$双对数图上的直线部分的斜率就给出了D_0。这种数盒子的办法，经常用于自然界和实验上出现的无规分形维数的确定。这些分维定义和分维数测量方法虽可对分形做出一定定量刻画，但都具有局限性。为此又相继引入信息维数、关联维数、广义维数等维数定义和由实验数据重构相空间测量维数等方法，更精确地描述分形结构的复杂性。

无规（随机）分形　自然界存在的几何对象，大多不能满足严格数学意义上的自相似，但有些在统计意义上具有自相似性，这种几何对象的任何局部放大后，却与其整体遵守同样的统计规律。最常见的有**布朗运动**和分形生长结构。

①布朗运动。显微镜下观察液体中的一粒花粉的运动，会看到它的运动轨迹由各种尺度的折线连接而成。加大显微镜的分辨率，可发现原来以为是直线的部分是由大量尺度更小的折线连成，且具有自相似结构（图5）。这种运动的轨迹是一种分形体。严格计算证明，布朗粒子轨迹的分维数$D_0=2$，是一个整数，满足曼得布劳特对分形的拓扑维小于分维的定义。

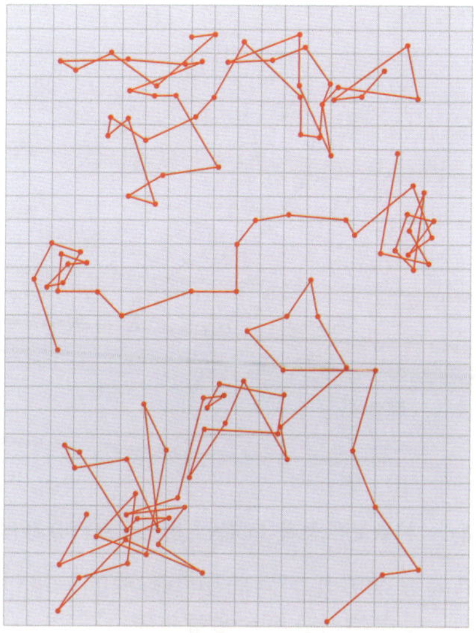

图5 布朗粒子的轨迹

②分形生长结构。自然界有许多凝聚现象。如粉末状的金属原料被烧结成由大大小小聚集团形成的大块金属，每个聚集团的边界都是很复杂的分形；电化学反应中电极附近沉积的固态物质，以不规则的形状向外呈树枝状分形生长；受到污染的水流不断有颗粒或胶状物在水中植物的边缘附着，形成形状复杂的分形絮状物等。这些极不规整的几何形体，过去由于结构太复杂而难以研究。分形、分维概念提出后，借助计算机模拟手段，已出现不少描述聚集现象生成物的模型理论，最具代表性的是分形生长模型。其中之一是扩散置限聚集（DLA）模型。其要点是：在二维欧氏空间取一个方网格，网格中心放一粒种子，然后从网格边界释放粒子，令粒子在网格上随机行走，如粒子到达距种子所在格点最近的格点时即被粘住，并成为另一粒种子；如粒子在此之前到达方格边界，则令其消失。如此逐次释放粒子，最后所有的种子粒子形成一种树状聚集体，它具有统计意义下的自相似结构（图6）。计算机生成的这类分形体，与前述自然凝聚态物体形状十分相像。采用不同办法，可算出这种分形结构的分维数D_0约为1.70。如果在三维欧氏空间取立方格子，按同样规则重复操作，可得到嵌置在三维空间的DLA分形。这种分形的$D_0\approx2.53$。

上面两种分形，其生长结构都是由随机因素控制的，不像数学上构造的规则分形在几何上严格自相似，被称为无规分形或随机分形。自然界存在的大量分形，都属于此类。此外，还有一些在构成方法上

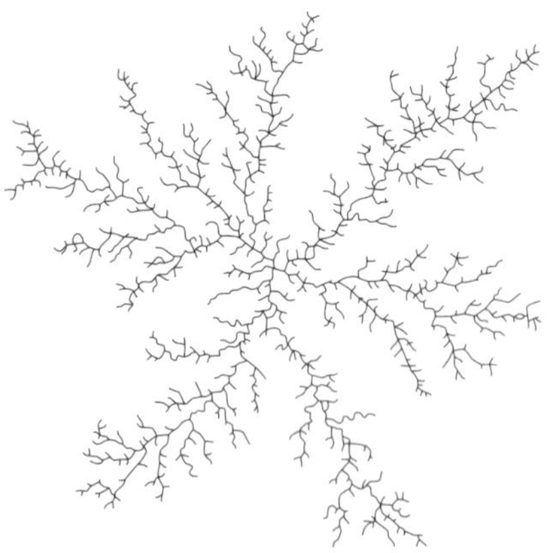

图6 扩散置限聚集（DLA）模型生成的分形体

更为复杂或几何性质更为特殊的分形结构，如自仿射分形和多重分形。

自然界的分形和分形研究 分形研究已在自然科学和技术科学中广泛展开：大到银河系的星体分布，小到纳米颗粒聚集体；从多孔介质中的流体流动，到云彩边界的形状；从材料裂纹的生成，到植物枝条和叶片形态；从河川、山脉形貌，到岩石结构；从细菌群落，到人体血管、视网膜、神经系统的分布。欧氏几何过去难以处理的复杂几何结构，现已成为分形尝试研究的对象。研究对象对分形、分维的概念是否适用，必须判断研究对象是否存在无标度区。如一段海岸线，上限尺度是首末两端的连线，下限尺度可取形成海岸线的沙石的平均尺寸，二者之间如果有长达几个数量级的无标度区，方可作为分形看待。只有把握好这个原则，才可能得到有意义的结果。

分形和分维作为非线性科学研究的前沿领域，正从数学和物理两个方面进行深入探讨。数学研究的重点在于分形的维数理论和测度的分形理论两个方面。研究的内容主要是各种自相似集的性质和分类，各种分形维数的实质差异与关系，多重分形的测度分析等。物理研究方面，已在理想分形上的相变、临界动力学、分形上的动力学、动力学中的分形、多重分形和各类分形生长模型等方面做了大量工作，然而探索各种分形结构的形成机理及其效应仍是一大挑战。 （刘寄星）

分形上的统计物理 statistical physics on fractal 研究具有分形结构的热力学系统的统计物理行为的理论。具有**分形**结构的热力学系统，其统计物理行为展现一定的特殊性，服从分形上的统计物理。分形是一类具有扩展对称性的几何对象，扩展对称性又称为自相似对称性。分形具有无穷嵌套的特征，若从某对象中，适当取出一部分并加以放大，观察者看到的结果，与原先整体对象完全相同。这意味着，具有扩展对称性的对象，在标度变换下是不变的。

正由于分形与过去熟悉的具有平移对称性的几何对象不同，这样便出现了分形上的物理学。20世纪80年代前后，分形物理得到了蓬勃发展，其中尤以分形上的统计物理发展最快，取得了较多成果。

从本质上看，分形上的统计物理与已经发展得相当成熟的统计物理，在研究对象、基本假设等诸方面并无区别，只不过处处要考虑分形的几何特征，计及标度不变性对物理结果的影响。归结起来，迄今研究过的涉及与统计物理有关的问题大致有下列几方面。

分形晶格上自旋统计模型（如伊辛模型、波茨模型等）的相变，涉及如下问题：非平庸相变的产生与分形的哪些几何特性有关；相变的普适性及划分相变普适类的判据（尤其是与分形结构的哪些几何参数有关）；能否精确求得某些分形结构上某种自旋统计模型的配分函数和关联长度等。在这方面的研究中广泛应用了实空间的重正化群方法，如格点自旋消约方法、格点一块变换法，以及米格达尔-卡达诺夫（Migdal-Kadanoff）的键移法等。

渗流相变。这是一种无哈密顿量的几何相变，由于它与无序系统、稀释系统的输运性质有关，因此受到极大重视。在研究渗流问题时，改造和发展了适用于有哈密顿量系统的重正化群方法，取得了好的效果。

探讨分形晶格上反铁磁自旋模型的相变。其核心问题是，是否存在低温代数衰减相。研究发现，在金刚石型等级分形晶格上，反铁磁波茨模型可能存在上述低温相。

分形晶格上的临界动力学。临界动力学研究临界点附近的非平衡现象。研究过程中提出了一种TDRG方法，即与时间有关的重正化群方法，通过求解动力学主方程，求得了多种分形晶格上动力伊辛模型的动力学临界指数。 （杨展如）

分子 molecule 物质中能够独立存在且相对稳定，并保持该物质物理、化学特性的最小单元。分子由*原子*组成。原子通过一定的作用力、一定的次序和排列方式结合成分子。有的分子只由一个原子组成称单原子分子，惰性气体分子氖、氩、氪、氙等均属此类。单原子分子既是原子又是分子。有两个原子组成的分子称双原子分子。如氧分子由两个氧原子组成，为同核双原子分子；一氧化碳分子由一个氧原子和一个碳原子组成，为异核双原子分子。有两个以上原子组成的分子统称为多原子分子，如水分子由两个氢原子和一个氧原子组成。分子中的原子数可以为几个、几十个乃至成千上万个。

分子的存在形式可为气态、液态或固态。分子除可平移运动，还有分子转动和分子内原子的各种类型的振动。分子内部振动和转动的幅度比气体中分子平移运动的幅度要小得多。分子内部的振动和转动不会破坏分子的固有特性。作为物质组成的单元，分子构成了陆地、海洋、大气乃至空气中大多数物质。

对分子结构及其性质的研究，形成了**分子物理学**。通常所说的分子结构是指分子内的原子的成键方式及处在平衡位置时的空间结构。分子内的电子运动、原子振动及其分子转动运动决定了处于不同频谱波段分子电磁波谱的性质。利用分子谱学方法（包括光谱、光电子谱、射频谱及核磁共振谱学等）可以研究分子内部各种运动状况。对作为微观体系的分子的结构及其性质研究，产生了分子的量子力学研究方法，即量子化学。

组成分子的成分相同、原子的排列次序不同而形成两种或两种以上分子的现象称为同分异构现象。这些成分相同结构不同的分子称为**同分异构体**。

分子的构型是指分子中原子在空间的排列次序与分布。分子中原子间的化学键长与键角称为立体构型参数。有些分子在一定构型条件下其形状会随原子的相应相对位置而改变，这种情况称为分子的构象。不同构象的分子其能量有一定差别，对称性也不同。

在一定状态下分子的形状和大小、结构和性质都是一定的。通过一些物理实验（包括分子谱学方法和理论计算），可得到分子的平均运动速度、碰撞频率、分子直径（按球体直径计算）、电离能、离解能、核间距离（键长）、分子振动和力常数、偶极矩等物理量，这些数据统称为分子常数。它们是描述分子结构和物理性质的重要数据。测量各种分子常数发展了气相分子束技术，使分子在真空中形成沿着同一方向运动的射流，忽略分子之间的相互作用。新发展的冷分子技术进一步使得分子常数及分子光谱测量精密化。

分子有确定的质量。分子的质量与^{12}C原子质量的1/12之比称作分子量。分子的分子量可通过不同的实验方法测量。通常把分子量大于10 000的分子称为高分子。分子量大到一定程度，就会出现一些特有的性质。塑料和橡胶等都是高分子材料，在工业和国民经济的诸多领域都有重要的应用。对生物大分子结构和功能的研究，是生命科学特别是分子生物学的重要内容。

分子在光、电、热等形式能量的作用下，可能改变结构，由分子的基态跃迁到分子的激发态。分子激发态的寿命一般都很短（微秒、纳秒或更短）。利用闪光光解、分子光谱及超快谱学实验，能够研究分子激发态的寿命、结构和性质。科学研究利用超快飞秒（10^{-15}秒）光脉冲结合泵浦探测方法，已经能够准确地观察到分子内部原子核的运动，实现了对分子的形成或解离过程的实时测量；先进的阿秒（10^{-18}秒）光脉冲产生，使观测分子内部的电子运动成为可能，将对进一步认识分子结构、物质构成和反应过程的本质及其调控产生重要作用。

射电天文学的研究表明，星际空间也存在着许多种分子，包括一些在地球上不稳定的分子。由于其密度很小，分子间互不干扰，可以长期存在。星际空间分子谱学测量不仅能够提供星际物质的组分信息，而且通过与实验室精密谱对比测量，还能提供物理常数随时间变化可能存在的变化信息。（华彤文　丁大军）

分子超激发态　molecular superexcited state　分子被激发处于电离能之上的能量状态。分子的激发态可以处于电离能之下或电离能之上，分子超激发态产生于能量较高的光辐射过程及核辐射过程等。分子超激发态一般为分子里德伯态（有一个电子处于分子价电子轨道外，分子电子状态可以理解为一个离子实加一个外层电子），其离子实为振动-转动激发态或电子激发态。分子超激发态一般不稳定，由于激发态的离子与外层电子的相互作用，能通过多个路径发生衰变，如通过自电离变为离子，通过电离解离变为离子碎片和一个中性碎片，或通过预解离成中性碎片以及离子对解离成为一个正离子和负离子等。如氧气分子在波长为70纳米的光照射下会直接电离，但也可以产生氧气分子超激发态，超激发态可以衰变为一个氧气离子，或两个中性氧原子或一个氧正离子和氧负离子。（莫宇翔）

分子磁矩　molecular magnetic moment　表示分子磁性大小的物理量。分子磁矩包括电子磁矩和原子核磁矩，磁矩的单位是安培·米^2（$A \cdot m^2$）或焦耳/特斯拉（J/T）。电子磁矩由电子绕原子核运动的轨道磁矩和电子自旋磁矩两部分组成。根据玻尔的原子轨道理论，电子绕原子核在一定轨道上运动，电子的轨道运动相当于一圆电流，会产生垂直于电子轨道平面的轨道磁矩。自旋磁矩是电子的内禀属性，单电子的自旋磁矩为*玻尔磁子*μ_B。轨道磁矩对分子磁矩的贡献一般小于电子自旋磁矩。这是因为轨道磁矩受分子晶格场的作用，不能形成联合磁矩。原子核的自旋磁矩一般比电子自旋磁矩小得多，常常忽略不计。

由于自然界中的分子组成元素大都为轻元素，不含传统磁体中的d或f电子，并且通常分子为共价键结合，不具有未成对电子，因此分子一般不具备稳定的固有磁矩，无法显示出顺磁性或铁磁性。由分子构成的磁体主要以人工合成的方式制备，从制备方式上可分为两类。一类为有机分子和磁性金属的化合物（如亚铁磁性分子磁体MnTPP），其磁性主要来源于磁性金属原子或离子，以有机分子为媒介，形成磁性金属磁矩的长程磁有序排列；另一类是纯有机磁性分子（如有机铁磁体poly-BIPO），只含有C、N、O、S、H等轻元素，磁性主要来源于带单电子自旋的自由基，自旋磁矩来源于s或p轨道电子贡献。对于此类有机磁体，早期的一种模型是对于悬挂自由基的主链碳原子建立巡游π电子模型，自由基电子看成局域电子，π电子和自由基之间采用近藤模型处理，可得到铁磁基态。后来，人们进一步改进模型，考虑π电子和自由基电子之间存在跃迁，即安德森模型，在合理参数区间内也得到了铁磁基态。

有机分子磁体具有无机磁体不具备的一些优点，如结构的多样性，易于用化学方法裁剪，可集电磁光特性于一身，其物理性质也兼具有机材料和磁性材料特点，在未来先进磁性功能材料的研究及磁性分子器件的制备中具有广阔的应用前景。（王传奎）

分子缔合　molecular association　通过特殊的和中等强度的分子间力，使得单一种类的分子或两个（包括两个以上）原子形成双原子分子或多原子分子的过程。研究分子缔合能够更深刻理解分子的结构和原子间力的性质。这种分子间的键合本质上属于物理作用，因此缔合作用一般并不显著改变物质分子的化学性质，但对物质密度、沸点、熔点、蒸发热等物理性质却有较显著的影响。

液态、固态或气态物质，在分子缔合中起主导作用的分子力主要是极性分子间基于分子异极互相吸引而产生的一类相互作用力，又称范德华力。常见的一种强分子间键称为**氢键**。氢键是指元素电负性较大的氟、氧、氮等原子（X）与氢原子（H）成键，由于X—H化学键有较大的极性，使得该氢原子能进一步与另一个分子中电负性较大的原子相键合。

分子缔合并不限于可能出现氢键的分子，有些分子在一定条件下能够缔合成二聚体的形式存在，也有一些原子在一定条件下可缔合成双原子分子或多原子分子。（印建平）

分子电离　molecular ionization　分子中电子摆脱核的束缚而被发射出去的过程，其中分子电离需要克服的能量被称为分子电离能。分子电离需要的能量可以通过外界电子、质子、离子等粒子以及光子与分子碰撞的方式获取，因此可以归结于电子碰撞电离、离子碰撞电离和光电离等。分子电离根据电离电子的数目可分为单电离、双电离以及多次电离，根据电离电子初始布居的轨道不同可分为价电子电离和内层电子电离。分子电离的概率由不同粒子与分子作用时碰撞截面决定，碰撞截面的大小与粒子的种类、能量以及入射角度都息息相关。

基于分子电离产生的自由电子的能量或动量测量也形成了各种谱学技术，提供了丰富的分子结构、内部电子结构以及分子动力学过程信息。例如，电子和分子碰撞时产生的电离被称为(e,2e)过程，该过程中入射一个电子出射两个电子，通过对电离过程中电子散射截面的提取能够实现对分子轨道进行成像；光与分子作用产生的电离，被称为光电离；分子在紫外或真空紫外光作用下产生的光电子能量测量技术构成了紫外光电子能谱学，这一技术是获得分子电子、振动结构的主要实验方法；由于在X射线作用下构成分子的原子内壳层电子光电离与其原子处的键合环境相关，高分辨测量的光电子能量直接给出了分子成键的准确信息，形成了用于化学分析的电子能谱（ESCA）方法；基于分子电离产生的离子质量分析即分子电离质谱学技术，是确定物质成分和组成的重要手段。因此，对分子电离的研究有助于人们对分子结构及状态、内部电子轨道形状及键合等性质进行研究和探索。

科学技术特别是各种先进的束源、探测器的发展，使得分子电离研究和应用出现了飞速发展。分子多次电离后出现的库仑爆炸过程直接给出了分子内键合的信息，结合符合成像测量进一步揭示了分子内电子关联性质。利用先进的飞秒乃至阿秒光脉冲产生超快时间分辨的分子电离谱学，为理解和认识分子内核运动及电子运动动力学提供了直接手段，对理解物质构成及其变化有着深远的意义。

（罗嗣佐　丁大军）

分子电偶极矩　molecular electric dipole moment　表示分子内电荷系统的电极性大小的物理量。电偶极矩描述分子内电荷分布的特征，通常用$\boldsymbol{\mu}$表示，定义为从点电荷$-q$指向点电荷$+q$的矢径$\boldsymbol{r}$和电量q的乘积，$\boldsymbol{\mu}=q\boldsymbol{r}$。电偶极矩是一个矢量，方向规定为从负电荷中心指向正电荷中心。电偶极矩的国际单位是库仑·米（C·m），也通常用德拜（D）作为单位，$1\mathrm{D}=3.336\times10^{-30}\mathrm{C\cdot m}$。分子电偶极矩是分子的重要性质之一。

当分子中正、负电荷中心重合时，$\boldsymbol{\mu}=0$，则为非极性分子。如H_2分子（图1），电子均匀分布于两个氢原子之间，其电子对均等共享，正电荷与负电荷排列对称，故电偶极矩为零。当分子中正、负电荷中心不重合时，$\boldsymbol{\mu}\neq0$，则为极性分子。如HCl分子（图2），由于Cl原子的电负性

图1　H_2分子的电性示意图

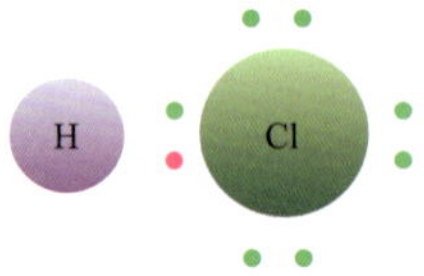

图2　HCl分子的电性示意图

非常强，氢原子的唯一一个电子几乎被Cl原子拉走，导致正电荷与负电荷排列不对称，HCl分子中H原子一端有较显著的阳性，Cl原子一端有较显著的阴性，因而HCl分子偶极矩不为零。分子电偶极矩越大，分子的极性也越大。

分子电偶极矩分为固有电偶极矩和感应电偶极矩。分子固有电偶极矩是分子具有的本征属性，与分子几何结构、分子中化合键的类型及原子种类等因素有关。对于量子体系来说，分子电偶极矩算符表示为$\hat{\boldsymbol{\mu}}=q\hat{\boldsymbol{r}}$。当分子处于量子态$|i\rangle$和$|j\rangle$时，电偶极矩为$\overline{\boldsymbol{\mu}}_{ij}=\langle i|\hat{\boldsymbol{\mu}}|j\rangle$。当$i=j$时，$\overline{\boldsymbol{\mu}}_{ij}$称为分子处于第$i$态的固有偶极矩，当$i\neq j$时，$\overline{\boldsymbol{\mu}}_{ij}$称为分子在第$i$态和第$j$态之间的跃迁偶极矩。分子感应电偶极矩是指在外电场作用下，分子内电荷重新分布，产生的新的电偶极矩。分子感应电偶极矩与分子中原子种类、分子几何结构及电场大小等因素有关。

（王传奎）

分子电子波函数　molecular electronic wave function　分子内电子运动的*薛定谔方程*解。分子内部运动包括原子核运动和电子运动。用*量子力学*描述分子（包括原子核与电子）的运动时，原子核与电子的运动都可以使用波函数进行描述，但直接求解分子的波函数存在实际的数学上的困难。然而，在*玻恩-奥本海默近似*下，由于电子和原子核质量的巨大差异，其运动可以考虑为分别独立，这时将分子总的波函数写为核运动波函数和电子运动波函数的乘积。因此，在总的分子体系的薛定谔方程中略去原子核的动能项，便得到电子运动的薛定谔方程，此时哈密顿量包括两部分，一部分是电子运动哈密顿量，包含电子动能项、电子-电子和电子-原子核库仑作用势能项，另一部分是核-核的库仑排斥势能项，此方程解即分子的电子波函数。

分子的电子波函数中核间距R为参数，因此对于固定的核间距R，分子电子波函数表示在某个态下其能量为$V(R)$的分子的电子电荷分布。电子波函数仅仅依赖于各电子的坐标r，核间距R不为变量而仅作为一个参数。分子电子波函数可以通过分子轨道理论求解，一般采用斯莱特行列式描述。类比于原子的情况，对于每一个电子，可视为其在其他电子与原子核产生的平均势场中独立运动，利用轨道近似，将多电子波函数近似为单电子波函数乘积的线性组合，在满足泡利不相容原理、能量最低原理、洪特规则的条件下，将电子填充入各轨道之中，由此确定所涉及的单电子波函数。

（闫　冰）

分子电子学　molecular electronics　研究利用单个分子、超分子或分子团簇构筑分子电子器件和量子信息处理的学科。分子电子学是纳米电子学的一个重要分支，是涉及物理、化学、电子信息，以及材料科学等多学科的新兴交叉学科。分子器件的电子运动规律及工作原理由量子力学来描述，单分子器件的应用将会极大地减小电子器件的尺寸，有望突破传统硅基半导体集成电路的*摩尔定律*极限。同时，器件的运算速度大幅提升，器件的功耗也大幅降低。分子电子学的研究内容主要集中在：①低维体系电输运理论；②探索能够实现可重复制备稳定分子器件及精准控制分子器件性能的技术方法；③寻找并发现具有新奇功能的分子器件；④分子器件集成原理和技术。

与宏观块材料相比，分子是尺寸极小、性质稳定的量子体系。有机分子种类繁多，易于批量合成和便于通过修饰调控其性质的特点，使得其在构建分子器件时拥有众多的候选对象，并且相应的分子器件具有传统器件不具备的奇特性质。另外，各种新型二维材料特别是*石墨烯*的问世，极大扩展了分子器件构筑材料的选择范围，为分子电子学研究注入了新活力。实验室成功制备了各种功能分子器件，如分子导线、分子开关、分子整流器、分子存储器、分子场效应晶体管等。图1和2给出了两个典型分子器件的示意图。

图1　单分子导线器件示意图

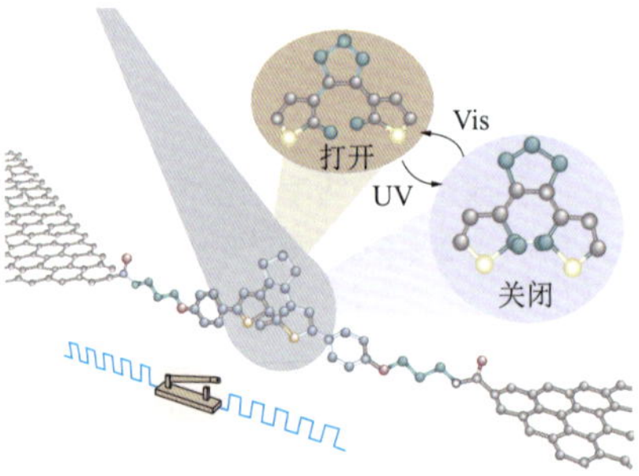

图2　单分子开关器件示意图

实验上发展了一系列技术方法制备和测量分子器件。①力学可控劈裂结技术。包含两部分：制备具有纳米间隙的电极和将目标分子集成到电极的纳米间隙中形成单分子结。首先将具有良好延展性的金属纳米线两端固定在柔韧性好的衬底上，衬底的两端也通过外部设置固定。通过压电陶瓷精确控制的步动马达推动衬底变弯，使金属纳米线的中部逐渐变细直至断裂。通过控制马达的步动数目，可精确控制金属线断裂间隙的大小。如果将断裂的纳米线浸入长度与电极间隙相当的目标分子溶液中，分子的两端便会分别连接到两个电极上，形成单分子结。②扫描隧道显微镜（STM）技术能够以纳米级甚至是原子级空间分辨率，在真空、大气或液体中观测物质表面原子或分子的几何分布和态密度分布。通过控制针尖和样品表面之间的距离，控制施加在样品上的偏压，不仅能够对纳米结构进行表征，研究其排列方式及电学性能，还能够通过对原子、分子的操纵实现纳米结构的构筑，以及对纳米电子学元件的研究。③*朗缪尔-布洛杰特膜*

技术是将具有脂肪链疏水基团的双亲分子（一端亲水，一端亲油或疏水）溶于挥发性溶剂中，通过控制表面气压，溶质分子便在气/液界面形成二维排列有序的单分子膜即朗缪尔膜（L膜）。将单分子膜转移到固体基板上，可组建成单分子或多分子膜，即朗缪尔-布洛杰特膜（LB膜）。④分子自组装膜技术是分子通过化学键相互作用，自发吸附在固/液或气/固界面形成的热力学稳定和能量最低的有序膜，其主要特征有原位自发形成；化学键和热力学稳定；所形成覆盖层均匀一致；高密度堆积和低缺陷浓度；层间分子有序排列；可通过设计分子结构和表面结构来获得预期的界面物理和化学性质；分子合成和制备有很大的灵活性。根据分子层数的不同，可以把自组装膜简分为自组装单层膜和自组装多层膜。⑤有机分子束外延技术是在超真空条件下生长有机或半导体材料的技术。它的优点在于无须对材料进行修饰，外延层的厚度可控，基片及环境的清洁度可达到原子级，在沉积超薄膜的过程中能够原位实时监控膜的结构生长情况。

与此同时，理论工作者也先后发展了各种理论方法，如紧束缚模型方法、散射矩阵方法、弹性散射格林函数方法、非平衡格林函数方法等来理解分子器件的电荷输运机理和奇异性质，并给实验工作的开展提供理论支持。分子电子学被认为是有望改变人们生活的研究领域之一。

（王传奎）

分子电子组态 molecular electronic configuration 电子在分子轨道中的排布方式。电子在分子轨道中的排布遵循**泡利不相容原理**和洪特规则，分子轨道中电子的能量即为分子轨道能量。分子轨道按照能量由低到高排布构成了分子的电子基态，其他排布方式对应的电子组态构成分子的电子激发态。在分子中，电子占据的能量最高的分子轨道称为最高占有分子轨道（HOMO），能量最低的未被电子占据的分子轨道称为最低未占有分子轨道（LUMO）。HOMO与LUMO之间的能量差称为**带隙**，常用来表征分子中电子激发的难易程度，带隙越小越容易激发，反之越难激发。以O_2分子为例，其电子组态写成：$1\sigma_g^2 1\sigma_u^2 2\sigma_g^2 2\sigma_u^2 3\sigma_g^2 1\pi_u^4 1\pi_g^2$，轨道标记前的数字表示分子轨道序号，一般按照能量由低到高标记，右上角标的数字表示电子占据数目；其组态也可写成$1s\sigma_g^2 1s\sigma_u^2 2s\sigma_g^2 2s\sigma_u^2 2p\sigma_g^2 2p\pi_u^4 2p\pi_g^2$，这里的1s、2s、2p等表示O原子轨道，这种写法可以较为清晰地表示出分子轨道的组成成分。O_2分子电子组态中$1\pi_g^2$项表示两个电子占据在两个反键π轨道上。根据洪特规则，这两个电子在基态自旋方向平行，因此基态的氧气分子拥有净磁矩，这表现出**顺磁性**，对氧气顺磁性的解释是分子轨道理论的一个重要贡献。

（闫　冰）

分子动力学模拟 molecular dynamics simulation 使用计算机模拟组成体系的原子、分子的微观运动，进而结合**统计物理学**原理理解其宏观性质与动力学行为的方法。分子动力学模拟是研究复杂体系宏观现象与其微观结构关系的一个重要工具。

分子动力学模拟与理论研究、实验研究共同成为科学研究的重要手段。不同于理论研究中试图构建少量关键变量间关系以理解体系性质，分子动力学模拟直接考虑大量微观自由度的演化，对当前十分关心的复杂分子系统（如复杂流体、生物分子系统等）的研究尤为重要。另一方面，实验研究通常受到条件限制，只能测量特定条件下各种因素共同影响下的系统的少量特征，而分子动力学模拟在条件设定、分离与微观测量等方面十分便利，是实验研究的重要补充。

组成宏观体系的原子受到原子间相互作用力而发生运动，其运动规律符合牛顿力学，即每个原子的运动加速度正比于其受到的合力。统计物理学表明宏观体系表现出的性质与行为是其组成粒子运动统计平均的结果。随着现代计算机技术的快速发展，可以从分子间相互作用模型出发，模拟大量原子、分子的微观牛顿运动轨道，统计得到整个体系的宏观行为。分子动力学模拟通常考虑很多（几千到几十万个）原子的体系，根据这些原子的位置和速度，计算每个原子所受到其他原子（及外界环境）对其的作用力，从而得到这些原子经过一个很小时间步长（如几飞秒，1飞秒$=10^{-15}$秒）后的速度改变及新的位置。重复这个计算很多步（如几百万步），可以得到体系在一段时间内（如几十纳秒，1纳秒$=10^{-9}$秒）的微观轨道。通常实验测量的体系宏观性质（如压强、比热、扩散等）可以由这个微观轨道基于统计物理原理做平均计算得出。

分子动力学模拟进一步应用的最主要限制是，描述原子分子间相互作用的模型精确程度与模拟能达到的时间空间尺度相互矛盾，较高精度的模型通常需要更大的计算量，从而能达到的时空尺度较小，而要求模拟更大系统到更长时间尺度则一般不得不使用简化模型。在超级计算机中，基于全原子模型的分子动力学模拟一般能达到纳米微秒尺度，相比复杂体系中关键现象（如生物大分子功能性构象改变）的时空尺度常常不足。而基于更加近似简化的粗粒化模型的分子模拟，其精确程度又常常不足。为此发展高效准确的分子模型、高效的计算模拟算法，乃至高效的计算机硬件，一般性扩展分子动力学模拟的应用能力，是这个领域的一个重要方面。而针对具体问题，构建较简化但足够正确的微观模型，通过分子动力学模拟以理解宏观实验现象的微观机制，则是复杂分子体系研究的一个主要内容。

要点与流程 分子动力学模拟主要包括以下步骤。

①分子建模。分子动力学模拟首先要建立研究的分子系统的组成粒子及其间相互作用模型。考虑系统所有的组成原子及原子间的成键、非成键相互作用，称为全原子模型。如将一些原子团简化为单个粒子，考虑这些粒子受其他粒子相互作用而运动的，则是粗粒化模型。不同层面的粗粒化模型可以使用简化系统的微观描述与运动，从而大大简化对其进行的分子动力学模拟。随着粗粒化程度的增加，系统在被简化的同时，更多的微观细节将被忽略。全原子模型及各种粗粒化模型的相互作用一般都包含许多经验性参数，用以近似描述粒子间相互作用势。更准确的模型是基于体系全部原子核与电子（或原子实与价电子）的第一性原理模型。全原子模型可以看成是这种第一性原理模型的粗粒化结果。第一性原理模型基于量子力学原理计算体系的能量，不含经验性参数，称为量子化学计算，被广泛用于小系统的化学结构计算中。基于第一性原理的分子动力学模拟则是用此量子力学模型计算系统的能量及其对每个原子实位置的梯度，从而得到其所受的力。而原子实位置、速度在此受力下依据牛顿力学做分子动力学演化。若相互作用模型考虑电子则用量子力学计算，原子位置演化同通常的分子动力学模拟。

②环境耦合——热源与压强源。基于牛顿运动方程的分子动力学模拟的是孤立体系，系统总粒子数N、系统体积V及系统的总能量E固定，对应统计力学的微正则系综。在许多实际情况中，受关注的系综主要包括与恒温热源耦合，从而温度T恒定的正则系综（NVT系综），同时与热源及压强源耦合的NPT系综，与由外界恒定化学势的粒子源耦合的巨正则系综等。这些体系的分子动力学模拟，必须引入粒子与热源、压强源等外界环境的耦

合，即粒子的运动不仅受系统内其他粒子相互作用影响，也受环境施加的作用力控制。因为系统在微观层面与环境的耦合具体形式通常未知，分子动力学模拟在计入这些环境耦合时是通过建立模型方式进行的，以保证这些耦合在宏观热力学性质等方面合理。

③初始构型。分子动力学模拟从系统的一个微观起始构型（系统所有的构成粒子的初始位置）出发。对复杂分子系统，其构成的所有原子应该有合理的初始位置，使得系统的能量较低，这是进行分子模拟的基础。这主要要求原子间没有大的位置重叠，成键原子的键长、键角等实验数据或量子化学计算相符因素等。这样的初始位置对应的分子间相互作用能量较低。

在确定起始构型后要赋予构成分子的各个原子速度，这一速度是根据玻尔兹曼分布随机生成的，由于速度的分布符合玻尔兹曼统计，因此在这个阶段体系的温度是恒定的。另外，在随机生成各个原子的运动速度后必须进行调整，使得体系总体在各个方向上的动量之和为零，即保证体系没有平动位移。

④粒子受力计算。分子间相互作用势对原子位置的梯度给出原子所受的合力。粒子间相互作用势决定体系的时间演化轨迹及其宏观表现。对不同体系及不同的研究问题，分子建模给出不同的分子间相互作用势。对非成键原子，大多使用二体相互作用，即两个原子（粒子）间的相互作用仅与它们自身的相对位置有关，与其他粒子无关。这样整个系统的势能被写成两两原子间相互作用之和。这种两体势又根据其具体相互作用形式，分别有刚球势，伦纳德–琼斯势、莫尔斯势等双体势模型。对于金属、碳硅材料，则常用多体势模型。也可直接考虑电子采用第一性原理计算相互作用。相对于二体势模型，多体势的计算量通常较大。直接使用第一性原理计算相互作用则计算量非常庞大，只能用在很小的系统中。

⑤位置速度时间积分。分子动力学模拟用有限时间差分方法计算粒子位置速度在受力下的时间演化。它选取一个小的时间步长，忽略在此时间步内粒子受力的改变，假定粒子做恒加速运动。数学上对粒子运动轨道做泰勒展开，忽略高阶项。为保证此差分方法长时间的能量稳定性，一般使用隐藏式差分方法、蛙跳法或Verlet积分方法，计算粒子位置速度经过该时间步长后的更新。分子动力学的时间步长选取很重要：太长的时间步长会造成差分结果不准确，此时粒子间可能过于靠近，受力过大，数据溢出；太短的时间步长会过多计算粒子间受力，浪费计算资源，降低分子模拟过程所能达到的时间尺度。一般选取的时间步长根据体系最短的特征时间尺度定，为其几十分之一即可。一般可以通过粗粒化系统、增加粒子质量、软化相互作用势，或限制屏蔽无关的快过程等方式使得体系的最短时间尺度较长，从而以较大的时间步长，使得分子动力学模拟能达到更长的时间尺度。

⑥平衡趋近。分子动力学模拟从系统的初始构象出发，经每个时间步计算体系所有粒子所受合力，积分更新粒子的位置与速度。重复这个步骤可得到体系的微观时间演化轨道。由于体系的初始构象一般有一定的任意性，需要一段时间的演化以达到平衡态，消去初始构象的影响。在此模拟过程中，通过分析体系的温度、压强、能量，以及一些重要序参量随时间的演化，判断是否体系已经达到平衡。

⑦抽样。当模拟的体系达到平衡时，可以保存体系的微观构象以便分析。为保证足够的统计精度，以及研究系统的动力学行为，通常运行模拟较长时间，以固定时间间隔，抽取足够多的构象样本加以保存。抽样间隔时间通常是每几十到几百个时间步长抽样一次。更小的抽样时间间隔通常不必要，因为这样抽取样本间的关联较大，并不能有效增加统计精度。而太长的抽样间隔则浪费了模拟得到的样本。

⑧结果分析。体系的平衡性质及动力学行为，可从这个时间序列样本中使用统计物理原理计算分析得出。系统的一些关键量，如势能、动能、压强或密度，以及系统的关键参量，诸如简单液态中的径向分布函数（RDF）、高分子的首末端距离、相变序参量等平衡性质可以直接通过样本平均计算得到；而系统的动力学特征，如扩散系数、时间关联函数等也可由样本相应算出。

分子动力学模拟常用软件包　对一些常用体系，已经有多个常用软件包可以直接使用。如用于生物大分子的全原子模拟的主要有Gromacs、Amber、Namd、Charmm等。这些软件包多是源代码公开的，包括有对这些常用体系的全原子力场。其中Gromacs速度最快，Namd在大规模并行计算环境下有优势，而Amber对模拟DNA、RNA体系是首选。另外，一个常用的分子模拟软件包是Lammps，它的主要特点是程序结构良好、容易修改、使用灵活，特别适用于材料体系及通常的粗粒化模型的模拟。（周　昕）

分子固定坐标　molecule-fixed coordinate　固定于分子的参考坐标系。相对于固定于实验室的参考坐标系而言。分子固定坐标系是旋转坐标系，固定在分子上且随分子一起转动。分子转动的性质通常采用欧拉角进行描述。若XYZ为实验室坐标系，xyz为分子坐标系，则θ就是Z轴与z轴之间的夹角，称为章动角。ϕ就是z轴在XY平面上投影与x轴的夹角，称为进动角。χ是分子绕z轴的转动角，称为自转角。各个欧拉角的变化范围是：$0\leqslant\theta\leqslant\pi$，$0\leqslant\phi\leqslant 2\pi$，$0\leqslant\chi\leqslant 2\pi$。（马　日）

分子光谱　molecular spectrum　分子能级之间跃迁形成的*发射光谱*和*吸收光谱*。分子光谱分为纯转动光谱、振动–转动光谱和电子光谱。分子的纯转动光谱是由分子转动能级之间的跃迁产生的，分布在远红外、太赫兹至微波波段，通常主要观测吸收光谱。振动–转动光谱由不同振动能级上的各转动能级之间跃迁产生，是一些密集的谱线带，主要分布在近红外波段，可以通过吸收光谱观测或拉曼光谱测量。电子光谱由在不同电子态上不同振动、转动能级之间的跃迁产生，可分成许多带，分布在可见或紫外波段，可观测发射光谱或吸收光谱。分子光谱是提供分子内部信息的主要途径，根据分子光谱可确定分子的转动惯量、分子的键长和键强度以及分子离解能等许多性质，从而可推测分子的结构、成键性质等。研究分子的电子光谱可以获得分子中电子能级和电子态信息，从而可了解各态物质的分子光学性质及分子中化学键的本质。研究分子的振动光谱可测得原子核间的作用力及分子的离解热。研究分子的转动光谱可测得原子核间的平衡距离。由分子光谱的*塞曼效应*和*斯塔克效应*可测定分子的磁矩和电偶极矩。原子核的同位素、核自旋、核电四极矩都对分子光谱有影响，由分子光谱可以了解原子核的这些性质。（郭奕玲　丁大军）

分子轨道　molecular orbital; MO　分子中的单电子的定态波函数。分子轨道描述单个电子在分子中原子核与其他电子产生的电场中的运动行为，通常为对称性允许的原子轨道的线性组合，可通过哈特里–福克自洽场方法定量计算。

分子轨道源于原子轨道之间的相互作用，以及分子物理中的玻恩–奥本海默近似和轨道近似方法的应用。由于原子核质量远大于电子质量，原子核比电子运动慢得多，因此可将电子和原子核的运动分开分别处理，在研究电子运动时可认为原子核是不动的（玻恩－奥本海默近似）。然后，采取轨道近似的方法将多电子问题化简为求解一个或一组单电子波动方程，从而求解得到分子中的单电子的定态波函数，即分子轨道，其中不包括自旋波函数。

分子轨道可以用对称性匹配的原子轨道线性组合而成，线性组合系数为实数。这些原子轨道通过线性组合成分子轨道时，轨道数目不变，轨道能级不变。两个能级相近的原子轨道组合成分子轨道时，根据原子轨道的相位和组合成的分子轨道能级高低可分为成键和反键分子轨道。能级低于原子轨道的称为成键轨道，高于原子轨道能级的称为反键轨道。无能量相近或对称性匹配的分子轨道称为非键分子轨道，其能量与分子中的一个原子轨道相同。

与原子轨道的标记s、p、d、f、g类似，分子轨道可用σ、π、δ、ϕ、γ等标记，电子轨道角动量在核间轴方向上的分量的量子数分别为0、1、2、3、4等，轨道相应核间节面数目分别为0、1、2、3、4等。σ轨道关于核间轴是对称的，即绕核间轴转动σ轨道不能改变轨道相位。σ轨道的反键轨道称为σ^*，也具有相同的对称性质，但在两个原子间垂直核间轴方向存在一个节面。π轨道绕核间轴反对称，绕轴转动分子轨道会发生相位改变；反键轨道π^*在核间存在两个节面。对于具有中心对称性的分子，分子轨道还具有额外的中心反演对称性，用g、u分别表示在中心反演下，分子轨道相位不变和相位相反。

对于线性分子，例如双原子分子，电子轨道角动量在核间轴方向上的分量为常量，相应的量子数0、1、2、3、4用σ、π、δ、ϕ、γ标记。具有点群对称性的分子的分子轨道可用分子所属点群的不可约表示标记。

电子在分子轨道中排布方式称为**分子电子组态**，电子在分子轨道中的排布遵循**泡利不相容原理**，分子轨道中电子的能量即为分子轨道能量。分子中，分子轨道按照能量由低到高排布构成了分子的电子基态，其他排布方式对应的电子组态构成分子的电子激发态。在分子中，电子占据的能量最高的分子轨道称为HOMO，能量最低的未被电子占据的分子轨道称为LUMO。HOMO与LUMO之间的能量差称为带隙，常用来表征分子中电子激发的难易程度，带隙越小越容易激发，反之越难激发。（闫　冰）

分子混沌假设　molecular chaos assumption　统计物理学中气体动理论的一个基本假设。分子混沌假设认为碰撞分子的初始速度和位置在统计上完全独立。又称碰撞数假设。1872年奥地利物理学家L.**玻尔兹曼**利用该假设得到了气体动理论的基本方程即玻尔兹曼积分－微分方程。分子混沌假设的一般数学形式是参与碰撞的s（≥2）个分子在时刻t的分布函数$f^{(s)}(\tau_1,\cdots,\tau_s;t)$，其中$\tau_i$是第$i$个分子的相空间坐标，可以表示为$s$个在碰撞前某时刻的单体分布函数$f^{(1)}$的乘积，即：

$$f^{(s)}(\tau_1,\cdots,\tau_s;t)=\prod_{i=1}^{s}f^{(1)}(\tau_{i0};t_0)$$

注意τ_{i0}是第i个分子在t_0的相空间坐标，不同于τ_i。τ_{i0}（$1\leqslant i\leqslant s$）需满足两个条件：①由它们所决定的任意两个分子间的空间距离远大于相互作用力程；②$(\tau_{10},\cdots,\tau_{s0})$是从$t_0$到$t$且末态为$(\tau_1,\cdots,\tau_s)$的经典力学演化的初态。

分子混沌假设在N.博戈留波夫等发展和建立的系统的动理学方程方法中有广泛应用，特别是从与包含全部微观动力学信息的刘维尔方程等价的BBGKY等级方程组出发，利用该假设可以系统导出不同条件下的动理学方程，如低密度极限下的**玻尔兹曼方程**和弱耦合极限下的**朗道方程**等。

玻尔兹曼方程的一个基本结果是著名的H定理，即函数$\int d\tau f^{(1)}(\tau;t)[\ln f^{(1)}(\tau;t)-1]$随$t$单调递减。玻尔兹曼试图以此作为热力学不可逆性的微观理论基础，但是受到了尖锐批评。事实上分子混沌假设和经典力学存在矛盾。前者具有不可逆性，即分子关联在碰撞后产生，碰撞前不存在；而后者则在时间反演下不变。玻尔兹曼H定理中的不可逆性正是分子混沌假设的结果。因此要解决热力学不可逆性的起源问题需要更基本、更严格的动力学理论。（田矗舜）

分子基铁电材料　molecular ferroelectric materials　以分子为基本单元，通过范德瓦耳斯力、氢键、卤键、偶极－偶极作用、π－π作用、库仑作用等分子间弱相互作用构筑而成的铁电体。和无机铁电体、铁电聚合物、铁电液晶一样，分子基铁电体是铁电材料的重要分支。进入21世纪，分子基铁电材料的研究开始复兴，相关的结构设计、性能优化和器件应用引起了科学家的广泛关注。

1921年J.瓦拉塞克首次在分子化合物罗谢勒盐（酒石酸钾钠）中发现铁电性，如今数量最多、研究最广且占据应用主流的却是$BaTiO_3$、锆钛酸铅（PZT）等无机铁电材料。然而，无机铁电材料大多含有铅等重金属，还需要有高温、高成本的复杂加工过程。与之相比，分子基铁电材料具有轻量、机械柔性、结构可调控性、易成膜、易加工、低声阻抗、无毒性、生物相容性等显著优点，有望成为无机铁电材料的有益补充，以满足时代发展对环保节能日益迫切的需求，进而实现新一代柔性器件、可穿戴设备的应用。

特性　分子基铁电材料的本质特征是铁电性，即在居里温度T_C以下是铁电相，其固有的自发极化可以在电场作用下进行翻转，形成标志性的极化强度P－电场强度E滞后回线（电滞回线）。从微观上，能直接观测到铁电畴的存在。随着温度升高，进入顺电相，铁电性随之消失。这一结构相变的发生往往伴随着明显的对称性破缺现象和临界现象，如介电性、热释电性、倍频效应等在相变点处经历显著的变化。和无机铁电体不同的是，分子基铁电材料的相变机理多为有序－无序型，即铁电性来源于某种原子或原子团从无序的任意分布状态到有序的择优分布状态的转变。当然，在分子基铁电材料中也观察到了位移型和混合型的相变机理。

测定　根据居里对称性原理，铁电相的晶体点群必须是顺电相点群与自发极化对称群的公共子群。而由冯·诺伊曼原理可知，铁电相必定归属于10个极性点群：C_1、C_2、C_{1h}、C_{2v}、C_3、C_{3v}、C_4、C_{4v}、C_6、C_{6v}之一。相津敬一郎据此总结出了88种顺电－铁电相变，用于判断发生相变时对称性的变化。要确定分子基铁电材料的铁电性，除了进行结构、对称性的分析和变温介电常数、变温二次谐波产生（SHG）等性质的测量，更直接的是利用索耶－托尔方法或双波法测定电滞回线，或利用压电响应力显微镜（PFM）对铁电畴结构和翻转进行测定。

结构　不同于无机钙钛矿铁电体，分子基铁电材料中可以引入氢键、卤键等分子间相互作用。因此，这一体系具有丰富的结构多样性和较高的结构可调性、可剪裁性，有利于发展各种有效的结构设计策略，对铁电性等各种性质进行调控和优化。此外，在分子基铁电材料中还能够引入手性等属性，从而使其展现无机体系所不具备的光学活性等特殊性能，具有重要的发展前景。

发展　早期的分子基铁电材料如罗谢勒盐、硫酸三甘肽等，不仅数量有限，自发极化强度P_s和T_C也都较低，严重限制了其应用的拓展。21世纪以来，随着分子基铁电材料的种类逐渐丰富，研究者们致力于寻找具有高P_s值、高T_C以及其他优良性能的分子基铁电材料，以推动实用化进程。这些新材料体系包括一些。

超分子共晶：日本科学家堀内佐智雄等基于氢键作用设计合成了一系列超分子共晶化合物，如吩嗪–酰苯胺酸（Phz-H_2xa），其铁电性主要源自质子转移。美国科学家J.F.斯托达特等在超分子电荷转移型化合物四硫富瓦烯–卤代醌（TTF-QX4）中发现了室温铁电性。

单组分有机分子：一些单组份有机单分子如2-甲基苯并咪唑（MBI）、克酮酸等也表现出良好的室温铁电性，特别是后者的P_s值达到21μC/cm^2。

简单盐：1999年，A.凯特鲁西克等人报道了以氮氢团与氮键链为主要结构的一系列分子基铁电材料，其铁电性来自N…H—N键的有序化。2011年到2013年，中国东南大学熊仁根教授课题组相继报道了二异丙胺盐酸盐和溴盐的T_C和P_S分别高达440K、426K和8.9μC/cm^2、23μC/cm^2。这是首次发现分子基材料的铁电性可与$BaTiO_3$相媲美。

主–客体型化合物：以18-冠-6醚为主体分子，将对外界刺激（如温度变化）较为敏感而易发生动力学变化的有机胺阳离子，通过氢键作用固定于冠醚环的空穴内。由此设计合成的分子转子型化合物结构新颖，且能展现良好铁电性，如[(4-CH_3O-PhNH_3)(18-冠-6)]A(A＝ReO_4^-、BF_4^-)、[(DIPA)(18-冠-6)]A(DIPA＝2,6-二异丙基苯胺，A＝BF_4^-、ClO_4^-)。此外，主–客体型超分子体系Cu(1,10-邻菲咯啉)$_2$SeO_4·(diol)对diol＝1,2-乙二醇、1,2-丙二醇、1,3-丙二醇等客体分子有识别功能。

有机–无机杂化化合物：从分子组成上看，有机–无机杂化化合物兼具有机和无机组分的优点，通过对金属离子、阴离子或有机阳离子进行修饰，可以实现对无机骨架和电子能带结构的调控，进而获得良好的电学、光学性质。选择合适的有机阳离子，使其能在无机金属骨架间进行相对自由的运动或转动，也将有利于铁电性的引入。例如，具有一维结构的[吡咯烷][MnBr_3]、[吡咯烷][MnCl_3]、[3-吡咯啉鎓][MnCl_3]和二维结构的[苄基铵]$_2$[PbCl_4]在展现出良好铁电性的同时，还具备突出的发光性能和半导体特性。

多极轴铁电体：常用的无机铁电体大多为多极轴，这一特性使其易以多晶陶瓷形式进行大规模的应用。然而，分子基铁电材料大多仅具有单一铁电极轴，相应薄膜的性能很差，严重限制了实际应用。2016年至今，熊仁根教授课题组开启了对多极轴分子基铁电材料的研究，并利用分子材料容易成膜的优点，研究多晶态薄膜的制备和性能优化，打破单晶薄膜对定向基底的依赖以及高矫顽场的限制，为新型铁电薄膜器件的应用拓展奠定基础。代表性成果包括：发现[Hdabco]X(X=ClO_4^-、BF_4^-、ReO_4^-)的多极轴特性和薄膜的优良铁电性；基于奎宁环设计合成的多极轴分子铁电材料及薄膜[qui]X(X＝IO_4^-、ReO_4^-)；设计合成具有显著压电响应的一维有机–无机杂化钙钛矿型多极轴分子铁电材料[Me_3NCH_2Cl]MnX_3(X＝Cl^-、Br^-)，其晶体的压电常数d_{33}达到185pC/N，可与$BaTiO_3$(d_{33}＝190pC/N)相比。

功能与应用　分子基铁电材料具有优秀的介电、铁电、热释电、压电、发光、光学活性、分子识别等多种功能特性，在电容器、信息存储、压电传感器、致动器、热释电探测器、激光技术、声呐、光电器件等多个领域都有着巨大的应用潜力。更重要的是，用简单溶液法即可制备出高质量的分子基铁电薄膜，使其有望在未来的薄膜器件、柔性器件、可穿戴设备的开发上发挥重要作用。（游雨蒙　熊仁根）

分子激发　molecular excitation　分子在各种因素影响下其内能增加，导致分子内的电子运动、分子振动和转动被激发到更高的能态。分子激发的主要途径是通过电磁波辐射吸收、荷能粒子碰撞以及热运动能量增加。按照量子力学基本原理，分子按其内部运动状态（主要包括分子的电子运动状态、构成分子的诸原子的振动和分子的转动等运动状态）的不同，可处于不同的能态，每一能态具有一定的能量。能量最低的态称为基态，能量高于基态的称为激发态。它们构成分子的各个能级。高能量的激发态可跃迁到较低的能态，能量较低的能态也可吸收一定的能量跃迁到能量较高的激发态。分子一般处于电子基态和低振动态。由于转动能级间能量差较小，室温下不同能级上都有粒子占据。分子在电子基态和激发态之间发生跃迁，将产生分子的电子光谱，其中由于在初态及末态都可能有振动态、转动态的分布，形成的吸收光谱或发射光谱中可出现若干振转谱带。如果分子激发出现的跃迁发生在同一电子态不同振动态之间，产生的**分子光谱**将出现振动转动光谱带。而仅发生在不同转动态之间跃迁出现的分子光谱，即为纯转动光谱带。（高克林　丁大军）

分子极化率　molecular polarizability　分子因响应施加的外电场而极化的程度，是表征分子对外加电场响应强弱的重要物理量。分子的电偶极矩表示为：

$$\mu = qr$$

式中q为分子正负电荷中心的电量；r为正负电荷中心之间的距离；μ的方向由负电的中心指向正电的中心。在外加电场（或光电场）的作用下，分子中的带电粒子受电场（或光电场）的作用发生移动，导致分子正负电荷中心发生相对位移。对于没有固有电偶极矩的非极性分子，在电场作用下分子正负电荷中心被拉开，发生了位移极化，使分子具有了电偶极矩，称为感应偶极矩。对于具有固有电偶极矩的极性分子，在外电场作用下分子内的电荷分布也会发生移动，使分子的电偶极矩出现了新的变化。

分子感应偶极矩与作用在分子上的有效电场之间为非线性关系。分子偶极矩μ可按电场强度E做泰勒级数展开：

$$\mu = \mu_0 + \alpha E + \beta E^2 + \gamma E^3 + \cdots$$

式中μ_0为分子的固有电偶极矩；α、β、γ、…分别为分子线性极化率（二阶张量）、二阶非线性极化率（三阶张量）和三阶非线性极化率（四阶张量）等，其中β和γ等高阶非线性极化率也常称为一阶非线性超极化率和二阶非线性超极化率等。在外电场较弱情况下，这一关系可近似为与电场呈线性关系。

分子极化率与分子的微观结构和属性密切相关。常用的计算分子极化率的方法包括含时微扰理论方法（又称态求和方法）、响应理论方法、有限场方法及解析导数法等，可以通过相关量子化学程序软件（如GAUSSIAN、DALTON）来计算。随着计算机技术的飞速发展，能够较准确计算分子极化率。超快脉冲激光技术的应用，使得光电场的周期振荡诱导分子内电子振荡产生的动力学极化效应引起更多的关注。（王传奎　丁大军）

分子结构　molecular structure　原子在分子中的成键方式和空间排列。分子结构对物质的物理与化学性质都有决定性影响，在生产实践活动中也有重要指导意义。最简单的分子是氢分子，1克氢气含约3.01×10^{23}个氢分子。水分子中两个氢原子都连接到一个中心氧原子上，所成键角是104.5°。分子中原子的空间关系不是固定的，除分子本身在气体和液体中的平动外，分子结构中的各部分也都处于不停的运动中，因此分子结构与温度有关。分子所处的状态（固态、液态、气态、溶解在溶液中或吸附在表面上）不同，分子的精度尺寸也不同。

量子力学认为，原子中的轨道电子具有波动性，用数学方法处理电子驻波能够确定原子间或原子团间键的形成方式。原子中的电子轨道在空间重叠越多，形成的键越稳定。分子的键有三种极限类型，即离子键、共价键和金属键。定位于两个原子间的键称为定域键。由多个原子的共有电子形成的多中心键称为离域键。此外，还有过渡类型的键：键电子偏向一方的共价键称为极性键；由一方提供成键电子的键称为配位键。通过这些类型的键把原子按一定的空间排列结合成分子，形成分子的结构和构型。量子力学方法对简单的分子体系结构能够得到精确的结果，而复杂分子的精确结构理论预言需要大量运算资源，是十分困难的，往往需要实验测得。利用X射线等衍射法、光谱法、波谱法、能谱法和质谱法等能够测定或推测出分子的结构。新发展的一些超快飞秒光谱方法甚至可以有效地成像瞬时的分子结构。

（高克林）

分子解离　molecular dissociation　分子吸收能量克服其化学键束缚能，从而分解为两个以上独立个体的行为。当分子在较大振幅振动时，它的振动能量由于振动的非简谐性在核间距趋于无穷，不是无限增大而是趋于离解能即解离分子所需要的能量（所处在的电子态的分子束缚能减去零点能）。分子可以通过吸收热量、静电场、激光场等外界作用发生分子解离，形成多个独立原子或离子。在高强度激光场中，由于电场强度与分子内部相互作用力的强度相当，分子内带电粒子之间的平衡运动将会受到电场的破坏，因而组成分子的原子核及电子在内力和外力的共同作用下发生分离，即强场分子解离。根据分子不同的分离方式及解离粒子的动能分布，强场分子解离可以由于键软化、阈上解离、库仑爆炸以及电子局域化等机制形成。

（马　日）

分子晶体　molecular crystal　以分子或满壳层惰性元素为单位，通过范德瓦耳斯力结合成的晶体。又称范德瓦耳斯晶体。范德瓦耳斯结合是一种瞬时的电偶极矩的感应作用。惰性元素原子的电子壳层是满的，电子电荷分布具有球对称性，原子间的力没有方向性，故惰性元素晶体（氦晶体除外）均为立方密排结构。它们的内聚能很小，晶体熔点较低。

20世纪80年代发现的C_{60}是稳定结构的分子。C_{60}分子之间的相互作用力也是范德瓦耳斯力，形成的C_{60}固体也是分子晶体，具有面心立方结构，晶格常数为1.4198纳米。结合成晶体时，每个C_{60}分子的内聚能为1.6电子伏（理论值），而实验值为（1.739±0.056）电子伏。

（陆　栋）

分子离解能　molecular dissociation energy　处于最低能态的一个分子分解出独立的原子时从外界吸取的最小能量。简称离解能。双原子分子的离解能为：

$$W_d = |W| - \frac{\hbar\omega_0}{2}$$

式中W为分子的电离势，由分子内部电荷分布决定；$\hbar\omega_0/2$为分子的振动零点能（即最低振动能级的能量）。同位素效应使折合质量小的分子振动零点能$\hbar\omega_0/2$较高，但由分子内部电荷结构决定的电离势W仍一样，折合质量小的同位素分子的离解能较低。如双原子分子的氢分子H_2及其同位素分子HD和D_2分子（D为氘，是氢的同位素），H_2的离解能为4.478 00电子伏，HD和D_2分子的离解能分别为4.513 69电子伏和4.556 18电子伏。

对于由离子键构成的分子，也可分解成完全独立的离子，所需吸收的最小能量也称为分子的离解能，但跟上述离解能的含义不一样，而且量值更高。例如NaCl分子，分解为完全独立的钠和氯原子至少需要能量3.58电子伏，而离解为完全独立的Na^+和Cl^-离子，所需能量却不小于5.00电子伏，比前者高出近40%。

化学领域中离解能是指化学键断裂时需要的能量。由于分子的几何构型和电子状态在逐步改变时伴随有能量变化，除双原子分子外，离解能不同于键能。分子的离解能越低对解离越有利，就原子吸收光谱分析而言，离解能小于3.5电子伏的分子，容易被解离。离解能大于5电子伏时，解离就比较困难。化学中分子的离解能是按摩尔分子计量的，其定义为在大气压为10^5帕和温度为25℃的情况下1摩尔理想气态分子分解成完全独立的原子所需吸收的最小能量。化学中氢分子H_2的离解能为4.302×10^5焦/摩。对于双原子分子，离解能也是键能，它等于1摩尔该分子中键能的总和。对多原子分子，存在多个化学键，各个化学键的离解所需最小能量可能不同，因此多原子分子的离解能是1摩尔该分子中所有化学键离解所需最小能量的总和。如氨分子NH_3中三个N—H键虽然等价，但由于离解的先后次序不同，所需要的最小能量也不同，按1摩尔分子计量，分别为4.310×10^5、3.849×10^5、3.598×10^5焦/摩，所以NH_3的离解能为三者之和1.176×10^6焦/摩。用光谱方法测量分子振动能级的频率来确定双原子分子的离解能，比用化学方法测得的值准确得多。

（马　日）

分子喷泉　molecular fountain　与原子喷泉类似，一团被静电斯塔克减速、缓冲气体冷却或激光冷却的冷分子被脉冲静电场或运动光学黏胶以一定速度竖直上抛，并在重力场中减速至零，然后自由下落至起点的装置。如果冷分子两次通过微波场，则会产生拉姆齐型干涉条纹，可用于构成冷分子喷泉钟，建立新的分子频率标准，或用于基本物理常数（如中子与电子质量比）随时间的变化的精密测量；如果冷分子两次通过均匀的静电场和均匀的微弱磁场，并用π脉冲的光场、微波场或射频场实现冷分子的内态分束与合束，则会产生光学、微波或射频-拉姆齐干涉条纹，可用于实现电子电偶极矩（eEDM）的精密测量以及爱因斯坦等效性原理的实验检验等。

（印建平）

分子势能曲面　molecular potential energy surface　用于描述一个分子体系的能量与组成该分子的原子的位置坐标关系的曲面（对于双原子分子，其中原子相对位置只有一个坐标，则称为势能曲线）。由于所指能量不包含分子中原子核的动能，故称该曲面为分子势能面。在玻恩-奥本海默近似下求解分子电子结构问题时，原子核和电子的运动可分离，原子的坐标r作为参数包含在分子电子波函数中，其相应的本征能量V即为分子体系的势能。改变原子的坐标r，可获得分子的势能函数$V(r)$，$V(r)$在数学上表现为曲面，即分子势能面。由于分子势能曲面在玻恩-奥本海默近似下获得，$V(r)$中r的改变相对于电子运动可视为非常缓慢，因此一般情况下所说的势能面为绝热势能曲面。势能曲面的概念在物理与化学的理论分支学科有着重要的作用，比如可以理论分析由原子所组成的分子体系的结构性质，找到最低能量的分子结构、计算原子核运动动力学过程参数等。

（闫　冰）

分子势能曲线　potential energy curve of molecule　分子体系的势能随两个原子核间距变化的曲线。对于双原子分子，分子势能面退化为分子势能曲线。在多原子分子中，分子的势能随着某一个内坐标变化也可视为分子势能曲线；此时的势能曲线，按照分离的两个原子基团中内坐标视为不变或可变分，从而为刚性势能曲线和非刚性势能曲线。另外，在分子反应动力

学研究中，为了方便经常按照反应坐标的变化构造分子势能曲线。（闫 冰）

分子束 molecular beam 真空中沿着同一方向运动的分子流或分子射线。由于分子束在真空中形成的粒子流具有很好的定向性，使得它逐渐成为研究分子结构、分子物理、分子光谱和相互作用的基本技术。分子大都是在密度低的情况下成束的，彼此间分开相当的距离，各自独立运动，因此可忽略分子之间的相互作用。这种孤立分子集合在研究分子结构、性质及其光谱时是非常有用的。一些完全确定的物理学基础知识正是来自光谱学的分子束实验。此外，分子束还可用来探测气体、等离子体、表面甚至固体结构等多方面的性质，以及研究气相化学反应。

分子束中的分子以不同的速度运动，若对特定的实验需要几乎匀速的分子，则可让分子束通过一个所谓选速器的过滤器件（又称速度滤波器）。这时分子的速度只能在一小范围内变化。选速器由绕平行于束的轴快速旋转的有槽圆盘或圆柱体制成，从选速器出射的分子沿着圆柱体运动时，留在槽内具有特定速度的分子，其他速度的分子因在狭缝两侧被吸收或反射而去掉。圆筒转速改变时，出射分子的速度也会改变。

分子束不仅具有纵向速度分布及其分布宽度，而且还具有横向速度分布及其分布宽度。通常速度分布宽度可定义为分子束的热动力学温度：

$$T=\frac{m(\Delta v_z)^2}{8\ln 2k_B}$$

式中m为分子质量；Δv_z为纵向的速度分布半高全宽（FWHM）；k_B为玻尔兹曼常数。通常平动温度为1毫开以上的分子束称为冷分子束，而平均温度在1毫开以下的分子束称为超冷分子束。此外，由于分子不仅具有质心运动，而且还具有振动和转动运动，因而分子束不仅具有平动温度，而且还具有振动温度和转动温度。

根据分子束的产生条件及其速度分布特性，通常可分为射流分子束、超声分子束和缓冲气体冷却的分子束等。

①射流分子束。通常将带有喷嘴的低压气源出射的具有一定纵向速度及其分布特性的分子束称为射流分子束，它的横向速度分布为高斯热分布函数。当喷嘴的直径$d=2r$和长度L的比值远小于气源内气体的平均自由程λ_{MS}时，也即当$2r/L\ll\lambda_{MS}$时，在低压气源喷嘴的出口处即可形成一束具有一定发散角的射流分子束。在室温下其纵向中心速度及其分布宽度均为几百米每秒，横向速度分布宽度也为几百米每秒。射流束的特点是由于通过喷嘴小孔前后分子之间几乎没有发生碰撞，因而喷射不影响自由分子气源的空间分布和速度分布及其内部能级布居数分布，也即射流束的平动、振动和转动能量（温度）和气源内的分子气体一样，基本上不发生变化，喷嘴通道和小孔仅仅是用于限制分子的角分布与运动轨迹。这种射流分子束的纵向中心速度及其分布宽度较高、发散角较大，因而没有太多的直接应用。

②超声分子束。通常将脉冲阀喷出并通过绝热膨胀冷却形成的，具有纵向中心速度大于真空中声速（340米/秒）、速度分布宽度较窄的分子束称为超声分子束。当脉冲阀内分子气体的气压为1～5个标准大气压（高气压源），且当喷嘴的长度L和直径$d=2r$都远大于气源内气体的平均自由程λ_{MS}时，也即当$r\gg\lambda_{MS}$和$L\gg\lambda_{MS}$时，由于脉冲阀内外的巨大压强差，气体分子从喷嘴喷射出并迅速绝热膨胀，结果分子无规热运动的能量转化为定向运动的能量，使得分子沿轴向加速。与此同时，分子束横向被迅速绝热冷却，形成超声冷分子束，其平动温度为1～3开，转动温度为10～20开，振动温度为30～50开甚至更高（但远低于室温300开）。通常采用马赫数M（$M\equiv v_0/v_a$，式中v_0和v_a分别为气体流速度和本地声速）来表征超声束的特性，也即马赫数M越大，分子的冷却效果越好。此外，超声分子束的中心速度由载气的原子质量所决定，也即载气原子质量越重，超声束中心速度越低。如当脉冲阀内气体的温度为室温（300开）、载气分别为氩、氪和氙原子时，超声分子束的中心速度分别约为580、480和380米每秒。超声分子束具有非常窄的速度分布，较低的平动温度、振动温度和转动温度，因而在高分辨率分子谱学、分子反应动力学、精密测量、冷分子物理等研究中有广泛的应用。

③缓冲气体冷却的分子束。分子束为通过缓冲气体冷却输出的冷分子束。缓冲气体冷却是一种在低温环境下制备冷分子的有效普适方法。利用液氦制冷的低温技术，可获得温度低于5开（^{4}He，4.2开）或低于300毫开（^{3}He，240毫开）的冷分子。由于在几开和几百毫开的低温环境下，氦气还有较高的蒸气压，可用来作为缓冲气体。当温度较高的气相分子（或原子）被注入低温池中，不断与冷的氦原子发生弹性碰撞，并不断重新热平衡，最终样品分子的平动温度和转动温度都将被有效地冷却至低温氦气的温度。这种缓冲气体冷却技术在原理上适用于任何分子（或原子）的冷却。被冷却分子的温度由缓冲气体（氦气）的平衡蒸气压决定。当氦气的平衡蒸气压为1个标准大气压时，其冷却极限也就是低温氦气的温度，即当分别采用^{3}He或^{4}He作为缓冲气体时，样品分子的转动和平动温度将分别被冷却至240毫开或4.2开附近。当样品分子在低温缓冲气体冷却池内被充分冷却后，从样品池出口喷出便可形成一束发散角较小的平动温度和转动温度分别约为4开和1开的冷分子束。这样的冷分子束不仅可用于激光减速与冷却、分子光学等实验，还可应用于冷碰撞物理、冷化学物理和精密测量物理等领域。

由于超声分子束是具有非常窄的速度分布的冷分子束，具有较低的平动温度、振动温度和转动温度，在静电斯塔克减速实验、冷分子物理、分子光学、冷碰撞物理、冷化学物理、高分辨率分子光谱，甚至精密测量物理等领域中有着重要而又广阔的应用前景。因此超声分子束技术是一种非常重要的物理学和化学实验手段。（印建平）

分子束外延 molecular beam epitaxy; MBE 在超高真空条件下，对蒸发束源和外延衬底温度加以精确控制的薄膜生长技术。分子束外延作为生长半导体单晶薄膜技术是在20世纪60～70年代发展起来的，过去的几十年来该技术不断增强，越发重要。分子束外延是在超高真空环境下，在清洁表面的单晶衬底上，一束或多束原子或分子碰撞到衬底表面，经历化学反应等表面过程，按照衬底晶格取向排列的、远离平衡态的单晶薄膜生长。

分子束外延技术是在美国贝尔实验室J.R.阿瑟对镓砷分子在与砷化镓表面相互作用的反应动力学研究的基础上，由贝尔实验室的卓以和发明的。在国际上卓以和被公认为分子束外延技术之父。

分子束外延设备如图所示。主要由超高真空生长系统，生长过程的控制系统和监测、分析仪器3部分组成。真空生长系统包括进样室、样品预处理室和外延生长室。三个室彼此用真空阀门隔离，样品可用真空密封传递机构在这三个室间往返传递。MBE生长室除分子束源炉和机械手外，还配置反射高能电子衍射仪（RHEED），用以提供表面再构、显微结构信息，以及实现单原子层控制生长等。配置的四极质谱仪（QMS）对生长室残留气体成分进行检测和真空检漏；俄歇电子能谱仪（AES）和离子计分别用来对衬底表面化学成分（洁净度）和对原子（或分子）束流量进行校准。

MBE材料生长机理与液相外延和从熔体中生长单晶的机理不同，它是一个具有热力学和动力学同时并存且又相互关联的系统过程：由分子束源产生的分子（原子）束无碰撞喷射到受热的洁净衬底表面，在表面上迁移、吸附或通过反射和脱附又离开表面，使衬底表面与气态分子间建立一个准平衡区。这样晶体生长过程便在接近于热力学平衡的条件下完成，即使每一个结合到晶格中的原子都能选择到自由能最低格点位置，生长出高质量的材料。以Ⅲ-Ⅴ族材料生长为例。通常的生长温度下Ⅲ族原子（如镓）在表面的黏附系数为1，而Ⅴ族原子（分子）在表面无Ⅲ族原子时黏附系数为零。因此MBE的生长速度取决于Ⅲ族元素到达衬底表面的速率。

MBE比传统生长技术（液相外延和气相外延等）有许多优点。如在系统中配置必要的仪器便可对外延生长的表面、生长机理、外延层结晶学质量以及电学性质进行原位检测和评估；低的生长温度可将诸如杂质扩散这类不希望出现的热激活过程减低到最小；慢生长速率和喷射源束流的精确控制，有利于获得超薄层和界面突变的异质结构；逐层生长机理排除了任何三维成核过程，从而可生长原子级平滑的外延表面；通过对合金组分和杂质浓度的控制，能实现对其能带结构和光电性质的“人工剪裁”，从而制备出各种复杂势能轮廓和杂质分布的超薄层微结构材料。MBE还有利于同超微细离子注入技术、扫描隧道显微镜（STM）技术、电子束曝光技术和反应离子刻蚀及其图形化生长技术相结合，以期实现量子线、量子点材料的制备。

MBE技术的欠缺是外延层中存在椭圆缺陷、有限源和两种Ⅴ族元素控制困难等。通过对MBE结构设计的改进，以及Ⅴ族磷源热解炉和容量高达数十千克的分子束炉的研制成功，使上述问题得到解决。

类似的技术还有金属有机物分子束外延（MOMBE）和气态源分子束外延（GSMBE）等。前者是用Ⅲ族金属有机化合物（如TMCa、TMIn等）取代Ⅲ族元素镓、铟等作源材料；后者则是用Ⅴ族氢化物取代固态Ⅴ族元素P、As等作为源材料。

分子束外延技术自被发明以来，曾在20世纪80年代掀起了与低维结构相关的半导体物理和技术研究的热潮，至今一直

分子束外延系统（一）

分子束外延系统（二）

在推动着基础物理研究和器件技术发展，已被用于工业生产。利用分子束外延生长的低维结构有**超晶格**、**量子阱**、**量子线**、**量子点**、**二维电子气**、异质结等，利用分子束外延生长的材料包括砷化镓、氮化镓、硒化锌、硅、锗等各种半导体材料，这些结构和材料的获得推动了基础物理研究、光电子学以及光电器件与技术的发展。

（王占国　蒋最敏）

分子物理学 molecular physics　以分子层次这一微观物质为研究对象的物理学分支。主要研究分子的结构、状态、运动及相互作用的物理规律。是人类认识物质世界的重要基础。分子物理学是在**原子物理学**和**量子力学**的基础上建立起来的，给出了分子结构、键合作用及分子间相互作用完整的认识。原子通过各种键合形成分子。虽然早期的分子物理学注重的是研究宏观大量分子组成的系统的运动规律及其决定的气体、液体和固体的物理化学性质，将量子理论应用到分子体系产生了革命性的变化，是分子物理学成为从微观出发认识宏观物质性质和过程本质的重要学科。分子物理学已经在物理学、化学、生物学、材料科学以及信息科学中起到重要作用。

简史　分子动理论的发展可追溯到17世纪。1650年R.**玻意耳**研究了气体状态与外界条件之间的关系，后来发展成理想气体的状态方程。18世纪D.**伯努利**给出了分子运动与压强之间的关系，以及俄国科学家M.V.罗蒙诺索夫用分子动理论解释各种现象，发展了分子热力学，他们二人被认为是分子动理论的创始人。19世纪J.C.**麦克斯韦**和L.**玻尔兹曼**研究了气体分子运动的速度分布，提出了著名的麦克斯韦-玻尔兹曼分布定律。随后在分子动理论的基础上又发展了热力学和统计力学，将分子的微观运动及其相互作用与大量分子组成的宏观物质的物理性质联系起来。20世纪分子动理论的观点被用来研究化学反应的速率和机理，推动了化学动力学的发展。微观分子物理学的发展是基于20世纪初原子物理学和量子力学的建立，实验上通过**分子光谱**和电磁波谱的测定来了解分子的能级结构和几何结构。这方面G.赫兹伯格做出了杰出的贡献，他被公认为分子光谱之父，由于对分子的电子结构及几何构型知识的贡献获1971年诺贝尔化学奖。他撰写的《分子光谱与分子结构》四卷巨著是分子物理学和分子光谱学的重要文献。

内容与方法　分子由原子组成，各原子通过化学亲和力或化学键相互结合成分子，分子的几何结构、化学键与分子的化学、物理性质有直接的关系。分子的结构可通过多种途径进行研究。分子光谱测量方法是研究分子结构重要且有效的手段。通过分子光谱的测量可给出分子的微观能级结构，进而给出分子的几何结构和分子间的相互作用力。与原子相比较，分子内部的运动形态要复杂得多，除与原子一样具有外围电子的绕核运动外，还有组成分子的各原子核间的振动以及所有原子核绕分子轴的转动，这就决定了分子的微观能级结构要比原子的复杂，因此分子光谱也就相当复杂。作为分子物理学研究的对象，分子内部运动形态包括电子运动、核振动及分子转动等多样化，能量状态处于不同的数量级，所涉及分子光谱波长测量范围可覆盖从紫外线到微波、射频波段，不同波段的分子光谱代表不同能级间的跃迁。可见光和紫外线波段的光谱反映了分子电子态能级间的跃迁，形成光谱带系的结构；红外波段的光谱反映了分子振动态能级间的跃迁；远红外至微波波段则反映了分子转动态能级间的跃迁。

分子光谱测量可采用各类光谱仪器，如光栅光谱仪或摄谱仪、傅里叶光谱仪、拉曼光谱仪等。激光问世后，各类激光光谱测量技术，结合分子束技术、质谱技术、电子能谱技术成为分子光谱研究的重要手段。分子光谱的测量可分两大类：一类是频域测量，即测量谱强度随光频率（或光波长）的变化关系；另一类是时域测量，即测量谱强度随时间的变化关系。频域测量可给出分子的光谱常数和能级参数、分

子的势能函数、分子的解离能、分子间的力常数等，导出分子的几何结构（如分子的键角和键长）。高分辨分子光谱的测量可给出分子的精细结构和超精细结构、核自旋参数，还可研究分子在外电场和外磁场中的行为，给出分子的电磁参量（如分子的磁偶极矩和电偶极矩、电四极矩和极化率等）。时域测量广泛应用于研究分子物理学中的超快现象，采用超短脉冲激光可测定激发态分子和瞬态分子的寿命，测定分子在光解离和化学反应过程中的动力学行为，揭示在皮秒、飞秒时间范围内物质内部的运动规律，甚至实现对分子瞬间的几何结构及电子轨道成像。除光谱研究外，X射线衍射仪、中子衍射仪、核磁共振谱仪和电子顺磁共振谱仪也可用来测定分子的结构。

光电子能谱测量技术也是研究分子物理性质的有力的实验手段。K.M.B.西格班在发展高分辨电子谱学中做出了杰出的贡献，获得1981年诺贝尔物理学奖。所涉及的电子能谱技术是基于高能光子（极紫外至X射线波段）与物质作用产生的光致电离电子等能量测量，具有很好的构成物质的原子种类和成键位置的选择性，并且被广泛应用于物质的定性及定量化学分析、表面分析以及分子成键的分析，被誉为“化学分析的电子谱学”（elecctron spectroscopy for chemical analysis; ESCA）。

理论上量子力学是研究分子物理、分子化学键本质以及分子间相互作用的主要工具。1930年以来，量子力学在这些问题的理论解释上有很大进展，被称为分子的量子力学的量子化学，是近代理论化学最活跃的前沿研究之一。应用量子化学原理并配合计算机技术直接计算分子的能级、状态波函数和势函数，以及其他物理性质，取得了显著成就。反过来分子光谱测量和量子化学解释之间相符合，亦是证实量子理论的重要依据。随着分子物理理论的发展及计算机技术和计算方法的进步，精密理论方法和精确计算预测在分子物理学中起着重要作用。

分子运动论是研究大量分子的宏观运动规律，如理想气体运动规律、分子速度分布定律和动能均分定律等，还包括研究物质的热学性质和聚集状态、状态方程（体积、温度和压强之间的关系）、各种热力学函数、液体和固体的表面层现象和表面吸附、相平衡和相变，以及扩散、热传导和黏滞性等与分子输运有关的各种现象。这些现象和性质与大量分子的整体运动状态有关，因此在分子物理学的研究中还广泛利用热力学定律和统计物理学的理论。

发展与应用　分子是物质能保留化学性质的最小单元，分子物理研究具有非常强的学科交叉特性，与化学、天文学、环境科学、生命科学和材料科学都有密切的联系。化学研究领域内，对化学反应的认识已从宏观现象发展到微观机理，基于分子的水平来认识和理解化学反应的过程。这方面的重要成果包括早期D.R.赫施巴赫和李远哲利用交叉分子束技术以及J.C.波拉尼利用红外化学发光技术研究化学反应动力学而共同获1986年诺贝尔化学奖，A.泽维尔创立的飞秒激光光谱研究化学反应的方法获1999年诺贝尔化学奖。分子物理学和分子光谱学的研究结果给化学反应动力学过程和光化学过程研究提供了重要的参数和科学依据，同时化学反应中间过程中出现的自由基分子也是分子物理和分子光谱学研究的重点对象之一。人们力图做到选择特定能态的分子进行化学反应，深入理解分子间的碰撞和能量转移过程，直至实现对分子的设计和剪裁以及化学反应的微观控制。天文学和分子物理学也有密切的联系。许多重要的自由基、离子分子最初就是通过天文观测发现的。分子物理学的研究又给天文观测提供了精确的测量参数，这些研究对人类探索宇宙演化和生命起源都起着重要的作用。在生命科学和材料科学研究领域内，许多研究已进入分子级的水平，如对生物分子结构的研究，生物分子间的能量和信息传递过程的研究，功能高分子材料的研究等，都与分子物理密切相关。

21世纪以来，先进的实验技术使得分子物理出现了新的发展活力。实现的冷分子制备、俘获、操控技术，使得冷分子研究成为可能。与原子相比，分子具有振动态、转动态、超精细态及自旋极化态等丰富的内态能级，极性分子有电偶（或更高）极矩以及各向异性的长程偶极－偶极相互作用，因而引起了物理学和化学领域的研究兴趣。如低温下物质的化学反应与常温下有很大不同，超冷化学反应使得分子相互作用的量子特性显现出来，由于超低温导致原子分子间有比较长的相互作用时间，**量子隧穿**效应的出现使化学反应不能被忽略，同时超冷分子更方便允许通过外部磁场或光场对其参与的化学反应进行控制。这些冷分子物理涉及光学、凝聚态物理学、物理化学、精密测量以及量子信息科学等领域，受到越来越多的关注。先进的同步辐射技术及X射线自由电子激光技术的发展，在短波长范围产生了极高的亮度和飞秒时间结构的先进光场。与可见光相比，短波长光子具有很高的能量和较大的动量，不仅能够选择分子中特定原子的内壳层激发，进而实现元素灵敏测量，还可以用于探测分子波函数在动量空间的分布，在新的维度上揭示分子的电子结构特性。由飞秒啁啾放大技术带来的少周期光学超快脉冲以及阿秒脉冲产生带来了对分子结构、运动状态及相互作用认识的飞跃。这些超快激光技术能够直接产生小于50阿秒（1阿秒＝10^{-18}秒）的光学脉冲，为研究分子变化的时间分辨动力学提供了崭新手段。实现对分子内部量子态及其演化过程的测量，使得对其电子的量子行为演变的认识成为可能，同时为控制分子内原子和电子运动及其相互作用提供了物理条件，正在实现从电子运动层次来认识物质性质、变化规律及其量子层次上的调控。

（陈扬骎　丁大军）

分子相互作用网络　molecular interaction networks　生物信号分子间的相互作用所构成的网络。生物系统各项生理功能的实现都是通过生物信号分子间的相互作用来完成。分子相互作用网络包括蛋白质相互作用网络、基因调控网络、DNA和蛋白质间相互作用网络及生物代谢信号网络等。对真核生物而言，其基因调控网络主要是指编码蛋白质的mRNA产生和行使生物功能过程中的调节与控制，转录调控是基因表达调控中最重要、最复杂的一个环节。蛋白质是构成生物体的重要物质，而众多蛋白质信号相互之间，通过空间构象或化学键彼此发生的结合、分离等化学反应关系，构成为蛋白质相互作用网络。代谢信号网络则是指细胞中代谢物质所发生的一系列生化代谢反应，以及调节这些反应的调控机制所组成的控制细胞内代谢和生理过程的网络。对不同层次的生物分子信号网络的分析，对于了解生物系统的工作原理、疾病的发生和治疗等都具有重大的意义。

为了精确描绘分子相互作用网络，已经开发了诸多方法来研究分子间相互作用。这些研究方法主要是基于分子生物学、遗传生物学和生物物理学等，其中分子生物学包括免疫共沉淀、化学交联法、GST-pull-down等。遗传生物学包括酵母双杂交、噬菌体展示、串联亲和纯化等方法；而基于生物物理的研究方法主要有运用荧光共振能量转移技术、表面等离子共振技术、荧光蛋白近似成像技术、微量热技术、原子作用力显微技术等。

这些技术虽然在研究细胞内的生理过程中扮演着至关重要的角色，但这些技术方法存在诸多的局限性，会引起测量误差甚至是错误等问题。如何解决这些未知的分子间相互作用，还原细胞内最真实的信号网络，是分子生物学面临的一个重大挑战。应用生物物理学的理论及方法，基于实验上已描绘出的分子相互作用网络，通过对特定网络的模型构建，发现不恰当甚至是错误的相互作用以及预测网络中未知的相互作用，对于细胞内真实网络的描绘具有重要的指导意义。（帅建伟）

分子运动论 kinetic theory of molecule 建立于19世纪中叶关于气体宏观性质的微观动力学理论。又称分子动理论。分子运动论有几个主要的要素：①气体是由大量基本相同的微观粒子（原子、分子、离子、电子、光子、原子核，甚至是声子这样的虚粒子）组成的宏观热力学系统，简称系统。由于这些微粒做热运动时遵从相同的规律，所以统称为分子。②分子间存在作用力，分子做无规则的热运动，分子之间以及分子与容器壁之间发生频繁的碰撞，不断地发生能量和动量的交换。③分子的运动遵循经典的牛顿力学。④气体的宏观特性，诸如压强、温度、内能等宏观物理量是微观粒子相应的微观物理量（粒子对容器壁的冲量、粒子的动能和粒子总能量）的统计平均值。气体的温度是分子平均平动动能大小的标志，压强是大量气体分子对容器壁碰撞的平均效果，而系统的内能则是所有分子总能量的平均值。基于气体的分子模型，采用统计平均的方法。分子运动论还能够解释气体的其他宏观特性，如为状态方程、比热以及输运过程（扩散、热传导、黏滞性）等提供定量的微观解释。

在显微镜下分子组成的液体太小，不能够被直接看到，但花粉或粉尘颗粒的抖动可以被看到，称为**布朗运动**。布朗运动是花粉或粉尘颗粒与液体分子之间的碰撞导致的。正如A.**爱因斯坦**在1905年所分析，这是分子运动论的实验证据，证实了物质是由原子和分子组成的。气体运动论揭示了气体宏观热学性质和过程与其微观结构和运动的本质联系，加深了对气体分子的集体运动和相互作用本质的认识，是研究气体微观结构和运动的重要手段。

发展简史 分子运动论最早起源于古希腊哲学家早期关于物质构成的假说。代表性人物德谟克利特认为物质是由不可再分割的粒子——“原子”组成的。在约公元前50年，古罗马哲学家卢克莱修提出，表面上看起来处于静态的宏观物体是由大量高速运动的微观原子组成的，原子间发生不断的相互碰撞。由于当时**亚里士多德**关于物质是连续的、可以无限分割的思想占主导地位，这种伊壁鸠鲁原子观点在随后的几个世纪几乎不被重视。1658年P.伽桑迪基于原子论的观点，假设物质内的原子可以在空间各方向上不停地运动，据此说明物质的液体、固体、气体三种状态的转变等一些物理现象。1738年D.**伯努利**出版了《流体力学》，为分子运动论奠定了理论基础。在这项工作中，伯努利发展了伽桑迪和英国科学家R.**胡克**的观点，提出气体由沿各个方向快速运动的分子组成，分子撞击表面产生感知的压强，所感知的所谓的热只不过是分子运动的动能。该论点一直沿用至今，但在当时并没有立即被接受，部分原因是因为**能量守恒定律**当时还没有完全确立。对物理学家来说，分子之间的碰撞是完全弹性的也不是那么显而易见。1744年，俄国自然科学家M.V.罗蒙诺索夫提出热是分子运动的表现，把机械运动守恒定律推广到分子运动的热现象中去。

1856年A.克罗尼格建立了一个简单的只考虑了粒子平动的气体动力学模型。1857年，德国物理学家和数学家R.**克劳修斯**改进了克罗尼格的模型，引进了分子的平动、转动和振动概念，对分子运动力学理论的领域有所贡献。在同一份研究中还提出了粒子的平均自由路径概念。1859年，在读过克劳修斯的一篇论文之后，英国物理学家J.C.**麦克斯韦**推导出了分子运动速度分布的麦克斯韦分布，给了在一个特定的范围内具有一定速度的分子比例，这是在物理学中第一次采用统计法。1868年，L.**玻尔兹曼**在麦克斯韦分布中引入重力场，得出玻尔兹曼分布，成功地解释了大气密度和压强随高度的变化。玻尔兹曼还证明了能量均分定理，揭示了内能、比热的微观本质。1871年，玻尔兹曼推广了麦克斯韦的成果，给出了麦克斯韦-玻尔兹曼分布。并且玻尔兹曼第一次给出了熵的微观解释：系统的熵S正比于系统所有可能的微观状态数的自然对数：

$$S=k_B\ln\Omega$$

式中Ω为在给定系统宏观条件下所有可能的系统微观状态数，这就是玻尔兹曼关系。它表明熵是系统无序度的量度，从而为热力学第二定律提供了微观统计解释。上式后来被铭刻在玻尔兹曼的墓碑上。

20世纪开始时，原子被许多物理学家认为是纯粹假设的结构，而不是真正的客观存在。一个重要的转折点是爱因斯坦在1905年和法国物理学家M.von斯莫卢霍夫斯基在1906年发表了关于布朗运动的论文，其成功之处在于基于分子运动论，对花粉或尘埃大分子的运动做出了准确的、定量的理论预言。

主要内容 分子运动论中一个最为重要的理想化模型就是理想气体模型。理想气体动理论建立在如下假设之上：气体由大量微观性质完全相同的微观粒子组成；粒子之间的距离远远大于自身的大小，也就是说可以忽略分子所占的体积；粗略地说，系统中含有的分子数目的特征数值为阿伏伽德罗常数，这个数目无疑是非常巨大的，可以进行统计处理；分子做快速、无规的运动；分子不断彼此碰撞，或与容器器壁进行碰撞，这些碰撞都是弹性碰撞；除了碰撞之外，分子之间的相互作用可以忽略，因此气体分子的动能就是它的总能量；分子与容器壁的碰撞时间远远小于两次碰撞间隔时间；分子具有质量，会受到万有引力的影响。

基于理想气体模型，分子运动论可以推导出理想气体的状态方程：

$$pV=Nk_BT$$

式中$k_B=1.38\times10^{-23}$焦/开为玻尔兹曼常数，单原子分子理想气体的内能为：

$$U=\frac{3}{2}Nk_BT$$

如上所述，根据分子运动论，压强被解释为分子碰撞容器壁时在单位面积容器壁上产生的力的大小。考虑N个质量为m的分子包含在体积为$V=L^3$的容器里，其中L为容器的边长，以容器的一个顶角为原点，三条边分别为x y、z轴建立坐标系。假设一个沿x方向的速度为v_x的分子与容器壁发生弹性碰撞。碰撞过后分子对容器壁的动量增量为：$\Delta p=2mv_x$，该分子每隔$\Delta t=2L/v_x$时间就碰壁一次，因此，该分子对容器壁产生的力为：

$$F=\frac{\Delta p}{\Delta t}=\frac{mv_x^2}{L}$$

所以分子对容器壁产生的力为：

$$F=N\frac{m\overline{v_x^2}}{L}=N\frac{m\overline{v^2}}{3L}$$

式中$\overline{v^2}$为对分子的速度平分求平均。因为分子热运动是无规的、各向同性的，这里利用了：

$$\overline{v^2}=\overline{v_x^2}+\overline{v_y^2}+\overline{v_z^2}=3\overline{v_x^2}$$

最终得到气体的压强为：

$$p=\frac{F}{L^2}=\frac{Nm\overline{v^2}}{3V}=\frac{2N}{3V}K$$

这是分子动理论的第一个非平庸的结果，它把宏观量压强与单个分子的平均平动动能$K=m\overline{v^2}/2$（微观量）联系了起来，为气体的压强提供了微观的解释。如果理想气体处于热力学平衡态，系统的绝对温度为T，可以证明：

$$K=\frac{m\overline{v^2}}{2}=\frac{3}{2}k_BT$$

它表明温度是大量分子热运动剧烈程度的宏观表现。对单原子分子，其内能$U=\frac{Nm\overline{v^2}}{2}=\frac{3}{2}Nk_BT$仅与系统的温度有关，而与系统的体积无关，这是理想气体的重要特性。结合上面的压强公式，可以得到理想气体的状态方程：

$$pV=Nk_BT=\nu RT$$

式中ν为气体的摩尔数；R为理想气体常数。由温度的定义，可得分子的均方根速度为：

$$\sqrt{\overline{v^2}}=\sqrt{\frac{3k_BT}{m}}$$

早在1857年克劳修斯根据上面的压强公式，并结合理想气体状态方程，得到：

$$\sqrt{\overline{v^2}}=\sqrt{\frac{3RT}{N_Am}}$$

并首次给出了氧、氮、氢气体分子在0℃的方均根速率分别为461米/秒、492米/秒、1844米/秒，使得对气体分子的激烈运动有了定量的认识。可以计算得到理想气体单位时间撞击到单位面积容器壁上的分子数为：

$$n^*=\left(\frac{N}{4V}\right)\overline{v}=\sqrt{\frac{8k_BT}{\pi m}}$$

1860年麦克斯韦利用概率统计方法导出了平衡态气体分子的速率分布函数——麦克斯韦分布，为：

$$f(v)=4\pi\left(\frac{m}{2\pi k_BT}\right)^{\frac{3}{2}}\exp\left(-\frac{mv^2}{2k_BT}\right)v^2$$

它描绘了任一气体分子的速率处在以v为中心的单位速率区间的概率。1920年O.**斯特恩**的分子束实验首次验证了麦克斯韦速率分布，高度精确的实验验证直到1955年才做出。

分子运动论不仅可以处理处于平衡态的气体，非常重要的是也能处理非平衡态的气体，即可以研究非平衡态气体的“输运”性质，如气体的黏性和热导率与扩散。1858年克劳修斯把气体分子的质点模型修改为弹性球模型，引入平均自由程$\overline{\lambda}$的概念，描绘气体分子相继两次碰撞之间行经的平均距离。在平衡态附近，可得：

$$\overline{\lambda}=\frac{1}{\sqrt{2}\pi d^2n}$$

式中d为分子的有效碰撞直径；n为分子的粒子数密度。

当气体或液体流动时，如果在垂直于运动方向气体或液体质点之间存在着相对运动，发生动量交换，这时质点之间会产生内摩擦力反抗它们之间的相对运动，气体或液体的这种性质称为黏滞性。这种质点之间的内摩擦力也称为黏滞力。麦克斯韦首先研究了非平衡态的气体输运过程，得出了把宏观量黏滞系数μ与微观量平均值相联系的公式：

$$\mu=\rho\overline{\lambda}\overline{\nu}$$

式中ρ为气体的质量密度。

在牛顿力学中，每个微观粒子的运动状态通过同时给定它们的位置和速度决定，也就是相空间中的一个点对应粒子的一个状态。因此，大量粒子的分布可以由相空间中的分布函数$f(r,v,t)$决定，$f(r,v,t)$刻画的是单位相空间中的微观粒子数。1872年和1875年玻尔兹曼给出了$f(r,v,t)$所遵循的演化方程——玻尔兹曼积分微分方程。这个方程是气体动理论的基本方程。用它讨论输运过程，导出了黏滞系数、扩散系数、热传导率的表达式，完成了输运过程的数学理论。由于方程太复杂，平衡状态的麦克斯韦速度分布实际上是已知仅有的精确解。**玻尔兹曼方程**已成为研究流体、等离子体和中子输运过程的基础。

分子运动论是关于热力学系统的微观理论，能很好地把物质的宏观现象和微观本质联系起来。它从物质的微观结构出发来阐述热现象的规律，使得物理学家很容易将经典的分子运动论进一步推广到适用于量子气体（气体分子的运动遵循量子力学规律），大大促进了统计物理学的进一步发展。（袁业飞）

分子振动　molecular vibration　分子内各原子核按一定模式做周期性运动，其频率即分子振动频率。对于具有N个原子的分子，其振动模式有$3N-6$个（线性分子为$3N-5$）。典型的分子振动频率为$10^{13}\sim10^{14}$赫兹，相当于波数为300～3000厘米$^{-1}$，因此分子的振动光谱通常在红外波段。一般而言，分子的振动决定于其化学键的结构，相同的化学键在不同分子中往往有相近之振动频率，例如在碳氢化合物中，C—H键之伸长振动频率在3000厘米$^{-1}$左右，C—H键之弯曲振动频率则在1400厘米$^{-1}$附近，因此由红外光谱提供的分子振动信息往往可推测未知分子的结构。

作为一级近似，分子振动可以用简谐振动描述，可假设分子中各核之间以假想之弹簧相连接而共同振动，振动的频率即可由核质量及弹簧力常数计算而得。力常数可以用量子化学的方法计算。

从分子振动基态吸收一个光子，使得第i个振动模式激发至$\nu_i=1$，称为振动基频；激发至$\nu_i=2,3,\cdots$，称为第一、二……泛频；如果不同模式的振动能级都被激发，则称为合频。探测分子振动能级可以通过红外光谱或者拉曼光谱技术。由于跃迁选择定则的不同，这两种技术可以互补。对于分子的电子激发态的振动能级结构，则可以通过振动分辨的电子态吸收或发射光谱获得。（徐海峰）

分子转动　molecular rotation　构成分子的原子框架整体的转动。这种整体分子的转动与分子内电子运动处于不同的时间尺度，可近似将其与电子运动分别处理（**玻恩-奥本海默近似**）。将分子转动视为绕通过质心的笛卡儿坐标轴转动的刚性转子或转动陀螺，进而从量子力学得到分子转动能级。分子转动能量是量子化的，由绕分子轴的转动惯量$I=\mu R^2$决定。根据转动惯量的大小，多原子分子按照其对应分子空间轴的三个转动惯量I_a、I_b和I_c是否相等分为对称陀螺（$I_a=I_b=I_c$，或其中两个相等，即长对称陀螺及扁对称陀螺）和非对称陀螺，亦可由分子点群判断。线性分子可视为对称陀螺的一种特例。

实际上在一个分子转动周期内，分子往往经历多个振动周期，在转动的同时分子内原子核间距不断发生变化，因此分子转动和振动是耦合在一起的，可视为对分子刚性转动的修正。（徐海峰　丁大军）

风洞实验　wind tunnel test　在风洞中安置飞行器或其他物体模型，研究气流与模型的相互作用，以了解飞行器或其他物体的空气动力学特性的一种空气动力实验方法。风洞是能够人工产生和控制气流，以模拟绕飞行器或物体的流动，并可测量气流对物体的作用以及观察流动现象的一种管道状实验设备，它是进行空气动力实验最常用、最有效的工具。风洞实验的理论基础是相似理论和量纲分析，它解决了如何做模型实验以及模型实验的数据如何运用到原型流动中去的问题。根据相似理论和量纲分析，若模型流场与原型流场相似，则二流场对应的无量纲相似参数相等。因此，只要按照相似条件来设计、安排实验，按照相似参数来整理和归纳实验结果，便可以将实验结果运用到原型流动中去。最常用的无量纲相似参数包括：雷诺数Re、马赫数Ma、弗劳德数Fr、斯特劳哈尔数Sr、普朗特数Pr、努塞尔数Nu等。空气动力系数如压强系数、升力系数、阻力系数、力矩系数等本质上都是无量纲相似参数。由于风洞实验条件的限制，风洞实验要做到与真实条件完全相似是不可能的，即很难保证这些相似参数与原型流动全部相等，只能根据具体情况使主要相似参数相等或达到自准范围（即结果不随相似参数变化）。例如涉及黏性或阻力的实验应尽量使雷诺数相等，对于可压缩流动的实验必须保证马赫数相等，对非定常流动的模拟应保证斯特劳哈尔数相等。因此通常的风洞实验，只是一种部分相似的模拟实验。不能完全满足相似准则而导致的实验误差有时也可通过数据修正予以消除。

地位与作用 风洞实验在发现空气动力学新现象、揭示流动机理、研制新型飞行器、评估飞行器的性能等方面发挥了极其重要的作用。风洞是进行空气动力实验最常用、最有效的工具，它广泛用于研究飞行器的空气动力学基本规律，以验证和发展有关理论，并直接为各种飞行器的研制服务。风洞实验是飞行器研制工作中的一个不可或缺的组成部分，通过风洞实验来确定飞行器的气动布局和评估其气动性能。几乎所有飞机的研制都离不开风洞实验。在20世纪初期，莱特兄弟为研制其飞机在自行研制的风洞中实验时间大约为30小时，1930年研制一架新飞机所需风洞实验时间大约不到100小时，到了20世纪60～70年代之后，研制新型战斗机和运输机所需的风洞实验时间则需要2万～2.5万小时，而美国航天飞机的风洞实验时间则高达10万小时。风洞实验不仅在航空和航天工程的研究和发展中起着重要作用，随着工业空气动力学的发展，在交通运输、房屋建筑、风能利用和环境保护等流域也得到越来越广泛的应用。风洞实验数据亦可用来验证计算流体力学数值模型的有效性，找到较佳的模式参数。风洞实验的突出优点是：能够比较准确地控制实验条件，如气流的速度、压力、温度等；实验在室内进行，受气候条件影响小，模型和测试仪器的安装、操作和使用比较方便；实验项目和内容多种多样，实验结果的精确度较高；实验比较安全，而且效率高、成本低。风洞实验的不足之处是：存在洞壁干扰和支架干扰，不能完全满足相似准则。克服上述不足的技术措施也在不断发展和完善中。

分类与基本内容 常见的风洞实验有测力实验、测压实验、测速实验、传热实验、动态模型实验和流动显示实验等六大类。

测力实验 利用风洞天平（空气动力学天平）测量作用在模型上的空气动力和力矩的实验。它是风洞实验中最重要的实验项目之一。测力实验主要有：全模型和部件的纵向和横向测力实验、喷流实验、静气动弹性实验、外挂物测力和投放轨迹实验等。

全模型和部件的纵向和横向测力实验是测量沿模型上三个互相垂直轴的力和绕三个轴的力矩的实验。其中无侧滑的测力实验为纵向测力实验，有侧滑的为横向测力实验。模型由腹部支杆或尾支杆支撑于风洞中。模型支杆是风洞测力天平的一部分，风洞天平按测量原理可分为机械式天平、应变式天平、压电晶体天平、电磁悬挂天平等。为研究各部件的贡献和干扰，除采用全模和部件组拆实验外，更精确的方法是在模型内安装多台天平，同时测量全机和部件的气动力。对于有对称面的飞行器，在绕流对称的条件下，可以将洞壁或反射平板作为对称面，取模型的一半做实验，这种实验称为半模实验。其优点是模型可做得大些以提高实验雷诺数，无支杆干扰，制造方便和经济。缺点是存在洞壁边界层和缝隙的影响，以及仅能做纵向实验。

喷流实验是测量飞行器发动机喷流对飞行器机体气动力特性影响的实验。除了要模拟自由流马赫数、比热比和喷管几何形状外，还要模拟喷口与自由流静压比、喷流马赫数、喷流比热比等相似参数。在风洞中要精确模拟喷流是很困难的，通常只能有选择地模拟其中一些项目。

静气动弹性实验是测量模型刚度对气动特性影响的实验。常规的测力实验中模型用金属制作，强度和刚度都较大，而真实飞行器的刚度比模型低得多。因此需要制作能模拟飞行器各部件弯曲和扭转的弹性模型，在风洞中作模拟飞行条件的高动压实验，以测量弹性模型对气动力特性的影响，修正刚性模型的实验数据。

外挂物测力和投放轨迹实验是测量飞行器的油箱、炸弹等外挂物的气动力和外挂物投放轨迹的实验。早期的实验是设计专门的外挂天平，天平可放在外挂物模型或其挂架内进行直接测量。外挂物投放轨迹常用高速摄影或多次曝光技术进行照相记录。这种方法简便、直观，但要模拟弗劳德数。20世纪60年代以后发展出一种双天平测量系统，母机模型和外挂物分别支撑在各自的天平上，实验时先测量外挂物和母机的气动力，由运动方程和给定的时间间隔计算出外挂物在气动力作用下的下一个位置，然后操纵外挂物运动到计算位置再进行测量。一直到所要求的轨迹测完为止。可同时测出母机和外挂物在所有时间间隔上的气动力。这种方法不要求模型动力相似，模型可多次使用。这种方法也可用于其他双体实验或大攻角失速后运动轨迹测量等。

除上述测力实验外，还有一些专门的测力实验，如铰链力矩测量、摩阻测量、进气道阻力测量、马格努斯力和力矩测量等，这些都需要有专门设计的天平。

测压实验 利用压力传感器或其他测压装置测量风洞洞壁、模型表面上各点和气流中各点的当地压力参数的实验。

通常有飞行器测压、汽车测压和建筑物测压等。测压实验包括静态压力分布测量和动态压力测量，可以了解飞行器等被测物体的表面流动特性，并可积分出总的气动特性。风洞中最常见的压力分布测量方法是在模型表面开测压孔，通过测压导管连接压力传感器或直接将压力传感器埋设在模型表面测量压力。对频率响应要求较高的动态压力测量往往采用将压力传感器埋设在模型表面的方法，也有的非定常动态压力测量采用测压导管连接压力传感器的方式，这种情况下需要进行管路动态传递特性的修正。当测压点较多时可采用压力扫描阀（由一个传感器模块扫描感受多个测孔的压力信号）。进气道测压实验是通过进气道表面测压孔和管道内排管的压力测量，可以获得进气道的流量和总压恢复特性。通过风速管（皮托管）、测压排管、多孔探头等的压力测量也可间接获得风洞的速度场、压力场和方向场。

常用的压力传感器按工作原理可以分为如下六种形式：电阻式、应变式、晶体式、电容式、电磁式和谐振式压力传感器。

20世纪90年代以来发展了一种新的测压技术——压敏漆测压技术（PSP），压敏漆由发光体和凝结材料组成，当它受外界光激励时会发荧光，由于氧分子对光激励起猝灭作用，氧密度越高荧光越弱，而氧气密度与氧气分压成正比，从而与空气压力成正比，由此可建立压力与发光强度的关系。通过对PSP图像进行计算机后处理和标定，可获得压力分布。PSP的空间分辨率高，也可以作动态压力测量，其缺点是对温度的影响比较敏感。此外在低速风洞中，由于压力变化相对较小，PSP结果误差相对较大，在高速风洞实验中PSP的应用已经得到长足发展。

测速实验 利用测速仪测量风洞流场空间的速度、涡量、湍流度等分布的实验，可了解和分析绕模型的流动状态和流动机理。

测速仪器主要包括风速管、测压排管、多孔探头、热线风速仪、激光多普勒测速仪和粒子图像测速仪等。

风速管、测压排管和多孔探头利用探头测压孔测得的压力来间接测量风速、风向等，优点是结构简单、使用方便，缺点是对流场有干扰，空间分辨率不高，频率响应低，不能测量湍流度。

热线风速仪的传感器是直径远小于长度的细金属丝（或金属薄膜，简称热丝或热膜），将此热丝连接于电桥的一臂并通电加热后置于气流中，当气流状态发生变化时引起热丝与气流间的热传递发生变化，从而使热丝两端的电压发生变化，由此可测得气流的速度、温度或密度的平均值和瞬时值（如湍流度等），其优点是频率响应高，不足是该测量是接触式单点测量。

激光多普勒测速仪利用光的多普勒效应来测速，当光照射到运动粒子上发生散射时，散射光的频率相对入射光频率发生变化，频率的偏移量与运动粒子的速度成正比。当流场中粒子直径足够小，且比重与流场介质相近时，粒子的运动速度基本上代表流场速度。激光多普勒测速仪的优点是非接触测量，频率响应较高，其不足是该测量是单点测量。

粒子图像测速（PIV）是自20世纪70年代末得到迅速发展的一种瞬态、多点、非接触的测速方法，通过测量示踪粒子在已知很短时间间隔内的位移来间接地测量流场的瞬态速度分布，不仅能够定性显示流动，也能够以较高的精度定量测量流场，其突出优点是在同一瞬间获得大量空间点上的速度场。PIV与光学层析技术结合，发展了适合三维流场测量的层析粒子图像测速技术。PIV技术已经成为流场测量分析最主要的手段之一。

传热实验　在气流和模型作相对高速运动的条件下，测定气流沿模型绕流所引起的对模型表面气动加热的一种实验，目的是为飞行器防热设计提供可靠的热环境数据。

在高超声速马赫数下必须考虑气动加热对飞行器外形、表面粗糙度和结构的影响。传热实验项目一般包括：光滑和粗糙表面的热流实验，边界层过渡、质量注入对热流影响的实验，台阶、缝隙、激波和边界层等分离热流实验等。在风洞传热实验中一般略去热辐射，只考虑对流加热，要模拟的是马赫数、雷诺数、壁温比、相对粗糙度（粗糙度与边界层位移厚度之比）、质量注入率、自由湍流度等参数。在常规高超声速风洞、脉冲风洞、激波风洞、电弧加热器（风洞）和低密度风洞等设备中都能进行传热实验，但不能全部模拟上述参数。

风洞传热实验的方法有两类：一类是确定热流密度分布的热测绘技术，如在模型表面涂以相变材料，通过记录等温线随时间的扩展过程进行热测绘，又如在模型表面涂以漆和粉末磷光材料的混合物，通过记录磷光体的亮度分布转求热流密度分布（后一方法响应快，灵敏度高）。热测绘技术可提供丰富的气动加热资料，但精度较低；另一类是热测量技术，利用量热计进行分散点的热测量。在一般高超声速风洞中常用的量热计有两种：薄壁量热计和加登计，前者利用安装于薄壁模型内表面的温差电偶以测量温度随时间的变化来推算热流密度，后者基于受热元件的中心和边缘之间的温度梯度和热流密度有一定的关系来进行测量。薄壁量热计和加登计由于达到温度平衡需要较长的时间，不能用于脉冲风洞。在脉冲风洞中，可采用塞形量热计和薄膜电阻温度计进行测量。塞形量热计是利用量热元件吸收传入其中的热量，然后测量元件的平均温度变化率再计算表面热流密度。

动态模型实验　确定模型对气流的相对运动和模型上的气动力随时间变化的实验，包括颤振实验、抖振实验、动稳定性实验、操纵面嗡鸣实验等。

颤振是飞行器在气动力、结构弹性力和惯性力相互作用下从气流中吸取能量而引起的振幅不衰减的自激振动，一旦发生对飞行器结构有破坏力。风洞中的颤振实验主要确定发生颤振的临界速度，以便设计和选择有利于防颤振的结构方案。颤振实验模型应尽量满足几何、气动和结构方面的相似率要求，由于很难全部满足这些要求，往往根据具体情况忽略某些次要因素。

抖振是气流分离激起的飞行器结构振动，抖振影响飞行器的结构强度和疲劳寿命，干扰武器系统和电子仪器的工作，使成员不舒适。抖振实验要测定抖振边界（抖振起始攻角所对应的升力系数随马赫数的变化曲线）和抖振载荷。抖振实验对风洞的噪声级、湍流度以及模型表面的边界层状态都有严格的要求。

动稳定性实验是测定飞行器动导数的实验。动导数是气动力和力矩对运动参量时间变化率的导数，例如滚转力矩对滚转角速度的导数，也称为滚转阻尼导数、动导数实验一般采用刚性模型，除气动力相似之外，还要求缩减频率$\omega L/v$与实物相同，其中ω为振动频率，L为特征长度，v为气流速度。

操纵面嗡鸣是飞行器作跨声速飞行时由于翼面激波、波后边界层分离和操纵面偏转相互作用而产生的单自由度不稳定运动，对马赫数很敏感。发生嗡鸣现象会降低操纵效率甚至使操纵失效，严重时导致结构的疲劳破坏。嗡鸣实验可以确定操纵面振动的性质、提供排除振动的方法和确定刚度指标。

动态模型实验还包括非定常动态压力的测量。

流动显示实验　借助物理和化学的手段使风洞中无色透明的气流成为可见气流的实验，可观察流动的物理图像以加深对流动机理的理解。

风洞中流动显示方法大致分为示踪法、光学法和能量法三类。

示踪法在流场中添加物质，如有色液体、荧光物质、氢气泡、烟、丝线和固体粒子等，通过照相或肉眼观察添加物随流体运动的图形。只要添加物足够小，且比重和流动介质接近，则示踪粒子对于流体具有足够的跟随性，从而显示出来的添加物运动的图形就表示出气流的运动。这是一种间接显示法，特别适合于显示定常流动。常用的有激光诱导荧光法、氢气泡法、丝线法、烟流法、油流法、升华法、蒸汽屏法和液晶显示法等。

光学法根据光束在气体中的折射率随气流密度不同而改变的原理制造出来的光学仪器，如阴影仪、纹影仪、干涉仪和全息照相装置等，都可用来观察气体流动图形。这种方法不在流场中添加其他物质，不会干扰气体流动，而且可以在短时间内采集大量的空间数据。它是一种直接显示方法，特别适合于观察可压缩流动和非定常流动，如激波、尾流和边界层过渡等。

能量法对流体某单元施加能量，使能量增大的流体元像示踪粒子那样运动，再利用光学等手段显示流动图像。如在低密度风洞中向气流发射电子束，使气体分子激发出荧光，荧光的光通量与气流密度大小有关。根据光通量的变化，就可以显示出气流密度的变化，这种方法可以显示高超声速稀薄气体流动的激波位置和形状以及用于定量测量流场密度。

自20世纪70～80年代，由于激光技术、计算机技术和信息处理技术的飞速发展，出现了能够综合开展定性流动显示和定量流场测量的技术，例如前面已经提到的粒子图像测速技术、光学层析技术和压敏漆表面测压技术等。

展望　随着现代计算机、信息、激光、液晶、光导、超导、超声、微型传感器和微电子测控等技术的发展，更多的先进技术将进一步应用在风洞实验技术中，进一步拓展风洞实验的应用范围，提高风洞实验的模拟能力和水平，提高风洞实验的精准度。随着各种小型测力天平以及各种微型静、动态传感器的发展和成本降低，过去不能做的实验可以进行，过去只能分开做的实验可以同时进行，并且会大大缩短风洞实验时间，减少实验费用。计算机、激光、全息、层析及图像技术等的综合应用将帮助人们更全面、更深入地认识复杂流动结构、分析流动机理。计算机技术与风洞实验相结合，将进一步提高风洞实验的自动化和智能化程度。可以预言，风洞实验还将为新型飞行器的设计与发展，为新气动概念的研究以及为检验气动数值计算方法、推动空气动力学的发展发挥更大的作用。 （张 华）

风生噪声 wind-generated noise 由海面的风成浪作用过程而产生的**噪声**。又称风成噪声。海洋环境噪声，也称海洋自然噪声，是水声信道中的一种干扰背景场。环境噪声在不同频率上有不同的特性，随着环境条件（例如风速、海深等）的变化，在谱的不同部分，具有不同的频谱斜率和不同的特征。温兹谱级曲线（见图）具有代表性。毋庸置疑，1～50 000赫整个频

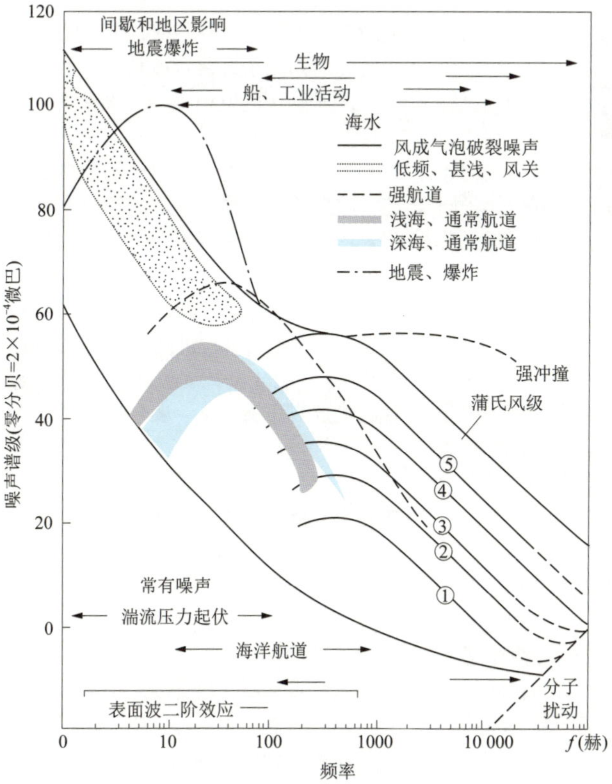

深海海洋环境噪声谱

谱段的不同区间是由不同的噪声源或机制占据优势。我们已经知道，该频段噪声的主要部分是海面产生的，其中稍高的频段内，环境噪声决定于海面的粗糙度。理论家们对海洋中风引发环境噪声的过程已经做过很多的理论推测，但其产生的过程仍未弄得很清楚，将不同发声机制的海面天然声的相对贡献定量化仍然是研究热点。

早期关于风生噪声的可能机制有如下数种：①一阶效应流体静压；②二阶效应流体静压；③白浪花及气泡；④浪花溅泼；⑤湍流伪声；⑥空气边界层噪声。高风速时，③～⑥项可能是主要机制；而低风速时，则①～②项可能是主要的。有几种可以相互区别开来的海面风成海浪声源机制：①风力扰动；②海面运动——潮汐与波浪的水静压力效应；③波浪的非线性相互作用；④浪花飞溅、破碎和空化。

风力扰动 由于风经常不断地在海面产生扰动，它产生各种不同波长的波浪，并以与波长有关的速度沿海面行进。非常长的波能以大于水中的声速而行进，从理论上，它是向海中深处辐射传播着的压力波。这样的机制被用来解释风成噪声的基本特征，诸如噪声的谱级以及它随风速和频率变化的关系。由于风的扰动和海面粗糙，扰动的气压拂过粗糙海面时，产生的湍流压力被传入海中，就激发出水下的噪声声压，并在水下传感器处形成流噪声。风吹动不平海面引起流噪声，这一机制与粗糙海面自身被激发的机制是相同的。

海面运动——潮汐与波浪的水静压力效应 有的水听器是压敏的，对水中观测点的压力变化都会有响应，不论这种压力变化是声学的还是非声学的。潮汐和波浪在谱的低频端引起较大幅度的水静压力变化。例如，潮汐显然会在频率为1或2周/日的压力谱中产生线谱分量，或称为纯音。这种潮汐产生的压力变化的量级自然是很大的，1英尺（1英尺＝0.3048米）水头的等效压强达3×10^4达因/厘米^2。幸好这种压力的变化远低于水声中敏感的频率，且只局限于很窄的频率范围内。

波浪的非线性相互作用 当海面上两个波长相同的行波波浪沿相反方向传播时，就会相互作用形成**驻波**。这将产生非常有趣的非线性效应，该过程又称为海面波浪的二阶压力效应，对其作为可能的海洋噪声源，人们曾做过多次验证，波浪非线性相互作用可能是海面波浪产生低频噪声的一种物理机理，它是5～10赫以下的主导环境噪声源，这种声波也称为“微震”（因为它们也是高质量陆地地震仪的主要噪声源，其物理机制却又与固体地球的地震过程无关）。

浪花飞溅、破碎和空化 在海面附近饱和空气的海水中，由于波浪扰动作用而产生气泡的空化或破裂是另一种可能的噪声来源。气泡由于单向扩散作用而逐渐增大，在达到一定的临界尺寸后，便突然破裂而产生一个短促的声脉冲。在0.1～1千赫频率范围内，观察到的风成噪声谱的宽峰，就是由气泡破裂而产生的，所以可以认定，空化产生的气泡也是一种噪声源。当浪花破裂时，必然产生爆裂噪声。但是，浪花不可能是噪声的唯一来源，因为当海况尚低于出现浪尖白花的时候，所得到的噪声级也是随着海况的增高，或者说随着风速的增高而上升的。在小于10节的低风速情况下，这些噪声就不能归因为是由风产生的噪声。在开阔海域，碎浪噪声与风速相关，但碎浪发出的声波并不需要局地风。溅射碎浪发出的声波（破碎在波浪顶部开始并在波浪表面逐渐消失）主要在较高频率，而突降碎浪（波峰处的海水在波浪前以射流跃过包裹了大量空气）的声波，在声级和频带宽度方面显著增大。在10赫～10千赫频段，突降碎浪可在海区之外几百米处提升水下噪声级20分贝以上。 （吴立新）

冯端 Feng Duan（1923-06-11～2020-12-15） 中国物理学家、物理教育家。祖籍浙江绍兴。生于江苏苏州，卒于南京。1946年毕业于国立中央大学物理系，历任中央大学物理系助教，南京大学物理系讲师、教授、固体物理研究所所长、研究生院院长（1984～1988）、固体微观结构物理实验室主任（1985～1994）、微结构科学技术高等研究中心理事长等。1980年当选中国科学院学部委员（院士）。

冯端长期从事凝聚态物理和材料科学的研究，是中国固体缺陷研究的先驱者之一。20世纪60年代，研究了体心立方结

构金属的晶体缺陷。70年代后期，研究了激光、非线性光学晶体及其缺陷，发展了应力双折射貌相术、X射线衍射貌相术和透射电子显微镜衍衬术，从而在晶体结构相变方面发现了许多新现象和新规律。80年代，他建立了南京大学固体微观结构物理国家重点实验室，1990年又建立了由9个国家重点实验室组成的凝聚态物理及相关学科的网络系统，并于1994年组成苏、沪、皖三地区的“微结构科学技术高等研究中心”。他与合作者研制成周期为数微米的聚片多畴铁电晶体，实现了理想的激光倍频增强效应，并首次以实验证明非线性光学晶体的准位相匹配理论。在纳米结构与纳米材料等领域也有创新成果。

1982年获国家自然科学奖二等奖，1997年获国家科技进步奖二等奖。曾任中国物理学会理事长（1991～1995）。1993年当选为第三世界科学院院士，1996年任中国科学院学部主席团成员。著有《金属物理学》《凝聚态物理学新论》《晶态面面观》等。（戴念祖）

佛克脱效应 Voigt effect 当在光通过与光传播方向垂直的横向磁场作用下的气体时发生的**双折射**效应。佛克脱效应与外加磁场大小的二次方成正比。这一效应是德国物理学家W.佛克脱于1898年发现的。佛克脱效应是一种气相磁致双折射的磁光现象，其产生的折射率变化和横向磁场大小成二次方关系，即$\Delta n \propto B^2$。佛克脱效应的物理机理与科顿-穆顿效应相同，只是光波与磁场所作用的介质不同。在液体介质中科顿-穆顿效应引起的折射率的变化率要比在气体介质中佛克脱效应引起的折射率的变化率更明显。（吴义政）

夫兰克，F.C. Frederick Charles Frank（1911-03-06～1998-04-05）英国物理学家。生于南非德班，卒于英格兰布里斯托尔。长期在布里斯托尔大学任教。研究领域为晶体物理学，在位错理论、**晶体生长**理论、液晶和高分子理论等方面都有重要贡献。善于以高度的物理洞察力自辟蹊径在新领域中进行开创性的工作。1949年首先提出螺形位错在晶面露头处的台阶可以促进晶体生长这一独创性的想法，随即得到实验的证实。这一方面为晶体中确实存在位错首次提供较直接的证据，同时也开拓了实际晶体的生长理论这一新领域。1951年他与W.伯顿和N.卡夫雷拉联合署名发表的《晶体生长与表面平衡结构》长篇论文，已经成为晶体生长理论的经典著作。他在位错理论中也有多方面的贡献，提出用参考晶体和实际晶体中对应回路法来定义位错，并对位错增殖、不全位错、运动位错和位错网络等理论都有所发展。另外，对液晶的弹性理论和高分子结晶理论所做的工作，使他成为这一领域的先驱者。他根据对金刚石的研究来探讨地壳形成的机制，对地学也有贡献。（戴念祖）

夫兰克，I.M. Ilya Mikhailovich Frank（1908-10-23～1990-06-22）苏联理论物理学家。生于圣彼得堡，卒于莫斯科。1930年毕业于莫斯科大学。1931年起在列宁格勒光学研究所工作，1934～1970年任苏联科学院物理研究所研究员、室主任、实验部主任。其间，1957～1960年任杜布纳联合核子研究所中子物理实验室主任。1971年起任苏联科学院原子核研究所实验室主任。1940年起，兼任莫斯科大学教授、物理系主任。1946年当选为苏联科学院通讯院士，1968年当选为院士。

夫兰克主要从事物理光学、低能电子物理和核物理方面的研究。在低能物理方面，与其合作者预言运动电荷穿过两种介质的界面时所产生的跃迁辐射，对铀-石墨系中中子增殖做了理论与实验研究，有助于确立中子输运的基本规律；提出并探讨了中子扩散的脉冲方法。对核物理也有过多项贡献。参与建造和运行快中子脉冲反应堆。1946年、1954年和1971年三次获苏联国家奖，1980年获瓦维洛夫金质奖章。由于发现和解释了**切伦科夫辐射**，他与P.A.**切伦科夫**、I.Ye.**塔姆**三人同获1958年诺贝尔物理学奖。（郭奕玲）

夫兰克，J. James Franck（1882-08-26～1964-05-21）德国物理学家。生于汉堡，卒于格丁根。1902年入柏林大学学习物理学，1906年获博士学位。1917年任威廉皇帝物理化学研究所的分部主任。1921年受聘为格丁根大学教授。1933年为抗议希特勒反犹太法，离开德国去哥本哈根；一年后移居美国，成为美国公民。1935～1938年任约翰斯·霍普金斯大学物理系教授。1938年起任芝加哥大学物理化学教授，直到1949年退休。1955年因在光合作用方面研究的贡献获得美国国家科学院勋章。他还是英国皇家学会会员。

夫兰克在物理学中的主要贡献是最早通过研究电子和原子碰撞实验直接证实了N.**玻尔**于1913年提出的有关原子定态假设的正确性。1914年夫兰克和G.L.赫兹利用电场加速由热阴极发出的电子，使电子获得能量并与管中汞蒸气原子发生碰撞。实验发现，当电子能量未达到某一临界值时，电子与汞原子发生弹性碰撞，电子不损失能量；当电子能量达到某一临界值时，就发生非弹性碰撞，电子的定量能量传递给汞原子，后者被激发，可以观察到汞原子跃迁的发射谱线。**夫兰克-赫兹实验**的结果表明电子失去的能量只能等于一系列分立值。这说明原子的能级是分立的。这对原子的量子理论的建立有重要意义。由于这一研究成果，夫兰克和赫兹同获1925年诺贝尔物理学奖。

夫兰克还研究了电子和原子、分子的碰撞，阐明分子间力与分子光谱的关系，提出分子中的电子跃迁远比分子振动迅速，由此导出**夫兰克-康登原理**。（戴念祖）

夫兰克-赫兹实验 Franck-Hertz experiment 证明原子内部能量量子化的实验。1914年德国物理学家J.**夫兰克**和G.L.赫兹利用电子与原子碰撞的方法证实了原子分立能态的存在。

夫兰克和赫兹设计了一个真空管的实验，研究具有一定动能的电子与稀薄汞蒸气的作用。他们发现当电子与汞原子碰撞时，将会损失特定数值（4.9电子伏）的动能，这一能量损失相当于将速度为1.3×10^6米/秒的电子减速到零。高于此速度的电子，不会在一次碰撞中损失全部动能，而是精确地损失4.9电子伏或其整数倍；低于此速度的电子则几乎不会损失动能。在最初的实验中，夫兰克和赫兹在抽成真空的玻璃管中加入一滴汞，将玻璃管加热到115℃，使管中充满约100帕的稀薄汞蒸气。

真空管中设置了三个电极（图1）：发射电子的热阴极K、金属栅网电极G和阳极A。栅极G相对于阴极K加正电压U，以加速从热阴极发射的电子，使其获得一定的动能。实验上测量穿过栅极到达阳极的电子形成的电流I。阳极相对于栅极加一个很小的反向电压，只有穿过栅极后仍具有一定动能的电子才能到达阳极被收集。

图2是实验结果，给出了阳极电流I与加速电压U之间的关系。电压从零开始

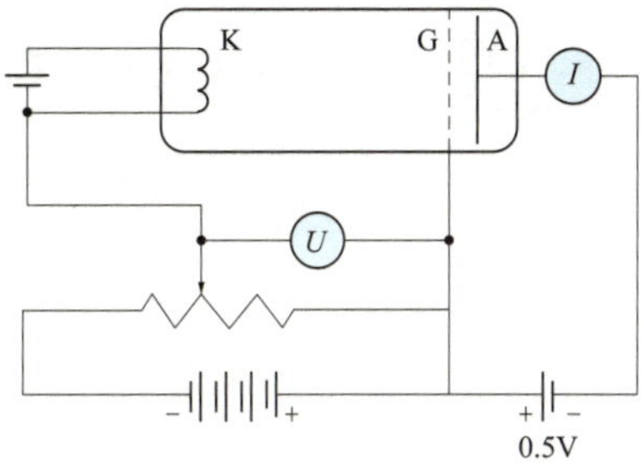

图1　夫兰克-赫兹实验装置示意图

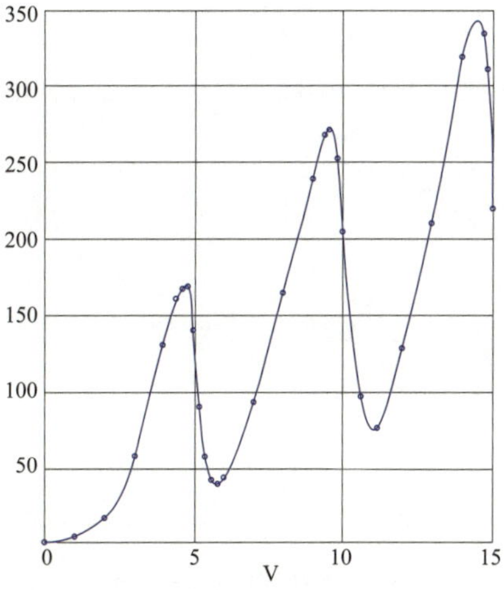

图2　夫兰克和赫兹1914年发表的实验结果

升高，阳极电流随之持续增大，当电压达到4.9伏时，电流会突降到一个很小的值；继续升高电压，阳极电流又会随之增大，当电压达到约9.8伏（4.9伏的两倍）时，电流再次突降；如此反复。此后进一步的实验均表明，电压每隔4.9伏，电流会突降一次。

这些实验结果只有利用丹麦科学家N.玻尔提出的原子结构模型（见*玻尔氢原子模型*）方可解释。玻尔理论的要点是在原子中运动的电子存在一系列分立的、能量确定的定态，能量最低的定态称为基态，能量高基态的定态称为激发态。在夫兰克-赫兹实验中，电子与处于基态的汞原子发生碰撞，既可以发生弹性碰撞，也可以发生非弹性碰撞。当电子的速度较小时，与汞原子之间只能发生弹性碰撞，汞原子的内部状态不受影响。当电子速度刚好超过1.3×10^6米/秒时，则会发生非弹性碰撞，电子将该速度值对应的4.9电子伏动能传递给汞原子，使之激发，电子则损失相应的动能，速度降到接近零，无法克服反向电压到达阳极，从而造成电流的突降。在1914年的第二篇文章中，夫兰克和赫兹还观察到了电子碰撞后汞原子的光发射，波长为254纳米，对应4.9电子伏的光子能量，与电子损失的能量精确一致，与玻尔的原子理论相符。

夫兰克-赫兹实验不仅证实玻尔提出的原子存在分立能态的假设，而且改进后的实验装置可直接用来测定原子分子的激发能。历史上对原子理论的建立有重要意义。　（张在宣　陈向军）

夫兰克-康登因子　Franck-Condon factor　电子跃迁前后的振动波函数的重叠积分。见*夫兰克-康登原理*。

夫兰克-康登原理　Frank-Condon principle　用于解释分子的电子光谱带振动结构的强度分布性质的基本原理，认为在发生电子跃迁时，原子核的位置与速度保持不变。最初是由J.*夫兰克*在1926年提出的，后来再由E.U.康登利用波动力学使其得以完善。

电子比原子核轻得多，运动快得多。当分子中的电子在两个不同电子能级之间跃迁时，跃迁时间很短，原子核的位置（以及所产生的核间距）与速度来不及发生变化，保持与跃迁前几乎相同的数值。因此，如果原子核要从电子跃迁前的振动态进入跃迁之后的某个振动态，则新振动态的原子核位置与速度必须与旧振动态的值能够兼容。以双原子分子为例（见图），E_0和E_1两条势能曲线分别代表当电子处于基态和处于第一激发态时的核间势能随核间

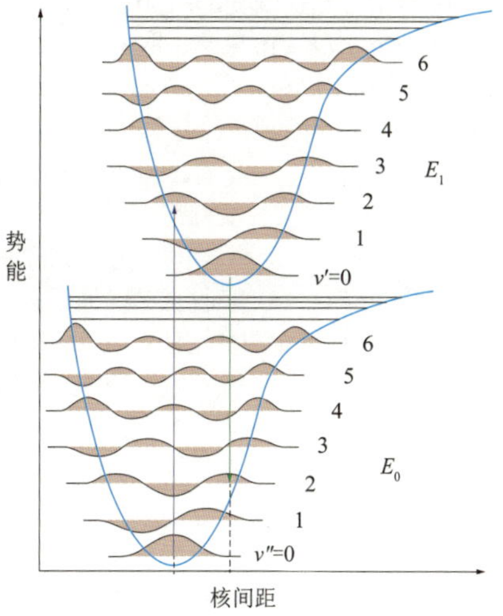

双原子分子势能曲线示意图

距的变化曲线，不同的水平线代表不同的振动状态ν，其上的带阴影曲线代表其振动态波函数。电子跃迁时核间距不变，因此跃迁过程在图中可用带箭头的垂直线来代表。只有当跃迁前后的振动态波函数能够兼容（重叠）时，跃迁才比较容易发生。由于两个电子态所对应的平衡核间距（E_0和E_1两条曲线的势阱位置）一般不同，导致不同的振动态之间的重叠各不相同，从而在电子能谱中产生各种强度不同的振动带。这就是夫兰克-康登原理的主要内容。它同时适用于吸收谱与发射（荧光）谱，不但可用来解释振动光谱结构的强度分布性质，而且有助于从实验结果反推出平衡核间距的变化性质及其势能曲线的形式。

更为严格的理论可利用量子力学来进行分析。分子的波函数可写成电子波函数ψ_e、振动波函数ψ_v与自旋波函数ψ_s的乘积，即$\psi=\psi_e\psi_v\psi_s$。则跃迁的概率振幅为：

$$P=\langle\psi'_v\mid\psi_v\rangle\langle\psi'_e\mid\mu_e\mid\psi_e\rangle\langle\psi'_s\mid\psi_s\rangle$$

式中$\langle\psi'_e|\mu_e|\psi_e\rangle$为电子跃迁偶极矩，给出电子轨道选择定则；$\langle\psi'_s|\psi_s\rangle$给出自旋选择定则；而$\langle\psi'_v|\psi_v\rangle$为跃迁前后的振动波函数的重叠积分，被称为夫兰克-康登因子，它的二次方决定了一个分子的不同振动带之间的相对强度。　（刘志荣）

夫琅禾费，J.von　Joseph von Fraunhofer（1787-03-06～1826-06-07）　德国物理学家。生于斯特劳宾，卒于慕尼黑。幼年当学徒，后来自学了数学和光学。1806年他在巴伐利亚的贝内迪克特博伊伦的光学工场当技工，1818年任经理。1823年担任慕尼黑科学院物理陈列馆馆长和慕尼黑大学教授，后来德国埃朗根大学和英国、丹麦都授予他荣誉称号。

夫琅禾费对光学和光谱学做出了重要贡献。1814年用自己改进的分光系统，发现并仔细研究了太阳光谱中的若干条暗线（夫琅禾费线）。他利用衍射原理测出它们的波长，将576条暗线编制成表，并用字母A、B、C、D、……、I等将其中主要的线命名。他还在星光中发现了某些谱线。他用这些谱线测量了各种光学玻璃的折射率，达到以前从未有过的精度，解决了大块高质量光学玻璃制造的难题。

夫琅禾费用几何光学理论设计和制造了消色差透镜，首创用牛顿环方法检查光学表面加工精度及透镜形状。他所制造的大型折射望远镜等光学仪器，负有盛名。这些成就使当时光学技术的权威由英国转移到德国，推动了精密光学工业的发展。

1821年，夫琅禾费发表了平行光单缝衍射的研究结果（后来称平行光衍射为**夫琅禾费衍射**），做了光谱分辨率的实验，第一个定量地研究了衍射光栅，制成260条平行线组成的光栅，用它测量了光的波长。1823年他又用金刚石刀刻制了玻璃光栅（3200条/巴黎寸），给出了至今通用的光栅方程。（戴念祖）

夫琅禾费衍射 Fraunhofer diffraction 用平行光照明衍射屏且在无限远接收的衍射场。一个衍射系统由光源、衍射屏、接收屏三者组成。如果衍射屏接收到的是平行光源并且接收屏接收到的是无限远衍射场，这样的衍射场称为夫琅禾费衍射。此时，入射场$\tilde{u}_1(x,y)=A_1$为常数，屏函数设为$\tilde{t}(x,y)$，则透射场（即衍射场波阵面）为$\tilde{u}_2(x,y)=A_1\tilde{t}(x,y)$，代入旁轴条件下的衍射积分公式，得夫琅禾费衍射场的角分布为：

$$\tilde{u}(\theta_1,\theta_2)\approx\frac{-\mathrm{i}}{\lambda r_0}\mathrm{e}^{ikr_0}A_1\iint\tilde{t}(x,y)\,\mathrm{e}^{ik(\sin\theta_1 x+\sin\theta_2 y)}\mathrm{d}x\mathrm{d}y$$

式中方位角(θ_1,θ_2)为衍射方向$\boldsymbol{r}_0$矢量在参考平面(x,y)上的针对点坐标(x',y')与z轴的夹角，参见图1。上式是夫琅禾费衍射场的标准形式，其特点是衍射积分中的被积函数等于屏函数与线性相因子的乘积。所谓线性相因子是指相因子$\varphi(x,y)=-k(\sin\theta_1 x+\sin\theta_2 y)$，它是波阵面次波源坐标$(x,y)$的线性函数。无论什么装置——怎样照明、何处接收，凡是衍射场符合此标准形式的，统归于夫琅禾费衍射，这就从本质上将它与**菲涅耳衍射**区别开来，为衍射系统的判断提供了一个统一的理论标准。以此为标准可以论证图2所列的几种装置都能接收到夫琅禾费衍射场。

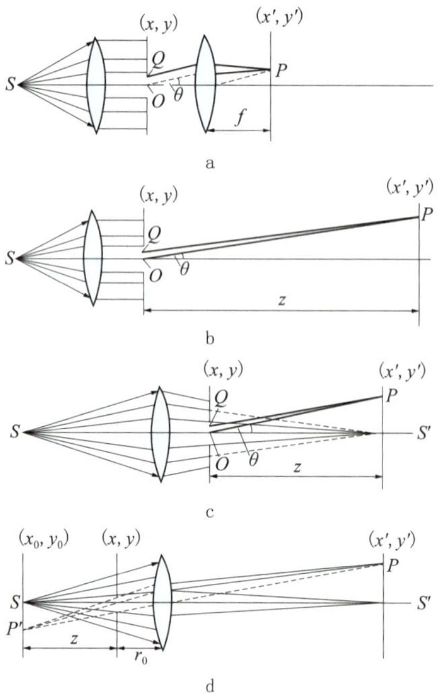

图2 实现夫琅禾费衍射的几种装置

接收夫琅禾费衍射场的实验装置 ①后焦面接收装置。如图2a所示。它采用透镜系统将点源置于第一个透镜的前焦点，以产生平行光照明衍射屏，将接收屏置于第二个透镜的后焦面，以会聚一束衍射角为(θ_1,θ_2)的次波波线相干叠加于场点$P(x',y')$。

②无透镜的远场接收装置。如图2b所示。它用一个透镜产生平行光照明衍射屏，在远场$z\lambda\gg x^2$，$z\lambda\gg y^2$范围内接收衍射场。自从高亮度的激光器应用以后，这种装置已在实验室中采用。实验前应根据衍射屏的尺寸，对远场距离有一个量级估算，以便正确置放接收器。设光波长$\lambda\approx0.6$微米，光孔线度$a\approx100$微米，则远场距离$z\gg a^2/\lambda\approx16$毫米，取50倍为80厘米以远；当$a\approx1$毫米，取$z$为80米以远；当$a\approx1$厘米，则$z$应取8千米以远，从实验室眼光看，这是一个不得了的距离。

③有透镜的像面接收装置。如图2c、图2d所示。前者衍射屏置于像方（透镜之后），后者衍射屏置于物方（透镜之前），这两种装置都是点光源S产生的球面波照明衍射屏，而在像点S'的平面（像面）上接收衍射场。实际上，图2d装置可以看作图2c装置的逆装置，两者物像位置互换，它在像面上接收到的仍然是夫琅禾费衍射场。值得注意的是，像面接收夫琅禾费衍射场的两种装置只需旁轴条件，并不要求远场条件。当然，它们对透镜的成像要求是严格的。

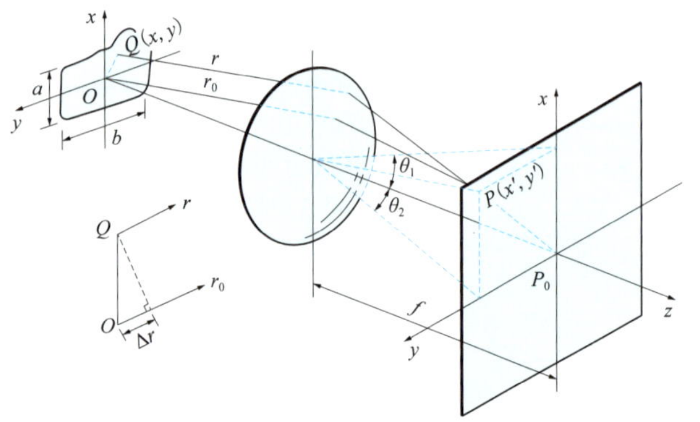

图1 夫琅禾费衍射的光程差分析

夫琅禾费单缝衍射 设单缝在(x,y)方向的宽长度分别为$\Delta x=a$，$\Delta y=b$，单狭缝要求$b\geqslant a$，衍射光强主要沿x方向展开，属于一维衍射，可由矢量图解法（图3）或衍射积分法得到衍射场的复振幅分布和光强分布为：

$$\tilde{u}(\theta)=\tilde{c}\frac{\sin\alpha}{\alpha},\ \alpha=\pi a\frac{\sin\theta}{\lambda}$$

$$I(\theta)=\tilde{u}(\theta)\tilde{u}^*(\theta)=I_0\left(\frac{\sin\alpha}{\alpha}\right)^2,$$

$$I_0=|\tilde{c}|^2=A_1^2\frac{(ab)^2}{(\lambda f)^2}$$

式中θ为衍射角，f为透镜焦距，I_0为零级衍射斑中心的强度。强度分布函数曲线如图4，虚线表示振幅分布。衍射图样的主要特征是：强度最大方位落在几何像点位置；强度为零（暗点）的位置条件为$a\sin\theta=k\lambda$，k为不等于0的正负整数；表征衍射显著程度的物理量取零级斑的半角宽度$\Delta\theta$，$\Delta\theta\approx\lambda/a$。

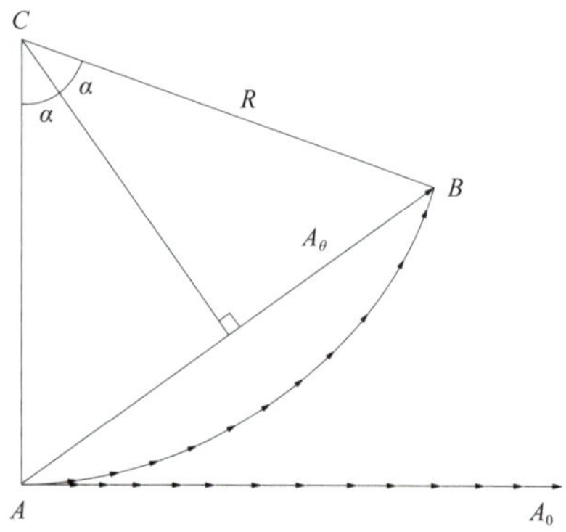

图3 单缝衍射的矢量图解

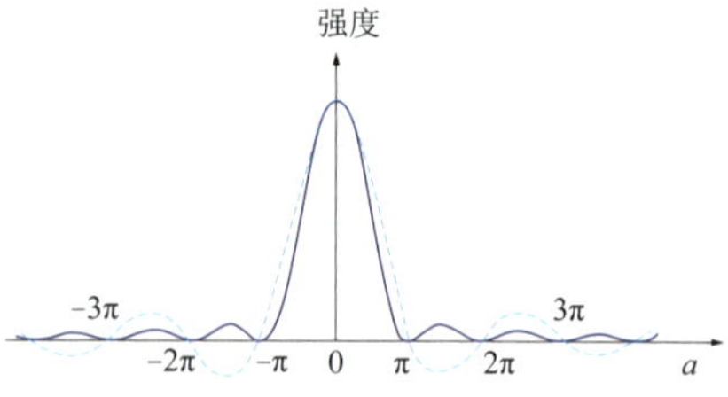

图4 夫琅禾费单缝衍射强度分布曲线

夫琅禾费矩孔衍射 设矩孔在(x,y)方向的宽度分别为$\Delta x=a,\Delta y=b$，两者皆小，衍射光强在(x',y')平面上展开，属于二维衍射，可由衍射积分法算出衍射场的复振幅分布和光强分布为：

$$\tilde{u}(\theta_1,\theta_2)=\tilde{c}\left(\frac{\sin\alpha}{\alpha}\right)\left(\frac{\sin\beta}{\beta}\right),$$

$$\alpha = \pi a\frac{\sin\theta_1}{\lambda},\ \beta = \pi b\frac{\sin\theta_2}{\lambda}$$

$$I(\theta_1,\theta_2) = \tilde{u}\tilde{u}^* = I_0\left(\frac{\sin\alpha}{\alpha}\right)^2\left(\frac{\sin\beta}{\beta}\right)^2,$$

$$I_0 = A_1^2\frac{(ab)^2}{(\lambda f)^2}$$

矩孔衍射图像的特点是：中央是强度最大的零级斑，零级斑中心正是几何像点位置；沿两个正交方向还有一系列横向的高级衍射斑；表征衍射显著程度的半角宽度公式为$(\Delta\theta_1,\Delta\theta_2)\approx(\lambda/a,\lambda/b)$。当波长$\lambda\to0$或$a\to\infty$，$b\to\infty$时，则$\Delta\theta_1\to0$，$\Delta\theta_2\to0$，衍射图样收缩到几何像点（$\delta$函数形式），这说明几何光学正是波动光学的短波长极限，此时在自由空间中光沿直线传播。

夫琅禾费圆孔衍射　夫琅禾费圆孔衍射积分的定量计算较为复杂，由轴对称分析可知其衍射图样是以几何像点为中心而展开的一系列同心环，其零级衍射斑又称为艾里斑。严格计算的衍射场复振幅分布为：

$$\tilde{u}(\theta) = \tilde{c}\frac{2J_1(x)}{x},\ x = \frac{2\pi}{\lambda}a\sin\theta$$

式中$J_1(x)$是一阶贝塞尔函数，光强分布为：

$$I(\theta)=I_0\left(\frac{2J_1(x)}{x}\right)^2,\ I_0=|\tilde{c}|^2=A_1^2\frac{(\pi a^2)^2}{(\lambda f)^2}$$

艾里斑半角宽度为$\Delta\theta\approx0.61\lambda/a=1.22\lambda/D$，式中$a$为圆孔半径；$\theta$为衍射角。强度

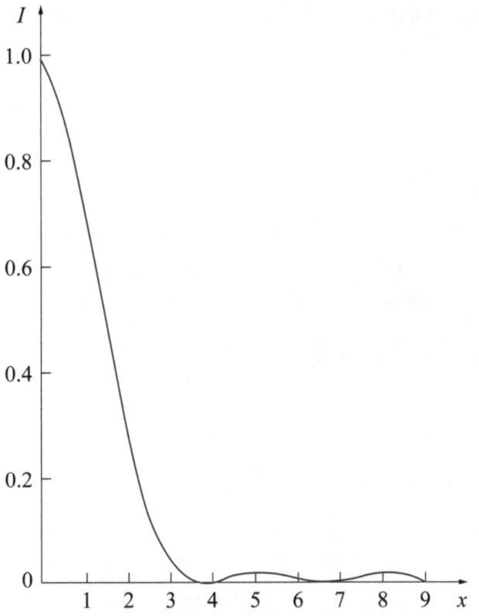

图5　夫琅禾费圆孔衍射因子

函数线型如图5所示。　（钟锡华）

弗拉索夫方程　Vlasov equation　忽略碰撞效应时描述带电粒子系统运动的动理学方程。在描述等离子体中带电粒子时，与中性多粒子体系最明显不同的是：带电粒子系可以自动产生电磁场$(\boldsymbol{E},\boldsymbol{B})$，它会对带电粒子的运动产生不可忽略的影响。反过来，在它们的影响下，使带电粒子的位置和速度变化后，又会导致$(\boldsymbol{E},\boldsymbol{B})$的改变。为了自洽计入粒子系运动和自生$(\boldsymbol{E},\boldsymbol{B})$的相互影响，必须将$(\boldsymbol{E},\boldsymbol{B})$满足的麦克斯韦方程组和含$(\boldsymbol{E},\boldsymbol{B})$影响的动理学方程耦合在一起来讨论等离子体的动理学性质。

这决定性的一步是由苏联物理学家A.A.弗拉索夫在1938年提出的，他首先将带电粒子系α的单粒子分布函数f_α满足的无碰撞动理学方程和自生电磁场$(\boldsymbol{E},\boldsymbol{B})$服从的麦克斯韦方程组耦合，而提出了后来以他命名的弗拉索夫方程（组）：

$$\frac{\partial f_\alpha}{\partial t}+\boldsymbol{v}\cdot\frac{\partial f_\alpha}{\partial \boldsymbol{r}}+\frac{q_\alpha}{m}(\boldsymbol{E}_0+\boldsymbol{v}\times\boldsymbol{B}_0)\cdot\frac{\partial f_\alpha}{\partial \boldsymbol{v}}+\frac{q_\alpha}{m}(\boldsymbol{E}+\boldsymbol{v}\times\boldsymbol{B})\cdot\frac{\partial f_\alpha}{\partial \boldsymbol{v}}=0,\ \alpha=e,i_1,i_2,\cdots,i_M$$

$$\nabla\cdot\boldsymbol{E}=\frac{1}{\varepsilon_0}\sum_{\alpha=e,i}^{i_M}q_\alpha\int f_\alpha\mathrm{d}\boldsymbol{v},\ \nabla\times\boldsymbol{E}=-\frac{\partial\boldsymbol{B}}{\partial t}$$

$$\nabla\times\boldsymbol{B}=\frac{\partial\boldsymbol{E}}{\partial t}+\mu_0\sum_{\alpha=e,i}^{i_M}q_\alpha\int \boldsymbol{v}f_\alpha\mathrm{d}\boldsymbol{v},\nabla\cdot\boldsymbol{B}=0$$

式中$\boldsymbol{E}_0$和$\boldsymbol{B}_0$分别为外电场和外磁场；q_α和m分别为粒子电荷和质量；ε_0和μ_0分别为真空中的介电常数和磁导率。

弗拉索夫方程中没有计入粒子间碰撞的影响，所以它处理的是那些特征时间远短于碰撞特征时间的（高频）等离子体集体运动——通常称为等离子体波。如果要讨论特征时间尺度大于碰撞时间的一些动理学过程，就需要将含自生电磁场及碰撞项的动理学方程（福克–普朗克方程，朗道方程等）与麦克斯韦方程组耦合起来处理。　（胡希伟）

弗里德利克斯转变　Freedericksz transition　液晶在两个平板夹缝中，随着外电场的增加，所引起的向列相系统的相变。这一现象由苏联物理学家V.弗里德利克斯于1927年报道，并由此命名。如截面图所示，液晶在平板夹缝中形变一般分三

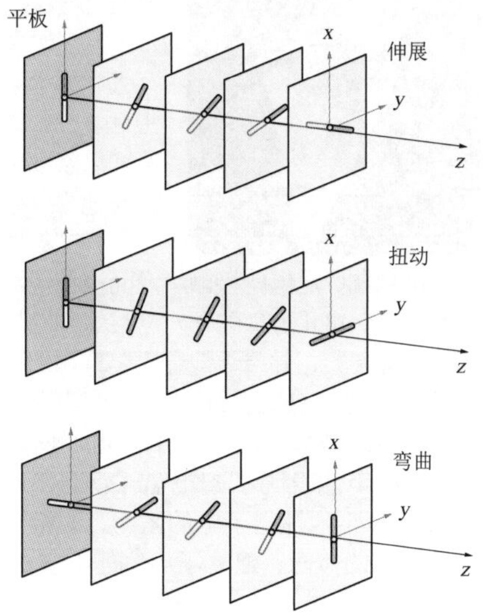

液晶形变分类

类：①在平板附近液晶指向x轴，在指向z轴强电场作用下沿z轴逐渐转向z方向。②在平板附近液晶指向x轴，在指向y轴强电场作用下沿y轴逐渐转向y方向。③在平板附近液晶指向z轴，在指向x轴强电场作用下沿x轴逐渐转向x方向。从低电场液晶指向无转动到高电场夹缝内液晶完全转动，系统经历相变。这三类的指向形变，分别对应于伸展、扭动和弯曲，可以用来测量这三类形变的弹性系数。弗里德利克斯原来实验用的液晶是向列相系统，现也广泛把别的液晶相中的相似扭曲现象统称为弗里德利克斯转变。　（陈征宇）

弗里德曼，J.I.　Jerome Isaac Friedman（1930-03-28～　）美国高能物理学家。生于芝加哥。1956年获芝加哥大学博士学位，1960年任职于麻省理工学院物理学系，

先后为副教授、教授、核科学实验室主任、物理学系主任。1963～1973年，由于他和H.W.肯德尔及R.E.泰勒在斯坦福大学直线加速器中心进行高能粒子实验中发现了电子、质子和束缚中子的深度非弹性散射，对粒子物理学中夸克模型的发展起了重要作用，他们共获1990年诺贝尔物理学奖。　（郭奕玲）

弗仑克尔缺陷　Frenkel defect　晶体结构中由于原先占据一个格点的原子（或离子）离开格点位置，成为间隙原子（或离子），并在其原先占据的格点处留下一个空位的空位–间隙对。见晶体缺陷。

弗洛里–哈金斯理论　Flory-Huggins theory　1941年P.J.弗洛里和M.L.哈金斯各自提出的一个简单的计算聚合物溶液体系自由能的理论模型。在这个理论模型中，聚合物链和溶剂分子的排列类似于晶体中晶格排列。假定聚合物链段和溶剂分子的体积相同，每一个链段占据一个格子，剩余的格子全部由溶剂分子占据，且每个溶剂分子占一个格子。每条高分子链占据相连的x个格子，x为高分子链与溶剂分子（或每个链段）的体积比。高分子链为柔性时，处于不同构象状态下的高分子链的能量相同，且所有高分子链的分子量相同，即分子量不分散。高分子链段占据晶

格中任意一个格子的概率相等。

从聚合物溶液的热力学关系式可知：

$$\Delta F_M = \Delta H_M - T\Delta S_M = RT(n_1\ln\phi_1 + n_2\ln\phi_2 + \chi n_1\phi_2)$$

式中ΔH_M为混合焓；T为温度；ΔS_M为混合熵；R为理想气体常数；ϕ为体积分数，下标1和2代表不同组分；n为分子数；χ为哈金斯参数。

在通常的聚合物溶液体系中，即聚合物分子的尺寸远大于溶剂分子的尺寸。弗洛里和哈金斯给出了聚合物溶液体系的混合熵和混合焓的表达式：

$$\Delta S_M = -R(n_1\ln\phi_1 + n_2\ln\phi_2)$$

式中ΔS_M为聚合物链段在溶液中与在本体中排列方式不同引起的熵变。

混合焓的表达式如下：

$$\Delta H_M = zn_1\phi_2\Delta\varepsilon_{12}$$

式中z为可以被占据的晶格配位数；$\Delta\varepsilon_{12}$为混合过程中聚合物溶液体系结合能的变化，$\Delta\varepsilon_{12}=\varepsilon_{12}-\frac{1}{2}(\varepsilon_{11}+\varepsilon_{22})$，下标1表示溶剂分子，2表示高分子链段。

如果定义哈金斯参数为$\chi=\frac{z\Delta\varepsilon_{12}}{kT}$，则其物理意义为溶剂和聚合物混合时体系相互作用能的变化。混合焓也可以表示为：

$$\Delta H_M = RT\chi n_1\phi_2$$

弗洛里-哈金斯理论定性地描述了聚合物溶液体系的热力学性质。（张晓华）

弗洛里-斯托克迈耶理论 Flory-Stockmayer theory 关于聚合物交联和凝胶化的理论。P.J.弗洛里在1941首先提出聚合物凝胶化理论，随后W.斯托克迈耶在1944年进一步发展了这一理论。高分子链通过交联作用可以形成一种具有相互贯穿网络结构的聚合物，小分子化合物可以分散在这种网络结构中，通过这种交联作用可以使液态聚合物体系转变为固态或凝胶态。其本质为聚合物的浓溶液。这种交联聚合物的溶胀体不能溶解，也不熔融，是一种具有高弹性的固体。凝胶化理论指出，当交联度（交联相的反应程度）达到某一临界阈值时，体系出现凝胶化，临界阈值由反应单体的平均官能度决定。弗洛里提出的理论有三个主要的假设：①同一条分子链上的所有功能基团参与化学反应的概率相同；②同一条分子链上的功能基团之间不发生化学反应；③化学反应只在不同功能基团之间发生。弗洛里-斯托克迈耶理论可预测合成聚合物过程中体系的凝胶点，还可预测聚合物体系发生凝胶化转变时单体的转化率，在逐步聚合体系中，可通过分析低含量反应物来预测体系是否可以出现凝胶化。（张晓华）

弗洛里特征比 Flory's characteristic ratio 高分子链均方末端距与自由连接链均方末端距的比值。真实高分子链的构象往往会偏离理想链。对于一个典型的高分子而言，不同的链矢量之间事实上存在相互作用，特别是对于那些邻近的化学键而言。因此，$\langle\cos\theta_{ij}\rangle$就不等于零。在这种情况下，对于任意给定键矢量$\boldsymbol{i}$，其与所有其他键矢量$\boldsymbol{j}$的加和可以收敛到一个有限的数值$C'_i$：

$$C'_i \equiv \sum_{j=1}^{n}\langle\cos\theta_{ij}\rangle$$

那么，均方末端距$\langle R^2\rangle$就可以表示为：

$$\langle R^2\rangle = l^2\sum_{i=1}^{n}\sum_{j=1}^{n}\langle\cos\theta_{ij}\rangle = l^2\sum_{i=1}^{n}C'_i = C_n nl^2$$

式中系数C_n可被看是高分子链均方末端距与自由连接链均方末端距的比值。这个值也被称为弗洛里特征比。C_n在真实链中的值取决于其链长，并且随着链长趋近无穷大会逐渐达到一个饱和值C_∞，因此也称弗洛里极限特征比。弗洛里特征比取决于高分子链的刚性，其数值对于所有高分子均大于1。多数柔性高分子的弗洛里特征比一般介于7～9。旋转受阻的大侧基高分子或刚性高分子的弗洛里特征比一般都比较高。（张文彬）

伏打，A. Alessandro (Giuseppe Antonio Anastasio) Volta（1745-02-18～1827-03-05） 意大利物理学家。生于科莫，卒于科莫。1774～1779年任科莫大学预科物理学教授，1779～1815年任帕维亚大学实验物理学教授，1815年任帕多瓦大学哲学系主任。1791年英国皇家学会聘请他为外籍会员，三年后又因创立伽伐尼电的接触学说而授予他科普利奖章。1801年拿破仑一世召他到巴黎表演电堆实验，并授予他金质奖章和伯爵称号。1803年当选巴黎科学院外国院士。

伏打从1765年开始从事静电实验研究。1775年他发明了起电盘（静电起电机）。1778年他提出了电的张力，即相当于电位差的概念；建立了导体的电容C、电荷Q及其张力T之间的关系式：$Q=CT$。1787年他发明了灵敏的麦秸静电计。1792年着手研究L.伽伐尼发现的“动物电”。1793年他全然否定了动物电的存在，提出了闻名的电的接触学说，断言伽伐尼电产生于两种不同金属的接触。

伏打将导体分为第一类导体（金属）和第二类导体（潮湿导体）。他证实，只有通过不同类导体的接触才可能产生“**电动势**”（指伏打用语）。1799年他又发现产生电循环的本质条件是必须由两种不同的第一类导体和第二类导体组成回路，发明了一种直接倍增伽伐尼电的两类导体的组合接触法，后人称为“伏打电堆”。他还发明了一种由许多玻璃杯组成的“杯冕”，这些玻璃杯盛有盐水或稀酸，通过半浸入液体的双金属弧彼此连接起来。这就是第一个伏打电池组。伏打电堆和伏打电池在此后的一段时间中成为产生持续电流的唯一手段，它们的发明和运用开拓了电学的研究领域。

伏打另外的重要贡献是，在1776年发现了沼气。他发明了可以研究气体燃烧时容积变化的气体燃化计，这是18世纪重要的发明之一。他测定了空气膨胀系数$\alpha=1/216$，这个数值曾被1927年在科莫举行的纪念伏打逝世100周年的国际物理学会议所采纳。

后人为了纪念伏打在电学上的贡献，将电动势和电位差的单位以他的姓氏命名为伏特。（戴念祖）

伏特 volt 国际单位制中物理量电动势、电位差、电压的单位。简称伏。符号为V。是瓦特每安培（W/A）的专门名称。为纪念意大利物理学家、化学家**A.伏打**而命名。若通过导线的恒定电流为1安，在导线某两点间消耗的功率为1瓦，则该两点间的电势差（电压）定义为1伏。即1伏=1瓦/安。在20世纪60年代以前，世界各国无例外地采用饱和惠斯登电池——标准电池（组）来保存这一单位，年变化一般小于1微伏。70年代以来，固体电压标准，尤其是量子电压标准取得重大进展。用齐纳二极管制成的控温10伏固态电压标准，其电动势年度相对变化小于10^{-6}，而基于**约瑟夫森效应**的量子电压标准可使伏特单位的复现和保存不确定度达到10^{-8}量级。国际计量局（BIPM）批准自1990年1月1日起，采用约瑟夫森电压标准来复现和保存伏特单位。（陈熙谋）

浮力 buoyancy 物体全部或部分浸入静止流体时，受到流体给它的垂直向上的作用力。浮力的大小等于该物体所排开流体的重量（见**阿基米德原理**）。物体所受的浮力与物体的重量相等时，物体就会漂浮或浸没于流体中而不下沉。应用这一原理建造了能在水里和空气中航行的工具，如舰船和飞艇。

浮力的作用线通过被排开流体体积的形心，也称为浮力中心或浮心。静止浮体一般受到两个作用力，一为重力（作用点是重心），一为浮力（作用点是浮心）。浮体平衡时重心和浮心在同一垂线上。浮体受扰动倾斜时，浮心偏移到新的被排开流体的形心上，浮力与重力就会形成转动力矩。若转动力矩能使浮体恢复到原来的平衡位置，则称浮体是转动稳定的；反之，称浮体是转动不稳定的。铅垂向上的浮力作用线与原来的重心-浮心连线交于一点，称为定倾中心（见图）。如果定倾中心在重心之上，浮体将转回原来的平衡位置此为转动稳定（图a）；如果定倾中心在重心之下则浮体会倾翻，此为转动不稳定（图b）。从重心到定倾中心的距离称为定倾中心高度（定倾中心高于重心时计为

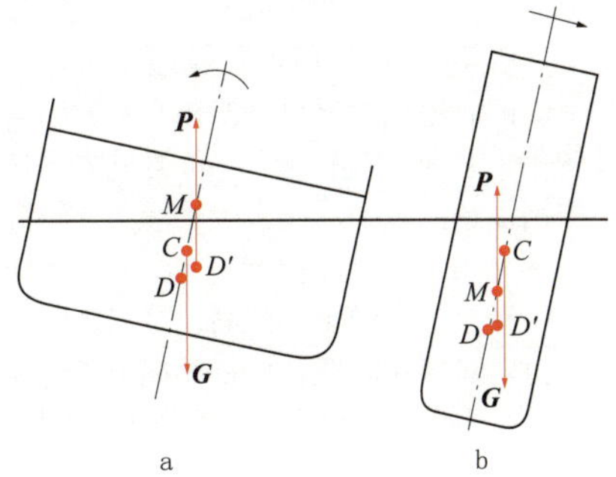

转动稳定和转动不稳定

正；反之计为负），它是浮体稳定性的直接量度。要浮体稳定，定倾高度必须为正，且数值越大，稳定性越好。古时的航海家实践中就懂得了这一原理，他们通过加“压舱石”来降低船舶的重心；远古时代（如著名的半坡文化中）所用的汲水器则利用了浮体的不稳定性，古人制作的空的汲水器重心很高，在水中会自动倾覆，汲水后重心降低，即可提升上来。

（戴世强）

符合计数 coincidence counting 用独立的不同探测器同时检测两个或多个关联的粒子的技术。在实际测量过程中，“同时”不可能是绝对的同一瞬刻，只能希望两个探测器测得的信号时间间隔尽量短，两个探测器分别检测到光子所发出的电脉冲如果出现在设定的同一时间窗口内，则记为一次符合事件，由符合计数器计数。这个时间窗口的长短，即时间分辨率，取决于探测器的种类和符合电路的设计。现在最先进的单光子符合计数系统的分辨率可短到几个皮秒。当然记录下的符合计数可能会包括有偶然符合事件，即不相关的粒子或噪声所引起的虚假偶然符合。因此，为了去掉偶然符合信号需采用甄别器，以去掉探测器输出的不在预期范围内的电脉冲计数。

符合计数的方法最初用于探测原子核裂变时同时发出的两个或多个粒子，还可用于测定某些基本粒子的寿命。1924年H.盖革和W.**博特**首次用两台盖革计数器澄清了**康普顿效应**中产生的粒子的方向和速度。1954年博特因“符合方法及其中的发现”获1954年诺贝尔物理学奖（盖革已逝）。1956年R.H.布朗和R.Q.特威斯用光电倍增管基于符合计数的方法测得两个时空点接收到的光的二阶关联（强度关联）；当时只为建造一个强度干涉仪用于测量天体的角直径，但他们的里程碑式的实验开辟了**量子光学**及其后的量子信息学的新方向。

符合计数的技术现在广泛用于测定光场的二阶关联函数，以甄别经典和非经典光场。例如，通过参量下转换或其他非线性过程从一个初始光场产生的一对光子，物理性质彼此纠缠，从两个单光子探测器的符合计数中可判断光子的非局域量子特性。在实际测量中，既有纠缠光子也有非纠缠光子，后者作为无规则的噪声可能会淹没纠缠信号。因此现在常采用时间关联单光子计数的方法，以一个光子到达第一个探测器作为触发，开始记录时间，第二个光子经一段设定的延迟到达第二个探测器时为截止，该时间间隔被送到多道分析仪。如果确实存在双光子的关联，则在多道分析仪延迟位置会出现一个符合计数峰，峰之外的计数为背景噪声的偶然符合。

光子计数以及时间关联符合计数的技术不仅应用于量子物理的基础研究，也在量子信息领域得到普遍应用。如量子密钥分发、量子关联成像（鬼成像）、单光子飞行时间测距与照相等。

（吴令安）

辐射长度 radiation length 高能电子穿过物质时能量衰减到初始值的1/e倍时所经过的距离。高能电子穿过物质时与物质产生作用，致使带电粒子受物质原子核库仑电场作用而偏转减速并辐射光子，此效应称为**轫致辐射**；所产生的光子当其能量高于两个电子静止质量（1.02兆电子伏）就可能产生正负电子对，这样的电子和正电子又可能产生轫致辐射；如此多次级联反复作用直到使其能量逐渐降低到全部被物质吸收。高能电子和γ射线光子的这种过程称为电磁簇射。它们在物质中因电磁簇射随着深度其能量逐渐降低至原初能量的1/e（e≈2.718）时的距离称为辐射长度X_0，X_0也常用质量厚度（以克/厘米^{2}为单位）表示（见**核作用长度**）。例如铅的X_0=6.37克/厘米^2（铅的密度为11.35克/厘米^3，辐射长度约为0.56厘米）。在高能物理实验方面，设计电磁量能器和估算粒子穿过各种探测器特定的物质量所引起的衰减等都要用到X_0作为计算单位。在核物理和高能电子轰击靶或医学、工业探伤技术中也常用到辐射长度。

（谢一冈）

辐射防护 radiation protection 研究预防电离辐射对人类和环境产生危害作用及其防护技术的学科。辐射防护的基本任务是预防和控制辐射危害，保护从事放射性工作的人员、公众及其后代的健康与安全，保护环境，促进核相关事业（包括核工业及核医学应用）的可持续发展。辐射防护的主要研究内容包括辐射剂量学、辐射防护技术、辐射防护标准、辐射防护评价和辐射防护管理等。

辐射剂量学研究辐射剂量及其测量方法。辐射防护标准是实施辐射防护的依据，目前各国都是根据ICRP（国际放射防护委员会）的建议，结合本国实际情况来制定相应的辐射防护标准。中国《辐射防护规定》(GB 8703—88）指出：从事辐射工作的人员，必须具备辐射防护基本知识，理解辐射防护最优化的基本原则，熟悉辐射防护方面的规章制度，并经过培训考核取得辐射工作人员合格证后方可参加工作。辐射防护评价包括对核设施及辐射装置设备等的辐射安全、辐射对人员的危害和放射性废物对环境的污染等的评价。

基本原则　所有涉及辐射的实践和辐射设施的选址、设计、运行和退役，必须遵守辐射防护的三项基本原则：①实践的正当性。在伴有辐射照射的任何实践之前，都必须经过正当性判断，确认这种实践具有正当理由，即获得的利益大于代价（包括健康损害和非健康损害的代价）。②辐射防护的最优化。避免不必要的辐射照射，在考虑经济因素和社会因素的条件下，所有辐射照射保持在可以合理实现的、尽可能低的水平。③限制个人剂量。即对个人所受的剂量制定出限值，以此作为保障安全的最后一项措施。

工作内容　辐射防护的主要工作内容包括：①辐射防护基本原则和标准。确定辐射防护的基本原则，制定辐射防护的标准、规章和制度。②辐射防护方法。推荐

减少辐射危害、控制辐射剂量所需采取的措施，包括技术防护方法和管理防护方法。技术防护方法可分为外照射防护和内照射防护方法和设备；管理防护方法包括规章制度、人员培训、机构设置和经费管理等。③辐射监测。定量或定性地确定职业工作人员和公众群体所受的剂量，包括检查辐射屏蔽体和防护设备的效能，及时提出防护的章程和措施，发现放射性操作中的问题以及事故隐患，防止职业工作人员受到较高剂量的照射或对周围居民的有害影响，进行个人剂量监测、场所监测和环境放射性污染监测。④核与辐射事故的预防和应急响应。对任何核设施进行潜在危险分类及应急响应分类，并据此制订事故应急响应计划。⑤辐射防护评价。根据辐射防护原则和标准，对防护的质量与效能做出评价，包括工作人员辐射防护评价及公众辐射防护评价（即辐射环境影响评价）。（戴雄新）

辐射俘获 radiative capture 原子核与中子或质子发生完全非弹性碰撞，该质子或者中子与重核发生复合而形成一个更重的原子核，并通过发射γ射线退激发的现象。辐射俘获反应简称俘获反应，常见的有中子俘获反应和质子俘获反应。根据发生反应的截面或者反应率，又可以分为快俘获反应和慢俘获反应。这类反应是主导恒星演化和宇宙中元素生成的一类重要反应。在恒星中，比铁重的元素不能通过热核聚变生成，而只能通过俘获反应生成（见**核天体物理**）。

类似地，这一类反应也可以发生在人工合成新同位素的生产中。利用反应堆放出的热中子俘获反应，人们可以得到多种多样的放射性新同位素，广泛应用于工业生产和实践。（肖志刚）

辐射剂量 radiation dose 确定电离辐射对受照射物质产生的真实效应和潜在影响的物理量。电离辐射与物质相互作用，从某种意义上来说是一种能量的传递过程，其结果是电离辐射的能量被物质吸收，在受照物质内部引起各种物理化学性质或者生物学特性的变化（即**辐射效应**）。辐射剂量是为了描述电离辐射作用于物质时的能量传递及受照物质内部变化的程度和规律而提出的物理量。

受照物质的辐射效应与其吸收的辐射能量的多少有关，吸收剂量是当电离辐射与物质相互作用时，用来表示单位质量的受照物质吸收电离辐射能量大小的物理量。辐射对人体的损伤作用，不仅与人体受到的吸收剂量有关，还与辐射类型（如α射线、β射线、γ射线、中子等）、辐射条件（内外照射、不同组织器官的照射等）及其他因素有关。为了在同一尺度上衡量辐射对人体产生的效应，辐射防护实践中还引入了剂量当量、当量剂量、有效剂量当量等概念。（戴雄新）

辐射效应 radiation effect 射线与物质相互作用造成的物质物理、力学性能及微观结构上的变化。它随射线的种类、能量和物质性质不同而变化。

材料辐射效应来自入射粒子与材料晶格原子的相互作用，它包括碰撞过程、缺陷形成过程、微观结构变化和宏观性能变化过程。辐射缺陷在应力场下与位错相互作用形成力学性能变化和辐射蠕变，在电场和晶格振动场下与电子、声子相互作用形成物理性能变化。例如在反应堆中，中子撞击材料点阵原子产生辐射缺陷，其核反应产生嬗变元素，这些点阵缺陷和嬗变元素将会导致材料的宏观性能变差。在空间航天技术中，约40%的故障是由于电子元器件在空间辐射环境下失效引起的。逻辑电路主要是高能粒子引起的单粒子效应（包括翻转、锁定和焚毁）导致失效；太阳能电池性能衰降，主要是高能质子和电子的总剂量效应引起的。（王 荣）

辐射阻尼 radiation damping 因辐射引起的使粒子的运动受到阻碍的作用。见**电磁质量**。

福克－普朗克方程 Fokker-Planck equation 描述**马尔可夫过程**概率分布演化规律的方程。一个可以由随机变量y描写的马尔可夫过程，其概率分布演化满足主方程。如果随机变量是一连续变量且不同取值之间的转移只通过小的步子来实现，对主方程做展开仅保留至第二级跃变矩，可得到概率密度的二阶偏微分方程：

$$\frac{dP_1(y,t)}{dt}=-\frac{\partial}{\partial y}[M_1(y)P_1(y,t)]+\frac{1}{2}\frac{\partial^2}{\partial y^2}[M_2(y)P_1(y,t)]$$

式中$M_n(y)$为第n级跃变矩，这个方程称为福克－普朗克方程。它以荷兰物理学家A.D.福克和德国物理学家M.**普朗克**命名。这个方程是许多有用计算的起点，如确定布朗粒子穿越势垒的速率，处理液体中的分子重新取向等。从随机力为高斯白噪声的**朗之万方程**可以导出相应的福克－普朗克方程，用它分析布朗运动获得的结果与从朗之万方程出发得到的结果一致。斯莫卢霍夫斯基方程是布朗粒子位置的概率密度函数的福克－普朗克方程。（史华林）

福勒，W.A. William Alfred Fowler（1911-08-09～1995-03-14） 美国天体物理学家。生于宾夕法尼亚州匹兹堡，卒于加利福尼亚州帕萨迪纳。1936年获加州理工学院哲学博士学位。此后一直在该学院任教，先后为副教授、教授、工学院院长，1982年退休。1956年当选美国国家科学院院士。

福勒从事核天体物理和宇宙学研究。1955年独自研究恒星内部形成化学元素的热核理论。1957年，他与合作者共同建立了重元素在恒星内部生成的理论。此理论阐明了超新星爆发和大质量恒星演化的关系。他们提出射电星系的核心是发出强大辐射的坍缩“超巨星”，而类星体只是这些坍缩超巨星中规模较大的而已。研究了类星体和脉冲星的相对论效应以及核聚变中释放的中微子。此后，又与其合作者探讨恒星演化问题，1960年提出了超新星形成理论。他们把第一类超新星归因于低质量简并星的热核爆炸，把第二类超新星归因于大质量恒星内部铁芯的瓦解。1965年完成宇宙中形成氦的计算，1967年计算氘和氦在宇宙膨胀初始三分钟的丰度，计算太阳中微子通量，确定了它们的俘获速度。由于对宇宙化学元素形成的理论及其有关的核反应的实验和理论研究所做出的贡献，福勒获得了1983年诺贝尔物理学奖。（郭奕玲）

辅助表面活性剂 cosurfactant 用来增进**表面活性剂**作用的化学合成物，如长链酒精等。此功能通常通过增加表面活性剂在溶剂中的溶解度实现。纯表面活性剂经常在界面上形成有序结构，从而使得界面比较硬。为了进一步降低表面张力，可以加入辅助表面活性剂干扰表面的自组织结构。辅助表面活性剂也可以用来微调表面活性剂的相图，如改变微乳胶形成的温度和盐度范围等。（邢向军）

负晶体 negative uniaxial crystal 寻常光折射率n_o大于非常光折射率n_e的**单轴晶体**。全称负单轴晶体。由于相速度$v=c/n$，因此在负单轴晶体中，寻常光传播的相速度v_o小于非常光传播的相速度v_e，即$v_o<v_e$，非常光要传播得快一些。

（孔勇发　许京军）

负离子型表面活性剂　anionic surfactant　亲水基团带负电的**表面活性剂**。带负电的官能团包括硫酸盐、磺酸盐、磷酸盐和羧酸盐等。这种电荷帮助表面活性剂分子与地毯纤维和土壤颗粒相互作用，以称为胶束的“泡状”结构提升和悬浮土壤。一般来说，负离子型表面活性剂在搅拌时会产生大量泡沫，在干燥时倾向于片状或粉末状，而不像其他表面活性剂那样具有黏性。因此，阴离子表面活性剂是在低湿度地毯清洁剂中最常见类型的表面活性剂。但它们往往不如其他一些类型的清洁剂那样能更好地乳化油性污垢。

（邢向军）

负色散　negative dispersion　电磁波在介质中传输时折射率随频率特殊变化的一种现象。当电磁波在介质中传输时，一般情况介质的响应会依赖于电磁波的频率，这就是色散现象，介质的色散常用折射率$n(\omega)$来表示。大多数情况$n(\omega)$随频率增加而变大，称正常色散；但在介质吸收线（带）近旁，$n(\omega)$随频率增加反而变小，历史上称反常色散。人们还发现，介质的色散有不同的阶次。

在介质中传输的电磁波通常可描述为：

$$\boldsymbol{E}(\boldsymbol{r})\mathrm{e}^{-\mathrm{i}(\omega t-\beta z)}$$

式中$\boldsymbol{E}$为电场强度；ω为电磁波的频率；β为传播因数。传播中相移的快慢，用相速度$v_p=\dfrac{\omega}{\beta}=\dfrac{c}{n}$表示。一般$\beta$是频率的函数，可以用电磁波中心频率$\omega_0$近旁的泰勒级数表示为：

$$\beta(\omega)=n(\omega)\frac{\omega}{c}=\beta_0+\beta_1(\omega-\omega_0)+\frac{1}{2}\beta_2(\omega-\omega_0)^2+\cdots$$

式中$\beta_m=\left(\dfrac{\mathrm{d}^m\beta}{\mathrm{d}\omega^m}\right)_{\omega=\omega_0}$，$m=0,1,2,\cdots$。$\beta_m$是不同阶次的色散参数。$\beta_0$反映了$n(\omega_0)$因$\omega_0$不同而导致相移不同，是最常见的色散现象，如彩虹和棱镜分光。一次项β_1是光脉冲传输的群速度v_g的倒数：

$$v_g=\frac{1}{\beta_1}=\frac{c}{\left(n+\omega\frac{\mathrm{d}n}{\mathrm{d}\omega}\right)}$$

式中$\left(\dfrac{\mathrm{d}n}{\mathrm{d}\omega}\right)_{\omega=\omega_0}$可有正负，当其为负值时，群速度有可能超过真空中的光速c，甚至成为负值，此时常说是一次负色散。二次项β_2与所谓群速度色散（GVD）联系，色散参数D表示为：

$$D=\frac{\mathrm{d}\beta_1}{\mathrm{d}\lambda}=-\frac{2\pi c}{\lambda^2}\beta_2=-\frac{\lambda}{c}\frac{\mathrm{d}^2n}{\mathrm{d}\lambda^2}$$

式中$\left(\dfrac{\mathrm{d}^2n}{\mathrm{d}\lambda^2}\right)_{\omega=\omega_0}$可有正负，当其为正值时称为二次正色散，为负值时称为二次负色散。两种色散都会导致不同频率分量的传输速度不同（但高低频率正相反），因此原来频率分布均匀的光脉冲，在这种介质中传输后会成为频率分布不均匀的所谓“啁啾”脉冲，同时传输脉冲的宽度也会变化。

各级色散的讨论对超快光学技术和光纤技术很为重要。

在20世纪20年代原子物理研究中也曾引入一个“负色散”的概念，起源于R.拉登堡和H.A.克喇末等人用量子论的观念审视早先P.德鲁德和**H.A.洛伦兹**的经典色散理论。他们基于**N.玻尔**的原子模型，并用**A.爱因斯坦**的自发辐射、受激发射和受激吸收概念重新考虑原子色散，得到新的反映高量子态受激发射影响的、负的色散项，因此称为“负色散”。拉登堡在1928年在氖放电管实验中证实了负色散的存在。历史上负色散研究联系到“负吸收”，已接近发现用受激发射来放大电磁波。如克喇末所说：“这种负色散紧密和爱因斯坦的论断相联系，即对于这种频率原子将显示负吸收，也就是说这种频率的光波，通过大量处于这种态的原子时强度将会增加。”

（刘丽敏　李师群）

负微分电阻　negative differential resistance　一定条件下电流随电压增加呈下降趋势时的电阻。对于某些半导体材料双端器件，正向导通时电流随电压呈非线性增加；当正向电压达到某值，由于电子转移效应，电子从低能谷转移到高能谷，电流随电压增加呈下降趋势，这种现象就是负微分电阻（NDR）效应。

1881年NDR首次在电弧的研究中被发现，但没有得到重视；1896年J.弗里思和C.罗杰斯提出了负微分电阻（$\mathrm{d}V/\mathrm{d}I<0$）的概念；1909年半导体中的负微分电阻效应才以点接触方式，由W.H.埃克尔斯和G.皮卡德发现；1922年O.洛谢夫首次开始了NDR二极管的研究工作，但因为真空管的绝对地位而被忽略；首次广泛应用的NDR器件是隧穿二极管，1957年由**江崎玲於奈**发明，由于更小的结尺寸，具有更低的寄生电阻，适用于更高的频率。此后NDR器件进入高速发展期，衍生了诸如碰撞电离雪崩渡越时间二极管（IMPATT）、耿氏二极管、λ二极管等。

由于这种非线性，电阻随电流或电压而改变，微分电阻（动态电阻）的定义为：$r_{\mathrm{diff}}=\dfrac{\mathrm{d}V}{\mathrm{d}I}$。电流首先随电压呈非线性增加，达到转折点之后（图1），电流随电压增加呈下降趋势，P点处的$r_{\mathrm{diff}}=\dfrac{V_2-V_1}{I_2-I_1}<0$，即微分电阻为负值（$r_{\mathrm{diff}}<0$），这种效应的器件具有放大信号的能力。

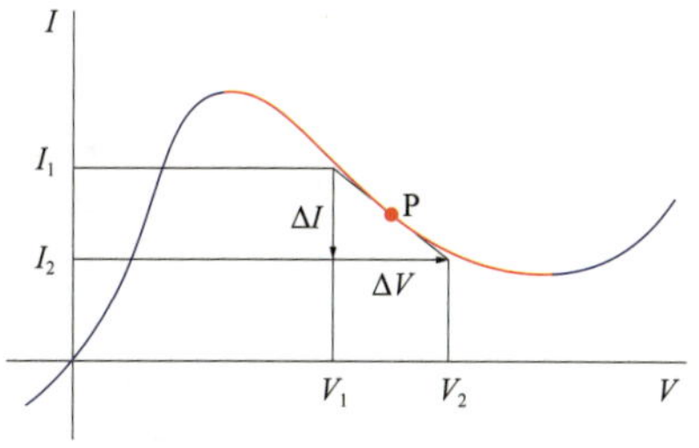

图1　负微分电阻I-V曲线

NDR器件具有两种I-V曲线，即N型和S型。

N型曲线代表压控负电阻，如图2a所示，阴影部分为NDR区域，包括隧穿二极管、共振隧穿二极管、λ二极管、耿氏二极管和负阻振荡器等。

S型曲线代表流控负电阻，如图2b所示，阴影部分为NDR区域，包括IMPATT、晶闸管、可控硅整流器、单结型晶体管。

NDR器件可以应用到电流振荡、放大电路或直流-交流转换电路中，其中多数微波也是通过NDR器件产生；而且某些NDR器件表现出滞回和双稳态的特性，因此也可用于开关和存储电路。此外包含正反馈放大器件（晶体管和运算放大器）的电路也具有NDR效应，可以应用于某些振荡器和有源滤波器。

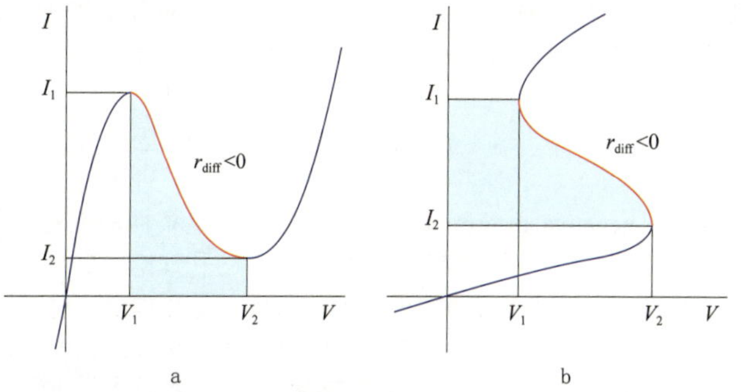

图2　N型曲线和S型曲线

多数器件只有单个NDR区域，而势垒注入传输时间二极管、λ二极管、

IMPATT等器件则具有多个NDR区域，可以作为高频振荡器或放大器。

评价不同器件NDR性能的参数是峰谷电流比（PVR），即图2中的PVR=I_1/I_2，其值越高则器件的性能越好。

NDR器件在微波（1吉赫～1太赫）领域，即固态微波振荡器中得到了广泛应用，因此对日常通信、卫星遥感和国防发展具有重要意义。（杨富华）

负温度 negative temperature 表示某些条件下**热力学系统**特殊性质的一个物理概念。一个热力学系统的绝对温度T，熵S和内能U间的关系为$1/T=\partial S/\partial U$。故当$\partial S/\partial U>0$时，$T>0$，称为正温度；而$\partial S/\partial U<0$时，$T<0$，称为负温度，此时热力学系统所处状态称为负温态。按照热力学第三定律，一个热力学系统总是处于$T>0$的正温态，不可能用有限手段达到$T=0$。因而负温度不是正规热力学的概念，而是超出热力学的新概念。此一概念是20世纪中叶研究核自旋系统的统计物理性质时首先引入的，以后广泛地应用于量子放大器、激光、顺磁电介质等系统。对一个两能级核自旋系统的量子统计计算表明，在正温度范围内，系统的熵与内能都随温度增加而单调增长，一直到温度为无限大时，系统的熵达到极大值。此后系统即进入内能增加而熵减小的负温态。从绝对温度与系统内能的关系看，负温度状态比正温度状态更热，负温度比正温度要高。因此如果把一个处于负温态的系统与处于正温态的系统接触，热量必然从负温系统流向正温系统，最后整个系统在正温态达到平衡。由此可知，能实现负温态的系统有严格的限制条件：①系统的能级有上限且能级数目有限；②系统与正温系统隔绝。前面提到的几个系统都满足这些条件。

（刘寄星）

负吸收 negative absorption 对于处在粒子数反转状态的物质，特定频率的光束在其中传播时，产生的受激辐射大于吸收的现象。处在粒子数反转状态的物质称为激活物质。负吸收发生时，光不是被吸收，而是被放大。（白本锋）

负折射 negative refraction 当电磁波从一种介质进入另一种介质时，入射波方向与折射波方向位于介质界面法线同侧的现象。负折射不同于通常的入射波方向与折射波方向位于界面法线两侧的折射现象。当平面波从自由空间入射到**左手材料**时，

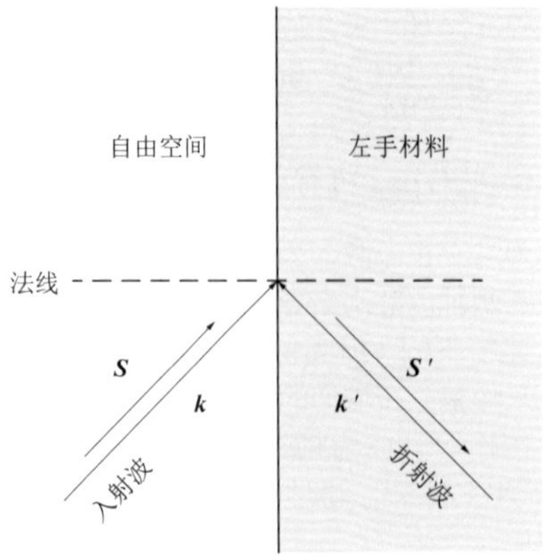

平面波在自由空间/左手材料交界面处的负折射

会发生负折射现象（见图）。其中，$\boldsymbol{k}$和$\boldsymbol{S}$分别为自由空间中入射波的波矢和**坡印廷矢量**，两者的方向相同；$\boldsymbol{k}'$和$\boldsymbol{S}'$分别为左手材料中折射波的波矢和坡印廷矢量，两者的方向相反。2001年，美国加州大学圣迭戈分校的D.R.史密斯等利用左手材料棱镜实验首次证实了负折射现象。

（李 超 李 芳）

负折射率介质 negative index medium 发生负折射且折射率为负的介质。负折射率概念于20世纪60年代由苏联物理学家V.G.维斯莱戈提出。根据光的折射定律$n_1\sin\theta_1=n_2\sin\theta_2$，由于自然界中所有已知的透明介质其折射率（$n_1, n_2$）均为正数，所以当光束从一种介质入射到另一种介质的表面发生折射时，入射角θ_1和折射角θ_2居于界面法线的两侧，这就是通常的折射现象。若介质的介电常数ε和磁导率μ都是负数时，平面电磁波的电场、磁场和波矢将满足左手螺旋关系，因此ε和μ都是负值的介质称为**左手材料**。在这种介质表面发生折射时，折射角θ_2和入射角θ_1居于界面法线的同侧，称为负折射；此时介质的折射率$n=-\sqrt{\varepsilon\mu}$取为负数，这种介质因此也被称为负折射率介质。

理论提出后，由于自然界不存在满足条件的介质，因此，负折射率的概念和理论一直没有引起关注。1996年，J.彭德里提出，可以利用人工电磁“原子”构造出有效介电常数、磁导率及折射率均为负数的人工微结构材料，开辟了**超构材料**（metamaterial）的研究领域。组成超构材料的单元由微结构金属材料构成，其尺寸远小于电磁波的波长。

制造负折射率介质的另外一条途径是由透明介质构成的**光子晶体**，利用光子晶体丰富的能带结构、色散关系和等位面形态，通过计算机设计，可以寻找出具有各种各样光波传播行为的光子晶体结构（包含晶格类型、晶格常数、元胞几何结构、组成材料介电常数等要素），可有正折射、负折射、超级色散、自准直、自聚焦、自发散等现象。由于光子晶体由透明介质组成，因此利用光子晶体可以制造可见光和红外波段的负折射率介质材料。而由金属微结构材料构成的超构材料，大多数工作在微波和太赫兹波段，因为此时电磁波的吸收可忽略不计，当推进到红外及可见光波段时，将带来巨大的吸收损耗这一根本性的不可克服的弱点。

光学负折射率不仅是光学理论和概念的一个重要进展，具有重要的科学意义，而且还有诱人的应用前景。彭德里提出，可以利用折射率为−1的负折射率介质制造出分辨率为无穷大的完美的电磁波和光波透镜，帮助人类制造出可看清原子和分子等微观物质的超级显微镜。但是由于材料、单元尺寸、加工技术等现实条件的限制，完美透镜和显微镜离实现还很遥远。

（李志远）

附着力 adhesive force 两种不同物质的界面处表面原子或分子间的相互作用力。一般认为，附着力由机械耦合、分子间键合和热力学附着三种机制产生。①机械耦合是最早用于解释附着力的理论。从微观角度看，固体的表面往往是凸凹不平的，当液体与固体表面相接触时，若液体流入并填充了粗糙面中的空穴，便可增强两物质间的机械耦合作用。液体浸润固体的现象是由于在与固体相接触的液体附着层中，附着力大于液体的内聚力，使得液体浸润固体表面。②分子间键合是附着力最主要的来源。从表面理论可知，固体表面的分子和内层分子受力不同，由于表面弛豫，表面分子与其他物质如气体、液体等的交界处受力不平衡。因此固体表面有表面能，对于涂层有吸引力。固体表面的吸附分为物理吸附和化学吸附。物理吸附由分子间范德瓦耳斯力引起，化学吸附由分子或原子间发生电子转移、交换或共有形成化学键引起。③热力学附着不需要分子间相互作用便可拥有较好的附着性，这是界面的一个平衡过程。在像空气这样的中性环境中，聚合物体系的热力学会通过使表面定向到聚合物的非极性区而减小表面自由能。当聚合物表面与极性物质（如水）接触时，若要得到好的黏合性能，就需要减小界面张力。（陶胜洋）

复摆 compound pendulum 在重力作用下，能绕固定轴（轴线不通过重心）在竖

直平面内摆动的刚体。又称物理摆。实际的摆都是复摆，如钟摆。如果振幅很小，复摆在其平衡位置附近作简谐振动，其振动周期为：

$$T = 2\pi\sqrt{\frac{I}{mgl}}$$

式中I是物体对转动轴的**转动惯量**，m是物体的质量，l是物体的重心到转动轴间的垂直距离。可见，复摆的振动周期仅由其固有性质决定，与振幅无关。据此可用于计时或测定重力加速度。

（张海澜）

复导纳 complex admittance **复阻抗**的倒数。复导纳具有电导量纲的复数量，用$\tilde{Y}$表示，$\tilde{Y}=1/\tilde{Z}$。与复阻抗相同，它也是描述一般交流电路特性的重要参数。采用了复导纳，有些交流电问题的表述更为简捷，例如若干个复阻抗$\tilde{Z}_1$、$\tilde{Z}_2$、…相并联时其等效复导纳等于各复阻抗所对应的复导纳之和，$\tilde{Y}=\tilde{Y}_1+\tilde{Y}_2+\cdots$。

（陈熙谋）

复合共振腔 combination resonator 一种相对于简单腔型而言的特殊光学谐振腔。简单腔是指只存在单一光传播路径的谐振腔，如F-P腔。不同于简单腔，复合共振腔具有两条或两条以上的光学传输路径，并且它们又具有共用的部分。不同的光传输谐振腔被称为“子谐振腔”，简称“子腔”，一个复合共振腔由多个“子腔”构成。常见的复合共振腔包括迈克耳孙干涉仪型复合共振腔、弗克斯－史密斯干涉仪型复合共振腔等。

（文双春）

复合核反应 compound nuclear reaction 能量较低的入射粒子进入靶核后发生相互作用，形成激发态的复合核，而出射粒子行为能反映复合核内部处于**统计平衡**状态的反应。复合核反应的特点为核反应截面出现窄而强的共振峰，表示复合核有相对长的寿命，两原子核中的核子间通过相互碰撞进行充分的能量交换，达到统计平衡状态。

当中子入射能很低时，如在几电子伏至千电子伏能区，诱导的核反应截面出现窄而强的分立的共振峰，称为可分辨共振区。随着中子入射能量的提高，共振峰宽度变宽且共振间距变小，实验上便不能清晰地分清每个共振的特性，这一个能区称为不可分辨共振区。不同核素出现的不可分辨共振区的能区很不相同。当中子入射能继续提高时，反应截面呈现光滑曲线，称之为平滑区。但在平滑区进行高能量分辨率实验测量时，也可得到截面的涨落。这些无规的涨落现象反映了核反应的平衡统计，可揭示核反应机制或核结构方面的知识。这种统计涨落可分为能级宽度涨落、能级间距涨落及反应截面涨落三类。

复合核具有激发能，在核内核子的无规碰撞过程中，根据统计规律，具有一定概率的一个核子或核子集团获得到足够的能量，可克服结合能而发射出去。如果确实发生这种发射，将称之为复合核的退激发过程或蒸发过程。这种类型的核反应过程中，必须先考虑统计涨落后才能得到核反应概率的结果。

（张竞上）

复合核模型 compound nucleus model 核反应的一种理论模型。它是N.**玻尔**于1936年提出的。它把核反应看成是先由入射粒子和靶核形成复合核，随后复合核衰变的过程。这种模型的基本假设是：入射粒子把能量迅速分散给入射粒子－靶核系统中所有的核子，达到平衡，形成复合核，其寿命比入射粒子穿行靶核的时间长得多。复合核一经形成，它的衰变由自身的寿命、能量、角动量和宇称等完全决定，而同它形成的历史无关。

这种观念的提出，主要是考虑到低能反应截面随能量变化显示出来的共振特性无法用靶核对入射粒子的平均势来解释。实验上观察到的低能中子截面共振峰的宽度和相邻峰的间距都远小于平均势模型的预言结果，而且中子俘获截面远大于散射截面。按照复合核观念，清晰而尖锐的共振峰的出现，意味着复合核在激发能较低的区域存在分立的准稳能级，共振峰很窄和间距很小表明似稳能级的宽度和能级间距很小，这是涉及许多核子的强相互作用效应。当复合核基本上处于一个宽度狭窄（寿命较长）的准稳能级时，体系的能量已分配给各个自由度，再集中在一个或少数核子上使之逸出核外的概率较小，因此复合核就可能有较大的概率通过电磁跃迁而退激发，从而使俘获截面增大。

设入射粒子a和靶核A形成复合核C，然后衰变为剩余核B及出射粒子b：

$$A + a \to C \to B + b$$

则根据基本假设反应截面σ_{ab}可表示为：

$$\sigma_{ab} = \sigma_\sigma(a) W_b$$

其中$\sigma_\sigma(a)$是复合核形成截面，W_b是复合核通过放出粒子b而衰变的概率，后者同复合核的形成历史无关。关于反应截面在一个单独共振峰附近的行为，可以利用布莱特－维格纳单能级共振公式来描述，这种公式原是与玻尔的复合核观念同时提出的。精确的实验数据的分析表明，布莱特－维格纳公式能够非常成功地描述单能级共振现象，由此可得到关于准稳能级的寿命和衰变概率等的精确而系统的资料。

随着入射粒子能量的升高，复合核的能级宽度增大，间距变小。当复合核处在不同能级发生重叠的能量区域时，反应截面将依赖于所涉及的不同准稳态之间的相角关系。可采用多能级的布莱特－维格纳公式。当复合核处在能级密度甚高的区域时，由于涉及甚多的准稳态，通常是假定各准稳态对截面的贡献是无规的。可以通过统计的途径建立比较简单的计算平均截面的方法。按照统计理论的截面公式进行计算时，需要知道核能级密度以及相应于各种开道（见**核反应**）的复合核形成截面（平均截面）等。关于能级密度，通常采用半经验公式表示。复合核形成截面则可以近似采用核反应光学模型的吸收截面加上各种必要的修正。由统计理论得到的关于复合核反应的主要定性结论如下：发射粒子的角分布（在质心坐标系中）呈现出90°对称，能谱近似地具有麦克斯韦速度分布律的形式。以中子核反应为例，与实验结果的比较表明，当能量不甚高，剩余核只能激发少数能级的情形，统计理论的角分布和激发函数都同实验符合较好，只是需要考虑导致剩余核的某些低集体激发态的直接核反应的贡献。在入射能量较高时，涉及剩余核高激发态的能谱和非弹性散射角分布仍然同统计理论的预言一致，对于涉及剩余核低激发态的情形则不是这样，这是因为直接核反应的贡献占优势的缘故。

（杨泽森 金星南）

复式晶格 compound lattice 每一个原胞包含两个或更多原子或离子的**晶格**。复式晶格可看成是由各不同原子或离子组成的晶格相互嵌套而成。其中每种原子或离子单独构成子晶格或**布拉菲点阵**。由于这种点阵结构是由几种布拉菲点阵嵌套而成，故称为复式晶格或复式点阵。如氯化钠晶体是由Cl^-和Na^+分别构成的面心立方子晶格沿晶胞边长位移1/2个单位嵌套而成；氯化铯结构是由Cl^-和Cs^+分别构成的简立方点阵沿体对角线位移1/2个单位嵌套而成。

（杨槐馨 李建奇）

复消色差透镜 apochromatic lens 一种由两个或三个以上透镜构成的透镜组。普通可见光波段消色差透镜对中间谱线例如d线（0.5876毫米）校正球差后，只能对两条边缘谱线，例如C光（0.6563毫米）和

F光（0.4861毫米）消色差，C光和F光的交点和d光仍有一段距离，称“二级光谱”，如图1中δ所示（$\delta\approx0.5$毫米）。二级光谱与透镜的焦距成正比，并与孔径角的二次方成正比。对于长焦距望远物镜和大相对孔径（大数值孔径）的显微物镜，以及成像质量要求很高的光刻机物镜，二级光谱严重影响成像清晰度。

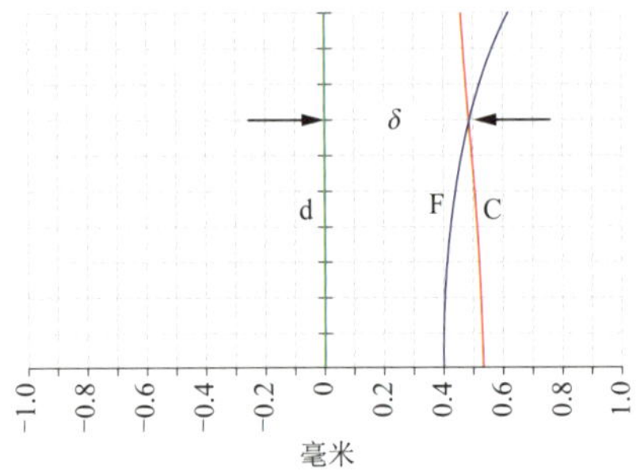

图1 消色差透镜的球差-色差曲线二级光谱

复消色差透镜具备把三种色光（如F、d和C）大体上聚焦在同一位置的能力，可以大大减小二级光谱，从而显著提高成像清晰度，如图2所示。

减小二级光谱是通过特殊的设计和特别的材料实现的。对于双胶合复消色差透镜，正透镜材料为光学玻璃，负透镜材料

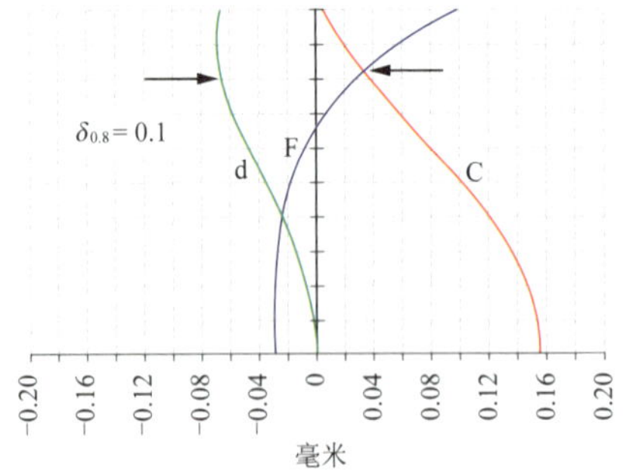

图2 复消色差透镜的球差-色差曲线二级光谱

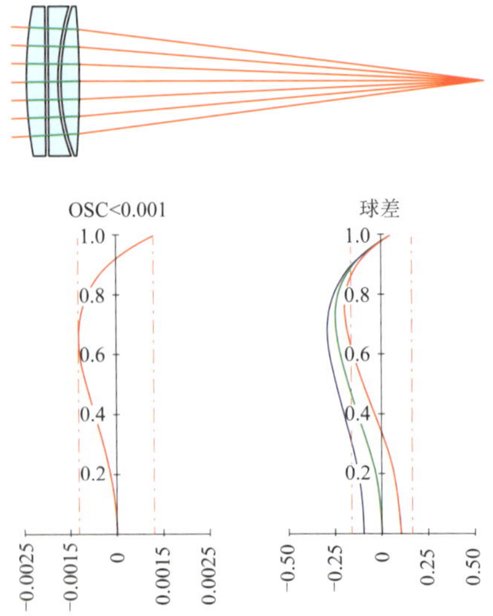

图3 三分离式复消色差透镜示意图、OSC和球差曲线

为氟化钙（CaF_2）晶体或特种光学玻璃。图3中上图为三分离式复消色差透镜，下左图和下右图分别为OSC（表征小视场彗差）和球差曲线。

（张　新）

复阻抗 complex impedance 交流电路复数电压和复数电流的比值。复阻抗具有电阻量纲的复数量，用$\tilde{Z}$表示，$\tilde{Z}=\tilde{U}/\tilde{I}$。它包含交流电路电压有效值与电流有效值之比以及电压瞬时值和电流瞬时值的相位差两个因素，是描述一段交流电路特性的重要参数。对于纯电阻元件，其复阻抗$\tilde{Z}=R$，阻抗为电阻的阻值R，电压和电流的相位差为零；对于纯电感元件，复阻抗$\tilde{Z}=\mathrm{i}\omega L$，其中$\mathrm{i}=\sqrt{-1}$，阻抗为$\omega L$，电压与电流的相位差为$\pi/2$；对于纯电容元件，复阻抗$\tilde{Z}=1/\mathrm{i}\omega C=-\mathrm{i}/\omega C$，阻抗为$1/\omega C$，电压与电流的相位差为$-\pi/2$。交流电的电压和电流采用复数表述形式，其导电的基本规律就与直流电路的基本规律形式上完全相同，从而计算方法也大致相同，并有相同的结果。例如当若干个复阻抗$\tilde{Z}_1$、$\tilde{Z}_2$、…相串联时，其等效阻抗$\tilde{Z}$等于各复阻抗之和，$\tilde{Z}=\tilde{Z}_1+\tilde{Z}_2+\cdots$，而若干复阻抗$\tilde{Z}_1$、$\tilde{Z}_2$、…相并联时，其等效复阻抗$\tilde{Z}$的倒数等于各复阻抗倒数之和，$1/\tilde{Z}=1/\tilde{Z}_1+1/\tilde{Z}_2+\cdots$。当一段交流电路的复阻抗已知，则该段电路在交流电路中所起的作用就知道了，从而可由已知的交流电压推知交流电流，或反过来由已知的交流电流推知交流电压。

（陈熙谋）

傅科，J.-B.-L. Jean-Bernard-Léon Foucault（1819-09-19～1868-02-11） 法国实验物理学家。生于巴黎，卒于巴黎。早年学医，后转入实验物理学的研究。1850年傅科采用旋转镜法，比较光在空气中和水中的速度，测定了光速。1853年以此获得物理学博士学位。1862年又进一步准确地测定空气中的光速。1851年，傅科曾在巴黎成功地进行了**傅科摆**的实验，直接验证了地球自转，因此被授予荣誉骑士五级勋章。傅科其他方面的贡献主要是：1845～1847年和A.H.L.**斐索**合作改善达盖尔照相术，并用于天文摄影；1847年把C.**惠更斯**的锥摆钟的设想付之实现，用被称为傅科钟的装置测地球的转动；1848年从分析日光通过含钠盐碳弧焰所得的光谱中，观察到在弧焰的两条黄线（即钠光D线）处出现两条黑线，认为弧焰能吸收它发出的光（这个事实直到1859年由G.R.**基尔霍夫**的辐射理论才得到解释）；1855年发现了放在强磁场中的运动圆盘因电磁感应而产生涡电流，后被称为傅科电流；1855年设计了光度计；1857年创制了偏振仪器，被称为傅科棱镜；1858年设计了反射式望远镜的椭球面镜；1860年创制了定日镜的跟踪装置。

傅科于1855年任巴黎帝国天文台物理助理。同年，获得英国皇家学会的科普利奖章，1864年被选为会员。1862年被授予法国荣誉骑士二级勋章并受聘为经度局的成员。1865年被选为法国科学院院士。此外，傅科还是柏林科学院和圣彼得堡科学院院士。

（戴念祖）

傅科摆 Foucault pendulum J.-B.-L.傅科发明的用以验证地球自转的摆。见**摆**。

傅里叶变换分光计 Fourier transform spectrometer 一种新型的光谱仪器。傅里叶变换分光计和常规的棱镜式及光栅式分光计不同，没有用色散元件构成的分光系统。根据双光束干涉理论，在光源亮度的光谱分布$B(\sigma)$和由此光源得到的双光束干涉的干涉图函数$I(\varDelta)$之间存在着傅里叶变换关系。这关系的基本表达式为：

$$B(\sigma)=\int_{-\infty}^{\infty}I(\varDelta)\,\mathrm{e}^{-\mathrm{i}2\pi\sigma\varDelta}\,\mathrm{d}\varDelta$$

式中$I(\varDelta)$为干涉光强随两干涉光束间光程差变化的曲线。傅里叶变换分光计就是运用这种关系，连续改变光程差$\varDelta$并记录干涉图函数$I(\varDelta)$，然后进行变换计算而得到光谱$B(\sigma)$的。根据这样的原理构成的分光计其框图示于附图。它的核心是**迈克耳孙干涉仪**。干涉仪包含各种频率成分的入射光分为两束，分别投到固定镜M_1和动镜M_2上，经反射后返回相遇并互相干涉。探测器D上接收到的干涉光强信号不仅和入射光中所包含各频率成分的信号大小有关，而且随两光束间光程差$\varDelta$的变化而变化。动镜以匀速v连续移动，探测器D不断把变化的光信号转换为电信号输出，经放大器放大，再经模-数转换后输入计算机进行计算。

实际上，对$I(\varDelta)$-$\varDelta$变化曲线只能逐点采样，这相当于对干涉图函数进行抽样使离散化，因而要以离散傅里叶变换来代替前述的表达式。采样点的间隔h根据抽样定理，按照不使变换后的光谱产生混叠的

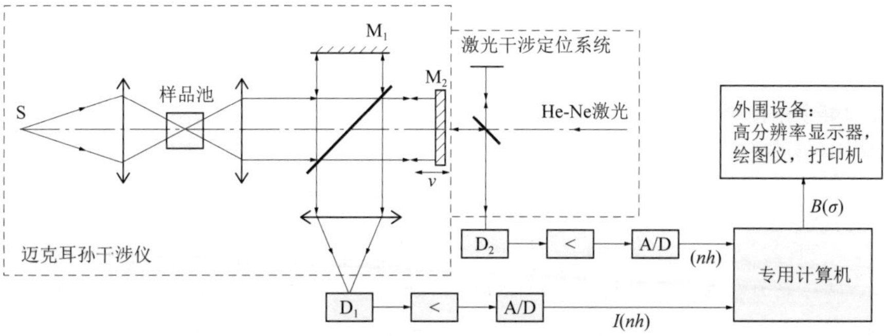

傅里叶变换分光计框图

原则确定。其次，光程差$\varDelta$也只能在有限范围内变化，这相当于干涉图被截尾。综合考虑这两点，计算机实际上是根据下式来控制采样并进行变换计算的：

$$B(\sigma)=\sum_{n=-N}^{N-1}hI(nh)\mathrm{e}^{-\mathrm{i}2\pi\sigma nh}$$

式中$N=\varDelta/h$为在光程差从0到$\varDelta$范围内，以h为间隔对干涉图采样的点数。为保证采样间隔h相等，近代的傅里叶变换分光计中都用一套氦氖激光干涉定位装置，连续地测量动镜M_2的位置，并把相应的信号输入计算机。

傅里叶变换分光计的突出优点是：①多路性优点。即用一个探测器同时测量所有的光谱元，与多通道测量情况相当。当用和常规光谱仪测量整个光谱所用的时间nt进行测量时，每个光谱元的测量时间均为nt，较常规仪器所用的时间t大n倍，从而使信噪比提高$\sqrt{n}$倍。②高通量优点。因为没有狭缝的限制，在分辨率相同的条件下，通过仪器的光通量比常规光谱仪器约高2个量级。③高分辨本领。它的理论分辨本领决定于两相干光束间能达到的最大光程差，分辨极限$\delta\sigma=1/2\varDelta$。现在世界上分辨率最高的傅里叶变换分光计，最大光程差达6米，$\delta\sigma=0.9\times10^{3}$厘米$^{-1}$，接近多普勒线宽。而用棱镜或光栅是难以达到这样的分辨本领的。

因此，傅里叶变换分光计得到了广泛的应用，已发展成精密光学、机械、电子与计算机技术结合的完善的仪器。不仅用于红外、远红外光谱学研究，而且成为日常的分析测试手段。仪器的工作光谱范围也在向可见区扩展。（林　中　战元龄）

傅里叶光学 Fourier optics　现代光学的一个分支。又称信息光学。从20世纪中叶开始，光学与通信和信息理论的关系愈来愈紧密。导致二者走到一起的根本原因在于：光学系统可看作传递信息的系统，其作用和通信系统本质上相同。通信系统中，信息是时间性的，如随时间变化的电流和电压信号。而光学系统中，信息是空间性的，如复振幅或强度的空间分布。

光学系统和通信系统还具有相同的基本性质，可用共同的方法分析。在一定条件下，可认为光学系统和通信系统一样，也具有线性叠加性质。都可用线性系统理论分析：用时间脉冲响应和时间频率响应表征通信系统，用空间脉冲响应和空间频率响应表征光学系统。傅里叶光学正是采用通信和信息理论中的方法即傅里叶分析和线性系统理论分析光波的衍射、成像和变换等现象，在二维空间域及其空间频率域讨论光学系统特性。例如，对非相干照明的成像系统，物面点光源在像面上的光强分布，即空间脉冲响应。像面上像的光强分布则由物面上所有物点的光强加权的空间脉冲响应的线性叠加给出。

傅里叶光学不仅仅采用了信息理论的数学分析工具，它的实践领域包括：**光学传递函数**（OTF）用于光学成像系统的像质评价，**全息术**实现携带信息的光波前的记录和重建，利用光学信息处理系统实现空间滤波等。

复振幅分布的空间频谱（角谱）　单色光波场中$\exp[\mathrm{i}2\pi(xf_x+yf_y)]$代表传播方向余弦为$\cos\alpha=\lambda f_x$，$\cos\beta=\lambda f_y$的单色平面波。对单色光场中的$xy$平面上的复振幅分布$U(x,y)$进行傅里叶分析，$U(x,y)$可看作空间频率不同的复指数分量即平面波分量的线性组合。这些平面波分量的传播方向和频率(f_x,f_y)相对应，其相对的振幅和位相取决于空间频谱$A(f_x,f_y)$。也可以利用方向余弦来表示，A就称作xy平面上复振幅分布的角谱。

衍射的角谱理论　基于标量波动方程可证明光的传播现象可看作线性不变系统。传统的理论是在空间域讨论光的传播，把孔径平面光场看作点源的集合，观察平面上的场分布则等于它们所发出的带有不同权重因子的球面子波的相干叠加。球面子波在观察平面上的复振幅分布就是系统的脉冲响应。角谱衍射理论是在频率域讨论光的传播，把孔径平面场分布看作许多不同方向传播的平面波分量的线性组合。观察平面上场分布仍然等于这些平面波分量相干叠加，但每个平面波分量传播中引入与频率有关的相移。相移的大小决定于系统的传递函数，它是系统脉冲响应的傅里叶变换。观察平面上光扰动角谱与孔径平面上光扰动角谱之间关系取决于传递函数，它描述传播现象在频域的效应。

夫琅禾费衍射实现傅里叶变换　用波长为λ的单色平面波（如激光）照射孔径，若观察平面位于夫琅禾费区，满足远场条件，当衍射光传播的距离足够大时，不同空间频率的平面波分量近似在空间分离，观察平面上得到不同空间频率成分的振幅和位相分布，因此远场衍射效应能实现傅里叶变换。观察平面上的复振幅分布正比于孔径透射光场复振幅分布的傅里叶变换。

透镜的傅里叶变换性质　利用透镜可以实现**夫琅禾费衍射**，即傅里叶变换。如果用波长为λ的单色光（如激光）照射图像，该图像的复振幅函数为$U(x,y)$，并用透镜将不同方向的平面波分量会聚到透镜焦面上不同的位置，就获得了图像的空间频谱。透镜后焦面的复振幅分布就是$U(x,y)$的傅里叶变换$A(f_x,f_y)$，空间频率(f_x,f_y)与后焦面上坐标点(ξ,η)的对应关系为$f_x=\xi/\lambda f$，$f_y=\eta/\lambda f$，式中f为透镜的焦距。后焦面又称为频谱面。图1是透镜傅里叶变换器。

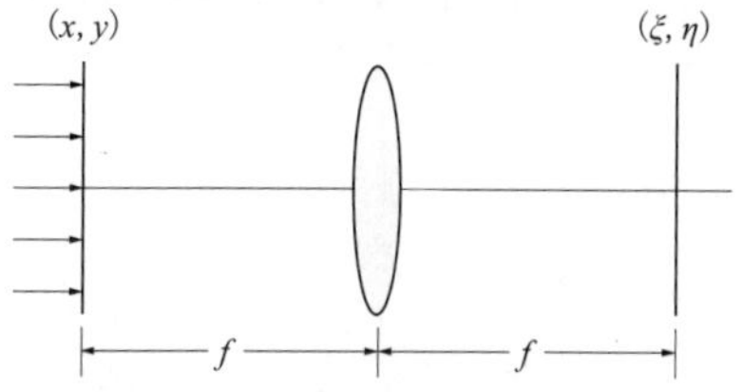

图1　透镜傅里叶变换器

透镜的傅里叶变换效应具有二维相干光并行处理、大容量的特点，可用来对悬浮微粒、粉尘做尺寸分析和产品质量检测，例如表面粗糙度、针尖缺陷、掩模线宽、织物疵病检测等，还适于用作图像分析。

光学成像系统的频率特性　考虑空间相干和非相干照明两种类型的光学成像系统。相干照明下物面上各点之间相对位相差并不随时间变化，像面光场按复振幅叠加。所以相干成像系统对复振幅是线性的。通常采用激光器或普通光源配上针孔实现相干照明。

非相干照明下，物面上所有点的振幅和位相随时间变化的方式是统计无关的。因此像平面上各个脉冲响应的变化也是统计无关的，它们必须按强度（正比于振幅平方）相叠加。即非相干成像系统对强度是线性的。从扩展光源发出的光束可看作是空间非相干的。

衍射极限的（不考虑像差的）相干成像系统可以看作是线性空间不变系统。像的复振幅分布是几何光学理想像和系统脉冲响应的卷积。把输入物体看作点源的集合，它们在像平面上产生的像斑是透镜光瞳的夫琅禾费衍射图样，即透镜光瞳函数的傅里叶变换。所有脉冲响应的相干叠加给出像面的复振幅分布。

衍射受限的相干传递函数可以通过光瞳函数P计算。光瞳函数总是取1和0两个值，所以相干传递函数的值也是如此。在频域中存在一个有限通频带，此通频带内全部频率分量可以通过系统而没有振幅和位相畸变。而通频带以外的频率分量完全被衰减掉。

点扩散函数　非相干成像系统是强度变换的线性系统，其光强脉冲响应（点扩散函数）是透镜光瞳夫琅禾费衍射斑的强度分布，可计算透镜光瞳函数的傅里叶变换，再对其取模求平方得到。对于已知光强度分布的物体，其像的光强分布为几何光学理想像的强度分布和点扩散函数的卷积，即所有点物在像面产生的点扩散函数的强度线性叠加。

光学传递函数　非相干成像系统的频率特性可以用光学传递函数（OTF）表征，OTF可通过光瞳函数的自相关函数计算。把输入物看作强度透过率呈余弦变化的不同频率的光栅的线性组合，在成像过程中，某一频率的光栅的像仍然是同一频率的光栅，OTF的作用是改变这些基元光栅的条纹对比和相对位相。其中调制传递函数（MTF）描述系统对各频率分量对比度的传递特性，而位相传递函数（PTF）描述系统对各频率分量施加的相移。大于截止频率的频率分量不能传播到像面。OTF是点扩散函数的傅里叶变换，被成功地应用于光学系统设计和像质评价。

全息术　基于干涉和衍射原理，实现光波波前记录和重建的技术。引入相干参考波与承载信息的物体衍射或散射的光波相干涉，将物光波前以干涉条纹的形式记录下来，物光波前的振幅和相位都储存在记录介质中，得到全息图。光波照明全息图，由于衍射效应能重建原始物光波，该衍射光波传播将产生包含物体全部信息的三维再现像。有多种类型的全息图：同轴和离轴全息图、菲涅耳全息图、像面全息图、傅里叶变换全息图、位相全息图、反射全息图、平面全息图和体积全息图等。除了可用光学干涉方法记录全息图外，还可以利用数字计算机，通过抽样、计算、编码、绘图和照相缩版等制作计算全息图。数字全息术采用CCD等光电成像器件记录物光和参考光的干涉图，然后在计算机中通过数字重建，由数字全息图获得全息像。全息术已广泛应用于全息显示、全息光学元件、全息显微术、全息干涉计量、全息信息存储等许多领域。

光学信息处理　是用光学方法实现对输入信息的各种变换和处理的技术。典型的相干光信息处理系统，如图2所示。将输入图像放置在第一个傅里叶变换透镜L_1的前焦面上，该平面就是系统的输入平面。用准直（平行）的相干光（如激光）照射，在透镜的焦平面上将出现输入图像复振幅分布的空间频谱，该平面称频谱面或滤波平面，这一过程为输入图像的傅里叶变换。再用第二个傅里叶变换透镜L_2对图像的空间频谱进行第二次傅里叶变换，即逆变换，便还原了输入图像。第二个透镜的前焦面与谱面重合，后焦面即输出平面或像面。如果在谱面上设置空间滤波器，改变输入频谱中各空间频率分量之间的振幅和位相关系，就实现了对于输入图像的空间滤波，例如滤掉噪声或不需要的频谱成分，提取或加强感兴趣的信息的频谱成分，经傅里叶逆变换后，就得到经过处理的图像。

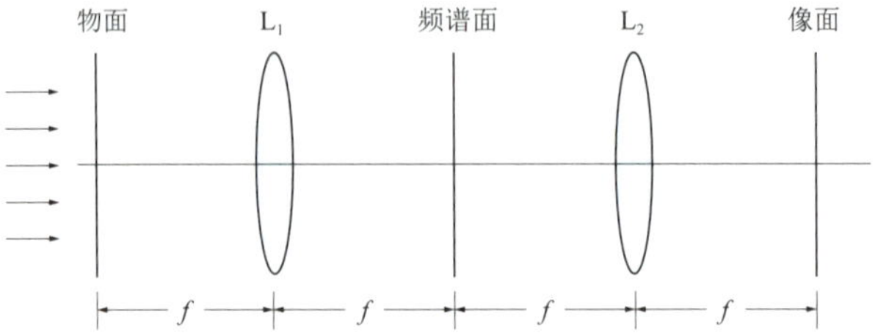

图2　相干光信息处理系统

光学信息处理研究如何对各种光学信息进行各类光学运算和光学信息的提取、编码、存储、增强、去模糊、光学图像和特征识别，以及各种光学变换。相干光处理具有二维并行处理的能力、极高的运算速度（光速）及极大的容量等，这些都是数字计算机难以达到的。同时光学模拟处理的精度较低、灵活性较差，使它在应用上受到了一定的限制。

相干光处理在相衬显微镜、综合孔径雷达数据处理、图像和特征识别等领域中有重要的应用。光学信息处理的不同类型还包括非相干光学信息处理和白光信息处理。

非相干光学信息处理通常采用准单色扩展光源产生的非相干光作为信息的载体，它消除了相干光学信息处理难以避免的相干噪声。非相干光学信息处理系统主要有：基于几何光学的系统通过几何光学成像或投影，实现两幅图像的卷积和相关运算；基于衍射的系统对光瞳函数进行设计，实现成像系统特定的光学传递函数要求。

白光信息处理采用白光点光源，在一定程度上吸收了相干处理和非相干处理的优点，因而在应用上取得了明显的效果。由于利用光栅色散，使各波长产生的信号频谱分离，在频谱面上放置适当的带通滤波器，可在输出面上得到彩色图像。其典型应用有假彩色编码、光学图像的彩色增强和存储等。

21世纪以来，计算机技术和光电子技术飞速发展，特别是大面阵、高分辨率的CCD和CMOS光电成像器件以及各种空间光调制器的技术进步，使得高速、大容量、二维并行处理的光学信息处理和具有高度灵活性和非线性处理能力的计算机数字处理相结合的光电混合处理日益显示出强大的优势。　（吕乃光　宋菲君）

富兰克林，B.　Benjamin Franklin（1706-01-17～1790-04-17）　美国杰出的科学家和发明家，著名的政治家和社会活动家。生于波士顿，卒于费城。父母是英国移民，

以制造蜡烛和肥皂为业。他8岁时就读于文法学校，不到一年，转读于写作和计算学校。10岁辍学，从此再未进学校学习，而靠刻苦自学，获得了丰富的知识。他于12岁到印刷所里当学徒，从那时起，长期未脱离印刷工作。1727年富兰克林组织一个社团（Junto），这是1743年创立的美国哲学会的前身。1731年他在费城创办了北美第一个公共图书馆。1737～1753年任费城邮政局长。约在1744年开始从事电学的研究，开始了科学家的生涯。1751年创办了费城学院（后来的宾夕法尼亚大学）。1753年，由于他在电学方面的研究成果，英国皇家学会授予他科普利奖章。同年，他还获得哈佛大学、耶鲁大学的荣誉学位。1756年，他当选为英国皇家学会会员，1769年当选

为美国哲学会会长，一直连任到他去世之日。1772年，他还当选为法国科学院的外籍院士。

他是美利坚合众国的创始人之一。在美国独立战争中他积极参加反英斗争。当选为第二届大陆会议代表，并参加起草了《独立宣言》。1776～1785年出使法国，他的科学声誉十分有利于他的外交使命，促成了美、法同盟的建立（1778）。1787年当选为制宪会议的代表，参加起草了美国宪法。他积极主张废除奴隶制度。

富兰克林是第一个在纯科学领域中享有国际声誉的美国科学家，是美国电学研究的先驱者。他最主要的贡献就是对说明各种电现象的理论（如电荷的产生、电荷的移转、静电感应等）做了比较系统的阐述。最初，他热衷于发明设计小器件，这给他以后的电学实验研究打下坚实的基础。1743～1744年，他在波士顿和费城看到A.斯宾塞利用玻璃管和**莱顿瓶**所做的简单的电学实验之后，激起了很大的兴趣。1745年起，他在不到10年的时间内，利用一些简单的工具、器械进行了各种大胆的新的电学实验。

通过实验，富兰克林首先提出电学史上一项重要的假说：电的单流质理论。他认为电是一种没有重量的电流质，可渗透到整个空间和一切物体实体之中，每个物体所含的电流质都有其固有数量，如果电流质多了，物体就带正电；如果电流质少了，物体就带负电。这种理论说明电荷是物体中固有的，而且是不生不灭的。富兰克林第一次用数学上正负的概念来表示两种电荷的性质；同时还发现了**尖端放电**现象。更重要的是，富兰克林提出了电的转移理论。他认为电不是由摩擦“创造”出来的，而是由一个物体转移到另一个物体，并且在一个绝缘体中，总电量是不变的。以后，这个理论发展为**电荷守恒定律**，它是自然界最基本的定律之一。富兰克林对电学的研究结果统一了当时混乱的电学知识，为以后电学的发展打下了基础。

1747年，富兰克林对莱顿瓶进行了研究，用实验证明瓶内金属箔所带的正电荷同瓶外金属箔所带的负电荷恰好数量相等而电性质相反，实际上是阐明了**电容器**的原理。

在1749年到1751年间，富兰克林仔细观察和研究了雷、闪电和云的形成，提出了云中的闪电和摩擦所产生的电性质相同的推测。1752年，他在费城进行了震动世界的电风筝实验：在雷电交加的情况下，利用风筝将大气放电收集到莱顿瓶中，使其充电，由此证明了他所提出的“闪电和静电的同一性”的设想。根据这一理论和他对尖端接地导体放电现象的发现，1750年提出了关于避雷针的建议。这一建议首先于1852年在法国马利大学得到应用。避雷针的发明不仅可以防止闪电所招致的严重危害，同时也破除了迷信，揭示了自然力的真实性质。

富兰克林还研究了带电体之间的相互吸引和排斥，不规则带电导体中的电荷分布，感应起电现象等。

在实际工作过程中，富兰克林创造了许多电学方面的专门名词，如正电、负电、导电体、电池（当时指莱顿瓶组）、充电、放电等，这些名词至今仍在现代电学中沿用。

作为一个实验科学家，富兰克林相当广泛地研究和观察自然现象。他还阐述了热传导理论，研究过利用蒸发取得低温的方法、近代通风的方法、各种植物的移植、传染病的防治、墨西哥湾流速和温度的测量以及北美洲风暴运动的方向等。富兰克林著名的发明有摇椅、双焦距眼镜、宾夕法尼亚火炉、高架取书架等。

富兰克林在哲学上拥护自然神论，承认自然界的存在及其客观性。他也是最先有意识地用劳动时间来确定生产价值的人。

富兰克林还预言美国人口是按几何级数增加的，平均每25年增长1倍。

富兰克林主要的电学著作和论文有《电的实验与观测》(1750)、《对于导电物质的性质与效应的见解和推测》(1750)、《在美国费城所进行的关于电的实验与观测》(1751)、《论闪电与静电的同一性》(1752)等。

（范岱年　张　炜）

G

改善约束态 improved confinement mode 磁约束装置中各种改善等离子体约束，显著提高等离子体参数的运行状态。磁约束核聚变研究中的一个关键问题就是提高聚变等离子体的能量和粒子约束时间，从而使聚变三乘积，即离子温度、密度和能量约束时间满足聚变条件。在早期的较低加热功率条件下，磁约束核聚变装置上的大量实验研究总结出能量约束时间和等离子体参数及加热功率的关系，称为低约束模（L模）定标律。以后又用各种方法得到了高于L模定标的能量约束时间的运行状态，称为改善约束态，包括高约束模（H模）、超高约束模（VH模）、反剪切模（NSM）、边缘辐射模（RI），以及超约束放电和弹丸注入约束改善（PEP）等。其中H模和反剪切模分别在等离子体中产生边缘和内部的输运垒，引起更广泛的兴趣和深入的研究。

H模首先在1982年德国装有偏滤器的托卡马克装置ASDEX上被观测到。它的发现和应用是磁约束聚变发展史上里程碑式的进展。当加热功率达到某个临界值，能量约束时间比L模定标有很大提高，两者状态有明显不同的特征，属于物理学中的分叉现象。H模约束时间与L模约束定标所预期的时间之比称为增强约束因子。初期H模的增强约束因子在1.5～2.0。这类改善约束的主要特征是边缘区的反常输运有大幅度的减小，边缘等离子体的密度和温度都比在L模约束态下有大的提高，形成较陡的密度和温度梯度，以及压强梯度。这种高约束态可以稳定地运行，被认为是国际热核聚变实验堆（ITER）首选的运行方式。

在美国的TFTR和欧盟的JET等装置上，通过大的加热功率和电流快上升形成中心负剪切区，或利用低混杂波电流驱动（LHCD）在等离子体外缘增大环向电流密度，形成中心负剪切的磁场位形，从而产生反剪切模式和中心负剪切模式一类新的改善约束态。一个非常重要的特点是，在等离子体中心约束区域，等离子体离子输运损失接近新经典损失，即最低损失状态。这类位形的缺点是非稳态的，因为中心负剪切是依靠电流剖面在中心区变凹而实现的，但电阻性扩散会填平中心的凹形部分。但在反应堆等离子体中，由于存在很大的自举电流，这类负剪切位形可以得到维持。因此预期有好的应用前景。另外一些改善约束模。由于难于长期维持，尚未成为设计反应堆的基础。

各种改善约束模都涉及复杂的物理过程。由于高温等离子体约束主要由湍流引起的反常输运决定，而湍流中不同分量间的耦合会产生反级联过程，形成介观尺度的相干结构，也引起宏观的流剪切及压强梯度的变化。这一多尺度物理造成输运的非线性、非局域性的现象，成为磁约束聚变物理的前沿课题。（丁玄同）

钙动力学模型 model of calcium dynamics 描述细胞内钙振荡和钙波传递过程的数学模型。钙离子信号通常被称为细胞内第二信使。在非常多的细胞类型中，游离细胞内钙的浓度振荡，时间范围从几秒到几分钟。这些钙振荡通常被组织成细胞内钙波和细胞间钙波。胞浆钙离子振荡是细胞内最突出的信号。所谓钙信号指胞质内钙离子以浓度振荡的方式传导多种调控信息，影响细胞分化、成熟和凋亡等各种过程。体内所有细胞受到生理性刺激后，产生最早的反应之一是胞浆中钙离子浓度的升高。钙离子浓度的升高在单个细胞水平是以振荡的形式出现的，即钙离子浓度随着时间的变化出现很规则的钙峰。钙振荡的出现使得胞浆钙离子浓度可以同时进行两种方式的调制，即振幅调制（AM）和频率调制（FM）。因而通过振荡的方式，胞浆钙离子浓度变化可以编码成复杂多样的信号，使得钙离子可以特异性调控细胞的多种功能。

钙振荡模型描述了进入细胞质和从细胞质中释放的各种钙通量。钙离子振荡的双库模型是IP_3依赖Ca^{2+}释放最早的模型之一。此模型假设两个可区分的内部Ca^{2+}储库，其中一个对IP_3敏感，另一个对Ca^{2+}敏感。基于IP_3敏感钙库中的钙离子浓度是常数这样一个假设，最终得出胞液中的自由Ca^{2+}浓度和Ca^{2+}敏感库中的自由Ca^{2+}浓度随时间演化方程为：

$$\frac{dc}{dt}=r-kc-J_{uptake}+J_{release}+k_f c_s$$

$$\frac{dc_s}{dt}=J_{uptake}-J_{release}-k_f c_s$$

式中c为胞液中的自由Ca^{2+}浓度；c_s为Ca^{2+}敏感库中的自由Ca^{2+}浓度；r为由IP_3导致的一个从IP_3敏感库流入细胞液的一支稳定流；IP_3敏感库与胞外的Ca^{2+}交换，以维持库内的Ca^{2+}水平恒定；J_{uptake}表示Ca^{2+}从低浓度的胞液被泵入Ca^{2+}敏感库的Ca^{2+}流；$J_{release}$表示Ca^{2+}从敏感库中流入胞液的Ca^{2+}流；$k_f c_s$表示Ca^{2+}顺浓度梯度从Ca^{2+}敏感库流入胞液的流量。

钙波指某些刺激情况下细胞内钙在局部自发性释放增加并伴以传导的现象。其特点是在激光共聚焦显微镜下可见细胞内钙在某个区域瞬时性增高，并以很快的速度在细胞内传播（100微米/秒），反映了细胞对高钙负荷后的反应。在数学建模上，可以假设内质网被充分地“涂抹”，从而可以合理地假设空间中的每个点都足够接近内质网和细胞质，在这种理想情况下，Ca^{2+}的反应扩散方程为：

$$\frac{\partial c}{\partial t}=D_c\nabla^2 c+J_{release}-J_{serca}$$

（古华光）

盖耳-曼，M. Murray Gell-Mann（1929-09-15～2019-05-24） 美国理论物理学家。生于纽约。1948年毕业于耶鲁大学。1951年获麻省理工学院哲学博士学位。后曾在普林斯顿高级研究院工作和在芝加哥大学任教。1955年到加利福尼亚理工学院任教，1956年任该校教授，1967年任密歇根理论物理学教授。1972～1975年在美国总统科学咨询委员会任职。1960年当选为美国国家科学院院士。

盖耳-曼从事量子场论、核物理和粒子物理学等研究。1947年在宇宙线中发现了奇异粒子。1953年盖耳-曼和日本的中野董夫、西岛和彦彼此独立地提出了奇异量子数的概念和*盖耳-曼-西岛法则*，为后来强子分类的研究工作奠定了基础。1955年提出K介子理论。1958年他和R.P.费曼合作，提出了弱相互作用的矢量-赝矢量型理论。这一理论为以后S.L.格拉肖、A.萨拉姆和S.温伯格建立电磁相互作用和弱相互作用的统一理论开辟了道路。

20世纪50年代末和60年代初在实验上发现了大量新的强子。1961年盖耳-曼提出强子分类的“八重法”，解释了大量实验事实。理论进一步预言了Ω^-粒子的存在，Ω^-粒子于1964年在实验上被发现。1964年他提出强子结构的“夸克模型”。

由于对于粒子分类和相互作用的研究的贡献，盖耳-曼获得1969年诺贝尔物理学奖。 （戴念祖）

盖耳-曼-西岛法则 Gell-Mann-Nishijima rule 联系强子的电荷、同位旋和奇异数的法则。20世纪50年代以前，人们所熟知的强子是电荷双重态的核子（质子p和中子n）和电荷三重态的π介子（π^+、π^0和π^-）。一个电荷多重态内不同成员具有不同的电荷，但质量很接近，**强相互作用**性质密切相关。对此，人们引入同位旋的概念加以描述。一个多重态内的粒子具有相同的总同位旋量子数I和不同的同位旋投影量子数I_3。这时粒子的电荷和同位旋投影I_3之间存在一定的关系，可由下式来概括：

$$Q=I_3+\frac{1}{2}N$$

式中N为重子数。对于核子$N=1$（反核子$N=-1$），π介子$N=0$。

在发现奇异粒子之后，**M.盖耳-曼**与西岛和彦提出，上面的关系式应作适当改变以便把奇异粒子包括进去：

$$Q=I_3+\frac{1}{2}Y$$

式中Y为超荷算符：

$$Y=N+S$$

式中N为重子数；S为奇异数。反粒子同相应的粒子有相同的I，而I_3、N、S都相反（因而Y和Q也相反）。

1974年以后，粒子物理中又陆续发现了新的强相互作用守恒量子数——**粲数**C和底数B。相应地盖耳-曼-西岛公式也要做进一步的扩充：

$$Q=I_3+\frac{1}{2}(N+S+C+B)$$

按照强子结构的夸克模型，强子的各种强相互作用守恒量子数，包括同位旋、重子数、奇异数、粲数以及底数等，都由所组成的夸克的量子数决定。现已发现的夸克有五种（不考虑色自由度）：上夸克u、下夸克d（它们组成基本的同位旋双重态）、奇异夸克s、粲夸克c和底夸克b。很多理论还预言至少存在一种更新的顶夸克t，相应于一个更新的量子数——顶数T，并且实验上已观察到t夸克存在的迹象。夸克的各种量子数如表所示。夸克的重子数为1/3。反夸克与夸克有相同的I，相反的N、I_3、S、C、B、T和Q。 （宋行长）

夸克的各种量子数

夸克		u	d	s	c	b	(t)
量子数	I	$\frac{1}{2}$	$\frac{1}{2}$	0	0	0	0
	I_3	$\frac{1}{2}$	$-\frac{1}{2}$	0	0	0	0
	S	0	0	−1	0	0	0
	C	0	0	0	1	0	0
	B	0	0	0	0	−1	0
	(T)	0	0	0	0	0	1
	Q	$\frac{2}{3}$	$-\frac{1}{3}$	$-\frac{1}{3}$	$\frac{2}{3}$	$-\frac{1}{3}$	$\frac{2}{3}$

盖革-米勒计数器 Geiger-Müller counter 在盖革-米勒气体放电区工作的粒子探测器。又称G-M计数器。1928年由H.W.盖革和W.米勒首先制成。结构类似正比计数器，一般在圆柱形玻璃管内以圆筒形金属壁为阴极，中心丝为阳极，内充以工作气体。阳极与阴极间加适当电压。带电粒子穿过时，气体分子便电离产生许多电子-正离子对（见**电离室**），并在阳极丝附近发生雪崩式倍增（见**正比计数器**）。随着电压进一步增加，雪崩过程中出现越来越多的光子。同正比计数管不同，产生光电离不局限在雪崩的小范围内而向四周发射，但因为越靠近阳极丝电场越强，就出现了沿中心丝扩展的自激光电离雪崩放电，称为盖革-米勒放电。电离雪崩过程中阳极丝附近都会产生正负离子对，电子很快漂移到阳极丝被吸收和正离子形成正离子鞘向阴极漂移所做的功共同感生出阳极上的负脉冲，而且正离子鞘漂移对脉冲信号幅度的贡献是主要的。这种全丝放电产生的信号幅度比正比管的局部放电信号大得多。

由于正离子鞘的包围使阳极周围电场下降，气体放大倍数相应减小，也有可能正离子鞘的高能量的正离子轰击阴极产生二次光子形成二次放电。为了使这些放电自动淬灭，在工作气体中常在氩气中混入能吸收光子的有机气体（如酒精或卤素气体等）和在阳极输出处加很大的负载电阻使输出的负脉冲电流产生瞬时电压降以抑制继续放电。

G-M计数管的优点是脉冲幅度大、灵敏度高，坪特性好，从而对高压电源的稳定性和测量电子电路要求较低。它可制成各种形状和类型，如测量β粒子的计数管可制成有云母窗的钟罩形，以及充溴、氯等气体为主并在玻璃管内壁敷以导电薄膜作为阴极等的卤素管。G-M计数管因为一般采用金属（如铜箔或铝箔等）作为阴极，伽马射线与阴极作用在管内产生次级电子加上与管内气体作用产生的少量次级电子，因此G-M计数管对γ射线也灵敏，但探测效率不够高，约1%。

G-M计数管的缺点主要是死时间或恢复时间较长（约10^{-4}秒），不能进行快计数；另外不能测量粒子能量，也因为是沿中心丝放电，也就不宜用来定位（见**流光室**）。

自从20世纪20年代末出现后，它不仅是核物理早期使用最广的粒子探测器，且至今在放射性同位素应用和剂量监测等领域仍是常用仪器。 （谢一冈）

盖利克，O.von Otto von Guericke（1602-11-20～1686-05-11） 德国物理学家。生于马德堡，卒于汉堡。1617～1623年先后在莱比锡、亥姆什塔特、耶拿、莱顿等大学学习法律、数学、城市建筑工程等。1646年起长期担任马德堡市市长。

盖利克在大学时就开始对与“真空”有关的古老争论产生兴趣，1650年发明空气泵，发现光线能穿过真空，而声音不能穿过。其中，最著名的是1654年的“马德堡半球实验”，即把两个铜制半球对接在一起，用经过松节油蜡浸过的皮环密封后抽气使其成真空，要用马队才能将此两半球砰然拉开。这些实验1654年、1657年、1663年分别在雷根斯堡、马德堡和柏林作过公开表演，轰动一时。实验说明了人类可以制造真空，演示了大气压的巨大机械力，吸引了社会对实验科学的广泛兴趣与支持，鼓励了C.惠更斯和R.玻意耳进行进一步研究。

盖利克1663年发明第一台静电起电机，1672年发现静电使硫黄球表面发光。他进一步研究空气密度随地面高度和湿度变化的现象，发明了水柱气压计，利用气压计预报过天气变化，提议通过观测站网进行系统气象观测等。还发明了比重计、空气温度计、流体压力计。他研究地磁现象，并模拟地球矿石成分做成球形模型来研究天球之间的磁性引力问题。他研究过天文学，预言彗星将有规律地从外空间返回。 （邹延肃）

盖姆，A. Andre Geim（1958-10-21～ ） 荷兰/英国凝聚态物理学家。生于俄罗斯索契。1982年获莫斯科工程与物理研究所硕士学位。1987年获俄罗斯科学院固体物理学研究所金属学博士学位。受聘于英国

曼彻斯特大学和荷兰奈梅亨大学，同时担任荷兰代尔夫特大学名誉教授。

碳有金刚石、石墨、C_{60}和碳纳米管等存在形式。不同于金刚石原子间的正四面体结构，石墨原子间是正六边形的平面结构，呈片状。石墨由一层层石墨烯堆积而成，却很难从石墨中剥离出单层结构。盖姆博士毕业后曾辗转英国和荷兰做博士后，研究介观物理，包括二维电子气体、量子点接触、共振隧穿、量子霍尔效应。自2000年起，盖姆在曼彻斯特大学组建介观和纳米技术中心，购置微细加工设备，包括电子束刻蚀系统。盖姆曾对金属电子学、碳纳米管以及石墨感兴趣。2002年秋，他建议学生将石墨加工成尽可能薄的薄膜并测量其“介观”性质。随后，受扫描隧道显微镜专家启发，盖姆利用普通胶带从石墨上剥离出石墨片，并与K.诺沃肖罗夫重复操作获得单层石墨片后测量石墨烯物理特性。发现其厚度极薄（约几纳米），却很坚硬，同时具有高热传导性和电传导性。鉴于石墨烯的光学、电学、力学等方面特殊特性，其在材料学、微纳加工、能源、生物医学和药物传递等方面具有广泛的应用前景。2010年，盖姆与诺沃肖罗夫因在二维空间材料石墨烯方面的开创性实验共同分享诺贝尔物理学奖。（刘金岩）

干凝胶 xerogel 在非超临界条件下通过一个常规的干燥过程获得的凝胶单块。一般通过蒸发除去凝胶中的液体，在干燥过程中由于毛细管压力导致内部结构塌陷，产生严重的体积收缩。凝胶单块的最终体积仅为其初始湿凝胶的5%～10%。

干凝胶和气凝胶的概念常被混淆，实际上二者是有差别的。气凝胶是指在临界条件下干燥其湿凝胶，整个过程中无气液界面形成，没有毛细压力使得凝胶无明显体积收缩发生，此过程被称为临界干燥。相当于湿凝胶中的液体被气体取代，凝胶的三维结构得以保存。研究较多、发展较快的干凝胶制备方法是溶胶-凝胶法制备技术：先通过溶胶-凝胶法得到湿凝胶，然后湿凝胶经过非超临界干燥得到干凝胶。通常采用冷冻干燥技术以保持凝胶结构的完好性，方法是在低温低压下把气-液界面变成气-固界面，先将凝胶冷冻，再使溶剂升华，通过固气的直接转化避免了孔内形成弯曲液面，从而减小应力。此种方法制得的干凝胶也称为冷冻凝胶，常用扫描电子显微镜（SEM）和X射线衍射（XRD）等对该凝胶内部形态和结构进行表征。（刘鸣华）

干涉 interference 由两个（或两个以上）波源发出的、满足一定条件的波，在空间叠加时，在交叠区的不同地点呈现稳定的互相加强或减弱的现象。这是波的一个重要特性。波在交叠区域中的加强和减弱形成干涉图样。能产生相干现象的波称为相干波，产生相干波的波源称为相干波源，产生干涉的条件称为相干条件。相干条件为：①两个波源具有相同的频率；②两波源的相位差必须保持不变。若要得到振动最弱点的振幅为零的干涉现象，除了上面两个条件外，两列波还必须满足：①振动方向相同。在横波的情况下，两列波的振动面必须在同一平面上，即两列波在同一平面上偏振。②振幅相同。水波的干涉是常见的现象。光波的干涉图样是明暗相间的条纹（单色光）或彩色条纹（复色光）。利用光的干涉，可精确测量长度，以及检查表面的平滑程度等。利用电磁波的干涉，可制成定向发射天线。利用声波的干涉，可测量液体或气体中的声速和声吸收，也可用于固体探伤、医学检查等。微观粒子因有波动性，也呈现干涉现象。

（张海澜）

干涉滤光片 interference filter 一种利用干涉原理只允许光谱带中的一段通过的光学薄膜元件（这里只涉及带通干涉滤光片）。通常由具有不同折射率的介电材料的多个薄层组成。利用带通干涉滤光片可以使光电探测系统工作在较高信噪比的状态之下，确保探测系统的可靠性。

带通干涉滤光片的主要光学性能参数。

中心波长。处于光谱通带的中心，表征光谱通带的波长位置。根据不同的应用，容许适当的公差。

中心波长处透射率。在中心波长处，透射光强与入射光强之比。通常希望透射率值尽可能高。

通带中平均透射率。通带中各个波长处对应的透射率的算术平均值。

通带中最低透射率。是对于通带中透射率波纹的限定。

半峰值带宽。在光谱通带的特性曲线上，在中心波长透射率的半值处对应着2个波长值，两者之差（只取正值）即为半峰值带宽。通常容许适当的公差。

有时为了更精确地描述光谱通带性能，还可定义0.1峰值带宽、0.9峰值带宽。

波形系数。0.1峰值带宽与半峰值带宽之比，表征光谱特性曲线的方正程度，同时也表征光谱过渡特性的陡度。波形系数愈小，曲线的陡度愈高。当波形系数接近于1时，光谱曲线就接近于矩形。

截止度。截止带光谱波段的透射率值。通常截止度应该很低，所以可用光学密度值OD来表示。OD值等于透射率值的倒数再取以10为底的对数。截止度对于信噪比起着决定性作用，因为它可以在数量级的程度上改变信噪比。优质滤光片的截止度可以做到很深，同时通带透射率仍然保持90%以上。

截止波长范围。与光源辐射的光谱分布及波段范围、探测器响应的灵敏度及波段范围有关。在两者共同的波段范围内，就是滤光片应该截止的波长范围。

带通膜系结构实际上就是一个法布里-珀罗干涉仪，两个多层膜分别构成两个反射镜，使用一个膜层代替两个反射镜之间的空气隙（可称为间隔层），并使间隔层的厚度满足透射光干涉相长的条件，就得到一个单腔带通膜系。

实际应用中，单腔膜系的光谱特性并不理想，为改善其性能，可将多个单腔膜系通过耦合层进行串置，构成多腔膜系。对于半峰值带宽约10纳米的可见光谱区窄带膜系，通常使用3、4腔膜系，波形系数可以从单腔的3改善为1.3～1.5，顶部宽度从2纳米增加为6～8纳米。截止带的截止度从OD3提高到OD5。对于可见光谱区半峰值带宽约30纳米的中等带宽膜系，在荧光应用中通常使用7～9腔膜系，波形系数可达1.1以下，顶部宽度约28纳米，光谱曲线接近于矩形，截止带的截止度可达OD8～OD9。由于带通膜系本身的截止带宽度有限，有时需要增加截止膜系来延展截止带。当使用环境允许时，也可将有色玻璃与带通膜系胶合来延展截止带。因为有色玻璃是通过吸收而不是反射抑制截止带的辐射，从而可降低不需要的反射光的干扰。

增加反射膜堆的层数可以提高其反射率，降低通带宽度；增加间隔层的干涉级次亦可降低通带宽度；增加带通膜系的腔数可使通带波形更趋于方正，同时明显压低截止带的截止度。

带通膜系一个接近于极限状态的应用是光通信波分复用系统中的超窄带干涉滤光片。例如，其中心波长为1329.22纳米，半峰值带宽0.5纳米，中心波长透射率在

90%以上。

带通滤光片的基本结构还可采用短波通截止膜系与长波通截止膜系相叠加来构成指定的中等带宽或更宽的带通膜系，然后根据目标函数进行优化，即可得到波形方正的、由任意厚度膜层组成的带通膜系。

以上叙述的是单一波段透射，其他波段截止的干涉滤光片，也称为单通道滤光片。在一些复杂的荧光系统中，也可能会使用多通道干涉滤光片，即同时透射多个光谱波段，截止其余光谱范围。其中一个例子是4通道滤光片，此种滤光片的膜系结构十分复杂，包括248层膜。

（赵福庭）

干涉显微镜 interference microscope 利用光的干涉原理，对物体的光程差进行成像的一类显微镜。干涉显微镜是由显微镜和干涉仪组合而成，基于测量干涉条纹的弯曲量而测量表面的微观不平度及透明物体的折射率不均匀性等。在良好的条件下，可以测量到$\lambda/1300$位相差。干涉显微镜分反射型和透射型两种类型。

反射型如图1所示，由光源L发出的光束，经分光板部分为两束：一束射向试样S_1；另一束射向参考表面S_2。由S_1、S_2反射的光束分别经物镜O_1、O_2在目镜的焦面S′上形成两个表面像。构成两个像的光束在像的对应点上是相干的，由目镜观察干涉条纹，测量干涉条纹的弯曲量即可测量表面的微观不平度。

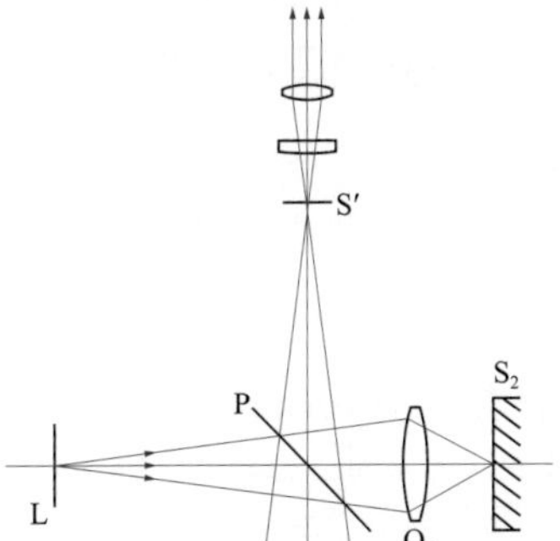

图1　反射型干涉显微镜的光路原理图

由于加工、装配的缺陷，使O_1、O_2两组物镜不完全一致，干涉图样会产生附加畸变。为此发展了一种单物镜干涉显微镜，其光学系统如图2所示。

玻璃板P_2把入射光束分为两束，透射束射向试样S；另一束由上表面反射向玻璃板P_1的上表面，即参考表面。两束光反射后会合产生干涉条纹。该系统的优

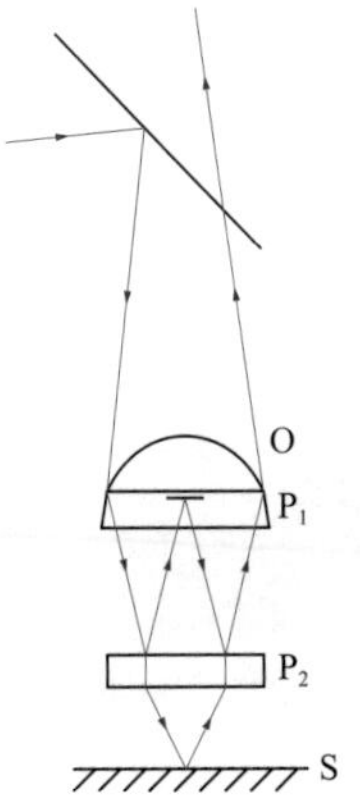

图2　单物镜干涉显微镜的光路原理图

点是显微物镜O的缺陷不影响干涉条纹，但这类物镜的孔径很小，因此限制了它的使用。

透射型的基本原理是由光源发出的光束，经分光装置分为两束，它们分别射入试件的不同区域，两束光会合后产生干涉条纹，由目镜观察干涉条纹。实现上述原理可以有许多种不同的方案：①双焦干涉显微镜。入射光束经起偏镜以及双折射透镜分为不同会聚度的两束光，一束通过试样中心，产生理想的参考球面波；另一束通过试样圆区域，其中每条光线受试样不均匀性的影响而产生不同的位相变化，形成变形波面，两束光会合于目镜焦面上，产生干涉。②环形光路式干涉显微镜。分光后的两光束以相反方向射入试样，一束射入试样中心，另一光束射入试样圆区域，合成该二束光而产生干涉。③剪切式干涉显微镜。用各种方法使光波发生剪切，合成这两束光而产生干涉。剪切式干涉显微镜适合于测量具有离散特性的光学性能，如细胞等。（周淑文）

干涉仪 interferometer 利用电磁波的叠加原理实现相关物理量精确测量的仪器。

工作原理　干涉仪的工作原理是来自同一波源的电磁波被分成两束或多束后，经过不同路径的传输，最终汇合在一起，产生干涉。相干电磁波干涉场强度空间分布受到不同电磁波之间相位差的影响。以两束波长相等、偏振状态相同的光的干涉为例，其干涉场强度可写为：

$$I=I_1+I_2+2\sqrt{I_1I_2}\cos(\frac{2\pi}{\lambda}\delta)$$

式中I_1和I_2分别代表两束光的光强；λ为波长；δ为两束光之间的光程差。当光程差δ发生一个波长的改变时，干涉条纹产生一个条纹间距的移动。所以，干涉仪可以精确测量波长量级的光程差改变。光程的改变可以由光的几何路程、介质折射率等物理量变化引起，利用干涉仪可以实现对折射率、长度、几何形貌、频率等的精确测量，其测量精度之高是其他测量方法无法比拟的。

分类　按照不同的分类原则，干涉仪有多种分类方式。

按照干涉光数量，可以分为双光束干涉仪和多光束干涉仪两大类。前者通过分束镜等装置将一束入射光分为两束，两束光分别通过各自光路的传输后产生干涉条纹。迈克耳孙干涉仪、瑞利干涉仪、特外曼-格林干涉仪、马赫-曾德尔干涉仪、雅满干涉仪等均属于双光束干涉仪。而多光束干涉仪中最终形成干涉条纹的光有很多束，法布里-珀罗干涉仪就是典型代表。与双光束干涉仪相比，多光束干涉仪一般具有更高的灵敏度，但其自由光谱范围相对较小。

按照获得相干光的方法，干涉仪可以分为振幅分割干涉仪和波阵面分割干涉仪。振幅分割干涉仪通过界面部分反射，将一束入射光分为两束或多束从而形成干涉条纹。斐索干涉仪、迈克耳孙干涉仪、法布里-珀罗干涉仪等属于此类。而波阵面分割干涉仪则是通过光阑等装置，截取入射光波阵面不同位置上的光作为干涉光，形成干涉条纹，典型装置包括杨氏干涉实验、劳埃德镜、瑞利干涉仪等。

按照干涉光传播光路是否相同，双光束干涉仪可分为双路干涉仪和共路干涉仪两类。双路干涉仪中，参考光束与测量光束彼此分开，迈克耳孙干涉仪、马赫-曾德尔干涉仪、雅满干涉仪是典型的双路干涉仪。双路干涉仪的优点在于可以保证待测物体不影响参考光束的传输等，缺点在于器件震动、温度波动等因素对参考光束与测量光束的影响不同，干涉仪需要隔震、隔热等处理以保证干涉条纹稳定，或者需要采用超快速探测技术以克服条纹不稳定造成的误差。共路干涉仪中，参考光束与测量光束的光路相同或非常接近，从而使器件震动等因素的影响受到抑制，可以用于现场测量。常见的共路干涉仪包括萨尼亚克干涉仪、点衍射干涉仪、波面错位干涉仪等。

按照干涉光之间频率差，双光束干涉仪还可分为光零差干涉仪和光外差干涉仪两类。当两束干涉的光之间波长完全相同时，干涉条纹受到光束之间光程差的影响，通过测量干涉条纹强度可以确定光程差的变化情况，从而确定折射率、长度的物理参量，这种干涉仪为光零差干涉仪。光零差干涉仪要求参考和测量光强比不太大，光源光强变化、器件震动等造成的干

涉光强直流漂移必须进行抑制等。光外差干涉仪利用两束存在一定频率差的相干光形成干涉条纹，干涉条纹强度随时间存在周期性变化，产生差频信号。差频信号频率等于两干涉光的频率差，一般在几兆到百兆赫兹。通过对干涉条纹差频信号的交流放大、滤波等操作，可以将干涉条纹强度信息从复杂的光强背景中提取出来，克服光电探测中的宽带噪声，实现高精度测量。光外差干涉仪能够用于现场测量。

干涉仪使用的电磁波源不仅限于可见光。从射频电磁波到X射线波段的电磁波均可用于构建干涉仪，电子等物质波也可用于构建干涉仪。

干涉仪通常采用激光器作为相干光源。光源的相干长度δ_c可由下式给出：

$$\delta_c = \frac{\lambda^2}{\Delta\lambda} = \frac{c}{\Delta\nu}$$

式中$\Delta\lambda$为光源的光谱宽度；$\Delta\nu$为光源的频宽。光源单色性越好，相干长度越长，形成清晰干涉条纹所允许的两光臂光程差范围越大，这也意味着干涉仪进行物理测量的动态范围越大。与普通光源相比，激光器的发散角更小、亮度更高、空间相干性较好，使得干涉仪可以在较小通光孔径下有较强亮度的干涉条纹，有利于提高测量速度。白光光源等宽带光源的相干性较差，一般用于两光臂光程差较小的干涉仪中。利用宽带光源相干进行干涉时，只有当测量光束与参考光束光程差小于相干长度时才能观测到明显的干涉条纹，通过测量干涉条纹可见度的变化可以实现光学相干层析技术。

干涉仪广泛用于测速、测长、测角、测振、测表面形貌、测频谱、测波长、测波面等应用中。由于干涉仪具有超高测量精度，已被用于引力波的测量、天文观测等。通过对光臂光程差的调控，可以实现对输出光强的主动控制，制作光通信用光调制器等器件。 （孙 骞）

甘子钊 Gan Zizhao（1938-04-16～ ）
中国物理学家。生于广东信宜。1959年毕业于北京大学物理系，1963年北京大学物理系研究生毕业，后留校任教。历任北京大学副教授、教授、固体物理研究所所长等职。1983～1985年到美国普林斯顿大学与麻省理工学院各工作一年。1987年担任国家超导技术专家委员会首席科学家。1991年担任国家基础性研究重大关键项目中“高临界温度超导电性的基础研究”项目首席科学家。1992年担任北京大学人工微结构与介观物理国家重点实验室主任。

担任《中国物理快报》主编，国务院学位委员会物理学科组成员，国家自然科学基金委员会物理学科评议组成员，中国材料科学学会常务理事。1991年当选为中国科学院学部委员（院士）。

甘子钊的研究领域是固体物理和激光物理。1960～1965年，主要从事半导体物理的研究工作。曾在半导体中的电子隧道过程、杂质电子状态、磁共振现象等方面进行过理论研究，解决了锗中隧道过程的物理机理。1970～1978年，主要从事激光物理的研究工作，曾在二氧化碳气体激光器和燃烧型气体动力学激光器的研制、气体激光器的频率特性等方面进行过实验和理论研究，对中国发展大能量气体激光做出一定贡献。1978～1982年，主要从事光与物质的相互作用的研究，曾提出多原子分子光致离解的物理模型和光在半导体中相干传播的理论。1982～1986年主要从事固体电子状态的研究，曾在半导体中杂质的自电离状态量子霍尔效应、绝缘体-金属相变、磁性半导体中磁极化子、低维系统中电子输运等方面进行理论研究。从1986年开始，转入高温超导电性的实验和理论研究，主持北京大学的高温超导和全国超导攻关项目的研究工作，对中国高温超导研究的发展做出重要贡献，并负责组建国家重点实验室“人工微结构物理实验室”的工作，在国际与国内学术刊物上发表多篇论文。他学术工作的特点是致力于凝聚态物理与光学物理的前沿研究，总是力求把理论研究与实验研究结合起来。1984年被授予“国家级有突出贡献中青年专家”称号。 （尹晓冬）

感生磁各向异性 induced magnetic anisotropy 在材料制备或后处理过程中由工艺过程诱导产生的磁各向异性。感生磁各向异性不是材料本身所固有的，它主要有三类：①生长感生磁各向异性。材料制备过程中，在某些条件下磁性离子（尤其是稀土离子）择优占据某些晶位而造成的磁性择优方向，称为生长感生磁各向异性。②热处理感生磁各向异性。不少磁性材料在低于居里点的适当温度下作热处理时，若加上外磁场或外应力，则通过原子热扩散过程会在磁场（或应力）的相关方向造成磁性离子或磁性离子对的方向有序，从而形成一种单轴的磁性择优方向，即为热处理感生磁各向异性。③形变感生磁各向异性。一些合金磁性材料经冷加工（如轧制、冷拉等）发生形变后，会形成磁化的择优方向，这种磁各向异性称为形变感生磁各向异性。因为在冷加工时合金材料沿一些特定的晶面发生滑移，而造成磁性离子对在某些方向上的有序（即择优取向），形成磁各向异性，故形变感生磁各向异性又称滑移感生磁各向异性。 （颜世申）

感生电动势 induced electromotive force
导体不动而磁场变化产生的感应电动势。感生电动势是因为磁场的变化在其周围产生的一种涡旋电场的作用而引起的。涡旋电场是J.C.麦克斯韦总结M.法拉第的*电磁感应*实验研究成果的基础上做出的重要贡献。他首先认识到导体不动磁场变化产生的感应电动势必定是在磁场周围产生了一种非静电的涡旋电场作用的结果。这种涡旋电场与静电场一样可以对电荷有作用力，与静电场不同的是这种电场不是由电荷激发的，而是由变化的磁场激发的，而且是无源有旋的。当磁场随时间变化时，导体回路中的带电粒子在涡旋电场的作用下形成感应电流，即使不存在导体回路或不存在带电粒子，在变化磁场的周围也存在变化磁场所激发的涡旋电场。麦克斯韦提出磁场变化激发涡旋电场的规律：

$$\oint_L \boldsymbol{E}_{\text{旋}} \cdot \mathrm{d}\boldsymbol{l} = -\int_S \frac{\partial \boldsymbol{B}}{\partial t} \cdot \mathrm{d}\boldsymbol{S}$$

于是感生电动势的计算公式为：

$$E = \oint_L \boldsymbol{E}_{\text{旋}} \cdot \mathrm{d}\boldsymbol{l} = -\int_S \frac{\partial \boldsymbol{B}}{\partial t} \cdot \mathrm{d}\boldsymbol{S}$$

感生电动势的应用实例有变压器中电能传输、变压器中的涡流损失、电子感应加速器等。 （陈熙谋）

感应电动势 induction electromotive force
因*电磁感应*现象而产生的电动势。1831年，M.法拉第首先观察到电流的变化产生的电磁感应现象。紧接着他做了一系列的实验来探明产生电磁感应现象的条件和决定因素。他发现同原来预期的相反，感应不是持续的，而是短暂的，他观察到的是感应电流的效果。根据电路理论，当闭合回路中存在电流，回路中必定存在某种电动势。感应电动势比感应电流更能反映电磁感应现象的本质。当电路中不存在闭合回路时，这时没有感应电流，但也会产生电磁感应的作用。感应电动势按其产生原因的不同可区分为两类：一类是在恒定磁场中运动着的导体因切割磁力线而产生的感应电动势，叫作动生电动势；另一类是导体不动，因磁场的变化而产生的感应电动势，叫作感生电动势。从参照系变换的观点来看，这种区分在一定程度上只具有相对的意义。例如，磁棒插入线圈产生电磁感应的情形，在以线圈为参照物的参照系中，电动势是感生的，而在以磁棒为参照物的参照系中，电动势则是动生的。但是在一般情形下，不可能通过坐标变换将感生电动势归结为动生电动势；反之亦然。这说明动生电动势和感生电动势是两种独立的现象。 （陈熙谋）

刚体 rigid body 内部各质点间的距离保持不变的物体。在受力作用及运动过程中刚体是不变形的，因此又称为不变质点系。刚体是实际物体的一种抽象化的物理模型。实际物体都有变形。如果讨论物体的某些特性时，可忽略物体的变形而不影响所做的结论，即可把物体近似当作刚体；但在讨论物体的另外一些特性时，又可能不能忽略它的变形。如一个金属薄圆盘在扭簧作用下绕通过中心垂直于盘面的轴做扭转振动，计算振动周期时完全可将圆盘看成刚体。但如果敲击盘面，圆盘发声，说明圆盘做横向振动，研究圆盘的横向振动就不能忽略变形，必须把圆盘看成弹性体。刚体只是实际物体抽象模型中的一种。根据研究问题的不同，实际物体还可抽象简化为其他物理模型，如弹性体、弹塑性体、流体、气体、变质量体等。 （贾书惠）

刚体的平移 rigid body translation 刚体上的任一直线在运动过程中始终平行于其初始位置的运动。又称平动。图示送料器的台面就是刚体平移的实例。刚体做平移运动时刚体上各点的轨迹相同，任一瞬时刚体上各点的速度、加速度也分别相同，刚体上任一点（如质心）的运动可完全代表整个刚体的运动。因此，描述刚体的平移运动归结为点的运动学问题。

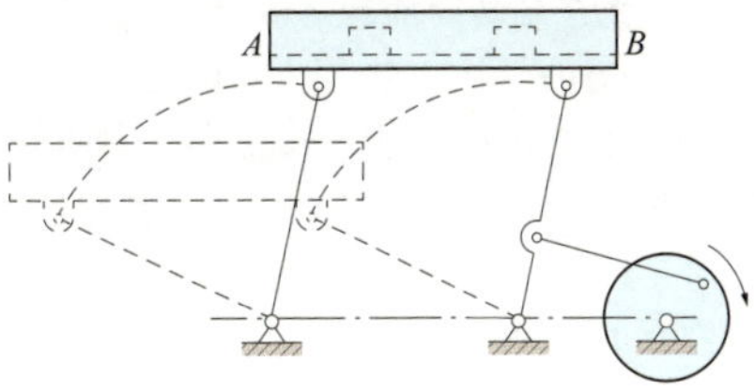

刚体送料器平移的实例

（贾书惠）

刚体的一般运动 general motion of rigid bodies 不受约束的自由刚体的运动。飞机、导弹、载人飞船、舰船、鱼雷都做这种运动。刚体上任选一点A（通常是质心，见图）作为基点，过基点A作平移坐标系$Ax_1y_1z_1$，则刚体的一般运动可看成随基点A相对定坐标系$O\xi\eta\zeta$的平移运动与绕基点A的定点转动的合成，因此刚体一般运动的运动方程为：

$$\xi_A=\xi_A(t),\ \eta_A=\eta_A(t),\ \zeta_A=\zeta_A(t)$$
$$\psi_A=\psi_A(t),\ \theta_A=\theta_A(t),\ \varphi_A=\varphi_A(t)$$

根据点的复合运动的速度合成定理（见**相对运动**）刚体上M点的速度为：

$$\boldsymbol{v}=\boldsymbol{v}_A+\boldsymbol{\omega}\times\boldsymbol{\rho}$$

式中$\boldsymbol{v}_A$为基点的平移速度；$\boldsymbol{\omega}$为刚体绕基点转动的角速度；$\boldsymbol{\rho}$为点M相对基点的矢径。对上式求导，可得点M的加速度：

$$\boldsymbol{a}=\boldsymbol{a}_A+\dot{\boldsymbol{\omega}}\times\boldsymbol{\rho}+\boldsymbol{\omega}\times(\boldsymbol{\omega}\times\boldsymbol{\rho})$$

式中$\dot{\boldsymbol{\omega}}$为刚体绕基点转动的角加速度。

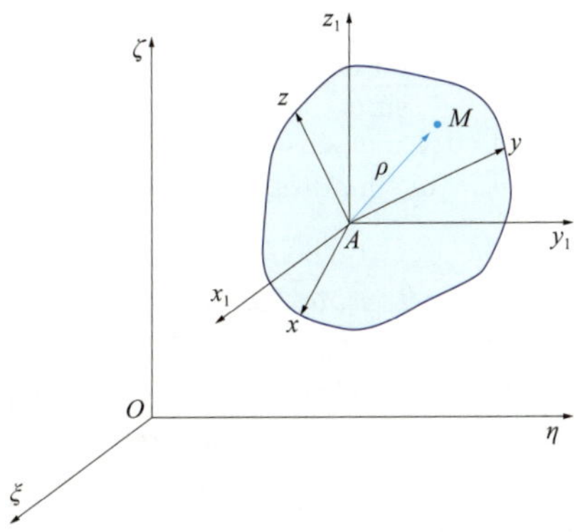

刚体的一般运动

在刚体平面运动中，在任意时刻都存在一个转动瞬心（见**刚体平面运动**）。而在刚体的一般运动中，在任意时刻都存在无数个转动瞬心，它们分布在与瞬时角速度$\boldsymbol{\omega}$平行的一条直线上，构成转动瞬轴。在本体坐标系中转动瞬轴随时间扫出的曲面称为本体极面，在空间坐标系中瞬轴随时间扫出的曲面称为空间极面。研究转动瞬轴的本体极面和空间极面，有助于对刚体一般运动的认识。 （贾书惠）

刚体定点转动 rotation of a rigid body with a fixed point 刚体绕一固定点的转动。支在固定球铰链上的刚体、万向联轴节中的十字头、框架**陀螺仪**中的陀螺转子都做这种运动。刚体绕两个相交轴转动的合成也是定点转动，如差动轮系中的行星齿轮的运动。

刚体定点转动的运动方程 如图1所示，建立以固定点O为原点的定参考坐标系$O\xi\eta\zeta$及与刚体固结的动坐标系$Oxyz$，则坐标系$Oxyz$相对坐标系$O\xi\eta\zeta$的运动可完全代表刚体定点转动。可用两坐标系之间的方向余弦矩阵$A(t)=[l_{ij}(t)]$作为定点转动的运动方程。但通常使用欧拉角方法，如图2所示，坐标平面Oxy与坐标平面$O\xi\eta$的交线ON称为节线，定义由$O\zeta$轴到ON的转角ψ为进动角，由$O\zeta$轴到Oz轴的转角θ为章动角，由ON到Ox轴的转角φ为自转角；ψ、θ、φ的总体称为欧拉角。当刚体的方位已确定时，可以通过上法求出欧拉角的数值；同样，当给定欧拉角时也能确定刚体的方位，这可以通过三个定轴转动实现。首先将坐标系$Oxyz$与坐标系$O\xi\eta\zeta$同向重合，将坐标系$Oxyz$先绕Oz轴（与$O\zeta$轴重合）转ψ角，再绕新Ox轴（与节线ON重合）转θ角，最后绕新Oz轴转φ角，即到达刚体的最终方位。因此刚体作定点转动运动时，其运动方程为：

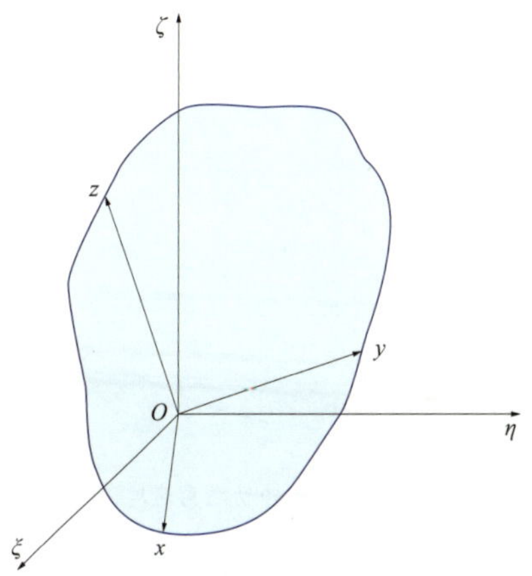

图1 定点转动中的坐标系

$$\psi=\psi(t),\ \theta=\theta(t),\ \varphi=\varphi(t) \qquad (1)$$

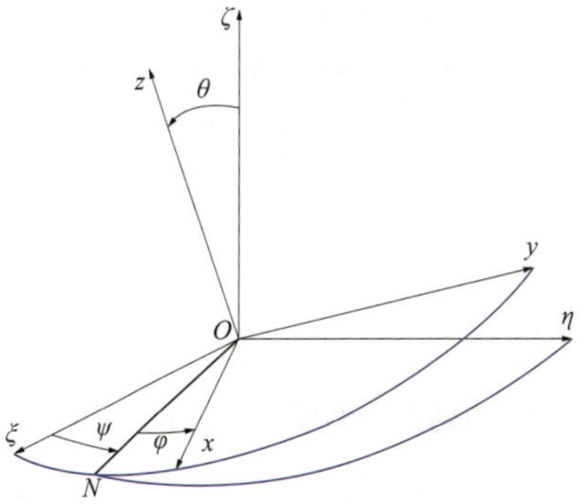

图2 欧拉角

速度分析 如图3所示，刚体定点转动可以看成三个定轴转动的合成。三个定轴转动的角速度矢量分别是$\dot{\psi}\boldsymbol{\rho}_0$、$\dot{\theta}\boldsymbol{\eta}_0$、$\dot{\varphi}\boldsymbol{\tau}_0$。根据角速度合成定理（见**角位移**），刚体定点转动的角速度为：

$$\boldsymbol{\omega}=\dot{\psi}\boldsymbol{\rho}_0+\dot{\theta}\boldsymbol{\eta}_0+\dot{\varphi}\boldsymbol{\tau}_0 \qquad (2)$$

角速度矢量$\boldsymbol{\omega}$的作用线OC就是刚体的瞬时转动轴（转动瞬轴）。这一瞬时刚体上的各点的速度$\boldsymbol{v}$就是绕OC轴的转动速度，因而：

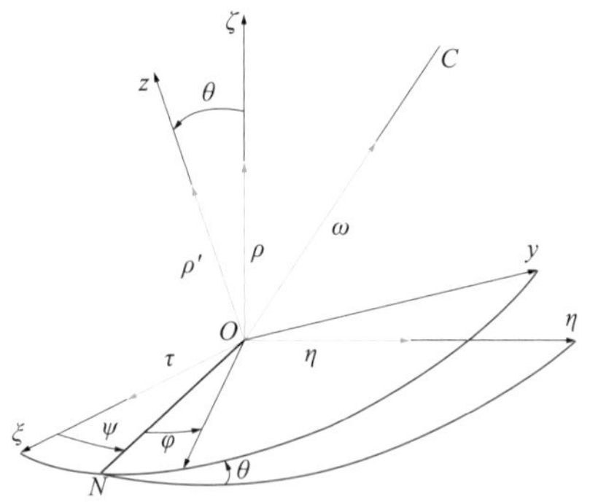

图3 定点转动的角速度

$$\boldsymbol{v}=\boldsymbol{\omega}\times\boldsymbol{r} \qquad (3)$$

另一瞬时刚体上的另一直线将是瞬时转轴。使用式（3）可计算角速度矢量在坐标系$Oxyz$中的三个投影ω_x、ω_y、ω_z，它们是：

$$\begin{aligned}\omega_x&=\dot\psi\sin\theta\sin\varphi+\dot\theta\cos\varphi\\ \omega_y&=\dot\psi\sin\theta\cos\varphi-\dot\theta\sin\varphi\\ \omega_z&=\dot\psi\cos\theta+\dot\varphi\end{aligned} \qquad (4)$$

在已知运动方程（1）情况下，可按式（4）求出角速度$\boldsymbol{\omega}$。

若已知角速度$\boldsymbol{\omega}$，也可从式（4）解出：

$$\begin{aligned}\dot\psi&=(\omega_x\sin\varphi+\omega_y\cos\varphi)/\sin\theta\\ \dot\theta&=\omega_x\cos\varphi-\omega_y\sin\varphi\\ \dot\varphi&=\omega_z-(\omega_x\sin\varphi+\omega_y\cos\varphi)\cot\theta\end{aligned} \qquad (5)$$

然后通过积分求出欧拉角。式（4）、（5）常称为欧拉运动学方程。

加速度分析　将式（3）对时间求导，可得刚体上各点的加速度：

$$\boldsymbol{a}=\dot{\boldsymbol{\omega}}\times\boldsymbol{r}+\boldsymbol{\omega}\times\boldsymbol{v}$$

或

$$\boldsymbol{a}=\dot{\boldsymbol{\omega}}\times\boldsymbol{r}+\boldsymbol{\omega}\times(\boldsymbol{\omega}\times\boldsymbol{r}) \qquad (6)$$

式中$\boldsymbol{a}=\dot{\boldsymbol{\omega}}\times\boldsymbol{r}+\boldsymbol{\omega}\times(\boldsymbol{\omega}+\boldsymbol{r})$为刚体的加速度，它的方向一般与$\boldsymbol{\omega}$不同。刚体上各点加速度由两部分组成，但与刚体定轴转动不同，第一项不是切向加速度，称为转动加速度；第二项也不是法向加速度，称为向轴加速度。

（贾书惠）

刚体定点转动动力学　rigid body dynamics of fixed-point rotation　研究刚体定点转动时运动与受力关系的学科。刚体动力学的主要组成部分。

刚体定点转动的动量矩　刚体绕固定点O转动时对点O的**动量矩**是描述刚体转动运动的主要动力学量。动量矩的表达式是$\boldsymbol{L}=\boldsymbol{J}\boldsymbol{\omega}$，式中$\boldsymbol{J}$为刚体对点$O$的惯量张量（见**转动惯量**），$\boldsymbol{\omega}$为刚体转动的角速度矢量。过点$O$作直角坐标系$Oxyz$，则动量矩在坐标系$Oxyz$中的矩阵表达式为：

$$\begin{pmatrix}L_x\\ L_y\\ L_z\end{pmatrix}=\begin{pmatrix}J_x & -J_{xy} & -J_{xz}\\ -J_{yx} & J_y & -J_{yz}\\ -J_{zx} & -J_{zy} & J_z\end{pmatrix}\begin{pmatrix}\omega_x\\ \omega_y\\ \omega_z\end{pmatrix} \qquad (1)$$

当坐标系$Oxyz$为刚体对点O的主轴坐标系时，惯性积（即转动惯量张量的非对称分量）均为零，动量矩的表达式为：

$$\boldsymbol{L}=L_x\boldsymbol{i}+L_y\boldsymbol{j}+L_z\boldsymbol{k}=J_xw_x\boldsymbol{i}+J_yw_y\boldsymbol{j}+J_zw_z\boldsymbol{k} \qquad (2)$$

一般情况下，动量矩矢量、角速度矢量及惯量主轴不共线。

欧拉动力学方程　将对固定点O的动量矩定理$\dot{\boldsymbol{L}}=\boldsymbol{M}$，向固结于刚体的主轴坐标系（它是动坐标系）投影，即为刚体定点转动的动力学方程：

$$\begin{aligned}J_x\dot\omega_x+(J_z-J_y)\omega_y\omega_z&=M_x\\ J_y\dot\omega_y+(J_x-J_z)\omega_z\omega_x&=M_y\\ J_z\dot\omega_z+(J_y-J_x)\omega_x\omega_y&=M_z\end{aligned} \qquad (3)$$

上式是L.欧拉建立的刚体绕定点的运动与所受外力矩之间的关系，称为欧拉动力学方程。如果以欧拉角ψ、θ、φ描述刚体的方位，则还有欧拉运动学方程：

$$\begin{aligned}\dot\psi&=\frac{(\omega_x\sin\varphi+\omega_y\cos\varphi)}{\sin\theta}\\ \dot\theta&=\omega_x\cos\varphi-\omega_y\sin\varphi\\ \dot\varphi&=\omega_z-(\omega_x\sin\varphi+\omega_y\cos\varphi)\cot\theta\end{aligned} \qquad (4)$$

方程（3）与（4）共同组成封闭的方程组，6个变量ψ、θ、φ、ω_x、ω_y、ω_z，总阶数是6阶，反映了定点转动运动的自由度数是3。还需指出，用分析力学中的拉氏二类方程也能建立刚体定点转动的动力学方程，但方程冗长而复杂，只有在对称刚体的特殊情况下才便于处理。

动力学方程的积分　经过百余年的研究，证实对重刚体只在三种情况下方程组（3）、（4）可给出解析解，即：①欧拉情况（1765），指刚体的质量分布可以任意，$J_x\neq J_y\neq J_z$（或$A\neq B\neq C$），而外力矩为零，即定点位于刚体的重心。这时刚体做自由运动，其运动图像相当于一个椭球在固定平面上做不滑动的滚动。②拉格朗日情况（1788），指刚体是对称的，$J_x\neq J_y\neq J_z$（或$A\neq B\neq C$），而重心在对称轴上，$x_c=y_c=0$，其运动图像是进动与章动的叠加。③柯瓦列夫斯卡娅情况（1888），指一种特殊的对称刚体，即$J_x\neq J_y\neq 2J_z$（或$A\neq B\neq 2C$），而重心在赤道平面上$z_c=0$，这时刚体的运动具有非周期性。对于这三种古典情况，可求得动力学方程对任意初始条件的通解，但有实际意义的往往不属于这三种情况。此后人们寻求满足某一特定初始条件的特解，并研究此特解代表的特定运动的稳定性。如果运动是稳定的（如无外力矩的刚体绕过定点某轴做永久转动，即转轴在空间的方位不变，转动角速度不变的情况），则实际上是可以实现的。陀螺仪器出现以后，由于陀螺高速自转，因而有可能对定点转动的动力学方程求近似解，出现了高速自转下的陀螺近似理论。见**陀螺力学**。

工程应用　工程中刚体的定点转动多发生于绕相交轴转动的场合，如研磨机、雷达天线、三轴模拟平台、机械臂等，可用动量矩定理或欧拉动力学方程建立运动方程并求解。陀螺的近似理论不仅能用于研究陀螺仪器的工作原理、原理误差及误差补偿问题，还可用于研究转子系统中的陀螺效应。对自由运动的抛射体、航空器、航海器、航天器甚至天体，定点运动理论是研究它们绕质心的姿态运动的重要工具，如炮弹出膛后，为防止翻筋斗，使炮弹绕对称轴高速自旋，用倒立的自旋陀螺的稳定条件可确定炮弹自旋角速度的下限，并据此设计膛线。人造地球卫星中有一种自旋稳定卫星，通过自旋可在空间实现单轴定向；根据绕主轴永久转动稳定性的理论，自旋轴应该是最大惯量轴或最小惯量轴。美国发射的“探险者”1号绕最小惯量轴自旋，却在运行两小时后发生失稳现象。经过研究发现是卫星内部的能量耗散使卫星不能被认为是严格的刚体，由此而形成了自旋卫星设计中的“最大惯量轴原则”。由于欧拉动力学方程与描述细长弹性杆平衡的基尔霍夫方程一致，因此关于定点转动的研究成果还在细长弹性杆的平衡以及分子生物学中DNA双螺旋结构的几何形状及稳定性中得到了应用。

（贾书惠）

刚体定轴转动　fixed-axis rotation of rigid bodies　刚体上存在一条直线在运动过程中永远保持不动的运动。刚体定轴转动中那条不动的直线称为转动轴或转轴。刚体上其他各点均在垂直于转轴的平面内做圆周运动，圆心都在转轴上。日常生活与工程实际中有大量刚体定轴转动的实例，如门窗、电动机、汽轮机、轮系传动装置等。有时转轴不一定在刚体内部，如汽车转弯，这时应将刚体扩大，而转轴也只是抽象的轴线。

刚体定轴转动的运动方程　建立参考坐标系$Oxyz$，并令Oz轴与刚体的转轴重合，刚体上过Oz轴作一截面P，则描述截面P位置的角坐标θ（角的大小冠以正负号，通常以从Oz轴正端俯视时逆时针向为正）能完全确定刚体的位置（图1）。因此，刚体定轴转动的运动方程式是：

$$\theta=\theta(t)$$

定轴转动的角速度与角加速度可通过求导得出：

$$\omega=\dot\theta,\ \alpha=\dot\omega=\ddot\theta$$

刚体上各点的速度与加速度分布　刚

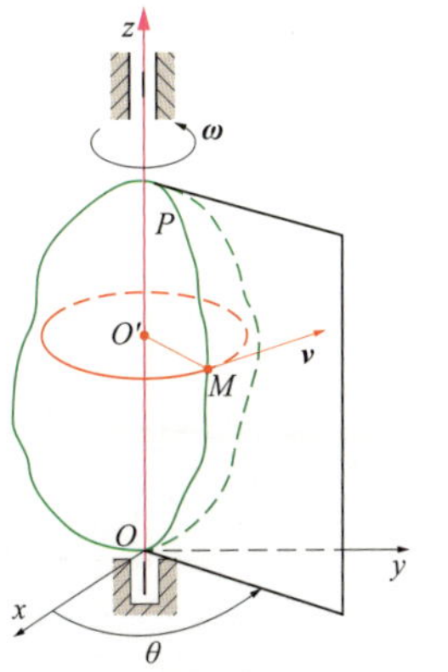

图1　刚体定轴转动

体上各点均在垂直于转轴的平面上做圆周运动，速度方向沿圆周的切线，大小为$v=\rho\omega$，式中ρ是点距圆心（转轴）的距离。因此在圆周半径上各点的速度呈直角三角形分布。各点的加速度有两部分，即切向加速度$\boldsymbol{a}_\tau$与法向加速度$\boldsymbol{a}_n$，且有$a_\tau=\rho\alpha$，$a_n=\rho\omega^2$。各点全加速度的大小$a=\sqrt{a_\tau^2+a_n^2}=\rho\sqrt{\alpha^2+\omega^4}$，方向与半径的夹角为$\varphi$，$\tan\varphi=a_\tau/a_n=\alpha/\omega^2$。因此，半径上各点的加速度呈锐角三角形分布（图2）。

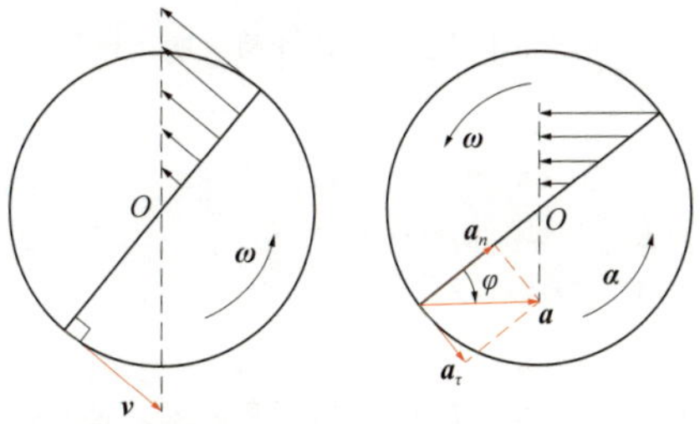

图2　刚体上各点的速度与加速度分布

角速度与加速度的矢量表达式　角速度有转动轴、大小、转向三个要素，因而可用矢量表示（图3）。

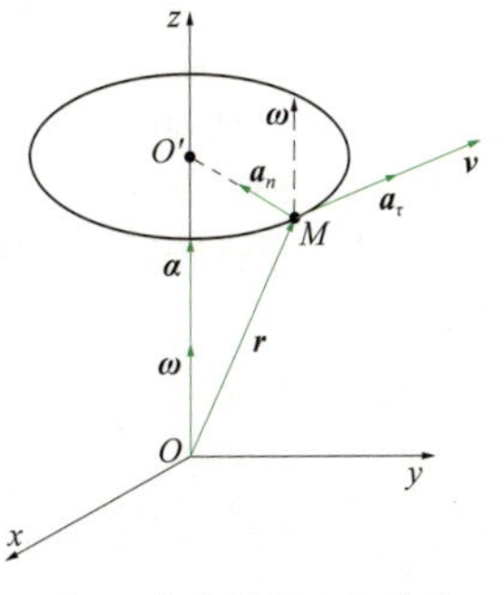

图3　各矢量的几何关系

定义角速度矢量$\boldsymbol{\omega}$的作用线沿转动轴，大小为$\omega=|\dot{\theta}|$，指向由右手定则确定，则刚体某点M的矢径$\boldsymbol{r}$、速度$\boldsymbol{v}$及刚体角速度$\boldsymbol{\omega}$三者之间满足矢量叉积关系式$\boldsymbol{v}=\boldsymbol{\omega}\times\boldsymbol{r}$。

角速度对时间的导数是角加速度$\boldsymbol{\alpha}=\dot{\boldsymbol{\omega}}$。将上式求导可得点$M$的加速度的矢量表达式：

$$\boldsymbol{a}=\boldsymbol{\alpha}\times\boldsymbol{r}+\boldsymbol{\omega}\times\boldsymbol{v}$$

式中右侧第一项是切向加速度$\boldsymbol{a}_\tau$，第二项是法向加速度$\boldsymbol{a}_n$。

$$\boldsymbol{a}_\tau=\boldsymbol{\alpha}\times\boldsymbol{r}\,,\ \boldsymbol{a}_n=\boldsymbol{\omega}\times\boldsymbol{v}=\boldsymbol{\omega}\times(\boldsymbol{\omega}\times\boldsymbol{r})$$

轴承动反力　当刚体以角速度矢量$\boldsymbol{\omega}$和角加速度矢量$\boldsymbol{\alpha}$绕定轴转动时，在转轴的轴承处除了由于作用在刚体上的外力所引起的静反力以外，还会有由于刚体转动而产生的惯性力所引起的动反力。动反力的产生是由于刚体的质心不在转轴上（有偏心），或是转轴不是刚体的惯量主轴（见**惯量张量**）所致。高速转动刚体的轴承动反力有时会达到巨大的数值。对于质量大的刚体，这个效应更为严重。巨大的动反力在某方向的分量具有周期性变化的特点，这种力作用在轴承上，并通过轴承传给地基，造成轴承和地基的强烈振动，从而引起结构的破坏并造成严重的环境振动。要消除动反力的影响，必须使转轴成为刚体的中心惯量主轴，即转轴是通过质心的惯量主轴。这种情况称为动平衡状态。这时的转轴称为自由轴。

动平衡　亦称动均衡。在一般情况下，由于材料的不均匀，毛坯的缺陷以及加工和装配上的误差等原因所造成的质量分布不均匀，总会造成机器的转子有一定的偏心和偏角。往复机械的运动部件的质量分布本来就不均衡。这些都使得转动轴不可能成为自由轴，机器运转将处于非动平衡状态，为此必须在转轴的某些横截面上附加质量矩，使转子达到动平衡状态。此种调整质量的方法称为动平衡。由于转子转速不断提高，转子结构日益复杂，转子的动平衡已成为一种专门技术。

（贾书惠　叶开沅　俞焕然）

刚体动力学　rigid body dynamics　研究刚体的运动与受力之间的关系的学科。刚体动力学是一般力学的分支。其内容主要是：在刚体的各种运动形式下，建立刚体的动力学方程和求解动力学两大基本问题；在已知力求运动的问题中，还要讨论动力学方程的积分方法及刚体的运动特性。I.**牛顿**解决了质点动力学问题，而关于刚体运动的研究则属于L.**欧拉**。以他们为主的研究工作构成了经典力学中的牛顿－欧拉体系。**分析力学**的奠基人J.-L.**拉格朗日**对刚体动力学的研究亦做出了重要贡献。

在牛顿运动定律$\boldsymbol{F}=m\boldsymbol{a}$中，质点的运动除与外力有关外，还取决于代表质点惯性的质量；而刚体的运动还与刚体的质量分布有关。研究刚体质量分布的理论称为刚体的质量几何学。表征刚体质量分布的第一个参量是刚体的质心，即刚体的质量分布中心。它们位置由公式：$\boldsymbol{r}_c=\dfrac{\sum m_i\boldsymbol{r}_i}{m}$确定。由此式可看出，质心的位置是刚体中各质点位置$\boldsymbol{r}_i$的加权平均，其权重乃是各质点的质量$m_i$。第二个参量是刚体对某点$O$的惯量张量$\boldsymbol{J}$，它在过该点的直角坐标系$Oxyz$中的矩阵表达式为：

$$\boldsymbol{J}=\begin{pmatrix} J_x & -J_{xy} & -J_{xz} \\ -J_{yx} & J_y & -J_{yz} \\ -J_{zx} & -J_{zy} & J_z \end{pmatrix}$$

式中J_x、J_y、J_z为对坐标轴的**转动惯量**；J_{xy}、J_{yz}、J_{zx}为惯量积，它们分别表征对轴的转动惯性及刚体质量分布的动力不对称度。当所选的坐标系$Oxyz$使$J_{xy}=J_{yz}=J_{yx}=0$时，坐标轴称为惯量主轴，如果主轴通过质心，则称为中心惯量主轴。在建立刚体的动力学方程之前，应首先建立与刚体转动惯性有关的概念，并会计算上述各量。

刚体的平移　刚体做平移运动时，各点运动状况完全相同，刚体的运动相当一个质点的运动，其动力学方程由**质心运动定理**给出：

$$m\ddot{\boldsymbol{r}}_c=\boldsymbol{F}$$

刚体的定轴转动　以旋转轴上某一点O为原点，作固定坐标系$Oxyz$，刚体绕轴z转动的动力学方程由对轴z的**动量矩定理**给出：

$$J_z\ddot{\varphi}=M_z$$

式中J_z为刚体绕旋转轴的转动惯量；M_z为作用在刚体上所有外力对旋转轴之矩的代数和。

刚体的平面运动　有三个自由度，选质心C的位置(x_c, y_c)及相对于质心平移坐标系的转角φ为**广义坐标**，用质心运动定理及相对质心的动量矩定理得到动力学方程：

$$m\ddot{x}_c=\sum F_x$$
$$m\ddot{y}_c=\sum F_y$$
$$J_c\ddot{\varphi}=\sum M_c$$

刚体的定点运动　有三个自由度，通常选三个欧拉角ψ、θ、φ为确定刚体方位的广义坐标。过定点O建立与刚体固结的主轴坐标系$Oxyz$，则动量矩定理在此坐标系的投影式给出定点运动的欧拉动力学方程：

$$J_x\dot{\omega}_x+(J_z-J_y)\,\omega_y\omega_z=M_x$$
$$J_y\dot{\omega}_y+(J_x-J_z)\,\omega_z\omega_x=M_y$$
$$J_z\dot{\omega}_z+(J_y-J_x)\,\omega_x\omega_y=M_z$$

此外，尚需补充建立角速度ω_x、ω_y、ω_z与广义坐标ψ、θ、φ之间关系的三个欧拉运动学方程（见**刚体定点转动**）。用六个一阶微分方程式组成封闭系统，可解动力学两大基本问题。对只有重力作用下的求解刚体的定点运动问题，构成了刚体动力学经典问题的研究。已经证明，只有在刚体的三种质量分布情况下的动力学方程，才可通过积分得到解析解，分别称为欧拉情况、拉格朗日情况和柯瓦列夫斯卡娅情况。

刚体的一般运动　有六个自由度，可选质心C的位置(x_c, y_c, z_c)及确定刚体相对质心平移坐标系方位的三个欧拉角ψ、θ、φ为广义坐标。用质心运动定理建立质心运动方程。用相对质心的动量矩定理建立相对质心转动的欧拉动力学方程。

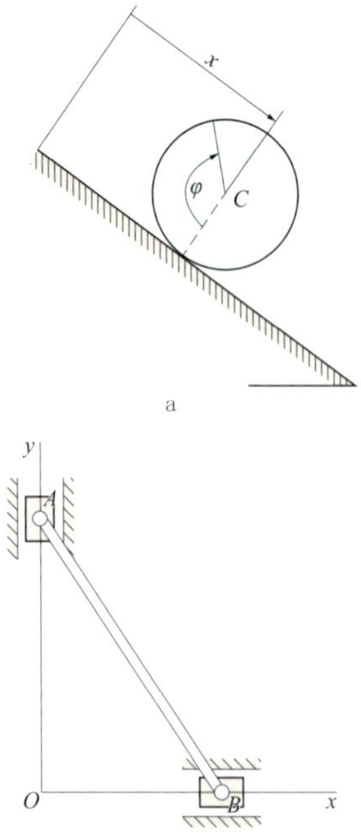

a

b

具有约束的刚体运动

有附加约束的情况　上述刚体运动的基本形式中还可能有附加约束的情况，如在平面运动中，圆盘沿粗糙的斜面滚下（图a）和杆AB的两端沿垂直及水平滑道运动（图b）等。这时上面所选的坐标不再独立，必须满足一定的约束条件：对前者是$v_A=0$，对后者是$x_A=0$，$y_B=0$。反映约束条件的方程称运动学方程。

动力学方程与运动学方程的总体构成完整的动力学模型，可求解未知的运动与未知的约束力，但过程比较复杂。**分析力学**是处理非自由质系的主要工具，选独立的广义坐标描述系统的运动，用拉氏二类方程建立动力学方程，可在避免未知约束力出现的情况下，直接由主动力求出未知的运动（上二例均只有一个自由度，一个动力学方程即可求出未知运动），然后再在已知运动条件下求出未知约束力。显然，对受约束的系统，分析力学的方法有一定的优越性。

工程中在许多情况下可将实际系统简化为刚体，如电机的转子、机构的部件、行驶的汽车、水下的鱼雷、陀螺纹器，甚至人造地球卫星，根据不同的问题可用矢量力学或分析力学的方法建立动力学模型，求解并分析其运动特性，以解决工程中提出的问题。在一些领域还发展新的学科分支，如陀螺动力学、转子动力学、（航天器）姿态动力学等。　（贾书惠）

刚体平面运动　plane motion of rigid bodies　刚体上任一点与某一固定平面的距离保持不变的运动。直线轨道上滚动的车轮，曲柄滑块机构中的连杆都做刚体的平面运动。刚体做平面运动时，可在刚体上做一与固定平面平行的截面，则截面图形S的运动能完全代表刚体的运动。

刚体平面运动运动方程　如图1在图形S的运动平面上建立参考坐标系$O\xi\eta$，为确定图形S相对坐标系$O\xi\eta$的位置，只需确定图形S上某一直线线段AB的位置，因此平面运动的运动方程为：

$$\xi_A=\xi_A(t),\ \ \eta_A=\eta_A(t),\ \ \varphi=\varphi(t)$$

式中A为基点。过基点A做平移坐标系Axy，则图形S的运动可看成两个运动的合成：随基点A的平移（牵连运动）与绕基点A的定轴转动（相对运动）。上述公式的前两式描述了平移，第三式描述了转动。选图形上不同点为基点时，平移部分与基点的选择有关，而转动部分与基点的选择无关，特别是图形绕基点转动的角速度$\omega=\dot{\varphi}$与基点选择无关。

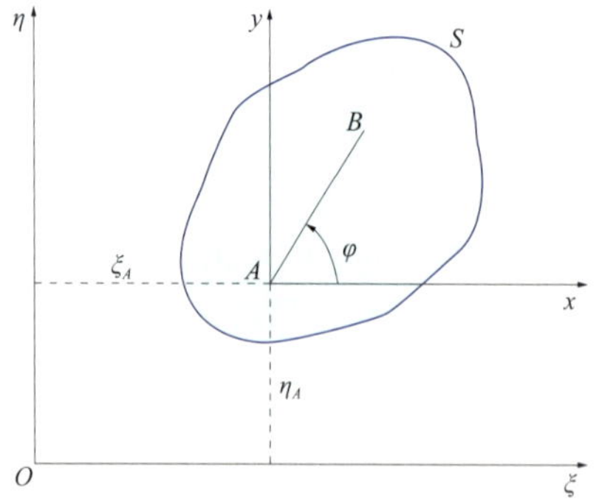

图1　平面运动分解为平动和定轴转动

速度分析　图形S的运动可通过过基点A的平移坐标系Axy分解为平移及转动。根据点的复合运动理论，图形上任意一点M的速度为$\boldsymbol{v}=\boldsymbol{v}_e+\boldsymbol{v}_r$，式中$\boldsymbol{v}$为绝对速度，$\boldsymbol{v}_e$为牵连速度，$\boldsymbol{v}_r$为相对速度（见**相对运动**）。由于牵连运动为随基点A的平移，$\boldsymbol{v}_e=\boldsymbol{v}_A$（$\boldsymbol{v}_A$为点$A$的绝对速度），故如图2a：$\boldsymbol{v}=\boldsymbol{v}_A+\boldsymbol{v}_r$。相对运动为绕基点的转动：$\boldsymbol{v}_r=\boldsymbol{\omega}\times\boldsymbol{\rho}$，其中$\boldsymbol{\omega}$是角速度。一般情况下，任一瞬时，在图形（或其延伸体）

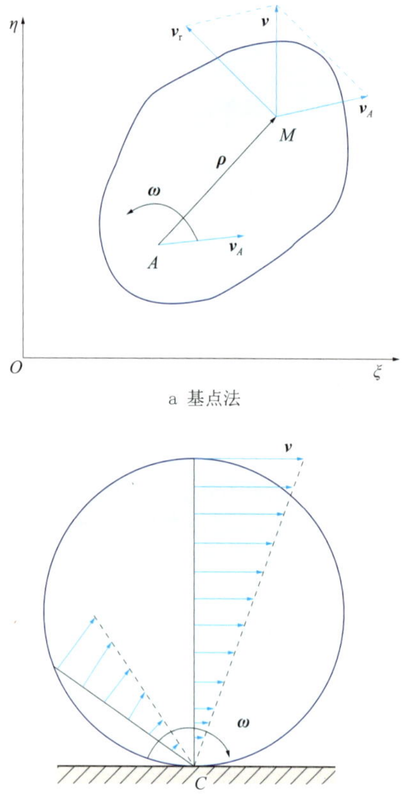

a　基点法

b　瞬心法

图2　平面图形上各点的速度分析

上存在一个点C，其速度为零$\boldsymbol{v}_c=0$，称此点为图形在该瞬时的瞬时速度中心，或速度瞬心。如选C为基点，则上式中第一项为零，图形上各点的速度均为绕C点的转动速度。如圆轮在轨道上做无滑动的滚动时，与轨道的接触点的速度为零，是圆轮的速度瞬心C，圆轮上各点的速度分布如图2b所示。当然，在另一瞬时，瞬心可能是图形上另外一点。

在本体坐标系中瞬心的轨迹称为本体极迹，在空间坐标系中瞬心的轨迹称为空间极迹。研究瞬心的本体极迹和空间极迹，有助于对刚体平面运动的认识。

加速度分析　根据点的复合理论中的加速度合成定理，平面图形上任意一点M的加速度为（图3）：

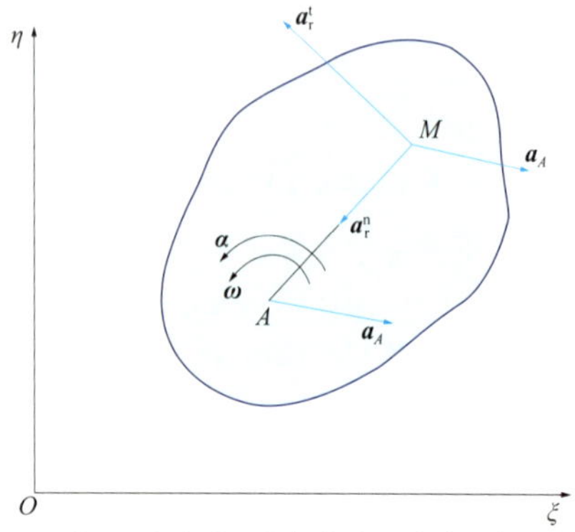

图3　平面图形上各点的加速度分析

$$\boldsymbol{a}=\boldsymbol{a}_e+\boldsymbol{a}_r=\boldsymbol{a}_A+\boldsymbol{a}_r^t+\boldsymbol{a}_r^n$$

$$\boldsymbol{a}_r^t=\boldsymbol{a}\times\boldsymbol{\rho},\ \boldsymbol{a}_r^n=\boldsymbol{\omega}\times(\boldsymbol{\omega}\times\boldsymbol{\rho})$$

式中$\boldsymbol{a}$为点M的绝对加速度；$\boldsymbol{a}_e$为牵连加速度；$\boldsymbol{a}_r$为相对加速度；$\boldsymbol{a}_A$为点A的绝对加速度；$\boldsymbol{a}_r^t$和$\boldsymbol{a}_r^n$分别为点M的切向和法向的相对加速度，而$\boldsymbol{\alpha}$则为图形的角加速度。

同样可建立加速度瞬心的概念，即图形上加速度为零的点C_a称为在该瞬时图形的瞬时加速度中心或加速度瞬心。一般地说，加速度瞬心与速度瞬心不是同一点；在某瞬时，速度瞬心的加速度不为零，加速度瞬心的速度也不为零。

（贾书惠）

刚体运动学 rigid body kinematics 研究刚体各种运动的几何性质的学科。刚体的运动分为平移、定轴转动、平面运动、定点转动及一般运动。研究刚体的各种运动时，首先要建立刚体的运动方程，即从数学上描述刚体的运动，然后求刚体上各点的速度与加速度并分析运动特性。刚体上有无穷个点，因此刚体运动学中特别重视研究在同一瞬时刚体上各点的速度或加速度的分布状况及它们之间的关系。研究刚体运动学采用分析法或几何法。前者首先建立运动方程，通过对时间求导数获得速度与加速度；后者则不建立运动方程，直接由刚体运动性质建立同一瞬时刚体上各点速度或加速度之间的关系。工程技术中遇到的许多复杂系统，如机器人、航天器，常可简化为由多个刚体组成的刚体系统。分析刚体系统的运动时，还要用到广义坐标、约束方程等概念，是**分析力学**的研究内容。

（贾书惠）

高电子迁移率晶体管 high electron mobility transistor; HEMT 利用两种不同禁带宽度的材料形成的异质结代替掺杂区域作为沟道，其中的二维电子气具有高迁移率特性的场效应晶体管。最常见的高电子迁移率晶体管（HEMT）是砷化镓与铝镓砷作为异质结材料形成的，在其中引入较多铟会有效改善器件的高频特性。由于在高功率下卓越的性能，氮化镓HEMT也得到了较大的关注。HEMT在集成电路中多用于信号开关或者功率放大器，相比于一般场效应晶体管，HEMT可以工作在更高的频率，甚至达到毫米波范围。

1960年，R.安德森预言在异质结界面存在有电子积累。R.丁格尔等在1978年首次证实了在AlGaAs/GaAs调制掺杂超晶格中存在迁移率增强效应。1979年三村高志第一次把此效应应用于场效应晶体管，并于第二年制作了世界上首个HEMT器件——耗尽型的AlGaAs/GaAs HEMT器件。

使两种禁带宽度不同的半导体材料形成异质结，其中宽禁带材料n型掺杂，而窄禁带材料不掺杂。当两种材料形成异质结时，在异质结界面靠窄禁带材料一侧会形成一个电子的三角势阱；同时宽禁带材料带中的电子会扩散到不掺杂的窄禁带材料层，并被限制在这个厚度非常薄的三角势阱中，形成电子导电沟道。这时再利用电场效应对沟道中的电子进行调制，就可实现电流的开关和放大等晶体管功能。HEMT结构的特点是位于不掺杂的导电沟道中的电子与掺杂区分离。由于没有了杂质散射，HEMT结构可以得到很高的电子迁移率。

HEMT采用了异质结中具有很高迁移率的二维电子气来进行工作，这种器件及其集成电路可用于超高频、超高速领域。HEMT在微波低噪声放大、高速数字集成电路、高速静态随机存储器、低温电路、功率放大、微波振荡等领域具有广泛的应用。

（杨富华）

高海拔宇宙线观测站 Large High Altitude Air Shower Observatory; LHAASO 位于中国四川稻城县海子山国家自然保护区内一个大型的探测宇宙线空气簇射的探测器阵列。高海拔宇宙线观测站（LHHASO）由中心78 000平方米的水切伦科夫探测器阵列、间距15米的闪烁体探测器阵列、间距30米的地下水切伦科夫μ子探测器阵列和可移动的空气切伦科夫望远镜阵列组成。它覆盖1.3平方千米的面积，对高能宇宙线在大气中引发的粒子级联产生过程展开立体、多参数精确测量。通过重建测定原初宇宙线的种类、能量、到达方向和时间，可有效测量从100吉电子伏到3艾电子伏（3×10^{18}电子伏）的宇宙线事例，因而成为多用途、多目标的研究装置，属于国家重大科技基础设施之一。

10太电子伏以下的测量采用水切伦科夫探测技术，具有较好的电磁簇射与强子簇射之间的分辨能力，并具有事例到达方向很高的测量精度。角度分辨率在1太电子伏附近达到0.5度，可以用于γ射线源的寻找，包括如超新星遗迹、脉冲星风云等恒定源和如γ射线暴、活动星系核耀发等瞬变源的寻找。因为比当今最灵敏的巡天扫描探测装置（即美国与墨西哥联合HAWC实验装置）还要灵敏数倍，将是最灵敏的巡天观测装置。而在10太电子伏（10^{13}电子伏）以上的能区，由于拥有宇宙线探测历史上灵敏面积最大的μ子探测阵列，能够对簇射中的μ子含量进行精确测量，其区分电磁和强子簇射的能力进一步加强。在50太电子伏以上，可以对每一个事例进行无污染甄别，对γ射线源的观测，尤其是对其能谱的精确测量，达到比未来的欧洲切伦科夫望远镜阵列实验（CTA）还要高出10倍以上的灵敏度，已成为寻找超高能γ射线源最有效的工具，也是发现宇宙线源的利器。对于30太电子伏以上的普通带电宇宙线产生的空气簇射，除了基本的几何参数诸如到达方向和击中地面的位置以外，将采用所有探测器同时测量多达五个相对独立的物理量，对产生簇射的原初粒子的性质进行鉴别，对各种成分的能谱尤其是它们在不同的能量处发生的“膝”状拐折开展精细的研究。LHAASO所独有的直到3艾电子伏的覆盖能力，能够对宇宙线能谱结构最复杂的“膝”区开展细致的研究，并借此揭示宇宙线的起源，即从来自银河系内向来自更加广袤的宇宙空间的过渡规律。

通过这一宽广能量跨度对宇宙线的精确测量，LHAASO还能够研究宇宙线粒子在银河系内的传播效应，以及从遥远星系来到地球旅途上所经历种种效应的累积，开展一些与基本规律相关联的观测研究，如检验相对论中的协变性是否破坏、测量大爆炸遗留的低频背景光、探索暗物质的分布等前沿领域的探索性研究。

通过测量日地空间来自太阳系外的宇宙线受到的扰动情况，LHHASO可以用于空间天气状况监测，预报大型磁暴的发生。LHAASO记录下的海量宇宙线数据还可用于监测太阳剧烈活动，开展中高层大气物理、风暴与雷电等与宇宙线相关的各种交叉科学问题的研究。

（曹　臻）

高阶谐波产生 high-order harmonic generation 强激光与原子分子作用时，产生辐射频率为驱动光频率几十甚至上百倍的奇数次谐波的现象。谐波谱表现出典型的非微扰特征，在很宽的阶数范围内谐波辐射强度几乎相同，形成一个平台区，可以把红外光转化为软X射线波段相干辐射的极端非线性过程。通常的低阶非线性过程，主要涉及原子分子的束缚态能级，可以用微扰理论解释。但是高次谐波产生过程是一种强场现象，原子分子的连续态起着重要的作用。通常采用一种半经典的三步模型解释高次谐波产生：①隧穿电离。电子在瞬时强场作用下隧穿进入连续态。②传播。近自由的电子在激光场驱动下加速运动。当激光电场变向时电子被反向驱动高速碰向母离子。③复合。高速运动的电子与母离子复合回到基态，并把在激光场中获得的能量以光的形式辐射。三步过程在强激光与原子分子作用的整个时间内不断发生，但是每次完成三步过程所需时间小于一个激光周期。对于红外波段的驱动光，这个时间是亚飞秒尺度。可以看出高次谐波产生提供了一个产生阿秒软X射线脉冲的重要手段。

（赵增秀）

高锟 Charles Kuen Kao（1933-11-04～2018-9-23） 美国物理学家。生于中国上海。卒于中国香港。1957年获伦敦大学理学士学位，1965年获博士学位。1957～1960年任标准电话和电缆公司工程师，1960～1970年任标准电信实验室主任研究工程师。1970～1974年在香港中文大学电机系工作。1987～1996年，任香港中文大学校长。现致力于开发电信与信息工作。美国国家工程科学院院士（1990）。台湾“中央研究院”院士（1992）。1996年当选为中国科学院外籍院士。

高锟在电磁波导、陶瓷科学（包括光纤制造）方面获28项专利。1964年提出在电话网路中以光代替电流，以玻璃纤维代替导线。1966年在标准电话实验室与G.A.霍克姆共同提出光纤可以用作通信媒介。

高锟曾获巴伦坦奖章、利布曼奖、光电子学奖等。2009年，因发明光纤与W.*博伊尔*、G.E.*史密斯*共获诺贝尔物理学奖。

（仲　佰）

高能电子同核的作用 interaction between high energy electrons and nuclei 能量超过π介子产生阈（约140兆电子伏）的电子同核的作用。高能电子同原子核的作用是通过光子场来传递的，有时也把高能电子和光子总称为电磁探针。利用电磁探针研究原子核有一些重要的优点：①人们对电磁力知道得最清楚，不需要借助于模型。②电磁力比起核子间的强相互作用（即*核力*）小得多；用电磁探针探测原子核不会使这个原子核发生大的畸变，用一级微扰方法可以得到相当好的结果。③电磁探针对核内局部电荷和电流密度的反应比较灵敏。因此，常能给出关于核结构的明确知识。

电子弹性散射　可以用来决定*原子核*的电荷密度分布。当高能电子接近原子核时，由于原子核正电荷的吸引，其路径要偏转。可以算出各种偏转角的概率同原子核的电荷分布的关系，用测量电子弹性散射的微分截面随动量转移的变化，可确定核基态的电荷分布。实验已做得相当精确（从实验数据定出核电荷分布的精度已达到1%）。

同位素核具有相同的质子数，它们的电荷分布是否相同，现代电子散射技术测量同位素的核电荷密度差的精度有可能达到$10^{-4}fm^{-3}$。这样就可以研究在原子核内加进2个中子后的电荷分布的变化，并分析其原因。

对质量数A不大于4的轻核，用它的电子弹性散射数据可以确定它的形状因子，而轻核的形状因子还可以直接用核力理论计算得到，因此$A\leqslant4$核的电子弹性散射数据是研究核力的基本数据。

180°弹性散射实验数据，是由核内核子的磁矩散射所贡献的，因此也称为弹性磁散射。它可以用来研究价核子的一些运动性质。

电子非弹性散射　在这个过程中，电子交给核足够的能量，使核处于一定的激发态。不仅弹性散射，电子非弹性散射也可以用来研究核的性质。

核分立态的研究。利用电子非弹性散射可以确定原子核的跃迁电荷密度的分布。由于实验测量的非弹性散射数据可以比较精确，电子动量转移q范围也比较大，因此即使在核中心附近，所确定的跃迁电荷密度的误差也不大。

电子非弹性散射还可以用来确定变形核的电荷密度分布。高分辨的电子谱仪有可能分辨不同转动态（如0^+、2^+、4^+、6^+等，见*高自旋态*）的弹性和非弹性散射的电子。根据这些实验数据可以获得这些态的电荷密度分布$\rho_0(r)$、$\rho_2(r)$、$\rho_4(r)$、$\rho_6(r)$等。变形核的本征电荷密度分布也可以从这些测量值算得。

电子非弹性散射除了研究核的集体激发外，还能研究少数核子的激发，如高自旋态的磁激发。^{268}Pb的6.74兆电子伏激发态$I^\pi=14^-$（I和π分别为自旋量子数和宇称），它被解释为处在$i_{13/2}$轨道的一个中子被激发到$j_{15/2}$轨道，而形成$(j_{15/2}, i_{13/2}^{-1})_{14^-}$态。

核巨共振态的研究。电子非弹性散射能激发原子核的巨共振态。最早观察到巨共振态是在光核反应中。实光子动量比起核子费米运动的动量小很多，因此光核反应中观察到的主要是电偶极（E1）共振。利用电子散射研究巨共振比光核反应的优点是虚光子的动量（等于电子的动量转移q）可以很大，因此有可能得出整个巨共振的形状因子，而且会找到除E1外的其他不同的激发形式（如M1、E2、M2、E3等，见*γ跃迁*）的贡献。

准弹性散射　在准弹性区有两类实验。①单举实验。它只测量被散射电子的能谱或微分截面。这些数据大致上被认为可以用费米气体模型来解释。电子散射的微分截面一般是动量转移q和能量转移ω两个变量的函数。在准弹性区有一个标定无关性定律。即在相当大的q范围内，微分截面能简化为$(Z\sigma_{ep}+N\sigma_{en})$乘上一个变量$y$的普适函数，式中$y$为核子动量在$q$方向的分量；$\sigma_{ep}$（或$\sigma_{en}$）分别为电子同质子（或中子）散射的微分截面。一些微分截面的实验数据大致符合这定律。②遍举实验。如(e, e′p)敲出反应等，电子在散射过程中还把一个质子从核内打出来，实验除了测量被散射的电子外，还同时测量被打出的质子。通过这类实验可以得到核子的内壳分离能和动量分布函数。相似地，通过实光子的(γ, p)敲出反应也能得到质子的动量分布函数。

核子共振态的产生　利用高能电子和光子可能在核内激发产生Δ（1232）共振态。关于Δ粒子在原子核中如何产生和传播是很有兴趣的问题，这类实验才开始不久。

核子的深度非弹性散射　从电子-质子深度非弹性散射实验中，得到质子结构函数的标度无关性质。高能电子和氘核的深度非弹性散射，在四动量转移的二次方$q_\mu^2\geqslant1.5(GeV/c)^2$时，结构函数也具有标度无关的性质。相似地，对$^3He$、$^4He$核及更重的核的测量表明，这些核的结构函数，在$q_\mu^2$增大时，也趋于标度无关性，但渐近位置的$q_\mu^2$值要大一些。这种结构函数的标度无关性质，反映了核子的夸克组分，并可决定核子内夸克动量分布。

1983年欧洲μ子实验组首先观察到复杂核（如Fe等）与氘核的深度非弹性散射结构函数有重要差别，这种差别反映了束缚在核内核子的夸克动量分布与自由核子的分布有很大不同。这现象被称为EMC效应。

束缚在原子核内核子的夸克动量分布受到扭曲的理论解释有很多，包括核内存在着多夸克的口袋，束缚核fs子的禁闭半径增大，在原子核内Δ共振以及π介子的丰度增大等（见*深度非弹性散射*）。

（毛振麟）

高能电子与质子的高能弹性散射 high energy elastic scattering between high energy electrons and protons 高能电子可以与质子通过电磁场而发生相互作用的过程。通过高能电子和质子的高能弹性散射，可以研究质子的电磁性质。在单光子交换近似下，质子的电磁性质可用**形状因子**刻画。这些形状因子是动量转移，即初态质子动量和末态质子动量之差的模方Q的函数。如果质子是基本粒子或点粒子，根据量子电动力学，这些形状因子对动量转移的依赖只能是依赖于Q的对数。实验上发现，这些依赖关系并不是对数型的，因此质子不可能是基本粒子或点粒子。

（马建平）

高能核－核碰撞 high energy nucleus-nucleus collisions 利用重离子加速器等产生的高能重离子束轰击靶核引起的原子核反应。具有很高能量的原子核相碰时，形成一个能量密度很高的碰撞区，入射核和靶核都被高度激发，之后发生碎裂，并且随之产生许多新的粒子的过程。又称高能重离子反应。

历史 20世纪50年代，首先从宇宙线的乳胶照片中得到了典型的高能核－核碰撞事例，从而开始用宇宙线研究高能核－核碰撞。早期的工作主要是研究碰撞的截面及碰撞碎片的质量和动量分布。70年代初，美国劳伦斯伯克利实验室的Bevatron（以及后来改进的Bevalac）及苏联杜布纳联合核子研究所的同步稳相加速器（JINR）等若干高能重离子加速器建成，产生人工加速的高能重离子束，提供了在实验室研究高能重离子反应的可能性。70年代开始研究产生基本粒子（如π介子、K介子等）的数目及动量的分布。与此同时，各种唯象的高能重离子反应的模型也发展起来了。随着理论的发展和人工加速重离子的质量不断增大，能量不断提高，又开始探索用高能重离子反应形成**核物质的异常态**的可能性。

碰撞类型 从碰撞碎片分布的实验结果分析，高能核－核碰撞可以分为周缘碰撞和对心碰撞两类。

周缘碰撞 入射核同靶核擦边而过，仅有少数核子相碰而脱离原子核。入射核同靶核的剩余部分受到激发，各自发生碎裂。在这类碰撞的乳胶照片上，可以明显地看到一个高速朝前的入射核碎片形成的锥和一个低速各向同性的靶碎片分布。在高能核－核碰撞中，入射核和靶核的地位是完全对等的。如果转换到入射核的静止系中，入射核碎片的动量分布也是各向同性的。更仔细的研究发现，这一动量分布呈高斯型，并且一个核碎片的同位素分布情况是同入射能量及另一核的质量无关的。这一现象表明，周缘碰撞中，一个核的碎裂过程是独立于它同另一核相碰的激发过程的。

对心碰撞 入射核同靶核完全重叠，发生激烈的碰撞，二者都被击碎。这类事件（约占全部事件的10%）包含高度的激发及大量次级碎片和其他次级粒子的发射。乳胶照片上显示出从碰撞点发出的几十条碎片及产生粒子的径迹。在对心碰撞中，激发同碎裂过程不再互相独立，碎片的分布情况也随靶和入射核的质量而变。

碰撞模型 “参加者－旁观者”模型主要用于描述周缘碰撞的过程，见图。两个高能核相碰，首先发生一个快速的碰撞过程。在两个核相重合的区域内的核子群激烈相碰，它们被称为参加者，而处于两个核非重合区的核子群只受到轻微的扰动，互相穿过，继续保持它们原有的速度，被称为旁观者。对心碰撞中主要是参加者。而在周缘碰撞中，绝大部分核子都是旁观者。以后，两个核中的旁观者经历第二阶段：碎片的“蒸发”过程，并形成两个碎裂区。用一些唯象的模型描述这两个碎裂区的性质，得到半定量的符合。对参加者构成的高温高密度中心区的描述更为复杂，还存在不少尚待解决的问题。火球模型主要用于描述对心碰撞的过程，对参加者构成的高温高密度中心区（称为核火球）是比较有代表性的一个唯象模型。

多重产生模型 对于碰撞中产生粒子的研究是强子－核子及强子－原子核作用中相应研究的继续和发展，也是对各种原子核上的**多重产生**模型的进一步检验。绝大部分产生的粒子横向动量都不大。实验最初测量了这些低横向动量产生粒子的数目及纵向动量的分布。原有的多重产生模型则推广用于解释这些实验结果。随后产生粒子之间的关联及大横向动量粒子性质的研究也逐渐引起了重视。实验和理论都在讨论各观测量随核的质量数A的α次幂即A^{α}的变化规律。特别是大横向动量时α大于1的现象可能显示了高能核－核碰撞中新的机制。

碰撞和夸克物质的形成 不少理论工作者探讨反常核物质、夸克－胶子等离子体等各种物质新形态存在的可能性，并提出重的重离子在很高能量下对心碰撞后，可能从高温高密度的中心区产生这些新形态。格点近似方法提供了进行实际计算的工具。各种理论计算正在进行，若干更高能量的重离子加速器也正在设计和改建中。有可能展开一个复杂而有趣的未知领域。

（赵维勤　张敬业）

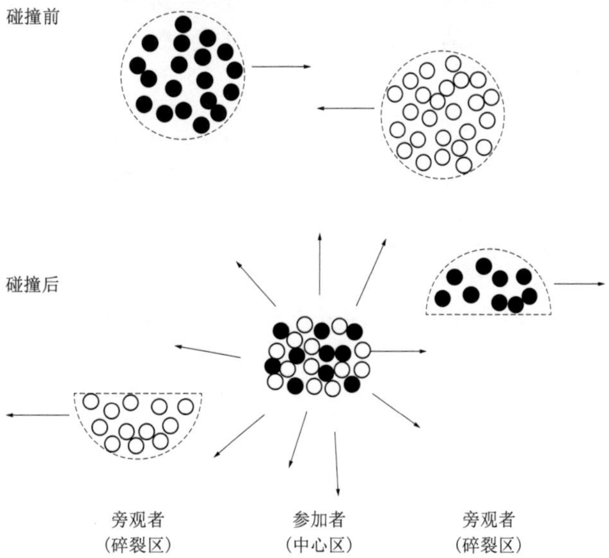

参加者－旁观者模型

高能核物理 high energy nuclear physics 研究当原子核受到能量在百兆电子伏量级及以上的高能粒子或其次级粒子束轰击时所表现出来的各种现象、特点及由此显现出来的物理规律的学科。是原子核物理和粒子物理的交叉学科。原子核受高能粒子轰击的物理过程的特点是：①入射粒子能量高，可用于研究高动量和高能量转移下的核现象。②入射粒子种类多，次级粒子束可以有介子、K介子、质子、反质子等，增加了改变原子核的手段，扩大了可研究的范围。③大多数过程都涉及非核子自由度，如介子、重子激发态、夸克、胶子等。这样的过程是研究基本粒子的特性和基本相互作用的重要途径，其内容涉及很多方面的物理。

介子－核物理 通过介子与强子或原子核的散射，提供强子结构的信息，如通过π-N、K-N散射可分别研究核子激发态和超子激发态的结构和这类相互作用的特征。π介子同位旋矢量的特征可用于核动力学研究。核内的π介子组分，它的产生、传播和吸收，介子－核相互作用的研究是探测核内核子短程关联和核内核子密度分布的有效途径，提供了核内介子自由度影响的知识。

高能轻子－核和高能光子－核物理　以高能轻子（e，μ，ν）、γ为探针，从它们与原子核间的深度非弹性散射截面数据，抽取核内部分子的各种分布函数，了解核内部分子分布及强子内部夸克－胶子结构等信息。通过精确测定核内电荷密度分布和产生的核的高激发态，如**高自旋态**、巨共振态等，了解核激发态的结构。研究核内束缚和自由核子的夸克动量分布差异（EMC效应）以探索色禁闭及强子内部结构中的核效应。还能探索核内非核子自由度和产生的强子在核内的性质。

高能重离子碰撞物理　用高能重离子束流轰击靶核可产生高温度、高密度及高奇异数的极端核环境，使色禁闭解除，形成物质的新形态［夸克－胶子等离子体（QGP）及色超导相］。研究这类过程中的动力学机制、各种物相的性质、QGP形成的信号及发生相变的演化规律，获取色禁闭知识等是研究的核心。它也对认识宇宙的起源有重要意义。

强子谱、强子结构及多夸克态　强子是物质中分离出来并能直接观测到的最小微粒，它们的结构和特性是物理研究的基础。**量子色动力学**（QCD）的非阿贝尔特性导致的非微扰效应使得强子的结构和性质还很难用QCD拉氏量解析推导出来，唯象夸克模型被广泛采用。模型理论预言结果与实验数据的差异，如：标量介子态的数量和某些态的衰变性质、“失踪”的重子激发态及一些激发态的能级倒置等，为破解强子结构中的多夸克态和非微扰QCD等难题提供了重要平台。

原子核中的味物理　高能碰撞中的弱相互作用可改变夸克的“味”。核中的味物理是指含有重夸克的核多体系统中的物理。重味夸克的引入会使重子和原子核的性质发生很大的改变，这使重味超核成为强相互作用研究的新窗口。核子内的奇异成分、重味双重子态、重味超核的弱衰变、高能$\bar{P}$-N相互作用等也是研究的新生长点。

重子－重子相互作用及双重子态　重子结构和重子－重子相互作用是核物理中两个最基本的问题。从理论上认识重子－重子相互作用的来源，特别是短程部分的机制，是研究的核心，有效场论方法是研究的又一重要途径。基于该相互作用的特点和两重子系统的对称性，研究可能存在的双重子态，如观测到的d*，是研究六夸克态的重要途径。

基本相互作用的精确检验　在现代核物理实验中，标准模型（BM）所有理论预言值对新物理很敏感。BM理论预言值和实验精确测量值的比较将检验BM的正确程度，它们之间的任何偏离都来源于非常大的质量标度效应。对相关物理量的精确测量涉及对KM矩阵幺正性的检验、CP不守恒的根源，从而减少核结构对对称性检验的不确定性和探索超出BM的新物理。（沈彭年）

高能环形正负电子对撞机　circular electron positron collider　研究高能物理实验的加速器设备。高能环形正负电子对撞机曾在粒子物理的发展中起过重要作用。1989～2000年运行的大型轻子对撞机（LEP）是历史上最高能量的环形正负电子对撞机，质心系能量达到210吉电子伏。相对于直线正负电子对撞机，建造环形正负电子对撞机的技术更成熟、造价相对较低，但受同步辐射等因素的影响不易达到更高能量。

由于实验上发现**希格斯粒子**的质量为125GeV/c^2，相对较轻，国际高能界开始关注在周长约70到100千米环形隧道中建造高能环形正负电子对撞机的可行性。基于这样的考虑，欧洲科学家先提出了三倍于LEP的计划（TLEP），其后发展为欧洲核子研究中心的未来环形对撞机（FCC）方案，包括未来环形正负电子对撞机（FCC-ee）和未来强子对撞机（FCC-hh）。同一时期，中国科学家也提出了环形正负电子对撞机（CEPC）和超级质子对撞机（SPPC）方案。

下一代高能环形正负电子对撞机的主要物理目标包括：①在质心能量为240吉电子伏附近运行，精确测量希格斯粒子的性质（希格斯粒子工厂）；②在质心能量为91吉电子伏附近大量产生Z粒子，精确检验标准模型的同时还可以进行一些重味物理和强子谱方向的课题研究（Z粒子工厂）；③在质心系能量160吉电子伏附近运行，精确测量W粒子质量。另外，将对撞机的质心系能量提高到顶夸克对产生阈（350吉电子伏）以上的可能性也受到广泛关注。

为了达到以上的物理目标，高能环形正负电子对撞机的设计指标远高于LEP。在240吉电子伏时的瞬时亮度要达到2×10^{34}/（厘米^2·秒），在91吉电子伏处好于10^{34}/（厘米^2·秒），需要达到$10^{35\sim36}$/（厘米^2·秒）以满足超级Z工厂的物理目标。在满足亮度要求的同时，束流的同步辐射功率是一个非常关键的参数，直接影响对撞机运行时的能耗，要求单束同步辐射功率不高于50兆瓦。以欧洲核子研究中心为依托单位的FCC研究团队和以中国科学院高能物理研究所为依托单位的CEPC-SPPC团队共同推动着下一代高能环形对撞机的预研，同时还与国际电子直线对撞机（ILC）和常温双束直线对撞机（CLIC）研究团队保持密切交流与协作。国际未来加速器委员会（ICFA）2014年2月发表声明，支持作为能量前沿的环形对撞机的相关研究，鼓励全球配合。

（高　杰）

高能粒子电荷的测定　charge measurement of high-energy particles　粒子电荷是粒子固有特征之一。不同的粒子带有不同的电荷（可以是正电荷、负电荷或电中性的），粒子所携带的电荷量也不同。可以采用不同的方法对粒子的电荷进行测量。粒子电荷测定的方法主要有：

测定带电粒子的正、负电荷是使粒子穿过外加磁场的径迹室等探测装置来实现的，电荷的种类可由粒子偏转方向给出。与电子偏转方向相同的带负电，反之带正电。粒子电荷数（Z）可通过粒子偏转半径（ρ）和动量（p）给出。其关系式为$Z=p/(0.3B\rho)$，这里B为磁感应强度，是已知的。从这一公式也可看出，如果Z是已知的，则动量可直接由偏转半径给出。

测量电荷数的另一个方法是测量粒子电离特性，利用电离能量损失与电荷数Z的二次方成正比的关系而得到。

中性粒子在磁场中不发生偏转，它们通过与物质相互作用产生带电粒子（如中子打出反冲质子或在强子簇射后产生带电π介子，γ光子在电磁簇射后产生大量正负电子对），或直接衰变为带电粒子（如短寿命的中性K介子衰变为π^+和π^-）。通过次级带电粒子的测量可重建出初始的中性粒子。

大型磁谱仪是进行高能粒子电荷精确测定的理想装置。（郑志鹏）

高能粒子寿命的测量　lifetime measurement of high-energy particles　粒子的寿命是粒子重要的固有特征之一。不同的粒子有不同的寿命，可以根据特性采用不同的方法对粒子的寿命进行测量。除了少数粒子外，绝大多数粒子是不稳定的，经衰变成为末态粒子。粒子寿命与相互作用机制有关，寿命的长短相差悬殊，短至10^{-24}秒，长至无穷。对于不同寿命范围的粒子，采取的测量方法亦不相同：

粒子寿命大于10^{-9}秒。采用的是测量粒子衰变过程中粒子数目的方法。假设有N_0个粒子衰变，在时间t后还剩下N个粒子，则有$N=N_0e^{-t/\tau}$。只要测出N_0和N，则粒子的平均寿命τ就可得出，它相应于粒子衰变到原有数量的$1/e$所需的时间。

粒子寿命在10^{-15}～10^{-9}秒之间。通常采用测量粒子从产生到衰变顶点的位置和粒子的动量（或速度），再经推算得到粒子在静止坐标系中的寿命。

粒子寿命在10^{-24}～10^{-20}秒之间（相应于强作用衰变时间）。粒子以共振态的形式存在，通过测量粒子不变质量谱宽度Γ，可得到粒子的平均寿命。为方便起见，可直接用粒子宽度表征共振态参量。

粒子寿命在10^{-16}～10^{-19}秒范围。这是较难直接由实验确定的区间，可通过间接方法或用理论计算确定粒子的寿命。

（郑志鹏）

高能粒子探测 detection of high-energy particles 对高能粒子种类的鉴别和对其性质的各种参数的测量。见**大型磁谱仪**。

高能粒子质量的测定 mass measurement of high-energy particles 对高能粒子的静止质量的测定。粒子质量是粒子重要的特征物理量，不同的粒子有不同的质量。高能粒子静止质量的测定，为鉴别粒子提供了最重要的信息。通常粒子质量的测定不是一次性完成，而是通过测定两个物理量（如动量、速度或洛伦兹因子、电离能量损失等其中的两个）而推算出粒子静止质量的。动量测量可通过有外加磁场的径迹室来实现；时间测量常用**飞行时间计数器**或切伦科夫探测器；**穿越辐射探测器**是测量洛伦兹因子的有效装置；多丝室或漂移室可提供一定动量范围内电离能损测量。

粒子物理实验中普遍使用的**大型磁谱仪**由多种探测器组成，能同时给出多种运动学参量从而精确得到粒子的质量，是高能粒子质量测定的理想工具。

（郑志鹏）

高能质子同核的碰撞 high energy proton-nucleus collisions 研究能量约在500兆电子伏以上的入射质子与原子核相碰撞所发生的各种现象。实验室产生的质子的能量已可达到百吉（10^{11}）电子伏以上。高能质子和核的碰撞是20世纪60年代末期以来，随着高能加速器的改进及其运用于核现象的研究而逐渐深入展开的强作用下的多体相互作用问题。它从弹性散射、非弹性散射、敲出反应以及单举反应诸现象研究质子同核的相互作用。

高能质子同核的弹性和非弹性散射 对不同能量下的轻核、中重核及重核散射现象已经有了系统的研究。实验表明，不论是弹性或是非弹性散射，角分布都呈衍射花纹。这些衍射现象表明入射的高能质子与核中的核子发生多次碰撞并引起相干散射，理论上称之为多次散射。随着实验的进步，核的多次散射理论已发展到用相对论性描述得很精细的地步，已能定量地计算弹性道和非弹性道的微分截面（见**核反应**和**核反应截面**）、极化等物理量。对于非弹性道，多次散射与核能级的特性关系极为密切。因此，高能非弹性散射也是探测核结构的重要手段。附图给出800兆电子伏的入射质子与^{24}Mg的弹性和非弹性散射的微分截面。

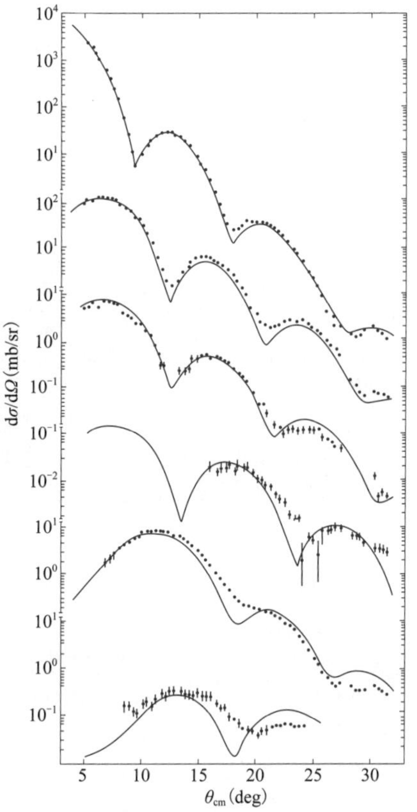

弹性和非弹性散射的微分截面的理论计算（实线）和实验值（点）

高能质子的敲出反应和单举反应 敲出反应是指敲出一个核子［如(p, 2p)反应］或一核子团［如(p, pα)反应］的反应。可以从出射粒子的角关联现象去了解反应机制。实验集中于轻核或较轻核。理论认为敲出反应是准自由散射过程。即认为入射高能质子与被敲出的核子或核子团，在核场的作用下发生自由散射。它的理论研究还处于定性阶段。高能量的入射质子与原子核作用后，可以发射出多个核子或核子团，或大量的π介子。这是低能核反应所不可能发生的现象。只观测其中某一类出射粒子的反应称为单举反应。理论上对它的解释还处于模型的初期阶段。

（李扬国）

高清电视 high distinct TV 高清晰度数字电视的简称。数字电视系统的电视信号从编辑、发送、传输到接收等整个过程，都以数字信号的形式进行处理。除图像和声音信号源、投影器件和显示器件（屏）以及放音装置尚存在模拟工作方式外，数字电视系统的其他部分均已实现数字化。

按图像质量、图像格式等，数字电视分为标准清晰度电视（SDTV）和高清晰度电视（HDTV）两种级别，因而数字电视不一定是HDTV，而HDTV一定是数字电视。卫星、有线、地面数字电视系统既可提供SDTV级别服务，也可传送HDTV节目，既可面向一般观众，也可实现条件接收。往往经同一电视信道，同时传送SDTV节目和HDTV节目。

标准清晰度电视系统，其图像主观评价相当于现行模拟电视，并能传送数字声音。中国采用的图像格式为720×576，即画面在水平和垂直方向，分别由720和576个有效像素组成的阵列构成。

高清晰度电视系统，其图像清晰度在水平和垂直两个方向，均近似为现有模拟电视图像清晰度的2倍，并能传送数字声音。中国采用的图像格式为1920×1080，画面在水平和垂直方向的有效像素分别达到1920和1080，图像宽高比为16∶9。

在中国的高清晰度电视或显示器的有关标准中规定，HDTV须满足下列主要要求：①能接收、解调、解码按GB 20600标准发送的数字电视射频信号。②能处理符合GY/T 155规定的数字电视射频信号。③显示图像宽高比为16∶9。④显示图像清晰度：对固有分辨力的平板机（LCD、PDP等）及LCD、DLP、LCoS背投影机以及家用的前投影机，图像清晰度在水平方向和垂直方向大于等于720电视线，对扫描方式的CRT电视机图像中央部分的清晰度在水平方向和垂直方向大于等于620电视线，边角大于等于450电视线。⑤解码、输出多声道数字声音信号。

HDTV具有下列优点：图像更清晰，图像可达35mm电影胶卷片首映效果；音质更高，音质可达CD水平；功能极大丰富，除丰富多彩的音视频效果外，还可进行软件下载、软件维护与升级、数据广播，满足多种个性化需求，可开展交互业务，实现上网、收发邮件、购物、远程教育和医疗、股票交易和信息咨询等等；节目套数可大量增加。由于数字电视采用高效压缩编码、多路数据复用和高效数字调节技术，从而使得在原有的一个电视频道内可传送更多套节目和附加数据。

随着科学技术的发展，又开始流行超高清电视（UHD）4K，屏幕分辨率3840×2160，水平、垂直像素相乘得到3840×2160=8 294 400，即4K电视总像素近830万。画面清晰度更加细腻，画质更高。（骆东淼）

高斯 gauss 绝对电磁单位（CGSM）制和高斯制中物理量磁感应强度的单位。简称高。符号为G或Gs。为纪念德国数学家、物理学家C.F.高斯而命名。定义若放在磁感应强度均匀的磁场中，方向与磁感应强度方向垂直的长直导线上通有1绝对电磁单位的恒定电流（等于10安培）时，在每厘米长度的导线上受到磁力为1达因，则该磁感应强度为1高斯。高斯单位在实际中较为常用，高斯和国际单位制中的磁感应强度单位特斯拉之间的换算关系为1高斯 $=10^{-4}$特斯拉。（陈熙谋）

高斯，C.F. Carl Friedrich Gauss（1777-04-30～1855-02-23） 德国数学家、天文学家和物理学家。生于布伦瑞克，卒于格丁根。1795年入格丁根大学，1799年在赫尔姆施泰特大学获博士学位。1807年被聘为格丁根大学数学、天文学教授和新建的天文台台长，执教到逝世。

高斯在数论、代数学、非欧几里得几何学、微分几何学、超几何级数、复变函数论以及椭圆函数论等方面均有一系列开创性贡献。1801年发表的《算术研究》是数学史上为数不多的经典著作之一，它开辟了数论研究的全新时代。在这本书中，高斯不仅把19世纪以前数论中的一系列孤立的结果予以系统的整理，给出了标准的记号和完整的体系，而且详细地阐述了他自己的成果，其中主要是同余理论、剩余理论以及型的理论。高斯在代数方面的代表性成就是对代数基本定理的证明。高斯的方法不是去计算一个根，而是证明它的存在。这个方式开创了探讨数学中整个存在性问题的新途径。他曾先后四次给出这个定理的证明，在这些证明中应用了复数，并且合理地给出了复数及其代数运算的几何表示，这不仅有效地巩固了复数的地位，而且使单复变函数理论的建立更为直观、合理。在复分析方面，高斯提出了不少单复变函数的基本概念，著名的柯西积分定理（复变函数沿不包括奇点的闭曲线上的积分为零），也是高斯在1811年首先提出并加以应用的。复函数在数论中的深入应用，又使高斯发现椭圆函数的双周期性，开创椭圆函数论这一重大的领域。但与非欧几何一样，关于椭圆函数他生前未发表任何文章。1812年，高斯发表了在分析方面的重要论文《无穷级数的一般研究》，其中引入了高斯级数的概念。他除了证明这些级数的性质外，还通过对它们敛散性的讨论，开创了关于级数敛散性的研究。非欧几里得几何是高斯的又一重大发现。15岁时他意识到除欧氏几何外还存在着一个无逻辑矛盾的几何，其中欧氏几何的平行公设不成立。1799年他开始重视开发新几何学的内容，并在1813年左右形成较完整的思想。高斯深信非欧几何在逻辑上相容并确认其具有可应用性。虽然高斯生前没有发表这一成果，但他的遗稿表明，他是非欧几何的创立者之一。

高斯涉足天文学始于小行星的研究。1801年，他创立三次观测决定小行星轨道的计算方法。1808年，他创立太阳等高法求钟面时与视正午的改正数，用太阳近子午线高度求纬度的方法，还创立同时测定钟差和纬度的多星等高法。1818年，他建立了高斯形式的任意常数变易法和长期差理论，用以计算行星轨道要素的长期变化。J.C.亚当斯用这个方法计算出狮子座流星群升交点的长期变化。在星历表计算中，高斯引进一组辅助量，使求日心赤道直角坐标计算大大简化。这些辅助量称为高斯常数。在天体力学中，万有引力常数G，有时写为$G=K^2$，K又称高斯常数。在引力理论中他引进了“引力势”的概念。1812年导出“均质物体势”的高斯定理。在光学方面，他改进了克尔纳目镜，在焦平面上备有照明标尺，称为高斯目镜。高斯发明的求最或然值的最小二乘法，对天文学和其他许多需要处理观测数据的学科有重要的意义。

1816年起，高斯把数学应用从天体转向大地。他受汉诺威政府的委托进行大地测量。在这项工作中他创造了两种彼此独立的方法，推导旋转椭圆体上计算经纬度及方位角之差至四次项的公式。在对大地测量的研究中，高斯创立了关于曲面的新理论。1827年发表《关于曲面的一般研究》，书中全面阐述了三维空间中的曲面的微分几何，并提出了内蕴曲面理论，在微分几何学中获得扩展和系统化。高斯的曲面理论后来被他的学生B.黎曼所发展，成为广义相对论的数学基础。

19世纪30年代起，高斯的注意力转向磁学，1839～1840年先后发表了《地磁概论》和《关于与距离平方成反比的引力和斥力的普遍定理》，后一篇论著还是19世纪位势理论方面的主导性文献。在CGS电磁系单位制中磁感应强度的单位定为高斯（1932年以前曾用高斯做磁场强度单位），便是为了纪念高斯在电磁学上的卓越贡献。（朱明忠）

高斯定理 Gauss theorem 静电场的基本定理之一。可表述为电场强度$\boldsymbol{E}$对任意闭合曲面S的积分等于闭合曲面所包围的电荷的代数和$\sum q$除以真空介电常量ε_0，与闭合曲面外的电荷无关。用公式表示为：

$$\oint_S \boldsymbol{E}\cdot \mathrm{d}\boldsymbol{S}=\frac{1}{\varepsilon_0}\sum q$$

高斯定理可从库仑定律和场强叠加原理导出。它是电力平方反比律的必然结果，反映静电场是有源场的特性，正电荷是电场（电力线）的源，负电荷是电场（电力线）的汇。高斯定理可用于讨论静电场的性质和计算对称分布情形下的场强。运用数学中的高斯公式，可将高斯定理表述为微分形式，即电场强度的散度等于电荷密度ρ除以ε_0，用公式表示为：

$$\nabla\cdot\boldsymbol{E}=\rho/\varepsilon_0$$

存在电介质情形，高斯定理可表述为电位移矢量$\boldsymbol{D}$对任意闭合曲面的积分等于闭合曲面所包围的自由电荷的代数和，与闭合曲面外的自由电荷无关，与极化电荷也无关，用公式表示为：

$$\oint_S \boldsymbol{D}\cdot \mathrm{d}\boldsymbol{S}=\sum q_0$$

式中电位移矢量$\boldsymbol{D}=\varepsilon_0\boldsymbol{E}+\boldsymbol{P}$，$\boldsymbol{P}$为极化强度矢量。电介质存在时，高斯定理的微分形式为：

$$\nabla\cdot\boldsymbol{D}=\rho_0$$

式中ρ_0为自由电荷密度。静电场的高斯定理可推广到非静态的普遍情形，它是普遍电磁场的麦克斯韦方程组的组成部分。（陈熙谋）

高斯光束 Gaussian beam 横向电场以及辐射照度分布满足高斯函数的电磁波光束。在光学谐振腔理论中，具有一定的频率和一定空间分布的光场才能够在腔内形成“自再现”振荡。这些能在腔中稳定“自再现”振荡的光场分布称为腔模。腔模分为纵模和横模。腔模沿腔轴线方向的稳定场分布称为纵模；而在垂直于腔轴的横截面内的稳定场分布称为横模。根据谐振腔内不同的对称性可选择直角坐标或极坐标来描述光场的横向空间分布，分别用厄米特－高斯模（Hermite-Gaussian modes）和拉盖尔－高斯模（Laguerre-Gaussian modes）来表示不同的横模。两者的最低阶模——阶横模对应的光束即是高斯光束。

沿腔轴方向（设为z方向）传播的高斯光束电矢量的振幅表达式为：

$$E(x,y,z)=\frac{A_0}{\omega(z)}\exp[-\frac{x^2+y^2}{\omega^2(z)}]\exp\left[-\mathrm{i}k\left(\frac{x^2+y^2}{2R(z)}+z\right)+\mathrm{i}\phi(z)\right]$$

式中$E(x,y,z)$为(x,y,z)点的电矢量；$\frac{A_0}{\omega(z)}$为z轴上各点的电场矢量的振幅；$\omega(z)$为z点的光斑尺寸，它是z的函数：

$$\omega(z)=\omega_0[1+(\frac{z\lambda}{\pi\omega_0^2})^2]^{\frac{1}{2}}$$

式中ω_0为$z=0$处的$\omega(z)$，它是高斯光束的一个特征参量，成为光束的"束腰"。而$R(z)$是在z处波阵面的曲率半径，它是z的函数：

$$R(z)=z[1+(\frac{\pi\omega_0^2}{z\lambda})^2]$$

$\phi(z)$是与z有关的相位因子：

$$\phi(z)=\arctan\frac{z\lambda}{\pi\omega_0^2}$$

$z=0$处，高斯光束的电矢量振幅表达式简化为：

$$E(x,y,0)=\frac{A_0}{\omega_0}\exp[-\frac{x^2+y^2}{\omega_0^2}]$$

上式说明，在$z=0$处高斯波的等相位面是$z=0$的平面，它和平面波的波阵面一样，而其振幅呈高斯分布。所谓高斯分布，是光斑中心最亮（光强或光振幅最大），随着x^2+y^2的增加（即沿光斑外延），光强逐渐减小。当$x^2+y^2=\omega_0^2$时，光强降为中心点的1/e。所以定义：光振幅下降到中心值处的光斑半径ω_0作为光斑大小的量度，称为束腰。在$z=0$处高斯波的等相位面虽是平面，但其振幅分布却与平面波不同，因此不属于平面波。高斯光束在$z>0$和$z<0$处，其等相位面均不再是平面。

$z=z_0>0$处，这时波阵面（等相面）是一球面，其曲率半径为$R(z_0)$，且有：

$$R(z_0)=z_0[1+(\frac{\pi\omega_0^2}{z_0\lambda})^2]>z_0$$

这说明波阵面的曲率中心不在原点（$z=0$），而且曲率半径R随z不断变化，即在不同的z处，波阵面的曲率中心和半径均各不相同。

在$z=z_0$处，波阵面振幅为：

$$\omega(z_0)=\omega_0[1+(\frac{z_0\lambda}{\pi\omega_0^2})^2]^{\frac{1}{2}}>\omega_0$$

这说明高斯光束在传播空间里，其振幅仍为高斯分布。但光束是发散的，其半发散角θ定义为：

$$\theta=\frac{\mathrm{d}\omega(z)}{\mathrm{d}z}=\frac{2\lambda^2}{\pi\omega_0^2}\frac{1}{\sqrt{\lambda^2+\pi^2\omega_0^4/z^2}}$$

可见，z趋向正无穷时，$\theta=\lambda/\pi\omega_0$，为高斯光束的远场半发散角。而且高斯光束在传播空间里，发散角开始为零（$z=0$时，$\theta=0$），后来随z逐渐增大，到$z=\pi\omega_0^2/\lambda$时，达到远场发散角的$1/\sqrt{2}$。通常称$z=0$到$z=\pi\omega_0^2/\lambda$的范围为高斯光束的准直距离，在此期间的光束半发散角θ最小。$z=-z_0$时和$z=z_0$的情况类似，只是波面取向相反。

综上所述，高斯光束是振幅和等相位面都在变化的高斯球面波。高斯光束在$z<0$处沿z方向传播的是会聚球面波，到$z=0$处变成一个平面波，继续向前传播时又变成一个发散的球面波，而光束在z轴各处横截面上的光强均为高斯分布。

真实的激光器当以最低阶单横模运转时，输出的光束非常接近高斯光束，实际中就把它当成高斯光束。（李建郎）

高斯光学　Gaussian optics　1841年C.F.高斯建立的研究理想光学系统的几何光学理论。是几何光学的分支，曾也称近轴光学（但后来波动光学中近轴波的传播也称近轴光学）。高斯光学适用于任何结构的光学系统，但所研究的光线必须满足近轴条件。所谓近轴条件，指的是光线与系统光轴的夹角α的正弦值可用角值（单位为弧度）代替，即$\sin\alpha\approx\tan\alpha$，$\cos\alpha\approx1$。为便于一般地了解光学系统的成像性质和规律，在研究近轴区成像规律的基础上建立了理想光学系统的光学模型。模型完全撇开具体的光学系统结构，仅以几对基本点的位置及一对基本量的大小来表征。根据基本点的性质能方便地导出成像公式，从而可了解任意位置的物体被此模型成像时，像的位置、大小、正倒和虚实等各种成像特性和规律。反过来也可根据成像要求得出相应的光学模型。任何具体的光学系统都能与一个等效模型相对应，对于不同的系统，模型的差别仅在于基本点位置和焦距大小有所不同而已。高斯光学的理论是进行光学系统的整体分析和计算有关光学参量的必要基础，计算结果（像的大小、成像位置等）接近于实际值。虽然只描述近轴区的成像性质，但在衡量非近轴区的成像状况和质量方面也是必不可少的。特别是在光学系统初步设计阶段，高斯光学的理论和有关计算公式有重要的实用意义。（郭奕玲）

高速摄影　high-speed photography　记录高速流逝过程（瞬变现象的时间－空间信息）的特种摄影方法及其装置。随着各种尖端科技的发展，如爆轰物理、流体力学，以及各种空间飞行体的轨迹姿态乃至激光聚变等高速瞬变现象等，都对高速摄影提出了更多更高的要求，也展现了其广阔的应用前景。高速摄影可如下分类：

①高速动片摄影。由于现象的快速变化，要使胶片上的快速成像保持不动而获取清晰的图像，就要求胶片运动和影像运动以等速移动保持相对静止，即采取所谓"光学补偿式高速摄影"。

②间隙式高速摄影。这类摄影中胶片在机械抓片机构的作用下，做周而复始的间隙运动，在曝光的瞬间胶片在片门中保持静止。

③高速静片摄影法。主要用于超高速的转镜分幅/扫描摄影机。

④高速激光全息摄影、纹影/阴影、不同高速快门（如单幅/多幅电光效应的克尔盒快门、法拉第效应的磁光快门等）的高速相机；不同高速光源，如X射线闪光灯构成的高速摄影装置。

⑤变相管相机。（李育林）

高温超导电性　high temperature superconductivity　临界温度T_c超过25开的超导电性。高温超导体发现以前，超导电性大多出现在金属、合金或化合物当中，临界温度最高的超导体是铌三锗（Nb_3Ge），T_c为23.2开，这类超导体通常称为低温超导体或常规超导体。它们的性质可用电子－声子相互作用的BCS理论来描述。

高温超导体的发现　1986年10月瑞士科学家K.A.缪勒和德国科学家J.G.贝德诺尔茨在研究氧化物陶瓷材料LaBaCuO时发现了在35开的超导迹象，在世界范围掀起了对高温超导体的追逐，不久发现了临界温度在液氮温度（77.3开）以上的钇钡铜氧（YBaCuO）超导体，T_c达到93开。随后科学家们研制出多系列100多种氧化物超导体。最有代表性的几种系列的氧化物超导体包括镧钡铜氧［$(LaBa)_2CuO_4$］、YBaCuO、铋锶钙铜氧（BiSrCaCuO）、铊钡钙铜氧（TlBaCaCuO）、汞钡钙铜氧（HgBaCaCuO）、钕铈铜氧［$(NdCe)_2CuO_4$］及锶镧铜氧［$(SrLa)CuO_2$］等。其中$(NdCe)_2CuO_4$和$(SrLa)CuO_2$的载流子是电子，为N型氧化物超导体，其他几种氧化物超导体的载流子为空穴，是P

型超导体。许多氧化物超导体的临界温度超过液氮温度，临界温度最高的是$HgBa_2Ca_2Cu_3O_y$，常压下的T_c达到135开，在4.5×10^{10}帕的高压下T_c达到164开，这类超导体统称为高温氧化物超导体或高温超导体。高温超导机制尚未完全认识。

1991年发现的C_{60}掺碱金属的$RbCs_2C_{60}$和2001年发现的MgB_2化合物超导体的临界温度分别达到33开和39开，属于非氧化物的高温超导体，但这些超导体的超导机制及其超导性质都可用通常的BCS理论来描述，一般将这类高温超导体归于常规超导体。

高温氧化物超导体的结构特征　高温氧化物超导体的晶体结构比常规超导体复杂，结构特征与高温超导电性有密切关系。高温氧化物超导体中缺陷是本征的，而且相干长度很短，只有纳米量级，因此高温超导电性不仅与材料的平均结构有关，对局部精细结构（如非计量配比氧含量、调制结构、阳离子无序分布、孪晶及其他短程序结构等）也都十分敏感。

高温氧化物超导体有共有的结构特征，均属于ABO_3钙钛矿型结构的衍生物。它们的组分可通过元素替代在很宽的范围内发生变化，结构中或多或少地存在着氧缺位和A晶位阳离子缺位。高温氧化物超导体具有层状结构，晶体原胞均由单层或多层CuO_2面和一些插入层组成。CuO_2面为导电层，对超导电性和正常态输运性质起关键作用。CuO_2面为完整的四角结构，化学组成单纯；插入层为结构上不完整的载流子库层，或者化学组分不单纯，通过元素化学取代，替代阳离子或改变氧含量，为CuO_2面提供载流子。如$(LaSr)_2CuO_4$的导电层CuO_2面被具有NaCl结构的LaO_2插入层所夹（图1）。$YBa_2Cu_3O_7$的导电层由Y原子隔开的两个CuO_2面组成，插入层是BaO-CuO-BaO（图2）。

从结构特征可推知，一种高温氧化物超导体经元素化学取代，可伴随一个系列的高温氧化物超导体出现。

高温氧化物超导体的相图　高温氧化物超导体的母相是反铁磁绝缘体，通过化学掺杂引入载流子，材料从反铁磁到顺磁转变，转变点奈耳温度T_N随载流子浓度增加而下降，继续增加掺杂量δ长程反铁磁（AFM）有序被抑制，出现超导电性（SC）。超导电性的临界温度T_c与掺杂量δ有关，在最佳掺杂时，T_c达到最大值。在欠掺杂区T_c随掺杂量δ增加，在过掺杂区T_c随δ减小，一直到超导电性消失，出现正常金属态。通过掺杂引入载流子可是

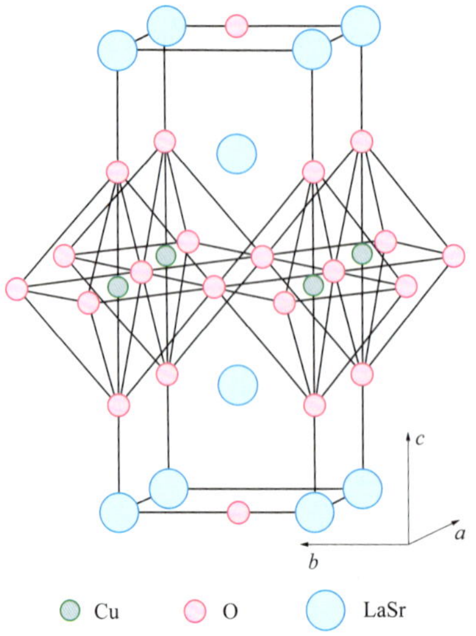

图1　$(LaSr)_2CuO_4$的晶体示意图

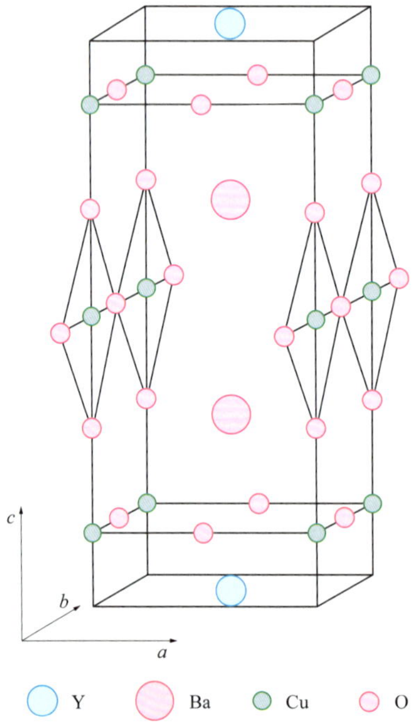

图2　$YBa_2Cu_3O_7$的晶体示意图

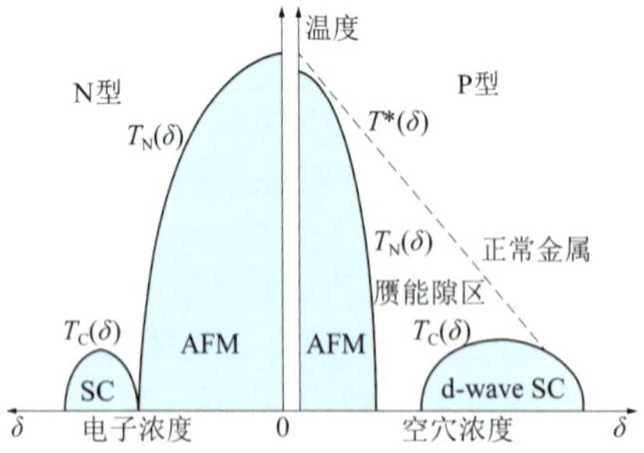

图3　高温氧化物超导体的相图

电子（N型）也可是空穴（P型），在相变温度和掺杂量δ（或载流子浓度）的相图中，P型材料和N型材料的相图有明显的差别，相图不对称（图3）。

P型材料中欠掺杂和最佳掺杂区的正常态性质与费米液体有很大的区别，电子态密度也被压低，在超导临界温度T_c和T^*（T^*是赝能隙开始出现的温度）之间出现赝能隙，超导态的电子对波函数有d波对称性，在过掺杂区正常态性质接近费米液体性质。N型材料中反铁磁有序在比较宽的掺杂区域中存在，而超导电性出现的范围比较窄，若不加磁场无赝能隙现象，电子对的对称性与样品和掺杂量有关。如在无限层超导体$(SrLa)CuO_2$中，电子对具有s波对称性。

高温超导体的超导态性质　高温超导电性形成的原因依然是电子对在低温下凝聚成库珀对，表现出的许多宏观特性与低温超导体相同。如有零电阻现象；存在迈斯纳效应；属于第二类超导体，在一定外场下磁场线进入超导体内部，形成混合态；第二类超导体的临界电流密度由磁通线钉扎力决定；两块超导体之间弱连接会出现约瑟夫森效应等。但导致高温超导电性的电子配对机制与常规超导体的不同，而且高温超导体临界温度T_c很高，相干长度ξ很短，有强的各向异性，以及电子对的波函数主要是d波对称性，因此高温超导体的超导态性质出现许多新的特征。

第二类超导体的状态与磁场、温度的关系（H-T相图）　常规第二类超导体可用京茨堡－朗道（G-L）平均场理论描述，其H-T相图主要包括三个区域：磁场强度在下临界场H_{c_1}以下处于迈斯纳态；在H_{c_1}和上临界磁场强度H_{c_2}之间处于混合态，磁场以量子化磁通线的形式进入体内，形成磁通线格子；在H_{c_2}以上处于正常态（图4a）。

高温超导体中热涨落明显，G-L平均场理论不适用。描述热涨落的京茨堡参量为：

$$Gi=[T_c/(H_c^2\varepsilon\xi^3)]^2/2$$

式中ε为各向异性参量，$\varepsilon=(m/M)^{1/2}<1$；$m$、$M$分别为$a$、$b$面和$c$方向的电子有效质量。高温超导体的$Gi$比常规超导体约高6个量级。强的热涨落现象使混合态中出现磁通格子“溶化区”，磁通格子转变成磁通“液体”。而在H_{c_2}附近，有序参数涨落明显，H_{c_2}已不再是热力学相变线（图4b）。

磁通线钉扎及动力学行为　超导体中有缺陷时磁通线更容易处在缺陷位置，形成磁通线钉扎中心。磁通钉扎强度和洛伦兹力平衡决定第二类超导体的临界电流。高温超导体的相干长度ξ很小，因此有效钉扎中心的尺寸比较小。此外，氧化物高温超导体是掺杂的绝缘体而不是金属，钉扎中心主要是点缺陷（如氧空位），所以钉扎势比较弱，集体钉扎对临界电流起重

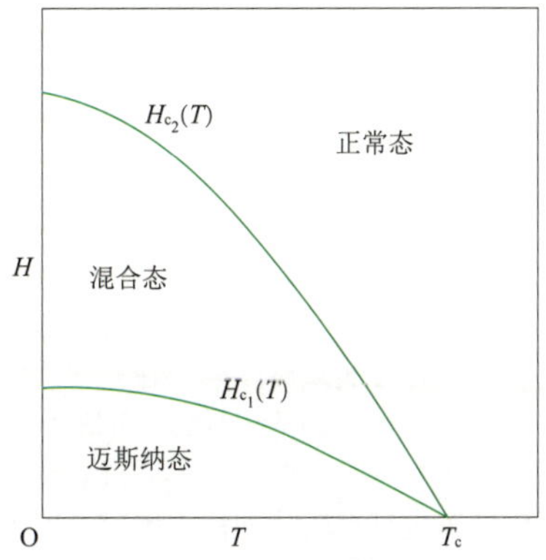

a 常规第II类超导体的H-T相图

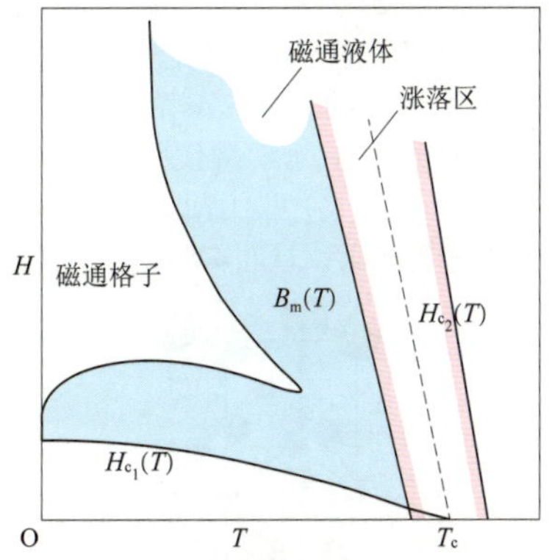

b 高温超导体的H-T相图

图4　H-T相图

要作用。可以人工引入强钉扎中心，如用重离子轰击产生延续的柱状缺陷以及薄膜生长形成的螺型位错等都有较强的钉扎作用。对于BiSrCaCuO等强各向异性的超导体，线状磁通线被二维饼状磁通涡旋阵代替，有序参数在CuO_2面之间要减弱，导致本征钉扎作用。这些特性将影响高温超导体的临界电流。

若考虑钉扎无序，在动力学意义上的H-T相图会有新相形成，在磁通格子区出现磁通玻璃相，在磁通液体区出现磁通线钉扎液体和磁通线无钉扎液体。在这些新相区中磁通线动力学行为将有很多新内容。

热涨落也将影响磁通线的动力学行为。磁通线热激活越过钉扎势垒，导致磁通线蠕动，产生损耗。高温超导体中热涨落产生巨蠕动，而且热涨落在其位移空间内可"抹平"钉扎势，使有效钉扎减弱。实验上出现的新现象包括：有限磁场中T_c附近的电阻转变曲线加宽；上临界场H_{c_2}以下会出现明显的不可逆线；远低于T_c的温度还有明显的蠕动行为；临界电流随温度升高下降得很快；温度较低时量子涨落出现磁通量子蠕动现象等。

电子对对称性及有关性质　常规超导体中导致电子配对的是电子－声子相互作用，库珀对具有s波对称性，能隙函数Δ

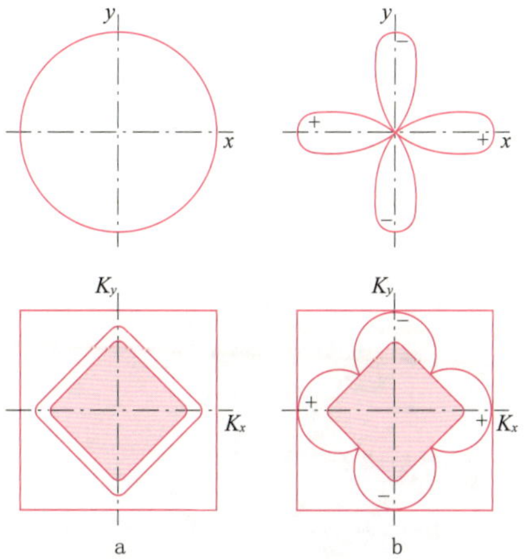

图5　超导能隙函数在实空间中和动量空间费米面上的相位和振幅示意图

在空间基本上是各向同性的，也没有相位变化（图5a）。高温超导体中电子间的反铁磁自旋相互作用很强，导致电子配对的相互作用可能是电子的磁性涨落，而不是电子－声子相互作用，电子对d波对称性的可能性最大。实验证明BiSrCaCuO、TlBaCaCuO等四方晶体的P型超导体中，电子对对称性主要是$d_{x^2-y^2}$波，在正交相YBCO超导体中总存在d波和s波的混合，而N型高温超导体中主要是s波对称性。$d_{x^2-y^2}$对称性的能隙函数在$K_x=\pm K_y$处有节点而且过节点，相位发生变化（图5b）。有实用意义的高温超导体主要是$d_{x^2-y^2}$波对称性，d波对称性对超导态性质有重要影响。

高温超导体由于晶界小面化现象，在晶界特殊取向地方出现局域相差π，产生反相超流，形成自发环流及相应的自发磁通。同时使高温超导体晶界处的临界电流有明显的下降，临界电流涨落和噪声增加。

高温超导电性的机制　高温超导体的电子配对机制。比较一致的看法是高温超导的配对机制主要不是电子－声子相互作用，高温超导体中载流子有强的电子关联，未掺杂的铜氧化物的基态是反铁磁莫特绝缘体，在CuO_2面中存在Cu^{2+}—Cu^{2+}离子最近邻反铁磁交换作用，掺杂后奈耳温度下降，一直到长程反铁磁有序消失，产生超导电性，但超导态还保持着短程AFM的自旋关联。实验上证实，P型和N型两类高温氧化物超导体的低能自旋激发是不同的，P型氧化物中为无公度的自旋激发并伴有能隙，而N型氧化物中的低能自旋激发是自旋密度波SDW。

从高温氧化物超导体的相图看到，d波对称性、赝能隙现象以及电荷条纹相等特征都不是高温超导电性的必要条件，而是竞争有序的结果。高温超导电性的复杂性表现在多种基态存在各种竞争有序的现象。

试图说明高温超导电性的理论有：基于正常态非费米液体的**共振价键理论**（RVB）和在RVB理论基础上发展的**拉廷格液体**理论，其主要结果是自旋－电荷分离，低能激发包含无电荷的自旋子和无自旋的空穴子。自旋涨落理论认为超导来自CuO_2面，与面内AFM关联有密切关系，该理论明确预言$d_{x^2-y^2}$波对称性；从反铁磁绝缘相出发，强调同位库仑排斥作用，还要考虑载流子的巡游特性的哈伯德模型以及相关的t-J模型等。P型和N型氧化物超导性质的不对称说明不能用单带哈伯德模型，而要使各种现象统一起来必须使用多带近似，或应包含其他自由度。另外，载流子之间有效吸引相互作用要经受强的同位库仑排斥作用的背景。　（杨乾声）

高温超导体　high temperature superconductor　超导转变温度T_c超过25开的超导体。自从荷兰物理学家H.开默林·昂内斯在1911年发现汞的超导电性后（超导转变温度为4.2开），在长达75年的时间里所有已发现的超导体都只是在极低温度下才显示超导性。这些超导体大多是金属和合金材料，其中超导转变温度最高的是1973年发现的铌三锗（Nb_3Ge），T_c为23.2开。理论预言这类超导体的转变温度不会超过30开，因此通常将超导转变温度T_c超过30开的超导体称为高温超导体。而金属和合金当中的超导体通常称为低温超导体或者常规超导体，它们的超导机理和性质可以用基于电声子相互作用的BCS理论（该理论以其发明者J.巴丁、L.V.库珀和J.R.施里弗的名字首字母命名）来描述。

研究历史　1986年，J.G.贝德诺尔茨和K.A.缪勒两位科学家在研究氧化物陶瓷材料镧钡铜氧（LaBaCuO）时发现了转变温度为35开的超导现象。不久美国休斯敦大学的朱经武研究组和中国科学院物理研究所的赵忠贤研究组几乎同时独立发现了转变温度在液氮温度（77.3开）以上的钇钡铜氧（YBaCuO）超导体，最高T_c达到93开。随后科学家们发现了多系列铜氧化物超导体，如镧锶铜氧［$(LaSr)CuO_2$］、铋锶钙铜氧（BiSrCaCuO）、铊钡钙铜氧（TlBaCaCuO）、汞钡钙铜氧（HgBaCaCuO）和钕铈铜氧［$(NdCe)_2CuO_4$］等。其中钕铈铜氧的载流子是电子，为电子型超导体，其他几种的载流子为空穴，是空穴型超导体。许多铜氧化物超导体的超导转变温度超过液氮温度，临界温度最高的是$HgBa_2Ca_2Cu_3O_y$，常压下的T_c达到135开，高压下T_c达到164开。

2006年，日本东京工业大学的细野秀雄研究组发现铁基层状材料$LaO_{1-x}F_xFeP$是临界温度为7开的超导体。2008年，他们用砷（As）取代磷（P）得到了临界温度达到26开的超导材料$LaO_{1-x}F_xFeAs$。其后中国科学技术大学的陈仙辉小组和中国科学院物理研究所的王楠林研究组又分别发现了新的铁基超导材料$SmO_{0.85}F_{0.15}FeAs$（T_c为43开）和$CeO_{1-x}F_xFeAs$（T_c为41开）。同时，细野秀雄研究组发现在加压（4×10^9帕）后，$LaO_{0.89}F_{0.11}FeAs$的临界温度可以达到43开。不久，中国科学院物理研究所的赵忠贤研究组又将这一纪录提高到55开（$SmO_{0.9}F_{0.1}FeAs$）。2012年，清华大学的薛其坤研究组在单层硒化铁（FeSe）薄膜中发现可能存在接近液氮温度（77开）的超导转变迹象。这是除铜氧化合物高温超导体之外，另一类临界温度超过40开（麦克米兰极限）的非常规高温超导体。

此外，1991年发现的碳60掺碱金属的$RbCs_2C_{60}$、2001年发现的二硼化镁（MgB_2）和2015年发现的在150吉帕压力下硫化氢（H_2S）的超导转变温度分别达到33开、39开和203开，它们都属于非氧化物的高温超导体。这些超导体的超导机制及其超导性质可用通常的BCS理论来描述，一般将这类高温超导体归于常规超导体。

铜氧化物高温超导体　铜氧化物高温超导体具有层状结构，晶体原胞均由单层或多层CuO_2面和一些插入层组成。CuO_2面为导电层，对超导电性和正常态输运性质起关键作用。CuO_2面为完整的四角结构，化学组成单纯。插入层为结构上不完整的载流子库层，或者化学组分不单纯，通过元素替代或改变氧含量，为CuO_2面提供载流子。如La_2CuO_4的导电层CuO_2面被具有NaCl结构的La_2O_2插入层所隔开（图1）。

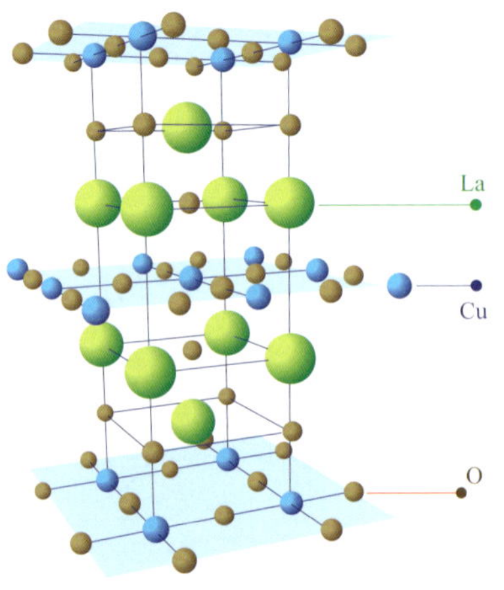

图1　La_2CuO_4晶体示意图

铜氧化物高温超导体的母体是反铁磁绝缘体，通过化学掺杂引入载流子，其反铁磁转变的奈耳温度T_N随载流子浓度增加而下降，继续增加掺杂浓度δ，反铁磁长程序消失，系统在转变温度之下出现超导电性。其超导转变温度T_c与δ呈现为一圆顶状的依赖关系。在最佳掺杂时T_c达到最大值，掺杂浓度低于最佳掺杂的区域称为欠掺杂区，其中T_c随δ增加；而高于最佳掺杂的区域称之为过掺杂区，其中T_c随δ减小，一直到超导电性消失。通过掺杂引入载流子可以是电子（电子型掺杂）也可以是空穴（空穴型掺杂）。在超导转变温度和掺杂量δ（或载流子浓度）的相图中（图2），电子型掺杂和空穴型掺杂材料的相图有明显的差别。电子型掺杂材料中反铁磁有序在比较宽的掺杂区域中存在，而超导电性出现的范围比较窄。

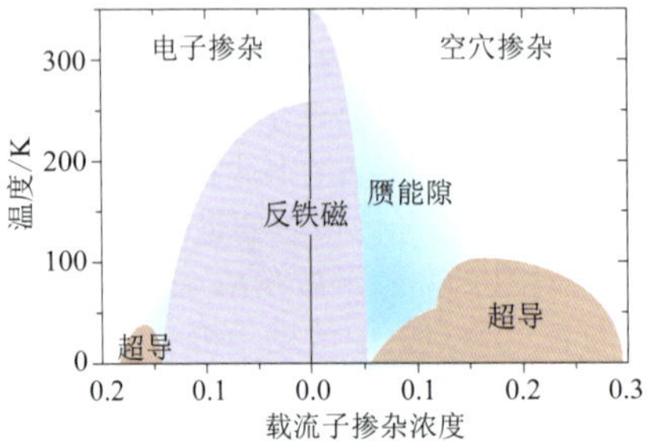

图2　铜氧化物超导体相图

铜氧化物高温超导体物理性质的主要特征是：①母体是反铁磁莫特绝缘体。铜氧面的铜原子具有$3d^9$的电子组态，所以铜氧化物高温超导体具有半满的电子能带结构。根据能带理论，半满能带结构的材料应该是导体，因为在外电场作用下电子可以运动，即一个晶格点上可以占据两个自旋相反的电子。但实验表明其母体是绝缘体。这是因为通常的能带理论没有考虑电子之间强的库仑相互作用。如果这种强的相互作用使得两个电子占据同一个晶格点的能量增加比电子在两个晶格点间跳跃导致的能量减小还大，则电子不能运动，从而形成每个晶格点只有一个电子的莫特绝缘体。所以，其母体是**莫特绝缘体**也说明铜氧化物高温超导体是电子之间的库仑相互作用很强的强关联系统。②在最佳掺杂附近，其正常态呈现出不同于传统金属中所表现的费米液体行为。主要体现在从高温直至超导转变温度的宽广温度区间，其电阻率均表现为线性温度依赖关系，而不是传统金属中的低温下温度二次方依赖关系。这被认为是由于电子间的强关联互作用所导致的效应。③欠掺杂和最佳掺杂区在超导转变温度以上的正常相出现电子态能隙的部分打开，称为赝能隙。在赝能隙区，角分辨光电子谱实验观测到费米弧现象。④超导态的电子配对波函数具有$d_{x^2-y^2}$波对称性，能隙函数在$k_x=\pm k_y$处有节点（能隙为零），而且过节点相位发生变化。⑤非弹性中子散射实验测量的超导态自旋激发谱普遍具有沙漏形状。

铁基超导体　铁基超导体与铜氧化物高温超导体有许多相似之处。从结构上看，铁基超导体也具有层状结构，关键的导电层由铁（Fe）和氮族元素（P，As）或硒（Se）构成。阳离子（Fe^{2+}）与阴离子（例如As^{3-}）之间形成正四面体配位。图3是铁基超导体中典型的$BaFe_2As_2$的晶体结构示意图。通过化学元素替代的方式，在$BaFe_2As_2$中用钾（K）取代钡（B）来对母体化合物进行掺杂，从而实现超导电性。

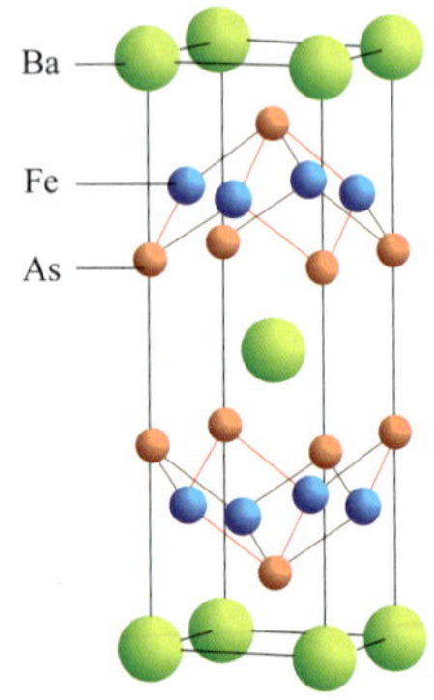

图3　$BaFe_2As_2$晶体示意图

铁基超导体与铜氧化物超导体的相图也很相似（图4），它们的母体都具有磁性序，通过化学掺杂破坏磁性序进而出现超导相。但与铜氧化物超导体不同，铁基超导体是一个多带系统，母体大多是具有多个费米面的半金属，而不是莫特绝缘体。多数铁基超导材料的母体化合物具有平面内的条纹状反铁磁结构（沿一个方向为铁磁链，铁磁链之间为反铁磁排列）。多数铁基超导体的能隙函数具有$s_\pm$波对称性，能隙没有节点，能隙函数在电子型和空穴型费米面之间改变符号。铁基超导体的另一个特点是除了反铁磁序之外还有另外一个转变温度更高的非超导有序态，它自发

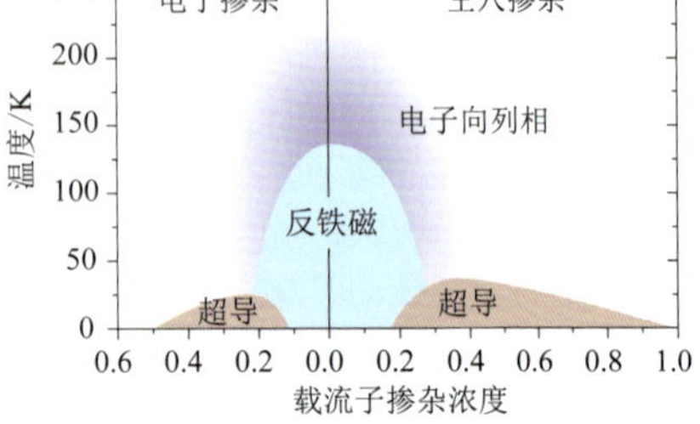

图4　铁基超导体相图

破缺铁平面x和y方向的对称性，被称为电子向列相。

高温超导机理　对于铜氧化物和铁基超导体的高温超导机理（电子之间如何形成库珀对，即配对机制），还没有一致的看法，但一般认为传统的电声子相互作用机制应该不是其高温超导性的主因。

对于高温超导体或非常规超导体的超导机理，主要有两类代表性的观点。第一类是弱耦合的电子－自旋涨落互作用机制。这类观点认为，掺杂系统中的反铁磁长程序消失，但存在反铁磁涨落，电子通过交换反铁磁涨落形成配对。这一理论可以正确预言铜氧化物高温超导体中的$d_{x^2-y^2}$波配对和铁基超导体中的$s_{\pm}$波配对。第二类是基于掺杂莫特绝缘体的**共振价键理论**，最早由美国物理学家P.W.安德森在1987年提出，主要针对铜氧化物高温超导体。这种观点认为近邻铜原子上的电子形成自旋单重态的价键，这些价键态的不同组态之间等权重叠加形成共振价键态，当系统掺杂之后，电子自旋单态可以像库珀对一样运动，从而形成超导。这一理论同样能够给出$d_{x^2-y^2}$波配对。而对于铁基超导体，由于母体化合物不是莫特绝缘体，一般认为共振价键理论不适用。由于铁基超导体是多带系统，也有理论提出轨道涨落的配对机制。　（于顺利　李建新）

高温气体动力学　high temperature gas dynamics　研究高温气体流动规律和流动中气体产生的高温所引起的气体各种物理化学变化、能量传递和转化规律的学科。是从气体动力学中发展出来的一门学科。高温气体流动是指在高速与高温等极端条件下，气体微团具有分子内部自由度激发，原子、分子间不断发生解离、电离、复合等化学反应，乃至出现辐射和电磁效应等一类物理化学过程的复杂气体介质流动。在这种流动中，气体动力学过程与物理、化学、热力学、传热学、激波动力学和分子动力学过程紧密耦合，超出了经典气体动力学物性参数、本构方程和线性理论能够描述的范畴。高温气体动力学研究涉及高超声速流动、超声速燃烧、爆轰物理、大功率激光、火箭与航空发动机、激光与物质相互作用等重要工程应用问题，是具有多学科交叉特点的气体动力学主要前沿分支学科之一。

研究内容　高温气体动力学涉及气体分子内部各种能级的激发和气体中电离、离解、化学反应等物理化学变化的规律以及伴随有这些变化的流动的规律。

超声速燃烧方面。对于马赫数6以上的飞行需求，目前最有潜力的燃气推进方式就是超燃发动机，其研究的难点是实现燃烧室内部可燃气体的超声速燃烧，并同时最小化发动机流道的激波损失，这涉及超声速混合与燃烧、激波压缩过程的应用与控制等。

边界层物理方面。飞行器表面附近的黏性边界层决定了气动热力学环境，由于激波与黏性耗散作用的影响，高温诱导分子内部振动能态的激发，导致不同程度的分子解离、复合和电离，并伴随着能量转移和宏观流动的强耦合，此时的高温气体流动表现出复杂介质、非线性、多尺度和非平衡的特点。高温边界层发展和强烈的热量传递现象改变了飞行器表面的热流与压力分布，产生了与传统超声速飞行器截然不同的飞行器设计概念。

激波主导的流动方面。高超声速条件下飞行器前方形成强激波，波后气体处于高焓高温状态，气体微团的动能到内能的转换，给飞行器带来严酷的气动热环境问题。5～30的飞行马赫数对应的飞行器周围流场的滞止温度可高达数千度至上万度，需要建立物理模型来处理激波流场环境中的转捩、湍流、热化学非平衡、气体与材料相互作用等。

非平衡流动方面。挑战来自高超声速流场中时常存在原子碰撞特征时间与流场特征时间尺度相比是不可忽略的这一事实，它导致温度的定义变得模糊，而且在分子内部和化学反应过程中，有限能量传递速率的影响必须在建立分析模型和模拟流场时加以考虑，需要确定新的高温反应路径，包括中间过程常数。

热环境和材料相互作用方面。高超声速激波层气体对飞行器表面有强烈传热作用，在优化高超声速系统使之更为有效的过程中，最重要的一环就是对高超声速系统表面的高温材料与热环境之间复杂的化学和热力学交互作用进行表征、建模和最终控制，开展表面催化和化学反应这些影响飞行器热传导的研究。

另外，火箭发动机的燃烧室和喷管流动是有化学反应的高温高速流动。激光器中主要的气动问题就属于非平衡的、有各种分子和原子能级激发和转换的、有电磁波辐射的高温气体动力学问题。计算和测量高速飞行器周围形成的等离子体鞘中的电子密度等参量，以及采取有效措施改进流场参量以利通信，也是高温气体动力学的研究内容。

研究方法　高温气体动力学研究必须采用理论分析计算、地面实验和飞行试验相结合的研究手段。飞行试验可以得到最接近实际状态的飞行数据，但代价昂贵、风险大，难以进行广泛详细的数据测量。高温气体辐射性能的基本数据，可根据分子和原子的光谱数据和物理模型计算出来，并用激波管、电弧风洞等实验方法加以验证。地面实验存在两方面的局限性，一是地面设备模拟能力不足，不可能进行真实飞行状态的全尺寸实验，二是由于物理化学现象的复杂性，使已有的相似律难以将现有低参数、小尺寸的实验结果可靠地外推到飞行条件。随着计算机和大规模并行技术的发展，相对经济、能够模拟大范围尺寸参数、并能定量描述流动细节的数值模拟的优势日趋明显。

理论分析上，主要面临真实物理建模的挑战。高超声速流动本质上可以是一种处于非平衡热力学和热化学反应状态介质的非定常流动。高温条件下的空气实质上成为一种随着温度变化而组分不断发生变化的反应介质，流动伴随着分子解离能和复合能的吸释。流动介质的非平衡状态导致了由传统的物性方程描述其热力学参数的困难。介质微团的解离、电离、热辐射及其松弛过程的尺度突破了传统气动实验的相似性准则。气体介质的微观变化通过介质热力学状态与宏观的高超声速流动产生了强关联。高温空气的热力学性质必须重新确定，介质与壁面发生的物理化学效应等需要新的物理模型，进一步提出不依赖于实验数据的物理模型是非常重要的。

地面实验上，主要是模拟方法、模拟能力以及信息获取技术的挑战。高温气体动力学正朝着精细化方向发展，流动机理等基础研究需要考虑流动物理现象的多样性。数值模拟取得了长足进步，但它并不能预测所有的流动现象。设计人员要真正弄清每一种流动现象对飞行器性能产生的影响，还必须借助先进的高焓风洞装备和飞行试验等手段。通过实验模拟、理论建模和数值计算之间的综合分析，达到对复杂外形相关联的基本流体现象的机理理解。高超声速试验设备和测量技术依然存在许多问题，试验流场的均匀性和稳定性需要关注，验证模型时所应用实验数据的不确定性必须评估，从而有效地验证物理模型问题。

计算手段上，主要是算法和计算能力的挑战。高超声速飞行器绕流涉及湍流、非定常激波等复杂流动现象，燃烧过程中两相流动的引入是对计算方法研究的挑战。在流动非平衡条件下的强激波和非定常湍流/激波相互作用还不能很好地把握，需要提高转捩到湍流和再层流化的自动预测能力。全耦合、多物理场耦合，这些物理场包括非定常变形、结构热响应、烧蚀、辐射、稀薄和连续流区域、磁流体动力学等，需要改进部件级模拟的效率和时间精度。

展望 由于高温气体流动本质性改变了传统气体力学的流动规律，对于先进高超声速飞行器气动特性研究中涉及的高温气体流动问题，需要关注以下方面：

高超声速边界层的发展及其传热与传质。高速运动的气流在边界层内被滞止，被减速的部分气体温度剧增到远高于物面温度，导致热量传入飞行器，形成了独特的气动加热问题。除气流速度外，气体组分和化学反应状态，飞行器的表面形状、光滑程度和材料，边界层的流态和质量传递都会影响边界层传热。另外，飞行器表面烧蚀和侵蚀引起的外形变化和质量注入边界层也会影响边界层的传热与飞行器的气动性能。在考虑烧蚀与流动耦合时，激波形状、压力分布、边界层转捩、表面粗糙度都是重要影响因素。

高温气体效应。在室温下气体分子只做平移和转动，但是温度的不断升高能够诱导分子振动，进而导致分子内部的约束被破坏而离解，而在更高的温度下将出现电离现象。高温气体效应诱导显著的能量传递，不仅影响传热过程，也影响了边界层的发展，进而对于具有复杂外形的航天器的俯仰力矩产生明显影响。高温气体效应的探索，对高超声速绕流、强激波传播、高温等离子体流动、气动激光和化学激光等方面的研究都具有重要的支撑意义。

平衡与非平衡流动。高温气体微团状态的热力学与热化学变化有个过程，从过程开始到达到新平衡状态的时间称为松弛时间。根据气体运动的宏观特征时间与松弛时间之比的大小，可将流动分成平衡、冻结和非平衡流动。对于平衡和冻结和流动，气体特性已有不少可用的气体热力性质表。对于非平衡流动，一切可能的热力学与热化学变化过程都与起主导作用的化学反应速率和加热速率有关。

辐射与电磁效应。高速进入其他行星大气层的飞行器速度，如木星探测器可以高达48千米/秒，高温气体的辐射传热成为能量交换的主要因素之一。辐射性能的基本数据能够根据分子和原子的光谱数据和物理模型计算，然后再根据这些数据和气体的成分及状态参数估算出辐射传热。高温电离的气体形成等离子体，在飞行器周围形成等离子鞘套，为了有效地识别和跟踪再入飞行器，必须研究等离子鞘套和尾迹的电磁特性及其对雷达波传播的影响。

复杂流动效应耦合作用的数值模拟。可以通过数值求解非平衡纳维–斯托克斯方程，考虑流动滑移效应和表面温度效应，对比分析热化学非平衡效应、表面催化效应和稀薄气体效应对飞行器气动力/热特性的影响。需要发展计算流体力学与详细化学动力学耦合分析方法，考虑流动、传热及化学反应等因素，分析燃烧过程和监控中间组分的反应历程；发展计算流体力学与材料固有性质的耦合分析方法，研究高速飞行气流、材料响应、热响应与结构的相互作用；发展基于物理机制的模型，用于表征状态方程、化学动力学、组分热状态、扩散模型的输运性质、表面氧化、催化、辐射等。（叶友达）

高压汞灯 high pressure mercury lamp 通过高气压汞蒸气（2～10标准大气压）放电，直接辐射出可见光的光源。高压汞灯的光效约40流明/瓦。该灯的发光体积小，亮度较高，但光色差（显色指数～16）。也曾出现在泡壳内加钨丝的自镇流高压汞灯来改善光色，但光效更低。高压汞灯在室外照明和高大厂房建筑物内照明曾得到广泛使用，但随着性能更好的**高压钠灯**和**金属卤化物灯**，尤其室外LED光源的出现，此灯的室内外照明使用基本绝迹。（陈大华）

高压钠灯 high pressure sodium lamp 利用高气压钠蒸气（约7000帕）放电来发光的光源。高压钠灯研制成功的基础是20世纪60年代初，人们制造出了具有优异抗钠腐蚀性能，适合作为高压钠灯电弧管的半透明多晶氧化铝陶瓷（PCA）材料。该灯内充有一定比例的钠汞气和氙气，灯的光效高（约150流明/瓦），寿命长（约20 000小时），尤其适用于道路照明和城市景观照明。但也呈现被室外LED光源所取代的趋势。（陈大华）

高压样品合成 high pressure synthesis 利用施加外部压力使物质产生多型转变，或使不同物质间发生化学反应来获得新物相、新化合物或新材料的样品研究或制备方法。通常高压样品合成的压力为3万～10万大气压（1万大气压 ≈ 10^9 帕），对某些超硬材料的合成压力可达25万大气压左右。

高压样品合成的物理原理在于压力能够有效改变物质中的原子间距和电子的分布状态（即物质的晶体结构和电子结构）以及相应的物理和化学性质。按高压合成初始物和产物的变化，可将高压合成分为两类：一类是物质经过高压作用后，其产物的化学键构成并未发生变化，只是发生了晶体结构的多型性转变，形成了新物相；另一类是多组元物质经过高压高温作用后，产生了元素间或不同组元间的化学键的改变，形成了新的化合物。通过对高压下物质结构及性质的研究，可以更深刻理解其常压下的结构与物性，同时为探索和设计新材料提供实验依据；而高温高压合成则是新物质、新材料探索的重要手段。

对于在压力下产生新物态的物质，在压力卸除后大多数物质的状态会产生可逆的变化，失去高压下的物态而恢复到未加压时的状态。因而为了保持稳定的高压物态，通常高压样品合成都是在高温下进行的（称之为高压高温合成）。高压高温合成可以在降温和卸压后将高温高压下形成的结构及物性保留至常温常压，以获得常压下不能生成或难于生成的物质。高压高温条件下人造金刚石和立方氮化硼的合成是高压高温样品合成最经典的例子。高压高温合成的人造金刚石和立方氮化硼都已得到了广泛实际应用，而高温高压合成的物质也达数千种之多。作为重要的物质科学研究手段之一的高压研究正在为发现新现象、新规律、新物质、新性能、新材料发挥着不可替代的重要作用。（孙力玲）

高真空系统 high vacuum system 本底压力在10^{-3}～10^{-6}帕的真空系统。大量用于集成电路及电子器件生产过程。主要是薄膜制备、薄膜加工和处理、微分析技术及真空传输机构的抽空。高真空系统通常由前级泵（如机械真空泵、吸附泵等低真空泵）、主抽泵（如油扩散泵、分子泵等高真空泵）等两级以上的泵联动组成。（吴小山）

高中子通量反应堆 high neutron flux reactor 中子注量率高于10^{14}中子/(厘米^2·秒)的反应堆。采用高浓^{235}U作为核燃料，水作为慢化剂和冷却剂，铍作为中子反射层。世界上已有高中子通量反应堆20余座，在建的有中子注量率达8×10^{14}中子/(厘米^2·秒)的中国先进研究性反应堆（简称CAAR堆）。该堆的主要用途是燃料元件辐照实验、材料辐照实验、单晶硅中子嬗变掺杂研究和制备、高比活度放射性同位素（如^{60}Co）的生产、卸料元件辐射源的利用等。（柴之芳）

高自旋超形变 high-spin superdeformation 高速转动的原子核极度拉长（长短轴之比接近2∶1）的形变。自1986年发现

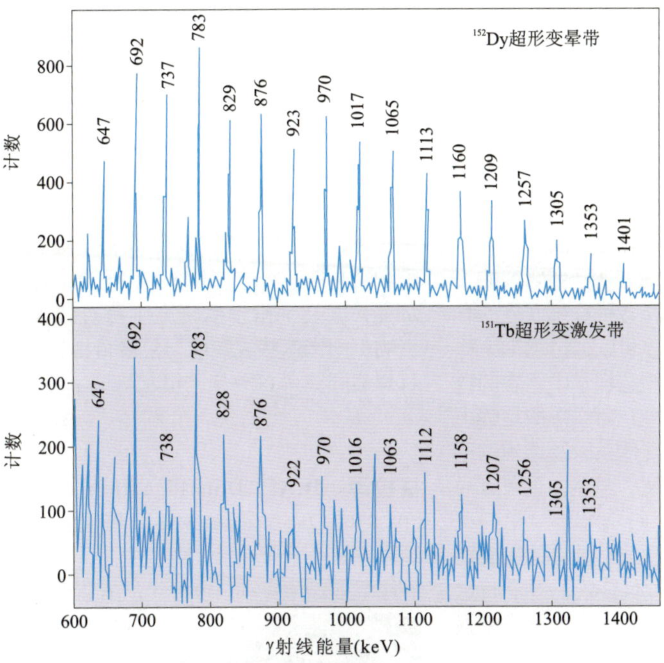

^{152}Dy和^{151}Tb超形变全同带γ射线谱

^{152}Dy超形变以来，至今已在百余种核中发现了300多条超形变带。特别是在同一核中多条超形变带（如^{150}Gd中已发现14条超形变带）的发现和不同类型以及不同运动模式超形变的发现，如超形变形状共存、三轴超形变晃动模式的发现等，使超形变研究进入内禀组态层次，从而形成了一个十分活跃的领域。这一领域中的重要课题之一是超形变带的退激。它涉及原子核由超形变到正常形变大幅度的变化和内禀状态的重组。它也是一个技术难度很大的课题。^{152}Dy超形变带发现15年之后，才观测到其超形变到正常形变带之间的连接跃迁。超形变研究的另一十分重要的课题是全同带研究。上图给出了1990年发现的第一对超形变带，跃迁峰上的数字表示跃迁能力。两个完全不同的核，它们的超形变带中的10多条γ跃迁一一对应，其能量仅差1～2千电子伏。虽已发现几十对全同带，但其物理内涵仍是未解之谜。

（杨春祥）

高自旋态 high spin state 原子核总角动量很大的激发态。又称高角动量态。高自旋态研究是重离子加速技术、在束γ谱学技术和不断更新的大型γ探测器阵列及先进的数据获取计算机系统的综合运用产物。这一领域为核结构研究增添了新的特色，如转动顺排和带交叉、集体运动与单粒子运动的关联和转化、转动和核子间对力场的关联、形状共存和形变演化、全顺排带终结、磁转动剪刀带、超形变和全同带、超形变的退激及旋称反转和手征二重带等。

高自旋态主要是通过重离子熔合蒸发反应获得的，它的特点是可使原子核布居到较高自旋态，而且特别优惠于布居转晕线附近的能态（图1）。转晕线是指对某一激发能可能达到的最大角动量态间的连线。转晕线附近的态的角动量很大，而内部激发能很低。高自旋态大部分成果来自转晕和类转晕跃迁，又称转晕谱学。此外，获得高自旋态的手段还有库仑激发、熔合裂变、深度非弹和转移反应等。

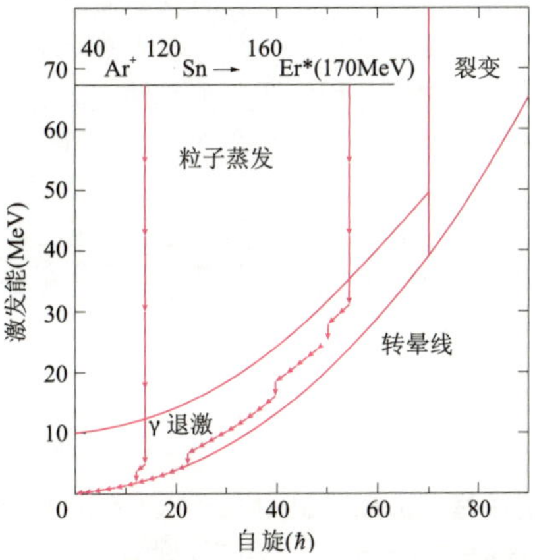

图1 重离子熔合蒸发反应布居高自旋态的退激

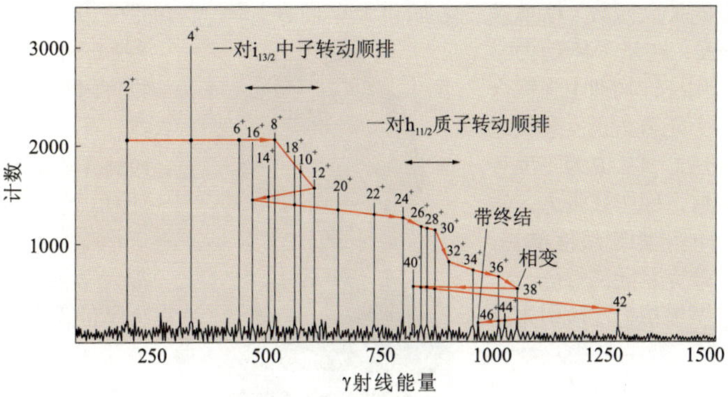

图2 ^{158}Er转晕跃迁能谱

高速转动的原子核提供的大量实验信息深化着对核结构的认识。图2给出了一个长椭变形核^{158}Er的核结构随自旋态的演化。在14^+态附近一对$i_{13/2}$中子拆对顺排，这就是典型的回弯现象；28^+态附近又发生了一对$h_{11/2}$原子拆对顺排；在38^+态发生了由长椭到扁椭的形状相变和集体运动到单粒子运动的转化；在46^+态发生了带终结全顺排。此时46^+态的46个单位的角动量完全是由价核子的单粒子运动提供的。这个$^{159}_{68}Er_{90}$核相当于一个近球形的$^{116}_{64}Gd_{82}$核心加上4个价质子和8个价中子在赤道附近旋转。46^+态的46个单位的角动量是由12个价核子的单粒子角动量构筑而成的，这是建立高自旋态的另一种模式，称为全顺排。

极端条件下的核性质研究是核物理的重要方面，高自旋态下新现象的探索是其中的重要领域之一。此外，高自旋态研究在某些核区已推向远离β稳定线的质子滴线附近，在重核区已推向超锕核的核结构研究。

（杨春祥）

《革象新书》 *Gexiang Xinshu* (*New Writing on the Symbol of Alteration*) 中国元代赵友钦撰天文学和光学著作。全书5卷32篇，每卷分若干篇。前四卷为古代天文常识或天文入门，对于了解古代天文学基本术语、概念和方法，颇有助益。其中，明确指出"日道远、月道近"，"日之圆体大，月之圆体小"，并利用观察黑漆球的方法，证明月相变化。卷四后三篇，为赵友钦在龙游鸡鸣山观星台所作天文测量之记述。卷五共三篇：一为"小罅光景"，是赵友钦做小孔成像实验的记录与分析；二为"句股测天"；三为"乾象周髀"，均为数学著述。其中得出圆周率 $\pi=3.141\ 592$ 有奇，提出 $\pi=355/113$ 为精密。该书中记述了以割圆术求圆周率的具体运算方法。

入明后，值天文历法衰落。赵友钦原本《革象新书》对民间野里或宫廷司天者学习天文历算均有帮助，遂有金华人王祎（生卒年不详）通顺其文的删节润色本问世，俗称祎本，题为《重修革象新书》。原本与祎本各有千秋。两种版本均被《四库全书》收载，《四库全书提要》对这两版做出了恰当的评价。

（戴念祖）

格点 lattice point 将基元在数学上抽象为几何点的集合。空间中周期排列的几

何点代表了晶体结构中的相同位置（见晶体）。（杨槐馨　李建奇）

格点规范理论 lattice gauge theory 定义在离散的欧几里得时空格点上的规范场理论。通过时空离散化引入的格距a（类似晶格动力学中的晶格常数）为理论提供了一个自然的紫外动量截断，从而保证理论不存在紫外发散。因此格点规范理论可以看作是规范场论的一种非微扰的正规化方案。格点规范理论的最主要的应用是关于强相互作用的研究，即格点量子色动力学。格点量子色动力学的主要研究手段是利用蒙特卡罗方法进行数值模拟计算，格点量子色动力学也在高性能科学计算领域有重要应用。随着计算机技术的飞速发展，格点量子色动力学的研究范围已经几乎涵盖低能强相互作用的各个方面。作为从第一性原理出发的量子色动力学的非微扰方法，其研究结果日益受到粒子物理理论和实验研究的关注。

1974年，K.G.威尔孙为了解释强相互作用中的夸克禁闭问题，提出了格点规范理论。他首先将四维欧氏时空离散化为一个超立方格子，然后在格子的每个格点n上定义物质场变量（夸克场）$\psi(n)$和规范场变量$U_\mu(n)=\mathrm{e}^{\mathrm{i}agA_\mu(n)}$，并严格按照量子色动力学的对称性构造格点上的作用量形式$S(U,\psi,\bar{\psi})=S_g(U)+S_f$。其中$S_f=\bar{\psi}M[U]\psi$。在此基础上采用路径积分量子化方案，体系的配分函数Z和物理量$O[U,\psi,\bar{\psi}]$的真空期望值$\langle O[U,\psi,\bar{\psi}]\rangle$可以表达为：

$$Z=\int DUD\psi D\bar{\psi}\mathrm{e}^{-S[U,\psi,\bar{\psi}]}$$

$$\langle O[U,\psi,\bar{\psi}]\rangle=\frac{1}{Z}\int DUD\psi D\bar{\psi}\mathrm{e}^{-S[U,\psi,\bar{\psi}]}O[U,\psi,\bar{\psi}]$$

式中$O[U,\psi,\bar{\psi}]$是场算符的乘积，$\langle O[U,\psi,\bar{\psi}]\rangle$就对应于相应的关联函数（格林函数）。基于此表达形式，在量子色动力学强耦合区，威耳孙利用统计物理中强耦合展开方法计算得出两个无穷重正反夸克之间的势能为$V(R)\sim\sigma R$。其中R为正反夸克间的距离，σ是常数，称作弦张力。这表明无穷重夸克间势能随距离线性增长，在一定程度上体现了夸克禁闭的特征。

1979年，蒙特卡罗模拟方法被引入格点规范理论的研究中，其基本思想如下：在上述路径积分表达中，如果把夸克场积分掉，配分函数可以表示为$Z=\int DU\mathrm{e}^{-S_g(U)}\det M[U]$，这样被积函数$\mathrm{e}^{-S_g(U)}\det M[U]$可以看作是规范场组态的分布函数。格点规范理论的蒙特卡罗模拟计算就是按照该分布函数进行重点抽样，产生相应的组态样本。这样关联函数$\langle[O\ U,\psi,\bar{\psi}]\rangle$就可以近似为$O[U,\psi,\bar{\psi}]$在该样本中每个组态上的测量值$O_i$的算术平均，$\langle O[U,\psi,\bar{\psi}]\rangle\approx\frac{1}{N}\sum_{i=1}^{N}O_i$。其中$N$为样本中的组态数目。最终通过理论参数化对测量所得的关联函数进行数据分析，可以得到各种物理量，如强子质量谱、强子矩阵元等。

应用格点量子色动力学开展研究的关键之一是对统计误差和各种系统误差的有效控制。减小统计误差可以通过增加统计量，即增加每个规范组态样本中组态的数目实现；减小系统误差，可以采取足够小的格距、足够大的格点体系以及选用物理的夸克质量参数等方法。当然，也可以通过构造作用量的方法。

格点量子色动力学能够计算的主要物理量有标准模型的基本参数、强子质量谱、核子形状因子和结构函数、强子-强子散射性质等。格点量子色动力学关于标准模型的基本参数，如强耦合常数、流夸克质量等都达到了很高精度。在夸克味道混合矩阵（CKM矩阵）元的确定方面，格点量子色动力学计算的有关强子弱矩阵元的理论精度，已经达到或超过相关弱相互作用过程的实验测量精度。格点量子色动力学对于基态强子的质量谱的计算结果和实验测量值符合很好，这对量子色动力学作为描述强相互作用的正确理论是有力支持。格点量子色动力学在强子结构、强子-强子相互作用及强子共振态等方面的研究也取得了很大进展。

（陈　莹）

格拉肖，S.L. Sheldon Lee Glashow（1932-12-05～　）美国物理学家。生于纽约。1954年毕业于康奈尔大学。1959年在哈佛大学获博士学位，1958～1960年在哥本哈根理论物理研究所工作。1960～1966年先后在加利福尼亚理工学院、斯坦福大学和加州大学伯克利分校执教，1966年到哈佛大学任教，1967年任教授和希金斯讲座教授。

格拉肖的主要研究领域是基本粒子和量子场论。早在20世纪60年代初，格拉肖发现弱电理论中的SU(2)×U(1)对称群，提出存在粲量子数假说，在规范场理论的基础上讨论过弱相互作用和电磁相互作用统一的问题，预言了中性弱流的存在，不过没有能够从理论上得到有静止质量的中间玻色子。1972年预言带电的和中性的重轻子。1975年，他又和合作者一起在温伯格-萨拉姆模型、**电弱统一理论**、量子色动力学的基础上提出了把弱相互作用、电磁相互作用、强相互作用统一起来的**大统一理论**，还提出了粲模型，预言了粲D介子和粲F介子。在基本粒子和场论的理论研究，以及宇宙学的研究中都有较大的影响。由于这些成就他与**S.温伯格**、**A.萨拉姆**共同获得1979年诺贝尔物理学奖。

（戴念祖）

格拉泽，D.A. Donald Arthur Glaser（1926-09-21～2013-02-28）美国实验物理学家。生于俄亥俄州克利夫兰，卒于加利福尼亚州伯克利。1946年从凯斯理工学院毕业后，入加州理工学院当研究生，1949年获该校哲学博士学位。1949～1959年任密歇根大学物理系教授。1959年起任加州大学伯克利分校物理学和分子生物学教授。1962年当选美国国家科学院院士。

格拉泽的主要研究领域是基本粒子，特别是奇异粒子。他制作了各种扩散**云室**和平行板火花计数器。他在1952年发明**气泡室**，用以精确地测定亚原子粒子的径迹，给出了有关粒子的各种信息。由此而获1960年诺贝尔物理学奖。1957年，他和别人合作，实验证明了超子衰变中宇称不守恒。1958年从实验测定了Λ超子和Σ超子的自旋。1964年以后，转向分子生物学的研究。

（郭奕玲）

格兰-傅科棱镜 Glan-Foucault prism 一种格兰型偏光器件。与**格兰-汤普森棱镜**具有相似的结构。通常由两块相同的直角方解石（又称冰洲石）棱镜沿长边斜切面相对堆叠组合而成，其间间隔一定厚度的空气隙。晶体光轴平行于直角方解石棱镜的入射端面和长边斜切面的交线，出射端面平行于入射端面。一束准直光束垂直于入射端面入射，在第一块方解石棱镜中分解成寻常光（o光）和非常光（e光）。这两束光在晶体中沿同一方向传播但波速不同。对于负单轴晶体方解石而言，o光的波速比e光的慢，因此o光的折射率比e

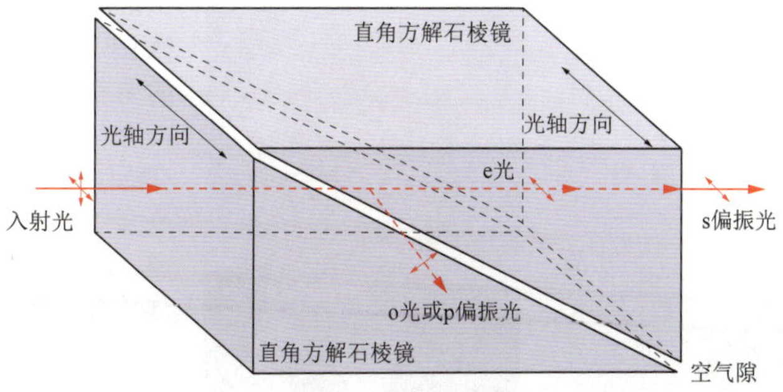

格兰-傅科棱镜的结构及工作原理示意图

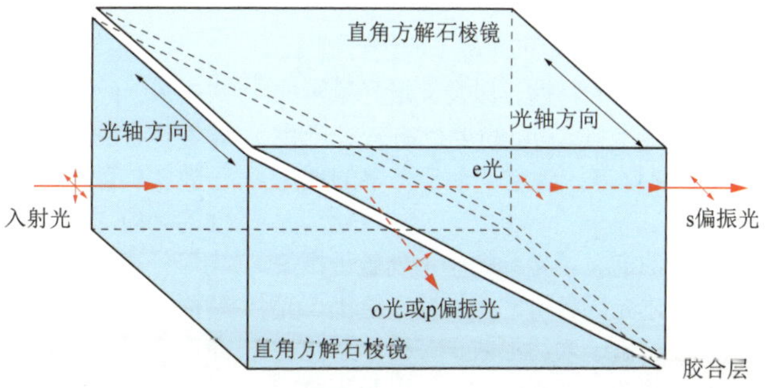

格兰-汤普森棱镜结构及工作原理图

光的折射率大。o光在第一块棱镜与空气隙的界面上发生全内反射而不能通过。e光通过空气隙和第二块方解石棱镜后出射成为s偏振线偏振光。反射的o光（p偏振光）被器件底面的吸收涂层吸收掉，或者从底面出射后在外部被挡掉，以免其杂散光降低出射s偏振光的消光比。

格兰-傅科棱镜的品质通常用消光比、透过率和视场角等参数表征。相比于格兰-汤普森棱镜，格兰-傅科棱镜的光学损伤阈值高。 （张国权）

格兰-泰勒棱镜 Glan-Taylor prism 一种格兰型偏光器件。通常由两块相同的直角方解石（又称冰洲石）棱镜沿长边斜切面相对间隔一定厚度的空气隙堆叠组合而成。晶体光轴平行于直角方解石棱镜的入射端面和直角三角面的交线，出射端面平行于入射端面。一束准直光束垂直于入射端面入射，在第一块方解石棱镜中分解成寻常光（o光）和非常光（e光），这两束光在晶体中沿同一方向传播但波速不同。对于负单轴晶体方解石而言，o光的波速比e光的慢，因此o光的折射率比e光的折射率大。o光在第一块棱镜与空气隙的界面上发生全内反射而不能通过。e光通过空气隙和第二块方解石棱镜后出射成为p偏振线偏振光。反射的o光（s偏振光）被器件底面的吸收涂层吸收掉，或者从底面出射后在外部被挡掉，以免其杂散光降低出射p偏振光的消光比。

格兰-泰勒棱镜于1948年设计提出。格兰-泰勒棱镜的品质通常用消光比、透过率和视场角等参数表征，与组成棱镜的方解石晶体质量以及棱镜的长度孔径比等结构参数有关。当e光在方解石和空气隙界面上的入射角接近于布儒斯特角时，其透过率因界面反射损耗减小而提高。通过对入射和出射端面镀增透膜，减小长度孔径比等措施，可以提高棱镜的透过率，但视场角变小。格兰-泰勒棱镜的光学损伤阈值高，在激光等领域中有重要的应用；适合在强激光领域中应用的格兰-泰勒棱镜又称格兰-激光棱镜。 （张国权）

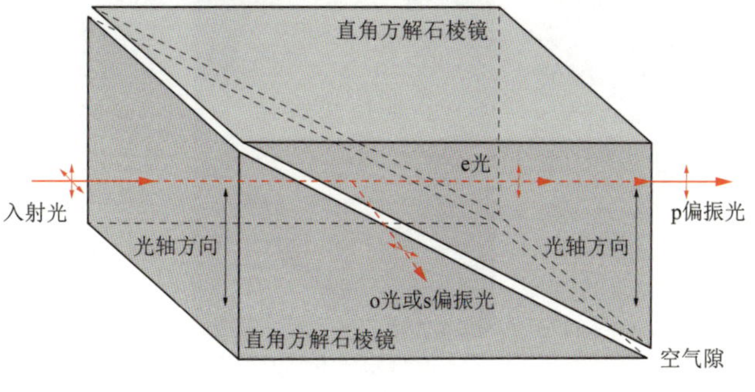

格兰-泰勒棱镜的结构及工作原理示意图

格兰-汤普森棱镜 Glan-Thompson prism 一种格兰型偏光器件。通常由两块相同的直角方解石（又称冰洲石）棱镜沿长边斜切面胶合而成。晶体光轴平行于直角方解石棱镜的入射端面和长边斜切面的交线，出射端面平行于入射端面。一束准直光束垂直于入射端面入射，在第一块方解石棱镜中分解成寻常光（o光）和非常光（e光），这两束光在晶体中沿同一方向传播但波速不同。对于负单轴晶体方解石而言，o光的波速比e光的慢，因此o光的折射率比e光的折射率大。两块直角方解石棱镜之间的胶合层的折射率要小于o光的折射率，且使o光在第一块棱镜与胶合层的界面上发生全内反射而不能通过。e光通过胶合层和第二块方解石棱镜后出射成为s偏振线偏振光。反射的o光（p偏振光）被器件底面的吸收涂层吸收掉，或者从底面出射后在外部被挡掉，以免其杂散光降低出射s偏振光的消光比。

格兰-汤普森棱镜首先由P.格兰于1880年设计提出，随后S.P.汤普森分别于1881年和1882年进行了改进完善。格兰-汤普森棱镜的品质通常用消光比、透过率和视场角等参数表征，与组成棱镜的方解石晶体质量、胶合剂以及棱镜的长度孔径比等结构参数有关。相比于空气隙结构的**格兰-傅科棱镜**，格兰-汤普森棱镜具有透过率高、视场角大等优点，但光学损伤阈值较低。 （张国权）

格劳伯，R.J. Roy Jay Glauber（1925-09-01～2018-12-26） 美国理论物理学家。生于纽约，卒于马萨诸塞州密德萨斯。1949年从哈佛大学获得物理学哲学博士学位。

任哈佛大学物理学教授。1963年，格劳伯在《物理评论快报》发表论文，提出了一种用量子电磁理论解释光学现象的方法。他借助**量子场论**，对光电现象做出了统一的描述。当时激光技术已经取得了长足的发展，但在对光本身特性的描述上则遇到了一些困难。格劳伯运用他的理论进一步说明了R.汉伯里·布朗和R.特维斯发现的聚束现象，指出这是热辐射的随机性的自然结果，而理想的相干激光不可能产生同类效应，一举解释了这一新发现的实验事实。此后他又在《物理评论》等杂志上发表了几篇有关相干性量子理论的论文。这些论文奠定了量子光学的理论基础，为此42年后格劳伯获得2005年诺贝尔物理学奖奖金的一半。 （仲 佰）

格劳伯量子相干理论 Glauber quantum coherence theory 由R.J.**格劳伯**提出的用量子思想讨论光的相干性的理论。20世纪60年代，在强度-强度相关实验研究和新型光源-激光（当时叫“光学脉塞”）出现的推动下，美国哈佛大学的格劳伯教授认识到应该更好地发展量子理论来探索光的本质，于是他开展了一些里程碑式的研究工作，用量子理论讨论光的相干性。

格劳伯创造性地提出了“光的相干性量子理论”，成功地描述了光量子的统计规律，揭示了光量子的特性，以及大量光量子如何互相影响他们之间的运行方式、产生“干涉”现象等，奠定了**量子光学**的理论基础。

格劳伯定义了光场的一系列量子相关函数，描述光场各阶的相干性，给出了光学相干性的量子表达形式，并给出了光的相干性的普遍、严格的定义，以及光的相干性物理测量的途径，建立了光的相干性的量子理论。格劳伯还引入相干态及其表象来处理量子辐射场。“相干态”这个术语也是格劳伯引入的。格劳伯认识到这类态及其表示特别适用于研究辐射场的量子统计性质并深入研究。如今，相干态及其表象已成为量子光学中描述量子辐射场的基本理论表达形式。一个经典电流可以产生相干态的电磁场，也可以把一个远高于阈值运转的单模激光器的输出光看成相干态光场。

通过光的相干性量子理论，人们可以研究光的非经典特性，从而开拓更多的研究领域以及应用领域。格劳伯因为对量子光学领域的开创性工作而获得了2005年诺贝尔物理学奖。（吴金辉）

格林–久保关系 Green-Kubo relation 由相关量（ζ）“速度–速度”平衡态自关联函数的时间积分表示宏观输运系数（β）的严格数学表达式。它的一般形式可表示为：

$$\beta=\int_0^\infty \mathrm{d}t\langle\dot{\zeta}(t)\dot{\zeta}(0)\rangle$$

式中〈…〉表示系综平均。格林–久保关系是非平衡统计力学中最基本的关系式之一。它的重要性是在系统的宏观性质与平衡态涨落之间建立联系，体现了能够通过系统的微观信息计算系统的宏观性质。

输运系数理论是从研究布朗运动摩擦和核磁共振的线宽等相关问题发展起来的。研究中发现与耗散过程有关的量可以用自关联函数的时间积分来表示。如阻尼粒子的摩擦系数可用粒子所受瞬时力的平衡态时间自关联函数表示。类似的处理方式可以把自扩散系数D、剪切黏滞$\eta_{\mu\nu}$和热导率χ等输运系数表示成粒子速度$\boldsymbol{v}_i$、协强张量$P_{\mu\nu}$和热流$\boldsymbol{J}_Q$的平衡态自关联函数的时间积分：

$$D=\frac{1}{N}\int_0^\infty \mathrm{d}t\langle\Sigma_{i=1}^N \boldsymbol{v}_i(t)\otimes\boldsymbol{v}_i(0)\rangle$$

$$\eta_{\mu\nu}=\frac{V}{k_BT}\int_0^\infty dt\langle P_{\mu\nu}(t)P_{\mu\nu}(0)\rangle \quad \mu\neq\nu$$

$$k=\frac{V}{k_BT^2}\int_0^\infty \mathrm{d}t\langle\boldsymbol{J}_Q(t)\otimes\boldsymbol{J}_Q(0)\rangle$$

式中μ、ν为矢量指标；V为系统的体积；k_B为玻尔兹曼常数；T为温度；N为总粒子数。扩散系数是系统对内部浓度不均匀性的响应。时间自关联函数隐含着初始不均匀分布的溶解物质如何向平衡态弛豫的特征。类似地，内热流的关联导致剪切黏滞，热导率是对内部能量不均匀性反应的量度。以上这些现象中并不存在某种外力来驱动输运，使得不能像计算电导率那样通过在哈密顿量中附加微扰，由线性响应理论获得输运系数。输运系数的格林–久保关系反映了系统中的弛豫能够用平衡态相关量热涨落的时间自关联函数来描述。如作为系统对浓度不均匀性的响应，把方均位移写成某一瞬间的速度与另一瞬间的速度乘积平均（速度–速度自关联函数）的积分。其中速度的如何关联（粒子如何不停地振荡）反映在平衡态的微观涨落中。类似地，热运动引起的协强张量瞬时涨落给出液体的剪切黏滞。同样可以通过分析系统总极化（微观局域电场）的瞬时涨落研究介质的红外吸收。

作为向平衡态弛豫的体现，格林–久保关系表明描述非平衡物质流、动量流、能流等输运系数可以通过速度、协强和热流的平衡涨落衰减给出。这要求只有存在稳定极限的自关联函数以及自关联函数衰减足够快以至于时间积分有限时，关系式才成立。观测量A的稳定性由它的自关联函数$\langle A(t+\tau)A(t)\rangle$行为来定义。当这个关联函数只依赖滞后时间$\tau$，而与时间$t$无关时，称$A$是稳定的。对很多系统，自关联函数是以指数的形式弛豫到稳态。在稳态情形，时间关联函数具有时间平移不变性。因此能够根据比特征弛豫时间更长时间尺度的稳定行为对观测量A进行描述。如对质量m有斯托克斯摩擦的布朗粒子，速度自关联函数以指数形式弛豫$\langle v(t+\tau)v(t)\rangle=\left(\frac{k_BT}{m}\right)\mathrm{e}^{-\gamma}$。由格林–久保关系，可得爱因斯坦关系$D=k_BT/(m\gamma)$，它把扩散系数与摩擦系数$\gamma$通过温度$T$联系在一起。由此可见，我们可以定义一类满足上述自关联函数条件的系统，即便初始状态是非稳定的，只要所关心的动力学是在比特征关联时间长的时间尺度上，认为格林–久保关系依然成立。（马中水）

格伦贝格，P. Peter Grünberg（1939–05–18～2018–04–07）德国物理学家。出生于今属捷克的比尔森，卒于德国于利希。

1946年迁至德国黑森州的劳特巴赫。1959～1963年在法兰克福歌德大学学习物理，1969年在达姆施塔特技术大学获得博士学位。1972年任德国于利希研究中心研究员。长期从事固体光谱的研究工作，擅长光与磁性物质的相互作用。2004年退休，但部分时间仍在实验室工作。

1986年，格伦贝格在极薄的铁–铬–铁金属薄膜“三明治”中，用光散射方法搜集薄膜上铁磁矩集体运动（自旋波）的信息，发现当铬层厚度为0.8纳米时，“三明治”薄膜两侧铁磁层磁矩从彼此平行转变为反平行。这成为后来发现的**巨磁电阻效应**的物理基础。不久，格伦贝格实验室又发现该样品的电阻在磁场下可降低10%。此前，任何铁磁金属的磁致电阻的变化都低于这个变化率。

1988年，受格伦贝格发现铁–铬–铁金属“三明治”两侧铁磁层磁矩反平行排列的启发，法国A.费尔的小组将铁和铬的薄膜交替制成几十个周期的铁–铬超晶格，发现当改变磁场强度时，超晶格薄膜的电阻下降近一半，即磁电阻变化率达到50%。他们称这种巨大的电阻变化现象为**巨磁电阻效应**（简称GMR）。周期性多层膜可以被看成是若干个格伦贝格“三明治”的重叠，所以德国和法国的两个独立发现实际上是同一个物理现象。为此，格伦贝格和费尔共同获得2007年诺贝尔物理学奖。（仲 佰）

格罗斯，D.J. David Jonathan Gross（1941–02–19～ ）美国理论物理学家。生于华盛顿。1966年获加利福尼亚大学伯克利分校博士学位。之后，在哈佛大学任初级研究员。

1969年入普林斯顿大学工作，1972年聘为教授。1997年，任加利福尼亚大学圣巴巴拉分校卡夫利理论物理研究所所长。

1973年，他和研究生F.**威尔切克**联名发表论文，提出粒子物理强相互作用中的“渐近自由”理论。它能解释夸克囚禁的事实，为量子色动力学乃至粒子物理标准模型的确立起到重要作用。与此同时，H.D.波利策也独立提出了类似理论。为此他们三人共获2004年诺贝尔物理学奖。

（郭奕龄）

《格术补》 *Supplement of Geometry Optics* 中国清代光学著作。邹伯奇撰。“格术”二字源自宋代沈括《梦溪笔谈》，意指几何光学方法。全书一卷41条，约5500字。成书于1844年之后几年。书前有清代著名学者陈澧（1810～1882）于同治十二年（1873）所作“序”文，赞其为“今世算家之奇书”。全书内容有：第1～4条，讨论影子与小孔成像；第5～15条，讨论平镜、凹透镜和凸透镜的光路与成像。他以“聚光限”“收光限”或“日限”命名今日之焦距(f)，以“物距镜”命名物距(u)，“影距镜”即今之像距(l)，“影加远之数”即今之像距离焦点之长度值。邹伯奇在德国数学家C.F.高斯之后十余年独自获得透镜物像关系的公式，即$f^2/(u-f)=l-f$，或$uf/(u-f)=l$，或$ul/(u+l)=f$，此三式即可演化为高斯公式：

$$\frac{1}{u}+\frac{1}{l}=\frac{1}{f}$$

邹伯奇还指出了透镜成像中物像关系的一些特殊情况，如$u=f$，则$l=\infty$等。邹伯奇还求得两凸透镜相叠即组合透镜的焦距公式：

$$f=\frac{f_1f_2}{f_1+f_2},\ f_2=\frac{ff_1}{f_1-f}$$

式中f_1、f_2分别为两凸透镜的焦距；f为组合透镜的焦距。

第16～19条，叙述眼睛的光学原理：“目睛如凸镜，物光点射至睛面，折照而聚光点与眼底，合成物倒影，乃能见之。”指出视觉矫正的光学原理、视角以及眼睛在光学系统（如望远镜）的位置及其视觉状况。还给出了望远镜的正确的放大率公式。

第20～34条，讲述伽利略式望远镜、开普勒式望远镜、格雷果里式和卡塞格林式反射望远镜的制作及相关的光学问题。讨论了望远镜的视场，渐晕现象和场镜的作用，分辨本领，放大率，望远镜中如何加入目镜转像系统，近视眼或远视眼、望远镜的调节问题，安装视场光阑的位置和作用，望远镜架的安装，滤光片的使用等。其中，许多内容不仅是定量的叙述，而且可以据其文字叙述绘画出光路图。

第35～39条，分别叙述单式显微镜和复式显微镜的原理及制作。指出配制显微镜中各参数之间的关系，宛如其图画就在眼前。

最后两条是几何光学例题。邹伯奇以几何作图和证明法解答这些光学问题。

《格术补》是在西方有关光学知识传入中国之前，中国人独自撰著的几何光学著作。

（戴念祖）

格子玻尔兹曼方法 lattice Boltzmann method 基于玻尔兹曼方程特殊离散化而构建的数值模拟方法。主要有两个研究方向：①纳维－斯托克斯等偏微分方程的全新的数值求解方法。②复杂流体系统非平衡行为的建模、模拟和分析方法。是非平衡统计物理学与流体力学领域相交叉的重要研究课题。

研究简史 从历史的角度，格子玻尔兹曼方法由“格子气”或“元胞自动机”模型发展而来。长期以来，描述自然现象的数学模型为微分方程。20世纪60年代开始设想一种称为“格子气”或“元胞自动机”的离散模型。基本思路如下：真实流体是由大量粒子组成的。但流体力学微分方程的形式并不依赖于微观过程的细节，而仅决定于微观守恒律和对称性（只有一些输运系数如黏滞性依赖于微观的细致情况）。基于这一设想，开始使用较简单的离散模型来作为连续流体系统的理想化模型。这类模型通常由一个背景网格、分布在网格结点上的一群“虚拟粒子”和一套简单作用规则三部分来构成：①背景网格提供空间的粗粒化坐标。②分布在网格结点上的每个粒子都具有相同的质量，且只具有少数与网格点连接方式绑定的运动方向和速度大小。③常用简单规则是在一个时间步内，粒子只能由当前格点沿着格点连线方向运动到相邻的格点上，这一过程称为“传播”；当来自不同方向的粒子在某一格点上相遇时，它们发生“碰撞”。碰撞规则的设计要保证碰撞前后系统局域的质量守恒、动量守恒和能量守恒。为能模拟连续流体系统，特别是为了让在微观层次上破缺的对称性在宏观上得到恢复，格子气模型的构建必须满足一定的条件——对称性约束。历史上曾经出现过形式各异、妙趣横生且富含启发性的格子气模型。从80年代后期开始，格子气模型得到了广泛研究和快速发展。

格子气模型物理图像简单、直观、易于编程，在粗略模拟流体行为（特别是复杂流体行为）方面发挥着重要作用。格子气模型的简单离散规则也使得它与以欧拉方程和纳维－斯托克斯方程为代表的连续模型描述的流体行为之间出现差异。因为连续模型在其适用范围内的可靠性是经过大量实践检验的，所以为了减小模拟误差，对格子气模型的合理构造展开了广泛的研究。随后经历了局域分布函数、线性化碰撞算符、单松弛时间模型引入等环节，格子气模型逐渐发展成文献中普遍使用的格子玻尔兹曼模型的形式。1997年发现，格子玻尔兹曼方程可以看作单松弛时间线性化玻尔兹曼方程在时间、空间和粒子速度空间的一种巧妙的离散化形式。之后多松弛时间模型也得到了广泛研究。由于玻尔兹曼方程的输运项也可以根据需要采用更加灵活的方式进行计算，这样就出现了有限差分格子玻尔兹曼模型、有限体积格子玻尔兹曼模型、有限元格子玻尔兹曼模型等。相应地，由格子气模型发展而来的、继承了“传播+碰撞”这一简单演化规则的格子玻尔兹曼模型常称为标准格子玻尔兹曼模型。

偏微分方程解法 文献中多数格子玻尔兹曼方法的功能是从一个全新的角度来求解流体方程或其他偏微分方程。这种解法与传统解法存在明显的不同：在传统流体模拟中，控制方程是离散的流体方程（包括质量守恒方程、动量守恒方程和能量守恒方程等）；在格子玻尔兹曼模拟中，控制方程是离散玻尔兹曼方程；格子玻尔兹曼方程的模拟结果在数值误差范围内与需要求解的流体方程相符。格子玻尔兹曼方法有效的理论依据是：根据查普曼－爱思柯克多尺度分析，在连续极限下，格子玻尔兹曼方程可以恢复欧拉方程或纳维－斯托克斯方程。

从数学角度看，查普曼－爱思柯克多尺度分析实际上就是将分布函数f、时间导数和空间导数都看作是克努森数（即克努曾数）Kn的函数，并在局域平衡态（即$Kn=0$）处做泰勒展开分析。当克努森数较小时，克努森数的二阶以上小量都可以忽略。这时格子玻尔兹曼方程的零阶、一阶、二阶动理学矩刚好就是纳维－斯托克斯方程的质量、动量和能量方程；如果克努森数进一步减小，则纳维－斯托克斯方程中的黏滞项和热传导项可进一步忽略，纳维－斯托克斯方程退化为欧拉方程。可见只要能找到一个模拟中的可控量，让其与克努森数相对应，再将动理学矩的概念根据需要求解的方程进行合理的延伸，就可通过在格子玻尔兹曼方程中添加合适的修正项来求解其他一些偏微分方程。这样，其他一些偏微分方程的格子玻尔兹曼解法也引起了广泛的兴趣。

由于几乎所有系统的演化都遵循偏微分方程，所以格子玻尔兹曼解法的适用范围随着相应解法的实现而迅速扩宽，在各类复杂流体，甚至固体力学等领域得到应用。

非平衡行为建模　从复杂系统物理建模的角度，格子气模型本身就是一种粗粒化物理模型；除了连续流体系统，它同样适用于微介观与非平衡效应显著的非连续流体系统。同时因为玻尔兹曼方程的建立不依赖于连续介质假设，它也适用于连续和非连续流体系统，所以只要合理构造，作为玻尔兹曼方程特殊离散化的格子玻尔兹曼方法应该是一种连接宏观与微观、平衡与非平衡流体系统的跨尺度描述方法和建模方法。学者田长霖认为：尽管许多物理现象和工程问题是在宏观或“人”的尺度上体现出来的，但其根源仍然始于分子尺度。建立跨越多个时空尺度的物理模型有一定困难，格子玻尔兹曼方法可望为此提供有效的手段。但格子气模型、格子玻尔兹曼方法在微介观与非平衡效应描述和建模方面并没有得到同样快速的发展。

2012年，在发展复杂流体系统非平衡行为建模的过程中进一步认识到，尽管离散速度分布函数的具体数值与真实速度分布函数之间并没有实质性的对应，但其动理学矩的物理含义却是清楚的：它描述的是系统当前的实际的非平衡状态；其与对应的局域平衡态分布函数动理学矩差异描述刚好就是系统偏离局域热动平衡所导致的宏观效应。微介观结构附近密度、流速、温度、压强等的局域梯度往往较大，所以非平衡效应往往更加显著。至此格子玻尔兹曼连接宏观与微观、平衡与非平衡流体系统的功能得到了实质性发展。该思路已被应用于冲击波系统、流体不稳定性系统、燃烧系统、非平衡相变系统等。通过该类模型已经获得了一些基于纳维-斯托克斯模型不易获得的，对于从物理上把握非平衡系统有帮助的，与关注的宏观流动行为关系最密切的部分新特征、机制和规律。如获得了“无组织动量流”“无组织能量流”、化学反应速率与熵增率之间的关系式；通过该关系式，可以研究相应系统中引起熵增的主要机制及其相对重要性；模拟得到的非平衡行为特征已经用于特征区域真实分布函数主要特征的恢复、复杂流体系统内各种界面的物理甄别与追踪、相变动理学研究中划分“亚稳相分解”和“相畴融合增长”两个阶段的物理判据等。

格子玻尔兹曼方法在众多研究领域引起了广泛兴趣，已经被广泛接受为一种全新的数值解法，并且是标准格子玻尔兹曼方法的代称。同时，作为复杂流体系统非平衡行为新模型出现的“格子玻尔兹曼动理学方法”一般也不再使用“传播+碰撞”这一由“格子气”模型继承来的简单图像。“格子”称谓已经失去了原来的含义，所以该动理学方法又简称为离散玻尔兹曼方法，这里的“离散”特指粒子速度空间的离散。

解法研究与建模研究的差异　数值解法研究注重对原始模型的忠诚度与效率。物理建模研究要求新模型具有超越原始模型的某些功能。研究目的不同，模型构建过程中需要遵循的原则也不同。在第一类研究中，研究物理问题的起点是原始模型；在第二类研究中，研究物理问题的起点是离散玻尔兹曼模型。这些方法的有效性需要接受实验或现有理论的检验。

（许爱国）

隔声体　acoustic isolator　*声波*测井仪器中声波发射部分、声波接收部分之间的机械结构部件。隔声体用于衰减或延迟经过仪器传播的直达声波对经过地层的声波信号的干扰，是声波测量仪器的核心部件之一。如果不采取隔声措施，由于声波在仪器中的传播速度比大多数地层中的传播速度快，接收换能器的接收信号中首先到达的不是通过地层传播的地层波，而是通过仪器传播的直达波。隔声体能够延迟直达波的到达时间，减小直达波的幅度，达到突出地层波的目的。隔声体一般由不锈钢或者其他材料制成，其内表面或外表面有周期性刻槽，刻槽的宽度和间隔根据声源频率决定。隔声体也可以通过安装弹簧装置、采用强耗散声波衰减材料和有源消声等办法实现。有时在接收器阵列之间也安装隔声体。设计隔声体的关键问题是在保证施工安全和有限长度的情况下实现有效的隔声。隔声体在电缆式声波测井仪器和随钻式声波测井仪器中发挥着至关重要的作用，直接影响声波测井结果的质量。

（丛键生）

隔振　vibration isolation　通过在两个结构之间安装隔振器（弹性以及阻尼装置）而减少其间振动传递作用的措施。根据振源性质的不同，隔振一般分为两类。第一类隔振为激振力的隔离。针对振源设备，利用隔振器将其与支承体隔开，从而降低传递到支承体的不平衡惯性力。这种方式称作积极隔振或主动隔振。将有隔振器时传递到支承体上的力与无隔振器时传递到支承体上的力之比为积极隔振系数。通常的风机、发动机、锻压机械与基础的隔振即属此类。第二类隔振为振幅的隔离。为防止基础的振动传给设备，将设备安装在隔振台座上而与基础隔开，这种方式称作消极隔振或被动隔振。隔振器有与无条件下设备振幅的比值称为消极隔振系数。振幅可是位移、速度或加速度的振幅。运输工具中的乘坐、精密仪表的安装均采用此类隔振方式。

隔振系数又称作传递率，用以表达隔振的效果，其值越小，隔振效果越好。由于力的传递与运动的传递具有相同的规律，因此两种隔振系数的计算方法相同。有关单自由度系统的隔振系数计算公式与图表，在一般讲述机械振动的书中均可见到。

工程中的隔振设计比较复杂。受到振源类型与隔振要求的制约，并根据刚度、阻尼、耐久性及安装环境等要求而选取隔振器类型及材料，如金属弹簧、空气弹簧、各种橡胶以及隔振参数可随激励条件变化的智能结构等。

（申仲翰）

葛墨林　Ge Molin（1938-12-05～　）中国理论物理学家。河北乐亭人。生于北京。1961年毕业于兰州大学物理系。1965年兰州大学理论物理专业研究生毕业，后留校任教，先后担任助教、副教授、教授。1986年起担任南开大学数学研究所教授。曾任南开大学数学所副所长，天津大学刘徽应用数学中心主任，国务院学位委员会物理学科组成员，亚太地区理论物理中心一般委员会委员等职。2003年当选为中国科学院院士。

葛墨林早年从事广义相对论和基本粒子物理研究，理论与数学物理，凝聚态理论、量子力学、规范场及统计物理的应用等领域的研究。之后长期集中研究杨-米尔斯规范场的可积性及其无穷维代数结构、杨-巴克斯特系统、量子群（包括量子代数及Yangian）等数学物理分支，研究其效应以及在量子多体模型和量子信息等方面的应用，并关注理论物理中数学与物理交叉的新方向。后来研究主要涉及拓扑量子场论与杨-巴克斯特系统的联系，及其在量子信息中的应用，还涉及电磁斗篷的相关理论以及若干数学成果的可能实际应用。曾获1982年国家自然科学奖三等奖，1986年、1988年国家教委科技进步二等奖，1990年、1996年国家教委科技进步一等奖，1996年孺子牛金球奖，1997年何梁何利基金科学与技术进步奖，1997年国家级教育成果奖二等奖。

（尹晓冬）

葛守仁 Ernest Shiu-Jen Kuh（1928-10-02～2015-06-27） 美国电子学家。生于中国北平（今北京）。1945～1947年就读于上海交通大学。1949年获美国密歇根大学学士学位，1950年获麻省理工学院硕士学位，1952年获斯坦福大学博士学位。曾在贝尔实验室从事科学研究。1962年起任美国加利福尼亚大学伯克利分校教授，曾任该校工学院院长（1973～1980）。美国国家工程科学院院士（1975）。1998年当选为中国科学院外籍院士。

葛守仁是近代电子电路和系统理论的主要奠基人之一，所发表的两本著作是世界许多大学的经典教材。他是微电子电路CAD的先驱，创导并带领博士生完成了著称于世的SPICE程序。他提出的许多关于集成电路布图、布线的算法为美国多家公司采用，开发的SWEC软件是当时处理复杂电路及其互联的著名软件之一。

（仲 佰）

葛庭燧 Ge Tingsui（1913-05-03～2000-04-29） 中国物理学家。生于山东蓬莱，卒于安徽合肥。1937年毕业于清华大学物理学系。1940年获燕京大学物理系硕士学位。1941年赴美，入加利福尼亚大学伯克利分校，1943年获哲学博士学位。1943～1949年分别在麻省理工学院光谱实验室和辐射实验室、芝加哥大学金属研究所进行研究工作。1949年11月偕夫人及子女回国。1949～1952年任清华大学物理系教授和中国科学院应用物理研究所研究员。1952年任中国科学院沈阳金属研究所研究员，副所长。1955年当选为中国科学院学部委员（院士）。1980年起，先后任中国科学院合肥分院副院长，合肥固体物理研究所所长、名誉所长。1979年被邀请为德意志联邦共和国马克斯·普朗克学会金属物理研究所访问教授。1980年应法国大学部聘请任里昂国家应用科学学院一级客座教授，被选为中法学院的通讯院士。

葛庭燧致力于金属物理和金属内耗研究。他是内耗这个研究领域的创始人之一，早期的实验研究成果奠定了滞弹性内耗的基础。国际上已把他创制的、研究内耗用的低频扭摆称为葛氏摆，把他首次发现的晶粒间界内耗峰称为葛氏峰。他还首先观察到具有反常振幅效应的非线性内耗，随后提出了位错气团弯结模型，对于经典的内耗理论是一项重要的发展。40多年来，他对固体内耗这个研究领域做了重要的推进，并应用于解决实际问题。

（王 飚）

葛正权 Ge Zhengquan（1896-01-18～1988-03-22） 中国物理学家、教育家。生于浙江东阳，卒于上海。1920年毕业于南京高等师范学校。毕业后曾在其母校和厦门大学物理系任教。1929年赴美国深造，入南加利福尼亚大学物理系，1933年获加利福尼亚大学伯克利分校哲学博士学位。回国后，先任武汉大学物理系教授（1934～1938）；后在抗战感召下，投笔从戎，曾任航空委员会第一气体制造所所长、空军氧气制造总厂厂长（1938～1946），国际科学研究发展厅设计处处长兼雷达研究所所长（1946～1949）。1951年起，一直任上海第二军医大学教授兼数理教研室主任。

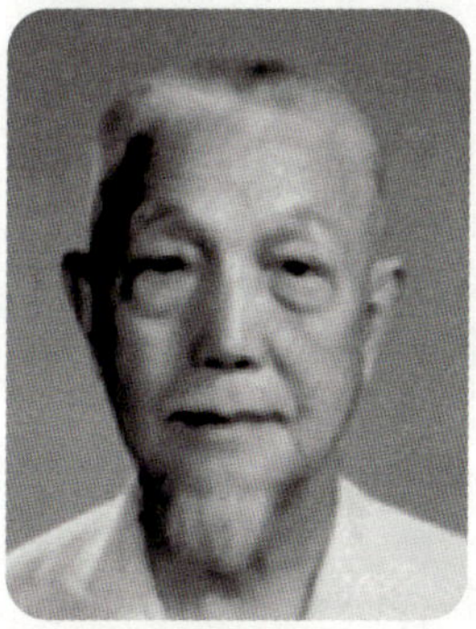

1859年J.C.麦克斯韦从理论上导出气体分子速度分布律，此后有不少人试图给予实验验证。由于实验技术等方面的原因，早期的实验结果均未尽如人意。葛正权所完成的博士论文《以分子束方法测定Bi_2的分解热》，除了在测定Bi_2的分解热上修正了前人的疏忽与错误外，还首次以精确的实验数据验证了麦克斯韦的速度分布定律。在分析其实验误差中，指出铋的气体分子除单原子和双原子所组成之外，还发现由八个原子组成的铋分子。葛正权的实验被作为经典载入史册。

葛正权也是中国制氧工业的先驱，为国内相关工业奠定了基础。他还创建了中国第一个雷达研究所，开拓了中国雷达的研究和应用。

（王 飚）

各态历经假设 ergodic hypothesis 当力学系统从任一初态开始运动后，只要时间足够长，将经历孤立系能量曲面上的所有微观运动状态的假设。如果各态历经假设成立，则相空间中的一个轨道将布满整个能量曲面。由各态历经假设可以证明，系统的任一微观状态参量在足够长时间上的平均，等于它对微正则系综的平均。但是，应用经典力学对相点运动的分析表明，实际上一个保守力学系统从某一初态出发运动，它的代表点在相空间里的轨迹是不可能布满全部能量曲面的，故各态历经假设对于一个保守力学系统是不正确的。各态历经假设不成立，厄伦费斯脱夫妇、G.D.伯克霍夫和J.冯·诺伊曼等又提出准各态历经假设：一个力学系统在长时间的运动中，它的代表点可无限接近于能量曲面上的任意点。实际上，不管是各态历经假设，还是准各态历经假设，基本要点是假设物质处于平衡态时的宏观性质是相应微观量的长时间平均值，企图从力学规律性证明统计规律性。问题首先在于，为确定相点的轨迹，需要求解$2s$（s是系统总的自由度数）个正则运动方程，这实际上是不可能的。即使有了这样的解，沿轨道作的长时间平均仍不能代表实际上的观测值。因为，实际系统不可能严格孤立，任何微小的扰动虽对系统的总能量不产生显著的影响，却能对系统的微观运动状态产生不容忽视的影响，使代表点不能严格地沿着轨道行进，因而沿轨道的长时间平均将与实际观测值不一致。

综上所述，各态历经假设不能成为统计物理学的基础，微正则系综才是统计物理学的基本假设，它不能从力学定律推出。

（仲 佰）

各向异性胶体 anisotropic colloid 沿胶体中分散质颗粒的不同方向，原子或分子排列的周期性和疏密程度不尽相同，导致胶粒在不同方向的物理化学特性也不同的分散体系。在胶体中含有两种不同状态的物质：一种是分散相，另一种是连续相。分散质的一部分是由微小的粒子或液滴所组成，分散质粒子直径在1～100纳米之间的分散系是胶体。胶体颗粒是一种分散质粒子直径介于粗分散体系和溶液之间的一类分散体系，这是一种高度分散的多相不均匀体系。

对于各向异性胶体所具有的各向异

性，称为“非均质性”，是物体的全部或部分物理、化学等性质随方向的不同而各自表现出一定的差异的特性。各向异性胶体的粒径在纳米至微米级，一般由形状为非球形的超分子、聚合物、无机或金属颗粒组成。已被合成出的大量的各向异性胶体颗粒，有明确的大小、形貌和表面性质。常见的各向异性胶体有胶棒和Janus胶粒。这些胶粒表面均匀，但至少有一种物理性质不同于其他部分。其形貌多种多样，如棒状、椭圆状、盘状、立方体、星状、三角形和花生状等。相对于各向同性的球形颗粒，各向异性微粒具有比表面积较大和对称性下降等特点。特殊的形貌结构不仅带来许多特殊的物理化学性质，还可以通过组装得到新的粒子堆积类型，改善材料的光学性质和亲疏水性能等。

（崔基炜　郝京诚）

耿氏效应 Gunn effect 在均匀的半导体薄膜两端施加直流电压，能够产生微波频率（吉赫波段）的振荡电流效应。由J. B. 耿于1963年在砷化镓半导体材料中首次发现。耿氏效应产生的原因是，半导体中电子的平均漂移速度不是单调依赖于电场强度，而是在某个阈值处达到最大值然后减小。在砷化镓材料中，这种“负微分迁移率”（或者说“负电阻”）出现的原因是，Γ能谷的电子迁移率远大于其附近能量略高的X能谷的电子迁移率。一旦器件的偏压超过阈值，这种“负微分迁移率”就会导致不稳定的空间电荷分布，在阴极附近产生一个电偶极畴，以某个饱和速度向阳极运动。因为这个电偶极畴内的电场强度很大，畴外的电场就很小，不足以形成第二个畴，直到这个畴到达阳极并离开器件，在阴极附近才会产生下一个畴。在超过阈值的直流电场作用下，这种电场畴周而复始地出现，就是微波的产生源。利用耿氏效应可以制作微型化的高效率的微波发生器件。砷化镓材料制作的耿氏二极管可以达到几百吉赫的频率，而氮化镓材料的耿氏二极管可以达到几个太赫兹的频率，甚至更高。

（姬　扬）

工程光学 engineering optics 工程领域中广泛应用的光技术的光学基础。工程光学主要包括几何光学、物理光学、激光技术、光学信息处理、光学传感、光学测量、光纤传输、光存储、光集成等。

（李晓彤　吴　兰）

功 work 描述外力在物体位移过程中的空间积累效应的物理量。常力$\boldsymbol{F}$在直线位移$\boldsymbol{s}$上所做的功A定义为力在位移方向的分量与该位移大小的乘积。它是标量，用公式表达为$A=\boldsymbol{F}\cdot\boldsymbol{s}=Fs\cos\theta$，式中$\theta$为力$\boldsymbol{F}$与位移$\boldsymbol{s}$的夹角。当$\theta<90°$时，力做正功；$\theta>90°$时，力做负功；$\theta=90°$力与位移垂直时，力不做功。对于变力在作用点做曲线运动情况下的功，应先计算力在作用点的微小位移$\mathrm{d}\boldsymbol{r}$上的元功$\mathrm{d}W=\boldsymbol{F}\cdot\mathrm{d}\boldsymbol{r}$，再进行沿曲线的积分。

从另一角度，功是能量变化的一种量度。物理学中能量是物质运动的量度，是物质状态的基本参量之一。对物体或系统做功，或物体和系统对外界做功，物体和系统的状态就有所变化，物体或系统的能量也相应有所增加或减小。

在国际单位制中，功的单位为焦[耳]，1焦 =1牛 · 米。

（贾书惠）

功率 power 力在单位时间内对物体做的功。功率表示做功的效率或做功的强度，通常记为P。国际单位制中其单位为瓦，表示每秒做1焦耳的功，即1瓦 =1焦/秒；工程中还使用千瓦及兆瓦，1千瓦 =1000瓦，1兆瓦 =1000千瓦。如果作用于物体的力是$\boldsymbol{F}$，在时间微元$\mathrm{d}t$中物体的位移量$\mathrm{d}\boldsymbol{r}$，做的元功是$\mathrm{d}W$。则根据功率的定义，知$P=\mathrm{d}W/\mathrm{d}t$，因$\mathrm{d}W=\boldsymbol{F}\cdot\mathrm{d}\boldsymbol{r}$，故有$P=\boldsymbol{F}\cdot\boldsymbol{v}$，即力的功率等于力与速度$\boldsymbol{v}$的矢量点积；当力与速度方向一致时，就是力与速度大小的乘积。还可推出，在刚体作定轴转动时，$P=M\omega$，即力的功率等于力矩大小M与角速度大小ω的乘积。

（贾书惠）

功率半导体器件 power semiconductor device 一种在电力电子设备中起到开关或者整流作用的半导体器件。又称功率器件、电力电子器件。功率半导体器件主要用于电能的转换和控制，是所有电力电子系统的重要组成部分。功率半导体器件主要工作在开关模式下，即非通即开，所以一般不用于线性放大操作。

半导体的出现成为20世纪现代物理学中一项最重大的突破，标志着电子技术的诞生。由于不同领域的实际需要，促使半导体器件自此分别向两个分支快速发展。其中一个分支是以集成电路为代表的微电子器件，特点为小功率、集成化，作为信息的检出、传送和处理的工具；另一类是电力电子器件，特点为大功率、快速化。广义上讲，电力电子器件可分为电真空器件和半导体器件两类。但自20世纪50年代以来，除在频率很高的大功率高频电源中还在使用真空管外，基于半导体材料的电力电子器件已经逐步取代了以前的汞弧整流器和闸流管等电真空器件，成为电能变换和控制领域的绝对主力。因此电力电子器件也往往专指电力半导体器件，即功率半导体器件。

第一个功率半导体器件是R.N.霍尔在1952年提出的锗功率二极管，其阻断电压为200伏，导通电流可达35安。

1955年，美国通用电气公司发表了世界上第一个以硅单晶为半导体整流材料的硅整流器，1957年又发表了全球首个用于功率转换和控制的可控硅整流器（SCR）。由于它们具有体积小、重量轻、效率高、寿命长的优势，尤其是SCR能以微小的电流控制较大的功率，令半导体电力电子器件成功从弱电控制领域进入了强电控制、大功率控制领域。相比于二极管，晶闸管可承受更高的反向电压。但这类器件在开关电路中的一个明显不足就是它的栓锁效应，即控制端只能开启晶闸管而不能将其关断，只能通过断开连接的方法使其恢复关断状态。

栅极可关断晶闸管是1960年提出的一种没有闩锁效应的晶闸管，可通过在门极施加不同的信号来控制晶闸管的开启和关断。

1948年，W.B.肖克莱第一次提出具有相当功率处理能力的双极结晶体管（BJT）器件。

基于金属氧化物半导体场效应晶体管（MOSFET）技术的发展，功率MOSFET在20世纪70年代后期开始得到应用，国际整流器公司在1978年推出了25安、400伏功率MOSFET。这类器件可以工作的频率比双极晶体管更高，但主要局限在低压应用领域。

绝缘栅双极晶体管（IGBT）发展于20世纪80年代，在90年代得到广泛应用，这类器件拥有双极晶体管的功率处理能力，同时兼备功率MOSFET绝缘栅的优点。

相比于处理信息的电子器件，功率半导体器件要求具有一定的功率处理能力，即要能承受一定高压或者大电流。因为处理的功率较大，为了减小本身的功耗，提高效率，功率半导体器件一般都工作在开关状态。即导通时阻抗很小，接近于短路，管压降接近于零，而电流由外电路决定；阻断时阻抗很大，接近于断路，电流几乎为零。

功率半导体器件主要分为整流器件和开关器件两大类。整流器件通常为两端器件，器件的工作状态完全由外电路决定，具有单向导电性，是一种不可控器件，如快恢复二极管、pin管、肖特基二极管等；

开关器件通常为三端器件，除了接入主电路的两个电极外，还有一个控制极。这类器件的工作状态不仅会受到外电路的影响，最主要的是可以通过控制端控制，如SCR、BJT、MOSFET、IGBT等。

自从20世纪50年代固态电子器件替代真空管以来，功率半导体器件就以其优越的性能成为电力电子系统的核心组成部分，在电能的高效传输和利用上起到了至关重要的作用。据估计，世界上至少有50%的电能是由功率半导体器件控制的。随着器件种类的不断增多与性能的不断提升，功率半导体器件在日常消费、工业、医疗、航空航天、轨道交通等领域得到广泛应用，对经济的发展产生了重要影响。尤其是以碳化硅、氮化镓为代表的第三代宽禁带半导体材料的出现，打破了硅基功率器件的理论极限，大大提高功率半导体器件的性能，促进了更高功率、更高效率以及严苛环境下的应用发展。（杨富华）

宫先仪 Gong Xianyi（1938-02-11～ ） 中国水声工程专家。生于江苏江宁。1962年毕业于中国人民解放军军事工程学院。1985～1987年在美国凯斯西储大学作访问学者。曾任中国船舶工业总公司第七研究院第715研究所研究员、总工程师，海洋声学国家重点实验室主任。中国船舶重工集团第715研究所研究员，浙江大学教授。2001年当选为中国工程院院士。

宫先仪先后主持了中国第一、二代潜艇主战声呐工程研制及多项国家重点预研课题研究工作，多次获得国家和省部级科技成果奖。曾主持完成潜艇噪声测向声呐的研制，该声呐是中国第一代自行设计、研制的大型潜艇声呐。主持完成潜艇声呐系统研制，该系统是中国第一个实现集中显示和综合控制的声呐系统。主持或参与被动定位、目标识别、匹配场处理、潜艇综合声呐系统技术，以及1994年、2001年、2002年的重点海域综合水声考察，“973”有关课题等多项国家重大基础研究课题。多次获得国家科技进步二等奖和省部级科技进步一、二等奖等奖项。撰写了大量工程研制方案论证、技术设计等的报告。1998年获浙江省劳动模范称号和全国五一劳动奖章，2000年获全国先进工作者称号。（尹晓冬）

龚昌德 Gong Changde（1932-07～ ） 中国物理学家。1932年7月生于江苏省南京市。1950年9月考入交通大学（今上海交通大学）物理系，1953年毕业于复旦大学物理系。1953～1955年于华东水利学院（今河海大学）任教。1955年转入南京大学物理系，历任助教、讲师、副教授、教授。1986～1993年任南京大学物理系系主任；1994～2009年任南京大学理学院院长、理论物理研究中心主任；1987～1992年在意大利国际理论物理中心任教授。1984年获得首批国家有突出贡献的中青年专家称号。曾获得全国科学大会奖1项、国家自然科学奖1项、国家教委科技进步奖2项、江苏省科技大会奖1项。2005年当选为中国科学院院士。

长期从事固体物理的理论研究。早期与合作者利用反演技术求解厄立希伯格方程，获得较精确的强耦合超导临界温度的公式。较早提出二维层状结构引起的范霍夫奇异性对高温超导电性会有重要影响，与合作者分析了氧化物超导体的同位素效应，说明仅靠电-声子机制和范霍夫奇异性不能解释高温超导电性，否定了当时国际上这一观点。合作研究了由于准二维结构和反铁磁背景，范霍夫奇异性对高温超导体载流子色散规律、压力效应和输运性质的影响。改进了关于高温超导电性的*t-J*模型的格林函数方法，考虑了有限关联长度的反铁磁背景，证明了*t-J*模型可以导出某些非费米液体特性，还证明了*t-J*模型不能满意地解释光电子能谱和中子散射的实验。与合作者较系统地研究了锰氧化合物的电-声子耦合和空穴-轨道子耦合，以及静态和动态杨-特勒效应。曾主持攀登项目“高温超导电性的基础研究”和“理论物理”子课题“强关联电子系”等。与他人合著《量子统计的格林函数理论》。（尹晓冬）

龚祖同 Gong Zutong（1904-11-10～1986-06-26） 中国光学家。生于江苏川沙（今属上海），卒于陕西西安。1930年清华大学物理学系毕业后赴德国，入柏林工业大学深造，获优秀毕业生荣誉和特准工程师称号。1936年开始攻读博士学位，后因国内抗日战争全面爆发，他毅然放弃获得博士学位的机会，回国参加救亡工作。先在昆明筹建了中国第一个光学工厂，为抗战前线制造出第一批双目望远镜。后曾分别任上海耀华玻璃总厂、天津耀华玻璃公司和秦皇岛玻璃厂总工程师。1952年起，历任中国科学院长春仪器馆研究员，长春光学精密机械研究所副所长。1962年起，任中国科学院西安光学精密机械研究所所长，中国科学院西安分院副院长。1979年起任中国光学学会副理事长，名誉理事长。1980年当选为中国科学院学部委员（院士）。

20世纪50年代中期领导试制成功中国第一批光学玻璃。1958年起先后领导研制成功中国第一台电子显微镜和中国第一代红外夜视仪。随后负责组织大型天文望远镜的研制工作，奠定了中国自行研制大型天文望远镜的技术基础。1964年，他领导研制成功高速摄影机，并为中国第一次核试验测试工作做出贡献。此后，在中国首先开拓了纤维光学和变折射率光学的研究领域。由于在发展中国应用光学及高速摄影领域的贡献，他获得1981年由美国电影和电视工程师协会颁发的福托-索尼克斯金质奖章。晚年探索过光子学中光子结构和二重性问题。（王 飚）

共格孪晶界 coherent twin boundary 孪晶面上的原子同时位于两个晶体点阵的阵点上，为两个晶体所共有，属于匹配、无畸变的完全共格晶面。见**孪晶**。

共价键 covalent bond 通过两个或多个原子共同分享它们的外层电子，并在理想情况下实现原子的满壳层状态，形成稳定化学结构的化学键。形成共价键的原子没有发生原子间电子转移，而是原子间共用电子与原子核之间的作用。如在N_2分子中氮原子有5个外壳层电子，其中每个原子提供3个电子作为原子间共享电子，这样形成了N≡N三键。在N_2三键中，包括了以“头碰头”方式进行原子轨道重叠的σ键，以及以“肩并肩”方式进行原子轨道重叠而形成的π键。除了典型的σ键和π键，共价键还包括离域的大π键，多中心-两电子键以及奇数电子键等。再如Li_2^+属于典型的单电子键，其键强比Li_2还大。

共价键具有饱和性及方向性，即原子中未成对电子与另一个原子的未成对电子配位成键后，一般不能与其他原子未成对电子配位。由于原子轨道重叠程度越大表示电子在核间出现的概率越大，这样形成的共价键就越牢固，因此共价键将尽可能沿着电子概率出现最大的方向形成，这就是共价键的方向性。共价键可以形成物理化学特性丰富且结构复杂的化合物，包括众多的气相分子（CO_2、CH_4等）、低沸点的乙醇、低熔点的碘分子，以及具有大量原子数目的大分子、聚合物和三维结构分子。这些大分子物质具有高熔点、高沸点以及高电阻率特性。（崔中华）

共价晶体 covalent crystal 主要由共价键结合形成的晶体。常见的金刚石、硅、氮化硅、氧化硅等都是共价晶体。共价晶体中共价键的方向性和饱和性规定了共价晶体中原子间结合的方向和配位数。例如在金刚石中，每个碳原子与相邻的碳原子都是以四面体方式结合，构成三维骨架。由于共价键非常稳定，所以一般地说，共价晶体的结构很稳定，具有很高的硬度和熔点。由于所有的价电子都参与成键，不能自由运动，因而共价晶体通常不导电。

电负性较强且外电子壳层未满的原子，如ⅣA—ⅥA族元素，往往结成共价晶体（或称为同极晶体）。相邻的两个原子各出一个电子，组成一对为两个原子所共有的电子。这两个电子自旋相反，在两个原子核之间的区域有较大的密度，起到同时吸引两个核的作用，把它们结合起来。这种电子结构称为**共价键**，是一种很强的键合。

共价结合有两个基本的特征：①“饱和性”即一个原子只能形成一定数目的共价键。②“方向性”即各共价键之间有很强的方向关系。这两个特征使共价晶体采取特定的结构。例如ⅣA族元素碳、硅、锗等都可形成金刚石结构。这种晶体中每个原子与处在四面体顶角方向的四个相邻原子之间各形成一个共价键。共价晶体内聚能基本上是这些共价键能的总和。（牛智川）

共聚物 copolymer 由两种或两种以上的结构单元构成的聚合物。又称互聚物。根据结构单元在共聚物中排列方式的不同，可以将共聚物分为**无规共聚物**、交替共聚物、**嵌段共聚物**和接枝共聚物。如对于由两种结构单元构成的共聚物，其链结构如下图所示。

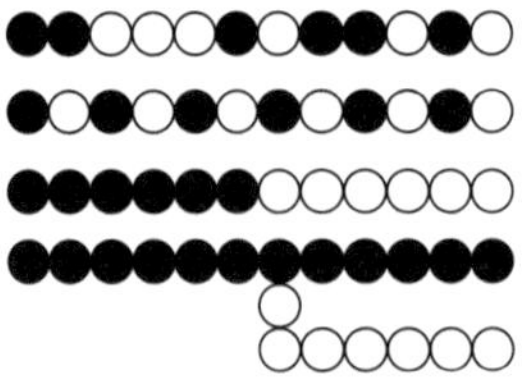

共聚物结构示意图

共聚物可以通过自由基聚合、阴离子聚合、阳离子聚合、配位聚合和缩聚反应制备。无规共聚物可以通过两种或多种单体直接共聚的方法合成。根据加入单体的比例可以调整无规共聚物的结构组成，进一步调节共聚物的性质。通常，无规共聚物中第二种单体的用量为百分之几十时，共聚物的性能介于两种单体的均聚物之间；第二种单体用量只有百分之几时，共聚物主要体现结构中高组分含量单体的均聚物的性质，而第二种单体起到改善共聚物某种性能的作用。

交替共聚物是一种特殊的无规共聚物，其结构单元严格交替相间，只能由两种单体构成，而且至少有一种单体的自由基不能与其单体均聚，只能与异种单体共聚。例如，马来酸酐和醋酸-2-氯烯丙基酯两种单体都难以均聚，但两种单体的混合物可以共聚生成交替共聚物，而且与两种单体的原始投料比无关。只要有一种单体消耗完毕，反应就随之终止。苯乙烯是一种可以均聚的单体，但当少量的苯乙烯单体和大量的马来酸酐单体同时存在时，苯乙烯单体会和马来酸酐单体交替共聚，直到苯乙烯单体消耗完毕后，反应才会终止。

嵌段共聚物和接枝共聚物一般不能通过两种或多种单体直接共聚的方法合成，而是先合成共聚物中的一种嵌段，然后通过进一步引发其他单体或者是通过特定的化学反应嫁接形成下一种嵌段。由于嵌段共聚物和接枝共聚物中的链段包含有大量的结构单元，因此链段表现出对应均聚物的性质，而共聚物则是链段性质的集中体现。如由苯乙烯和丁二烯阴离子共聚合得到的三嵌段共聚物SBS是一种热塑弹性体，其兼具聚苯乙烯链段硬塑料的特性和聚丁二烯链段的橡胶特性；由丙烯腈、丁二烯和苯乙烯通过无规共聚和接枝共聚相结合得到的ABS是重要的工程塑料，其兼有三种组分的特性，其中聚丙烯腈的氰基使材料耐化学腐蚀，聚丁二烯的橡胶韧性提高材料的抗冲击强度，聚苯乙烯良好的高温流动性改善聚合物的可加工性。随着聚合方法的不断发展，尤其是可控/“活性”自由基聚合的出现，极大地便利了共聚物的合成，丰富了共聚物的种类，也为共聚物在溶液和本体条件下自组装形成结构新颖、有序的纳米图案或有序分子聚集体创造条件，并为开发新材料奠定了基础。（张望清）

共鸣 resonance 物体受到频率等于其固有频率的外力作用时产生剧烈振动的现象。又称共振。见**亥姆霍兹共振器**。

共形场论 conformal field theory 具有共形不变性的量子场论。对于一般的量子场论，只需要要求它在庞加莱群的变换下保持不变，即在洛伦兹变换以及时空平移下保持不变。如果进一步要求这个场论在共形变换下不变，则称其为共形不变的。共形变换也称为保角变换，两个矢量在共形变换下它们之间的夹角不变。共形变换除了包含洛伦兹变换和时空平移外，还包含标度变换和特殊共形变换。在d维闵可夫斯基时空中，共形变换群是$SO(d, 2)$，正好是$(d+1)$维反德西特时空的等度规群，支持了AdS/CFT对应关系。

一个场论可能在经典上看起来是共形不变的，但在量子水平上却没有共形不变性，即存在着**共形反常**。典型的例子是量子色动力学。它在经典上是标度不变的，但量子水平上标度不变性被破坏，耦合常数随着标度的不同而跑动，即有非零的β函数。如果一个场论是在量子水平上共形不变的，才能称它为共形场论。一般一个标度不变的量子场论通常也是共形不变的。这个结论可以对二维幺正的量子场论进行证明。

由于二维共形对称性是无穷维的，二维的共形场论在超弦理论、二维凝聚态系统的研究中有着广泛的应用。三维共形场论的典型代表是陈–西蒙斯物质理论，对研究M理论有着重要的应用。四维共形场论中的重要代表是最大超对称杨–米尔斯理论，它在研究AdS/CFT对应、对偶性以及朗兰兹纲领等方面都发挥着重要的作用。

人们利用共形自举方法来求解$d>2$维的共形场论，已经获得了一些重要的研究成果，其中包括对三维**伊辛模型**的求解等。（陈 斌）

共形反常 conformal anomaly 一个理论的经典标度不变性在量子水平上被破缺的现象。又称标度反常、迹反常。见**量子反常**。

共振 resonance 系统做受迫振动，当受到的策动力频率与系统自身的固有频率相近时，振幅急剧增大的现象。常指位移共振。共振是一把双刃剑。一方面，许多仪器和装置需要利用共振原理来制造；而另一方面，共振会引起机械装置很大的变形、仪器仪表参数大大超限，甚至造成破坏性事故。（张海澜）

共振核反应 resonant nuclear reaction 反应的中间过程正好对应于中间体系的某个量子态，从而引起反应截面显著增强的现象。这与其他领域（如机械、光学等）中共振的概念本质上一致。共振核反应最初主要是指复合核反应中的共振现象，即当碰撞的质心能量加上复合体系的结合能正好对应于复合体系的一个准稳态（共振态）激发能时，反应截面显著增大的现象。此时对应的入射能量称为共振能。复合核反应的激发曲线往往出现一系列峰值，这是出现共振现象的重要标志。由于带电粒子之间库仑排斥的原因，共振核反应更容易在中子引起的反应中发生。对于共振峰的形状，有比较成熟的理论描写，通常采用布雷特-维格纳函数形式。共振态有一定的寿命，随后衰变到末态粒子。一个共振态可以有许多种衰变道。按照测不准关系，共振态的寿命与共振能量峰的宽度成反比。每一种衰变道对应于一个分支宽度（或者分截面）。随着入射粒子能量的增加，通常共振峰的宽度逐渐增大，以致相邻的共振峰相互重叠，激发曲线呈现出连续谱的特征，此时可以用态密度来描写复合体系的状态。

当复合体系的激发能足够高时（10～20兆电子伏）可以出现一种特殊的共振态，就是巨共振。巨共振是原子核内部大量核子参与的协同运动状态，包括质子-中子之间的相对运动和自旋取向不同的核子之间的相对运动。巨共振存在不同的模式，根据角动量的不同可以分为单极、偶极、四极和八极巨共振；按同位旋的不同又可分为同位旋矢量和同位旋标量巨共振等。巨共振的宽度通常达到几个兆电子伏。弱束缚晕核中观察到一种新的巨共振形态，就是价核子相对于核心的振动。这种共振的能量较低（一般低于几个兆电子伏），被称为矮偶极共振（PDR）。丰中子核的PDR研究与核物质状态方程以及核天体过程等有密切关系，因此受到广泛重视。

除了复合核体系之外，通常原子核的高激发态也有可能超越粒子或集团的分离能，从而达到粒子不稳定的量子态（正能态），它们通过发射粒子（或集团）而衰变。这种激发态也被称为共振态（有别于通常粒子束缚的只能通过γ跃迁衰变的激发态）。远离β稳定线的弱束缚原子核的研究得到长足发展。这些核的粒子分离阈一般比较低（特别是滴线核的粒子分离能为零），很容易被激发到共振态。不稳定原子核共振态的研究是对原子核结构理论的很灵敏的检验，因此成为放射性核束物理的一个重要方面。激发共振态的方法包括库仑激发、非弹散射激发、转移反应激发等。（叶沿林）

共振价键理论 resonant valence bond theory 凝聚态物理学中电子强关联系统的主流理论之一。用于研究莫特绝缘体或掺杂莫特绝缘体，特别是铜氧化物超导体与量子自旋液体。“共振价键”一词最早由美国化学家L.鲍林提出，用于解释芳香族分子，特别是苯环的电子结构。他指出苯环的量子基态是由不同单键-双键间隔组成的量子态线性叠加而成。所谓“共振”指的是量子态的线性叠加。鲍林随后将这个理论推广用于解释金属态。虽然这个金属理论并不成功，但给后来莫特绝缘体的研究带来了启发。

莫特绝缘体的共振价键理论 美国物理学家P.W.安德森于1973年指出共振价键态是反铁磁绝缘体一种可能的量子基态。这类绝缘体是自旋$S=1/2$（更准确说是自旋半奇数）的量子系统，近邻自旋之间的耦合是反铁磁的。莫特绝缘体中每个晶胞包含奇数个电子，从传统的能带角度看是一个能带半填满的电子系统，应该是金属态。但莫特绝缘体中同一个晶胞的电子之间存在强烈的库仑排斥作用，使得每个晶胞中的电子数目倾向于相同，电荷无法在晶格中迁移，形成了绝缘体而不是金属。因此，莫特绝缘体是不同于传统能带绝缘体的电子关联系统，电子相互作用起到关键性的作用。

反铁磁自旋$S=1/2$的海森伯模型是描述莫特绝缘体中量子磁性的典型模型。首先考虑两个自旋的反铁磁耦合，其量子基态是总自旋$S=0$自旋单态。因此安德森猜测多体系统的量子基态可以用自旋单态来构造。如图1所示，用一个价键来表示某两个格点上的自旋构成的自旋单态。在整个晶格中，自旋之间可以两两配对形成一个自旋单态的构型。每个构型描述一个由自旋对的自旋单态直乘而成的多粒子自旋单态。不同的多粒子自旋单态可以线性叠加，形成共振价键态。

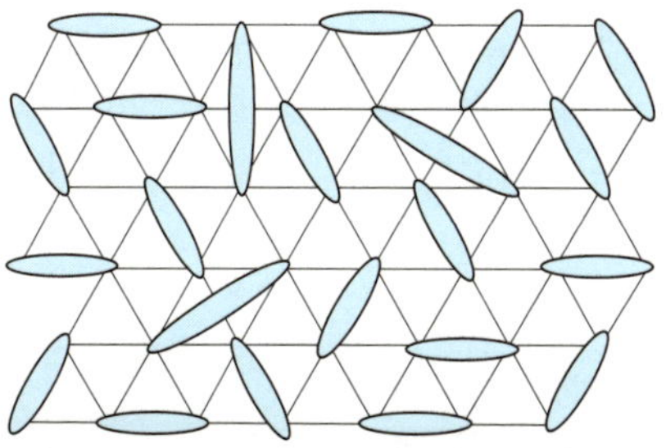

图1 共振价键态的一个构型

共振价键态既可以描述具有反铁磁长程序的有序态，也可以描述自旋无序的量子自旋液体态。对于量子自旋液体基态，其激发态可以通过打断一个价键（自旋单态）来形成自旋三态。这个自旋三态由两个没有形成单态配对的自旋来描述。在由短程共振价键态（价键主要来自短程键）描述的量子自旋液体中，这两个没有配对的$S=1/2$自旋可以自由移动，称为自旋子。自旋子的移动可以通过不同的共振价键构型之间的量子跃迁来实现，如图2所示。

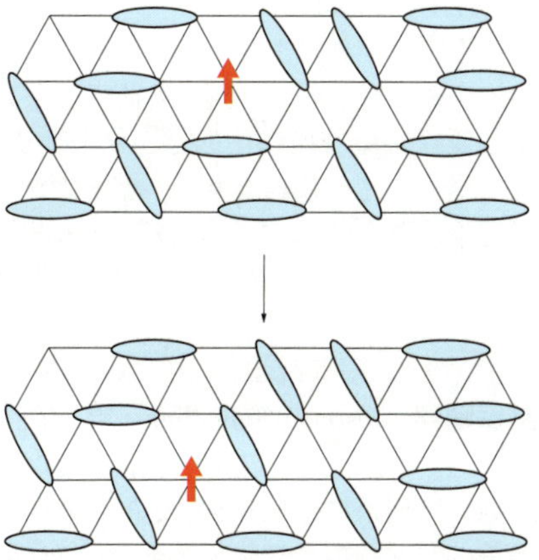

图2 在短程共振价键态中打断一个价键（自旋单态）可以形成自旋子的激发

掺杂莫特绝缘体的共振价键理论 铜氧化物高温超导发现后，安德森于1987年指出，共振价键理论可以用于铜氧化物高温超导电性的研究。他认识到共振价键态与BCS超导态具有自旋单态配对的共性，共振价键态可以通过BCS超导波函数的古茨维勒投影得到。铜氧化物高温超导体的母体是反铁磁莫特绝缘体（更准确地说是电荷转移绝缘体，其d-p电子电荷转移的能量小于莫特能隙），掺杂后引入载流子，形成超导。早期的研究集中在空穴型的掺杂，其中的载流子是空穴。简单起见，我们以空穴型掺杂为例来介绍共振价键理论，电子型掺杂的理论是类似的。

古茨维勒投影 M.C.古茨维勒最早将投影方法用于哈伯德模型来研究磁性金属理论。原始理论研究一个简单的能带，在其中能量从低到高部分填充电子，由此形成费米海。这个费米海的量子态从实空间上看，每个格点可以占据一个电子（单占据）、两个电子（双占据）或没有电子填充（空态）。古茨维勒考虑了同一个格点的电子之间的库仑排斥效应，将费米海波函数中包含双占据的成分去掉，只保留单占据和空态，得到新的波函数。这个过程叫作古茨维勒投影。

安德森将古茨维勒的方法从费米海波函数推广到BCS超导波函数，用来研究铜氧化物高温超导。他发现在能带半填满时，投影态在每个格点上都是单占据，电荷无法移动，因此是莫特绝缘体；而在掺杂时，既有单占据态又有空态，电荷可以移动，同时又有电子配对，得到的是不同于传统BCS理论的超导态。古茨维勒投影后得到的无论是莫特绝缘体还是超导态都是共振价键态。后来的研究发现，安德森早期理论中提出的投影s波配对BCS波函数应该用投影d波配对BCS波函数来替代。

重正化平均场理论　掺杂对反铁磁莫特绝缘体的影响可以通过对电荷跃迁系数以及反铁磁超交换作用的重正化来描述，张富春等人在此基础上发展了重正化平均场理论。重正化平均场理论预言的d波超导态、赝能隙态等都在后来的实验中得到验证。（周　毅）

共振隧穿　resonant tunneling　电子在隧道穿透一个结构时，在某一能量附近发生共振，穿透系数存在锐利峰值的现象。最简单的共振隧穿是**双势垒隧穿**。双势垒隧穿首先是由D.玻姆在1951年通过WKB近似计算解决的。他指出穿透系数中的共振只发生在特定的入射电子能量，亦即对于具有特定能量的电子，双势垒是可以完全通过的。

1964年L.V.约翰森讨论了半导体晶体中的共振系数。在20世纪70年代早期，R.朱和**江崎玲於奈**计算了精细超晶格的两端I-V（电流–电压）特性，并且预测共振不仅能够在穿透系数中观察到，在I-V特性中同样能观察到，这一预测随后被实验所证实。

共振隧穿也能够在多势垒结构中观察到。在20世纪80年代，分子束外延的进步使得负微分电导被发现。引发了非常多的多势垒结构的研究。共振隧穿越来越被人们关注和研究。

在单个势垒的量子隧穿中，穿透系数（或者说隧穿概率）通常小于1，其中假定入射粒子的能量小于势垒高度。而对于一个包含两个或多个距离很近的势垒的结构，当入射电子及势垒结构满足一定条件时（入射电子能量仍然小于势垒高度），电子的穿透系数会变成1。

对于阱深为V，阱宽为$2a$的势阱，通过量子力学计算得到的电子流入射后透射系数为：

$$T=\frac{1}{1+\frac{1}{4}\left(\frac{p_1}{p_2}-\frac{p_2}{p_1}\right)^2\sin^2\left(\frac{2p_2a}{\hbar}\right)}$$

式中T为透射系数；p_2、p_1分别为势阱内、势阱外波函数的动量项，$p_1=\sqrt{2mE}$，$p_2=\sqrt{2m(E+V)}$，m为电子质量，E为电子的初始能量。可见对于势阱存在，即$p_2\neq p_1$，透射系数一般小于1，这说明有反射的存在。这种反射是波动性的结果。同时也存在$T=1$的情况，此时：

$$\sin^2(2p_2a/\hbar)=0$$

即：

$$p_2=N\pi\hbar/2a$$

式中N为整数。可见当势阱和电子能量满足一定条件时，电子可以产生共振隧穿，并且对于确定的电子能量和势阱深度，满足条件的情况是整数倍变化的。对于p_2的取值结果可以类比于**法布里–珀罗干涉仪**问题，即在两块相距$2a$的玻璃板中，在一侧反射的波，在另一侧反射回来之后相位改变了$2N\pi$，正好发生相长干涉，从而加强了透射波。

共振隧穿所要求的能级结构可以通过半导体异质结得到。异质结利用不同类型的半导体在导带或价带制造势垒或者势阱。所以共振隧穿可应用于半导体器件和结构。如共振隧穿二极管、基于共振隧穿的位移传感器、基于共振隧穿效应的电磁式微机械陀螺仪等。

电子通过共振隧穿的输运，其响应时间非常短，对高频器件性能的提高有很大的帮助。通过共振隧穿形成的微带，在能带工程中扮演着重要的角色。（杨富华）

共振态　resonance state　对不稳定粒子的统称。在原子分子、原子核以及强子的散射和反应过程中均发现了大量的共振态。其表现为当入射粒子能量取某确定值时，散射或反应的截面迅速增大，截面值随能量的变化行为和经典物理学中熟知的共振现象一致。以核反应为例，**量子力学**分析研究表明，这个共振现象的出现是由于在该能量附近，入射粒子与原子核结合成一个亚稳复合核，经过一定时间后又衰变成末态粒子。这个被看作是入射粒子与原子核复合而成的亚稳复合核就被称为

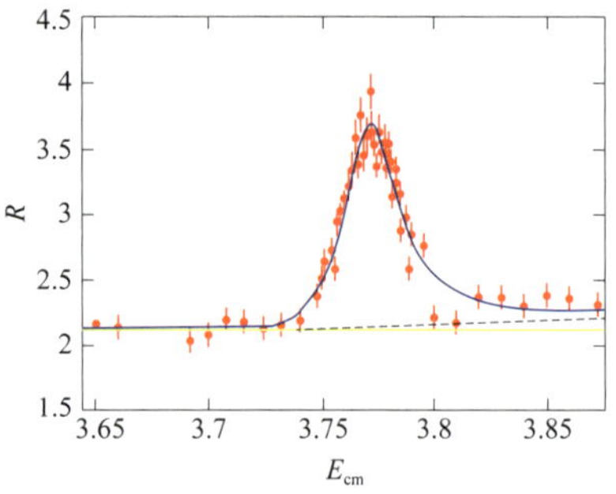

散射截面比R随质心能量E_{cm}变化所显示的共振态

共振态，共振态的寿命与其衰变宽度成反比。在数学上，共振态对应于散射振幅在复能量平面上的一个单极点。

1952年E.**费米**等发现在用π介子和核子碰撞时，在质心系总能量为1236兆电子伏附近时显现明显的共振现象。这个共振态被称为(3,3)共振，以表明它的自旋和同位旋都是3/2。(3,3)共振是发现的第一个粒子共振态。到20个世纪60年代中期，新发现的共振态数目已达数十个。强子结构理论的研究表明，这些共振态具有复杂的起因，它们既有可能是夸克胶子相互作用水平上形成的束缚态，也有可能是色单态强子之间相互作用形成的分子态。

粒子物理学的研究对象大多是夸克之间通过色禁闭强相互作用形成的粒子。在仅考虑强作用时这些粒子既有可能是稳定的，也有可能是能够强衰变从而是不稳定的，后者称为强子共振态。图中显示了一个在正负电子对撞机BEPC上看到的粒子物理中的典型的正反粲夸克偶素，ψ(3770)共振态对于正负电子到所有末态的截面的增强。ψ（3770）共振态的宽度为30兆电子伏，主要是由于它到正反D介子对的衰变。（郑汉青）

共振中子　resonance neutron　动能在中子核反应截面出现共振的能量范围内的**中子**。这个能量范围变化较大，在1电子伏至2兆电子伏之间，主要在1电子伏到10千电子伏能区。不同核素的共振区能量范围有差异，轻核的共振峰可在兆电子伏能区，共振峰较为稀少；中重核、重核的共振峰基本上在千电子伏到电子伏能区，其共振峰非常密集。随着核素的加重，共振峰能区往低能方向移动。中子与原子核作用的反应截面的共振峰是因核素不同而变化的，每个核的中子共振截面曲线都有其各自的特征。中子的共振核反应研究是核反应与核结构的重要组成部分。为了利用核能，人们建立了基于电子直线加速器和质子直线加速器的强流脉冲、覆盖共振能

区的白光中子源，对中子与原子核作用的反应截面的共振参数（包括共振峰的能量位置、共振峰截面值、峰宽等）进行系统的测量研究，为核工程应用提供了大量精细的核数据。 （唐洪庆）

沟道效应 channeling effect 当载能离子束的入射方向与晶轴（或晶面）的方向一致（即夹角足够小）时，由于库仑相互作用，入射离子就会被限制在晶轴（或晶面）间运动的现象。宏观特征是：发生沟道效应时，入射离子的穿透率大、背散射的概率小及入射离子射程长。沟道效应最早是于1963年M.T.罗宾逊和O.S.厄恩通过计算机模拟离子注入时，发现射程有一个和理论射程不符合的指数拖尾现象。后来被单晶钨中的离子注入实验所证实。

沟道效应中的临界角是指能保持沟道效应的最大入射角。随着入射深度的增加，原来穿入沟道的离子经多次散射，其速度方向与沟道偏离了较大的角度，以致发生大角散射，加入到随机部分中，发生退道效应。入射离子在原子列排斥作用下，原来强度均匀分布的离子束，在穿过一段沟道后，强度的空间分布就不均匀了，沟道中心强度大，这就是沟道中离子束流的聚焦效应。

通过沟道效应与背散射技术的结合，测量样品的随机谱、完美定向谱和损伤定向谱，可以得到样品晶格无序度及其分布。利用沟道背散射技术，还可以确定杂质原子的位置，测定表面层结晶状态和晶体损伤等。 （王宇钢）

孤立视界 isolated horizon 时空中一个类光超曲面，满足其截面积不随时间变化，且所有几何量在该曲面上均不含时。黑洞及其性质是广义相对论中一个重要的问题。在传统理论中，黑洞区以及黑洞的视界是由时空的整体几何性质所确定的，无法用局部的几何量来描述，从而导致在理论和实际应用中有种种困难。特别是在黑洞处于非稳态情况时这些困难就更为突出，如数值相对论中的黑洞并和等问题。为解决这些困难，A.阿什替卡及其合作者在1999年引入了“孤立视界”的概念。

孤立视界是作为稳态黑洞的事件视界的推广，描述近稳态黑洞的视界，即黑洞已经形成并基本稳定，但时空中仍存在其他物理动力学过程的情况。截面积不随时间变化，以及面上所有几何量均不含时，表示黑洞本身已经形成并且达到稳定状态，不再有物质落入黑洞。但因为几何量仅在曲面上才不含时，从而保证了包含上述类光曲面的爱因斯坦方程的解仍然可以是非稳态的。

从局部看，孤立视界与稳态黑洞的事件视界非常相似。可以证明，对于孤立视界，可以定义视界的能量、表面重力和角动量，而且存在与稳态视界类似的黑洞热力学关系。利用隧穿方法和反常方法，也可证明孤立视界附近存在霍金辐射。

不同于稳态黑洞的是，孤立视界没有唯一性定理，视界可能的位形由视界上的两组多级矩决定，分别称为质量多级矩和角动量多级矩，其各自联系于孤立视界的质量和角动量。在圈量子引力理论中，上述两组多级矩与黑洞的贝肯斯坦-霍金熵密切联系。

孤立视界的概念已经广泛应用于数值广义相对论、数学广义相对论、量子引力、全息对偶等多个前沿领域。 （吴小宁）

箍缩效应 pinch effect 良导电流体或等离子体中电流与其自身产生的磁场相互作用，使等离子体电流通道收缩，并使等离子体的温度和密度提高的效应。当电流从柱状流体中流过时，它在流体表面产生与之垂直的磁场。在这一磁场作用下，在流体中产生洛伦兹力$\boldsymbol{f}=\boldsymbol{j}\times\boldsymbol{B}$的作用，式中$\boldsymbol{j}$为电流密度，$\boldsymbol{B}$为磁感应强度。这个力指向流体内部，压缩流体向内运动，使其变细、密度增加，并做功使温度提高（图1）。在压缩速度很高的情况下，可能产生激波加热效应。

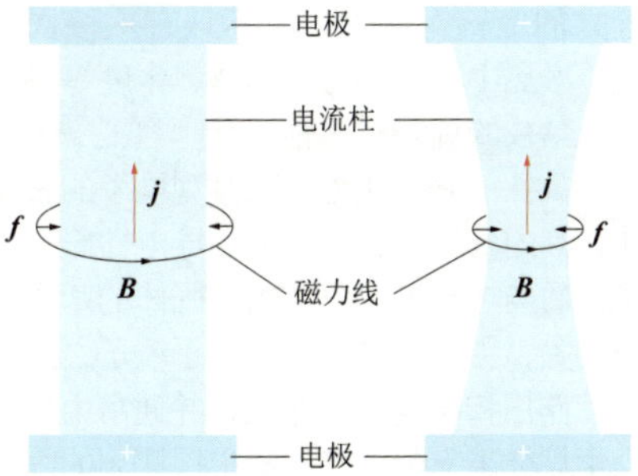

左图表示放电电流柱及其产生磁场，以及受到的洛伦兹力的方向；右图为箍缩后的放电柱形状

图1 箍缩原理图

常见的闪电是放电电流很强的电流通道，箍缩效应使其保持细长的形状。实验室中的箍缩现象早在18世纪末就已发现，但直到1905年J.A.波拉克和S.巴勒克拉夫才从物理学上给予解释。1934年，W.H.贝内特导出箍缩所产生的平均压强和放电电流I、柱体半径a的关系，称贝内特关系：

$$\langle p\rangle=\frac{\mu_0 I^2}{8\pi^2 a^2}$$

式中μ_0为真空中的介电常数。

因为等离子体是密度很低的良导体，易产生典型的箍缩现象，所以经常使用箍缩产生高温等离子体用于核聚变反应研究。箍缩形态主要有电流在轴向的Z箍缩和电流在角向的角向箍缩，以及二者结合的螺旋箍缩。两个保持一定距离的电极间的直流放电即构成最简单的Z箍缩，所以在磁约束聚变研究初期使用这种形式的等离子体装置。Z箍缩现又用于惯性约束核聚变。

角向箍缩无法用电极放电产生，只能采用感应方法。其装置原理见图2。在放

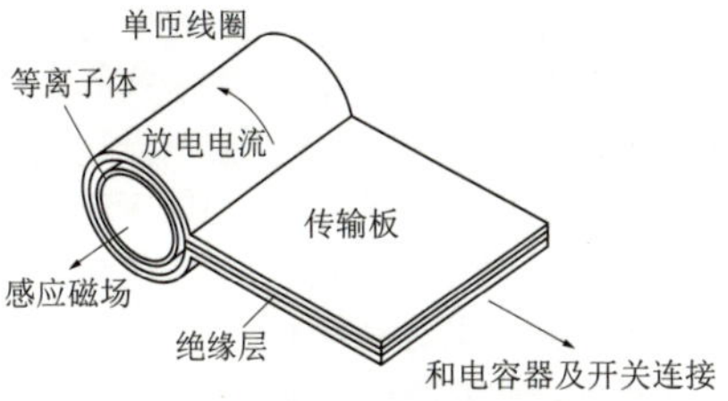

图2 角向箍缩等离子体装置原理图

电管外使用一单匝线圈在管内产生轴向感应磁场。这一磁场在预电离产生的弱电离等离子体中感应出反向的角向电流。这一电流将磁场屏蔽在外，形成等离子体鞘，在磁场作用下向内压缩形成高温高密度等离子体。角向箍缩装置在历史上曾取得很大成就。1958年在这种装置中首次获得热核聚变中子。后来箍缩类装置的构型历经演变，一种反场箍缩装置逐渐成为主流。

箍缩效应也用于技术领域，如电磁成型技术就是用薄壁金属筒作为坯件，外加脉冲强磁场在其中感应电流，使其收缩到预先置于内部的模型上形成所需要的形状。 （王 龙）

固态光电探测器 solid state photodetector 把光功率或能量转换成电量的各种半导体器件。固态光电探测器主要有光敏电阻（光电导管）、光生伏打电池（光电池）、光电二极管和光电三极管以及由它们派生出的各种光电器件，也有利用其他效应制成的器件。

光敏电阻 利用内光电效应使半导体受光照后显著改变导电性能的现象制成的器件。半导体可以是有机的或无机的、结晶型的或非晶态的；可以是单晶或多晶、薄膜烧结型、真空蒸发型、化学沉淀型或夹层型等。在半导体两端镀上电极就构成光敏电阻。

在电极间施加电压后无光照时流过的电流称暗电流。光照后激发自由载流子，使流过的电流剧增，这部分电流称光电流。入射的光量和光电流（施加给定的电

压）之间的关系曲线构成光敏电阻的光电特性。

根据半导体材料及其掺杂类型的不同，不同的光敏电阻对不同的光谱段敏感。在可见光区使用的主要是硫化锌、硫化镉、硒化镉及其混合多晶光敏电阻；在近红外区使用的主要有硅、锗、硫化铅、锑化铟等。在中红外和远红外区工作的光敏电阻一般均需保证低温工作条件。

光生伏打电池　能在光的照射下产生电动势的半导体器件（见**光生伏打效应**）。光电池大量应用于航天器中作供电电源，并开始用作仪器或家庭供电，光电池也广泛用于光度色度仪器中。工业生产的大多为硅光电池，对可见光和近红外光响应。

光电二极管　能在光的照射下产生电动势或光电流的半导体器件。它的结构与光电池相同，也是半导体结型器件，但尺寸小得多。它有两种工作方式：当不加偏置电压时，在光的照射下产生和光电池相同的电动势，这称为光电池工作方式，其短路电流和开路电压与光量有一定关系；当加反向偏置电压（P区接电源负极，N区接电源正极）后，在光的照射下出现反向光电流，其大小与照射的光量有关。

PIN光电二极管与一般光电二极管的区别在于在半导体的P区和N区间增加一层本征半导体I区，这样会增加PN结耗尽区的厚度，提高吸收光子的概率和减小结电容，从而提高探测效率和响应速度。

雪崩光电二极管的反向偏置电压接近于反向击穿电压，这时光电子能通过与原子的碰撞电离释放出更多的电子，实现电子倍增，但噪声稍大。它具有高得多的探测效率和与PIN光电二极管相近的响应速度。

光电三极管　结构与PNP或NPN半导体三极管相似，但大多没有基极引出线。光照射到集电极-基极结上，产生的光电流起着基极电流的作用，经三极管作用获得放大数倍到近百倍的集电极电流。光电三极管的探测效率比光电二极管大得多，但受结电容的影响，响应慢，只能响应几百千赫的调制光。　（缪家鼎）

固态照明光源　solid state light source　以固态电子元件将电能直接转化成光能的电气光源。是新一代崛起的电气光源。固态照明光源主要有**发光二极管**（LED）和**有机发光二极管**（OLED）两大类。固态照明光源已明显呈现出超过热辐射光源和气体放电光源的许多优势。其研制成果和产品正在使21世纪的照明成为固态光源的时代。　（陈大华）

固体　solid　由大量微观粒子聚集形成的具有固定形状的物质形态。固体中通常包含宏观数目10^{23}数量级的原子和电子，它们相互作用，并在量子力学规律的支配下凝聚成稳定的形态。固体的物理特征在于连续的空间平移对称性的自发破缺，并伴随连续的旋转对称性自发破缺（见**对称性**）。

分类　根据结构对称性，固体包括晶体、准晶和非晶。

晶体。多数情况下固体指晶体。晶体的基本结构特征是由一个或多个离子实形成的重复单元在空间周期排列，形成点阵结构，点阵中最小的重复单元称为原胞。晶体结构具有分立的平移对称性，以及分立的旋转对称性，其结构对称性由点群和空间群来描述。由于受到晶格平移周期性的限制，在晶体中只存在二、三、四、六度旋转对称轴，一共存在32种点群和230种空间群。大块单晶的物理性质通常呈现各向异性，并具有确定取向的解理面。晶体一般具有确定的熔点。按导电性能，可以分为导体、绝缘体或半导体。

非晶。非晶体不具有规则的结构，平移对称性完全被破坏；微观上旋转对称性也被完全破坏，但大块非晶材料由于统计性质整体呈现各向同性。理论上非晶体可以看作被冻结的液体，其微观状态在相空间中无法遍历，黏滞性充分大。非晶体一般不具有确定熔点，典型的非晶材料包括玻璃、石蜡等。

准晶。准晶也是一种规则结构，具有分立的旋转对称性，但不具有平移周期性。准晶中可以具有五、八、十度等晶体中所禁戒的旋转对称轴。

属性　固体作为大量微观粒子的聚集体，其内禀属性诸如刚度、导电性能、光学性质与热导等不仅和组成固体的基本微粒相关，更主要的，它取决于粒子之间的相互作用和结构组织方式，并通常由量子力学规律来支配。在实验中探测到的固体的属性一般由固体的元激发（即低能激发态）的特性来决定。

刚度。固体之区分于液体，其主要特征在于其中原子排列成周期点阵结构，存在长程有序。这种长程有序结构的破坏必须以付出能量作为代价。这种性质称为刚度。它使得固体在表观上能够维持固定的形状。不同固体材料的刚度不同，主要取决于化学成分、晶格结构以及成键方式等。金刚石在天然固体材料中硬度最大。

导电性。固体尤其是晶体的导电性能由能带结构来决定。晶体中的电子处于离子实周期点阵所提供的周期势场中，由于遵循**量子力学**规律而形成能带结构。大量电子遵循费米-狄拉克统计对能带进行填充而形成金属导体、绝缘体或半导体。在绝缘体中，低能的价带能级被填满，而高能的导带能级全空；在金属中，导带能级部分填充；半导体属于绝缘体，但其导带和价带之间的能隙较小，在环境的热激发下可以有一定量的电子从价带跃迁至导带而形成电导。部分金属导体在电子-声子或电子-电子相互作用下可以产生超导电性，它是一种宏观量子现象。

（杨　帆　姚裕贵）

固体导电　electrical conduction of solid　固体中的电子在电场作用下的远程迁移。按照固体导电性能好坏，可分为导体、半导体和绝缘体三种。

导体具有比较好的导电性，大部分导体是金属或合金，也有部分导体是氧化物或陶瓷材料。室温下银的导电性最好，其次是铜和金等。经典导电理论认为，由于导体内部存在大量的可以自由移动的自由电子，这些自由电子在电场力的作用下定向移动形成电流而导电。更准确描述固体导电性的理论是建立在量子力学基础上的固体能带理论。导体中的电子半满填充的能带，这种带中的电子能起导电作用称为导带。在严格的周期性势场中电子具有无限长的自由程，不会受到散射。导体的电阻是由于原子在平衡位置附近的热振动使严格的周期性势场遭到破坏，引起散射的结果。通常情况下原子在平衡位置附近的热振动随温度的上升而变得剧烈，从而导体的电阻随温度的升高而增加。此外，点阵的不完整性，如缺陷、杂质的存在也破坏了严格的周期性势场，也是电阻的起因。这种原因引起的电阻一般与温度无关。有些固体材料，在低温度下电阻率会突然降到零，变为超导体。

半导体的电导性介于导体和绝缘体之间。半导体在绝对零度时，只有完全被电子填满的价带和全空的导带，二者之间存在着一个带隙。当温度升高时，有少量电子从价带激发到导带，产生能导电的电子和空穴。随温度的升高，激发到导带的载流子浓度变多，因此其电阻率随温度的升高而下降。

绝缘体与半导体的区别仅在于绝缘体的带隙宽度远大于半导体的带隙宽带，因此绝缘体中载流子的浓度非常小，决定了绝缘体的电导率非常小。

除了电子导电以外，有些固体通过离子导电，即在外电场作用下是正负离子的

移动引起电流。通常情况下离子导电的电导率很低。（雒建林）

固体导热 thermal conduction of solid 固体可以传导热量的现象。考虑一个棒状或者条状固体，对其两端维持恒定温度差时，热量就会从高温端稳定流向低温端。热导率（又称热传导系数）χ通常被用作表征固体的导热性能，其单位为瓦/（米·开）。热导率的倒数称为热阻系数。固体导热通常依托两种途径：电子导热和声子导热。电子导热源自固体（如金属）内电子气的运动与碰撞。因此它与电子导电联系在一起。电子热导率与电导率的比值满足维德曼-夫兰兹定律。声子导热源自固体内晶格原子振动形成的格波散射。格波的能量与振幅二次方成正比，最小单元是声子。在固体热端格波振幅大，声子密度高；在冷端振幅小，声子密度低。原子间由于有非线性相互作用，造成热能以声子形式从热端流到冷端。铜（金属）和石英（绝缘体）在0℃时的热导率分别为385瓦/（米·开）和50瓦/（米·开）。（李世燕）

固体的内聚能 cohesive energy of solid 自由的无相互作用的原子形成固体时所释放的能量，或固体分解成自由的无相互作用的原子时所吸收的能量。固体的内聚能是描述固体中原子结合强弱的物理量。内聚能一般依赖于温度和压强等因素，但对于固体（尤其是结合较强的固体），稳定状态下内聚能对温度和压强的依赖较弱，可以忽略这些因素的影响。不同固体的内聚能差异较大。根据其微观机制，原子间的结合方式可分为共价键、离子键、金属键、氢键以及范德瓦耳斯键。一般，对于内聚能，共价键结合的固体>离子键结合的固体>金属键结合的固体>氢键结合的固体>范德瓦耳斯键结合的固体。以上的分类是相对的，大多数固体中同时存在几种不同的结合方式，因而其理论分析较为复杂。第一性原理计算方法，如密度泛函方法，可以较为精确地计算大多数固体的内聚能，其计算结果与实验吻合较好。但是密度泛函方法依赖于交换关联，传统的基于局域密度近似或广义梯度近似的交换关联不能准确描述范德瓦耳斯结合。21世纪初以来提出一些新型交换关联，能够描述范德瓦耳斯相互作用。对于固体的内聚能的更高精度的计算，需要采用量子蒙特卡罗等多体方法，但这些方法计算量较大，实际应用相对较少。（马 杰 姚裕贵）

固体的元激发 elementary excitation in solid 固体中某种振动或波的能量量子。固体是由宏观数量（数量级10^{23}/厘米^3）的微观粒子（分子、原子、离子等）组成，存在着电荷、自旋、电荷与电磁场之间的相互作用。粒子的运动是相互关联和制约的集体运动。固体体系在绝对零度时处于基态；当温度逐次升高时，体系的低能激发就会产生，通常表现为不同形式的振动，振动能量的量子就是元激发。因其具有粒子的特性，也称为准粒子。固体物理中的元激发或准粒子的概念是在L.D.朗道提出的费米液体理论基础上发展起来的，成为固态量子理论发展的里程碑。

P.J.W.德拜在1912年提出的"声子"是第一个元激发概念。固体中原子之间相互作用可近似作为简谐力，某一原子振动带动相邻原子随之振动，形成各种模式的波动，称为格波。格波的能量量子就是相应模式的声子，声子是玻色子。20世纪50年代朗道提出费米液体理论，普遍说明了低温下相互作用费米粒子系统的性质，可以用一些只有弱相互作用的准粒子体系来表达。这不仅为理解金属性质提供了理论基础，而且对研究量子超流特性等也有重要影响。固体物理中的元激发或准粒子的概念和粒子物理中的重正化粒子的概念相似。元激发通常具有确定的色散关系，即与特定的本征能量和动量相联系，较长的寿命，可以被实验观测到等特性。

按所服从的统计分布规律，元激发可分成玻色子和费米子两大类。零温下的金属的基态为费米球态。温度升高时，离费米面较近的一些电子受热激发，跃迁到费米面之外。这些电子称为单电子激发，是费米子。在费米球内留下空状态。每个空状态对应带正电的粒子，称为空穴，亦是费米子。在极性晶体中的电子运动时，电子周围的正、负离子移近或远离电子，使晶格出现极化电场。该极化场反过来又作用于电子，使电子运动减缓。电子总是带着受它影响而产生的晶格畸变一同运动。这个电子加其晶格畸变的复合体，称为极化子，极化子也是费米子。半导体中导带电子和价带空穴之间存在屏蔽库仑吸引作用，组成电子-空穴对的束缚态。这种复合体称作激子，为电中性的玻色子。

在一些文献中，费米型的元激发称为准粒子，而玻色型的元激发称为集体激发。准粒子可以理解为被相互作用所修饰的粒子，其核心仍为真实粒子。如电子在晶体中运动时，其有效质量改变，其他属性不变。而集体激发可以理解为体系的整体运动，并非以单个真实粒子作为基础，如声子刻画的是晶体中每一种模式的振动，而非单个原子的振动。

元激发和准粒子的概念对理解固体中许多物理性质和过程至关重要，且可在实验上证实其存在，测量其能量和动量以及它们对物性的影响。在零级近似下，可以将固体中的元激发处理为无相互作用的独立粒子组成的气体，由此可以计算和理解固体的热学、光学和输运等性质。此外，固体中元激发或准粒子只存在于固体中，脱离所在的介质就不再存在或变成真实的粒子。（陈 焱）

固体多电子理论 many-electron theory of solids 电子的强关联性导致需要从多电子角度研究固体物理的量子理论。固体体系是由宏观数目的原子在周期性势场下形成的集聚体，而单个原子是由原子核与若干电子组成。由于原子质量大、速度小，在描述电子运动时，考虑到电子能时刻适应原子实运动的状态，常采用绝热近似，即玻恩-奥本海默近似，将固体中的电子与晶格这两部分运动分开。固体多电子理论是从多电子角度研究固体物理的量子理论。

20世纪30年代发展的能带理论，在自洽场近似下把固体中的多电子问题简化成单电子问题。能带理论可大体上判定具体材料是金属，还是绝缘体或半导体，并阐明其物理性质。1960年后建立的电子密度泛函理论为能带理论提供更坚实的基础。随着计算机的发展和计算方法的改进，能带计算结果与实验得到的电子能谱符合良好。但能带理论未能充分考虑关联作用引起的各种效应。

1950年后L.D.朗道考虑到电子间具有库仑排斥作用，金属中价电子的行为可当作费米液体。费米液体理论的中心内容是将强相互作用的电子体系转化成近自由的准粒子的集合，准粒子间剩余的相互作用用一些唯象参量来描述。朗道还建立了连续相变的平均场理论，描述有序态的自发对称破缺，引进了序参量的概念来区分不同的长程序。此后，J.巴丁、L.N.库珀、J.R.施里弗建立了微观的BCS超导理论，考虑电子间具有有效的吸引相互作用，体系形成库珀对，低温下进入到超导态。

电子的强关联效应会强烈影响固体的某些特性和现象。如根据常规的能带理论，氧化锰晶体具有金属性，理由是Mn^{2+}的3d壳层电子填充为半满，但实际上它却是绝缘体。20世纪60年代，J.哈伯德指出当原子同一轨道上自旋相反的两个电子之间库仑排斥能大于能带宽度时，能带分裂成上下哈伯德带，若电子正好填满下哈伯德带，体系成为绝缘体。1986年，人们发现了铜氧化物高温超导体。在未掺杂前材料如La_2CuO_4是具有反铁磁性的绝缘体，这是强关联效应所导致的。通过化学掺杂的方法注入空穴，材料成为导体。实验表明，高温超导体中的空穴配成库珀对，在临界温度凝聚而进入超导态。空穴配对凝聚成超导态的微观机制现在尚未解决。

在二维电子气体系中，**K.von克利青**于1980年实验发现整数量子霍尔效应；**崔琦**等人于1982年实验发现分数量子霍尔效应，该新奇量子物态来源于强烈的电子关联效应。随后**R.B.劳克林**设计了考虑关联效应的多电子波函数即劳克林波函数方案。科学家还提出了电子与磁通量子结合成复合费米子的理论，来理解**分数量子霍尔效应**。

固体多电子理论探讨的是由宏观数目的相互作用电子所构成系统的性质，其研究的模型种类繁多，如哈伯德模型、*t-J*模型、海森伯模型、近藤模型等。强相互作用导致电子间存在显著的量子关联或量子纠缠。体系的低能物理会呈现出新奇的所谓演生现象，如高温超导电性、量子拓扑相等。由于描述体系的多体量子波函数的维数随着系统中电子数目的增长而指数增长，这使得无论是解析理论或数值计算都非常困难。强关联量子材料的理论研究仍是具有高度挑战的前沿领域。

（陈　焱）

固体发光 luminescence of solids　电磁波、电能、机械能及化学能等作用到固体上而被转化为光能的现象。发光产生于物体从激发态到基态的跃迁。发光过程中物体吸收外界能量到达激发态，经过中间过程的调整又回到基态，并以光发射的形式放出所携带的能量。不同材料在不同激发方式下的发光过程可以很不相同，但有一个共同点：都是固体从高激发态到低激发态（特别是基态）的跃迁中释放能量。

发光的特征　固体发光有两个基本特征：①任何物体在一定温度下都有热辐射，发光是物体吸收外来能量后所发出的总的辐射中，超出热辐射的部分。②当外界的激发源对固体的作用停止后，发光还持续一段时间，称为余辉。

发光是将吸收的能量改变为光能的过程，所以发光的研究必须遍及从吸收到发光的全过程，而不能只限于发光跃迁。它的过程大体可分为三个阶段：①激发能量的吸收及发光体跃迁到非平衡状态。②发光体内激发能的调整。③发光体发出光来，回到平衡状态。前两个过程取决于激发方式，后一过程受激发方式影响较少。

发光的分类　一般是按激发方式划分。①**光致发光**。即用紫外线激发可得到可见区的各种光谱的发光。②**阴极射线发光**。分为真空阴极射线发光和固态阴极射线发光两种：前者是在真空中加速的电子轰击发光屏而使它发光；也包括平板显示中的低压荧光显示（VFD），是用加热阴极的方法释放电子，提供初电子；场发射显示（FED），是用电场释放阴极电子的方法，提供电子。后者是用在固体中加速的电子轰击发光体而产生发光。③**X射线及γ射线**发光。它们是高频电磁波，在照射物体时可产生**光电效应**、**康普顿效应**、电子-正电子对等，当能量减小到和激发发光所需要的能量数值相近时，才能引起发光的激发。④注入复合发光。分为PN结发光和有机场致发光：前者是半导体同质结和半导体异质结在施加低电压后的发光；后者是有机小分子或聚合物在高电场下的发光。⑤带电粒子激发发光。α、β射线等带有正、负电荷的离子，轰击物体时的发光。⑥场致发光。无机化合物在高电场下的发光。⑦化学发光。即化学变化中释放的能量，以光的形式发射出来。⑧生物发光。即生物过程中将能量转化为发光。⑨结晶发光。即结晶时释放能量，以光的形式发射出来。⑩摩擦发光。即摩擦中产生的能量，以发光的形式发射出来。其中，真空阴极射线发光、X射线及γ射线激发发光、高能粒子激发发光中，粒子的能量很高，激发不均匀，都会形成激发通道。它们将产生光电效应、康普顿效应、电子-正电子对、二次电子等非发光的效应，能量降低后可形成激发态。但经过能量调整，达到发光过程都和光致发光类似，所以在做发光研究时多以光致发光作为依据。

光致发光的全过程　分为以下三个步骤。①光致发光吸收。大致有三类：第一类，基质吸收，它将电子从价带激发到导带。第二类，它将局域态的电子送到导带，或将价带中的电子激发到局域态。第三类，限于分离中心内部的吸收。②能量调整。经过内部调整，交出部分能量，达到发光态。③从发光态到基态跃迁发出光来。

绝缘体的发光多是分立中心的发光。它需要施主的发光光谱及受主的吸收光谱有重叠，而且两者的距离必须在临界距离附近。而发光过程也可能伴有猝灭过程，使能量消耗为热能。对于半导体则主要是复合发光。在半导体中电子容易移动，它的复合发光都是通过载流子的移动，其中也可以有分立发光中心，发光的全过程都在中心内部进行。这也可由电子、空穴移动到这个中心上发出中心的特征光谱。复合发光要符合两个条件，既要能量守恒，又要动量守恒，比较难于满足。但电子-空穴对相遇时，由于它们之间的库仑引力而形成一个联合体，称为激子。它不带电荷，可在晶体中做扩散运动，也可被束缚在某一杂质附近。在无选择性的激发中，基质的激发密度比发光中心的激发密度大。而阴极射线发光的走势和基质被激发时的情况相近，应是高能电子进入发光体内所产生的电子-空穴对在发光中心上复合。在低维材料诸如量子阱、超晶格中，能带被激子取代，可改变发光的性质。

发光的表征　有如下物理量可以表征：①强度。这是最基本的要求，用人眼对不同波长的视觉函数校正强度，就可以得到亮度。②光谱。分线光谱和带光谱，它可用来区分发光的单元（见**原子光谱**）。它的线型一般是高斯型。③效率。在光致发光中可用量子效率表示，即吸收一个光子能发射几个光子，也可表示为能量效率及光度效率。④衰减。主要有两类：分立中心的发光随时间的变化符合指数规律；复合发光的本质是两种载流子的复合，但其规律则视具体情况，可从一个极限（单分子过程）变到另一个极限（双分子过程）。⑤偏振。一般发光没有这一特性。但在少数晶体材料中，它可在偏振光激发下表现出来。

主要的物理问题　由于发光的表征可反映出发光过程中的实质问题，所以研究工作常从这里入手。在光致发光中研究发光的吸收光谱、激发光谱及发光光谱，以了解光从吸收到发光的全过程中各阶段的彼此关系。研究衰减规律，以了解发光过程中电子过程是局限于一个中心，还是在晶体中自由移动，如何移动。按现有技术，在时间分辨中可测到10^{-9}秒、10^{-12}秒、10^{-13}秒，可研究发光跃迁、电子运动及电声子的动态相互作用。研究杂质性质及浓度对发光的影响，以了解中心所处环境的性质，如对称性及能量传递等。研究发光的效率，以了解猝灭现象的由来及电声子的相互作用。研究温度效应可了解陷阱的分布，排除晶格振动对发光的干扰。通过这些宏观现象可透视其中的物理问题。新发展起来的利用单分子研究其各类性质的技术，可对发光的了解更加深入。

固体发光的应用　照明。在提高显色性及发光效率（已达100流/瓦以上）上不断改进。主要是在低压气体放电、三基色发光粉、紧凑结构等的利用潜力上。

显示。这是信息传播中的必由之路，阴极射线管的发展前景是平板化。各种发光显示器中等离子体显示已经占有40%以上屏幕的市场，PN结发光二极管也占有了在广场上大面积显示的市场。其他如VFD的销售量仅次于液晶或无机场致发光，有机场致发光以及FED现在都在谋求产业化。

探测及能量存储。主要用于探矿及高能射线或粒子的探测，如X射线透视、X射线计算机体层成像（CT）、闪烁晶体等。还可用于余辉、信息存储、剂量计及短时照明（如化学发光等）。

分析。发光分析的灵敏度高，方法简单，可用于检疵、化学、生物等领域的分析。

固体发光的发展前景　随着材料的创新，如多孔硅、纳米材料、有机小分子及聚合物、新型无机发光材料等，发光研究都揭示出新的规律。随着材料结构的改变，如量子阱、超晶格、微腔等，发光中均出现了新的概念。对能带、能级的进一步利用出现了交叉发光、上转换及量子剪裁等新的激发渠道。随着技术的需求，发光又向蓝光及紫外线探索，并在ZnSe、GaN、ZnO上得到进展。这使发光现象形成一个新的维度，显示出以下发展趋势：①向短波及长波方向延伸，以适应存储密度的提高和实现全色显示及通过光纤中的长波窗口；②从体材料向界面、表面移动，提高薄膜的功能；③从无机材料向有机材料转移，增大材料的选择机会；④从宏观体系向介观体系、量子器件转移，探索新的性质；⑤从点缺陷的研究扩展到复合缺陷；⑥提高超微区、超快速技术，以提高空间及时间分辨率。（徐叙瑢）

固体激光器　solid state laser　激光增益介质为固体材料的激光器。**半导体激光器**的增益介质也是固体材料，但通常另列成一类。固体激光器的增益介质是将能产生受激发射作用的金属离子掺入人工晶体、玻璃或陶瓷中制成的。固体中能产生受激发射作用的金属离子主要有三类：①过渡金属离子（如Cr^{3+}）。②大多数镧系金属离子（如Nd^{3+}、Dy^{2+}等）。③锕系金属离子（如U^{3+}）。参与激光作用的离子密度为10^{18}～10^{20}/厘米^3，这些离子的激光上能级有较长的寿命（10^{-4}～10^{-3}秒）。所以，固体激光器有较大的储能能力，容易获得大功率、大能量的激光输出。

晶体激光器以红宝石（Cr^{3+}:Al_2O_3）激光器、掺钛蓝宝石（Ti:Al_2O_3）激光器和掺钕钇铝石榴石（Nd^{3+}:YAG）激光器为典型代表，其他还有Yb:YAG、Er: YAG、Ho:YAG、Sm:YAG、Nd:YLF、Nd : YVO_4激光器等。钕玻璃激光器则是玻璃激光器的典型代表。固体激光器一般由激励源、激光介质（棒、板条、薄片）、谐振腔以及驱动电源、冷却装置等部分组成。固体激光器具有体积小、使用方便、输出功率大的特点。

固体激光器有多种工作方式：①连续工作方式。②脉冲工作方式。这是最常用的固体激光器的一种工作方式，脉冲的重复频率可达每秒几次至几百次。③调Q或锁模工作方式。为了提高单个脉冲峰位功率，压缩脉冲宽度，现代的固体激光器通常在谐振腔内放置一些特殊元件，实现所谓“调Q”和“锁模”。调Q激光脉冲宽度通常为10^{-9}秒量级，峰值功率可达10^6～10^9瓦，而锁模激光脉冲宽度可达10^{-14}～10^{-12}秒或更短。

传统的固体激光器常采用高功率气体放电灯泵浦，泵浦效率低，为3%～6%。泵浦灯发射出的能量很大部分转化为热能，不仅需较笨重的冷却系统，而且大量热能会造成工作物质的热透镜效应，使激光束质量变差。半导体激光器已相当成熟，采用波长与激活介质吸收波长一致的半导体激光器代替传统的泵浦灯，激光器具备性能可靠，寿命长，输出光束质量好，结构紧凑，体积小等优点。这类以半导体激光器泵浦的固体激光器常称之为全固态激光器。

固体激光器是发展最早、应用最广泛的一种相干光源，在军事、加工、医疗和科学研究领域有广泛的用途。常用于测距、跟踪、制导、打孔、切割和焊接、退火、电子器件微加工、大气检测、光谱研究、外科和眼科手术、等离子体诊断、脉冲全息照相以及激光核聚变等方面。固体激光器还用作可调谐染料激光器的激励源。

固体激光器的发展趋势是材料和器件的多样化，包括寻求新波长和工作波长可调谐的新工作物质，提高激光器的转换效率，增大输出功率，改善光束质量，压缩脉冲宽度，提高可靠性和延长工作寿命等。（樊仲维　石朝辉）

固体径迹探测器　solid state track detector　记录较重的带电粒子径迹的一种探测器。可探测质子、α粒子、重离子、裂变碎片和宇宙线中的原子核。它常用的固体材料有聚碳酸酯等有机聚合物或云母、石英、玻璃、陶瓷等无机材料。带电粒子穿过这些材料时，形成连续的、非常细小的辐射损伤径迹。这些径迹可由电子显微镜看到。经过酸或强碱的蚀刻处理后，那些细小的径迹扩大为微米量级的孔洞，也可用显微镜来直接观察。辐射损伤密度越大，沿径迹的蚀刻速度也越大，而辐射损伤密度与入射粒子的电荷数和能量有关。因此测量迹上某点的蚀刻速度和剩余射程就可确定粒子的电荷、质量和能量。有机材料可记录质子或不太重的带电粒子，而无机材料只能记录更重的带电粒子。两者都对电子、**γ射线**不灵敏，因此固体径迹探测器能提供在强电子、γ辐照本底下对重带电粒子的有效探测。

在原子核物理研究中，固体径迹探测器可用在高本底下的裂变探测和加速器产生的超重元素的探测。在天体演化、宇宙线起源、地质学、考古学、地球化学、冶金学等方面，也可应用固体径迹探测技术获得一些有意义的成果。此外，利用蚀刻后径迹的微孔形状，可制成电子工业、化学工业和医学所需要的微孔过滤器。（郑志鹏）

固体力学　solid mechanics　研究固体在外部作用（载荷、热流和温度、化学腐蚀、电磁场等）条件下，其内部各点所产生的位移、速度、应力和应变以及寿命和破坏规律等行为的力学学科分支。

学科内容　固体力学的分支学科众多，它们在研究对象和所关注的问题方面各有侧重，但又相互交叉。

材料力学　固体力学中最早发展起来的一个分支，主要研究固体材料的宏观力学性能，构件的应力、变形状态和破坏准则等，以解决杆件或类似杆件构件的刚度、强度和稳定性等问题，为工程设计提供依据。某种意义上说，**材料力学**可以看作是弹塑性力学和结构力学的一些特例问题的研究。

弹塑性力学与本构理论　弹性力学和塑性力学都是研究固体材料在外部载荷作用下，内部所产生的变形、应力和其他物理量的响应。二者的区别在于外载导致的固体材料响应是否超过了弹性极限。若外载撤除后材料完全恢复到初始状态，则属于弹性力学的研究范畴；若仅是部分恢复甚至完全不恢复，则认为材料发生了塑性变形（永久响应），属于塑性力学的研究范畴。本构理论是研究固体材料内部功共轭的一对物理量（如应力和应变）之间关系的理论。本构关系是固体材料的本征属性，不随外载条件而变化，是弹塑性力学研究的重点之一。此外，弹塑性力学的研究范围也包括材料强度、结构稳定性等问题。

断裂力学、损伤力学 与强度理论材料力学和弹塑性力学在讨论材料破坏时没有考虑材料内部缺陷的影响。断裂力学是研究材料和工程结构中裂纹扩展规律的一门学科，损伤力学是研究各种外载条件下物体中的损伤（缺陷或微裂纹等）随变形而发展并最终导致破坏的过程和规律的学科。损伤及其演化是材料与结构强度、刚度、韧性下降，或剩余寿命减少、性能劣化的原因。建立在断裂力学和损伤力学研究基础之上的强度理论，能够更有效地预测材料与结构的破坏行为。

结构力学 研究工程结构受力和传力规律以及结构优化的学科。工程结构是指能够承受和传递外载荷的系统，包括杆、板、壳以及它们的组合体，如飞机机身和机翼、桥梁、屋架和承力墙等。材料力学中研究的杆梁类构件也包括在结构力学的研究对象中。结构力学是土木、建筑、飞行器设计等专业的重要基础。

典型材料的力学行为 土力学和岩石力学是运用力学、物理学等基本原理来研究土和岩石的力学、物理等方面性能，以解决工程实际问题的应用学科。土的力学模型主要为松散颗粒集合体（砂性土）和在黏结力作用下形成网状结构的颗粒集合体（黏性土）；岩石力学模型的特点为非均质、各向异性、非连续，且内部存在应力等。流变学主要关注材料与时间相关的变形和流动规律，研究对象的本构关系是应变率相关的，例如聚合物、混凝土、生物材料等。复合材料力学研究复合材料及其结构的变形、损伤、断裂以及在动载荷作用下的响应和破坏，其主要基础是各向异性力学，而细观力学与复合材料力学在发展过程中起到了相辅相成的作用。电磁固体力学研究具有电磁性质的可变形固体与电磁场及力学载荷之间相互作用的问题，其主要特征是材料的多场耦合本构。

固体动力学 就本质而言，力学中的所有问题都是动力学问题，只有当材料或结构的惯性效应可忽略时才能作为静力学问题处理。结构动力学是研究结构对于动载荷的响应的分支学科，主要关注结构的总体惯性效应，即结构整体对动载荷的响应，如结构振动问题。波动力学是研究固体材料和结构中应力波传播的分支学科，在波动问题中起主要作用的是材料的局部惯性效应，关注的是材料对动载荷的前期响应。塑性动力学是研究弹塑性材料在冲击、爆炸等短时强载荷作用下的应力、变形和运动规律的分支学科，其主要特征表现为固体材料在高应变率条件下特有的力学行为。

研究方法 固体力学的研究手段主要是理论、实验、计算三方面，三者紧密相关，又各有其特点。

理论分析 固体力学建立在连续介质假设基础之上，认为物质所占有的空间可以近似地看作连续地无空隙地充满着“质点”，质点所具有的宏观物理量满足一切应该遵循的物理定律；它对物质的微观结构不做任何假设，反应物质宏观统计特性的物理常数通常由实验来确定。固体力学问题的基本方程包括力的平衡方程或运动方程，反映应变与位移之间关系的几何方程，以及反映物性关系的本构方程，这些方程加上特定的边界条件和初始条件，就形成了固体力学的求解体系。静力学与各类动力学问题的区别主要体现在运动方程的复杂程度。大变形与几何非线性的复杂性主要体现于几何方程中。各类材料在不同工况下所体现出的迥异物性，如弹性、塑性、黏弹塑性、各向异性、多场耦合特性等，则由本构方程来描述。随着学科的发展和新材料的出现，理论研究方法逐步丰富，例如研究材料内部结构和性质与材料宏观性能关联的细观力学，考虑表界面应力效应的微纳米力学等，但固体力学始终架构在连续介质理论的基本框架上。

实验研究 固体力学的实验研究主要分为四类。第一类是材料力学性能实验，主要目的是确定材料本构模型和破坏准则，并给出模型系数。例如最简单的各向同性材料线弹性本构，实验中需要确定的系数包括弹性模量、泊松比、弹性极限等；对于塑性、率相关、各向异性、多场耦合等复杂情况和损伤断裂问题，实验设计和系数确定将十分复杂。第二类是应力分析实验，即针对几何形状和受载情况复杂的实际构件，实验测试其关键部位乃至全场的应力与应变分布。第三类是验证理论公式的实验。第四类是研究发现新现象的实验。

固体力学实验的主要测试对象是应力和应变。除了光弹法能够直接测试透明试件内的应力分布以外，其他技术都是通过应变测量来反推应力值，包括电阻或光纤应变计测试、云纹法、散斑法、数字图像相关法等。将应变计与特殊结构设计的弹性元件相结合的传感器，还可以测试试件的载荷、位移、加速度等物理量。

数值计算 固体力学问题的数学建模完成后，多数情况下需要进行数值求解。数值求解的核心思想是选取满足边界条件的近似函数，采用有限自由度体系代替无限自由度连续体进行求解，这在早期的里兹法和伽辽金法中已经体现。计算机技术的发展使得离散化求解成为可能，现代数值方法不再需要在整个求解域中选取近似函数，仅需在求解域局部保证近似函数满足微分方程。

有限元法是固体力学中应用最为广泛的数值方法，其基本理论与方法已发展成熟，并借助许多商用软件在工程应用中得到推广，能够解决绝大部分的静力学问题，在动力学、几何非线性、材料非线性、断裂等问题的求解方面也取得了长足的发展。边界元法以边界积分方程问题为理论基础，采用解析基本解，只在边界划分单元，具有降低维度、减小离散误差的特点；对局部应力分析、弹性裂纹分析、无限域问题等有一定优势，但其适用范围远远没有有限元法广泛，而且传统的边界元法难以求解大规模问题。无网格法只需按照一些任意分布的坐标点构造插值函数离散控制方程，不需要划分网格，避免了有限元法在求解高速冲击等问题时的网格畸变。离散元法以具有一定形状和转动惯量的离散体模拟研究对象，离散元之间通过界面的接触力相互作用，多用以计算离散颗粒组合体的变形及破坏过程，应用在岩土力学等领域。力学与化学和物理学交叉融合，借鉴分子动力学和第一性原理等计算方法，能够分析微纳尺度材料的力学行为，甚至计算获得材料的物性参数，为固体力学研究提供了有力的补充。

展望 固体力学的发展在很大程度上顺应了新型材料与结构研究和应用的趋势。新型结构材料、功能材料、软物质、先进能源材料和环境友好材料不断涌现，如未来软机器领域的高分子材料，可控核聚变反应堆、磁悬浮等大型电磁装置、航空航天结构智能控制、大型结构健康监测等众多领域所涉及的新型智能材料，超高温、超高速、超高压和超低温等极端条件下的特殊材料等。这为固体力学研究带来了新挑战与机遇。未来的主要研究方向包括：新型材料的本构理论与实验方法，超常服役条件下固体力学行为与强度理论，柔性结构与器件力学，非均匀结构材料中的波传播与调控，轻质材料与结构的力学及多功能优化设计，复杂结构的动态响应与可靠性评估，大规模多场多尺耦合力学问题的数值模拟，复杂条件与极端环境下力学测量方法、技术和设备等。

（方岱宁）

固体内耗 internal friction in solids 作自由振动的固体，其机械振动逐渐衰减，使机械振动能量耗散变为热能的现象。如果固体形变是完全弹性的，应变随应力变化保持严格的、瞬时的单值线性关系，振动一周就不会产生能量损耗。只有当固体的形变是非弹性的（如应变滞后于应力），这种滞弹性行为使应力与应变不复保持单值函数关系。振动一周应力－应变曲线图上出现闭合的滞后回线，其面积等于能量损耗ΔW。一般将能量损耗与振动能W的比值定义为内耗Q^{-1}的度量，即：

$$Q^{-1}=\frac{1}{2\pi}\frac{\Delta W}{W}$$

由于非弹性形变对应的弹性模量M与完全弹性模量M_u有差别，内耗必然伴生模量亏损效应。

内耗具有结构敏感性，因此常用来研究固体内部的缺陷及其相互作用。点缺陷所产生内耗峰的机制已经比较清楚。由于应力引起点缺陷势能调节到新的平衡组态，从而产生非弹性应变。可用弛豫时间来度量趋向新平衡态过渡所需的时间。当弛豫时间τ与振动周期（即振动圆周频率的倒数$1/\omega$）相近时，产生弛豫型内耗峰。这种形式的内耗表示形式为：

$$Q^{-1}=\Delta_H\frac{\omega\tau}{1+\omega^2\tau^2}$$

式中Δ_H为弛豫强度。因此$\omega\tau=1$处会出现内耗的极大值，即内耗峰。不同类型的点缺陷弛豫机制对应于不同的弛豫时间τ，这样在宽广的机械振动频率范围内会出现许多内耗峰，它们可称为内耗谱或机械振动吸收能谱。利用这些谱可探明晶体缺陷的组态，也是研究微量溶质原子极为有效的方法。斯诺克峰就是点缺陷弛豫内耗峰的一个典型例子。它最初是α铁中碳、氮等填隙溶质原子所引起的。体心立方金属中填隙溶质原子引起四方对称的畸变，在应力作用下会产生溶质原子的跃迁，以改变四方轴的取向来降低能量。斯诺克峰高与溶质浓度成正比，因此可通过测量峰高的变化来研究固体的脱溶沉淀以及某些脆化的机制。许多弛豫过程具有$\tau=\tau_0e^{H/kT}$的关系（这里H为过程的激活能），通过固定频率而改变温度也可以获得弛豫峰。这是内耗测量中最常见的方法，可测出有关缺陷的扩散参量。

晶体中的位错也会引起内耗。位错内耗的研究一直是极其活跃的领域。位错线受到一列点缺陷的钉扎，交变应力作用下位错会“弓出”，如弦线一般作振动。当交变应力作用的频率与弦振动的频率相等时，将产生共振型的内耗峰。用格兰纳托－吕克位错弦振动理论，可对内耗现象做出基本令人满意的解释。可利用它来研究位错与点缺陷的交互作用（如辐照效应等）以及位错的动力学阻尼性质。位错也引起一系列的弛豫内耗峰。在低温下的博多尼峰，就是能谷中位错线通过热激活来翻越点阵势垒所引起的。另外，由于位错拖着点缺陷运动可造成一系列内耗峰。

界面内耗包括：①晶粒间界弛豫峰。它是中国科学家葛庭燧首先发现的，又称葛氏峰。②孪晶界、共格相界及畴界引起的静滞型内耗具有特大的阻尼值，是高阻尼材料的主要机制。（朱震刚）

固体声子气 solid phonon gas 描述固体系统振动及能量引入的由声子组成的理想气体的概念。苏联物理学家I.Ye.塔姆于1932年首次引入声子的概念来描述固体的晶格振动。固体中的原子或分子具有周期性点阵结构，原子都在平衡位置附近做微振动。原子之间存在强相互作用，所以各原子的振动不是彼此独立的。如果固体中有N个原子，每个原子有个自由度，固体的总自由度为$3N$，则固体中存在$3N$个强耦合的微振动。固体中原子之间的相互作用力可以很好近似为弹性力，所以原子的振动以弹性波的形式在晶体中传播。当原子振动的振幅与原子间距的比值很小时，原子振动的势能可以表示为：

$$\phi=\phi_0+\sum_i\left(\frac{\partial\phi}{\partial\zeta_i}\right)_0\zeta_i+\frac{1}{2}\sum_{i,j}\left(\frac{\partial^2\phi}{\partial\zeta_i\partial\zeta_j}\right)\zeta_i\zeta_j+\cdots$$

式中ζ_i为偏离平衡位置的位移。如果将原子的振动近似为简谐振动，即在势能展开式中只取到ζ_i的二次方项，简谐力常数矩阵是对称的，这样可以将$3N$个强耦合的微振动变换为$3N$个近独立的简正振动。对每一个简正振动，由薛定谔方程可得到量子化的能级：

$$\varepsilon=\hbar\omega\left(n+\frac{1}{2}\right),\ n=0,1,\cdots$$

式中ω为频率；$\hbar\omega$为能量单位，而声子就是这种量子谐振子的能量量子。

一个具有一定波矢和偏振的简正振动，当其量子数为n时，从粒子的角度看，就相当于n个具有相应准动量和偏振的声子。声子是一种准粒子，不能离开固体而存在。准动量为$\hbar k$的声子对应波矢为k的声波平面波。声波的振幅可变，振幅越大，声波能量越高，处于该种模式的声子数越多。所以同一量子态上的声子数不受限制，声子是玻色子。同时处于平衡态下各简正振动的能量从微观看是不断变化的，各种状态的声子不断产生和湮没，声子数是不守恒的。

声子气体可以描述固体的热能。在足够低的温度下声子之间相互作用很弱，这样强相互作用的固体原子系统可以简化为声子组成的理想气体，能量简化为：

$$E=E_i+\sum_p\varepsilon(p)n(p)$$

式中E_i为基态能量。完全的理论处理必须知道准粒子的能谱。荷兰物理化学家P.J.W.德拜将固体看作连续的弹性介质，并将弹性波分为纵波和横波，由玻色统计得到固体晶格振动对热容的贡献与T^3成正比，与实验相符。

固体中的热传导过程也通过声子扩散来实现。当固体中存在温度梯度时，温度高处声子密度大，温度低处则声子密度小，这样出现声子浓度梯度，声子沿浓度梯度扩散就形成热流。同时声子间通过碰撞使得密度分布趋于均匀。如果原子的微振动是简谐的，声子相互独立，没有碰撞；如果存在非简谐振动，不同声子之间因相互作用而发生碰撞，使声子气体实现热平衡。

声子与固体中其他自由度之间也会发生相互作用，并在一定条件下引起丰富的物理现象。如在电子－声子的耦合下，电子的有效质量发生变化，从而使金属的电阻发生变化。在压电半导体中，当声子的平均自由程比电子大时，电子被声子曳引而产生电动势。在极低温度下，在第一类超导体中，声子辅助电子形成库珀对，实现低温超导态等。（庞　华）

固体中的等离激元 plasmon in solids 固体中的电子气相对于固定的正电背景发生简谐振荡从而形成的电荷疏密波。等离子体是一种广义的物质态，即由未结合的正负离子所组成的电中性物质，其中正离子和负离子的总电荷等于零。金属和半导体中由于存在可自由移动的电子组成的负电荷气体和由离子实组成的正电背景，与等离子体有些相似性。

固体中局部电子的移动会造成电子密度的起伏。一方面，电荷间的库仑作用会促使电子回复到平衡位置，从而近似进行简谐振荡；另一方面，由于库仑作用是长程作用，不同空间位置的电子会发生集体运动，而进一步形成电荷疏密波。这种电子气相对正电背景的振荡称是一种电子的集体激发行为。它的能量量子是一种玻色型准粒子，称作等离激元。等离激元具有动量，由电荷密度波的波矢决定。等离激元只可以在一定的频率范围内稳定存在。当频率较高时候，等离激元会衰变为电子－空穴对，造成电子集体振荡的衰减。振荡的正负电荷周围伴随着交变的电磁场，即等离激元会与光子相互耦合，形成体等离极化激元。振荡波矢趋于零时，对应的等离激元共振，其共振频率ω_p由电子气中电子的密度n和有效质量m_e决定：

$$\omega_p=\sqrt{ne^2/m_e\varepsilon_0}$$

式中ε_0是真空介电常数。固体中的等离激元共振频率与材料的光学性质密切相关。在固体等离激元共振频率以下，光不能进入固体而被反射，因为固体中的电子会跟上光场的周期变化从而把光场屏蔽到材料外部。大多数金属的等离激元共振频率在紫外波段，这使得金属在可见光波段具有很高的反射率和闪亮的外观。

在等离激元共振频率ω_p以下，固体内部不存在传播的电子集体振荡波，但固体表面仍然可存在电荷疏密波，称作**表面等离激元**。与材料内部的体等离激元类似，表面等离激元也与光子耦合形成表面等离极化激元。表面等离激元中的电磁场因具有高度局域的特点而具有广泛应用，如增强光场和物质的相互作用和实现具有亚波长局域能力的光传输。表面等离激元的研究已经形成前沿领域，称为表面等离激元光子学。 （徐红星）

固体中的扩散 diffusion in solids 固体中杂质原子、缺陷的扩散行为的理论。当固体中的杂质或缺陷分布不均，存在浓度梯度（严格讲是化学势梯度）或温度梯度时，就会发生杂质或缺陷的扩散。扩散过程伴随着材料制备和处理中微观结构的变化。研究扩散有助于理解材料形成机制和性能。扩散的技术应用广泛，如半导体器件的掺杂、电池的放电等。

描述扩散的经验理论是菲克定律。这一定律指出，单位时间内，穿过单位面积的粒子数正比于该原子浓度的梯度。比例系数称为扩散系数，单位是厘米^2/秒或米^2/秒。

要理解扩散机制，需要知道杂质原子或缺陷在固体中的位置，以及它们如何运动。实验表明，固体中的扩散和缺陷密切相关，空位或间隙常影响扩散，而位错、李晶晶界、相边界及自由表面这类缺陷是高扩散路径，原子沿这类缺陷扩散要比在晶格中扩散快得多。

由于晶格格点的限制，粒子的迁移常取以下几种形式：①杂质原子尺寸远小于晶格原子尺寸时，扩散一般取间隙位扩散，如H、C、N、O在金属及半导体中的扩散。②杂质原子与晶格原子大小相似时，扩散可通过杂质原子与周围几个晶格原子共同运动实现，或通过与周围缺陷交换位置实现。前者不需要缺陷的参与，但要克服较大的势垒；后者被认为是主要的扩散机制。缺陷参与的杂质的扩散，其路径不是完全的随机行走，而是和上一步有关，即有关联效应存在。

研究扩散的实验方法有基于菲克定律的直接方法，如放射线示踪法、二次离子质谱法、微区电子探针法、俄歇电子谱等，还有基于扩散弛豫时间的间接法，如原子核磁弛豫法、阻抗谱、穆斯堡尔谱等。

在纳米材料中，由于比表面大，表面原子间隙大于体内原子、杂质在其中的扩散快于在体材料中的扩散，是固体扩散研究领域的热点。 （姚道新 曾宜杰）

固体中的输运现象 transport phenomena in solid 在电场、磁场、温度场等作用下，固体中的粒子发生迁移的现象。输运产生的前提是系统处在非平衡态，即固体中存在某种形式的势分布的非均一性。如当固体中存在浓度梯度时，就会产生粒子的扩散；当存在温度场时，就会产生携带熵的粒子的扩散，即热传导；当存在电场时，若固体中存在导电粒子，导电粒子将产生迁移。若固体中的场不只一种，则也可能产生更多的输运现象。如当同时存在电场和磁场时，若电场和磁场的方向满足一定的关系，则可能出现各种形式的霍尔效应；当同时存在电场和磁场时，在某些材料中也可能存在磁致电阻现象，即材料的电阻率受外加磁场的影响；当同时存在温度场和电场时，则存在温差电效应。当系统处在离平衡态不太远的非平衡态，且与固体中的某种输运现象有关的粒子的浓度不是很高，粒子间的关联较弱时，可以用玻尔兹曼输运方程来计算各种输运现象的输运系数。

（李世燕）

固体中的弹性波 elastic waves in solids 固体中的一种机械波动。又称固体中的应力波。固体中的弹性波是指把固体中某一点或部分受力或其他原因的扰动引起的形变，如体积形变或剪切形变，以波动的形式传播到固体的其他部分。在波动传播过程中，固体中的质点除在它原来的位置上有微小的振动外，并不产生永久性的位移。因为固体有弹性，弹性力有使扰动引起的形变恢复到无形变的状态的能力，于是形成波动。弹性是固体中能形成波动的主要原因。

纵波和横波 在各向同性无限大的固体中，可以有两种类型的弹性波。一种是纵波，另一种是横波。在各向同性无限大的固体中，纵波传播速度为：

$$c_l=\sqrt{\frac{\mu'+2\mu}{\rho}}=\sqrt{\frac{E}{\rho}\cdot\frac{1-\sigma}{(1+\sigma)(1-2\sigma)}}$$

式中c_l为固体中纵波的传播速度，单位m/s；ρ为固体媒质的密度，单位kg/m^3；μ'和μ为有量纲的常数，常称为拉梅常数，μ也称为切变模量或切变弹性系数；E为弹性模量；σ为泊松比。纵波在固体媒质中传播时，常使固体的体积有交替的压缩和膨胀，因此纵波又称膨胀波。横波在固体中传播的速度是：

$$c_t=\sqrt{\frac{\mu}{\rho}}$$

式中c_t为横波传播速度。横波在固体中传播时不引起体积变化。横波又称为切变波或旋转波。地震时在地壳中常引起纵波和横波，即所谓P波和S波。因为纵波速度c_l大于横波速度c_t，所以地震时P波比S波早到达远离震源的观测点。

在各向同性半无限的固体中，或一种固体与另一种固体的分界面处，波动入射在分界面上时除产生反射波和折射波外，还会引起波型的转换，如图1所示。AB代表两种不同固体的分界面，NON′为AB平面上的法线，如CO表示入射到AB平面上O点的平面纵波的波束，除在分界面处反射和折射而形成的反射纵波OD和折射纵波OF外，还转换成反射横波OE和折射横波OG。入射角i、反射角γ和α、折射角β和γ的大小，与固体1和固体2中的波速有关，可用斯涅耳定律：

$$\frac{\sin i}{c_{l1}}=\frac{\sin\gamma}{c_{l1}}=\frac{\sin\alpha}{c_{t1}}=\frac{\sin\beta}{c_{l2}}=\frac{\sin\gamma}{c_{t2}}$$

求出。式中c_{l1}和c_{l2}为固体1和固体2中的纵波速度，c_{t1}和c_{t2}为固体1和固体2中横波速度。

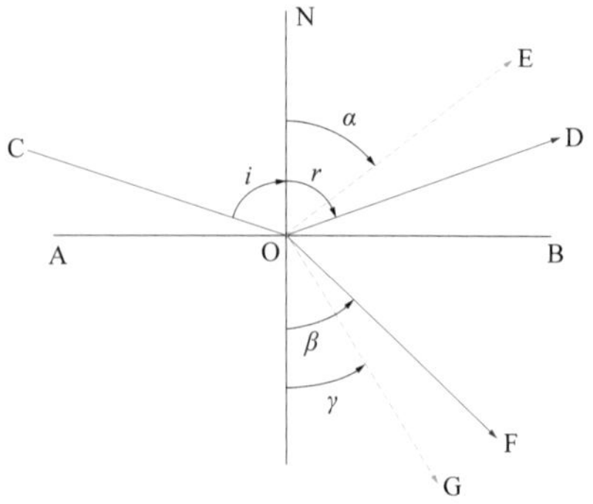

图1 波在界面上的反射、折射和波型转换

如入射波为横波，在考虑反射波和折射波时须注意入射横波质点振动的方向。

在各向异性的固体，如晶体中，则沿不同晶轴方向传播的纵波和横波的速度也不同。

除各向同性无限固体中的纵波和横波外，在有限固体中，因不同形状和不同性质的界面的限制，还有其他类型的弹性波，如瑞利波、乐甫波和斯顿莱波等。

棒中弹性波　棒中弹性波在固体棒中传播的弹性波，因受棒的界面和与棒相接触的媒质的影响，与在无限固体中传播时的情况不同。由于边界条件不容易满足，很难求得有限棒和有限板中波动的严格解，只能在特殊条件下求得近似解。

处于真空或空气中的各向同性而长度无限的细棒，即棒截面尺度远小于波动的波长，可以认为棒表面是自由的。在这种情况下，一般可以有三种不同类型的波动，它们是纵波、弯曲波和扭波（分别见图2中a、b、c）。

图2a中，AB是无限长细棒的一段，当A端平面受垂直于该面的力的扰动，这样引起的形变将成为平面纵波从A端向B端传播。与棒轴垂直的各个截面像一个整体，沿棒方向振动。图中竖线密的地方表示媒质被压缩，线稀疏的地方表示媒质被拉伸，如泊松效应引起的横向形变可以略去不计时，则棒中纵波的波动方程是：

$$\frac{\partial^2\xi}{\partial t^2}=c_{\rm rl}^2\frac{\partial^2\xi}{\partial x^2}$$

纵波在棒中的相速度是：

$$c_{\rm rl}=\sqrt{E/\rho}$$

式中ξ为质点沿棒轴方向的位移。若考虑泊松效应引起的横向位移，则相速度为：

$$c'_{\rm rl}=c_{\rm rl}\left[1-\sigma^2\pi^2\left(\frac{a}{\lambda}\right)^2\right]$$

式中a为圆棒截面的半径；λ为纵波波长。可见$c'_{\rm rl}$与波动的频率有关，即考虑纵波在棒中传播因泊松效应引起的横向位移时，棒是一个频散系统。

若在A端平面上加一与面平行的力的扰动，则引起的形变将以弯曲波的形式传向B端，如图2b所示。可以看出在弯曲波传播的过程中，棒的一些部分被压缩，另外一些部分被拉伸。因此，棒中弯曲波仍将与弹性模量E有关。除棒的截面有上下的运动外还有转动。弯曲波的波动方程为：

$$\frac{\partial^2 y}{\partial t^2}=-\frac{\varkappa^2E}{\rho}\frac{\partial^4 y}{\partial x^4}=-\varkappa^2c_{\rm rl}^2\frac{\partial^4 y}{\partial x^4}$$

式中y为棒中质点沿与棒轴垂直方向的位移；$\varkappa$是棒横截面的回转半径。弯曲波传播速度为：

$$c_{\rm rf}=\sqrt{2\pi f c_{\rm rl}\varkappa}$$

式中f为频率。上式指出弯曲波传播速度与频率有关，即细棒对弯曲波是一个频散系统。

图2c所示是一段截面为圆的棒，如在A端加扭力使A面中直径dd'转动θ角，然后松开扭力，扭力在棒内引起的切形变将以扭波的形式，向B端传播，棒中各个

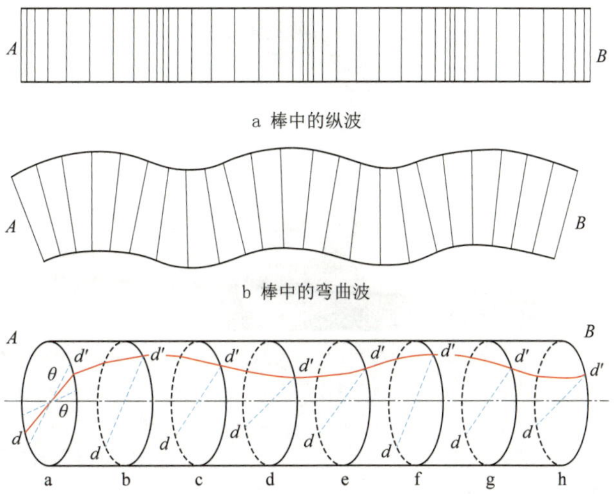

a 棒中的纵波

b 棒中的弯曲波

c 棒中的扭波

图2　棒中弹性波

截面将以棒的轴心为轴做旋转摆动，如图2c中的a、b、c等截面。

扭波的波动方程为：

$$\frac{\partial^2\theta}{\partial t^2}=\frac{\mu}{\rho}\frac{\partial^2\theta}{\partial x^2}$$

式中θ为角位移，单位为弧度（rad）。扭波在棒中传播的速度与横波在无限固体中传播的速度相同，即：

$$c_{\rm t}=\sqrt{\mu/\rho}$$

板中弹性波　板中弹性波简称板波。因引起板波的扰动或原因不同，板波的类型也不同。由于受板面的限制和与板面接触的媒质的影响，板波的传播与波在各向同性无限固体中传播的情况不同。

在真空或空气中的各向同性而长宽无限的平板，可以认为板面为不受限制的自由面。当板厚τ与板中波动波长λ之比大于1时，一般板波可有四种类型，即瑞利波或叫表面波、弯曲波、纵波和横波。表面波的相速度为：

$$c_{\rm R}=k\sqrt{\mu/\rho}$$

式中k为一与板材料泊松比有关的常数，其值在0.87到0.96之间。但当板厚τ与波长λ之比小于1时，表面波不复存在，这时只剩下纵波、横波和弯曲波，如图3所示。图3a中的AB和CD表示板的上下面，MN表示板的中心面，可以看出当纵波在板中传播时，只有中心面上的质点做简单的纵振动，其他地方的质点因泊松效应，除纵振动外还有横振动。纵波传播时的相速度为：

$$c_{\rm Pl}=\sqrt[4]{\frac{E}{\rho(1-\sigma^2)}}$$

式中$c_{\rm Pl}$为板中纵波的相速度。图3b表示板中横波质点振动的情况。质点振动方向与板面平行时的横波也叫兰姆波，它的相速度与横波在无限固体中横波的相速度相同，即：

$$c_{\rm pt}=c_{\rm t}=\sqrt{\mu/\rho}$$

图3c表示板中弯曲波传播的情况，它的相速度为：

$$c_{\rm Pf}=\sqrt[4]{\frac{\pi^2f^2c_{\rm t}^2\tau^2}{3\rho(1-\sigma)}}$$

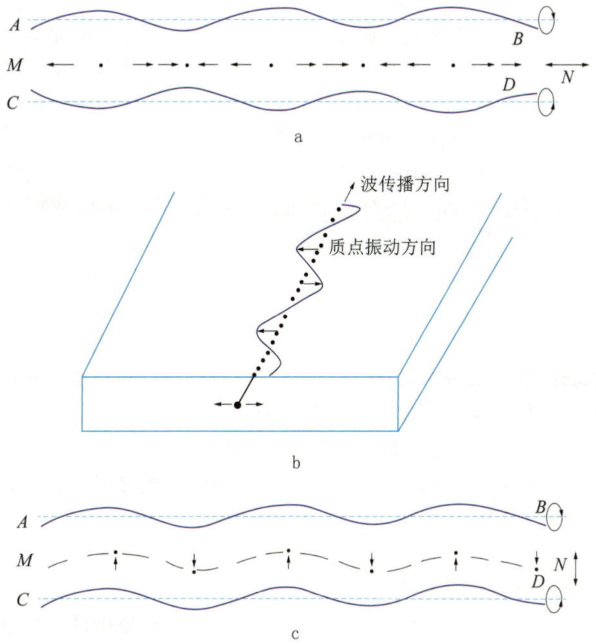

图3　板中弹性波

板中弯曲波的相速度$c_{\rm Pf}$与频率f有关，故而板对弯曲波也是一个频散系统。

板中纵波和弯曲波又分别叫作对称和非对称兰姆波。　　（杜连耀）

固有线宽　natural line width　在没有外界影响的情况下静止原子能态间自发辐射跃迁的谱线的固有宽度。又称自然线宽。基于海森堡不确定性原理，两能级间辐射跃迁不是单一的频率，自发辐射谱线总会有

一定的宽度。

原子从某个激发态E_i向基态自发辐射跃迁的平均寿命设为τ_i，激发态寿命的不确定度$\Delta t \approx \tau_i$，由时间-能量不确定性关系知，其激发态能级就具有一定的宽度$\Delta E_i = \hbar/\tau_i$。因此，对应的辐射谱线就有一定的宽度：$\delta\omega = \Delta E_i/\hbar = 1/\tau_i$，这个宽度就是辐射谱线的固有线宽，或自然线宽。若跃迁的下能级E_k不是基态，也是一个激发态，那么它也有一定的能级宽度$\Delta E_k \approx \hbar/\tau_k$，因此从$E_i$向$E_k$的跃迁的辐射谱线的固有线宽就是：

$$\delta\omega_n = (\Delta E_i + \Delta E_k)/\hbar = 1/\tau_i + 1/\tau_k$$

在经典辐射理论里，把原子辐射简单用一个电荷阻尼振子模型$\ddot{x} + \gamma\dot{x} + \omega_0^2 x = 0$来描述，容易推出其电磁辐射的频谱分布，其宽度$\delta\omega_n = \gamma = 1/\tau$即自然线宽。

量子理论和经典理论都可得出自然宽度的辐射频谱分布的线型是洛伦兹型：

$$I(\omega) = I_0 \frac{\gamma/2\pi}{(\omega - \omega_0)^2 + (\gamma/2)^2}$$

没有外界影响的静止原子，其吸收谱线也有同样的固有线宽。

如果原子不是静止的，或不是孤立的，是受到外界影响（电场、磁场、碰撞）的，原子的跃迁谱线就会增宽（见**谱线增宽**）。

分子的辐射谱线同理也有固有线宽。

典型的原子辐射谱线（例如589.1纳米钠黄线）的固有线宽在10兆赫量级。分子振动能级的寿命较长，对应的跃迁谱线固有线宽较窄（低于千赫）。

（李师群）

固有振动　natural vibration　物质系统在不受到与时间有关的外界作用而阻尼又可忽略的情况下所发生的振动。又称自由振动、自然振动、本征振动。固有振动的振幅决定于振动起始时系统所具有的能量。固有振动的频率称为固有频率，只与振动系统的固有条件有关，如弹性和惯性，电容和电感等（见**振动**）。（张海澜）

管惟炎　Guan Weiyan（1928-08-18～2003-03-20）　中国低温物理学家。生于江苏南通，卒于台湾。1949～1951年在哈尔滨工业大学学习。1951～1953年先后就读于清华大学、北京大学物理系。1953～1957年先后在苏联列宁格勒大学、第比利斯大学、莫斯科大学物理系学习，1957年毕业于苏联莫斯科大学。1960年获苏联科学院物理研究所副博士学位。1960年回国后在中国科学院物理研究所工作，历任物理研究所副研究员（1966）、研究

员（1978）、副所长（1978）、所长（1981）。1984年9月～1987年1月任中国科学技术大学校长、研究生院院长，安徽省科协主席。1984年3月起任美国《固态通讯》编委，还曾任美国《低温物理杂志》的编委。1980年当选为中国科学院学部委员（院士）。

管惟炎主要从事低温物理与超导的研究。在反向卡皮察热阻问题、强磁场超导材料、超导磁体研制、第Ⅱ类超导体、超导体负磁阻效应、高温超导研究等方面取得突出成就。在苏联时对液氦超流提出新的实验方法，解决了卡皮察热阻的可逆性问题。对P.L.**卡皮察**发现的超流液氦与固体界面温度跃变现象进行了系统研究，提出了界面传热的新模型。1960年回国后，首先根据国防需要建立了一套从室温到液氦温度的比热测量装置，为中国研制第一颗原子弹提供了可靠的铀的比热数据。他多年开展第Ⅱ类实用超导体材料的研究。合作研制了几种具有国际水平的国产超导材料。解决了第Ⅱ类超导体临界场与临界电流的起源问题，发明了一种测量强场超导材料临界特性的新方法，验证了超导体的相变热力学关系式。在对非晶态超导体铝硅、铝硅锗研究中，首先发现了负磁阻效应。1976年组织召开了第一届全国超导学术研讨会。合著有《超导电性》（一、二卷）、《超导研究75年》等专著。

（尹晓冬）

惯量积　product of inertia　反映刚体的质量分布相对于坐标的对称度的物理量。见**惯量张量**。

惯量椭球　ellipsoid of inertia　刚体对于通过某点的任意轴线的**转动惯量**的几何描述。刚体对通过O点的轴l的转动惯量I与轴l的方向有关。为了说明它们之间的关系可在轴l上取一矢量$\boldsymbol{r}$，使它的大小为$r = 1/\sqrt{I}$，当轴l在空间改变方向时，矢量$\boldsymbol{r}$的末端M的轨迹满足方程式：

$$I_x x^2 + I_y y^2 + I_z z^2 - 2I_{xy}xy - 2I_{yz}yz - 2I_{zx}zx = 1$$

式中x、y、z为矢量$\boldsymbol{r}$的末端M点的坐标；I_x、I_y、I_z分别为刚体对坐标轴x、y、z的转动惯量；I_{xy}、I_{yz}、I_{zx}为惯性积。这个方程规定的曲面是一个椭球面，称为刚体关于O点的惯量椭球（见图）。一个确定的刚体

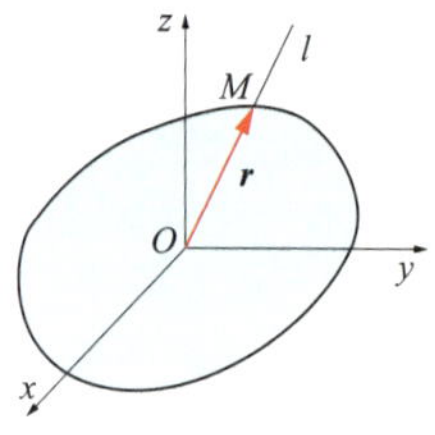

惯量椭球

对于任一点的惯量椭球具有完全确定的尺寸，其形状和方位不依坐标系的不同而变化。在刚体上的每一个点都可做出一个相应的惯量椭球，但它们的大小、形状和方位彼此不同。

每一个椭球都具有三个对称轴：长轴、中轴和短轴。刚体对这三个对称轴的转动惯量取极值。在这三个极值中，刚体对于短轴的转动惯量为最大值，对于长轴的为最小值。当坐标系的坐标轴与椭球的对称轴相一致时，$I_{xy} = I_{yz} = I_{zx} = 0$，即惯量椭球的三个对称轴就是刚体在$O$点处的惯量主轴（见**惯量张量**），在以惯量主轴为坐标轴的坐标系中，椭球的方程具有最简单的形式：

$$I_x x^2 + I_y y^2 + I_z z^2 = 1$$

当O点和刚体的**质心**重合时，相应的惯量椭球称为中心惯量椭球。

（叶开沅　程昌钧）

惯量张量　inertial tensor　对点的转动惯量。为描述刚体对某点的质量分布状况，定义对点O的惯量张量为：

$$\boldsymbol{J} = \sum_i m_i (\boldsymbol{r}_i^2 \boldsymbol{E} - \boldsymbol{r}_i \boldsymbol{r}_i)$$

式中$\boldsymbol{r}_i$为由点O到质点i的矢径；$\boldsymbol{E}$为单位张量。过O作直角坐标系$Oxyz$，则惯量张量可用它在坐标系中各分量构成的惯量矩阵表达：

$$J = \begin{pmatrix} J_x & -J_{xy} & -J_{xz} \\ -J_{yx} & J_y & -J_{yz} \\ -J_{zx} & -J_{zy} & J_z \end{pmatrix}$$

式中J_x、J_y、J_z为绕坐标轴的转动惯量。

$$J_{xy} = J_{yx} = \sum_i m_i x_i y_i$$

$$J_{yz} = J_{zy} = \sum_i m_i y_i z_i$$

$$J_{zx} = J_{xz} = \sum_i m_i z_i x_i$$

称为惯量积或惯性积。惯量积表示刚体对坐标系的动力不对称度。

平行轴定理　设刚体质心C位于原点，它相对于另一参考点Q的位矢为$\boldsymbol{a}$，则刚体对于这两个点的转动惯量张量有如下关系：

$$\boldsymbol{J}^Q = \boldsymbol{J}^C + M(a^2\boldsymbol{E} - \boldsymbol{a}\boldsymbol{a})$$

式中M为刚体总质量。

惯量主轴　恰当选取本体坐标系的方

向，可使惯量张量的所有惯量积为零，惯量矩阵简化为对角阵。新的本体坐标轴称为惯量主轴。除了利用惯量矩阵求特征向量和特征值的方法确定惯量主轴外，刚体的对称轴、旋转对称轴都是惯量主轴，刚体对称面的法线也是惯量主轴。

对任意轴的转动惯量　设一转轴的方向余弦为(α,β,γ)，刚体对此转轴的转动惯量：

$$J=\alpha^2I_x+\beta^2I_y+\gamma^2I_z-2\alpha\beta I_{xy}-2\beta\gamma I_{yz}-2\gamma\alpha I_{zx}$$

（贾书惠　秦　敢）

惯量主轴　principal axis of inertia　使惯量张量的惯性积为零的本体坐标轴。见惯量张量。

惯性参考系　inertial reference frame　惯性定律（即不受力的质点相对静止或相对匀速直线运动）在其中成立的那一类参考系。狭义相对论（包括两条基本假设和结论）只在惯性参考系（简称惯性系）中有效，所以建立狭义相对论首先要定义惯性系。

相对于一个惯性系做匀速直线运动的其他参考系也是惯性系。惯性系有三个空间坐标（x,y,z）和一个时间坐标（t）。三个空间坐标的定义与牛顿力学中的定义没有区别，即三维空间是欧氏空间，三个坐标轴通常取为互相垂直。狭义相对论的惯性系其时间坐标t用光信号定义（即同时性定义或说“对钟”），即：

$$t=\frac{r}{c}$$

其意思是说，在坐标原点初始时刻发出的光信号在离原点的距离为$r=\sqrt{x^2+y^2+z^2}$的位置上的时钟接收到这个光信号时将其时间t调节成上式右边给出的数值。为了完成这个时间坐标的定义，必须知道单向光速c的具体数值。在假定了真空中的单向光速各向同性之后，c就取双程光速的实验测量值（见光速不变原理）。

（张元仲）

惯性定律　law of inertia　牛顿运动定律中的第一定律。惯性定律表述为：任何物体都保持静止或做等速直线运动，除非施加外力迫使其改变这种状态。第一定律中的物体是指不做转动的平移物体，或不考虑尺寸大小而只考虑质量的物体，即质点。物体保持自己运动状态不变的这种特性，或者说物体具有的抵抗使其运动状态发生变化的特性，称为惯性。因此，第一定律又称惯性定律。如果考虑物体的大小，则物体的惯性运动将不只是等速直线运动。均质飞轮绕过中心的对称轴做等角速转动。刚体定点转动中的欧拉情况都是物体的惯性运动。第一定律还提出了力的概念。物体所受的力是另外物体对该物体的作用，其效果是改变该物体的运动状态。如太阳对行星的引力改变了行星的等速直线运动状态，并使其绕日运动。物体的机械运动只有相对某一个确定的参考系而言才有意义，因此第一定律还定义了一种参考系。在这种参考系中，不受外力作用的物体将保持静止或做等速直线运动。这种参考系就称为惯性参考系或惯性坐标系，简称惯性系。

（贾书惠）

惯性力　inertial force　质点的质量乘以加速度矢量并冠以负号称为质点的惯性力。以$\boldsymbol{F}_\mathrm{I}$表示，$\boldsymbol{F}_\mathrm{I}=-m\boldsymbol{a}$，惯性力的单位是牛［顿］，用符号N表示。对于运动着的非自由质点，只受主动力与约束力的作用，并无惯性力作用，引入惯性力只是为了使用达朗贝尔原理，将动力学问题转化为静力学问题。惯性力是虚构的，因此有人认为只能称它为惯性矢量。但确有大小及方向等于$-m\boldsymbol{a}$的力存在，不过它不作用在所讨论的质点上，而是作用在使质点产生加速度的物体上。如人推质量为m的小车，使其具有加速度$\boldsymbol{a}$，则人所施的力为$\boldsymbol{F}=m\boldsymbol{a}$，而人则受到小车所给的反作用力为$-m\boldsymbol{a}$。人正是通过这个力感觉到小车惯性的存在。惯性力与非惯性系中的牵连惯性力$\boldsymbol{F}_\mathrm{Ie}=-m\boldsymbol{a}_\mathrm{e}$与科氏惯性力$\boldsymbol{F}_\mathrm{IC}=-m\boldsymbol{a}_\mathrm{C}$有相同之处，即它们都作用在质点上却找不着施力者。但亦有不同，即牵连惯性力与科氏惯性力在动坐标系中是真实存在的力，且大小和方向与所选的动坐标系有关。为区别起见，常将$\boldsymbol{F}_\mathrm{I}=-m\boldsymbol{a}$称为达朗贝尔惯性力。（贾书惠）

惯性约束聚变　inertial confinement fusion　利用物质运动的惯性约束聚变燃料本身，从而实现受控热核聚变的方法和途径。惯性约束聚变基本思想是：利用高功率驱动器提供的能量将靶丸中的核聚变燃料（氘、氚）压缩至高温高密度状态，使少部分燃料率先达到聚变点火的条件，形成核燃烧波，使燃料在因惯性还来不及飞散的极短时间内充分发生核聚变反应。由于这种核聚变是依靠等离子体粒子自身的惯性约束作用而实现的，因而称为惯性约束聚变。

惯性约束聚变研究始于20世纪50年代。用于惯性约束聚变研究的驱动器不断发展，主要有高功率激光驱动器、Z箍缩驱动器和重离子束驱动器。

①激光驱动器。研究得最为广泛、进展最大。常用的是钕玻璃激光器，技术上也较成熟，但在激光－聚变靶丸能量耦合效率以及重复运行频率等方面，还达不到可以利用核聚变能源的要求，所以还在发展氟化氪准分子激光器及其他固体激光器。②Z箍缩驱动器。利用脉冲大电流放电产生的强大洛伦兹力驱动物质运动，并将动能转化为高强度X射线，用于压缩和加热聚变燃料。Z箍缩装置造价相对低廉，但重复发射脉冲频率较低，也达不到利用核聚变能源的要求。③重离子束驱动器。具有电能转换成离子束能量的效率高，设备相对简单、重复运行频率高等优点。虽然离子束的聚焦和传输的技术困难很难克服，实验研究开展得相对较少，但重离子束驱动器日益受到关注，正在发展之中。

实现核聚变点火需要达到所谓的劳森判据条件。在惯性约束聚变中，劳森条件以靶丸的质量密度ρ与半径R的乘积ρR来表示。惯性约束聚变的劳森条件是$\rho R>3$克/厘米^{2}或30千克/米^2。为达到这一条件，需要将百万焦耳以上的驱动能量在10^{-8}秒的时间内尽可能均匀地辐照靶丸，并采用特定的靶结构设计，以在一定的时间和空间尺度内控制流体力学不稳定性的发展，实现对靶丸的球对称压缩。惯性约束聚变靶丸能量增益因子G定义成核聚变释放的能量E_n和驱动器提供给靶丸的能量E_i之比：$G=E_\mathrm{n}/E_\mathrm{i}$。它是衡量聚变释放的能量相对于驱动器提供的能量大小的一个重要参数。$G=1$是能量“得失相当”的条件。

（郑　坚）

惯性质量　inertial mass　牛顿运动定律中引入的用来表示惯性大小的为物理量。见质量。

光　light　在物理学中指的是各种波长的电磁辐射。但通常说的光，常狭义地指能引起人眼视觉的波长介于400～760纳米的电磁辐射，即可见光。广义上说，光包括各种波长的电磁辐射，其中有无线电波、微波、太赫兹辐射、红外线、可见光、紫外线、X射线、γ射线。波长在760纳米～1毫米，介于红光和微波之间的电磁波叫红外线。从400～10纳米，介于紫光和X射线之间的电磁波叫紫外线。X射线的波长约从100～0.01纳米，介于紫外线和γ射线之间，上限与紫外线重叠，下限与γ射线相接。红外线、紫外线以及X射线虽不能引起人的视觉，但可用光学仪器进行检测。电磁波谱中的各个成员和可见光一样，都具有一定的能量，可与物质产生相互作用，都具有波动性，可发生反射、折射、干涉和衍射等现象。

光子　光在一定的条件下表现出波动性，而在另外的条件下表现出粒子性。表征光的粒子性的是光子。光子的能量E和动量p与光的频率ν和波长λ的关系是：

$$E=h\nu$$

$$p=\frac{h}{\lambda}$$

式中h为普朗克常数。光的波长越短或频率越高，则其光子的能量与动量越大。

光与物质的相互作用　光与物质会发生相互作用，作用的性质随光的物理量及物质的性质而异。光可透过物质，也可被物质吸收、反射、散射或发生偏振等。另一方面，当物质受到电磁辐射或其他能量（如电能或热能）作用被激发后，又会以光的形式将能量释放出来。

人类认识光的历史　人类认识光的本性，经历了漫长的过程。历史上微粒说与波动说之争由来已久。19世纪以前微粒说比较盛行。微粒说把光看成是由微粒组成，认为这些微粒按力学规律沿直线飞行，因此光具有直线传播的性质。但随着对光认识的深入，发现了许多不能用直进性解释的现象，如干涉、衍射等，用光的波动性就很容易解释。这样光的波动说占了上风，特别是1807年T.杨和1815年A.-J.菲涅耳相继以双缝干涉实验和衍射理论发展了光的波动说。光速的测定也支持了波动说。两种学说推证光在介质中的速度，得出了截然不同的结果。微粒说认为光密介质光速比光疏介质的大，而波动说认为光密介质光速比光疏介质的小。1850年，J.-B.-L.傅科终于用旋转镜法测出了水中的光速比空气中的光速小，有力地支持了光的波动说。然而，最有力的证据还是来自J.C.麦克斯韦的电磁场理论（1865）和H.R.赫兹所做的电磁波实验（1887）。麦克斯韦指出光是一种电磁波，无疑是经典物理学最重要的结论之一，而光的波动说也因此发展到光的电磁理论。进入20世纪，热辐射和光电效应的实验结果导致M.普朗克和A.爱因斯坦先后提出能量子假说和光量子假说。这是在新的基础上认识光的粒子性，这个基础就是光的波粒二象性。光的量子理论——量子光学终于在20世纪后半叶建立起来。现在，人类对光的认识主要有光线光学（几何光学）、波动光学、光的电磁理论、量子光学几个理论体系。（郭奕玲）

光泵　optical pump　使用光将原子或分子中的电子从较低能级“抽运”（或“泵浦”）到较高能级的过程。又称光抽运、光学激励。光泵通常用于激光产生过程中，利用外界光源发出的光来辐照激光工作物质，使介质从低能态跃迁至高能态，实现粒子数反转并维持激光运转所必需的能量。几乎所有的固体激光器、液体激光器以及部分的半导体激光器和气体激光器，均采用此种激励方式。光泵还用于将原子或分子的电子抽运到激发态，结合弛豫过程制备出处于特定量子态的原子或分子体系。

下面只讨论激光产生过程中的光泵。对于固体和液体激光工作物质而言，一般在光谱的特定区域（可见区、近红外区或近紫外区）有比较强的吸收谱线或吸收谱带。当外界泵浦光作用足够强时，激光介质原子就会在特定的能级间实现粒子数反转，因此，泵浦光源的发射光谱应与激光工作介质的吸收光谱相匹配。

传统的泵浦光源有脉冲氙灯和连续氪灯。脉冲氙灯又叫闪光灯，能在极短的时间内发出强光。脉冲氙灯的发光强度和重复频率较高，适用于以脉冲方式工作的固体激光器。连续氪灯的发光光谱能与Nd：YAG激光介质的吸收光谱很好匹配，是Nd：YAG激光器较好的泵浦光源。一般来说，泵浦灯的发射光谱较宽，只是在特定波长或光谱范围（对应于激光工作介质的吸收光谱）有一个大的峰值。由于激光材料的吸收谱带较窄，泵浦灯的有用泵浦功率与灯的总输入功率之比，仅为百分之几。同时，泵浦灯的寿命也比较短。

随着半导体技术的快速发展，规模化生产的半导体激光器已可提供大功率、高亮度、高定向的光辐射，新型的全固态激光技术即是采用大功率半导体激光二极管（LD）作为泵浦光源。LD作为泵浦光源有许多优点：工作寿命长，可达数万小时；光谱线宽比闪光灯窄，能量较集中，也易对准激光工作介质的吸收峰，其发光模式更易集聚较高能量到激光工作介质，因此LD泵浦产生激光的光－光（泵浦光－激光）转换效率非常高；LD模块本身体积小巧，因此半导体激光泵浦的全固态激光器的体积比灯泵浦激光器的体积小近三分之二，且所需冷却系统也比较小。总之，LD泵浦的固体激光器，具有寿命长、体积小、效率高、热效应小、结构紧凑、光束质量好等众多优点，广泛应用于科研、工业加工、医疗、显示、军事和国防等领域，已成为激光器技术的重要发展方向。（樊仲维　张鸿博）

光波导　optical waveguide　一类引导光波在其中传播的光学器件，也是光子集成的基础，已经成为信息技术的重要光学元器件。又称为介质光波导。由它构成的光子集成回路具有速率高、容量大、功耗低等优点，越来越为人们所重视，广泛应用在光纤通信、大型计算机、机器人、无人驾驶的汽车、飞机、航天飞行器等系统中。

光波导有两大类：圆柱形光波导和条形光波导。光纤是典型的圆柱形光波导，其波导截面是圆形的，多根光纤组合在一起就构成光缆，可以传输容量很大的光学信号，成为信息社会的重要支柱。条形光波导包括各种半导体光波导、铌酸锂光波导，它们的截面常常是矩形的或者有些形变的矩形，包括常规的矩形、梯形、脊形等。这些条形光波导是光电集成器件或系统中的一部分。条形光波导可以制作成调制器、光开关、滤波器、分束或者合波器、阵列式波导光栅、耦合器等光波导器件，还能够同激光器、探测器等有源光子器件耦合甚至集成在一起，实现光波的发射、传输、调制、滤波、分光、合波、耦合和探测等各种功能，并且这些功能能够在同一芯片中完成，因此叫作集成光波导。

光波导中的电磁波模式可以有辐射模、衬底辐射模和导模，其中导模的存在是设计制造各种波导器件的物理基础。

圆柱形波导　光纤是圆柱形波导，图1表示了光纤的结构示意图（a光纤立体图，b光纤截面图），可以看出其波导的芯层非常小，只有8～10微米，但由于芯层的折射率n_1比包层的折射率n_2高，光波在其中能够实现全反射，使得光波能够在其中传输。

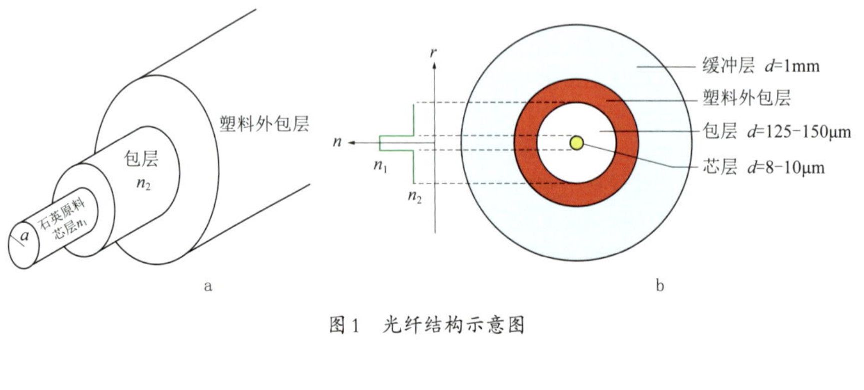

图1　光纤结构示意图

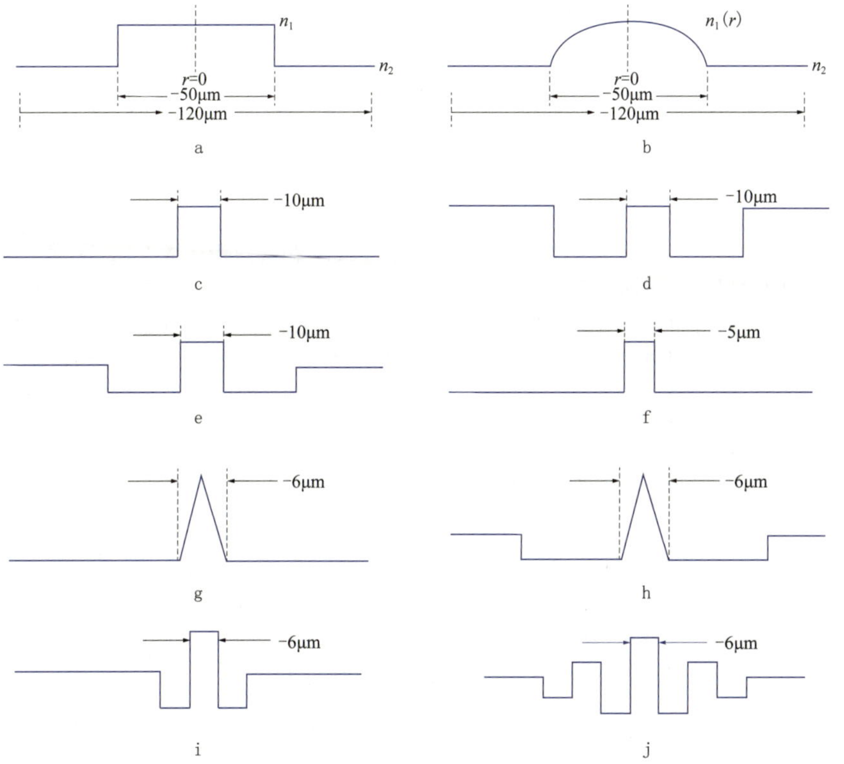

图2 各种光纤的折射率分布

圆柱形光纤中，折射率的分布直接影响传输的模式，因此发展出各种型号的光纤，图2表示了这些光纤的折射率分布（a为阶跃折射率多模光纤，b为渐变折射率多模光纤，c为限制层匹配的单模光纤，d、e为压缩限制的单模光纤，f、g、h为色散位移光纤，i、j为色散平坦化的光纤）。这些特种折射率分布提供了多模光纤、单模光纤、色散位移光纤、色散平坦化光纤等多种特性各异的光纤，为光通信的应用提供了强有力的保障。

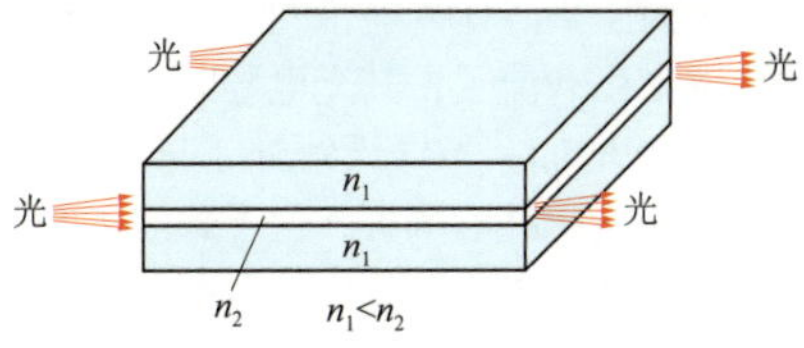

图3 对称的平板介质波导

平板波导 图3中厚度为d的介质薄层2夹在介质材料1的中间，构成一种三明治的结构，它们的折射率分别为n_2和n_1，并且$n_2>n_1$。这种结构称之为平板介质波导。研究表明，三层对称介质波导中单模的截止条件为：

$$d<\frac{\lambda_0}{4(NA)}$$

式中λ_0为波长；NA为数值孔径，$NA=(n_2^2-n_1^2)^{1/2}$，它依赖于波导芯层与限制层的折射率差。折射率差大，容易实现全反射，对光的限制作用大，泄漏到波导芯层之外的光场就会小；但相应地数值孔径也变大，这就要求器件制作精度更高。实际的器件设计和制作是在限制作用和截止厚度之间进行折中平衡，既保证足够好的光学限制作用，又要容易制造器件。

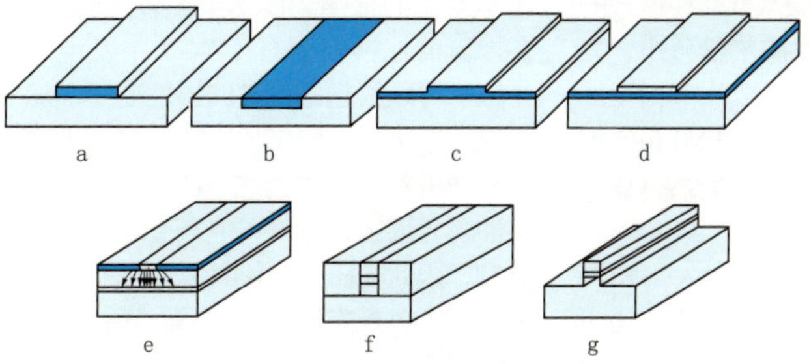

图4 各类条形介质波导结构示意图

矩条形波导 图4示意了七种条形介质波导的结构。它们依次是：a凸起条形波导，b掩埋条形波导，c脊形波导，d截止条形波导，e增益条形波导，f掩埋条形波导，g侧边暴露的条形波导。铌酸锂玻璃波导器件中，常采用图4b所示的掩埋条形波导，利用离子注入等技术制备出其条形，其波导就掩埋在平坦的基片中。半导体激光器多采用图4f的掩埋条形波导，少数还采用g侧边暴露的腐蚀条形波导和e增益条形波导。半导体光波导器件（如光开关、光调制器、分光器、滤波器、阵列波导光栅等）常采用c的脊形波导。

在半导体激光器、探测器和光波导器件中，最常用的就是掩埋的矩形波导和脊形波导。虽然它们没有平板波导简单，但可以利用简化的模型，等效成为两个或者多个平板波导组成的结构，从而将复杂的问题化解为简单的问题。利用这些等效的多个平板波导就能够获得单模波导的数值解或者图像解。

波导器件 光波本身具有光强、波长、模式、相位和偏振等特性。通过波导结构，以及各种电光效应对波导中传输的光波的波长、模式、相位和偏振等进行控制，能够实现对光波的选择、光波的开关或调制、滤波、耦合等功能，研制出一系列光波导器件，如光开关、光调制器、微环谐振腔、阵列波导光栅、光耦合器等。它们是光交叉互连和光插分复用系统中的核心器件，在计算机和光通信系统的具有广泛的应用前景。

实现上述多种功能的光波导及其他光学元器件组合在一起，就构成光学回路。如果将它们浓缩在同一衬底上，就构成光子集成芯片。因此光波导已经成为光学领域中非常基本、非常重要和常用的光子元器件，将在光子信息处理和大数据的应用中发挥越来越重要的作用。 （余金中）

光测弹性仪 photoelastometer 基于偏振光干涉原理对力学构件模型进行应力测试实验的仪器。简称光弹仪。被测力学构件模型是用应力作用下能产生人工双折射的材料制成的。光弹仪通过测试材料的光弹效应（见**应力双折射**）进行工程构件的应力分析。用合适的透明各向同性材料（如环氧树脂或聚碳酸酯等）制成同工程构件相似的模型，用偏振光照射受力的模型，由于弹性应变使入射光产生双折射，再通过检偏器，在屏幕或感光底片上可显示出干涉条纹。通过干涉条纹分析，可得出构件内的应力分布与所受负荷间的数量关系。

应用光弹仪可以通过模型在实验室内进行大型建筑构件、水坝坝体、重型机械部件的应力及其分布的测试。光弹仪有透射式光弹仪、反射式光弹仪、散光光弹仪和全息光弹仪等，其中以透射式和反射式光弹仪用得较为普遍。 （白本锋）

光场的高阶相干性 high-order coherence 建立高阶（大于一阶）相关函数对光场相干性的描述。经典光学中的干涉现象反映的是光场振幅–振幅之间的关联特性（即一阶相干性），通常要求参与干涉的两束光有相同的频率和偏振以及固定的相位差，体现相干性强弱的干涉条纹对比度与一阶关联函数（复相干度）的幅度成正比。显示光场一阶相干性的一个经典实验是杨氏双缝实验。但是，所有一阶相干实验均无法区分，尽管光谱特性相同却在量子特性上存在本质差异的两个光源：一束激光和一束热光可能具有相同的一阶相干特性。为了区分不同光源发出的光束的量子特性，需要考虑二阶甚至更高阶的相干特性即：建立光场的二阶和更高阶关联函数，同时给出实际可测量的实验方案。

HBT实验是显示光场二阶相干性的一个经典实验，通过光子符合计数来测量光场两个不同时空位置的强度–强度之间的关联特性。对于经典光源，有时间延迟的二阶关联函数总是小于零时间延迟的二阶关联函数：

$$g^{(2)}(\tau)\leqslant g^{(2)}(0),\ g^{(2)}(0)\geqslant 1$$

这反映了经典光源的光子趋向于集中而不是随机分布的群聚效应。只有在量子光学领域，才有光源的有时间延迟的二阶关联函数可能大于零时间延迟的二阶关联函数：

$$g^{(2)}(\tau)>g^{(2)}(0)$$

这反映了光子趋向于孤立而不是随机分布的反群聚效应。依据零时间延迟的二阶关联函数可进一步判断光场具有何种形式的光子分布函数 $g^{(2)}(0)=1$ 对应泊松分布，大于1和小于1分别对应超泊松分布和亚泊松分布。经典光场可能具有泊松分布或超泊松分布，只有量子光场才可能具有亚泊松分布。

在HBT实验的基础上，引入不止两个光子探测器进行符合计数，原则上还可以测量光场振幅的更高次方之间的关联特性，研究更高阶的光学相干特性，对光的量子本质有更深理解。（吴金辉）

光程　optical path　光所传过的距离与其传播路径上介质折射率的乘积。光在介质中传播速度与介质的折射率成反比，可表示为 $v=\frac{c}{n}$，其中 c 为光在真空中的速度，n 为介质的折射率。则在 Δt 时间内，光在介质中传播的距离为 $\Delta s=v\Delta t=\frac{c}{n}\Delta t$，相应的光程为 $\Delta L=n\Delta s=c\Delta t$。

在变折射率介质中传播的光，A、B 两点间的光程是折射率分布函数的路径积分 $L=\int_A^B n\mathrm{d}s$。（崔宏滨）

光磁电效应　photomagnetoelectric effect　在垂直于光束照射方向施加外磁场时半导体两侧面间产生电位差的现象。当半导体受到光波辐照时，价带电子会吸收光子能量跃迁到导带成为自由电子，并在价带中产生空穴，从而产生电子–空穴对。光在半导体中具有有限的穿透深度，因此垂直于表面方向会产生电子–空穴对的浓度梯度，电子和空穴会在浓度梯度作用下向下扩散。因为电子和空穴在光子激发作用下总是成对出现，通常情况下电子流与空穴流相互抵消。若在垂直于电子–空穴流动方向施加一外磁场，电子与空穴在洛伦兹力的作用下向两侧运动，从而在垂直于磁场的半导体两侧产生电动势。如果此时半导体断路，电荷在两端不断积累时，电动势的作用刚好和磁场相反，会抑制电子和空穴的偏转，最终会形成一个稳定的电动势。光磁电效应与霍尔效应都是在外磁场作用下产生横向电势差，但霍尔效应中载流子的定向运动是由外电场引起的，而光磁电效应中载流子运动是由光激发导致的载流子浓度梯度引起的。利用光磁电效应可制成半导体红外探测器。（吴义政）

光磁效应　photomagnetic effect　在光辐射情况下，物质磁性（如磁化率、磁晶各向异性、磁滞回线、磁畴结构等）会发生变化的现象。早在1931年就有光照引起磁化率变化的报道。1967年R.W.狄克逊等在掺硅的钇铁石榴石（YIG）中发现红外光辐射可以引起磁晶各向异性变化，随后光磁效应研究受到广泛重视。对于光磁效应物理机制尚未达到统一认识，不同物质磁性受光辐照的影响可能具有不同的物理机制，因此光磁效应仍然是当前磁学研究中的一个热点方向。在大多数光磁现象中，磁性离子可以处于物质的不同价态，光吸收可以导致磁性离子与其他离子之间的电荷转移。电荷转移的结果可以使激活中心的移动，或引起激活中心浓度的变化，最终导致物质磁性的变化。光磁效应在光存储、光检测、光控器件等应用方面有着广阔的应用。一般产生大的光磁效应，需要的光功率密度较大，因此若希望光磁效应得到实际应用，需要探索新型材料来降低产生光磁效应所需的光强。（吴义政）

光猝灭　optical quenching　使给定物质荧光减弱的过程。很多化学和物理过程可以形成光猝灭，如激发态的反应、分子重排、能量转移、形成基态复合物和碰撞。光猝灭主要有动态（或碰撞）猝灭和静态猝灭。动态猝灭是处于激发状态的荧光剂与原子、分子经过随机碰撞导致。一旦荧光剂与猝灭剂接触，处于激发状态的荧光剂通过各种方式使其无辐射地回到基态。静态猝灭是荧光剂与别的分子形成复合物，而这个复合物是不发光的。还有很多猝灭过程既有动态猝灭也有静态猝灭，如通过动态碰撞过程形成无辐射的复合物。产生猝灭的物理和化学过程依赖于热力学参量，因此光猝灭非常依赖于压强和温度。常用的猝灭剂有氧分子、碘离子、丙烯酰胺和氯化物离子等，其中氯化物离子是众所周知的奎宁荧光的猝灭剂。猝灭过程不是一个瞬态过程。

光猝灭不仅作为基本现象，而且作为生物化学系统的信息来源得到了广泛的研究。猝灭的测量可以揭示荧光物质进入猝灭剂的情况。碰撞猝灭率可以确定猝灭物质的扩散系数。猝灭可以用来做包含氧、氧化氮、氯化物和重金属的光学遥感。例如，氧对一些钌复合物的猝灭效应可以用来测量溶剂中的氧是否饱和。猝灭也是福斯特共振能量转移过程的基础。对一定的生物分子目标猝灭与非猝灭的作用是分子成像激活光学对比度的主要因素。（胡正峰）

光导天线　photoconductive antenna　可用于产生或探测太赫兹电磁波的光电导器件。又称光电导天线。在物理上，光导天线是一种超快半导体光电导开关，基础是在高阻半导体衬底上制备的两个欧姆接触电极，当施加偏置电场时，因其暗态电阻很大而呈现阻断状态。当超快激光脉冲照射光导天线的两电极间隙时，如果入射光子能量大于半导体的能带间隙，在半导体内激发光生载流子，其光电导以亚皮秒的响应迅速增加，光导天线处于导通状态；随着照射光脉冲的消失，由于载流子的复合效应，其光电导在亚皮秒至纳秒的时间内迅速衰减，光导天线又恢复阻断状态。

光导天线可作为太赫兹发射源。当飞秒激光脉冲照射处于偏置下的光导天线时，因光激发载流子在偏置电场作用下的加速运动，将光导天线中存储的静电势能以太赫兹电磁脉冲的形式释放出来，向自由空间辐射脉冲太赫兹波。该脉冲太赫兹波的性能与光导天线材料、电极的几何结构、偏置电场强度以及触发激光脉冲宽度等有关。其中，光导天线的芯片是产生脉冲太赫兹波的关键。性能良好的光电导芯片应该具有载流子寿命短，迁移率高和能够承受高电压、大电流的能力。很多太赫兹时域光谱系统中都采用了光导天线作为太赫兹发射源。

光导天线可作为**太赫兹探测器**。作为探测器的光导天线，其电极间隙通常为几个微米，使用时不需要施加偏置电场。当待探测脉冲太赫兹电场和探测激光脉冲同时汇聚到光导天线的电极间隙时，探测激光脉冲在该区域产生的瞬态载流子被太赫兹电场加速输出一个电流信号，该电流正比于太赫兹脉冲电场强度。在这种工作模式下，激光脉冲充当取样门脉冲的角色，其脉宽需远小于太赫兹电场脉冲的时间宽度，通过扫描激光脉冲和太赫兹脉冲之间的时间延迟，可以经取样测量获得太赫兹脉冲的时域波形。（施　卫）

光的电磁理论 electromagnetic theory of light　将光看成是**电磁波**并用电磁场理论来描述光的理论。光的电磁理论是经典光学中最为完整的理论。光的电磁理论首先是由J.C.**麦克斯韦**于1865年提出的。在麦克斯韦以前，科学家们已认识到光的波动性，而且观察到光的波动是横波。为了说明这种横波，以A.J.菲涅耳为代表的一些科学家设想光波是在一种特殊媒质——以太中传播的波，但是遇到了不可克服的困难。在光学发展的同时，电磁学有了很大发展。麦克斯韦引入涡旋电场、位移电流的概念，建立了电磁场方程组（现称为**麦克斯韦方程组**）。从这组方程出发，麦克斯韦推断出电磁波的存在，其速度与光速相同。因此认为："光是媒质中起源于电磁现象的横波"以及"光是按照电磁规律经过场传播的电磁扰动"。H.R.**赫兹**1887年实验显示电磁波的存在，1888年测出电磁波波速确实等于光速，接着他又证实电磁波与光波一样有衍射、折射、偏振等性质后，光的电磁理论最终确立。

光的电磁理论的基本方程组　首先是描述介质中光波的麦克斯韦电磁场方程组：

$$\begin{cases}\nabla\times\boldsymbol{B}=-\dfrac{\partial\boldsymbol{B}}{\partial t}\\\nabla\times\boldsymbol{H}=\dfrac{\partial\boldsymbol{D}}{\partial t}+\boldsymbol{J}\\\nabla\cdot\boldsymbol{D}=\rho\\\nabla\cdot\boldsymbol{B}=0\end{cases}\qquad(1)$$

式中$\boldsymbol{E}$为电场强度矢量；$\boldsymbol{D}$为电位移矢量；$\boldsymbol{H}$为磁场强度矢量；$\boldsymbol{B}$为磁感应强度矢量；$\boldsymbol{J}$为自由电流密度矢量；ρ为自由电荷密度。

在介质中，有反映介质电磁性质的物质方程组：

$$\begin{cases}\boldsymbol{D}=\varepsilon_0\boldsymbol{E}+\boldsymbol{P}\\\boldsymbol{B}=\mu_0\boldsymbol{H}+\mu_0\boldsymbol{M}\\\boldsymbol{J}=\sigma\boldsymbol{E}\end{cases}\qquad(2)$$

式中$\boldsymbol{P}$为电极化强度矢量；$\boldsymbol{M}$为磁化强度矢量；ε_0为真空的介电常量；μ_0为真空的磁导率；σ为介质的电导率。

在介质界面或边界，有反映电磁连续性的边界条件：

$$\begin{cases}\boldsymbol{n}\times(\boldsymbol{E}_2-\boldsymbol{E}_1)=0\\\boldsymbol{n}\times(\boldsymbol{H}_2-\boldsymbol{H}_1)=\boldsymbol{K}\\\boldsymbol{n}\cdot(\boldsymbol{D}_2-\boldsymbol{D}_1)=\Sigma\\\boldsymbol{n}\cdot(\boldsymbol{B}_2-\boldsymbol{B}_1)=0\end{cases}\qquad(3)$$

式中$\boldsymbol{n}$为界面单位矢量；$\boldsymbol{K}$为自由电流线密度矢量；$\boldsymbol{\Sigma}$为自由电荷面密度。

方程组（1）、（2）、（3）构成了光的电磁理论的基本方程组。通常光学涉及的是波长在10纳米至1毫米的电磁辐射。

光的波动方程　从光的电磁场理论基本方程组出发可以推出光的波动方程。

对介质中无自由电荷与电流的情况，$\rho=0,\boldsymbol{J}=0$，对通常的各向同性、线性、均匀、非导电介质，反映介质电磁性质的物质方程简化为：

$$\begin{cases}\boldsymbol{D}=\varepsilon\boldsymbol{E}\\\boldsymbol{B}=\mu\boldsymbol{H}\end{cases}\qquad(4)$$

式中ε为介质的介电常量；μ为介质的磁导率。

由式（1）、（4）可以导出：

$$\nabla^2\boldsymbol{E}-\frac{1}{c^2}\frac{\partial^2\boldsymbol{E}}{\partial t^2}=0\qquad(5)$$

$$\nabla^2\boldsymbol{B}-\frac{1}{c^2}\frac{\partial^2\boldsymbol{B}}{\partial t^2}=0\qquad(6)$$

式（5）、（6）是典型的波动方程，它们表明电磁场以波动形式传播，波速为：

$$c=\frac{1}{\sqrt{\varepsilon\mu}}=\frac{c_0}{\sqrt{\varepsilon_r\mu_r}}\qquad(7)$$

式中ε_r、μ_r为介质的相对介电常量和相对磁导率；$c_0=1/\sqrt{\varepsilon_0\mu_0}$为真空中的光速。

在真空中，电磁波速即为c_0。在1856年，W.E.韦伯与R.H.A.科尔劳施曾测定c_0的值约等于3.1×10^{10}厘米/秒。1862年J.-B.-L.**傅科**测定的光速等于2.98×10^{10}厘米/秒。这两个数值是很接近的。由于电磁波在真空中也能传播，如果认为光即电磁波，即完全不需要再去引入以太的假设。这就解决了菲涅耳等人所未能解决的问题。在介质中传播时，电磁波速由式（7）决定。由光学已知，介质中光速为真空中光速除以折射率n。于是由式（7）得介质中光的折射率为：

$$n=\sqrt{\varepsilon_r\mu_r}\qquad(8)$$

在光频区，一般非磁性介质中，$\mu_r\sim1$，通常只用电场强度的波动方程（5）来描述光波。

光的偏振　光的电磁理论中把光看成是电磁波，电磁波有电场分量和磁场分量，它们并不是独立传播的，而是相互联系的。对于平面电磁波，$\boldsymbol{E}$与$\boldsymbol{H}$互相垂直并都与传播方向垂直，这表明电磁波与光波是横波。由于电磁波具有互相垂直的电场强度与磁场强度，这就发生了在光学中所谓光振动矢量在电磁理论中对应于什么矢量的问题。严格地说，根据电磁理论，光波的完整描述要用电场强度与磁场强度。但两者之间有一定关系，给定电场强度即同时决定了磁场强度。另一方面，在研究光波与物质相互作用时，牵涉到电磁场与带电粒子（电子、原子核）的相互作用。在一般情形下，磁场强度的作用比电场强度的作用要小一个因子v/c。这里v是带电粒子的速度，它往往远小于光速c。故现代认为在一般情形下应取电场强度矢量对应于光振动矢量，也就是偏振方向。

光的强度　在波动理论中，人们认为光的能量密度是与光振动矢量的二次方成正比。现在认为光是电磁波，光的能量密度当然即电磁场的能量密度；光的强度，即光的能流密度则定义为探测器接受的电磁波的能流密度的平均值，可以用坡印廷矢量来表示为：

$$I=|\langle\boldsymbol{S}\rangle|=\left|\frac{1}{2T}\int_{-T}^{T}(\boldsymbol{E}\times\boldsymbol{H})\,\mathrm{d}t\right|\qquad(9)$$

式中T为光强探测器的响应时间。此式表明光强度是与电矢量的二次方成正比的。

（徐亦庄　李师群）

光的二象性 duality of light　光既有波动的性质又有粒子的性质。关于光的本性，17世纪后期已有两种学说：一种是以I.牛顿为代表的微粒说，认为光是微粒流；另一种是以C.惠更斯为代表的波动说，认为光是波动。光究竟是什么只能由实验来判断。19世纪光的干涉和衍射实验显示光有波动性，**光的偏振**实验进一步显示光具有横波的性质。后来J.C.麦克斯韦的电磁理论和H.R.赫兹实验表明，光是**电磁波**。其后**黑体辐射**、**光电效应**和**康普顿效应**等实验又表明，光具有微粒性。20世纪初，A.爱因斯坦将光的不能再分割的能量子取名为光量子，现称为**光子**。综合来看，光具有波粒二象性。

光的二象性是用习惯的宏观概念看待光的结果。宏观概念的波如同水面上的波浪，而粒子就像空中飞行的子弹那样。实际上光并非如此。以单色光的双狭缝干涉实验为例，通常情况下屏幕上呈现的干涉图样与波动说的计算结果符合。但在光源的光强非常微弱的情况下差别就显示了出来。根据波动说，当光源的光强逐渐减小时，干涉图样应按比例逐渐变暗，而它的几何形状则不变。但实验中光非常弱时，改用光电倍增管代替屏幕来接收光，实验显示光逐渐变弱时干涉图样逐渐消失，代之出现的是一个个到达的光子，到达原亮纹处的光子多些，到达原暗纹处的光子少些或没有，只是统计的结果，光子的空间分布与原来的干涉图样符合。由此可见，光并不像是水面上那种波动，也不像空中飞行的子弹，因为子弹不可能发生干涉现象。

量子电动力学进一步深入解释了光的二象性。量子电动力学认为光是由光子组成的，光子是微观世界的客体，是电磁场的量子。光子的粒子性与宏观世界里飞行的子弹不同。光子从一点到另一点并不是沿一条轨道走，而是在空间有一定的概率分布。对于光子，只能计算出它的概率（如走某条路径的概率、到达某个地点的概率等）。如双狭缝干涉实验，每个光子都有一定的概率同时通过两个狭缝，这样才产生了干涉图样；如果设法使哪些光子经过哪个狭缝，就不会出现干涉图样。

（胡望雨）

光的干涉 interference of light 两束（或多束）光在空间相遇时，在它们重叠的区域内，在一定条件下，光的强度不等于它们各自单独存在时光的强度之和，而是出现明暗相间的现象。两光束重叠处有些地方两光波的振动会互相加强，光的强度大于原来两光的强度之和（明）；另一些地方两光波的振动会互相削弱，光的强度小于原来两光的强度之和（暗）。两束（或多束）光必须满足一定的条件才能产生干涉：①频率相同。②振动方向相同，或很相近。③相位差恒定。这些条件叫作相干条件。一般光源（太阳、白炽灯、日光灯等）发出的光大都来自内部原子（或分子）的自发辐射。两个独立光源的原子（或分子）即使发出频率相同的光，由于振动方向上和相位上没有关联，所以两光源的光不会产生上面意义的干涉。同一光源来的光才有可能产生干涉，通常采取分波面和分振幅两种方法来产生干涉。

分波面干涉 从同一光源发出的光波的波面上取出两部分，使它们沿不同的路径前进，然后再相遇，产生干涉。这两部分光波是从同一光源发出的，它们的频率和初相位都相同，振动方向相同或相近，所不同的只是由于路程差别而引起的相位不同。对于干涉区内一个给定的点，由于路程差别而引起的两光波的相位差是固定不变的，所以光源中每个原子（或分子）发出的每个波列，在该点的叠加情况都相同，结果该点光的强度便是稳定的。这样就产生了稳定的干涉图样。杨氏双狭缝、劳埃德镜、菲涅耳双面镜和双棱镜等都是由分波面而产生的干涉。

分振幅干涉 用两种介质的交界面将光源来的同一束光分成反射和折射两部分，然后使它们相遇而产生干涉。它们来自同一光源，频率和初相位都相同，振动方向相同或相近，所不同的只是由于路程差别而引起的相位（有时还有因反射而引起的相位 π 的突变），结果便产生稳定的干涉图样。牛顿环、肥皂泡的彩色、迈克耳孙干涉仪等都是由分振幅而产生干涉的。

干涉现象是波动性的体现，所以光的干涉现象的发现曾在19世纪初对光的波动说的兴起起过重要的历史作用。

光的干涉已广泛用于精密测量和光学元件质量的检验等方面。

（胡望雨）

光的偏振 polarization of light 光的振动状态。光的偏振现象早在1669年E.巴托莱纳斯研究晶体双折射现象时就已观察到，但直到1672年后C.**惠更斯**仔细研究了经过一块晶体的光再经过第二块晶体并转动之现象，才有了定性的认识。1704～1706年间I.**牛顿**解释为“某种存在光线侧边的特性”并引入其光学著作。光的偏振这一术语，首先由L.马吕斯通过进一步的研究后于1811年提出。马吕斯、J.-B.**毕奥**、T.杨、A.-J.**菲涅耳**、D.-F.-J.**阿拉戈**和D.布儒斯特等人对偏振现象都进行过深入的研究，最终1865年J.C.**麦克斯韦**建立光的电磁理论，从本质上诠释了偏振现象。依据其偏振态，将光可以分为完全偏振光、非偏振光和部分偏振光。

完全偏振光 具有完全确定的振动特征，又可细分为线偏振光、圆偏振光和椭圆偏振光，后两者又可进一步区分为右旋和左旋。线偏振光，就是迎着光看其相互正交的电矢量和磁矢量沿着固定的直线振动，即其末端的轨迹是直线（如图所示）。圆偏振光，就是其电矢量以传播方向为轴旋转，迎着光看末端的轨迹是一个圆；其电矢量顺时针方向旋转者称之为右旋圆偏振光，反之为左旋圆偏振光。椭圆偏振光，就是其电矢量以传播方向为轴旋转，迎着光看末端的轨迹是一个椭圆；椭圆偏振光也有右旋和左旋两种。

非偏振光 多数光源所发出的光是非相干的，由大量的独立和无关的原子、分子等自发辐射产生，其相位和偏振等都是随机且相互独立的，也就是说这些光源发出的是非偏振光。就统计平均而言，无论哪一个方向的振动都不比其他方向占优势。非偏振光中任一方向的偏振，都可以分解为在某两个相互垂直的方向上的分量，但这两个分量是相互独立的，没有固定的位相关系，所以不能合成为线偏振、圆偏振或椭圆偏振光。白炽灯所发出的光就是非偏振光。

部分偏振光 可以描述为一个完全非偏振分量和完全偏振分量的叠加。如玻璃面和光滑油漆面所反射的太阳光一般就是部分偏振光，晴朗天空的蓝色光（大气散射的太阳光）也是部分偏振光。

偏振度概念被用于描述光的偏振程度，定义为完全偏振分量强度在总体中所占的比例。完全非偏振光和完全偏振光的偏振度分别为0和100%，而部分偏振光的偏振度介于0和100%之间。

光的偏振特性可利用一个三维几何表示——庞加莱球表征。对于一个单位半径的庞加莱球，其半径用于表征光的偏振度。其球心（$r=0$）对应于完全非偏振，球表面（$r=1$）用于描述完全偏振，而球的中间部分（$0<r<1$）用于描述部分偏振（偏振度介于0和100%）。庞加莱球面上的任一点代表一个唯一的偏振态；赤道上的每一点代表具有不同偏振方向的线偏振，北极和南极分别代表右旋和左旋的圆偏振；而北半球和南半球上的每一点分别代表不同取向的右旋和左旋椭圆偏振；纬度和经度分别代表偏振态的椭偏度和取向；定量地由斯托克斯参量表示。

完全偏振也可以用一个二维几何表示——偏振椭圆表征。偏振态由椭圆的几何参量（取向和椭偏率）和手性（旋转方向）描述。此外，对于偏振态还有另外一种数学解析描述方法——琼斯矢量表示。

从**波动光学**的视角，对于任一完全偏振光，其偏振态都可以表示为一对正交偏振基的线性叠加。但是，偏振基的选择并不是唯一的，如一对正交线偏振基或一对左右旋圆偏振基或一对左右旋椭圆偏振基。对一个偏振态，不仅依赖于所选择的一对正交偏振

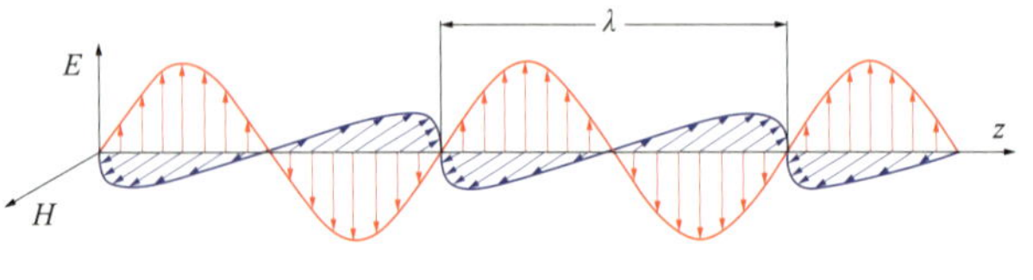

电磁场振动方向（E，H）与z垂直且互相垂直，波长为λ

沿z方向传播的线偏振光

基，而且依赖于这对偏振基的相对振幅和相对相位。

从量子光学的视角，光的偏振态由组成光的光子的自旋来确定。光的传播方向即光子的动量方向，光子自旋平行于动量方向的，光处于左旋偏振态；反平行时，光处于右旋偏振态；其他偏振态是这两种偏振态的线性叠加态。（王慧田）

光的色散 dispersion of light 介质折射率随光波频率（或真空中的波长）而变的现象。通常用折射率n或色散率$dn/d\lambda$与波长λ间的关系来描述色散规律，任何介质的色散均可分为正常色散和反常色散两类。

正常色散 对光透明的介质，色散率为负值，折射率随波长的增加而减小，并趋于某一极限。正常色散曲线如图所示。

反常色散 介质对光有强烈吸收的波段内（吸收带），折射率随波长的增加而增大，色散率为正值，故称反常色散。介质往往对某个波段内的光是透明的，表现

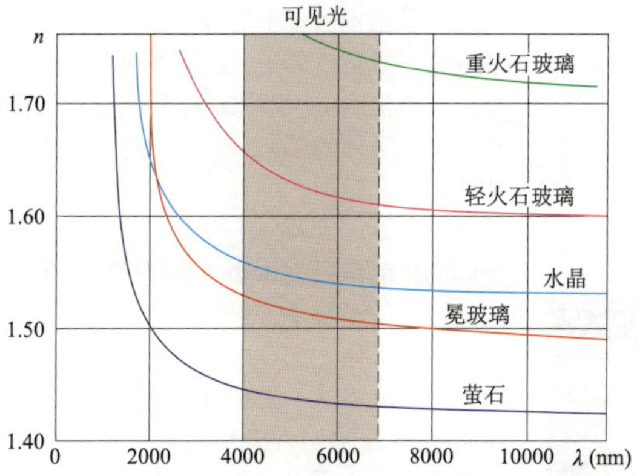

正常色散曲线

为正常色散；而在别的波段（如红外区）常对光有强烈吸收，在吸收带内表现为反常色散。反常色散发生在吸收带内，不易观察到。F.-P.勒鲁首先在碘蒸气棱镜实验中观察到反常色散现象。

一方面，利用介质的色散性质可制成色散器件（如三棱镜），把复色光分解成光谱。另一方面，色散是成像元件产生色差（见像差）的原因。

在非线性光学、光纤通信、超快光学中，色散都起着重要的作用。

（胡望雨）

光的吸收 absorption of light 光在物质中行进时沿途被物质吸收的现象。实验表明，光的强度I随通过的物质厚度d成指数下降，其规律（布格定律）为：

$$I=I_0 e^{-\alpha d}$$

式中I_0为$d=0$处光的强度；e为自然对数的底；α为吸收系数。如玻璃的$\alpha \approx 1$米$^{-1}$，所以玻璃看起来是透明的；金属的$\alpha \approx 10^6$米$^{-1}$，所以金属是不透明的。

在线性光学范围内，这个反映光的吸收的规律相当精确。但对于强激光源，上述规律不再成立，要用非线性光学理论处理。

同一物质对不同波长的光的吸收是不同的，即物质的吸收系数α是与光的波长有关的量。如玻璃对可见光的α很小，看起来是透明的。但对紫外线和红外线的α却很大，所以紫外线和红外线基本上都很难通过一般的玻璃。

物体对某些波长的光强烈地吸收，称作选择吸收。人们所看到的自然界的大部分物体的颜色都是选择吸收所致。对所有波长的光都强烈吸收的物体（如煤）呈黑色，对所有波长的光都很少吸收的物体（如棉花和雪等）则呈白色。（胡望雨）

光的相干性 coherence of light 所有真实的光场都是随机涨落的，相干性即涨落光场中两个时空点（空间两点、时间上两个时刻）的某些量之间的相关性。光的相干性有二阶相干性和高阶相干性。

二阶相干性最为常见，可以用光场两个时空点光振动之间的干涉图样定量测量，通常文献说的相干性就是这类相干性。干涉是两个时空点的光振幅的干涉（振幅-振幅干涉），有所谓分波前干涉和分振幅干涉等。例如杨氏干涉装置中，通过双缝的光波，是从同一列光波分出的两列，被称作分波前的干涉装置；薄膜干涉装置中，射到透明薄膜的光波，一部分从膜的上表面反射，另一部分射入薄膜，被下表面反射后再经上表面射出，这两列光波来自同一列波，这类装置被称作分振幅的干涉装置。

光的相干性可以用相干函数和相干度来描述。

若光场用$V(r,t)$表示（通常就是光场的振幅），二阶相干函数$\Gamma(r_1,r_2,\tau)$定义为：

$$\Gamma(r_1,r_2,\tau)=\langle V^*(r_1,t)\,V(r_2,t+\tau)\rangle$$

式中r_1,r_2表示两个空间点；$\tau=t_2-t_1$，$\langle\ \rangle$表示对时间求平均；$\Gamma(r_1,r_2,\tau)$又称互相干函数，描述了r_1点t_1时刻与r_2点t_2时刻的光场的二阶相干性。

根据情况的不同二阶相干性有空间相干性和时间相干性。

当$\tau=0$时，相干函数转化为：

$$\Gamma(r_1,r_2,0)=\langle V^*(r_1,t)V(r_2,t)\rangle$$

称为互强度函数，它描述了空间相干性，杨氏干涉实验中就遇到这种相干性。

当r_1,r_2就是一点时，相干函数转化为：

$$\Gamma(r_1,r_1,\tau)=\langle V^*(r_1,t)V(r_1,t+\tau)\rangle$$

称为自相干函数，它描述了时间相干性，迈克耳孙干涉实验中就遇到这种相干性。

光的二阶相干性也可用相干度来描述。

先定义复相干度：

$$\gamma(r_1,r_2,\tau)=\frac{\Gamma(r_1,r_2,\tau)}{\sqrt{\Gamma(r_1,r_1,0)\,\Gamma(r_1,r_2,0)}}$$

而相干度即$|\gamma(r_1,r_2,\tau)|$，已证明$0\leqslant|\gamma(r_1,r_2,\tau)|\leqslant 1$。$|\gamma(r_1,r_2,\tau)|$对应着干涉条纹的清晰度（可直接测量），$|\gamma(r_1,r_2,\tau)|=0$完全看不到干涉条纹，光场是不相干的；$|\gamma(r_1,r_2,\tau)|=1$，干涉条纹清晰度最高，光场是完全相干的；一般情况是部分相干的，相干度介于两者之间。

光场的高阶相干性一般较少考虑，其中对应强度-强度干涉的四阶相干性是高阶相干性中最为人知的一类，普遍的四阶相干函数定义为：

$$\Gamma^{(2,2)}(r_1,t_1;r_2,t_2;r_3,t_3;r_4,t_4)=\langle V^*(r_1,t_1)\,V^*(r_2,t_2)V(r_3,t_3)\,V(r_4,t_4)\rangle$$

四阶相干效应的典型实验是HBT强度干涉仪实验，于20世纪50年代在射频区和光频区都成功实现。

光场在传输过程中其相干性会发生变化，其中较特别的现象是非相干光源可以产生空间相干，即原本不具空间相干性的光源，其光场的空间相干性会在传输过程中产生，成为部分相干的，甚至在某些区域，光的空间相干性还可以达到很高。描述这种传输现象的有范西泰特-策尼克定理。

在光的量子理论中，光场的相干性用量子相干函数描写，习惯上将前面的二阶相干性标记成一阶相干性，四阶标记成二阶相干性。因此一阶量子相干函数是：

$$G^{(1)}(r_1,r_2;\tau)=\mathrm{Tr}\cdot\{\rho E^{(-)}(r_1,t)E^{(+)}(r_2,t+\tau)\}=\{E^{(-)}(r_1,t)E^{(+)}(r_2,t+\tau)\}$$

式中ρ是场密度算符；$E^{(-)}$、$E^{(+)}$是电场负频、正频算符；Tr表示求迹运算。相应的相干度是：

$$g^{(1)}(x_1,x_2)=\frac{G^{(1)}(x_1,x_2)}{\sqrt{G^{11}(x_1,x_1)}\sqrt{G^{(1)}(x_2,x_2)}}$$

式中x_1表示空间r_1点时间t_1，x_2表示空间r_2点时间t_2。

二阶量子相干函数是：

$$G^{(2)}(r_1,r_2,r_3,r_4;t_1,t_2,t_3,t_4)=\mathrm{Tr}\cdot\{\rho E^{(-)}(r_1,t_1)E^{(-)}(r_2,t_2)E^{(+)}(r_3,t_3)E^{(+)}(r_4,t_4)\}$$

量子光场的相干实验现象可以用量子相干性理论来处理。

通常把相干性好的光场叫作相干光场，产生相干光场的光源称相干光源。激光器一般情况下是很好的相干光源。

（李师群　崔宏滨）

光的相速度　phase velocity of light　单色光波传播的速度。单色光波表达式可写作：

$$E(z,t)=A(z)\cos\left(2\pi\nu-\frac{2\pi}{\lambda}z+\phi_0\right)$$

式中ν为频率；λ为波长；ϕ_0为波的初相位，即0时刻原点处的相位。光学中，通常记$\omega=2\pi\nu$，称作圆频率或角频率，$k=2\pi/\lambda$，称作角波数或波矢，则表达式为：

$$E(z,t)=A(z)\cos(\omega t-kz+\phi_0)$$

光波沿z方向传播，t时刻z点处的相位于$t+\Delta t$时刻传播到$z+\Delta z$处，则有$\omega(t+\Delta t)-k(z+\Delta z)+\phi_0=\omega t-kz+\phi_0$，于是可得$\frac{\Delta z}{\Delta t}=\frac{\omega}{k}$。这就是光波相位（等相面）传播的速度，称作相速度，记作v_p，即：

$$v_p=\frac{\omega}{k}$$

（崔宏滨）

光的相位　phase of light　相位是描述周期性波动的物理量。它标示了某时刻处于波动周期中的位点。光的电磁理论中光作为电磁波具有相位。在光的电磁理论中，把光辐射看成电磁波，单色光波表示公式：

$$E(z,t)=E_0\cos(kz-\omega t+\phi_0)$$

式中$kz-\omega t+\phi_0$为相位；ϕ_0为初相位。相位和振幅E_0一起表征光波。相位每经过一个波动周期变化量为2π。某一时刻相位相同的空间点组成这一时刻的等相面（波面），等相面在空间移动的速度叫**相速度**，容易推出相速度v_p的表示式为：

$$v_p=\frac{\omega}{k}$$

对于在自由空间中传播的平面光波，电场矢量和磁场矢量是同相的，但在某些介质中传播时两者可能不同相。

两个同频的光波相遇时，两者之间有稳定的相位差是清晰干涉图样出现的必要条件。

由于实际上并没有真正的单色光源，现实中光的相位只对准单色（频谱分布远远小于平均频率）光波可以明确定义，如单模激光。对于多模激光器，各个模式的相位一般是随机的，但若能锁定各个模式的相位，就能输出脉宽很窄的光脉冲。这类所谓锁模激光器是现代产生超短光脉冲的基本器件。在激光技术领域，使用电光调制器可以使单模激光的相位得到调制。

在光的量子理论中，量子光场的相干性和干涉现象等仍然与光场的相位紧密相关，但量子光场的相位算符的建立却遇到困难。从P.A.M.**狄拉克**1927年提出的最初尝试，到1964年L.萨斯坎德和J.格洛高尔的所谓正弦（余弦）相位算符，再到1989年D.T.佩格和S.M.巴尼特提出的截断希尔伯特空间相位态叠加定义的量子相位算符，都还没能成功构建简便的、可直接联系实验的厄米量子相位算符。

（李师群）

光的衍射　diffraction of light　光在传播过程中遇到障碍物而偏离直线传播的现象。当光波波长比障碍物的线度小得多时衍射现象不明显，光的直线传播定律近似成立，几何光学能以一定精度描述光的传播。早在17世纪，F.M.格里马尔迪就发现了光的衍射现象，但直到19世纪才由A.-J.**菲涅耳**以光的波动论为前提确立了最初的衍射理论。

按光源、障碍物和观察幕的位置关系，常把衍射分为菲涅耳衍射和夫琅禾费衍射两类。

菲涅耳衍射　光源和观察幕或两者之一离障碍物为有限远时的衍射，亦称近场衍射。图1是圆屏、圆孔的菲涅耳衍射图。

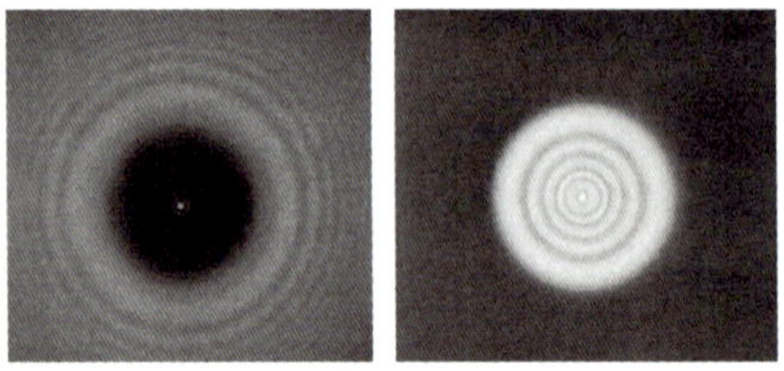

图1　菲涅耳衍射图

夫琅禾费衍射　光源的观察幕离衍射屏均为无限远的衍射，亦称远场衍射。实际装置如图2。由透镜L_1产生的平行光入射到衍射屏，在透镜L_2的后焦面上观察衍射图样。常见衍射屏有单缝、多缝、矩孔、圆孔和光栅等。图3是圆孔（左）和矩孔（右）的夫琅禾费衍射图。

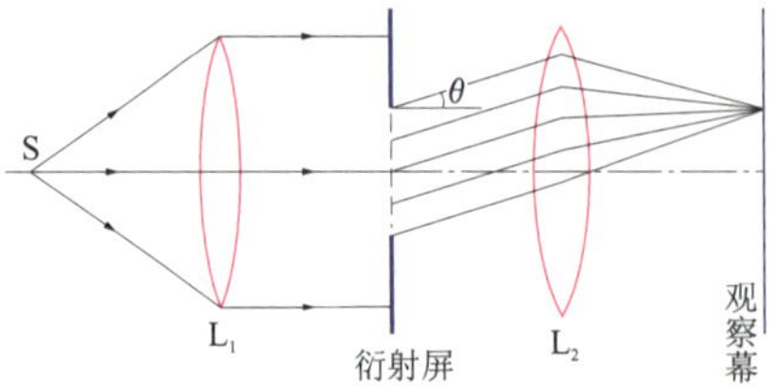

图2　夫琅禾费衍射装置

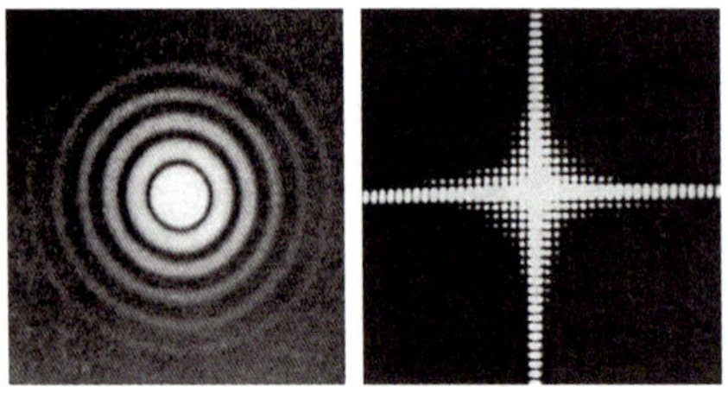

图3　夫琅禾费衍射图

典型衍射屏或孔的衍射强度分布可利用**惠更斯－菲涅耳原理**求得。以该原理为基础建立起来的衍射理论在成像理论、光学信息的传递和处理、全息术及色散元件（**光栅**）的制作和应用等方面均有重要意义。

（胡望雨）

光缔合　photoassociation　利用一个缔合光子与两个激光冷却的基态原子之间的三体碰撞复合，可以使两原子缔合形成一个同核或异核双原子分子的过程。势阱中除了有同核双原子分子外，另一部分原子仍以原子的形式存在。在实验中，人们通常首先制备一个磁光阱（MOT）或玻色－爱因斯坦凝聚体（BEC），然后在阱中采用光子缔合技术产生冷分子或超冷分子。通常光子缔合是在高密度的冷原子或超冷原子云中，利用一个缔合光子将两个碰撞的基态原子激发到分子的电子激发态上而形成冷分子或超冷分子，激发态分子通过自发辐射弛豫到电子基态的振转态上，由此产生高度束缚的基态分子。上述过程由于依赖于自发辐射，而且振动跃迁没有严格的选择定则，因此分子仍然可布居在许多不同的振动能级上。为了获得布居在单个振转态上的冷分子，科学家们采用受激布居数转移方案，即在电子激发态中选择具有合适的**夫兰克－康登因子**的振转态，分子就能够通过自发辐射有效地衰减到振转基态上。由于光子缔合技术需要高密度的冷原子（在MOT中）或超冷原子（在BEC中），因此通常这种技术用于那些能被激光冷却的基态原子来制备双原子分子或三原子分子。

（印建平）

光电成像器件　photoelectronic imaging device　基于光电效应对物体成像或进行图像增强与转换的器件。待成像物体发出的辐射因强度或波长范围往往不适合人眼直接观察，而需借助像管、摄像管或固体成像器件。

像管包括各种变像管、像增强器和电子摄像管。这类器件一般由光电阴极、电子光学系统和荧光屏（或胶片）组成。人眼不便直接观察的辐射图像投射到光电阴极，因光电效应转变为电子图像，经电子光学系统传送到荧光屏上，并转换为强度和波长范围都适合观察或处理的图像。

摄像管的基本结构包括光电阴极、靶

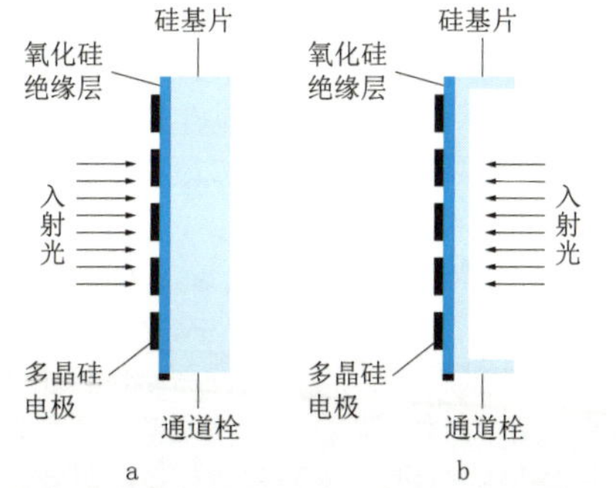

图1　前照式（a）和背照式（b）CCD结构示意

图2　ICCD的外形

面及扫描段。光电阴极上的光电子图像投射到靶面上，变换为电荷潜像，扫描段通过电子枪与偏转系统实现细电子束对靶面的扫描，并将上面的电荷潜像转变为视频信号。有的摄像管在光电阴极和靶面之间增设移像段，帮助光电子图像的转移。

20世纪70年代以来迅速发展的电荷耦合器件（CCD）是应用最广的固体成像器件。结构是硅单晶衬底上生长一层厚度约100纳米的二氧化硅，上面沉积金属电极及输入和输出端。CCD的优点是将光电转换及信号的存取集中在一个支撑件上，体积小巧，工作可靠，且具有大动态范围、高灵敏度、低噪声。带像增强器的CCD（ICCD）器件及背照式CCD（EBCCD）等，更是实现了以小型化装置对微弱光成像的功能。（阎吉祥）

光电池　photoelectric cell　能在光的照射下产生电动势（**光生伏打效应**）的半导体器件。当两种不同材料所形成的结受到光辐照时，结上产生电动势。它的过程先是材料吸收光子的能量，产生数量相等的正、负电荷，随后这些电荷分别迁移到结的两侧，形成偶电层。光生伏打效应虽然不是瞬时产生的，但其响应时间是相当短的。光生伏打效应主要是应用在半导体的PN结上，把辐射能转换成电能。工业上生产的大多为硅光电池，对可见和近红外光响应。研究集中在太阳能的转换效率上。

光电池大量应用于航天器中作供电电源，并开始用作仪器或家庭供电，如光度色度仪器中。（鲍家善　王宇飞）

光电导　photoconductivity　半导体材料吸收入射光导致电导率发生变化的现象。一定温度下，处于热平衡状态的半导体材料的电导率是恒定的。当有光入射，半导体材料吸收入射光后平衡状态被破坏，导致材料的电导率发生变化，这种电导率的变化即为光电导，而这种现象称为光电导效应。

A.爱因斯坦的**光电效应**理论阐述了光子作用于半导体材料产生光生载流子的原理，光电导效应也是光电效应的一种现象。

无光照时，半导体材料的电导率可表达为：

$$\sigma=q(n_0\mu_n+p_0\mu_p)$$

式中q为电子电量；n_0、p_0分别为平衡状态下电子与空穴的浓度；μ_n、μ_p分别为电子与空穴的迁移率。

光照引起载流子浓度改变，产生的光生载流子分别为Δn与Δp，故光电导可用如下公式计算：

$$\Delta\sigma=q(\Delta n\mu_n+\Delta p\mu_p)$$

光电导可以分为本征光电导和杂质光电导。根据固体物理能带理论，当入射光子能量$h\nu$大于或等于半导体的禁带宽度E_g时，半导体吸收光子致使价带的电子跃迁到导带，形成电子－空穴对；即为本征光生载流子，产生本征光电导；对于掺杂的半导体，特定光照使束缚于杂质能级的电子跃迁至导带；或价带的电子跃迁至杂质能级，从而改变导带或者价带的载流子浓度，产生杂质光电导。

1873年，英国人W.史密斯最早在硒材料上发现光电导，随后又在各类硫化物（CdS、PbS等）材料中得到进一步发展，而在半导体材料中光电导的研究与应用对半导体光电器件的发展有着重要意义。利用半导体的光电导效应可以将光信号转换为易于测量和分析的电信号，直接的应用就是光电探测器。同时具有光电导效应的材料也可以作为光敏电阻，供给需要光学检测的电路系统，应用于国防军事、民用生活的各个方面，对整个社会影响巨大。（李传波）

光电导谱　optical conductivity　描述凝聚态物质中载流子动力学性质的光学响应函数复电导率的实部。光谱技术是研究凝聚态物质电荷激发与动力学的主要实验技术。凝聚态物质中载流子动力学性质主要是通过光学响应函数（如复折射率、复介电函数、复电导率等）反映出来，其中尤其关注电导率实部的行为，常称为光电导谱。有多种实验测量技术可以得到上述光学响应函数。直接的测量技术包括利用椭圆偏振光谱仪，或基于超快激光的时域太赫兹光谱测量手段，但它们通常都限于相对较窄的光谱区域。间接的方法是通过测量宽广能量区域的光反射谱，然后进行克拉默斯－克勒尼希关系变换计算得到光学响应函数。其中反射谱的测量可以通过傅里叶变换光谱仪和光栅光谱仪完成。

对固体电子系统，光学响应探测的是电子吸收光子能量从初态到末态的**跃迁**。初态是电子占据态，末态是准许跃迁的空态。如果初、末态在同一个能带内，相应的跃迁称为带内跃迁；如果初、末态在不同能带，相应的跃迁称为带间跃迁。发生带内跃迁的能带必须跨越费米能，这样的能带电子称为传导（或自由）电子。从能量守恒的角度看，任意小的光子能量都可激发带内跃迁，但物理上还要考虑动量守恒条件。固体中的能带电子都具有色散，即电子能量与动量有关，称为**色散关系**。电子沿色散能带跨越费米能的跃迁动量也发生了变化，而光子（特别是能量很低的红外区间光子）的动量几乎为零，所以电子直接吸收光子能量还不能发生沿色散能带的带内跃迁，必须由杂质或其他玻色型集体激发（如声子）帮助转移电子动量的变化。一般通过探测传导电子的光学响应，可以给出固体中电子与其他准粒子激发的相互作用，即所谓电荷动力学信息。光学响应还可探测带间跃迁，所以能够提供固体电子结构的部分信息。考虑到光子近似的零动量，光学探测的带间跃迁主要是竖直的直接跃迁。也可能由杂质或声子等玻色型集体激发帮助发生具有动量转移的非竖直间接跃迁，但这种跃迁概率（强度）相对直接跃迁要弱得多。另外，光谱测量除了提供电子激发的信息，还能探测其他任何能够和光耦合的集体激发（如声子）的响应。（王楠林）

光电导效应　photoconductive effect　材料在光的辐照下，其电导发生变化的现象。在光辐照下，材料的电导通常是增大的，但也有少数相反情况。导体的电导很大，在光的辐照下，电导不会发生明显的变化。会发生明显变化的材料是半导体，因此，光电导现象是半导体的主要特征之一。

半导体的电导率正比于载流子浓度及其迁移率的乘积。因此，凡是能激发出载流子的入射光都能产生光电导。入射光可以使电子从价带激发到导带，因而同时增加电子和空穴的浓度；也可以使电子跃迁发生在杂质能级与某一能带之间，因而只增加电子浓度或只增加空穴浓度。前一过程引起的光电导称为本征光电导，后一过程引起的光电导称为杂质光电导。除掉载流子浓度增加可产生光电导外，由于光照引起载流子迁移率的改变也会产生光电导。

光电导应用于研究半导体中的杂质缺陷态，如施主、受主、缺陷、深能级杂质等在禁带中的能级位置。它的灵敏度比通常的光吸收实验高许多。

（汤定元　鲍家善　李树深）

光电二极管 photodiode　一种将光信号转换为电信号的光电传感器件。当一个具有足够能量的光子到达二极管上，由于光子被吸收，产生电子－空穴对。如果光子的吸收发生在结的耗尽层，则该区域的内建电场会消除其间的屏障，使电子向N区移动，空穴向P区移动。漂移的载流子使光电二极管在反向电压作用下工作。没有光照时，反向电流极其微弱，称为暗电流；有光照时，由于光电流的产生，反向电流迅速增大到几十微安。光的强度越大，反向电流也越大。光的变化引起光电二极管电流变化，这就可以把光信号转换成电信号，成为光电传感器件。

一个光电二极管的通常结构是PN结或者PIN结，具有单方向导电性。典型PN结型光电二极管是P侧受主浓度要远大于N侧施主浓度，P侧一般很薄，通常是由平面扩散进入N型外延层而得到。光电二极管在设计时尽量使PN结的面积相对较大，以便接收入射光。PN结型光电二极管具有暗电流小的特点，但是其响应速度较慢。PIN结是指P-本征层-N结构。本征层掺杂浓度比P区和N区要小得多，但宽度比这些区宽得多。PIN型光电二极管缺点是暗电流稍大，但可获得快速响应。

制造光电二极管的半导体材料有硅、锗、砷化铟镓、硫化铅、碲化汞等，响应波长为190～14 000纳米。（王宇飞）

光电功能材料 photoelectric functional material　在外场（电、光、磁、热、声、力等）作用下，利用材料本身特性发生变化的原理，实现不同能量形式的变换，应用于激光产生、光电信号探测、调制以及能量或频率转换作用的光学材料的统称。按照具体作用机理或应用目的之不同，可把光电功能晶体材料进一步区分为激光材料、非线性光学材料、压电材料、光电材料、磁光材料、声光材料以及闪烁材料等多种功能材料。

激光材料　把各种泵浦（电、光、射线）能量转换成激光的材料，即激光器中的增益介质。以固体激光物质为主，包括激光玻璃、激光晶体、激光陶瓷和激光光纤等，其中激光晶体用途最广。激光晶体由基质晶体和激活离子两部分构成。基质晶体主要有氧化物（如α-Al_2O_3）、氟化物（如CaF_2）、复合氧化物（如$Y_3Al_5O_{12}$）和复合氟化物（如$LiYF_4$）等。激活离子有过渡金属（如Cr^{3+}）、稀土元素（如Nd^{3+}、Yb^{3+}），以及锕系元素（如U^{3+}）等离子。最常用的激光晶体包括掺钕钇铝石榴石（Nd:YAG）、掺钕钒酸钇（Nd:YVO_4）和掺钛蓝宝石（Ti:Al_2O_3）晶体等。

掺钕钇铝石榴石属立方晶系，透光波段0.3～5.5微米，振荡阈值低，转换效率高，物理和化学性能稳定，可用提拉法生长，是应用最广的激光晶体。

掺钕钒酸钇晶体属四方晶系，透光波段0.4～5微米，可获得低阈值高效率的连续激光输出，可在氧化气氛下用提拉法生长。

掺钛蓝宝石晶体是实现飞秒超短脉冲和高功率激光的关键激光晶体，属六方晶系，具有可调谐（660～1200纳米），宽发射带（约600纳米）、发射界面高、热导率高、物化性能优越等特点，可用提拉法、温梯法或热交换法等生长大尺寸优质晶体。

非线性光学材料　通常指其本身的电极化强度特性在强光场作用下能发生感应非线性极化的一类光学介质。光波通过介质时，介质极化率的非线性响应会产生和频、差频等光波。这种与强光有关、涉及入射光频率改变的效应称为非线性光学效应；具有非线性光学效应的晶体称为非线性光学晶体。非线性光学效应通常有二阶、三阶效应，使用最多的是二阶非线性光学效应。二阶非线性光学效应与晶体对称性相关，只有在没有对称中心的20种压电晶类中才可能有二阶非线性光学效应。

常用的非线性光学晶体有β相偏硼酸钡、三硼酸锂和磷酸钛氧钾等，在深紫外波段应用的有氟硼铍酸钾晶体，红外波段应用最多的是磷锗锌晶体。

β相偏硼酸钡化学式BaB_2O_4，简称BBO，属三方晶系，透光波段为0.184～3.5微米，一般采用熔盐法生长，广泛应用于可见和紫外波段频率变换。

三硼酸锂化学式LiB_3O_5，简称LBO，属正交晶系，透光波段为0.155～3.2微米，一般采用熔盐法生长，是在紫外波段应用最广泛的三倍频晶体。

磷酸钛氧钾化学式$KTiOPO_4$，简称KTP，属正交晶系，透光波段为0.35～4.5微米。可用水热法或熔盐法生长，熔盐法生长最为普遍，是在可见波段应用最广泛的倍频晶体。

氟硼铍酸钾化学式$K_2Be_2BO_3F$，简称KBBF，属三方晶系，透光波段为0.155～3.7微米。这是唯一已经实用的深紫外非线性光学晶体，利用耦合棱镜技术实现了有效深紫外输出并用于多种先进仪器。具有强烈的解理特性，使晶体生长十分困难，采用封闭体系助熔剂方法可生长最大厚度为3毫米以上单晶。

磷锗锌化学式$ZnGeP_2$，简称ZGP，属四方晶系，透光波段为0.74～12微米，表面损伤阈值高，用于红外波段激光频率变换。可采用坩埚下降法生长吸收系数很低的优质晶体。

电光材料　在外电场作用下，引起材料折射率变化的效应称为电光效应，具有电光效应的材料称为电光材料。与外电场强度一次方成正比的电感应双折射效应，是线性电光效应，称为**泡克耳斯效应**，只能在非中心对称的压电晶类中存在；与外电场强度二次方成正比的电感应双折射效应，称为**光学克尔效应**，可以存在于所有材料中。常用的线性电光效应的材料是如磷酸二氢钾（KDP）等不具有中心对称性的晶体；常用的二次电光效应的材料是一些具有较大克尔常数的有机液体如硝基苯、苯、CS_2等。上述两类电光材料通常用来制成光开关元件或光调制元件，由外加电场加以控制。

磷酸二氘钾晶体是优良的电光晶体，简称DKDP，属四方晶系。晶体有吉瓦/平方厘米以上量级的抗光损伤阈值，是最广泛应用的电光晶体。由于在生长温度下，DKDP有四方和正交两种多型体，一般采用亚稳相生长方法从重水溶液中降温生长DKDP四方相晶体。

磷酸钛氧铷的化学式为$RbTiOPO_4$，简称RTP，属正交晶系，抗光损伤阈值高，理化性能好，使用温度范围宽。在制作电光开关时需要采用两块相同的晶体偏转角度耦合。

硅酸镓镧的化学式为$La_3Ga_5O_{14}$，简称LGS，属三方晶系，因具有旋光性，可采用特殊设计消除旋光性对电光效应的干扰，利用横向效应制作电光Q开关。有良好的温度稳定性，特别适用于红外波段（如2.1和2.79微米）。

声光材料　指折射率特性在声波场作用下发生感应变化的一类光学介质。在声波场作用下，材料内部的密度发生周期性起伏变化，从而引起折射率的周期性起伏变化，这使介质相当于一种相位光栅，从而可对定向入射光束产生衍射作用。声光材料应具有较高的声光作用的品质因数，及较小的声损耗与光损耗。常用的声光材料有熔石英、高铅玻璃以及钼酸铅（$PbMoO_4$）、二氧化碲（TeO_2）晶体等。通常用声光材料制成声光开关，对光进行调制；或者制成声光偏转器，用来控制光速指向。

钼酸铅的化学式$PbMoO_4$，属四方晶系，可用下降法或提拉法生长。

二氧化碲的化学式α-TeO_2，属四方晶系，金红石型结构，可用下降法或提拉法生长。

硅酸铋的化学式$Bi_{12}SiO_{20}$，属立方晶系，可用下降法或提拉法生长。

压电材料　电介质晶体在外应力作用下产生表面电荷的现象称为压电效应，具有压电效应的晶体称为压电材料。21种无对称中心的晶体中除4、3、2外均具有压电性。压电晶体按一定切型置于外电场中，晶体就会随电场产生形变。当外加电场频率与晶体固有频率一致时，就会发生谐振。主要用于制作谐振器、滤波器、声表面波换能器、驱动器等。常用压电晶体有水晶、铌酸锂、钛酸钡、铌镁酸铅-钛酸铅等，其中以铌镁酸铅-钛酸铅为代表的钙钛矿型弛豫铁电体固溶体单晶具有超高的压电性能，可应用于高性能超声成像、高灵敏度水声探测等领域。

水晶指α-石英（SiO_2），是最常用的压电晶体，属三方晶系。压电水晶有左右旋之分。左旋水晶的空间群为$P3_12$，右旋水晶的空间群为$P3_22$。可用以制作电子元器件。

铌酸锂的化学式$LiNbO_3$，简称LN，属三方晶系，为高居里点铁电体，可以用提拉法生长。广泛应用于微声器件、高频高温换能器、高频宽通带滤波器以及光波导等。

闪烁体材料　有些材料受到射线（X射线、γ射线等）或放射性粒子照射时，会发出紫外或可见波段的荧光，称其为闪烁体。发出的荧光由光电倍增管接收，用以探测这些射线。闪烁体可以是有机物、无机物、玻璃、液体或惰性气体。闪烁体广泛应用于核医学诊断、高能物理、空间物理、工业及地质勘探中。此类晶体一般密度较大，含有高原子序数的元素，具有对带电粒子阻止本领大、对γ射线吸收大、发光率高、发光强度与γ射线能量成正比的特点。无机闪烁晶体有很高的探测率，常见的有钨酸铅、锗酸铋、硅酸镥、碘化铯等晶体，一般采用提拉法和坩埚下降法生长。

钨酸铅化学式$PbWO_4$，简称PWO，属四方晶系。常用掺杂离子为Nb^{5+}、Mg^{2+}。通常采用坩埚下降法和提拉法生长。

锗酸铋化学式$Bi_3Ge_4O_{12}$，简称BGO，属立方晶系。晶体有效原子序数较大、密度高、荧光余辉短，线性尺寸小，是一种具有独特优势的闪烁材料，一般采用坩埚下降法生长。

硅酸镥化学式$LuSiO_5$，简称LSO，单斜晶系。该晶体对X射线和γ射线吸收好，探测率高，使用尺寸小，有利于器件小型化。主要用于γ射线探测仪。LSO：Ce有更短的衰减时间。一般采用提拉法或温度梯度法生长。

磁光材料　指折射率在外加磁场作用下发生感应变化的一类光学材料。作用原理基于各种磁光效应，如入射光的偏振面在平行于光的磁场作用下偏转（法拉第效应），垂直入射光在磁性体表面反射时，偏振面偏转（克尔效应），和磁畴在激光照射时反转（热磁效应）。磁光材料分为抗磁和顺磁材料两类。常用的抗磁材料为特高铅玻璃、硫化砷玻璃等；顺磁材料为含氧化铽（Tb_2O_3）玻璃及氧化铕（EuO）、硒化铕（EuSe）晶体，此外还有铁磁晶体如氟化铁（FeF_3）、钇铁石榴石（$Y_3Fe_5O_{12}$）等。在激光技术中，利用特高铅玻璃类材料制成的法拉第旋转器，既可起到一种快速光开关作用，又可起到一种反向光隔离器的作用，有较大的应用价值。磁光晶体用作激光调制和信息存储介质。

铽镓石榴石的化学式为$Tb_3Ga_5O_{12}$，简称TGG，属于立方晶系，具有大的费尔德常数、低的光学损耗、高的热导率和高的光损伤阈值，是一种优异的磁光材料，适用波长400～1100纳米（不包括470～500纳米），可用于制作法拉第器件，尤其适用于YAG激光、掺钛蓝宝石可调谐激光、环形激光和种子注入的激光器。通常采用提拉法生长大尺寸的TGG单晶。

复合稀土铁石榴石晶体，是在钇铁石榴石YIG晶体中掺入如Bi、Gd、Ce、Ho、Yb、Nd、Er、Pr、Al等杂质，使其各项性能指标大大提高，法拉第旋转角大、饱和磁场小，有利于器件小型化；温度系数低，环境温度变化对器件影响小，能保证器件正常工作；采用液相外延生长技术生长，使掺杂浓度及晶体厚度都很容易控制。

（王继扬　吴以成）

光电管和光电倍增管　phototube and photomultiplier　基于外光电效应制成的光电器件。

光电管　光电管主要由密封在玻璃壳内的光电阴极和阳极组成。如玻璃壳内抽成真空就构成真空光电管；如玻璃壳内充入选定的气体，使光电阴极发射的光电子经过气体电离放大，从而提高其灵敏度，则称为充气光电管。光电管的典型结构是中心阳极型。它的玻璃壳呈球形，并在内半球面上形成光电阴极。阳极制成小球或小环形，置于玻璃壳的中心。它具有光照面积大，到达玻璃壳的时间分散性小，极间电容小的优点。常用光电阴极有锑铯型、银氧铯型、铋银氧铯型、多碱型及负电子亲和势型，可对不同的谱段敏感。总的来说，光电管的灵敏度低、体积大、容易破碎，因此正逐步为固态光电探测器所代替。

光电倍增管　光电倍增管由光电阴极、电子光学系统、电子倍增系统和阳极四部分组成。光电阴极接受入射的光子后发射出光电子。电子光学系统使光电子在电场的作用下汇集到第一电子倍增极上。受电场加速的光电子射到倍增极上会激发出更多的电子，称为次级电子。次级电子数与入射电子数的比值称次级发射系数，

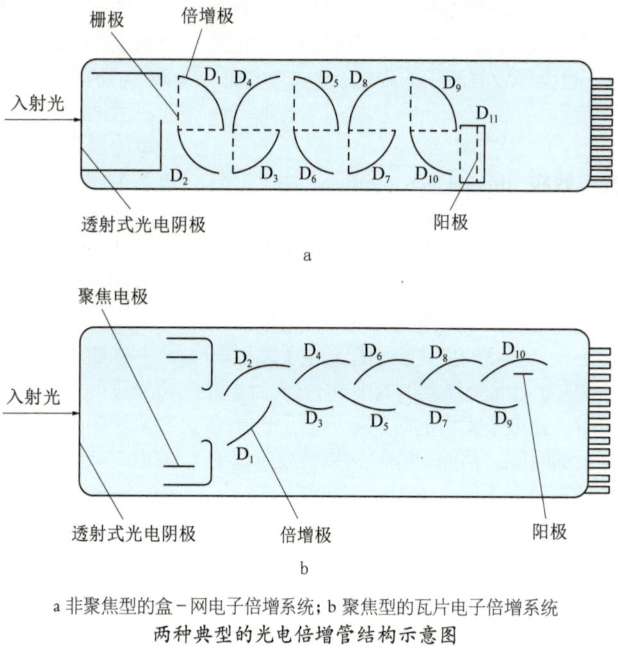

a 非聚焦型的盒-网电子倍增系统；b 聚焦型的瓦片电子倍增系统

两种典型的光电倍增管结构示意图

一般为3～6。光电子经电子倍增系统中多级倍增极的倍增（增益系数达10^4～10^8），最后被阳极收集形成阳极电流。两种典型的结构见图。非聚焦型的渡越时间分散性大。聚焦型的采用合理的倍增极形状，减小了渡越时间分散性，能响应几百兆赫的调制光。

从事负电子亲和势光电阴极和倍增极研究所取得的成果把响应光的长波阈值推到了1.6微米，量子效率显著提高，倍增极的次级发射系数提高1～2个数量级。有可能制造出级数少、增益大、时间常数小的快速光电倍增管。

另一个重要进展是出现了通道式光电倍增管，它的主要改进在于采用了通道式电子倍增器。这是在一直管或弯管的内壁涂以高阻的次级发射材料，管端施加几千伏的直流高压，光电子经电场加速射到壁上发射出次级电子，这个过程多次重复而得到高增益。这种器件的时间常数只有十分之几纳秒。常用于探测真空紫外辐射。

光电倍增管在探测弱光、高频调制的光或光脉冲方面获得广泛应用。在有些情况下它已被光电雪崩二极管所取代，但是它的低噪声电平仍然是其独有的特性。光电管和光电倍增管的最大局限性是它只能探测波长小于1.6微米的光。（缪家鼎）

光电离 photoionization 原子吸收光子发生电离的现象。见**光致电离**。

光电流 photocurrent 物质在光照射下由**光电效应**产生的电流。对于金属，光电效应会导致电子发射，逸出界面形成光电流；对于半导体等物质，光照射会产生光伏效应或光电导效应，即所谓内光电效应，也会导致载流子的变化，形成光电流。（王宇飞）

光电效应 photoelectric effect 物质（特别是金属）在受到光的照射时发射电子的过程。这样产生的电子称为光电子。产生光电效应的原因是光把自己的能量传给了金属中的电子。如果采用光的经典电磁波理论，光强度的变化会引起光电子发射率（表现为光电流强度）的变化；当光线变暗时，光电子发射的时间会滞后于光开始照射的时间。然而，实验结果与经典理论的预言完全不符。

实验表明，对于给定的金属，光电效应的发生有一个光频率的阈值ν_0。当光的频率达到或超过ν_0时，才会有光电子射出，否则的话，不管光的强度或曝光时间的长短如何，都不会从金属中射出电子。在阈值频率以上，出射的光电子的动能正比于光的频率和阈值频率的差，但是与入射光的强度无关。光开始照射与光电子射出之间的时间间隔非常短。在早期的实验观察中，根据当时的时间测量精度推断，这个时间的滞后不大于10^{-9}秒。

对于这样的实验结果，**A.爱因斯坦**给出了如下的解释。当材料中的电子吸收了比材料的功函数（也称逸出功，即是电子在材料中的结合能）W_0更多的能量时，它就可以从材料中逸出。根据M.普朗克的光量子假说，光的能量必是$h\nu$（称为光量子）的整数倍，ν是光的频率，h是普朗克常数。电子对光能量的吸收遵循“全部或全不”的原则，只有当能量大于功函数的一个光量子被一个电子吸收时，这个电子才能从材料中逸出，因此光电效应有一个最低（阈）频率$\nu_0=W_0/h$。进一步，光量子的能量减去功函数以后的剩余部分变成了光电子的动能K，因此有公式$K=h\nu-W_0$。这些都和实验观察完全符合。由于提出了光电效应的正确的理论解释，爱因斯坦于1921年获得了诺贝尔物理学奖。这个解释也是引导到近代物理学中的波粒二象性概念和量子力学理论的重要一环。

通常认为光电效应的发生分为三步：第一步是内光电效应，即光量子通过与电子（可能是自由的也可能被约束在原子中）的电偶极相互作用把自己的能量交给电子；第二步是一部分电子借助于弹道输运过程向材料的表面运动；第三步是电子从表面逸出。

光电效应在电子物理、光学等领域有广泛的应用。例如，光电倍增管（可以探测微弱光线的真空管，它的光电阴极有很低的功函数，在光照下非常容易释放光电子，再通过一系列具有高电位的倍增极把光电流显著放大，以提供易于测量的输出电流）、图像传感器（早期的视频摄像管即是利用光电效应）、夜视仪（把图像增强管中的光电子通过静电场加速，再撞击有荧光涂层的屏幕，将电子转换回光子）等。

在航天领域，光电效应将导致暴露在阳光下的航天器表面产生正电荷，而其他在阴影中的表面产生负电荷。这样引起的放电对航天器中的电气部件是有害的，必须设法避免。太阳光照在月球尘埃上会使其通过光电效应而带电，这些带电尘埃互相排斥而悬浮起来，形成月球上的灰尘大气，因而在太阳下山后可以看到月球周边的一个昏暗光芒。

原子发生光电效应的概率的大小通过反应截面σ来度量，它是原子序数Z和光子能量E的函数。当光子能量高于原子的最大结合能时，σ粗略地由下式给出：

$$\sigma=\text{常数}\cdot\frac{Z^n}{E^3}$$

式中n介于4和5之间。在较低的光子能量下，反应截面还出现具有边缘的特征结构，如K边缘、L边缘、M边缘等。所以，高Z的材料是好的γ射线屏蔽材料，这正是铅成为优选的γ射线屏蔽材料的主要原因。（徐 湛）

光电子能谱仪 photoelectron spectrometer; PES 基于**光电效应**，通过测量被激发逸出的光电子的动能，来获取样品表面元素组成、电子态、化学态、结合能等信息的仪器。光电子能谱仪可应用于各种固体材料表面（界面）的元素及化学态的定性、半定量、结构分析及化学键的研究。主要指标包括：空间分辨、能量分辨和灵敏度。

光电子能谱仪的主要组成结构是：激发源、高真空系统，样品电离室、电子能量分析仪、信号处理系统。

激发源 常用紫外辐射源和X射线源。使用紫外辐射作为激发源的称紫外光电子能谱仪（UPS），使用X射线作为激发源的称X射线光电子能谱仪（XPS）。UPS的辐射源常用气体放电灯，典型的是氦（He）放电灯，其工作波长为58.4纳米，相当于21.2电子伏的动能。XPS可选择加速的热电子轰击镁（Mg）或铝（Al）靶产生X射线作为辐射源，分别相当于1486电子伏和1258电子伏的动能。

还可使用同步辐射作为辐射源。同步辐射提供连续的、极化的辐射，其能量大于350电子伏。中国科学家使用BKKF晶体倍频实现了深紫外相干辐射，相应的UPS性能达到国际领先水平。

高真空系统 光电子能谱仪在保持样品表面清洁和保持其余环境不受诸如气体分子之类的干扰方面要求相当高。常使用带液氮冷阱的水冷油扩散泵、涡轮分子泵、溅射离子泵、钛升华泵、低温泵等来保证高真空环境（如1.33×10^{-8}帕）。高真空系统需要做定期的烘烤。

样品电离室 样品先推进入第一个真空室，经第二个起真空缓冲作用的真空室，做好样品的制备处理，才转入第三个真空室（样品电离室）被辐射源照射得到光电子。

电子能量分析仪 测量由样品表面被轰击出来的光电子的能量分布，即光电子谱。最常见的分析仪是半球形分析仪，通过入口缝隙进入的光电子只有在沿着两个半球（两球面施加确定电压）中间的特定弯曲路径时才能从出口缝隙离开，被电子器件探测，信号送到处理系统分析。

光电子能谱仪可用于分析固体的电子结构、表面吸附的分子，可以识别表面的化学状态、元素组成、电子能级，能够区分分子的氧化状态、价带精细结构、结合能，还可以用于定量分析。（王宇飞）

光电子谱 photoelectron spectra 光电效应中产生的光电子的能量分布谱。通常采用软X射线（如MgK_α与AlK_α线）和真空紫外线（如He Ⅰ和He Ⅱ的气体放电激发）作为激发光源，分别称为X射线光电子谱（XPS）和紫外线光电子谱（UPS）。已采用的同步辐射源是更好的激发光源，它可提供宽范围内能量可调的、高强度的、单色性良好的偏振光，填补了从真空紫外到软X射线之间的空白区域，扩展了光电子谱的应用范围。

为了在实验中测定光电子谱，用光子能量$h\nu$高于样品功函数的光束，把样品中的电子激发到真空中去，通过能量分析器测定电子的能量分布（图1）。对固体样品来说，实验中所涉及的参量有：光子能量$h\nu$，光子的极化矢量$\boldsymbol{A}$和入射角χ，电子的发射极角θ和方位角φ（图1）。每吸

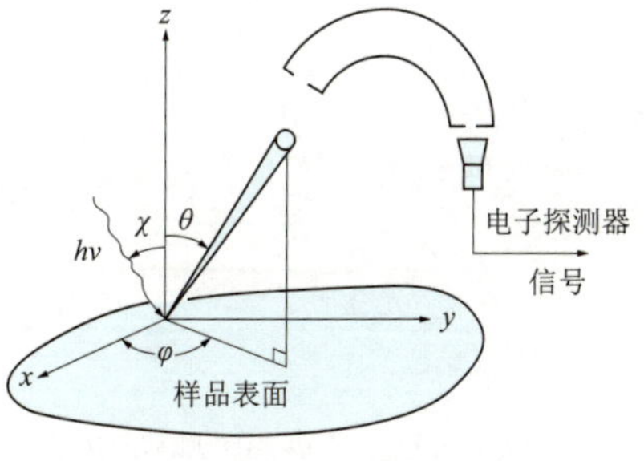

图1 光电子谱测量示意图

收一个光子，相对的光电子发射强度N即为上述诸参量的函数：$N=N(E, h\nu, \boldsymbol{A}, \chi, \theta, \varphi)$。其中$E$为光电子的能量。一般的光电子谱测量中，使用固定的光子能量，给出某方位上光电子强度的积分值$N(E, h\nu)$。测量中不断改变光子的入射角χ，或者测量出不同的立体角$\boldsymbol{\Omega}(\theta, \varphi)$内光电子强度，被称作为角分辨光电子能谱（ARPES）。光电子在固体样品内的平均自由程很短（约5～15埃），只有表面区域内的光电子能不受非弹性散射而逃逸至真空区内，因此光电子谱是一种有效的表面分析手段。

光电子在发射过程中，从初始能态E_i跃迁到终态E_e。由于终态的状态密度非常高，所以倒易空间（$\boldsymbol{k}$空间）所有初态都可能被激发，使得光电子能量分布非常好地反映了初态的状态密度。按照能量守恒原理，发射出来的光电子的动能$E_k=h\nu-E_i$，由此即可算出初态的能量。当激发光子能量$h\nu$比较低时，主要提供价带信息；当$h\nu$比较高时，主要提供原子内壳层电子能态的信息。对于固体样品，以费米能级为基准，费米能级与内壳层能级的差称为结合能E_b，对于气体样品则以真空能级为基准计算结合能。光电子的动能与结合能的关系为$E_k+E_b=h\nu$，可以根据结合能的位移来判断原子的化学状态，因此，XPS也称ESCA，即用于化学分析的电子谱。图2是三氟醋酸乙酯中碳的1s电子的光电子

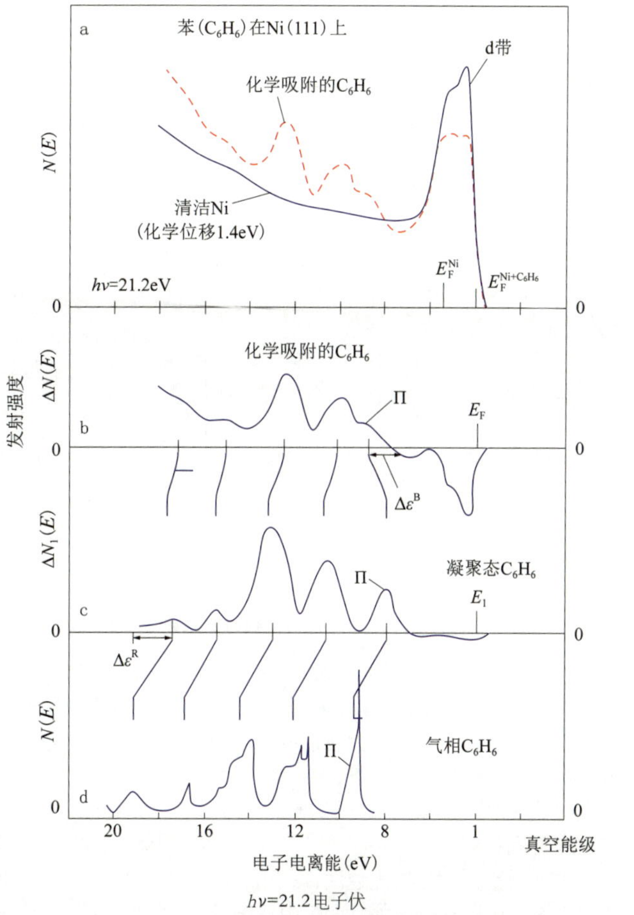

图3 清洁的Ni(111)上吸附了苯以及凝聚的苯和气态的苯的电子光谱

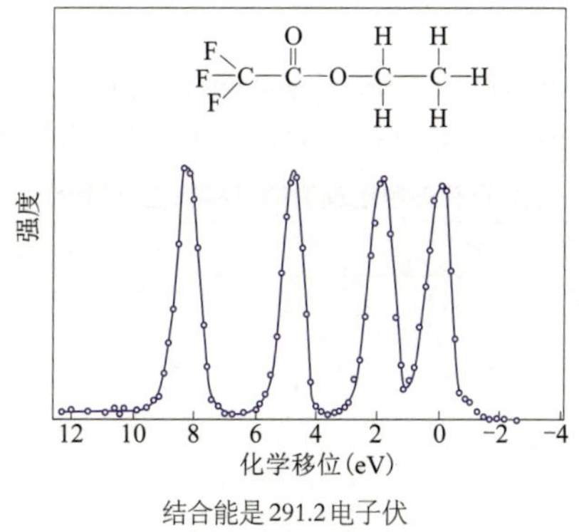

图2 三氟醋酸乙酯中碳1s能级的光电子能谱

谱。图上方给出了三氟醋酸乙酯的化学结构式。碳1s峰化学位移量的大小正好和元素的电负性的大小顺序（F>O>C>H）相同。这是由于碳原子和电负性大小不同的元素键合后，在碳原子周围的负电荷密度发生不同程度的变化。这种变化影响了对碳原子1s电子的屏蔽作用，使1s电子的结合能有大小不同的位移。

用于UPS的激发光源能量较低（用He Ⅰ时$h\nu$ =21.2电子伏），主要适合于价电子或价带电子能态的研究。由于激发出来的光电子能量很低，几乎全是表面信息，再加上分辨率高，所以能够研究半导体和金属的表面本征态以及吸附于表面上的吸附原子和分子的能级，如图3所示。从图中可以看到，化学吸附的苯的谱b和凝聚态苯的谱c只是由于弛豫效应，向低能侧移动了$\Delta\varepsilon^R$，而各峰间隔仍与气态苯的d很好地对应。然而在吸附状态下，与凝聚态相比，同σ能级相反，π能级向高束缚能侧位移$\Delta\varepsilon^B$，表明π轨道和化学键合有关。此外，吸附使d电子能带峰减小，表明存在π-d和π^*-d的杂化作用。

用ARPES不仅可以测定光电子的动能，还可以测定光电子的发射方向。由此，可以得出固体中电子能量对波矢的关系。对应于层状晶体来说，电子动能只和平行于晶面的波矢分量$k_\parallel$有关。在测量中可将φ取为某个二维布里渊区的高对称方向，保持φ不变，改变极角θ，测出光电子能量分布随θ的变化，给出光电子能量与某晶面平行的分量$k_\parallel=(2mE_k/\hbar^2)^{1/2}\sin\theta$，从而可以测绘出二维（包括表面）能带结构。图4是用同步辐射作为光源测出的沿ΓMΓ方向的硒化铟的二维能带结构。圆圈对应于光源的能量$\hbar\omega$=18电子

伏的实验值，方块对应于$\hbar\omega=24$电子伏的实验值，左图是硒化铟的二维布里渊区。Γ、M、K为布里渊区的点，它们在动量空间的坐标分别为(0,0,0)、$\left(0,\frac{2\pi}{\sqrt{3}a},0\right)$、$\left(\frac{2\pi}{3a},\frac{2\pi}{\sqrt{3}a},0\right)$，其中$a$为晶格

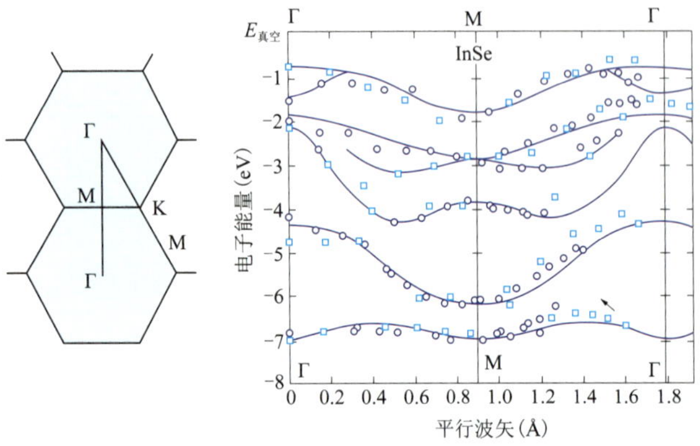

图4 沿着ΓMΓ方向的硒化铟的二维能带结构

常数。外来分子或原子吸附于固体表面时，与表面发生相互作用，从而影响光电子能量分布与角度之间的相关特性，可以用来研究吸附分子在表面的位置、吸附分子和表面结合的强度、吸附分子的配位方向和浓度等问题。

由于同步辐射源的优越性，利用它作激发光源，可以从谱的强度变化中找出不同原子轨道光电子发射截面和$h\nu$之间的相关性，由此判断始态的原子轨道种类。另一方面，将同步辐射光源的偏振性与ARPES的测量结合起来，由**选择定则**可以分析始态波函数的对称性。波函数的对称性又直接和化学吸附及表面原子再构等问题有关。

光电子从固体表面发射的过程中有衍射效应，测量光电子信号强度分布，可以确定表面原子结构以及吸附原子的排列。因此，光电子谱不再局限于提供表面电子能态的信息，开始成为研究表面结构的重要手段之一。（沈电洪）

光电子学 optoelectronics 光物理学和电子学交叉结合形成的技术学科。在光电子学中研究光电材料或器件中光与电的相互作用与相互转换，通常把光电子学看成光子学的分支。

这个领域中光的含义除了可见光之外，通常还包括X射线、紫外光和红外光。把光当成信息载体的光-电转换或电-光转换的研究是光电子学中的重要内容。任何电-光或光-电转换的器件都被视为光电子器件。由于电子学的很多概念和技术，如放大、振荡、调制、倍频、信息处理等，原理上都可以用到光频段，因此光电子学又是光物理和使用光的电子技术的综合研究。

光电子学的研究内容涉及激光器、半导体光器件、光电探测器、光的调制技术与器件、光通信器件、光显示与存储、非线性光学技术等方面。

光电子学技术广泛应用于光通信、激光系统、遥感系统、计算机系统、医疗诊断系统、光显示和光学信息系统。

（李师群）

光度学 radiometry and photometry 对电磁辐射能量进行计量的学科。考虑人眼视觉的主观因素的相应计量称光度学，作客观计量的称辐射度学。通常引进一系列物理量来定量评估辐射能的发射、传递和接收。单色辐射的各物理量均与波长有关，称光谱量；对多色辐射所有波长的贡献求和后的相应量称非光谱量或积分量。

波长在一定范围的电磁辐射作用于人眼会引起视觉效应。光视觉不仅取决于辐射的客观强弱，还与人眼的主观因素有关。考虑后一因素可定义与辐射度学各量相应的光度学各量。前者用下标e表示，后者用下标v表示。如光谱辐射通量和对应的光通量分别用$\Phi_e(\lambda)$和$\Phi_v(\lambda)$表示，两者间的关系为：

$$\Phi_e(\lambda)=K(\lambda)\,\Phi_v(\lambda)$$

式中比例系数$K(\lambda)$称光谱光视效能。它只在可见光波段才不为零，并在$\lambda=555$纳米处有一峰值，记作K_m。定义光谱光视效率（或称视见函数）为：

$$V(\lambda)=\frac{K(\lambda)}{K_m}$$

式中$K_m=683$流/瓦。国际照明委员会（CIE）公布的光视效率标准曲线如图所示。图中分别画出了亮适条件和暗适条件下的曲线。

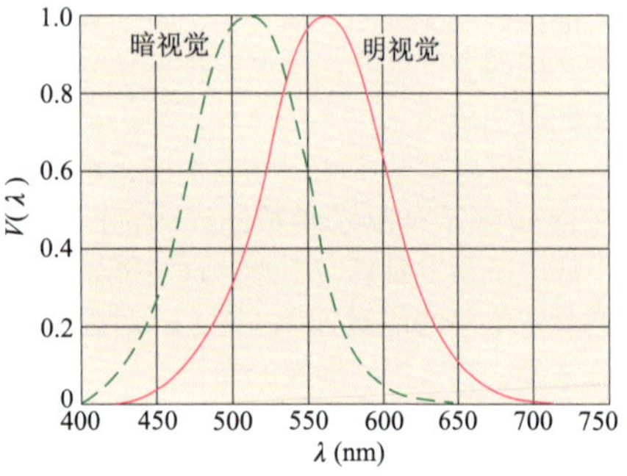

光视效率曲线

下表列出了辐射度学和光度学各量的名称、符号、定义和单位。

光及有关电磁辐射的量和单位（部分）

辐射度学			光度学		
名称	符号（单位）	定义	名称	符号（单位）	定义
辐射通量	Φ_e（W）	单位时间通过某截面的辐射能	光通量	Φ_v（lm）	$\Phi_e(\lambda)=K_mV(\lambda)\Phi_v(\lambda)$
辐射强度（点辐射源）	I_e（W/sr）	$I_e=\frac{d\Phi_e}{d\Omega}$（$d\Omega$为立体角元）	发光强度	I_v（cd）	$I_V=\frac{d\Phi_V}{d\Omega}$
辐射亮度（面辐射源）	L_e[W/(sr·m^2)]	$L_e=\frac{dI_e}{dS\cos\theta}$（$dS$为面积元，$\theta$为观察方向与面法线间的夹角）	光亮度	L_v（cd/m^2）	$L_V=\frac{dI_V}{dS\cos\theta}$
辐射出射度（面辐射源）	M_e（W/m^2）	$M_e=\frac{d\Phi_e}{dS}$	光出射度	M_v（lm/m^2）	$M_V=\frac{d\Phi_V}{dS}$
辐射照度（对接收面）	E_e（W/m^2）	$E_e=\frac{d\Phi_e}{dS}$	光照度	E_v（lx）	$E_V=\frac{d\Phi_V}{dS}$

对各种光源进行光度和辐射度特性的测量，已广泛应用于照明工业、遥感技术、色度学和大气光学等领域。对各种光敏和热敏探测元件，亦需要应用相关测量技术来确定其灵敏度及响应特性。

（胡望雨）

光度仪器 photometric instrument 测量可见光范围内光（即电磁辐射）的通量、照度、亮度等的仪器。光度仪器主要有下列几种。

照度计 测量单位面积上所接收到的光通量的仪器。通常由滤光片、光接收器、放大电路和指示器等组成。光接收器大多为硒光电池或硅光电池，为了测量微弱的光照度，也有用光电倍增管的。如在接收器上配置余弦校正器，可测量各个方面入射的光照度。颜色滤光片常采用颜色玻璃组合，由颜色滤光片把接收器的相对光谱灵敏度曲线匹配成相应于人眼的光谱光（视）效率函数$V(\lambda)$曲线，以便使仪器的测量结果与人眼的观察结果一致。指示器有指针式和数字显示式两种，通常数字式照度计具有较高的精度。

光亮度计 测量光源在某一方向上单位投影面积、单位立体角中发出的光通量的仪器。这类仪器主要采用一对有一定距离的光孔接收固定立体角、固定投光面积的光通量，此值不随物体远近而变，只要物体的表面积足够大。为了瞄准被测物体，常采用成像系统如图1所示：被测光源经物镜后在带孔（前光孔）反射镜上成像，其中一部分经反射镜及目镜，由人眼接收，以瞄准和监控清晰成像面与带孔反射镜重合；另一部分光则经过反射镜上的小孔经后光孔到达$V(\lambda)$接收器。亮度值用指针或数字表头显示。

球形光度计 由积分球和光度计两部分组成。积分球是一个半径为r的球面，内壁涂白色中性均匀漫反射材料，一般为氧化镁或硫酸钡，它的漫反射比为ρ。常用来测量光源或光束的光通量。当把光通量为φ的光源置于球中，光在球中经过多次漫反射后，球壁上任意一点的照度E为：

$$E=E_{直}+E_{反}$$

式中$E_{直}$为光源在球壁上建立的直射照度；$E_{反}=\dfrac{\rho}{4\pi r^2(1-\rho)}\varphi$为球内壁反射光建立的照度。球壁上任一点的$E_{反}$皆相同，且与光源的总光通量$\varphi$成正比。在球内适当位

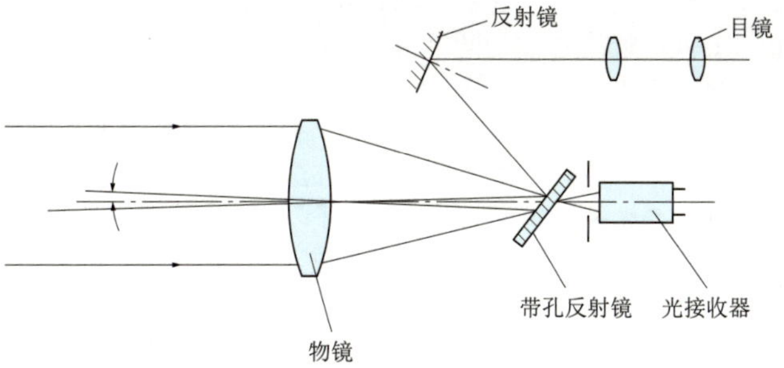

图1 带有瞄准系统的光度计原理图

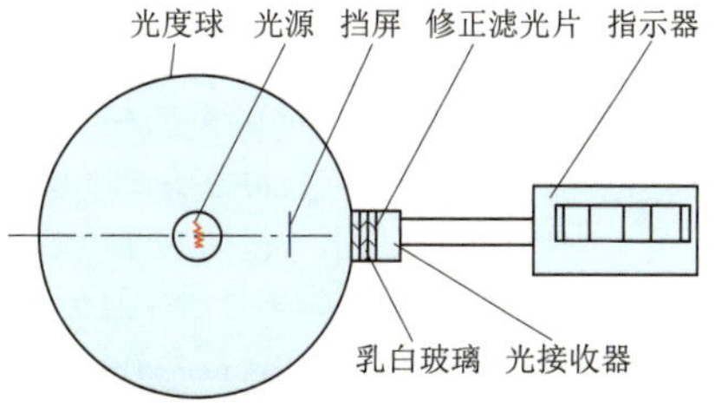

图2 球形光度计测量光通量示意图

置设置挡屏，挡住光源射向一小部分球壁的直射光，即可在该部位测得反射照度$E_{反}$（图2）。用标准灯标定后，可用灯置换法来测定待测光源的光通量φ。

分布光度计 分布光度计是一种用绝对法测量光源总光通量的基准光度仪器，也是测量光源发光在空间球面上光通量分布的仪器。根据定义，微小面积ΔA上的光通量为该面积与照度E_i的乘积，即$\Delta\varphi_i=\Delta A\cdot E_i$。设想某一封闭球面把待测光

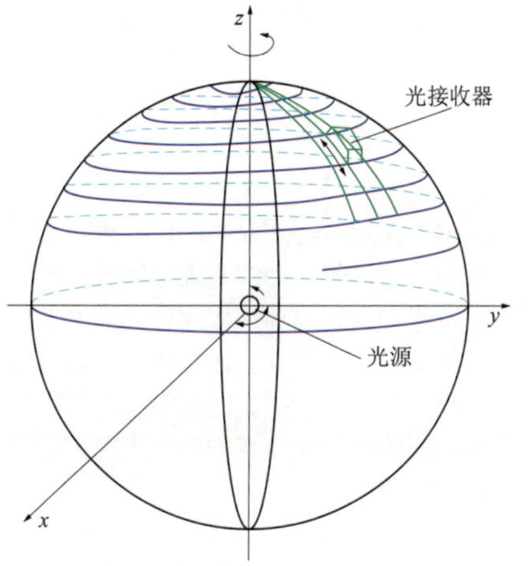

图3 分布光度计原理图

源包围起来，并把球面分成若干等分的小面积，用适当的机械装置，由光度计测量出各小面积上的照度，乘以相应的面积就为穿过该面积的光通量，再累计求和就可得到光源的总光通量。图3为这种测量仪器的原理图。（叶共荣）

光反射 reflection of light 光射到两种不同介质（物质）分界面上时，有一部分入射光从分界面反射到原来介质的现象。光反射可分为漫反射和镜面反射两种。光入射在物体的粗糙表面（如土地、树叶、衣服、书籍等的表面）上向各个方向反射的现象称为漫反射。在所有方向上具有相同漫射光亮度的漫反射面称为均匀漫反射面，而在所有方向上漫反射光亮度相同，并且光谱反射比为1的漫反射面称为理想漫反射面。物体的光滑表面（如镜子、玻璃、金属、水等的表面）上发生的反射则为镜面反射。

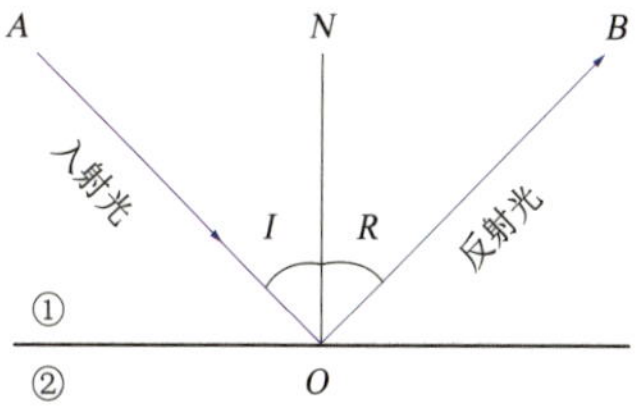

光反射

光在反射时遵守反射定律。如图所示，入射光入射在介质①和介质②的分界面O点处，一部分光线发生反射，入射光线与界面法线的夹角为入射角，反射光线与界面法线的夹角为反射角。光的反射定律包括两部分内容：①反射光线与入射光线和界面在入射点处的法线N在同一平面内，反射光线与入射光线分列法线两侧。②反射角R等于入射角I，即$R=I$。

在介质①的折射率大于介质②的折射率的情况下，入射角大于一定的角度时会发生特殊的全反射现象（见**全反射**）。

光反射应用最多的是利用反射元件来反射光线，以达到折转光路、缩小仪器体积、改变像的正倒关系等目的。常用的反射元件有平面镜、反射棱镜、分光镜以及曲面反射镜等。（李 林）

光反射元件 light reflecting element 至少有一个反射面对入射光束产生反射转折或成像的光学元件。常见的光反射元件包括平面反射镜、反射棱镜、分光镜以及曲面反射镜等。反射元件起着折转光路、缩小仪器体积、改变像的正倒关系等作用。

平面反射镜是最基本的反射元件，按照反射定律使入射光反射折转，并对实物成虚像，物和像对于反射面对称。

反射棱镜是由几个光学平面围成的玻璃透明介质多面体，可起到数块平面反射镜组合的作用，可按要求反射折转光轴方向，形成倒立像或正立像（见**反射棱镜**）。

最简单的分光镜由反射面上镀覆特定介质膜形成。可使某一波长的光部分反射，部分透射，并保证二者有适当比例；或者使入射光中某一波长范围的光反射，另一波长范围的光透射。

反射面不是平面的曲面反射镜元件能使光束会聚或发散，因此可以作为照明系统或成像系统的主要元件使用。曲面反射镜可分为球面反射镜和非球面反射镜。球面反射镜的反射面为球面，且多为凹球

面，既可将光束反射折转，也可生成虚像或实像。航空航天以及光谱仪中广泛采用非球面反射镜，原则上可以是任意高次非球面，但较常用的有抛物面、双曲面、椭球面和柱面。

许多光学仪器上都要用到光反射元件，如星载和机载的观测系统、天文望远镜、探照灯、电影放映机、潜望镜等。

（李　林）

光放大 light amplification　光通过能提供增益的介质时获得能量（功率）增益，光信号幅值得到放大的过程。主要有两类光放大，一类是采用通常的激活介质，基于光的受激发射过程的光放大；另外一类是采用非线性介质，基于非线性光学效应的光放大。

在通常状态下光束在介质中传播时其光能量将被介质的原子或者分子吸收，因而其光强度沿传播距离不断降低。然而，如果光束在原子或者分子建立了能级粒子数布居反转的介质中传播时，由于入射光诱导强烈的受激辐射，超过了光束在介质中传播过程受到的光学损耗，便使得入射的光束能量（功率）增大，或者说光信号被放大。增强光信号的能量来源于提供建立物质能级粒子数布居反转的能源。

表征具有光放大功能的器件的性能指标主要有总体效率、增益、光束质量以及光脉冲通过放大器后的时间和空间波形变化等。放大器的总体效率等于储能效率和提取效率的乘积。增益是表征放大器对注入光信号放大倍率的参数。一般说来光脉冲通过光放大器后其形状要发生变化，但在很多情况下人们希望光脉冲经过放大后依然得到一个形状相同的出射光脉冲，这种情况称为稳定光脉冲放大。

基于非线性光学效应的光放大主要是基于受激散射效应、光参量过程放大入射光信号，主要有受激拉曼放大、受激布里渊放大和光参量放大等。

光放大有多种类型。按照工作方式分类主要有行波光放大、多程放大和再生放大。多程放大器本质上是空间压缩了的多级放大器，但它与传统的多级放大器也有不同。再生放大是一种有共振腔的特殊的放大。按被放大光脉冲宽度分类主要有长脉冲光放大、短脉冲光放大和超短脉冲光放大。

（雷仕湛）

光孤子 optical soliton　在非线性光学介质中传输的形态不变的、稳定的局域化光波或光场。根据产生机制和表现形式的不同，光孤子又可分为时间光孤子、空间光孤子和时空光孤子等多种类型。

时间光孤子是指光脉冲在非线性介质中传输时产生的一种在时间维度波形保持不变的特殊光脉冲。光脉冲在介质（例如光纤）中传输时，色散（包括相速色散和群速度色散）会使不同频率分量相互分离，光脉冲将因此展宽、变形，甚至弥散。另一方面，光脉冲在传输过程中的自相位调制作用会使光脉冲的频率发生变化，脉冲波包前沿的频率改变量$\Delta\omega<0$，后沿的频率改变量$\Delta\omega>0$。在群速度反常色散区，$\partial v_g/\partial\omega>0$，光脉冲中频率越高的部分运动速度越快，因此光脉冲前沿的速度比后沿的慢，光脉冲因而被压缩。当光脉冲的自相位调制引起的压缩效应与色散引起的展宽作用二者相互平衡时，光脉冲将保持波形不变地在介质中传输，即形成光孤子。光孤子概念最初就是指在光纤中传输的波形不随时间而改变的光脉冲，后来为了和其他类型的光孤子相区别，也被称为时间光孤子。

光束在非线性光学介质中传播时，由于自身的衍射发散作用，其横向空间尺度将逐渐变大。另一方面，由于与介质的非线性相互作用，会使介质的折射率分布发生改变，这种改变会使光束会聚或受到约束，当这种会聚或约束作用与衍射发散作用相平衡时，光束就会保持横向空间尺度不变地在介质中传播。这种横向空间尺度不随空间传播距离改变的特殊光束被称为空间光孤子。

光束在非线性光学介质中传播时，如果介质的非线性效应能够抵消色散引起的脉冲展宽和光束的衍射发散，脉冲光束就会在介质中保持脉冲波形不随时间改变，同时光束横向空间尺度也不随空间传播距离而改变。这种奇特的传播模式就是时空光孤子。

三种光孤子的运动或传播，数学上都可用非线性薛定谔方程（或广义非线性薛定谔方程）来描述。

光孤子的概念对远距离光通信很重要，已开展了多年的研究。另外光孤子还可应用于光开关技术和光脉冲压缩技术。

历史上，在光孤子研究之前，已有所谓孤立波的研究。水中的孤立波现象首先由英国工程师J.S.罗素于1834年在运河里观察到。

（侯春风　吴令安）

光核反应 photonuclear reaction　光子与原子核相互作用引起的反应。光子是由放射性同位素、带电粒子引起的核反应或电子加速器等提供的。光、核之间只有电磁相互作用。光子能量较低时，如低于5兆电子伏只能把原子核激发到较高能量的分立能级，引起共振散射，反应截面小。能量较高（大于5兆电子伏）的光子与原子核相互作用，反应截面随光子能量而连续变化，出现宽的峰值称为巨偶极共振。一般光子与球形核的反应截面曲线的形状是单峰，与变形核的反应截面曲线的形状是双峰。同时随着光子能量的增加，光子同原子核发生电四极作用。光子能量超过35兆电子伏时，其波长小于原子核半径，反应机制用准氘模型描述，即光子被原子核内一对质子、中子吸收。能量超过150兆电子伏的光子与原子核作用能够产生π介子。一般能量大于5兆电子伏的光子与原子核相互作用，原子核放出中子、质子、氘、氚和α粒子等，同时使裂变核发生裂变，整个反应过程用核反应的豪泽尔－费希巴赫（Hauser-Feshbach）理论、激子模型、多步预平衡反应理论和裂变模型描述。

光核反应被广泛应用于医学、生物学、反应堆物理和技术、核安全技术、核废物处理、穆斯堡尔谱学、原子核物理学和核天体物理研究等领域。

（韩银录）

光计算 optical computing　以光子代替电子作为信息载体进行信息处理的计算技术。相应的装置和系统称为光计算机。由于人们意识到光信息具有并行传输与处理、传输速度可达介质中的光速、可抗电磁干扰等优良性能，可以克服电子计算机技术的串行结构、电子线路有限的响应时间、有限的互连带宽以及时钟歪斜等问题，因此从20世纪60年代激光器产生时就提出了光计算机的构想。在八九十年代随着光纤通信和光电子制造技术的进步，为制作高质量微型化的光计算机硬件提供了技术基础，光计算机研究迅速形成热潮。

实现数字运算的光学系统称为数字光学计算机，又分为时序数字计算机和并行数字计算机两类。在光学时序数字计算机中，电子学的门电路、开关和存储元件用相应的光学器件来代替；集成电路中的电学互连用集成光学的光波导代替；导线用光纤代替；“0”和“1”数据位用光学量的两个值（如光强“亮”和“暗”）代替；进入系统的数据取一定时钟频率的光脉冲的形式。这样，整个结构等同于通常的电子计算机。在这种构想下，基于光学双稳态的快速光子门、全光开关和光学存储元件的阵列等数字光学器件的研制取得进展，使得这种直接的复制成为可能。但是，数字光学器件在尺寸、速度和开关能量及功率方面的水平仍然不能与电子器件竞争。例如，单个光学开关可能做得非常快，但还做不出非常大的开关阵列，并且开关的能耗也过大。所以这样设计的光学计算机的总体性能显然比不上电子计算机。并且这种模仿电子计算机的方案并没有利用到光学信号的优良特性，特别是光互连的强大潜力。

光互连技术的研究发端于1980年代早期的贝尔实验室。1984年，斯坦福大学课题组提出了在计算机系统中用光学互连代替传统电子互连的几种设想。一种方法是用厚的反射全息图将经过调制的光源的信息传输到几个探测器上，用专门制作的全息图来建立自由空间整体互连的大型三维网络，便可用光学方法连接两个平行平面之间的大量的点。在随后的20多年中，光互连技术发展带动了数字光学计算机的研究热情，并促进了并行的光学数字计算体系结构的开发研究。

一种典型的并行光学数字计算系统称为光学顺序逻辑机（见图）。其中有包含

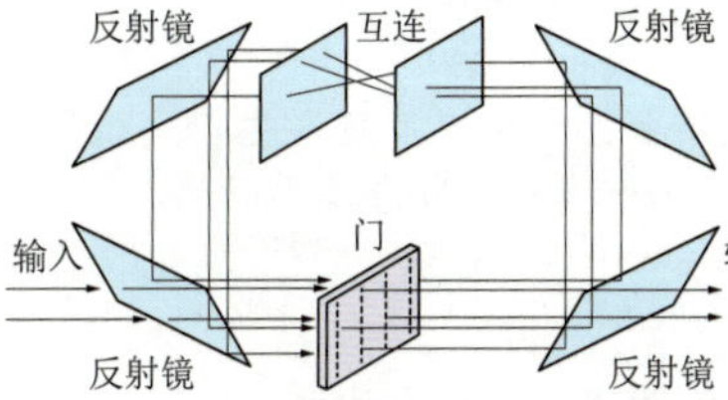

光学顺序逻辑机示意图

多达10^6个光学逻辑门的二维阵列，用全息方法互相连接。按照预定的布线图样（可以代表算术逻辑单元、中央处理单元或指令解码器等），每个门被局部地或整体地连接到少量或大量的其他门。每个门的输出光束被全息图引导至其他门的适当输入。电子数字电路被翻译成门平面上输入和输出点之间的互连映射后，被编码成计算机产生的全息图。只要改变互连全息图，该装置就可以成为“可编程的”或“可重组的”。这种并行结构与甚大规模集成电路（VLSI）通常采用的总线结构颇不相同，其可预见的并行程度（即整体互连的规模）也比电子处理器所可能达到的要大得多。把处理器的这种并行性及互连与高速开关操作相结合，运算速率将比现行最大的电子计算机高好几个数量级，可用于数字图形处理和人工智能等需要这种并行结构的计算任务。这种构想的主要技术关键是光学硬件的研制：要制作大规模高密度的快速光学门阵列，它们的运转仅消耗可以承受的功率。

要将大容量并行光学技术有效地应用于数字计算中，还有待于大规模光学开关及门阵列的发展，而模拟光学计算已是一种可行的技术。实现模拟计算的光学系统称为模拟光学计算机。相干与非相干的光学信息处理系统都可以看成是光学模拟计算系统。

模拟光学处理器通过大型光学互连网络并行地多次执行“加”和“乘”的基元运算的组合，以实现大部分数学运算。数据可以二维阵列即图像的形式输入，这给互连和许多信号处理方法提供了极大的灵活性。例如很容易对有限数目的变量或连续函数进行求和、投影、内积和外积、矩阵乘法等基本运算，还很容易实现傅里叶变换、卷积与相关、几何变换、匹配滤波等一些复杂的运算。它在宽带信号处理、雷达信号处理、图像处理及机器视觉、人工智能和神经网络中的联想存储运算方面有实际的和潜在的应用。但模拟光学处理器往往是专用系统，通用性差，难于灵活编程，加上对噪声敏感、精度和动态范围较差等缺点，难以与电子计算机竞争。而在可以接受光学模拟计算的有限精度的计算任务中，最重要的一个是神经网络的光学实施。

人脑能够高速处理海量的信息，具有学习功能和高度智能，是任何计算机所不能比拟的。这是因为人脑中数量巨大的神经元突触之间建立的大规模互相连接构成了神经网络。信息处理是网络的整体行为，大量简单的处理单元靠复杂的互连关系，以并行的方式处理事先未知处理程序的任务。模拟人脑的人工神经网络已成为电子计算机的一种重要算法。但串行总线式的计算机不易实现大量并行的互连，随着人工神经网络规模的扩大，大规模互连成为电子方法的短板。与此相比，光学神经网络是最具有吸引力的途径，这是因为光学信号空间带宽积大，具有本征的并行性，可以提供强大的互连能力，正是这种大规模互连和多通道并行处理，可以构成三维空间的光学神经网络系统。已有的光学神经网络研究集中在光学互连、神经元的光学实现和光学神经网络系统等几个方面。

光计算的研究至今仍未出现足以与电子计算机竞争的商业化全光计算机产品。究其原因，光计算的发展面临以下重要的挑战：首先是关键的光学和光电子器件仍有待改善，使之具有大容量、高灵敏度、实时存储记忆、超小型化、超低能耗等优良性能；第二是随着电子计算机系统硬件和软件的性能不断刷新，对光计算也就不断提出更高的要求。光计算领域的研究者仍然在不懈努力，如三值光计算机研究，其特点是用两个偏振方向相互垂直的有光态再加上无光态表示三值信息。光学要为未来超高速、超大规模网络计算的实现做出贡献，就要充分利用光学互连的优势，并与电子学的调制灵活性相结合，相辅相成，尽快构造出充分发挥光的优点、容易实现、通用性强的光计算机。

（陶世荃）

光解离 photodissociation 分子吸收光子产生碎片原子或分子的过程。其中产物称为光解碎片。光解离研究是分子物理的重要内容，在大气和天文科学中有重要的应用。通过测量确定能量的光子作用下解离碎片的量子态分布和动能分布可以对分子的势能面、解离动力学等进行研究。结合超快激光的泵浦-探测方法，还能够实现对分子光解过程进行实时测量。分子光解离既可以通过排斥态直接解离，也可以通过与排斥态相互作用的共振态解离（预解离）。

（罗嗣佐）

光阱 optical trap 当一束激光高度聚焦时，在其焦点附近形成的一种对原子或电介质微粒的梯度力场分布。光阱可用来捕获中性原子，红失谐（即激光频率略低于原子的共振频率）的激光束，会将原子引向光束中心光强处。聚焦的激光束也可用来操纵微小颗粒（通常是微米大小）。它所产生的力可以是吸引力或排斥力（通常在皮牛，即10^{-12}牛量级），这取决于颗粒与周围介质之间的相对折射率。捕获机制的物理学解释是：电介质颗粒散射和折射光获得动量的变化，散射光颗粒会得到光传播方向的散射力，而折射光产生另外的梯度力；当颗粒处于中心时得到平衡，若稍微离开中心，会有一个净力推向中心。

能够产生光阱并利用它去捕获和操纵颗粒的仪器称为**光镊**。光镊是非常灵敏的仪器，能够操纵和检测亚微米颗粒的亚纳米位移。因此，光镊常被用来操纵和研究单个分子，及其与附着在分子上的微粒（如DNA、蛋白质、酶等）的相互作用。在定量测量中，微粒一般控制在光阱中心附近，因为在偏离中心位移较小时，作用在微粒上的力与它偏离光阱中心的位移是线性关系。光镊在生物领域的研究中得到了广泛应用。

（白本锋）

光开关 optical switch 利用外部参量（例如泵浦光、外加电场等）来控制信号光的传输，使得信号光处于导通或者阻断状态的器件。实现光开关的基本原理是利

用光与物质的相互作用，通过外部参量来改变非线性材料的折射率，进而改变含有非线性材料的介电（或者金属）微结构的光学响应特性，从而改变信号光的传输状态。按照实现原理的不同，光开关可以分为以下几种：全光开关、电光开关和热光开光等。

全光开关是基于三阶非线性光学效应来实现的，主要利用泵浦光诱导非线性材料的折射率的变化来实现光控光的功能，是实现超高速信息处理的重要基础。电光开关是基于材料的电光效应来实现的，利用外加电场诱导材料折射率的改变来实现电控光的功能。热光开光是基于材料的热光效应来实现的，通过改变材料的温度诱导材料折射率的变化从而来实现热控光的功能。

光开关的优点主要包括：超快响应、超低能耗和高开关效率（开和关两种状态下信号光的透射率对比）等。

（胡小永）

光力学　optomechanics　物理学中主要研究光场与机械振子这样的力学系统的相互作用的分支学科。是涉及光场、机械运动和材料科学的一个新兴的研究领域。

光力模型　最典型的光力模型(见图)是一个由两面平行镜构成的光腔，其中一面镜子固定，另一面镜子是可以振动的机械振子，把激光输入到腔内，由于光对镜子的辐射压力作用使得腔内光场与机械振子耦合起来。通过辐射压力，在光力系统中可以实现光对于振子振动的控制和测量，反之也可以实现振子对于光场的控制。在光力模型中人们面对的基本都是一个（量子化的）光学腔或者微波腔与振子的耦合。故此，光力学也常被称为“腔光力学”或者“量子光力学”。

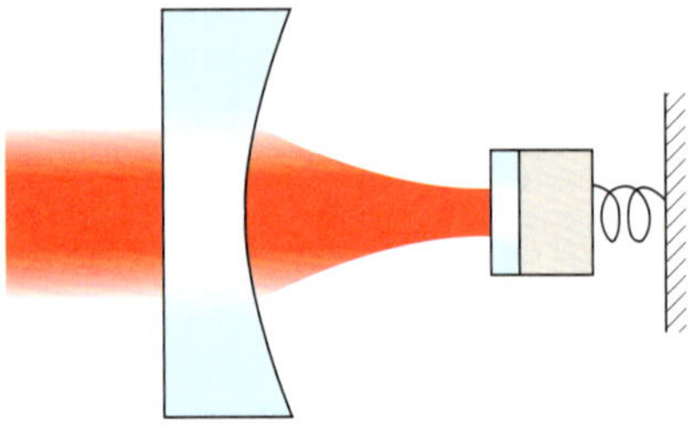

光力模型示意图

光腔具有多个玻色化的本征光学模式，通过外加驱动光场可以使得少数模式（通常取一个模式）被激发从而与振子耦合起来。机械振子同样有很多个振动模式。通常人们仅关心基模振动，因此可以用单模谐振子来简单描述振子的运动。光的辐射压力可以这样来理解：单个光子在表面全反射的动量反冲是2倍光子动量，即 $2\hbar\omega/c$（$\hbar$ 为约化的普朗克常数，ω 为光子频率，c 为真空中光速)。光子在长度为 L 的光腔内往返的平均时间为 $2L/c$，所以辐射压力为：

$$\frac{2\hbar\omega\hat{n}/c}{2L/c}=\frac{\hbar\omega}{L}\hat{n}$$

式中 $\hat{n}$ 为光腔内光子数算符。相应的光力辐射压力相互作用就是：

$$\frac{\hbar\omega}{L}\hat{n}\hat{x}$$

式中 $\hat{x}$ 为振子位移算符。

光力学应用前景　光力学的研究有非常重要的意义和广泛的应用前景。一方面，机械振子是一个宏观系统，但是其集体振动模式却可以呈现量子行为，因此在研究量子-经典过渡和宏观物体退相干等基础物理研究领域以及量子信息领域有重要的意义。通过光力相互作用，人们能够实现机械振子的量子基态、量子压缩、量子纠缠和宏观物体不同空间位置的叠加态等非经典态的制备。另一方面，机械振子易于与各种不同的物理体系相耦合，是一个良好的传感器，而通过对于光学输出的监测可以实现对于振子运动状态的探测，从而能够实现对于各种目标信号的精密测量。因此，光力系统在精密测量方面有很多非常重要的应用。人们已经发展了如引力波探测器、光力加速度计、光力磁强计、磁共振力显微镜等许多新的精密测量仪器。此外，机械振子对于光场的反作用也导致了一些新的光学现象，如光力诱导透明、光力诱导放大、光力二极管和光力循环器等。

（李　勇）

光镊　optical tweezers　利用光和物质相互作用操控微观颗粒的装置。光和物质相互作用时的能量和动量交换将产生反射和散射的辐射压力。当一束聚焦的激光光束照射到微小的介质颗粒或生物细胞时，在其焦点处，光场强度最大，形成一个电磁场势能陷阱，可对光束中心周围的颗粒产生吸引力，将颗粒牢牢地束缚在焦点处，形成一个光阱。随着光束焦点的移动，颗粒也跟随着移动。这就是光镊的原理。

光镊通常由一束**高斯光束**通过高数值孔径的显微镜物镜而形成。聚焦焦斑的直径接近半个波长大小。光镊对颗粒的束缚力数量级为皮牛顿到纳牛顿的水平，足以对微米量级的颗粒及生物细胞的机械运动行为进行无损、远程、灵活的调控。光镊施力的大小由光阱的刚度来表征。利用激光技术和显微镜技术的联动可以形成单光镊、双光镊和多光镊，对各种几何形状、尺寸和材质的微小颗粒和物体进行捕获、限制、移动、转动等力学操纵，研究它们在空气和水等流体中的微观运动行为。光镊还可作为非接触式的手柄（镊子），操纵生物细胞和DNA、蛋白质等大分子物体，通过拉伸动作来测量和标定这些物体的杨氏模量和刚度等微观的机械性质，从而推断它们的生理特性。

除了高度聚焦的激光光束可形成三维光镊外，其他形式的具有梯度分布的光场也可形成光镊，将微小物体拉向光场最大强度的位置。当光束沿纳米线传播时，其传播模式为束缚态，电场强度随离开纳米线表面而呈指数衰减，因而产生以纳米线为中心的光阱力。另外，当光束沿金属薄膜表面或介质平面进行波导传播时，也会形成束缚在薄膜或波导处的光场模式，产生指向薄膜或波导的光阱力。由于这些束缚态的模场有极大的梯度，因此在物体表面很小的作用范围内，力的强度很大，足以束缚住纳米尺度的颗粒和物体。这些形式的光阱称为近场光镊。

2018年，光镊的开拓者美国科学家A.阿斯金因“光镊及其在生物系统的应用”获得该年度诺贝尔物理学奖。

（李志远）

光拍光谱术　light beating spectroscopy　使用两个有一定频差的窄带光束，在光谱测量中得到具有频率为该频差的AC分量信号的光谱技术。光拍光谱具有很高的分辨率。使用光学拍频的技术，可以对光谱线线型和频率移动进行光谱学分析。光拍技术最初是由A.T.福里斯特、R.A.古德蒙森和P.O.约翰逊于1955年引入。不过，由于用传统光源得出的信噪比较差，这项技术并没有被传统光谱学广泛采用。1964年H.Z.康明斯等人受到上述这些人的论文的启发，以He-Ne激光器作为光源采用所谓的外差法光学拍频技术，测量了分散于水中的聚苯乙烯乳胶球体的扩散系数。此后又出现了若干研究组的大量研究，如所谓的零差法光学拍频技术测量临界点附近 SF_6 的扩散系数。

根据振动叠加原理，频差较小、速度相同的二同向传播的平面光波相叠加即形成光拍。两列波叠加后波函数为 $E=E_1+E_2$，角频率为 $\frac{\omega_1+\omega_2}{2}$，并形成拍频波，振幅以频率 $\Delta f=\Delta\omega/4\pi$ 作周期性变化。拍频波的频率较光频率要小得多，所以我们可以用光电检测器检测。

为产生光拍频波，要求相叠加的两光波具有一定的频差。这可通过声波与光波相互作用发生声光效应来实现。介质中的超声波能使介质内部产生应变引起介质折射率的周期性变化，就使介质成为一个相位光栅。当入射光通过该介质时发生衍射，其衍射光的频率与声频有关。这就是所谓的*声光效应*。具体有两种方法：行波法和驻波法。（曾和平）

光盘 optical disc 光存储技术中的数据存储媒体。有LD（laser disc）、CD（compact disc）、DVD（digital versatile disc）和BD（blu-ray disc）四个阶段的产品。LD采用模拟电子技术，主要应用于录制动画。它的外形尺寸为直径300毫米、厚度2.3～2.8毫米，已经停产。从LD到CD由于光盘尺寸变小，故冠以紧凑型光盘之名。从CD开始每一代产品的外形尺寸都是一致的，直径120毫米、厚度1.2毫米。它们的记录和再现信息的原理是将激光会聚到光盘表面上一个很小的光点，根据反射光强的高低来判断“1”或“0”的数字信息。数据的传送速率取决于光盘的旋转速度。三种光盘的光点直径分别是2.11微米、1.32微米和0.58微米，光盘的存储容量分别为0.7GB、4.7GB和25GB。为了进一步提高光盘的存储容量，BD已经从单层向双面以及厚度方向的多层空间伸展，已推向专业应用市场的有双面4层（超过100GB）的BD产品。实验室里也已经获得了十多层的研究成果。可以相信，随着多层技术的继续发展，BD产品的存储容量也会不断提高。

全息光盘被认为是继BD之后的下一代产品。与上述光盘不同的是，全息光盘记录与再现的是一个二维码的数据图案，信息的存储不是局限在二维表面上，而是包括光盘厚度的三维空间里，因此，具有很高的记录密度和传送速率。从已公开文献来看，这两项指标与上述光盘相比均有数量级的提升。（谭小地）

光偏转器 light deflector 改变光束在空间传播方向的器件。又称光束扫描器。实现光束偏转的方法有机械法、电光法和声光法等。机械偏转是最早出现的偏转方法，且在光点检流计、转镜式高速摄影机、光学图像记录及显示中有广泛应用。电光或声光偏转器则更适合对单一波长的光束偏转，主要在激光器发明后得到发展，并有模拟偏转和数字偏转之分。前者用于激光大屏幕显示、图像传真等各种显示技术，后者则主要用于大容量光存储器。

机械偏转器 有转镜式和振镜式两类。典型的转镜式光偏转器由电动机带动多面反射镜鼓旋转，镜鼓上的每块反射镜依次使光束在屏上扫描。优点是通光口径可做得较大。振镜式光偏转器则由固定在线圈上的一面小反射镜构成。线圈悬挂在恒定磁场中，当其中有电流通过时，在磁力作用下带动小镜一起转动；电流停止时，弹性元件使线圈和小镜复位。这种往返偏转便可使被小镜反射的光束来回扫描。

电光偏转器 基本原理是基于某些材料的*电光效应*。当一束光通过一块光程沿某一方向线性变化的介质时，出射光束便发生连续偏转。而在具有线性电光效应的晶体上加适当电压即可使其折射率进而光程成线性变化。数字式电光偏转器则由起偏器、电光晶体和双折射晶体组成。根据电光晶体上加或不加半波电压，出射光束相对入射光束偏转或不偏转。

声光偏转器 基本原理是依据材料的*声光效应*。通常用一块石英晶体或其他能传播超声波的材料。声波是纵波，材料的折射率按波长正弦规律变化。将材料中声波造成的折射率分布视为能反射光的一系列平面，因折射率的空间变化，入射光束受到部分反射，只在一定角度，如角θ上相邻各平面的反射光才会相干相长。设光波和超声波的波长分别为λ和λ_s，则它们与角θ的关系为：

$$\sin\theta = \frac{\lambda}{2\lambda_s}$$

在适当条件下，可使几乎全部入射光都偏转到角θ方向。（阎吉祥）

光频 optical frequency 光学现象和有关研究中涉及的电磁波频率范围。广义上说，光包括各种波长的电磁辐射，其中有无线电波、微波、太赫兹辐射、红外线、可见光、紫外线、X射线、γ射线。但习惯上提到光频，更多的时候是指频率在10^{12}～10^{16}赫兹范围内的太赫兹频段、红外频段、可见光频段及紫外频段（见图）。

光频的测量人们原来只能采用频率综合链（synthesis chain）技术，将光频与微波频率连接起来间接测量。近年开始使用**光学频率梳**技术，只需将一台飞秒激光器锁定到准确的微波频标上，就可以准确地直接测量从可见光至近红外频段的频率值。（梁浩文）

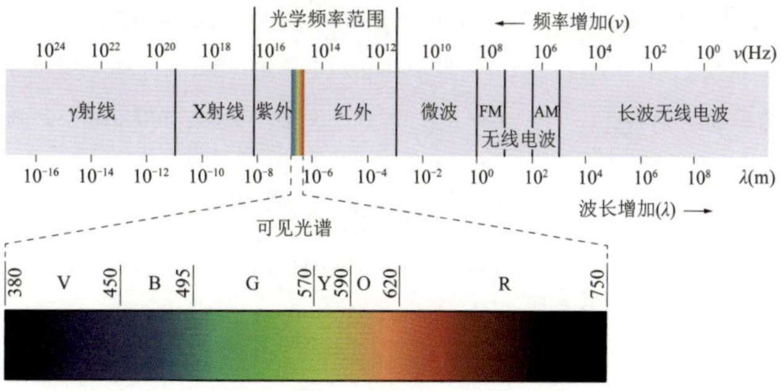

光频示意图

光频标 optical frequency standard 光学波段的频率标准。

光频标的基本要求 光频标具有三个基本要求：一是具有较高的短期频率稳定度的本机振荡器，二是具有很好的频率复现性的量子吸收器（最佳选择是冷原子或离子的钟跃迁），三是可以得到准确的绝对频率值的频率计数装置。其中，本机振荡器是一台高稳定激光器，通常将它的频率伺服控制到一个高精细度、低漂移及超低膨胀的法布里－珀罗腔的窄谐振上，然后再锁定到原子或离子的跃迁上。最后一项要求是用精密测量频率的系统对光频标准进行准确测量来完成的。例如，88THz的甲烷稳定的光频标准，其频率稳定度早已达到10^{-14}量级，其频率复现性的提高就是伴随着准确的频率测量而实现的。可见光和紫外波段的光频标准也进行了这种比对和准确的频率测量，其不确定度已能达到10^{-14}的量级。进入21世纪，随着激光冷却和囚禁技术、超稳激光技术和光学频率梳技术的发明和突破，基于离子阱技术的囚禁单离子光频标和基于魔术波长光晶格技术的中性原子光频标快速发展，其钟频跃迁的波长大多在可见光和紫外波段，频率稳定度已经达到了10^{-17}～10^{-18}量级，最好的频率不确定度均达到了10^{-18}量级。在现有的秒定义溯源方法下，通过对铯喷泉钟的比对，其绝对频率测量的不确定度达到10^{-14}～10^{-16}量级。

光频标的频率稳定度 频率稳定度就是频率稳定的程度，即频率起伏变化的量度，一般用阿兰方差来表示。国际推荐的光频标的频率稳定度已达到10^{-11}～10^{-14}量级，甚至达到10^{-15}量级。在长度或精密测量中使用的次级光频标准可低于上述指标，约为10^{-8}～10^{-10}量级。进入21世纪后，随着超稳激光和激光冷却技术的发展，光频标的稳定度快速提升，本地振荡器（超稳激光）的短期稳定度（1～10秒积分时间）达到了10^{-15}～10^{-16}量级，光频标的长期稳定度达到了10^{-17}～10^{-18}量级。

表1　2001～2003年国际长度咨询委员会（CCL）推荐的13类光频标的参数表

序号	吸收物/激光或离子	跃迁	频率/kHz	真空波长/fm	相对不确定度（1σ）
1*	$^{115}I_n^+$	$5s^2S_0$-$5s5p^3P_0$	1 267 402 452 899.92	236 540 853.549 76	3.6×10^{-13}
2	^1H	1S-2S双光子跃迁	1 233 030 706 593.61	243 134 624.626 03	1.8×10^{-14}
3*	$^{199}H_g^+$	$5d^{10}6s^2S_{1/2}$（F=0） -$5d^96s^2\,{}^2D_{5/2}$（F=2） Δm_F=0	1 064 721 609 899.143	281 568 867.591 969	1.9×10^{-14}
4*	$^{171}Yb^+$	$6s^2S_{1/2}$（F=0，m_F=0）- $5D^2D_{3/2}$（F=2，m_F=0）	688 358 979 309.312	435 517 610.739 69	2.9×10^{-14}
5*	$^{171}Yb^+$	$^2S_{1/2}$（F=0，m_F=0）- $^2F_{7/2}$（F=3，m_F=0）	642 121 496 772.6	466 878 090.061	4.0×10^{-12}
6	$^{127}I_2$/Nd:YAG	R(56)32-0，a_{10}	563 260 223 514	532 245 036.104	8.9×10^{-12}
7	$^{127}I_2$/He-Ne	R(127)11-5，a_{16}(f)	473 612 353 604	632 991 212.58	2.1×10^{-11}
8	^{40}Ca/LD	$^1S_0$-$^3P_1$，Δm_j=0	455 986 240 494.150	657 459 439.291 67	1.1×10^{-13}
9	$^{88}Sr^+$/LD	$5^2S_{1/2}$-$4^2D_{5/2}$	444 779 044 095.5	674 025 590.863 1	7.9×10^{-13}
10	^{85}Rb/LD，双光子跃迁	$5S_{1/2}$（F_g=3）-$5D_{5/2}$（F_e=5）	385 285 142 375	778 105 421.23	1.3×10^{-11}
11*	$^{13}C_2H_2$/LD	P(16)($\nu_1+\nu_3$)	194 369 569.4MHz	1 542 383 712	5.2×10^{-10}
12	CH_4/He-Ne	P(7)，ν_3，$F_2^{(2)}$	88 376 181 600.18	3 392 231 397.327	3×10^{-12}
13	OsO_4/$^{12}C^{16}O_2$	R(10) (00 1)-(10 0) 激光谱线	29 054 057 446.579	10 318 436 884.460	1.4×10^{-13}

注：序号中带*者为2001年新推荐的5类光频标准。

光频标的频率复现性　频率复现性是频率能够准确地复现的程度，这是光频标的准确度的指标。频率复现性是指同一个光频标在不同时间的频率变化及各台同类光频标之间的频差，它是在频率稳定度基础上的更高要求，通常频率复现性的指标低于或略低于频率稳定度。

光频标的绝对频率值和真空波长值　对于频率稳定度和频率复现性已达到较高要求的光频标，在精密测量中应用时，还需要具有绝对频率值或真空波长值。准确测量激光频率值后，利用真空中光速的约定值，由频率值就能推算出真空波长值。激光频率值和真空波长值的测量不确定度标志着光频标的频率（或波长）值的准确程度。显然，频率复现性限制了光频标频率测量的不确定度的提高。由此可见，上述三个指标的前后排序是：频率稳定度、频率复现性和频率值的不确定度。

光频标的频率和真空波长的推荐值　20世纪70年代和80年代所研究的光频标主要以氦氖激光和染料激光为主体，90年代的研究以固体激光和半导体激光为主体，21世纪来则以激光冷却的囚禁离子和中性原子等参考频率为主体。这三种形式中，最后一种类型的光频标在一系列性能上均优于前两种，使光频标准在频率稳定度和复现性等技术指标方面有很大的提高，其中一部分指标大幅超过了微波喷泉钟。之前尚受到激光频率测量方法及其不确定度的限制，有些频标的频率值的不确定度远大于其频率复现性的数值。而2010年以后由于飞秒锁模激光的光梳测频技术的发展，使光频标准充分展示了它的巨大潜力。

表1列出了2003年国际计量委员会（CIPM，表1中的CCL是CIPM下属的一个分支）推荐的13类光频标准的有关参数，包括其频率值及其不确定度。576纳米碘稳定的染料激光谱线、640纳米和543纳米碘稳定的氦氖激光谱线，以及515纳米碘稳定的氩离子激光谱线，由于10多年来应用极少，已不再列入表中推荐。而增加了$^{115}In^+$、$^{199}Hg^+$和$^{171}Yb^+$等离子频标，其频率的不确定度均达2×10^{-14}量级，充分显示了激光频标精度进一步提高的潜力。由此可见，CIPM不仅可推荐稳定在新的谱线上的光频标准，也可以放弃一些实用性很小的光频标准，达到吐故纳新、增强实用性的目的。

表2列出了2019年CIPM推荐的部分

表2　2019年国际计量局（BIPM）推荐的部分光频标的参数表

序号	跃迁	频率/Hz	波长/fm	相对频率不确定度	备注
1	^{199}Hg原子，$6s^{21}S_0$-$6s6p^3P_0$	1 128 575 290 808 154.4	265 637 977.759 838 7	5×10^{-16}	SRS,CIPM2013
2	$^{27}Al^+$离子，$3s^{21}S_0$-$3s3p^3P_0$	1 121 015 393 207 857.3	267 429 385.730 489	1.9×10^{-15}	SRS,CIPM2013
3	$^{199}Hg^+$离子，$5d^{10}6s^2S_{1/2}$-$5d^96s^{22}D_{5/2}$	1 064 721 609 899 145.30	281 568 867.591 968 5	1.9×10^{-15}	SRS,CCTF2017
4	$^{171}Yb^+$离子，$6s^2S_{1/2}$-$5d^2D_{3/2}$	688 358 979 309 308.3	435 517 610.739 688	6×10^{-16}	SRS,CIPM2015
5	$^{171}Yb^+$离子，$6s^2S_{1/2}$-$5f\,^2F_{7/2}$	642 121 496 772 645.0	466 878 090.060 497	6×10^{-16}	SRS,CIPM2015
6	^{171}Yb原子，$6s^{21}S_0$-$6s6p^3P_0$	518 295 836 590 863.6	578 419 575.916 163	5×10^{-16}	SRS,CCTF2017
7	$^{88}Sr^+$离子，$5s^2S_{1/2}$-$4d^2D_{5/2}$	444 779 044 095 486.5	674 025 590.863 134	1.5×10^{-15}	SRS,CCTF2017
8	^{87}Sr原子，$5s^{21}S_0$-$5s5p^3P_0$	429 228 004 229 873.0	698 445 709.612 754 4	4×10^{-16}	SRS,CCTF2017
9	$^{115}In^+$离子，$5s^{21}S_0$-$5s5p^3P_0$	1 267 402 452 901 050	236 540 853.549 544	1.6×10^{-14}	CCTF2017
10	^{1}H原子，1S-2S	1 233 030 706 593 514	243 134 624.626 044	9×10^{-15}	CIPM2015

续表

序号	跃迁	频率/Hz	波长/fm	相对频率不确定度	备注
11	^{40}Ca原子，$^1S_0$-$^3P_1$，$\Delta m_J=0$	455 986 240 494 140	657 459 439.291 683	1.8×10^{-14}	MEP2005
12	$^{40}Ca^+$离子，$4s^2S_{1/2}$-$3d^2D_{5/2}$	411 042 129 776 399.8	729 347 276.793 944	2.4×10^{-15}	CCTF2017
13	^{88}Sr原子，$5s^{21}S_0$-$5s5p^3P_0$	429 228 066 418 007.0	698 445 608.419 382	6×10^{-16}	CCTF2017
14	^{85}Rb原子，双光子跃迁 $5S_{1/2}$（F_g=3）-$5D_{5/2}$（F_e=5）	385 285 142 375 000	778 105 421.23	1.3×10^{-11}	MEP2005
15	$^{13}C_2H_2$分子，P(16)($\nu_1+\nu_3$)	194 369 569 384 000	1 542 383 712.38	2.6×10^{-11}	CIPM2007
16	CH_4分子，$F_2^{(2)}$，P(7)ν_3	88 376 181 600 180	3 392 231 397.327	3×10^{-12}	MEP2003
17	OsO_4分子，R(10)(00°1)-(10°0)	29 054 057 446 579	10 318 436 884.460	1.4×10^{-13}	MEP2003
18	$^{127}I_2$分子，a_{16}或f,R(127)11-5	473 612 353 604 000	632 991 212.58	2.1×10^{-11}	MEP2003
19	$^{127}I_2$分子，a_{10}，R(56)32-0	563 260 223 513 000	532 245 036.104	8.9×10^{-12}	CIPM2007

注：①根据CIPM，CCL-CCTF的相关决议给出。
②所有光频标都可用于复现长度单位“米”。
③其中备注中标注“SRS”的光频标为BIPM推荐的次级秒定义。

光频标准的有关参数，包括其频率值、真空波长及相对不确定度。由于一些光频标的不确定度已经大幅超过了初级秒定义所用的铯喷泉钟，达到了10^{-17}～10^{-18}量级，其中5个囚禁单离子光频标和3个光晶格中性原子频标被推荐作为次级秒定义，经过对初级秒定义的溯源，相对频率不确定度均优于2×10^{-15}。

（沈乃澂　徐　震）

光频测量　optical frequency measurements　光频电磁波绝对频率的测量。原子跃迁电磁辐射的绝对频率的测量是最精密的物理测量。现今秒的定义就是基于Cs原子的微波跃迁频率。但是可见光的频率在10^{14}～10^{15}赫兹量级，没有一种简单的物理过程，可以直接用来测量光频。人们首先采用频率综合链，将光频与微波频率连接起来间接测量，近年开始使用光学频率梳技术才改变了这个局面。

传统的光频测量链　1973年，美国国家标准局（NBS）的K.M.埃文森等人率先发表了88THz甲烷谱线的频率测量结果。此前，他们已测量了HCN、H_2O和CO_2激光的频率值，完成了第一个从微波频率延伸到甲烷谱线的光频标准测量链。图1示出了方框图。图中频率单位为THz，右上方所示的是三台饱和吸收稳定的激光器，中间的HCN和H_2O激光器是过渡激光器，左上方三台激光器是偏频锁定激光器，它们的频率与稳定激光器的频率的固定频差为MHz量级。

链中所用的甲烷稳定氦氖激光器是NBS的J.L.霍尔和R.巴杰研制的；两台CO_2激光器腔长为1.2米，包括直流激励的增益管和内吸收室，吸收室的压力为0.02托；光频标准稳定在4.3毫米荧光辐射兰姆凹陷的零斜率点上；作为过渡激光器的HCN、H_2O和He-Ne激光器的输出为线偏振光，腔长为8米，其单模输出功率均大50毫瓦。由图1可见，频率链中所用的激光器共8台：He-Ne激光器2台（图中的ν_6和$\nu_6+\Delta\nu_6$）；CO_2激光器4台；HCN、H_2O激光器各1台。

采用光梳的光频测量链　1999年，采用飞秒光频梳直接测量频率的技术，是光频测量技术的重大突破。首先发明和使用该方法的是德国的T.W.亨施和美国的霍尔。亨施等人用脉宽为70fs的稳频锁模激光器，率先建立了频率间隔为20THz的光频标准，并在实验中证实了飞秒激光器在腔模频率控制后，其覆盖的频率范围内存在一系列稳定的频梳，它具有可以与锁定激光腔的微波源相同的频率稳定度和复现性，光频段的任何一光频率也具有相同的频率稳定度和复现性，因而飞秒激光器稳定而均匀的频梳可以视为一把非常理想的尺子，用它可以度量在其覆盖频段内的任何被测频率。亨施和霍尔因此项成果获得了2005年诺贝尔物理学奖。这种方法只需将一台飞秒激光器锁定到准确的微波频标上，就可以准确测量从可见光至近红外波段激光频标的频率值。这是光频测量技术的重大突破，其原理如图2所示。

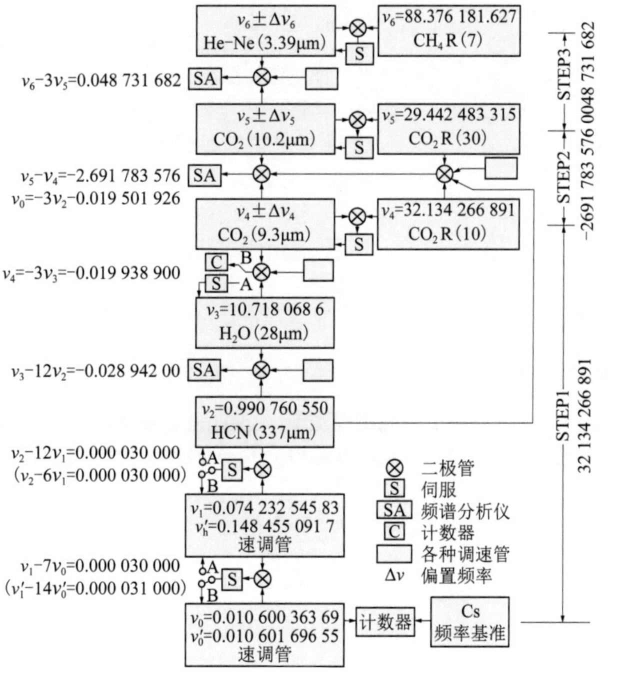

图1　美国NBS测量甲烷谱线的频率综合链

图2a为时域曲线。载波（实线）与包络（虚线）之间的从一个脉冲至另一个脉冲的相对相位为$\Delta\varphi$。通常，绝对相位为$\varphi=\Delta\varphi(t/\tau)+\varphi_0$，其中$\varphi_0$在整个恒定相位内是个未知数。图2b所示在频域内，锁模脉冲列的频梳元的间隔为f_{rep}。整个梳（粗线）与f_{rep}的整数倍（虚线）之间有一偏频$f_0=\Delta\varphi_{rep}/2\pi$。不用主动稳频时，$f_0$是一个动态量，它对激光的扰动很灵敏。因此，在未稳频的激光器中从一个脉冲到另一个脉冲的不确定状态下，$\Delta\varphi$是个变量。被测的激光频率f_m与微波频率f_{rep}有以下关系：

$$f_m=mf_{rep}+f_0$$

由此可见，梳的位置与微波频率的整数倍之间有一偏差为频率f_0，它是由脉冲之间的相移决定的。

图2b示出了它们之间的关系。因此，被测激光器的频谱是由一系列梳谱线组成的，其频率由下式表示：

$$f_n = nf_{\text{rep}} + f_0$$

式中n是一个整数，它是频梳谱线的标记。上式是梳频谱所遵从的基本方程。

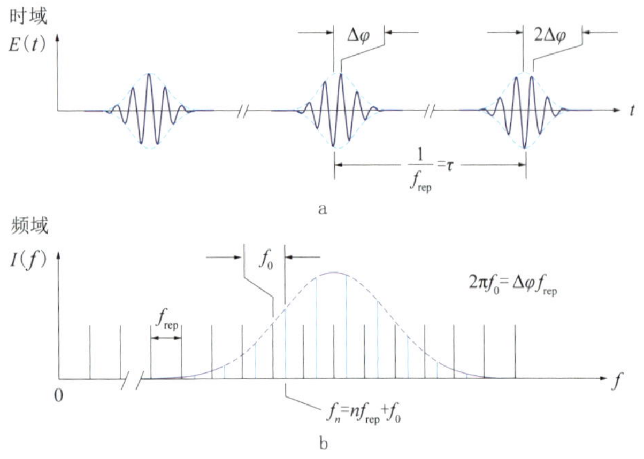

图2 光频梳原理示意图

亨施小组首次完成了用克尔透镜锁模（KLM）掺钛蓝宝石（Ti:S）激光器的宽带梳的光频测量。这个实验测量了铯D1线的绝对频率，他们利用相位相干控制技术，伺服控制了飞秒激光梳的位置。KLM Ti:S激光产生73fs的脉冲，采用了一个如图3所示的复杂频率链，该链以

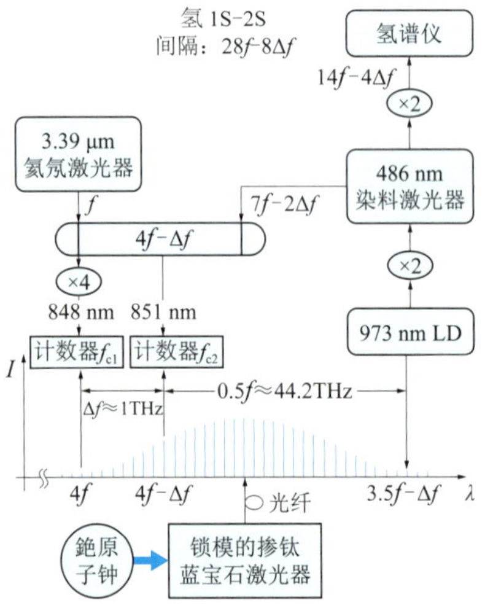

图3 用于同时测量氢1S-2S跃迁和甲烷稳定的氦氖激光频率值的频率链

88THz的甲烷稳定的氦氖激光器为起点，通过饱和光谱仪将铯D1线进行锁定。KLM Ti:S激光的谱线展宽，达到了氦氖激光的四次谐波（353.5THz）与335.1THz的铯D1线之间频率的18.4THz的间隙。这个实验的结果比以前的测量的准确度提高了三个数量级。在与其他测量相结合后，提供了精细结构常数的新测定值。

（沈乃澂）

光谱光源 spectroscopic light source 能产生所需波段光谱辐射的光源。能产生所需波段光谱辐射的光源。传统光谱学中常用的有**低压钠灯**（能发射单色性很好的589.0纳米和589.6纳米黄光）、低压汞灯以及锌、镉、铊、钾、铷、铯等的空心阴极灯或它们的汞齐灯（能产生相应金属和汞的特征谱线）。这些特殊的光源可用于干涉仪、折射仪和单色仪等仪器中作为单色光源。专用于紫外区和红外区的光源有紫外光源和红外光源。

汞灯是常用的紫外辐射光源。低压汞灯的辐射以253.7纳米为主，中等气压时300～400纳米的辐射较强。**高压汞灯**的长波紫外辐射丰富。**氙灯**也是很强的紫外光源，在紫外区的辐射是连续的。锆灯发光点很小，是理想的点光源，连续辐射一直延续到200纳米。氘灯也是一种点光源，能产生稳定的高强度的连续紫外辐射。

热辐射体是最常用的产生红外辐射的光源，辐射的是连续谱。红外白炽灯工作温度约2200开，峰值波长略短于2微米，是常用的短波红外源。气体放电灯可发出很强的红外谱线。如汞灯在1.01微米、1.13微米、1.37微米、3.94微米和4.02微米等处有强辐射，氙灯在0.8～1.1微米间有一些非常强的线，钠灯在0.82微米、1.14微米、1.85微米和4.05微米等处有很强的辐射。铯灯产生铯的共振线为852纳米和894纳米。氦盖斯勒管发射二强线为1.08微米和2.06微米，用滤色片可方便地得到单色光。锆灯广泛应用于红外显微术。

现代光谱学中稳频激光器更多地用来作为光谱光源。其特点是单色性好、方向性强和频率稳定，可作为波长标准。

（郭奕玲）

光谱探测率 spectral detectivity 表征探测器探测能力的一个特性参数。定义为光谱噪声等效功率的倒数。光谱噪声等效功率（NEP）是指信噪比为1时，波长为λ的单色辐射的入射信号功率，单位为瓦。光谱噪声等效功率是表征探测器性能优劣的一种优值因子。NEP最小的探测器的探测能力却是最好的。而习惯上总是认为越大越优。为了适应用法习惯，用NEP的倒数来衡量探测器的探测能力，称为探测率D，即$D=1/\text{NEP}$。

大多数红外探测器的NEP与光敏元面积的二次方根成正比，还与放大器的带宽有关，因此用NEP很难比较两个不同探测器性能的优劣。为此，R.C.琼斯建议，在D的基础上引入D^*。探测率D^*是指在单位带宽单位面积下，每单位辐射功率下的信噪比。又称比探测率、探测度，单位为$\text{cmHz}^{1/2}\text{W}^{-1}$，或简称为琼斯。即：

$$D^* = D\,(A_d\Delta f)^{1/2} = \frac{(A_d\Delta f)^{1/2}}{\text{NEP}}$$

式中A_d为探测器光敏面积（平方厘米）；Δf为噪声测量带宽。D^*的物理意义可理解为1瓦辐射功率入射到光敏面积1平方厘米的探测器上，并用带宽为1赫电路测量所得的信噪比。用D^*来比较两个探测器的优劣，可避免探测器面积或测量带宽不同对探测器测量结果的影响。因此在文献和工程中通常用D^*而不是用D作为探测率。

以波长为λ的单色辐射作为辐射源测得的D^*称为光谱探测率，记为D^*_λ。在响应峰值波长λ_p条件下测得的探测率称为峰值波长探测率，记为$D^*_{\lambda_p}$。$D^*_{\lambda_p}$一般可由黑体探测率D^*_{bb}乘以G因子得到。即$D^*_{\lambda_p}=G\cdot D^*_{bb}$。

（陆 卫）

光谱线系 spectral series 在原子能级图中，原子从不同的较高能级跃迁至同一较低能级时，发出的一系列光谱线。对于氢原子，对应于低能级主量子数为1、2、3、4的分别有莱曼线系、巴耳末线系、帕邢线系、布拉开线系等。不同元素的原子，其光谱的具体形式也各不相同，但是，都遵循下面的规律：

原子光谱的每一谱线的波数都可表示为二个光谱项差，即：

$$\tilde{\nu} = T(m) - T(n),\ n > m$$

谱线间有一定的关系，某些谱线构成一个谱线系，它们的波数可以用一个公式表达出来。下能级主量子数相同（m值），而上能级主量子数（n值）不同的各条谱线构成一个光谱线系：

$$\tilde{\nu}_n = T(m) - T(n),\ n > m$$

（周小计）

光谱响应率 spectral responsivity 探测器对每单位辐射功率产生的输出开路信号电压或短路信号电流。又称响应度。表征探测器灵敏度的一个特性参数。以输出开路电压信号计算响应率时，称为电压响应率R_V，单位伏/瓦；以等效短路输出的电流信号计算响应率时，称为电流

响应率R_I，单位安/瓦。根据探测器类型、偏置和输出方式的不同，通常会选择不同的响应率。如光导型的探测器通常用电压响应率，而光伏型的探测器则用电流响应率。

响应率的测试，通常采用辐射功率P已知的辐射源直接照射被测器件，得到探测器的响应电压V或电流I后，由V/P或I/P算出电压或电流响应率。探测器的响应率与入射辐射的波长和调制频率有关。根据测量时使用的辐射源不同，可以分别测得探测器的光谱响应率或黑体响应率。

探测器对每单位单色辐射功率产生的输出开路信号电压或短路信号电流，是探测器的光谱响应率，也称为单色响应率R_λ。测量光谱响应率，可以采用单色仪提供均匀的单色光照。在给定调制频率和入射辐射功率均方根值时，变换波长λ可以得到$R_\lambda(\lambda)$曲线，称之为探测器的光谱响应曲线。在响应峰值波长λ_p处测得的响应率R_{λ_p}称为峰值响应率。通常把归一化的$R_\lambda(\lambda)/R_{\lambda_p}$曲线称为相对光谱响应曲线。

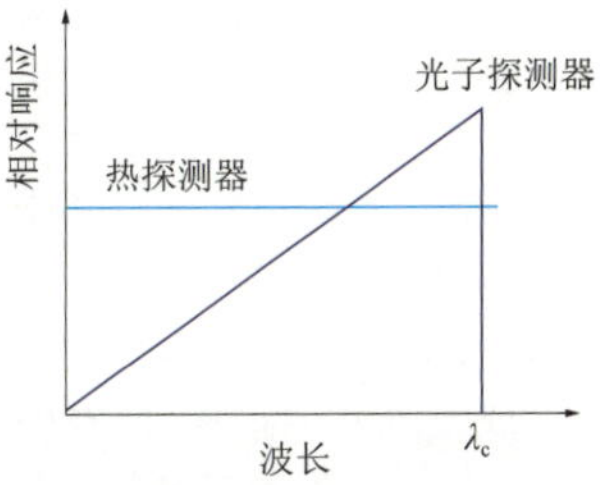

光子探测和热探测的响应曲线

探测器的光谱响应反映探测器受不同波长的光照射时，响应率随波长的变化。光子探测器和热探测器的光谱响应曲线是不同的，理想情况下光子探测器和热探测器的光谱响应曲线如图所示。热探测器的响应只与吸收的辐射功率有关，而与波长无关，其光谱响应曲线为一平坦直线。光子探测器光谱响应正比入射的光子辐射通量，在单位波长间隔内辐射功率不变的前提下，光子辐射通量与波长成正比，光子探测器的响应随波长线性上升，但有一个长波限λ_c。（陆　卫）

光谱学 spectroscopy　研究各种物质的光谱的产生，并利用光谱研究物质结构、物质与电磁辐射相互作用以及对所含成分进行定性和定量分析的学科。光学的一个分支学科。光谱学涉及的电磁频段通常从太赫兹一直延伸到X射线（γ射线频区通常另成一类，γ射线能谱学）。通过光谱研究，可得到原子、分子等的能级结构、能级寿命、电子的组态、分子的几何形状、化学键的性质、反应动力学，以及凝聚态物质结构等多方面的知识。

简史　光谱学的研究可以溯源到17世纪。1666年，I.牛顿把通过玻璃棱镜的太阳光展成从红光到紫光的各种颜色光谱，并发现白光是由各种颜色的光组成的。T.梅耳维尔在1748～1749年用棱镜观察了多种材料的火焰光谱，包括钠的黄线。1800年，W.赫歇耳测量了太阳光谱中各部分的热效应，发现红端辐射温度较高，注意到红端以外区域也具有热效应，从而发现了红外线。1801年，J.W.里特从氯化银变黑肯定了在紫端之外存在另一种看不见的光辐射，从而发现了紫外线，还根据这一化学作用判断紫外线比可见光具有更高的能量。1802年，W.H.沃拉斯顿观察到太阳光谱的不连续性，发现中间有多条黑线。J.von夫琅禾费在1814～1815年编绘了太阳光谱图（图1，图中数字的单位是埃），内有多条黑线，还对其中8根显要的黑线标以A至H等字母（称夫琅禾费线）。这些黑线后来成为比较不同玻璃材料色散率的标准，并为光谱精确测量提供了基础。夫琅禾费还发明了衍射光栅，并用自制的光栅获得钠黄线（D线）的波长。1848年，J.-B.-L.傅科注意到钠焰既发射D线，同时也会从更强的弧光吸收D线。1859年，G.R.基尔霍夫对光的吸收和发射之间的关系做了深入研究。他和R.W.E.本生研究了各种火焰光谱和火花光谱，并在研究碱金属的光谱时发现了铯（1860）和铷（1861）。W.克鲁克斯发现了铊，H.T.里希特和F.赖希发现了铟（1863），P.-É.L.de布瓦博德朗发现了镓（1875）。他们用的都是光谱方法。1868年，A.J.埃斯特朗发表“标准太阳光谱”图表。他从气体放电的光谱中找到了氢的红线，即H_α线，并证明它是夫琅禾费从太阳光谱发现的C线。后来，又发现另外几根可见光区域内的氢谱，并精确测量了它们的波长。1880年W.哈根斯和H.C.沃格尔发现这几根氢光谱线还可扩展到紫外区，组成一光谱系（图2）。1884年，J.J.巴耳末发现这一光谱系各谱线的波长λ可用巴耳末公式表示：

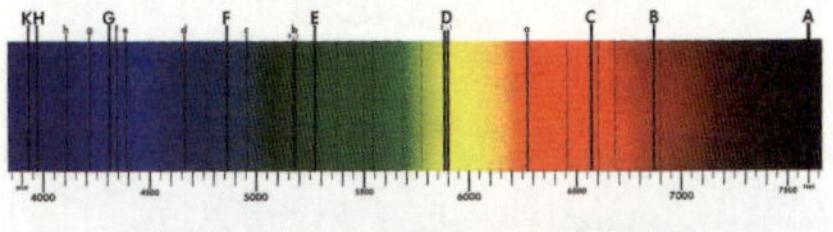
图1　夫琅禾费的太阳光谱图

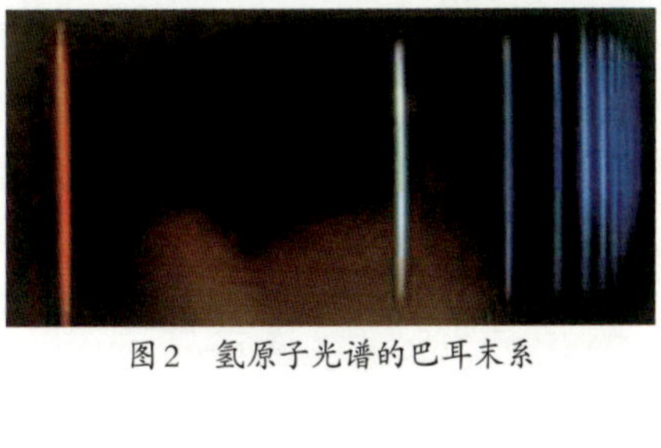
图2　氢原子光谱的巴耳末系

$$\lambda = b\frac{m^2}{m^2-2^2}$$

式中b为一常数；m为一正整数。

1890年，J.R.里德伯提出更为普遍的光谱规律。为研究元素的周期性，他收集和整理了大量的光谱资料，其中有锂、钠、钾、镁、锌、镉、汞、铝等元素的谱线波长数据。这些数据为他总结光谱公式提供了重要依据。他用波长的倒数$\bar{\nu}$代替波长来表示谱线，得出：

$$\bar{\nu} = n_0 - \frac{N_0}{(m+\mu)^2}$$

式中m为正整数；N_0=109 721.6，对所有谱系均为一共同常数；n_0与μ为某一谱系特有的常数。他注意到巴耳末公式正是他的普遍公式的一个特例，可表示为：

$$\bar{\nu} = R_H\left(\frac{1}{m^2}-\frac{1}{2^2}\right)$$

式中R_H为一普遍常量，后称为里德伯常量。

1908年，W.里兹提出组合原理，把谱线波数表示成2个光谱项T_1与T_2之差：

$$\bar{\nu} = T_1 - T_2$$

里兹还发现，任何两条谱线之和与差可找到另一谱线，他预言氢谱H_α与H_β之差可得一新谱线，果然F.帕邢在1908年从红外区找到了，从而发现了氢的帕邢谱系。里兹的组合原理把氢原子光谱线的巴耳末波长公式简化成为两项之差，但对其起因却无法解释，直到1913年N.玻尔运用量子假说建立定态轨道原子模型才找到合理的答案。根据这一模型，玻尔不仅导出了巴耳末公式，还计算出在实验误差范围内与实验测量结果相符的里德伯常量数值，为量子理论和原子物理学的发展奠定了基础。但玻尔理论并不能解释所观测到的原子光谱的各种特征。如早在1892年A.A.迈克耳孙就发现了巴耳末系中的最强线H_α实际上是由靠得很近的两条线组成的，间隔约为1.4纳米。要对光谱线的分裂以及其他复杂原子光谱做出解释，只有等到量子力学建立以后才有可能。

学科分支　光谱学可分成发射光谱学、吸收光谱学、散射光谱学（特别是拉曼光谱学）、激光光谱学等。

发射光谱学　利用原子或分子的发射光谱进行研究。发射光谱可分为三种不同类型的光谱：线状光谱、带状光谱和连续光谱。线状光谱主要由原子产生，带状光谱主要由分子产生，连续光谱则主要产生于白炽的固体或气体放电。每种原子和分子都有特定的能级结构和光谱系列。通过对发射光谱的研究可得到原子和分子能级结构的知识、测定各种重要常量，以及进行化学元素的定性和定量分析等。分子的发射光谱比较复杂。分子中电子围绕着两个或多个原子核运动，有其特定的能级。除了电子运动之外，原子核会相对其质心做振动，以及围绕某些轴整体转动。所有这些运动都会显示在分子光谱中，因而分子光谱成为了解分子能级结构的重要途径。

吸收光谱学　研究物质吸收了哪些波长的光、吸收的程度如何、为什么会有吸收等问题。研究的对象主要是分子。当一束具有连续分布波长的光通过某种物质时，光束中的某些成分会被吸收，通过的光由光谱仪展开，就得到该物质的吸收光谱。几乎所有物质都有其独特的吸收光谱。分子或原子团在很多波段均有特征吸收，主要表现为分子特有的带状吸收谱。广泛被采用的红外吸收光谱是由分子的同一电子态内不同振动和转动能级间的跃迁产生，主要用来研究分子的能级结构和分子结构，或进行分子的定性和定量分析等。对吸收光谱和发射光谱的研究可互为补充。

拉曼光谱学　以拉曼散射为对象的光谱学。拉曼散射是光的散射现象中的一种特殊效应，和X射线散射的康普顿效应类似，光的频率在散射后会发生变化（拉曼频移），变化程度决定于散射物质的特性。

拉曼谱线起源于散射物质分子的振动和转动，反映了分子的内部结构和运动。通过拉曼光谱可对化合物进行定性和定量分析，测定分子的振动和转动频率及有关常数，了解分子内部或分子间的作用力，推断分子结构的对称性和几何形状等。拉曼光谱的应用范围遍及物理学、化学、生物学的许多领域。由于把处于红外区的分子能谱转移到可见光区来观测的优势，拉曼光谱作为红外光谱的补充，成为研究分子结构的重要手段。

拉曼频移的谱线对称地出现在入射波的两侧：低频侧的称为斯托克斯线，高频侧的为反斯托克斯线。两线与入射波的频率间隔相等。斯托克斯线强度比反斯托克斯线强度大很多倍。因此，在实验上往往是测量斯托克斯线。

激光光谱学　以激光为光源的光谱学分支。激光器的应用，特别是20世纪70年代初发明的可调谐染料激光器，开辟了光谱学许多新的领域。

由于激光具有高强度、高单色性和可调谐的特点，其脉冲宽度可以达到飞秒（10^{-15}秒）甚至更窄，因此激光光谱学发展出众多的光谱学分支，如光声光谱、光热光谱、光电流光谱、激光诱导荧光谱、双共振光谱、激光拉曼谱、非线性激光光谱学（包括饱和光谱、偏振光谱、多光子光谱等）、时间分辨光谱学、相干光谱学（包括能级交叉光谱、量子拍光谱、关联光谱等）、冷原子光谱、单离子光谱、超高分辨率光谱学、超灵敏光谱学等。使人们得以深入了解光与物质相互作用中所发生的光物理、光化学和光生物学过程的细节，成为探索物质世界奥秘的重要工具。激光光谱学广泛应用于化学、生物、医学、环境、材料等领域。

光谱学还有其他分类，如以研究物质分类的原子光谱学、分子光谱学、凝聚态光谱学、晶体光谱学等，以研究方法命名的傅里叶变换谱（Fourier transform spectroscopy）、腔衰荡谱（cavity ring down spectroscopy）、频率梳光谱（frequency comb spectroscopy）等。（郭奕玲）

光谱仪器　spectrometer　用于将物理信号中的光谱分量检出并测量的光学仪器。常简称光谱仪。光谱仪通常主要指应用于红外线、可见光、紫外线和X射线频段的谱仪。至于太赫兹和γ射线频段则有各自专门的谱仪。

光谱仪基本结构　光谱仪的基本结构包括辐射源、样品池、波长选择器、探测器、信号处理器几个部分。有些光谱仪直接将待测信号准直进入，则只有波长选择器、探测器、信号处理器部分（如单色仪、摄谱仪）。光谱仪的核心是波长选择器，常用光栅或棱镜作色散器件。现代光谱仪中辐射源常用激光器，探测器常用光电倍增管、光电二极管、微通道板、电耦合器件（CCD）阵列等，用计算机进行信号处理。

如图所示是三棱镜摄谱仪的基本结构。狭缝S与棱镜b的主截面垂直，放置在透镜O_1的物方焦面内，感光片放置在透镜O_2的像方焦面内。用光源照明狭缝S，S的像F呈在感光片上成为光谱线。由于棱镜的色散作用，不同波长的谱线彼此分开，就得到入射光的光谱。棱镜摄谱仪能观察的光谱范围决定于棱镜等光学元件对光谱的吸收。普通光学玻璃只适用于可见光波段，用石英可扩展到紫外区，红外区

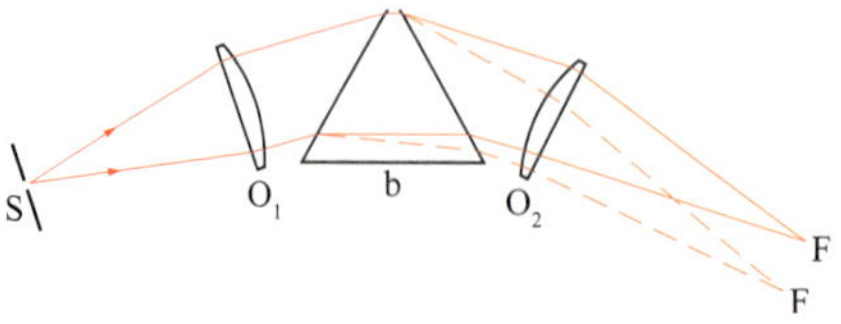

摄谱仪原理图

一般使用氯化钠、溴化钾和氟化钙等晶体。将色散元件换成光栅的反射式光栅光谱仪有较宽的光谱范围。

表征光谱仪基本特性的参量有光谱范围、色散率和分辨本领等。基于干涉原理设计的光谱仪（如法布里-珀罗干涉仪）具有很高的色散率和分辨本领，常用于光谱精细结构的分析。

光谱仪分类　光谱仪有多种类型，也有多种分类方法。如果按辐射的波段分类，可分为可见、紫外、红外等光谱仪器。按所用色散元件分类，可分为棱镜光谱仪、光栅光谱仪和干涉光谱仪等。按探测方法分，有直接用眼观察的分光镜、能够直接读取谱线波长数值的分光计、用感光片记录的摄谱仪，以及用光电或热电元件探测光谱的分光光度计等。单色仪是只输出单色谱线的光谱仪器，常与其他分析仪器配合使用。有些光谱仪器以其工作原理所依据的物理现象命名，如拉曼光谱仪等。还有一些命名则指示其工作对象，如析钢镜。

光栅光谱仪　光栅常用作光谱仪的色散元件。优点是它的分辨本领比棱镜提高很多。缺点是有鬼线和级的交叠问题，后者可加滤光镜、棱镜或其他光栅除去。闪耀光栅可将光能集中到某一波段范围内。凹光栅是将光栅和凹镜结合在一起的紧凑器件，以减少光的反射次数。这种光栅常用于远紫外波段，因为在这个波段中各种材料的反射本领都很低。

干涉光谱仪　以光的干涉作为分光手段的光谱仪器。各种干涉仪中最常使用的是法布里-珀罗干涉仪。它与棱镜和光栅光谱仪器不同，不需入射狭缝，而以扩展光源直接射至仪器。

傅里叶变换光谱仪　基于傅里叶变换原理的光谱仪器。它不是用色散元件构成的分光系统，而是根据双光束干涉原理，仪器的核心部分是一台迈克耳孙干涉仪。傅里叶变换光谱仪已发展成精密光学、机械、电子与计算机技术相结合的仪器，不仅用于红外光谱学研究，而且已成为日常的分析测试手段。

拉曼光谱仪　基于拉曼散射效应的光谱仪。一般有三个主要部分：激发源、样品室、分光探测器。现代拉曼光谱仪使用各类激光器（包括二极管激光）激发，常用显微镜或光纤将样品拉曼信号耦合出经分光后由CCD探测，实现微区或表面拉曼光谱分析。拉曼光谱仪广泛应用于材料、化学、生物及医学等领域，研究物质成分的判定与确认。

分光光度计　分光计和光度计的组

合。工作时先将激发源按光谱分光后照射到样品，带有样品信息的光经另一次分光后到达光电探测器，测出光谱各部分的相对强度，如测定某物体的吸收随激发波长变化的情况。若测定的是样品的荧光，这类荧光分光光度计又称荧光光谱仪。用超短脉冲激光作激发源的荧光光谱仪，采用时间选通技术可测量荧光寿命。分光光度计通常按工作波长范围分类，紫外、可见分光光度计应用于无机物和有机物含量的测定，红外分光光度计主要用于结构分析。又可分为单光束和双光束两类。单光束分光光度计，工作时一次直接对着光源，另一次在光路中加入所考察的物质，其差别为所求的结果。

光学多道分析器（OMA） 一种新型的光谱仪器，可以快速获得所需的光谱。它的基本组成是一台光栅光谱仪配上CCD作为感光元件。光栅光谱仪起分光作用，各光谱成分由CCD同时接收，经电子和计算机系统记录、显示。其特点是高效、实时获得光谱，并有较强的空间和时间分辨能力。

光谱仪器以其精确、敏捷、需用样品量少等特点而得到迅速发展，广泛应用于基础研究、工农业、医药等众多方面，是许多实验室必备的仪器。资源卫星经常携带光谱仪器上天，其中多光谱扫描器是勘探地球资源非常有效的装置。

（郭奕玲）

光强 intensity of light 单位时间垂直通过单位接收面积的光能。在SI单位制中单位是瓦/米²。在光的电磁理论中，把光看成是电磁波，光的能量密度即电磁场的能量密度；光的强度即光的能流密度，定义为探测器接受的电磁波的能流密度的平均值（光的频率很高，当前探测器只能给出平均值），可以用坡印廷矢量表示为：

$$I=|<S>|=\left|\frac{1}{2T}\int_{-T}^{T}(E\times H)\,\mathrm{d}t\right|$$

式中T为光探测器的响应时间。此式表明光强是与电矢量的二次方成正比的。对单色电磁波，光强可具体写为：

$$I=\frac{1}{2}\sqrt{\frac{\varepsilon\varepsilon_0}{\mu\mu_0}}E_0^2$$

式中E_0为电矢量的振幅。

在光的量子理论中，把光看成光子流，光的强度即光的能流密度，定义为单位时间探测器单位面积接收到的光子数乘以光子的能量：

$$I=\frac{Nh\nu}{At}$$

式中N为探测器在时间间隔t内接收到的光子数；A为探测器的接收面积；h为普朗克常数；ν为光子的频率。

（李师群）

光圈数 F-number 成像镜头（物镜）的焦距与孔径的比值。又称F数。为了控制成像的曝光量、景深、像差、分辨率等参数，通常会在物镜中设置一可调孔径的光阑。使用照相机拍摄，通常的情形是物距远大于镜头的焦距，因而即使拍摄对象（物）的位置在很大范围改变，像平面总是在镜头的焦平面附近，因而在光阑孔径不变的条件下，出射孔径角也不变，即远近不同但亮度相同的物，像的照度相同。

若设物的亮度为B，镜头的焦距为f，入射光瞳的直径为D，镜头的透光系数为k，则像的照度为：

$$E=\frac{4\pi B}{4}\left(\frac{D}{f}\right)^2=\frac{4\pi B}{4}\frac{1}{F^2}$$

式中$\frac{D}{f}$为镜头的相对孔径，$F=\frac{f}{D}$为镜头的光圈数，即像的照度与光圈数的二次方成反比。

光圈数通常被刻在镜头上，如标准镜头的光圈数通常标记为1.4、2、2.8、4、5.6、8、11、16、22……光圈数依次增大$\sqrt{2}$倍，相对孔径依次减小$1/\sqrt{2}$，像的照度依次减小一半。某些孔径较大的标准镜头，还有1.2光圈数，其通光量比1.4增大50%。

（崔宏滨）

光热光谱 photothermal spectroscopy 通过检测物质吸收辐射能产生的热学性质变化来获取光谱信息的光谱技术。光吸收引起的温度、压力或密度的变化是光热光谱中常用的测量物理量。

与*光声光谱*一样，光热光谱是一种间接测量光吸收的方法，不是像通常的吸收光谱技术那样从透射光谱反推计算出光的吸收。在光热光谱技术中，即使有反射或散射存在的时候，光热光谱的信号基本上仅与吸收成正比。光热光谱具有很高的灵敏度。

光热光谱技术一般使用两个激光束，一个是波长可调谐的光强度较高的加热光束，作用于样品使其温度、压强以及折射率发生变化，样品在不同波长的吸收不同，则这些变化不同；另一束是弱的探测光束，途经加热区检测出这些变化。

较常见的光热光谱技术有：光热偏转光谱，即加热光束造成样品折射率的变化，探测光束途经变化区发生偏转；光热透镜光谱，即加热光束造成样品中形成热透镜，探测光束途经热透镜区发生发散或聚焦，加空间光阑即可检测到该效应。除此之外，还有一些基于其他光热效应的光谱技术。

（武 愕）

光散射 scattering of light 光通过不均匀介质时一部分光偏离原方向传播的现象。偏离原方向的光称为散射光。散射光波长不发生改变的有廷德尔散射、分子散射等；波长发生改变的有拉曼散射、布里渊散射和康普顿散射等。廷德尔散射首先由J.廷德尔研究，是由均匀介质中的悬浮粒子（如空气中的烟雾、尘埃）以及浮浊液、胶体等引起的散射。真溶液不产生廷德尔散射，化学中常根据有无廷德尔散射来区别胶体和真溶液。分子散射是由分子热运动所造成的密度涨落引起的散射。波长发生改变的散射通常与散射物质的微观结构或其他的物理过程相关。

瑞利散射定律 散射光的波长与入射光相同，而其强度与波长的四次方成反比的散射，称瑞利散射定律，由瑞利于1871年提出。此定律成立的条件是散射微粒的线度远远小于波长。若入射光为自然光，不同方向散射光的强度正比于$1+\cos^2\theta$。θ为散射光与入射光间的夹角，称散射角。$\theta=0$或π时散射光仍为自然光；$\theta=\pi/2$时散射光为线偏振光；在其他方向上则为部分偏振光。根据瑞利散射定律可解释天空的蔚蓝色和朝阳夕阳的橙红色等。

米散射 当散射微粒的线度和波长可比拟或大于波长时，瑞利散射定律不再成立，散射光强度与微粒的大小和形状有复杂的关系。G.米和P.J.W.德拜在1908年和1909年给出了球形粒子散射的电磁波形式。米散射理论表明，当球形粒子的半径$a<0.3\lambda/2\pi$时散射光强遵守瑞利定律；对于介电常数为负值的亚波长或波长量级的金属结构，呈现出明显的共振性质，这是纳米光子学研究的重要部分；a较大时散射光强与波长的关系不再明显。用白光照射由大颗粒组成的物质时（如天空的云层等），散射光仍为白色。气体液化时，在临界状态附近由密度涨落引起的不均匀区域的线度比波长要大，所产生的强烈散射使原来透明的物质变混浊，称为临界乳光。

拉曼散射和布里渊散射 入射光与介质的分子间通过能级间的交换作用而引起的频率发生改变的散射。1928年C.V.拉曼在液体和气体中观察到散射光频率发生改变的现象，称为拉曼效应或拉曼散射。拉曼散射遵守如下规律：散射光中在原始入射谱线（频率为ω_0）两侧对称的伴有频率为$\omega_0\pm\omega_i$（$i=1,2,3,\cdots$）的一组谱线，长波一侧的谱线称红伴线或斯托克斯线，短波一侧的谱线称紫伴线或反斯托克斯线，统称拉曼谱线；频率差ω_i与入射光频率ω_0无关，仅由散射分子的振动能级决定。每种物质都有自己特有的拉曼谱线，常与物质的红外吸收谱相吻合。在经典理论的解释中，介质分子以固有频率ω_i振动，与频率为ω_0的入射光耦合后产生ω_0、$\omega_0-\omega_i$和$\omega_0+\omega_i$三种频率的振动，频率为ω_0的振动辐射瑞利散射光，后两种频率对应斯托克斯线和反斯托克斯线。拉曼散射的诠释需用量子力学，不仅可解释散射光的频移，还能解决诸如强度和偏振等问题。

按量子力学，晶体中原子的固有振动能量是量子化的，所有原子振动形成的格波也是量子化的，称为声子。拉曼散射和布里渊散射都是入射光子与声子的非弹性碰撞结果。晶格振动分频率较高的光学支和频率较低的声学支，前者参与的散射是**拉曼散射**，后者参与的散射是布里渊散射。固体中的各种缺陷、杂质等只要能引起极化率变化的元激发均能产生光的散射过程，称广义的拉曼散射。按照习惯，频移波数在50～1000/厘米间为拉曼散射，在0.1～2/厘米间是布里渊散射。

拉曼散射和布里渊散射为研究分子结构或晶体结构提供了重要手段。借助于拉曼散射可快速定出分子振动的固有频率，并可决定分子结构的对称性、分子内部的力等。激光问世以来，关于激光的拉曼散射的研究更得到迅速发展。强激光引起的非线性效应导致了新的拉曼散射现象，如在强激光作用下产生的受激拉曼散射，可获得高强度的多个新波长的相干辐射，用于大气污染的测量（见**受激光散射**）。

（胡望雨　古　英）

光栅　grating　利用多缝衍射原理使光发生色散（分解为光谱）的光学元件。又称衍射光栅。光栅是一块刻有大量平行等宽、等距狭缝（刻线）的平面玻璃或金属片。光栅狭缝的数量很大，一般每毫米几十至几千条。单色平行光通过光栅每个缝时的衍射和各缝间的干涉，形成暗条纹很宽、明条纹很细的图样，这些锐细而明亮的条纹称作谱线。谱线的位置随波长而异，当复色光通过光栅后，不同波长的谱线在不同的位置形成光谱（见图）。

各类光栅的基本原理相同，都是单缝衍射和多缝干涉共同作用的结果。以平面透射光栅为例，在**夫琅禾费衍射**装置中，光栅作为衍射屏。幕上（平行光垂直入射时）干涉主极大的位置由光栅方程决定：

$$d\sin\theta=k\lambda$$

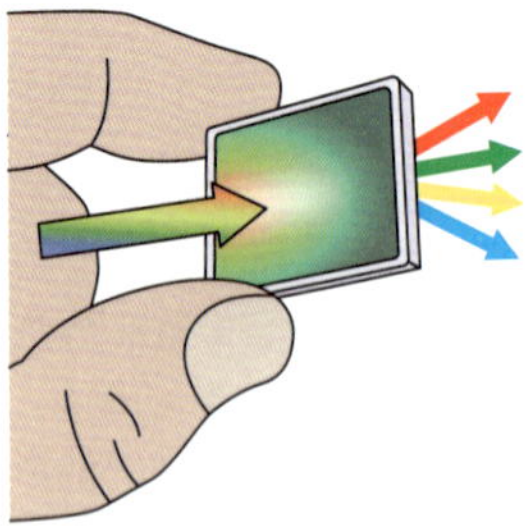

光栅示意图

式中d为相邻两狭缝的间距（称光栅常数）；k为整数（称干涉级次）；θ为衍射角。主极大的强度正比于总缝数N的平方，并受单缝衍射规律调制；主极大的宽度与总缝数成反比。为得到锐而强的主极大，光栅总缝数都很大。光栅的角色散率用来描述光栅分开不同波长谱线的能力。若波长差为$\delta\lambda$的两条谱线分开的角间距为$\delta\theta$，则角色散率为$\delta\theta/\delta\lambda$（单位弧度/纳米）。

光栅的色分辨本领定义为：

$$R=\frac{\lambda}{\Delta\lambda_{\min}}$$

式中$\Delta\lambda_{\min}$为刚能分辨的最小波长差。由瑞利判据决定，$R=kN$，故色分辨本领由总缝数和级次决定。在干涉级次k一定的情况下，增大总缝数N提高分辨本领是光栅技术中的重要课题。

最早的光栅是1821年由德国科学家J.von **夫琅禾费**用细金属丝密排地绕在两平行细螺丝上制成的。因形如栅栏，故名为“光栅”。现代光栅是用精密的刻画机在玻璃或金属片上刻画而成的。光栅是光栅摄谱仪的核心组成部分，其种类很多。按所用光是透射还是反射分为透射光栅、反射光栅。按其形状又分为平面光栅和凹面光栅。此外还有全息光栅、正交光栅、相位光栅、闪耀光栅、阶梯光栅等。

透射光栅的缺点是没有色散的零级主极大与单缝衍射的衍射峰重合，无用的零级占了入射能量的大部分，剩下的能量又要分配到各级主极大上，使要用的谱线只分配到很少的能量。反射式的闪耀光栅可使入射能量集中分配到要用的光谱上，能量利用率大大增加。

（胡望雨　张　新）

光生伏打效应　photovoltaic effect　光照使非均匀半导体（PN结）或半导体与金属结合的不同部位之间产生电势差的现象。简称光伏效应。光生伏打效应属内光电效应。1839年，法国科学家E.贝克雷尔发现，光照能使半导体材料的不同部位之间产生电势差。但直到1954年，美国科学家D.恰宾和G.皮尔逊才基于半导体PN结的光伏效应，在贝尔实验室首次制成实用的单晶硅太阳能电池。用适当波长的光照射到半导体PN结面上，光子将进入PN结区，能量大于半导体禁带宽度的光子，在结的两边产生电子-空穴对。在光激发下少数载流子浓度的变化远大于多数载流子。由于PN结区存在较强的内建电场，结两边的少数光生载流子受到电场作用，各自向相反的方向运动：P区电子进入N区，N区空穴进入P区，使得N区电势降低，P区电势升高，于是在PN结两端形成光生电动势，这就是PN结的光生伏打效应。由于光生载流子各自向相反方向运动，从而在PN结内部形成自P区向N区的光生电流I_L。光照PN结两端产生的光生电动势，相当于在PN结两端加正向电压，使势垒降低，产生正向电流I_F。在PN结开路时，PN结两端建立起稳定的电势差。金属-半导体形成的肖特基势垒层也能产生光生伏打效应，其电子过程和PN结类似。

基于光生伏打效应的太阳能发电是现代能源产业中的重要技术。

（王宇飞）

光声光谱　photoacoustic spectroscopy　通过检测物质吸收辐射能发出的声波（光声效应）来获取光谱信息的光谱技术。光声效应于1880年被A.G.贝尔在实验中发现，物体从照射的光中吸收能量在局部产生热量，导致了热膨胀，使周围空气振动发出声音。之后贝尔进一步发现，当物体暴露在太阳光谱中的不可见波段部分时（如红外线和紫外线），也会产生声音。

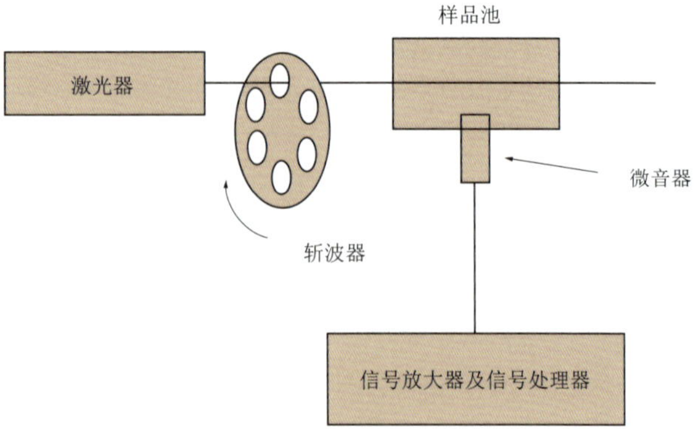

光声光谱原理图

现代光声光谱技术的基本原理如图所示。激光器发出的激光被斩波器调制后照射到装有样品的光声池，发出的声波（频率与调制频率相同）由附在光声池的微音器转换成电信号，送到信号发大器和信号处理器记录分析。样品的光声光谱可以通过测量不同波长的光照射到样品上时发出的声波获得。光声光谱可用来表征物质的吸收特性，具有很高的检测灵敏度。可用来研究固体、液体和气体，特别是散射大、透光性差、弱吸收的样品，而且样品是晶体、粉末、胶体等均可测量，这是一般光谱技术难以做到的。因此光声光谱在物理学、化学、生物学、医学、材料科学、地质学、电网变压器在线监测等方面得到广泛应用。

（武　愕）

光声效应　photoacoustic effect　物质受到周期性强度调制的光照射时吸收的光能周期性地变化，物质局部热胀冷缩出现周期性应变（应力）变化，产生频率与光调制频率相同的声波的效应。光声效应是A.G.贝尔在1880年试制光电话机时偶然发现的，但由于当时没有强光源及灵敏的声接收设备，且光声效应的机理还不清楚，长期没有引起重视。

20世纪30年代后，由于强光源（如氙灯）和灵敏声接收器件（如传声器和压电换能器）的出现，使光声效应的研究重新引起注意。60年代出现了激光，特别是70年代中期，A.罗森斯威格和A.戈休提出固体的光声效应理论（通称R-G理论）以后，光声效应的研究和应用才进入一个新的时期。

光声效应反映的是物质吸收光能，经光热和热声转换过程产生声能的过程，既反映物质的光学性质，又反映物质的热学性质和弹性性质，从而一定程度上也反映物质的结构。光声信号的频率与光调制频率相同，其强度和相位则决定于物质的光学、热学、弹性和几何的特性。

光声效应主要有光声谱技术、光声成像技术等几个方面的应用。

光声谱技术。由于光声信号与物质的光吸收系数成正比关系，当入射于物质的光束按波长扫描时，物质对不同光波长的吸收系数不同，产生的光声信号也不同，由此可测定物质的吸收光谱。根据此原理研制成的光谱分析设备称光声谱仪。光声谱仪广泛用于气体、液体和固体的微量和痕量分析，特别适用于粉末或浑浊液体（污迹、乳胶或生物组织）的光谱分析，成为传统光谱分析仪器的补充设备。

光声成像技术。对于不透明物质，由于光透入深度很浅，只有物质的表面层吸收光能而转化为热能，因此热源位于表面层，向内部发射热波。热波是高衰减波，通常只能传播一个波长距离。热波传播过程中不断产生声波，因此不同深度的声源具有不同的延迟时间，亦即处于热波的不同相位。频率较低时，声波波长是同频率的热波的波长的10^5倍，因此光声信号的相位主要决定于声源的相位，而光声信号的振幅主要决定于表面的光吸收系数。利用聚焦的激光束在样品表面扫描，接收不同位置的光声信号，可反映物质不同位置的性质（包括光学、热学和弹性性质）或结构，即对样品结构进行成像。由于热波透入深度与频率成反比，利用不同的频率可获得不同深度的结构像，即分层成像。另外，利用光声振幅成像主要反映物质表面结构，利用光声相位成像则主要反映亚表面结构，即在一个热波波长范围内的结构。原则上，一定的相位代表一定的深度，如果在不同相位条件下成像，亦可得到分层成像。

激光超声技术。由脉冲激光可激发脉冲超声，与传统超声技术的区别是可实现非接触式激发超声，并能同时激发各种体声波和表面声波。如果利用光学法检验声波，具有可提供非接触式、远距离遥控，并具有同时检验多种声波的优点，适合在极端条件（如高温、高压）下使用。同时，由于激光光点和脉冲宽度都很小，可在小尺寸的材料上激发超高频、超短脉冲超声。利用激光超声技术不但可确定材料的弹性性质，还能确定材料热学性质等，是检验新材料可靠而有效的方法。

其他有关技术。与光声技术密切相关的光热技术及热声技术，都有重要的应用领域。

（张淑仪）

光束自聚焦　self-focusing of laser beam　强激光束通过非线性介质时会自动会聚成一条或数条细丝的现象。20世纪60年代中期，实验发现当几兆瓦的强激光束聚焦后通过某些固体就能使之受到损伤，并留下直径只有几微米的长条伤痕。后来知道这些长条伤痕正是光束发生自聚焦造成的。细丝中的光强可达10^{10}瓦/厘米^{2}或更高，细丝可长达几厘米，但直径往往只有几微米且近乎不变。此外，尽管入射光是准单色的，但细丝处的光却具有大于100厘米$^{-1}$的光谱宽度，伴随自聚焦出现的这个现象称为光谱自加宽。后来发现，自聚焦在液体和气体中是同样存在的。同时，都存在一定的阈值，只有当入射光强高于该阈值时自聚焦才会发生。

光束自聚焦是一种重要的三阶非线性光学效应，根源是介质感应折射率的变化与通过介质的光强成正比。已知，在很多情况下激光光强在其光束截面上的分布是不均匀的，如呈高斯分布。由于中心部分光强强，折射率增加较大；边缘部分光强弱，折射率增加较小。折射率在光束截面上这种不均匀性的后果，是光在中心部分的相速度小于边缘部分。因而，原来的波阵面就发生了畸变，波阵面的中心发生凹陷，根据光线传播方向垂直于波阵面的原则，光束自发地产生了聚焦作用。

自聚焦不仅要求介质有足够大的非线性系数，而且光强要足够强。因此一般都要用脉冲激光。又可工作在两种不同的状态，即准稳态和瞬态，分别相应于脉宽较介质折射率发生变化的响应时间大得多或小得多这两种情况。

光脉冲有一定的波形，其前沿、中心和后沿各部位不仅强度不同，通过介质的时间也不同。在准稳态工作时，光脉冲的任何部位在介质中折射率的大小，是由当时这部位光的强度决定的。于是，由于不同时间通过介质的是光脉冲的不同部位，因而光束截面中心部分折射率与边缘部分的差值也因光束通过的时间不同而有差异。其后果是，不同时间通过介质的光束，尽管属于同一个光脉冲，但却自聚焦在不同位置上，看上去像是一条细丝。计算表明，几纳秒脉宽的光脉冲，焦点随时间的移动可达10厘米以上。

在瞬态工作时，光脉冲的后沿部位通过介质时，所遇到的是前沿部位通过时已造成的折射率的变化。情况就更加复杂。但同样可以满意地解释细丝的形成。

光束自聚焦后，在焦点附近的局域光强很强，会进一步产生感应折射率的变化。另外，聚焦的焦点又随时间快速运动。因而激光束本身的相位也在经历着快速的变化。这表现为光束的自调制效应。相位调制的直接结果就是光谱增宽。这正是实验观察到的在细丝区域的自加宽效应。

若介质的折射率不是随光强的增加而增加，而是随光强的增加而减小，根据上面的论述，会得到光束自散焦效应。

自聚焦是光学材料受激光损伤的主要原因，光束自聚焦的机理研究为克服或避免材料损伤提供了有效的途径。光束自聚焦又可在一定区域内大幅度增加激光的功率密度，使人们可以在一般强度的激光源条件下，去研究并获得必须在强光条件下才能出现的一些光学效应（如受激散射效应）。自聚焦的研究也有助于人们对三阶非线性极化的特性及其有关效应的了解。

（叶佩弦　王树峰）

光速 velocity of light 真空中电磁波的传播速度。真空中电磁波的传播速度是一个重要的物理量。人们最初通过测量可见光的传播速度得到它的数值，因此称为光速。国际公认的真空中光速c的数值为c=299 792 458米/秒。真空中各种波长的光的传播速度都是c。物质中波长不同的光其传播速度一般是不同的，折射率为n的介质中光的相位传播的速度（相速）为$v=c/n$。

光速测量的历史 历史上，伽利略是最早试图测定光速的人。但由于光速太快，限于当时的技术条件，伽利略的实验没有得到结果。最早由观测得出光以有限速度传播的是丹麦天文学家O.罗默。1676年，他根据木卫一的星食（木星的第一颗卫星环绕木星运行时被木星挡住光），发现星光通过地球轨道的直径约需22分钟。C.惠更斯由此算出光速的值为2.1×10^8米/秒。由于这个值非常大，当时并未得到公认。直到1728年，英国天文学家J.布拉德雷根据恒星的光行差，求得光速的值为3.1×10^8米/秒，人们才接受光的速度非常大这一事实。1849年，法国物理学家A.H.L.斐索用旋转齿轮的方法，第一个在实验室的条件下测出了光速，得到$c=3.12\times10^8$米/秒。1926年，美国实验物理学家A.A.迈克耳孙用旋转镜法改进了斐索实验，他用了一个八面体的转镜，测量的光速平均值为299 796±4千米/秒。1929年，他又在真空中重复了上述实验，平均值为299 774千米/秒。后来，有人用光电开关代替齿轮转动来改进斐索实验，称为克尔盒法。这种方法比旋转镜法的准确度（10^{-5}量级）又有所提高，达到了10^{-7}量级。1952年，英国实验物理学家K.D.弗罗姆用微波干涉仪法测量光速值，得到数值为c=299 792.50±0.10千米/秒。1957年，国际无线电科学协会（URSI）、国际大地测量学和地球物理学协会（IUGG）分别推荐上述结果作为国际推荐值使用。1972年，美国标准局的K.M.埃文森等人采用直接测量激光频率和真空波长值的方法，用两者的乘积得出真空中光速值，c=299 792 458±1.2米/秒。

1973年召开的第5届米定义咨询委员会和1975年召开的第15届国际计量大会先后确认上述光速值作为国际推荐值使用，它的不确定度为$\pm4\times10^{-9}$，与当时米定义氪-86橙黄谱线复现不确定度相同。由于真空中光速值的准确测量以及激光频率稳定和粗密测频技术的发展，促使米的定义发生了根本性的变革。1983年10月召开的第17届国际计量大会通过新的米定义，即“米是光在真空中在1/299 792 458秒的时间间隔内行程的长度”。在规定的三种复现方法中均明确指出，真空中光速的数值为c=299 792 458米/秒。在上述新的米定义中，真空中光速的数值已是一个定义值，通过这个定义值，长度单位米与时间单位秒直接联系在一起，而不再是一个与其他基本单位无关的独立基本单位，光速已成为定义值。

光速不变原理 A.爱因斯坦在狭义相对论中曾提出两个著名的原理——相对性原理和光速不变原理。后者是指光在不同惯性系中速度相同，真空光速与光源的运动、光的频率、光的传播方向等均无关系。

（沈乃澂）

光速不变原理 postulate of constant speed of light 光在真空中总是以恒定的速度c传播，且与光源的运动状态无关。光速不变原理作为狭义相对论的两个基本假设之一，是A.爱因斯坦在1905年发表的《论动体的电动力学》论文中提出来的。

光速不变原理这一假定只在惯性系中有效。其首要用途是定义惯性系中的同时性（即时钟同步或说“对钟”），也就是定义惯性系中的时间坐标（见惯性参考系）。迄今为止，光信号（即电磁信号）是人类用来“对钟”的唯一手段。

光速不变原理的另一个用途是与狭义相对性原理相结合导出洛伦兹变换。

光速不变原理的内容包含：①真空光速与光源的运动速度和加速度无关，而且也与在哪个惯性系（惯性观测者）测量无关。②真空光速与光的频率无关（即光在真空中无色散）。③真空光速与光的传播方向无关（即单向光速各向同性）。

1905年狭义相对论问世以来，物理学家曾经使用不同的实验装置和技术观测过不同类型的宏观光源（包括发光天体）和微观粒子光源发出的不同频率的电磁波和光波，结果是在实验精度内都与光速不变原理相符；只是在测量光速的各种实验中光信号都形成闭合路径。因此这些实验只是证明了双程（回路）平均光速的不变性，以及光速与频率和光源运动的无关性。测量所给出的光速也只是双程（回路）平均光速的数值而不是单向光速的数值。由于同时性定义和测量单向速度互为前提，所以原则上说单向速度（包括单向光速）是无法用实验独立测量的，除非能发现某种绝对的对钟方法（如找到瞬时传播信号等）。因此单向光速的各向同性只是一个不能用实验直接证明的科学假定。

光速不变原理中的单向光速各向同性的假定用方程表述为：

$$r=\sqrt{x^2+y^2+z^2}=ct$$

这也就是时间坐标的定义即$t=r/c$（在初始时刻由坐标原点发射的光信号在距离原点为r的位置接收到光信号时把那里的时钟的时间调到$t=r/c$的数值）。其平方形式为$x^2+y^2+z^2-c^2t^2=0$。在推导洛伦兹变换的过程中使用这个方程就意味着使用了单向光速各向同性的假定来定义时间坐标t。

上面定义时间坐标是必须知道单向光速的具体数值。假定单向光速各向同性后，单向光速的数值就取双程光速的实验测量值：如设光信号从A点发出到达B点（经反射）再返回到A点，在A点的同一只时钟记录的时间间隔是$t_{ABA}=t_{BA}+t_{AB}$，相应的双程光速就是$c_{ABA}=2l_{AB}/t_{ABA}$，其中的路径ABA的距离是直接测量量，时间间隔t_{ABA}（又称固有时间隔）是由A点的同一只时钟给出的直接测量量，所以双程光速c_{ABA}可以用实验直接测量。单向光速不变的光信号从A到B和从B到A的速度是$c_{AB}=l_{AB}/t_{BA}=c_{BA}=l_{AB}/t_{AB}=c\rightarrow t_{AB}=t_{BA}$，其中的$t_{AB}$和$t_{BA}$是由处于不同地点$A$和$B$的两只时钟记录的时间之差（又称坐标时间隔）。所以双程光速就写成：

$$c_{ABA}=\frac{2l_{AB}}{t_{ABA}}=\frac{2l_{AB}}{t_{AB}+t_{BA}}=\frac{l_{AB}}{t_{AB}}=c$$

即单向光速不变的真空光速c等于可直接测量的双程光速c_{ABA}。有了单向光速c的具体数值就可用来实现全空间的时钟校准。

光速不变原理与牛顿经典力学中有关速度的概念格格不入。正如爱因斯坦于1916年在他的“广义相对论基础”论文中强调的：“狭义相对论同经典力学的分歧，不在于相对性原理，而只在于真空中光速不变的假设。”

（张元仲）

光探测器 optical detector 在光辐射的作用下产生一种可测量的物理效应的器件。所谓可测量的物理效应包括电信号产生、温升、光学外差探测及光学参量效应。

利用电信号产生的光探测器 光产生电信号即光电效应，分为外光电效应和内光电效应。

外光电效应器件：

光电发射管、光电管。利用光辐射作用产生电子发射的光电探测器。

光电倍增管。由一个光电阴极和一个或多个电子倍增极组成，利用阴极和阳极之间的二次电子发射完成光电转换，并倍增放大的光电探测器。在光电倍增管里的光电效应与光电管是相同的，只是倍增极的结构提供了几个数量级的放大或增益。

内光电效应器件包括下面几类。

光敏电阻、光电导元件。利用光辐射作用产生电阻率变化的光电探测器。

光电池、光伏型探测器。由于吸收了光辐射而产生电动势的光电探测器。

光电二极管。这种器件内由两种半导体或半导体和金属形成一个PN结，是光辐射作用于结区时产生单向导通电流电阻变化的光电探测器。这一定义包括PIN结型二极管；在此机理上发展的有雪崩光电二极管，是在临界而小于击穿电压的反向偏压下工作，使每个电子进入导带时都激发雪崩效应而产生很大的倍增效果；通常还涵盖光电三极管，是具有两对PN结（P-N-P或N-P-N），使光电转换和放大在一个器件中完成的光电探测器。

利用温升效应的光探测器 这种探测器吸收光辐射的部分产生温升，再利用各种二次效应测定此温升。这种探测器基于辐射的加热效应引起的材料温度的变化及由此引起的材料特性的变化。主要热效应有辐射热电导效应、热释电效应及温差电效应。

辐射热电偶。是用单个结型热电偶作为温度变化传感器的光辐射探测器。

辐射热电堆。是用一对以上结型热电偶作为温度变化传感器的光辐射探测器。

测辐射热计。是利用吸收辐射时受热部分电导变化的光辐射探测器。

热释电探测器。是利用某些电介质材料的自发电极化强度随温升变化，导致电荷改变的光辐射探测器。其他还有热磁效应、能斯脱效应及利用气体热膨胀效应的戈莱管等。

光学外差探测及光学参量探测器 这类探测器利用入射辐射的电磁场与一个作为参考辐射的电磁场在光敏材料中的相互作用。光学外差探测利用一个频率与被测相干辐射的频率相近的参考激光辐射在探测元件（通常由光电导材料、光生伏打材料或光电发射材料制成）中与被测辐射混频而产生差频。光学外差探测只受到散粒噪声的限制，因而探测率比直接探测或零差探测高几个数量级。参量效应可利用相干辐射在双折射晶体（如KDP、$LiNbO_3$等）中的混频来增强被测弱信号或将其频率转换至容易探测的波段。例如，人们可以利用Ag_3AsS_3、HgS、Ag_3SbS_3及$ZnGeP_2$等晶体及1.06微米的参考激光，通过上转换（和频）将10.6微米的辐射转换为可见光；然后使用可见光探测器实施更灵敏、更高效的检测。

需要说明的是，光探测器通常被限制在200～3000纳米范围内，不包括真空紫外。而在中红外和远红外，许多光探测器也能选用。每一种光探测器都具有特定的光谱选择区域，没有任何一种光探测器对所有波长的光辐射产生相同的可测量的物理效应。另外，必须区分一般意义的"非选择性探测器"和"非选择性量子探测器"。"非选择性探测器"是指在整个被考查的光谱范围上具有一个不变的光谱响应度（A/W）的光探测器，而"非选择性量子探测器"是其量子效率在整个被考查的光谱范围上与波长无关的光探测器。

（王树铎　缪家鼎）

光陀螺仪 optical gyroscope 基于光的萨格奈克效应实现陀螺仪功能的光学系统。陀螺仪是一种能够精确确定运动物体方位的仪器，其最主要的特点是保持某个方位的稳定性和受有外力矩时绕固定方位进动的性质。陀螺仪的运动原理是绕定点转动的刚体动力学。机械式的陀螺仪对工艺结构的要求很高，结构复杂，其精度受到很多方面的制约。基于光的萨格奈克效应的无运动部件的光学系统同样能感知转动的变化，这样的光学系统就是光陀螺仪。光陀螺仪有激光陀螺仪和光纤陀螺仪两类。光陀螺仪的精度远高于机械陀螺仪。

1913年，G.M.M.萨格奈克论证了无运动部件的光学系统同样能够检测相对惯性空间的旋转。用一个环形干涉仪，在两个反向传播光路中，由旋转产生一个相位差。1925年，A.A.**迈克耳孙**和H.G.盖尔采用一个周长大约为2千米的巨大环形干涉仪来增加灵敏度，已能够测量出地球自转。这种用无运动部件的陀螺代替转子式机械陀螺的设想一直具有很大的吸引力。1962年，A.H.罗森塔尔提出采用一个环形激光腔增强灵敏度，其中反向传播的两束光波沿着封闭的谐振腔传播多次，W.M.马采克和D.T.M.戴维斯于1963年首次对此进行了论证。1976年由V.瓦利和R.W.肖特希尔实验演示了光纤环干涉，从此，光纤陀螺以其固态结构所具有的独特优势，引起科技界的注目。

光的萨格奈克效应指出，若一束光被分成两束，使得一束沿顺时针方向在环路里传输，另一束沿逆时针方向也在环路里传输，尽管两个光束都在闭环内传播，但在环路本身旋转方向上传输的光相比旋转相反的方向传输的光要稍后返回原点。也就是说当光学环路转动时，在不同的前进方向上，光学环路的光程相对于环路在静止时的光程都会产生变化。因此，可通过两束光的干涉条纹来精确检测到环路本身的旋转速率。这样就可以制造出干涉式光陀螺仪，如果利用这种环路光程的变化来实现在环路中不断循环的光之间的干涉，也就是通过调整光纤环路的光的谐振频率进而测量环路的转动速度，就可以制造出谐振式的光陀螺仪。干涉式陀螺仪在实现干涉时的光程差小，所以它所要求的光源可以有较大的频谱宽度，而谐振式的陀螺仪在实现干涉时，它的光程差较大，所以它所要求的光源必须有很好的单色性。通常把干涉式和谐振式光陀螺仪都叫作激光陀螺仪。

光学陀螺仪的另一种类型是光纤陀螺仪，它用光纤紧密缠绕形成光的环路，而不是像通常激光陀螺仪那样在中空的管中安置反射镜形成谐振腔环路。

（樊仲维　郭喜庆）

光纤放大器 fiber amplifier 通过直接在光域放大光信号补偿光纤传输损耗，实现长距离通信的器件。见**光学纤维**。

光纤激光器 fiber laser 以掺有激活粒子的光纤为增益介质的激光器。1961年，美国的E.斯尼泽和C.J.凯斯特等人首先在掺钕玻璃波导中发现了激光辐射，进而提出了光纤放大器和光纤激光器的概念，并于1964年研制出了世界第一台光纤激光器。早期的光纤激光器是将泵浦光直接耦合进很小的纤芯内，耦合效率很低，导致在随后的二十余年中光纤激光器发展比较缓慢。直到1988年斯尼泽等人提出了双包层光纤的构想（泵浦光由尺寸较大的包层进入光纤进行传输，激光在尺寸较小的光纤纤芯内产生和传输）以后，光纤激光器才蓬勃发展起来。

光纤激光器实际是一种特殊的固体激光器，只是将激光增益介质做成了细长的光纤。光纤激光器包括泵浦源、增益介质、谐振腔三个基本组成部分。泵浦源一般采用半导体激光器，泵浦光经适当的光学系统耦合进入增益光纤；增益介质为掺有激活粒子（如稀土离子Er^{3+}、Yb^{3+}、Nd^{3+}、Tm^{3+}等）的光纤，在吸收泵浦光后造成粒子数反转，形成受激发射；谐振腔可以由光纤光栅等光学反馈元件构成各种直线型谐振腔，也可以用耦合器构成各种环形谐振腔，增益光纤产生的受激发射光经谐振腔镜的反馈形成振荡并耦合输出激光。通常所说的光纤激光器，一般是指光纤振荡器，也可以是由光纤振荡器和光纤放大器组成的光纤激光系统，其光路全部由光纤或光纤器件所构成。

光纤激光器有多种类型。按增益介质不同，有稀土类掺杂光纤激光器、晶体光纤激光器、非线性光学型光纤激光器、塑料光纤激光器等；按激光输出特性分类，有连续光纤激光器和脉冲光纤激光器；按光纤结构分类，有单包层光纤激光器、双包层光纤激光器、光子晶体光纤激光器等；按谐振腔结构分类，有F-P腔光纤激光器、环形腔光纤激光器等。光纤激光器的波长有1微米、1.5微米、2微米、3～5微米等。

光纤激光器具有体积小、重量轻、效率高、光束质量好、寿命长、易维护等优点，特别是其采用光纤输出，使得激光器能轻易胜任各种复杂空间加工应用。光纤激光器的输出功率已可达万瓦以上。基于其诸多优点，光纤激光器在进入21世纪后迅速在工业加工、生物医学、科学研究、国防军工等领域获得广泛应用，成为主要的激光器之一。（闫大鹏）

光纤通信 optical fiber communication
采用光纤实现光信息的长距离传送。光纤通信应信息社会发展的需求而产生，它是人类通信发展历程中的一个重要里程碑。3000多年前直至18世纪，人们以烟火信号、信号灯、信号旗等传递信息，随后以中继站和机械码来增加传递距离。1830年至1876年间发明了电报、电话，以电代替光并采用新的编码技术，建立了世界上第一条电报电缆，采用连续变化的电流“模拟”地传递声音信息，从而开启了电通信时代。经历了100年的发展，电通信的速率从10b/s不断提升至100Mb/s量级，相继还产生了微波通信等。面临20世纪暴涨的各种信息，其长距离传输与处理的信息容量和传输速率仍不能满足需求。1960年发明了激光器，它的良好特性及应用使光通信进入了一个崭新的发展阶段。1966年光纤作为光信息的最佳传输介质被提出，紧接着光纤的损耗、接续和现场敷设等问题相继被解决，终于在1976年建立了世界上第一条光纤通信系统，使光纤通信成功地迈出第一步。

光信息的长距离传送是一个长期困扰科学家和工程师的难题，直到发明超高纯度、超低损耗的各种光纤，长距离甚至超长距离传输光信息才得以最终实现，从而开启了光纤通信的新时代。

光纤　常用光纤圆柱形芯区介质成分为超纯的二氧化硅（SiO_2，即熔石英）掺杂少量的其他介质（例如二氧化锗GeO_2）。掺杂的结果调节了介质的折射率，从而影响光波的传播参数。芯区外面是另一层二氧化硅，因而具有不同的折射率，通常略低于芯区的折射率，称为包层。包层外面是软的缓冲层，以吸收光缆变形引起的机械应力，称为涂覆层。涂覆层外则包裹一层高强度的合成纤维以增加强度，最外面是一层塑料。数根或数十根光纤组合而成光缆，在长距离通信中使用的光缆中所包含的光纤多达数百根。与光波传播有关的只是芯区和包层，光波的传输特性取决于这两层的折射率分布。包层的直径通常为125μm。多模光纤的芯区直径为50μm或62.5μm，而单模光纤的直径在10μm以下，芯区的折射率分布有两种基本类型（阶跃型和渐变型）。相继研制的单模光纤有标准单模光纤、色散位移光纤、非零色散光纤、色散补偿光纤等。根据不同的应用需求，研制了中继光缆、无中继光缆、海底光缆等，其光缆长度从几十千米延伸到上万千米。从20世纪80年代起，光纤光缆已经逐步取代铜芯同轴通信电缆，遍及全球各地。

光在光纤中的传播和光纤的数值孔径　我们可以用几何光学和全反射来直观地解释光线在光纤芯区中的传播。例如光线在阶跃光纤中的传播如图1所示（图中$n_2<n_1$），由于芯区折射率n_1略高于包层折射率n_2，当光线在芯区和包层的分界面上的入射角大于临界角时，发生全反射，光线沿一条折线在光纤中传播，光纤输入端临界角为：

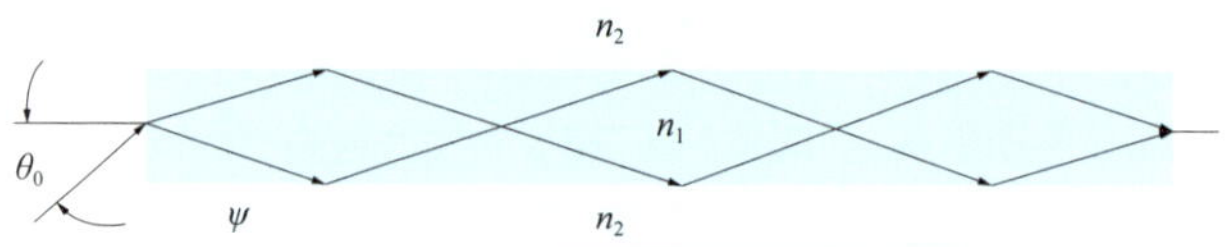

图1　光波在阶跃光纤中的传播示意图

$$\sin\theta_0=\sqrt{n_1^2-n_2^2}$$

入射角小于θ_0的光线都满足全反射条件。定义光纤的数值孔径为$NA=\sin\theta_0=\sqrt{n_1^2-n_2^2}$，$NA$的典型值为0.22。临界角可由$NA$算出$\theta_0=\arcsin NA$。

在光纤中传播的光线分成两种：①光线在任意一个包含光纤对称轴（以下简称光纤轴或z轴）的平面内传播，称为子午光线，如图2a所示；②光线在其他不通过光轴的平面内传播，称为倾斜光线，简称斜光线，如图2b所示。

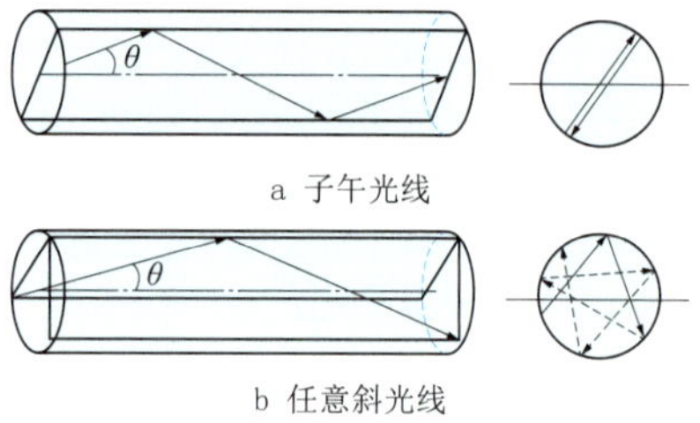

a 子午光线

b 任意斜光线

图2　光线在光纤中的传播

光通信常用波段和传输容量　为了满足长距离传播的要求，降低光波在光纤中的损耗至关重要。对光纤衰减效应的研究表明，在瑞利吸收限和振动吸收限之间出现三个透明窗口，短波窗口的中心大约为850nm，这正是早期的光通信波段，典型的吸收值略大于2dB/km。在OH根吸收带两侧有两个更低的吸收带，一个在1310nm附近（1260nm～1360nm，O带），称原频带；另一个在1550nm附近，分成短波频带（1460～1530nm，S带），寻常频带（1530～1565nm，C带）及长波频带（1565～1625nm，L带）。这些透明窗口正是目前光通信常用的波段。下表列出常用的通信波段。每一个波段必须要配备相应的光源、探测器、光纤、光学元件和光放大器才能满足使用要求。

光纤的三个透明窗口如图3所示。仅考虑O、C和L三个波带，并扣除OH根的吸收，光纤通信大约有250nm的带宽。在1500nm处，1nm对应约133GHz的带宽；在1300nm处则对应177nm的带宽。总共约为30THz（3×10^{13}比特/秒）的带宽。这样大的带宽相当于一对光纤可供87亿对人同时通话而互不干扰，或者同时传输1000亿路高清电视节目。在光纤的这三个波段，光纤

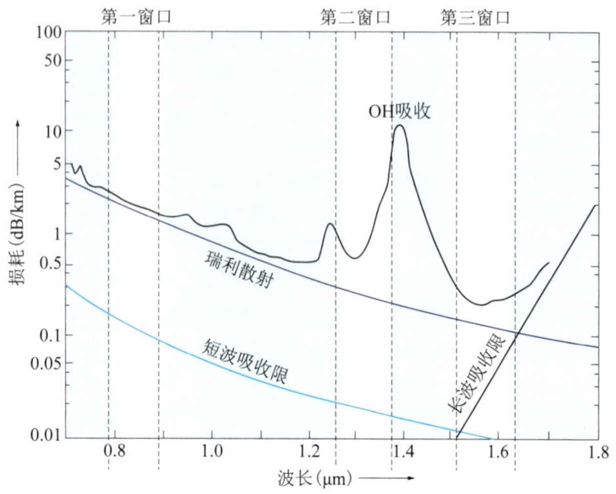

图3　光纤的三个透明窗口

常用光通信波段

窗口	频带	描述	波段（nm）	适用光纤类型	用途
1	—		820～900	MMF	Single-λ（单波长通信）
2	O带	原频带	1260～1360	SMF	DWDM/MAN*（密集波分复用/城域网）
5	E带	扩展频带	1360～1460	SMF-All Wave	DWDM（密集波分复用）
	S带	短波频带	1460～1530	SMF	LAN**-type/MAN（局域网/城域网）
3	C带	寻常频带	1530～1565	SMF	DWDM/MAN（密集波分复用/城域网）
4	L带	长波频带	1565～1625	DSF	DWDM（密集波分复用）
	U带	超长波频带	1625～1675		

通信所需的各种光电、电光器件和功能模块等被研制，各种先进的通信技术也相应地发展起来，从而产生了一代又一代的光纤通信系统。

光纤通信系统及其关键技术　光纤通信系统的基本构架如图4所示，它涉及的

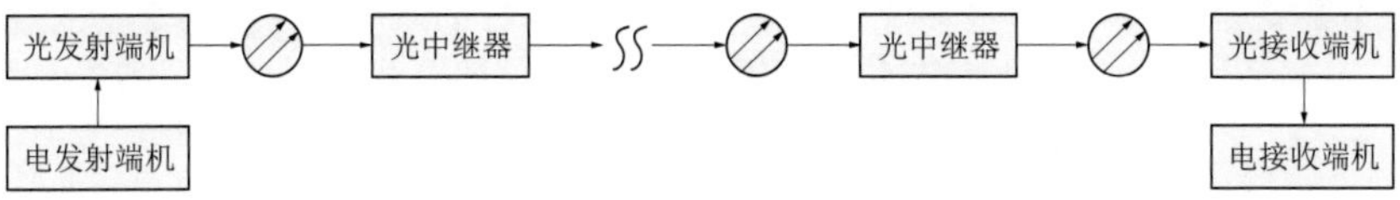

图4　光纤通信系统的基本构架

关键技术有：①通信光源技术。②光电/光子器件技术。③光调制（编码、解码等）技术。④光传输技术（包括光信道复用/解复用、光放大、色散管理等）。⑤光信息处理（包括光滤波、光整形、定时、光均衡、波长/频率转换、波长动态寻址等）技术。⑥光交换技术。⑦光探测技术。⑧光网络技术（包括组网、信息交换、管理及控制等）。⑨光量子通信等新技术。

在上图中，除了光纤光缆及其光传输技术外，光发射端机的作用是将电信号转变成光信号，它包括光源及其控制电路、调制编码器、信道耦合器等组件，涉及以上①、②、③技术。光中继器对经过传输衰减、形变的光信号进行放大、整形、再生等。20世纪80年代之前中继器采用光-电-光的转换方式，而在这之后由光放大器替代了光-电-光式的中继器，涉及以上④、⑤、⑥中的光放大、色散管理、光整形、光均衡、光信道复用/解复用、光交换等技术。接收端机由耦合器、光探测器、调制解码器及其电路等组成，它的功能是将光信号变换成电信号，再进行放大、再生、恢复出原始电信号。光纤通信系统需满足一定的性能指标，才能保证正常通信，其主要的性能指标有：工作波长范围（关联系统容量）、光信号传输速率与传输距离、误码率（BER）、抖动（包括输入抖动容限、输出抖动、抖动转移特性）、系统可靠性（以光纤通信系统无故障工作时间t的概率$\Phi=\exp(-\varphi t)$表示，φ是故障频率）等。

第一代光纤通信系统的工作波长在0.85μm波段，采用GaAlAs半导体激光器和多模光纤，典型速率为44.7Mb/s。第二代光纤通信系统的工作波长在1.3μm波段，采用InGaAsP半导体激光器和多模光纤，传输速率仍为几十兆比特每秒，传输距离为几十千米。第三代光纤通信系统的工作波长仍在1.3μm波段，采用了单模光纤和可调谐单纵模激光器，达到吉比特每秒（Gb/s）传输速率、长中继距离，其中色散位移光纤（DSF，G.653）是应用于第三代光纤通信系统的一项重要成果。第四代光纤通信系统的工作波长在1.55μm波段，采用多量子阱激光器、应变量子阱激光器等，以及单模光纤，典型速率为单路时分复用能达到40Gb/s，而采用复用技术WDM/DWDM的系统传输速率达到Tb/s。第五代光纤通信系统的工作波长在C波段（1.55μm），并扩展到长波长L波段，采用新型高性能激光光源和各种先进的光复用技术，实现了超高速、超长距离、超大容量的光纤通信，并同时发展了光孤子通信+WDM，光通信+无线通信等。光纤通信系统由于可实现单向、双向传输（后者的光端机需要同时具有发送和接收功能），以其基本架构为基础组成了多种网络，如接入/局域/城域/骨干光网络、海底光缆传输网、光同步传输网、计算机和多媒体光络网、综合业务数字光网络等，因此光纤通信系统成为当今信息高速公路的重要组成部分。随着21世纪信息社会的不断发展，光纤通信技术仍在蓬勃、高速地向前发展。

光纤通信的早期开创性研究　光纤通信的开创性研究始于60年代中期。1966年，在英国标准电信实验室（STL）工作的年轻工程师高锟和他的同事宣布："光波导（即光纤）具有承载及传递信息的能力。其容量可达到1千兆，相当于200个电视频道或20多万条电话线。"当时很少有人相信他们的预言。高锟详细描述了STL的设计："一根直径为三四微米的光芯外面同轴包裹着另一种玻璃材料，两种材料的折射率差小于1%。光波导的外径为三四百微米，光波沿两种玻璃材料的分界面传播。"他们指出，用于长距离传输的光纤，损耗必须小于20dB/km。当时最好的光纤的损耗约1000dB/km，他们深信，早期的光纤高损耗并不是硅玻璃本身产生的，而完全是由杂质吸收产生。

1970年9月，有公司研制出20dB/km低损耗光纤，标志了光纤传播技术的重大突破。同年，美国贝尔实验室和苏联列宁格勒技术物理研究所的小组发展了第一支可在室温下发射连续光波的半导体激光器。在此之后的几年中，随着制造工艺的改进，特别是光通信的工作波长移到光纤的长波长透明窗口，使损耗急剧降低，光纤变得越来越透明。

1988年，第一条大西洋海底光缆（TAT-8）投入运行，由两对传输波长为1.3mm的单模光纤，传输四万个声音信号，光纤衰减降低至0.5dB/km，每65千米经"光-电-光"中继一次，即光信号转变为电信号并放大处理，再次转换为光信号进入后续的光纤继续传播。

两次重大技术革命　掺铒光纤放大和波分复用是两次重大的技术革命。80年代末90年代初，美国贝尔实验室与英国南安普顿大学的研究小组发明掺铒光纤放大器（EDFA）。EDFA是由几米至几十米长的掺入稀有金属铒元素的光纤构成的。用泵浦光将光纤中的铒原子从基态激发到高能级的激发态，一个入射信号光子触发了铒原子使其跃迁回到基态。在此受激辐射过程中，每个原子都将产生一个光子，因此，输入的信号光子会触发更多的光子发射，从而产生受激光放大。由于受激辐射具有与入射光子天然的一致性，铒原子能级的差别与光纤介质1.5微米的低损耗窗口相符，因此它非常适于用于1.5微米的光纤放大器。EDFA替代了光-电-光的中继转换，在传输过程中信息始终荷载在光波上，成为光通信又一个重要的里程碑。1996年，首条跨越太平洋的洲际海底光缆（TPC-5）建成，使用光放大器，可同时传输32万个声音信号，传输速率是TAT-8的8倍。

根据不同波长的光波可独立传播的原理，1980年贝尔实验室开始研究在长途电话传输系统中使用波分复用技术（WDM），利用不同波长的光波在一条光纤中并行传播，以扩大信息容量。EDFA同时对于1530nm到1560nm大约30 nm宽波段内的多个波长信号进行放大，这就提

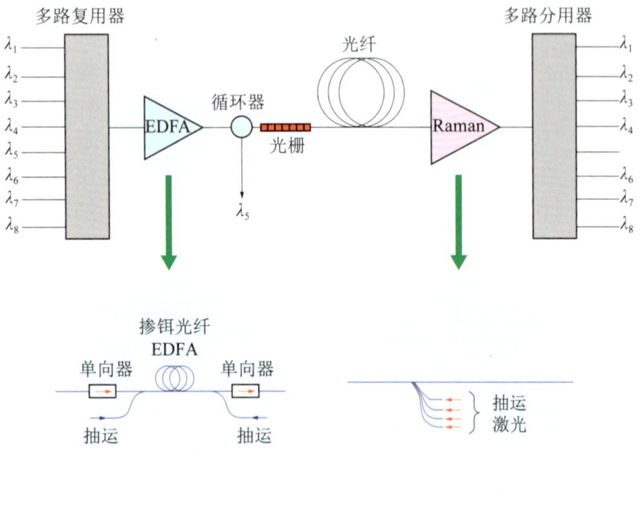

图5　EDFA和8波长WDM的传输系统示意图

供了另一种增加系统传输容量的方法：采用密集波分复用（DWDM）的方式增大信息量，利用EDFA对宽带信号进行在线放大。DWDM与EDFA技术共同开创了光通信系统的新生代。图5给出8波长（$\lambda_1,\cdots,\lambda_8$）WDM的传输系统示意图。

光通信系统进展　新一代光纤通信系统同时致力于提高每个通道的速率，将原来每通道10Gb/s提高到1.03Tb/s。采用DWDM网络，已实现在一根光纤中同时传播160个波长通道，单根光纤总速率达到100Tb。光通信的容量自1992年以来，每16个月增长一倍，致使目前光通信的速率达到130Tb/s（1Tb=10^{12}比特），比近代同轴电缆通信的速率高出了六七个数量级。近年来，以人们难以想象的高速度实现了光纤到办公室、光纤到楼层、光纤到户。

光通信带宽极大，容量极大，制造、铺设光缆费用较低，发展极快，成为真正的“信息高速公路”。光纤、光纤通信成为光学发展历史上重要的里程碑之一。2009年10月6日，瑞典皇家科学院在斯德哥尔摩宣布，将2009年诺贝尔物理学奖授予长期从事光导纤维在通信领域运用研究的高锟。　（余重秀　宋菲君）

光线方程　light equation　几何光学中把光看作在真空或介质中传播的光线，其轨迹遵循的数学方程。

$$\frac{\mathrm{d}}{\mathrm{d}s}\left(n\frac{\mathrm{d}\boldsymbol{r}}{\mathrm{d}s}\right)=\nabla n$$

式中$\boldsymbol{r}$为空间点矢径，n为空间折射率分布，ds表示空间曲线微分元。光线方程可以由费马原理推出。

当只涉及均匀介质时由光线方程可得到几何光学中熟知的光的直线传播定律、光的**反射定律**和**折射定律**。在变折射率介质中传播的光，路径通常是曲线，具体形式取决于介质的空间折射率分布和光线的初始入射条件，可根据具体的情况由光线方程进行分析。一个带普遍性的结果是，光线总是偏向折射率高的方向。

很多光学系统的设计基本是依据光线方程来进行的。　（李师群　崔宏滨）

光线偏折　deflection of light　在引力场作用下光行进的方向发生偏折的现象。早在1783年英国J.米歇尔就根据牛顿的光粒子说，提出光也会受到引力的影响而不沿直线传播。米歇尔进一步推断道，如果太阳质量足够大，则就连光也不能从其表面逃脱出来。1801年J.G.冯·索尔德纳基于牛顿引力计算得到太阳引力场会把通过太阳表面的星光偏折0.875″的角度。**A.爱因斯坦**于1916年根据广义相对论的计算预言：如果星光擦过太阳边缘到达地球，则太阳引力场所造成的星光偏折角为1.75″。1919年5月29日日全食期间，A.S.爱丁顿和F.W.戴森领导的两个小组分别在几内亚湾的普林西比岛和巴西的索布拉尔对日全食时太阳背后暗弱星光的弯曲进行了测量，随后宣布观测结果与广义相对论的预言一致，使得光线偏折成为广义相对论中第一个被观测证实的预言，同时也使得爱因斯坦举世闻名。如果在分析观测数据时考虑到昼夜温差的影响，以当时的观测精度并不能算是真正证实了广义相对论的预言。光线偏折作为广义相对论的推论后来为更多精密的天文观测所证实。1973年光学测量所得偏折角同理论值之比为0.95±0.11。20世纪60年代末，随着射电天文学的兴起，利用甚长基线干涉测量方法测量引力场引起的射电信号的偏折大大提高了测量精度。2011年这种方法所得到的偏转角同理论值之比为0.999 96±0.000 06。如果发光天体与地球之间存在强大的引力源，则光线偏折效应会更加明显，从而可能产生发光天体的两个（或更多个）相似的像，这种现象称为**引力透镜现象**。引力透镜现象也已在天文观测中看到。

（龚云贵）

光学　optics　物理学的重要分支学科。也是与其他应用技术相关的学科。从狭义上来说，光学是关于光和视见的科学。optics一词早期只用于跟眼睛和视见相联系的事物。而现在常说的光学是广义的，是研究从微波、太赫兹辐射、红外线、可见光、紫外线直到X射线和γ射线的宽广波段范围内的电磁辐射的产生、传播、接收和显示，以及与物质相互作用的科学，着重研究的范围是从红外到紫外波段。

发展简史　光学是一门有悠久历史的学科。它的发展史可追溯到2000多年前。人类对光的研究，最初主要是试图回答“人怎么能看见周围的物体”等类问题。约在公元前400多年（先秦时代），中国的《墨经》中记录了世界上最早的光学知识。它有8条关于光学的记载，叙述影的生成，光的直线传播性和针孔成像，并且以简练的文字讨论了在平面镜、凹球面镜和凸球面镜中物和像的关系（见**中国物理学史**）。

在之后2000多年的历史时期中，11世纪阿拉伯人伊本·海赛姆记述了眼睛构造的知识和视觉与光线的关系，以及光反射（并在欧几里得的基础上最终完成反射定律）、光折射、球面镜成像、凸透镜等，1590年到17世纪初H.詹森和H.李普希独立地发明显微镜，李普希发明望远镜，直到17世纪上半叶才由W.斯涅耳和R.笛卡儿将光的折射的观察结果，归结为现在所惯用的折射定律。

1666年I.牛顿进行太阳光的实验，把太阳光用三棱镜分解成简单的组成部分，形成一个颜色按一定顺序排列的光分布——光谱。牛顿还发现把曲率半径很大的凸透镜放在光学平玻璃板上，当用白光照射时，则见透镜与玻璃平板接触处附近出现一组彩色的同心环状条纹。当用某一单色光照射时，则出现一组明暗相间的同心环条纹。后人把这种现象称牛顿环。借助这种现象可用第一暗环的空气隙的厚度来定量地表征相应的单色光。

牛顿在发现这些重要现象的同时，根据光的直线传播性，认为光是一种微粒流，微粒从光源飞出来，在均匀介质内遵从力学定律作等速直线运动，并且用这种观点对折射和反射现象做了解释。C.惠

更斯是光的微粒说的反对者，他创立波动说，1690年在《光论》一书中写道："光同声一样，是以球形波面传播的。"并且指出光振动所达到的每一点都可视为次波的振动中心，次波的包络面为传播着的波的波阵面（波前）。在整个18世纪中，光的微粒流理论和光的波动理论都被粗略地提了出来，但都不很完整。

19世纪初，波动光学初步形成，其中以T.杨和A.-J.菲涅耳的著作为代表。杨圆满地解释了"薄膜的颜色"和双狭缝干涉现象。菲涅耳于1815年以杨氏干涉原理补充了惠更斯原理，用它可圆满解释光的干涉和衍射现象，也能解释光的直线传播。在进一步的研究中，观察到了光的偏振和偏振光的干涉。为了解释这些现象，菲涅耳假定光是一种在连续介质（以太）中传播的横波。

1845年M.法拉第发现了光的振动面在磁场中发生旋转；1856年W.E.韦伯发现光在真空中的速度等于电流强度的电磁单位与静电单位的比值。它们表示光学现象与电磁学现象间有一定的内在联系。

1865年前后J.C.麦克斯韦的理论研究指出，电场和磁场的改变，不能局限于空间的某一部分，而是以等于电流的电磁单位与静电单位的比值的速度传播着，光就是这样一种电磁现象。这个结论在1887年被H.R.赫兹的实验证实。按麦克斯韦的理论，若以c代表光在真空中的速度，v代表光在介电常数为ε和磁导率为μ的介质中的速度，则有：

$$\frac{c}{v}=\sqrt{\varepsilon\mu}$$

式中c/v恰为介质的折射率，所以有：

$$n=\sqrt{\varepsilon\mu}$$

上式给出了介质的光学常数n跟电学常数ε和磁学常数μ的关系。在认识光的物理性质方面，麦克斯韦理论较以前各种理论向前迈进了一大步。

然而，这种理论不能说明产生频率高达光的频率的电振子的性质，也不能解释折射率随光的频率而改变所引起的光的色散。到了1896年H.A.洛伦兹创立电子论，才解释了发光和物质吸收光的现象，也解释了光在物质中传播的各种特点，包括对色散现象的解释。洛伦兹的理论中以太乃是广袤无限的不动的介质，其唯一特点是这种介质中光振动具有一定的传播速度。

对于像炽热的黑体辐射中能量按波长分布这样重要的问题，洛伦兹理论还不能给出满意的解释。并且，如果认为洛伦兹关于以太的概念是正确的，则可将不动的以太选作参照系，使人们能区别出绝对运动。而事实上，1887年A.A.迈克耳孙等用干涉仪测"以太风"得到了否定的结果，这表明到了洛伦兹的电子论时期，人们对光本性的认识仍然有不少片面性。

1900年，M.普朗克从物质的分子结构理论中借用不连续性的概念，提出了辐射的量子论，认为各种频率的电磁波（包括光），只能以各自确定分立的能量从振子射出，这种能量微粒称为能量子。量子论不仅很自然地解释了灼热体辐射能量按波长分布的规律，而且以全新的概念提出了光与物质相互作用的问题。量子论不但给光学，也给整个物理学提供了新的概念，通常把它的诞生视为近代物理学的起点。

1905年，A.爱因斯坦运用量子论于光电效应之中，给光量子（后来才称为光子）做了十分明确的表示。他特别指出光与物质相互作用时，光也是以光量子为最小单位进行的。此外，在19世纪末及20世纪初的许多实验都很好地证明了光的量子性。

1905年9月，德国《物理学年鉴》发表了爱因斯坦的《关于运动介质的电动力学》一文。第一次提出了狭义相对论基本原理。文中阐明了从伽利略和牛顿时代以来占统治地位的古典物理学，其应用范围只限于速度远远小于光速的情况，而他的新理论可解释与高速运动有关的过程的特征。他从根本上放弃了以太的概念，圆满地解释了运动物体的光学现象。

在20世纪初，一方面从光的干涉、衍射、偏振以及运动物体的光学现象确证了光是电磁波；而另一方面又从热辐射、光电效应、光压以及光的化学作用等无可怀疑地证明了光的量子性——微粒性。

1922年发现的康普顿效应，1928年发现的拉曼效应以及当时已能从实验上获得的原子光谱的超精细结构，它们无疑地说明了光学的发展不能独立于量子物理。

现代光学中光量子概念并不与光的波动概念相排斥，不过需要借助于由W.K.海森伯、E.薛定谔、P.A.M.狄拉克、R.P.费曼、J.S.施温格和朝永振一郎等人创建和发展起来的量子力学和量子电动力学，才能把两者统一起来。应用他们的理论可阐明原子光谱、分子光谱和离子光谱；能解释电场、磁场和声场对光谱的效应；能建立激发条件和光谱特性的关系。历史表明，现代物理学中的两个最重要的基础理论——量子力学和狭义相对论都是在人类关于光的研究中诞生和发展的。

学科内容 光学学科内容十分广博。传统上基础层面的光学内容有几何光学、物理光学和量子光学；光学还包括很多近代发展起来的其他分支，如傅里叶光学、激光物理学、非线性光学、超快超强光学、近场光学，以及应用光学和光子学等。

几何光学 是一门基于光线的概念和光线的折射、反射定律来描述光在介质中传播规律的光学分支学科。几何光学是更普遍的波动光学的短波长近似，即当波长较之所关注的空间尺度小很多的情况下的近似。

物理光学 从光是一种波动出发，研究光在介质中传播规律的光学分支学科，也称为波动光学。可用来研究光的干涉、光的衍射、光的偏振及其在各向异性介质中传播所呈现出的现象。由于光速和电磁波传播速度相同，从而推测光也是电磁波，这一推测被以后相关实验所证实。

用波动光学方法处理问题较为复杂，所以通常根据问题的性质来决定采用几何光学还是波动光学，或两者兼而用之。如光学仪器的一般光学系统设计中，多用几何光学方法来确定系统的结构要素，但在求得光能分布形式从而评价其成像质量时，就必须用波动光学方法。

波动光学的基础就是经典电动力学的麦克斯韦方程组。光在介质中的宏观参量介电常数ε和磁导率μ，麦克斯韦方程组中表现为系数，它们与介质的折射率n之间有个简单的关系：$n=\sqrt{\varepsilon\mu}$。波动光学不详论述ε和μ与物质结构的关系，而侧重于解释光波的传播规律。在建立ε和μ跟分子和晶体结构之间的关系中，研究这些内容有时称为分子光学。波动光学可解释光在散射介质和各向异性介质中传播时所伴随产生的过程和在介质界面附近的表现；也能解释色散现象和各种介质中压力、温度、声场、电场和磁场对光的现象的影响。

虽然波动光学能对光的传播做出满意的解释，但不能说明光的发射和吸收过程，表现出经典物理的困难。

量子光学 1900年，普朗克在研究黑体辐射规律时大胆提出了与经典概念迥然不同的假设，即组成黑体的振子的能量不能连续变化，只能取一份份的分立值$0, h\nu, 2h\nu, \cdots, nh\nu$，其中$n$为正整数，$\nu$为振子频率，$h$为普朗克常数（其值为$6.626\times10^{-34}$焦·秒）。1905年，爱因斯坦在研究光电效应时推广了普朗克的上述量子论，进而提出了光量子的概念。他认为光能并不像电磁波理论所描述的那样把能量分布在波阵面上，而是集中在所谓光量子的微粒上。这种微粒仍保持着频率的概念，频率为ν的光量子具有能量$h\nu$。由此认识到一个原子或一个分子能把它的能量转变成电磁场辐射或从该场中获得能量，但只能以$h\nu$为单位来进行。

光的波动和光（量）子的二象性是光的本性。光子、电子、质子、中子等微观客体的**波粒二象性**是形成量子力学的重要基础。从这种光子的性质出发来研究光的本性以及光与物质相互作用的学科后来发展成量子光学。现代量子光学是用量子理论来研究光的相干性、统计性以及光与物质相互作用规律的光学分支学科。

此外，19世纪80年代用迈克耳孙干涉仪测量由同一光束分成相互垂直的两个方向光速的差异，其结果显示光速是不变的，即迈克耳孙－莫雷实验，成为爱因斯坦狭义相对论的实验基础。因此，光学学科中的研究成果对于量子力学和相对论的建立起了决定性的作用。上述两大学说构成了现代物理学乃至现代科学技术的理论基础。

现代光学分支　由于激光的发现和发展，产生一系列新的光学分支学科，并得到了迅速的发展。

早在1917年，爱因斯坦在研究原子辐射时曾详细论述过物质辐射有两种形式：其一是**自发辐射**；其二是受外来光子的诱发激励所产生的受激辐射。并预见到受激辐射可产生沿一定方向传播的亮度非常高的单色光。自1960年T.H.梅曼首先制成红宝石激光器以来，光受激辐射的研究使得激光科学和激光技术得到迅速的发展，开辟了一批与激光本身紧密相关的新兴分支学科，除量子光学外，还有如激光物理学、非线性光学、激光光谱学、超强超快光学、激光材料和激光器物理等。

经典波动光学中，介质参量被认为与光的强度无关，光学过程通常用线性微分方程来表述。但在强激光通过的情况下发现了许多新现象。如发现折射率跟激光的场强有关，光束强度改变时两介质界面处光的折射角随之发生改变；光束的自聚焦和自散焦；通过某些介质后光波的频率发生改变，产生倍频、和频和差频等。所有这些现象都归入非线性光学研究。

激光器现已能够产生高度指向性、高度单色性、偏振以及频率可调谐的激光，使得经典的光谱学发生了深刻的变化，发展成为激光光谱学。同时，还能获得高功率、飞秒超短脉冲的激光，研究这类激光与物质相互作用已发展成超强超快光学。以上这些新兴学科成为研究物质微观结构、微观动力学过程的重要手段，为原子物理、分子物理、凝聚态物理学、分子生物学和化学的结构和动态过程的研究提供了前所未有的新手段。

随着激光科学和激光技术的发展以及激光在众多领域的应用开拓，对激光材料和相应的激光器件的性能提出了新的要求，新型光源和激光器发展中所涉及的基本问题成为现代光学的重要内容，其发展趋势是波长的扩展与可调频、光脉冲宽度的压缩、光频标与光梳以及器件的小型化和固体化等。

几十年来的发展表明，激光科学和激光技术极大地促进了物理学、化学、生命科学和环境科学等学科的发展，已形成一批十分活跃的新兴学科和交叉学科，如激光化学、激光生物学、激光医学、信息光学等。同时，激光还在精密计量、遥感和遥测、通信、全息术、医疗、材料加工、光镊技术、激光制导和激光引发核聚变等方面获得了广泛的应用。

应用光学　由于光学具有广泛的应用，所以还有一系列应用背景较强的分支学科也属于光学范围。如有关电磁辐射物理量测量的光度学和辐射度学；以正常平均人眼为接收器来研究电磁辐射所引起的彩色视觉及其心理物理量的测量的色度学；以及众多的技术光学诸如光学系统设计及光学仪器理论，光学制造和光学测试及干涉量度学、薄膜光学、纤维光学和集成光学等；还有与其他学科交叉的分支，如天文光学、海洋光学、遥感光学、大气光学、生理光学及兵器光学等。

光子学　与传统电子学相对应，光子学这一名词也被人们越来越多地使用。一般来说，光子学是研究以光子作为信息载体和能量载体的科学，主要研究光子的产生、运动及其转化的规律。物理上看，光子学具有将光学的原理和方法深化和应用的特点，光子学与光学的关系有如电子学与电学的关系；技术应用方面看，光子学及其发展的相关技术即光子技术具有丰富的内容和极其广博的应用前景。

学科进展　20世纪后半叶光学更加迅猛地发展，开始进入一个新的时期，学科进展成为现代物理学与现代科学和技术前沿的重要组成部分。最重要的成就是证实并完善了爱因斯坦于1916年预言过的原子和分子的受激辐射的理论，并创造了许多具体产生受激辐射的技术。光源的发射一般都属自发辐射，其中受激辐射概率小到可忽略不计。但受激辐射具有产生同方向、同位相、同频率和同偏振辐射的性质。在一定条件下，如果能使受激辐射继续去激发其他粒子，造成连锁反应，雪崩似地获得放大效果，最后给出单色性的辐射，即所谓的激光。第一个实现这种量子放大的辐射的是1954年以C.H.汤斯完成的微波激射器。随后在1960年T.H.梅曼用红宝石制成第一台可见光的激光器。已制成的各种激光器覆盖了由X射线、紫外、可见、红外、太赫兹及至微波的整个波段。激光的时间分辨率已进入阿秒范围，空间分辨率突破了光的衍射极限。由于激光具有极好的单色性、高亮度和良好的方向性，所以自激光器发明以来，激光科学与激光技术得到迅速发展和广泛应用，引起了整个科学技术领域的重大变化。

另一个重要的现代光学分支是由成像光学、全息术和光学信息处理组成的。这一分支可追溯到1873年E.阿贝提出的显微镜成像理论和1906年A.B.波特为之完成的实验验证；1935年F.泽尔尼克提出位相反衬观察法，而由蔡司（Zeiss）工厂制成相衬显微镜；1948年D.伽柏提出的现代全息照相术前身的波阵面再现原理。

彩色、三维、动态和超高分辨率显示等成为当前显示技术发展的方向。

20世纪50年代开始把数学、电子技术和通信理论与光学结合起来，给光学引入了频谱、空间滤波、载波、线性变换及相关运算等概念，更新了经典成像光学，形成了傅里叶光学。再加上由于激光所提供的相干光和由E.N.利思及J.阿帕特内克斯改进的波阵面再现技术——全息术，形成了一个新的学科领域——光学信息处理。

数十年来，特别是1978年以来，由于成功地减小了光纤中光的耗损，纤维光学的应用得到突飞猛进的发展。它不仅为内窥光学系统提供了纤维传像和传光，尤其重要的是它成功地应用于通信系统，光缆代替电缆，实现了光纤通信。这是现代光学的另一重要成就，为信息传输和处理提供了崭新的技术。

在现代光学本身，除非线性光学、激光光谱学、超强超快光学、激光材料和激光器物理外，在以下领域越来越多地为人们所关注。激光冷却和玻色－爱因斯坦凝聚的实现以及原子激光的诞生是20世纪末物理学的重大突破性进展之一。在量子通信与量子计算方面，自从1994年P.肖尔提出量子平行算法以来，量子通信与量子计算发展成物理学与信息科学相结合的新兴交叉学科，这方面的理论和实验均取得了重大进展。与扫描隧道显微镜类似，发展了一系列近场光学扫描显微镜技术，分辨率已达到光波波长的数十分之一，并形成了一门光学、扫描探针显微学和光谱学相结合的新型交叉学科——**近场光学**。微纳光学主要研究光在衍射极限下和突破衍射极限尺度下光的产生、传输、调控及其与物质相互作用的规律，包括量子点、纳米线、表界面和光子晶体等结构形态。有关金属表面等离子体激元的研究是重要研究内容之一。微纳光学研究已成为一类全新光子器件的物理基础。现代光学不仅促进了物理的发展，并与化学、生命科学、信息科学、材料科学等领域的交叉日渐广泛和深入，同时也为应用发展研究提供广阔的前景，已成为高技术领域发展所依托的重要学科基础之一。（杨国桢）

光学薄膜 optical thin film 基于光波干涉原理进行工作，能够控制工作光束光学状态的膜层或膜系。根据光的电磁理论，光束于传播过程中在界面处会发生反射和透射（折射）。如果在界面上镀有膜层或膜系，根据光波干涉原理，其反射光束和透射光束的强度、光谱分布、偏振状态以及相位状态都将发生改变。

光学薄膜中各个膜层厚度的范围大约在工作波长数量级。

光学薄膜的性能评价通常包括光学性能、力学性能、化学稳定性能、环境耐受性能以及光损伤耐受性能等诸多方面。

光学薄膜随应用的不同，包括很多种类。

①减反射膜。

②反射膜。在光学系统中，反射镜用来改变光束的方向。在基片上镀制适当的反射膜，就构成完整的反射镜。反射膜的光学性能参数是工作光谱波段的反射率，通常希望反射率尽可能高。常用的金属反射膜包括铝膜、银膜及金膜，分别适用于紫外波段、可见及近红外波段、红外波段。还可在金属膜层表面镀制介质增强膜，既可提高反射率，还能改善膜层强度。在激光系统中，由于金属膜容易受到损伤且不能给出更高的反射率，所以需要使用全介质高反射膜系。在激光陀螺的光学系统中，全介质反射膜的反射率高达99.999%；在高能激光系统中，膜层的能量损伤阈值高于40焦/厘米^2。

③带通滤光片。见**干涉滤光片**。

④干涉截止滤光片。包括截止较短的波段范围同时透射较长波段范围的长波通滤光片和截止较长波段范围同时透射较短波段范围的短波通滤光片。光学性能参数包括截止带的波段范围及其透射率或光学密度、透射带的波段范围及其通带的平均透射率。性能优异的干涉截止滤光片，通带透射率可达到98%以上。

⑤二向分色膜。通常工作于特定的入射角度诸如45°，将入射光束分解为反射光束和透射光束，分别含有不同的光谱成分，即按光谱成分进行分光。光学性能参数包括反射光的波段范围及其反射率、透射光的波段范围及其透射率。

⑥二向分光膜。通常工作于特定的入射角度诸如45°，将入射光束中性分解为反射光束和透射光束，即两者的光谱成分基本一致，光强度亦基本一致。二向分光膜的光学性能参数包括反射光的波段范围及反射率、透射光的波段范围及透射率。必要时需考虑反射光及透射光的偏振状态。

⑦偏振分光膜。如果将偏振分光膜镀制在一个直角棱镜的斜面上，再将另一个尺寸相同的直角棱镜与之胶合，合成一个正方体，就构成偏振分光棱镜，此时光轴的入射角为45°。该棱镜可将入射的自然光分解为垂直分量（s光）的反射光和平行分量（p光）的透射光，从而实现按偏振态的分光，其工作光谱宽度通常可达可见区。如果入射光是自然光，偏振分光棱镜也可以用作反射光与透射光强度相等的分光器。另外，还有一种在平板基片上的偏振分光膜，利用在布儒斯特入射角时（对于K9玻璃基片约为56.6°）p光完全透射，s光部分反射的原理，再镀制相应的分光膜，可实现p光高透射，s光高反射的技术要求。

⑧负滤光片。又称陷波滤光片。其功能是在工作光束中截止某些光谱波段，其余的短波和长波光谱波段都高效透射，其透射光谱特性曲线如同一个陷阱结构。光学性能参数包括截止带的光谱范围及其中心波长、截止带的最低透射率或光学密度（OD值）、截止带的半值宽度、透射带的光谱范围及透射率。

制造光学薄膜主要是在真空室中进行物理气相沉积，其中得到比较普遍应用的沉积技术，包括带有离子或等离子体辅助功能的热蒸发技术、磁控溅射技术及离子束溅射技术。还有一种低压反应离子镀技术。此外，溶胶-凝胶法化学镀膜技术也得到实际应用，使用印刷的方法制备光学薄膜也已经开始尝试。

对于多层膜系，还需要准确控制各个膜层的厚度，才能在各个工作光谱波段实现期望的光谱特性，从而使制备的膜系性能达到技术要求。（赵福庭）

光学倍频 optical frequency doubling 光在介质中传播时由于介质的二阶非线性极化而产生二倍频光的现象。又称光学二次谐波产生。1961年，P.A.弗兰肯等首次在石英晶体中获得红宝石激光的二次谐波。现在，光学倍频已广泛应用于新的波段产生相干光。二阶非线性极化强度正比于光场振幅的二次方，这是激光与介质相互作用时出现的最低阶次的非线性极化。光与介质微观粒子电偶极矩相互作用近似下，只有不具备反演中心的介质才存在二阶非线性极化。根据经典电磁理论，二阶非线性极化作为场源出现在波动方程中，导致光在介质中传播时倍频光的产生。

非线性光学现象中介质的尺寸通常比光波波长大得多，波的传播效应就必须加以考虑。二次谐波产生过程中，基波传播时在介质不同的空间点感生出二阶非线性极化强度，随即激发出二次谐波。只有不同点产生的二次谐波的相位保持一致，倍频效率才最高。非线性光学现象中这一要求称为相位匹配条件。由于介质的色散等原因，相位匹配条件通常不会自动满足，可利用晶体的双折射实现相位匹配。各向异性的晶体中，光的偏振方向不同将具有不同的折射率。以负单轴晶体为例，当偏振方向垂直于光的传播方向与晶体光轴方向组成的平面时，晶体的折射率与传播方向无关（寻常光折射率为n_o）；当偏振方向落在光的传播方向与晶体光轴方向组成的平面内时，晶体的折射率与传播方向有关（非常光折射率为n_e），而且$n_e \leqslant n_o$。由于晶体的正常色散，两者都随光波频率升高而变强。二次谐波实验中将基波定为寻常光，而将谐波定为非常光，则晶体中存在一个传播方向可满足相位匹配条件，谐波的折射率$n_e(\theta)$等于基波的折射率n_o。根据晶体特性和工作波长还可设计其他相位匹配方案。如可固定传播方向通过改变晶体温度实现相位匹配；也可用两个偏振方向不同的波作为基波，进行相位匹配。

谐波功率与晶体的二阶非线性极化率二次方成正比，相位匹配时与晶体长度的二次方成正比。此外，作为二阶非线性光学效应，基波功率不太高时谐波功率还与基波功率的二次方成正比。进一步提高基波功率，谐波功率的提高变得越来越平缓，最后将所有基波都转换成谐波功率。

除改善激光性能和提高基波功率外，提高倍频效率的途径是生长好的倍频晶体。好的倍频晶体具有高的二阶非线性极化率，工作波长范围可实现相位匹配，还有高的光损伤阈值，经得起极高功率基波的入射。现已研制出KDP、$LiNbO_3$、KTP、BBO、LBO等从可见到紫外的倍频晶体。Te、CdSe等半导体材料可用于红外波段的倍频。

中国的LBO、BBO等晶体的研发具有国际一流水平，用于深紫外倍频的

BKKF晶体更是领先国际非线性光学晶体同行。（邹英华　王树峰）

光学表面疵病 optical surface imperfection　实际的光学表面出现的瑕疵。在光学表面出现的不良和疵病会造成光的漫反射，损失光能，同时形成杂散光，影响像质。光斑小能量集中的激光应用光学表面时，还会增加局部的吸收，导致局部过热甚至使得光学元件炸裂。

光学表面疵病一般包括麻点（斑点）、划痕、破边等，评价的标准为疵病的大小（长度、宽度、面积）、数量、密集度等。各国使用不同的标准来对光学表面疵病来进行定义。中国国家标准GB/T 1185—2006（参考ISO标准最新编定）规定了光学表面疵病的标注方式。

对光学表面疵病的判定主要的手段是靠肉眼或借助放大镜及低倍显微镜来目测疵病的大小。目测结果受个人因素影响较大。所以在实际生产工作中，可以对零件上存在争议的同一表面疵病大小、严重程度通过借鉴不同标准中对该疵病的表述，再结合“比较标板”的对比，以期尽量给予该疵病一个合理、公正的评价。

在实际的工业应用中，并不是一味追求光学表面疵病越小、越少越好，还要考虑加工难度以及成本，取适度原则即可。（王　茹）

光学玻璃 optical glass　制作光学系统透镜、棱镜、反射镜和窗口等的主要材料。光学玻璃制造者已能为光学设计提供数以百计不同光学常数的光学玻璃品种，以满足各领域光学设计对材料的需求。

光学玻璃特性及分类　光学玻璃在可见光、近紫外和近红外区域具有很高的透过率，其化学结构及物理性能高度均匀，并具有特定和精确的光学常数（主要是中部折射率N_d和阿贝数υ_d）。按化学构成可分为硅酸盐、硼酸盐、磷酸盐、氟化物以及硫系化合物系统。前几个系统主要用于可见光及近紫外光谱区域，硫系化合物系统则主要用于中远红外光谱区域。

常用的光学玻璃品种有200多个。传统上普通光学玻璃分为冕牌和火石两大类，$N_d>1.60$、$\upsilon_d>50$和$N_d<1.60$、$\upsilon_d>55$的各类玻璃定为冕牌类（K）玻璃，其余则定为火石类（F）玻璃。除了这两类最常用的光学玻璃外，还有滤光所用的有色光学玻璃，以及耐高能辐射光学玻璃、防高能辐射玻璃和光学石英玻璃。

光学玻璃最重要的参数是它的折射率。折射率不仅与玻璃的介质种类有关，还与入射光波长，以及温度、压力等因素有关。光学玻璃常用的单色光源如表。

色散系数（阿贝数）是光学设计中必不可少的重要参数，定义如下：

$$\upsilon_d=(N_d-1)/(N_F-N_C)$$

或

$$\upsilon_e=(N_e-1)/(N_{F'}-N_{C'})$$

对光学玻璃而言，光透过性能是至关重要的。通常光学玻璃的短波透射光谱特性用着色度（λ_{80}/λ_5）来表示。当样品厚度为10毫米时，λ_{80}指玻璃的光透过率达到80%时所对应的波长，λ_5指玻璃的光透过率达到5%时所对应的波长，并以10纳米为单位表示。通常氧化物玻璃光透过的后截止波长在4～5微米，而一般的光学玻璃的应用波段不超过2.4微米。这是因为玻璃中含有羟基（OH^-），在2.7微米附近有一强吸收峰，若用到2.4微米以后的近红外波段，则玻璃在制造过程中必须采用除水工艺。

光学玻璃的进展及应用　光学玻璃有了长足的发展，尤其镧系光学玻璃折射率已达到2.0，可供光学设计选择的品种非常丰富。火石类光学玻璃因无铅化成了环境友好光学玻璃；密度大幅下降，硬度和化学稳定性显著提高；多品种的低折射、低色散的氟磷酸盐光学玻璃的商品化；低软化点光学玻璃的系列化；非球面透镜的精密模压直接成型技术的不断完善，使得光学系统可以应用更多的非球面镜头。

新的光学玻璃不断被研究出来，如大视角材料、低折射率低色散以及校正二级色差材料、低软化点玻璃、各种功能（光功能、机械功能、热功能、化学功能）玻璃等。

光学玻璃常用的光谱线表

光谱线	元素	波长/nm	光谱线	元素	波长/nm
汞紫外线i	Hg	365.01	钠黄线D	Na	589.29
汞紫线h	Hg	404.66	氦氖激光线	He-Ne	632.80
汞蓝线g	Hg	435.84	镉红线C′	Cd	643.85
镉蓝线F′	Cd	479.99	氢红线C	H	656.27
氢蓝线F	H	486.13	氦红线r	He	706.52
汞绿线e	Hg	546.07	汞红线t	Hg	1013.98
氦黄线d	He	587.56			

运用尖端技术，能够使玻璃局部有序、不均一、各向异性，开发了玻璃的新功能，推进了新功能玻璃的研制。主要有以下几方面的功能玻璃：

光功能。为了最大限度提高玻璃的透明性能，出现了光纤产业，还将进一步发展。包括超高速大容量的通信用玻璃材料开发；超高透过率光纤开发；波分复用和解复用、光纤连接、光波导等微型光通信用玻璃。

机械功能。显示器用基板玻璃及磁盘用玻璃的厚度呈日益减小的趋势；在汽车领域的高强度、轻量化、高刚性、高韧性（不易破裂）玻璃。

热功能。将玻璃作为电子用基板时，必须开发耐热性高、易生产、低成本玻璃；热膨胀系数高、化学稳定性好的玻璃及热膨胀系数低、熔融性好的玻璃，超绝热性玻璃。

化学功能。玻璃是化学稳定性好的材料，但是通过对其组成的控制，可严格控制介质内细孔的孔径及体积，对其细孔表面进行修饰的多孔质玻璃，可作为气体或液体透过控制材料。此外，开发生物亲和性较好的玻璃、玻璃陶瓷作为人工骨骼及牙齿材料。（孙　伟　李小春）

光学材料 optical material　在光学研究、光学仪器、光学应用中所使用的具有一定光学性质和功能的材料的统称。按照材料性质分，光学材料包括无机和有机化合物，常分为晶态（光学晶体）、非晶态（光学玻璃）、微晶玻璃（玻璃陶瓷）、有机物（光学塑料）、有机无机混合物。按照效能分，光学材料可分为光介质材料、光学纤维、光学薄膜和其他光功能材料。

光学玻璃　光学玻璃是光学设计、发光研究、吸收或反射光常用的光学材料，所含的元素几乎遍及化学元素周期表，大多光学玻璃含有硅、磷、钾、钠、钙等氧化物。在结构上，光学玻璃是长程无序的。

玻璃的光学性质取决于化学成分。根据其主要成分不同，常见的光学玻璃材料有：硅酸盐玻璃、硼酸盐玻璃、磷酸盐玻璃。光学玻璃按折射率、色散系数分为两大类，即冕牌玻璃和火石光学玻璃。根据国际惯例和中国国家标准规定，K代表冕牌玻璃，F代表火石玻璃。中国光学玻璃共有18个品种、141个牌号。

冕牌玻璃　冕牌玻璃是硼硅酸盐玻璃，加入氧化铅后成为火石玻璃。在冕牌玻璃中，随着氧化钡含量的增加，折射率增加，分成钡冕及重冕玻璃。火石玻璃中，随着氧化铅含量的增加，折射率增大，分成冕火石、轻火石、火石及重火石等品种。含氧化钡的铅玻璃又分钡火石及重钡火石玻璃。加入氧化镧及其他稀土氧化物形成高折射率低色散的镧冕和镧火石玻璃品种系列；加入二氧化钛及氟化物形成高色散的特冕和钛火石玻璃；以磷酸盐和氟磷酸盐为基础发展了低折射率低色散玻璃（如氟冕和磷冕玻璃）。

根据其作用不同，还可分为：对光学常数有特定要求的无色光学玻璃；在γ射线区具有一定抗辐射特性、在可见光区不产生强烈光吸收的耐辐射光学玻璃；对不同波长具有特定光吸收或透射的有色光学玻璃以及石英玻璃等。

无色光学玻璃　无色光学玻璃是使用量最大的光学材料。以折射率、色散系数（阿贝数）和部分色散系数来表示其特征性质。

耐辐射光学玻璃　耐辐射光学玻璃用于受γ辐射照射场合下的光学仪器中。它除具有无色光学玻璃的各项性质外，还要求在一定辐射剂量下光密度的变化必须保持在规定的数值以内。其品种及牌号与无色光学玻璃相同。玻璃的化学成分是在无色光学玻璃的基础上，添加少量二氧化铈来消除高能辐射在玻璃中所形成的色心。因为O^{2-}和Ce^{4+}的吸收带都处在紫外区，价态变化对可见区透过的影响不大，因此这种玻璃受辐照后光吸收变化很小。

有色光学玻璃　有色光学玻璃又称滤光玻璃，已有百余种。是在基质玻璃中添加着色剂获得的，所需的光谱性质取决于着色剂的种类和含量。第四周期过渡元素离子及个别镧系和锕系元素离子产生离子吸收，是选择吸收型和个别截止型有色光学玻璃的着色剂；硫化镉、硒化镉、碲化合物作为着色剂，可制成400～1000纳米截止吸收的黄、橙、红及红外滤光玻璃。由它制成的各种滤光镜广泛应用于观察、照相系统和红外波段工作的光学仪器中。按光谱特性分为选择性吸收型、截止型和中性灰色型三类。选择性吸收型有色光学玻璃能够吸收或透过一些特定波长的光线，以其透过率为特征性质，按颜色分品种；截止型有色光学玻璃以截止透过界限波长为特征；中性灰色型有色光学玻璃对各波长的光线是无选择地均匀吸收，以平均透过率为特征。

紫外和红外光学玻璃　它们在该光谱区域具有良好的透过率。紫外光学玻璃以光学熔石英为主，正在发展氟化物光学玻璃，其紫外透过极限为200纳米。红外光学玻璃以铝酸盐和锗酸盐玻璃为主，红外透过截止在4～5微米。硫系化合物玻璃透过截止在15微米。

还有一些特殊品种的光学玻璃，如光沿着磁力线方向通过玻璃时偏振面发生旋转的磁光玻璃；光按一定方向通过一传播超声波的玻璃时，能发生光的衍射、反射、会聚式光频移动的声光玻璃，在外界电场作用下产生双折射现象的电光玻璃等。

微晶玻璃　微晶玻璃是介于玻璃和晶体之间的一种光学材料，又称为玻璃陶瓷。微晶玻璃具有结晶的结构，在玻璃内部各处形成晶核，并且在静态生长过程中逐渐变为陶瓷。微晶玻璃具有热膨胀系数小、强度大、硬度高、稳定性好等特点，在平晶、大型反射镜、发光材料、激光材料中有广泛应用。

光学晶体　光学晶体是在结构上长程有序的光学材料。光学晶体的性质主要包括：双折射、旋光性、吸收性和多色性、光谱透过范围宽。光学晶体的应用范围十分广泛，可制作各种光学零件，紫外、可见、红外波段的窗口，棱镜和透镜，偏振器、推迟板和补偿器，电光、声光、光弹、磁光调制器以及谐波发生和多波混频器。玻璃比晶体易于制造且价格较低。在可见光波段大多采用玻璃制作光学元件，但在红外和紫外波段则广泛使用各种晶体。

光学塑料　光学塑料是有机高分子聚合物。它比重小、耐冲击强度高、易成型、成本低、红外与紫外透射性能好等，主要应用于眼镜工业、复制光学元件和纤维光学工业。根据性质不同可分为热塑性塑料（线性分子链结构）、热固性塑料（网状分子链结构）和共聚物。热塑型材料中较普遍采用的是聚甲基丙烯酸甲酯、聚碳酸酯、聚苯乙烯醋酸纤维素等；热固材料中包括透明环氧树脂、二丙烯基二乙二醇碳酸酯（商品牌号C-39）和甲基丙烯酸羟乙酯等；共聚物有苯乙烯-丙烯酸树脂、丙烯腈-苯乙烯树脂或热塑和热固材料间的共聚物。光学塑料在塑料透镜、光学纤维及光盘等方面有广泛应用。不过光学塑料仍存在硬度低、热膨胀系数高、吸湿性严重等缺点。

有机无机混合材料　人们将有机物和无机物通过多种方法融合在一起，形成了新的杂化光学材料，兼具有机物和无机物的特点。

纳米光学材料　纳米光学材料是新兴起的一种材料，其特点是材料具有纳米结构，从而具备了特殊的光学性质。

光学纤维　光学纤维是指用于传导光的人造纤维，又称光导纤维，简称光纤。其基本结构是圆柱形的细长丝，直径在1～100微米之间。制造光纤的材料最常用的是二氧化硅（石英），也有用多组分玻璃或有机玻璃等。光纤的材料要求高度透明，对材料的纯度要求非常高、损耗非常小。如果材料的纯度低，光在传输过程中的衰减就会很快。使用的光纤最主要有：阶跃折射率（step index）光纤，利用光的全反射使光沿折射路径在光纤内传播；渐变折射率（graded index）光纤，利用折射率逐渐变化使光沿曲线路径在光纤内传播。常用来制备光纤的材料包括有机和无机材料。

光学薄膜　光学薄膜是由薄的分层介质构成，通过界面传播光束的一类光学介质材料。主要的光学薄膜器件包括反射膜、减反射膜、偏振膜、干涉滤光片和分光镜等。光学薄膜的特点是：表面光滑，膜层之间的界面呈几何分割；膜层的折射率在界面上可以发生跃变，但在膜层内是连续的；可以是透明介质，也可以是吸收介质；可以是法向均匀的，也可以是法向不均匀的。光学薄膜按应用分为反射膜、增透膜、滤光膜、光学保护膜、偏振膜、分光膜和相位膜。光学薄膜的应用无处不在，从眼镜镀膜到手机、电脑、电视的液晶显示，再到LED照明等，它存在于人们生活的方方面面，使生活更加丰富多彩。

光学功能材料　光学功能材料是在力、声、热、电、磁和光等外加场作用下，其光学性质发生变化，从而起到光的开关、调制、隔离、偏振等功能作用的材料。

（邓佩珍　蒋亚丝　宋　峰　巨丹丹）

光学参量放大与振荡　optical parametric amplification and oscillation　由多波混频产生的非线性光学效应。三波混频的光学参量放大与振荡研究得很多，并已广泛用于可调谐激光的产生。

光学参量放大（OPA）　当一束圆频率为ω_p的高功率激光（泵浦光）入射到某些非线性介质时，能同时在两个较低频率（ω_s和ω_i，而$\omega_s+\omega_i=\omega_p$）上具有增益，可放大相应频率的光束，相位匹配条件得到满足时增益最大。如果仅向非线性介质入射一束频率为ω_s的光束（信号光），其光强将被放大，同时会产生频率为ω_i的相干光（空闲光），这就是光学参量放大过程。用光子的语言，这是一个泵浦光光子湮没，产生两个低频光子（分别对应信号光和空闲光）的过程。

光学参量振荡（OPO）　利用参量增益产生的激光振荡。如同激光器一样，将作为增益介质的非线性晶体置于谐振腔内，泵浦光经透镜聚焦于晶体内，适当选择相位匹配角θ可满足相位匹配条件：$n_p\omega_p=n_s\omega_s+n_i\omega_i$。由于相位匹配时参量增益最大，因此参量振荡都是发生在满足相位匹配的频率上。固定泵浦光频率、改变θ角时，信号光和空闲光频率都会相应改变，这样参量振荡使固定频率激光转换为频率可调谐的激光。相位匹配条件还可通过改变晶体温度实现。固定θ角、改变晶体温度可得到参量振荡的温度调谐曲线。由于相位匹配点对波长的依赖不是十分强，参量振荡器输出激光的单色性不太好。为此常在谐振腔中加一些选频光学元件，如光栅、标准具等。为提高输出功率，在参量振荡器后可加上一级或多级参量放大。

最后提一下与OPA和OPO紧密相关的OPG（光学参量产生），即在非线性介质中一个泵浦光光子湮没，自发产生两个低频光子的过程。产生的低频光子能得到增益，就形成OPA；被置于谐振腔振荡，就形成OPO。（邹英华　王树峰）

光学测距仪 optical range finder 利用光测距的仪器。距离测量是很基本的一项测量，在工程和军事上意义重大。以往采用简单的钢尺量距法和光学视距仪测量。光学视距仪是传统的光学测距仪，是一种基于几何光学方法及三角原理间接测定两点间直线距离的仪器，属被动式测距仪。随着光电子技术、计算机技术的发展，出现了有源的主动式测距仪，如以激光为光源的激光测距仪（有时称光电测距仪）和微波为载波的微波测距仪。激光测距仪是新型的光学测距仪。光波和微波均属电磁波的范畴，故它们有时又统称为电磁波测距仪。

电磁波测距是通过测定的电磁波速，在待测距离上往返传播的时间t_{2D}来计算待测距离D，其基本计算式为：

$$D=\frac{ct_{2D}}{2}$$

式中c为电磁波在大气中的传播速度。

电磁波在待测距离上往返传播的时间t_{2D}，可以直接测定，也可间接测定。直接测定电磁波传播时间是用脉冲波，由仪器发射出去，被目标反射回来进入仪器接收器接收，最后由仪器的显示系统显示出脉冲在待测距离上往返传播的时间t_{2D}或直接显示出待测距离，这种测距仪称脉冲式测距仪。间接测定电磁波传播时间是用连续调制波，由仪器发射出去，被目标反射回来进入仪器接收器接收，通过发射信号与返回信号的相位比较，即可测定调制波往返于待测距离的滞后相位差中小于2π的尾数，用n个不同调制波的测相结果，可以间接推算出传播的时间t_{2D}，并直接显示出待测距离，这种测距仪称相位式测距仪。

应用红外激光为光源的激光测距仪按测程一般分三类：

短程激光测距仪。测程≤3千米，适用于低等级控制、地形测量及各类工程测量等。

中程激光测距仪。测程在3～25千米，适用于二、三、四等级控制测量和地震预报观测等。

远程激光测距仪。测程在25千米以上，适用于测量导弹、卫星及空间目标的距离。

根据规范按每千米测距中误差，测距仪按精度分三个等级。

测距仪精度等级

测距中误差/毫米	测距仪精度等级
小于5	Ⅰ
5～10	Ⅱ
11～20	Ⅲ

随着电子激光技术、微计算机技术的发展，使大地测量仪器测角和测距有机结合，组成为边角组合仪。根据结构，分整体式和组合式；根据功能，分半站型测距经纬仪和全站型电子速测仪。半站型仪器

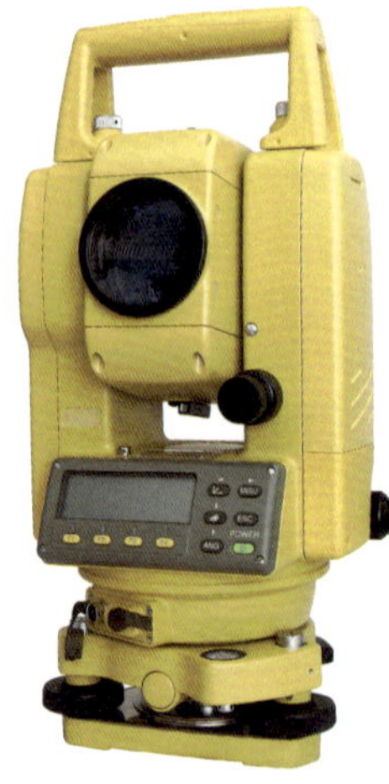

全站型电子速测仪

水平角、垂直角光学读数；全站型仪器数字显示水平角、垂直角和斜距、水平距、高程、坐标等，并有自动记录、存储、打印、跟踪等功能。现已有多种光电测距仪、红外测距仪、双色激光测距仪、卫星激光测距仪等产品。（骆东森）

光学成像系统 optical imaging system 由一个或若干个透镜、棱镜、反射镜、光栅等光学元件组成，能够满足光学成像功能的系统。光学成像系统的功能，是改变所要成像的物体发出或反射的光波或光线的方向，使它们汇聚到光学成像系统的像平面也就是探测器的靶面上，从而获得所要成像物体的各种信息，包括几何形状、光谱、辐射能量等。探测器靶面可以是人眼的视网膜，也可以是光电探测器，例如CCD或CMOS的感光靶面。

若光学成像系统中所有光学元件的曲率中心或回转中心都在一条轴线上，称为共轴光学成像系统；反之则称为非共轴光学成像系统，这条轴线称为光轴。

理想光学系统　符合点对应点、直线对应直线、平面对应平面关系，能产生清晰的、与物完全相似的像的成像系统称为理想光学系统。光束中各条光线或其延长线均交于同一点的光束称为同心光束。入射的同心光束经理想光学系统后，出射光束必定也是同心光束。入射和出射同心光束的交点分别称为物点和像点。理想光学系统具有下述性质：①交于物点的所有光线经光学系统后，出射光线均交于像点。反之亦然。这一对物像可互换的点称为共轭点。②物面上的一条直线对应像面上的一条直线，称为共轭线，相对应的物面和像面称为共轭面。③任何垂直于光轴的平面，其共轭面仍与光轴垂直。④对垂直于光轴的一对共轭平面，垂直于光轴的横向（垂轴）放大率为一个常量。⑤对于共轴理想光学系统，如果已知两对共轭面的位置和放大率，或者已知一对共轭面的位置和放大率，以及轴上两对共轭点的位置，则其他任意物点的像均可由此求出。研究理想光学系统物像一一对应关系的理论称为**高斯光学**。实际上不存在真正的理想光学系统，任何一个光学系统都不可能理想成像，总会有像差。所有表面均为球面的共轴球面系统在近轴条件下可近似满足理想光学系统的要求。

基点　又称高斯点。光学系统的两个焦点、两个主点和两个节点称为基点。如果物空间和像空间的光学介质相同，则对应的主点和节点重合。

光轴上与无穷远轴上像点共轭的物点称为物方焦点，记作F；光轴上与无穷远轴上物点共轭的像点称为像方焦点，记作F'。通过F和F'点并与光轴垂直的平面称为物方焦面和像方焦面。

横向放大率等于1的一对物像共轭面称为主面或主平面。这对物像共轭面中的物面称为物方主平面，像面称为像方主平面。物方和像方主平面与光轴的交点分别称为物方主点和像方主点。物方主点到物方焦点的距离称为物方焦距，像方主点到像方焦点的距离称为像方焦距。

光轴上角放大率为1的一对物像共轭点称为节点。这对节点中物点称为物方节点，像点称为像方节点。通过物方或像方节点并与光轴垂直的面称为物方节平面或像方节平面。

近轴光线　近轴区又称高斯空间，即光轴附近的周围空间。在近轴区内传播的光线称为近轴光线。

边缘光线　轴上物点的成像光束中过孔径光阑边缘的光线。空间光线则指的是不交轴光线，即共轴光学系统中不与光轴共面的光线。

光阑　垂直于光轴并能对通过的光线起限制作用的光孔或装置。

限制轴上物点成像光束孔径大小的光阑称为孔径光阑。孔径光阑决定了一个物点发出的光线中有多少能够进入系统成像，对系统的分辨力、清晰度、光能量、景深以及焦深等有直接的影响。

限制视场范围的光阑称为视场光阑，视场光阑决定所能成像物体的范围。

限制视场内杂光的光阑称为消杂光光阑，而通光孔大小可以连续变化的光阑称为可变光阑或虹彩光阑。

入瞳和出瞳　孔径光阑在光学系统物空间的像称为入瞳，孔径光阑在光学系统像空间的像称为出瞳。视场光阑在光学系统物空间的像称为入射窗，而视场光阑在光学系统像空间的像称为出射窗。对于有多个分系统组成的组合系统，前一个分系统的出瞳就是后一个分系统的入瞳，前一个分系统的出射窗就是后一个系统的入射窗。对于和人眼配合的目视光学系统，其出瞳必须与人眼的瞳孔重合，而对于一个红外光学系统，如果采用的是制冷型的红外探测器，为避免杂散辐射，系统的出瞳应该与探测器的冷窗口重合。

渐晕　光学系统中，轴外物点发出的成像光束由于受到某些光孔的部分遮拦，使其光束面积比轴上物点发来的光束面积减小，造成在像平面上轴外像点比轴上像点暗的现象，称为渐晕。渐晕原则上应尽量避免，但有时可以利用渐晕来减小轴外像点的像差，满足成像质量的要求。

像差　光学系统中，实际像与理想像的偏差称为像差，像差可作为评价光学系统成像质量的指标。

光学系统成像质量的评价指标可分为两大类：第一大类为以几何光学的原理和方法定义的像质评价指标，如几何像差、垂轴像差、以光线追迹计算的波像差等；第二大类是以物理光学的原理和方法定义的像质评价指标，如点扩散函数、相对中心光强、光学传递函数等。

在光学设计的初期，通常采用几何像差和垂轴像差作为像质评价指标。几何像差包括球差、轴向色差、正弦差、轴外球差、彗差、像散、场曲和畸变等，垂轴像差指的是不同孔径的光线在理想像平面的交点和主光线（通过孔径光阑中心的光线）与理想像平面交点的距离。

光学设计的像差理论就是以几何像差来表述的；而在设计的中后期，则多采用波像差和光学传递函数。光学传递函数是能全面反映成像质量的指标，它既能反映像差也能反映衍射的影响。

（李　林　胡望雨）

光学传递函数　optical transfer function　以空间频率为变量，表征成像过程中调制度和横向相移的相对变化的函数。光学传递函数用于评价二维的非相干光平面图像传递过程。

图形图像的空间频率　日常生活和科学技术领域中，常常需要观察和测量各类物体（“物”）。通过光学仪器（例如照相机、望远镜、显微镜）形成的像（“像”），早期由感光胶片记录，后来则由CCD、CMOS等像素阵列探测器件和计算机多媒体获得图形图像；存于计算机多媒体中的数字图像（“物”），则经由投影机等在屏幕或在液晶显示屏上成像（“像”）。所有这些图像有两类重要的参数：颜色和亮度。像与物的相似程度越高，成像质量越好。

一幅图像可以分解成高、中、低频率成分。亮度缓慢变化的背景、粗大的结构形成图像的低频，急剧变化和细微结构是图像的高频，亮度变化的成分称为图像的“交流分量”；“全黑”或“全白”则是空间频率的零频，称为图像的“直流分量”。空间频率单位是“mm^{-1}”，或写作“lp/mm”，即每毫米内有多少线对。图像的空间频率有s（又称弧矢）和t（又称子午）一对正交分量。

光学传递函数　设想用镜头来观察一组空间频率逐渐变大的余弦光栅（与“分辨率板”相似），其光强表为：

$$I(x)=1+\cos(2\pi\nu x)$$

通过系统后像的光强分布为：

$$I'(x)=1+m(\nu)\cdot\cos[2\pi\nu x+\varphi(\nu)]$$

式中$m(\nu)$为调制度或反差度（图1），代表交流分量的幅度$I(\nu)$与直流分量I_0的比，表征空间频率为ν的余弦信号调制度通过系统后的衰减，称为调制传递函数（简称MTF）。$\varphi(\nu)$则表示余弦光栅条纹位置的相对移动，称为相位传递函数（简称PTF）。称复函数$H(\nu)=m(\nu)\,e^{i\varphi(\nu)}$为光学传递函数，其中调制传递函数是光学传递函数的模，归一化手续规定$m(0)=1$。

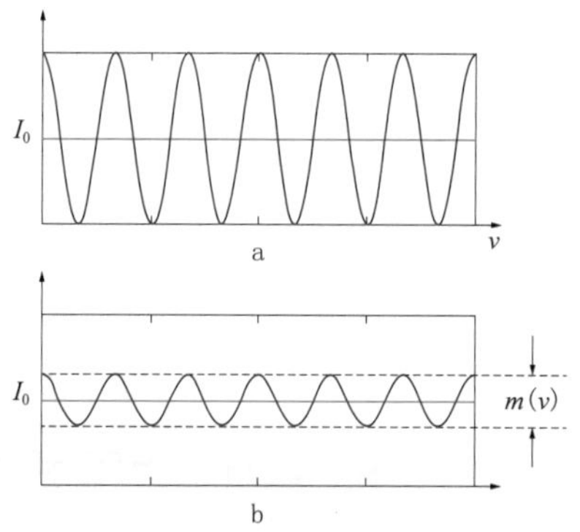

图1　余弦光栅的调制度

一般来讲，缓慢变化的背景和粗大物体通过系统形成的像比较清晰，表明系统的低频调制传递函数比较高；越细微的物体，光学系统的分辨率越低，即空间频率越高，调制传递函数越低。$m(\nu)\approx 0$的物体细节通过系统后变得非常模糊，乃至消失。由于光学系统只有有限的孔径，空间频率过高时，余弦光栅的衍射光离轴角过大，不能进入系统，因此存在截止频率（极限频率）ν_c，超过该频率的图像成分完全通不过系统。从这个意义上讲，光学系统是低频滤波器。衍射极限光学系统（即完全校正了像差的光学系统）的截止频率$\nu_c=1/\lambda F$，其中$F=f/D$，D为入射孔径大小、f为焦距。调制传递函数$m(\nu)$全面反映了从低频到高频的分量的传递特性，是评价系统成像质量的主要指标。在许多场合下，光学传递函数指的是调制传递函数。当若干成像系统串联时，合成系统的光学传递函数是子系统光学传递函数的乘积。

像差对光学传递函数的影响　由于设计、加工、材料和调试的缺陷，光学系统具有像差，像差使实际光学传递函数低于衍射极限系统的传递函数。图2给出衍射极限光学系统和实际光学系统的调制传递函数。

在评价大视场光学系统的成像质量时，要全面评价对应于不同视场的一系列传递函数曲线。一般说来，调制传递函数曲线整体越高，系统的成像质量越好。在某些应用中还需要考虑相位传递函数。然而在普通成像镜头生产线上，为了快速高效地判别成像质量，可以用几个甚至一个空间频率ν_0的调制传递函数$m(\nu_0)$与阈值的比较，作为镜头像质是否合格的判据。ν_0又称特征频率，通常取$\nu_0=0.4\nu_c\approx\nu_c/2$。

像素阵列器件的截止频率　CCD、CMOS、FPA（focal plane array，焦平面探

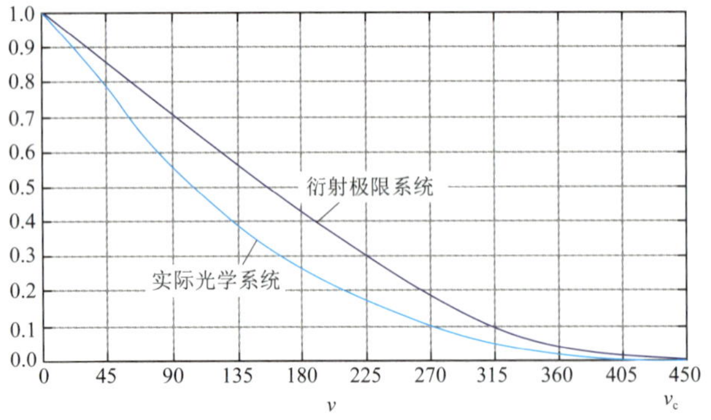

图2 调制传递函数MTF

测阵列）等探测器阵列发展很快，高清晰度镜头与探测器阵列相结合，广泛用于机器视觉、监控、智能交通、各种精密测量和手机照相机。阵列探测器件对图形图像进行抽样探测，设探测器像素尺寸为p，则器件的截止频率$\tilde{\nu}_c=1/2p$。通常器件的截止频率低于衍射极限的截止频率：$\tilde{\nu}_c<\nu_c$，$\tilde{\nu}_c$就是光学成像物镜和像素阵列器件联合系统的截止频率。高于该频率的成分不能参与成像。（宋菲君）

光学存储 optical memory; optical storage 使用光来记录存储数据的技术。光学存储系统通常由可转动的光盘和可实时写入、读出的激光系统构成。光盘的工作原理如图1所示。半导体激光发出的光束经透镜准直后被分束镜反射到光盘表面，形成一个聚焦光斑，写入时通过改变光斑处记录材料的物理性质形成二维的数据点阵来实现编码。一次性（不可擦写）只读光盘采用较强激光简单把记录材料打出“坑点”（数据点）的方式记录编码，读出是利用激光在光盘表面的数据点发生反射或不反射来实现0或1的二进制数据进行的。光斑被光盘表面的数据点反射回透镜，并透过分束镜后被透镜聚焦到光电探测器中，聚焦光斑所在的数据点的反射率大，光电探测器接收到的光信号就强，反之则弱。可重复擦写的光盘采用特殊的相变介质作为记录材料，写入时激光编码可形成不同物理相的数据点，需要重新擦写时可用激光使介质处于初始物理相。两类光盘一旦写入都可长期保留，一般环境下光盘中的数据保存寿命可达30年以上，在控制环境温度和湿度的条件下可以达到百年。因此，光存储较之其他存储方式具有节能和长期保存的优点。

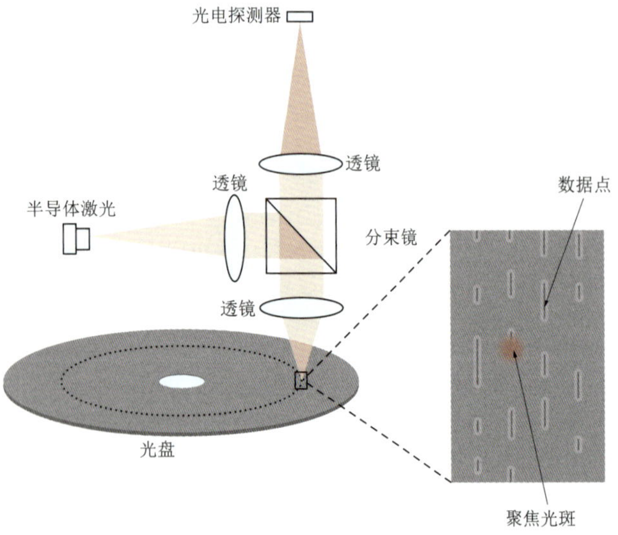

图1 光盘的数据读写原理示意图

光盘分别经历了LD、CD、DVD和BD四代产品。LD采用的模拟电子技术，主要应用于录制动画。它的外形尺寸为直径300毫米、厚度2.3～2.8毫米，这种产品已经停产。从LD到CD由于尺寸变小，故冠以紧凑型光盘之名。从CD开始采用数字电子技术，因而具有很强的抗噪声能力。每一代产品的记录密度和传送速率都有不同程度的提高，但外形尺寸却保持了

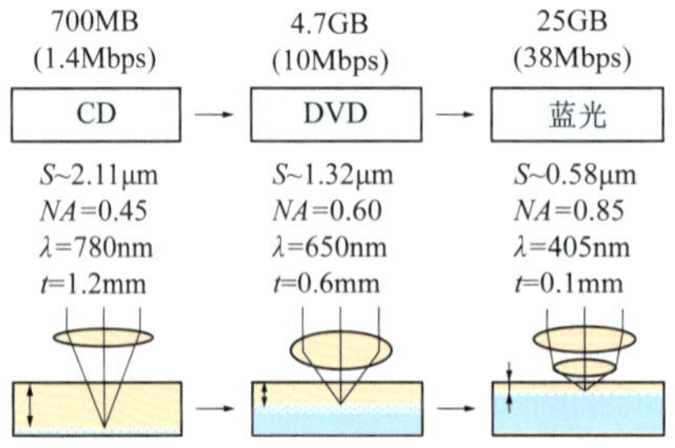

图2 三种光盘及规格参数

一致，为直径12厘米、厚度1.2厘米。后三代光盘提高密度的方法是依靠缩小会聚到光盘上的光点尺寸实现的。如图2所示，三种规格的光盘的存储容量分别是0.7吉比、4.7吉比和25吉比。光点S的直径分别是2.11微米、1.32微米和0.58微米。为了缩小这个光点，用于会聚光点的透镜数值孔径NA也越来越大，光波长λ也越来越短；为了减少会聚光点的像差，表面保护层厚度t也越来越薄。可以说，这种基于光盘表面二维点阵排列方式的传统光盘技术，由于光学系统的衍射极限等原因，其存储面密度已经趋近于理论极限。

为了扩大光盘的存储容量，信息存储已经从二维空间向厚度方向的三维空间延伸，已推向市场的有4层（100吉比）和6层（150吉比）BD产品。在实验室里实现了最高值可达16层的研究成果。相信，随着多层技术的不断发展，BD产品的存储容量也会不断得到改进和提高。

光盘按照其读写方式又分为只读型（ROM）、可写入型（R）和可读写型（RW）。在标注时，ROM型通常省略，只有后两者用R或RW后缀来区分。产品初期，由于记录材料的差别，曾经有过“+”和“−”之分，如DVD+RW和DVD−RW，但随着光盘驱动器技术的进步，这一差别得到了兼容，使用中已经感觉不到这种差别。

在光盘的发展历史中，曾经有过两次规格竞争，这两次规格竞争为几代光盘产品的规格延续和尺寸统一起到了一定的积极作用。（谭小地）

光学混沌 optical chaos 非线性光学系统中出现的混沌现象。由于它内容丰富而成为混沌的一个重要分支。光学混沌最早是从研究光学双稳态中不稳定性（Ikeda不稳定性）开始的。一个含有非线性介质的环形腔，用激光照射时输出光强会呈现双稳态。外界参数改变时双稳态会失稳，经分岔进入周期振荡（2倍周期、4倍周期等，称倍周期分岔），最后进入混沌。这种不稳定性在光电混合装置中得到实验证实后，光学混沌在各种光学系统中（包括激光器）和各类非线性被动（介质无粒子数反转）系统中展开了广泛研究，开创了光束截面上的横向效应、光学图灵不稳定性、对称性破缺、斑图动力学及光学弧子等时间－空间演化等新领域。

光学混沌所以成为混沌的一个重要分支，其原因是不同领域中的混沌具有相同数学模型，而光学混沌实验研究较为方便。如描写激光器模型的麦克斯韦－布洛赫方程，与流体力学中洛伦茨方程相类似；环形腔中光学混沌由延迟微分方程描述；横向效应中斑图与京茨堡－朗道方程有关等。不论是流体力学、电子学、声学、生物学，还是光学系统中都有非线性数学模型在支撑着，这充分反映了混沌在自然界中普遍存在。光学混沌已应用在光通信、信息的编码和解码、动态存储、控制和同步，以及神经网络等方面，具有

广阔前景。 （张洪钧）

光学混频 optical mixing 通过介质的非线性极化，不同光波（由频率、偏振或传播方向区分）发生耦合，出现多波混频（或称为多波混合）的现象。如有属于二阶非线性光学效应的三波混频，属于三阶非线性光学效应的四波混频等。光学混频中通常只有一个光波产生，其他光波都是入射波。用光子的语言表达，光学混频实际上是光子湮没和产生的过程。这一过程必须满足能量和动量守恒，而动量守恒条件就是经典电磁理论中的相位匹配条件。

三波混频 三波混频只能发生在不具备反演中心的介质中。产生波频率ω_3是两个入射波频率之和$(\omega_1+\omega_2)$时称之为和频；产生波的频率ω_3是两个入射波频率之差$(\omega_1-\omega_2)$时称之为差频。根据动量守恒光子波矢间应满足条件：$k(\omega_1)+k(\omega_2)=k(\omega_3)$，或$k(\omega_1)-k(\omega_2)=k(\omega_3)$。其中$k(\omega)$是频率为$\omega$的光波在介质中的波矢。由此推出相位匹配条件：$n_1\omega_1+n_2\omega_2=n_3\omega_3$或$n_1\omega_1-n_2\omega_2=n_3\omega_3$。三波混频相位匹配条件可利用晶体双折射特性来满足，在界面光学的和频光谱研究中利用界面的中心反演非对称来实现。在小信号近似下，相位匹配的光学混频产生的光波功率正比于两个入射波的功率、晶体长度平方和晶体的二阶非线性极化率。

四波混频 作为一种三阶非线性光学过程，可在各种介质中出现。惰性气体、金属蒸气、液体、液晶和固体中都已观测到四波混频。产生四波混频也必须满足相位匹配条件。可适当选择光束的传播方向，实现非共线相位匹配；也可调节工作物质的色散来满足相位匹配要求。如在金属蒸气中加入适当密度的具有相反色散性质的惰性气体，可满足相位匹配要求。气态介质中原子密度相对比较低，为获得大的三阶非线性极化率，用可调谐激光作为入射波，使四个波中有些波的频率或其频率的线性组合与原子某些能级共振，出现四波混频的共振增强效应。

光学混频广泛应用于激光频率的上、下转换，在紫外、真空紫外、红外和远红外产生激光。四波混频特别是共振增强的四波混频，已经用于物质光谱研究。四个频率相同的光波混频称为简并四波混频。如果其中两个泵浦光波共线反向传播，第三个光波（信号波）与它们之一成小角度相交在非线性介质里，则根据相位匹配条件，在信号波的反方向将产生混频波。这个波是信号波的相位共轭波。简并四波混频是产生相位共轭波的主要方法。

（邹英华 王树峰）

光学经纬仪 optical theodolite 主要作为测量水平角和竖直角之用的光学仪器。水平角为空间两相交直线在水平面上投影的夹角。竖直角为在同一竖直面内，目标方向和水平线之间的夹角。光学经纬仪的基本组成部分有照准设备——望远镜，角度标准器——水平度盘及竖直度盘，读数设备——指标、游标、读数显微镜、测微器、光电读数装置及显示器等，轴系及安放设备——竖轴系、横轴系、制微动机构、安平机构及安平用水准器或竖直度盘指标自动归零补偿器，三角基座，对中装置等。

中国的光学经纬仪系列标准表

等级		DJ_{07}	DJ_1	DJ_2	DJ_6	DJ_{15}
一测回水平方向中误差不大于（″）	室外	0.7	1.0	2.0	6.0	10.0
	室内	0.6	0.8	1.6	4.0	8.0
望远镜	放大率（×）	30，45，55	24，30，45	28	25	20
	物镜有效孔径（mm）	65	60	40	35	30
	最短视距（m）	3.5	3.0	2.0	2.0	1.0
水准泡角值	照准部[（″）/2mm]	4	6	20	30	30
	竖直度盘指标[（″）/2mm]	10	10	20	30	30
	圆水准器[（′）/2mm]	8	8	8	8	8
竖直度盘指标自动归零补偿器	工作范围（′）	—	—	±2	±2	—
	安平中误差（″）	—	—	±0.3	±1	—
水平读数最小格值（″）		0.2	0.2	1	60	60
仪器净质量（≤kg）		17	13	6	5	3.5
主要用途		国家一等三角测量和天文测量	国家二等三角测量和精密工程测量	国家三、四等三角测量、等级导线和工程测量	地形测的控制图测量和一般工程测量	一般工程测量和矿山测量

中国的光学经纬仪系列标准列于表中。

光学经纬仪按其测量精度可分为四类。

高精度经纬仪。水平角观测，一测回水平方向中误差等于或小于1″的光学度盘经纬仪，如DJ_{07}、DJ_1，派生系列中的天文经纬仪DJY_{05}等。

中等精度经纬仪。水平角观测，一测回水平方向中误差在1″～2″者，如DJ_2，变型仪器DJ_2-J激光经纬仪。

一般精度经纬仪。水平角观测，一测回水平方向中误差在3″～15″者，如DJ_6、DJ_{15}，变型仪器DJK_{60}矿山经纬仪。

低精度经纬仪。水平角观测，一测回水平方向中误差大于15″的均属此类，如DJK_{30}、DJK_{60}经纬仪。

光学经纬仪除标准中系列品种外，还有电子经纬仪、激光经纬仪、精密经纬仪、工程经纬仪、全能经纬仪、天文经纬仪、陀螺经纬仪、自准直经纬仪、矿山经纬仪、摄影经纬仪、罗盘经纬仪、地磁经纬仪、无磁经纬仪、坡面经纬仪、数字经纬仪、悬式经纬仪、测距经纬仪、半站型测距经纬仪、全站型光电速测经纬仪等产品。其中已较广泛使用的电子经纬仪是基于通常

a

b

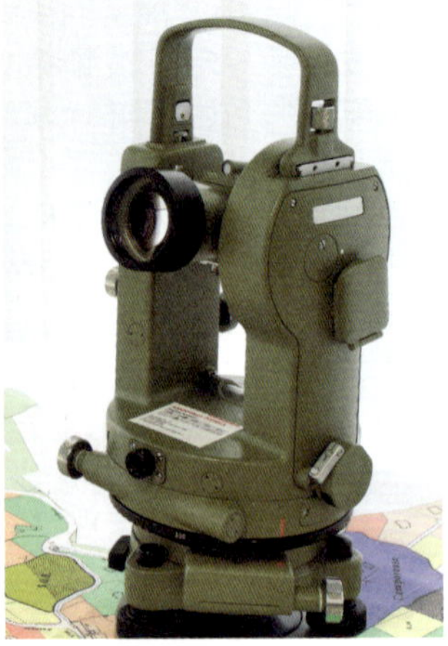
c

光学经纬仪

的光学经纬仪，采用了电子细分、控制处理技术和滤波技术，实现测量读数自动化、精度高的改进型光学经纬仪。激光电子经纬仪则是将激光束导入电子经纬仪的望远镜筒内，带有激光指向装置的新型光学经纬仪。实物光学经纬仪如图所示。

（骆东森）

光学晶格　optical lattice　由激光束干涉形成驻波产生的人造的光的周期性格子。又称光学格子。当原子被激光束照射时，原子感应产生偶极矩，偶极矩又反过来与电场相互作用，这种相互作用使原子具有了依赖于光强和光频的附加能量。激光束干涉导致光强在空间上具有周期性，进而引起这种附加的势能也具有周期性，如同天然晶体中电子感受到的周期势。光学晶格主要有两个参数，驻波振幅强度和周期性。前者可通过激光强度控制，后者可通过改变激光波长或光束夹角控制。随波束的配置，可实现零维至三维的光学晶格。按照势分布周期性的不同，可分为周期光学晶格、准周期光学晶格和非晶光学晶格。

强度周期变化光学晶格就像周期性的势能场，可以俘获原子。这使其被广泛应用于原子物理中，实现原子的冷却、俘获和控制。这些被冷却的原子避免了多普勒效应的影响和环境的扰动，具有很窄的谱线，可实现频率的精确测量，成为高度稳定的光学频标。用10 000个束缚在光晶格中并冷却至10微开的锶原子制成的光钟，其稳定度在宇宙寿命（138亿年）尺度上，误差小于1秒。

被光学晶格俘获的原子周期性排列，为研究量子信息处理及多体问题提供了理想的研究模型，是冷原子领域的重大进展。另外，光学晶格也用于光学超分辨显微领域，实现超衍射极限的动态生命过程观察等。

（王树峰　胡小永）

光学克尔效应　optical Kerr effect　一种三阶非线性光学效应。是强的入射光场与物质相互作用所产生的强光诱导材料双折射。按照三阶非线性光学克尔效应，非线性材料的折射率n与入射光强I成正比例关系：$n = n_0+n_2I$，其中n_0是材料的线性折射率，n_2是材料的非线性折射率，I是非线性材料感受到的入射光强。如果材料具有较大的非线性折射率n_2，则能够实现弱光诱导较大的材料折射率的改变。这种光强依赖的材料折射率改变的效应，在以光控光为基础的微纳集成光子器件和超高速光信息处理等领域都具有非常重要的应用。

Z扫描方法是测量材料非线性折射率的一种常用的方法。飞秒时间分辨光克尔门方法是测量材料三阶非线性极化率和响应时间的一种常用的方法。光学克尔效应能够在众多层状材料中被观测到，也可以在多种非线性块材介质中产生，包括有机材料、无机材料、金属微结构材料等。产生非线性光学克尔效应的原因主要包括：入射激光作用下有机分子中共轭电子的离域极化、无机材料中载流子浓度的光场调制、金属微结构中非平衡态电子浓度变化等。利用共振激发能够有效增强材料的非线性折射率。

（胡小永）

光学拉姆齐条纹　optical Ramsey fringes　原子（分子）通过两个交变电磁场时，振荡信号产生的类似干涉条纹的图样。如果把与原子（分子）相互作用的交变电磁场分为两处，当分子束通过距离为L的两个交变电磁场时，位于激发态的概率$P(L,\Delta)=\cos^2(\frac{L\cdot\Delta}{2v})$是两个电磁场间距$L$的函数，由此产生的振荡信号呈现类似干涉的图样，称为拉姆齐条纹。其中Δ为交变电磁场与分子共振角频率的失谐量，v是分子束的速度。在频率谱上，这一概率也随着频率失谐发生振荡。拉姆齐条纹方法大大提高了观测分子跃迁频率的分辨率，因此N.F.拉姆齐荣获1989年诺贝尔物理学奖。

拉姆齐条纹方法基于拉比振荡方法发展而来。后者要求长距离内有均匀的电磁场，因此在测量精度的进一步提升上受到限制。而拉姆齐条纹方法则用距离为L的两个较短相互作用区替代，中间是非相互作用区。拉姆齐条纹方法是精密光谱测量方法，除广泛用于原子物理研究，也用于原子钟频率的精确测量，20世纪90年代已成功用于原子喷泉钟（atomic fountain clock）。当电磁波的振荡频率与二能级原子的跃迁频率一致时，可以产生最大的跃迁概率。测量的精度（即失谐角频率）$\delta\sim v/L=1/T$，即延长作用区间距和分子飞行时间可提升测量精度。

通常原子钟频率的测量是在微波频段。在光学频段，一阶多普勒频移会导致跃迁频谱的展宽，从而无法观察到拉姆齐条纹。为克服多普勒频移而获得光学拉姆齐条纹，提出了三驻波光束方法和利用四束行波的方法。后者在拉姆齐的双波束之后，再加入两束反向传播的光，四光束均为$\pi/2$脉冲。分子通过四束光后产生两种布居，其中之一的多普勒相移被抵消，从而展现出光学拉姆齐条纹；另一种布居的多普勒相移则被加倍，其拉姆齐条纹结构则完全消失。后来指出这一方法也可以看作对原子进行相干分束，从而获得原子干涉的马赫-曾德尔干涉仪。

（王树峰）

光学模型　optical model　借用光学原理中光被介质吸收和折射的现象，建立的核反应模型。在核反应中，入射粒子同靶核的作用是一种复杂的多体问题，核子间存在着强的短程核力。入射粒子在靶核的所有粒子平均势场作用下运动。为描述这种核反应过程，借用光学原理中光被介质吸收和折射的现象，把靶核看作一个半透明的球，入射粒子是一束光，如同光波入射到玻璃球上，一部分发生反射或折射，一部分被吸收。反射或折射部分相当于入射粒子发生弹性散射，吸收的部分相当于入射粒子被靶核吸收，引起核反应，并用复数形式的核势处理该平均势场作用，建立模型，称作光学模型。复数势$U=V+iW$称作光学模型势，其中V为光学模型势的实部，描述散射，W为光学模型势的虚部，描述吸收。

光学模型是原子核反应理论最基本和

最重要的理论模型之一，而确定光学模型势是其研究的关键。光学模型势分为微观光学模型势和唯象光学模型势。建立在核子-核子相互作用基础上和平均场近似条件下的光学模型势为微观光学模型势；建立在理论模型基础上，利用核反应实验测量的结果，获得参数化的光学模型势，这种形式的光学模型势为唯象光学模型势。唯象光学模型势形式大多应用伍兹-萨克森势。微观光学模型势没有参数，可以定性地分析原子核的结构和核反应的性质，对无实验测量的原子核和不稳定原子核反应有一定的预言能力。而普适的唯象光学模型势可以定量地给出在较大能量范围、较宽稳定靶核区和稳定线附近的不稳定靶核的结构和核反应的性质，对理论、实验核物理和核天体物理的研究具有特别重要的意义。特别对放射性核束引起的核反应实验研究及核天体物理研究是不可缺少的理论基础。

根据入射粒子的能量大小，光学模型势分为非相对论和相对论光学模型势。光学模型能很好地描述入射粒子与球形和小形变靶核的相互作用。对于入射粒子与具有很强集体运动性质的大形变靶核的相互作用，耦合道光学模型能给出合理的描述。　（韩银录）

光学频率梳　optical frequency comb　由一系列频率值固定、频率间隔相等的窄线宽谱线组成的宽带分离光谱。由于其间隔相等的各谱线类似于尺子的刻线，因此也可称为频率尺。光学频率梳能够用来测量标定待测信号的频率准确值，在精密计量学、光学原子钟、基本物理常数标定等方面具有广泛应用。

光学频率梳的发明与实现得益于超短脉冲激光的发展。在超短脉冲激光对应的宽带光谱中，存在着大量频率等间隔的纵模，对于腔长为L的锁模激光器，其纵模频率间隔$\Delta f = c/2nL$，这里c为真空中的光速，n为折射率。如果锁模脉冲的光谱全宽为$\Delta\nu$，那么对应就有$\Delta\nu/\Delta f$个纵模数目。但通常由于环境噪声、温度扰动等原因，不仅各纵模对应的绝对频率值会发生漂移变化，其频率间隔随腔长的热胀冷缩也在变化。2000年前后，J.L.霍尔及T.W.亨施等人在将锁模钛宝石激光器输出的飞秒脉冲光谱展宽到倍频程带宽（即光谱短波端的频率大于长波端的倍频频率）的基础上，利用自参考技术测得纵模漂移后，通过将其锁定到稳定的微波频率标准源，实现了对纵模频率及其间隔的锁定。这样不仅建立起了微波频率与光学频率的链接，而且可以用来精确地测量任意光学频率值，从而实现了真正意义上的光学频率梳。2005年霍尔及亨施两人因此获该年度的诺贝尔物理学奖。

光学频率梳的出现推动了计量学、精密光谱学、超快光学、原子分子物理、天文探测等学科的巨大发展。光学频率梳的范围已覆盖了从极紫外、可见、红外到太赫兹的波段，种类也实现了从掺钛蓝宝石激光、光纤激光、全固态激光到微腔激光，并已有商业化产品。　（魏志义）

光学双稳态　optical bistability　光学系统具有多值性的现象。在一个非线性光学系统中，系统的输出光强和输入光强之间会出现类似于磁滞回线的滞后现象（见图）。

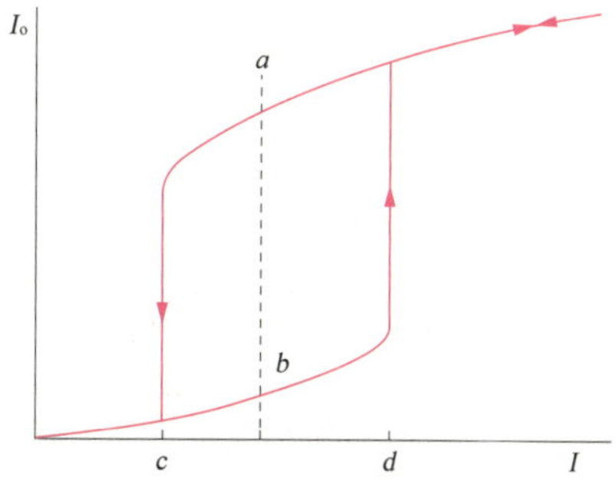

光学双稳态示意图

在输入光强（I）的某个范围内（c至d），对应每一输入光强I有两个可能输出光强a和b，它依赖于系统所处的历史状态。当输入光强从低值逐渐增加时，系统处在低态b；当输入光强从高值减小时，系统处在高态a。这种具有多值性的光学现象称为光学双稳态。光学系统具有双稳态的条件：系统必须是非线性的；系统中要有反馈机制。一个常见例子是含有非线性介质的法布里-珀罗腔。

光学双稳态已被广泛研究，包括：各种激光系统，如半导体激光器、塞曼激光器、有饱和吸收体激光器、参量振荡器、染料激光器等；非线性界面上反射和含非线性介质（如钠蒸气）法布里-珀罗腔或双向环形腔等被动光学系统；光电混合装置等。光学双稳态因在协同学和耗散结构等远离平衡态的开放系统的一个典型例子而具理论意义。系统的外界参量改变时，可观察到自脉冲和混沌现象，成为研究分岔和混沌的有力实验装置。此外，光学双稳态可制成光学限幅器、光开关等器件，在光计算中得到应用。　（张洪钧）

光学水准仪　optical level　一种能给出一条水平视线进行工作的光学仪器。又称水平仪。光学水准仪主要用来测定地面上各间处的高差，用于国家各级控制网的水准测量和工程水准测量。利用这条水平视线，可以解决生产中许多实际问题。测量上主要用来与水准尺配合，求出两点之间的高差。也可放样出某点的高程。水准测量是利用水准仪测出地面点高程的一种方法，这些地面点称为水准点。中国水准点的高程是从青岛水准原点起算的。全国范围内国家等级水准点的高程都属于这个高程系统。国家水准测量按不同精度要求规定了四个等级。一等水准测量精度最高，四等水准测量精度最低。此外，还有等外水准测量。由于精度要求不同，使用的仪器及具体操作也不同。两类典型的光学水准仪照片如图1、图2所示。

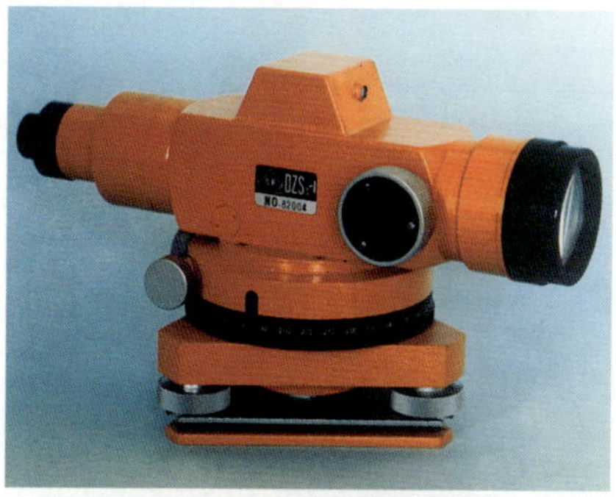
图1　自动安平光学水准仪

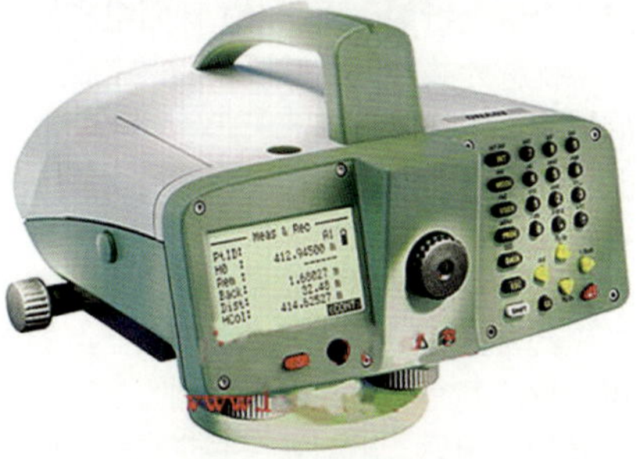
图2　数字水准仪

自动安平光学水准仪借助自动安平补偿器获得水平视线。数字水准仪是在自动安平水准仪的基础上发展起来的，综合了光机电、计算机和图像处理等技术，是新型的光学水准仪。

光学水准仪的基本组成部分有：照准设备——望远镜；竖轴系圆柱形结构；运动控制机构——制微动螺旋、安平机构、基座；度盘——刻划360°（或400g）；水准器水泡——具有符合棱镜系统的符合水准器；自动安平补偿器——补偿器具有四种形式的灵敏元件，两种形式空气阻尼和磁阻尼结构。

中国的光学水准仪系列标准列于表中。

光学水准仪除标准中系列品种外，还有数字电子水准仪、精密水准仪、工程水

中国的光学水准仪系列标准表

参数名称		单位	等级 DS05	DSZ05	DS1	DSZ1	DS3	DZS3	DZS10	DS20
每千米往返测高差偶然中误差		不大于mm/km	±0.5		±1.0		±3.0		±10.0	±20.0
望远镜	放大率≥	倍	45	45	38	38	28	28	20	15
	物镜有效孔径≥	mm	55	55	47	47	38	38	28	20
	最短视距≤	m	3.0		3.0		2.0		1.5	1.5
管状水准泡角值	符合式	(″)/2mm	10	—	10	—	20	—	—	—
	普通式	(″)/2mm	—	—	—	—	—	—	—	45
自动安平补偿性能	补偿范围	(′)	—	8	—	8	—	8	—	—
	安平误差	(″)	—	0.2	—	0.3	—	0.5	—	—
	安平时间	(″)	—	2	—	2	—	2	—	—
圆水准器		(′)/2mm	8	4	8	4	8	8	15	15
仪器质量		kg	6.5		6.0		3.0		2.0	2.0
主要用途			国家一等水准测量及地震水准测量		国家二等水准测量及其他精密水准测量		国家三、四等水准测量		一般工程水准测量	建筑及简易农田水利工程水准测量

准仪、陀螺水准仪、激光水准仪、手持水准仪等。 （骆东森）

光学系统 optical system 由透镜、反射镜、棱镜和光阑等多种光学元件按一定次序组合成的系统。通常用来成像或做光学信息处理。曲率中心在同一直线上的两个或两个以上折射（或反射）球面组成的光学系统称为共轴球面系统。曲率中心所在的那条直线称为光轴。

理想光学系统 指能产生清晰的、与物完全相似的像的光学系统。光学系统中有一定关系的光线组成光束。凡光束中各条光线（或其延长线）均交于同一点的光束，称为同心光束。入射的同心光束经理想光学系统后，出射光束必定也是同心光束。入射同心光束和出射同心光束各自的交点分别称为物点和像点。理想光学系统具有下列性质：①交于物点的所有光线经光学系统后，出射光线均交于像点；反之亦然。这一对物像对应的点称为共轭点。②物方的每条直线对应像方的一条直线，称共轭线；相对应的面称共轭面。③任何垂直于光轴的平面，其共轭面仍与光轴垂直。④对垂直于光轴的一对共轭平面，横向放大率为常量。研究理想光学系统上述物像两方一一对应关系的理论称为**高斯光学**，该理论首先由德国科学家C.F.**高斯**在1841年的著作中阐明。实际上不存在真正的理想光学系统，共轴球面系统在近轴条件下可近似满足理想光学系统的要求。

基点和基面 决定理想光学系统物像共轭关系的几对特殊的点和面。

焦点和焦面 光轴上与无穷远像点共轭的点称为物方焦点（或第一焦点），记作F；光轴上与无穷远物点共轭的点称为像方焦点（或第二焦点），记作F'。分别通过F和F'点并与光轴垂直的面称为物方焦面（第一焦面）和像方焦面（第二焦面）。

主点和主面 横向放大率等于1的一对共轭面称主面。两主面与光轴的交点称主点（图1）。从物方焦点F发出的任一光

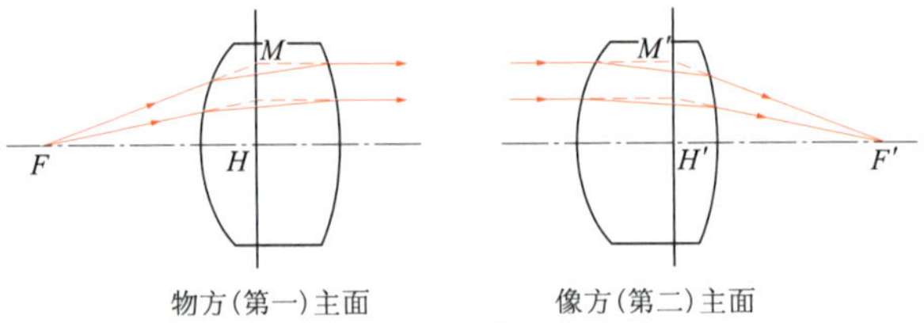

图1 物方和像方主面

线，经光学系统后成为平行于光轴的光线，延长这对共轭光线得其交点M，这交点的集合构成物方主面（第一主面），该主面与光轴的交点H称物方主点（第一主点）。平行于光轴的光线入射后，出射光线交于像方焦点F'，延长这对共轭光线得其交点M'，该交点的集合构成像方主面（第二主面），它与光轴的交点H'称像方主点（第二主点）。两主面是一对共轭面，两主点是一对共轭点。两主面上任一对共轭点离光轴的高度相等，横向放大率为1。

节点和节面 光轴上角放大率为1的一对共轭点称节点，通过节点并与光轴垂直的面称节面。

物像关系 高斯光学中把具体的光学系统抽象概括成由基点和基面组成的系统，物距、像距及焦距均以两个主点为基准计算。如图2所示，物点Q和物方焦点

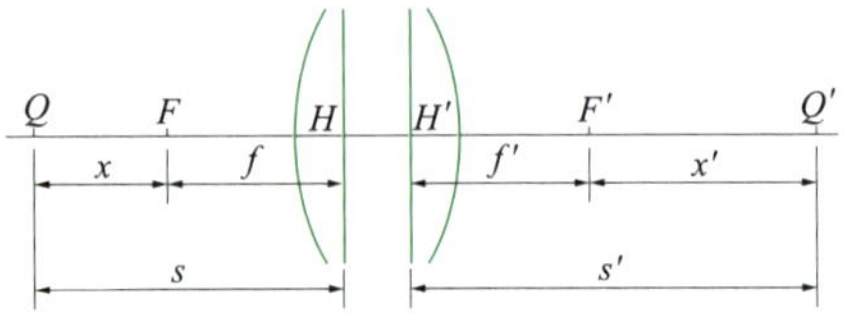

图2 物像关系

F至物方主点H的距离s和f分别为物距和物方焦距；像方主点H'至像点Q'和像方焦点F'的距离分别为像距s'和像方焦距f'。物和像的位置关系由下式表示：

$$\frac{f'}{s'}+\frac{f}{s}=1$$

此式称高斯公式或成像公式。物、像位置也可用物点到第一焦点的距离x、像点到第二焦点的距离x'表示，两者间的关系为：

$$xx'=ff'$$

此式称牛顿公式。

放大率 与物和像有关的共轭量的比值。可分横向放大率、纵向放大率和角放大率三种。

横向放大率 像高y'与物高y之比，又称垂轴放大率，用β表示，即：

$$\beta=\frac{y'}{y}=-\frac{ns'}{n's}$$

式中n和n'分别为物方和像方空间的折射率。

纵向放大率 光轴上像沿光轴的纵深度与物的纵深度的比值，用α表示。α与β的关系为：

$$\alpha=\frac{n'}{n}\beta^2$$

角放大率 出射光线和光轴间的夹角u'与入射光线和光轴间的夹角u的比值（图3），用γ表示，即：

$$\gamma=\frac{u'}{u}=\frac{\tan u'}{\tan u}=\frac{ny}{n'y'}$$

故有：

$$n'y'u'=nyu$$

此为拉格朗日－亥姆霍兹定理。

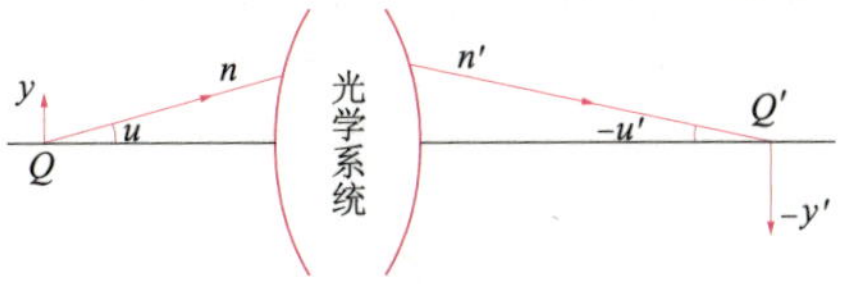

图3 角放大率原理图

三种放大率间有如下关系：

$$\alpha\gamma=\beta$$

光阑 对通过光学系统的光束起限制作用的光学元件。它可以是光学元件（透镜、反射镜等）本身的边框，也可以是另外设置的带孔的不透明屏。光阑中心通常在光轴上，且与光轴垂直。

孔径光阑 一个光学系统的多个光阑中对光束的限制作用最大，即决定成像光束大小的那个光阑，又称有效光阑。孔径光阑可遮掉光束中偏离近轴光线较大的光线，对像的清晰度、正确性、亮度和景深等有直接影响。

视场光阑 决定视场范围大小的光阑。视场光阑由其前方光学系统所成的像称入射窗，由其后方系统所成的像称出射窗。

相对孔径 成像仪器中物镜直径D与其焦距f的比值，是用来描述物镜集光能力的物理量，因为像面上的光通量密度与$(D/f)^2$成正比。相对孔径的倒数称光圈系数，或称F数。摄影镜头都设有可调光阑（俗称光圈），用来调节相对孔径的大小，从而调节感光片上的光通量密度。镜头上刻有一系列的F数，F数每减小原值的$1/\sqrt{2}$倍，光通量密度增大2倍。通用的F数系列值为：

$$1, 1.4, 2, 2.8, 4, 5.6, 8, 11, 16, 22, \cdots$$

上述各档数值由下式算得：

$$\text{光圈系数（}F\text{数）}=(\sqrt{2})^x$$

式中x为非负整数，称光圈系数的指数，也叫AV值。上述F数系列中相邻两档的数值相差$\sqrt{2}$倍，相应光通量密度相差2倍，AV值相差一级。 （胡望雨 白本锋）

光学系统设计 optical system design (lens design) 根据使用条件，设计确定满足使用要求的各种光学元件（主要是各种透镜）的数据，包括外形尺寸、性能参数、光组结构等的过程。光学系统设计过程一般分几个步骤：确定光学系统结构参数，利用PW方法求解初始结构参数或者选择已有初始结构、像差校正、像质评价，确定各个光学元件的公差和绘制光学系统图等。具体来说：首先，根据光学系统的结构参数，选择合适的透镜形式（例如显微镜头、望远镜头、摄像镜头等）。可以从之前的工作、过去的数据或者专利中选择初始设计。如果无法找到合适的初始设计，设计者可以通过一阶解用薄透镜和近轴光线来确定焦距，物面、像面以及孔径光阑的位置和尺寸。当需要优化三阶像差，例如曲率半径和折射率的时候，一阶解就被转为三阶薄透镜解。厚透镜将会被引入解决薄透镜的相关问题。然后，通过追迹多段波长的光线，来分析系统的色差和高阶像差，依次来评价初始设计。评价的性能要求包括成像质量、安装限制、加工和装配误差等。如果设计不理想，可通过优化来改善设计，根据一系列的变量和限制，计算机软件通过优化函数解决设计问题。如果结果依然不理想，设计者必须回到之前的步骤，重复上述步骤直到达到要求。这一步骤可能要求选择一个不同的初始设计或者改变一个或者多个结构参数。设计的可制造性与最终的成像质量同样重要。因此，完整的设计过程和性能评估包括公差、杂散光分析、热环境分析等。

如果已知光学系统的结构参数和物体的位置与大小，则可以通过对光学系统进行光线追迹，计算出物体经过该光学系统所产生的像差大小，从而对物体经过该光学系统所成像的质量进行评价。另外，在工程实际中，往往需要进行光学系统的设计，即对于给定的物体，在满足一定技术条件和要求的前提下，根据像差理论，确定满足一定成像质量要求的光学系统结构参数。从理论上说，光学系统的像差与结构参数之间具有确定的函数关系。只要建立起这种对应的关系，就可以由像质要求确定像差大小，求解像差与结构参数之间的函数方程。即求解出光学系统的结构参数。但是，对一些复杂的光学系统，其像差尤其是高级像差与结构关系很复杂，无法解析表示。因此，无法直接根据像质要求求解光学系统的结构参数。根据初级像差理论求解的结构参数为初始结构参数。虽然没考虑高级像差的影响，但可作为像差校正的一个依据。

在初步完成光学系统设计后，光学设计者需要对已经完成的设计进行评估，即像质评价。即使完成了光学设计的像差校正，残余像差依然存在，这是必然的情况，因此在这种情况下，像质评价是十分必要的。评价光学系统的方式有很多，下面为一些常用的像质衡量方式。

点列图 通过点列图（图1）或弥散斑可以表示出一个高为H的物体的横向像差（ε_x和ε_y）。点光源发出光线入瞳。几百条不同波长的光线打在近轴光线会聚像面形成一个弥散图。点列图对于最终系统的评价有很大帮助，特别是对于那些没有达到衍射极限的系统。

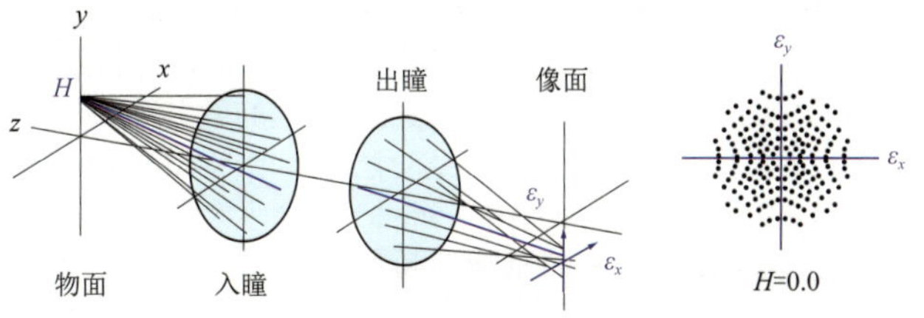

图1 点列图

像差曲线图 像差曲线图（图2）或光线截距图是对于不同的场点H的径向光线像差在光瞳上对应的位置（其中ε_x对应ρ_x，ε_y对应ρ_y）。该图类似于点列图，但不同于追迹光线在光瞳的上的二维网点位置，该图统计其位于瞳孔位置上相对于主光线子午方向（y）和弧矢方向（x）的差。一个理想透镜的曲线则是两条与水平轴重合的直线。

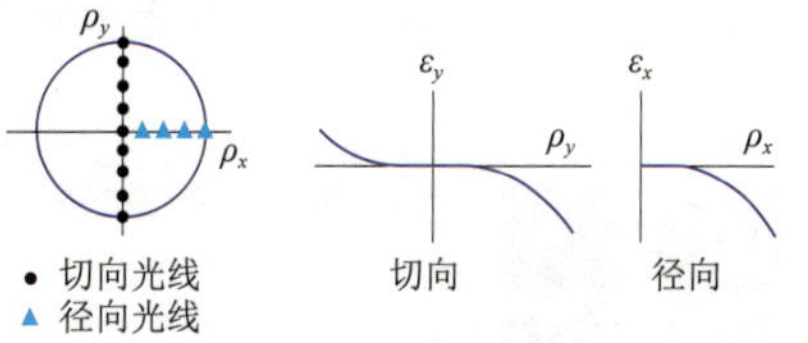

图2 像差曲线图

像差曲线图和点列图通常针对三个不同的视场点绘制：轴上，0.7视场和全视场。不同的视场位置H均会显示当前镜头的像差信息。通过围绕总误差绘制矩形，在光线截距图中可以快速估算出峰谷点直径（$\varDelta$）。

波阵面和光程差图 具有像差的波阵面与理想波阵面的差被称为光程差图（图3）。波阵面和光程差图是对于不同视场H下峰谷（OPD）对ρ_x，OPD对ρ_y的曲线。波阵面和光程差图与像差曲线图的积分成

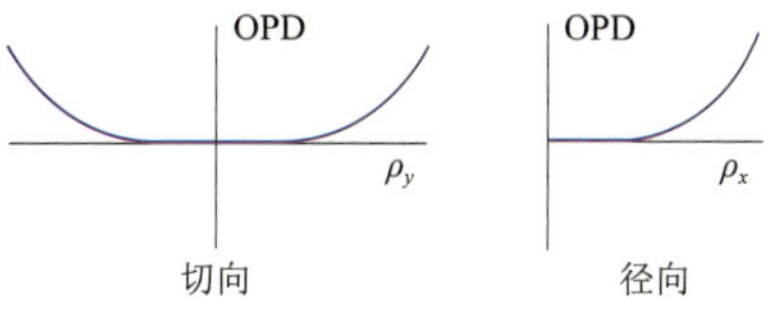

图3 光程差图

比例，并还指示存在什么像差。OPD图用于代替具有接近衍射极限的具有良好校正的系统像差曲线图。

在一个已知的视场点，通过测试干涉仪可以得到光学系统的整个波阵面的光程差。

OPD图是波阵面的最大与最小值之差。当波像差比较平滑且起伏较小，那么P-V OPD是较好的评价方法。大多数实测波阵面都是不平滑的，RMS OPD则是较好的成像质量评估方式。RMS OPD是对光瞳采样的OPD取均方根。

根据瑞利准则，如果光程差小于或等于四分之一波长，则光学系统的性能就可以与完善的系统性能媲美。虽然P-V OPD和RMS之间的关系随波前的形状而变化，但一个常见的经验法则是RMS OPD =（P-V OPD/5）。而RMS OPD<λ/20（0.05）是一个成像质量好的透镜的标准。

点扩散函数和斯特列尔比　点扩散函数（PSF）是透镜系统的像差及衍射效应的脉冲响应函数。对于点光源，PSF图（图4）为在像面的三维强度分布。在实际评估透镜性能时，用线扩展函数（LSF）或边缘扩展函数（ESF）表述线或边缘对象的强度分布更方便。

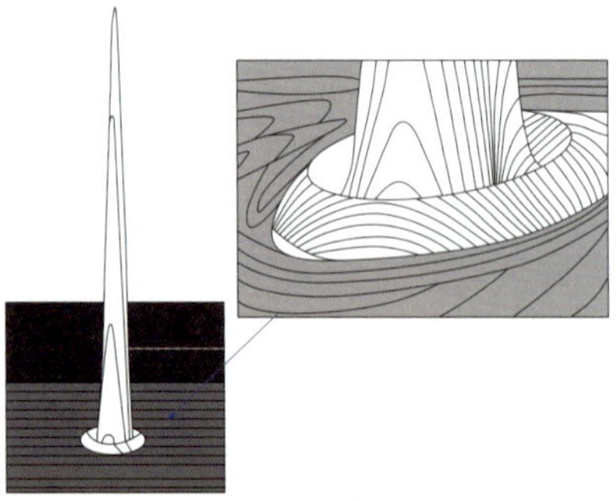

图4　点光源的点扩散函数在像面的三维强度分布

斯特列尔比（图5）定义为具有像差的透镜的峰值强度与无像差透镜的峰值强度的比率。斯特列尔比对于具有较好的图像质量的系统评价较客观，对于具有高度畸变的系统没有意义。

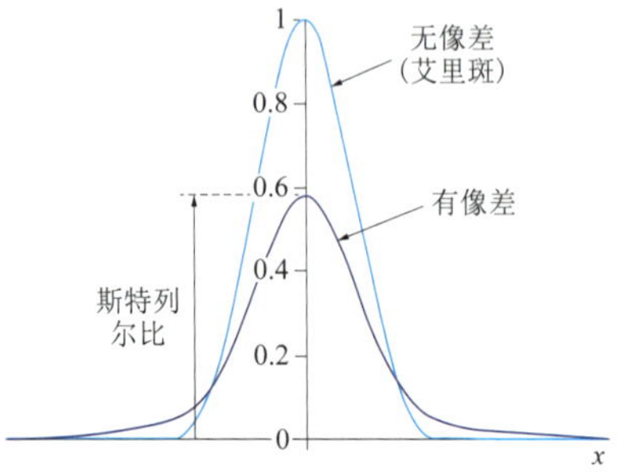

图5　透镜的斯特列尔比示意图

马雷卡尔判据描述的是一个系统衍射焦点的归一化强度大于等于0.8的时候，就可以认为它已经被很好矫正，此时相应的RMS波前差小于等于λ/4。

调制传递函数　调制传递函数（MTF）是光学传递函数的模，将实际成像和理想成像比较的简单方法。MTF是理想光亮分布的正弦曲线与实际像正弦曲线的比，其中的空间频率的单位为T/mm。一圈为一个正弦波的周期。在远心光路中，空间频率用T/mrad表示。

在理想成像中，MTF在所有频率上是一致的。在实际成像中，由于衍射效应和像差的原因，使得函数变差。OTF可以表示为非相干PSF的傅里叶变换或OPD的自相关函数。在具有较大像差的镜头中，由于MTF的反转，OTF可能为负，这表示明暗特征的相位反转。

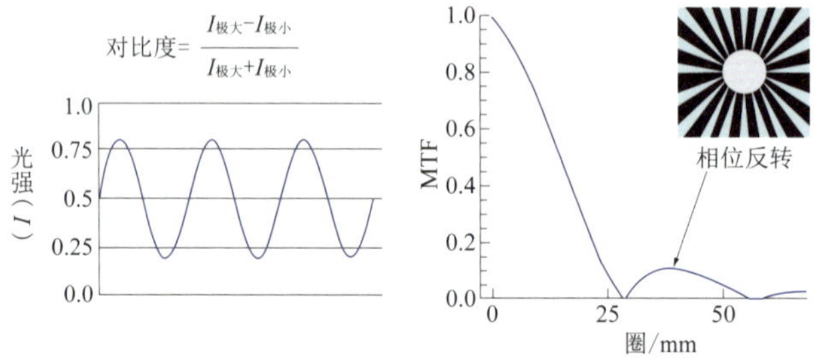

图6　调制传递函数

对比度传递函数（CTF）使用方波调制来确定对比度，其中单位为lp/mm。一个周期由一个黑线和一个白线组成。MTF的单位也经常使用lp/mm，因为方波比较容易测量和量化。（张　新）

光学纤维　optical fiber　用于光波通信的一种光的传输媒介。简称光纤。

发展历史　使用光波来通信的想法最早可追溯至1880年A.G.贝尔提出的光电话。1966年高锟和G.A.霍克姆提出提纯后的熔融石英可以作为较低损耗的光传输媒介，并由此开启了大量有关提纯材料以降低光纤损耗的研究。1970年，F.P.卡普龙、D.B.凯克以及R.D.莫勒成功制作出每千米光传输损耗为17dB的石英光纤，自此针对降低光纤损耗研究的发展大大加快。熔融石英光纤的传输损耗在1.5微米附近的窗口区已经降到0.15dB/km。利用光纤作为传输媒介，以光波作为载波，在一根细如头发丝的单模光纤里可以传输100Tbit/s的信息（相当于同时传输约15亿路电话）。2009年，高锟因有关光在通信用光纤中传输的奠基性成就，获得了诺贝尔物理学奖，诺贝尔物理学委员会主席J.诺德格伦教授评价“其在1966年的工作是光纤光学中的一个突破性进展，对信息在全球范围内的传输方式产生了革命性的影响”。

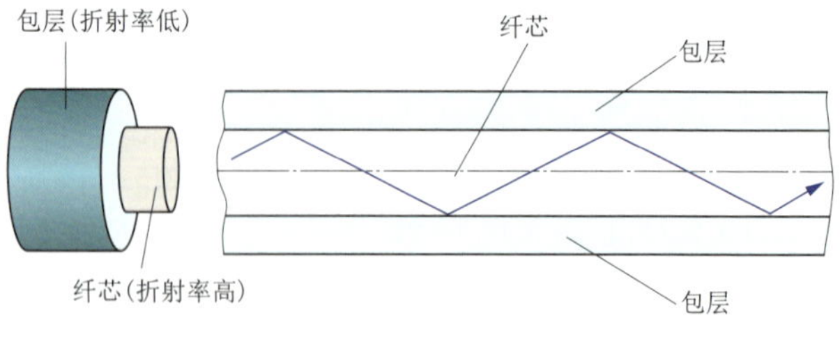

光纤结构示意图

光纤的原理　光纤的结构　如图1所示，原理上光纤可看作由圆柱形的纤芯和包层组成。光线从光纤一个端口入射，并在纤芯和包层界面处发生全反射，从而不断在光纤纤芯中向前传播。要发生全反射，纤芯的折射率n_1需要略大于包层的折射率n_2，且光耦合进光纤的方向也有一定要求。通常可以定义参数$\Delta=(n_1-n_2)/n_2$，来衡量纤芯和包层折射率差值的比率。

光纤传输损耗　光在光纤中传播时，会受到光纤中存在的损耗的影响。而光纤对光的传输损耗特性则用经1千米光纤传输后，输出光功率与输入光功率的比值取对数的10倍来定义，通常采用dB/km作为单位。有多种方法如改进的化学气相沉积法（MCVD）可以生产出具有极低损耗的光纤。在1550nm波长附近时，光纤传输损耗系数约为0.2dB/km。

阶跃折射率光纤中存在的模式　对光纤中存在的导波模式（即电磁场在光纤横截面上的分布形式）进行分析可以帮助人们理解光纤的传输特性。阶跃折射率光纤指的是纤芯和包层折射率n_1和n_2均不随光纤截面方向变化的光纤，同时如果二者的折射率相差不大，则适用弱导近似条件，将光纤中存在的模式等效为线性偏振模，以LP_{lm}来表示。不同的l、m代表不同的线性偏振模。为了衡量光纤中存在模式数，可以定义正交化波导参数$V=k_0a\cdot\sqrt{n_1^2-n_2^2}$，其中$k_0$表示光的波数，$a$表示光纤纤芯半径。通常$V$值越大，光纤中存在的模式数也就越多。

单模光纤　从对光纤中的模式分析可

以得到结论，当$0<V<2.405$时，光纤中只存在一个模式LP_{01}，因此LP_{01}也被称为基模。满足$V=2.405$的波长称为截止波长，大于截止波长（波长与波数成反比）的光在光纤中传输，只会激发出基模，只存在基模的光纤被称为单模光纤。单模光纤通信可以实现比较小的色散，适用于长距离光通信。

少模光纤　相对于单模光纤，少模光纤的纤芯较粗，其中可以容纳更多的模式。较大的模间色散虽然使其不适用于长距离传输，但内部多个模式可以为光纤传输系统提供新的自由度，从而使光传输系统容量进一步提升。

多芯光纤　多芯光纤的一个包层中存在多个纤芯，这种设计可以大幅度提高单位面积的信息传输密度。通过空分复用有效解决了单模光纤传输容量的限制，也实现了更高的集成度。

微结构光纤　微结构光纤也被称为多孔光纤或**光子晶体光纤**。光纤包层是由规则分布的空气孔排成特定几何形状的微结构组成，纤芯则由石英或空气孔构成线缺陷。通过这种结构，可以将光场限制在缺陷内传播，并且通过控制空气孔的大小和排列还可以控制光纤的光学特性，在实用中更加灵活和方便。

光纤中的色散　数字通信系统中常使用脉冲传输信息，系统的通信容量取决于脉冲的重复频率。而光脉冲在光纤中传输的过程中，会发生脉冲时域展宽现象，通常称之为光纤中的脉冲色散现象。色散现象的出现主要有以下四个因素。

模式色散　模式色散出现在多模光纤中。不同模式的传输路径不同，因而到达光纤另一端面的时间也不同，从而产生了脉冲展宽现象。从光学角度上来说，不同的模式具有不同的群速度，造成了脉冲的色散。

材料色散　光源的波长具有一定的频谱宽度，而不同的波长在光纤中具有不同的折射率和传播速度，所以相同长度下的传输时间也不同，从而造成了材料色散。

波导色散　从物理的角度来说，波导色散主要是由于基模的光斑尺寸由波长决定而产生的色散。

偏振模色散　由于弯曲、扭曲以及光纤形状的微小误差，会导致光纤中正交的两个偏振模式具有不同的群速度，从而在传播中产生相对的时延，造成偏振模色散现象。

光纤的应用　光纤光栅　纤芯折射率随长度周期性变化的光纤称为光纤光栅，主要包括两类：光纤布拉格光栅和长周期光栅。其中光纤布拉格光栅是耦合前向传播和背向传播的模式，而长周期光栅则是耦合同向传播的模式。同时在尺度上，波长1550nm附近光纤布拉格光栅的周期常在毫米量级，而长周期光栅周期较长，为百毫米量级。

因为光纤布拉格光栅的反射波长取决于折射率以及光栅周期，所以外界任何因素对这二者的扰动，都会反映到光栅波长上。利用这一点，通过观察光栅反射波长的变化，就可以测得外界扰动，形成一个传感器结构。此外，如果对光纤布拉格光栅进行适当的设计，比如构造成啁啾光纤布拉格光栅，还可以用来对光纤中的色散进行补偿。

光纤耦合器　除了光纤光栅，光纤耦合器也是光通信中重要的元器件。当光在纤芯中传输时，尽管大部分光场被限制在纤芯中，仍有少部分光耦合到纤芯之外，并与纤芯中的光一起向前传播。这样当两个纤芯靠得足够近时，便可以实现不同纤芯之间能量的耦合互换，利用这种特性可以实现耦合器的功能。通常光纤耦合器被用在分配光功率、波长的复用和解复用等场合。

掺铒光纤放大器　在传统长距离光纤通信系统中，通常通过电再生结合光-电-光转换来补偿光纤传输损耗。光放大器可以用更小的代价实现同样的功能。光放大器无须经过光-电-光转换，而直接在光域放大光信号，在多方面具有更好的性能。

掺铒光纤放大器是最主要的光纤放大器之一。由于其具有高功率、带宽以及噪声方面的优势，大多数光纤通信系统都采用掺铒光纤放大器作为光放大器。其工作原理是基于光子在三个能级之间的跃迁以及受激发射。掺铒光纤放大器可以放大的波长范围在1.53～1.56微米，可以同时放大多个携带高速信号的光波长，从而使单根光纤中传输的信息容量增加几十倍。

拉曼光纤放大器　除了掺铒光纤放大器，拉曼光纤放大器是另一种重要的光纤放大器，这种放大器是通过**受激拉曼散射**实现的。只要选择合适的泵浦波长，拉曼光纤放大器可以在任意波长范围工作。同时和掺铒光纤放大器相比，拉曼光纤放大器的带宽更大，噪声系数更小。除此之外，光传输链路自身就可以作为光放大器，在传输的过程中就实现了光放大的功能，这类放大器也被称为分布式放大器。

光纤激光器　以掺有激活粒子的光纤为增益介质可制成光纤激光器。光纤激光器有泵浦源、增益介质、谐振腔三个基本组成部分。泵浦源一般采用半导体激光器，泵浦光经适当的光学系统耦合进入增益光纤。增益介质为掺有激活粒子（如稀土离子Er^{3+}、Yb^{3+}、Nd^{3+}、Tm^{3+}、……）的光纤，在吸收泵浦光后造成粒子数反转，形成受激发射。谐振腔可以由光纤光栅等光学反馈元件构成各种直线型谐振腔，也可以用耦合器构成各种环形谐振腔。光纤激光器的波长有1μm、1.5μm、2μm、3～5μm等。

光纤中的非线性　当光纤中光功率较大时，其中存在的非线性效应会显著影响光传输性能并降低通信容量，光纤中最低阶的非线性效应是三阶非线性效应。常见的光纤非线性效应包括自相位调制、交叉相位调制、四波混频效应以及受激拉曼散射和受激布里渊散射。在前面已经提到受激拉曼散射，可以利用其实现光分布式放大。

自相位调制　光纤纤芯的折射率和纤芯内的能量密度有关，当入射光较强时，会产生比较明显的折射率改变。入射光强的瞬时变化导致折射率发生相应改变，这种折射率的改变同时又引起入射光自身的相位变化，这种效应就是自相位调制。如果入射光脉冲无啁啾，则自相位调制会展宽信号的频谱。

交叉相位调制　当两束或者更多束不同波长的光入射光纤并同时在其中传输时，它们会通过光纤中的非线性效应发生相互作用。除了自身波长的光波会改变光纤内部折射率，其他波长的光波光强同样会影响纤芯的有效折射率，从而对自身波长的光波产生调制作用，这就是交叉相位调制。

四波混频　在满足一些条件的情况下，光纤中存在的三阶非线性会让入射光纤中不同波长的三束光波产生一束新频率的光波，并且新产生的频率与原有的三个频率满足一定的数量关系。用量子力学的术语，四波混频可以描述为：一个或几个光波的光子被湮灭，同时产生了几个不同频率的新光子，且净能量和动量在此过程中保持守恒。

受激布里渊散射　和受激拉曼散射相比，受激布里渊散射同样是一种入射光功率需要达到某个阈值才能发生的光纤非线性过程，但是受激布里渊散射的阈值远低于受激拉曼散射的阈值。同时单模光纤中，受激布里渊散射产生的斯托克斯波仅向后向传播，而受激拉曼散射的斯托克斯波同时向前后两方向传播。这些不同点都源于一个差别：受激布里渊散射中参与的是声学声子，而受激拉曼散射中参与的是光学声子。

超连续谱的产生　当光脉冲在光纤中传输时，其时域和频域的变化不单单受到上述各种非线性效应的影响，光纤中存在的色散效应也会对其产生影响。因为非线性效应都可以在脉冲频谱范围产生新的频率，对于功率很大的脉冲，频谱可以变得很宽以至于可能超过100THz。这种极端的频谱展宽现象称为超连续谱的产生。

（陈章渊）

光学相关　optical correlation　用光学方法实现的函数的相关运算，包括自相关运算和互相关运算，通常用在光学图像处理上。数学上，两个二维函数$f_1(x,y)$和$f_2(x,y)$互相关运算的表述为：

$$f_1(x,y)\bigstar f_2(x,y)=\iint_{\infty} f_1(\xi,\eta)f_2^{*}(\xi-x,\eta-y)\,\mathrm{d}\xi\mathrm{d}\eta$$

式中★为相关运算符；ξ、η分别为参变量。当$f_1(x,y)=f_2(x,y)$时，则称为自相关运算。相关运算的结果，实际上是两个函数相似性程度的一种表征。当两个函数相似程度很高时，两者的相关运算将获得一个极大值，显然自相关的结果为最大值。

实现相关运算的光学方法是20世纪60年代提出的，其原理是将两个透过率函数分别为$g_1(x_0-a,y_0)$和$g_2(x_0+a,y_0)$的光学图像置于傅里叶变换透镜的前焦面上，其中$-a$和$+a$分别是两者在输入平面(x_0,y_0)上的横向位移量。在相干平行光照明条件下，在变换透镜的后焦面(x_f,y_f)上得到两个透过率函数的傅里叶频谱的相干叠加，其强度函数称为功率谱：

$$p_f(u,\nu)=|G_1|^2+|G_2|^2+G_1G_2^{*}\exp(\mathrm{i}4\pi au)+G_1^{*}G_2\exp(-\mathrm{i}4\pi au)$$

式中$G_1(u,v)$、$G_2(u,v)$分别为函数g_1和g_2的傅里叶频谱；$u=\frac{x_f}{\lambda f}$，$v=\frac{y_f}{\lambda f}$分别为空间频率，其中λ为照明光波长，f为透镜焦距。

将功率谱输入傅里叶逆变换光学系统，在系统输出平面(x',y')上得到功率谱函数的傅里叶逆变换：

$$\begin{aligned}O(x',y')&=\iint_{\infty} p_f(u,v)\exp[\mathrm{i}2\pi(ux'+vy')]\,\mathrm{d}u\mathrm{d}v\\&=O_1(x',y')+O_2(x',y')\\&\quad+O_3(x',y')+O_4(x',y')\end{aligned}$$

式中$O_1(x',y')$和$O_2(x',y')$分别为图像g_1和g_2的自相关［来源于$p_f(u,v)$公式的第一、二项］，位置均在输出平面的坐标原点，两者合成一个光学强脉冲。第三项和第四项分别是图像g_1和g_2的互相关，函数形式为：

$$O_3(x',y')=\iint_{\infty} g_1(\xi,\eta)g_2^{*}[\xi-(x'+2a),\eta-y']\,\mathrm{d}\xi\mathrm{d}\eta$$

$$O_4(x',y')=\iint_{\infty} g_2(\xi,\eta)g_1^{*}[\xi-(x'-2a),\eta-y']\,\mathrm{d}\xi\mathrm{d}\eta$$

这两式表明，两个图像的互相关在输出平面上分别处在$x'=2a$和$x'=-2a$的位置。互相关峰的强度反映了两个图像的相似程度。当两者完全相同时，互相关演变为自相关，相关峰值将达到极大值。当两者毫无相同之处时，相关峰值达到极小值。由此，可通过检测输出平面上的互相关峰值，来判断未知图像与已知图像之间的相似性关系。

早期人们采用照相底片记录图像的傅里叶变换功率谱。随着光电子实时器件的问世和数字技术的发展，用CCD取代照相底片记录功率谱，并输出到电寻址液晶空间光调制器（LCSLM）上，然后将LCSLM置于光学傅里叶逆变换系统的输入平面，由置于输出平面的CCD探测并判别图像的相关性，构成一种实时器件，称之为联合傅里叶变换实时光学相关器。

光学相关技术已经在指纹识别、字符识别、目标识别、生物细胞识别等领域逐步进入实用化阶段，光学自相关技术还用于超短光脉冲的脉宽测量中。

（朱伟利）

光学相位复共轭　optical phase conjugation　利用某种光学效应实现光波的传播方向及各处的相位因子的准确反转的技术。光学相位复共轭在数学上等价于对光波的复空间振幅进行复共轭运算，因此相位复共轭波等价于时间反演波。如果是通过光波与物质的非线性相互作用来实现的，就称为非线性光学相位复共轭。对光波能实现相位复共轭作用的光学系统称为相位共轭镜。

相位共轭镜与普通反射镜具有不同的性质，见下图。当一个理想的平面波阵面通过相位畸变介质后，由普通反射镜或相位共轭镜反射，并再次通过相位畸变介质后，波阵面的变化完全不一样。前者反射光束再次通过畸变介质后，相位畸变加倍。后者由于能使入射的波阵面反演，故反射光束再次通过相位畸变介质后，波阵面又恢复成平面。理想的相位共轭镜还能够反演入射波的偏振态。对于无损耗的共轭镜，可以反演入射光子的所有量子数，

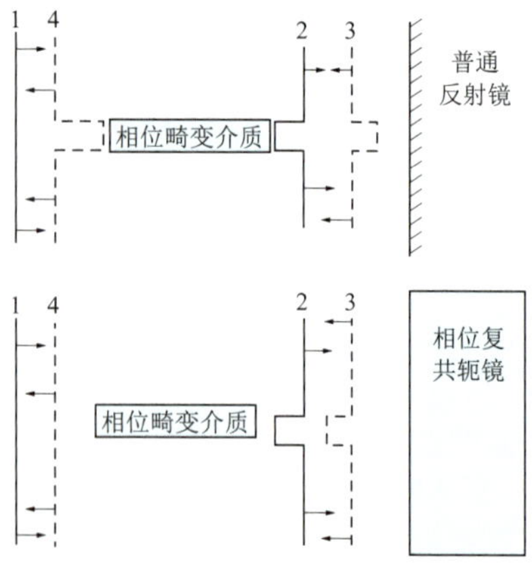

1 入射的平面波阵面　2 畸变后的波阵面　3 反射的波阵面　4 两次通过畸变介质后的波阵面

普通反射镜与相位复共轭镜的比较

包括线动量、角动量等。

有两类非线性相互作用可以获得入射波的相位共轭波：一类是弹性光散射，这是一种光学参量过程，各相互作用场通过非线性介质相互耦合；另一类是非弹性光散射，是受激散射过程。获得相位共轭波的参量过程主要有三波混频和四波混频。非弹性光散射方法包括受激拉曼散射、受激布里渊散射和受激瑞利散射。利用一些固定的光学元件也能实现波阵面反演，这称为准共轭器。

光学相位复共轭技术可用以补偿光束通过光纤、大气及高功率激光放大器链传输时引起的相位畸变；在自适应光学、信息储存和处理、图像传输、光计算机、超低噪声探测、干涉计量、投影光刻、材料研究及军事上有广泛的应用。

（吴存恺　白本锋）

光学信息处理　optical information processing　用光学方法实现对输入信息从各种变换、处理、逆变换得到输出信息的全过程。是在**傅里叶光学**的基础上发展起来的技术。光学信息处理运用透镜的傅里叶变换性质，在图像的空间频域（傅里叶透镜的焦平面）对光学图像信号进行滤波，改变（提取或加强）图像信号，滤掉或抑制噪声，而后进行透镜傅里叶逆变换得到处理过的图像。

光学信息是光波通过对其振幅、强度、相位和偏振态，乃至量子态调制所荷载的信息，它可以是时间、空间（一～三维）与量子态的信息。广义的光学信息处理，指的是由光学信息生成的图像的产生、传递、探测和处理等各个环节中对于图像的提取、编码、存储、增强、去模糊和特征识别，以及各种光学变换等。它既包含光信号的频域处理，又包含光信号的空域（图像本身所在的空间）处理；被处

理的光学图像，既可由相干光（如激光）照明，还可由非相干光（如自然光）或部分相干光照明，对应的系统有相干光处理系统、非相干光处理系统、部分相干光处理系统，以及量子纠缠光子对的产生与分发系统。

通常狭义的光学信息处理，指的是光信息的频域处理，研究如何对各种光学信息进行光学运算（加、减、乘、除、相关、卷积、微分、矩阵相乘、逻辑运算等），各种光学变换（傅里叶变换、对数变换、梅林变换、拉普拉斯变换）等。实际上相干光处理系统是一个光学模拟计算机，具有二维并行处理的能力、极高的运算速度（光速）及极大的容量等，但其精度较低，灵活性较差，在应用上受到了限制。

光学信息处理按处理的性质可分为线性处理和非线性处理两大类。在线性处理中又分为空间不变和空间可变两类。

线性处理　所谓线性处理是指系统对多个输入之和的响应（输出）等于各单独输入时的响应（输出）之和，无像差的光学成像系统就是典型的线性系统。系统将光学图像变换成不同的空间频谱，可用光电探测元件探测、接收与分析，再对空间频谱进行各种处理。近代采用的光电结合的空间频谱分析仪就是根据上面介绍的原理制成的，它可应用到各种图像处理的各个领域，包括遥感图像、医学图像分析等方面。

基础的线性相干光学信息处理系统，即4f系统。应用4f系统可进行两个光学图像的相加或相减。图1a表示字母A和B两个图像，相距为2b，将它作为4f系统的输入图像，左右对称地放在光轴两侧。滤波面上放置一个正弦光栅（垂直于A、B两图像的中心连线），光栅的空间频率等于$\frac{b}{\lambda f}$，f为变换透镜的焦距，λ为所用相干光的波长。这种光栅可在输出平面上形成A、B的正负一级衍射像，并可使A的正一级衍射像和B的负一级衍射像相互重合。当使滤波光栅沿水平横向微小移动时，对应于相互重合的两个像的光束间的相位差发生变化，可在输出面上交替出现相加（图1b）和相减（图1c）的图形。光学图像的加减是光学信息处理中的基本运算方法之一，它是所有其他运算的基础。综合孔径雷达数据的光学处理是光学信息处理中最早最成功的应用。

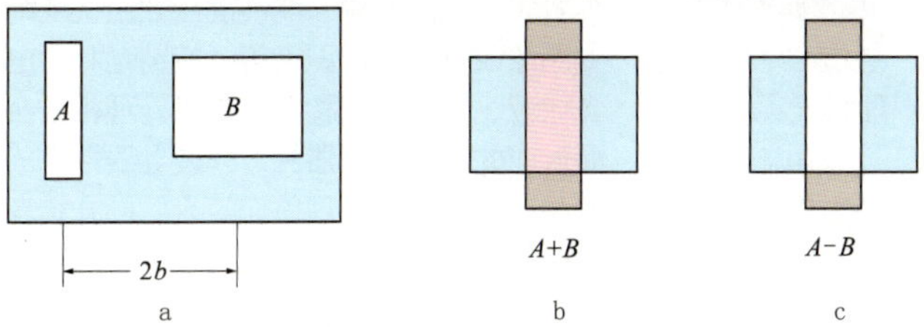

图1　光学图像的加减

空间光滤波器和光电混合处理　早期的光学信息处理中输入图像和滤波器用照相干板记录，经处理的输出图像也用照相干板记录，需经过显影、定影，全过程是非实时和近似线性的，称为传统的或经典的光学信息处理。已开发出的各种电寻址的空间光调制器（SLM），如液晶显示器（LCD）、磁光空间光调制器（MOSLM）等。这些器件是由许多像素单元构成的二维滤波器件，具有行、列电极，可对像素进行寻址操作（称矩阵寻址），使不同位置的像素具有不同的透过率（或不同的相位延迟），从而将计算机内预先存储的图像转移到调制器上进行处理。图2示意一种典型的光电混合处理系统，图中CCD为电荷耦合器件，L为透镜。4f系统的傅里叶变换作用，成像及频谱面上的空间滤波操作（上述各种光调制器），是对光学信息直接处理，其他信息处理均由计算机实现。由于计算机可编程，适应性很强，而且光电转换过程非常快，可近似认为是实时的，性能优于纯光学信息处理，称为光电混合处理。

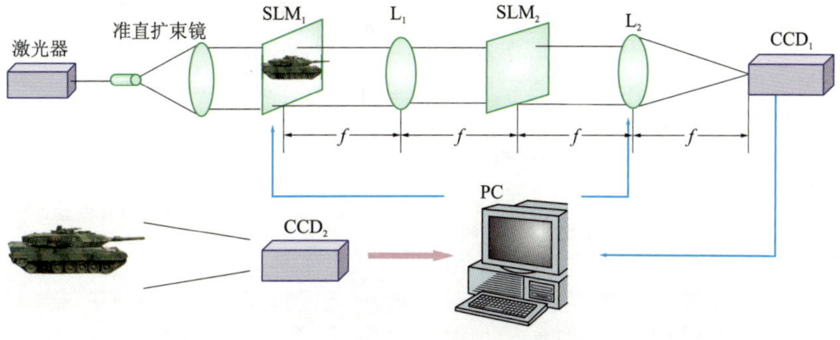

图2　光电混合处理系统示意图

联合傅里叶变换实时相关特征识别　光学图像的特征识别是指在大量信息或背景中检测某一已知特征图像的光学处理方法，可运用联合傅里叶变换系统实现实时识别。图3中，参考图像$f(x,y)$（如已知型号的飞机的图像）和输入图像$g(x,y)$（如通过望远镜拍摄到的图像）分别显示在傅里叶变换透镜的输入平面xy上，两个图像的中心相距2a对称地分布在光轴两侧，并由相干光（如准直的激光）照明。这样的由两个图像同时并排输入，并经过透镜进行的傅里叶变换称为联合傅里叶变换，简称联合变换。显影、定影后的照相干板上记录的是输入图像空间频谱的强度，称为联合变换的功率谱。用激光照射功率谱，通过第二个傅里叶透镜进行逆变换，在其后焦面（输出平面uv）上出现三个光斑：一个位于输出平面的中心，它不是信号，代表直接透射光，又称零级项或自相关项；另两个光斑沿f和g分开的方向对称地分布在零级光斑两侧，相距4a，称为一级项或互相关项。当f和g只有部分相同（如g中除已知型号的飞机外还有天空背景、其他型号的飞机），则两个互相关斑仍然出现，只是强度较弱。互相关斑的出现及其尖锐程度正是f和g具有相同特征的标志。上述系统称联合傅里叶相关系统，简称联合变换相关器。早期联合变换的输入、输出和联合变换谱的记录都由照相干板完成。后来出现的实时变换相关器则运用两个空间光调制器作为输入，一个器件上显示存储在计算机中的参考图像，另一个显示通过望远镜拍摄到的图像。联合变换的功率谱则由CCD器件（也是二次方律器件）记录，并显示在第三个空间光调制器上。该器件由激光照亮，通过第二个透镜实施逆变换，相关输出由第二个CCD探测并送入计算机进行分析。整个处理过程是实时的，是典型的光电混合信号处理系统。

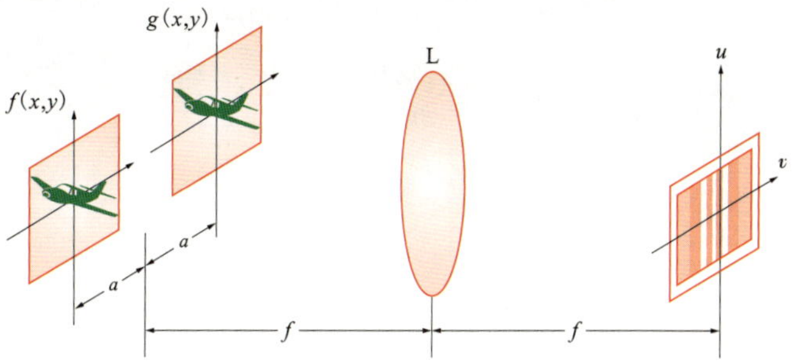

图3　联合变换功率谱的记录

半色调处理　实际问题中常遇到一些非线性问题。所谓非线性系统是指输出图像的光强不再与输入图像光强保持正比关系。为实现非线性处理，可在光学系统中放入非线性光学元件，或通过预处理方法实现某种非线性变换。照相胶片就是一种非线性元件。利用胶片感光特性曲线的非线性控制反差度（γ值），可实现正、负幂次非线性关系。其典型应用是半色调处理方法。通过半色调屏对图像进行翻拍，利用高反衬度胶片的限幅性质，把连续色调图像变为由点阵（二维）或线阵（一维）组成的黑白两种色调的照片，称为“半色调照片”。原图像中灰度信息转变为半色调照片中不同面积的点阵（二维）或不同宽度的线阵（一维）。利用半色调预处理方法，已经成功地实现了图像等密度轮廓显示、密度分割、假彩色编码、从相乘性噪声中分离出信号的对数滤波、指数运算、二次方和二次方根运算、二维模数转换等运算。这种方法已在医学、遥感等图像处理中得到应用。

相位调制假彩色编码　人眼对黑白图像的灰度只能分辨出15～20个等级，对于灰度相差较小的图像便不能加以分辨。而人眼对颜色的分辨能力达几百种。利用光学信息处理手段，将灰度信息转换为颜色信息，可提高对图像的识别能力。所谓“假色彩编码”是指编码系统输出的彩色图片仅由输入片的“白光密度”确定。如相位调制假彩色编码。首先在光学放大系统中将待编码的胶片置于底片夹中，编码元件为朗奇光栅（光栅的半个周期透光，半个周期不透光）。将光栅紧密覆盖于底片上，用白光照明，经显影、定影处理后对底片进行漂白，得到相位型编码片。它是透明的，但各点的相位不同，取决于该点底片的透过率（图4）。将编码片输入光学信息处理系统，频谱面上放置滤波器。编码片是相位型的，光波通过时其相位被调制。频谱面上设置一小孔滤波器，只允许+1级通过，因而输出面便呈现一幅彩色图像，输出图像上的色彩便直接反映了黑白底片的白光密度，原先不能分辨的灰度变成很容易分辨的假彩色。

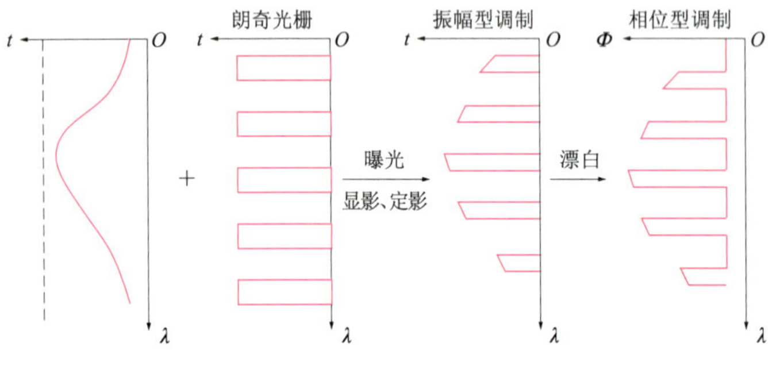

a　黑白底片的透过率　b　朗奇光栅的透过率　c　调制后振幅型底片的透过率　d　漂白后得到的相位型编码片

图4　相位调制编码过程

假彩色编码技术在医学上可用于对人体器官病变的早期诊断，检测乳腺癌早期病灶在透射图像中呈现灰度的微小改变。假彩色编码用于卫星遥感图像分析，用于牧区草场情况的监测，可发现草场退化的灾情和发生的位置，用于对地形地貌的分析可敏感监测洪水灾害、森林火灾的情况或大陆架的变迁等。但是灰度与彩色之间的变换关系难以定量测试，还未进入实际应用阶段。

波前编码景深扩展　光学信息处理还包括用波前编码实现光学系统景深延拓的技术。在光学系统出瞳上引入相位掩膜（图5），改变出瞳处的波面形状，使光学系统的调制传递函数对离焦量不敏感。尽管由于相位掩膜的引入使得原来未离焦时的点扩散函数偏离δ函数，导致成像性能变差，但是相位掩膜的引入同时也使得离焦时的点扩散函数与不离焦时的点扩散函数近似相同。这就使得成像过程中，在相当大的一个景深范围内，所成的像有相同的模糊特性。只要接收器具有足够的分辨率，能够把模糊的图像信号，包括原图像的所有信息全部接收并转化为数字图像信号，利用先验的相位掩膜知识，可以通过数字信号处理的方法解调出原信号。也就是说，无论原来不离焦时的图像，还是离焦时的图像，都可以通过适当的数字滤波恢复出原清晰图像，从而扩大系统的景深。实际上，这也是典型的光电混合信号处理系统。

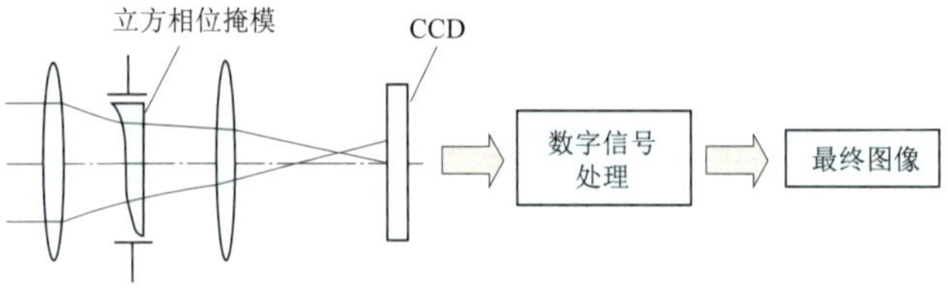

图5　波前编码系统框架

散斑图的光学信息处理　无论是光测力学中的散斑干涉计量，还是天文观察中的散斑干涉术，都要利用光学信息处理技术提取测量信息。在光测力学中，两次曝光散斑图的相对位移信息是利用散斑图的各态历经性质，在全场滤波或者杨氏干涉滤波产生的二次散斑图样中，被调制的干涉条纹与样品的应力应变场之间建立数学物理模型，实现应变场的一维或二维测量。而天文观察中则是通过观察有大气湍流引起的不同方向上的散斑图之间的干涉，测量星空中微小星球的角直径或者双星之间的角距离。

量子光通信中的光信息处理　量子光通信系统的基本部件包括量子态发生器、量子信道和量子测量装置。一个基于光纤信道的量子通信系统结构如图6所示。在其发射端，量子态发生器是一种新型的非经典光源（或称亚泊松态，或称光子数态光子源），它发射出均匀的光子流，与信号一起输入光子调制器，对每个光子进行编码、载入信息。量子信道仍然是光纤，但它是非经典信道。接收端由量子无破坏测量装置与光子计数器构成。由于是光子数态，且对光子与光子数编码，不再受量子噪声限制，因此信息效率与信噪比得到大幅度地增长。又因为使用无破坏测量装置解调，光子计数器接收，不但进一步提高了信噪比，而且由于不再需要另外从信号中吸取能量，因此接收灵敏度得到极大的提高。

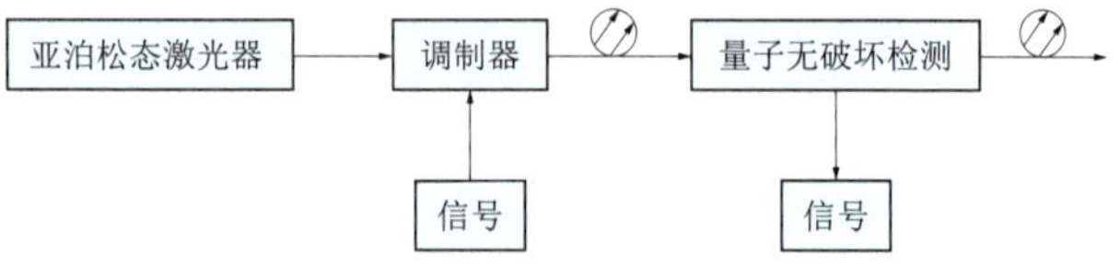

图6　量子光通信系统结构

展望　由于其他学科的渗透，在光学信息处理领域中出现一些新的发展方向。如利用光学反馈概念在线性和非线性运算方面取得一些新结果；利用光双稳态现象在半导体材料上制成新型的信息处理元件，有可能成为未来光计算机的运算元件；利用光折变介质的自泵浦及互泵浦相位共轭效应，二波混频、四波混频效应实现畸变图像恢复和特征识别等。特别是利用电光效应、声光效应和光学信息处理相结合而形成的集成光学器件、光波导器件已成为光通信中新的处理单元。人们已开始考虑时间（一维）与空间（三维）相结合的四维处理系统。应该指出，把光学信息处理的二维、高速、大空间带宽积等优势与电子计算机数字处理的灵活性和高精度相结合形成的光电混合处理系统，在现阶段仍是相对完善和有实用价值的系统。

（陈家璧　宋菲君）

光学信息记录材料 optical information recording material 能够记录光学信息的材料。借助某些对光敏感的材料，在光的直接作用下，引起体系内部产生某些物理-化学变化，从而形成记录。光学信息记录材料可分为卤化银记录材料和非银记录材料。

卤化银记录材料 卤化银记录材料是应用最为广泛的光学信息记录材料。其技术成熟，配套设备及工艺较为完善。各种感光胶片至今仍是医疗、印刷、摄影、全息技术等领域不可替代的材料。但其影像处理是化学过程，且材料中含有贵金属，所以在环保和价格方面存在劣势。

非银记录材料 随着各种光学信息处理技术和微纳加工技术的发展，对光学记录材料的分辨率、影像处理方式，以及物理化学性质都提出了许多新的要求，传统的卤化银材料已不能完全适应技术的发展。为了解决各种需求，非银光学记录材料得到较大发展。非银记录材料主要有光致抗蚀剂、重铬酸盐明胶、光致聚合物、重氮感光胶、光导热塑材料和光折变晶体等。

光致抗蚀剂 光致抗蚀剂广泛应用于半导体工业、微纳加工和模压全息的生产工艺中。感光后感光部分发生变化与未感光部分形成溶解性差异。经处理后形成沟槽结构，产生浮雕型信息记录。在光学信息记录方面，主要利用曝光时的光强分布产生的浮雕结构的相位差记录光学信息。由于光致抗蚀剂记录后形成表面浮雕型记录，可以通过电铸、模压、注塑、浇注等手段复制其表面结构，形成工业化生产。

重铬酸盐明胶 重铬酸盐明胶在曝光并处理后，明胶会因为曝光量不同而产生折射率差异，从而产生相位差记录光学信息。重铬酸盐明胶的分辨率高、折射率调制度高、材料制备简单、成本低廉，是一种很好的全息记录材料。但具有处理结果重复性差，以及产品怕潮的缺点，影响了其广泛应用。

光致聚合物材料 光致聚合物材料是一类感光后产生聚合反应，并伴随单体向聚合反应程度高的方向迁移，从而产生折射率差异的相位型光记录材料。光致聚合物材料折射率调制度较高、可以制成干膜、处理工艺简单、不怕潮，在全息存储、全息光学元件、全息防伪领域应用广泛。

重氮感光材料 重氮感光材料是重要的非银感光材料，与银盐感光材料相比，它具有解像力（分辨率）高、加工方便和价格便宜等优点。重氮感光材料大量被用于工程图复制、印刷、缩微、地质勘探、电子等领域。

光导热塑材料 光导热塑材料是在曝光并处理后，使曝光时的光强分布对应塑料形变的表面浮雕型感光材料。具有感光灵敏度高、全色感光、干法原位显影、实时显示、可重复使用等优点。缺点是空间频率带宽小，器件性能对于制造细节、充电和显影温度比较敏感，不易制备大面积材料。该材料在全息无损检测中有应用。

光折变晶体 光折变晶体是在非均匀光场的照射下，通过复杂的物理效应，最终形成一种折射率分布与原光场强度相对应的像。光折变效应允许在低功率激光辐照下观察记录的光场分布，应用于光放大、光振荡、光学记忆、图像处理、全光学时间微分器等众多领域。

（周扬斌）

光学遥感 optical remote sensing 利用光学传感器在一定距离以外特别是从空中向地面搜集物体和现象的有关信息，并处理为形、像、色、谱的技术。光学遥感的原理是基于不同物体对各种波长的辐射具有不同的吸收特性和反射特性，高温物体本身也有不同于其他物体的发射谱，这样遥感可分为接收自然辐射能的被动方式和接收人造辐射能的主动方式。前者主要研究物体对太阳光和其他自然光的反射特性以及自发辐射的特性；后者则借助激光或其他人造光源的照明获取有关信息。

遥感的概念诞生于19世纪。第一张空中照片是1858年在巴黎上空利用气球拍摄的。苏联在1957年发射了第一颗人造地球卫星，此间又发展了多光谱照相及多光谱扫描成像等技术，随后利用卫星遥测地球的方法被推广开来。后来美国的航天飞机、空间站和许多卫星都配以先进的光学遥感仪器，使光学遥感技术成为军事侦察、大地勘测和地质地貌、火山活动、地热位置、自然灾害监测等的重要手段。

随着热红外成像、机载多极化合成孔径雷达和高分辨力表层穿透雷达及星载合成孔径雷达技术的日益成熟，遥感波谱域从最早的可见光向近红外、短波红外、热红外、微波方向发展，波谱域的扩展将进一步适应各种物质反射、辐射波谱的特征峰值波长的宽域分布。

随着高空间分辨力新型传感器的应用，遥感图像空间分辨率从1千米、500米、250米、80米、30米、20米、10米、5米发展到1米，军事侦察卫星传感器可达到15厘米或者更高的分辨率。空间分辨率的提高，有利于分类精度的提高。

多光谱扫描系统的诞生推动了光学遥感技术的发展。它通过系统分光与光电技术同时记录的方法，发送某一被扫描点上的数个甚至数十个波段的光谱反射能的信息（像元）。随后将同一波段的所有扫描像元构成一帧扫描图像，该系统由此获得多个光谱波段的扫描像。如星载多光谱扫描系统将0.47～1.1微米的光谱区分为四个波段，地面10 000平方米对应单个扫描像元的大小。当卫星经过某一地区上空时，探测并随后发出四幅（对应四个波段）为一组的图像信息。该信息由像元组成的光谱反射能构成，这些信息被卫星地面站捕获。该技术十分适合长期飞行的卫星使用。

虽然多光谱传感器仍然被分析人员所采用，但遥感界已经看到了高光谱传感器的稳步发展。这种传感器的特点是具有数百个高分辨率的光谱带，作为各种任务的主要技术，如陆地覆盖分类、环境和生态监测等。这些数据有可能准确揭示光谱特征所描述的潜在现象。如在植被探测应用领域，这种图像可以揭示叶片的生物物理和生物化学特性，包括对应于叶片色素、细胞结构、含水量等不同波长的光谱响应。这种从多光谱到高光谱成像的扩展并不意味着只是简单放大信号处理和开发技术（如数据压缩、可视化和统计模式分类）以适应数据中的额外维度。

光学遥感涉及光学数据的采集和分析。从灰度摄影测量图像到高光谱图像，光学遥感已经走过了很长的路。成像硬件的进步使得遥感分析人员能够获得高空间分辨率、光谱分辨率和时间分辨率的图像。

典型的光学遥感分析链中包括如下处理步骤。

数据采集和处理。这涉及从传感模态——手持传感器（用于地面数据）、机载或卫星图像（用于遥感数据）获取数据。为了减轻采集过程中噪声和失真（如过热或不正确校准导致的传感器噪声、大气失真、亮度偏差、差的对比度等）的影响，对采集数据进行处理通常是必要的。

数据表示。该过程是指为了存储、传输或分析而有效表示数据。通常由于存储和传输限制，光学遥感数据集也需要有效表示。此外，为了使用这样的数据进行有效的分析（如对于基于统计模式识别的分析任务），经常需要在适合分析任务的特征空间中表示数据。这样的表示可以基于从光学图像中提取相关的空间统计

（如纹理信息来利用邻近像素关系）和光谱响应（以准确地建模单个像素和子像素）。

数据分析。这个过程涉及利用数据来解决潜在的遥感问题（如获得一个地区的土壤湿度分布，或获得一个地区的土地覆盖成分，或有效控制入侵植物种类浓度高的范围）。根据各类问题，调用适当的分析方法（如统计模式识别、回归分析、图像分割等）。（张 新）

光学仪器 optical instrument 包含一个或若干个光学零部件，具有所需光学功能的仪器。光学仪器以光波作为信息载体或能量载体，在工业、医疗、军事以及日常生活等领域实现照明、观察、测量、加工、信息传递等一系列功能。把光波当作信息载体时，光学仪器可实现信息的获取、传输、处理、存储以及显示等功能；把光波作为能量载体时，光学仪器可以实现主动照明、精密加工，还可以成为高能武器等。

发展历史 光学仪器的出现是在几何光学实验定律的基础上建立起来的。人们在实践中逐步制作了各种各样的光学元件和仪器。考古学家在埃及发现了一架非常古老的水晶放大镜，有证据表明这面透镜是大约在公元前3000年制造的。中国西周时期（公元前11世纪～前770年）的《周礼·秋官司寇》记载，用金属凹面镜（“阳燧”）聚焦阳光可得到明火。到了春秋战国时期，墨子（约公元前468～前376）的著作《墨经》里有小孔成像的描述。希腊人和罗马人也用透镜作为放大镜与燃烧镜，虽然当时并不懂得它们能有这样作用的原因。

16世纪初相继出现了凹面镜、凸面镜、眼镜和透镜等光学元件；荷兰人Z.詹森在1590年发明了世界上第一台显微镜；伽利略是制造出望远镜的人之一，最早（1610）用来进行天文观测。I.牛顿在1666年改进了天文望远镜并发明了第一台分光镜；法国画家L.-J.-M.达盖尔在19世纪初发明了第一台照相机。随着光学理论的不断发展完善，以及近代以激光、光纤、微机电系统（MEMS）为代表的新技术不断出现和成熟，现代光学仪器早已突破几何光学的经典模式，进入物理光学、信息光学、微纳光学、智能光学等领域，逐步形成对国民经济有重要影响的高新技术产业。

现代光学仪器特征 突破传统光机模式，与其他学科交叉融合。现代光学仪器早已突破传统光机模式，进入光机电算一体化和智能化、综合化发展模式。例如，一台数码相机，除必要的成像镜头、快门等光机部件外，还需要多种光电探测器实现图像获取、自动测光、自动对焦功能，需要强大的处理器实现图像处理和传输，防抖相机还需要陀螺仪侦测抖动量并利用磁悬浮镜片予以正确补偿，有的相机还可以立即将照片上传网络等。

突破传统光学范畴，技术新颖和综合。随着现代光学的应用领域不断向宏/微观尺度、高精度、灵活性、智能化方向发展，现代光学仪器已经不再是严格意义上的静态局域系统，而是逐步发展成综合性、动态性智能化仪器，向小型化、高精度、虚拟化、自动化、信息化和网络化等方向发展。功能更加完善，能力更加强大。

综合性能指标和评价指标高。随着光学理论的不断发展和光学技术的不断提高，光学仪器的设计水平、加工水平、检测水平都在不断进步，人们对光学仪器的要求也在不断提高。体积更小巧、分辨率更高、作用距离更远、使用更方便、运行更可靠等已成为光学仪器设计时必须考虑的因素。

光学仪器分类 因为用途甚广，所以光学仪器很难简单分类。根据是否供人眼观察，可以分为目视光学仪器和非目视光学仪器；根据服务对象不同，可分为军用光学仪器、民用光学仪器、医用光学仪器等；根据应用场合不同，可分为海洋光学仪器、大气光学仪器、空间光学仪器等；根据工作波长不同，可以分为紫外光学仪器、可见光光学仪器以及各波段的红外光学仪器等；根据是否在焦平面成清晰像，可分为实像类光学仪器、虚像类光学仪器和非成像类仪器等；根据是否用于测量，可分为测量类仪器和非测量类仪器；等等。光学仪器经过数个世纪的发展，已经形成了照度计、色差仪、光谱仪、光度计、分光仪、夜视仪、影像仪、投影仪、折射仪、放大镜、显微镜、望远镜、照相机、经纬仪、水准仪、显示器、激光水平仪、激光测距仪等数个子类别。

放大与显微类仪器 放大镜、投影机、各类观察与测量显微镜等。其中显微镜包括普通显微镜、CCD显微镜、偏光显微镜、珠宝显微镜、标本显微镜、金相显微镜、生物显微镜、比较显微镜、荧光显微镜、倒置显微镜、体视显微镜、工业高倍显微镜、万能工具显微镜、共焦显微镜、扫描近场光学显微镜等。

望远观察与测量类仪器 单筒望远镜、双筒望远镜、天文望远镜、电子经纬仪、水准仪、全站仪等。

照相摄影类光学仪器 单反相机、数码相机、家用摄影机、高速摄影机、手机摄像头、网络摄像头、视觉监控仪器、各种红外相机等。

物理光学类仪器 利用干涉、衍射、偏振等光学现象的仪器，如干涉测量仪器、全息类仪器、偏振类仪器、基于特殊性能光学晶体及波导的仪器等。

光学计量仪器 各类二维或三维成像测量仪器、各类干涉测量仪、激光测距仪等。包括数字化影像测量仪、激光测厚仪、光学影像投影仪、全自动影像测量仪、工具显微镜、三坐标测量仪、全自动光学测量仪、非球面/自由曲面测量系统等。

光谱分析仪器 棱镜光谱仪、光栅光谱仪、质谱仪、看谱镜、紫外可见分光光度计、荧光分光光度计、原子吸收分光光度计、原子发射光谱仪等。

医用光学仪器 口腔观察仪、皮肤检测仪、视力验光器、头发测试仪、数字X光机、眼科光学仪器、激光手术台、各种内窥镜等。

红外热像仪 夜视仪、红外热成像仪、红外检测仪和各类制冷型及非制冷型中波、长波红外成像仪等。

激光类仪器 各类固体激光器、气体激光器、半导体激光器、光纤激光器，或对激光光束产生变换的仪器等。

光学检测仪器 光学检测仪、X射线检查、数码光学检查仪、返修工作台、在线检测影像仪、塞曼效应仪、色相分析仪、光栅尺、测角仪等。

光学加工仪器 光刻机、激光打标机、激光切割机、激光雕刻机、激光3D打印机等。

机器视觉仪器 工业相机、工业镜头、结构光发生器、远心照明光源、远心测量物镜等。

光学机具 光学平台、多维位移台、多维调整镜架、光学导轨、底板、光纤调整架、杆架、万向支架、镜片夹持器具、狭缝、配件等。

光纤仪器 光纤端面检查仪、熔接机、光纤面板、光纤传像束，各种光纤传感仪器、通信仪器等。

光电显示仪器 激光投影显示仪、背投显示设备、LED显示设备、虚拟现实（VR）头盔、增强现实（AR）头盔、抬头显示器（HUD）等。（谢洪波 郁道银）

光压 light pressure 光波照射到物体上对物体表面产生的辐射压强。由于电磁场具有动量，其入射到物体上时会对物体施加一定的压强，这种压强称为辐射压强。早在17世纪初，天文学家J.开普勒就曾用太阳光的压力解释彗星的尾巴为什么背着太阳。到19世纪中叶，J.C.麦克斯韦由电磁理论算出光正入射到黑体（完全吸收光的物体）上所产生的压强为：

$$p=\frac{S}{c}$$

式中S为光的坡印廷矢量的值；c为光速。由此得出，太阳光正入射到地面黑体上的光压p为5×10^{-6}牛/米^2。1901年，P.N.列别捷夫用实验证明了光压的存在，他测出太阳光压的值与麦克斯韦的计算结果符合。

在光的量子理论中，光压是光子与物体相互作用时动量转移的一种体现。

光压的值虽然很小，但对环绕地球的人造地球卫星来说，时间长了会使它逐渐偏离轨道，因此在设计人造地球卫星时就要考虑到这一点。

光压对于恒星有重要作用。恒星大都是发光的天体，万有引力使恒星收缩，而光压（辐射压）则使恒星膨胀。当万有引力大于光压时，恒星便会坍缩；当万有引力小于光压时，恒星便会膨胀。只有在万有引力与光压相等时，恒星才能够处在稳定状态，如今的太阳便是这样。

（胡望雨　方哲宇）

光在分界面上的折射和反射　refraction and reflection of light on boundary　当光通过两种透明媒质分界面时，入射光分为反射光和折射光。反射光与折射光行进的方向分别由反射定律及折射定律决定，但它们的相对强度和偏振取向，则须由电磁波理论导出的**菲涅耳公式**来决定。

菲涅耳公式　设图1中A、B为两种不同的透明媒质，它们对真空的折射率分别为n_1与n_2。两者的交界面为垂直y轴的$y=0$平面。如此y轴为该平面的法线，xy为入射面（又称投射面）。当自然光入射到分界面时，由于自然光可分解为相互垂直并且相互独立的两个大小相等的平面偏振光，所以可把垂直入射面（图1a）与平行入射面（图1b）的电矢量分开来讨论。以s表示垂直入射面，p表示平行入射面，则E_{s1}、E'_{s1}、E_{s2}及E_{p1}、E'_{p1}、E_{p2}分别表示垂直入射面与平行入射面偏振的入射光r_1、反射光r'_1和透射光r_2的电矢量。又根据电磁波中E与H方向的规定，即E垂直H，给出了磁矢量H_{p1}、H'_{p1}、H_{p2}及H_{s1}、H'_{s1}、H_{s2}的方向。图中箭头表示各矢量在给定r的方向时的正方向。对垂直矢量，以z为正方向，即以⊙表示从入射面出来，指向该矢量的正方向。现在先分析电矢量垂直入射面的图1a。在那里磁矢量是平行入射面的。根据电磁理论的边界条件：平行边界的电磁场是连续的，于是可导出偏振垂直入射面的反射光和折射光与入射光的振幅比，分别为：

$$\frac{E'_{S1}}{E_{S1}}=\frac{\sin(i_1-i_2)}{\sin(i_1+i_2)}$$

$$\frac{E_{S2}}{E_{S1}}=\frac{2\sin i_2\cos i_1}{\sin(i_1+i_2)}$$

再同样分析电矢量平行入射面的偏振，得反射光和折射光与入射光的振幅比，分别为：

$$\frac{E'_{p1}}{E_{p1}}=\frac{\tan(i_1-i_2)}{\tan(i_1+i_2)}$$

$$\frac{E_{p2}}{E_{p1}}=\frac{2\sin i_2\cos i_1}{\sin(i_1+i_2)\cos(i_1-i_2)}$$

这四个公式称菲涅耳公式。

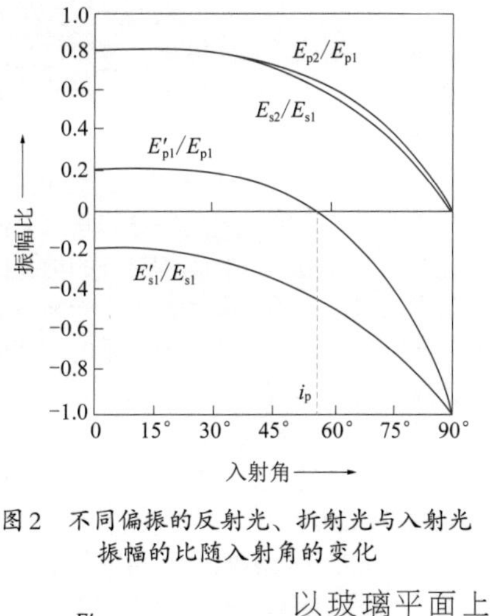

图2　不同偏振的反射光、折射光与入射光振幅的比随入射角的变化

以玻璃平面上的反射为例。设该玻璃对空气的折射率$n=n_2/n_1=1.50$，在不同的入射角i_1，从菲涅耳公式，得到两个不同偏振的反射光、折射光与入射光振幅的比，如图2所示。实验证明它们的关系是正确的。现在来讨论几个特殊情况。

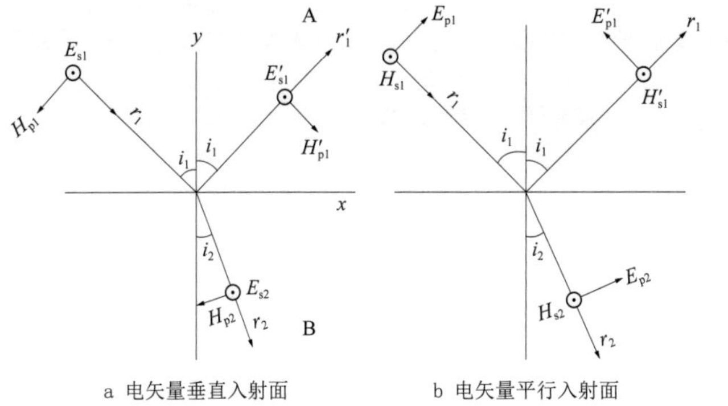

a 电矢量垂直入射面　　b 电矢量平行入射面

图1　分界面上的电矢量

半波损失　分两种情况：

入射角为零时两种偏振的反射光振幅与入射光振幅的比数值都是$(n-1)/(n+1)=0.2$，但平行入射面的偏振（p）为正，而垂直入射面的偏振（s）为负。按图1所示的方向，表示反射光的电矢量都有π的相位跃变，即所谓从光疏到光密媒质反射时有半波损失。反射与入射的光强比对两种偏振都一样，即：

$$(E'_{p1}/E_{p1})^2_{i_1=0}=(E'_{s1}/E_{s1})^2_{i_1=0}=0.04$$

故一个玻璃面，在垂直入射光照射下能反射4%光强的入射光。因而在光学透镜表面上需要涂镀增透膜以减少反射。

上面已提出在$i_1=0$时平行入射面的偏振，反射光与入射光的电矢量之间有π相差。菲涅耳公式还指出，E'_{p1}/E_{p1}在i_1小于偏化角i_p时为正，等于偏化角时为0，大于偏化角时为负。负表示E'_{p1}的方向与图1所指的方向相反，即E'_{p1}和E_{p1}的相位经过大于i_p的反射改变了π。至于E'_{s1}/E_{s1}是始终相反的。从这个结果，可以推出：光从光疏到光密（$n_2>n_1$）媒质进行折射时，在垂直入射（$i_1\approx0$）及掠射时（$i_1\approx90°$），在媒质面上，入射光与反射光的电矢量，不论偏振垂直入射面或平行入射面，都取相反振动方向，分别如图3所示。这就是所谓从光疏到光密媒质反射时的半波损失。

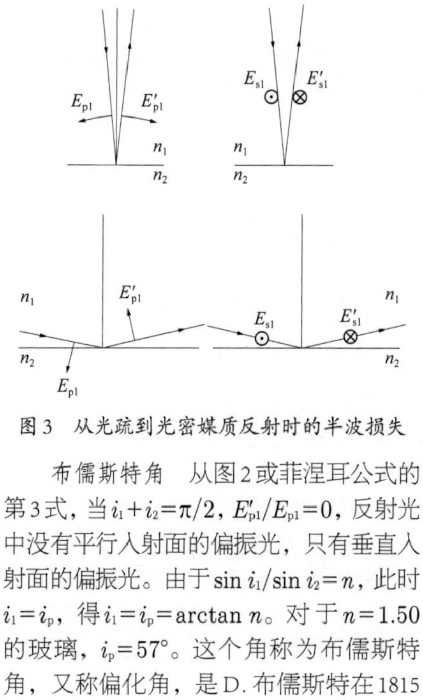

图3　从光疏到光密媒质反射时的半波损失

布儒斯特角　从图2或菲涅耳公式的第3式，当$i_1+i_2=\pi/2$，$E'_{p1}/E_{p1}=0$，反射光中没有平行入射面的偏振光，只有垂直入射面的偏振光。由于$\sin i_1/\sin i_2=n$，此时$i_1=i_p$，得$i_1=i_p=\arctan n$。对于$n=1.50$的玻璃，$i_p=57°$。这个角称为布儒斯特角，又称偏化角，是D.布儒斯特在1815年发现的。

因此在媒质面上利用偏化角反射是获得偏振光最简单的方法。但在透射光中还有偏振垂直入射面的成分，故透射光为部分偏振光。需要经过多次反射，如激光器共振腔的一端或两端，按布儒斯特角放置平行窗片，经窗片多次来回反射可获得偏振平行入射面的偏振光。

内反射　上面讨论的从光疏媒质到光密媒质的反射称外反射。下面讨论从光密到光疏媒质的反射，称内反射。仍采用i_1为入射角，i_2为折射角，但$n_1>n_2$，$n_2/n_1=1/n$，仍保持$n>1$，菲涅耳公式仍适用。此时偏化角$i_p=\arctan(1/n)$，全反射极限角$i_1=i_t=\arcsin(1/n)$。当$i_1>i_t, i_2>90°$，光全反射。

在外反射中所讨论的二偏振光的反射光与入射光的相位差δ_s与δ_p，可得相位差的差$\varDelta$：当$i_1<i_p, \varDelta=\delta_p-\delta_{s=0}$；当$i_1>i_p$，$\varDelta=\pi$。图4a表示外反射中的$\varDelta$与$i_1$的关系。但在内反射中情况并非如此简单，根据计算：

$$\tan\frac{\delta_p}{2}=\frac{n\sqrt{n^2\sin^2 i_1-1}}{\cos i_1}$$

$$\tan\frac{\delta_S}{2}=\frac{\sqrt{n^2\sin^2 i_1-1}}{\cos i_1}$$

它们二者相位差$\varDelta$为：

$$\tan\frac{\varDelta}{2}=\tan\frac{\delta_p-\delta_S}{2}=\frac{\cos i_1\sqrt{n^2\sin^2 i_1-1}}{n\sin^2 i_1}$$

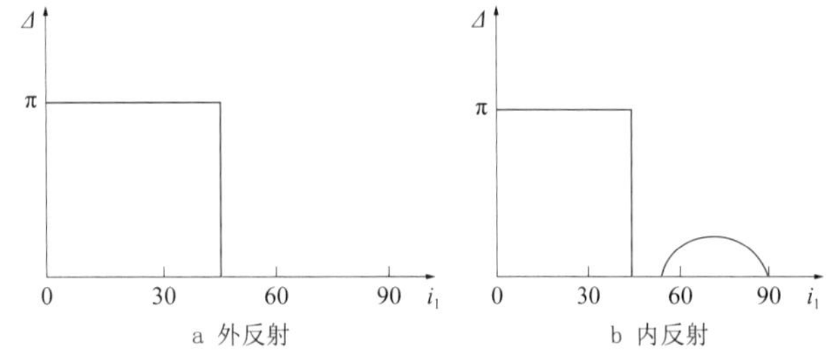

图4　电矢量垂直入射面和平行入射面的偏振光的反射光与入射光的位相差之差随入射角的变化

这结果可用图4b来表示。当$i_1<i_p$，$\varDelta=\pi$，当$i_p>i_1>i_t, \varDelta=0$。当$i_1>i_t, \varDelta$是连续变化，直至$i_1=90°$，$\varDelta=0$。其间有个最大值。对此式微分得最大值在$i_1=\arcsin\sqrt{2/(n^2+1)}$，此时$\tan\frac{\varDelta}{2}=\frac{n^2-1}{2n}$。取$n=1.51, i_1=51\ 20'$，因而得$\varDelta=45\ 56'$。即如原始入射光中的平行偏振与垂直偏振是同相位的，经过在$i_1=51\ 20'$的内反射后，两偏振产生了45°56′最大的相位差。A.-J.**菲涅耳**设想如在玻璃内欲得$\varDelta=45°$，则从此式得$i_1=48°37'$或$i_1=54°37'$。将玻璃磨制成如图5的棱体，当平面偏振光的偏振取向与入射面成45°角射入棱体，棱体内有两个偏振相互垂直、振幅相等、相位相同的平面偏振光，在棱体中进行两次$i_1=54°37'$内反射，获得90°的相位差，合并为圆偏振光从棱体出来。实际上波长设计在5896Å其结果可从4200～7600Å范围内做到$\varDelta=90°\pm0.4°$。菲涅耳棱体可称消色差四分之一波片（见**光的偏振**）。

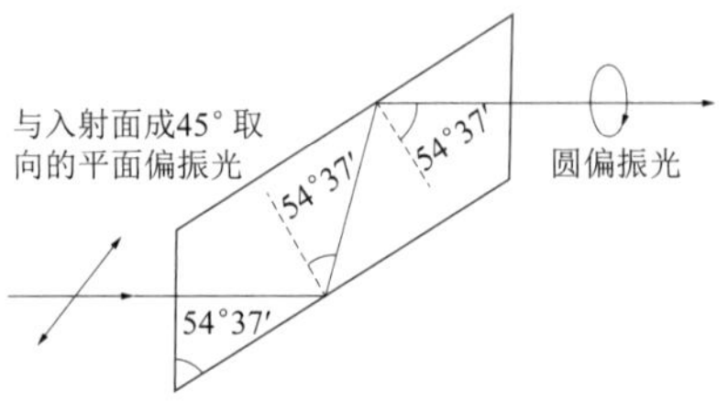

图5　菲涅耳棱体

（沈寿春）

光折变效应　photorefractive effect　一种特殊的光感生折射率变化现象。入射光将束缚在某些晶体或有机物里的杂质或缺陷形成的浅阱中的载流子（电子或空穴）激发出来。如果光强是不均匀的，光激发载流子将通过扩散等过程进行迁移，结果是在介质里出现光感生电场。光感生电场再通过介质的电光效应导致折射率变化。但折射率变化不是即时发生，而需要一定的建立时间；即使是弱光，只要照射时间足够长也可产生明显的光折变效应。只有在介质里空间分布不均匀的光场中才能产生光折变效应，而一旦出现光折变，可在黑暗里保持很长时间。

利用光折变效应可在介质中形成光折变相位光栅，由此导致一系列光折变现象的发生。将两束光以一定角度在介质中相交，通过干涉在介质里形成光强的干涉花样，导致在两束光角平分线垂直方向光强的周期性分布。光强相对强的位置的浅阱中的载流子被光激发，出现光激发载流子迁移的空间分布，导致电场的空间分布，这种分布与光强分布在空间有90°的相位差。如果介质具有电光效应，则可出现折射率变化的相位光栅，称为光折变相位光栅。如图表示光折变相位光栅形成过程，图中x方向表示两束光角平分线垂直方向。已经在一系列铁电氧化物晶体、半导体材料和有机材料中观察到光折变相位光栅引起的各种的光折变现象。由于光感生空间电场很大，可达10^5伏/米量级，可引起10^{-3}量级折射率改变。光折变效应开拓了一个弱光下非线性光学的研究领域。

相位光栅的布拉格衍射　一种特殊的简并四波混合。如果在上述两束光之一的反方向入射一束光，将在光折变相位光栅上发生布拉格衍射。由布拉格衍射条件，衍射光束正好在另一束光的反方向，并且

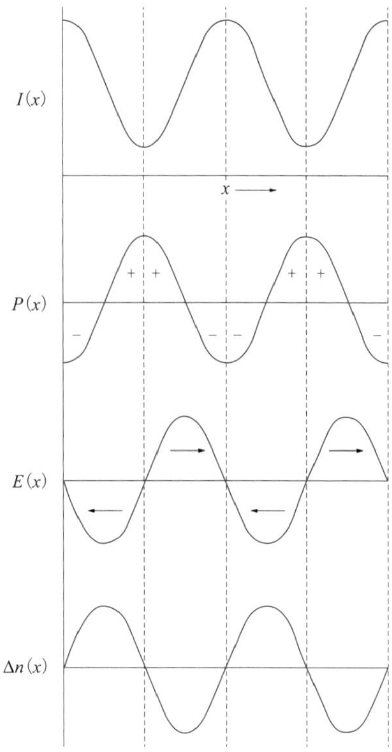

光折变相位光栅形成过程

是这束光的相位共轭波。与普通的简并四波混合不同，这里产生相位共轭波的入射光强可以很低，不过相位共轭波出现需要一定时间。光折变现象在相位共轭光学（见**非线性光学**）中有重要的应用。

相位光栅自衍射　产生这种现象的原因是上述光折变相位光栅与光强衍射花样间的90°空间移位。又称双光束耦合。这种自衍射不需要第三束光。能量可在两束入射光之间交换，导致其中一束光被放大。能量转移方向与入射光的偏振特性、晶体的双折射特性和载流子电荷符号等有关。

光感生光散射和自泵浦相位共轭　光折变介质中出现的扇形光散射现象。光束入射到晶体后，由于晶体中的缺陷及光学不均匀等原因产生光散射。散射光束与入射光束之间出现双光束耦合，在一系列方向散射光获得增益，这样光束入射后光能像扇子一样分布各个方向，出现扇形散射现象。扇形光的能量分布与入射光相对晶轴取向有关。单轴晶体中的非常光入射可出现趋向晶体光轴的扇形光散射，散射光与入射光可形成一系列相位光栅。这样光折变现象可用来实现自泵浦相位共轭，即只要入射一束光到光折变介质中，在一定条件下就可产生相位共轭波。产生自泵浦相位共轭的方法很多，如可将光折变晶体的两个界面抛光，部分扇形光散射经过全反射，就可能在晶体内出现一个或多个

作用区，在这里产生布拉格衍射，获得入射波的相位共轭波。自泵浦相位共轭可提供一种简单可靠的产生相位共轭波的方法。

光折变互泵浦相位共轭　两束互不相干的光束以适当角度入射到光折变晶体，相互耦合后可以产生各自的相位共轭波，其中一束光的相位共轭波能量是由另一束光提供的。这就是互泵浦相位共轭。

光折变现象有许多重要应用。除可通过相位共轭复原畸变图像外，两波耦合可增强微弱图像，自泵浦和互泵浦相位共轭可制成各种特殊干涉仪提高测量精度，两波耦合或互泵浦相位共轭可实现光互连、光寻址等。光折变现象在非线性光学、光学信息处理、光通信、光计算等技术中会有一系列应用。（邹英华）

光折射　refraction of light　光从一种介质进入另一种介质时，由于折射率不同，不会沿原来的方向传播，而是在两介质的交界面处改变传播方向的现象。根据麦克斯韦方程，光折射时遵守**折射定律**。光的折射定律包括两部分内容：①折射光线（R）在入射面内，入射面是由入射光线（I）和交界面在该处的法线（N）所构成的平面。②入射角（θ_1）和折射角（θ_2）遵守斯涅耳定律，即：

$$n_1 \sin\theta_1 = n_2 \sin\theta_2$$

式中入射角θ_1是入射光线与法线的夹角；折射角θ_2是折射光线与法线的夹角；n_1和n_2分别是第一和第二两介质的折射率（见图）。

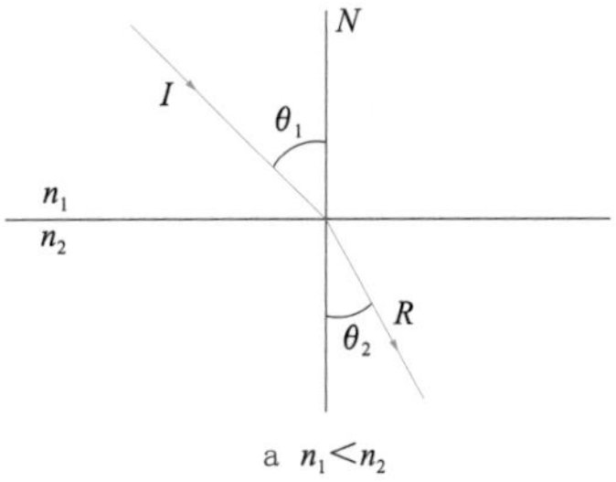

a $n_1<n_2$

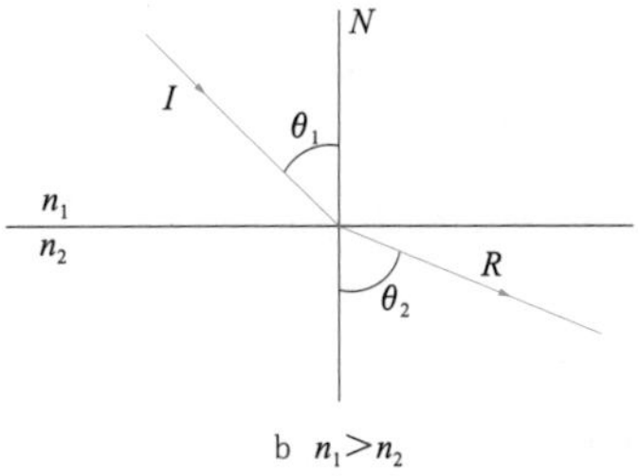

b $n_1>n_2$

光的折射

麦克斯韦方程可以在微纳尺度或亚波长尺度成立，所以斯涅耳定律可用于各种亚波长结构及超构材料，如左手材料、超表面等。（胡望雨　古　英）

光整流　optical rectification　一种二阶非线性光学效应。又称光致直流电场。光整流基本原理可以看作两个频率相同或很接近的光子，在具有二阶非线性光学性质的介质中进行非线性差频激发，由此产生直流或近似直流的电场。

光整流效应最具代表性的应用就是飞秒激光脉冲在电光晶体中激发太赫兹波辐射。飞秒激光脉冲产生的电场具有很高的峰值功率，当其入射到具有二阶非线性光学性质的介质中时，会诱发介质产生二阶非线性极化。由于飞秒激光脉冲本身包含了大量的频谱成分，其中任意两个频谱成分都可以参与二阶非线性差频极化过程，全部这些非线性差频过程产生的综合效果即为飞秒光整流效应。在实际实验中，利用常见的非线性介质如GaAs、GaSe、ZnTe、CdTe、$LiTaO_3$、$LiNbO_3$以及DAST等，一束飞秒激光就可以通过光整流效应高效激发太赫兹波辐射。飞秒激光脉冲基于光整流效应激发太赫兹波辐射的过程以满足由动量守恒和能量守恒构成的相位匹配条件：

$$\hbar\omega_{o1} - \hbar\omega_{o2} = \hbar\Omega_{THz}$$

$$k_{o1} - k_{o2} = k_{THz}$$

由于太赫兹波的频率远低于飞秒激光脉冲的频率，所以上述相位匹配条件可以近似为如下形式：

$$\frac{\partial\omega_o}{\partial k_o} = \frac{\Omega_{THz}}{k_{THz}}$$

根据电磁场理论，可进一步表示为：

$$\nu_{group,\,0} = \nu_{phase,\,THz}$$

这就意味着当飞秒激光脉冲的群速度等于太赫兹波的相速度的时候，相位匹配条件得以满足。从另一个更加直观的角度来看，由于光脉冲的频率远高于太赫兹波的频率，相应的光脉冲的脉宽远小于太赫兹波的振荡周期，太赫兹波只能对光脉冲的包络进行响应而无法对光脉冲的振荡细节进行响应，因此在整个非线性介质的相干长度内，光脉冲包络相对于太赫兹波应该有恒定的时域延迟，以满足相位匹配条件，从而实现高效的太赫兹波辐射。

此外，电光检测作为探测太赫兹波辐射的重要手段，可以看作光整流效应的逆过程，其中也具有相似的相位匹配条件。（徐德刚　姚建铨）

光致电离　photoionization　中性原子分子在光辐射作用下成为带正电的原子分子（离子）和电子的过程。又称光电离。德国物理学家H.R.赫兹于1887年首次发现金属表面在光辐照作用下会发射电子，A.爱因斯坦在1905年首次对单光子电离给出了理论解释，他将光波进行量子化描述，当光子的能量大于或等于被电离的原子或分子的电离势时体系就会出现电离。由于光电离截面比较小，光电离过程的产生需要较强的光源，因此在20世纪60年代以后的激光和同步辐射光源出现后才有了广泛的发展，例如出现的光电子谱学方法等。另外，人们还发现在强光场下单光子的能量小于原子或分子的电离势时也会因同时吸收多个光子能量跃迁发生光致电离，称为多光子电离。这种多光子过程最早是利用狄拉克色散理论预言的双光子吸收现象，但多光子电离谱技术却是激光发明以后发展完善的。

一般双光子电离发生的概率是单光子的10^{-8}倍，三光子电离发生概率是双光子电离的10^{-10}倍。多光子跃迁选择定则与单光子不同，可观察到很多单光子过程无法解释的现象。随着超快强激光技术的发展，人们进一步还观察到了很多光致电离的新现象，如阈上电离、隧穿电离、越垒电离，以及由此诱导驱动的高次谐波、阿秒光脉冲产生、光电子衍射等。光致电离在原子分子和材料的能量、结构探测以及超快电子动力学研究中有广泛的应用，已成为科研工作者研究物质特性的有力工具。

光电离可以利用各种不同波段的不同光源，可以是串级吸收或者双光子吸收。而光电离检测器是一种高灵敏度、高选择性检测器，它利用光辐射使被测组分产生电离信号，其灵敏度高，现已广泛用于环境保护、工业保健、商品检验和石油化工等领域的痕量分析。（罗嗣佐　丁大军　周小计）

光致发光　photoluminescence　物质在红外线、可见光、紫外线或X射线照射下产生的发光现象。大多数材料的光致发光波长等于或长于照射光波长。在曾被广泛使用的荧光灯中，由气体放电产生的紫外线激发管壁的发光粉而发出可见光。一定条件下或用强光照射也能使光致发光波长比照射光波长短，如反斯托克斯线、倍频光等非线性发光现象。

光致发光检测能提供有关材料结构、组分及原子排列等信息，是一种非破坏性的高灵敏分析方法。以激光为光源的光致发光检测还能用于微区、选择激发及瞬态过程，成为物理学、材料科学等领域的一种重要研究手段。利用放射诱导光致发光现象可制成放射诱导光致发光剂量计。原本不发光的材料如银激活的锂玻璃，在高能射线辐照下玻璃中激活的Ag^+（银离子）俘获电子而还原为银原子，这种银原子在波长为365纳米的紫外线激发下，会产生波长为615纳米的橙黄色光致发光，615纳米的辐射强度与照射量率（又称辐照剂量率）成比例。通过测定锂玻璃的放射光致发光强度，就可算出射线的照射量率。

（郭奕玲 朱鹤年）

光致反常霍尔效应 photo-induced anomalous Hall effect 圆偏振光激发出的自旋极化导致垂直于电子运动方向的零磁场霍尔电导的效应。在一个通有电流的导体中，如果施加一个垂直于电流方向的磁场，由于洛伦兹力的作用，电子的运动轨迹将产生偏转，从而在垂直于电流和磁场方向的导体两端产生电压，这个电磁输运现象就是著名的霍尔效应。1881年，E.H.霍尔在研究磁性金属的霍尔效应时进一步发现，即使不加外磁场也可以观测到霍尔效应，这种零磁场中的霍尔效应就是反常霍尔效应。反常霍尔效应与普通的霍尔效应在本质上完全不同，因为这里不存在外磁场对电子的洛伦兹力而产生的运动轨道的横向偏转。反常霍尔电导的产生是由于材料本身的自发磁化而产生自旋极化的载流子，不同自旋取向的载流子在漂移运动中产生不同的横向偏转，导致霍尔电压的产生，是一类新的物理效应。光致反常霍尔效应发生在非磁性材料中，材料本身没有自旋极化。自旋极化来自圆偏振光的激发，在纵向漂移电场的作用下产生了横向的反常霍尔电导。该效应于2007年首先在GaAs半导体中被发现，2011年在GaN基半导体异质结构中的二维电子气中再次被观测到。

（唐 宁）

光致聚合物感光材料 photopolymer photosensitive material 一类感光后产生聚合反应，并伴随单体向聚合反应程度高的方向迁移，产生折射率差异的相位型光记录材料。光致聚合物感光材料折射率调制度较高，可以制成干膜，处理工艺简单，某些产品抗潮解，在全息存储、全息光学元件和全息防伪领域应用广泛。

光致聚合物感光材料通常由成膜树脂、单体、引发剂、光敏剂及一些助剂组成。可见光敏感的光致聚合物可以由光引发聚合，或由光敏引发聚合两种方式获得。在光引发聚合过程中，光引发剂首先吸收光子能量跃迁到激发态，在激发态发生光化学反应生成活性种子（自由基或离子），这些活性种子引发单体聚合。在光敏引发聚合过程中，光敏剂首先吸收光子能量跃迁到激发态，在激发态的光敏剂与引发剂之间发生能量转移或电子交换，使引发剂产生活性种子，这种活性种子再引发聚合。长波可见光可以直接引发的光引发剂很少，所以可见光敏感的光致聚合物主要是光敏引发聚合的。

光致聚合物按聚合形式可分为自由基聚合、阳离子聚合、阴离子聚合。作为感光材料的光致聚合物主要为自由基聚合和阳离子聚合。自由基聚合的光致聚合物感光材料具有感光灵敏度高、原料可选范围广、易于根据使用要求调节各项性能的特点，但聚合过程收缩较大，对精确记录光场不利。阳离子聚合的光致聚合物感光材料聚合过程变形小，但感光灵敏度低。

成膜树脂是干膜型光致聚合物感光材料不可缺少的组成部分。感光聚合后的单体与成膜树脂共同构成材料的主要部分。成膜树脂对材料的机械物理性能有较大影响，选择时应综合考虑机械强度、与基底材料的结合力、抗潮湿性能等。

光致聚合物感光材料种类不多，还不能完全满足使用需求，仍在进一步研究中。

（周扬斌）

光致抗蚀剂 photoresist 一种感光材料。光照后光致抗蚀剂涂层中发生化学变化，能改变其对显影剂抗蚀能力的高分子化合物。又称光刻胶。常用于集成电路产业、微纳加工、全息光学中。光致抗蚀剂一般由四部分组成：树脂型聚合物、溶剂、光活性物质和添加剂。光致抗蚀剂中的感光树脂经适当光照后，感光区发生光化学反应，使得其物理性能诸如溶解性、亲和性等发生明显变化。经相应的显影剂处理，蚀去可溶部分，得到所需的类似浮雕的图像。光致抗蚀剂按照光照后的溶解性可分负性胶和正性胶两类。感光后形成显影剂中不可溶物质的是负性胶；反之感光后形成显影剂中可溶物质的为正性胶。

光致抗蚀剂是制作大规模、超大规模集成电路的核心材料之一。它的结构和性质对集成电路的集成度有很大影响。其主要性能指标为：分辨率、对比度、敏感性、黏度、黏附性、抗蚀性等。其使用过程大致为：①将光致抗蚀剂涂覆于清洁的基底上；②用掩膜曝光法或激光、电子束、X射线、离子束等手段的直写技术将所需图形曝光；③用适当的显影剂显影；④离子刻蚀；⑤镀导电膜或离子掺杂等改变电学特性的加工；⑥如果是多层结构的集成电路将重复①～⑤的步骤。

微纳结构的加工也大量使用光致抗蚀剂。其使用过程大致为：①将光致抗蚀剂涂覆于清洁的基底上；②用掩膜曝光法或激光、电子束、X射线、离子束等手段的直写技术将所需图形曝光；③用适当的显影剂显影；④离子刻蚀或其他成型手段成型；⑤如果是多重结构的微纳结构将重复①～④的步骤。

光致抗蚀剂还可以很好记录全息干涉的光栅结构，经过显影后形成表面浮雕型结构的全息图。这种全息图经过表面金属化、电铸工艺后，表面结构完美被复制到金属镍板上，这种镍板可以反复复制。用这种镍板做模板经过热压或UV压印就可以大量复制全息图。这种工艺称为模压全息。由于可以廉价复制全息图，使得模压全息在防伪及特种包装领域得到大量应用。

（周扬斌）

光致异化结构 photoisomerization 分子或化合物在光的作用下导致结构改变的过程。又称光致异构化。光致异化结构包括分子键的旋转、原子重排以及分子骨架的转移，导致分子在其同分异构体之间的转化。广义的光致异构化分为可逆光致异构化与不可逆光致异构化，通常说的光致异构化指的是可逆光致异构化。

光致异构化过程在自然界中广泛存在，如视力就是由于眼睛中分子（视网膜蛋白、光活性黄蛋白等分子）在光作用下产生异构过程中产生的。另外，生物分子在光的作用下产生的氢转移过程也是一类重要的光致异构化现象。光致异构化主要有顺-逆异构化、开-闭环异构化两种，如烯类、多烯类等分子在光作用下会发生顺逆转换，而二芳基乙烯分子在特定波长的光作用下会发生键的断裂和重组（见图）。光致异构化过程在光化学和光物理

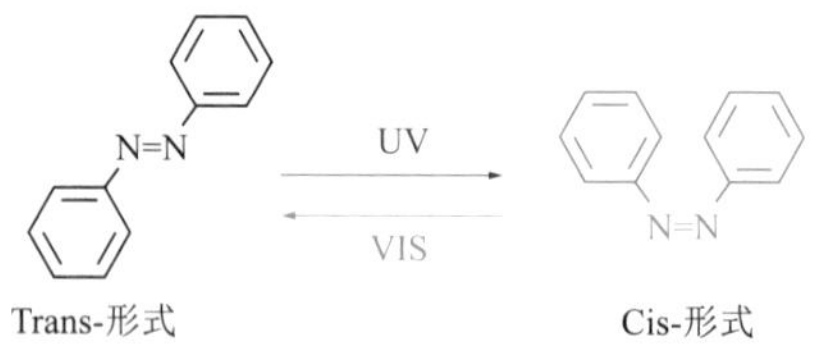

偶氮苯分子的光致异化结构过程

研究中及实际应用中都是非常重要的。如光致异构化是荧光基团的一种主要的光化学反应，分子开关、分子马达及新型光电器件研究涉及很多光致异构化过程，光致异构化还应用在可擦写的CD、DVD以及光学存储等方面。

（郑雨军 罗嗣佐）

光致预解离 photopredissociation 分子在吸收光子后激发到一个束缚态，该态与其附近的解离态发生相互作用而发生解离的过程。根据相互作用不同，预解离又分为电子态预解离和振动态预解离等。其中电子态预解离是该束缚态和一个直接解离

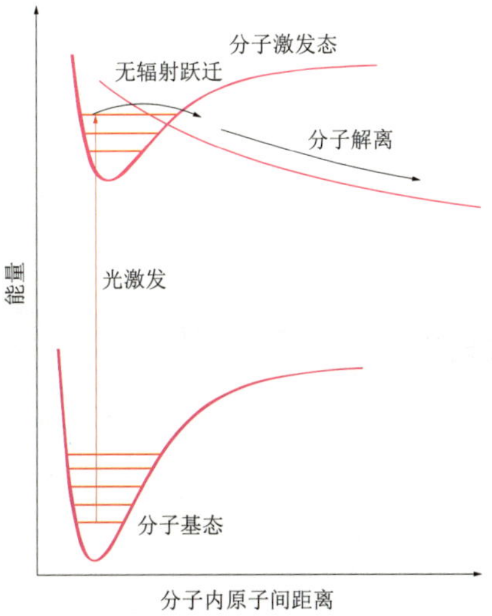

分子光致预解离示意图

态发生相互作用后解离；而振动预解离是束缚态与另一个电子态的振动连续态发生相互作用后解离。根据分子的不同，预解离过程一般需要相对较长时间完成（1皮秒到1纳秒）。（罗嗣佐）

光钟 optical clock 利用原子钟原理构造的精度更高的计时装置。人们选择碱土金属原子电子基态和长寿命激发态构造二能级原子，此时能级差E对应频率在光频段，准确度可以提高很多。结构上用高稳

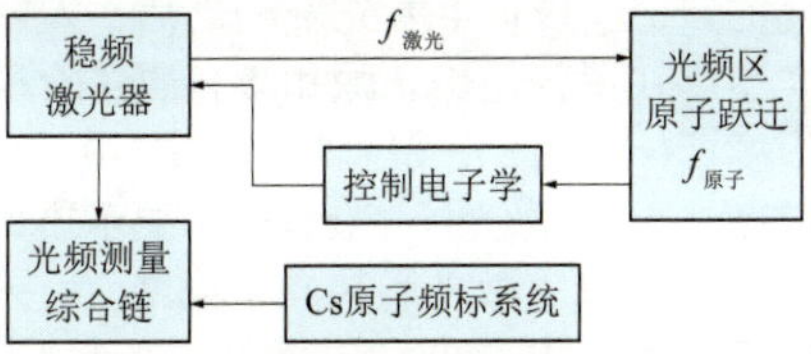

光钟工作示意图

定频率激光器取代石英振荡器，同时必须用频率综合链连接到作为频率基准的铯原子频标以实现光频测量，最新的技术是使用光频梳。利用该原理构造的计时装置称为光钟。光钟是人类制造的精度最高的计时装置，处在实验研究阶段。（张 芃）

光轴 optical axis 晶体中存在的沿某方向传播的光不发生**双折射**的特殊方向。需要注意的是，晶体光轴只表示晶体的一个方向，并非指某一特定的直线，所以晶体中平行于这个方向的任何直线都是晶体光轴。（孔勇发 许京军）

光子 photon 电磁场的量子。是自旋为$\hbar$、静止质量为零的中性玻色子，还是传递电磁相互作用的媒介粒子，在真空中以光速运动。又称光量子。

光量子 光量子是A.爱因斯坦于1905年为了解释光和物质相互作用的一些实验而引进的概念。在黑体辐射、光致发光、光电效应这些同光的发射和转换相联系的现象中，如果假定光的能量不连续地在空间分布，而是由有限数目的能量子组成，能量子局域在空间各点，它们是不可分割的，以一个完全的单位产生或吸收，这些能量子（或光量子）的能量与光的频率成正比，这样就可以很好地解释上述光致发光、气体被紫外光电离以及光电效应等实验现象。后来，爱因斯坦进一步提出了光量子的波粒二象性（1909）、光量子动量与光波长关系（1916）的假设。

根据爱因斯坦假设，光量子的能量$E=h\nu$，光量子的动量$p=\frac{h\nu}{c}=\frac{h}{\lambda}$。其中$h$是普朗克常数；$\nu$是光频率；$\lambda$是光波长；$c$是真空中光速。1916年R.A.密立根的精细光电效应实验以及1923年A.H.康普顿的X射线电子散射实验有力地支持了爱因斯坦的光量子假设。1926年，美国物理化学家G.N.刘易斯在其论文中使用了光子一词，之后光子一词逐渐替代了光量子被物理学家广泛采用。

光子是电磁场的量子 20世纪30年代建立的**量子电动力学**和后来的**量子场论**发展了光子的概念，把光子看成是辐射电磁场的场量子，其静止质量为零，自旋为$\hbar$，在真空中以光速c运动，属于中性玻色子。光子还是传递电磁相互作用的媒介粒子。

边长为L的正方体自由空间中，对满足周期性边界条件的电磁场做傅里叶展开，将电磁场表示为一系列场模的叠加：

$$\boldsymbol{E}(\boldsymbol{r},t)=\mathrm{i}\sum_i \varepsilon_{\omega_i}[\alpha_i(t)\hat{\varepsilon}_i\mathrm{e}^{\mathrm{i}\boldsymbol{K}_i\cdot\boldsymbol{r}}-\alpha_i^*(t)\hat{\varepsilon}_i\mathrm{e}^{-\mathrm{i}\boldsymbol{K}_i\cdot\boldsymbol{r}}]$$

式中$\alpha_i(t)$由电磁场的傅里叶分量决定，对应于场模，它的运动方程由麦克斯韦方程可得到：

$$\ddot{\alpha}_i(t)+\omega_i^2\alpha_i(t)=0$$

电磁场的能量表示为：

$$H=\sum_i\frac{1}{2}\hbar\omega_i(\alpha_i^*\alpha_i+\alpha_i\alpha_i^*)$$

运动方程和能量形式上与谐振子的相同，即电磁场的每一场模的动力学行为形式上类似一个谐振子。电磁场的量子化，就是把场模对应的谐振子量子化：

$$\alpha_i\rightarrow a_i,\ \alpha_i^*\rightarrow a_i^\dagger$$

算符a_i和$a_i^\dagger$满足对易关系：

$$[a_i,a_j]=[a_i^\dagger,a_j^\dagger]=0,[a_i,a_j^\dagger]=\delta_{ij}$$

电磁场量都表示为算符a_i和$a_i^\dagger$的函数形式，例如电场强度：

$$\hat{\boldsymbol{E}}(\boldsymbol{r},t)=\mathrm{i}\sum_i \varepsilon_{\omega_i}[a_i\hat{\varepsilon}_i\mathrm{e}^{\mathrm{i}(\boldsymbol{K}_i\cdot\boldsymbol{r}-\omega_i t)}-a_i^\dagger\hat{\varepsilon}_i\mathrm{e}^{-\mathrm{i}(\cdot\boldsymbol{K}_i\,\boldsymbol{r}-\omega_i t)}]$$

电磁场能量为：

$$\hat{H}=\sum_i\frac{1}{2}\hbar\omega_i(a_i^\dagger a_i+a_i a_i^\dagger)$$
$$=\sum_i\hbar\omega_i(a_i^\dagger a_i+\frac{1}{2})$$

电磁场的量子$\hbar\omega_i$即场模为i的光子，其粒子数算算符$N_i=a_i^\dagger a_i$是厄米算符，设$N_i|n_i\rangle=n_i|n_i\rangle$，$|n_i\rangle$是场模为$i$的光子数算符$N_i$的本征态，称光子的数态，也称福克态，全部光子数态的集合$\{|n_1,n_2,\cdots,n_i,\cdots\rangle\}$组成福克空间的基矢系。

a_i和$a_i^\dagger$分别是光子的湮灭算符和产生算符：

$$a_i^\dagger|n_i\rangle=\sqrt{n_i+1}|n_i+1\rangle$$
$$a_i|n_i\rangle=\sqrt{n_i}|n_i-1\rangle$$

单光子波粒二象性的实验显示 普通多光子光场的波动性在各类干涉、衍射现象中早已明确显示；其粒子性也已在光电效应、康普顿效应中显示。单光子的波粒二象性实验示意图如图1：光子对产生源利用原子级联发射过程产生一前一后方向相反的一对光子，用前一个光子触发计数器，记录第二个光子的行为；第二个光子入射到50∶50分束器BS上，探测器PM_R和PM_T分别记录反射和透射（单个光子的测量需要用单光子探测器，如光电倍增管、雪崩光电二极管、超导单光子探测器等）。实验发现，每一个探测事件，要么发生在PM_R，要么发生在PM_T，关联计数器从未同时收到反射和透射的信号。这个结果显示了单个光子的粒子性。

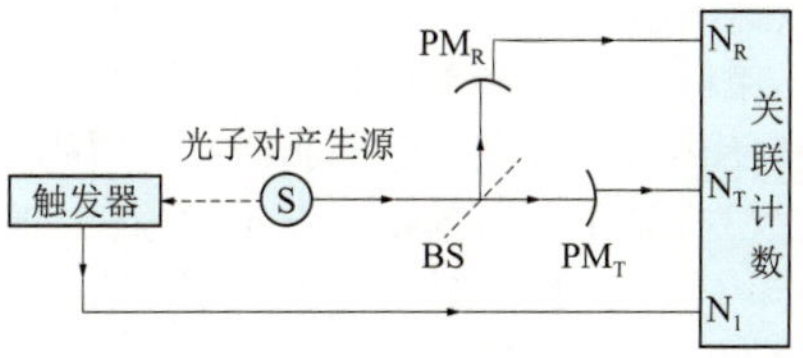

图1 实验显示光子的粒子性

如果再增加两个反射镜M1、M2和一个分束器BS2，构成一个**马赫-曾德尔干涉仪**（图2），依旧是光子一个个入射到分束器BS1。它们有两条路径可以到达分束器BS2（两条路径的相对程差可移动BS2

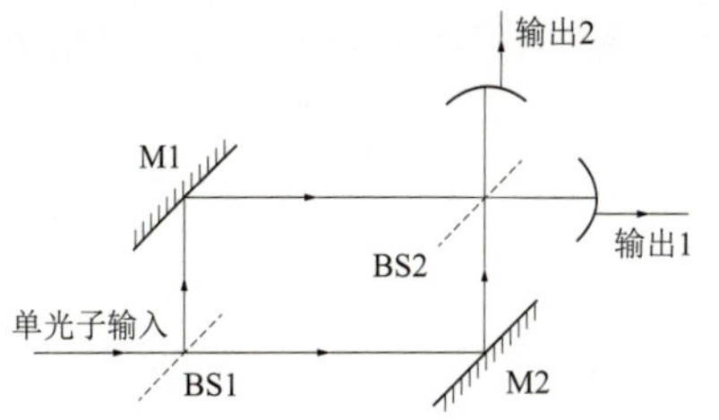

图2 单光子干涉实验示意图

调节），然后由输出1和输出2去计数测量。实验表明，两个输出计数端都显示明显的干涉条纹。这个实验中，光子是一个一个相继入射到BS1，因此是光子自己和自己干涉。

光子与电子等实物粒子不同，它是相对论粒子，不存在光子的位置算符，也不存在位形空间的光子的波函数。一般情况下，位形空间的电磁场$\boldsymbol{E}(\boldsymbol{r},t)$、$\boldsymbol{B}(\boldsymbol{r},t)$不能充当光子的波函数。

光子的概念带动了实验和理论物理学在多个领域的巨大进展，例如**量子场论**、**激光**、**玻色-爱因斯坦凝聚**、**量子力学**的统计诠释、量子光学和量子信息等。在物理学外的其他领域里，光子的概念也有很多重要应用，如光化学、高分辨显微术等。光子是研究光量子计算机的基本元素，在量子通信中，包括量子密码学等领域有重要的地位。

对于光子的更进一步的认识尚在进行中。（裴寿镛　吴令安）

光子对撞机 photon collider 能进行高能量光子-光子或光子-电子对撞的实验装置。探索人类未知的微观物质世界，传统的光学显微镜已经远远不够，甚至电子显微镜也无法“看到”原子核的内部。按照量子理论，要想探测得更加细微、分辨率更高，“探针”就需要波长更短，即能量更高。对撞机是人类探索微观世界最重要的技术装置。它主要通过积累并加速两束相向运动的粒子到一定流强和能量后实现对撞，探测对撞粒子的内部结构，或研究碰撞后新粒子、新现象的产生。相比用一束粒子轰击固定靶的实验，对撞机的能量使用效率更高。已经建造并使用的对撞机类型主要包括正负电子对撞机、质子-（反）质子对撞机、电子-质子对撞机、相对论重离子对撞机等。这些对撞机根据具体情况，分别被设计成环形和直线对撞两种类型。光子对撞机，顾名思义就是对撞粒子包括有高能量光子的实验装置。

高能物理学家从20世纪80年代初就开始构想光子对撞机，经过多年研发技术已成熟。光子对撞机的设计是在高能正负电子对撞机基础上实现的，其物理原理是通过逆康普顿散射，即低能光子（激光）与高能电子的散射，获得能量接近散射电子能量的高能光子（图1）。这样，光子对撞机的能量也接近于它所基于的正负电子对撞机。

高能物理学界一般认为，在瑞士法国交界处的欧洲核子研究中心（CERN）大型强子对撞机LHC之后，下一个重点需要考虑建造的对撞机应该是正负电子对撞机。特别是2012年LHC发现标准模型所预言的**希格斯粒子**后，建造正负电子对撞机对精确测量顶夸克和希格斯粒子的物理性质，进而研究弱电相互作用的破缺机制具有极其重要的物理意义；在研究味物理和超出标准模型的新物理方面也有独特的价值。现已经开展预研并受到高能物理学界广泛重视的正负电子对撞机包括国际直线对撞机ILC、紧凑型直线对撞机CLIC、未来环形对撞机FCC，以及中国科学家建议的环形正负电子对撞机CEPC和超级Z粒子工厂等。基于这些正负电子对撞机，再有相对少量的投人，就有可能同时实现高能光子对撞，极大地丰富所研究的物理内容。

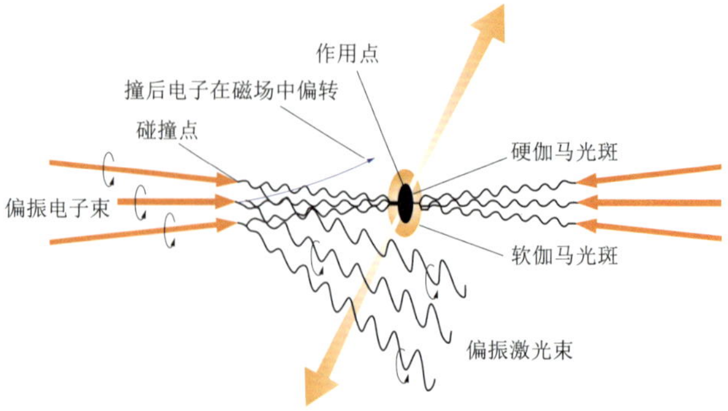

图1　光子对撞示意图

与通常的高能对撞机相比，光子对撞机的特殊性主要体现在其初态光子是玻色子，极化相对容易控制，所产生的粒子具有不同的J^{PC}态等方面。这些特性使得光子对撞机与正负电子对撞机相比，在某些研究方面具有突出的优势。如双光子γ可以直接“融合”成单个希格斯粒子H（图2）。这样不仅希格斯粒子的产额高，而且非常干净，还可以通过调控碰撞光子的极化研究希格斯粒子的内禀性质。

光子对撞机上物理内容丰富，各种有趣的物理过程产率相对较高。光子可以直接与许多标准模型和超出标准模型中的带电粒子直接耦合，也可以通过高阶费曼图与一些中性粒子耦合，甚至有些弱电领域的问题只能通过双光子道进行研究。另外，通过对双光子系统的自旋和电荷宇称的调控，可以对末态粒子的CP特性做更好分析。事实上已有大量且还不断有新的理论成果出现，如讨论利用光子对撞机研究已知粒子的性质、探索超出标准模型的新物理等。

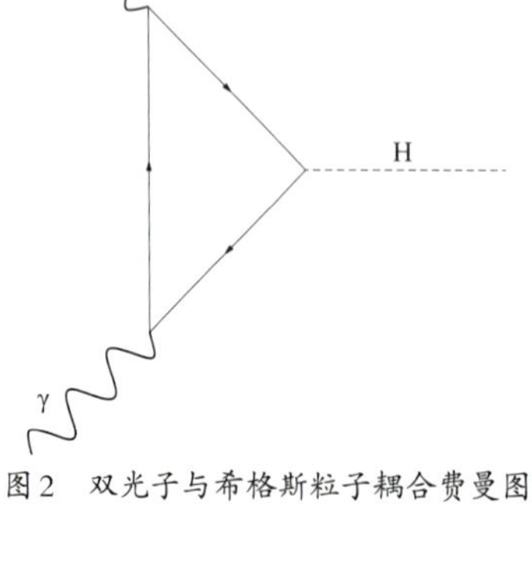

图2　双光子与希格斯粒子耦合费曼图

光子对撞机为研究标准模型及超出标准模型的新物理中各种粒子的特性提供了独特的研究平台，是对正负电子对撞机的有益补充和延伸。未来在建造高能量正负电子对撞机时，预留发展光子对撞机的空间已经成为一个重要的选项。

（乔从丰）

光子反群聚 photon antibunching 一种非经典光场现象。非经典光场的研究始于20世纪60年代。1956年R.汉伯里-布朗和R.Q.特威斯进行辐射场的强度-强度相关实验，简称HBT实验（图1，D1和D2是探测器），开创了光场高阶相干度的研究。1960年激光发明之后，人们实验比较了普通热光源和激光的二阶相干度$g^{(2)}(\tau)$（图2），得到热光场$g^{(2)}(0)=2$，$g^{(2)}(\tau)\geqslant 1$；而激光场$g^{(2)}(\tau)\equiv 1$。显示热光场的光子较之激光场趋向于群聚。后来把满足关系式$g^{(2)}(0)\geqslant 1$，$g^{(2)}(0)\geqslant g^{(2)}(\tau)$的光场称经典光场，而把满足$g^{(2)}(0)<g^{(2)}(\tau)$的光场称反群聚光场，是一种非经典光场。

光子反群聚光场与一般相干激光相

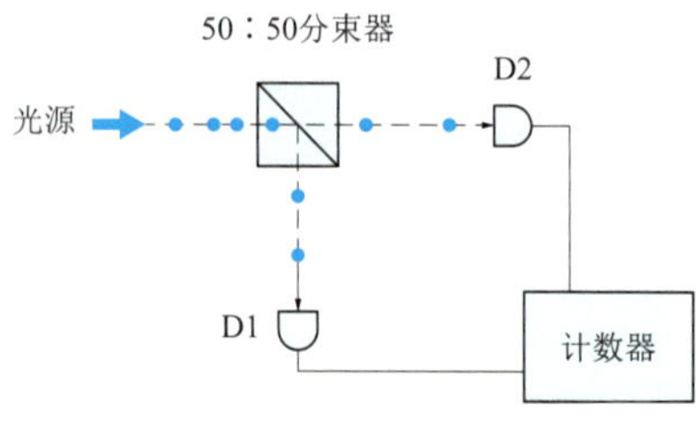

图1　HBT实验示意图

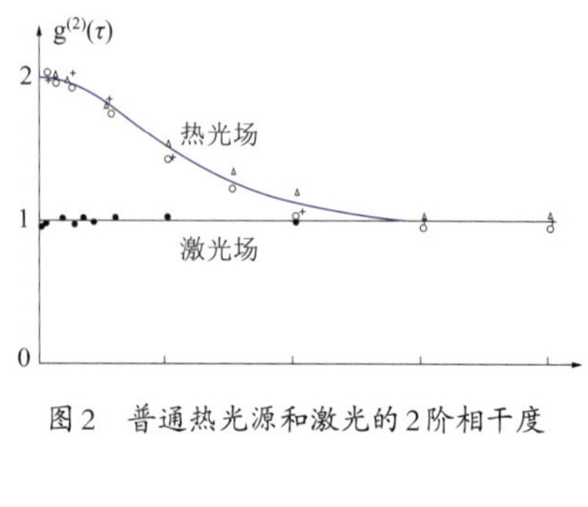

图2　普通热光源和激光的2阶相干度

比，光子的时序分布更加平均，显示在探测器位置信号是具有局域反关联特性的一个标志信号。实际中有些（并非总是）光子反群聚对应的是亚泊松光子统计特性，即方差值小于平均值的光子数分布。工作在阈值之上的激光器输出的相干态光场具有泊松统计特性，光子间隔是完全随机的。热光具有超泊松分布统计特性，光子间隔更加聚集。对于聚束光源，光子数涨落要比相干态大。

1977年H.J.金布尔等人在共振荧光实验中首次观察到了光子反群聚现象，后来还有一些其他研究者也在其他体系观察到同类现象。（吴金辉）

光子回波 photon echo 在若干与介质某一跃迁共振的强光脉冲作用下，介质的瞬态响应引起的一种瞬态相干光学效应。是根据核磁共振中自旋回波现象预言并经过实验验证的光学现象。先后向介质入射两个具有一定强度并与介质特定能级共振的电磁波脉冲，脉冲2宽度是脉冲1宽度的2倍，经过一段时间后介质发射出一个同频率电磁波脉冲，这个脉冲与脉冲2的时间延迟刚好是两个入射脉冲间的时间间隔，这就是自旋回波或光子回波。研究发现，光子回波的产生有两个条件。其一是介质的跃迁必须是非均匀加宽的，即介质中不同的粒子的跃迁频率应稍有不同。通常介质除受到光脉冲的相干作用外，还受到自发辐射等其他的非相干激发，出现弛豫过程。将粒子分布趋向于到达热平衡值的过程称为纵向弛豫（特征时间T_1）；而破坏态间相干性使其趋向于零值的过程称为横向弛豫（特征时间T_2）。理论和实验证实，只有所有入射光脉冲宽度小于T_1和T_2，而它们的时间间隔比T_2长不了很多时才有可能出现自旋回波，这就是光子回波产生的另一个条件。激光出现为观察光子回波创造了条件。1964年用红宝石激光在红宝石晶体中观察到光子回波。以后还在一系列离子晶体、金属蒸气和分子气体中观测到光子回波。此外，还陆续观测到其他形式的光子回波。如入射两个以上光脉冲，经过适当安排，也观测到了光子回波。核磁共振研究中，已经用宏观磁矩在射频磁场作用下的运动图像很好地描述了自旋回波现象。在光学波段，一个与光场共振的二能级系统可等价于一个自旋为1/2的系统。可以采用类似宏观磁矩运动的图像来描述光子回波现象。以后又发现这种现象也可用四波混频的理论来描述，将其视为瞬态四波混频。光子回波现象已经作为相干瞬态光谱的一种非常重要的实验方法，用于介质的弛豫时间等的测量。经过适当安排，作为一种四波混频过程可以用来产生相位共轭波，在相位共轭光学中得到应用。此外，光子回波发生的过程里相位记忆等起了重要作用，光子回波现象还有可能用于信息存储。

（邹英华　朱　星　古　英　王树峰）

光子计数 photon counting 光子计数是用单光子探测器逐个对光子进行计数的技术。光子在光电倍增管、单光子雪崩光电二极管等常用**单光子探测器**里被探测器材料吸收后转换出电子，电子信号经倍增放大、脉冲甄别和计数后输出。理想情况下吸收一个光子就输出一个电脉冲，但实际的计数效率取决于探测器材料的光电转换效率（即量子效率）、电子损失以及暗计数。前两项会降低计数率；而暗计数，即没有入射光时因热噪声等原因引起的虚假计数，会使计数率偏高。因此，必须根据上述各种因素对所采集的计数进行修正才能获得真实的光子计数。

光子计数技术常用于检测极微弱光场，探测灵敏度可优于10^{-17}瓦。这是其他探测技术难于比拟的。我们可以定量估算一下：波长$\lambda=500$纳米的单色光，一个光子的能量$E_p=hc/\lambda$约10^{-19}焦耳，每秒发射10^3个光子的光场，其光子流功率在10^{-16}瓦量级。

在光强度降到单光子量级后，从光子逐个到达探测器的时间间隔可测定光场的统计分布，如激光的泊松分布或混沌热光场的玻色－爱因斯坦分布（见图），这对量子光学是很有意义的贡献。

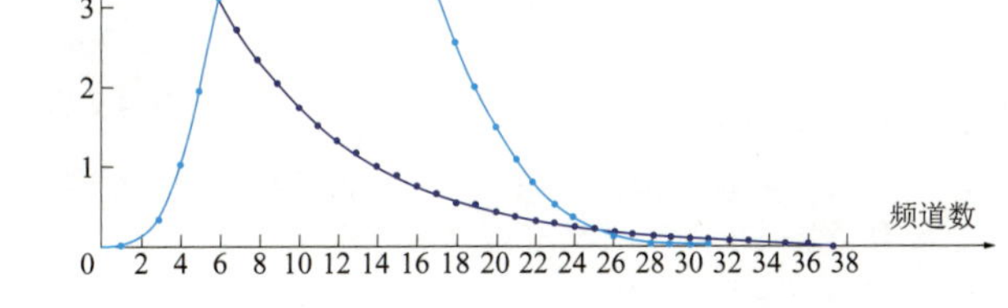

热光（G）和激光（L）的光子数统计分布实验曲线

若用一台单光子探测器对光场的空间分布进行扫描（或用现在最先进的面阵单光子探测器），并经过一段时间的光子计数累积，便可绘制极弱光场的空间分布，如干涉条纹甚至图像。（吴令安）

光子简并度 photon degeneracy 处于同一量子态或相空间的同一元胞中的平均光子数。光子的自旋为1，是玻色子，光子集合遵从**玻色－爱因斯坦统计**，是可以有超过1个的光子处于同一量子态的。光子简并度是反映光子集合统计行为的一个重要物理量。

不同的光源有不同的光子简并度。例如，黑体辐射的光子简并度为：

$$\delta=\frac{1}{e^{h\nu/kT}-1}$$

在3000开时，对于可见光区，光子简并度$\delta\sim3\times10^{-4}$；而对于694.3纳米的红宝石激光，一般输出功率时光子简并度就可达到$\delta\sim5\times10^{7}$。

光子简并度高的光场具有好的相干性。光子简并度可由**光子统计学**进行度量。（吴金辉）

光子晶体 photonic crystal 由两种或多种具有不同介电常数或折射率的材料按照某种周期排列而形成的一维、二维和三维人工微结构材料。光子晶体研究是20世纪80年代兴起的人工光学微结构及微纳光子学的一个重要分支，其原始概念由美国科学家E.亚布洛诺维奇和S.约翰于1987年各自独立提出。光在光子晶体内部受到周期性布拉格散射而产生一系列的光子能带（光子可传播的频率区域）和光子带隙（光子传播被禁戒的频率区域）结构，因此光子晶体被形象地称为“光子的半导体”。为产生大的光子带隙，通常要求组成材料的折射率反差越大越好。在光子晶体内部通过改变几何形态和物理性质形成各种点、线、面缺陷，类似于半导体掺杂，可在光子带隙里面引入光子缺陷态，其电磁场分布强烈局域受限于缺陷周围。利用这些缺陷态，可构成共振微腔和直线波导等光子集成回路的基本单元器件。因此，光子晶体被公认为构建未来大规模光子集成芯片的极好物理平台。光子晶体能带、带隙和缺陷态能够自由地调控光子的态密度，可极大地增强光和物质相互作用，为高灵敏度光学传感、纳米激光器、量子态调控、超快光开关、高速信号调制、片上集成光互联等功能提供新的解决途径。

光子晶体的理论研究方法包括平面波展开法、传输矩阵法、时域有限差分法和散射矩阵法等。实验制备方法包括介质棒堆积、精密机械钻孔、自组织生长、电化学方法和半导体工艺等。

光子晶体对光子态的调控发展出了“光子晶体能带工程”，并由此实现了一系列小型化和集成化的光子器件。光子晶体能带工程可方便地改变光波的传播色散和速度等基本物理性质，构建折射率色散极大（超级棱镜），折射率极大、极小、近零甚至为负数（负折射率材料），光子在其传播速度极小（慢光材料）等自然界不存在的材料，大大丰富了对光波的传播现象和规律的认识。光子晶体器件大致可分为无源器件和有源器件。无源器件中光子晶体主要控制光的传播行为，包括光子晶体波导、反射器、功分器、偏振分束器、滤波器、超棱镜、微腔共振器等。有源器件中光子晶体同时控制着光的产生和传播行为，包括非线性光子晶体、光子晶体LED、探测器、放大器、光子晶体激光器等。光子晶体光纤是光子晶体实用化和产业化的一个亮点。

由于电磁波物理规律——**麦克斯韦方程组**的标度不变性，光子晶体的概念及蕴含的现象和规律适用于电磁波的广阔频段，如无线电波、微波、太赫兹、中远红外、近红外、可见光波段等。由于电磁波波长以及组成材料（绝缘体、金属、半导体、铁磁体、铁氧体、聚合物等）的显著区别，制造光子晶体的技术也是多种多样。在有重要科学和技术应用价值的近红外通信波段，光子晶体的组成材料为硅、锗等半导体材料，通常利用电子束刻蚀、聚焦离子束刻蚀等纳米加工技术，或者制造集成电路的光学刻蚀技术等制备出平板二维光子晶体结构和器件，分辨率要求优于10纳米。在更短的可见光波段，通常以二氧化硅、聚苯乙烯等纳米球形颗粒为基本单元，利用颗粒的化学自组装技术形成高度有序的三维面心立方密堆的欧泊（opal）光子晶体或者反欧泊（inverse opal）光子晶体，也可以利用激光与特殊聚合物感光胶的双光子聚合作用，形成各种类型的三维聚合物光子晶体及器件。这些光子晶体由于折射率反差较小，没有完全光子带隙，只在某些特定的方向有光子带隙，对特定波长（颜色）的光有强烈的反射，因此呈现出鲜艳多姿的结构色。自然界孔雀羽毛、欧泊宝石等内部包含着这些光子晶体结构，因而美丽璀璨。

光子晶体的物理特性既来源于与几何结构上的晶格类型和元胞形态相关的电磁波整体传播效应（能带和带隙），也来源于与元胞组成材料密切相关的局部电磁共振响应效应，两者的有机组合可产生丰富多彩的光学性质和功能，在实际应用上可根据需要予以主动设计。由高折射率材料硅构成的硅基二维平板光子晶体，为光子集成提供了良好的物理平台；由掺钇铁榴石等铁磁体材料构成的磁光（旋磁）光子晶体，因为存在时间反演对称破缺而产生电磁波严格无后向散射的单向传输等特性；由铌酸锂等铁电晶体构成的非线性光子晶体，在某一或者多个特定的方向满足非线性光学亟须的准相位匹配条件，丰富了非线性光学的内涵和外延；由聚苯乙烯等克尔非线性材料构成的光子晶体，其光子带隙及缺陷态在飞秒泵浦激光作用下可超级快速移动，可充当飞秒量级的超快全光开关；由砷化镓等光电子材料构成的有源光子晶体，可充分利用光子带隙和缺陷态效应汇聚光场能量，实现与半导体电子相互作用的调控和增强，实现纳米激光器、快速发光二极管等。还有在光纤芯区制备周期性微结构，就形成了所谓光子晶体光纤，在超快光学技术中利用其非线性可实现光的超连续发生。

（李志远　郑婉华）

光子晶体发光二极管　photonic lattice luminescence diode　在其中制作介电常数呈周期性分布的光学材料的发光二极管。这种材料即**光子晶体**，可以提高发光二极管的光学性质。光子晶体的介电常数呈周期性分布，其概念最早由S.约翰和E.亚布洛诺维奇在1987年提出。简单来说，高折射率的材料和低折射率的材料在空间中呈周期性的排列，即形成光子晶体结构。下图展示了一维、二维和三维空间内呈现周期性排列的介质材料（图中从左到右分别为一维、二维和三维），分别称为一维光子晶体、二维光子晶体和三维光子晶体。

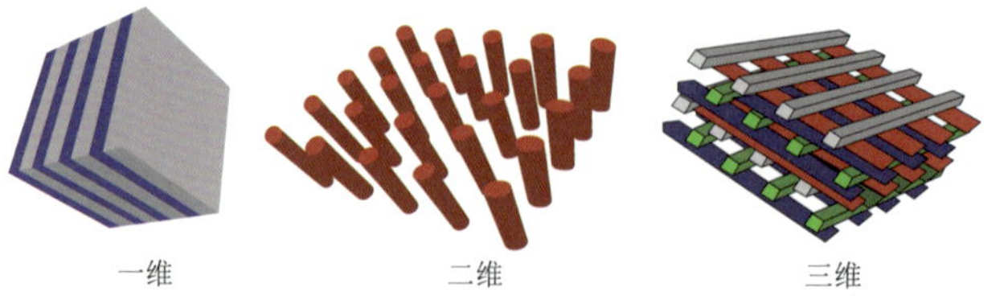

光子晶体结构

在发光二极管（LEDs）中制作光子晶体结构可有效改变发光二极管的光学性质。如光子晶体结构可有效提高LEDs器件的出光效率，还可实现对发光器件内部光子的有效操控。光子晶体在LEDs器件中的光操控一般可分为以下几个方面：

光子晶体的能带结构可以抑制或提高光电器件的自发辐射率。1997年，美国科学家范汕洄在理论上指出，利用二维光子晶体在水平方向对光源自发辐射的抑制，可有效提高光源在垂直方向的出光。2005年日本科学家野田进将量子阱层插入到GaInAsP材料的二维三角晶格光子晶体平板中，实验上观察到了垂直方向出光的增强。但由于光源必须放置在二维光子晶体内部，使得器件光源的发光面积较小，该类光子晶体LEDs并没有得到实用化的推广。

利用光子晶体结构的界面高反射率。最常见的结构是分布式布拉格反射器（DBR）。该结构实际上是一种一维光子晶体结构。利用一维光子带隙形成的界面高反射，可有效避免光线进入发光器件的吸光衬底（如硅和砷化镓）中。但要获得高的反射率，DBR的层数必须要足够大，对于垂直结构的发光二极管，薄膜厚度的增加必然会提高其工作电压。另外，一维或二维的光子晶体光栅与低折射率材料结合形成的所谓“亚波长光栅”结构，其界面在某些频率下垂直反射率可达到100%，也可作为提高吸光衬底界面反射率的一种选择。

光子晶体可作为光栅通过相干的布拉格散射，操控光子的传播方向，或对光子进行耦合，提高发光器件的萃取效率。光子晶体最初应用于LEDs器件中，是为了解决LEDs器件与空气界面的全反射带来的低萃取效率的问题。常见的做法是在LEDs器件的表面刻蚀出较浅的周期性孔洞，这种表面的光子晶体结构一方面破坏了全反射界面，另一方面也可作为一维/二维的光栅，引入相干的布拉格散射。大量的研究工作证实了表面光子晶体结构对LEDs出光的影响。除了提高LEDs的出光效率之外，光子晶体还可以使LEDs的光强重新分布和改善辐射的偏振性等，这些特性可应用在手持灯具、投影仪和激光器等领域。（李京波）

光子晶体光波导　photonic-crystal waveguide　在光子晶体内部通过构建线缺陷形成光传输通道的特殊**光波导**。由于光子晶体具有光子带隙，当引入一维线缺陷时，将形成沿缺陷延伸方向自由传播、沿垂直方向指数衰减的缺陷模式，即为波导模式。光子晶体波导与传统的介质波导和玻璃光纤限制和引导光波传播的机理不同，前者依靠波导侧壁的光子晶体带隙实现对光波的限制效应，而后者依靠较大折射率的波导芯层与较小折射率的包层之间的内全反射实现对光波的限制效应。光子晶体波导与空心金属波导机理类似，但是没有金属波导在光频段具有大的传播损耗的弱点。由于依靠光子带隙来实现光限制功能，光子晶体波导即使在急剧（直角或者锐角）转弯处，也没有任何的能量泄漏。相比之下，传统光纤在大角度转弯处，光的能量和信息将泄漏30%以上。因此，二维（三维）光子晶体波导可用来构建二维（三维）全空间畅通无阻、四通八达的信息和能量传输网络。它们可充当集成光子芯片中信息传输的“高速公路”。利用光子晶体波导和其他器件可进一步构筑光信号转弯、分束、调制、互联、开关、上传/下载等功能的器件和系统。

光子晶体波导通过改变其几何结构和组成材料，可产生丰富的传播模式和形态。当波导宽度逐渐增加时，波导也从单模（横模）变成多模的运转模式；当波导侧壁的几何结构特殊设计时，波导将支持慢光模式，光波的传播速度将大大低于均匀介质中的传播速度（达到10^{-2}的量级）；当组成材料中有磁光材料时，在磁场作用下，由于时间反演对称破缺，光子晶体波导将支持单向传输的电磁波边缘态，从而克服散射体和障碍物的阻挡，使电磁波无衰减地向前传播。光子晶体波导可有效地将外界输入的光信号能量压缩和汇聚在亚波长的尺度上，能量密度可提高几个数量级，显著提升光和物质的相互作用强度。

（李志远）

光子晶体光纤 photonic-crystal fiber 由光子晶体制成的光纤。是光子晶体概念与光纤光学交叉的出色成就和重要发明。传统的光纤由高折射率的石英玻璃芯层和低折射率的包层材料组成。两者的折射率差在0.01量级，单模光纤的芯直径在10微米量级，模场尺寸在20微米量级。光纤最大的优点是高度透明、极低损耗的传输光信号的能力，是远程信息传输“高速公路”的骨架。光子晶体光纤在传统光纤优点的基础上，结合了光子晶体有效折射率及其色散灵活可调的优点，将传统光纤横截面的简单阶跃的几何构型变成含缺陷的光子晶体的多孔构型。实际制造的时候，先把一系列的玻璃材料预制棒按照特定设计的方式排列好，在高温熔融状态下将预制棒系统整体拉伸，最后形成孔间距在几百纳米的多孔光子晶体光纤。

光子晶体光纤主要通过两种物理机制来约束和传导光信号和能量，即光子带隙型和折射率梯度型。前者纤芯为空气，折射率小于包层的光子晶体，只能依靠包层的光子带隙来阻挡光信号的泄漏；后者纤芯的折射率大于包层折射率，可依靠常规的内全反射来传导光信号。光子晶体光纤最重要的优点是其包层的有效折射率可通过设计几何构型予以自由的人工调节，而且折射率随波长的变化规律也可以自由设计。根据这样的特点可制造出全波段无截止频率的单模光纤，这是传统光纤没有的性质。由于制造工艺的问题，光子晶体光纤的质量远逊于传统光纤，造成信号的传播损耗远高于传统光纤，其在远距离通信方面的应用受到极大的限制，只能用于短距离（百米以内）的特定信号传输功能，比如高功率、大能量的光信号传输。

光子晶体光纤的多孔特征使得其天然具有增强光和物质相互作用的优点。由于模场的高度集中，多孔结构的巨大表面积，以及米量级的传输距离，泵浦飞秒脉冲激光和多孔玻璃介质产生强烈的三阶非线性光学作用（四波混频、受激拉曼散射、自相位调制等效应），不断扩展泵浦脉冲激光的频谱范围。最后形成超连续、超宽带（可见至红外）、高功率（千瓦量级）、高亮度的白光，是一种用途广阔的固体白光光源。另外，在多孔结构里面可充入各种各样的气体分子，依靠泵浦光和气体强烈的相互作用（如**拉曼散射**），可应用于灵敏的光学传感、荧光和拉曼信号检测等。

（李志远）

光子晶体微腔激光器 photonic crystal microcavity laser 微型激光器的一种典型代表。通常的激光器有三个组成部分：增益介质、谐振腔和泵浦源。从20世纪90年代起，随着纳米科技的发展，激光器向微型化方向发展，光子晶体微腔激光器是一个典型代表。

光子晶体依靠光子带隙和缺陷态可有效地约束光信号和能量。在光子晶体中引入点缺陷，将在光子带隙中产生点缺陷态，形成共振微腔，光场能量被光子晶体壁垒完全反射而束缚在缺陷周围。微腔的性质由两个基本参数表征：共振频率（波长）和品质因子。共振波长取决于微腔的尺寸，而品质因子取决于微腔泄漏光场能量的程度。对于一个理想的三维光子晶体微腔，没有散射、没有吸收、品质因子趋于无穷大。实际的光子晶体微腔，如二维光子晶体平板微腔，品质因子总是为有限的数值，但非常大（超过1000万）。

当光子晶体微腔里面或者周围介质包含有增益介质时，外界泵浦（电泵浦或者光泵浦）的能量激发、驱动增益介质（原子、分子、量子点、量子阱等）从基态跃迁到激发态，以自发辐射（荧光）和受激辐射的方式将能量耦合到微腔。当泵浦功率超过阈值时，受激辐射占主要地位，光子晶体微腔内部产生激光，从微腔耦合出去，辐射到外部空间中。

1999年，美国加州理工大学的A.谢勒团队首次在AsGaIn/AlAsGa三五族半导体量子阱组成的二维光子晶体平板上实现了光子晶体微腔激光器。光子晶体为半导体平板上的二维三角晶格空气孔阵列，微腔为去除一个空气孔形成的点缺陷，整个结构利用电子束刻蚀技术纳米加工而成。在光泵条件下，平板中心的量子阱超晶格产生电子–空穴对，通过激发和复合的过程成为增益介质，光子晶体壁垒通过布拉格反射将辐射光限制在微腔里面，不断增强，直至产生受激辐射。2006年，韩国朴贤奎课题组将光子晶体微腔中心与下方光子晶体基板的电极用金属微柱相连接，利用电泵浦的方法将电流激发能量直接注入半导体微腔，产生半导体电子–空穴对。斯坦福大学的研究团队采用p型和n型重掺杂的方法直接在二维平板光子晶体微腔侧面引入电极，改进了电流注入的技术，提高了泵浦效率，并设计了具有高珀塞耳效应的光子晶体微腔，将电子–空穴对的自发辐射速率提高两个数量级，为制造片上集成的快速微纳激光器和高速调制器提供了有益的思路。日本东京大学的研究团队尝试在三维光子晶体微腔里面引入半导体量子点，利用局域化的电子态和局域化的光子态相互作用，以产生低阈值的微腔激光器。

当代的有源光电子器件（如LED和激光器）通常利用直接带隙的三五族半导体基材，而硅是间接带隙半导体材料，不能依靠电子–空穴对的直接激发和复合产生荧光和激光辐射，只能制造性能优异的无源光电子器件，制造硅基激光器成为世界难题。日本京都大学的野田进研究团队尝试在硅基材上实现微纳激光器，他们利用硅材料的受激拉曼散射效应解决了这个难题，在硅二维光子晶体平板上设计并制备了具有两个高品质因子共振模式的微腔，其频率分别对应于拉曼散射的泵浦光和辐射光。利用这样的双共振效应，大大提高了泵浦光的能量转换效率和微腔激光器的辐射功率。

光子晶体微腔激光器经过多年发展，取得了显著的进步。由于机理、材料、工艺、技术等方面的局限性，其性能仍需要在泵浦效率、激光阈值、能量输出效率、品质因子、调制速率、增益介质材料、系统可集成性等方面有大幅度的提高，才能满足实际应用的要求，为将来的光子芯片提供集成化的激光光源和信号源。

（李志远）

光子数态 photon number state 量子力学中的一种量子状态。又称福克态。单模电磁场量子化的一个主要结果是其电场算符的正频分量和负频分量分别正比于满足玻色对易关系的湮灭算符和产生算符。其哈密顿算符在形式上等同于单模谐振子，具有分立的能量本征值，每个本征值对应n个能量为$\hbar\nu$的量子（光子），其中ν是该模式电磁场的频率。这些本征值对应的本征态称为光子数态或福克态（以苏联物理学家V.A.福克命名的），通常记为$|n\rangle$，全部的数态组成一个完备基。对于多模量子光场，数态表示成$|n_{k_1}, n_{k_2}, n_{k_3}\rangle$。数态光场属非经典光场。

值得注意的是，$n=0$的光子数态（真空态）能量并不为零，而是$\hbar\nu/2$，一般称之为真空态的零点能。零点能是导致量子涨落、兰姆移位和自发辐射等经典电磁理论无法解释的很多有趣现象的根本原因。$n=1$的光子数态（单光子态）对于量子信息科学有特别的意义，研制理想的单光子源是大家努力的目标。

（吴金辉）

光子统计学 photon statistics 结合光子计数实验获得光子统计分布的理论和实验研究。光子统计学是利用光子探测器来分析一个光场的内在光子统计性质。在光子计数实验中，入射到探测器（有时不止一个）上的光子会以一定概率产生光电子，同时由计数器记录下来得到光子统计分布。依赖于光源特性可将光子统计分布划分为泊松、超泊松和亚泊松三种类型，通过对应不同分布的光子计数的方差值和平均值之间的关系进行定义。泊松光和超泊松光都可与经典光场一样描述，满足下式：

$$g^{(2)}(0)\geqslant 1$$
$$g^{(2)}(0)\geqslant g^{(2)}(\tau)$$

热光的光子统计分布是超泊松的，激光是泊松分布。相比之下，亚泊松光的恰当刻画需要将电磁场量子化，因此它是光的粒子属性的一个直接测量，属于非经典光场。

（吴金辉）

光子学 photonics 研究以光子作为信息载体和能量载体的科学。主要研究光子的产生、运动及其转化的规律。

特点 物理上看，光子学具有将光学的原理和方法深化和应用的特点，光子学与光学的关系如同电子学与电学的关系；技术应用方面看，光子学及其发展的相关技术（即光子技术）具有丰富的内容和广阔的应用前景。

光子作为信息载体，比电的信息容量要高出三四个量级（一般可见光的频率为5×10^{14}赫，而处于微波段的电磁波频率仅为10^{10}赫量级）。光子具有极快的响应能力。电子脉冲宽度一般在纳秒量级，其传输速率限定在吉比特每秒量级；而光脉冲宽度可到皮秒、飞秒甚至阿秒的量级。所以，用光子作为信息载体，传输速率可达几个吉比特每秒，甚至更高。光子具有超强的并行性和互连能力，具有良好的空间相容性。

历史 20世纪60年代激光器发明出来后，二极管激光以及传输光纤、光纤放大器的出现使人们对光通信的兴趣大增，从而推动了光子学的发展。1970年，在第9届国际高速摄影会议上荷兰科学家L.J.波德瓦特首次提出光子学的定义规范，认为光子学是研究以光子为信息载体的科学。随后，他又说明以光子作为能量载体的过程亦应属于光子学的研究内容。由于光子－电子系统和光子系统之间容易实现电－光转换，随着半导体、光电材料性能的改进，出现了性能更佳的光子学器件。得益于光的传输、偏转、调制、放大、存储和并行处理等优势，在某些领域将电子学信号转变为光子束，以光子学的功能取代电子学功能获得成功。光子学及光子技术迅速发展起来。

研究内容 光子学的研究分成基础层面和应用层面两大部分。

基础层面依据的基础理论是光学，特别关注光子作为信息载体的特殊作用，中心是光量子信息科学。研究的领域包括量子计算机、量子密码、量子通信、量子检测、量子模拟、量子态的制备和操作等。另外光子与物质非线性相互作用和量子相互作用也备受关注，如少光子非线性效应、其他非线性变频效应、谐波的产生、光折变效应、光子晶体、光子带隙光纤等，它是研究和开发多种非线性光子器件的理论基础。光子与物质的量子相互作用方面有微腔光子学、光力学、单光子源等研究。

光子学应用研究层面从光子产生、传输、调制、检测、通信到信息处理，范围涉及各个领域，因此各种各样的光子学研究，如信息光子学、纳米光子学、超快光子学、微波光子学、生物医学光子学、硅基光子学、集成光子学、智能光子学等都得到了发展。其中信息光子学较电子学领域具有明显优势，其关键技术，如不同光子器件对光波导的连接、耦合，得到了低损耗的效果。光信号在光纤中的长距离、低损耗传输，掺饵光纤放大器中继增益，密集波分复用，以及当前“最后一里路”的光纤到户（FTTH）技术，是光子学发展的重要标志性成果。

光子学的应用离不开光子器件的研发。不论是有源器件（如各种激光源、探测器等）还是无源器件（如光通信中的波分复用器、光纤器件、光互连器等），都得到长足的发展。把不同功能的诸多光子器件通过光波导、光互连、光开关集成于一个光学芯片上，可形成先进的光子集成回路或光电子集成系统。微结构的光子器件，包括光子波导、微结构光纤以及微光机电系统等。它们的研究无疑使光子产业的发展获得了革命性的飞跃。

（李育林）

广义动量 generalized momentum 描述系统运动的一个重要的物理量。是系统的动能对相应广义速度的偏导数，即$p_i=\dfrac{\partial T}{\partial \dot{q}_i}\ (i=1,2,\cdots,N)$。$N$个自由度的力学系统有$N$个广义动量。式中$T$是系统的动能，系统的变量是广义坐标$q_i$，$T$是广义坐标$q_i$、广义速度$\dot{q}_i$的函数，$T$是$N$个广义速度的二次函数。既然上式定义的量称为广义动量，它自然也应包括原有的动量。例如，对于在空间中运动的一个质点，它的动能式可写为$T=\dfrac{1}{2}m(\dot{x}^2+\dot{y}^2+\dot{z}^2)$，于是$p_x=\dfrac{\partial T}{\partial \dot{x}}=m\dot{x}$，同样，$p_y=m\dot{y}$、$p_z=m\dot{z}$。所以对于$\dot{q}_i$为线速度的情况，$p_i$是线动量。对于绕定轴转动的刚体，以$q=\varphi$表示刚体绕轴的转角，角速度为$\dot{\varphi}$，动能$T=\dfrac{1}{2}I\dot{\varphi}^2$，式中$I$是刚体对转轴的转动惯量，于是$p_\varphi=\dfrac{\partial T}{\partial \dot{\varphi}}=I\dot{\varphi}$。这是刚体绕轴的角动量（或动量矩），所以在$\dot{q}_i$为角速度的情况下，$p_i$是角动量，它的量纲和动量不同。

广义坐标q_i和对应的广义动量p_i合称为共轭动力变量。用广义坐标q_i和广义动量p_i联合表示的动力学方程——正则方程，具有深刻的力学意义。

（汪家訸）

广义力 generalized force 与广义坐标对应的力。在非自由质点系中，如果选

$q_j(j=1,2,\cdots,k)$ 为广义坐标，则对应于广义坐标q_j的广义力为：

$$Q_j=\sum_{i=1}^{N}\boldsymbol{F}_i\cdot\frac{\partial \boldsymbol{r}_i}{\partial q_j}$$

式中$\boldsymbol{F}_i$为作用于质点i的主动力；$\boldsymbol{r}_i$为质点i的矢径；N为质点系中的质点个数。当广义坐标为线位移时，广义力有力的量纲；当广义坐标为角坐标、体积等时，广义力有力矩、压强等量纲。

当主动力有势时，存在势能函数：

$$V(\boldsymbol{r}_1,\boldsymbol{r}_2,\cdots,\boldsymbol{r}_N)=V(q_1,q_2,\cdots,q_k)$$

由于$F_i=-\dfrac{\partial V}{\partial q_i}$，代入$Q_j$的表达式可得到：

$$Q_j=-\frac{\partial V}{\partial q_j}$$

（贾书惠）

广义能量积分 generalized energy integral **拉格朗日方程**广义能量为常量的积分。又称雅可比积分。

广义能量 如果一个力学体系具有时间平移不变性，即拉格朗日函数L不显含时间，可证$\sum_j \dot{q}_j\dfrac{\partial L}{\partial \dot{q}_j}-L$守恒，该式定义为广义能量。它可进一步简化为：

$$T_2-T_0+V$$

式中T_2为动能中含广义速度二次项的部分；T_0为动能中不含广义速度的部分；V为势能。

对于定常约束，$T=T_2$，广义能量就等同于体系总能量$T+V$。

广义能量积分 当一个完整系统的动势L不显含时间t时，即可求得雅可比积分：

$$T_2-T_0+V=H(\text{常量})$$

式中T_2为动能T用广义速度$\dot{q}_1,\dot{q}_2,\cdots,\dot{q}_N$和广义坐标表示时，对于$T$中含广义速度的二次齐次式的部分；$T_0$为$T$中不含广义速度的部分；$V$为势函数。

当一个完整系统的约束方程都不显含时间t时，这种系统称为自然系统。对这样的系统，动能是广义速度的二次齐次式，即$T=T_2$。这样，雅可比积分化为能量积分：$T+V=H$。所以称雅可比积分为广义能量积分。

（汪家訸）

广义速度 generalized velocity 广义坐标对时间的导数。见**拉格朗日方程**。

广义相对论 general relativity 描写物质间引力相互作用的理论。其基础由A.**爱因斯坦**于1915年完成，1916年正式发表。这一理论首次把引力场解释成时空的弯曲。爱因斯坦于1905年提出狭义相对论后，便试图在狭义相对论基础上对牛顿引力理论进行改造。牛顿引力理论虽在天文上得到广泛支持，但不能说明水星近日点的剩余进动，无法对宇宙整体性质给出自圆其说的描述，基本概念上也与狭义相对论相冲突。爱因斯坦在深入分析引力质量与惯性质量等价的基础上，提出等效原理——引力场与加速度场的动力学效应局域等效；将狭义相对论中惯性运动的相对性推广到加速运动，上升为广义协变原理；汲取E.马赫对牛顿绝对时空观批判的精华，提出时空性质应由物质及其运动决定这一革命性思想；采用黎曼几何来描述具有引力场的时空；写出**爱因斯坦引力场方程**。

具有引力场的时空是一个弯曲时空，其物质的分布及运动通过爱因斯坦引力场方程确定，即：

$$G_{\mu\nu}=\frac{8\pi G}{c^4}T_{\mu\nu}$$

式中$G_{\mu\nu}$为描述时空几何弯曲程度的爱因斯坦张量；$T_{\mu\nu}$为描写物质场的能量-动量-应力张量；G为牛顿引力常数；c为真空中的光速。所有检验粒子，只要不受除引力之外其他相互作用，都沿类时或类光测地线运动。据此，爱因斯坦精确解释了水星近日点的剩余进动，预言了光线偏折、引力红移、引力波等一系列新的物理效应。A.S.爱丁顿领导的小组在1919年日全食期间的观测结果为爱因斯坦关于光线偏折预言提供了有力的证据。广义相对论的建立深刻改变了物理学、自然科学及哲学的时空观和宇宙观。

广义相对论不断得到实验与天文观测的验证。除最初的水星近日点进动和光线偏折外，雷达回波延迟、引力红移、行星近日点进动、月球测距、引力透镜、引力磁效应等都进一步支持广义相对论。脉冲星的发现，证实了以广义相对论为基础的中子星理论的预言。对脉冲双星的观测提供了有关引力波存在的证据，验证了以广义相对论为基础的后开普勒定律。已有大量证据说明广义相对论所预言的黑洞广泛存在于宇宙之中。星系与类星体宇宙学红移的测量、宇宙微波背景辐射的发现与精确观测、宇宙中轻元素丰度的确定等，为以广义相对论为基础的大爆炸宇宙模型提供了强有力的证据。对引力波的直接测量，更是将对广义相对论的检验由微弱、缓变、高度对称的引力场推向超强、迅变、非对称的引力场，同时证实宇宙中存在双黑洞系统，开启了引力波天文学的新时代。作为一个革命性的引力理论，广义相对论包含着大量的预言，它必将进一步接受实验与观测的检验。

一个世纪以来，广义相对论得到不断的充实。爱因斯坦引力场方程是一个关于时空度规的高度非线性的二阶偏微分方程组，且场源的运动与引力场的构形必须同时求解，因而寻找这组方程的严格解非常困难。为克服此困难，人们建立了许多求解方法，并求得这组方程的大量严格解。爱因斯坦引力场方程的第一个严格解是史瓦西度规：

$$\mathrm{d}s^2=-\left(1-\frac{2GM}{c^2r}\right)c^2\mathrm{d}t^2+\frac{1}{1-\dfrac{2GM}{c^2r}}\mathrm{d}r^2+r^2(\mathrm{d}\theta^2+\sin^2\theta\mathrm{d}\varphi^2)$$

它是由K.史瓦西于1916年得到的。史瓦西度规描写的是球对称中心质量M外的静态引力场。地球与太阳周围的引力场都可近似用史瓦西度规来描写。当距引力中心很远时，史瓦西度规给出牛顿近似。尽管人们得到了大量的严格解，但对于绝大多数熟知的物理环境，仍无法给出爱因斯坦引力场方程的严格解。这样人们发展了广义相对论的线性理论、参数化后牛顿表述、参数化后爱因斯坦框架等近似方法。为了解决广义相对论的初值问题，处理动态引力场的演化，人们建立起几何动力学和数值相对论。标架的引入，奇点（或奇性）定理和正能定理的证明，时空渐近结构的澄清，引力场联络动力学的建立等，解决了广义相对论中的一系列基本问题。

广义相对论开辟了引力研究的新天地，引力规范理论、标量张量引力理论、超引力、$f(R)$引力理论、高维引力等其他相对论性引力理论相继提出。

黑洞是广义相对论所预言的最令人惊奇的天体，也是广义相对论的一个重要应用场所。数学家、物理学家与天文学家对之做了广泛的研究。从静态、稳态黑洞，到孤立视界，再到动态黑洞，从黑洞力学到黑洞热力学，从黑洞的吸积到黑洞的霍金辐射，从黑洞的形成到黑洞的最后蒸发，从黑洞的内部结构到黑洞周围的环境及各种物理过程，从孤立的黑洞到双黑洞的并合，从广义相对论中的黑洞到其他引力理论中的黑洞，从四维黑洞到高维黑洞和三维黑洞，这些研究极大丰富了人们对引力理论的认识。

宇宙学是广义相对论的另一重要应用场所，也是对广义相对论的重要检验场所。由宇宙学原理就可写出一般的均匀、各向同性宇宙的度规：

$$\mathrm{d}s^2=-c^2\mathrm{d}t^2+a^2(t)\left[\frac{\mathrm{d}r^2}{1-kr^2}+r^2(\mathrm{d}\theta^2+\sin^2\theta\mathrm{d}\varphi^2)\right]$$

称为弗里德曼-勒梅特-罗伯逊-沃尔克（FLRW）度规，它有一个待定的任意函数$a(t)$，称为尺度因子，代表宇宙的演化；$k=+1$、0或-1，分别对应三维空间为超球、平坦空间或双曲型空间。前者是封闭的，后两者是开放的。最主流的宇宙模型还是以FLRW度规和广义相对论为基础的大爆炸宇宙模型。为避免最初大爆炸宇宙模型所遇到的视界问题和平性问题，要求宇宙在大爆炸后不久就经历一个短暂的暴涨阶段，之后被重加热，并回到大爆炸宇宙模型所描写的演化阶段。宇宙微波背景辐射的密度涨落和宇宙大尺度结构的形成都是源自暴涨时期的原初密度扰动。如果广义相对论成立，天文观测要求当今宇宙只有不足5%是重子物质等已知物质形态，大约有26%是暗物质，近70%是暗能量。至于这些暗物质和暗能量的具体成分尚不清楚，亦或说明广义相对论需要修改。

广义相对论作为经典理论，它无法描写宇宙最初的大爆炸，也无法描写奇性附近的物理。经典广义相对论无法解释黑洞为什么有辐射、温度和熵，无法回答如何将量子力学纳入广义相对论的框架。由于加速度场或引力场的存在，物质场会出现诸如安鲁效应、霍金辐射等新的量子效应，物质场的有效能量-动量-应力张量会因物质场的量子效应而改变，从而必须将爱因斯坦引力场方程改写为半经典爱因斯坦场方程：

$$G_{\mu\nu}=\frac{8\pi G}{c^4}\langle T_{\mu\nu}\rangle_{\text{ren}}$$

式中$\langle T_{\mu\nu}\rangle_{\text{ren}}$为物质场的重正化能量-动量-应力张量（简称为重正化能动张量）。在这样的处理中，引力场或者时空仍是经典的，只有物质场是量子化的，这种弯曲时空量子场的理论仍解决不了引力场本身的量子化问题。人们对引力场量子化也进行了不懈的探索，从一开始的微扰量子化方案到20世纪末兴起的非微扰量子化方案，从正则量子化方法到路径积分量子化方法，从以度规为基本变量的量子几何动力学到以联络为基本变量的量子联络动力学，再到以圈变量为基本变量的圈量子广义相对论。截止到此条目撰写时，尚未建立起令人满意的完整的量子引力理论。或许引力场的量子化不能单独进行，而应当与其他三种基本相互作用（电磁、弱、强）统一在一起来量子化。超弦理论、M理论就是沿着这一方向向前推进的。也许引力本身就不是一种基本相互作用，广义相对论只是引力的一种宏观有效理论，故引力场量子化问题不应直接以广义相对论为基础，而需探寻其背后的基本微观理论。

广义相对论及其他相对论性引力理论的研究已不再局限在宇宙中天体间的引力相互作用本身。随着全息原理以及AdS/CFT对应的提出，引力理论已成为研究量子色动力学（AdS/QCD）、流体（引力/流体对偶）、凝聚态（引力/凝聚态对偶）等的一种有力工具。（黄超光）

广义相对论初值问题 initial value problem in general relativity 在给定初始条件后，爱因斯坦方程的时间演化问题。在牛顿力学中，给定粒子的运动方程以及粒子的初始位置和初始速度，就可以唯一确定粒子未来的运动轨迹，称为粒子运动的初值问题。

对于物理场情况，以闵氏空间中的无质量标量场为例，如下方程组称为该标量场的初值问题：

$$\begin{cases}-\partial_t^2 u+u=0\\ u(0,x)=f(x),\ u_t(0,x)=g(x)\end{cases}$$

式中$f(x)$为标量场u的广义初始位形；$g(x)$为标量场的广义初始速度。

在广义相对论中，也存在同样的问题，即给定初始值，如何确定时空几何未来的演化。由于广义相对论使用四维流形和几何来描述引力，时间和空间并不具有绝对意义，因此为方便地讨论广义相对论的初值问题，可先将四维时空做“1+3”分解，将时空重新划分为时间和空间。在时空流形中，选取时间函数t，满足t取给定常数值的点构成一个三维类空超曲面Σ_t，选择时间方向向量$t^a=\alpha n^a+\beta^a$，其中n^a为空间曲面Σ_t的法向量，函数α称为时移函数，β^a切于Σ_t称为位移矢量场。上述选择称为时空流形的一个“1+3”分解。一般，这样的划分局部总能实现，而整体上的存在性则依赖于时空流形的整体性质。其中(α,β)的选择在物理上的作用是选定一个特定的时间坐标。给定时空的“1+3”分解后，记Σ_t上的诱导度量（也称第一基本形式）为h_{ij}，h_{ij}沿Σ_t的法方向的导数称为“外曲率”（也称第二基本形式），记为K_{ij}。这两者相当于牛顿粒子运动问题中粒子的位置和速度。利用时空的“1+3”分解，爱因斯坦方程可改写为如下形式：

$$\partial_t h_{ij}=2\alpha K_{ij}+L_\beta h_{ij} \quad (1)$$

$$\begin{aligned}\partial_t K_{ij}=&-\alpha^3 R+2\alpha K_i^k K_{kj}-\alpha K K_{ij}\\&+D_i D_j\alpha+L_\beta K_{ij}+8\pi K_{ij}\end{aligned} \quad (2)$$

$${}^3R-K_{ij}K^{ij}+K^2=8\pi\rho \quad (3)$$

$$D_j K^{ij}-D^i K=8\pi j^i \quad (4)$$

式中D为Σ_t的诱导联络；${}^3R$为相应的数量曲率；$K=h_{ij}K^{ij}$；$T_{\mu\nu}$为作为引力源的物质场的能动张量；ρ为物质场的能量密度；j^a为物质场的能流密度。方程（1）与（2）明显包含时间导数，称为演化方程；方程（3）与（4）只包含空间导数，称为约束方程。可以证明，在选定α，β后，若$t=0$时刻(h_{ij},K_{ij})满足约束方程，则满足演化方程组的(h_{ij},K_{ij})在随后的任意时刻均满足约束方程。在$t=0$的空间曲面上，给定(h_{ij}^0,K_{ij}^0)满足约束方程，求上述方程组以(h_{ij}^0,K_{ij}^0)为初值的解，称为爱因斯坦方程的初值问题。

方程（1）至（4）合称为爱因斯坦方程的阿尔诺维特-德赛尔-米斯纳（ADM）形式。与粒子运动问题不同，爱因斯坦方程的广义初始位形h_{ij}与广义初始速度K_{ij}不是完全独立的，需要满足约束方程（3）与（4）。而“1+3”分解选择的任意性，体现了爱因斯坦方程的坐标协变性。选择特定的“1+3”分解，相当于选择特定的坐标系来求解爱因斯坦方程。

爱因斯坦方程的初值问题还有另外一种处理方式，即直接将四维度规g_{ab}作为方程的待求量，将爱因斯坦方程写为g_{ab}满足的二阶偏微分方程。但在ADM形式中，方程的待求量是(h_{ij},K_{ij})，四维时空度规是利用h_{ij}与时移函数以及位移向量组合得到的。由于爱因斯坦方程的坐标协变性，必须先确定坐标系的选择，上述二阶偏微分方程才能定解。此处选择坐标系的作用与前述ADM形式中“1+3”分解的作用是相同的，给定一个坐标系，就局部确定了一个时空的“1+3”分解。一般常用的坐标选择是所谓谐和坐标。伴随数值广义相对论的研究，其他坐标选择也陆续被发现。1952年，法国数学家Y.肖凯-布吕埃证明了真空爱因斯坦方程初值问题的局部解存在且唯一。

爱因斯坦方程的初值问题是广义相对论中非常重要的研究领域，与广义相对论中许多重要问题密切相关，如著名的“宇宙监督猜想”、爱因斯坦方程精确解的稳定性、引力塌缩与黑洞形成等。在数值相对论当中，广义相对论初值问题也有重要的作用。（吴小宁）

广义协变原理 principle of general covariance 一切坐标系（包括非惯性系）都是平权的，即客观的真实的物理规律，应该在任意坐标系下均有效。换句话说，物理规律在任意坐标变换下是协变的。A.爱因斯坦的狭义相对论是建立在相对性原理和光速不变原理之上的。相对性原理要求一切惯性参考系都是平权的。爱因斯坦为将引力理论纳入相对论框架，提出广义相对性原理：一切参考系（无论是惯性还是非惯性的）都是平权的。用数学形式写出来，就是广义协变原理。

广义协变性对物理定律的内容并没有什么限制，只是对定律的数学表述提出了要求。爱因斯坦后来也是这样认为的：广义协变性只有通过等效原理才能获得物理内容。（黄超光）

广义振子强度 generalized oscillator strength; GOS 类比于光学振子强度，H. 贝特引入的来描述快速运动粒子与原子分子碰撞跃迁概率的物理量。广义振子强度用公式表示为：

$$f_{ik}(K)=\frac{2E_{ik}}{K^2}\left|\left\langle\Psi_k\left|\sum_{j=1}e^{\mathrm{i}\boldsymbol{K}\boldsymbol{r}_j}\right|\Psi_i\right\rangle\right|^2$$

式中i和k分别代表初态和末态，E_{ik}为两个能级之间的跃迁能量，Ψ_i和Ψ_k分别是初、末态的波函数，$\boldsymbol{r}_j$是原子中第j个电子的位置矢量，$\boldsymbol{K}$是碰撞过程中的动量转移。

实验上，当一阶玻恩近似成立时，可以由快电子散射实验测量的微分散射截面$\mathrm{d}\sigma/\mathrm{d}\Omega$转换获得广义振子强度：

$$f_{ik}(K)=\frac{E_{ik}}{2}\frac{p_i}{p_f}K^2\frac{\mathrm{d}\sigma}{\mathrm{d}\Omega}$$

式中p_i和p_f分别是入射电子和散射电子的动量。实际上其他高能粒子散射也可以用来测量广义振子强度，但是相应的转换公式有所不同。

广义振子强度在动量转移趋近于零时，就等于光学振子强度。这提供了一种测量光学振子强度的方法。由于广义振子强度与入射粒子的碰撞能量无关，可以由广义振子强度获得批量高能电子散射的积分截面：

$$\sigma_{ik}(E_0)=\frac{\pi}{E_0E_{ik}}\int_{K^2_{\min}}^{K^2_{\max}}f(K^2)\frac{\mathrm{d}K^2}{K^2}$$

而积分截面在天体物理、等离子物理、能源科学等领域有极其重要的应用。（张卫平）

广义坐标 generalized coordinate 确定质点系位形（质点系中各质点位置的总和）的独立参量。对单个质点，通常用三个笛卡儿直角坐标(x,y,z)确定其位置，但有时用其他参量更加方便。如当用雷达确定飞行目标的位置时就使用球坐标(φ,θ,r)，因为这些参量能由雷达装置直接给出，(φ,θ,r)就是一组广义坐标。描述非自由质点系的位形时，用广义坐标比用笛卡儿直角坐标方便得多，如对单个刚体，可用刚体上一点（通常是质心）的坐标(x,y,z)及刚体绕此点转动的欧拉角(ψ,θ,φ)共六个量作为广义坐标。广义坐标可以是线坐标、角坐标或其他的量，一个系统的广义坐标可有多种选择。一般地说，由N个质点组成的质点系，具有s个完整约束时，广义坐标的数目为$k=3N-s$，并以q_j（$j=1,2,\cdots,k$）表示（非完整约束不影响广义坐标的数目）。系统运动时，用广义坐标表示的运动方程为：

$$q_j=q_j(t)\quad(j=1,2,\cdots,k)$$

当广义坐标确定，各质点的矢径$\boldsymbol{r}$也完全确定：

$$\boldsymbol{r}_i=\boldsymbol{r}_i(q_1,q_2,\cdots,q_k,t)$$

由k个广义坐标q_j张成的k维空间称为广义坐标位形空间，质点系的任一位形对应位形空间中的一个点，因此研究非自由质点系的运动可转化为研究广义坐标位形空间中代表点的运动。

对于非完整体系，尚有不可积的微分约束，速度受约束方程的限制，由于不可积，相应的坐标仍未受限制，这样广义坐标仍由有限约束决定。设N个质点的质点系受有s个完整约束，r个微分约束，则广义坐标个数仍为$3N-s$，大于它的自由度$k=3N-s-r$。（汪家訸 贾书惠）

规范不变性 gauge invariance 拉格朗日量和运动方程在规范变换下保持不变的性质。粒子体系的拉格朗日量，即粒子体系的动能减去粒子体系的势能的算符。物质场（如电子场、希格斯场等）的相位变换称为规范变换［如电子场$\Psi(x)$的相位变换$\Psi(x)\to e^{i\alpha}\Psi(x)$，常数$\alpha$为变换参数］。如果变换参数与时空点无（有）关，则该变换叫作整体（定域）规范变换。单参数的相位变换在数学上可用U(1)群表示，相应的规范变换称为阿贝尔规范变换。具有阿贝尔定域规范变换不变性的理论称为阿贝尔规范理论，如*量子电动力学*。如果有多个物质场（如三个不同色的*夸克场*），它们的相位变换由非阿贝尔群元素所联系，则称为非阿贝尔规范变换，具有非阿贝尔定域规范变换不变性的理论称为非阿贝尔规范理论，如*量子色动力学*。规范不变性是构造规范理论的基本原理。为了使拉格朗日量具有定域规范不变性，必须引进*规范场*，并用协变导数代替普通导数，这就决定了规范相互作用的形式。规范不变性也导致规范场量子的质量为零。像任何别的对称性一样，整体规范对称性也与守恒流相联系，如在量子电动力学中，与整体U(1)规范对称性对应的电流即为守恒流，相应的荷守恒即为电荷守恒定律。

对于具有定域手征对称性的规范理论，要保持矢量流的沃德恒等式，则轴矢流的沃德恒等式必定被量子效应所破坏（称为轴矢流或手征流反常），从而破坏理论的可重整性和幺正性，必须选取规范群或物质场所属规范群的表示，使得没有手征流反常或反常消去。

如果真空（基态）破坏了规范不变性，则规范场量子可有质量，这样的规范理论称为规范对称性自发破缺的规范理论（如*电弱统一理论*）。规范对称性自发破缺的规范理论是可重整化的。（黄朝商）

规范场 gauge field 一种与物理规律的定域变换不变性不可分割地联系在一起的物质场。场量子的自旋是$\hbar$。规范变换的概念是由德国学者H. 外尔在1918年提出来的。“规范”的德文Eich原意是尺度。外尔试图通过物理规律不因在时空每一点上量度时空的尺度的随意选择而有所改变的原理来导出电磁理论。这种在时空每一点上量度时空的尺度的改变称为定域规范变换，外尔所试图应用的原理又称作定域规范变换不变性原理。外尔的尝试并没有成功，原因在于他所用的尺度的变换只涉及时空自由度的改变，而电磁势的改变则涉及物质的内部自由度（电荷），这两种自由度是不同的。

1925年*量子力学*建立后，规范变换有了新的含义。量子力学中有一种新的不变性：波函数的整体的相位的选择有着任意性，相因子的改变：

$$\Psi(\boldsymbol{x},t)\to e^{i\alpha}\Psi(\boldsymbol{x},t)$$

对力学量的观测值毫无影响。量子力学中，每一种变换下的不变性导致一种物理守恒量，与上述不变性相联系的守恒量就是电荷。

如果波函数在时空的每一点上相位作正比于电荷的改变：

$$\Psi(\boldsymbol{x},t)\to\exp\left[\mathrm{i}e\alpha(\boldsymbol{x},t)/\hbar c\right]\Psi(\boldsymbol{x},t)$$

要求量子力学在这变换下不变，则必须有一矢量场$A_\mu(\boldsymbol{x},t)$存在，它在上述变换下作相应的变换$A_\mu\to A_\mu+\partial_\mu\alpha$，由它定义的场强正好为麦克斯韦方程组所描述，它与波函数$\Psi(\boldsymbol{x},t)$所描述的带电粒子的相互作用，正好是熟知的*电磁相互作用*，因此它就是电磁场的矢量势。这样就完成了由外尔开头尝试的从定域规范变换不变性导出电磁理论的工作，只是规范变换已经从原来的定义换成由上面二种式子所规定的相位的变换。前者与时空无关，称为整体规范变换；后者与时空有关，称为定域规范变换。

由定域规范变换下不变性所要求存在

的场$A_\mu(x,t)$，称为规范场。上面的定域变换式在数学上构成单参数的幺正变换群U(1)，这种变换往往被称为U(1)定域规范变换。电磁场就是U(1)定域规范变换不变性所要求存在的规范场。这种场的量子就是**光子**，它的质量为零，自旋为$\hbar$，是传递电磁作用［它在U(1)定域规范变换下不变］的量子。

阿贝尔规范场和非阿贝尔规范场　质子和中子是同一种粒子——**核子**的两个不同的状态，它们具有一种新的量子数——**同位旋**，核力在同位旋空间的转动下具有不变的性质。上述U(1)幺正变换群是可对易的，即先后两次变换的次序可对易，在数学上称为阿贝尔群。而同位旋的转动变换构成一个3参量的幺正幺模变换群SU(2)，它是不可对易的，在数学上称为非阿贝尔群。核子的波函数在同位旋的转动下的性质也可表示为一种相位的变换，不过与U(1)变换的情况不同，这里的相位的改变含有3个参量，在相位的整体变换（整体规范变换）下的不变性，意味着同位旋守恒。在20世纪30年代就建立了具有整体同位旋不变性的核子力理论。

20世纪50年代，发现的粒子越来越多，它们之间的相互作用也显得越来越纷繁，**杨振宁**认识到必须寻找决定相互作用的原则。U(1)定域不变性只决定电磁相互作用。杨振宁尝试建立更普遍的导致相互作用具有定域不变性的理论。1954年，杨振宁和R.L.米尔斯提出具有定域同位旋不变性的理论，发现必须引进三种矢量规范场，它们形成同位旋转动群SU(2)的伴随表示。他们发现这些规范场的量子的自旋为$\hbar$，同位旋为1，电荷分别为e、$-e$和0。但他们无法判定其质量多大。这一理论和电磁理论都具有定域不变性，但它们之间有一点重要的差别，光子之间不存在直接的相互作用，而杨振宁和米尔斯提出的理论中的规范场的量子之间有直接的自相互作用。

杨振宁和米尔斯的讨论可直接推广到其他非阿贝尔规范变换群的情况。如果规范变换群是阿贝尔群，则定域规范变换不变性所规定的规范场称为阿贝尔规范场；如果规范变换群是非阿贝尔群，则定域规范变换不变性所规定的规范场称为非阿贝尔规范场。

规范场的力程　为研究规范场的力程，杨振宁和**李政道**于1955年研究发现，如果**重子**数守恒定律是一种定域不变性的后果，则这种定域不变性所导致的阿贝尔规范场理论的数学形式和电磁场理论的数学形式十分相像，必然成为传递一种长程力的媒介。但在实验上没有观察到这种长程力。这就在一段时间内使人们除电磁现象以外，不知道如何在物理上具体应用规范场理论。

1964年P.**希格斯**等人指出，如果真空的这种对称性不是严格的，而是按一定方式破缺（**真空对称性自发破缺**）的话，则规范场的量子可具有质量。因此，规范场的量子可是无质量的或有质量的，视真空的相应的对称性是严格的或破缺的而定。

规范场和基本相互作用　物理规律在定域规范变换下的不变性，必然导致规范场的存在，使由规范场传递的，粒子之间在此定域规范变换下的不变的相互作用有确定的形式。能否把四种已知的相互作用（电磁相互作用、**弱相互作用**、**强相互作用**和**引力相互作用**），都用规范变换的对称原理推导出来，这是一个很有吸引力的想法。在1967年及1968年，S.**温伯格**和A.萨拉姆把希格斯等人提出的使非阿贝尔规范场获得质量的真空对称性自发破缺的机制（**希格斯机制**），用于由S.L.**格拉肖**提出的弱作用与电磁作用所具有的SU(2)×U(1)群规范对称性，用定域规范变换不变原理将两种相互作用统一起来：对称性自发破缺以后剩下一个不破缺的电磁**规范不变性**，相应的规范场量子是无质量的光子，其余三种规范场量子是有质量的矢量粒子$W^{\pm}$和Z^0，它们传递弱相互作用。这个理论的许多预言都经受了实验检验，特别是它预言的3个粒子$W^{\pm}$和Z^0已分别在1983年1月和6月被发现，而且其性质与理论预言的相符。这个理论已成为电磁作用与弱作用的基本理论（见**电弱统一理论**）。

1964年，在M.**盖耳-曼**和G.兹韦克提出**强子**由**夸克**构成的图像之后，就开始了把强相互作用建立在夸克之间的相互作用上的尝试。随后发现，夸克具有一种新的量子数色荷，相应的对称性是在色空间中转动的SU(3)变换下的不变性。建立在SU(3)定域规范变换下不变性基础上的强作用理论，就是**量子色动力学**，相应的规范场的量子是**胶子**，共有8种。量子色动力学已成为强相互作用的基本理论。

电弱相互作用统一理论的成就，促使物理学家探讨把各种相互作用在规范对称性的基础上统一起来的可能性。把电、弱、强三种作用统一起来的尝试，称为**大统一理论**。相应的规范场量子是X和Y规范粒子。X和Y粒子由希格斯机制获得很重的质量，可引起质子衰变，但尚未得到实验证实。

（冼鼎昌）

规范固定　gauge fixing　规范理论中消去非物理自由度的条件。某一时刻给定一组初始条件，运动方程不足以完全确定**规范场**，两个彼此可通过在$t\leqslant t_0$时为恒等变换的规范变换而得到的解，满足相同的初始条件，但$t>t_0$时不同。规范场的这一不确定性（规范任意性）是由于存在非物理的规范自由度所致。这些自由度可通过对规范场加辅助条件而消去，但辅助条件的选取必须保持物理量的**规范不变性**。等价地说，由于规范场满足约束，它的各分量不是独立的，需要加一个辅助条件，消去非独立的量，从而得到独立的正则变量，这一条件称为规范条件，也称为规范固定。不同的条件叫作不同的规范。以非阿贝尔规范理论为例，常用的两类规范是物理规范和协变规范。前者的例子有轴规范$A_3^a=0$、时性规范$A_0^a=0$。后者的例子有洛伦兹规范$\dfrac{\partial A_\mu}{\partial x_\mu}=0$。前一类规范导出的费曼规则不是显示洛伦兹协变的；后一类规范的费曼规则是显示洛伦兹协变的。虽然可选取不同的规范，但物理量是与规范选取无关的。因为**场的量子化**必须对独立的场进行，所以对规范场进行量子化时，规范固定是必不可少的。

对路径积分量子化形式，德维特-法捷耶夫-波波夫规范固定是通过在路径积分中插入一个规范条件的数值泛函因子而实现的。这一方法将不同的规范用统一的方式来描述，具有显示的洛伦兹不变性。如果原来的物质场拉格朗日量是可重整化的，则它也是可重整化的。

（黄朝商）

硅溶胶　silica sol　纳米级的二氧化硅颗粒在水中或溶剂中形成的分散液。由于硅溶胶中的二氧化硅含有大量的水及羟基，故硅溶胶也可以表述为$m\mathrm{SiO_2}\cdot n\mathrm{H_2O}$。制备硅溶胶有不同的途径。最常用的方法有离子交换法、硅粉一步水解法、硅烷水解法等。硅溶胶属胶体溶液，无臭、无毒。由于特殊的制造工艺，二氧化硅以自由、非交联的单一球形颗粒形式存在，阴离子溶胶中带有负电荷，通过非常少量的阳离子（通常为钠）稳定阴离子溶胶。这与通过特定化学改性由阳离子带电硅溶胶颗粒组成的阳离子硅溶胶形成对比。通常，这些制剂具有窄的粒度分布、高密度、低黏度和无可辨别的分离趋势。与再分散固体不同，硅溶胶在不使用助剂（如分散剂、乳化剂或增稠剂）的情况下管理。尽管粗二氧化硅溶胶呈现乳白色混浊液体，但约200米²/克的细粒二氧化硅溶胶是相对清

澈的乳白色液体。 （邢向军）

硅微条探测器 silicon strip detector 在n型**半导体探测器**外侧覆盖多个金属微条或微片以确定粒子位置的粒子探测器。为了测量粒子或射线的精密空间分布，发展了以PN结为基体的硅微条或像素位置灵敏探测器。

典型的硅微条探测器为单边读出的p^+nn^+型，如图所示。探测器表面为用二氧化硅隔离条隔开的薄铝条，铝条下面是重掺杂的p^+条。中间部分为高阻n型硅，它是探测器的灵敏区。底部为重掺杂砷的n^+区和铝薄膜背衬电极。这样，每一个读出条区域相当于一个PN结，在PN结两侧的铝电极上加数百伏反向偏压。每一微条与一路电荷灵敏放大器相连。由此读出的电脉冲信号可得到入射粒子位置信息。硅微条探测器是各种位置灵敏探测器位置分辨率很高的一种，仅次于硅像素探测器，其位置分辨率取决于条距，由具体的物理要求而定，可小到约10微米。各硅微条可以是相互平行和等宽的，也可是楔形或扇形的。之后又发展了双边读出的硅微条探测器，即在n^+层一侧制成与p^+条相互垂直的微条以达到同时测定两维位置的目的。另外，将硅微条探测器的灵敏区加长发展成硅漂移室。硅像素探测器，与硅微条探测器相似，但其最大特点是表面电极由微小的金属片作为像素组成。最困难的技术是每个单元要求与相应的电子学单元互联，采用直接键和在一起的技术。从微条探测器到这种平面集成技术的开发过程经历约10年。

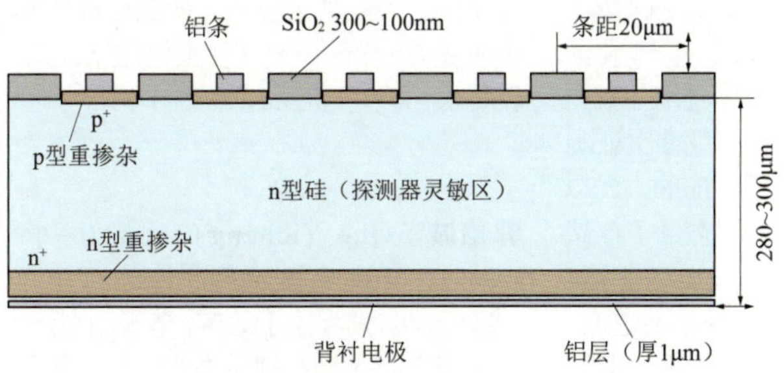

硅微条探测器截面图

硅微条探测器主要用于测量高能粒子对撞后产生的大量末态粒子中的短寿命粒子衰变（约1皮秒，即10^{-12}秒）径迹的起始点（次级顶点）。它距离加速器固定靶作用点或对撞机的初级顶点只约1毫米。其精度要求到小于0.03毫米。顶点的探测精度达到20微米以内。为改善性能也发展了多种新工艺，如各种高绝缘隔离技术及保护环工艺等，目的是进一步降低噪声和暗电流、抗辐射、减小死层厚度、提高读出电路的集成度和提高位置分辨率等。除高能物理实验方面以外，在天体物理学、核医学、同步辐射应用等领域已得到越来越多的应用。 （谢一冈）

硅像素探测器 silicon pixel detector 一种用来探测微观粒子径迹和能量的半导体探测器。硅像素探测器能够识别不同微观粒子的种类和能量大小，可用在生物学、医学、天体物理学、核物理学、固态物理学和高能粒子物理学等领域。在世界上最大的粒子加速器——欧洲核子研究中心（CERN）的大型强子对撞机（LHC）上的4个高能物理实验中，硅像素探测器是最靠近粒子碰撞顶点的探测器之一。LHC上的硅像素探测器主要使用硅条式像素传感器和互补金属氧化物半导体像素传感器，它们具有较高的信噪比和较好的空间分辨率，能实现高能粒子物理实验的基本需求。硅像素探测器主要包括硅微条探测器、混合像素探测器、单片有源像素探测器、场效应晶体管探测器（DEPFET探测器）、SOI探测器和3D探测器。混合像素探测器是将电荷收集二极管和读出电子学电路分别设计在两个不同的硅晶元上，其之间的连接一般使用球形焊接，可以通过在二极管上加高压来增加其耗尽层宽度，从而提高信噪比和抗辐照性能。单片有源像素探测器、DEPFET探测器、SOI探测器均是将电荷收集二极管和读出电子学集成在同一个硅晶元上，这样可以大大减小探测器的物质量和成本。除3D探测器探测效率较低之外，其他探测器对最小电离粒子探测效率基本能达到99%以上，空间分辨率可以实现在十几微米甚至几微米以内。虽然3D探测器的探测效率还有待提高，然而其抗辐照能力较高，较MAPS（monolithic active pixel sensors）探测器高3个量级，较混合像素探测器高1个量级。3D探测器在2018年首次应用在CMS部分探测器中。而在2014年，MAPS技术已经首次成功地应用在相对论重离子对撞机（RHIC）上的STAR实验中。相比其他常用的硅像素探测器，MAPS具有较小物质量，能有效降低成本和提高数据分析准确度，具有很高的信噪比并能较好测量低动量带电粒子，其抗辐照能力也有很大提高，基本能满足加速器的环境要求等优点。它将取代LHC、RHIC等对撞机实验中所有的硅探测器。CBM实验中也将使用类似的技术于粒子顶点探测。

（孙向明 许 怒）

轨迹 trajectory 动点在空间的位置随时间连续变化而形成的曲线。轨迹是直线的，称为直线运动；轨迹是曲线的，称为曲线运动。

从点的运动方程中消去时间参量t，即可得到其轨迹方程。如A点在Oxy平面内运动，其运动方程为：

$$x=R\cos\omega t, y=R\sin\omega t$$

将两式二次方相加，即得到A点的轨迹方程：

$$x^2+y^2=R^2$$

上式说明A点的轨迹是以O为圆心，R为半径的一个圆周。 （仲 佰）

滚动摩擦 rolling friction 两物体相对滚动或有相对滚动的趋势时，接触面产生的阻碍相对滚动的作用。又称滚动摩阻。如车轮在轨道上滚动时，在车轮与轨道的接触处有不可避免的变形，接触处的约束力是一个分布力系（图a），它的合力$\boldsymbol{F}_R$的作用点不在接触处而是略向前移（图b）。将约束力向接触点简化（见**力系的简化**）得到三个分量：正反力$\boldsymbol{N}$、滑动摩擦力$\boldsymbol{F}_f$及滚动摩擦力偶$\boldsymbol{M}$（图c）。实践证明，滚动摩擦力偶$\boldsymbol{M}$有最大值M_{max}，且M_{max}只与正反力N成正比，亦即$\boldsymbol{M}$的值满足下式：

$$M\leqslant M_{max}, M_{max}=\delta N$$

式中δ为滚动摩擦因素，它有长度的量纲。不同硬度材料的滚动摩擦因数可由实验测定，如列车车轮对钢轨的滚动摩擦因数δ为0.5毫米。求解有滚动摩擦的力学问题时，受力图中除出现滑动摩擦力外，还出现滚动摩擦力偶；列方程时除动力学方程或静力学平衡方程外，还应补充滑动摩擦及滚动摩擦的物理条件。

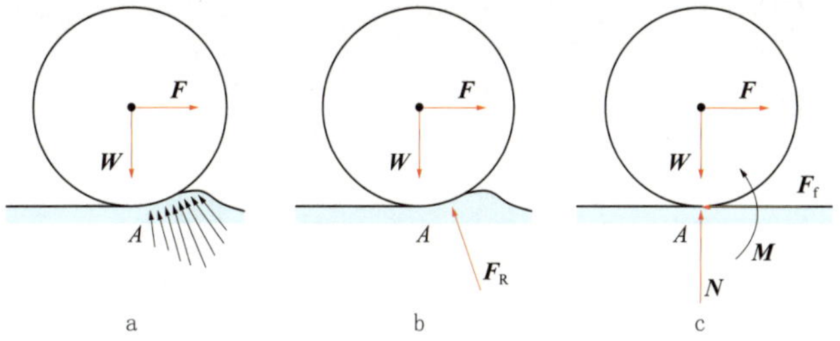

滚动摩擦示意图

由图c可以看出，欲使车轮滚动前进，须$F_r>M_{max}$，或$F>(\delta/r)N$（r为圆轮半径，N为正反力的大小）；欲使车轮滑动前进，必须$F>F_{max}$，或$F>\mu_s N$，μ_s为静摩擦因数。由于实际问题中$(\delta/r)\ll\mu_s$，所以滚动前进比滑动前进容易得多。因此，在机械工程中，直线运动机械多采用轮子，而转动机械多采用滚珠轴承。（贾书惠）

郭敦仁 Guo Dunren（1917-10-23～2000-11-11） 中国物理学家。生于湖北武汉，卒于北京。1941年西南联合大学物理系毕业。1941～1943年任上海北平研究院镭学研究所研究助理。1945～1946年任上海临时大学（即上海医学院前身）助教。1949～1950年任上海北平研究院结晶学研究所研究助理。1950～1952年在清华大学物理系任教，担任普通物理实验的教学工作。1952～1986年在北京大学物理系任教，历任助教、讲师、副教授、教授。期间曾任北京大学物理系理论物理教研室副主任，高教部理科物理教材编审委员会委员和中国物理学会物理学名词审定委员会委员。

郭敦仁长期从事理论物理和普通物理的教学工作。在北京大学物理系教学期间，讲授过《普通物理》《理论力学》《数学物理方法》《量子力学》《电动力学》等课程。编著的《数学物理方法》被全国高校广泛采用。他和王竹溪合作编著《特殊函数概论》，并与夏学江合作翻译成英文，在新加坡世界科技出版社出版了英译本。此外，20世纪50年代，他还参与了天线的研究工作，70～80年代承担了微波器件（微带）的计算任务。曾在北大物理系磁学教研室工作，对该教研室铁氧体研究中电磁理论问题的解决起了重要作用。（尹晓冬）

郭光灿 Guo Guangcan（1942-12-09～　） 中国物理学家。1942年12月9日生于福建省惠安县。1965年毕业于中国科学技术大学无线电电子学系。同年留校工作，历任讲师、副教授、教授（1988）。1981～1983年被公派到加拿大多伦多大学访问学习。任中国物理学会常务理事、中国光学学会理事长、国家“973”计划“量子通信与量子信息技术”首席科学家、中科院知识创新工程重要方向项目首席科学家、国家基金委创新研究群体学术带头人、国家中长期规划“量子调控”重大项目——“量子通信与量子计算的物理实现”首席科学家。任中国科学技术大学量子信息重点实验室主任。2017年加盟哈尔滨理工大学任教授。2003年当选中国科学院院士。2009年，当选发展中国家科学院（原名第三世界科学院）院士。

郭光灿主要从事量子光学、量子密码、量子通信和量子计算的理论和实验研究，是中国量子光学和量子信息开创者之一。他创建了中国第一个量子信息实验室，他所领导的团队1997年在研究量子体系与环境合作相互作用过程中发现存在有不发生消相干的特殊量子态集合，称之为“相干保持态”或“无消相干子空间”。基于这个发现提出了“量子避错编码原理”，被实验证实。领导团队提出“量子概率克隆原理”，推导出最大克隆效率，在实验上研制成功概率量子克隆机和普适量子克隆机。2000年领导团队提出实现两个原子纠缠的方案。2002年研制成功国内首个光纤量子密钥系统。2004年，创建当时国际公开报道的最长距离实用光纤量子密钥系统。2007年发明新型光纤干涉仪和量子路由器，实现了四端口量子密钥分配网络，解决了光纤量子密码技术实际应用的关键性技术。2009年建成世界上第一个“量子政务网”并运行。率先研制八光子纠缠源。指导博士生首次证明了量子信道的私密容量是不可加的。2012年首次实现单光子偏振态的固态量子存储器，保真度刷新世界纪录。2010年在锗/硅纳米线量子调控实验上取得重要进展。2011年验证了新形式的海森堡不确定原理。2012年首次实现量子惠勒延迟选择实验，制备出粒子和波的叠加状态，丰富了对玻尔互补原理的理解。编著并出版了国内第一本《量子光学》教程。2003年获国内量子信息领域第一个国家自然科学奖二等奖，获何梁何利基金科学与技术进步奖。（尹晓冬）

郭可信 Guo Kexin（1923-08-23～2006-12-13） 中国材料科学家、电子显微学家和晶体学家。祖籍福建福州。生于北京，卒于北京。1946年毕业于当时设在贵州遵义的浙江大学化学工程系，获工学学士学位。1947年秋，赴瑞典皇家理工大学冶金系深造，后任研究助教。1951年，转赴乌普萨拉大学无机化学系研究合金钢中碳化物的结构，任瑞典钢铁协会研究员（1950～1956）。1956年4月回国，任中国科学院金属研究所研究员（1956），研究室主任、副所长（1956～1987），中国科学院沈阳分院副院长、院长（1980～1988）；1985年后，又在中国科学院北京电子显微镜开放实验室（后并入物理研究所）任研究员。1980年当选为中国科学院学部委员（院士）、瑞典皇家工程科学院外籍院士。先后担任中国电子显微镜学会理事长（1982～1996），亚太地区电子显微镜学会联合会理事长（1992～1996）。

郭可信长期从事材料科学、电子显微学和晶体学的研究工作，是中国高分辨电子显微学研究的主要开拓者与奠基人。20世纪50年代，他发现了20种合金碳化物，测定了新的碳化物MoC的晶体结构，揭示了W_2C、VC的析出与钢的二次硬化即红硬性的关系。1980年以来，他与合作者一起在对高温合金和非晶合金的一些亚稳相进行细致观察的基础上，发现了五次、八次和十次对称及一维、二维、三维准晶，使中国在准晶体的发现与研究中在国际上占有重要位置。1987年获国家自然科学奖一等奖。1993年获第三世界科学院物理奖。（戴念祖）

郭贻诚 Guo Yicheng（1906-10-06～1994-11-28） 中国物理学家。河北武清（今属天津）人。生于北京，卒于山东济南。1928年北京大学物理系毕业。1929年任北京中法大学居里学院助教。1931年任国立山东大学物理系讲师。1936年公费赴美深造。1939年获加州理工学院哲学博士学位，同年9月回国。先后任浙江大学龙泉分校物理系副

教授、教授（1939～1941），燕京大学数学系讲师（1941～1942），北京师范大学物理系教授（1942～1945），北京临时大学第七分校物理系教授兼系主任（1945～1946）。1946年后到青岛山东大学任物理系教授，先后任物理系主任（1947～1958）、理学院院长（1950～1952）、副教务长（1952～1966）。1956年创办山东大学磁学专业并建立磁学实验室，1957年被聘任兰州大学物理系磁学教研室主任。1959年后任山东大学物理系磁学教研室主任，1979年后任山东大学学术委员会副主任。曾任中国物理学会理事、山东省物理学会理事长等职。

郭贻诚是中国磁学和磁性材料研究的奠基人之一。早期他把研究课题定在磁学的基础理论领域，开展微磁化理论和表面磁性的研究，对中国磁性理论的发展做出了贡献。在中国最早开展磁性薄膜的研究，先后领导了铁磁薄膜、铁氧体磁性材料、磁膜存储器、微波铁氧体材料和器件、非晶态磁性等课题的研究，并在微磁化理论、磁性薄膜和非晶态磁性的研究工作中取得重要成果。创办了山东大学磁学专业，创建了磁学实验室。编著出版的《铁磁学》是中国第一部铁磁学专著。他与王震西主编出版的《非晶态物理学》是中国第一部系统论述非晶态物理的专著。他从事物理学教学和科研50余年，为中国培养了一批优秀科技人才。（尹晓冬）

国际纯粹与应用物理学联合会 International Union of Pure and Applied Physics; IUPAP 国际上具有权威性的物理学工作者的学术组织。

成立 1922年成立于比利时布鲁塞尔，当时有13个成员国参加。第一届代表大会于1923年在法国巴黎召开。

宗旨 促进物理学领域的国际合作，支持并组织开展国际学术交流活动；协调出版文摘和物理常数表，确保有关符号、单位、名词和标准等国际协定的实施；鼓励研究、教育和科学家的自由交往。

组织规模和结构 以各国和地区的物理学术团体为会员，现有团体会员60个。

权力机构为IUPAP全体大会（General Assembly），并设有执行委员会（Executive Council）、专业委员会等。执行委员会设主席、上届主席、当选但尚未上任主席各1人，副主席10人，秘书长、副秘书长各1人。下设19个专业委员会、4个附属专业委员会、13个交叉联合委员会，以及11个工作组。

专业委员会（Commissions）包括政策财务，符号、单位、名词、原子质量和基本常数，统计物理，天体粒子物理，低温物理，生物物理，半导体，磁学，凝聚态结构和动力学，粒子和场，核物理，物理与发展，物理教育，原子、分子和光物理，等离子体物理，激光物理与光子学，数学物理，天体物理学，计算物理专业委员会。

附属专业委员会（Affiliated Commissions）包括光学，相对论和引力，声学以及医学物理专业委员会。

交叉联合委员会（Inter-Union Committees）包括国际科学联合会、科学与技术数据委员会、太空研究委员会等。工作组（Working Groups）包括国际未来加速器委员会、物理交流、女物理学者工作组等。

主要活动 每三年召开一次全体大会，改选执行委员会和各专业委员会，同时举办学术交流活动；每年召开一次执行委员会及专业委员会主任会议；每年各专业委员会举办数十次高水平的学术会议。

中国物理学会与IUPAP 中国物理学会于1984年10月正式加入IUPAP，中国台湾地区物理学会以"位于中国台北的物理学会"成为IUPAP会员。自参加IUPAP以来，中国物理学会派代表（团）出席了每一届的全体大会，周光召（1993～1999）、杨国桢（1999～2002）、陈佳洱（2005～2008）、詹文龙（2011～2017）、王恩哥（2017年至今）先后担任IUPAP执行委员会副主席。2020年，中国物理学会向IUPAP缴纳的会费份额为15个，位于中国台北的物理学会的会费份额为5个。（胡兴华）

国际电子直线对撞机 international linear collider; ILC 国际大型直线对撞机合作项目。20世纪80年代末在美国SLAC国家加速器实验室（简称SLAC）建成的斯坦福直线对撞机（SLC）质心能量约100吉电子伏，在概念和许多关键技术上验证了正负电子直线对撞机的可行性。其后，国际上开展了更大规模关于未来正负电子直线对撞机的研究。美国的SLAC提出了11.4吉赫的常温加速结构的下一代直线对撞机（NLC）；日本的KEK提出了相似的计划日本直线对撞机（JLC），后改为全球直线对撞机（GLC）和常温的5～6吉赫直线对撞机；德国的DESY提出了常温3吉赫直线对撞机（SBLC）和基于超导技术的1.3吉赫的直线对撞机（TESLA）；俄罗斯提出了14吉赫的常温直线对撞机（VLEPP）；欧洲核子中心（CERN）提出常温双束直线对撞机（CLIC），加速结构频率为12（30）吉赫。除了德国DESY的SBLC和俄罗斯的VLEPP两个计划于20世纪90年代中期停止以外，另外5个计划分别持续了十几年的研究。直到2004年8月20日，国际ILC由加速器和探测器构成。加速器的主要组成部分为：电子源、正电子源、预加速1.3吉赫超导直线加速器（6吉电子伏）、正负电子阻尼环（6吉电子伏）、束长压缩器、1.3吉赫超导主直线加速器（正负电子能量分别为125～250吉电子伏）、对撞点聚焦传输线等，亮度设计在1.35×10^{34}/（厘米^2·秒）。为了在直线对撞机上进行粒子物理实验，进而达到ILC的科学目标，ILC需要粒子探测器。由于在直线对撞机上的测量精度更高，要求对反应产物、特别是强子的簇射进行精确测量，探测器必须能够对强子簇射中的各个粒子（包括带电粒子和中性粒子）的能量和动量进行测量，因此在所采用的探测器技术上有其独特的考虑和设计，这将涉及高场强的超导磁铁技术，高精度的半导体探测器和径迹探测器技术，高精度的量能器等新型的粒子探测技术。

国际高能物理界于2008年底优化出了两个探测器的整体概念设计，组成国际合作组。目前国际上形成了两个探测器的方案，即ILD和SiD，包括磁场值的选定，初步确定顶点探测器、径迹探测器、电磁量能器、强子量能器的性能要求、几何尺寸、采用的技术和后备方案。这两个探测器合作组正在优化设计，并各自在ILC的一些重要物理目标上对预期测量结果进行研究。

设计中的ILC首期目标是分别将正负电子加速到0.25太电子伏的能量，质心系能量达到0.5太电子伏（并可升级到1太电子伏），将建造在总长约20～50千米的地下隧道里。按照计划，2005年完成ILC的概念设计；2006年完成ILC的参考设计，以便确定参考造价；2007年2月在北京的ICFA会议上对外正式宣布了ILC的参考造价；2007～2012年为ILC技术设计阶段（TDP）。2013年6月正式向全球发布ILC技术设计报告。2013年后ILC进入选址和立项前的准备工作。经过选址比较，日本科学家确定岩手县的北上山地作为国内建设地。对此，日本文部科学省表示，科学家们选定的结果仅为"参考"，是否申请建设ILC将另行决定。ILC的国际合作模式为承建国承担50%的经费，其他50%由国际合作参与国分担。（高 杰）

国际热核实验堆 international thermonuclear experimental reactor; ITER 一台国

际联合建造的**托卡马克**型受控热核聚变实验反应堆。20世纪后半叶，磁约束的受控聚变研究取得稳步进展。托卡马克型装置的等离子体参数已接近或达到从聚变取得能源所需要的数值。鉴于装置的规模越来越大，所需投资越来越多，各国联合建造一台能够在聚变堆条件下运转的实验装置就成为必然的选择。

这一工程原是由美国、日本、苏联和欧洲联合发起并合作的项目，是根据1985年苏美首脑建议决定建造的。1988～1990年为概念设计阶段，1992～1998年为工程设计阶段。后来又根据H模的定标修改设计指标，缩小了尺寸，并进行了部件的试制（见图）。

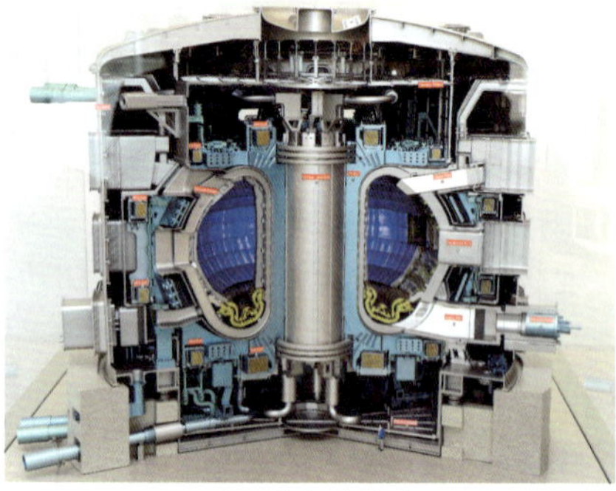

国际热核实验堆

中国于2003年决定参加这一项目。经长时间的谈判后，2005年决定选址在法国的卡达拉什。2006年，日本、欧洲、俄罗斯、美国、中国、韩国和印度七方正式签订建造该装置的协议。这一工程项目正在实施之中，经费由参加各国（地区）按比例分担。所承担的经费中大部分可以用承担部件采购包的实物贡献方式投入。

ITER的主要参数是：大半径6.2米，等离子体小半径2.0米，环向磁场5.3特斯拉，等离子体电流15兆安，辅助加热和电流驱动功率73兆瓦，离子温度8900万度，处于可充分发生氘-氚聚变的燃烧等离子体区域，可产生峰值聚变功率500兆瓦。

ITER预计用大约10年时间建成。它的主要目的是实现两种运转模式。第一种模式是用传统的欧姆变压器感应产生等离子体电流，维持400秒的燃烧等离子体，产生和维持聚变增益因子（聚变功率/加热功率）大于或等于10。第二种模式是用波或高能粒子束驱动电流的等离子体，达到稳态运行，产生和维持聚变增益因子大于或等于5。在两种模式运行时，检验主要聚变堆技术，进行堆部件试验，包括氚处理问题。

ITER所研究的燃烧等离子体物理问题有：高能粒子效应，即聚变产生的高能粒子的输运和对稳定性的影响；自加热效应，即聚变产物α粒子的加热效应；堆尺度的物理问题。

在工程上，ITER的环向场由18饼超导线圈产生。欧姆加热场由中心螺管和6个外线圈产生。双层不锈钢真空室由9段焊成，其中由421个模块构成屏蔽包层。它没有固定的吸收中子的氚增殖包层，仅提供3个窗口供测试不同类型的实验包层模块。偏滤器由54个组合构成。整个ITER装置主体置于称为冷屏的真空杜瓦中。

ITER预计工作20年。前10年重点实现物理研究目标。后10年主要从事工程测试，试行长脉冲或稳态运行。（王 龙）

国际原子能机构 International Atomic Energy Agency; IAEA 由各国政府组成的旨在和平利用原子能的国际组织。国际原子能机构（IAEA）是联合国系统内的一个独立机构，成立于1957年7月29日。截至2023年9月19日有178个成员国。总部设在奥地利维也纳。国际原子能机构章程规定：机构的任务在于促进和发展原子能对全球和平、健康及繁荣的贡献，并尽其所能确保由该机构或经其要求，或在其监督或控制下的援助不被用于推进任何军事目的。IAEA是国际上最大的原子能科学技术交流中心，中国于1984年加入该机构。

IAEA以满足成员国的需求为活动的基础。主要任务是：①技术转让。帮助成员国（尤其是发展中国家）加强核科学技术的应用，以促进人类社会的可持续发展，包括控制疾病、拯救饥饿、开发资源、治理环境、防止气候变化等。机构尽其所能促进核技术知识的转移，以用于农业、医药、工业、环境、水管理等领域，以适应1992年联合国环境与发展会议制定的可持续发展目标。该机构设于奥地利和摩纳哥的两个实验室提供了大量的技术合作、联合研究和人员培训活动。②核安全。IAEA虽然并不是一个国际上制定法律的组织，但它一直致力于促进国际上多边的（包括法律组织）合作关系，以改善全球的核安全、辐射安全和放射性废物的安全处理和处置，并提出各种科学的核安全措施和建议供成员国和国际组织制定相应的法律和法规之用。还应成员国之邀，派遣专家组帮助各国核动力设施的选址、设计、运行和安全性维护。③核裁军。作为全球防止核武器扩散努力的一部分，IAEA监督核材料从和平利用流向军事用途。一旦成员国签署了核不扩散条约，IAEA便可通过现场检查、远距离侦查及查询记录等方式加以监督。上述三项主要任务被形容为IAEA的“三根支柱”。

国际原子能机构外景

IAEA由理事会、全体代表大会和秘书处组成。每个成员国均派代表参加每年一度的全体代表大会，讨论与核技术有关的国际问题，并做出采取相应措施的决议。理事会由35个成员国的代表所组成，负责该机构的预算、活动计划及有关政策。机构的日常工作由秘书处负责，负责人为总干事，下分五个部门：技术合作部、核能部、核安全部、核科学与应用部。该机构在日内瓦与纽约设有联络办公室，在东京和多伦多设有现场办公室。与40余个联合国机构及有关组织以及所有成员国分享和平利用原子能的科研成果。

（柴之芳）

国家点火装置 national ignition facility; NIF 美国建造的用于激光聚变点火研究的巨型激光装置。国家点火装置（NIF）建在美国劳伦斯·利弗莫尔国家实验室，1997年4月启动建造，2009年3月宣布建成，耗资约35亿美元。它是人类有史以来第一台输出能量超过兆焦耳的激光驱动装置。

按照设计，NIF能够输出总能量为1.8兆焦、波长为351纳米的紫外激光脉冲，脉宽为20纳秒。2012年3月NIF所发射出的激光在经过最后一个聚焦透镜后，达到了2.03兆焦，成为世界上首台输出超过2兆焦紫外激光能量的激光器。

利用NIF装置可在实验室内产生1万亿大气压压强、1亿摄氏度温度以及10^3克/厘米^{3}密度的极端状态，为研究极端条件下物质的运动和演化提供独特的实验条件，能够支持美国核武器储备管理，也可开展国家安全、能源和基础科学相关工作。（郑 坚）

过冷现象 supercooling phenomenon 在一定压力下，当液体的温度已低于该压力下液体的凝固点，而液体仍不凝固的现象。此时的液体称为过冷液体。在气液相变中，蒸气凝结为液滴需要一定的凝结核，若没有足够的凝结核，或凝结核过小时，即使蒸气压强超过该温度下的饱和蒸气压，液滴仍不能形成并长大，出现过饱和现象，这样的蒸气称为过饱和蒸气，或称为过冷蒸气。如有时天空中有阴云密布但并不下雨，即是过冷现象的表现。人工降雨即是人工添加合适的凝结核使蒸气凝结为水滴，从而打破过冷状态实现降雨的措施。

沸腾是液体从内部形成气泡、在液体表面上剧烈汽化的现象。但如果在液体中没有提供气泡的物质存在时，液体在沸点时将无法沸腾。这种温度高于沸点但仍不沸腾的液体，称为过热液体。

过冷状态和过热状态都属于亚稳态。亚稳态指的是按相平衡条件，应发生相变而未发生的状态。它对于外界小的扰动保持稳定，对于大的扰动不稳定，会转变为能量更低的平衡态。

过冷和过热现象的物理根源是实际系统，不是热力学极限状态的系统。两相间的分界面不是无穷大平面，而是有限的曲面。有限曲面具有有限的能量和熵。通过考虑有限曲面的表面张力（系数）可以对过冷现象和过热现象的程度，即相变温度的变化，进行具体研究。

不仅宏观物质具有过冷和过热现象，早期宇宙强相互作用物质的演化过程中，由夸克胶子转变为强子（常简称之为**强子化**）时也存在过冷现象。实验室中利用重离子碰撞（相对论性的原子核与原子核之间的对撞）研究强子化的逆过程时也存在过热现象。在考虑了表面熵贡献的情况下，强子化过程才与**热力学第二定律**一致。

（刘玉鑫）

过热现象 superheating phenomenon 液体的温度已高于沸点，而液体仍不沸腾的现象。见**过冷现象**。

H

哈伯德模型 Hubbard model 一类描述粒子间相互作用的量子格点模型。

模型内容 哈伯德模型一般包含描述自由粒子能带的紧束缚模型和描述粒子关联的相互作用项。物理学家J.哈伯德于1963年提出这个模型研究强相互作用对电子紧束缚模型的影响。后来的研究发现，这个模型可以描述电子关联效应导致的金属-绝缘体相变。铜氧化物高温超导体发现之后，人们认为正方晶格上的哈伯德模型是可以描述这类材料的一个简化模型。

通常意义下的哈伯德模型描述的是自旋为1/2且没有其他内禀自由度（如轨道）的电子，其紧束缚模型部分描述这些电子在晶格格点之间的与自旋无关的跃迁，跃迁矩阵元通常标记为t；其相互作用部分描述在同一个晶格格点上自旋相反的两个电子之间具有的相互作用能，通常标记为U。对于简单晶格，该模型的紧束缚部分形成一个自旋简并的能带，因此该模型又称单带哈伯德模型。半满（即平均每个格点有一个电子）的单带哈伯德模型在相互作用为零时描述一个具有**费米面**的金属，而在排斥相互作用很大时（U为正且远大于t）描述一个**莫特绝缘体**，因此改变该模型中相互作用U与能带宽度（由t控制）的比值可以导致金属-绝缘体相变。电子数偏离半满而排斥相互作用很大的单带哈伯德模型可以用**t-J模型**描述。

应用研究 关于哈伯德模型，已经有大量的理论和数值研究成果。例如，一维哈伯德模型可以用贝特方案严格求解，得到半满且排斥相互作用非零的情况总是为绝缘相；一些特殊的哈伯德模型其量子基态的自旋量子数可以利用自旋反射正性严格证明；对于较小的有限尺寸晶格，可以用**精确对角化**数值方法研究其基态和低激发态性质；满足适当条件的哈伯德模型因为没有负符号问题可以用辅助场量子蒙特卡罗方法在较大的有限尺寸晶格上进行数值模拟。但对于一般的哈伯德模型还没有完全准确的解析和数值求解方法。包括无规相近似、涨落交换近似、动力学平均场、投影波函数的变分蒙特卡罗、密度矩阵重正化群、泛函重正化群、张量重正化群等多种近似方法，都曾被用于研究哈伯德模型。

扩展形式 哈伯德模型有多种扩展形式：描述玻色子的哈伯德模型通常被称作玻色-哈伯德模型；如果不同格点上的粒子之间也有相互作用，该模型通常被称为扩展哈伯德模型；为了描述具有多个能带的关联电子体系，如铁基高温超导材料，哈伯德模型被扩展到多轨道电子体系并加上不同轨道之间的自旋-自旋相互作用（洪特相互作用），这类多轨道哈伯德模型通常被称为哈伯德-洪特模型。

（王 垡）

哈恩，O. Otto Hahn（1879-03-08～1968-07-28） 德国放射化学家、物理学家。生于美因河畔法兰克福，卒于格丁根。1897年入马尔堡大学，1901年获哲学博士学位。

1904年去伦敦大学学院，在W.拉姆齐的实验室中工作，开始从事放射化学研究。1905年慕名去加拿大蒙特利尔麦吉尔大学，在E.卢瑟福领导下工作。1906年回德国，任柏林大学编外讲师，1910年升为教授。1912年去威廉皇家学会新建的化学研究所任放射性研究室主任，1928年起任研究所所长，直至1945年。

从1907年起，他和L.迈特纳合作，先后发现放射性元素钍、镅和镤等多至9种，有些是他独自发现的。1921年他还发现了天然放射性元素之间的同质异能现象。20世纪20年代初到30年代中，他的研究重点在于把放射化学方法应用于各种化学问题。1934年全力研究中子轰击铀的各种产物的物理和化学性质。1938年秋，哈恩和F.斯特拉斯曼实验发现，中子轰击铀后所得的产物是比铀原子轻得多的碎片，这表明铀原子已分裂成两个较轻的原子。迈特纳将这种现象定名为裂变。随后，哈恩和斯特拉斯曼又发现钍核受快中子轰击也会发生裂变。由于发现**核裂变**，哈恩获得1944年诺贝尔化学奖。1966年同迈特纳、斯特拉斯曼共获美国原子能委员会费米奖金。

核裂变的发现使世界开始进入原子能时代。哈恩拒绝参与在德国纳粹政权下任何有关这方面的研究。1945年春盟军占领德国西部和南部，他和W.K.海森伯等几位原子科学家被送往英国拘禁。1946年初他获释回德国，担任威廉皇家学会会长，这个学会1948年改名为马克斯·普朗克学会，哈恩仍任会长，直至1960年。1960年后任荣誉会长。他为第二次世界大战后德国科学事业的重建和反对核军备的和平运动，进行了不懈的努力。

（戴念祖）

哈密顿，W.R. William Rowan Hamilton（1805-08-04～1865-09-02） 英国物理学家、数学家、天文学家。生于爱尔兰都柏林，卒于丹辛克。1823年入学于都柏林三一学

院，1827年任学院天文学教授和丹辛克天文台的皇家天文学家和台长。1832年当选爱尔兰皇家科学院院士，1835年晋封为爵士，1837～1845年任该院院长。1837年起先后当选圣彼得堡科学院院士、法国科学院院士和英国皇家学会会员。

哈密顿在1827年的论文《光线系的理论》中，建立了求解几何光学问题统一的数学方法。1828年预言光在双轴晶体中传播时将产生锥形折射现象，两个月后即被实验证实。1834发展了由J.le R.达朗贝尔、J.-L.拉格朗日等人所建立的**分析力学**。他用具有动力学意义的正则变量代替只有运动学意义的**广义速度**和**广义坐标**，将拉格朗日函数和拉格朗日方程变换为哈密顿函数和哈密顿正则方程；提出了等时最小作用量原理——**哈密顿原理**，由它可以导出力学所有的基本定理和运动方程，不仅适用于完整、保守体系，而且可推广到非保守体系和非完整体系。经典力学理论的哈密顿形式在物理学的其他领域中应用极为广泛，而且是经典力学向量子力学过渡的桥梁。在正则方程基础上建立的哈密顿-雅可比方程，提供了一个解决动力学问题的新方法，曾经是量子力学建立以前研究原子物理学的主要方法。

1835年哈密顿发现了四元数，即有四个数组成的有序数组，服从于相等、相加和相乘的一些特殊规律。1839年引进群速度概念。

（戴念祖）

哈密顿特征函数 Hamilton characteristic function 当哈密顿函数H不显含时间时，

与时间无关的函数W称为哈密顿特征函数。见**哈密顿－雅可比方程**。

哈密顿－雅可比方程 Hamilton-Jacobi equation 分析力学中求解动力学问题的一个一阶偏微分方程。哈密顿－雅可比方程形式为：

$$\frac{\partial S}{\partial t}+H\left(q_1, q_2, \cdots, q_n, \frac{\partial S}{\partial q_1}, \frac{\partial S}{\partial q_2}, \cdots, \frac{\partial S}{\partial q_n}, t\right)=0$$

式中H为哈密顿函数；待求多元函数S为哈密顿主函数。此方程为W.R.哈密顿于1834年提出，但求解动力学问题尚需用到C.G.J.雅可比于1837年建立的雅可比定理，故称为哈密顿－雅可比方程。当哈密顿函数不显含时间时，上述方程可以简化为：

$$H\left(q_1, q_2, \cdots, q_n, \frac{\partial W}{\partial q_1}, \frac{\partial W}{\partial q_2}, \cdots, \frac{\partial W}{\partial q_n}\right)=E$$

其中哈密顿特征函数W与哈密顿主函数S的关系为$S(q,\ t)=-Et+W(q)$。求一阶偏微分方程的全积分问题在数学上很困难，但对某些特殊系统（如可分离变量系统）却可获得完满的解决。

哈密顿－雅可比方程与现代物理联系紧密，在描述电子、中子等微观粒子运动规律的波动力学中，哈密顿主函数被推广为波函数，而哈密顿－雅可比方程则被**薛定谔方程**代替。薛定谔方程中的普朗克常数h趋于零时，微观意义下的波函数和薛定谔方程就退化为经典力学的哈密顿主函数与哈密顿－雅可比方程。（贾书惠）

哈密顿原理 Hamilton's principle 英国数学家、物理学家W.R.**哈密顿**1834年发表的分析力学中的一条积分变分原理。哈密顿原理表述为：对完整、理想、有势系统，在固定时端条件下两个给定位形之间的正路不同于旁路之处是正路使哈密顿作用量S取驻值。亦即：

$$\delta S=0$$

$$S=\int_{t_1}^{t_2} L(q_1,\cdots,q_k,\dot{q}_1,\cdots,\dot{q}_k,t)\,\mathrm{d}t$$

式中$L=T-V$为拉格朗日函数（见**拉格朗日方程**），S则为泛函。

如图所示，当系统由t_1时刻运动到t_2时刻时，在k维广义坐标位形空间的代表点由A运动到B，位形轨迹对应于真实运动，称为A到B的正路。在同样端点位形情况下（即端点位形不变分）：

$$\delta q_j\big|_{t=t_1}=0,\ \delta q_j\big|_{t=t_2}=0 \qquad (j=1,2,\cdots,k)$$

与真实运动邻近的任何满足约束的可能运动所对应的位形轨迹称为旁路。哈密顿原理提供了由所有满足约束的可能运动中挑选真实运动的准则。

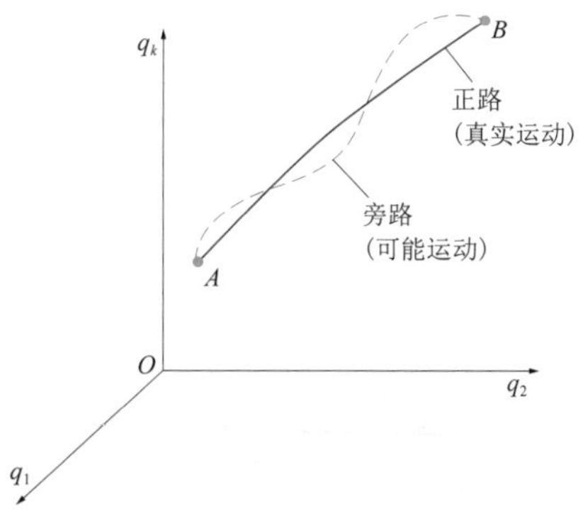

广义坐标位形中间的路

哈密顿原理反映了自然界中运动的一条基本规律，即真实运动或真实状态总是力图使某个量取驻值，通常是极小。由哈密顿原理可推出完整系统的各种方程。

哈密顿原理只涉及系统的状态函数（如T、V），不涉及用多少坐标表达，因此不仅适用于离散系统，也可用于连续系统及混合系统。作为积分原理，哈密顿原理还能提供动力学问题的直接解法，即不去推导动力学方程并进行积分，而直接由变分原理本身求近似解，如里兹法、伽辽金法等。如果哈密顿作用量S中的拉格朗日函数采取适当形式，还可由哈密顿原理推导出电动力学的基本方程——**麦克斯韦方程组**。

对于存在非保守力的体系，哈密顿原理是：

$$\int_{t_1}^{t_2}\left(\delta L+\sum_j Q_j\delta q_j\right)\mathrm{d}t=0$$

式中Q_j为非保守力的广义力。（贾书惠）

哈密顿主函数 Hamilton principal function 哈密顿－雅可比方程中的待求多元函数。见**哈密顿－雅可比方程**。

哈森斯泰因－赖夏特模型 Hassenstein-Reichardt model 由B.哈森斯泰因和W.赖夏特提出的运动检测模型。研究甲虫对视觉刺激的行为反应时，发现其运动检测器至少要有两个不同的频带过滤传感器，即函数f和g：

$$f(t)=t\mathrm{e}^{-\frac{t}{\tau}} \quad (t\geqslant 0)$$

$$g(t)=\frac{\mathrm{d}f(t)}{\mathrm{d}t}$$

式中τ为时间常数，可由实验值来确定。它们依次为环境中同一目标所兴奋，两者有一小段时间延迟。据此构建了一个初级运动检测模型，即哈森斯泰因－赖夏特模型：

$$R(t)=(f*V_1)(t)(g*V_2)(t)-(g*V_1)(t)(f*V_2)(t)$$

式中$*$代表卷积，V_1和V_2描述了两个光感受器的响应：

$$V_i(t)=\int M(x-x_i)\,c[x-v(t-t')]\,\mathrm{d}x\int \mathrm{d}t'T(t') \qquad (i=1,2)$$

式中T为刻画因果关系的指数核函数；M为高斯核函数；x_i为第i个光感受器的空间位置；$v(t)$为运动速度函数。哈森斯泰因－赖夏特模型把光感受器的空间和时间信号汇集整合，经过非线性频率过滤处理形成运动检测信号。模型的许多理论预测得到了实验验证，如存在对应特定输入频率的响应峰值，奠定了对视觉运动检测的模型研究的基础。（刘　锋）

哈特兰－拉特利夫模型 Hartline-Ratliff model 描述鲎复眼中各小眼抑制作用的数学模型。美国科学家H.K.哈特兰和F.拉特利夫发现，鲎复眼中各个小眼之间存在抑制性的相互作用。任何小眼对其他小眼的抑制作用强度取决于其活动强度。假定抑制作用是完全可加的，若干个以一定发放率活动的小眼对某个小眼所施加的总抑制作用，就等于其中每个小眼在以同样发放率活动时所加的抑制作用的总和。这样就提出了哈特兰－拉特利夫模型：

$$r_p=e_p-\sum_{j=1,j\neq p}^{n}k_{pj}(r_j-r_{pj}^0) \quad (p=1,2,\cdots,n)$$

式中e_p为第p个小眼单独受光照时的发放率；r_p为当n个小眼都受到光照时第p个小眼的发放率；r_{pj}^0为第j个小眼能对第p个小眼起抑制作用所必须达到的阈值；k_{pj}为第j个小眼对第p个小眼的抑制系数。

对于三个小眼的情形，计算结果与实验测量结果吻合得很好，强烈支持了哈特兰－拉特利夫模型。这种侧抑制作用加强了视觉反应的对比度和清晰度，突出边界效应。侧抑制网络被认为有利于压缩信息，是某种空间高通滤波器。可以用侧抑制来理解“马赫带”，即在图像明暗分界处往往有一种错觉：在分界线的明侧有一条特别亮的明线，而在暗侧有一条特别暗的暗线。这种主观感觉上的明暗线被称为马赫带。（刘　锋）

哈特里－福克方法 Hartree-Fock method 研究多体哈密顿量的一种平均场理论，是确定定态量子多体系统的能量和波函数的一种近似方法。假定N体费米子系统的波函数可以用N粒子波函数的斯莱特行列式来近似，即N粒子波函数反对称的乘积。引入多体费米子系统的初始密度分布，每个粒子受到其他粒子产生的平均场作用，利用变分法得到N个粒子的耦合方程，即哈特里－福克方程，自洽地求解哈特里－福克方程要求最终计算得到的多体费米子系统的密度与输入密度分布一致，方程的解是系统基态的波函数和能量，这个方法也称为**自洽场方法**。

在哈特里－福克方法中采用了变分方法，试探波函数的能量期望值总是大于真实哈密顿量基态波函数的能量期望值，因此哈特里－福克能量是真实基态能量的上界。

格林函数理论中取粒子相互作用的最低级近似可以得到哈特里－福克方程，它也可以用系统的能量密度泛函对密度的变分来推导得到，所以也称为能量密度泛函理论。

哈特里－福克方法被广泛地应用于原子物理、核物理、凝聚态物理、量子化学、生物物理、生物医学等研究领域，是一个重要的理论方法来近似求解多体薛定谔方程。

在原子结构理论中，哈特里－福克方法假设系统波函数是一个量子数的单组态波函数，且能级并不局限于基态，因而该方法能够用于计算激发能级结构。对于原子分子体系，哈特里－福克解通常被作为其他更精确多体计算方法的初始解。在哈特里－福克方法中采用了变分方法，试探波函数的能量期望值总是大于真实哈密顿量基态波函数的能量期望值，因此哈特里－福克能量是真实基态能量的上界。

在核物理中，常用的核子有效相互作用有斯格明（Skyrme）力、戈尼力、米格达尔力等，其中应用最广的是Skyrme力。Skyrme力采用了零程相互作用，相互作用按动量算符展开到二次项来近似描述有效相互作用的力程，同时引入了自旋交换项、自旋－轨道相互作用和密度相关的三体力项等，参数由拟合核物质的饱和性质以及一些双满壳核的结合能和电荷半径来确定。用Skyrme力的哈特里－福克计算称为Skyrme哈特里－福克方法，Skyrme哈特里－福克方程中核子的平均场是定域的，大大简化了数值计算。这个方法很好地描述了核素图上有实验数据核的基态性质，并用来预言没有实验数据的不稳定核的基态性质。（马中玉　吴　勇）

海底反向散射　seafloor backscatter　由于海底界面粗糙度、不平整性和海底介质非均匀性等原因而引起的声波的反向散射。常用海底反向散射强度S_b来表示。S_b与入射波束的掠射角、工作频率、海底界面的粗糙度、海底介质非均匀性、海底底质声学参数等有关。海底粗糙界面的反向散射理论模型包括基尔霍夫近似模型、基于瑞利假设的微扰法、小斜率近似、积分方程方法等。海底反向散射最简单的模型是朗伯海底反向散射经验公式：

$$S_b=A+10\log_{10}\sin^2\theta$$

式中A是经验系数。当假设能量全部散射和反射至水中，没有能量进入海底时，$A=-5$分贝；当海底底质在粉砂和粗砂之间变化时，$A=-35\sim-25$分贝。（彭朝晖）

海底混响　sea bottom reverberation　由海底不平整性或海底非均匀性引起的散射波返回至接收点叠加的总和。海底和海面都是很强的声波的反射体和散射体，海底能把投射到的声波，重新分配到海底以上的海洋中。在浅海，海底是主要散射界面。海面和海底混响不同于体积混响之处是海面和海底混响在信号发出后隔一定时间才开始突然升起，因为从声源到海底有一定的距离。另一个特点是海底的散射能力比海面和体积的散射都强。因此，在浅海中发射声脉冲时，传输距离大于声脉冲能到达海底并返回时，海底混响就把海面和体积混响掩蔽了。海底散射强度一般会随角度、频率和海底类型而变化。（李整林）

海底损失　sea bottom loss　海底界面上反射声强相对于入射声强（反射声振幅相对于入射声振幅）减小的分贝数。又称海底反射损失。海底损失记为BL，根据定义，它可表示为：

$$BL=-10\lg\frac{I_r}{I_i}=-20\lg\left|\frac{p_r}{p_i}\right|=-20\lg|V|$$

式中I_r为反射声强，I_i为入射声强，p_r为反射声压，p_i为入射声压，V为反射系数。一般$\lg|V|\leqslant0$，所以海底损失BL恒为正值，BL越大，海底损失也越大。

海底声反射损失是描述海底声学特性的重要物理量，它是海洋中声场特征分析和声呐作用距离预报的重要环境参数。设一平面波以掠射角ϕ入射到海底边界面上，则反射系数为：

$$V=\frac{m\sin\phi-\sqrt{n^2-\cos^2\phi}}{m\sin\phi+\sqrt{n^2-\cos^2\phi}}$$

式中$m=\dfrac{\rho_2}{\rho_1}$，$n=\dfrac{c_1}{c_2}$，ρ_1为海水密度；ρ_2是海底密度；c_1为海水声速；c_2为海底声速。若已知海底反射系数$|V|$随掠射角ϕ的变化，就等于知道了BL随ϕ的变化。

高声速海底　对于高声速海底，海底声速c_2大于海水声速c_1，折射率$n=\dfrac{c_1}{c_2}<1$，存在临界掠射角$\phi_0=\arccos n$；若不考虑海底吸收，对$\phi<\phi_0$情况，反射系数$|V|=1$，发生海底全反射，海底损失为零；对$\phi>\phi_0$情况，若$n<m$，反射系数$|V|$由1逐渐减小到$|V|=\left|\dfrac{m-n}{m+n}\right|$，海底损失由零逐渐增大到$BL=-20\lg\left|\dfrac{m-n}{m+n}\right|$；若$n>m$，则存在全透射角，反射系数$|V|$由1逐渐减小到0后再逐渐增大到$|V|=\left|\dfrac{m-n}{m+n}\right|$，反射损失由零逐渐增大到无穷后再逐渐减小到$BL=-20\lg\left|\dfrac{m-n}{m+n}\right|$。

低声速海底　对于低声速海底，海底声速c_2小于海水声速c_1，折射率$n=\dfrac{c_1}{c_2}>1$；若不考虑海底吸收，若$n>m$，反射系数$|V|$由1逐渐减小到$|V|=\left|\dfrac{m-n}{m+n}\right|$，海底损失由零逐渐增大到$BL=-20\lg\left|\dfrac{m-n}{m+n}\right|$；若$n<m$，则存在全透射角，反射系数$|V|$由1逐渐减小到0后再逐渐增大到$|V|=\left|\dfrac{m-n}{m+n}\right|$，反射损失由零逐渐增大到无穷后再逐渐减小到$BL=-20\lg\left|\dfrac{m-n}{m+n}\right|$。

海底损失的三参数模型　大量实验数据表明，海底反射损失随掠射角ϕ的变化有如下特征：①存在一个分界掠射角ϕ^*；当$\phi<\phi^*$时，反射损失较小；当$\phi>\phi^*$时，反射损失较大；分界掠射角ϕ^*为海底反射损失的一个特征参数。②小掠射角$\phi<\phi^*$范围内，反射损失随ϕ而增加。③大掠射角$\phi>\phi^*$范围内，反射损失与ϕ无明显关系。据此特征引入三参数模型，来描述海底反射损失随掠射角ϕ变化的基本特征：

$$-\ln|V(\phi)|=\begin{cases}Q\phi & 0<\phi<\phi^*\\ -\ln|V_0| & \phi^*<\phi<\dfrac{\pi}{2}\end{cases}$$

式中Q、ϕ^*、$-\ln|V_0|$是三个参数，Q为$\phi=0$时$-\ln|V_0|$的斜率，ϕ^*即为全反射角，$|V_0|=\left|\dfrac{m-n}{m+n}\right|$为掠射角等于$\pi/2$时反射系数的模。（吴立新）

海面反向散射　sea surface backscatter　由于海面的不平整性和海面气泡薄层（波浪破碎产生的）等而引起的声波的反向散射。常用海面反向散射强度S_s来表示。S_s与入射波束的掠射角、工作频率以及海面的粗糙度有关，也与海面上的风、波浪以及海表层气泡密度有关。海面反向散射理论模型包括基尔霍夫近似模型、基于瑞利假设的微扰法、小斜率近似、积分方程方法等。在频率400～6400赫，风速15米/秒时，有海面反向反射的经验公式——查普曼-哈里斯经验公式：

$$S_s = 3.3\beta\log_{10}\frac{\theta}{30} - 42.4\log_{10}\beta + 2.6$$

式中$\beta = 107(\omega f^{\frac{1}{3}})^{-0.58}$；$\theta$为掠射角；$\omega$为风速；$f$为频率。（彭朝晖）

海面混响　sea surface reverberation　由海面的波浪、气泡等产生的散射波返回至接收点叠加的总和。由于海面的粗糙度和卷入海面以下的空气泡的存在，使得海面也是一种十分重要的声散射体。水平发射的声呐，当由于海水的折射作用使声束不弯向海水深处时，所接收到的混响主要是由海面散射引起。在深海中用水平指向性换能器所做的测量结果是，在1000～1500米以内海面混响的影响才显著，在更远的距离海面混响经常被体积混响掩蔽。海面散射强度随角度、频率及与风速有关的海面粗糙度而变化。（李整林）

海森伯，W.K.　Werner Karl Heisenberg（1901-12-05～1976-02-01）　德国理论物理学家。又译海森伯格、海森堡。生于维尔茨堡，卒于慕尼黑。1920年进慕尼黑大学学习理论物理学，在A.J.W.索末菲指导下，在解释反常塞曼效应的谱线中首先引进了半量子数。不久在流体力学方面又写出了一篇关于“卡门”涡流的绝对大小的论文。1923年海森伯获哲学博士学位，1924年在哥本哈根随N.玻尔工作。1925年初夏从哥本哈根回格丁根，试图用实验所能观察的光谱线的频率和强度（即振幅）的整体来代替看不见的电子轨道，从而解决了非谐振子定态能量的计算问题。此后，利用矩阵代数提出表示微观粒子不可观察的力学量的一套方法，从而奠定量子力学基础。继而与M.玻恩和E.P.约旦合作，共同建立了量子力学的第一种表示式，即**矩阵力学**。1927年提出**不确定度关系**。它和玻恩的波函数概率解释共同奠定了量子力学诠释的物理基础。1927年海森伯被莱比锡大学聘为理论物理教授。他以后的工作除将量子力学应用于具体问题如解释原子和分子光谱、铁磁现象等外，总是在物理学的前沿作新探索。他同W.泡利一道曾为量子场论的建立打下基础（1929）。中子被发现（1932）后，他提出原子核由质子和中子构成，并把它们看作是同一种粒子（核子）的两种不同状态，这是基本粒子特性同位旋概念的先驱。接着又研究宇宙线以探索什么是基本粒子。1934年提出真空极化效应的假设。海森伯后来从宇宙射线和许多新的基本粒子出发，试图建立一个非线性数学方程（1958）。然而，由于数学上难解以及其他物理原因并没有成功。为了表彰他在科学上的重大贡献——建立量子力学，海森伯获得1932年诺贝尔物理学奖，并获得马克斯·普朗克奖章。

1933年纳粹攫取德国政权后，疯狂排斥犹太人，海森伯对此颇为愤慨，并拒绝参加同年在莱比锡举行的德国科学家拥护纳粹政权的示威集会。第二次世界大战前夕，他接到服役命令，要他到国防部军械局报到，任务是同一个小组研究原子能的利用问题。这个小组的部分成员包括海森伯在内在德军崩溃时先后被美军俘虏。他们连同核裂变发现者O.哈恩和M.von劳厄共10人被监禁在英国，约一年后才被遣返回德国。

从1942年4月起他任当时威廉皇家学会在柏林的物理研究所所长，战后在格丁根继续领导并重建了这个现已更名为马克斯·普朗克学会的物理和天体物理研究所，并于1958年与研究所一同迁到慕尼黑。他主张国际间学术交往，以互促科学的发展，因而曾担任联邦德国为国外学者提供资助的洪堡基金会主席多年；也曾担任过德国科学研究委员会主席。留下的著作有《量子论的物理原理》《原子核物理》，演讲集《严密自然科学基础的变化》和《跨越界限》《物理学和哲学》，自传性质的《部分与整体》等。（戴念祖）

海水声速剖面　sound speed profile of sea water　海水中声速随深度的变化。又称声速-深度函数关系。在深海中，温度垂直分布的“三层结构”决定了大洋中典型的声速剖面。在温跃层有较大的声速梯度，声速极小值的具体位置与纬度有关。在表面混合层中为等温层，在极小值以下又为等温层，在这两区域中均可由海水静压力形成每米0.016米/秒的正梯度。这就形成了这两个区域的良好传播条件：前者形成混合层声道或表面声道，后者形成水下声道。混合层厚度受季节影响较大，而水下声道则较为稳定。

在中纬度的沿岸浅海及大陆架海区，声速剖面因受到较多因素的影响，比深海有更大的时、空变化，但平均而言仍然有比较明显的季节特征。冬季的典型声速剖面是等温层，而夏季则为负跃层，或在连续无风平静海况下的声速剖面常为负梯度。由冬季过渡到春季时，逐渐由等温层变为负跃层，开始时负跃层的深度较浅、梯度较小，以后逐渐变大。在某些海域，由于特殊原因也会形成某些特殊的浅海声速剖面。（李整林）

海水声吸收　acoustic absorption of sea water　由海水中的化学弛豫、黏滞效应和热传导等原因使声能转变为其他能量，从而引起声波传播损耗的现象。海水中的声吸收是水声信道的一个重要特性，因为作为信息载体的声波，在传播过程中能量耗损的大小是信道有效性的一个非常重要的标志。就可利用的能量辐射形式而言，声波的耗损为最小，光波和电磁波等均因受到严重的海水吸收而衰减，不能用于水下远程探测。

当声波在海洋中传播时，随着传播距离的增加，声强将逐渐减弱，这是由于海水不是理想无耗介质。声强减弱主要有四个原因：①波阵面的几何扩展；②边界反射损失；③声吸收；④声散射。

海水中引起声吸收现象的原因主要有三个：一是切变黏滞性；二是体积黏滞性；三是弛豫过程。海水声吸收是将声能变为不可逆的海水内能。海水存在黏滞性与导热性，当其因压缩变形而引起声能耗散时称为机械能耗散。由于动态压缩时，海水分子间的非弹性碰撞使部分声能变为热能，通常称这部分声吸收为由分子过程引起的声吸收。除此之外，还有压缩或膨胀时，海水分子内部各自由度的能量重新分配，以及组成的化学成分之间的能量分配有一弛豫过程，从而导致的弛豫吸收。

海水中的声吸收与声波的频率有关，声波频率越高，吸收损耗越大。

（李整林）

海洋光学　ocean optics　研究海洋的光学性质、光在海洋中的传播规律和运用光学技术探测海洋的科学。它是海洋物理学的分支学科，也是**光学**的分支学科。

研究内容和方法　基础研究中包括实验和理论两方面。实验方面主要运用现场和实验室的测量进行海洋光学性质的研究。可见光波段是能透入海中的电磁波的主要波段，其传播规律决定于海洋水体的散射和吸收等性质。各海区的光学性质和海洋水体的组分密切相关，因此海洋光学调查是研究区域海洋光学性质的主要手段。在理论研究方面，海洋辐射传递理论是海洋光学的主要理论基础，从辐射传递方程出发，主要运用随机模拟方法和蒙特卡罗法，建立各种辐射传递模型，包括分层结构海洋水体、均匀海洋水体、海洋-大气系统、窄光束水中传输等模型，再选择水质稳定的海区进行海中辐射场的精确测定，研究其变化规律。

海面光辐射研究　主要研究日光射入海洋后，经过辐射传递过程所产生的、由海洋表层向上的光谱辐射场。它是光学遥感探测海洋的主要信息来源，是建立光学海洋遥感模型的重要依据。

海洋光学性质　是海洋水体在光辐射作用下所表现的物理性质。海洋的光学性质可分为两类：一类是海水的固有光学性质，它仅由海水本身的物理特性所决定。另一类是海水表观的光学性质，它决定于海水固有光学性质和海水中辐射场的分布。海水的固有光学性质主要指海水对光的散射和吸收。散射和吸收作用是光在海水中传播的两个基本过程，它们造成光的衰减。在均匀水体中的初始辐射通量为F的单色准直光束，经距离dr后，辐射通量衰减dF与dr和F成正比，表示为：

$$dF=-\mu F dr$$

式中的比例系数μ为海水的线性衰减系数，它明显地随波长而变（见图）。蓝绿光是海水的透射窗口，即处于线性衰减系数最小的光谱带。在清澈的大洋水中，透射窗口为480纳米左右，μ的最小值可低达每米0.05；沿岸的海水由于含有较多的悬浮颗粒和黄色物质，透射窗口在530纳米附近。精确的光谱实验没有发现窄谱段的透射窗口。

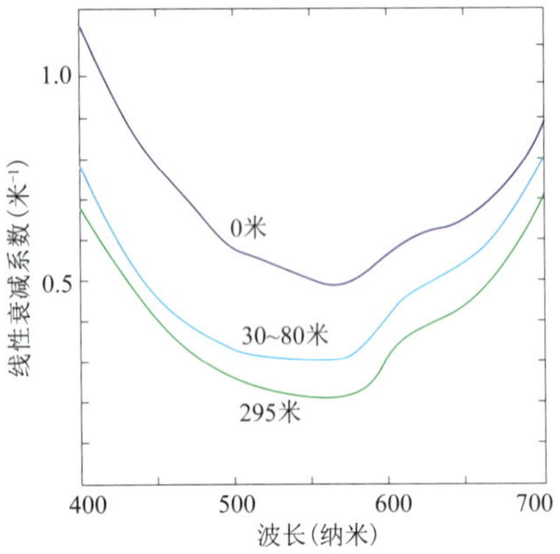

波罗的海不同深度海水衰减系数的光谱分布（曲线上的数值为水深）

水中能见度　主要研究水中的视程和图像在水中的传输问题。由海洋辐射传递方程出发，可导出水中对比度传输方程和水中图像传输方程，用以研究水中的图像系统。

激光与海水的相互作用　主要研究激光在水中受到的散射、吸收及其所遵循的传输过程。20世纪70年代以后对海水激光荧光和海水受激拉曼散射的研究，为激光测水深、海水的化学分析和海洋的温度、盐度按深度的分布打下了基础。

海洋水体的光学传递函数　用线性系统理论研究海洋水体对光的散射和吸收的过程。主要研究海水点扩展函数、海水光学传递函数与海水固有光学参数的关系。它是建立海洋激光雷达方程和水中图像系统质量分析的重要依据。

与其他学科的关系　海洋光学与物理海洋学的研究密切相关。测定海水的光学性质，为研究海流、上升流、海洋锋、水团、海洋细微结构等提供了另一种有效的手段；随机海面的光学研究，为遥测海浪方向谱建立了物理模型，并为现场测定海浪要素提供了快速而又有效的手段。海洋生物初级生产力的研究和调查，与海中辐照度的分布、海水辐射能密度分布、海中辐射能的贮存等有直接的关系，如辐照度为海洋初级生产力方程的主要参数。探测海洋的光学遥感传感器的波段、视场角和动态范围等参数，都要根据海面光谱辐射的数据来确定。海洋辐射传递理论，是水色光学遥感方法的基础。海洋光学的发展目的与近代光学的发展密切相关：光电子学方法是海洋光学测量的主要手段，激光技术的发展，如可调谐激光、新型蓝-绿激光、高时间分辨率激光技术等，已成为海水激光光谱研究的重要手段，是发展海洋探测激光雷达的技术基础。近代光学信息处理和信息传递理论，为海洋中光信息传递的研究及随机量的统计分析研究奠定了基础。

海洋光学中，不少课题有待于深入研究：基础理论方面。鉴于单色光辐射传递模型已不能满足多光谱水色遥感的要求，必须进一步研究海洋辐射传递的逆问题，尤其是浅海和表层光谱辐射传递、均匀水体光谱辐射传递、海-气系统光谱辐射传递逆问题的物理模型和计算方法。激光在水中单程的平衡态的传输过程的研究，已不能满足激光雷达探测海洋的要求，必须深入研究窄光束反向多次散射的辐射传递和非平衡态辐射传递模型及其计算方法。实验技术方面，传统的船测方法已不能满足近代海洋光学发展的要求，必须发展海洋光学参数的遥测方法，研究新的海洋光学测量模型，以发展新的测量技术和测量仪器。同时，应着重加强应用研究，在海洋光学中不断引入近代光学方法和激光新技术，继续开拓海洋光学在海洋开发、海洋要素的探测及海洋技术中的应用。

（刘智深　丁永耀）

海洋环境噪声　ambient noise in the ocean
海洋本身的噪声。通常指用无指向性水听器在海洋中测量的噪声，除去换能器本身噪声和所有能确定的声源（如可分辨的船只噪声等）所产生的噪声后的剩余部分。按照噪声来源的不同，海洋环境噪声大致可分为：①海洋动力噪声，它与风浪有关，是海水和大气中的湍流产生的噪声，还包括海浪拍岸噪声、雨噪声、气泡噪声等；②生物噪声，是海洋中各种生物（如鱼、虾等）发出的噪声；③交通噪声和工业噪声，是人类活动产生的噪声；④地震噪声，是地震、火山活动和海啸产生的噪声；⑤冰噪声，是由冰层形成和运动产生的噪声；⑥热噪声，是由海水分子运动产生的噪声。以上海洋环境噪声产生的机理各不相同，特性也不相同，与海域位置、近区和远区的气象条件有关。

海洋环境噪声限制了辐射声信号在海洋中的传播距离，是声呐接收机的重要背景噪声，会干扰声呐系统的正常工作。因此了解海洋环境噪声，对于解决从噪声干扰背景中检测和分离出有用信号十分重要。长期以来，人们对海洋环境噪声进行了大量研究，包括噪声源研究及其对噪声谱级的贡献、环境噪声统计特性与模型等。旨在弄清噪声级及其时空统计特性与环境因素之间的依赖关系，找出其规律，并由此进行必要的预报，为水声工程设计提供必要的数据。（李整林）

海洋声层析　ocean acoustic tomography
利用声学方法在大范围海域测量海洋动力特性的一种声学遥感技术。海水的温度、盐度、流向和流速，都对声波在海水中传播速度、幅度和相位有影响。故可利用声波传播信号，反推声波经过海域的海水温度和盐度；用声波往返传播的速度差，反推测量水域的流速和流向等。这些方法和计算技术相结合，就发展成为海洋声层析技术。

在海洋声层析技术中主要的研究方法：①微扰方法与非微扰方法。非微扰方法是基于对层面海域每一个垂直剖面声波群的传播时间和相的传播时间的确定，群传播时间由简正波脉冲传播时间而定，相传播时间则在确定周期模糊性之后决定。②匹配场方法。以新发展的匹配场处理法（MFP）或匹配简正波处理方法（MMP）

作为逆运算方法，其在目标定位和环境逆运算方面有很大应用。该法也用于海洋声层析技术，如用来确定厄尔尼诺现象的海水温度剖面的变化。③简正波层析法。海洋声层析技术一般使用声线理论，要求到达接收点的声途径是在时间上可分离的。但在深海声道轴附近的几条声线不容易分开，浅海传播则声线更不容易分开。这种情况可以分离简正波，在声层析技术中利用简正波的群速或相位变化的信息。④带有约束条件的声层析法。为了提高空间分辨率，一般需要较多的声收发系统。使用已掌握的海洋介质内部运动规律作为求解逆问题的约束条件，可以有效减少介质时空变化的自由度，这样就可以在最小数量的收发系统下得到最大的空间分辨率。

海洋声层析还可应用于：①浅海内波监测。使用固定于海底的收发系统可以由声信号到达时间的均方差估算内波的强度，由到达时间的起伏谱估计内波谱，由不同路径间传播时间的相干性，分析内波的空间结构。如果利用内波研究得到的一些结果作为先验知识，可以大大减少解逆问题时介质时空变化的自由度。在浅海中简正波容易分离，可通过测量单个简正波群速、相位的变化来监测内波。②黑潮测量。著名暖流黑潮是北太平洋副热带环流的组成部分，对中国大陆东部地区有较大影响。黑潮还没有完整系统的数据。利用声层析技术能对广阔流区内海水的时空变化做长期而且同步的观测，这是用传统的考察船逐点测量方法不能达到的。基本设备是将其留在声道轴附近，相距几百千米的声发射接收基阵。利用往返时间差测量流速，利用往返时间的平均值了解海水温度及密度的时空变化。（李整林）

海洋声场起伏 ocean sound field fluctuation *声波*在海洋中传播时声压的振幅与相位随时间起伏变化的物理现象。射线理论对这一现象的解释是，从声源发出的某一条声线，经过海洋中不均匀体和随机不平整表面的多次折射、散射和反射，一条声线变为不同路径的数条声线于接收点处干涉叠加，叠加后信号的振幅和相位是随时间起伏变化的。海水温度、盐度的垂直分层特性，海表面和海底的不平整性，以及海洋内部的不均匀性，如气泡、冷热水体、湍流、内波、中尺度旋涡和深水声散射层等，都是引起声场起伏的因素。声场起伏将使信号的振幅和相位产生随机变化，直接影响水声设备对信号的检测和识别。（李整林）

海洋声道 ocean sound channel 海洋中因声速的特定垂直分布，形成能够将声能限制在某一深度范围内而很少向外泄漏，并使声波传播距离增大的水层。声道内声速在海面或某一深度处出现极小值，声速极小值所在的深度称为声道轴。声道轴上面为海面或负声速梯度分布，声道轴下方为正声速梯度分布。声道内声源发射出来的部分声线（初始掠射角在某一范围内）总是向声道轴方向折射，并被保持在声速相等的两个固定深度之间，即声道的上下边界，它们的深度差称为声道厚度。由于声道中声波传播衰减小，现代声呐常利用声道效应提高作用距离。军事上可利用声道现象建立海上警戒、反潜、防潜作战系统等。常见的海洋声道类型有表面声道（混合层声道）、浅海声道和深海声道。

表面声道 声道轴位于海水表面附近的声道。又称混合层声道。当海水温度自海面向下的变化，使声速剖面出现正梯度分布时，若声源在海面附近发射，声线将折向海面，声能被限制在表层内传播，这对远距离发现目标有利。在高纬度海区或中纬度海区的冬季，海水表面温度稳定并低于下层，常有表面声道存在。中、低纬度地区，由于太阳的辐射以及海洋中的湍流、风浪对表面海水的搅拌混合作用，在海面以下会形成具有几十米厚度的等温层（又称混合层）。层内声速受静水压力的影响，呈较弱的正梯度分布，也会形成表面声道，但不能稳定存在。声波在表面声道中传播，受海面状况影响较大，风浪大时声的海面反射能量损失很大，严重削弱声道效应。

浅海声道 在浅海环境中，以海面和海底为上下界的声道。声波在其中传播时，被限制在海底和海面之间，因此整个水层与海面、海底构成浅海声道。声波在传播过程中受海底和海面的多次反射，所以海面和海底的声学特性是影响声波在浅海声道传播的重要因素。当海水的声速剖面呈正梯度分布时，受海面状况影响较大；呈负梯度分布时，受海底声学特性影响较大。在浅海声道中，多途效应（到达接收点的声线有不同的路径）使得宽带脉冲声信号在传播过程中不断畸变。在均匀层和负梯度情况下主要表现为波形的拖散，而在负跃层情况下可能出现有规则的梳状结构。在浅海海面风浪较大、海底底质松软、地貌情况复杂等条件下，都不易产生声道效应。

深海声道 声道轴位置较深，上下边界不受海面和海底影响的声道。又称声发声道（SOFAR）、水下声道（USC）。在中、低纬度的深海海区，由于太阳的照射，上层海水温度比下层高，声速随着深度的增加而减小，形成负声速梯度；海水到一定深度后，温度保持终年不变，形成深海等温层，但静水压力随着深度的增加而增大，使声速随深度增加而增大，形成正声速梯度。声速剖面自海面向下，呈由大变小再由小变大的垂直分布。在负梯度和正梯度交接处，出现声速极小值。声速极小值的深度称为声道轴。深海声道终年存在，不受季节影响，但声道轴的位置随海区纬度增高而逐渐上升。声道轴的深度通常为800～1400米，热带可达2000米，高纬度地区可能上升到海表面。深海声道的有无可通过深海声道轴的有无来判断：有深海声道轴时可以判断有深海声道；反之则无。深海声道的上下界面由声速剖面和水深确定。深海声道临界声速通常是海面和海底附近海水声速的较小值，该声速值对应的深度称为临界深度，上下临界深度成为深海声道的上下边界。在深海声道轴附近，声源发射的声波受声道轴上、下声速梯度作用，大部分声线在未到达海面、海底之前就发生反转，声能的传播被限制在上下边界之内而不受海底、海面状况影响，传播损耗小。现代舰艇声呐也常利用深海声道的会聚区效应扩大探测距离，或利用深海声道实现水下超远距离水声通信。（李整林）

海洋声反演 ocean acoustic inversion 利用测量的声场和部分海洋环境参数推断声源位置或流速、海水温度、海底地形、海底声速和密度等未知海洋环境参数的方法。又称海洋声遥感。海洋声反演利用的物理现象包括声传播、海洋噪声和海洋混响等，主要包括声速剖面随机建模（反向重构声速剖面）、匹配场处理（用于估计声源定位和环境特征）、海洋声层析（用于估计密度场、温度场、平均海流）、海底地声参数反演（用于估计海底声速、密度、吸收系数、海底散射特性）、界面统计参数（包括海底随机起伏高度、斜率的方差）、声照射（物体照影）等。

声反演的探测方法可以分为主动式和被动式。主动式要求对发出的声信号进行探测，又分为穿透法和散射/反射法。穿透法是在被测海区一端发出声信号，另一端接收信号，根据对接收到信号的分析，反演收发两点之间海洋介质的情况。散射/反射法是在海洋中发出声信号，在原地或异地接收被测目标的反射或散射信号，用来反演被测目标的情况。被动式是利用测量的海洋噪声来反演海洋中的情况。

反演理论研究的目的是通过实际测量声学数据来得到尽可能准确、详尽的海洋环境参数，还要尽可能消除反演结果的不确定性。另外，海洋声反演涉及多维空间里的最优化问题，需要用到模拟退火、遗传算法、神经网络等全局最优化算法。利用声学方法反演海洋环境参数具有成本低、速度快、范围广等优点。

（李整林）

海洋声会聚区 ocean convergence zone 在水下声道中，由于声线的折射和海面的反射出现焦散线（声线族的包络线）并与海面相交，在焦散线附近形成的高声强区域。其强度的峰值，比球面扩展传播损失后的强度值通常要高10～15分贝。在中、低纬度海区，当深海声道的上边界伸展到海面时，离声源55～65千米处会出现第一个会聚区，并随着距离的增大，每隔一段距离还会出现一个新的会聚区。会聚区的宽度为离声源距离的5%～10%（第一会聚区的宽度为5.5～9千米）。会聚区的宽度将随着会聚区号数的增加而加宽，而它们之间的影区随之减小，从某个距离开始会聚区将连成一片。声源离声道轴越远，会聚区的宽度就越小。会聚区内具有很高的声强；而在两个会聚区之间的区域声强很低。当海面声速小于海底声速时，会聚区将上达海面，而且会聚区一部分是由海面反射声线引起。当声源位于深海声道的海表面附近或深海内部接近海底时，声线在深层上被折射后重返海水表层时会发生会聚区。反转声线的包络线形成会聚区，反转声线不能到达的区域为声影区，会聚区与声影区交替出现在深海声道中。

会聚区是深海环境下所形成的特殊水声传播现象。这种现象的存在，使得声呐作用距离可能增加至几十海里，甚至100余海里。中国的南海中部以及台湾岛以东深海海域是典型的深海会聚区发生海域。现代声呐利用会聚区存在及其效应，可扩大对水下目标的探测距离。通常主动声呐可利用第一会聚区发现目标；被动声呐可利用第一、第二、第三会聚区，甚至更远的会聚区发现目标。因此潜艇在深海海域作战，无论是搜索发现能力、隐蔽性能，还是战术机动方法，与在浅海环境下作战相比，都会有很大的差别。（李整林）

海洋声影区 ocean shadow zone 声波传播途中经水体折射，声能不能到达的区域。海面附近存在声速负梯度或海底附近存在声速正梯度，相应声源置于海面或海底附近时，声线在传播途径上发生向下或向上弯曲，便使海面或海底某些区域没有或只有少量声能进入，从而形成声影区。如声速剖面呈深海声道型分布时，若声源置于海面附近，则在海水上层的某些区域会出现明显的声影区。在声影区的边界附近，声场强度锐减，使影区内的目标不易被发现。但在声影区内，也并非完全不存在声能，由于衍射或海底、海面的反射也可能存在较少的声能。声影区对潜艇隐蔽有着重要的影响，声影区的存在不利于声呐的探测。必须了解海区的声速分布情况，采取一定的措施，才能使探测目标不至于漏掉。同时潜艇也可以利用声影区来隐蔽自己。

（李整林）

亥姆霍兹，H.von Hermann von Helmholtz（1821-10-31～1894-09-08） 德国物理学家、生理学家。生于波茨坦，卒于夏洛腾堡。中学毕业后由于经济上的原因未能进大学。以在军队服役8年的条件取得公费进了在柏林的皇家医学科学院。学习期间，还在柏林大学听了许多化学和生理学课程，自修了P.-S.拉普拉斯、J.-B.毕奥和D.伯努利等人的数学著作和I.康德的哲学著作。1842年获得医学博士学位后，被任命为驻波茨坦驻军军医，这期间他开始研究生理学特别是感觉生理学。1847年，他在新成立的德国物理学会发表了著名的“关于力的守恒”讲演，在科学界赢得很大的声望，从而第二年被特许从军队退役，担任柯尼斯堡大学的生理学副教授。

亥姆霍兹在这次著名的讲演中，详细地从当时已有的科学成果第一次以数学方式提出能量守恒定律。主要的论点是：一切科学都可以归结到**力学**；证明了**牛顿力学**和拉格朗日力学在数学上是等价的，因而可以用拉格朗日的方法以力所传递的能量或它所作的功来量度力；所有这种能量是守恒的。

他发展了J.R.迈尔、J.P.焦耳等人的工作，讨论了当时已知的力学、热学、电学、化学各科学的成果，严谨地论证了各种运动中的能量守恒定律。这次演讲的内容后来写成专著《力之守恒》（*Erhaltung der Kraft*）出版。

在柯尼斯堡工作期间，亥姆霍兹测量了神经刺激的传播速度，发表了生理力学和生理光学方面的研究成果，并在德国各大学讲学。1851年他还发明至今仍为眼科检查使用的检眼镜，并且提出了这种仪器的数学理论。1853年他第一次访问英国，同W.汤姆孙（即开尔文）成为挚友。

亥姆霍兹在1855年转到波恩大学任解剖学和生理学教授，就在这时出版了《生理学手册》第一卷，并开始致力于流体力学的涡流研究。1857年起他担任海德堡大学的生理学教授。他利用共鸣器（后称亥姆霍兹共鸣器）来分离并加强声音的谐音。他指出同一频率和同一音强的声音由于倍频的不同而具有不同音色。1863年出版了他的巨著《音调的生理基础》。他还在当时的解剖学基础上研究人耳的听觉。

1868年亥姆霍兹认为生理学已经扩大到不是一个人所能掌握的范围，并且认为在德国，生理学已很有成就而物理学却停滞不前，于是转向物理学。他于1871年任柏林大学物理学教授。

在柏林，他开始研究电磁作用理论。由于他的一系列讲演，J.C.**麦克斯韦**的电磁理论才真正引起欧洲大陆物理学家的注意，并且导致他的学生H.R.**赫兹**在电磁波的研究中取得巨大的成就。他还研究过化学过程中的热力学，在1882年发表论文《化学过程的热力学》，把化学反应中的“束缚的”和“自由的”能量区别开来，前者只能转化为热，而后者却可以转化为其他形式的能量。从R.克劳修斯的方程，亥姆霍兹推导出早于J.W.**吉布斯**提出的方程：

$$F = U - T\frac{\partial F}{\partial T}$$

此方程后来被称为吉布斯–亥姆霍兹方程，式中F为自由能；U为总内能；T为热力学温度；而$\frac{\partial F}{\partial T}$为熵。在吉布斯的转述中，$U$应当为焓。

亥姆霍兹不仅对当时的医学、生理学和物理学有重大的贡献，而且还一直致力于哲学认识论。L.**玻尔兹曼**曾经说过：“亥姆霍兹在四个领域中——哲学、数学、物理学和生物学——获得同样巨大成就。”他“关于力的守恒”的演讲，就显示出他在这四个领域的成就。他把牛顿力学同拉格朗日力学统一起来，把当时生理学理论的“有生命力的”能量归结为物理学的能量，用数学形式表述了物理学和化学过程中能量转化的统一。而在这篇专论的开头，就提出他在认识论上的信念：世界是物质的，而物质必定守恒。他在哲学上是机械唯物论者，企图把一切运动归结为力学。这是当时文化、社会、历史的条件给予他的限制。

亥姆霍兹晚年致力于德国科学与工程技术的结合，1887年担任在柏林附近夏洛滕堡的国家科学技术局主席，在该局工作中他也十分重视基础理论研究。

（何成钧）

亥姆霍兹共振器 Helmholtz resonator 一种简单的声学器件。又称亥姆霍兹共鸣器。在一个空腔V上开一小口，接上一段短管（见图），就组成了最简单的声学器件——亥姆霍兹共振器。如果短管中的空气柱A受到扰动，向腔内运动，腔内气体受到压缩，压强增加。空气柱A的向内运动受阻，转而向外运动，经过平衡位置后，由于惯性作用继续向外运动。这时腔内压强减小，使空气柱A停止向外，又向内运动，周而复始，形成振动。亥姆霍兹共振器的共振频率是：

$$f=\frac{1}{2\pi}\sqrt{\frac{S}{(l+0.8d)V}}$$

式中V为空腔的体积；l和d为短管的长度和直径；S为它的截面积。当周围空气中的声波频率和这个共振频率相同时发生共振，称为共鸣，产生较强的振动。亥姆霍兹共振器在声学上有三方面的应用：①由

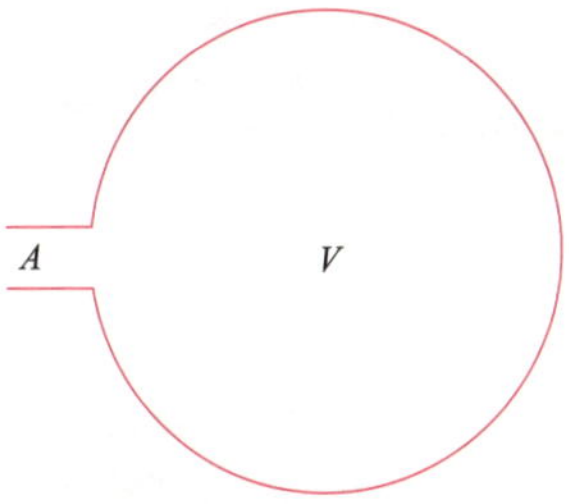

亥姆霍兹共振器示意图

于管内摩擦，可吸收声能，降低噪声；②由于管口辐射，扩散入射波；③内部可储存能量，能延长房间的混响时间。这些作用在共振时比较强，单个的亥姆霍兹共振器频率范围太窄，通常是多个亥姆霍兹共振器组合使用。

（张海澜）

亥姆霍兹自由能 Helmholtz free energy 在化学热力学中为判断过程进行的方向而引入的热力学函数。简称自由能。通常用F表示，国际单位是焦耳（J），其定义为：

$$F=U+TS$$

式中U、T、S分别为系统的内能、温度和熵。在无限小准静态过程中，若只考虑体积功，自由能的增量为：

$$dF=-SdT-PdV$$

对于等温准静态过程，外界对系统做的功为自由能的增量。

（刘志锋　班士良　宋铁磊）

亥维赛，O. Oliver Heaviside（1850-05-18～1925-02-03） 英国物理学家。生于伦敦的卡姆登，卒于德文郡的托基。1870～1874年当过电报报务员。他自学成才，在

电磁理论及其应用研究方面做出卓越贡献。于1891年被选为英国皇家学会会员，1922年获得英国电气工程师学会的第一枚法拉第奖章。

1885～1887年，亥维赛理论上预见到在远距离电报电缆的电路中电感加载会减少信号畸变。还首先建立了电报方程，求出了它的解，并发现了能使电缆中的电阻、电容、电感和电导等参数达到最佳值而产生信号无畸变的传播模式。

亥维赛对J.C.**麦克斯韦**的电磁理论有所发展。1884年曾独立导出坡印廷定理；1885年将麦克斯韦方程组加以简化，使原来20个分量方程归纳为4个不完全对称的矢量方程；1889年他由电子质量来源于电磁场的假说预言电子的质量将随着它的速度趋近于光速而增加等。亥维赛对数学物理方法也有较大贡献。

1902年亥维赛便提出在高空存在着电离的大气层，无线电信号是被它反射而传播到远处的。20年后这个假设得到了实验的证实。由于美国哈佛大学的A.E.肯涅利也在同一年独立地提出同样的假设，因此这种电离层被称为肯涅利-亥维赛层。亥维赛还提出这种电离层是由于太阳的紫外辐射使高空的气体电离而形成的见解，与现在公认的事实也完全符合。

（梁百先）

氦原子光谱 helium atomic spectrum 氦原子中的电子在不同能级跃迁时发射或吸收光子形成的光谱。氦原子核外有两个电子，由于每个电子的自旋是1/2，其总自旋角动量量子数S取值可为0或1，分别对应单重态（$S=0$）和三重态（$S=1$）。氦原子的基态是$(1s)^2$电子组态，由于泡利不相容原理，只存在单重态；受激发时，通常是其中一个电子被激发到较高能级，这时既有单重态也有三重态。由于单重态到三重态间的跃迁有禁戒效应，氦原子的光谱存在着单重态之间光谱、三重态之间光谱这样两套结构。因此历史上曾认为存在着仲氦和正氦两种不同的氦原子，这种标记被沿用至今。氦原子能量最低的激发态是(1s2s)电子组态下的三重态（$^3S_1$）和单重态（$^1S_0$），分别比基态能量高19.8电子伏和20.6电子伏。由于它们向基态的电偶极跃迁是禁戒的，因此有着特别长的自然寿命，分别达到8000秒和20毫秒，比其他激发态寿命高几个量级，所以这两个激发态也被称为亚稳态。它们在气体放电和很多等离子体过程中起着十分重要的作用。氦4（^4He）原子由α粒子和两个电子组成，是最简单的多电子原子，基于量子电动力学理论的计算方法可以高精度地预测其能级结构。因此^4He原子的精密光谱可被用来检验这些计算方法乃至量子电动力学理论。

（胡水明）

焓 enthalpy 系统的内能加上系统体积与压强的乘积。常用符号H表示，其定义式为：

$$H=U+pV$$

H具有能量的量纲和加和性，为广延量，国际单位是焦耳（J）。在无限小准静态过程中，若只考虑体积功，焓的增量为：

$$dH=TdS+Vdp$$

式中T和S分别为系统的温度和熵。从上式可以看出，对于等压准静态过程，焓的增量为系统从外界吸收的热量：

$$dQ=TdS$$

（刘志锋　宫　箭　班士良）

毫米波 millimeter wave 波长为10～1毫米（频率30～300吉赫）的**电磁波**。这段频率处于微波频段的高端，主要有波长短、频带宽及与大气成分相互作用三个特征，它们决定了毫米波的应用优点及限制。

由于波长短，可使用小口径天线获得窄波束，得到高的分辨率和跟踪精度；元器件的尺度减小，系统紧凑，适合于火箭、卫星、飞行器及机载使用。这个特点对于军事应用特别有吸引力，但元器件制造难度增加，加工精度要求高，价格昂贵。

当毫米波在大气环境中传播时，大气中的水分、烟、雾、悬浮微粒以及降雨都会使它的传播损耗增加，在这方面毫米波不如频率较低的微波。后者在大气环境中的传播受气象条件的影响很小。但比起红外和光在大气中的传播，毫米波则远为优越，因为前者受到烟、雾及悬浮微粒的严重影响。

通信在毫米波以下的微波频段已十分拥挤，开发毫米波频段的通信已很迫切。拟议中的可实现全球无缝隙漫游的第四代

移动通信系统，在地面与卫星以及卫星之间的通信链接就要求使用Ka波段。由于水气和氧分子的谐振吸收，毫米波在大气环境中传播时，在若干谐振频率点遭受强的传播损耗。但这些谐振频率之间存在着传播损耗很小的频带，适合通信和雷达使用，称为“大气窗口”，中心频率分别为35吉赫、94吉赫、140吉赫和220吉赫，以这些频率为中心的可用频带足够宽，分别为16吉赫、23吉赫、26吉赫和70吉赫，其总和大大超过包括微波频率在内的毫米波以下全部频率的带宽。

由于固态和真空源以及电路技术的进展，毫米波技术已渐趋成熟，达到实用阶段。毫米波的其他应用还有遥感、射电天文、制导及毫米波波谱学等。（龚中麟）

郝柏林 Hao Bolin（1934-06-26～2018-03-07） 中国理论物理和计算物理学家。生于北京，卒于北京。1959年毕业于苏联乌克兰哈尔科夫大学。1959～1961年任中国科学院物理研究所实习研究员。1961～1963年在苏联莫斯科大学和苏联科学院物理问题研究所做研究生，分配到中国科学院物理研究所的理论研究室，从事高分子半导体的研究。1963～1974年任中国科学院物理研究所助理研究员、研究室副主任。1978年任中国科学院物理研究所研究员、副所长，1979年任理论物理研究所研究员、研究室主任，1984～1987年任理论物理研究所副所长，1990～1994任所长。2005年任复旦大学物理系教授和复旦大学理论生命科学研究中心主任。1980年当选为中国科学院学部委员（院士）。1995年当选为第三世界科学院（发展中国家科学院）院士。

郝柏林主要从事统计物理、计算物理、非线性科学和生物信息学等领域的研究，在固体电子能谱和声子谱、金属红外性质、高分子半导体理论、统计物理、天线理论、地震分析、混沌动力学和符号动力学、理论生命科学等领域取得多项重要果。1969～1974年他组织天线小型化的计算任务，其成果“套磁介质天线的研究”1978年获中国科学院重大成果奖。1966～1976年他研究和求解了一个三维晶格上的具有四元数转移概率的无规则行走问题，“三维晶格统计模型的封闭近似解”获1987年中国科学院科技进步奖二等奖。1974年他与合作者用骨架图方法计算连续相变临界指数，把主要临界指数计算到4阶，包括与比热有关的指数，证实标度关系成立。1994年他完全解决了多峰映射的周期轨道计数问题。2001～2005年他参与中国籼稻基因组测序计划，与合作者共同完成专门针对水稻基因组的寻找基因程序BGF。2004年他与合作者提出基于全基因组、不用序列联配来阐明细菌亲缘关系和分类系统的组分矢量方法（CVTree）。“强迫布鲁塞尔振子的分岔与混沌”获1997年国防科工委科技进步奖二等奖。1992～2000年因实用符号动力学和闭路格林函数方面的研究成果获中国科学院自然科学奖一等奖和国家自然科学奖二等奖各两次。2001年获何梁何利基金科学与技术进步奖。2007年因对《物理改变世界》丛书的贡献获国家科学技术进步奖二等奖。（尹晓冬）

耗散函数 dissipative function 描述振动体系中阻尼性状的一种特征函数。考察黏滞流体中有N个质点做小振动，由于速度是小量，黏滞阻尼力与速度成正比，即$\boldsymbol{f}_i=-c_i\boldsymbol{v}_i$。

引入耗散函数$\mathcal{F}$满足$\boldsymbol{f}_i=-\nabla_v\mathcal{F}$，则耗散函数可以取为：

$$\mathcal{F}=\frac{1}{2}\sum_{i=1}^{N}c_i\boldsymbol{v}_i^2$$

可证耗散函数的两倍恰为体系的能量耗散率，即$-\dfrac{\mathrm{d}E}{\mathrm{d}t}=2\mathcal{F}$。

耗散函数的广义坐标形式为：

$$\mathcal{F}=\frac{1}{2}\sum_{\alpha\beta}c_{\alpha\beta}\dot{q}_\alpha\dot{q}_\beta$$

阻尼振动的拉格朗日方程为：

$$\frac{\mathrm{d}}{\mathrm{d}t}\frac{\partial L}{\partial\dot{q}_\alpha}-\frac{\partial L}{\partial q_\alpha}+\frac{\partial\mathcal{F}}{\partial\dot{q}_\alpha}=0$$

（秦 敢）

耗散结构 dissipative structure 一个系统处于非平衡和开放条件下，在与外界环境交换物质与能量的过程中，通过系统内部能量耗散产生和维持的某种宏观的时间-空间有序结构。比利时物理化学家I.普里戈金在长期研究非平衡态热力学的成果基础上于1969年提出。结构一词泛指那些包含大量结构单元的复杂系统在时间、空间和功能上呈现的有序行为，耗散结构一词强调能量耗散在建立有序结构中的积极作用。

自然界中的耗散结构 自然界存在着形形色色的耗散结构，下面是一些最为著名的例子。

瑞利-伯纳德对流斑图 水平容器中存放一层液体，保持表面自由，从容器底部均匀缓慢加热。开始液体没有任何宏观流动，加热到一定程度，液体中突然出现图1中所示的规则的多边形斑图。图中每个小六角形中心暗处液体向上浮，边缘亮处液体向下沉，两者之间较明亮处液体做水平运动。这种斑图称作伯纳德对流斑图。如果液体上表面被限制，不再是自由表面，流体在控制参数阈值以上呈现的斑图是柱状卷形，称作瑞利对流斑图，图2为方形容器中出现的瑞利对流斑图。

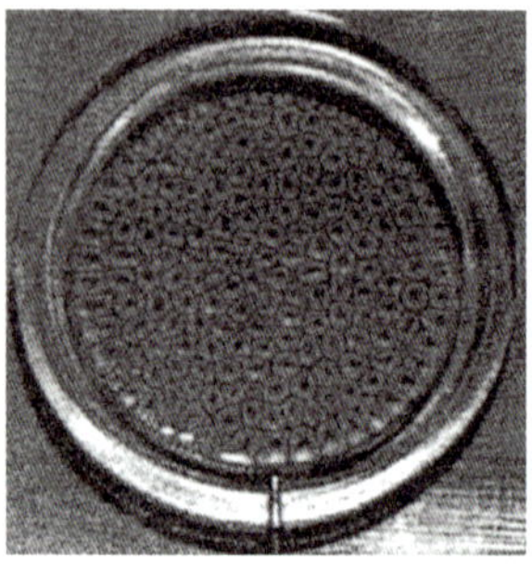

图1 伯纳德对流斑图（俯视图）

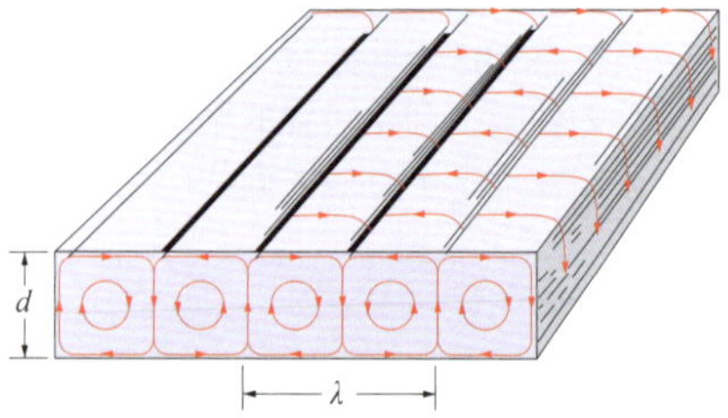

图2 方形容器中出现的瑞利斑图（侧视示意图）其中d为流体层厚度，λ为流体卷波长

同心圆柱中转动流体斑图 在两个同心圆柱中充以液体，令外柱静止，内柱转动。转速较小时，液体只有均匀水平运动，没有径向流动。随着转速增大，到达某一阈值后，圆柱间液体突然分成许多层，每层内部出现径向流动，相邻两层一层向外流，一层向内流，交替组成整个液柱，运动保持圆柱对称且不随时间变化，称为泰勒涡流。进一步加大转速，到达下一阈值后，流动斑图突然改变。此时每层出现上下波动，而且整个图像随时间呈周期性变化，称作波状泰勒涡流。随着转速的继续增加，流动还会在更大的阈值上出现其他类型斑图，直至达到混沌。

化学振荡和化学波 呈现各种时-空有序现象的化学反应系统中，以苏联化学家B.P.别鲁索夫和A.M.扎勃京斯基首先研究的柠檬酸或丙二酸被溴酸钾氧化的反应最具代表性。在适当条件下，该反应可呈现出某些组分浓度随时间周期变化。

图灵斑图 1952年英国数学家A.M.图

灵提出一个包括化学反应和扩散两种过程的简化动力学模型，试图说明生物形态发生过程。图灵从数学角度证明，在反应扩散系统中，稳定的均匀态会在一定条件下失稳并自发产生空间定态图纹——图灵斑图。1991年，中国物理学家欧阳颀及合作者在凝胶反应器中观察到氯化物-亚碘酸盐-丙二酸反应（CIMA反应）中产生的定态斑图。当系统控制参数（化学浓度、温度）达到阈值时，斑图在均匀背景上自发涌现。临界点上下斑图的产生和消失都是突然发生，没有滞后现象。

耗散结构的特征 以上各种斑图形成的现象，都是在非平衡态的开放系统中控制参数达到临界点时自发出现的。这种从无序状态自发产生有序结构的过程和现象，称作自组织过程或自组织现象。20世纪60年代，普里戈金将这些有序结构概括为耗散结构，并对之进行了理论说明。他将耗散结构的基本特征归纳为：①耗散结构发生在开放系统中，它要靠外界环境不断供给能量或物质才能维持。②耗散结构只在系统控制参数到达阈值后，即远离热力学平衡的情况下才能发生。所谓远离，指的是超出不可逆过程热力学昂萨格线性关系成立的范围，进入非线性区。③耗散结构具有时-空结构，对称性低于系统达到阈值前的状态。④耗散结构是稳定的，它一旦产生就具有相当的稳定性，不被任何小扰动破坏。

耗散结构的理论基础和应用 普里戈金提出耗散理论的基础是开放系统不可逆过程热力学和非线性动力系统的分岔理论。对于开放系统，伴随物质和能量的交换，系统和环境之间必定有熵的交换。一个系统总熵的变化dS取决于系统内部不可逆过程（如热传导、扩散、化学反应等）引起的熵的产生d_iS和系统与外部环境交换过程引起的熵流d_eS。在定态时有：

$$\frac{dS}{dt}=\frac{d_iS}{dt}+\frac{d_eS}{dt}=0$$

由于系统内部的不可逆过程：

$$\frac{d_iS}{dt}=-\frac{d_eS}{dt}>0$$

故非平衡定态单位时间产生的熵必须由外部环境提供的负熵加以补偿。如果由于系统内外能量、物质交换所补偿的负熵流越大，则体系非平衡定态离开其原来的平衡态越远，且定态的熵比初态的熵越小，就出现了系统远离平衡态时形成有序结构的可能。当系统离开平衡态不够远时，也就是说非平衡态处于平衡态附近，系统中的广义流（如热流、扩散流等）和广义力（如温度梯度、浓度梯度等）之间存在线性关系时，可证明系统内部的不可逆过程总是使熵产生率减小，直至系统达到熵产生率极小的定态。所以，在非平衡线性区域中，不可能发生突变，使系统过渡到新的定态而呈现耗散结构。只有在开放系统对平衡态的偏离足够强的情况下，无序的非平衡定态有可能失稳，围绕这一状态的一些涨落随时间增大，导致有序态-耗散结构的出现。但不可逆过程热力学理论无法阐明耗散结构的形成机制和涨落特性，弄清这些问题需要借助非平衡统计力学，这方面的理论正在发展中。对于耗散结构的研究，主要是根据系统的具体情况，写出其相应非线性动力学方程组，利用非线性方程的分岔理论，分析在控制参数临界值附近系统失稳时表现出的时空对称性破缺，以及由不同对称性破缺所规定的新的时空结构的自组织形成、选择和稳定性。这些研究在流体系统、反应扩散系统、非线性光学系统和生物、生态系统中取得不少具体结果，并成为非线性科学研究的一个活跃分支——斑图形成和斑图动力学的主要内容。耗散结构理论除在以上自然科学领域得到应用外，其思想也被若干社会科学领域诸如人口学、经济学等学科借鉴。

耗散结构理论特别强调非平衡系统的开放性和系统内部的非线性反馈两点，它在一定程度上澄清了自然界特别是生命系统中出现的从无序到有序的变化与热力学第二定律矛盾的传统观念，开启了从物理科学通向生命科学的一个窗口。为此，普里戈金获1977年诺贝尔化学奖。

（刘寄星）

合成孔径声呐 synthetic aperture sonar 一种新型高分辨水下成像声呐。合成孔径声呐的工作原理与合成孔径雷达相似，是利用小孔径基阵的移动，通过对不同位置接收信号的相关处理，来获得移动方向（方位方向）上大的合成孔径，以提高声呐横向分辨率，从而得到方位方向的高分辨成像。具有横向分辨率与工作频率和距离无关的优点，其分辨率比常规侧扫声呐高一两个量级。从理论上讲，这种分辨力和探测距离无关。直观地说，距离越大，合成孔径长度就越长，合成阵的角分辨率就越高，从而抵消了距离增大的影响，保持了分辨率不变。

沿革和特点 合成孔径雷达原理推广到水声领域，就出现了合成孔径声呐。合成孔径声呐的研究起源于20世纪50年代末期，但直到80年代以后，其研究才逐步全面展开。至21世纪初，国际上只有少数国家和地区研制出了合成孔径声呐原理样机并进行了海上试验。

合成孔径声呐作为一种水下成像设备，受水下复杂环境条件的影响，有不同于合成孔径雷达的特点。首先是声传播信道的复杂性比合成孔径雷达中电磁波传播的严重；其次是声呐拖体的运动稳定性比合成孔径雷达要差得多；再者因为声速大大低于电磁波在空间的传播速度，从而大大限制了拖体运动的速度；最后由于声呐中常采用宽带信号而使雷达中的一些窄带信号处理方法在合成孔径声呐中不再适用，需对已有的合成孔径雷达算法进行改进或研究新的算法。这正是合成孔径声呐研究极富挑战性之所在。

合成孔径声呐成像算法分为聚焦处理和非聚焦处理算法，其中聚焦处理成像算法较多，主要包括数字波束形成算法、距离-多普勒（R-D）算法、波数域（w-k）算法和调频变换（Chirp-Scaling）算法等。由于声在水中传播速度较低，合成孔径声呐基阵运动速度一般也比较慢，这样声呐拖体由于水流作用等原因使得基阵很难按照理想的匀速直线运动，必然出现运动偏差，从而引起信号的相位误差，若不进行相位补偿，就会导致成像质量的下降，甚至得不到清晰的图像，因此，运动补偿成为合成孔径声呐成像的一项关键技术。

结构及应用 合成孔径声呐系统一般由三个分系统组成：①声呐分系统，由合成孔径声呐基阵、发射机、接收机、数据采集、传输和存储子系统、声呐信号处理机和显控台等组成；②姿态与位移测量分系统，由姿态、位移测量系统和GPS等组成；③拖曳分系统，由绞车、拖缆和拖体等组成。

合成孔径声呐可以用于水下军事目标的探测和识别，最直接的应用就是进行沉底水雷和掩埋水雷的高分辨探测和识别。在国民经济方面，可以用于海底测量、水下考古和搜寻水下失落物体等，尤其可以进行高分辨海底测绘，对数字地球研究具有重要意义。

（吴立新）

合金电子论 electron theory of alloys 描述合金中电子状态及在外场下电子行为的理论。合金为由两种及以上金属与金属或金属与非金属组成的具有金属特性的固体材料。合金中原子排列与组分及温度有关，可由相图确定。对于二元合金，其相图的横坐标为某一原子浓度，纵坐标为温度，每一平衡相出现在相图中特定的区域，在该区域中合金有固定的晶体结构。

对于由相同结构的金属形成的合金，如Au-Cu合金，Au、Cu都为面心立方结构，高温时为无序相。Au、Cu原子随机分布在面心立方格点上，概率正比于浓度。低温时有几种称为金属间化合物的相，如$AuCu_3$、AuCuI，每一相都有固定的结构。对于由不同结构的金属形成的合金，如Cu-Zn合金，Cu为面心立方，Zn为六角密排，合金结构随Zn组分浓度增大而呈现为不同的相。浓度小于38.3%时为α相，结构为无序的面心立方；浓度为50%时为β、β′相。前者为无序体心立方，高温下出现；后者为CsCl结构，低温下出现。

由于浓度的改变导致合金中原子的平均价电子数改变，平均价电子数是合金中的一个基本参数。W.休谟-饶塞里发现，不同的相通常只在一定的平均价电子数下存在，这类合金称为休谟-饶塞里电子相合金，费米面和布里渊区的概念仍适用这类合金，通过正电子湮没实验等方法可以得到不同浓度下合金的费米面。研究费米面和布里渊区的相互作用可以给出不同合金结构的物理解释。当费米面越过第一布里渊区边界，会导致态密度降低，从而使得电子比热容降低。

合金电子论的一个主要方面是探讨不同合金相的稳定性，原则上这可以通过计算电子总能和晶格总能解决。但通常不同相之间的电子总能差别很小（10^{-4}电子伏/原子），理论上仍难以处理这个问题。

对于二元无序合金，由于两类原子随机占据在晶格格点上，概率正比于组分，严格上讲能带理论不适用。但通过对势能做近似，可以得到该近似势场下的能带结构，常用的有虚晶近似和相干势近似。在低能范围，虚晶近似失效，而相干势近似仍能给出和实验相符的结果。

三元以上的合金体系中，有一类被称为高熵合金，它是由五种或以上元素按相近的比例组成的简单相，首先发现的是CoCrFeNiMn。这类合金具有高熵效应、迟滞扩散、晶格形变大、性能随组分可调等特性，兼具高硬度和优良的延展性，是合金理论的研究热点。

（姚道新　曾宜杰）

合金强化　alloy strengthening　金属中加入合金元素以提高合金强度，即提高金属抵抗范性形变能力的有效和常用方法。合金元素可以多种形式存在于基体中，位错运动不同程度的阻碍作用是使合金获得高强度的直接原因。合金元素通过改变基体点阵类型，也能使基体晶粒细化，间接提高了合金的强度。

固溶强化　溶解在固溶体中的合金元素引起的强化称为固溶强化。合金元素的原子无序地分布在基体中，构成均匀的单相固溶体。合金原子与位错之间存在着力学、化学以及电学的相互作用，而相互作用能又是位错与溶质原子相对位置的函数，因此滑移面上的位错就如同处在混乱分布的大大小小的能峰与能谷之间，构成了位错滑移的障碍，需要外力做更多的功。

第二相质点强化　合金中常用弥散的第二相质点来提高强度，第二相大多是金属化合物或氧化物，比基体硬得多。如第二相质点是利用固溶体脱溶沉淀产生的，称沉淀强化。第二相质点还可借助于内氧化、粉末烧结等方法引入，为弥散强化。弥散强化的质点常用高硬度氧化物等颗粒。第二相质点一般都增大合金的加工硬化率。

有序合金强化　由于同类原子和异类原子的键合能不同，固溶体中原子分布也不是完全杂乱的，异类原子在点阵中可能存在局部或整体的有规则排列的超结构，即短程序或长程序，由这种有序结构而引起的强化称有序合金强化。（丁炳哲）

合作发射　cooperative emission　激发原子的集合在确定条件下共同的合作发射过程。1954年，R.H.狄克提出了原子超辐射发光机制；1975年，L.卢贾托与其合作者进一步研究并称之为超荧光。超辐射和超荧光从发光机制来看，均属于原子群的合作自发辐射，特征是发光强度与原子数二次方成正比，发光脉冲宽度与原子数成反比，并且有较好的方向性和相干性。

狄克超辐射的实现要求原子群集中在小于波长尺度的空间内，原子间通过辐射场相互耦合，各个原子受相邻原子作用保持固定的相位关系。这可以通过对原子群进行相干激发得以实现，令原子进入集体态保持相同的相位关系，形成宏观偶极矩集体辐射（超辐射）。原子群被非相干地激发时，最初的自发辐射场开始耦合不同原子的辐射相位以同步，很快形成宏观的偶极矩集体辐射（超荧光）。总之让原子群在激发态并保持固定相位关系，工作物质先形成宏观电极化强度，然后产生合作辐射，因此相对激发常有一定延迟。

现在文献中常常不严格区分超辐射和超荧光。1973年，M.S.费尔德在氟化氢气体中首次观察到了这种合作辐射现象。后来还有一些其他研究者也在其他体系（如钠、铯、锂原子气体，亚氯酸钾晶体等）中观察到同样的现象。（吴金辉）

何承天　He Chengtian（370～447）　中国东晋和刘宋朝天文学和律学家、哲学家、历算家、无神论思想家。东海郯（今山东郯城）人。在晋朝累官参军、浏阳令、太学博士、御史中丞，入刘宋朝又官衡阳内史、著作佐郎等。于元嘉（424～453）年间创立乐律上的“新律”，即在三分损益数学计算基础上，将古代音差平分12份，然后将这平均数累加到八度内十二律上，因而使三分损益律获得等程律的效果。他的新律大体上可以返宫、转调。在天文学上求得精密的朔望月数值，且为后世历法家所采用。他还对佛教的“神不灭”“因果报应”“三世轮回”说和世界“空无”论等观点提出批评，认为生死乃自然现象，形毕则神散，精神不可能从此个体转移到彼个体。

（王治浩）

何多慧　He Duohui（1939-02-21～　）　中国粒子加速器专家。生于四川仪陇。1964年毕业于中国科学技术大学并留校任教。1984～1992年任中国粒子加速器学会常务理事。1995年起任中国物理学会同步辐射专业委员会常委。1996年后任中国粒子加速器学会副理事长。先后任中国科学技术大学近代物理系副主任、合肥国家同步辐射实验室总工程师、中国科学技术大学校学术委员会主任。1995年当选中国工程院院士。

何多慧主要研究领域为加速器物理和技术、自由电子激光。他是中国**同步辐射**事业的开创者之一。从1977年提出同步辐射研究，作为技术总负责人主持完成了中国第一台专用同步辐射光源——合肥同步辐射加速器的预研、设计、建造和调试，开创了中国的同步辐射科技领域。“合肥同步辐射加速器的预研制和物理设计”获1981年中国科学院重大科技成果一等奖。“合肥同步辐射加速器及光束线实验站”项目获中国科学院1992年科技进步特等奖和1995年国家科技进步一等奖。

1983年后从事直线加速器驱动的红外自由电子激光研究，以及储存环短波长自由电子激光研究。"康普顿型自由电子激光的理论和实验研究"项目1995年获中国科学院自然科学三等奖。 （尹晓冬）

何寿安 He Shouan（1923-03-15～1989-05-27） 中国金属物理和高压物理与技术专家。生于浙江临海，卒于北京。1945年厦门大学电机工程系毕业。1945～1947年在南京、成都等地航空部门从事技术工作。1947～1949年任中央研究院物理研究所技士、研究助理员。1949～1989年任中国科学院应用物理研究所（1958年更名为物理研究所）助理研究员、副研究员、研究员。1963～1984年任物理所高压物理研究室（第六研究室）副主任、主任、副所长。兼任中国物理学会高压物理专业委员会第一届主任委员，《高压物理学报》副主编，国际高压协会（AIRAPT）通讯执行委员。

何寿安是中国静态高压技术和高压物理研究的开拓者。早年研究过金属力学性质，设计和研制了精密微型拉伸机。他是中国最早使用电子显微镜研究金属缺陷和位错的学者之一。他在国内首先开展了高压合成金刚石研究，在他负责研制的4×200吨四头压机上，于1964年成功合成金刚石，并得到了推广应用。他领导建立国内第一个静态高压物理实验室，研制成功不同类型的高压物理实验设备，开展了高压物理研究工作，取得多项高压物理研究成果，培养了一批静态高压物理实验工作者。翻译了两本俄文金属物理专著《金属理论概要》和《金属与合金中的扩散》。 （尹晓冬）

何育杰 He Yujie（1882～1939-01-19） 中国较早的物理学工作者之一。字吟苢。浙江慈谿人。卒于重庆。1900年曾应科举入第，1901年入京师大学堂师范馆学习，1903年被派往英国留学。在曼彻斯特大学攻读物理学，1907年获学士学位，1909年回国。历任京师大学堂预科和师范馆教习、格致科教习（1909～1911），北京大学理科物理门教授（1912～1919）、物理系教授（1919～1927），曾讲授普通物理、数学物理、热力学、气体动力论等课程，编写了普通物理学中文讲义；还兼任北京师范大学物理讲师。1927～1931年任东北大学物理系系主任，讲授相对论和量子力学等课程，译著有《自然之机构》（1936年上海商务印书馆版）、《物质与量子》（1936年上海商务印书馆版）二书。曾任《物理学报》编委（1935～1938）、中国物理学会物理名词审查委员会委员。1937年任交通部参事。

何育杰在开拓中国物理学、培养人才方面做出了贡献，1940年中国科学社曾设立"何育杰物理学纪念奖金"。 （戴念祖）

何泽慧 He Zehui（1914-03-05～2011-06-20） 中国物理学家。生于山西灵石，卒于北京。1936年清华大学物理系毕业。1936～1940年在德国柏林高等工业学校就读研究生，获工学博士学位。随后在德国海德堡皇家学院核物理研究所和法国法兰西学院原子核化学实验室从事核物理研究。1946年与钱三强结婚。1948年回国，任职于北平研究院原子学研究所。1949年起，先后任中国科学院近代物理研究所、原子能研究所和高能物理研究所研究员，曾任后两个研究所副所长。1980年当选为中国科学院学部委员（院士）。

何泽慧长期从事原子核物理研究。在W.博特的指导下，1945年在德国发现正负电子的弹性碰撞现象。1946年在法国与钱三强等合作发现**核裂变**的三分裂和四分裂现象。回国后，主持研究国产原子核乳胶，为开拓中国原子能科学事业并配合核武器研制做出贡献。她还积极推动中国宇宙线物理和高能天体物理的研究。 （戴念祖）

何增禄 He Zenglu（1898-08-13～1979-05-12） 中国物理学家、教育家。生于浙江诸暨，卒于北京。1922年毕业于南京高等师范学校，后任教于南开大学、东南大学和清华大学。1930～1933年赴美国加州理工学院深造。回国后，先后任浙江大学物理系教授（1933～1935，1936～1955），山东大学物理系教授（1935～1936），清华大学工程物理系教授（1955～1979）。其间，1958年3月至1959年3月在苏联杜布纳联合核子研究所任研究员。

何增禄赴美深造期间，以高超实验技术成功制造了四喷嘴和七喷嘴高真空扩散泵，在国际高真空技术界被称之为"何氏泵"；他提出的"抽速系数"概念被称为"何氏系数"。1952年，创办了浙江大学光学仪器系；1955年又创办了清华大学工程物理系高真空技术专业，培养了大批物理、光学和真空技术人才。 （戴念祖）

何祚庥 He Zuoxiu（1927-08-24～ ） 中国理论物理学家。籍贯安徽望江。生于上海。1951年毕业于清华大学。毕业后在中共中央宣传部任干事。1956～1972年在中国科学院原子能研究所任助理研究员。1959～1960年，在苏联杜布纳联合核子研究所做研究工作。1960年底回国参加原子能所**于敏**、**黄祖洽**的"轻核理论小组"，进行氢弹理论探索。1965年进行基本粒子研究，以加强基础理论研究工作。1973～1978年在中国科学院高能物理研究所任助理研究员、研究员。1978年成立中国科学院理论物理研究所，任副所长。1985年兼任北京大学哲学系教授。1980年当选为中国科学院学部委员（院士）。

何祚庥主要从事粒子物理及各种应用性问题研究并取得多项重要成果。在普适费米弱作用性质、双重色散关系、层子模型理论、复合粒子量子场论、中微子质量和暗物质等方面有独到研究，尤其是以其层子模型和复合粒子量子场论的研究成果为统一解释强子的结构、产生、湮没等现象提供了理论框架。参与中国原子弹和氢弹问题的研究，是中国氢弹研究的早期开拓者之一。在研究相对论束缚态方程和层子模型的研究中发挥了作用。后期转向宇宙论、暗物质问题的研究，探讨了中微子质量问题、粒子的可分性、场的可分性、真空的物质性、宇宙有无开端、宇宙大爆炸从何而来、量子力学的测量过程是否必须有主观介入等问题，澄清了对这些问题认识上的一些模糊观念。关注社会现实问题，曾就科技政策、教育政策、文艺理论，特别是当代社会经济发展中的重大科学技术问题，进行了深入研究。关注科学领域中的哲学问题，中华人民共和国成立后较早开展并推动中国科学方法论研究，对相关科学哲学与科学史研究做出了贡献。1982年获国家自然科学奖二等奖。

（尹晓冬）

核半径 nuclear radius 表示原子核大小的量。实验表明，原子核是近似于球形的，且其体积与质量数成正比，这样就可以把它看成是密度均匀、有明确边界的球体，因此，通常用核半径表示原子核的大小。核半径一般用R表示，它的大小与组成原子核的核子数（质量数）A有关，经验公式为：

$$R=r_0A^{1/3}$$

式中r_0为常数。

原子核是由核子组成的，由于核力及库仑力的存在，核力的作用有一定范围，核子在核内有一定的分布。因此，核半径的具体定义一般有核力作用半径和电荷分布半径两种。

核力作用半径：核力是短程力，在原子核外周的延伸距离（半径）很短。核力降为零时的半径，称为核作用半径。这也是利用较高能量的带电粒子或者原子核与原子核碰撞测得的半径。半径公式$R=r_0A^{1/3}$中，r_0的取值范围在1.2～1.5飞米（1飞米$=10^{-15}$米），核的质量数越大，常数的取值也越大。在核反应研究中，作用半径的经验公式会有稍许变化。

电荷分布半径：电荷分布半径就是质子分布半径。比较准确测量核电荷分布半径的方法是利用高能电子（其波长小于原子核的大小）在原子核上的散射，实际上就是与核内质子的散射。事实上，原子核本身没有严格明晰的边界，由电子在核上的散射截面可获得原子核的平均半径。在实验测量中，电子能量越高，电子散射角分布与原子核的电荷分布越敏感。利用这种方法得到的原子核半径R约为$1.1A^{1/3}$飞米。利用该方法测得的质子半径为$R_p=0.8751(61)$飞米，氘核的半径为$R_d=2.1413(25)$飞米。利用高能电子在核上散射的实验还表明，原子核内部电荷分布是基本均匀的，边沿附近的电荷分布是逐渐下降的。通常将密度的90%～10%这一范围称为边界厚度。

实验表明，原子核中中子的密度分布与质子的密度分布不同，中子的分布半径要略大于质子分布半径，两者之差通常称为“中子皮”。越丰中子的核，其中子分布半径与质子分布半径的差别越大，即中子皮越厚。个别原子核，如^{11}Li核的最后两个中子可以分布在^{9}Li外部很大的范围内，当然，越远分布概率越小。

（靳根明）

核超导性和对关联 nuclear superconductivity and pair correlation 原子核内核子不同于单粒子运动状态的另一种运动形态，它强调了核内核子的配对倾向，即对关联。原子核的对关联概念最早是从发现原子核的奇偶质量差中得到启示的。但是由对关联现象发展为原子核的超导模型则是20世纪50年代后期的事。一方面是由于除了原子核的质量奇偶差之外，还发现了其他奇偶差，其中最重要的是分析大量能谱资料之后发现了能谱结构的奇偶差。另一方面由于固体中的超导微观理论（BCS）的突破，理论和库珀对概念的提出，使A.N.玻尔、B.R.莫特森及D.派尼斯（David Pines）于1958年指出了原子核内现象同金属中超导现象的相似性，提出了原子核的超导性。

作为核结构理论，在核壳模型（单粒子模型）和集体模型取得极大成功之后，核超导性（对关联）概念的提出是一个重要的发展，使解释实验和预言现象的能力大大提高了一步。对关联的存在说明核子间的剩余相互作用（除了单粒子势之外的核子间相互作用）中，具有导致对关联的短程力。对关联本身属于集体运动形态。

对关联的表现 对关联机制在实验中有种种表现，例如某些两核子转移反应，(t,p)、(p,t)等，截面特别大。在不计及对关联的情况下，对于重变形核，按照独立粒子模型计算所得出的转动惯量接近于刚体值，比实验观测到的值大两三倍。考虑对关联机制后，计算得到的转动惯量将大为减小，接近于观测值。

对关联在实验中最突出的表现是原子核一系列奇偶差的性质。奇偶差同泡利不相容原理导致的阻塞效应密切相关。除了质量（结合能）的奇偶差之外，还有一些重要的奇偶差。①能谱形状的奇偶差。奇偶核及奇奇核的低内部激发谱密度比相邻偶偶核大，并且没有能隙。②转动惯量的奇偶差。偶偶核的转动惯量系统地小于奇偶核。③核子转移反应截面的奇偶差。实验表明，相邻偶偶核基带之间的两核子转移反应有很大加强，而单核子转移反应则无此现象。重核的α衰变（放出两对核子）也有类似的加强现象。

其他奇偶差异的现象还很多，例如同位素在自然界中的相对丰度，偶偶核一般明显大于奇偶核。又例如库仑位移的奇偶差在较轻核中表现很明显，大变形核的高自旋态中的回弯现象也有系统的奇偶差异。这些实验证据都说明原子核中核子对关联的重要性。

处理核超导的理论方法 通常是引用处理金属中超导性的方法，即BCS方法。这个方法的实质是通过一个正则变换把单粒子的运动形态改变为准粒子态，将核子之间的短程配对力的作用包括进来。由此得到的原子核基态是核子两两成对的状态。拆散一对核子的状态可以用激发一个准粒子来描述。由于原子核的粒子数不多，由这个方法中固有的粒子数不守恒的特点所造成的误差有时是不小的。改进的方法是从BCS波函数中投影出固定粒子数的部分，或直接用新发展的粒子数守恒方法来处理。

对振动 同对关联的存在密切相关的一个新的运动模式，它主要根据双满壳核附近偶偶核的基态及低激发0^+和2^+态能级及二核转移反应的强度比而提出的，通常的原子核振动量子不携带核子数，而对振动则携带核子数为2的量子数。这种模式的存在来源于核内存在某种导致对关联的相互作用。由实验数据可以看出对振动的非简谐性是较大的。例如在满壳附近，二粒子转移反应截面随满壳外核子数增加而增加，但与平常简谐振动中跃迁概率同声子数成正比的规律有较大偏离。虽然目前处理对振动的方法尚有不完善之处，但这种运动模式的存在则是无疑的。

（杨立铭 曾谨言）

核磁共振 nuclear magnetic resonance; NMR 磁矩不为零的原子核在外磁场作用对特定频率电磁波的吸收或发射的物理现象。

发展历史 1921年，O.斯特恩和W.革拉赫观察到银原子“自旋”，首次证实了原子角动量的量子化，因此斯特恩获得1943年诺贝尔物理学奖。1938年，I.I.拉比发现对磁场中的原子施加无线电磁波之后，原子核的自旋方向发生共振翻转，这是最早的核磁共振实验，于1944年获得了诺贝尔物理学奖。1946年，E.M.珀塞耳和F.布洛赫等人同时分别独立地在实验上观测到固体石蜡和液体水的核磁共振现象，为此他们二人于1952年被授予诺贝尔物理学奖。之后，核磁共振技术迅速发展，已成为波谱学的一个重要分支，从物理学领域发展应用到化学和医学等其他领域。有关核磁共振的研究曾在三个领域（物理学、化学、生理学或医学）内获得了6次诺贝尔奖（见表）。

与磁共振直接相关的诺贝尔奖

获奖人	获奖时间	类别	获奖理由
O.斯特恩	1943	物理	发展了分子束方法和发现质子磁矩
I.I.拉比	1944	物理	发明了原子核磁性的共振观测方法
F.布洛赫 E.M.珀塞耳	1952	物理	发展了核磁精密测量的新方法和发现宏观核磁共振现象
R.R.恩斯特	1991	化学	对开发高分辨率核磁共振谱学方法的贡献
K.维特里希	2002	化学	建立了利用核磁共振谱学解析溶液中生物大分子三维结构的方法
S.P.曼斯菲尔德 P.C.劳特布尔	2003	医学	在磁共振成像方面的发现

基本原理　原子核的自旋　原子核是由质子和中子组成的，质子和中子可统称为核子，都携带有内禀的自旋角动量，它们在核内还有轨道运动，相应地有轨道角动量。所有核子角动量的总和就是原子核的角动量，习惯上也称它为原子核的自旋角动量，用$\boldsymbol{J}$表示，它的绝对值由下式决定：

$$J=\hbar\sqrt{I(I+1)}$$

式中$\hbar=h/2\pi$，h为普朗克常数；I称为核自旋量子数，可以取零、整数或半整数。当所含的质子数和中子数都是偶数时，I为零，如^{4}He、^{12}C、^{16}O等；两者都为奇数的核，I为整数，例如^{2}H、^{14}N、^{6}Li、^{40}K等；两者一个为奇数一个为偶数时，即质量数为奇数，I为半整数，如$I=1/2$的核有^{1}H、^{13}C、^{19}F、^{15}N、^{29}Si、^{31}P等，$I=3/2$的核有^{7}Li和^{35}Cl等。$I\neq0$的原子核会产生相应的磁矩，是核磁共振可观测的对象。原子核磁矩$\boldsymbol{\mu}$和角动量$\boldsymbol{J}$之间有如下关系：

$$\boldsymbol{\mu}=\gamma\boldsymbol{J}$$

式中γ为原子核的旋磁比，单位rad/(s·T)，是反映原子核性质的一个重要参数。如^{1}H的$\gamma=26.7519\times10^{7}$rad /(s·T)，$^{15}N$的$\gamma=-2.712\times10^{7}$rad /（s·T）。

外磁场中的核自旋　把自旋量子数$I\neq0$的原子核置于外磁场$\boldsymbol{B}_0$中，按照量子力学原理，原子核磁矩$\boldsymbol{\mu}$与外磁场$\boldsymbol{B}_0$相互作用，可用哈密顿量H表示为：

$$H=-\boldsymbol{\mu}\cdot\boldsymbol{B}_0=-\gamma\boldsymbol{J}\cdot\boldsymbol{B}_0$$

原子核自旋角动量$\boldsymbol{J}$是量子化的，在外磁场方向上的投影只能取一些不连续的数值。假设静磁场$B_0=|\boldsymbol{B}_0|$沿z方向：

$$H=-\hbar\gamma B_0J_z$$

$\boldsymbol{J}$在$\boldsymbol{z}$方向的投影值$J_z=m_I\hbar$，$m_I=I,I-1,I-2,\cdots,-(I-1),-I$，其中$m_I$称为磁量子数，共有$2I+1$个取值，对应于核自旋在$z$方向磁场中的取向数。因此，在外磁场中核磁矩的能量也是量子化的：

$$E=\gamma\hbar B_0m_I$$

没有外磁场时，这些能级是简并的。在外磁场的作用下简并能级被解除，分裂为$2I+1$个能级，这些能级称为塞曼能级。相邻能级是等间距的，其间距为$\Delta E=\hbar\gamma B_0$，与静磁场B_0成正比，这种能级分裂现象叫塞曼分裂。例如自旋量子数$I=1/2$的核，m_I只有$\pm1/2$两个取值，因此在外磁场下分裂为两个塞曼能级。

在无外磁场时，核自旋的空间取向是杂乱无章的，它们的矢量和等于零，不出现宏观磁化量。当核自旋置于外磁场中，核自旋都绕磁场进动，无序的空间取向过渡到有序的空间取向，沿磁场有序排列而形成宏观磁化量。根据量子力学原理，核自旋的空间取向与塞曼能级相对应。当系统处于热平衡状态时，核自旋在各个能级上的布居数满足玻尔兹曼分布。例如对于$I=1/2$的核，两个塞曼能级之间的布居数之比为：

$$\frac{N_+}{N_-}=\exp\left(\frac{\Delta E}{kT}\right)=\exp\left(\frac{\hbar\gamma B_0}{kT}\right)$$

式中k为玻尔兹曼常数。当$B_0=0$时，$N_+-N_-=0$，将没有磁共振信号产生；当$B_0\neq0$时，高能级上的布居（极化度）为$N_+-N_-\approx\dfrac{\hbar\gamma B_0}{2kT}$，通常将$\dfrac{\hbar\gamma B_0}{2kT}$定义为玻尔兹曼因子。对于$^{1}H$在$B_0=2.35$ T的磁场中，即$\dfrac{\gamma B_0}{2\pi}\approx100$MHz，在室温$T=300$K，$N_+-N_-\approx8\times10^{-6}$。可见一般只有少于样品中自旋总数的1/100 000的分子贡献核磁共振信号，因此，如何提高核磁共振体系的极化度来增强其灵敏度一直是核磁共振技术发展中的一个关键问题。

按照经典电磁理论，在外磁场中的原子核磁矩$\boldsymbol{\mu}$将受到一个磁力矩$\boldsymbol{\mu}\times\boldsymbol{B}_0$的作用，则有

$$\frac{\mathrm{d}J}{\mathrm{d}t}=\gamma\boldsymbol{\mu}\times\boldsymbol{B}_0$$

假设静磁场$\boldsymbol{B}_0$沿z方向，磁矩$\boldsymbol{\mu}$将绕静磁场进动，进动角频率$\omega_0=\gamma B_0$，通常称为拉莫尔频率（与上面量子力学推导出的塞曼能级间跃迁频率$\Delta E/\hbar$一致），这与陀螺在重力场作用下进动现象类似，如图所示。大量核自旋在热平衡状态产生沿$\boldsymbol{B}_0$方向的宏观磁化矢量$\boldsymbol{M}_0$。

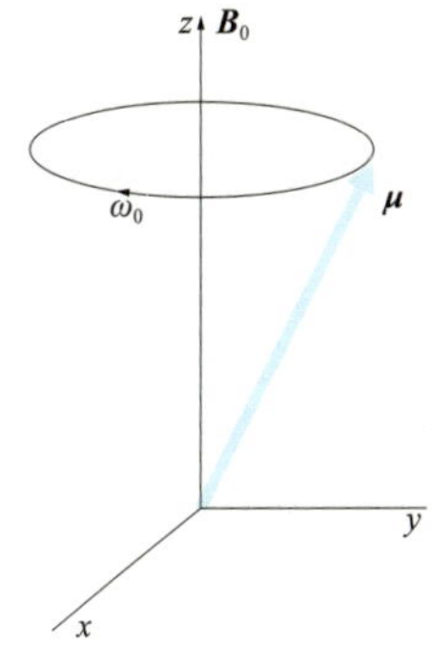

核磁矩$\boldsymbol{\mu}$绕沿z方向的外磁场做进动

核磁共振信号的产生　在与$\boldsymbol{B}_0$垂直的方向上施加频率ω的电磁波，当频率ω与静磁场下核自旋的拉莫尔频率ω_0相等时，即电磁辐射提供的能量与塞曼能级间距ΔE相等时，原子核磁矩吸收电磁波能量从低能态跃迁到高能态，发生共振吸收，产生核磁共振现象。塞曼跃迁定则是$\Delta m_I=\pm1$，即只在相邻能级之间跃迁，因此共振的条件是$\omega=\omega_0$。从经典的观点看，自旋量子数$I\neq0$的原子核在外磁场$\boldsymbol{B}_0$中发生进动，当外加电磁波的频率ω与核自旋的进动频率ω_0相等时，核磁矩就能吸收电磁波的能量，热平衡状态下沿$\boldsymbol{B}_0$方向的宏观磁化矢量$\boldsymbol{M}_0$发生倾斜，产生宏观横向磁化矢量，从而形成核磁共振信号。

核磁共振波谱学　核磁共振现象发现以后，很快就形成一门新的学科——**核磁共振波谱学**，即指通过核磁共振技术研究物质的性质、结构和运动的学科。早期的核磁共振实验通常采用连续波核磁共振方法（CW-NMR），即固定外磁场连续改变射频辐射频率，或固定射频辐射频率连续改变磁场记录核磁共振谱的方法，所用仪器叫作连续波核磁共振谱仪。现代核磁共振谱仪中这种方法已弃用，代之以脉冲傅里叶变换核磁共振方法（FT-NMR），即用一定宽度的强而短的射频脉冲辐射样品，使样品中所有被观察的核同时被激发，产生一个时间域的响应函数，称为自由感应衰减（FID）信号；用计算机对它进行傅里叶变换，可得到频率域核磁共振谱。据此原理制造的仪器叫作傅里叶变换核磁共振谱仪。这类谱仪适合于对同位素丰度低的核（如^{13}C核）进行累加实验，测量时间可大大缩短，同时也使多维核磁

共振实验成为可能。现代超导技术已被用于提供强的外磁场，通常使用^1H核自旋的共振频率来表征相应的外磁场大小。当前磁场最强的商用谱仪是1.2GHz核磁共振谱仪，其相应的超导磁场强度为28.2T。

由于液体中分子的快速翻滚运动，消除了各种可能使谱线宽化的各向异性核磁共振相互作用，提高了谱的分辨率，因此液体高分辨核磁共振是核磁共振波谱学应用最早、范围最广泛的技术。固体中的分子缺乏运动自由度，相邻核间以及核与周围环境间的相互作用就凸显出来，使得强磁场下核磁共振谱具有很强的各向异性，导致谱线严重展宽。使用魔角旋转技术或多脉冲技术压制固体中核间的相互作用，可获得固体高分辨核磁共振谱。魔角旋转技术是使样品绕着与外磁场方向成54.7°（魔角）的轴高速旋转，可以获得分子的各向同性高分辨谱。多脉冲技术是利用一系列强的射频脉冲操控核自旋样品，最终达到选择性抑制核间相互作用的目的。

正在发展的动态核极化核磁共振（DNP-NMR）波谱学是核磁共振波谱学中一个崭新的分支。动态核极化是在电子-核的双共振条件下，利用未配对电子与核的相互作用，在强磁场下用微波激发自由电子跃迁，使相关核的自旋能级粒子数的分布偏离了玻尔兹曼平衡态的分布，将电子的高极化率转移到核自旋上。这不仅大大增强了核磁共振方法的灵敏度，还提供了微观电子结构的信息，具有相当重要的理论研究及实际应用价值。

技术应用 核磁共振技术能够用来准确、快速和无破坏性地获取物质组成和结构的信息。因此，在物理、化学、生物、医学、材料等研究领域得到了广泛的应用。早期核磁共振主要用于对核结构和性质的研究，如测量核磁矩、电四极矩及核自旋等，后来很快渗透到包括化学、生物学、地质学、医学、精密测量以及量子计算等领域在内的各种学科之中，并促进相关学科的飞速发展。

化学 对于有机分子结构测定来说，核磁共振谱扮演了非常重要的角色，核磁共振谱与紫外光谱、红外光谱和质谱一起被有机化学家们称为“四大名谱”。核磁共振谱能在原子、分子水平上提供物质结构和动态的信息。①分子中原子核位置的判定和区分。分子中不等价原子的位置可由核磁共振谱的参数来判定，包括化学位移、自旋耦合常数以及谱的相对强度。②分子中不等价原子位置的相互关系。例如键长、键角及原子团簇的信息可从自旋耦合常数、偶极耦合常数、弛豫速率等核磁共振谱的参数中获得。③动力学信息。核磁共振可研究分子及分子内从纳秒到秒级的运动，如分子内旋转、化学交换、氢键键合、分子间相互作用等。核磁共振波谱学已经成为最成功的分析技术，应用范围包括化学的每一个分支学科。

生物与医学 二维和多维核磁共振波谱学的创立使核磁共振研究领域进一步扩展到分子生物学，出现了新的学科分支——生物核磁共振波谱学。核磁共振谱在测定蛋白质等生物大分子的三维结构及其功能方面是不可缺少的。1991年诺贝尔化学奖授予R.R.恩斯特，表彰他在核磁共振波谱学实现和发展傅里叶变换、多维技术的贡献。2002年的诺贝尔化学奖授予K.维特里希，表彰他用多维核磁共振波谱学在测定溶液中蛋白质结构的三维构像方面的开创性贡献。20世纪70年代发展了核磁共振成像技术，利用特定的脉冲序列、恒磁场的空间分布（如线形梯度磁场）和复杂的计算机数据处理可获得某种成分（如水）在被成像的对象中（如人的大脑中）的三维空间分布图。核磁共振成像仪已用于医学临床检测。2003年诺贝尔生理学或医学奖授予S.P.曼斯菲尔德和P.C.劳特布尔，表彰他们在磁成像方面的发现。

精密测量 核自旋的共振频率与磁场的大小相关，可用来精确测量地磁场、空间磁场或其他弱磁场，被用于探测潜艇、文物考古、探矿、石油测井及研究超越标准模型新物理等。利用核磁共振效应的传感器有质子进动磁力仪、欧沃豪斯效应磁力仪、基于自旋放大器的磁力计和核磁共振陀螺仪等。此外，利用电子自旋共振效应也可以实现高灵敏的磁传感器，包括原子磁力仪、金刚石氮-空位磁力仪。基于原子无自旋交换弛豫效应的原子磁力仪具有非常高的磁场灵敏度，理论极限甚至可以达到$\sim 1\mathrm{aT}/\sqrt{\mathrm{Hz}}$（$1\mathrm{aT}=1\times10^{-18}\mathrm{T}$）。基于金刚石的新型磁共振技术将研究对象推进到单分子，空间分辨率从原来的毫米级提升至纳米级，实现了微观磁共振探测。

量子计算 核磁共振量子计算将分子中核自旋作为量子比特的载体，利用核自旋量子态来编码量子信息，通过射频脉冲和核自旋之间的相互作用来操控核自旋的量子态，实现量子逻辑门。核磁共振是最早实现量子算法的物理体系，也是在2018年为止实现最大量子寄存器的相干控制的体系。尽管核磁共振量子计算在扩展性上存在局限性，但是磁共振技术是操控自旋量子态的主要手段之一，相关的自旋量子调控技术已经广泛地被应用于利用自旋编码量子比特的物理体系中，如硅基核自旋、量子点、金刚石氮-空位中心、掺杂富勒烯分子以及离子阱等。

其他相关技术 磁共振成像 磁共振成像（MRI）是从核磁共振谱学进一步发展起来的一种非创伤性的成像技术。利用物质内部某种原子核的核磁共振现象，依据共振频率依赖于外磁场强度的原理，通过外加梯度磁场编码物体的空间位置，检测相应的核磁信号，经过电子计算机处理，重建出物体内部的结构图像。将这种技术用于人体内部结构成像产生出一种革命性的医学诊断工具。另外，功能磁共振成像（fMRI）是一种专门的磁共振成像技术，通过刺激特定感官，引起大脑皮层相应部位的神经活动（功能区激活），并通过磁共振图像来显示的一种研究方法。它被用来研究活体脑功能，促进对脑组织的理解，并为评估神经系统状态和神经外科风险提供了一个潜在的新标准。磁共振成像技术极大地推动了医学、神经生理学和认知神经科学的迅速发展。

低场/零场核磁共振 低场核磁共振是指外磁场强度比较低（一般是1T以下）的核磁共振模式，是常规高场核磁共振的补充分析工具。通常采用永磁体，无须液氮液氦，其设备成本较低，简单便携，应用领域广泛，且处于不断拓展之中。从广义上来说，低场核磁共振是指不使用超导磁体的核磁共振分支，还包括地磁场核磁共振和零场核磁共振。地磁场核磁共振检测地磁场（约50μT）引起核自旋进动的磁共振信号。零场核磁共振通常是指将所有外磁场屏蔽到<1nT情形下测量核自旋信息的一种磁共振模式。此时所有核自旋的进动频率接近于零，观测的核磁共振谱不再由化学位移决定，而是主要由不受外部磁场影响的核自旋之间相互作用决定。由于感应检测方式对于低频信号检测灵敏度显著下降，先前的零场（或<1mT的超低场）核磁共振实验依赖于场循环的非直接探测方式，即将样品从零场或超低场传送到高场下再进行检测。随着高灵敏度磁力计的发展，超导量子干涉仪（SQUID）、巨磁阻（GMR）磁场传感器或原子磁力计被用于直接探测零场或超低场核磁共振信号。零场或超低场核磁共振需要和预极化方案结合，例如采用永磁体或者超极化技术（动态核极化、仲氢诱导核极化、自旋交换光泵浦以及化学诱导核极化等）对核自旋进行初始极化。低场核磁共振具有很多优势，如磁场的高均匀度，谱线高分辨率以及准确的J耦合参数测量等。

电子顺磁共振 外磁场中具有顺磁性

的物质中的原子或离子对特定频率的电磁波的吸收或发射现象，简称为顺磁共振。电子具有内禀自旋磁矩，在绕原子核运动时产生轨道磁矩。原子中各个电子的自旋磁矩和轨道磁矩耦合成总电子磁矩。原子组成分子时，多数情况下电子的磁矩将互相抵消，使分子的总电子磁矩等于零。但在某些分子和离子或自由基中，含有一个或几个不成对电子，它们的磁矩不能抵消，总电子磁矩不为零。含有这种不成对电子的原子、离子、分子或自由基等粒子组成的顺磁物质就是电子顺磁共振观测的对象，例如一些金属和半导体的导电电子、有机物的自由基、晶体缺陷（如位错）和辐射损伤（如色心）等。顺磁物质总磁矩的绝大部分（99%以上）的贡献来自电子自旋，所以电子顺磁共振亦称为电子自旋共振（ESR）。原子顺磁磁矩比原子核磁矩大三个数量级，一般电子顺磁共振在微波（GHz）频段。电子顺磁共振是一种研究物质结构的有效方法，由于其具有高灵敏、准确、迅速和非破坏性等优点，已经在磁学、晶体学、半导体物理学、自由基化学、生物物理学、分子生物学、药物学、分析化学等许多领域内得到广泛的应用。固体微波激射器也是在固体顺磁共振的基础上发展起来的。

光磁共振　原子、分子的光学频率的共振与射频或微波频率的磁共振同时发生的双共振现象称为光磁共振，其基本思想是利用光泵抽运方法来研究气态原子基态及激发态精细和超精细结构塞曼能级间的磁共振现象。20世纪50年代，由法国物理学家A.卡斯特勒等人提出，于1966年获诺贝尔物理学奖。由于原子束、分子束或气体状态的原子、分子密度低，塞曼能级间磁共振信号非常微弱，难于直接观测。光磁共振实验中，一方面通过光抽运增加磁共振能级间的布居数差，另一方面采用光探测原子对入射光的吸收获得磁共振信号，这既保持了磁共振高分辨率的优点，同时又将探测灵敏度显著提高多个数量级。光磁共振技术是研究原子物理的重要手段，在激光、原子频标和精密弱磁测量等方面有重要的应用。

磁共振力显微镜　磁共振力显微镜（MRFM）将磁共振成像技术与扫描探针显微术成功结合，同时具备了磁共振成像的三维探测能力与扫描探针显微术的纳米分辨能力，是一种在纳米尺度甚至未来可能在原子尺度上的磁共振成像技术。磁共振力显微镜使用一个带有铁磁性（铁钴）颗粒的悬臂梁来直接检测样品自旋和磁性颗粒之间被调制的自旋梯度力，利用悬臂式磁力测量技术对磁粒子进行测量，从而探测样品内部的自旋信息实现三维高分辨成像。与传统的感应式磁共振检测方式相比，磁共振力显微镜采用了机械力学磁共振信号探测方法，具有极高的信噪比，可以满足单个核自旋探测的要求。磁共振力显微镜的灵敏度已经超过医院中核磁共振成像的100亿倍。自1991年首次提出磁共振力显微镜的概念以来，其空间分辨率也逐年提高。2003年它的空间分辨率达到了纳米尺度，2004年实现了单电子自旋的探测，2009年实现了超过10纳米的分辨率，并获取了单个病毒分子的三维图像。

（彭新华　孟庆安）

核磁共振波谱学　nuclear magnetic resonance spectroscopy　通过核磁共振研究物质的性态、结构和运动的学科。在恒定外加磁场中具有自旋的原子核受射频辐射照射，当射频频率等于原子核在恒定磁场中的进动频率时产生的共振吸收谱的现象称核磁共振（NMR）。宏观物质的核磁共振现象于1946年被E.M.珀塞耳和F.布洛赫等人发现，这两人因此而获得1952年的诺贝尔物理学奖。

原理　在强度为$\boldsymbol{B}$的外加恒定磁场作用下，核一方面自旋，另一方面绕磁场进动，进动频率$\nu=\gamma|\boldsymbol{B}|/2\pi$。如果在与$\boldsymbol{B}$垂直的方向上再加一个频率为$\nu_1$的交变磁场$\boldsymbol{H}_1$，当$\nu_1$和$\nu$相等时即发生核磁共振。根据量子力学原理，核自旋为$I$的原子核具有自旋角动量$p$，其绝对值$|p|=\sqrt{I(I+1)}\hbar$，相应的核磁矩为$\mu_N=\gamma p$，式中$\gamma$为核的旋磁比。在外加恒定磁场作用下，核磁矩有$2I+1$个取向，称为塞曼分裂，代表$2I+1$个能级。当频率为$\nu$的射频辐射能量$h\nu$等于核自旋磁矩在恒磁场中相邻两个能级之差$\Delta E$时，原子核吸收辐射，从低能级跃迁至高能级，这就是核磁共振现象。

类型　固定外磁场连续改变射频辐射频率，或固定外射频辐射频率连续改变磁场记录核磁共振谱的方法，称为连续波方法，所用仪器称为连续波核磁共振谱仪。

脉冲傅里叶变换核磁共振（FT-NMR）是指用一定宽度的强而短的射频脉冲辐射样品，使样品中所有被观察的核同时被激发，产生一个时间域的响应函数，称为自由感应衰减（FID）信号。用计算机对它进行傅里叶变换，仍可得到普通的频率域核磁共振谱。据此原理制造的仪器称为傅里叶变换核磁共振谱仪。该谱仪适合于对同位素丰度低的核（如^{13}C核）进行累加实验，测量时间可大大缩短。傅里叶变换核磁共振谱仪使多维核磁共振试验成为可能。

通常说的核磁共振谱仪是指高分辨谱仪，亦是使用最普遍的仪器。20世纪70年代出现了超导磁铁强磁场核磁共振谱仪，大大提高了仪器灵敏度，在生物学领域得到了广泛的应用。

溶液中分子有许多运动自由度，因此观测的核磁共振谱通常是分子运动平均了的高分辨的各向同性高分辨谱。液体高分辨核磁共振是核磁共振波谱学应用最早、范围最广泛的技术。固体中的分子缺乏运动自由度，相邻核间以及核与周围环境间的相互作用就突现出来，使得强磁场下的核磁共振谱具有很强的各向异性，导致观测谱线的严重展宽。使用魔角旋转技术或多脉冲技术压制固体中核间的相互作用，可获得固体高分辨核磁共振谱。魔角旋转技术是使测量样品在与磁场方向成魔角（54.7°）的轴旋转，当旋转速率大于各种核相互作用时，所观测的谱就是分子的各向同性高分辨谱。多脉冲技术是利用一系列的强射频脉冲产生核自旋的运动，最终达到选择性抑制核自旋相互作用的目的。

应用　核磁共振波谱能在原子、分子水平上提供分子结构和动态信息。

①分子中原子核位置的判定和区分。分子中不等价原子的位置可由核磁共振谱的参数化学位移、自旋耦合常数以及谱的相对强度来判定。

②分子中不等价原子的位置的相互关系。这包括键长、键角及原子团簇的信息。这些信息主要包括在自旋耦合常数、偶极耦合常数、弛豫速度等NMR参数中。

③动力学信息。NMR可研究分子及分子内从纳秒到秒级的运动，如分子内旋转、化学交换、氢键、分子间的相互作用等。

核磁共振波谱学已经成为最成功的分析技术，应用范围包括化学的每一个分支学科。二维和多维核磁共振波谱学的创立使核磁共振研究领域进一步扩展到分子生物学，出现了新的学科分支——生物核磁共振波谱学。1991年诺贝尔化学奖授予R.R.恩斯特，表彰他在核磁共振波谱学实现和发展傅里叶变换、多维技术的贡献。2002年的诺贝尔化学奖授予K.维特里希，表彰他用多维核磁共振波谱学在测定溶液中蛋白质结构的三维构象方面的开创性贡献。

（高克林）

核磁矩　nuclear magnetic moment　表征原子核磁性大小的物理量。磁矩是环形电流与其环绕面积的乘积。与电子磁矩相比，质子是带电粒子，有自旋（$s=1/2$），其磁矩因数为$g_p=2$，但测量出的自旋磁矩因子$g_p\cdot 1/2=g_{ps}=2.792\,847\,386(63)\mu_N$，$\mu_N=e\hbar/2m_p=5.0508\times10^{-27}\mathrm{A\cdot m^2}$。中子有自旋（−1/2），但不带电，应该没有磁矩，即$g_n=0$，但实验表明中子也有自旋磁矩$g_n\cdot 1/2=g_{ns}=-1.913\,042\,75(45)\mu_N$。通常称质子和中子具有反常磁矩。原子核是由质子和中子组成的，在原子核内，质子和中子不仅具有内禀磁矩，而且，原子核内的质子也具有轨道角动量，由此也会产生轨道运动磁矩，但中子不带电，没有轨道运动磁矩。因此，原子核的磁矩是组成原子核的质子和中子的自旋磁矩与质子轨道磁矩的矢量和。

如果与原子核的总自旋$\boldsymbol{P}_I$联系起来，原子核磁矩$\boldsymbol{\mu}_I$在空间给定方向上的投影值μ_I与$\boldsymbol{P}_I$在该方向上的投影值相关。$\boldsymbol{P}_I$的投影值取值范围为$I, I-1, \cdots, 0, \cdots, -I+1, -I$，共有$2I+1$个，那么该核的磁矩取值也就有$2I+1$个。最大值的$\mu_I=g_I\mu_N I$。

根据壳模型理论，原子核内的核子都趋向于结合成对，其自旋取决于不成对的核子。因此，偶偶核的基态自旋为0，其磁矩也为0。这得到了实验证实。对于奇A核，奇自旋决定于最后一个非成对核子的角动量，因此，可以预测奇A核的磁矩应该等于最后一个非成对核子的磁矩。但是，实验表明奇A核的磁矩并不都如此。

核磁矩的主要测量方法是**核磁共振**方法。（靳根明）

核的极化 nuclear polarization 原子核的极化的简称。指原子核自旋对确定方向的正负投影分布对称性的偏离。描述这个偏离程度的量称为极化矢量或极化度。对于自旋量子数大于1/2的高自旋原子核体系，即使极化度为零，也不能说此体系的自旋是平均分布的。因此，用自旋分布在确定方向相对于它的垂直方向上的择优程度，来描述自旋分布偏离平均分布的情况。可形象地比拟为分布偏离于球对称的椭球度。因此，一个无极化的体系仍然可能择优排列。极化束、极化靶是对原子核作精细研究的重要工具。如1957年**吴健雄**等验证β衰变中宇称不守恒的实验，就是采用低温强磁场下实现极化的^{60}Co放射性核素进行的。更广义上讲，原子核还有形状极化，原子核的核子激发、集体转动激发、振动激发等可在一定程度上极化原子核的形状，形状极化可导致核的极化。（许甫荣）

核电荷数 nuclear charge number 以原子核内质子数表示的一个原子核的电荷量。由于原子核是由质子和中子组成，质子是带正电荷的核子，中子是不带电的核子，所以，原子核整体是带电的。每个质子所带的电量在数值上与一个电子的电量相等，即$1.602\,189\,2\times10^{-19}$库。一个原子核的电荷量即是质子数与电子电量的乘积。

1911年，英国物理学家E.卢瑟福通过实验发现原子核带电的事实。当时，他用α粒子轰击金箔，发现有α粒子被散射到很大的角度，通过分析，表明原子中存在一个带正电的核心，被称作原子核。原子核的大小在10^{-12}厘米数量级。

有多种方法可以测量原子核的电荷。早在1913年，英国物理学家H.G.J.莫塞莱就提出了能够比较精确测量原子核电荷的方法。这一方法的要点在于他发现元素放出的X射线的频率ν与原子序数Z之间有一关系：

$$\sqrt{\nu}=AZ-B$$

式中A和B为常量，在一定范围内的元素，它们不随Z变化。因此，只要测定了元素发射的X射线的频率，就可以确定该元素的电荷数Z。（靳根明）

核电四极矩 nuclear electric quadrupole moment 原子核的重要性质之一。任意带电体系的电性质用多级展开为电多极矩描述，可分为零级描述球对称分布，一级描述电偶极性质，二级描述电四极性质，级更高则描述更细致。原子核的电偶极矩为零，电四极矩则成为表征核电荷分布偏离球对称程度的重要参数。原子核一般可看成回转椭球形，当核内电荷均匀分布时，电四极矩为：

$$Q=2Z(b^2-a^2)/5$$

式中Z为核电荷数，b为对称轴方向上的半轴，a为垂直于对称轴方向上最大圆截面半径。电四极矩具有面积量纲，单位为靶恩，1靶恩$=10^{-28}$米^2。有的核电四极矩$Q=0$，则$a=b$，说明核为球形；有的核$Q>0$，则$b>a$，说明核是长椭球形；有的核$Q<0$，则$b<a$，说明核是扁椭球形。一般核的电四极矩都不大，说明核偏离球对称并不大。核电四极矩的改变会影响原子光谱的超精细结构，由此可测定核的电四极矩。另外，散射实验也是测量核电四极矩的重要方法。（高克林）

核多体问题 nuclear many-body problem 研究由多个核子组成的微观核物理系统的问题。原子核是由质子和中子组成的量子多体系统，服从量子力学运动规则。原子核的结构和原子核反应的性质是由组成原子核的核子和它们之间的相互作用，以及复杂的量子多粒子系统的运动规则来确定。组成原子核的核子之间的相互作用是强相互作用，**量子场论**处理多体问题的微扰理论不适用于强相互作用的原子核多体系统。复杂的量子多体系统波函数使得完全严格的理论处理很困难，通常采用各种理论模型和近似的理论方法来研究原子核的结构和反应。随着理论的发展和更准确描述核多体系统的要求，理论模型的计算量越来越大，量子多体理论的研究成为需要最大数值计算量的理论之一。

对于核多体问题的研究大致概括为两大类：基于原子核性质和核物理现象的唯象方法；直接从核子-核子相互作用出发，在量子多体理论框架下的微观研究。

对于多粒子系统的唯象研究基于大量的物理现象，如核的基态性质，核的单粒子激发和集体激发，包括核的转动和振动，核的大振幅集体运动，核的裂变、熔合等，用各种理论模型来解释。常用的理论模型有壳模型、原子核的集体运动模型、相互作用玻色子模型，以及一些宏观模型，如费米气体模型、液滴模型、流体动力学模型、统计模型等。为了更好地描述和预言实验现象还采用宏观和微观的混合模型。但唯象模型的参数较多，对参数的依赖较强，缺乏理论的预言能力。

微观方法是从自由核子-核子相互作用，采用非相对论或相对论量子多体方法来研究核的性质。在量子场论的介子交换理论基础上，通过拟合大量的核子-核子散射相移实验和唯一的两核子束缚态氘核的基态性质，已经成功地建立了自由核子-核子两体相互作用势，称为现实核力。自由核子的相互作用也可以直接从更基本的**量子色动力学**来得到。采用自由核子相互作用在量子力学的多体理论框架下研究原子核的性质，最简单的方法是在密度均匀分布的无穷大的核物质中来讨论。由于核力具有饱和性，重核中心区域密度趋于常数，在核物质中的研究可以讨论核的大块性质。在非相对论核多体理论框架下，考虑粒子-粒子短程关联的无穷级求和方法，称为布鲁克纳-哈特里-福克（BHF）方法。研究发现，这种微观研究不能定量地符合核物质饱和性质的经验值和描述三体核系统，如^3He、^3H的基态性质。进一步研究表明，必须引进三体力才能改善与经验值的符合。然而，基于相对论量子场论的狄拉克-布鲁克纳-哈特里-福克（DBHF）理论，将核子处理为狄拉克粒子，核子的相互作用势场是由很大的标量势和矢量势的抵消得到的。在大于饱和密度时标量势趋于饱和，矢量势随密度增加，引进了新的饱和机制，成功地描述了核物质的饱和性质。

近来BHF和DBHF的有限核基态性质的ab initio研究取得了一定的进展，大部分有限核性质的研究常采用等效G矩阵或唯象的核子的有效相互作用，做哈特里-福克计算（见**哈特里-福克方法**）。原子核的状态用满足完全反对称的单核子波函数来描述，用变分原理得到核子在核内的势场，核子在势场中运动，核子的有效相互作用参数由一些实验数据来确定，自洽的哈特里-福克计算可以得到核的多体波函数和基态性质。相对论平均场理将核子处理为狄拉克粒子，核子的有效相互作用是由核子之间交换标量介子σ、矢量介子ω、ρ和给出库仑相互作用的光子来描述，并考虑介子的非线性自相互作用，有效耦合常数是由符合核物质和一些稳定核的基态性质得到。讨论有效赝矢量耦合的π介子的贡献必须考虑相对论哈特里-福克（RHF）方法，RHF方法还可以进一步包含赝张量耦合的ρ介子的贡献。非相对论和相对论平均场方法也分别称为密度泛函理论和协变密度泛函理论，复杂的多体问题被简化成核子在有效势场中运动的问题。非相对论和相对论平均场理不仅成功地描述了稳定核和预言核素图上的大部分基态性质，而且广泛地应用于核结构和反应的许多研究。（马中玉）

核反应 nuclear reaction 核子或其他类型粒子同原子核碰撞，通过相互作用，使原子核的状态变化或者形成新的原子核的过程。它是区别于核衰变而用主动方式研究原子核内部结构的主要手段之一。核反应前主体是由入射粒子和靶核组成。核反应产物可是一体、两体、三体或多体，取决于入射核或粒子以及靶核体系自身的固有性质，并与入射能量有密切关系。

对于两体核反应，用A和a表示靶核和入射粒子，B和b表示靶剩余核和出射粒子，核反应方程表示为：

$$a+A\rightarrow b+B+Q$$

或简写为A(a, b)B。Q表示核反应释放的能量，它是核反应前后的质量差。当$Q>0$时，表示核反应为放热反应；当$Q<0$时，表示核反应为吸热反应。核反应过程应保证能量、动量、电荷数的守恒。

实验室中发生一个吸热核反应（$Q<0$）所需要入射粒子在实验室系中的最低能量称为该反应道的阈能。对于放热反应（$Q>0$）不存在阈能。对于带电粒子之间的核反应，还必须考虑库仑势垒的影响。只有当入射粒子的能量超过阈能并又大于库仑势垒时，发生核反应才有较大的概率。大于阈能但小于库仑势垒时，可发生穿透库仑势垒的反应是较小概率的垒下核反应过程。

类型　根据不同核反应机制和入射粒子类型可划分为不同的核反应类型。

核反应由出射粒子不同可分为：①**弹性散射**。A(a, a)A，出射粒子与入射粒子相同，反应Q值为0，反应前后系统总动能不变。②**非弹性散射**。A(a, a)A*，出射粒子与入射粒子相同，但反应后靶核处于激发态（右上角*号表示），反应Q值为剩余核A*的激发能。③重整碰撞。A(a, b)B，又称核子交换反应。这种核反应过程中，入射粒子与靶核之间发生核子交换，出射道产生新的原子核和粒子。④俘获反应。A(a, γ)C*，入射粒子进入靶原子核而形成复合核C*，处于激发态的复合核通过放出γ射线退激到基态。

核反应由入射粒子不同可分为：①由中子引起的核反应；②由带电粒子引起的核反应；③由光子引起的核反应。

对于核子和轻的原子核引起的核反应，入射粒子进入靶核前的势散射行为，可用光学模型描述；入射粒子与靶核外层少数核子相互作用过程，可用直接反应模型描述；入射粒子进入靶核引起粒子空穴的非平衡多步激发过程，可用激子模型和核反应多步直接或多步复合核理论描述。在复合核达到平衡态后的核反应行为，可用复合核模型描述。上述不同的核反应过程都可有粒子发射，但出射粒子行为是不同的。重靶核可分裂为两个或几个原子核称为裂变反应。由重离子引起的核反应还有其他的反应机制。

应用　E.**卢瑟福**于1919年首次实现人工核反应。核物理研究自然离不开核反应。远离β稳定线人工新核素的产生，以及天体演化过程的解释等都需要核反应的知识。现在核反应在军事、核能、医学和工农业等方面得到广泛的应用，如核武器、核电站、放射性同位素生产等。（张竞上）

核反应的屏蔽效应 screening effect in nuclear reactions 带电粒子核反应中，靶原子的核外电子云对靶核电荷形成的屏蔽效应。入射离子未完全剥离的电子云也有同样的效应。核反应理论通常不考虑核外电子带来的影响，简单地把入射离子和靶核都看成裸核处理；然而核反应实验中的靶核通常是中性原子或分子，入射离子则是有某种电荷态分布的正离子。靶原子的电子云对入射离子与靶核之间的库仑相互作用势产生影响，进而影响到实验测量的反应截面的准确性。电子屏蔽效应可以用与裸核的库仑势相反的电子屏蔽势来描述。当质心系能量足够低时，电子屏蔽效应变得明显；与裸核的情况相比，电子屏蔽效应导致有效库仑势垒的高度降低、宽度变窄。

核天体物理感兴趣的反应能区一般远低于库仑势垒。在此能区带电粒子的反应截面随能量降低而近似指数般快速下降，这时对反应截面起决定性作用的是库仑势垒穿透概率。电子屏蔽效应导致实验测量的反应截面相对于裸核有较明显的升高，而导致这种反应截面升高的原因毫无疑问是来源于库仑势垒穿透概率的变化。常采用反应截面的倍增因子来表征由电子屏蔽效应所带来的反应截面的这种变化。核天体物理学家从实验和理论两方面不懈努力，不仅清楚地揭示出电子屏蔽效应的存在及其随能量变化的趋势，而且发展了系统方法确定带电粒子核反应中的电子屏蔽倍增因子，进而得到天体物理感兴趣能区的裸核反应截面。

恒星内部物质的典型状态是由裸核与电子组成的等离子体。为了估算恒星等离子体环境下的热核反应率，必须经过两步修正：①要对实验室的测量数据进行电子屏蔽效应的修正，得到裸核的反应截面；②再估算恒星等离子体环境下的屏蔽倍增因子，得到真实的热核反应率。后者存在较大的不确定性，因此对恒星热核反应中的等离子体效应的深入研究仍是核天体物理学的重要课题之一。（王友宝）

核反应截面 nuclear reaction cross section 入射粒子与靶粒子之间发生的某种特定反应概率的定量度量。用截面表示。具有面积量纲，标准单位为米^2（m^2），通用的单位为靶恩（b），$1b=10^{-28}m^2$。截面越大表示核反应发生概率越大。核反应截面的大小由入射粒子及靶核体系自身的固有性质决定，并与入射粒子能量有密切关系。不同反应体系的反应道各有其特定的反应截面。一种反应道的截面以σ_i表示（$i=1, 2, \cdots$）。一个核所有反应道截面之和称为总截面。为了更细致地描述核反应特征，还经常用微分截面来描述。其中有单位出射能量间隔内的反应截面，称为谱截面或能谱（$d\sigma/dE$）；单位立体角内的截面称为角分布（$d\sigma/d\Omega$）；而单位能量间隔及单位立体角内的截面称为双微分截面［$d^2\sigma/(dEd\Omega)$］。通过对各种核反应截面的分析，可了解核的内部结构和直接揭示原子核之间的相互作用特征，也是核能和核工程应用中不可缺少的重要参数。

（张竞上）

核反应能谱学　nuclear reaction spectroscopy　利用核反应研究原子核的能谱的学科。每个原子核都有自己的特定能谱。为了了解原子核的能谱，必须外部加入能量，将原子核激发到高的激发状态，然后测量其退激发过程，以得到其能谱。激发原子核的方法很多，通过核反应激发原子核也是一条可行的途径。而且，核反应激发原子核还有其优点：可以将原子核激发到非常高的能量状态和自旋状态，例如原子核的高自旋能谱的研究都是通过核反应完成的。另外，通过核反应还可以生成新的核素，特别是远离稳定线的短寿命核素，从而完成其衰变能谱的研究。

（靳根明）

核分析技术　nuclear analytical technique　一门以辐射或粒子与物质相互作用、核效应、核谱学及核装置（反应堆、加速器等）为基础，由多种方法组成的综合技术。是核科学最为活跃的研究领域之一。各种射线和粒子与物质相互作用会使入射的初级射线和粒子本身的状态或参数发生变化，还会产生次级射线和次级粒子。这些变化和次级发射在很大程度上取决于与其相互作用的物质本身的组成及结构特性，这就是核分析技术的原理。核分析技术既可以定性判断，又可以定量分析。

特点　核分析技术具有绝大多数常规非核技术无可替代的特点，如高灵敏度、高准确度和精密度、高分辨率（包括空间分辨率和能量分辨率）、非破坏性、多元素测定能力、特异性等，为自然科学的发展以及实际应用提供了有力的技术手段。

分类　核分析技术主要包括离子束分析、超精细相互作用分析和活化分析3类。

①离子束分析。指用一定能量的带电离子轰击靶物质并与之发生相互作用，靶材和离子束状态都发生变化，产生各种次级效应，通过分析和测定这些次级效应来研究被轰击材料的结构和性质。离子束分析技术于1968年问世，是一种重要的表面分析方法。主要的离子束分析技术包括核反应分析、卢瑟福背散射、质子诱发X荧光发射和沟道效应分析等。这些方法在凝聚态物理和材料科学中已经获得了广泛应用。通过将射线或粒子束聚焦建立的微束分析方法，进一步将应用领域扩展到生命科学、环境科学、地学、考古学等学科。

②超精细相互作用分析。指利用原子核的磁矩和电四极矩与周围电磁场之间的相互作用，分析核能级的移动和分裂，获得周围环境的信息，从而探测物质的微观结构。主要的超精细相互作用分析技术包括穆斯堡尔效应、扰动角关联效应、核磁共振效应、正电子湮没效应、中子衍射和中子散射等。这类方法既能提供原子核及其近邻原子的信息，又能提供宏观平均信息，所应用的学科领域也更为宽泛，并对许多学科的发展起到了重要的推动作用。

③活化分析。这项技术始于1936年，指利用一定能量和流强的中子、带电粒子或高能γ光子轰击试样，使待测原子受激活化，然后测定由核反应生成的放射性核素衰变时放出的缓发辐射，或者直接测定核反应时放出的瞬发辐射，从而实现核素及元素定性和定量分析的方法。

（张智勇）

核辐射探测器　nuclear radiation detector　用于探测人类不能直接感知的核辐射的仪器。

原理　它是基于核辐射与物质相互作用产生的电离或激发导致的物理和化学效应，用以鉴别核辐射类型和测量核辐射能量、强度和半衰期等。

核辐射与物质相互作用和辐射的荷电性密切相关。带电核辐射在物质中直接产生电离或激发。中性或不带电的核辐射需要经过一个中间过程。例如，γ射线或X射线先与物质发生光电效应、康普顿效应或电子对效应，中子与物质原子核的核反应和散射，中间过程产生的带电粒子或γ辐射引起物质电离或激发，核辐射探测器既是核辐射作用介质，又是将产生的电离或激发转变为可以探测的电脉冲信号。

分类　根据与核辐射相互作用介质和被探测辐射的特点等，核辐射探测器可以分为气体探测器、闪烁和发光探测器、半导体探测器、核径迹探测器、中子探测器、高能粒子探测器等。

气体探测器　气体探测器是最早发展的一种核辐射探测器。入射带电粒子通过气体时，使气体分子或原子电离或激发，在其通过的路径上产生大量的电子和正离子对。气体探测器通过收集产生的电离电荷来测量核辐射。气体探测器种类较多，常用的气体探测器有电离室、正比计数器、盖革-米勒计数器、G-M计数器、（位置灵敏）多丝正比计数器和漂移室等。电离室、正比计数器和盖革-米勒计数器结构相似，都由一个内充一定气压气体的容器、阴极（负极）和阳极（正极）构成。电极间加一定电压，阴极收集电离产生的正离子、阳极收集电子。这三种探测器的差别是工作电压不同。电离室工作电压较低，直接收集核辐射产生的原始离子对，输出脉冲幅度小上升时间快，可用于核辐射剂量和能量或能谱测量。正比计数器工作电压较高，原始离子在电场中高速运动产生更多的离子对，具有气体放大作用，输出脉冲幅度较大但仍正比于入射核辐射的能量，用于核辐射强度、能量或能谱测量。盖革-米勒计数器虽然工作电压也较高，可发生多次电离，输出脉冲幅度很大（可以不经放大直接被记录），但幅度与入射核辐射能量不成正比关系，一般只用于核辐射强度或剂量测量。

（位置灵敏）多丝正比计数器和漂移室不仅能够记录核辐射计数或强度，还可以测定入射核辐射的空间位置。多丝正比计数器由许多平行的电极丝构成，每一根电极丝及其邻近空间相当于一个探测器并单独与一个记录电子学单元连接。核辐射进入到该电极丝邻近空间，与此相连的电子学单元记录一次事件。不同的电极丝相应不同的位置，电极丝越多空间分辨越高。增加电极丝数目可以提高多丝正比计数器空间分辨率，但受到计数器制作的限制，于是发展了漂移室。漂移室通过测量离子漂移到电极丝的时间来确定核辐射入射的空间位置，漂移室的位置分辨率可以达到几十微米。

闪烁探测器　闪烁探测器已经有100多年历史。闪烁探测器的基本原理是入射到探测器闪烁体中的核辐射，使闪烁体原子或分子电离与激发，通过探测退激过程中发射的荧光或核辐射通过介质时发射的光来记录核辐射。早期用显微镜观察荧光，20世纪40年代开始用光电倍增管来探测荧光。闪烁探测器的分辨时间好、探测效率高，可以测量核辐射强度和能量，现在已经是一种广泛应用的不可或缺的核辐射探测器。

闪烁探测器由闪烁体、光收集和探测的光电器件（如光电倍增管、半导体光电二极管等）构成。闪烁体从物理状态可分为固体晶体闪烁体、塑料闪烁体、液体闪烁体和气体闪烁体等，按化学性质可分为有机闪烁体和无机闪烁体。无机闪烁体有铊激活碘化钠NaI（Tl）、铊激活碘化铯CsI(Tl)、CsI(Na)、ZnS(Ag)、$LaBr_3$(Ce)和$LaCl_3$(Ce)等含少量激活剂的无机盐晶体，$Bi_4Ge_3O_{12}$和BaF_2等无机晶体，玻璃闪烁体，气体闪烁体等。有机闪烁体有塑料闪烁体、$C_{14}H_{10}$蒽晶体芳香族有机化合物闪烁体、ST-451液体闪烁体等。光电倍增管将闪烁体中产生的微弱光信号转换成脉冲电信号输出。根据闪烁体，闪烁探测器分为固体闪烁探测器、液体闪烁探测器和气体闪烁探测器。气体闪烁探测器常用氙、氦等气体作为闪烁体，液体闪烁探测器常用闪烁溶剂和发光物混合物作为闪烁体，固体闪烁探测器一般常用无机闪烁体作为闪烁体。根据实验的要求，已经发展了多种输出脉冲幅度大、时间特性好的气体闪烁探测器，例如气体闪烁正比探测器、自猝灭流光计数器等。

切伦科夫探测器是一种闪烁探测器。这种探测器是记录带电粒子在透明介质中发射切伦科夫辐射。产生切伦科夫辐射的带电粒子的运动速度必须大于光在该介质中的运动速度。

热释光探测器是一种基于热致发光的核辐射探测器。探测器是热释光的发光体，受到核辐射照射产生电子和正离子；辐照后在一定温度下加热发光体，电子和正离子与发光体其他异性电荷复合而发光；产生的光由光电倍增管记录。热释光探测器具有体积小能量响应好、灵敏度高、使用方便、可测α、β、γ、X、n等多种射线的优点。

硅光电倍增管是20世纪90年代末发展起来的一种新型光电探测器，由工作在盖革–米勒（G-M）区的雪崩二极管阵列组成。硅光电倍增管不受磁场影响，结构紧凑，已经广泛用于粒子物理和核物理实验。由于不受外部磁场的影响，在核医学领域将正电子湮没断层成像（PET）和磁共振成像（MRI）结合为一体。

穿越辐射探测器是一种正在发展的新型探测器，由若干个辐射体和闪烁探测器构成。高速运动入射粒子通过辐射体发射可见光到X射线波段的光，采用闪烁探测器或X射线探测器或半导体计数器记录发射的光。

康普顿二极管是将**康普顿效应**产生的康普顿电子转换为电流信号的探测器。康普顿二极管探测器有介质型和真空型两种类型。常用于直接探测强脉冲X射线和γ射线束。

半导体探测器　半导体探测器在20世纪60年代得到了迅速发展。半导体探测器的原理与电离室相似，不同的是电离介质是半导体材料。核辐射电离在半导体中产生电子和空穴载流子，在反向电场作用下收集而产生电脉冲信号，通过电脉冲信号的测量，获得核辐射能量和强度等信息。硅和锗是两种最常用的半导体材料，它们的射线阻止本领比气体大许多，产生电子–空穴对的平均电离能比气体小一个数量级，半导体探测器的探测灵敏度比气体探测器大很多。

用硅作基材的半导体探测器称为硅半导体探测器，简称硅探测器。硅探测器有金–硅面垒型探测器、扩散结型半导体探测器、硅锂漂移探测器等。

金–硅面垒型探测器是在N型硅单晶表面喷一层金膜构成，主要用于带电粒子探测，具有能量分辨率好、脉冲信号上升时间快、线性好等优点。

扩散结型半导体探测器是在高电阻率P型硅表面采用离子注入法掺入相反电导类型的杂质构成，具有真空稳定性好、能量分辨好、抗辐照能力强等优点。

硅锂漂移探测器是在P型Si单晶采用锂漂移方法制备的PIN结探测器（表面锂层离子化的N结，锂漂移本征层I结，未漂移的P结），灵敏区厚度从几毫米到十几毫米。硅锂漂移探测器主要用于低能γ射线或X射线的探测。硅锂漂移探测器必须始终保持77K液氮温度。

用锗（Ge）作基材的半导体探测器称为锗半导体探测器。锗半导体探测器有锗锂漂移探测器和高纯锗探测器（HPGe）。

锗锂漂移探测器是在P型Ge单晶采用锂漂移方法制备的PIN结探测器，灵敏区厚度从几毫米到十几毫米。Ge(Li)探测器必须始终保持在77K液氮温度，使用很不方便，现在已经被高纯锗探测器取代。

高纯锗探测器是20世纪70年代中期发展的，工作在液氮温度，保存在室温。高纯锗探测器有平面型和同轴型两种探测器。平面型高纯锗探测器的灵敏区厚度一般在5～10毫米，用于中、高能带电粒子和低能X射线和γ射线探测。同轴型高纯锗探测器的灵敏体积可以达到400立方厘米，用于低于10兆电子伏的高能γ射线探测。

现在已经研发了许多新型半导体探测器，例如硅漂移室或硅漂移室探测器、电荷耦合探测器、化合物半导体探测器、结构与半导体探测器类似的低温量热探测器或低温量热核辐射探测器、低温超导探测器或超导核辐射探测器、硅条探测器、硅二极管探测器等。硅漂移探测器和电荷耦合探测器是新型的位置灵敏探测器，不仅能够给出核辐射的能量信号，还能给出核辐射入射粒子的位置。化合物半导体探测器有Ⅲ-Ⅴ族化合物的砷化镓（GaAs）探测器、Ⅱ-Ⅵ族化合物的碲化镉（CdTe）探测器、碲锌镉（CdZnTe）探测器及Ⅱ-Ⅶ族化合物的碘化汞（HgI_2）探测器等核辐射探测器。化合物半导体探测器的主要优点是工作在室温、探测效率高、能量分辨好。例如，砷化镓探测器对^{57}Co122千电子伏特（keV）的γ射线的能量分辨可以达到2.95keV。化合物半导体探测器已经在X、γ射线能谱和剂量测量、核医学、空间物理学等领域得到了较好的应用。近年又报道了一种有望用于核辐射探测的新型钙钛矿光电探测器。低温量热探测器和超导探测器具有探测效率高和能量分辨高的优点，可以用于很低能量的探测和高精度能谱测量。低温量热探测器利用入射粒子或射线“热化”使探测器吸收体温度升高，可以灵敏地探测强电离、弱电离或不产生电离的eV量级核辐射及它们的能量测量。超导探测器的电离能很小，电离产生的电子数比半导体探测器高几千倍，因此具有超高的探测灵敏度和超高的能量分辨率。硅条探测器是PN结位置灵敏探测器，它的位置分辨率可达微米或亚微米，是位置分辨率最好的探测器，同时具有高能量分辨率、快时间响应、体积小等优点。硅二极管探测器是一种类似光电倍增管的硅单晶PN结探测器，具有体积小、效率高、功耗低等优点，常与CsI(Tl)闪烁体组合，用于高能电子和γ射线探测。

核径迹探测器　核径迹探测器是记录核辐射粒子经过探测器产生的径迹。有两类核径迹探测器，一类是径迹可以长期保存的核径迹探测器，另一类是径迹产生后需要即刻拍照或数码摄像保存，或用电子学系统记录脉冲信号的核径迹探测器，也称脉冲径迹探测器。

径迹可以长期保存的核径迹探测器有原子核乳胶探测器和核固体径迹探测器等。原子核乳胶探测器是应用很广的一种核径迹探测器，当带电粒子入射在乳胶中产生的潜影上，经过显影后转变为可用显微镜观测的径迹。由径迹数目和长度可以鉴定粒子种类、测定其能量和强度。原子核乳胶探测器的位置分辨率可以达到1微米。核固体径迹探测器是云母、塑料等绝缘材料，荷能带电粒子入射在其中产生辐射损伤，损伤经过化学蚀刻成为直径几百微米可用显微镜观察的孔洞（蚀坑），由孔洞数目可以确定入射粒子的数目。采用很薄的固体径迹探测器叠加方法，可以得到粒子的径迹。

需要照相或摄像才能保留径迹的探测器有**火花室**、**流光室**、**云室**、**气泡室**、**时间投影室**、**时间扩展室**等。在火花室和流光室中，带电粒子电离产生的离子在强电场下运动，发生多次电离和增殖，产生火花和流光径迹，可用于微弱核辐射和稀有事例测量，广泛应用于高能粒子物理实验和宇宙射线测量等。云室和气泡室是最早发展的一种径迹探测器，主要用于高能物理实验和宇宙射线探测。云室中入射带电粒子产生的电离离子在过饱和蒸气中冷凝而结成液滴形成径迹；气泡室中入射带电粒子产生的电离离子在过热液体中气化产生气泡形成径迹。时间投影室是利用电离电子漂移时间和漂移方向投影测量入射粒子三维空间坐标、动量和鉴别粒子的探测器，现在主要用于大型高能物理实验。例如用作正负电子对撞机大体积中心探测器及多径迹精密测量探测器。时间扩展室也是一种气体探测器，入射粒子产生的电离电子束团沿径迹分布是不均匀的，通过延长电离电子漂移时间方法，扩大径迹路径上的电离束团间到达阳极的时间差，使每个电子束团产生脉冲信号时间不同，这样径迹路径上所有电离电子束团都被记录下来。由测量的径迹电离电子束团的数量和分布，可以鉴别粒子种类和强度测定等。时间扩展室已经用作大型电子对撞机的中心径迹探测器。

中子探测器　中子是不带电的，不能直接引起物质电离。中子探测器中，中子先通过与探测器介质原子核反应或散射等相互作用产生的次级带电粒子或γ射线，通过探测和记录产生的带电粒子或γ射线，实现中子的探测。中子与物质原子核的相互作用与中子能量密切相关，中子能量不同，中子探测方法不同。中子与探测介质原子核相互作用有弹性散射、核反应、裂变反应、中子辐射俘获反应等。基于中子与物质相互作用，中子探测的基本方法有核反应法、核散射法或核反冲法、核裂变法、活化法。最常用于中子探测的核反应是中子与^{3}He、^{10}B、^{6}Li等产生带电粒子的核反应，通过带电粒子的探测就可以记录中子，这些核反应的截面与中子能量密切相关。中子和原子核散射产生带电的反冲核，通过探测反冲核就可以记录中子，一般核散射法主要用于快中子探测。核散射法中最常用的是中子和氢的n-p散射产生的反冲质子。中子与氦的散射由于氦质量大，在固体中的射程短，主要用于气体探测器。中子和（重）原子核发生核裂变反应，产生两个质量相近的带电裂变碎片，通过碎片的记录就可以探测中子。中子活化是原子核吸收中子后，变成同一元素的放射性核素，通过放射性核素的放射性测量就可以探测中子。不同能量的中子通过同一距离的飞行时间不同，实验上可以通过中子飞行时间的测量，测定中子的能量和能谱。

用于慢中子探测的气体探测器有三氟化硼探测器（BF_3正比计数管）、^{3}He正比计数管、硼电离室、裂变电离室等；半导体探测器有^{6}LiF夹心半导体探测器、裂变半导体探测器、氦-3探测器（^{3}He探测器）；核固体径迹探测器有载B或Li核乳胶和外包B或Li或裂变物质的云母等固体径迹探测器；闪烁探测器有含^{6}Li和^{10}B的ZnS(Ag)闪烁体、Ce激活Li玻璃闪烁体、Eu激活LiI闪烁体的闪烁探测器和载^{10}B或^{6}Li的液体闪烁探测器等。自给能探测器主要用于反应堆内的中子测量。最常用的热释光探测器是^{6}LiF热释光探测器。慢中子飞行时间谱仪一直是测量慢中子能谱的最主要的一种方法。常用于热中子探测的活化探测器有^{23}Na、^{55}Mn、^{59}Co、^{113}In、^{115}In、^{164}Dy、^{197}Au等。

用于快中子探测的气体探测器有中子注量和能量测量的含氢气体正比计数器、^{238}U和^{232}Th裂变电离室、长中子计数器等；半导体探测器有反冲半导体探测器、半导体望远镜和裂变半导体探测器等；核固体径迹探测器有含氢核乳胶和CR-39塑料固体径迹探测器等；闪烁探测器有蒽和芪等有机闪烁晶体探测器、塑料闪烁探测器、含氢液体闪烁探测器、含氢ZnS（Ag）闪烁探测器、含^{4}He气体闪烁探测器等；中子与不同核素发生活化反应的阈值不同，可选择一组活化核反应阈值分布比较均匀的阈能探测器组成中子阈能探测器测量快中子能谱。一组不同厚度的含氢慢化体的慢化球探测器（邦纳球中子探测器），可以用于测量中子能谱和监测中子剂量。快中子能谱测量中，飞行时间技术是主要的快中子能谱精确测量方法。

高能粒子探测器　电子、质子、介子、中子和J/Ψ等高能粒子探测原理与低能核辐射粒子探测相仿，带电高能粒子可以直接引起探测介质的电离和激发，中性的高能粒子是其衰变或其与物质作用产生的次级带电粒子引起探测介质的电离和激发。高能粒子探测器有**核乳胶**、气泡室、雪崩室、流光室、**切伦科夫探测器**、**穿越辐射探测器**、**电磁量能器**或簇射计数器、**强子量能器**、μ子探测器、阻性板室探测器、阴极条室探测器等。阻性板室探测器是在两块平行阻性板之间的间隙充工作气体并加上高压，当粒子穿过气体时，产生雪崩或流光信号并由感应条引出。阴极条室探测器用于高能、高亮度粒子测量，它由相互垂直的阳极丝与阴极条构成，一般3～5个相邻阴极条构成一个信号读出节，由测量的感应电荷分布确定入射粒子位置，多层叠加可以精确测量粒子的径迹。电磁量能器或簇射计数器是测量高能电子或γ光子在介质中簇射产生的次级粒子的总能量沉积，测量入射粒子能量，鉴别高能γ和e等电磁作用粒子。强子量能器是记录强子级联簇射的次级强子的能量沉积与空间分布，测量入射强子能量和方向等。μ子探测器用于μ子方向、位置与能量测量以及μ子的鉴别等。

随着大科学实验装置的发展和其上高能粒子物理实验对核探测器的需求，近年来又发展了许多新型探测器，例如微结构气体探测器、微网探测器、气体电子倍增器、光蚀刻一体化微网探测器等。

性能和指标　核辐射探测器的主要性能和指标是探测效率、分辨率、线性响应、粒子鉴别能力、探测灵敏度等。核辐射探测器的探测效率越高越好；核辐射探测器的分辨率有能量分辨率、空间分辨率、时间分辨率等，原则上希望所有分辨率都要好，但是实际上是很难实现的，实验上根据测量需要，选择合适的具有一个或两个分辨率好的探测器；探测器的线性响应有能量、强度、位置线性响应，同样需要根据测量选用某种线性较好的合适的探测器；粒子鉴别能力好的探测器，有利于选择性地探测期望的粒子而排除其他核辐射的干扰；探测器的灵敏度与核辐射能量相关，是探测器的一个基本属性，通常希望探测器灵敏度高，以获得好的输出信号与输入信号之比。此外核辐射探测器要有好的抗辐照损伤的能力、适应测量环境的能力。（朱升云）

核辐射与物质相互作用　nuclear radiation interaction with matter　核辐射与物质之间相互作用是核辐射探测的物理基础。**核辐射探测器**是基于待探测核辐射与探测器介质的相互作用。核辐射与物质的相互作用可以分为带电核辐射与物质相互作用和不带电或中性核辐射与物质相互作用。

带电核辐射一般是指轻带电粒子和重带电粒子。带电粒子辐射与物质相互作用主要是在通过物质的路径上产生电离和激发。电离使物质的原子电子脱离原子轨道形成离子-电子对，激发使原子核外电子从低能级跃迁到高能级。

不带电核辐射一般是指中子和X射线、γ射线等，它们与物质相互作用不会直接产生电离和激发，需要经过一个中间过程。例如γ射线与物质相互作用需首先通过光电效应与康普顿效应和电子对效应产生次级带电粒子，中子与物质相互作用需首先通过核反应或散射等产生次级带电粒子，然后由次级带电粒子引起物质的电离或激发。（朱升云）

核供热堆　nuclear heating reactor　专用于直接供热的核反应堆。广义上说，根据温度不同供热堆可分为低温供热堆、中温供热堆和高温供热堆。中温供热堆提供200～500℃的工艺热用于纺织印染业等，高温供热堆提供500℃以上的工艺热，用于石油化工、煤化工、冶金、制氢等。狭义上，核供热堆一般指低温供热堆，提供200℃以下低温热，主要用于城镇居民冬季集中清洁低碳供暖，在夏天可通过溴化锂制冷机组用来制冷；也可用于稠油热采、造纸、制糖、大棚种植、水产、海水淡化等众多工农业供热领域。以供热堆为热源的供热站称为核供热站。

供热堆一般采用技术最为成熟的水堆，一般采用以下三种堆型：池式、池内壳式及壳式。壳式及池内壳式供热堆根据供热温度要求选择运行压力；而池式供热堆开口常压运行，一般通过加深水层来提高堆芯的出口温度以满足供热的要求。虽然壳式及池内壳式供热堆供热参数较高，但系统相当复杂，造价也较高，而池式供热堆供热参数较低，但无须压力容器、稳压器等复杂昂贵的设备，系统最简单，造价也较低。

供热堆通常设三个循环回路，通过两次热交换将反应堆产生的热能，从反应堆一回路传递到三回路，通过换热站及供热管网将热量输送到千家万户。池式供热堆的主热传输系统组成及参数见附图。燃料及放射性物质完全封闭在一回路中，不与二、三回路中的介质直接接触，回路之间只有通过热交换器的热量传递，没有物质的传递，另外，二回路也常称为隔离回路，运行压力一般高于一回路，即使发生传热管或板破裂，也能避免一回路中的放射性物质进入二回路，故供应的三回路中的蒸汽或热水中不带有放射性。

与核电站反应堆相比，供热堆具有以下两个显著特点：一是由于热长输的热损，供热堆功率一般较小，中小城市选择100～200兆瓦，大城市选择300～400兆瓦；二是由于供热堆需靠近城镇建设，且不能有厂外应急，供热堆安全性应更高，对环境应更友好，做到近零排放。　（柯国土）

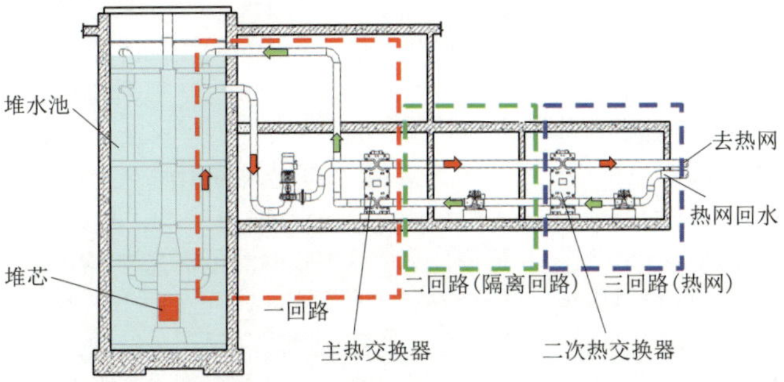

池式供热堆主热传输系统原理示意图

核共振态　nuclear resonance state　寿命极短、能级有一定宽度的核态。在核反应中，当入射粒子能量达到某一范围时，散射或反应截面迅速增大，截面值随能量的变化行为与经典物理学中熟知的共振现象一致。用量子力学对这个现象进行分析研究表明，这个共振现象的出现是由于在某一确定能量附近，入射粒子与靶核反应生成一个亚稳核态，经过一定时间后，该亚稳核态又衰变成末态粒子。这个被看作入射粒子与靶核反应生成的亚稳核态就被称为共振态。共振态与通常的粒子或核激发态并无区别，有确定的自旋、宇称、同位旋等量子数；只是由于共振态寿命太短，能级有一定自然宽度，表现为共振态的质量分布在某一确定值附近一定的范围内。共振态寿命短是因为其通过强相互作用而衰变。共振态的宽度一般随共振能量的增大而增大。

核共振态的激发能一般超过核子的分离能，称为非束缚能级，不仅可以通过发射γ或内转换电子退激，还可以通过发射核子、α粒子或其他复合粒子衰变。　（刘　忠）

核基态　nuclear ground state　原子核能量最低的状态。原子核是一个由多个核子组成的量子体系，一般具有多个能量状态，其中能量最低的状态为原子核的基态。　（许　昌）

核激发态　nuclear excited state　比核基态能量高的能量状态。原子核可以处在不同的能量状态。能量最低的状态称为核基态，一般处于激发态的原子核是不稳定的，可以通过辐射γ射线从核激发态跃迁到核基态，或者通过辐射α粒子或β粒子等转变到其他原子核的基态。　（许　昌）

核集团模型　nuclear cluster model　一种原子核结构模型。这一模型认为核内核子先结合成若干个集团，集团之间再通过相互作用结合在一起。集团内部的状态被认为是已知的，仅集团之间的相对运动是未知的，这样问题便得到简化。

这一模型的提出源于α粒子（含两个质子和两个中子）的特殊稳定性以及实验上的启示（如^{16}O的低激发谱与4-玻色子谱相似），使人们想到主要以α粒子为单元的核内结团现象的存在。除了α粒子之外，余下的核子会组成氘（d）、氚（t）、^{3}He等。通过理论计算表明，核内的集团不是很稳固的，还要考虑其中较小集团的激发态。如考虑^{7}Li时需考虑α+t、α+t*、α+d+n、α+d*+n等结团方式。

实际计算中困难主要来自集团间核子的反对称化，为此发展了共振群方法。要点在于导出相对运动波函数在全反对称制约下，必须满足的积分-微分方程。另外，还有与之等价的生成坐标法。人们曾使用这些方法对轻核进行了广泛的计算。

集团模型和壳层模型是原子核的两个主要模型，各强调核结构的某些方面，各有其片面性，同时它们又互相补充。　（鲍诚光）

核技术　nuclear technique　以核性质、核反应、核辐射、核效应和核谱学为基础，以反应堆、加速器、辐射源和核辐射探测器为工具的现代高新技术。核技术具有高的灵敏度、特异性、选择性、抗干扰性、穿透性等特点。广泛应用于国民经济各个领域，亦为自然科学的深入发展提供了可能性。开拓的重要交叉学科有核农学、核医学、同位素地质学、核材料学、放射生物学等。此外，在国家安全和社会发展中核技术也占有重要位置。

历史　核技术诞生于19世纪末。1895年德国科学家W.C.伦琴发现了具有极强穿透能力的X射线，可以说正是X射线的发现开创了核技术时代。1896年H.贝可勒尔发现了铀盐的放射性，他发现与钾铀酰硫酸盐放在一起但包在黑纸中的感光底板被感光了。他推测这可能是因为铀盐发出了某种未知的辐射。同年5月，他又发现纯铀金属板也能产生这种辐射，从而确认了这种神秘辐射的发现。后来，居里夫妇将其称为“放射性”。1898年居里夫妇借助极其复杂的化学分离方法在铀矿中发现了钋和镭。贝可勒尔和居里夫妇因为这些卓越的研究工作，获得了1903年诺贝尔物理学奖。1911年居里夫人又因发现元素镭、钋，分离镭并研究镭及其化合物的性质，获诺贝尔化学奖，成为一生中两次获诺贝尔奖的少数科学家之一。在核科学技术发展道路上E.卢瑟福做出了巨大贡献，他通过α粒子轰击氮原子核建立了原子有核模型（1911），不仅如此，他还培养了一大批优秀的核技术人才，他的学生中有11人获得诺贝尔奖。1913年J.J.汤姆孙和F.W.阿斯顿利用质谱技术发现了天然氖元素由氖-20（^{20}Ne）和氖-22（^{22}Ne）两种核素组成，首次发现了稳定同位素。1932年C.D.安德森借助云室证实了P.A.M.狄拉克预言的正电子，正电子的发现开创了反粒子的研究，基于正电子的成像技术也已广泛用于临床医学诊断中。同年J.查德威克用α粒子轰击实验发现了中子。两年后约里奥-居里夫妇通过中子俘获反应发现了人工放射性。1936年G.C.de赫维西和H.莱维利用中子建立了具有当时最高灵敏度的中子活化分析法，开创了放射分析时代。赫维西更重要的贡献是提出了同位素示踪法，由于这一特殊方法，他获得1943年诺贝尔化学奖。这一方法现已成为核医学诊断、同位素地球化学、同位素水文学、生态环境科学、核农学等学科的基础，产生了巨大的科学价值和社会经济效益。20世纪30年代的另一项重大进展是E.O.劳伦斯建造了世界上第一台回旋加速器，利用这种加速器不仅可制备核技术所需的各种放射性核素，尤其是缺中子核素，同时还可进行带电粒子活化分析和质子激发X射线分析等。1938年末，O.哈恩等发现了铀核的原子核裂变，一个重核在中子作用下可分裂成两个中等原子质量数的原子核，同时放出约200兆电子伏的能量，以及可使核裂变持续进行所需的2到3个中子，由于这一伟大发现，使核技术迅速发展成为全球关注的高新技术，在全世界的科技、能源和国家安全等领域产生了巨大影响。1942年E.费米基于铀核裂变建造了全球首座核反应堆，核反应堆的建造极大地推动了核技术的发展以及在能源生产中的应用，使高度依赖反应堆的中子活化分析迅速发展和推广。另一方面，各国纷纷建造核反应堆大规模生产核能。将核技术推向了新阶段。

应当指出的是，核技术一诞生，就开创性地投入应用，如夜光粉用于钟表业，X射线用于医学诊断，同位素示踪用于分析化学，镭应用于癌症治疗等。到20世纪30～40年代，反应堆、加速器和各种新型辐射探测器的研制成功，核技术在科学技术及社会经济各个方面都得到了迅速发展。军事上制成了原子弹和氢弹；能源工业方面，世界各国建造了大量的核电站；工业、农业、医学、地质、材料、考古、法学、空间科学等领域都有核技术的贡献。但到20世纪70年代，由于受到一些发达国家反核力量的抵制以及公众对放射性的非理性恐惧，尤其是1986年切尔诺贝利核事故的发生，核技术的发展及其应用受到了一定程度的影响。然而，由于核技术的不可取代性及其重大的社会经济效益和国家安全性，到了20世纪末21世纪初核技术又恢复了发展态势。尽管2011年日本发生了福岛核事故，但核技术的发展并未受到严重影响。

中国的核技术诞生于20世纪初，老一代科学家赵忠尧、钱三强、何泽慧、郑大章、杨承宗、杨澄中、肖伦等积极组织和推动中国核技术学科建设、人才培养、仪器研制及科学研究。中华人民共和国成立后，于1950年在北京成立了中国科学院近代物理研究所，后改名为中国原子能科学研究院。1958年在苏联帮助下，建成了第一座重水研究性反应堆（即101重水研究堆）和第一台回旋加速器。在20世纪60年代，核技术广大科技人员研制成了中国第一颗原子弹和氢弹。同时将核技术广泛用于工业、农业、生物医学、环境治理和材料制备等领域，取得了丰硕成果。以辐射育种为例，全球利用辐射育种技术培育而成的2316种农作物新品种中，约有27%是中国的贡献。在用辐射检查集装箱方面，中国产品已畅销全球100多个国家。在核能方面，中国在建的核电机组数量和规模世界第一，中国的第三代核电技术华龙一号和国和一号已处于国际先进水平。在以核技术应用为目标的大科学装置方面，1990年北京同步辐射装置建成，为X射线的应用提供了一台多用途设备。进入21世纪后，用于核技术的大科学装置陆续建成。主要有2010年建成的上海同步辐射光源，同年中国先进研究堆实现首次临界，2011年中国实验快堆建成且并网发电，2018年建成了中国散裂中子源。

据2015年统计，非核动力的民用核技术在中国国民经济中的产值约为3000亿元，占比尽管已从10年前的0.2%提升到了0.5%，但发展空间还十分巨大，非核动力的民用核技术的产值应能达到国民经济总产值的2%左右。

基础 核技术的科学基础在于辐射与物质的相互作用，以及放射性核素的核性质和核效应。基于核反应的核技术主要是核能、同位素制备、中子活化分析、中子散射分析、带电粒子活化分析、光子分析方法等。基于核效应的主要有正电子湮没技术、穆斯堡尔技术、核径迹技术、辐射加工技术、离子束加工技术等。基于核性质的主要有同位素示踪技术、核素断代技术、核医学诊断技术、放射治疗技术等。不同基础的核技术各有特点，形成了一个庞大的核技术家族。

核技术的发展和应用依赖于辐射源，能发射电离辐射的装置或物质（见放射源）。①核反应堆。常用的有高中子通量反应堆、游泳池核反应堆、低功率安全小型核反应堆等，利用反应堆产生的快中子、超热中子、热中子和冷中子，通过各种核反应，主要有中子俘获反应、快中子(n, p)(n, 2n)(n, α)等核反应，弹性散射和非弹性散射反应，开展中子活化分析、中子散射分析、中子衍射分析等。反应堆的另一项重要任务是制备同位素，既可以是通过裂变产物提取所需的放射性同位素，也可以借助中子核反应生产同位素，一个典型例子是高活度钴-60辐照源的制备。②加速器。有散裂中子源、同步辐射装置等大科学平台，也有多种中小型的加速器（高压倍加器、静电加速器、回旋型加速器和同步加速器等），开展带电粒子活化分析、质子激发X射线分析、质子激发γ射线分析、中子瞬发γ射线分析等。加速器也可用于生产工业和医学等领域的放射性同位素，典型例子是医学诊断用的正电子核素氟-18。③各种辐射源。主要有中子源（锎-252、镭-铍、钋-铍）和钴-60γ源等，利用这些辐射源可研究物质组成及其分布，也可用于材料改性和刑侦检查等，已广泛用于国防和民用各领域，产生了极大的社会经济效益，也成了国家安全不可或缺的重要利器。

作为核技术基础的另一个重要组成部分是核辐射探测。辐射探测基于辐射与物质的相互作用，不同的辐射与物质相互作用的方式是不同的。γ射线主要通过光电效应、康普顿散射和电子对效应三种方式与物质发生作用。中子主要通过中子核反应、散射和衍射等方式，不同能量的中子有不同的作用方式。α和β等带电粒子主要通过激发和电离等方式与物质相互作用。探测这些核辐射就是基于它们的作用方式及其产生的物理和化学效应。基于这一原理可鉴别核辐射的类型、能量、强度和半衰期等。

核辐射与物质相互作用与辐射的荷电性密切相关。带电核辐射在物质中直接产生电离或激发。中性或不带电的核辐射需要经过一个中间过程，例如γ射线或X射线先与物质发生光电、康普顿或电子对效应。中子与物质原子核的核反应和散射，中间过程产生的带电粒子或γ辐射引起物质电离或激发。核辐射探测器既是核辐射作用的介质，又将产生的电离或激发转变为可以探测的电脉冲信号。根据与核辐射相互作用介质和探测的辐射等，核辐射探测器可以分为气体探测器、闪烁和发光探测器、半导体探测器、核径迹探测器、中子探测器、高能粒子探测器等。各种新型探测器层出不穷，例如碲锌镉探测器、卤化物探测器、钙钛矿型探测器等。

特点 **具有核辐射** 这是核技术的一个重大优点，可以实现非核技术难以完成甚至无法完成的目的。但另一方面也带来了需要**辐射防护**这一缺点。超过允许剂量的辐射会对身体健康带来损伤，甚至导致疾病和死亡。任何利用核技术的场所，都必须采用符合国家辐射防护法规的措施，避免人员的辐照损伤。

抗干扰特性 由于核技术采用的α、β、γ、质子、中子等辐射的核性质与温度、压力和环境基本无关，因此这类辐射具有抗高温、抗高压、抗干扰等特性，所以可用于极端条件下的测量、鉴定和分析。

具有极高的灵敏度 核辐射易于测量，可用具有高分辨率的核辐射仪器探测辐射，因此可用于精密测量以及强噪声背景下微弱信号的探测和鉴别。

应用 主要是通过探索电离辐射和同位素的特性及其作用规律，进而开发其在各个领域中的应用。附图示出了核技术的主要范畴。

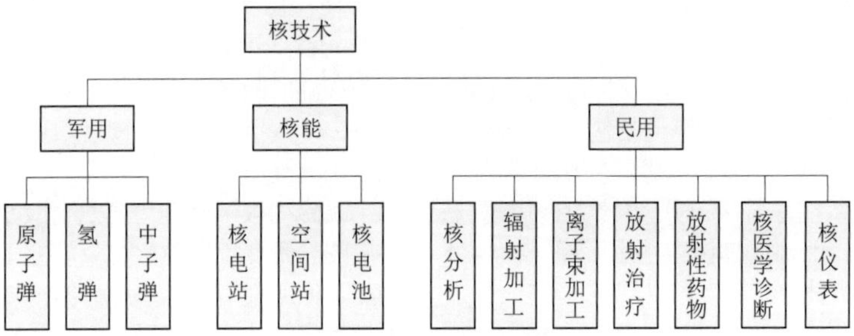

核技术的主要范畴

军用核技术 随着“冷战”的结束，和平与发展已成为全世界的主流，然而军用核技术的发展水平仍是综合国力的重要标志之一。截至2021年，全球各类核弹总数逾1万枚。尤其是随着美国政府积极更新核武库以及发展新型小当量核武器，已在世界各国引起了新一轮的核军备忧虑和反响。

核能技术 据**国际原子能机构**最新统计，全世界已运行的核电站达450余座，总装机容量达40万兆瓦。尽管核电站由于切尔诺贝利核事故和福岛核事故等因素在某些国家趋于停止，但核电仍然是重要的清洁能源，对于控制温室气体排放和降低大气颗粒物浓度至关重要。有的国家在研制加速器驱动的次临界核能装置，试图作为洁净能源的选项之一。其他以钍-铀循环（由钍-232通过中子核反应产生铀-233）为基础的钍基熔盐堆也在研发，由于地球上钍的储量远高于铀，采用钍基核燃料借助钍-232俘获中子，产生钍-233，再经过β衰变产生可裂变核素铀-233，以克服地球上铀资源不足这一困难。另一途径是发展燃烧铀-238的快中子增殖堆以满足铀资源的需求。安全性良好的高温气冷堆也在积极开发，中国在这方面已取得了重大成果。核能利用的两个基本点是核能资源的最大化以及放射性废物的最小化，总的前提是核能的安全性。除了这些核反应堆外，各种特种反应堆和小型堆也在积极研制，比较看好的有小型模块堆，这种反应堆由于结构合理，维护简便、安全性好，被认为是下一代有望大规模应用的堆型。此外，核能在人类航天活动中作为稳定的能量提供技术正在发挥重要作用。核电池在国民经济应用中的应用也正在拓展。

民用核技术 民用核技术最为活跃。全世界约有100座研究性反应堆分布在60个国家，低能小型加速器更是数以千计。属于民用核技术的主要有核分析技术、辐射加工技术、离子束加工技术、放射治疗、放射性药物、核医学诊断、核仪表等。

核分析技术 这类核方法具有灵敏度高、准确度好、不破坏性、取样量少、多元素分析能力等优点，已广泛应用于科学研究和经济活动中。常用的有中子活化分析、质子激发X射线分析、正电子分析、穆斯堡尔分析、核径迹分析、放射性分析等方法。其中尤以中子活化分析和质子激发X射线分析应用最广。中子活化分析由于其独特的误差溯源链而常被用作仲裁分析，对于提高分析质量起到了保证作用。中子瞬发γ射线分析提供了一种实时在线分析方法，可用于工业检测快速分析，对提供生产流水线的实时监控起到了重要作用，从而保证产品的质量。可以说，生物、环境、地学、空间、材料、信息、能源等领域，都是核分析技术的用武之地。

辐射加工技术 辐射加工的基础是利用辐射与物质的相互作用，改进物质的物理化学性质乃至产生物质原本不具有的性质，实现材料、器件和产品的改造。辐射加工技术已被广泛用于社会经济各方面。一个典型实例是现代信息技术所需的大尺寸硅材利用反应堆中子实现磷的掺杂。另一个已大规模应用的实例是医疗器具的辐射消毒，在2020年新型冠状病毒流行期间，数以百万件的医疗防护服、口罩、头盔、防护镜等借助辐射消毒用于临床中。

离子束加工技术 通过离子束加工，可以实现材料的刻蚀、沉积、杂质注入和改性。离子束加工主要应用领域包括离子束刻蚀、离子束沉积、离子束诱导沉积、离子束曝光、离子注入和离子束材料表面改性等。

放射治疗 与传统的外科手术或化疗不同，放射治疗由于其射线的强大杀伤细胞作用，在肿瘤治疗等临床实践中已得到广泛应用。肿瘤患者中已有约三分之二的患者接受放射治疗。最常用的是电子、γ射线这类辐射。先进的质子治疗和重离子治疗正在快速发展，由于其布拉格效应，质子和重离子的治疗效果比常规辐射高。

放射性药物 放射性药物的发展历史与核医学密不可分，二者相伴产生。20世纪20年代，G.C.de赫维西创立了同位素示踪法研究放射性核素在植物、动物体内的代谢、分布和排泄途径，并于1935年首次报道人工放射性核素^{32}P标记的磷酸盐在大鼠体内的分布和磷代谢研究。是放射性药物的标志性贡献。1936年，被誉为美国“核医学之父”的J.劳伦斯首次使用放射性核素^{32}P用于白血病治疗，这也是第一次使用人工放射性核素用于人类疾病的治疗。

核医学诊断 这种方法的基础是利用放射性核素实现疾病诊断，甚至达到诊断和治疗一体化。最常用的放射性核素是锝-99m，它是单光子发射成像的基本要素。其次，以氟-18为放射性核素的各种化合物正在加速推广，尤其是由氟-18标记的FDG（脱氧葡萄糖），这类正电子放射性化合物，已用于心血管疾病、肿瘤以及脑功能疾病的诊断等，可以说核医学每年拯救了数以百万计的患者。

核仪表 随着各种放射性源的发展，工业核仪表如厚度计、密度计、料位计、核子秤、火灾报警器等得到了广泛应用。它们可在高温、高压、酸碱腐蚀等环境中工作，可以不接触、不破坏被测对象。

综上所述，核技术方法学及其在交叉学科中的众多应用对自然科学的发展做出了重要贡献，20世纪约有20项诺贝尔物理学奖、化学奖和生理学或医学奖的研究成果与核技术有关，如X射线发现、放射性发现、钋和镭的发现、正电子发现、中子发现、同位素发现、人工放射性发现、回旋加速器建造、核反应堆建造、铀核裂变、锕系元素、同位素示踪技术及活化分析、碳-14法定年、穆斯堡尔效应的发现、中子散射与中子衍射技术、放射免疫法、用碳-14示踪研究光合作用、计算机断层X射线扫描技术等。

核技术更为重要的社会效益就是拯救了成千上万人的生命。全世界生产的钴-60放射源已使全世界癌症患者总共延长了10^7年的寿命。核技术是早期诊断冠心病、某些癌症和脑功能障碍的重要手段。利用辐射处理废气、废水和废渣是实现变废为宝和环境治理的一条有效途径。核技术在农业、食品保藏、医疗保健、工业和水文学方面都有重要应用。国际原子能机构的一份评述报告曾指出："就技术影响的广度而论，可能只有现代电子学和信息技术，才能和它（核技术）相比。"

产业 世界上已有150多个国家和地区开展核技术的研究、应用和开发，在不少发达国家已形成了相当规模的产业，其产值达到国民经济总产值的3%左右。中国的核技术产业也已具有相当规模并在迅速发展中。截至2020年3月，核技术应用单位约有78 000家，应用的各种辐照装置约有200 000台，各类放射源约150 000枚，核技术与国家100多种产品紧密相关。在《中国制造2025》规划中，将核技术定位为提升和发展高端制造业的重要方向。

发展 核技术未来的发展趋势主要有下列三方面。

开发新技术 基于各种新型核反应、核装置和核探测的方法正在不断涌现。例如新型同步辐射光源、**自由电子激光**装置和**散裂中子源**等大科学装置的诞生为核技术在生物医学、环境科学、新型材料、现代工业和农业、纳米科技、国防安全等领域中的应用提供了强大工具。云计算、大数据、深度学习、免疫学、分子生物学等学科的进展与核技术相结合，有望提升核技术方法学的深度和广度。

满足国家重大需求 核技术是一门高新技术，对国家安全、国民经济各行业和社会发展极为重要，对提高医疗诊断和治疗水平，实现健康中国必不可少。例如利用核技术研制当量可控的新型武器、核武库的更新和扩容；实现工业、农业和其他行业的现代化；进行新型冠状病毒感染的肺炎CT诊断、医疗器具和防护用品辐照消毒的无害化处理等。社会治理和环境保护将成为未来核技术的强大推动力，在改善能源结构方面，核能可控制温室气体和大气颗粒物的排放，实现废水、废物、废气的绿色治理，以及2060年实现碳中和。

产生新的交叉学科 核技术未来的生命力在于与物理、化学、生物、医学、材料、信息、能源、纳米等学科的高度融合，在此基础上有望产生新的交叉学科。

（柴之芳）

核结构从头计算 ab initio calculation of nuclear structure

理论计算原子核结构的一种方法。原子核由质子和中子组成，计算原子核的结构性质就是要求解由核子组成的多体哈密顿方程。理论计算核结构主要面临两个关键问题：①核力问题；②如何求解量子关联多体体系。核力问题长期以来一直没有得到很好解决，它属于强相互作用，但并不是一个基本相互作用。20世纪30年代日本物理学家汤川秀树提出核力是通过交换介子产生的。但由于计算上的困难，核结构计算还主要停留在唯象计算上，即用一个唯象势去近似核力，再求解多体哈密顿方程。唯象势往往存在一些参数，它们需要通过拟合核结构实验数据确定，所以计算结果往往与参数值的选取有关，物理方面也不够基础。

随着人们对核力认识的深化和计算机能力的提高，核结构计算开始追求基础性，也就是尽量从最基本开始，通常称作"从头计算"。这种计算通常包含三个步骤：①从现实核力出发；②为了较快地获得数值收敛，往往需要对现实核力进行软化；③采用较严格的理论方法求解原子核这个量子多体体系。现实核力要求能够很好描述核子两体散射相移实验数据，核力中的参数主要通过两体散射实验数据确定，而不是系统拟合核结构实验数据。但是，现实核力具有很强的排斥芯，需要进行软化才能较快地得到收敛解。核力重正化（软化）会产生三体和更多体的核力成分。所以，从头计算往往要考虑三体力甚至四体力。从头计算非常物理和基础，但计算非常复杂，涉及较难的数学物理方法和数值计算技术，是核物理理论计算所追求的。

（许甫荣）

核聚变反应堆 nuclear fusion reactor

持续进行核聚变反应以研究这种反应，并取得可用聚变能源的核装置。简称聚变堆。

20世纪50年代开始以实现受控聚变为目的的研究以后，1971～1973年在一些实验室内着手聚变堆的概念设计，包括托卡马克、磁镜、角向箍缩等不同堆型。与商业堆设计平行进行的，也开始设计一些近期使用的设施，如实验功率堆、工程测试堆等类型。70年代以后，**托卡马克**途径成为研究主流。1978年开始，一项国际合作的聚变实验堆项目INTOR（国际托卡马克堆）开始进行设计，但由于当时几台大型装置尚未运行，缺乏物理设计所需要的实验数据，此项目并未进入实施。90年代，美国提出ARIES（先进反应堆创新性研究）系列计划。同一时期日本也提出SSTR（稳态托卡马克堆）系列计划。随工程规模的扩大和相应预算的增加，各国都在进一步寻求各种形式的国际合作。1988年，另一项国际合作的实验堆计划ITER（国际热核实验堆）开始设计并继而进行部件试制，2006年各参加方正式签订建造这一托卡马克型装置的协议，工程正在进行中。

能输出能量的聚变反应有几种，其中以氘-氚反应所需条件最易实现，所以设计的聚变堆以这种反应为主。在等离子体约束方法上，磁约束聚变提出和发展较早，现聚变堆研究也集中于磁约束聚变堆。其他约束方法的聚变堆概念设计也在进行。1978年美国利弗莫尔实验室提出HYLIFE（high yield lithium injection fusion energy）激光聚变堆的设计方案。20世纪80年代，日本大阪大学设计了激光聚变堆TOYO，21世纪初又设计了以快点火概念为基础的激光聚变堆TOYO-F。1982年以后，一些重离子驱动惯性聚变堆概念设计也相继提出。

以磁约束聚变堆为例说明聚变堆的结构见图。聚变反应发生在反应室里。高温等离子体所面对的器壁称为第一壁，一般不与等离子体直接接触，但承受从等离子体发射出的热流和高能中子流。第一壁外是包层，主要功能是吸收绝大部分聚变中子，将中子能量转化的热量和从第一壁传导的热量通过冷却剂输出到热交换器输出聚变能量，再转换为电能。包层的另一功能是用各种增殖剂进行氚增殖和中子增殖。增殖出的氚通过氚工厂回收提取作为燃料返回反应堆。在包层外安装屏蔽层吸收未被包层吸收的剩余中子。屏蔽层外是真空室和用于安装约束超导磁体的低温杜瓦容器。此外，聚变堆尚配备各种辅助系统，如供电和测量、控制系统、加料和排灰系统、抽气机组、冷却系统、氚工厂和低温工厂，以及用于能量转换的发电系统等。

在聚变堆的物理设计中，一般使用在一系列装置上得到验证的能量约束时间的定标律，推测能达到的等离子体参数，以决定装置主要工程参数。另一重要问题是选择适当的运转模式，如在ITER上选择带有边界局域模的H模作为主要运转模

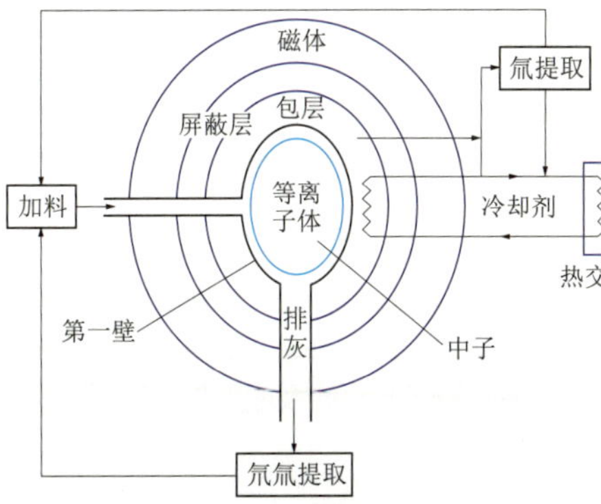

磁约束聚变堆

式。现阶段的聚变堆物理设计同时采用大规模模拟计算，与实验定标律进行有效的校核，以确保物理设计的基本合理和可靠性。

在工程设计上，对聚变堆工程参数的选择存在工程和物理方面的约束。在工程约束方面，一般先从合理利用资源出发，商业堆的输出电功率在1吉瓦左右，即普通电站水平。其次，第一壁要能承受从燃烧等离子体发出的热流和高能中子流的辐照。磁约束聚变堆的磁体基本上采用超导磁体，现代技术所能使用的最大磁场约为14特斯拉。最后，还要考虑支撑结构要能承受磁体重力和电动力的作用。

在物理约束方面，要产生充分的聚变反应速率以达到较高的能量增益，在包层中要实现对中子的慢化和氚增殖的功能。

聚变堆三个最为关键的技术问题是燃烧等离子体连续、安全稳定控制，燃料循环即氚自持，以及第一壁和反应室内的结构材料长寿命安全服役。

惯性聚变堆有类似的能量平衡和材料问题，但反应器与驱动器分离，分别要求高的靶增益和驱动器能量转换效率。反应室的结构类似磁约束聚变的反应室，但由于没有磁场，对空间尺度和形状要求较宽松。特殊技术问题是高效高重复频率驱动器、高频率靶丸精准注入系统的实现、高频率运行时的壁材料选择和靶丸注入通道及能量束射入通道的中子辐射屏蔽。因为惯性聚变的脉冲工作频率要在每秒几个脉冲以上，降低靶丸，特别是间接驱动靶丸的制造成本也是商业堆成功的关键问题之一。

国际合作的托卡马克型实验堆ITER正在建造之中。聚变堆在经济、安全、环境、社会效益等方面的作用都经过充分的评估。在ITER建成之后，可能首先建造和商业堆同样规模的工程示范堆，然后进入商业堆的设计、建造阶段。按照成本估算，在考虑到环境问题之后，预计届时聚变堆可被社会接受。一些专用的聚变堆，如作为体中子源、用于材料测试的堆也在设计和建造之中。从长远观点看，聚变堆尚可用作γ射线源，并可生产多余的氚，而包层可用于产生有用的放射性同位素。在研究、建造聚变堆过程中发展出的各项技术可以并正在广泛用于各种技术领域。

（王　龙）

核绝热去磁制冷　refrigeration by nuclear adiabatic demagnetization　利用原子核磁矩的去磁制冷技术。其基本原理与*顺磁盐绝热去磁制冷*类似，是把宏观物体冷却到毫开以下温度的唯一办法。这种制冷方法最早由C.J.戈特于1934年、N.库尔蒂和F.E.西蒙等于1935年分别独立提出。由于核磁矩μ_N是玻尔磁子μ_B的1/1836，核自旋不同取向之间的能级间隔$\Delta E_N=g_N\mu_N B$比顺磁盐小得多，因此可以用核绝热去磁制冷得到更低的温度。但同时，为了产生足够大的熵变，核绝热去磁制冷需要更低的初始温度T_i（≈10毫开）和更强的初始磁场强度B_i。下图为核绝热去磁制冷装置的示意图。核去磁级通过超导热开关与预冷级（顺磁盐或稀释致冷机的混合室）连接，对去磁材料施加初始外磁场B_i使其磁化，利用预冷装置将其冷却至初始温度T_i。在此期间，磁化热传入预冷级（顺磁盐或稀释致冷机的混合室）。然后通过操作热开关使核去磁级与周围环境绝热，再缓慢去磁获得制冷效果。与顺磁盐材料不同，在核去磁材料中，核磁系统、电子系统和声子系统以及它们之间的热平衡时间可以相差很大，需要分别用T_N、T_e、T_{ph}来代表上述三个系统的温度。在核去磁制冷的温度范围内，声子比热可以忽略，电声相互作用还有相当强度，所以电子温度最终可以与晶格温度一致。然而在极低温下，自旋-晶格弛豫时间（τ_1）远大于自旋-自旋弛豫时间（τ_2），使得一定时间内核温度与晶格温度或电子温度有相当大的差别。在核去磁中，只降低核系统温度的称为核冷却，利用核系统的冷却能力来冷却其他系统（如电子、晶格或试验样品等）的称为核制冷。1956年N.库尔蒂第一次成功地将金属铜的核自旋温度冷却到16毫开。1979年G.J.埃诺尔姆等利用二级核去磁使铜核系统T_N达到50纳开。1994年R.T.沃里宁等利用二级核去磁使铑核系统T_N达到280皮开。在核制冷方面，1980年R.M.米勒等利用核绝热去磁制冷方法在铜上得到电子温度T_e为9微开，1996年W.文德勒等在铂上得到电子温度T_e为2微开。

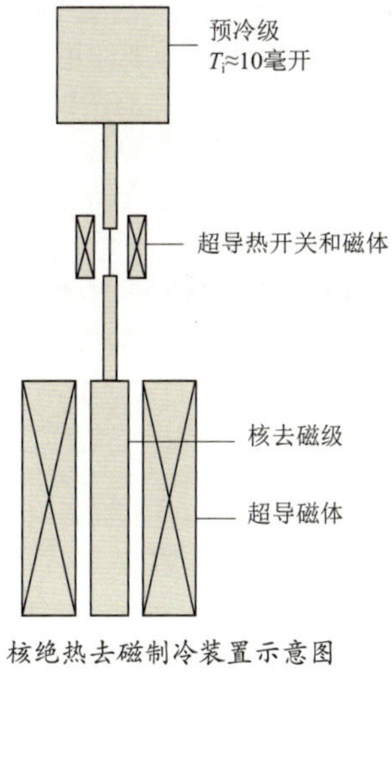

核绝热去磁制冷装置示意图

（张其瑞　樊　洁　景秀年　吕　力）

核壳模型　nuclear shell model　将原子核中每个核子近似地视为在一个含强自旋-轨道耦合作用势的平均场中按泡利不相容原理独立运动的模型。原子核存在壳层结构表明，每个核子都在其他核子作用产生的平均场中运动。单用中心势算出的核子能级来解释壳层结构不能说明实验给出的幻数。1949年，美籍德裔科学家M.G.迈耶和德国科学家J.H.D.延森提出中心势加上很强的自旋-轨道耦合势，能够解释原子核的幻数，即壳层结构。同时能够成功地给出原子核基态的自旋和宇称。核壳模型常用的中心势有谐振子势和伍兹-萨克森势等。前者的优点是更简单、计算更方便，后者的优点是更接近真实核势。考虑到很多原子核有不同程度的形变，S.G.尼尔森把球形谐振子势推广到形变谐振子势，同时加上自旋-轨道和轨道-轨道耦合势，结果成功地解释了形变原子核的性质。这个势被称为尼尔森势，相应的模型为尼尔森模型，也被称为形变壳层模型。同样，球形伍兹-萨克森势也可以推广到形变情况，但计算更为复杂。

（袁岑溪　许甫荣）

核力　nuclear force　核子（组成原子核的质子和中子）之间的强相互作用力。属于强相互作用力。又称核子-核子相互作用力，或者剩余相互作用力。核力的存在使得质子和中子可以束缚在一起形成原子核。核力的基本性质如下。

核力是一种与距离相关的短程相互

作用力，在较远的范围（>0.7飞米，1飞米=10^{-15}米）表现为引力，在近距离（<0.7飞米）表现为排斥力（见图），这来自泡利原理的要求，即相同的两个核子（**费米子**）不能处于同一量子态。

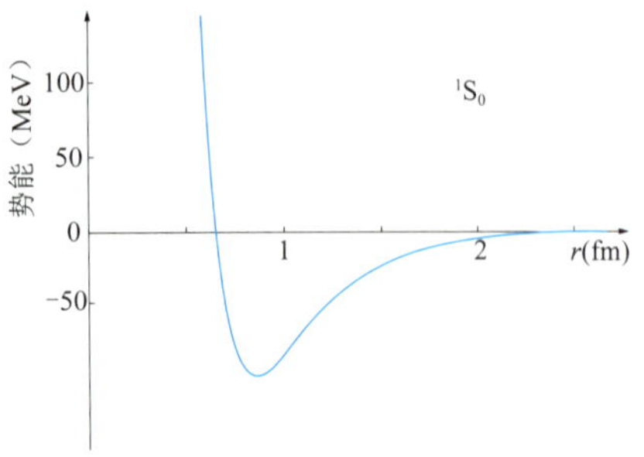

自旋同为s态，且顺排的中子和质子之间势能随距离的变化

核力与电荷近似无关（核力的对称性），即质子—质子、中子—中子、质子—中子之间的核力是相同的，不会因为质子带电，中子不带电而有所差别，镜像核具有相似的能级结构就是证据。但是，原子核质量测量精度的提高，以及核结构研究的深入，证明了核力与电荷的关联。

核力的作用与核子自旋有关。实验证实，自旋平行的两个核子之间的核力作用大于自旋反平行的两个核子之间的核力作用。这使得自旋反平行的一个中子和一个质子可以结合在一起形成氘核。

核力也包含张量部分，即核子的自旋与其轨道角动量耦合所产生张量力，它与轨道角动量的大小有关。张量力的存在可引起原子核的形变。

核力也可能与核子的动量相关。

核力具有交换不变性和饱和性。

在原子核内，不仅存在两体核力，也存在三体核力、四体核力等。三体核力贡献较小，但很重要，四体核力比三体核力贡献还小。

自从1932年英国物理学家J.查德维克发现中子诞生核物理以来，核力就成为核物理的关键点——即要用核力解释原子核。早在1934年，日本物理学家**汤川秀树**第一次对核力的本质进行了阐明，认为核子之间都有一种相互吸引的作用力，在近距离时，远比电荷间的库仑作用力强，但在稍大距离时减弱为零，而且它是由于交换π介子而发生的相互作用。1947年和1948年分别在宇宙射线和实验室中发现了汤川秀树所预言的π介子。介子交换模型后来又有进一步的发展。但是，再后来的实验表明，核力不总是吸引的，更近距离时是排斥的。随后，高能核子-核子碰撞实验结果又促使从更基本的量子色动力学（QCD）基础上对核力开展研究。根据QCD理论，中子和质子等核子都是由夸克和胶子组成的，夸克之间通过胶子的相互作用紧紧地束缚在一起。这种通过胶子传递的相互作用称为**强相互作用**，是一种吸引的力。它的作用距离很短，基本都局限于核子内部，有些情况下会泄露到核子外部，从而形成了核力。核力与胶子之间的作用相比非常弱，也仅能扩展到几个核子直径的范围，且随距离的增加指数衰减。有时核力被称为剩余强相互作用，核子之间的作用力称为强核力。进入21世纪提到强相互作用就意味着QCD。

（靳根明）

核裂变 nuclear fission　一个重原子核分裂为两个（或更多）中等质量碎片的现象。按分裂的方式，核裂变可分为自发裂变和诱发裂变。自发裂变是没有外部作用时的裂变，类似于放射性衰变，是重核不稳定性的一种表现；**诱发裂变**是在外来粒子（最常见的是中子）轰击下产生的裂变。

发现历史　1938年，德国放射化学家O.哈恩和物理化学家F.斯特拉斯曼做了一系列严格的化学实验来鉴别中子照射铀后生成的放射性产物镧和钡。对这种现象只有假设原子核分裂为两个或两个以上的碎块才能给以解释。这种分裂过程像细胞分裂一样，因此被称为裂变。1939年奥地利和瑞典物理学家L.迈特纳和O.R.弗里施首先建议用带电液滴的分裂来解释裂变现象。同年丹麦物理学家N.玻尔和美国物理学家J.A.惠勒在原子核液滴模型和统计理论的基础上系统地研究了原子核的裂变过程，奠定了裂变理论的基础。

裂变过程和特征　以诱发裂变为例，一个处于激发态的原子核（如铀-235核吸收一个中子后，形成激发态的铀-236核）在发生形变时，一部分激发能转化为形变势能。随着原子核的逐步拉长，形变能将经历一个先增大后减少的过程（见图），最后在库仑排斥能作用下经过断点而分裂。在这个过程中有两种物理因素在起作用：来自核力的表面能随形变的增大而增大，来自质子之间静电斥力的库仑能却随形变的增大而减小。两种因素综合作用的结果在裂变方向（拉长坐标）形成一个形变能的极大点，即裂变势垒E_f。处在势垒顶上的体系在裂变方向，即拉长坐标方向是不稳定的，而在其他集体坐标方向（例如，颈部坐标方向）是稳定的，因此在势垒顶上的势能曲面的形状像马鞍形，故将此势能曲面的极值点称为鞍点（Q_f为裂变能）。

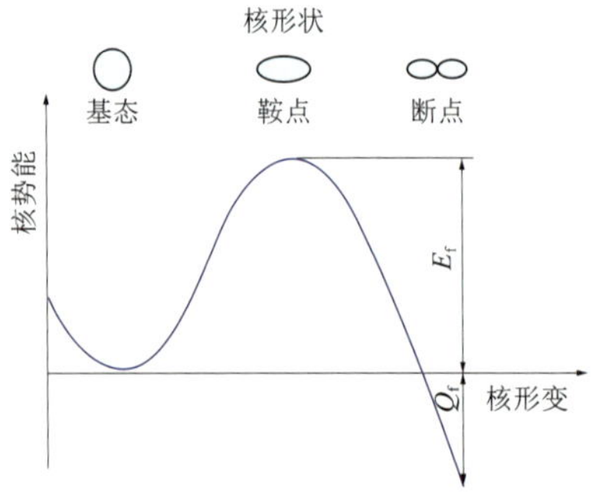

^{236}U原子核势能随原子核形状的变化

对应势能鞍点的核形状称鞍点形变。跨过鞍点形变的核会继续变形到达核的断裂点，生成的两个初生态碎片受到静电斥力作用，向相反方向飞离，致使静电库仑能转化为碎片的动能；同时，初生态碎片具有很大形变，在退形变过程中，碎片的形变能将转变成它们的内部激发能。具有高激发能的碎片，以发射中子和γ射线的方式退激，这就是裂变瞬发中子和裂变瞬发γ辐射。退激发到基态的裂变碎片由于中子数N与质子数Z的比例N/Z偏大，处于β稳定线丰中子一侧，因此要经历一系列β衰变变成稳定核，形成裂变碎片的β衰变链。在β衰变过程中有些碎片核仍处于激发，还可能发射出中子（或γ射线），这些中子（γ射线）称为裂变缓发中子（裂变缓发γ射线）。这就是诱发裂变的全过程。由此可见，裂变的可观测量是极其丰富的。但是除了裂变截面和自发裂变半衰期以外，其他可观测量像碎片的动能分布、质量分布、电荷分布和角分布、发射中子数及其能量分布和γ能谱等都是物理观测量，并且对不同裂变体系其分布量的变化行为又是非常不同的。以裂变产物质量分布为例，对重核，随质量数从次锕系核到锕系核，再到重锕系核的增加，其质量分布呈现从单峰分布到三峰分布再到双峰分布（或单峰分布）的变化。对于不同的钍核素，随质量数从218到226再到229的增加，质量分布也出现从单峰到三峰，再到双峰分布的变化。随激发能的增加，锕系核质量分布一般出现从双峰分布（三峰分布）到单峰分布的变化。

不对称质量分布　实验方面的一个重要发现是^{180}Hg裂变的不对称质量分布。按照已有知识，预期质量数$A \leqslant 195$的核，应该呈现对称裂变的质量分布，但是对^{180}Tl的β衰变产物，^{180}Hg的裂变研究发现其质量分布不是分成具有中子壳50和质子亚壳40的两个^{90}Zr的对称分布，而是一种新型的最可几轻碎片为^{80}Kr和重碎片为^{100}Ru的非对称分布。这种非对称分布经理论研究证实，不是像低能铀、钚裂变那样由中子和质子数为幻数的碎片壳效应决定，而是由在变形过程中复合核的壳效应确定。

裂变理论模型　最早的裂变理论模型是玻尔－惠勒提出的以液滴模型和平衡态统计理论为基础的经典裂变理论模型。后来，发展了多种理论模型，主要有以下几种。①以宏观－微观理论途径与多通道理论模型为基础的唯象理论模型。这包括以液滴模型和壳修正理论为基础的多维势能曲面的计算；J.R.尼克斯经典裂变动力学模型；U.布罗萨量子力学多通道理论模型以及以多通道理论模型为基础的唯象模型，如在国际核数据界广泛推荐和使用的GEF模型等。②非平衡统计理论模型。模型认为裂变过程是由于集体形变运动和核内单粒子运动的耦合，致使裂变体系沿势能曲面做无规迁徙运动。体系取某一形变的概率可由福克－普朗克方程和朗之万方程等输运方程描述，也可用米特罗波利斯（Metropolis）无规行走方法模拟。在五维势能曲面计算基础上，无规行走方法成功再现了很多锕系核低能裂变的碎片质量分布、电荷分布和平均中子数分布等。③量子微观理论描述。主要包括用能量密度泛函理论进行多维势能曲面计算和用平均场理论加时间有关的生成坐标方法研究裂变可观测量，如裂变产物质量和电荷分布等。这些模型和理论研究取得了很大进展。

应用和意义　裂变是一个极其复杂的核过程，是所有核子平等参与的量子多体体系在多维空间中的大振幅运动，同时又有复杂的两体（和多体）关联造成的成团效应，以及在断点断裂造成的不连续性问题，所以长期以来裂变一直被称为“核物理研究的硬骨头”。裂变问题的真正解决将构成对微观理论研究的“最终挑战”。因此，从理论研究的角度来说，核裂变研究处于前沿。同时它还关系着许多基本科学问题的解决，如天体物理，从铁到铀的演化问题，以及超重核存在极限等基本问题。裂变研究具有重要的理论意义。裂变研究的应用意义更是不言而喻，它关乎国家安全和能源需求两大基本问题，因此可以说在核物理中还没有哪一个学科分支与国家利益有如此重大和直接的关系。

（吴锡真　张焕乔）

核能　nuclear energy　原子核（简称核）中隐藏的能量。又称原子能。可在一定条件下释放出来被人类利用。结合成核的核子（质子或中子）之间有很强的相互吸引的核力。当核的结合状态在某种反应中变得更紧时，就会因为核力的做功而把多余的“结合能”以核能的形式释放出来；同时反应后核的总质量也会有一定的减少。19世纪末和20世纪初，H.贝可勒尔、居里夫妇和E.卢瑟福等关于天然放射性和核反应的发现和实验，揭示了潜藏在核中的巨大能量。1905年A.爱因斯坦根据狭义相对论提出的质能关系：

$$E=mc^2$$

从理论上阐明了核反应中核能释放量和核质量变化的关系。现已知道，释放核能最重要的两类反应是重核（核中总核子数$A>200$，如铀、钚）吸收中子所引起的核裂变和轻核（$A<15$，如氢、氘、氚）在高温下产生的核聚变。利用以中子做媒介重核的链式裂变反应开发核能的装置称核裂变反应堆，它最早于1942年底由物理学家E.费米领导建成。而军用的裂变原子弹则于1945年在美国首次试制成功，并用来轰炸了日本。早在1938年，理论物理学家H.A.贝特就曾指出，维持太阳和恒星发热、发光的能量来自4个氢核逐步聚合成1个氦核的几个聚变反应。利用聚变反应的核武器氢弹也已在1952年和1953年由美国和苏联分别试验成功。和平利用聚变反应来开发核能的装置迄今还在研究中。

（黄祖洽）

核能级纲图　nuclear energy-level scheme　能够将原子核激发能和自旋、宇称、同位旋等量子数展现出来的一种图示方法。作为量子体系的原子核，可占据的能级在激发态能量较低时是分离的，可由激发能和自旋、宇称、同位旋等量子数标记。将这些信息绘制在一张图中，用一水平线代表一能级，水平位置最低的横线代表基态，激发态的高度与其相对于基态的激发能成正比，就得到了能级纲图。每一能级的衰变也能在能级纲图中表示出来。^{208}Pb的能级纲图见图。

（刘　忠）

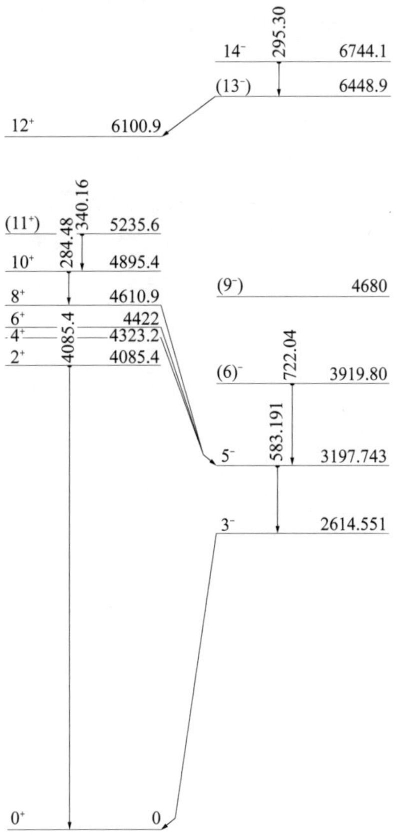

^{208}Pb的能级纲图

核能级密度　nuclear energy level density　某一原子核单位激发能间隔内所包含的能级数。用公式表示，$r(E)=dN/dE$。随激发能增大而迅速增加。能级密度是核结构中的一个基本物理量，在核物理基础研究与应用方面都具有重要应用，如核反应、天体核合成过程、可控热核聚变、裂变核反应堆工程。

在低激发能区（激发能低于核子对能或与之可比），主要是分立能级，实验上可通过一系列核谱学方法进行测量。在高激发能区，能级密度用统计方法描述。唯象能级密度模型主要有常温模型、回移费米气模型和广义超流模型。

（刘　忠）

核能技术　nuclear energy technology　利用原子核反应能量的技术。核反应以损失质量而获得能量，主要有原子核的裂变、聚变及衰变三种方式。研究和应用最为广泛的主要是核裂变能。裂变反应是指重的原子核分裂成两个或多个质量较小的原子的一种核反应，同时放出中子和能量。常用的裂变材料有铀和钚等。1938年，O.哈恩等化学家实现最早的原子核裂变反应。同年，法国科学家约里奥－居里夫妇发现自持的链式裂变反应。20世纪40年代之后，核裂变反应在能源及其他领域发挥了巨大作用。裂变反应初期主要用于军事目的，如以高浓缩铀或钚装料的原子弹。后被广泛应用到民用上，如核电站、核动力舰船等。

原子核的聚变反应主要是指轻原子核结合成较重的原子核，同时产生质量亏损而放出巨大能量。常用的聚变材料有氘（^2D）和氚（^3T）。1938年，物理学家H.A.贝特写出氢离子聚变的4步链式反应。20世纪50年代，苏联科学家A.D.萨哈罗夫设计了托卡马克用来约束等离子体。不可控核聚变已应用到军事领域，如氢弹。而可控核聚变由于技术原因，尚只能在实验室内短时间实现。

衰变指放射性核素放射出粒子而转

变为另一种核素的过程。根据原子核中放出的射线种类，可分为α衰变和β衰变两种方式，衰变的同时伴随γ辐射。1896年法国人H. 贝可勒尔发现铀的天然发射性。1897年，E. 卢瑟福和J.J. 汤姆孙发现铀的放射线有带正电、带负电和不带电三种，分别被称为α射线，β射线和γ射线。广义上基于衰变能利用的核能技术跟射线技术类似，利用以上几种衰变能的技术可统称为核应用技术。为区别于传统的核应用技术，狭义上的衰变能技术指将衰变能（包括射线能和衰变热）作为产能的方式并加以利用的技术。比如，深空探测常用的核电池就是基于衰变能技术设计制造的。

核裂变能技术　民用核裂变能主要用于核能发电，相关的技术主要包括反应堆技术、核材料技术、核燃料循环技术、核安全与核保障技术等。

发展历史　1942年12月，E. 费米领导的研究组建成了世界上第一座人工裂变反应堆，首次实现了可控核裂变链式反应。苏联于1954年建成世界第一座核电站——奥布宁斯克核电站，证明了和平利用核能的技术可行性，国际上称为第一代核电机组。截至2021年1月，全世界约有442座商用核动力反应堆在32个国家和地区运行，总装机容量达393吉瓦，另有53座在建。按装机容量五个核电大国依次为美国、法国、中国、俄罗斯和韩国。

全球主要国家和地区核电状况

国家	在运反应堆	在运反应堆装机容量（兆瓦）	在建反应堆	在建反应堆装机容量（兆瓦）	计划建设的反应堆	拟建设反应堆	核电发电量（TWh）	核电占电力的比例（%）
加拿大	19	13 554				2	94.9	14.9
中国*	53	51 342	18	19 853	39	168	361.2	4.9
法国	56	61 370	1	1650			382.4	70.6
印度	23	6885	6	4600	14	28	40.7	3.2
日本	33	31 679	2	2756	1	8	65.7	7.5
韩国	24	23 172	4	5600		2	138.8	26.2
俄罗斯	38	28 578	2	2510	21	23	195.5	19.7
乌克兰	15	13 107	2	1900		2	78.1	53.9
英国	15	8923	2	3440	2	2	51.0	15.6
美国	94	96 553	2	2500	3	18	809.4	19.7
全球	442	393 064	53	59 756	98	326	2657	10.1

注：摘自国际原子能机构年报，数据更新至2021年1月，其中核电发电量和占电力比例截至2019年。
*包括中国香港、澳门和台湾地区。

反应堆技术　反应堆主要指裂变核反应堆。是一个能维持和控制核裂变链式反应，从而实现核能到热能转换的装置。反应堆技术是指保障反应堆稳定运行以及与反应堆安全相关的技术。裂变反应堆由堆芯、冷却剂系统、慢化剂系统、反射层、控制与保护系统、屏蔽系统、辐射监测系统等组成，反应堆技术也由这些分系统的技术构成。按照学科门类来分，反应堆技术又包括：反应堆安全、反应堆物理、反应堆热工水力、反应堆控制、反应堆系统与设备、反应堆材料与燃料等技术。核反应堆的结构形式有多种，根据燃料形式、冷却剂种类、中子能量分布形式、特殊的设计需要等因素可分成各种不同类型的核反应堆。按中子能谱可分为热中子堆、中能中子堆和快中子堆。按冷却剂材料可分为轻水堆（即普通水堆，包括压水堆和沸水堆）、重水堆、气冷堆和液态金属冷却堆。按用途可分为（钚）生产堆、研究性反应堆和动力堆（包括供热堆）三大类；也可分为军用和民用两大类。随着核能事业的迅速发展，对核能经济性、核安全和核废物最小化提出了更高要求。2001年7月，美国能源部（DOE）宣布成立由美国领导的“第四代核能系统国际论坛”（GIF），推出了包括钠冷快堆（SFR）、铅冷快堆（LFR）、气冷快堆（GFR）、超临界水堆（SCWR）、超高温气冷堆（VHTR）和熔盐堆（MSR）在内的6种第四代堆型。国际上第四代核能技术还处于研发阶段。

核材料技术　广义的核材料是核工业及核科学研究中所专用的材料的总称。包括核燃料及核工程材料（即非核燃料材料）。但人们通常说的核材料主要是指用于反应堆的各部分的材料，故又称反应堆材料。核材料技术指核材料的制造、维护及处理相关的技术。核材料包括结构材料、核燃料、冷却剂材料、慢化材料、控制材料、屏蔽材料等，它已形成一个材料体系。反应堆材料除了应具有一般工程材料所具有的性能外，还应有良好的核物理性能，以及能很好地与反应堆环境相容的特性。核材料技术在核能技术中处于中心地位，第四代核能的发展与部署实际上很大程度上取决于新型抗辐照核材料的研发。对反应堆材料的研究主要着重于其核物理性能、辐照效应、化学相容性等的研究，以及与各种应用有关的性能研究，该研究也大大拓宽了材料科学技术的发展和应用。

在核反应堆中，结构材料是构成反应堆整体与结构上安全的关键，常用的核能结构材料主要包括锆合金系统、钢和镍合金系统和铝合金系统三大类。核燃料按照核能产生方式可分为裂变核燃料（如铀、钚）和聚变核燃料（如氘、氚）。按照燃料的化学组分可分金属燃料、氧化物燃料、碳化物燃料、氮化物燃料等，其中在压水堆核电站中广泛使用的是氧化物陶瓷燃料。在核反应堆发展初期，铀及其合金曾是最重要的核燃料，被广泛用于热中子研究试验堆、钚生产堆和动力堆，也用于快中子实验增殖堆。但金属燃料在熔点以下都有多次同素异形转变，限制了其使用温度。氧化物燃料具有熔点高、化学和辐照稳定性好、与包壳及冷却材料相容性好等优点。二氧化铀（UO_2）是大多数热中子动力堆的燃料，采用传统的粉末冶金工艺制造。$(U，Pu)O_2$和$(U，Th)O_2$这两种混合氧化物（MOX）则分别是快中子增殖堆、轻水堆和高温气冷堆的燃料。碳化铀燃料与UO_2相比，具有重原子密度高、导热性好等优点；但也存在化学性质活泼，与水、空气反应，制备困难等缺点，不宜在水冷反应堆中使用，早期被公认的最具吸引力的快增殖堆燃料。氮化铀燃料的化学键性质和晶体结构类型都与氧化物燃料相似，氮化铀燃料与不锈钢包壳的相容性好，导热性能好，被认为是嬗变核燃料的最佳选择。但其化学稳定性较差，处于研究阶段。

核燃料循环技术　指核燃料的获得、使用、处理和回收利用的全过程，主要有铀-钚和钍-铀燃料循环两种方式。钍-铀燃料循环还处于研发阶段，铀-钚燃料循环已大规模工业化应用。

在核燃料循环体系中以反应堆为中心，可划分为堆前部分（前段）和堆后部分（后段）。前段指核燃料在入堆前的制备，包括铀矿的开采、铀矿石的加工精制（即前处理）、铀的转化、铀的浓缩和燃料元件制造等工艺过程；后段是指从反应堆卸出的乏燃料的处理和处置，包括乏燃料的中间储存，乏燃料中铀、钚和裂变产物的分离（即核燃料后处理），以及放射性废物处理和放射性废物最终处置等过程。核燃料循环技术直接涉及铀提取、浓缩和燃料制造以及钚的提取，与核武器和核能发展密切相关。

核安全技术 广义的核安全是指在核设施和核活动中，对核设施、核活动、核材料和放射性物质采取必要和充分的监控、保护、预防和缓解等安全措施，防止由于任何技术原因、人为原因或自然灾害造成事故发生，并能够最大限度减少事故情况下的放射性后果，使设施和活动受到充分保护，且对工作人员、公众和环境不发生不适当的核辐射危害。该措施包括：确保核设施的正常运行，预防事故的发生，限制可能的事故后果。国际原子能机构（IAEA）将核安全划分为核动力设施安全、辐射防护和核废物安全三类。

从技术层面看，核安全技术发展的目标是做到消除大规模放射性物质的释放，能够达到减缓甚至取消场外应急。为实现核安全技术目标，需要持续强化反应堆的安全研究。包括增强反应堆的固有安全性，通过先进核燃料技术和反应堆技术研究，创新应用，保证发生严重事故机率足够小；研究堆芯熔融机理，优化完善严重事故预防与缓解的工程技术措施和管理指南；实现保障安全壳完整性研究；关注剩余风险保障措施，确保即使发生极端严重事故，放射性物质的释放对环境的影响也是可控的，保障环境安全；加强核应急研究和演练，不存侥幸心理。在民用核能史上，1979年美国的三哩岛核事故及1986年苏联的切尔诺贝利核事故引起人们对核安全技术的高度关注。切尔诺贝利核事故后，国际原子能机构直接采用了美国的概率安全目标作为国际核电业统一的安全目标。中国的核安全法规从最初发展核电时就与国际接轨，采用的法规、标准与IAEA最新的核安全标准体系基本一致。2019年9月3日，中国政府首次发布《中国核安全白皮书》，全面分享了中国核安全监管理念和实践，有效回应了社会公众对核安全的关切，展示出中国倡导构建核安全命运共同体的决心和行动。

核保障（nuclear safeguard）技术指和平利用核能、防止核材料不按照法律或条约规定使用或转用的保障监督技术。它是国际防止核武器扩散体系中非常重要的技术环节。核保障技术是一门极具挑战的综合性技术，包括核材料测量与衡算技术，核材料封隔、监视与保护技术，现场视察取样技术等。

国际核保障的执行机构是国际原子能机构（IAEA），主要承担着发展国际核保障概念、开发核保障技术、与当事国签订核保障协定以及派遣观察员进行视察等任务，其职能是确保特种可裂变材料，以及有关的其他材料、服务、设施、设备、情报等，不用作推进任何军事目的。其目标是：及时察觉显著量的核材料从和平核活动转用到核武器或其他核爆炸装置，或转用到未知的目的，通过及早察觉这种风险来遏制这种转用。根据《国际原子能机构规约》《不扩散核武器条约》等的规定，授权国际原子能机构建立的一种确保核能用于和平目的的核查、监督或管制系统。

核聚变能技术 核聚变能指轻原子核结合成较重的原子核，同时产生质量亏损而放出的巨大能量。可控核聚变的燃料还只限于氘（^{2}D）和氚（^{3}T）。与核裂变能相比，核聚变能具有燃料丰富、价格低廉、无放射性废物、不污染环境、运行安全可靠等优势。

根据发展历史，国际上对核聚变的研究可以分为原理性研究、规模实验、点火装置实验（氘－氚燃烧实验）、反应堆工程物理实验、示范反应堆、商用化反应堆6个阶段。从总体上看，国际上对核聚变的研究正处于点火装置和氘－氚实验阶段，并逐渐过渡到反应堆工程物理实验阶段。

实现核聚变已有不少方法。最早的著名方法是"托卡马克"型磁场约束法。20世纪70年代，苏联科学家发明了托卡马克装置，并逐渐成为核聚变研究的主流途径。实验室研究主要采用磁约束核聚变（MCF）和惯性约束核聚变（ICF）两种方法。

磁约束核聚变是依靠强有力的磁场将高温、低密度的等离子体约束足够长时间，以使氘氚等离子体达到核聚变反应所需要的条件。

惯性约束核聚变是利用高功率激光束（或粒子束）均匀辐照氘氚等热核燃料组成的微型靶丸，在极短的时间里靶丸表面在高功率激光的辐照下会发生电离和消融而形成包围靶芯的高温等离子体。等离子体膨胀向外爆炸的反作用力会产生极大的向心聚爆的压力，引起氘氚燃料的核聚变反应。

实现大量聚变反应所需的关键技术，对惯性约束而言则是压缩、点火和高重复频率点火。未来的惯性约束聚变要能获得大量聚变能量必须实现以高重复频率点火方式。二者均处于不同探索阶段，距离聚变能源的要求还比较远。

在集成世界聚变研究主要成果基础上，为验证利用核聚变技术发电的可行性，2006年国际热核聚变实验反应堆（ITER）计划七方签署联合实施协定，启动ITER计划。ITER计划将历时35年，其中建造阶段10年、运行和开发利用阶段20年、去活化阶段5年。目标是要建造一个可自持燃烧（即"点火"）的托卡马克聚变实验堆，验证聚变反应堆的工程可行性，聚变输出功率可达1500兆瓦。中国科学院等离子体物理研究所是ITER计划中国工作组的重要成员单位。

聚变－裂变混合堆也是核聚变能技术研发的重要方向之一，聚变－裂变混合堆是指聚变堆包层中含有裂变材料，聚变与裂变共存于一起的反应堆。由裂变堆＋聚变堆组成。聚变反应是富中子、贫能量（14兆电子伏/次）的，而裂变反应是贫中子、富能量（200兆电子伏/次）的，因此可以把热核聚变作为热核裂变的强中子源，利用热核聚变产生的大量中子驱动次临界裂变堆而释放能量，即利用氘氚聚变产生的14兆电子伏中子进入包层的次临界装置，通过结构的安排和参数的调整，可免除表层内燃料铀（U）的浓缩和钚（Pu）的分离，直接利用二者作为燃料进行核能发电。其可用于生产核燃料，供给裂变堆核电站用；处理核废料，"燃烧"裂变堆电站产生的乏燃料；生产氚，一方面维持堆芯聚变反应所需的氚，另一方面补充其他用途消耗的氚；增殖能量，以供热或发电。

核聚变能由于资源无限和无污染，是未来的理想能源，是中国核能发展规划的第三步战略目标。在磁约束聚变领域，托卡马克的研究处于领先地位。中国正式参加了ITER项目的建设和研究；同时正在自主设计、研发中国聚变工程试验堆（CFETR）。在惯性约束领域，Z箍缩作为能源更具有潜力，中国提出的Z箍缩驱动的聚变－裂变混合堆更有可能发展成具有竞争力的未来能源。实现聚变能的应用尚未发现任何捷径，但需要继续关注国际聚变能研究的新思想、新技术和新途径。

中国的核能利用近期以压水堆核电站为主，在充分利用已有技术基础上，开发建设先进压水堆核电站，并以此作为中国未来核电发展的主力机型，将积极推进快堆核电站和高温气冷堆核电站的技术研发。中国的核能技术发展近中期目标是优化自主第三代核电技术；中长期目标是开发以钠冷快堆为主的第四代核能系统，积极开发模块化小堆、开拓核能供热和核动力等利用领域；长远目标则是发展核聚变技术。

衰变能技术 衰变能与裂变能和聚变能相比，尽管能量输出功率偏低，但是最突出的优势是能量利用完全可控，可超长时间稳定供能，供能时间与放射性同位素的半衰期密切相关。太空探索任务需要安全可靠，寿命长的动力系统，基于衰变能技术的放射性同位素动力系统（RPS）是航天器电力和供暖的长寿命来源，它坚固、紧凑、高度可靠，并且对辐射和太空环境的其他影响相对不敏感。RPS的一种类型是放射性同位素热电发生器（RTG），这是一种不使用移动部件就将热量转换为电能的太空核电系统，使用的放射性同位素为钚-238，钚-238是一种非常强大的α发射体，其半衰期为87.7年。与其他同位素不同，钚-238不会产生大量其他的穿透性更强的辐射。这使得钚-238同位素适合用在RTG和放射性同位素加热器单元中，1克钚-238可产生大约0.5瓦的热能。美国能源部在美国国家航空航天局（NASA）的支持下，开发了几代这样的太空核动力系统，可用于为各种太空探索任务提供电力和有用的多余热量。当前的RPS被称为多任务放射性同位素热电发生器（MMRTG），其设计具有灵活性，可以在具有大气层的行星体（如火星）以及太空真空中运行。MMRTG在发射时会产生约110瓦的电能，这是一种可以满足各种潜在任务需求的功率增量。

（石伟群　唐洪彬）

核乳胶　nuclear emulsion　记录带电粒子径迹的一种探测器。核乳胶由溴化银微粒与明胶的混合物构成。成分与照相乳胶十分相似，不同之处在于核乳胶的溴化银颗粒更细，乳胶层更厚，有利于对带电粒子的探测，径迹的分辨和测量。带电粒子穿过乳胶，形成银离子的“潜影中心”，经过显影、定影处理，使潜影中心还原、放大，成为可在显微镜中观察到的银颗粒，它们构成了带电粒子的径迹。根据径迹长短，银颗粒密度来确定粒子的能量、速度、种类等。对于中性粒子，可通过其产生的次级带电粒子来推算出它们的能量和通量。

核乳胶具有空间分辨本领较好、轻便、经济等优点，因此在早期的宇宙线物理、核物理和粒子物理研究中有较普遍的应用，π介子、K介子、Σ超子等粒子就是在核乳胶中发现的。计数器出现后，快速、自动化、可适时处理等优点是核乳胶所不可比拟的。尽管如此，在一些领域内，如超高能宇宙线粒子的探测、高本底下裂变产物的探测以及某些特别的实验中仍离不开核乳胶。2000年，美国的费米实验室通过重建核乳胶中带电τ轻子衰变末态带电粒子的径迹，发现了τ型中微子就使用了核乳胶。

（郑志鹏）

核少体问题　few-body problems in nuclear physics　对少数核子组成的体系的结构特性和反应规律的研究。原子核物理学中的重要问题之一。研究的对象是由几个核子（质子和中子）构成的原子核及由核子和超子构成的超核。这一领域的实验资料包括对核子基态和激发态的能量、自旋、宇称、平均寿命等的测定，对反应及衰变过程中产物的产额、角分布、极化度等的测量。另一方面，这一领域的理论方法亦在不断发展。关于核三体（包括束缚态和散射态）和四体问题（束缚态）的法捷耶夫-雅库波夫斯基方程已可对使用真实核力（含三体力）的情况下，在坐标空间或动量空间得到严格的解，四体散射的完全严格求解亦指日可待。

传统上少体系统是指三体或四体系统。由于理论方法的发展（如量子蒙特卡罗法、随机变分法等的应用），扩展了少体系统的范畴。对七核子系统束缚态的严格计算（不用模型理论）也已实现。

通过对核少体系统的研究可认知核力（包括二体、三体和四体力），这是人类认识自然的一个重要方面。事实上，在众多的恒星内部无休止地进行着大量基于少体系统的核聚变过程，释放大量能量，促进了恒星和宇宙的进化。另一方面，对少体系统的认知是建立普遍的核结构和核反应模型理论的基础。

（鲍诚光）

核四极相互作用力　nuclear quadrupole interaction　核子间的四极相互作用力。是人们为了简单地描述核子-核子间相互作用的一种唯象的相互作用力。称其唯象，是相对于微观的有效核子相互作用，即从裸的核子间（自由核子间）相互作用出发，经过重正化等微扰步骤，得到原子核内部（核媒介中）的核子间的有效相互作用而讲的（见**核结构从头计算**）。

之所以提出这种相互作用，是由于在实验上发现原子核存在着集体激发的模式，如电四极跃迁、四极形变、转动能谱等，这表明原子核内部应存在某种长程关联。科学家提出相应的两体相互作用，来包含这种长程关联的效应。根据四极跃迁的算符，得：

$$Q_2=\sum_{\alpha\beta}\langle\alpha\parallel r^2Y_2\parallel\beta\rangle a_\alpha^+a_\beta$$

该算符可作用于一对粒子-空穴之上，通过这个算符可以构建两体间相互作用，可表示为：

$$V=-\frac{1}{2}Q_2^+Q_2$$

这就是核子间四极相互作用力的算符表达形式，可用于唯象地构建原子核的哈密顿量。为了能够符合实验数据，通常需要人为地调整该相互作用力的强度。由于形式上、数值计算的简单性，使得该相互作用在核物理中的应用非常广泛，具有较强的生命力。但是由于该相互作用本身具有一定的缺陷，为了可以描述实验现象，通常还需要对该相互作用进行单极修正。

人们也发现了原子核内具有其他更高阶的集体激发模式，类似地也提出了核子间的八极相互作用、十六极相互作用等。

（王小保　许甫荣）

核素　nuclide　具有特定质量数、原子序数和核能态，而且平均寿命长到足以被观测到的一类原子核。nuclide一词来源于拉丁文nucle（核）和希腊文ειδοζ（种类）。1947年美国科学家T.P.科曼提出此名，将具有确定质子数和中子数的原子核称为确定的核素。许多国家仍用这一定义，但涉及活度定义时，这种定义不够完善。引入“核素”一词避免了不恰当地使用“同位素”这个词，如核素$^{18}_{6}O$、$^{18}_{7}O$的原子序数相同，可称为同位素；而核素^{13}H、$^{18}_{6}O$就只能视为两种核素，不能称为两种同位素。核素通常用符号$^{Z}_{A}X_N$表示，X是元素符号，A是质量数，Z是质子数，N是中子数，在一般情况下，只写出元素符号和质量数，略去质子数和中子数。核素可以是稳定的，也可以是不稳定的。目前已知道的核素大约有2700多种，其中近300种是稳定的，其余是不稳定的。

（吕维纯）

核素图　nuclide chart　在以质子数和中子数为坐标的平面上，依据组成原子核的质子数和中子数展现所有原子核位置的图形。核素图中每一个位置对应一种原子核，也称为一种核素。在这个图中，还可以给出每个核素的各种性质，如衰变方式、半衰期、基态自旋和宇称等数据。从

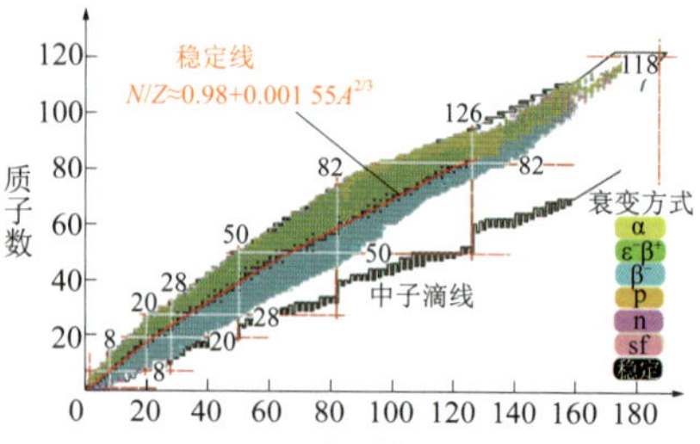

核素图示意图

图中可以看出，现已知的大约3450种核素都位于一条狭长的地带，其中稳定的核素位于一条缓慢变化的线上，这条线称为β稳定线，它两边的原子核都是通过不同方式衰变到达不同的稳定核。距离β稳定线越远的核素，其寿命越短，最后一个中子或质子的结合能越小，直到结合能为零。（靳根明）

核酸静电特性 electrostatic property of nucleic acid 核酸因主链带有高密度负电荷而产生的离子静电特性。核酸（DNA和RNA）上磷酸基通过两端的磷酸酯键连接糖环构成了核酸的骨架，剩余的一个羟基在水溶液中会电离，从而每个核苷酸带有约一个单位的负电荷。使得核酸成为具有高电荷密度的聚电解质链，因而离子静电作用对于核酸结构折叠以及相关生物学功能至关重要。

核酸双螺旋结构的静电性质　双螺旋结构是核酸结构中的基本单元，一般DNA为B型，RNA为A型。DNA和RNA双螺旋结构的柔性和稳定性强烈依赖于溶液中的离子条件。在高浓度单价离子条件下，DNA双螺旋的持久长度约为50纳米，而RNA双螺旋的持久长度约为60纳米，其持久长度会随着溶液离子浓度的降低而增加。高价离子的加入会使DNA螺旋的持久长度显著降低，比如在三价离子溶液中，DNA的持久长度可低至约25纳米，而高价离子如六氨化钴离子的加入会使RNA螺旋的持久长度增加。在标准离子条件下（1摩尔/升NaCl）DNA和RNA双螺旋的稳定性可由广泛实验测得的热力学参数，通过最近邻模型计算得到，离子浓度的降低会导致DNA和RNA稳定性降低。高价离子例如Mg^{2+}的加入可显著提高DNA和RNA双螺旋结构的稳定性，且效率显著高于单价离子。如10毫摩尔/升Mg^{2+}和1毫摩尔/升Na^{+}溶液中核酸短链双螺旋的稳定性大致相当。人们已发展了多种经验公式定量描述单价离子和双价离子对短链核酸双螺旋结构稳定性的影响。除了影响核酸双螺旋结构的热力学外，离子还影响双螺旋结构形成的动力学，离子浓度的增加可提升双螺旋的形成速率，而不影响其熔解的速率，进而有利于双螺旋结构的形成。

核酸凝聚中的静电性质　核酸凝聚对于DNA的包装以及RNA折叠中结构塌缩态的形成非常重要，溶液中离子可调节核酸的凝聚行为。单价离子主要中和核酸骨架上的负电荷，因而可以减弱核酸片段间的库仑排斥作用。高浓度单价离子溶液中核酸片段间的排斥力很弱，可以形成静电弛豫态，但不能形成紧凑态。三价及以上的高价离子可导致DNA双螺旋凝聚，其来源于高价离子可诱导带负电DNA片段间产生强烈吸引，过高的高价离子浓度又会导致DNA凝聚体重新熔解。高价离子在一般浓度下不能导致RNA双螺旋片段凝聚。而非常高的高价离子浓度可导致RNA双螺旋凝聚，RNA片段与DNA片段间的显著差别来自它们不同的螺旋结构导致离子凝聚模式的不同。二价离子情形较为复杂，非特异性的二价离子不能导致DNA双螺旋的凝聚，如Mg^{2+}、Ca^{2+}，然而特异性结合二价离子如Mn^{2+}可导致DNA凝聚；但非特异性结合离子如Mg^{2+}可以导致DNA三链螺旋的凝聚。此外，带负电核酸还会与带电配体相互作用，如带负电的双螺旋DNA缠绕在带正电的组蛋白上形成了长度相较伸展态被压缩了约40000倍的染色体超螺旋结构。

RNA三级结构中的静电性质　为了实现生物功能，RNA一般需要折叠成特定的三级结构。由于RNA带有高密度负电荷，紧凑三级结构的形成需要通过结合金属离子，克服强烈的静电排斥作用。离子在RNA三级结构折叠中的效率与离子的电荷密度紧密相关，即价数越高、尺寸越小的离子在RNA三级折叠中的效率就也越高。一般RNA三级结构的形成至少需要几百毫摩/升的单价离子，而一般只需毫摩/升量级的二价离子即可完成正常三级结构折叠；如果是三价离子，则只需约0.1毫摩/升量级的离子即可导致RNA三级结构的折叠。离子与RNA结合的方式一般有两种：一是大量离子保持其水合层游离地结合在RNA周围；二是有少数离子会全部或部分脱水结合在RNA特定的部位。一般认为，大量的游离结合离子对于稳定三级结构整体起主要作用，而在特定部位结合的少数脱水离子对稳定特定的三级结构有关键作用。此外，RNA一般处于大分子拥挤的细胞内环境中，大分子拥挤效应可以显著提升离子在RNA三级结构折叠中的效率。离子条件的改变也会显著改变RNA三级结构折叠的速率和路径。（谭志杰）

核天体物理 nuclear astrophysics 研究宏观世界的天体物理与研究微观世界的核物理相结合形成的交叉学科。该学科应用核物理的知识和微观规律阐释恒星中核过程产生的能量及其对恒星结构和演化的影响，宇宙中各种化学元素的合成，白矮星、中子星、脉冲星和黑洞的形成，宇宙线的起源及其与星际气体的相互作用，星系的化学演化以及中微子天文和γ射线天文。主要目标有研究宇宙中各种化学元素及其同位素合成的过程、时标、物理环境、天体场所和丰度分布。

核过程不仅是恒星抗衡其自引力收缩的主要能源，亦是宇宙中除氢以外所有核素赖以合成的唯一机制，在宇宙大爆炸之后几秒至恒星演化寿命终结之前起极为重要的作用。其中的核过程主要包括大爆炸后最初几秒钟原初核合成阶段和恒星演化过程中发生的核聚变反应，高能宇宙线与星际气体发生的散裂反应和核衰变。恒星中的热核反应是从氢聚变开始的，而恒星的演化则与其中氢、氦、碳等各种轻元素的热核反应逐级发展的过程紧密联系在一起。恒星演化的进程和归宿基本上取决于恒星的初始质量。粗略地说，初始质量$M<0.08M_{\odot}$（$M_{\odot}$表征太阳质量）的星体，引力收缩下温度升高，但不能使其达到氢聚变的点火温度，不发生氢燃烧而直接走向死亡，在宇宙中保持不发光。$0.08M_{\odot}<M<8M_{\odot}$的小质量星体，在经历某个轻元素燃烧阶段后，因剩下的核心区质量不足以通过引力收缩使下一级聚变反应点火，随着核燃烧的结束而走向死亡，形成各类白矮星。$8M_{\odot}<M<100M_{\odot}$的大质量孤立恒星，在完整地经历氢、氦、碳、氖、氧和硅各平稳核燃烧阶段后，呈现由内至外依次为铁核心区及未燃尽的硅、镁、氖、氧、碳、氦和氢的分层结构。由于原子核结合能曲线在^{56}Fe处达到极大值，则比铁更重的核聚变反应变为吸热反应，因此硅燃烧阶段结束后形成的铁核心区不能再依靠聚变反应释放能量来阻止引力收缩，最终导致超新星爆发。爆发时的冲击波将大量外层物质抛向星际空间，占初始质量一小部分的残体最终形成中子星或黑洞。

星体平稳演化阶段发生在相对低温、低密度物理环境中，热核反应率极低，核燃烧基本上沿β稳定线渐进地发展。对于$8M_{\odot}<M<100M_{\odot}$的孤立恒星，该阶段的核燃烧进程是：

① 通过pp反应链、CNO循环和NeNa-MgAl循环进行氢燃烧。这些过程的净结果都是$4p \rightarrow {}^{4}He + 2e^{+} + 2\nu_e$并释放能量。pp反应链从两质子非束缚体系的$\beta^{+}$衰变过程$^{1}H(p, e^{+}\nu_e)^{2}H$开始，继而发生$^{2}H(p, \gamma)^{3}He(^{3}He, 2p)^{4}He$、$^{3}He(\alpha, \gamma)^{7}Be$等反应。CNO循环如图所示：

②氦燃烧和中子慢速俘获(s)过程。氦燃烧从$3\alpha \rightleftharpoons {}^{12}C^{*} \rightarrow {}^{12}C + \gamma$反应开始，接下去的其他重要反应是$^{12}C(\alpha, \gamma)^{16}O$、$^{13}C(\alpha, n)^{16}O$、$^{16}O(\alpha, \gamma)^{20}Ne$、$^{22}Ne(\alpha, n)^{25}Mg$

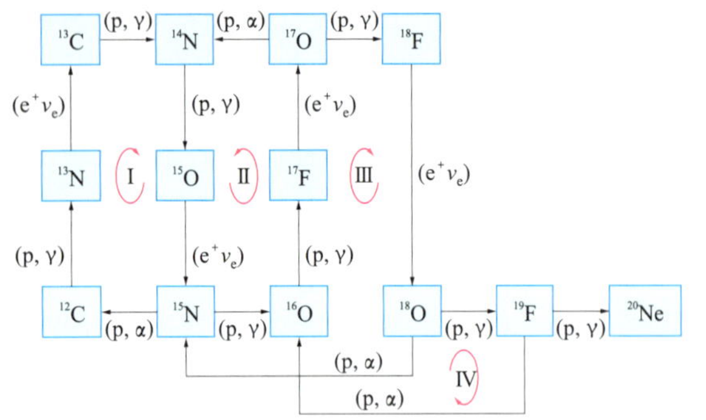

CNO 循环示意图

等。s过程发生在恒星平稳演化阶段晚期的氦壳燃烧过程中，以^{13}C(α, n)^{16}O和^{22}Ne(α, n)^{25}Mg反应为中子源，沿β稳定线附近发展，产生Fe以上的稳定核。

③碳、氖、氧的燃烧。主要反应分别为^{12}C(^{12}C, α)^{20}Ne、^{12}C(^{12}C, p)^{23}Na、^{20}Ne(γ, α)^{16}O、^{20}Ne(α, γ)^{24}Mg(α, γ)^{28}Si、^{16}O(^{16}O, α)^{28}Si、^{16}O(^{16}O, p)^{31}P、^{16}O(^{16}O, n)^{31}S等。

④硅燃烧。质子、中子和α粒子在Si、Mg等核上的俘获和光致分裂过程使反应流不断向上发展，在Fe附近形成化学平衡的丰度分布。

在大爆炸后，新星、超新星爆发和超大质量恒星坍缩形成的高温高密度环境中，天体或宇宙温度升至库仑势垒量级甚至更高，热核反应截面相应增大，使质子、中子和α粒子能与大量短寿命放射性核反应的速率接近或超过放射性核β衰变的速率，热核反应流可扩展到远离β稳定线直至质子和中子滴线的广大核区。这种爆发性事件中，核燃烧的时标缩短为秒至小时的量级。对于宇宙原初核合成阶段的核反应从^{1}H(n, γ)^{2}H开始，相继产生^{2}H、^{3}H、^{3}He、^{4}He和少量的^{7}Li。由于反应扩展到放射性核区，以^{4}He(t, γ)^{7}Li(n, γ)^{8}Li(α, n)^{11}B(n, γ)^{12}B(e$^-$, ν$_e$)^{12}C(n, γ)^{13}C等包含放射性核的反应链为桥梁，可能跨越$A=8$处没有稳定核的间隙，产生微量$A\geqslant 9$的一系列轻核。恒星爆发性核燃烧的主要过程是：①高温氢燃烧。包括高温pp反应链、高温CNO、NeNa-MgAl循环和接下去的质子快速辐射俘获rp及αp过程。温度高于1×10^9开的环境中，通过rp及αp过程接连的(p, γ)、(α, p)反应和β$^+$衰变，反应流可达到A约为100的丰质子核区，产生β稳定线丰质子一侧的稳定核和较轻的p过程核。②高温氦、碳、氖、氧和硅的燃烧。③从^{9}Be(α, n)^{12}C开始，继以一系列(α, n)、(p, n)、(n, γ)反应的α过程和中子快速辐射俘获(r)过程以及β$^-$衰变，产生$A\geqslant 60$的丰中子稳定核。④p过程。在温度2×10^9～3×10^9开的环境中，通过预先存在的s过程或r过程核上的(γ, n)、(γ, p)、(γ, α)等光致分裂反应和与之一起发生的rp、αp过程和β$^+$衰变产生某些A为60～200的低丰度丰质子稳定核，即p过程核。

为了阐明宇宙中元素和同位素的丰度分布，一方面要研究天体物理模型，了解天体核过程发生的物理环境（温度、密度和化学组成），另一方面要研究原子核的质量或结合能、热核反应截面、结构和衰变特性。由于天体演化和元素合成涉及β稳定线及其两侧的数千种核素，为此天体物理对传统核物理提出了挑战，它需要把核物理研究扩展到只有天体、宇宙所实现的情况及所发生的反应等，加之相应物理环境导致某些原子核低激发态的热布居和核过程，并与原子或等离子体过程的交融，对传统核物理实验和理论提出有非常挑战性的课题。　　（白希祥）

核天体物理反应网络　reaction network in nuclear astrophysics　由核素为节点，核过程（核反应和核衰变等）为箭头符号构成的核素演化路线图。爆发性氢燃烧涉及的部分天体的核天体物理反应网络见图，从中可以看出网络的复杂性。有时用箭头的粗细表示核过程流的强弱，但在不同的天体环境下箭头可能会有所不同。绘制天体核反应网络图有助于人们深刻认识天体元素合成的进程。

核天体物理反应网络可以用下面的一阶微分方程组描述：

$$\dot{Y}_i=\sum_j C_iR_jY_j+\sum_{jk}\frac{C_i}{C_j!C_k!}\rho N_AR_{jk}Y_jY_k+\sum_{jkl}\frac{C_i}{C_j!C_k!C_l!}\rho^2N_A^2R_{jkl}Y_jY_kY_l$$

式中Y_x为第x个核素的丰度；C_x为避免重复计算而设定的系数，正值为产生反应，负值为消灭反应；R_x为单位体积下核过程的速率；ρ和N_A分别为密度和阿伏伽德罗常数。等号右边的三项分别对应于单体、两体和三体反应。

总体的恒星核反应网络计算不仅需要原子核的反应和衰变数据，也需要恒星的密度、温度等热力学变化曲线。通过核天体物理反应网络的计算，人们不仅能够了解天体演化过程中元素合成以及能量释放规律，也可以对核反应流进行灵敏度分析，从而发现对天体演化异常重要的关键核反应。　　（李志宏）

核同位旋　nuclear isospin　表示原子核的核子组成状态的一个量子数。同位旋是一个与强相互作用相关的量子数，它反映了自旋和宇称相同、质量相近而电荷数不同的几种粒子归属性质。同位旋这一概念是德国物理学家W.K.海森伯在1932年为描述新发现的中子的对称性而引入的。1937年，美国物理学家E.P.维格纳进一步用它来描述原子核的同位旋属性。实验表明，核子之间的作用力主要是核力，它近似地与核子所带电荷无关，即质子和质子、中子和中子，以及质子和中子之间的核力是相同的，这说明就核力的性质而言，质子与中子之间没有区别，因此，把质子和中子看成同一种粒子（核子）的两种不同状态。为区别它们，引入了一个新的算符t——核子的同位旋矢量，其量子数为1/2。中子和质子的同位旋相同，但同位旋第三分量t_3不同，中子的$t_3=-1/2$，质子的$t_3=+1/2$，具有对称性。同位旋矢量是可以相加的，因此，一个原子核的总同位旋矢量为组成该原子核的质子和中子的同位旋矢量之和，即$T=\sum_i^A t_i$，第三分量$T_3=\sum_i^A t_3$。一个原子核的质子数

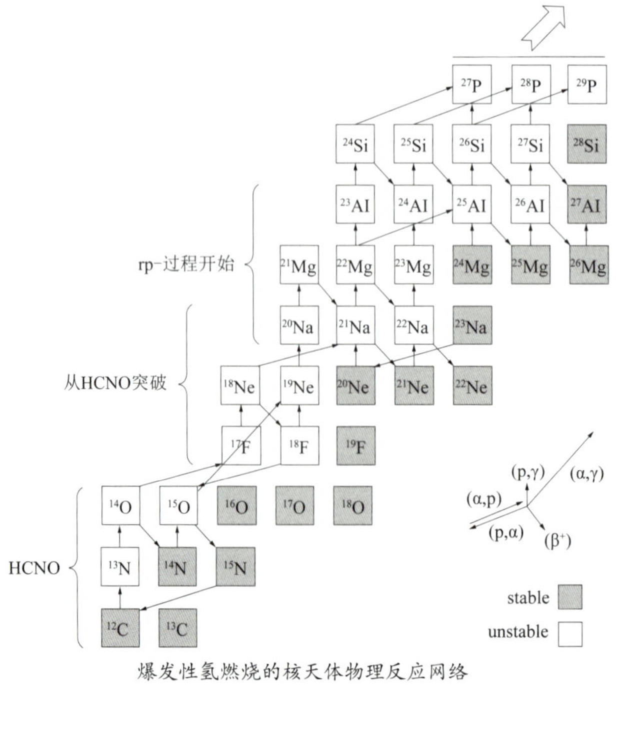

爆发性氢燃烧的核天体物理反应网络

为Z，中子数为N，质量数为$A=Z+N$，其同位旋第三分量$T_3=\frac{1}{2}(Z-N)=Z-A/2$。因此，同一种核素的不同能态都具有相同的同位旋$T_3$值。但是，原子核同位旋量子数$T$的取值范围为$\frac{1}{2}|Z-N|\leqslant T\leqslant\frac{1}{2}(Z+N)$。

（靳根明）

核物理平均场理论　mean field theory in nuclear physics　核物理用于相互作用的多粒子系统的理论模型。相互作用的多粒子系统是很难严格求解的，平均场理论是用相对简单的模型研究大的复杂系统的行为。又称自洽场理论。其主要思想是：简化对复杂问题的研究，把一个高次、多维的难以求解的问题转化为一个低维问题，用平均场或有效相互作用来代替粒子受到的所有其他粒子对它的相互作用。用场论的概念，系统的哈密顿量按平均场的涨落来展开，平均场可以看作哈密顿量按涨落展开的“零级”项。这种理论方法在物理和化学研究多体系统中有广泛的应用。在微观的核结构研究中常引入核子在核介质中的有效相互作用，用平均场理论来计算原子核的基态性质。**哈特里－福克方法**是一种具体计算平均场或等效相互作用的自洽方法。

（马中玉）

核物质　nuclear matter　在核力作用下中子和质子结合成的均匀无穷大的多体系统。它是用来研究原子核的整体、不需要考虑边界性质的理想模型。该系统不考虑核子的结构和它们之间的**电磁相互作用**和**弱相互作用**，但核子间通过**强相互作用**形成束缚系统。它是由重核中心区域密度为常数和原子核中核子的平均结合能具有饱和性等性质提出的假想系统。核物质的性质是由核子数A趋于无穷大的重核整体的性质得到：核物质的饱和密度为$\rho_0=0.17$核子每立方飞米（fm，1飞米$=10^{-15}$米），它由重核中心密度得到。用经验的核质量公式，当核子数趋于无穷大时得到核物质的核子平均结合能为$E_B/A=(-16\pm0.5)$兆电子伏。实验上测量重核的同位旋标量巨共振，即核的呼吸模式共振能量，在非相对论微观模型下得到在饱和点核物质的不可压缩性系数$K=(210\pm30)$兆电子伏，而相对论模型得到的K值为250～270兆电子伏。

零级近似下核物质可用费米气体模型来近似描述。核子的波函数用动量为k的平面波和自旋、同位旋波函数的乘积来表示。核子按**泡利不相容原理**（即费米子不能填在同一状态）填满所有的低动量的态，占有动量的最大值称为费米动量k_F。用费米气体模型可直接得到费米动量与核物质的密度的关系为$\rho_0=2k_F^3/3\pi^2$，即$k_F=1.36\text{fm}^{-1}$。当考虑核子之间的相互作用，核子的动量改变，$k>k_F$的动量态上变成部分占有，而$k<k_F$的动量态上也有部分占有。原子核中核子动量分布的实验测量给出费米气体模型的直接检验和研究核子关联效应。

核物质是强相互作用的费米子系统，采用符合核子－核子散射相移和氘核基态性质确定的核子－核子相互作用和核多体理论方法（见**核多体问题**）来微观研究核物质的性质，它是检验核力的有效方法。

核物质的研究推广到中子数和质子数不等的不对称核物质和中子物质以及高温、高密和包含奇异强子等极端条件下的核物质系统，并广泛应用于研究重离子碰撞和天体物理中的物理问题。研究表明，温度升高有可能存在液态－气态相变，极端高温高密情况下可能产生从强子物质到夸克胶子等离子体的相变。可能存在的各种相变和核物质的新形态是国际上核物理理论和实验研究的前沿课题。

（仲　佰）

核物质的异常态　exotic state of nuclear matter　核物质中包含有除质子和中子外的有其他强相互作用粒子存在的，或者处于比较特殊的夸克物质形态。核物质是强相互作用支配下的多体系统。在核物质中，除了包含核子（质子和中子）之外，还可以有其他强相互作用粒子存在，如核子共振态、各种介子、超子等，这时候核物质的性质会发生很大的改变。另外，在高温度或高密度情况下，核物质还有可能处于比较特殊的夸克物质形态。下面列举几种常见的核物质异常态：

①超子态。核物质中可以存在一个或多个比质子更重的重子，如带奇异数的超子Λ、Σ、Ξ，以及带粲数或底数的重味超子Λ_c和Λ_b等。在核物质中，超子的等效质量和宽度等特性都将有别于它在自由情况下的值，核物质整体状态方程等性质在较高密度时也将会有很大的变化。在中子星内部很有可能存在奇异强子物质。

带有超子的核物质构成的强相互作用束缚态，称为超核。实验上已经发现了一些带奇异夸克的超核，如在奇异量子数为−1的区，有几十个单Λ超核和1个单Σ超核；在奇异量子数为−2的区，有几个双Λ超核和单Ξ超核。超核的能谱对于核子—超子和超子—超子相互作用非常敏感，由于核子和超子是可区分的粒子，超子在核中不受核子的泡利原理的限制，它可以作为带有味标记的探针，探索核内部的结构，并以此间接地了解上述相互作用的细节。

②介子态。在原子核的结构和反应中，介子自由度的影响不可忽略。核内不仅存在着介子交换流的效应，一些实验研究还发现，π^-介子可以在^{207}Pb原子核内形成深束缚态。在核物质中，赝标介子π、η、K和矢量介子ρ、ω等都有可能存在。它们的等效质量和宽度等物理性质也与自由状态下的值不同。如在高密度时，π^-介子和K^-介子的等效质量将会变小。若介子的等效质量能够减小到零，则会发生玻色－爱因斯坦凝聚现象。在中子星的核心物质中是否存在介子凝聚态，是原子核物理和天体物理感兴趣的问题。

③反物质原子核。在高能核碰撞实验中已经陆续观测到反氘核、反氚核、反氦核和反Λ超氚核存在的证据。测量这些反物质原子核的能谱、质量和结构等特征，对于了解反物质与物质之间相互作用的细节，探索宇称对称性、正反物质对称性和时间反演对称性，解释宇宙中物质的起源等重大问题都有重要的物理意义。

④夸克物质。高密度的核物质中，有可能发生手征对称性恢复相变和夸克色禁闭解除相变，此时核物质将从强子态转变为夸克态。在高温度高密度情况下，核物质为夸克－胶子等离子体状态；在低温度高密度情况下，携带不同颜色和味道的夸克可以通过吸引相互作用形成库珀对，在核物质中形成色超导态。夸克－胶子等离子体物质是宇宙大爆炸之后数微秒内存在的物质状态，它也可以通过高能重离子碰撞产生，而色超导夸克物质则有可能存在于中子星内部。因此关于强相互作用物质相结构的探索已经成为粒子物理、原子核物理、天体物理和宇宙学等不同学科共同关心的研究领域。

（李　磊）

核有效相互作用　nuclear effective interaction　描述核相互作用的有效理论。在原子核内，受到周围核子的影响，核子－核子相互作用与自由核子－核子作用不同，需要有效变换后才能解释原子核性质，如结合能、均方根半径等。

（冯兆庆）

核宇称　nuclear parity　原子核微观系统空间反演性质的描述。宇称是美国物理学家**E.P.维格纳**在1927年提出的描述微观系统状态空间反演性质的一个物理量，在代数上表现为代数函数的奇偶性。宇称算符只有 ±1两个本征值。如果描述微观系统状态的波函数$\psi(x)$（x为体系中所有粒子的空间坐标）空间反演不变，即$\psi(-x)=\psi(x)$，则该系统的宇称为 +1，如果空间反演后波函数的取值也反号，即$\psi(-x)=-\psi(x)$，则宇称为 −1。空间反演下物理规律的不变性与镜像过程中物理规律的不变性是一致的。一个由多个粒子组成的系统的总宇称等于该系统中各个粒子的宇称之乘积。

原子核是由核子组成的微观系统。因此，原子核的总宇称通常用π表示，等于组成原子核的各核子宇称的乘积。各个核子的宇称包括其内禀宇称和轨道（角动量）宇称。轨道宇称为$(-1)^l$，内禀宇称用π_i表示。则一个原子核的总宇称为：

$$\pi_n=(-1)^{l_1 l_2\cdots l_n}\cdot\pi_1\pi_2\cdots\pi_n$$

因为核子（中子和质子）的内禀宇称为 +1，所以，一个原子核的总宇称可表示为：

$$\pi_n=-\prod_i^n(-1)^{l_i}$$

即一个原子核的总宇称等于其核子轨道宇称之乘积。以I^π表示原子核的自旋和宇称。（靳根明）

核振动　nuclear vibration　原子核在其稳定形状附近做振荡的一种集体运动模式。假定常态下的原子核是不可压缩的，则振荡过程中核体积保持不变，因此，核振动是核表面形状发生变化。近球形核的振动主要是在球形附近作周期性的四极振动，即核的形状围绕球形在长椭球和扁椭球之间变化，振动能级较低。变形核的振动主要也是四极振动，即围绕其稳定变形形状，如椭球形状振动。这种振动的能级较高。一个旋转的椭球核可以具有两种振动形式：一是沿对称轴方向振动，且保持对称轴不变；二是围绕对称轴做偏离对称轴的振动。变形核振动的同时也可以转动，这就可以在一组振动能级上出现一组转动能级。变形核也存在八极振动。

振动模型是在20世纪50年代初期提出的，首先发现了球形核的电四极（E_2）振动。在满壳核附近的许多偶偶核中观测到激发能相近的0^+、2^+、4^+三重态，它们的激发能是第一2^+态的约两倍（E_{2pn}/E_{1pn}典型值约为2.2）。谐振动模型认为，它们的基态为球形，但形状可围绕球形发生四极形变，形变幅度随时间震荡。激发态可由一声子态、二声子态、三声子态等表示，其能量与跃迁强度遵守如图所示的选择定则。

微观上，一声子态的波函数是一系列

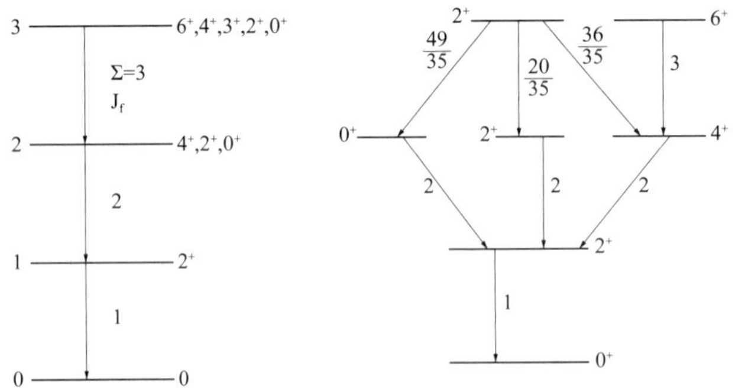

电四极（E2）谐振子声子模型低激发态能级与跃迁强度选择定则示意图

粒子−空穴（或两准粒子）激发的线性组合；多声子态的波函数可写成单声子波函数的乘积，多声子态对应多粒子−多空穴激发。

实验上发现了电八极（E3）振动，后来又发现了磁偶极剪刀模式（M1 scissors mode）。在形变核中，也发现了类似的围绕形变平衡基态形状振动的转动带。

一般振动指的是低能振动激发。巨共振涉及核整体大幅度的振动，激发能高得多，在10到几十兆电子伏。（刘　忠）

核质量　nuclear mass　一个原子核的质量。也即相应的原子质量与其核外电子质量之差（忽略电子的结合能）。原子核由核子（包括质子、中子和其他粒子）组成，每个核子都有确定的质量，但是当它们组合成一个原子核时，由于结合能的存在，使得原子核的质量比组成该原子核的各个核子质量总和要小。它们之间的差别就是原子核的结合能。

原子核的质量非常小，氢原子核的质量只有约1.66×10^{-24}克，即使是铀原子核的质量也只有约3.95×10^{-22}克。由于这么小的原子核质量不便于测量，因此，通常用原子质量推算原子核的质量。原子质量包含了核外电子质量，一个电子的静止质量是精确知道的（511千电子伏），且在推算过程中电子数是不变的。1960年以后，一个原子质量单位（u，1u=$1.660\,538\,7\times10^{-24}$g）定义为一个^{12}C原子质量的1/12。以前，曾经将一个原子质量单位定义为^{16}O原子的1/16，记为amu。在原子质量表中，列出的是原子质量盈余，即原子核质量与组成该原子核的所有核子在自由状态下的质量总和之差。

原子核（或离子）质量测量的基本方法有以下几种。一是利用质谱仪测量离子的质量，其原理是具有不同荷质比的带电粒子在磁场中的运动轨迹不同。二是利用飞行时间方法测量离子或核的质量，其原理是能量相同质量不同的离子飞行相同的路径所需时间不同。三是利用原子核的衰变推算原子核的质量，原理是利用已知母核的质量和其衰变时发射粒子的质量及能量，推算出衰变后子核的质量。这些基本方法的质量测量精度都有局限性。为了更精确地测定原子核的质量，科学家发展了利用离子阱和离子冷却存储环测量核质量的方法，它们测量质量的精度分别达到10^{-12}和10^{-7}。

核质量是原子核的一个基本性质，在各学科中都有重要的应用。不同学科对其精度的要求不同。例如，研究原子核结构，要求核质量的精确度达到10～100千电子伏；研究滴线核的有些现象，要求核质量的精确度达到1千电子伏；验证标准模型，原子核质量的测量精度要小于100电子伏。（靳根明）

核质量数　nucleon number　组成一个原子核的质子数和中子数的总和。核质量数通常用大写拉丁字母A表示。原子核的有些性质，如核半径、结合能等都与A密切相关。（靳根明）

核转动　nuclear rotational motion　原子核的转动运动，即原子核的一种集体运动状态。在实验研究原子核的激发能级时观测到了与核内单粒子运动和简谐运动不同的能谱结构，但是与双原子分子的转动能谱类似。这说明原子核具有转动运动。壳层模型不能解释这种运动能谱。基于壳层模型建立的集体模型很好地解释了核转动。集体模型认为满壳外存在的核子能够对核芯（满壳部分）产生极化作用，同时，核芯也会产生反极化作用，两者的结合致使原子核的作用势场产生形变，且有一定的取向。由于单粒子的轨道运动速度比核的集体运动速度快得多，使得势场的形变相对稳定。形变势场取向的变化即是核转动。核转动并不是每个核子都像转动刚体上的质点一样都以同样的角速度运动，也不像非球形液体那样转动，其各点既没有相同的角速度，也没有共同的对称轴。

研究发现，当原子核转动非常快的时候，即处于高自旋态时，会发生许多新现象，如在质量数$A=160$附近的核中，发现了转动带的回弯、带终结、超形变（长轴与短轴之比为3∶1）等现象。理论研究发现，这种回弯现象是人们不恰当地将属于不同转动带的能级联系在一起造成的。

一条是基于基态的转动带，另一条是一对处于高自旋轨道的核子，例如$j_{13/2}$轨道的中子拆开后产生两个准中子，在这种状态下形成的新转动带。而带终结则是集体运动向单粒子运动的转变。

20世纪末提出原子核中还存在磁转动带，即由磁偶极矩的转动所造成，而不是像高自旋态和超形变带那样是由电四极矩的转动所造成，实验上也证实了磁转动带的存在。（刘 忠）

核转动惯量 nuclear moment of inertia 变形原子核围绕其非对称轴转动时的惯性量度。原子核转动既不同于刚体的转动也不同于流体的转动。原子核的转动实际上是原子核势场空间指向的变化。球形核的势场是球对称的，变形核绕对称轴的势场也是对称的，它们绕对称轴的转动没有意义。形变原子核的势场不再是球对称，而具有一定的方向。变形核的转动惯量定义为：

$$J_x=\hbar^2 I_x/\omega^2$$

式中ω为原子核的转动角速度；I_x为原子核自旋在转轴x上的投影：

$$I_x=[I(I+1)-K(K+1)]^{1/2}$$

式中K为转动带的带头自旋。在低自旋的情况下，每条转动带对应一个固定的转动惯量。当变形原子核处于高自旋状态时，其形变随着自旋的增加而变大，因此，其转动惯量也会增大。（靳根明）

核子 nucleon 质子和中子的统称。质子和中子是组成原子核的组元，它们具有非常相似的性质：都是自旋为1/2的费米子，质量相近，仅有约0.15%的差别。质子的电荷为+1，中子的电荷为0(不带电)。质子和中子被视为是核子的两种状态。理论上引入同位旋的概念，对应化学中同位素的概念，指定核子同位素为1/2，质子和中子状态分别相应于两个不同的同位旋第三分量+1/2和−1/2。为精细了解原子核的性质，必须考虑核子的内部结构。在对物质结构更深层次的认识上，核子是最轻的重子，即一种参与强相互作用的粒子。在夸克结构模型中，核子由三个夸克组成，即两个上（u）夸克和一个下（d）夸克构成质子，两个下（d）夸克和一个上（u）夸克构成中子。核子内部夸克运动规律可用量子色动力学来描述。（江栋兴）

核子密度分布 nucleon density distribution 原子核中质子、中子密度分布之和。核子密度分布主要是通过相互作用截面、反应截面测量得到的。如晕核是通过相互作用截面发现的。

质子密度分布也称为核电荷密度分布，测量电荷分布比较准确的方法是通过测量高能电子在核上散射角分布，提取核内电荷分布函数，电子能量越高，角分布对电荷分布越敏感。核内电荷分布的大致情况如图所示。

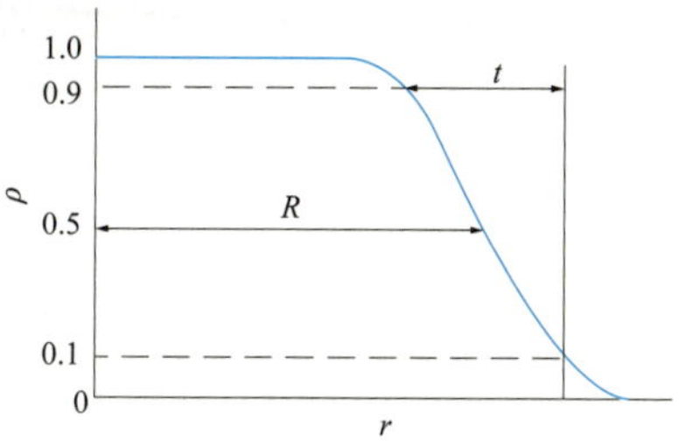

核内电荷分布示意图

质子密度径向分布一般可表示为：

$$\rho=\frac{1}{1+e^{(r-R)/d}}$$

式中d为表示厚度的一个参量，与图中的t有如下关系：

$$t=4d\ln 3$$

实验研究表明，相对论能区的电荷改变反应截面为探索不稳定核中电荷密度分布提供了一个新途径。电荷改变反应是指反应前后弹核的质子数Z发生了变化的反应。

因质子带电，中子不带电，可以想象核子密度分布会与电荷分布密度不同。实验表明对中质比N/Z比较大的核，中子分布半径略大于质子分布半径，即存在所谓“中子皮”，厚度约为0.2飞米（1飞米=10^{-15}米）。在一些滴线核，特别是中子滴线核中，一个或两个中子远离核芯，能形成“中子晕”。^{11}Li是实验上发现的第一例“晕核”，其核物质半径可与^{208}Pb的相比。（刘 忠）

核自旋 nuclear spin 原子核自旋的简称，自旋是微观粒子量子化的一种内在属性。原子核的总角动量，是核内所有核子的自旋角动量和轨道角动量耦合的结果。通常称一个粒子的自旋为I，是指它具有内禀角动量$I\hbar(\hbar=h/2\pi)$，h为普朗克常数。自旋只能取值为整数和半整数，费米子的自旋为半整数，玻色子自旋为整数。质子、中子的自旋为1/2。原子核是由质子和中子组成的复杂系统。质子、中子统称核子。核内的质子、中子除了有内禀角动量（自旋）外，还有相对论运动的轨道角动量。一个核子的总角动量是所有核子内禀和轨道角动量的矢量和。习惯上把原子核系统作为一个整体，把核的总角动量称为核的自旋，用I表示。一个原子核可有不同的能量（称为能级）激发的量子态。不同的能级一般有不同的自旋。习惯上把一个原子核处于基态的自旋称为该核的自旋。偶偶核的自旋均为零；奇A核（质量数A为奇数的核，而中子和质子数中有一个是奇数）的自旋为$\hbar$的半整数倍；奇奇核的自旋为$\hbar$的整倍数。（许甫荣）

核阻止本领 nuclear stopping power 描述中高能重离子核反应中，弹核和靶核动能相互耗散的程度。这一概念对中心碰撞的重离子反应有效，因为在非中心碰撞下，反应的旁观者由于在反应过程中未经历弹靶的重叠过程，能量耗散程度较小而依然停留在弹核或靶核快度区。在中心碰撞中，由于弹靶中的核子-核子碰撞和平均场相互作用的叠加，质心系可用能转化为体系的激发能。如果弹核与靶核完全达到阻止状态，则反应的出射产物在质心系中具有各向同性特征。实验上可以用出射产物在横向与纵向的快度展宽之比来度量核阻止本领。这一能区的重离子碰撞实验表明，相比垂直束流的方向，出射产物快度在沿束流方向具有明显的展宽，即上述比值明显小于1。

核阻止本领同反应体系的大小和束流能量具有明显的依赖。对于相同的碰撞系统，在较低能段，由于有一些大的核碎块出射，这些碎块之所以得以保持，是因为未曾经历剧烈的两体碰撞，因此，在较低能段，核的阻止本领偏小。核阻止本领在400兆电子伏每核子的束流能量时达到最大。之后，随着入射能量的增加，核阻止本领逐渐下降。另一方面，越重的体系中，观察到越大的阻止本领。

重离子核反应的一个重要物理目标是探测核物质状态方程，即核物质的宏观状态量，如温度、压强和密度等之间的关系。显然，核阻止本领越大，越容易在核反应中形成高压缩的核物质。因此，核阻止本领与核物质状态方程对观测量的敏感程度是正向关联的。

和核阻止本领对应的概念是核穿透。阻止本领越大，核穿透效应越小，反之亦然。（肖志刚）

核作用长度 nuclear interaction length 强子束入射到物质中与物质的原子核产生各种相互作用，使束流强度减少到1/e处的距离。作为入射粒子的强子与物质的原子核发生各种核反应产生多种末态粒子致使原来的入射粒子被吸收。这些作用中不包括使入射粒子只改变方向的弹性散射作用，因此又称为非弹性作用。入射强子束由于非弹性作用或吸收而使其强度减少到初始强度的1/e时的距离称核作用长度λ_i，也常称为核吸收长度λ_a。

核作用长度λ_i随物质原子的核质量数A增加而缓慢增加，用厘米作为该长度单位时，粗略地有$\lambda_i=35A^{1/3}\rho^{-1}$（厘米），其中$\rho$为物质密度；也常用穿过的物质量即质量厚度（克·厘米$^{-2}$）作为长度单位，则$\lambda_i=35A^{1/3}$（克·厘米$^{-2}$），这两种单位的比值为ρ。如对常用的铁：$A=55.8$，$\rho=7.87$（克·厘米$^{-3}$）有$\lambda_i=131.9$（克·厘米$^{-2}$），或者$\lambda_i=131.9/7.87=16.76$（厘米）。核作用长度广泛用于描述强子与物质原子核作用的许多物理过程，在高能物理与核物理实验中用于设计实验装置，如强子量能器等。另外，在原子反应堆和核医学等方面它也是一个重要的物理量。（谢一冈）

贺贤土 He Xiantu（1937-09-28～ ）中国理论物理学家。生于浙江镇海。1962年浙江大学物理系毕业。毕业后进入核武器研究所（1964年更名为核武器研究院）工作。1986年6月至1987年底赴美国马里兰大学作高级访问学者，从事空间等离子体物理研究。1987年任比利时自由大学访问教授。北京应用物理与计算数学研究所研究员。曾任北京应用物理与计算数学研究所副所长、“863”计划“惯性约束聚变主题”首席科学家、中科院学部主席团成员和数学物理学部主任、北京大学应用物理与技术研究中心主任、中国计算物理学会理事长、*Communications in Computational Physics*主编和*Laser and Particle Beams*副主编等职。1995年当选为中国科学院院士。

贺贤土长期从事核武器物理理论与设计、核聚变与等离子体物理、理论物理等方面的研究。在国家重大任务的物理理论研究、设计及实验室模拟研究中完成了大量开拓性工作。在中国核武器研究中做出了突出成绩，为形成一个独立自主的惯性约束聚变研究体系做出了重要贡献。进入核武器研究所工作初期，他对原子弹“过早点火概率”进行了研究。参加了氢弹探索早期的调研工作。1967年任第一次地下核试验理论研究小组组长，从事核装置理论设计和热测试物理理论研究。20世纪70年代中后期，担任组长研究中子弹原理和装置的理论设计。1996～2001年底作为首席科学家组织领导中国惯性约束核聚变研究工作。在高能量密度物理、非平衡统计物理、激光与等离子体相互作用、惯性约束聚变物理和非线性科学等领域获得了多项重要成果。提出了局部热动平衡点火发展到非局部热动平衡燃烧的热核反应动力学模型。与研究组一起获得中国首次间接驱动出热核中子的重要进展。在等离子体物理研究中，在国际上首次获得电磁波产生自生磁场的正确表达式及首次从伏拉索夫-麦克斯韦方程组推导出三次方-五次方非线性薛定谔方程和它的孤立波解，阐明了粒子在孤立波中加速机制，获得了等离子体相干结构小尺度湍流等多项成果。在非线性科学研究中，在国内率先进行了近可积哈密顿系统斑图动力学和时空混沌研究，取得重要成果。在与高能量密度物理有关的相对论激光等离子体特性和电子动力学等研究中取得重要结果。1985年获国家科技进步奖一等奖，1991年获国家自然科学奖二等奖，1992年获光华科技奖一等奖，1993年获国家科技进步奖二等奖，2000年获何梁何利基金科学与技术进步奖，2001年获国家“863”计划突出贡献先进个人奖。（尹晓冬）

荷质比 charge to mass ratio 微观粒子的电荷与质量的比值。是带电微观粒子的基本参量之一。又称比荷。不同种类的微观粒子具有不同的荷质比。1897年J.J.汤姆孙首次测定了电子的荷质比，从而对电子的基本属性有了一个初步的了解，因而被世人誉为发现电子。带电粒子在电磁场中的运动常常与其荷质比有关，因而可用带电粒子在电磁场中的运动来测定其荷质比，从而可鉴定带电粒子的种类。测定微观粒子荷质比的方法很多，这些方法广泛应用于同位素的测定和新粒子的发现中。（陈熙谋）

赫尔斯，R.A. Russell Alan Hulse（1950-11-28～ ）美国射电天文学家。生于纽约。1975年获马萨诸塞大学博士学位。1975～1977年任职于美国国家射电天文台。1978年任职普林斯顿大学，1984年在该校等离子体物理研究室从事研究工作。

赫尔斯研究受控热核聚变中的等离子体。他和他的导师J.H.泰勒于1974年启用西印度群岛波多黎各的300米射电望远镜前后发现了40个新型脉冲星，其中之一是PSR1913+16。接着，他们发现该脉冲星是一双星系统。在泰勒指导下，1978年赫尔斯证实，该脉冲星系统的公转周期变快，其实测变率与广义相对论的理论计算预言值相比差别在千分之五以内。这也是广义相对论所得到的最可靠的实验验证之一。由于发现了新型脉冲星，并由此拓展引力研究的新可能性，赫尔斯和泰勒获1993年诺贝尔物理学奖。（郭奕玲）

赫斯，V.F. Victor Franz Hess（1883-06-24～1964-12-17）奥地利实验物理学家。生于奥地利斯泰尔马克地区佩格附近的瓦德斯泰因城堡，卒于美国纽约。1901～1905年就读于格拉茨大学，1906年获维也纳大学哲学博士学位。1910～1920年赫斯在维也纳科学院镭学研究所当S.迈耶的助手。1920年任格拉茨大学物理教授。1933年当选奥地利科学院院士。1938年移居美国，1944年入美国籍。1938～1956年任福特海姆大学教授。

赫斯的主要科学贡献是发现了宇宙射线。早在1911年，他在高山上和升空气球中研究大气导电性，发现大气导电性随高度增加而迅速增大。长期实验证实了人们的猜想：一种来自地球外的，渗透力极强的辐射弥漫了大气。对这种辐射的进一步探索，促使C.D.安德森发现了正电子，为现代物理学研究开辟了新领域。为此，他和安德森同获1936年诺贝尔物理学奖。（郭奕玲）

赫兹，H.R. Heinrich Rudolf Hertz（1857-02-22～1894-01-01）德国物理学家。生于汉堡，卒于波恩。1876年入德累斯顿工学院学习工程。1878年入柏林大学，在H.von亥姆霍兹指导下学习并进行研究工作。1880年获哲学博士学位，成为亥姆霍兹的助手。1883年到基尔大学任教。1885～1889年任卡尔斯鲁厄大学物理学教授。1886年开始进行使他闻名于世的关于电磁波的实验工作。1889～1894年接

替R.克劳修斯的席位任波恩大学物理学教授。为了纪念他发现电磁波的卓越贡献，将频率的单位命名为赫兹，现行国际单位制（SI）仍沿用。

赫兹在物理学上的贡献主要是发现**电磁波**。1884年他研究麦克斯韦的电磁理论，证明**麦克斯韦方程组**同所有电动力学理论的物理假设的一致性。1886年赫兹在做放电实验时，发现近旁未闭合的线圈也出现火花，由此开始直到1888年持续进行了关于电磁波的多次实验，证实电磁波的存在。后来把探测器移到教室中不同位置，测得了电磁波的波长和速度。1887年末他测定的波速等于光速，从而证明了所假设的效应是以有限的速度传播的。赫兹还在其实验中发现电磁波和紫外光电效应。这一效应对于光与电的联系具有深刻的理论意义。1888年赫兹以一系列实验证明电磁波与光波相同，电磁波像光波一样地折射、偏振化、衍射、干涉；还用大的凹型金属屏使电磁波聚焦；用导电的障碍物造成电磁波阴影。1890年用对称形式表示电动力学方程，更好地反映电和磁的现象相关性。同时建立了运动物体电磁现象的普遍理论，该理论成为H.A.**洛伦兹**电子论的先导。

赫兹的后期工作包括阴极射线和弹性物体的碰撞理论。1891年发现阴极射线穿透金属的现象，但错失发现X射线的机遇。（戴念祖）

赫兹振子 Hertzian oscillator H.R.**赫兹**于1887年进行电磁波实验时发明的原始辐射系统。赫兹振子主要部分是两根平行且相对放置的金属杆，用导线与感应线圈相连接以供给高压电，依靠振子自身的电感和电容产生衰减的高频振荡而发射电磁波。这样的辐射系统又称为偶极振子。偶极振子振荡可看成符号相反的电荷$+q$和$-q$相隔一个小距离即偶极矩随时间的振荡，周围的电磁场分布可由麦克斯韦方程组严格解出。计算表明，离振源足够远的地方，即距离远大于波长，电力线在以振子为极轴的子午面内呈闭合曲线；距离增大时波面渐趋球形，电场强度$\boldsymbol{E}$趋于切线方向，即$\boldsymbol{E}$在子午面内且垂直于径矢；磁力线是以振子为极轴平行于赤道平面的一系列同心圆，故磁场强度$\boldsymbol{H}$同时与$\boldsymbol{E}$和径矢$\boldsymbol{r}$垂直。随着时间的推移，电场强度$\boldsymbol{E}$和磁场强度$\boldsymbol{H}$的变化以波的形式向外传播。振子辐射的功率由坡印廷矢量的周期平均值$\bar{S}$确定，它与频率的4次方成正比，与距离二次方成反比，与$\sin^2\theta$成正比。θ为径矢方向与极轴方向之间的夹角。这表明偶极振子辐射的电磁波不是各向同性的，沿极轴方向和其反方向，$\theta=0$，π，辐射为零；而在垂直于极轴方向，即赤道平面内，$\theta=\pi/2$，辐射最强。（陈熙谋）

黑洞 black hole 一个特殊的时空区域。包括光子在内的任何物体一旦进入其内部，就无法逃逸。**广义相对论**的一个重要成果是预言了黑洞的存在。K.史瓦西在1916年找到了爱因斯坦场方程的第一个严格解，后来知道这是一个黑洞解。黑洞一般产生于星体的自引力坍缩。1936年美国物理学家J.R.奥本海默和H.S.施耐德在研究中子星时，发现靠中子间的泡利斥力支撑的中子星，有一个质量上限，为2～3个太阳质量。当中子星的质量超过这一极限（奥本海默极限）时，中子星的斥力不能抗衡引力的作用，就将坍缩形成黑洞。

黑洞的表面在四维时空中是一个三维类光超曲面，叫事件视界。而一般星体的表面是三维类时超曲面。如果一个物体掉入黑洞，在黑洞外的观察者并不会看到物体消失，而是一直看到物体在黑洞表面最后时刻的图像，只是随时间越来越暗，这是因为黑洞的事件视界是一个无限红移面。

20世纪70年代前后，S.W.霍金和R.彭罗斯等用整体微分几何、拓扑学等数学工具证明了经典黑洞的一系列性质。在经典广义相对论框架内，可以证明黑洞一旦形成就不会消失，黑洞数目可以减少，即多个黑洞可以融合为一个黑洞，但黑洞数目不会增加，即一个黑洞不会演化为多个黑洞。有一种特殊的二维闭合曲面，与表面垂直发出的外向和内向的光都会汇聚，这种面叫陷俘面。可以证明，在一定能量条件下，陷俘面只能存在于黑洞中。在满足一定能量条件的时空中，黑洞的视界面积不会随时间而减少，这就是黑洞面积定理。

一般黑洞的中心存在奇点。奇点附近的时空曲率可以任意大，形成的潮汐力可以撕碎任何物体。奇点本身并不是通常的几何点，因为奇点是不能用广义相对论描述的，不再是时空中的点。另外，奇点也不是黑洞的必然产物，如J.M.巴丁就找到了没有奇点的正规黑洞。这类黑洞虽然没有奇点，但存在事件视界。事件视界才是黑洞必须有的特征。有没有可能在星体坍缩后只形成奇点而没有视界，这类奇点如果存在，则称为“裸奇点”。彭罗斯在1969年提出了著名的宇宙监督假设，认为真实的物理坍缩过程不会形成裸奇点，奇点应该是被黑洞视界包在里面的。之后大量的研究工作都支持宇宙监督假设，但还没有一般性的证明。

星体坍缩形成黑洞是一个动态过程，但形成黑洞后，时空的几何和物理性质不再发生变化，这样的黑洞叫稳态黑洞。虽然形成黑洞的物质和物理过程有很大差别，但最终形成的稳态黑洞有共同的简单特性。B.卡特在1971年证明爱因斯坦-麦克斯韦方程的稳态轴对称黑洞解必为克尔-纽曼解。这类解只包含质量、角动量和电荷3个参量。在此基础上又提出了黑洞无毛假说，认为真实的稳态黑洞都应该是克尔-纽曼黑洞。无毛假说也一直受到挑战，如在理论上已构造出存在杨-米尔斯场的有毛黑洞。

稳态黑洞是黑洞理论研究的重要对象，尤其与黑洞热力学关系密切。1973年，J.D.贝肯斯坦等发现稳态黑洞的表面引力、面积等参量与热力学的温度、熵等参量可以形式上建立对应关系，并提出相应的黑洞热力学定律。随后霍金将弯曲时空量子场论运用于黑洞时空中，发现黑洞可通过量子效应辐射粒子。霍金辐射的发现为黑洞热力学的建立奠定了坚实的基础。黑洞作为真实的热力学系统的观点被广泛接受并深入研究。黑洞热力学的研究带来一系列尚未解决的新课题，如黑洞蒸发后的信息丢失问题，黑洞熵的微观解释等，这些问题的探讨促进了广义相对论、量子理论、热力学、统计物理的融合和发展。

黑洞的理论研究不仅局限于广义相对论框架，现今标量-张量理论、$f(R)$引力理论、高阶曲率引力等理论下的黑洞解已被深入研究。从**弦理论**发展起来的引力/流体对偶的方法就是通过研究高维时空的黑洞来解决低一维的场论问题，已成为引力研究的新热点。黑洞作为21世纪的“谐振子”，对理解和认识自然界基本规律，以及在天体物理、凝聚态、流体力学的应用中都有着不可替代的作用。

随着天文观测手段的提高，越来越多的证据支持黑洞的存在。例如，银河系中心超大质量致密物体Sgr A*就被视作一个黑洞。但由于黑洞的特殊性，无法像其他天体那样进行直接观测。2015年12月美国科学家首次探测到引力波，其源头就是两个黑洞的融合。由于引力波信号携带了黑洞独有的信息，所以引力波的成功探测也是黑洞存在的有力证据。2019年，事件视界望远镜合作组利用甚长基线红外干涉技术及海量数据处理，首次得到M87黑洞的照片。照片的最中心部分是黑洞，明亮部分是黑洞附近物理过程发出的光，视界位于明亮部分内沿之内。

（高思杰　赵　峥）

黑洞热力学 black hole thermodynamics 利用热力学描述黑洞性质的理论。黑洞是广义相对论所预言的性质奇特的天体。黑洞的引力是如此之强，以至于连光也无法逃脱它的吸引。所以黑洞只吸收而不吐出物质。即黑洞是“黑”的，人们无法直接“看”到它。尽管如此，大量的观测证据表明，宇宙中存在许多这样奇特的天体。

黑洞可以通过普通天体（满足钱德拉塞卡限）的引力塌缩形成。原则上可能认为描述一个黑洞的形状和形成这一黑洞物质的性质需要许多参数。可是在20世纪60年代，经过一些物理学家如W.伊斯拉埃尔、B.卡特等的研究，发现描述一个稳态黑洞外部的几何和性质只需要三个物理量：黑洞的质量M、角动量J和黑洞所携带的电荷Q。在引力塌缩过程中，描述物质其他性质的物理量丢失了。这一性质被美国物理学家J.惠勒称为黑洞无毛定理。在广义相对论中，最一般的稳态黑洞解是克尔-纽曼解，它描写一个转动带电荷的黑洞。

既然黑洞只吸收物质，不吐出物质，惠勒提出了一个有趣的问题：设想一个带熵的物体和某个黑洞组成一个系统，在物体被黑洞吸收前，整个系统的熵即为物体的熵。当物体被黑洞吸收后，整个系统的熵消失了。在这一过程中，热力学第二定律明显被违反。在黑洞系统中，热力学第二定律是否成立，当时是惠勒的学生J.D.贝肯斯坦研究了这一问题。他设想热力学第二定律应该是普遍成立的，从信息论的角度出发，认为黑洞应该有一个正比于它的视界面积的熵。但他无法确定这一正比系数。

确定这一系数并把贝肯斯坦的黑洞熵真正建立在热力学基础上的是英国著名理论物理学家S.W.霍金。在1974年，当考虑黑洞附近的量子场论时，他发现黑洞并不完全是“黑”的，相反以热辐射的形式辐射出物质，黑洞的辐射温度正比于它的表面引力（重力加速度）。对于最简单的球对称史瓦西黑洞，其霍金辐射温度是：

$$T=\hbar c^3/8\pi k_B GM$$

式中$\hbar$为约化普朗克常数；c为光速；k_B为玻尔兹曼常数；G为牛顿常数；M为黑洞的质量。对于一个太阳质量的黑洞，它的霍金温度大约只有10^{-8}开。基于这一温度，黑洞熵与视界面积的关系被确定为：

$$S=k_B c^3 A/4\hbar G$$

式中A为黑洞视界面积。霍金发现的重要性不在于它的实际意义，因为普通天体大小的黑洞霍金温度是如此之低，所以热辐射对这些黑洞演化的影响是微不足道的。霍金发现的重要性在于它的理论意义。很明显黑洞热辐射是一种量子效应。所以霍金热辐射的发现，使人们看到广义相对论（引力理论）、热力学和量子力学在黑洞物理中联系在了一起。

对照普遍的热力学体系，黑洞热力学的主要内容可由所谓的四个黑洞热力学定律来概括。

①第零定律。对于一个稳态黑洞，它视界的表面引力是一常数。它定义了黑洞的温度：

$$T=\hbar\varkappa/2\pi c k_B$$

式中$\varkappa$为黑洞的表面引力。

②第一定律。黑洞的热力学量满足如下能量守恒定律：

$$\mathrm{d}M=T\mathrm{d}S+\Omega\mathrm{d}J+\Phi\mathrm{d}Q$$

式中J和Q为黑洞的角动量和电荷；Ω和Φ为黑洞的角速度和静电势。

③推广的第二定律。$\delta S_T=\delta(S_{bh}+S_m)\geqslant 0$，包含黑洞的体系总熵（黑洞熵和黑洞外物质熵之和）在任何物理过程中永不减小。这里S_{bh}和S_m表示黑洞和黑洞外物质的熵。

④第三定律。不能经过有限的物理过程将黑洞的温度（表面引力）降低到零。

黑洞热力学最重要的启示之一是对于一个有限的体系，它的自由度不是正比于它的体积，而是它的面积。根据黑洞热力学，荷兰著名的理论物理学家G.霍夫特在1993年提出了全息原理，1994年美国物理学家L.萨斯坎德进一步阐述了这一原理。全息原理认为一个包含引力的理论可与一较低维度的不包含引力的理论等价。这一原理被认为可能是描述自然的基本原理之一。

（蔡荣根）

黑洞信息佯谬 black hole information loss paradox 作为现代物理学的两大支柱，量子力学和广义相对论还无法自洽地统一起来。黑洞信息佯谬正是源于两种理论的结合。20世纪70年代中期，S.W.霍金的计算表明，物理信息会永久地消失在黑洞中，使得许多不同物理态最终变成相同的末态。这与物理学，特别是量子力学的基本假定是矛盾的。量子力学中信息是守恒的。在量子力学中，关于系统的所有信息都包含在波函数中。给定一个初态的波函数，其未来波函数由演化算子唯一确定。每个演化算子都存在一个逆算子，从而给定末态，其初态波函数也是唯一确定的。这意味着信息永远不会丢失，同样也不会被完全复制。

量子力学将时空视为一个背景，而广义相对论是一门时空动力学，质量分布会引起时空的弯曲。极端致密的大质量星体最终会塌缩成黑洞。一旦进入黑洞的事件视界，任何物质甚至光都无法逃逸。根据黑洞无毛定理，黑洞的最终性质只由3个物理量（质量、角动量及电荷）唯一确定。

广义相对论是一门经典理论。还没有得到广泛认同的量子引力理论。为了考虑黑洞的量子效应，通常需要做准经典近似，即以黑洞解作为时空背景，研究其上的量子场论。霍金发现，黑洞视界附近的量子涨落使得黑洞可通过霍金辐射的方式释放能量，从而缓慢蒸发掉。根据无毛定理，霍金辐射只依赖于几个宏观物理量，而与落入黑洞的物质无关。也就是说，黑洞会导致信息永久性丢失。

黑洞信息丢失佯谬自提出以来，一部分人认为信息确实丢失，而另一部分人则持反对态度。随着全息原理，特别是AdS/CFT对应的提出，更多物理学家包括霍金本人，开始相信原则上信息不会丢失。在全息原理下，一个高维的引力理论与一个相应的低维的（不包含引力的）量子场论是完全等价的。由于量子场论是幺正的，根据等价性，对偶的引力理论也应该遵循幺正性，此引力理论的黑洞解也不会使得信息丢失。但对于信息具体如何维持守恒，还没有一种确切的机制得到学界的一致认同。一些广受关注的方案包括黑洞互补原理、模糊球方案、黑洞遗迹方案，以及最近提出的火墙方案和软毛方案等。

（宋　伟）

黑腔靶 hohlraum 将激光能量转换为X射线的一种靶。这种靶内部中空，外观通常呈圆柱形，采用几十微米厚的重金属材料制成，如金、贫化铀等。圆柱形的两端开孔，称为激光注入口，高功率激光脉冲通过激光注入口辐照到腔靶的内壁。被脉冲激光束加热的腔靶内壁物质会产生X射线。X射线经过腔靶内壁等离子体的多次吸收和再发射后其能谱接近于黑体辐射，温度可以达到300万摄氏度。腔靶产生的高温黑体辐射在惯性约束聚变、基础科学及国防高科技等方面有诸多应用。在惯性约束聚变研究中，高温辐射场可以驱动聚变靶丸内爆，发生聚变；也可以与各种物质相互作用，研究天体爆炸产生的辐射对星际物质的作用，或者核武器的辐照效应等（见**内爆**）。

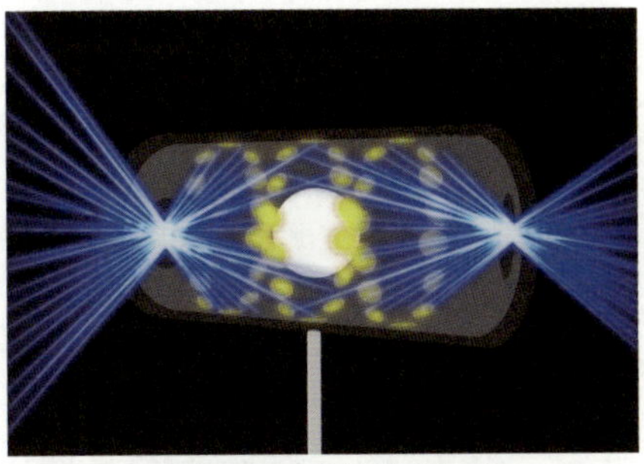

黑腔靶用于惯性约束聚变

在惯性约束聚变的间接驱动中，为了避免腔壁等离子体运动对辐射场对称性以及靶丸的影响，还常常充适当的氦气。激光注入腔靶后，被加热的气体压强上升，能够有效降低腔壁材料形成的等离子体的膨胀速度，从而使X射线能流在聚变靶丸表面基本保持各向同性，使聚变靶丸在内爆过程中保持球对称而不出现变形。但充气也会带来不利因素。高功率激光脉冲在等离子体中传播时会激发等离子体波，同时被反射掉，从而降低激光转换为X射线的效率。被激发起来的等离子体波会产生高能电子，这些电子在物质中具有较长的射程，会穿过聚变靶丸的烧蚀层提前加热冷冻的氘氚燃料，导致聚变增益降低。（郑　坚）

黑体　black body　对任何波长、任意方向的入射辐射均能全部吸收的理想物体。根据G.R.**基尔霍夫**的定义，黑体是最好的吸收体，同时也是最有效的辐射体和理想的漫辐射体。黑体用作与其他辐射源进行比较的基准，称为绝对黑体。“黑体”一词是在1862年由基尔霍夫所命名并引入热力学里，黑体所辐射出来的光线则称作**黑体辐射**。

根据基尔霍夫的理论，如在一个等温密封腔的腔壁上开一小孔，从小孔入射的光线经腔内多次反射后能被腔壁完全吸收，无法再从小孔出射。因此小孔发出的辐射可逼真地模拟该温度下的黑体辐射，模拟真实程度与密封腔的结构、等温性能有关。基尔霍夫提出的黑体腔模型如图所示。

黑体在工业上主要应用于测温领域，最主要的产品是黑体炉。黑体炉指能全部吸收外部的辐射能量，同时能全部辐射出自身全部能量的物体。黑体的主要功能是

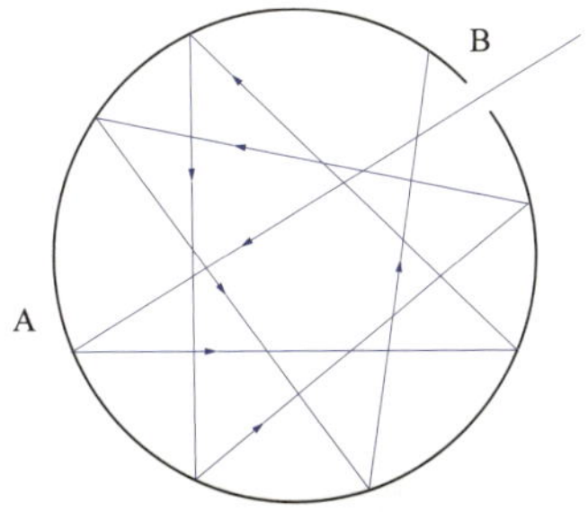

基尔霍夫提出的黑体腔模型示意图

产生一定温度下的标准辐射。因此在温度计量中主要用于检定各种辐射温度计，如光学高温计、红外温度计、红外热像仪等。随着科学技术的发展，黑体的用途已不局限于在温度计量方面的应用。在光学方面，已经普遍采用黑体作为标准辐射源和标准背景光源。在测量领域里，黑体已经用于测量材料的光谱发射、吸收和反射特性。在高能物理的研究中，黑体已经用于产生中子源。（陆　卫）

黑体辐射　black-body radiation　温度一定的黑体以电磁波的形式向外界发射能量。

一个物体若能一点也不反射地全部吸收任何频率的辐射，则它被称为黑体（或绝对黑体）。黑体是一个理想模型，但它可通过带小孔的空腔（图1）近似模拟。单位时间里从物体的单位面积发射的频率为ν的单位频率范围内的辐射能量$e(\nu,T)$称该物体的单色发射本领（或辐射能谱）。实验测定的不同温度黑体的发射本领$e_0(\nu,T)$如图2所示。在试图应用以经典的能均分定理和玻尔兹曼分布律出发得到的**瑞利－金斯公式**和维恩公式解释实验曲线结果失败后，M.**普朗克**提出一个全新的见解，使他的理论曲线与实验曲线吻合（图3）。他认为可把空腔壁看作一群频率不同的、能量为ε的谐振子集合，它们一方面辐射出各种频率的电磁波，另一方面也吸收来自腔内的电磁辐射。当单位时间里辐射的能量等于吸收的能量时达到热平衡，腔内建立稳恒的电磁场。若用$\rho(\nu,T)$表示平衡辐射场的能量密度，它与$e_0(\nu,T)$

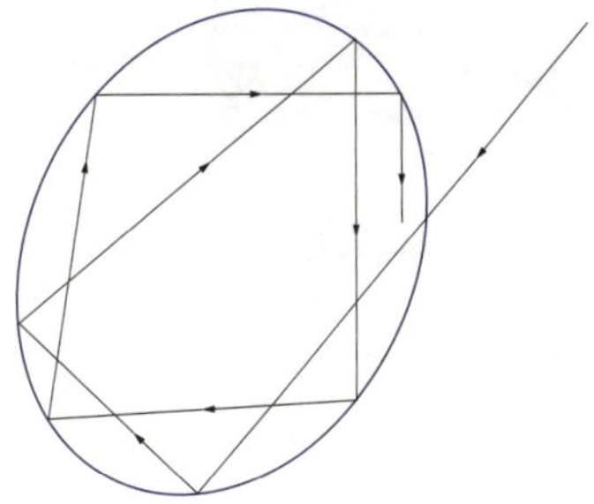

图1　绝对黑体示意图

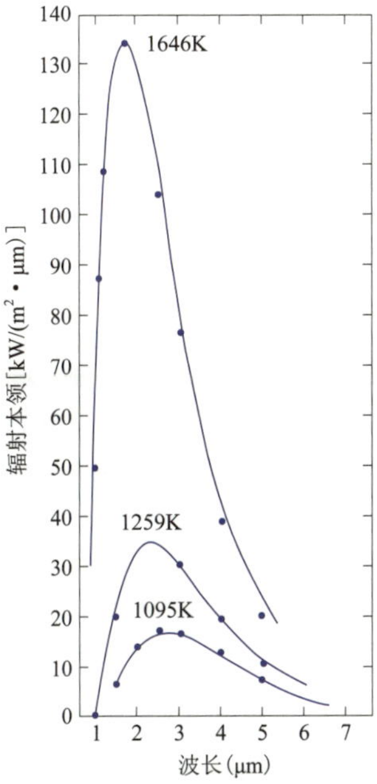

图2　不同温度时黑体辐射的实验曲线

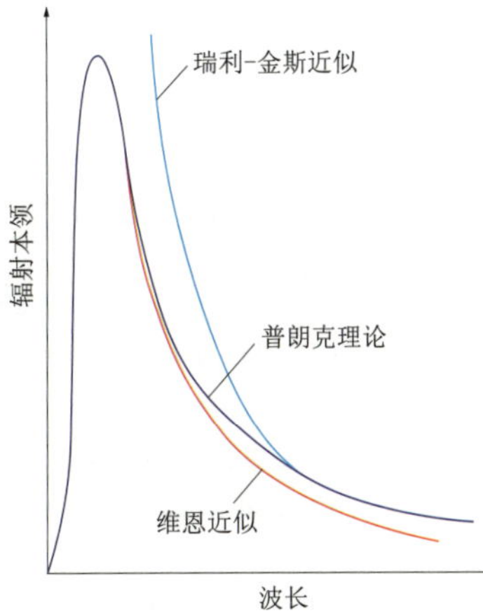

图3　黑体辐射的普朗克理论曲线与瑞利－金斯近似和维恩近似的比较

之间存在简单的关系：$e_0(\nu,T)=c\rho(\nu,T)/4$，式中的$c$是真空中的光速。

为了导出与实验一致的平衡辐射场的能量密度公式，普朗克还对谐振子可处的能量状态提出了与经典理论截然不同的能量子假设：①谐振子只能处于一系列不连续的（量子化的）能量状态，它们等于最小能量ε_0的整数倍：

$$\varepsilon_n=n\varepsilon_0 \qquad (n=0,1,2,\cdots)$$

对于频率为ν（圆频率ω）的谐振子来说，这个被普朗克称作能量子的最小能量为$\varepsilon_0=h\nu=\hbar\omega$，$\hbar=h/2\pi$，$h$是普朗克常数。②谐振子只当从一个量子化的能量状态跳到（或跃迁到）另一个量子化的能量状态时，它才发射或吸收能量，后者只能是能量子ε_0的整数倍。能量子假设在解释黑体辐射实验时获得了巨大的成功，从而揭开了20世纪量子力学发展的序幕。（仲　佰）

黑体探测率　blackbody detectivity　以黑体辐射作为辐射源时红外探测器的探测率。当红外辐射信号入射到探测器响应平面上，如果这一辐射功率所产生的电输出信号的均方根正好等于探测器本身在单位带宽内的噪声均方根值，则这一辐射功率均方根就称为噪声等效功率（*NEP*），单位为W。噪声等效功率是用来表征探测器性能优劣的一种优值因子。*NEP*最小的探测器的探测能力最好，而习惯上总是认为数字越大越优。为了适应用法习惯，用NEP的倒数来衡量探测器的探测能力，称为探测率D，即$D=1/NEP$。

大多数红外探测器的*NEP*与光敏元面积的平方根成正比，还与放大器的带宽有关，因此用*NEP*很难比较两个不同探测器性能的优劣。为此，R.C.琼斯建议，在D的基础上引入D^*。探测率D^*是指在单位带宽单位面积下，每单位辐射功率下的信噪比，也称为比探测率、探测度，单位为cm·Hz$^{1/2}$/W，或简称为琼斯。即：

$$D^* = D(A_d\Delta f)^{1/2} = \frac{(A_d\Delta f)^{1/2}}{NEP}$$

D^*的物理意义可理解为1瓦辐射功率入射到光敏面积1cm^{2}的探测器上，并用带宽为1赫电路测量所得的信噪比。用D^*来比较两个探测器的优劣，可避免探测器面积或测量带宽不同对探测器测量结果的影响。

以黑体辐射作为辐射源测得的D^*称为黑体探测率，记为D^*_{bb}。测量时，采用的辐射源为正弦调制的点源黑体，分别采集探测器对黑体的响应电压均方根值V_s，以及挡住黑体辐射后探测器的噪声电压均方根值V_n，则黑体探测率由下式得出：

$$D^*_{bb} = \frac{V_s}{V_n} \times \frac{\sqrt{A_d\Delta f}}{P_s}$$

式中：

$$P_s = \frac{\sigma \times (T_2^4 - T_1^4) \times A_b \times A_d}{2\pi\sqrt{2} \times L^2}$$

为经正弦调制后入射到探测器上的黑体辐射功率；σ为斯忒藩常数5.673×10^{-12}W/(cm^2·K^4)；T_2为黑体温度（K）；T_1为背景温度（K）；A_b为黑体辐射孔面积（cm^2）；A_d为探测器光敏面积（cm^2）；L为黑体出射孔至探测器光敏面垂直距离（cm）；Δf为噪声测量带宽。

通常提供黑体探测率数据时，必须同时说明测试黑体源的温度、调制频率和测试带宽，如（500，800，1）表示此黑体探测率的测试条件为500K黑体，800Hz正弦调制和1Hz的测试带宽。（陆　卫）

黑体响应率　blackbody responsivity　在特定黑体温度下，探测器对每单位黑体辐射功率产生的输出开路信号电压或短路信号电流。探测器对每单位辐射功率产生的输出开路信号电压或电流，是探测器的响应率，也称响应度。响应率是描述入射到探测器上的单位辐射功率所产生信号大小的性能参数。以输出开路电压信号计算响应率时，称为电压响应率R_V，单位伏/瓦；以等效短路输出的电流信号计算响应率时，称为电流响应率R_I，单位安/瓦。根据探测器类型、偏置和输出方式的不同，通常会选择不同的响应率，如光导型的探测器通常用电压响应率，而光伏型的探测器则用电流响应率。

响应率的测试方法通常是，采用辐射功率P已知的辐射源直接照射被测器件，得到器件的响应电压V或电流I后，由V/P或I/P算出电压或电流响应率。探测器的响应率与入射辐射的波长和调制频率有关。根据测量时使用的辐射源不同，又进一步分为光谱响应率或黑体响应率。

通常提供黑体响应率数据时，必须注明黑体温度和调制频率等测量条件。黑体辐射源是比较容易获得的标准红外辐射源，因此红外探测器是测试响应率的最常用的工具，黑体响应率也成为表征红外探测器特性的重要和通用的参数。

（陆　卫）

亨利　henry　国际单位制中物理量电感的单位。简称亨。符号为H。韦伯每安培（Wb/A）的专用名称。为纪念美国物理学家J.亨利而命名。若通过某一线圈的电流变化率均匀地为1安/秒，在此线圈或另一线圈中产生的感应电动势为1伏，则该线圈的自感或两线圈间的互感为1亨。过去使用的国际亨利，符号为H_{int}。1国际亨利＝1.000 49亨利。（陈熙谋）

亨利，J.　Joseph Henry（1797-12-17～1878-05-13）　美国物理学家。生于纽约州奥尔巴尼市，卒于华盛顿。他刻苦自学，1819年被准许进入奥尔巴尼学院。毕业后当家庭教师、道路测量员和图书管理员。1826～1832年，他在奥尔巴尼学院教授数学和物理学。1832年受聘于新泽西学院（今普林斯顿大学），任该校的物理学教授。1846年起，担任史密森研究院秘书和首任院长。1867年被选为美国国家科学院院长。

亨利最初从事化学研究工作。1827年，他开始研究电磁现象，曾独立地观测到电磁感应现象，又曾在M.法拉第之后独立地揭示了欧姆定律的意义。1832年，亨利首先发现了自感现象。1835年下半年发表了解释自感现象的论文，受到普遍的重视。1842年确定电容器电荷的振荡性。为了纪念他的这些成就，电感的实用单位命名为亨利，现行国际单位制（SI）仍沿用。亨利一生先后发明了电动机（1829）、模型电报机（1831）和继电器（1835）。他还改进了当时的互感器，发明了无感应线圈，并指导S.F.B.莫尔斯发明了第一架实用电报机。亨利对毛细现象、磷光现象、太阳黑子辐射、地磁现象和极光等也有所研究。在史密森研究院，他还主管气象研究，提倡系统地记录美国各地的气象和进行科学的天气预报。（戴念祖）

亨施，T.W.　Theodor Wolfgang Hänsch（1941-10-30～　）　德国实验物理学家。生于海德堡。1966年在海德堡大学获得物理学毕业证书，1969年获博士学位。1969～1970年在海德堡应用物理研究所任助理教授。1970～1972年在美国斯坦福大学跟随A.L.肖洛作博士后。1972～1975年任斯坦福大学物理学副教授，1975～1986年任教授。1986年以后回国，任德国马克斯·普朗克量子光学研究所所长和慕尼黑路德维格-马克西米利安大学教授，2001年任系主任。1982年曾经担任过上海复旦大学访问教授。

亨施为激光光谱学发展了关键性的技术和方法。1971年，他和肖洛等人创造了饱和吸收光谱等一系列激光光谱学方法。亨施是多普勒激光冷却方法的发明者之一。他还研制了第一台可调、高度单色染料激光器，这项发明导致里德伯常数及氢原子其他基本特性得到了最精确的测定。20世纪70年代末他首次提出了精确测量光学频率的光梳技术概念和方法。1999年前后，J.L.霍尔解决了实现光梳技术的最关键的实验难题。他们两人由于“对基于激光的精密光谱学发展”做出的贡献，分享了2005年诺贝尔物理学奖。

（仲　佰）

恒定电流条件 steady current condition 电流分布不随时间变化所满足的条件。电流分布不随时间变化意味着电荷分布不随时间变化，否则电荷分布发生变化，必然引起电场发生变化，从而电流场也就不可能维持恒定。因此根据电荷守恒的电流连续性方程，恒定电流条件为电流密度$\boldsymbol{j}$对任意闭合曲面$\boldsymbol{S}$的积分为零，用公式表示为

$$\oint_S \boldsymbol{j}\cdot \mathrm{d}\boldsymbol{S}=0$$

它表明单位时间内通过$\boldsymbol{S}$面一侧流入的电荷量等于从另一侧流出的电荷量，电流线连续地穿过闭合曲面所包围的体积。恒定电流的电流线不可能在任何地方中断，它们总是闭合曲线，这导致恒定电路即直流电路必定是闭合电路。由于恒定电流情形的电荷分布不随时间变化，电荷产生的电场是恒定电场，即静电场。静电场是势场，可引入电势概念，静电场的高斯定理、环路定理均成立，于是在静电场概念的基础上建立起一套恒定电路理论。区别于静止电荷的电场情形，恒定电场情形导体内部的电场不为零。

（陈熙谋）

恒星能源 energy production in stars 核燃烧过程释放的，使得恒星持续发光发热的能量来源。恒星内部的高温导致聚变反应发生，把氢合成为更重的元素。这种核燃烧过程释放的巨大能量。美国科学家H.A.贝特因破解恒星的能源之谜获得1967年诺贝尔物理学奖。

主序星时期，恒星主要通过氢聚变的方式来产生能量，包括质子-质子反应链和碳氮氧（CNO）循环两种聚变方式。当温度足够高时，这两种聚变过程都会在恒星内部出现。恒星温度为1000万度时，主要是通过质子-质子反应链产生能量；如果温度显著增高，那么恒星主要通过CNO循环产生能量。质子-质子反应链和CNO循环的净效应都是将4个质子聚变成一个氦原子核，聚变后少了千分之七的质量。由爱因斯坦质能方程（$E=mc^2$）可知，这些质量被转换成了能量（共26.73兆电子伏，包括来自$e^-+e^+\rightarrow 2\gamma$的贡献），这些能量以γ射线和中微子的形式释放出去。除很少一部分能量被电子中微子（ν）带走外，其余以γ射线释放的能量都用来让太阳发光发热。下面分别阐述质子-质子反应链和CNO循环。

质子-质子反应链 质子-质子反应链及其3个分支示于图1。第一个步骤是两个氢原子核^1H（即质子p）融合成为氘，同时释放出一个正电子e^+和一个电子中微子：

$$p+p\rightarrow d+e^++\nu$$

第一个步骤进行非常缓慢，是整个反应链的瓶颈。在这之后，氘和另一个质子融合成较轻的氦同位素^3He：

$$d+p\rightarrow {}^3He+\gamma$$

然后有三种可能的路径来形成较重的氦同位素^4He。在反应链Ⅰ，^4He由两个^3He融合而成：

$$^3He+{}^3He\rightarrow {}^4He+2p$$

在反应链Ⅱ和反应链Ⅲ分支，^3He先和一个已经存在的^4He融合成铍-7（^7Be）：

$$^3He+{}^4He\rightarrow {}^7Be+\gamma$$

在反应链Ⅱ中，接下来通过两步生成^4He：

$$^7Be+e^-\rightarrow {}^7Li+\nu$$

$$^7Li+p\rightarrow {}^4He+{}^4He$$

在反应链Ⅲ中，接下来通过三步生成^4He：

$$^7Be+p\rightarrow {}^8B+\gamma$$

$$^8B\rightarrow {}^8Be+e^++\nu$$

$$^8Be\rightarrow {}^4He+{}^4He$$

在太阳中，反应链Ⅰ对产生能量贡献最大，占了86%，反应链Ⅱ占14%，反应链Ⅲ仅占0.11%。

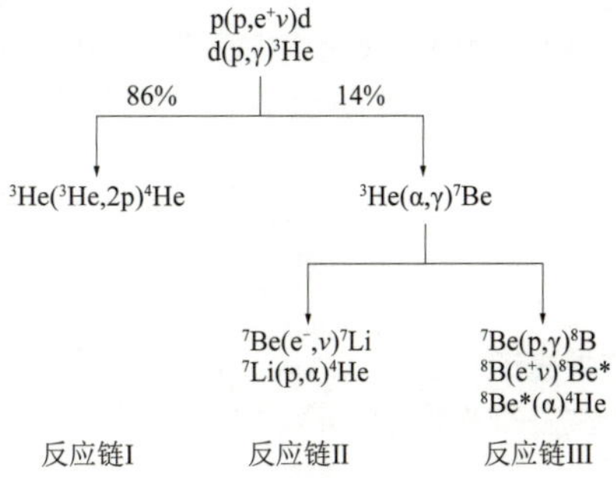

图1 质子-质子反应链的3个分支

CNO循环 CNO循环仅提供太阳能源的1%，其余99%的太阳能源都来自质子-质子反应链。在大质量恒星中，随着核心温度的显著升高，CNO循环开始起主要作用。图2给出了CNO循环，它包括4个子循环，第一个子循环是最主要的循环：

$^{12}C(p,\gamma)^{13}N(\beta^+\nu)^{13}C(p,\gamma)^{14}N(p,\gamma)^{15}O(\beta^+\nu)^{15}N(p,\alpha)^{12}C$

式中CNO核扮演“催化剂”的角色，循环的净效应和质子-质子反应链相同，也是把4个氢原子核转化成一个氦原子核、两个正电子和两个中微子。正电子和电子湮灭，以γ射线的形式释放出能量，中微子携带着少部分能量逃逸出恒星。恒星中$^{15}N(p,\gamma)^{16}O$与$^{15}N(p,\alpha)^{12}C$竞争，导致第二个子循环开始运行：

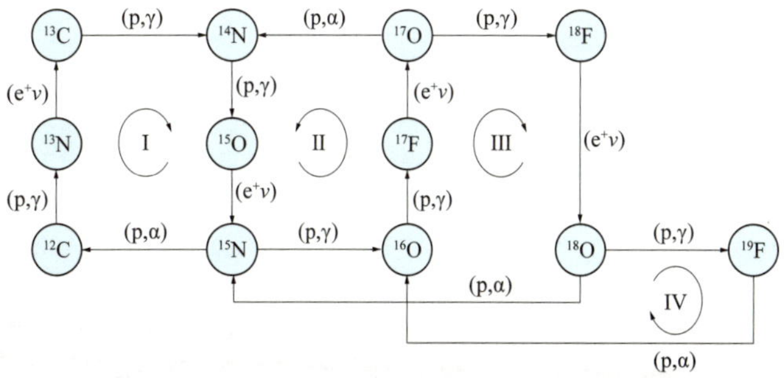

图2 CNO循环

$^{14}N(p,\gamma)^{15}O(\beta^+\nu)^{15}N(p,\gamma)^{16}O(p,\gamma)^{17}F(\beta^+\nu)^{17}O(p,\alpha)^{14}N$

第一个子循环每运行1000次第二个子循环才大约运行1次。因此，第二个子循环对整个CNO循环产生能量的贡献很小。类似地，$^{17}O(p,\gamma)^{18}F$和$^{17}O(p,\alpha)^{14}N$的竞争、$^{18}O(p,\gamma)^{19}F$和$^{18}O(p,\alpha)^{15}N$的竞争将分别触发第三个和第四个子循环，这两个子循环对产生能量贡献更小：

$^{15}N(p,\gamma)^{16}O(p,\gamma)^{17}F(\beta^+\nu)^{17}O(p,\gamma)^{18}F(\beta^+\nu)^{18}O(p,\alpha)^{15}N$

$^{16}O(p,\gamma)^{17}F(\beta^+\nu)^{17}O(p,\gamma)^{18}F(\beta^+\nu)^{18}O(p,\gamma)^{19}F(p,\alpha)^{16}O$

同样，在后三个子循环上的氟也仅仅是“催化剂”的作用，不会在恒星内累积。

主序星是恒星最为稳定、长寿的时期，太阳正处于主序星时期。当核心的氢完全消耗后，恒星开始逐渐进入红巨星时期并快速演化。如果一颗恒星的质量足够大，那么它在经历主序星时期的氢聚变后，还会依次经历氦、碳、氖、氧、硅的聚变。铁峰附近的核素比结合能最大，使得铁以上核的聚变过程变为吸能反应，因此硅燃烧结束后形成的铁核心区不能再依靠聚变反应来产生能量以阻止引力坍缩，最终导致超新星爆发。爆发时的冲击波将大量外层物质抛向星际空间，占初始质量一小部分的残体最终形成中子星或黑洞。

（郭 冰 张焕乔）

横波 transverse wave 振动方向和波的传播方向垂直的波。水面上的涟波和电磁波（如无线电波和光波）都是横波。简单的横波可以用正弦曲线或余弦曲线来表示，这是因为曲线上任何点的振幅与一个角的正弦（或余弦）成比例。

（张海澜）

横向弛豫时间 transverse relaxation time 表征两能级间相对相位的破坏的物理量。见弛豫时间。

红外辐射　infrared radiation　一种介于微波和可见光之间的电磁辐射。红外线的发现始于1800年，英国天文学家W.赫歇耳爵士利用水银温度计研究太阳光谱热效应时，发现热效应最显著的光谱范围不在可见光范围内，而在红光以外。当时称这种辐射能为"热射线"，后称之为红外线，简称红外。电磁辐射频谱中，波长范围为0.76～1000微米的红外波段的电磁波称为红外辐射，又称红外线。在光谱学中，划分波段的方法尚不统一。一般可以将红外辐射分为近红外（0.76～1.1微米）、短波红外（1.1～3.0微米）、中波红外（3～6微米）、长波红外（6～25微米）、远红外（25～100微米）、甚远红外（100～1000微米）。

近红外辐射　近红外波段起始于人眼视觉响应的截止波长，即波长大于0.76微米。按硅探测器响应的截止波长，可认为近红外波段终止于1.1微米。如按大气窗口划分，由于近红外透射波长可延伸至1.4微米处的水汽吸收带，可认为近红外波段的终止波长为1.4微米。典型的近红外探测器有InGaAs等。

短波红外辐射　自然景物的近红外、短波红外辐射主要来自太阳反射光。在短波红外区，地物的太阳反射光谱有丰富的特征，又有1.15～1.35微米、1.5～1.8微米、2.1～2.4微米等大气透射窗口。因此短波红外是对地观测遥感仪器的常选波段。考虑到激光器、大气传输特性，波长为1.53～1.56微米的短波红外激光是远程激光通信系统设计的首选。典型的短波红外探测器有InGaAs、HgCdTe等。

中波红外辐射　在3～5微米中波红外和8～14微米长波红外大气窗口之间有一条波长为6.3～7.4微米的水汽吸收带，可认为中波红外终止于该水汽吸收带的起始波长，即波长范围为3～6微米。常用划分方法认为中波红外应包括水汽吸收带，即中波红外的波长范围为3～8微米。

自然景物的中波红外辐射包含自身热辐射和阳光反射，高温物体热辐射主要集中在短波和中波红外，因此以导弹、飞机等有动力飞行器的高温尾焰为目标的被动红外系统均采用短波或中波红外探测器。典型的中波红外探测器有HgCdTe、InSb、PtSi、PbSe探测器等。

红外遥感、热成像等仪器选用的用于常温目标热辐射探测的工作波段之一就在此范围内。中波红外的温度灵敏度较低，测量动态范围较大，适合高温物体热辐射的探测。

长波红外辐射　8～14微米是长波红外的大气窗口，也是常温物体热辐射能量集中的波段。常用划分方法将长波红外的波长范围取作8～15微米，即认为长波红外终止于长波红外窗口相邻的CO_2吸收带。

考虑到红外探测器响应的长波限已可达25微米，许多空间遥感的温度探测范围更宽。从应用和探测器响应角度来看，可将长波红外的波长范围确定为6～25微米。典型的长波红外探测器有光电导型和光伏型HgCdTe等光子探测器和V_2O_5、多晶硅等热敏探测器。

这个波段与上面的中波波段虽然都称为热红外，是红外遥感、热成像等仪器的工作波段。但工作在此波段的设备特点是温度探测灵敏度较高，测量动态范围较小，较适合室温物体热辐射的探测。

远红外辐射　红外天文观测、深空探测常选用远红外波段，并采用低温光学系统和超低温致冷的硅掺杂或锗掺杂等非本征半导体探测器。

甚远红外辐射　对红外波段进行细分，波长范围为100～1000微米的波段（对应频率范围3～0.3太赫）称为甚远红外，也称太赫兹或亚毫米波，或称太赫兹辐射。在电磁频谱中，介于红外与微波之间。

由于红外辐射主要来自物体自身的热辐射，红外探测具有无源、被动、非接触等特点。如在军事上可用于目标捕获、监视、夜视、瞄准跟踪等，非军事应用则包括热效率分析、环境监测、工业设备检测、温度遥感、短程无线通信、光谱分析、天气预报、红外天文观察等。（陆　卫）

红外光谱　infrared spectrum　物质在红外波段的光谱发射特性或对**红外辐射**的光谱吸收特性。红外辐射的发射或吸收是分子能级而不是原子能级之间跃迁的结果。分子的能量有电子、平动、转动、振动等四种形态。分子电子能态的跃迁需要吸收能量很大的光子，其所产生的电子光谱处于紫外、可见光和近红外波段。分子平动能态对分子能量的影响可忽略。分子转动能态的能量差别也很小，产生的转动光谱在甚远红外波段。分子的振动能态差数倍于转动能态差，形成的振动光谱存在于常用的2～30微米红外波段。因此红外光谱学也称红外振动光谱学。

由于分子间相互作用，实际观察到的气体的红外吸收光谱是由许多尖锐的吸收谱线构成的振动-转动谱带。随着气体压强的增加，振动-转动吸收带的大量谱线被展宽、平滑，振动-转动结构消失，液体只有振动吸收带。

红外吸收光谱的强吸收带也是发射光谱的强发射带，如天然气燃烧主要生成物是CO_2和H_2O。CO_2在波长2.7微米、4.3微米处有强吸收带，H_2O在波长2.7微米处有强吸收带。火焰最强的发射带与4.3微米波长处的CO_2吸收带基本重合，火焰稍弱的发射带与2.7微米波长处的H_2O、CO_2吸收带基本重合。由于火焰温度、压强较高，发射带的光谱带宽有所增加，中心波长稍向长波方向移动。

红外振动光谱吸收峰的波长是分子的固有特性，吸收深度与吸收物质的吸收能力、密度等有关。测量红外反射或透射光的吸收峰深度，可反演出被测物的水分、组分、吸收气体含量等。用于这方面测量的仪器有红外水分仪、红外碳硫分析仪、红外气体分析仪等。有机物分子是原子以化学键方式结合的，每个化学键均以其固有的特征频率振动。因此用高分辨率光谱仪测量有机物在中波红外的吸收光谱，可分析其组分和纯度。（陆　卫）

红外光谱学　infrared spectroscopy　电磁波谱的红外区域的光谱学。涉及红外辐射与物质的相互作用。是**光谱学**的一个分支。电磁波谱的红外部分通常可分为三个区域：近红外、中红外和远红外。近、中、远红外这样的名称是相对可见光而命名的。能量较高的近红外光谱，波长范围0.78～2.5微米，紧邻可见光区，主要对应分子中原子振动的振动谱和泛音谱。中红外光谱，波长范围2.5～25微米，主要对应分子的某些振动谱和转动-振动谱。远红外光谱波长范围25～1000微米，与微波区相邻（紧邻微波区的、波长大于100微米的部分称太赫兹辐射），具有较低的能量，主要对应分子的转动光谱和等离子振荡谱。

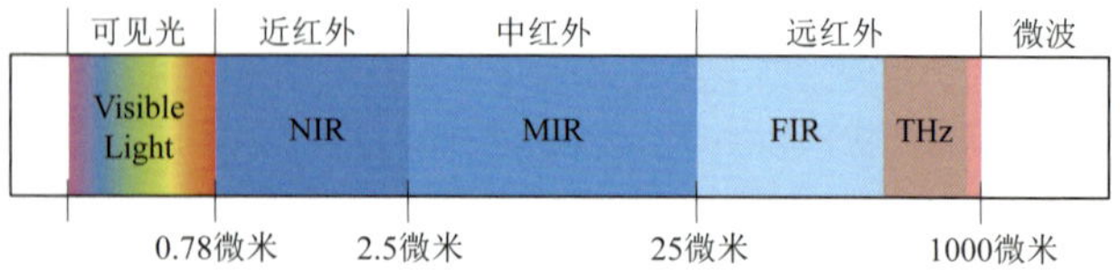

光谱

红外光谱学涵盖了一系列的技术，主要基于吸收光谱、傅里叶变换红外光谱、反射光谱（包括衰减全反射光谱）等。

红外光谱学是提供给科学家的最重要的分析方法之一。红外光谱的一个巨大优势是，几乎可以对所有的样品在任何状态下进行研究：液体、溶液、糊剂、粉末、薄膜、纤维、气体和表面都可以。

红外光谱学根据分子内部原子间的振动和分子转动等信息来确定物质分子结构和鉴别化合物，因此广泛应用于无机化学、有机化学、高分子化学、生物学、材料学等领域。（曾和平）

红外光学 infrared optics 光学的一个分支，主要研究红外辐射在物质中的激发、传输及接收，物质中红外光到电的转化过程，电到红外光的转化过程，以及红外光之间、红外光与可见光之间的相互转化过程。自从1800年英国天文学家W.赫歇耳发现红外线以来，红外光学在军事技术、空间技术、环境科学、能源科学、天文学、生物医学等基础科学研究，以及工农业生产等诸多领域，都得到了日益广泛的应用。作为红外技术的物理学原理和理论基础，红外光学既遵从一般可见光学的物理规律，也逐步形成了具有鲜明特色的新学科分支。

在电磁辐射频谱中，通常把介于可见光和微波之间、波长范围为0.76～1000微米（μm）的波段命名为红外波段。根据红外应用、大气窗口、探测器响应等因素，红外波段可进一步划分为近红外、短波红外、中波红外、长波红外、远红外、甚远红外等子波段。不同专业领域根据各自的应用提出了不同的波段划分方法。如国际照明委员会将红外划分为近红外（0.7～1.4μm）、中波红外（1.4～3μm）、远红外（50～1000μm）等波段。天文工作者同样将红外分为近红外、中波红外、远红外等波段，但波长范围不同。

较常用的红外波段划分方法见表1，它兼顾了应用、大气窗口、探测器响应等因素，将整个红外波段划分为近红外、短波红外、中波红外、长波红外、远红外5个子波段。

表1　常用红外波段划分方法

波段名	英文名	缩略语	波长范围（μm）
近红外	near-infrared	NIR	0.75～1.4
短波红外	short-wavelength infrared	SWIR	1.4～3
中波红外	mid-wavelength infrared	MWIR	3～8
长波红外	long-wavelength infrared	LWIR	8～15
远红外	far infrared	FIR	15～1000

中国科学院上海技术物理研究所从遥感应用、红外探测器和红外材料的角度，提议将红外波段划分为近红外、短波红外、中波红外、长波红外、远红外、甚远红外6个子波段，见表2。

表2　红外波段划分为6个子波段方法

波段名	英文名	缩略语	波长范围（μm）
近红外	near-infrared	NIR	0.76～1.1
短波红外	short-wavelength infrared	SWIR	1.1～3
中波红外	mid-wavelength infrared	MWIR	3～6
长波红外	long-wavelength infrared	LWIR	6～25
远红外	far infrared	FIR	25～100
甚远红外	extreme infrared	XIR	100～1000

在红外功能物质材料中光电转化、电光转化、光光转化过程及其规律和控制方法的研究，是红外光学研究的核心。这不仅是因为它提供了对自然界物质过程的认识，同时也由于它提供器件应用的基础，反过来也对红外功能材料设计与制备提出要求。物质中每一种光电间相互转化都可能对应着光电器件的研制和应用，红外探测器、红外光发射器、非线性光学元件、红外传输元件是四大类典型的应用。

红外光学中研究光电转化所采用的典型系统如下图所示，其中来自目标或辐射源的红外辐射源，经过大气传输后，被适当的光学系统接受、调制并聚焦到红外探测器上，在此通常将输入的红外辐射信号转变为电输出信号，再经放大和信号处理，最后在显示系统中显示出来，或驱动执行系统工作。

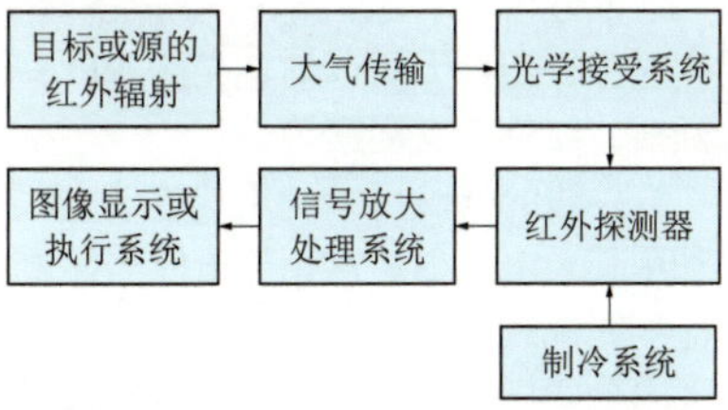

典型的红外光学系统的组成和原理图

对红外辐射其强度、光谱和偏振等信息的获取，以及研究红外辐射在媒质中的传播特性——反射、折射、吸收和散射，热效应及光电效应，不断地促进了红外光学元部件的发展，包括辐射源、探测器、制冷机、窗口材料及滤光片等。其中红外探测器技术是核心技术，它决定了整个红外技术水平。红外探测器不仅在科学上可以促使红外光学向更高层次的发展，而且在高技术应用上极大地提高航天航空红外遥感、军事应用的水平。（陆　卫）

红外光源 infrared light source 产生红外线的非照明用光源。红外光源一般包括自然辐射源和人工辐射源。

自然辐射源　自然辐射源泛指自然形成的辐射源，包括地物、大气及地球外物质等。其中地物是地球表面所有自然资源、自然材料以及人工建造物的总称，大气指地球大气的组成气体及其悬浮粒子，地球外物质包括太阳、行星、恒星等天体。自然辐射源的辐射既可以是自身辐射，也可以是反射的辐射。人工辐射源泛指用人工建造的标准或非标准的辐射源。标准辐射源有黑体型辐射源、积分球等，非标准辐射源有各种灯源、激光源等。

人工辐射源　根据光谱特征和激发机制，人工辐射源可分为发射光谱连续的热辐射源和发射光谱不连续的选择性辐射源。人造的热辐射源通常采用电加热固体的方法，典型的有各种黑体型辐射源以及可统称为非气体白炽光源的能斯特灯、硅碳棒、钨丝灯、卤素灯等。人造的选择性辐射源通常采用强电场、电子撞击、光照射、化学反应等激发方式，如弧光灯、气体放电灯、发光二极管、激光器等。

有的人工辐射源兼有以上两种激发机制，可称为混合型的辐射源，如碳弧灯、钨弧灯等，其发射光谱既有炽热电极的连续辐射，又有弧光的发射谱带或谱线。

红外白炽灯工作温度约2200开，峰值波长略短于2微米，是常用的短波红外源。长为几厘米、直径为几毫米的硅碳棒，由电流加热到1500开左右，在2～40微米光谱范围内，近似于发射率为0.85的灰体。

能斯特灯也是由耐熔氧化物做成的炽热体。当它被预热到1100开左右时，便处于充分导电的状态。它能被电流加热到接近2000开，因而产生很大的辐射功率，峰值波长位于2微米附近。其优点是有宽的辐射光谱和长寿命。合金电阻器，如Ni-Cr和Fe-Cr-Al等，其峰值波长位于2～4微米。

气体放电灯可发出很强的红外谱线。汞灯在1.01微米、1.13微米、1.37微米、3.94微米和4.02微米等处有强辐射。氙灯在0.8～1.1微米有一些非常强的线。钠灯在0.82微米、1.14微米、1.85微米和4.05微米等处也有很强的辐射。铯灯能以很高的效率产生铯的共振线852纳米和894纳米。氦盖斯勒管是实验室测量中有用的单色源。它发射二强线1.08微米和2.06微米。它们分得很开，故采用滤色片可方便地得到单色光。锆灯也是有用的红外点光源，被广泛应用于红外显微术。气体放电灯的泡壳也是一种有用的红外源，但它辐射的是连续谱。灯泡壳为480～520℃时，红外辐射从2微米伸展到15微米，中心波长为4微米左右。对石英泡壳的灯，由于温度更高，短波辐射已伸展到可见光区。

（陆　卫　周太明）

红外激光器 infrared laser　工作波段在红外的激光器。红外波段介于可见光和微波之间。覆盖大约0.7微米到1毫米，跨越五个数量级。

在不同学科的研究领域中为了不同的研究目的，红外波长区间划分有不同的标准。国际照明委员会（CIE）推荐将红外波段分成IR-A（0.7～1.4微米）、IR-B（1.4～3微米）和IR-C（3～1000微米）三个区间，波长在0.7～1.4微米属于近红外区，1.4～3微米属于中红外区，3微米以上至1000微米（即1毫米）属于远红外区。而一般根据光探测器的响应情况则认为1～3微米为短波长红外区（SWIR），3～5微米为中波长红外区（MWIR），5微米以上为远红外区。其中，100微米至1毫米由于其工作频率处于太赫兹波段（0.3～3太赫），所以又称为太赫兹辐射。另外在军事科学、天文学和医学等研究领域根据自身的特点，对红外波长的划分也有其各自的通用标准。

已发展出多种红外激光器，如稀土离子固体激光器（Nd:YAG等）、CO_2激光器、半导体激光器、掺铒光纤激光器、量子级联激光器、铅盐激光器、自由电子激光器等，还可用非线性差频、光参量产生等过程获得红外激光辐射。

由于红外激光具有不可见等特性，很多材料在不同的红外波段具有特殊的性质，所以红外激光被广泛应用于军事和民用。在军事方面，各种红外激光可以用于从目标获取到目标跟踪、情报、监视和侦察等。这些类型的红外激光器提供了不可见的泛光和激光束传输，以协助夜间操作，与夜视设备一起使用，增强夜间战场的能见度。如工作波段在3～5微米以及8～12微米的红外激光处于大气窗口，被广泛用于电磁对抗等重要军事应用领域。红外激光的民用用途包括通信、光谱学、执法、安全和制造等方面。切割、焊接、扫描、测距等是红外激光器的一些典型应用。特别是红外高功率激光器，已被广泛应用于激光精密加工和制造等工业领域。在环境和大气科学研究方面，由于多种分子，如二氧化碳、甲烷和氧气等气体分子，主要吸收峰一般处于红外和中红外波段，红外激光雷达也已成为相应大气成分检测等学科研究的热点。此外，太赫兹波段激光由于其具有较强的材料穿透性，被广泛用于安全检查等领域。

由于人体反应系统对肉眼看不见的辐射没有反应，红外高功率激光会对眼睛等造成严重的损伤。值得一提的是，对于工作波长长于1.4微米的激光，由于可以被角膜和晶状体强烈吸收，进入视网膜的激光强度显著减弱。虽然被称为人眼安全的激光，但是在较高功率情况下仍然可以对眼睛造成不可修复的损害。

（杜　鹏　张泽宇）

红外线 infrared ray　电磁辐射频谱中，介于可见光和微波之间、波长范围为0.76～1000微米的红外波段的**电磁波**。又称红外辐射。红外线可分成三个区域：波长贴近可见光的（小于1微米）称近红外区；靠近微波波段的（波长大于10微米）称远红外区（其中非常贴近微波波段的称太赫兹辐射）；它们中间的称中红外区。

红外线的发现始于1800年，英国天文学家W.赫歇耳在寻找观察太阳时可保护自己眼睛的方法时发现了这一“不可见光线”。红外技术在第二次世界大战期间和战后的几十年中取得了迅速发展。红外技术不仅在军事、遥感等领域，而且在工业检测、医学诊断、科学研究等领域均得到了广泛应用。

由于红外辐射主要来自物体自身的热辐射，红外探测具有无源、被动、非接触等特点。如在军事上可用于目标捕获、监视、夜视、瞄准跟踪等，非军事应用则包括热效率分析、环境监测、工业设备检测、温度遥感、短程无线通信、光谱分析、天气预报、红外天文观察等。

红外线的检测可以利用其热效应，也可利用其光电性质。常用热电偶与热电元件检测红外线。这些检测器在整个红外光谱区内是同样灵敏的。利用光电导材料如碲镉汞、锑化铟也可检测红外线。此种器件随着温度升高而电导率增加，故可用以测量红外线。但这些光电导材料各对红外光谱有一定敏感区，且往往须在低温下使用。另外还有对红外线敏感的特种照相乳胶，可用于拍摄红外照相。

一定波段的红外线能穿透雾，而可见光则易为雾散射。夜间物体不发射可见光时仍有热辐射，利用红外照相或其他检测方法可以观测到肉眼所观察不到的情景。离可见区较远的红外线一般不能透过玻璃。对于红外线需用氯化钠、溴化钾、碘化铯、氟化钙等晶体作光学元件，这些晶体对红外线透明的波段是不同的。

（陆　卫　徐亦庄）

红移 red shift　电磁波的波长增加、频率降低的现象。对于可见光波段表现为光谱的谱线朝频谱的红色波段移动。根据不同的作用机制，红移可分为多普勒红移、引力红移和宇宙学红移。其中多普勒红移，以是否考虑相对论效应又可以进一步分为非相对论多普勒红移和相对论多普勒红移。

多普勒红移　多普勒红移指当物体远离观察者，由多普勒效应引起的红移。1848年，法国物理学家A.H.L.斐索指出恒星谱线位置的移动是由于**多普勒效应**，这是多普勒红移的首次发现，因此也被称为多普勒-斐索效应。天文学习惯使用无量纲的字母z来表示红移量。如果光源远离观察者的速度为v，当$v \ll c$，c是光速，即可以忽略相对论效应，此时的红移量表示为$z=v/c$。

相对论多普勒红移指的是当考虑相对论效应，尤其是光源移动速度接近光速时，需要考虑狭义相对论中时间膨胀因素的情况。此时计算红移的多普勒公式转换为$1+z=(1+v/c)\gamma$。

引力红移　也称为爱因斯坦位移。根据**广义相对论**，引力能引起时间的膨胀，光从引力场发射出来时会产生红移现象，即引力红移。引力红移首次在庞德-雷布卡实验中得到验证。引力红移现象在地球上比较少见，但是在黑洞附近可以观察到很强烈的引力红移现象，当一个物体接近黑洞视界时，红移会变得无限大。引力红移也是在宇宙微波背景辐射中造成大角度温度扰动的原因。

宇宙学红移　宇宙论的红移，需要用另一种不同的机制，即使用广义相对论空间度规膨胀的宇宙论模型。因速度增加所产生的多普勒红移，主要是因为在光源和观测者之间的动量和能量的转换，而对于宇宙学红移则是光子因为经过膨胀的空间使波长增加而产生的红移。因此，观察到的某些天体的红移并不是指星系正以实际速度远离观测者而去，而是指星系此时正在经历膨胀，在其空间中延展。

红移已经被应用于一些地面技术，如多普勒雷达和雷达测速仪。红移也被用于天体的光谱测量，大多数螺旋星云的红移现象是宇宙膨胀大爆炸理论的强有力证据。

（曾和平）

宏观量子态 macroscopic quantum state　在某些情况下用量子力学描述的宏观体

系的状态。多粒子体系的波函数与这些粒子的坐标有关，处理问题的难度会随着粒子数的增大而增加。N.N.博戈留波夫在1947年提出玻色-爱因斯坦凝聚体波函数的概念。1950年，V.L.京茨堡和L.D.朗道初步建立了超导的唯象理论，引入了超导的序参量。1956年，巴丁-库珀-施里弗（简称BCS）超导理论提出后，人们才知道原来京茨堡-朗道的超导序参量就是库珀对的波函数，因此超导中电子的库珀对就处于宏观量子态，**玻色-爱因斯坦凝聚**发生在单一量子态上，这个状态由一个单粒子波函数代表。超流相的液氦原子以及气态原子的玻色-爱因斯坦凝聚体也都由单粒子波函数描述。这些状态都是宏观量子态。

凝聚处于单一量子态，是高度相干的，会产生许多特别的性质，例如零电阻、排斥磁通的**迈斯纳效应**、零黏滞性等，这些都是宏观性质。宏观量子态还具有典型的量子力学性质，如势垒隧道穿越和相位相干等。宏观体系和环境有相互作用，而后者能导致量子相干的退化。只有在必要条件满足之后宏观体系才能保持其量子性质。（张　礼　庄鹏飞）

宏观量子现象 macroscopic quantum phenomena　对于超流或者超导这样的体系，可以用一个单一宏观波函数来描述宏观体系行为的现象。宏观量子现象是首先由F.伦敦提出的。很多情况下，宏观量子现象的产生是由于形成**玻色-爱因斯坦凝聚**的结果，如液氦在临界温度之下以及库珀对在超导温度之下。宏观量子效应所涉及的粒子或者库珀对这样的复合粒子必须以相同的行为运动，尤其是必须具有相同的相位，从而避免了单个粒子相位的无序性，使得体系物质波的相干性在宏观尺度上表现出来。针对这种宏观量子相干性最为直接的实验之一，是1997年麻省理工学院W.克特勒的实验组在实现了超冷原子气体的玻色-爱因斯坦凝聚之后，将两团超冷原子玻色-爱因斯坦凝聚体重叠到一起，直接观察到的相干条纹，从而证明宏观波函数的相位相干。

如果用Ψ来代表宏观波函数，可以把它写成：$\Psi=\sqrt{\rho}\exp(\mathrm{i}\gamma)$。与单粒子的波函数解释不同，$\rho$是描述宏观体系的密度，而$\gamma$是所有粒子共同的相位。由于相位的确定性，超导以及超流在宏观尺度上表现出量子化的特征。这其中最出名的就是**磁通量子化**。考虑一个中空的圆柱超导体，假设其壁厚度大于伦敦穿透深度，如果这时候沿着圆柱对称轴加上磁场，会发现透过圆柱的磁通是量子化的，都是基本磁通的整数倍。这里基本磁通是$\Phi_0=h/2e$，h是普朗克常数，e是电子电荷。系数2是由于在超导中宏观波函数描述的是电子对的运动。这一现象反映了电子对的角动量在宏观尺度上的量子化行为。这种行为也直接导致了热力学的后果，如薄圆柱超导体的转变温度是外加磁通的周期性函数，周期为Φ_0。类似的效应在液氦超流中也有体现，如量子涡旋的存在。

宏观波函数相位及其相位相干性最为直接的体现是**约瑟夫森效应**。考虑两个超导体，它们分别由Ψ_1和Ψ_2两个宏观波函数来描述，它们之间通过一个被称为约瑟夫森结的很薄的绝缘层来相互连接，使得Ψ_1和Ψ_2之间通过量子隧穿耦合在一起。假设在远离绝缘层的超导体内，Ψ_1和Ψ_2的相位不一样，即使起先没有电压差，一个宏观可观察的电流就会从一个超导体流到另一个超导体。而在正常态的金属中，由于单电子隧穿的随机性，这个电流的大小几乎为零。类似的效应在超流液氦中和超冷原子气体中也被发现。

宏观量子现象有很多特别的应用，如用来做量子干涉仪，包括原子干涉仪和超导量子干涉仪（SQUID）。由于其所涉及的宏观粒子数目，其精度可以达到很高的程度。它们可以应用于测量微重力、弱磁场、弱电压，以及弱噪声放大器等方面。SQUID还是实现量子计算机的首选装置之一。（张世忠　翟　荟）

宏观量子效应 macroscopic quantum effect　在宏观尺度下表现出来的量子效应。最著名的例子是超流和超导。其他例子还包括量子霍尔效应，乃至质子在冰中的协同隧道过程。宏观量子现象涉及的不是微观粒子的个体行为，而是宏观数目的粒子的集体行为。如在^{4}He的超流相中宏观数量的玻色型^{4}He原子处在一个共同的单粒子态。这种现象称为**玻色-爱因斯坦凝聚**。在超导体中的电子或^{3}He超流体中的^{3}He原子为费米子，由于泡利不相容原理不能直接凝聚，但动量相反的费米子可以形成库珀对，而以复合玻色子的形式凝聚到用宏观波函数描写的单粒子态上。宏观数目的粒子共同占据的量子态被称为宏观量子态，首先由F.伦敦在研究超导体性质时提出。宏观波函数具有和微观原子或分子波函数类似的描写物质波的性质，但表现在宏观尺度上。宏观量子态具有广义刚度，即任何局部的改变都必然涉及凝聚在这一状态上的宏观数量粒子的同时改变而不容易发生。这种刚度使得没有能量损耗、零黏滞性的超导或超流得以存在。超流体中的量子化涡旋，超导体中涡旋磁通的量子化以及超导体异质结中的约瑟夫森效应，都是宏观尺度上表现出的量子效应。另外，在冷原子系统中实现了玻色-爱因斯坦凝聚，并观察到了相应的宏观量子效应。（王强华）

宏观中子截面 macroscopic neutron cross section　单个中子同单位体积内的原子核发生某种核反应的平均概率。中子通过物质时，在单位路径上与该物质的原子核发生某种作用的概率，等于中子与靶核作用的微观截面σ与单位体积内靶核数N的乘积，即宏观中子截面$\Sigma=\sigma N$。宏观截面分为宏观总截面（Σ_t）、宏观散射截面（Σ_s）和宏观吸收截面（Σ_a），$\Sigma_t=\Sigma_s+\Sigma_a$。与微观截面不同，宏观截面的量纲是长度的倒数，常用厘米$^{-1}$为单位。

中子在连续两次碰撞之间的平均飞行距离称为平均自由程，用符号λ表示，单位为厘米。也就是说，在一个平均自由程之内发生某种碰撞的平均数为1。参照宏观截面的定义，容易得出$\lambda\Sigma=1$，即平均自由程等于宏观截面的倒数。相应的有散射平均自由程$\lambda_s=1/\Sigma_s$和吸收平均自由程$\lambda_a=1/\Sigma_a$。中子在介质中的各种运动规律（无论空间、时间变量的，还是能量变量的）都同宏观截面或平均自由程有关，宏观截面或平均自由程是描述大块物质中子物理特性的最基本的物理量。（唐洪庆）

洪朝生 Hong Chaosheng（1920-10-10～2018-08-09）　中国物理学家。生于北京，卒于北京。1940年清华大学电机工程系毕业，毕业后在西南联合大学电机工程系担任电信课程助教。1945年去美国，1948年获麻省理工学院博士学位。先后在美国普渡大学和荷兰莱顿大学实验室工作。1950年在半导体锗单晶低温输运现象的实验中发现杂质能级上的导电现象，形成了杂质导电的概念。这一工作成为研究无序系统电子输运问题的开端，引起了国际上对无序系统电子输运机制的探索。1952年回国，先后在清华大学、北京大学和中国科学技术大学物理学系任教。1953年担任中国科学院物理研究所研究员，负责组建低温物理实验室，

1956年领导建造氢、氦液化系统，到1959年开始运转。1964年，在他领导下创建成新型结构的氦膨胀机与液化器。在这些基础上，使物理研究所和其他单位能够开展超导实验、超导应用和超导物理的研究工作。1980年洪朝生又领导组建中国科学院低温技术实验中心，并担任主任。该中心以推广提高氦温区低温技术，促进低温实验工作与超导电技术应用为主要目标。他是中国低温技术、低温物理研究的开创者。1980年被选为中国科学院学部委员（院士）。1982年当选为中国物理学会副理事长。（戴念祖）

洪德定则 Hund's rule 判断原子中由同一电子组态按LS耦合形成的诸多谱项及其能级高低顺序的经验规律。洪德定则是德国物理学家F.H.洪德于1927年在总结实验证据的基础上提出的，内容为：①在任意给定的组态中，所有具有给定L值的LS谱项中，S值最大的谱项的能量最低。②在上述最低的谱项中（对每个L值就有一个这样的项），L值最大的谱项能量最低。

当时的实验证据有限，洪德认为上述定则是普遍适用的。实际上，洪德定则只能以下面限定的形式适用于只有一个开次壳层，或一个开次壳层外加一个s电子的组态：组态l^w或$l^w s$的能量最低的谱项是具有最大S值的谱项中L最大的那个谱项。

这种形式的洪德定则已经被实验所证实。解释如下：对于组态l^w，用行列式波函数导致在具有平行自旋的电子之间出现位置上的部分相关，所以在**泡利不相容原理**允许的条件下，当所有电子具有平行自旋时（即S最大），电子之间排斥能减小，对应的原子总能量最低；对于非同科电子，L最大的项并不是能量最低的项。但在同科电子情形，对于最大的S，矢量模型预期的最大L值是被泡利原理禁止的，因此对应于最大允许的L的谱项是具有最低能量的。对于组态$l^w s$，与l^w相比，多了一个s电子，但并不改变L的可能取值。总自旋为$S=-1/2$或$S=+1/2$，后者总是对应于较低的能量。（杨玉军）

侯伯宇 Hou Boyu（1930-09-11～2010-10-06） 中国理论物理学家。生于天津，卒于陕西西安。曾先后在清华大学、台湾大学、西北大学学习。1963年以优异成绩考入中国科学院数学研究所，为张宗燧的研究生。1966年毕业，毕业后留数学所工作。1973年6月到西北大学物理系工作。1978年晋升为副教授，1980年晋升为教授。

1980年2月起任西北大学现代物理研究所所长。其间曾应邀赴耶鲁大学、美国纽约市立大学、纽约州立大学石溪分校等学术机构做合作研究。1981年受聘为国务院第一批博士生导师。1988～1995年任国际纯粹与应用物理学联合会（IUPAP）数学物理专业委员会委员。

侯伯宇推导出双原子分子中电子相互作用格林函数的角向径向分离变量的完整双中心展开式。给出历时十余年未得证明的SU(N)代数表示的Gelfand式的证明。发现SU(2)单极场的可约化行为与拓扑性质，对场量进行规范协变的约化分解。发现模空间隐藏对称性的生成代数及由之产生的非定域守恒流。发现多种相对论性经典场的两系列无穷多的变换（侯-李变换），用来产生轴对称引力场的全部解。阐明了规范量子场各种反常系列间的关系及整体特征，提出规范场算子结合律的修正及其自洽条件。得到q-CG系数拉卡式，发现q拉卡系数满足辫子群与五角结合律。率先给出高自旋各向异性N格点量子链中，特别是边界问题中的决定本征值与本征函数的方程，以描述新型相对论多体长程作用的动力学。首先给出热力学极限的动力学杨-巴克斯特表示，明确指出其标度极限决定有质量场的交换法则。1982年、1989年分别获国家自然科学奖三等奖、二等奖等。1985年获全国优秀教育工作者称号和五一劳动奖章。（尹晓冬）

侯朝焕 Hou Chaohuan（1936-09-29～ ） 中国信号处理和声学家。生于四川自贡。1958年毕业于北京大学物理系，分配到中国科学院电子所进行水声学研究。1959年，

参加中苏联合南海水声考察。1960年考察结束后，在南海研究站从事水声研究。1979年调回中国科学院声学研究所，任第二研究室主任。1985年任研究员。1987年7月至1992年11月，任国家高技术研究发展计划（“863”计划）信息获取和处理技术专家组副组长。1999～2004年担任国家“973”计划中的“面向功能可重组结构的DSP&CPU芯片及其软件的基础研究”项目的首席科学家。1998～2006年担任国家自然科学基金委信息科学部主任。现任中国科学院学部信息技术科学部副主任、中国科学院咨询评议委员会副主任、国际声学委员会理事、中国声学学会名誉理事长、中国科学技术协会第七届全国委员会委员、IEEE会士。兼任清华大学、南京大学、北京航空航天大学客座教授。1995年当选为中国科学院院士。

侯朝焕长期进行水声工程研究。1960～1965年，侯朝焕主持研制了“水声信号起伏统计特性测量系统”，推动了水声信号场和噪声、混响场的研究。1965年该项成果获得了国家科委聂荣臻主任签发的发明证书。接着提出了“相移多波束基阵信号处理系统”，给出了该系统的全面分析、理论计算、参数选择和优化设计。该项目获得1978年全国科学大会奖，1987年国家发明奖三等奖。他是中国声场匹配领域引入智能化处理方法的开拓者。完成了智能型水声信号处理系统，使系统能与水声信号匹配，达到最优工作状态和最佳处理效果，1996年获得中国科学院特等奖。根据超高速计算的需求，开展了并行阵列处理的研究，主持完成了DSP-L阵列信号处理机。由60个运算节点并行处理，运算速度达13亿次/秒。在国内率先开展了VLSI信号处理研究，进而将阵列处理系统集成到单个芯片上去，先后完成了多个超高速DSP专用芯片的研制。单个芯片内包含有15个运算结点，单芯片乘加速度达10亿次/秒。1993年完成了快速傅里叶变换FFT、波束形成DBF和数字滤波、QRD-RLS递推滤波等芯片的研制。1994年以来，致力于具有数字信号处理DSP功能的CPU芯片研究，1999年在国家“973”计划中以“面向功能可重组结构的DSP&CPU芯片及其软件的基础研究”立项，并担任该项目首席科学家，研制成功了具有自主知识产权的“华威”处理器芯片，是当时国内数据处理能力最强的高端处理器。参与建成第一代国家高速信息示范网（2000），第二代国家高速信息示范网（2004）。1988年被授予国家级有突出贡献的中青年专家称号，1989年被授予全国先进工作者称号。（尹晓冬）

后退波 receding wave 波导中群速度与相速度方向相反的模式波。在声波导中具有无数多个导波模式，模式相位传播的速

度为相速度（如波峰或波谷传播的速度）；能量传播的速度（即能流速度）等于群速度，群速度也可以理解为波包传播的速度。相速度可大于、等于或小于群速度，方向则可以相同或相反。

在各向同性薄板、自由杆和空心圆管中可存在多个后退波。一般来说，高阶后退波的频散曲线斜率（即群速度）较小，且存在后退波的频率范围相对较窄。这些高阶后退波较难被激发，且易于衰减掉，不适宜实际应用；而具有应用潜力的后退波大多出现在较低阶模式上，且数量有限。在各向异性板或管、多层平板和多层柱状结构中的后退波现象更普遍。

各向同性板或杆中的后退波仅与材料参数（泊松比）相关，空心圆管中后退波的影响因素有泊松比和管内外径比值，而多层结构中材料性质、几何结构和边界条件对后退波都有影响。

利用后退波可控制声能流方式，可研制兰姆波超级透镜、设计隔声体以及增强背向散射等。首先，利用声波导中后退波的负折射率特性可改变倏逝波的传播方式，研制兰姆波超级透镜来提高传统显微镜的空间解析度，以获得纳米尺度的高分辨率。后退波可用于设计新型随钻测井隔声体。随钻声波测井可在钻井过程中实时确定地层纵波、横波速度。隔声设计对地层纵、横波速度的测量至关重要，因为在随钻测井中会激发钻杆波，这些模式波的幅度较大且沿着钻杆传播，必须对钻杆波进行衰减或延时处理才能测量到地层声波。可通过改变钻杆隔声体的材料和几何尺寸、优化凹槽设计，在钻杆上激发出具有较大幅度和群速度的后退波模式。通过后退波与前进波的干涉形成具有一定驻波比的驻波，或通过前进波与后退波在凹槽处的模式转换形成负折射和聚焦现象。改变钻杆波的传播速度或方向，使钻杆波滞后于地层声波，从而达到隔声的目的。另外，可利用后退波来增强浸液圆柱体的背向散射，精确识别水下目标。

后退波存在于有限频率范围内，它具有两个截止频率，在某一（或两个）截止频率处具有零群速度、有限大的相速度和波长，在该频率处后退波和前进波干涉叠加形成驻波，被称为零群速度共振。有限相速度的零群速度共振模式与局部激发源耦合得很好；且后退波在零群速度共振频率处是非传播的，声能被有效地限制在激发源的附近。因此可以在波导的局部激发出一个尖锐的、高Q因子的共振峰，可显著提高检测灵敏度。零群速度共振用于检测多层微型器件的厚度变化、材料参数、粘接质量和腐蚀缺陷等。

（崔寒茵）

胡刚復 Hu Gangfu（1892-03-24～1966-03-26） 中国物理学家、教育家。江苏无锡人。生于江苏泗阳，卒于天津。1909年清代游美学务处第一批赴美留学生，入哈佛大学，1918年获哲学博士学位。同年回国，任东南大学（1923年以前为南京高等师范学校）物理教授、物理系主任。1925年任交通大学教授。1926年创办厦门大学理学院并任院长。1927年筹建国立第四中山大学。1928年协助创办中央研究院物理研究所并任专任研究员，后又任北平研究院镭学研究所特约研究员。1931年任交通大学教授。1936年任浙江大学文理和理学院院长。1918～1950年期间还兼大同大学教授、理工学院院长、校长。此外，1946～1949年他再次赴英美考察，并率领一批中国学者在英国学习微波雷达技术。中华人民共和国成立后，任唐山交通大学、北洋大学教授，1952年任南开大学教授，直至逝世。

胡刚復在哈佛大学期间研究X射线的特性。回国后，创办了多所大学或大学中理学院。先后培养出中国自己的一大批物理学家，如吴有训、严济慈、赵忠尧、钱临照等。他是中国最早的民间科学学术团体——中国科学社及其《科学》月刊、明复图书馆的创办人之一，为中国开拓现代科学做出了成绩。他是一位献身科学和民主的爱国科学教育家，是中国近代度量衡制的制定者，为中国度量衡制与国际单位制间的换算关系，为中国采用公制做出了贡献。他是电位、熵等大批物理名词的最早定名者。

（戴念祖）

胡济民 Hu Jimin（1919-01-26～1998-09-09） 中国核物理学家。生于江苏如东，卒于北京。1942年毕业于浙江大学物理系。1945年之前，曾任教于浙江大学、交通大学物理系。1945～1948年，就读于英国伦敦大学物理系，获哲学博士学位，随后任该校研究助理一年。1949年回国，历任浙江大学副教务长、物理系副教授（1949～1955），北京大学原子能物理研究室主任（1955～1958）、原子能系和技术物理系教授（1958～1979）、技术物理系主任（1979～1998）。1980年当选中国科学院学部委员（院士）。

胡济民在伦敦大学期间，研究了核力的唯象理论，首次用角动量展开法系统地处理非中心力的束缚态和散射问题。回国后在北京大学培养了大批核科学专门人才，在原子核理论、等离子体物理领域做了初步研究。在原子核裂变、原子核宏观模型和集体运动等方面取得了较高水平的研究成果。曾历任多届中国核物理学会理事长。著有《原子核理论》《原子核宏观模型》。

（戴念祖）

胡克，R. Robert Hooke（1635-07-18～1703-03-03） 英国物理学家。生于怀特岛，卒于伦敦。胡克从小喜好机械。1653年进入牛津大学学习，担任了**R.玻意耳**的助手，1663年获硕士学位。1665年担任伦敦格雷舍姆学院几何教授。1662年起任皇家学会的实验主持人，1663年成为正式会员，1677～1683年任学会秘书，并负责出版会刊。

胡克是一个多才多艺的实验物理学家、仪器设计师和发明家。他协助玻意耳改进了O.von**盖利克**发明的空气泵。胡克对当时出现的各种仪器几乎都做过重大改进或创新，如钟表的弹簧摆轮，毛发湿度计、航海仪器、显微镜与望远镜等。1665年，他出版了《显微图集》(见图)，第一次把植物、动物和矿物的显微结构展现在人们面前，并引入了“细胞”这一名词。

胡克早就注意到弹性体所受的力与其

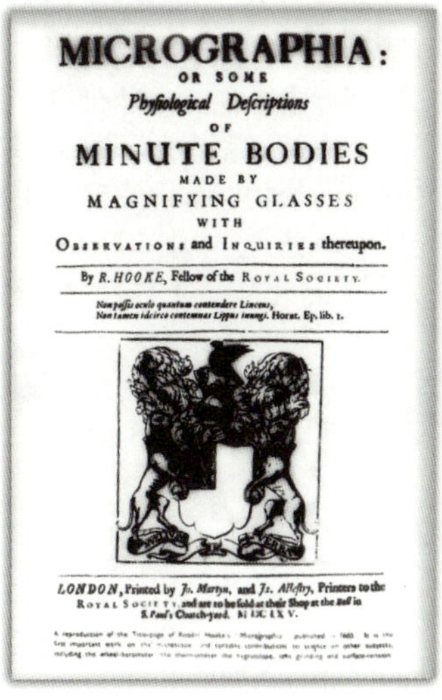

《显微图集》扉页

变形之间的比例关系。1678年，他首次公布了他的固体弹性定律，后来称之为**胡克定律**。胡克观察到云母、玻片间空气层及薄膜等在光束照射下的彩色环带。他指出颜色与薄膜厚度的关系和颜色变化的周期性。他还用光在薄膜前后表面反射后的脉冲组合来解释不同颜色的形成。他是光的波动说最早的倡导人之一。胡克在1674年提出“一切天体都具有倾向其中心的吸引力或重力”“天体在未受其他使其倾斜的作用力前保持直线运动不变”“离吸引中心越近，吸引力越大”。1679年他在给I.**牛顿**的信中又进一步提出平方反比关系。由于胡克的数学素养不够，未能解决行星的轨道问题，但他的研究和与牛顿的论争，大大促进了牛顿对万有引力定律的深入研究。胡克在热学方面曾与C.**惠更斯**一起断定在常压下冰的熔点及水的沸点为固定点，并建议以水的结冰温度为温度计的零度。他还认为热是物质粒子机械运动的结果。他较早地观察到矿物晶体的有序排列。 （戴念祖）

胡克定律 Hooke's law 由英国物理学家R.**胡克**于1678年提出的力学和物理学的基本定律之一。胡克定律的内容是：在小变形情况下，固体的变形与所受的外力成正比。如每当金属丝上的拉力增加一倍时，丝的伸长也增加一倍，比例系数与材料性质有关。对于大多数固体，胡克定律与实际很相符合。

对于复杂的三向应力状态，有所谓广义胡克定律。它是原始定律的自然推广：当应变微小时，在物体给定点上的应力分量为该点应变分量的线性齐次函数。对于沿任何方向力学性质都相同的各向同性弹性体，与材料有关的独立弹性系数只有两个；对于一般的各向异性弹性体，独立的弹性系数达21个。若物体是不均匀的，则弹性系数是空间点的函数。

对于胡克定律，A.-L.柯西等科学家曾从分子、原子论和热力学理论来解释。胡克定律是一般物性本构关系中最简单、最常见的一种表示。中国东汉人郑玄曾在《周礼·考工记·弓人》的注释中写道：“假令弓力胜三石，引之中三尺，弛其弦，以绳缓擐之，每加物一石，则张一尺。”可谓力与变形成比例的最早历史记载。

（王敏中）

胡宁 Hu Ning（1916-02-11～1997-12-26）中国物理学家。生于江苏宿迁，卒于北京。1934年入浙江大学物理系学习。1935年转入清华大学物理系，1938年毕业，留校任助教。1941年赴美，入加利福尼亚理工学院，主要从事量子力学的研究，1943年获博士学位。1949～1950年，先后在美国、爱尔兰、丹麦等国从事研究工作，任威斯康星大学原子核研究所研究员。1950年自美回国，1951年起任北京大学物理系教授。其间，1953年起还担任中国科学院近代物理研究所、原子能研究所研究员；1956～1959年在苏联杜布纳联合核子研究所理论物理实验室任小组负责人、教授。1980年起为中国科学院理论物理研究所、北京大学合聘教授。1955年当选为中国科学院学部委员（院士）。

胡宁主要致力于理论物理和基本粒子领域中的研究工作。在清华大学任助教时，随周培源做流体力学的湍流问题的研究。1943～1945年在美国普林斯顿高级研究院研究介子的**核力**理论。1945～1947年在爱尔兰都柏林高等研究院开创性地做了关于引力辐射阻尼的广义相对论研究，首次计算出双星系统的反阻尼结果，改进并简化了A.爱因斯坦等人的方法，引起了理论物理学界的广泛关注。1947～1948年在丹麦哥本哈根玻尔研究所从事S矩阵的理论研究。1948～1950年先后在美国康奈尔大学原子核研究所和威斯康星大学从事量子电动力学和基本粒子理论方面的研究。回国后继续从事这方面的研究工作。20世纪50年代中期从事高能碰撞多重产生粒子理论的研究。60年代中期，参与建立和发展强子内部结构的层子模型工作。此后主要致力于强子结构理论的研究。

胡宁的著作有《电动力学》（1963）和《场的量子理论》（1964）等。 （戴念祖）

胡乾善 Hu Qianshan（1911-04-20～2005-01-25） 中国工程力学专家。生于河南通许，卒于江苏南京。1933年毕业于清华大学物理系。毕业后在清华大学物理系读研究生，师从吴有训。1934年留学英国伦敦大学博克伯克学院，师从P.M.S.布莱克特，从事宇宙射线研究工作。1937年获得伦敦大学哲学博士学位。1937年回国。1938～1943年先后在东北大学、四川大学、武汉大学任教授。1944年冬应重庆中英科学合作馆馆长李约瑟的邀请，担任该馆学术顾问。1945年后担任重庆中央大学机械系教授、系主任。1952年担任南京工学院（现东南大学）机械系教授、系主任。1956年担任南京工学院教学法委员会主任委员。

胡乾善早期从事宇宙射线研究工作。攻读博士学位期间，曾到高加索山4000米高处观测宇宙射线，并在英国皇家学会会刊上发表了两篇学术论文。在武汉大学期间，1941年曾在美国《物理评论》上发表关于宇宙射线能谱方面的论文。1944年起从事机械工程研究，并长期从事工程力学教育工作，著有专著《内燃机》。1957年起进行振动理论的研究，主要从事“振动理论与应用”和“非线性振动理论及应用”两方面的研究和教学工作。提出了振动系统力学模型、分析模型的建立与改进问题，介绍了振动系统模态分析的时域技术，研究了非对称恢复力系统强迫振动的渐近解理论及电子模拟计算。系统介绍了单自由度非线性强迫振动问题的已有成就，对随机振动、阻尼线性系统模态分析理论、自由界面部件模态综合法进行了研究。曾主编高等学校教材《理论力学》。

（尹晓冬）

胡仁宇 Hu Renyu（1931-07-20～ ） 中国物理学家。生于上海。1952年毕业于清华大学物理系。毕业后被分配到中国科学院近代物理研究所。1956～1958年在苏联科学院列别捷夫物理研究所读研究生。1958年8月调入二机部九局（后更名为二机部北京第九研究所、二机部第九研究院、核工业部第九研究院、中国工程物理研究院）。1980年12月任研究员。1983年6月任九院副院长。1985年9月，担任九院代理院长。1986～1994年1月担任九院院长。1991年当选为中国科学院学部委员（院士）。

长期从事于集体性很强的国防大科学研究任务，以及核物理实验研究及核测试技术工作。根据不同时期任务需要，先后筹建并领导了多种核物理实验室，承担有

关中子物理、放射性核素测量、强脉冲辐射测量和其他核测试工作。作为科研室主任亲自参加了中国1964年第一颗原子弹爆炸试验，负责点火中子源监制及现场参数检测等工作。开展了强脉冲混合辐射场的各种特性的测量工作。参与组建惯性约束聚变实验室。主持、参与的研究项目先后获得1982年国家自然科学一等奖，1984年国家发明二等奖，1986和1989年国家科技进步特等奖。1984年和1988年两次被评为国家级“有突出贡献的中青年专家”。

（尹晓冬）

胡思得 Hu Side（1936-03-31～　）中国核武器工程专家。生于浙江宁波。1958年毕业于上海复旦大学物理系。毕业后到第二机械工业部九局（中国工程物理研究院前身）工作，历任研究室副主任、研究所副所长、副院长。1980年任副研究员，1987年任研究员。1994年任中国工程物理研究院院长。1995年当选为中国工程院院士。1999年任中国工程院高级科学顾问。

胡思得长期从事核武器理论研究、设计，先后参加或主持领导了重大核工程项目的理论设计工作。1963年后参加了多种核武器型号的理论设计，在突破原子弹阶段，氢弹的研究设计和发展以及核试验的近区物理测试中做了大量组织领导工作，创造性地解决了一系列关键技术问题，为中国核武器的研究设计和发展做出了重要贡献。1984年后出任某核武器型号理论设计的主要负责人，主持制定理论设计方案，参与国家大型试验的设计、论证和分析，组织参与新型号的研制攻关。领导多种核试验的近区物理测试项目的理论设计，开创性地用于地下核试验。1985～1993年获国家科技进步一等奖4项、二等奖1项和部委级科技进步奖一、二等奖多项。1995年获国家科技进步特等奖。1996年获何梁何利基金科学与技术进步奖。

（尹晓冬）

互变型液晶 enantiotropic liquid crystal 当升温和降温的相变过程能可逆发生时形成的晶体。是互变相型液晶的简称。互变型液晶的变化过程如图所示。从晶体到液晶再到各向同性液体的相变过程中，T_1为

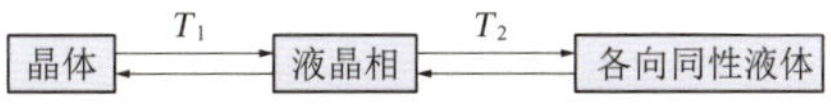

互变型液晶变化过程

熔点，T_2为清亮点，在T_1到T_2之间为液晶相区间，互变型液晶的相变过程是可逆的。用于显示的互变型液晶都是可工作于室温的热致液晶，由于互变型液晶的稳定温度范围在室温以上，普温为0～60℃，所以常见的液晶显示器件都采用互变型液晶。

（王琼华）

互补性原理 complementarity principle N.玻尔在1928年提出的量子力学相关原理。又称并协性原理。玻尔认为，对微观现象的描述不能像刻画经典世界那样进行完备的描述。构成完备经典描述的某些互相补充的元素在微观世界里通常是互相排斥的，但这些互补元素刻画微观现象的不同侧面是微观描述中必不可少的。例如，微观粒子在同一方向的坐标和动量都是认识微观粒子运动的两个独立的侧面，但不能同时准确地测量它们。这个结果的定量表述就是**不确定度关系**。再如，对微观系统的描述有粒子（以能量和动量为表征）与波动（以频率和波长为表征）互补的两个方面，但同一个实验中它们不能同时使用。电子通过双缝在屏幕上给出干涉图样，呈现了其波动性的一面。如果要同时展现粒子性，测量它从哪一个狭缝穿过，干涉图样就会消失。

物理上，为了确定它“走哪一条路径”，可在双缝后面放置一个光源，当电子通过时与光子发生散射，从散射光子的动量方向就能判断电子的路径。然而，电子在散射时与光子交换动量，会导致**德布罗意波**的相位差发生变化。位置测量越准，相位的扰动就越大，从而导致干涉图样消失。因此，电子虽然有粒子和波动两个互补的属性，当它明显呈现一种属性时，另一种属性则自动隐退了。在实验上直接展示这种互补性是十分困难的。这主要因为光和电子的相互作用太弱，发生散射的概率太小。准确验证互补原理的第一个实验是美国麻省理工学院D.E.普里查德研究组在1995年通过原子干涉实验完成的。他们用共振光照射原子干涉仪中的原子，保证原子在通过光束时发生散射的可能性很大。当相移的幅度增大时，干涉条纹分辨度很快下降。

玻尔对于W.K.海森伯用动量-坐标不确定度关系解释量子互补性并不满意，他坚持互补性才是最根本的。1997年德国兰普小组的冷原子布拉格散射实验看上去证实了玻尔的这一观点。在这个实验中，测量仪器（内部状态）和被测系统（空间分束）相互作用形成内部态和空间路径的**量子纠缠**，因此通过内部状态可以确定原子通过哪条路径，并且不扰动原子的动量。实验表明，路径探测越准确，干涉条纹消失得越厉害。当然，有人也认为是动量-坐标不确定度关系以外的广义不确定度关系在起作用。

总之，这些展示互补原理的实验提供了对微观粒子的波粒二象性更深入的理解。

（孙昌璞）

互感 mutual induction 一线圈电流随时间变化时，在邻近线圈中产生**感应电动势**的效应。设线圈1所激发的磁场通过线圈2的磁通匝链数为ψ_{12}，根据毕奥-萨伐尔定律，ψ_{12}与线圈1中的电流I_1成正比，$\psi_{12}=M_{12}I_1$。同理，线圈2激发的磁场通过线圈1的磁通匝链数为$\psi_{21}=M_{21}I_2$。比例系数M_{12}和M_{21}由线圈的几何形状、大小、匝数以及线圈之间相对位置等因素确定，且当介质的磁导率与磁场无关时，M_{12}和M_{21}是常量。当两线圈中的电流分别随时间变化时，相对的线圈内产生的互感电动势为：

$$E_2=-\frac{\mathrm{d}\psi_{12}}{\mathrm{d}t}=-M_{12}\frac{\mathrm{d}I_1}{\mathrm{d}t}$$

$$E_1=-\frac{\mathrm{d}\psi_{21}}{\mathrm{d}t}=-M_{21}\frac{\mathrm{d}I_2}{\mathrm{d}t}$$

对于相同的电流时间变化率，比例系数越大，互感电动势则越大，互感现象越强。比例系数M_{12}和M_{21}是描述线圈互感性能的基本参数，称为互感系数，亦简称互感。在国际单位制中互感的单位是亨利，$1亨利=\frac{1韦伯}{1安}=\frac{1伏\cdot1秒}{1安}$。理论和实验都证明$M_{12}=M_{21}$，一般不予区分。互感器件是交流电路中广泛应用的元件，在电工无线电技术中应用甚多，如各种变压器（电力变压器、中周变压器、输入输出变压器等）可使能量和信号由一个线圈方便地传输到另一个线圈。在某些问题中互感常常是有害的，互感可引起电路中非正常的耦合，导致工作异常，实际中应消除。

（陈熙谋）

互聚物 interpolymer 由两种或两种以上的结构单元构成的聚合物。又称共聚物。见**共聚物**。

滑移 glide 在外力作用下，晶体中相邻的两部分沿着某一晶面上的某个晶向彼此作相对的滑动。在滑移过程，晶体的位向不发生变化，滑移晶面上下两部分的原子

相对平移一个原子间距或若干个原子间距。在滑移时晶体结构和位型保持不变。

（陆 栋）

化学冻结 chemical freeze-out 在高能重离子碰撞中产生的高密热核物质迅速达到热力学平衡并向外快速膨胀，伴随膨胀系统的密度不断减小，当密度减小到非弹性碰撞不能维持、碰撞产生的粒子相对产额不再变化时系统达到的状态。化学冻结是一个局域概念，它是局部粒子密度的函数。在相对论高能重离子碰撞中，利用热力学统计模型通过分析粒子的产额来提取化学冻结时的热力学参数。仅仅考虑占主导作用的u、d和s夸克的贡献，人们常用的参数是：温度T_{CH}，重子化学势μ_B和奇异数饱和参数γ_S。常用的量子色动力学（QCD）相图见图，表现温度随重子化学势μ_B的变化。

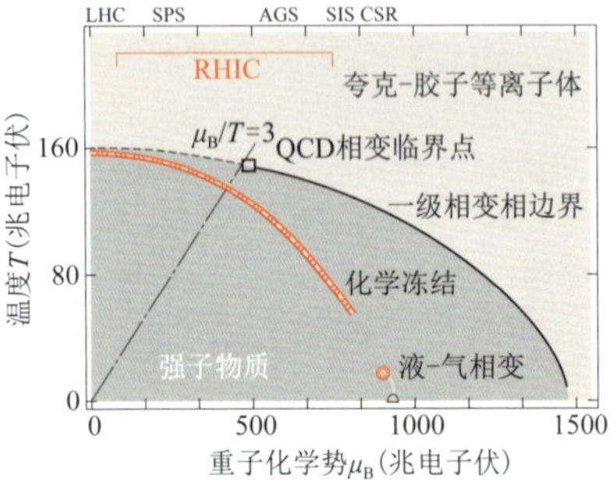

QCD 相图

当重离子碰撞质心系碰撞能量大于200吉电子伏（GeV）时，化学冻结几乎和夸克-胶子等离子体到强子相变（又称QCD相变）发生在相同温度。这表明化学冻结发生在相边界。在$\mu_B\approx0$，即净重子数很小的条件下，实验中化学冻结的温度T_{CH}= 150～160兆电子伏（MeV），$\gamma_S\approx1$。这个温度值与QCD格点规范计算的结果十分接近。太阳中心的温度大约是2.7×10^6K。而在低能，质心系碰撞能量小于20吉电子伏，核核碰撞中产生的核物质净重子数较高。理论计算结果显示，在这个区域内，μ_B>300兆电子伏，相结构相当丰富，新的相结构，如夸克素物质相，可能产生（见图）。图中粗黑线表示理论模型计算预言的夸克-胶子等离子体到强子相变的一级相变界，在$\mu_B\approx0$时，该相变是一个平滑过渡，在高重子数区的一级相变止于QCD临界点（方点）；粗红线表示化学冻结温度随重子化学势的变化，T=0。研究高重子密度区的QCD相结构对了解宇宙中子星的内部结构十分重要。但是人们对这个区域的化学冻结、QCD相变等物理现象了解甚少。这是高能重离子碰撞研究的重点热门课题之一。

（刘 峰 许 怒）

化学发光 chemiluminescence 化学反应中以传热发射光的形式释放其反应能量的现象。例如氧和乙炔反应发出明亮的光，氨基苯二酰一肼与过氧化氢反应呈现出蓝绿色的光。此外，甲醛、乙醛、丙烯醛、葡萄糖和胆甾醇在乙醇碱溶液中被氧化，以及某些硫的化合物氧化反应后都能产生化学发光。还有一种发生在生物体中的特殊化学发光，称为生物化学发光，如萤火虫体内的荧光素在荧光素酶的作用下与空气发生氧化反应而发光。

大多数放能的化学反应都能产生化学发光。有些反应发射可见光，很容易看见。但是多数的反应所发的光则是很弱的，而且多在红外线范围，不容易被观测。一般用光子产率来定量描述化学发光的强弱，光子产率是反应中产生的激发态分子数与总的反应产物分子数之比。

化学发光的微观过程是反应生成电子、振动或转动激发态产物分子，通过自发辐射跃迁至较低能态而发光。当反应产生振动或转动激发态产物时，往往发射红外线，而产生电子激发态产物时多有可见和紫外波段的化学发光。另外，有些化学反应产生的激发态分子与反应体系中的其他分子相互碰撞，后者被激发成为发射子，这样的光发射也属于化学发光。

化学发光有许多应用，例如：用作光源，研究分子光谱和分子结构；通过化学发光研究化学反应的过程、机理、反应的能量分配。另外，高光子产率的反应是很理想的化学激光体系，如F_2+H_2反应已被用来获得高能量的HF红外化学激光。化学发光还用于分析化学，根据发光的光谱和强度，能够很灵敏地测出某些物质的含量。

（王秀岩 楼南泉）

化学激光器 chemical laser 利用化学反应放出的能量激励工作物质的激光器。很多化学反应都释放出大量能量（如燃烧和爆炸），如果反应产物中存在粒子数反转的能态，就可用激光技术，实现受激辐射放大，产生激光。氧碘化学激光器（COIL）和氟化氢（HF）激光器（包括氟化氘DF）是两种重要的化学激光器。它们的工作波长都在红外区（COIL为1.315微米，DF为3.6～4.2微米），可产生大功率和能量（兆瓦级的连续波输出），因而可作战术激光武器使用。化学激光器效率的提高主要靠化学反应物快速、充分、均匀的混合。对于化学氧碘激光器，转换效率可以很高。

（廖常俊 王天及）

化学气相沉积法 chemical vapor deposition 一种常见的制备单晶、多晶或玻璃态无机薄膜材料的气相生长方法。化学气相沉积（CVD）中所需的源物质主要有气态源、高蒸气压液态源、固态源和低蒸汽压液态源几种。气体输运的驱动力是系统各部分间存在的压力差、分压或浓度梯度和温度梯度。其涉及的化学反应，主要包括热分解反应、化学合成反应和化学输运反应。

①热分解反应是利用化合物的热分解，在衬底表面得到固态薄膜的方法。一般在简单的单温区炉中便可进行，在真空或者惰性气体的保护下加热衬底到所需温度后，导入源气体使之发生热分解反应，最后在衬底上沉积出固体材料层。这种方法中的主要问题是源物质和热解温度的选择。为了保证所需沉积物的纯度和生长速率，既要考虑源物质饱和蒸气压与温度的关系，又要注意不同温度下热分解产物的不同。

涉及热分解反应的化学气相沉积主要有以下几种。如CH_4、B_2H_6、PH_3等气态氢化物，适宜温度下加热后可沉积出相应的元素。金属烷基化合物可用于沉积金属膜，如用三丁基铝热解可以得到金属铝膜。金属元素的氧烷化合物可以用来沉积氧化物，二氧化硅可由$Si(OC_2H_5)_4$热分解得到。金属有机化合物和氢化物体系可在半导体或绝缘衬底上沉积半导体，应用此方法已经可以制备多种Ⅲ-Ⅴ族和Ⅱ-Ⅳ族化合物。$Ga(CH_3)_3$与AsH_3的混合体系可制备砷化钙（GaAs）。另外，热解单氨络合物可用于制备氮化物，热解贵金属或者过渡元素的碳基或碳基氨化物，可以沉积金属单质。

②化学合成反应是由两种或两种以上气体物质在加热衬底表面发生化学反应进而沉积成为固态薄膜的方法。其中最普遍的一种方法是利用氢气还原卤化物来沉积各种金属、半导体。也可选用氢化物、卤化物或者金属有机化合物沉积绝缘膜。一个典型的例子是氢气还原$SiCl_4$生长硅外延片。如果在混合气体中加入PCl_3或者BBr_3，还可以得到磷或硼掺杂的硅外延片。除了制备单晶薄膜以外，化学合成反应还可制备多晶和玻璃态沉积层。受化学反应的限制，化学合成反应的应用更为广泛。

③化学输运反应是把所需的物质当成源物质，选取适当气体介质与之反应，形成气态化合物，经化学迁移或物理载气把这种气态化合物输运到沉积区，然后发生

逆向化学反应，使源物质重新沉积的过程。其中气体介质是输运剂，形成的气态化合物为输运形式。输运剂一般为卤族元素、卤化物或水蒸气，其中最常用的是I_2。输运剂的选择、用量以及温度梯度的控制对单晶生长影响很大。如硫化锌/硒化锌单晶生长中，用I_2作为输运剂与之反应，形成ZnI_2和S_2的混合气，输运到沉积区，进而生长出单晶。

化学气相沉积的具体方法是把一种或几种含有构成薄膜元素的化合物、单质气体通入放置有基材（衬底）的反应室中，通过气相输运，借助气相化学反应在加热到适当温度的基体表面上沉积固态薄膜的工艺技术。

CVD技术在20世纪50年代开始发展，刚开始主要用于刀具涂层。从70年代前后，随着集成电路技术的发展，CVD技术开始应用于半导体技术领域，并得到快速发展。CVD技术分类方法包括：按沉积温度分为低温（200～500℃）、中温（500～1000℃）、高温（>1000℃）；按反应器内压力分为低压和常压；按反应器壁的温度分为冷壁和热壁；按反应激活方式分为冷激活和热激活。此外还有等离子增强CVD（PECVD）。

CVD法制备薄膜的过程主要分为以下几个阶段：①反应气体向基片表面扩散；②反应气体吸附于基片表面；③在基片表面发生化学反应；④在基片表面反应产生的气相副产物，脱附基片表面被抽走，不挥发的固体产物形成薄膜。

CVD设备通常由以下主要部分组成：反应气体输运和控制部分、反应腔室及衬底支撑部分、加热系统、气体排放部分。

（任治安　曾一平）

化学亲和势　chemical affinity　表述化学反应能力的热力学物理量。等温等压过程的化学亲和势定义为：

$$A=-\Delta G$$

式中ΔG表示在生成1摩尔主要生成物过程中吉布斯函数的增量。由吉布斯函数判据可知，化学反应（包括相变）总是沿着化学亲和势为正的方向进行熵产生。

（班士良　崔　鑫　宫　箭）

化学热力学　chemical thermodynamics　利用热力学定律研究化学反应的分支学科。化学热力学主要包括热化学、化学平衡、溶液理论等，此外如电化学、表面化学、相平衡等也属于化学热力学范围。在研究化学反应时，需要知道反应的始态及终态的某些基本热力学性质，如**内能**、**焓**、**熵**、自由能、自由焓等。一般地说，如果始态（反应物）和终态（生成物）相对于适当参考态的焓和熵是已知的，则用热力学方法研究化学反应的条件就具备了。

（傅孝愿　刘若庄）

化学势　chemical potential　表征系统与环境、系统相与相之间、系统组元之间，粒子转移趋势的热力学强度量。化学势反映了系统粒子数改变所引起的能量变化，常用符号μ来表示。在等温等压过程中，均匀系统的化学势为每增加一个粒子所引起的自由焓的增量，即：

$$\mu=\left(\frac{\partial G}{\partial N}\right)_{T,p}$$

（刘志锋　班士良　宋铁磊）

化学物理　chemical physics　一门物理和化学的交叉学科。主要研究化学学科中的物理问题。一个与之相关的学科是物理化学。物理化学是化学学科的子学科之一，指通过物理学原理和方法来研究化学问题。两者有时候并不能严格区分。在J.C.斯莱特的经典专著《化学物理导论》中，他写道："非常不幸物理和化学曾经被分开。它们有很大范围内的共同研究。我们越早意识到这一点越好。至于一个更好的名字，既然物理化学已经被占用了，我们把这一共同领域称为化学物理。"

化学物理学科的研究方法包括量子化学计算、统计力学分析与模拟、谱学测量等。研究的对象涵盖从原子、分子和团簇到液体和固体（包括玻璃态和晶态）、表界面体系以及以高分子聚合物为代表的软物质和生物大分子体系。主要关注这些体系的结构和性质，以及其中涉及的物理化学过程的动力学行为与机理。

（李震宇）

《淮南万毕术》　*Huainan Wanbishu* (*Book of Multifarious Changes*)　中国西汉淮南王刘安组织其门客撰写的中国古代有关物理、化学方面的文献。一说刘安撰。该书又名《万毕术》。"万毕"二字源自战国辩者惠施（生卒年不详）的"万物毕同毕异"（《庄子·天下》）之论点。该书旨在"论变化之道"，或"为金之术"，东汉末年高诱（生卒年不详）为之作注。书中有关历算、炼丹、幻术、杂记之类文字，实含物理、化学、生物等科学内容。许多与物理现象相关的文字大都是世界科学史上之首次发明、发现并记录。

在光学方面，该书记述："高悬大镜，坐见四邻。"高诱注："取大镜高悬，置水盆于其下，则见四邻矣。"这是开管式潜望镜的发明。又"削冰令圆，举以向日，以艾承其影，则火生"。这是冰透镜的最早发明及其对日聚焦取火的最早记载。

在电和磁方面，"慈石悬入井，亡人自归"条，表明当时已发现条形磁铁的指极性。"慈石提棋"和"慈石拒棋"条，意示当时已知道磁体的极性及其吸引与排斥性质。高诱在注中还指出了当时人造磁体的方法：以鸡血（作为凝固剂）与"磨针铁"（以钢锉磨针，所得铁粉具有磁性）相和，涂置棋头，则得具有磁性的棋子。

"艾火令鸡子飞"条，是雏形热气球或反冲原理的最早应用。"首泽浮针"条是液体表面张力的说明。"铜瓮雷鸣"条，高诱注云："取佛汤著铜瓮中，坚密塞，内之井中，则雷鸣闻数十里。"这是称为"过冷反沸"实验的记录。

还有一条指出"白青得铁，则化为铜"。"白青"可能是碳酸铜和氢氧化铜的结晶［$2CuCO_3\cdot Cu(OH)_2$］。这条文字是世界上最早有关化学置换反应的记载。

宋以后，《淮南万毕术》原书失传。清代有多种辑本问世。从辑本看来，是书精芜杂陈，相当部分还难于索解，尚有不少文字似属荒诞。但上述涉及物理、化学之内容却是古代科学之瑰宝。

（戴念祖）

环流器　tokamak　一种具有环向等离子体电流的环形强磁场磁约束聚变装置。见**托卡马克**。

环形高分子　ring macromolecule　主链形成闭合环的高分子聚合物。和其他高分子相比，环形高分子最显著的特点就是没有端点。这一特殊拓扑结构使环形高分子的很多性质显著区别于线型高分子，例如在熔体中，和相同长度的线型高分子相比：①环形高分子具有更小的回旋半径R_g，R_g^2和分子长度的标度系数显著地小于线型高分子的标度系数1；②环形高分子彼此之间的互相穿透更少；③环形高分子具有更快的扩散速度和更短的弛豫时间；④环形高分子熔体具有更低的黏度。

但是，和**线形高分子**相比，对环形高分子体系的很多标度行为还缺乏一致的认识。例如环形高分子熔体的黏度对分子量或链长的标度系数比线型高分子的小，但是具体为多大，理论计算、计算机模拟和

环形高分子的链拓扑结构示意图

实验的结果均存在差异。在实验上，很难获得单纯的环形高分子，通常会有少量的线形高分子，即使非常低含量的线形高分子对其性能测试的影响也是不可忽视的。

（李卫华）

环形激光器 ring laser 一种谐振腔为环形的激光器。通常在谐振腔内引入一个元件（如磁光器件），导致不同的传播方向有不同的损耗，从而强制实现单向运行（光传播只在两个可能的方向之一）。环形谐振腔通常适用于固体激光器实现单纵模输出，光纤激光器实现锁模脉冲输出等。

环形谐振腔固体激光器在单向传输状态下工作时，在增益介质中不会形成驻波干涉（反射点附近除外），因此没有空间烧孔效应，较易实现激光器的单频运转。单向环形谐振腔的设计被认为是一种获得稳定的单频激光输出的好方法。

非平面环形振荡器是一种常见的固态环形激光器，其整个激光谐振腔包含在表面镀膜的晶体中，实现激光在晶体内部的环形谐振腔。尽管这种晶体的制造比普通的激光晶体复杂，但是容易校准，而且这样的激光器具有非常好的结构稳定性和抗干扰性。

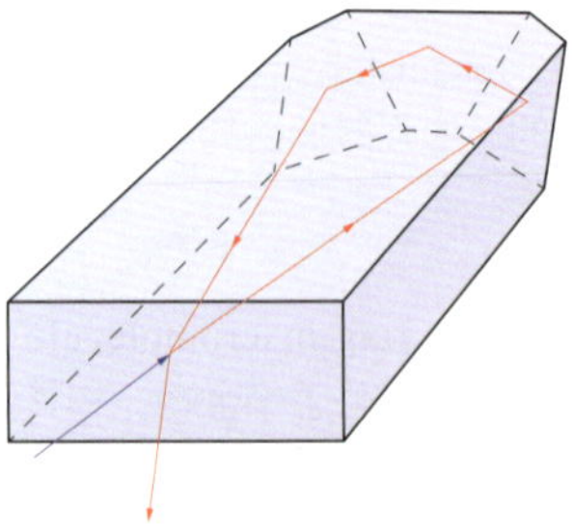

非平面环形振荡器

具有环形谐振腔的光纤激光器也是一种常见的环形激光器，通常采用8字形结构，包含一个可饱和吸收体作为锁模元件，形成环形的锁模光纤激光器，输出超短脉冲序列。

此外，还有一些环形激光器是工作在激光双向传输模式下，如用于光学陀螺仪中的激光器。在转动的环形激光谐振腔内，激光传播方向与转动方向一致和不一致均可以得到一个拍频信号，该拍频信号可以显示出激光器旋转的角频率（萨格纳克效应）。

（杜 鹏 张泽宇）

环形腔 ring cavity 具有环形结构的谐振腔。在环形腔激光器中，为消除因驻波干涉引起的空间烧孔效应，需要在谐振腔内引入光隔离器件来实现光的单向传输。环形谐振腔通常适用于固体激光器实现单纵模输出，光纤激光器实现锁模脉冲输出等。

（文双春）

缓发裂变中子 delayed fission neutron 具有相当激发能的特定碎片在β衰变过程中发射的裂变中子。见裂变中子。

缓发中子份额 delayed neutron fraction 每次裂变产生的缓发中子的平均数与每次裂变产生的全部裂变中子（瞬发中子和缓发中子）的平均数之比。在裂变过程中，发射了瞬发中子和瞬发γ射线的产物核，有的由于中子数与质子数的比例偏大，处于β稳定线丰中子一侧，因此还可能经历一系列β衰变成稳定核，形成裂变碎片的β衰变链。在β衰变过程中，有些特定碎片核可发射出中子，这些就是缓发中子。实验数据表明，存在着半衰期大致为55、22、6、2、0.5和0.2秒的6个缓发中子组。热中子引起核素^{233}U、^{235}U、^{239}Pu裂变和^{252}Cf自发裂变的缓发中子份额分别为0.26%、0.65%、0.21%和0.23%。缓发中子虽然比例很小，但实际应用意义重大。核反应堆要设计成只有包括缓发中子的贡献时才能达到超临界，从而使其功率增长周期长达10秒以上，这样使反应堆的控制变得可行。研究缓发中子发射能为丰中子核的结合能和核结构提供信息。缓发中子计数是一种灵敏的矿石含铀量的分析方法。

（韩洪银）

幻灯机 slide projector 一种透射式投影设备。用光学方法将幻灯片投射到银幕上观看，由光学系统、机械和控制机构、散热装置组成。幻灯片通常用135规格的彩色反转片或黑白负片翻制成的正片。幻灯机的光学系统包括照明灯泡、凹面反射镜、聚光透镜、放映镜头。凹面镜将灯泡发出的后向光线折回，与前向光汇合。聚光透镜一般包含两片平凸镜片。放映镜头常由一组镜片组成，以减少简单凸透镜的像差。将幻灯片倒置，放在距镜头光学中心大于焦距、小于两倍焦距处，在银幕上形成正立实像。

机械和控制机构执行换片和调焦功能。幻灯片依次排列在长形或圆形片槽

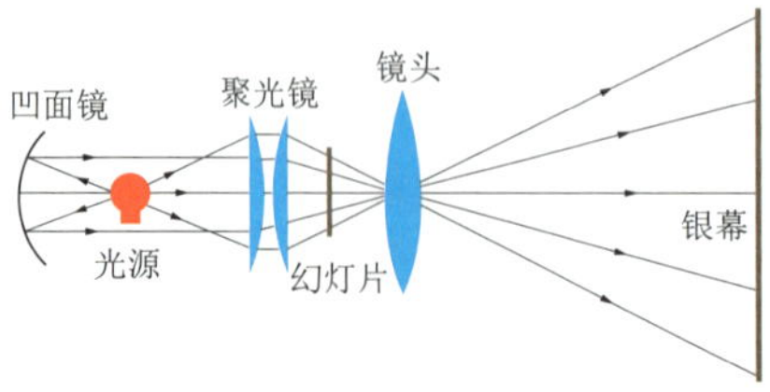

图1 幻灯机光路示意图

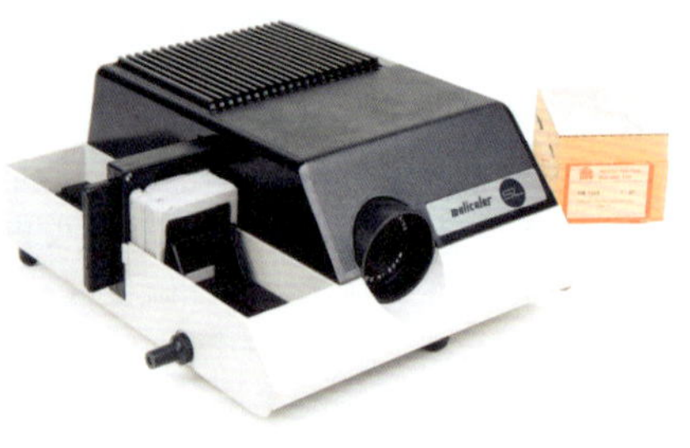

图2 幻灯机

图3 透明胶片投影机

内，放映时经机械装置将它们逐一推送到指定位置，微调幻灯片位置或镜头进行聚焦。可经线控或遥控换片和调焦。某些幻灯机有定时换片功能，或由程序控制自动换片。也可配合录音机，在解说词中插入换片信号或留出空隙用来驱动换片。

用冷却风扇排出灯泡发出的热量，在聚光透镜和幻灯片之间插入吸收红外线的隔热玻璃，防止幻灯片过热受损。

透明胶片投影机为同类设备，用于将大幅面透明胶片上的内容投向银幕。胶片放在水平透光平台上，光源和聚光镜位于平台下面。成像透镜和反射镜位于平台上方，调节其高度可改变成像距离和像的大小。适当设计光学系统使胶片正面朝上，演讲者直面胶片并可在上面书写。

幻灯机和透明胶片投影机流行于20世纪80年代前，以后逐渐被连接计算机的数字投影机取代。幻灯片和透明投影片则由电子文档所代替，或直接投影数字图像和数字视频。

（王朔中）

幻数 magic number 原子核的某些性质随中子（或质子）数增加呈现的变化，在经过中子数或质子数为2、8、20、28、50、82以及中子数为126这些特定数值时将发生突变，这些特定数值称为幻数。原子核壳模型正确解释了幻数现象，幻数核是处于满壳的原子核。具有幻数的原子核特别稳定。中子数或质子数等于幻数的核称为幻核，中子数和质子数都等于幻数的核称为双幻核。1949年迈耶夫人和J.H.D.延森提出原子核的壳模型，圆满地解释了实验观测到的幻数。迄今，实验上

可以确定的最大质子幻数和中子幻数分别为82和126，理论模型给出的下一个质子幻数在114、120或126，下一个中子幻数在184上下。见**原子核结构**。 （范宝新）

黄方程组 Huang's equations 解决一个带有极性的晶体里面原子振动问题的方程式。在极性晶体里面的光学波，也即晶体元胞里带正电和带负电粒子的相对运动，是比较重要的，因为电子与晶体的相互作用主要是通过这些光学波。晶格振动有两类。如果晶格元胞中只有一个原子，则晶格振动时相邻元胞中的原子振动其相位相差很小，这种振动称为声学振动。如果一个元胞中包含两个原子，则除了声学振动外，还有一类振动，一个元胞内两个原子反相（相反方向）运动，这类振动称为光学振动。对于一个三维晶体，每个原子有三个自由度，所以声学振动有三支：一支为纵波，振动沿波矢方向；两支为横波，振动垂直于波矢方向。同样，光学振动也有三支。如果一个元胞内包含N个原子，则声学支仍是三支，光学支则有$3(N-1)$支。晶格振动波的量子化就是声子。极性晶体每个元胞中的两个原子分别带有正电荷和负电荷。

在光学振动时，正、负原子（离子）相对运动，伴随着产生极化场。此宏观电场反过来又影响晶格光学振动模的频率，造成了纵光学振动与横光学振动频率的不同。这种光场与晶格光学振动模之间的相互作用非常复杂，在20世纪30～40年代，这个问题没有解决，给实验工作的解释造成困难。早期的研究工作曾因未能正确认识长程库仑作用而得出了一些错误结论。

20世纪50年代，**黄昆**考虑到一方面光学振动的动力学要包含长程库仑作用力，其振动的恢复力既依赖于光学位移，又依赖于宏观电场；另一方面，决定宏观电场的电极化，同样也是既依赖于光学位移，又依赖于宏观电场。这样黄昆提出了一对唯象方程，以解决极性晶体的光学振动问题。他引入宏观电场作为一个新的变量，来描述宏观场对粒子光学振动的影响，而同时宏观电场与离子位移又共同对电极化有贡献。这对方程确立了光学位移W（正比于正负离子位移之差）、宏观电场E与电极化P之间的关系：

$$-\omega^2 W = b_{11}W + b_{12}E$$

$$P = b_{21}W + b_{22}E$$

这对方程有4个系数，但根据能量守恒定律，b_{12}与b_{21}相等，因此唯象方程只包含三个独立参数。可以由红外色散频率ω_0、静态介电常数$\varepsilon(0)$和高频介电常数$\varepsilon(\infty)$的实验值独立地确定。也就是说，这对唯象方程是完全可确定的，国际上称之为“黄方程”。

将黄方程与静电学方程结合，获得方程的平面波解，从而给出了纵光学波和横光学波的频率，这两个频率之比完全与Lyddane-Sachs-Teller公式相符，即：

$$\frac{\omega_{\mathrm{LO}}^2}{\omega_{\mathrm{TO}}^2} = \frac{\varepsilon(0)}{\varepsilon(\infty)}$$

将黄方程与**麦克斯韦方程组**联立，黄昆得到了一种电磁波与晶体中光学声子相耦合的新的运动模式——元激发，称为极化激元。声子极化激元在实验上已经由C.H.亨利和J.J.霍普菲尔德于1965年在磷化镓材料中用拉曼散射方法首先观察到。现各种极化激元（如激子极化激元、等离子激元、磁子与光子耦合模等）已经作为一种基本运动形式在固体光学各个领域中得到深入的研究，并得到广泛的应用。 （夏建白）

黄宏嘉 Huang Hongjia（1924-08-05～2021-09-22） 中国光电子学家。生于湖南临澧，卒于上海。1944年毕业于西南联合大学电机系。先后在北京大学物理系

和上海交通大学电机系任教。1948年留学于美国密歇根大学，1950年获硕士学位后回国。历任北方交通大学（今北京交通大学）教职（1950～1964）、兼中国科学院电子学研究所微波研究室主任（1956～1964）。1964年起任上海科技大学（今上海大学）教授、副校长、名誉校长。1980年当选中国科学院学部委员（院士）。

黄宏嘉长期致力于毫米波传输的研究，发展了耦合波理论。曾提出“超模式”概念，发展了处理某些复杂模式耦合问题的物理数学方法，得到超模式与本地模式和理想模式之间的变换关系。20世纪60年代初提出关于非完全正交函数集的剩余耦合思想，引入表面阻抗微扰概念，以此统一处理远距离非常规波导的传输理论问题。最早将正交函数展开法推广于复合封闭区域。1980年在中国首次研制成功单模光纤。提出统一处理微波传输和光纤传输的理论问题。

1989年应聘为美国麻省理工学院电磁科学院院士。1991年被美国密歇根大学授予名誉理学博士。1990年以来获美国发明专利3项和中国发明专利多项。著有《微波原理》《耦合模和非理想波导》《耦合模理论》等。 （戴念祖）

黄昆 Huang Kun（1919-09-02～2005-07-06）中国物理学家。生于北京，卒于北京。1941年在燕京大学物理系获学士学位。1944年在吴大猷教授指导下获北京大学硕

士学位。1945年赴英，1947年获布里斯托尔大学博士学位，导师是N.F.莫脱。此后在英国爱丁堡大学物理系、利物浦大学理论物理系任研究员。1951年年底回国任北京大学物理系教授，曾担任物理系副主任。1977年以后任中国科学院半导体研究所所长、名誉所长。1955年当选为中国科学院学部委员（院士）。1980年被瑞典皇家科学院聘为国外院士。曾任中国物理学会理事长（1987～1991）。

黄昆在固体物理学的一些领域中，进行了开拓性工作。1947年黄昆提出固体中杂质缺陷导致X射线漫散射的理论，20世纪70年代已为国外一些科学家所证实和应用，成为研究固体中杂质缺陷的一项有力的手段，被称为“**黄散射**”；国外在中子衍射中还证实了这种漫散射。1950年黄昆与A.里斯一起提出多声子的辐射和无辐射跃迁的量子理论。同年苏联S.I.佩卡尔发表与黄昆的有关辐射部分相平行的理论，但没有考虑到无辐射跃迁问题。黄昆和佩卡尔的理论是研究固体杂质缺陷光谱和半导体载流子复合的奠基性的工作，被国际上称为黄-佩卡尔理论或黄-里斯理论。1951年黄昆提出晶体中声子与电磁波的耦合振荡模式，1963年被拉曼散射实验所证实，被命名为极化激元，后来发现其他物质振动也有类似的与电磁波的耦合模式，也被称为极化激元。极化激元已经成为分析固体某些光学性质的基础。黄昆当时提出的方程，被称为“黄方程”。黄昆与M.玻恩合著的《晶格动力学理论》（1954年出版，1957年苏联译成俄文出版，1989年北京大学出版社出版）一书是公认的这一学科领域的一部权威著作。

黄昆回国以后，相当一段时间内主要致力于教学工作。1956年由北京大学、

复旦大学、南京大学、吉林大学、厦门大学五校联合在北大物理系建立了中国第一个半导体教研室，黄昆任主任，为开创发展中国半导体物理学科的教育事业，为培养、造就中国半导体技术骨干队伍，做出了重要贡献，成为中国半导体物理学科的开创者之一。黄昆先后编写了《半导体物理学》(与谢希德合著)、《固体物理学》等教材，在中国高等院校固体物理、半导体物理的教学工作中起了有益的作用。

1978年以来黄昆在固体理论研究方面又取得了新的进展。其中关于无辐射跃迁绝热近似和静态耦合理论等价性的证明，澄清了20多年来国际上在这方面理论发展中存在的一些根本性的问题。黄昆提出的无辐射跃迁中声子的统计规律性，已成为这一领域研究的新方向。这些成果引起了国际物理学界的关注。

黄昆作为国际著名物理学家，多次进行国际间的学术交流。黄昆担任了第15～17届国际半导体物理学术会议的国际顾问委员会成员，第13届半导体中的缺陷国际会议的国际顾问委员会成员。1979年和1984年应邀分别赴意大利和美国讲学。1985年7月被选为第三世界科学院院士。2002年荣获国家最高科学技术奖。

（戴念祖）

黄昆－里斯因子 Huang-Rhys factor 多声子跃迁所致**晶格弛豫**效应理论中的一个重要参数。固体中的一个电子从一个量子态跃迁到另一个量子态时，通常会有一个确定的跃迁能量，发射的光谱是线状光谱。但有一类固体，如F中心的光谱不是线状，而是非常宽的一个光谱带。F中心是**离子晶体**失去一个负离子而留下的一个空位。由于空位附近晶格畸变，使得电子从一个量子态跃迁到另一个量子态时，晶格原子的平衡位置有所不同。这已经由光谱的斯托克斯位移得到证实，也就是发射峰相对于吸收峰向长波长方向位移。这种现象称为晶格弛豫效应。

1950年，**黄昆**和A.里斯研究了晶格弛豫对F中心光谱反常行为的效应。从物理上讲，晶格弛豫导致了电子跃迁前后周围原子平衡位置的改变，破坏了振动波函数的正交性，因此除了电子能量变化外，还有多个声子发射或吸收。原子位移越大，声子数变化得越大，这是因为局域态与周围晶格离子的耦合增加。

黄昆和里斯在量子力学基础上提出了多声子跃迁系统理论，可以概括如下：

①在绝热近似和康登近似的框架内，也就是两个电子波函数之间的偶极跃迁矩阵元与晶格坐标无关，多声子光跃迁的强度正比于跃迁中两个态的弛豫振动波函数的重叠积分的二次方。

②在线性电声子相互作用与无色散声子的简谐近似下，低温下振动态之间的重叠积分中包含了发射p个声子跃迁过程，其跃迁概率正比于：

$$|M_{ij}|^2\exp(-S)S^p/p!$$

式中M_{ij}为电子偶极跃迁矩阵元；参数S正比于离子平衡位置位移的二次方，它表征了晶格弛豫的强弱，通常在文献中称为黄昆－里斯因子。上式预言了低温下单根线状谱被一系列谱线所代替，其强度呈现为泊松分布。

③有限温度下，发射p个声子的过程包含了发射$p+q$个声子和吸收q个声子，因此发射p个声子的概率正比于：

$$\exp[-S(2n+1)][(n+1)/n]^{\frac{p}{2}}I_p[2S\sqrt{n(n+1)}]$$

式中I_p为虚宗量的贝塞尔函数；n为该温度下声子的平均占据数。

1959年，J.J.霍普菲尔德首先在CdS的带边发射中证实了理论预言的多声子谱线的强度分布。到20世纪60年代，固体光谱的研究有了极大的发展，包含多声子的光跃迁已是广泛观察到的现象。

黄昆和里斯还提出了无辐射跃迁理论。在半导体禁带中形成深能级的空位、缺陷等附近，电子跃迁不发射或吸收光子，电子跃迁能量的变化完全由吸收或发射声子来补偿，这称为无辐射多声子跃迁。早期的理论采用康登近似，估算值过低。以后发展了非康登近似，其理论计算十分复杂。黄昆于1981年指出了康登近似的问题所在，并证明了克服此问题后，非康登近似和静态耦合理论是等效的。

（夏建白）

黄履庄 Huang Lüzhuang（1656～？） 中国清初光学仪器和机械制造家。籍贯不详。因父卒，寄居扬州外祖父家。幼时好学，

黄履庄像

喜欢动手造玩具，曾做一小木偶，手足可活动，置桌上可自动行走。后学习西方传来的数学、力学和机械知识，制造技巧大长。在其所制造的器具中有：早期温度计和湿度计、千里镜（望远镜）、显微镜、临画镜、多物镜、取火镜、瑞光镜（探照灯）、管窥镜（放大镜）、灯衢（组合平面镜），以及龙尾车（小型阿基米德螺旋）、柳枝泉（喷泉）、双轮小车（自行车）等。他还善于绘画，尤以微型画见长。此外，他还制作了许多工具，如方圆规矩、比例尺、造镜规矩等。事迹见戴榕《黄履庄小传》，载张潮编《虞初新志》卷六。

（倪子明）

黄散射 Huang scattering 晶体中由点缺陷长程位移场所引起的对X射线漫反射现象。当用X射线照射晶体材料时，它会被组成材料原子的电子所散射。对于完整晶体，当相邻原子平面反射的X射线程差为X射线波长的整数倍时，会出现非常尖锐的衍射峰。或者在倒格子空间看，如果入射与反射的X射线波矢差等于晶体的倒格矢，则会出现布拉格峰。这称为**布拉格定律**。由于X射线的波长与固体晶格常数接近，因此布拉格定律在材料结构分析方面（如晶格种类、晶格常数、晶面、晶向等）有着非常广泛的应用。

在实际金属情况下，原子往往偏离严格的周期排列。其原因是晶格原子的热运动，它在布拉格峰附近产生附加的散射强度，被称为X射线热漫散射。另一种可能的漫散射机制是由材料中外来杂质与缺陷引起的。

黄昆1947年研究了稀固溶体中由外来原子引起的X射线漫散射，提出了一个简单有效的理论模型，其主要假设为：①杂质原子与晶格原子的体积不同，但每个原子对X射线的散射是相同的；②无序分布在稀固溶液中的杂质原子被看作是孤立的，它们对散射的贡献被认为是互相独立的，所以可以线性叠加；③杂质中心引起的周围晶格弹性位移是各向同性的，并且与离中心的距离二次方成反比。

根据此模型，X射线漫散射的理论计算主要结果如下：①杂质原子在合金晶格中存在一个使布拉格衍射峰强度减小的因子，它正比于倒格矢二次方和杂质浓度；②在布拉格峰附近，漫散射有一定的强度分布。当入射和散射X射线的波矢差等于一个倒格矢时，会出现布拉格峰。在平行于倒格矢的方向上，漫散射强度最大；强度随偏离倒格矢方向而迅速下降；在垂直于倒格矢方向上，漫散射为零；③杂质引

起的漫散射与热漫散射在形式上相似，但微观机制及定量规律很不一样。在常温下，杂质引起的漫散射往往被较强的热漫散射掩盖。

该理论提出20年后，德国科学家在研究氟化锂的X射线散射时，才观察到了由点缺陷长程位移场所引起的漫散射，证实了理论预言的漫散射强度分布规律。此后，在快中子辐照铜晶体和电子辐照铝晶体等材料中，国外科学家都观察到了这种漫散射，从而被国际学术界普遍承认。为了区别于热漫散射，这种漫散射在文献中被称为黄漫散射，或简称黄散射。现在黄散射已发展成为一种能直接研究晶体中微观缺陷的有效手段。（夏建白）

黄胜年 Huang Shengnian（1932-02-10～2009-01-08） 中国核物理学家。生于江苏太仓，卒于北京。1950～1952年在清华大学物理系学习。1952～1955年在苏联列宁格勒大学物理系学习。1955年在苏联科学院热工实验室实习。1956年回国，在中国科学院物理研究所工作。历任中科院原子能研究所中子物理研究室主任、中国原子能研究院核物理研究所科技委主任、核工业研究生部主任等职。1991年当选为中国科学院学部委员（院士）。

黄胜年长期从事中子物理和原子核裂变的实验研究和组织工作。测定或澄清了（国外有分歧的）核武器与核能发展所需要的某些核数据。先后完成了各种能量中子引起铀、钚、钍核素裂变，以及铀-238、钚-240自发裂变体系的实验，得到了裂变中子平均数、裂变瞬发中子数目分布重要核数据。1964年前后在没有直接参考资料的情况下，建立方法与装置，完成了对中国第一颗原子弹所用同种金属铀块本底中子的测定。1967年领导建造中国第一台大型载镉闪烁液体中子探测器。1979年后对锎-252自发裂变这种典型的低激发能裂变进行系统的实验，观察到高动能事件碎片质量分布上的精细结构，并得出氚和α粒子伴随裂变（三分裂）的各种关联特性。还在快中子截面、快中子能谱、探测技术、光中子反应、裂变产额和裂变势垒高度等方面做过研究。参与领导了核工业研究生部的筹建、课程设计和教师聘任工作，并亲自授课，在教育、管理方面做出了重要贡献。1978年获全国科学大会奖，2000年获国防科委科学技术奖二等奖。（尹晓冬）

黄祖洽 Huang Zuqia（1924-10-02～2014-09-07） 中国核物理学家、理论物理学家。生于湖南长沙，卒于北京。1948年毕业于清华大学物理系，在该系又攻读两年研究生。后任中国科学院近代物理研究所助理研究员（1950～1956），原子能研究所研究员（1956～1965），第二机械工业部核武器研究所研究员（1965～1980）。1980年以后，任北京师范大学低能核物理研究所教授、所长和名誉所长。1980年当选为中国科学院学部委员（院士）。

黄祖洽从事原子核理论以及输运理论的基础研究。20世纪50年代后期，他定量地计算了原子核反应堆中核棒在中子场中的影响；在参与苏联援建重水反应堆的理论设计时，他所做的理论研究与临界计算，不仅纠正了苏方的设计失误，且为实验所证实。他还参与和组织了铀水堆、石墨堆和元件堆的研究与理论设计，为这些反应堆的建造进行了先驱性探索。60年代，他参与原子弹研制和氢弹预研的理论工作，对高温高压和高速运动介质中中子输运的状态方程、核反应装置中轻核的能谱、核燃料生产和加工中的临界安全等课题都做过研究。1980年以后，对中子和稀薄气体的非平衡输运和弛豫过程进行了多方面研究。

1982年获国家自然科学奖一等奖，1991年获国家教委科技进步奖一等奖，1996获何梁何利基金科学与技术进步奖。有著作《核反应堆动力学基础》和《输运理论》。（戴念祖）

辉光 glow 低压（约几毫米汞柱）气体中小电流（约几毫安）放电时发出的光。通常通过在包含低压气体的玻璃管中的两个电极之间施加电压而产生。将抽成低气压的含有放电气体的玻璃管两端电极加上高压（通常为几千伏），这时稀薄气体中的正离子（由气体本身的少量自发电离产生）在电场的作用下加速并获得足够高的动能。阴极在这些高动能正离子的轰击下产生二次电子，在簇射过程的作用下产生更多带电粒子。最终气体获得导电性。当电压超过所谓的击穿电压值时，气体电离变为自持状态，玻璃管发出彩色光。这是电子撞击气体原子、分子激发它们而产生，颜色取决于使用的气体。

辉光放电时气体中的电流强度小（约数毫安），温度不高，可以看到玻璃管内会有亮区与暗区分布存在，发出的光十分绚丽（图1）。

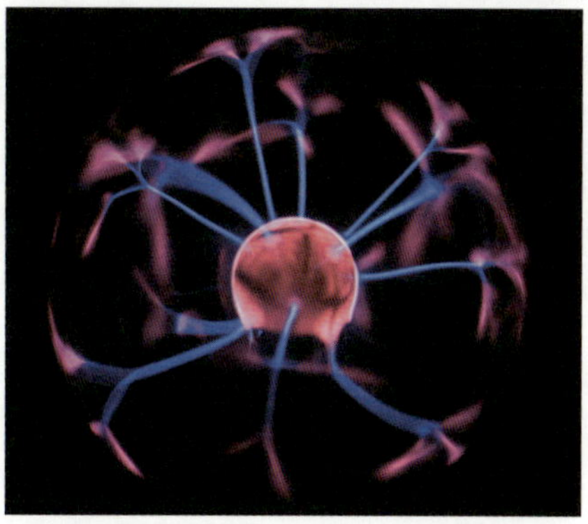

图1　辉光

辉光放电的主要应用是利用其发光效应（如图2霓虹灯、日光灯）以及正常辉光放电的稳压效应（如氖稳压管）。利用辉光放电的正柱区产生的激光可制作氦氖激光器。

图2　NE-2型交流霓虹灯

辉光放电在污水处理、灭菌消毒、聚合物材料表面改性、分析仪器离子源等方面也多有应用。（张　新）

辉光放电 glow discharge 通常是指一种低气压的自持放电。一般在放电管中进行，因发出弥漫的**辉光**，颜色因工作气体的种类而异，故称辉光放电。1831～1835年M.法拉第发现了辉光放电现象和后来以他的名字命名的法拉第暗区。1870年W.克鲁克斯使用这样的放电管研究气体放电现象，后来将这样的放电管也称为克鲁克斯管。

辉光放电的特点是放电管中出现几个特殊的亮区和暗区。从不同放电区域的示意图和典型的放电照片中可以看到，整个放电区域从阴极到阳极可以分为（见图）：阴极暗区、负辉光区、法拉第暗区、正辉光区和阳极辉光区。其中阴极暗区将阴极和负辉光区隔开，电压降主要发生在这一区域，对应的电场强度也最大；而在负辉光区域，电场强度基本为零。负辉光区域和正辉光区域之间隔着法拉第暗区，正辉光区域一直延展到阳极辉光区，其光强、电场强度和电势分布相对比较均匀。

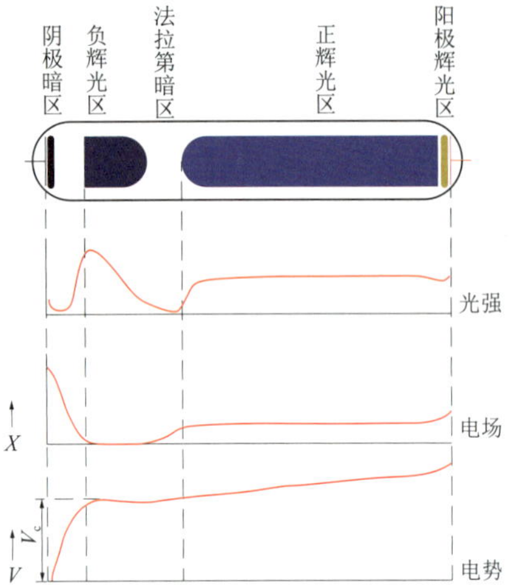

辉光放电

辉光放电的这种放电特性与其中发生的复杂物理过程有关。当在阴阳极之间施加高压直流电（几千伏到上百千伏）时，存在于背景气体中的小部分离子，以及自由电子被电场加速向不同方向运动。其中离子向阴极运动，经过阴极电势降的加速，以极高的能量轰击阴极表面，产生大量的二次电子。新产生的二次电子以及少量的初始电子经过电场，尤其是阴极附近的高场强区域的电场加速后具有很高的能量，在向阳极运动的过程中，通过非弹性碰撞，向原子或者分子传递能量，将这些低能粒子转化为能够发光的激发态粒子。由于阴极暗区处的高能电子对中性粒子的电离，这一发光过程主要发生在负辉光区，从而也使得阴极附近区域对放电的维持起着重要的作用。正辉光区的出现通常需要放电管足够长且比较细，此时带电粒子在向电极运动的过程中一方面存在向壁面的损失；另一方面，由于此处的电场强度维持在一定的数值上，能够维持足够多的高能带电粒子以产生更多的电子和离子来平衡带电粒子向壁面的损失。

辉光放电广泛用于照明，如一般的霓虹灯和荧光灯以及等离子体电视，也用于化学分析和材料的表面处理；它的稳压特性可用于稳压管；而在氦氖激光器中则可利用辉光放电的正柱区产生激光。进入21世纪以来，大气压辉光放电的研究得到了迅速发展，可以采用直流和交流电源驱动，在大气开放环境中产生均匀、稳定的辉光放电。大气压辉光放电等离子体在生物医学、节能环保、气体净化、微纳米材料处理等领域都将有着十分广阔的应用前景。　（李和平）

回避交叉　avoided crossing　双原子分子中两个同类电子态势能曲线随核间距改变时不能相交的现象。在双原子分子中，在核间距的改变无限慢时（即绝热变化过程），两个同类（指具有相同角动量量子数）电子态势能曲线不发生能相交。又称避免交叉。在三原子或多原子分子情况下存在类似效应。　（闫　冰）

回路　loop　节点和支路构成的闭合链，是电路中的一些特殊单元。整个电路可看成由若干独立回路组成。　（陈熙谋）

回旋动理学理论　gyrokinetic theory　完整的等离子体动理学在强磁场下的一种近似理论。在强磁场$\boldsymbol{B}$中，带电粒子的回旋运动半径比较小而频率很高。所以当所研究的物理现象（如静电扰动和电磁波场）的空间特征尺度（波长）λ与带电粒子的回旋半径ρ可比，而其特征频率ω又远小于粒子的回旋频率Ω_c时，可以对带电粒子的快速回旋运动做平均但仍保留有限回旋半径的影响，即考虑带电粒子本身的运动，计及电磁场在粒子的回旋半径的距离上发生的变化。在这样的条件下对回旋运动进行平均，消去绕磁场回旋的运动，把粒子运动的相空间从六维（粒子的坐标$\boldsymbol{r}$和速度$\boldsymbol{v}$）简化为五维（$\boldsymbol{R},\mu,K$）。其中，$\boldsymbol{R}$是回旋（导向）中心的坐标，磁矩$\mu=mv_\perp^2/2B$，动能$K=mv^2/2$，速度$\boldsymbol{v}=v=v_\parallel\boldsymbol{b}+\boldsymbol{v}_\perp$，$\boldsymbol{b}=\boldsymbol{B}/B$。基于这样的物理图像发展起来的理论称为回旋动理学理论。

回旋动理学理论最初用于分析短波长静电扰动的线性不稳定性。在这些分析中，扰动场表示为$\exp(\mathrm{i}\boldsymbol{k}\cdot\boldsymbol{r})$的形式，而垂直于磁场方向的波长与粒子的回旋半径可比，即$k_\perp v_\perp/\Omega_c=k_\perp\rho\sim1$。在用动理学处理这类问题时，需要考虑带电粒子的轨道积分。如图1所示，带电粒子的轨道是绕磁力线的螺旋轨道。完整动理学理论中的轨道积分要沿着螺旋轨道完成。考虑到在强磁场中的回旋运动的特征时间远小于所研究的物理现象的特征时间，为了简化解析研究中的处理或减少计算机模拟中的机时，可以先对粒子的回旋运动做平均，再考虑平均所得的量沿磁力线的改变，也就是如图所示。先将粒子的回旋运动等效于一个电荷环，再把粒子绕磁力线的螺旋运动等效为该电荷环沿磁力线的运动。

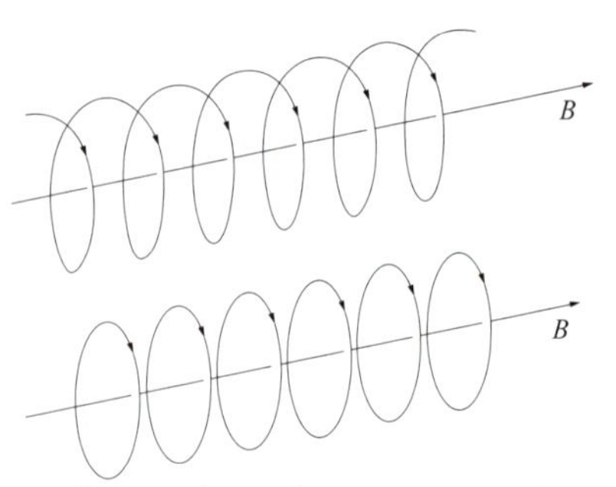

图1　带电粒子在磁场中运动三螺旋轨道（上图）和简化后的电荷环沿磁场方向的运动（下图）

导出回旋动理学方程的具体方法如下：首先把粒子坐标系$(\boldsymbol{r},\boldsymbol{v})$变换到导心坐标系$(\boldsymbol{R},\mu,v_\parallel,\phi)$（见图2）。其中$\boldsymbol{r}$是粒子的坐标，$\boldsymbol{R}$是导向中心的坐标，$\boldsymbol{r}=\boldsymbol{R}+\boldsymbol{\rho}$。再将粒子在相空间的分布函数展开成与回旋运动无关的零级项f_1和与回旋运动相关的一级项g之和：

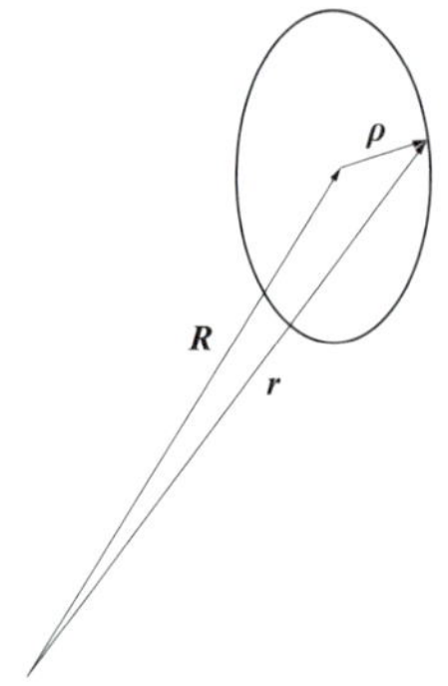

图2　粒子坐标、导心坐标和回旋半径的关系

$$f(\boldsymbol{r},\boldsymbol{v},t)=f_1(\boldsymbol{R},\mu,v_\parallel,t)+g(\boldsymbol{R},\mu,v_\parallel,\phi,t)$$

忽略碰撞效应，在静电扰动$\boldsymbol{E}=-\nabla\boldsymbol{\Phi}$的情况下，则可以从弗拉索夫方程得到$f_1$和$g$满足的回旋动理学方程：

$$\frac{\partial f_1}{\partial t}+\left(v_\parallel\boldsymbol{b}+\boldsymbol{v}_\mathrm{d}-\frac{1}{B}\frac{\partial\boldsymbol{\Phi}}{\partial R}\times\boldsymbol{b}\right)\cdot\frac{\partial f_1}{\partial R}-\boldsymbol{b}\cdot\left(\frac{q}{m}\frac{\partial\boldsymbol{\Phi}}{\partial R}+\mu\frac{\partial B}{\partial R}\right)\frac{\partial f_1}{\partial v_\parallel}=0$$

$$g=\frac{q}{mB}\frac{\partial f_1}{\partial\mu}[\boldsymbol{\Phi}(\boldsymbol{r})-\langle\boldsymbol{\Phi}\rangle]$$

式中$\boldsymbol{v}_d=\boldsymbol{b}\times[\mu\nabla B+v_\parallel^2(\boldsymbol{b}\cdot\nabla)\boldsymbol{b}]/\Omega_c$，为磁场梯度（第一项）和曲率（第二项）漂移速度之和，$\langle\cdots\rangle=\oint\mathrm{d}\phi/(2\pi)$表示对回旋运动的平均。$\boldsymbol{\Phi}(\boldsymbol{r})$和$\langle\boldsymbol{\Phi}\rangle$则表示为：

$$\boldsymbol{\Phi}(\boldsymbol{r})=\int\phi(\boldsymbol{k})\exp(\mathrm{i}\boldsymbol{k}\cdot\boldsymbol{r})\mathrm{d}\boldsymbol{k}$$

$$=\int\phi(\boldsymbol{k})\exp(\mathrm{i}\boldsymbol{k}\cdot\boldsymbol{R})\exp(\mathrm{i}\boldsymbol{k}\cdot\boldsymbol{\rho})\mathrm{d}\boldsymbol{k}$$

$$\langle\boldsymbol{\Phi}\rangle \equiv \langle\boldsymbol{\Phi}(\boldsymbol{R}+\boldsymbol{\rho})\rangle = \int \phi(\boldsymbol{k}) J_0(k_\perp v_\perp/\Omega_c)\exp(\mathrm{i}\boldsymbol{k}\cdot\boldsymbol{R})\mathrm{d}\boldsymbol{k}$$

这里出现的零级贝塞尔函数$J_0(k_\perp v_\perp/\Omega_c)$就是对回旋运动做平均而又保留了有限回旋半径效应的结果。它体现的正是回旋动理学理论的基本思想。而电场和磁场则通过麦克斯韦方程与分布函数耦合。

如果扰动为电磁性质，也可采取类似步骤处理，但形式更复杂一些。

（董家齐）

回旋加速器辐射和同步加速器辐射 cyclotron radiation and synchrotron radiation 带电粒子的运动有向心加速度时产生的电磁辐射。当带电粒子（通常是电子）垂直注入均匀的恒磁场绕磁力线做圆周运动时，即使粒子的速率恒定，它也具有向心加速度，从而产生**电磁辐射**。由非相对论性（$v \ll c$）低能电子发射的，叫回旋加速器辐射；由相对论性（$v \approx c$）高能电子发射的，叫同步加速器辐射。它们首先是在回旋加速器和同步加速器中被观察到的，因而得名。有的文献中将两者统称回旋加速器辐射。

此两种辐射的偏振状态相似，都在垂直于磁场的方向上线偏振，在沿磁场的方向上圆偏振，在斜方向上一般是椭圆偏振（见**光的偏振**）。

两种辐射的频谱和角分布的特点有很大不同。回旋加速器辐射的谱包括拉莫尔角频率Ω_0，及其谐频组成的分立谱：

$$\Omega_0 = \frac{eB}{m_0 c}$$

式中e和m_0分别是电子的电荷和静止质量，B为磁感应强度，c为光速。能量主要集中在基频，谐频成分极弱；辐射的方向性不强。相对论性电子的能量为$\gamma m_0 c^2$，其中：

$$\gamma = \left(1 - \frac{v^2}{c^2}\right)^{-\frac{1}{2}}$$

式中v是电子速度。由于相对论效应，随着电子能量的增大，电子的质量$m = m_0\gamma$增大，拉莫尔角频率$\Omega = \dfrac{eB}{mc} = \dfrac{\Omega_0}{\gamma}$的数值减小，并因电子速度上的差异而有所分散，从而使回旋加速器辐射的谱线间隔减小，线宽加大。在极端相对论性条件下，辐射谱变为连续的，这便是同步加速器辐射。与回旋加速器辐射相比，同步加速器辐射具有以下一些不同的特征。

①存在一个临界角频率：

$$\omega_c = \frac{3}{2}\Omega_0\gamma^2 = 3c\frac{\gamma^3}{R}$$

式中R为粒子轨道半径，在其附近能谱有极大值。$\omega \ll \omega_c$时，辐射功率谱正比于$\omega^{2/3}$；$\omega \gg \omega_c$时，辐射功率谱正比于$(\omega/\omega_c)^{1/2}\exp(-\omega/\omega_c)$。随着$\gamma$的增大，能谱的极大值向更高级的谐频转移。②对于给定的磁场，总辐射功率正比于γ^2；对于给定轨道半径，它正比于γ^4，即总辐射功率随粒子能量的增大而急剧增强。③辐射的方向性极强，它像探照灯似的分布在以粒子运动方向为轴的极窄角锥内，锥的半角宽度$\theta \sim 1/\gamma$（见图）。

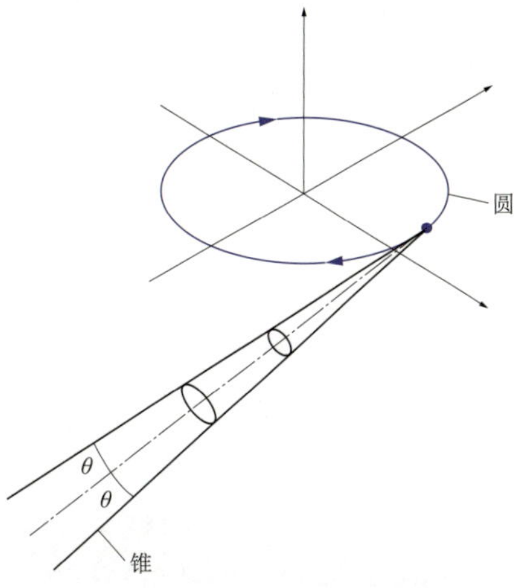

同步加速器辐射方向性示意图

电子回旋运动产生电磁辐射的最早理论研究要追溯到20世纪初，G.A.肖特于1907年计算了经典原子模型的辐射。40年代，D.D.伊万年科和I.J.坡密朗丘克以及J.S.**施温格**曾考虑了这类辐射对设计圆形粒子加速器的重要性。尔后**朱洪元**（1948）和施温格（1949）发展了有关回旋加速器辐射的理论，这些理论公式已列入标准的教科书。理论计算表明，同步加速器中带电粒子能量U因辐射而产生的损耗率为：

$$\frac{\mathrm{d}U}{\mathrm{d}t} = \frac{2q^2U^4}{3c^7m_0^4R}$$

式中q为电荷。此式表明，$\mathrm{d}U/\mathrm{d}t$随U的增加极快。此外，对于质量小的电子，这种辐射消耗特别严重（$\propto m_0^{-4}$）。这是高能圆形轨道加速器中最主要的能量损失机制。为了减少它，通常要采用很大的半径R。

同步加速器辐射为人们提供了一种高度准直并可连续调谐的强光光源。特别是在真空紫外和X射线波段，尚无可用的激光器与之匹敌。20世纪50年代同步加速器辐射已被广泛研究，60年代前期，美国国家标准局的K.科德林、R.P.马登和他们的合作者开始把180兆电子伏的同步加速器当作辐射源用于原子光谱的研究。许多国家都开展了这方面的工作，用同步加速器或储存环发出的同步加速器辐射来进行光化学、生物学、固体及其表面、材料学、光子散射、非线性光学、X射线全息、X射线显微学、X射线光刻等多方面的探索和研究。

同步加速器辐射是天体物理学中一种重要辐射机制。普遍认为，很多具有幂律谱和偏振的非热宇宙射电辐射来源于高能粒子的同步加速器辐射。这类射电源中最著名的例子是为中国《宋史》记载的蟹状星云中心1054年爆发的超新星遗迹。

（赵凯华）

回转半径 radius of gyration 表示距离的一个物理量，等于**刚体**的**转动惯量**与其质量之比的二次方根。转动惯量I_1可用整个刚体的质量m同某一特征长度ρ_1的二次方的乘积来表示，即：

$$I_1 = m\rho_1^2$$

式中ρ_1为该刚体对轴1的回转半径。它表示如果把刚体的质量集中到一点，但保持刚体对轴1的转动惯量不变，则该点到轴1的距离等于回转半径。（叶开沅　程昌钧）

彗差 coma 轴外物点用宽光束成像时产生的一种像差。又称彗形像差。彗差表现为像方的光束对主光线失去对称，使得在高斯像面上形成一个彗星状弥散斑。以单透镜为例，在透镜面上画出一系列同心圆1、2、3、4，入射到每个圆上的光线经透镜后在高斯像平面上仍落在一系列半径不同的圆周1′、2′、3′、4′上。这些圆不再是同心的，它们的中心分布在通过高斯

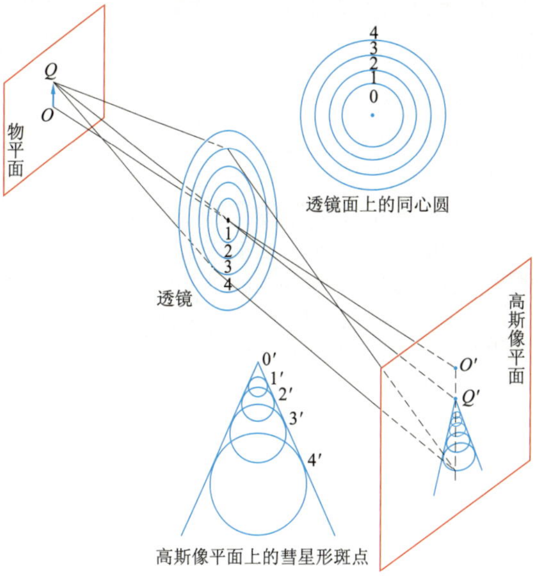

球面系统的彗差

像点Q'的同一直线上（如图所示），形成以高斯像点为尖端的彗星形光斑。

彗差和球差都由宽光束引起，故常混在一起，只有当轴上球差消除后才能观察到真正的近轴物点的彗差。与球差一样，利用配曲法可部分消除彗差，也可用组合透镜来消除，但因消球差和消彗差所要求的条件不一致，故这两种像差不易同时消除。反射式天文望远镜中常利用齐明点的特性来避免这两种像差。

彗差也存在于电子光学系统中。

（胡望雨　白本锋）

惠更斯，C.　Christiaan Huygens（1629-04-14～1695-07-08）　荷兰物理学家、天文学家、数学家。生于海牙，卒于海牙。1645～1647年在莱顿大学学习法律与数学，1647～1649年转入布雷达学院。1663年他被聘为英国皇家学会第一个外国会员，1666年刚成立的法国皇家科学院选他为院士。惠更斯体弱多病，一心致力于科学事业，终身未婚。

惠更斯曾集中精力研究数学问题，从1651年起，对于圆、二次曲线、复杂曲线、悬链线、概率问题等发表了一些论著。他还研究了浮体和求各种形状物体的重心等问题。

从1652年起惠更斯开始研究弹性物体的碰撞，证明了在这种碰撞中同一方向上的动量保持不变，首次提出这种碰撞前后的$\sum mv^2$守恒。他还通过对比船上与岸上两人手中小球的碰撞情况的例子，阐明相对性原理也适用于碰撞现象。1655年制成望远镜、显微镜，发现土卫六和土星光环。1656年开始，提出了著名的单摆周期公式，指出单摆的运动不严格等时。1659年研究展开线理论和振荡中心，研究向心力，提出向心加速度概念和向心加速度公式，有助于I.牛顿提出万有引力定律。1673年研究谐振，设计了以弹簧代替钟摆的钟。1678年建立光的波动理论，提出著名的惠更斯原理，并由此导出反射定理和折射定理，解释了光的偏振现象。晚年又从事数学研究。

之后，惠更斯从证明摆线（即旋轮线）的几何性质开始，进而研究其在机械上的应用，利用摆线理论设计出严格等时的摆钟结构（包括擒纵器的设置）。他提出了复摆的完整理论，并且导出与复摆振荡中心有关的一些物理问题。这是在力学上首次求解在已知力作用下受约束的质点系问题。他还用摆求出重力加速度的准确值，并曾建议用秒摆的长度作为自然长度标准。他研究了简谐运动及弹簧振动，并用游丝代替挂摆，设计出许多种钟表等时结构（如海上用以测量地理经度的怀表等）。在解决以上这些问题时，他提出了由若干重物组成的机械系统在重力作用下运动时系统的重心不可能超过原来高度，这是机械能守恒原理的最初表述形式之一。

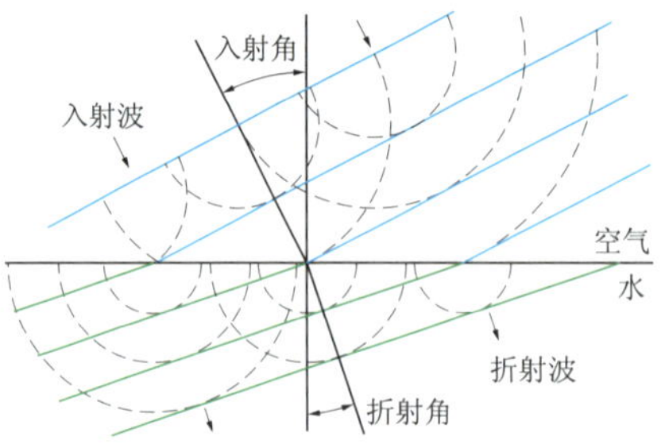

用惠更斯原理图示平面波折射

惠更斯早年在光学仪器和工艺方面也有不少成就。1650年起与其弟用新法研磨球面透镜，做出的望远镜质量优良，用它发现了土星光环和土卫六、猎户座星云等。他深入研究了几何光学理论和应用光学技术，如折射定律及折射率、眼睛及眼镜片、透镜的放大率、焦深、球差与色差及其消除，以及望远镜与显微镜的改进等。他发明的目镜效果良好，被称为惠更斯目镜，至今通用。1681～1687年，他磨制了几种几十米长焦距（最长的达63米）的物镜，悬在高杆上与目镜配成色差很小的无管“空中望远镜”，这种设备曾在天文观测中用了几乎一个世纪。

惠更斯在1679年向法国科学院的报告和1690年出版的《光论》中，提出了著名的光的波动理论，从数学上给出寻求光传播方向的普遍方法。他认为光在透明物质中的传播不可能是物质的转移而是某种物质运动的传递，由于这种传递是通过粒子碰撞进行的，因此“光线不是纯几何线，光速也不是无限的”。他在假定光以太的弹性特征并对比光和声的传播现象异同的基础上，提出他的著名原理（被称为惠更斯原理）：“光波发射时，传播光的每一物质粒子不只把运动传给前面的邻近粒子（与原始粒子和光源位于同一直线上），而且还应传给周围所有其他和自己接触并阻碍自己运动的粒子。因此，在每一粒子周围就产生以此粒子为中心的波。”这样，就引入了子波概念。利用包络面作图法，解释了光的反射、折射定律，特别是解释了冰洲石的双折射现象，区分了寻常光的球状波与非寻常光的椭圆面波。在研究两块冰洲石双折射时他发现了偏振现象，但未能解释；同时，由于他缺乏周期性概念，认为“由于这些波源受到的撞击并不具有规则的连续性，不必假定这些波之间会有等距离间隔”。由于牛顿的权威及惠更斯研究的缺陷，惠更斯的波动理论当时没有受到应有的重视。直到19世纪初波动说经T.杨和A.-J.菲涅耳等人重新阐述，才成为近代物理学中重要的组成部分。至于光以太概念在以后几个世纪的科学发展中成了重要的论题。

惠更斯的其他科学成就还有：与R.胡克一起断定在常压下冰的熔点与水的沸点都是恒定的温度，并建议定为温标固定点（1665），但直到18世纪才被采用；研究了引力问题并推证地球为扁球形（1659）；在天文望远镜上加装测微器，从而提高了观测精度（1659）；改进气压计（1661）；还第一个提出利用火药、蒸汽、风力等为动力的各种机器雏形（1673），可以说是研制内燃机等这类机械的开端。他的学生在他的影响下，后来制造出能实用的蒸汽机。

惠更斯既重实验，更重推理，善于在数学理论的基础上把自然现象归于机械原因，有力地加强了物理学在17世纪的奠基工作。

（戴念祖）

惠更斯-菲涅耳原理　Huygens-Fresnel principle　用波动理论解释光的衍射的基本原理。A.-J.菲涅耳于1818年在惠更斯原理的基础上发展而成。菲涅耳保留了首先由C.惠更斯提出的次波概念，加进了次波相干叠加的概念，建立了该原理。如图S为光源，P点为衍射场中任一点，Σ是包围S的任意封闭曲面。曲面上每个面元都可看成是发出球面次波的波源，次波间有固定的相位关系，它们在P点的相干叠加决定了该点的合振幅。设在Σ上P_1点处取面元$d\Sigma$，法线方向为$\boldsymbol{n}$，离P点的距离为r，θ为衍射角，P点的复振幅可表示为：

$$U(P)=C\iint_{\Sigma}F(\theta)\frac{U(P_1)}{r}e^{ikr}d\Sigma$$

此即菲涅耳的衍射公式。式中$U(P_1)/r$为球面波的振幅因子；kr为相位因子（波矢$k=2\pi/\lambda$）；$F(\theta)$为倾斜因子，描述次波在不同方向上有不同的振幅；C为比例系数。

惠更斯-菲涅耳原理并不是严格理论的结果，对倾斜因子也未给出具体的函数

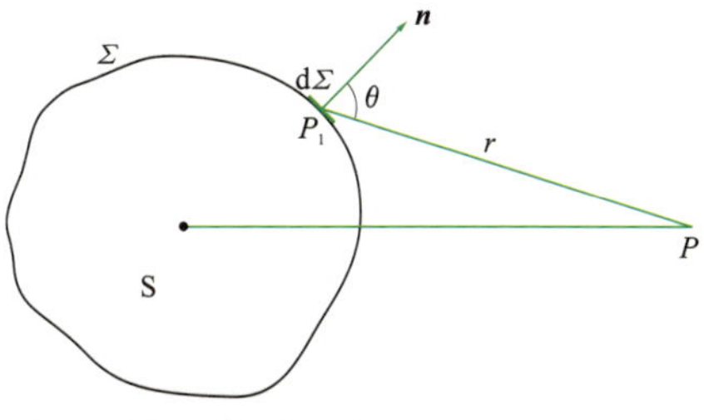

惠更斯–菲涅耳原理

形式。理论提出60多年后，G.R.基尔霍夫发展了一种严格的理论，用波动理论导出了与菲涅耳的公式十分接近的衍射公式，并给出了倾斜因子的函数形式。基尔霍夫的理论为惠更斯–菲涅耳提供了更严格的理论诠释。

惠更斯–菲涅耳原理在解释光的衍射时取得了极大成功，具有简单几何形状的孔或屏所产生的衍射分布均可利用该原理进行计算。

圆孔的**夫琅禾费衍射**分布是一组明暗交替的同心圆环。望远镜的物镜均有圆形边框，都要产生圆孔衍射，使所成的像由一系列爱里斑组成，这导致仪器分辨率的下降。

菲涅耳和基尔霍夫的衍射理论不仅成功地解释了光的衍射现象，而且以此为基础后来衍生出傅里叶光学这一新分支，在空间滤波、图像处理、全息术、像差分析和像质评估等方面有广泛应用。

（胡望雨）

惠勒延迟选择实验 Wheeler's delayed choice experiment 物理学家J.A.惠勒为了检验隐变量理论和量子力学的正确对错而提出的一个思想实验，是量子双缝实验的一个推广。1979年，在普林斯顿大学纪念A.爱因斯坦诞辰100周年讨论会上，惠勒正式提出了“延迟选择实验”的构想。设实验是按如下方式进行的：光子从光源发出，通过一个半透半反的分束镜BS1，其中透过BS1的光子被镜A反射经C到达探测器D1，而被BS1反射的光子将由镜B反射经C到达探测器D2。哪个探测器接收到光子就可以确定光子究竟是沿着哪一条路径飞来的。如果在两个探测器前再插入一个分束镜BS2，可以使光子自我干涉，证明单一光子走了两条路。平移BS2可适

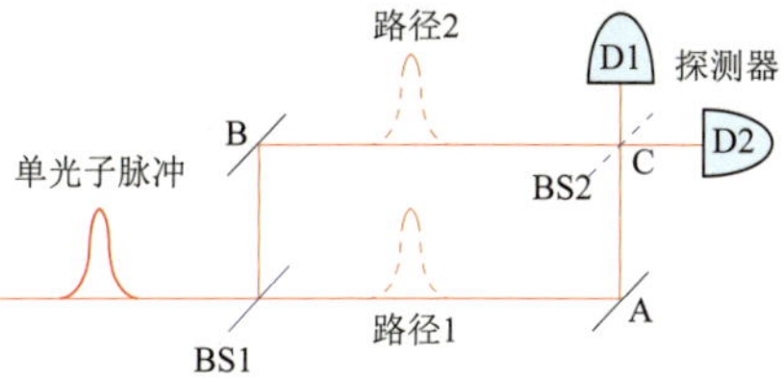

惠勒延迟选择实验示意图

当调整光程差，使两路径来的光子到达某一探测器时相消干涉，探测器没有信号，而另一探测器则必定会接收到信号。惠勒构想在光子已经通过A或B后再来随机的决定是否放置第二块分束镜BS2（此即实验名称“延迟选择”的由来）。如不放置BS2，则根据前一种情况，会在探测器处显示无干涉，可以从探测结果看出光子走了哪条路；如放置BS2，则光子通过两条路径会发生干涉。一般说来，我们会认为光子通过了第一个分束器BS1已经选择了怎么走，既然光子快到达终点时我们才决定放入第二个分束器BS2，按前面的结果光子应该已经选择了只沿某一条路径而来，应该不会发生干涉现象，而实际结果是干涉条纹依然出现。也就是说，观察者现在的行为可以决定过去发生的事，而这一结论是与传统实在论观念相违背的。延迟选择实验突显了量子理论与经典物理在实在问题上的深刻分歧。

（何琼毅）

混磁性 mictomagnetism 在多种交换作用的共同作用下，含有铁磁性原子团簇的材料所特有的一种磁结构类型。对于内部同时存在**铁磁性**和**反铁磁性**以及其他交换作用的材料，其宏观磁特性将不仅取决于具体的化学成分、结构和各种交换作用的空间分布等本征参数，还与材料的变温与磁化历史有关。如果各种交换作用在空间的分布具有某种规律性或者对称性（长程有序），则材料中的磁矩通常将呈现某一螺旋型的空间排列（见**螺旋磁结构**）。如果各种交换作用在空间上是完全的混乱分布（长程无序），当材料中存在铁磁性原子团簇时，所呈现的磁特性称为**混磁性**；不存在铁磁性原子团簇时，所呈现的磁特性称为（类）自旋玻璃。已发现的典型混磁性材料包括Cu-Mn、Fe-Al和Ni-Mn合金。混磁性材料的低场交流磁化率在某一温度T_f会出现类似于自旋玻璃和超顺磁性的尖峰；在零磁场冷却时，材料的剩磁和矫顽力都很低；在磁场中冷却时，仅有与磁场方向相对应的单一方向的剩磁，同时磁滞回线会出现类似于交换偏置的与外磁场方向相反的零点偏移。

（赵同云）

混沌 chaos 确定性动力学系统因对初值敏感而表现出的不可预测的、类似随机性的运动。又称浑沌。混沌一词在汉语中早已有之。其含义有二：一为古人想象中的世界生成以前的景象；二为糊涂，不明事理。英语词chaos源于希腊语，原始含义与汉语混沌的第一个含义相同，亦指宇宙初开之前的景象。但日常用法中英语chaos的基本含义主要指混乱、无序的状态。作为科学术语，混沌一词特指一种运动形态。

动力学系统的确定性是一个数学概念，指系统在任一时刻的状态被初始状态所决定。虽然根据运动的初始状态数据和运动规律能推算出任一未来时刻的运动状态，但由于初始数据的测定不可能完全精确，预测的结果必然出现误差，甚至不可预测。运动的可预测性是一个物理概念。一个运动即使是确定性的，也仍可为不可预测的，二者并不矛盾。牛顿力学的成功，特别是它在预言海王星上的成功，在一定程度上产生误解，把确定性和可预测性等同起来，以为确定性运动一定是可预测的。20世纪70年代后的研究表明，大量非线性系统中尽管系统是确定性的，却普遍存在着对运动状态初始值极为敏感、貌似随机的不可预测的运动状态——混沌运动。

保守系统的混沌 力学系统可按照其能量是否守恒区分为保守系统和耗散系统；又可按照系统可否用已知数学方式表达其运动形式区分为可积系统与不可积系统两类。在一切可能的力学系统中，不可积系统无处不在，可积系统十分罕见。传统的力学教科书只讲授可积系统，没有描述出牛顿力学的真面目。不可积的力学系统的典型运动图像究竟如何，成为一个数学难题。19世纪末H.**庞加莱**在讨论太阳系稳定性时，首次发现三体问题不可积和三体运动轨道的复杂性。直到20世纪60年代初三位数学家A.N.科尔莫戈罗夫、V.I.阿诺尔德和J.K.莫塞证明了**KAM定理**后，才从一定意义上正面回答了部分问题。

KAM定理说的是，如果一个系统偏离可积系统足够小，总体运动图像和可积系统差不多。但KAM定理没有回答大偏离下系统的运动如何。这时系统仍然遵从确定论的牛顿力学方程，亦即只要系统精确地从某一初始点出发，其运动的轨道是完全确定的。但如果初始条件发生不论多么微小的变化，系统某些运动轨道会出现无法预料的改变。这种发生在确定性系统中的运动轨道对初始值极为敏感的貌似无序和混乱的运动，即混沌运动。一个典型的不可积的力学系统通常兼有规则运动和随机运动的两种不同区域。随着偏离可积性，随机区域逐渐扩大，终至取代规则区。因此，从可预测性的观点看，决定性的牛顿力学实际上具有内秉的随机性。

耗散系统的混沌 混沌运动的直观形象，在随能量不断耗散而自由度降低的耗

散系统中看得更清楚。1963年美国气象学家E.N.洛伦茨在研究对天气至关紧要的热对流问题时，把包含无穷多自由度的热对流偏微分方程简化为三个变量的一阶非线性常微分方程组：

$$\frac{\mathrm{d}x}{\mathrm{d}t}=-\sigma x+\sigma y$$

$$\frac{\mathrm{d}y}{\mathrm{d}t}=rx-y-xz$$

$$\frac{\mathrm{d}z}{\mathrm{d}t}=bz+xy$$

式中x为大气对流强度；y为上升流与下降流温差；z为垂直温度剖面变化；σ为普朗特数；r为瑞利数；b为量度水平温度结构与垂直温度结构衰减率之差异。洛伦茨选定$\sigma=10$、$r=28$、$b=8/3$，然后数值求解方程组。结果发现，这极度简化了的系统，出现了极为复杂的运动形式。起始值的细微变化，足以使轨道全然改观。把数值计算结果在由x、y、z支撑的三维相空间中画出来，轨道如图1所示。这是一条在三维空间似乎无序地左右回旋的连续光滑曲线，它并不自我相交，呈现复杂的结构纹样。无论初始值选取在哪里，系统轨道有同一归宿，形成所谓奇怪吸引子。在奇怪吸引子上，如果选取任意接近的两个点为初始值，其运动轨迹以指数方式迅速分离，表现出对初值的极端敏感。具体的是，轨道左右跳动的顺序和次数完全不同。计算表明，初始位置几乎会聚在一起的10 000个点，稍后便会在图1所示的吸引子上到处分布，说明这样的系统中，由于初值的细微不同，运动是不可预测的。

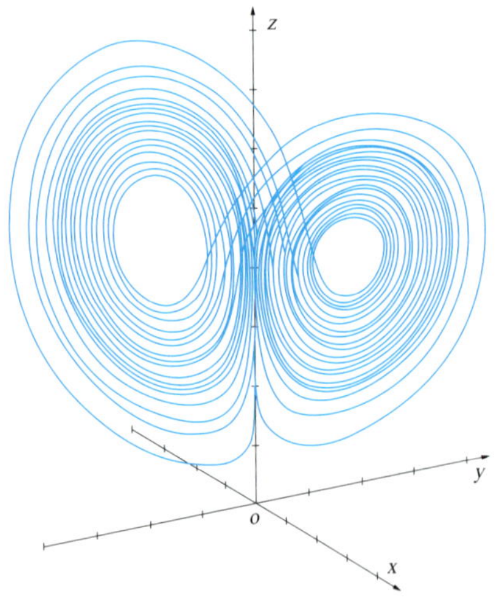

图1 洛伦茨吸引子

确定性耗散系统运动最终局限在低维吸引子上的现象十分常见。如阻尼摆因受到阻力而停摆，其吸引子称为不动点；适当输入能量抵消耗散，钟摆仍可保持某种周期摆动，此时吸引子为极限环。这类吸引子不存在初值敏感性，故称为平庸吸引子。

洛伦茨吸引子是耗散系统中发现的第一个奇怪吸引子，此后相继在许多非线性系统中找到形形色色的奇怪吸引子，诸如天体运动模型中的埃农吸引子，描述非线性振动的范德波尔方程的上田吸引子，描述化学振荡的布鲁塞尔吸引子等。奇怪吸引子具有一些独特的性质：①在它上面运动轨道对初值极度敏感，不可预测；②它具有分形结构，局部与整体相似。计算表明，洛伦茨吸引子的分维数为2.06。奇怪吸引子还具有各态历经性，即在相空间中曲折来回穿插的运动轨道经过吸引子上的每一点。

模型的复杂行为 简单原因可导致复杂后果。许多看来杂乱无章、随机起伏的时间变化或空间图案，可能来自重复运用某种简单而确定的非线性基本作用的结果。一个典型例子是极为简单的一维迭代虫口模型。

假定成虫繁殖后全部死亡，然后孵化出下一代，世代之间没有交叠。如果下一代虫口数简单正比于前一代虫口数，只要平均产卵数大于1，经过几代繁殖就会虫满为患。这就是马尔萨斯虫口论：虫口按几何级数增长。然而，随着虫口增长，群虫争夺有限食物和配偶，加之传染病因虫间接触而蔓延，虫口又会减少。产卵数正比于虫口数，虫间争斗和接触正比于虫口数二次方。可用$x_{n+1}=\lambda x_n(1-x_n)$的迭代过程描述虫口变化，其中$x_n$代表第$n$代虫口，$\lambda$是一个表示虫口增长率的参数，取值范围为$0\leqslant\lambda\leqslant4$。对应一个$\lambda$值，任取初值$x_0$，根据前述迭代关系，反复迭代算出$x_1$，$x_2$，…不看最初的有限个$x$值，在$\lambda$从0至4的范围内画出如图2所示的$\lambda-x(\lambda)$图形，称为分岔图。它显示出了简单迭代模型的复杂行为。在$0\leqslant\lambda\leqslant1$时，虫口数最终为0，表明在此范围内虫种灭绝。在$1\leqslant\lambda\leqslant3$时，虫口数随$\lambda$单值上升，$x(\lambda)=1-1/\lambda$，迭代值为不动点。从$\lambda>3$开始，出现两种不同类型的虫口变化方式：先是$x(\lambda)$在2个点之间跳跃，然后在4, 8, 16, …, 2n个点间作周期性跳跃，表现出倍周期分岔规律，这个λ区是对初值不敏感的周期变化区；当$\lambda\geqslant\lambda_\infty$…时存在确定的$\lambda$区内，稍微改变初值则其上的$x(\lambda)$所经历的具体数值就完全不同，这正是对初值敏感的混沌区，如果提高精度在此区可看到小的对初值不敏感的周期变化区。这种在混沌区内镶嵌的周期区称为周期窗口，其分叉图存在自相似结构（图3）。不难看出，即使如$x_n+1=\lambda x_n(1-x_n)$这样简单的迭代，由于包含非线性作用，也会表现出从分岔到混沌的变化过程和周期运动与混沌运动互相交织、乱而有章的复杂图景。

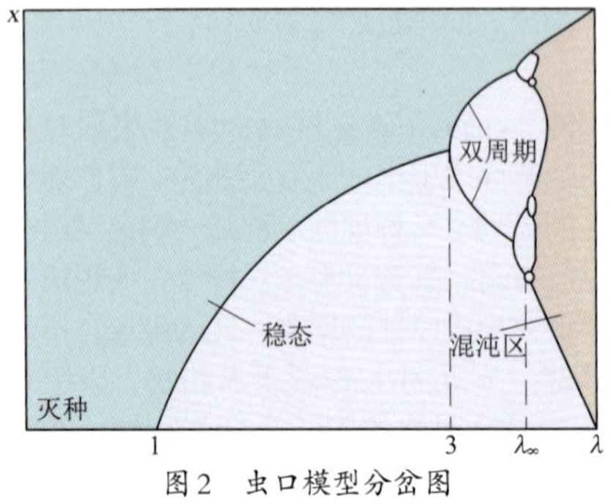

图2 虫口模型分岔图

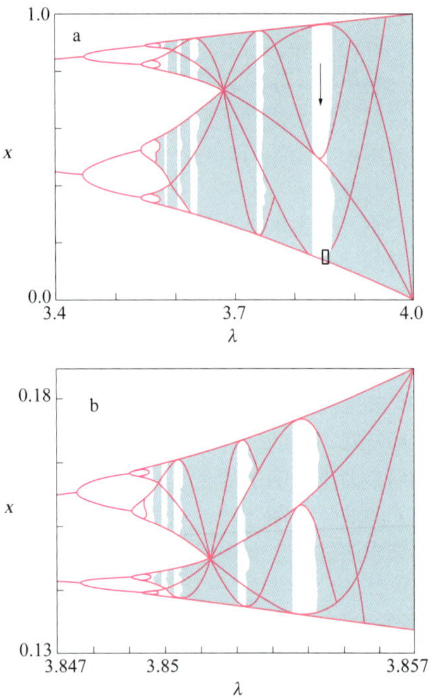

图3 虫口模型分岔图的自相似结构

通向混沌的道路 对各种非线性数学模型的理论研究和对具体非线性系统的实验研究，揭示了系统随控制参数变化由规则运动通向混沌运动的多种典型途径，其中具有代表性的有：①倍周期分岔道路。系统中相继出现2, 4, 8, …倍周期，最终进入混沌状态。极限点附近，这一系列分岔在参数空间和相空间都表现出尺度变换下的不变性，即自相似性。使用重正化群计算可得到这些分岔过程的一套普适常数，它们与实验事实相符。②准周期道路。随着控制参数的变化，系统陆续出现不动点、极限环、准周期二维环面，随即而进入混沌状态。这是1975年D.吕埃勒和F.塔肯斯提出的一种混沌发生机制。该发生机制可用圆映射说明，这里也发现了一些标度律和普适常数。③阵发混沌道路。这种道路表现为周期运动和混沌运动交替出现。随着控制参数接近转变点，在规则运动中不时迸发的随机运动片段变得越发频繁，最后进入完全的混沌状态。分析表明，混沌状态发生机制可用离散映射的切分岔过程解释。

混沌研究的发展方向　混沌运动、奇怪吸引子、通向混沌道路等概念的提出，开阔了理论和实验工作者的思路。从20世纪80年代开始，在等离子体放电系统、非线性电路、声学和声光耦合系统、激光器和光双稳态装置、化学振荡反应、动物心肌细胞的强迫振动、野生动物种群的数目消长、人类脑电波信号乃至社会经济活动等领域内到处发现混沌，显示出混沌运动是许多非线性系统的典型行为。作为非线性科学主要研究领域，混沌研究的主要方向集中在如下几个方面：①时空混沌；②量子混沌；③混沌运动的进一步分类；④混沌吸引子的精细刻画；⑤混沌的同步和控制等。

混沌研究的意义　混沌研究的实际意义是多方面的。①混沌运动的发现，使人们看到普遍存在于自然界而长期视而不见的一种运动形式，从而理解过去难以理解的许多现象。如1977年后曾发现，放在微波谐振腔中的超导隧道结随着增益的提高出现反常噪声，在4开低温下进行的实验中噪声的等效温度高达5×10^4开以上，这是用当时已知的任何机制都无法解释的。后来明白这是系统进入了混沌区，噪声来自动力学本身。高能粒子加速器中的束流损失、磁约束核聚变装置中等离子体的泄漏、核电站循环水系统可能发生的有害回流等，都与混沌现象有联系。②混沌运动的发现提供了一种考虑问题的新角度。如长期天气预报问题、洛伦茨吸引子的发现、大气动力学方程组解对初值的敏感性，动摇了原来以为只要提高计算精度即可解决长期天气预报的想法。而混沌吸引子的遍历性质，恰好可保证许多长时间平均量的稳定性和对初始条件的无关性。因为长期天气预报所关心的是相当长时期以后雨量、温度的平均值，混沌反而增加了长期天气预报的可靠性。另外，地磁场近百万年来的多次随机转向、影响全球天气变化的厄尔尼诺现象，都可从混沌运动角度加以研究。③混沌运动的研究对用物理学、数学等精确科学方法研究复杂的生命现象有重要启发作用。如各种生物节律，既非完全周期，又非纯粹随机。它既有受自然界周期过程如季节、昼夜等影响的一面，又保持着其自身内秉特性。采用耦合非线性振子等数学模型模拟配合生理实验，可揭示各种心律不齐、房室传导阻碍、心室纤维颤动与混沌运动的可能联系。考察人类的脑电波，发现癫痫患者发病时的脑电波呈明显的周期性，而正常人的脑电波更接近随机信号。采用维数测量发现这些信号并不真正随机，而是来自维数不很高的吸引子上的动力学行为。④混沌研究改变了人类的自然观。对于统一的自然界，历来有确定论和概率论两套对立的描述体系。牛顿力学建立以来的科学传统推崇确定论体系，而把概率论描述当作不得已而为之的补充。混沌运动对确定性系统本身就存在着内秉随机性的揭示，无疑会使人们从这种人为对立的描述系统中解脱出来，深化对必然和偶然的认识，更全面地认识自然界的统一性。

（刘寄星）

混沌放电　chaotic spiking　通过对电信号记录或对神经元数学模型做数值仿真，发现一定条件下神经元放电会出现的混沌行为。神经生物学家和计算神经科学家对神经元进行电信号记录或对神经元数学模型进行数值仿真与理论探讨，发现了神经元放电行为具有丰富的周期、拟周期、周期阵发、混沌、整数倍等放电模式，且各种放电节律可以依赖刺激参数发生相互转换。神经动力学家也从动力学角度揭示了神经元放电模式不同的分岔序列结构，及其根本的非线性动力学本质。20世纪80年代以后，非线性动力学与神经科学密切结合，在探讨复杂多样的放电节律和模式转换规律中取得了重大突破。在理论和实验研究中，当用周期性信号刺激神经元时，在特定频率，神经元的放电峰峰间期（ISI）会随着信号振幅增加，从周期峰放电过渡到混沌峰放电节律。神经元放电频率会从1∶1锁频放电，过渡到1∶n（n=4, 8, 16, …）等倍周期放电模式，最终当n趋向于无穷大，神经元放电周期会导致一个终态。终态的放电周期会取无穷多种值，对初值极为敏感，成为不可预测，使得神经元的放电峰间期出现混沌现象。图a展示了霍奇金-赫胥黎模型（见**离子通道随机动力学**）数值仿真模拟的在周期性信号刺激情况产生动作电位的1∶1锁频放电（上图，f=20赫兹）和混沌放电（下图，f=133赫兹）；图b是**霍奇金-赫胥黎神经元模型**对应固定振幅的周期信号输入时膜电位V随周期信号频率变化的动力学分岔图（上图）和放电率随频率分岔图（下图），可以看到对特定的参数区间，存在混沌区。在此前终态都是周期的、可预测的。不同倍周期放电的转换叫倍周期分叉，又称倍周期分岔、周期倍化分叉、叉形分岔，是混沌理论中一个非常重要的概念。非线性神经动力学家揭示了神经元产生复杂多样放电模式的原因，即神经元中存在一个产生动作电位峰的快子系统（类似神经元理论模型方程中的快钠和慢钾离子通道）和一个对动作电位峰峰间期ISI起调节作用的慢子系统（如细胞内钙离子振荡和钙依赖性钾离子通道），快、慢子系统相互作用就产生了复杂多样的放电序列模式。

（王大辉）

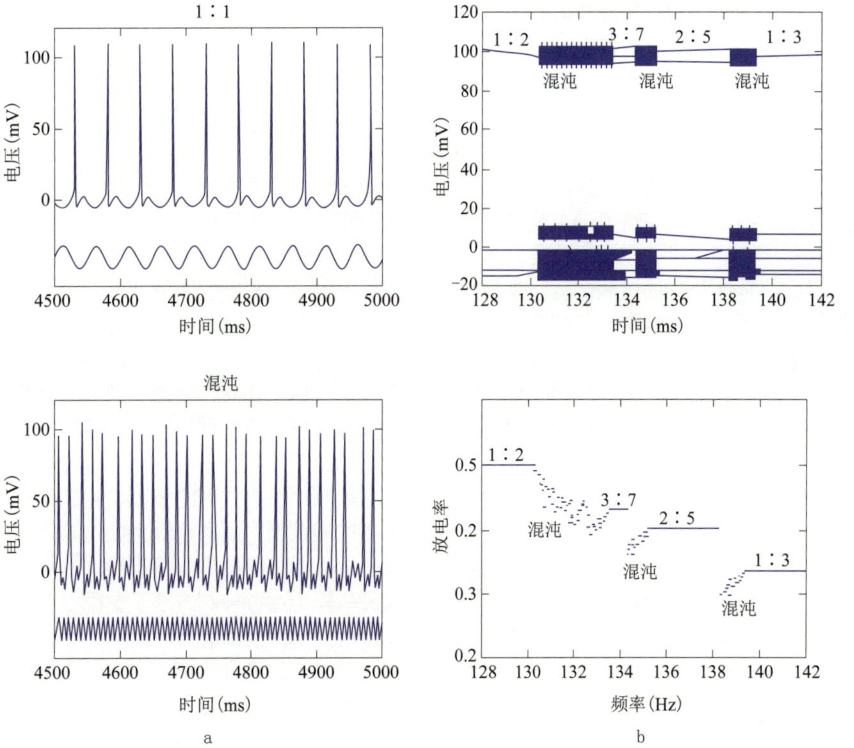

混沌放电模拟

混沌控制与同步 control and synchronization of chaos 混沌运动研究的一个主要课题，是实现几乎所有混沌应用的前提。

混沌的控制 混沌运动与初值敏感性、长期轨道运动的不可预测性及“失之毫厘，差之千里”的运动不稳定性联系在一起。人们直观地认为混沌运动难以控制，如要控制就必须做大的动作，或修改系统参数使系统走出混沌区，或用大的外加控制力强力抑制混沌。但1990年E.奥特、C.格瑞博基和J.A.约克发现混沌可以以微调的方法加以控制，并在实现控制后这些微调值实际几乎为零，它保证混沌系统在不改变系统其他参数条件下作非混沌（不动点、周期等）运动。这种控制称为OGY控制。OGY控制有两个出发点：一是混沌吸引子中包含大量的非混沌运动状态和轨道，它们在原混沌系统中存在，只是不稳定；二是混沌运动在混沌吸引子上遍历，系统会由自身运动无限接近混沌吸引子内部存在的任何不稳定轨道。而OGY控制方法的核心是：①借力打力，将系统内已存在的某个不稳定轨道作为控制目标；②守株待兔，在目标轨道附近设置控制窗口，待混沌轨道进入窗口时启动控制；③利用负反馈控制不稳定流形。这些保证了控制信号的微调性质，以及实现控制后负反馈信号归零，保证系统在不改变原混沌参数的条件下运动在系统固有的不稳定目标轨道上。其具体操作是：利用混沌轨道的实验数据找到目标轨道与其设定某相平面的相交不动点；确定不动点附近的各种不稳定方向及不稳定本征值；测定实际轨道在不动点附近小窗口中在各不稳定方向上的偏离值；确定在微调系统参数时系统不动点的位置移动规律。由这些数据可算出消除轨道在不稳定方向上偏离所需的参数微调值；在启动控制并实现控制目标后控制信息归零。以上混沌控制的计算和操作过程并不需了解混沌系统的动力学结构，而只依赖于对实验可测数据的分析，方便可行。

OGY控制有很多优点，但也存在一些问题，例如控制窗口的选择。窗口太大控制信号也就增强，特别是非线性因素会使控制对数据质量要求和控制计算复杂性大大增加。而窗口太小则等待时间会很长，控制效率降低。在OGY控制之后一系列的混沌控制方法陆续提出，各自适用于不同的实际混沌环境。分别介绍如下。

①OGY方法的一种直接推广是用持续的负反馈，将轨道导向控制目标。这种做法的优点是以选定的规则态为目标，不受窗口约束，控制后也能保持原系统的动力学，实现控制信号归零的OGY目标。但缺点是控制过程中注入信号会很大，并要求对混沌系统的及时全程观测和对目标轨道的全程掌握，在有些混沌系统中这种要求很难做到。

②为克服包括OGY在内的各种反馈方法的困难，人们发展了许多非反馈控制的手段。其核心是用外加信号影响原混沌系统，把系统驱动到某一非混沌状态上，周期驱动是这类控制的典型做法。控制的核心是利用小周期驱动与混沌吸引子中存在的原来不稳定的周期轨道共振而将其稳定从而抑制混沌。这种控制方法不依赖窗口设计和大量精细的数据采集，只依赖对混沌吸引子中不稳定轨道的大概了解，实现控制后对原系统也没有重大改变。但其缺点是实现控制后必须保持非零控制信号来维系控制结果，对控制目标不能随意选择，控制信号会不同程度的改变原系统。

③非线性系统常常有包括混沌吸引子和非混沌规则运动在内的多吸引子共存的结构。对这类系统人们发展了一种迁移控制的方法。用短暂的驱动信号将系统状态从混沌吸引子上迁移到某目标规则运动吸引子的吸引域内，然后让其自发地演化到规则吸引子上去而控制混沌。这种方法在实现控制后控制信号也可归零，并不改变原系统的结构，既保持了非反馈控制的优点，又避免了其窗口要求和数据精确测量要求的困难。但这种控制要求系统本身存在所需要的多吸引子结构，并通过对结构的掌握设计瞬态过程的驱动信号，这也并不是总能做到，而且目标态的选定也很不灵活。值得指出的是心脏系统通过电击去室颤就属于这种控制方法。室颤是典型的心脏动力学的强混沌态，而心脏系统还存在与之共存的规则节律跳动的状态。对处于室颤的心脏电击使其停止包括室颤在内的各种心跳行为，而使心脏系统“还原”到规则节律运动的吸引域内。当窦房结驱动恢复心肌跳动时心脏动力学自发回到正常的规则跳动吸引子，从而恢复健康的心脏运动。

此外还有大量的混沌控制方法，每种方法都有其优缺点，各自适合不同的系统环境，混沌控制的研究就是要从中寻找适合实际条件的优化控制手段。

混沌控制研究初期绝大多数方法都针对低维混沌系统，如OGY控制对每一个不稳定流形采用一种控制信号。对高维混沌相空间有大量不稳定方向，这种控制就很不现实。特别是时空混沌实际上普遍存在，对它们控制的意义极为重大，对它们控制既不能实现对大量不稳定方向逐个控制的算法，也无法等待系统运行到任何指定的控制窗口，OGY控制就完全不实际。从上述反馈和非反馈控制发展而来的时空混沌控制有若干类：一类是以已知的规则时空态为目标在空间不同部位加入反馈信号，在各个局部控制混沌运动到目标态，称为钉扎，并通过空间耦合将控制效果传播到整个空间，达到全局控制时空混沌；另一类是进行局部注入非反馈的信号如周期信号，在时空系统中形成规则波运动，并在控制波传播中利用波的竞争机制抑制混沌波和湍流以达到控制时空混沌。在所有这些反馈和非反馈的局域控制方法中，控制信号在空间的扩散和传播是个关键。对具有极高维的时空混沌系统，常常可以用比不稳定维数少得多的局域控制信号控制时空混沌。特别在强非对称空间耦合的时空系统中，这种利用局域信号控制全局时空混沌可以达到极高效率，甚至可以用单一控制信号控制具有大量正**李雅普诺夫指数**的高维时空混沌。除上述局域控制方法外，还有各种全局时空场的模式控制方法等。

混沌的同步 自**C.惠更斯**于17世纪实现两钟摆的同步振荡后，同步化问题一直在物理、化学、生物等各个领域受到普遍重视，先前的同步研究都以周期运动为对象。由于运动的非周期性和轨道分离的敏感性，初期人们普遍不认为混沌运动有同步化的问题，直到1990年，即OGY提出混沌控制的同一年，L.M.佩科拉等人开始了混沌同步的研究。尽管混沌同步和混沌控制开始是不同研究团队针对混沌运动似乎完全不同的研究方向，但人们很快发现佩考拉的混沌同步就是一种特殊的混沌控制，是用一种混沌信号对似乎混沌系统的控制。例如给定一个$n+m$维混沌驱动系统：$\dot{x}=f(x,y),\dot{y}=\phi(x,y),x=(x_1,x_2,\cdots,x_n),y=(y_1,y_2,\cdots,y_m)$，用其驱动信号$y$去控制另一具有相同结构的响应系统：$\dot{u}=f(u,y),\dot{v}=\phi(u,v)$，特解$u(t)=x(t)$，$v(t)=y(t)$显然是响应系统的解。由于$(x,y)$为混沌解，此$(u,v)$解称为同步于$(x,y)$的同步混沌解。如果在响应系统中以同步混沌解为参考态的所有李雅普诺夫指数均为负，则同步混沌解稳定，这时响应系统是一个具有同步混沌轨道解的非混沌系统。它的非混沌性是因为该系统不具有任何初值敏感性，任何对目标混沌轨道的偏离都会在运动中收缩而最终回到原目标轨道，混沌同步是因为响应系统对混沌驱动信号的锁定。

以后人们发现并提出了各种混沌同

步的模式。首先是耦合混沌系统之间的同步。对于两个全同的混沌系统$\dot{x}=f(x)$，$\dot{y}=f(y)$，存在同时满足这两个方程的同步混沌解，但它们不稳定，即较小的$\Delta=|x-y|$的偏离就会引起差值的指数发散的增大。在适当的耦合下$\dot{x}=f(x)+\phi(x-y)$，$\dot{y}=f(y)-\phi(y-x)$ $[\phi(0)=0]$，$x=y$的同步混沌解仍然是耦合方程的解。而这时如果耦合方程中同步混沌解的参考态在$x=y$相平面的横截方向李雅普诺夫指数为负，所有$\Delta=|x-y|$的偏离都会在演化中收缩，而回到同步混沌态上，使混沌同步解稳定。这样的耦合系统是混沌的并且同步的，是相同混沌系统之间的互同步。上述同步中混沌轨道完全相等$x(t)=y(t)$，称为精确同步。而不同混沌轨道之间也可以实现同步，称为广义同步。用一个混沌系统$\dot{x}=f(x)$的输出x去驱动原本混沌的响应系统$\dot{y}=g(y,x)$，如果响应系统在x驱动条件下所有李雅普诺夫指数为负，y和x之间会产生一个锁定值$y=\phi(x)$，即y成为x的连续函数。在广义同步中，响应和驱动系统不相同，甚至具有不同的维数，而在函数关系$y=\phi(x)$中y也可具有比x更高的信息维数（在函数ϕ不可微的时候）。混沌同步的研究内容极为丰富，如振荡型的不同混沌轨道之间可能实现振幅互不相同而平均频率之间的锁定的相同步；也可能在某确定时间差上达到接近同步的滞后同步；特别是在21世纪以来，平行于时空混沌控制的研究，时空混沌同步的研究也受到重视，其中不同空间格点的混沌轨道组成不同同步团簇的现象备受关注，称为部分混沌同步，该现象的发现引发时空混沌系统自组织斑图和演化动力学的研究热点；近年复杂网络上的混沌同步，包括其部分混沌同步，爆炸混沌同步等课题形成混沌同步研究的新潮流。

混沌控制和同步的应用　混沌控制与同步的研究不仅是非线性动力学的理论问题，任何对混沌运动的实际应用都离不开对它的控制和同步。就混沌控制而言：混沌运动和高维的时空混沌或湍流运动由于其初值敏感的不稳定性，常常是有害的运动形式，人们需要寻找各种有效手段抑制混沌；但有时混沌则是有利的运动形态，如当需要加速扩散、混合和均匀化时混沌态常常优于规则态，这就需要利用控制产生所需的混沌运动；另外，混沌态内容丰富，包含大量可供选择的规则态，即使在抑制混沌时人们也可有目的地灵活挑选混沌态中内含的有利的目标态，并在任务改变时根据需要在混沌吸引子中不同的规则态之间迁移，大大扩大对系统的应用效率与范围。混沌控制的应用在自然科学和社会科学的各交叉学科中受到广泛重视，特别是在心脏动力学及相关疾病的处理方面有较多期盼。许多心脏疾病来自功能性的问题，例如房颤、室颤等经常是典型的心肌组织系统的时空混沌的动力学问题。前面所说的大电击去室颤的方法正是一类迁移混沌控制方法。但大电击副作用较大，引起很多痛苦和不可避免的心肌损伤。人们发展用小电压信号做连续周期驱动的方法，力求利用驱动产生的规则激发波控制心肌组织以防止心肌组织进入颤动状态；消除颤动状态于开始阶段；以及控制已发展的心肌湍流波时空混沌等，这都是混沌控制进入实际应用的努力。

混沌同步的最广泛和最受期待的应用是混沌通信。混沌运动的初值敏感性使人们期待混沌数据可能用于加密信息，不同混沌系统之间同步的研究又使人们可以利用混沌信号进行可靠的通信交流，自1990年佩科拉的混沌同步工作后混沌通信研究几十年来受到广泛重视。从传统保密通信的角度审视，混沌保密通信还存在一系列问题。首先是保密性问题：由于混沌轨道数据包含系统的信息，可利用通信数据重构原系统结构，从而破解混沌信号所携带的加密内容；另有混沌轨道计算机实现的周期性问题：由于计算机精度有限任何由计算机实现的混沌轨道都是周期，这又给破译其加密内容提供另一种可能；再有混沌加密数据的计算代价问题：由于混沌轨道短期可预测而长期不可预测，人们需要从大量混沌轨道数据中采用少量密钥数据，这带来了混沌加密运算的低效率和高计算代价。但在混沌通信研究中这些困难在被逐一克服。如可利用各种低位取模操作放大混沌信号的实际李雅普诺夫指数，极大提高保密程度；利用各种时空混沌大大加长混沌轨道计算机实现的周期；利用时空混沌的多通道并行加密显著提高加密操作效率等。利用混沌信号进行各种保密通信和图像加密的应用研究在迅速发展，混沌加密的各种性能也得到很快提高。由于混沌系统的极大丰富性和多样性，混沌加密和通信正在成为经典保密通信和加密手段的一个重要补充资源。（胡　岗）

混合态　mixed state　不能简单用一个波函数来描述的量子态，与之对应的是纯态。混合态是非完备测量的产物。处于混合态下的体系，只知道它处于某纯态$|\Psi_k\rangle$的概率为p_k：

$$\sum_k p_k = 1 \quad (0 \leqslant p_k \leqslant 1)$$

对于混合态，需要用相应的密度算符来描述：

$$\hat{\rho} = \sum_k p_k |\Psi_k\rangle\langle\Psi_k| = \sum_k p_k \hat{\rho}_k$$

式中$\hat{\rho}=|\Psi_k\rangle\langle\Psi_k|$为处于纯态$|\Psi_k\rangle$情况下的密度算符。利用$p_k^2 \leqslant p_k$可以证明$\mathrm{Tr}\hat{\rho}^2 \leqslant \mathrm{Tr}\hat{\rho}$。对于纯态，所有$p_k$中只有一个为1，其余都为0，因此$\mathrm{Tr}\hat{\rho}^2=\mathrm{Tr}\hat{\rho}$。而对于混合态，不为0的$p_k$不止一个，则$\mathrm{Tr}\hat{\rho}^2<\mathrm{Tr}\hat{\rho}$。

$\mathrm{Tr}\hat{\rho}^2=\mathrm{Tr}\hat{\rho}$是否成立是区分纯态和混合态的判据。应特别指出，在混合态下，不同$|\Psi_k\rangle$态之间的相位关联已经消失，这与叠加态概念有本质上的差别。（曾谨言）

混合位错　mixed dislocation　兼有刃型位错和螺型位错特征的晶体位错。位错线与晶体滑移方向既不平行也不垂直，而是成一定角度，称为混合位错。其位错线斜交于伯格斯矢量。（李建奇）

混合型晶体　mixed crystal　内部同时存在若干种不同的作用力，具有若干种结构和性质的晶体。又称过渡型晶体。见混晶。

混晶　mixed crystal　点阵位置由两种不同的化合物的不同的离子或分子随机地占据的一种晶体。常见的、应用广泛的半导体混晶是由两种或多种元素相互溶解而形成的均匀晶相。当相互替代的组元具有相同的晶胞形状，原子半径相差不超过15%，电负性和电子结构相近时，容易形成混晶。

1939年，H. 施特尔等人就制备了锗-硅固溶体，并发现其晶格常数随成分的改变而变。1954年C.-C. 王等人提到，不仅锗-硅固溶体的晶格常数，而且其禁带宽度E_g也随成分而变化。1955年O.G. 福尔布斯发现砷化铟-磷化铟系和砷化镓-磷化镓系也形成连续固溶体。这些工作开拓了半导体材料的新领域。

结构　大多数固溶体半导体为代位式结构，如锗-硅固溶体。从原子微观排列上看，在代位式固溶体中，各组元的原子排列成点阵（结构有序），但各种原子却随机地分布在格点上。另外，在宏观小微观大的范围内又要求各组元的原子数之比为一固定值，否则就会出现宏观性质的不均匀。也有个别的固溶体半导体为填隙式的。如锂在硅中就是以填隙原子存在。含有少量杂质的半导体是一种类型的固溶体半导体，在半导体内异价杂质溶解度不超过5%，即不能在宽的浓度范围内形成的固溶体，一般所说的固溶体半导体材料不是指这种异价杂质类型的固溶体。此处的固溶体是指一类溶质原子和溶剂原子具有相同原子价类型的固溶体半导体。例如$(Ga_{1-x}Al_x)As, 0<x<1$，其中镓和铝的原子数加起来与砷的原子数相同，可以认为是砷化镓和砷化铝所形成的固溶体。砷化镓和砷化铝都具有闪锌矿结构，其晶格可以看成由两个面心立方晶格沿立方对角线错开1/4而成。$(Ga_{1-x}Al_x)As$具有类似的结构。砷原子分布在一个面心立方格子的格点上，而镓和铝原子以$(1-x):x$的比例随机地分布在另一个面心立方格子的格点上。这种类型的固溶体有可能在很宽的浓度范围内或整个浓度范围内形成固溶体（连续固溶体）。实际上绝大多数Ⅲ-Ⅴ族化合物之间、Ⅱ-Ⅵ族化合物之间均可形成连续固溶体。例外的如磷化镓和氮化镓。磷化镓中可以溶解一定量的氮形成等电子中心，但并不形成连续固溶体。磷化镓具有闪锌矿结构，氮化镓具有纤维锌矿结构。从上述可以看到，代位溶质原子的原子价、晶格结构的不同，都可以限制连续固溶体的形成。还有其他一些因素，如原子的负电性、原子半径等也可以影响固溶体的形成。

性质　固溶体半导体与具有特定晶格结构半导体的性质十分相似。固溶体半导体的独特优点是，其性质随各个组元在固溶体中所占的百分比而变化。这样就可能得到性质更为多样的半导体材料，以满足各种实际应用要求。

能隙性质不同的材料所形成的固溶体，其能隙性质也与成分有关。例如$(Ga_{1-x}Al_x)As$固溶体，当$x<0.4$时为直接带隙，$x>0.4$时则为间接带隙。这对光电子器件十分重要，用直接带隙材料制成的发光器件有较高的效率。固溶体中由于原子的无序排列可导致材料的热导降低，但对电导率却影响不大。这对发展温差电材料十分有利。

制备方法　可用气相外延、液相外延、金属有机化合物化学气相沉积、分子束外延、化学束外延或原子层外延等方法制备固溶体半导体。在制备过程中要保持其成分不变，得到成分均匀的固溶体单晶衬底很困难，一般都采用异质外延方法。用易于得到大块单晶的材料，例如砷化镓、磷化铟、磷化镓、砷化铟、锑化镓、锗、硅、碲化镉等单晶作为衬底来生长固溶体半导体是常用的有效方法。由于衬底和生长材料的晶格常数不同，会在长出的材料中产生失配位错，影响其完整性。因此，要选用晶格常数尽可能相近的材料为衬底；或采用成分逐渐改变的方法；或采用晶格匹配异质外延方法以减少缺陷。例如，在磷化铟衬底上生长$(In_{1-x}Ga_x)(As_{1-y}P_y)$时就可以选择适当的$x$和$y$值，以满足发射波长为1.3微米的红外激光器的要求，同时晶格常数恰好与衬底材料磷化铟的相同。也可以采用应变异质结构，使异质界面产生均匀的晶格弹性应变以适应晶格的失配。此外，还可以采用在界面处生长短周期多层结构的方法来抑制失配位错向外延层延伸，同样有可能获得高质量的材料。还有一些方法，如淬火-再结晶法对制备均匀的$(Hg_{1-x}Cd_x)Te$单晶材料可得到比较好的结果。升华再结晶法可用来生长Ⅱ-Ⅵ族固溶体。加压扩散法，可在磷压为15～30大气压力下将磷扩散进砷化镓，使其表面一层转变为Ga(AsP)。

应用　随着制备固溶体半导体材料方法的发展，其应用领域日益广泛。已利用它制造出各种器件，包括光电子器件，各种发射波长的激光器、探测器、光电子集成电路、光电阴极、异质结双极晶体管、高迁移率晶体管，以及超晶格、量子阱、超薄层微结构材料等。　（赵有文）

混杂态　hybrid　一种具有奇特量子数的强子态。见奇特强子。

活细胞成像技术　live-cell imaging technique　在细胞处于生长、分裂、迁移等生命过程中的实时成像技术。在细胞的成像技术中，电子显微镜的样品基本都是经过固定和切片处理的，样品中的细胞处于冷冻或脱水的状态，而不再具有生命活性。由于光学显微技术具有非破坏性和生物相容性，所以被广泛应用于活细胞成像研究中。

没有经过染色的活细胞对可见光的吸收并不强，所以直接的明场照明通常不能得到对比度很好的显微图像。由于细胞的折射率比细胞培养液略大，所以可以通过干涉的办法将通过细胞的光线的相位差转变为光强差，进而得到高对比度的显微图像。常用的技术有相衬显微术和微分干涉相衬显微术。

明场、相衬显微术和微分干涉相衬显微术可以得到细胞的整体形貌，一般用于细胞运动和细胞分裂等不需要太高空间分辨率的研究。如果想对细胞中特定的蛋白质的定位和功能进行研究，就需要荧光显微技术。利用荧光标记的特异性及荧光发射光谱与吸收光谱的不同，荧光显微技术可以得到细胞内特定分子的显微图像，并且可以用不同颜色的荧光分子对两种或多种不同的分子同时进行标记和成像。荧光显微技术已经成为研究细胞内特定生命过程中复杂分子机制的标准技术。

经过几十年的发展，人们已经发展出多种荧光显微技术用于活细胞成像，如共聚焦显微镜可以得到细胞的三维图像，全内反射显微镜可以排除背景噪声得到细胞膜的高精度图像。利用荧光分子可以被强激发光所漂白的特性，通过测量漂白后荧光信号恢复的过程可以研究所标记分子的动态特性。不同技术还可以相互结合以研究特定的生物学问题。

对活细胞尤其是哺乳动物细胞进行长时间观察，需要在显微镜的样品台上安装活细胞培养器，以保持所观察细胞的生物活性。　（陈　虎）

火花室　spark chamber　利用气体火花放电原理制成的带电粒子径迹探测器。1959年由日本福井崇时等发明。工作原理和结构如图所示。在充有工作气体（如1个大气压左右的惰性气体如氩、氖、氦或它们的混合气等）的室体里放置两组互相交替的电极，其中一组接脉冲高电压（10～20千伏），另一组接地。带电粒子通过室体时，由室体外的其他粒子探测系统产生的触发信号，使高压脉冲瞬时加到这两组电极之间，可使沿带电粒子径迹附近的气体原子电离，并在电极间的强电场中进一步产生电子雪崩、流光，继而发展成肉眼可见的火花（见流光室）。各个板间的火花就组成了入射粒子的径迹（见图）。

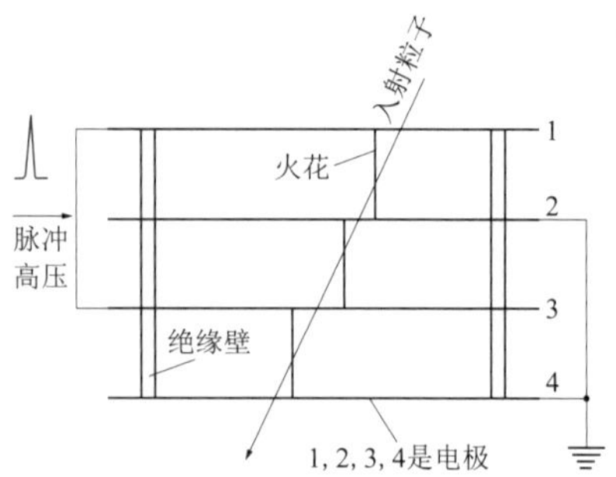

火花室示意图

利用光学照相方法把一系列火花记录下来以便进一步分析。这种装置称为光学火花室。利用两组平板电极（铜、铝或涂有导电层的玻璃等）组成的火花室称为平板火花室。由很多根粗金属丝互相平行或垂直排列的火花室称为丝火花室，可从丝上的电信号读取位置信息。另外，火花除了发光之外还发声。利用声学方法进行记录的火花室称为声学火花室。

火花室有结构简单、易于制造和空间

分辨（0.2～1.0毫米）与灵敏时间（1微秒）较小的优点，但缺点是死时间偏长（0.01～0.1秒），不能适应在较高的粒子束流下工作。这促使在丝火花室的基础上于20世纪70年代发展出**多丝正比室**和**漂移室**。

火花室在20世纪60～70年代曾起过重要作用，如1962年利用多层大面积火花室与铁夹层装置发现了μ中微子和在宇宙线中发现稀有事例等。由于火花室的死时间较长，20世纪80年代以后已很少使用。（谢一冈）

火箭的特征速度　characteristic velocity of rockets　火箭在不考虑重力及空气阻力情况下仅由燃烧推进剂获得的反推力而达到的最大速度。在密歇尔斯基方程（变质量质点运动方程）中，如令外力$\boldsymbol{F}=0$，喷射燃气的相对速度$\boldsymbol{v}_r$为常数，则可积分获得特征速度$\boldsymbol{v}_c$的公式：

$$\boldsymbol{v}_c=\boldsymbol{v}_r\ln(m_0/m_k)$$

式中m_0为火箭的初始起飞质量；m_k为推进剂燃烧完毕后火箭的结构质量。上式称为齐奥尔科夫斯基公式。它表示在火箭运

中国“长征”2F号运载火箭携带“神舟”号载人飞船发射升空

行过程中燃烧推进剂能赋予火箭的速度增量，并说明此速度增量与推进剂的燃烧规律无关。由此式可看出，提高火箭特征速度的途径是提高v_r及质量比m_0/m_k。现代运载火箭所使用的推进剂的喷射速度已达4300米/秒，所制作的火箭结构也可使火箭增加有效载荷的质量比达到8，代入上式可得v_c为8.9千米/秒。考虑到重力及空气阻力造成的损失，火箭的实际速度还达不到第一宇宙速度7.9千米/秒。因此，必须使用多级火箭，在火箭运行中抛掉一部分无用结构以提高质量比。（仲　佰）

霍秉权　Huo Bingquan（1903-02-27～1988-09-27）　中国物理学家。生于湖北黄冈，卒于江苏南京。1929年南京中央大学物理系毕业。1930年赴英国剑桥大学进修。1934年回国后到清华大学物理系任教，1936年起任教授。后任西南联合大学教授。1943年赴美国华盛顿卡内基研究所进行加速器合作研究，1944年回国。1946年1～7月代理西南联合大学物理系主任。后历任清华大学物理系教授、系主任，兼任清华大学教务长，后赴沈阳任东北工学院物理系教授兼系主任，东北人民大学（今吉林大学）物理系教授。1956年筹建郑州大学，历任物理系教授、系主任、校长助理、副校长。曾任河南省科学院副院长、河南省物理学会理事长等职。

霍秉权是中国宇宙线研究的奠基人和开拓者之一。他对威耳孙云室的改进工作，促进了粒子物理学研究的快速发展。1934年首次在英国剑桥大学科学期刊上发表《水银在各种温度下蒸气凝结的现象》，1935年发表《用云室研究ThC的β射线之能量分配》等论文，1943年又发表《简便云室之原理及制造》。他研制成功中国第一台“双云室”宇宙线探测器，于1937年写成题为《双云室研究宇宙射线》的论文，但因抗战未能送出。霍秉权从事教育工作50余年，培养了大批物理专业人才，并为创办和发展郑州大学做出了突出贡献。（尹晓冬）

霍尔，J.L.　John Lewis Hall（1934-08-21～　）美国实验物理学家。生于科罗拉多州丹佛。1956年从匹兹堡的卡内基理工学院获得物理学学士学位。1968年和1961年先后获物理学硕士和博士学位。1962年加入美国国家标准和技术研究所。1971年任该研究所高级科学家。1964年成为玻尔得科罗拉多大学和美国国家标准和技术研究所联合创建的天体物理联合实验室（JILA）研究员。

霍尔是卓越的激光实验家，专门致力于改进激光测量的精密度和准确度。他的工作对于物理与化学分析、检验基本物理定律和测量基本物理常数，以及时间和长度、计量学和光纤通信都具有重要意义。20世纪60年代，他从事甲烷稳频激光器的研制，这种新型的激光器使光速的测量精确度比以前提高了100倍。1983年长度单位米的重新定义就是基于这项工作。

1999年，霍尔和T.W.**亨施**两人各自领导的研究组在完善“光梳”技术方面做出了重要贡献，使这项技术的测量精度达到了1∶1015。他们两人由于“对基于激光的精密光谱学发展”做出的贡献，分享了2005年诺贝尔物理学奖的一半。霍尔已于2004年退休，他在研究组中的领导职务由他以前的学生、来自中国的叶军接替。（仲　佰）

霍尔丹，D.　Duncan Haldane（1951-09-14～　）英国凝聚态物理学家。生于伦敦。1973年和1978年分别获剑桥大学学士和博士学位。随后在法国劳厄-朗之万研究所（1977～1981），美国南加利福尼亚大学（1981～1987）、加州大学圣迭戈分校（1986～1992）工作。1990年开始担任普林斯顿大学教授。

一般，物质在不同温度下具有气、液、固三种状态。处于同一态的物质还具有不同相。物质在三态互相转变时伴随着体积的变化和热量的吸收或释放，该类转换被称为一级相变。除三态外，某些物质（如液氦）随温度降低时还可变成超流，即黏滞系数为零的流体。物理学家曾认为正常相到超流相的相变只存在于三维系统，二维系统在非零温度时不存在相变。20世纪80年代初，K.von克利青发现**量子霍尔效应**。霍尔丹指出在某些材料中，当时间反演和空间反演对称性破缺时，在没有外加磁场时也存在量子霍尔效应，即**量子反常霍尔效应**。1982年，霍尔丹研究了一维磁体（又称自旋链）的拓扑性质。他指出自旋整数与半整数的反铁磁自旋链具有不同性质。该猜想在磁性材料$CsNiCl_3$中得到验证。2016年，霍尔丹与J.M.**科斯特利兹**和D.J.**索利斯**因“理论发现拓扑相变和拓扑相物质”共同分享诺贝尔物理

学奖。 （尹晓冬）

霍尔效应 Hall effect 导体内建立垂直于电流和外磁场的横向电压的物理现象。当电流通过垂直磁场中的导体时，导体内的载流子运动会发生偏转，从而在导体两侧积累电荷，建立垂直于电流和外磁场的横向电压。这个电压被称为霍尔电压。霍尔效应常用于磁场的测量以及导电材料中载流子的导电类型和浓度的检测。

简史 1879年美国物理学家E.H.霍尔在约翰斯·霍普金斯大学攻读博士学位时发现了霍尔效应。1880年霍尔在研究铁磁材料时进一步发现了依赖材料磁化强度的反常霍尔效应。1980年德国物理学家K.von克利青在研究半导体界面的二维电子系统时发现，霍尔电压在低温和强磁场下可以呈现出量子化的平台。21世纪以来，基于载流子的自旋和能谷等物理性质的霍尔效应也得到了广泛的关注。

基本内容 电流是由导体中包括电子在内的众多载流子的定向运动形成的。在垂直于电流的磁场中，运动的带电载流子会受到洛伦兹力，其大小与载流子所带电荷和运动速度以及磁场强度成正比，方向同时垂直于运动速度和磁场。这个横向的力导致载流子的运动方向发生偏移，从而在导体的侧面形成电荷堆积。与此相对的侧面，由于缺少载流子而积累了相同数量的相反电荷，导致导体内逐步建立起横向的电场。达到平衡后，载流子受到了与洛伦兹力大小相同方向相反的电场力，运动不再偏移，因而电荷也不再堆积。为了定量描述霍尔效应，通常定义霍尔系数为横向电场强度与电流强度和磁场强度乘积的比率。在简单金属中，霍尔系数反比于电子的浓度。在半导体中，同时存在带负电的电子和带正电的空穴，霍尔系数不仅依赖于电子和空穴的浓度，还依赖于它们的迁移率。

应用 霍尔效应常用于磁场的测量。随着集成电路的发展，基于霍尔效应的低成本传感器和集成器件得到了广泛的应用。如电流流过导线时会感生出磁场，故可以利用霍尔传感器测量出磁场，从而确定导线中的电流强度。通过在运动对象上设置磁场，则可以利用霍尔器件测量位置、速度、转速等参量，实现传感和开关的功能。 （万 歆）

霍夫斯塔特，R. Robert Hofstadter（1915-02-05～1990-11-17） 美国实验物理学家。生于纽约，卒于加利福尼亚州斯坦福。1938年获普林斯顿大学博士学位，此后留

校做博士后研究。第二次世界大战期间，在美国国家标准局工作。1946～1950年，执教于普林斯顿大学。1950～1975年在斯坦福大学任教，1954年起任教授，1967～1974年任高能物理实验室主任。1958年当选美国国家科学院院士。

霍夫斯塔特曾从事红外线、光电导性、晶体和闪烁计数器的研究。1950年在斯坦福大学直线加速器中心（SLAC）和合作者探索原子核结构，发现质子和中子的中心都有一个带正电荷的核心，被两层π介子云所围绕，质子的两层云都带正电，而中子的内层云却带负电，因而使整个中子的净电荷为零。这些成果促使理论物理学家提出存在新型重介子。霍夫斯塔特因揭示质子和中子的结构和R.L.**穆斯堡尔**（发现穆斯堡尔效应）同获1961年诺贝尔物理学奖。 （郭奕玲）

霍夫特，G. Gerardus't Hooft（1946-07-05～ ） 荷兰理论物理学家。生于登海尔德。1972年获乌得勒支大学博士学位。1972～1974年任瑞士日内瓦欧洲联合核子

中心（CERN）研究员。1976年在美国加州斯坦福大学的直线加速器中心工作。1977年任乌得勒支大学教授。荷兰科学院院士。1970年秋，霍夫特协助M.J.G.**韦特曼**教授研究非阿贝尔规范场理论的重正化方法。借助韦特曼提出的计算程序，他解决了自发破缺与杨-米尔斯规范场结合的数学问题。他们又共同解决了费曼积分的计算法则，终于完成了**电弱统一理论**，精确地预言了$W^{\pm}$、Z^{0}粒子的物理性质。由于重正化规范理论方面的工作，阐述电弱相互作用的量子结构，使电弱统一理论广被接受，霍夫特和韦特曼同获1999年诺贝尔物理学奖。霍夫特还有多方面的开辟方向的贡献，尤其是最早发现量子色动力学中“渐近自由”的问题，即夸克间相互作用随夸克间距变小而减弱的现象。 （郭奕玲）

霍金，S.W. Stephen William Hawking（1942-01-08～2018-03-14） 英国理论物理学家、数学家。生于牛津。卒于剑桥。1959年入牛津大学就读，1962年入剑桥大

学攻读研究生，1965年获哲学博士学位。从1966年起，一直在剑桥大学从事研究；1968年任职于理论天文学研究所，1973年为应用数学和理论物理系研究助理，1977年升任为引力物理学教授。1980年任剑桥大学卢卡斯讲座教授，300多年前I.牛顿曾任此职。

霍金从事广义相对论，特别是理论天文学、引力理论、空时奇异性（黑洞、引力坍缩）和数学物理的研究。1966～1967年提出，任何可能有的宇宙论中广义相对论解都应具有奇异性。1971年提出，在宇宙大爆炸后可能形成数以百万计的微小**黑洞**，它们将10亿吨的物质集中在一个质子大小的空间内。这种黑洞因其质量极大而需遵循相对论规律，因其体积极小又需遵循量子力学规律。通过这种黑洞理论，有助于将相对论和量子力学联系起来。1971～1972年，他建立了黑洞动力学第二定律。1974年预言黑洞“蒸发”的量子过程，提出根据量子论，黑洞能不断产生物质，释放亚原子粒子，并在其能量耗尽的最后时刻发生爆炸。天文学家正在据此搜索能说明这种爆炸黑洞存在的γ射线爆发和射电爆发。他还研究大爆炸中氦的形成，在双星系统中存在黑洞的可能性，引力波探测器、多维时空理论中的“**M理论**”（Membrane理论）等。

霍金于1974年当选英国皇家学会会员，1975年获爱丁顿奖章，1976年获麦克斯韦奖章和休斯奖章，1978年获爱因斯坦奖章。他写过许多科普文章和作品，其中《时间简史——从大爆炸到黑洞》一书从1988年出版以来已被译成中文和其他多种文字。

1963年，霍金被诊断患有罕见的肌萎缩性脊髓侧索硬化症；1984年，由于气管切开术，使他完全丧失说话能力。疾病的折磨，令他行动极为困难。他以坚强的毅力和勇气，以残疾之躯坚持不懈地进行科学探索，在黑洞和宇宙起源的大爆炸原理的研究上开拓了了解宇宙的视野，从而备受人们的尊敬。1974～1975年他带着重病赴美国加州理工学院任客座教授。1985

年、2002年、2006年，霍金曾三次来中国。

（戴念祖）

霍金辐射 Hawking radiation 英国物理学家S.W.霍金根据量子效应推得的黑洞会产生热辐射的现象。根据经典广义相对论，黑洞是一种只进不出的星体。任何物质和辐射都可以落入黑洞，但没有任何物质和辐射可以从黑洞中逃出。受到霍金提出的黑洞面积定理启发，J.D.贝肯斯坦在1973年发现，如果将黑洞表面积与热力学的熵对应，黑洞的表面引力与温度对应，黑洞质量与能量对应，就可以得到与普通热力学定律相对应的**黑洞热力学**定律。这种对应关系暗示黑洞是一个热力学系统。但当时这种对应关系只是形式上的，因为一个真实的热力学系统必须有热辐射，而经典黑洞不会释放任何物质。霍金在1975年首次将弯曲时空量子场论应用到一个由星体坍缩形成黑洞的时空中，这个时空存在过去类光无穷远和未来类光无穷远两个渐近平坦区域。以标量场为例，这两个区域可以定义各自的真空态。霍金通过计算发现，如果选取在过去类光无穷远附近的真空态，则在未来无穷远附近的观者看到的将不再是真空态，而且他们观察到的粒子数密度分布就是温度为$T=\frac{\hbar\varkappa}{2\pi kc}$的黑体辐射谱，其中$\varkappa$是黑洞的表面引力。这种辐射过程后来被称作霍金辐射。霍金辐射是黑洞特有的，因为在霍金的计算中，一个关键步骤是将未来无穷远的正频解逆时间传播到过去，这个解经黑洞表面会发生无限蓝移，因此可以使用几何光学近似。尽管霍金辐射是利用了星体坍缩过程，但辐射与星体坍缩过程的细节无关，只与最后形成稳定的黑洞参数有关。

霍金辐射具有重大的理论意义，因为它使人们相信黑洞是一个真实的热力学系统，在此基础上发展起来了黑洞热力学。霍金辐射同时也为理论研究带来新的问题和挑战。如黑洞通过辐射蒸发最终可能完全消失，而辐射只携带黑洞质量、电荷、角动量的信息，造成黑洞坍缩过程的信息丢失，这就是著名的黑洞信息疑难问题。另外，黑洞熵还缺乏令人满意的统计学解释。但黑洞热力学的研究正在揭示引力理论、热力学以及量子理论的深刻联系，推动量子引力等理论的建立和发展。

（高思杰　赵　峥）

霍奇金-赫胥黎神经元模型 Hodgkin-Huxley neuronal model 一种描述神经元动作电位发生及传播的数学模型。神经元模型由英国生理学家和细胞生物学家A.L.霍奇金及英国生理学家与生物物理学家A.F.赫胥黎于1952年在解释枪乌贼巨型轴突动作电位的发生与传播的离子机制时提出。霍奇金和赫胥黎也荣膺1963年诺贝尔生理学或医学奖。

该模型由一组非线性微分方程构成，以近似模拟神经元的电学特性。如附图，在霍奇金-赫胥黎模型中，神经元各组分被等效看成各种电学原件：脂质双分子层被处理为电容（C_m）；电压门控钠离子通道（g_{Na}）及电压门控钾离子通道（g_K）；漏电流通道由一遵循欧姆定律的线性电导表示（g_L）；驱动各离子通道中离子流动的电化学梯度差形成的电位差等效为对应于该通道的电源，其电压差大小由细胞膜内外的离子浓度及通透率决定，分别对应E_{Na}、E_K及E_L。

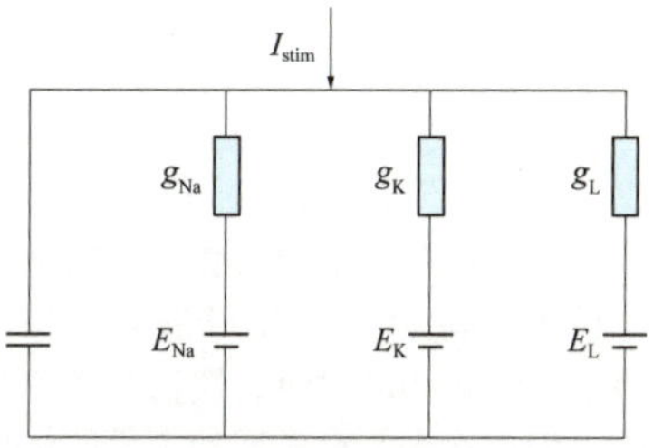

霍奇金-赫胥黎模型等效电路图

根据基尔霍夫定律可以得到如下关于跨膜电流的方程：

$$C_m\frac{dV_m}{dt}=I_{stim}-g_{Na}^{max}\cdot m^3\cdot h\cdot(V_m-E_{Na})$$
$$-g_K^{max}\cdot n^4\cdot(V_m-E_K)-g_L\cdot(V_m-E_L)$$

式中C_m为膜电容；V_m为细胞膜电位；I_{stim}为外源输入电流；g_{Na}^{max}及g_K^{max}分别为最大钠电导及最大钾电导；m及h分别为钠通道的激活门和失活门打开通道概率（或门控变量）；n为钾通道激活门打开通道概率。通道打开概率或门控变量为无量纲量，并分别按如下方程描述钠通道及钾通道的激活或失活过程：

$$\tau_m\frac{dm}{dt}=-m+m_\infty\quad \tau_m=\frac{1}{\alpha_m+\beta_m}\quad m_\infty=\frac{\alpha_m}{\alpha_m+\beta_m}$$

$$\tau_h\frac{dh}{dt}=-h+h_\infty\quad \tau_h=\frac{1}{\alpha_h+\beta_h}\quad m_\infty=\frac{\alpha_h}{\alpha_h+\beta_h}$$

$$\tau_n\frac{dn}{dt}=-n+n_\infty\quad \tau_n=\frac{1}{\alpha_n+\beta_n}\quad n_\infty=\frac{\alpha_n}{\alpha_n+\beta_n}$$

$$\alpha_m(V_m)=\frac{0.1\cdot(V_m+4.0)}{1-e^{-(V_m+4.0)/10}}\quad \beta_m(V_m)=4\cdot e^{-(V_m+65)/18}$$

$$\alpha_h(V_m)=0.07\cdot e^{-(V_m+65)/20}\quad \beta_h(V_m)=\frac{1}{e^{-(V_m+35)/10}+1}$$

$$\alpha_n(V_m)=\frac{0.1\cdot(V_m+55)}{1-e^{-(V_m+55)/10}}\quad \beta_n(V_m)=0.125\cdot e^{-(V_m+65)/80}$$

作为一非线性动力系统，霍奇金-赫胥黎模型很难得到解析解，但可以应用多种数值模拟的方法对其性质进行研究，如分叉分析。从数值模拟结果可以看出，霍奇金-赫胥黎模型能较准确地模拟神经元动作电位的发生及其他放电行为。

（于玉国）

霍裕平 Huo Yuping（1937-08-16～　）中国物理学家。生于北京。1959年毕业于北京大学物理系。毕业后分配到中科院物理研究所。1974年调到中国科学院合肥等离子物理研究所，曾任研究所副所长、所长和中科院合肥分院院长。1978年被提升为研究员。1979年作为访问学者赴美国普林斯顿大学高等研究院工作一年。1996年任郑州大学教授。1998年起被聘为国家重点基础研究规划（“973”）专家顾问组成员。2003年被任命为国际热核聚变实验堆（ITER）计划中国专家委员会首席科学家。曾担任中国物理学会常务理事、国家高技术计划能源领域专家委员会委员等学术职务。1993年当选为中国科学院院士。

霍裕平主要从事理论物理与等离子体物理领域的研究工作，并在固体理论、非平衡态统计物理、等离子体物理与核聚变等诸多方面取得突出成就。自1982年起长期领导中国科学院核聚变研究工作，并参与领导国家的核聚变研究。领导和组织了中国大型超导托克马克HT-7的建设，是国家重大科学工程HT-7U计划的主要建议者。1996年后在郑州大学任教期间，领导建立了郑州大学材料物理实验室和离子束生物工程实验室。重要论文有《稀土离子对铁磁共振的影响》《用光学方法实现任意线性变换》《等离子体静态稳定性》等，合作出版专著《非平衡态统计理论》。1987年获国家“五一劳动奖章”，1989年获“全国先进工作者”称号。

（尹晓冬）

J

机械能 mechanical energy 宏观的动能与机械势能之和。见**能量**。

机械能守恒 conservation of mechanical energy 质点或质点系在势力场（保守力场）中运动时，其动能与机械势能的总和恒为常量。**动能**与**势能**的总和称为机械能，故称机械能守恒。对受约束的质点系，如果约束力做功之和为零（理想约束），则机械能守恒仍成立。

自然界中有多种运动形式，也有多种相应的能的形式，如机械能、热能、电磁能、化学能、原子能等。在一个不受外界作用的封闭系统经历任何变化过程中，系统的各种能量形式可以互相转化，但所有能量的总和不变，这是普遍的能量守恒定律，机械能守恒只是它的一个特例。

（贾书惠）

奇-奇核 odd-odd nucleus 质子数和中子数都为奇数的原子核。如 ^{2}H、^{6}Li、^{14}N、^{22}Na 等。在天然存在的原子核中，奇-奇核的数目最少。

（任中洲）

奇-偶核 odd-even nucleus 质子数为奇数，中子数为偶数的原子核。如 ^{1}H、^{3}H、^{13}N、^{19}F、^{107}Ag、^{197}Au 等。

（任中洲）

奇 *A* 核 odd *A* nucleus 质量数为奇数的原子核。*A* 是原子核质量数，它是质子数和中子数之和，所以偶-奇核和奇-偶核都是奇 *A* 核。

（任中洲）

基本粒子 elementary particles 构成物质的最基本的组分。基本粒子的定名应该说是历史的误会。历史上由于人类认识能力所限，当时的“基本”粒子或许并不基本。科学家们一直在梦想找到终极真理，包括两个方面：其一是最“基本”的相互作用，它可以决定宇宙万物的行为；另一个是物质终极可分极限，从古希腊提出原子的概念开始，就在寻找最“基本”的物质结构，即基本粒子。在20世纪初的现代物理时代，人类认识到的“基本”粒子只有电子、光子和质子。但随后**中子**的出现改变了这一看法，而且认定原子核是由质子和中子共同构成的，当时的基本粒子就包含了这4种。

但是探索并未终止。**汤川秀树**在研究核力时，预言了 π 介子的存在，后来被实验证实。“基本”粒子家族就又多了一个成员。在20世纪50年代，由于加速器的出现，一大堆新粒子产生，其中既有自旋为半整数的费米子也有自旋为整数（包括0和1）的玻色子。特别是产生了大量所谓的“奇异”粒子，它们是强产生而弱衰变（见**奇异强子**），显然和原有所谓“基本”粒子不同。所发现的大量粒子被当时的科学家戏称为动物园，质量和寿命非常不同。但这么多的粒子显然不可能都是基本的，当时有很多模型，例如**坂田昌一**建议质子、中子和 Λ（一种中性奇异重子）为基本的，其他粒子都由它们构成。但很快人们就发现这个模型无法解释诸如质量、寿命等特征而最终被放弃。

这时**M.盖耳-曼**提出夸克模型，即存在u、d、s三种夸克，它们的自旋为1/2，分别带有电子电荷的2/3、−1/3、−1/3倍。这个SU(3)模型非常成功地解释了当时发现的所有自旋为整数的介子和自旋为半整数的重子（统称为**强子**）的结构和各种性质。然而很快人们发现如果只有这三种夸克，K介子的衰变（实为s夸克的弱衰变）宽度的理论计算不能保证幺正性（即概率会大于1）。要解决这个问题，至少需要存在一个电荷为2/3的夸克。**丁肇中**和**B.里克特**组分别找到了包含 $c\bar{c}$ 的 J/ψ 和 ψ′ 的重介子，从而确认**粲夸克**的存在。之后又找到**底夸克**（带−1/3电荷）。很久以后，在美国费米国家实验室的TEVATRON上终于找到期盼的**顶夸克**。

2013年在欧洲联合核子研究中心（CERN）找到了**希格斯粒子**。这样现在标准模型的“基本”家族就已完成，它们是：六种夸克u、d、c、s、t、b，六种轻子e、ν_e、μ、ν_μ、τ、ν_τ，以及它们的反粒子；四种传播相互作用的场量子，即自旋为1的规范玻色子：光子（γ，电磁作用）、胶子（g，强作用）、$W^{\pm}$ 和 Z^0 规范粒子（弱作用），以及一种中性标量玻色子——希格斯粒子（H）。

如果说“基本”，那就是指这些夸克、轻子、规范玻色子和希格斯标量粒子。当然它们是不是最基本的，还要看实验水平。在还没有任何迹象表明它们是有内部结构的前提下，只能说对现有实验所能达到的标度，它们是“基本”的，但绝不意味将来物理学的进展仍然确认它们是“基本”的。

（李学潜）

基本物理常数 fundamental physical constants 物理领域的一些普适常数。

作用 从理论上说，一些常数的准确数值与测量地点、测量时间及所用的测量仪器及材料均无关联，因此这些常数被称为基本物理常数。

基本物理常数的发现和测量在物理学的发展中起了很大的作用。纵观物理学史可以看到，一些重大的物理理论常与基本物理常数密切相关。如在经典理论或定律中的基本物理常数有牛顿引力常数、法拉第常数、阿伏伽德罗常数等，它们与经典宏观理论密切相关。当物理学从宏观世界的研究步入微观世界的探索时，仍然离不开基本物理常数。量子理论的建立开辟了微观物理的新纪元，普朗克常数伴随问世。随着对原子和分子光谱的研究，出现

表1 2014年国际数据委员会（CODATA）推荐的物理和化学基本常数平差值简表

量	符号	数值	单位	相对标准不确定度 u_r
普适常数				
真空中光速	c，c_0	299 792 458	$m\,s^{-1}$	精确
磁常数	μ_0	$4\pi\times10^{-7}$	NA^{-2}	精确
电常数 $1/\mu_0c^2$	ε_0	$8.654\ 187\ 817\cdots\times10^{-12}$	$F\,m^{-1}$	精确
真空中特征阻抗	Z_0	376.730 313 461	Ω	精确
牛顿引力常数	G	$6.673\ 84(80)\times10^{-11}$	$m^3kg^{-1}s^{-2}$	1.2×10^{-4}
普朗克常数	h	$6.626\ 069\ 57(29)\times10^{-34}$	J s	4.4×10^{-8}
	$\hbar\ (=h/2\pi)$	$1.054\ 571\ 726(47)\times10^{-35}$	J s	4.4×10^{-8}

续表

量	符号	数值	单位	相对标准不确定度 u_r
基本电荷	e	$1.602\ 176\ 565(35)\times10^{-19}$	C	2.2×10^{-8}
磁通量子 $h/2e$	ϕ_0	$2.067\ 833\ 758(46)\times10^{-15}$	Wb	2.2×10^{-8}
电导量子 $2e^2/h$	G_0	$7.748\ 031\ 734\ 6(25)\times10^{-5}$	S	3.2×10^{-10}
电子质量	m_e	$9.109\ 382\ 6(16)\times10^{-31}$	kg	1.7×10^{-7}
质子－电子质量比	m_p/m_e	$1\ 836.152\ 672\ 45(75)$		4.1×10^{-10}
精细结构常数	α	$7.297\ 352\ 568(24)\times10^{-3}$		3.3×10^{-9}
精细结构常数的倒数	α^{-1}	$137.035\ 999\ 11(46)$		3.3×10^{-9}
里德伯常数 $\alpha^2 m_0c/2h$	R_∞	$10\ 973\ 731.568\ 525(73)$	m^{-1}	6.6×10^{-12}
阿伏伽德罗常数	N_A，L	$6.022\ 141\ 29(27)\times10^{23}$	mol^{-1}	4.4×10^{-8}
法拉第常数 N_Ae	F	$96\ 485.336\ 5(21)$	$C\ mol^{-1}$	2.2×10^{-8}
摩尔气体常数	R	$8.314\ 462\ 1(75)$	$J\ mol^{-1}K^{-1}$	9.1×10^{-7}
玻尔兹曼常数 R/N_A	k	$1.380\ 648\ 8(13)\times10^{-23}$	$J\ K^{-1}$	9.1×10^{-7}
斯忒藩－玻尔兹曼常数 $(\pi^2/60)k^4/\hbar^3c^2$	σ	$5.670\ 373(21)\times10^{-8}$	$W\ m^{-2}K^{-4}$	3.6×10^{-6}
可与SI单位一起采用的非SI单位				
电子伏 $(e/C)J$	eV	$1.602\ 176\ 565(35)\times10^{-19}$	J	2.2×10^{-8}
（统一的）原子质量单位	u	$1.660\ 538\ 921(73)\times10^{-27}$	kg	4.4×10^{-8}

注：表1中的基本常数均采用SI单位，这是在物理学中普遍使用的一些基本常数，称为普适常数。其中，真空中光速c、普朗克常数h、基本电荷e、阿伏伽德罗常数N_A和玻尔兹曼常数k五个常数已确定为用于定义基本单位的基本常数，分别定义长度单位米（1983）、质量单位千克、电流单位安培、物质的量单位摩尔和温度单位开尔文。

表2　2014年CODATA推荐的电磁基本常数平差值

量	符号	数值	单位	相对标准不确定度
电磁常数				
基本电荷	e	$1.602\ 176\ 620\ 8(98)\times10^{-19}$	C	6.1×10^{-9}
	e/h	$2.417\ 989\ 262(15)\times10^{14}$	$A\ J^{-1}$	6.1×10^{-9}
磁通量子 $h/2e$	ϕ_0	$2.067\ 833\ 831(13)\times10^{-15}$	Wb	6.1×10^{-9}
电导量子 $2e^2/h$	G_0	$7.748\ 091\ 731\ 0(18)\times10^{-5}$	S	2.3×10^{-10}
电导量子的倒数	G_0^{-1}	$12\ 906.403\ 727\ 8(29)$	Ω	2.3×10^{-10}
约瑟夫森常数	$2e/h$	$483\ 597.852\ 5(30)\times10^9$	$Hz\ V^{-1}$	6.1×10^{-9}
克利青常数	R_K	$25\ 812.807\ 455\ 5(59)$	Ω	2.3×10^{-10}
玻尔磁子 $e\hbar/2m_e$	μ_B	$927.400\ 999\ 4(57)\times10^{-26}$	$J\ T^{-1}$	6.2×10^{-9}
		$5.788\ 381\ 801\ 2(26)\times10^{-5}$	$eV\ T^{-1}$	4.5×10^{-10}
	μ_B/h	$13.996\ 245\ 042(86)\times10^9$	$Hz\ T^{-1}$	6.2×10^{-9}
	μ_B/hc	$46.686\ 448\ 14(29)\times10^{-5}$	$m^{-1}T^{-1}$	6.2×10^{-9}
	μ_B/k	$0.671\ 714\ 05(39)$	$K\ T^{-1}$	5.7×10^{-7}
核磁子 $e\hbar/2\ m_p$	μ_N	$5.050\ 783\ 699(31)\times10^{-27}$	$J\ T^{-1}$	6.2×10^{-9}
		$3.152\ 451\ 255\ 0(15)\times10^{-8}$	$eV\ T^{-1}$	4.6×10^{-10}
	μ_N/h	$7.622\ 593\ 285(47)$	$MHz\ T^{-1}$	6.2×10^{-9}
	μ_N/hc	$2.542\ 623\ 432(16)\times10^{-2}$	$m^{-1}T^{-1}$	6.2×10^{-9}
	μ_N/k	$36\ 582\ 690(21)\times10^{-4}$	$K\ T^{-1}$	5.7×10^{-7}

注：表2中的约瑟夫森常数$2e/h$和克利青常数R_K是1998年CODATA推荐的平差值中新增加的电磁基本常数，1990年确定了用约瑟夫森常数$2e/h$复现电压单位，用克利青常数R_K复现电阻单位，两者的比值是基本电荷e，用于重新定义电流单位。

表3 2014年CODATA推荐的原子和核基本常数平差值部分表

量	符号	数值	单位	相对标准不确定度
		电子，e^-		
电子质量	m_e	$9.109\ 383\ 56(40)\times10^{-31}$	kg	1.2×10^{-8}
		$5.485\ 799\ 090\ 7(16)\times10^{-4}$	u	2.9×10^{-11}
能量当量	m_ec^2	$8.187\ 105\ 65(10)\times10^{-14}$	J	1.2×10^{-8}
		0.510 998 946 1(31)	MeV	6.2×10^{-9}
电子荷质比	$-e/m_e$	$-1.758\ 820\ 024(11)\times10^{11}$	$C\ kg^{-1}$	6.2×10^{-9}
电子摩尔质量$N_A m_e$	$M(e)$，M_e	$5.485\ 799\ 090\ 70(16)\times10^{-7}$	$kg\ mol^{-1}$	2.9×10^{-11}
康普顿波长h/m_ec	λ_c	$2.426\ 310\ 236\ 7(11)\times10^{-12}$	m	4.5×10^{-10}
经典电子半径α^2a_0	r_e	$2.817\ 940\ 322\ 7(19)\times10^{-15}$	m	6.8×10^{-10}
电子磁矩	μ_e	$-928.476\ 462\ 0(57)\times10^{-26}$	$J\ T^{-1}$	6.2×10^{-9}
电子磁矩反常$\lvert\mu_e\rvert/\mu_B-1$	a_e	$1.159\ 652\ 180\ 76(27)\times10^{-3}$		2.3×10^{-10}
电子g因子 $-2(1+a_e)$	g_e	$-2.002\ 319\ 304\ 361\ 82(52)$		2.6×10^{-13}
电子旋磁比	γ_e	$1.760\ 859\ 644(31)\times10^{11}$	$s^{-1}T^{-1}$	6.2×10^{-9}
		质子，p		
质子质量	m_p	$1.672\ 621\ 898(21)\times10^{-27}$	kg	1.2×10^{-8}
		1.007 276 466 879(91)	u	9.0×10^{-11}
能量当量	m_pc^2	$1.503\ 277\ 593(18)\times10^{-10}$	J	1.2×10^{-8}
		938.272 081 3(58)	MeV	6.2×10^{-9}
质子荷质比	e/m_p	$9.578\ 833\ 226(59)\times10^{7}$	$C\ kg^{-1}$	6.2×10^{-9}
质子摩尔质量N_Am_p	$M(p)$，M_p	$1.007\ 276\ 466\ 879(91)\times10^{-3}$	$kg\ mol^{-1}$	9.0×10^{-11}
质子康普顿波长h/m_pc	$\lambda_{C,p}$	$1.321\ 409\ 853\ 96(61)\times10^{-15}$	m	4.6×10^{-10}
质子有效电荷半径	$r_{C,p}$	$0.875\ 1(61)\times10^{-15}$	m	7.0×10^{-3}
质子磁矩	μ_p	$1.410\ 606\ 787\ 3(61)\times10^{-26}$	$J\ T^{-1}$	6.9×10^{-9}
质子g因子$2\mu_p/m_N$	g_p	5.585 694 702(17)		3.0×10^{-9}
质子抗磁屏蔽修正 $1-\mu_p'/\mu_pp$（H_2O，球，25℃）	σ_p'	$25.691(11)\times10^{-6}$		4.4×10^{-4}
质子旋磁比$2\mu_p/h$	γ_p	$2.675\ 221\ 900(18)\times10^{8}$	$s^{-1}T^{-1}$	6.9×10^{-9}
	$\gamma_p/2\pi$	42.577 478 92(29)	$MHz\ T^{-1}$	6.9×10^{-9}
屏蔽的质子旋磁比 $2\mu_p'/h$（H_2O，球，25℃）	γ_p'	$2.675\ 153\ 171(33)\times10^{8}$	$s^{-1}T^{-1}$	1.3×10^{-8}
	$\gamma_p/2\pi$	42.576 385 07(53)	$MHz\ T^{-1}$	1.3×10^{-8}
		中子，n		
中子质量	m_n	$1.674\ 927\ 471(21)\times10^{-27}$	kg	1.2×10^{-8}
		1.008 664 915 88(49)	u	4.9×10^{-10}
能量当量	m_nc^2	$1.505\ 349\ 739(19)\times10^{-10}$	J	1.2×10^{-8}
		939.565 431 1(58)	MeV	6.2×10^{-9}
中子摩尔质量N_Am_n	$M(n)$，M_n	$1.008\ 664\ 915\ 88(49)\times10^{-3}$	$kg\ mol^{-1}$	4.9×10^{-10}
中子康普顿波长h/m_nc	$\lambda_{C,n}$	$1.319\ 590\ 904\ 81(88)\times10^{-15}$	m	6.7×10^{-10}
$\lambda_{C,n}/2\pi$	$\lambda_{C,\tau}$	$0.210\ 019\ 415\ 36(14)\times10^{-15}$	m	6.7×10^{-10}
中子磁矩	μ_n	$-0.966\ 236\ 50(23)\times10^{-26}$	$J\ T^{-1}$	2.4×10^{-7}
中子g因子$2\mu_n/\mu_N$	g_n	$-3.826\ 085\ 45(90)$		2.4×10^{-7}
中子与屏蔽质子旋磁比（H_2O，球，25℃）	μ_n/μ_p'	$-0.684\ 996\ 94(16)$	$s^{-1}T^{-1}$	2.4×10^{-7}
中子旋磁比$2\lvert\mu_n\rvert/h$	γ_n	$1.832\ 471\ 72(43)\times10^{8}$	$s^{-1}T^{-1}$	2.4×10^{-7}
	$\gamma_n/2$	29.164 693 3(69)	$MHz\ T^{-1}$	2.4×10^{-7}

表4　2014年CODATA推荐的物理化学基本常数平差值表

量	符号	数值	单位	相对标准不确定度u_r
阿伏伽德罗常数	N_A，L	$6.022\ 140\ 857(74)\times10^{23}$	mol^{-1}	1.2×10^{-8}
原子质量常数	m_u	$1.660\ 539\ 040(20)\times10^{-27}$	kg	1.2×10^{-8}
能量当量	$m_{\alpha}c^2$	$1.492\ 418\ 062(18)\times10^{-10}$	J	1.2×10^{-8}
		931.494 095 4(57)	MeV	2.2×10^{-8}
法拉第常数N_Ae	F	96 485.332 89(59)	$C\ mol^{-1}$	6.2×10^{-9}
摩尔普朗克常数	N_Ah	3.990 312 711 0(18)	$J\ s\ mol^{-1}$	4.5×10^{-10}
	N_Ahc	0.119 626 565 582(54)	$J\ m\ mol^{-1}$	4.5×10^{-10}
摩尔气体常数	R	8.314 458 9(75)	$J\ mol^{-1}K^{-1}$	5.7×10^{-7}
玻尔兹曼常数R/N_A	k	$1.380\ 648\ 52(79)\times10^{-23}$	$J\ K^{-1}$	5.7×10^{-7}
		$8.617\ 330\ 3(50)\times10^{-5}$	$eV\ K^{-1}$	5.7×10^{-7}
	k/h	$2.083\ 661\ 2(12)\times10^{10}$	$Hz\ K^{-1}$	5.7×10^{-7}
	k/hc	69.503 457(40)	$m^{-1}K^{-1}$	5.7×10^{-7}
理想气体的摩尔体积 RT/p，$T=273.15\ K$，$p=100kPa$	V_m	$22.710\ 947(13)\times10^{-3}$	m^3mol^{-1}	5.7×10^{-7}
洛施密特常数N_A/V_m	n_0	$2.651\ 646\ 7(15)\times10^{25}$	m^{-3}	5.7×10^{-7}
萨库尔－蒂特罗德常数（绝对熵常数） $(5/2)/\ln[(2\pi m_u kT_1/h^2)^{3/2}kT_1/p_0]$	S_0/R	−1.151 708 4(23) $T_1=1K$，$p_0=100kPa$		1.2×10^{-6}
		−1.164 871 4(23) $T_1=1K$，$p_0=101.325kPa$		1.2×10^{-6}
斯忒藩－玻尔兹曼常数$(\pi^2/60)k^4/h^3c^2$	σ	$5.670\ 367(13)\times10^{-8}$	$W\ m^{-2}K^{-4}$	2.3×10^{-6}
第一辐射常数$2\pi hc^2$	c_1	$3.741\ 771\ 790(46)\times10^{-16}$	$W\ m^2$	1.2×10^{-8}
用于谱线辐射的第一辐射常数$2hc^2$	c_{1L}	$1.191\ 042\ 953(15)\times10^{-16}$	Wm^2	1.2×10^{-8}
第二辐射常数hc/k	c_2	$1.438\ 777\ 36(83)\times10^{-2}$	mK	5.7×10^{-7}
维恩位移定律常数	b $(b=\lambda_{max}T)$	$2.897\ 772\ 9(17)\times10^{-3}$	mK	5.7×10^{-7}
	b' $(b'=\nu_{max}/T)$	$5.878\ 923\ 8(34)\times10^{10}$	$Hz\ K^{-1}$	5.7×10^{-7}

了精细结构常数和里德伯常数。爱因斯坦相对论的出现，伴随着一个十分重要的基本物理常数，即真空中的光速。光速不变原理是狭义相对论的两个基本原理之一。在量子理论和相对论建立的过程中，所确立的基本物理常数的数目已远大于原来经典物理中出现的常数。这充分说明，在微观和近代物理学中，基本物理常数具有更加重要的作用。

物理学家和计量学家的目标是不断探索新的更完善的不变量作为基本单位的定义。不变量越是恒定，越能觉察和探索自然界任何细微变化的规律。

分类　按照国际推荐值的基本常数，分为普适常数（表1）、电磁常数（表2）、原子常数与和核常数（表3）、物理化学常数（表4）四大类。1986年后，逐步将原子常数与和核常数又细分为一般常数、弱电常数、电子、μ子、τ子（1998年增设）、质子、中子、氘核、氚核（2006年增设）、氦核和粒子（1998年增设），使基本常数国际推荐值日臻完善。　（沈乃澂）

基本相互作用　fundamental interaction　各种物质（粒子）之间相互作用的统称。近代物理研究确认可归结为引力相互作用、电磁相互作用、弱相互作用和强相互作用。基本相互作用决定了物质（粒子）的结构和变化过程。近代物理的观点倾向于认为四种基本相互作用是统一的。

（靳根明）

基波　fundamental wave　复杂周期性振荡中振荡周期最长（振荡频率最小）的正弦波分量。任一个复杂的周期信号都可以通过傅里叶级数展开为直流分量和不同频率的正弦信号的线性叠加。频率最小的正弦波分量称为基波，而频率为基波频率整数倍的分量称为谐波。

基波的测量方法包括滤波法、傅里叶变换法。当信号的谐波频率与基波频率相差较大时，可以通过低通滤波方法将高频谐波滤掉，只让低频的基波通过。当信号的频谱较复杂时，特别是低次谐波含量较大时，很难用滤波的方法将基波分离出来，此时可以用离散傅里叶变换对采样信号进行频谱展开，得到基波信号。

（张爱琴）

基尔比，J.　Jack Kilby（1923-11-08～2005-06-20）美国实验物理学家。生于密苏里州杰斐逊市，卒于得克萨斯州达拉斯。第二次世界大战期间在美国战略服务部工作。1947年开始从事消费电子产品的开发。1950年在威斯康星大学获电机工程硕士学位。1958～1970年任职于得克萨斯仪器公司。1970年后到其他公司任职。

基尔比在得克萨斯仪器公司从事计算机集成电路研究和开发。1958年成功地开发了世界上第一个集成电路，为发展现代

电子工业做出了重大贡献。为此，基尔比获2000年诺贝尔物理学奖。1970年后，基尔比转入硅技术太阳能发电的研究与开发。 （郭奕玲）

基尔霍夫，G.R. Gustav Robert Kirchhoff（1824-03-12～1887-10-17） 德国物理学家、化学家、天文学家。生于普鲁士的柯尼斯堡（今俄罗斯加里宁格勒），卒于柏林。1847年毕业于柯尼斯堡大学，然后在柏林大学和布雷斯劳任教。1854～1887年先后任海德堡大学、柏林大学理论物理教授。

1845年，基尔霍夫首先阐述了稳恒电路网络中电流、电压、电阻关系的定律，即基尔霍夫电流、电压定律。后来又研究了电路中电的流动和分布，从而阐明了电路中两点间的电势差和静电学的电势这两个物理量在量纲和单位上的一致。在海德堡大学期间，他与R.W.本生合作创立了光谱分析法。利用这一新方法，他在研究碱金属光谱中发现了元素铯和铷。1859年，基尔霍夫在热力学平衡原理的研究中导出了关于辐射的定律，后被称为基尔霍夫定律，即任何物体的发射本领和吸收本领的比值与物体特性无关，是波长和温度的普适函数。并由此判断太阳光谱的暗线是太阳大气中元素吸收的结果。这给太阳和恒星成分分析提供了一种重要的方法，天体物理由于应用光谱分析方法而进入了新阶段。1862年他又进一步得出“绝对黑体”的概念。他的辐射定律和绝对黑体概念是开辟20世纪物理学新纪元的关键因素之一。1900年M.普朗克的量子论就发轫于此。 （李志超）

基尔霍夫电路定律 Kirchhoff's circuit laws 德国物理学家G.R.基尔霍夫归纳出来的电路上流入各节点的电流以及存在于各回路上电压之间关系的法则。是电路计算的理论基础，又称基尔霍夫方程组。

基尔霍夫第一定律 汇集于节点的各支路电流I的代数和为零，用公式表示为：

$$\sum I=0$$

式中规定流出节点的电流为正，则流向节点的电流为负。基尔霍夫第一定律又称为节点电流方程组，其理论基础是恒定电流条件下的电荷守恒定律。对于共有n个节点的电路网络可列出$n-1$个独立的节点电流方程组成基尔霍夫第一方程组。

基尔霍夫第二定律 沿闭合回路环绕一周各支路电势降（电压）U的代数和为零，用公式表示为：

$$\sum U=0$$

式中电势降的正负由电源的极性以及设定的电流方向相对于回路绕行方向确定，两者相同为正，两者相反则为负。基尔霍夫第二定律又称回路电压方程组，其理论基础是恒定电场的环路定理。对于共有p条支路n个节点的电路网络可列出$p-n+1$个独立的回路电压方程组成基尔霍夫第二方程组。对于共有p条支路的电路网络，共可列出$(n-1)+p-n+1=p$个方程，与未知的p条支路电流数相等，因此给定电路的各电源的电动势和电路各电阻，可解出各支路的电流值。根据基尔霍夫电路定律还可导出其他一些有用的定理（戴维南定理、诺顿定理等），它们在电路分析中应用非常有效和简便。

基尔霍夫电路定律在电流恒定条件下严格成立。在准稳条件下，即整个电路的尺度远小于电路工作频率下的电磁波长时，基尔霍夫电路定律也与实际条件符合得相当好，在通常的交流电路中也有广泛的应用。 （陈熙谋）

基尔霍夫辐射定律 Kirchhoff's law of thermal radiation 描述热平衡状态下物体的发射率与吸收率之间关系的热辐射定律。1860年，G.R.基尔霍夫在研究了辐射传输过程后指出，在辐射平衡状态下，任何物体的辐射功率等于吸收的辐射功率，表明物体的辐射度与吸收率之比同物体材料的性质无关，这一结论称为基尔霍夫定律。基尔霍夫热辐射定律也可以用物体的光谱辐射量来表示。它表明对于给定的温度和波长，任何物体的光谱辐射度与其光谱吸收率之比同物体性质无关，都是波长和温度的普适函数。可通俗地表述为好的吸收体也是好的辐射体。

基尔霍夫定律指出：如果物体的吸收能力越强，则辐射的能力也就越强；如果反射能力越强，则吸收能力就越低。

基尔霍夫将能吸收全部入射辐射能量的物体称为黑体，黑体是最好的吸收体，必然也是最有效的辐射体。利用黑体的概念，基尔霍夫定律还可表述为：任何物体在给定温度下的发射率等于吸收率。该结论不仅适用于单色辐射和全波段辐射，也适用于定向辐射和偏振分量的辐射。 （陆 卫）

基因调控网络建模 gene regulatory network modeling 以生物信息数据为基础，利用计算机、数学、物理学等交叉领域知识描述基因之间调控关系的建模方法。细胞的表现和生物形态通常是受到由DNA序列中的遗传信息经过基因表达转换成蛋白质分子的过程影响。一个基因的表达一般会受其他基因的调控，而调控基因又受另外其他基因的调控，基因之间的这种相互调控和影响的关系通常称为基因调控网络。在基因调控网络模型中，结点一般表示的是基因，边通常表示两个基因之间的相互调控关系。如果两个基因之间有调控关系，则这两个基因之间连接有一条有向或无向的边。因此，基因调控网络模型中的边可以是无向或是有向。几乎所有的细胞活动都受基因网络影响。

基因调控网络具有复杂网络的一些特性，如基因调控网络往往是存在无标度网络性质，具有明显的局部特性和层次模块特性。构建基因调控网络常用的模型和方法有线性回归、互信息、皮尔逊相关系数、斯皮尔曼相关系数、布尔网络模型、微分方程模型、贝叶斯网络模型、聚类分析模型等。 （沈红斌）

基于统计知识的相互作用势能 potential based on statistical knowledge 以统计理论为基础，借由统计势能函数研究分子的相互作用过程，通过对系统中微观分子势能建模或计算，研究如蛋白质结构属性及其折叠过程等的动力学特征。随着生物信息学、统计力学、计算科学的飞速发展以及它们的深入交叉，基于统计知识的相互作用势能计算，已逐渐成为研究蛋白质分子生物物理结构属性和折叠过程中动力学的重要方法之一。势能通常表示了物体在特定位置上所具备的能量，能为描述生物分子的能量状态提供定量参考，如通过研究构成蛋白质的各种原子之间相互作用力和势能函数，可以并实现蛋白质分子的动力学模拟残基接触平均势能计算。

一般认为，蛋白质结构决定其功能。研究人员提出了多种蛋白质结构预测与计算方法，其中大部分方法都包含统计势能函数。在相关的势能函数设计中，通常需要考虑作用力场势能函数的基本物理假设、势能函数的性质和势能函数的准确性等方面因素。通过提取已知结构信息来进行统计并构建对应的能量函数有不少，如基于成对距离相关的原子统计势能函数等。由于蛋白质的结构稳定性和折叠过程与三维空间中残基之间相互作用网络具有较强的依赖关系，以及残基相互作用网络与蛋白质氨基酸序列具有内在联系，所以基于统计知识的相互作用势能是能综合蛋白质宏观整体结构和微观原子尺度结构两层重要关系的建模方法，也是研究蛋白质结构和折叠过程中动力学特征的重要切入点。

前期势能函数无法使用越来越大的蛋白质结构数据库，且仅考虑单一的蛋白质结构特征，如残基三联子（RT）、溶剂可及性（SA）、二面角（DA）以及氢键（HB）等。新的统计势能函数可以克服前期势能函数的这些缺陷。（沈红斌）

畸变 distortion 像与物失去几何相似性的一种像差。畸变与光学系统的横向放大率的不均匀性直接相关：横向放大率随物点离轴距离的增加而增大称正畸变（或枕形畸变）；反之则称负畸变（或桶形畸变），如图所示。薄透镜的畸变很小，厚的凸透

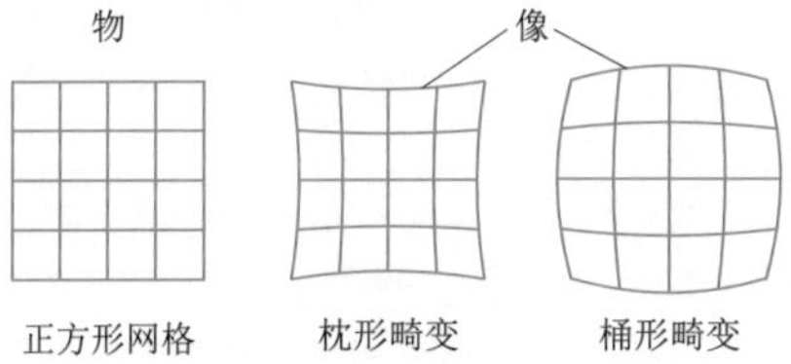

球面系统的畸变

镜有正畸变，厚的凹透镜有负畸变。光学系统的孔径光阑位置可影响畸变的大小和正负性。薄透镜的孔径光阑与透镜重合时畸变很小，在其他位置时会引起明显的畸变。孔径光阑在透镜之前或之后会产生正负性相反的畸变。对称型高斯镜头中常在两组完全相同的组合透镜之间设置孔径光阑，使正负畸变相消。

畸变也存在于电子光学系统中。

（胡望雨　白本锋）

激发电势 excitation potential 把原子或分子中的电子从一个能级激发到另一个能级所需要的能量。激发电势通常用于描述电子态的激发，偶尔也用于分子振动态和转动态的激发。和激发电势相关，另一个更常用的概念是激发能。如果激发电势单位是伏特，激发能单位是电子伏特，两者数值上相等。如果使用光把原子或分子从一个态激发到另一个态，光子的能量就等于两个态的能级差。（宁传刚）

激发态寿命 excitation lifetime 处于激发态的原子回到基态或低激发态需要的时间。每个原子（分子或离子）在激发态停留的时间并不相同，但大量同种激发态原子的平均停留时间是确定的，激发态寿命指的就是这个平均寿命。如果原子是静止和孤立的，不受外部作用，它的退激发过程就是自发辐射，原子激发态寿命就是自然寿命。如果原子受到外部光子、电子、原子或分子作用，这时即使是两能级，上能级向下跃迁除有前述自发辐射外，还有几种不同的跃迁道，如发射电子、碰撞弛豫、受激辐射等跃迁道。此外，如果下面不止一个能级，也有几个跃迁道。这时激发态可以通过各个跃迁道回到基态或低激发态，它们之间是一种竞争关系。每一个跃迁道都有自己的跃迁速率，总的跃迁速率λ是各个跃迁道的跃迁速率λ_i之和，即有$\lambda=\sum\lambda_i$，总的激发态寿命：

$$\tau=\frac{1}{\lambda}=\frac{1}{\sum\lambda_i}=\frac{1}{\sum(1/\tau_i)}$$

它比最小的τ_i还小。（徐克尊）

激光 laser 基于受激辐射的光放大过程产生的相干光辐射。激光在港、澳、台地区常被音译为镭射。能产生激光的装置称为激光器。还可以通过非线性介质中的频率变换过程，由一种频率的激光产生另一种频率的激光。

简史 早在1917年，A.爱因斯坦就提出光的发射与吸收可经由受激吸收、受激辐射和自发辐射三个基本过程进行。之后的20多年，人们不断探索利用受激发射来放大光的可能性，并逐渐认识到，如果让原子上能级的布居数大于下能级（“布居数反转”），使受激发射超过吸收，放大光就成为可能。20世纪40～50年代，人们研究微波波谱学时终于发现，可在物质的特定能级间实现粒子数分布反转，通过受激辐射过程实现微波辐射的放大，结合微波谐振腔进而可能建成微波激射器，产生微波相干辐射。1954年前后，美苏两国科学家分别独立研制成功氨分子微波激射器。微波激射器的成功激发人们思索，能否依据相同的原理，把频率推向光频，制成光激射器。由于光的频率比微波频率高好几个量级，有许多新的问题需要研究。例如怎么改造谐振腔由微波频段推进到光频段。美国C.H.汤斯和A.L.肖洛，以及苏联A.M.普罗霍罗夫分别提出开放式的光频谐振腔的设想，对激光器的研制成功做出了重要贡献。基于前人的工作，美国物理学家T.H.梅曼在1960年研制成功了红宝石激光器。梅曼把红宝石做成圆柱棒形，两端精细抛光，两个抛光面互相平行并镀上高反射膜和半透半反膜，或者代替半透半反膜在中央开一个透光的小孔。这一对抛光面的反射镜面构成一个开放式谐振腔（法布里－珀罗腔）。红宝石棒固定在一个螺旋形闪光灯管中央。闪光灯的每一次闪光激励，从半透膜或小孔中产生出深红色的激光束。继红宝石激光器之后，很快人们成功研制出了一系列的其他激光器。

激光发展史中，除了前面这类利用原子、分子、离子中的束缚电子的受激发射来工作的激光器外，还必须提到另外一类基于不同机制的激光器，即利用高速运动的自由电子将动能转变成激光能量来工作的自由电子激光器（FEL）。1951年，H.莫兹提出可以用一个磁摆动器使高速电子束通过时形成周期性摆动，条件合适时就会产生相干电磁辐射。1977年，J.马代等人成功实现了第一台FEL。现在FEL已经发展成了一类有重要价值的激光器件。

激光的产生 激光通常是由激光器产生的。激光器包括三个主要部分，即增益介质、泵浦源和谐振。增益介质是由一些具有发光能力的微观粒子（原子、分子和离子等）组成，它们可处在分离的能量状态（能级）中。介质与光场相互作用时，微观粒子可在能级间跃迁。按照爱因斯坦有关辐射的理论，处于低能态的粒子可吸收光子跃迁到高能态，即发生受激吸收过程；处于高能态的粒子可向低能态跃迁，并同时发射光子。后者中一种方式是不依赖外界光场，自发地发射一个光子而跃迁到低能态，称为自发辐射；另一种方式是在外界光场激励下发射光子而跃迁到低能态，即发生受激辐射过程（见图）。在受

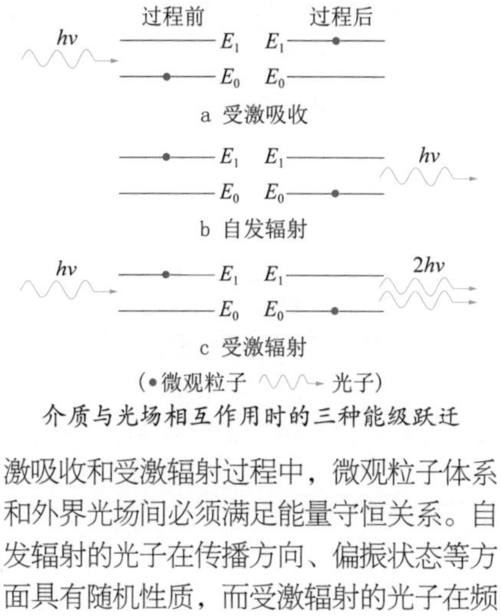

介质与光场相互作用时的三种能级跃迁

激吸收和受激辐射过程中，微观粒子体系和外界光场间必须满足能量守恒关系。自发辐射的光子在传播方向、偏振状态等方面具有随机性质，而受激辐射的光子在频率、传播方向、偏振状态的特性上则与入射光子保持完全相同。

组成介质的大量微观粒子在热平衡条件下，在不同能级上的统计分布遵循玻尔兹曼分布律，即在较低能级上分布的粒子

总数大于在较高能级上分布的粒子总数。这样介质与外界光场相互作用的结果是吸收过程占优势，入射光场将发生衰减。如果介质受到某种形式的激励（即泵浦，如光辐照、放电、粒子束轰击、化学反应等），粒子体系可能不再遵循玻尔兹曼分布律，而是在特定的高能级上分布的粒子总数大于特定低能级分布的粒子总数。这种情形称为粒子数分布反转或布居反转。这时介质与特定频率的光场作用，入射光场的强度将因受激辐射超过吸收而增强，介质成为增益介质。这就是基于受激发射的光放大过程。过程中增加的光子的状态（频率、传播方向、偏振状态为标志）与入射光子的状态完全相同，所以是一种相干放大过程。这是激光产生的基础。激光产生的另一个要素是谐振腔。谐振腔具有波形选择作用和光反馈作用。如微波波段的振荡器一样，介质受到某种形式的激励而具有放大辐射（增益）能力后，只有某些频率的波形有反馈时才能形成稳定的振荡。肖洛和汤斯提出采用开放腔，即法布里－珀罗腔作为光学谐振腔。这种腔由共轴的两片高反射率镜片组成，腔内只有沿腔轴传播的光可在腔内多次反射而提供反馈。这种谐振腔还具有波形选择的作用，只有满足驻波条件的波形才能在腔内存在。但只有当谐振腔选出波形的频率与增益介质的跃迁频率一致时激光才能产生。

受各种条件限制，激光器能产生的激光的频率远不能覆盖整个光波频段，特别是紫外、极紫外和远红外更难通过激光器来直接产生相干辐射。但是，广泛利用非线性光学原理能达到上述目的。激光入射到非线性光学介质时，通过各种非线性频率变换过程（如倍频、和频、差频、参量放大、受激拉曼散射等）可在新的波段产生相干光。

激光的特性 各种普通光源（如太阳、白炽灯、气体放电灯等）都是基于自发辐射机理发光，即发光体高能级上的粒子向低能级跃迁时，以不依赖于外界光场的方式自发并无方向选择地发射光子。发射光的空间分布方向性很差。对于发光的频谱分布，介质能级或能带具有一定的宽度，发射的光分布在较宽的频谱内，光的单色性很差。

激光是通过受激辐射的光放大过程产生的相干光，加上谐振腔具有波形选择的作用，所以具有一系列与普通光辐射不同的特性。

方向性 光源发出的光束的方向性通常用发射角2θ表示，也可用光束所占有的立体角$\Delta\Omega\approx(2\theta)^2$来描述。普通光源是向$4\pi$立体角发射光的，而激光具有任何普通光源无法比拟的高定向性。如一台氦氖激光器所发射的光束的发散角可小到$2\theta\approx10^{-3}$弧度。激光的方向性是由于受激辐射放大机理和光学谐振腔的方向限制作用所致。

单色性 光的单色性通常用光的频谱分布（线宽）来描述。普通光源如果是固体发光，因为是很宽的能带发光，线宽非常宽。即使是气体中的发光，单色性也受到限制。如在激光出现以前被认为单色性最好的^{86}Kr放电灯在低温下发出的605.7纳米谱线，线宽与波长之比$\Delta\lambda/\lambda\approx8\times10^{-7}$。可是，一台经过频率稳定的氦氖激光器可达到$\Delta\lambda/\lambda\approx10^{-11}$。激光器自由运转时激光线宽取决于激光增益介质的增益带宽，一般会包含多个由谐振腔决定的腔模，典型线宽吉赫量级。采取一些特殊的技术措施可以让激光器工作在只有一个腔模的状态，此时输出的激光线宽会很窄。典型线宽$10^5\sim10^6$赫量级。经过特别稳频（精密锁定在超稳光学参考谐振腔谐振频率）的激光器其线宽甚至可达到1赫以下。

相干性 激光具有高单色性和高方向性，从经典电磁理论的观点看，激光是一种比较接近于理想的单色波的**电磁波**，即接近理想的完全相干电磁波。电磁波的相干性可从两个方面描述，即空间相干性和时间相干性。光场的横向相干距离与光波的发散角成反比。激光的发散角可接近于衍射角，说明横向相干距离接近光束自身的横向尺寸，这意味着整个光束截面内各点的光振动都是彼此相干的。光波的纵向相干长度与线宽成反比，单色性越好则纵向相干长度越长。激光的单色性非常好，因此其纵向相干长度可非常长。

高亮度 光源的单色亮度为与出射方向垂直的单位面积光源向单位立体角内发射的单位频谱宽度的发光功率。激光具有高单色性、高方向性，加上有高功率的输出，所以激光器具有很高的单色亮度。大功率激光器的单色亮度可达10^7瓦/（厘米^2·球面度）以上，并且还在随技术的不断发展继续提高中。相比之下，普通光源的单色亮度要弱得多。如太阳在500纳米附近的单色亮度只有10^{-12}瓦/（厘米^2·球面度）量级。

激光量子特性 可用量子光学，即辐射的量子理论来描述。按照辐射的量子理论，光辐射场的光子分别处在一定数目的彼此可区分的量子状态（或模式）之内。每个量子状态内的平均光子数定义为**光子简并度**，激光的光子简并度可以非常高。大功率激光器输出的光子简并度可达10^{20}。而普通光源，如太阳在可见光谱区的光子简并度只有10^{-2}量级。激光的光子统计性质非常不同于通常的热光源。实验表明，激光的光子计数分布是泊松分布，与通常热光源的玻色－爱因斯坦分布完全不同。通过强度－强度相关实验得知，热光源发出的光子趋向“群聚”（bunching），而激光光子统计上较均匀，不“群聚”。

激光的应用 激光的上述特性使它在科学研究、工业、军事、信息技术、精密计量、医学，直至日常生活等方面都有重要应用。经过数十年激光技术和材料科学的发展，不仅激光波长的覆盖范围大为扩展，激光的各种性能也有很大的提高。激光的许多应用已经非常成熟，应用的范围也日益扩大。作为一种有力的研究手段它已经在物理学、化学、生物学、材料、信息、能源等学科的研究中发挥重要作用。如数十年来，由于激光的特殊作用，在激光冷却原子、原子光学、化学动力学和飞秒化学等领域已经获得了一系列的诺贝尔奖。由于激光的单色性和方向性，它在长度、时间等精密测量中有重要应用。国际计量大会已经采用甲烷和碘稳定的氦氖激光波长为基准，给出新的长度单位“米”。激光频标很快就会代替微波频标给出新的时间单位。激光的频率比微波和射频高出很多，利用激光的时间和空间相干性进行的光通信可实现宽频带的大容量传输。由于低耗损光纤的出现，半导体激光、调制和解调技术的发展，光纤通信已经走进生活。利用激光的空间相干性和高输出功率，可在非常小的空间和非常短的时间内集中巨大能量，很容易熔融或气化各种材料实现激光加工，如激光打孔、激光切割、激光焊接、激光清洗、激光表面强化等。高功率的飞秒激光还可用于极细微的材料加工。如果激光的功率能进一步提高，将其聚焦在轻原子核靶丸上就可实现激光核聚变。用于军事目的，则有可能研制出杀伤性高能激光武器、激光致盲武器。利用激光的方向性的激光测距、激光雷达、激光制导则早已用于现代战争。激光还可用于医学上，激光手术、激光整容和激光癌变探测和激光动力学癌症治疗已经在临床上得到广泛应用。激光的应用已经非常广泛，如CD、VCD、DVD早已经成为人们日常生活常见的激光视听设备。

（邹英华　陈徐宗）

激光捕获原子 laser trapping of atom 利用激光将中性原子限制在自由空间中某个小范围内的方法。激光捕获原子主要利用电偶极矩力来实现。原子在电磁场中会被感应产生一个电偶极矩。电磁场作用在原子上的力就是电磁场作用在这个感生电偶极矩上的力。光波频率稍低于原子的合适跃迁的共振频率时（红失谐），电偶极矩力把原子拉向光强较强的区域；光波频率稍高于原子的合适跃迁的共振频率时（蓝失谐），电偶极矩力将原子推向光强较弱的区域。若采用一束聚焦高斯光束捕获原子，必须将光波的频率调在略低于共振频率处，这时电偶极矩力将原子拉向光束的焦点；若采用中空光束捕获原子，则必须将光波频率调在略高于共振频率处，这时电偶极矩力将原子拉向光束的轴线。这种捕获方式又称光阱，但是它的势垒很低，能够捕获的原子必须处于温度在微开（μK）量级的原子。为了捕获温度更高的原子，如温度在毫开（mK）量级的原子，可以采用磁光阱的方法，其原理是利用三束不同圆偏振方向的激光与一对反亥姆赫兹线圈构成囚禁原子的力，形成在磁场中心零点处受力为零，偏离零点后大小与距离成正比、方向指向零点的偶极力，由此捕获原子。

激光捕获原子现在已经成为一种标准技术，它广泛运用在原子喷泉钟、光钟、原子干涉仪、原子陀螺仪等高精密测量设备中。（佘卫龙　王天及　陈徐宗）

激光测距　laser ranging　利用激光对目标的距离进行准确测定的技术。基本原理是向被测目标发送激光信号，对从目标返回的光信号进行测量和处理，以获取距离信息。按测量方法可分为飞行时间法、相位法、调频连续波法、多波长组合测量法、干涉法、激光三角法等。

飞行时间法　激光器向目标发射具有较高功率的激光窄脉冲信号，通过直接测量脉冲在待测距离上往返时间间隔计算被测距离。其测量精度受到时间间隔测量的限制，一般应用于测量范围大但对精度要求不高的场合，如地形测量、星地距离测量等。

相位法　通过测定连续调制的连续激光信号在待测距离上往返的相位差得到距离值。传统的相位比较法直接测量强度调制的正弦信号相位差，测距精度取决于测量系统的测相灵敏度。由于其成本低和抗干扰能力强，广泛应用于军事、测绘、航天等领域。调频连续波法和多波长组合测量法具有较高的测相精度，是较为新颖的相位测距法。

调频连续波法　激光器发射频率线性调制的激光信号，经被测目标反射后在测量端与参考信号形成与光程有关的拍频信号，通过测量拍频解算得被测距离。调频连续波测距无距离盲区，辐射功率小，广泛应用于激光雷达等民用测距领域。

多波长组合测量法　利用若干波长组合成一系列不同波长的合成波长链，利用不同的合成波长进行比相测距，逐级逼近被测距离值。

干涉法　利用激光的相干性，将同一光束分成参考光束和测量光束，测量光束从被测物返回后和参考光束形成干涉条纹，当被测物移动时，测量干涉条纹的变化量得到被测长度。激光干涉测距具有极高的精度和灵敏度，可用于小位移测量、面形测量等。

激光三角法　激光照射在被测物体表面产生漫反射光，经过接收透镜接收后成像在光电位置探测器上，当物体移动时，其所成的像在探测器上也产生相应的位移。通过像移和实际移动位置间的几何关系可以计算物体移动的距离。激光三角法常用于测量长度、距离及表面形貌等几何量，在工业制造、航空测量、土木建筑、生物医疗等领域具有广泛应用。

进入21世纪以后飞秒激光频率梳的出现，使得激光测距的性能有较大提升。飞秒激光频率梳在时域上表现为固定间隔的超短脉冲，在频域包含大量等间隔的稳定频谱成分。采用飞秒光频梳作为测量光源，通过测量并处理目标返回信号的时域和频谱信息，可得到待测目标的绝对距离，其测距量程、精度和速度均优于传统测距方法。飞秒光频梳测距是目前最具潜力的测距方法，在计量测试、工业测量和空间领域具有极大的应用前景。（樊仲维　周维虎）

激光长度基准　laser length standard　利用激光技术建立的长度基准。

1983年米定义的复现方法　①用$l=ct$的方法，简称测距法，即根据光行进的时间来测距。这种方法可在大地测量、军事测距或天文测量中应用。②在实验室内复现米定义主要采用$\lambda=c/n$的方法，简称测频法，即通过测量光频标准的频率值来得到激光波长值，从而复现米定义。③将研制的光频标准在符合国际规范的条件下，采用国际推荐的频率或真空中波长值。

21世纪初，国际推荐的光频标已达13类之多，充分显示出定义的广泛性和优越性。其中最实用的激光长度基准是633纳米碘稳定的氦氖激光器，其频率推荐值为473.612 353 604太赫兹，真空中波长推荐值为632.991 212 58纳米，相对不确定度为2.1×10^{-11}。

氦氖激光的推荐值　国际计量委员会（CIPM）的长度咨询委员会（CCL）在2007年举行的会议上，对633纳米氦氖（He-Ne）激光$3s_2-2p_4$跃迁的频率和波长推荐值为：频率$f=473.6127$太赫兹，真空中波长$\lambda=632.9908$纳米。

这项推荐值的相对不确定度为1.5×10^{-6}，与激光管中氖的同位素比例及管内气压等参数无关。但此推荐值只能用于上述跃迁，而不存在任何其他相邻跃迁干扰的情况。这不仅可用于自由运转的633纳米氦氖激光，还能用于商品型稳频而尚未加以标定的633纳米氦氖激光。（沈乃澂）

激光导引原子　laser guiding of atoms　冷原子激光导引技术的简称。用于开展对中性冷原子的波粒二象性及其应用的理论与实验研究。为了开展对中性冷原子的多方面研究，物理学家对冷原子的磁、光导引产生了极大的兴趣，并提出了各种不同的方法来实现冷原子的导引。原子导引技术的发展也促进了原子光学器件（如原子漏斗、原子透镜、原子分束器和原子干涉仪等）的研制及应用。可以说，原子导引技术在原子光学中的应用与地位，就像光波导技术在现代光学中的应用与地位一样广泛和重要。

根据交流斯塔克效应，当冷原子在红失谐的高斯光束或高斯模式、零阶贝塞尔光束等中运动时，将受到一个指向光束中心的横向（二维）偶极吸引力，并沿着光束的传播方向导引；类似地，当冷原子在蓝失谐的空心光束或空心消逝波光场中运动时，将受到一个指向光束中心的横向（二维）偶极排斥力，并沿着空心光束的传播方向导引。因此，采用红失谐的高斯光束（高斯模式、零阶贝塞尔光束等）或蓝失谐的空心光束（空心消逝波光场）即可实现冷原子的激光导引。

冷原子红失谐激光导引　红失谐激光导引原子的技术优势是实验方案简单，冷原子装载简便、效率高；缺点是由于冷原子被吸引在光强最强处导引，因而相对于蓝失谐激光导引技术而言，其自发辐射或光子散射引起的加热效应与消相干效应较大，这对于冷原子的相干操控是不利的。对于二能级原子模型，该类冷原子导引实验的规律是：①冷原子导引效率不仅与激光失谐量有关，而且与激光功率有关（功率越大，导引效率越高）；②在冷原子导引通量与激光失谐量的依赖关系中存在一个最佳的失谐量和相应的最高导引通量（最高导引效率），而且这一最佳失谐量和最高导引通量与激光功率有关，且激光功率越高，最佳失谐量越小，相应的最高导引通量越高。采用红失谐激光导引冷原子的技术方案主要有如下两种。

空心光纤中红失谐高斯模式的冷原子激光导引　当一束红失谐的高斯激光被耦合进入空心光纤的中空区域并选择激发出EH_{11}高斯模式时，空心光纤中高斯模式激光场产生的横向偶极力将吸引冷原子到光纤中空区域光强最强的地方，从而在光纤的横向形成一个二维的横向势阱，于是原子在光纤轴向不受任何限制的情况下可被导引很长的距离。此外，使用弯曲的空心光纤可以使冷原子沿着复杂的轨迹运动，并实现冷原子的激光弯曲导引。特别地，冷原子导引通量还与光纤的弯曲半径有关，且曲率半径越小，冷原子导引通量越低。

红失谐高斯光束的冷原子激光导引　当冷原子被耦合进入一束红失谐的高斯激光时，高斯激光场产生的横向偶极力将吸引冷原子到高斯光束轴心光强最强的地方，从而在高斯光束的横向形成一个二维的横向势阱，于是原子在光束轴向不受任何限制的情况下可被高斯光束导引很长的距离。由于高斯光束的传输满足光的直线传播定律，故自由空间传播的红失谐高斯光束只能实现冷原子的直线导引，而无法实现冷原子的激光弯曲导引。

冷原子蓝失谐激光导引　蓝失谐激光导引原子的技术优势是冷原子装载效率较高，可达80%；可同时实现原子的激光导引与强度梯度冷却（一种新颖的亚多普勒冷却机制）；特别地，由于冷原子被排斥在蓝失谐空心光场的光强最弱（甚至光强为零）处导引，因而相对于红失谐激光导引技术而言，其自发辐射或光子散射引起的加热效应与消相干效应较小（通常要小300倍左右），这对于冷原子的相干操控是非常有利的。缺点是实验方案复杂一些，这是因为在冷原子激光导引实验之前首先需要产生空心光场，如空心消逝波场、空心模式或空心光束等。对于二能级原子模型，该类冷原子导引实验的规律与红失谐激光导引方案类似。采用蓝失谐激光导引冷原子的技术方案主要有如下四种。

空心光纤中蓝失谐消逝波光场的冷原子激光导引　当一束蓝失谐的激光被聚焦耦合进入空心光纤的纤芯，并选择激发LP_{01}（或HE_{11}）空心模式时，在空心光纤的内壁附近将产生空心的消逝波光场。当冷原子被原子漏斗装进蓝失谐的空心消逝波光场时，原子将被排斥到空心光纤中LP_{01}（或HE_{11}）空心模式的中心，并沿着空心光纤导引。

单模光纤束中蓝失谐消逝波光场的冷原子激光导引　由于消逝波的优点是不受衍射极限的限制，因而利用光纤消逝波的弯曲波导技术可实现任意形状（如大规模集成电路）和原子量级的原子光刻，甚至产生连续的冷原子束（或连续冷分子束）；又由于上述单模空心光纤一般难以获得，而单模实心光纤容易获得，价格也便宜，因此采用三根或四根亚微米单模光纤束中的蓝失谐空心消逝波光场即可实现冷原子（或冷分子）激光导引。

蓝失谐空心光束的冷原子激光导引　当冷原子被有效装载进入蓝失谐空心光束时，原子将受到一个二维的光学偶极排斥力而被沿着光束传播方向直线导引。此外，由于西西弗斯效应，蓝失谐空心光束自身感应的强度梯度冷却可进一步冷却导引原子的横向温度，以获得一束被准直得很好的相干冷原子束。

空心金属波导中蓝失谐TE_{01}模式的冷原子激光导引　一束被准直高斯光束经过2π位相板和透镜后产生一束聚焦的空心光束，一方面用于有效激发产生空心金属波导中的TE_{01}空心模式，另一方面用作一原子漏斗实现冷原子从磁光阱到TE_{01}空心模式的有效装载，以实现冷原子在蓝失谐TE_{01}空心模式中的激光导引。

在原子激光导引方案中，不管是红失谐还是蓝失谐，光场强度波动和原子自发辐射对原子的加热与消相干效应都是不可避免的。因此，根据**塞曼效应**，人们还提出了利用磁场实现中性原子导引的各种方案。

冷原子激光导引技术在原子激光冷却与囚禁、原子光学实验及其器件研制中有着重要而又广阔的应用前景。（印建平）

激光多普勒测速仪　laser Doppler velocimeter; LDV　一种基于光学多普勒效应测量流体或固体运动速度的仪器。激光多普勒测速仪的基本原理是，当激光照射到流体或运动的固体时，流体中的示踪粒子或固体表面的散射粒子发生散射，由散射光的多普勒频移得到流体或固体表面的运动速度。图为LDV原理示意，波长λ的激光照射颗粒，颗粒发生散射。

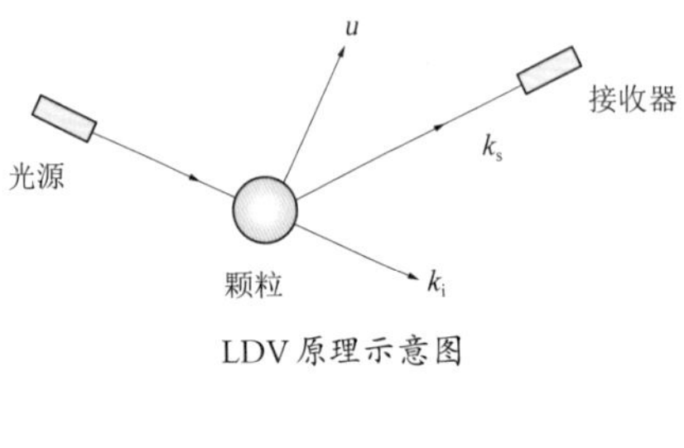

LDV原理示意图

设颗粒的运动速度为$\boldsymbol{u}$，从颗粒看，得到的激光的频率为：

$$f_p = [c - \boldsymbol{u} \cdot \boldsymbol{k}_i]/\lambda$$

式中$\boldsymbol{k}_i$为激光传播矢量。从探测器看，得到的散射光的频率为：

$$f_D = [c + \boldsymbol{u} \cdot \boldsymbol{k}_s]/\lambda_p$$

式中$\boldsymbol{k}_s$为散射光传播矢量。在颗粒p上的波长和频率关系为$f_p = c/\lambda_p$。由于$u \ll c$，即有：

$$f_d = \frac{\boldsymbol{u} \cdot (\boldsymbol{k}_s - \boldsymbol{k}_i)}{\lambda}$$

由频差f_d（多普勒频差），即可得到颗粒运动速度$\boldsymbol{u}$。

LDV系统一般由激光器、入射光学单元、接收光学单元、多普勒信号处理器和数据处理器组成，可实现一维、二维和三维速度测量。LDV按光学接收器的位置可分为前向接收和后向接收两类。前向接收型中接收器接收的是颗粒前向散射光；若接收器接收的是颗粒的后向散射光，即接收器与激光器在被测颗粒（流体）的同侧，那就是后向接收型。按入射光束的数目，LDV可分为单束散射型（单束激光入射）和双束散射型（两束激光入射）。按光接收器接收频差的方法，LDV可分为参考光型和外差型两类。参考光型的光接收器接收的是一束参考光（未经过颗粒散射的入射光）和一束散射光的频差，外差型光接收器接收的是两束散射光的频差。

LDV是一种单点测量技术，具有测量精度高、测速范围广、空间分辨率高以及非接触测量等特点，已成为科研和实际工程中测量固体表面运动速度和复杂流场流动速度的有力工具，广泛应用于航空、航天、机械、生物学、医学、燃烧学以及工业生产等领域。（吕且妮　郁道银）

激光二极管　laser diode　以PN结为工作物质的**半导体激光器**。半导体中的电子能态分布不是分立的能级，而是由价带、禁带和导带组成的能带结构。导带和价带是由不连续的能级构成。激光二极管中与辐射相关的过程是发生在导带和价带中一对能级之间。热平衡状态下电子在导带和价带中的分布由费米分布函数来描述，温度T时整个系统有一个统一的费米能级E_F，能级E被电子占据的概率为（k_B为玻尔兹曼常数）：

$$f(E) = \frac{1}{e^{(E-E_F)/k_BT} + 1}$$

半导体在注入或光照等外界作用下处于非平衡状态，导带和价带中的电子不能再用统一的费米能级描述；此时载流子带间跃迁寿命比它们的带内弛豫的时间长得多，即导带或价带电子与晶格发生能量交换的概率比起导带电子跃迁到价带未被占据的能级的概率大得多，因此可以认为导带和价带中的电子与晶格各自独立处于热平衡状态。电子占据导带或价带中某一能级的概率$f_c(E)$和$f_v(E)$分别为：

$$f_c(E)=\frac{1}{e^{(E-E_{F_c})/k_BT}+1}$$

$$f_v(E)=\frac{1}{e^{(E-E_{F_v})/k_BT}+1}$$

式中的E_{F_c}和E_{F_v}分别为导带电子和价带电子的准费米能级。若有频率为ν的光子入射，将同时引起导带中能级E和价带中能级$(E-h\nu)$间的受激辐射和受激吸收。受激辐射是导带中能量为E的电子跃迁到价带中能量为$(E-h\nu)$的空能级过程，因此辐射率正比于导带上能级密度$N_c(E)$和电子占据概率$f_c(E)$的乘积、正比于价带上能级密度$N_v(E-h\nu)$与未被电子占据的概率$1-f_v(E-h\nu)$的乘积，即正比于：

$$N_c(E)f_c(E)N_v(E-h\nu)[1-f_v(E-h\nu)]$$

与受激辐射相反，受激吸收是价带中能量为（$E-h\nu$）的电子跃迁到能量为E的导带空能级的过程，吸收率正比于：

$$N_v(E-h\nu)f_v(E-h\nu)N_c(E)[1-f_c(E)]$$

要达到分布反转，受激辐射要大于吸收，需要满足条件：

$$f_c(E)>f_v(E-h\nu)$$

因此半导体受激光发射的必要条件简化为：

$$E_{F_c}-E_{F_v}>h\nu$$

因为受激辐射的光子能量满足$h\nu\geqslant E_g$（能隙值），这意味着准费米能级E_{F_c}和E_{F_v}必须分别进入导带和价带。因此p区和n区必须重掺杂。

激光二极管的泵浦（激励）是对PN结注入正向电流，PN结势垒降低，n区电子向p区注入、p区空穴向n区注入，大量非平衡载流子辐射复合；当正向偏压$eV\geqslant E_g$时，在PN结面附近达到$E_{F_c}-E_{F_v}>E_g$，成为粒子数分布反转区，称之为“有源区”，有源区的宽度一般在微米量级。此时，E_{F_v}、E_v、E_c、E_{F_c}构成一个广义的四能级体系。

激光二极管的谐振腔是由垂直于PN结面的两个严格平行的晶体解理面形成。谐振腔具有产生和维持光振荡、实现光放大、确定激光方向和选频的作用。在注入电流的作用下，有源区内受激辐射不断增强，称为增益，增益系数g。另一方面，辐射在谐振腔内来回反射、产生损耗，主要包括载流子吸收、缺陷散射、端面透射损耗，吸收系数α；增益和吸收损耗各按指数规律增长或衰减。光在腔长L内的任意处的强度I_0经过一个来回反射回到同一位置，如果强度维持不变，则有：

$$I_0R_1R_2\exp[(g-\alpha)2L]=I_0$$

得到：

$$g=\alpha+\frac{1}{2L}\ln\frac{1}{R_1R_2}$$

只有增益足以克服损耗才能形成受激发射，这是激光二极管实现受激发射的阈值条件。

典型的激光二极管结构主要由高折射率的有源区和低折射率的上下波导构成，波导层的作用是控制光场的分布和模式。激光二极管根据有源区的形式可分为同质结激光二极管、单异质结激光二极管、双异质结激光二极管、分别限制异质结激光二极管、量子阱激光二极管、量子线激光二极管、量子点激光二极管等；依据谐振腔及波导的形式分为法布里－珀罗、分布反馈、分布反馈布拉格反射、垂直腔面、微腔、光子晶体等激光二极管。激光二极管已经广泛应用于激光通信、光盘读写、激光医疗、材料加工、国防建设等领域。

（刘峰奇）

激光放大技术 laser amplifier 一种让激光束通过光学增益介质时产生能量（功率）增益，使激光信号幅值得到放大的技术。激光放大器的结构与**激光振荡器**基本相似，主要由增益介质和泵浦源组成，输入激光束通过激光放大器内的增益介质而获得行波放大（可以是单程、双程、折叠式多程），不需要谐振腔；特殊的再生放大则有谐振腔。

在典型的激光振荡器——放大器系统中，最终输出激光的脉宽、光束发散角和光谱宽度主要取决于振荡器，而脉冲能量和功率由放大器决定。一般来说，采用激光放大技术的目的，就是增大输出激光光束的亮度。

在激光放大器设计时，应考虑放大器本身的增益特性，包括小信号增益、线性增益范围、大信号增益饱和、最大输出能量潜力等，根据输入信号的状况和使用要求的不同，综合平衡放大器的特性指标，合理分配各级放大器。对于脉冲激光放大器，输入激光信号在放大器工作物质粒子数反转积累达到最大程度时通过放大器系统，这样才能有效地发挥放大器的储能能力。所以，正确选择输入的脉冲激光信号与激光放大器本身的泵浦脉冲之间的时间延迟至关重要。

振荡器提供的待放大的激光信号具有较好的光束质量，包括较小的光束发散角、理想的波面结构和光束截面内较均匀的光强分布等，经放大器放大过程中多种因素的影响（如衍射、干涉、光束自聚焦、放大介质增益和折射率不均匀等），上述参数会在不同程度上变差。如何使放大输出的激光保持尽可能好的光束质量，是设计激光放大器要着重考量的问题。任何放大过程都伴有某种畸变，激光放大器尤其要考虑波前畸变和脉冲形状畸变。当然在某些需要的场合也有可能通过放大系统同时实现特殊的脉冲整形。

放大器中放大的自发辐射和内部寄生振荡将限制放大作用和影响放大器的稳定性，虽然在某些特殊情况下也有可利用之处，这也是设计激光放大器需要仔细考虑的因素。放大过程中的寄生反馈、光束自聚焦等因素不仅严重地限制放大作用，还可能导致工作物质被激光破坏。有时候要采取一些附加的技术措施（如扩展光束、旋转偏振面、光强分布均匀化、空间滤波器、软边光阑、消寄生反馈、降低增益介质的非线性折射率等），来避免不利影响和保证放大效果。

对于飞秒脉冲激光的放大，已发展出所谓啁啾脉冲放大（CPA）技术，即先将光脉冲的脉宽技术上展宽，然后送到放大器进行放大，等能量提高了从放大器输出后，再将光脉冲的脉宽技术上压窄回飞秒。

（朱小磊）

激光干涉引力波探测 laser interferometric gravitational-wave detection 利用激光干涉原理及制成的装置对**引力波**进行的探测。引力波存在的预言是A.**爱因斯坦**根据其广义相对论而得出的。引力由质量产生，质量使时空弯曲，引力是时空曲率的反映。天体质量的变化或运动状态的变化，引起其周围时空弯曲的变化，这种变化传递出去，就形成了引力波。例如，两个黑洞合并的过程中，就能产生显著的引力波。引力波以光速在空间传播，空间中的物体受引力波的作用会产生相应的位移。但由于地球距可能的引力波源很远，地球上探测体的质量也很有限，引力的扰动极其微弱，因而测量引力波极其困难。

由于**迈克耳孙干涉仪**可以测量微小距离变化，因而从二十世纪六七十年代开始就建立了引力波的探测装置。到21世纪初，陆续建设了高灵敏度、长基线、宽带激光干涉仪，主要有美国的LIGO（the laser interferometer gravitational wave observatory）、日本的TAMA300、德国的CEO600及意大利的Virgo。这些都是直接的引力波测量装置。其中改进后的LIGO装置的结构如图所示。

LIGO装置中，激光经循环共振增强

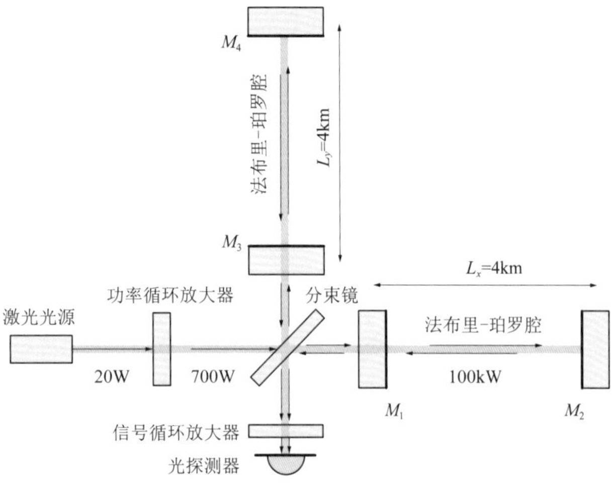

改进后的LIGO探测器结构

后射向分束镜，经分束镜后的两束光分别进入干涉仪的一臂。探测器的两臂相互垂直，均在真空管道内，各长4千米。每一臂中有两个悬吊的反射镜（图中的M_1和M_2、M_3和M_4），镜面相对，相互平行，各自构成一个法布里－珀罗腔。激光束在法布里－珀罗腔内振荡并增强。从两臂射出的光进行干涉，信号经循环共振增强后到达光探测器。

如果有引力波到达探测器，便会引起时空变形，一臂的长度较另一臂略为不同，这样就会造成光程差，激光干涉条纹也就会发生相应的变化。

记每一臂的长度为L，若作用在探测器上的引力波的张力振幅为$h(t)$，由此所导致的两臂长度的改变为：

$$\Delta L(t)=\delta L_x-\delta L_y=h(t)L$$

由于$h(t)$的数值非常小，因而要求这样的装置探测灵敏度非常高，而且还要能够去除各种噪声干扰（包括由于激光照射所引起的反射镜的微小移动）。光源为波长1064纳米、功率20瓦的Nd:YAG激光，经循环共振增强后功率为700瓦，在每一臂的谐振腔中振荡放大，功率高达100千瓦。同时由于每一臂的法布里－珀罗腔的长度很长（4千米），因而能够测量到极小的长度变化。

LIGO包括两套独立的装置，分别位于华盛顿州汉福德和路易斯安那州利文斯顿，两装置的直线距离3002千米，以光速传播的引力波分别到达两个探测器的时间间隔约10毫秒。只有当两个探测器都先后检测到相同的信号，才有可能被认定是引力波。

Virgo干涉仪位于意大利比萨附近，该装置的两个探测臂各长3千米。

2015年11月14日9时50分45秒（格林尼治标准时），LIGO的两个探测器记录了一个瞬间的引力波信号，该引力波的频率为35～250赫兹，峰值张力为1.0×10^{-21}。这是首次直接探测到引力波。这一引力波是由两个黑洞合并产生的，黑洞的质量分别为太阳质量的35倍和30倍，距地球14亿光年，合并后黑洞的质量为太阳质量的62倍，这一天文事件被记作GW150914。

（崔宏滨）

激光感生荧光　laser induced fluorescence　原子、分子在激光的作用下，通过吸收激光能量而被激发到较高的能量态，然后以自发发射的方式跃迁到能量较低的能态，从而辐射出荧光的过程。激光感生荧光最早由R.N. 扎尔等人在1968年报道。

激发光的波长通常选择对原子、分子有最大吸收截面。被激发成分通常在激发后几个纳秒到微秒的时间，产生退激发并辐射出波长比激发激光长的荧光。辐射的荧光通常由光电倍增管或光电二极管探测，探测的方式有色散探测和吸收探测。色散光谱探测是对固定辐射波长进行的，这种探测方法的优点是可以得到二维或三维的像，对流场进行显示和测量，且具有非常高的信噪比和灵敏度。

激光感生荧光可以实现对产生荧光的激光的吸收进行监控；对原子、分子态进行选择性的激发，可以得到原子、分子态的信息，实现原子、分子成分探测，区分不同成分的分子；如果激发的原子、分子由于非弹性碰撞跃迁到其他能级，通过荧光谱可以研究原子、分子的碰撞过程；在分子化学反应过程中，确定分子内态布居的分布情况。

激光感生荧光已成功应用于燃烧、等离子体、喷雾、生物、医学、考古、材料等领域以及流体现象的定量测量中。激光感生荧光可以实现超分辨观测，在一些情况下，可以实现对纳摩尔量级的成分进行显微观察。

（胡正峰）

激光跟踪仪　laser tracker　一种集光机电于一体的大尺寸精密光电测量仪器。通过测量仪器到目标的距离、目标水平角和垂直角，利用球坐标定位原理计算出目标的空间三维坐标。激光跟踪仪主要由激光测距系统、测角系统、跟踪控制系统三部分组成，目标一般采用球形直角反射棱镜。

激光跟踪仪一般通过位置探测器（PSD）探测目标相对于激光束的偏移，位置偏移量经控制器转换为控制信号，控制信号驱动马达实现激光束对目标的自动跟踪。

早期激光跟踪仪测角系统采用光栅增量式测角码盘，测距系统采用单频激光干涉测距（IMF）。为了得到仪器中心到目标的绝对距离，激光跟踪仪设有基准点，基准点到仪器中心的距离经过标定获取。测量时操作人员须手持靶球从基准点出发，激光干涉仪测出目标相对于基准点的位移量，目标位移量加上基准距离即可得到绝对距离。当目标丢失或测量断光时，需要重新回到基准点恢复测量。

为解决断光续接问题，后期激光跟踪仪增加了绝对测距（ADM）功能。采用高精度相位法测距原理，可以实时测量仪器中心到球形反射棱镜中心的绝对距离，测距精度达几十微米，实现了断光情况下的测量续接。

随着绝对测距精度的进一步提高，出现了基于相位法测距和飞秒激光测距的激光跟踪仪。去除了激光干涉测距功能，跟踪仪测距量程和测量精度有了进一步提高。受绝对测距原理的影响，测量速度有所降低。

在激光跟踪仪三维坐标测量的基础上，通过视觉测量技术、二维倾斜传感器技术实现了空间六自由度测量，配合二维激光扫描技术可以实现空间三维点云的扫描测量，极大地扩展了激光跟踪仪的应用范围。

激光跟踪仪干涉测距量程超过40米，精度可达0.5微米/米。绝对测距量程达到160米，测距精度优于±10微米。激光跟踪仪的测角精度为1角秒左右，空间三维坐标测量精度主要受测角误差影响，激光跟踪仪点位精度一般优于10微米/米，其测量速度优于3000点/秒。

激光跟踪仪主要用于大型零部件尺寸和形位误差测量，也常用于大型设备的装配测量，在工业测量、长度计量检定、工业产品安装与检测、动态测量等领域具有广泛应用。

（樊仲维　周维虎）

激光共振腔技术　laser resonator　为提供光学正反馈和对产生的激光模式进行控制的激光技术。其中对激光模式进行控制既包括对激光振荡频率的控制（纵模的控制），也包括对激光横截面光强分布的控制（横模的控制）。激光共振腔是激光产生的三个必要条件之一，其余两个必要条件为增益介质和泵浦产生粒子数反转。几何光学理论、波动光学理论以及菲涅尔–基尔霍夫衍射积分理论均可用于描述激光共振腔的主要特征。两个相距一定距离的光学反射镜（腔镜）即可构成激光共振腔。激光共振腔按其稳定性不同可分为稳定腔、临界腔和不稳腔。激光共振腔的稳定性判断方法有g因子法、透镜波导法及σ圆法。

两种最典型的激光共振腔是平行平面腔和共焦腔。平行平面腔为临界腔，共焦腔为稳定腔。G.弗克斯和厉鼎毅在1961年发表的名为“*Resonant Modes in a Maser Interferometer*”的文章，首次利用迭代法对衍射积分方程进行了计算，得到了平行平面腔的横模模式，包括腔镜处的振幅分布和相位分布。20世纪60年代系统的光学共振腔理论建立起来，主要的是以菲涅尔–基尔霍夫衍射积分为基础的光学共振腔理论，得到共振腔的本征方程、模式（纵模、横模）及其参数，典型横模有厄米特–高斯模、拉盖尔–高斯模等，其基模即高斯光束。

激光共振腔构形上也不只有直腔（平行平面镜腔、球面镜腔），还发展出折叠腔、环形腔、复合腔等。（张　楠）

激光光谱学 laser spectroscopy 研究激光辐射本身光谱特性，以及采用激光做光源研究其他物质光谱特性的光谱学。是激光出现后发展起来的现代光学分支。由于激光所具有的高亮度、单色性（相干性）、可调谐（频率或波长可变）和实现超短脉冲运行的特点，使光谱学的面貌发生了深刻的变化。激光光谱学内容十分丰富，在科学研究和生产实践方面有重大应用价值。

它可分为线性激光光谱学和非线性激光光谱学。线性激光光谱学是采用激光器做光源通过照射物质而获得光谱，其光谱分辨率和分析灵敏度较之传统光谱技术获得大幅度提高，进行物质成分分析只需微量样品（微克量级），比传统光谱分析需要的样品量（最低毫克量级）少得多。而且可以不需要预先制备样品，消除了处理样品过程中引进的干扰。利用超短激光脉冲做光源建立的皮秒激光光谱技术，包括皮秒衍射光谱、皮秒荧光光谱、皮秒吸收光谱、皮秒拉曼光谱、串级跃迁皮秒光谱等，能够研究了解物质变化瞬态过程，测量研究一些量子系统的弛豫过程、激发能量转移过程等。这里说的量子系统即原子分子的电子态的振动态与转动态、凝聚介质中的各个集团、固态介质中的电子态等。综合所得到的不同瞬间的光谱资料，可揭示有关微观过程的动态学规律。

非线性激光光谱学是基于激光与物质相互作用产生的光学非线性现象建立的新型光谱技术。它是激光光谱学特有的内容，是传统光谱学的新发展，现代光谱学发展的新标志。属于高分辨率光谱技术的有激光饱和吸收光谱技术和双光子吸收光谱等。前者是利用激光与物质相互作用发生的光学饱和吸收效应。后者是利用激光与物质相互作用发生的双光子吸收效应，消除了多普勒效应给光谱线展宽的影响，从而实现提高光谱分辨率，原则上可达10^{15}，比先前能够获得的最高的光谱分辨率还高100万倍到1亿倍。

属于高灵敏度非线性激光光谱技术的主要有激光分子双共振光谱、激光光电流光谱、激光声光光谱、相干反斯托克斯拉曼光谱、激光微区发射光谱、激光原子荧光光谱、腔内激光吸收光谱、量子拍光谱等。它们是基于激光的高亮度或高相干性，或激光与物质相互作用发生的光电流效应、声光效应、受激拉曼散射效应建立的，它们的测量灵敏度比传统光谱技术提高了上百万倍。因此，有可能用于观察和研究构成物质的单个原子或分子结构。

属于高时间分辨非线性激光光谱技术的主要有飞秒泵浦–探测技术、时间分辨四波混频技术、太赫兹时域超快光谱、飞秒荧光上转换技术、瞬态光栅技术等。向阿秒时间分辨精度的努力仍在进行中。

（雷仕湛）

激光加工 laser processing 以激光为工具，通过光与物质相互作用，改变材料的物态、成分、组织和应力等，从而实现零件/构件的成型与成性的一类加工方法的总称。激光加工分类标准有多种，可以0.1毫米加工尺度为界限，区分为激光宏观加工和激光微/纳加工；也可按照激光改变材料的方式，分为激光减材加工（激光切割、激光制孔、激光刻蚀等以材料去除为特征的加工方式）、激光增材加工（激光焊接、激光熔覆、激光快速成形等以连接或涂覆等材料累加为特征的加工方式）、激光恒材加工（激光相变硬化、激光冲击强化、激光非晶化等以激光表面工程技术为特征的加工方式）。激光加工涉及光学、物理、材料、化学、信息、控制、机械、纳米科技等众多学科领域，为航空航天、能源、IC制造、国防、汽车、生物、医疗等众多领域的现代化发展提供重要的制造技术支撑。

激光切割　采用激光照射工件，当光束所传递的能量足以克服因材料反射、传导或扩散而损耗的部分，使材料发生瞬时气化、蒸发或直接电离化而被去除，并通过激光束与工件相对运动实现材料分离的工艺方法。

激光制孔　采用可聚焦至微米量级的高功率密度激光束，通过光学传输和运动系统配合，实现孔状结构生成的材料去除工艺。该技术在高熔点、高硬质材料制孔及微孔、异形孔和群孔的加工方面具有传统方法所难以比拟的优势。

激光焊接　采用高能量密度的连续或脉冲激光束作为唯一或主要能量载体，通过激光与物质相互作用，在被连接部件或结构单元的待连接面之间，形成二次化学键合而获得特定性能要求的永久结合或互连的工艺方法。

激光快速成形　基于离散–堆积原理，根据三维计算机数字模型，利用激光产生的高温以逐层烧结材料堆积成形的方法完成零件制造。工艺具有无模特点，特别适合于个性化、小批量、形状复杂等零部件的制造，是一种将激光、计算机数字模型、精密伺服驱动和新材料等先进技术集成于一体的全新制造技术。现已发展出激光3D打印技术。

激光表面工程技术　利用激光高能量密度辐照或强激光产生的等离子体冲击波获得材料表面改性，在材料表面形成具有特定性能的防护层或功能层，以提高零件寿命或使用性能的工艺方法。根据不同加工目的可进一步细分，典型的有激光强化、激光非晶化、激光抛光、激光熔覆等，是工业应用广泛的激光加工技术之一。

激光微/纳加工　利用激光（超）短波长、（超）短脉宽的特点，应用于小于100微米组织结构的激光制造技术，具有足够的精确度。除延续传统工艺概念的激光微/纳切割、激光微/纳焊接、激光微/纳熔覆等，亦有可反映超短精细、超快激光独特加工特征的激光直写、激光内刻等代表性加工方法。激光直写是指采用计算机程序控制激光光束沿预设路径在材料表面进行扫描式辐照，实现微/纳米级精度的改性或去除路径的图案化制造方法，该技术在微纳光学、微电子金属化布线、微流控芯片制造等领域中有着巨大的应用优越性和实用性。激光内刻是指利用超短脉冲强激光在透明材料中的非线性效应，将激光光束聚焦在透明材料内部，仅引起激光焦点处材料相变或破坏，而不影响其他区域的一种具有良好空间选择性的材料体内三维加工方法。

（季凌飞　顾冬冬）

激光加速 laser acceleration 一种以等离子体为介质的新型粒子加速技术。高能粒子加速器是人类认知和研究世界的有力工具。然而，在传统高能粒子加速器中太强的微波场会击穿加速管壁，因而其加速梯度只能达到1兆伏/厘米左右。所以，为了将粒子加速到高能，传统加速器的长度动辄数千米或者数十千米。

超短超强激光技术的迅速发展，为发展新型粒子加速技术带来了机遇。将超短超强激光脉冲聚焦后，可以产生大于10^{18}瓦/厘米^{2}的超高功率密度（单位面积、单位时间内的激光能量），被辐照的任何物质在如此高的光场作用下，都会被瞬间离化，变成等离子体。与传统加速器不同，激光加速的介质是等离子体。等离子体没有击穿问题，可以承受极高的加速场。

根据加速场的产生方式，可以将激光电子加速分为光场直接加速和静电分离场加速两种情况。当等离子体密度较高、尺度较小时，超强激光场本身的有质动力(可以近似理解为光压)可以直接加速电子。在激光功率密度（10^{18}～10^{20}瓦/厘米^2）条件下，电子能量可以达到几十兆电子伏。

一般情况下，等离子体中正负粒子的数目基本相等，宏观上呈现准电中性。当超强激光脉冲在低密度、大尺度等离子体（一般利用气体靶产生）中传播时，由于电子质量比离子轻很多，部分电子会被激光有质动力推离平衡位置，而离子由于质量大在激光作用瞬间几乎保持不动，所以，在等离子体局部会形成正负电荷分离，电荷分离引起的静电场下一时刻又会将电子回拉，从而导致电子在其平衡位置附近的多次振荡，形成等离子体波。该波的相速度与激光传播的群速度一致，接近光速。如果有带电粒子被注入等离子体波中，按照所在区域和相位的不同，会被波中的静电分离场加速或者减速。

由于产生的等离子体波位于激光尾部，所以被称为激光等离子体尾波。激光等离子体尾波加速的概念首先由田岛俊树和J.M.道森于1979年提出，但是直到超短超强激光技术发明后，才具备了实现大振幅尾波电子加速的实验条件。

除了电子加速，在超强激光与高密度固体薄膜靶相互作用中，利用鞘层加速、辐射压加速等机制激发的静电分离场，也可以实现离子加速。

激光加速电场的梯度可以达到大于1吉电子伏/厘米，比传统加速器高三个数量级以上，这有利于大幅降低加速器的规模和造价。利用强激光在气体靶中驱动的尾波加速，已经能够在厘米量级将电子加速到数吉电子伏；利用固体薄膜靶，在微米量级将质子加速到近100兆电子伏。但是，激光加速粒子要大规模实用化，还需要解决或优化若干重要问题和关键技术，包括稳定性、单能性、发射度、能量转换效率、级联加速等。

（李玉同）

激光聚变 laser fusion 以高功率激光作为驱动器的惯性约束核聚变途径。在探索实现受控热核聚变反应的过程中，随着激光技术的发展，苏联科学家N.G.巴索夫于1963年，中国科学家王淦昌于1964年，分别独立提出用高功率激光脉冲辐照聚变燃料靶，实现受控热核聚变反应的构想，开辟了实现受控热核聚变反应的新途径——激光聚变；1972年，美国科学家J.纳科尔斯等提出了内爆原理以后，激光聚变才成为受控热核聚变研究中与磁约束聚变平行发展的研究途径之一。

激光聚变有直接驱动法和间接驱动法两种方法：直接驱动法是将激光脉冲直接辐照在聚变靶丸的表面上；间接驱动法是将聚变靶丸悬置在一个用重核材料（如金、铀）做成的小腔内，激光束通过腔壁上的小孔注入腔的内壁上，转化为近黑体辐射的X射线后再辐照到聚变靶丸上。

聚变靶丸通常为完美的球，直径在2～3毫米，一般分为三层：最外层称为烧蚀层，材料是塑料或者铍之类的轻核材料，并掺有硅之类的材料；中间层称为主燃料层，由冷冻的氘氚冰构成；最里层是点火区，由饱和氘氚气体构成。整个聚变靶丸需要冷冻至18～20开。

聚变靶丸受到高功率密度激光脉冲或者X射线的辐照后，表面烧蚀层物质迅速被加热至几百万摄氏度到几千万摄氏度的高温，产生向外高速膨胀的等离子体，剩余物质则由于动量守恒向球心运动，压缩和加热聚变燃料。这个过程称为内爆。随着内爆过程的进行，聚变燃料的温度和密度不断上升。位于球心附近燃料的温度最高，首先发生强烈的聚变反应，产生大量的高能α粒子。这些α粒子向外运动时，通过碰撞将能量传递给氘氚粒子，使主燃料也达到聚变燃烧的条件，形成向外高速传播的热核燃烧波，在聚变燃料因飞散解体之前，完成聚变燃料的充分燃烧。

激光聚变主要使用钕玻璃材质的脉冲激光器作驱动源。一些准分子激光驱动器如KrF激光器也在发展之中。因为短波激光可以渗透到更高的靶丸物质密度，具有更高的吸收效率，因而多采用二倍频或三倍频入射。实现激光聚变研究面临着科学和技术上的诸多挑战：需要建造输出能量至少为200万焦耳的高功率激光装置，并需要对激光的脉冲波形精确调整，让激光光斑充分匀滑；需要制备高精度的球形冷冻靶和腔靶，冷冻靶的表面粗糙度在纳米尺度；需要空间分辨达到微米，时间分辨好于10^{-11}秒的探测设备，用于观测靶丸的内爆过程。在设计实验时，需要借助于大规模数值模拟，模拟的参数范围跨度很大：密度范围为10^{19}～10^{26}/厘米^3，温度的范围为20～10^8开，等等。而且，激光聚变过程形成的等离子体一般不处于热平衡状态，对稠密非热平衡态物质状态的准确刻画是物理上极大的难题。

（郑　坚）

激光拉曼散射 laser Raman scattering 介质中原子、分子（或晶格）的振动等其他元激发与激光相互作用后产生的非弹性散射光，称为激光拉曼散射。当频率为ν_0的单色光入射至介质后，除了被介质吸收的光之外，另一部分沿入射方向穿过介质，还有一小部分被介质散射到四面八方，改变了方向。散射光中不仅有频率为ν_0的弹性散射光，而且还可能有与入射光频率不同（ν_s）的非弹性散射光。这种现象称为光散射。

对光散射的研究历史已久。1899年英国物理学家**瑞利**根据自己的早期工作，处理了悬浮于介质中球形小颗粒的光散射问题，得出了著名的瑞利定律，即散射光的频率不变，其强度除与散射方向有关外，还与激发光波长的四次方（λ^4）成反比。白光中紫光的波长最短，瑞利认为天空蓝色是空气的气体分子散射的结果。这种散射是弹性散射，也叫瑞利散射。1923年前后，A.斯梅卡尔从理论上计算了双量子化能级体系的光散射，预计在入射光频率周围有散射引起的边带。1928年印度物理学家C.V.**拉曼**从实验上观察到这个效应：当时用汞灯照射在液体苯时，他发现散射光谱中有了比汞灯更多的光谱线；同年苏联物理学家G.S.兰茨贝格在石英中发现了类似的现象。这种由分子振动所引起的光散射，现称为**拉曼散射**。拉曼的发现，证实了斯梅卡尔的理论预言。为此拉曼获得了1930年诺贝尔物理学奖。

在拉曼散射中，散射体（介质）可以使入射光子能量减小或增大，说明入射光同物质发生了能量的转移，减小或增大的量由散射体的能级间距来决定。在光散射理论中，如果散射光的频率ν_s小于入射光的频率ν_0，即$\nu_s<\nu_0$，说明一部分入射光能量交给了介质，入射光子失去能量，这称为斯托克斯过程。如果反之$\nu_s>\nu_0$，说明入射光从介质内部获得一部分能量，这称为反斯托克斯过程。非弹性光散射同时伴随着这两个过程。因此，拉曼散射是非弹性的光散射。入射光频率与散射光频率间的差值，称为拉曼位移ν_R，单位为cm^{-1}。它是由介质的性质决定的，一般是反映分子转、振动或其他元激发的能级。拉曼频移ν_R与入射光频率ν_0无关，选用不同频率的激发光都可以观察到相同的ν_R值。拉曼频移一般在5～5000cm^{-1}。拉曼散射实验包含了弹性散射和非弹性散射光，这些散射线（或带）合起来就构成介质的拉曼光谱图。

在拉曼散射发现后的近20年中，尽管观察拉曼光谱多采用汞灯作为单色激发光源，但人们在分子的拉曼散射方面进行了相当多的工作，对结构化学和分子光谱学的发展，起了重要的推动作用；与此同时，也进行了一些晶体的拉曼散射研究，在一定程度上促进固体物理的发展。但到了20世纪50年代，由于光源的缺陷以及其他实验条件的限制，拉曼散射实验没有获重大突破，研究进展缓慢，并逐渐被搁置起来。20世纪60年代激光的出现，不同波长的激光器提供了空前优异的光源，加上拉曼色散系统，探测系统和高分辨显微散射光收集系统，以及智能化控制与数据处理系统和其他实验设备的精进，拯救了一度陷于停滞的拉曼散射，使老学科获得新的强大生命力，得到了突飞猛进地发展。从此，拉曼散射冠以激光二字，称之为激光拉曼散射。

使用激光的拉曼散射研究不仅在物理学、化学方面占据着很重要的地位，而且在材料科学、生物学、医学、矿物学，以及石油化工、纤维纺织工业、玻璃陶瓷工业等领域和部门日益成为不可缺少的实验研究方法或常规的鉴定手段。　（刘玉龙）

激光雷达　laser radar　通过激光束主动照射目标获取相关信息的光电探测系统。其原理是将发射的激光经过扫描部件射向空间某一方向，处在此方向上的物体在激光照射下形成反射回波，激光雷达接收此激光回波并进行处理，提取该物体的某些有关信息，包括目标物体的距离、方位等空间特征和反射率等光学特征。

激光雷达通常采用紫外、可见、近红外波段的激光作为载波，调制成脉冲或连续波等工作方式，根据激光在目标表面产生的镜面反射、漫反射、米散射、瑞利散射、拉曼散射、布里渊散射、荧光、多普勒频移等物理现象测量相关特性。

激光雷达由激光发射、光电接收、光学扫描、信息处理等部分组成。其中发射部分产生具有能量高集中性的窄波束激光；接收部分采用光学望远镜和各种形式的光电探测器探测激光回波信号；扫描部分可通过机械运动或电光、声光效应等方式改变并记录激光的指向方位；信息处理部分根据激光传输过程中涉及的物理现象计算目标的相关信息。

激光雷达种类繁多、用途广泛，常用的分类方式有：①按激光波段分，有紫外激光雷达、可见光激光雷达、红外激光雷达和多光谱激光雷达。②按激光介质分，有气体激光雷达、固体激光雷达、光纤激光雷达、半导体激光雷达和LD泵浦固体激光雷达等。③按激光调制方式分，有脉冲激光雷达、连续波激光雷达和混合型激光雷达。④按功能分，有测距激光雷达、测速激光雷达、测角激光雷达、三维成像激光雷达、遥感测绘激光雷达、制导激光雷达、避障激光雷达、测风激光雷达、大气监测激光雷达、交汇对接激光雷达等。⑤按运载平台分，有地基激光雷达、车载激光雷达、机载激光雷达、船载激光雷达、星载激光雷达、弹载激光雷达和手持式激光雷达等。⑥按工作原理分，有飞行时间激光雷达、相位式激光雷达、差分吸收激光雷达、拉曼散射激光雷达、合成孔径激光雷达、相控阵激光雷达等。

（樊仲维　李孟麟）

激光冷却　laser cooling　利用激光与原子的相互作用将原子气体冷却到接近绝对零度的技术手段。激光冷却利用了原子吸收并放出光子后自身的动量改变来减速原子的质心运动速度，降低原子气体系综的温度。激光冷却中最常见的方法是多普勒冷却，其他的激光冷却的方法有西西弗斯冷却、拉曼边带冷却、塞曼减速器、电磁诱导透明冷却等。实验中常通过激光冷却等技术手段来制备冷原子，再通过蒸发冷却制备量子简并的超冷原子量子气体。激光冷却除了可以用于冷却原子和分子体系外还可以用于冷却一些更复杂的系统，如2007年麻省理工学院的一个小组成功的利用激光冷却将一个宏观尺度的物体（质量为1克）冷却到了0.8开，2011年加州理工学院和维也纳大学首次将一个10微米×1微米的物体冷却到了它的量子基态。

以多普勒冷却为例来介绍激光冷却的原理。在多普勒冷却中激光的频率比原子中电子的能级间的跃迁频率略低，也就是所谓的红失谐。这时如果原子对着光的方向运动，由于多普勒效应，红失谐的光子的频率变高，更接近共振使得原子会更多地吸收这个方向的光子。因此，如果用两束对射光，原子总会吸收更多的与它运动方向相反的光子，每一次吸收原子的动量都会减少。吸收后原子接着会自发辐射，由于原子自发辐射的方向是随机的，它们对原子动量的反冲统计影响的平均效果可以忽略不计。因此原子动量的减小约等于其吸收光子的动量总和。温度是由原子的平均动能决定的，因此上面这种方法能用来冷却原子体系的温度。在实际实验中常常利用六束对射激光来限制原子在三个自由度上的运动从而冷却原子气体。

但是激光冷却并不能将原子的速度减为零。这是因为减速过程对应了原子和光子交换动量，尽管原子自发辐射的方向是随机的，但是原子在动量空间中做无规则行走，原子的速度是有涨落的。原子团最终温度决定于光对原子减速冷却与其对原子加热的平衡。　（尤　力）

激光理论　laser theory　专门研究有关激光的产生、振荡、放大、控制、输出特性、传输特性，以及激光与物质相互作用规律性的理论。按其理论基础，激光理论可分为三种不同的理论体系，它们分别被称为经典理论、半经典理论以及全量子理论。

①经典理论。该理论体系的特点是将激光场看成经典的电磁场而采用麦克斯韦方程组加以描述，将与激光相互作用的物质体系看成是经典谐振子的集合。采用这种理论能较好地解决激光场的空间结构和时-空传输特性等，其最成功之处是建立了光学共振腔理论和激光模式理论。

②半经典理论。该理论体系的特点是将激光场看作可用麦克斯韦方程组描述的经典电磁场，而将与激光发生作用的物质体系看成是服从量子力学规律的微观粒子（原子、分子、离子或电子）的集合。这种理论能比较好地解决有关激光与物质体系相互作用过程中的许多重要问题，特别是能正确反映那些与激光场波动性有关的现象的规律性；这种理论的局限性，是不能反映与激光场的量子化特性（光子特性）有关的某些现象的规律性，其中包括不能解释与场的量子起伏和物质体系自发辐射行为有关的现象之规律性。半经典理论最成功的例证，是解决了有关激光振荡与放大过程中的增益饱和、模式牵引、相位锁定等基本特性的描述。此外是有关光学媒质在强光作用下的各种非线性电极化效应的描述。

③全量子理论。本质上是**量子电动力学**体系，其特点是将激光场看成是遵循量子化规律的光子群的集合，将与激光场发生作用的工作物质看成是遵循量子力学规律的微观粒子的集合，在此基础上进而将两者看成是一个统一的体系而加以量子理论处理。这种理论体系的主要优点，是它能对涉及激光与物质相互作用过程中出现的各种现象与效应，给出严格而又全面的物理描述；其不足之处，是这种理论的数学处理过程过于繁杂而不便求解。基于全量子理论，在一定前提下还可派生出一些十分简洁有用的专门理论。如在忽略量子化激光场的相位特性（或光子数目起伏）的前提下，可简化为速率方程理论，能非常方便地用它来描述激光的产生、振荡与放大等过程中的粒子数输运和激光功率方面的动态特性。

按照所研究的课题内容与对象不同，激光理论又可具体划分为光学共振腔、激光器振荡、激光放大、激光的Q调制与锁模等领域。

①光学共振腔理论。是指专门研究各类共振腔的组成、共振波型（模式）结构、腔对振动波型的选择与限制作用的理论。按照它所描述的共振腔基本类型之不同，可分为稳定腔理论、非稳腔理论及介稳腔理论。

按照理论描述出发点之不同，共振腔理论又可区分为衍射自洽场理论、几何光学理论、多光束干涉仪理论及光波导理论等。

②激光器振荡理论。是指专门研究具有光学共振腔的激光振荡器内，有关激光的发生、振荡与输出特性的理论。这一理论所研究的具体课题主要包括激光器振荡的阈值条件、粒子数输运与激光器增益特性、振荡模式之间的耦合与竞争、激光器输出的功率变化特性等。常用的理论处理方法主要有速率方程理论和半经典理论两种。

③激光放大理论。是指专门研究激光信号通过激光放大器的行波放大行为特性的理论。所研究的具体课题主要包括放大器的增益与增益饱和特性、增益媒质谱线增宽性质的影响、放大过程对入射光信号的频率和时空结构特性的影响等。所采用的理论方法同激光振荡理论基本相同。

（王润文　赫光生）

激光粒度测量仪　laser particle size analyzer　一种基于光的散射或衍射原理测量粒子尺寸（直径）分布的仪器。基本原理是：激光照射测量区中的颗粒群产生散射/衍射，散射/衍射光角度分布与被照射颗粒的直径有关，较大颗粒以较小角度散射，较小颗粒以较大角度散射，散射光的强度与颗粒数相关。接收透镜将所有相同方向的散射/衍射光聚焦在焦平面上，用多元半环状光电探测器接收散射/衍射光能分布E。由于粒径分布W对应于一定的光能分布，只要测得光能分布数据，根据对应关系，即可求得粒径分布W。这种对应关系以矩阵方程表示为：

$$TW = E$$

式中$E=(e_1, e_2, e_3, \cdots)^T$为光能分布列向量；$W=(W_1, W_2, W_3, \cdots)^T$为尺寸分布列向量；$T$为光能分布系数矩阵。矩阵中的每一元素$t_{i,j}$的物理意义是直径为$D_i$的颗粒所产生的散射/衍射光落在多元光电探测器第$j$环上的光能量。在光电探测器每个环上所获得的光能量可通过对$I(\theta)$在每个环面上的积分得到，$I(\theta)$表示直径为D的球形颗粒在傅里叶透镜后焦面上的夫琅禾费衍射光强分布。若已知各环的内外半径，照射光的波长和接收透镜的焦距，根据各环上探测到的能量，就可以由$TW=E$求出粒子的尺寸分布W。

激光粒度测量仪由发射器模块、接收器模块和数据处理（软件）模块组成，如图所示。发射器和接收器可采用分体结构，分别位于测量场（粒子场）的两侧，并可根据测量场空间大小调整发射器和接收器的距离。发射器模块通常包括激光器、扩束、滤波及准直系统。接收器模块由傅里叶变换透镜、探测器和数据采集系统组成，通过更换不同焦距的傅里叶透镜，可实现不同范围的粒子尺寸测量。数据处理模块是激光粒度测量仪的关键。

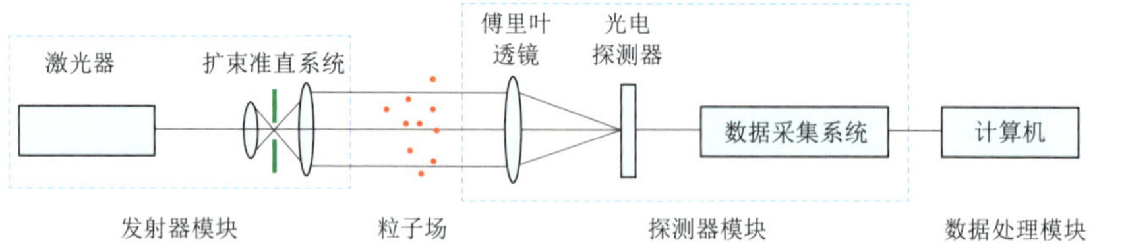

激光粒度测量仪系统示意图

激光粒度测量仪主要应用于化工、冶金、材料、医药、航空航天、军工、消防、环保等领域。

（吕且妮　郁道银）

激光量子理论　quantum theory of laser　采用**量子电动力学**理论体系来研究光与物质相互作用，从而阐明激光的产生、振荡、放大、控制以及激光的输出特性和传输特性的理论。激光量子理论将光场和增益介质的原子系统都用量子理论处理，还计及周边环境（概括成“热库”）对光场和原子系统的阻尼及带来的量子起伏，即把激光场、工作物质和环境之间的相互作用以量子电动力学理论加以统一处理。

激光量子理论有密度算符方程方法和量子朗之万方程方法两种形式。激光量子理论除了可以处理激光的速率方程理论、半经典理论能讨论的问题，还可讨论激光线宽、量子涨落、光场统计等问题。

激光量子理论体系的主要优点在于，它能对涉及激光与物质相互作用过程中的各种现象与效应给出完备的量子电动力学描述和处理。而这种理论体系的不足之处则在于其数学处理相对比较繁复从而求解比较困难。基于激光的量子理论，人们还可以在一定的近似条件下演绎出一些比较实用的理论处理方案。

（郑　杭）

激光脉冲压缩　laser pulse compression　一种从激光振荡器产生的激光脉冲获得更短激光脉冲的技术。受激光增益介质带宽及腔内光学元件色散的限制，通常利用锁模技术从激光振荡器直接产生的激光脉冲多在100飞秒左右，单脉冲能量一般也仅在纳焦耳量级。为了得到更短的脉宽，就需要对其采用脉冲压缩技术。

根据脉冲的傅里叶变换得到时间带宽积$\Delta t \cdot \Delta\nu \geqslant k$，激光脉宽$\Delta t$受其带宽$\Delta\nu$限制（$k$是一个依赖脉冲形状的常数），因此要想得到短的脉冲，首先要有足够的带宽，其次还需要采用色散元件补偿脉冲具有的啁啾，只有在完全补偿啁啾的情况下，才能得到满足傅里叶变换极限的脉冲宽度。通常压缩脉冲的技术有腔内压缩及腔外压缩两种。对于腔内压缩，通常采用在激光腔内引入与激光增益介质和反射镜色散相反的元件，如以布儒斯特角入射的三棱镜、光楔、啁啾反射镜等。例如，1985年美国贝尔实验室的研究人员通过在对撞锁模（CPM）染料激光器中引入棱镜组，得到了27飞秒的激光脉冲；1995年奥地利维也纳技术大学的研究人员采用啁啾反射镜补偿增益介质的色散，从环形腔结构的克尔透镜锁模（KLM）钛宝石激光器中直接输出了7.5飞秒的激光脉冲，分别创造了当时振荡器输出最短激光脉冲的世界纪录。对于腔外压缩，通常先采用光谱展宽技术，以支持比腔内压缩更短的脉冲宽度。为此就需要待压缩的激光脉冲具有一定的强度，这样才能保证其在非线性介质中产生必要的自相位调制效应（SPM）而获得足够的光谱展宽，其次再通过采用具有大色散量的光栅对、棱镜对等色散元件，补偿光谱展宽中引起的啁啾，从而得到远窄于原脉冲的宽度。例如，1986年贝尔实验室在将振荡器输出的27飞秒激光脉冲放大的基础上，通过聚焦耦合将放大脉冲于单模光纤中展宽光谱，并结合光栅对与棱镜对组合系统提供的色散补偿啁啾，产生了6飞秒的最短脉冲世界纪录；2006年荷兰格罗宁根大学的研究人员将锁模腔倒空钛宝石激光输出的单脉冲能量6×10^{-8}焦耳的13飞秒激光作为待压缩脉冲，同样通过聚焦耦合到单模光纤产生超连续光谱，结合啁啾反射镜与棱镜对补偿提供的色散补偿，得到了4.6飞秒的结果，打破了贝尔实验室保持了10年之久的6飞秒的世界纪录。（魏志义）

激光能量计 laser energy meter 用来测量单脉冲激光的能量，或者重复脉冲激光的某一次单个脉冲的能量的仪器。激光能量计通常由激光探测器和显示器两部分组成。探测器通常需要选择不同类型的探测器和配用附件（如衰减器）才能适应各种不同脉冲激光的测试要求。显示器主要用来显示测量结果，包括只用来显示测量能量数值的模拟或数字显示器，和以微处理器为核心的，带有多种测量功能，备有RS232、USB数据接口可与电脑及其他外设连接的智能型显示器。

激光能量计的探测器主要包括以下几种：

①热电堆探测器。当脉冲激光入射到探测器的表面时，探测器吸收辐射导致温升，对应温度梯度产生一个与入射的能量成正比的电脉冲，这个电脉冲信号的峰值电压与激光能量成正比。②热释电探测器。当脉冲激光入射到探测器的表面时，探测器内置的热释电材料因吸收辐射引起的温度变化导致表面电荷的变化，产生与所吸收能量成正比的电压信号。③光电二极管型探测器。当脉冲激光照射在探测器上时，光电二极管产生与辐照能量成正比的电流，对此电流积分产生与脉冲能量成正比的电压信号。

激光能量计的显示器将探测器输出的电信号线性放大、保持电压峰值，经定标校准后，用数字或模拟指针显示出被测激光单脉冲的能量。现代的显示器已经以微处理器为核心，可以处理多种探测器的信号，测量激光功率、能量、平均功率、累积能量等一机多能；还具有波长自动补偿校准、自动归零补偿、与标准值归一化、附加衰减系数补偿等功能；并可连接电脑，进行数据存储，计算、显示测量期间被测激光脉冲的最大值、最小值、平均值，功率、能量稳定性，统计直方图、波形图等。（王树铎）

激光器 laser 产生激光的器件或装置。可分为激光振荡器和激光放大器两类。振荡器一般具有光学共振腔，而放大器没有共振腔。放大器的作用是使入射的激光通过增益介质得到放大。通常说的激光器，一般是指振荡器，也可以是由振荡器和放大器组成的激光系统。

激光器一般由三部分组成，即激光工作物质、泵浦系统和光学共振腔。激光工作物质又称为激光增益介质，是用来实现粒子数反转从而产生光的受激辐射放大作用的物质体系。泵浦系统是提供激光工作物质实现并维持粒子数反转所需能量的装置。光学共振腔一般由光学反射镜组成，其作用是通过反射，使受激辐射在腔内多次往返形成相干的持续振荡，并对腔内往返振荡光束的方向和频率进行限制，使输出激光具有一定的方向性和单色性。

激光器的种类很多。按工作物质可以把激光器分为固体激光器、气体激光器、液体激光器、半导体激光器、光纤激光器、自由电子激光器。按照泵浦方式可以把激光器分为光泵激光器、电激励激光器、化学激光器和核泵浦激光器。按激光器运转方式可以把激光器分为连续激光器、单脉冲激光器、重复脉冲激光器、调Q激光器、锁模激光器、稳频激光器、可调谐激光器。按激光器的输出波段可以把激光器分为远红外激光器、中红外激光器、近红外激光器、可见光激光器、紫外激光器、真空紫外激光器、X射线激光器。每种激光器都有相应的特点和用途。

激光器的尺寸和功率范围的差别相当大。半导体激光器尺寸较小，用于激光核聚变研究的激光器系统的尺寸和功率都非常大。（聂玉昕）

激光烧蚀 laser ablation; LA 20世纪70年代发展起来的一种使用激光的材料去除（质量迁移）技术。在这个技术中，聚焦后的激光束照射在物体（样品）表面，物质吸收激光能量，通过能量转换产生熔化、气化及产生等离子体等物理过程，使被照射区域产生质量迁移。随着激光器逐渐向短脉冲、高能量发展，在微秒（10^{-6}秒）激光烧蚀基础上，相继产生了纳秒（10^{-10}～10^{-9}秒）激光烧蚀（80年代）、皮秒（10^{-12}～10^{-11}秒）和飞秒（10^{-15}秒）激光烧蚀（90年代）。

激光烧蚀涉及复杂的、非线性的物理/化学机制，其中一些主要机制包括：物体（样品）表面对激光能量的光电吸收（10^{-15}秒）；从最初激发的电子到声子的能量转移（10^{-12}秒）；物体表面的加热和随后的质量蒸发（10^{-10}～10^{-9}秒）；物体表面上方的高温等离子体诱发及羽辉产生；高密度等离子体的膨胀和冲击波（外部和内部）向周围环境的传播（10^{-6}秒）；等离子体冷却、纳米颗粒冷凝及其团簇形成；相位爆炸和大颗粒物喷射以及固体碎片剥落（$>10^{-6}$秒）。

激光参数（功率、波长、脉冲等）、样品特性（物理、化学、材料学性质等）、工艺参数（扫描速度、扫描间隔、激光束入射角度等）以及环境气体（气氛种类、气流量、气压等）都会对上述机制产生影响，并决定了材料的去除量和去除效果。

①激光参数。包括激光功率、功率密度、输出波长、作用时间、脉冲能量、光束质量等，激光参数对激光烧蚀过程具有重要影响。当光通量较低时，材料吸收激光能量产生蒸发或升华；当光通量较高时，还会产生等离子体。通常，激光烧蚀由脉冲激光束诱导产生，然而只要强度足够高，连续激光束也可以产生激光烧蚀。激光束的质量（取决于其亮度、聚焦能力和分布均匀性等）从根本上决定了激光烧蚀过程的实现。光学特性以及输出波长决定了材料对激光能量的吸收深度，从而影响材料的去除量。

②脉冲特性。包括脉冲宽度（飞秒～毫秒）、峰值功率、重复频率、单脉冲能量、占空比等，脉冲特性参数对激光烧蚀过程和机制有显著影响。脉冲持续时间越短，且峰值功率越高，对周围区域造成的热损伤就越小。高能量、短脉冲激光束使激光烧蚀过程更加剧烈，甚至产生相爆炸过程。激光束的损伤阈值将随着脉宽下降而明显减小，由于飞秒激光束的超短脉冲和超高强度特征，使其在激光烧蚀过程中具有独特的优越性。

③样品特性。包括状态（固态、液态）、成分（金属、半导体、绝缘体）、表面光洁度、吸收率、热物性参数等，其物理、化学、材料学特性对于激光烧蚀过程和效果有不同程度的影响。

④工艺参数。包括激光束扫描速度、扫描间隔或搭接率（毫米或%）、离焦量（±毫米）、激光束入射角度等，通过对工艺参数的控制可影响激光烧蚀过程的效果和材料去除量。

⑤环境气体。包括气体成分（惰性、活性）、气流量、气体压力等，环境气体对激光烧蚀效果有显著影响。可根据激光烧蚀的应用需求和材料特性选择环境气氛。

激光烧蚀以可控的方式从固体表面去除材料，表现为精微打孔、表面清洗、图案划刻等。脉冲激光可以在非常坚硬的材料上打出非常小而深的孔。激光烧蚀不但可清洗有机污染物，也可清洗无机物，包括金属的锈蚀、微粒、灰尘等。激光烧蚀还可用于产生图案结构，选择性地去除二色滤光片上的涂层，可用于高维投影的舞台照明或机器视觉仪器的校准。

激光烧蚀可应用于纳米材料和超导材料的制备，金属薄膜和介电薄膜的沉积等。

激光烧蚀可以将动量转移到表面，烧蚀后的材料在膨胀时向下施加高压脉冲。这是脉冲激光推进的技术基础，也是激光武器的一种损伤、破坏的机制。

通过监测样品表面发射的光子，或通过将烧蚀的质量粒子传输到二次激发源，激光烧蚀作为元素和同位素分析的一种取样方法，取代了传统的在酸性溶液中消化固体样品所需的复杂程序。

激光烧蚀还可用于人体各种器官的良恶性病变的控制，称为激光诱导间质热疗，包括甲状腺良性结节的减少，以及原发性和继发性肝脏恶性病变的破坏。

总之，激光烧蚀具有精确可控、环境友好（不必使用溶剂，不会接触化学品）、易实现自动化的特点，适用于金属、半导体及绝缘体等不同种类的材料，在精密制造、材料制备、激光推进、化学分析、生物医药等领域得到了广泛应用，对科研或工业都有巨大的潜在价值。（虞　钢）

激光锁模技术　laser mode-locking　在激光器中将发生振荡的各纵模间建立稳定的相位关系并发生相位干涉，形成脉冲宽度极窄、峰值功率极高的光脉冲的技术。通常激光器输出的各纵模之间没有固定的振幅和相位关系，这些振荡模式叠加后得到的输出激光功率（能量）呈现无规则起伏。如果采用某种手段，使各个纵模的间距保持相等，并且有确定的相位关系，那么这些振荡纵模叠加的结果将形成等间距、脉冲宽度极窄、激光峰值功率非常高的激光脉冲序列。m个纵模以相等振幅和相位振荡时，得到的激光强度等于单个纵模激光强度的m^2倍。

锁模可以分为主动锁模和被动锁模两种。主动锁模包括调幅和调相两种方式。调幅是在腔内放置一种能够改变腔内光学损耗的元件，通过外加信号对该元件进行调制实现锁模。在激光器共振腔内放置一调制器，常用的是声光调制器，调制频率为$c/(2nL)$，腔内光学损耗也随之以该频率变动。与损耗调制器同相的模式在通过调制器几次以后就在增益竞争中取得优势，最后达到满足激光振荡条件。相位调制是在腔内放置能够改变腔内光程的元件（常用的是铌酸锂电光调制器），通过外加信号对该元件进行调制，将使振荡模的频率向上或向下移动，移动量正比于$d\varphi/dt$（φ是相位），光辐射反复通过相位调制器，受到反复的频移，最后将移到与调制器同相为止，激光器达到锁模状态。

被动锁模是在共振腔内放置可饱和吸收介质（染料、掺杂的晶体和半导体），利用其非线性吸收效应实现锁模。可饱和吸收体对光辐射的吸收系数是随腔内的光强增加而减小。满足锁模条件的振荡模，它们的光强度高，可饱和吸收体对它们的光学吸收很弱。在共振腔内的工作物质中间来回传播的光辐射，其光强度不断得到放大，最后形成激光振荡。那些不满足锁模条件的振荡模，它们的光强度比较弱，被可饱和吸收体强烈吸收，最终不能发生激光振荡。采用非线性光学克尔效应的克尔镜锁模被认为是这类方法中最成功的锁模技术，利用该技术在掺钛蓝宝石激光器中可方便地得到几个飞秒的激光脉冲。（雷仕湛）

激光调谐技术　laser tuning　改变激光系统输出的激光波长的技术。激光调谐技术在光谱学、光化学、光通信（波分复用系统）以及原子气体激光同位素分离等领域具有重要应用。在气体激光器、准分子激光器、染料激光器、掺杂过渡金属元素的固体激光器、半导体激光器以及自由电子激光器中均可实现输出激光波长的调谐。

实现激光调谐的主要方法包括：①增益介质调谐；②腔内滤波器调谐；③改变共振腔腔长调谐；④光参量振荡器和光参量放大器调谐；⑤电子束能量调谐；⑥拉曼自频移效应调谐。其中前三种方法的激光调谐范围受限于激光增益介质的增益带宽，最后一种调谐方法主要用于光纤激光器中。

通过调节激光增益介质增益曲线的峰值位置可以实现激光中心波长的调谐。增益曲线的峰值位置可以通过调节温度、压力以及外加磁场强度来实现移位，从而实现输出激光波长的调谐。在激光共振腔内使用一个中心波长可调谐的带通滤光片，可以实现最大增益波长的调谐，从而实现输出激光波长的调谐。常用的腔内滤波器包括带有可移动狭缝的棱镜对，法布里－珀罗标准具以及单一棱镜（或光栅）与一个可调整角度的端镜的组合。对于单纵模激光器，可以通过精密调整谐振腔腔长，实现输出激光波长的调节。某些类型的激光器，比如分布反馈半导体激光器和垂直腔面发射激光器，它们使用周期性分布布拉格反射器作为谐振腔的腔镜，这种腔镜的峰值反射波长会随着温度的变化而变化，因而可实现输出激光波长的调谐。利用非线性光学效应，光参量振荡器和光参量放大器可对高强度激光实现大范围的波长调谐。例如，飞秒激光泵浦的光参量放大器可使近红外飞秒激光的中心波长在紫外至远红外波段实现调谐。此外，通过调节入射电子束的能量，可以实现自由电子激光器输出的激光波长的大范围调谐，调谐范围可覆盖从X射线到远红外的极宽的光谱范围。（张　楠）

激光调Q技术　laser Q-switching　通过调控激光谐振腔的Q值，把腔中积累的能量在很短的时间内（可至10^{-9}秒）以激光脉冲的形式发射出来的技术。激光调Q技术是激光发展史上最初的重要突破之一。其技术基础是在激光谐振腔内放入一种可周期性快速调制谐振腔损耗的特殊器件——激光调Q开关（简称Q开关）。

所谓Q值指激光谐振腔的品质因数。对于一定的发射激光波长和谐振腔长度，Q与谐振腔的损耗成反比，Q值高，则腔损耗低，所需要的泵浦阈值就低，亦即激光愈容易起振。Q开关技术是这样实施的：在泵浦开始时，Q开关处于关闭状态，使谐振腔处于低Q值状态，此时的激光谐振腔内损耗大、振荡阈值高而无法形成激光振荡，工作物质内上能级的反转粒子数大量积聚；当积累到最大值时，Q开关突然开启，迅速增大谐振腔的Q值，使腔内损耗迅速降低，激光振荡快速建立起来，腔内储存的能量以非常短的光脉冲形式释放出来，产生脉冲宽度很窄的高峰值功率的调Q激光脉冲输出。

典型的调Q开关有机械Q开关、电光Q开关、声光Q开关和可饱和吸收Q开关等。

机械Q开关　机械Q开关通过旋转、振动或移动光学元件，在泵浦期间以截断光路，或失调腔镜，或降低腔镜反射率等方法，抑制激光的产生，待激光介质中储存了最大能量后突然建立起高Q值条件，使激光器发射出一个巨脉冲。

电光Q开关　电光Q开关是利用电光

效应设计制作的电控光开关，只有在瞬时施加（或去掉）外界控制电场的情况下才处于开通状态。电光Q开关能够通过施加的电信号精确地控制开通的时刻，并且开关速度非常快。电光Q开关是偏振开关，易受激光器的热致双折射引起退偏振的影响，而且需要高速高压的脉冲驱动源。

声光Q开关 声光Q开关依据插入振荡光路的调制器对振荡光线产生衍射或偏转，使激光腔的Q值极低。压电效应产生的超声波在通光材料内部形成折射率不均匀的周期性分布，相当于一个折射率光栅。切断换能器的驱动电压，激光器才回到高Q值状态。

可饱和吸收Q开关 某些有机染料、掺杂晶体、量子阱半导体材料和碳纳米材料（如石墨烯、碳纳米管）等具有突变的吸收饱和特点：对波长处于其吸收峰附近的入射光，当光照信号较弱时呈现出非常明显的吸收趋势（相当于处于"关闭"状态），当光照信号增强到一定程度时会突然出现吸收"饱和"或"漂白"现象（相当于近似透明的"开通"状态），变成透射率很高的材料。把这种"可饱和吸收体"安装在激光谐振腔里，在泵浦开始时，由于腔内吸收损耗较大，无法建立激光振荡，随着泵浦持续激励，腔内的光能量增大，可饱和吸收体被"漂白"而输出调Q激光脉冲，它属于被动调Q开关。由于这类材料的光损伤阈值一般较低，其作为调Q开关输出的调Q激光脉冲能量较小。

调Q技术是高峰值功率脉冲激光器的主要基础技术之一，是获得纳秒级激光脉冲的主要手段。（朱小磊）

激光同位素分离 laser isotope separation; LIS 利用同位素吸收光谱上的差异，使用单色激光来选择性地激发某一种同位素的原子或分子，将它光解离或激励至激发态进行反应，从而可以优先提取它们的技术。一般分为原子激光同位素分离（AVLIS）和分子激光同位素分离（MLIS）。研究最多意义最大的是核燃料^{235}U的同位素分离（浓缩）技术。

从20世纪70年代初期开始，铀浓缩激光同位素分离技术有了很大的发展。使用激光的浓缩铀系统可分为两类：工作介质是原子铀蒸气的原子蒸气激光同位素分离，以及工作介质是铀化合物蒸气的分子激光同位素分离。

原子激光同位素分离过程基于^{235}U原子和^{238}U原子吸收不同频率的光的事实。尽管这两种同位素的吸收频率只有很小的差别（$\Delta\nu/\nu$约百万分之一），但AVLIS中使用的染料激光器可以进行精确调谐，只有^{235}U原子吸收激光。先将金属铀在高温（约2500开）下加热气化成铀蒸气，当^{235}U原子吸收激光时，其电子被多步激发到高的能量状态甚至电离，然后通过静电场偏转到产品收集器。而^{238}U原子保持中性并直接沉积在尾部的收集器上。

分子激光同位素分离过程中涉及两个基本步骤。第一步，六氟化铀先经超声速膨胀来降低气体温度（约40开），从而简化它的吸收光谱，再由工作在16微米波长附近的红外激光系统（经过频率转换的10.6微米CO_2激光）照射，有选择地激发$^{235}UF_6$，而$^{238}UF_6$则不被激发。第二步，来自第二激光系统（XeCl准分子激光器）的紫外光子优先解离已激发的$^{235}UF_6$，形成$^{235}UF_5$和游离的氟原子。由解离形成的$^{235}UF_5$以粉末的形式从气流中过滤出来，然后可以继续将浓缩的UF_5产品转换回UF_6，以进入下一循环浓缩。MLIS工艺的主要优点是功耗低，使用六氟化铀作为工作气体。该技术还可用于氯、碳和硫的同位素富集，类似技术可用于分离氢、硼、氮、硅、钠、锂、溴、钙、钼、钡和锇等同位素。（张 健）

激光稳频技术 laser frequency stabilization 用于提高激光频率稳定性的技术。精密激光光谱、激光计量、激光通信、激光冷却原子实验等领域对于激光频率稳定性具有严苛要求。激光频率稳定性主要由频率稳定度来衡量，它定义为一定时间间隔内频率变化量与该时间间隔内频率平均值之比。温度、湿度、振动等环境变化会通过影响折射率、腔长等方式改变谐振腔等效光程，从而引起激光频率的漂移。因此，最直接的激光稳频方法是通过恒温、恒湿、防振、稳压电源等途径实现腔长和折射率的稳定。但这些被动方法一般只能达到10^{-7}量级频率稳定度。更高稳频性能需要通过伺服系统对激光频率进行主动控制。主动激光稳频技术需要确定一个稳定的激光频率作为参考频率，通过测量出激光频率与参考频率之间的误差（称为鉴频信号），由伺服系统和压电元件主动调节激光腔长，使输出激光频率与参考频率误差最小，达到频率稳定的目的。

参考频率的选取在稳频技术中发挥着最关键作用，需要具有较高稳定性和复现性。原子或分子的跃迁谱线能为主动稳频技术提供一种绝对的参考频率。相关的稳频方法有兰姆凹陷稳频、饱和吸收稳频、塞曼效应稳频、调制转移光谱稳频和偏振光谱稳频等。因为原子或分子的跃迁谱线存在多种展宽效应，所以此类技术虽然可以获得较高长期频率稳定性，但难以获得较好的短期频率稳定性。此外，由于跃迁谱线由原子或分子的固有能级间隔决定，只对应一些特定的波长，适用性有较大局限性。

另一类稳频技术则是采用法布里–珀罗腔（F-P腔）的谐振频率作为参考。这类技术虽然不能提供绝对频率标准，但波长适用范围广，可以显著提高激光的短期频率稳定性。最具代表性的是庞德–德雷弗–霍尔（PDH）稳频技术。它的主要原理是首先对激光进行调制，产生位于激光频率两侧的边带（斯托克斯光和反斯托克斯光），两边带振幅相同但相位相反。当两个边带经过F-P腔反射，如果激光频率与F-P腔谐振频率相同，则经腔后透射的边带振幅相同，拍频信号互相抵消；如果激光频率偏离F-P腔谐振频率，则经腔后透射的边带振幅不同，拍频信号不能互相抵消，鉴频器探测到拍频信号（频率等于激光调制频率）；频率偏离越大，鉴频器探测到的信号越大。利用PDH稳频技术实现小时量级时间间隔内频率稳定性达到10^{-15}以下，最高水平已突破10^{-18}。

现已出现了利用光纤F-P腔、晶体的光谱烧孔、"环腔激光"等实现激光稳频的新技术。但这些技术尚存在需要液氦冷却的极低温、机构复杂、易受温度和振动的环境变化影响等局限性，还不能取代常用的F-P腔稳频技术。（刘伟伟）

激光物理学 laser physics 研究激光器的物理原理、光学谐振腔、激光器理论、激光的物理性质、激光和物质的相互作用的一个光学分支。激光物理学是随着激光器的出现很快发展起来的。

激光器工作的物理原理不论是原子、分子、离子的束缚电子的受激发射放大，或是自由电子的运动动能转化成相干辐射，都已有深入的研究，在20世纪70年代后还发展出一些新的产生相干辐射的激光机制，如双光子激光、无反转激光等。但这些机制基本是实验室中的物理研究，没有形成有实际应用价值的激光器，因此激光物理学中提到激光器的物理原理，绝大多数情况指的是利用原子、分子、离子中的束缚电子的受激发射放大，或是自由电子的运动动能转化成相干辐射。

激光器的物理原理在光学频段来实现的重要一步是开放的法布里–珀罗腔的引入，因此随之发展出了完整的光学谐振腔理论。光学谐振腔理论中的很多概念、求解模式的数学方法等常借助微波技术中的知识。激光器出现后，光学谐振腔理论开始建立。由于激光器是利用谐振腔中的增益介质来放大光，因此对谐振腔的要求是：包含足够多的增益介质，并且只允许在一个尽可能窄的频带内实现放大。在众多学者的努力下，系统的光学谐振腔理论在20世纪60年代建立起来，主要的是以菲涅耳－基尔霍夫衍射积分为基础的光学谐振腔理论。在这个理论里，光波在谐振腔里的传播满足自再现原则，即在腔内往返一周后应当自再现它本身，由此得到谐振腔的本征方程、模式（纵模、横模）及其参数，典型横模有厄米特－高斯模、拉盖尔－高斯模等，其基模即高斯光束。系统的光学谐振腔理论中，谐振腔从工作性能上看不只包括稳定腔，还发展出非稳腔、相位共轭腔等；构形上也不只有直腔（平行平面镜腔、球面镜腔），还发展出折叠腔、环形腔、复合腔等。

激光物理学最主要的内容之一应该是**激光理论**了。第一种激光理论是速率方程理论，用耦合的增益介质反转密度随时变化的速率的方程，以及每个腔模的光子数密度随时间变化的速率的方程来描述激光器运转的动力学行为。最早是1960年由H.施塔茨等人提出并用来描述红宝石微波激射器的脉冲尖峰行为的，很快就在其后几年被很多人应用来讨论激光器的弛豫振荡等动力学行为并逐步完善。速率方程理论可以解决激光强度，以及与强度直接有关的问题（增益饱和、调Q、光强动力学）。但不能讨论与频率、相位有关的问题，更不能解释激光线宽和激光的统计涨落等问题。第二种激光理论叫半经典理论。在这种理论中光场用麦克斯韦方程描述，即看成经典电磁场，而增益介质则用量子力学描述，两者的联系在麦克斯韦方程的源项——偶极矩项。半经典理论最早（1963）由W.E.兰姆、H.哈肯等人分别提出，其中兰姆的半经典自洽理论特别成功地应用于气体激光器模式竞争等问题，被更多人所接受。半经典理论除可以处理速率方程理论能处理的所有问题外，还可以处理选模、频率牵引、锁模等问题，但仍不能处理激光线宽和激光统计涨落等问题。第三种激光理论叫全量子理论。激光全量子理论不只是将光场和增益介质的原子系统都用量子理论处理，而且还涉及周边环境（概括成“热库”）分别对光场和原子系统的阻尼及带来的量子起伏。全量子论有两种形式：密度算符方程方法和量子朗之万方程方法。前者主要是兰姆等人发展的，后者主要是哈肯等人发展的，都基本完成于60年代。激光全量子理论可以处理速率方程理论、半经典理论能讨论的问题，还可讨论激光线宽、量子涨落、光场统计等问题。

激光物理学的另一个重要的内容是研究激光的物理性质。激光器一出现，对这种全新的光源的性质很快就有了一些新的认识。通常说的高亮度、高单色性、高相干性、高方向性是最先认识到的。对激光的物理性质的深层次认识是稍后开始的，1965年后人们知道了激光的量子统计性质非常不同于原来的热光源。F.T.阿雷基等人最先测试了激光的光子计数分布，发现是明显的泊松分布，与通常热光源的玻色－爱因斯坦分布完全不同。在这个时期前后又通过布朗－瑞斯类型的强度－强度相关实验得知，热光源发出的光子趋向“群聚”，而激光光子统计上较均匀，不“群聚”。有关激光的量子统计性质的研究后来也成了量子光学研究内容的一部分。

激光和物质的相互作用是激光物理学延伸到量子光学的另一重要研究领域。在实际的研究中，包括了半经典的处理方法，即对光场用经典理论而对物质系统用量子理论；全量子理论则对光和物质都采用量子理论。激光和物质的相互作用有着丰富的内涵，并在持续不断的发展之中。

（李师群）

激光限模技术 laser mode restriction technique 激光单元技术之一。激光器内的振荡模式，按光场空间分布或传输特性之不同，而区分为不同的横模；按频谱之不同而区分为不同的纵模。在工作物质和激励条件为给定的条件下，激光振荡的实际横模数与纵模数主要由共振腔特性所决定。共振腔对横模数目的限制，主要由基横模与高阶横模的损耗率差异所决定；对非稳腔而言，这个差异较大，故限模能力强，输出光束发散角比较小；对稳定腔而言，上述差异较小，故限横模能力较小，输出光束发散角较大；介稳腔的限模能力，则可做到与非稳腔相近。共振腔的纵模频谱结构，是由腔内光束多次往返过程中的多光束干涉条件所决定的。对具有相同传输方向的光场而言，可对应一系列分立的共振频率，相邻两共振频率之差为$\delta\nu=c/2L$，这里c为光速，L为共振腔长；与不同共振频率对应的模称为不同的纵模，以不同的纵模指数q来表征。由于置于共振腔内的激光工作物质的激光增益带宽是有限的，因此只有处于这一增益带宽内的那些纵模频率才有可能真正起振，这意味着在工作物质、激励水平和共振腔为给定的情况下，能实际形成振荡的纵模数也是有限的（见图）。

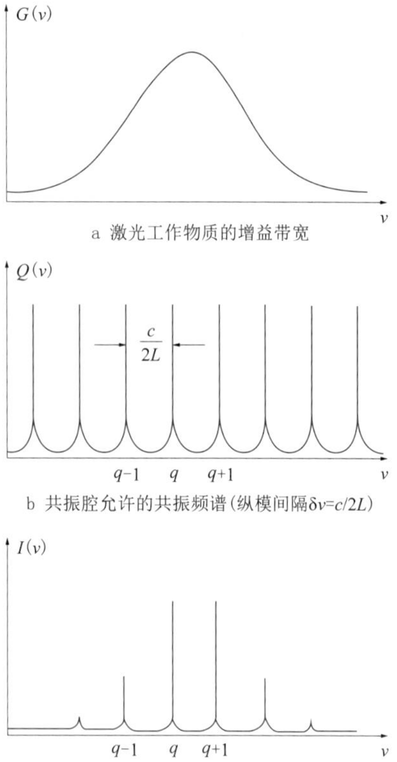

a 激光工作物质的增益带宽

b 共振腔允许的共振频谱（纵模间隔$\delta\nu=c/2L$）

c 实际起振的激光频谱

共振腔内纵横频谱结构

上面所提到的共振腔对横模和纵模的限制能力是有一定限度的。在某些条件下，人们希望能在尽可能保证输出激光功率（或能量）水平不明显降低的前提下，能进一步人为地压缩振荡横模与纵模数。为此就必须采取一系列专门的附加技术，分别称为限横模技术和限纵模技术。

限横模技术　如前所述，激光器的振荡横模数，主要是由共振腔型的选择和具体几何参量的设计所决定的。选择不同的腔型（如非稳腔与稳定腔），可导致振荡横模数和输出光束发散角较大程度的变化（例如从零点几毫弧度到十几毫弧度）。从这种意义上来说，限横模技术，首先表现为共振腔型的选择和具体参量的设计考虑。当然，在共振腔型和具体参量已确定的前提下，还可进一步采取一些辅助性的措施，例如采用孔径光阑或者视场光阑的方法，亦能达到进一步减少振荡横模数和压缩输出光束发散角的目的。但采取这种附加的限模措施，往往同时伴随着输出光功率的不同程度的降低；除此之外，激光工作物质本身的静态光学质量不佳，或在运转过程中由于激励不均匀和激光振荡光场分布不均匀等因素，会进一步导致工作物质的光学质量变坏。以上两种情况，也会使对激光器输出发散角的进一步压缩变得困难。

限纵模技术 激光器的振荡纵模数目，由腔长、工作物质增益线宽和激励水平等因素所决定。设由增益线宽和激励水平所决定的激光振荡的大致频率范围为$\Delta\nu$，腔所允许的相邻两振荡纵模的频率间隔为$\delta\nu$，则实际起振的纵模数目为$\Delta\nu/\delta\nu$。由此可见，减少振荡纵模数可通过两条途径来实现：一种途径是设法压缩允许的激光起振频率范围$\Delta\nu$，亦即设法压缩激光器的有效增益带宽；另一种途径则是设法增大相邻两振荡纵模之间的频率间隔$\delta\nu$。为压缩有效增益带宽$\Delta\nu$，可分别采取色散元件光谱选择反馈方法或者腔内光谱选择带通滤波器方法。前一种方法的原理是利用腔内色散元件（光栅、棱镜等）对特殊选定的比较小的频率范围内的腔内光束提供有效的光学反馈能力，从而达到限制振荡频率范围的目的。后一种方法是在腔内置放一块或多块法布里-珀罗标准具之类的带通滤光元件，使得只有较窄频率范围内的光才能在腔内多次往返形成有效振荡。为增大相邻纵模之间的频率间隔$\delta\nu$，诚然可采取缩短腔长L的方法，但却受到激光工作物质长度等因素的限制。因此，实际上可采用另外一种方法，即组合腔（耦合腔）限纵模的方法。为此，可设计激光器的共振腔由多个共振腔回路相互耦合组合而成；此情况下，振荡光束在腔内为形成振荡而必须满足的多光束干涉增强条件，这不仅要求满足某一个单独的振荡回路而且要求满足由它们组合而成的振荡回路；这意味着共振频率条件更加苛刻，从而导致实际振荡纵模之间的有效频率间隔$\delta\nu$增大和相应的振荡纵模数减少。

理论与实验均表明，在适当的设计考虑和激光器工作条件下，单横模运转、单纵模运转以及单横模、单纵模的同时运转，均是可以做到的。（王润文 赫光生）

激光信息显示 information display by laser 以激光作为光源来展示图像、文字等特定信息的技术。激光信息显示的方式主要有激光投影显示、激光扫描显示和激光全息显示。

激光投影显示 激光投影显示是以激光作为光源，根据平面图像信息对光源进行调制，利用光学系统和投影空间把图像放大并显示在投影屏幕上的方法或装置。激光投影显示系统由激光光源、光学照明系统、空间光调制器、投影物镜及屏幕系统几部分组成，其最大的特点是能够实现大屏幕显示。激光投影显示的光源一种是直接采用红绿蓝激光作为光源，另一种是采用激光激发荧光粉产生的光作为投影光源。投影的方式根据屏幕和观众位置关系的不同分为前投影和背投影两种。激光投影显示通常采用微型平板空间光调制器作为图像发生源，主要包括数字微镜器件（DMD）作为图像产生源的DLP投影显示技术，以及以结合了半导体和LCD技术的硅基液晶（LCOS）作为图像产生源的LCOS投影显示技术。

激光扫描显示 激光扫描显示指通过激光束的移动在屏幕上显示出画面或图形，通常采用高速扫描振镜系统控制光束在屏幕上的位置。电脑控制器提供的信号通过驱动放大电路驱动激光扫描头，从而在X-Y平面控制激光束的偏转，采用扫描频率控制不同时刻点的位置，达到整个扫描图案的变换。激光扫描显示图像的稳定性由扫描系统的速度决定。

激光全息显示 激光全息显示是自20世纪60年代激光器问世后得到迅速发展的一种显示技术（见**全息术**）。

（樊仲维 亓岩）

激光医学 laser medicine 激光技术与医学相结合的一门新兴交叉学科。激光医学以激光与人体组织的相互作用为基础，采用激光对疾病进行诊断和治疗。激光医学涵盖了临床应用与基础研究。

临床应用 激光治疗分为激光微创手术、激光无创治疗和靶向光动力治疗三大技术领域。激光诊断以激光在人体组织中的传输与相互作用规律为基础，通过获取光子所携带的人体结构和功能的信息对疾病进行诊断。

激光治疗 激光微创手术 激光微创手术是利用激光的光热效应对组织进行凝固、汽化或切割，从而达到消除病变的目的。激光微创手术具有出血少、操作定位精确、非接触、无菌、对周围组织损伤小的优点，是激光医学中发展最快、最为成熟的分支。随着选择性光热解作用理论和局灶性光热作用理论的提出，在传统激光手术基础上，出现了一系列微创的美容激光技术。

临床广泛用于体表及体腔多种良恶性疾病的治疗。如激光治疗血管瘤、寻常疣、脂溢性角化、色素痣、太田痣、文身、多毛、痤疮瘢痕、尖锐湿疣等皮肤病与性病；激光治疗宫颈糜烂、宫颈息肉、尿道肉阜、良性前列腺增生、泌尿系结石、非肌层浸润性膀胱癌等泌尿生殖系统疾病；激光治疗大隐静脉曲张、腰椎间盘突出症等外科疾病；激光治疗白内障、近视、青光眼、视网膜病变等眼科疾病。

激光无创治疗 激光无创治疗又称为弱激光、低强度、低水平激光治疗。它是利用光的生物调节作用。弱激光作用于生物组织时，不造成生物组织不可逆的损伤，但可以刺激机体产生一系列的生理生化反应，对组织或机体起到调节、增强或抑制的功能，从而达到治病的目的。

在临床主要用于关节炎、牙龈炎、咽炎、脐炎等急慢性炎症，糖尿病足、糖尿病皮肤感染迁延不愈、放射性皮炎等难愈性创面，以及带状疱疹后遗神经痛等疼痛性疾病。

靶向光动力治疗 光动力治疗是利用激光的光化学效应，即在有氧条件下光敏剂经激光激发后，经过一系列光化学反应，产生大量活性氧物质，从而损伤靶组织达到治疗的目的。根据靶病变的不同，该治疗又分为以下三大领域。

肿瘤靶向光动力治疗。肿瘤靶向光动力治疗是利用肿瘤细胞与正常细胞对光敏药物代谢速度的差异，在给药后一定时间（卟啉类光敏剂通常为48～72小时）形成肿瘤组织内高于正常组织的光敏剂浓度差，此时进行局部激光照射，从而选择性破坏肿瘤组织。中国于20世纪80年代初开始进行光动力治疗肿瘤的临床研究。治疗范围已经涉及各个系统各处器官的肿瘤（如皮肤基底细胞癌、食管癌、胃癌、喉癌、口腔癌、声带肿瘤、脑胶质瘤、外生殖器肿瘤等）。光动力治疗恶性肿瘤具有的优点体现在多方面：作用精确、靶向性好，可保留正常器官和组织的功能；对内腔肿瘤可以进行内镜下治疗或介入治疗，创伤少，可以避免开胸、开颅手术；抗瘤谱广，可与其他治疗方法联合使用，无严重副反应等。

血管靶向光动力治疗。血管靶向光动力治疗利用光敏剂静脉注射后短时间里在血管与正常组织之间形成的浓度差，结合局部激光照射，从而选择性破坏血管而不损伤周围正常组织。例如鲜红斑痣（俗称“红胎记”）的血管靶向光动力治疗，该方法既能有效消除红色病变，又不遗留疤痕和色素改变，疗效好、副作用小。治疗后的病变色可完全消退，增厚的病变皮肤变平、无瘢痕。临床随机对照试验研究已表明血管靶向光动力治疗鲜红斑痣的效果（有效率98%）显著优于脉冲激光治疗（有效率70%～80%）。年龄相关性眼底黄斑变性是多发生于45岁以上患者的黄斑区视网膜组织退行性病变。临床上采用光敏剂结合690纳米激光行光动力治疗。血管靶向光动力治疗还可通过内窥镜用于食道静脉曲张、胃窦血管扩张、放射性胃炎和放射性肠炎等多种消化道微血管病变的治疗。其作用柔和、无明显毒副作用、能够有效改善患者出血和贫血症状。

微生物靶向光动力疗法。光动力治疗也是国内外研究较多的新型抗微生物感染治疗技术，其作用机制尚未完全阐明，在临床上应用于皮肤真菌感染、皮肤痤疮杆菌感染、口腔牙菌斑、高危型和低危型人类乳头瘤病毒感染等的治疗。

激光诊断　激光的出现克服了普通光源无法解决的难题，为医学诊断增加了新方法。激光诊断技术具有高分辨率、无创、在体、快速、实时等优点，在临床和实验室研究中都有广泛的应用。已用于临床的激光成像或激光诊断技术主要有以下几种。

激光多普勒技术　激光多普勒技术是激光技术在医学诊断领域中应用最早、最成熟的方法。它利用多普勒效应，可以测定组织局部的血流。在神经外科领域，激光多普勒血流仪作为一种实时、无创、持续测量脑组织微循环血流量的仪器，已广泛用于对大脑皮层的局部缺血、局限性癫痫、退行性病变，以及重症脑炎、脑膜炎的研究。激光多普勒血流仪与激光扫描检眼镜结合产生的共聚焦激光扫描多普勒血流仪，可对视网膜、视神经乳头的血运情况进行检测，对青光眼、糖尿病眼病、缺血性眼病等极具诊断价值。

荧光光谱技术　荧光光谱技术是激光诊断领域里应用最广泛的方法。根据荧光物质的来源，荧光光谱分为自体荧光和外源性荧光光谱。内源性（自体）荧光光谱主要用于肿瘤的在体无创检测、晶状体新陈代谢测量、龋齿的早期诊断等；外源性荧光光谱还可用于光动力治疗中光敏剂含量的无创、实时监测。这一技术在临床上与内窥镜相结合产生了激光诱导荧光成像内窥镜系统，利用正常组织与病变组织所发射的自体荧光的差别，协助判断可疑病灶，提高活检的准确率，进而发现早期癌变组织。与普通光谱分析方法比较，激光光谱大大提高了分辨率、灵敏度和精确度。

光学相干层析成像　光学相干层析成像（OCT）是一种基于宽带光的低相干特性，对生物活体组织的内部微观结构进行高分辨率断层成像的技术，被形象地称为“光学切片”技术。它依靠光源的时间相干性，利用干涉仪对生物组织进行空间上的二维或三维扫描成像。与超声（分辨率2000微米）、CT（分辨率1000微米）、MRI（分辨率100微米）等其他传统成像技术相比，OCT在分辨率（1～10微米）方面具有显著优势。1991年，OCT首次应用于眼底视网膜的结构成像。随着光纤技术的发展，相关研究已从早期在眼科方面的应用拓展到消化道、呼吸道、口腔及血管腔等部位疾病的诊断及评估。

光学相干层析血管造影技术　光学相干层析血管造影技术（OCTA）是在光学相干层析成像基础上发展起来的一种新兴的无创、快速、高分辨率的微脉管成像技术。它能有效地从静态组织背景信号中分辨出动态的血流信号，从而获得局部生物组织结构信息和血流相关的流速、分布信息。伴随着高速相机和超快扫频光源的发展，OCTA不仅在图像质量上有很大提升，在成像速度上也取得了突破性的进展，商用OCTA的扫描速度为100千赫，研究型OCTA的最高扫描速度可达400千赫以上，能够满足临床实时成像的需求。OCTA在眼科逐步得到应用，利用OCTA对人眼视网膜进行超大视场成像，为眼科多种疾病，尤其是血管性疾病的研究及诊疗提供证据，此外，在心血管内科以及皮肤微血管病变方面，OCTA的应用也在不断拓展。

激光散斑成像技术　激光散斑成像技术是通过分析运动颗粒对相干激光的散射特性来获得颗粒运动速度的技术，可以提供二维血流分布图像。散斑成像技术提出后被用于监测人的皮肤、眼底的血流分布图等。在基础研究方面，该技术作为一种区域性流速监测技术被用于监测脑血流的病理和功能变化、皮肤微循环情况、鲜红斑痣病变血管血流速度术中动态变化等。

光声成像技术　光声成像技术是基于光声效应的在体无损成像技术。光声效应是指生物组织体受短脉冲激光照射后产生超声波（光声信号）。利用超声换能器接收组织中的光声信号，再结合适当的算法反演得到组织光吸收图像。光声成像技术结合了纯光学成像和声学成像的优点，既能得到类似光学相干层析成像技术的高对比度成像，同时又避免了纯光学成像中组织对光的强散射的影响。光声成像技术能够突破光学成像深度的“软极限”，通过不同的光声成像系统设计，能够实现从细胞器（亚微米级）到器官（厘米级）在体多尺度成像，该技术在乳腺癌、心血管疾病诊断上极具应用前景。

基础研究　研究领域不仅涉及医学的各个学科，还与细胞生物学、分子生物学、光学、物理学、化学、电子学、工程学等相关领域高度融合，主要是在深入研究激光与人体组织的相互作用规律、激光生物学效应的基础上，探索新型激光技术在疾病诊治中的应用。随着激光技术的日新月异，对于揭示光与人体组织相互作用新现象、新效应、新机制以及新应用的渴望，正吸引越来越多的科研工作者融入激光医学这一交叉学科的基础研究中。

（顾　瑛　邱海霞）

激光振荡器　laser oscillator　使激活介质中自发辐射诱导的受激辐射得到放大、形成持续的相干振荡而产生激光的装置。激光振荡器由光放大单元（包括激励源）和光谐振腔两个基本部件构成。激励源（如光泵浦源）使激活增益介质中的粒子数反转，能量存储在增益介质上能级，在腔中频率与能级差相对应的光子的诱导下实现受激辐射光放大。光谐振腔在选定频率和方向上产生相位相同的耦合反馈，形成持续的相干光振荡，并耦合输出部分激光。

光放大单元提供增益，补偿谐振腔内的能量损耗，支持输出激光，维持继续振荡。光谐振腔有效地提高光子简并度，获得单色性好、方向性强的相干光，并且直接控制激光束的谐振频率、横向分布特性、光斑大小和光束发散角等，由此决定了激光的光谱、方向和空间特性。光谐振腔对选定的振荡模提供足够的正反馈，使激光器达到预期的能量输出，并且可以通过改变腔内光束的损耗，在增益一定的情况下控制激光束的输出特性。

激光振荡器运转方式多样，可以以连续、准连续、调Q、锁模等各种方式工作。可以根据需要设计成输出单纵模、单基横模、可调谐等各种性能指标的激光振荡器。为了获得更大功率有时会将激光振荡器的输出当成光的“种子”输入后接激光放大器放大，组成MOPA激光系统。

（朱小磊）

激光振动测量　laser vibration measurement　运用激光干涉和多普勒频移效应产生频差的原理，来提取反射光中带有目标物体振动信息如加速度、速度和位移等物理量的一种非接触式精密测量方法。激光测振仪器主要包括光学系统和信号处理系统。光学系统使得偏振方向相同的参考光和测量光形成干涉，信号处理系统将光电信号携带的振动信息解调（解频、解相和解幅）出来。

历史　1843年，奥地利物理学家C.多普勒在观测声源和观察者相对运动变化时提出了多普勒效应。1905年，A.爱因斯坦在相对论中指出，多普勒效应也能在光波中发生；此后，经过许多研究学者的实验，发现多普勒效应也适用于激光光波。1980年，A.丹德里奇等人利用半导体激光器检测出距激光器前端10微米处物体的正弦位移，测量精度达纳米级，当振动频率在1000赫兹时，实现了距离、振动位移和速度的传感测量；随着激光器技术、光学外差干涉技术以及多普勒效应的实用化发展，融合光学多普勒效应和光学外差技术的激光多普勒测振技术进入实用阶段，激光多普勒测振技术具有测量精度高、非接触式测量、测量范围广、动态响应速度快等优点。

激光振动测量方案主要有外差式激光多普勒干涉法、全息法、光三角法和散斑法。最有代表性的是外差式激光多普勒干涉法，该方法以马赫-曾德尔干涉仪和采用氦氖激光器为光源的塞曼分裂双频激光干涉仪为典型。但随着激光器技术与光纤技术的发展，采用半导体激光器作为光源的全光纤外差干涉技术因其测量范围更宽、抗干扰性更好、稳定性更高等优点逐渐得到应用。但不管采用何种激光器，激光测振原理大都采用外差式激光多普勒干涉法。

外差式激光多普勒干涉法　激光测振仪的核心是一台高精密激光干涉仪和一台信号处理器。高精密激光干涉仪内的激光器发出的偏振光由分光镜分成两路，一路作为测量光（I_1），一路用于参考光（I_2）。测量光通过声光调制器具有一定频移（F_{mod}），被聚焦到被测物体表面，物体运动引起频移（$f=2v/\lambda$，v为运动速度，λ为光波长）。系统收集反射光并与参考光汇聚在传感器上（两条光路相位差为$\Delta\varphi$），两束光在光电探测器表面产生干涉，干涉信号的频率为$F_{mod}+f$，携带了被测物体的振动信息，信号处理器将频移信号转换为速度、位移等振动信息。干涉光强为：

$$I=I_1+I_2+2\sqrt{I_1I_2}\cos[2\pi(F_{mod}+f)t+\Delta\varphi]$$

全息法　该方法的参考光波和测量光波的干涉场需要照片记录并经过显影形成全息图，冲洗胶片费时费力，操作过程复杂且对测量环境要求比较苛刻，因而其应用受到限制。

光三角法　该方法将激光器发出光经发射透镜汇聚于振动物体表面，光点的部分散射光经过自由空间再次汇聚于光电探测器，当入射光与光学结构相对于光轴发生位置变化时，光点在感光面发生位移，从而引起光电探测器的电信号变化，根据电信号变化量计算出位移变化量，进而求出振动物体的振幅，但该方法受限于光电探测器的尺寸，灵敏度影响较大，且受限于透镜焦距影响，因而不适于远距离测量。

散斑法　是充分利用激光高相干性的一种方法，当激光发射到粗糙光学表面产生散斑场，记录下散斑场产生的干涉条纹，经过数字图像技术处理，从条纹的形状及其变形得出振动物体的位移，该方法对光学表面要求严格，受环境扰动影响大，一般要引入参考振动，测量误差较大，测量范围和精度也有限。（宋云峰　张深逢）

激光制导　laser guidance　利用激光获得制导信息或传输制导指令，按一定导引规律把武器引向目标并实施精确打击的制导技术。该技术开始于20世纪60年代，已得到广泛应用。激光制导多使用红外激光，其中0.8～1.8微米激光易受能见度影响，10.6微米激光可以在不良能见度下使用。

激光制导方式　激光制导主要包括激光驾束制导、激光半主动寻的制导、激光主动寻的制导和激光传输指令制导。其中技术最成熟、在战场上使用最多的是激光半主动寻的制导，激光制导炸弹、激光制导导弹等均使用此种制导方式。

①激光驾束制导。激光接收器置于导弹上，导弹发射时激光器对着目标照射，发射后的导弹在激光波束内飞行。当导弹偏离激光束轴线时，接收器敏感察觉偏离的大小和方向并形成误差信号，按导引规律形成控制指令来修正导弹的飞行。激光驾束制导武器系统对导弹控制的关键是要形成具有编码信息的激光驾束控制场。

②激光半主动寻的制导。也称激光半主动式自动导引。激光照射器和激光导引头分离放置，使用位于载机或地面上的激光照射器照射目标，导弹上的激光导引头接收从目标反射的激光而跟踪目标，并把导弹导向目标。

③激光主动寻的制导。也称激光主动式自动导引。激光照射器安装在导引头上，可以将导弹的预设轨道在激光器内编码，由经过目标反射的激光自主导航。这种制导方式的自动化程度高，抗干扰能力较强，适合于在空中打击地面目标。

④激光传输指令制导。用激光脉冲代替红外半自动指令制导中用来传输控制指令的导线，弹上接收机采用激光接收器，激光脉冲经编码后发出去。最常采用的是哈明码，一种能自动纠错的编码。

激光制导产品　①激光制导炸弹（图1）。尽管激光制导炸弹的价格比普通炸弹要高出许多，但由于较高的命中精度，一枚激光制导炸弹的使用效能可相当于十多枚或数十枚常规炸弹。同时，使用高精度制导武器还可大大降低载机和飞行员的危险。因此，激光制导炸弹已经成为空对地轰炸中使用最为广泛的一种武器。

②激光制导导弹（图2）。主要有激光制导空地导弹、激光制导防空导弹、激光制导反坦克导弹等类型，其制导方式有半主动寻的制导、驾束制导。

图1　激光制导炸弹

图2　激光制导导弹

③激光制导炮弹。激光制导炮弹是炮弹发展的飞跃，号称是“长了眼睛”的炮弹，命中率显著提高。（羊　毅）

激活介质　active medium　使得激光获得增益的物质体。它的作用是使得介质的布居数实现反转。又称增益介质、激光介质。常用的作为激活介质的物质有以下几类：

①晶体。常掺稀土离子（如钕、镱、铒）或过渡金属离子（如钛或铬）。最常见的有钇铝石榴石（Nd:YAG）、钒酸钇（YVO_4）、蓝宝石（Al_2O_3）。

②玻璃。如硅酸盐或磷酸盐玻璃，掺杂激光活性离子。

③气体。如氦和氖（He-Ne）混合物、氮、氩、一氧化碳、二氧化碳、金属蒸气。

④半导体。如砷化镓（GaAs）、铟镓

砷化物（InGaAs）、氮化镓（GaN）。

⑤液体。如若丹明6G染料溶液等。

为了产生激光，激活介质必须处于**布居数反转**（粒子数反转）状态。布居数反转状态的制备需要一个外部的能量来源，称为泵浦。泵浦可以用电流（如半导体或气体高压放电）或光（放电灯或其他激光器）来实现。有些激活介质可以通过化学反应、核裂变或高能电子束泵浦来实现。

（陈徐宗）

激活介质的螺旋波 spiral waves in excitable system 存在于一类特殊非线性系统中的时空自组织结构。在诸如流体的瑞利-贝纳尔对流、液晶的伊辛-布劳克相变、反应扩散系统的化学波、黏性霉菌的自组织、心脏中的心电信号及卵细胞中钙离子波中均可看到这种结构。理论与实验研究表明，螺旋波的动力学行为存在跨系统的普适性规律，研究和掌握这些规律具有很大的潜在应用价值。例如，生理学的实验表明，在心脏病人中观察到的一类心律不齐或心动过速现象，可能是由于心肌电信号出现螺旋波而引起的。而心颤至死的过程与螺旋心肌电波的失稳有密切关系。人们关心螺旋波现象的另外一个重要原因，是组成螺旋波的动力学中心是一个时空点拓扑缺陷，从数学角度看它是一个奇点。而在奇点附近的足够小区域内反应扩散方程不再适用。如何处理此类时空缺陷问题，一直是对非线性科学工作者的挑战。

可激发系统 反应扩散系统是螺旋波产生的最简单的系统之一。螺旋波在反应扩散系统中按其形式可分为可激发系统中的螺旋波、时序振荡系统中的螺旋波两类。从表面上看，前者的特点是系统中除螺旋波中心外所有空间点都做弛豫型振荡，而后者做正弦振荡。从本质上讲，两者的起因截然不同。前者形成于系统的全局失稳，后者形成于系统的局部失稳；前者属于可激发波，后者是相位波；前者的波速受系统内反应物的扩散系数的限制，后者从原则上讲波速可以从零到无穷大。

最简单的可激发系统可以用一个双变量反应扩散方程描述，其形式为：

$$\varepsilon\frac{\partial u}{\partial t}=f(u,v)+D_u\nabla^2 u$$

$$\frac{\partial v}{\partial t}=g(u,v)+D_v\nabla^2 v$$

式中u、v为系统变量；ε为一个远小于1的量，等式右边第一项为反应动力学项，第二项为扩散项。第一个方程中有一个小量ε，它的存在是使变量u、v的动力学行为有了不同的时间尺度。上式的动力学函数在(u,v)坐标上的图形由图1给出。$f(u,v)=0$的曲线形状类似于一个倒N形，也就是说，给定一个v值，在一定区域内u可能有三个不同的定态值，这种情况是系统可激发的一个必要条件。图1表明系统有一个唯一的均匀定态解（点P）。对这个定态解做局部稳定性分析，可以证明它是渐近稳定的。也就是说当系统受到一个小的扰动时，它会迅速回到它的均匀定态。但是由于$f(u,v)$函数的特殊性质，以及变量之间的动力学时间尺度有很大差别，系统对大的扰动是不稳定的。如图1所示，当扰动超过一定阈值，对应于$v<v_{\min}$时，由于变量u的动力学时间尺度远小于变量v的动力学时间尺度，系统首先会被很快地激发到远离定态解的区域，对应于$f(u,v)=0$曲线的另一个分支，然后慢慢沿$f(u,v)=0$曲线运动到$v=v_{\max}$的位置，再很快地跃迁至$f(u,v)=0$曲线的稳定分支，最后弛豫到初始位置，其路径如图1中虚线所示。这就是可激发系统。系统可激发性的一个重要量度是ε值的大小。只有在ε值足够小时，系统才是可激发的。

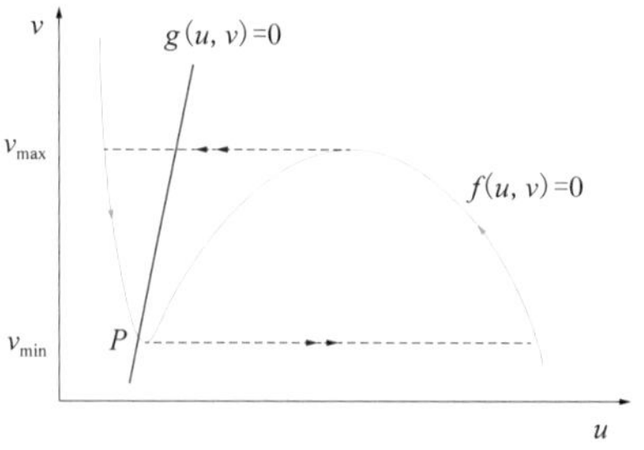

图1 可激发系统在相空间的动力学行为

螺旋波的触发及其动力学 一个空间均匀分布的、由可激发单元所组成的反应扩散系统可能出现行波。设想如果在空间上的某一个局限区域内系统被激发到临界值以上，反应物u的自催化效应使其本身的浓度在激发区猛然增加，从而使该区域与和它相邻的区域之间产生一个很大的浓度梯度。由于扩散效应，反应物u将会扩散到与原激发区相邻的区域，并将它们拖向临界值以上，使得它们也被激发，这就形成了一个化学波峰。在波峰的背后激发区会逐渐弛豫到激发前的状态。从整体上观察，系统表现为一个孤立波从激发源向外移动。如果激发源处的激发是周期性的，系统表现为一连串的行波。行波的速度取决于激发强度与扩散速度。由于系统的可激发性是由于变量u的自催化效应引起的，而变量u与v的相互作用使得系统恢复到原来状态，一般称u为触发变量，v为恢复变量。不同可激发系统中的触发变量与恢复变量各不相同。在化学反应系统中，触发变量与恢复变量事不同的反应物，如在别洛乌索夫-扎波亭斯基反应中，触发变量是次溴酸浓度，恢复变量是催化剂的还原态浓度。在另外一些系统，如神经肌肉组织（心肌）中电信号的传波，触发变量是膜电动势，恢复变量是离子传导率。在黏性霉菌自组织形成的行波中，触发变量是环磷酸腺苷（cAMP），恢复变量是膜感受器。在宏观世界里，流行病的传播也是行波形式。这时触发变量是病原，恢复变量是免疫力。

在二维系统中如果激发源是一个点，系统会形成一个环状化学波向外扩张。如果这个点激发源是周期性的，则可能观察到环状系列行波，或叫靶波。如果激发源是一条线，系统会形成一个平行线状波。波的行进方向与线的方向垂直。那么螺旋波是怎样产生的呢？作这样一个假想实验：首先制造一个线状波，然后将线波从中间切断并抹掉一小段，也就是说在线波上造两个端点。考察这时行波的动力学行为。如图2所示，在远离端点的区域，线波波峰的邻近点受左右两个方向上扩散而来的触发变量的影响，比较容易受激发，因而波速较高；而在端点区域，线波波峰的邻近点只受到来自一个方向上的触发变量的激发，激发强度相对弱小，因而波速较慢。这样，从总体上看，当线波向前移动时，端点的相对位置会有一个滞后。这个滞后使得线波在端点附近弯曲，线波的局部运动方向发生变化（图2）。由于这种端点效应总是存在，随着时间的增长，线状波会逐渐转变为螺旋波，图2表示了这个动力学过程。有两点需要进一步说明：第一，螺旋波与靶波不同，它不需要一个周期性的激发源，因而它是自维持的；第二，螺旋波的组织中心是一个点缺陷，又叫拓扑缺陷，系统所有的动力学行为都受这个拓扑缺陷点行为的左右。另外，在一个系统中制造一个拓扑缺陷比较容易。但是系统中一旦产生了拓扑缺陷就很难将之消除。研究螺旋波动力学规律的一个重要目的，就是要寻找消除螺旋波组织中心（点缺陷）的有效途径，这对心脏病研究

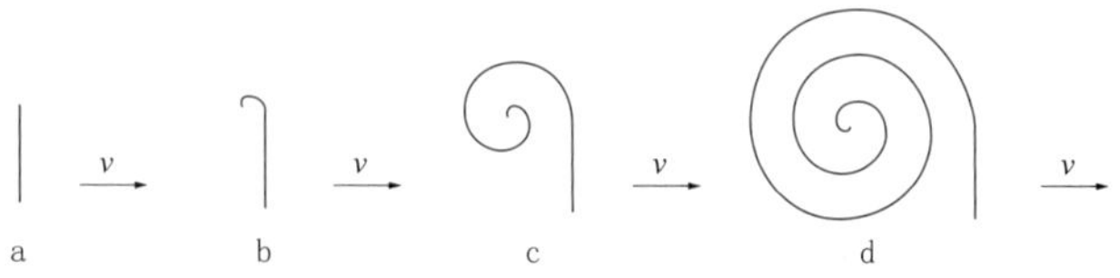

图2 激活介质中螺旋波的产生

将会产生重要影响。

在一维可激发系统中，行波的动力学的定量规律由描述行波行为的色散关系决定，它给出行波波速与激发周期之间的关系。在反应系统的时间尺度相差很大的情况下，通过分析可激发系统的反应扩散方程得到如图3所示的**色散关系**（实线）。在一般情况下对于一个激发周期T存在着两个行波波速值c，其中高速度的波速是稳定的，低速的波速是不稳定的。系统并不一定在曲线的顶点处交换稳定性。在高于一维的系统中，系统的行波会出现弯曲。螺旋波就是弯曲波峰的一个例子。这时行波的速度不再仅是激发周期T的函数，而且与波峰线上曲率有关。将曲率的影响考虑到反应扩散方程的分析中，可以得到描述可激发系统螺旋波的程函关系：

$$c_N=c_\infty-D\cdot\chi$$

式中c_N为螺旋波的法向速度；c_∞为平面波的波速；D为触发变量的扩散系数；χ为螺旋波的曲率。根据程函关系可以推导出另一个行波波速与激发周期之间的关系，即本构关系，见图3虚线。本构关系中的波速在波峰远离缺陷点时，即波峰曲率近似为零时与波峰的法向波速一致。在这些区域内体系的行波可以看成是一维平行波，所以它也应同时满足色散关系。色散关系与本构关系的结合，决定了可激发介质中螺旋波的动力学行为，即波速、波数与频率之间的关系。

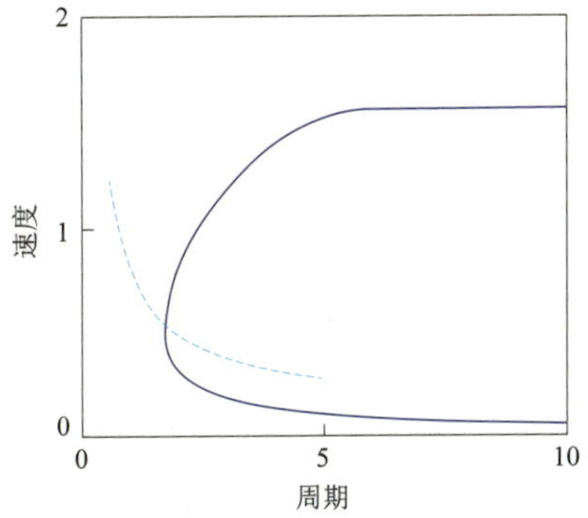

图3　螺旋波的色散关系与本构关系

螺旋波的波源是一个拓扑缺陷点，它是螺旋波的组织中心。对于稳定螺旋波，其波源的位置是固定的。但在条件变化时，波源的位置可以经过一个非线性分叉过程开始做有规律的大范围圆周运动。这时，由于**多普勒效应**，在螺旋波端点运动方向前的行波被压缩，在螺旋波端点运动方向后的行波被伸长，螺旋波的波长会出现一个长波调制。当螺旋波的波长由于多普勒效应在局域地区被压缩到一个临界值时，这个区域的螺旋波就会断裂，从而产生出新的拓扑缺陷点。这就是可激发系统螺旋波的最常见的失稳机制，称为多普勒失稳。（欧阳颀）

激子　exciton　激发到导带中的电子和留在价带中的空穴之间由库仑相互作用而形成的束缚态。实验发现，半导体能隙附近的吸收光谱有一些特征，不能用一般的带间跃迁理论来解释，而是由激子产生的。锗在不同温度下直接跃迁边的吸收谱见图。由图可见，在室温下（291开），吸收谱的形状符合直接跃迁边的理论～$(\hbar\omega-E_g)^{1/2}$。而当温度降低时，如100开以下时，在低于能隙的能量处会出现一个尖锐的吸收峰，这就是激子形成的吸收峰。它的峰值能量低于能隙能量，与能隙能量之差为激子中电子与空穴的相互作用能，又称激子结合能。

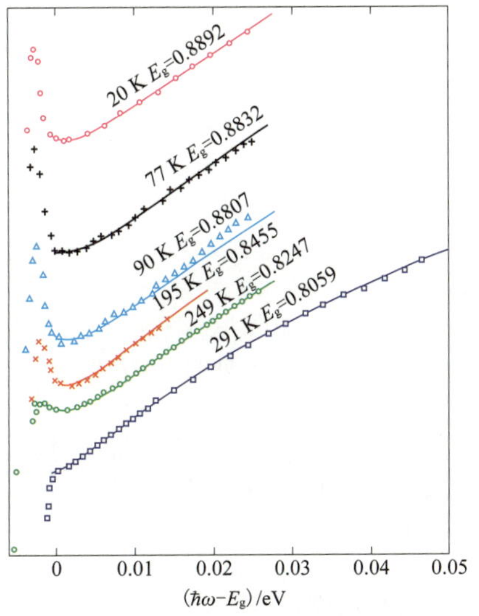

锗在不同温度下直接跃迁边的吸收谱

激子有两类：一类是瓦尼尔激子，就是上述的半导体中的激子。它的波函数是扩展的，激子半径远大于晶格常数，结合能很小。如锗中的激子，结合能为4毫电子伏，激子半径115埃。与此相比较，氢原子的结合能为13.6电子伏，半径为0.5埃。瓦尼尔激子能在晶体中自由运动，由于它是中性的，所以不能导电。它们还能被捕获到杂质原子或其他晶体缺陷上。商业用发光二极管的发光通常是由捕获激子的复合产生的。

另一类激子是弗兰克尔激子，其波函数局域在一个原子附近，相当于晶体中某一个原子的激发态。这种激子主要发生在离子和分子晶体中。由于这个原子的激发态与相邻原子的耦合很强，这种激子能够快速从一个原子传递到另一个原子，而不需要原子本身运动。实际上弗兰克尔激子可被看作电极化的传播波。这种激子在实验上表现为光吸收带或者特征的发光辐射。（夏建白）

激子模型　exciton model　描述介于**直接核反应**和**复合核反应**之间，非平衡核反应过程的一种理论模型。**复合核模型**提出之后，对于低能核反应的解释获得成功。但随着入射粒子能量的增高，实验测量发现出射中子能谱高能部分明显高出平衡态发射能谱形状，称之为能谱硬尾。这表明复合核在比较高的激发能状态下，由入射粒子碰撞被激发到能量较高的一些粒子，还没有来得及在核内进行充分的核子碰撞并交换能量就被发射出来。这是一种非平衡统计行为。其次，发射粒子的角分布呈现明显的朝前趋势，而不是平衡态理论所预言的各向同性或90°对称，表明出射粒子还存在对入射方向的记忆。另外，带电粒子的发射截面明显高于平衡态理论预言值，这说明在未达到平衡态之前就有带电粒子发射。这些现象表明，入射粒子在复合核内进行的级联碰撞过程，在达到完全的统计平衡时需要一段时间，这段时间内有一定数目的粒子发射出来。激子模型中是用核内核子间碰撞产生粒子－空穴对来描述核反应动力学过程的。这种被激发的粒子与空穴被统称为激子。非平衡核反应过程中伴随的粒子发射，称为预平衡发射。激子模型可描述由直接反应核和复合核平衡态理论不能描述的非平衡核反应特征。（张竞上）

吉伯，W.　William Gilbert（1544-05-24～1603-12-10）　英国物理学家。生于英格兰科尔切斯特，卒于伦敦。1558年入剑桥大学圣约翰学院。1561年、1564年和1569年先后获得文学学士、硕士和医学博士学位。1573年定居伦敦行医。1601年被任命为皇家医生。终身未婚。

吉伯最初研究化学，后来长期从事电学和磁学的研究，蔑视经院哲学，重视实验。他通过磁石球实验证明地球为一大磁体，磁针指南北是由于地球为磁体，而不是天体（如北极星）的吸引。他发现了多种摩擦生电的材料，并首先提出“电”“电力”和“电吸引”等概念。他是哥白尼学说的拥护者。在CGS电磁系单位制中以吉伯作磁通势单位，是为了纪念他在磁学上的贡献。（李国栋）

吉布斯，J.W. Josiah Willard Gibbs（1839-02-11～1903-04-28） 美国物理学家、化学家。生于纽黑文，卒于纽黑文。终身未婚。1863年获耶鲁大学博士学位。1866～1869年去欧洲进修，在巴黎、柏林和海德堡各待一年。1869年回国后一直在耶鲁大学执教。1871年被任命为数理教授。

吉布斯在热力学和统计物理学方面做出了很大的贡献。1873年他从熵这个概念出发，用熵、内能、体积作正交坐标，描述热力学关系，创建了热力学的基本方程。1876年和1878年吉布斯先后分两部分发表了被称为“伟大论文”的文章《论非均匀物质的平衡》，充分发挥了能量和熵在热力学平衡理论中的作用，提出了化学势的概念，建立了非均匀复相系处于平衡时的相平衡定律和粒子数可变系统的热力学基本方程。他还在热力学系统中考虑了化学、引力、应力、表面张力、电磁和电化学等因素的作用，从而扩展了热力学的范围。由于吉布斯的工作，使热力学形成一个逻辑严整、内容丰富的理论体系。化学势概念的提出和相律的导出，使物理化学得到了很大的发展。化学势概念在冶金学、采矿学、岩石学以及理论化学中也得到广泛的应用，并使许多化工生产过程提高了效率。19世纪80年代，吉布斯转而研究光学和电磁理论，并发展了矢量分析的方法。1902年吉布斯发展了L.玻尔兹曼在研究各态历经假说时提出的系综概念，创立了统计系综的方法，建立起经典平衡态统计力学的系统理论，完成了建立经典统计力学的工作。他创立的统计方法满足以后发展的需要，只要对微观运动从用相宇描写改变为用量子态描写，就可以过渡到量子统计。

吉布斯被美国国家科学院、美国艺术和科学研究院以及欧洲14个科学机构选为院士或通讯院士，并接受过一些名誉学衔和奖章。1950年，为了永远缅怀吉布斯在科学上的伟大功绩，在美国纽约大学的伟人堂建造了他的半身青铜像。（张钟静）

吉布斯吸附方程 Gibbs adsorption equation 描述多元混杂系统中界面组分浓度变化与其界面能变化关系的方程。由J.W.吉布斯于1878年提出，又称吉布斯等温式。对于双元系统而言，吉布斯吸附方程可以写为：

$$-\mathrm{d}\gamma=\Gamma_1\mathrm{d}\mu_1+\Gamma_2\mathrm{d}\mu_2 \quad (1)$$

式中γ为界面张力。处于界面处的原子或分子周围并非都是相同的原子或分子，由此造成的表界面处原子或分子自由能与体相中同类原子或分子自由能的差异被称为界面能。单位面积上的界面能则为界面张力。Γ_i为界面过剩量或界面吸附量，为单位面积上在界面处富集的i种组分的摩尔数。μ_i为第i种组分的化学势。

吸附与界面过剩 物质在界面上富集的现象称为吸附。吸附现象会导致表面浓度与内部浓度不同，这种不同称为表面过剩。由于界面吸附，造成在两相（如溶液与气相或两种不同溶液之间）交界处存在一个浓度和性质与两体相不同的表面薄层，其组成和性质是不均匀的。此表面层也可理解为两体相的过渡区域。

吉布斯从另一角度定义了界面相，他将界面相理想化为一无厚度的几何平面，即将表面层与本体相的差别，都归结发生在此平面内。这个理想界面被他定义为分割表面或吉布斯表面。根据这个假设，吉布斯进一步对界面过剩量进行了准确定义。假设界面相中的浓度与体相浓度一致，则真实界面相浓度与体相浓度的差异就是理想化分割表面处的组分浓度：

$$[n_i^{\mathrm{s}}]=[n_i^{\mathrm{real}}]-[n_i^{\mathrm{bulk}}] \quad (2)$$

式中$[n_i^{\mathrm{s}}]$为界面过剩量或称界面吸附量；$[n_i^{\mathrm{real}}]$为真实体系中i种组分的含量；$[n_i^{\mathrm{bulk}}]$为以体系体相浓度乘以体系体积所得到的i种组分含量。但界面过剩量是一个假想表面处的i种组分摩尔数，可正可负。正界面过剩量代表体系中原子或分子会向界面处聚集，负界面过剩量代表体系中原子或分子会试图远离界面。根据以上定义，吉布斯应用热力学方法导出了等温条件下溶液表面张力随组成变化关系，称为吉布斯吸附等温式。

吉布斯吸附等温式的应用 吉布斯吸附方程是描述吸附作用的最基本公式，广泛应用于气-液和液-液界面吸附研究。根据吸附前后界面张力的变化可计算界面吸附量，进而得到界面上吸附分子状态的信息。有固体参与形成的界面，准确测定其界面能十分困难，但实际上可用易测得的吸附量应用吉布斯公式了解因吸附引起的界面能变化及吸附分子的二维状态。对于气体吸附，当给定二维吸附气体状态方程后，结合吉布斯公式可方便导出某些气体吸附等温式。（方海平）

吉布斯相律 Gibbs phase rule 关于多相平衡的基本规律。J.W.吉布斯根据热力学有关内能的原理，提出了自由能和化学势在化学反应中起动力作用的现代概念，奠定了化学平衡的理论基础。而其中关于多相平衡的基本规律，即为吉布斯相律，是适用于多相平衡的普适性的理论。若多相体系中具有C种独立成分，其物相的数目P和自由度F之间的关系为$F=C-P+n$。n为外界因素，多数取$n=2$，如压力和温度。当自由度F为零时的状态即为平衡状态。（刘玉鑫）

吉布斯自由能 Gibbs free energy 在化学热力学中为判断过程进行的方向而引入的热力学函数。又称自由焓、吉布斯函数、吉布斯能。通常用G表示，国际单位为焦耳（J），其定义为：

$$G=U-TS+pV=H-TS$$

对于开放系，其微分形式为：

$$\mathrm{d}G=-S\mathrm{d}T+V\mathrm{d}p+\mu\mathrm{d}N$$

式中μ和N分别为化学势和粒子数。在等温等压过程中，系统粒子数增加所引起的系统能量的变化，为自由焓的增量。

（刘志锋 班士良 宋铁磊）

吉姆模型 Zimm model 基于劳色模型的描述聚合物链行为的延伸模型。又称劳色-吉姆模型。吉姆考虑聚合物链的珠粒会干扰溶剂的速度场，这种扰动通过溶剂进行传播并影响其他珠粒的运动，导致珠粒之间的流体动力学相互作用。吉姆模型（1956）正确预测了实验观察到的黏度对分子量的依赖性，定量的描述实际柔性线性链高分子并将流变性质和可测的大分子结构参数联系起来，但没有观察到物料函数对剪切速率的依赖性。

物料函数与速度梯度强度无关很容易理解，吉姆以平衡形式处理流体动力学相互作用，即基于静止时流体的性质（独立于速度梯度）。基于对流体动力学相互作用有效地处理，持续平行流体动力学相互作用的观点于1985年被提出，其中平均效应是通过在流动情况下流体的性质计算的，而不是静止的流体的性质。

吉姆模型把珠子连同周围的溶剂一起看成一个实心球，认为高分子溶质不能被完全透过，在聚合物运动时不仅具有来自弹簧对球形物体的拖动，还有周围流体因为流体力学相互作用的黏滞而被拖拽随链共同运动。所以吉姆模型适用于对聚合物链在稀溶液中运动的描述。（刘向阳）

级联发射 cascade emission 较早期指光子级联发射过程，即辐射体（原子、分子、离子）发生两个能态的跃迁辐射后，立即发生往更低能态的另一次跃迁辐射。近期级联发射更多用在描述由数组量子阱结构串联在一起构成的**量子级联激光器**。量子级联激光器于1994年研制出。这种结构的器件无论是结构上还是工作原理上均与普通量子阱激光器有着明显的差别。在量子级联激光器中的光跃迁是由量子限制效应引起的导带中的分立子能带之间的电子从高能态向低能态的跃迁引起的。这种单极载流子（电子）从高能态到低能态跃迁而产生的光具有偏振性（TM波），垂直于层面上的发光强度远大于平行于层面的发光强度。另外这些跃迁态的联合态密度和相应的增益谱半宽都很窄，而且是对称的，因此，能够得到很低的阈值电流和单纵模工作。量子级联激光器的另一个重要特性是光谱范围很宽。量子级联激光器的激射波长是由导带中的分立子能级的相对位置决定的，而导带中分立子能级间的相对位置可以通过调整有源区量子阱厚度来实现。即可以采用“能带工程”来设计所需要的激射波长。利用这种方法在不改变生长材料的基础上就可以使量子阱级联激光器的发光波长从几微米的中红外波段扩展到上百微米的中远红外波段。

量子级联激光器从电子跃迁的方式上可分为两类：一类为不同阱不同能级间跃迁的斜跃迁量子级联激光器；另一类是同一阱内不同能级间的垂直跃迁量子级联激光器。（王宇飞）

极高能宇宙线 extremely high energy cosmic ray 能量大于10^{18}电子伏的**宇宙线**。已观测到的宇宙线粒子的最高能量达到3×10^{20}电子伏，是最大的粒子加速器大型强子对撞机所能加速粒子能量的千万倍。考虑到加速区域的尺寸和磁场的强度的条件限制，在已知天体中只有星系团、包含超大质量黑洞的活动星系核、活动星系核的喷流和射电瓣、星暴星系、**γ射线暴**和磁星能加速极高能宇宙线。这也表明极高能宇宙线应该是由河外宇宙线源所产生的。

观测表明，极高能宇宙线能谱在大约6×10^{19}电子伏处存在一个截断，这被称为GZK截断。大爆炸遗迹的微波背景光子可与极高能宇宙线作用，产生π介子从而使宇宙线损失大量能量，造成GZK截断。极高能宇宙线在微波背景辐射中的传播距离大概是100兆秒差距，这表明极高能宇宙线的源可能离我们并不遥远。也有理论认为截断可能是由于加速源的加速极限所致。

2017年，位于南半球占地面积3000平方千米的极高能宇宙线实验AUGER合作组发现能量高于8艾电子伏的极高能宇宙线具有偶极各向异性，方向远离银心方向125°，这表明它们应起源于银河系外。此外，该偶极各向异性的方向与地球周边星系按红外光谱强度（即星系质量）加权后得到的偶极方向仅差55°，该角度差与预期的极高能宇宙线粒子因银河系磁场而致的角度偏转是一致的，进一步支持了极高能宇宙线起源于银河系外的假设。（胡红波）

极化掺杂 polarization doping 利用极化调制效应对半导体材料掺杂的一种方法。在极性化合物半导体中，通过极化调制效应使得施主杂质或受主杂质离化至离化能较低的能级，从而降低施主或受主激活能来实现n型或p型的一种掺杂方法。该方法最常用的一种实现手段是通过组分渐变引入调制的极化电场，使得电子或空穴不再局限于准二维分布，能有效降低载流子的输运势垒。相较于传统的掺杂方式，极化掺杂能实现较高的载流子迁移率、稳定的掺杂效率且受温度影响较小。极化掺杂在Ⅲ族氮化物等极性化合物半导体中得到广泛应用。（许福军）

极化激元 polariton 电磁场与物质中电偶极振子或磁偶极振子强耦合形成的一种准粒子。极化激元是光子与物质元激发强相互作用下展现的一种量子杂化形态。在20世纪50年代，中国物理学家**黄昆**指出固态环境中光子－声子强耦合会形成声子极化激元。随后此物理图像被推广应用到其他准粒子，如在半导体环境中光与激子强相互作用可形成激子极化激元；光与磁性材料中的自旋极化波作用可形成磁振子极化激元；光与金属类材料中的表面等离子体振荡强耦合可形成表面等离子激元等。

电磁场与电/磁偶极子发生强耦合，形成极化激元的条件，即两者互耦合互转化速率g大于任意一方的退相或弛豫速率。实现强耦合的几种常见途径有：①挑选电/磁偶极作用强的材料或体系，即电/磁偶极子初末态的跃迁矩阵元取值大。②优化电磁场与电/磁偶极子的耦合环境。如在时间域保证两者同步，即出现时刻交叠、频率共振或近共振；在空间域尽量让两者重叠，即波矢相近、空间分布重合度高。③降低或抑制各自的退相及弛豫过程。如制备高Q值微腔，减小腔模处光子的损耗、降温或样品提纯以延长物质元激发的退相干时间等。

极化激元的特性主要有以下几点：①波函数杂化。极化激元的波函数是电磁场与电/磁偶极子波函数的叠加态。②“反交叉”能带。极化激元的能量－动量色散往往体现出反交叉行为，即在光子色散和电/磁偶极子色散的交叉点附近由于强耦合效应而劈裂成“相互排斥”的两支。③相干长度和非线性效应。极化激元是半光－半物质的杂化玻色子，其有效质量、相干长度、退相时间以及非线性作用系数等物理量均可通过改变杂化配比来调控。由于光子极小的等效质量，杂合的极化激元在谐振状态下具有同等量级的有效质量，从而具有长的相干长度并容易展现出相干集体行为。另外，由于具有物质成分，极化激元在高浓度区往往展现出明显的非线性行为。④激发态和不稳定性。极化激元是激发态粒子，其寿命一般比较短暂，如激子极化激元的寿命一般在1～10皮秒量级。以极化激元为载体的物理行为，通常涉及动力学演化或泵浦－损耗的动态准平衡过程。（陈张海）

极化激元激光 polariton laser 一种基于半导体材料中激子极化激元凝聚效应的新型光源。这种相干光源因不需要增益介质达到粒子数反转状态而有利于实现低阈值的激光器件。1996年，A.伊玛姆鲁等借鉴原子体系玻色－爱因斯坦凝聚中原子激光的概念，提出极化激元激光：半导体微腔中激子极化激元等半光－半物质玻色子可通过受激散射而相干群聚在某一能态上，从而实现凝聚现象。凝聚体在寿命结束时以光辐射形式释放能量，发射极化激元激光。

极化激元激光与传统激光的性质相近，但两者产生原理不同：①前者基于激子极化激元凝聚体，其发光源具有相干的物质成分；而后者只是光场受激放大，并不涉及增益介质中电子－空穴等离子体的相干性问题。②前者的产生阈值由极化激元凝聚效应的临界条件决定，即准粒子有效质量、浓度、温度等条件决定；而后者阈值由光学谐振腔中光子受激辐射的触发条件决定。

早期实现极化激元激光的环境条件很苛刻，需要低温（液氦温度）和强光泵浦，这限制了极化激元激光器件的应用和发展。21世纪初实现了室温下电学泵浦的极化激元激光，这为基于极化激元激光器件的开发奠定了基础。（陈张海）

极化率 polarizability 表征电介质极化性质的物理量。定义为极化强度P和电场强度E与真空介电常量ε_0乘积之比，常用χ_e表示。$P=\chi_e\varepsilon_0 E$，χ_e是一个无量纲的量。对于各向同性线性介质，χ_e为一纯数，其数值大小反映电介质在电场作用下极化的程度；对于各向异性介质，极化强度P与电场强度E方向不同，χ_e为一张量；对于非线性介质，P和E呈复杂的关系。

（陈熙谋）

极化子 polaron 凝聚态物理学中由电子与声子相耦合所形成的一种准粒子。极化子概念最早是1933年由L.D.朗道提出，用以描述电子陷入晶格缺陷的形成机制。其后在1951年，由S.I.佩卡尔发展并奠定了现在的极化子模型——晶体中自由运动电子与受其影响产生变形的晶格之间的相互作用。极化子效应对于理解许多物质中的各种奇特现象有着非常重要的作用，不仅影响着半导体中电子迁移率的大小，也决定着有机材料太阳能电池中电荷的有效传输。甚至在一类超导体中，库珀对的形成也可用极化子模型进行理解。在这基础上高温超导理论也一直尝试运用双极化子的概念解释高温超导中的库珀对形成机制。此外，大量衍生概念，诸如声学极化子、压电极化子、束缚极化子、自旋极化子、极化激子等等都被运用在凝聚态物理的各个方面，去研究聚合大分子、巨磁阻钙钛矿、二维超导体、富勒烯中单个及多个极化子之间的相互作用。

现行的理论主要通过数值求解弗洛里希－荷尔斯坦因哈密顿量来描述极化子的产生及运动过程，其中又以H.弗洛里希的二次量子化模型更为普遍。弗洛里希通过一个无量纲常数α来表征电子与声子的耦合强度，在不同材料与不同声子模式下，以不同的形式作用到电子－声子耦合哈密顿量项中，并在不同耦合强度的情况下给出了极化子能量与有效质量关于耦合强度α的近似表达式。但至今仍不能给出一个精确的解析解，只能通过近似手段进行计算，因此极化子的物理性质仍有待于更多的实验与理论研究。（陈张海）

极隧射线 canal ray 低压气体放电管里从阴极小孔背后穿出的快速带电原子或分子流。1886年由德国人E.戈德斯坦首先发现极隧射线。这种带电粒子流与管中气体分子非弹性碰撞可引起气体电离和发光，打在玻璃放电管管壁会产生荧光。极隧射线中不仅有正离子，还由于电荷转移而存在中性粒子和负离子。极隧射线中粒子速度可达10^6米/秒量级。可在气体放电管中看到清楚的极隧射线束，可增大放电区的阴极势降，并使阴极背后空间的气压低于放电区许多倍。极隧射线可用作粒子加速器和质谱仪上的离子源。

（陈熙谋）

极性分子 polar molecule 总的正负电荷中心不重合，电荷分布不均匀、不对称的分子。以极性键结合的双原子分子一定是极性分子，如HCl、CO分子等；以极性键结合的多原子分子视情况而定，如NH_3是极性分子，而CH_4就是无极分子。

极性分子具有永久电偶极矩，可以表示为$\boldsymbol{p}=q\boldsymbol{l}$，式中$q$为一个分子的正电荷或负电荷总的电量的数值；$\boldsymbol{l}$为从负电荷中心到正电荷中心的矢量距离。极性分子置于外电场中，其永久电偶极矩将会受到外电场的力矩作用而沿着外电场方向取向。外电场越强，永久电偶极矩排列越整齐。

通过判断分子点群的方式能够有效地预测分子的极性。因为净偶极矩仅能沿着一个方向取向，所以具有中心反演对称（i）、水平镜面对称（σ_h）或多个C_n轴的分子都不具有永久电偶极矩。如属于D点群的分子具有多个C_n轴，没有永久电偶极矩，因此属于这些点群的分子都是无极分子。而属于C_1、C_s、$C_{\infty h}$、C_n和C_{nv}点群的分子，由于没有反演中心、水平镜面或多个C_n轴，都具有永久电偶极矩，因此都是极性分子。（郑雨军）

集成电路 integrated circuit 采用微加工技术制作的一组紧密关联的元器件。集成电路具有相对完整的电磁信号处理、能量转换功能。通常意义上的集成电路特指半导体集成电路。半导体集成电路主要以半导体材料硅为衬底，通过外延生长、光刻、刻蚀、离子注入等微加工技术在衬底上制作一层晶体管、二极管等有源元器件以及电阻、电容、电感等无源元器件，再采用淀积、平坦化工艺在元器件层垂直上方制作多层金属线将这些元器件进行互连，在一些特殊场合也采用锗和砷化镓等半导体材料作为集成电路的衬底。制成的半导体集成电路是厚度很薄的晶片，因此半导体集成电路也被称为“芯片”。集成电路晶片一般需封装后方可进一步应用，平常见到的集成电路绝大部分是包含晶片和封装管壳的微型、块状电子器件。集成电路和分立元件电路相比具有高可靠、低成本、低功耗等优势。

集成电路是1958年由美国德州仪器公司的J.基尔比发明的，他的初衷是使得电子器件小型化、易装配并具有更高的可靠性。首个集成电路仅包含为数不多的晶体管和电阻、电容等元件，但却成为产值数千亿美元的集成电路产业的滥觞。基尔比也因该项发明而获得2000年诺贝尔物理学奖。

集成电路的重要特点是高密度集成，其量化指标之一是特征尺寸。特征尺寸可由工艺加工的最小栅长、最窄金属线宽和最小间距等参数表征。更小的特征尺寸意味着单位面积上更多的晶体管数目和更快的工作频率。1971年美国英特尔公司发布了首款商用4004处理器，采用约8微米工艺，在12平方毫米的面积上集成了约2300个晶体管，工作频率为750千赫。而到了2015年该公司发布的E5-2600v3处理器包含18个处理核心，采用22纳米工艺制造，在664平方毫米的面积上集成了约55.6亿个晶体管，最高工作频率可达3.8吉赫。

集成电路的种类繁多，有许多分类方法。按照衬底材料类型，集成电路可分为硅基集成电路和非硅基集成电路。按照集成的有源晶体管器件类型，可分为互补金属氧化物半导体集成电路（CMOS）、双极型集成电路以及双极－互补金属氧化物半导体集成电路。硅基CMOS集成电路可按照摩尔定律不断地提高集成度并降低成本，因而占据最大的市场份额。按照所处理的信号类型，可分为模拟集成电路、数字集成电路及混合信号集成电路。按照处理信号的频段，可分为音频集成电路、视频集成电路、射频集成电路以及毫米波集成电路等。

集成电路的用途十分广泛，遍及国民经济各个领域，构筑了信息社会的基础。人们耳熟能详的大数据、云计算、互联网、社交网络、移动通信甚至人工智能无不建立在一块块集成电路之上。集成电路在人类探索未知领域的过程中也发挥着重要作用，在欧洲核子中心大型强子对撞机上进行的ATLAS、CMS实验的探测器子系统中分别装配了442 300和633 781块集成电路，为成功进行实验并发现希格斯粒子奠定了技术基础。

随着科学技术的进步和市场应用的驱动，集成电路的内涵和外延都在发生着深刻的变化。传统的仅包含一层器件的所谓平面集成电路，在进一步发展的过程中遇到了诸如金属互连线延迟、功耗密度高等难以逾越的物理瓶颈。在垂直方向制作多层平面的器件并通过穿透硅通孔技术实现多层互联的三维集成电路应运而生。另外，越来越多的半导体传感器、半导体光电器件也能够与传统电路器件集成在一起，极大拓展了传统意义上集成电路的功能，使得集成电路向智能化方向发展。

（刘力源）

集成光学 integrated optics　研究介质薄膜中的光学现象，以及光学元器件集成化的光学分支。集成光学也可以说是一门研究光子集成回路（PIC，简称光子集成）的技术学科。集成光学和光子集成的关系非常类似于半导体电子学同电子集成回路（IC）的关系。

集成就是采用先进的工艺技术将分立的元器件集中在一起，并且将它们的特性连在一起，构成一个有机的整体，实现功能的集成。电子集成是集成电路芯片，其关键在于解决系统之间的电学信号的互联和调控。光子集成是集成光路芯片，将分立的光子器件集成在一起，实现光学信息功能的集成，其关键在于解决光源、光探测、光传输、光调控和系统之间的光互联等问题，实现光学系统的薄膜化、微型化和集成化。

光子集成在高速率大数据传输的光通信网络、大容量高速率的大型计算机、传感、激光雷达、激光陀螺、生物检测等各种应用中发挥重要的作用。

光子集成的特点　①信息载体为光，传播速度最快，容量最大。②光学材料具有光电效应、热光效应、声光效应、磁光效应等多种物理效应，这为光子集成结构的设计和光学性能的提升奠定了物理基础。③光子集成中的器件尺寸小、互连的波导长度短，因而降低了整个系统的分布电容和电感，工作速率比电子集成回路高。④功耗小，功率密度高，容易达到器件的特性阈值，可利用非线性光学效应工作。⑤光子集成芯片的集成度高，受环境温度、气压、振动等外部因素影响小，工作稳定可靠、寿命长。

介质波导理论　集成光学的理论基础是介质波导理论，该理论揭示了波导中光学现象（如传播、耦合、调制等）的物理本质，介质波导理论又被称为导波光学，已用于光波导、器件和光学回路的研究设计。

光子集成的平台　Si（包括SOI）、InP和Si_3N_4构成了光子集成的三大材料体系。Si主要制作有源光波导器件，InP在激光器制作上有独到优势，Si_3N_4是新型低损耗波导材料，在无源波导器件中发挥重要的作用。

采用硅作基片具有一系列的优点：硅的带隙宽度为1.11电子伏，对应的带边吸收波长为1.17微米，因此对红外1.3微米和1.55微米波段是透明的。硅基光子器件的制作工艺同CMOS工艺相容，因此可以利用现有的集成电路工艺线，大大加速了硅基光子集成的开发与生产。SOI是绝缘体上的硅（Silicon on Insulator）的缩写，被称为第二代硅。SOI是一种新型的电子集成和光子集成材料。SOI上的各种器件工艺都同CMOS工艺相容，这为批量生产提供了设备和技术基础。SOI上的光子集成成为当前国内外的研究热点。

在降低传输损耗的深入研究中，Si_3N_4脱颖而出，成为备受关注的新型光学波导材料。Si_3N_4结构稳定，禁带宽度宽，E_g约5.1电子伏，对紫外到可见光再到红外的整个波段都是透明的。

集成的关键技术　光子集成涉及的技术有外延生长、微纳加工、键合、封装和测试等。

外延生长技术。依照器件设计的要求，利用MOCVD、UHV/CVD和MBE等设备，在单晶衬底上生长，与衬底晶向相同的、晶格匹配的一层或者多层单晶层，这种在原来的晶体向外延伸出新的单晶层的技术称之为外延生长。

外延生长是一种人为的材料工程，也是能带工程，可以成功地控制材料组分、晶体结构、外延层厚度、掺杂型号以及许多其他的物理和化学特性，从而制备出高性能的电子和光子器件。

生长外延层的方法很多，包括液相外延、气相外延、分子束外延等。

微纳加工技术。光子集成的高集成度要求器件尺寸尽可能小，其图案的线度都在亚微米的量级。微纳加工是制造光子集成芯片的关键技术。

电子束曝光是采用聚焦到纳米量级的电子束照射高分子聚合物抗蚀剂，直接在其上面绘出微纳尺寸的精细图形，能够制作出小于10纳米的精细结构。

ICP刻蚀通过电子束曝光把设计的图形确定在抗蚀剂上后，再把图形转移到芯片材料上。

键合技术。键合是指通过各种物理和化学作用将两个或多个衬底（例如硅片或者玻璃片）连接在一起的一种制备技术，共同构成新型的异质材料。键合的方法很多，包括共晶键合、阳极键合、熔融键合、玻璃浆料键合、金属扩散键合等。

光子集成方式　光子集成有单片集成、立体集成和混合集成等不同方案。单片集成就是将一些器件集成在同一基片上，具有高度的集中性，完成一定的功能。立体集成是通过多层布线的方式，将不同的电学层和光学层组合在一起，形成一块整体的功能模块，可以直接应用。混合集成是将不同功能的单片集成芯片或者立体集成芯片安装在同一个电路板上，不同集成片完成各自的功能，再相互连接和组合在一起完成复杂的光电功能。

光子集成芯片和模块　发展最快的光子集成模块是硅基光子集成模块。例如，各种光波器件和回路都已经成功地制备在同一个硅基Si_3N_4光波导集成芯片上，光波导、传输回路、探测等功能能够同时实现。

集成模块可以实现各种光学信号的产生、传输、接收和处理的功能，大大地提高光通信网络和大型计算机的功能，实现光学系统的小型化。必将在未来的信息领域中发挥重要的作用。

集成光学的应用　集成光学在工业、军事、经济等各个领域内都有广泛的应用。

光通信。光子集成回路是实现高速率大容量光通信网络的关键硬件，包括高速响应集成激光源、波导光栅阵列密集波分复用器、窄带响应集成光电探测器、路由选择的波长变换器、快速响应光开关矩阵、低损耗多址波导分束器等，因此能够实现高速率、低功耗、大容量的光通信。

光子计算机。光子计算机有信息存储量大、抗干扰能力强、对环境条件要求低、容错性强等优势。光子集成回路在光子计算机中能够充分发挥光子器件的功能，提供各种光开关、光调制、分光/合波、滤波、耦合等功能，从而使得大型超级计超算机的速率达到更高水平。

传感。传感器件已经广泛应用于自动驾驶的汽车、无人机等设备上，如光信息处理器、光纤传感器、光纤光栅传感器、光纤陀螺等。

生物光子学应用。利用光子集成芯片和仪器能够快速、高质量地检测以前无法检测的生物参数和工作机理，这为医学的发展提供了新的工具和助手。

军事和空间技术应用。光子集成回路的体积小、重量轻、性能可靠等特点，为各种激光雷达、无人驾驶的飞机汽车坦克、火箭飞船卫星等高端应用提供了可靠的设备，成为未来的研究与开发的新领域。

光子集成的研究、开发和应用将在新世纪大显身手，为信息化时代的发展做出重大贡献。21世纪光子独特功能的运用和电子集成的成熟必然为信息时代和人类社会带来巨大的进步。

（余金中）

集体流 collective flow　从中能到相对论能区重离子碰撞中出现的粒子（包括质子、中子、轻荷电粒子和π、K介子等产生粒子）在横向（即垂直于束流方向）的集体发射现象。是重离子碰撞实验中最重要的实验观察量之一。它描写了在核-核碰撞过程中形成短暂的高密核物质的横向膨胀。W.沙伊德、W.格赖纳于1974年在理想流体动力学计算中发现高密核物质的横向膨胀，首次预言了重离子碰撞中核物质在横向的膨胀（而不是纵向膨胀）。20世纪80年代初，在重离子碰撞实验中观测到反映横向膨胀的粒子横向集体发射的集体流现象。集体流现象来源于重离子碰撞中形成的高密核物质组分之间的相互作用产生的压力梯度和反应体系膨胀导致的出射粒子的集体运动。理论研究表明重离子碰撞中的集体流现象包含着关于核物质的状态方程、核物质的相变（液-气相变和夸克-胶子等离子体相变）及核反应动力学的重要信息，对确定反应中形成的核物质及其输运性质和动力学有重要意义，因此成为重离子碰撞实验和理论研究的重要内容。

重离子碰撞的集体流包括方位角不对称和方位角对称两大类。方位角不对称集体流包括在平面集体流（即直接流）和出平面集体流（包括椭圆流和其他高阶流）。通常采用出射粒子方位角分布的傅里叶分解分量系数来描写各种集体流分量，表示为：

$$dN/d\phi = p_0[1 + 2v_1\cos\phi + 2v_2\cos(2\phi) + 2v_3\cos(3\phi) + 高阶项]$$

式中v_1为直接流的强度；v_2为椭圆流的强度；v_3为三角流的强度；ϕ为出射粒子的方位角。此处，ϕ为相对于反应平面的方位角，因此在实验上常需首先确定反应平面，然后才能给出ϕ，理论计算中可以将其设置为零。方位角不对称集体流来源于在相对论能区或中高能重离子碰撞中由碰撞初期形成的高密物质组分之间相互作用形成的压力梯度，在压力梯度的作用下，高密物质空间不对称转换到动量空间的不对称而形成集体流。因此，方位角不对称集体流包含碰撞早期形成的高密物质的状态方程和反应动力学的灵敏信息。在中高能重离子碰撞中通常不考虑高于v_2的项，在极端相对论能区，重离子碰撞实验和理论研究发现更高阶分量，如v_3，也有重要意义。方位角对称的集体流称为**径向流**。在重离子中心碰撞实验中观测到全同粒子的动能谱在低横动量区有一个明显的肩膀（高起），呈现出与热发射（玻尔兹曼形状的动能谱）不一样的特征；同时还观测到，重离子中心碰撞中发射粒子的平均动能与其质量（或电荷）呈准线性依赖关系。由此可以得出，在重离子中心碰撞中存在不同于热发射方位角对称的集体流，即径向流。

（李祝霞）

集总参量 lumped parameter 集总元件的电路参量（电容C和电感L）。集总元件是分别把电场和磁场集中在自身内部很小范围内的器件。在电路中电容器内聚集了较强的电场，电感线圈内聚集了较强的磁场。然而普通的交流电路中电容和电感元件只有很小的体积，如果交流电的频率不高，撇开这些小区域不管，只从区域外部来看，由电容器一端流入的电流与电容器另一端流出的电流相等，电流的连续性仍然保持；在一个电感线圈的外部取积分路径，电场的功仍近似与路径无关，因此电压的概念仍然有效。集总参量能够很好地反映集总元件在交流电路中所起的作用。

（陈熙谋）

几何光学 geometrical optics 光学的一个分支，是人类认识光的主要理论体系之一。又称光线光学（ray optics）。在几何光学中把光看成是在真空或介质中传播的光线，其轨迹遵循光线方程：

$$\frac{d}{ds}\left(n\frac{d\boldsymbol{r}}{ds}\right) = \nabla n$$

式中$\boldsymbol{r}$为空间点矢径；n为空间折射率分布；ds为空间曲线微分元。

光线方程可以由**费马原理**推出。光学方程可以描述一般情况下光线的传播、在介质界面的反射和折射、镜面或透镜成像等。如今，实际光学系统（例如镜头）的设计，多应用基于光线方程的计算方法（例如光线追迹法）进行。

依据光线方程，在只涉及均匀介质时，容易得出人们熟知的光线传播基本规律，即：①光在均匀介质中直线传播；②光线在介质分界面会发生反射，反射、入射光线与界面法线处于同一平面，反射角等于入射角（反射定律）；③光线在不同介质的分界面会产生折射，折射、入射光线与界面法线处于同一平面，折射角i'与入射角i满足折射定律（n和n'分别是入射方和折射方介质折射率）：

$$n\sin i = n'\sin i'$$

涉及非均匀介质时光线的传播要复杂得多，光线轨迹一般是曲线。已发展出变折射率光学（梯度折射率光学）来处理，例如梯度折射率光纤中光的传播。

几何光学是基于人类对光的最初认识形成的，后来随着对光认识的加深，人们又陆续发展出波动光学、电磁光学和量子光学几个光的理论体系。几何光学是更普遍的波动光学的短波长近似，即当波长较之所关注的空间尺度小很多的情况下的近似。

（李师群）

计算机视觉与机器视觉 computer vision and machine vision 一门用到了图像处理和图像识别等多项技术的综合性的交叉学科。计算机视觉是通过对采集到或其他途径得到的数字图像或数字图像序列进行处理、分析，完成类似人类视觉系统所具有的功能的技术。机器视觉是在工业领域基于图像的自动检测、测量、控制以及机器人的自主引导，相比计算机视觉集成了成像技术和控制理论。

计算机视觉技术始于20世纪60年代末，初衷是模拟人类的视觉系统，从而使机器人具备自主适应环境的能力。1966年夏季首次将摄像机与计算机相连接，希望计算机可以看到周围并可以做出反馈判断，通过智能完成一定的任务。计算机视觉包含二维及三维视觉。70年代的研究成果奠定了计算机视觉算法的基础，比如图像边缘提取、多面体模型、光流、运动估计等一直被使用。研究的热点是基于特征的方法、机器学习的技术和正则化与马尔可夫随机场复杂优化的综合应用。

计算机视觉是对经济和科学有广泛影响的工程和科学领域中的一个重大的、富有挑战性的研究方向。从科学方面，计算机视觉研究多种形式的图像、图像序列及来自多台摄像机的图像，利用人工智能理论，从中提取信息；从工程方面，计算机视觉将其理论与模型用于构建视觉系统，完成对环境的感知并做出相应的反应。计算机视觉常常被认为是人工智能的一部分，也可以看作是计算机科学的一部分。计算机视觉与物理学、神经生物学、信号处理、统计学、最优化理论和几何学密切相连。

机器视觉是在工业领域中的应用，所以处理结果的实时性、准确性和稳定性比通常概念的计算机视觉要求高，因此需要高效率、稳定的软件、硬件。机器视觉系统通常由照明光源、镜头、成像传感器（最常用的为摄像机）、接口卡、图像处理、分析软件组成。镜头和摄像机相当于计算机的眼睛，接口卡可将成像传感器输出信号放置到计算机内存中。图像处理、分析软件相当于计算机的大脑，将从接口卡传进来的图像解读并做出相应的判断。如果用智能处理器替代计算机，则称作嵌入式机器视觉处理系统，如果摄像机、接口、软件和处理器集成在一起，则称作智能相机。

计算机视觉和机器视觉都用到了图像处理和图像识别的技术，图像处理是把图像转换为具有其他特性的图像，比如增强对比度、去噪声、边缘提取、图像旋转等。图像处理的特点是不需要对图像内容做任何假设和判断。图像识别则是根据特征、结构等从图像中提取出来的信息，把图像分类和辨识，以便对图像所代表的内容做出判断。比如文字识别、缺陷检测、图像测量等。计算机视觉、机器视觉与图像处理、图像识别相互交叉，既有相同部分，也有不同之处。

计算机视觉主要应用于机器人引导、车辆及无人机自动驾驶、事件检测、三维重构、医学图像分析、人机互动、安防监控等。机器视觉主要应用于智能制造。

（杨少荣）

计算机图形与图像 computer graphic and digital image 计算机科学中涉及图形、图像的内容。计算机图形是借助图形硬件和软件由计算机生成的图和图的序列，由点、线、面、体等几何元素和灰度、颜色、线型、线宽等非几何属性组成。计算机图像是由扫描仪、摄像机等光电转换设备捕捉实际的画面产生的图，由像素点阵构成。

“计算机图形”一词是1960年出现的。1966年麻省理工学院的I. 萨瑟兰发明了首个头戴式可视设备，这个设备显示供左、右眼分别看的两幅图像，使得观看者看到三维立体的计算机画面。这是最早的三维计算机技术。图形最基本单元是像素，由像素组成的基元，是复杂图形的基本单元。基本图形经过渲染、边缘柔化、三维投影、纹理映射、射线追踪、阴影着色等处理生成显示在显示器上的二维或者三维图。

计算机图像始于20世纪60年代末的人工智能研究，初衷就是模拟人类的视觉系统，从而使机器人具备自主适应环境的能力。1966年夏季首次将摄像机与计算机相连接，希望计算机可以看到周围并可反馈做出判断，完成一定智能的任务。70年代的研究成果奠定了计算机图像算法的基础，如图像边缘提取、多面体模型、光流、运动估计等。研究的热点是基于特征的方法、机器学习技术和正则化与马尔可夫随机场复杂优化的综合应用。

计算机图形是将抽象的、描述状态的语义信息，如光源位置、物体形状、物体表面纹理信息等模拟出一个表达环境的场景。计算机图像是从具体的、显示环境场景的图像信息如灰度、颜色提取出物体环境的特征、状态等抽象的语义信息。计算机图形主要应用于二维、三维设计，如服装设计、工业设计、广告设计、网页设计等，还广泛应用于游戏和动漫设计中。

综合利用计算机图形系统与各种输入、输出设备，由计算机创建可交互的、三维动态视景和实体行为、使用户沉浸其中的计算机仿真系统称作虚拟现实（VR）。

虚拟现实技术是仿真技术、计算机图形学、人机接口技术、多媒体技术、传感技术、网络技术等多技术交叉的前沿学科和研究领域。

但是虚拟现实完全脱离现实世界，与人类感知的外部世界隔离，因此会有不真实感。随着虚拟现实的发展，将虚拟现实叠加到真实场中，从而得到增强的真实环境，形成了增强现实（AR）技术。增强现实是实时的在三维尺度空间中将真实世界信息与虚拟世界信息无缝集成，使人类感官感觉到超越现实的体验，并与之互动。在增强现实中利用计算机采集真实世界的图像，并进行物体的识别和三维姿态获取，利用计算机图形进行虚拟三维物体的叠加。增强现实是计算机图形与计算机图像相结合的新技术，由于与真实世界的联系没有切断，交互感更加逼真。增强现实是无法屏蔽真实场景中的物体的。在虚拟现实和增强现实基础上发展出介导现实（MR）。介导现实是把真实环境图像数字化，并通过计算机算法实时渲染后的增强现实图像与计算机图形产生的虚拟图像叠加，形成新的可视化环境，因此介导现实图像中的真实场景中的物体可以屏蔽掉。可以看出虚拟现实是纯虚拟的画面，增强现实是虚拟的数字画面和模拟的裸眼现实的叠加，而介导现实是虚拟数字画面与数字化现实的叠加，是计算机图形、图像处理的完美结合。

（杨少荣）

计算进化生物物理 computational evolutionary biophysics 通过计算方法来研究展示生物演化关系，通过构建模型来建模演化过程的相关研究。将多源生物数据相结合，从不同的角度定量模拟和挖掘进化现象的隐含知识，通过数学物理建模方法，如对多组学数据进行整合，系统构建综合分析与计算模型，为理解生命进化的机制提供方法支撑。

进化算法是一类通过模拟生物进化过程与机制而研发的问题求解与优化的技术。通常，生物进化的过程包括繁殖、变异、竞争和选择，通过抽象，进化算法可实现选择、重组和突变三种操作来模拟生物进化过程，从而实现求解复杂的优化问题。

进化计算方法包括很多不同种类的算法，如遗传算法、遗传规划等。一般而言，进化算法具有群体搜索策略设计、群体与个体间的信息交换等特点，根据不同实际问题的特点，往往需要有针对性地设计与完善进化算法的不同部分，用以更高效地解决不同的优化问题。它们应用范围广泛，并常能有效处理复杂的非线性问题。

进化计算算法的求解过程通常包括以下三个步骤：①初始解的确定，即在算法开始时给定一组潜在可能的初始解集合；②解的性能评估与排序，利用评估函数来评价解集合中各个解的性能，实现排序，从选择一定数量更优的解作为下一轮迭代的基础；③解的更新迭代，反复迭代搜索过程，更新解集，并利用评估函数评价解的性能，直到满足停止条件。

进化计算往往不是从某个单一的初始点开始搜索，而是从一组初始解的集合搜索，从而可以探索更大范围的解空间，通过这种群体搜索策略能实现较为鲁棒的优化与求解，往往能产生比较满意的有效解。同时，进化算法通常具有较为广泛的普适性以及计算实现的可并行性。

（沈红斌）

计算凝聚态物理学 computational condensed matter physics 使用计算技术和方法研究凝聚态中的复杂物理问题的学科。计算凝聚态物理学研究内容涵盖凝聚态物理几乎所有的研究范畴，以及与凝聚态物理相交叉的研究方向，如化学，材料学和纳米科技。按所采用计算方法和研究对象，计算凝聚态物理大致可分为三大类：①基态的计算。主要针对凝聚态物质的静态电子结构及物性的计算。②激发态的计算。主要针对凝聚态物质在有限温度或外场作用下的结构与物性。③动力学计算。主要研究凝聚态物质的动力学、平衡与非平衡过程的计算。

根据计算方法所依据的物理基础的差异，计算凝聚态物理又可大致分为四大类：①经典计算与模拟。它以经典物理为基础，研究在经典物理框架下凝聚态物质的结构与物性。经典分子动力学模拟是其中的代表。②第一性原理计算。一般指基于密度泛函理论的计算，常见的电子结构计算方法多属此类。③量子多体计算与模拟。指那些基于严格的量子多体理论且在原理上不存在或几乎不存在近似的计算模拟方法。密度矩阵重正化群、量子蒙特卡罗模拟等皆属此类。④半经典或经验方法。这类方法一般以针对特定问题的有效近似理论或唯象理论作为基础。面向半导体的紧束缚方法，基于京茨堡-朗道方程的超导计算方法等属于这一类。

凝聚态物理的计算方法各有优势与不足，各自有相对独立的研究范畴。经典计算或模拟以处理大体系（1000原子以上）、长时间（约纳秒）见长。但由于不直接涉及量子理论，其可靠性对模型和系统有一定的依赖性，在准确性上略有欠缺。常用于对材料结构、动力学与热力学性质的大规模计算或模拟。第一性原理方法可进行中等尺寸体系（100～1000原子）的计算，以及短时间（约皮秒）的模拟。其优点在于包含了系统的量子效应，结果更加可靠。基于密度泛函理论的计算，部分考虑了量子关联效应，是计算凝聚态物理中应用最广的方法。量子多体计算与模拟在理论上属于全量子精确计算，比较好地考虑了量子关联效应，但由于计算量的约束，这类方法通常只能用于研究较小的量子体系。半经典或经验方法在特殊体系有明显优势，但缺少普适性。

产生背景　计算凝聚态物理是20世纪50年代之后凝聚态物理和计算机技术高速发展的必然产物。第二次世界大战结束后，大量军方高科技转向了民用，计算机就是其中之一。计算机的出现使原本复杂的凝聚态物理问题有了解决的契机，从外部助推了计算凝聚态物理的产生与发展。就凝聚态物理本身而言，早在量子力学框架体系完成初期，著名物理学家P.A.M.狄拉克就认为未来物理学面临的困难主要是对复杂系统的计算。他说："当前，量子理论已臻完备。理解物理学的大部分和化学的全部所需要的深层物理定律已经完全知晓，困难只是在于理论所面对的问题太过复杂，以至于无法求解。"尽管建立在单粒子近似基础上的解析量子理论在凝聚态物理的发展过程中曾经取得了巨大的成功，但这种近似在面对越来越复杂的多体量子问题时渐渐丧失了其有效性，急需研究方法上的突破。同时，随着实验技术的快速发展，凝聚态物理学研究的对象变得越来越复杂，大量的凝聚态物理问题必须借助大规模科学计算才能解决由此进一步推动了计算凝聚态物理的形成与快速发展。

在第一性原理计算方面，凝聚态物理的发展大致可分为三个阶段：一是从20世纪30年代到60年代中期密度泛函理论正式建立之前的萌芽阶段，二是从20世纪60年代到21世纪初密度泛函理论的算法实现及商业软件开发阶段，三是第一性原理方法的大规模应用阶段。

第一性原理计算方法的发展及商业软件开发阶段开始的标志是**密度泛函理论**的科恩-沙姆方程的建立。其后伴随计算机技术的快速发展，基于密度泛函理论的电子结构计算方法，无论是在计算精度上还是计算速度上都有了质的飞跃，使得大规模材料计算成为可能。该方法的建立有力推动了计算凝聚态物理、化学和材料科学的发展，拓展了计算凝聚态物理的研究范畴。大量基于经典物理的计算模拟方法也得到了全面的发展，实现了经典分子动力学模拟的各种算法，完成了向不同热力学系综的拓展。1985年R.卡尔和M.帕里内洛提出的第一性原理分子动力学方法，将电子结构的计算与动力学模拟推上了一个新台阶，使得在量子背景下研究凝聚态物质的动力学与热力学性质成为可能。之后开发了各种并行化的大型软件包，可处理的问题越来越多。同时，使用软件的门槛也得到大幅降低，专业人员只需短期培训即可，使从事计算研究的人数迅速攀升。

实际应用阶段以各种商业或非商业的通用计算软件的出现为标志。其中被广泛采用的有VASP、QE、WIEN2k和LAMMPS等。计算凝聚态物理的研究结果在很多层面上已经可以和实验中从真实体系获得的结果进行直接对比，并形成了实验、理论、计算三者不可缺少的格局。

在第一性原理计算方法及应用发展的同时，量子多体计算与模拟从20世纪80年代开始，也取得了重大进展。当前量子多体计算已经从基态性质的研究拓展到了有限温度，从模型体系拓展到了更加复杂的实际材料体系，解决了量子磁性、相互作用费米子或玻色子系统中出现的大量强关联量子问题，并在高温超导、重费米子等关联性强的材料研究中发挥重要作用，解决了一些关联量子系统中出现的基本物理。以量子蒙特卡罗、密度矩阵重正化群和动力学平均场为代表的量子多体计算方法被越来越多的学者所采用，成为量子多体理论研究的有效手段。

学科地位　凝聚态物理已经形成实验、理论、计算三足鼎立的研究范式。计算凝聚态物理除了作为一门独立学科存在之外，还在一定程度上成为沟通实验与理论之间的桥梁。作为一门独立学科，计算凝聚态物理具有其自身的特点。相对于实验，它不仅可以研究实验条件无法企及的新疆域，特别是高温、高压、强场等极端条件，也可以给出实验无法探测的许多微观细节。计算与模拟还能够对问题逐步分解，并最终确定宏观现象在微观层面上的对应。相对于理论，计算与模拟可以处理更加真实的体系，与实验结果直接比对。作为实验与理论之间的桥梁，计算与模拟可以为建立理论模型提供大量参考数据，并给出与实际体系对应的模型参数。

计算凝聚态物理的特点是在给出数据的基础之上，需要进一步的理论分析，给出数据之间的物理关系。受计算条件的影响，计算凝聚态物理能够处理体系的空间尺度、模拟时间有限，在算法上也不得不采用一些近似。由于问题本身的本征特性或算法的缺陷，计算难免会存在一定的系统性误差。

发展趋势　计算方法对计算物理犹如实验设备对于实验物理一样重要，行之有效的算法是解决问题的关键。尽管计算凝聚态物理已经取得了长足的进步，但仍有许多有待发展或改进的空间。突破硬件的约束，挖掘深层物理，发展计算凝聚态物理新方法是未来发展的必然趋势，也是当前计算凝聚态物理面临的紧迫问题。其中代表性的问题包括：①克服尺度和时间制约的新算法。这个问题的最终解决不应该是简单通过增加模拟体系的尺度或延长模拟时间而实现，而应是突破现有思路，创建新的方法。例如发展新的线性标度电子结构计算方法或结合第一性原理与机器学习的分子动力学方法。②克服费米子符号问题的算法。③将密度矩阵重正化群方法拓展到高维空间的算法。就这些问题而言，是否能取得突破性进展还需要进一步探索。随着计算能力的持续提升与计算和实验数据的不断积累，基于大数据、人工智能等新理念或许会对计算凝聚态物理带来一些方法甚至认知方面的革命性突破。

（龚新高）

记忆函数　memory function　非马尔可夫过程中描述变量之间的依赖关系时引入的与历史相关的函数。在非马尔可夫过程中，一个变量在t时刻的状态不仅依赖于另外变量在t时刻的状态，而且也依赖于它在t时刻以前的状态，二者之间的依赖关系需要引入一个与历史相关的函数来刻画，称为记忆函数。

一个典型的记忆函数的例子来自非马尔可夫布朗运动，设随机变量为x，其演化满足朗之万方程：

$$\dot{x}(t) = -\int_{t_0}^{t}\gamma(t-t')x(t')\mathrm{d}t' + \Gamma(t)\quad t > t_0$$

可以看到系统的非马尔可夫性体现在函数$\gamma(t-t')$中，该耗散函数即为记忆函数。记忆函数通常是随时间差$|t-t'|$衰减的函数，即当$|t-t'|\to\infty$时，$\gamma(t-t')\to 0$。

（郑志刚）

纪尧姆，C.É. Charles Édouard Guillaume （1861-02-15～1938-06-13） 瑞士冶金学家、物理学家。生于瑞士弗勒里埃，卒于法国塞夫勒。在纳沙泰尔受早期教育。之后在苏黎世多科工业大学获得理学博士学位。1883年任国际计量局局长助理。从1902年起任国际计量局副局长，1915年起任局长，直到1936年退休。

纪尧姆主要从事计量学研究，曾参与米、千克、升的国际标准改进工作。1890年起全力研究铁镍合金，发现了因瓦合金（殷钢）和艾林瓦合金以及其他一些有用的合金。人们很快认识到因瓦合金的用处，它被用于测地基线的快速测量法。这种合金在精密仪器中也得到了广泛的应用，如用来制造恒温器和天文钟的摆。他还利用艾林瓦合金游丝制成了高级表和精密时钟中的无二次误差的全补偿摆。1920年，纪尧姆由于发现铁镍合金的反常特性而对精密计量物理学所作的贡献获得诺贝尔物理学奖。 （郭奕玲）

迹反常 trace anomaly 一个理论的经典标度不变性在量子水平上被破缺的现象。又称标度反常、共形反常。见**量子反常**。

加速度 acceleration 描述单位时间内速度变化的物理量。加速度是矢量，通常以$\boldsymbol{a}$表示。在国际单位制中加速度的单位是米/秒^2。如图1所示，若动点M在t时刻的速度为$\boldsymbol{v}$，在$t+\Delta t$时刻的速度为$\boldsymbol{v}'$，则比值：

$$\boldsymbol{a}^* = \frac{\boldsymbol{v}'-\boldsymbol{v}}{\Delta t} = \frac{\Delta \boldsymbol{v}}{\Delta t}$$

称为点M在时间间隔Δt中的平均加速度，当$\Delta t \to 0$时，$\boldsymbol{a}^*$的极限$\boldsymbol{a}$称为点M在时

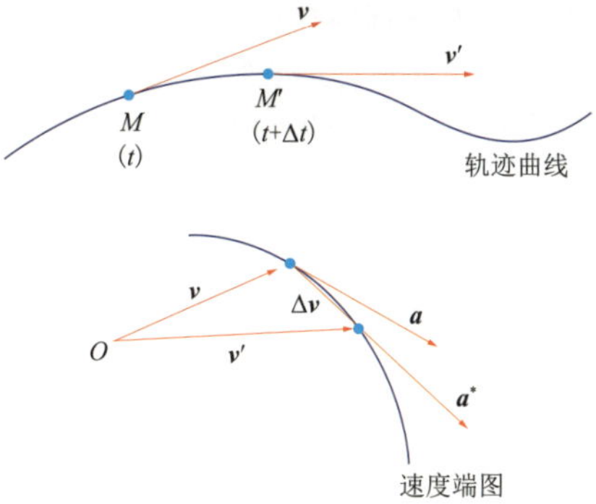

图1 平均加速度与瞬时加速度

刻t的瞬时加速度，简称加速度，即：

$$\boldsymbol{a} = \lim_{\Delta t \to 0} \frac{\Delta \boldsymbol{v}}{\Delta t} = \frac{\mathrm{d}\boldsymbol{v}}{\mathrm{d}t} = \dot{\boldsymbol{v}}$$

加速度是速度$\boldsymbol{v}(t)$对时间的导数，方向沿速度矢量端图的切线方向。

在直角坐标系中，速度表达式为：

$$\boldsymbol{v} = \dot{x}\boldsymbol{i} + \dot{y}\boldsymbol{j} + \dot{z}\boldsymbol{k}$$

对时间求导得加速度：

$$\boldsymbol{a} = \ddot{x}\boldsymbol{i} + \ddot{y}\boldsymbol{j} + \ddot{z}\boldsymbol{k},\ a_x = \ddot{x} \quad a_y = \ddot{y} \quad a_z = \ddot{z}$$

在平面极坐标系中，加速度可表达为：

$$\boldsymbol{a} = (\ddot{r} - r\dot{\varphi}^2)\boldsymbol{e}_r + (2\dot{r}\dot{\varphi} + r\ddot{\varphi})\boldsymbol{e}_\varphi$$

在柱坐标系中，速度可表达为：

$$\boldsymbol{a} = (\ddot{r} - r\dot{\varphi}^2)\boldsymbol{e}_r + (2\dot{r}\dot{\varphi} + r\ddot{\varphi})\boldsymbol{e}_\varphi + \ddot{z}\boldsymbol{e}_z$$

在球坐标系中，速度可表达为：

$$\begin{aligned}\boldsymbol{a} = &(\ddot{r} - r\dot{\theta}^2 - r\dot{\varphi}^2\sin^2\theta)\boldsymbol{e}_r \\ &+ (r\ddot{\theta} + 2\dot{r}\dot{\theta} - r\dot{\varphi}^2\sin\theta\cos\theta)\boldsymbol{e}_\theta \\ &+ (r\ddot{\varphi}\sin\theta + 2\dot{r}\dot{\varphi}\sin\theta + 2r\dot{\theta}\dot{\varphi}\cos\theta)\boldsymbol{e}_\varphi\end{aligned}$$

在自然坐标系中，可用运动轨迹曲线$s=s(t)$描述运动。在点M处建立与轨迹曲线相关的自然坐标系，沿三坐标轴的单位矢量分别用$\boldsymbol{\tau}$、$\boldsymbol{n}$、$\boldsymbol{b}$表示（图2）。$\boldsymbol{\tau}$沿轨

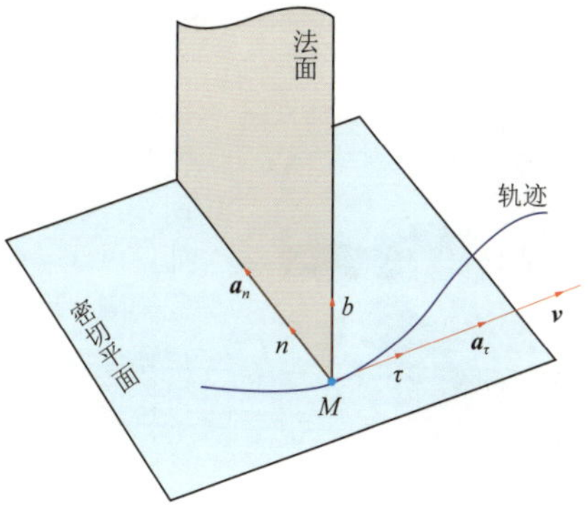

图2 自然坐标系

迹曲线的切线方向并指向弧坐标的正向，$\boldsymbol{n}$沿轨迹曲线的主法线（轨迹曲线的密切平面与法面的交线）并指向曲线的内凹方向，$\boldsymbol{b}$沿轨迹曲线的副法线方向并与$\boldsymbol{\tau}$、$\boldsymbol{b}$组成右手系，即$\boldsymbol{b}=\boldsymbol{\tau}\times\boldsymbol{n}$。这时点$M$的速度的表达式为：

$$\boldsymbol{v} = v\boldsymbol{\tau}, \quad v = \dot{s}$$

加速度表达式为：

$$\boldsymbol{a} = \boldsymbol{a}_\tau + \boldsymbol{a}_n$$

$$\boldsymbol{a}_\tau = \dot{v}\boldsymbol{\tau} = \ddot{s}\boldsymbol{\tau},\ \boldsymbol{a}_n = \frac{v^2}{\rho}\boldsymbol{n}$$

式中$\boldsymbol{a}_\tau$、$\boldsymbol{a}_n$分别为切向加速度与法向加速度；ρ为轨迹曲线的曲率半径。切向加速度表示速度大小的变化率，法向加速度表示速度方向的变化率。如当点做直线运动时，速度方向不变，上式给出$\rho=\infty$，$\boldsymbol{a}_n=0$。当点沿半径为R的圆周做匀速运动时，速度大小不变，即$\boldsymbol{a}_\tau=0$，而法向加速度指向圆心，大小为$|\boldsymbol{a}_n|=v^2/R$。

在已知点的运动方程情况下，可通过微分求得速度、加速度。在已知点的加速度情况下，也可通过积分求得速度与运动方程，只需引入运动的初始条件。 （贾书惠）

加速器技术和原理的发展 development of accelerator technology and principle 产生高能粒子束用于粒子物理研究。更高能区、更强束流、更好性能等是不懈的努力方向。自E.**卢瑟福**一系列α射线实验和1919年发现质子，在核物理研究的推动下，加速器应运而生。1924年G.A.伊辛提出了振荡电磁场加速带电粒子的直线加速器概念。1928年R.维德罗建造了世界上第一台直线加速器并提出了共振加速器的概念，1929年R.J.范德格拉夫发明了利用传送带积累电荷的起电机。借鉴共振加速器概念，1930年E.O.**劳伦斯**发明并与学生于1931年1月初成功研制出世界上第一台回旋加速器，1932年J.D.**考克饶夫**与E.T.S.**瓦尔顿**发明了仅用电路的起电装置，并建造了世界上第一台静电倍压加速器。此后有感应直线及环型加速器，回旋加速器演变出等时性回旋，发现自动稳相原理后又产生了同步加速器。横向的聚焦要求，也由最初的双方向的弱聚焦演变出交替的单方向强聚焦。后来又演变出各种加速器组合来产生高能粒子束。为了提高等效的打靶能量，对撞机由此产生。对撞机主要是环型的，直线对撞机仅斯坦福大学直线对撞机（SLC）一台，而规模更大的超导直线对撞机尚未建造。为进一步提高对撞亮度，又产生了双环对撞机。对撞机也出现了不同的种类，正负电子的、正反质子的、质子（离子）电子的、质子质子的、重离子对重离子的，而正反μ子、光子光子对撞机正在研究之中。

根据加速器系统构成，加速器技术的发展主要体现在粒子源、高频加速腔（管）、加速器磁铁、离子（质子）束流冷却等方面。

粒子源技术发展产生了电子、正电子、离子（包括质子）、负离子、中子；早期还有π介子；未来可能还有μ子源。电子枪由最初的热阴极发展出直流高压型、高频电压型、光阴极型。正电子源、中子源、π介子、μ子源本身就是一个或小或大的加速器，再通过轰击不同的靶而产生。常见的潘宁正负离子源（也叫PIG源）主要通过气体放电而产生，也有通过固体的热离子发射或溅射而产生。离子源的强度、品质也随各种技术的发展越来越高。

加速管由早期的玻璃管和加速电极演变而来，不断演变出电耦合、磁耦合、轴耦合、边耦合等不同波段的盘荷波导、行

波、驻波形式，对束流产生加速和聚束。加速腔由驻波加速管演变而来，针对不同粒子的不同加速阶段产生不同加速腔的类型（$\lambda/2$，$\lambda/4$）。如质子加速器中铁氧体加载的频率可变的高频腔、漂移管加速腔（DTL）、不同β值的辐轮腔。有的加速腔与横向聚焦结合成高频四极子，有的电子腔与加速腔结合成能量回收型直线加速器的预注入器。超导技术与加速腔的结合产生了更高的加速梯度，由最初的几兆伏每米，通过超导技术发展到50兆伏每米甚至更高的加速梯度，用于重离子直线、电子直线和环型加速器中，使加速器的尺寸变得更小。加速器的功率源（速调管）由最初的千瓦（连续的）发展到近百兆瓦（脉冲）。

在环型加速器发明后，由于偏转和聚焦的需要，加速器的磁铁也从单纯的偏转发展出在横向有聚焦作用的或组合或分离型的磁铁包括二极、四极、六极、八极电磁磁铁、永磁铁及超导磁铁。采用超导磁铁最终建成了LHC这种规模的大型质子加速器。而注入引出的需要，也产生了一些特型磁铁，如切割磁铁、冲击磁铁。

束流的冷却对于提高环形质子、离子加速器的束流品质至关重要，1966年苏联核物理研究所的物理学家G.I.布德克尔发明了电子冷却，后来S.范德梅尔发明了随机冷却。

很多新的加速的原理也在研究中，主要有电子环加速、尾场加速、等离子体加速、反自由电子激光等。激光等离子体加速方面的一个巨大进展是美国劳伦斯伯克利国家实验室研究组将粒子置入9厘米长的等离子管中，使其加速到4.25吉电子伏，这是一个新的世界纪录，但这种加速机制离实用还很远。（徐　刚）

加速器中微子 accelerator neutrino　利用粒子加速器将带电粒子（一般为质子）加速到很高的能量之后，轰击“靶”物质，使用磁场约束产生的次级带电π、K或者μ等粒子，让其在特定方向上衰变所产生的中微子。靶物质通常由耐高温的材料如石墨、钨等制成，以抵抗高功率的质子束流撞击带来的巨大热量。产生的次级粒子在数百米长的真空通道中衰变产生中微子可以被几百到上千千米外的探测器探测到。在传输中可以通过偏转磁场等多种手段对次级粒子的电荷态、能量等进行选择，从而获得所需要的特定类型的中微子。

1962年，美国科学家M.施瓦茨、L.M.莱德曼和J.施泰因贝格尔领导的研究小组利用布鲁克海文实验室的交变梯度同步加速器产生的15吉电子伏质子束流发现了与μ子衰变的μ型中微子。2000年，费米实验室的万亿电子伏特加速器提供了800吉电子伏的质子束流，并促使DONUT实验发现τ型中微子。

加速器产生的中微子能量通常能达到几百兆电子伏或更高，流强高、方向性好，非常适用于中微子振荡的研究。传统的介子衰变束流以产生正反μ中微子为主；如果对介子衰变产生的μ子进行二次加速，可以同时得到μ子衰变产生的μ子型和电子型两种中微子束流；而通过加速β放射性核素能够提供电子反中微子束流。增加中微子束流的种类可以测量更加丰富的中微子振荡模式，进一步研究中微子振荡的特性并提高振荡参数的测量精度。（何　苗）

伽柏，D. Dennis Gabor（1900-06-05～1979-02-08）匈牙利裔英国物理学家。生于布达佩斯，卒于英国伦敦。1927年和1928年分别获柏林工业大学工学和理学博士学位。

1927～1933年任西门子等公司电气工程师。1933年离开德国，后入英籍。1934～1948年在英国汤姆孙-豪斯顿公司任研究职位。1949年后一直在伦敦帝国理工学院执教，1958年任电子物理学教授。1967年退休。1956年当选英国皇家学会会员，1964年和1973年分别当选匈牙利和美国国家科学院院士。

伽柏从事电子光学、电子显微镜、快速示波术、气体放电、等离子体物理和通信技术的研究。1948年做“波前重建”实验，原想改进电子显微镜的分辨率，却发现了实现全息照相的可能性。全息照相术是一种不用镜头的立体摄影系统。1956年发明正交全息照相法，运用传统过滤光源，创立全息照相的基本技术。由于传统光源的光线太弱、太散，直到1960年激光问世后，全息照相才成为实用技术。全息照相已广泛应用于医学、地图绘制、通信和计算机技术。伽柏因发明全息照相而获1971年诺贝尔物理学奖。

（郭奕玲）

伽利略 Galileo Galilei（1564-02-15～1642-01-08）意大利物理学家和天文学家，

近代实验科学的奠基者之一。生于比萨，卒于阿切特里。伽利略家族姓伽利莱（Galilei），他的全名是Galileo Galilei，但现已通行称呼他的名Galileo，而不称呼他的姓。

生平　伽利略出身于没落的贵族家庭。他父亲芬琴齐奥·伽利莱精通音乐理论和声学，著有《音乐对话》一书。伽利略1572年开始上学。1575年随全家迁居佛罗伦萨，进入修道院学习。1581年他遵父命进比萨大学学医，但他感兴趣的是数学、物理和仪器制造。1585年因家贫退学，担任家庭教师，仍奋力自学，并做出研究成果。1589年比萨大学聘请他讲授几何学和天文学。1591年父亲病逝，他因家庭经济负担到威尼斯的帕多瓦大学任教。1609年回佛罗伦萨。1611年到罗马并担任林嗣科学院的院士。1633年被罗马宗教裁判所以“反对教皇，宣扬邪学”判处终身监禁。1638年以后，双目逐渐失明，晚景凄凉。

学术成就　可分下列几个方面。

新的科学思想和科学研究方法　在伽利略的研究成果得到公认之前，物理学以至整个自然科学只不过是哲学的一个分支，没有取得自己的独立地位。当时，哲学家们被束缚在神学和亚里士多德教条的框框里，他们苦思巧辩，得不出符合实际的客观规律。伽利略敢于向传统的权威思想挑战，不是先臆测事物发生的原因，而是先观察自然现象，由此发现自然规律。基于这样的新的科学思想，伽利略倡导了数学与实验相结合的研究方法。这种研究方法是他在科学上取得伟大成就的源泉，也是他对近代科学的最重要贡献。

物理学　在历史上伽利略是最早对动力学做了定量研究的人。1589～1591年，他对物体的自由下落运动做了细致的观察，从实验和理论上否定了统治两千年的亚里士多德的落体运动观点（重物比轻物下落快），指出如忽略空气阻力，物体下落的速度和它的重量无关。根据伽利略晚年的学生V.维维亚尼的记载，落体实验是在比萨斜塔上进行的，但这件事在伽利略著作中没有记录，因而较普遍认为此事不可靠。伽利略还对物体在斜面上的运动，抛射体的运动等做过实验和观察。在这些研究基础上他提出了加速度的概念及其数学表达式。他曾非正式地提出惯性定律和物体在外力作用下运动的规律，提出运动相对性原理（称伽利略相对性）。这些为I.牛顿正式提出运动第一、第二定律奠定了基础。在经典力学的建立上伽利略可说是牛顿的先驱。

伽利略对摆的运动做过长期的观察和研究。传说他少年时注意到教堂挂灯来回摆动的等时性。在后来的研究中他指出单摆的周期和摆长度的平方根成反比。这一规律为后来计时机构（摆钟）的设计提供了根据。1641年，已失明的他，让儿子为他绘制了摆钟设计图。

折射望远镜

伽利略研究了梁的抗弯曲的能力和梁尺寸的关系。他还把这种关系用来说明为什么体格大的动物在负担自身重量方面不如体格小的动物，写道："一只小狗也许可以在它的背上驮两三只小狗，但我相信一匹马也许连一匹和它同样大小的马也驮不起。"

伽利略在被监禁期间把他在力学方面的成就用三人谈话的形式写成《两门新科学的谈话》一书（1638年出版），所说两门新科学的内容，现在分别属于动力学和材料力学。

天文学　伽利略在知道荷兰人已有了望远镜后，亲手制造和改进了望远镜，并用来巡视天空，发现许多前所未知的天文现象。他发现所见恒星的数目随着望远镜倍率的增大而增加；银河是由无数单个的恒星组成的；月球表面有崎岖不平的现象，金星也有圆缺的变化；木星有四个卫星（其实是众多木卫中的最大的四个）。他还发现太阳黑子，并且认为黑子是日面上的现象。由黑子在日面上的自转周期，他得出太阳的自转周期为28天（实际上是27.35天）。1637年在目力很差情况下，他还发现了月亮的周日和周月天平动。

这一系列天文发现轰动了当时的欧洲，有力地支持了N.哥白尼的日心体系说。伽利略在介绍他新发现的两本书《星际使者》(1610）和《关于太阳黑子的书信》(1613）中，都主张哥白尼的日心说，而当时教会中许多人对日心说不肯认同。1613年，哥白尼的《天体运行论》被宗教法庭列为禁书，伽利略也受到警告，要他放弃哥白尼学说。伽利略没有接受警告，他继续写作，1632年他的《两大世界体系的对话》出版。宗教法庭把伽利略传到法庭，并宣判他有罪，禁止《对话》流传。1633年被判处终身监禁。

实验科学　无论在动力学、梁的弯曲或者是天文学的研究中，伽利略十分重视观察和实验的作用。他又善于在观测结果的基础上提出假设，运用数学工具进行演绎推理，看是否符合于实验或观察结果。如在自由落体的实验中，他让水滴相继地从同处下落，每两滴时间间隔相同。他观察到任何时刻相继两滴间的距离成等差级数。他运用数学中的抛物线性质，得出下落距离和时间成平方关系。值得注意的是，他对理论推导也很严谨。尽管抛物线的性质早在古希腊那里已有了解，现存的伽利略手稿表明，他把抛物线的公式又从头推算了一遍。

实验和观测要精确，就离不开测量仪器。伽利略往往亲自设计制造仪器。除了上述望远镜外，他设计和制造的仪器有流体静力秤、比例规、温度计、摆式脉搏计等。

从伽利略开始的科学研究中，首先在力学的研究中，科学实验被放到重要的地位。从伽利略、牛顿开始的实验科学，是近代自然科学的开始。（朱照宣）

伽利略变换　Galileo transformation　牛顿力学中所使用的两个相对做匀速直线运动的参考系中的时空变换。设有两个参考系$S(Oxyz)$及$S'(O'x'y'z')$，坐标轴相互平行且轴x与轴x'重合，S'相对S沿x轴以u做匀速直线运动，且S系与S'系中各处有结构完全相同的时钟，记录的时刻为t与t'，并以两坐标原点O及O'重合时刻为计时起点，则可得某质点m的运动在两参考系中的时空变换关系：

$$x'=x-ut \quad y'=y \quad z'=z \quad t'=t$$

上式即为伽利略（坐标）变换。如果将各式对时间求导，则得速度变换式：

$$v_{x'}=v_x-u \quad v_{y'}=v_y \quad v_{z'}=v_z$$

因此，如果S是惯性系，即不受外力作用的物体在其中做匀速直线运动，则根据上式，它在S'中也一定做匀速直线运动，所以S'也是惯性系。如果将各式再一次对时间求导，则得加速度变换关系式：

$$a_{x'}=a_x \quad a_{y'}=a-y \quad a_{z'}=a_z$$

亦即$a'=a$。因此如果S是惯性系，即在其中$\boldsymbol{F}=m\boldsymbol{a}$成立，则在$S'$中也有$\boldsymbol{F}=m\boldsymbol{a}'$，所以$S'$也是惯性系。这样就从伽利略变换导出了力学相对性原理。

伽利略变换与牛顿的绝对时间、绝对空间的概念有关。这里所谓绝对是指长度的量度与时间的量度均与参考系的运动或参考系的选择无关。现代物理学中，电、磁、光学现象所符合的相对性原理与伽利略变换发生了尖锐的矛盾，因此在**狭义相对论**中修改了绝对时空的概念，不同惯性系的空间和时间之间遵从**洛伦兹变换**。这时长度与时间的量度都与参考系的速度有关。不过在运动速度远小于光的速度时，洛伦兹变换近似等于伽利略变换。

（贾书惠）

伽莫夫，G.　George Gamow（1904-03-04～1968-08-20）　美籍苏联物理学家。生于俄国敖德萨（今属乌克兰），卒于美国科罗拉多。1922～1929年先后就读和工作于敖德萨的新俄罗斯大学和列宁格勒大学。1928～1931年去西欧，在丹麦哥本哈根大学理论物理学研究所及英国剑桥大学卡文迪什实验室等处工作。1931年任列宁格勒大学教授。1933年离开苏联，在巴黎的居里研究所及英国的伦敦大学短期逗留后，于1934年去美国。后入美国籍。1934～1956年任乔治·华盛顿大学教授。1956～1968年任科罗拉多大学教授。

伽莫夫是一位兴趣广泛的物理学家。早年从事原子核物理学研究。1928年提出核α衰变理论，1936年建立了β衰变中的伽莫夫-特勒选择定则。1938年后转向天体物理学，研究恒星的核能源和恒星的演化，他首先发展了化学元素的天体起源的基本思想。1948年后，提出了热大爆炸学说，预言宇宙中存在着微波背景辐射，为标准的大爆炸宇宙论打下基础。1954年，他又提出生物学中关于遗传密码的重要概念。

伽莫夫还著有关于物理学、天体演化和宇宙学等方面的多种优秀的科普著作。为此，联合国教科文组织于1956年授予他卡林格奖。1950年当选丹麦皇家文理科学院院士，1953年当选美国国家科学院

院士，1965年当选剑桥大学丘吉尔科学院院士。（戴念祖）

贾埃沃，I. Ivar Giaever（1929-04-05～ ） 美国挪威裔实验物理学家。生于挪威卑尔根。1954年迁居加拿大，1956年迁居美国。1964年获美国伦斯勒理工学院哲学博士学位。曾先后在挪威政府、加拿大通用电器公司和美国通用电器发展中心任职。1988年任伦斯勒理工学院和挪威奥斯陆大学教授，1991年在一家应用生物物理学公司任总裁。1974年当选美国国家科学院院士。

贾埃沃从事固体物理学、超导和离子显微镜等方面的研究。1960年他将江崎玲於奈的隧道效应运用于超导体，测量了低温超导的隧道特性，研究了用隧道效应测量温度的可能性。1965年还发现了反常约瑟夫森效应。由于这一发现，贾埃沃和江崎分享1973年诺贝尔物理学奖的一半，另一半由B.D.约瑟夫森所得。（郭奕玲）

贾科尼，R. Riccardo Giacconi（1931-10-06～2018-12-09） 美国意大利裔物理学家。生于意大利热那亚，卒于美国圣迭戈。1954年获意大利米兰大学博士学位。曾任美国国家射电天文台大学联合实验中心主任。

1959年，贾科尼和B.罗西一起探讨X射线望远镜研制的原理，开始利用火箭进行空间探索的计划。1962年，他及其合作者发射的火箭探空装置，记录到不同能量的X射线辐射，还探测到遥远地方有非常强大的X射线源及均匀分布在整个天空中的X射线背景辐射。这一意外的发现推动了X射线天文学的发展。此后，他又领导研制了世界上第一个宇宙X射线探测器——爱因斯坦X射线天文望远镜，并于1978年进入太空。利用这台望远镜首次获得了精确的宇宙X射线图像，详细研究了X射线双星，还探测到了可能来自黑洞的X射线。1976年，他倡议研制更为强大的钱德拉X射线天文望远镜，于1999年发射升空，拍摄到了宇宙的更为清晰的X射线图像。由于他对天体物理学的开创性贡献，其成果促使宇宙X射线源的发现，因此获2002年诺贝尔物理学奖。（郭奕玲）

贾辛斯基恒等式 Jarzynski equality 对于准静态过程、近平衡过程或远离平衡的过程，其涨落量和自由能改变量始终满足的关系式。对于一个处于平衡态的热力学系统，可以定义它的一个态函数——亥姆霍兹自由能：

$$F=U-TS$$

式中U为内能；T为温度；S为熵。当温度T给定时，U、S、F都是系统的某一个参数的函数。如对于封闭在活塞中的经典理想气体，$U(V)$、$S(V)$、$F(V)$都是气体的体积V的函数。当外界控制者将气体的体积由V_0变为V_1时，外界对系统的做功量W与系统的亥姆霍兹自由能改变量$\Delta F=F(V_1)-F(V_0)$之间满足关系式$W\geqslant\Delta F$。其中等号只有在准静态过程时取得。这就是热力学第二定律的表述之一，即最大功原理。最大功原理成立的条件是系统初始态为温度是T的热平衡态，且在外界做功过程中细致平衡条件始终成立。它最早大约在1876年由美国物理学家J.W.吉布斯提出。

对于宏观热力学系统，构成系统的粒子数足够多，$N\gg1$，因此热力学涨落通常忽略不计。但在微观热力学系统，上述前提不再成立。此时热力学量的涨落不可忽略（如功分布函数的均方差相对于平均值不可忽略）。这样上述的最大功原理需要重新表述为：

$$\langle W\rangle\geqslant\Delta F$$

式中$\langle W\rangle$为做功量W的平均值。

1997年美国物理学家C.贾辛斯基对最大功原理进行了推广。他发现无论是对准静态过程、近平衡过程，还是远离平衡的过程，作为涨落量的W和自由能的改变量ΔF始终满足恒等式：

$$\langle e^{-\beta W}\rangle\equiv e^{-\beta\Delta F}$$

式中$\beta=1/(k_BT)$；k_B为玻尔兹曼常数。这就是贾辛斯基恒等式。它与最大功原理成立的条件相同。利用数学上的詹森不等式，可以从贾辛斯基恒等式导出最大功原理。在近平衡过程，贾辛斯基恒等式等价于涨落耗散定理。因此贾辛斯基恒等式被认为是对热力学第二定律和涨落耗散定理的推广。

在理论上，贾辛斯基恒等式可以经由多种途径被推导出来。另外，它的正确性和普适性（任意系统、任意温度、任意速度）通过了很多数值模拟研究的检验和实验验证。作为最早被发现和仅有的几个描述任意远离平衡过程的热力学恒等式（另外还有克鲁克斯涨落定理等）之一，它为研究远离平衡过程的热力学打开了一扇窗。（全海涛）

价电子 valence electron 原子中参与形成化学键的电子。原子的价电子决定了元素的化学性质。原子核外电子具有壳层结构。当原子处在能量最低的基态时，核外电子在不违背泡利不相容原理的前提下，按照能量由低到高的次序依次排布在主量子数$n=1,2,3,\cdots$的壳层和轨道角动量量子数$l=0,1,2,3,\cdots$的支壳层上。原子中各电子n,l值的集合称作原子的电子组态，电子组态给出了核外电子按壳层分布的情况。

元素的化学性质由原子的最外层电子决定，从而使元素具有周期性。对于元素周期表的主族元素而言，价电子就是主量子数最高的最外壳层上的电子。例如，中性碳原子的基态电子组态为$1s^22s^22p^2$，因而碳原子有4个价电子（$2s^22p^2$）。对于过渡金属元素，最外壳层的ns电子和次外壳层的（$n-1$）d电子能量相近，均可参与形成化学键，成为价电子。例如，中性镁原子的基态电子组态为$1s^22s^22p^63s^23p^64s^23d^5$，3d电子和4s电子能量相近，因而镁原子可以有7个价电子（$4s^23d^5$）。电子填满的壳层或支壳层称为闭壳层，元素周期表中第18族惰性气体元素原子的价电子壳层是闭壳层，很难与其他原子化合，表现为化学惰性。（陈向军）

尖端放电 point discharge 导体尖端处的强电场导致气体电离而放电的现象。是导体静电平衡的性质之一。静电平衡时导体表面外附近空间的场强与该处导体表面的电荷面密度成正比。虽然导体表面的电荷分布与导体的形状之间不存在确定的一一对应的关系，但对于孤立的带电体，大致可以说：导体表面凸出而尖锐的地方，电荷面密度较大；表面较平坦的地方，电荷面密度较小；表面凹进去的地方，电荷面密度更小。因此，导体尖端附近场强较大，平坦的地方则场强较弱。这样尖端处的强电场容易导致空气电离而放电。尖端放电现象实际中的重要应用是避雷针，大气中带着大量电荷的云层飘向建筑物等凸出部分时，容易与建筑物放电形成破坏力很大的雷击；建筑物上安装避雷针，并把它牢固地与地导电连接，避雷针处的强电场使空气电离，随时放电，疏导云层中的电荷，

不会形成破坏力强大的雷击。相反，在需要保持高电势而减少漏电的情形，则电器的导电部分做成钝圆形。（陈熙谋）

检测阈 ditection threshold 在水声技术中，在某一预定的检测判决置信度下，使水声设备能正常工作所需要的处理器输入端最低信噪比值（用分贝表示）。检测阈记为DT，其定义为：

$$DT = 10\lg\frac{P_s}{P_N}$$

式中P_s为刚好完成某种功能时的信号功率；P_N是水听器输出端上的噪声功率。由检测阈定义可知，对于完成同样功能的声呐来说，检测阈值较低的设备，其处理能力强，其性能也较好。

声呐设备的接收器工作在噪声环境中，既接收声呐信号，也接收背景干扰噪声（包括主动声呐的混响干扰），这两部分比值的大小将直接影响声呐设备的工作质量。即如果接收器在接收带宽内的信号功率（或均方根电压）与1赫带宽（或工作带宽）内的干扰噪声功率（或均方电压）的比值较高，则声呐设备就能正常工作，它所做出的“判决”也是可信的；反之，上述信噪比较低时，声呐设备就不能正常工作，它所做出的“判决”也就不可信。声呐设备能正常工作所需的最低上述信噪比值（用分贝表示）就是检测阈。

当声呐接收器输入端确实有信号时，可能做出“有”或“无”两种判断；而当声呐接收器输入端确实无信号时，同样可能做出“有”或“无”两种判断。在确定有信号时，正确判断“有信号”的概率被称为检测概率；在没有信号时，错误判断为“有信号”的概率被称为虚警概率。在相同输出信噪比条件下，不同的检测阈对应着不同的检测概率和虚警概率，表明检测阈和这两个独立的概率有一定的相互关系。（吴立新）

减反射膜 antireflection coating 在光学器件的表面镀制的降低反射的膜系。在一个光学系统中，当光束入射于光学器件的表面时，会同时发生反射和透射（折射）。对于透射工作的光学系统来说，器件表面反射光的存在不仅造成了光能量的损失，还会形成杂散光，从而降低光信号的信噪比，对于成像系统来说，就是降低对比度。系统愈是复杂，需要的器件数目就愈多，光信号的信噪比或对比度受到的影响就愈严重。在光学器件的表面镀制适当的减反射膜系可以有效改善这种状况。以一个包括14片12组透镜的变焦系统为例，共有24个空气/玻璃界面，如果在各界面处不镀减反射膜，其傍轴光束的透射率只有约35%，其余的光能被系统中的各个界面反射而形成杂散光，导致该光学系统无法正常工作。如果在24个界面处分别镀制精密的减反射膜系，使每个界面处的反射率降低为约0.5%，则傍轴光束的透射率可高达88%，既提高了光效，又改善了对比度，由此可见减反射膜的重要作用。

减反射膜的工作原理是在空气/玻璃界面处镀制适当的减反射膜系，使得在工作光谱范围内形成反射相消干涉，降低界面反射率。在界面处的反射相消干涉等同于透射相长干涉，意味着透射光能量的增强，所以减反射膜也经常被称为增透膜。为满足反射相消干涉的条件，通常是在选定基底和膜层材料之后，对膜系中各个膜层的厚度求解，求解的过程即是膜系设计过程。在选择膜层材料时，需要考虑材料的光学性质、化学性质、力学性质，以及工作环境适应性质等诸多因素。减反射膜的制备方法有物理气相沉积法、溶胶-凝胶法和溅射法等。

可见区减反射膜是生产数量最大的光学薄膜产品，基底材料包括各种牌号的光学玻璃、光学晶体、半导体材料和光学塑料。根据不同的基底材料，可以设计相应的减反射膜系。如在K9玻璃基底上镀制单层氟化镁膜层，在可见区可使约4%的界面反射率降低至2%以下。对于准单色光，在玻璃基底上镀制2层膜即可使反射率从百分之几降低至万分之几。对于激光系统的单一波段，已经实现的最低反射率可达十万分之二。3～5层宽带减反射膜使得可见区波段的反射率下降到0.5%以下；8层超宽带减反射膜可实现400～1000纳米波段的平均反射率约0.5%；6层倍频减反射膜可实现可见区0.5%以下，或1064纳米处0.1%以下的反射率。对于不同牌号的光学玻璃，可对膜系进行适当优化。

光学塑料（聚甲基丙烯酸甲酯和聚碳酸酯等）作基底容易成型和密度较低，已经获得广泛应用。但由于塑料的软化温度较低，难于承受工艺热源的热辐射。但考虑到膜系的多解性，设计出的膜系中可包括总厚度尽可能薄的高熔点膜料膜层及总厚度较厚的低熔点膜料膜层。这样可减少高熔点膜料的蒸发时间，减少塑料基底受到的辐射热。根据光谱特性要求的不同，可分别采用7～27层膜系。对于27层膜系，在420～680纳米的波段，反射率约为0.2%。

在红外波段的透射系统中，器件的基底材料通常使用硫化锌、硒化锌、硅或锗。对于锗基底，在红外区的表面反射率接近40%，使用单层硫化锌膜层，即可在3～5微米或8～12微米波段使界面平均反射率降低至约3%，已经可以满足一般的红外光学系统的要求。必要时可使用多层增透膜，如8层膜系，可使反射率降低至1%以下。

与物理气相淀积技术相比，溶胶-凝胶化学镀膜法可以制备折射率更低的膜层。在玻璃基底的表面可以淀积3层膜，靠近基底的膜层的折射率值稍低于基底材料，其后2层膜的折射率递减，此膜系可在350～1500纳米的超宽光谱范围内得到约0.5%的平均反射率。膜系结构简洁，光谱性能优良，明显超过物理气相淀积技术所能得到的结果。此项技术已经应用于显示技术等领域。（赵福庭）

减振 vibration reduction 针对有害机械振动采取各种控制措施以减少其对机器、结构或仪表设备正常工作的影响。减振方法有下列几种。

消除振源　实施振动分析，找出振动原因，通过改变设备的结构形式或工作状态而消除振源。如采用动平衡方法消除旋转机械的不平衡激振力，从改变边界条件入手消除流体激发振动等。

动力吸振　对于激振频率范围改变很小，而设备之机械参量又不易改变的情况下，可采用动力吸振的方法，借助振动能量的转移而达到减小设备振动的目的。动力吸振器由质量为m、弹簧刚度为k的系统构成，设计时取$\omega=\sqrt{\frac{k}{m}}$，$\omega$为激振频率。减振设计要求很高时还可采用主动控制吸振装置。

外加阻尼　通过在振动物体上安装各种形式的阻尼器而实现减振。有橡胶阻尼器、电磁阻尼器、摩擦减振器等。

隔断传递途径　采用隔振措施。

降低振动响应　首先是改变设备的结构动态特性，使其固有频率远离激振频率，以避免引起剧烈的耦合共振。激振频率在一定范围内变化时，还可应用智能型结构设计以实现随激励频率变化而自动调节结构动态特性的目的。降低振动响应的另一措施就是增加被激结构的阻尼，方法包括在设备制作中选用镁硅合金等内摩擦大的金属材料，用铆接或螺接代替焊接以增加摩擦阻尼。为使结构在很宽的频率范围内保持稳定的阻尼系数，还可在设计中采用由金属和黏弹性材料构成的大阻尼复合结构，以同时抑制宽带随机力激发出来的多阶共振峰。（申仲翰）

剪切带 shear band 非晶材料在发生塑性变形时，由于形变失稳使得大部分剪切应变局限在特定厚度的薄带之中，该局域化的薄带即称为剪切带。剪切带形成一般认为与剪切软化密切相关。当材料某个局部区域发生塑性变形时，变得比周围未变形区更软从而更易于流动，导致塑性应变自聚焦到薄带中，从而引起剪切带的形成。通常情况下，剪切带会沿着最大剪切应力面形成，其厚度一般在20纳米左右。由于剪切带内部存在热或无序化的效应，使得其流变应力远小于周围其他区域。剪切带的发生过程通常极快，并且存在时间的不稳定性和空间的不均匀性，因此较难实现实时观测。剪切带行为同时也广泛存在于其他金属、聚合物、地幔和颗粒物质等材料中，它的出现与外界加载条件密切相关，如在地震和冲击条件下，高的加载速率会促使剪切带更易形成。

对于非晶材料，剪切带的形成与演化控制着其室温条件下的屈服与塑性行为，如主剪切带的快速形成被认为是引起其脆性断裂的原因。研究表明，可以通过对样品的形状与加载仪器的刚度的控制，来控制剪切带的形成和演化行为，达到控制非晶材料塑性的目的，如使用更小的样品长径比、更大的仪器刚度来实现非晶材料中多剪切带行为，使得其变形过程呈现出更好的表观塑性。另外，也可以采用复合结构、对非晶材料进行机械处理、调制成分实现高泊松比等方法来对剪切带的行为进行控制。（柯海波）

剪切干涉仪 shearing interferometer 把通过被测件的波面用适当的光学系统分裂成两个，并使两波面彼此相互错开（剪切），在两波面重叠部分产生干涉图形的仪器。以常见的横向剪切干涉仪为例。如图所示，激光束被聚光镜1会聚到空间滤波器2上，滤波器置于被测物镜3的焦点上，从物镜出射的波面通过一稍有楔角的平板4前后表面的反射，形成两个彼此横向错开的波面，在两波面重叠处形成干涉图形，通过判读条纹可评价被测物镜的传递函数。

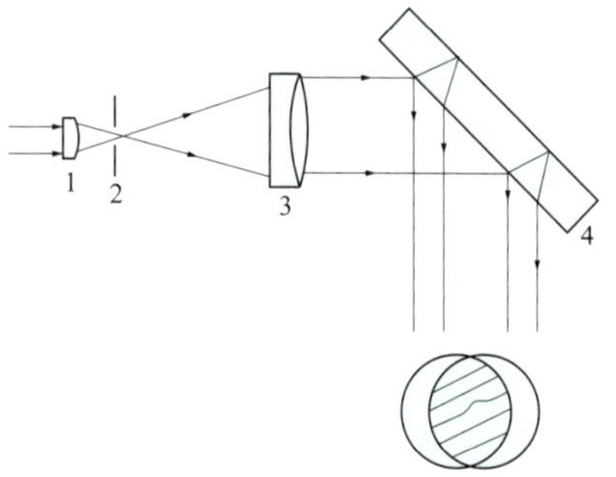

剪切干涉仪原理图

除横向剪切干涉仪外，如使两波面沿径向剪切即两波面尺寸不同形成干涉的，称径向剪切干涉仪；如使两波面绕中心小量旋转而相互错开形成干涉的，称旋转剪切干涉仪；如使两波面反向错开形成干涉的，称反向剪切干涉仪。

剪切干涉仪的优点是可省去标准的参考光学表面，结构简单稳定。其弱点是剪切后形成的干涉图形判读比较困难。剪切干涉仪主要用作测定光学零件的面型、光学系统的像差和光学传递函数、流场的均匀性等。对激光束的波面测量而言，剪切干涉仪是唯一可用的干涉形式。（卓永模）

剪切增稠 shear thickening 材料黏度随剪切应变速率增加的现象。剪切增稠液是非牛顿流体的一个例子。剪切增稠行为通常不在纯物质中出现，但可能发生在悬浮液中。剪切增稠只是偏离牛顿定律行为的一种，它受到粒度、形状和分布等因素的控制。这些悬浮液的性质取决于哈梅克理论和范德瓦耳斯力，并且可以用静电力或空间排斥作用加以稳定。当胶态悬浮液从稳定状态转变为絮凝状态时，发生剪切增稠行为。这些系统的大部分性质是由分散体中的颗粒（称为胶体）的表面化学性质决定。一个典型的例子是玉米淀粉和水的混合物。当它们撞击表面时，表现出违反直觉的性质。另一个例子是完全用水浸泡的沙子。当人在湿沙子上行走时，在脚下出现干燥区域。（邢向军）

简并的群表示 group representation of degenerate states 用群表示论语言来标记能级的各简并态。量子系统的能级常出现简并，即对应某一个能量本征值，存在不止一个能量本征态。量子力学中在能级有简并的情况下，通常是选择一组守恒量完全集来标记诸简并态。以中心力场中无自旋粒子为例，通常选用守恒量完全集（H, l^2, l_z）的共同本征态ψ_{nlm}来标记能级E_{nl}的各简并态。用群表示论的语言来讲，量子数l就是体系的对称群SO_3的$2l+1$维不可约表示D^l的标记。区别各简并态的磁量子数m则是SO_3的子群SO_2的不可约表示的标记。所以量子力学体系中寻找一组守恒量完全集的本征值来标记各定态，相当于群表示理论中寻找体系的对称性群的一个合适的子群链，并用各子群的不可约表示的标记来区分各简并态。

一般来讲，设$\mathcal{H}$为群G的一个子群，$D^j(g_i)$是群G的一个不可约表示（$g_i\in G$）。若限制$g_i\in\mathcal{H}$，即只限于子群$\mathcal{H}$中的元素，此时虽然$D^j(g_i)$也是群的一个表示，但是一般为可约表示。经过约化后，可以化为子群$\mathcal{H}$的若干个不可约表示的直和$D^j=\sum_k C_{jk}d^k$，式中d^k是子群的一个不可约表示，C_{jk}表示约化时d^k出现的次数。这样就找到了另一个量子数k，它是子群$\mathcal{H}$的一个不可约表示的标记。在量子力学中就可以用k来区分属于群G的不可约表示D^j的某些简并态。（庄鹏飞）

简并度 degeneracy 量子力学中，如果一个算符的一个本征值有多于一个的本征函数，这种情况称为简并，相应的本征函数个数称作简并度。一个典型的例子是类氢系统。在不考虑相对论效应的情况下，体系的能量由主量子数n决定，该能量状态对应的波函数数目有$2n^2$个。因此，该能态是简并态，其简并度是$2n^2$。（朱林繁）

简并量子气体 degenerate quantum gas 极低温度下，处于量子简并状态的费米气体。自然界存在两种不同类型的粒子——玻色子和费米子，这是以粒子的总自旋来划分的，需要考虑粒子中原子核的总自旋和所有电子的总自旋。总自旋为1/2奇数倍的粒子称为费米子，得名于意大利物理学家E. 费米。例如费米原子气体^{40}K，总自旋为质子自旋（19/2）+中子自旋（21/2）+电子自旋（19/2）=59/2。在极低温下费米子服从**费米-狄拉克统计**规律，**泡利不相容原理**使得同一自旋态的费米原子不能处于相同的量子态上。对于两个全同费米原子组成的体系，其波函数必须是反对称的。实验中通常用费米面以及对应的费米温度和费米简并度来描述量子简并费米气体。当费米原子系统冷却到绝对零度时，所有的费米原子会从系统的最低能态从高到低依次布局，直至某个能态E_F，此时这个能量态定义为费米面，此费米能量对应一个费米温度，定义为$T_F=E_F/k_B$，（k_B为玻尔兹曼常数）。费米气体的量子简并度定义为T/T_F（T为费米气体的实际温度）。（张　靖）

简并气体 degeneracy gas 遵从量子的费米-狄拉克分布和玻色-爱因斯坦分布的气体。满足量子的麦克斯韦-玻尔兹曼分布的气体被称为非简并（或弱简并）的气体。已经证明，判别气体简并与否的准则是e^{α}，这里的α是由总粒子数恒定引进的拉格朗日乘子。当$e^{\alpha}\gg 1$时，气体是弱简并的；否则气体就是简并的。理论分析表明，粒子的质量越大，温度越高，数密度越小，越有利于形成弱简并气体。因为随温度升高，占据高能级的粒子数相对增加，从而使每个量子态上平均占据的粒子数减小。换言之，两个或更多粒子同时占据一个量子态的机会减小，因此泡利不相容原理的作用减弱，费米分布和玻色分布的差别随之消失，汇合为量子的麦玻分布。类似的分析对粒子数密度减少也成立。计算表明，一个大气压下处于沸点的氢气是弱简并气体，但一个大气压下处于沸点的氦气却是简并气体，满足玻色－爱因斯坦分布。（包科达）

简单机械 simple machinery 人类在劳动实践中最早创造的结构简单的机械，包括杠杆、滑轮、斜面、螺旋、尖劈等。应用简单机械主要是为了获得机械利益。如用小力获得大力，用小位移获得大位移，改变力的方向或作用点位置等。由于不可避免的摩擦，输出的功均小于输入的功，即机械效率均小于1。简单机械工作在低速情况下，因而对其力学分析常使用静力学的方法。简单机械虽然十分古老，但在现代各种机械和设备中仍被广泛采用，并演变出许多新的机械。

杠杆 具有一个支点并在另外两点受力的刚性杆。图1中施力点A称为力点，出力点B称为重点。杠杆平衡时有$F_B/F_A=a/b$，即作用在杠杆上的两力与它们的力臂成反比，称为杠杆原理。当$a>b$时，有$F_B>F_A$，即用小力可获得大力。如果杠杆缓慢转动，A点的位移要大于B点的位移。根据支点、力点、重点安排的不同，杠杆分为三类（图1）。第一类杠杆支点在中间，如天平、秤、撬杠、克丝钳。第二类杠杆重点在中间，如核桃夹。第三类杠杆力点在中间，如镊子，显然这类杠杆不能增力，是为了用小位移获得大位移。

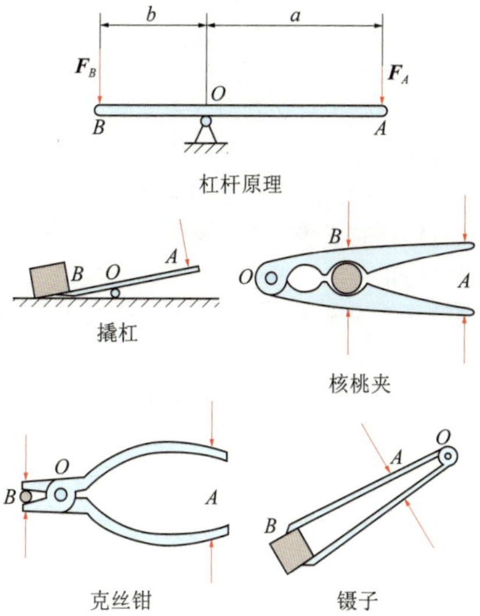

图1 各类杠杆

滑轮 内有沟槽的圆盘和跨过圆盘的绳索（胶带、链条）组成的系统。定滑轮平衡时$F=W$，提升重物虽不省力但可改变施力方向。动滑轮平衡时$F=W/2$，可省力。通常使用滑轮组，如在起重机、升降机、卷扬机中就大量应用（图2）。为了得到很大的增力效果，工厂中还经常使用差动滑轮提升重物，它的增力比是$W/F=2R/(R-r)$，式中R和r分别是大、小滑轮的半径。

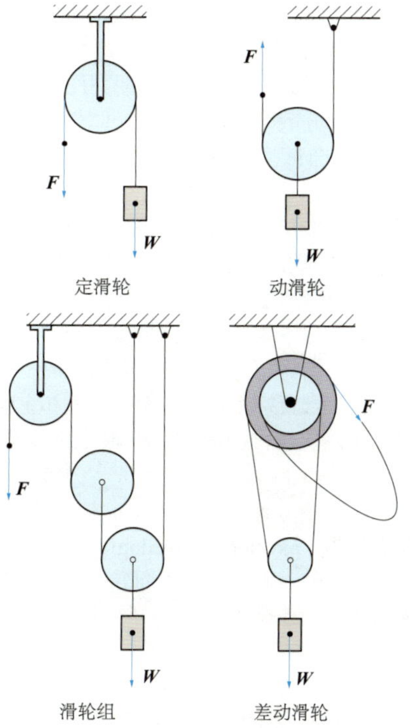

图2 各类滑轮

斜面 同水平面成一倾角α的平面。沿垂直方向提升重物很费力，如果放在斜面上沿斜面提升就比较省力（图3）。忽略摩擦的情况下，只要$F>W\sin\alpha$，就可使重物沿斜面上升。实际上，斜面与重物之间总会有摩擦，设静摩擦系数为μ，则当对重物水平施力且重物平衡时，有$F=W\tan(\alpha+\varphi)$，F_R表示对抗F与W的阻力。水平力必须足够大，当$F>W\tan(\alpha+\varphi_m)$时，才能使重物沿斜面上升，式中

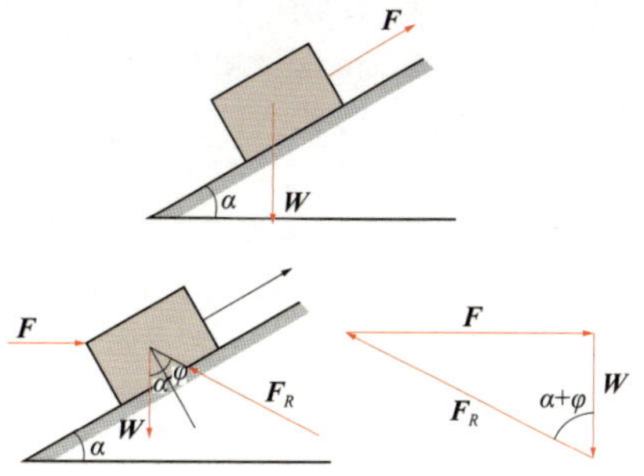

图3 斜面

$\varphi_m=\arctan\mu$，为摩擦角。当$\alpha\geqslant(\pi/2)-\varphi_m$时，无论多大的水平力都不能推动重物，发生摩擦自锁；同样，当$\alpha\leqslant\varphi_m$时，斜面上静止的重物无论多重也不会向下滑动。（贾书惠）

简单晶格 simple lattice 每一个原胞只包含有一个原子或离子的晶格。对于简单晶格，所有原子是完全等价的，即它们不仅化学性质相同，而且在晶格中处于完全相似的地位。如果晶体由完全相同的一种原子组成，且每个原子周围的情况完全相同，则形成布拉菲点阵。晶体仅存在14种布拉菲点阵，分别是面心立方、体心立方、简立方、六角、体心四方、简单四方、面心正交、体心正交、底心正交、简单正交、三角、底心单斜、简单单斜、简单三斜点阵。（杨槐馨 李建奇）

简谐运动 simple harmonic motion 物理量随时间按正弦或余弦规律的运动。又称简谐振动。以力学系统为例，质点做简谐运动的前提是所受外力是线性回复力，即$F=-kx$。其中x是质点相对于平衡位置的位移；k是比例常数。

简谐运动的频率或周期与初始状态无关，仅取决于k和质量m的比值。简谐运动不仅是一些简单体系的运动方式，如弹簧振子、小振幅单摆，线性系统中任何形式的周期运动，都可以分解为一系列不同频率简谐运动的叠加。（张海澜）

简正波 normal mode 在封闭空间（如室内，周围有表面）或半关闭空间（如在水下或大气中，有上、下界面），反射波互相干涉形成的一系列的固有振动。又称简正振动方式。简正波理论是引用**量子力学**中**本征值**的概念并加以发展而形成的。在海洋声学中，波动方程的解能够表示为一系列由简正波本征函数所形成数列的和的形式：

$$p(r,z)=\frac{\mathrm{i}}{4\rho(z_s)}\sum_n u_n(z_s)u_n(z)\mathrm{H}_0^{(1)}(k_n r)$$

式中ρ为密度；$\mathrm{H}_0^{(1)}$为零阶第一类汉克尔函数；k_n为第n号简正波本征值；u_n为第n号简正波函数，满足深度分离的波动方程：

$$\rho(z)\frac{\mathrm{d}}{\mathrm{d}z}\left[\frac{1}{\rho(z)}\frac{\mathrm{d}u(z)}{\mathrm{d}z}\right]+\left[\frac{\omega^2}{c^2(z)}-k_n^2\right]u(z)=0$$

和相应的边界条件。（彭朝晖）

简正坐标 normal coordinate 自由振动体系中以单个频率振动的一组坐标。自由度为s的线性自由振动，其坐标$\{q_\alpha\}$满足

运动方程：

$$\sum_{\beta=1}^{s}(m_{\alpha\beta}\ddot{q}_{\beta}+k_{\alpha\beta}q_{\beta})=0 \quad (\alpha=1,2,\cdots,s)$$

一般解为$q_{\alpha}=\sum_{\beta=1}^{s}a_{\alpha}^{(\beta)}\sin(\omega_{\beta}t+\phi_{\beta})$，每个坐标可能包含所有$s$个频率的振动。可以证明，存在一组新的独立坐标$\{\xi_{\alpha}\}$，满足运动方程：

$$\ddot{\xi}_{\alpha}+\omega_{\alpha}^{2}\xi_{\alpha}=0 \quad (\alpha=1,2,\cdots,s)$$

其解为$\xi_{\alpha}=b_{\alpha}\sin(\omega_{\alpha}t+\varphi_{\alpha})$。这种单一的振动模式称作简正振动或本征振动，$\{\xi_{\alpha}\}$称作简正坐标。简正坐标下，振动的各频率成分不再耦合，有助于建立直观图像，深化研究。　（秦　敢）

碱金属原子光谱　alkali metal atomic spectrum　碱金属元素锂、钠、钾、铷、铯等原子的光谱。由于原子实是闭壳层，碱金属原子具有与氢原子相似的结构。采用原子单位及约定无穷远处为势能零点，不考虑电子自旋时碱金属原子的能量可以表达为：

$$E_{nl}=-\frac{1}{2}\frac{1}{(n-\delta_{nl})^{2}}$$

式中δ_{nl}定义为量子亏损，是主量子数n和角动量l的函数。与氢原子不同，由于原子实的存在，通常小角动量量子态的轨道在原子实中有较大的轨道贯穿效应，对应的量子亏损值也较大。因此，对于同一主量子数n、不同角动量l的量子态，能级并不简并。这也导致碱金属原子光谱通常观察到的有主线系、第一辅线系（漫线系）、第二辅线系（锐线系）和伯格曼线系（基线系）。由于碱金属原子最外层只有一个价电子，原子总的电子自旋为1/2，价电子的轨道角动量L与自旋角动量S的耦合相互作用进一步导致谱线移动或分裂。对角动量$L=0$的量子态，能级只发生平移；而对$L>0$的态则出现双线。这就是碱金属原子能级的精细分裂。碱金属原子光谱受外磁场的影响，这一性质可以用于磁场灵敏探测，基于这一原理的高性能磁强计被广泛应用于军事、地学和探矿等领域。　（刘红平）

间接驱动　indirect drive　惯性约束聚变驱动方式之一。间接驱动一般将高功率驱动器输出的激光脉冲或者粒子束脉冲辐照在黑腔靶内壁上，转换为高温的X射线黑

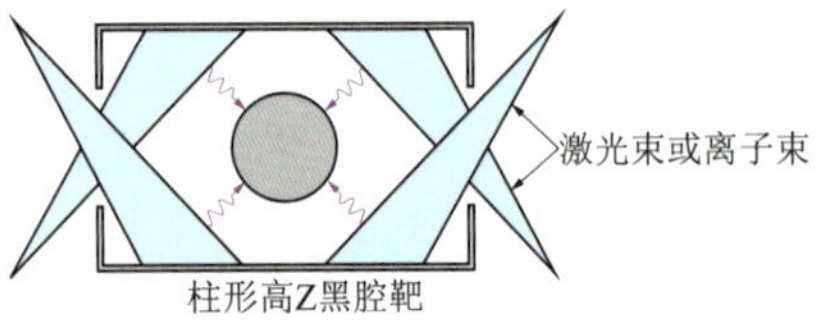

惯性聚变间接驱动原理

体，再通过X射线辐照聚变靶丸的表面，产生球对称烧蚀压，驱动聚变靶丸内爆，从而实现燃料发生热核聚变（见图）。

间接驱动的优点是容易实现球对称内爆对辐照均匀性的要求，缺点是驱动器与聚变靶丸之间的能量耦合效率较低。　（郑　坚）

舰船用反应堆　marine propulsion reactor　用于船舶和军用舰艇推进的核动力反应堆。要求安全可靠、便于维修、体积小、重量轻、抗冲击、耐振动和摇摆、机动性好，反应堆单堆热功率一般较小（数十至数百兆瓦），堆芯寿命较长，甚至与舰船同寿命，多数为**压水堆**。舰船用压水堆装置目前有分散型、紧凑型和一体化三种布置形式。分散型是指**反应堆**、蒸汽发生器、稳压器、主泵等各自独立，彼此用管道相连的压水堆装置。紧凑型是指反应堆、蒸汽发生器和主泵之间用约0.5米长的双层套管连接（外管承压，内管分流），从而使设备布置紧凑。一体化是指将蒸汽发生器和稳压器等布置在反应堆容器之内，主泵与反应堆直接相连，取消主管道和主阀门，使系统进一步简化，布置更为紧凑。　（杨红义）

渐近自由　asymptotic freedom　强相互作用的强度随着能量的升高而变小。见**量子色动力学**、**色禁闭**。

键杂化　bond hybridization　原子在结合成分子或固体的过程中，原子轨道相互混合形成杂化轨道的现象。为了解释简单有机分子如甲烷（CH_4）的结构，美国化学家L.鲍林于1931年最早提出了键杂化概念。

下面以金刚石为例介绍键杂化的具体过程。根据量子力学，碳原子的电子组态为$1s^{2}2s^{2}2p^{2}$，按照**洪德定则**只有2个p电子是未配对的，如图a上半部分所示（上图是碳原子的电子组态、下图是经过重组杂化后的电子组态）。已知金刚石是由碳元素组成的，每个碳原子与周围的4个碳原子形成正四面体结构，如图b所示（金刚石的晶体结构示意图，其中红线部分表示一个正四面体）。那么只有2个未配对电子的碳原子是如何与另外4个碳原子完全等价地结合在一起是必须考虑的问题。在碳原子结合成固体时，把包含s和p轨道的第二壳层的4个电子一起考虑，对应的原子轨道波函数组合成新的轨道波函数，即所谓的杂化轨道（或杂化键）。由于杂化轨道波函数是1个2s轨道和3个p轨道之间的重新组合（见图a下半部分），故简称为sp^3杂化轨道。4个等价的原子杂化轨道sp^3分别与近邻的4个碳原子成键，从而形成了以正四面体为基础的金刚石。

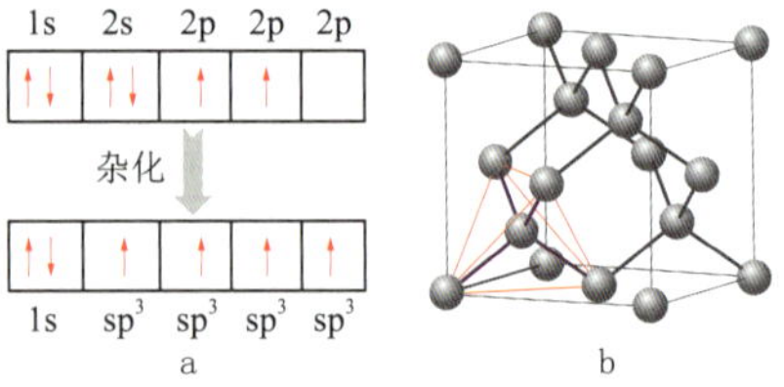

键的杂化

除了sp^3外，常见的杂化轨道还包括sp^2和sp，前者（后者）由一个s轨道与两个（一个）p轨道组合形成。sp^2和sp杂化轨道广泛存在于自然界中，例如石墨烯和烯烃中包含有sp^2杂化键，而炔烃中则含有sp杂化键。　（赵建华　王海龙）

江门中微子实验　Jiangmen Underground Neutrino Observatory; JUNO　一个多目标的中微子实验。简称江门实验。位于中国广东江门开平市金鸡镇，主要科学目标是通过探测反应堆产生的中微子，确定中微子质量顺序。其他科学目标包括精确测量3个中微子振荡参数，研究超新星中微子、超新星背景中微子、太阳中微子、地球中微子、大气中微子，寻找质子衰变和暗物质等。实验项目由中国科学院高能物理研究所主持，国际合作组由来自17个国家和地区、74个研究机构的700名研究人员组成。

科学意义　中微子质量顺序是中微子的内禀属性之一，决定了中微子的味结构，是所有粒子物理模型都必须面对的问题。它直接影响中微子与物质的相互作用，在宇宙演化、太阳及超新星中微子的产生与传播、各种长基线中微子振荡等领域有重要影响。它影响电荷－宇称破坏（CP）相角测量的实验前景，也决定另一类重要实验（**无中微子双β衰变实验**）的发展方向。中微子与天文学、宇宙学、地球物理等多个学科形成交叉。它是一种新的天文观测手段，在直接观察天体内部过程上具有独特的优势。相关重大科学问题包括研究超新星爆发机制、研究太阳模型、利用超新星背景中微子研究宇宙大尺度结构、利用地球中微子研究地球演化等。

实验历程　中国科学院高能物理研究所2008年提出，在大亚湾反应堆中微子实验确定混合角θ_{13}的大小后，进行二期实验以确定中微子质量顺序的实验构想。2013年2月被列入中国科学院先导专项支持，命名为**江门中微子实验**。2014年7月成立国际合作组。2015年1月破土动工。

预期2023年完成实验建设。

实验原理　利用液体闪烁体探测器可以精确测量反应堆中微子能量。反应堆中微子振荡有三种频率，其中与Δm^2_{32}和Δm^2_{31}对应的两种振荡，其频率相差约3%，能产生干涉效应，可以用来确定中微子质量顺序，探测灵敏度在距反应堆五六十千米处达到最大。实验要求到所有反应堆的距离相等，否则来自不同反应堆的振荡效应将相消；要求有效质量万吨以上，以探测到足够多的中微子；要求探测器能量精度达到3%才能观测到干涉效应；要求探测器放射性本底极低。江门实验比之前世界最大的液闪探测器大20倍，能量精度比世界最好水平高1倍，实验建设极具挑战性。

实验装置　设计为一个有效质量2万吨的液体闪烁体探测器，位于地下700米，距阳江和台山反应堆群53千米，能量分辨率为3%。地下实验室由一条1265米42.5%坡度的斜井和一个深563米的竖井通往地面。2万吨液体闪烁体置于直径35.4米的有机玻璃球形容器内，由不锈钢网架支撑，采用17 716个20英寸光电倍增管和25 600个3英寸光电倍增管观测，整体浸泡在直径43.5米、高44米的水池内。水池内装2400个20英寸光电倍增管作为探测宇宙线μ子的水切伦科夫探测器（见图）。

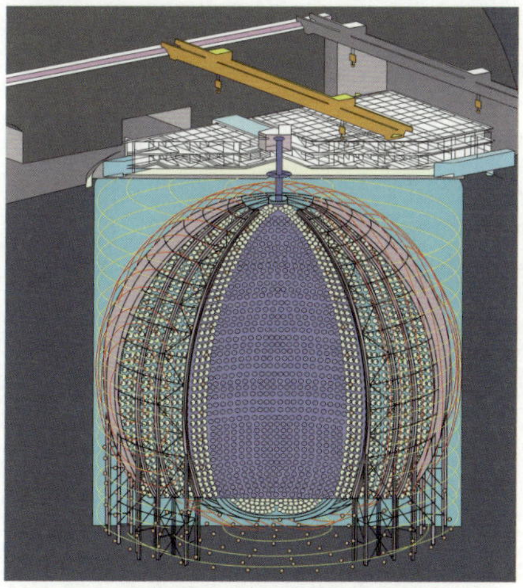

江门中微子实验探测器示意图

为此中国科学院高能物理研究所发明了基于微通道板的新型光电倍增管，实现了大规模生产。水池顶部采用塑料闪烁体探测宇宙线径迹。　（曹　俊）

江崎玲於奈　Leo Esaki（1925-03-12～　）日本物理学家。生于大阪。1949年获东京帝国大学博士学位。1956年任索尼公司主任研究员。1960年赴美任国际商用机器公司（IBM）特别研究员，后任该公司总裁，直到1993年退休，回到日本。此后任筑波大学校长。1957年当选日本学士院院士。

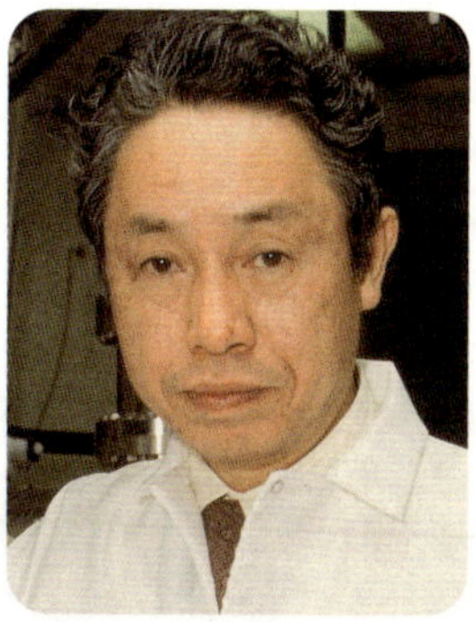

江崎从事固体物理学、半导体电子学和磁学的研究。1947年对固体中的隧道效应产生了兴趣。1957年在掺有高浓度杂质的锗单晶里，发现并观察到负阻现象。这正是半导体的隧道效应。江崎还研制出隧道二极管。为此他和I.贾埃沃分享1973年诺贝尔物理学奖的一半，另一半由B.D.约瑟夫森所得。　（郭奕玲）

交换各向异性　exchange anisotropy　在铁磁体/反铁磁体的复合体系中，由于铁磁和反铁磁的界面处的交换作用，在一定条件下呈现出的正反方向不对等的单方向优先磁化的性质。由于其单向性，所以交换各向异性根据其特点又称为单方向各向异性。通常将铁磁体/反铁磁体系在外磁场中冷却到反铁磁材料的奈耳温度（一般低于铁磁材料的居里温度）以下，体系的磁滞回线不再以零磁场为中心，而是沿冷却场相反方向发生偏移，出现所谓交换偏置效应，对应的偏移量即为交换偏置场，交换各向异性也常被称为交换偏置。

交换各向异性是一种界面效应，对于铁磁体/反铁磁双层膜体系，交换偏置场的大小通常反比于铁磁层的厚度，可表征交换各向异性的大小。随着温度的升高，交换偏置场降低，至一定温度（一般低于奈耳温度）交换偏置场降为零，该温度称为截止温度。在磁电子学器件实用化过程中，交换偏置起了关键作用。在实际应用中要求大交换偏置场、小的矫顽力、高截止温度及优良的热稳定性。但交换各向异性与各向异性的交换作用是两个不同的概念，后者乃自旋与自旋之间的交换作用项中，那些与自旋所在位置的空间方向相关的高阶交换作用项，如DM（Dzyaloshinsky-Moriya）相互作用以及J.H.范扶累克提出的赝偶极、赝四极交换作用等。　（刘　伟　张志东　蔡建旺）

交换耦合　exchange coupling　当两种不同的磁性材料彼此接触或者被一个薄层分隔时，允许自旋信息在这两种材料间传递，从而使它们的磁矩相对取向彼此关联和影响的现象。交换耦合不同于偶极耦合或静磁耦合，即两种近邻的材料由于它们的偶极磁场而发生的磁矩长程相互作用。根据体系中材料的不同，交换耦合可以分为铁磁性-反铁磁性交换耦合、软磁性-硬磁性交换耦合。根据体系中隔离层的有无，分别为长程交换耦合和短程交换耦合。在$[Fe/Cr]_n$、$[Co/Cu]_n$、$[Co/Ru]_n$等磁性多层膜体系中存在振荡的交换耦合现象，即随着非磁插层厚度的连续变化，铁磁层间会交替出现铁磁性耦合和反铁磁性耦合，其机制为量子阱干涉效应或者RKKY机制。在纳米复合永磁材料中，软磁相和硬磁相间的短程交换耦合呈现交换“弹簧”行为，表现为剩磁增强效应，从而有效提高其最大磁能积。在各向异性双相复合多层膜的铁磁体中，两相之间主要为静磁耦合长程作用。　（刘　伟　张志东）

交换作用　exchange interaction　由全同粒子体系波函数的交换对称性决定的等效于全同粒子不可分辨性的粒子之间相互作用。交换作用是一种纯粹的量子效应，没有经典对应。从量子力学的观点，由不可分辨的全同粒子构成的粒子体系的总能量，不会因为其中任意两个粒子相互交换其空间位置（及自旋）而变化。因此要求用于描述粒子体系运动状态的波函数必须满足某种交换对称性，从而在体系总能量中增加了一项与全同粒子不可分辨性等效的能量，称其为交换作用能量项。根据自旋统计学原理，当一对不可分辨的全同粒子互换其空间位置时，波函数或者保持不变，称其为交换对称的波函数，其用于描述自旋量子数为正整数和零的粒子，即玻色子，如光子和^{4}He原子等；或者改变其正负符号，称其为交换反对称的波函数，它用于描述自旋量子数为半整数的粒子，即费米子，如电子、质子和中子等。玻色子与费米子都存在交换作用。对于玻色子体系，交换作用使得粒子之间产生具有相互吸引性质的等效效应，这是玻色-爱因斯坦凝聚得以实现的物理基础。对于费米子体系，交换作用则导致相互“排斥”性质的等效效应，亦即泡利不相容原理，是洪德法则前两条的理论基础，也是物质能保持一定宏观体积的物理本质。

作为费米子的电子之间的交换作用是现代磁学研究的核心问题之一。除了以自旋单态库珀对形式存在的电子整体上属于类玻色子之外，在其余情况下物质中的电子以及质子仍都保持其自旋为1/2的费米子属性。费米子波函数交换反对称的性质使得电子因交换作用而呈现出交换关联特性：自旋平行的两个电子彼此远离，交换能为$-A_{ij}$；自旋反平行的两个电子彼此靠近，交换能为$+A_{ij}$，从而导致电子体系的总能量与电子自旋相对取向有关。这里A_{ij}称为交换积分常数，可正可负，表示第i和j两个电子之间交换能的大小和性质。交换积分常数的计算十分复杂，其大小和符号主要依赖于所选取电子波函数的性质。物质中电子之间的交换作用是导致物质在有限温度产生自发磁有序现象的根本原因，是外斯分子场唯象理论的微观基础。

交换作用的物理本质　虽然物质磁有序现象的宏观表现确实是一种纯粹的静磁效应，但决定磁有序的电子交换作用在本质上却是一种包括来自原子核－原子核、电子－电子以及原子核－电子之间的库仑静电排斥或者吸引等作用贡献的纯静电性质的等效效应，其与自旋磁矩之间的静磁性质的偶极相互作用无关。事实上与能量通常在几十毫电子伏数量级的交换作用相比，两个自旋在相距0.1纳米时的磁偶极相互作用的能量仅约为0.05毫电子伏，小于1.0开对应的热能，对磁有序的实际影响微乎其微。因此并不是电子自旋之间的静磁偶极相互作用导致了自发的磁有序，而是交换作用导致的电子交换关联行为决定了自旋的自发相对取向；电子自旋相对取向对体系能量的影响也是交换作用导致的结果。

交换作用的机制　可以按照两个电子之间是否需要其他电子或者空穴为媒介，将产生交换作用的物理过程分为直接和间接两种模式。间接交换作用以两个电子与媒介电子或者空穴之间的直接交换作用为基础，只由单纯的直接交换作用导致磁有序的情况在实际中并不多见。间接交换作用又可以根据媒介电子的来源不同，以p轨道中的电子为媒介的还可分为超交换作用与针对混合价态的双交换作用等。其中媒介电子如果分别来自不同的p_α轨道，如p_x和p_y，则产生铁磁性的超交换作用，如果都来自同一p_α轨道，则导致反铁磁性的超交换作用。而以主要来自s轨道的自旋极化传导电子为中间媒介的还可分为s-d交换作用和基于s-f电子交换的RKKY（Ruderman-Kittel-Kasuya-Yosida）作用等。如果再考虑电子的自旋－轨道耦合效应，则将产生具有空间各向异性的交换作用高阶项，如无中心反演对称的DM（Dzyaloshinsky-Moriya）相互作用等。由于轨道杂化等原因，实际的情况要更复杂。

交换作用的理论处理方法　由于氢分子是唯一能被精确解析的真实体系，对其他多电子体系的交换作用只能采用各种近似或者模型来处理，由此形成了电子的局域和巡游两种交换作用理论和处理方法。两者的本质区别在于对磁性电子在空间的局域化（局域性）或者离域化（巡游性）的偏重程度方面。巡游电子能带理论的哈密顿量中无须单独列出交换作用能量项。前者以海森伯模型和**伊辛模型**为代表，更适用于绝缘类的电子体系；后者以各种**哈伯德模型**特别是斯托纳铁磁性能带理论模型为代表，对金属类的电子体系相对更有效。磁性电子的这种局域性与巡游性之分在考虑自旋涨落的自洽重正化理论中得以弱化，通过将传统上认为的局域电子和巡游电子的磁矩分别用在实空间和动量空间的自旋涨落的振幅大小与局域化程度进行描述，有望对磁性电子的局域性与巡游性进行统一处理。

交换能的数学表达形式　因巡游电子模型不显含交换作用能量项，所以通常都采用局域模型的交换能$E_{ex}=-2A_{ij}(\boldsymbol{S}_i\cdot\boldsymbol{S}_j)$来定性表示，称为海森伯形式的交换能哈密顿量。这个形式是利用了自旋量子数为1/2的两个自旋角动量（$\boldsymbol{S}_i$和$\boldsymbol{S}_j$）平行与反平行时的内积数值将上述的交换能进行改写的结果（$\mp A_{ij}=E_{ex}-\frac{1}{2}A_{ij}$）。交换能哈密顿量虽然只是人为引入的形式表达式，但可以直观反映出由交换作用决定的自旋相对取向对总能量的影响，有助于理解交换作用与物质磁有序之间的关系，特别是以下三个结论。①当A_{ij}与$\boldsymbol{S}_i\cdot\boldsymbol{S}_j$的符号相同时，交换能$E_{ex}<0$，体系的能量更低，换言之，如果$A_{ij}>0$，则自旋平行取向的体系能量更低，对应铁磁性有序，其电子波函数的自旋部分对称、轨道部分反对称，总自旋量子数$S=1$，是自旋三重态；如果$A_{ij}<0$，则自旋反平行取向的体系能量更低，对应氢原子以及反铁磁性有序，其电子波函数的自旋部分反对称、轨道部分对称，总自旋量子数$S=0$，是自旋单重态。②对于同一个原子的不同轨道中的电子，由于总是有$A_{ij}>0$，因此自旋也总是倾向于平行取向，这就是洪德法则的第一条，即总自旋量子数最大化法则。对于同一轨道中的两个电子，等效于氢分子的情况，总是有$A_{ij}<0$，因此两个电子自旋只能是反平行排列，这就是泡利不相容原理。③处于同一个轨道的自旋反平行取向的成对电子与其他电子之间的交换作用能量总是大小相等、符号相反，对总能量没有净贡献，所有的满壳层中的电子都不会产生净的交换作用效应，因此对交换作用有净贡献的只有那些未满壳层的未成对电子（或者空穴），这些电子也贡献了原子的固有磁矩。在磁学中习惯上将这些对交换作用有净贡献的电子称为磁性电子，如未满的3d、4f壳层的电子等。

交换作用的空间方向性　电子之间的交换作用不仅能导致电子自旋的某种有序排列，而且也会引起电子轨道的某种有序排列。交换能哈密顿量在形式上只涉及自旋之间的相对取向，而与实际的空间绝对方向无关，所以是空间各向同性的。仿照以上构造交换能哈密顿量的过程，从形式上也同样可以构造出与电子轨道角动量相对取向相关的等效项（$\boldsymbol{T}_i\cdot\boldsymbol{T}_j$），所以即使不考虑自旋－轨道耦合效应，交换作用也是隐含空间方向性的。考虑自旋－轨道耦合效应之后所产生的交换作用的高阶项是空间各向异性的，如DM相互作用、赝偶极与赝四极相互作用等，这些各向异性的交换作用是磁晶各向异性的重要来源之一。交换作用与磁晶各向异性效应共同决定了磁有序结构的具体形式。交换作用决定了物质能否在有限温度存在自发的磁有序，即磁矩之间的相对取向，在此基础上磁晶各向异性效应决定了自发磁有序的能量最低的空间方向，即磁矩整体的空间绝对取向。

实际物质中的磁有序　一般不同原子的磁性电子之间的交换作用仅是产生长程自发磁有序的必要条件，磁矩排列的有序度取决于电子之间交换作用的具体形式、性质、强弱与空间分布等情况。在短程序方面，原则上不可分辨的磁性电子之间的等效交换作用必然导致自旋的短程有序排列，包括自由原子或者离子的电子排列构型以及氢分子（H_2）的两个电子自旋反平行排列等，在本质上都是一种短程的磁有序。而长程磁有序的产生则取决于两个方面的因素：一是电子之间的交换作用是否贯穿于物质整体，如“反铁磁性”的H_2分子之间没有交换作用，所以氢气在整体上表现为长程磁无序的抗磁性；二是物质中是否存在多种性质相反的交换作用能量的竞争，如类自旋玻璃态中的局域铁磁性与反铁磁性交换作用的相互竞争导致了长程磁无序。实验上在有限温度能否观测到磁有序现象取决于交换作用本身的强弱，即交换能与热能的竞争，在两者相当的某一临界温度，将发生磁有序与磁无序两种状态之间的转换，这一临界温度称为磁有序转变温度，因此可以用磁有序转变温度作为交换作用强弱的量度。单质钴（金属Co）是宏观物质中磁有序转变温度最高的固态物质，约1400开，低于其熔点（1768开）；尚未发现在有限温度存在自发长程磁有序现象的液态单相物质。

（赵同云　蔡建旺）

交流电 alternating current 随时间周期性变化且在一个周期内的平均值为零的电流。相应的电压也做类似的变化。交流电的来源，一类是交流发电机或电子振荡器，另一类是由机械振动或其他非电信号转换得来，如传声器将声音变为电振荡。实际应用的交流电有各种波形，如工业用的交流电是50周每秒的简谐波，其他还有锯齿波、矩形波、尖脉冲、调幅波、调频波等，但最重要、最基本的是简谐交流电。因为任何非简谐的交流电都可分解为一系列不同频率的简谐成分的叠加，并且不同频率的简谐成分在线性电路中彼此独立进行互不干扰。因此，简谐交流电是处理一切交流电问题的基础。简谐交流电的变量可写成时间t的简谐函数，如交流电的电流、电压可分别写成：

$$i(t)=I_0\cos(\omega t+\varphi_i)$$

$$u(t)=U_0\cos(\omega t+\varphi_u)$$

式中ω为圆频率；I_0、U_0分别为电流、电压的峰值；φ_i、φ_u分别为电流、电压的初相位。$\omega=2\pi f=2\pi\frac{1}{T}$，$f$为频率，$T$为周期，它们描述交流电随时间变化的快慢；峰值$I_0$、$U_0$描述交流电变化的幅度，实际电表测量的交流电电流或电压均为有效值。有效值等于峰值除以$\sqrt{2}$，如$I=I_0/\sqrt{2}$，$U=U_0/\sqrt{2}$，通常所说的交流电220伏就是指有效值。初相位φ_i、φ_u描述交流电瞬时变化的状态，比较它们可反映交流电各量变化的步调。在电阻R、电感L和电容C组成的线性电路中，电流和电压的频率相同，主要关心的是电压和电流峰值之间的关系和相位关系，分别用阻抗$Z=U_0/I_0=U/I$和$\varphi=\varphi_u-\varphi_i$表示。在电阻上，$Z=R,\varphi=0$；在电感上$Z=\omega L,\varphi=\pi/2$；在电容上$Z=\frac{1}{\omega C}$，$\varphi=-\pi/2$。它们使组合而成的交流电路具有丰富多彩的性能，如滤波、相移、谐振等，同时也增加了处理问题的复杂性。处理交流电路的方法有矢量图解法和复数解法。矢量图解法把交流电的瞬时值与旋转矢量对应起来，利用矢量的合成和分解来解交流电路问题；复数解法把交流电的瞬时值与复数对应起来，利用复数运算求解。在复数解法中交流电路的基本规律具有同直流电路基本规律相似的形式。以上所述的交流电频率都是较低的情形，f远小于10^9赫兹。这种情形称为准恒情形，此时电磁波的传播效应可忽略，电路上各量都同步变化，恒定电路的各种规律都适用。当频率大于10^9赫兹时，恒定电路的各种规律不再适用，需用麦克斯韦方程组求解。（陈熙谋）

胶球 glueball 由胶子构成的强子。角动量为$\hbar$的整数倍，属于介子范畴。胶子和夸克是量子色动力学的基本自由度。量子色动力学的非阿贝尔性质决定了胶子也携带色荷，具有自相互作用，因此认为胶子也和夸克一样参与构成强子束缚态，纯粹由胶子构成的强子就称作胶球。夸克模型将强子分类为由正反夸克构成的介子和由三个夸克构成的重子。因此胶球是由量子色动力学预言存在的区别于夸克模型中的介子的奇特强子态，如果能够从实验上确认其存在，则是对量子色动力学的正确性的进一步证实。

参照夸克模型中的组分夸克概念，如果胶子也可以表现为构成强子的等效自由度，由两个胶子构成的强子的量子数J^{PC}按照质量由低到高顺序为0^{++}（标量）、2^{++}（张量）、0^{-+}（赝标量）等。在忽略夸克真空极化效应的近似下（淬火近似），格点量子色动力学计算预言质量最轻的胶球态质量范围为1～3吉电子伏，质量顺序也和上面的定性预期相符。

但根据**色禁闭**的假设，胶子和夸克只能通过强子的形式存在，不存在游离的夸克和胶子。由于**量子色动力学**的低能非微扰特性，描述强子的内部结构还存在理论上的困难。胶球甚至正反夸克构成的介子在量子色动力学框架下也没有严格的定义，因为在低能情形下，一个胶子很容易劈裂成一对正反夸克；一对正反夸克也很容易融合成一个胶子。因此即使胶球和正反夸克构成的介子在一定意义上存在，实验中观测到的强子态更有可能是二者的混合态。

实验上也有胶球态存在的迹象。在质量为大约1.5吉电子伏特附近，实验上观测到三个同位旋单态的标量介子f_0(1370)、f_0（1500）和f_0（1710）。但根据夸克模型，正反夸克构成的系统只存在两个同位旋单态，因此这三个强子态可能由正反夸克介子和胶球混合而成。关于胶球和正反夸克介子的混合机制问题有许多理论研究，但尚还没有确定的结论。

胶球是味道单态的，而且胶子不带电荷，这些性质应该在胶球的产生和衰变过程有所体现。一般认为，胶球在富含胶子的过程（如质子-质子、质子-反质子对撞实验、J/ψ辐射衰变等过程）有显著的产率，胶球和光子、带电轻子耦合很小。这些都可以作为实验上确定胶球态的依据。但由于强相互作用在低能区的复杂性，最终确认胶球（或者以胶球为主的态）的存在，还需要理论上对胶球的产生和衰变等性质有更深入的研究，提供更多的、更明确的理论判据。（陈莹）

胶体晶体 colloidal crystal 由胶体颗粒堆积形成的长程有序结构。一个自然例子可以在宝石蛋白石中发现，其中二氧化硅球在中等压缩下呈现紧密堆积的局部周期性结构。球形颗粒的周期性阵列形成类似的间隙空间阵列，可作为光子晶体中的光波的自然衍射光栅，特别是当间隙间隔与入射光波具有相同数量级时。胶体晶体的体积性质取决于组成、粒度、包装排列和规律程度。应用于光子学、材料加工以及自组装和相变的研究。（邢向军）

胶体组装 colloidal assembly 构筑胶体尺寸的单体，以及利用该组装单体按照一定方法构建具有特定有序性和特定尺寸的多级复杂结构的组装方法。传统胶体分散体系可简单定义为一种两相体系，其中一相（分散相B）分散在另一物相（连续相A）中。利用胶体分散体系制备具有胶体尺寸的分散相B的过程或方法，称为胶体组装，分散相B称为胶体组装体。根据胶体组装的维度，可分为一维组装、二维组装和三维组装。根据堆积密度，可以分为密堆积、非密堆积和两种堆积方式结合等。

胶体科学最初是在19世纪中叶以胶体化学出现。F.塞尔米（1845）和T.格雷姆（1861）发现含有某些粒子的溶液测不到凝固点和渗透压，格雷姆革命性地将这些粒子称为胶体。20世纪，许多新方法、新发现开始从理论上解释和发展胶体科学，如朗缪尔界面及单层膜、弗伦德里希毛细化学、克卢特胶体稳定性、蒂塞留斯电泳、斯托丁格和马克亲液胶体、德拜缔合胶体溶液、德贾圭电荷对憎液胶体稳定性影响（DLVO理论）、弗洛里和热纳高分子溶液。传统上的胶体组装体有高分子溶液（不带电高分子和聚电解质）、缔合胶体（球形胶束、短棒胶束、蠕虫胶束以及碟状胶束、双分子层形成结构的平面层状结构或中空的囊泡、微乳液）。21世纪初，密堆积的胶体单层或多层膜、胶体晶体、胶体纳米晶、胶体质体、两面颗粒、片状颗粒、核壳结构、空心球、非球形结构和团簇等新型胶体组装体获得研究者的青睐。

胶体组装的典型特征主要有三点，即有序性、尺度范围和多孔性。从有序性讲，胶体组装体的位置有序性可以从彻底无序到无定型（如胶体玻璃），再到长程有序晶体。从尺度范围讲，胶体体系中，其粒子直径一般在几纳米到几百纳米之间，但这个范围并不严格。如微乳液虽可达几微米，但通常也被视为胶体组装体。从多孔性讲，胶体组装体（胶体晶体和反蛋白石结构）的固有特征就是具有较大的内部包覆界面，内部拥有一个互相连接的连续的3D通道，并横跨整个样品体系。因此胶体组装材料可以在多界面过程中用于电极材料、催化、过滤、控制润湿性能和传感等。

胶体颗粒在胶体中能够稳定存在是有各种作用力（吸引力、排斥力和其他作用力）协同平衡的结果，主要有范德瓦耳斯力、静电作用力、疏水作用力、空间位阻作用等。此外，还有一些额外力，如重力和布朗运动等。

组装方式也有很多种，主要分为自组装和指导性组装。自组装又分为界面自组装（两种不互溶的液液界面、液气界面、液固界面）和溶剂驱动自组装（典型的如“咖啡环”）。指导性组装分为旋涂法、电场驱动组装、磁场驱动组装、光驱动组装。

根据胶体组装科学的发展，其研究方向和潜在应用主要集中在以下几个方面：①基础物理。如固态物理中某些基本现象。②材料科学。如胶体自组装中某些开裂，可用于制作透明的导电电极。③能量迁移。如胶体结构材料可应用在热传输领域。④生物传感。如胶体纳米晶体产生的纳米结构可产生电浆纳米粒子并用于生物传感。（崔基炜　郝京诚）

胶子 gluon　量子色动力学中的规范场所对应的量子。在量子色动力学中，夸克之间的相互作用是交换胶子所引起。胶子和光子有一定的相似性，它们都是自旋为1的无质量粒子。但胶子具有颜色量子数，或具有八种颜色不同的状态。胶子不仅使夸克之间有相互作用，而且胶子之间也存在相互作用。胶子之间的这一相互作用会导致反屏蔽效应，使得量子色动力学具有渐近自由的特征。（马建平）

焦耳，J.P. James Prescott Joule（1818-12-24～1889-10-11）英国物理学家。生于曼彻斯特附近的索尔福德，卒于塞尔。

1834～1837年焦耳曾向英国化学家J.道尔顿学习。1840年提出电流通过导体产生热量的定律。由于不久H.F.E.楞次也独立地发现同样的定律，而被称为焦耳－楞次定律。从1841年起，焦耳的主要贡献是钻研并测定了热和机械功之间的当量关系。为此，他做了大量实验，探讨热与其他各种形式的功或能之间的转换当量，对此做出了多次精确测定，并于1847年宣布能量守恒学说。此后，一直到1878年，还多次重复对当量值的精确测定。他近40年的研究工作，为热运动与其他运动的相互转换与守恒等问题提供了无可置疑的证据，焦耳因此成为能量守恒定律的发现者之一。

1852年焦耳和W.汤姆孙（即开尔文）发现气体自由膨胀时温度下降的现象，被称为*焦耳－汤姆孙效应*。这一效应在低温和气体液化方面有广泛应用。焦耳对蒸汽机的发展做了不少有价值的工作，还第一次计算出了有关气体分子的速度。

1850年，焦耳被选为英国皇家学会会员。为了纪念他对科学发展的功绩，将能量或功的实用单位命名为“焦耳”，现行国际单位制（SI）仍在沿用。（戴念祖）

焦耳定律 Joule's law　定量说明传导电流将电能转换为热能的定律。由J.P.焦耳在1840年根据实验结果提出。该定律的内容如下：电流通过导体时产生的热量Q（称为焦耳热）与电流强度I的二次方、导体的电阻R和通电时间t成正比。采用国际单位制时，其表达式为$Q=I^2Rt$，或为热功率$P=I^2R$。它是设计电照明、电热设备及计算各种电气设备温升的重要公式。

利用电流密度j和热功率密度p（即单位体积的热功率）这两个概念，可以把焦耳定律写成微分形式$p=\frac{j^2}{\sigma}=\rho j^2$。它表明：在通电导体中，某点的热功率密度与电流密度的二次方、导体的电阻率成正比。

导体的电阻将电功率$P=IU$（U为电压）转换为热耗散$P=I^2R$，这一不可逆的能量转换过程是电阻的基本属性之一，故也可用焦耳定律来定义导体的电阻，即$\frac{P}{I^2}$。它和欧姆定律所定义的电阻$R=\frac{U}{I}$是一致的。

电炉、白炽灯和用于过电流保护的熔丝等都是利用焦耳热工作的。但焦耳热也存在有害的一面，如在输电线路中，由于焦耳热而降低了电能的传输效率。发电机绕组内，由于电流很大，需要用水或氢气进行冷却。（宣桂鑫）

焦耳－楞次定律 Joule-Lenz law　导体中传导电流引起电能转换为热能的定律。1840年J.P.焦耳和1843年H.F.E.楞次彼此独立发现。该定律的内容如下：电流通过导体时产生的热量Q（常称为焦耳热）与电流强度I的二次方、导体的电阻R和通电时间t成正比。采用国际单位制时，其表达式为：

$$Q=I^2Rt$$

或为热功率：

$$P=I^2R$$

它是设计电照明、电热设备及计算各种电气设备温升的基本公式。

利用电流密度j和热功率密度p（即单位体积的热功率）这两个概念，可以把焦耳－楞次定律写成微分形式$p=j^2/\sigma=\rho j^2$。它表明：在通电导体中某点的热功率密度与电流密度的二次方、导体的电阻率成正比。

导体的电阻将电功率$P=IU$（U为电压）转换为热耗散$P=I^2R$，这一不可逆的能量转换过程是电阻的基本属性之一，故也可用焦耳－楞次定律来定义导体的电阻，即$R=P/I^2$。它和*欧姆定律*所定义的电阻$R=U/I$是一致的。

电炉、白炽灯和用于过电流保护的熔丝等都是利用焦耳热工作的。但焦耳热也存在有害的一面，如线路中由于焦耳热而降低电能的传输效率和引起的温升威胁设备的安全。发电机绕组内，由于电流很大需要用水或氢气进行冷却等。（陈熙谋）

焦耳－汤姆孙效应 Joule-Thomson effect　流体通过节流阀（如多孔塞、管道阀门等）时因发生膨胀而引起的温度变化的现象。19世纪中叶，J.P.焦耳和W.汤姆孙（即开尔文）设计的节流膨胀实验，为实际气体分子间存在分子力提供了有力的证据，还为获得低温条件发展了一种经济可靠的方法，近代低温液化技术中得到了广泛的应用。实验中气体完成如图1所示过程：从压强为p_1的空间，经过多孔塞绝热膨胀到压强为$p_2<p_1$的空间，称为节流过程。应用热力学第一定律可知，质量为M的气体在膨胀前后的焓H不变：

$$H_2(T_2,p_2)=H_1(T_1,p_1)$$

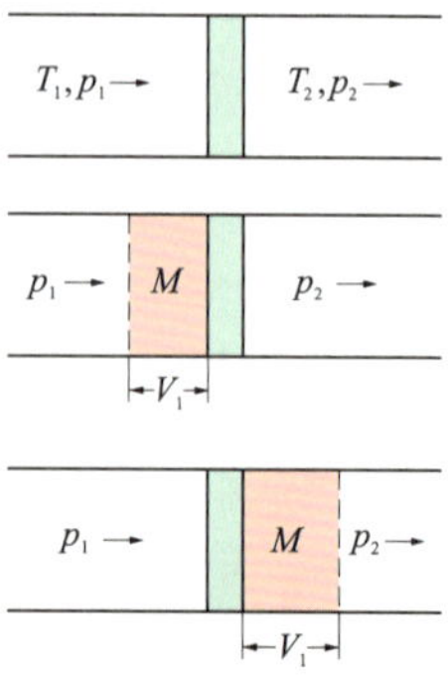

图1　节流膨胀实验

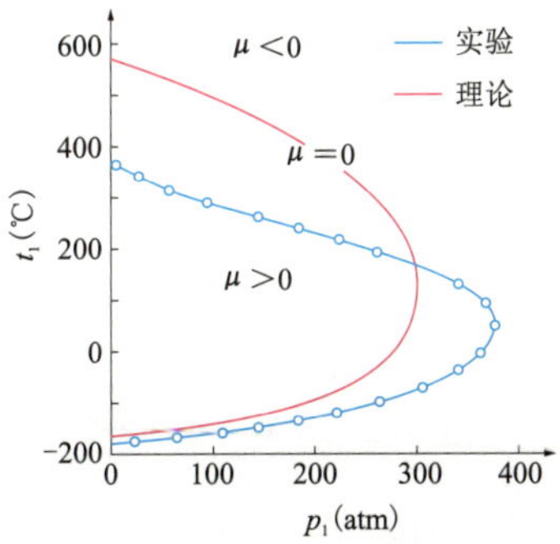

图2 氮的实验和理论转换曲线

故节流过程是一个等焓过程。理想气体的焓只是温度的函数，故在节流前后温度不变；实际气体的焓不仅与温度有关，还与压强有关，故节流前后会有温度效应。常用焦耳－汤姆孙系数：

$$\mu=(T_1-T_2)/(p_1-p_2)$$

表示温度效应的大小：当$\mu>0$时，$T_1>T_2$，称为正效应；$\mu<0$，$T_1<T_2$，称为负效应；$\mu=0$，$T_1=T_2$，称为零效应。图2画出了氮的实验和理论（满足范德瓦耳斯状态方程的氮）的转换曲线，即$\mu(t_1,p_1)=0$的曲线。由图可见，只当（t_1,p_1）数值落在转换曲线内时才有正效应。对于氮：当$T\geqslant618\text{K}$，$T\leqslant93\text{K}$，以及$p_1\geqslant376$标准大气压后，都不可能有正效应。

（仲　佰）

焦散　caustic　在射线声学理论中，使聚焦因子趋于无穷大的现象。使聚焦因子趋于无穷大的点称为焦散点，其邻近区域是射线管聚焦所致的声强急剧增强区，称为焦散区。射线族上由临近声线交聚点（焦散点）所形成的包络线称为焦散线，而由临近声线交聚线（焦散线）所形成的包络面称为焦散面。射线声学理论用聚焦因子来描述声能流相对会聚程度，其定义为不均匀介质中的声强$I(r,z)$与均匀介质中的声强I_0之比，对于水平分层不均匀介质，聚焦因子为：

$$F(r,z)=\frac{I(r,z)}{I_0}=\frac{r\cos\alpha_0}{\dfrac{\partial r}{\partial\alpha_0}\sin\alpha}$$

式中r为接收点离声源距离；z为接收点深度；α为接收点声线掠射角；α_0为声源声线掠射角。若聚焦因子$F(r,z)<1$，说明声线管束的发散程度大于球面波的发散；$F(r,z)>1$说明声线管束的发散程度小于球面波的发散；当$\dfrac{\partial r}{\partial\alpha_0}\to0$时，$F(r,z)\to\infty$，声强急剧增强，为临近声线交聚所致，其临近区域即是焦散区，此时射线理论不适用。焦散线（面）即是射线族上满足$\dfrac{\partial r}{\partial\alpha_0}=0$的点所形成的包络线（面）。

（吴立新）

角动量　angular momentum　描述物体转动状态的物理量。又称动量矩。见*动量矩*。

角动量定理　angular momentum theorem　表述角动量与力矩之间关系的定理。又称动量矩定理。见*动量矩定理*。

角动量理论　angular momentum theory　研究微观粒子的角动量及其耦合等物理过程的理论。转动的生成元是对应的守恒力学量——角动量。在量子力学中，仿照经典力学中的旋转矩阵，量子态的旋转存在相应的量子转动算符$\hat{D}(\varphi)$，其中φ为转动的幅度。角动量算符$\hat{\boldsymbol{J}}$是转动算符$\hat{D}(\varphi)$的生成元，即：

$$\hat{D}(\varphi)=\mathrm{e}^{-\frac{\mathrm{i}}{\hbar}\hat{\boldsymbol{J}}\cdot\boldsymbol{e}_n\varphi}$$

由此推导出量子力学中的角动量算符满足的对易关系：

$$[\hat{j}_i,\hat{j}_j]=\mathrm{i}\hbar\varepsilon_{ijk}\hat{j}_k$$

也可以说，满足此对易关系的一组力学量，称为角动量。人们熟悉的角动量有轨道角动量L、自旋角动量S。

角动量理论研究各种微观粒子的角动量及其耦合、守恒，以及应用于描述原子、分子、核和其他粒子的各种物理过程。

（庄鹏飞）

角动量耦合　angular momentum coupling　量子力学中，从单独的角动量本征态中构造总角动量本征态的过程。见*克莱布什－哥尔丹系数*。

角动量守恒　conservation of angular momentum　反映质点和质点系围绕一点或一轴运动的普遍规律。又称动量矩守恒。见*动量矩守恒*。

角分辨光电子能谱　angle-resolved photoemission spectroscopy; ARPES　一种直接测量固体中电子能带结构的实验方法。通过向固体材料照射一束高能量的光可以激发材料中的光电子，再经由能量分析仪对光电子的能量和动量进行分析，便可获得材料中能带结构的信息。

基于光电效应的原理　角分辨光电子能谱（ARPES）所应用的主要物理原理是光电效应，当一束具有足够能量的光照射到材料表面时，会从材料中激发一定量的光电子（图1），这些光电子的动能E_{kin}等于光子能量$h\nu$与材料对电子的束缚能$\phi_0+|E_B|$之差，即$E_{\text{kin}}=h\nu-\phi_0-|E_B|$，其中$\phi_0$是材料的功函数，$E_B$是电子所处的能带到费米面的距离。通过统计在一定能量的光的激发下被激发电子的个数随能量的分布情况，可以得到材料的态密度信息。

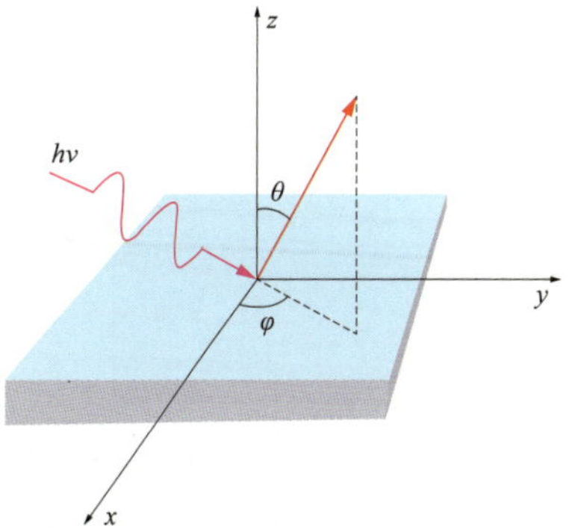

图1 光电效应示意图

被激发的光电子在动量上的分布会揭示更多材料能带的信息。光子动量对材料内电子的动量影响很小，因此光子对电子的激发都是波矢不变或相差一个倒格矢的垂直激发。材料表面不会破坏xy平面内的对称性，因此光电子的动量在平行于材料表面方向上连续，即

$$K_{\parallel}=k_{\parallel}=\frac{1}{\hbar}\sqrt{2mE_{\text{kin}}}\sin\theta$$

式中$K_{\parallel}$是真空中光电子的波矢；$K_{\parallel}$是材料中电子平行于材料表面的波矢；$\hbar$是约化普朗克常数。根据E_{kin}的能量关系可知，从某一方位角θ出射的光电子强度取决于平行波矢$K_{\parallel}$或$k_{\parallel}+G_{\text{h}}$（$G_{\text{h}}$为倒格矢），以及处于能带$E_B$的电子态密度。对于二维体系，电子能量动量$E(k)$的色散关系由平行于材料表面的动量分量完全决定；对于三维体系，要确定$E(k)$的关系还需要知道材料内电子垂直于表面的动量分量$k_{\perp}$。如果对距离真空能级最近的能带的光电子采用近自由电子近似，即将离开材料表面的电子所处能带的能量为：

$$E_{\text{f}}(k)=\frac{\hbar^2(k_{\parallel}^2+k_{\perp}^2)}{2m}-|E_0|$$

式中$|E_0|$为禁带底部的能量。因为即将离开材料表面的电子的能量在克服逸出功后剩下的部分都转化为光电子的动能，所以$k_{\perp}$与散射角θ及内势$V_0=|E_0|+\phi_0$的关系是：

$$k_{\perp}=\frac{1}{\hbar}\sqrt{2m(E_{\text{kin}}\cos^2\theta+V_0)}$$

因此可以通过沿垂直于表面方向上探测光电子动能随入射光能量的变化来确定$E(k_{\perp})$的色散关系。在三步模型和末态近自由电子模型适用的情况下，光电子强度的峰值随能量和动量的分布关系反映的就是材料能带的色散关系$E(k_{\perp},E_{\parallel})$。

用角分辨的电子能量分析探测器进行

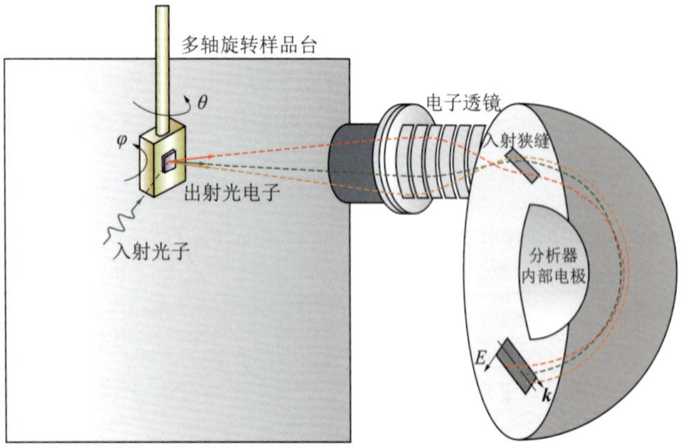

图2　ARPES系统示意图

测量，可以勾画出动量空间内的电子能量的态密度，对这些信息进行采集拼合最终就能得到完整的能量－动量色散关系图。

技术介绍　如图2所示，一套完整的ARPES系统主要由真空腔、能量分析器、样品台和光源构成。ARPES的测量对环境的真空度要求非常高，大约须小于10^{-10}托，这是由于光电发射过程对固体表面的清洁程度要求很高，同时分析器中的能量筛选电极对磁屏蔽的要求很高，一般选择高磁导率金属作为分析器外壳或磁屏蔽层材料。

放置于上述超高真空系统中的ARPES样品台一般具备平移、旋转和变温的功能。能量分析器一次可探测的光电子动量范围有限，可通过调节样品台的ϕ角和θ角来调整所测量的布里渊区范围。

光子能量需要克服材料的逸出功方可激发光电子，所以用于ARPES系统的光源能量一般都在6电子伏以上。如图3所示，随着材料内电子能量的增大，它的自由程会有先减小后增大的变化，当$h\nu$在10～1000电子伏时，被激发电子的平均自由程较小，出射电子反映的是材料表面的信息，当$h\nu$在10电子伏以下或1000电子伏以上时，出射电子反映了材料体内的信息。常用的ARPES光源有激光（$h\nu \approx 6.2$电子伏）、稀有气体辉光灯（$h\nu < 30$电子伏），以及同步辐射光光源（光子能量从电子伏到千电子伏不等）。其中同步辐射光源具备能量在大范围内连续可调的特性，对材料的表面态和体态敏感性都很高，还具备空间聚焦性能好、光强充足的优点。激光光源时间分辨性好，可以产生两束相干光进行时间分辨的ARPES测量。稀有气体辉光灯（氦灯、氙灯等）便于安装，适用于大多数实验室，同时稀有气体光源的能量范围使得它们适用于材料表面电子结构信息的表征。

从材料表面散射出的光电子具有平行于样品表面的两个动量分量、动能以及数密度这四个信息。常用的半球形分析器具备出射和入射两个狭缝，它通过一个入射狭缝筛选出一个平行动量分量入射到分析器内，再通过调节电子透镜的减速电场以及内外球壳间的电势差来筛选能量和这个动量分量，使得光电子根据其能量或动量投影成像到一个二维探测器，由其读出每个能量－动量点上的光电子强度。通过转动样品，可改变另一个动量分量。对样品不断转角度并进行能谱成像就可以获得整个布里渊区的完整能带图像。

从一次ARPES测量中得到的主要信息有能量分布曲线（EDC）和动量分布曲线（MDC）。固定光电子的动量扫描能量可以得到能量分布曲线，在特定的能量扫描动量可以得到动量分布曲线。同时，在EDC图中临近费米面附近的一段能量窗口内对特定动量空间的粒子数进行积分，将积分强度用不同灰度在二维的动量空间内标示，即可获得材料费米面在布里渊区中的图像。

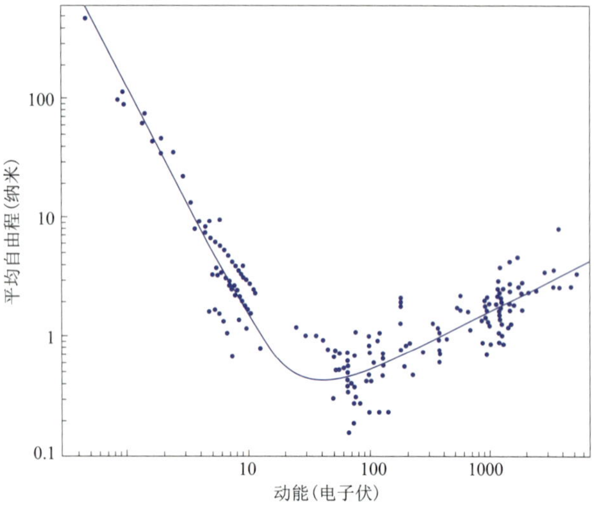

图3　材料内电子平均自由程与能量的关系

基于不同的实验目的，不同的ARPES系统有自己的个性化设计。自旋分辨的ARPES系统使用莫特散射的原理将不同自旋极化方向的电子区分开，用以探测不同自旋的电子在能带上的分布情况，这能用于表征拓扑绝缘体表面态上电子的分布情况。偏振依赖的ARPES根据跃迁矩阵元随光子偏振方向的变化来选择性地探测奇电子轨道和偶电子轨道，通过分别探测不同轨道所组成的能带，可以判断电子轨道的组成成分。偏振依赖的ARPES的优势体现在对d轨道电子结构的辨别。超快激光ARPES使用两束时间分辨能力在飞秒级别的激光，一前一后地照射样品，以此来观测样品在激发态的能带结构。

（王熠华）

角加速度　angular acceleration　描述角速度变化的物理量。角加速度是角速度的变化率，等于角速度矢量对时间的导数，记为：

$$\boldsymbol{\alpha}=\frac{\mathrm{d}\boldsymbol{\omega}}{\mathrm{d}t}=\dot{\boldsymbol{\omega}}$$

角加速度也是矢量，单位为弧度/秒^2。

刚体定轴转动中，$\boldsymbol{\omega}$沿固定转轴，作用线不变；因而$\boldsymbol{\alpha}$与$\boldsymbol{\omega}$作用线一致，二者也可看成代数量。刚体定点转动中，$\boldsymbol{\omega}$是大小、方向均改变的矢量，$\boldsymbol{\alpha}$的作用线沿$\boldsymbol{\omega}$矢量端图的切线，与$\boldsymbol{\omega}$方向不一致（图1）。

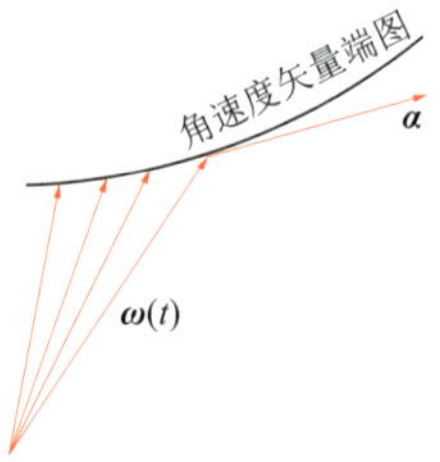

图1　角加速度矢量方向

当刚体做复合运动时，刚体相对动系做定轴转动，有相对角速度$\boldsymbol{\omega}_r$及相对角加速度$\boldsymbol{\alpha}_r$；动系相对定系做定轴转动，有牵连角速度$\boldsymbol{\omega}_e$及牵连角加速度$\boldsymbol{\alpha}_e$；刚体的复合运动，即刚体对定系的绝对运动中有绝对角速度$\boldsymbol{\omega}_a$及绝对角加速度$\boldsymbol{\alpha}_a$。根据角速度合成定理（见角位移）知：

$$\boldsymbol{\omega}_a=\boldsymbol{\omega}_e+\boldsymbol{\omega}_r$$

对时间求导，可得角加速度的合成公式：

$$\boldsymbol{\alpha}_a=\boldsymbol{\alpha}_e+\boldsymbol{\alpha}_r+\boldsymbol{\omega}_e\times\boldsymbol{\omega}_r$$

如图2所示的研磨机中，滚子P绕OA杆以$\boldsymbol{\omega}_2$做等角速转动，OA杆绕主轴轴线OB以$\boldsymbol{\omega}_1$做等角速转动，则滚子P合成转动的角速度矢量为$\boldsymbol{\omega}(\boldsymbol{\omega}=\boldsymbol{\omega}_1+\boldsymbol{\omega}_2)$，其沿定点运动的瞬时转轴为$OK$，合成转动的角加速度为$\boldsymbol{\alpha}=\boldsymbol{\omega}_1\times\boldsymbol{\omega}_2$，其方向垂直于$OA$杆及$OB$轴。当已知由电机驱动的

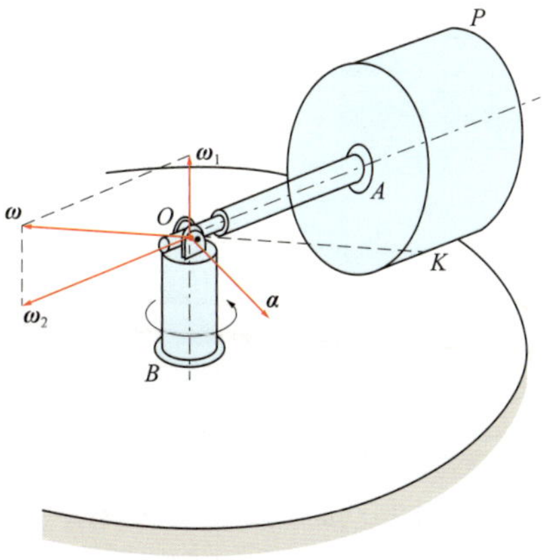

图2 滚子定点转动的角加速度

主轴转速$\boldsymbol{\Omega}=\boldsymbol{\omega}_1$时，可由几何关系求出$\boldsymbol{\omega}_1$、$\boldsymbol{\omega}_2$及$\boldsymbol{\alpha}$。（贾书惠）

角速度 angular velocity 描述刚体转动方向及转动快慢的物理量。图1所示的平面图形S绕固定点O转动，过点O做定参

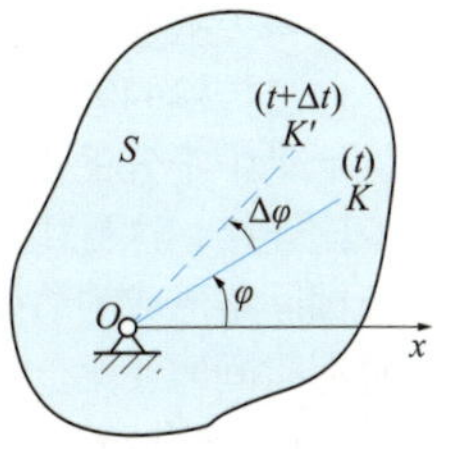

图1 角坐标

考轴Ox，并在图形S上选一固定直线OK，则图形S在任一瞬时t的位置可用角坐标$\varphi(t)$完全确定，角坐标φ是定轴Ox与动线OK之间夹角的大小再冠以正负号，通常以逆时针转向为正。当有时间增量Δt时，角坐标有增量$\Delta\varphi$，比值$\dfrac{\Delta\varphi}{\Delta t}$称为图形$S$在$\Delta t$时间间隔中的平均角速度$\omega^*$。当$\Delta t\to 0$时，$\omega^*$的极限$\omega$称为图形$S$在瞬时$t$的瞬时角速度，简称角速度。

$$\omega=\lim_{\Delta t\to 0}\omega^*=\lim_{\Delta t\to 0}\frac{\Delta\varphi}{\Delta t}=\frac{\mathrm{d}\varphi}{\mathrm{d}t}=\dot{\varphi}$$

上式表明，角速度等于角坐标对时间的导数，它的大小描述了图形转动的快慢，符号给出了转向（正号表示与角坐标正向一致，即逆时针向）。角速度的单位的弧度/秒。只有对有尺寸大小的刚体才谈得上转动角速度，对质点则无所谓转动；但质点做圆周运动时，也说质点做圆周运动的角速度，实际上是指由圆心到质点的半径的转动角速度。

在刚体定轴转动情况下，角速度可看成矢量$\boldsymbol{\omega}$，角速度矢量$\boldsymbol{\omega}$的作用线沿转动轴，大小表示转动的快慢，转动方向由右手定则确定。刚体上各点的速度矢量均可通过角速度矢量$\boldsymbol{\omega}$表达。在刚体定点转动情况下，角速度必须看成矢量，它的作用线沿刚体的瞬时转动轴（转动瞬轴）。刚体做定点转动的过程中，角速度矢量在一般情况下是一个方向与大小均在改变的变矢量。刚体做绕相交轴转动的合成时，根据角速度合成定理，合成转动的角速度

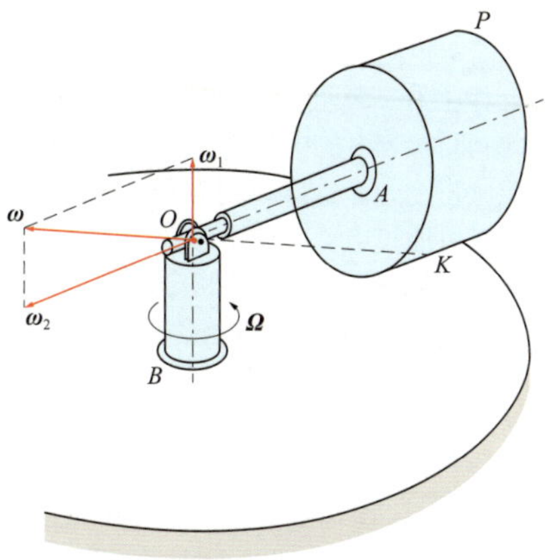

图2 滚子定点转动的角速度

等于两个分转动角速度的矢量和。图2所示的研磨机中，滚子P绕杆OA以角速度$\boldsymbol{\omega}_2$转动，而杆OA又绕主轴轴线OB以角速度$\boldsymbol{\omega}_1$转动，两个转动的合成是滚子绕O做定点转动；合成转动的角速度矢量$\boldsymbol{\omega}$沿定点运动的瞬时转轴OK，且有$\boldsymbol{\omega}=\boldsymbol{\omega}_1+\boldsymbol{\omega}_2$。（贾书惠）

角位移 angular displacement 描述刚体从一个方位到另一个方位的转动的物理量。如图1所示，刚体绕固定点O转动时，在刚体上取与O点距离为R的两点A及B，则A、B、O三点完全确定了刚体的方位，因而大圆弧AB在半径为R的球面上的运动完全代表了刚体的定点转动。设刚体由AB位置运动到$A'B'$位置，刚体方位发生变化，亦即刚体有一个有限角位移。

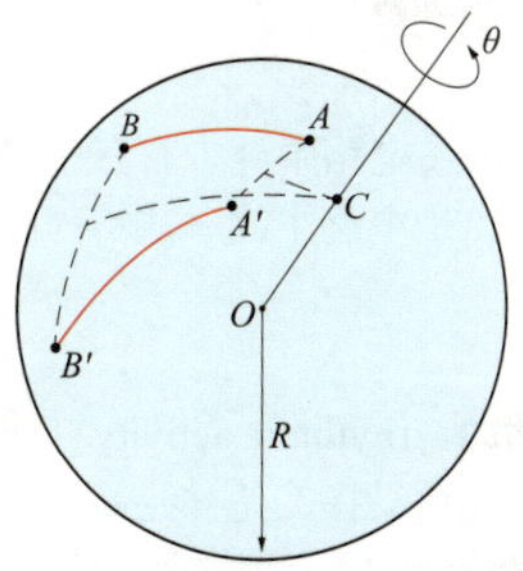

图1 定点转动刚体的有限角位移

欧拉有限角位移定理 具有固定点的刚体从某一方位到另一方位的有限角位移，永远等价于绕通过固定点的某轴的一个有限（转角的）转动，或称一次转动。图1中两大圆弧AA'及BB'的垂直等分弧的交点为C，则直线OC即为此有限转动（一次转动）的转动轴。

有限角位移 有限角位移所对应的一次转动有转动轴的方向及转角的大小，但却不能看成矢量。因为任意两个矢量相加时，合矢量应与相加顺序无关；然而，两个有限转动合成时，合成角位移却与合成顺序有关，即有限角位移不满足矢量加法。如图2所示，将一本书先绕长边（z轴）转90°，再绕短边（x轴）转90°，结果是和先绕短边（x轴）转90°再绕长边（z轴）转90°的结果完全不同。进一步的研究表明，有限角位移是张量。

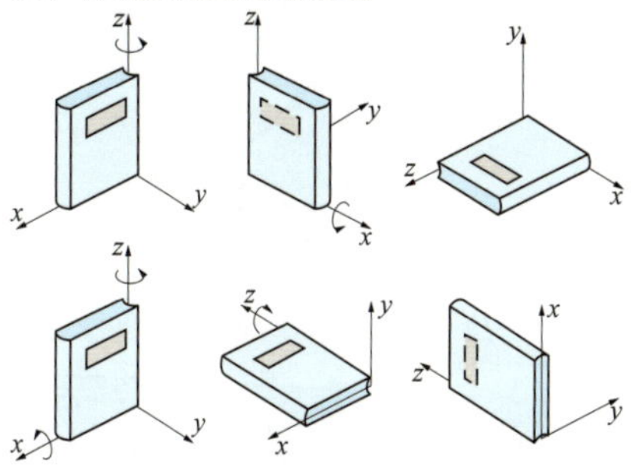

图2 有限转动的合成与顺序有关

无限小角位移 当转角为无限小时，角位移可用矢量表示，其方向沿一次转轴，矢量长度表示转角大小，指向由右手定则确定。因为可以证明，两个无限小角位移$\Delta\boldsymbol{\theta}_1$、$\Delta\boldsymbol{\theta}_2$的合成结果$\Delta\boldsymbol{\theta}$与合成顺序无关，亦即它们满足矢量加法$\Delta\boldsymbol{\theta}=\Delta\boldsymbol{\theta}_1+\Delta\boldsymbol{\theta}_2$。如果这些无限小角位移是在$\Delta t$时间间隔中发生的，则有：

$$\frac{\Delta\boldsymbol{\theta}}{\Delta t}=\frac{\Delta\boldsymbol{\theta}_1}{\Delta t}=\frac{\Delta\boldsymbol{\theta}_2}{\Delta t}$$

式中各项定义为平均角速度矢量；当$\Delta t\to 0$时，可得关于瞬时角速度矢量的关系式$\boldsymbol{\omega}=\boldsymbol{\omega}_1+\boldsymbol{\omega}_2$，即刚体做两个转动的合成时，合成转动的角速度等于分转动角速度的矢量和，又称角速度合成定理。（贾书惠）

角锥反射器 corner reflector 一种依据全内反射原理制造的内部全反射棱镜。材料一般用光学玻璃（如K9玻璃，用于可见光到近红外波段，红外波段采用中空三面相互垂直全反射角锥反射器）。角锥反射器可以不受入射角度大小的影响，把入射光反射180°。也就是说，任一条进入通光孔径的入射光线，都将被高效地按原方向反射回去。角锥棱镜用三个直角面回射入射光束，其精度用入射光束和出射光束的角度误差（平行度）表示，它由三个直角面间的互相垂直精度决定。用矢量计算其入射光束和出射光束的角度误差θ约为5倍的直角误差。如直角误差是0.4″，θ即为2″。

角锥棱镜的光学原理是：进入角锥体的一束平行光线，经三个直角面的两两反

射后，将分成不同反射次序的六束光线，只要角锥棱镜是理想的，则此六束光线都将与原入射光线严格平行且反向，即反射光将沿原入射光路返回。从斜方向射入角锥反射器的光，也能以同方向反射（见图）。三角形*ABC*是角锥反射器断面，它是∠*C*为90°的直角三角形。入射光P_1和反射光P_2与反射面的交点为*M*和*N*的法线。这时*MC*与*LN*、*LM*与*NC*分别平行，即：$\angle CMN=\angle LNP_2=\angle AMP_1=\theta_2$，反射光仍按入射光方向返回。

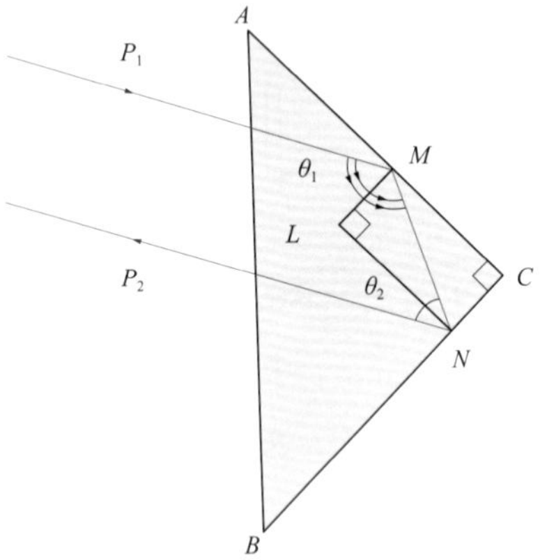

角锥反射器

角锥反射器对光线的入射角度不敏感，除在军事、航空航天使用外，还广泛用于距离测绘、光学信号处理、光学合作目标。（骆东森）

角锥交叉 conical intersection 在多原子分子中，两个具有相同对称性与自旋的电子态，其势能曲面在某个几何结构下能量简并，且非绝热耦合效应并不消失的现象。在此处两个电子态的势能面形成圆锥面，又称锥形交叉。在锥形交叉点附近，玻恩–奥本海默近似失效且电子与运动的耦合变得更重要，因而将发生非绝热过程。（闫 冰）

接触电现象 contact electrical phenomenon 两块不同金属A、B接触时彼此之间形成电势差的现象。这个电势差称为接触电势差。形成接触电势差的机理是，不同金属里自由电子势阱深度不同，自由电子密度也不相等，从而它们的费米能级不等。通常用逸出功表示把位于费米能级上的一个电子移动到金属表面外所需做的功，费米能级不同也就是逸出功不同。附图给出两块不带电的不同金属A、B相互趋近接触的过程。图a表示金属A、B相距很远的情形，它们的费米能级E_F、逸出功*W*和势阱ψ。图b显示的是两块金属彼此逐渐接近，它们的势场相互影响，中间的势垒逐渐下降，电子从费米能级高处向

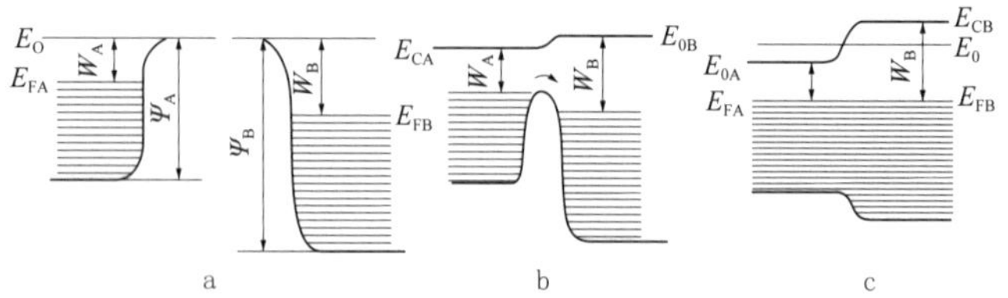

两块不带电的不同金属接触情形

费米能级低处流去，金属A失去电子，它的电势上升，从而其中电子的能级下降，与此同时金属B的电势将下降，其中电子的能量将上升。这样只要少量电子流动过去，就可通过电势差使两块金属的费米能级拉平，如图c所示，此时金属中的自由电子达到动态平衡，不再继续流动，两块金属A、B之间出现电势差：

$$U_{AB}=U_A-U_B=\frac{1}{e}\left(W_B-W_A\right)$$

式中*e*是电子电荷的值。由上式可见两块金属中逸出功较大的金属具有较低的电势。流动的电子在两块金属接触面上形成正负电荷的偶电层。

接触电效应在一些物理过程中起着重要作用，它对于理解金属与半导体接触和半导体PN结形成的阻挡层的整流作用是重要的。此外，它也是一些精密实验中应该考虑的因素。（鲍家善 陈熙谋）

接地 earthing; ground 令用电器内部公共联结点的电势与大地的电势相等的措施。具体的办法是用导线将用电器的公共联结点与大地连接起来。作用是：①分析电路时，使得对用电器内部线路的分析有一个可靠的出发点。②使用电器时，令用电器有一个相对较为稳定的电势零点，以保证用电器稳定地工作。③使用时，将用电器的外壳接地，用电器的外壳和操纵台与大地之间不存在电势差，可保证使用者或操纵者的安全。（陈熙谋）

节点 node 电路中至少有三条导线连接的点。节点是电路中的一些特殊区域。（陈熙谋）

节律性活动 rhythmic activity 神经生物学的节律性活动指的是神经系统中，具有特定频率特征的重复性的神经电活动。节律性活动分布于神经系统的各个层次结构上，公认的结构层次有微观、介观和宏观三种。

微观层次 神经元膜电位变化，进而产生动作电位。神经元能够产生多个连续的动作电位，形成所谓的放电序列。放电序列是大脑中神经信息编码传输的基础。放电序列具有多种模式，而且经常呈节律性活动。单神经元的节律性活动也见于阈下的膜电位变化。阈下的膜电位变化不会引发动作电位，是由同步的信息输入或神经元的内在动力学活动产生的。

介观层次 神经元也能产生群体的节律性活动。通过突触连接，不同神经元的放电模式可以趋向同步化，它们的动作电位所引发的电活动的节律性就会增强。即同步化的放电模式产生同步化的输出，进而引起局部场电位的节律性变化。通过局部兴奋性神经元与抑制性神经元间的连接，神经元群体可以自发产生节律性活动。抑制性神经元能够节律性地调节神经元的放电活动，在节律性神经活动的产生中起着重要作用。

宏观层次 不同脑区间存在着大量复杂的连接，这使得大脑整体上也能够产生节律性活动。信息传输的延迟时间在脑区水平的节律性活动中十分重要。因为各脑区间都存在双向连接，这就构成了反馈回路。依靠正反馈回路形成的节律活动，其活动频率与延迟时间成反比。一个典型的例子是丘脑与脑皮层连接的神经网络。这一网络能够产生名为反复性丘脑皮层共振的节律活动，在大脑的α节律活动中起重要作用。

单神经元和神经元群体都能自发产生节律性活动，而且能够对感觉输入或运动输出做出节律性活动反应。一些类型的神经元在无突触输入的条件下，能够节律性地放电。如在静息状态下，全脑呈现节律性活动。针对不同的感觉输入和运动输出，这种节律性活动会产生特定的变化。变化包括频率、幅度和时相。

节律性神经活动的功能意义仍在探索研究中。场电位记录、脑电描记法（EEG）、磁脑电描记法（MGE）的实验研究发现，它与认知、运动协调、记忆、睡眠觉醒、神经发育等一系列神经功能活动密切相关。一些神经类疾病，如帕金森、癫痫中会出现特定类型的节律性神经活动。因此节律性活动也被用于临床上的神经学疾病诊断，如“EEG标记”。节律性活动是神经科学与神经医学的研究热点。（于玉国）

结构不均匀性 structural inhomogeneity 由于原子无序排布导致的微观结构在空间上呈现不均匀分布的现象。尽管非晶态物质在宏观性质上多表现为各向同性，但如

果放大到微观原子尺度去观察其局域结构，却并不是一种绝对无序的均匀混乱排布，而是呈现出不均匀分布的特点。这种微观上的结构不均匀性多表现在微米尺度及以下，因此需要通过具有纳米级分辨率的原位手段进行表征，如纳米压痕、高分辨透射电镜、扫描透射电镜、三维原子探针、原子力显微镜等。同时通过分子动力学模拟等计算机模拟手段也能观察到这种不均匀性的存在。这种结构的不均匀性也可以通过局域模量分布的不均匀体现出来。金属玻璃中存在的结构不均匀性还很有可能与自由体积和流动单元的分布有关，进而影响材料的宏观力学性质。通过退火或施加压力等手段，结构不均匀性的程度和分布形式可以在一定范围内被改变。（王　峥）

结构光三维面形测量　3D profile measurement by structured light　一种获取物体面形信息的方法。又称条纹剖面术。投影装置产生特殊设计的强度分布的光场（称结构光），投影在被测三维物体表面，成像装置（如摄像机）获取在结构光照射下物体表面的二维图像，分析获取的光场与投影光场的结构变化，通过计算得到被测物体三维面形。

结构照明方式包括点结构光、线结构光、多线结构光和面结构光（图1）。点结构光系统投射一个光点到待测表面，采用线阵探测器作为接收器件，每次只有一个点被测量，为了形成完整的三维面形，必须附加二维扫描装置。第二种结构光系统投射一条线到待测物体表面，采用二维面阵探测器作为接收器件，只需要附加一维扫描就可以形成完整的三维面形数据。第三种结构光系统投射多条线，每次测量可以得到多个剖面的数据。第四种是面结构光系统，它投影一个特殊设计的二维编码图形到待测物体表面，采用面阵探测器，可以对被测表面进行全场测量。点、线结构光系统通常采用激光光源，而面结构光系统一般采用白光光源。二维编码图形包括正弦光栅、朗奇光栅、散斑图形、彩色条纹、网格图形、格雷码、伪随机码等。

傅里叶变换轮廓术和相位测量轮廓术是两种最典型的面结构光三维面形测量方法。

1983年，日本武田光夫等将傅里叶变换用于三维物体面形测量，提出了傅里叶变换轮廓术（FTP）。这种方法以正弦光栅一类的周期性结构光场投影到待测三维物体表面，摄像装置获取被三维物体面形调制的变形条纹光场，然后对光场分布进行傅里叶分析、滤波和逆傅里叶变换，计算得到物体的三维面形。这种方法只需要获取一帧变形条纹图，就可以重建三维面形，适用于高速和动态过程的三维面形测量。

1984年M.哈利瓦等将相移干涉技术用于三维面形测量，提出相位测量轮廓术（PMP）。当一个正弦光栅图形被投影到三维漫反射物体表面时，从成像系统获取的变形光栅像可表示为：

$$I(x,y)=R(x,y)\{A(x,y)+B(x,y)\cos[\phi(x,y)+\delta]\}$$

式中$R(x,y)$为物体表面不均匀的反射率；$A(x,y)$为背景强度；$B(x,y)/A(x,y)$为条纹的对比；相位函数$\phi(x,y)$为变形光栅的相位，包含了被测物体的三维面形信息；δ为投影光栅的相移。为了用相移算法计算相位函数$\phi(x,y)$，至少需要获取三帧相移图像。已有多种相移算法，采用较多的是四步相移算法和N步相移算法。

为了从相位函数计算被测物体的高度，必须将由于反三角运算引起的截断相位恢复成原有的相位分布，这一过程称为相位展开。相位展开方法大体上可以分为空间相位展开和时间相位展开。空间相位展开法是只利用一幅截断相位图来恢复连续相位分布的方法。另一类相位展开方法称为时间相位展开，它借助于多幅不同灵敏度的相位图在时间轴上展开相位，比空间相位展开具有更高的可靠性。

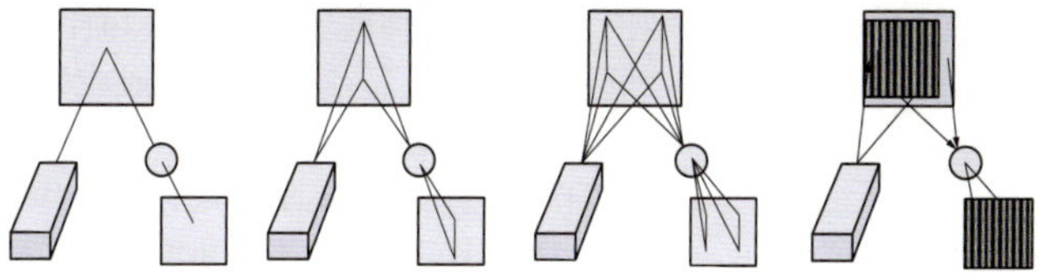

a 点结构光　b 线结构光　c 多线结构光　d 面结构光

图1　结构照明方式

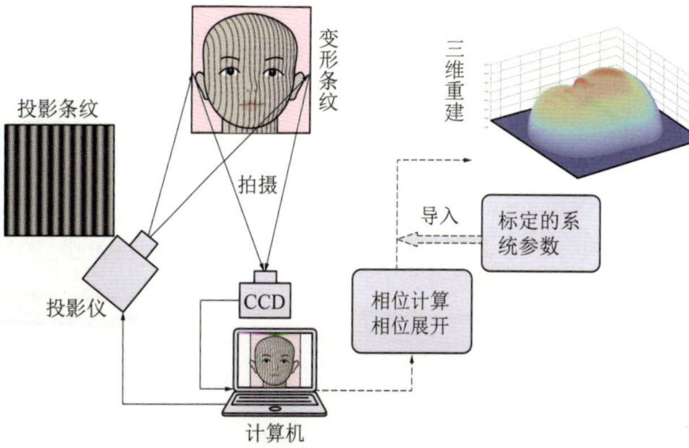

图2　单目结构光三维面形测量系统

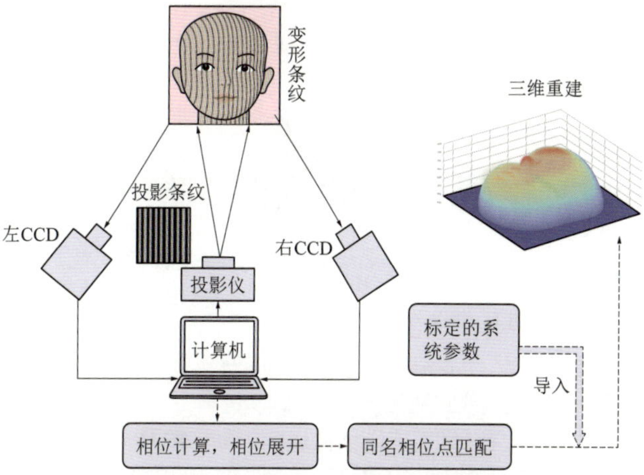

图3　双目结构光三维面形测量系统

面结构光三维面形测量系统的结构有多种形式，主要分为单目结构（由一个投影仪和一个摄像机组成）和双目结构（由一个投影仪和两个摄像机组成），如图2和图3所示。单目结构的系统标定包括相位-高度映射和摄像机标定。在测量时，根据摄像机获取的相移图像，计算相位并展开，然后利用标定的参数计算三维面形。双目结构的系统标定包括对两个摄像机用同一标靶分别进行标定，获得两个摄像机的内外参数，以及两个摄像机之间的位置关系（平移和旋转关系）。在三维测量时，根据两个摄像机获取的相移图像，分别计算相位并展开，搜索两个摄像机中的同名相位点，然后利用标定得到的参数计算三维面形。

结构光三维面形测量已在机器视觉、实物仿形、工业检测、生物医学、三维打印、三维显示、影视特技、虚拟现实、人脸识别等领域获得广泛应用。（苏显渝）

结构函数　structure function　描述核子结构的标量函数。见**深度非弹性散射**。

结构基元　structural unit of crystal　晶体中重复排列的基本单位，是以一定几何方式键合在一起的原子或原子团。用于描述化学组成、空间结构、排列取向、周围环境相同的原子/分子/离子的集合。晶体中周期性重复基本单位，是组成晶体的最小结构单元（见**晶体**）。　（施宏龙　王文忠）

结构异构　structural isomerism　由于化合物具有不同的原子连接顺序而产生的同分异构现象。结构异构又分为（碳）链异构、位置异构和官能团异构（异类异构）。

链异构　链异构通常指碳链异构，是指化合物分子中的原子骨架连接方式不同，一般用于形容碳氢化合物。可以看作是分子式相同的直链化合物与支链化合物之间的异构。以丁烷（C_4H_{10}）为例，它有两种异构体，第一种中碳原子线型排列，而第二种中为支链排列（图1）。

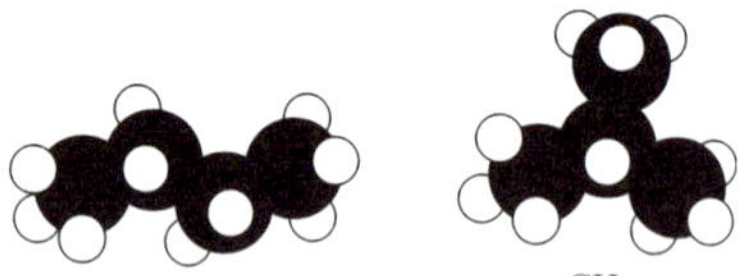

$CH_3-CH_2-CH_2-CH_3$　　$CH_3-CH(CH_3)-CH_3$

图1　链异构的例子

位置异构　位置异构是指组成相同而分子中的取代基或官能团（包括碳碳双键和三键）在碳架（碳链或碳环）上的位置不同的化合物（图2）。位置异构只涉及取代基或官能团的位置，通常是针对碳架结构相同的化合物来讲的。由于很多情况下，取代基与官能团并无区别，故位置异构也可被看作由于广义的官能团在分子中位置不同而产生的异构现象。　（李宝会）

$CH_3-CH_2-CH_2-Br$　　$CH_3-CH(Br)-CH_3$

1-溴丙烷　　2-溴丙烷

图2　位置异构的例子

结构着色　structural coloration　通过微观结构化表面产生的颜色。结构着色的微细度足以干扰可见光，有时与颜料组合，例如，孔雀羽毛颜色为棕色，但它们的微观结构使得它们也反映蓝色、绿松石和绿色光，并且它们通常是彩色的。英国科学家R.胡克和I.牛顿首次观察到结构着色的存在，其原理（波的干涉）一个世纪后由T.杨给出。由于薄膜的两个或多个表面的反射之间的干涉，在某些角度，从两个表面反射的光相长干涉，而在其他角度，光相消干扰。因此不同的颜色出现在不同的角度。在诸如鸟类羽毛和蝴蝶鳞片之类的动物组织中，通过一系列光子机制产生干涉，包括衍射光栅、选择性反射镜、光子晶体、晶体纤维、纳米通道的基质和可改变其构型的蛋白质。由于暴露肌肉纤维的周期性排列，一些肉类切片也显示结构着色。这种光子机制也解释了通过电子显微镜可见的精细结构。在少数利用结构着色的植物中，由细胞内的结构产生辉煌的色彩。在生物组织中已知的最辉煌的蓝色着色是在冷凝物的大理石浆果中发现的，其中纤维素纤维的螺旋结构产生的布拉格散射。毛茛的明亮光泽是通过补充有黄色色素沉着的表皮的薄膜反射和紧邻下面的一层淀粉细胞的强烈漫射产生的。结构着色具有工业、商业和军事应用的潜力，仿生表面可以提供辉煌的色彩、自适应伪装、高效光开关和低反射玻璃。　（邢向军）

孔雀尾羽的辉煌彩色是通过结构着色产生的

截面　cross section　描述两个微观粒子（或粒子系统）碰撞概率的物理量。一种运动中的粒子（或粒子系统）碰撞另一种静止粒子（或粒子系统）时，如果在单位时间内通过垂直于运动方向单位面积上的运动粒子数为1，静止粒子数也为1，则单位时间发生碰撞的概率称为碰撞截面，简称截面。截面的量纲和面积相同。截面的几何意义是：两个微观粒子（或粒子系统）碰撞时，如果把其中一个看作点粒子，把碰撞时的相互作用等效成某种极短程的接触作用时，碰撞概率应正比于沿运动方向来看另一粒子（或粒子系统）等效的几何截面，这个几何截面就是碰撞截面。

如果在碰撞时，粒子的类型、内部运动状态和数目都未改变，称为弹性散射，相应的截面称为弹性截面。粒子的类型、内部运动状态或数目有改变的碰撞过程统称反应过程，相应的截面称为反应截面或非弹性截面。

截面的单位为靶恩，1靶恩$=10^{-24}$厘米^2，高能物理中**强相互作用**散射和反应过程截面的数量级为数十毫靶恩。

截面也作为“几何截面”的简称。工程上称为“剖面”。　（陈中谟）

截止波长　cut-off wavelength　电磁场在波导中传播的导波存在的该导波模式的截止频率对应的波长。这里频率和波长的乘积为波导中电磁场的传播速度。当电磁场的频率大于截止频率时，该导波模式的电磁场可在波导中传播；反之，波导是截止的。

金属矩形波导　导波模式是横电波TE_{mn}和横磁波TM_{mn}，截止频率$\omega_{c,mn}$为：

$$\omega_{c,mn}=\frac{\pi}{\sqrt{\varepsilon\mu}}\sqrt{\left(\frac{m}{a}\right)^2+\left(\frac{n}{b}\right)^2}$$

式中m、n为模序数；a和b为矩形的两个边长。频率小于最低次导波模截止频率的电磁场会衰减而不能在波导中传播。

三层平板电介质波导　导波模式是横电波TE_m和横磁波TM_n，常使用截止波长，由导模色散曲线数值确定，各导波模有各自的截止波长。波长大于最低次导波模TE_0的截止波长的电磁场不能在这类电介质波导中传播。

阶跃折射率光纤　导波模式常标记为LP_{01}、LP_{11}、LP_{21}、……，截止波长由导模的模式条件确定，各导波模有各自的截止波长。只允许最低次导波模LP_{01}传播的光纤叫单模光纤，满足：

$$\frac{2\pi a}{\lambda_0}(n_1^2-n_2^2)^{1/2}\leqslant 2.40$$

式中a为光纤芯的半径；n_1为芯的折射率；n_2为光纤包层的折射率。该式确定了高次的导波模LP_{11}的截止波长，波长大于这个截止波长的电磁场不能在这类光纤波导中传播（当然更高次的导波模式也被截止）。　（李琨阳）

解离性电离　dissociative ionization　分子吸收外界能量后碎解生成电子和离子碎片的过程。解离性电离是一个典型的非玻恩-奥本海默现象，通常出现在高能的光子、电子作用于分子或者强激光场作用于分子等情况中，发生时总能量在电子、离子间分配，同时产物之间满足动量守恒条件。　（罗嗣佐　丁大军）

解理　cleavage　晶体受力后沿一定方向破裂并产生光滑平面的现象。在晶体学研究中，有很多层状材料经常出现沿某些确定方位的晶面劈裂，显露出来的晶面称为解理面。其内在原因是垂直解理面方向晶体中粒子之间的键合比较弱。解理面通常是原子密度较大的晶面，晶面之间的面间距较大。如半导体硅单晶体，其（111）面是解理面。超高真空中解理所形成的晶体表面，对于金属多是结构完好的清洁表面。但对半导体晶体的解理面，由于其断裂的价键不稳定，往往发生表面原子重新组构成具有二维新周期的再构表面。　（陆　栋）

解理面　cleavage plane　单晶体在外力作用下严格沿着一定结晶方向破裂所形成的光滑平面。见解理。

介电常数　electric susceptibility or permittivity　描述电介质极化能力的参数。又称电容率。介电常数是描述电介质极化能力的关键性能参数，是电介质中电位移$\boldsymbol{D}$与外电场$\boldsymbol{E}$的比值，通常用无量纲的相对介电常数ε_r表示，各物理量之间满足$\boldsymbol{D}=\varepsilon_0\varepsilon_r\boldsymbol{E}$的关系式。电极化率$\chi$是电介质中极化强度$\boldsymbol{P}$（见介电极化）与外电场$\boldsymbol{E}$的无量纲比值，并且有$\chi=\varepsilon_r-1$。相对介电常数$\varepsilon_r$和电极化率$\chi$两者数值上只差1，它们的关系类似于磁介质中相对磁导率μ_r和磁化率χ的关系，因此是两个紧密相关的物理量。

工程领域中常使用相对介电常数的概念。介电常数的大小直接决定了一定条件下电容器的容量，随着介质材料成分和型态的不同有很大的差异。真空的介电常数ε_r被定义为1，空气的介电常数略微大于1，极性气体（例如H_2O、SF_6）的介电常数比非极性气体(例如N_2、O_2)的介电常数稍大，非极性固体（如石蜡）和液体（苯、变压器油）介电常数稍大于2，极性液体（如水、乙醇）的介电常数则可以达到数十量级，离子晶体（如氧化物、碱卤晶体）的介电常数一般分布在几到几十之间，特殊结构的晶体如金红石结构TiO_2介电常数大于100，铁电体（如$BaTiO_3$）介电常数可达数千甚至上万（相变点附近）。在一些特殊的巨介电常数材料（如钛酸钙铜）中，表观介电常数可达数万乃至十万以上。

实际电介质并非理想绝缘体，存在漏导，因而产生传导电流，导致介电常数成为复数形式，$\varepsilon_r^*=\varepsilon_r'-\mathrm{i}\varepsilon_r''$。介电常数的虚部称为介电损耗或介电吸收，虚部和实部的比值称为损耗角正切$\tan\delta=\varepsilon_r''/\varepsilon_r'$，是工程领域关注的另一个电介质关键参数，其值表示电容器损耗能量和存储能量相对大小，也代表了电容器有功功率与无功功率的相对比值。

在各向异性晶体中，电位移$\boldsymbol{D}$的方向不一定平行于电场$\boldsymbol{E}$的方向，此时介电常数ε_r不是标量，而是一个对称二阶张量，一般情况下有6个独立分量。随着晶体对称性提高，介电常数独立分量的个数逐渐减少。立方晶体仅有1个独立分量，介电性能就变成各向同性。由于光学折射率等于同方向等效光频介电常数的平方根，因此立方晶体的折射率也各向同性，是光学各向同性体。

电介质的介电常数是温度与频率的函数。在未激发新物理机制的前提下，温度和频率的作用是反向等效的。一方面，低频等价于高温，更长的电场周期和更高的环境温度均使介质的响应能够跟得上外电场变化，因而介电常数更高。另一方面，高频等价于低温，更短的电场周期和更低的环境温度均使介质的响应跟不上外电场的变化，导致较低的介电常数。实际中，温度还可能引起电介质发生相变，或者激发偶极和载流子发生其他物理过程会带来介电常数或者介电损耗的异常。

（魏晓勇）

介电弛豫　dielectric relaxation　电介质介电常数的一类时频响应。介电弛豫是介质极化的一种时域和频域响应类型（见介电极化）。从时域来讲，所谓介电弛豫，是指介电极化滞后于外电场的变化过程，也即介电极化需要经过一定的时间，才逐渐达到外电场的作用终态，例如$P_r(t)=\varphi(t)\chi E_0$，反映了在阶跃电场$E_0$作用下，弛豫极化$P_r(t)$按照后效弛豫函数$\varphi(t)$（随时间增加取值从0到1）的方式趋向于终值$\chi E_0$的过程。从频域来讲，介电弛豫描述了介质介电常数随频率上升逐渐下降的过程。在低频下，电场周期大于介质弛豫时间，介质可以充分极化，介电常数较高。随频率上升，电场周期逐渐小于介质弛豫时间，介质的响应跟不上外电场的变化，介质无法充分极化，介电常数逐渐变小。在这个过程中，介电损耗在弛豫频率下出现峰值。

德拜弛豫是一种典型的介电弛豫类型。在具有德拜弛豫的介质中，所有的偶极子不存在相互作用，且弛豫时间τ相同。在此假定前提下，介质响应的弛豫函数可以写为$f(t)=\tau^{-1}\exp(-t/\tau)$，据此可以导出复介电常数$\varepsilon_r$与频率$\omega$满足德拜弛豫方程，其实部（$\varepsilon_r'$）、虚部（$\varepsilon_r''$）表达式如下：

$$\varepsilon_r'(\omega)=\varepsilon_\infty+(\varepsilon_s-\varepsilon_\infty)\frac{1}{1+\omega^2\tau^2}$$

$$\varepsilon_r''(\omega)=(\varepsilon_S-\varepsilon_\infty)\frac{\omega\tau}{1+\omega^2\tau^2}$$

式中ε_s及ε_∞分别为静态及高频极限下的介电常数。

德拜方程的物理意义在于它给出了一个简单例子，说明由于时域介电响应滞后导致的频率色散特征。介电常数表现为复数，实部具有随频率上升而下降的特点，表示介电响应逐渐跟不上频率变化的过程；虚部在弛豫频率下出现峰值，代表由于极化滞后导致响应的相位变化及由此引起的能量耗散过程。从德拜方程可知，介电常数的实部与虚部均是弛豫时间τ的函数，实部和虚部存在确定的数量关系，克喇末-克罗尼格关系，该关系在更一般的弛豫极化条件下同样成立。

德拜弛豫是一类典型的介电弛豫过程，其数学描述简单清晰。然而，实际介质很少有完全符合德拜弛豫的情况。造成这种偏离的主要有两方面原因。其一是实际介质存在漏导，因此德拜方程中虚部部分应该加上一个漏导项进行修正。其二是多弛豫时间甚至连续分布的弛豫时间，在此条件下，德拜方程应该用施魏德勒方程代替。

德拜弛豫假定介质中偶极子之间不存在相互作用。当这一假定不能满足时，应使用普适介电弛豫理论来描述介质弛豫现象。这是一种多体理论，能描述偶极型和载流子型的幂函数式介电频谱特征。相比德拜弛豫，普适介电弛豫理论可以描述许多实际介质的介电频率响应，然而其理论框架尚不完整，微观描述仍在发展之中。

介电色散又称介电弥散，指介电常数随频率变化而变化的现象，类比于光线折射率随颜色变化而变化的现象。介电色散主要包括两类过程，其一是在介电弛豫过程中，介电常数随频率上升而单调下降；其二是在介电谐振过程中，介电常数随频率上升先上升，到达峰值后剧烈下降至负的峰值，然后再逐渐回升。（魏晓勇）

介电储能　dielectric energy storage　通过介电型电容器储存与释放电能。介电型电容器由两个电极及两者之间的电介质材料构成。当有外电路施加电场时，电介质材料能够在电场作用下极化，从而在介质表面产生极化电荷。该极化电荷与电极上来自电源的电荷大小相等、符号相反，从而保正整个电容器呈现电中性，此过程实现了电荷的储存。当介电型电容器外接负载时，电容器两极板之间的电势差会产生电流，电荷量被中和，储存在电容器的电能转化为其他形式的能量，从而实现储存能量的释放。

介电型电容器储能过程依赖于电介质中电偶极子随外场响应的速度。响应时间一般都在毫秒量级以下，因此介电型电容器能够迅速进行充放电，其功率密度在所有类型储能元件中最高（可达兆瓦量级）。在需要高功率密度的应用领域，如智能电网并网系统、电力传输系统、新能源汽车、脉冲激光武器、电磁弹射器等，介电型电容器均有广阔的应用前景。介电型电容器的储能密度U_e和外加电场$\boldsymbol{E}$及电介质材料在电场下的电位移$\boldsymbol{D}$有关：$U_e=\int\boldsymbol{E}\cdot\mathrm{d}\boldsymbol{D}$，其中$\boldsymbol{D}=\boldsymbol{P}+\varepsilon_0\varepsilon_r\boldsymbol{E}$，$\boldsymbol{P}$为电介质在外场下的极化，$\varepsilon_0$为真空介电常数，约为8.854 187 817×$10^{12}$法/米，$\varepsilon_r$为电介质的相对介电常数。

极化机制　电介质中一般存在四种极化类型：电子位移极化、离子位移极化、偶极子取向极化和界面极化（又称空间电荷极化），不同的极化类型对应于不同的频率响应范围。在电场作用下，组成介质的原子或离子带正电的原子核与其壳层电子的负电中心发生相对位移而不重合，从而产生感应偶极矩，称为电子位移极化，其响应速度很快，能达10^{16}赫兹。组成介质的正负离子在电场作用下发生有限范围的相对位移，从而产生感应偶极矩，称为离子位移极化，其响应速度较快，能达10^{12}赫兹。组成介质的分子具有固有偶极矩，在没有外电场时固有偶极矩无规取向，偶极矩之和为0，而施加外电场之后固有偶极矩转向电场方向排列，宏观表现出极化状态，称为偶极子取向极化，一般响应频率能到10^6赫兹。在非均相介质界面处，由于界面两边的组分可能具有不同的极性或电导率，从而产生电介质中电子或离子在界面处聚集，在电场作用下这些载流子产生感应偶极矩，称为界面极化。因为该极化过程依赖于载流子迁移，因而一般在10^0赫兹以下响应。

介电储能关键问题　介电型电容器尽管具有超高的功率密度，但是其能量密度较低。目前商用的双轴拉伸聚丙烯薄膜电容器的储能密度在2焦/厘米^{3}左右，使用时需要较大体积，因此提高电容器储能密度是工作重点。从介电储能定义看，电介质材料的储能密度与介电常数以及耐压强度的二次方成正比，提升这两者能够明显提升材料的储能密度。但是，单一材料的介电常数和耐压强度存在倒置关系，即一者的提升通常引起另一者的降低。实现介电常数与耐压强度的协同提升是大幅提高电介质储能密度的关键。将具有高耐压强度的聚合物和高介电常数的无机陶瓷进行复合，结合两者的优势是提高储能密度的有效方法。

主要材料体系　目前常用的储能电介质材料包括陶瓷和聚合物两大类。

传统的高介电陶瓷，如钛酸钡、锆钛酸铅、钛酸铋钠、铁酸铋、铌酸钾钠等，具有很高的介电常数和极化强度。通过生长高质量的薄膜也可以获得较高的耐压强度，进而获得较高的储能密度。一般而言，块体电介质陶瓷储能密度最高能达到4焦/厘米^3，陶瓷薄膜储能密度一般能达到50焦/厘米^3。

有机物电介质材料分为两类。一类是线性有机物，其电位移与电场强度间存在线性响应。此类聚合物以聚丙烯为主要代表，具有非常好的频率稳定性和温度稳定性，同时具有极低的介电损耗（<0.02%），部分线性有机物如聚砜、聚酰亚胺、聚醚酰亚胺等由于其玻璃化温度较高而具有很好的耐高温性能（>150摄氏度），但是受限于较低的介电常数，储能密度一般不超过10焦/厘米^3。另一类是非线性有机物，其电位移随电场变化显示出明显的非线性响应特征（如铁电、弛豫铁电等）。此类聚合物以聚偏二氟乙烯及其共聚物、三聚物等极性铁电高分子为主要代表，具有相对较高的介电常数和极化强度，从而获得了超过20焦/厘米^{3}的储能密度。

聚合物基复合材料通过将陶瓷填料与聚合物基体进行复合，根据不同的目的在有机物中加入不同性质的填料，如高介电陶瓷如钛酸钡、钛酸锶钡、二氧化钛、钛酸铜钙等，导电填料如石墨烯、碳纳米管、金属等，高热导材料如氮化硼、碳化硅等。根据不同结构设计需要可以加入不同维度的填料，如纳米颗粒、纳米纤维、纳米片层以及三维互通结构等。

展望　介电储能尽管在储能密度上得到了很大的提升，但是随着器件小型化的不断发展，对电容器的储能密度提出了更高的要求。因此，进一步提升电容器的储能密度进而减小体积仍是未来的研究重点之一。此外，广泛使用的薄膜电容器在高温下性能恶化明显，而随着介电电容器应用领域不断扩展，对于耐温性的需求越来越高，因此研究能在较高工作温度稳定工作的介电电容器是未来的发展方向。

（沈　洋）

介电各向异性　dielectric anisotropy　物质的一种介电现象。起源于物质对外电场反应。一般来说，分子会被外场极化，产生附加在物质内部的电场。液晶分子形状的各向异性导致液晶的介电各向异性。在无方向排列的物体中，分子对各个方向的电场反应均等，是各向同性的。液晶由于分子沿着液晶方向排列，分子对沿着液晶方向的外电场反应比垂直于液晶方向的外电场反应强烈，所以总体表现各向异性。两个方向不同的介电常数之差为测量各向异性标准。当系统经过液晶的各种相变点时，此差值或跳变（一级相变），或连续变化（二级相变），一般为系统参量（如温度、密度、压强等）的函数。

（陈征宇）

介电极化　dielectric polarization　在外电场作用下，介质中的束缚电荷发生分离的过程。介电极化一般定义为电介质中单位体积偶极矩矢量和。介质极化强度$\boldsymbol{P}$微观上定义为单位体积中电偶极矩p的矢量和，即$\boldsymbol{P}=\sum p/V$，宏观上等于真空介电常数、电极化率和外电场的乘积，也即$\boldsymbol{P}=\varepsilon_0\chi\boldsymbol{E}$。极化强度产生退极化场，$\boldsymbol{E}_P=-N\boldsymbol{P}/\varepsilon_0$，式中$N$为形状因子。退极化场的作用可以用面极化电荷$\sigma_P$和体极化电荷$\rho_P$来代表，在平板介质且均匀极化的情况下仅存在面极化电荷σ_P，并有$\sigma_P=-P$的简单关系。

从介电极化的产生机制来分，有电子位移极化、离子位移极化、偶极取向极化和空间电荷极化等几种类型。其中电子位移极化来源于局部有效电场作用下外层轨道电子概率分布中心和原子核位置发生微小偏离；这里有效电场的作用和电子-原子核之间的库仑作用相平衡，产生诱导偶极矩。离子位移极化来源于局部有效电场作用下，正负离子发生反向位移；有效场作用与离子间作用相平衡，产生的诱导偶极矩。偶极取向极化表现为极性分子、缺陷偶极或者极性团簇在有效电场作用下发生的取向热平衡过程，产生与电场强度成正比的诱导偶极矩。空间电荷极化则与介质的非均匀结构有关，当介质中不同部分的电导和介电性质存在差异时，可在界面或者表面处产生自由电荷的积累，和前三种极化机制中束缚电荷的分离类似，电荷积累等效于产生了一定的宏观极化，称为空间电荷极化。除以上几种机制，在铁电体中还存在一类特殊的极化机制，即由于特殊的晶格势场作用而自发发生的离子电子有序极化过程；或者在铁电高分子中自发发生的分子基团有序取向过程。这类极化不需要外电场诱导，称为自发极化。

从介电极化对外电场的响应时间来分类，可把极化过程分为两类，即瞬时极化和弛豫极化。瞬时极化包括电子位移极化和离子位移极化，指极化的发生时间远小于作用的交变电场周期，这样在考虑极化效应时不用考虑时间过程，也不需要考虑极化的频率依赖性。弛豫极化包括偶极取向极化和空间电荷极化，由于介质的极化时间和交变电场周期相近，需要考虑极化的时间过程和频率依赖特性（见**介电弛豫**）。

从介电极化的频率响应类型来分类，可把极化过程分为谐振极化、弛豫极化和漂移极化三类。其中谐振极化指电子位移极化和离子位移极化，在极化过程中存在能量转换，频率响应特点为谐振型，在谐振频率（对电子位移极化为10^{14}～10^{16}赫兹，离子位移极化为10^{12}～10^{13}赫兹）附近出现反常色散，介电损耗出现峰值。弛豫极化包括偶极取向极化和空间电荷极化，在极化过程中存在能量耗散，其频率响应特点为弛豫型，在弛豫频率附近出现介电频率色散，介电损耗出现峰值。漂移极化实际上指传导电子因惯性而表现出的一种类极化行为，仅在等离子体和金属中出现，其介电常数在宽广的频率区间内呈现负值，随频率单调增加直到等离子频率ω_p时跨越零值成为正值，其负介电常数的特性使电磁波在等离子频率ω_p以下无法在等离子和金属中传播。（魏晓勇）

介电可调性 dielectric tunability 材料的介电常数随着外加电场变化而变化的非线性特性。具有介电可调性的材料的介电常数ε_r的变化强烈依赖于外加直流偏置电场强度E，其介电可调性的大小通常用调谐率T来衡量，$T=[\varepsilon_r(0)-\varepsilon_r(E)]/\varepsilon_r(0)$。

严格地说，所有电介质材料在外电场作用下，其介电常数总是会发生变化的，即介电调谐率不为零。其微观机制很简单，因为电介质正负电荷在电场作用下诱发极化响应，电场作用下介电常数会发生变化，一般会出现介电常数下降。但是绝大多数电介质介电调谐率都很小，不足以付诸应用。

具有大的介电可调性的材料在微波调谐器件上有着广阔的应用前景。其调谐率的大小直接关系到微波调谐器件调谐能力的大小。通常情况下调谐率越高，调谐器件的调谐能力越高。钛酸锶钡（$Ba_xSr_{1-x}TiO_3$，简称BST）调谐率高，非线性好，介电损耗较小，介电系数大小可以通过Sr含量及其他氧化物掺杂而进行调整。这些特点在微波调谐器件中有着广泛的应用。所谓微波调谐，是指电磁介质在微波频率下介电常数或磁导率在改变外加电场或磁场等条件下被调控的性质。利用这一特性制成的微波调谐器件在现代雷达和微波通信技术中具有极其重要的地位和广泛的应用。例如，介电可调材料在移相器中有重要应用。移相器是一种微波调谐器件，是相控阵天线系统的核心器件之一，其作用是调控微波信号经过器件时所产生的相移量。组成器件的材料介电常数会随外加偏置电压的大小而改变，因此一定频率的微波传输经过器件时所发生的相位改变（即相移量）也会相应地变化，这就实现了调控相移量的目的。

此外，介电可调材料在微波通信系统中的应用主要是利用微波调谐器件实现同一器件可在不同频率下工作这一特征。由于一般微波介质材料的介电常数是不可调的，故器件中的相应特性参数（如振荡器的谐振频率、滤波器的滤过频率或阻隔频率等）也是固定的，因此无法满足同一器件在不同频率下工作的需求。若采用微波调谐器件，包括可调谐微波振荡器、可调谐滤波器等，同一器件可以在不同频率下工作，从而可以减小系统的复杂性。另外，卫星通信技术的发展要求天线在处理高频数据信号的同时能实现对卫星的跟踪，这就需要进行信号波束调控，而这一功能的实现也必须依靠微波调谐器件。（翟继卫）

介电相关的铁性 ferroic property of dielectric 材料的某一物理性质（极化、磁性、弹性）可以在外场（电、磁、力等）作用下从一种状态转变为另一种状态的性质。19世纪初发现**铁磁性**，它的特征是磁化强度随外加磁场呈回滞曲线状的变化。20世纪初发现罗息盐晶体在外电场作用下，极化强度也表现出类似的回滞型介电行为，称作**铁电性**。到21世纪，在介电体中发现更多丰富的铁性，如**铁弹性**、**热释电性**、铁挠性等。这些铁性为晶体的机-电、热-电和热-机耦合作用提供了多种途径。

电极化在热学上的应用以及热电的耦合主要体现在热释电性与电卡效应。热释电体与铁电体的一个区别在于，热释电体即使在没有外加电场及其他作用情况下，其宏观极化强度也不等于零，因此表面产生相应的屏蔽电荷。随着温度变化，宏观极化强度改变，这样使得多余的屏蔽电荷被释放出来。铁电体在经过人工极化后，可以产生宏观持久存在的极化强度，因此也可具备热释电性，但热释电体却不一定是铁电体，因为有些热电体（如电气石）的极化不受外加电场的影响。热释电晶体已成为红外探测的重要材料，应用的热释电材料大多是经过人工极化的铁电体。

电卡效应是因外电场的改变导致极化状态发生改变，产生的绝热温度或等温熵的变化。它是由于对极性材料施加电场，材料中的电偶极子从无序变为有序，材料的熵减小，在绝热条件下多余的熵产生温度的上升。移去电场，材料中的电偶极子从有序变为无序，材料的熵增加。在等温条件下，材料从外界吸收热量使能量守恒。在绝热条件下，不足的熵导致材料温度的下降。这就是电卡效应的制冷原理。

机电耦合的体现则是压电性、电致伸缩性、铁挠性。正压电性和铁挠性描述的是应力或应力梯度对电极化的影响，而逆压电效应和电致伸缩描述的是在电场作用下电介质将产生相应的应变。逆压电效应与电致伸缩效应的区别在于，电致伸缩效应在任何电介质中均存在，而后者只能出现于没有中心对称的电介质中。通常铁电性都伴随着铁弹性。铁弹性指晶体具有自发应变，在外加应力下将发生相转变，表现形式为结构相转变或者形成孪晶，因此体相存在铁弹畴，产生相应的应变。

电位移与电场的关系有不同的类型，包括线性介电、铁电、反铁电、顺电等。铁电体的自发极化可在外电场下可逆翻转，利用这一特性可制成铁电随机存储器（FeRAM）、动态随机存储器（DRAM）等。特别是多铁性材料同时存在铁电性和磁性，为FeRAM和磁性随机存储器各自优点（低功率的电写入操作和非破坏性的磁读取操作）的融合提供了契机。在光伏领域，铁电晶体中的光生电压可突破晶体禁带宽度的限制，因此被称作反常光伏效应，它在理论上存在较高的光电转换效率，但由于铁电材料带隙通常较大、导电性差等因素导致其光生电流较低，因此光电转换效率还有待进一步提高。除铁电性外，还存在亚铁电性、反铁电性。反铁电形变时相邻晶胞的离子位移相反，因此相邻偶极矩相反，宏观上不表现自发极化，但通过电场诱导，反铁电相又可转变为铁电相。反铁电材料在发生铁电-反铁电转变时，伴随着巨大应变和能量的储存和释放，因此反铁电体在高密度储能器件和机电换能器上极具应用潜力。

阻变效应指介质可在外部电场下实现高阻态和低阻态之间可逆稳定地转换，实现“0”“1”的逻辑存储，阻变式随机存储器（RRAM）的单元特征尺寸是所有存储器中最小的，操作速度也是最快的，而器件的耐久性处于中等，有待提高。但综合来看，RRAM是发展潜力最大的存储器之一。

铁矩性是不同于铁磁、铁电、铁弹的另一大类铁性，它描绘的是有序排列的磁性涡旋。铁磁是空间对称时间反演破缺，铁电是空间不对称而时间反演对称的，通常所说的多铁性是指铁磁-铁电的耦合，这样多铁性必然是空间-时间反演均破缺的。铁矩性的特殊性在于它的空间和时间反演均破缺，多铁材料的对称性与铁矩序参量的关系便成为研究的热点。

介电体中包含丰富的不同的铁性，为热、机、电、磁、光各种能量间的转换提供了广阔的空间。（张金星）

介电性 dielectricity 描述电介质对电场响应的客观规律，包括介电响应的唯像理论和微观机制两个层面。电介质广义上几乎囊括所有自然界的物质形态，而重点和核心则关注绝缘体电介质，因此介电性内容丰富，是物理学、化学、材料科学和电子科学技术等学科中都有所涉及的一个重要内容。

“介电性”一词由W.休厄尔应M.法拉第的请求而造。在电场作用下，电介质主要以正负电荷重心不重合的电极化方式、而不是以电荷传导的方式，来产生、传递和存储电的作用和影响的物质。在电介质中，是束缚电荷而不是自由电荷起主要作用。电介质可以按其分子的电极性，可以分为极性电介质和非极化电介质；可以按其状态分为气态、液态和固态电介质；按其效用可以分为绝缘电介质和功能电介质。电介质与导体，半导体，超导体和磁介质等物质一样属于凝聚态物质的范畴。

在介电性主题下有若干条目，覆盖了电介质物理学基础层面的内涵。

唯像描述。介电性描述一般电介质在电场下电极化的基本现象。在电介质中，原子、分子或离子中的正负电荷都以共价键或离子键的形式被相互强烈地束缚着，称之为束缚电荷，这些正负束缚电荷在电场的作用下，只能在微观尺度上相对位移，而不能做定向运动。

响应理论。描述电介质介电性的主要物理量是介电常数或电极化率。由于电介质中的正负电荷在外场下的时空响应会触发很多关联现象，因此，介电响应的理论不再是简单的线性响应理论。描述介电响应的基本理论有洛伦兹有效电场理论和克劳修斯-莫索蒂方程，有昂萨格有效电场和昂萨格方程。这些有效电场理论使得我们可以继续使用介电常数或电极化率的概念和简单本构关系来描述介电响应规律。即便如此，介电响应依然呈现各向异性特征，因此需要用数学张量方法来描述，还包括时域和频域的介电响应（介电常数）。

微观机制。描述介电响应的微观机制分为多个层面，通常包括电子位移极化、离子位移极化、固有偶极子取向极化、缺陷偶极子取向极化、空间电荷极化等亚类。

响应动力学。不同电介质（各种物质形态）对外场的响应规律纷繁复杂、各不相同。描述不同电介质对电场、温度、压力、光场等外场激励的响应规律构成了介电性的重要内容。（徐　卓　刘俊明）

介观尺度　mesoscopic scale　介于微观和宏观之间的尺度。大致在纳米和微米之间。处于介观尺度的系统，一方面有微观属性，表现出**量子力学**的行为；另一方面，又具有一定的宏观特征，其物理量往往可以沿用经典的方法来定义和测量。事实上粒子输运发生非弹性散射的平均距离定义了一个有物理意义的尺度，称为相位相干长度。因此，应当把尺度相当于或小于相位相干长度的有限尺寸系统称为介观系统。

介观系统中最重要的物理尺度是电子相干长度（在低温下可达到几微米甚至更大），也就是电子可以保持其相干波动性质的长度，对应于电子经历两次非弹性散射间的平均距离。介观系统本身的物理尺寸往往小于电子相干长度或与之相仿，但又远远大于原子和分子的尺度。根据弹性散射长度与系统物理尺寸的相对大小，可以把介观系统中的输运分为扩散输运和弹道输运两大类。在介观系统中，不均匀性（如杂质的分布）不能够像宏观系统中那样简单地平均掉，电子的干涉对系统的物理性质有很大的影响，可表现出一些独特的量子力学现象。

在实际的研究中，对于微观粒子，原则上可以利用薛定谔方程进行严格或近似求解；而对于宏观物质，则运用统计力学的方法，考虑大量粒子的平均性质。处于介观尺度的材料，一方面含有大量粒子，因而无法恰当求解**薛定谔方程**；另一方面，粒子数又没有多到可以忽略统计涨落的程度，这种涨落称为介观涨落，是介观材料的一个重要特征。

在介观尺度上，系统有其特有的丰富物理性质，如电子的量子弹道输运、电导的非局域性、普适电导涨落、金属环的磁电阻周期振荡以及持续电流等。因此介观尺度的系统提供了一个研究介于微观的量子物理和宏观的经典物理之间的新领域。在这一领域中，物体的尺寸邻近宏观大小，但具有那些原来认为只能在微观世界中才能观察到的许多物理现象。这样在凝聚态物理学中就诞生了介观物理学的分支学科。

介观物理涉及量子物理、统计物理和经典物理的一些基本问题，在基础理论上，有许多方面有待深入研究。从应用的角度看，介观物理的研究一方面可以给出降低现有器件尺寸下限的方法，这时候原来的理论分析方法如欧姆定律已经不再适用；另一方面，新发现的现象为制作新的量子器件也提供了丰富的思路，可能为制备下一代更小的集成电路建立理论基础。（金国钧　姬　扬）

介观环持续电流　persistent current in mesoscopic rings　在极低的温度下，直径在微米或亚微米数量级的导体环，当有恒定的磁通量穿过时，环内出现无须电源的稳恒电流。介观环持续电流不同于超导环在没有磁场情况下，由于零电阻所出现的恒定超导电流，也不同于导体环在有交变磁通量穿过时所产生的感应交变电流。它是在正常态导体环的热平衡状态下，由于磁通量破坏了电子左旋运动和右旋运动的对称性所产生的恒定持续电流。

原理　在一个导体环中有大量的电子。根据量子统计原理，所有的电子都处在不停地运动之中。如果环的尺寸小于电子运动的平均自由程（电子在受到两次相邻散射之间走过的平均距离），可以明确区分出一部分电子做左旋运动而另一部分电子做右旋运动。如果没有磁通量穿过，在平衡态时左旋运动的电子和右旋运动的电子在数量上相等，因此，环内总电流为零。当有恒定的磁通量穿过导体环时，左旋或右旋方向（由右手定则决定）运动的电子的能量会相对升高，造成在平衡态下两个方向上运动的电子数量不相等，从而在环内产生非零的持续电流。

实现的条件　从前述的原理可以看到，如果要观测到持续电流，必须能明确区分出做左旋运动的电子和做右旋运动的电子。这在宏观大小（尺寸大于微米的数量级）的导体环中是难以做到的。这是由于电子在运动过程中，会不停受到导体中杂质及其他无序因素的散射而改变运动方向，在温度升高时还会受到热声子的散射。这样，如果环的尺寸大于电子的平均自由程，或者温度较高，电子就不能够按确定的左旋或右旋方向走过完整的一圈，就无法明确区分左旋和右旋运动的电子，也就无法观测到持续电流效应。因此介观的尺寸、纯净及低温是观测到持续电流的必要条件。此外，环内的持续电流无法直接测量，只能通过电流的磁效应间接测量，这在有磁通存在时也是一个实验上的难题。

研究历史　M.布提克、Y.埃姆瑞和R.朗道尔首次在理论上预言了介观环中持续电流的存在。首次实验的观测是1990年由贝尔实验室的研究组在铜环的阵列上实现的，他们使用超导谐振器来探测电流。在2009年，斯坦福大学的研究组用扫描SQUID作为电流探测器，在纳米尺寸的金环上测量到持续电流。同时，耶鲁大学的研究组用微电子力学悬臂桥作为电流探测器观测到纳米铝环的持续电流，他们在0.5开以下测量到持续电流的典型的

值在1纳安培的数量级。这些实验测量很好地验证了介观环中无互作用电子系统存在持续电流的理论预言。（熊诗杰）

介观物理 mesoscopic physics *凝聚态物理学*中研究介于微观和宏观尺度之间的物理现象与规律的一门新兴学科。“介观”一词由N.范·坎彭于1976年首次提出。处于介观尺度的材料，含有大量粒子，因而无法严格对薛定谔方程求解；可是粒子数又没有多到可以忽略统计涨落的程度。介观系统的物理量仍然是大量微观粒子性质的统计平均，但粒子波函数相位的相干叠加并没有被统计平均掉。介观系统的标志特征在于其物理可观测性质中明确地呈现出量子相位相干的效应，因此在物理意义上，尺度与相位相干长度接近的电子系统就是介观的。研究这类尺度缩小的宏观物体中量子相干性引起的物理问题，便形成了所谓介观物理的学科。

研究内容 介观物理研究的体系一般在10～1000纳米，当一个宏观体系尺寸缩小到这一范围时，其物理性质会发生改变。如在宏观尺度上，一根导线的电导会随着其尺寸的连续变化而连续变化。但到介观尺度时，其电导是量子化的，即电导的变化是不连续的，是间隔的、跳跃式的。类似的介观物理效应还包括AB振荡、普适电导涨落和弱局域化等。出现这些效应的本质原因是：不同于遵循经典力学的宏观系统，介观系统依赖的理论基础是量子力学。从20世纪中叶开始，基于不同材料制备的不同结构的介观系统大量涌现，介观物理因此得到快速发展。

特征效应 相位相干性 表明电子相位相干性的一个直接实验结果是AB振荡（又称AB效应）。AB效应是1959年由Y.阿哈罗诺夫和D.玻姆提出的一种理论。它指出即使电子运动的路径上不存在电场和磁场，但只要存在静电势和磁矢势，就会使电子波的相位发生变化，从而影响电子波的干涉结果。AB振荡具体是指：把一个介观尺度的普通金属环放置在垂直环平面的磁场中，可以观测到电导是磁通量的函数，并以磁通量子为周期的变化行为。在低温下，当相位相干长度大于环的周长时，电子在环内沿不同路径传输时是保持相位相干的，任意电子通过环的其中一臂与同一电子通过另一臂之间会发生干涉，这就像光的双缝干涉一样。理论计算发现金属环的电导正比于金属环中磁通量的余弦值，即电导是磁通量的周期振荡函数。

量子限制效应 在空间上某一方向对介观系统加以限制，可使其维数降低。从维数上看，极限受限的构型就变成一个低维系统。能态密度和系统维数有关。此外，不同维度的系统，其能带中不同能量的本征态，对传导和对平均可观测量贡献的程度也不尽相同。对低维度的介观系统，其能态密度与三维系统相比完全不同，称为量子限制效应。具体来说，产生量子限制效应的结构有量子阱、量子线和量子点，分别对应二维、一维和零维。在这些结构中，其能量谱是分立的、量子化的，而不是像宏观体系中那样连续的变化。这些低维系统中特殊能级结构的出现，为介观物理的发展提供了广阔的平台。

普适电导涨落 在20世纪80年代中叶，实验上发现一些介观尺度的金属样品的电导随外场如磁场、偏压等做无规振荡。对不同的样品其振荡的图形不同，但对于同一样品在外界条件相同的情况下，这种无规振荡的图形完全可以重复，说明这些图形是样品本身所特有的。另一个重要的特征是，不同的样品虽具有不同的无规振荡图形，电导也可能相差一到几个数量级，但其涨落的方差是一个与量子电导量级相同的普适常数，与样品材料、大小、无序程度及电导平均值的大小无关，只与样品的形状和有效维数有微弱的关系。因此这种涨落称为普适电导涨落。

弱局域化 弱局域化是低温下发生在无序电子系统中的物理效应。在弱局域情形，局域化长度比系统的尺度大。弱局域效应可以由量子干涉引起的背散射增益来解释，即两个相等概率幅之和的量子相干概率比对应两概率的非相干之和大。如电子在扩散中以一定的概率回到其出发点形成闭合路径。假设电子发生弹性散射，则该闭合路径与其逆转路径具有时间反演对称性，因此电子波通过这两个路径回到原点时具有相同的振幅和相位。计算发现，考虑量子效应得到的回归概率是经典理论的两倍。这意味着尽管巨大数量的电子扩散路径由于波间干涉趋向于相互抵消，但经过时间反演路径的电子波间干涉却相互增强。因此参与导电的电子概率下降，并导致电导率的减小或电阻率的增加。这种对经典电导率的量子力学修正称为弱局域化效应。

库仑阻塞 根据量子力学的基本原理，电子具有波粒二象性。电子的粒子性也会导致很多新的物理现象。如对于由两个金属电极中间夹一个很薄的绝缘层形成的隧道结，从经典物理的角度，这可看成是一个电容器。如果隧道结足够小，它的电容也非常小，加入单个电子到隧道结的静电能变得非常重要而不能忽略。这样就会出现一种现象：一旦某个电子隧穿进入了隧道结，它将阻止随后的第二个电子再进入。很显然只有等待该电子离开库仑岛以后，第二个电子才能再进入。这种电子的库仑静电能对电子传输的阻碍作用称为库仑阻塞。库仑阻塞是一种单电子效应，起源于电子所带的电荷是分立的。库仑阻塞现象发生要满足两个条件：一是单电子的静电能要远大于它的热涨落的能量；二是隧道结电阻要接近或大于量子电阻 $(h/e)^2$，以满足量子力学能量－时间测不准关系。

介观物理在经历了30多年的快速发展，已经深入凝聚态物理的各个领域，并延伸到材料、信息、生物、能源等许多学科中。它一方面推动了纳米技术在微电子学、自旋电子学等领域的应用，另一方面为设计和制备各种新型量子结构与量子器件提供了强大的理论支撑。（王伯根）

介质超材料 dielectric metamaterials 一种具有特殊电磁特性的材料。所谓超材料，是一种具有天然材料所不具备的超常电磁特性的人工复合材料或结构。而介质超材料是相对于金属单元基超材料而提出，其结构组成单元是具有高介电常数的介质颗粒（球、柱、立方体、长方体等）。通过对每个亚波长尺度的单元晶格的设计，将介质颗粒分布于具有低介电常数的背景材料中，构造出超材料的原子晶格。由于单元尺度远小于入射电磁波波长，其等效电磁参数可以用等效媒质理论来描述。

介质超材料可以实现自然材料不具备的特殊电磁参数，以及对电磁波的特异性控制。如实现超大、零甚至负的介电常数，磁导率及折射率，控制入射电磁波的偏振及相位等。与光子晶体不同，介质超材料是利用亚波长尺度介质颗粒之间的近场耦合来控制入射波，而光子晶体则借助波长尺度的周期单元来产生光子带隙。

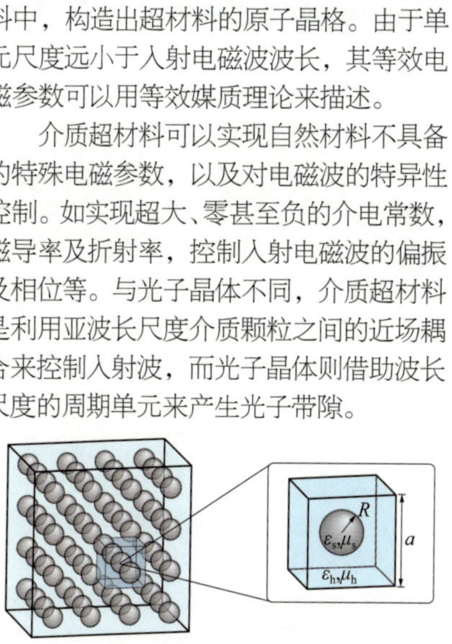

介质超材料示意图

介质超材料的原理是基于介质颗粒的米氏（Gustav Mie）谐振效应。下面以球形介质颗粒为例进行说明。如图所示，介质球基超材料的结构单元为球形颗粒，其电磁参数可以通过有效媒质理论（EMG理论）获得。假设介质颗粒的介电常数为

ε_s、磁导率为μ_s，将其分散至电磁参数分别为ε_h、μ_h的媒质中。介质球在媒质中的填充率为f。取$x=(\varepsilon_h\mu_h)^{1/2}\omega R/c=2\pi R/\lambda$，其中$R$为颗粒半径，$\lambda$为媒质中的波长。取$x_s=(\varepsilon_s\mu_s)^{1/2}\omega R/c=2\pi R/\lambda_s$，$\lambda_s$为颗粒中的波长。使用EMG理论计算材料等效电磁参数时需满足准静态条件，即满足$x\ll 1$。介质超材料的等效介电常数ε_{eff}和等效磁导率μ_{eff}可表示为：

$$\varepsilon_{eff}(\omega)=\varepsilon_h\frac{x^3-3\mathrm{i}fa_1}{x^3-\frac{3}{2}\mathrm{i}fa_1}$$

$$\mu_{eff}(\omega)=\mu_h\frac{x^3-3\mathrm{i}fb_1}{x^3-\frac{3}{2}\mathrm{i}fb_1}$$

式中a_1、b_1分别是单个球形颗粒散射矩阵的一级电偶极分量与磁偶极分量，如下：

$$a_1=\frac{j_1(x_s)[xj_1(x)]'\varepsilon_s-j_1(x)[x_sj_1(x_s)]'\varepsilon_h}{h_1^+(x)[x_sj_1(x_s)]'\varepsilon_h-j_1(x_s)[xh_1^+(x)]'\varepsilon_s}$$

$$b_1=\frac{j_1(x_s)[xj_1(x)]'\mu_s-j_1(x)[x_sj_1(x_s)]'\mu_h}{h_1^+(x)[x_sj_1(x_s)]'\mu_h-j_1(x_s)[xh_1^+(x)]'\mu_s}$$

式中j_1为一阶贝塞尔函数；h_1^+为一阶汉克尔函数。

通过介质颗粒的材料选择、几何形状和尺寸的设计，可以实现不同频段的超常电磁响应。①半导体纳米颗粒，可以实现可见光频段的较大介电常数，如硅、碲等；②极化激元晶体颗粒，可以实现红外和太赫兹波段较大的介电常数，如$LiTaO_3$、SiC、CuCl等；③铁电陶瓷颗粒，可以实现微波段的高介电常数，如$Ba_xSr_{1-x}TiO_3$、$SrTiO_3$、$CaTiO_3$等。

制备方法有：①光频、红外和太赫兹波段，传统微纳米加工技术（电子束刻蚀、聚焦离子束刻蚀、光刻等）、激光诱导转移技术（飞秒激光烧蚀技术、超快激光熔融和打印技术、自组装纳米颗粒辅助刻蚀技术等）、化学胶体自组装等；②微波频段，传统的电子元器件制备加工方法（陶瓷流延技术、低温共烧陶瓷技术和晶元切割技术等）。

由于结构简单、低损耗、宽响应频带等优异特性，介质超材料具有广泛的应用前景，如电磁隐身斗篷、抑制自发辐射的近零折射材料、突破衍射极限的平面光学超透镜、片上光电子集成器件、微型可穿戴光电子器件、近场生物传感器和能量收集器以及外场智能调控超材料和超表面等。（周 济 赵 乾）

介质的色散 medium dispersion 介质的介电常数ε、磁导率μ随介质中的电磁场的频率发生变化的现象。介质的色散导致介质中电磁波的相速度随频率发生变化。以电场与电位移矢量的关系为例，对于非色散电介质，或没有色散的电介质，或电介质虽有色散，但电场只含单一频率：

$$\boldsymbol{D}=\varepsilon\boldsymbol{E}$$

当电介质有色散，且电场包含的频率多于一种，则电位移矢量与电场之间就不存在简单的比例关系，而应该为：

$$\boldsymbol{D}=\sum_i\varepsilon_i(\omega_i)\boldsymbol{E}(\omega_i)$$

式中的求和对所有可能的频率。如果电场的频率是连续的，则上面的表达式应改为相应的积分。对于有色散的介质，电磁波传播的相速度就依赖于电磁波的频率，这时相速度为：

$$u(\omega_i)=\frac{1}{\sqrt{\varepsilon_i(\omega_i)\mu_i(\omega_i)}}$$

相应的电磁波的折射率也依赖于频率：

$$n(\omega_i)=\frac{\sqrt{\varepsilon_i(\omega_i)\mu_i(\omega_i)}}{\sqrt{\varepsilon_0\mu_0}}$$

由此可知，含有多种频率成分的白光经过三棱镜后，因不同频率成分的光的折射率不同，导致白光经过三棱镜折射后被分成不同颜色的单色光射出三棱镜。

实验表明，在可见光范围内无色透明的物质的色散曲线（通常是折射率随波长变化的曲线）形式相似，如折射率n随波长λ的增加而单调下降，且下降在短波一段更大。这种色散称为正常色散。1836年，A.-L.柯西给出一个正常色散的经验公式：

$$n=A+\frac{B}{\lambda^2}+\frac{C}{\lambda^4}$$

式中A、B、C为与物质有关的常量，其数值有实验数据确定。当变化范围不大时，柯西公式只取前两项，即：

$$n=A+\frac{B}{\lambda^2}$$

实验表明，在强烈吸收的波段（其波长通常离可见光波段比较远），色散曲线的形状与正常色散大不相同。这种现象称为反常色散。

根据折射率随频率（或波长）的变化，还可以进一步引入波包的群速度，它代表波包中心运动的速度。群速度与等相位面传播的速度（相速度）相比，可能更大，也可能更小。当介质无色散时，群速度与相速度即已相等。（陈晓林）

介质阻挡放电 dielectric barrier discharge; DBD 一种典型的非平衡态交流气体放电。又称阻挡放电、无声放电。介质阻挡放电是一种具有绝缘介质插入放电空间的气体放电。其特点是至少有一个电极表面被绝缘介质覆盖或在放电空间插入绝缘介质。作为产生低温等离子体的重要手段，介质阻挡放电具有两个重要的应用方向：一是在工业领域，如微电子刻蚀与清洗、环境保护、材料处理、生物医学、新能源、显示技术等诸多领域；二是作为高度非线性系统的模式体系用于研究自组织斑图形成机理，以及斑图动力学等科学问题。

图1为一种典型的介质阻挡放电装置示意图。在两个放电电极之间充满工作气体，并将其中一个或两个电极用绝缘介质覆盖，也可将介质悬挂在放电空间，或采用颗粒状的介质填充其中。电介质层的存在可以防止放电空间形成局部火花或弧光放电，能够形成稳定的气体放电。介质阻挡放电通常工作在交流条件下，驱动电源的频率为几十赫到兆赫，工作气压可达一个大气压甚至更高。当施加在放电电极上的电压超过工作气体的击穿阈值时，气隙间的气体被击穿形成明亮的放电。在实际应用中，管线式的电极结构也被广泛采用，其电极和间隙结构为同轴圆柱形，电场为非均匀分布。

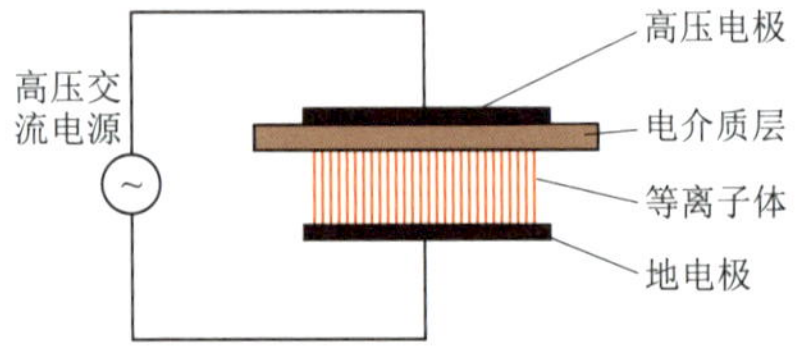

图1 DBD装置的典型结构

依赖于放电气体的种类和环境压强的不同，介质阻挡放电通常呈现出三种不同的放电模式：均匀放电、丝状放电、自组织斑图放电。当气压（p）与气隙间距（d）的乘积，即pd值较小时，放电工作在汤森模式或辉光模式，放电一般表现为均匀放电或弥散放电。当pd值较高时，放电一般为流注模式，特点是在放电空间中存在着许多细小、寿命极短的明亮放电丝。该微放电通道大致为圆柱状，半径约为0.1毫米，放电持续时间约为10纳秒，电流密度可达0.1～1.0千安/厘米^2。对于氦气等惰性气体，在pd值较高的情况下，亦可产生均匀的辉光放电。此外，放电介质的属性以及外加电压的幅值与频率等因素也会对介质阻挡放电等离子体的特性产生显著的影响。在不同条件的介质阻挡放电中均可能出现微放电通道有序排列的状态，称为斑图模式。相比于其他斑图研究系统，介质阻挡放电斑图种类丰富、时空行为多样、形成时间短、易于测量。在介质阻挡放电中已经获得了包括超点阵在内的几十种斑图类型，并发现了它们的时间反演性以及时空记忆性，这是一种包含着涉及基本物理学问题的重要现象。

除上述电极平行对置的放电构型外，

沿面放电是介质阻挡放电的另一重要放电方式。沿面放电是指沿气体和固体绝缘体或气体与液体绝缘表面发生的气体放电现象。其中气体沿着固体绝缘表面放电的形式主要包括沿面滑闪和沿面闪络，在电力传输中具有重要影响。图2给出了介质阻挡沿面放电示意图。放电首先从阳极附近被点燃，之后随着放电的发展，等离子体区域沿介质表面方向扩张至阴极。介质阻挡沿面放电广泛应用于等离子体平板显示器中。

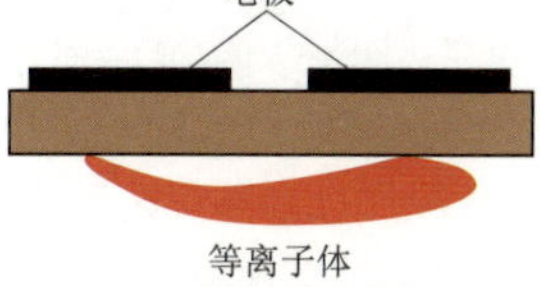

图2　放电电极共面排列沿面放电示意图

基于介质阻挡放电气体温度低、物理化学性质活泼且操作方便等显著优势，介质阻挡放电已经被广泛应用于臭氧发生器、高强度单色光源、材料表面改性、生物医学、流动控制等众多领域。

（范伟丽　董丽芳）

介子　meson　参与强相互作用的自旋为$\hbar$的整数倍的粒子的总称。介子和**重子**同属于**强子**。包括除**光子**、**中间玻色子**和**胶子**外全部已知的整数自旋的粒子。历史上介子是在研究强相互作用时首先由**汤川秀树**预言存在的一种粒子，质量介于电子质量和核子质量之间，故称为介子。后来实验上发现两种质量介于电子和核子质量之间的粒子，一种称为μ介子，一种称为π介子，前者自旋等于$\hbar/2$，不参与强相互作用，后者自旋等于零，参与强相互作用。实验上已发现许多参与强相互作用自旋为$\hbar$的整数倍的粒子，质量有在电子和核子之间的，也有大于核子质量的，但都统称为介子。而以前被称为μ介子的粒子，现在称为μ子，它属于**轻子**。

自旋为0的介子，视其宇称为正或为负，又分别称为标量介子和赝标介子。自旋为1的介子，视其宇称为正或为负又分别称为轴矢介子和矢量介子。曾经认为介子是基本粒子，但实验表明介子有着内部的结构，认为已发现的介子，都是由一对正反夸克构成的，如$\pi^+=u\bar{d}$，$\pi^-=\bar{u}d$，$J/\Psi=c\bar{c}$，$D_s^+=c\bar{s}$等。

（沈齐兴）

介子衰变常数　meson decay constant　反映介子衰变规律的量。粒子物理中，介子的衰变常数是通过介子向真空湮没的不变跃迁振幅来定义的，反映的是介子内部组分结构及其内部组分间的相互作用信息。

介子衰变常数涉及非微扰量子色动力学，可以用理论模型方法计算得到，在非相对论极限下正比于介子波函数在坐标空间的零点值。如由正反夸克$q_1\bar{q}_2$构成的赝标介子P和矢量介子V的衰变常数定义如下：

$$\langle 0|A^\mu|P(P')\rangle = iF_P P'^\mu$$

$$\langle 0|V^\mu|V(P',\epsilon)\rangle = F_V M\epsilon^\mu$$

式中$A^\mu=\bar{q}_1\gamma^\mu\gamma_5 q_2$为轴矢流；$V^\mu=\bar{q}_1\gamma^\mu q_2$为矢量流；$P'$和$M$为介子的动量和质量；$\epsilon$为矢量介子的极化矢量；$F_P$和$F_V$为赝标介子和矢量介子的衰变常数。

实验上，带电赝标介子的衰变常数可以通过其弱衰变湮没为一对轻子的过程来测量，此时又被称为轻子衰变常数，或弱衰变常数。在最低阶，此湮没衰变分宽度为：

$$\Gamma(P\to l\bar{\nu})=\frac{G_F^2|V_{q_1q_2}|^2}{8\pi}F_P^2 m_l^2 M\left(1-\frac{m_l^2}{M^2}\right)^2$$

式中l为带电轻子；$\bar{\nu}$为相应的反中微子；G_F为弱作用费米耦合常数；$V_{q_1q_2}$为CKM矩阵元；m_l为轻子质量。

（王国利）

介子-原子核相互作用　meson-nucleus interaction　用介子变革原子核的过程。随着技术的进步和高能物理研究的进展，研究原子核的手段也不断更新，除了使用传统的变革原子核的探针外，各种介子也用来变革原子核，这就形成了介子核物理，即介子与原子核相互作用的研究。研究最多的是π、η和K等较轻的介子与原子核的相互作用。最常用的介子束流是π介子和K介子束流。

利用介子来研究原子核一方面是由于介子是强相互作用的媒介粒子，对于原子核这个强相互作用体系，介子会有更灵敏的响应。另一方面，介子有一些常规的轻子和核子探针没有的独特性质。

π介子是最轻的介子，它的同位旋为1，有三种电荷状态，可以通过电荷交换反应改变原子核的两个单位的电荷，形成特殊的原子核状态。π介子是玻色子，它可以在原子核内产生或被吸收，π介子被吸收后，至少有139.6兆电子伏的能量交给了原子核，这是一种变革原子核的独特手段，π吸收过程又与核力相联系。π介子与核子组成的系统总同位旋可以是1/2或3/2，π介子与核子相互作用是产生核子激发态和Δ_{33}共振态的有效手段，π介子与原子核相互作用是研究核内核子激发态和Δ成分最直接的方法之一。

K介子是另一类用于研究原子核的介子，它的同位旋为1/2，但它是奇异粒子，具有奇异数S，K^+的奇异数$S=1$，K^-的奇异数$S=1$。它们可以通过(K^-,π^-)或(K^+,π^+)等这类奇异交换反应把原子核内的中子变成带奇异数的重子（如Λ或Σ超子）形成超核，是研究超核的主要手段。在低能区，K^+-N系统没有共振，总截面仅为10毫靶，这相当于K^+介子在核物质中的平均自由程为5～7飞米，正是这种相对弱的相互作用，K^+介子又被看成强作用物理的“电子”，期望K^+介子成为探测原子核内部中子分布的有用工具。

η介子是π、η和K组成的SU（3）群的另一个成员，它的同位旋为0，它的夸克结构中含有奇异和反奇异夸克成分。在阈能附近，它和核子的相互作用与$N^*(1535)$有很强的耦合。η介子与原子核相互作用的研究为$N^*(1535)$-原子核相互作用提供有用的信息。由于不可能有η介子的束流，η介子与原子核相互作用的研究只能通过η介子在原子核上的产生来进行。

20世纪60年代开始，人们就认识到介子与原子核相互作用研究的重要性，初步的研究发现了一系列新现象，接着在美国、加拿大以及瑞士，三个专门用于产生介子束流的强流质子加速器建成并投入运行，当时称之为“介子工厂”，标志着介子核物理的工业革命。

介子-原子核相互作用按照反应类型主要有如下几种。

①弹性和非弹性散射。入射介子与原子核发生相互作用后，原子核仍处于基态或低激发态，前者为弹性散射，后者为非弹性散射。低能π介子和K^+介子在原子核内的平均自由程较大，可以探测原子核的内部物质分布。当入射π介子的动能在195兆电子伏附近时，由于π-N系统的Δ_{33}共振和它的同位旋依赖，π-核散射是研究核内中子分布、原子核的激发方式以及Δ_{33}在原子核内的传播的有用工具。

②电荷交换反应与奇异交换反应。因为π介子有三种电荷状态，这就可能利用π介子将原子核内的一个或两个质子（或中子）变成中子（或质子），发生电荷交换反应。形成原子核的新激发态。当原子核的电荷发生了改变，而核中核子的空间与自旋状态未改变时，就形成了同位旋相似态。用这种反应已经发现了一系列原子核的同位旋相似态和双同位旋相似态，以及新的原子核巨共振态。(K^-,π^-)或(K^+,π^+)等这类奇异交换反应是产生Λ或Σ超核的主要手段。

③介子在原子核上的吸收。介子是玻色子，它与原子核作用后，可以被原子核吸收，这时介子的总能量（包括其静止质

量）全部转换成原子核内核子的动能。由于在自由空间一个核子不可能吸收一个介子，所以介子在核内主要是被两个以上核子所吸收，这种反应是研究核内核子关联的有用手段。π介子在原子核上的吸收截面很大，甚至可以达到π-核非弹性截面的一半，清楚认识π吸收的机理对于理解π-核反应具有十分重要的意义。虽然K介子也可以被原子核吸收，但由于它是带有奇异量子数的粒子，被原子核吸收后要把奇异量子数交换给核内的核子，把核子变成带奇异量子数的重子，如Λ或Σ重子。

（姜焕清）

界面 interface 两种物体之间的交界面。通常指固体与其他物质接触的边界层。固体与气体或真空之间的界面称为固体的表面。固体与液体的界面涉及润湿、表面张力、腐蚀等问题；而固体与电解液界面则是电化学研究的对象。固体与固体的界面中，半导体与金属、半导体与绝缘体以及半导体与半导体的界面一直是研究的热点。半导体与金属间的界面也称为肖特基结，半导体与半导体之间的界面也称为异质结，它们都是半导体器件的主要组成部分。半导体与绝缘层之间的界面更是与半导体器件的可靠性密切相关。上述这些界面的研究对半导体器件性能的改进以及新器件的发展，特别是对器件的微型化和集成电路的发展有着极其重要的现实意义。

在界面附近，两种固体原子间会发生扩散，也可能会发生化学反应。所以，界面附近的化学组分、原子排列和化学键特征都与物体内的情况有所不同。另外，界面附近也可能引进一些缺陷，造成界面处晶体的周期性势场被破坏而引入界面态。这些界面态的存在也对半导体器件的性能产生重要的影响。界面的研究是半导体物理等学科的主要研究方向之一。

（吴述尧）

界面超导 interfacial superconductivity 超导电性被限制在相邻两相分界面的现象。界面超导概念的起源可追溯至20世纪60年代物理学家V.L.京茨堡等人对二维表面超导的研究。1968年，实验研究者首次在传统超导体Al-Cu/Sn体系发现了界面增强的超导现象，即当Al与Cu或Sn混杂形成超晶格时，其超导转变温度T_c被提高将近1开。顾名思义，界面超导是指超导电性被限制在相邻两相分界面的现象。狭义言之，受人广泛关注的界面超导特指在两种固体材料分界面处的低维超导电性。这里，处于界面两侧的固体可以均为非超导材料，或者其中一种或两种为超导转变温度小于界面T_c的超导体。

典型界面超导体系

材料A	材料B	界面超导转变温度T_c
Al超导体（T_c= 2.7K）	Cu金属	3.5K
$La_{1.85}Sr_{0.15}CuO_4$超导体（T_c= 40K）	La_2CuO_{4+d}超导体（T_c= 40K）	51.5K
FeSe超导体（T_c=9.4K）	$SrTiO_3$绝缘体	>65K
PbTe半导体	SnTe半导体	7K
$LaAlO_3$绝缘体	$SrTiO_3$绝缘体	0.2K
La_2CuO_4绝缘体	$La_{1.55}Sr_{0.45}CuO_4$金属	52K

探索界面超导特性和机理，首先需要构筑高精确、组分和尺度原子级可控的二维界面。21世纪，随着薄膜科学技术的发展，借助于半导体工艺中的外延生长技术，研究者通过“搭积木”的原子层沉积技术，先后实现了多种界面超导体系乃至超导的超晶格薄膜。表中总结了具有代表性的界面超导体系以及它们的主要特性。其中，清华大学物理系薛其坤研究团队发现的单层$FeSe/SrTiO_3$异质结具有远高于FeSe块材单晶T_c的超导转变温度（>65开，常压下仅次于铜氧化物高温超导体的T_c），引起高温超导和材料科学等领域的广泛关注，这种现象被称为界面增强的超导电性。

关于界面超导的起源学术界仍是众说纷纭，莫衷一是。从微观来讲，超导电性的本质是固体材料中费米能级附近的电子通过某种“媒介”（如声子）相互作用两两配对形成库珀对的过程。因此，超导电性的产生不仅需要高的费米能级处态密度，而且需要强的配对媒介，如高的德拜温度和强的电声子相互作用。一般来说，金属具有高的费米能级处态密度，但德拜温度较低；而半导体/绝缘体具有高的德拜温度，但费米能级处态密度很低。这样，单纯的金属或半导体/绝缘体完全不能产生超导或者仅产生较低的超导转变温度。通过构建基于它们的异质结结构，界面处可以共享界面两侧材料的特性，如同时具有高的费米能级处态密度和德拜温度，从而有助于超导电性的发生。但值得一提的是，某些绝缘体材料接触后在界面处会发生电荷转移或重组现象，因此界面处有自由移动的电荷（二维电子气）同样也可以产生超导，如$SrTiO_3/LaAlO_3$体系。

由于界面超导在电子器件中有巨大的应用潜力（界面超导被限制在纳米尺度薄层中，很容易实现场效应管调控），因此开发更高T_c的界面超导具有重大意义；另一方面，深入探究界面超导的起源，有望为解决非常规高温超导体（T_c超过基于电声子相互作用用BCS理论的麦克米兰极限40开）的配对机理提供重要甚至是决定性的依据。已发现的超导转变温度T_c>30开的高温超导材料均具有层状结构。如在铜氧化物和铁基高温超导体中，超导主要发生在CuO_2和FeAs原子层，但形成库珀对的载流子主要来源于相邻氧化物或金属的电荷库层，超导层和电荷库层交替堆垛形成了包含许多界面的超晶格结构。鉴于高温超导准二维的特性，有观点认为层状高温超导体的起源很有可能来源于界面效应。进一步探索界面超导的新奇物性、机理以及它们与高温超导之间的关系是当前凝聚态物理学重要的研究课题之一，并有望为发现新的更高T_c的超导体提供全新的途径。

（蔡　鹏　宋灿立）

界面电子结构 interfacial electronic structure 在两种材料的界面处，电子具有的不同于界面两侧材料的微观行为。界面电子结构包括费米面结构、能带色散、能隙大小和分布等。异质界面常具有不同于块材的光电性质，往往是由于其独特的界面电子结构。对界面电子结构的直接测量对于理解异质界面、建立微观物理图像及设计新型界面至关重要。

异质界面一直是发现新奇物性和发展应用的重要平台，对器件的改进与开发往往基于异质界面。例如，世界上第一个晶体管便构建自不同掺杂的半导体的界面。对于过去几十年半导体薄膜的器件在光学和电子应用中的巨大成功，诺贝尔物理学奖获得者H.克勒默断言为：“界面即器件（The interface is the device）。”由于材料的宏观物性由低能电子结构决定，对界面的设计与探索都离不开对于界面电子结构的研究与理解。在半导体材料的异质界面，界面电子结构可以用能带弯曲、载流子转移等准经典图像较好地描述。基于对界面电子结构的理解，人们设计和构筑半导体器件，成为半导体工业的基础。

得益于薄膜生长技术的发展，新型异质界面的研究不断深入。人们在界面体系发现了多个新奇物性，例如在过渡金属氧化物绝缘体$SrTiO_3$和$LaAlO_3$的界面出现高迁移率的二维电子气、在$EuTiO_3$和$DyScO_3$界面的多铁电性，以及在FeSe和$SrTiO_3$界面的高温超导电性等，而这些现象都无法简单地利用能带弯曲等准经典图像来理解。这些复杂界面体系的界面电子结构的复杂性，来源于其中晶格应力、电声子耦合、自旋晶格耦合、自旋轨道耦合、对称性破缺等多种物理作用，因为还没有微观图像可以完善考虑这些物理作用，所以难以准确预言界面性质。因此，对界面电子结构的测量成为理解界面新奇物性的主要手段，如在FeSe/$SrTiO_3$高温超导界面，实验观测到的费米面定量表征了界面处的电荷转移，超导能隙随温度和动量的演化揭示了其超导配对温度和配对对称性，能带带宽的变化体现了关联强度的变化，而复制能带的出现体现了在该界面处存在电声子耦合，这些对界面高温超导给出了重要的启示作用。

因为异质界面只占样品体积的极小部分，并往往埋藏于样品内部，给电子结构探测带来了难度。对于单层FeSe/$SrTiO_3$这样的特例，可以用表面敏感的实验手段，例如角分辨光电子能谱（ARPES）或扫描隧道谱（STS）分别在动量空间和坐标空间直接测量位于表面的单层FeSe的电子结构。然而对于样品深处的界面态，例如$LaAlO_3$/$SrTiO_3$界面二维电子气需要4个晶格厚度以上的$LaAlO_3$才能生成，表面敏感的ARPES和STS无法触及。在这种情况下，可以通过非线性光谱测量、软X射线ARPES、驻波光电子能谱等更加敏感的手段，获得部分界面电子结构信息。如何对埋藏的界面进行更完善、更直接的电子结构测量，依然是一个挑战。

（封东来　彭　瑞）

金建中　Jin Jianzhong（1919-07-23～1989-10-12）　中国物理学家。生于北京，卒于甘肃兰州。1944年毕业于北京大学物理系，1946年获辅仁大学物理系硕士学位，

后任教于北洋大学、清华大学。1950～1958年任中国科学院近代物理研究所（1953年改名物理研究所）助理研究员和副研究员。1958年起，先后任中国空间技术研究院兰州物理研究所副研究员、研究员、副所长。1978年任第七机械工业部501所所长、研究员。1980年任航天部五院副院长、总工程师，1983年任名誉所长。1980年当选为中国科学院学部委员（院士）。曾任中国真空学会第一任理事长。

金建中是中国真空科学的主要创始者与开拓者之一。1958年之前，在国内率先研制成金属高真空油扩散泵。成功地研制了超高灵敏度质谱检漏仪，金属超高真空系统及其校准、测量体系，回转质谱仪等。开辟了真空低温技术应用基础研究及其与航天应用相结合的广泛领域。

（戴念祖）

金属玻璃　metallic glass　一类特殊的非晶材料。其原子结合方式是金属键。又称非晶合金。作为一类特殊的非晶材料，金属玻璃具有非晶材料的一般结构特征，其原子排列具有中、短程有序而长程无序的结构，不具有周期性，也不具有通常晶态金属所有的结构缺陷（位错、晶界等）。之所以非晶合金也称为金属玻璃，就是因为其微观结构和另外一类最早和广泛使用的非晶材料——玻璃（氧化物玻璃）类似，都是无序的。但和氧化物玻璃相比，金属玻璃是非晶材料家族中的最新成员，直到1960年，第一个金属玻璃样品（$Au_{75}Si_{25}$非晶合金）才采用急冷技术人工制备出来。自此，金属玻璃才受到广泛的关注和研究。20世纪70年代，铁基非晶合金因为其优异的软磁性能，高的磁导率和电阻率，在电力转换（变压器）等领域得到广泛应用。中国非晶合金产业发展十分迅速，已经形成近1000亿元的铁基非晶材料、非晶铁芯和相关制造业的产业集群。除了非晶变压器以外，非晶电机、非晶互感器等新产品已经成为铁基非晶材料应用的新领域，前途广阔。除了铁基非晶以外，自80年代末开始，块体非晶合金（*块体金属玻璃*）的研究在美国科学家W.L.约翰逊和日本科学家井上明久等的推动下，获得蓬勃发展。开发出具有很强的非晶形成能力的合金系，在临界冷却速度低于10^2开/秒的条件下，用一般工艺方法（如铜模铸造方法等）即可获得三维尺寸在毫米量级的大块非晶合金。中国科学家也研制出了一系列的稀土基和铜-锆（CuZr）二元体系等多个新型块体非晶体系。与晶态金属相比，块体金属玻璃具有优异的力学性能，如高强度和高硬度；过冷液相区的优异塑性变形能力等优点。

（张　博）

金属电子论　electron theory of metals　研究金属中电子运动状态和电子特性的理论。金属具有良好的导电、导热性，是由金属中的电子贡献的。20世纪初P.德鲁德和H.A.*洛伦兹*提出了经典的自由电子模型，这个理论成功解释了欧姆定律和反映电导与热导之间联系的*维德曼-夫兰兹定律*。1928年A.J.W.*索末菲*应用量子力学和费米-狄拉克的全同粒子统计的原理描述金属电子的运动。同年F.布洛赫进一步考虑原子规则排列的晶体中的周期势场对单电子运动的影响，奠定了单电子能带理论的基础。他指出，在严格的周期势场中单个电子处于一个自由传播的本征态，称为布洛赫波，并不随时间改变。但在实际晶体中，原子振动或者杂质原子或点阵缺陷，可以引起晶体势场相对于严格周期势场的微小偏离，使单电子的运动状态发生改变。能带理论既反映出各种晶体的特殊性，又考虑了杂质、缺陷以及点阵振动对电子的散射作用，对于描述金属中的电传导、热传导等输运现象取得很大成功。

（盛　利）

金属光学　metal optics　研究金属的光学性质及其与金属物质结构关系的光学分支学科。金属最主要的光学性质是它对光的吸收和反射，而反射率和吸收率均由其复折射率决定：

$$\hat{n} = n - \mathrm{i}\chi$$

式中n为实折射率；χ为消光系数。二者常称为金属的光学常数，这样就把金属电导率存在所产生的影响考虑进来了。

光由空气正入射到金属表面时，根据菲涅耳公式反射率为：

$$R = \frac{(n-n_0)^2+\chi^2}{(n+n_0)^2+\chi^2}$$

式中n_0为空气的折射率。而吸收率为：

$$A = 1 - R = \frac{4n_0 n}{(n+n_0)^2+\chi^2}$$

光在金属中传播时其强度I的衰减规律则满足比尔定律：

$$I = I_0 \mathrm{e}^{-\alpha Z}$$

式中I_0为波长为λ的入射光的强度；Z为光的传导深度；α为吸收系数。

金属的光学常数n和χ随光波长而变。从近红外向长波方向，二者随λ单调增大，大体上金属都不透明而有很高的反射率，这是由于在此波长范围内金属中的自由电子与光的相互作用起主要作用。从可见光向短波方向，因光子能量较高，金属电子的带间跃迁开始参与作用，在紫外区很多金属都吸收较低而变得透明起来。金属的光学常数随光波长的变化与金属结构直接有关，由此可获得关于金属结构的信息。

金属/电介质界面形成的表面等离子激元（SPP）研究比较活跃。SPP是金属中的自由电子在一定条件下与电磁波发生强烈耦合形成的。金属中自由电子的浓度较高，等离子频率在紫外区，因此SPP的激发多在可见光、近红外频段。

（阎吉祥）

金属晶体 metallic crystal 由金属阳离子和自由电子（即金属的价电子）构成的晶体。金属晶体都是金属单质。基本特点是电子的“共有化”。在结合成晶体时，所有原子把各自的价电子全部贡献出来，成为共有化电子。这些价电子可以在整个晶体中自由运动，成为“自由电子气”。金属晶体通过带负电的电子云和正离子之间的库仑引力把各个离子结合在一起。

（卢江波 屈世显）

金属-绝缘体转变 metal-insulator transition 导电的金属和不导电的绝缘体或半导体之间的转变。在能带理论中，金属和绝缘体是由零温时能带填充情况所决定的。当有能带被部分填充时，材料中存在巡游的载流子，体系成为导体。当所有能带均被完全填满或完全未填充时，体系成为绝缘体或半导体，满带和空带之间的间隙被称为禁带（或带隙）。

金属-绝缘体转变大致有布洛赫-威耳孙转变、莫特转变、安德森转变和佩尔斯相变几类。

布洛赫-威耳孙转变 通常，当固体元胞里价电子数目为奇数时，考虑到电子自旋简并，能带半填充，体系将会是导体。反之，当元胞里价电子数目为偶数时，能带全满，体系成为绝缘体。但当外界条件（如温度、压力等）发生变化时，会改变固体的晶格常数甚至晶格结构，从而改变能带结构或电子填充状况，产生金属和绝缘体之间的相互转变。

莫特转变 传统的能带理论并不能解释所有的金属或绝缘现象，最典型的例子是莫特绝缘体。该类材料中有半填充的能带，但由于电子之间的强关联效应，两个电子占据同一晶格点时会存在较大的库仑排斥能U。当U大于带宽时，能带劈裂为两个，仅有一个带填满而成为绝缘体。当原子之间的距离（晶格常数）减小到某个临界值时，U减小到带宽以下时，体系会从莫特绝缘体向金属转变，这种转变被称为莫特转变。除了带宽控制的转变，还可以通过电子填充数的改变（载流子掺杂）来实现金属绝缘体转变，通常伴随有各种电荷和磁有序态的演变。

安德森转变 在无序固体中还存在着另一种金属-绝缘体转变。P.W.安德森提出电子的局域化理论，即在周期性晶格中存在着无序性时，电子态虽然存在有限的态密度，但会出现迁移率边分开的扩展态和局域态（见**量子霍尔效应**）。若此时费米能落在扩展态能量区间，则系统为导体，否则为绝缘体。因此通过调控费米能与迁移率边的相对位置可以实现金属和绝缘体的相互转变。

佩尔斯相变 R.佩尔斯预言不存在稳定的一维零温金属态。由于电子与晶格的相互作用，一维系统会发生佩尔斯相变，在费米能打开能隙而成为绝缘体。这种转变已经在一维和准二维的电荷密度波材料中观测到。

（王亚愚）

金属卤化物灯 metal halide lamp 将金属卤化物加入高压汞放电管中制成的光源。金属卤化物灯是在20世纪60年代初研制出的。当高压汞灯内加入金属卤化物后，在灯工作时就能提高相应的金属的蒸气压，从而达到提高灯的显色性（显色指数～80）和光效（～100流明/瓦）的目的。如进一步选用多晶氧化铝陶瓷材料（PCA）替代石英管作为灯的外壳，所制成的陶瓷金属卤化物灯（CDM）的显色性，光效和寿命都能有显著提高（≥30%）。金属卤化物灯适于街道照明、室内照明、景观照明和体育场馆照明，但随着性能更好的大功率LED光源问世，它被逐步取代的趋势已难以逆转。

（陈大华）

金属塑料 metal plastic 同时具备金属材料的一种或多种性质，以及塑料材料的一种或多种性质的单一结构材料或复合结构材料。“金属塑料”这一名词和概念是中国科学家首次提出的。中国科学院物理研究所汪卫华领导的科研团队在2005年首次研制出铈基块体非晶合金材料。该材料在室温下具有良好的机械性能，且室温压缩强度和通常的超高强度的铝镁合金相近；还具有一般金属材料的导电和导热性能，电阻值和比热属于典型的金属材料范畴。该材料还具有和聚合物塑料类似的性质：①软化温度在室温附近，远低于水的沸点温度，与许多常见塑料的软化点接近，如尼龙；②在软化点以上，该材料具有和塑料一样的优异塑性变形能力，如在开水中就可以用手工进行弯曲、拉伸、压缩、压印等复杂的加工变形。基于铈基非晶合金的这种兼有金属和塑料的典型性能于一身的特点，他们首次提出了金属塑料这一名称。虽然金属和塑料单独作为材料和名称已经在日常生活、工程应用和科学研究中广泛为大家使用，但是金属塑料这一名称具有全新的物理内涵。因此金属塑料材料是一种具有复合性能的材料，其结构可以是单一的金属结构、塑料材料结构或二者的复合结构；从原子或分子的结合方式上，可以是金属键、分子键或二者的复合形态（如果存在）。在信息与新材料时代，金属塑料概念的提出，有利于科学家及工程技术人员研究和开发更多种金属塑料类材料和新的用途，进而促进社会进步和科技发展。

（张 博）

金属物理学 metal physics 研究金属和合金的结构与性能关系的科学。亦即从电子、原子和各种晶体缺陷的运动和相互作用来阐明金属和合金的各种宏观规律与转变过程。它既相当于金属学在微观领域内的进一步深入，也是以金属和合金为对象的固体物理学的分支。

简史 人类在生产实践中应用金属与合金材料已经有几千年的历史。但以金属与合金为对象进行认真的科学研究，则始于19世纪：初步研究了金属与合金的力学、电学和磁学等性质，并以金相显微镜观察金属的显微组织，取得了对合金的凝固、固态相变及再结晶等现象的初步认识，建立了和生产实验密切相关的金属学。20世纪初，X射线衍射方法的应用，使金属研究深入原子的水平；50年代以后，电子显微镜的使用，将显微组织和晶体结构之间的空白区域填补起来，成为研究晶体缺陷和探明金属实际结构的主要手段；多种能谱技术、包括电磁波谱和机械振动谱（内耗与超声衰减）的应用，对于澄清金属中的电子结构、缺陷性质和探测化学成分起重要作用；中子的非弹性散射又提供有关点阵振动的信息。这些实验方法为金属物理学的发展做出重要贡献。另一方面，理论物理（特别是量子力学和统计物理学）的进展，提供了处理金属中电子结构和原子过程的理论方法，对于形成和发展金属物理这一学科也起了关键作用。

金属电子论 金属的电子的结构与电子性能的理论，是金属物理基础理论的重要的一环。金属具有良好的导电性能是区别于其他材料的主要标志。20世纪20年代A.J.W.索末菲提出了自由电子的量子理论，后来F.布洛赫等用量子力学方法处理了周期势场中的电子，奠定了单电子能带理论的基础（见**能带**）。N.F.莫特与H.琼斯所著的《金属与合金性质的理论》（1936）就是金属电子论的早期总结，主要讨论简单金属的单电子理论，并用以解释金属的许多性能。随后金属电子论在多方面迅速发展：费米面的探测技术使金属的电子结构能够实验测定；提出了多种计算能带结构的方法，并能够较现实地计算金属的能带结构；发展了过渡金属与稀土金属的电子结构的理论，这对于理解结合能和磁性都是极重要的。进一步的金属电子理论就需要考虑电子之间的相互作用（即关联性），如果这种相互作用是适度的（即所谓中等电子关联系统），L.D.朗道所提出的费米液体理论给予了合适的描述；而巡游电子理论给予金属铁磁性以理论解释；BCS超导微观理论，则对于金属与合金的超导问题给予了成功的理论解释。至于强关联电子系统一般表现为不良金属。氧化物由于掺杂而获得导电性，处于金属–绝缘体转变的边界，往往出现反常的电子行为。如铜氧化物的高温超导电性、锰氧化物的庞磁电阻，理论的解释相当困难，问题尚有待解决。

晶体缺陷理论　晶体缺陷的基本规律及结构敏感性能的理论解释，是金属物理基础理论的另一支柱。金属的许多重要技术性能是结构敏感的，即受到晶体缺陷的制约。实用金属材料的塑性与强度就是一个例子。20世纪20年代起，对于金属单晶的塑性形变开展了系统的研究。到30年代中期，G.I.泰勒与J.M.伯格斯等奠定了晶体位错理论的基础。50年代位错得到有力的实验观测证实，随即开展了大量的研究工作，弄清了金属塑性形变的微观机制和强化效应的物理本质。点缺陷的基础研究澄清了扩散与辐照损伤的机制。晶粒间界（即晶界）结构对金属的性能特别是力学性能有甚大的影响。小角度的晶界可归结为位错的行列与网络，已经基本搞清楚。如今重点在于澄清大角度晶界的结构。晶体缺陷理论还可以推广到不均匀的电磁介质，如朗道与M.栗夫席兹的铁磁介质的磁畴理论和A.A.阿布里科索夫的Ⅱ类超导体的磁通列阵理论，都得到了实验的证实。通常的晶体缺陷对磁畴壁和磁通列阵都会钉扎或产生其他相互作用。前者影响到铁磁体的磁化曲线；后者影响到Ⅱ类超导体的磁化曲线和临界电流。这是硬铁磁体和硬超导体具有强烈的结构敏感性的物理根源。

合金理论　金属物理的重要领域之一，是开发新合金材料所需要的理论基础。20世纪初在J.W.吉布斯的复相平衡理论的基础上建立了合金的热力学。随后对于合金相图、合金结构及其经验规律等方面进行了广泛的研究，积累了大量的资料。30年代以后，合金电子理论和统计理论都有所发展，对于许多问题可以提出定性、半定量乃至于定量的理论解释。

相变　金属物理的另一个重要领域就是金属与合金的相变，它和金属热处理及铸造工艺有密切关系。20世纪20年代建立了相变的成核生长的形式理论。到20世纪中叶，马氏体相变与固溶体的脱溶分解被人们关注，澄清了与晶体学的关系，求出了动力学规律，探讨了晶体缺陷在这些相变中的作用。这方面的工作全面总结在J.W.克里斯琴的专著《金属与合金的相变理论》之中。一些值得注意的发展动向为：脱溶的拐点分解规律的阐明，这是不经成核的相变过程；将软膜理论应用于马氏体相变，有可能揭示其原子过程；将形态稳定性理论应用于合金的凝固和相变，有可能阐明实际合金中所出现的复杂的显微组织。

另外，还有三个新兴的研究领域：一是关于液态和非晶态金属的研究，它是无序体系物理学的一个组成部分，促进了金属玻璃材料的开发工作；二是金属表面的研究，它是表面物理的一个组成部分，也和吸氧化、催化、腐蚀及磨损等实际问题密切相关；三是金属纳米结构与纳米材料，从电子性质而言，最重要的是纳米多层膜的巨磁电阻效应与巨隧道磁电阻效应的应用，开创了自旋电子学这一新科技领域。从力学性质而言，可能获得高温度和良好塑性的新型纳米颗粒材料。

（冯　端）

金属相液晶　metallotropic liquid crystal　无机分子系统或有金属性质的大分子系统形成的液晶相。液晶分子大多是有机长分子。液晶相也由无机分子组成。一个典型的例子是把有机大分子加入到本来有序排列的无机系统中，如氯化锌（$ZnCl_2$）与高分子混合体，从而形成金属相液晶。另外一种典型做法是合成有金属性质的大分子，由大分子直接形成液晶相。此类混合体能兼有两类系统的物理性质，是制造新材料的可能方法。　（陈征宇）

金属有机化合物气相外延　metal organic compound vapour phase epitaxy　化学气相沉积中的一种，主要反应物原料气体采用金属有机化合物。又称金属有机化合物气相沉积（MOCVD）。金属有机化合物气相外延是20世纪60年代末由美国洛克威尔公司的H.马纳斯维特等提出的，用来制备化合物半导体单晶薄膜。该方法属于化学气相沉积中的一种，特指它所使用的主要反应物原料气体为金属有机化合物。沉积的薄膜一般为单晶薄膜材料，并且与所用的基材（衬底）具有相同或相似的晶体结构。MOCVD是应用最广泛、很适合于大规模工业化生产应用的半导体薄膜外延技术。

MOCVD系统通常由源供给系统、气体输运和流量控制系统、反应室及温度控制系统、尾气处理及安全防护报警系统、电控系统组成。①源供给系统包括Ⅲ族金属有机化合物、Ⅴ族氢化物及掺杂源的供给。金属有机化合物装在特制的不锈钢的鼓泡器中，由通入的高纯气体（通常用氢气或氮气）携带输运到反应室。氢化物一般是经高纯氢气稀释到浓度5%～10%后，装入钢瓶中，使用时再用高纯氢气稀释到所需浓度后，输运到反应室。掺杂源有两类，一类是金属有机化合物，另一类是氢化物，其输运方法分别与金属有机化合物源和氢化物源的输运相同。②气体输运系统通常由特制的不锈钢管道、阀门、流量计、压力计等组成。③反应室通常由石英管或不锈钢构成，其设计一方面要考虑气相反应所需要的热场，另一方面需要考虑气相反应所需要的流场。④加热系统通常有高频感应加热和电阻丝加热两种方式。加热系统除温场设计要求外，还要考虑温度精度、升降温速率、热屏蔽等。⑤MOCVD尾气中通常含有易燃易爆或有毒气体，因此尾气处理系统设计也非常重要。

MOCVD具有以下主要优点：①适用范围广泛，几乎可以生长所有化合物及合金半导体；②适合于生长各种多层异质结构材料，并能获得陡峭的界面过渡；③能实现原子级厚度控制的薄膜生长；④可以生长纯度很高的材料；⑤能大面积、均匀、高重复性地完成薄膜生长。适用于工业化生产。

（曾一平）

金相学　metallography　关于金属和合金研究的早期称谓。早期是一门纯实验科学，主要研究金属和合金的宏观和微观组织的实质及其形成和变化规律以及与成分和性能之间的关系，研究金属与合金因化学成分、冷凝条件、压力加工、焊接、热处理所引起的内部组织结构的改变及其对性能的影响规律。对金属断口形态的研究现已成为金相学的一个重要组成部分。主要研究方法是用肉眼直观，或借助放大镜和显微镜及各种力学性能和物性测试手段进行实验，再加一定的理论分析。因此，早期的金相学规律大多偏于经验规律，后来通过各种新的测试手段的不断建立，特别是X射线和电子显微技术等测试手段的相继出现和金属学基础理论的迅速发展，才使金相学进入一个新的发展阶段，并逐步过渡到新的金属学领域。所以，金相学是金属学的先导，是金属学赖以形成和发展的基础，也是金属学的重要组成部分。

（丁炳哲）

紧凑环 compact torus 一类环形磁约束等离子体装置。一般专指在环形中心没有真空室或导体线圈穿过的情形，如球马克、场反位形、天体器等类型。紧凑环中可以兼有环向磁场和极向磁场，但通常磁场更多由等离子体电流自身而非外部线圈产生。紧凑环由于环向场较弱或没有环向场，因此等离子体约束性能明显弱于托卡马克、仿星器、球形环等环形装置。此外，由于没有中心孔的约束，这类等离子体可能遇到一种新的倾斜不稳定性。在较早期文献中，也将球形环等算作紧凑环。

可以场反位形装置的磁场位形作为紧凑环位形的代表(见图)。它的运行程序是，首先用外线圈产生弱的轴向磁场，然后注入气体，用角向箍缩等方法产生等离子体，再用主线圈放电，产生强的反向轴向磁场，压缩原有磁通到中心，并在分支磁面内形成高比压等离子体。此外，利用两个螺旋度相反的球马克等离子体融合，或者利用旋转磁场线圈也可以产生场反位形。场反位形的环向场接近于零，缺乏必需的旋转变换，稳定性较差，但剪切流或快粒子的轨道效应或许能提高等离子体的稳定性。

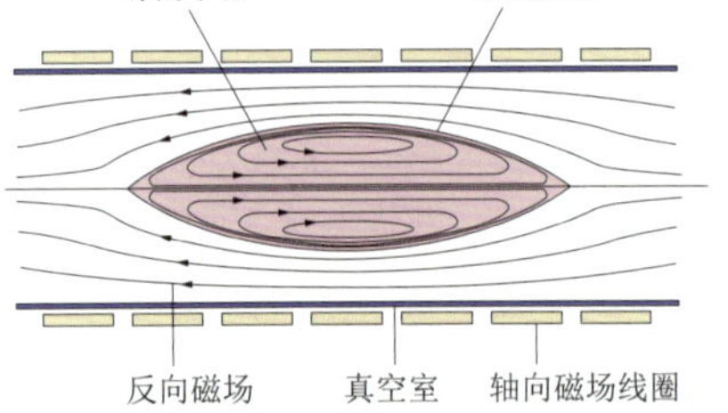

场反位形装置原理图

紧凑环类型的聚变堆具有体积小、结构简单等优点。除去单独作为磁约束等离子体装置外，紧凑环类装置还经常与其他类装置联合使用。如作为一种加料方法，将球马克产生的紧凑环注入**托卡马克**中。还可将两个场反位形等离子体以超声速对撞融合，得到高参数的等离子体。场反位形还可作为另一种聚变装置概念——磁化靶聚变的靶等离子体的选项。

（王　龙）

紧凑型直线对撞机 compact linear collider; CLIC 由欧洲核子研究中心（CERN）主导设计的紧凑型高能正负电子直线对撞机。CLIC亮度在10^{34}/（厘米^2·秒），能量范围在0.35～5太电子伏，机器优化主要集中在3太电子伏，由来自22个国家的40多个研究机构参与设计。

CLIC采用双束加速方法，由主对撞束常温直线加速器、高频功率驱动束直线加速器、阻尼环、最终聚焦对撞区传输线和探测器等系统构成。其中微波功率驱动束系统产生12吉赫（或30吉赫）的尾场，转换成高频功率，供主束系统对粒子进行加速。该加速器设计总长48.4千米，已完成了概念设计报告。CLIC的主要特点是用分布式高频功率源系统替代传统速调管功率源系统，以便降低造价。由于主对撞束直线加速器频率高，因此在加速管中可以产生100兆伏/米（12吉赫）～150兆伏/米（30吉赫）的高加速场强，这使CLIC能够有几个太电子伏的对撞能量潜力。但由于高频率，直线加速器中由于尾场产生的横向与纵向不稳定性使最终亮度目标对相关加速器设计与技术提出了很高的要求。如在对撞点的束斑横向尺寸在纳米级，直线加速器准直精度在微米级等。

CLIC国际合作组基于国际直线对撞机（ILC）的两种探测器ILD和SiD设计，给出了CLIC ILD和CLIC SiD两种探测器设计，并与ILC探测器性能进行相互校验。CLIC与ILC在物理目标、探测器技术、加速器物理，特别是对撞区加速器物理等方面有很多相近之处，因此国际未来加速器委员会（ICFA）成立了直线对撞机合作组织（LCC）负责ILC及CLIC的研究与合作。

（高　杰）

紧束缚近似 tight-binding approximation 从原子轨道波函数出发,线性组合后计算出分子的电子结构和固体能带的方法。紧束缚方法将在一个原子附近的电子看作受该原子势场的作用为主，其他原子势场的作用看作微扰，从而可以得到电子的原子能级和晶体中能带之间的相互关系。紧束缚近似的出发点是将晶体中的单电子波函数看成N个简并的原子波函数的线性组合，因此波函数可以写为：

$$\Psi(r)=\frac{1}{\sqrt{N}}\sum_{R}\mathrm{e}^{\mathrm{i}kR}\varphi_i(r-R)$$

式中R为晶格矢量；$\varphi_i(r)$为孤立原子的第i个轨道。这也相当于在每个格点附近，$\Psi(r)$近似为该处的原子波函数，因此该方法又称为原子轨道的线性组合。使用该波函数解薛定谔方程时，只考虑最邻近的重叠积分即可求得能量的本征值。在粗略的情况下，这种简单近似能给出正确的定性描述，若加以各种改进也能得到可靠的定量结果，可以比拟其他复杂得多的能带计算方法。

紧束缚近似方法首先由F.**布洛赫**在1929年提出。其中心思想假定固体中的电子紧紧绑定在原子核的周围，当不同原子逐渐靠近，在它们的距离接近固体晶格常数时，属于不同原子的电子波函数开始重叠，固体电子波函数可以用原子轨道的线性组合作为一组基函数来近似处理。该方法基于这样的物理图像，即认为固体中的电子态与其组成的自由原子态差别不大。紧束缚近似方法和赝势方法刚好是两个不同的极端。因为赝势能带结构方法假定电子是完全自由的，电子的波函数可用平面波来近似处理。这两个方法之所以都能用来理解相同固体的电子性质是由于共价半导体存在两类电子态：处于导带的电子是非局域的，可以很好地被近自由电子描述；而价电子则聚集在键上，所以很好地保持了它们的原子性。

原子轨道的线性组合方法的优势是用几个少量的重叠参数就能计算能带结构。如对于金刚石和闪锌矿结构的普通半导体，仅包含原子最外层的s和p价原子轨道和考虑最近邻相互作用的近似下，只需要知道V_{ss}、V_{sp}、V_{xx}和V_{xy}四个重叠参数，通过对角化8×8的哈密顿量矩阵来得到价带和能量最低导带的能量值。这四个重叠参数可以通过拟合能带结构来确定，并且它们具有简单的物理意义，代表了相邻两个原子间的电子相互作用。由于原子轨道处在不同的格点上，由它们组成的基函数一般是非正交的，必然会遇到多中心积分的计算问题，而且本征方程也不简便。为了克服这些困难，人们提出了多种方案，包括SK（Slater-Koster）参量法、哈里森键轨道近似或原子轨道线性组合方法等。紧束缚近似方法已广泛用于绝缘体的能带结构研究。

对于四面体半导体，使用简单的sp^3紧束缚近似方法就可得到非常正确的价带结构，但计算得到的导带结构却有很大误差，特别是对于硅和磷化镓等间接带隙半导体，得到的却是直接带隙能带结构。导带的正确性可通过在紧束缚近似方法中引入额外的重叠参数来提高，如包含次近邻甚至三近邻相互作用或者引入额外的原子轨道，如早期在sp^3的基础上引入一个非占据s^*轨道后改进了硅和磷化镓等间接带隙半导体的能带结构。N.马尔扎里及其合作者提出了从布洛赫波函数变换得到最局域瓦尼尔函数的计算方法，可以使用第一性原理计算获得块体材料的瓦尼尔函数和重叠参数后，直接通过基于瓦尼尔函数的紧束缚近似方法得到非常精确的电子结构，尤其是低维量子体系的电子结构和表面态性质。需要额外的重叠参数降低了紧束缚近似方法简单性的优势。

在实际应用中，很少用紧束缚方法去计算半导体能带。现在紧束缚方法或键轨道方法主要用于计算由于平移对称性破坏而形成的局域电子态，如表面电子态、深杂质、缺陷电子态以及半导体量子阱、量子线、量子点的电子态等。其方法是大元胞法或集团法，用紧束缚方法计算的局域电子态波函数是各原子轨道的线性组合，因此直接反映了这些态的电子空间分布情况，在物理上很直观。（骆军委　崔中华）

近场　near field　辐射源表面波长尺度近旁的非辐射电磁场。近场的存在区域一般在电磁场一个波长的范围附近，这一部分电磁场的能量不向远处传播，只在辐射源和其表面附近的空间来回流动，呈现出准静态的特征。近场电磁波的径向分量不等于零，电磁场的空间变化不存在一个简单的一般关系，必须由辐射体上振荡电流的具体分布决定，需要精确求解矢量麦克斯韦方程才能确定。

由于近场中的电磁场分布取决于辐射源中的电流振荡，当辐射源具有高度的空间不均匀性时，它的近场分布中也存在对应的空间分布信息。为了研究辐射源，特别是二次辐射源（如散射体和光照的样品等）的性质，已经发展出可以分析远小于光波波长尺度以内物质性质的近场光学探测和成像技术。

近场光学是研究距离物体表面波长尺度近旁光学现象的新的光学分支学科，主要研究非传播的非均匀波（隐失波）及其与物质相互作用。这种光学近场局限于光辐射的源区域或与自由辐射相互作用的材料表面（二次源），即存在于近场区。距离物体表面越近，隐失波越强，包含有更高空间频谱成分。其具有的物理特性与自由传播的场有很大不同。例如空间和时间相干性，偏振态以及光与物质相互作用的性质都有不同。

光学中的**菲涅耳衍射**通常也称为近场衍射，这里的近场意义稍有不同，指的是距离光源或导致衍射的物体在一个波长以上或稍远的区域。可以用菲涅耳衍射积分式来计算光波在该区域的分布和传播。

（汪　力）

近场光学　near-field optics　研究距离物体表面波长尺度近旁光学现象的学科。是一门新的光学分支学科。传统的光学理论，通常只研究远离光源或远离物体的光场分布，一般统称为远场光学。远场光学在原理上存在着一个远场衍射极限，限制了光学成像系统的空间分辨率。例如，光学显微镜由衍射效应造成的最小可分辨距离ε为：

$$\varepsilon=\frac{0.61\lambda}{NA}$$

当使用高数值孔径（$NA=1.3\sim1.5$）的光学镜头时，其空间分辨率上限约为光波长λ的一半。由于这个限制，使用常规显微镜不可能分辨比$\lambda/2$更小的物体。

在传统的成像光学仪器中，其工作的距离比较远，一般称为远场区。这时物面上只有空间频率小于波长倒数的信息才能够传播到像面，所以分辨率受到限制，一般限制在波长量级。而要获得物体表面亚波长的超分辨率信息，只有提取到物体表面的隐失波才可以，这种隐失波只存在于距离物体表面波长尺度的范围内，一般称为近场区。距离物体表面越近，隐失波越强，包含有更高空间频谱成分，所以要获得物体的超分辨率信息，一般要求能够获得距离物体表面1/10波长范围内的光波。近场光学就是研究物体表面附近近场区的光场分布以及近场区隐失波的探测，以实现超分辨率的技术。利用近场光学技术，远场衍射极限被打破，分辨率极限在原理上不再受到前述限制，可以显著提高显微成像等光学应用的分辨率。1928年，E.H.辛格提出了一个突破衍射极限的设想：用小于半波长的微探测器在物体表面上扫描，就可获得亚波长的分辨率。但由于当时工艺条件无法解决小孔的制作、小孔的精确定位和扫描等技术问题，因而这个设想未能实现。直到1972年，E.A.阿什等人应用近场的概念，才在微波波段（$\lambda=3$厘米）上实现了$\lambda/60$的分辨率。

随着纳米技术、微电子技术、半导体表面技术等现代技术的发展，传统光学系统分辨率已成为许多现代光电子技术应用发展的瓶颈，如集成电路中基于平板印刷的光刻技术和现代光盘存储技术等。随着高新科技的发展，对物质介观和微观认识的不断深入，对于成像光学的分辨率也提出了更高的要求，要求达到纳米量级。近场光学的兴起正是由于这种科学技术发展的需求。它对于传统光学成像系统的分辨率极限产生了革命性的突破，使得显微术在材料科学、凝聚态物理学、化学、生物学等领域内有了重大的、开拓性的应用前景。（方哲宇）

近场光学显微镜　scanning near-field optical microscope; SNOM　扫描近场光学显微镜的简称。近场光学显微镜兴起于20世纪80年代初，几乎与电子扫描隧道显微镜于同时代诞生。由于它具有若干独特功能，立即引起科技界的极大兴趣。在90年代取得了长足的进展，并由此出现了一个新的研究领域——近场科学与近场技术。近场光学显微镜与多种光谱技术相结合，已成为探测介质微观结构特性的有力工具。其近场超分辨成像技术的主要应用前景是：单分子探测、生物结构的荧光观测、对量子结构的荧光谱进行诊断等。

近场光学显微镜工作原理如下图所示。一个表面微结构的样品，紧贴于棱镜上界面，光束从棱镜一侧入射，在上界面

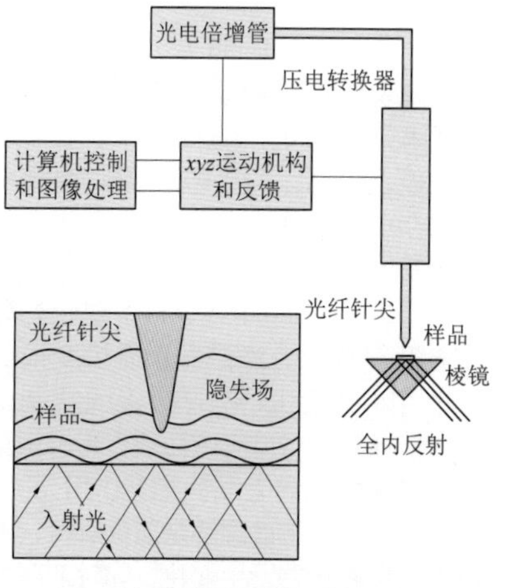

近场光学显微镜工作原理

发生全内反射，因而在样品及其邻近区域存在隐失场。光纤探针接近样品表面，通过隐失场耦合，针尖响应的光强信号输出。接着，由光电倍增管、（xyz）三维运动机构、反馈和压电晶体管，构成了一个横向（xy）扫描和纵距z测控系统，以保证在二维扫描过程中针尖与样品表面的距离精确地维持不变。由于隐失场振幅随纵向距离z按指数衰减，反应相当灵敏，当样品表面有轻微起伏，测控系统便产生一控制信号，使针尖适时升降。于是，从控制信号中获得了全反射界面上样品的图像。与传统的光学系统相比，近场光学显微镜中需要解决的关键技术是：①加工具有纳米尺寸结构的光学探针；②探针和样品的纳米级的间距控制；③提高信噪比。近场光学显微镜具有高分辨、样品宽容、环境宽松、衬度多样等优点。（方哲宇）

近藤效应　Kondo effect　稀磁金属或合金中出现的电阻率随温度降低而对数增加的反常物理现象。固体物理学中的近藤效应最早是20世纪30年代在实验中被发现的。

人们注意到含有微量磁性杂质原子的纯金样品，电阻率随着温度的降低而下降。但当温度降到4开附近后，样品的电阻率随温度进一步的降低反而开始增加。这是一件不可思议的反常低温物理现象，当时的物理学家们就意识到其背后一定存在着不同寻常的物理学原理，称为“黄金反常”。此效应连同普通金属低温下的超导现象一起，被当时的物理学家认为是固体物理学中两个最具挑战性的重要基本问题。

理论建立早期有大量的实验结果证实这一现象，如在钼铌合金中掺有1%的铁的电阻率测量结果：随着钼原子混合比例的增大近藤效应变得比较明显，特别是在扣除晶格的散射电阻和剩余电阻率后，得到的磁性杂质原子对电阻的贡献随温度降低呈对数式规律增长：

$$R=a-b\ln T$$

这与非磁杂质的剩余电阻（与温度无关的项）规律完全不同。实验还证实，在观察到电阻极小的同时，可测出金属中有局域磁矩的存在，这说明电阻反常现象源于局域磁矩。

到了20世纪60年代，日本理论物理学家近藤淳提出，当磁性杂质浓度很低时，也可以观察到反常现象，因此电阻反常来自传导电子与孤立磁性杂质间的相互作用，与磁性杂质之间的相互作用无关。他还指出，当电子被磁性杂质散射时，不仅电子的自旋状态发生变化，同时杂质磁矩本身的自旋状态也要发生相应的变化。他采用单个磁性杂质原子与非磁金属中自由传导电子散射的物理模型，即单个磁性杂质的近藤模型：

$$H=\sum_{k}\varepsilon_{k}c_{k,\sigma}^{+}c_{k,\sigma}+\frac{J}{N}\sum_{k,k'}\sum_{\sigma,\sigma'}c_{k,\sigma}^{+}\tau_{\sigma,\sigma'}c_{k',\sigma'}\cdot S$$

式中J为交换积分，用来表示杂质自旋与自由电子自旋的散射强度；S为杂质原子自旋的磁矩；$\varepsilon k=\frac{h^2k^2}{8\pi^2 m}$为能带中自由传导电子的能量，且$J$的大小一般远小于传导电子的费米能量$\varepsilon_F$。近藤淳将杂质散射项作为微扰项处理，他发现由于杂质原子磁矩的量子力学属性，当自由传导电子与其散射时，存在杂质原子磁矩翻转的二阶散射过程，而该过程会导致一个对数温度依赖的电阻率贡献项：

$$R_{\text{imp}}=\frac{6\pi^2 mJ^2S(S+1)}{2e^2h\varepsilon_F}[1-4J\rho_0(\varepsilon_F)\ln(k_BT/D)]$$

式中$\rho_0(\varepsilon_F)$为费米能处的态密度；D为传导电子能带的半宽度对于能带半填满的金属，D近似等于费米能量ε_F。$J<0$（铁磁型s-d耦合）时，R_{imp}只给出与电声散射相同的温度变化趋势，不会出现电阻极小。如果考虑到杂质原子磁矩与传导电子磁矩之间通常是反铁磁性耦合的属性，即$J>0$（反铁磁型s-d耦合），以及普通金属的电阻率源于自由传导电子与晶格的散射过程，其对电阻率的贡献随温度T^5减小，所以在相对高的温度范围，宿主金属的电阻率随温度降低而下降，但当降温到某一温度后，宿主金属的电阻率开始随温度下降而呈现对数增加。这样近藤在理论上对含微量磁性原子的非磁金属电阻率的低温反常现象给出了非常合理的解释。此后，人们把稀磁金属或合金中出现的电阻率随温度降低而对数增加的反常物理现象称为近藤效应。

近藤问题　按照近藤的理论计算，当系统的温度趋于零时，宿主金属的电阻率会趋于无穷大，而实验结果却是电阻率随温度T^2趋于一个饱和值，即剩余电阻。因此近藤在得到对数温度依赖的反常电阻率贡献的同时，也提出了更具挑战性的物理问题：在接近零温度时，稀磁金属或合金的电阻率如何从随温度按$\ln T$依赖转变为随温度的T^2趋于剩余电阻，这就是所谓的近藤问题。

60～70年代，大批杰出的理论物理学家为了解决近藤问题做出了大量的、不懈的努力。由于近藤的理论只是建立在自旋散射的低阶微扰计算，在低温下人们通过把高阶微扰散射过程中的主要发散项进行求和，得到了一个有限的特征温度，称为近藤温度$T_K\sim De^{-1/(J\rho)}$。在此特征温度之上，近藤的微扰计算方法完全适用。但在此温度之下，近藤的散射微扰方法完全失效。这是因为近藤温度本身是接近零温度的一个能量尺度，自由传导电子与杂质原子局域磁矩的散射完全是一个量子化的散射过程。这样凡是与局域磁矩发生自旋翻转散射的自由传导电子，其微观状态变得彼此相互关联起来，这种关联效应完全来自局域杂质原子磁矩具有量子化的微观状态。因此含有微量磁性杂质原子的非磁金属或合金材料，在极低温度下实际上是一个强关联的多电子系统，普通建立在微扰理论基础上的散射理论完全失效。这也是解决近藤问题十分困难的关键点所在。

安德森模型　正确理解和解决近藤问题的理论框架是在20世纪60年代末，由著名的理论物理学家P.W.安德森及其合作者给出。他们的重正化群标度理论的重要思想方法表明，如果把自由传导电子的高能量态通过微扰论的办法吸收掉，将会得到一个在较低能量尺度下描述局域自旋与传导电子自旋的有效自旋散射强度。安德森及其合作者发现，该有效散射强度会随能量尺度的逐渐变低而增强。这样随着温度趋于零温度或能量尺度接近费米能，局域自旋与传导电子的有效散射强度趋于无限大，同时伴随着出现许多新的复杂的相互作用项。因此重正化群标度理论的解析分析无法持续进行下去。无限大的自旋-自旋的耦合，实际上意味着局域自旋与传导电子组合形成一个总自旋为零的束缚态，杂质原子的局域磁矩完全被传导电子屏蔽。

70年代，美国康奈尔大学的物理学家K.G.威耳孙将量子场理论中的重正化群思想和安德森等提出的标度理论思想相结合，发展了一个强有力的非微扰的数值重正化群方法。起初他将新方法用于研究热力学相变并计算了临界点附近的临界指数。然后他又将新方法用于单个磁矩为1/2的近藤问题。在肯定了安德森等猜想的基础上，威耳孙得到了宿主金属的电阻率从近藤温度附近随温度按$\ln T$依赖关系，逐渐转变为近藤温度以下随温度的T^2趋于一个饱和值，完整而系统地描述了从弱耦合到强耦合过渡（见图），从而彻底解决了近藤问题。

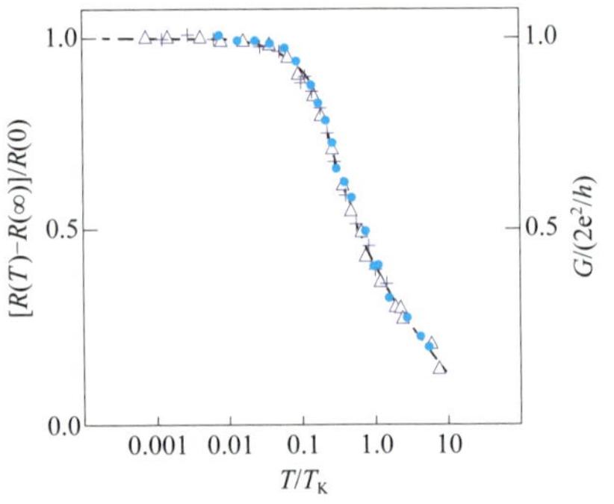

稀磁杂质金属或合金材料低温下的电阻率随温度变化的普适关系曲线

因此，威耳孙在1982年得到了诺贝尔物理学奖。实际上在特征温度T_K之下，磁性杂质的磁矩会被传导电子所屏蔽，从而在一个特征的空间范围内，即$\xi_K=\hbar v_F/T_K$（v_F为传导电子的费米速度）范围内，形成一个总自旋为零的束缚态。在特征尺度外，传导电子有效感受到一个非磁杂质的散射势，且其散射过程具有最大散射相移，即共振相移。对应于宿主金属电子态密度，这样的散射过程将会在费米能附近导致一个峰宽等于k_B/T_B的共振峰的出现，形成所谓的近藤共振现象。此现象如同普通金属中的超导电性一样，是一个多电子体系中由电子强关联作用导致的特有的合作现象。单磁性杂质近藤问题在接近零温度时的奇异性，乃是此费米能附近出现的近藤共振态。

威耳孙同时还得到了一个描述强耦合极限下描述系统的有效模型，即单局域电子的安德森模型：

$$H=-t\sum(c_{i\sigma}^{+}c_{j\sigma}+h.c.)+\varepsilon_f\sum f_{\sigma}^{+}f_{\sigma}$$

$$+\frac{V}{N}\sum(c_{k,\sigma}^{+}f_{\sigma}+f_{\sigma}^{+}c_{k,\sigma})+Uf_{\uparrow}^{+}f_{\uparrow}f_{\downarrow}^{+}f_{\downarrow}$$

事实上安德森杂质模型所包含的物理内容比近藤模型更丰富，并且近藤模型可以由安德森模型在电子–空穴对称条件和U很大的极限下，通过幺正变换而得到。其实利用威耳孙的数值重正化群技术，可以直接对安德森模型进行研究。由于安德森模型在重正化标度变换下，保持自身的形式不变，仅其中的参数发生变化，从而对安德森模型的处理要比近藤模型简单，因此可以很方便得到稀磁杂质金属或合金低温下完整的电子态。重要的是在近藤温度以上和以下的两个不同的物理区域，几乎所有的物理性质都由单一的能量尺度k_BT_K所决定，并可以用于标度相应的物理量，使之成为普适的函数关系。

（张广铭）

京茨堡，V.L. Vitaly Lazarevich Ginzburg（1916-10-04～2009-11-08）俄罗斯理论物理学家。生于莫斯科，卒于莫斯科。1942年获莫斯科大学物理学博士学位。1940年起在苏联科学院物理研究所理论物理研究室工作，1971年起任室主任。1945～1968年兼任高尔基大学教授，1968年起兼任莫斯科物理技术学院教授。1966年当选苏联科学院院士。后为俄罗斯科学院顾问。

1940年京茨堡提出瓦维洛夫–切伦科夫效应的量子理论。1945年建立了铁电现象的热力学原理。在射电天文学的萌芽时期，他就以宁静太阳射电理论为基础，于1946年做出关于日冕本质的一系列推断。1952～1961年，深入研究了太阳射电辐射的偶现部分的理论，提出一系列的射电天文方法。如用观测月球边缘的衍射来研究分立射电源等。1958年，他同L.P.皮塔耶夫斯基合作建立了超流的半唯象理论。1969～1971年完成脉冲星射电辐射及其大气方面的研究，并研究出引力场的量子涨落在广义相对论与宇宙论中的重要意义。

1950年，京茨堡与L.D.**朗道**一起，提出了一种新的超导唯象理论，被人们称为朗道–京茨堡理论。该理论选择描述超导电子的有效波函数作为有序度参量，得出了两个重要的联立方程。从这两个基本方程出发，京茨堡和朗道成功地获得了超导体的许多特性，特别是超导体为薄膜形状时的一些特性。为此，京茨堡获得了2003年诺贝尔物理学奖。

（郭奕玲）

经典电动力学 classical electrodynamics 电磁现象的经典的动力学理论。简称电动力学。它研究电磁场的基本属性、运动规律以及电磁场和带电物质的相互作用。人类对自然界认识得最完备、最深入且应用也最为广泛的是电磁相互作用，因而研究电磁相互作用的基本理论——电动力学有其特殊的重要性，它渗透到物理学的各个分支。

认识过程　人类对电磁现象的认识范围是从静电、恒磁和似稳电流等特殊方面逐步扩大，直到一般的运动变化的过程，即使是对静电的研究也是从点电荷的吸引、排斥、感应、极化等特殊的具体现象扩展到探讨静电的一般性问题。18世纪末19世纪前期，从各个特殊方面总结了电和磁的一些基本定律，它们是**库仑定律**、**欧姆定律**、**毕奥–萨伐尔定律**、**安培定律**和**法拉第电磁感应定律**等。此间场还只是作为描述带电体之间和磁体之间相互作用的一种手段而引入的概念，还未认识到是传递电磁相互作用的客观存在。19世纪中叶，场作为传递电磁相互作用的客观存在开始受到个别物理学家的重视，在场观念的基础上总结得到普遍的描述电磁现象的麦克斯韦方程组。现在已被普遍接受电磁场是物质存在的一种形态的观点，电磁场可和一切带电物质相互作用，产生各种电磁现象；电磁场本身的运动遵从波动规律，这种以波动形式运动变化的电磁场称为电磁波。

基本规律　电动力学的基本规律也就是电磁现象的基本规律，主要包括以下几部分。

麦克斯韦方程组　关于电磁场变化所遵从的一组方程。在真空、国际单位制中，**麦克斯韦方程组**具有下述形式：

$$\nabla\cdot\boldsymbol{E}=\frac{\rho}{\varepsilon_0}$$

$$\nabla\cdot\boldsymbol{B}=0$$

$$\nabla\times\boldsymbol{E}=-\frac{\partial\boldsymbol{B}}{\partial t}$$

$$\nabla\times\boldsymbol{B}=\mu_0\boldsymbol{J}(\boldsymbol{r})+\mu_0\varepsilon_0\frac{\partial\boldsymbol{E}}{\partial t}$$

式中$\boldsymbol{E}$为电场强度；$\boldsymbol{B}$为磁感应强度；ρ为电荷密度；$\boldsymbol{J}$为电流密度；ε_0为真空介电常数；μ_0为真空磁导率；∇为空间坐标的矢量微分算符，若用笛卡儿坐标系（x_1，x_2，x_3）表示，而$\boldsymbol{n}_1$，$\boldsymbol{n}_2$，$\boldsymbol{n}_3$为沿x_1，x_2，x_3轴方向的单位矢量，则：

$$\nabla=\boldsymbol{n}_1\frac{\partial}{\partial x}+\boldsymbol{n}_2\frac{\partial}{\partial y}+\boldsymbol{n}_3\frac{\partial}{\partial z}$$

麦克斯韦方程组是J.C.**麦克斯韦**在静电情形的库仑定律、恒定电流情形的毕奥–萨伐尔定律和准恒情形下的法拉第电磁感应定律等实验定律的基础上，通过提取其中带普遍性的因素，并根据电荷守恒定律引入位移电流概念建立起来的。位移电流概念的实质是变化的电场同电流一样可激发磁场，在当时它只能是一个科学假设，后来被实践所证实。

电荷守恒定律　电磁现象的一条基本定律。即一个封闭系统的总电荷不随时间改变。近代实验表明，不仅在一般的物理过程、化学反应过程和原子核反应过程中电荷是守恒的，就是在基本粒子转化的过程中电荷也是守恒的。

电荷守恒定律的数学表达式为：

$$\nabla\cdot\boldsymbol{J}+\frac{\partial\rho}{\partial t}=0$$

实际上，此定律已包含在麦克斯韦方程组中。其实上面提到麦克斯韦根据电荷守恒定律，引入位移电流概念而建立麦克斯韦方程组，表明它们是相洽的，故从麦克斯韦方程组第一式和第四式可得到上式。

洛伦兹力公式　麦克斯韦方程组给出了电磁场运动变化的规律，包括电荷电流对电磁场的作用；而洛伦兹力公式则给出了电磁场对电荷电流的作用，不论电荷电流与电磁场如何变化，单位体积内的电荷电流$\boldsymbol{j}$所受到的力皆可表示为：

$$\boldsymbol{f}=\rho\boldsymbol{E}+\boldsymbol{j}\times\boldsymbol{B}$$

麦克斯韦方程组和洛伦兹力公式一起构成了经典电动力学的基础。将麦克斯韦方程组、洛伦兹力公式和带电体的力学运动方程结合起来就可完全确定电磁场和带电体系的运动变化。

介质中的麦克斯韦方程组和介质的电磁性质　宏观电磁问题中经常涉及电磁场与介质的相互作用问题。一方面在电磁场作用下，介质内发生极化、磁化和传导等过程，介质内产生极化电荷和形成极化电流、磁化电流；另一方面形成的极化电荷和极化电流、磁化电流等也激发相应的电场和磁场，它们又反过来影响介质的极化、磁化和传导。这是一个相互作用、彼此影响以求得平衡的问题。介质的极化和磁化需分别引入物理量加以描述，它们分别是极化强度$\boldsymbol{P}$和磁化强度$\boldsymbol{M}$。

极化电荷、极化电流和磁化电流是由电磁场与物质相互作用彼此影响所确定，不可能预先知道，它们可通过极化和磁化的基本公式，引入电位移$\boldsymbol{D}$和磁场强度$\boldsymbol{H}$，从真空中的麦克斯韦方程组中消去，由此得介质中的麦克斯韦方程组：

$$\nabla\cdot\boldsymbol{D}=\rho$$

$$\nabla\cdot\boldsymbol{B}=0$$

$$\nabla\times\boldsymbol{E}=-\frac{\partial\boldsymbol{B}}{\partial t}$$

$$\nabla\times\boldsymbol{H}=\boldsymbol{J}+\frac{\partial\boldsymbol{D}}{\partial t}$$

式中电位移$\boldsymbol{D}=\varepsilon_0\boldsymbol{E}+\boldsymbol{P}$；磁场强度$\boldsymbol{H}=\boldsymbol{B}/\mu_0-\boldsymbol{M}$；这里$\rho$为自由电荷密度；$\boldsymbol{j}$为传导电流密度。

电位移$\boldsymbol{D}$和磁场强度$\boldsymbol{H}$与电磁场$\boldsymbol{E}$和$\boldsymbol{B}$的关系以及传导电流密度$\boldsymbol{j}$与电场强度$\boldsymbol{E}$的关系称为介质的本构方程，它们是介质电磁性质的反映。本构方程原则上可根据电动力学的基本规律和电子、原子核的运动方程以及统计物理学的规律推导出来，但这是一个十分复杂的物理问题，已超出了电动力学的范围。电动力学中常用一些经验公式来表示本构方程，最简单的经验公式可表示为线性关系：

$$\boldsymbol{D}=\varepsilon_0\varepsilon_r\boldsymbol{E},\ \boldsymbol{H}=\boldsymbol{B}/\mu_0\mu_r,\ \boldsymbol{J}=\sigma\boldsymbol{E}$$

式中ε_r、μ_r、σ分别为相对介电常数、相对磁导率和电导率。在简单的情形中，它们是一些常量。满足这些公式的介质称作线性介质。这些公式的应用受到一些限制，说明如下：①ε_r、μ_r、σ依赖于温度。当介质的温度不均匀时，它们不是常量。②它们与电磁场变化的频率有关，从而产生电磁波在介质中传播速度依赖于频率的色散现象，还产生极化相对于电场的相位滞后。③对于各向异性介质ε_r和μ_r是张量，强度相同而方向不同的电磁场会产生不同的极化和磁化。④上述公式不能应用于铁电体和铁磁质。⑤对于一般介质，电磁场量很大时线性关系被破坏，出现非线性现象，电场再增大介质会击穿。⑥导体中传导电流与电场强度成正比。此外，还有非电的因素导致电荷的流动，如导体中不同位置的电子数密度有差别或两种导体表面化学势有差别引起的电荷流动没有包括在上式中，再如超导体中超导电流也要用完全不同的经验规律来描述。

电动力学中处理有介质的电磁问题时，需要将麦克斯韦方程组和介质的本构方程联立起来求解。对于介质的不同情况，必须根据其本构方程做专门研究，有些方面已发展成电动力学的专门分支。

基本内容 电动力学中求解的问题相当广泛，凡是有关电磁现象的问题，有关电磁场和物质相互作用的问题都是它的研究内容。包括求解静电场和恒磁场的分布，介质在静电场或恒磁场中所受的力，带电粒子在电磁场中的运动，电磁波的辐射、散射和传播，电磁场和介质的相互作用，以及介质运动引起的电磁现象等问题。另一方面，用电动力学解决的许多问题具有典型的方法论意义。

狭义相对论是从电磁现象的研究中发现的。没有相对论的电磁理论是不完备的。相对论时空观对整个物理学的发展产生了重大影响，因此狭义相对论是电动力学不可缺少的重要内容。

对科学技术发展的意义 电动力学是物理学各分支的理论基础。由于任何实物都由分子、原子组成，而原子由带正电的原子核和带负电的电子组成，因此电结构是实物物质的基本组成形式，电磁场是物质存在的一种形式，电磁场是物质世界的重要组成部分。电磁相互作用是物质的基本相互作用之一，许多具体的相互作用都是电磁作用的宏观表现；电的过程是自然界的基本过程。电与磁已渗透到物理学以及其他学科的各个领域。电动力学解决的各种电磁问题对物理学的发展和科学技术的发展起着重要的推动作用。它揭开了物质电磁性质研究的帷幕；它研究电子在电磁场中的运动形成了电子光学，为电子显微镜的开发提供了理论基础；它开拓了通信技术和雷达技术，并促使遥感技术和天体探测技术有了很大发展；对于等离子体和超导体的研究，它也提供了理论基础。

现代科学技术的发展，对各种物质材料的电磁性能提出新的要求，如铁氧体、铁电体、超导体、非线性介质等特殊物质的应用不断发展；对电动力学不断提出新的课题；对激光技术的进展也提出新的要求。新的探索推动电动力学理论向前发展，它们反过来也将促进新技术和物质新性质的开发和利用。

经典电动力学的局限性 以麦克斯韦方程组和洛伦兹力公式为基础的经典电动力学应用到微观领域，可得到一些有用的结果，但也遇到严重困难。如按照经典电动力学，电子绕核运动有加速度，必定不断向外辐射能量，电子最终将坍缩于原子核，使经典电动力学与原子的稳定存在性产生尖锐矛盾。理论与实际分析可以看出，经典电动力学受到局限的主要根源在于，它对带电物质的描述只反映粒子性的一面，而对电磁场的描述则只反映其波动性的一面。事实上带电粒子还具有波动性，而电磁场也还具有粒子性，即微观粒子和电磁场都具有波粒二象性。只有当带电物质主要显示出粒子性而电磁场主要显示波动性的情形下，经典电动力学的计算结果才能近似地反映客观实际。而原子内部电子的波动性明显，必须用波函数而不是用经典轨道来描述电子的运动状态，因此在这个范围内经典电动力学是不适用的。当电磁场的粒子性显著时，如辐射的高频端行为和光电效应等问题，经典电动力学也是不适用的。

进一步的发展是建立量子理论。量子理论中把电磁场的麦克斯韦方程组量子化，发展为量子电动力学。量子电动力学对各种微观电磁过程的理论计算和实验结果在很高精度下相符，已成为现代物理学中最精确的理论之一。 （曹昌祺）

经典可积系统 classical integrable system

经典哈密顿力学形式下的可积系统。

经典可积系统 在数学物理中，有许多特性截然不同的研究对象，都可以用可积系统来描述。就微分系统而言，一般若n维微分流形M^n上的一个p维微分系统，在其任一点$x\in M^n$的切空间，若存在具有$(n-p)$个参数的p维积分流形，即可以分出一p维子空间$D(x)$，则$D(x)$为完全可积的。就弗罗贝尼乌斯可积而言，它是超定微分系统，可用微分形式ω定义。其可积条件，可以表述为弗罗贝尼乌斯定理：

$$\omega\wedge d\omega=0$$

有限维 在经典哈密顿动力系统中，有所谓的刘维尔可积，即由轨迹构成子流形，可以用积分表示出来。J. 刘维尔证明，如果存在n个相互独立且对合的第一积分F_i（$i=1,\cdots,n$），则系统是可积的。对于有限维的哈密顿动力系统，如果是刘维尔意义下可积的，则它们具有一些共性。如存在所谓的作用角变量，满足哈密顿–雅可比方程等，则通过正则变换，可以得到一组正则变量，使得系统的哈密顿流成为运动常数。其等价的表述为：n维哈密顿动力系统，其相空间为$2n$维辛流形。在相空间中，存在泊松意义下可交换的不变量，且不变量的最大数目为n。即F_i与系统的哈密顿量H的泊松括号$\{H,F_i\}=0$，且任意两积分F_i之间的泊松括号$\{F_i,F_j\}=0$。

无穷维 当哈密顿动力系统为无穷维时，其解的性质有别于有限维的情形。对于无穷维的经典可积系统，刘维尔定理已经不足以确定其性质。研究无穷维的可积系统，这时候需要引入所谓的双哈密顿结构、反散射方法（更普遍的零曲率条件）等。反散射方法是基于算子的等谱变换。孤子、瞬子这些著名的例子，都是某类无穷维的可积系统的解。求解无穷维的可积系统的关键，是构造与此系统相关的含有谱参数的辅助系统L，使得辅助矩阵L满足零曲率条件：

$$\partial_i L_j - \partial_j L_i + [L_i, L_j] = 0$$

有限维和无限维可积系统的区别，表征之一体现为具有不同的对称性。有限维可积系统，一般与有限维对称性相关；而无限维可积系统，往往对应着隐藏的无限维对称性。可积和不可积动力系统之间的区别，不仅仅为一个系统是否可以精确地表示为已知函数形式的问题，而是有规则运动与混沌运动的本质区别。因此，可积与否，是系统的一种固有特性。

举例 一些著名的经典可积系统的例子如下：

经典力学系统（有限维相空间）：n维谐振子，中心力运动（经典力学中心力问题的精确解）、两中心牛顿引力运动、椭球上的测地运动，拉格朗日以及欧拉模型等。

格点可积模型：户田格点、沃尔泰拉格点。

1+1维偏微分方程可积系统：KdV方程、mKdV方程，正弦戈登方程、非线性薛定谔方程，非线性σ模型，海森伯铁磁模型（自旋链），朗道－利弗席兹方程（连续自旋场）。

2+1维偏微分方程可积系统：KP方程。

其他可积系统：（反）自对偶杨－米尔斯方程、希钦系统。（杨文力）

经典力学 classical mechanics 研究宏观物体低速机械运动的现象与规律的学科。物理学发展中最早形成的分支。宏观是相对原子级的微观和宇宙尺度的宇观而言的。低速是相对于光速而言的。机械运动指物体位置随时间的变化。日常生活和工程实践中首先接触到的是宏观物体的低速运动，因此经典力学是形成最早的学科之一。15世纪以前，在使用简单工具及简单机械进行生产劳动的基础上概括了**静力学**的概念与公理，以后静力学理论逐渐完善并研究了物体的变形与天体的运动。16世纪末与17世纪初，意大利科学家伽利略通过观测实验及理论推理准确地提出了速度、加速度的概念。1687年，I.牛顿发表了名著《自然哲学的数学原理》，其中提出了三条**牛顿运动定律**及**万有引力定律**，因而有可能在牛顿运动定律的基础上通过数学演绎的方法研究物体（包括天体）的各种机械运动。这样，经典力学就由零星、片段的知识发展成为一门系统的学科。牛顿以后，L.欧拉系统地研究了刚体动力学，从而构建了经典力学中的牛顿－欧拉体系。法国科学家J.-L.拉格朗日与W.R.哈密顿建立的**分析力学**是经典力学发展的更高阶段。分析力学研究受约束的非自由质点系，将自由质点系看成特殊情况，这与当时的工业技术发展相适应。分析力学以广义坐标描述系统的运动，以系统的动能、势能等标量为主要变量，建立了系统动力学方程的普遍形式及积分的一般方法，并将力学的基本原理用变分的方式叙述，即自然界中真实运动的发生总是使某个作用量为最小。**牛顿力学**以力为核心概念，而分析力学则将核心概念转移到了能量，因而为研究物理学中那些无法用力描述但却可用能量度量的现象与学科（如**量子力学**）准备了条件。

以牛顿运动定律为基础的力学使用了绝对时间与绝对空间的概念，因而有局限性。当运动速度可与光速比拟时，应该使用A.爱因斯坦创立的相对论。在**狭义相对论**中给出了长度收缩与时间膨胀效应，并指出了质点的质量是速度的函数，当速度接近光速时，质量趋于无穷大。经典力学也不适用于微观世界。电子、质子、中子等微观粒子的属性与经典力学中的质点完全不同，它们的行为的特点是不可能用空间和时间的确定关系表达，描述微观粒子的运动与行为应该使用量子力学。除此以外，经典力学研究的确定性系统一般认为属于决定论；然而后来在非线性系统中也发现了大量的“随机”运动现象，使得确定性系统的运动也成为长期不可预测（轨道意义）。研究这类现象的就是近代力学中的混沌科学。虽然20世纪初以后陆续发现了经典力学的局限性，但在一般的技术领域，包括机械制造、土木建筑、航空航天等，经典力学仍起着基础理论的作用。（贾书惠）

经典蒙特卡罗方法 classical Monte-Carlo method 一类用于模拟物理过程和近似计算高维积分的随机算法。蒙特卡罗方法通过在大量随机生成的样本上进行统计来计算期望值及其误差。蒙特卡罗计算的误差随着样本数量的增大而减小。对于高维空间的问题，一类重要的产生样本的方式是从遵循马尔可夫链的随机的时间序列中采样。这类算法称为马尔可夫链蒙特卡罗算法，是最普遍应用的蒙特卡罗方法。由于其随机采样的特点，经典蒙特卡罗方法非常适合于大规模并行化计算。蒙特卡罗方法在物理、材料、工程和经济等领域具有广泛的应用。（王 磊）

经典热力学 classical thermodynamics 研究物质有关热现象的宏观理论，属于唯象理论。它与研究有关热现象的微观理论统计物理构成热物理理论。又称热力学。热力学的研究对象为大量粒子组成的系统，其中粒子的运动和相互作用极其复杂，决定系统的宏观性质。热力学并不关心组成系统的大量粒子的运动和相互作用，仅关心系统有关热现象的宏观性质及其变化的基本规律，它的核心是由经验总结出的三个热力学定律。这些定律已被大量实验事实所证实，反映了自然界发生的热现象遵从的基本法则。运用这些基本定律，可以导出系统在宏观过程中各种性质演变的规律，因此热力学理论是一种十分普遍的理论。但由于它的唯象性，热力学理论本身还无法预言具体物质的特性。要描述物质的具体性质，还必须依赖实验获取的信息。如对状态方程、比热容和各种外界作用的响应规律等数据的测量。作为一种宏观理论，热力学只能讨论热运动的宏观表现，而对大量微观粒子无规运动导致的涨落现象则不能给出正确的解释。（班士良 崔 鑫 宫 箭）

经典输运理论 classical transport theory 20世纪50年代及以前的完全电离等离子体输运理论。经典输运理论考虑的是均匀磁场中的等离子体由带电粒子两体相互作用引起的输运过程。理论方法继承了奥地利物理学家L.**玻尔兹曼**以及其后S.**查普曼**和T.G.考林等发展起来的经典气体动理论方法，这种理论处理的等离子体输运称为经典输运。

1936年，苏联理论物理学家L.D.**朗道**将玻尔兹曼的中性气体碰撞项推广到带电粒子情形，得到描述两体库仑相互作用的朗道碰撞项，奠定了等离子体碰撞输运的基础；其基本方程实际上可以理解为是一个描述带电粒子在速度空间对流扩散的福克－普朗克方程。

1953年，美国物理学家L.斯必泽和R.黑尔姆计算了平行于磁场的电场驱动等离子体电流，发现电流与电场成正比，与电子离子碰撞频率成反比，这表明存在平行电流时电子受到的电场推动力与离子摩擦力平衡；这一经典输运中的平行欧姆定律已经为实验所证实。

1958年，美国物理学家M.N.罗森布拉斯和A.N.考夫曼计算了均匀磁场中完全电离等离子体的碰撞输运。他们发现经典输运的粒子扩散流与电子离子之间由于抗磁漂移速度不同产生的碰撞摩擦力成正比，与磁感应强度成反比。由于抗磁漂移速度与密度梯度和粒子动能成正比与磁感应强度成反比，罗森布拉斯－考夫曼经典输运理论表明扩散系数与电子回旋半径的二次方以及电子离子碰撞频率成正比。这一结果符合粒子扩散的无规行走模型。电子由于受到离子碰撞散射，其方向在一个电子离子碰撞时间内无规地改变90°，这导致其空间位置无规地改变一个回旋半径。因此从无规行走的物理图像来看，电子在一个电子离子碰撞时间内无规行走的步长为一个回旋半径，其扩散系数就是罗森布拉斯－考夫曼理论的结果。

经典输运理论的价值主要在于它为输运理论奠定了基本框架。由于经典理论只考虑了二体相互作用，忽略了等离子体中广泛存在的集体相互作用及湍流因素，因此预言的等离子体扩散和热导系数与实验观测相去甚远，通常比实验测得的扩散系数要小大约一两个数量级。在环形磁约束装置中，即使是考虑了环效应的新经典碰撞输运理论，虽然预言了比经典输运强得多的扩散和热导，但与实验观测值相比仍然有很大差距，其中离子热输运比实验小数倍，电子热输运和粒子输运比实验小大约两个数量级。（王少杰）

经典统计 classical statistics 一种对于全同粒子系统的微观运动状态采用经典力学描述的统计物理方法。对应于是在子相宇空间，还是在相宇空间（见**相空间**）中描述系统微观运动状态，在经典统计力学中发展了两种既有区别又互相联系的经典统计法。一种是由L.**玻尔兹曼**首先提出的概率法，它是建立在近独立子系微观运动状态上的，通过子相宇表示而形成的统计法，称为玻尔兹曼统计或麦克斯韦－玻尔兹曼统计。另一种是建立在J.W.**吉布斯**20世纪初提出的经典系综理论基础上形成的统计法，这种方法认定系统的微观运动状态可用相宇中的一个相点加以描述。

根据玻尔兹曼统计，一个由N个分子组成和总能量为E的气体中的每个分子可看作一个近独立子系，若它有k个能量分别近似为ε_i（$i=1,2,\cdots,k$）的可能状态，并用a_i表示处于子相宇体元$\Delta\omega_i=\prod\Delta q_i\Delta p_i$内的能量近似为$\varepsilon_i$的子系数目（$q,p$为经典力学描述的粒子的坐标与动量），则必有$\sum a_i=N$，$\sum\varepsilon_i a_i=E$。由于经典统计中对于状态的占据方式不加限制，而且子系是可加以识别的，故可得子系对状态i的最概然分布（或平均占有率）为：

$$n_i=\exp\beta\ (\mu-\varepsilon_i)\Delta\omega_i$$

称为玻尔兹曼分布。式中μ为子系的化学势；$\beta=(kT)^{-1}$，T和k分别为热力学温度和玻尔兹曼常数。

基于吉布斯系综理论的统计法证明，温度T、粒子数N和体积V恒定的系统，处于能量为E、化学势为μ的概率密度函数为$\rho=\exp(-\Psi-\beta E)$，式中的常数Ψ由归一条件决定。

实际上，这两种统计方法是一致的。可以证明，只要把分子看作一个很复杂的子系，则由近独立子系的最概然分布可导出正则分布；反过来，当正则系综中的力学系统是由许多近独立子系组成时，每个子系的平均分布就是近独立子系的最概然分布。（仲 佰）

经典杨－巴克斯特方程 classical Yang-Baxter equation 量子杨－巴克斯特方程的经典极限或者一阶展开。经典非线性可积问题与线性问题的显著不同在于，它的泊松括号依赖于经典杨－巴克斯特方程的解，在寻找经典可积模型的守恒量，构造其泊松括号的过程中，必然导致经典杨－巴克斯特方程的出现：

$$[r_{12}(u_1-u_2),r_{13}(u_1-u_3)]+[r_{12}(u_1-u_2),r_{23}(u_2-u_3)]+[r_{13}(u_1-u_3),r_{23}(u_2-u_3)]=0$$

式中r_{12}为经典杨－巴克斯特方程的r矩阵，下标为张量空间$V\otimes V\otimes V$的标号；u_1是依赖于空间1的参数。

经典杨－巴克斯特方程的研究起源于一大类经典的1+1维（一维空间＋一维时间）的可积物理方程，如科特韦格－德弗里斯方程、非线性薛定谔方程、正弦戈登方程、朗道－利弗席兹方程等。这是一类随时间演化，并对空间坐标二阶偏微商的非线性方程，它们都存在孤子解。

求解这类方程的最有效、普适的方法，称为经典逆散射方法。它是通过引入拉克斯对，将二阶非线性偏（常）微分方程转化为一阶的线性偏微分方程组的相容条件。在这一过程中，需要定义不依赖于具体模型的基本**泊松括号**，而泊松括号需要满足雅可比恒等式，因此诱导出了r矩阵需要满足的约束条件，即经典杨－巴克斯特方程。所以从某种意义上说，经典杨－巴克斯特方程的矩阵是李代数结构常数的扩展。

A.A.别拉温与V.G.德林费尔德对经典杨－巴克斯特方程的解进行了完整的分类，即r矩阵只有有理、三角和椭圆三类。通常来说，不同类型的r矩阵对应于不同的非线性物理模型，而同一类型的r矩阵也可能对应不同的非线性模型。（杨文力）

经福谦 Jing Fuqian（1929-06-07～2012-04-20） 中国动高压物理学家、内爆动力学家。祖籍江苏淮阴。生于江苏南京，卒于上海。1952年毕业于南京大学物理系。毕业后在长春地质学院任助教、讲师（1956）。1957年和1958年暑假先后担任长春地质学院营城煤矿和松辽平原地质勘探队的技术负责人。1960年暑期作为主要技术负责人参加了大庆油田会战初期地震勘探资料综合分析。后由于中国核武器研制急需增调一批技术骨干，于1961年开始实验内爆动力学领域的研究工作，主要研究炸药驱动内爆系统的设计技术。1960～1963年，任第二机械工业部第九研究所科研组副组长。1963～1970年，任第二机械工业部九院实验部科研室副主任、主任。1970～1989年，任第二机械工业部九院流体物理研究所副所长、所长、研究员。1989年任中国工程物理研究院科学技术委员会副主任。1984年被授予国家级有突出贡献专家称号。1991年当选为中国科学院学部委员（院士）。

经福谦主要从事凝聚态物理和爆炸力学研究。完成了“聚合爆轰人工热核反应研究”，并在内爆动力学模型实验研究和地下核爆超高压物态方程实验攻关中做出了重要贡献。在爆炸力学领域的研究中，提出了“严重稀疏范围”和信号保护通道设计的“绝对保护”概念。其研究集体在宽区物态方程、高温高压本构关系及材料动态损伤与破坏等基础性研究中取得了重要进展。在高压物理领域，经福谦为核爆炸条件下超高压物态方程测量解决了关键性技术，提供了大量有关材料的高压物性和高压物态方程数据。出版《实验物态方程导引》专著。1982年获国家自然科学奖一等奖。（尹晓冬）

经验赝势方法 empirical pseudopotential method 从自由电子出发，用经验赝势描述晶体中电子所受到的势能或者自洽循环计算的初始势能，计算出固体电子能带的方法。经验赝势方法借助于实验数据拟合有限几个原子势$V(\boldsymbol{r})$的值，使晶体周期性势可被表示为各个原子势的线性组合的方法。即：

$$V(\boldsymbol{r})=\sum_{\boldsymbol{R},\boldsymbol{\tau}}V^{a}(\boldsymbol{r}-\boldsymbol{R}-\boldsymbol{\tau})$$

上式在倒格矢空间$\boldsymbol{K}$中可以展开为：

$$V(\boldsymbol{r})=\sum_{K}V^{\alpha}(\boldsymbol{K})S^{\alpha}(\boldsymbol{K})\exp(-\mathrm{i}\boldsymbol{K}\cdot\boldsymbol{r})$$

式中为$S^{\alpha}(\boldsymbol{K})=\sum_{\tau^{\alpha}}\mathrm{e}^{\mathrm{i}\boldsymbol{K}\cdot\tau^{\alpha}}$结构因子；$V^{\alpha}(\boldsymbol{K})$为形状因子；对大$\boldsymbol{K}$，$V^{\alpha}(\boldsymbol{K})$一般很小，再加上考虑对称性，这种原子势的形状因子只需拟合有限的几个离散的值。

经验赝势的拟合过程是：选取初始的$V^{\alpha}(\boldsymbol{K})$，通过解薛定谔方程得到$E_n(\boldsymbol{k})$，$\psi_n(\boldsymbol{k},\boldsymbol{r})$，计算出与实验数据可比较的物理量，根据差别修改$V^{\alpha}(\boldsymbol{K})$，重复上述过程直至得到与实验接近的结果。

经验赝势在20世纪60～70年代时，广泛应用于研究半导体、金属材料等的电学及光学性质。但经验赝势基本上不能解决不同化学环境中的应用问题，特别是存在电荷转移的情况下，在经验赝势方法中是很难考虑的。

在**密度泛函理论**框架下，经验赝势的首要用途是在现代从头计算原子赝势自洽迭代计算中作初始值使用。因此，它的原子形状因子不再作为有限的几个倒格矢的离散值，而是将它拟合成动量的解析表达式。一个典型的形式是由雷干城等建议的：

$$V^{\alpha}(q)=\frac{b_1(q^2-b_2)}{\exp[b_3(q^2-b_1)]+1}$$

对一些主要的半导体材料的拟合参数b_i已列成表，最大优点是形式简单易于处理，能以最少的代价用于任意晶体的能带计算。这种经验势产生的电荷分布与真实的虽然不完全一致，但已正确体现晶体对称性，在一个耗费很大的第一性原理势自洽从头计算中给出了一个相当好的初始值。

经验赝势方法之所以能用比较少的平面波计算得到与实际比较接近的能带结构，是因为它已把原子核心的势"平滑"掉。一般的固体能带计算如果考虑原子的核心势，则需要非常多的平面波才能得到收敛的解。考虑到固体的导带和价带主要由原子外层的p电子和s电子构成，它们屏蔽了原子的核心势。由J.C.菲利普斯的抵消原理，赝势在核心区域内是弱的吸引势，而在核心区以外与真实的离子势相同。在经验赝势发展初期，提出了许多原子赝势模型，总的特点是只需要几个（一般4个）小$\boldsymbol{K}$的形状因子$V^{\alpha}(\boldsymbol{K})$就足够，相应地平面波展开中平面波的个数也就减少。

在现代能带理论问题中，自洽求解科恩-沈（Kohn-Sham）方程是个在应用中非常有实际意义的基本课题。为此，构造能用于自洽计算和不同化学环境中的原子势势在必行。两类常用的原子势分别为模型势和模守恒势。前者是半经验的，后者则是第一性原理从头计算的。现在能带理论计算中最常用的是模守恒赝势，是一种产生原子赝势的具体方法。（李京波）

晶胞参数 cell parameters 表征晶格大小形状的6个参数。又称晶格常数。即晶胞的三个基矢$\boldsymbol{a}$、$\boldsymbol{b}$、$\boldsymbol{c}$，以及夹角α、β、γ。其中，α为$\boldsymbol{b}$和$\boldsymbol{c}$轴的夹角，β为$\boldsymbol{a}$和$\boldsymbol{c}$轴的夹角，γ为$\boldsymbol{a}$和$\boldsymbol{b}$轴的夹角（见**晶体**）。

（杨槐馨 李建奇）

晶带 crystal zone 相交于某一直线且平行于此直线的所有晶面。该直线用[*uvw*]晶向表示，称为晶带轴或带轴。德国学者C.S.魏斯于1805～1809年得出：晶体上的任一晶面至少同时属于两个晶带，或平行于两个相交晶带的公共平面必为一可能晶面，称为晶带定律。根据晶带定律可知：由任意两个互不平行的晶面即可决定一个晶带，而由任意两个晶带又可决定一个晶面；从而由互不平行的4个任意已知晶面（其中每3个均不属于同一晶带），或由任意4个已知晶棱（即晶带轴，其中每3个均不共面），即可导出此晶体上一切可能的晶面和晶棱，并推算出相应的晶面符号和晶棱符号。

与晶带轴平行的所有晶面(*hkl*)称为共带面或晶带。如果晶带轴为[*uvw*]，任何(*hkl*)晶面满足$hu+kv+lw=0$，则该(*hkl*)晶面属于以[*uvw*]为晶带轴的一个晶带，称为威尔斯带轴定律。

（施宏龙 王文忠）

晶带轴 crystal zone axis 相交于某一直线且平行于此直线的所有晶面称为晶带。该直线用[*uvw*]晶向表示，称为晶带轴或带轴。见**晶带**。

晶格 crystal lattice 晶体中原子排列的具体形式。是晶体格子的简称。为了方便描述空间点阵中阵点排列的几何特征，通常用三根不共面的直线连接各个阵点构成三维直线网格（见**晶体**）。

（杨槐馨 李建奇）

晶格弛豫 lattice relaxation 晶格中引入缺陷和杂质后为使系统的能量达到最低使其周围的晶格原子发生的位移。杂质和缺陷的局域态电子和周围晶格之间存在相互作用，当电子处于不同状态时，电子云在周围的分布不同，从而可使周围的晶格产生不同程度的畸变，使系统的能量达到最低。这种依赖电子态的晶格畸变称为晶格弛豫。事实表明，晶格弛豫现象是固体中局域电子态的一个基本特征。

在考虑晶格弛豫效应时，必须把局域在缺陷中心的电子及其周围与之耦合的原子看作一个系统。系统的能量不仅与电子所处的状态有关，而且与周围的晶格原子的位形也有关。由于电子质量和原子质量相差悬殊，电子在其定态中的运动比原子的运动要快得多。因此，对于周围晶格原子位形的变化，电子的运动状态能迅速做出响应。这样在绝热近似下，耦合系统的能量可看成是原子位形的函数。当电子处于不同状态时，晶格原子有不同的平衡位形。固体中存在一些与缺陷局域中心和晶格弛豫相联系的现象，包括缺陷的发射谱峰相对于吸收峰的斯托克斯移动，谱宽增宽，以及通过和晶格交换能量实现电子态之间的无辐射跃迁的可能性等。另外，化合物半导体中存在性质颇为怪异的DX中心和EL12缺陷等，它们和较强的晶格畸变相联系。例如，DX中心可能是施主D和一个未知晶格缺陷X的复合物。如图1所示，周围晶格原子具有基态和亚稳态两个不同的结构位形，具有双稳性，分别对应的电子态为一个深能级和一个亚稳的浅能级。DX中心的光电离能和热电离能之间存在大的斯托克斯移动，这对应于DX中心分别处于两个结构位形时电子态的能量差，如图2所示。

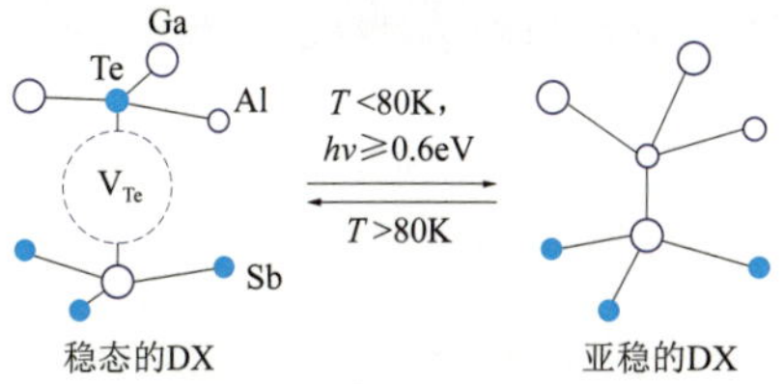

图1 DX中心的结构位形

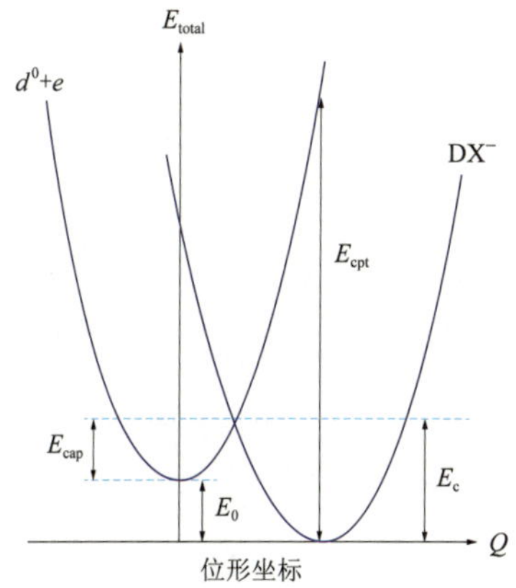

图2 DX中心的基态（DX$^-$）和亚稳态的位形坐标图

20世纪70年代，实验和理论学者对硅空位引起的晶格弛豫现象进行了深入的研究。硅空位周围4个原子有4个悬键，正常情况下每个悬键提供1个电子。4个电子在硅的价带下1.1电子伏处形成一个A_1能级（T_d对称性），同在带隙中价带顶以上0.7电子伏处形成一个T_2能级。4个电子有2个填充在A_1能级，2个填充在T_2能级。如果不考虑周围原子的晶格弛豫，则由于电子的相关能，T_2能级就按照空位上电子数的多少分裂成4个能级，电子数越多，能级越高。实验结果发现与理论结果不符，两个电子占据态能级V^0位于E_v+0.05电子伏处，而一个电子占据态V^+能级却比它高，位于E_v+0.13电子伏处。这种颠倒的$-U$的次序是晶格弛豫效应（又称**扬-特勒效应**）的结果。其原因是对于不同的电子态，周围的晶格态的位形将发生变化，以使得能量到达极小。理论计算发现，这与晶格的四角畸变有关。因此由于扬-特勒效应，使得晶格畸变能量$E_{JT}>U/2$时，系统变成了负U体系，也就是两个电子占据态V^0的能量低于一个电子占据态V^+的能量。（骆军委）

晶格动力学 lattice dynamics 研究晶体原子在平衡点附近的振动和这些振动对晶体物理性质的影响的学科。固体物理学的基础内容之一。

简史 1907年A.**爱因斯坦**提出，组成晶体的N个原子有$3N$个独立的自由度，各自由度均看成是以同一频率ω_E振动的谐振子，它的能量应是量子$\hbar\omega_E$的整数倍，$\hbar$为普朗克常数h除以2π。他的理论解释了在温度趋于绝对零度时，晶格原子振动贡献的比热也趋于零。1912年，P.J.W.**德拜**把晶体当作连续介质求得振子频率分布，导出在低温下晶格比热依赖温度T的三次方的规律，与实验符合甚好。同年，M.**玻恩**和T. von卡门共同提出，晶体中原子振动形成的格波可分解成不同模式的谐波，从而奠定了晶格动力学的基础。1954年玻恩和**黄昆**合著的《晶格动力学理论》出版，全面总结了这一领域的基本理论和实验研究成果，以及晶格振动对固体各方面物性的影响。从20世纪50年代起，晶格动力学主要是发展了可直接测定晶格振动频率-波矢关系（色散关系）的实验技术，对各种材料用不同的动力模型计算晶格振动的色散关系取得成功，对新材料（如晶体表面、半导体超晶格、C_{60}及其固体、高温超导体等）的晶格振动特性的探索研究。

格波方程 考虑由两种原子构成的一维原子链，如图1所示。晶格常数为a，第l个原胞中这两种原子的质量分别为M_1和M_2，位移为$u(l,1)$和$u(l,2)$，可以得到：

$$u(l,1)=M_1^{-1/2}u(l)e^{i(\omega t-qla)}$$
$$u(l,2)=M_2^{-1/2}u(l)e^{i(\omega t-qla/2)}$$

上式是一种行进波（ω为频率，q为波矢），称为格波。

图1 一维原子链

同时对应于一个波矢q，有两个振动频率ω_+和ω_-，ω_+的格波称为光学波，ω_-的格波称为声学波。一维双原子链的$\omega(q)$也称为格波的色散关系，如图2所示。光学波是原胞中两个原子相对位移所产生的波动。声学波则是原胞中两个原子同相位移产生的波动。由于是一维原子链，这两类格波都是纵波，即原子位移和波传播的方向都在一条直线上。

简正模 通常把N个原胞的一维双原子链看成是无限长的双原子链中的一段。这样可采用周期性边界条件：

$$u(l,j)=u(l+N,j)\quad(j=1,2,\cdots)$$

由此求得波矢的值：

$$q=2\pi m/(Na)\ (m=0,1,2,\cdots,N-1)$$

因此在以q为变量的直线上，相邻两个q值点的间距为$2\pi/(Na)=2\pi/L$，L为链长。在图2所示的$(-\pi/a,\pi/a)$范围内，q的取值有N个，等于晶体的原胞数目。双原子链的格波有两支，即光学波和声学波，因此格波的频率依$\omega_i(q)$共有$2N$个值，即有$2N$个模式的格波。第i个模式的格波等效于同一频率ω_i振动的简谐振子，称为简正模。按照量子理论，每个简谐振子的能量为$(n+1/2)\hbar\omega_i$，$n=0,1,2,\cdots,N$。$n=0$的情况是谐振子的零点（振动）能量。$\hbar\omega_i$为格波的能量量子，称为声子。

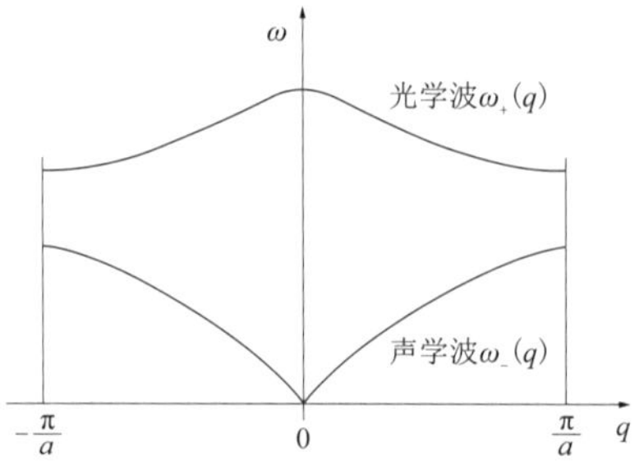

图2 一维双原子链的格波的色散关系

实际晶体的格波谱 若一个有限晶体沿三个轴$\boldsymbol{a}_1$、$\boldsymbol{a}_2$、$\boldsymbol{a}_3$方向都有N个周期，则整个晶体有N^3个原胞。每个原胞有S个原子，整个晶体有$3SN^3$个自由度。此时，波矢$\boldsymbol{q}$沿$\boldsymbol{q}$空间三个轴$\boldsymbol{b}_1$、$\boldsymbol{b}_2$、$\boldsymbol{b}_3$方向的取值个数都是N个，因而$\boldsymbol{q}$取值的总数为N^3。在三维情况中，每个原子的位移有三个方向，不仅有纵向声学波和光学波，还有横向声学波和光学波。由于声学波代表原胞中原子同向位移形成的格波，所以只有一支纵向声学波（LA）和两支横向声学波（TA）。光学波一共有$3(S-1)$支，其中1/3是纵向光学波（LO），2/3为横向光学波（TO）。所以，三维晶体的简正模总数仍然等于晶体的原子自由度总数。（甘子钊）

晶格振动谱 vibrational spectrum of crystals 晶格中原子的集体振荡形成格波，晶格振动频率ω与波数矢量$\boldsymbol{q}$之间的函数关系$\omega(\boldsymbol{q})$称为晶格振动谱。又称格波的色散关系。非弹性中子散射或者更加现代的高精度非弹性X射线散射可以非常精确地测量晶格振动谱中沿布里渊区高对称方向的色散关系。

每个原子在平衡位置附近运动，对原子间相互作用的位能进行多元函数泰勒展开，保留至二阶而忽略高阶项。零阶项贡献一个常数，为原子处于平衡位置的位能；一阶项正比于原子在平衡位置所受的力，由于原子处于平衡位置故其为零；二阶项则给出类似于简谐振动的位能形式。晶体中所有原子的这种运动，就好像是一组耦合的谐振子。选择合适的简正坐标，使得各个自由度解耦，得到一组不相互耦合的谐振子运动方程。每一对简正坐标（广义坐标和广义动量）描述原子的一种集体振荡的模式。在量子力学描述中，对上述谐振子的运动量子化后，则每一种振荡模式对应带有一定准动量和能量的激发态，量子化后的准粒子叫作声子，携带相应的准动量和能量。对于谐振子的量子化，同一种振荡模式所携带的声子能量相等，每一种模式可以容纳任意多的声子，所以符合玻色统计。若在晶体的集体激发中，晶体中元胞内的原子只是做整体平移振动，各原子的相对位置关系不变，则对应的声子称为声学声子。元胞内的原子做相对的集体振动则称为光学声子。对于含有N个原子的原胞，每个原子的自由度为3，总自由度为$3N$，因此共有$3N$个声子，其中包括3个声学声子和$3N-3$个光学声子。

在金刚石和闪锌矿晶格中，每个原胞含有两个原子，因此拥有6支声子，其中能量最低的3支为声学声子，剩余3支为光学声子。沿布里渊区高对称方向，按照晶格振动位移垂直或平行波失方向，声子可分为横向或纵向模。在固体中长波长横向声学（TA）声子是剪切声波，纵向声学（LA）声子则对应于压缩声波，这些声

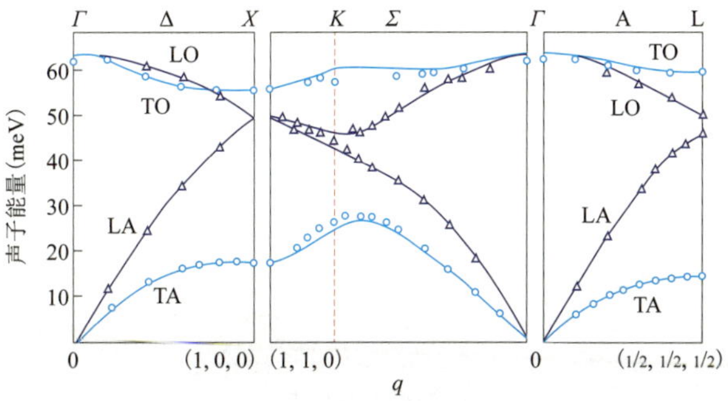

图1 硅的晶格振动谱

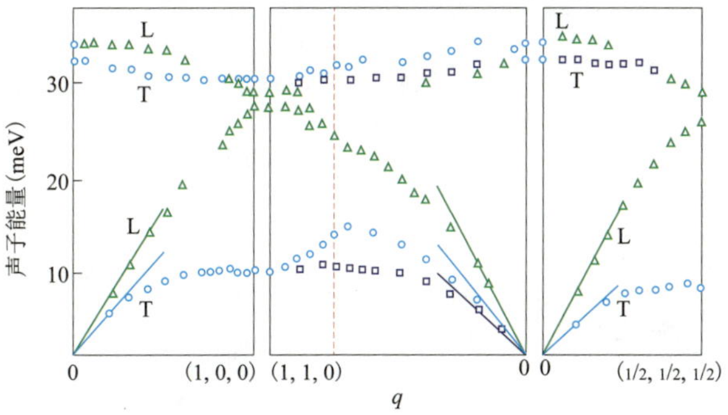

图2 GaAs的晶格振动谱

波的波速分别由剪切和体弹性模量决定。由于在晶体中剪切要易于压缩，LA声子要比TA声子传播得慢。在金刚石和闪锌矿晶格中，TA声子具有两个独特的性质：第一，在布里渊区边界，它们的色散关系曲线相对平坦；第二，在布里渊区边界，它们的能量要小于LA声子。这两个特性与这些晶体的共价键特色相关。在硅中横向光学（TO）声子和纵向光学（LO）声子在布里渊区中心简并。在砷化镓和其他闪锌矿半导体的布里渊区中心，LO声子的能量要高于TO声子。在闪锌矿结构的立方对称性的要求下，LO声子和TO声子同样在布里渊区中心简并。

在长波长极限下（$q \to 0$，即光学声子，其波长远大于晶格常数），光学振动模对应于半导体原胞中的两类原子的光学振动方向相反，而原胞的质心保持静止。在离子晶体中这样的运动与强的电偶极矩相联系，因而能与振动频率相近的电场相互作用。为了描述离子晶体中长波长光学振动模与电场的相互作用，**黄昆**提出了一对黄昆方程。由黄昆方程可以直接得到$q=0$横波（TO）和纵波（LO）的频率，这是由于纵振动引起了晶体的极化，而横振动则没有。由黄昆方程还可以得到在横波和纵波的频率之间，当阻尼因子为零时，介电函数$\varepsilon(\omega)<0$，反射系数达到100%。这已经由AlSb晶体的实验得到证实。（骆军委）

晶界 grain boundary 晶体结构相同但取向不同的晶粒之间的界面。在晶界上，原子排列从一个取向过渡到另一个取向，处于过渡状态。一般定义当相邻晶粒的取向差小于10°时，这样的晶界称为小角度晶界；取向差大于10°时，称为大角度晶界。1940年J.M.伯格斯和英国晶体学家W.L.布拉格提出晶界是由**位错**构成的模型。1954年F.L.沃格尔等在锗单晶中观察到规则的位错腐蚀斑排列，成功验证了小角度晶界的位错模型。大角度晶界中的原子排列比较杂乱和疏松，其实际结构比较复杂。虽然也有许多模型试图解释大角度晶界的形成机制，但每个模型各有优缺点，仍需要进一步研究。晶界对晶体的许多性质，尤其是力学性质有着重大的影响，如晶界对位错、**滑移**的阻滞作用是加工硬化的主要影响机制，晶界滑移是高温蠕变的重要方式，晶界断裂是材料脆性的根源。同时晶界也是溶质原子容易聚集之地，是它们容易扩散的通道，因此对材料中物质输运以及重新分布起重要作用。

（丁大伟 汪卫华）

晶类 crystal class 根据晶体的对称性对晶体进行的分类。晶体共有32种对称性（点群），对称是晶体共有的基本属性，任何晶体的对称形式都包含在这有限的32种点群中，因此根据晶体的对称性对晶体进行分类，将对称型相同的晶体归为一类（见**晶体**）。（杨槐馨 李建奇）

晶粒间界 grain boundary 多晶中不同取向晶粒间的界面。简称晶界。见**晶界**。

晶面 crystal plane 由原子/阵点构成的一组平面。在晶体学中用**密勒指数**表示，记作（*hkl*）。布拉菲格点可以看成分布在平行等距的平面系上，这些平面称为晶面。在晶体中，原子排列和分布完全相同，但空间位向不同的晶面为等价晶面。等价晶面构成一个晶面族。

（李建奇）

晶面族 family of crystal planes 等价晶面构成一个晶面族。见**晶面**。

晶体 crystal 由于原子（离子或分子）间相互作用，粒子在空间按照一定方式排列，结合成具有三维周期结构的固体。

周期性 内部原子的排列没有周期性的固体为非晶体。内部原子排列失去周期性但有准周期性的固体为准晶体。因此晶体的唯一特征是其内部原子排列的周期性。晶体的周期性通常用原胞和晶格基矢来描述。基于晶体内部结构的周期性，可划分出一个个大小和形状完全相同的平行六面体作为基本重复单元，该基本重复单元称为原胞。整块晶体就是原胞在三维空间排列堆砌而成的固体，原胞代表了晶体的最小周期单元。晶格基矢是指原胞的边矢量，可用于表述各原子的坐标。

结构 晶体的周期性可以数学抽象为布拉菲格子（晶格），晶体中每个原子位于布拉菲格子的格点上。根据32种点群对布拉菲格子的要求，布拉菲格子可以分为七类，称为七大晶系。分别是单斜、三斜、正交、立方、三角（方）、四方、六角（方）晶系。由于格点分布的不同，七大晶系共包含14种布拉菲格子。分别是简单三斜、简单单斜、底心单斜、简单正交、底心正交、体心正交、面心正交、简单三角（方）、简单四方、体心四方、简单六角（方）、简单立方、体心立方、面心立方。

对称性 描述一个物体的对称性时，通常的方式是指出它所包含的对称元素。一种对称元素对应一种对称操作。当物体绕某一转轴转动$2\pi/n$以及它的整数倍而保持不变时，把该轴称为物体的n次旋转轴。在此基础上附加一个中心反演操作依然不变时，把该轴称为n次旋转反演轴。旋转轴和旋转反演轴可以统称为对称元素。晶体中只存在1次、2次、3次、4次、6次旋转轴，以及对应的旋转反演轴共10种对称元素。不可能存在5次、7次等对称元素。若干个对称元素组合起来的对称操作称为对称操作群，也称为点群。晶体在平移一个布拉菲格子的晶格矢量后与自身重合的性质称为平移对称性。平移对称性是晶体结构的基本对称性。不同平移操作的集合称为平移群。平移群和上述点群等构成的晶格所有对称操作的集合称为空间群。晶体中共包含230种空间群，其中包括73种点空间群。

种类以及特异性 晶体可分单晶和多晶体：①单晶。其内部微粒有规律地排列在一个空间格子内的晶体。单晶内部晶胞沿空间3个方向排列堆砌，其晶体结构是连续的，在宏观尺度范围内单晶不包含晶界。人工制备的许多功能晶体和信息技术用的晶体都是单晶体。由于生长条件限制，某些单晶并没有特征性的外形，如硅、锗、铌酸锂。天然的单晶体呈有规则的多面体外形，如石英（图1）、方解石等。②多晶体。由众多微小单晶组成的晶体。大部分实用晶体是多晶体，由众多大小不一、取向各异的晶粒组成，每个晶粒里原子排列是周期性和规则性的，由于各晶粒取向不同，整块材料的宏观物理性质是各向同性的。

图1 石英晶体

晶体还可根据内部原子间结合方式的差异分为4种类型：离子晶体、分子晶体、金属晶体和原子晶体。

离子晶体。内部的离子通过离子键结合形成的晶体。离子键的本质是正负电荷间的库仑力。离子晶体多为碱金属元素和卤族元素结合形成的化合物，其中含有电荷量相等的阴离子和阳离子，并且两种离子呈周期性交替排列，往往呈现出规则的几何外形。如氯化钠（NaCl）晶体呈现出立方体的空间构型，每个Na^+周围有上下前后左右共6个最近的等距离的Cl^-；每个Cl^-周围有上下前后左右共6个最近的等距离的Na^+；每个Na^+周围有12个Na^+；每个Cl^-周围有12个Cl^-（图2）。

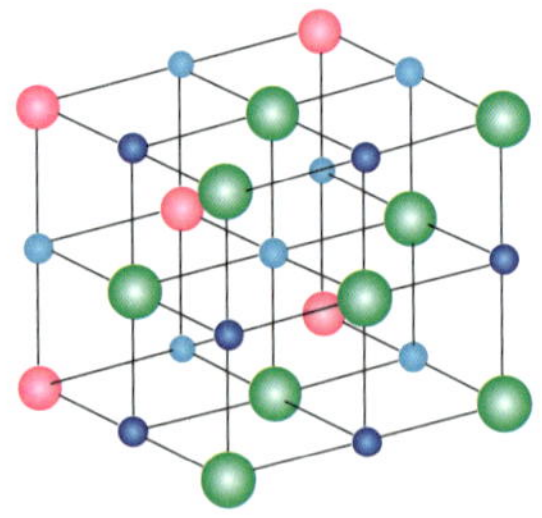

图2 NaCl晶体

分子晶体。物质内部分子间通过由分子间作用力结合形成的晶体。大多数非金属单质（少数如硅等除外），它们的化合物及大多数有机物在处于固态时都属于分子晶体。分子晶体的熔点和沸点一般比较低，且固态与液态均不导电。

金属晶体。内部原子通过金属键结合形成的晶体。晶体内部电子不再束缚于单个原子，而是形成共有化的电子。共有化的电子形成负的电子云，带正电的原子实浸在电子云中。电子云和原子实之间存在库仑力，该库仑相互作用将原子聚合在一起。金属单质及一些金属合金都属于金属晶体，如镁、铝、铁和铜等。金属晶体因为自由电子的存在而呈现出良好的导电性、导热性。

原子晶体。内部原子以共价键的形式连接而形成的晶体。原子晶体大多呈空间网状结构，有熔点和沸点高、硬度大的特点。典型的物质有金刚石、硅、二氧化硅、碳化硅等。

不同晶体的特异性

晶体	粒子	作用力	熔点	其他属性	实例
离子晶体	阳离子和阴离子	静电引力	高	硬而脆，熔融时导电性很强	氯化钠、碳酸钙、氧化铝
分子晶体	极性分子	色散力和偶极－偶极吸引力	低	软，液态时不导电或导电性极低	冰、干冰
	非极性分子	色散力	低	软	固态稀有气体、固态氧
金属晶体	金属阳离子和自由电子	静电引力	不定	金属光泽，易导电、导热，延展性佳	铁、铜、铝
原子晶体	原子	共价键	很高	硬度高	金刚石、晶体硅、石英

晶体的某些性质取决于将分子联结成固体的结合力（原子之间的吸引力）。这些力通常涉及原子或分子的最外层的电子（或称价电子）的相互作用。如果结合力强，晶体有较高的熔点。如果结合力弱，晶体则有较低的熔点，也可能较易弯曲和变形。如果它们很弱，晶体只能在很低温度下形成。由此形成的各种晶体的特异性汇总见表。（陆栋 过聪）

晶体场 crystal field 晶体中周围原子或离子的电荷环境产生的电势场。当自由中性原子形成固体之后，原子的电子分布受到周围其他原子的库仑相互作用而达到新的平衡。此时，各核电荷与新的核外电子分布在不同原子或离子处产生了一个不均匀的电势场，即晶体场。晶体中不同位置上的原子或离子，因周围环境的不同，晶体场的大小不同；因局域对称性不同，晶体场的方向和对称性也不同。反过来，晶体场的存在破坏了孤立原子中的中心场对称性，原子或离子的核外电子排布状况与晶体场的强弱密切相关。

早在1929年和1935年，H.A.贝特和J.H.范扶累克分别提出被其他配位原子包围的过渡金属离子的电子能量和排布变化，可以用晶体场理论来解释。这一思想后来逐步发展成为配位场理论。该理论是计算离子能级的一种有效方法，在物理、化学等诸多学科中都有广泛应用。典型的应用包括磁性材料的离子能级分裂、激光光谱分析、顺磁共振谱等。同时扬－特勒效应、轨道角动量冻结、单离子各向异性等都是3d电子受到晶体场影响后的结果。

基态下处在晶体内原子中的电子，除受到原子核的库仑相互作用外，还受到电子－电子相互作用、自旋－轨道（L-S）耦合相互作用和晶体场的作用。根据后面三种作用大小的比较，可以分为弱晶体场、中等晶体场和强晶体场等不同情况。①弱晶体场情况下，晶体场的作用远小于L-S耦合相互作用，原子可以视为自由原子，电子分布满足洪德法则。由于稀土元素的f电子更靠近原子核，晶体场可以被外层电子屏蔽，所以稀土原子和离子的电子排布通常属于弱晶体场情况。②中等晶体场情况下，晶体场作用小于电子－电子相互作用，但大于自旋－轨道耦合相互作用，晶体场将首先影响轨道能量使能级产生分裂。3d电子组态多属于这一情况。③强晶体场情况下，晶体场作用大于电子－电子相互作用，破坏了洪德法则第一条。此时L-S耦合已经不再成立，主要适应于4d和5d电子组态。（薛德胜）

晶体的范性 plasticity of crystal 晶体在外力作用下可进行范性形变的性质。又称晶体的塑性。晶体受到足够大的外力作用时会发生永久性的形变，即外力撤去后其形状的改变可保存下来，称为范性形变。范性形变有滑移和形变孪生两种方式。某些情况下晶体还可通过扭折和旋转滑移而变形。按照位错理论，晶体的范性形变乃是位错增殖和运动的结果。

滑移 滑移是晶体范性形变的主要方式。滑移过程是在一定晶面两侧的晶体沿一定的晶向发生相对的平移。平移的晶面称为滑移面，而平移的方向则称为滑移方向。作用在滑移面沿滑移方向的切应力分量达到某一临界值（即临界切应力）时，晶体即开始发生宏观上可测出的范性形变，称为晶体的屈服。屈服可逐渐地发生，也可突然地发生。晶体屈服以后继续变形所需的流变应力随预先形变量的增加而增加，此即加工硬化现象。

形变孪生　形变孪生是晶体范性形变的第二种基本方式，也是一种切变过程。它与滑移的差别在于：晶体发生形变的区域中，虽仍保留原来的晶体结构，但其位向关系发生了变化。形变孪生的成核要求存在一定的应力集中，但并不需要过大的应力。

工程材料多为多晶体，内部多包括复相结构。晶界对晶体的范性的影响是很复杂的。晶界对滑移和形变孪生过程起阻碍作用。（丁炳哲）

晶体的自由表面　crystal free surface　晶体与气体或者液体相接触的界面。处于界面上的原子，由于其周围环境与晶体内部不同，受力处于非平衡态，其受到的内部原子作用力显著大于外部介质原子或分子的作用力，因此界面原子偏离其平衡位置，造成表面上几个原子层范围的晶格畸变导致能量升高。（杨槐馨　李建奇）

晶体的X射线衍射　X-ray diffraction of crystal　X射线通过晶体时的衍射现象。20世纪初，M. von劳厄即指出晶体可作为X射线的衍射光栅，随之发展出用X射线确定晶体结构的X射线结晶学。电子和中子都具有波动性，使电子衍射和中子衍射亦成为确定物质结构的重要手段。特别是电子衍射在确定固体材料的表面结构与中子衍射在确定材料的磁性结构方面，二者相辅相成，使确定物质结构的衍射方法趋于完善。

假设晶体中任一格点P的位置均可用格矢$\boldsymbol{R}_P$表示为：

$$\boldsymbol{R}_P = l'\boldsymbol{a} + m'\boldsymbol{b} + n'\boldsymbol{c}$$

式中L'、M'、N'均为整数；而$\boldsymbol{a}$、$\boldsymbol{b}$、$\boldsymbol{c}$为晶胞基矢（图1）。波矢为$\boldsymbol{k}_0 = (2\pi/\lambda)\boldsymbol{s}_0$的平行X射线入射二格点$O$与$P$，$O$为原点，$\lambda$为波长，$\boldsymbol{s}_0$为入射方向的单位矢量，则由此二格点弹性散射的X射线沿单位矢量$\boldsymbol{s}$方向的光程差为$\Delta = AO + BO = \boldsymbol{R}_P \cdot (\boldsymbol{s} - \boldsymbol{s}_0)$。

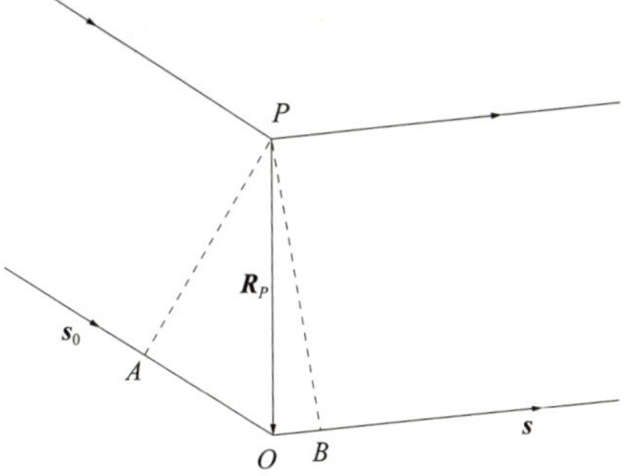

图1　格点对入射X射线的散射

沿$\boldsymbol{s}$方向来自格点O与P的散射波干涉相长的条件为：

$$\boldsymbol{R}_P \cdot (\boldsymbol{s} - \boldsymbol{s}_0) = m\lambda$$

式中m为整数。如晶体中所有格点均满足上式，则$\boldsymbol{s}$必为一衍射束的方向。上式称为劳厄方程。改写劳厄方程为：

$$\boldsymbol{R}_P \cdot (\boldsymbol{k} - \boldsymbol{k}_0) = 2\pi m$$

式中$\boldsymbol{k} = (2\pi/\lambda)\boldsymbol{s}$为散射波矢。由此可知，如所有格点位矢均满足上式，则衍射束方向的波矢$\boldsymbol{k}$与入射波矢之差必为一倒格矢。将此倒格矢用$\boldsymbol{K}$表示，则$\boldsymbol{K} = k - k_0 = n\boldsymbol{K}_{hkl}$，$\boldsymbol{K}_{hkl}$为该方向最短的倒格矢，$n$为整数。由于$|\boldsymbol{K}| = 2|k_0|\sin\theta$，便得到著名的布拉格反射公式：

$$2d\sin\theta = n\lambda$$

式中$d = 2\pi/|\boldsymbol{K}_{hkl}|$为密勒指数为$(hkl)$的晶面族的面间距，而$\theta$为入射方向对于此晶面族的掠射角。由此，衍射束方向可想象成入射X射线对某一晶面族(hkl)的镜面反射方向。当单色X射线沿某一确定方向入射晶体时，只有在满足布拉格反射公式的方向才可观察到衍射束，而衍射束斑也以(nh, nk, nl)标记，称为衍射面指数。衍射束斑的位置与具体的晶体结构有关，从而使衍射成为确定结构的有效手段。

晶胞对X射线的散射实质为格点散射。在最简单的情形，一个晶胞中只包含一个原子（或离子），但一般情形可包含若干个原子（或离子）。具体通过衍射测量确定晶体结构必须考虑衍射束的强度，也就必须考虑一个晶胞内不同原子（或离子）对X射线散射波的干涉。这可归结为晶胞对X射线的散射本领，可以几何结构因子（或称形状因子）$F(\boldsymbol{K})$表示：

$$F(\boldsymbol{K}) = F_{nh,nk,nl} = \sum_j f_j \mathrm{e}^{\mathrm{i}KR_j}$$

式中R_j为晶胞中第j个原子（或离子）的位矢；而$\boldsymbol{K} = \boldsymbol{K}_{hkl}$为衍射束相应的倒格矢。$f_j$则为与$\boldsymbol{k}$相应的第$j$个原子（或离子）的散射因子，其定义为：

$$f_j = \iiint_V \rho_j(\boldsymbol{r})\mathrm{e}^{\mathrm{i}KR_j}\mathrm{d}V$$

式中$\rho_j(\boldsymbol{r})$为第j个原子（或离子）中的电子数密度。可见原子散射因子原物理意义为其中所有的电子对X射线的散射本领与单个电子散射本领之比；而结构因子则为一个晶胞（或一个格点）对X射线的散射本领与单个电子散射本领之比。晶体衍射束的强度正比于几何结构因子模的二次方$|F(\boldsymbol{K})|^2$。

晶体对X射线的衍射亦可形象地采用"反射球"表述。反射球为倒空间中的一球面，球半径与X射线的波矢相等。如图2所示，取一倒格点O为原点，对应于正

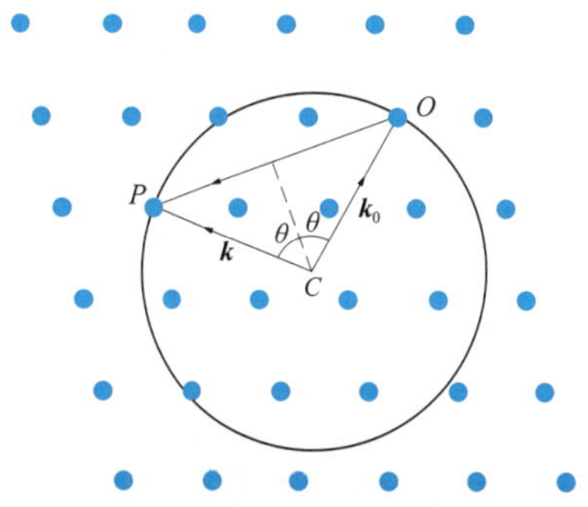

图2　反射球

空间中晶体的方位。图中$\boldsymbol{k}_0$为入射波矢，其起始点即为反射球心C，球面即为反射球。由图2可见，位于反射球上的任何倒格点（如P）均满足布拉格反射条件。因为矢量OP必为一倒格矢，从而必与一衍射束相对应。（陆　栋）

晶体对称性　crystal symmetry　晶体具有的几何特征，对称性可以使坐标变换后物体的描述和原先的完全相同。每一次这样的坐标变换就是晶体的一个**对称操作**（对称元素）。晶体对称元素的集合构成晶体对称群。描写晶体对称性的群有点群和空间群。点群是晶体中至少有一点保持不动的对称元素的集合。而空间群则含平移和点群的对称操作。（李建奇）

晶体多型性　polymorphism　同一化学成分的层状结构物质，在相似条件下，因分子层堆垛次序不同而形成两种以上晶体结构的现象。同一物质的多型体一般属于同一种相，局限于某几个有密切联系的晶系和空间群。各多型体的晶胞之间有着简单关系，即沿堆垛轴的晶胞高度是结构单元层高的整数倍。

碳化硅是晶体多型性的典型例子，已发现它有154个多型体：具有纤维锌矿结构和菱形结构的多型体统称为α-SiC；具有闪锌矿结构的称为β-SiC。α-SiC分属于R3m、C6mc和C3m三个空间群。它们的六角晶胞a轴参数都相同a=308.06皮米，c轴为密堆积层高h=251.96皮米的整数倍，$c=nh$。最大的多型体的单位晶胞堆垛层数n已超过1000。引起这样长程结晶学次序的机制并非长程的力，而是与晶核生长位错引起的螺旋阶梯有关系。

此外，硫化锌（ZnS）、碘化镉（CdI_2）、碘化铅（PbI_2）和云母等都是具有多型体的固体。如碘化钙（CaI_2）有多型体2H-CdI_2和4H-CdI_2。式中H代表晶体属六角对称，前置数字代表晶胞含有阴离子层数目。这种化合物每个分子层两边是阴离子层中间夹阳离子层。多型性与多形性

是不同的。多形性是同一化学成分物质，在不同热力学条件下形成不同晶体结构的现象，如碳有金刚石、石墨、C_{60}分子固体、非晶碳多种异构体，各异构体只在其相应的温度、压力等物理和化学条件范围才能生成。（陆　栋）

晶体光学　crystal optics　研究光在晶体中传播及其伴生现象的光学分支学科。光在晶体中的传播过程即是光与晶体相互作用的过程。这一动态过程包含晶体对光的响应过程和晶体的辐射过程。如果晶体对光的响应呈线性关系，则属于线性光学范畴，光在晶体中的传播满足独立传播原理和线性叠加原理；如果晶体对光的响应呈非线性关系，则属于非线性光学范畴，光在晶体中传播常会产生新的频率，不同频率的光波之间会产生耦合，独立传播原理和线性叠加原理不再成立。晶体对光的响应可以表现为热响应、电致伸缩响应、电子轨道畸变响应、光折变响应、光极化响应等，并与晶体的力、热、电、磁、声等性质密切相关。因此，晶体光学的研究内容非常丰富。

晶体光学既涉及光波的问题，又涉及物质的问题，因此它的出发点或基础是麦克斯韦方程组和物质方程组。晶体一般是磁各向同性的，即磁感应强度$\boldsymbol{B}$和磁场强度$\boldsymbol{H}$有相同的方向。但一般晶体是电各向异性的，即电位移矢量$\boldsymbol{D}$和电场强度$\boldsymbol{E}$的方向不同。晶体对光波响应的各向异性，使光波在其中的传播有很多不同于普遍各向同性介质的地方。

晶体线性光学　晶体中平面光波波阵面法线方向即其相速度的方向。介质的折射率是光在真空中的传播速度c与相速度v之比：$n=c/v$。各向异性光学介质中，不同的方向光波传播的相速度不同，因此不同的方向有不同的折射率（见**主折射率**、**折射率椭球**）。晶体中光波的能量传播方向即坡印亭矢量方向，能量传播速度称为光线速度v_r，一般与相速度方向不同，数值也不同。

当一束平面光波从真空或各向同性介质射入各向异性晶体时，一般会产生两个折射平面波，每个折射波各有一个相应的光线方向和一个光线速度，这种现象称为**双折射**。对于单轴晶体，其中一条光线遵从通常的折射定律称为寻常光，也称o光；另一条光线不遵从通常的折射定律，称为非常光，也称e光。

晶体中存在一个特殊方向，沿此方向传播的光不发生双折射，这一特殊方向称为晶体的**光轴**。只有一个光轴的晶体叫**单轴晶体**。单轴晶体分为两类：如果$n_o<n_e$，则该类晶体称为正单轴晶体，也称**正晶体**；如果$n_o>n_e$，为负单轴晶体，或**负晶体**。具有两个光轴的晶体叫**双轴晶体**。除了双折射现象外，双轴晶体中还有较特殊的圆锥折射现象，此时折射波的传播方向正好沿着双轴晶体的某一光轴。

晶体非线性光学　通常采用光在晶体中引起的极化响应过程来描述光与晶体的相互作用。如果引起极化的光场为一般强度的光场，极化可看作线性的，即：

$$\boldsymbol{P}=\varepsilon_0\chi\boldsymbol{E}$$

然而当光场强度较强时，应更细致地考虑介质对光场的响应，极化强度应由光场的泰勒级数展开式表示，即：

$$P=\varepsilon_0\chi^{(1)}\cdot\boldsymbol{E}+\varepsilon_0\chi^{(2)}:\boldsymbol{EE}+\varepsilon_0\chi^{(3)}\vdots\boldsymbol{EEE}+\cdots=\boldsymbol{P}_{\mathrm{L}}+\boldsymbol{P}_{\mathrm{NL}}$$

式中$\varepsilon_0\chi^{(1)}\cdot\boldsymbol{E}$为线性极化项，描述线性光学现象；$\varepsilon_0\chi^{(2)}:\boldsymbol{EE}+\varepsilon_0\chi^{(3)}\vdots\boldsymbol{EEE}+\cdots$为非线性极化项，描述非线性光学现象。对于低强度的光场，高阶项的贡献很小，仅用线性项描述介质的极化是合理的。然而对于中等强度的激光，这时高阶项不可忽略。非线性极化$\boldsymbol{P}_{\mathrm{NL}}$作为新波源将辐射光波，从而产生出各种非线性光学现象。$\varepsilon_0\chi^{(2)}:\boldsymbol{EE}$项可引起二倍频光的产生和频率上、下转换的非线性光学现象。$\varepsilon_0\chi^{(3)}\vdots\boldsymbol{EEE}$项可形成三次谐波、相位共轭、波混频、产生受激拉曼散射和布里渊散射、自相位调制和自聚焦等非线性光学效应。

由于应力或应变而使晶体折射率发生变化的现象，称作弹光效应。晶体的折射率随温度变化而改变的现象，称作热光效应。在外加电场作用下，晶体的折射率发生改变，即其光学特性发生改变的现象，称作**电光效应**。电光晶体在光辐照下，光强的空间分布引起材料折射率相应变化的非线性光学现象，称作**光折变效应**。晶体在受到光照后，引发其某些电性质变化的现象，称为**光电效应**。置于磁场中的晶体，受磁场影响后其光学特性发生变化的现象，称作**磁光效应**。声波作用于某些晶体而使其光学特性发生改变的现象，称作**声光效应**。当线偏振光通过旋光晶体后，它的振动会发生旋转的现象，称为晶体的旋光性（见**旋光晶体**）。

（孔勇发　许京军）

晶体键合　crystal bonding　原子、离子或分子组成晶体时所依靠的相互作用。从根本上说是靠粒子之间的库仑相互作用，但从其表现形式可分为范德瓦耳斯力、离子键、共价键、金属键、氢键五类。

实际固体可能由几种键合联合形成，如半导体砷化镓晶体就是以共价键合为主，兼有部分离子键合。现在关于固体电子结构的理论可给出固体键合更精确的描述，但以上分类的概念依然是有意义的。

（陆　栋）

晶体结构　crystal structure　晶体中原子、分子或离子的具体排列的方式。用于描述晶体材料中原子、离子或分子在三维空间中的有序结构状态。晶体结构是由点阵加上具有一定对称性的结构基元来描述（见**晶体**）。（施宏龙　王文忠）

晶体缺陷　crystal defect　晶体结构中质点排列的某种不规则性或不完善性。又称晶格缺陷。晶体缺陷具体表现为，晶体结构中在局部范围内质点的排布偏离周期性重复的空间格子规律而出现错乱的现象。根据缺陷引起严重畸变的范围大小，晶体缺陷可分成点缺陷、线缺陷、面缺陷和体缺陷四类。点缺陷引起的严重畸变局限在几个原子范围内。线缺陷引起的严重畸变范围是线型的，即线的长度很长、而在线周围严重畸变的范围只涉及几个原子半径的距离。面缺陷引起的严重畸变是面型的，即面的面积很大，而在面两侧严重畸变的范围只有几个原子的厚度。体缺陷引起的严重畸变范围是直径为几十或几百个原子半径的球体积。晶体缺陷的存在对晶体的性质会产生明显的影响。实际晶体或多或少都有缺陷。适量的某些点缺陷可大大增强半导体材料的导电性和发光材料的发光性能，起到有益的作用；而位错等缺陷的存在，会使材料易断裂，比近于没有晶格缺陷的晶体的抗拉强度降低几十倍。

研究简史　1914年，C.G.达尔文首先提出用嵌镶组织来描述不是很完整的实际晶体结构。20世纪20年代Y.I.弗仑克尔提出点缺陷理论。为了解释金属晶体的实际强度远低于理论强度，1934年G.I.泰勒、E.奥罗万、M.波拉尼几乎同时提出线缺陷–位错模型。1939年J.M.伯格斯将位错概念普遍化，并发展了位错应力场的理论。1949年F.C.夫兰克的螺位错促进晶体生长的预言得到实验证实。1953年F.L.沃格尔等在单晶中观察到规则的腐蚀斑，成功验证小角度晶界的位错理论。1956年W.博尔曼和P.B.赫希等分别用透射电子显微镜观察到金属薄膜中的位错和面缺陷–堆垛层错。特别是1956年J.W.门特观察到铂钛花青晶体薄片中刃位错结构，与20多年前泰勒等提出的模型一致。

至此位错这个线缺陷得到普遍接受。

点缺陷　线度仅在几个原子间距之内的结构缺陷。最简单的是晶格空位和填隙原子。空位是正常晶格格点上原子空缺，称为肖特基缺陷（图1a）。而填隙原子是落在晶格格点之间的间隙位置上的原子。如果空位与填隙原子相距较近又处于近平衡状态，它们合起来称为弗仑克尔缺陷（图1b）。晶体温度T一定时，产生一个肖

a 肖特基缺陷

b 弗仑克尔缺陷

图1　晶体中的点缺陷

特基缺陷（空位）的能量为U，热平衡时肖特基缺陷的数目n为：

$$n=N\exp(-U/kT)$$

式中N为晶格的格点数目；k为玻尔兹曼常数。对于弗仑克尔缺陷，若U是产生一对空穴和填隙原子所需的能量，则弗仑克尔缺陷数为：

$$n=\sqrt{NN'}\exp(-U/2kT)$$

式中N'为晶体中间隙位置数目。金属在700℃时，大约每十万个格点有一个是空位。固体中点缺陷担负着原子或杂质的扩散或迁移。将固体加热再冷却或辐射或加应力都可能增加固体中点缺陷的浓度。

离子晶体中点缺陷是带电荷的。填隙离子带其本身的电荷，正离子空位则带负电荷，负离子空位带正电荷。在没有外加电场时，点缺陷的无规运动不产生宏观电流。加外电场后，带负电荷的点缺陷朝正电极迁移占优势，带正电荷的点缺陷倾向于向负极迁移，从而形成定向的离子电流。

线缺陷　晶格结构的周期性被破坏形成一条线，称为线缺陷，又称位错。位错有刃位错和螺位错两种基本形式。刃位错的结构见图2，有1个多余的原子面插进晶体某一部分，其边缘线和附近的畸变区域便是刃位错。螺位错（图3）是另一种线缺陷，垂直于某一方向的晶格平面族发生变形成为一个连接起来的螺旋面，其螺旋轴就是螺位错。可认为是沿完整晶体某一晶面一刀切进去，内边缘是一直线。沿

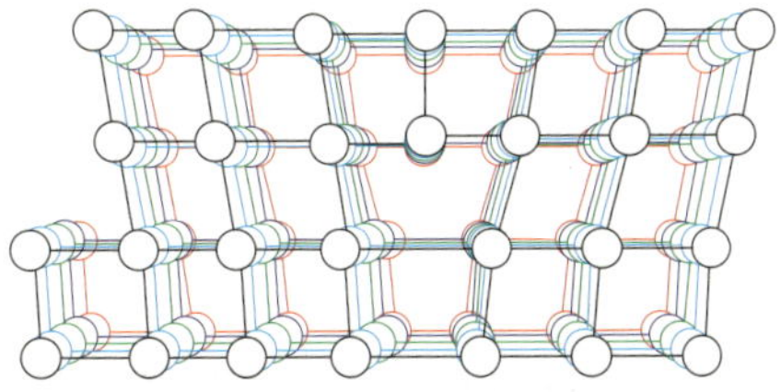

图2　立方系晶体刃位错附近原子排列

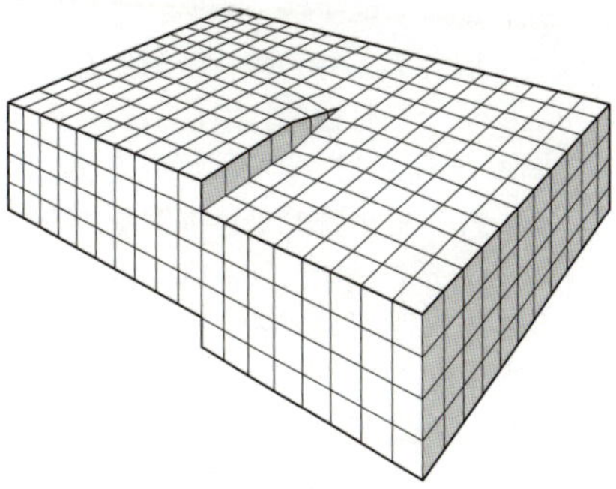

图3　螺位错

此直线切开的两侧上下位移一个晶格周期距离b，并重新贴紧。垂直于此直线的晶面族便连成一个螺旋面，该直线便是螺位错。位错会使晶体发生范性形变所需的临界切应力大大降低。螺位错形成的螺旋面提供了晶体生长中一个永远填不满的台阶，促进在低于饱和条件下晶体的生长。

面缺陷　晶体中偏离周期性的区域形成的平面称为面缺陷。二维晶格缺陷（面缺陷）包括晶粒间界和堆垛层错等。①晶粒间界。大多数材料是由许多取向不同的晶粒组成的，晶粒之间的界面称为晶界。小角晶界是界面两边的晶体取向略有差别，这界面可认为是由一系列互相平行的刃位错构成的（图4）。②堆垛层错。原子层不按规则顺序排列而是堆积形成的产物。这在密堆积结构的晶体中最为显著。六角密堆结构沿6重对称轴的堆垛顺序是ABABABAB…。如果排成ABABCABAB…，这里多一个C层便是层错。立方密堆结构

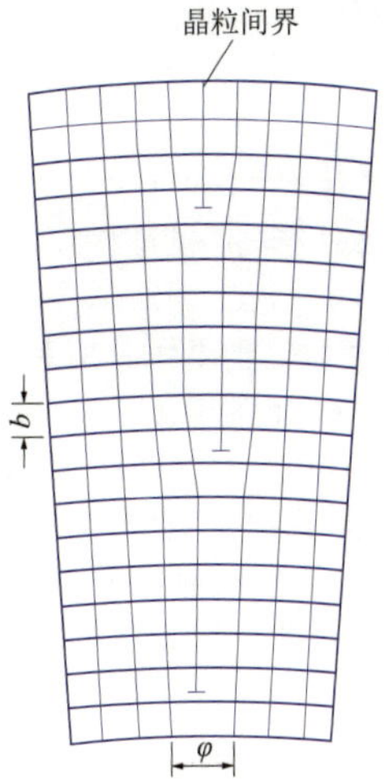

图4　立方系晶体中的晶粒间界

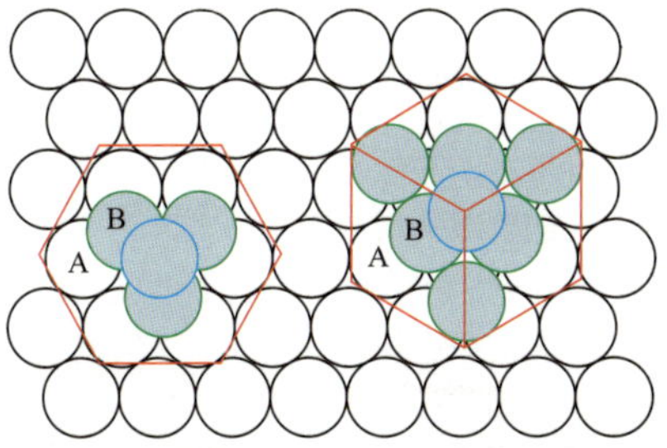

图5　六角密堆积（层的顺序为ABAB…）

就是面心立方晶格，堆垛的轴向是体对角线，堆垛正常顺序为ABCABCABC…（图5）。如果排成ABCBCABC…，则堆垛时缺了一个A层便是层错；或者排成ABCBABC…，这里多出一个B层也是层错。在层错出现的位置，晶体结构异于完整晶格，在这局部区域其能量较完整晶体的能量高出的部分为层错能。金属的层错能为10^{-2}焦/厘米^{2}量级。

体缺陷　三维方向上尺寸都比较大的缺陷，如沉淀相、晶粒内的气孔和第二相夹杂物等。　　（陆　栋　过　聪）

晶体生长　crystal growth　物质在一定温度、压强、浓度、介质、pH值等条件下由气态、液态或者固态向晶态转变的过程。自然界中冰雪的结晶和矿物的形成均是天然的晶体生长。各种技术的单晶培育，以及化工和医药工业中的结晶都是人工控制下的晶体生长。人工生长晶体的目的，技术上是为了应用，科学上是要研究晶体生长的规律和机理。晶体生长既是技术也是科学。

晶体是在物相转变的情况下形成的。一般物相有三种，即气相、液相和固相。只有晶体才是真正的固体。由气相、液相转变成固相时形成晶体，固相之间也可以直接产生转变。晶体生成的一般过程是先生成晶核，之后再逐渐长大。一般认为晶体从液相或气相中的生长有三个阶段：①介质达到过饱和、过冷却阶段；②成核阶段；③生长阶段。

在某种介质体系中，过饱和、过冷却状态的出现，并不意味着整个体系会同时结晶。体系内各处首先出现瞬时的微细结晶粒子。这时由于温度或浓度的局部变化，外部撞击，或一些杂质粒子的影响，都会导致体系中出现局部过饱和度、过冷却度较高的区域，使结晶粒子的大小达到临界值以上。这种形成结晶微粒子的作用称之为成核作用。介质体系内的质点同时进入不稳定状态形成新相，称为均匀成核作用。在体系内的某些局部小区域首先形成新相的核，称为不均匀成核作用。均匀

成核是指在一个体系内，各处的成核概率相等，这要克服相当大的表面能势垒，即需要相当大的过冷却度才能成核。非均匀成核过程是由于体系中已经存在某种不均匀性，如悬浮的杂质微粒，容器壁上凹凸不平等，它们都有效降低表面能成核时的势垒，优先在这些具有不均匀性的地点形成晶核。因此在过冷却度很小时亦能局部地成核。在单位时间内，单位体积中所形成的核的数目称成核速度。它取决于物质的过饱和度或过冷却度。过饱和度和过冷却度越高，成核速度越大。成核速度还与介质的黏度有关，黏度大会阻碍物质的扩散，降低成核速度。晶核形成后，将进一步成长。

晶体层生长理论　W.科塞尔1927年首先提出，后经I.N.斯特兰斯基加以发展的晶体的层生长理论称为科塞尔-斯特兰斯基理论。它是论述在晶核的光滑表面上生长一层原子面时，质点在界面上进入晶格“座位”的最佳位置是具有三面凹入角的位置。质点在此位置上与晶核结合成键放出的能量最大。因为每一个来自环境相的新质点在环境相与新相界面的晶格上就位时，最可能结合的位置是能量上最有利的位置，即结合成键时应该是成键数目最多，释放出能量最大的位置。由此可以得出如下的结论，即晶体在理想情况下生长时先长一条行列，然后长相邻的行列。在长满一层面网后，再开始长第二层面网。晶面（最外的面网）是平行向外推移而生长的。

晶体的层生长理论可以解释如下的一些生长现象：①晶体常生长成为面平、棱直的多面体形态。②在晶体生长过程中，环境可能有所变化，不同时刻生成的晶体在物性（如颜色）和成分等方面可能有细微的变化，因而在晶体的断面上常可看到带状构造。它表明晶面是平行向外推移生长的。③由于晶面是向外平行推移生长的，所以同种矿物不同晶体上对应晶面间的夹角不变。④晶体由小长大，许多晶面向外平行移动的轨迹，常形成以晶体中心为顶点的锥状体，称为生长锥或砂钟状构造。这在薄片中常常能看到。

晶体生长的实际情况要比简单层生长理论复杂得多。往往一次沉淀在一个晶面上的物质层的厚度可达几万或几十万个分子层。同时亦不一定是以一层一层的顺序堆积，而是一层尚未长完，又有一个新层开始生长。这样继续生长下去的结果是晶体表面不平坦，成为阶梯状，称为晶面阶梯。科塞尔理论虽然有其正确的方面，但实际晶体生长过程并非完全按照二维层生长的机制进行。因为当晶体的一层面网生长完成之后，再在其上开始生长第二层面网时有很大的困难，其原因是已长好的面网对溶液中质点的引力较小，不易克服质点的热振动使质点就位。因此在过饱和度或过冷却度较低的情况下，晶体的生长就需要用其他的生长机制加以解释。

人工合成晶体　对天然矿物晶体生长的研究有助于了解矿物、岩石、地质体的形成及发展历史，并为矿物资源的开发和利用提供了一些有益的启发性资料。人工合成晶体则不仅可以模拟和解释天然矿物的形成条件，更重要的是还能够提供现代科学技术所需的晶体材料。人工合成晶体实验技术发展迅速，成功合成了大量重要的晶体材料，如激光材料、半导体材料、磁性材料、人造宝石，以及其他多种现代科技所要求的具有特种功能的晶体材料。人工合成晶体已成为工业发展主要支柱的材料科学中一个重要组成部分。

（任治安）

晶体生长技术　crystal growth technology　采用一定方法使材料在过饱和或者过冷的母相（气相、液相或固相）中逐渐在籽晶上生长成单晶的技术。见**晶体生长**。

晶体学　crystallography　一门以确定固体中原子（或离子）排列方式为目的的实验科学。主要研究晶体及类晶体生成、形貌、组成、结构及其物理化学性质规律。晶体学包括三个主要组成：①几何晶体学。是晶体学的基础，主要内含是有关晶体三维周期性的晶格理论与有关晶体对称性的晶体学点群、空间群理论。②晶体衍射学。是现代晶体学的核心，它研究晶体及类晶的衍射效应及晶体物相分析。③晶体物理化学。主要涉及有关生长、缺陷与物性的晶体物理及有关化学、地学、生物体系各类晶体的晶体化学。晶体学分支甚多，如表面晶体学、晶体工程、蛋白晶体学等。

几何晶体学　1801年名著《矿物学论》提出将晶体外形与内部结构联系起来的新思想。1830年J.F.C.赫塞尔分析了晶面的各种对称性，得到晶体有32种可能的晶类（即点群）。1848年A.布拉菲求得14种可能的空间点阵，并分成7个晶系。1890年E.C.费奥多罗夫和1891年A.M.熊夫利各自独立导出所有230种可能的空间群。他们共同奠定了几何晶体学的理论基础。1912年M.von劳厄以晶体作为光栅对X射线的衍射，全面证实了基于空间点阵概念的晶体原子结构的理论。1946年A.V.舒布尼科夫引入色对称元素，1955年N.V.别洛夫和B.陶格尔导出122种可能的点群和1651种可能的空间群。其中一部分可用于说明磁有序晶体的对称性。

晶体衍射学　在X射线衍射晶体学提出之前，对晶体的研究主要集中于晶体的点阵几何上，包括测量各晶面相对于理论参考坐标系（晶体坐标轴）的夹角，以及建立晶体点阵的对称关系等。夹角的测量用测角仪完成。每个晶面在三维空间中的位置用它们在一个立体球面坐标“网”上的投影点（一般称为投影“极”）表示。坐标网又根据不同取法分为沃尔夫（Wolff）网和朗伯（Lambert）网。将一个晶体的各个晶面对应的极点在坐标网上画出，并标出晶面相应的**密勒指数**，便可确定晶体的对称性关系。

晶体X射线衍射的发现，开创了晶体微观结构研究的新时代。现代晶体学研究主要通过分析晶体对各种电磁波束或粒子束的衍射图像来进行。辐射源除了最常用的X射线外，还包括电子束和中子束（根据德布罗意理论，这些基本粒子都具有波动性，可表现出和光波类似的性质）。晶体学家直接用辐射源的名字命名各种标定方法，如布拉格父子的X射线衍射（常用英文缩写XRD）、C.G.沙尔的中子衍射和G.P.汤姆孙和C.J.戴维森的电子衍射。特别是E.鲁斯卡发明电子显微镜，到了20世纪70～80年代已发展出高分辨率电子显微镜，可直接观察晶体结构周期性的点阵像。

以上三种辐射源与晶体试样的作用方式有很大区别：①X射线主要被原子（或离子）的最外层价电子所散射，最理想的X射线源通常是体积庞大的同步加速器（同步辐射光源）。同步辐射X射线波谱宽、强度和准直度极高，用于晶体学研究可大大提高精确度和研究效率。②电子由于带负电，会与包括原子核和核外电子在内的整个空间电荷分布场发生相互作用，现阶段最好的电子衍射平台是球差矫正透射电子显微镜，其空间分辨率可以达到0.5埃。③中子不带电且质量较大，主要在与原子核发生碰撞时（碰撞的概率非常低），受到来自原子核的作用力；再则由于中子自身的自旋磁矩不为零，还会与原子（或离子）磁场相互作用。这三种不同的作用方式适用于晶体学中不同方面的研究。

从晶体的衍射花样推测晶体结构的过程称为衍射花样的标定，涉及较烦琐的数学计算，常常要根据和衍射结果的比较对模型进行反复的修改。在这个过程中，晶体学家要计算出可能晶格结构的衍射花样，并与实际得到的花样进行对比，综合考虑各种因素后进行多次筛选和修正，最终选定一组（通常不止一种）与实验结果最大程度吻合的猜测作为推测的结果。这是一个异常烦琐的过程，但由于计算机的广泛应用，标定工作已经大大简化。

晶体物理化学　实际晶体内总是有杂质、缺陷，外有表面、界面，它们各有其具体结构，影响晶体的各种物性。在有限温度，晶格原子不断振动形成各种模式的格波，影响晶体的热学、电学、光学各方面的特性，由此先后出现观测晶体中杂质和缺陷的技术，用低能电子衍射来分析晶体表面的原子结构，20世纪80年代G.宾尼希和H.罗雷尔发明的扫描隧道显微镜，可直接在实空间观测晶体原子表面结构。50年代B.N.布罗克豪斯发明三轴中子谱仪，利用中子非弹性散射来测量格波的频率色散关系。

随着科学技术的发展，各种现代技术需要适用的材料，晶体和薄膜生长技术和相应理论也有新发展。特别是激光晶体、超晶格、量子阱、高温超导体、磁性多层膜、C_{60}固体、碳纳米管等各种新材料，促使分子束外延等新技术的发展。

19世纪末F.E.诺伊曼和他的学生W.佛克脱发现晶体的对称性与其物理性质各向异性之间的关系。20世纪晶体原子结构分析的发展，量子力学问世，晶体物性的研究深入到微观层次，开创了晶体对称性对电子量子态、格波本征态的限制及对称性对微观物理过程选择的影响和宏观物性的制约的研究。21世纪前后，开始致力于探索从原子、分子微观向宏观晶体之间过渡区域的物态和相关现象，开辟了介观固体和纳米固体的领域。

应当特别指出的是1984年D.谢特曼等发现的准晶体具有晶体所没有的二十面体对称性。这对晶体学是一个挑战。科学家很快认识到，这类材料的原子排列虽然失去周期性，但并不是平移无序，而是呈准周期性。失去三维周期性，具有三维准周期的结构，可具有二十面体的对称性。失去两维周期性，保留一维周期性的结构，将是具有正十边形对称性的准晶体。而失去一维周期性，保留二维周期性的结构，则是叫作斐波那契超晶格。所以，准晶体由于具有准周期性的长程序，才具有晶体所没有的对称性。准晶体和晶体并不相悖，各有其存在的依据。（陆　栋）

晶体主平面　principle plane of crystals　包含晶体光轴和光线的平面。单轴晶体中寻常光（o光）和非寻常光（e光）一般是不同的光线，因此有对应o光的o光主平面，对应e光的e光主平面。o光的振动（电场强度）垂直于自己的主平面；e光的振动（电场强度）则在自己的主平面内。当晶体光轴在入射面内时，o光和e光的主平面重合，两者的振动方向相互垂直，也就是o光和e光的偏振相互垂直。一般情况下，o光的主平面与e光的主平面有一个不大的夹角，因而两光的振动方向不严格垂直。（孔勇发　许京军）

晶系　crystal system　根据点群划分的晶体排列类型。1848年，A.布拉菲忽略了晶胞的具体内容，单纯从点阵的平移周期性出发，导出只可能存在14种布拉菲点阵。晶体共有32个晶类，按其对称性中有无高次轴和高次轴的多少可分为3个晶族，各个晶族中根据其对称特点划分为7个晶系，即三斜、单斜、正交、四方、菱形（或三角）、六角、立方晶系。（施宏龙　王文忠）

晶向　crystal direction　一组平行原子列（晶列）/直线点阵的方向。记作［*uvw*］。布拉菲格点可以看成分布在平行等距的直线系上，这些直线的方向称为晶向。晶体中原子排列和分布完全相同，但只是空间位向不同的晶向为等价晶向。互为等价的一系列晶向归为一个晶向族。（李建奇）

晶向族　family of crystal directions　互为等价的一系列晶向归为一个晶向族。见晶向。

晶闸管　thyristor　一种具有四层交错P、N掺杂层结构的固态半导体器件。晶闸管是晶体闸流管的简称。最早出现的晶闸管主要基于硅控整流器（SCR），简称可控硅，又称半导体控制整流器，是一种具有三个PN结的功率型半导体器件，为第一代半导体电力电子器件的代表。晶闸管可作为一种双稳态开关器件使用，当给门极施加一个触发电流时，正偏压的晶闸管开始导通，即使门极的触发电流消失，器件仍然保持导通状态，直至流过晶闸管的电流小于维持电流或者是施加在其上的电压反向才会关断。晶闸管的特点是具有可控的单向导电性，即与一般的二极管相比，可以对导通电流进行控制。

SCR或者晶闸管是由W.B.肖克莱于1950年提出。1956年美国贝尔实验室发明了晶闸管；1957年美国通用电气公司开发了世界上第一只SCR，并于1958年将其商业化。

从20世纪60年代开始，由普通晶闸管相继衍生出了快速晶闸管、光控晶闸管、不对称晶闸管及双向晶闸管等各种特性的晶闸管，形成一个庞大的晶闸管家族。

晶闸管是一种由P、N层相互交错形成的四层三端半导体器件，例如P-N-P-N，其中由顶层的P型层和底部的N型层分别引出阳极和阴极，连接中间P型层的电极为门极，也就是控制极。晶闸管可以看作是由P-N-P、N-P-N两个双极型晶体管组合而成的复合管，其结构与符号如图所示。

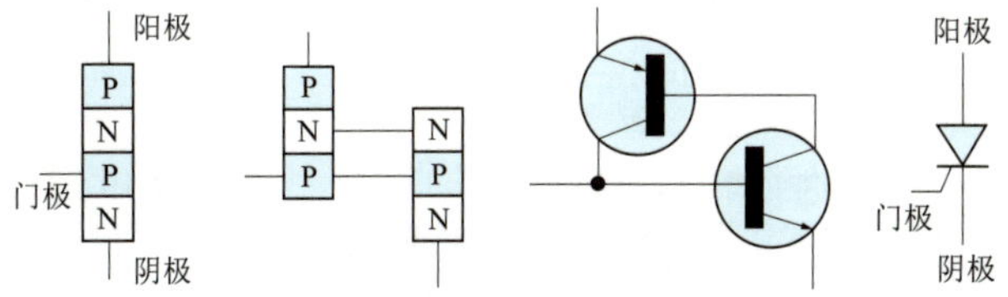

晶闸管原理示意图

晶闸管有三种工作状态：①反向阻断。施加在晶闸管上的反向电压会被上下两个PN结阻断。②正向阻断。施加在晶闸管上的正向电压被中间的PN结阻断。③正向导通。给门极施加触发电流后晶闸管导通，直到正向电流降到维持电流以下器件才会关断。

晶闸管一词有时单指SCR；有时泛指具有四层或以上交错P、N层的半导体装置，如单向晶闸管、双向晶闸管、可关断晶闸管、静电感应晶闸管及其他种类等。

由于晶闸管具有体积小、重量轻、效率高、寿命长、开关迅速等优势，广泛用于无触点开关、可控整流、逆变、调光、调压、调速等方面。尤其是SCR能以微小的电流控制较大的功率，令半导体电力电子器件成功从弱电控制领域进入强电控制、大功率控制领域。在整流器的应用上，晶闸管迅速取代了水银整流器（引燃管），实现整流器的固体化、静止化和无触点化，并获得巨大的节能效果。

但晶闸管本身存在两个制约其继续发展的重要因素。一是控制功能上的欠缺，普通的晶闸管属于半控型器件，通过门极（控制极）只能控制其开通而不能控制其关断，导通后控制极即不再起作用，要关断必须切断电源，即令流过晶闸管的正向电流小于维持电流。由于晶闸管的关断不可控特性，必须另外配以由电感、电容及辅助开关器件等组成的强迫换流电路，从而使装置体积增大，成本增加，而且系统更为复杂、可靠性降低。二是因为此类器件立足于分立元件结构，开通损耗大，工作频率难以提高，限制了其应用范围。70年代末，随着可关断晶闸管日趋成熟，成功克服了普通晶闸管的缺陷，标志着电力电子器件已经从半控型器件发展到全控型器件。（杨富华）

精确对角化　exact diagonalization　一种最简单也最直接的精确求解量子多体系统，特别是强关联多体系统的数值方法。基于一个选取的基矢，将哈密顿量写成矩阵形式，通过对角化该矩阵，获得本征值和本征矢并计算哈密顿量所描述系统的性质。

对粒子数为N的系统，若取基矢数目为M，则哈密顿量矩阵的维数$d=\binom{M}{N}$（费米子）或$d=\binom{M+N-1}{N}$（玻色子）。一旦哈密顿矩阵给定，求解该矩阵的本征值和本征矢在机器精度意义上是精确的。通常有两类算法获得哈密顿量矩阵的全部或部分本征值或本征矢，即直接方法或迭代方法。

直接方法是将哈密顿量矩阵首先约化到一个对称三角或上海森伯格矩阵，再使用数学中标准的算法如LU或者QR算法直接对角化。所得结果是哈密顿量矩阵的全部本征值和本征矢。但该方法的计算量为d^3量级，所以只能处理小尺寸系统。

迭代方法近似求解哈密顿量矩阵的基态或少数几个激发态。其基本过程是随机选取一个初始试验态，将哈密顿量矩阵作用在该试验态上，在较低维数的子空间获得近似的本征值，该过程循环，直至达到收敛结果。最著名并被广泛应用的迭代方法是兰措什算法（Lanczos algorithm）。

兰措什算法的基本思路是构造一个特殊的基矢，使哈密顿量矩阵具有三对角形式，如下所示：

$$H=\begin{bmatrix} a_0 & b_1 & 0 & 0 & \cdots \\ b_1 & a_1 & b_2 & 0 & \cdots \\ 0 & b_2 & a_2 & b_3 & \cdots \\ 0 & 0 & b_3 & a_3 & \cdots \\ \vdots & \vdots & \vdots & \vdots & \end{bmatrix}$$

式中矩阵元a_n、b_n（$n=0,1,2,3,\cdots$）构造如下：

$$a_n=\frac{\langle\phi_n|\hat{H}|\phi_n\rangle}{\langle\phi_n|\phi_n\rangle},\ b_n^2=\frac{\langle\phi_n|\phi_n\rangle}{\langle\phi_{n-1}|\phi_{n-1}\rangle}$$

设置$b_0=0$，$|\phi_{-1}\rangle=0$，以及

$$|\phi_{n+1}\rangle=\hat{H}|\phi_n\rangle-a_n|\phi_n\rangle-b_n^2|\phi_{n-1}\rangle$$

$$|\phi_2\rangle=\hat{H}|\phi_1\rangle-\frac{\langle\phi_1|\hat{H}|\phi_1\rangle}{\langle\phi_1|\phi_1\rangle}|\phi_1\rangle-\frac{\langle\phi_1|\phi_1\rangle}{\langle\phi_0|\phi_0\rangle}|\phi_0\rangle,$$

$$|\phi_1\rangle=\hat{H}|\phi_0\rangle-\frac{\langle\phi_0|\hat{H}|\phi_0\rangle}{\langle\phi_0|\phi_0\rangle}|\phi_0\rangle$$

式中$|\phi_0\rangle$为随机产生的初始试验态。（罗洪刚）

精细结构常数　fine structure constant　表征电磁场中带电粒子之间的电磁相互作用强度的常数。符号记为α。精细结构常数是一个无量纲的基本物理常数，在不同单位下具有相同的数值（$\alpha\approx1/137$）。其定义用不同的物理常数表示时具有不同的形式，不同的形式之间是等价的。国际标准单位下，其常用的定义如下：

$$\alpha=\frac{1}{4\pi\varepsilon_0}\frac{e^2}{\hbar c}=\frac{\mu_0}{4\pi}\frac{e^2c}{\hbar}=\frac{k_e e^2}{\hbar c}$$

式中k_e为库仑常数；e为单位电荷；$\hbar=h/2\pi$为约化普朗克常数；c为真空中的光速；ε_0为真空介电常数；μ_0为真空磁导率。

玻尔模型虽然成功地解释了氢原子光谱，但还是具有一定的局限性：首先原子核的质量并不是无限大，所以电子绕核运动时，原子核并不是固定不动，电子的运动也并不是正规的圆周运动；其次核外电子的运动速度很快，有必要考虑电子质量随速度变化的相对论效应。德国物理学家A.J.W.索末菲于1916年对玻尔模型做了以上改进后，发现氢原子具有相同主量子数但不同角量子数的能级之间的能量值有轻微的差别，这个轻微的差别导致了原子光谱的精细结构。在索末菲模型中，不同角量子数的轨道之间的能级差正比于某个无量纲常数的二次方，这个常数正是精细结构常数，因为它首先由索末菲在解释原子光谱的精细结构时出现，所以这个常数也被称为索末菲常数。精细结构常数α可以理解为氢原子中电子处于最低能态时绕核运动的速度与光速的比值。

精细结构常数的测量可以依据其众多的定义在不同的领域中进行，不同领域中的精细结构常数必须相互符合，满足物理规律的自洽性。最精确的实验测量来自量子电动力学。根据量子电动力学理论，电子的朗德g因子g_e与α之间具有如下的关系式：

$$\frac{g_e-2}{2}=\sum_{n=1}^{\infty}\left(\frac{\alpha}{\pi}\right)^n a_1^{(2n)}$$

式中系数$a_1^{(2n)}$通过相应的费曼图的计算得到，例如单圈图$a_1^{(2)}=0.5$。实验上可以高精度测量g_e，理论上系数已经计算到5圈的费曼图，两者结合测量的精细结构常数为：

$$\alpha^{-1}=137.035\,999\,173(35)$$

（张佩佩　钟振祥　史庭云）

径向分布函数　radial distribution function　描述各向同性气或液相系统平均粒子密度分布的、对理想系统约化后的函数。在粒子数密度为ρ的系统中，在某一位置$\boldsymbol{r}_1$找到任一粒子，并在另一位置$\boldsymbol{r}_2$找到其他任一粒子的联合分布函数为$\rho(\boldsymbol{r}_1,\boldsymbol{r}_2)$。若系统是理想气体，粒子之间无相互作用、无关联，则联合分布函数只是密度的乘积$\rho_{id}(\boldsymbol{r}_1,\boldsymbol{r}_2)=\rho^2$。将联合分布函数对其理想气体结果进行约化，得到约化分布函数$g(\boldsymbol{r}_1,\boldsymbol{r}_2)=\rho(\boldsymbol{r}_1,\boldsymbol{r}_2)/\rho^2$。理想气体约化分布函数为1，约化分布函数对其理想气体结果的偏离$h(\boldsymbol{r}_1,\boldsymbol{r}_2)=g(\boldsymbol{r}_1,\boldsymbol{r}_2)-1$被称为关联函数。

对于各向同性液体系统，约化分布函数和关联函数仅依赖两点之间的距离$r=|\boldsymbol{r}_1-\boldsymbol{r}_2|$，即：

$$g(\boldsymbol{r}_1,\boldsymbol{r}_2)=g(r)$$

$$h(\boldsymbol{r}_1,\boldsymbol{r}_2)=h(r)=g(r)-1$$

这里，$g(r)$被称为径向分布函数。将标记粒子的位置$\boldsymbol{r}_1$作为原点，那么$\rho g(r)$表示距离这个粒子r处的平均粒子密度。

在密度较小、系统为气相时，径向分布函数$g(r)$随距离r单调减小，并很快趋于1。当系统密度较大、为液相时，径向分布函数$g(r)$随距离r振荡式地衰减，逐步趋近于1。振荡峰值出现在r为原子直径s整数倍的附近，$g(r)$在波谷附近的值小于1。

由径向分布函数$g(r)$可以得到系统的结构因子：

$$S(\boldsymbol{k})=1+\rho\int[g(r)-1]\exp(\mathrm{i}\boldsymbol{k}\cdot\boldsymbol{r})\mathrm{d}^3\boldsymbol{r}$$

通过系统的X射线或中子散射衍射实验，可以直接测量系统的结构因子，从而可以反过来实验确定径向分布函数。

利用系统的径向分布函数和粒子相互作用势$u(r)$，还可以计算系统的热力学量：

①势能密度$u_{ex}=\frac{1}{2}\rho\int u(r)g(r)\mathrm{d}^3\boldsymbol{r}$。

②压强$P=\rho k_BT-\frac{1}{6}\rho\int r\frac{\mathrm{d}u(r)}{\mathrm{d}r}g(r)\mathrm{d}^3\boldsymbol{r}$，这里$k_B$是玻尔兹曼常数，$T$为系统的温度。

③压缩率$\chi=-\frac{1}{V}\frac{\partial V}{\partial P}\Big|_T=\frac{S(0)}{\rho k_BT}$，这里$V$是系统的体积。（陈晓松）

径向流　radial flow　重离子碰撞粒子发射的方位角对称的集体流。在重离子中心碰撞实验中，观测到全同粒子的动能谱在低横动量区有一个明显的肩膀（高起）呈现出与热发射（玻尔兹曼形状的动能谱）不一样的特征；同时，还观测到发射粒子的平均动能与其质量（或电荷）呈准线性依

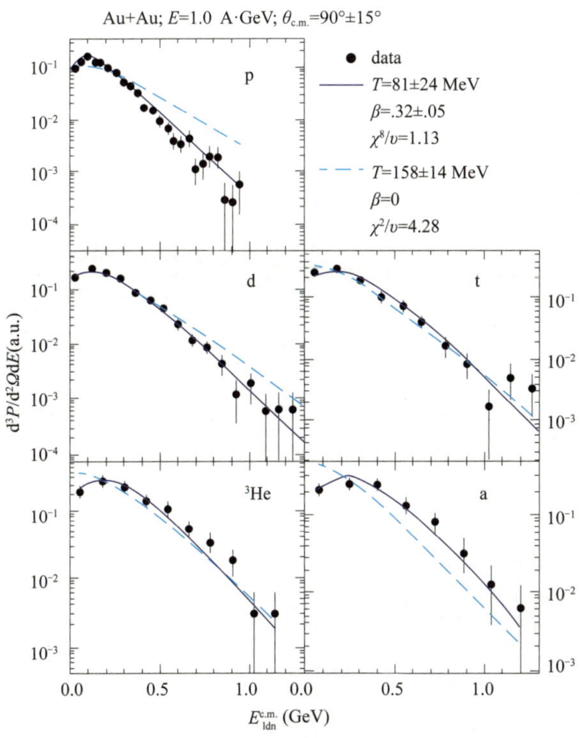

实线表示径向膨胀发射源的结果，虚线表示纯热源发射的结果，实心圈表示实验结果

θ=90°±15°出射的轻带电粒子的能谱

赖关系。重离子中心碰撞中发现的粒子发射的这两个特征明显区别于粒子的热发射，由此得出在重离子中心碰撞中存在不同于热发射方位角对称的集体流，即径向流。通常，径向流的测量在非常中心的重离子碰撞（小于2%的几何截面）或在质心系90°的条件下实现，以避免来自直接流和椭圆流的干扰。

径向流经常用两参数爆炸波公式来描写：

$$\frac{\mathrm{d}N}{\mathrm{d}E_{\mathrm{d}}} \sim P\mathrm{e}^{-\gamma_t E/T}\left[\frac{\sinh\alpha}{\alpha}(\gamma_t E+T)-T\cosh\alpha\right]$$

式中$\gamma_t=(1-\beta_t^2)^{-1/2}$；$\alpha=\gamma_t\beta_t P/T$；$E$和$P$为出射粒子质心系能量和动量。该公式描写从一个温度为T的热平衡以速度β_t径向膨胀的源出射粒子的能量分布。通过在θ_{cm}=90°±15°符合测量出射粒子能谱得到T和β_t两个参数。这样一个概念上相对简单的模型，能较好地参数化实验数据（见图）。

从图中可以看出，径向膨胀发射源的结果能符合实验数据，而纯热源发射的机理不能描写实验观测的结果。从能量角度看，径向流包含大部分质心系统所具有的能量，因此，径向流对研究重离子碰撞的冻结（freeze-out）温度和核物质的化学性质有重要意义。　　（李祝霞）

静电　electrostatics　电荷静止，相应的电磁场量不随时间变化的情形。电磁学的一种重要的特殊情形。实际中许多问题都和静电情形有关，如一些电子器件中用一定的静电场来加速、聚焦和偏转电子的运动；电子显微镜中，采用一定的静电透镜或静磁透镜来聚焦电子束。这里涉及电磁场如何分布才能使电子轨道符合要求，怎样配置电极和磁极才能产生这种电磁场等问题。这些实际问题中归纳出一类主要问题，就是在给定电荷、电流分布，以及周围空间介质和导体分布的情形下求解电磁场。静场情形下电场和磁场无关，可分别求解。对于静电场可引入电势ϕ，电场强度$\boldsymbol{E}$与电势ϕ的关系为：

$$\boldsymbol{E}=-\nabla\phi$$

只需求解电势满足一定边界条件的方程。而静磁场可引入矢势$\boldsymbol{A}$，磁感应强度$\boldsymbol{B}$与矢势$\boldsymbol{A}$的关系为：

$$B=\nabla\times\boldsymbol{A}$$

只需求解矢势满足的方程。静场情形有一条对于解决实际问题有着重要意义的唯一性定理，它不仅说明哪些因素可完全确定场，而且对于许多实际问题往往需要根据给定的条件作一定的分析，提出尝试解，如果所提出的尝试解满足唯一性定理所要求的条件，它就是该问题的唯一正确的解。求解静场情形下的电磁场已发展了一些有效的方法，如分离变量法、电像法、格林函数法、多极展开法等。　　（陈熙谋）

静电场的环路定理　circuital theorem of electrostatic field　静电场的基本定理之一。静电场的环路定理可表述为静电场中场强沿任意闭合环路的线积分恒等于零，用公式表示为：

$$\oint \boldsymbol{E}\cdot\mathrm{d}\boldsymbol{l}=0$$

静电场的环路定理可从库仑定律和场强叠加原理导出。它说明在静电场中沿任意闭合环路静电场移动电荷所做的功恒为零，或者在静电场中将一个电荷从一处移动到另一处静电场所做的功与路径无关。这反映了静电场是一种势场，犹如在重力场中重力移动一个物体从一处到另一处所做的功与路径无关，可引入重力势能那样，从而可引入电势的概念来描述静电场。运用数学中的斯托克斯公式可将静电场的环路定理表述为微分形式，即静电场强的旋度恒为零，用公式表示为：

$$\nabla\times\boldsymbol{E}=0$$

这说明静电场为无旋场。也就是说，用电力线来描述静电场，静电场中的电力线不可能是闭合曲线。静电场的两条基本原理，即静电场的环路定理和高斯定理，构成了全部静电问题的理论基础。　　（陈熙谋）

静电场多级展开　series expansion of electrostatic fields　静电场问题的一种近似求解方法。对于一个一般情况的电荷分布，可以通过库仑定律由积分求其在全空间的电场强度。一般情况下，上述积分会比较复杂。在很多情况下，并不需要求出其电场分布的精确结果，而是根据问题要求的电场精度，求出其近似结果。这样可以使计算大为简化。实际计算中可以通过计算全空间的电势，再根据已知的电势求出电场。因此，静电场的多级展开通常是通过对电势进行多级展开来实现的。一般求解一个电荷分布在全空间的电势比求其电场更简单；但对某些具有很好的对称性的电荷分布的体系，求其电场可能反而比求电势更容易。到底先求电势还是直接求电场，这需要针对具体问题进行具体分析。

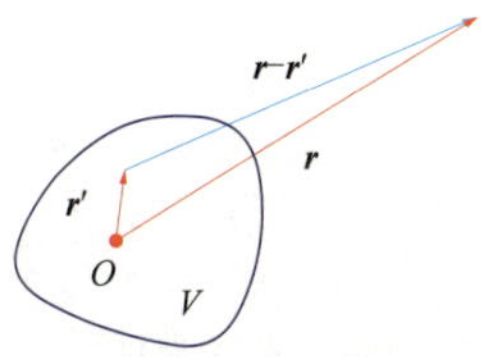

体积V内任意电荷分布

对在体积V内的任意电荷分布（如图），其电势为：

$$\phi(r)=\frac{1}{4\pi\varepsilon_0}\int_V\frac{\rho\mathrm{d}V'}{|r-r'|}$$

但在许多实际问题中，上式的积分并不容易求出，因此，可以把这个积分展开成级数，根据具体问题对精度的要求，取部分项作为势的近似。在V内任取一点O作为原点，如果$r'_{\max}\ll r$，即在离电荷分布区较远的地方，由泰勒展开得：

$$\frac{1}{|r-r'|}=\frac{1}{r}-\sum_{i=1}^{3}x'_i\frac{\partial}{\partial x_i}\frac{1}{r}+\frac{1}{2!}\sum_{i,j=1}^{3}x'_ix'_j\frac{\partial^2}{\partial x_i\partial x_j}\frac{1}{r}-\cdots$$

$$=\frac{1}{r}-r'\cdot\nabla\frac{1}{r}+\frac{1}{2!}r'r':\nabla\nabla\frac{1}{r}-\cdots$$

定义$Q=\int_V \rho(\boldsymbol{r}')\mathrm{d}V'$为$V$内的总电荷；$\boldsymbol{p}=\int_V \boldsymbol{r}'\rho \mathrm{d}V'$为电荷体系的电偶极矩；$\boldsymbol{D}'=\int_V 3\boldsymbol{r}'\boldsymbol{r}'\rho \mathrm{d}V'$为电四极矩。因此：

$$\phi(\boldsymbol{r})=\frac{1}{4\pi\varepsilon_0}\left[\frac{Q}{r}-\boldsymbol{p}\cdot\nabla\frac{1}{r}+\frac{1}{6}\boldsymbol{D}':\nabla\nabla\frac{1}{r}-\cdots\right]$$
$$=\phi^{(0)}+\phi^{(1)}+\phi^{(2)}+\cdots$$

式中从左至右分别为电荷项、电偶极项、电四极项……在一般情况下，上述各项数量级均比起右边的那项大一个量级，这里特征小量为$\frac{l}{r}$，其中的l为O点到电荷V的边界的特征长度。

在实际问题中，可以根据要求的精度，取到合适的项。如果要求的精度不高，原则上取上述泰勒展开的领头阶即可，即从左至右取第一个非零项。

得到上述电荷体系远处的电势分布后，对电势求梯度即可得到电场分布。与电势相同，电场也可以分为电荷项、电偶极项、电四极项等多项相加。　（陈晓林）

静电场唯一性定理　uniqueness theorem of electrostatic fields　给定边界条件下，静电场解具有唯一性的定理。封闭曲面S包围的空间V被分成如图所示的若干个区域$V_1,V_2,V_3,\cdots$，各区域分别充满线性、各向同性、均匀电介质$\varepsilon_1,\varepsilon_2,\varepsilon_3,\cdots$，在各区域内和边界上，自由电荷体密度$\rho_f(\boldsymbol{r}')$和自由电荷面密度$\alpha_f(\boldsymbol{r}')$已知。在外表面$S$上，满足下列3个条件之一：①电势$\varphi$已知（第一类边界条件）；②电势的法向方向导数已知（第二类边界条件）；③如果S为无限大（即$r_{\min}\to\infty$），φ比$1/r^{1/2}$趋于0更快，则φ在V内有唯一解（整体可相差一个常数），因此电场在V内为唯一的矢量场。

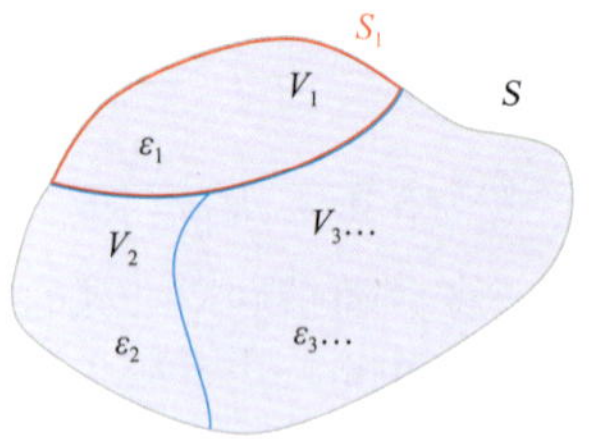

静电场唯一性定理示意图

在定理所述的条件中，加上在空间V内有若干个导体，每个导体的电势已知，或者导体上带的总电荷Q_{f_i}（即自由电荷，$i=1,2,\cdots$）已知，则φ在V内仍然有唯一解。

在实际问题中可以用各种方法求空间的电势，如常用的试探法、镜像法、分离变量法和格林函数法等。由于有静电场的唯一性定理，可用任何一种方法正确求得所在空间的电势或电场。　（陈晓林）

静电感应　electrostatic induction　静电的基本现象，使物体带电的一种方式。1729年英国物理学家S.格雷所发现。将一绝缘的导体靠近一带电体，导体内的自由电荷受到电场力的作用将产生运动，结果与带电体异号的电荷出现在近端，与带电体同号的电荷出现在远端。达到静电平衡时，导体上感应的正负电荷激发的电场与带电体的电场在导体内部的总和处处为零。静电感应是获得静电的一种方法。1775年意大利物理学家A.伏打根据静电感应现象发明了静电起电盘。它是一个装有绝缘柄的铜盘，盘面上涂有绝缘层，把它放在带电的平板上，铜盘下表面感应出异号电荷，铜盘上表面感应出同号电荷，用手指接触上表面，同号电荷逸去，提起铜盘，可获得与带电平板上异号的电荷。反复如此动作多次，可不断获得与带电平板异号的电荷。后来发明了复杂的静电起电机，其中也用到静电感应原理。静电感应也是**静电屏蔽**所依据的原理之一。　（陈熙谋）

静电基本实验　electrostatic fundamental experiments　显示静电基本现象的基础性实验。这些实验大都是人类在认识静电现象的早期利用简单的器具进行观察和推理的实验，后来逐步发展为系统的定量研究，在中学物理教学中大都仍在进行。这些实验包括摩擦起电、电的绝缘与传导、静电感应等，确认了电荷只有正负两种、电荷守恒、库仑静电作用力定律等，概括如下：

实验1　用毛皮摩擦过的琥珀或胶木棒和用丝绸摩擦过的玻璃棒能够吸引碎草、纸屑等轻细物体，这就是摩擦过的物体带电引起的静电效应。实验还可利用蚕丝悬挂的木髓球验电器，当摩擦过的胶木棒靠近木髓球时会吸引木髓球；与木髓球接触后会将木髓球弹离开，这是因为带电棒接触木髓球后有部分电荷转移给木髓球，从而相互排斥。

实验2　手持金属棒重复上述实验，验电器检查不出金属棒有带电的任何迹象；但是将金属棒中央安装胶木把手，手持胶木把手用毛皮摩擦金属棒的一端，然后再把金属棒移近验电器，可显示金属棒两端都已带电。实验说明：金属是电的导体，其内部具有可运动的自由电荷；人体也是导体，人体可使电荷导入地下；而胶木棒、玻璃棒等是绝缘体，它们可以驻留电荷。

实验3　以毛皮摩擦使两根胶木棒带电，其中一根用细丝线水平悬置起来，再把另一根带电端向它移近，它就受到排斥而后退；改用丝绸摩擦两根玻璃棒重复实验，带电玻璃棒也互相排斥；把毛皮摩擦过的胶木棒水平悬置在丝线上，用丝绸摩擦过的玻璃棒靠近它，两者互相吸引。用多种不同的绝缘棒做相同的实验，可得相同的结果。这说明只有两种性质不同的电荷，同性相斥、异性相吸。这一实验也可以用木髓球验电器来检验。丝绸摩擦玻璃棒上所带的电荷称作正电，毛皮摩擦过的胶木棒上所带的电荷称作负电。

实验4　令一对支撑在绝缘座上的导体A和B相互接触，然后将带电体C移近导体A的左侧。如果C带正电，则因异性相吸，导体A的左端出现负电，同时因同性相斥，导体B的右端出现正电，这一现象称为静电感应。把导体A和B分开，就可以使两端感应的电荷分别保留在两导体上。导体A和B所获得的电荷的属性可用验电器检验。

实验5　用验电器检验摩擦过胶木棒的毛皮或摩擦过玻璃棒的丝绸，发现它们也具有静电效应。其上的电荷与棒上所带的电荷相异，说明摩擦起电是摩擦作用使正负电荷分离；将摩擦后的毛皮和胶木棒相互接触，正负电荷中和，不再显示静电效应。同样静电感应也只是使正负电荷分离；将上述实验中两导体A和B接触，正负电荷中和，不再显示静电效应。这一实验说明电荷守恒：电荷既不能创生也不能消灭，任何过程中系统内正、负电荷的代数和保持不变。

实验6　C.-A.de库仑于1785年用他精心设计的扭秤实验确立了静止点电荷之间的作用力定律，后人命名为库仑定律。

静电实验对空气的干燥程度和器具的绝缘性能要求很高。　（陈熙谋）

静电计　electrometer　利用静电力以测量电势差的仪器。静电计是由早期的金箔验电器发展而来。原来的金箔验电器可用来检测是否带电，探明电荷的种类。为了能定量地测量带电体的电势或电势差，将金箔换成一相对于固定框架可转动的指针，将它绝缘地安装于导体盒中，导体盒前后用玻璃隔开，既可防止空气流动的干扰，又便于观察。指针偏转可以刻度标识，整个静电计装置如图1所示。

测量电势时，导体外壳接地，中间导体与带电体接触，转移到指针和框架上的电荷对导体外壳的静电感应作用，造成带电体相对导体外壳的电势差与指针的转角有关，经实验校准后由指针转过的角度指示带电体的电势。

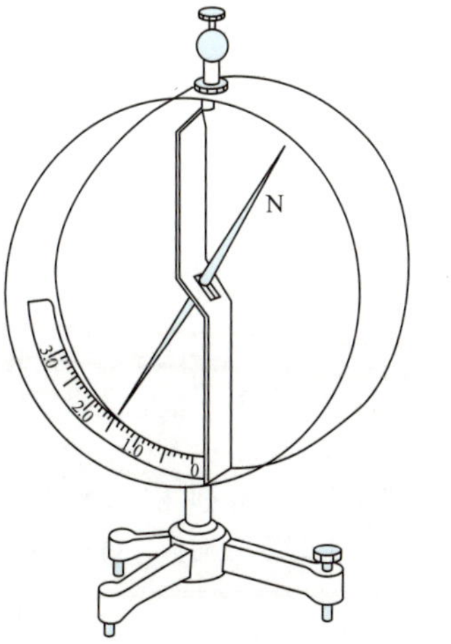

图1　静电计装置

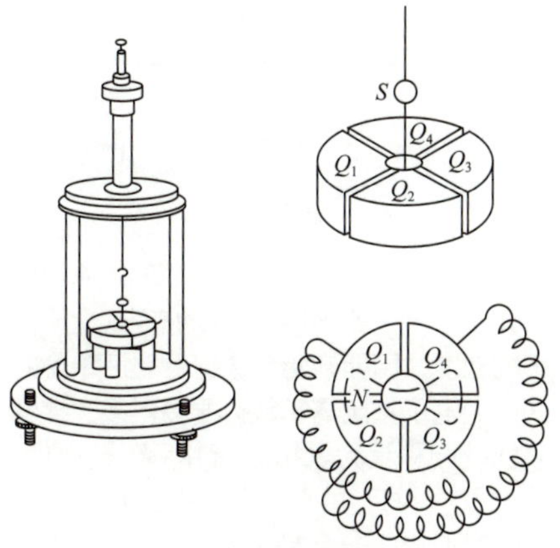

图2　象限静电计

另一种较精密的静电计是象限静电计，如图2所示，其主部件是用金属细丝或外镀金属的石英丝悬挂的哑铃形极薄铝片或外镀金属的纸片N（称为指针），可在一筒形扁盒内自由转动，扁盒分为Q_1、Q_2、Q_3、Q_4四象限，互相用绝缘介质隔离开。相对的两象限另用导线连接，悬丝上贴有一小反光镜S，利用一套光学系统可显示指针旋转的角度。使用时，通过悬丝指针连接一定的高电势，象限扁盒各接于欲求电势差的两点。当此两点无电势差时，指针位置静止于象限分界线处；若两点有电势差，则指针受一力偶作用向电势较低象限方向旋转，转至悬丝所产生的反转力偶与之相平衡，指针的偏转角与电势差成正比。另一种使用方法是指针不加高电势而与一对象限相连接，此时所得的指针偏转角与电势差的二次方成正比。

（陈熙谋）

静电加速器　electrostatic accelerator　用静电高压加速带电粒子的装置。主体是静电高压发生器（即范德格拉夫起电机）、加速管和粒子源等。1931年R.J.范德格拉夫首次研制成这类加速器，故又称范德格拉夫加速器。静电高压发生器采用的是输电产生高压的原理。输电方式可采用转子式或动带式。转子式中的转子由绝缘材料制成，起输电作用；定子由低导电率材料制成，起分压作用。动带式的应用最广，电压可达几兆伏至十几兆伏。图1是动带式静电高压发生器工作原理图。早期多采

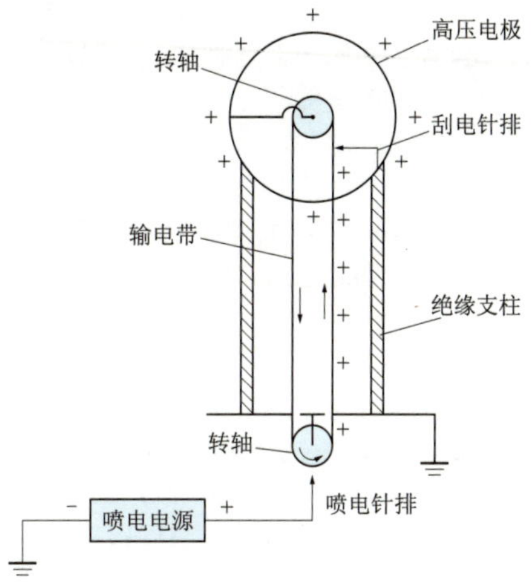

图1　动带式静电高压发生器工作原理图

用皮带式，后发展用金属输电链式，以金属替代绝缘带作为电荷载体，具有较好的电性能和机械性能，使输电电流稳定性好，因而可获得较高的电压稳定性。为提高耐压绝缘性，高压发生器内通常充以高压绝缘气体。静电加速器可加速电子、质子或离子，应选定高压极性与粒子的正负电荷性质相对应。它被认为是性能最好的高压型加速器，能量范围可由几兆伏到十几兆伏，通过调节输电电流以调节电压。静电加速器能获得较好的高压稳定性，因此束流的能量均匀度和稳定度较高，可达万分之一以上。加速器的充电电流受输电带宽、带速和极限电荷密度的限制，使粒子束流强度必须限制在几微安左右。

为进一步提高静电加速器的能量，自20世纪50年代起，串列静电加速器得到了迅速发展。它巧妙地通过改变粒子的电荷极性，用同一个静电高压电场，对同一粒子束实现两次串列加速，图2是两级串列静电加速器原理图。它将高压电极处于正电位，负离子源置于加速器的钢筒外，入射负离子由加速管接地端加速到高压电极，并经电极内的电子剥离器剥除电子成为正离子，又再次在正高压场的作用下，向加速管的另一接地端加速。最后离子获得的总动能为$(N+1)eV$，这里N为剥离后正离子的电荷数，e为电子电荷，V为端电压，其中考虑到稳定的负离子通常只带一个电荷。可见进一步提高能量的关键是提高端电压，现能达到的最高值为20～30兆伏。

（王书鸿）

静电能　electrostatic energy　形成静电系统所需的能量，也就是静电场所具有的能量。电荷之间存在着相互作用的静电力，因此形成一定的电荷系统需要克服静电力做一定的功，所做的功则转化为电荷系统静电能的改变。通常将电荷系统中各电荷作无限分割并分别分散相距于无限远的初态规定为静电能等于零，把分散的各个无限小的电荷聚集成现有电荷系统克服静电力所做的功就是电荷系统的静电能。

点电荷系统　对于点电荷组成的电荷系统，将第一个点电荷移动到指定的位置，因为近处没有电荷，不受静电力，无须克服静电力做功；第二个点电荷再移动到指定的位置，受到第一个点电荷的静电力，需克服静电力做功；第三个点电荷移动到指定位置，受到第一和第二点电荷的静电力，需克服静电力做功；以此类推，全部点电荷都移动到指定位置，克服静电力所做功的总和经计算为：

$$W_{互}=\frac{1}{2}\sum_{i=1}q_i\phi_i$$

式中q_i为点电荷电量；ϕ_i为除q_i外其余各电点荷在q_i处产生的电势；$W_{互}$来源于各点电荷的相互作用，称为点电荷系统的相互作用能，简称为点电荷系统的互能。此点电荷系统的相互作用能与静电能还有所不同，在上述计算中未计及形成每个点电荷的那部分能量，这部分能量称为点电荷的自能。点电荷系统全部自能和相互作用能的总和则是点电荷系统的静电能。

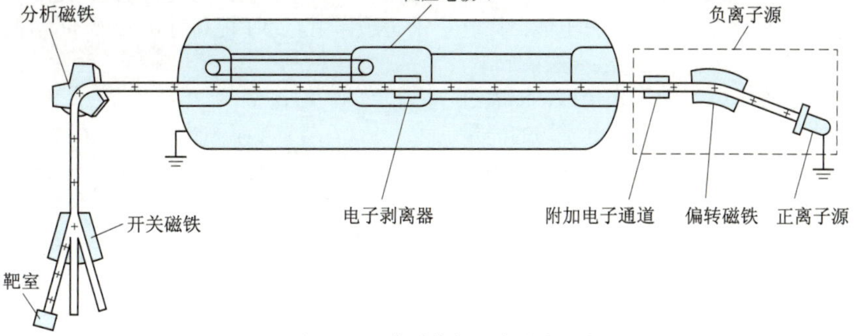

图2　两级串列静电加速器原理图

单个点电荷的自能可如下估算：如果电荷是均匀分布于点电荷的球形表面，则$W_{自}=\frac{q^2}{8\pi\varepsilon_0 R}$，其中$\varepsilon_0$为真空介电常量；如果电荷是均匀分布于点电荷体积内，则$W_{自}=\frac{3q^2}{20\pi\varepsilon_0 R}$。对于点电荷，$R\to 0$，可以看出点电荷具有无穷大的自能，这是经典电磁理论中的“发散困难”，这一问题尚未妥善解决。

连续分布带电体　将上述分离点电荷系统的相互作用能公式推广到连续分布带电体情形可得电荷系统的静电能公式：

$$W=\frac{1}{2}\int\rho\varphi\mathrm{d}v+\frac{1}{2}\int\sigma\varphi\mathrm{d}s$$

式中ρ和σ分别为连续分布带电体的电荷体密度和电荷面密度，积分遍及体电荷和面电荷存在的区域。由于这里的连续分布带电系统是搬运无穷多个无限小电荷元聚集而成的，此公式中包含了各个电荷的自能。

静电能储存　电荷系统的静电能储存在哪里曾是争论的一个问题。上述表述静电能的公式并不意味着静电能与电荷相联系，可以通过电场公式将上述静电能公式改写成另一种形式：

$$W=\frac{\varepsilon_0}{2}\int\boldsymbol{E}^2\mathrm{d}v$$

有介质存在时，上式则为：

$$W=\frac{1}{2}\int\boldsymbol{E}\cdot\boldsymbol{D}\mathrm{d}v$$

式中$\boldsymbol{E}$为场强矢量；$\boldsymbol{D}$为电位移矢量，这两个积分都是遍及整个电场存在的区域。这表明可将电场存在的空间分成无数无限小的体积元，每个体积元的静电能为$\frac{1}{2}\boldsymbol{E}\cdot\boldsymbol{D}\mathrm{d}v$，总的静电能则为全部体积元内静电能的积分，而$\frac{1}{2}\boldsymbol{E}\cdot\boldsymbol{D}$则为电场能量密度。

在静电情形中，电荷与电场总是相伴存在的，将静电能看成与电荷联系起来还是储存在电场中，效果完全相同。然而科学实践证明，电场是一种特殊形态的物质，可以脱离电荷而存在；变化的磁场可产生涡旋电场，也具有电能，其电场能量密度与上述相同。在一般情形下，变化的电磁场以波的形式传播，传播过程中伴随着能量的传递，电磁场的能量还可与其他形式的能量相互转化，因此认为静电能为电场所储存更为合理。

（陈熙谋）

静电屏蔽　electrostatic screening; electrostatic shielding　使得空间被分割为内、外两部分彼此不存在电的相互影响的一种技术措施。电的作用通过电场的传播可传至很远的距离。一些有关电的精密实验以及电子仪器设备中排除其他部分传来的电干扰是一个重要的课题，包括双向排除干扰，即外部空间对内部空间的电干扰和内部空间对外部空间的电干扰。

静电屏蔽所依据的原理属于导体静电平衡性质，采用一个接地的闭合金属壳可做成良好的静电屏蔽装置。接地的闭合金属壳将空间分割成内、外两个区域，考虑三种情形：①仅金属壳外有带电体Q_1、Q_2。在金属壳外表面有感应电荷Q_1'、Q_2'，壳内表面无感应电荷。壳外空间的电场由电荷Q_1、Q_2以及壳外感应电荷Q_1'、Q_2'所决定，壳内电场恒为零，体现了壳外空间对壳内空间没有干扰。②仅金属壳内有带电体Q。金属壳内表面出现感应电荷$-Q$，外表面的感应电荷$+Q$流入大地。此时壳内空间的电场由壳内的带电体$+Q$和壳内表面的感应电荷$-Q$所决定，壳外没有电场，体现了壳内空间对壳外空间没有干扰。在这种情形金属壳接地是十分重要的，否则，若壳不接地，壳外表面有感应电荷$+Q$，壳内空间对壳外空间会有干扰。③金属壳外有带电体Q_1、Q_2。金属壳内有带电体Q，金属壳内外表面有各自的感应电荷$-Q$和Q_1'、Q_2'。壳外空间的电场由壳外带电体Q_1、Q_2和壳外表面的感应电荷Q_1'、Q_2'决定，壳内空间的电场由壳内带电体Q和壳内表面的感应电荷$-Q$决定，这是一个此种情形的可能解。静电场的唯一性定理指出此种情形下具有相同边界条件下的可能解是唯一的确定解，不可能有适合于相同边界条件的其他解。也就是说金属壳分割的内外两部分空间的电场分别由各自的带电体和各自的感应电荷所确定，彼此之间不存在电的相互干扰，即接地的金属壳起到双向的静电屏蔽作用。

实际的静电屏蔽措施并不要求一定是闭合的金属壳，具有一定空隙的金属网或金属丝编织物也同样具有良好的静电屏蔽效果。静电屏蔽装置对缓慢变化的电场也有屏蔽作用。为了提高对变化电场的屏蔽作用，屏蔽物的电导率应大些，接地线应短些，与地的连接要牢固些。

（陈熙谋）

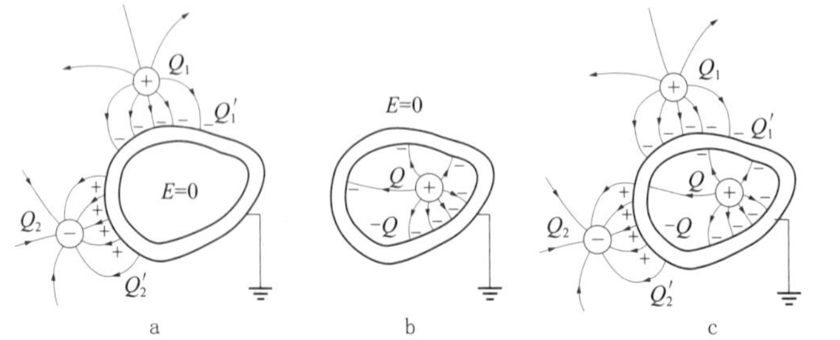

静电屏蔽装置

静电探针　electrostatic probe　静电探针是最常用的等离子体诊断工具之一。为I.朗缪尔等人于1923年发明，通过它可以获取探针所在区域等离子体参数的信息。又称朗缪尔探针。通常一根细的金属丝就可以构成一个简单的静电探针。静电探针的结构除其端部外，其他部分均需要包覆着陶瓷或玻璃类的绝缘材料，如图1所示。

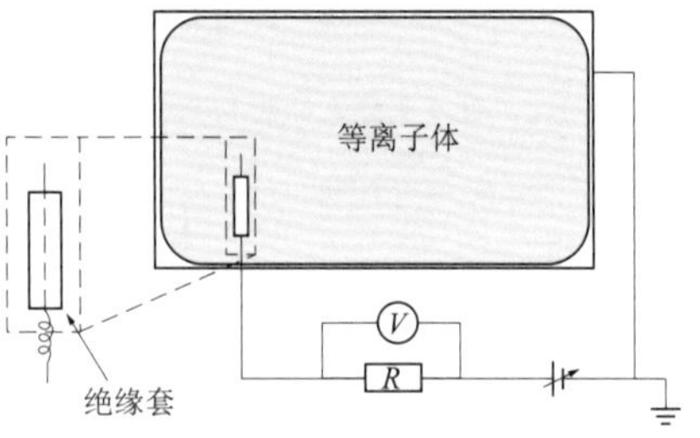

图1　静电探针电路

当一根孤立的探针处在等离子体中时，由于电子的平均热运动速度远大于离子的速度，因而开始到达探针表面单位时间内的电子数比离子数目要多得多，探针表面就会积累大量负电荷并呈现负电位。该电位会排斥电子吸收离子，并在探针表面附近形成一个离子鞘层，以降低电子到达探针表面的通量。这个过程会一直持续到探针表面的静电流密度等于零为止，此时探针电位通常称之为等离子体悬浮电位（V_f）。

如果等离子体的电子能量分布函数满足麦克斯韦分布。当外部施加的电源电压V使得探针电位不等于悬浮电位时，探针就会有电流I流过。若电源从负偏压连续扫描到正偏压，就能够获得一条完整的伏安特性曲线如图2所示。探针伏安曲线基本可以分为三个部分：C为离子饱和电流区；A为电子饱和电流区；B为过渡区。拐点D对应的电压值通常称之为等离子体空间电位V_p。

在电子饱和电流区，$V\geqslant V_p$，探针周围形成电子鞘层，探针上收集到的离子电流很小可以忽略，探针收集到的为电子饱和电流：

$$I_{es}\cong\frac{1}{4}en_e\bar{v}_eA_p$$

式中e为电子电荷；n_e为电子数密度；$\bar{v}_e$为电子热运动速度；A_p为探针表面积。从电子热速度可以计算电子温

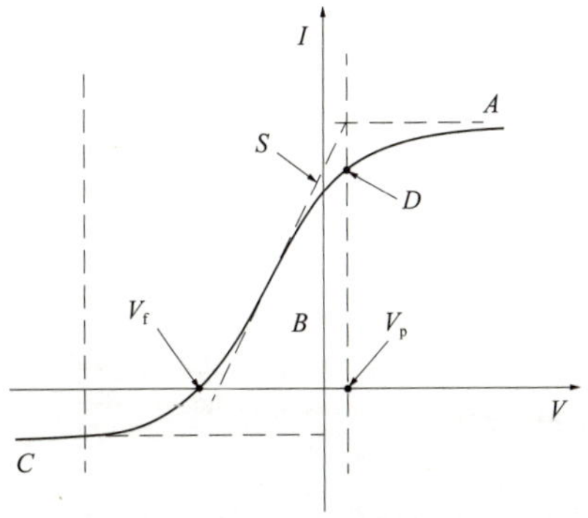

图2 静电探针伏安特性曲线

度，但是这段曲线往往不饱和，一般不能用这个电子饱和电流计算电子温度。

在过渡区：此时电流为电子电流减去离子电流。按照麦克斯韦速度分布，到达探针的电子电流决定于电压降$V-V_p$，离子电流I_{is}可认为是个常量（取绝对值）：

$$I=I_e-I_{is}=I_{es}\exp\left[\frac{-e(V-V_p)}{kT_e}\right]-I_{is}$$

式中k为玻尔兹曼常数；T_e为电子温度。对这段特性曲线的$I+I_{is}$值取对数，即以电流最低值为零点取对数，可以从其斜率计算电子温度。

在离子饱和电流区，探针收集到的离子饱和电流为：

$$I_{is}=en_eC_sA_p$$

式中$C_s\cong\sqrt{\frac{kT_e}{m_i}}$为离子声速；$m_i$为离子质量。测得$I_{is}$后可得到$n_i$，若满足准中性条件，则有$n_e=n_i$，得到电子密度值。在具体应用时一般会在离子饱和电流公式右侧加一个与电极形状等因素有关的常系数。

随着静电探针应用领域的扩展，各种静电探理论得以发展和不断完善。上述公式均适用于非磁化等离子体。在强磁场环境下，上述理论尚需进一步修正。静电探针的种类很多，根据探针的形状可以分为平面探针、圆柱探针及球探针等，依据探针数量将探针分为单探针、双探针、三探针、四探针和阵列探针等，还可以根据安装方式分为平装探针和非平装探针等，可用于诸多方面的等离子体物理与实验研究。 （曹金祥）

静定问题 question of statically determinate 未知数数目与平衡方程数目相等时的力系平衡问题。又称静力学可定问题。力系平衡时，未知数（包括未知力的大小、方向或物体的平衡位置）数目与平衡方程数目相等时，可由静力学平衡方程求出全部未知数，称为静力学可定问题或静定问题。如果未知数的数目大于平衡方程数，

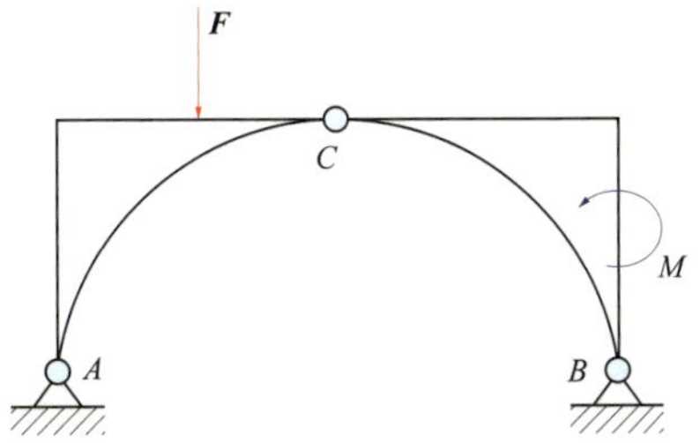

图1 静定的三铰拱

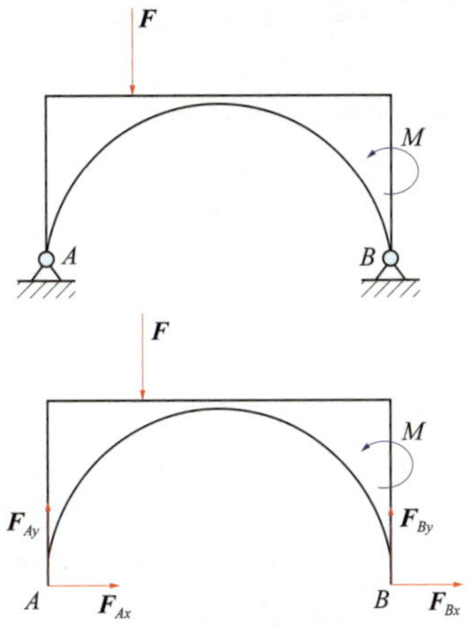

图2 超静定的刚架

则不能由平衡方程解出全部未知数，称为静力学不定问题、静不定问题或超静定问题。图1所示的三铰拱如果看成由左右两拱组成，每拱可列出三个平衡方程，共六个平衡方程；而A、B、C三铰的约束力未知数也是6，因此本题是静定问题，可由已知载荷求出全部未知约束力。图2所示刚架的受力图表明约束力的未知数是4，而平面力系只有三个平衡方程，因而是超静定问题；由平衡方程：

$$\sum F_x=0$$

只能得出$F_{Ax}+F_{Bx}=0$，却求不出F_{Ax}及F_{Bx}。实际上约束力F_{Ax}、F_{Bx}还与刚架的变形有关，因为由于制造误差或温度变化，刚架下端两点的距离与支座AB的距离并不准确相等，必须使刚架变形（拉长或压短刚架下端两点的距离）才能进行装配，所以作用于刚架上的力F_{Ax}及F_{Bx}不但要满足平衡方程，还要满足变形规律。求解超静定问题要用到材料力学的知识。 （贾书惠）

静力学 statics 研究作用于物体上力系的平衡条件的力学分支学科。力系指作用在物体上的一群力。平衡指物体相对惯性参考系保持静止或做匀速直线运动。在静力学中，将与地球固结的参考系取作惯性参考系可满足一般工程所需的精度要求。静力学研究的主要问题有三个。①物体的受力分析，即分析物体共受几个力以及各力的作用点及方向。②力系的简化，即用一个简单的力系等效地替换一个复杂的力系。③力系的平衡条件，即力系与零力系等效的条件，此平衡条件用方程的形式表示时，称为力系的平衡方程。如汇交力系的平衡条件是各力的合力为零，平衡方程则为各力在坐标轴上投影的代数和为零，即：

$$\sum F_x=0,\sum F_y=0,\sum F_z=0$$

矢量力学中主要研究作用于刚体上的力系平衡，故这一部分又称为刚体静力学，又因处理的是力、力矩等矢量的几何关系，故又称几何静力学。分析力学则研究任意质点系的平衡，给出作用于任意质点系上的力系平衡的充要条件，即虚功原理，又称分析静力学。静力学的研究方法是从几条基本公理或原理出发，经过数学演绎推导出各种结论。

刚体是实际物体的简化与抽象，工程中构件的变形影响可以忽略时，可应用刚体静力学的理论。如设计桥梁桁架中各杆件的截面面积时，首先在规定载荷下用刚体静力学的平衡方程求出支座的约束力及各杆的内力，然后才能进行强度、刚度分析与设计，对变形体（弹性体、塑性体、流体等）的平衡问题，除了考虑力和力矩的平衡条件，还要结合介质的变形特性。用分析静力学研究变形体平衡时形成的能量法，在解决工程技术问题时也获得了广泛的应用。

静力学的理论在动力学中也有重要应用。分析静力学中的虚功原理与达朗贝尔原理相结合给出动力学普遍方程，它是推导非自由质点系各种运动微分方程的基础。 （贾书惠）

静力学公理 axioms of statics 静力学中已被实践反复证实并被认为无须证明的最基本的原理。静力学公理正确地反映了客观规律，并成为演绎推导整个静力学理论的基础。

公理1（力的平行四边形法则）。作用在物体同一点上的两个力可合成一个合力，合力的作用点也在该点，大小和方向由这两个力为边构成的平行四边形的对角线确定（图1）。用矢量表示为：

$$\boldsymbol{F}_R=\boldsymbol{F}_1+\boldsymbol{F}_2$$

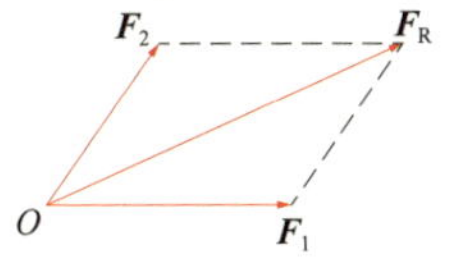

图1 力的平行四边形法则

公理2（二力平衡条件）。作用在刚体

上的两力平衡的充要条件是：两力的大小相等、方向相反且作用在同一直线上。

公理3（加减平衡力系公理）。在给定力系上增加或减去任意的平衡力系，不会改变原力系对刚体的作用。

公理4（作用和反作用公理）。两物体间存在作用力与反作用力，两力大小相等、方向相反、分别作用在两个物体上。

公理5（刚化原理）。变形体在某一力系作用下处于平衡，如将此变形体刚化为刚体，则其平衡状态不变。

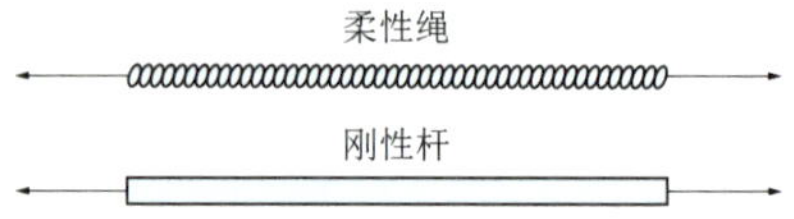

图2 刚化原理

上述公理中，公理2、3只适用于刚体。公理5则有如下特点：图2所示的绳子是变形体，在一对拉力作用下处于平衡，如将绳子刚化为刚性杆，它仍然是处于平衡的。亦就是能使变形体平衡的力系也必然能使刚体平衡；反之则不然，一对压力可使刚性杆平衡，但却不能使绳子平衡。由此可知，刚体上力系的平衡条件只是变形体平衡的必要条件，而非充分条件。

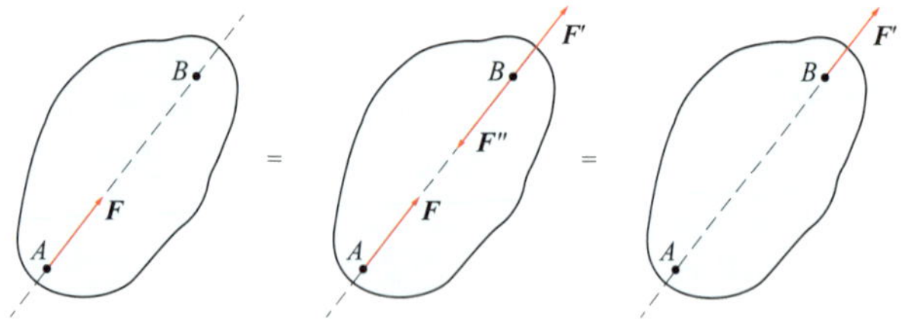

图3 力的可传性

从静力学公理出发，通过数学演绎方法可推导出许多新结论，如力的可传性。图3所示刚体的A点作用有力$\boldsymbol{F}$，如果在作用线的B点增加一对力($\boldsymbol{F}'$,$\boldsymbol{F}''$)，且有$\boldsymbol{F}'=\boldsymbol{F}$，$\boldsymbol{F}''=-\boldsymbol{F}'$。根据公理2，力系($\boldsymbol{F}'$,$\boldsymbol{F}''$)是平衡力系；再根据公理3去掉力系($\boldsymbol{F}$,$\boldsymbol{F}''$)，得到作用于$B$点的等效力$\boldsymbol{F}'$。得结论：作用在刚体上某点的力，可沿其作用线移到刚体内任意一点，并不改变此力对刚体的作用，这就是力的可传性。

（贾书惠）

静态光散射 static light scattering; SLS 一种光散射技术。静态光散射通常使用可见光做探测工具，而光源通常使用激光器，以保证入射光的单色性。入射光经过样品散射后，散射光的强度具有散射角依赖性，由此可以解析出样品中的结构信息。静态光散射通常收集散射角10°～150°的散射信号。与动态光散射不同的是，静态光散射不关注散射与时间的关联，而是测量散射在空间上的分布，因此静态光散射不包含物质的动力学信息，给出的是微结构的平均结构信息。

静态光散射对于比其探测波长更大的结构，可以给出尺寸和形状等信息，如微米级结构。但对于小于其波长的结构只能给出均方回转半径，无法直接给出形状信息。但是与动态光散射技术结合，通过流体力学尺寸与均方回转半径的比值，在某些情况下能够给出微结构分形维度等信息，从而间接推断出结构的形状。

静态光散射产生的前提条件是在其可探测的尺度范围内样品中存在折光指数分布的差异。采用混合溶剂，可以在一定范围内调节折光指数差，实现散射的增强、减弱甚至消失。静态光散射的数据分析是基于弹性散射的理论和单重散射的假设进行的，在这一框架下，物质微结构对应的散射的空间分布具有唯一性。最常见的静态光散射数据分析方法是齐姆作图法，即将多角度、多浓度下测得的散射曲线外推到零角度和零浓度，可以得到分散体系中结构单元的均方回转半径、表观分子量、第二维里系数等信息。由于探测光的穿透能力有限，静态光散射通常适用于透明体系。静态光散射常用于大分子溶液、胶体分散体系、分子溶液聚集体等的研究，是一种非破坏性的结构表征手段。

相应的仪器设备称作静态光散射谱仪，通常采用一维探测器。可以是单个检测器逐点角度扫描，也可以是多检测器一次性多角度扫描完成。

（邱 东）

《镜镜詅痴》 *Jing Jing Ling Chi*(*Book of Optical Principle*) 中国清中期郑复光著几何光学著作。第二个“镜”字为动词；“詅”字原意为叫卖，“詅痴”在此为自谦词。书名可译为“光学愚见”或“光学浅说”。完稿于道光十五年（1835），刊刻于道光二十六年（1846）。共五卷。卷一题为“明原”，包括色、光、“景”（影或像）、光线、眼睛、镜等诸多内容，叙述了与几何光学相关的一些基本概念和反射定律。卷二、三题为“释圆”，是全书重点，论述了凹、凸透镜和组合透镜的成像规律、特点、各参量间的定量关系，绘画了各种透镜成像光路图。尤其是以传统光学知识和制镜经验为基础，提出了“顺三限”和“侧三限”等术语、概念，“顺三限”中的“顺收限”相当于凸透镜的焦距。卷四、五题为“述作”，叙述了17种光学仪器的制作与原理，其中有望远镜、显微镜和照相机的设计制造。该书是在传入中国极为有限的西方光学知识，且光路图全是错误的情况下，中国学者独自撰写的一部光学著作。它融合了中西之见，且发展了中国传统的和传入中国的点滴光学知识。当然，该书中有关凹、凸透镜成像的光路图也是错的。

（戴念祖）

镜像法 method of images 一种计算静电场或稳定电磁场的方法。W.汤姆孙（即**开尔文**）于1848年提出，最先用于计算一定形状导体面附近的电荷所产生的静电场，叫作电像法；后来发展到可以计算某些稳定电磁场，称作镜像法。

在电荷的附近出现导体面（或介质分界面）时，这些面对电场有影响。镜像法就是利用已经熟悉的静电学知识，通过在这些面的另一侧适当位置，设置适当量的假想电荷（称为电荷的像或像电荷），等效地代替实际导体上的感应电荷或电介质界面上的极化电荷，以保证场的边界条件得到满足。根据静电唯一性定理，在求解区域中，源电荷与像电荷产生的电场就是实际唯一存在的电场。

镜像法常常很简便地得到场的解析解，但只有边界面几何形状很简单、对称的情形才可能成功地设置若干个像电荷，故不是普遍适用的方法。

镜像法已不限于静电学范围，它已应用于计算稳恒磁场、稳恒电流场和天线的辐射场等不少重要的电磁场问题。

（蒋仁渊）

居里夫人 Marie Curie（1867-11-07～1934-07-04） 法国物理学家和放射化学家。原名M.斯克罗多夫斯卡。见*居里两代人*。

居里两代人 Curie two generations 指P.居里及其夫人M.居里，其女I.约里奥-居里及其婿F.约里奥-居里。这两代人主要以其放射性研究在近代科学技术发展中做出的贡献而闻名于世。他们前后曾获得三次诺贝尔奖。

P.居里 P.居里1859年生于巴黎。16岁进巴黎大学理学院，毕业后任该校实验室助理。他曾与其兄J.居里一起发现晶体的压电现象。在其研究磁性的博士论文工作中，P.居里设计制造了一台十分精密的扭秤，现称为居里-谢诺佛秤。1895年他发现了顺磁体的磁化率正比于其绝对温度，即居里定律。为了纪念他在磁性方面

图1　P.居里

研究的成就，后人将铁磁性转变为顺磁性的温度称为居里温度或居里点。1895年P.居里和M.斯克罗多夫斯卡结婚后共同研究放射性，发现了钋和镭两种元素。1903年他们夫妇和H.贝可勒尔共同获得诺贝尔物理学奖。P.居里于1904年任巴黎大学教授。1905年被选为法国科学院院士。1906年不幸在街上被马车撞倒受伤后去世。

M.居里　M.居里原名M.斯克罗多夫斯卡，即人们常称的居里夫人。生于波兰华沙。其父为中学数学和物理教师。1891年到法国巴黎大学学习，于1893年和1894年先后以优异成绩通过了物理学和数学证书考试。1896年贝可勒尔发现铀盐会自发地发射出类似X射线的辐射。M.居里下决心寻找其他物质是否也具有铀盐的这种性质。后来这种性质被命名为放射性。她发现钍也有这种放射性。在研究各种放射性矿物时，她发现沥青铀矿的放射性比铀盐的要强几倍。她认为在沥青铀矿中一定存在着某种未知的、放射性很强的元素。这样她和P.居里在实验室中用化学方法和测定放射性的手段，在成吨的沥青铀矿中艰辛地寻找这种微量的未知的元素。结果他们于1898年7月发现了钋，同年12月发现了镭。钋(polonium)的命名是为了纪念M.居里的祖国波兰。M.居里所开创的用放射性进行化学分离与分析的方法奠定了放射化学的基础。1903年她以《放射性物质的研究》论文获得博士学位。1906年P.居里逝世后，她被提升为教授，接替P.居里的职位。她成为巴黎大学理学院第一位女教授。1910年她的最重要著作《放射性》一书出版。同年她在A.-L.德比埃尔的协作下，提炼出金属态的纯镭。1911年，由于发现了钋和镭并提炼出纯镭的工作，她获得诺贝尔化学奖，成为第一个两次获得诺贝尔奖的人。在第一次世界大战期间，她和她的女儿I.居里（I.约里奥－居里）一起，从事利用X射线为伤兵进行医疗诊断工作。1918年第一次世界大战结束后，她所创建的镭研究所开始积极地活动起来，研究所逐渐成为当时核物理和放射化学的一个主要研究中心。1921年美国总统W.G.哈定代表美国妇女界赠送M.居里1克镭，她被选为国际联盟文化合作国际委员会委员。1922年由于她在放射性物质的化学及其在医学应用上的贡献而被选为法国医学科学院院士。1932年她回到她的祖国首都华沙，参加以她的姓氏命名的镭研究所的开幕典礼。M.居里由于长期从事放射性工作，得了恶性贫血白血病，于1934年在萨朗什附近逝世。放射性强度的单位居里是以居里夫人命名的。

图2　M.居里

F.约里奥－居里和I.约里奥－居里　F.约里奥－居里和I.约里奥－居里均生于巴黎。两人在1926年结婚。他们最主要的成就是发现了人工放射性。1934年，他们用钋的α射线轰击铝箔，发现当α源移去后，铝箔仍有放射性，其强度也随时间按指数规律下降。这种放射性是由α粒子打在铝-27上发出一个中子而形成磷-30，磷-30不稳定，又放射出正电子而形成的。他们还发现了其他一些由α粒子所引起的核反应生成的人工放射性同位素。由于这一发现，他们在1935年获得诺贝尔化学奖。后来，F.约里奥－居里由于放射同位素在医学上应用的研究而当选为法国医学科学院院士。

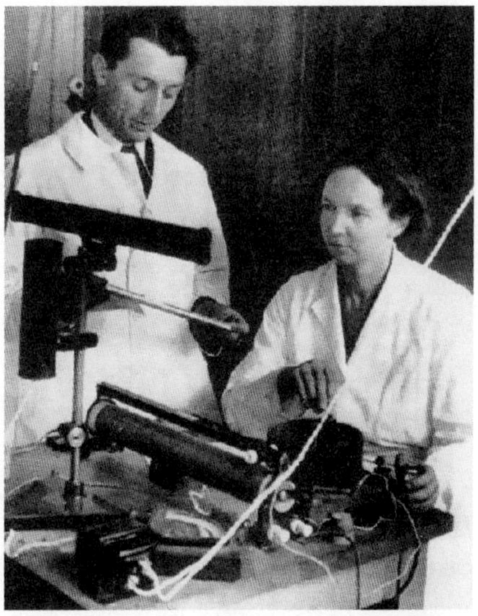

图3　F.约里奥－居里和I.约里奥－居里

约里奥－居里夫妇对中子的发现和核裂变现象的发现都做出了重要的贡献。在第二次世界大战期间，他们是反法西斯战士。战后又为法国原子能事业和法国原子能研究中心的建立做出了贡献。F.约里奥－居里还是法国共产党党员，曾任该党中央委员。I.约里奥－居里和她母亲一样，由于放射性工作而罹患白血病，于1956年在巴黎逝世。F.约里奥－居里则因肝病于1958年在巴黎逝世。

（戴念祖）

局域电子磁性　local electron magnetism　被束缚在原子或离子周围一个或几个格点范围内的电子所产生的磁性。局域电子磁性使原子或离子具有内禀磁矩。这种系统分为两类：①磁性绝缘体化合物。如各种反铁磁、亚铁磁氧化物、氟化物。它们除了含有磁性阳离子外，还含有间隔它们的非磁性阴离子，近邻原子磁矩间存在着间接或超交换作用。②原子磁矩与弱磁性传导电子共存的系统。如稀土金属或合金、稀磁合金。近邻原子磁矩间存在长程间接交换作用。分子场理论、交换作用理论、自旋波理论，以及单离子、双离子模型都是局域电子磁性理论，对许多化合物的磁性起源和它们的温度关系，以及一些金属的磁性均给出了成功的解释。

局域电子磁性具有以下一些特点：①原子磁矩十分接近玻尔磁子的整数倍；②磁性电子不参与输运过程，对电导、热导等性质无贡献；③磁性电子不存在个别激发，对比热、朗道－佩尔斯磁化率、德哈斯－范阿尔芬效应等性质无贡献。

（任卫军　张志东）

局域密度泛函理论　local density approximation　*密度泛函理论*中处理交换－关联能的一种近似方法。它假定空间各点的交换－关联能只与该点处的电子密度有关。其中最成功的模型是基于均匀电子气的局域密度泛函。

一般来说，对于非自旋极化的体系，交换－关联能的局域密度近似可以写成：

$$E_{xc}^{LDA}[\rho]=\int\rho(r)\varepsilon_{xc}(\rho)\mathrm{d}r$$

式中$\rho(r)$为电子密度；ε_{xc}为均匀电子气的交换－关联能，仅与电子密度有关。交换－关联能可以分解为交换能E_x与关联能E_c之和：$E_{xc}=E_x+E_c$。对于均匀电子气模型，交换能有准确的解析表达：

$$\varepsilon_x^{LDA}(r_s)=-0.9164/r_s$$

式中$r_s=\sqrt[3]{3/4\pi\rho}$为电子的有效半径。因此只需考虑合适的关联能表达式。最常用的关联能形式为：

$$\varepsilon_c^{LDA}(r_s)=\begin{cases}-0.2846/(1+1.0529\sqrt{r_s}+0.3334r_s) & (r_s\geqslant 1)\\ -0.0960+0.0622\ln r_s-0.0232r_s+0.0040r_s\ln r_s & (r_s\geqslant 1)\end{cases}$$

局域密度泛函最早由W.科恩和沈吕九在1965年提出。之后常用的局域密度泛函形式是基于D.M.塞珀利和B.J.阿尔德在1980年关于均匀电子气总能的蒙特卡罗模拟研究。在此基础上又发展出了多种不同形式的数学拟合。

局域密度近似是目前最常用的交换-关联近似方法之一，主要适用于电子密度较高、变化缓慢的体系及大部分晶体结构，但对于电子密度变化较快的体系就不适用了。为了得到更准确可信的计算结果，第一性原理计算后来又发展出了许多其他处理交换-关联能的近似方法，比如广义梯度近似（GGA）、Meta-GGA、杂化泛函，以及基于密度泛函理论的准粒子方法等。

（孟胜 任俊）

局域平衡 local equilibrium 非平衡系统中，某个小区域处于平衡态的假设。由于系统在不可逆过程前后的状态大多为非平衡态，通常在线性非平衡态热力学范畴内讨论对系统趋于平衡的过程。在非平衡态时，可将系统分成若干宏观小部分，每小部分仍然是有大量粒子组成的宏观部分，并假设每一小部分处于平衡态，称为局域平衡。

（班士良 崔鑫 官箭）

局域平衡近似 local equilibrium approximation 线性不可逆热力学中给出“局域平衡”参量描述的一个基本的近似。这里“线性”意指温度梯度和浓度梯度等力较弱，使得所产生的相关流（热流和扩散流）与力之间近似地呈线性关系。就整体而言是非平衡的系统以某种方式分割成许多小的体积元（子体系）。体积元的大小既要使它能够被看作热力学系统，又要保证其内部性质的（近似）均匀性。前者意味着体积元要足够大，能够被看作一宏观热力学子系统，以至于可以忽略体积元中热力学广延量的相关涨落；后者隐含着体积元又要充分小，以至于其内部的热力学性质变化小，使得在体积元中实现平衡是一个好的近似。在这个近似下，可以在这些具有“局域平衡”特性的体积元中定义局域热力学参量，它们对应于以体积元所在位置$\boldsymbol{r}$标记的局域值。由于体积元之间的分割是非实质的，体积元间允许有能量或物质的交换。因此每个用所在位置$\boldsymbol{r}$来标记体积元中定义的局域热力学参量是与时间有关的。体积元中瞬时局域状态可用这些局域热力学参量及热力学函数描述，并满足与平衡态下均匀系统相同形式的热力学关系。只要满足上面两个条件，局域热力学参量即可视为与体积无关。体积只是作为遍及$\boldsymbol{r}$取值的范围进入到近似中。这使得可以把标记在每个给定体积元的分立指标$\boldsymbol{r}$推广为在R^3中取值的连续变量。由此可以定义在$R\times R^3$中取值的局域广延量和相应的对偶强度量，它们满足与平衡体系所得到形式相同的热力学关系。线性不可逆热力学中的这种局域平衡概念与状态方程之间的联系反映了可以用热力学性质来描述局域平衡。例如，基于局域平衡近似，在温度和压强的非均匀条件下，时刻t、坐标为$\boldsymbol{r}$点的状态方程为：

$$p(\boldsymbol{r},t)=n(\boldsymbol{r},t)k_{\mathrm{B}}T(\boldsymbol{r},t)$$

式中$T(\boldsymbol{r},t)$、$p(\boldsymbol{r},t)$和$n(\boldsymbol{r},t)$为局域取值的温度、压强和粒子数密度。

从动力学的观点来看，局域平衡近似只有在近似保持麦克斯韦分布以及激发和离子态的萨哈-玻尔兹曼分布局域成立情形下才满足。它给出局域平衡近似适用的两个限制条件：①要求宏观量在分子平均自由程量级的距离内变化量小于该量的自身值；②要求每个体积元内任何涨落的衰减速度比起体系中发生的宏观变化速度要快得多。这两个条件限定了体积元内不存在使得宏观量发生突变的内界面，且边界条件所引起的宏观约束对分子间的弹性碰撞和所形成的分布影响十分微小，以至于粒子速度麦克斯韦分布及激发和离子态的萨哈-玻尔兹曼分布保证能局域成立。只有满足这两个条件，才能定义与所选体积无关的局域变量。即在给定体积元中广延量的值（按定义应与体积元的大小成正比）能够用对应的局域量（内能密度、粒子数密度和熵密度等）来替代。局域平衡判据：在统计不确定性内，非平衡系统中的局域密度必须等于相同温度和压强下的平衡态值。

局域平衡近似的重要性反映在以下三个方面：平衡态中定义的所有变量都意义明确地在非平衡态情形得到了定义。它们是时空坐标的函数；局域热力学量表示的系统状态方程具有与热力学极限下平衡态宏观系统状态方程一样的形式；系统满足局域平衡的稳态性质。即与平衡态情形类似，热容量和等温压缩系数都是正定的。

（马中水）

局域熵密度产生率 production rate of local entropy density 熵密度在单位时间的增加量。对于局域平衡，仅限于在线性非平衡态热力学范畴内，讨论在不可逆过程中系统内部熵变随时间变化的关系，相应的热力学量满足局域热力学方程：

$$T\mathrm{d}s=\mathrm{d}u+p\mathrm{d}v-\mu\mathrm{d}n$$

式中s、u、v和n分别表示某一小部分中的熵密度、内能密度、比容和粒子数密度。此时该小部分与温度为T的外界交换热量，整个系统的广延量为各部分相应值之和，强度量则无统一的数值。可将系统某小部分经历一不可逆微过程后的熵密度改变写为：

$$\mathrm{d}s=\mathrm{d}_{\mathrm{e}}s+\mathrm{d}_{\mathrm{i}}s$$

式中$\mathrm{d}_{\mathrm{e}}s$为与外界交换热量而引起该小部分熵密度的改变；$\mathrm{d}_{\mathrm{i}}s$为由于内部过程导致的熵密度改变，称为局域熵密度产生。$\mathrm{d}_{\mathrm{i}}s$随时间的变化率$\mathrm{d}_{\mathrm{i}}s/\mathrm{d}t$称为局域熵密度产生率，其物理意义为，由于体积元中内部过程引起熵密度在单位时间的增加量，满足：

$$\frac{\mathrm{d}_{\mathrm{i}}s}{\mathrm{d}t}=\boldsymbol{J}\cdot\boldsymbol{X}=\sum_k J_k X_k>0$$

式中矢量$\boldsymbol{J}$和$\boldsymbol{X}$分别称为热力学流量和热力学动力。热力学流量满足$\boldsymbol{J}=\boldsymbol{L}\cdot\boldsymbol{X}$。式中$\boldsymbol{L}$为张量，称为动力（理）系数。对于各向同性体系，动力系数为零阶张量（标量），对于非各向同性体系，动力系数为二阶张量。还可将热力学流量和热力学动力的关系式写为分量形式，称为动力（理）方程$J_k=\sum_l L_{kl}X_l$。这里L_{kl}称为动力（理）系数，其意义为一个单位的第l种动力与产生的第k种流量之间的关系。

（班士良 崔鑫 官箭）

局域态 localized state 某种粒子在实空间中的概率密度分布或某种场的能量密度分布，被局域在某个区域之内而并未扩展至全材料或全空间的状态。还有一类情况介于局域态与扩展态之间，即沿某一方向为局域态而沿其他方向为扩展态，这种情况的代表性粒子为表面态。根据导致局域态出现的原因，可以大致分为单体和多体局域态两种。

单体局域态指的是单体体系中出现的局域态。对无外势的自由粒子或者场，由于体系具有连续的平移对称性，因此其本征态是平面波态，属于扩展态。要导致局域态的出现则必须引入外势，破坏体系的平移对称性。对有外势的粒子或场，其可能出现的状态有两种，即束缚态和散射态。这里的束缚态就是单体局域态。其具体粒子有无限深量子阱中的束缚态，原子势中的原子态等。

多体局域态指的是多体体系中出现的局域态。这一情况相对于单体情况较为复杂。以电子体系为例，对于通常的晶体材料，体系具有严格周期性的格点排列，存在分离的平移对称性。在周期性格点势下，电子体系的本征态具有布洛赫波函数的形式，扩展在整个晶体中。如果体系中存在随机的无序杂质，此时晶格的周期性遭到破坏，电子波函数不再扩展在整个晶体中，而是局域在杂质周围，在空间中按指数形式衰减，产生带尾局域态。材料中的缺陷态或施主、受主杂质上的电子态，或强掺杂半导体中的带尾态也都是局域态。非晶态材料中晶格不再具有周期性的排列，此时电子本征波函数不再是布洛赫函数，但同样可以分为扩展态和局域态。与晶格体系中的无序效应不同的是，非晶体系中的局域态是由无序晶格势而非杂质引起的。（卢海舟）

矩阵力学　matrix mechanics　量子力学的两种基本表达形式之一。1924年，W.K.**海森伯**意识到，只能用可观测量描述微观世界。另一方面，诸如坐标和动量之类的经典物理概念，不能同时用来描述微观粒子的运动。人们对原子之类微观系统的描述，主要依据光谱学的观察，原子的光辐射体现了电子运动的主要特征。根据经典物理和对应原理，电子的运动可以导致电磁辐射，其频率分布是由电子坐标$q(t)$的傅里叶变换决定的。在N.**玻尔**的原子模型中，根据里兹组合定律，辐射的频率$\omega_{mn}=(E_m-E_n)/\hbar$与两个原子轨道的能级$E_m$和$E_n$相联系。因此，相应的量子系统坐标和动量的傅里叶变换必须是依赖于两个指标的量（这里系数Q_{mn}和P_{mn}可以分别排列成两矩阵$\hat{Q}$和$\hat{P}$），表示为：

$$Q=\sum Q_{mn}\exp(\mathrm{i}\omega_{mn}t)$$

$$P=\sum P_{mn}\exp(\mathrm{i}\omega_{mn}t)$$

进而，玻尔由P和Q的二维表示的表达式给出了振子能量的量子化。

不久以后，M.**玻恩**意识到，微观可观测力学量必须用两指标傅里叶变换描述的本质是矩阵表述，后来P.A.M.**狄拉克**称之为q数，J.冯·诺伊曼称之为算符。由此玻恩与E.P.约旦合作，明确给出了基本可观察量的对易关系：$[Q,P]=\mathrm{i}\hbar$。这种关系通常被人们误称“海森伯对易关系”，但其实是玻恩发明的。这个对易关系式是矩阵力学的核心所在。一方面，用基本对易关系取代通常A.J.W.**索末菲**的量子化条件，使得复杂微观系统的能谱的计算成为可能。例如，W.**泡利**利用基本对易关系，成功地计算了氢原子能谱。另一方面，有了这个对易关系，通过经典对应，微观系统动力学就可以用海森伯方程描述，而相应“玻尔轨道”代表的分立定态则由哈密顿量的本征方程给出，与原来哈密顿量不对易的力学量所代表的扰动会引起不同定态能级之间的跃迁。这两个方面的进展，把海森伯思想推向系统化科学理论的高度。海森伯、玻恩和约旦共同建立了矩阵力学。后来，E.**薛定谔**证明了他自己建立的量子力学的另一种表达形式（波动力学）与矩阵力学本质上是等价的。

另外，作为矩阵力学的核心，基本对易关系在物理上非常直观地展示了**普朗克常数**h如何刻画经典和量子边界。在一些物理过程中，h的作用可以不予考虑，则动量和坐标可以看成对易的，经典物理因此可以描述通常的宏观物理过程。（孙昌璞）

巨磁电阻效应　giant magnetoresistance effect; GMR　一种自旋相关的输运现象。表现为磁矩与电流平行及反平行时电阻的变化率巨大，特定情况下甚至可以高达50%。在两层铁磁性金属中间夹一层非磁性金属的铁磁/非磁/铁磁三明治纳米结构或者N重“铁磁/非磁”周期性纳米多层膜中，无论电流沿薄膜面内或者沿垂直薄膜方向流通，当磁性层的磁矩分别处于平行（P）和反平行（AP）两种状态时，都会产生巨大的电阻差异，其电阻变化率或比值定义为$\mathrm{GMR}=(R_{\mathrm{AP}}-R_{\mathrm{P}})/R_{\mathrm{P}}\times100\%$，称为巨磁电阻效应。1986年P.**格伦贝格**等首先在Fe/Cr/Fe三明治纳米结构中发现了两层Fe通过中间Cr层可以发生反铁磁层间交换耦合作用，1988年格伦贝格等人又进一步在该结构中观测到了1.5%的室温磁电阻；与此同时A.**费尔**等也在N重Fe/Cr周期性纳米多层膜中发现了低温高达50%、室温高达17%的磁电阻比值，并将其命名为巨磁电阻效应。由于巨磁电阻效应具有重大的科学意义，并在磁信息存储领域产生了巨大的应用价值，因此其发现者费尔和格伦贝格共同获得了2007年的诺贝尔物理学奖。巨磁电阻效应是一种自旋相关的输运现象。首先铁磁材料如铁的磁性来源于电子间量子交换相互作用引起的自旋能带结构的劈裂，使得费米面处自旋向上和向下电子的态密度不同，从而不同自旋方向的电子具有不同的电导率。早期由N.F.**莫特**提出的电子双通道电流模型可以唯象解释巨磁电阻效应，其基本思想是将传导电子的输运分为两个相互并联的自旋向上和自旋向下的电流通路，并各自独立地承载电流。因此当铁磁性薄膜的磁矩平行排列时，各磁性层中的低电阻通道串联组成的一支并联电路决定了体系的低电阻状态；当铁磁性薄膜的磁矩反平行排列时，相邻磁性层中的高、低电阻通道串联组成的两条并联电路均有相对高的电阻，决定了体系的高电阻状态，故导致巨磁电阻效应的产生。（韩秀峰）

巨共振　giant resonance　原子核的高频集体激发。量子多体系统的一个性质。巨多极共振的简称。1947年G.C.鲍德温和G.S.克莱贝尔首先在光核反应中观察到原子核的巨偶极共振（GDR），1972年发现了巨四极共振，1977年在中重核和重核中发现了巨单极共振。随后实验上相继发现了各种电多极巨共振激发和磁多极巨共振激发。

原子核可以通过各种机制获得足够能量激发GDR，常见的是重核的光致辐射激发核的巨偶极共振态。对于给定的靶核，光核反应的激发曲线呈现出宽度为数百万电子伏的共振峰，称为光核反应的巨共振。共振峰的位置随靶核质量数A增加而减小，一般在13～22兆电子伏。巨共振反应截面则随A增大而增大，重核的巨共振截面可达到数百毫靶（1靶$=10^{-28}$米^2）。核的GDR可以通过各种退激发过程来释放能量，如核的裂变、发射中子或γ射线，或这些过程的组合。

原子核的巨共振激发用流体动力学宏观模型可解释为核内核子的集体振动激发：与自旋无关的$\Delta S=0$激发为电激发，与自旋相关的$\Delta S=1$激发称为磁激发。与质子（p）和中子（n）流的集体激发相关的激发分为同位旋标量和同位旋矢量激发：同位旋标量激发是原子核内核子的集体振动激发，同位旋矢量激发是原子核内质子相对于中子的集体振动激发。按激发的多极性有：单极、偶极、四极、八极等。核的同位旋标量电巨单极共振表现为核的呼吸模式，同位旋矢量电偶极激发为中子相对于质子的偶极振动。它们的分类见图。

核巨共振激发的微观理论描述是原子

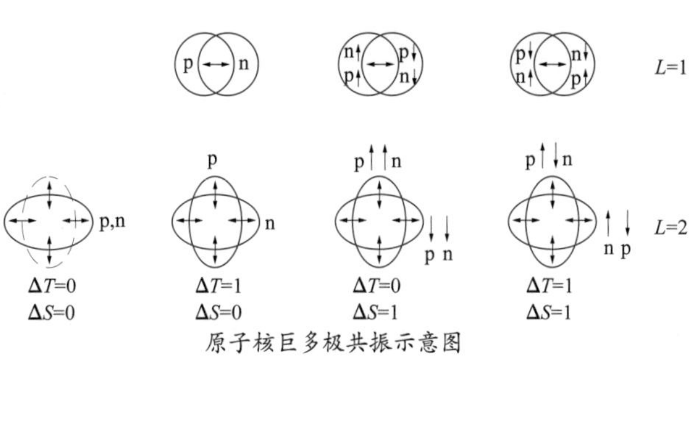

原子核巨多极共振示意图

核的粒子-空穴集体激发（1p-1h激发），在原子核平均场基态上考虑粒子-空穴剩余相互作用，求解无规位相近似方程，得到核的各种巨共振激发。采用拟合核物质性质和有限核基态性质得到的核子有效相互作用，在无规相位近似下成功地自洽描述了核的各种电巨共振激发，而与自旋相关的磁激发的定量描述还需要更多的信息。（马中玉）

巨介电材料 giant dielectric material 介电常数大于1000的材料，是绝缘材料的一类。主要包括一些陶瓷、塑料和玻璃等。它可应用于电力、电子和储能等领域，尤其对电容器的小型化、集成化和高密度储能等方面有着重要的实用意义。

实际上，电介质材料在使用过程中，温度、压强、光照、交变电场和外加磁场等因素都可能存在，对材料的物理性能会产生影响。例如，介电常数都会随上述因素变化而变化。更为准确的科学定义是用相对介电值这个变量来替代介电常数，而介电常数是相对介电值在一定条件下为常数的特例。因此，巨介电材料的科学定义是：相对介电值大于1000的单相材料或复合材料。很多单相材料，如铁电体或弛豫体，会在特定的温度时（如相变出现的温度）展现大于1000的相对介电值，此时，这些材料更倾向于被表述为具有巨介电特性，而不会表述为巨介电材料。这是由于材料的基本定义一方面是基于材料所表现的性能，更重要的是考虑材料的基本结构和物理图像，以及若干区别于其他材料的特征物理性能。

典型材料 人们真正感兴趣的巨介电材料并不多，而分子式为$CaCu_3Ti_4O_{12}$的钛酸钙铜可以被称为典型的巨介电单相材料。该材料的相对介电值在约200℃的温区内可至少保持在10^4量级，但介电损耗也高达个位数。在-173℃时，会出现约100倍的降低，可是只伴随着类德拜弛豫，没有长程序的结构相变。它的晶胞是双钙钛矿结构，空间群是具有中心对称的$Im\bar{3}$。因此，以钛酸钙铜为例的上述特征显示，巨介电材料是与铁电体或弛豫体不完全相同的一类特别绝缘材料。

另一类巨介电材料则基于纳米无机材料和聚合物等复合物，比如基于四氧化三铁纳米棒和聚偏氟乙烯的复合材料。由于可以选择纳米无机材料的种类、结构和尺度等，还可以选择多种聚合物，由此可获得的巨介电复合材料很多。通常，以组成复合物材料的维度来划分，包括0-3、2-2和3-3型。对0-3型复合物，可以控制颗粒的组分、核壳结构以及核壳组分等，进一步划分为无壳、无机核-有机壳和表面修饰的无机壳-无机核等0-3型复合物，种类繁多。至于2-2型巨介电复合材料，可以选择巨介电薄膜和聚合物复合，也可选择两种或两种以上的聚合物复合。

对大多数巨介电复合材料的巨介电机理的理解还不够深入，因为介电常数巨大，传统电介质物理的一系列假定和基础都需要重新考虑。大致上，可归结为渗流阈效应或表面、内部势垒电容器效应。巨介电材料因为极高的介电常数，显示了很好的应用前景，相关研究工作一直未曾中断。

潜在应用 巨介电材料可以作为电容器绝缘介质层，用于能量存储、数字存储、脉冲电力和电能武器、电力调节、信号抑制和耦合、电动机启动器、信号加工、传感器和振荡器等。比如，电容器以电能的形式存储新能源，如太阳能、风能和潮汐能，也可以并联补偿其他电路，通过提供无功功率和降低电路中的能量损耗来实现节能。

在应用巨介电材料时，除了巨介电常数外，必须掌握外界条件如温度、压力、频率、外加电场或磁场等对介电性能的影响规律，还要考虑材料的介电损耗大小。介电损耗大的材料在应用中将以热能的形式释放，形成很大能量损失而使器件发热和性能寿命下降甚至损坏。

（朱劲松　陈　恺　吕笑梅）

巨热力学势 grand thermodynamic potential 开放系统的重要特性函数。系统所有热力学函数均可由巨热力学势和其微熵的代数运算获得。又称巨势、朗道自由能或朗道势。通常用Ω表示，其定义为：

$$\Omega = U - TS - \mu N \text{ 或 } \Omega = F - \mu N$$

式中，U、T、S、μ、N和F分别表示系统的内能、温度、熵、化学势、粒子数和自由能。由热力学基本方程可得巨势的完全微分表达式：

$$\mathrm{d}\Omega = -S\mathrm{d}T - p\mathrm{d}V - N\mathrm{d}\mu$$

显然，巨势Ω是以V、T、μ作为独立变量的态函数。

（刘志锋　班士良　宋铁磊）

具有不对称结构胶体 Janus colloid 表面具有两种或多种显著不同物理化学性质的胶体颗粒。又称Janus胶体。Janus一词起源于罗马人的门神雅努斯，其肖像具有前后两个面孔，后被延伸至形容具有两面不同性质的胶体颗粒。特殊的不对称几何特性，使得Janus胶体颗粒包含不同的化学组分，并展现出不同的功能和表面性质，如电性、极性或亲疏水性等。Janus胶体可控的不对称结构，有利于从纳米级别上调节它们的物理化学性质和功能，因而在多个领域展现出良好的应用前景，如光学、磁学、等离子体物理学、胶体化学和生物医学等。Janus胶体可被应用为复杂聚集体结构的构筑基元，功能性表面活性剂，双功能器件，光学生物传感器等。如通过设计合成使Janus胶体颗粒的两个不同区域具有不同的亲疏水性，使其可作为表面活性剂的模拟物，既可以自组装形成具有一定尺寸的聚集体结构，也可以显著降低两个不同相之间的界面张力。Janus胶体颗粒大致分为三类：高分子-高分子胶体颗粒、无机-无机胶体颗粒、有机-无机杂化胶体颗粒。它们既可以是球形结构，也可以是哑铃形、雪人形、橡子形等多种非球形结构。Janus胶体的构筑有多种方法，包括乳液法、选择性表面修饰、模板组装及微流控方法等。

（崔基炜　郝京诚）

聚变点火 fusion ignition 在核聚变装置中，只靠氘-氚聚变反应产生α粒子对等离子体加热而维持聚变温度的状态。氘-氚反应产生能量为3.52兆电子伏的α粒子和能量为14.06兆电子伏的中子。中子很容易逸出等离子体区。如果余下的携带聚变产能五分之一的α粒子能将等离子体加热到聚变反应需要的温度，则无须再从外界加热而保持燃烧。

在磁约束聚变装置中，聚变反应产生的中子逸出等离子体区，在包层中被吸收。α粒子即带正电的氦离子，大多数被装置磁场约束在等离子体内，通过碰撞加热聚变燃料氘核和氚核发生聚变反应维持聚变所需温度。实现这一状态的条件称点火条件，具体要求为：

$$n\tau_E > 1.5 \times 10^{20} \text{米}^{-3} \cdot \text{秒}, \; T > 3 \text{亿度}$$

式中τ_E为能量约束时间；n和T分别为等离子体的密度和温度。

在惯性约束聚变装置中，为了降低对高功率驱动器输出能力的要求，首先将少部分燃料加热至5000万度以上的高温，形成热斑，使这部分燃料率先发生剧烈的聚变反应，释放出大量高能的α粒子。若燃料的面密度足够大，α粒子的能量会被热斑燃料充分吸收，使热斑燃料的温度持续上升，而不再需要外部提供能量，即达到点火。热斑充分燃烧后，产生的α粒子进一步加热靶丸的其他部分，使整个靶丸完全燃烧。

根据形成热斑的具体技术途径，聚

变点火又细分为多个方案，如中心点火、冲击点火方案、快点火方案等。

（郑 坚）

聚变–裂变混合堆 fusion-fission hybrid reactor 将聚变堆的堆芯作为中子发生器，利用氘–氚核聚变反应产生的14.1兆电子伏高能聚变中子，在次临界包层中诱发裂变或嬗变反应，生产易裂变核燃料或处理长寿命放射性核废物并获取核能的装置。简称混合堆。由于氘纺氚核聚变中子的能量很高，混合堆在增殖易裂变核燃料、嬗变处置核废料、发电等方面具有独特优势。

由于混合堆利用高能聚变中子，使包层运行在次临界状态，因而有固有安全性，可以成为一种清洁安全的核能系统。该系统的特点是：①对等离子体驱动器参数要求低；②包层中实现多种目标；③较裂变堆更具安全性；④可避免核扩散；⑤是核聚变和核裂变有益结合体。核聚变–裂变混合堆是规模化发展核能需要的潜在途径之一，是推动商用核聚变电站技术发展过程中的重要一步。

20世纪50年代国际上即有人提出利用聚变中子进行裂变材料增殖的思想，即早期聚变–裂变混合堆概念。20世纪50年代至80年代后期，国际上对混合堆开展了大规模研究，积累了大量的研究成果，后来基于“核不扩散”考虑而处于基本停滞状态。90年代末，国际上重新对混合堆给予关注。中国的混合堆研究工作始于20世纪80年代，始终受到重视。开展混合堆研究的国家，主要有中国、美国、日本、俄罗斯、法国和土耳其等国，重点开展利用混合堆嬗变核废料和生产能量等方面的研究。

混合堆的功能分类：混合堆主要分为发电、生产裂变燃料和嬗变处置核废物三大类。①核聚变–裂变混合发电堆。研究表明，可以用贫化铀、天然铀、压水堆卸载的核废料及低浓缩铀等不同的燃料或者核废料进行发电。根据不同的设计，在满足氚自持的前提条件下，包层的功率增益因子能够达到10～100。②核聚变–裂变混合增殖堆。与同功率快中子增殖堆（简称快堆）相比，核聚变中子的能谱比快中子能谱硬，在堆功率相同的条件下，混合堆增殖的裂变燃料更多，裂变中子的利用率更高。综上所述，混合堆增殖裂变燃料的产量比快堆高得多。③核聚变–裂变混合嬗变堆。利用高能聚变中子嬗变处置长寿命核废物。研究结果表明，混合堆中子壁负荷在1.0兆瓦/米^{2}量级时，即能有效嬗变核废物，同时输出电能。

（潘传红）

聚合反应 polymerization 单体通过官能团之间的反应而键接成聚合物的过程。聚合反应可以通过很多角度进行分类，早期科学家通过聚合前后的分子结构的不同，将聚合反应分类为加成聚合和缩合聚合，随着聚合手段的愈渐丰富，很多存在的聚合反应已经不能单纯地从聚合前后的分子结构归类。科学家们又从化学反应机理的角度将聚合分为两大类：一是连锁聚合反应，二是逐步聚合反应。其中连锁聚合中可以分为自由基聚合、阳离子聚合、阴离子聚合和配位聚合；逐步聚合反应则包括逐步缩合聚合和逐步加成聚合。在20世纪末21世纪初，“活性可控”聚合反应得到极大的发展，相对传统的聚合反应，它在合成具有分子量分布窄和分子链结构可控的聚合物方面有着巨大的优势。

聚合反应是现代工业不可或缺的一环，是合成橡胶、塑料、纤维、涂料等领域得以迅猛发展的基础，在日常生活、科技发展、军事领域都有着广泛的应用。

（赵汉英）

聚合物玻璃 polymer glass 非晶态聚合物随着温度的降低，或者结晶性聚合物在降温速率足够快的情况下，两种聚合物在温度降至玻璃化转变温度T_g之下时，其链段重排受到阻碍，体系黏度急剧上升，聚合物进入玻璃态，形成聚合物玻璃。聚合物玻璃具有固体的力学性能，但是在分子层面上，体系结构具有与液体近似的无序性。聚合物的玻璃化转变被认为具有热力学转变和动力学转变的双重性质。如果聚合物的分子量高于一定数值，其玻璃化转变温度T_g与聚合物的长度（分子量）无关，其绝对值主要与控制聚合物链段刚性和微观运动能力的局部化学结构相关。通过快速降温得到的聚合物玻璃处于非平衡态，其比容（单位质量的物质所占有的容积）通常高于在相同温度下理想平衡态的比容值，因此在固定温度下，聚合物玻璃的比容会以对数时间标度减小直到达到平衡态应有的数值，这种现象称之为物理老化。

在T_g到T_g+50开的所谓过冷区，聚合物玻璃的主松弛时间τ_α对温度具有非阿伦尼乌斯的依赖性，符合经验的VFT关系式$\tau_\alpha=\tau_0\exp\left(\frac{A}{T-T_0}\right)$，其中的$\tau_0$、$A$和$T_0$是与材料相关的拟合参数。$T_0$也被称之为沃格尔温度，通常在$T_g$以下的30到50开。松弛时间对温度的非阿伦尼乌斯关系表明松弛过程的活化能势垒随着温度降低而逐渐增加，即在低温下需要在更大的尺度上或者更多的结构单元发生协同运动，聚合物玻璃才能产生松弛行为。能够促使运动产生的结构单元加和也被称之为“协同重排区”。相对于小分子玻璃材料，聚合物链的连接性使得聚合物玻璃具有较高的延展性和冲击韧性。

（张宝庆）

聚合物固体 polymer solid 以固体形式存在的高分子。可以由一种高分子组成，也可以是多种高分子共混得到。聚合物固体可以是晶态、半结晶态或无定形的玻璃态，还可以是网络结构的弹性体和凝胶。当聚合物熔体被冷却时，它或者变成一个半结晶态固体，或者变成一个玻璃态固体。构型、链节尺寸及链柔顺性等都是影响高分子结晶难易程度的因素。具有规整构型的高分子（如等规或间规立构均聚物）常常更容易结晶，在合适的条件下可形成单晶，在多数情况下则形成半结晶态固体。在半结晶高分子中含有高分子链彼此平行排列形成的片晶结构区域，以及晶区之间的无定形区域。这种多相共存的结构看起来往往是不透明的，但在其无定形区域的玻璃化转变温度以上呈现出可形变性和高韧性。具有无规构型的高分子（如无规立构均聚物或无规共聚物）在从熔体中冷却时常会形成透明且脆的玻璃态固体。晶体和非晶体相比，晶体的模量高，但较脆；而非晶体的模量低，但相对韧性较高。玻璃态的形成被认为是与高分子链链段协同运动能力的冻结有关。交联的高分子网络是一类独特的聚合物固体，其形状很大程度上取决于交联时的形状。在这样一个网络中，即使在玻璃化转变温度以上，高分子链也只能发生局部的分子运动，而不能发生整体的运动。如果其玻璃化转变温度低于室温，可以被看成一种软的固体。橡胶和其他弹性体（如硫化橡胶和硅树脂）是此类高分子固体的典型例子。另一方面，聚合物凝胶是高分子网络在溶剂中溶胀形成的富含溶剂的固体。随着溶剂量的增加，凝胶会变得越来越软，但会始终保持着固体的形态。果冻和尿不湿中使用的超强吸水剂就是常见的聚合物凝胶。

（张文彬）

聚合物溶液 polymer solution 聚合物以分子状态自动分散在溶剂中，形成的均相混合物。其本质为处于热力学平衡状态的真溶液，属于均相分散的稳定体系，可用热力学函数来描述聚合物溶液体系的分子分散状态。聚合物溶液的热力学性质、流体力学性质、光学性质，以及电学性质会随着聚合物浓度的改变而发生改变。与小分子相比，聚合物结构复杂，分子量大，且多数具有多分散性，分子结构也多种多样（线形分子、多支化分子、交联分子等），因此聚合物溶液的性质也比小分子溶液体系复杂。聚合物分子尺寸远大于溶剂分子，其运动速度远小于溶剂分子。根据聚合物分子与小分子溶剂之间的相互作用，可以把用于溶解聚合物的溶剂分为θ溶剂、良溶剂和不良溶剂。长链分子和小分子间的相互作用决定了聚合物分子在溶液中的形态，以及聚合物溶液的性质。在θ溶剂中，聚合物分子和溶剂分子间的相互作用参数$\chi=0.5$，排斥体积为零，此时聚合物链的构象接近于理想链构象。在良溶剂中，聚合物链内的排斥体积作用大于热能kT，聚合物线团呈膨胀状态。当浓度低时聚合物线团彼此分离，不相互贯穿，此时聚合物链类似于独立的真实链，随着浓度的增加，聚合物链之间出现重叠。在不良溶剂中，聚合物线团呈塌陷状态，聚合物溶液体系甚至会出现相分离现象，即聚合物溶液分成两相，一相是浓相，另一相为稀相。

（张晓华）

聚合物熔体 polymer melt 固态聚合物加热到一定温度后（非晶态聚合物加热到黏流温度以上，晶态聚合物加热到聚合物晶体的熔融温度以上），固态聚合物转变为的一种具有黏性和弹性的液体。与小分子体系相比，聚合物熔体有其独特的流动特性，在其流动过程中会产生不可逆的塑性形变，同时还伴有可逆的高弹形变，且具有松弛特性。按流动类型分有如下4种：①牛顿流体。体系的黏度和剪切速率成正比，一般只有聚合度极低的聚合物体系才具有这种流动特性。②假塑性流体。一施加外力体系就能流动，无屈服应力，黏度随剪切速率增加而减小。③宾厄姆流体。是E.C.宾厄姆提出的一种黏弹性非牛顿流体。在低应力下，它不流动，表现为刚性体；在高应力下，即应力大于临界值时会像黏性流体一样流动，表现出线性流动行为。④膨胀型流体。在外力作用下，体系的黏度因剪切速率的增大而上升，但在静置时，流体流动性较好。通过调节聚合物的分子量、加热温度及外力作用时间和频率，可以控制聚合物熔体的弹性和黏性，增加聚合物分子量、降低温度（但要高于熔点或黏流温度）、减少外力作用时间或者增加外力作用频率，可以显著增加聚合物熔体的弹性，反之则可以增加聚合物熔体的黏性。

（张晓华）

聚合物网络 polymer network 由聚合物链通过直接或间接方式互相连接形成的具有三维网络结构的材料。聚合物链之间的连接有多种：可以是通过共价键连接的永久性化学交联网络，也可以是通过离子配位作用、离子相互作用、π-π相互作用、氢键作用或其他物理作用形成的可逆性交联网络。多数共价键连接的聚合物网络由高度交联的非极性/疏水性单元组成（如硫化橡胶），它们在有机溶剂中轻度溶胀。另外，由亲水性单体交联形成水凝胶在水中高度溶胀，在非极性有机溶剂中塌缩。由聚电解质形成的水凝胶具有超吸水性，可以吸收超过干重100倍以上的水，因而可以用作农用保水剂和纸尿片中的吸收剂。

由两种或两种以上的聚合物共混，分子链相互贯穿，并至少一种聚合物分子链以共价键的方式交联而形成的特殊网络结构称之为互穿聚合物网络结构（IPN）。IPN中各种聚合物本身均为连续相，相区一般在10～100纳米。这种相结构使得体系中各相的玻璃化转变区发生偏移并变宽。不同于简单的共混、嵌段或接枝聚合物，IPN材料可兼具良好的静态和动态力学性能，以及较宽的使用温度范围。

通过非共价键作用形成的聚合物交联网络一般称之为超分子聚合物网络。根据材料的状态，超分子聚合物又可分为含有水或者有机溶剂的超分子水/有机凝胶和超分子固体材料。超分子聚合物中的交联作用具有可逆性，因此材料多具有自修复性。相对于共价键交联体系，超分子聚合物材料可能的应用更加广泛，如作为剪切稀释性可注射凝胶用在生物医学领域，或者用作易加工的热塑性弹性体等。非共价键作用强度容易受到pH变化、光照、磁场、电场等外界刺激的影响，因而超分子聚合物材料还多是具有刺激响应性和自适应性的智能材料。

（张宝庆）

聚合物液晶 polymer liquid crystal 一种自发有序且可以流动的**聚合物熔体**或**聚合物溶液**。聚合物液晶是一种具备了液晶性质的聚合物，其主链或侧链含棍状等刚性部分。聚合物液晶的分子结构比较特殊，根据其结构的不同可以分为主链型聚合物液晶和侧链型聚合物液晶，其中主链型聚合物液晶指的是介晶基元处于主链中的聚合物液晶。主链中含有许多连在一起的刚性单元。聚合物液晶的长程有序结构是与主链的取向直接相关的；侧链型聚合物液晶是指介晶基元处于聚合物侧链上的聚合物液晶，介晶基元多通过柔性链与主链相连接。聚合物液晶的性质主要取决于侧链的介晶基元，其液晶态对主链的排列并没有要求，完全由侧链的介晶基元决定，受主链的影响较小。

聚合物液晶概念的雏形最早由德国D.伏兰德提出。早在聚合物科学产生之前的1923年，他就提出：当液晶分子持续加长时会出现什么情况的问题，并试图用羟基苯甲酸来合成齐聚物。此后相当长的一段时期聚合物液晶并没有产生多少关注，仅有的一些研究也仅仅停留在实验室中。1966年美国杜邦公司首次使用各向异性的向列相聚合物溶液制成了高强度、高模量的商品纤维Fibre B，其化学结构是聚对氨基苯甲酸，把对聚合物液晶的研究推向了高潮。Fibre B很快又被新产品凯夫拉（Kevlar）所替代。这种材料的化学结构为聚对苯二甲酰对苯二胺，它是一种标准的聚合物液晶。由于利用了聚合物液晶自发有序的分子排列特性，这种材料纤维有着高度的分子轴向排列，因而纤维的强度相当于同等重量钢材强度的五倍。在早期的研究中存在着聚合物液晶和液晶聚合物之分。前者侧重于材料在液晶方面的性质，如具有显示、贮存等功能的聚合物液晶材料，聚合物的性质只是提供良好的加工性能等；后者侧重于材料的聚合物性能，而其液晶性质给聚合物材料提供性能改善的条件。随着聚合物液晶的研究和发展，这种分类的界限变得越来越模糊，“聚合物液晶”一词一般包含上述两种分类。

要形成聚合物液晶，首先必须要有能够形成液晶态的分子结构单元或介晶基元，即结构单元需要是刚性长棒状或板条状的，并且分子间具有与形状有关的各向异性作用力，具备这种几何形状的分子结构的分子才能实现有序排列，即液晶态。另外分子的棒状或板状结构需要有合适的长径比，一般情况下长径比越大，出现稳定液晶态所需要的浓度越低，因此适当的长径比对于形成热致液晶和溶致液晶聚合物都是十分重要的。

聚合物液晶最重要的应用是在制造超高强度聚合物方面，并且已经取得了巨大成功。军事方面，如复合装甲、防弹衣；贴近大众生活的日常用品，如鱼线、电子器件材料等。此外利用聚合物液晶制作的薄膜可用于信息储存和光学器件中，聚合物液晶渗透薄膜在海水淡化、离子交换等方面也有着重要的用途。

（王琼华）

聚合物液体 polymer liquid 以液态形式存在的聚合物。聚合物液体有两种类型：

聚合物熔体和聚合物溶液。聚合物溶解在溶剂中形成的溶液为聚合物溶液，聚合物的溶解过程与小分子物质有明显的不同，要经过一个溶胀过程，实质上是溶剂分子进入聚合物分子链空隙中的过程。溶剂分子的进入破坏了聚合物分子间作用力，同时建立了聚合物链与溶剂分子间相互作用关系，这一过程也称为溶剂化过程。溶解导致聚合物链舒展开来，体积成倍增长。聚合物分子之间、溶剂分子之间，以及聚合物与溶剂分子之间的作用力是聚合物溶液形成的关键内在因素。研究高分子溶液性质可获得聚合物分子的分子量与分子量的分布，还可以用来研究聚合物链在溶液中的形态、尺寸大小及聚合物分子与溶剂分子间的相互作用。

聚合物熔体兼具黏性与弹性，且这种黏弹特性依赖外力作用的时间和频率，这些特性使其宏观力学性能强烈依赖于温度、外力作用时间和频率。在外力作用下，聚合物熔体的性质介于弹性体和黏性体之间，所产生形变时的应力同时依赖于应变和应变速率。聚合物熔体有三种典型的弹性现象：①爬杆效应。又称韦森堡效应。搅拌聚合物熔体时，由于聚合物熔体法向应力差的存在，聚合物熔体会沿容器内壁或搅拌轴上升，出现包轴或爬杆现象。②挤出胀大现象。又称巴拉斯效应。当聚合物熔体从小孔、细管或狭缝中挤出时，挤出物发生膨胀，使其直径明显大于挤出口的尺寸。③熔体破裂现象。又称不稳定流动现象。挤出聚合物熔体时，当剪切速率超过某临界阈值时，随剪切速率的增大，挤出物的外观会出现表面粗糙、尺寸不均、周期性起伏甚至破裂的现象。

（张晓华）

绝热过程 adiabatic process 热力学系统与介质无热的相互作用的过程。绝热性能优良的材料包围的物体中发生的过程，或热传导性能差系统中因过程进行很快，来不及与外界发生显著的热交换的过程，都可相当好地近似处理为绝热过程。如声波在空气中的传播过程，气缸中气体的被压缩和膨胀过程等。

描述准静态绝热过程的系统状态参量之间的关系称为绝热过程方程。理想气体的绝热过程方程为：

$$pV^{\gamma} = p_0 V_0^{\gamma}$$

式中p、V为气体的压强和体积；而p_0、V_0为任意已知状态的压强和体积；$\gamma = C_p / C_V$称为绝热指数，为气体定压热容与定容热容之比。由于绝热过程中$Q = 0$，故由热力学第一定律可知，绝热过程中：

$$-(U_2 - U_1) = A = \int_{V_1}^{V_2} p\mathrm{d}V$$

$$= \frac{1}{\gamma - 1}(p_1 V_1 - p_2 V_2) = C_V(T_1 - T_2)$$

式中用到理想气体的热容公式：

$$C_p - C_V = nR$$

n是气体摩尔数。

若在可逆的微元过程中系统从温度为T的热源吸热δQ，则系统熵的微分为：

$$\mathrm{d}S = \delta Q / T$$

故可逆的绝热过程还是等熵过程。

（包科达）

绝热去磁 adiabatic demagnetization 利用顺磁性物质使温度降低到毫开及更低温度的一种技术。又称绝热退磁。在低温和很强磁场B的作用下，顺磁物质原子或原子核的磁矩μ将沿磁场的方向整齐地排列起来；若再对处于这种状态的顺磁质使用绝热去磁技术，就可使它们降到接近绝对零度的极低温度。

通常是先用液态氦将一些具有顺磁性的盐类物质如硝酸铈镁、铬钾矾等含有磁性离子的盐类，在强磁场下使其降到1开或更低。此时原子磁矩的因子（$\mu B/k_B T$，k_B为玻尔兹曼常数，T为温度）将比1大，原子磁矩将大部分沿磁场方向整齐排列，物质的磁化接近饱和。随后再使这些物质与外界绝热，并退去外加磁场，顺磁盐类物质的温度即会有显著的下降。应用这种原子磁矩的绝热去磁法，可得到10^{-3}开数量级的低温。具体的数值受顺磁盐自发磁有序温度的限制。对硝酸铈镁，能得到的最低温度约为1.5毫开。

为了能够获得更低的，如10^{-6}开数量级的温度，必须要利用自发磁有序温度更低的核磁矩系统。由于原子核的磁矩太小，即使在1开的温度时，磁矩因子$\mu B/k_B T$的数值仍然只有10^{-3}开的数量级。一般是先用稀释致冷机，将温度降到10^{-3}开，但若先用原子磁矩的绝热去磁把顺磁盐类物质的温度降到10^{-3}开，此时$\mu B/k_B T$的数值已经接近1，大多数核磁矩将沿着外磁场的方向排列，可应用核磁矩的绝热去磁法使样品的温度进一步降低。$PrNi_5$合金和金属铜是常用的核绝热去磁材料，利用$PrNi_5$作第一级，铜作第二级，铜的温度可降到10^{-6}开。

退去磁场时，保持顺磁物质与外界绝热至关重要。因为绝热过程体系熵不能发生变化，即与磁矩排列有序程度相关的因子$\mu B/k_B T$为常数，B减小时，温度T才会相应地下降。此外，在极低温下，固体材料的热容极小，很少的漏热即会使温度上升很多，在顺磁盐绝热去磁中，漏热要减小到约0.1微瓦。对于核绝热去磁，最大的漏热约为1纳瓦。

（包科达）

绝热压缩系数 adiabatic compression coefficient 在可逆绝热过程中（熵保持不变情况下），增加单位压强引起的系统体积减小的比率。通常用χ_S表示：

$$\chi_S = \lim_{\Delta p \to 0}\left[-\frac{1}{V}\left(\frac{\Delta V}{\Delta p}\right)_S\right] = -\frac{1}{V}\left(\frac{\partial V}{\partial p}\right)_S$$

（崔　鑫　班士良　宋铁磊）

绝缘体 insulator 电阻率极高的即在10^8欧·米以上的物质。比起金属导体来说，电阻率大10^{14}倍以上。绝缘体种类很多，有固体（如塑料、琥珀、橡胶、玻璃、陶瓷、松香、硫黄、绝缘漆、绝缘纸等）、液体（如各种天然矿物油、硅油、三氯聚苯等）及未被电离的气体（如空气、氮、二氧化碳、六氟化硫等）。真空也是理想的绝缘体。固态绝缘体广泛应用于导线和电工设备中隔绝电的传导，作为电容器极板间的填充材料，并增加其电容值。液态绝缘体主要应用于大功率断路器、变压器及某些专用电缆等设备中，不仅用其电绝缘作用，还利用液体对流起散热降温作用。

绝缘体又称为电介质。通常绝缘体中只有微量的自由电荷，电导率很小。绝缘体中存在束缚于分子内部的电荷，在电场的作用下作很小的位移，产生极化电荷，这就是电介质的极化。极化电荷产生的电场改变原来的电场，对其他电现象产生影响。如电介质中电荷的相互作用较真空中的小，而电介质在电场作用下其单位体积内储存的能量则较大。强电场作用下，绝缘体内限于分子线度的正负电荷将会挣脱分子的束缚而成为自由电荷，绝缘性遭到破坏，成为导体，绝缘体被击穿。绝缘体或电介质的主要电学性质反映在电导、极化、损耗和击穿等过程中。 （陈熙谋）

绝缘体上硅薄膜 silicon on insulator; SOI 以硅薄膜层为主要工作材料的半导体器件。绝缘体上硅薄膜（SOI）一般指在衬底硅和表面硅层中间有二氧化硅埋层所组成的表面硅/二氧化硅/衬底硅三层结构材料。其中的衬底硅只起到支撑作用，表面硅层是真正制作器件和电路的材料，称为器件层，中间的二氧化硅称为埋氧层。用SOI材料制备互补金属氧化物半导体集成电路具有器件隔离好、工艺简单、有效消除栓锁效应、寄生效应小、抗辐照性能好等特点。同时SOI材料还是硅基片上光

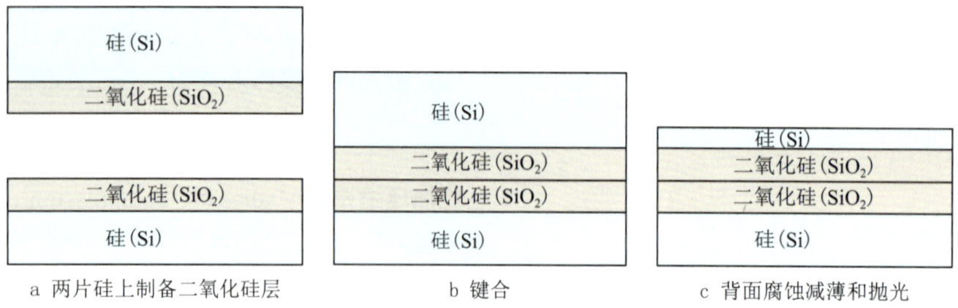

图1 键合背面腐蚀法制备SOI工艺流程示意图

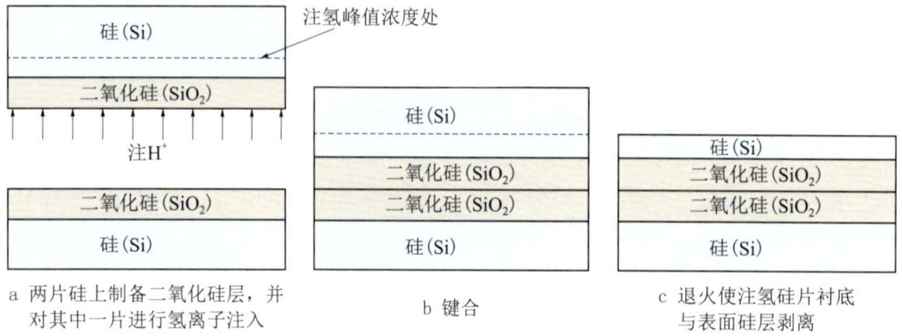

图2 智能剥离法制备SOI工艺流程示意图

互连和片上光网络以及硅基光电子集成回路的基础材料。

SOI材料的制备方法主要有三种：①键合背面腐蚀法。该方法先在两片硅片表面制备二氧化硅层，然后将它们进行键合，最后对其中一片硅片从背面进行腐蚀减薄和抛光，得到所希望厚度的SOI材料（制备过程见图1）。这种方法制备的SOI材料厚度均匀性相对比较差，一般厚度非均匀性在±0.5微米左右，硅层厚度一般大于2微米。②智能剥离法。该方法与前一方法比较相似，先在两片硅片表面制备二氧化硅层，对其中一片硅片进行大注量的氢离子注入，然后进行键合。键合后对样品进行高温退火处理，在注氢浓度峰值深度处，氢会形成气泡，将硅衬底与表面硅层剥离开来，留下薄层硅/二氧化硅/硅三层结构材料，再对剥离后的表面进行抛光，就得到了SOI材料（制备过程见图2）。用智能剥离法制备的SOI材料的厚度由氢离子注入深度决定，厚度较薄且均匀。③注氧隔离法。该方法对硅片进行大注量的氧离子注入，并进行高温退火，在氧离子浓度最高的深度区域形成二氧化硅层，而在表面形成硅单晶层。实现商业化应用的主要是智能剥离法和键合背面腐蚀法制作的SOI材料。 （成步文）

均方末端距 mean square end-to-end distance 表征线形高分子尺寸大小的量，为线形高分子链一端至另一端的直线距离的平方的平均值。在讨论线形高分子链的尺寸时，考虑到高分子链在不断地做热运动，其尺寸呈现一定的分布，需要用一个平均值来指代无规线团尺寸的大小。因为高分子链的取向没有任何倾向性，在任何方向上都有可能，因此其末端矢量的平均值即为零。最简单的非零平均值是末端矢量二次方的平均值，即均方末端距$\langle R^2\rangle$，其数学表达为：

$$\langle R^2\rangle=\langle R_n^2\rangle=\sum_{i=1}^{n}\sum_{j=1}^{n}\langle \boldsymbol{r}_i\cdot\boldsymbol{r}_j\rangle \qquad (1)$$

对于简单的理想链，假设所有的键矢量具有相同的长度$l=|\boldsymbol{r}_i|$，推算其数量积可以表示为：

$$\boldsymbol{r}_i\cdot\boldsymbol{r}_j=l^2\cos\theta_{ij} \qquad (2)$$

式中θ_{ij}代表两个键矢量$\boldsymbol{r}_i$和$\boldsymbol{r}_j$之间的夹角。于是，均方末端距就可以进一步表示为：

$$\langle R^2\rangle=\sum_{i=1}^{n}\sum_{j=1}^{n}\langle \boldsymbol{r}_i\cdot\boldsymbol{r}_j\rangle=l^2\sum_{i=1}^{n}\sum_{j=1}^{n}\langle\cos\theta_{ij}\rangle \qquad (3)$$

对于自由连接链而言，如果键长相等且不同键矢量之间没有关联（键在各方向取向概率相等），则当$i\neq j$时，$\langle\cos\theta_{ij}\rangle$即为0，当$i=j$时，$\langle\cos\theta_{ij}\rangle$即为1，上式可简化为$\langle R^2\rangle=nl^2$。这个简单的关系表明自由连接链的尺寸比其轮廓长度要小很多，也即自由连接链并不是完全伸直的，而是处于一种无规卷曲的状态。 （张文彬）

均聚反应 homopolymerization 高分子化学领域常见的一种合成高聚物的方式。这种聚合的特点在于：聚合体系只有一种反应单体的存在，并且聚合得到的高分子只含有一种单体单元（即均聚物），如图。

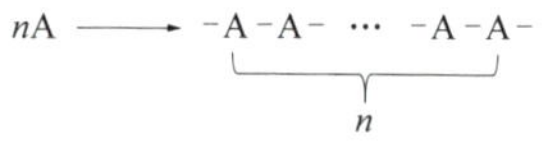

均聚反应示意图

其中，A表示单体，n表示聚合度。均聚物的性质取决于单体的种类、聚合物分子量（或链长）等。均聚反应可以通过自由基聚合反应、离子聚合反应、配位聚合反应及缩合聚合反应等聚合手段实现。 （赵汉英）

均聚物 homopolymer 由同一种结构单元构成的聚合物，聚合物最基本的表现形式。一种单体的均聚物是研究其聚合物的熔融温度、玻璃化转变温度、分子量及分子量分布、力学性能、耐热性能、降解性能、老化性能等各种物理化学性质的载体。如聚乙烯、聚苯乙烯、聚丙烯、聚氯乙烯都是均聚物的常见形式。 （张望清）

K

卡诺，S. Sadi Carnot（1796-06-01～1832-08-24） 法国物理学家。生于巴黎，卒于巴黎。1812年进入巴黎国立工艺美术学院，师从S.-D.泊松、J.-L.盖-吕萨克、A.-M.安培和D.-F.-J.阿拉戈等人。1814年进工兵学校。1816年任少尉军官。1819年和1827年，两次任职于总参谋部。1828年卡诺辞去军队职务，回到巴黎继续研究蒸汽机的理论。1830年被推选为贵族院议员，但他是一个共和主义者，拒绝了这个职务。1832年因染霍乱逝世，年仅36岁。由于害怕传染，他的随身物件，包括他的著作、手稿，均被焚毁。

卡诺在1824年发表的《关于火的动力和发动这种动力的机器》论文中，提出了一个由四个阶段组成的理想热机模型（后称卡诺可逆热机）。卡诺设想热机由气缸、活塞以及两个维持在不同温度间的热源组成，以理想气体为工质。在这个热机的循环过程中，热机对外做了功。这种循环后来被称为卡诺循环，它指出了热机工作过程中最本质的东西：热机必须工作于两个热源之间，一个高温热源供给热量，一个低温热源吸收热量，只有这样才能将高温热源的热量不断地转化为有用的机械功。卡诺还提出了热机最高效率的概念。他认为在对热机进行的无限改进中，必然存在着一个热动力的极限：在工作于两个给定温度之间的所有热机中，以上述理想可逆热机所产生的动力为最大。这个结论现在被称为**卡诺定理**。卡诺循环和卡诺定理为热力学第二定律的建立打下了基础。

（戴念祖）

卡诺定理 Carnot theorem S.卡诺于1824年在卡诺循环的基础上提出的定理。具体表述为：①在相同的高温热源和相同的低温热源间工作的一切可逆热机其效率都相等，与工作物质无关。②在相同高温热源与相同低温热源间工作的一切热机中，不可逆热机的效率都不可能大于可逆热机的效率。这里的热源都是温度均匀的恒温热源。若一可逆热机仅由从某一温度的热源吸热，也仅向另一温度的热源放热，则对外做功，这部可逆热机必然是由两个可逆的等温过程和两个可逆的绝热过程组成的卡诺热机。

卡诺定理不仅指出了提高热机效率的途径，同时也为**热力学第二定律**的建立奠定了基础。

（黄凤珍）

卡皮察，P.L. Pyotr Leonidovich Kapitsa（1894-07-08～1984-04-08） 苏联物理学家。生于喀琅施塔得，卒于莫斯科。1918年毕业于彼得堡工学院。1921年赴英国，在剑桥大学卡文迪什实验室跟从E.卢瑟福工作。1929年被选为英国皇家学会会员。1930～1934年担任皇家学会蒙德实验室主任。1934年他回苏联参加一次学术会议后未能再返剑桥，随后在莫斯科筹建物理问题研究所，并担任所长直到逝世。1939年当选为苏联科学院院士。

卡皮察发明了脉冲强磁场技术和活塞膨胀机型氦液化器，他以独特的方式排除了技术上的困难，形成自己的风格。这两项发明为在极端条件下（强磁场和极低温）研究物性开辟了道路。他早在1924年已在2立方厘米的空间范围内获得了32特的强磁场。1928年卡皮察又发现，大多数金属的电阻随磁场强度线性上升，这一现象被称为卡皮察线性定律，但直到1957年才得到较好的解释。

卡皮察在科学上最大的贡献是通过一系列对液态氦的实验，于1937年发现液态氦的超流动性：温度低于2.17开时流过狭缝的液态氦的流速与压差无关，液态氦是超流动的，液体内部以及液体与器壁之间都没有摩擦力。1941年卡皮察发现当热流经过固体与超流氦的界面时，温度在界面上有一个不连续的跃变。这一现象被称为卡皮察热阻。

20世纪40年代后期，卡皮察转向新的研究领域。他曾发明两种高功率的微波发生器，还曾发现电子温度高于10^6开时一种新类型的高压等离子体连续放电的现象。1978年他因在低温物理方面的贡献而获得诺贝尔物理学奖。

（戴念祖）

卡斯特勒，A. Alfred Kastler（1902-05-03～1984-01-07） 法国实验物理学家。生于阿尔萨斯省盖布维莱尔，卒于巴黎。1926年毕业于巴黎高等师范学校。1936年获波尔多大学理学博士学位。曾先后在波尔多大学、克莱蒙费朗大学和比利时卢万大学任教。1941年回到巴黎高等师范学校任教，1952年升为教授。1954年当选比利时皇家科学院院士，1964年为巴黎科学院院士，1967年起先后为波兰、柏林、印度和匈牙利科学院院士。

卡斯特勒的主要贡献是在1950年发现和发展了研究原子中赫兹共振的光学方法，即光磁共振。光磁共振实际上是使原子、分子的光学频率的共振与射频或微波频率的磁共振同时发生的一种双共振现象。这种方法可对原子结构有新的认识，并成为研制微波激射器和激光器测量弱磁场的一种新方法。为此卡斯特勒获1966年诺贝尔物理学奖。卡斯特勒还研究了许多原子和量子跃迁、相干效应等。

（郭奕玲）

卡文迪什，H. Henry Cavendish（1731-10-10～1810-02-24） 英国物理学家和化学家。生于法国尼斯，卒于英国伦敦。1749年进剑桥的圣彼得学院求学，未及毕业，于1753年去欧洲大陆。不久回伦敦，在他父亲（一位实验科学家）的实验室中从事科学研究工作。1760年被选为英国皇家学会会员。他还是法国科学院的外国院士。卡文迪什的一生是在实验室和图书馆里度过的，为了致力于科学，他几乎过着隐居生活，很少与人往来，且终身未婚。

1798年卡文迪什设计了一台灵敏的扭秤，以此进行了著名的扭秤实验，推算出

地球的质量和密度，并推算出引力常数G，使万有引力定律不再是一种概念性的陈述，而是一条定量的适用于地面上一切物体的精确定律。这个实验开精微测定技术的先河。在电学方面，卡文迪什独自发现：一对电荷之间的作用力与它们之间距离的平方成反比。他在M.法拉第之前，用实验演示了电容器的电容取决于介于它们两板之间的物质。他最早建立了电势的概念，发现导体两端的电势与通过它的电流成正比。他还研究了热现象，通过对硫黄、炭、玻璃等的测试，发现了比热和潜热的真实物理意义。在化学领域，卡文迪什发现水的成分、氢气和空气中的氮与氧的比例。为国家造币厂研究了黄金合金的物理性质，确定最耐磨的黄金合金，以减少金币的磨损消耗。

卡文迪什逝世后留下的大量财产，由他的侄子G.卡文迪什在1871年捐赠给剑桥大学建立物理实验室。这个实验室在1874年建成，为纪念卡文迪什而定名为**卡文迪什实验室**。（戴念祖）

卡文迪什实验室 The Cavendish Laboratory 英国剑桥大学的系级实验室卡文迪什物理实验室的简称。20世纪70年代正式定其名为物理系。创建于1871年。为纪念在科学上曾经做出重大贡献的**H.卡文迪什**，他的家族中时任剑桥大学校长、第七代德文郡公爵卡文迪什捐资兴建该实验室。1874年建成后，又经过多次扩建。1933年在原址院内建立了蒙德实验室。1974年搬迁到剑桥西郊新址。1990年后在新址建立微电子楼和交叉学科研究中心，再加上西郊的穆拉德射电天文台，形成了规模很大的综合的实验物理研究机构。

卡文迪什实验室是世界上最著名的科研和教学机构之一，也是最早建立实验教学体制和培养实验物理研究生的科学机构，在现代科学革命和科学发展中发挥了长期的核心作用。前几任卡文迪什教授或物理系主任及其任期分别是：**J.C.麦克斯韦**，1871～1879；**瑞利**，1879～1884；**J.J.汤姆孙**，1884～1919；**E.卢瑟福**，1919～1937；W.L.布拉格，1938～1953；**N.F.莫特**，1954～1971；A.B.皮帕德，1971～1983；S.爱德华，1983～1995；R.H.弗伦德，1995～。爱德华从1989年起任剑桥大学副校长之后，不再兼任物理系主任，而由A.霍伊继任系主任，1998年又由M.S.郎盖尔开始担任。

图1 卡文迪什实验室原址

在该室闻名于世的大量成就中，有麦克斯韦的电磁理论（1873），汤姆孙发现电子（1904），卢瑟福等发现α、β、γ射线（1898）和人工打破原子核及人工元素嬗变（1917～1930），J.查德威克发现中子（1932），M.L.奥利芬特和卢瑟福等验证质能等当定律（1933），J.D.考克饶夫和E.T.S.瓦尔顿发明高压倍加器（1928～1930），F.H.C.克里克和J.D.沃森发现DNA双螺旋结构（1953），M.赖尔发现射电天体（1950～1965），A.休伊什和J.贝尔发现脉冲星（1967），莫特发现非晶半导体等。原子的电子结构模型、原子核的质子和中子结构模型、X射线晶体结构和布拉格定律、DNA双螺旋结构模型、约瑟夫森超导体隧道效应理论、非晶半导体理论、超导电流密度方程、胶体流动方程等，也是这个实验室取得的重大成果。

分子生物学的巨大发展，是从该室在1953年发现的DNA双螺旋结构和马的血红蛋白质与肌红蛋白质的大分子结构引发的。1962年分子生物学组从该室分离出去，并建立了剑桥MRC分子生物实验室。

卡文迪什实验室曾经以“培养人才的苗圃”和“世界物理学家的圣地”闻名于世。仅由于主要在该室的工作而获得诺贝尔奖的科学家就达25人之多。“自己去做”是该室的重要传统。实验者本人最了解需要什么样的仪器。自己构思、设计和制作仪器、自做实验，对于取得大量的原创性成果和培养出诸多杰出的物理人才起了很大作用。例如，发现电子、中子、放射性辐射和元素嬗变等用的装置和仪器，手动和自动的云室、质谱仪、高压倍加器、各种加速器、气泡室、X射线分光镜和衍射仪、多种光和射电干涉仪、X射线显微镜、射电望远镜、光学天文望远镜等都是该实验室自己设计和制造的。培植新想法、独立选题和开拓新领域是该室长期具有的特色和传统，几乎所有重要的和带有方向性的课题都是在此基础上择优培植起来的。该室的A.H.威耳孙在1931年提出的能带理论，莫特在二十世纪三四十年代借以对固体物理理论做出重要建树，1965～1968年莫特在理论和实验上又开拓了非晶半导体新领域。弗伦德等从分子－电子器件设计着眼，研究导电有机聚合物的光电子性质，在20世纪90年代初开发出PPV（聚－对亚乙烯基苯）半导体发光材料，并用它制成发光二极管和开发出可折叠的彩色薄平面电视等。该室在半导体物理和应用的研究上，取得了70多年可持续的原创性发展。

迁入新址后，该室适应固体物理和凝聚态物理大发展的需要，半导体、超导体、多体、胶体、超流体等的研究力度大大加强。20世纪80年代初以后凝聚态的理论与实验研究规模日益壮大，达到该室的实力和人员的四分之三左右。在射电天文学方面，建成5千米射电天线阵和光干涉仪系统，观测范围已超出射电区域，并转向天体物理的观测和研究。超导体研究中心现已发展成交叉学科研究中心。此外，尚有微结构、低温物理、高能物理、电子显微镜、微电子等11个学科组。

图2 卡文迪什实验室现址

在科学管理上，该室建立过研究小组和研究团队。第二次世界大战后，由于研究生和教职人员数目大量增加，设立行政秘书和秘书体制以负责行政工作。此外，在室或系主任之下建立以专业区分的，从研究到设备制造均相对独立的研究集团。这些科研管理方法，已经被各国科研机构广泛采用。（阎康年）

开尔文 William Thomson Baron Kelvin（1824-06-26～1907-12-17） 英国物理学家。原名W.汤姆孙。生于爱尔兰贝尔法斯特，卒于苏格兰内瑟霍尔。由于装设大西洋海底电缆有功，他于1866年被封为爵士，后又于1892年被封为男爵。人称开尔文勋爵。1846年被选为格拉斯哥大学自然哲学教授，直到1899年退休。1904年他出任格拉斯哥大学校长，直到逝世。1851年当选英国皇家学会会员，1890～

1895年任该学会会长。开尔文的科学活动是多方面的。他对物理学的主要贡献在电磁学和热力学两个方面。开尔文是热力学的主要奠基者之一。

热力学　开尔文根据S.卡诺的热理论于1848年创立绝对温标，1854年经过修改，在100年之后即1954年为国际会议所确认。开尔文是**热力学第二定律**的两个主要奠基人之一（另一人是R.克劳修斯）。他关于第二定律的观点是：“不可能从单一热源取热使之完全变为有用功而不产生其他影响”（1851），该观点进一步完善了热力学的基础和能量守恒定律。开尔文从热力学第二定律断言，能量耗散是普遍的趋势。

他在热力学方面的贡献还有：①从理论研究上预言一种新的温差电效应，后来称为汤姆孙效应，这是当电流在温度不均匀的导体上通过时导体吸收热量的效应。②开尔文和J.P.焦耳合作的多孔塞实验，研究气体通过多孔塞后温度改变的现象，该实验在理论上是为了研究实际气体与理想气体的差别，后来成为制造液态空气工业的重要方法。

电磁学和海底电缆　在电磁学方面，开尔文研究了莱顿瓶的振荡放电，提出解决电路问题的电像法。他试图把电磁现象和光现象在牛顿经典力学的框架上建造起来。为此他热衷以太理论。由于以太不能被实验检测出来，致使他说出“19世纪乌云”那样的话。

1856年开尔文负责装设大西洋海底电缆，并对海底电报做理论研究，使英国在相关方面的通信处于世界领先地位。1855年开尔文得出了信号传播速度减慢与电缆长度平方成正比的规律。

开尔文为了成功地装设海底电缆和实现通信而研究了各类电工仪器。他发明镜式电流计，改进虹吸式收报机，以及创制绝对静电计、开尔文电桥、圈转电流计等。尤其是建立电磁量的精确单位标准。根据他的建议，1861年英国科学协会设立了一个电学标准委员会，为近代电磁学的发展奠定了单位制基础。

地球的年龄　开尔文从地面散热的快慢估计出，假如没有其他热的来源，地球从液态到达现在状况的时间不能比一亿年长。这个时间比地质学家和生物学家的估计短得多。1896年发现了放射性物质，出现了热的新来源，开尔文的错误估计得到解释。

开尔文的思想很丰富，数学能力也很强，他对科学有广泛的兴趣，除电磁学、热力学之外，还涉及流体力学、地球形状、潮汐、大气电、地热、地球自转和地磁学中有关地球物理的许多问题。他终生不懈地致力于科学事业，不怕失败，永远保持乐观的精神。他在当时科学界享有极高的声望，受到英国本国和欧美各国科学家的推崇。

（戴念祖）

开默林·昂内斯，H.　Heike Kamerlingh Onnes（1853-09-21～1926-02-21）　荷兰物理学家。生于格罗宁根，卒于莱顿。1870年进格罗宁根大学学习。次年去德国

海德堡师从R.W.E.本生和G.R.基尔霍夫。回国后于1879年在格罗宁根大学获博士学位。1882年任莱顿大学实验物理学教授。他创建的莱顿实验室，是世界著名的低温研究中心之一。开默林·昂内斯在莱顿任教42年，1923年退休。后人为了纪念他，把莱顿实验室改以他的姓氏命名。

开默林·昂内斯在低温物理领域有一系列重要贡献。1906年液化氢气。1908年他将最后一个被认为是永久气体的氦气液化，从而使气体、液体之间的绝对界线消失。这之后把研究工作转向系统地测量电阻与温度的变化关系。1911年他发现纯的水银样品在低温4.22～4.27开时电阻消失，接着又发现其他一些金属也有这样的现象。他把这种现象称为超导电性。他的这一发现，开辟了一个崭新的物理领域。在发现金属超导电性以后，他满怀希望地着手绕制强磁体。但出乎他的意料，超导体在通上不太大的电流后，超导电性就立即消失。经过细致研究，他进一步发现了超导体的临界电流和临界磁场。由于对低温物理所做出的杰出贡献，开默林·昂内斯获1913年诺贝尔物理学奖。

（戴念祖）

开普勒定律　Kepler's laws　关于行星运动的三大定律。德国天文学家J.开普勒仔细分析和归算了第谷对行星特别是火星的长时间的观测资料，总结出这三大定律。

①所有行星的运动轨道都是椭圆，太阳位于椭圆的一个焦点。在以太阳S为极点、近日点方向SP为极轴的极坐标中，行星相对于太阳的运动轨迹为椭圆$PP_1P_2P_1'P'$，$PSP'=2a$表示椭圆的长径。

②行星的向径（太阳中心到行星中心的连线）在相等的时间内所扫过的面积相等，即面积定律。由于扇形P_1SP_2和$P_1'SP'$的面积相等，因此行星在近日点附近比远日点附近移动得更快。

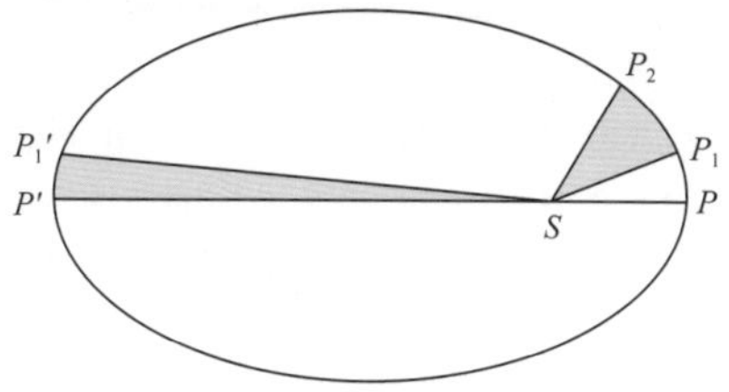

面积定律示意图

这两条定律是在1609年出版的《新天文学》一书中提出的。

③行星围绕太阳运动的公转周期的二次方与它们的轨道半长径的三次方成正比。设T为行星公转周期，则$a^3/T^2=$常数。这条定律是在1619年出版的开普勒另一著作《宇宙谐和论》中提出的。

这三条定律为**万有引力定律**的发现奠定了基础。从万有引力定律和**牛顿运动定律**也可以推出开普勒定律，只是需要对其中第三定律进行修正，即改成：

$$\frac{a^3}{T^2(M+m)}=C$$

式中C为常数；M和m分别为太阳和行星的质量。

（何妙福）

康普顿，A.H.　Arthur Holly Compton（1892-09-10～1962-03-15）　美国物理学家。生于俄亥俄州伍斯特，卒于加利福尼亚州伯克利。1916年在普林斯顿大学获博士学位。

后在明尼苏达大学任教。1920年起任圣路易斯华盛顿大学物理系主任，1923年起任芝加哥大学物理系教授，1945年起任华盛顿大学校长，1953～1961年改任自然哲学名誉教授。1962年在加利福尼亚大学伯克利分校预定做系统讲演，讲了两次后逝世。

1917～1919年，康普顿做了两个有意

义的工作：一是用实验确定了X射线强度与散射角度的关系，提出电子半径为1.85×10^{-10}厘米的假设；二是根据磁性晶体反射X射线的强度确定了磁化效应，并预料到铁磁性起源于电子的内禀磁矩，后被他的学生于1930年证实。其最大的贡献是1920年通过实验发现X射线被晶体散射后，散射波中除原波长的波外，还出现波长增大的波，这现象之后被称为**康普顿效应**。1922～1923年，他采用光子（能量为$h\nu$，动量为$h\nu/c$）和自由电子（质量为m_e，能量和动量都忽略不计）的简单碰撞的理论，证实了这个效应。为此，获得1927年诺贝尔物理学奖（与C.T.R.威耳孙分享）。中国物理学家吴有训在康普顿实验室中又做了大量实验，排除了一些人对康普顿效应的怀疑。后来电子的h/m_ec这个值被命名为康普顿波长。这个实验不仅证实光的波粒二象性，也直接证实了微观系统同样遵循能量守恒和动量守恒定律。1930年以后，康普顿的主要研究兴趣转入宇宙线领域，发现了逆康普顿效应。发现宇宙线的强度随纬度和高度而变化。1941年他向国家科学委员会递交了关于军用原子能的报告，促成了1942年开始的曼哈顿工程。（戴念祖）

康普顿背散射 Compton backscattering 高能电子与低能光子相碰撞而使低能光子获得能量的一种散射过程。也称为逆康普顿散射，在天体物理学中又称为康普顿辐射。无论是康普顿散射还是康普顿背散射，两者都是光子与自由电子之间的一种弹性散射过程，只是能量传递方向正好相反。前者入射的高能光子与静止电子碰撞，散射光子损失能量，频率ν减小（波长变长），反冲电子获得能量；后者高能电子与低能光子碰撞，散射光子获得能量，波长变短，散射电子损失能量，两种过程见图。

在宇宙空间和天体中，普遍存在各种各样的低能光子，如射电光子、星光光子、微波背景光子等。在高能天体附近和宇宙

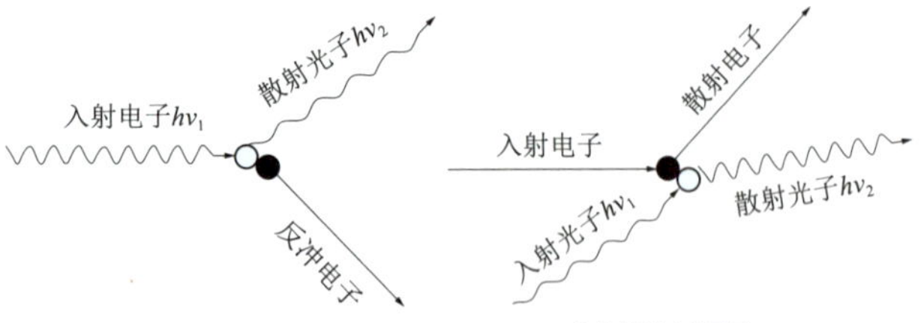

康普顿散射图示$\nu_2<\nu_1$　　康普顿散射图示$\nu_1<\nu_2$

康普顿散射与背散射示意图

射线中，又经常存在高能电子；康普顿背散射因此成为X射线天文学与射线天文学的基本过程，在天体物理学研究中具有重要意义。1948年E.费恩伯格与H.普里马柯夫在理论上论证了星系空间发生康普顿背散射过程的可能性，在这个过程中，高能电子通过康普顿背散射与星光发生相互作用致使电子能量损耗，同时光子吸收了很高的能量，变成高能射线。普遍认为，这种机理是宇宙射线中所观察到的高能射线的起源之一。著名的**宇宙微波背景辐射**也被认为是康普顿背散射过程中最初的光子来源。当微波背景辐射穿过星系团周围的热气体时，低能光子被气体中的电子散射到较高的能量，致使微波背景在宇宙空间产生的光子密度远高于星光。

由于高能粒子加速器的建造，在地面上也可以产生康普顿背散射过程。利用激光器产生的低能光子束与储存环中的高能电子束碰撞，即可实现康普顿背散射。相应开发的技术与方法在加速器技术领域有多方应用。①利用光子探测器检测康普顿背散射产生的极化光子束，可以测定储存环中正负电子束的自旋极化程度；②通过监测康普顿背散射产生的高能光子束的强度，可以测定带电粒子束的强度；③在激光束与粒子束对撞的情况下，由于两种束流能量之间存在确定的关系，通过测定康普顿背散射光子束的能量，可以确定粒子束的能量。2010年在北京正负电子对撞机上，利用康普顿背散射技术建造的系统，束流能量测量的相对误差可以达到十万分之几的极高精度。

在未来对撞机的构想中，光子-光子对撞机即是利用康普顿背散射原理，通过低能激光与高能电子对撞，以实现高能光子的获取。（莫晓虎）

康普顿散射 Compton scattering X射线和射线谱区的电磁波被物质散射引起波长增加的现象。又称康普顿效应。1923年A.H.康普顿在研究X射线被石墨散射后的成分时，发现散射谱线中除了有波长与原波长相同的成分外，还有波长较长的成分，波长增量可由下述公式很好地描述：

$$\Delta\lambda=\lambda_2-\lambda_1=\lambda_C(1-\cos\theta)$$

式中$\Delta\lambda$为康普顿位移，是散射波长λ_2与入射波长λ_1之差；$\lambda_C=h/m_0c=0.024$埃，为康普顿波长；h为普朗克常数；c为光速；m_0为电子静止质量；θ为光子散射方向与入射方向的夹角。实验显示，散射线中两种成分的波长差只与散射角度有关，与入射X射线的波长及散射物的种类无关。在努力用经典电磁理论解释实验结果遇到失败之后，康普顿转向了当时尚属新异的爱因斯坦光量子理论。假设光子具有确定的动量和能量，像力学粒子一样与静止电子弹性碰撞（见图），根据能量守恒有：

$$h\nu_1+m_0c^2=h\nu_2+mc^2$$

根据动量守恒可以写出沿入射光子方向及与其垂直方向上的分量表达式：

$$\frac{h\nu_1}{c}=\frac{h\nu_2}{c}\cos\theta+mv\cos\phi$$

与

$$\frac{h\nu_2}{c}\sin\theta=mv\sin\phi$$

式中ν_1为入射波频率；ν_2为散射波频率；ϕ为电子反冲方向与入射方向的夹角；$m=m_0/(1-v^2/c^2)^{1/2}$；v为反冲电子（又称康普顿电子）的速度大小。由这三个方程以及波长和频率的关系$c=\nu\lambda$可以推导出康普顿位移公式。从经典物理的角度是无法理解康普顿散射的，它是光具有粒子性的最直接实验证据，为光的波粒二象性提供了强有力的实验支撑。

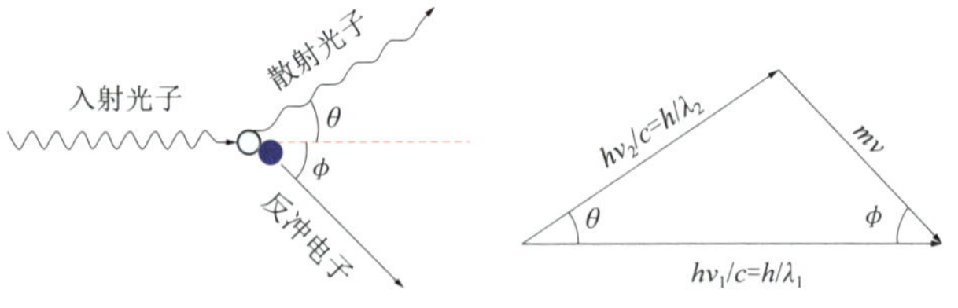

康普顿散射图示　　动量守恒三角形

康普顿散射示意图及入射、出射光子与反冲电子动量之间的守恒关系

康普顿散射过程更精细的描述需要应用**量子电动力学**的理论，著名的克莱因-仁科公式：

$$\frac{d\sigma}{d\Omega}=\frac{1}{2}r_e\left(\frac{\nu_2}{\nu_1}\right)^2\left(\frac{\nu_1}{\nu_2}+\frac{\nu_2}{\nu_1}-\sin^2\theta\right)$$

即是理论上得到的微分散射截面，其中$r_e=2.8\times10^{-15}$米，为电子的经典半径。实验结果与理论计算一致。康普顿最初的实验是大量粒子间碰撞的平均效应；单个光子与电子之间的碰撞规律需要借助后来的威耳孙云室，通过分析感光板上的鱼尾形径迹得以确证。

中国物理学家**吴有训**参加了康普顿的实验，为康普顿散射的验证与拓展做出了重要的贡献。荷兰出生的物理学家P.J.W.**德拜**得知了康普顿的测量结果之后，独立得到了一个相似的散射公式，并

几乎与康普顿同时发表了结果，在欧洲康普顿效应亦称康普顿－德拜效应。物理学史上，康普顿散射对于光量子的确认以及随后量子力学的发展提供了有力的实验依据。因其杰出贡献，康普顿与C.T.R.**威耳孙**分享了1927年的诺贝尔物理学奖。

在发现康普顿效应后不久就注意到，康普顿散射中波长变长成分的峰是比较弥散的，这是源于靶材料中电子的动量分布，这就是著名的康普顿轮廓。反过来，由实验测得的康普顿轮廓可以反推靶材料的结构信息，所以康普顿散射技术已成为一种常规的材料分析测试手段。

康普顿散射与光电效应以及电子对产生作为辐射和物质的三种基本作用，为诸多领域提供了重要的研究工具，如固体物理、分子化学、高能加速器物理、医学分支科学等。康普顿散射本身在X射线晶体学、等离子物理学、理论和实验核物理学、原子物理学、粒子物理与天体物理学等领域均有重要应用。

（莫晓虎　朱林繁）

康普顿效应　Compton effect　X射线被物质散射后，散射波中出现波长比入射波波长λ_0长的成分的现象。又称康普顿散射。1920～1923年由A.H.**康普顿**发现。康普顿效应可归结为：①原入射方向（散射角$\theta=0$）只包含波长为λ_0的成分；而$\theta\neq0$的其他散射方向均包含波长为λ_0及$\lambda>\lambda_0$的两种成分。②波长差$\Delta\lambda=\lambda-\lambda_0$，谱线强度随散射角$\theta$的增大而增加（图a）。③同一散射方向的$\Delta\lambda$与散射物质无关，波长为$\lambda$的谱线强度随散射元素的原子序数的增加而减弱（图b）。

经典波动理论无法解释康普顿效应。康普顿利用A.**爱因斯坦**确立的光子概念，把上述散射效应看成是X射线光子与散射物质中的静止自由电子做弹性碰撞，按照能量守恒和动量守恒定律，在理论上导出了波长差与散射角的关系：

$$\Delta\lambda=2\lambda_C\sin^2\frac{\theta}{2}$$

式中$\lambda_C=h/m_ec=0.002\ 43$纳米，称康普顿波长，$m_e$为电子的静止质量，$h$为普朗克常数。因为已将光子看成是粒子，康普顿效应的成功解释为光的量子性提供了有力证据。严格说来物质中的自由电子并不是静止的，被电子散射的X射线光子必须考虑多普勒频移，利用这一效应可了解电子在原子中的运动情况。

（胡望雨　古　英）

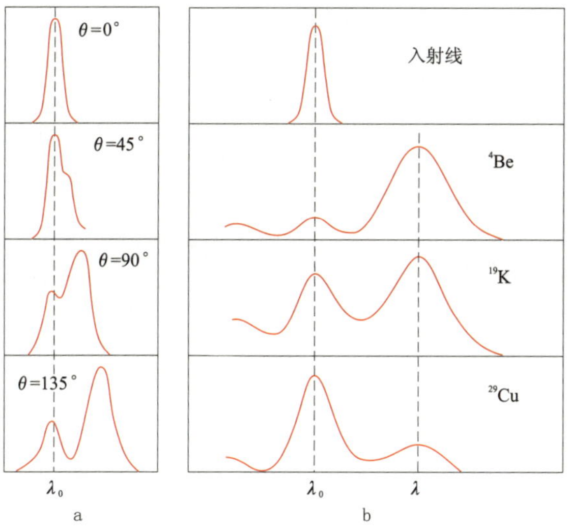

康普顿散射的谱线强度分布

抗磁性　diamagnetism　组成物质的原子中运动的电子在外磁场中受电磁感应而表现出的一种内禀属性，是与电子自旋（磁矩）无关的量子力学效应，属于磁无序结构。抗磁性物质的磁化曲线为过坐标原点的第二、四象限直线，磁化率为负值，即相对磁导率小于1.0，而且一般与温度无关。在实际中，通常以磁化率数值的符号及其与温度之间的关系作为抗磁性的判据。

本质上任何在外加磁场中运动的带电粒子，如果其运动方向与外加磁场的方向不平行，都将因所受到的洛伦兹力作用而产生额外的与外磁场方向相反的感生磁矩，体现为抗磁特性。因此所有物质都具有抗磁性，但大多数物质的抗磁性均被其顺磁性所掩盖，只有一小部分物质表现出可被直接检测的抗磁性，如外层电子为满壳层的惰性气体。一些离子的抗磁性只能从其他测量结果中推算得到。

原子的抗磁性　对于被束缚在原子核周围的局域电子而言，外加磁场使电子轨道动量矩绕磁场进动，产生与磁场方向相反的附加磁矩，通常称为朗之万抗磁性，原子的抗磁磁化率χ为很小的负值（10^{-6}～10^{-5}量级）。理论分析表明，具有闭壳层的原子抗磁磁化率χ的绝对值与原子序数Z成正比，并与外层电子的轨道半径的平方成正比，与温度的变化无关，称为正常抗磁性。少数材料（如铋、锑）的χ比较大（可达10^{-4}～10^{-3}量级），且随温度变化而变化，称为反常抗磁性。早年曾用铋做测量磁场的传感器材料。

传导电子的抗磁性　对于传导电子或者自由电子，其抗磁性与温度无关，称为朗道抗磁性。电子的抗磁磁化率为顺磁磁化率的1/3，始终被掩盖不易测量。利用金属的抗磁磁化率随磁场的变化具有振荡特征的德哈斯－范阿尔芬效应，可以测量金属的费米面。

理想的抗磁性　当超导体处于迈斯纳态时，因迈斯纳电流而呈现的抗磁性常被称为理想的抗磁性，即超导体内部的净磁通密度为零，抗磁磁化率为−1，相对磁导率为零。

（赵同云）

考克饶夫，J.D.　John Douglas Cockcroft（1897-05-27～1967-09-18）　英国实验物理学家。生于约克郡的托德莫顿，卒于剑桥。1914年入曼彻斯特大学学习，一年后应召入伍。1918年退伍后继续在该校求学，后入剑桥大学学习。1924～1939年在卡文迪什实验室随E.卢瑟福工作。先为P.L.卡皮察低温实验设计强电磁铁，后和E.T.S.瓦尔顿合作设计高压倍加器，以加速质子。1931年与瓦尔顿一起第一次使锂嬗变为氦，开创了用人工加速粒子实现核反应的新时代。为此，他们同获1951年诺贝尔物理学奖。

第二次世界大战期间，考克饶夫从事雷达、反潜探测和战时核研究。领导了在加拿大蒙特利尔的核反应堆建设。1946年返回英国，被指定为哈韦尔原子能研究所的第一任所长。后任剑桥大学新成立的丘吉尔学院院长。

（郭奕玲）

柯克物镜　Cooke lens　凸、凹、凸三片分离镜片构成、光阑位于后两片之间的简单摄影物镜。1893年由英国的光学设计师D.泰勒设计出来。又称柯克三片式镜头。柯克物镜结构如图所示。

这是一种像差能够被初步校正的最简单球面物镜结构，与之前结构更为简单的物镜相比，能够得到相对清晰的影像，比当时市场上的德国物镜更受欢迎，所以很长一段时间内作为肖像摄影物镜被广泛采用。由于残存了较大的像散和彗差，而且受结构限制无法消除高级像差，因此其视角2ω不大于50°、相对孔径D/f'小于

1/4.5，成像质量仅满足一般普及型相机的要求。其优点是价格低廉、装配方便，曾经在中国品牌海鸥、凤凰等中画幅、大画幅相机中得到大量应用。

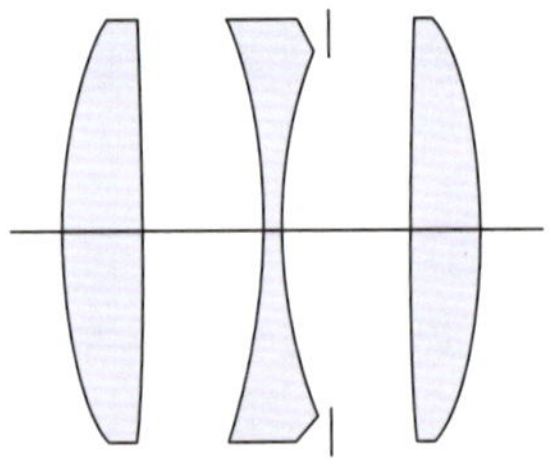

柯克物镜

在柯克三片式的基础上进行结构变形和简化，如把光阑由镜头中间移至镜后，使透镜之间密接紧靠，或者用光学塑料透镜替代三片物镜中的某一片或几片以进一步降低成本等，都会导致物镜的视场角和相对孔径进一步缩小。

（谢洪波 郁道银）

柯氏气团 Cottrell atmosphere 溶质原子偏聚在刃型位错附近以降低晶格的畸变，形成的溶质原子集团。柯氏气团的概念最早由A.H.柯特雷尔提出。

（卢江波 屈世显）

柯西视界 Cauchy horizon 时空中与因果性相关的一种类光超曲面。物理学中一类重要的问题是研究物理系统的时间演化，即给定系统的演化方程和初始条件，研究该系统在初始时刻之后随时间的变化。这种演化称为柯西演化或柯西初值问题。一般情况下，初始条件不一定能唯一确定物理系统随后的时间演化。如在闵氏时空中$t=0$时刻，若在三维欧氏空间中半径为R的闭球B_R上给定初始条件，则物理系统能够由演化方程和初始条件唯一确定的区域为光锥体$\{(t,r,\theta,\varphi)|t+r\leqslant R, t>0, r\geqslant 0\}$，这个区域称为$B_R$的未来依赖域，记作$D^+(B_R)$。物理系统若在此区域之外，就无法用初始条件唯一确定。上述闭球B_R称为该物理系统的柯西面，而光锥面$\{(t,r,\theta,\varphi)|t+r=R, t>0, r\geqslant 0\}$就称为闭球$B_R$的柯西视界，它是由系统初始值能唯一确定的区域的边界。

在广义相对论中，由于一般时空流形比较复杂。首先不能简单用时间坐标来区别未来与过去，而需用连接两时空点p、q之间的类时曲线来定义它们的时序关系。物理上就是，至少原则上可以存在一个由p运动到q的观测者，以他的角度看，q点在p点的未来。其次三维空间也不是欧氏空间。通常把类空超曲面Σ看作某时刻的三维空间流形。设p点位于Σ的未来，且它接收到的所有物理信号均可看作发自Σ。由所有这种p点构成的集合称为Σ的未来依赖域，记作$D^+(\Sigma)$。Σ的未来依赖域$D^+(\Sigma)$是Σ上初值能够唯一决定物理场演化的时空区域。$D^+(\Sigma)$的未来边界（即边界中不包含Σ的部分）就是类空超曲面的（未来）柯西视界。

广义相对论的另一个重要特点是，时空本身也是物理方程演化的结果。如果时空M中存在一个类空超曲面Σ，使得$D^+(\Sigma)$包含了时空M中所有处于Σ未来的点，则称M是整体双曲流形，Σ称为M的柯西面。整体双曲时空中不存在柯西视界，其中的时间演化由柯西面上的初值完全确定。闵氏时空、史瓦西时空、$\Lambda=0$的弗里德曼-勒梅特-罗伯逊-沃尔克（FLRW）时空等都属于这一类。与之相对的是非整体双曲时空，在这类时空中无论初值区域如何选择，其中的时间演化都不能被初值完全确定。非整体双曲时空有很多，如反德西特时空、克尔-纽曼时空族等。

由于柯西视界的存在，导致时空中某些点的行为不能由初始值来预言，这在某种程度上与物理经验相违背。重要的是，这些非整体双曲时空的出现在物理上是否合理，如它们所对应的初值是不是满足一些一般性的物理要求（如渐进平坦、光滑性等），或者这样的解是不是稳定的。著名的强宇宙监督猜想断言，一般物理合理的时空都应该是整体双曲的。

由于柯西视界的存在与否牵扯非线性偏微分方程的全局演化问题，一般性的结论非常少，多数工作尚集中于以克尔-纽曼时空族为例的研究中。在克尔-纽曼黑洞时空中，存在黑洞的事件视界$r_+=M+\sqrt{M^2-Q^2-a^2}$和柯西视界$r_-=M-\sqrt{M^2-Q^2-a^2}$。其中M、Q、a分别为黑洞的质量、电荷以及单位质量的角动量，通常还要求满足非极端条件：$M^2>Q^2+a^2$。满足$r>r_+$的区域称为黑洞外区域。黑洞外区域是整体双曲的，它是被普遍接受的一个物理合理的解。由于黑洞外部分不是测地完备流形，因而可以通过流形光滑延拓的方法获得黑洞内解，或称克尔-纽曼时空的最大延拓时空。这个最大延拓时空是非整体双曲的，因而存在柯西视界。柯西视界r_-位于事件视界以内，因此又叫内视界。事件视界和柯西视界都是类光超曲面。克尔-纽曼黑洞时空中的柯西视界有一个性质，即存在无限蓝移效应，它暗示柯西视界是不稳定的，在真实的引力坍缩形成黑洞的过程中，柯西视界可能并不出现。即是说，作为时空之柯西视界的真实存在性尚待进一步探讨。

（吴小宁 高思杰 黄超光）

科昂-塔努吉，C. Claude Cohen-Tannoudji（1933-04-01～ ）法国物理学家。生于阿尔及利亚康斯坦丁。1962年获巴黎高等师范学院理学博士学位。1973年任巴黎法兰西学院原子分子物理学教授。法国科学院院士。

科昂-塔努吉领导的小组开发了用激光把气体冷却到微开范围的方法，把冷却了的原子悬浮或拘捕在不同类型的“原子陷阱”中。该小组和**朱棣文**的小组以及**W.D.菲利普斯**的小组一起，不断提高原子阱的精度和原子冷却的水平，发明了“偏振梯度冷却法”。他们还在一系列的实验中证明，利用多普勒效应可使最冷的原子最终达到无吸收的相干叠加状态，从而发明了所谓的“速度选择相干布居陷阱法”。1988年，他们用两组相向传播的激光束，证明了一维冷却可达2微开的温度。1994年他们用两对相互正交并相向传播的激光束，证明了二维冷却可达250纳开。1995年的实验发展到用三对激光束，演示了沿三个方向的冷却，最低的温度达到180纳开。由于激光冷却和俘获原子的开创性实验，科昂-塔努吉、朱棣文和菲利普斯同获1997年诺贝尔物理学奖。

（郭奕玲）

科顿-穆顿效应 Cotton-Mouton effect 一种磁致双折射现象。当光在某些磁光介质中传播时，若在垂直于光的传播方向上加一外磁场，则平行于磁场方向的线偏振光的相速度不同于垂直磁场方向线偏振光的相速度而产生的**双折射**现象。

科顿-穆顿效应由法国科学家A.科顿和H.穆顿于1907年在液体中共同发现，亦称磁致双折射效应。此时介质表现出单轴晶体的性质，光轴沿磁场方向，两个线偏振光相位差正比于两种线偏振光的折射率之差，而其折射率之差正比于磁感应强度大小的二次方。当介质对两种偏振方向的光的吸收率也不同时，就表现出二向色性，称为磁二向色性。科顿-穆顿效应不但可以用于研究物质中的能级结构的信息，还可以用于研究磁性材料，甚至是单原子层材料中的微弱磁性变化。

（胡望雨　吴义政）

科里奥利加速度　Coriolis acceleration　动点做复合运动时，动点绝对加速度中的一个组成部分。科里奥利加速度以$\boldsymbol{a}_C$表示，其大小与方向由下式决定：

$$\boldsymbol{a}_C=2\boldsymbol{\omega}\times\boldsymbol{v}_r$$

式中$\boldsymbol{\omega}$为转动坐标系的角速度；$\boldsymbol{v}_r$为动点的相对速度。此加速度是法国力学家G.G.科里奥利于1835年在研究水轮机中水的运动时提出的，故名科里奥利加速度，简称科氏加速度（见**相对运动**）。

（贾书惠）

科里奥利力　Coriolis force　质点在转动坐标系中做相对运动时所受到的力。全称为质点的科里奥利惯性力。简称科里奥利力或科氏力。数学表达式为：

$$\boldsymbol{F}_c=-2m\boldsymbol{\omega}\times\boldsymbol{v}_r$$

式中m为质点的质量；$\boldsymbol{v}_r$为相对于动坐标系的速度；$\boldsymbol{\omega}$为转动坐标系的角速度。若以地面为惯性系（固定坐标系），绕铅直轴以$\boldsymbol{\omega}$做缓慢等角速转动的圆盘为非惯性系（转动坐标系），质点M相对转动坐标系有相对速度$\boldsymbol{v}_r$。在转动坐标系中观察，质点的科氏力与运动方向垂直且指向右侧，它引起质点运动右偏（图1）。

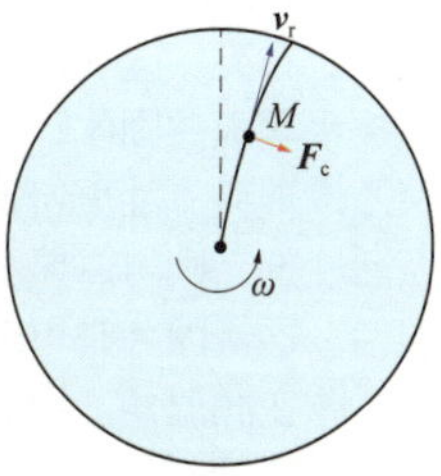

图1　转动圆盘中的科氏力

在考虑地球绕南北极轴的自转时，应把地心坐标系$Oxyz$（原点在地心，三轴指向三颗“不动”的恒星）作为惯性系，与地球固结的动坐标系为非惯性系，地球表面上某物体相对地球有水平速度$\boldsymbol{v}_r$，则科氏惯性力$\boldsymbol{F}_c$与$\boldsymbol{v}_r$垂直且水平指向右侧（图2），大小为$F_c=2m\Omega_Z\times v_r$，式中$\boldsymbol{\Omega}_z$为地球自转角速度$\boldsymbol{\Omega}$在当地垂直方向z上的投影矢量，φ为纬度（北纬为正，南纬为负）。由于$\Omega=7.29\times10^{-5}$秒$^{-1}$，而科氏惯性力垂直于运动方向，故能显著改变物体的运动轨迹。如北半球射出的远程炮弹，其落点显著偏右，在炮兵的射程表中都考虑这种影响，并对初始射角进行了修正。在科氏力作用下，北半球河流右岸的冲刷较左岸严重。大气的流动也受到科氏力的影

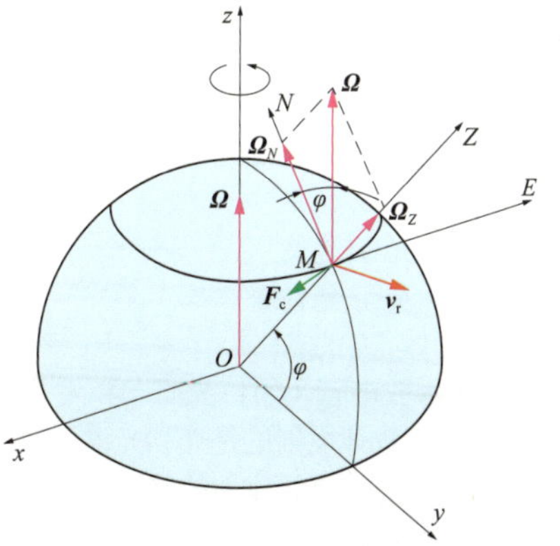

图2　考虑地球自转的科氏力

响。如果有气压梯度，大气运动速度方向与等压线垂直，由高压区到低压区（图3a）。但由于科氏力作用，北半球的气流逐渐右偏并形成与等压线平行的风，而科氏力与气压梯度力平衡（图3b），这种风就称为地转风。台风是一种猛烈的气旋，产生于热带海洋上。台风中心气体受热上升，气压极低，周围气体流入，在科氏力作用下形成气旋（图3c）。在北半球它是

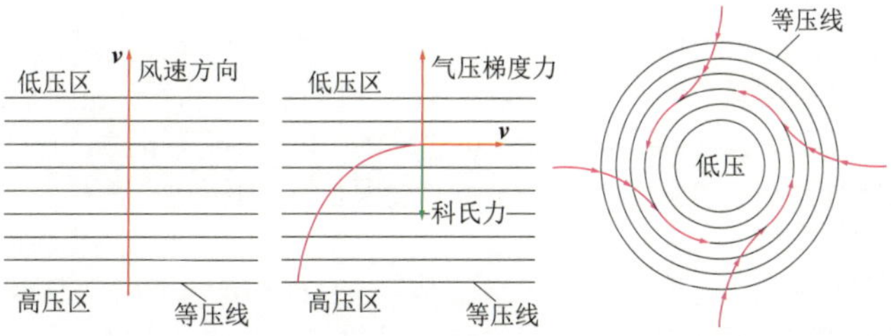

a　只有气压梯度力　　b　考虑科氏力　　c　气旋

图3　科氏力对大气运动的影响

逆时针向的，卫星云图上常可看到这样的气旋。

（贾书惠）

科纳尔，E.A.　Eric Allin Cornell（1961-12-19～　）美国物理学家。又译科内尔。生于加利福尼亚州帕洛阿尔托。1990年在麻省理工学院获博士学位。1990～1992年在波尔德市天体物理学联合实验室（JILA）做博士后研究。1992年起任美国国家标准与技术研究院高级科学家。1995年起兼任波尔德市科罗拉多大学物理系教授。

1995年6月5日科纳尔和C.E.威曼所在的JILA小组第一次实现了从铷原子稀薄气体中获得玻色-爱因斯坦凝聚体，并研究了凝聚体中集体的激发和涡旋的形成。在他们之后，麻省理工学院的W.克特勒小组也有相同的发现。为此，科纳尔和克特勒与威曼共获2001年诺贝尔物理学奖。

（郭奕玲）

科斯特利兹，J.M.　John Michael Kosterlitz（1943-06-22～　）英国凝聚态物理学家。生于英格兰阿伯丁。1965年和1966年相继获剑桥大学学士和硕士学位。1969年获牛津大学博士学位。随后在意大利都灵大学从事博士后研究。1970～1982年在伯明翰大学工作。1982年起，任美国布朗大学物理学教授。

1972年，科斯特利兹与导师D.J.索利斯合作研究二维系统相变的可能。他们发现通过拓扑的途径——涡旋，可以在二维实现新的相变，即拓扑相变。拓扑相变是一种特殊的、没有对称破缺的相变。这项研究使得将拓扑材料应用于电子器件、超导体和量子计算成为可能。2016年，科斯特利兹与导师索利斯以及D.霍尔丹因“理论发现拓扑相变和拓扑相物质”共同分享诺贝尔物理学奖。

（尹晓冬）

可见光　visible light　能引起人眼视觉、波长介于400～760纳米的电磁辐射。不同波长的可见光具有不同的颜色，从760～400纳米，依次为红、橙、黄、绿、青、蓝、紫（图1）。比760纳米更长的是红外线，

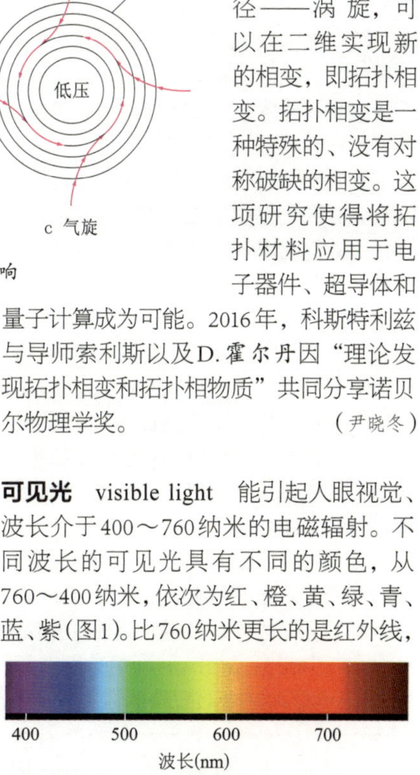

图1　不同颜色的可见光

比400纳米更短的是紫外线，红外线和紫外线都是人眼看不见的。可见光的频谱正对地球大气层的“光学窗口”，因此通过大气时衰减极小。

人眼的视觉　人眼对不同波长的光具有不同的敏感程度，称为人眼的视敏特性。描述人眼视敏特性的物理量称视敏度

或相对视敏度。在相同亮度感觉条件下，不同波长光辐射功率的倒数可用来衡量人眼对各波长光明亮感觉的敏感程度，称为视敏度。明亮环境中人眼对波长为555纳米的光最敏感，把任意波长的光的视敏度与最大视敏度相比的比值称为相对视敏度。相对视敏度随波长变化的关系可表示为相对视敏曲线（图2）。

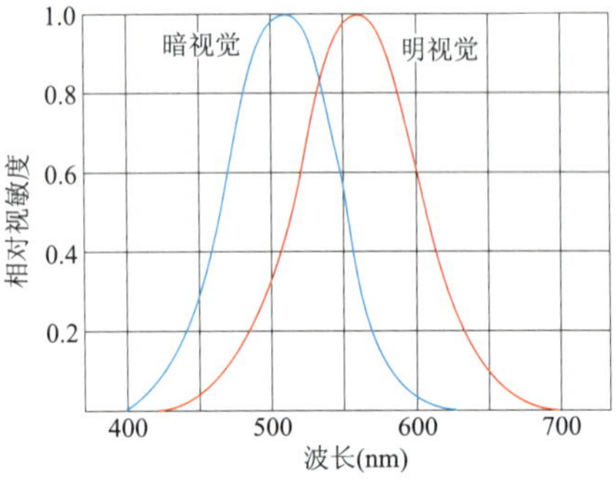

图2 不同条件下的人眼相对视敏曲线

明视觉和暗视觉 眼睛的视网膜由大量光敏细胞组成。光敏细胞又分为视杆细胞和视锥细胞。视锥细胞集中在正对瞳孔的视网膜中央，此处无视杆细胞，越远离视网膜中央视锥细胞越少，视杆细胞越多。视杆细胞只能感光，不能感色，但感光灵敏度是视锥细胞的一万倍。视锥细胞既能感光又能感色。强光作用下主要由视锥细胞起作用，所以白天或明亮环境中，看到的景象既有明亮感又有彩色感，称作明视觉。弱光作用下主要由视杆细胞起作用，所以黑夜或弱光环境中，看到的景物全是灰黑色，只有明暗感没有彩色感，叫作暗视觉。图2右边是明视觉的相对视敏曲线，左边是暗视觉的相对视敏曲线。昏暗条件下人眼最敏感的波长为507纳米，比明亮条件下的最敏感波长小48纳米。

色觉的起源 物体的颜色固然取决于照明光的光谱组分、材料对光的反射、透射或吸收特性，但对于眼睛它是一种感觉，即色觉。人眼的色觉来自视锥细胞，视锥细胞依感光特性分为三类，分别对红、绿、蓝三种原色敏感，其视敏函数曲线如图3中的S、M和L，峰值分别在红、绿、蓝三个区域内。这三种细胞发出信号，

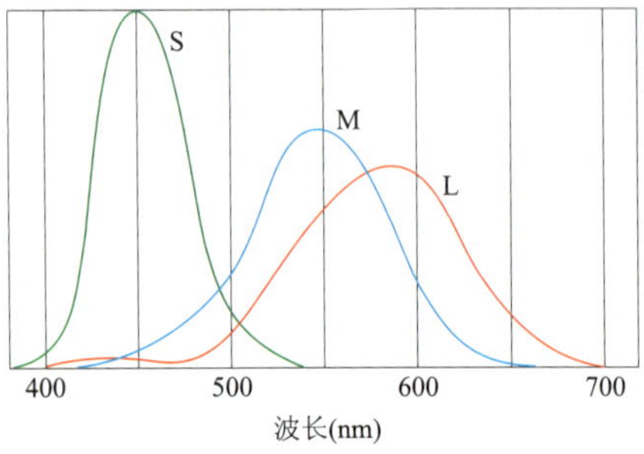

图3 三种光谱敏感峰

经过神经系统视敏的分析处理，引起不同的颜色感觉。

可见光的产生和检测 可见光的主要天然光源是太阳，主要人工光源是白炽物体（如白炽灯）、气体放电管（如日光灯）和发光二极管。白炽物体发射的是连续光谱。气体放电管和发光二极管发射的基本是分立光谱。可见光的检测可使用光电管、光电倍增管、半导体光电器件或感光乳胶等。

（郭奕玲）

可逆过程 reversible process 系统从初态出发变到末态所经历的一种过程。对应该过程可以找到一个能使系统和外界都复原的过程，即原过程是可逆的。若总是找不到一个能使系统与外界同时复原的过程，则原过程是不可逆的。所谓复原是指经过正、反过程以后，不仅系统回到初态，并且对外界也不产生任何影响。无耗散的准静态过程才是可逆的，不可逆因素有四种：耗散不可逆因素、力学不可逆因素、热学不可逆因素和化学不可逆因素。任何一个不可逆过程必包含不可逆因素中某一个或某几个。自然界中一切不与热相联系的力学及电磁学过程都是可逆的。力学、电磁学过程只要与热相联系必然是不可逆的。

（黄凤珍）

可逆过程热力学 thermodynamics of reversible process 热力学的分支。又称平衡态热力学。研究处于平衡态热力学系统有关热现象的宏观性质，以及经历可逆过程中该宏观性质演变基本规律的学科。此时描述热力学系统宏观性质的热力学量仅为空间的函数。

（班士良 崔鑫 宫箭）

可润性 wettability 一种液体在一种固体表面铺展或润湿的能力或倾向性。润湿是固体界面上固-气界面转变为固-液界面的现象。润湿过程分为三类，即沾湿、铺展和浸湿。沾湿是指液体取代固体表面气体，但不能完全在固体表面展开的过程。铺展是指液体在固体表面上自动展开形成一薄层的过程。浸湿是指固体浸于液体中的过程。

在较多的情况下，液体虽然不能铺展在一种固体上，但仍能在一定程度上取代固体表面的气体。将一液滴滴到一平滑均匀的固体表面上，若不铺展，将形成一平衡液滴，其形状由固、液、气三相交界点处沿气-液界面做的切线与固-液界面间的夹角决定。此角称为该种液体在所研究固体表面上的润湿角，通常又称接触角。接触角常以θ表示。液体在固体表面上静止平衡时有两种情况，如图所示。

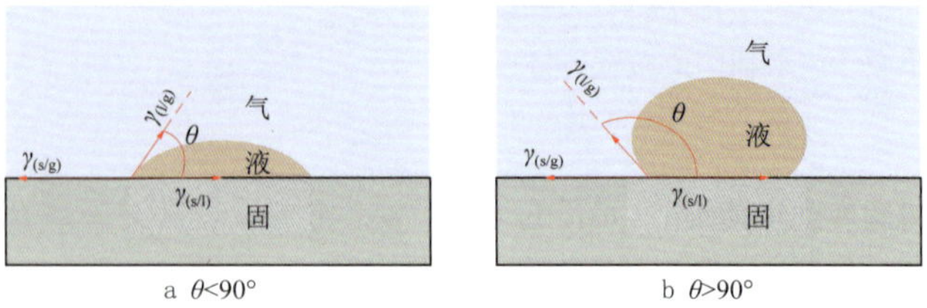

表面润湿与不润湿

液体在固体表面上静止平衡时必有：

$$\gamma\frac{s}{g}=\gamma\frac{s}{l}+\gamma\frac{l}{g}\cos\theta$$

该式称为杨氏方程。通常有：润湿角$\theta<90°$，称为润湿；润湿角$\theta>90°$，称为非润湿；润湿角$\theta=0$，说明液体已铺展在固体表面上，这是液体润湿固体表面的极端情况。

由杨氏方程，θ由表面张力γ(s/g)、γ(s/l)、γ(l/g)决定。对于指定的固体，液体表面张力越小，其在该固体上的θ也越小。对于同一液体，固体表面能越大，θ越小。θ反映了液体与固体表面亲和作用力的大小，亲和力越强越易于在固体表面上展开，则θ越小。

通常能被水润湿的固体，称为亲水性固体，如玻璃、石英、硅酸盐及金属氧化物等。不能被水润湿的固体，称为憎水性固体，如聚乙烯塑料、油页岩等。若在水中加入表面活性剂，则可以显著改变固体表面的润湿性。这是因为它可以改变液体的表面张力，改变润湿角。因此，表面活性剂常被用作润湿剂。

（陶胜洋）

可调谐激光器 tunable laser 输出的激光波长可以在一定范围内连续改变的激光器。可调谐激光器在光谱学、光化学、医学、生物学、集成光学、污染监测、半导体材料加工、信息处理和通信等领域有广泛的应用。可调谐激光器有三种类型。

第一类使用具有宽荧光谱带的增益介质，并使激光器的共振腔只在很窄波长范围内才有很低光学损耗，通过调整腔内光学色散元件（如棱镜、光栅）改变低光学损耗区所对应的波长，从而调整激光振荡的波长，激光器输出激光的波长也就得到调谐。属于这类激光器的有染料激光器、可调谐钛宝石晶体激光器、可调谐紫翠宝石晶体激光器、可调谐Cr^{3+}：$LiSrAlF_6$晶体激光器、可调谐色心激光器、可调谐光

纤激光器、可调谐高压气体激光器和可调谐准分子激光器等。染料激光器工作物质是有机染料，它有比较宽的荧光谱带，获得的激光调谐范围通常在0.3～1.2微米，是应用最多的一种可调谐激光器。金绿宝石激光器是一种固体可调谐激光器，在室温下工作调谐范围在700～800纳米。可调谐色心激光器也是属于固体可调谐激光器，输出的激光波长可在0.36～3.9微米范围调谐。可调谐高压气体激光器主要有高气压CO_2激光器，其工作气体气压升高时，由于分子碰撞加宽谱带，CO_2分子的振动-转动能级中的支线都加宽以至重叠，因而获得连续可调谐输出，高气压CO_2激光器已实现9～12.5微米的宽带可调谐输出。准分子激光器已实现了紫外波长可调谐输出。

第二类是通过改变施加在工作物质的磁场，或者温度等，使工作物质的激光跃迁的能级发生移动，相应地改变激光器输出波长。属于这类可调谐激光器的主要有自由电子激光器、可调谐半导体激光器等。

第三类是利用光学非线性效应，如基于受激拉曼散射效应制造的可调谐拉曼激光器，基于光学参量效应制造的光参量振荡器，再配合光倍频效应、光混频效应等可实现激光波长变换，获得在不同波段的可调谐相干光。（雷仕湛）

克尔黑洞　Kerr black hole　*爱因斯坦引力场方程*的稳态轴对称真空解。又称克尔解、克尔度规、克尔时空。克尔黑洞是R.P.克尔于1963年首先得到的。它描写一个不随时间变化的旋转黑洞，比史瓦西黑洞多一个角动量参数J，通常用单位质量的角动量$a=J/Mc$描写。在$c=G=1$的单位制下，克尔度规为：

$$ds^2=-\left(1-\frac{2Mr}{\rho^2}\right)dt^2+\frac{\rho^2}{\Delta}dr^2+\rho^2d\theta^2$$

$$+\left(r^2+a^2+\frac{2Mra^2\sin^2\theta}{\rho^2}\right)\sin^2\theta d\varphi^2$$

$$-\frac{4Mr}{\rho^2}a\sin^2\theta dtd\varphi$$

式中$\rho^2=r^2+a^2\cos^2\theta$，$\Delta=r^2-2Mr+a^2$。克尔黑洞在$a=0$的情况下，回到史瓦西黑洞。

史瓦西黑洞只有一个视界、一个无限红移面，且二者重合。克尔黑洞则不同，它的视界和无限红移面不再重合，且有内外两个视界（$r^h_\pm=M\pm\sqrt{M^2-a^2}$）及内外两个无限红移面（又称静界，$r^s_\pm=M\pm\sqrt{M^2-a^2\cos^2\theta}$），如图所示（$M^2>a^2$）。在外视界和外无限红移面之间、内视界和内

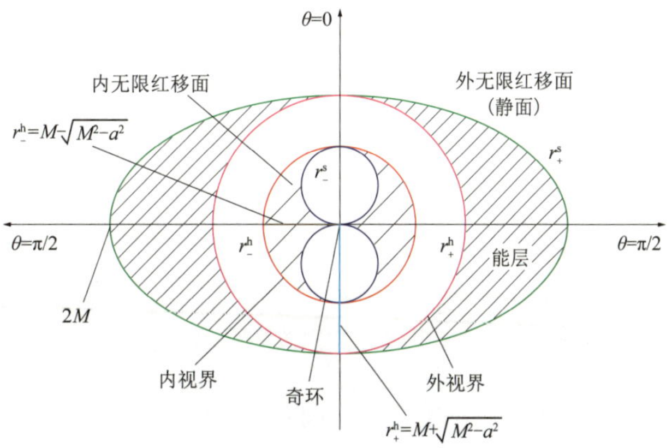

克尔黑洞的剖面示意图($M^2>a^2$)

无限红移面之间，各存在一个能层（图中阴影部分），它们可看作克尔黑洞的附属物。克尔黑洞的外部边界是外视界，外无限红移面和外能层处于黑洞外部。穿过外无限红移面进入外能层的飞船，只要不进入外视界，就并未进入黑洞，仍有可能逃离出来。能层不是单向膜区，单向膜区存在于内、外视界之间。进入外视界的物体和飞船将不能停留，更不能掉头逃出，只能穿过单向膜区落入内视界以里。克尔黑洞在$r=0$、$\theta=\frac{1}{2}\pi$处存在一个时空曲率发散的奇异区。奇异区不是一个点，而是一个环，通常称为奇环。理论上可以将克尔时空延拓到$r<0$的区域，因此掉入克尔黑洞的物体有可能穿过奇环后进入一个新的时空区域。但克尔黑洞的内部结构并不稳定，稍有扰动，奇环就会倒在内视界上，阻断飞船落入内视界以里的通道。

任何观察者都无法静止于能层中，换句话说，能层中的时空被黑洞所拖曳，随黑洞一起转动。若飞船进入能层并适当将其中一部分抛入黑洞，由于能层的特殊性，这部分能量可以是负的，导致黑洞质量减少，而飞船的剩余部分就会携带更多的能量离开能层，使飞船的能量比进入能层前还要大。这一过程称为彭罗斯过程，它提供了从黑洞提取能量的一个机制。彭罗斯过程虽然可使克尔黑洞的质量减小，但不会使克尔黑洞的不可约质量$M_{ir}=\frac{1}{\sqrt{2}}(M^2+M\sqrt{M^2-a^2})^{\frac{1}{2}}$减小，也不会使克尔黑洞视界的表面积$A=16\pi M^2_{ir}$减小。通过彭罗斯过程，可从黑洞提取的能量上限是$M-M_{ir}$。如果对于极端黑洞，即满足$a=M$，则通过彭罗斯过程最多可以提取的能量是黑洞质量的29%。

1965年，E.T.纽曼把克尔解推广到带电的情况，称为克尔-纽曼解，或称克尔-纽曼黑洞、带电的转动黑洞等。克尔-纽曼解由总质量M、总角动量J（或单位质量的角动量a）和总电荷Q三个参量共同决定。克尔-纽曼解是电真空情况下最一般的稳态轴对称解。其结构与克尔黑洞相似。

按照广义相对论，自然界中存在着大量的黑洞。天文学家们相信，这些黑洞大都就以克尔黑洞的形式存在。（黄超光　高思杰　赵　峥）

克拉尼，E.F.F.　Ernst Florens Friedrich Chladni（1756-11-30～1827-04-03）　德国物理学家。生于维滕贝格，卒于布雷斯劳（今波兰弗罗茨瓦夫）。1782年在莱比锡大学毕业。他对声学的基础理论做出了开创性的贡献，被誉为"现代声学之父"。克拉尼是最先用数学方法分析声波的人。1787年他改进了伽利略的方法研究金属板的振动。他在金属板上撒上细沙代替灰尘，用小提琴弦代替锉子使金属板振动，细沙则停留在节线上，形成对称的美丽图案，即著名的克拉尼图形。该实验曾于1809年给拿破仑一世表演过。他还利用教堂中的大风琴管，内装不同气体，测量管的振动频率，从而首次得出不同气体中的声速。他还研究过陨石，确认陨石是天外飞来的，甚至假定陨石是未知星球的样品。（汪德昭）

克拉珀龙方程　Clapeyron equation　一级相变的平衡曲线的（微分）斜率满足的关系。通常表述为：

$$\frac{dP}{dT}=\frac{\Delta S}{\Delta V}=\frac{\Delta H}{T\Delta V}$$

这表示相图上一级相变平衡曲线的斜率等于熵突变与体积突变的比值。式中P表示压强；T表示温度；V表示体积；S表示熵；H表示焓。而$\Delta H=T\Delta S$。（刘玉鑫）

克莱布什-哥尔丹系数　Clebsch-Gordan coefficient　由R.F.A.克莱布什和P.A.哥

尔丹提出的量子力学中角动量耦合中产生的系数。在分子、原子、原子核和粒子物理中，必然碰到全同多粒子体系。它们的波函数除了要求具有交换对称性外，还要求是角动量的本征态，这就涉及多个角动量的耦合。

克莱布什－哥尔丹系数与两个角动量的耦合有关。设j_1和j_2为两个独立的角动量，分别满足角动量的对易关系为：

$$[\hat{j}_{1\alpha}, \hat{j}_{2\beta}] = i\hbar\varepsilon_{\alpha\beta\gamma}\hat{j}_{1\gamma} \quad [\hat{j}_{2\alpha}, \hat{j}_{2\beta}] = i\hbar\varepsilon_{\alpha\beta\gamma}\hat{j}_{2\gamma}$$

由于它们是独立的，所以彼此对易，$[\hat{j}_{1\alpha}, \hat{j}_{2\beta}]=0$。可以证明这两个角动量之和$j=j_1+j_2$仍为角动量。对于这两个角动量描述的态，一方面可以用力学量完备集（$j_1^2, j_{1z}, j_2^2, j_{2z}$）的共同本征态$\psi_{j_1m_1}\psi_{j_2m_2}$表示，称之为非耦合表示。也可以用另一组力学量完备集（j_1^2, j_2^2, j^2, j_z）的共同本征态$\psi_{j_1j_2jm}$表示，称之为耦合表示。$\psi_{j_1j_2jm}$与$\psi_{j_1m_1}\psi_{j_2m_2}$之间可以通过表象变换来互相转化：

$$\psi_{j_1j_2jm} = \Sigma_{m_1m_2}\langle j_1m_1j_2m_2 | jm\rangle \psi_{j_1m_1}\psi_{j_2m_2}$$

式中展开系数为克莱布什－哥尔丹系数，即从非耦合表象到耦合表象的幺正变换矩阵的矩阵元。为了方便，实际计算中克莱布什－哥尔丹系数都是有表可查的。

多个角动量的耦合会导致更复杂的耦合模式。与两个角动量耦合的不同之处在于，多个角动量的耦合与耦合的先后顺序有关。为了研究三个角动量在不同顺序下耦合成的波函数的关系，G.拉卡引入了重耦合系数，它是研究更多角动量耦合的基础。可以证明拉卡系数可以表示为4个克莱布什－哥尔丹系数乘积的叠加。

（庄鹏飞）

克莱因－戈登方程 Klein-Gordon equation 描述自旋为零的相对论场方程。见**相对论粒子运动方程**。

克劳修斯，R. Rudolf Clausius（1822-01-02～1888-08-24） 德国物理学家。生于普鲁士克斯林（今波兰科沙林），卒于波恩。1840年入柏林大学，1847年在哈雷大学获哲学博士学位。1850年任柏林帝国炮兵工程学校和柏林大学副教授，1855年任苏黎世工业大学教授，1867年返回德国任维尔茨堡大学教授，1869年起任波恩大学教授。1865年当选法国科学院院士，1868年当选英国皇家学会会长。

克劳修斯是热力学的奠基人之一。1850年发表了著名论文《论热的动力以及由此推出的热学诸定律》，从而知名于学术界。他从当时J.P.**焦耳**的热功当量出发，提出一个基本定理：在一切只由热产生功的情况中，必有和所产生的功成正比的热量被消耗掉；反之，消耗同样数量的功也就会产生同样数量的热。对传统的关于潜热和自由热的概念他提出：自由热是决定物质温度的因素，而且是组成物质的那些微粒的活力（动能），而潜热则是已经转化为内能的不再存在的热。内能和分子的组态有关，因而是物质状态函数；而外功却和变化的过程有关。他就理想气体的情形提出热力学第一定律的表达式：

$$dQ=dU+pdV$$

克劳修斯重新论证了S.卡诺的理想热机，从而提出了热力学第二定律的著名说法："热不能自发地从较冷物体流向较热的物体。"这为热力学奠定了更完善的基础。在1854年发表的《力学的热理论的第二定律的另一形式》一文中，他提出了一个新的后来定名为熵的状态参量。1865年他把这状态参量叫作熵，后来进而指出宇宙的能量是常数，宇宙的熵趋于一最大值。后一结论就是所谓"热寂说"的起源。熵的概念及其表达式为后来统计物理学和量子论的产生起了重要作用。

克劳修斯在气体分子运动论的主要贡献是：他解决了根据这个理论计算出的分子速度和气体扩散现象所显示的速度二者之间的矛盾，这在当时是一个有争论的问题。他从分析气体分子间的相互碰撞入手，引入在单位时间内所发生的碰撞数和分子的自由程两个概念，开辟了研究气体的输运现象的道路。他还研究了电解质和电介质，他提出的电解理论成为电离理论的基础，还描述了分子极性和电介质常数之间的关系。

（戴念祖）

克勒默，H. Herbert Kroemer（1928-08-25～2024-03-08） 美国德裔半导体物理学家。生于德国魏玛。1952年获得德国格丁根大学哲学博士学位。毕业后曾在德国和美国的许多实验室工作过。1976年以后在加州大学圣巴巴拉分校任教授。

1963年克勒默首先提出半导体器件中异质结器件的优越性，并且提出了双异质结激光器的概念，从而发明出更快的晶体管和高效能的**激光二极管**。由此引发了军用和商用光电通信技术向高速与小型化方向发展的趋势，又一次推动了现代信息技术革命。由于发展用于高速电子学和光电子学中的半导体异质结构，克勒默获2000年诺贝尔物理学奖。

（郭奕玲）

克利青，K.von Klaus von Klitzing（1943-06-28～　） 德国物理学家。生于德国波森的希罗达（今属波兰）。1972年获维尔茨堡大学博士学位，先后在该大学物理研究所、法国格勒诺布尔的普朗克研究所工作。1978年任慕尼黑理工大学教授，1980年以后任德国斯图加特马克斯·普朗克固体研究所所长。

在研究半导体霍尔效应的过程中，1980年克利青和他的合作者在霍尔电阻随栅极电压变化的曲线上观察到霍尔电阻平台。霍尔电阻对磁场成阶梯变化，其电阻值由物理常数h/e^2除以整数值n（$n=2, 3, 4, 5, 6, 8, 10$）获得。这一结果称**量子霍尔效应**。通过它可以精确地测定精细结构常数α。

由于发现量子霍尔效应，克利青获得1985年诺贝尔物理学奖。

（郭奕玲）

克鲁克斯，W. William Crookes（1832-06-17～1919-04-04） 英国物理学家、化学家。生于伦敦，卒于伦敦。1848年进伦敦皇家化学学院攻读化学。1855年任切斯特师范学院化学讲师。1859年创办《化学新闻》并任主编直到1906年。1863年被选为英国皇家学会会员，1913～1915年任该会会长。

克鲁克斯在1861年3月利用光谱仪分析硒矿废渣时，发现了元素铊。这是他早年的重要贡献之一。他对真空放电现象进

行仔细研究，研制出一种高真空放电管，发现并研究了其中的暗区，因而以他的姓氏命名为克鲁克斯管和克鲁克斯暗区。他通过研究阴极射线的运动、它们在磁场下的偏转和荧光效应而确定阴极射线是一种高速运动的带负电的微粒子流。克鲁克斯管为1895年X射线的发现和1897年电子的发现提供了基本实验条件。1896年以后他以极大的兴趣研究了放射性现象并论述了元素起源问题。他所发明的闪烁镜等实验仪器和防护射线的特种玻璃，对于这一领域的研究工作贡献很大。克鲁克斯还研究过稀土元素及其光谱、空气中固氮等问题，发明了辐射计。

（戴念祖）

克罗宁，J.W. James Watson Cronin（1931-09-29～2016-08-25） 美国物理学家。生于伊利诺伊州芝加哥，卒于明尼苏达州圣保罗。1955年获芝加哥大学哲学博士学位。1955～1958年任职于布鲁克海文国家实验室。1958～1971年任普林斯顿大学助理教授、教授。1971年以后任芝加哥大学物理学教授。

1955年克罗宁参加布鲁克海文宇宙线级加速器研究，受V.L.菲奇邀请到普林斯顿大学。在普林斯顿他研制了火花室，用以研究超子衰变和中性K介子衰变。1964年他们共同发现了CP不守恒。由于这一发现，他和菲奇获1980年诺贝尔物理学奖。

后来，克罗宁还研究长寿命中性K介子的CP不守恒，并以更高的精确度研究中性K介子的CP不守恒参数。

（郭奕龄）

克特勒，W. Wolfgang Ketterle（1957-10-21～ ） 德国物理学家。生于海德堡。1986年在慕尼黑鲁德维奇-马克西米兰斯大学获博士学位后，在马克斯·普朗克量子光学研究所从事量子光学研究。1993年任美国麻省理工学院物理系副教授，1997年任教授。

1990年克特勒从德国来到麻省理工学院做博士后研究，1993年起承担研究玻色-爱因斯坦凝聚任务的主要责任，用的是钠原子。他解决了陷阱中心原子散失的问题。其结果虽然比C.E.威曼和E.A.科纳尔小组晚了四个月，但他的实验不但验证了后者的结论，还比后者的结果更为深入，因为在他得到的凝聚体中原子数多了数百倍。由于有更多的原子，就有可能对凝聚体的特性进行测量。

由于独立地完成了玻色-爱因斯坦凝聚和对这类凝聚体特性的早期基础研究，克特勒和E.A.科纳尔与C.E.威曼获2001年诺贝尔物理学奖。

（郭奕玲）

刻漏 clepsydra 中国古代的漏水计时器。又称漏壶。《周礼·夏官》（约5世纪成书）中记载有：“挈壶氏：掌挈壶以令军井……凡军事，縣（悬）壶以序聚㰖（柝）……皆以水火守之，分以日夜。”“序聚㰖”是说根据漏壶的标示按时敲木梆报时的意思。“水火”操作是控制水温的措施。图1是现存最古老的三只刻漏实物之一，其形制与图2类似。图2中壶盖上的长方孔应是插“箭”的口，“箭”是用竹木制成指示水深的标尺，上面的刻度即标志时间，下端装在一个浮体上，随水面升降。由水面下降显示时刻的漏壶属沉漏一类。沉漏的水压随水面而降低，流速很难均匀化，以致箭的分度不易准确。约在汉代发明了浮漏：从一个漏壶流出的水，流入一个直柱形容器，箭在其中便逐渐上浮。只要流注均匀，箭刻便可均匀上升，计时易于精确，为了得到均匀水流，自东汉起就采用复式漏壶：从第一个漏壶向第二个漏壶注水，重叠使用二级以至六级，最后的漏壶才把水注入放置浮箭的壶。这种方法使添水操作的断续性得以平滑。

图1 兴平县1958年出土的西汉刻漏

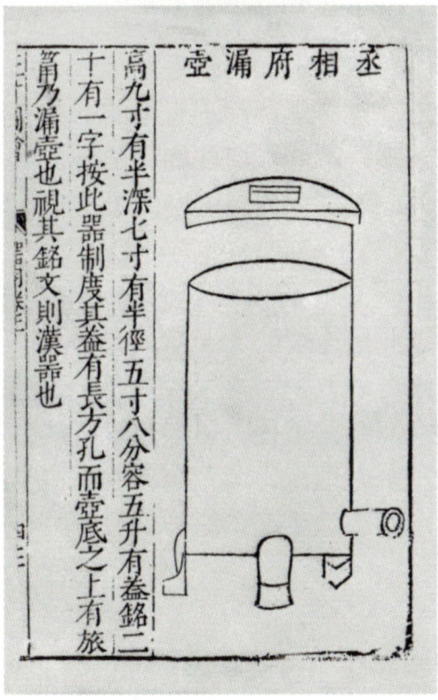

图2 《三才图会》［明万历丁未（1607）刻本］中的漏壶图

宋天圣八年（1030）燕肃（生卒年不详）发明“莲花漏”，精度大为提高。其法是使漏壶水面总保持漫溢高度，从而使水压稳定而流速不变。沈括承袭这一成果，于熙宁七年（1074）在司天监制成玉壶浮漏，还写了一篇呈皇帝的《浮漏议》，这是现存关于刻漏的最详尽的也是最高水平的文献，全文完整地收存在《宋史·天文志》中。在燕肃和沈括的刻漏中，影响水流的两个主要原因互相补偿：一是水的黏滞性。当温度升高时，黏滞度便减小，水流变快；二是水面高度。当温度升高时表面张力减小，漫溢水面便微微降低，水压随之降低而水流变慢。适当选择结构尺寸，就可以使两个相反的变化近于完全抵消，达到最佳效果，即是水流受温度变化的影响极小，刻漏更为准确；可说是世界上最精密的漏水计时器。沈括在《梦溪笔谈》中称，他用自己的刻漏证明了古代人从天文观察中得出的“冬至日行速，夏至日行迟”的结论。

古代使用精密漏壶的场合几乎都是天文观测，如测定冬至、夏至和日月食的太阳方位。因此，要求漏壶提供守时服务的时间不过数日，数日之间气温的变化不会很大，而且精密漏壶都置于密室，因此温度的影响并不严重。好的漏壶与当时的方位测量在精度上是可以匹配的。

世界上其他国家古代也发明并发展了漏水计时技术。现存最古的实物是埃及公元前14世纪所制，在盛水容器底有一小孔，水从孔下泄而水面渐低，内侧壁上有刻度，以水面所对刻度标示时间。公元前3世纪希腊人法庭上计时，即用漏壶。后来罗马人加以改进，使漏水进入一圆柱筒，筒内浮子匀速上升，推动齿轮机构，转动指针示时。伽利略做落体实验，也用漏水计时。在欧洲和阿拉伯这种记时装置一直用到16世纪。

（李志超）

肯德尔，H.W. Henry Way Kendall（1926-12-09～1999-02-15） 美国高能物理学家。生于马萨诸塞州波士顿，卒于佛罗里达州塔拉哈西。1954年获麻省理工学院博士学位，后一直在麻省理工学院任教。1963～1973年，他和J.I.弗里德曼、R.E.泰勒在斯坦福大学直线加速器中心进行的高能粒子实验中，发现了电子、质子和束缚中子的深度非弹性散射，对夸克模型理论的发展起过重要作用。因此，三人共获1990年诺贝尔物理学奖。

（郭奕玲）

空间 space 物理学的空间是物体运动的场所。人们对空间的认识随着物理学的发展而逐步深入。I.牛顿认为绝对空间和绝对时间都是客观存在的与物质和运动无关的东西。物体在空虚的绝对空间之内和均匀流逝的绝对时间之中永恒地运动着，如果物质消失了，空间和时间仍然存在，这就是很长时间内流行的绝对时空观。

水桶实验 为了论证绝对空间的存在，牛顿设计了著名的水桶实验：一个装有水的桶，最初桶和水都静止，水面是平的（图a）；然后让桶以角速度ω转动，刚开始时，水未被桶带动，此时桶转水不转，水面仍是平的（图b）；不久，水渐渐被桶带动而旋转，直到与桶一起以角速度ω转动，此时水面呈凹形（图c）；然后，让桶突然静止，水仍以角速度ω转动，水面仍是凹形的（图d）。

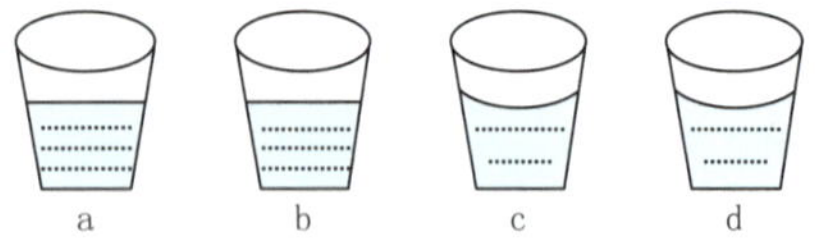

a 桶和水都静止 b 桶转水静止
c 水和桶一起转 d 水转桶静止

水桶实验

在情况a和c中，水相对于桶都静止，但水面在a时是平的，在c时是凹的。而在情况b和d中，水相对于桶都转动，但水面在b时是平的，在d是凹的。显然，水面的形状与水和桶的相对转动无关。水面呈凹形是由于受到惯性离心力的结果。惯性离心力的出现既然与水相对于桶的转动无关，那么与什么有关呢？牛顿认为，与绝对空间有关。惯性离心力产生于水对绝对空间的转动。牛顿认为，转动是绝对的，只有相对于绝对空间的转动才是真转动，才会产生惯性离心力。通过水桶实验，牛顿论证了绝对空间的存在。

与A.爱因斯坦同时代的奥地利物理学家E.马赫反对牛顿的绝对时空观。马赫对牛顿的水桶实验给出了新的解释，他认为惯性离心力起源于相对做加速运动的物质间的相互作用。水桶实验中，水面呈凹形（受到惯性离心力）的情况，并不是由于水相对于“绝对空间”转动造成的，而是由于水相对于遥远星系（全宇宙物质）转动造成的。

相对论的空间概念 马赫的上述思想对爱因斯坦创建相对论产生了重大的启发作用。实际上，相对论的建立使人类对空间和时间的认识产生了质的变化。根据广义相对论，物质与时空具有密不可分的关系，物质的存在使时空弯曲，而时空几何又同时决定物质的运动。例如在大质量星体附近，空间是弯曲的，其几何不再是欧几里得几何。人们熟悉的“三角形内角和等于180度”等性质不再成立，而需要用黎曼几何来替代。弯曲空间具有不同的拓扑结构，例如三维球面就是一种有限无边的几何结构，是宇宙学理论预言的一种可能结构。总之由于引力作用，空间不再是物体运动的固定舞台，而由物质的分布和运动决定。

空间由空间点组成，由于每个空间点可以用三个坐标来描述，因此我们生活的空间是三维的。库仑定律指出，静电力与距离的平方成反比。这一平方反比定律也支持了空间的三维性。不过，现代物理学的研究表明，在微观的世界里，空间很可能高于三维，例如可能是九维或十维。但是在宏观世界里，高于三维的那些空间卷曲了起来，不能被目前的实验观测到。所以，人们宏观世界中的空间维度，仍然表现为三维。

由于空间可以用连续分布的坐标描述，因此是连续的。但量子力学与广义相对论结合后，引力必须要量子化，这就导致时空需要量子化。虽然还没有建立完善的量子引力理论，但人们普遍相信空间在极小尺度下是不连续的。

（赵 峥 高思杰）

空间带宽积 space-bandwidth product 光学成像系统获取信息量的度量。人类从外界获取信息主要是来自光波，例如直接用眼观察，或借助光学仪器，例如照相机、显微镜、望远镜等透镜成像系统。图1是著名的照相物镜——柯克（Cooke）物镜成像示意图。

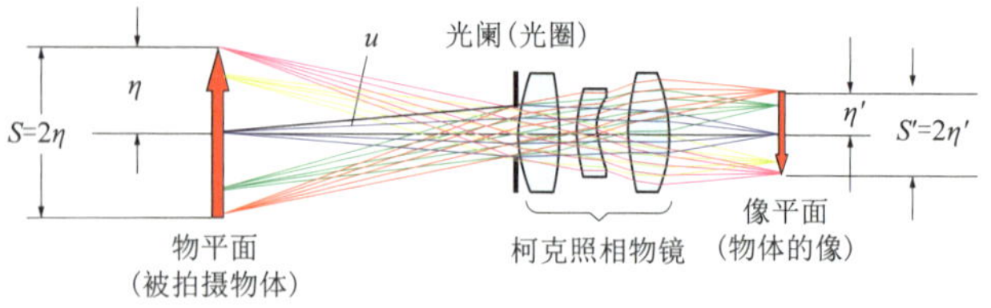

图1 柯克物镜成像示意图

由于照相底版或CCD、CMOS等图像传感器的大小有限，被拍摄的空间也是有限的，称为“物方视场”，记为S。在一维情况下$S=2\eta$，η为物高。广角物镜视场较大。S越大，收集到的空间信息就越多。相应地，$S'=2\eta'$，η'为像高。u为入射（物方）半孔径角。

此外，任何相机都有光圈，称为“孔径光阑”，物体向所有的方向发出光波（包括从物体表面反射的光波），但只有一部分光波通过光阑进入系统参与成像，较大孔径的光波所荷载的信息都因光阑拦光而丢失。假定光学系统的最小可分辨长度为δ，它的倒数ν_c就是单位长度（例如mm）可分辨的线对，称为分辨率，在物理上又称为最高空间频率或频带宽度，简称“带宽”B。δ越小，B越大，就能看清更细微的目标，信息量就越大，因此，用空间带宽积（SBP）来定义信息量。

在光学系统完美校正各种像差，达到衍射极限情况下，最小可分辨长度δ可以用艾里斑半径r_{Airy}或艾里斑的半峰全宽（FWHM）来表征（图2）。艾里斑的

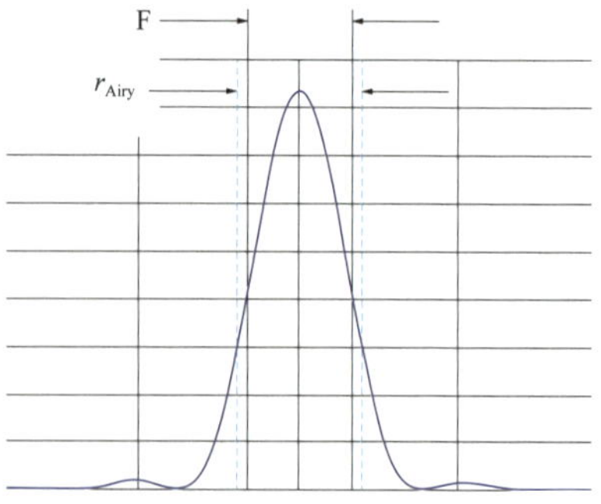

图2 艾里斑的截面曲线

FWHM≈λF，其中λ为波长或中心波长，F为光圈数或F数。

衍射极限情况下的分辨率或带宽：

$$B=\nu_c=\frac{1}{\lambda F}\approx\frac{2u}{\lambda}$$

从而一维空间带宽积可表为：

$$SBP=SB=\frac{4\eta u}{\lambda}=\frac{4\eta' u'}{\lambda}$$

式中u'是对应的像方半孔径角。ηu恰恰为拉格朗日不变量，在图像传递中不变，即$\eta u=\eta' u'$。如果物空间和像空间的介质折射率分别为n和n'，则SBP方程拓展为：

$$\text{SBP}=\frac{4n\eta u}{\lambda}=\frac{4n'\eta' u'}{\lambda}$$

空间带宽积是光学成像系统获取信息量的度量。

探测器阵列的空间带宽积　近代成像系统一般用探测器阵列（例如CCD、CMOS、FPA，又称像素探测器）来探测显示图像，设探测器为矩形，边长分别为a和b，像素数分别为N_x和N_y，又设像素为正方形，边长为p，则有$a=N_xp$，$b=N_yp$根据抽样定律，器件的最小分辨长度$\delta_d=2p$，它的倒数就是该器件的分辨率R或带宽B：

$$B=R=\frac{1}{\delta_d}=\frac{1}{2p}$$

因此器件x方向的空间带宽积为$\text{SBP}_x=aB=N_x/2$，类推到y方向后，可以得到：

$$\text{SBP}=\frac{N_xN_y}{4}=\frac{N}{4}$$

就是整个器件的空间带宽积。

集光率分析　集光率（étendue）的物理意义和空间带宽积一致。光学系统不仅传递信息，还传输光能量。假设物体的亮度均匀，则物平面面积越大，光学系统的入射孔径角越大，所能传递的光通量越大。运用空间带宽积来分析、比对光学系统传递信息或能量的本领，分析光学系统各部件之间，或接续的光学系统之间信息和能量传递关系，业界称为集光率分析。

（宋菲君）

空间光调制器　spatial light modulator; SLM　对光波的某些特性（如振幅或强度、频率、相位、偏振态等）的一维或二维分布进行空间和时间变换或调制的器件。其输出光信号是随控制信号（光的或电的）变化的空间和时间的函数。

基本结构　SLM基本结构是由许多独立单元（称SLM的像素）组成的一维线阵或二维阵列，可以接收光的或电的输入信号，并利用各种物理效应改变自身的光学性质，实现对待处理光波的空间调制或变换。控制像素的光（电）信号称为写入光（电）信号，被调制的输入光波（照到整个器件）称为读出光，经过SLM后出射形成输出光。

把写入光或电信号含有的、控制SLM像素的信息分别传送到相应像素位置上去的过程称为寻址。采用写入光信号实现这一过程，称为光寻址；采用写入电信号实现这一过程，称为电寻址。

光寻址通常采用一个二维光强分布（如一幅图像）作为写入光，使其成像在SLM的像素平面上，使SLM的像素一一对应图像的像元，从而实现光寻址。它是一种并行寻址，寻址速度快，像素的大小只受写入光成像光学系统分辨率的限制。

电寻址是一种串行寻址方式。实现电寻址有多种形式。例如，在SLM的表面设置两组正交的栅状电极，用逐行扫描的方法，使写入电信号作用到相应的像素上完成寻址。再如，利用电荷耦合器（CCD）和一个附加的电荷转移机构，把写入电信号转换成调制器上的电压分布来完成寻址。与光寻址相比，电寻址的信息处理速度较低，受电极几何尺寸和透过率的限制，其分辨率和填充系数（像素的有效通光面积与像素的总面积之比）都有所降低。但它是光信息处理与现代电子技术（特别是计算机－多媒体技术）相结合构成光电混合系统的有效方式。

已实用化的SLM种类繁多，它们的工作原理、结构和特性都不尽相同。SLM还没有统一的分类方法：①按读出光分。有透射式和反射式。②按工作原理来分。SLM使用的物理效应很多，如泡克耳斯效应（线性电光效应）、克尔效应（二次电光效应）、声光效应、磁光效应、半导体的自电光效应、光折变效应等。③按材料来分。能够利用这些物理效应的材料很多，如液晶、各种光电晶体、声光晶体、磁光材料、铁电陶瓷等。

功能　SLM可作为输入器件，将待处理的信息转换成光学处理系统所要求的输入形式，实现电－光转换、串行－并行转换、非相干光－相干光转换和波长转换。

作为光学处理和运算功能器件，SLM可实现一维或二维的光放大或图像增强，且可获得增强的相干光图像，并同时完成波长变换；还可用光学方法实现矢量－矩阵或矩阵－矩阵乘法，或实现图像相乘、相加或相减。另外，SLM还可进行一些与基本相乘功能有关的操作，如可编程匹配滤波、波前共轭、可重构互连等。SLM还可实现对比度反转、量化操作和阈值操作（即模－数转换）。此外，有些SLM还可实现某些非线性变换、逻辑运算等。PROM器件、光折变器件等SLM还有存储功能。

基本性能参数　SLM的工作方式有光寻址或电寻址，读出光是透射式或反射式，振幅型或相位型（即只对读出光的振幅、强度分布进行调制，或只对读出光的相位分布进行调制）。除工作方式外，读出光和写入光的工作波长或波长范围以及有效工作面积等也是SLM的基本性能参数。SLM功能不同，描述其性能的具体技术性能参数也不同，但应包括描述其输入特性、空间特性和时间特性三类参数。

（孙雨南）

空间光学　space optics　高层大气中或大气外层利用光学装置和技术对空间及地球进行观测与研究的学科。对空间的观测主要是利用各种光学设备接收来自天体不同波段的辐射或对天体成像，以测定它们的位置，研究它们的结构和成分，探索它们的运动和演化规律。将光学仪器设置在空间是为避开地球大气对光波传输和成像质量的严重影响。

1946年利用V-2火箭发射摄像仪摄像是空间光学的最初工作。1957年苏联发射的第一颗人造地球卫星则推动该学科进入蓬勃发展时期。1973年美国发射了载人“天空实验室”，其上所携带的阿波罗望远镜，使从空间对太阳的观测发展到一个崭新阶段。中国于2003年10月成功发射载人飞船，为发展空间光学提供了机遇。

空间资源和空间的战略地位越来越引起各国的高度重视。随着空间科学、信息技术、探测和成像技术及器件的发展，空间光学将成为获取空间信息的重要手段。

（阎吉祥）

空间极迹　herpolhode　在空间坐标系中瞬心的轨迹。又称空间瞬心迹。见*刚体平面运动*。

空间极面　herpolhode cone　在空间坐标系中转动瞬轴随时间扫出的曲面。见*刚体的一般运动*。

空间滤波器　spatial filter　放置在光学信息处理系统的频谱面上，用来改变输入光场空间频谱，从而改变系统输出光场的器件。空间滤波器可以是具有一定形状的孔板，或是具有一定复振幅透过率分布的透明（胶）片，也可以是复振幅透过率分布能够被控制的空间光调制器。

1873年E.阿贝提出二次衍射成像理论。为验证和演示这一理论，阿贝于1873年，A.B.波特于1906年分别完成了以空间滤波为核心的著名的阿贝－波特实验。“空间滤波”借用时变信号处理中对（时间）频谱成分进行滤波的概念，对于二维分布的光信息的空间频谱成分进行滤波，改变物体的空间频谱结构，从而使像产生所需要的变换。实验中用相干单色平面波照明类似正交光栅的细丝网格状物体，在成像透镜的后焦平面上放置各种不同的光阑，以改变物体的空间频谱结构，在像平面上便可观察到各种与原物不同的像，这是第一次有目的地使用空间滤波器。

阿贝－波特实验中采用的空间滤波器有高通滤波器、低通滤波器、带通滤波器、方向滤波器等类型，它们通常呈现复振幅透过率非1即0的特性，属于振幅滤波器，即只改变光场复振幅的振幅部分，不影响复振幅的相位分布。相位滤波器一般是用振幅透过率接近于1的材料制作，通过厚度或折射率的改变来改变光场的相位，而不影响振幅分布。1935年F.泽尔尼克发明的相衬显微镜就是相位滤波的成功范例。对光场频谱的振幅分布和相位分布同时起调制作用的滤波器是复值滤波器。典型的复值滤波器有1963年A.B.范德拉格特提出的匹配滤波器，以及1970年S.I.拉格纳森提出的维纳滤波器。这些滤波器虽然只由吸收图样组成，但可以同时控制信号频谱的振幅和相位，从而分别实现光学相关和图像消模糊运算。

针孔滤波器（一种最简单的低通滤波器）也用于提高激光的光束质量。

各种新颖的空间滤波器的发展，推动了光学信息处理技术的进步。 （陶世荃）

空间频率 spatial frequency 空间周期性结构中单位距离包含的周期数。在数学、物理学或工程中，对于空间周期性结构，定义空间周期的倒数为空间频率。例如，对于黑白条纹构成的**光栅**，相邻的一个黑条纹和一个白条纹构成一个空间周期，称为一个线对，光栅的空间频率即每毫米包含黑条纹或白条纹的数目。空间频率的单位是“线对/毫米”或“周/毫米”。

对于不同的物理量，描述其空间函数分布的空间频率的物理含义是不同的。傅里叶光学侧重在空间频率域讨论光波场的分布，空间频率是其重要的物理概念。当波长λ的单色平面波照射x-y平面，由于平面电磁波传播的空间周期性，x-y平面上光场复振幅分布是以相位值2为周期的周期分布，可以看作空间相位差为2的一组波面与x-y平面相交，形成一组等距的平行斜线，即等相位线。等相位线间的距离为空间周期，单位距离包含等相位线的数目为空间频率。空间频率的大小与平面波传播的方向余弦一一对应，因而，可以用x方向和y方向的空间频率（f_x, f_y）表征传播方向余弦为（$\cos\alpha=\lambda f_x, \cos\beta=\lambda f_y$）的单色平面波（$\alpha$、$\beta$是光的传播矢量与$x$轴和$y$轴的夹角）。利用傅里叶分析，可以把单色光波场中平面上的复振幅分布看作不同空间频率或不同方向传播的单色平面波的线性叠加。

对于非相干照明的平面上的余弦光栅，其光强变化可以通过空间频率来描述。利用傅里叶分析，可以把非相干光场中平面上图像的强度分布看作不同空间频率的余弦光栅的线性叠加。其中零频分量代表平均光强，称直流分量；把图像中缓慢变化的成分看作图像的“低频”，而把急剧变化的成分看作图像的“高频”。光学成像系统对于各种空间频率成分的传递性能反映了该系统的成像质量。

（吕乃光）

空间群 space group 晶体结构在空间里所具有的全部对称元素（宏观与微观）构成的群。空间群反映了晶体结构中原子、空位、间隙等的分布规律，概括了晶体的全部对称性。晶体空间群：转动部分与平移部分相容的转动平移算符组成的群。广义空间群：所有转动平移算符{R|t}的集合。1890年E.C.费奥多罗夫和1891年A.M.熊夫利分别用不同方法独自证明了晶体结构的微观对称操作组合方式只有230种，即230个空间群。32个点群与相容的点阵组合，导出73个空间群，再将旋转轴和反映面分别以螺旋轴和滑移反映面取代，又可导出157个空间群。空间群的国际符号由两部分组成。前置大写拉丁字母表示点阵类型：P、I、R、F分别代表初基、体心、菱形、面心点阵，面A、B、C分别代表侧心在3种晶胞面的点阵。后一部分写出3个对称元，此对称元也可能是螺旋轴和滑移反映面。如$F\bar{4}3m$是闪锌矿结构的空间群，$Fm3m$是面心立方结构的空间群，$Fd3m$是金刚石结构的空间群，其中d代表金刚石结构中某一滑移反映面。

（李建奇）

空间相干性 spatial coherence 光场中两个时空点的某些量之间不考虑时间影响的相关性。见**光的相干性**、**物理光学**。

空间坐标系 space coordinate system 在研究刚体的运动时，需要用到两种坐标系之一。它是观察者所在的参照系，又称固定坐标系；另外一种坐标系固定在刚体上并与刚体同步运动，称为本体坐标系。由于空间坐标系坐标轴的方向固定不变，所以该坐标系中的某一力学量对时间微商时，只需计算其各个分量的时间变化率即可，这样就方便建立动力学方程。但缺点是刚体的一些参量，如惯量张量，在该系中的表达较复杂，且处于变动之中。在本体坐标系中，刚体参量的表达直观简单，也不会随时间改变。但由于该系坐标轴随刚体运动，所以在计算刚体的某一力学量对时间的微商时，除了需要计算其各分量随时间的变化率外，还需要考虑各坐标轴基矢对时间的微商。

利用两种坐标系之间的关联，可以扬长避短，简化刚体的动力学研究。

（秦 敢）

空心阴极灯 hollow-cathode lamp; HCL 在物化分析仪器（原子吸收分光光度计、原子荧光光谱仪）中广泛使用的一种特殊形式的低压辉光放电锐线光源。也可作为特殊光源的波长和频率调谐器。空心阴极灯主要由一个用被测元素（或特定元素）制成的空心阴极和一个由钛、锆、钽或其他材料制成的阳极组成，阴极和阳极被封闭在带有光学窗口的硬质玻璃管中，管内充有惰性气体。在阴极和阳极间施加几百伏电压使阴极发生溅射并激发阴极原子发射特征锐线光谱，作为被测元素含量分析依据（或作为测试其他试样的标准谱线）。

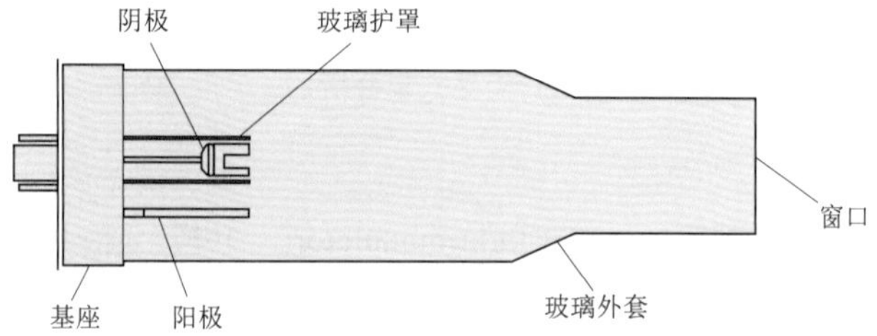

空心阴极灯结构示意图

在作为波长和频率调谐器时，是将被调谐光源照射入空心阴极灯中，使其中的特定原子发生光致电离作用，产生电子和离子，这时阴极和阳极间原施加的电压就会产生变化，由此变化电压信号去控制被调谐光源的驱动参数，利用自锁电路最终将光源调谐至期望的发射波长上。

衡量空心阴极灯性能的参数有：①驱动参数；②发光强度；③光谱线宽度；④预热时间（一般十分钟足够，对多元素灯要长些）。

20世纪50年代，澳大利亚A.沃尔什和他的团队在研发原子吸收分光光度计过程中，研发了空心阴极灯，并于1963年由澳大利亚的一家公司首先推出了商用空

心阴极灯。实际工作中为减少换灯的预热时间，包含六七种元素的多元素灯也已得到了广泛的应用。（高教波　宁子立）

孔径　aperture　光学系统中描述成像光束大小的参量。孔径可以用孔径角或孔径半径来表示。透镜、反射镜等成像元件的口径能够限制入射或出射光束的大小；光具组中还会设置带孔的屏，以限制或改变光束的大小。成像系统中对光束大小进行限制的装置，称作光阑。成像元件或成像光具组中的光阑，具有限制光束张角（孔径）和限制成像视场的作用。对光束张角起限制作用的光阑，称作孔径光阑。对成像视场起限制作用的光阑，称作视场光阑。

实际的成像光具组中，透镜的边缘和带孔的屏都是光阑，但对光束限制作用最大的孔径光阑只有一个，这样的孔径光阑就是有效光阑。如图所示，透镜L_1和L_2之间的光阑MN是孔径光阑。对于入射光束，光阑的大小等效于经透镜L_1所成的像M_1N_1，M_1N_1称作入射光瞳；对于出射光束，光阑的大小等效于经透镜L_2所成的像M_2N_2，M_2N_2称作出射光瞳。

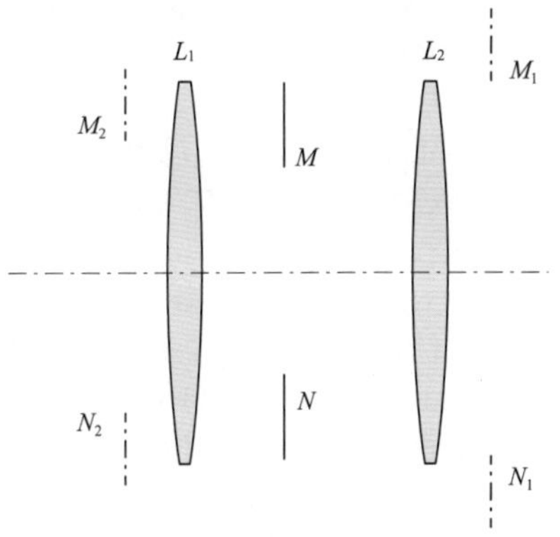

孔径光阑

孔径光阑的大小既可以用有效孔径对物点或像点的张角表示，也可以用孔的直径表示。采用较小的孔径，可以减小相差，增大景深。但孔径过小，会导致显著的衍射效应，使像的分辨率降低。（崔宏滨）

孔隙介质地层中的声波　acoustic wave in porous formation　地层的岩石一般由骨架和孔隙组成，而孔隙中又由一种或多种流体甚至固体充填，因此孔隙介质地层中的声波特性是非常复杂的，一般既是频散的，也是衰减的。声波在孔隙介质地层中传播时，会引起固相和流相之间的相互作用，因此分析孔隙介质中波动问题要比单相如弹性固体和流体中的情况复杂得多。可以根据孔隙内充填物不同，将此类问题或研究分为以下几种：一种流体饱和的孔隙介质和两种流体饱和的孔隙介质以及一种流体和一种固体充填的孔隙介质，波在这三类孔隙介质中传播有明显的差异。描述一种流体饱和孔隙介质中声波传播规律最经典的理论是毕奥理论及在其基础上考虑局部喷射流机制的BISQ理论。波在一种流体饱和介质中传播可能出现两种纵波和一种横波；在两种流体饱和介质中则可能出现三种纵波和一种横波；在一种流体和一种固体充填的孔隙介质，如天然气水合物中，则可能出现三种纵波和两种横波。图为天然气水合物模型模拟的波传播示意图。从外到内，第一、第三和第五依次为三种纵波，而第二和第四分别为两种横波。

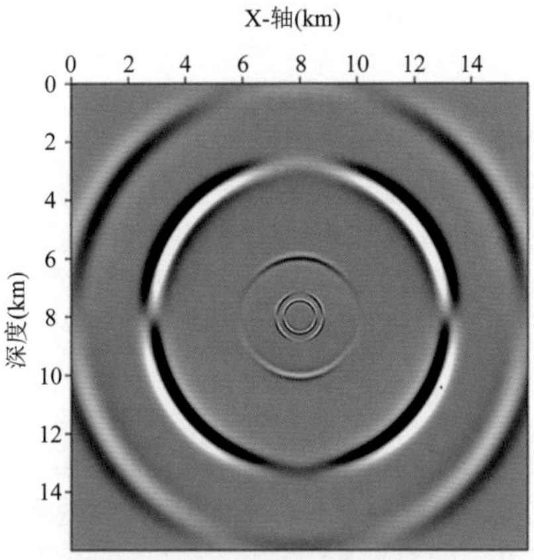

天然气水合物沉积物中波传播示意图

（陈　浩）

口袋模型　bag model　建立唯象符合量子色动力学基本原则，具有夸克禁闭行为的强子（重子和介子）结构模型理论。利用此模型可以计算强子谱，强子静态波函数，以及用来计算强子跃迁矩阵元等。它和势模型、B-S方程等理论有共同之处，但切入点不同，袋模型更唯象，物理图像也更简朴。通常讨论的袋模型的最基本、最初建议的是MIT袋模型；后来扩展了物理图像，包含核物理中经常讨论的π介子云，发展出了手征袋模型和云袋模型。**李政道**讨论过强子作为孤粒子（袋）的物理图像。假定量子色动力学是一个完全洛伦兹不变的抗色电介质（$\varkappa_\infty=0$），当$\varkappa_\infty\to0$，一切有色的粒子、夸克、反夸克和胶子都被禁闭在一个域内，这就定义了一个强子。在它的内部$\varkappa=1$和小的耦合g^2，在外面$g_\infty^2=g^2/\varkappa_\infty\to\infty$。在这个模型中将色介电常数$\varkappa$作为一个洛伦兹不变量，可以引入一个唯象的自旋为零的场σ，它是$\varkappa$的函数，取值为：

$$\sigma(\varkappa)=\begin{cases}0 & \varkappa=1\\ \sigma_{\text{vac}} & \varkappa=\varkappa_\infty=0\end{cases}$$

这个孤粒子解提出了袋模型的根本图像，MIT袋模型、手征袋模型和云袋模型只是将李政道的图像具体化了（可用于理论计算）。

MIT袋模型　M.**盖耳-曼**的夸克模型成功解释了当时发现的“基本粒子”（轻强子）的结构，因而被普遍接受：介子是由正-反夸克构成，重子（反重子）是由三个夸克（反夸克）构成。但经过多年的努力，始终没有找到带分数电荷的自由夸克，从而理论上认为夸克应该是禁闭在强子内部的。后续的研究确认自然界存在的物理态（强子）必须是无色的，因而带色的夸克不能是自由的（在高能碰撞和重离子碰撞中可以瞬时产生自由夸克或胶子作为部分子）。而把夸克和胶子束缚在强子内的相互作用是**量子色动力学**（QCD）。QCD的重要特性是渐近自由，即相互作用的耦合常数α_s在小距离（大能量）时趋于零，但对大距离（低能量），变得很大（理论上可作为无穷大），从而将带色的夸克和胶子束缚在强子内。但这属于非微扰效应，原则上无法从一个基本原理（场论）出发，得到束缚夸克-胶子的机制，因而只能求助于唯象模型。其中MIT袋模型最简单，直接体现了渐近自由和夸克禁闭。在这个模型中，用一个不可穿透的口袋来描述强子，在口袋内部夸克（应该称为价夸克）和胶子是完全自由的，但它们不能冲出口袋。最简单的也是最容易计算的口袋是球形的，它有高度的对称性，这时夸克波函数满足方程：

$$(-\mathrm{i}\boldsymbol{\gamma}\cdot\nabla+\gamma^0\omega+m)q=0\quad(r<R)$$

静态强子袋（对时间微商为零）的边界条件为$-\mathrm{i}\boldsymbol{\gamma}\cdot\hat{\boldsymbol{r}}q=q$，$(r=R)$。解满足此边界条件的狄拉克方程，可以得到单个夸克能量为：

$$\omega(m,R)=\frac{1}{R}[x^2+(mR)^2]^{\frac{1}{2}}$$

式中的参数x为超越方程$\tan x=\dfrac{x}{1-mR-[x^2+(mR)^2]^{1/2}}$的解。

利用这个解可以计算强子的各种性质，如强子磁矩，轴矢量耦合常数和均方电荷半径等。考虑袋中夸克与胶子相互作用的能量作为对零阶结果（只计及自由夸克能量）的$\alpha_s^n(n\geqslant1)$阶修正。

强子质量为$M(R)=\dfrac{3}{4}\pi BR^3+\dfrac{1}{R}\cdot[-Z_0+Nx(0)+aM_{00}]$，其中第一项为体积项，$Z_0$为零点能，上式中取了$MR\sim0$的轻夸克近似，否则可用$\omega(m,R)$来代替$\dfrac{x(0)}{R}$，需要数值解$x(m,R)$，最后一项为色磁场交换项。这些参数$R$、$B$、$Z_0$都是唯象参数，

要用实验值来定。

这结果只是考虑了只存在价夸克的情况，实际上盖耳-曼的理论不排除同时存在价夸克和价胶子的混杂态，如果是这样还需要加入价胶子的贡献。胶子场满足的边界条件为 $n_\mu G^{\mu\nu}=0,(r=R)$。

手征袋模型　考虑重子外部存在π介子云，在袋的边界夸克流转换成介子流，MIT袋模型就被手征袋模型代替。

在MIT模型中夸克流在边界的径向分量（球形袋）为零，即夸克不能逃逸到袋外面。对手征袋模型，夸克流袋边界的径向上变成π介子场（也可能是σ和η′）流。换言之，夸克和外面的经典介子场之间的相互作用只能发生在袋的表面。夸克不能逃逸到袋外，介子场也不能渗透到袋内。

对球形手征袋模型，拉氏函数可以写为：

$$L=L_\psi\theta(R-r)+L_{\text{int}}\delta_s+[L_\chi+U(\chi)]\theta(r-R)$$

R是袋半径，第一项为带夸克的拉氏量，第三项为袋外介子云的拉氏量，中间项是在袋边界上夸克和介子场的相互作用项，$U(\chi)$是介子场满足的非线性势（见**手征拓扑孤粒子模型**）。

如果介子场充斥整个空间（即对全空间积分），它的拓扑核对应重子数为1，但现在由于半径为R的袋存在，积分不是全空间，因而介子场只能贡献重子数的一部分（<1）。另外，如果没有介子云，每个夸克的重子数为1/3，现在夸克和介子云都对重子数有贡献（换言之，夸克的一部分重子流会分给了袋外面的介子），所以夸克携带的重子数也小于1/3，它和介子云的贡献之和为1。

云袋模型　它和手征袋模型类似，区别在于π介子云可以渗入袋中。这个模型是夸克和介子云直接相互作用模型的推广。量子场论中，夸克-介子相互作用可以是夸克和量子化介子的相互作用（介子往往是作为传播子出现在计算中），但在这个模型中介子云仍然是经典的。夸克-介子云相互作用直接反映在协变微商中：

$$D^\mu\psi=\partial^\mu\psi-\frac{\mathrm{i}}{2}\left[\cos\left(\frac{\phi}{f_\pi}\right)-1\right]\boldsymbol{\tau}\cdot(\hat{\phi}\times\partial^\mu\hat{\phi})\psi$$

式中$\hat{\phi}=\boldsymbol{\phi}/|\boldsymbol{\phi}|$。夸克满足的变价条件包含在拉式量$\bar{\psi}\psi\delta_s$中。　（李学潜）

库恩长度　Kuhn length　一个衡量高分子链刚柔性的参数。真实的高分子链因其固定的键角以及由位阻导致的旋转受限，其性质并不同于自由连接链。W.库恩提出可以将真实链看成由N个具有等效键长b的库恩单元自由连接而成的库恩链，那么真实链在理论上就可以被处理成等价的**自由连接链**。该等价自由连接链具有和真实链一样的轮廓长度（$R_{\max}$）和均方末端距（$\langle R^2\rangle$），在其中每一个库恩单元均被看成是自由连接在一起的，可以在没有其他外力影响下任意取向，同时与其他库恩单元所采取的方向相互独立。库恩单元的长度b，也即库恩长度，就是均方末端距与轮廓长度的比值：

$$b=\frac{\langle R^2\rangle}{R_{\max}}$$

因此，库恩长度实际上是一个衡量链刚柔性的参数。与其他参数之间的关系为：

$$b=\frac{\langle R^2\rangle}{R_{\max}}=\frac{C_\infty nl^2}{nl\cos\dfrac{\theta}{2}}=\frac{C_\infty l}{\cos\dfrac{\theta}{2}}$$

式中C_∞为弗洛里极限特征比，是高分子链均方末端距与自由连接链均方末端距的比值在链长趋近无穷大时逐渐达到的一个饱和值；n为高分子主链上的共价键数目；l为高分子链上相邻原子间的距离即键长；θ而则为高分子链上相邻共价键之间的夹角。相应地：

$$N=\frac{R_{\max}^2}{C_\infty nl^2}$$

库恩长度具有重要的物理意义。经过这样处理，所有$N\gg1$的高分子链，基本都可以被处理为自由连接链，方便了链构象的模拟，不再与具体化学结构挂钩。由于所有和化学结构相关的特征信息都包含在库恩单元里了，真实链也可以服从以下的简单关系：

$$R_{\max}=Nb$$
$$\langle R^2\rangle=Nb^2$$

（张文彬）

库尔恰托夫，I.V.　Igor Vasilyevich Kurchatov（1902-01-12～1960-02-07）　苏联核物理学家。生于车里雅宾斯克州的锡姆，卒于莫斯科。1923年毕业于克里木大学物理数学系。1925年起在列宁格勒技术物理研究所工作。1934年获物理数学博士学位。1942年创建苏联科学院第二实验室，不久实验室改为原子能研究所，库尔恰托夫任所长直到去世。1943年当选为苏联科学院院士。1946～1960年任苏联科学院主席团委员。

初期，库尔恰托夫从事电介质物理学的研究，奠定了酒石酸钾钠电介质理论基础，对晶体的电特性研究做出了重大贡献。1933年转向研究原子核物理，领导建造当时欧洲最大的加速器，研究核反应。1934年确定了核反应的分支现象。1935年与L.I.鲁西诺夫等共同发现了人工放射性核素的同质异能现象。1939年他开始研究分裂重原子核并能获得一种链式反应的问题。在他的指导下，G.N.弗廖罗夫和K.A.彼得扎克于1940年实验证明了铀核呈现一种自发的核裂变过程。

第二次世界大战期间，库尔恰托夫与A.P.亚历山德洛夫共同研制出了一种使舰船不受磁性水雷袭击的装置，为此于1942年获苏联一级国家勋章。库尔恰托夫具有出色的组织才能，1943年起受命领导发展苏联原子能和原子武器的研究工作。在他的领导下，1946年欧洲第一个原子反应堆投入运转，1949年成功地研制并试验了苏联第一颗原子弹，1953年进行了苏联的第一颗氢弹的试验。此外，他还指导设计了世界上第一个原子能电站，并于1954年投入运行。在他生命的最后几年，主要进行受控热核聚变的研究。由于他的卓越贡献，曾多次获“苏联社会主义劳动英雄”的称号和多种国家奖。　（戴念祖）

库仑　coulomb　国际单位制中物理量电荷量的单位。简称库。符号为C。是安培秒（A·s）的专门名称。为纪念法国物理学家C.-A.de库仑而命名。定义为1安恒定电流在1秒时间间隔内所传送的电荷量，即1库=1安·秒。1881年第1届国际电学大会确定以这个单位名称作为实用单位。1908～1948年使用的电荷量单位是从国际安培导出的，称为国际库仑。自1984年起改用绝对库仑即现定义。　（陈熙谋）

库仑，C.-A.de　Charles-Augustin de Coulomb（1736-06-14～1806-08-23）　法国工程师、物理学家。生于昂古莱姆，卒于巴黎。1761年毕业于梅济耶尔工程学校。后入法国兵工团任技术军官，三年后又被派往加勒比海法属马提尼克岛担任建造波旁要塞的工程师。曾任政府官员，1772年回国，从此开

始科学研究工作。1781年被选为法国科学院院士。1802年起曾被拿破仑任命为教育委员会委员和督察主任。

库仑在应用力学，如结构力学、梁的断裂、砖石建筑、土力学、摩擦理论、扭力等方面做了许多工作，他也是测量人在不同工作条件下做的功（人类工程学）的第一个尝试者。由于这些卓越成就，他被认为是18世纪欧洲伟大工程师之一。

1773年法国科学院悬赏征求改进船用指南针的方案，库仑就在此时开始转而研究静电力和静磁力。他注意到以往把磁针轴托在细小支点上不免要受到摩擦力的影响，就改用头发丝或蚕丝把它悬挂起来以消除摩擦所引起的误差。这一改进使他获得了1777年法国科学院的奖金。他同时还测得作用在细丝上的扭力与磁针偏转的角度成正比，从而能计算磁力的大小。这就使他发明了一种可以精确测量微小力的扭秤。

为了用扭秤测量磁力，库仑还对金属细丝（悬丝）的转矩进行了许多理论和实验研究，并于1784年提出了细丝扭转矩的正确公式。1785～1789年间他用扭秤非常精确地测量了静电力和静磁力，并总结出一条现称为**库仑定律**的著名定律，即静电或磁的吸引或排斥力都与距离二次方成反比。在对电学和磁学的研究方面，他还提出过带电物体因漏电而损失电量的衰减公式和分子的极化模型等。而极化模型又是以后A.-M.安培提出分子电流的重要思想基础。（戴念祖）

库仑定律 Coulomb's law 静止点电荷相互作用力的规律。1785年法国物理学家C.-A.de库仑由实验得出，在真空中两个静止点电荷的相互作用力同两个点电荷的电量乘积q_1q_2成正比，同它们之间的距离r的平方成反比，作用力的方向沿它们的连线，同性相斥，异性相吸，数学表述为：

$$f=k\frac{q_1q_2}{r^2}$$

国际单位制里，式中电量的单位为库仑，距离的单位为米，作用力的单位为牛顿，比例系数$k=1/4\pi\varepsilon_0$，ε_0是真空介电常量，$\varepsilon_0=8.854\,187\,817\times10^{-12}$库^2/(牛·米^2)。$f$写成矢量形式为：

$$\boldsymbol{f}_{12}=\frac{1}{4\pi\varepsilon_0}\frac{q_1q_2}{r_{12}^3}\boldsymbol{r}_{12}$$

式中$\boldsymbol{r}_{12}$为电荷q_1指向的q_2径矢；$\boldsymbol{f}_{12}$为q_1对q_2的作用力。库仑定律在10^{-15}米到10^{11}米的范围内均成立。库仑定律是静电学的实验基础，根据它和场强叠加原理可导出静电场的高斯定理和环路定理，从而可建立一套完整的静电学理论。库仑定律也是电磁学的基本定律之一，建立在库仑定律和其他电磁学基本定律基础上的麦克斯韦电磁场理论是处理宏观电磁现象的理论基础。库仑定律中电力大小是否严格与距离平方成反比，曾被物理学家们仔细研究过。设电力大小与距离的关系可写成$f\propto r^{-2\pm\delta}$，δ称为偏离平方反比律的修正数。库仑当初的扭秤实验是直接测量，精度只有$\delta<4\times10^{-2}$。电力平方反比定律的精确验证有赖于对带电导体空腔内表面电荷的测量。根据库仑定律导出的高斯定理可得出，当导体空腔内部没有电荷时空腔内表面电荷为零，反过来测量了空腔内表面电荷的多少，可推论修正数δ的上限。H.卡文迪什在1772年（库仑之前）就曾用这种间接测量的方法得出$\delta<2\times10^{-2}$。1872年J.C.麦克斯韦用稍许不同的实验方法把精度提高到$\delta<5\times10^{-5}$，以后实验精度不断提高。1971年E.R.威廉斯等实验精度达$\delta<2.7\times10^{-16}$。电力平方反比定律已成为物理学中最精确的实验定律之一。

人们关心电力平方反比定律的精度是由于如果$\delta\neq0$，则高斯定理不成立，静电场的性质就会有所不同。其次，电磁场理论的**麦克斯韦方程组**是在一些电磁学实验定律的基础上建立起来的，这些实验定律的精度和适用范围都难以言明，而在一定条件下，由库仑定律和**洛伦兹变换**可导出麦克斯韦方程组，这不仅表明电磁现象的内在联系和统一性，而且也在一定程度上确定了麦克斯韦方程组的精度和适用范围。再次，δ是否严格为零还与光子的静止质量是否严格为零密切相关，如果光子静止质量不为零，哪怕非常小，将导致电荷不守恒，出现真空色散，破坏光速不变等一系列原则性问题。因此，电力平方反比律的精确验证实验还将长盛不衰地做下去。（陈熙谋）

库仑对数 Coulomb logarithm 表征等离子体性质的一个无量纲参数。写为$\ln\Lambda$。其中$\Lambda\cong\frac{\lambda_D}{\langle b_0\rangle}$，近似等于等式右侧所表示的等离子体参数，一般应用时不再区分，λ_D为德拜长度，b_0为90°散射角的瞄准距离，尖括号表示对粒子速度分布的平均值。等离子体参数又可写为$\Lambda=4\pi n\lambda_D^3$，其中$n$为带电粒子数密度，所以$\Lambda$为德拜球中包含的粒子数，由等离子体的密度和温度决定。对于典型的弱耦合等离子体，库仑对数$\ln\Lambda$在10～20之间，所以在德拜球内有充分多的带电粒子。（王　龙）

库仑碰撞 Coulomb collision 两带电粒子间的弹性碰撞，由于其间作用势为与距离成反比的库仑势，故称库仑碰撞或库仑散射。L.E.卢瑟福及其合作者于1909年进行了α粒子在原子核上的散射实验，1911年建立了卢瑟福模型解释了实验结果，因此库仑散射又称卢瑟福散射。由于电荷极性有正负之分，同性粒子之间的库仑力是排斥的，异性粒子之间的库仑力是吸引的。二者碰撞后的轨道不同，但都呈双曲线形式。此外，引力势也有同样的形式（与之间距离成反比），所以星体间的碰撞，如彗星经过地球时受到引力场作用，其轨道也如异性带电粒子间的散射轨道。

以排斥库仑势为例讨论散射角和散射截面。设两粒子分别带电荷eZ_1和eZ_2，它们之间的相对速度为v，在场粒子坐标系中计算散射角。如图所示，设左方粒子为入射粒子，在无穷远处其速度方向与场粒子的距离为b，称为瞄准距离。在库仑势作用下，可以得到散射角θ。它和瞄准距离间的关系为：

$$\mathrm{tg}\frac{\theta}{2}=\frac{b_0}{b}$$

式中

$$b_0=\frac{Z_1Z_2e^2}{4\pi\varepsilon_0\mu v^2}$$

为相应于90°散射的瞄准距离。ε_0为真空介电常数，μ为折合质量。

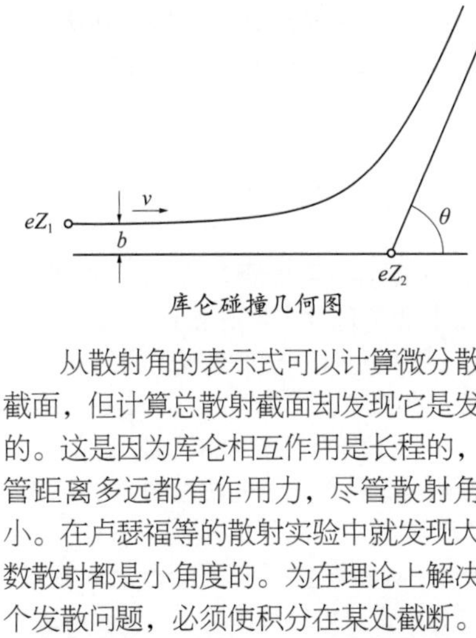

库仑碰撞几何图

从散射角的表示式可以计算微分散射截面，但计算总散射截面却发现它是发散的。这是因为库仑相互作用是长程的，不管距离多远都有作用力，尽管散射角很小。在卢瑟福等的散射实验中就发现大多数散射都是小角度的。为在理论上解决这个发散问题，必须使积分在某处截断。由于等离子体中，在粒子的德拜长度λ_D以外库仑场基本被屏蔽，这个截断的瞄准距离就选在德拜长度处，从而可以得到总的散射截面。但把这样的散射截面当作一次偏转的散射截面并不准确，因为组成的散射多半是小角度的。这样将散射分为两类：一类称近碰撞，相当于$b<b_0$；另一类称远碰撞，相当于$b_0<b<\lambda_D$。在等离子体中，粒子间的有效碰撞，主要由远碰撞的小角度散射积累而成。（王　龙）

库仑散射 Coulomb scattering 由于库仑静电力的作用使带电粒子偏转并按照偏转角分布的物理过程。当带电粒子（电荷ze，如α粒子$z=2$）运动到接近另外的带电粒子（电荷Ze，例如任何原子核）的过程中受到静电作用力致使发生偏转。静电力遵守库仑定律，即力的大小与二者的电荷乘积成正比，与二者的距离平方成反比。依据能量守恒定律、动量守恒定律，可以推导出按偏转角θ的圆锥面发射出的原带电粒子的分布。如设N为每平方厘米每秒入射α粒子个数，n为每立方厘米中的原子核数，则沿着$d\theta$小角度圆锥环的立体角为$d\Omega$（$d\Omega=\sin\theta d\theta$）内出射的α粒子数为$nNd\sigma/d\Omega$，其中$d\sigma/d\Omega$称为微分截面，与$\sin^4(\theta/2)$成反比有以下关系：

$$\frac{d\sigma}{d\Omega}=\frac{\left(\frac{Ze^2}{Mv^2}\right)^2}{\sin^4\frac{\theta}{2}}$$

式中e是单位电荷（1.602×10^{-19}库仑），M为核质量，v是α粒子速度。

这个重要的库仑散射公式称为卢瑟福散射公式。由公式可见，偏转角θ越小，$d\sigma/d\Omega$越大，即散射的角分布是朝前方向的粒子越多，如图a所示。1911年卢瑟福利用α粒子轰击金箔片，用硫化锌[ZnS（Ag）]作为探测器，证明这个公式是同实验符合的，即大多数粒子朝前方向。值得一提的是，观察到一些偏转角θ大于90°的反向散射的粒子的反常现象（图b）。在演算公式的过程中，引入过一个称为“瞄准距离”p的参数，即粒子入射延长线与核的垂直距离，反映可能靠近正带电物体的最小距离。如图a中α粒子的朝前方向散射最小的可能距离大约是10^{-8}厘米（图a中蓝色球体，当时普遍认为带电的原子点的尺度），但大偏转角的反向散射的最小距离甚至小到10^{-13}厘米，即图b中黄色小球体内的“核”的尺度，这就打破了原来普遍认为原子的质量均匀分布在尺度为10^{-8}厘米的原子的范围（图a的蓝色大球），从而建立了原子的行星式模型，即中心为带正电的集中几乎原子全部质量的带正电荷的原子核，电子群环绕中心的距离为10^{-8}厘米数量级，为核尺度（10^{-13}厘米）的数万倍。后来也发现，当尺度小于10^{-12}厘米时，库仑定律不再精确适用，例如，α粒子对轻核散射。需要用量子理论描述，从此开辟了对物质结构认识的新篇章。另外，库仑散射在许多学科都有重要的应用。（谢一冈）

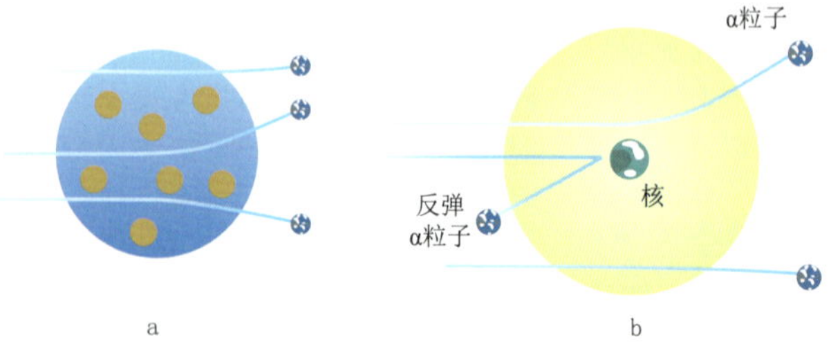

α 粒子散射实验示意图

库仑势垒 Coulomb barrier 由静电产生的位能势垒。两个原子核必须克服它才能够达到足以发生核反应的距离。具体表达式为：

$$U_{\text{coul}}=\frac{z_1z_2e^2}{R}$$

式中$R=r_0(A_1^{1/3}+A_2^{1/3})$，$Z_1$、$Z_2$、$A_1$、$A_2$分别表示两个原子核的原子序数和质量数，$r_0$是半径常数，$e$是基本电荷（$1.602\,176\,53\times10^{-19}$库，或者1.438兆电子伏·飞米）。库仑势垒随着两个碰撞原子核原子序数（质子的数量）的增加而增加。为克服这一势垒，两个碰撞的原子核必须具有足够高的相对速度，即它们的动能驱使它们接近到强相互作用（核势）起明显作用的距离，以至于合为一个新的原子核（或核系统）。

在高温的天体环境中，根据理想气体模型，原子核的速度分布服从麦克斯韦-玻尔兹曼分布。因此，会有一小部分原子核具有很高的速度，以至于可以克服库仑势垒，从而发生核反应。但是由于隧道效应，即使天体的环境温度不高，也可以发生核反应。考虑到这两种效应的共同作用结果，在有限能量区域内能够发生核反应，这个能量区域称为伽莫夫窗。（靳根明）

库仑台阶 Coulomb staircase 微纳结构中电流随偏置电压改变而呈现台阶状改变的现象。由于电荷的分立特性，给微纳结构增加或减少一个电子所需的充电能$e^2/2C$会超过电子的热运动能，微纳结构中可填充的电子数目和对应的能级也是分立的，电子不能自由流经该区域。当改变器件两边偏置电压时，仅偏置电压窗口内的能级通道能够参与导电，其I-V曲线将违背欧姆定律，电流随偏置电压呈现台阶状改变，这种阶跃式的I-V曲线称为库仑台阶。

图1所示为量子点充电能级示意图，图中仅有第$I-V$个电子的能级位于偏置电压窗口V_{bias}内，电子只能通过这个通道从左边隧穿到右边，由于窗口内的通道数没有改变，增加偏置电压V_{bias}，电流将不会发生变化。而当偏置电压进一步加大，使得第$N+1$个电子能级落入该窗口时，电子的通道数由1个变成2个，因此电流将发生跳变，同样当第$N+2$个电子能级落入偏置窗口内时，电流将再次发生跳变。如图2为跳变的台阶电流示意图，随着偏置电压的增加，量子点的电流呈台阶状改变。当微纳结构两端偏置电压V_{bias}小于分立能级间隔，使得偏置电压窗口内没有分立能级时，电子则无法通过微纳结构，从而形成库仑阻塞效应。（郭国平）

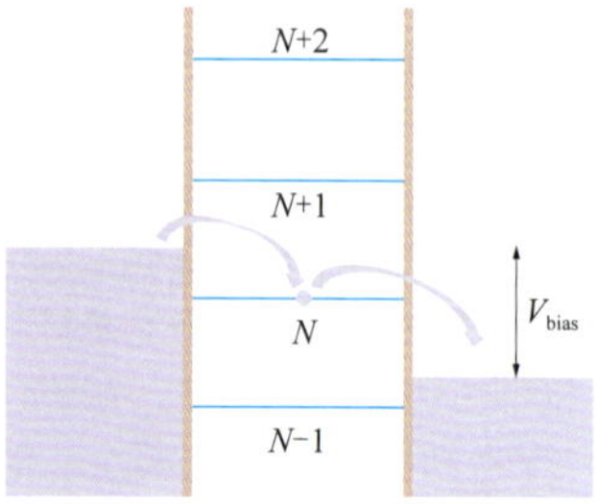

图1　量子点充电能级示意图

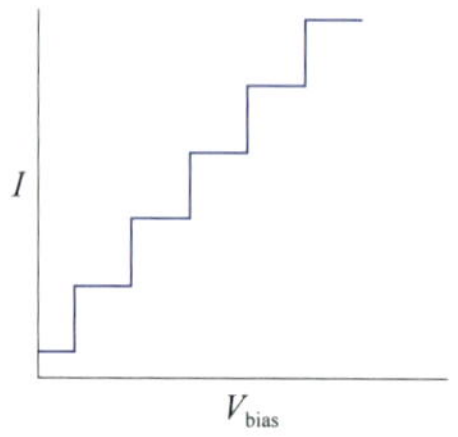

图2　库仑台阶I-V曲线示意图

库仑相互作用 Coulomb interaction 静止电荷之间的相互作用。两个距离为r、电荷分别为q_1和q_2的带电粒子之间的相互作用力为：

$$F=k_e\frac{q_1q_2}{r^2}=\frac{q_1q_2}{4\pi\varepsilon_0r^2}$$

式中k_e为库仑常数（$k_e=8.99\times10^9$牛·米²/库²），ε_0为真空中的介电常数。作用力的方向在两个粒子的连线上。如果两个电荷符号相反，作用力为吸引力。如果两个电荷符号相同，则为排斥力。库仑相互作用通常也写成相互作用势的形式：

$$V(r)=\frac{q_1q_2}{4\pi\varepsilon_0r}$$

库仑定律由法国物理学C.-A.de库仑在1785年发表，是电学发展史上的第一个定量规律，也是电磁学和电磁场理论的基本定律之一。它同样适用于微观带电粒子之间的相互作用，从而决定了从微观的原子、分子到宏观的固体和液体等物质的结构。按照现代物理的观点，电荷间的库仑相互作用是通过交换虚光子来产生的。实验上对库仑定律的检验一直在进行之中，得到的精度是与平方反比定律的指数偏差小于$2.7\pm3.1\times10^{-16}$。（陈　京）

库仑阻塞 Coulomb blockade　在热涨落与量子涨落都很小的微纳结构中，充电电流与偏置电压出现台阶状曲线的现象。微纳结构的电容可能很小，由于电子带电量以e为单位的分立特性，给微纳结构增加或减少一个电子所需的充电能会超过电子的热运动能，这种大的充电能会在一定范围内阻止电子的增加或减少，这就是量子输运过程中隧穿的库仑阻塞效应。

如图所示为隧穿结示意图，即金属（M）－绝缘体（I）－金属（M）隧穿结充电前后（充电至Q）状态示意图。随着微纳加工的进步，隧穿结的尺寸可以做得非常小，例如当尺寸小到10×0.1微米^2，绝缘层厚度1.0纳米左右时，结电容$C\approx10^{-15}$法，$e^2/2C\approx1\text{K}$，在较低的温度（如mK温度）下，单电子隧穿会因体系能量改变过大而在一定范围内被禁止，产生库仑阻塞。

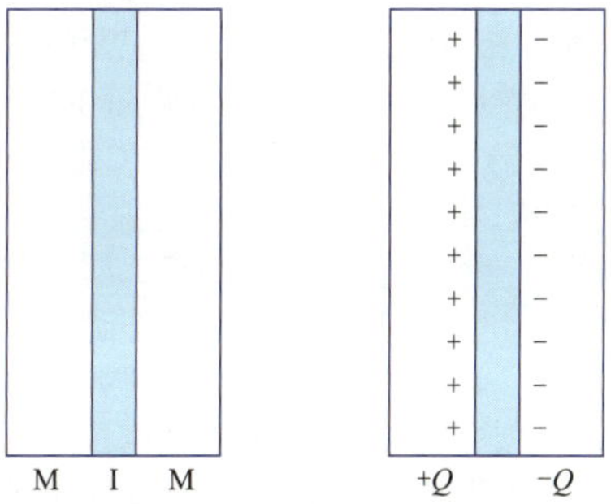

隧穿结示意图

库仑阻塞现象发生首先要热涨落小，即$E_C\equiv\dfrac{e^2}{2C}\gg k_BT$，其中$k_B$为玻尔兹曼常数。这就要求结足够小，工作温度要足够低，从而对隧穿结、充电能起主要作用。其次是量子涨落要小。如单电子隧穿过程的平均时间为t，形式上可以写成$t=RC$，R为隧穿电阻。隧穿过程引起的能量涨落$\Delta E\approx h/t$，其中h为普朗克常数。量子涨落足够小，相当于$E_C\gg h/RC$，或$R\gg R_Q\approx h/e^2\approx25.8$千欧。

同样，库仑阻塞效应也可以在双隧穿结形成的微纳结构中产生。如果隧穿结两端的偏置电压间没有电子填充能级，则电子不能流过，形成库仑阻塞。反之，逐渐增加偏置电压，其间每增加一个电子填充能级，就相当于增加一路电流通道，从而产生台阶状I-V曲线，形成库仑台阶效应。

利用库仑阻塞效应，有可能实现对单电子运动的控制，制作多种单电子器件，这一诱人的应用前景使这个领域备受关注。早在20世纪60年代，在对金属颗粒膜输运现象的研究中已提出库仑阻塞的概念，当时由于无法很好地控制样品的微结构，研究工作难以深入，为了制作高质量的纳米尺度隧穿结，单电荷隧穿现象的研究有了长足的进步。在金属/氧化物绝缘层/金属体系，特别是在具有分立能谱的半导体微结构中有广泛研究。

（郭国平）

库珀，L.N. Leon Neil Cooper（1930-02-28～　）美国理论物理学家。生于纽约。1954年获哥伦比亚大学哲学博士学位。先后在伊利诺伊大学、俄亥俄州立大学、戈达德大学、布朗大学和加州大学伯克利分校任教或任教授。1972年到布鲁克海文国家实验室等地工作。

1956年，库珀在J.巴丁指导下和J.R.施里弗一起，共同研究并建立了超导的BCS（三人姓氏的首字母组合）理论。库珀提出在超导体能隙中以声子为媒介的一对电子间发生了能量、动量交换。这对电子称为“超导电子对”或“库珀对”，从而为超导建立了正确的物理图像。他与巴丁和施里弗共同完成了超导微观理论的创建工作，并同获1972年诺贝尔物理学奖。（郭奕玲）

库珀对 Cooper pair　对于费米面附近分别为自旋向上和向下的两个电子，不管存在多么微弱的净吸引相互作用，总是可以形成的配对的束缚态。某些材料在极低的温度下，其电阻会完全消失，电流可以在其间无损耗的流动，同时体系呈现出完全抗磁的特性，这种现象称为超导电性。1956年，L.N.库珀从理论上证明库珀对的存在。其能量低于费米能，要破坏库珀对需要消耗一定的能量。库珀对形成的经典图像可以简单理解为：金属中的外层价电子处在带正电性的原子实所组成的晶格环境中，带负电的电子会吸引原子实向其靠拢，由此在电子周围形成正电势密集的区域，从而吸引第二个电子，即电子通过虚声子交换，使得电子间产生有效的吸引相互作用，导致电子配对形成库珀对。在低温超导体中，电子并不是单个地独自运动，而是以弱耦合形式形成库珀对，正是库珀对的形成导致费米球态的失稳，库珀对相位相干，体系进入超导态。

1957年，J.巴丁、L.N.库珀和J.R.施里弗建立了完整的超导微观理论（BCS理论），并于1972年获得诺贝尔物理学奖。BCS理论是以电子－声子相互作用及库珀对为基础解释超导电性的量子多体理论，它能很好地解释金属元素及金属间化合物的超导电性。此外，^{3}He体系的超流性也可以用库珀对理论加以描述。对于常规超导体而言，配对相互作用较弱，为毫电子伏量级，一方面库珀对的空间尺度约为几千个晶格长度；另一方面，热涨落很容易将库珀对破坏，只有在低温下，体系中才能存在宏观数目的库珀对。

电子配对形成库珀对的理论是相当普遍的，并不限于电子－声子相互作用。在凝聚态体系中，有理论指出电子－激子相互作用或电子－等离激元之间的相互作用可以形成库珀对。在原子核体系中，核子－核子的相互作用也会导致核子形成库珀对。在量子色动力学的研究领域，也可能形成夸克的库珀对，体系进入色超导态。（陈　焱）

库什，P. Polykarp Kusch（1911-01-26～1993-03-20）美国物理学家。生于德国布兰肯堡，卒于美国得克萨斯州的达拉斯。

1912年移居美国。1936年获伊利诺伊大学哲学博士学位。1936～1937年在明尼苏达大学研究质谱学。1937～1941年、1946～1972年先后任教于哥伦比亚大学。1941～1946年在威斯汀豪斯公司、贝尔电话实验室研制微波发生器。1972年起任职于得克萨斯大学。1956年当选美国国家科学院院士。

最初他和I.I.拉比一起用分子束磁共振方法从事原子分子和核物理方面的研究。1947年，他和H.M.福里用分子束磁共振方法精确地测定了电子的内禀磁矩与原有理论不相符，即它并非精确地等于1个玻尔磁子。他又精确地测定了多种原子、分子中的电子磁矩和核的特性，促进了量子电动力学的发展，因而与W.E.兰姆同获1955年诺贝尔物理学奖。（郭奕玲）

夸克　quark　一种参与**强相互作用**的基本粒子。20世纪60年代M.盖耳-曼和G.兹韦克在独立研究众多强子的性质时，发现可以把类似的强子填充到群表示中，进而发现强子谱满足近似的对称性。SU(3)群有两个三维基本表示，所有的SU(3)群不可约表示均可由基本表示的直积得到。盖耳-曼把一个三维表示中的三个基矢命名为三种不同的夸克，另外一个共轭三维表示中的三个基矢命名为反夸克。这一分类在强子谱学的研究中取得了巨大成功。假设夸克是真实存在的客体并在强子内部运动速度远小于光速，可构造非相对论夸克模型去预言强子的许多性质。根据现在的实验结果，在自然界中存在六种味量子数不同的夸克，其中三种夸克为轻夸克。每一种夸克可以有三种不同的颜色量子数。而在由轻夸克组成的强子中，夸克在强子内部几乎为相对论性运动。（马建平）

夸克-胶子等离子体　quark gluon plasma; QGP　存在于极高温度或高密度或极高温高密条件下的一种强相互作用物质形态，由物质中渐近自由的基本组分——夸克和胶子的形态组成的物态。夸克-胶子等离子体的基本自由度和相变结构由强相互作用的基本理论——**量子色动力学**（QCD）描述，而强相互作用力是物理世界中四大基本相互作用之一。现在人们已经认识到在宇宙大爆炸后几微秒，即被称为夸克时代，宇宙处于夸克-胶子等离子体的状态。另外，理论猜测由于引力作用，致密星体内部的高重子密度区也可能有解禁闭的夸克物质存在。

通常人们接触到物体的99%都是由宇宙中的可见物质强子组成：即质子和中子都是强子，质子和中子形成原子核；原子核和电子形成原子；原子、电子和原子形成分子。而迄今为止，物理学家还没能找到自由存在的夸克和胶子，这一现象的理论解释是夸克和胶子被禁闭在“无颜色”的强子内部。要在实验室内产生夸克-胶子等离子体需要实现从强子到接近自由的夸克和胶子的解禁闭相变，该相变在实验上可以通过高能重离子碰撞来实现。

人们经过缜密的理论和实验研究发现，由于强相互作用力的极强耦合性，夸克-胶子等离子体具有特别的性质：①温度高，QGP的温度约为太阳中心温度的10万倍；②完美液体，它是一种近乎完美液体，即它的黏滞系数与熵的比值小到可以和强耦合量子极限（$1/4\pi$）同一数量级；③不透明，带着色荷的基本粒子与QGP有着强烈的耦合，因此夸克和胶子在与QGP作用时几乎损失所有的能量，即不能穿透QGP。

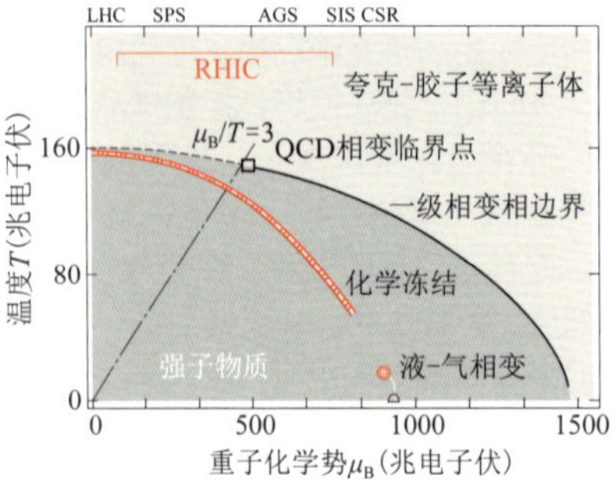

QCD相结构简化图

相变图通常用来呈现物质在不同环境下存在的状态。夸克-胶子等离子体是强相互作用下物质相变图中的一部分状态。上图是基于理论的QCD相结构简化图。横轴是重子化学势，描述系统的重子数密度，纵轴则是体系的温度。

QGP可通过将物质加热到2×10^{12}开来产生，这温度相当于每个粒子具有175兆电子伏能量。这可以通过在高能下碰撞两个大的原子核来实现。对于这种碰撞，铅核和金核已经分别被用于欧洲核子研究中心（CERN）的超级质子同步加速器（SPS）上和美国布鲁克海文国家实验室（BNL）的相对论重离子对撞机（RHIC）上。原子核被加速到极端相对论速度（沿运动方向的长度收缩）时，直接互相对撞，在一次碰撞的小概率事件中产生一团“火球”。流体力学模拟预测这个火球将在它自身的压力下膨胀，同时膨胀时冷却。通过仔细地研究径向流和椭圆流，实验物理学家可以使理论得到检验。

在二十世纪八九十年代，CERN的SPS上的实验首先试图产生夸克-胶子等离子体。CERN根据这些实验结果，在2000年宣布找到了一种“新的物质形态”的间接证据。位于美国纽约长岛的RHIC上被加速到相对论速度的金核-金核或金核-质子的对撞，及位于瑞士日内瓦附近的CERN的大型强子对撞机上被加速到相对论速度的铅核-铅核或铅核-质子的对撞，正在继续这方面的努力。2010年2月，在BNL的RHIC上工作的科学家声称已经产生了一种具有大约4万亿（4×10^{12}）开尔文温度的夸克-胶子等离子体。他们还发现这种新的物质形态有如流体一样的行为。实验物理学家在大型强子对撞机上通过创纪录的中心碰撞能量为2.76特电子伏的铅原子核的对撞，在大型强子对撞机产生出了更高温度的夸克-胶子等离子体。

研究夸克-胶子等离子体理论的主要理论工具之一是**格点规范理论**。格点规范理论首次预测了成为这种物质的转变温度（大约175兆电子伏）。自此以后，格点规范理论一直被用于预测这种物质的许多其他性质。另外，反德西特空间/共形场论（AdS/CFT）对应猜想提供了研究QGP的另一种强耦合理论工具。同时，人们认为QGP是相对论重离子碰撞物质的一个相，而且它近似地达到了局域热平衡，因此人们还可以用相对论流体动力学来描述其演化的集体现象。

在高能核-核碰撞中找到“新物质形态”夸克-胶子等离子体的实验证据后，科学家们提出更为深刻的问题：从夸克-胶子等离子体到强子物质的相边界在哪里？QCD相变临界点存在吗？严格地讲，在量子热动力学理论中新物质相、相边界、平滑过渡和临界点都必须自洽存在。换句话讲，在强相互作用的核物质中欲确认新物质相的存在必须从实验上和格点QCD理论计算中确定相边界和可能的QCD临界点。从2010年以来，科学家们在美国的相对论重离子对撞机RHIC上开始能量扫描，主要目的就是通过改变核-核碰撞产生热密核物质的温度和密度去扫描QCD相变图，从而寻找相边界和QCD相变临界点。至2021年，两期RHIC能量扫描实验已经顺利完成。RHICSTAR实验发表的第一期实验结果表明临界点存在的迹象，最后结论必须等待第二期能量扫描高统计量数据分析完成后才能确定。与此同时，为了寻找临界点以及研究高重子密度区核物理的状态方程和致密星体内部结构，世界多个科技大国相继建设大型加速器群，冲击强相互作用相结构的里程碑——QCD相变的临界点，包括德国的反质子-离子研究装置FAIR、俄罗斯的核子-离子对撞机装置NICA和中国的强流重离子装置HIAF。这些新建装置均计划在2025年左右投入运行，标志着聚焦在高重子密度区的重离子碰撞物理研究新时代的来临。依托于新一代大科学装置的研究必将加深人们对核物质相结构包括夸克-胶子等离子体的性质的认识，同时推动人们对宇宙早期演化过程和致密星体内部结构的深入理解。（许　怒　肖博文）

夸克素物质　quarkyonic matter　一种可能存在于低温高重子密度区域新的**量子色动力学**（QCD）物质形态。夸克素物质的概念是在强相互作用色自由度很大的近似下提出来的。在这个近似下，夸克素物质可以描述成一团禁闭的致密物质。这团物质中，费米面以内深层的夸克之间相互作用很弱，由于**泡利不相容原理**，夸克很难被激发到费米面之上。另一方面，处于费米面附近的夸克受不相容原理的影响比较弱，它们之间的相互作用可以很强。因此，描述这团物质集体热力学性质的物理量，比如压力、熵等，在费米面以下由夸克来决定，而在费米面之上由色单态的重子来决定。所以这团物质被称为夸克素物质。夸克素物质最重要的三个特征为：①它是由强相互作用的重子组成的；②存在部分的手征凝聚；③体系的自由度是夸克决定的。在真实的量子色动力学世界中，夸克素物质是否存在，它的物理性质是什么，都是具有挑战性的问题。

（喻　宁　许　怒）

块体金属玻璃　bulk metallic glass　在三维尺度上均为毫米级别或以上的**金属玻璃**（非晶合金）。这类合金的研究始于20世纪80年代末，最早由日本和美国的科学家在90年代独立发现。传统的非晶合金通常采用冷速高达10^6开/秒熔体急冷的方法来制备，一般为粉材、丝材或带材。块体金属玻璃突破了上述尺寸和形状的限制，临界冷速在1000开/秒以下，因此可采用传统的铜模铸造的方法来制备。在化学成分上，块体金属玻璃通常含有三种或三种以上的组成元素，且组元之间一般具有较大的原子半径差和负混合焓。和传统的晶体合金相比，块体金属玻璃表现出优异的力学性能和独特的物理和化学性质。如室温下大部分块体金属玻璃具有高强度、高弹性（弹性极限约为2%），以及优异的耐磨和耐蚀性能。一些特殊体系的块体金属玻璃还表现出优异的软磁性能（如铁基）、生物相容性（如钛基和镁基）和催化性能（如钯基）。而在温度升高至玻璃转变点以上时，块体金属玻璃可以像普通的玻璃材料一样进行热塑性成形加工。这些特性使块体金属玻璃在结构材料、生物医用、能源环境及航空航天等领域具有广泛的应用前景。此外，由于较强的玻璃成形能力，块体金属玻璃在过冷液相区间具有较宽的温度-时间窗口，可以对液体的热力学和动力学等性质进行精确测量。因此，块体金属玻璃在非晶态和液体物理等基础研究中也是一类非常重要的材料。

（孙保安）

快光　fast light　**群速度**大于真空中光速或为负值的光脉冲。这就意味着，往往在光脉冲峰值进入介质时，其脉冲前沿与峰值已经从介质中出射。在这种情况下，光脉冲的群速度并不是传统意义上的信息传递速度，因此脉冲的超光速传播并未违反相对论中的因果律。快光现象与介质的反常色散特性密切相关。早期的快光研究主要集中于介质（原子或半导体系统）的吸收线附近，介质在此频率处可呈现出明显的反常色散特性。然而，在介质吸收线附近，光脉冲传播时会被减弱、分裂、变形，从而妨碍了快光效应的应用。为了克服这些困难，人们考虑了增益介质中的快光效应。利用两束不同频率的泵浦激光在原子蒸气中产生的双增益峰间的极小值区域，可以在实现反常色散的同时压制探测光场的增益，从而产生高保真度的快光脉冲，也为快光现象的实际应用铺平了道路。此外，快光现象也在全反射隐失波隧穿、光子晶体带隙隧穿、光纤受激布里渊散射等过程中得到了广泛的研究。

（王力军）

快裂变　fast fission　没有经过复合核阶段，介于**重离子熔合裂变**和深部非弹性散射之间的**诱发裂变**。一种强耗散反应类型。当裂变核的角动量大于临界角动量时，裂变势垒消失，发生快裂变。快裂变容易出现在较高能量且入射重离子质量数大于20的反应体系中。快裂变过程时标很短，如对340兆电子伏$^{40}Ar+^{165}Ho$体系，快裂变过程的时标约为3.86×10^{-20}秒，这远比复合核裂变快得多。快裂变发现于20世纪80年代。

（林承键　贾会明）

快质子俘获过程　rapid proton-capture process　天体中的“种子核”连续俘获质子生成更重元素的过程。快质子俘获（rp）过程可以发生在不同的天体环境。天文观测中发现的Ⅰ型X射线暴就是通过rp过程进行重元素合成的典型天体环境，这一过程约持续一二百秒，可合成从铁到碲等重元素。人们对X射线暴的研究旨在理解其能量产生、爆后灰烬的成分以及对银河系元素丰度的贡献等。为此，需要了解rp过程详细的核反应路径。除了宏观的天体物理条件外，在核的层次上需要精确知道相关短寿命核素的质量、寿命及核反应率等。这些数据的精确实验测量，长期以来一直是核物理与核天体物理学界关注的热点。

该过程发生在具有非常高的温度环境下（大于10^9开），此时，体系的相对能量较高，质子可以克服库仑势垒的影响与靶核发生反应。这个过程需要的种子核是由热碳氮氧循环的突破反应形成。快速质子俘获反应需要有较大的质子通量，因此富氢环境也是该过程发生的一个先决条件。因为大多数富氢环境中也具有丰富的氦，通常快速质子俘获反应将受到(α,p)反应的竞争。众所周知，在高温条件下弱相互作用要比强相互作用和电磁相互作用慢，快质子俘获反应的时间尺度由质子滴线核或其邻近核的β^+衰变决定。

rp过程发生的场所被认为是包含一个中子星的吸积双星体系。在这一体系中，其中一颗星体上的物质会被吸积到其致密伴星上。由于吸积过程是从表层开始的，吸积物质中具有丰富的氢和氦。因为致密星有很强的引力场，物质落向致密星时具有很高的速度，通常会与其他吸积物质碰撞，形成一个吸积盘。在致密星是中子星的情况下，随着吸积材料在表面累积，它将会有很高的温度，通常约为10^8开。高温条件下的热核效应使温度继续上升，直到发生失控的氢和氦热核爆炸。在爆炸过程中，温度迅速上升，导致发生快速质子俘获过程。尽管初始时氢和氦的爆炸仅持续1秒钟，快速质子俘获过程出现在X射线暴的结尾，持续时间可以达到100秒。

有些人会把rp过程误认为是p过程。事实上p过程指的是质量数为70～200的丰质子核的产生过程，它有两种核反应过程：一种是光核反应过程，主要为(γ,n)反应；另一种是质子反应过程，以(p,γ)和(p,n)为主。

（李志宏）

快中子　fast neutron　用速度作中子能量范围划分的一种习惯说法。一般指动能大于某指定值的**中子**。该指定值可因不同的研究领域（如中子核反应、反应堆物理等）而异。在中子核反应研究中以不可分辨共振区为界限，一般在10千电子伏以上，在反应堆物理中，这个值通常选为0.1兆电子伏。按定义，快中子没有能量上限，能量很高的宇宙线中子和高能加速器产生的高能中子亦属于快中子范畴，但实际上人们不把这类中子称为快中子，而称之为高能中子或相对论中子。快中子一般是指核反应和核裂变产生的、未经慢化的中子，其初始能量多数在兆电子伏量级。快中子是研究原子核性质和结构的有力工具，是研究核反应机理的重要手段。快中子核反应研究对核物理的发展起到了重要的作用。

（唐洪庆）

快中子俘获过程　rapid neutron-capture process; r-process　一种类型的核过程。在一些极端情况下，中子密度足够强（每立方厘米10^{20}中子以上），会使得中子俘获反应形成的不稳定丰中子核素合成抗拒向稳定核的衰变，这时核合成的路径会非常接近中子滴线，直到发展到上述过程无

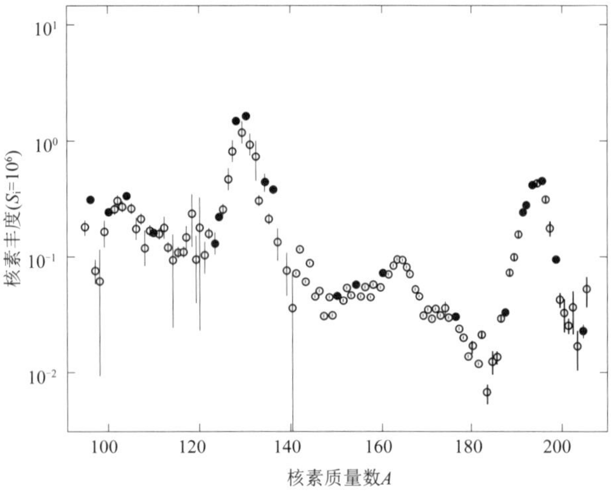

图1 r过程核素丰度

法优先，大多数衰变回到稳定线，这个核合成的过程称为快速中子俘获过程（r过程）。r过程被认为是天体中合成铁以上元素的主要过程之一。慢速中子俘获过程（s过程）只能合成稳定线上的一部分重核素，光靠s过程，还无法完全解释天文观测的重元素丰度。这个丰度的特征，是在130和195处成峰（图1）。这就为r过程的模型提供了很好的约束。与s过程的丰度峰相同，它们也是中子幻数50、82和126导致的。强的中子密度驱使核素容易在丰中子一侧合成，而中子密度不足以抵抗衰变时，这些幻数核通过系列衰变到达稳定区，这就解释了为什么r过程的丰度峰总是比s过程少10个左右的质量数。r过程的丰度反映了远离稳定线的丰中子核的性质（质量、半衰期和中子辐射俘获截面），由于实验条件的匮乏，这些性质很少有实验测量，只能依靠理论计算，因此具有很大的不确定性。

r过程的主要路径是由所谓的等待点核素决定的。等待点核素的产生，是来源于那些中子为偶数容易通过俘获反应到达这个核素，同时也不容易通过衰变离开。这就导致了等待点的核素丰度聚集。

与s过程类似，r过程的终止点取决于中子的密度消耗平衡点，也就是天体物理环境，一般可以到质量数260左右。到了此时，裂变变得十分重要，核素也就不再稳定了。典型的经典r过程路径、等待点和终止点如图2所示。

r过程中的很多基本问题，如过程的场所和产生元素丰度的微观机制，由于核物理和天体物理数据的缺乏以及网络计算的不完整性，还远未被彻底了解，集中体现在理论与实验的r过程核素丰度的差异上。

r过程的复杂性和重要性，体现在它涉及了天体环境中各种效应的交织，在天体物理方面有合成场所的多样性，在粒子物理与核物理方面有中微子效应，和丰中子核的基本性质。值得注意的是，在丰中子核的性质方面，对r过程的丰度解释可能导致核物理模型的重要突破，即极端远离稳定线时壳效应有可能消失。核物理和天体物理的重大问题交织在一起，其中任何一项突破都会对问题的解决产生重要影响。因此，核天体物理r过程成了一个交叉学科的联合实验室和纽带。国际公认，弄清r过程的起源和重元素形成的机理是当前核天体物理研究的重要问题之一。

从天体物理方面，r过程与超新星爆发和中子星的融合相关，假设了产生核素的几种过程和产生的场合。由于对合成机理了解的程度有限，在理论与实验的r过程核素丰度的差异的解释具有不确定性，即天体物理、粒子物理和核物理的几种解释都可以说明这些差异。消除这些不确定性的途径，除了加强天文观测和发展天体物理模型之外，还可以通过核物理和粒子物理实验提供更加精确全面的数据，同时完善r过程理论计算模型，得出完整准确的r过程图像。

从核物理的角度来看，主要存在丰中子核数据实验和理论的困难，因为网络计算需要成千个极端丰中子核的质量、衰变、反应和裂变数据。大量丰中子的高强度放射性核束还无法产生。在重大物理目标的驱动下，国际上都在兴建和规划重要的放射性核束大科学装置，如中国兰州的CSR和北京的BRIF，日本的RIBF，德国的FAIR，法国的SPIRALII和美国的FRIB。有理由相信，新一代放射性束流装置将提供测量r过程路径上的丰中子核数据的机遇，从而发展核理论模型，排除核物理输入量的不确定性。（柳卫平）

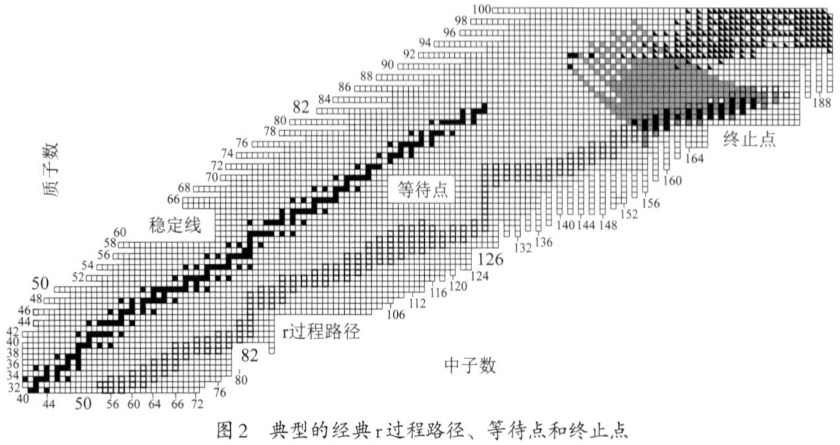

图2 典型的经典r过程路径、等待点和终止点

快中子增殖反应堆 fast breeder reactor 一种主要利用快中子进行核裂变链反应的反应堆。简称快中子堆或快堆。快中子堆在堆芯不设慢化剂，一般要用高富集度铀或钚作燃料。快堆中子除维持裂变外剩余中子数多，可以有较多中子用来使可裂变核素铀-238转换成新的易裂变核素钚-239，由此产生的燃料将会多于消耗的燃料，故称增殖反应堆。此外，快中子堆还可以将长寿命、高放射性的次锕系元素转变为短寿命、低放射性的核素，即可以嬗变核废料。快中子堆可以使铀资源的利用率由热中子堆的1%左右提高到百分之六七十，因而为解决核能的可持续发展问题开辟了良好的前景。目前世界上在役的快堆都使用液态金属钠作冷却剂，即钠冷快堆，其一回路结构设计有池式和环路式两种，都是三回路布置。另有采用铅基液态金属（铅或铅铋）或气体作冷却剂的快中子堆正在研发或建设。由于技术复杂，快中子堆的造价相较热中子堆高，短期内经济竞争力不足，随着铀资源的减少以及乏燃料处置需求的增加，快中子堆的需求将逐步加强。（杨红义）

宽禁带半导体 wide bandgap semiconductor 半导体禁带宽度一般大于2.2电子伏的材料。半导体材料根据禁带宽度的不同，可分为宽禁带半导体材料与窄禁带半导体材料。宽禁带半导体主要是指禁带宽度（导带最低点与价带最高点之间的能量差）大于2.2电子伏的半导体材料，又被称为第三代半导体材料。主要包括氮化镓、碳化硅、氧化锌、金刚石、氮化铝及各种合金材料等。继以硅为代表的第一代、以

砷化镓为代表的第二代半导体材料之后，第三代半导体材料具有禁带宽度大、电子浓度和迁移率高、电子漂移饱和速度高、击穿电场强度高、热导率高、抗辐射能力强、物理化学稳定性好等特点，非常适用于制作抗辐射、耐高温及高频、大功率和高密度集成的电子器件。此外，利用其宽的直接带隙，还可以制作蓝光、绿光、紫外光发光器件和光探测器件。宽禁带半导体在半导体照明、家用电器、新能源汽车，轨道交通、智能电网、军工航天方面的应用都具备优势。其在照明光源、激光器存储和功率微波器件等领域所造成的影响可以说是革命性的。而从第三代半导体材料和器件的研究和应用来看，较为成熟的是氮化镓和碳化硅半导体材料，而氧化锌、金刚石、氮化铝等材料的研究尚属起步阶段，随着研究的不断深入，其应用前景将十分广阔。（唐　宁）

邝宇平　Kuang Yuping（1932-11-09～　）中国理论物理学家。祖籍广东台山。生于北京。1955年北京大学物理系毕业。1955～1979年在兰州大学先后任助教、讲师、副教授。1979～1982年在美国康奈尔大学访问。1982年回国后先后任清华大学副教授、教授，曾兼任中国物理学会高能物理分会副理事长、中国高等科学技术中心高级顾问、BEPC正负电子对撞机国家实验室学术委员、中国科学院粒子物理前沿卓越创新中心科学咨询评议委员会委员等职。2003年当选为中国科学院院士。

邝宇平主要从事粒子物理理论和量子场论方面的研究，在重夸克偶素物理、TeV能区物理、有效拉氏量理论等方面做出重要工作。建立重夸克偶素强子跃迁的合理模型和系统计算方法，建立含耦合道效应的强子跃迁理论，给出等价定理的严格证明和正确表述，给出在TeV能量对撞机上探测电弱破缺机制灵敏度的全面分析，提出通过WW散射灵敏探测希格斯玻色子反常耦合的新方法等。与合作者严格证明和表述了标准模型中的以及更广泛超出标准模型有效拉氏量理论的等价定理，纠正了过去对它的错误理解和应用。为了LHC和LC上直接探测超出标准模型的信息，提出了多个与模型无关的灵敏有效的实验方法，探测自然界重希格斯玻色子的信息和其他各种超出标准模型的信息，被LHC的实验组采用。建立了重夸克偶素强子跃迁的QCD多级展开理论，建立了更全面的多通道重夸克偶素的强子跃迁、衰变理论，给出的20多个预言大部分被实验证实。与合作者提出了一个QCD意义清晰的重夸克偶素相互作用势模型。与合作者由QCD第一原理导出赝标介子的手征拉氏量，并在一定近似下，从QCD计算出与实验很接近的赝标介子手征拉氏量的系数。系统地计算了c夸克反常色电偶极矩在强子跃迁中的贡献，由此首次由BES的实验数据确定出d'_c的实验上限为3×10^{-14}e · 厘米。邝宇平等在20世纪60年代初，用量子场论方法，首次给出铁和镍的全温度范围的磁各向异性常数，与实验趋势一致。1989年获中国物理学会首届吴有训物理奖，1995年获国家教委科技进步奖一等奖。（尹晓冬）

奎洛兹，D.　Didier Queloz（1966-02-23～　）瑞士天文学家。生于瑞士日内瓦。1995年获日内瓦大学博士学位。2000～2013年在日内瓦大学工作，2013年在剑桥大学卡文迪许实验室工作。

1995年，D.奎洛兹和他的博士生导师M.麦耶首次观察了太阳系以外的行星，发现了第一个环绕类太阳恒星飞马座51的行星飞马座51b，其公转周期为4.2天。此后科学家在银河系中发现并确认了4000多颗系外行星。他开发了天文设备，新的观测方法和探测算法，在系外行星系统的检测和测量方面取得重要进展，因此获得了2011年BBVA基础科学知识前沿奖（与麦耶共同获奖）。2017年，他获得沃尔夫物理学奖。2019年，与麦耶共同获得诺贝尔物理学奖。（尹晓冬）

扩散泵　diffusion pump　借助扩散泵油而输运气体的真空泵。当扩散泵油被电炉加热时产生油蒸气，沿着导流管经伞形喷嘴向下喷出。因喷嘴外面有机械泵提供的真空（1～10^{-1}帕），故油蒸气流可喷出一长段距离，构成一个向出气口方向运动的射流。射流最后碰上由冷却水冷却的泵壁凝结为液体流回蒸发器，即靠油的蒸发喷射凝结重复循环来实现抽气。由进气口进入泵内的气体分子一旦落入蒸气流中便获得向下运动的动量向下飞去。由于射流具有高流速（约200米/秒），高的蒸气密度，且扩散泵油分子量大（三五百），故能有效地带走气体分子。气体分子被带往出口处再由机械泵抽走。扩散泵主要工作部件由加热器、工作液、油蒸气、导流管、喷嘴、水冷壁组成。（吴小山）

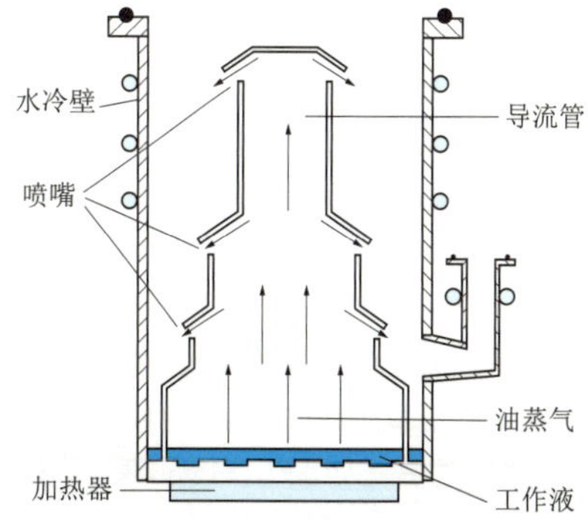

扩散泵原理图

扩散双电层　diffuse double layer　当物体暴露于流体时，表面附近正负电荷（离子）受包括化学相互作用在内的多重因素影响，位置会重新排列形成新的结构。用平行于表面的两个松散关联的电荷层可以描述这类结构。双电层是当物体暴露于流体时出现在物体表面上的结构。物体可以是固体颗粒、气泡、液滴或多孔体。双电层是指围绕物体的两个平行的电荷层。第一层，表面电荷（正或负）包括由于化学相互作用而吸附在物体上的离子。第二层由通过库仑力吸附到表面电荷的离子组成，屏蔽第一层的电荷。该第二层与物体松散关联。它由游离离子组成，在电吸引和热运动的影响下在流体中移动，而不是牢固地锚定。因此被称为“扩散层”，见图1(图中未标记固体内部可能有的另一个双层)。界面双电层在具有较大表面积与体积比的系统中最为明显，例如具有微米级至纳米级的颗粒或孔隙的胶体或多孔体。双电层在许多日常物质中发挥根本作用。例如，

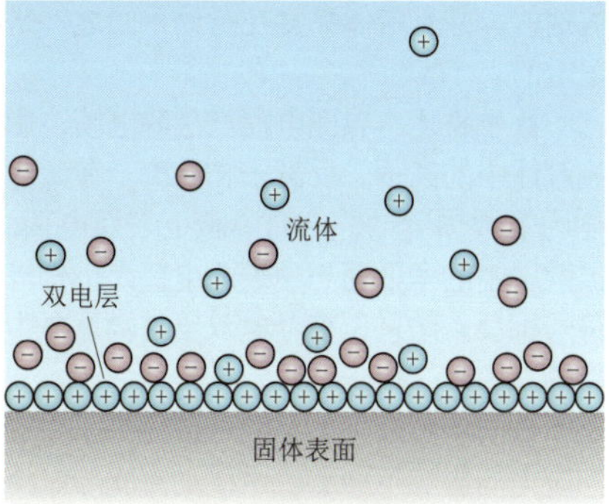

图1　与带负电荷的固体接触的液体中双层的示意图

均质牛奶只存在于脂肪液滴被双电层覆盖，以防止其凝结成黄油。双电层几乎存在于所有异质流体系统中，例如血液、油漆、油墨、陶瓷以及水泥浆。双电层对于电极的电化学行为有重要的影响，与电动现象和电声现象密切相关。下面列举几个与电动现象相关的电双层模型。

亥姆霍兹模型　当导体与固体或液体离子导体（电解质）接触时，出现两相之间的共同边界（界面）。H.von 亥姆霍兹首先认识到，浸入电解液中的带电电极会排斥共离子，并将反离子吸引到其表面上，从而在电极和电解质之间的界面形成极性相反的两层。在1853年，他提出双层本质上是分子电介质，并储存静电荷。在电解液的分解电压以下，储存的电荷与施加的电压呈线性关系。该早期模型预言了恒定的差分电容（电荷密度对表面电势的导数），不依赖于电荷密度，但是依赖于电解质溶剂的介电常数和双层厚度。该模型没有考虑溶液中离子的扩散/混合，离子在表面上吸附的可能性，以及溶剂偶极矩与电极之间的相互作用等重要因素。

古伊-查普曼模型　G.L.古伊和D.L.查普曼分别于1910年和1913年观察到电容不是常数，而依赖于施加的电势和离子浓度。古伊-查普曼模型引入了溶液中离子的扩散。在该模型中，离子的电荷分布依赖于离金属表面的距离，遵从麦克斯韦-玻尔兹曼统计规律。因此，电势从液体的表面指数地减小。古伊-查普曼模型对于高电荷电双层失效。

斯特恩模型　在1924年，O.斯特恩建议将亥姆霍兹模型与古伊-查普曼模型相结合：在斯特恩模型中，一些离子附着在电极上，组成一个内部的斯特恩层，而其他离子形成了古伊-查普曼扩散层。斯特恩模型考虑了内层离子的有限尺寸，离子对电极的最接近的距离为离子半径。斯特恩模型有其自身的局限性，即它将扩散层离子视为点电荷，仅仅通过库仑力相互作用，并且假定介电常数在整个双层中是恒定的，并且流体黏度在滑动平面之外是恒定的。

数学描述　界面电荷产生静电场，影响液体中的离子。反离子和从离子在该静电场中做热运动，从而屏蔽电表面电荷。扩散层中的净电荷与净表面电荷大小相等符号相反。结果，整个电双层结构是电中性的。

按惯例假设扩散层的一部分可以在切向应力的影响下移动。可移动流体与保持附着在表面上的流体的界面被称为滑动平面。该平面上的电势称为电动势或ζ电势（位）。斯特恩层外部边界上的电势与体电解质的电势之差被称为斯特恩电势。体电解质和带电表面之间的电势（电位）差称为电表面电位。通常ζ电位用于度量电双层电荷。该电位在电双层中的特征值为25毫伏，最大值约为100毫伏（电极上达几伏特）。ζ电位为0的样品的化学成分称为零电荷点或等电点。通常由溶液pH值决定，因为质子和羟基离子是大多数表面的电荷决定离子。ζ电位可以使用电泳、电声现象、流动电位和电渗流测量。电双层的特征厚度为德拜长度κ^{-1}。它与离子浓度C的二次方根成正比。在水溶液中，其通常在几纳米的范围内，并且厚度随着电解质浓度的增加而减小。电双层内的电场强度可以在零到超过10^9伏/米之间。这些陡峭的电位梯度是电双层重要性的原因。图2给出了界面电双层中重要概念的说明。

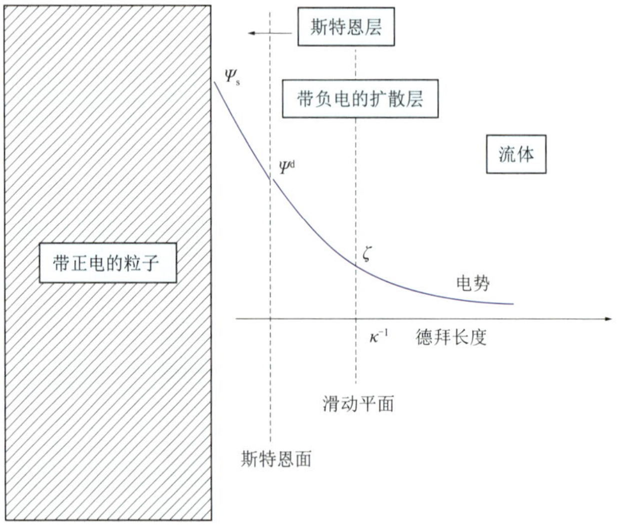

图2　界面电双层示意图

平面和对称电解质理论通常被称为古伊-查普曼理论。它给出扩散层的电荷σ^d与斯特恩电位Ψ^d之间的简单关系（其他量为物质与环境参数），

$$\sigma^d=-\sqrt{8\varepsilon_0\varepsilon_m CRT}\,\sinh\frac{F\Psi^d}{2RT}$$

混合电解质、曲面或甚至球形颗粒没有一般的解析解。对于具有低电荷电双层的球形颗粒，存在渐近溶液。在电双层上的电位小于25毫伏的情况下，所谓的德拜-赫克尔近似成立。它对半径为a的球形电双层中的电位Ψ产生作为到颗粒中心的距离的函数的以下表达式：

$$\Psi(r)=\Psi^d\frac{a}{r}\exp[-\kappa(r-a)]$$

有几个渐近模型在与界面电双层相关的理论发展中起重要作用。第一个是“薄电双层”。该模型假设电双层比胶体颗粒或毛细管半径薄得多。该模型为许多后续应用提供了巨大的简化。电泳理论是一个例子。电声现象的理论是另一个例子。薄电双层模型对于大多数含水系统是有效的，因为在这种情况下德拜长度仅为几纳米。仅在离子强度接近于水的溶液中才能分解纳米胶体。相反的“厚电双层”模型假定德拜长度大于粒子半径。该模型可用于一些纳米胶体和非极性流体，其中德拜长度大得多。最后是“重叠电双层”模型，假定粒子之间的距离与德拜长度相。这在浓缩分散体和乳液中是重要的。

（邢向军）

扩散现象　diffusion phenomenon　当系统中粒子密度不均匀时，由于热运动而使粒子从浓度高处迁移到浓度低处的现象。粒子数分布不均匀会造成压强差（尤其在气体中），因此扩散常伴随有因压强不均匀引起的宏观运动。若流体中存在温度差，则还伴随有热传导和热对流，这样的扩散过程很复杂。

通常仅讨论温度处处相同，并且不存在由压强差引起的粒子定向流动的纯扩散。对于纯扩散，不同类型的组分粒子之间的相互扩散称为互扩散。如由活动隔板分开的温度、压强分别相同的两种气体，当抽掉隔板并经过足够长时间后，形成温度、压强保持不变的混合气体的过程。由于不同物质分子的大小、质量、形状、相互作用不同，它们的扩散速率也可能不同，从而互扩散仍比较复杂。如果发生互扩散的组分粒子（如两种物质分子）的差异足够小（如一氧化碳分子和氮气分子），则它们相互扩散的速率趋于相同，这样的互扩散称为自扩散。

一般对于由大量相互作用的粒子组成的系统，或者用来描写一个粒子行为的N个实验粒子系统，在无外场和无破缺的情况下，其运动表现为无规则的随机碰撞而决定的随机运动，亦即以布朗运动方式运动，呈非指数弛豫规律，粒子的扩散距离（粒子方均位移）正比于时间的介于0和2之间的一个幂次，即有：

$$\overline{(\Delta x)^2}=Dt^\delta$$

式中$\delta=1$为正常扩散（即纯粹布朗运动引起的扩散，该规律称为爱因斯坦扩散定律，通常还将之表述为包含系数2的形式)，$0<\delta<1$为欠扩散，$1<\delta<2$为超扩散；$\delta=0$为局域化；$\delta=2$为弹道扩散，后四种情况通称为反常扩散。

将具有反常扩散行为的系统置于势场作用中，它从一个状态演变到另外一个状态的过程即为反常输运过程。描写这类过程需要用一些特别的或者新的数学技巧，如具有幂律记忆核的广义朗之万方程、连续时间无规行走模型、列维飞行、分数阶布朗运动和分数阶福克-普朗克方程，后两者中的关于时间和空间的一阶和二阶导数要换成分数阶导数。当然也有在量子意义下的反常扩散。反常扩散很复杂，相应的研究亦很困难。因此现在研究较多的是正常扩散。

正常扩散的规律——菲克扩散定律　对于正常的扩散(自扩散)，在笛卡尔坐标系下，取x-y平面为平行于粒子数密度相同的平面，z方向沿粒子数密度不同的方向，由于存在粒子数密度梯度，则粒子会通过$z=z_0$的等密度面S，由粒子数密度大的一侧向粒子数密度小的一侧运动，形成扩散。扩散的快慢程度或强度称为扩散速率，通常由质量通量或质量流J描述，它定义为单位时间内通过单位面积扩散的粒子数或质量。正常扩散的规律由菲克扩散定律表述，以扩散的粒子流密度为例，即有：

$$J_n=D\frac{\mathrm{d}n}{\mathrm{d}z}$$

式中$\frac{\mathrm{d}n}{\mathrm{d}z}$为粒子数密度梯度；比例系数$D$为扩散系数。

负号表示粒子总是向粒子密度减小的方向扩散。记发生扩散的截面的面积为S，则菲克扩散定律也可以由质量通量表述为：

$$J=\frac{\mathrm{d}M}{\mathrm{d}t}=-D\frac{\mathrm{d}\rho}{\mathrm{d}z}S$$

式中ρ为系统的密度。

扩散系数　扩散系数为扩散的粒子流密度与粒子数密度梯度之间的比例系数。对于通常的近平衡态系统中的正常扩散，扩散系数可由扩散粒子的平均速率$\bar{v}$和平均自由程$\bar{\lambda}$表述为：

$$D=\frac{1}{3}\bar{v}\bar{\lambda}$$

如果系统可以近似为理想气体系统，则扩散系数可由压强p、温度T、扩散粒子的质量m和碰撞截面σ表述为：

$$D=\frac{2}{3\sigma p}\sqrt{\frac{(k_\mathrm{B}T)^3}{\pi m}}$$

式中k_B为玻尔兹曼常量。

对于液体，其扩散系数与温度T的关系为：

$$D=D_0\mathrm{e}^{-E_\mathrm{a}/(k_\mathrm{B}T)}$$

式中E_a为液体分子的激活能(即液体分子的相互作用势阱的深度的平均值)；D_0为无限高温度情况下液体的扩散系数。

(包景东　刘玉鑫)

扩展态　extended state　某种粒子在实空间中的概率密度分布或某种场的能量密度分布，没有被局域在某个区域之内而扩展至整个材料或全空间的状态。还有一类情况介于局域态与扩展态之间，即沿某一方向为局域态而沿其他方向为扩展态，这种情况的代表性粒子为表面态。根据导致扩展态出现的原因，可以大致分为单体和多体扩展态两种。

单体扩展态指的是单体体系中出现的扩展态。对无外势的自由粒子或场，由于体系具有连续的平移对称性，因此其本征态是平面波态，属于扩展态。对有外势的粒子或场，其可能出现的状态有两种，即束缚态和散射态。这里的散射态就是单体扩展态，尽管有外势的存在，其波函数同样可以遍布全空间。

多体扩展态指的是多体体系中出现的扩展态。这一情况相对于单体情况较为复杂。以电子体系为例，对于通常的晶体材料，体系具有严格周期性的格点排列，存在分离的平移对称性。在周期性格点势下，电子体系的本征态具有布洛赫波函数的形式，扩展在整个晶体中。如果体系中存在随机的无序杂质，则在杂质周围会出现产生带尾局域态。对于少量无序杂质的情况，体系的大多数电子仍处于扩展态，为共有化电子。非晶态材料中晶格不再具有周期性的排列，此时电子本征波函数不再是布洛赫函数，但同样可以分为扩展态和局域态。扩展态波函数遍及整个材料，电子占据整个材料具有有限的概率。由于晶格势能的无序涨落引起的散射，扩展态电子的迁移率远小于晶体中的共有化电子。

(卢海舟)

扩展位错　extended dislocation　由位错的扩展过程形成的缺陷体系。一个全位错分解为两个或多个不全位错，其间以层错带相连，这个过程称为位错的扩展。

(李建奇)

L

拉比，I.I. Isidor Isaac Rabi（1898-07-29～1988-01-11） 美国物理学家。生于奥地利莱曼诺夫，卒于美国纽约。1899年随父母移居美国。1927年获哥伦比亚大学哲学博士学位。1927～1929年曾赴欧洲向N.玻尔、W.K.海森伯等人学习，并在德国汉堡的O.斯特恩实验室里工作过。1929年返回美国后，任哥伦比亚大学理论物理学讲师，1937年任教授。1940年被选为美国国家科学院院士。1945年任哥伦比亚大学物理系主任。1950年任美国物理学会主席。

拉比发展了斯特恩的分子束方法，并于1938年用分子束和原子束磁共振研究射频谱，精确测定了原子和分子磁矩，奠定了射频波谱学的基础。分子束磁共振方法后来的许多推广，如原子钟、微波激射器、激光器、核磁共振等，在很大程度上都依据拉比的开拓性工作。

拉比于1940～1945年在马萨诸塞理工学院辐射实验室参与雷达研究。1946～1956年任美国原子能委员会总顾问委员会委员，并任顾问委员会主席4年（1952～1956）。他作为联合国教科文组织的美国代表，促进了日内瓦国际高能物理实验室——欧洲核子研究中心的建立。他也是美国布鲁克林国家实验室的创建者之一。鉴于拉比利用原子束和分子束的射频共振磁谱仪精确测定核自旋和核磁矩，他于1944年获诺贝尔物理学奖。（郭奕玲）

拉比频率 Rabi frequency 拉比振荡对应的振荡频率。见**拉比振荡**。

拉比振荡 Rabi oscillation 当光场与原子的某两个能级发生共振或近共振相互作用时，原子布居数和跃迁概率发生周期性变化的现象。拉比振荡是光场和原子相互作用中最基本的物理效应。处于基态的原子从相干电磁辐射中吸收光子被激发到激发态，处于激发态的原子通过受激辐射再发射光子回到基态，原子吸收与受激发射光子的过程循环往复，形成振荡的现象称为拉比振荡。

原子布居的周期振荡不仅依赖于原子跃迁频率与光频之差（即失谐），而且同外场强度有关。在半经典理论中拉比振荡的频率可表示为：

$$\Omega=\sqrt{W_0^2+(\omega-\nu)^2}$$

式中ν为光场的频率；ω为原子跃迁频率。共振时的振荡频率$W_0=|\wp E_0|/\hbar$称为拉比频率，其中$\wp$为原子跃迁偶极矩，$\hbar$为普朗克常数。拉比频率与外场幅度$|E_0|$成正比。而Ω称为广义拉比频率。由于真空涨落的存在，处于激发态的原子受自发辐射影响，其寿命由自发辐射速率γ决定。因此只有当拉比频率远大于原子自发辐射速率γ时，拉比振荡才能被观察到。

根据量子光学全量子理论，拉比振荡的频率为：

$$\Omega_n=[\Delta^2+4g^2(n+1)]^{1/2}$$

式中$\Delta=\omega-\nu$，ω为原子两能级的跃迁频率；ν为光子的频率；g为原子与光场的耦合常数；n为光子数。

拉比振荡是诺贝尔物理学奖获得者I.I.拉比在1937年研究自旋1/2粒子在外磁场中的行为发现的。拉比振荡效应在量子光学、核磁共振和量子计算中非常重要。（汪凯戈 陈张海 张卫平）

拉格朗日，J.-L. Joseph-Louis Lagrange（1736-01-25～1813-04-10） 意大利数学家、力学家。生于意大利都灵，卒于法国巴黎。19岁时已是都灵当地炮兵学校的几何学教师。1766年到柏林科学院工作。1776年接替L.欧拉担任柏林科学院院长的职务。1787年离开柏林到巴黎，先后任巴黎师范学校和巴黎综合工科学校教授。

拉格朗日在物理学上的主要贡献在力学方面。在其名著《分析力学》中，在总结历史上各种力学基本原理的基础上，发展了J.le R.达朗贝尔、欧拉等人的研究成果，引入了势和等势面的概念（1777），进一步把数学分析应用于质点和刚体力学，提出了运用于静力学和动力学的普遍方程，引进广义坐标的概念，建立了**拉格朗日方程**，把力学体系的运动方程从以力为基本概念的牛顿形式改变为以能量为基本概念的**分析力学**形式。这些工作奠定了分析力学的基础，为把力学理论推广应用到物理学其他领域开辟了道路。他还给出刚体在重力作用下绕旋转对称轴上的定点转动（**拉格朗日陀螺**）的欧拉动力学方程的解，对三体问题的求解方法有重要贡献，解决了限制性三体运动的定型问题。拉格朗日对流体运动的理论也有重要贡献，提出了描述流体运动的拉格朗日方法。（金尚年）

拉格朗日方程 Lagrange's equations J.-L.拉格朗日于1788年在《分析力学》中提出的非自由质点系的动力学方程。

第一类拉格朗日方程 有由N个质点组成的非自由质点系，用笛卡儿直角坐标$x_i\,(i=1,2,\cdots,3N)$描述系统的运动，设质点系有m个完整及一阶线性非完整约束，约束方程可化为：

$$\sum_{i=1}^{3N}A_{li}\dot{x}_i+A_{l0}=0\quad(l=1,2,\cdots,m)\qquad(1)$$

式中A_{li}、A_{l0}均为坐标x_i及时间t的函数。则系统的动力学方程为：

$$m_i\ddot{x}_i=F_i+\sum_{l=1}^{m}\lambda_l A_{li}\quad(i=1,2,\cdots,3N)\qquad(2)$$

式中F_i为作用于各质点的主动力在直角坐标轴上的投影；λ_l为待定的拉格朗日乘子。式（2）即称为第一类拉格朗日方程。它建立了直角坐标中质点系的运动与受力的关系，它与约束方程（1）一起共有$3N+m$个方程，$3N+m$个未知量（x_i，λ_l），方程组封闭。拉氏乘子λ_l与约束力有直接关系，可求解动力学两大基本问题，但未知量最多，在建立系统动力学模型时有最多方程数。

第二类拉格朗日方程 使用直角坐标描述非自由质点系的运动时，$3N$个x_i彼此不独立。使用广义坐标描述运动，则k个广义坐标q_j彼此独立，如果系统只受完整约束，则动力学方程为：

$$\frac{\mathrm{d}}{\mathrm{d}t}\left(\frac{\partial T}{\partial\dot{q}_j}\right)-\frac{\partial T}{\partial q_j}=Q_j\quad(j=1,2,\cdots,k)\qquad(3)$$

式中$T=T(q,\dot{q},t)$为系统的动能；$\dot{q}_j$为广义坐标q_j对时间的导数，即广义速度；Q_j为广义力；k为自由度数。式（3）是完整系统在广义坐标中的动力学方程，称为第二类拉格朗日方程，简称拉氏二类方程。如果主动力有势，则存在势能$V=V(q_1,\cdots,q_k)$，式（3）有形式：

$$\frac{\mathrm{d}}{\mathrm{d}t}\left(\frac{\partial L}{\partial\dot{q}_j}\right)-\frac{\partial L}{\partial q_j}=0\quad(j=1,2,\cdots,k)\qquad(4)$$

$$L=T-V \qquad (5)$$

式中L为**拉格朗日函数**或动势。根据力电比拟，拉氏二类方程可推广到机电耦合系统。

通常所说的拉氏方程多指拉氏二类方程，它有以下特点：①方程具有对广义坐标的形式不变性。②由于$T=T_2+T_1+T_0$，各项分别是广义速度$\dot{q}_j$的二次、一次及零次齐次型，因此式（3）展开后是k个q_j的二阶常微分方程组成的微分方程组，总阶数为$2k$。③动力学方程数与完整系统的自由度数相等，在建立系统动力学模型时有最少方程数。④由于理想约束，动力学方程中不出现约束力，可直接建立主动力与运动的关系。⑤动力学函数T、L只与速度有关，不必进行加速度分析，建模过程相对容易。⑥拉氏函数L中包含系统运动的全部信息，因为只要代入式（4）即自动生成动力学方程，结合初始条件即可获得运动规律。

由广义坐标和广义速度组成的物理量，如果在运动过程中始终保持初值状态，称为首次积分或运动积分。当拉格朗日函数L具有时间平移不变性时，广义能量就是一个首次积分；当L具有空间平移不变性或空间转动不变性时，体系总动量或总角动量分别是一个首次积分。如果L不显含某个广义坐标q_j，则q_j称为循环坐标，与q_j对应的广义动量$p_j=\partial L/\partial\dot{q}_j$也是一个首次积分。

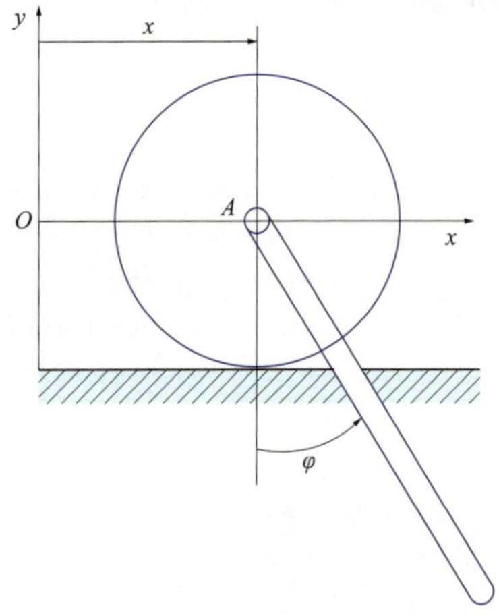

轮杆系统

图示的轮杆系统中圆轮做纯滚动。系统有二自由度，选x、φ为广义坐标，得T和V的表达式：

$$T=\frac{1}{2}\Big(\frac{3}{2}m_1\dot{x}^2+m_2\dot{x}^2+\frac{1}{3}m_2l^2\dot{\varphi}^2 + m_2l\dot{x}\dot{\varphi}\cos\varphi\Big)$$

$$V=-\frac{1}{2}m_2gl\cos\varphi$$

$$L=T-V$$

代入式（4）并展开即得系统的动力学方程：

$$(3m_1+2m_2)\ddot{x}+(m_2l\cos\varphi)\ddot{\varphi}^2 - m_2l\dot{\varphi}^2\cos\varphi=0$$

$$(m_2l\cos\varphi)\ddot{x}+\frac{2}{3}m_2l^2\ddot{\varphi}+m_2gl\sin\varphi=0$$

拉氏二类方程的缺点是：①只适用于完整系统。②需要对动能T两次求导，当系统的自由度数增加时项数急剧增多，必须借助计算机进行符号运算处理。

（贾书惠）

拉格朗日函数　Lagrangian function　用来描述完整系统存在势能时的动力学函数。见**拉格朗日方程**。

拉格朗日函数的非唯一性　non-uniqueness of Lagrangian　同一力学体系可以用不同的拉格朗日函数描述。具体而言，设有两个拉格朗日函数$L(q,\dot{q},t)$和$L'(q,\dot{q},t)$，二者之间有关系：

$$L'(q,\dot{q},t)=L(q,\dot{q},t)+\dot{f}(q,t)$$

则它们同时满足**哈密顿原理**，即：

$$\delta S=\delta\int_1^2 L(q,\dot{q},t)\mathrm{d}t=0$$

$$\delta S'=\delta\int_1^2 L'(q,\dot{q},t)\mathrm{d}t=0$$

或等价地，它们同时满足拉格朗日方程：

$$\frac{\mathrm{d}}{\mathrm{d}t}\frac{\partial L}{\partial\dot{q}_\alpha}-\frac{\partial L}{\partial q_\alpha}=0,\quad \frac{\mathrm{d}}{\mathrm{d}t}\frac{\partial L'}{\partial\dot{q}_\alpha}-\frac{\partial L'}{\partial q_\alpha}=0$$

拉格朗日函数的非唯一性会导致其他物理量的非唯一性，如广义动量$p'_\alpha=p_\alpha+\partial f/2q_\alpha$，广义能量$H'=H-\partial f/\partial t$，电磁学中矢势和标势的非唯一性也是拉格朗日函数非唯一性的表现。这类非唯一性意味着，在一定程度上某些物理量不必具有确定的物理意义。

（秦　敢）

拉格朗日陀螺　Lagrange's top　在重力场中做定点转动的对称陀螺。

拉格朗日陀螺有三个首次积分：

$$J_{z'}=(I_1\sin^2\theta+I_3\cos^2\theta)\dot{\varphi}+I_3\cos\theta\dot{\psi}$$

$$J_z=I_3(\dot{\psi}+\cos\theta\dot{\varphi})$$

$$E=\frac{I_1}{2}(\dot{\theta}^2+\dot{\varphi}^2\sin^2\theta)+\frac{J_z^2}{2I_3}+mgl\cos\theta$$

式中$J_{z'}$和J_z分别为陀螺角动量在进动轴和自转轴方向的分量；E为总能量。由上述关系得：

$$\frac{I_1}{2}\dot{\theta}^2+V_{\mathrm{eff}}(\theta)=E'$$

式中

$$E'=E-\frac{J_z^2}{2I_3}-mgl,$$

$$V_{\mathrm{eff}}(\theta)=\frac{(J_{z'}-J_z\cos\theta)^2}{2I_1\sin^2\theta}-mgl(1-\cos\theta)$$

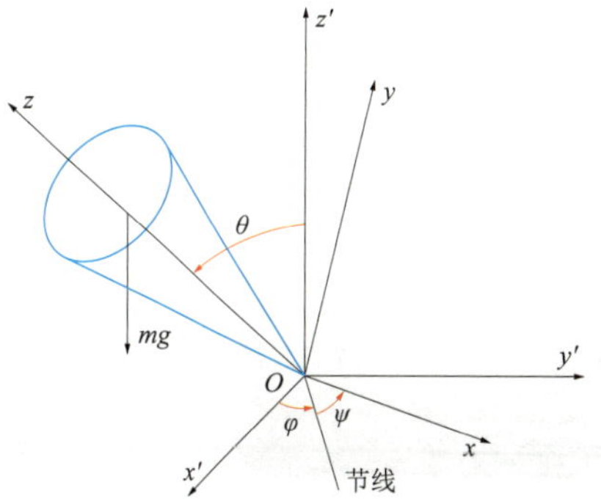

图1　在重力场中做定点转动的对称陀螺

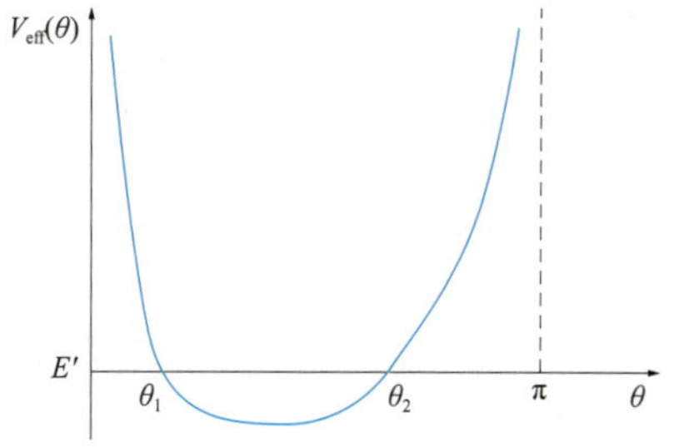

图2　有效势能随θ变化图

有效势能随θ变化的典型图形大致如图2所示，它和$E'=$常数的直线有两个交点θ_1和θ_2，其值由$E'=V_{\mathrm{eff}}(\theta)$决定，这两个角度决定了陀螺的$z$轴对铅直方向偏离的章动角的上、下界限。

进动角速度$\dot{\varphi}$是否改变符号取决于$J_{z'}-J_z\cos\theta$是否变号。图3a和c分别是当$J_{z'}-J_z\cos\theta$在区间$[\theta_1,\theta_2]$内不变号和变号

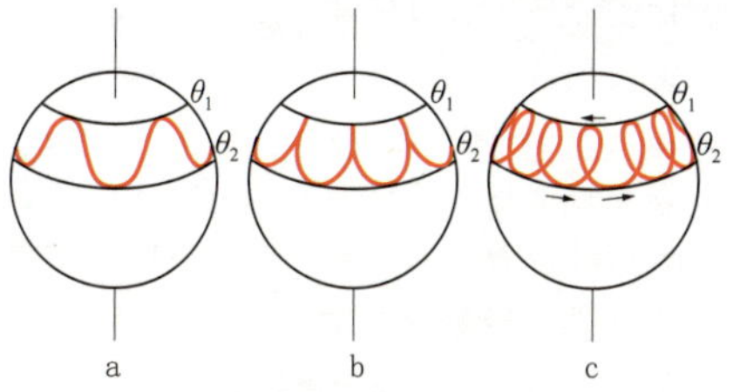

图3　进动角度变化图

时陀螺自转轴的轨迹，而图3b是a和c之间的临界情形，即在θ_1处$J_{z'}-J_z\cos\theta=0$。

（秦　敢）

拉曼，C.V.　Sir Chandrasekhara Venkata Raman（1888-11-07～1970-11-27）　印度物理学家。生于特里奇诺波利（今蒂鲁吉拉伯利），卒于班加罗尔。1904年毕业于马德拉斯大学，先后获得文学硕士，哲学、法学和理学博士。1907年起在印度财政部任职达10年。1917～1933年任加尔各答大学物理学教授。1924年被选为英国皇家学会会员。1933～1937年任印度科学院院长。1948年建立拉曼研究所并任所长，同年被任命为印度国家教授。曾当选爱尔兰皇家科学院、匈牙利科学院和法国科学院

院士。

拉曼在20世纪20年代进行光散射的实验研究。1922年，他发表了应用爱因斯坦-斯莫卢霍夫斯基涨落理论解释海水呈蓝色的论文，证明蓝色是**光散射**造成的。1923年，在他领导下，K.R.雷马内森在观察液体散射光时，发现有强度很弱、相对于激发光谱线有位移的二次辐射。拉曼及其助手们经过不断实验验证，肯定了当单色光定向地通过透明物质时，散射的光中还含有一些弱的光，其谱线位移为一恒量。这种散射效应后被称为并合散射效应，即**拉曼效应**，并被认为是光量子理论最有力的证明之一。为此，拉曼获得了1930年诺贝尔物理学奖。1935～1936年，他与合作者研究了液体中超声波对光的散射。50年代，拉曼研究了宝石和矿石的光效应。60年代，拉曼还转而研究颜色和生理视觉方面的问题。（戴念祖）

拉曼激光器 Raman laser 基于受激拉曼散射效应建立的激光器。又称拉曼振荡器。放置在光学共振腔的介质，在适当强度的激光作用下，其斯托克斯拉曼分量或者反斯托克斯拉曼分量的增益超过了它们在共振腔内的光学损耗，就会发生激光振荡。它实质上也是一种激光参量振荡器，输出的激光频率是激发激光的频率被拉曼散射频移后的频率，拉曼激光器也可称为可调谐激光器。拉曼激光器在研究分子结构、同位素分离、分子鉴别、物态变化、生物化学及固体结构等方面得到广泛应用。

主要有三类拉曼激光器：非连续可调谐拉曼激光器、连续可调谐拉曼激光器、自旋反转拉曼激光器。实际中使用的拉曼散射介质有晶体、光纤、硅芯片、气体、液体等。

非连续可调谐拉曼激光器 利用受激拉曼激光再去激发另一种拉曼散射介质，后者产生的受激拉曼散射频移是在第一次拉曼散射频率的基础上产生的，即它是两个拉曼频移的组合，因而这类激光器输出一些新频率激光。特别当第一级受激拉曼散射能产生高阶的拉曼散射时，第二级受激拉曼散射可产生更多一系列新波长激光，采用适当的滤波装置便可以实现非连续调谐的激光输出。这类激光器最大的缺点是不能连续改变激光波长。

连续可调谐拉曼激光器 用连续可调谐激光激发拉曼散射介质产生受激拉曼散射，得到频率$\omega_R=\omega_0+n\Delta\omega$的高阶受激拉曼激光。其中$\omega_R$为$n$阶受激拉曼光频率，$\omega_0$是激发激光的频率，$\Delta\omega$为拉曼散射频移。当激发激光波长连续改变时（即$\omega_0$连续调谐），频率$\omega_R$随之连续变化，便实现连续可调谐输出，其调谐范围是$n\Delta\omega$。

自旋反转拉曼激光器 用激光照射置于磁场中的半导体晶体时，半导体晶体中沿磁场方向排列的电子自旋方向会发生反转，使得激光频率发生移动，得到自旋反转拉曼激光。最高的转换效率可达75%以上。电子自旋拉曼激光频移依赖于磁场强度，改变磁场强度，即可实现自旋反转拉曼激光调谐。能做自旋反转拉曼激光器的晶体介质主要有InSb、InCdS、ZnO、CdSe、$CdS_{0.6}Se_{0.4}$等。激发方式可以是脉冲式，也可以是连续式。CO激光器、CO_2激光器、染料激光器、氙激光器等均可以做自旋反转拉曼激光器的激发光源。对于InSb自旋反转拉曼激光器，用10.6微米波长的CO_2激光激发，可获得波长在13～17微米的可调谐激光输出；用5.3微米的CO激光或CO_2倍频激光激发，可获得波长在5～6微米的可调谐激光输出；用NH_3激光器输出的12.8微米激光激发，可获得波长在14～17微米的可调谐激光输出。采用限模和稳频措施，可使输出激光线宽压缩到1千赫，能量转换效率达30%～50%。（雷仕湛）

拉曼散射 Raman scattering 光与物质相互作用时光子的一种非弹性散射。拉曼散射效应由印度物理学家C.V.拉曼首先发现，他因此获得1930年的诺贝尔物理学奖。该效应是光子在与物质相互作用时，有极少数的一部分光子会改变频率。其中频率降低的散射称为斯托克斯散射，频率升高的称为反斯托克斯散射，它们分别对应于光子向样品传递能量以及从样品中获得能量。由于能量在样品中由具有量子化特征的元激发承载，拉曼效应的频率改变量也具有相应的量子化特征。通过测定散射发生概率作为光子频率改变量的函数，实验人员能够推断出样品中元激发的能谱特征。

由于可见光波长远大于化学键的长度，拉曼散射通常只能用于探测空间上“均匀”(即长波极限下）的元激发。对于晶体材料，则对应于布里渊区中心点处的元激发。由于该点具有材料完整的点群对称性，根据群表示理论中的有关结论，拉曼散射只能探测满足特定“选择定则”的元激发，这在散射实验的设计以及光谱的解读中需要注意。拉曼散射为研究分子结构或晶体结构提供了重要手段。借助于拉曼散射可快速定出分子振动的固有频率，并可决定分子结构的对称性、分子内部的力等。

由于激光光源和光栅光谱仪的普及，拉曼散射已逐渐成为一种技术门槛较低的散射类研究手段，受到许多材料实验室的青睐。相比起其他散射谱学方法，拉曼散射具有样品需求量少、数据信噪比高、易于与极端测量条件（低温、高压、强磁场等）相结合等特点。（李 源）

拉曼效应 Raman effect 光被分子（含原子）散射时波长发生改变的一种现象。由印度科学家**C.V.拉曼**首次发现。**瑞利散射**中光的波长不变，是一种弹性散射。与之不同，拉曼效应是分子对光的非弹性散射，散射过程中分子状态发生了改变。散射光的波长比入射光长（红移）的现象称作斯托克斯-拉曼散射，反之（蓝移）为反斯托克斯-拉曼散射。通常后者比前者弱很多。拉曼效应可以理解为光场诱导分子极化，再与光场作用发生散射。因此可以用量子理论的二阶微扰理论处理。（赵增秀）

拉莫尔频率 Larmor frequency 粒子围绕磁力线做回旋运动时的圆频率。见**带电粒子的回旋运动**。

拉姆齐，N.F. Norman Foster Ramsey（1915-08-27～2011-11-04） 美国实验物理学家。生于华盛顿（哥伦比亚特区），卒于马萨诸塞州韦兰。1940年和1954年分别获哥伦比亚大学哲学博士和英国剑桥大学理学博士学位。第二次世界大战期间，在麻省理工学院辐射实验室和洛斯阿拉莫斯国家实验室研制雷达和原子武器。1945年任哥伦比亚大学教授，1946年任布鲁克海文国家实验室的物理部主任。1947年起一直任哈佛大学教授。1952年当选美国国家科学院院士。

拉姆齐从事原子物理、分子物理、核物理和粒子物理的研究。1940年和I.I.拉

比首次测定分子转动磁矩，并发现重氢的核不是此前所设想的球形，而是椭球形。

第二次世界大战期间，拉姆齐领导制成了3厘米波长磁控管及其雷达系统。1950年发明了具有两个分立振荡场的新的分子束共振方法，从而获得更为精确的磁共振谱，并将它用于氢微波激射器和铯原子钟及其他**原子钟**。为此获1989年诺贝尔物理学奖。他还建造了当时能量最大的6兆电子伏的剑桥电子加速器，发展了分子中核的磁屏蔽理论，测定了氢、氘和氚的超精细结构谱，并发现氢的超精细结构谱在电场中发生的小位移。（郭奕玲）

拉姆齐干涉 Ramsey interference 由美国科学家N.F.**拉姆齐**于1949年提出的原子钟技术的核心测量手段。拉姆齐干涉是一种测量二能级系统和电磁场频率差的方法。该方法的流程可以概括如下（以下采用自然单位制$\hbar=1$）：考虑一个二能级量子系统（如二能级原子）有基态$|g\rangle$和激发态$|e\rangle$，初始系统处在基态。若用圆频率为ω的外场对该系统施加两个持续时间很短的$\pi/2$脉冲，两个脉冲之间的时间间隔为T（分离场方法），则第二个脉冲结束后，系统处在激发态的概率为：

$$P_e=\cos^2(\Delta T/2)$$

式中$\Delta=E-\omega$为系统和外场的失谐。因此，通过测量P_e随时间间隔T的变化，可以得到Δ，从而能够在已知E的时候测量ω，或者完成相反的任务。（张 芃）

拉廷格液体 Luttinger liquid 关于一维多体费米子系统的理论模型。又称朝永-拉廷格液体。通常的**费米液体理论**在一维空间中失效。1934年，物理学家F.**布洛赫**注意到一维自由费米子系统低能激发谱和谐振子链低能激发谱的相似性，这是因为一维空间中的费米面实际上是一对孤立的费米点，其附近的低能激发态均为粒子-空穴型激发，激发态能谱呈线性色散关系。1950年，日本理论物理学家**朝永振一郎**注意到在适当近似下相互作用费米子系统可以表达为由费米子密度算符构成的二次型玻色哈密顿模型，从而可以用**博戈留波夫变换**直接对角化。1963年，J.M.拉廷格重新研究了这个模型，发现与费米液体行为相反，即使是非常小的排斥相互作用，也会破坏基态粒子平均占据数在费米点处的非连续性。该模型正确的严格解由E.H.利布等物理学家们在1965年给出。随后，玻色化技术得到发展，1981年英国物理学家D.**霍尔丹**建立了一维量子液体的一般性拉廷格液体理论。

特征 拉廷格液体具有区别于费米液体的几个重要特征：①拉廷格液体的元激发是玻色型的。电荷自由度对应的元激发与自旋自由度对应的元激发均无能隙且各自独立，对应的电荷密度波和自旋密度波具有不同的传播速度（即所谓的自旋-电荷分离）。②在绝对零度，格林函数没有准粒子极点，或动量分布函数在费米点处没有非连续的跳跃，相应的谱函数呈幂指数型奇性，$\rho(k_F,\omega)\propto\alpha_L|\omega|^{\alpha_L-1}$（当$0<\alpha_L<1$时）。其中指数$\alpha_L$依赖于相互作用的大小，它决定了一维导体低温下的输运行为。③非磁性杂质在拉廷格液体中可导致电荷密度波出现$2k_F$弗里德尔振荡。随着温度趋向绝对零度，排斥相互作用下弗里德尔振荡引起的背散射激增，导致电导率趋于零，系统的电荷输运在该杂质处断开。

此外，拉廷格液体中的隧穿效应、**近藤效应**也与通常的费米液体有明显的不同。更广泛的一维相互作用费米子模型没有严格解，但拉廷格液体图像依然成立，各种玻色元激发之间的剩余相互作用可在一个框架内描写，导致诸如电荷密度波、自旋密度波、自旋单态超导、自旋三重态超导等不稳定性。它们之间的竞争视对称性、相互作用强度、能隙等因素而定，一般可用重正化群方法来分析。由于物理上的一维系统大都是准一维的，这些不稳定性可以导致相应的静态长程序。

应用 尽管玻色化技术可在形式上推广至高维空间，但作为低能有效模型，拉廷格液体一般只能存在于一维或准一维物理体系。其中典型的物理系统包括量子线、碳纳米管、量子霍尔效应边界态、准一维有机或无机分子导体、半整数自旋量子海森伯链以及准一维光格子中的费米型冷原子等。实验上可以通过角分辨光电子谱、输运、光学性质、核磁共振等测量方法观测这些物理体系中可能存在的拉廷格液体行为。（戴建辉）

莱德曼，L.M. Leon Max Lederman（1922-07-15～2018-10-03） 美国俄裔高能物理学家。生于纽约，卒于爱达荷州雷克斯堡。1951年在哥伦比亚大学获博士学位。此后留校任教，一直到1974年。1975年起，在费米国家加速器实验室做研究，1979年任该室主任。1989年从费米实验室退休，任芝加哥大学物理学教授。

莱德曼在1956年发现了中性K介子。1965年发现反氘核。在费米国家加速器实验室负责建造第一台超导电子同步加速器。1977年发现μ子中微子。

1962年，莱德曼和M.**施瓦茨**，J.**施泰因贝格尔**等人用加速器产生中微子，发现π介子衰变成μ子所产生的中微子与β衰变所产生的中微子是两种不同类型的中微子，从而证实中微子至少有两种，一种是电子型，一种是μ子型。这一发现为中性流的发现与电弱统一理论的建立奠定了基础。由于发现产生中微子束的方法，并以发现μ子中微子证实轻子二重态结构，他和施瓦茨、施泰因贝格尔同获1988年诺贝尔物理学奖。（郭奕玲）

莱顿瓶 Leyden jar **电容器**的原始形式。在电学发展的早期，电学家们希望把电储存起来以便做更多的实验。1745年德国牧师E.G.von克莱斯特用注入玻璃瓶中的酒精或水银来储存电。他先把酒精或水银注入一个细颈玻璃瓶内，再插入一根金属杆使它与酒精或水银接触，然后用摩擦起电机通过金属杆把电传进瓶内。他发现如果瓶内充电足够，金属杆顶端就会产生一层光锥。1746年荷兰莱顿的物理学家P.van穆欣布罗克偶然观察到一手托着注入水并已充电的玻璃瓶，另一只手无意间触摸到插入瓶中的金属杆而受到强烈的电击。这一充入液体并插入金属杆可储存大量电荷的玻璃瓶后来被称为莱顿瓶。英国科学家W.沃森弄清楚瓶内液体的作用并非是本质的，给玻璃瓶内外各镀一层金属膜则储存的电量将显著增大，并且莱顿瓶电镀层面积越大，玻璃壁越薄其容量越大，这实际上是发现了电容器的原理。

莱顿瓶的发明为进一步研究电现象提供了条件，对于传播电的知识、显示电的威力起到很好的作用。法国的J.-A.诺莱曾做了一个当时最为壮观的演示实验，他在巴黎一座大教堂前，在路易十五皇室成员面前，令700个修道士手拉手排成一条900英尺（1英尺=0.3048米）长的队伍，一端的人接触带电莱顿瓶的外部，当另一端的人接触到莱顿瓶内的金属杆时，700个修道士都因电击而跳起来。这些平时威严而儒雅的修道士滑稽可笑的动作给人留下的印象是极为震撼的。（陈熙谋）

莱格特，A.J. Anthony James Leggett（1938-03-26～ ） 英国/美国理论物理

学家。生于英国伦敦。1964年获牛津大学博士学位。1964年起先在美国伊利诺伊大学做博士后研究，后在该校任职，为该大学厄巴纳-尚佩恩分校教授。任美国国家科学院院士，英国皇家学会会员。

莱格特研究凝聚态物理学、量子流体、低温物理学和统计物理学。发展了正常的和超流的氦流体以及其他强耦合超流体的理论，开辟了宏观耗散系统的量子物理学研究方向，并且运用凝聚系统来检验量子力学的基础。1975年成功地建立了描述^{3}He超流性质的理论，因此获2003年的诺贝尔物理学奖。（郭奕玲）

莱因斯，F. Frederick Reines（1918-03-16～1998-08-26） 美国高能物理学家。生于新泽西州帕特森，卒于加利福尼亚州奥兰奇。1944年获纽约大学哲学博士学位。在洛斯阿拉莫斯国家实验室工作后，1966年任加州大学欧文分校教授、物理学院院长。1988年退休。

1953年莱因斯与C.L.科恩合作，用华盛顿州汉福德的核反应堆试验探测中微子源。1955年两人转到南卡罗来纳州新建成的萨瓦纳河核反应堆，采用同时探测中子和正电子的方法，还专门设计了延迟符合计数器。1956年观测到了电子型反中微子。这是第一次对**中微子**的直接观测，在轻子物理学领域具有重要意义。此后，莱因斯还做了许多有关中微子的关键性的实验。莱因斯因探测到中微子而获1995年诺贝尔物理学奖。（郭奕玲）

赖尔，M. Sir Martin Ryle（1918-09-27～1984-10-14） 英国射电天文学家。生于萨塞克斯郡的布赖顿，卒于剑桥。1939年毕业于牛津大学，此后任职于无线电通信研究院。第二次世界大战后入剑桥大学卡文迪什实验室。1948～1959年任教于剑桥大学，1957年兼任剑桥大学穆拉德射电天文台台长，1959年任射电天文学教授（1959年起）。1952年当选英国皇家学会会员。1972年任皇家天文学家。

第二次世界大战期间赖尔参与研制雷达天线。战争结束后，发明双天线射电干涉仪，并用它于1948年观测到太阳的射电辐射和射电源天鹅座A的位置。1955年制成四天线干涉仪，用它进行射电巡天探测，并于1959年编制了《剑桥第三星表》（包括471个射电源），由于此表才发现了第一颗类星体。为了绘制像类星体这样遥远射电源的射电图，他在20世纪50年代末发展了“综合孔径”技术并提出综合孔径射电望远镜的设计思想，就是把各种间距和取向的干涉仪测量组合起来，通过傅里叶变换求得天空射电亮度的二维分布。1963年主持建造1.5千米的综合孔径的射电望远镜。该项研制导致**A.休伊什**于1967年发现第一颗脉冲星。1971年又主持建造了马拉德天文台称为“5千米阵”的综合孔径射电望远镜。为此，他和休伊什同获1974年诺贝尔物理学奖。这是天文研究第一次获得的诺贝尔奖。赖尔还培养了大批优秀的射电天文学家。（郭奕玲）

赖斯，A.G. Adam Guy Riess（1969-12-16～ ） 美国天文学家。生于华盛顿。1992年获麻省理工学院学士学位，1996年获哈佛大学博士学位。随后成为由**B.P.施密特**组建的高红移超新星搜索队（High-Z Supernova Search Team;HZT）成员。1999年，赖斯到巴尔的摩太空望远镜科学研究所工作。2005年起担任约翰斯·霍普金斯大学教授。

20世纪20年代末，美国天文学家E.P.哈勃最早发现宇宙不是静止的，而是在膨胀。要确定宇宙的膨胀是加速还是减速，需测量遥远天体的距离和红移关系。天文学领域通常利用测距方法，即通过测量天体亮度来推断距离。Ⅰa超新星是白矮星产生剧烈爆炸结果的激变变星。白矮星通过吸积伴星质量以获得额外质量，当其质量超过钱德拉塞卡极限时便开始坍缩，再度提高温度至超越核聚变所需燃点。核聚变后几秒内，白矮星内释放极高能量，成为一颗超新星。几乎所有已知Ⅰa超新星都具有相似的绝对亮度，被看作宇宙的“标准烛光”。测量超新星到地球的视亮度，通过对比视亮度和绝对亮度差异，便可推知超新星到地球的距离。由于宇宙膨胀，超新星发出的光传播到地球时波长变长，光谱向红色方向移动，科学家可测量超新星的“红移”。1998年，HZT研究组通过对50多颗高红移的超新星样本分析，得出观测到的高红移超新星亮度比一个以通常物质为主的宇宙学模型所预言的要暗，即现今宇宙的膨胀在加速而不是减速。2011年，赖斯与施密特以及**S.珀尔马特**因“通过超新星发现宇宙加速膨胀”共同分享诺贝尔物理学奖。（刘金岩）

兰姆，W.E. Willis Eugene Lamb（1913-07-12～2008-05-15） 美国物理学家。生于加利福尼亚州洛杉矶，卒于亚利桑那州图森。1934年获加利福尼亚大学伯克利分校哲学博士学位。1938～1951年任教于哥伦比亚大学，1948年升任物理学教授。其间，1943～1951年在该大学辐射实验室兼职。1951年起，先后任斯坦福大学、牛津大学、耶鲁大学和亚利桑那大学物理学教授。1954年当选美国国家科学院院士。

兰姆的主要贡献是发现了**兰姆移位**。早先，**P.A.M.狄拉克**以相对论性量子力学曾预言氢原子光谱线的精细结构。但用光学方法验证狄拉克的理论，历经10～20年始终未获成功。1947年，兰姆改进了**I.I.拉比**的磁共振方法，以微波激发氢原子的实验发现光谱线的位置与狄拉克的预言稍有不同。这个“兰姆移位”虽然极小，但对**量子电动力学**的发展有重要意义。兰姆的同一实验还得到精细结构常数$e^2/(2\epsilon_0 hc)$的精确值。兰姆移位实验与电子和μ子反常磁矩实验一起构成了量子电动力学的三大实验支柱。反常电子磁矩是**P.库什**在精密测定电子磁矩的实验中发现的。为此兰姆和库什同获1955年诺贝尔物理学奖。在斯坦福大学期间，兰姆还发明了检查氦光谱线超精细结构的微波

技术。（郭奕玲）

兰姆凹陷 Lamb dip 驻波型激光器输出功率的中心峰值处出现下降的现象。在驻波型激光器中，腔内存在着沿腔轴方向传播的光强为I_+和反方向传播的光强为I_-的光波。对于由多普勒非均匀加宽工作物质组成的激光器，若增益曲线的中心频率是ν_0，当振荡频率$\nu_q \neq \nu_0$时，I_+和I_-两束光会在增益曲线上中心两侧分别“烧”两个“孔”。$\nu_q=\nu_0$时单模运转的这类激光器输出功率P和单模频率ν_q的关系曲线在$\nu_q=\nu_0$处有一凹陷（见图），这种现象称为兰姆凹陷。最先在1963年实验观察到。

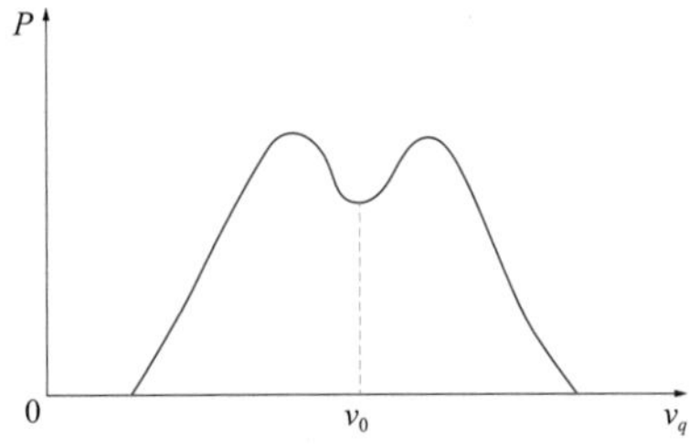

单模输出功率P和单模ν_q频率的关系曲线

$\nu_q \neq \nu_0$时对每个孔起饱和作用的分别是I_+或I_-，而不是两者的和。因此振荡模稳态工作时：

$$I_+ = I_s\left\{\left[\frac{g_i^0(\nu_0)}{g_t}e^{-4\ln 2\left(\frac{\nu_q-\nu_0}{\Delta\nu_D^2}\right)^2}\right]^2-1\right\}$$

式中g_t为工作物质内部由于吸收、散射等原因造成的损耗系数（单位长度上光强减小的相对值）；$\Delta\nu_D$为多普勒加宽谱线宽度；$g_i^0(\nu_0)$为中心频率处的小信号增益系数；I_s为饱和光强。若激光束的有效截面面积是A，谐振腔由一面全反射镜和一面透过率为T的输出反射镜组成，则单模（$\nu_q \neq \nu_0$）输出功率为：

$$P = ATI_+ = ATI_s\left\{\left[\frac{g_i^0(\nu_0)}{g_t}e^{-4\ln 2\left(\frac{\nu_q-\nu_0}{\Delta\nu_D^2}\right)^2}\right]^2-1\right\}$$

当$\nu_q=\nu_0$时，I_+和I_-同时在增益曲线上中心频率处烧一个孔，烧孔深度取决于腔内平均光强I_{ν_0}：

$$I_{\nu_0} = I_+ + I_- \approx 2I_+$$

振荡模稳态工作时输出功率为：

$$P = ATI_+ = \frac{1}{2}ATI_s\left\{\left[\frac{g_i^0(\nu_0)}{g_t}\right]^2-1\right\}$$

由此可见，$\nu_q=\nu_0$时单模输出功率比$\nu_q \neq \nu_0$时的输出功率多了个1/2因子，输出功率会下降，即单模输出功率P和单模频率ν_q的关系曲线在$\nu_q=\nu_0$处有一凹陷。

若原子的均匀加宽线宽是$\Delta\nu_H$，由于两个烧孔在$|\nu_q-\nu_0|<\frac{\Delta\nu_H}{2}\sqrt{1+I_{\nu_q}/I_s}$时开始重叠，所以兰姆凹陷的宽度$\delta\nu$大致等于烧孔的宽度，即$\delta\nu=\Delta\nu_H\sqrt{1+I_{\nu_q}/I_s}$。激光管的气压增高时，碰撞线宽增加，兰姆凹陷变宽、变浅。当气压高到一定程度，谱线加宽以均匀加宽为主时，兰姆凹陷消失。

兰姆凹陷可用于**激光稳频技术**，在长度和频率的计量等方面发挥了重要作用。

（林殿阳 吕志伟）

兰姆移位 Lamb shift 氢原子能级$^2P_{1/2}$和$^2S_{1/2}$退简并所代表的一类现象。氢原子能级根据量子力学**狄拉克方程**计算，尽管轨道角动量不同，只要总角动量和主量子数相同，其能量就相同（在量子力学中称为简并）。例如，计算结果得出氢原子能级$^2P_{1/2}$和$^2S_{1/2}$是简并的，$^3P_{3/2}$和$^3D_{3/2}$也是简并的等。然而，这些能级并不是严格简并的。1947年实验家W.E.**兰姆**和R.C.雷瑟福利用微波从实验上测量出了$^2P_{1/2}$和$^2S_{1/2}$间的能量差（退简并）。后来人们把这类能级差（移位）称为兰姆移位。

兰姆和雷瑟福用微波共振方法直接测量出$^2P_{1/2}$和$^2S_{1/2}$间能级差（$\Delta E=E_1-E_2$）对应的共振频率为$\nu=\Delta E/h$，即兰姆移位；而理论物理学家H.A.**贝特**找到了引起这兰姆移位的起因，他从理论上以当时足够的精确度计算出了这一能级移位。根据贝特的工作，这些移位起因主要是量子化的电子场和电磁场的高阶（圈图）相互作用，即所谓的量子电动力学的辐射修正的效应。由于兰姆移位实验精度和理论计算能力的不断提升，现在已经知道为了使理论计算与实验相符，还需要正确地考虑原子核大小的效应等。兰姆移位实验与另外两个精确实验——电子和μ子的反常磁矩实验，是当初支持**量子电动力学**的三大实验支柱。

量子电动力学重正化理论进行电磁作用的各种辐射修正计算是粒子物理标准模型的重要构成。实验在不断地改进，μ子反常磁矩已经需要考虑标准模型中的弱作用的修正等理论才能在实验误差内与实验符合。而兰姆移位涉及了原子核的大小效应，由于理论处理其中的原子核效应的困难，尚达不到μ子反常磁矩那样的精确度，检验粒子物理标准模型。

（张肇西）

蓝光发光二极管 blue light emitting diode 发射蓝光的半导体二极管器件。蓝光发光二极管（LED）首先是在硒化锌等Ⅱ-Ⅵ族半导体以及碳化硅材料上实现的。但它们并没能大规模的用于显示或照明，前者是因为材料缺陷密度高、可靠性差、器件寿命难以达到实用化程度；后者则是间接带隙半导体，不能高效的发光。1990年前后，日裔科学家**赤崎勇**、**天野浩**和**中村修二**三位科学家解决了氮化镓晶体质量、p型掺杂等问题，成功制备出GaN基的蓝光LED，其诞生之初，光强就达到1坎德拉，远远超过其他材料的蓝光LED。由于高亮度蓝光LED的发明，全色显示以及半导体照明得到迅速的应用。这三位日裔科学家也因此获得2014年的诺贝尔物理学奖。

与其他Ⅲ-Ⅴ族发光器件不同，Ⅲ族氮化物蓝光LED材料缺陷高达10^8～10^9/厘米^2，仍然以较高的效率发光。研究表明，这些缺陷在一般的注入水平下是电学惰性和发光惰性的。它们既不显著影响载流子的注入，也不影响载流子在**量子阱**的复合。InGaN材料的高效率的蓝光发射被认为来源于载流子的局域化效应，这种局域化可能来源于铟组分在量子阱内的波动，InN量子点以及InGaN材料的相分离。载流子的局域化阻止了在位错区域的非辐射复合。中国南昌大学江风益等人认为贯穿位错的另一个好处是便于在量子阱有源区形成较高密度的V型坑，这些V型坑加强了p区载流子的注入效率。当然非常高的缺陷密度不利于效率骤降的改善。实验结果表明，高的注入电流密度将激活这些缺陷，引起发光效率的下降。

氮化镓基蓝光LED的外延结构也决定了其发光效率。在p型取得关键突破之后，早期的结构使用AlGaN/InGaN双异质结结构作为有源区，得到较高的发光效率。直到现在，由于限制区域降低的载流子浓度有利于大注入水平下工作，仍有部分厂家使用双异质结结构的LED。但双异质结结构对载流子的限制和复合的促进作用还是比较有限的。随后发展了单量子阱和多量子阱结构，LED的发光效率得到迅速的提高。量子阱的数量、阱宽、垒宽、阱的形状，垒的形状都被做了许多优化。另一方面，引起较高关注的是电子阻挡层的结构，因为电子和空穴的浓度、迁移率差异，注入量子阱区的电子-空穴浓度不对称，导致大量的电子泄漏到p区，减低LED的发光效率，电子阻挡层一般使用p-AlGaN结构，一般的厚度在二三十纳米，AlGaN/GaN多量子垒或极化匹配的电子阻挡层也得到了应用。另外，在量子阱区以下的电子驻留层也得到广泛的重视，低铟组分的InGaN层作为电子的驻留层对电子的有效注入非常重要。另外，电子驻留层还起到调节应力的作用，有利于下面量子阱有源区的生长。

由于蓝光从半导体内部向空气中发射，其大部分光因为界面全反射禁锢在LED器件内部。通过封装胶体和透镜等能够得到较高的光抽取效率。但半导体胶体界面仍然存在全反射，因此各种取光结构被发展出来。图形化衬底技术可破坏出光表面的全反射条件，提高出光效率。在通常的正装芯片结构上，发展了倒装焊、垂直结构等芯片结构。倒装焊的结构以蓝宝石面为出光面，此与胶体的全反射角进一步加大，在胶水折射率匹配的情况下，出射光锥将发生重合，大大提高出光效率。而垂直结构的LED则是把LED外延结构转移到高导热导电的衬底上，转移界面镀上高反膜，剥离掉蓝宝石衬底，在出光表面制备微纳出光结构，大大提高了芯片的出光效率和热稳定性。垂直结构芯片成了蓝光LED的一个发展趋势。（陈志忠）

蓝相液晶 blue phase liquid crystals 液晶的一种特别而且复杂的结构。其形成与分子本身的手性结构有关。图1为手性向列结构的剖面图，每个向列平面可以用一个总方向（向列矢，棕色箭头）标志。沿着z方向，向列矢逐层旋转。层与层之间的旋转是由组成分子的结构所引起。手性分子的特殊结构导致两层分子不是完全平行，而是形成一个小角度堆积。

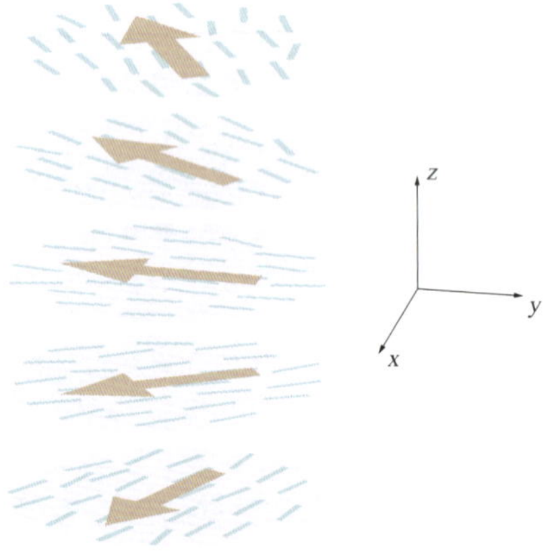

图1 手性向列结构剖面图

同样的相互作用，可以导致分子形成螺旋结构。如图2所示，沿着一条过z轴的线，多分子可以成双扭曲排列，每对分子之间差一个小角度。整个系统对z轴做天顶角对称转动，这些分子形成层层圆柱表面上的螺旋结构，各层螺旋角不同。

当柱体超过一定半径，外层向列矢可与z轴正好成45°角。现在考虑两个柱体，整体表面各有45°角的刻纹。当两个圆柱轴垂直，刻度可无缝贴在一起。也就是说，两个柱子表面的分子平行趋势可导致两个柱体垂直吸引。从更高一层次结构的角

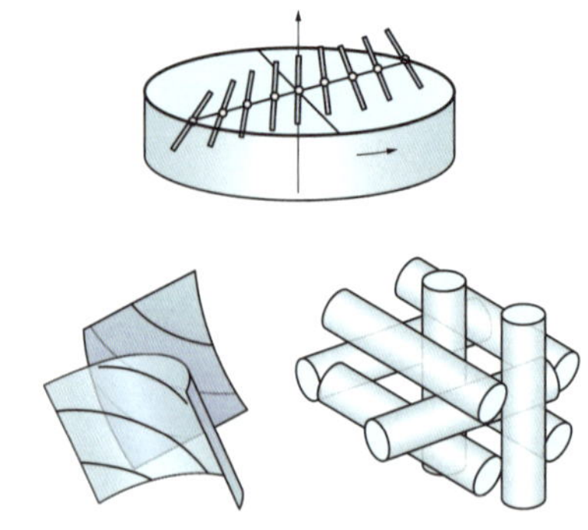
图2 蓝相液晶的螺旋结构

度，系统里有很多柱体，由于这种间接吸引力形成自组装，最后达成一个如图2所示三维结构。图2为简单正方体组装，系统也可组装成体心正方体。这里用了柱体描述，实际上每个所描述的柱体都是由流体形成。

蓝相早于1888年由F.莱尼茨尔描述过，后于1975年才被正式证实。它一般在手性相和各向同性相之间的温度区域之间存在，由柱状液晶叠加成三维立方结构而成。蓝相具有特别的光学性质，可用布拉格衍射等方法测量。虽然蓝相是由柱状结构像晶体一样叠加，其液晶的本质使其具有流体的力学特性，与固体有别。正是由于这个叠加，蓝相的黏滞度比别的流体高若干数量级。（陈征宇）

蓝移 blue shift 电磁波的频率变大，波长向蓝波段偏移的现象。是与红移相对的一种效应。又称蓝位移。蓝移根据作用机制的不同，可以分为多普勒蓝移、引力蓝移和宇宙蓝移。

多普勒蓝移指由于发射源向观察者靠近时，所发射的电磁波频率会向频谱蓝色端移动的现象。同时在传播方向上探测到的任何反射、辐射的光子或其他粒子的波长都会变短。天文学上常用多普勒蓝移来探测天体的相对运动，比如从地球可以观测到同在一个星系群的仙女座系由于正在向银河系移动而产生蓝移现象。

引力蓝移是指光子掉入引力场后能量变大，频率变大。不同于相对多普勒蓝移对于接收光子角度的依赖，引力蓝移是绝对的，即蓝移的幅度不依赖于吸收光子的角度，只和光子掉入势阱的径向距离有关。1959年的庞德-雷布卡实验验证了，引力蓝移是能量守恒和质能等价理论的结果。对于一个正在演变的势阱，当一个光子经过时探测到的蓝移量和光子离开后探测到的蓝移量是不同的。

宇宙蓝移指的是对于一个假想正在经历收缩危机的宇宙，可以观察到的蓝移现象，现实的膨胀宇宙中观察到的正相反，是宇宙红移。（曾和平）

朗伯余弦定律 Lambert's cosine law 关于扩展光源（又称面光源）发光强度与方向之间关系的实验定律。如图所示，扩展光源上某点Q沿$\boldsymbol{r}$方向的发光强度（又称辐射强度）定义为在该方向单位立体角内的光通量（又称辐射通量）。若以$\boldsymbol{r}$为轴取一立体角元$\mathrm{d}\Omega$，该角元内的辐射通量为$\mathrm{d}\Phi$，则Q点沿$\boldsymbol{r}$方向的发光强度为$I(\boldsymbol{r})=\dfrac{\mathrm{d}\Phi}{\mathrm{d}\Omega}$。

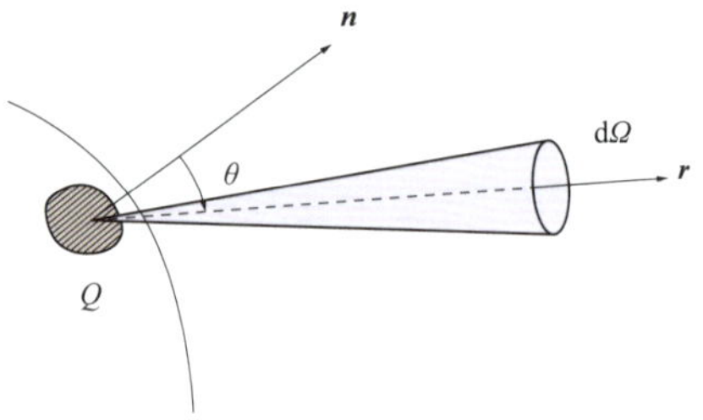

朗伯辐射体

Q点所在的面元$\mathrm{d}S$沿$\boldsymbol{r}$方向的发光强度为$\mathrm{d}I(\boldsymbol{r})$，面元$\mathrm{d}S$的法线为$\boldsymbol{n}$，则沿法线方向的发光强度为$\mathrm{d}I(\boldsymbol{n})$。记$\boldsymbol{r}$与$\boldsymbol{n}$之间的夹角为$\theta$。若有：

$$\mathrm{d}I(\boldsymbol{r})=\mathrm{d}I(\boldsymbol{n})\cos\theta$$

则这样的扩展光源称为余弦辐射体，也称朗伯辐射体。上述关于发光强度沿方向分布的定律即朗伯余弦定律。扩展光源可以是自己发光的物体，也可是反射光的物体，具有理想的漫反射表面的物体就是朗伯辐射体，从所有方向看表面将同样明亮。（崔宏滨）

朗道，L.D. Lev Davidovich Landau（1908-01-22～1968-04-01）苏联理论物理学家。生于阿塞拜疆的巴库，卒于莫斯科。幼年即显示出非凡的数学才能。13岁时学完中学课程，次年入巴库大学数理系和化学系，两年后转入列宁格勒大学物理系。1926年他18岁时发表第一篇论文，阐述了关于双原子分子光谱的理论，1927年获得博士学位。1929年被派出国，先后到过德国、瑞士、英国和丹麦。在丹麦时，哥本哈根大学理论物理学研究所的学术空气和N.玻尔的为人，给他深刻的影响。1931年朗道

回国，1932年到哈尔科夫从事研究和教学工作，创建了苏联理论物理学派。1937年春，他到莫斯科担任苏联科学院物理问题研究所的理论部负责人，并在莫斯科大学任教。

朗道思想敏锐，学识广博，精通理论物理学的许多分支。在他50岁时，人们列举了他对物理学的十大重要贡献：①引入了量子力学中的**密度矩阵**概念（1927）。②金属的电子抗磁性的量子理论（1930）。③二级相变理论（1936～1937）。④铁磁体的磁畴结构和反铁磁性的解释（1935）。⑤超导电性混合态理论（1943）。⑥原子核的统计理论（1937）。⑦液态氦Ⅱ超流动性的量子理论（1940～1941）。⑧真空对电荷的屏蔽效应理论（1954）。⑨费米液体的量子理论（1956）。⑩**弱相互作用**的复合反演理论（1957）。尤其是在量子液体理论方面，他的贡献更为突出。他的另一些引人注目的贡献是：1937年利用费米气体模型推测恒星坍缩的质量；1946年在理论上预言等离子体静电振荡中不是由碰撞引起的耗散机制的存在等，18年后这一预言才由一些美国物理学家在实验上予以证实。以他的姓氏命名的术语有朗道之磁、固体物理的**朗道能级**、等离子体物理的**朗道阻尼**、低温物理的朗道能谱以及高能物理的朗道分流效应等。由于创立了凝聚态理论，特别是液态氦理论，朗道获得1962年诺贝尔物理学奖。

朗道在理论物理学的教学方面也费过不少心血，取得了很好的成绩。在哈尔科夫时，他拟定了著名的《理论物理学最低要求》，这是为有志于学习物理学的学生们准备的一份必须掌握的学习提纲，对当时的青年人起了相当大的指导作用。他和他的学生I.M.栗弗席兹合著的多卷本《理论物理学教程》是颇负盛名的教科书。朗道于1946年被选为苏联科学院院士，曾获斯大林奖金，并曾获得由许多国家授予的种种荣誉。（戴念祖）

朗道尔－布提克电导公式　Landauer-Büttiker formalism　描述介观尺度下导体的电导与其中的电子散射之间关系的公式。1957年，R.朗道尔首先提出，可以将一维无序导体的零温电导简化成具有一定透射和反射概率的散射势垒，并推导出散射势垒的电导：

$$G=\frac{2e^2}{h}MT$$

式中T为电子从导体一端透射到另一端的概率；M为传输的模式（通道数）。考虑两端电极的电化学势为μ，并将MT记成$\overline{T}$，得到两端的线性响应公式：

$$I=\frac{2e}{h}\overline{T}\left(\mu_1-\mu_2\right)$$

随后，M.布提克将其推广到具有多电极的电导问题中，将电极上测得的电导和系统内电子的散射矩阵S联系起来。对于量子相干的导体，处于同一能量的不同电极的电子出射波$\boldsymbol{b}$可以通过S矩阵用入射波$\boldsymbol{a}$来表示：

$$\boldsymbol{b}=S\boldsymbol{a}$$

式中$\boldsymbol{a}=\{a_n\}$、$\boldsymbol{b}=\{b_n\}(n=1,2,\cdots)$分别为所有入射波与出射波的列矢量。透射概率$T_{mn}$与相应的$S$矩阵的矩阵元的关系是$T_{mn}=|S_{mn}|^2$，表示$n$通道的电子散射到$m$通道的概率。透射函数$\overline{T}_{q\leftarrow p}$是对$p$电极的$n$个通道和$q$电极的$m$个通道求和：

$$\overline{T}_{q\leftarrow p}=\sum_{n\in p}\sum_{n\in q}T_{mn}$$

这样布提克得到某一电极端流入或流出的电流为：

$$I_p=\frac{2e}{h}\sum_q\left[\overline{T}_{q\leftarrow p}\mu_p-\overline{T}_{q\leftarrow p}\mu_q\right]$$

式中$\overline{T}_{q\leftarrow p}$为电子从电极$p$到电极$q$的透射概率；$\mu_p$为电极$p$的电化学势。非零温时，需要考虑电子的费米－狄拉克分布，对于p电极：

$$I_p=\frac{2e}{h}\sum_q\int\overline{T}_{p\leftarrow q}(E)\left[f_p(E)-f_q(E)\right]\mathrm{d}E$$

这就是最常见的朗道尔－布提克电导公式。

朗道尔－布提克电导公式是基于电子的弹性散射推导的。因此，该公式一般适用于电子在输运过程中不发生非弹性散射的情况，即电子在导体中为相干输运。（王伯根）

朗道尔公式　Landauer formula　研究介观系统输运的公式。介观系统是比微观系统还小的系统，其中电子的输运不遵循经典的**玻尔兹曼方程**，因为系统的尺寸已经小于电子的平均自由程，也就是电子在通过介观系统时不受到杂质、声子或其他缺陷的散射。

R.朗道尔考虑了一个电子在一维介观导体中的输运，如图所示。一维导体中有一个势垒，称为散射体。电子有一定概率（$T<1$）穿过这个势垒。假设势垒两边电子的化学势分别为μ_1和μ_2。如果在2个接触处（库）测量电压，则$eV=\mu_1-\mu_2$。朗道尔证明，这个一维介观导体的电导为：

$$G=\frac{I}{V}=\frac{2e^2}{h}T$$

式中$2e^2/h$为一个普适常数（e为电子电荷，而h为普朗克常数），与导体的几何尺寸无关。这就是朗道尔公式。

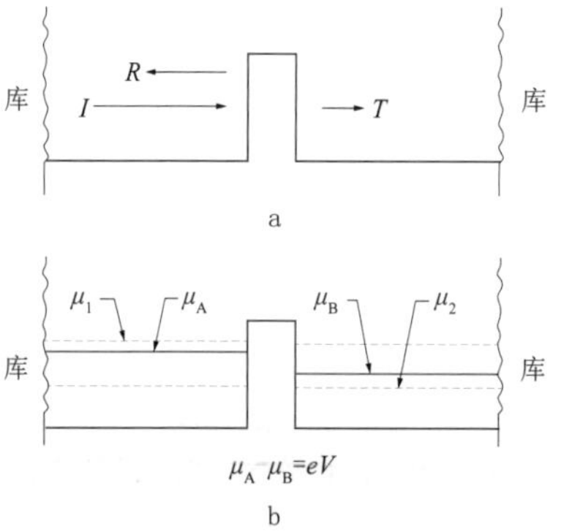

一维介观导体中有一个散射子的模型

朗道尔公式的一个直接结果就是量子化电导。当导体中没有散射体时，$T=1$，电导就等于$2e^2/h$或者它的整数倍。由于直线导体有一定宽度，横向有分立的量子态。将处于不同横向量子态上的电子贡献加起来，它的电导就是$2e^2/h$的整数倍。

在研究介观系统输运的早期，由于样品很小，用探针测量会产生一系列问题，得到的实验结果与朗道尔公式不符。在不同条件下测量得到的结果也不尽相同，主要原因有：①对介观系统，探针往往是“侵略性”的，反过来对被测量系统有影响，它可能是散射的主要源，产生电阻。而对宏观导体，就不存在这个问题。②从介观的角度来看，探针很难做到完全一致。③介观测量受**量子干涉效应**影响强烈。

因此在实验研究介观系统输运时，需要非常小心，排除外界对介观系统的影响。（夏建白）

朗道二级相变理论　Landau theory of second order phase transition　借助于序参量，通过构造**有效热力学势**（朗道自由能）描述连续相变的普适理论。朗道二级相变理论作为一种平均场理论，在靠近临界点附近，涨落很强的区域失效。朗道二级相变理论还提供了临界区域范围的估算方法。考虑到长程力以及弹性模量的各向异性，涨落受到明显的抑制，朗道二级相变理论可以在众多的结构相变中使用。

朗道二级相变理论假定系统的自由能函数由解析部分和包含序参量信息的奇异部分（**有效热力学势**）组成。考虑序参量为标量η，将相变点附近的吉布斯自由能按照幂级数展开，考虑对称性要求和稳定性要求，朗道自由能可以写为：

$$\Phi=\Phi_0+a\left(T-T_\mathrm{C}\right)\eta^2+B\eta^4$$

式中a和B为常数，$a>0$，$B>0$；T_C为相变温度。根据自由能对序参量取极小，得到序参量的温度依赖关系：

$$\eta=\begin{cases}0 & T>T_{\mathrm{C}}\\ \pm\sqrt{\dfrac{a(T-T_{\mathrm{C}})}{2B}} & T\leqslant T_{\mathrm{C}}\end{cases}$$

可以看出序参量在相变时经历了无穷小变化。计算表明相变时熵是连续变化的，比热有跳变，符合二级相变的特征。

（刘玉鑫）

朗道方程 Landau equation 在粒子系的动理学描述中，其碰撞项采取朗道碰撞项（模型）表示的单粒子分布函数动理学方程。朗道方程形式如下：

$$\left(\frac{\partial f_i}{\partial t}\right)_{\mathrm{c}}^{\mathrm{Land}}=$$

$$\frac{\Gamma_i}{2}\sum_j\left(\frac{q_j}{q_i}\right)^2 m_i\frac{\partial}{\partial\vec{v}_i}\cdot\int \mathrm{d}\boldsymbol{v}_j\frac{\partial^2|\boldsymbol{v}_i-\boldsymbol{v}_j|}{\partial\boldsymbol{v}_i\partial\boldsymbol{v}_i}\cdot\left[\frac{f_j(\boldsymbol{v}_j)}{m_i}\frac{\partial f_i(\boldsymbol{v}_i)}{\partial\boldsymbol{v}_i}-\frac{f_i(\boldsymbol{v}_i)}{m_j}\frac{\partial f_j(\boldsymbol{v}_j)}{\partial\boldsymbol{v}_j}\right]$$

$$\Gamma_i=\frac{4\pi q_i^4}{m_i^2}\ln\Lambda$$

式中q和m分别是粒子电荷和质量，下标分别表示两粒子，$\ln\Lambda$为库仑对数。

上述方程是L.D.朗道在1936年从玻尔兹曼方程出发，针对带电粒子系的特点，在碰撞由库仑相互作用引起和相碰粒子在碰撞前后只有小速度（角）改变假定下导出的。加上得出玻尔兹曼方程时所用到的假定（两体碰撞及分子混沌），就和导出罗森布拉斯势表示的福克－普朗克碰撞项时所用的假定在物理上完全相同。这两种碰撞项的表达形式虽然不同，但可以证明它们在数学上也是完全等价的。

（胡希伟）

朗道能级 Landau level 二维电子系统中电子在磁场中运动形成的分立能级。朗道能级的能量正比于$\hbar\omega_c$，其中$\hbar=\dfrac{h}{2\pi}$为约化普朗克常数；$\omega_c=eB/m^*$为电子在垂直于磁场B平面内回旋运动的圆频率，e是电子电量，m^*为电子的有效质量。当样品足够纯净并且温度足够低时朗道能级的形成，使得一些物理性质在磁场中出现$1/B$周期的振荡。如电阻率和磁化率的这种周期性变化分别被称为舒勃尼科夫－德哈斯振荡和德哈斯－范阿尔芬振荡。这些量子振荡可用来测量费米面的大小和确定电子的有效质量。在高迁移率二维电子系统中，朗道能级还可导致量子霍尔效应。

对于能量和动量满足抛物色散关系（$E=p^2/2m^*$）的传统电子体系，朗道能级的间距$\hbar\omega_c$为正比于磁场的常数。在具有线性色散关系的二维狄拉克费米子系统（单层石墨烯和拓扑绝缘体表面态等）中，朗道能级的间距不再均匀，并且还会出现零能朗道能级。

（李永庆）

朗道相变理论 Landau phase transition theory 用于描述凝聚态物质连续相变的关于序参量的一个平均场理论。相变在自然界无处不在，如晶体熔化、铁磁相变、超导相变等。这些相变在平衡态之间发生，是温度、压强、磁场等的函数。一般情况下，只有极少数相变可以严格求解，但有部分相变不用严格求解仍然可以预测相变的存在、特征及相变现象，这类问题就是朗道理论的范畴。

朗道相变理论最早在20世纪30年代提出，用以描述凝聚态物质连续相变（如超导相变等），特别是在两相差别消失的临界点及其附近的行为。朗道相变理论涉及两个重要的基本概念，即序参量和自发对称破缺。朗道理论在描述连续相变时需要确定合适的序参量，即在一个相中为零，在另一相中为非零。朗道理论中，连续相变时体系的对称性破缺，对应于非零序参量的出现。例如，铁磁相变可描述为自旋旋转对称性[SU(2)对称]的自发破缺。当系统温度高于相变临界温度T_c（即居里温度）时，自旋由于热涨落呈现混乱无序分布，保持各向同性特征，即自旋旋转对称性，此时铁磁材料中的序参量磁化强度为零；当温度低于居里温度时，铁磁材料中处于不同格点处的自旋由于相互作用会倾向于平均指向某一特定方向，系统在该方向出现非零的自发磁化而不再具有自旋三维旋转对称性，即旋转对称的自发破缺。需要指出，对称自发破缺是在热力学极限下的行为，即要求系统的自由度数目趋向无穷。对称破缺前后对应不同的物质相，对称性的自发破缺对应序参量自发磁化的出现。类似地，晶格的形成可以描述为原子连续平移对称性的自发破缺。在温度高于晶格熔解温度时，原子成空间混乱排布，系统保持连续平移对称；而当温度低于熔解温度时，原来的连续平移对称破缺。相应的序参量可由规则排布的原子数密度定义。

定量上，朗道相变理论将体系的自由能F描述为序参量（如自发磁化强度M）的泰勒级数展开，并要求自由能满足解析性和系统哈密顿量的对称性，即：

$$F=\frac{1}{2}a(T-T_c)M^2+\frac{1}{4}cM^4+\cdots$$

式中a、c为系数。当温度T在相变温度T_c附近，自由能通常可以只保留至序参量的四阶形式。由自由能极小条件给出序参量（如M）的平衡值。在温度高于T_c时，体系自由能的二阶展开系数为正，其相应最小值取在零点，即没有非零序参量出现。当温度低于转变温度T_c时，自由能二阶展开系数变成负值。此时自由能函数形成双井特征，其最小值取非零序参量对应的值，因而系统变为非零序参量的相。基于自由能的形式，可以定量获得相变点附近的临界行为，包括L.P.卡达诺夫提出的各种标度律，并据此刻画连续相变的普适类。因此，朗道理论不仅能非常简单地理解为什么会有临界点，而且还能准确计算临界指数。例如，气体－液体相变发生时，序参量可为液体密度ρ_l与气体密度ρ_g之差，临界点T_c附近，$(\rho_l-\rho_g)\propto(T-T_c)^\beta$，其中临界指数$\beta=1/2$。

平均场近似下的朗道理论，涨落是完全忽略的。而在临界点附近，序参量相对于平衡值有大的涨落，关联长度增加并在临界点发散。这意味着理解临界行为需要考虑所有空间尺度的物理问题，平均场近似在这一区间将不再适用。此时，需要考虑空间依赖的朗道理论，一般采用重正化群的方法获得准确的临界指数，最低有效维度是4。1971年K.G.威耳孙用量子场论中重正化群方法，论证了实验上总结出的临界现象的标度律和普适性，计算出符合实验的临界指数。威耳孙为此获得了1982年诺贝尔物理学奖。需要指出的是，很多情况下朗道理论不适用，有时是指需要多个序参量来描述相变，因为微妙的物理机制可导致不同的序参量在同一个点消失；另一可能性是在相变时没有局域序参量改变，如拓扑序（非局域序参量表征相变）。

（徐莉梅）

朗道阻尼 Landau damping 电磁扰动（严格来说是静电波）在等离子体中传播时与带电粒子间产生能量交换而被阻尼的物理现象。苏联数学家A.A.弗拉索夫1938年提出著名的弗拉索夫－泊松方程组，奠定了等离子体动理学理论基础。线性求解时可利用平面波扰动展开，得到频率ω与波数$\boldsymbol{k}$之间的色散关系：

$$D(\omega,\boldsymbol{k})=1+\sum_\alpha\frac{\omega_{p\alpha}^2}{\boldsymbol{k}^2}\int\mathrm{d}\boldsymbol{v}\frac{\boldsymbol{k}\cdot\partial F_{\alpha0}/\partial\boldsymbol{v}}{\omega-\boldsymbol{k}\cdot\boldsymbol{v}}=0$$

式中$\omega_{p\alpha}=(n_\alpha e^2/\varepsilon_0 m_\alpha)^{1/2}$、$n_\alpha$、$m_\alpha$和$F_{\alpha0}$分别是第$\alpha(\alpha=\mathrm{e},i)$种粒子的等离子体频率、数密度、质量和平衡态分布函数，ε_0是真空中的介电常数。将公式中的积分在热速度附近展开，可得弗拉索夫解。

但著名物理学家L.D.朗道指出：弗拉索夫解是不完全的，只计算了积分的主值部分，却忘记了奇点，即色散关系积分中分母为零那一点的贡献。朗道提出：应将波矢方向的速度分布解析延拓到整个速度复平面，奇点成为被积函数在复平面上的一阶极点（在速度等于波的相速度处），其贡献可以用该点的“半个”留数来计算。对均匀空间波数是实的；速度解析延拓相当于频率是复数，其实部是实频率，而其虚部则是增长率，负虚部对应阻尼衰减率。对于热平衡态的麦克斯韦分布，或类似的减函数分布，即高能级的粒子总是少于低能级的，可计算得到频率虚部是负数。这个负数虚部就是著名的朗道阻尼。

弗拉索夫方程本身是“无碰撞”的、可逆的，而朗道阻尼给出的指数衰减显然是不可逆的。普遍认为，朗道阻尼是波-粒子相互作用引起的。以静电扰动为例，当在等离子体中传播时，其波状静电势场会“捕获”与其相速度接近的粒子，形成相空间轨道的岛状结构。在波坐标系看，这些粒子会在势场的“波峰”之间来回振荡，称为捕获粒子。经过一段时间的相混合，速度快于相速度的捕获粒子被减速，慢于相速度的被加速，使得粒子的速度分布函数在波的相速度附近展平。如果分布函数在这一区域是随速度递减的（比较普遍，如麦克斯韦分布），则被加速粒子比被减速的粒子多，等离子体得到能量，而这些能量显然是波提供的，所以波被阻尼。反之粒子失去能量，波则得到能量增长起来，称为朗道增长。

但实际上，朗道阻尼的结果只告诉我们线性阶段波的演化趋势，而可逆性要在远长于线性阶段的时间尺度才能探测（如朗道回声实验）；且线性理论最基本的假设是扰动幅度无穷小，即粒子分布函数被影响的区间宽度无穷窄，所以不能简单用粒子分布函数的展平来解释朗道阻尼。

波-粒子相互作用本质上是准线性过程，而准线性理论所解释的是一个有限宽度频带的波谱；且忽略了高阶起伏，破坏了可逆性，从而得到了速度空间的准线性扩散方程，即典型的不可逆方程。所以准确的说法应该是：分布函数在波的相速度附近被展平是速度空间的准线性扩散引起的。

一般，最容易激发波-粒子共振的是本征模。但研究发现：朗道阻尼解只是等离子体的简正模，并非本征模；只有考虑无穷小碰撞，朗道阻尼解才成为等离子体本征模。而碰撞会引起不可逆性。另一方面，法国数学家C.维拉尼的研究发现，等离子体分布的无规性在相空间与真实空间之间的转换与非线性朗道阻尼有关，他因此获得2010年菲尔茨奖。这也有助于加深理解朗道阻尼的物理机制。（王晓钢）

朗德g因子 Landé g-factor 原子物理中的一个表征电子磁矩和旋磁比的无量纲的量。本质上朗德g因子是电子的磁矩与相应的总角动量的比值，定义了z方向上电子的总角动量J感生的磁矩μ_z：

$$\mu_z=-g_J\frac{\mu_B}{\hbar}J_z$$

式中μ_B是玻尔磁子，$\hbar$是普朗克常数，g_J就是朗德g因子。

电子的轨道角动量和自旋角动量都会产生相应的磁矩：

$$\boldsymbol{\mu}_L=g_L\mu_B\boldsymbol{L}$$
$$\boldsymbol{\mu}_S=g_S\mu_B\boldsymbol{S}$$

式中$g_L\cong-1$且$g_S\cong-2$。电子总的磁矩为两者之和$\mu_J=\mu_L+\mu_S$。总的磁矩作为一个向量与总角动量$\boldsymbol{J}=\boldsymbol{L}+\boldsymbol{S}$方向不一致，其$z$方向的分量是算符在角动量态$|J, J_z\rangle$下的期待值，则可以根据定义写出下式：

$$\langle J, J_z|\boldsymbol{\mu}_J|J, J_z\rangle=g_J\mu_B\langle J, J_z|\boldsymbol{J}|J, J_z\rangle$$

进一步：

$$\begin{aligned}&\langle J, J_z|\boldsymbol{\mu}_J\cdot\boldsymbol{J}|J, J_z\rangle\\&=g_J\mu_B\langle J, J_z|\boldsymbol{J}\cdot\boldsymbol{J}|J, J_z\rangle\\&=g_J\mu_BJ(J+1)\hbar^2\end{aligned}$$

另外：

$$\begin{aligned}&\langle J, J_z|\boldsymbol{\mu}_J\cdot\boldsymbol{J}|J, J_z\rangle\\&=\mu_B\langle J, J_z|g_L\boldsymbol{L}\cdot\boldsymbol{J}+g_S\boldsymbol{S}\cdot\boldsymbol{J}|J, J_z\rangle\\&=\mu_B\langle J, J_z|g_L\frac{1}{2}(\boldsymbol{J}^2+\boldsymbol{L}^2-\boldsymbol{S}^2)\\&\quad+g_S\frac{1}{2}(\boldsymbol{J}^2-\boldsymbol{L}^2+\boldsymbol{S}^2)|J, J_z\rangle\\&=g_L\mu_B\frac{1}{2}[J(J+1)+L(L+1)-S(S+1)]\\&\quad+g_S\mu_B\frac{1}{2}[J(J+1)-L(L+1)+S(S+1)]\end{aligned}$$

结合式之后，可以得到朗德g因子与其他g因子之间的关系式：

$$g_J=g_L\frac{J(J+1)+L(L+1)-S(S+1)}{2J(J+1)}+g_S\frac{J(J+1)-L(L+1)+S(S+1)}{2J(J+1)}$$

（张佩佩 钟振祥 史庭云）

朗缪尔波 Langmuir wave 等离子体中的一种电子静电波。又称电子等离子体波。在等离子体中，当电子相对于离子发生位移，局部的电荷积累产生的电场力作为恢复力可以引起电子密度的快速振荡，这种振荡称为朗缪尔振荡或等离子体振荡，因美国科学家I.朗缪尔在20世纪20年代研究气体放电等离子体时首先发现而得名。其振荡角频率ω_{pe}满足：

$$\omega_{pe}^2=\frac{n_ee^2}{m_e\varepsilon_0}$$

ω_{pe}称为等离子体频率。式中n_e为电子密度；e为电子电荷；m_e为电子质量；ε_0为真空中的介电常数。注意到等离子体频率只是等离子体密度的函数。一个方便的公式是：

$$f_p\cong8.98\sqrt{n_e}$$

式中f_p的单位为Hz；n_e的单位为m^{-3}。等离子体频率是表征等离子体特性的一个重要物理量。在等离子体中，如果由于某种原因引起小范围内电中性的破坏，则等离子体就会在ω_{pe}^{-1}的时间尺度内去消除它，从而维持等离子体的电中性。

在冷等离子体中，朗缪尔振荡不能传播。但考虑有限电子温度时，以热运动速度流入邻近等离子体区域中的电子，能把等离子体振荡带到邻近的等离子体区域，使邻近的等离子体也发生振荡，形成电子密度变化引起的疏密波。这种波是纵波，称为电子等离子体波或朗缪尔波。流体理论下电子等离子体波的色散关系为（见图）：

$$\omega^2=\omega_{pe}^2+\frac{3k^2v_{th}^2}{2}$$

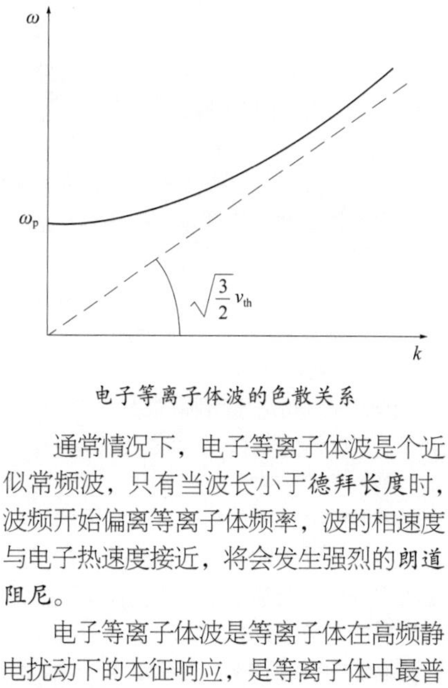

电子等离子体波的色散关系

通常情况下，电子等离子体波是个近似常频波，只有当波长小于德拜长度时，波频开始偏离等离子体频率，波的相速度与电子热速度接近，将会发生强烈的朗道阻尼。

电子等离子体波是等离子体在高频静电扰动下的本征响应，是等离子体中最普遍存在的波。由于其频率远高于离子的特征频率，因此离子可以认为完全不参与响应。在金属和半导体中，也有类似的高频电子振荡，但对于金属或者半导体中，电子并不是完全自由的，离子的周期振荡也需要考虑进来。（高 喆）

朗缪尔-布洛杰特膜 Langmuir-Blodgett film; LB film 通常由一层或多层双亲分子的单分子膜叠加而成的膜。又称朗缪尔-布洛杰特-库恩膜。将合适的固体基片浸入或移出已经铺展了由双亲分子形成的**朗缪尔单层**的液面，便可将单分子膜从液面转移到固体基片上。单分子膜的厚度可以很精确地控制。在适当条件下，使基片从液面多次出入就可以得到在垂直方向上叠加的多层膜，最后得到的多层膜的厚度就是各单分子膜厚度的和。多层膜根据层间结构可以分为X、Y、Z型膜。通常固体基片经过化学处理，以保证在第一层转移时基片与单分子层间有较强的结合力。在X型和Z型膜中，分子层间都是头－尾排列。X型膜中，分子的疏水尾对着基片，而Z型膜中分子的亲水头对着基片。而对于Y型膜，分子层间是头－头或尾－尾排列。因此在制备X型膜时，基片应为疏水基片，制备Z型膜时，基片为亲水基片，而对Y型膜，亲水和疏水基片均可。实验证明Y型膜的结构最稳定，也是最常见的朗缪尔－布洛杰特膜层结构。

1919年，美国物理和化学家I.朗缪尔和他的学生K.布洛杰特首次实现了将水表面的脂肪酸单分子层转移到固体基底上。1934年布洛杰特详细叙述了如何通过单分子层的连续转移来制造多层膜。在随后的实验中，朗缪尔和布洛杰特验证了很多双亲分子都可以形成多层膜，并用光学技术研究了膜的性质。到了20世纪60年代，瑞士化学家H.库恩首先将朗缪尔－布洛杰特膜技术用于实现分子功能的组装，他在朗缪尔－布洛杰特膜中引入染料分子进行光谱研究，并开展了单分子膜组装功能的朗缪尔－布洛杰特膜的研究。现在这种膜又被称为朗缪尔－布洛杰特－库恩膜（LBK膜）。

朗缪尔－布洛杰特膜的厚度为分子级水平且均匀性很好，成膜的分子高度有序，具有特殊的物理化学性质。同时可以选择不同的高分子材料，沉积不同的分子层，方便设计膜的功能。成膜可以在常温常压下进行，所需能量小，基本不破坏成膜材料的高分子结构。朗缪尔－布洛杰特膜在物理学、生物学、光学、电子学、化学、材料学等领域都有很广泛的应用。

（方海平）

朗缪尔单层 Langmuir monolayer 不溶性分子在液体表面形成的单分子层。通常是由油脂分子或其他双亲分子在水表面形成这样的结构。1773年美国科学家B.**富兰克林**就在实验中发现油会在水面上形成很薄的一层膜。到了19世纪英国物理学家瑞利定量分析了富兰克林的实验，并推算出这一薄膜的厚度在1.6纳米。1891年德国物理学家A.普克尔在自家厨房的水槽中，设计了可移动障片控制膜的面积，并测了膜的表面压（表面张力的变化量），在**瑞利**的帮助下，她的工作发表在当年的《自然》杂志上。1917年美国物理学家和化学家I.朗缪尔最早从分子层面解释了这一现象，认为在表面形成单分子层结构的不溶性分子都可以分成两个不同部分：一个是亲水部分，通常有极性，又被称为“头”；其余是疏水部分，通常会由一条或几条饱和烷烃链构成，又被称为“尾”。这样一个非对称的分子会更愿意待在水的表面，所以是**表面活性剂**。当这种分子的尾部足够疏水时，分子就是不溶性的，并会在水表面分子头朝向水。

（方海平）

朗缪尔吸附方程 Langmuir adsorption equation I.朗缪尔于1916年建立的等温吸附模型。初始用以描述一定温度下气体分子在固体表面覆盖度（或吸附位点数目）与气体压力之间的关系，现也用于液－固表面吸附。朗缪尔因在表面化学的杰出贡献获得1932年的诺贝尔化学奖。

朗缪尔吸附方程表达形式 如果假定：①固体表面有固定数目空余的吸附位点；②所有空余的吸附位点都是相同的大小和形状；③每个吸附位点只吸附一个分子，并且没有相互作用；④吸附分子和空余的吸附位点之间具有下面的动态平衡：

$$A(g)+S \rightleftharpoons A_{\mathrm{ad}}$$

式中$A(g)$为未吸附的气体分子；S为固体表面空余的吸附位点；A_{ad}为吸附的气体分子。吸附反应的平衡常数为K_{eq}。⑤吸附物为单层吸附。则有：

$$\theta_{\mathrm{A}}=\frac{K_{\mathrm{eq}}p_{\mathrm{A}}}{1+K_{\mathrm{eq}}p_{\mathrm{A}}}$$

式中θ_{A}为吸附分子在固体表面所有可吸附位点的占据分数；p_{A}为吸附分子的气体分压。这个方程就被称为朗缪尔吸附方程。

竞争性吸附 如果固体表面同时有两种不同分子（A和B）吸附，并且假定：①所有吸附位点都相同；②每个位点只能吸附一个分子（A或者B）；③临近吸附位点之间没有相互作用。则可以得到：

$$\frac{[A_{\mathrm{ad}}]}{p_{\mathrm{A}}[S]}=K_{\mathrm{eq}}^{\mathrm{A}}$$

$$\frac{[B_{\mathrm{ad}}]}{p_{\mathrm{B}}[S]}=K_{\mathrm{eq}}^{\mathrm{B}}$$

固体表面总的可吸附位点密度$[S_0]$等于空余位点密度$[S]$、A分子占据位点密度$[A_{\mathrm{ad}}]$和B分子占据位点密度$[B_{\mathrm{ad}}]$之和，即：

$$[S_0]=[S]+[[A_{\mathrm{ad}}]]+[[B_{\mathrm{ad}}]]$$

经过推导可以得出：

$$\theta_{\mathrm{A}}=\frac{K_{\mathrm{eq}}^{\mathrm{A}}p_{\mathrm{A}}}{1+K_{\mathrm{eq}}^{\mathrm{A}}p_{\mathrm{A}}+K_{\mathrm{eq}}^{\mathrm{B}}p_{\mathrm{B}}}$$

$$\theta_{\mathrm{B}}=\frac{K_{\mathrm{eq}}^{\mathrm{B}}p_{\mathrm{B}}}{1+K_{\mathrm{eq}}^{\mathrm{A}}p_{\mathrm{A}}+K_{\mathrm{eq}}^{\mathrm{B}}p_{\mathrm{B}}}$$

朗缪尔吸附方程修正模型 弗伦德里希吸附方程 弗伦德里希吸附方程是用于描述非理想表面的多位点吸附模型，表达形式为：

$$\theta_{\mathrm{A}}=\alpha_{\mathrm{F}}p^{C_{\mathrm{F}}}$$

式中α_{F}和C_{F}都是系数，可从吸附实验数据中拟合得到。

与其相关的还有托斯方程。根据朗缪尔吸附方程：

$$\theta_{\mathrm{A}}=\frac{p_{\mathrm{A}}}{\dfrac{1}{K_{\mathrm{eq}}^{\mathrm{A}}}+p_{\mathrm{A}}}$$

托斯方程在上面方程中加入两个系数$\alpha_{\mathrm{T_0}}$和$C_{\mathrm{T_0}}$：

$$c_{\mathrm{T_0}}=\frac{\alpha_{\mathrm{T_0}}p_{\mathrm{A}}^{C_{\mathrm{T_0}}}}{\dfrac{1}{K_{\mathrm{eq}}^{\mathrm{A}}}+p_{\mathrm{A}}^{C_{\mathrm{T_0}}}}$$

塔姆金吸附方程 根据：

$$\frac{[A_{\mathrm{ad}}]}{p_{\mathrm{A}}[S]}=K_{\mathrm{eq}}^{\mathrm{A}}\propto \mathrm{e}^{-\frac{\Delta G_{\mathrm{ad}}}{RT}}=\mathrm{e}^{\frac{\Delta S_{\mathrm{ad}}}{R}}\mathrm{e}^{-\frac{\Delta H_{\mathrm{ad}}}{RT}}$$

塔姆金方程考虑了吸附分子间的相互作用：

$$\Delta H_{\mathrm{ad}}=\Delta H_{\mathrm{ad}}^{0}(1-\alpha_{\mathrm{T}}\theta)$$

式中α_{T}为拟合系数。

假定朗缪尔吸附方程仍然适用，只是$K_{\mathrm{eq}}^{\mathrm{A}}$随覆盖度变化，则有：

$$K_{\mathrm{eq}}^{\mathrm{A}}=K_{\mathrm{eq}}^{\mathrm{A},0}\mathrm{e}^{\frac{\Delta H_{\mathrm{ad}}^{0}(1-\alpha_T\theta)}{kT}}$$

重排朗缪尔方程得到：

$$K_{\mathrm{eq}}^{\mathrm{A}}p_{\mathrm{A}}=\frac{\theta}{1-\theta}$$

代入并取对数，可得到塔姆金吸附方程：

$$\ln(K_{\mathrm{eq}}^{\mathrm{A}}p_{\mathrm{A}})=\frac{-\Delta H_{\mathrm{ad}}^{0}\alpha_T\theta}{kT}+\ln\left(\frac{\theta}{1-\theta}\right)$$

BET吸附方程 BET吸附方程用于描述多层分子吸附。如果假定固体表面的空位点、单层被占据位点、双层被占据位点和多层被占据位点是随机分布，则有：

$$\frac{[A]}{S_0}=\frac{c_{\mathrm{B}}x_{\mathrm{B}}}{(1-x_{\mathrm{B}})[1+(c_{\mathrm{B}}-1)x_{\mathrm{B}}]}$$

式中$x_{\mathrm{B}}=p_{\mathrm{A}}K_m, c_{\mathrm{B}}=\dfrac{K_1}{K_m}$；$[A]$是表面吸附分子的总密度，$[A]=\sum_{i=1}^{\infty}i[A]_i=\sum_{i=1}^{\infty}iK_1K_m^{i-1}p_{\mathrm{A}}^{i}[A]_0$，$K_i=\dfrac{[A]_i}{p_A[A]_{i-1}}$。

（方海平）

朗之万，P. Paul Langevin（1872-01-23～1946-12-19） 法国物理学家。生于巴黎，卒于巴黎。1888年和1893年先后以第一名考入巴黎物理和化工高等学院及高等师范学院。1897年以第一名毕业后，到英国剑

桥大学卡文迪什实验室进修一年，得识J.J.**汤姆孙**和E.**卢瑟福**等人。1909年任法兰西学院教授。1934年当选为法国科学院院士。曾任索尔维物理学会议主席，为世界各著名学术团体成员，并且是中国物理学会第一名名誉会员。

在物理学方面，朗之万起初研究气体电离、阴极射线和X射线的次级发射等问题，对确认电子的存在颇有贡献。在气体中大小离子问题上做了许多有意义的工作，阐明了层云形成原因，发展了布朗运动的涨落理论。1905年提出了关于磁性的理论，用基元磁体的概念对物质的顺磁性及抗磁性进行了（经典的）说明。1911年提出了磁子的概念。

早在1904年，朗之万就在研究运动电荷的电磁辐射时独立于A.**爱因斯坦**而得到了质量和能量的关系式。在看到爱因斯坦的1905年论文以后，他对相对论产生了强烈的兴趣并有深刻的理解，从此和爱因斯坦结下了深挚的友谊。爱因斯坦在1947年悼念朗之万的文章中说，如果“没有人已经发展了狭义相对论，他一定会把它发展起来”。1913年，朗之万利用原子核结合能的概念解释了核质量为什么不是氢核质量的整数倍，并对核能的释放进行了一定的推测。第一次世界大战期间，朗之万研究过弹道学和超声速气流等问题，特别是为了探测敌潜艇，开创了超声波研究，制造了最早的**声呐**。

朗之万总是把自己的原创性的设想告诉同人，因此他的成果出现在他人著作中要比他自己的著作多得多。在哲学上，他相信唯物主义。他坚决反对法西斯，反对侵略，后来还参加了法国共产党，在各种群众性的运动中起了非常积极的作用。在第二次世界大战期间，他曾被德国占领军逮捕入狱，和法西斯进行了严正的斗争。朗之万曾于1931年受国际联盟的委托来中国考察教育，到达上海时正值九一八事变，他为此进行各种声援中国的活动，并批评国际联盟对日本侵略者的纵容。他呼吁中国物理学界联合起来，使得当时酝酿已久的**中国物理学会**终于正式成立。（戴念祖）

朗之万方程　Langevin equation　法国物理学家P.**朗之万**提出描述自由度影响的随机微分方程。20世纪初，朗之万在布朗粒子的牛顿运动方程中加上了随机力$\xi(t)$：

$$m\frac{\mathrm{d}v}{\mathrm{d}t} = -\alpha v + \xi(t)$$

用来反映没有归纳到摩擦力αv中的其他运动自由度的影响。这是首次在物理学中使用随机微分方程，因此这一类方程以后通称为朗之万方程。现代非平衡统计物理中的朗之万方程可以表述如下。选择宏观变量的集合$\{Q_i, i=1,2,\cdots,n\}$来描述某一类非平衡现象，它们遵从广义的朗之万方程：

$$\frac{\mathrm{d}Q_i}{\mathrm{d}t} = -\sum_{j=1}^{n}\Gamma_{ij}\frac{\mathrm{d}F}{\mathrm{d}Q_j} + K_i(Q) + \xi_i(t)$$

式中势函数F在平衡态附近就是自由能，而在某些远离平衡的定常态附近也可从微观运动方程的时间反演对称出发，证明存在类似的势函数；矩阵Γ的对称部分描述耗散和扩散运动，保证系统能够趋向平衡；$K_i(Q)$反映不能通过势函数表示出来的宏观变量之间的耦合，这一项通常称为模模耦合，每个Q_i就是一个运动模。模模耦合项对应**量子场论**中沃德–高桥恒等式的效应；对于随机力$\xi_i(t)$，通常假定它遵从高斯分布。（郝柏林）

劳厄，M.von　Max von Laue（1879–10–05～1960–04–23）德国物理学家。X射线晶体分析的先驱。生于柯布伦茨附近的普法芬多夫，卒于柏林。劳厄先后就读于

斯特拉斯堡、格丁根、慕尼黑和柏林几所大学。1904年在柏林大学获博士学位，随后留校做M.**普朗克**的助教。1909年到慕尼黑大学任教。他认为X射线是电磁波。1912年他用X射线照射晶体法研究固体结构，在照相底片上观察到有规则的斑点群。这个衍射实验既揭示了晶体的原子结构，又确证了X射线的波性质。劳厄随后从光的三维衍射理论出发，以几何观点完成了X射线在晶体中的衍射理论，成功地解释了实验结果。1931年完成了X射线的“动力学理论”。劳厄的这项工作为证实电子的波动性奠定了基础，对此后的物理学发展做出贡献，因此获得1914年的诺贝尔物理学奖。

1911年劳厄写成第一本阐述爱因斯坦理论的专著《相对性原理》，阐明了新的空间与时间的概念和以接近于光速的速度运动物体的运动，为爱因斯坦的理论赢得更多的支持。劳厄从1912年起先后在苏黎世大学和法兰克福大学任教，1919年回到柏林大学任物理学教授。在柏林期间，劳厄成为德国物理学界的权威之一，曾担任德国物理学会会长。劳厄为人正直，在纳粹统治时期坚决维护科学和尊严，反对法西斯迫害科学家的行为。1945年德国投降后，劳厄返回德国，定居于格丁根。为重建德国物理学会和将威廉皇家学会改建为马克斯·普朗克学会做出巨大努力。1951年劳厄被选为马克斯·普朗克学会的哈伯研究所所长，以72岁高龄重返曾居住多年的柏林。此后，他致力于相对论、电动力学、超导理论等方面的工作，并重行修订了《相对性原理》一书。（戴念祖）

劳克林，R.B.　Robert Betts Laughlin（1950–11–01～　）美国物理学家。生于加利福尼亚州维沙利亚。1979年获麻省理工学院博士学位。同年到新泽西的贝尔

实验室工作。1982年成为加州劳伦斯利弗莫尔国家实验室研究员。1985年任斯坦福大学物理学副教授，1989年任教授。

1982年，**崔琦**和H.L.**施特默**发现**分数量子霍尔效应**，以及一种具有分数电荷激发态的量子流体。1983年，劳克林对此做出了理论解释，并在1985年后，在研究高温超导电性的同时，进一步发展了他提出的分数量子霍尔效应模型。为此，劳克林、施特默和崔琦获1998年诺贝尔物理学奖。（郭奕玲）

劳伦斯，E.O.　Ernest Orlando Lawrence（1901–08–08～1958–08–27）美国实验物理学家。生于南达科他州的坎顿，卒于加利福尼亚州的帕罗阿尔图。1922年毕业于南达科他大学。后入明尼苏达大学和

芝加哥大学深造。1925年获耶鲁大学哲学博士学位。1928年任加州大学伯克利分校副教授，两年后升任教授，1936～1958年任该校

辐射实验室主任。1933年当选美国国家科学院院士。他也是瑞典科学院外籍院士和苏联科学院名誉院士。

1929年劳伦斯设计并领导建造第一台环形加速器，后称为回旋加速器；领导建造伯克利辐射实验室，后称为劳伦斯实验室、劳伦斯实验研究所。1932年他建造了28厘米的加速器，可把质子加速到1.22兆电子伏。后来设计制造了更大规模的加速器，可用以产生人工核反应，并发现了一系列超铀元素，如锝、铹（为纪念劳伦斯而命名）。伯克利辐射实验室成了世界上第一个加速器中心，并且培养了一大批加速器的专门人才。回旋加速器的原理成为后来发展的质子同步加速器的基础，也推动了粒子物理学的重大进展。1941年他还成功地用加速器制备了96兆电子伏的碳离子束。

劳伦斯在化学、生物学和医学方面也做出了诸多贡献。他将回旋加速器中产生的放射性磷和其他同位素用于医疗，首次用放射性碘治疗甲状腺疾病，用中子束治疗癌症。第二次世界大战期间，他参与制订“曼哈顿计划”，主管用电磁法分离制造原子弹所需的铀-235的工作。他还发明了彩色电视显像管并获得专利。劳伦斯由于在创建加速器方面的贡献获1939年诺贝尔物理学奖。（郭奕玲）

劳色模型 Rouse model 描述理想高分子链（未缠结链）的构象动力学模型。在该模型中，单链扩散由通过谐波弹簧连接的珠子的**布朗运动**表示（见图）。在珠子之间没有排除体积相互作用，并且每个珠子承受朗之万动力学中的随机热力和拖曳力。劳色模型将由N个尺寸为b的单元组成的聚合物链描述为：由长度为b的弹簧将N个球形物体串连形成的弹簧珠串。

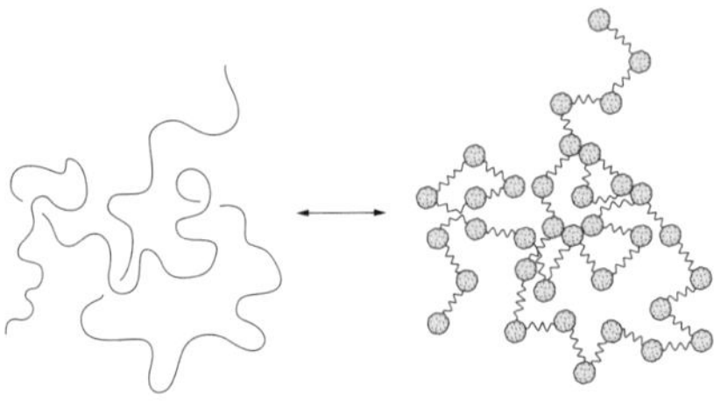

弹簧珠模型

在弹簧珠的网络模型中，弹簧和珠子作为交联网络中的组分。弹簧是交联的，以表示材料和桥分子动力学（MD）模型和有限元（FE）模型的机械行为。珠表示簇键的物质质量。每个弹簧代表聚合物链的簇，而不是单个聚合物链的一部分。这种简化可用于跨多个长度尺度的不同模型，并显著提高模拟效率。在模拟的每个步骤中，弹簧中的力被施加到珠子中心处的节点，整个系统中的平衡节点的位移都可以计算。不同于获得应力和应变的传统FE方法，弹性珠模型提供弹簧中的节点和力的位移。可用节点的位移和弹簧特性来定义和计算基于弹簧-珠的网络模型的等效应变和应变能。此外，网络模型的结果可以被放大，在宏观尺度上用FE分析可获得结构响应。

基于单链弛豫模式观念的经典图像，最早由E.劳色在1953年提出。该模型把一条高分子长链划分为一序列的N个子链段（或库恩链段），且子链刚好足够长以满足高斯统计。1956年B.吉姆对劳色理论进行了延伸，从流体动力学角度计算出溶剂在链的不同部分之间的相互作用，并且预测了$D\sim 1/N^{\nu}$，结果与稀聚合物溶液的实验数据一致（式中ν是弗洛里指数）。

在聚合物熔体中，劳色模型正确地预测长时间扩散只对短于缠结长度的链。对于具有明显缠结的长链，劳色模型只能达到交叉时间τ_e。对于更长的时间，链条只能在周围链条形成的管内移动。劳色模型只适合于分子量较小的高分子熔体或分子量大的稀溶液。（刘向阳）

劳森判据 Lawson criterion 维持**核聚变反应堆**中能量平衡的条件。1957年英国科学家J.D.劳森研究了一个理想循环的脉冲聚变反应堆中的能量平衡问题。假定聚变堆中等离子体在聚变反应中提供的总能量以某一效率转换成电能，并回授给等离子体以补偿其能量损失（只考虑轫致辐射损失），使得聚变反应继续进行。这一条件可写为：

$$\eta(P_r+P_b+P_L)\geqslant P_b+P_L$$

式中η为热能发电效率；P_r为热核聚变功率；P_b为等离子体的轫致辐射功率；$P_L=3nT/\tau$为热传导及粒子逃逸引起的能量损失功率；τ为能量约束时间；n和T分别为等离子体的密度和温度。由上式得出的关于等离子体的$n\tau$和T所必须满足的条件，称为劳森判据。在劳森原来的计算中尚未考虑到建立等离子体时的能量消耗。当放电过程相当长时，这一消耗可忽略不计。

考虑到热能转换为电能的实际效率后，一般取$\eta=1/3$，则由上式可得到：

对于氘-氚反应有：

$$n\tau>10^{20}\text{米}^{-3}\cdot\text{秒},\ T>0.5\text{亿度}$$

对于氘-氘反应有：

$$n\tau>10^{22}\text{米}^{-3}\cdot\text{秒},\ T>10\text{亿度}$$

这些数字常用作衡量受控热核反应研究进程的主要指标。在一些**托卡马克**型聚变研究装置的实验中，已接近氘-氚反应的指标。（李银安）

劳思方程 Routh equation E.J.劳思于1876年提出的一个动力学方程。劳思利用广义动量积分把**拉格朗日方程**降阶，得到了仍旧保持拉格朗日方程形式的动力学方程。

一个有N个自由度的保守系统，它有N个广义坐标$q_i(i=1,2,\cdots,N)$。但在这个系统的拉格朗日函数L中，并不包含某些坐标，设为$q_1,q_2,\cdots,q_k(k<N)$，这些坐标称为循环坐标。对应于循环坐标，有广义动量积分：

$$p_i=\frac{\partial L}{\partial\dot q_i}=\beta_i\text{（常量）}\quad(i=1,2,\cdots,k)$$

引入劳思函数：

$$R(q_{k+1},q_{k+2},\cdots,q_N;\dot q_{k+1},\dot q_{k+2},\cdots,\dot q_N;\beta_1,\beta_2,\cdots,\beta_k)=L-\sum_{i=1}^{k}\dot q_i\frac{\partial L}{\partial\dot q_i}$$

就可导出劳思方程：

$$\frac{\mathrm{d}}{\mathrm{d}t}\frac{\partial R}{\partial\dot q_j}=0\quad(j=k+1,\cdots,N)$$

上式的形式同保守系统的拉格朗日方程一样，但是式中只有$2(N-k)$个阶，已降低$2k$阶，达到了降阶的目的。缺少的循环坐标可用下列积分求出：

$$q_i=-\int\frac{\partial R}{\partial\beta_i}\mathrm{d}t\quad(i=1,2,\cdots,k)$$

例如，用平面极坐标(r,θ)求解平面中质点的辏力的运动问题时，力心选作原点，$L=\frac{1}{2}m(\dot r^2+r^2\dot\theta^2)-V(r)$。式中$L$不含$\theta$，所以$\theta$是循环坐标。循环积分为：

$$\frac{\partial L}{\partial\dot\theta}=mr^2\dot\theta=\beta\qquad(1)$$

劳思函数为：

$$R=L-\dot\theta\frac{\partial L}{\partial\dot\theta}=\frac{1}{2}m\dot r^2-\frac{\beta^2}{2mr^2}-V(r)$$

代入劳思方程$\frac{\mathrm{d}}{\mathrm{d}t}\frac{\partial R}{\partial\dot r}-\frac{\partial R}{\partial r}=0$，得：

$$m\ddot r-\frac{\beta^2}{mr^3}+\frac{\partial V_r}{\partial r}=0\qquad(2)$$

从上式解出$r(t)$后，应用（1）式可得：

$$\theta=\int\frac{\beta}{mr^2}\mathrm{d}t$$

这样可求出r和θ的时间函数，这一力学问题得到解决。（汪家訸）

老化 aging 非晶态物质、高分子材料、金属多晶体等亚稳态或非平衡态材料，在温度、光照、应力等环境因素作用下，向更低能量状态弛豫的行为。老化作为亚稳态材料和非平衡态材料的本征行为，广泛存在于自然界中，如玻璃及高分子材料的脆化，高分子材料在光照下的失效行为，蛋白质等药物的变质现象等。老化现象一般分为自然老化和人工老化。

自然老化指材料在工作环境下（一般为室温、工作荷载情况下）所产生的老化现象。人工老化指利用高于工作环境条件（如提高温度、工作荷载等环境条件）产生的加速老化现象。由于自然老化过程耗时非常长，在处理材料过程中利用人工老化来提高老化速度，可以加速改变材料的性能以及测算材料的工作寿命。

老化过程中，材料在外界环境作用下，结构密度提高，体系能量降低，并且热稳定性升高。利用老化的这一特点，金属多晶材料中常用人工老化（时效硬化）的热处理方法来提高材料的屈服强度，使得材料热稳定性增加。利用人工老化来提高材料的热力学稳定性。但老化过程中材料的脆性将升高，结构容易断裂破坏，减少材料的使用寿命。而且老化能够使高分子材料以及药物失去活性。为了延缓老化，一般采用降低工作环境温度、减少环境中加速老化的因素，如光照、应力等，或对材料进行热处理方法，如高温退火或低温退火，以及引入残余应力使得结构体系能量升高，以减缓衰老。　（尚宝双）

勒纳，P.　Philipp Lenard（1862-06-07～1947-05-20）　德国实验物理学家。生于奥匈帝国的普雷斯堡（今斯洛伐克布拉迪斯拉发），卒于德国梅塞尔豪森。1883年起在海德堡大学和柏林大学学习，1886年获得博士学位。五年后到波恩，在H.R.**赫兹**领导下的实验室工作。1896年任海德堡大学教授。1898年在基尔大学任教授和物理实验室主任。

在赫兹的影响下，勒纳在波恩从事阴极射线的研究。1892年制成了带有铝箔窗（又称勒纳窗）的阴极射线管。后来，勒纳证实了阴极射线是由带负电的粒子组成。根据阴极射线被物质吸收的事实，他得出原子的有效中心集中在原子体积中很小部分的结论，比E.**卢瑟福**提出有核原子模型早。由于对阴极射线的研究成果，勒纳获得1905年诺贝尔物理学奖。

1902年勒纳发现了**光电效应**的重要性质：光电子的数目随光的强度增加而增加，可是光电子的动能只与光的频率有关，与光的强度无关。这个实验事实与将光看成波的经典理论相矛盾。1905年A.**爱因斯坦**提出光量子假设，解释了光电效应的这一性质。

勒纳是种族主义者和排犹主义者。第一次世界大战后，他就反对德国魏玛共和国的民主制度，竭力鼓吹德国军事化。早在1924年他就追随A.希特勒，吹捧希特勒是“头脑清晰的哲学家”。在希特勒统治期间，他成为纳粹在物理学界的代言人。勒纳从反犹太人的种族主义立场出发，从1920年起就诽谤、攻击爱因斯坦和相对论。他鼓吹所谓的“德意志物理学”或“雅利安物理学”，反对所谓的“教条主义的犹太物理学”。第二次世界大战后，勒纳被勒令离开海德堡来到梅塞尔豪森，1947年在那里去世。　（史天一）

雷达回波延迟　time delay of radar echoes　雷达信号经过太阳到达一个行星或卫星然后返回到地球所发生的时间延迟效应。这是I.夏皮罗于1964年提出来的对**广义相对论**的第四个检验。通常也称为夏皮罗时间延迟。夏皮罗从光线在太阳引力场中会发生偏折这一事实中得到启发，他认为如果广义相对论正确，则当光途经太阳引力场时其速度将会被减缓，减缓量和角度偏移量成正比。夏皮罗同时设想了一个用于证实他的预言的观测实验：从地面上向金星和水星表面发射雷达波并测量其往返时间。在上合时，金星和地球分别位于太阳的两侧。夏皮罗通过计算得到当地球、太阳和金星最大限度地在同一条直线上时，由于太阳质量导致的雷达波往返的时间延迟将达到200微秒左右。这种延迟量在20世纪60年代的技术范围内完全可以被观测到。在下合时，金星位于地球与太阳之间，此时时间延迟效应最小，比较上合与下合的时间延迟，则可测量出由于太阳引力场导致的时间延迟。第一次实验观测是借助麻省理工学院的“草堆”雷达天线完成的，其结果和理论预测符合得很好，误差小于5%。其后这种实验被不断重复。1976年的海盗号火星探测器将精度提高到了0.1%；而2003年的卡西尼号土星探测器的实验精度则达到了小于0.002%，是迄今为止对广义相对论的精度最高的实验验证。　（龚云贵）

雷恩沃特，J.　James Rainwater（1917-12-09～1986-05-31）　美国核物理学家。生于爱达荷州的康瑟尔，卒于纽约州扬克斯。1946年获哥伦比亚大学哲学博士学位。先后任职于哥伦比亚大学、橡树岭和阿贡国家实验室。美国国家科学院院士。

1949年雷恩沃特提出并在理论上加以证明，并非所有的原子核都是球形的。这与当时的普遍看法相左。不久，他的理论由A.N.**玻尔**和B.R.**莫特森**从实验上证实，在雷恩沃特这一思想的基础上后者提出了原子核的集团模型。1975年，雷恩沃特、玻尔和莫特森为此共同获得诺贝尔物理学奖。　（郭奕玲）

雷其极点　Regge pole　散射振幅在角动量复平面上的极点。见**雷其理论**。

雷其理论　Regge theory　由T.雷其提出的用角动量作为复变量来研究散射振幅解析性质的理论。在非相对论的量子力学散射理论中经常把能量作为复变量，从而讨论散射振幅的解析性质。而同时亦可以考虑把角动量作为复变量来研究散射振幅的性质。这一方法首先是由雷其开创的，因此这一类的工作均称为雷其理论。

从非相对论的分波径向薛定谔方程出发：

$$\left[\frac{\mathrm{d}^2}{\mathrm{d}r^2}-\frac{l(l+1)}{r^2}-V(r)+p^2\right]\psi(r)=0$$

显然可以令轨道角动量l为任意复变量，并且研究作为复变量l的解析函数的方程的解ψ。可以证明，上述方程存在着一个正规解$\phi_{l,p}(r)$，它对于所有p和$\mathrm{Re}[l]>-\frac{1}{2}$都是解析的，同样分波$S$矩阵元亦成为复$l$的解析函数$\phi_{l,p}(r)$。

雷其理论的一个好处是：对于给定的一个相互作用势，它把不同的角动量的态放到了一起，因此可以用解析函数的理论来统一描述。这里导致了雷其极点和雷其轨迹的概念。由后者引出的雷其子概念，在高能散射理论中有很重要的应用。　（郑汉青）

雷啸霖　Lei Xiaolin（1938-11-27～　）　中国凝聚态物理学家。生于广西桂林。1963年北京大学物理系毕业。1963～1976年任山东大学物理系助教。1977～1978年任上海医疗器械研究所技术员。1979～1982年任中国科学院上海冶金研究所助理研究员。

1983～1984年赴美国休斯敦大学做访问学者。1984～1985年任美国纽约市立大学客座副教教授。1986～1987年任美国斯蒂文斯理工学院客座教授、研究教授。1986～2000年任中科院上海冶金所研究员。2000年起任上海交通大学物理系教授。1997年当选为中国科学院院士。

雷啸霖长期从事固体材料中的电子输运和超导电性研究。1963～1965年，雷啸霖与**吴杭生**共同提出了超导膜的尺寸非局域效应的概念，导出非局域的京茨堡－朗道方程，确立了超导薄膜临界磁场随膜厚度变化的规律。80年代初，研究超导临界温度级数的收敛行为，A15化合物、铁磁金属和高阻合金材料的传导规律，以及超导电性与巡游铁磁性和超导电性与电荷密度波共存系统的热力学及光学性质。80年代，他与丁秦生合作创立半导体热载流子输运的平衡方程理论，学术界称为雷－丁理论。90年代，他发展了非抛物和窄能带系统电子输运的布拉格散射模型，建立了超晶格微带输运的解析理论，导出任意能谱材料中载流子在电场和磁场中的运输方程，提出了研究强太赫兹电磁场作用下半导体输运性质的一个系统方法。21世纪初，他建立了法拉第组态光子辅助磁输运的电流控制理论，解释了高迁移率二维半导体中微波辐照和直流电流激发的磁阻振荡。他的研究成果“半导体输运理论”获1995年国家自然科学奖二等奖。1996年获“五一劳动奖章”。2006年获何梁何利基金科学与技术进步奖。

（尹晓冬）

累积裂变产额 cumulative fission yield 在规定时间内裂变直接产生和由其他裂变产物β衰变产生的该核素的合计份额。见**裂变产额**。

类空形状因子 space-like form factor 动量传递为类空的形状因子。见**形状因子**。

类时形状因子 time-like form factor 动量传递为类时的形状因子。见**形状因子**。

楞次，H.F.E. Heinrich Friedrich Emil Lenz（1804-02-24～1865-02-10） 俄国物理学家和地球物理学家。生于多尔帕特（今爱沙尼亚的塔尔图），卒于意大利罗马。1820年以优异成绩从中学毕业后进入多尔帕特大学。19岁时被推荐作为地球物理观测员参加了俄国主办的由O.E.科采布率领的“普雷德普里阿蒂”号单桅帆船第二次全球性科学航行（1823～1826）。1829～1830年去高加索考察并进行地磁观测，精确测定里海海平面的变化和提取石油及天然气样品。1836～1865年任圣彼得堡大学教授，其间还兼任海军和师范等院校物理学教授。

1833年发现感生电动势阻止产生这一感应的磁铁或线圈的运动，阐述了由电磁感应所产生电流的运动方向，此结论于1834年发表，后称为**楞次定律**。1842～1843年独立于J.P.**焦耳**并更为精确地建立了电流与其所生热量的关系，后被称为**焦耳定律**，或**焦耳－楞次定律**。他还研究并定量地比较了不同金属线的电阻率，确定了电阻率与温度的关系；建立了电磁铁吸引力与磁化电流的二次方成正比的定律。1832年致力于电学量和磁学量的冲击法测量的理论与应用研究。1844年导出包含电动势和电阻的归一并联电路中电流分布的定律。但1845年后，G.R.**基尔霍夫**却获得了更有普遍意义的电路定律。在电化学方面，他确立了伽伐尼电池中电动势的相加性，阴极和阳极上极化电动势的相加定律，以及每一电极的极化电动势和起始电极电势的相加定律。在地球物理方面，他积累了大量可靠的观测数据。在全球性科学航行中，他测量了深海的海水比重和温度，发现并正确地解释了大西洋和太平洋赤道南北的海水中含盐量较高，且大西洋的比太平洋的高，而印度洋含盐量低的现象。他还注意到在一定纬度下，海洋表面的水温高于水上面的空气温度。1845年在他倡导和协助下组织了俄国地理学会。

（戴念祖）

楞次定律 Lenz's law 确定感应电流方向以及感应电流效果从而确定**感应电动势**方向的定律。1831年M.**法拉第**发现了电磁感应现象，紧接着他通过一系列的实验弄清楚产生感应电流的各种类型和决定因素，他对感应电流的方向虽然也做了一定的说明，但未能概括出简单而明确的阐述。俄国物理学家H.F.E.楞次仔细分析了法拉第及其他人的有关实验结果，于1834年总结出楞次定律：闭合导体回路中感应电流的方向，总是使得它激发的磁场抵消引起感应电流的**磁通量**的变化。楞次定律还有另一种表述：感应电流的效果总是反抗引起感应电流的原因。这里的“效果”可理解为感应电流激发的磁场，也可理解为因出现感应电流而引起的某种机械作用；这里的“原因”既可指引起感应电流的磁通量的变化，也可指引起磁通量变化的相对运动、磁场的变化或回路的变形等。某些不需要具体确定感应电流的方向，而只需要定性判断感应电流所引起的机械效果的问题中，采用这一表述分析问题更为简便。楞次定律表述的感应电流方向是**能量守恒定律**的必然结果，分析各种具体问题中，由楞次定律确定的感应电流方向都与能量守恒定律一致。

（陈熙谋）

冷电离规 cold cathode ionization gauge 一种电离真空计。利用磁控放电电离气体产生离子流，离子流的强度与气压成比例关系。测量范围：1大气压至10^{-7}帕。

（吴小山）

冷分子 cold molecule 温度在1毫开～1开范围内的分子系综称为冷分子，而温度在1mK以下的分子系综称为超冷分子。制备冷分子或超冷分子的方法主要分为两种：间接冷却方法和直接冷却方法。前者指的是利用激光冷却产生的冷原子或超冷原子人工合成的冷分子或超冷分子缔合方法。例如光子缔合方法（**光缔合**）或磁场调谐费希巴赫共振缔合方法（**磁缔合**）等。后者指的是对化学稳定分子的直接冷却方法。例如超声绝热膨胀冷却、缓冲气体冷却、低通速度滤波、静电斯塔克减速、静磁塞曼减速、光学斯塔克减速、激光冷却与磁光囚禁等。

由于冷分子速度低、内外态温度低，因而具有基态布局数增加、光谱结构简化、多普勒频移减小、光谱信噪比提高，光与冷分子相互作用时间更长等特性。因此冷分子或超冷分子可广泛应用于基本物理问题实验、基本物理常数精密测量、分子芯片研制、量子与非线性光学、分子波包动力学相干操控、分子冷碰撞性质研究、分子反应动力学、超冷分子钟、无多普勒展宽（超高分辨率）分子光谱学、冷分子摆动光谱学、光梳精密光谱学、分子物质波干涉计量术、纳米分子束刻蚀及其纳米新材料制备等研究。例如，冷分子光谱具有更高的分辨率、灵敏度和精度，特别是极性冷分子，具有很强的各向异性的偶极－偶极相互作用，在量子计算与量子信息处理、偶极量子气体和量子模拟等领域有着重要的应用。（印建平）

冷原子激光光谱 laser spectroscopy of cold atoms 将冷原子应用于光谱测量的**激光光谱学**。20世纪80年代发展起来的激光冷却和囚禁原子技术，使得冷原子的获得成为可能，在超冷条件下，原子可以处于一种几乎“静止”的状态，可呈现出显著的量子行为，是光谱学研究的理想样品。冷原子激光光谱的研究以冷原子光频标的研究发展最为深入。

研究的光频标准有两类不同的方案：其一是采用单个囚禁离子的光谱，另一类是囚禁中性原子的光谱。科学家们想到用百万个冷原子组成的原子云的弱跃迁来实现这个目标，因而研究冷原子光频标。当然要选用更窄的钟跃迁，例如，自然锶698纳米的$^1S_0$-$^3P_0$跃迁，其线宽仅10^{-3}赫兹。然而作用时间必须延长，因而采用在光晶格内限制冷原子的方法。

研究冷原子频标也有两种不同的方法：其一是用冷却的原子束，例如氢原子束；另一种是冷却囚禁的原子云。氢在486纳米波长处的双光子1S－2S跃迁是频率最高的光频跃迁，具有很高的测量精度。中性原子的激光冷却与囚禁系统能够在1毫米^{3}的体积内囚禁超过10^4个原子，可以极大地减小量子投影噪声。但是大量原子彼此间的相互作用（例如碰撞）会带来跃迁频移。2001年，香取秀利等人提出用光晶格囚禁的办法解决这一问题：激光驻波场形成的周期性囚禁势场，可以将大量的原子囚禁在各自独立的势阱内，从而避免由原子间的相互作用引起的频移。由于激光场的存在，光频移效应会对跃迁频率产生显著影响。2005年，香取研究小组采用“幻波长”技术，即通过选择合适的囚禁激光的波长，使得特定能级跃迁的光频移相互抵消。这一技术应用到光钟研究中，促进了原子光晶格钟的迅速发展。实验研究最广泛的是一维光晶格的^{87}Sr原子光钟，研究单位包括美国的实验天体物理联合研究所（JILA）、日本的理化研究所、法国的巴黎天文台、德国的联邦德国物理研究院、日本的国家信息与通信技术研究所、日本的国家计量院和中国计量科学研究院等。2014年，美国JILA的锶原子光晶格钟在取样时间为1000秒时的频率稳定度达到10^{-18}量级，使得限制中性原子光钟指标的两个重要不确定度来源——碰撞频移和黑体辐射频移进一步减小，使锶原子中性原子光钟的频率不确定度达到6.8×10^{-18}。

另外，也有众多单位在研制^{171}Yb、^{88}Sr和^{199}Hg等原子光钟。世界上至少有九家单位在研制^{171}Yb光钟，其中美国、日本和韩国都已获得冷^{171}Yb原子的钟跃迁谱线，并完成了光钟的评估工作。2013年，美国国家标准局的镱原子光钟研究在频率稳定度指标方面取得了突破，镱原子光钟的频率稳定度在取样时间为25 000秒时达1.6×10^{-18}，使得中性原子光钟的频率不确定度达10^{-18}量级，其原因是超低热噪声的高稳定度激光器和中性原子光钟极小的量子投影噪声的完美结合。

对于冷原子光频标而言，需要一个高稳定激光器作为本机振荡器（LO），通常应伺服控制到一个高精细度、低漂移和超低膨胀的法布里－珀罗腔上；另外，原子云的参考谱线或钟跃迁是很弱的禁戒跃迁，它的内禀自然宽度小于1～100赫兹量级；冷原子光频标的频率计数系统由飞秒激光梳构成。光频标的频率不确定度也由三部分组成，即LO的短期稳定度、原子参考的频率复现性以及测量频率的不确定度。LO短期稳定度用阿仑偏差表示，最常用的技术是从稳定的法布里－珀罗腔的调频（FM）边带反射，其中包括入射到高精细度腔上的激光的相位调制，而兆赫量级的射频边带是在腔的透射带宽之外。精细度的典型值为200 000，对于100毫米的腔而言，相应的载波谐振宽度约为千赫量级，用FM边带技术可将激光器稳定到极好的短期稳定度，直到秒级的取样时间，即$10^{-15}\tau^{-1/2}$，式中τ为取样时间。在最好的情况下，LO的线宽已达0.16赫兹；其他情况下，线宽也能达到赫兹的量级。更长的时间内LO的稳定度将有与腔长有关的漂移，当LO的线宽达到1赫兹或更低时，这就变得更为重要。（沈乃澂）

冷中子 cold neutron 用温度作为低能区**中子**能量范围划分的一种习惯说法。冷中子的能区没有严格的定义，习惯上以铍的晶格截断能量作为其上限，把能量在5×10^{-3}～10^{-4}电子伏的中子称为冷中子。在一般的裂变反应堆中，冷中子占的份额不超过2%。让**热中子**通过由液氢（沸点为20.4开）或/和液氘（沸点为23.6开）组成的“冷包”，其能谱则服从温度接近于介质温度的麦克斯韦分布，即得到了冷中子。冷中子源对于中子散射实验非常重要。冷中子装置大多建立在反应堆活性区或反射层，然后用导管把冷中子从反应堆内引到较远的地方进行实验。由于冷中子波在某些介质分界面上掠入射时具有全反射的特性，因此可以用一种弯曲度不太大的管子（称中子导管）把它们传输到几十米远处而损失很少。冷中子的波长比热中子的长，如动能为10^{-4}电子伏的冷中子，波长为2.9纳米（热中子的波长为0.1798纳米），其衍射特性适合用于线度同其波长相近的微观和亚微观结构研究，适合研究凝聚态物质的亚结构，特别是高分子化合物和生物大分子的研究。冷中子小角散射还可研究晶体缺陷和磁畴结构。

（唐洪庆　张焕乔）

离心惯性力 centrifugal inertial force 转动参考系中质点受到的一种**惯性力**。如果质量为m的质点距转轴距离为r，转动角速度为ω，则离心惯性力的大小为$mr\omega^2$，方向离转轴沿径向向外。

地球实际上是一个非惯性系，它绕南北极轴相对地心坐标系（坐标原点在地心，三个坐标轴分别指向三颗恒星）做缓慢的等角速Ω转动，$\Omega=7.29\times10^{-5}$/秒。在地球上看来，地球的每一点都受到离心惯性力作用（见图），积累效应就是使地球从圆球形变成沿南北方向略微压扁的旋

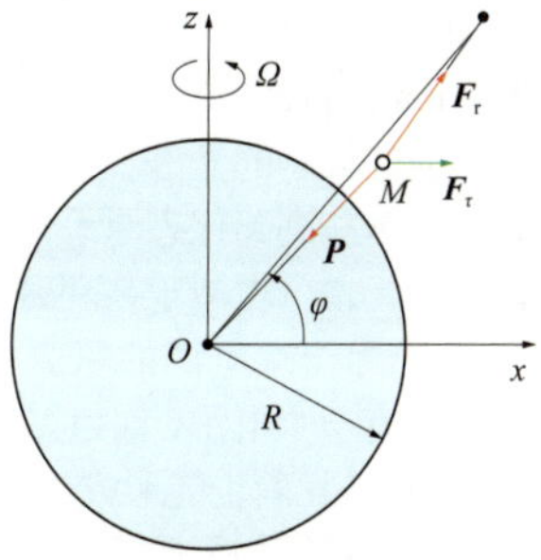

地球自转引起的离心力

转椭球（地球的赤道半径是6378千米，而极半径短21千米）。在地球表面纬度为φ处，质量为m的质点受到的离心惯性力的大小为$mR\Omega^2\sin\varphi$，R为地球的平均半径，在它和地心引力的共同作用下，单摆将不再指向地心。但由于偏角小于0.1°，一般工程中均以单摆指向（沿$\boldsymbol{P}$）为地垂线方向，不考虑离心惯性力的影响。

宇航员在运载火箭起飞及返回舱返回时承受巨大的超重，地面训练中常使用离心机模拟超重环境。载人离心机的旋臂可达十余米，以不同角速度旋转时，臂端舱室中的离心惯性力可达体重的8～14倍，即其中的加速度场可达$8g$～$14g$，g为**重力加速度**。（贾书惠）

离心力 centrifugal force 当甲物受到乙物的作用力是向心力时，乙物同时受到甲

物的反作用力。见向心力。

离子导电　ionic conduction　以正、负离子在电场中的定向运动构成的导电过程。电解质的溶液以及电解质在熔融状态下都有离解的正、负离子，从而具有离子导电性。如硝酸银溶于水中，离解为银离子和硝酸根离子。没有外电场时离子做无规则热运动，沿任意方向不显示电流；外加电场后离子除无规则热运动外，正离子还顺着电场方向、负离子还逆着电场方向分别发生“漂移”运动，形成宏观电流。离子导电遵从**欧姆定律**，电流密度j与电场强度E成正比，$j=\sigma E$，式中σ为电导率。离子导电是电解液导电的主要类型，重要性在化学和生物学领域。电化学中电解液电导率的实验测定，用于研究电解质溶液的物理化学性质，并用于化学分析。一些绝缘体如氯化钠晶体、玻璃等，由于它们的离子在固体中的扩散，也具有微弱的离子导电性。温度升高时热扩散作用增强，离子电导增大。电离气体中离子参与导电，但在气体中还有游离的自由电子也参与导电。由于电子质量远小于离子，电场中漂移速度很大，因此在气体中起主要作用的是电子导电。（陈熙谋）

离子光谱　ionic spectrum　原子核外电子被剥离后形成的离子的光谱。下面主要介绍类氢离子光谱和高离化态原子光谱。

类氢离子光谱　氦原子被剥离掉一个核外电子就成为一次电离的氦离子He^+，它的核外也只有一个电子，称为类氢离子；锂、铍、硼等许多元素也能形成类氢离子。这些离子的光谱特征与氢原子光谱类似。

1897年天文学家W.H.皮克林在恒星光谱中发现了一个与氢巴耳末系相似的光谱线系，后来被称为皮克林线系。这两个线系的对照如图1所示。实验证实皮克林线系是氦离子的一组光谱线系。表示皮克林线系的公式为：

$$\sigma = 4R_{He}\left(\frac{1}{n_1^2}-\frac{1}{n_2^2}\right)$$

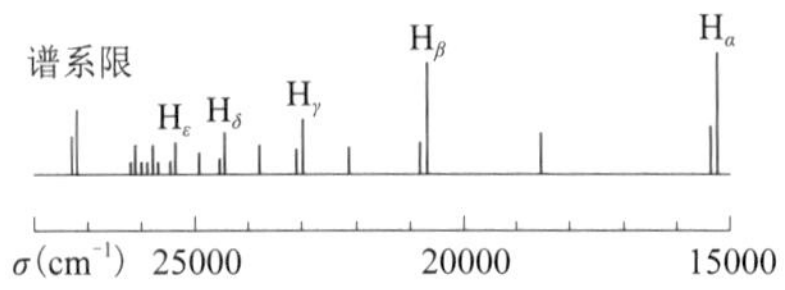

图1　皮克林线系和巴耳末系比较图

皮克林线系相当于$n_1=4$和$n_2=5,6,7,\cdots$时的情况。式中的R_{He}是He的里德伯常数。

二次电离的$Li^{2+}(Z=3)$光谱可表示为：

$$\sigma = 9R_{Li}\left(\frac{1}{n_1^2}-\frac{1}{n_2^2}\right)$$

式中$n_1=1$和$n_2=2,3,4,\cdots$的线系处在真空紫外区，已在1930年被观察到。

三次电离的$Be^{3+}(Z=4)$光谱可表示为：

$$\sigma = 16R_{Be}\left(\frac{1}{n_1^2}-\frac{1}{n_2^2}\right)$$

式中$n_1=1$和$n_2=2,3,4,\cdots$的线系落在真空紫外区，也在1930年被观察到。

在光谱学上，通常在元素符号后面标上罗马数字Ⅰ表示中性原子HⅠ、HeⅠ、LiⅠ、…；在元素符号后面标上罗马数字Ⅱ表示一次电离的离子HeⅡ、LiⅡ、BeⅡ、…；在元素符号后面标上罗马数字Ⅲ表示二次电离的离子LiⅢ、BeⅢ、BⅢ、…，依次类推。类氢离子光谱即HeⅡ、LiⅢ、BⅣ、BⅤ、CⅥ、NⅦ、OⅧ、FⅨ、NeⅩ、NaⅪ等离子的光谱。原子核外电子数相同，而原子核所带正电荷不同的原子和离子的光谱称为等电子数序光谱。如氢原子和类氢离子的光谱。

高离化态原子光谱　带电粒子（电子、离子等）或强光与原子相互作用时，可将较重原子核外的电子大量剥离，产生高次离化的原子，称为高离化态原子。高离化态原子的光谱特征，主要与它们电离后剩下的核外电子的行为有关。

高离化态原子光谱主要处在真空紫外光谱区及软X射线光谱区。同步辐射加速器、高功率的激光器、高分辨率真空紫外光谱仪、X射线谱仪等的研制和应用是研究高离化态原子光谱的重要工具。

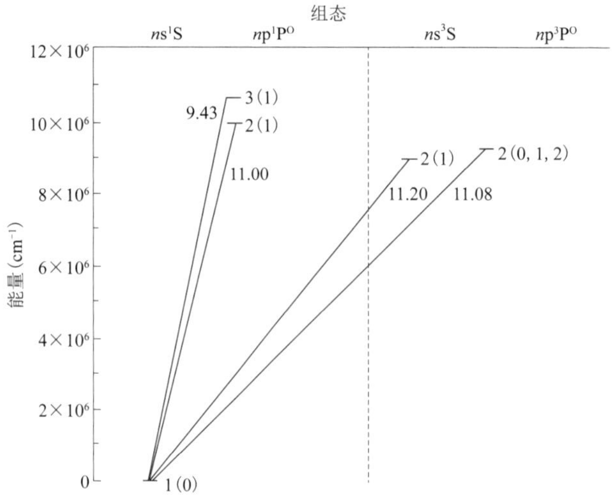

图2　Na Ⅹ的能级图

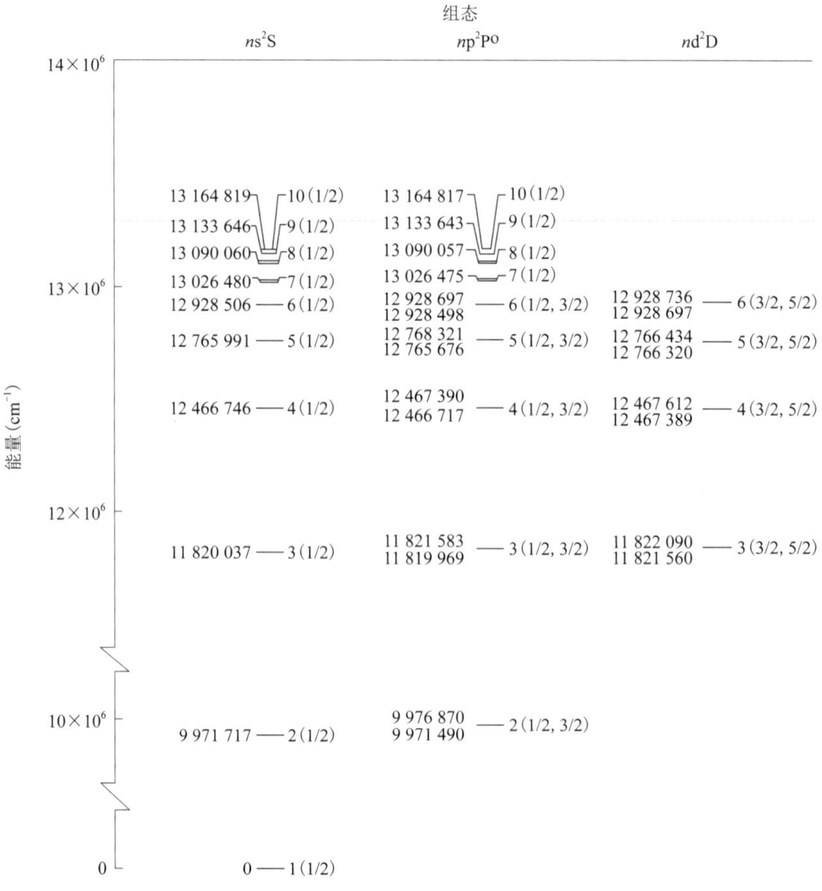

图3　Na Ⅺ的能级图

天体中存在着高离化态原子，等离子体、核聚变过程中，空间飞行器运行过程中，以及强激光同物质相互作用等过程中都产生大量的高离化态原子。产生X射线激光也会用到高离化态原子。因此，研究与分析高离化态原子的光谱特征和变化规律是十分重要的。

可利用**束箔光谱学**技术对元素的离子光谱做大量的研究。图2、图3是Na X和Na XI的能级图，图内括号中数字表示总角动量量子数。从图3中可以看出，Na XI能级的精细结构间距比氢原子有很大的增加。

（张在宣）

离子键　ionic bond　阴离子和阳离子通过静电作用形成的化学键。离子键主要存在于离子化合物中，其中单原子或原子团发生了较强的电子转移，失去电子者为阳离子，获得电子者为阴离子。如NaCl体系中金属原子失去电子，而非金属原子获得电子（Na^+与Cl^-）。离子键也可以是原子团失去或获得电荷，如NH_4^+和SO_4^{2-}。当离子片段相互靠近时具有很强的吸引力，同时又存在静电排斥。当分子内阴离子和阳离子的静电吸引与电子之间和原子核之间的排斥作用平衡时就实现了离子键。值得注意的是，在离子键形成中的电子转移是不能完全从一个原子或原子团失去一个或多个电子，离子键化合物在某种程度上都具有**共价键**成分。离子键的定义是在化学键中离子键的键成分远高于共价键成分的前提下成立的。

离子键化合物具有高熔点，这依赖于离子键中电荷转移数，一般带有电荷高的离子形成的离子化合物内聚能大而熔点高。内聚能小离子化合物溶解度高。离子化合物在溶解或熔融状态下导电。在离子键化合物中，由于阳离子和阴离子对外层电子束缚强，可见光能量不能将其激发，使其不易吸收可见光，致使典型的**离子晶体**是无色透明的。

（崔中华）

离子晶体　ionic crystal　以离子为结合单位，靠离子性结合方式结合的晶体。又称极性晶体。离子键合来源于带相反电荷的离子间的静电相互作用，它们之间的吸引作用受排斥作用平衡。当离子相距太近时离子外壳层电子之间就会有排斥作用，故在吸引力与排斥力平衡时，正、负离子便结合成离子晶体。正离子周围是负离子，负离子近邻是正离子，两种离子环境相异，故离子晶体一定是复式晶格。

M.玻恩和E.马德隆计算了离子晶体的内聚能等于所有离子对间势能之和的绝对值，这势能总和为：

$$U_0=-\frac{\alpha N q^2 1-\frac{\rho}{R_0}}{4\pi\varepsilon_0 R_0}$$

式中N为晶体中离子对总数；α为依赖于晶体结构的马德隆常数；q为离子所带电荷；R_0为平衡晶格中最近邻离子间距；ρ为排斥作用的特征距离（约等于$0.1R_0$），故排斥作用是短程的。

离子晶体常见的结构为氯化铯型和氯化钠型，配位数分别为8和6。离子性占明显地位的半导体多呈闪锌矿结构，配位数位为4。离子键是一种强键。内聚能较大，如氯化钠每对离子的内聚能为7.9电子伏。

（陆　栋）

离子阱　ion trap　一种利用电场或磁场，或者它们的组合，将离子限定在真空度极高的有限空间内的装置。根据电极的不同离子阱大致分为三维离子阱、线性离子阱和轨道离子阱三种。

三维离子阱　由一个环形电极和两个端盖电极组成。环形电极和端盖电极均为旋转双曲面形状，也可由在多个（一般为5或者7个）环状电极上施加合适的电压产生的电势面形成。如果环形电极与端盖电极之间施加射频电压，则称为泡利离子阱；如果环形电极与端盖电极之间施加直流电压，且在轴向施加磁场，则称为潘宁离子阱。离子可以被聚焦到阱中心的一个非常小的空间。

潘宁离子阱主要用于高精度测量原子（核）的质量。通过飞行时间（或傅里叶变换）–离子回旋共振技术，潘宁离子阱测量的稳定原子核的质量精度可以达到百亿分之一。相对精度高达千亿分之三的电子质量也是在潘宁离子阱中测量的。

线性离子阱　又称线性泡利离子阱，由两组双曲线形（或圆形）极杆和两端的端部极杆组成。两组极杆之间施加幅度相同而相位相反的射频电压，以限制离子的径向运动。为了限制离子的轴向运动，同时还需在端部极杆上施加直流电压。根据直流电压的分布不同，离子可以遍布在阱中心轴线上，或者聚集到一个很小的空间。

泡利离子阱主要用于离子的存储和束流的准备。

轨道离子阱　由中心纺锤形电极和具有纺锤形内表面的外壳组成。由于静电力作用，离子受到来自中心纺锤形电极的吸引。由于离子进入离子阱前具有初速度和角度，离子会围绕中心电极做圆周运动。轴向上，离子往复运动，从而实现了离子的储存。

轨道离子阱已经运用于商业活动中，可以用于分析复杂混合物（或化合物）的组成。通过傅里叶变换–离子回旋共振技术，轨道离子阱的测量精度可达百万分之几。

（黄文学）

离子束分析　ion beam analysis　用具有一定能量的离子（质子、α粒子等）轰击靶物质产生各种出射粒子（电子、γ光子、X射线等），从而实现对物质组成、结构和状态进行分析的方法。带电粒子与物质相互作用时，可发生弹性散射、非弹性散射以及各种核反应，不同的核作用过程会产生不同的核反应产物，通过测定反应产物的性质、种类和能量等参数，可给出靶物质的信息。离子束分析包括背散射分析、粒子激发X射线荧光分析、核反应分析、沟道效应分析、加速器质谱分析、带电粒子活化分析等。

离子束分析是一种非破坏分析技术，在绝大多数情况下都需要使用静电加速器。

（柴之芳　张智勇）

离子束加工　ion beam machining　利用荷能离子束轰击工件表面，实现材料的刻蚀、沉积、杂质注入和改性的工艺方法。离子束加工通常分为常规离子束加工和聚焦离子束加工。常规离子束加工是利用束斑直径为几毫米到几十厘米的离子束对工件表面进行面状轰击，采用掩模技术，形成图形结构的加工。聚焦离子束加工是用聚焦到束斑直径为纳米到几微米的高密度

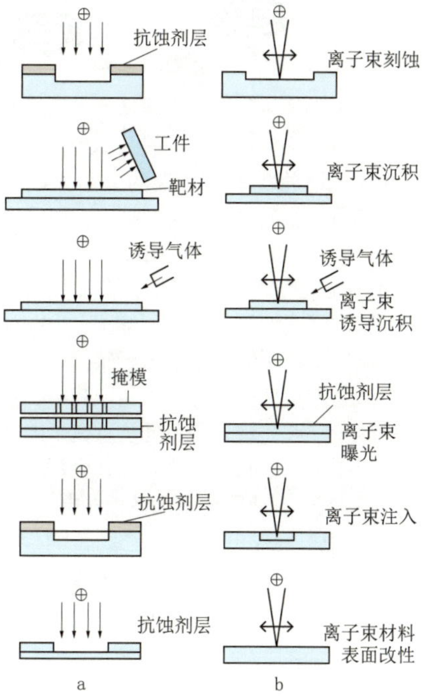

a 常规离子束加工　b 聚焦离子束加工

离子束加工的主要应用领域

离子束对工件表面进行点状轰击，形成的图形结构不需要掩模，可由计算机控制束扫描器和束开关直接加工。

图示为离子束加工的主要应用领域，包括离子束刻蚀、离子束沉积、离子束诱导沉积、离子束曝光、离子注入和离子束材料表面改性等。（王广甫）

离子束聚变 ion-beam driven inertial fusion 以强流离子束为驱动源的惯性约束聚变。由于离子在物质中的能量沉积率与离子质量的二次方近似成正比，而且离子质量越大，在靶物质中因散射而造成的发散越小，加热均匀性也越好。所以离子束聚变一般选择原子质量比较大的铀束或铋束等，离子束聚变也通常被称为重离子聚变。重离子聚变一般需要单脉冲离子数为10^{14}～10^{15}，脉冲时间在10纳秒量级的强流重离子束，如此高流强的离子束还需要聚焦在毫米量级，因此离子束聚变最具挑战的难题之一是如何有效克服离子之间的空间电荷效应。美国伯克利国家实验室的采取直线感应加速器技术，经过压缩的离子束在聚焦后的漂移阶段利用等离子体介质使其中性化，从而大幅降低离子束的空间电荷效应，得到强聚焦和强压缩的离子束，这一装置也被称为NDCX装置。

基于离子束储存环技术的重离子聚变是另外一种可能的途径。如图所示，利用

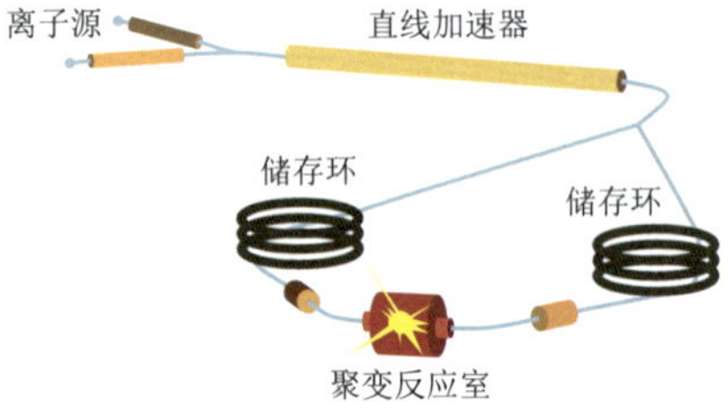

离子束聚变概念设计

直线加速器将离子束注入两个（或多个）储存环里，然后加速（速度越大，空间电荷效应相对越弱）并同步引出到聚变靶室，最后从对称的两个（多个）方向加热聚变靶丸，实现惯性约束聚变。德国、中国和俄罗斯等国都相继启动了基于储存环技术的大型强流重离子加速器项目。其中，中国的“十二五”规划项目强流重离子加速装置（HIAF）的设计流强可以达到每脉冲10^{12}个铀离子，离子能量为数百兆电子伏，经过压缩后，脉冲宽度可以达到10纳秒量级。这些大型重离子加速装置建成后将可以为离子束聚变事业打下坚实基础。（赵永涛）

离子通道蛋白 ion channel protein 一种可以形成孔结构的跨越细胞膜蛋白。离子通道可选择性或非选择性地通过某些离子，维持细胞的正常形态，调控细胞内外的离子浓度、离子交换速度并形成电压差，从而起到触发肌肉收缩、细胞兴奋、腺体分泌等作用。离子通道的活性就是细胞通过离子通道的开放与关闭调节相应物质进出细胞速度的能力。因此离子通道对于维持细胞的正常功能起到至关重要的作用。高等生物的细胞有超过100种的离子通道。生理条件下，离子通道的电导率多为皮西门子量级。

离子通道的结构与功能的异常往往会引发疾病。通常因为编码离子通道的基因发生突变或者异常，导致离子通道的功能发生减弱或者增强，从而引发机体的生理功能紊乱，形成某些先天性或者后天性的疾病，涉及心脏、神经、肌肉等系统与器官。因此离子通道是新药物研发的重要对象。

一般根据离子通道的调控机制，将其分为三大类。第一类是电压门控的离子通道，如处于神经轴突和神经末端的电压门控钾离子通道、电压门控钠离子通道等；第二类是胞外配体门控的离子通道，如谷氨酸受体、乙酰胆碱受体等；第三类是其他因素控制的离子通道，如钙库控制钙离子通道、内整流钾离子通道等。也可以根据其通透的离子类型进行分类。

实验上对于离子通道性质的研究主要采用电流生理学的电压钳位（尤其是膜片钳位技术）、免疫组织化学以及逆转录等技术，而对于离子通道结构表征通常采用X射线晶体衍射和核磁共振。冷冻电镜方法在用于解析离子通道的结构方面取得了重要进展，已可以在3～5埃精度解析离子通道的结构。2003年的诺贝尔化学奖颁发给了两位美国科学家R.麦金农和P.阿格雷，以表彰他们在对于钾离子通道及水通道的结构表征方面做出的杰出贡献。2017年的诺贝尔化学奖颁发给了瑞士科学家J.杜波切特、德裔生物学家J.夫兰克和英国生物物理学家R.亨德森，表彰他们发展了冷冻电子显微镜技术，从而能够以很高的分辨率解析生物分子（包括离子通道）的结构。（董 昊）

离子通道随机动力学 stochastic dynamics of ion channel 一种描述细胞选择性打开和关闭离子通道来实现特定离子的跨膜流动从而产生膜内电信号的模型。离子通道门控的随机模型可追溯到英国生理学家和细胞生物学家A.L.霍奇金和英国生理学家与生物物理学家A.F.赫胥黎的开创性工作，其门控变量通常被解释为概率。细胞通过有选择地打开和关闭离子通道来实现特定离子的跨膜流动，从而产生膜内电信号。静息膜电位主要由漏钾通道决定，而动作电位的快速上升相（即去极化）是由于开启电压门控钠通道引起。快速兴奋性突触传递通常由配体门控离子通道的选择性打开通过钠离子和钾离子来实现。而快速抑制性突触传递是选择性地通过配体门控离子通道的选择性打开通过氯离子来实现。事实上膜电信号通常被数学模拟成大批量离子通道的宏观电导行为来实现，而不细致考虑单离子通道的性质，如1952年的经典霍奇金-赫胥黎神经元模型。在模型中，电导随时间连续变化，并根据膜电压大小产生确定性变化。但这与后来膜片钳记录的单离子通道的行为并不符合。德国两位神经科学家B.塞克曼和E.内尔首先实现了单离子通道的记录，并因此获得1991年诺贝尔生理学或医学奖。事实上在稳定状态记录一个离子通道的行为，其电导并不是一个确定值，而是在“开”和“关”两种离散状态之间快速随机转换，这种转换可能被热噪声驱动。图a显示了在给定的稳定电压情况（下图），单通道的打开概率稳定（中间），单通道的电导值呈现出随机波动（上图的实线），而宏观的钾通道电导值稳定（上图的虚线）；外界信号刺激通常调控的是单个通道处于打开状态的概率，而非电导值。作为结果，单个离子通道对一个可重复的刺激就会产生不可预期的阶跃反应，图b记录的就是对应一个去极化电压的刺激（下图），单通道的打开概率平稳升高（中间），但是单个离子通道的电导值在每一次记录都呈现出不一样的随机波动（上图）；相比之下，大量的离子通道的系统响应就显得是可预测的，只是在不同次的重复响应会有相对较小的变异性（图c），对应一个去极化电压的刺激（下图），单通道的打开概率平稳升高（中间），离子通道平均反应的随机波动与通道数量相关，通道数量越多，平均反应越平滑（图c的4张图分别是1、10、100、趋于无穷通道数）。一个关键问题是，这种变异性在多大程度上来自随机离子通道门控的影响，并应该被模型刻画出来。理论神经动力学家发现，单个离子通道的随机行为和群体离子通道的系统行为，可以用马尔可夫随机过程来描述。如对于简单的双态模型，可以合理假设闭合和开放状态的自由能依赖于膜电位，并受热力学扰动变化影响。这个模型表明，单离子通道可能是无记忆的，单位时间内的状态改变概率仅取决于当时状态，而不是过去发生的事件。尤其是单位时间内的

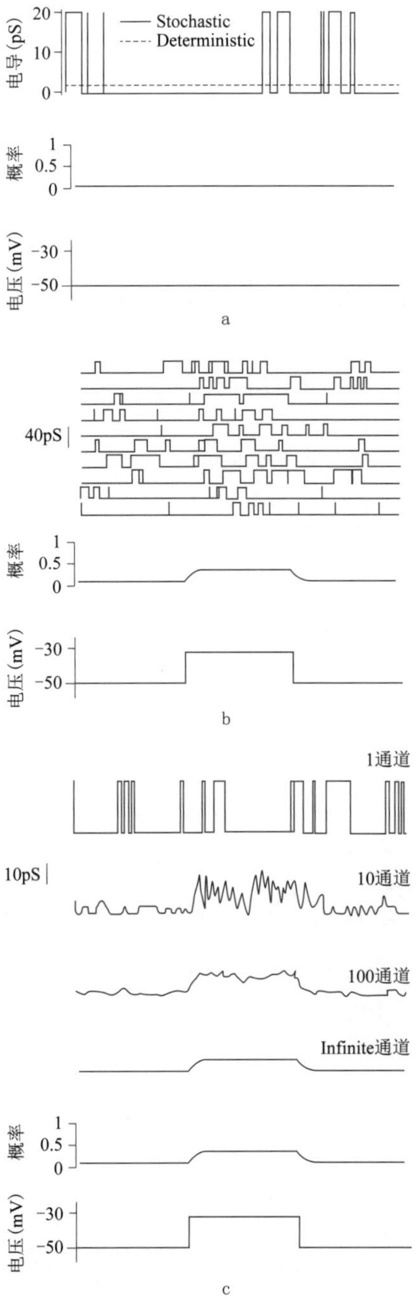

霍奇金-赫胥黎模型数值仿真模拟的钾通道随机开放电流

状态改变概率也不依赖于通道当前所处状态的时间。 （王大辉）

离子源 ion source 使中性原子或分子电离，并从中引出离子束流的装置。离子源是各种类型离子加速器、质谱仪、电磁同位素分离器、离子注入机、离子束刻蚀装置、离子束薄膜沉积装置、离子束分析装置、离子推进器以及受控热核聚变装置的中性束注入器等设备不可缺少的部件，且对设施的整体结构与性能起着决定性作用。

发展历程 最早的产生带电粒子的装置约在20世纪初出现，在质谱仪、高压倍加器、加速器等装置发展需求下，研制成了高效率气体放电型离子源。过去的一百年离子源发展有三个高速飞跃时期：

第二次世界大战期间，同位素分离器等装置发展，促成了大功率热阴极离子源（如Calutron、PIG源等）、金属离子源等。20世纪50年代高能加速器的发展又促成了双等离子源，使离子流提高到几百毫安至几安培量级。

70年代受控聚变发展使大面积、大功率离子源获得迅猛发展。使正、负离子源的束流由安培量级提高到百安培量级；串列加速器的发展又促成了各类溅射离子源；高能物理用极化离子源和高亮度高场强离子源等有了新的突破。

80年代开始，重离子物理等学科的发展，促进了电子回旋共振离子源、电子束离子源等多用途离子源的发展。21世纪初已能产生周期表中所有元素的完全电离的核。

工作原理 离子源主要由供气系统、放电室、引出系统和聚焦电极组成。

供气系统 提供离子源所要气体，打开阀门将所需的气体充入到放电室，气压一般为0.1～10帕。充入气体的性质由所需离子的种类决定。例如，需要质子就充入氢气，需要α粒子就充入氦气等。

放电室 充入的气体在放电室中电离，形成等离子体。按形成等离子体的不同方式，离子源分成不同的种类，但无论哪一种电离方式，在等离子体形成的过程中都是自由电子在起着主要作用。来自热发射或场致发射的电子以及空间的自由电子，受到电场加速而具有一定的动能。它们与气体分子碰撞将导致分子的离解和电离。

如果原子或者分子俘获了一个电子还可以形成负离子。可见，在等离子体中有未被电离的中性粒子、正离子、电子和负离子。一般情况下等离子体中带正电的粒子数和带负电的粒子数基本相等，整体相当于处于中性状态的良导体。

在等离子体中还同时存在着电离的逆过程，即复合过程。复合过程是离子俘获电子重新变成中性原子的过程。复合使带电离子数目减少。放电室气压较低，电子自由程大于放电室尺寸情况，复合主要发生在电离室壁附近，并与壁的材料有关。金属材料的复合系数高于绝缘材料，因此有些离子源的放电室（如高频源）由石英或优质玻璃制成。复合现象对工作状态影响不大的离子源，其放电室可由金属制成。

引出系统 引出系统的要求是能引出强的束流或具有高的引出效率。引出束流具有优良的品质，具有适当的气阻。放电室经过引出系统、聚焦电极与加速管相连。放电室真空气压为0.1～10帕。加速管内则需保持高真空，气压低于0.001帕。通过引出系统维持放电室与加速管之间的压差，引出系统尺寸要合适。孔径大而长度短的引出系统气阻小，能引出的离子流强，但放电室的气体消耗大，这些气体流入加速管将增加真空系统的气载；反之，孔径小，气载小，但是影响离子流的强度。

聚焦电极 聚焦电极安装在引出电极之后。如果引出正离子，则聚焦电极的电位应低于引出电极的电势，由两个圆筒电极间隙的电场分布对正离子束聚焦。

常见离子源类型 弧放电离子源 在均匀磁场中，由阴极热发射电子维持气体放电的离子源。为了减少气耗，放电区域往往是封闭的。阳极做成筒形，轴线和磁场方向平行。磁场能很好地约束阴极所发射的电子流，在阳极腔中使气体的原子（或分子）电离，形成等离子体密度很高的弧柱。离子束可以垂直于轴线方向的侧向引出，也可以顺着轴线方向引出。

电子回旋共振离子源 基于磁场中电子回旋共振，微波加热电离的磁约束等离子体离子源（简称ECR）。

微波能量通过陶瓷或石英微波输入窗进入放电室，在永磁或电磁场系统产生的高强磁场作用下，放电室内的气体分子的外层电子做回旋运动，回旋角频率为$\omega_e=eB/m^3$，当ω_e和外加微波角频率相等时为共振状态，运动电子能从微波中不断地、有效地接受能量提高电子温度，使气体电离。在低气压时，电子在与气体分子或原子相邻两次碰撞之间回旋次数可能更多，而每回旋一次时能量就增加，因此也可以获得较高密度的等离子体。

电子束离子源 基于静电约束，用高密度载能电子束产生高电荷态离子的装置（简称EBIS）。电子枪产生一束细长的具有确定能量的高密度强流电子束，用强的螺旋管磁场聚焦，沿束形成负空间电荷静电离子阱，以捕获正离子并使离子逐级电离，直至达到受电子能量限制的最高电荷态，然后改变轴上电势分布而引出离子。EBIS由超高真空室、电子枪、漂移管、电子收集器、离子引出器、聚焦磁场以及工作气体或外注入低电荷态离子源等组成。它的电离特性主要由电子的能量、流强密度和束的长度决定。EBIS的电子束长度约1米，当它短到1厘米左右则称为EBIT（电子束离子阱）。后者已经引出了U^{92+}。不同装置的电子束能量范围为

2～200千电子伏、聚焦束流密度为100～1000安/厘米^2，磁场强度为1～5特。按其磁场结构可分为“低温EBIS”和“室温EBIS”，前者采用超导螺旋管，后者则为普通磁体。

高频离子源　利用稀薄气体中的高频放电现象使气体电离，一般用来产生低电荷态正离子，有时也从中引出负离子，作为负离子源使用。在高频电场中，自由电子与气体中的原子或分子碰撞，并使之电离。带电粒子倍增形成无极放电，产生大量等离子体。高频离子源的放电管一般用派勒克斯玻璃或石英管制作。高频场可由管外螺线管线产生，也可由套在管外的环形电极产生。前者称为电感耦合，后者称为电容耦合，高频振荡器频率为10^6～10^8赫，输出功率在数百瓦以上。从高频离子源中引出离子可有两种方式：①在放电管顶端插入一根钨丝作为正极，在放电管尾端装一带孔负电极，并把该孔做成管形，从中引出离子流。②把正极做成帽形，装在引出电极附近而放电区则在它的另一侧。不管采用哪种引出方式，金属电极都要用石英或玻璃包起来，以减少离子在金属表面的复合。在高频放电区域中加有恒定磁场时，共振现象可提高放电区域中的离子浓度。有时，还在引出区域加非均匀磁场来改善引出。

双等离子体离子源　在非均匀磁场中工作的一种弧放电离子源，它的电极系统和磁系统都经过精心安排，使得放电产生的等离子体发生两次收缩（几何箍缩和磁箍缩）。由于引出的离子流强大、亮度高，而主体结构又比较紧凑，使用十分普遍。

大功率的双等离子体离子源能产生安培级以上的正离子束，是一种有效的强流离子源。正离子被中和后，就转化为中性束。从双等离子体离子源中可以直接引出负离子束，也可以先引出正离子束，再用间接方法得到负离子。图1是一个双等离子体离子源的结构示意。

潘宁离子源　又称PIG离子源。它的基本组成是位于轴向磁场中的一个管形空芯阳极和一对阴极（图2）。两个阴极通轴安放于阳极两端，一个是主要的电子源，

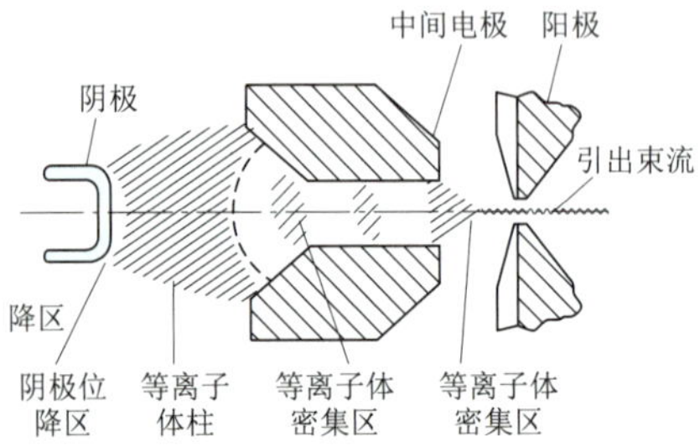

图1　双等离子体离子源的结构示意

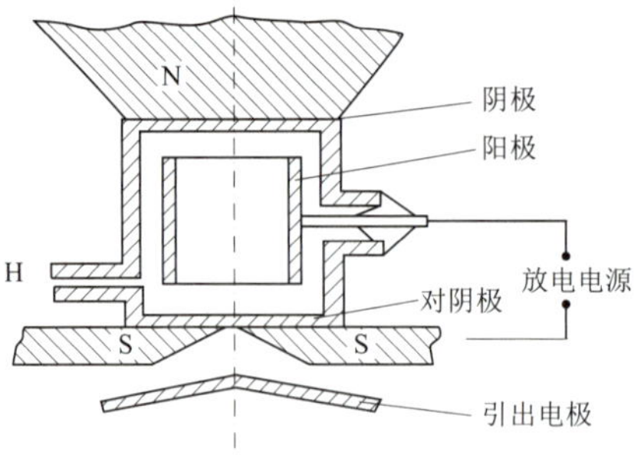

图2　冷阴极潘宁离子源的结构示意

称为阴极，另一个称为反阴极或对阴极。

溅射离子源　利用阴极溅射产生固体离子的离子源。它是产生负离子的主要离子源，可以分为离子束溅射负离子源和等离子体溅射负离子源。美国R.米德尔顿等发展的通用性负离子源是典型的离子束溅射负离子源，由钽丝组成的圆柱形表面电离器产生5～10千电子伏、5015毫安的Cs^+（铯离子）束轰击溅射靶，同时有足够的Cs原子喷射靶表面，降低其功函数。这样可以达到数百安的各种重负离子。图3是溅射离子源的结构示意。

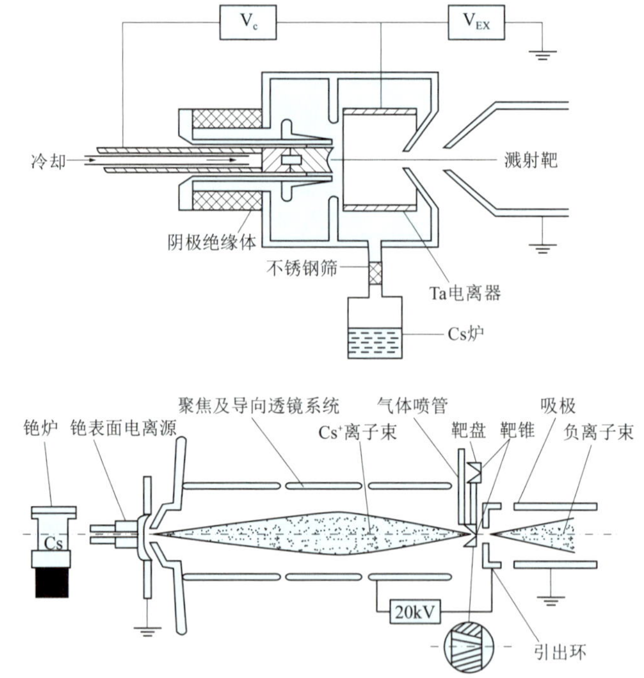

图3　溅射离子源的结构示意

应用及挑战

离子掺杂与离子束改性　20世纪60年代开始，将一定量的硼、磷或其他元素的离子注入半导体材料中，形成掺杂。掺杂深度由离子能量控制，掺杂浓度通过积分离子流强度控制。**离子注入**方法的重复性、可靠性比扩散法好。离子注入掺杂在半导体大规模集成电路的生产中已成为重要环节，离子注入法逐步取代了扩散等工艺方法。

离子注入在金属材料改性中获得重要成果。金属离子注入改性，可以提高金属表面硬度、抗腐蚀性能和抗疲劳强度，降低金属磨损率。绝缘材料如陶器、玻璃、有机材料经离子束照射，性质发生重要的变化，获得新的用途。

离子束照射和掺杂过程是一个非热平衡过程，用这种方法可以获得用一般冶金和化工方法无法得到的新材料。50～400千电子伏能量小型加速器“离子注入机”，已成为一种专门的材料离子注入设备，类金刚石材料、高温超导材料、磁性材料、感光材料等的研究中，已广泛应用离子束。一门新兴的冶金学——“离子注入冶金学”已经形成。

离子束分析和加工　一定能量的离子与物质相互作用会使其发射电子、光子、X射线、带电粒子等。通过探测这些产物进行物质的组分、结构等分析的方法，称**离子束分析**。在离子束分析方法中，比较常用的有背散射分析、X射线荧光分析、核反应分析和沟道效应分析等。利用低能离子束可以进行材料表面成分分析，如离子散射谱（ZSS）、次级离子质谱（SZMS）等。超灵敏质谱（加速器质谱）、带电粒子活化分析、离子激发光谱、离子激发俄歇电子谱等用于材料痕量元素的分析。用于离子束分析的MV能量的加速器已有专门的商业化产品。

较低能量的离子束广泛用于离子束加工，如离子减薄、离子抛光、离子束打孔、离子束刻蚀、离子束溅射金属膜等。

离子源的一个极其重要的应用是作为加速器离子源，为加速器提供需要加速的粒子束。

新技术及展望

①等离子体放电内部参数的控制。等离子体的参数，如电子温度、离子温度等都对多电荷离子源或负离子源的荷电谱起决定作用，人们必须精确地控制这些参数及其空间分布，才能获得高电荷态或高的负离子产额。因此多电荷离子源的研究将人们带入一个新时期——由一般研究如何获得高密度等离子体提高到如何获得特定的、可控参数的等离子体。

②离子源用途的不断开发。除受控聚变、重离子物理、洁净能源用强流加速器

等的发展仍然是离子源发展的原动力外，还出现一些新的生长点，如在线放射线同位素离子源，离子注入、刻蚀等工业用离子源等。（邹　运）

离子注入　ion implantation　将加速器产生的荷能离子注入材料的过程。注入离子在材料中行进一段距离后滞留。注入的材料表面性质发生改变，具有耐磨损、耐腐蚀、硬度高等特性。

特点　1954年美国贝尔实验室W.B.肖克莱提出离子注入掺杂。1960年以后，离子注入开始用于半导体掺杂。离子注入有如下特点：①纯净掺杂。离子注入是在真空中完成的，同时使用高分辨率的质量分析器，从而保证注入的离子具有极高的纯度。②掺杂离子的浓度不受固溶度饱和的限制，可达到常规方法无法实现的掺杂浓度。③原则上可注入所有的元素，对那些常规方法无法注入的元素，用离子注入技术也可完成。④注入离子的深度和浓度分布可精确控制。注入离子的浓度取决于固体材料中积累的离子数，而深度由离子能量决定。⑤注入离子时材料的温度可自由选择，既可高温掺杂，又可在常温或低温下掺杂。⑥大面积均匀注入。利用离子扫描装置可以进行大面积均匀掺杂。⑦离子注入深度浅，一般在1微米以内，如100千电子伏离子的平均射程为0.1微米左右。

离子注入掺杂纯度高，注入离子的浓度和深度可精确控制，可大面积操作，因此离子注入受到广泛关注。

离子注入设备组成　主要包括三个部分：①离子源。其中离子源有表面电离源、光致电离离子源、液态金属离子源等。②加速器。可根据需要提高或降低离子的速度。③偏转磁场。使离子源发出单色光准直后垂直照射到样品上。

应用　离子注入首先作为一种半导体材料的掺杂技术发展起来的，离子注入的半导体器件和集成电路具有速度快、功耗低、稳定性好、成品率高等优点。离子注入已成为大规模集成电路重要的掺杂工艺手段之一，该技术比传统热扩散掺杂有显著的优点，能形成高效的PN结。

离子注入在金属表面改性方面亦有重要的应用价值，注入金属表面得到强化，提高了表面硬度、耐磨性、耐腐蚀性和抗疲劳强度，可降低金属的磨损率。金属离子注入硅中，可形成金属硅化物，用于制造微波器件。镍和镧注入钛中，储氢性能可得到大幅提升。离子注入某些绝缘材料，其表面性质发生显著变化，并且具有新的用途。

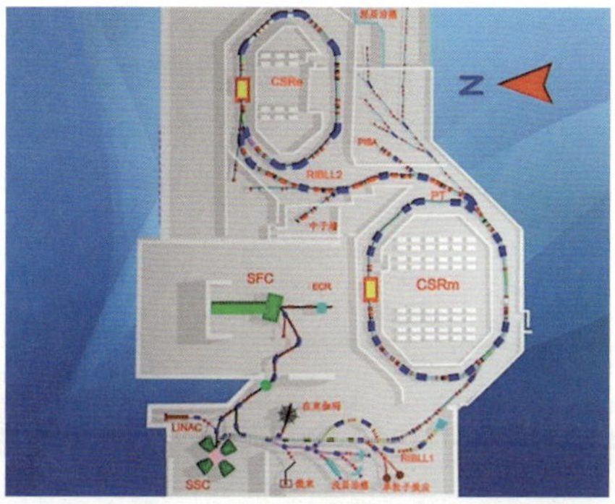

中国科学院近代物理研究所的重离子研究装置示意图

低能离子注入种子可能产生新的优良品种，许多优化的新品种都是离子注入产生的。低能离子注入优化种子的机理仍然有待研究。

重离子注入可用于治疗癌症。重离子注入有一个布拉格峰，它有利于精准定位并杀死癌细胞，而对正常组织的伤害很小。中国科学院近代物理研究所在重离子加速器设备上开展了相关研究。

离子注入还被广泛应用于改变光学材料的折光率、提高超导材料的临界温度、表面催化、改变磁性材料的磁化强度、提高磁泡的运动速度以及模拟辐射损伤等领域。离子注入这种技术有望成为治疗癌症的重要手段之一。（程　伟）

李，D.M.　David Morris Lee（1931-01-20～　）美国低温物理学家。生于纽约州拉伊。1959年获耶鲁大学博士学位。后到康奈尔大学任教，1968年提升为教授。他是低温研究小组的学术带头人，研究^{3}He极低温核磁有序转变。1972年，李和研究生D.D.奥谢罗夫及助理教授R.C.里查森在实验研究中发现^{3}He的超流现象。这一发现对研究微观量子规律、解释高温超导机制和宇宙大爆炸初期的相变都有重要意义。为此李、奥谢罗夫和里查森共获1996年诺贝尔物理学奖。（郭奕玲）

李德平　Li Deping（1926-11-04～　）中国辐射物理、辐射防护及安全专家。籍贯江苏兴化。生于北京。1948年毕业于清华大学物理系，毕业后留系任助教。1951年1月至1957年12月，在中科院近代物理研究所工作。1957年12月至1964年10月在中国科学院原子能研究所工作，历任研究室组长、副主任。1964年10月在中国辐射防护研究院工作，历任研究室副主任、副院长、院长，1989年后任名誉院长。曾任核工业部第七研究所所长。兼任国际放射防护委员会委员，联合国原子辐射效应科学委员会中国代表，国际原子能机构核安全咨询组成员，以及中国国家核安全局和核安全专家委员会副主任委员，国防科技工业军用核设施安全专家委员会副主任委员，中国核工业总公司科技委高级顾问，中国核学会常务理事，核电子学与探测技术分会副主任委员等职。1991年当选为中国科学院学部委员（院士）。

李德平工作情景

李德平帮助建立了中国核工业辐射防护研究和监测体系，指导了中国初期放射性计量实验室科研及建立实验室的工作。在从事辐射探测器研究中，他与戴传曾共同研制了中国卤素计数管、强流管及氢冕状放电稳压管。在电离室方面，指出当时苏式堆控硼壁电离室设计参数的缺点，并推导出普适的电离电流体复合损失的新公式。他与罗正明共同提出了基于虚拟源概念的空腔电离理论。他还发展了用细束照射研究探测器性能的方法，证明近滕等人的精细工作仍与实际不符。所撰《球型电离室特性》一文有助于澄清关于有效电力中心是否随源距离前移的争论，证明球形室等效中心不因反平方律而前移。建立了中国核工业辐射防护研究和监测体系，较完整地改进了氡及其子体测量中的问题。参与了国际放射防护委员会1990年建议书的编写、国际原子能机构国际辐射防护与放射源安全基本标准的制定，并参加审议国际劳工组织的职工辐射防护文件的制定。他与戴传曾合作的“卤素计数管和强流管的制备及放电机制的研究”获得1957年中国科学院科学奖金委员会“科学资金”三等奖。（尹晓冬）

李方华 Li Fanghua（1932-01-06～2020-01-24） 中国凝聚态物理学家和电子显微学专家。籍贯广东德庆。生于香港。1956年毕业于苏联列宁格勒大学物理系。

以后一直在中国科学院物理研究所工作，历任中国科学院物理研究所研究实习员、助理研究员、副研究员、研究员。1982～1983年任日本大阪大学应用物理系访问学者。1998～1999年任香港城市大学材料物理系客座教授。1984～1993年任中国电子显微学会副理事长。1993～1996年任中国电子显微学会常务副理事长。1996～2000年任中国电子显微学会理事长。1993～2002年任国际晶体学联合会电子衍射委员会委员。1993年当选为中国科学院院士。1998年当选为第三世界科学院（发展中国家科学院）院士。

李方华主要从事衍射物理、高分辨电子显微学和晶体学研究，是中国电子衍射及高分辨电子显微学的先驱者之一。在高分辨电子显微像的衬度理论和图像处理理论与方法研究、微小晶体结构测定、原子分辨率晶体缺陷测定，以及准晶的研究中做出了重要贡献。20世纪60年代提出校正电子衍射动力学效应的方法，借此测定了晶体中的氢原子位置。70年代合作建立了衍射晶体学与高分辨电子显微学相结合的图像处理技术，用此测定了多种微小晶体的结构。80年代提出一种高分辨电子显微像衬度理论，是上述技术的理论依据，也是首次观察到晶体中轻原子锂的理论指导。提出了基于相位子缺陷的准晶体结构测定方法，并付诸实际应用。90年代中期建立了测定原子分辨率晶体缺陷的图像处理技术，成功应用于半导体和超导体材料。1991年获中国物理学会叶企孙物理奖，1992年获中科院自然科学奖一等奖和中国电子显微学会桥本初次郎奖，1994年获中国电子显微学会钱临照奖，2003年获欧莱雅-联合国教科文组织世界杰出女科学家成就奖，2005年获国家自然科学奖二等奖，2009年获何梁何利基金科学与技术进步奖等。 （尹晓冬）

李复几 Li Fuji（1881-12-09～1947-09-16） 中国物理学者。原名李福基，字泽民。生于上海，卒于四川自贡。1901年7月毕业于南阳公学中院，毕业后受学校派遣留

学欧洲。先在伦敦国王学院学习语言，此后进入芬斯伯里学院和伦敦大学学习机械工程，在伦敦机械工程师研究所和德国汉尼尔理机器厂实习。1904年从伦敦大学毕业。1906年进入德国波恩皇家大学师从H.凯瑟尔从事光谱学研究，1907年获得物理学博士学位。1907年夏秋之间回国，在上海高昌庙江南船坞担任副工程师。1908年8月～1910年7月在邮传部上海高等实业学堂（上海交通大学前身）任电机科教员。后曾在汉冶萍公司、汉口工巡处、四川盐务管理局等部门任工程师，从事技术工作。

李复几在攻读博士学位期间，完成博士论文《关于勒纳碱金属光谱理论的分光镜实验研究》，得出火焰图像大小与其强度相关的结论，推翻了P.勒纳提出的“关于光谱形成原因的火焰中心发射说”，分析了勒纳假说产生错误的原因，并完成自己的“推验光浪新论”。他是中国第一位物理学博士。担任电机科教员期间，李复几主持建立了中国高校中最早的电机实验室。 （尹晓冬）

李恒德 Li Hengde（1921-08-03～2019-05-28） 中国材料科学专家。生于河南洛阳，卒于北京。1942年毕业于西北工学院获学士学位。后被分配到重庆大

渡口钢铁厂任工务员。1944年在南川第二飞机制造厂从事锻铸工作。1946年留学美国。1947年毕业于美国卡内基理工学院获硕士学位。1954年毕业于美国宾夕法尼亚大学获博士学位。1955～1957年任清华大学机械系副教授、教研室主任。1957～1988年历任清华大学工程物理系教授、室主任、副系主任、系主任。1963～1966年兼任原子能研究所研究员。1979～1997年任清华大学材料研究所所长。1988年起任清华大学材料科学与工程系教授。1986～1994年兼任国家自然科学基金委员会材料及工程科学部主任。1991～1999年当选为中国材料研究学会（C-MRS）理事长；1996年当选为1999年及2000年国际材联（IUMRS）主席。1994年当选为中国工程院院士。

李恒德是中国核材料和离子束物理冶金学的先驱者之一。20世纪50年代初在国际上最早阐明了金属铍的滑移、孪生和断裂机制。回国后创建中国的核材料专业，并从事铀、UO_2、石墨和锆等材料的研究。在国内首次利用溶胶沉淀法研制出UO_2燃料微球，并利用带电粒子束研究材料的辐射损伤效应。开拓中国离子束冶金学研究，在薄膜、分形、磨损，以及生物矿化和中国古代钢铁冶金史方面也有建树。曾深入研究堆用锆合金包壳管中氢化物取向分布和轧制工艺及织构的关系，为在实际生产中防止锆管脆断提供了科学依据和控制基础。领导和参与组建国家自然科学基金委员会材料及工程科学部和中国材料研究学会。多次获得国家及省部级奖励。1990年获国家教委科技进步奖一等奖，1992年获国家科学技术进步奖三等奖，1996年、1998年三获教育部科技进步奖二等奖，2008年获国家技术发明奖二等奖。 （尹晓冬）

李家明 Li Jiaming（1945-11-06～ ） 中国物理学家。生于云南昆明。1968年毕业于台湾大学工学院电机工程系。1974年获美国芝加哥大学博士学位，后留校任研究

助理。1974～1976年转入匹兹堡大学物理天文系任研究助理。1977～1978年任罗切斯特大学光学研究所资深研究助理。1978年7月作为美国民间物理学代表成员应邀来中国考察。1978年12月返回中国，到中国科学院物理研究所工作，历任副研究员、研究员。1997年任清华大学物理系教授、清华大学原子分子纳米科学研究中心主任。2004年任清华大学物理系、上海交通大学物理系双聘教授。曾担任国务院学位委员会物理学科评议组成员、国家“863”计划416和804专题专家组成员、中国物理学会原子分子物理专业委员会主任等职。1991年当选为中国科学院学部委员（院士）。1992年当选为第三世界科学院（发展中国家科学院）院士。

李家明长期从事原子、分子激发态结构及其动力过程的理论研究，研究发展了

多通道量子数亏损理论。应用量子电动力学于高能原子过程，阐明了电子韧致辐射过程和辐射复合过程的内在关系，建立了相对论性多通道量子数亏损理论，为分析高离化度、高Z原子的激发态能级结构建立了理论基础。建立了非相对论性多重散射的分子自洽场理论计算方法，并阐明分子里德伯态电子结构，同时建立了超越自洽场的多通道原子理论计算方法，以阐明电子关联效应。他还致力于团簇物理的研究。合作出版专著《X射线激光》。1986年获国际理论物理中心（ICTP）卡斯特勒（Kastler）奖，是中国首位获得该奖的科学家。1990年、1992年两获中国科学院自然科学二等奖。1990年被评为中国科学院“有突出贡献的中青年专家”。2002年获何梁何利基金科学与技术进步奖。

（尹晓冬）

李林 Li Lin（1923-10-31～2002-05-31）中国金属物理学家、核材料和超导材料科学家。生于北京，卒于北京。其父是地质学家李四光。1944年毕业于广西大学机械

系。1946年留学英国，1948年获伯明翰大学冶金系硕士学位，1951年获剑桥大学冶金和材料科学系工学博士学位。1949年与生物化学家邹承鲁结婚。回国后，在中国科学院上海冶金研究所（1951～1958），原子能研究所（1958～1971），高能物理研究所（1972～1978），物理研究所（1978～2002）任副研究员、研究员、室主任等职。1980年当选为中国科学院学部委员（院士）。

李林早期从事钢铁材料研究。20世纪50年代末，研究原子反应堆材料及燃料组件堆内行为。60年代，在参与生产堆和核潜艇反应堆设计与建造中，她带领的研究室为燃料、材料腐蚀及辐照性能的研究提供了大量数据。1978年起，在物理研究所从事超导材料研究，制备了多种超导薄膜，并研究了它们的成相规律，尤其是在1988年制成了90开的高温超导材料。为此，她的实验组获1992年国家科技进步奖二等奖。

（戴念祖）

李普曼，G. Gabriel Lippmann（1845-08-16～1921-07-13） 法国实验物理学家。生于卢森堡，卒于从加拿大返回法国的海

上途中。父母是法国人，后来全家迁居巴黎。就读于巴黎高等师范学校，1875年获索邦神学院（巴黎大学前身）哲学博士学位。1883年任巴黎大学数学物理教授，三年后任实验物理研究室主任，直到逝世。

李普曼在许多方面做出过贡献，尤其是在电学、热力学、光学和光化学等方面。早年研究电现象和毛细现象之间的关系，发明极灵敏的毛细静电计以及其他一些仪器，研究过电压效应以及电路中**电磁感应**现象。1891年提出了一种革命性的彩色玻板摄影术，后来被称为“李普曼法”。此法成为彩色摄影进程中的重要阶段。1894年，李普曼发表了有关彩色照相的完整理论，即干涉色在感光乳剂中形成潜影的过程。为此，获1908年诺贝尔物理学奖。

（郭奕玲）

李启虎 Li Qihu（1939-07-22～ ） 中国声学家。生于浙江温州。1963年毕业于北京大学数学力学系信息论/控制论专业。同年8月分配到中国科学院电子学研

究所第七研究室，师从**汪德昭**，从事国防**水声学**研究。1964年，调入中国科学院声学研究所。1964～1980年历任研究实习员、助理研究员、副研究员。1984～1986年赴美国普林斯顿大学电子工程和计算机科学系访问。1986～1993年任中国科学院声学研究所信号处理实验室主任。1993～1997年任中国科学院声学研究所副所长。1997～2001年任中国科学院声学研究所所长。1996年以后，曾在国家“863”计划海洋领域工作了8年。1999～2005年历任科技部国家“863”计划海洋领域海洋监测专家组组长、专家委员会委员。1997年当选为中国科学院技术科学部院士。

李启虎长期从事信号处理理论和声呐设计、研制工作。结合中国浅海声传播的特点，应用信息论、数字信号处理、水声工程理论，解决了一系列水声信号处理中的问题，为中国水声技术的发展做出了重要贡献。研究了自适应波束成形的稳态特性，给出了用频率域最优传输函数求解波束指向性的表达式。给出了在海洋噪声背景下检测微弱信号的增益计算方法。解决了在时间上非平稳、在空间上不均匀的噪声场对经典理论应做的修正的问题。提出了指导声呐设计的重要依据——声呐方程的一种新的表达方式。在水下目标的被动检测中提出利用声信号的相位信息估计目标方位的新方法，还提出了用自适应阵处理方法完全分离在空间上不重叠的多个点源信号的新算法。在数字声呐设计中首次提出动态波束成形、可编程数字滤波、变采样率运算、类卡尔曼滤波和灰度变换技术，并提出用聚类分析方法设计用于水下目标识别的简易专家系统，对推动中国数字声呐的发展起到了良好的作用。

20世纪70～90年代，多次获得国家、中科院、中船总公司等各种科技奖励。1976年因参加自适应滤波的研究而获得中国科学院重大科技成果奖一等奖，1978年因参加001岸用声呐站的研究而获得全国科学大会一等奖，1982年以来因主持或参加多种声呐研制而获得中国科学院科技进步一等奖、国家科技进步奖一等奖、国防科工委科技进步二等奖等多项奖励。

（尹晓冬）

李庆贤 Li Qingxian（1902～1987-12） 中国物理学家、教育家。浙江吴兴（今湖州）人。卒于南京。1925年毕业于东吴大学理科，留校任教。1928～1931年，留学美国

伊利诺伊大学，并获博士学位。回国后，先后任东吴大学物理系教授、系主任（1931～1952），江苏师范学院物理系教授（1952～1958），南京师范学院（今南京师范大学）物理系教授、系主任（1958～1987）。

李庆贤的博士论文是关于低温下磁铁矿晶体磁性的研究，实验测量了在−150～−170℃晶体磁偏转角变化、样品的X射线衍射谱等大量数据，发现晶体的磁体在−155℃以上时都与室温结果相同，而在−160℃时，衍射斑点和磁铁矿石的磁对称性却发生了变化。这一发现引起物理学界关注，并为后来多种实验所证实。李庆贤的发现被载入磁学经典之中，他

本人也被誉为“首先观察到磁冷却效应的人”。（戴念祖）

李善兰 Li Shanlan（1811～1882） 中国清代数学家、天文学家、翻译家、教育家。中国近代科学的先驱。原名心兰，字壬叔，号秋纫。浙江海宁人。自幼酷爱数学，学习《九章算术》《几何原本》等数学典籍。1845年撰《方圆阐幽》《弧矢启秘》《对数探源》，创尖锥术。所谓“尖锥”是一种处理代数问题的几何模型。借助尖锥术，得出了几个相当于定积分的公式，在接触西方微积分思想之前独立地接近了微积分学。对三角函数与对数的幂级数展开式等亦有创见。1867年撰《垛积比类》等，深入研究高阶等差级数求和等问题，得出李善兰恒等式等一些有关二项式定理系数的恒等式。1860年起，他先后在徐有壬、曾国藩处作幕僚，参加洋务运动的科学技术活动。1867年将数学、天文学著作汇刻为《则古昔斋算学》十三种二十四卷。1852～1859年在上海与传教士伟烈亚力等翻译《几何原本》后九卷、《代数学》十三卷、《代微积拾级》十八卷、《曲线说》三卷、《谈天》十八卷等数学、天文学和近代科学著作，又译《奈端数理》（即牛顿的《自然哲学的数学原理》，未刊）。其中《代微积拾级》是中国第一部介绍微积分学的译著，《谈天》正确介绍了哥白尼学说。此外，他还翻译了《植物学》《重学》等书。1867年李善兰就任京师同文馆首任算学总教习。1872年撰《考数根法》一卷，提出一些判断素数的定理，证明了费马素数定理，并指出它的逆定理不成立。（郭永芳）

李善兰（中）与国子监算学馆学生合影（清末）

李书华 Li Shuhua（1889～1979-07-05） 中国物理学家、教育家。河北昌黎人。卒于美国纽约。曾任教育部政务次长、部长（1931～1932），北平研究院副院长（1929～1948），中央研究院总干事（1943～1945）。1948年当选中央研究院院士。1949年7月抵达巴黎，曾任职于巴黎大学。1951～1952年在德国汉堡大学任访问学者，讲授中国语言文字。1952年起入美国，任纽约哥伦比亚大学访问学者，从事中国科学技术史研究。

李书华早年在法国研究极化膜的渗透性。将牛羊大肠薄膜或猪膀胱膜插入酸性或碱性溶液中，他发现两种不同带电性的离子并非按化学等价比例扩散，因而提出膜的极化与离子运动的选择性相关。李书华首次实验发现，将难于离解的酸加入某种盐溶液后，插入薄膜，结果产生了令人难于预料的化学上所谓以弱酸促使强酸移动的现象。这些发现，对于生物物理、生物化学和了解生命体内的现象都颇有意义。

从20世纪20年代到40年代末，李书华在国内发表了大量的科学通俗文章，及科学史和科学教育、国际合作方面的文章。他主张科学教育，无论德、意、日、美或是苏联，对我有用者都应为我所学为我所用。他是中国物理学会第一、第二届会长（1932～1934）。在建设北京大学物理系，创建中法大学、创建北平研究院物理研究所和中国物理学会等方面做出了贡献。他也是一个很好的科学管理工作者，有知人善任之才。50年代初起，他所作的关于中国科学史研究，对于传播中国科学文化有一定作用。著有《碣庐集》和《李书华游记》两本自传体传记文学。（戴念祖）

李惕碚 Li Tibei（1939-06～　） 中国高能天体物理学家，湖南攸县人。生于重庆市北碚区，1963年毕业于清华大学工程物理系。

同年起在中国科学院高能研究所工作，历任助理研究员、副研究员（1978）、研究员（1986）、宇宙线与高能天体物理开放实验室学术委员会主任等职。2000年起任清华大学物理系教授。曾主持中国科学院重点科研项目“宇宙线高能天体物理研究”（1987～1990）以及三项国家自然科学基金重点项目“天体高能过程的空间观测与研究”（1992～1995）、“天体高能辐射的物理过程”（1998～2001）和“微波背景辐射数据分析与研究：宇宙学参数与早期宇宙”（2010～2014）。曾任“973”国家重点基础研究发展规划“天体高能辐射的空间观测与研究”项目首席科学家。曾获1978年全国科学大会奖、1987年国家自然科学三等奖、1988年中国科学院科技进步二等奖、2001年中国物理学会王淦昌物理奖、2006年何梁何利基金科学与技术进步奖。其专著《实验的数学处理》获得1977～1981年度全国优秀科技图书奖。1997年当选为中国科学院院士。

李惕碚主要从事宇宙线物理和高能天体物理方面的研究。1963年开始，参加云南高山站大云雾室系统的安装及调试，并在云南高山站进行了多年宇宙线研究，负责大云室机电系统和高山宇宙线电磁簇射研究项目及重质量粒子事例的数据分析，获1987年国家自然科学三等奖。20世纪70年代开始倡议并组织开展了中国宇宙线天体物理和高能天体物理的实验研究，领导建设高能天体物理实验室，主持研制球载大型硬X射线望远镜并进行对天体高能辐射的空间观测，1988年获中国科学院科技进步二等奖，在世界上首次用准直调制望远镜实现了对硬X射线天体的高精度成像。80年代初，建立了银河γ射线的统计模型，首次给出银河宇宙线产生高能γ射线的定量估计，并指出2CG星表中的宇宙γ射线点源约有一半是不真实的，经过多年争论后，这一模型的正确性被观测证实。建立了寻找超高能天体的计算公式，被国际学术界称为李-马准则，已成为宇宙线和高能天体物理数据分析的一个标准方法。除此之外建立了对象重建的直接解调方法，获得日益广泛的应用。还发展了在时域上研究快速变化现象的一套新方法，以及建立天鹅座X-3γ辐射模型、γ射线暴的等离子体放电模型等。（尹晓冬）

李雅普诺夫方法 Lyapunov method　A. M. 李雅普诺夫建立的判断运动稳定性的两种方法。设扰动所满足的微分方程为：

$$\dot{x}_i = X_i(x_1, x_2, \cdots, x_n, t)\ (i=1,2,\cdots,n) \quad (1)$$

第一种方法是通过方程的通解研究其

零解（即无扰运动）的稳定性。第二种方法是借助一个标量函数$V(x_1,x_2,\cdots,x_n,t)$，根据函数V沿方程（1）的解对时间t的全导数的性质来判断方程（1）零解的稳定性。这种方法不需要解方程（1）即可直接判断稳定性，称为直接法。李雅普诺夫提出了关于运动稳定性的三个定理。

定理1：扰动微分方程（1）原点的邻域Ω内，如果能找到一个定号函数V，它沿解对时间的全导数$\dot{V}$是与V异号的常号函数或恒等于零，则方程（1）的零解稳定。

定理2：扰动微分方程（1）原点的邻域Ω内，如果能找到一个具有无穷小上界的定号函数V，它沿解对时间的全导数$\dot{V}$是与V异号的定号函数，则方程（1）的零解渐近稳定。

定理3：扰动微分方程（1）原点的邻域Ω内，如果能找到一个具有无穷小上界的函数V，它沿解对时间的全导数$\dot{V}$是定号函数，而函数V可与$\dot{V}$同号，则方程（1）的零解不稳定。

满足以上三个定理的函数称为李雅普诺夫函数。直接法有重要的理论意义与实际价值，但构造李雅普诺夫函数却无一般方法，且上述定理均为稳定或不稳定的充分条件，找不到满足稳定性定理的李雅普诺夫函数绝不意味着无扰运动就一定不稳定。即使找到了一个V，确定了稳定域，也不意味着域外的初始干扰就一定导致不稳定。

对小扰动情况，扰动微分方程（1）可以线性化，即取一次近似，得：

$$\dot{x}_i=\sum_{j}^{n}a_{ij}x_j\quad(j=1,2,\cdots,n)\qquad(2)$$

一次近似方程（2）零解的稳定性可用特征根法容易地判断，但它与非线性的扰动微分方程（1）零解的稳定性是否对应问题，李雅普诺夫给出了关于一次近似稳定性的三个定理，其结论是：如果一次近似式（2）的零解渐近稳定或不稳定，则扰动微分方程（1）的零解也渐近稳定或不稳定；如果一次近似式（2）的零解稳定而不渐近稳定，则扰动微分方程（2）的零解可能稳定也可能不稳定，其稳定性应由高阶项确定，这种情况称为临界情况。（贾书惠）

李雅普诺夫指数 Lyapunov exponent 表示相空间相邻轨迹的平均指数发散率的数值特征。又称李雅普诺夫特征指数。李雅普诺夫指数是用于识别**混沌**运动若干数值特征之一。混沌的来源是运动对初值的敏感性。若有n维自洽动力系统$\dot{\boldsymbol{x}}=\boldsymbol{f}(\boldsymbol{x})$，满足某初值$\boldsymbol{x}_0$的相轨迹为$L_1$，初值有微小偏差$\boldsymbol{x}_0+\Delta\boldsymbol{x}_0$的相轨迹为$L_2$。在时刻$t$，$L_2$与$L_1$的偏差为$\boldsymbol{W}(\boldsymbol{x}_0,t)$。当$\boldsymbol{W}$充分小时，满足线性化方程$\dot{\boldsymbol{W}}=\boldsymbol{J}\cdot\boldsymbol{W}$，$\boldsymbol{J}$为$n\times n$维雅可比矩阵。此时两条相邻相轨迹在$\boldsymbol{W}$方向的平均指数发散率为：

$$\lambda(\boldsymbol{x}_0,\boldsymbol{W})=\lim_{\substack{t\to\infty\\ \|\boldsymbol{W}_0\|\to 0}}\frac{1}{t}\ln\frac{\|\boldsymbol{W}(\boldsymbol{x}_0,t)\|}{\|\boldsymbol{W}_0(\boldsymbol{x}_0,0)\|}$$

在n维相空间中，$\boldsymbol{W}$的全体构成一个随相点运动的n维切空间，对应其中每一个基矢量$\boldsymbol{e}_i$均按上式处理，共可确定n个数值，$\lambda_i=\lambda(\boldsymbol{x}_0,\boldsymbol{e}_i)(i=1,2,\cdots,n)$就称为李雅普诺夫指数。它们分别表示相轨迹沿各基矢量的平均指数发散率。将它们按大小排列：

$$\lambda_1\geqslant\lambda_2\geqslant\cdots\geqslant\lambda_n$$

称为李雅普诺夫指数谱。李雅普诺夫指数可为负为零或为正。当最大李雅普诺夫指数为正时，相轨迹发散，系统做混沌运动。

当雅可比矩阵$\boldsymbol{J}$为常数阵时，李雅普诺夫指数是$\boldsymbol{J}$的各特征值的实数部。一般情况下，李雅普诺夫指数可由解析方法或数值方法确定。（贾书惠）

李耀邦 John Yiubong Lee（1884-12-09～1940） 中国物理学家。生于广东番禺。1903年留学美国，入芝加哥大学，曾在该大学赖尔森实验室随R.A.**密立根**从事电子电荷的测定工作，1914年在《物理评论》（卷四）上发表了《以密立根方法利用固体球粒测定e值》的论文。1914年回国。20世纪30年代担任上海沪江大学董事会会长。他是中国物理学会创建时期的会员。

李耀邦对测定并证实基本电荷做出了贡献。1913年，美国物理学家密立根以著名的油滴实验，在绝对意义下测定电子的电荷。李耀邦1914年的论文，包括两项工作：一是用固体球粒代替液滴，所得e值是否相同；二是对固体球粒和液滴，斯托克斯定律的校正项是否相同。李耀邦用紫胶球粒代替了油滴，观测得到e的平均值为4.764×10^{-10}静电系电量单位，这比别人用硫黄粒子做实验的测定结果精确得多，进一步支持了密立根油滴实验的结果（这个数值比现在的公认值只少0.8%）。（戴念祖）

李荫远 Li Yinyuan（1919-06-20～2016-08-22） 中国物理学家。生于四川成都，卒于北京。1943年毕业于西南联合大学物理系。先后任教于四川大学和西南联合大学物理系。于1947年赴美国深造，1948年获华盛顿州立大学硕士学

位，1951年获伊利诺伊州立大学哲学博士学位。1951～1955年在卡内基理工学院任研究员，并在威斯汀豪斯磁性材料实验室兼职。1956年回国，任中国科学院物理研究所研究员，固体理论研究室和晶体学研究室主任（1959～1977）、副所长（1978～1984）。1980年当选为中国科学院学部委员（院士）。

李荫远从事磁学、固体物理和光学的理论研究，是中国固体理论物理学和理论磁学的开拓者之一。在合金和反铁磁体的**有序-无序相变统计理论**，过渡族元素磁结构和超交换作用理论，**非线性光学**中相角不匹配的倍频辐射拉曼散射效应以及相关晶体的准一维导电特性的理论解释等方面，都有所成就。（戴念祖）

李正武 Li Zhengwu（1916-11-08～2013-07-30） 中国等离子体物理、核物理学家。浙江东阳人，卒于北京。1938年毕业于清华大学。1938～1940年在贵阳

气象所工作。1940～1947年在江苏医学院、复旦大学、上海交通大学任助教、讲师、副教授。1947～1951年在美国加州理工学院物理系学习并获博士学位。1948～1955年在加州理工学院凯洛格实验室任研究助理、研究员。1955年回国后历任中科院原子能研究所副室主任，二机部585研究所研究员、副所长、所长，核工业西南物理研究院研究员、名誉院长。1980年当选为中国科学院学部委员（院士）。

长期从事核物理、等离子体物理和受控核聚变等方面的研究。80年代初期领导研制成功受控核聚变实验装置“中国环流器一号”。曾在轻原子核反应方面完成多项实验研究，对爱因斯坦质量-能量转换关系做出当时最精确的直接实验测定，提出了带电粒子活化分析方法。是中国第一台高气压型质子静电加速器和第一台电子静电加速器的主要研制者之一。（仲佰）

李政道 Tsung-Dao Lee（1926-11-25～ ） 美籍华裔理论物理学家。生于上海。1943～1944年在浙江大学（当时一年级在贵州永兴）物理学系学习，得到老师束星北的启迪，开始了他的学术生涯。1944年因翻车事故受伤停学。1945年转学到昆明西南联合大学物理学系。1946年经他的老师**吴大猷**推荐获得国家奖学金，去美国深造，入芝加哥大学研究院，1950年获博士学位。此后在该校天文学系半年时间和加利福尼亚大学伯克利分校物理学系一年时间任讲师并从事研究工作。1951年到普林斯顿高等研究院工作。1953年任哥伦比亚大学物理学助理教授，1955年任副教授，1956年任教授。1960～1963年任普林斯顿高级研究院教授兼哥伦比亚大学教授。1963年任哥伦比亚大学物理学讲座教授，1964年任该大学费米物理学讲座教授，1983年任该大学全校讲座教授。他还是美国国家科学院院士。

李政道对近代物理学的杰出贡献是：1956年和**杨振宁**合作，深入研究了当时令人困惑的θ-τ之谜——即后来所谓的K介子有两种不同的衰变方式，一种衰变成偶宇称态，一种衰变成奇宇称态。如果弱衰变过程中宇称守恒，则它们必定是两种宇称状态不同的K介子。但是从质量和寿命来看，它们又应该是同一种介子。李政道和杨振宁通过分析认识到很可能在弱相互作用中宇称不守恒。他们仔细检查了过去的所有实验，确认这些实验并未证明弱相互作用中宇称守恒。在此基础上他们进一步提出了几种检验弱相互作用中宇称是不是守恒的实验途径。次年，这一理论预见得到**吴健雄**小组的实验证实。因此，李政道与杨振宁的工作迅速得到了学术界的公认，并获得了1957年诺贝尔物理学奖。

李政道在其他方面的重要工作还有：1949年与M.罗森布拉斯和杨振宁合作，提出普适费米弱作用和中间玻色子的存在。1951年提出水力学中二维空间没有湍流。1952年与D.派尼斯合作研究固体物理中极化子的构造。同年与杨振宁合作，提出统计物理中关于相变的杨振宁－李政道定理（包含两个定理）和李－杨单圆定理。1954年发表了**量子场论**中的著名的“李模型”理论。1957年与R.奥赫梅和杨振宁合作，提出CP不守恒和时间不反演的可能性。同年与杨振宁合作，提出二分量中微子理论。1959年与杨振宁合作，研究了硬球玻色气体的分子运动论，对研究氦Ⅱ的超流动性做出了贡献。同年又合作分析高能中微子的作用，定出此后20多年这方面大量的实验和理论工作的方向。1962年与杨振宁合作，研究了带电矢量介子电磁相互作用的不可重正化性。1964年与M.瑙恩伯合作，研究了无（静止）质量的粒子所参与的过程中，红外发散可以全部抵消问题。这项工作又称李－瑙恩伯定理，或与木下东一郎的工作合在一起，称KLN定理。20世纪60年代后期提出了场代数理论。70年代初期研究了CP自发破缺的问题。又发现和研究了非拓扑性孤立子，并建立了强子结构的孤立子袋模型理论，还就色禁闭现象提出了真空的“色介常数”的概念。70年代后期和80年代初，继续在路径积分问题、格点规范问题和时间为动力学变量等方面开展工作；后来又建立了离散力学的基础。

李政道关心中国物理学的发展，自1972年起多次回中国访问讲学，并协助中国科学院高能物理研究所于1989年建造正负电子对撞机和同步辐射的设备。1980年以来，他发起组织美国几十所主要大学在中国联合招收物理学研究生，为培养中国青年物理学家做出了不少贡献。李政道受聘为暨南大学、中国科技大学、复旦大学、清华大学等校的名誉教授，中国科学院高能物理研究所学术委员会委员。1986年在北京创办了中国高等科学技术中心，为发展中国科学事业做出贡献。

李政道发表了200多篇科学论文和报告，出版专著《场论与粒子物理学》（上册，1980；下册，1982）和*Particle Physics and Introduction to Field Theory*（1980）等。

（戴念祖）

李志坚 Li Zhijian（1928-05-01～2011-05-02） 中国微电子技术专家。生于浙江宁波。1947～1951年就读于浙江大学物理系，毕业后在上海同济大学物理系工作。1953～1958年留学苏联列宁格勒大学（今俄罗斯圣彼得堡大学），获物理－数学副博士学位。1958年回国后在清华大学无线电电子学系任教，历任讲师、副教授、教授、半导体教研组主任，以及清华大学微电子学研究所学术委员会主任、副所长、所长。曾任清华大学学术委员会副主任、清华大学信息学院学术委员会主任、国家信息化专家咨询委员会委员、国务院学科评议组成员、中国科协委员、中国电子学会副理事长以及《电子学报》编委等职。1979年获全国劳动模范称号；1984年获国家级有突出贡献的中青年专家称号；1987年因“3微米VLSI成套工艺技术和集成电路研究”获国家科技进步奖二等奖；1995年因“1-1.5微米VLSICMOS工艺及1兆位汉字库ROM”获国家科技进步奖二等奖；1990年因参与发明“超大规模集成电路（VLSI）快速热处理技术和设备”获得国家发明二等奖；获1997年度陈嘉庚信息科学奖；2000年获何梁何利科技进步奖。1991年当选为中国科学院学部委员（院士）。2011年5月2日逝世。

李志坚是中国硅基半导体科学研究的奠基人和开拓者。20世纪50年代初，在半导体薄膜光电导和光电机理研究中，提出电子晶粒间电子势垒理论，在此基础上研制成高信噪比PbS红外探测器。50年代末，他提出要以硅技术为半导体专业的主要研究方向，1959年研制出高超纯多晶硅。60年代从事硅器件研究，成功掌握平面硅工艺，研制出高反压硅高频三极管，促进了国内有关的研究和生产。70年代末，他又提出以CMOS集成微电子学为主要学术方向，其后主要从事大规模、超大规模集成技术及器件物理的研究。1977年后，领导、指导并直接参与研制多种静态存储器，80年代领导研制出1K、4K、16K位SARM，以及8位、16位高速微处理器、2KEEPROM，开发出3微米和1微米成套工艺技术。1990年研制成1兆位汉字库ROM等超大规模集成电路芯片，第一次使得集成度突破百万元件大关，指导并发明半导体红外高速退火技术和设备。其研究还包括系统芯片集成和微电子机械技术等。在Si/SiO_2界面电子态的研究中，创建了一种新的研究方法——脉冲Q（V）和Q（V）瞬态谱法，该技术受到国际上同行高度评价。90年代主持了有关VLSI系统集成基础技术研究。开展了微电子机械系统（MEMS）的研制，已取得具有国际水平的研究成果，并获得多项美国和中国专利。著有《半导体材料硅》（1962）、《MOS大规模集成技术（上、下册）》（主编，1984）、《微电子技术中的MOS界面物理》等。

（尹晓冬）

里查森，O.W.　Owen Willans Richardson（1879-04-26～1959-02-15）　英国物理学家、电子学家。生于约克郡迪斯伯里，卒于汉普郡阿尔通。1900年毕业于剑桥大学三一学院。1903年获伦敦大学理学博士学位。曾在卡文迪什实验室工作。后任美国普林斯顿大学物理教授（1906～1913）。1914年起任伦敦大学国王学院物理学教授，10年后任该院研究主任。曾当选英国皇家学会会员，英国皇家物理学会会长。1939年受封为爵士。1944年退休。

他从1900年起从事金属导电、电子学和热学研究，尤其对热离子发射现象的研究卓有成就。1901年发现真空中热铂表面电子的发射特性，后被命名为“里查森定律”。1911年提出并证明电子发射率和金属热力学温度相关的数学方程式，并因此获1928年诺贝尔物理学奖。1914年以后，他还研究光电效应、磁学、化学作用引起的电子发射、电子论、量子论、氢分子光谱、软X射线和氢谱及氘谱的精细结构。第二次世界大战期间，他致力于雷达、声呐、电子检测仪器以及磁控管、速调管等项目的研究。（郭奕玲）

里查森，R.C.　Robert Coleman Richardson（1937-06-26～2013-02-19）　美国低温物理学家。生于华盛顿（哥伦比亚特区），卒于纽约州伊萨卡。1966年获杜克大学博士学位。1968年起先后任康奈尔大学物理学助教、副教授、教授，原子与固体物理实验室主任。1972年他和D.M.李及D.D.**奥谢罗夫**一起发现了^{3}He的超流动性，为低温物理研究开辟一个新方向，也对解释高温超导机制和宇宙大爆炸初期的相变有贡献。为此，他们共获1996年诺贝尔物理学奖。（郭奕玲）

里德伯态分子　Rydberg state molecular　其电子之一被激发到由原子价轨道组成的分子价轨道之外成为里德伯电子的分子。类似的，由价轨道外的里德伯电子绕核运动的原子称为里德伯态原子。与价电子激发态的分子相比，里德伯态分子有很多特性。例如寿命很长，很容易受外电场影响导致场电离，电子运动的半径很大等。这些特性使得里德伯态分子在化学碰撞反应、离子高精度光谱等领域有重要应用。对于有些分子，如氢分子、氧分子等能形成所谓重里德伯态分子，即分子的状态可近似为一个正离子和负离子，离子在类似于电子里德伯态的轨道上。重里德伯态分子的很多性质可以通过对比普通里德伯态分子的性质得到。（莫宇翔）

里德伯原子　Rydberg atom　其中的一个电子被激发到主量子数n较高的轨道，处于里德伯态的原子。又称里德伯态原子。里德伯原子中被激发的电子离原子实很远，具有很多独特的性质，对于原子物理基础和应用研究都具有重要意义。

由于主量子数很大，里德伯原子是研究量子经典对应原理的理想体系。里德伯原子具有大的尺寸，可以用来研究原子间的相互作用以及量子计算和量子信息处理。里德伯原子拥有大的**极化率**，能级对磁场或碰撞等外界影响极端敏感，这一性质被用来对电场和磁场进行灵敏探测，高里德伯原子也可俘获一个基态原子形成所谓的三叶虫分子。里德伯原子能级之间的能量差可以很小，对应的光谱覆盖射频、微波、太赫兹频域。特别地，处于圆态的里德伯原子由于与原子实没有轨道贯穿效应，被用于基本物理常数测量。（刘红平）

里克特，B.　Burton Richter（1931-03-22～2018-07-18）　美国实验物理学家。生于纽约布鲁克林，卒于加利福尼亚州斯坦福。1956年获麻省理工学院哲学博士学位。同年起在斯坦福大学任副研究员、助教、教授，斯坦福直线加速器中心（SLAC）主任。

里克特从事高能物理和粒子加速器的研究。1963年在斯坦福大学参与建造电子－正电子对撞机，参与设计和制造大型磁谱仪，并利用它进行了一系列π介子和K介子的光生实验。1974年在正－负电子对撞机实验中发现了两种新型粒子，将其命名为ψ和ψ′粒子。与此同时，**丁肇中**在美国东海岸的布鲁克海文国家实验室也发现了一种新粒子，并命名为J粒子。经比较，ψ和J粒子如同一种粒子，而ψ′是粲偶素的新成员。这样将ψ和J粒子统称之为J/ψ粒子。J/ψ粒子的发现大大推动了粒子物理学的发展。为此，里克特和丁肇中同获1976年诺贝尔物理学奖。（郭奕玲）

理论力学　theoretical mechanics　研究物体机械运动的基本规律的学科。力学的一个分支。它是一般力学各分支学科的基础。理论力学通常分为三个部分：**静力学、运动学与动力学**。静力学研究作用于物体上的力系的简化理论及力系平衡条件；运动学只从几何角度研究物体机械运动特性而不涉及物体的受力；动力学则研究物体机械运动与受力的关系。动力学是理论力学的核心内容。理论力学的研究方法是从一些由经验或实验归纳出的反映客观规律的基本公理或定律出发，经过数学演绎得出物体机械运动在一般情况下的规律及具体问题中的特征。理论力学中的物体主要指质点、刚体及刚体系，当物体的变形不能忽略时，则成为变形体力学（如材料力学、弹性力学等）的讨论对象。

在中国，“理论力学”这一学科名词的特定含义是20世纪50年代由苏联引入；在欧美国家相应内容的学科则称为静力学与动力学，是工程力学的主要部分。（贾书惠）

理想玻璃转变　ideal glass transition　在接近液体存在的低温极限温度——考兹曼温度时发生的玻璃转变。在慢速冷却条件下，液体降温至熔化温度附近发生晶化，形成晶态物质。在快速冷却条件下，液体来不及析晶以形成晶体，而以过冷液体形式存在。继续冷却时，过冷液体发生玻璃转变，并形成非晶态物质，其转变温度称作玻璃转变温度。通常玻璃转变温度随着冷却速度的降低而降低。但在不发生晶化行为的理想情况下，无论冷却速率多低，过冷液体都将在某温度以上发生玻璃转变，无法得到该温度或该温度以下的过冷液体，该温度就是液体存在的低温极限温度。考兹曼温度是根据液体热力学性质外推得到的一个理想温度，在该温度外推的液体的熵与晶态的熵相等；在考兹曼温度以下，外推的液体的熵小于晶态的熵，两者均违反热力学定律。根据**熵危机**可知，液体是不能在考兹曼温度及以下存在的。所以考兹曼温度是液体存在的低温极限温度度，在接近考兹曼温度时发生的玻璃转变称作理想玻璃转变，对应的非晶态也称作理想非晶态，考兹曼温度也称作理想玻璃转变温度。

玻璃转变是一个复杂的热力学和动力学转变过程。液体在极低冷却速度下冷却时，液体有足够的弛豫时间以达到稳态，从而消除与时间相关的动力学影响。因此，在接近考兹曼温度时发生的理想玻璃转变是一个纯热力学相变，也是无法用实验观察到的理想相变。（汤美波）

理想链 ideal chain 假定沿链的方向相隔较远的单体之间没有相互作用的高分子链，是高分子链的最简单的一类模型。忽略远程相互作用的理想链是一类最简单模型，尽管真实的高分子链不会出现这种情况，但一些实际体系非常接近理想链模型。例如在θ溶液中，由于单元间的吸引力与排斥力相抵消，分子链接近于理想链的构象；又如高分子的熔体或浓溶液中，由于其他链对于所观测链的屏蔽作用，使得单元之间感受不到相互作用，分子链的构象也接近于理想链。

理想链模型包括自由连接链模型、自由旋转链模型、受限旋转链模型、旋转异构态模型、高斯链模型、蠕虫状链模型等。这些理想链的均方末端距都可以写成$\langle R^2\rangle=Nb^2$，其中b是一个等效长度，即库恩长度。值得注意的是，在上述θ溶液以及浓溶液、熔体中，虽然分子链在构象上都是理想链，但库恩长度并不相同。

如果上述自由连接链模型、自由旋转链模型、受限旋转链模型、旋转异构态模型等理想链的链长变得足够长时，其末端矢量分布一定会满足高斯分布。如果把这一结论推广到链的任意小一部分的构象分布依旧是高斯分布，就得到了高斯链模型。因此，高斯链是一个数学上最简单的模型，它可以看成是大尺度上满足高斯分布的分子链向无穷小尺度上解析延拓，这一尺度可以小于化学键长度。高斯链具有自相似结构，因为在高斯链中只有一个特征长度，即库恩长度。对于不止一个特征长度的分子链（例如聚电解质链），在较短的尺度上看，由于静电排斥作用已不再是高斯链；但这一屏蔽的静电势在持久长度的尺度上看也是一个短程的相互作用，因而在更长的尺度上看，则又体现出向高斯分布的回归。

在实际中用的最多的是高斯链模型，它是高分子场论模型的基础。因为高斯链模型无法描述半刚性链或刚性链体系，人们普遍采用蠕虫链模型代替高斯链模型来研究这些体系。（严大东）

理想链模型 ideal chain model 高分子链上彼此远离的单体之间不存在远程和近程相互作用的链。在这个基础上，基于对理想链的键角和扭转角允许值的不同假设，发展了各种各样不同的理想链模型来描述其行为，包括自由连接链模型、自由旋转链模型、蠕虫状链模型、受阻旋转模型、旋转异构态模型等。真实高分子链的键角和扭转角是由其化学结构决定的，具有不同的刚柔性。如聚1,4-异戊二烯就是一个高度柔性的高分子，而脱氧核糖核酸双螺旋就是一个局部高度刚性的高分子。这些模型在不同程度上对不同的高分子做出了较好的描述。（张文彬）

理想气体 ideal gas 用于研究气体性质的理想化的气体模型。理想气体主要包括下述理想化假设：①气体的组分粒子可以近似为质点；②在不接触碰撞的情况下，气体的组分粒子与容器壁之间都没有相互作用；③气体的组分粒子之间的碰撞和组分粒子与容器壁之间的碰撞都是弹性碰撞；④气体组分粒子的运动具有各向同性的性质。

理想气体是热力学中最简单、最重要的气体模型，通过研究其在准静态过程中的性质与能量转移的规律以为实际应用，诸如为空气中声速的确定、大气的结构与性质分析提供理论指导与依据。（王建波）

理想气体分子速度分布律 velocity distribution law of ideal gas molecules 统计力学建立早期，由J.C.麦克斯韦利用分子碰撞和概率论方法推导出的平衡态下理想气体系统中的分子分布规律。这个规律对分子运动论的建立及后来的统计力学的发展起到至关重要的作用。统计力学建立后，也可以根据玻尔兹曼分布直接推出理想气体分子在按速度和速率的分布，即麦克斯韦速度分布律和麦克斯韦速率分布律。

麦克斯韦速度分布律 达到热平衡后，理想气体分子在速度空间(v_x,v_y,v_z)中的概率分布满足：

$$f_{\mathrm{M}}(v_x,v_y,v_z)=\left(\frac{m}{2\pi kT}\right)^{\frac{3}{2}}\mathrm{e}^{-\frac{m}{2k_{\mathrm{B}}T}(v_x^2+v_y^2+v_z^2)}$$

式中m为分子质量；T为热平衡系统的温度；$f_{\mathrm{M}}(v_x, v_y, v_z)$为麦克斯韦速度函数。$Nf_{\mathrm{M}}(v_x, v_y, v_z)\mathrm{d}v_x\mathrm{d}v_y\mathrm{d}v_z$为速度体元$\mathrm{d}v_x\mathrm{d}v_y\mathrm{d}v_z$内的分子数。与玻尔兹曼分布律比较知，麦克斯韦速度分布律是玻尔兹曼分布律在忽略了组分粒子之间的相互作用势能情况下的近似。但麦克斯韦速度分布的平均值为零，分布律的最大值出现在速度为零（$v_x=v_y=v_z=0$）处，这是速度各向同性（等概率原理）的直接体现。

麦克斯韦速率分布律 麦克斯韦速率分布律即理想气体系统中的组分粒子按其速率（仅考虑速度的大小，不考虑速度的方向）的分布规律。将速度在球极坐标的速度空间(v,θ,φ)中表述出来，用球坐标系的体积元$v^2\sin\theta\mathrm{d}v\mathrm{d}\theta\mathrm{d}\varphi$代替直角坐标的体积元$\mathrm{d}v_x\mathrm{d}v_y\mathrm{d}v_z$，并对角度$\mathrm{d}\theta\mathrm{d}\varphi$进行积分后，就可求得在速率间隔到范围内的平均分子数为：

$$4\pi N\left(\frac{m}{2\pi kT}\right)^{\frac{3}{2}}\mathrm{e}^{-\frac{m}{2k_{\mathrm{B}}T}v^2}v^2\mathrm{d}v$$

由此定义相应的麦克斯韦速率分布函数为：

$$F_{\mathrm{M}}(v)=4\pi\left(\frac{m}{2\pi kT}\right)^{\frac{3}{2}}\mathrm{e}^{-\frac{m}{2k_{\mathrm{B}}T}v^2}v^2$$

由该麦克斯韦速率分布律，人们可以求得使得该分布函数取极大值的最概然速率为$v_{\mathrm{m}}=\sqrt{\frac{2kT}{m}}$，分子的平均速率为$\bar{v}=\sqrt{\frac{8kT}{m}}$，分子的方均根速率为$v_{\mathrm{s}}=\sqrt{\overline{v^2}}=\sqrt{\frac{3kT}{m}}$。（宋慧超）

理想气体分子速率分布律 speed distribution law of ideal gas molecules 理想气体系统中的组分粒子按其速率的分布规律。见理想气体分子速度分布律。

理想约束 ideal constraint 约束力在质点系虚位移上元功之和为零的约束。见约束。

力 force 物体之间使物体加速或变形的相互作用。物理学中使用最广泛的基本概念之一。在日常生活中，推拉物体时能直觉地产生“力”的模糊概念。推一物体时，它可以发生运动；物体滑行时，由于摩擦力的作用而逐渐变慢，最后停了下来；喷气飞机上发动机的推力克服了飞机所受的空气的阻力，使飞机能高速飞行；施加在弹簧上的拉力或压力，可使弹簧变形。这些现象都反映了力的作用。中国的《墨经》上把这个概念总结为“力，形之所以奋也”，即力是物体奋起运动的原因。所以，力是那样自然地反映到人的意识中去的，但是要人们克服直觉所理解到的概念而得到“力”的科学定义，却经历了长期的斗争。

力的概念形成简史 早期希腊的宇宙论学派（如泰勒斯等人）认为自然是有生命的，像人体一样，是自己运动的活的组织。在这种思想指导下，并不存在运动的起源问题，也没有力的概念。在**亚里士多德**的著作中，力被看作从一个物体发射到另一个物体中去。因此，根据这种力的概念，其作用只能限于相互接触的物体，只有通过推或拉，才能有相互影响作用。他的这种力的概念完全摈弃了不接触而通过远距作用的力的存在。于是，恒星只能假设它是有生命的；而行星运动只能假说它自己发力驱动。而在整个中世纪，由于思想上深受亚里士多德的束缚，在力的概念上没有什么进展。

J.开普勒根据长期的星象观测资料，在1605年认识到行星轨道运动是因行星受到的吸力而造成的，但对吸力的性质并不清楚。这些力是怎样漫过空间的也不很清楚。

伽利略对**经典力学**的建立有着重要的贡献，但他对质量的定义是模糊的，所以他并不能给出力的清晰的定义，使这种定义既能用于静力学，又能用于动力学。但他对惯性原理的理解是正确的。他把力和速度的变化联系在一起，开辟了**I.牛顿**把力和**加速度**联系在一起的道路。

力的概念在经典力学中占有最根本的重要位置。牛顿在1664年提出了力的定义是动量的时间变化率。牛顿的第一定律（即**惯性定律**）是力的定性定义，它规定力在什么条件下存在和在什么条件下它的作用不存在。牛顿第二定律(即**运动定律**)给出了力的定量定义：力等于质量乘加速度。牛顿第三定律(即**作用和反作用定律**)指出，对于每一个力而言，必有一大小相等方向相反的作用力存在，它指出所有的力都是成对的，且这两个力分别作用在不同物体上。

牛顿的万有引力理论，使超距作用的力的概念推广到物理学的其他分支。但牛顿不能从物理上说清楚这种超距作用的内在机制。19世纪，**J.C.麦克斯韦**总结了前人对电磁现象的研究，以场的概念为基础，建立了经典电动力学的基本方程，预言了电磁波的存在，促使人们怀疑超距作用力的概念。一直到**A.爱因斯坦**于1905年提出**狭义相对论**，指出一切物理作用传播的最大速度是光速以后，人们才认识到超距作用的力的概念有着根本的局限性，爱因斯坦于1915年在他的**广义相对论**里明确指出，万有引力的传播速度不可能大于光速以后，又提出了**引力波**的概念。

力的种类 物理学现今对“力”的研究已远远超出了牛顿力学的范围，认识到自然界的物质有四种相互作用，即四种力：万有引力、电磁力、结合原子核各成分间的“强”作用力和原子核衰变过程中的“弱”作用力。前二者是长程力，作用范围从原子核外及至一切宏观尺度；后二者是短程力，只在原子核范围内超作用。分子力包括内聚力、黏性力、摩擦力、弹性力等，在本质上都是电磁力，但由于分子间的极化作用，分子力与距离的6次或更多次方成反比，分子间稍稍离开，作用力就可忽略不计，被称为近程力。

力的单位制 牛顿第二定律既可以看作是质量的定义，也可以看作是力的定义。非相对论力学的牛顿第二定律可以写成：

$$\boldsymbol{F} = m\boldsymbol{a}$$

式中的$\boldsymbol{F}$和$\boldsymbol{a}$分别为力和加速度，它们都是矢量。式右的m和$\boldsymbol{a}$如果已知，则此式是力的定义。它的量纲是MLT^{-2}，其中M是质量，L是长度，T是时间。使1克的质量产生1厘米/秒^{2}加速度的力为1达因；使1千克质量产生1米/秒^{2}加速度的力为1牛顿。1牛顿等于10^5达因。（范宝新）

力导纳 mechanical admittance

力阻抗的倒数。见**力阻抗**。

力的独立作用原理 principle of independent action of forces

几个力同时作用于一质点时，质点的加速度等于这些力分别作用于此质点时所得加速度的矢量和。力的独立作用原理表明，力系中任何一个力的作用都与其他力的作用无关，力系的合作用是力系中每个力分别作用的叠加，故又名力的叠加原理。如果有两个力$\boldsymbol{F}_1$及$\boldsymbol{F}_2$作用于一质点，其加速度为$\boldsymbol{a}$，即两力的合力$\boldsymbol{F}$使质点有加速度$\boldsymbol{a}$，根据牛顿第二定律有$\boldsymbol{F}=m\boldsymbol{a}$。当两力分别作用于质点时有$\boldsymbol{F}_1=m\boldsymbol{a}_1$, $\boldsymbol{F}_2=m\boldsymbol{a}_2$。根据力的独立作用原理有$\boldsymbol{a}=\boldsymbol{a}_1+\boldsymbol{a}_2$，于是得$\boldsymbol{F}=\boldsymbol{F}_1+\boldsymbol{F}_2$。这就是力的合成的平行四边形法则，它与质点处于静止或运动状态无关。

力的独立作用原理是I.牛顿在《自然哲学的数学原理》中作为力系提出来的。有的书把它作为牛顿第四定律，因为第二定律是对单个力而言的，如果没有这一条就无法对力系作用下的质点运动进行研究。通常习惯于把牛顿运动定律概括为牛顿三定律，而把这最后一条当作**静力学**的一个基本公理。（贾书惠）

力的分解 decomposition of force

将一个力化为等效的两个或两个以上的分力。分解的依据是力的平行四边形法则（见**静力学公理**）。此问题可有无数组解，只有在附加足够条件时才能得到确定的解。工程中最常用的是将一力$\boldsymbol{F}$沿直角坐标系$Oxyz$的坐标轴的分解，得三个分力$\boldsymbol{F}_x$、$\boldsymbol{F}_y$、$\boldsymbol{F}_z$，矢量表达式为：

$$\boldsymbol{F} = \boldsymbol{F}_x + \boldsymbol{F}_y + \boldsymbol{F}_z = F_x\boldsymbol{i} + F_y\boldsymbol{j} + F_z\boldsymbol{k}$$

式中$\boldsymbol{i}$、$\boldsymbol{j}$、$\boldsymbol{k}$为沿三坐标轴的单位矢量；F_x、F_y、F_z为$\boldsymbol{F}$在三坐标轴上投影的大小。当已知力$\boldsymbol{F}$与各坐标轴的夹角为α、β、γ时，有：

$$F_x = F\cos\alpha$$
$$F_y = F\cos\beta$$
$$F_z = F\cos\gamma$$

式中F为$\boldsymbol{F}$的大小。当已知力$\boldsymbol{F}$与坐标平面Oxy的夹角θ及力在该平面的投影$\boldsymbol{F}'$的方向（见图）时，可用二次投影法得：

$$F_x = F\cos\theta\cos\varphi$$
$$F_y = F\cos\theta\sin\varphi$$
$$F_z = F\sin\theta$$

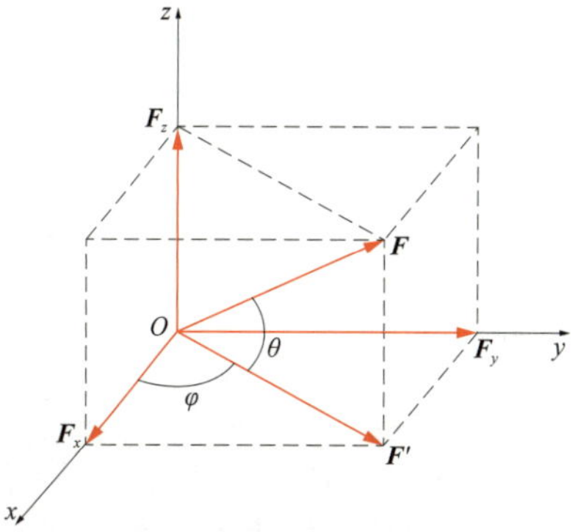

力沿坐标轴的分解

必须指出，当将一力分解为两力时，分力不一定比合力小。（贾书惠）

力的合成 composition of forces

用一个力等效地替代两个或两个以上作用于同一物体的力。这一个力就称为两力或力系的合力，原来各力则是这个力的分力。任意力系不一定有合力，如力偶就不能用一个力等效代替，力偶无合力。两力作用于同一点时，可用平行四边形法则（见**静力学公理**）将两力合成。几个力作用于同一点时，可顺次使用平行四边形将各力合成，合力的表达式是：

$$\boldsymbol{F}_R = \boldsymbol{F}_1 + \boldsymbol{F}_2 + \cdots + \boldsymbol{F}_n = \sum_{i=1}^{n} \boldsymbol{F}_i$$

实际计算合力时，应先建立直角坐标系$Oxyz$，将上述各力在各坐标轴上投影求和得合力的投影：

$$F_{Rx} = \sum_i F_{ix}, \quad F_{Ry} = \sum_i F_{iy}, \quad F_{Rz} = \sum_i F_{iz}$$

则合力的大小及合力方向与各坐标轴夹角的余弦为：

$$F_R = \sqrt{F_{Rx}^2 + F_{Ry}^2 + F_{Rz}^2}$$

$$\cos\alpha = \frac{F_{Rx}}{F_R}, \ \cos\beta = \frac{F_{Ry}}{F_R}, \ \cos\gamma = \frac{F_{Rz}}{F_R}$$

作用在刚体上的汇交力系可根据力的可传

性化为共点力系再合成。对于更复杂的力系则可利用力的平移定理，将力系简化为汇交力系及力偶系再合成，这个过程称为**力系的简化**。（贾书惠）

力矩 moment of force 描述力对物体的转动作用的物理量。力矩分为力对轴的力矩与力对点的力矩。力对某轴的力矩描述了力使物体绕该轴转动作用的大小及方向。图1示有力$\boldsymbol{F}$及轴Oz，定义力$\boldsymbol{F}$对轴Oz的力矩M_z为力$\boldsymbol{F}$在垂直于轴的平面上

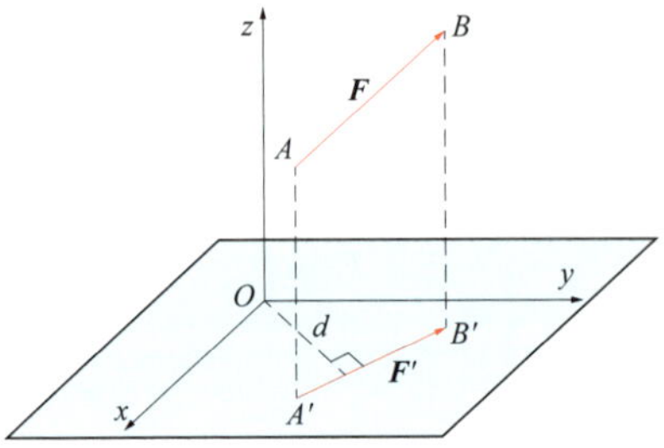

图1 力对轴之矩

的投影大小F'乘以此投影与轴的垂直距离d并冠以正负号，正负号由右手定则确定。即：

$$M_z(F)=\pm F'd \qquad (1)$$

也可用坐标表示。将力$\boldsymbol{F}$沿三坐标轴分解为F_x、F_y、F_z，F_z与Oz轴平行，对Oz轴无转动作用；分别计算F_x、F_y对Oz轴之矩，并注意到力作用点A的坐标(x,y,z)得：

$$M_z(\boldsymbol{F})=xF_y-yF_x \qquad (2)$$

同理可得：

$$M_x(\boldsymbol{F})=yF_z-zF_y,\quad M_y(\boldsymbol{F})=zF_x-xF_z \qquad (3)$$

力对点的力矩描述了力使物体绕该点转动作用的大小及方向，该点称为矩心。力对点的力矩为矢量，大小等于力与力到矩心的垂直距离的乘积，方向垂直于力矢量与矩心构成的平面，指向由右手定则确定。由图2所示的几何关系可知，力对点

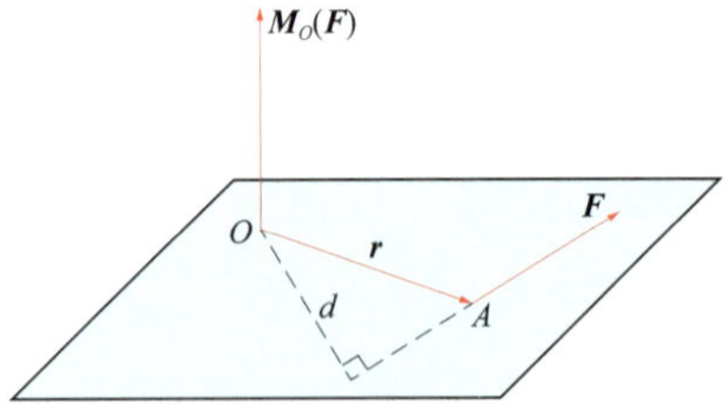

图2 力对点之矩

的力矩$\boldsymbol{M}_O(\boldsymbol{F})$、力作用点的矢径$\boldsymbol{r}$及力$\boldsymbol{F}$三个矢量间满足矢量叉乘关系：

$$\boldsymbol{M}_O(\boldsymbol{F})=\boldsymbol{r}\times\mathbf{F} \qquad (4)$$

坐标表示式为：

$$\boldsymbol{M}_O(\boldsymbol{F})=(yF_z-zF_y)\boldsymbol{i}+(zF_x-xF_z)\boldsymbol{j}+(xF_y-yF_x)\boldsymbol{k} \qquad (5)$$

比较式（5）及（2）、（3）还可得结论：力对点的力矩在某轴的投影等于力对该轴的力矩。

必须指出，对任意轴及任意点，不管它们是否为固定的转轴或固定点，均可按式（1）、（4）计算出力矩，它们只反映了力与轴或点的几何关系，物理意义是当这些轴或点固定时，描述了转动效果。力矩的单位是牛·米。（贾书惠）

力偶 couple 大小相等、方向相反但不作用在同一直线上的一对力。两力作用线之间的垂直距离称为力偶臂。力偶对物体只产生转动作用，如驾驶汽车时用双手转动方向盘，工件内孔中制作螺纹时用双手转动丝锥。力偶对物体的转动作用由力偶矩衡量，力偶矩是矢量$\boldsymbol{M}$，大小等于力的大小F与力偶臂d的乘积$M=Fd$，方向垂直于力偶的作用平面（力偶中两力形成的平面），指向由右手定则确定（见图）。

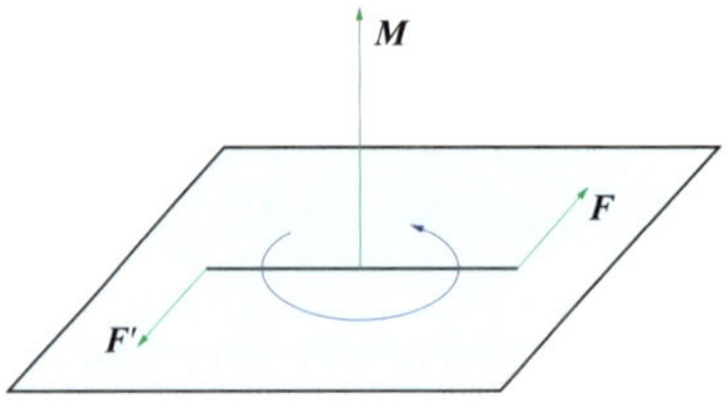

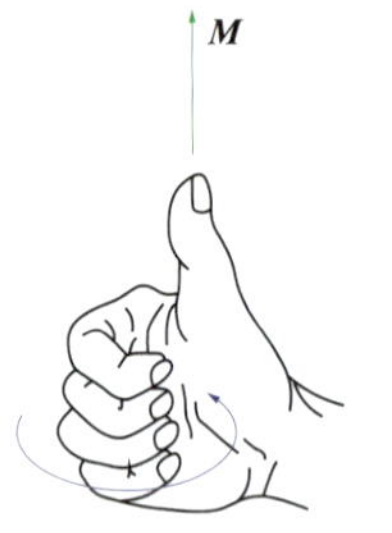

力偶与力偶矩

在下面三种情况下力偶对刚体的作用不变：①力偶在自己的作用平面内任意移动；②改变力偶中力及力偶臂的大小，但保持其乘积不变；③力偶从一个平面移至另一个平行平面。这就是力偶三特性，据此可知力偶矩在刚体上可任意平行移动，因而是自由矢量。

力偶不可能与一个力等效，因此力偶无合力；力偶也不可能与一个力平衡；力偶是最基本的**力系**之一。（贾书惠）

力系 force system 作用在物体或系统上的一群**力**。当诸力作用线在同一平面时，称为平面力系；作用线不在同一平面，称为空间力系；作用线汇交于一点，称为汇交力系；作用线互相平行称为平行力系；作用线既不汇交也不平行，称为任意力系。两力系对刚体的作用相同时称为等效力系。当受力作用的刚体平衡时，力系称为平衡力系。作用在质点系上的力系根据力产生的原因可分为外力系与内力系，作用于非自由质点系上的力系也可分为约束力系与主动力系。单个力与**力偶**是最基本的两种力系。任意力系可通过力系的简化理论简化成四种情况：单个力（称为力系的合力）、力偶、由一个力和一个力偶组成的力螺旋以及平衡力系。（贾书惠）

力系的简化 reduction of force systems 刚体上用一简单的力系等效地代替一复杂的力系。又称力系的合成。汇交力系可通过逐次使用力的平行四边形法则简化为一个合力。将力系向一点简化是力系简化的普遍方法。

力的平移定理 作用在刚体上的力可平行移动到刚体上的任一点，而不改变力对刚体的作用，但须附加一**力偶**；附加力偶的力偶矩等于原力对平移点之矩。图1的$\boldsymbol{F}_A$作用于A点，如果在B点附加一平衡力系$\boldsymbol{F}_B=-\boldsymbol{F}_B'$，且$\boldsymbol{F}_B=\boldsymbol{F}_A$，就相当于将$\boldsymbol{F}_A$平移至$\boldsymbol{F}_B$，并附加了一个力偶$(\boldsymbol{F}_A,\boldsymbol{F}_B')$，力偶矩为$\boldsymbol{M}=\boldsymbol{r}_{BA}\times\boldsymbol{F}_A=\boldsymbol{M}_B(\boldsymbol{F}_A)$。一个力与一力及一力偶等效的实例很多，如击打乒乓球时，如果击打在球的边部，则等效于一个作用于球中心的力及一个力偶，因而球在前进过程中还伴随有旋转，触案后可前冲、后缩或改变运动方向，称为上旋球、下旋球及侧旋球。

力系向一点的简化 刚体上作用有几个力组成的力系，选一点O为简化中心，将每一个力向简化中心平移，得作用于O

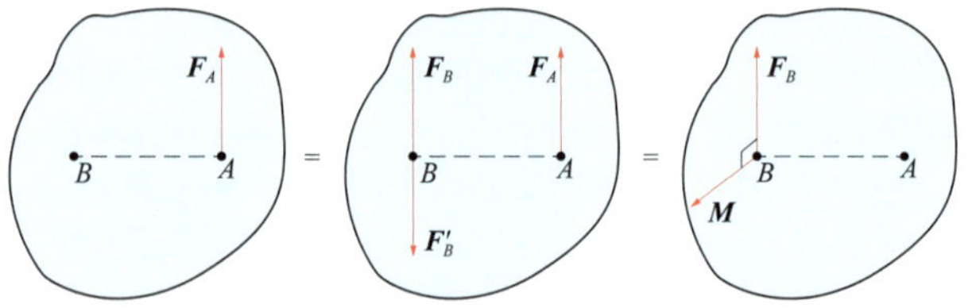

图1 力向一点的平移

点的一个汇交力系及一个力偶系；再将汇交力系简化为作用于O点的一个力，大小与方向用矢量$\boldsymbol{F}_R$表示，将力偶系简化为一个合力偶，力偶矩用$\boldsymbol{M}_O$表示，则有：

$$\boldsymbol{F}_R=\sum\boldsymbol{F}_i,\ \boldsymbol{M}_O=\sum\boldsymbol{M}_O(\boldsymbol{F}_i)$$

式中矢量$\boldsymbol{F}_R$为力系中各力的矢量和，称为力系的主矢量或主矢；矢量$\boldsymbol{M}_O$为力系中各力对简化中心O的力矩和，称为力系对简化中心的主矩。由此得结论：力系一般可简化为作用于任意选定的简化中心的一个力及一个力偶，力矢量及力偶矩用力系的主矢及主矩描述。主矢与简化中心的选择无关，称为力系的第一不变量；主矩

则与简化中心的选择有关。主矢与主矩是力系的两个特征量。图2所示的飞机受到空气动力作用，空气动力是分布力系，向飞机质心简化得一力及一力偶，力可分解

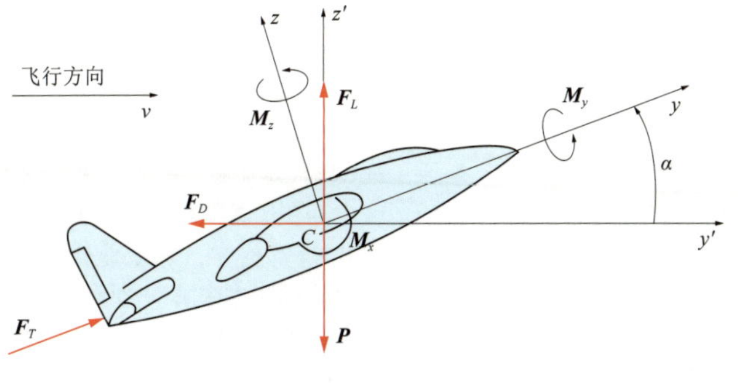

F_T推力　F_L升力　F_D阻力　α攻角　M_x俯仰力矩　M_y滚动力矩　M_z偏航力矩
（沿x轴的侧力未示出）

图2　力系向一点简化的实例

为升力、阻力及侧力，力偶可分解为偏航力矩、俯仰力矩及滚动力矩。（贾书惠）

力系的平衡方程　balance equation of force systems　表示力系平衡条件的数学方程。当作用于刚体的力系使刚体平衡时，力系与零力系等效，因此力系平衡的充要条件是主矢与主矩均为零。即：

$$\boldsymbol{F}_R=0,\quad \boldsymbol{M}_O=0 \tag{1}$$

或

$$\sum \boldsymbol{F}_i=0,\quad \boldsymbol{M}_O(\boldsymbol{F}_i)=0 \tag{2}$$

将上式向直角坐标系各坐标轴投影，即得投影分量的平衡方程，不同力系的平衡方程数目与形式均有所不同。

各种力系的平衡方程：

任意力系

$$\begin{array}{l}\sum F_x=0,\ \sum F_y=0,\ \sum F_z=0\\ \sum M_x=0,\ \sum M_y=0,\ \sum M_z=0\end{array} \tag{3}$$

平面力系

$$\sum F_x=0,\ \sum F_y=0,\ \sum M_z=0 \tag{4}$$

空间汇交力系

$$\sum F_x=0,\ \sum F_y=0,\ \sum F_z=0 \tag{5}$$

同样可得平行力系、力偶系等的平衡方程。上述平衡方程中，为简化书写，略去了各分量的下标i。

平衡方程的其他形式　上面列写的是平衡方程的基本形式，平衡方程还有其他形式。以平面力系为例，式（4）是基本形式，也称一矩式。其他形式为二矩式：

$$\sum F_x=0,\quad \sum M_A=0,\quad \sum M_B=0 \tag{6}$$

三方程彼此独立的条件是AB连线与x轴不垂直。

三矩式：

$$\sum M_A=0,\quad \sum M_B=0,\quad \sum M_C=0 \tag{7}$$

三方程彼此独立的条件是A、B、C三点不共线。

当平面力系平衡时，可对任意轴列写投影等式，也可对任意点列写力矩等式，但这些平衡方程中独立的只有三个。这反映了刚体平面运动中有三个自由度，为使刚体在力系作用下平衡，必须且只需三个平衡方程。

对空间任意力系，平衡方程的形式更多，有三矩式、四矩式、五矩式及六矩式，各平衡方程彼此独立的条件也十分复杂。平衡方程的多种形式为求解静力学问题提供了灵活而简捷的途径。

平衡方程的应用　平衡方程建立了作用在平衡物体上的力的关系。对静定问题可由已知力求出全部未知数。

如图a所示的三铰拱ABC。已知载荷力$\boldsymbol{F}$及力偶矩$\boldsymbol{M}$，不计拱的自重，求铰支座A-B的约束力。首先考虑整体的平衡，

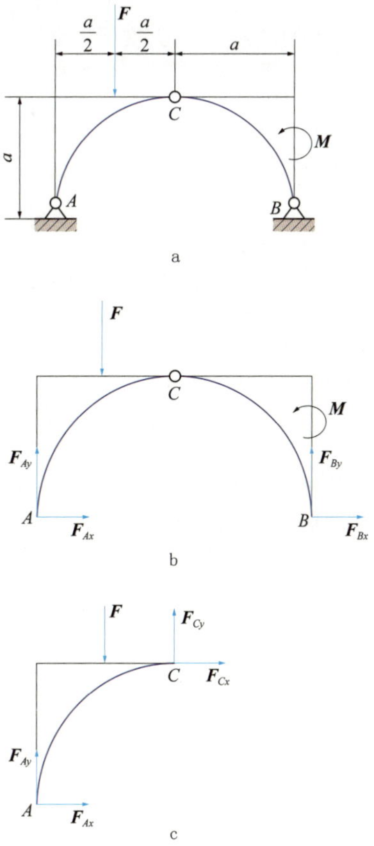

求解三铰拱的约束力

受力图如图b，利用平面力系平衡方程求出部分约束力F_{By}及F_{Ay}，并求得关系式$F_{Ax}+F_{Bx}=0$。再考虑AC拱的平衡，受力图如图c，由平衡方程求得F_{Ax}，代入上面的关系式可求得F_{Bx}。如果对AC拱继续列写平衡方程，还可求得铰C的约束力。

（贾书惠）

力学　mechanics　研究物质机械运动规律的科学。自然界物质有多种层次，从宇观的宇宙体系，宏观的天体和常规物体，细观的颗粒、纤维、晶体，到微观的分子、原子、基本粒子。通常理解的力学以研究天然的或人工的宏观对象为主。但由于学科的互相渗透，有时也涉及宇观或细观甚至微观各层次中的对象以及有关的规律。机械运动亦即力学运动是物质在时间、空间中的位置变化，包括移动、转动、流动、变形、振动、波动、扩散等，而平衡或静止则是其中的一种特殊情况。机械运动是物质运动最基本的形式。物质运动的其他形式还有热运动、电磁运动、原子及其内部的运动和化学运动等。机械运动常与其他运动形式共同存在，只是研究力学问题时突出地考虑机械运动这种形式罢了；如果其他运动形式对机械运动有较大影响，或者需要考虑它们之间的相互作用，便会在力学同其他学科之间形成交叉学科或边缘学科。力是物质间的一种相互作用，机械运动状态的变化是由这种相互作用引起的。静止和运动状态不变，都意味着各作用力在某种意义上的平衡。力学，可以说是力和（机械）运动的科学。

力学在汉语中的意思是力的科学。汉语“力”字最初表示的是手臂使劲，后来虽又含有他义，但都同机械或运动没有直接联系。“力学”一词译自英语mechanics（源于希腊语μηχανη——机械）。mechanics在19世纪50年代作为研究力的作用的学科名词传入中国时，译作重学，后来改译作力学。

发展简史　力学知识最早起源于对自然现象的观察和在生产劳动中的经验。人们在建筑、灌溉等劳动中使用杠杆、斜面、汲水器具，逐渐积累起对平衡物体受力情况的认识。古希腊的**阿基米德**对杠杆平衡、物体重心位置、物体在水中受到的浮力等做了系统研究，确定它们的基本规律，初步奠定了静力学即平衡理论的基础。古代人还从对日、月运行的观察和弓箭、车轮等的使用中了解一些简单的运动规律，如匀速的移动和转动。但对力和运动之间的关系，只是在欧洲文艺复兴时期以后才逐渐有了正确的认识。**伽利略**在实

验研究和理论分析的基础上，最早阐明**自由落体运动**的规律，提出**加速度**的概念。I. **牛顿**继承和发展前人的研究成果（特别是J.开普勒的行星运动三定律），提出物体运动三定律。伽利略、牛顿奠定了动力学的基础。**牛顿运动定律**的建立标志着力学开始成为一门科学。此后力学的进展在于它所考虑的对象由单个的自由质点转向受约束的质点和受约束的质点系；这方面的标志是J.le R.达朗贝尔提出的**达朗贝尔原理**和J.-L.**拉格朗日**建立的**分析力学**。L.**欧拉**又进一步把牛顿运动定律推广用于刚体和理想流体的运动方程。欧拉建立理想流体的力学方程可看作是连续介质力学的肇端。在此以前，有关固体的弹性、流体的黏性、气体的可压缩性等的物质属性方程已经陆续建立。运动定律和物性定律这两者的结合，促使弹性固体力学基本理论和黏性流体力学基本理论孪生于世，在这方面做出贡献的是C.-L.-M.-H.纳维、A.-L.柯西、S.-D.泊松、G.G.**斯托克斯**等人。弹性力学和流体力学基本方程的建立，使得力学逐渐脱离物理学而成为独立学科。另一方面，从拉格朗日分析力学基础上发展起来的哈密顿体系，继续在物理学中起作用。从牛顿到哈密顿的理论体系组成物理学中的**经典力学**或牛顿力学。弹性和流体基本方程建立后，所给出的方程一时难于求解，工程技术中许多应用力学问题还必须依靠经验或半经验的方法解决。这使得19世纪后半叶在材料力学、结构力学同弹性力学之间，水力学和水动力学之间一直存在着风格上的显著差别。20世纪初在流体力学和固体力学中，实际应用同数学理论的上述两个方面开始结合，此后力学便蓬勃发展起来，创立了许多新的理论，同时也解决了工程技术中大量的关键性问题，如航空工程中的声障问题和航天工程中的热障问题。这种理论和实际密切结合的力学的先导者是L.普朗特和T.von卡门。他们在力学研究工作中善于从复杂的现象中洞察事物本质，又能寻找合适的解决问题的数学途径，逐渐形成一套特有的方法。从20世纪60年代起，电子计算机应用日广，力学无论在应用上或理论上都有了新的进展。力学继承它过去同航空和航天工程技术结合的传统，在同各种工程技术以及自然科学的其他学科的结合中，开拓自己新的应用领域。70年代以来**混沌**理论方面的进展，说明确定性动力学系统中广泛存在长期不可预测性，使人们对于以牛顿运动定律为基础的经典力学有了新的认识。

力学在中国的发展经历了一个特殊的过程。与古希腊几乎同时，中国古代对平衡和简单的运动形式就已具备相当水平的力学知识，不同的是未建立起像阿基米德那样的理论系统。文艺复兴前约1000年时间内，整个欧洲的科学技术进展缓慢，而中国科学技术的综合性成果卓著，其中有些在当时居世界领先地位。这些成果反映出丰富的力学知识，但终未形成系统的力学理论。明末清初，中国科学技术已显著落后于欧洲。经过曲折的过程，到19世纪中叶，牛顿力学才由欧洲传入中国。以后，中国力学的发展便随同世界潮流前进。

学科性质　力学原是物理学的一个分支。物理学的建立则是从力学开始的。物理学中曾用纯粹力学理论解释机械运动以外的各种形式的运动，如热、电磁、光、分子和原子内的运动等。当物理学摆脱了这种机械（力学）的自然观而获得健康发展时，力学则在工程技术的推动下按自身逻辑进一步演化，逐渐从物理学中独立出来。20世纪初，**相对论**指出牛顿力学不适用于速度接近光速或者宇宙尺度内的物体运动。20年代，量子论指出牛顿力学不适用于微观世界。这反映人们对力学认识的深化，即认识到物质在不同层次上的机械运动规律是不同的。通常理解的力学只以研究宏观的机械运动为主，因而有许多带“力学”名称的学科如**热力学**、统计力学、相对论力学、电动力学、**量子力学**等在习惯上被认为是物理学的分支，而不属于力学的范围。但由于人类对自然的认识总是在继承的基础上不断发展，力学和物理学仍有着特殊的亲缘关系，特别是在以上各力学分支和牛顿力学之间，许多概念、方法、理论都有不少相似之处。

力学与数学在发展中始终相互推动，相互促进。一种力学理论往往和相应的一个数学分支相伴产生，如运动基本定律和微积分，运动方程的求解和常微分方程，弹性力学及流体力学的基本方程和数学分析理论，天体力学中运动稳定性和微分方程定性理论等。有人甚至认为力学是一门应用数学。但力学和物理学一样，还有需要实验基础的一面，而数学寻求的是比力学更带普遍性的数与形的内在规律，两者有各自的研究对象。

力学同物理学、数学等学科一样，是一门基础科学，它所阐明的规律带有普遍的性质。

力学又是一门技术科学，它是许多工程技术的理论基础，在广泛的应用过程中又不断得到发展。当工程学还只分民用工程学（即土木工程学）和军事工程学两大分支时，力学在这两个分支中已起着举足轻重的作用。工程学越分越细，各个分支中许多关键性的进展都有赖于力学中有关物质的本构特性和运动规律等问题的解决。力学和工程学的结合促使工程力学各个分支的形成和发展。无论是历史较久的土木工程、建筑工程、水利工程、机械工程、船舶工程等，还是后起的航空工程、航天工程、核技术工程、生物医学工程等，都或多或少需要借鉴工程力学的知识。力学作为一门技术科学，并不能代替工程学，只指出工程技术中解决力学问题的途径，而工程学则从更综合的角度考虑具体任务的完成。同样地，工程力学也不能代替力学，因为力学还有探索自然界一般规律的任务。

力学既是基础科学又是技术科学，具有二重性，有时难免会引起侧重基础研究和侧重应用研究的力学家之间的不同看法。这种二重性使力学家为沟通人类认识自然和改造自然两个方面做出了贡献。

研究方法　力学研究方法遵循认识论的基本法则：实践—理论—实践。力学作为基础科学和作为技术科学从不同侧面反映这个法则。力学家们根据对自然现象的观察，特别是定量观测的结果，根据生产过程中积累的经验和数据，或者根据为特定目的而设计的科学实验的结果，提炼出量与量之间的定性的或定量的关系。为了使这种关系反映事物的本质，力学家要善于抓住起主要作用的因素，摒弃或暂时摒弃一些次要因素。力学中把这种过程称为建立模型。质点、质点系、刚体、弹性固体、黏性流体、连续介质等是各种不同的模型。在模型的基础上可运用已知的力学的或物理学的规律（必要时做一些假设）以及合适的数学工具进行理论上的演绎工作，导出新的结论。理论演绎中，为了使理论具有更高的概括性和更广泛的适用性，往往采用一些无量纲参数如雷诺数、马赫数、泊松比等。这些参数既反映物理本质，又是单纯的数字，不受尺寸、单位制、工程性质、实验装置类型的牵制。依据第一个实践环节所得理论结论建立的模型是否合理，有待于新的观测、工程实践或者科学实验等第二个实践环节加以验证。采用上述无量纲参数以及通过有关的量纲分析使得这种验证能在更广泛的范围内进行。对一个单独的力学课题或研究任务来说，这种实践和理论环节不一定能分得很清，也可能和其他课题或任务的某个环节相互交叉，相互影响。课题或任务中每一项具体工作又可能只涉及一个环节或者一个环节的一部分。因此，从局部看来，力学研究工作方式是多样的：有些只是纯数学的推理，甚至着眼于理论体系在逻辑上的完善化；有些着重数值方法和近似计算；有些着重实验技术；有些着重在天文观测和考察自然现象中积累数据；而更大量的则是着重在运用现有力学知识来解决工程技术中或探索自然界中提出的具体问题。每一项工程又都需要具备自身有关的知识和其他学科的配合。数学推理需要各种现代数学知识，包括一些抽象数学分支的知识。数值方法和近似计算要了解计算技术、计算数学。现代的力学实验设备，诸如大型的风洞、水洞，它们的建立和使用本身就是一个综合性的科学技术项目，需要多工种、多学科的协作。应用研究更需要对应用对象的工艺过程、材料性质、技术关键等有清楚的了解。在力学研究中既有细致的、独立的分工，又有综合的、全面的协作。从力学研究和对力学规律认识的整体来说，实践是检验理论正确与否的唯一标准。以上各种工作都是力学研究不可缺少的部分。

分支学科　力学的各分支学科是由于研究方法以及研究对象的不同而形成的，它可粗分为**静力学**、**运动学**和动力学三部分，也可区分为固体力学、流体力学和**一般力学**三个主要分支。它又可按研究时所采用的主要手段分为理论分析、实验研究和数值计算三个方面。力学与工程技术和其他自然科学方面的结合形成工程力学或应用力学各分支以及多种交叉分支学科，诸如岩土力学、工业空气动力学、物理力学、物理-化学流体力学、电磁流体力学、等离子体力学、生物力学、地球动力学等。

（谈庆明）

力学量的期望值　expectation value of observable quantities　根据**量子力学**测量中各个本征值出现的概率计算得到的平均值。根据量子力学的基本假定，力学量（或可观测量）的数学表示是希尔伯特空间的厄米算符。设任意一个厄米算符A的本征值方程为：

$$A|a_i\rangle=a_i|a_i\rangle \quad (i=1,2,3,\cdots) \tag{1}$$

本征值a_i一定是实数，其全部本征态$\{|a_i\rangle\}$组成完全集，即它们满足完全性关系：

$$\sum_i |a_i\rangle\langle a_i|=1 \tag{2}$$

量子体系的任何状态可以展开为这些本征态的线性叠加：

$$|\psi\rangle=\sum_i |a_i\rangle\langle a_i|\psi\rangle \tag{3}$$

按照量子力学的测量假定，体系处于$|\psi\rangle$态时，测量力学量A，每次测量得到A的本征值之一，测量之前不能知道测量的结果，只知道得到某个本征值a_k的概率是式（3）中$|a_k\rangle$的系数的绝对值二次方$|\langle a_k|\psi\rangle|^2$。$A$在$|\psi\rangle$态的期望值$\langle A\rangle$是：

$$\langle A\rangle=\sum_i a_i|\langle a_i|\psi\rangle|^2 \tag{4}$$

上式可以简化为：

$$\begin{aligned}\langle A\rangle &=\sum_i a_i\langle\psi|a_i\rangle\langle a_i|\psi\rangle\\ &=\sum_i\langle\psi|A|a_i\rangle\langle a_i|\psi\rangle\\ &=\langle\psi|A|\psi\rangle\end{aligned} \tag{5}$$

式（5）还可以表示为另一种形式：

$$\begin{aligned}\langle A\rangle &=\sum_i\langle\psi|A|a_i\rangle\langle a_i|\psi\rangle\\ &=\sum_i\langle a_i|\psi\rangle\langle\psi|A|a_i\rangle\\ &=\sum_i\langle a_i|\rho A|a_i\rangle=\mathrm{tr}(\rho A)\end{aligned} \tag{6}$$

式中$\rho=|\psi\rangle\langle\psi|$为与纯态$|\psi\rangle$相应的密度算符。$\sum_i\langle a_i|\rho A|a_i\rangle$是两个算符$\rho$和$A$的乘积在$A$表象的对角矩阵元之和，即该矩阵的迹。最后结果中，tr表示对后面括弧中的算符的矩阵形式求迹。求迹运算不依赖于表象，而且求迹号下的矩阵可以按顺序轮换，式（6）也可以写为：

$$\langle A\rangle=\mathrm{tr}(A\rho) \tag{7}$$

文献中多采用这种形式。

式（7）是从量子力学基本假设出发，针对纯态得到的平均值公式。但是，很容易推广到混态的情况。因此不论纯态还是混态，式(7)是力学量期望值的普遍形式。

（裴寿镛）

力学系统平衡的稳定性　stability of a mechanical system in the equilibrium state　处于平衡位置的某一力学系统，在受到外力系的微小扰动后，仍能继续处于平衡位置的性质。

平衡位置系统的稳定性　当一个力学系统（或机械系统）受外力系的作用而处于平衡时，受到外界的微小扰动后，系统是趋向于回复到平衡位置，则平衡是稳定的；系统越来越远离平衡位置，则是不稳定。这就是力学系统的平衡稳定性问题。例如小弹子在铅垂平面内的圆形轮圈内有两个平衡位置（图1），即有两个力学平衡系统。最高点A处是小弹子的不稳定位置；最低点B处是小弹子的稳定位置。圆锥体放在水平面上（图2），有三种平衡情况：稳平衡、不稳平衡和中立平衡（或随遇平衡）。中立平衡的系统在运动过程中重心既不升高也不降低。1644年E.**托里拆利**已经发现，一个物体系统当其重心处于最

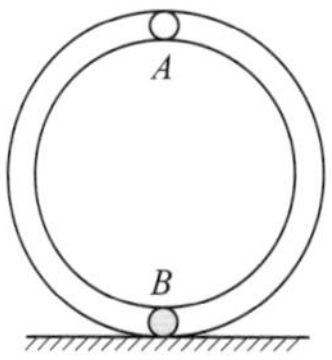

图1　小弹子在铅垂面的轮圈内的平衡位置

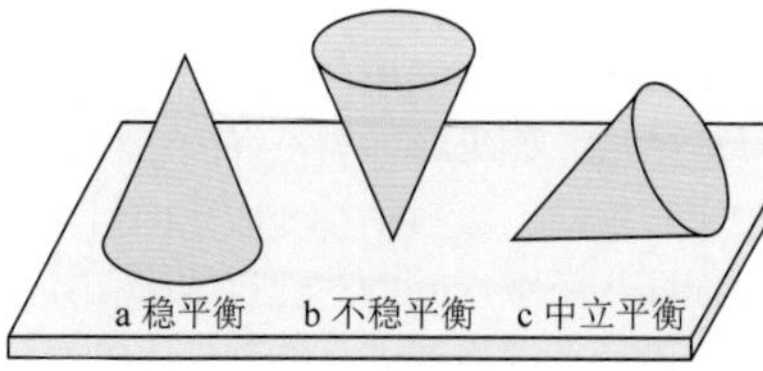

图2　三种平衡情况

低位置时，这系统是稳定的。平衡的稳定性可以看成运动稳定性的特例。

平衡位置系统的稳定性定义　考虑n个自由度的完整系统，它的位置由n个广义坐标$(q_1, q_2, \cdots, q_n)$来确定。一个力学系统有几个平衡位置，可进行坐标变换，使这个所要讨论的平衡位置就是坐标系的原点，于是对这平衡位置有：

$$q_1=q_2=\cdots=q_n=0,\ \dot q_1=\dot q_2=\cdots=\dot q_n=0$$

而坐标$q_1, \cdots, q_n$表示离开这位置的偏差。平衡位置的广义力为零，即$Q_1=Q_1=\cdots=Q_n=0$。

若在时间$t=t_0$有一扰动，使系统位形产生偏差$\dot q_i^0$及$\dot q_i^0(i=1,2,\cdots,n)$。如果对于任何$\varepsilon>0$可找出$\delta=\delta(t)>0$，使$|\dot q_i^0|<\delta$，$|\dot q_i|<\delta(i=1,2,\cdots,n)$成立，那么对于一切$t>t_0$有不等式$|q_i(t)|<\varepsilon$，$|\dot q_i(t)|<\varepsilon(i=1,2,\cdots,n)$，则称这系统在这位置是稳定的，否则称为不稳定。1788年J.-L.**拉格朗日**发表下列定理：如果一个保守系统的势能在某个平衡位置是个孤立的极小值，那么这系统在这平衡位置是稳定的（这个定理后来被P.G.L.狄利克雷所证明）。1892年A.M.李雅普诺夫得到上述定理的一部分逆定理。若保守完整系统的势能在某平衡位置上是个极大值，则这平衡不稳定。N.G.切塔耶夫把上述定理加以扩充为：若保守系统的势能在某平衡位置无极小值，则在这位置的平衡是不稳定的。对于非保守系统，如果这系统是在一个保守系统的基础上再附加一个回转仪力而成的，那么上述拉格朗日定理依旧成立，因为回转仪力对系统不做功。若附加了耗散力，则使系统的机械能不断减少，于是这系统的哈密顿函数H对时间的变化率$\dot H$不为正。对于$\dot H$为负定函数，而H为正定的情况，拉格朗日定理依旧成立。

弹性系统的平衡稳定性　工程上的所有结构都不是绝对刚体，因而要考虑强度和刚度问题就必须要研究应力和应变。对

于有特殊结构和尺寸的构件，当受力大到某临界值时，便发生失稳现象，产生较大的有限变形，结构会受到严重破坏并造成事故，例如：①受压杆件。对于杆件受拉力和长度较短的受压杆件，除非达到强度极限的破坏现象，否则系统总是稳定的。但是，对于细长杆的两端受到轴向压力时，当压力超过临界力时便发生失稳现象——杆弯成挠曲状。对于像静定桁架那样的结构，如果存在着这样的压杆，就像少了一根杆，以致结构变成几何可变系统而损坏。所以这问题对建筑结构和铁路桥梁的设计是很重要的。②受外压的薄壁容器。化工厂中内压较大的薄壁容器的损坏一般是强度不够的问题。但是，对于外压大于内压的薄壁容器，当它的压力差超过临界压力时，便会发生失稳。如薄壁圆筒在筒长和筒径的比例不当时，筒壁就有可能发生各种不同形式的凹陷而造成破坏。（汪家訸）

力阻抗 mechanical impedance 机械振动系统中，在周期激振力的作用下，某一点的力阻抗是作用于这一点的力与该点速度的复数比值，单位是N·s/m。力阻抗的实部称为力阻，虚部称为力抗，对于简单振动系统可用下式表示：

$$Z_m = R_m + j(\omega M - \frac{1}{\omega C_m})$$

式中力阻R_m为描述振动系统中摩擦阻尼的量；M为物体的质量，它是描述振动系统中惯性大小的量；力顺C_m为描述振动系统中弹性的量；ω为力的圆频率；$j=\sqrt{-1}$。

在阻抗类比网络中，力阻抗、力阻、质量和力顺分别相应于电学系统中的电阻抗、电阻、电感和电容。严格地说，力阻抗只适用于稳恒状态下单频率的量。但在习惯上有时把力阻抗推广应用到非正弦或非线性振动系统中。

机械振动系统中，某一点的力导纳是该点速度与作用于这一点力的复数比值。它等于力阻抗的倒数。力导纳的实部称为力导，虚部称为力纳。（沈 嵘 张昌龄）

立体声 stereophonic sound 一种声场空间信息重放技术。目的是再现各种空间听觉事件，给倾听者带来一种“身临其境”的听觉感受。它主要用在电影、电视、家庭放声、多媒体与虚拟现实、各种手持播放设备、通信等方面。早在1881年的巴黎电器展览会就进行了以两个传声器连接数对耳机而作成两通路立体声的表演。瑞利也曾介绍过其双耳听觉效应的研究结果。1933年在美国的费城与华盛顿之间进行了一次波阵面型三通路立体声的试验，后将其用于电影中。

在20世纪30年代出现了两通路立体声系统，它包括一对左右对称地布置在倾听者前方的扬声器，通过改变扬声器对之间的信号声级差或时间差而产生倾听者前方一定角度范围内的虚拟源分布。从50年代末开始，两通路立体声在家庭放声方面逐渐得到应用，是应用最广泛的系统。因而，狭义的立体声通常是指两通路立体声系统。

广义的立体声可以包括各种不同的空间声系统。国际上从70年代开始发展能重放整个水平面、甚至三维声场空间信息的平面或空间环绕声系统。由于这类系统通常采用多于两个重放通路，故也称为多通路环绕声系统。其中90年代所发展的5.1通路环绕声系统，采用水平面前方左、中、右以及左环绕、右环绕共五个全频带通路，加上一路低频效果通路，它已被国际电信联盟（ITU）推荐作为多通路声的国际标准并被广泛应用。2000年以来，国际上还发展了各种采用更多通路的且面向通路或面向目标的空间声重放系统。另外，也有基于物理声场准确重构原理的空间声系统，包括波场合成等。

80年代末，还出现了一种虚拟听觉重放系统，它是在早年人工头型立体声的原理上发展而成。通过头相关传输函数信号处理的方法，在耳机（或扬声器）重放中合成出三维空间的虚拟源效果。这类系统在虚拟现实、家用放声等方面逐渐得到应用。（谢波荪）

立体异构 stereoisomer 在分子中原子的结合顺序相同，而原子或原子团在空间的相对位置排列不同的构型。又称空间异构。立体异构分为对映异构和非对映异构。对映异构体是指互成镜像关系而又不能重合的立体异构体，而非对映异构体定义为不成镜像关系的立体异构体。（李宝会）

粒子磁矩 particle megnitic moment 粒子的内禀磁矩是粒子的物理属性之一。每种粒子都具有确定的内禀磁矩，粒子磁矩是一个矢量，通常以粒子自旋方向为标准来描写：与自旋同向记作正值，与自旋指向相反记作负值。

按照在电磁场中运动的点粒子的相对论性波动方程式，自旋为s的点粒子的磁矩μ由$\mu = g\frac{e}{2mc}s$给出。其中e和m分别是该粒子的电荷和质量，c为真空中的光速，g是一个数值因子：对自旋量子数为1/2的粒子，$g=2$；对自旋量子数为1的粒子，$g=1$。粒子磁矩的这一部分称为正常磁矩；偏离上式部分称为反常磁矩。

自旋为零的粒子磁矩也为零。自旋不为零的粒子磁矩可以通过实验测量，即使是电荷中性的粒子也有可能具有不为零的磁矩。粒子的反常磁矩的来源主要有以下两个方面。

①量子电动力学的辐射修正。即使粒子是点粒子，这种辐射修正也是不可避免的，它导致反常磁矩的出现。如电子磁矩以$\frac{e\hbar}{2m_e c}$为单位（其中m_e为电子质量，$\hbar=h/2\pi$，h为普朗克常数），只考虑正常磁矩，其值为1，考虑了辐射修正后，理论预言值为1.001 159 652 460±0.000 000 000 148，实验值为1.001 159 652 209±0.000 000 000 031。

②粒子的内部结构和强相互作用的影响。如果质子和中子是点粒子，则它们的正常磁矩以$\frac{e\hbar}{2m_p c}$为单位，取值应分别为1和0，其中m_p为质子的质量。实验测得质子和中子的磁矩值分别为2.792 845 6±0.000 001 1，−(1.913 041 84±0.000 008 8)。它们的反常磁矩很大，不能完全归之于量子电动力学的辐射修正。它们主要是由于粒子的内部结构和强相互作用的影响所造成，并可用粒子的结构理论给以定量说明。（高崇寿）

粒子的电偶极矩 electric dipole moment of particles 电荷分布多级展开的一阶项。经典电动力学中，电偶极矩描述系统正负电荷在空间分开的程度。

类似磁（偶极）矩，作为经典电动力学的推广，粒子如电子、中子等可具有非零的电偶极矩。微观上这种非零的电偶极矩是破坏宇称和时间联合反演（CP）的不变性的，因此非零的电偶极矩需要起源于CP破坏效应。在粒子物理标准模型中CP破坏来自卡比博-小林-益川矩阵（CKM矩阵）的CP破坏相因子和量子色动力学的非微扰效应。它们可使电子和中子等通过高阶（圈图）的量子效应，获得非零的电偶极矩；理论计算表明其数值极小，且在当今实验观测能力之外。而超出粒子物理标准模型的新物理中常常有大很多的新的CP破坏效应，或许可获得进入实验观测能力下的较大数值的电偶极矩。

电子、中子等基本粒子的电偶极矩测量是实验低能精密测量的一个前沿领域。

因为实验测量的不断提高的高灵敏度，它们的电偶极矩实验测量上限值，已经成为检验新物理模型的非常重要的物理检验量。实验精度还未探测量到电子、中子等有非零有效值的电偶极矩，距离测出是否有超出标准模型的反常电偶极矩的目标尚有距离，需要实验和理论家们不停地努力。（舒　菁）

粒子电荷 particle charge　每种粒子都具有确定的电荷。实验表明，已发现的各种粒子的电荷都是质子电荷e的整数倍，这个规律称为电荷量子化。对电荷量子化的最精确实验检验是测量质子与电子电荷的代数和，如果电荷量子化严格成立，则其值应严格为零。现有实验给出质子与电子电荷的代数和的绝对值小于$10^{-21}e$，这表明电荷量子化在相当高的精度下成立。质子电荷的现有实验值为$(4.803\,242\pm0.000\,014)\times10^{-10}esu=(1.602\,189\,2\pm0.000\,004\,6)\times10^{-19}$库仑。现已发现基本粒子电荷的绝对值最大为质子电荷的2倍。

现有**强子结构**理论认为，组成强子的更深层次的粒子夸克具有分数电荷，即其电荷为质子电荷的2/3或−1/3。但由于理论上推测夸克受到色禁闭的限制而不可能自由存在，实验上也确未发现自由夸克的存在，很可能自然界能够自由存在的粒子电荷仍然是质子电荷的整数倍。夸克的电荷取值为$\frac{2}{3}e$和$-\frac{1}{3}e$的论断，已由几个独立的实验间接验证。（高崇寿）

粒子工厂 particle factory　能大量产生某种指定粒子，背景干净（实验能很容易鉴别出所产生的该指定粒子），再辅以配套的高性能探测器的粒子物理高能实验装置。辅以配套高性能探测器一般是综合性的且能满足实验需要的探测器。为实现大量产生该指定粒子和背景干净，在加速器对撞机的实际建造上从如下三方面来实现：①一般选择轻子对撞机（当前已有技术是选正、负电子对撞机），可保证产生的粒子的背景干净，容易鉴别所产生出的该指定粒子。②靠利用最前沿的技术，使**对撞亮度**达到尽可能高的值。③选择适当的质心系能量对撞，令在该能量处产生指定粒子有共振效应，提升粒子的（产生截面）产额。

由于上述的第③条件的要求，在选择了正、负电子对撞后，正、负电子对撞的物理本身决定了能够共振发生的粒子种类有限。因此在此狭义定义下的粒子工厂只能有可发生共振的对应能量下的K（或称为φ）工厂、τ粲工厂、B工厂、**希格斯工厂**（只能是正、负μ子对撞）、**Z玻色子工厂**等这几种粒子工厂。（张肇西）

粒子加速器 particle accelerator　用电磁场加速带电粒子的装置。可将电子、质子和重离子等粒子加速到所要求的能量，相应的速度范围可从几千米每秒、几万米每秒直至接近光速。加速器中粒子束的能量单位，用电子伏表示，即一个电子电荷通过一伏特的电压所获得的能量。当能量较高时，可采用千电子伏、兆电子伏、吉电子伏和太电子伏等。粒子加速器广泛应用于科学研究、工农业生产、医疗卫生和国防建设等领域。

分类　粒子加速器自1930年前后诞生以来，不断向提高能量、流强和束流品质的方向发展，并形成多种类型的加速器。按被加速粒子分类，有电子加速器、质子加速器、重离子加速器和μ子加速器等；按粒子的轨道分类，有直线加速器、圆形加速器（包括回旋加速器、同步回旋加速器等）和环形加速器等；按加速电场分类，有高压加速器、静电加速器、感应加速器、高频加速器和激光加速器等；按束流能量分，有低能加速器、中能加速器、高能加速器和超高能加速器；按粒子束的流强分，有强流加速器、弱流加速器和极弱流加速器；按关键部件材料的导电性分类，有常温加速器和超导加速器；按加速器的用途分，有医用加速器、辐照加速器、无损检测加速器、离子注入机、同步辐射加速器、自由电子激光加速器、散裂中子源、核物理实验加速器和高能物理实验加速器等；按被加速粒子与其实验对象作用形式分类，有静止靶加速器和对撞机等。从上述诸多分类中可组合出多种特定的加速器，如超导高频质子直线加速器、强流离子回旋加速器和正负电子环形对撞机等。

历史　粒子加速器的分类与其发展史紧密相关。一种新型的加速器，往往是为了突破已有加速器对能量、流强、束流品质或造价的限制，通过加速器原理和技术的发展而发展起来的，特别是为了不断提高加速器的能量。1931年R.J.范德格拉夫建成了第一台静电加速器。1932年**J.D.考克饶夫**建成了第一台倍压加速器。它们均采用直流高电压加速带电粒子。为克服直流高压加速器击穿电场的限制，1932年E.O.**劳伦斯**等发明了回旋加速器，它用垂向磁场偏转粒子轨道，用高频电场加速粒子，使之沿螺旋形轨道回旋得到多次加速。为克服回旋加速器中相对论性质量增加引起滑相的限制，1944年V.I.韦克斯勒和1945年E.M.麦克米伦提出了自动稳相原理，导致了**同步回旋加速器**（又称稳相加速器、调频回旋加速器）的发明。在同步回旋加速器里，加速电场的频率随回旋频率的降低同步下降，从而保持谐振加速条件，能够把束流加速到更高的能量。为克服同步回旋加速器体积庞大的限制，20世纪50年代初出现了质子同步加速器，它使轨道偏转的磁场随能量的增加同步上升，从而将束流轨道控制在一个环内，达到了既减小设备体积，又提高粒子能量的目的。为进一步减小设备体积、节省投资和提高能量，50年代初M.S.利文斯顿、E.D.库朗等提出了强聚焦加速器原理，又由弱聚焦同步加速器发展成强聚焦同步加速器，后者采用类似光学聚焦原理，将聚焦和散焦的磁铁沿束流轨道适当排列，使粒子在垂直于前进方向的横截面内实现强聚焦，从而减小环形束流管道的横截面和安放在管道上的各种磁铁的尺寸。为满足高能物理实验对高有效作用能的要求，1956年D.W.克斯特等提出了通过高能粒子束对撞来提高有效作用的概念。在**对撞机**里，两束相向运动的高能粒子互相对撞，代替单束高能粒子轰击静止靶的实验，从而以几个数量级的幅度大大提高有效相互作用能。在高频直线加速器方面，R.维德罗在1928年就建成了第一台直线加速器，将钾离子加速到50千电子伏。但当时缺乏高频率的高频振荡器，随着束流能量增加漂移管长度变得太长，因此早期的直线加速器并没有得到真正的发展和实际应用。一直到第二次世界大战以后，随着雷达技术的发展，出现了大功率、吉赫级的高频发生器，直线加速器才真正得到了长足的发展和广泛的应用。在电磁场产生技术方面，为了克服常温磁铁和加速腔在高场下损耗过大的问题，发展了超导磁铁和超导腔技术，不但大幅度降低了功耗，还大幅度提高场强的上限，有效缩小加速器的规模。如图汇总了各种类型加速器的发展历程。

新加速原理研究　传统的粒子加速器受到材料电离击穿阈值的限制，其加速梯度低于100兆伏/米，限制了加速器向更高的能量、更高的流强、较小的规模、较低的造价发展。科学家为探索新的、更有效的加速器原理不懈努力，提出了许多方案，并开展实验研究。这些方案就其能量来源可分为两大类。第一类是把光子的能量传递给被加速粒子。属于这一类的有各种激光加速器，如激光等离子体加速器、逆切伦科夫效应加速器、逆自由电子激光加速器、等离子体拍波加速器和光栅加速器等。第二类是将驱动束粒子的能量传递给被加速粒子，这一类又包括两种。一种是利用高速运动的等离子体凝团或强流相对论性电子束提供的集体场加速带电粒子，有相干加速器、电子圈加速器和直线束加速器等。另一种是采用谐振腔、电介质和等离子体为介质，让低能强流束通过介质激起电磁场来加速粒子。属于这一种的有电介质加速器、等离子体尾场加速器、双束加速器等。激光等离子体尾场加速和束流等离子体尾场加速实验分别获得了4.2吉电子伏和22吉电子伏的准单能电子束，激光加速离子实验将质子束和碳离子束加速到60兆电子伏和600兆电子伏。加速器新原理尚处于理论研究和实验验证阶段，离开实际应用还有差距，需要继续努力。

加速器物理与技术　粒子加速器是综合多种学科和技术的高科技装置。为发展加速器而产生的加速器物理，又称束流物理，是研究高品质的电磁场的形成和粒子束在电磁场中运动以获得高能、强流和高性能束流的物理学分支学科。与加速器密切相关的技术门类，有高频技术、微波技术、磁体技术、高真空技术、自动控制技术、束诊断技术、低温技术、超导技术、辐射防护技术，以及设备精加工和安装准直技术以及自动控制技术等。

用途　加速器的用途十分广泛。高能加速器和对撞机用于高能物理和高能核物理研究；中低能加速器用于中低能核物理的研究；电子同步加速器用作同步辐射光源；强流质子加速器用作脉冲散裂中子源和基于加速器的核废料嬗变系统；高性能的电子直线和环形加速器用作自由电子激光源等。低能量（6～20兆电子伏）的电子直线加速器和中能量的质子加速器和离子加速器（约每核子250兆电子伏）用于对肿瘤的放射治疗，有的还可用于放射性诊断药物的制备。大量的低能电子加速器用于工业辐照、材料改性、离子注入、辐射育种、消毒保鲜、工业除尘和环境保护等领域。

（张　闽）

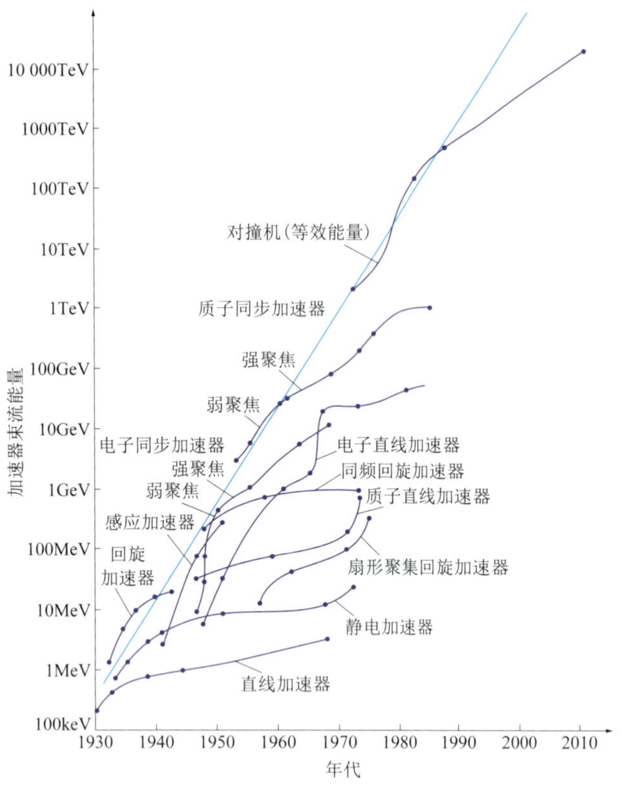

加速器和对撞机能量增长

粒子径迹测量　particle track measurement　对带电粒子在空间中的飞行轨迹进行探测。带电粒子穿过探测器，沿着飞行轨迹与探测器中的物质发生相互作用，如电离、激发等过程，从而在探测器中留下径迹。以径迹探测为主要目标的探测器通称径迹探测器。径迹探测器通过粒子径迹测量可得到粒子飞行方向、衰变顶点和多重数等信息，适当条件下还可获取电离能损值（$\mathrm{d}E/\mathrm{d}x$），与磁场配合还可以测出粒子动量。

不同种类的径迹探测器各有其相应的探测和读出方法。早期使用云室、核乳胶、气泡室、火花室及流光室等径迹探测器，采取三维拍照的方法，然后对底片进行扫描和处理，速度效率低，不能满足粒子物理实验不断发展的需要。20世纪60～70年代相继出现了多丝正比室、漂移室和时间投影室等气体径迹室，它们的速度快、效率高、空间分辨率好，在粒子物理实验中获得普遍使用。随后出现的硅微条、硅像素等硅径迹探测器具有很好的计数率能力和空间分辨率，利用复杂的多通道、高密度电子学读出系统，可组成高性能的径迹探测系统。径迹探测器是大型磁谱仪的重要组成部分。

（谢一冈）

粒子碰撞　particle collision　两个粒子彼此由远及近发生相互作用，从而改变运动状态或转化为其他粒子的过程。又称散射。微观粒子的碰撞需用量子力学描述。由于量子力学中的不确定度关系，微观粒子的位置和速度不可能同时精确测定，以一定初速运动的微观粒子碰撞后的运动状态也就不是唯一的，用量子力学的波动方程可确定碰撞后粒子处于任一种运动状态的概率。另外，微观粒子在碰撞过程中可因相互作用而产生或湮没，这也是与宏观物体之间的碰撞过程不同的。

微观粒子的碰撞过程分弹性碰撞和非弹性碰撞两种。弹性碰撞（又称弹性散射）过程中，粒子之间只有动能的交换，而不发生粒子的种类、数目和内部运动状态的改变。非弹性碰撞（又称非弹性散射）过程中，或者发生粒子内部运动状态的改变，或者发生粒子种类和数目的改变，这时粒子之间转换的能量不仅是动能，还有与粒子的跃迁或粒子的产生和湮没相关的能量。

（沈齐兴）

粒子碰撞截面　particle collision cross-section　描述微观粒子散射概率的一种物理量。又称散射截面。一种处于运动中的粒子与另一种粒子（通常假设为静止的）碰撞时，如果在单位时间内通过垂直于运动方向的单位面积上的运动粒子数为1，静止粒子数也是1，则单位时间发生碰撞的概率称为碰撞截面，截面的量纲与面积的量纲相同。

碰撞截面是描述两个微观粒子碰撞概率的物理量。其几何意义是：当两个微观粒子（或粒子系统）碰撞时，若把其中一个粒子（或粒子系统）看作粒子，把碰撞时的相互作用看作极短程的作用，则碰撞概率正比于沿运动方向来看与另一粒子（或粒子系统）等效的几何截面，这个几何截面就是碰撞截面。如有一束可看作点粒子的B分子平行射向另一静止分子A（其质心为O）时，则B分子在靠近A分子时，由于受到A的作用而使B分子轨迹线发生偏折。若定义B分子射向A分子时的轨迹线与离开A分子时的轨迹线间的交角为偏折角，则偏折角随B分子与O点间垂直距离b的增大而减小。令当b增大到偏折角开始变为零时的数值为d，则d称为分子碰撞的有效直径。

由于平行射线束可分布于O的四周，这样就以O为圆心截出一半径为d的垂直于平行射线束的圆。所有射向圆内区域的视作质点的B分子都会发生偏折，因而都会与A分子发生碰撞。而所有射向圆外区域的视作质点的B分子都不会发生偏折，因而都不发生碰撞。故称该圆的面积πd^2为分子碰撞截面，又称分子散射截面。碰撞截面一般是入射粒子能量的函数。在碰撞截面中最简单的情况是刚球势。这时不管两个同种分子相对速率多大，分子有效直径总等于刚球的直径d。若是异种刚球分子，则碰撞截面$\frac{1}{4}\pi(d_1+d_2)^2$，式中$d_1$、$d_2$分别为这两种刚球分子的有效直径。

（包景东　李定平）

粒子寿命　particle lifetime　*粒子物理学*中衰变宽度的倒数。自然界中存在的或在高能反应过程中产生的亚原子粒子，有些是稳定的（如电子、光子、质子），在自然状态下可以存在无限长的时间（即寿命是无限长），有些是不稳定的（如数百种介子和重子等），会在极短的时间内衰变为其他粒子。导致不稳定粒子衰变的机制是在某种相互作用下（标准模型中有*强相互作用*、*电磁相互作用*及*弱相互作用*）从初态到末态的跃迁。不稳定粒子从产生到衰变实际存在的时间不是一个确定的值。由*量子场论*可以计算单位时间内粒子衰变为某末态的概率，通常称为衰变宽度Γ，具有质量的量纲。若粒子可以衰变为几种不同末态，把所有衰变道的分宽度Γ_i加起来得到该粒子的总衰变宽度$\Gamma=\sum_i\Gamma_i$。总衰变宽度Γ大（小）的粒子意味着它的寿命短（长）。粒子物理学中把衰变宽度的倒数称为粒子的寿命。在自然单位制中，取$c=1,\hbar=1$，则在数值上有$\tau=1/\Gamma$。从统计的角度，如果在$t=0$时刻有$N(0)$个不稳定粒子，经过时间t后还存在的该粒子数满足指数分布率$N(t)=N(0)e^{-t/\tau}$。因此，τ实际上是粒子的*平均寿命*。

不稳定粒子的寿命差别很大，主要由引起衰变的相互作用的类型和衰变末态决定。通常，粒子通过弱作用衰变的平均寿命大于10^{-14}秒；通过电磁作用衰变的粒子寿命在10^{-16}～10^{-20}秒范围；通过强作用衰变的粒子寿命在10^{-20}～10^{-23}秒范围；而通过弱相互作用衰变的粒子，其典型相互作用时间为10^{-10}秒，寿命较长。量子场论的计算一般是在质心系中进行，所得到的是粒子固有寿命τ_0，即粒子在其静止系中的寿命。根据*狭义相对论*，粒子若以很高的速度v相对于实验者运动，则存在时间延缓效应，实验测量到的寿命为：

$$\tau=\frac{\tau_0}{\sqrt{1-\frac{v^2}{c^2}}}$$

即使考虑了粒子高速运动的时间延缓，大多数粒子的寿命还是比当前粒子探测器的时间分辨本领小。在实验中通常不能直接测量粒子的寿命，而是测量粒子的质量分布，用布雷特-维格纳函数拟合得到总宽度Γ，再换算为寿命τ或τ_0。对于通过弱相互作用衰变的长寿命粒子，实验上一般测量其在探测器内的飞行长度，通过拟合飞行长度来得到粒子寿命。

（胡海明）

粒子衰变分宽度　partial width of particle decay　用量子场论方法计算得到的单位时间内不稳定粒子从初态跃迁到各不同末态的概率。具有能量的量纲，通常称之为该衰变道的分宽度。不稳定粒子通常能以不同的概率衰变为若干种不同末态，这主要取决于粒子所能参与的相互作用种类（标准模型中的基本相互作用有三类，即强相互作用、电磁相互作用和弱相互作用）和跃迁选择条件。

衰变道的分宽度为Γ_i。由于不同相互作用强度相差若干量级，因而相应的衰变分宽度相差也非常大。把所有的衰变分宽度加起来就得到总宽度$\Gamma=\sum_i\Gamma_i$。在实验中测量到的不稳定粒子的质量M并不是一个确定的值，而是服从布雷特-维格纳分布，上述的总宽度Γ的物理意义就是粒子质量分布的宽度。　（胡海明）

粒子衰变分支比　decay branching ratio　在粒子衰变时，某种衰变模式所占概率。大多数不稳定粒子都有不止一种衰变模式，即能衰变为几种不同的末态。每种衰变模式具有相应的衰变分宽度Γ_i，它反映了该衰变模式的概率。将其所有的衰变分宽度加起来则得到衰变的总宽度$\Gamma=\sum_i\Gamma_i$。通常用比值$Br_i=\Gamma_i/\Gamma$表示粒子以某模式衰变的相对概率，称之为该衰变道的衰变分支比。　（胡海明）

粒子物理标准模型　standard model for particle physics　建立在*量子场论*基础上，关于微观物质世界人类已知的最基本的“单元”*轻子*和*夸克*，及其之间的相互作用：强作用、弱作用和电磁作用三种规范相互作用，通过标量场使真空发生自发破缺非常成功的基础理论。在粒子物理标准模型理论中，强作用部分是量子色动力学，弱作用和电磁作用及它们的“统一”是电弱统一理论。因此，参看*量子色动力学*和*电弱统一理论*，对了解粒子物理标准模型非常有帮助。

简史　19～20世纪，人类发现原子是由电子e和占据空间很小的原子核“结合”而成。而最简单的原子核——氢原子核是带正电子的质子，再复杂的原子核是由带电荷的质子和不带电荷的中子结合而成。人们在对原子核β弱衰变的研究中，发现与β射线同时还发射出中性的、与质子和中子作用很弱的与电子关联的电子中微子ν_e。

到20世纪60年代，利用宇宙线和高能加速器实验发现了众多的自旋为整数的介子。除质子、中子之外，还发现了众多的自旋半整数的重子（介子和重子统称为*强子*）以及类似于电子的另一种带电轻子——μ轻子及与其“相伴”的μ中微子ν_μ等。在对强子的分类工作中，发现强子并不基本，强子和轻子在构成物质上并不处在同一层次，当时所发现的上百种的强子都是由上u、下d、奇异s夸克和它们的反夸克结合成的；但夸克不能作为“自由粒子出现”，只能出现在强子内（用专业术语来说夸克是被“禁闭”的）。由此才认识到夸克和轻子是构成今天对物质结构认识上的最基本单元。70～90年代先后在轻子方面又发现了第三个带电轻子——τ轻子及与它相伴的τ中微子ν_τ，构成了第三代轻子；而在夸克方面又发现了粲c、底b和顶t夸克，与原来的上、下、奇夸克合到在一起，六种夸克构成了夸克的三代，与轻子的三代合成为夸克—轻子的整体“三代结构”。它们的自旋为$\frac{1}{2}\hbar$（半整数），在统计方面的量子规律是互相交换下要全反对称，即服从*费米-狄拉克统计*，称为*费米子*。标准模型中的夸克、轻子称为基础费米子。它们构成了标准模型的关于物质结构单元的基本“元素”。

在基本相互作用方面，已知有四种：强、弱、电磁和引力相互作用，但标准模型仅涉及强、弱和电磁三种。它们都是定域的规范相互作用。定域规范相互作用必定是矢量的（自旋为$\hbar$）。认识电磁作用的矢量性质是19世纪电磁学形成过程中的事。人们了解强、弱相互作用的矢量性质是20世纪的事情，花费了相当长的时间。在弱作用的认识上，*李政道*、*杨振宁*发现的弱作用中宇称不守恒起到了重要作用。他们首次打破了“分立对称性不能破坏”对人们思想的禁锢，指出弱作用中的宇称可能不守恒，并给出检验宇称是否守恒的实验方法。*吴健雄*领导的小组率先实验证实弱作用中宇称不守恒。

在此基础上才有可能理清弱作用的头绪，引上它的量子既有矢量又有轴矢量性的正确认识。

定域的规范变换是与时间－空间（时－空）关联在一起的规范变换。定域规范相互作用是使相互作用下内禀对称性与（时－空）联系起来。若要相互作用体系在规范变换下具有不变性，需要引入矢量性的**规范场**，而且严格规范不变的规范场的质量必须为零。标准模型理论要求强、电磁、弱三种相互作用整个理论对应规范变换下不变，并固有地引入规范场。其中强、弱这两种作用规范变换与电磁作用规范变换不同，电磁相互作用所联系的内禀对称性是可交换群，而强、弱相互作用所联系的内禀对称性是不可交换的。强、弱相互作用内禀对称的不可交换性，使它们各自的量子（胶子、弱玻色子）有自己与自己的相互作用。数学上把不可交换性称为“非阿贝尔”，因此相应的内禀对称的不可交换的规范场称为非阿贝尔规范场。电磁作用对应的内禀对称可交换性，所对应的量子（光子）没有这种自作用性质，被称为阿贝尔规范场。从没有自作用的阿贝尔规范场到有自作用的非阿贝尔规范场的这一重要的发展，是杨振宁和R.L.米尔斯最先实现的。杨振宁在标准模型的建立上做出了又一重大贡献。

标准模型是建立在量子场论之上的，标准模型理论的建立，也推动了量子场论的发展。其发展在两方面：一是应用路径积分方法克服了非阿贝尔规范场正则量子化的困难，实现了理论的量子化；二是解决了非阿贝尔规范场的重整化问题。规范场的量子理论是可重整的理论——这一量子场论命题得到严格的证明，标准模型理论是可重整化的成为命题的自然推理。这样标准模型理论是可重整的，量子场论理论上的量子涨落修正可以确定计算，为实验精确检验，理论能够高度符合实验奠定了基础。

实验上明确测量到轻子和夸克及传递弱作用的规范场量子（弱玻色子）都是具有静质量的，简单地在理论中添加质量项的方法来产生质量，不但破坏了标准模型规范不变性，还破坏了理论的可重整性。在标准模型中克服这一困难的办法是采用了所谓的**希格斯机制**：引入新的标量（自旋为零）粒子（希格斯场），其真空期望值不为零，产生“自发破缺”，通过与规范场耦合使得弱规范场粒子获得静质量；同时应用标量粒子场造成真空的对称性破坏，通过这标量场与轻子和夸克的汤川耦合使轻子和夸克获得质量。2012年在欧洲核子中心（CERN）的对撞机（HLC）上发现了一个中性标量粒子，在实验精度下与理论的希格斯机制所剩下的**希格斯粒子**的性质一致，使得希格斯机制理论得到极大的支持。

20世纪80～90年代以来，在欧洲核子中心的正负电子对撞机（LEP），美国正负电子直线对撞机（SLC），美国质子－反质子对撞机（TEVATRON）和欧洲核子中心的大型强子对撞机（LHC）等上，精确检验（包括了量子修正）了标准模型预言，其结果是与实验在千分之几到百分之几的误差范围内相符。所以标准模型已经作为“人类探索微观世界当今最新的里程碑”广为人们接受。

模型内容 标准模型是人类认识到的最小物质单元和物质最基本的相互作用即强、电磁、弱的理论，标准模型将构成物质的基本单元分为夸克和轻子两类。

轻子中有中性的和带电的两种。带电的轻子又有三种味道：电子、μ子、τ子。另外，中性轻子称为中微子，与带电轻子一一对应起来，亦有三种味道：电中微子、μ中微子、τ中微子。中性轻子的电荷比带电轻子的电荷多一个单位（质子电荷）；而夸克都带有电荷。从它们所带的电荷来划分也有两类：一类带有质子的电荷的2/3，一类带有电子的电荷的1/3。带质子电荷2/3的夸克有上、粲和顶三种味道；带电子电荷1/3的夸克有：下、奇异和底三种味道。前三种和后三种像轻子一样也一一对应起来，并且前三种比后三种的电荷也多一个单位。由于夸克、轻子都是自旋$\hbar/2$（半整数）的粒子又可分解为左手和右手的两个螺旋分量。弱作用规范场的宇称破坏性，使得轻子和夸克的左手和右手两螺旋不对称，而且对应的SU(2)规范场，记作$SU_L(2)$，只作用在左手分量上，使轻子或夸克差一个电荷单位的左手分量间进行转换；而不对右手分量发生作用。因此在描述弱作用左手分量的变化时，在排列轻子时，把中性轻子排在带电轻子的上面，把电荷为质子电荷2/3的三种夸克排在电荷为电子电荷1/3的三种夸克的上面。上面的夸克与下面的夸克在弱作用方面和上面的轻子（中微子）与下面的带电轻子是一样的。若把三种味道不同的上、下的轻子和三种上、下的夸克全都对应起来，形成三列；每一列中有上、下一套轻子和一套夸克，这样就构成所谓的一代。归纳起来，标准模型中的基础费米子共有三代，代的结构可以表示如下［这里的上、下两分量表是体现数学上的SU(2)群的基础表示］：

$$\begin{pmatrix}\nu_e\\ e\end{pmatrix}_L,\begin{pmatrix}\nu_\mu\\ \mu\end{pmatrix}_L,\begin{pmatrix}\nu_\tau\\ \tau\end{pmatrix}_L$$

$$\begin{pmatrix}u\\ d\end{pmatrix}_L,\begin{pmatrix}c\\ s\end{pmatrix}_L,\begin{pmatrix}t\\ b\end{pmatrix}_L$$

除各自静质量各异之外，夸克与轻子的最大不同是夸克能发生强作用，与强作用SU(3)规范场直接作用，具有颜色量子数（即红、蓝、绿三种）；而轻子没有颜色量子数，不能有直接的强作用。这一不同带来夸克和轻子的性质的极大的不同。

强、电磁、弱三种基本相互作用是通过交换相应的规范场粒子实现的。强作用的规范场粒子叫作胶子，电磁作用的叫作光子，弱作用的叫作弱玻色子。胶子不带电荷和味道是非阿贝尔颜色SU(3)规范场量子。它自身带的颜色对于红、蓝、绿三种基本颜色单元而言，同时带有两个颜色单元。SU(3)的性质决定它共有八种不同的双颜色单元。胶子仅对有颜色的粒子（夸克及胶子自身）有作用，对所作用的粒子的味道、电荷不加区别。光子只对带电的粒子有作用，而对它们的颜色和味道不加区别。弱玻色子也是非阿贝尔规范场量子，其作用在于使上述的上、下的左手基础费米子间变化；根据它对左手的上、下夸克和轻子间引起的变化，弱玻色子是SU(2)规范场量子，共有三种。它只在轻子，夸克间及它自身间作用，对颜色全然不加区别。由于上、下的味道与电荷有紧密联系，所以不能说弱玻色子对电荷不加区别。上述三种相互作用中，胶子传递的作用通常强度最大。电磁和弱作用的强度可以是同数量级的，只是弱作用非常短程，在原子核尺度下表观为其强度仍要比电磁作用弱得多。量子场论的重整化群和实验证明相互作用的强度是随着作用时传递的能动量变化而变化。上述强、电、弱的强度是指通常（能动量传递不太高）情形下的。胶子和弱玻色子是两种具体的非阿贝尔杨－米尔斯规范场粒子，可见杨振宁和米尔斯的工作在建立标准模型的进程中的重要作用。

胶子只与有颜色的客体作用。原则上具有颜色的客体间的作用既能是吸引的也能是排斥的，但客观世界中有颜色的客体总会在被吸引的作用下把它们拉到一起，把颜色中和掉，即有颜色的客体（夸克、胶子等）不会相对长时间地单独生存现象。这一现象用专业术语，称为颜色禁闭。这是解释我们在通常条件下，难于看到有颜色的夸克和胶子单独存在，而它们一旦产生总被中和成强子，即介子或重子。由于‘基本的颜色’，即夸克所携带的颜色，有三种，强作用的SU(3)域规范属性，不是任何数目的夸克都能被中和成无色的客体，所以只有夸克和其反夸克（或它们的整数倍）或三个夸克（或它们的整数倍）或这二者的公倍情形可中和成无色的强子（体系）。

非阿贝尔SU(3)规范场和夸克的相互作用描述了强相互作用，常被相对独立出来，被称为量子色动力学。它是关于已知的、唯一不破缺的非阿贝尔规范场理论，其规范场量子——胶子的静质量严格为零。把重整化群方法应用到强作用理论，发现强作用有渐近自由行为，即随着传递动量的加大，其作用强度以对数行为趋近零。这一理论发现已经被高能粒子物理实验证实。

弱作用的短程性，要求弱玻色子必须静质量非常大，其质量的大小已经被实验直接测量出来。所以作为规范场粒子的弱玻色子，与标准模型中的另外两种规范场粒子胶子和光子极不相同。胶子和光子的规范特性保证了它们都没有静质量。弱玻色子获得静质量不是件容易的事情，在标准模型中通过希格斯机制克服这一困难。

希格斯机制可以大致说明如下：首先在理论中要引入自旋为零（服从**玻色－爱因斯坦统计**）的希格斯场，它与弱玻色子场的作用同于左手分量的基础费米子，也呈上、下一列［$SU_L(2)$的复数二重态］：

$$\Phi \equiv \begin{pmatrix} \Phi^+ = \frac{1}{\sqrt{2}}(\varphi_1 + i\varphi_2) \\ \Phi^0 = \frac{1}{\sqrt{2}}(\varphi_3 + i\varphi_4) \end{pmatrix}$$

上分量Φ^+和下分量Φ^0是复数标量场，各有实部和虚部。因此总共引入了四个独立的标量场。这四个分量的希格斯场在物理真空（最低的能量态）下，不具有弱作用的对称性（$\langle\varphi_1\rangle=v$，$\langle\varphi_2\rangle=\langle\varphi_3\rangle=\langle\varphi_4\rangle=0$）。虽然希格斯场在弱作用规范变换下亦是不变的，但物理真空破坏了对称性，发生对称性自发破缺，弱玻色子获得静质量，希格斯场的四个分量自动做出了调整，其中的三个分量φ_2、φ_3、φ_4被弱玻色子吃掉，成为弱玻色子自旋的纵分量，原来零质量、只有两个极化方向的弱玻色子在获得了质量的同时极化方向增加成三个，无异于通常的物理有静质量的矢量粒子。最后剩下的一种中性的希格斯场分量留了下来，成为标准模型新出现的中性标量粒子（被诙谐地称为上帝粒子）。希格斯机制引入的希格斯场还扮演另外的一个角色：为轻子、夸克产生所需要的静质量。应指出在伴随夸克产生出静质量的过程中，还带来所谓的夸克的物理态和作用态的不同的问题，即生成CKM**矩阵**，并引起许多有趣的现象，如使有味道的夸克可以衰变到新的味道的多样变化，能引起所谓的正反粒子变化和宇称联合变换（CP）的不对称性等。从而使标准模型中的衰变更加眼花缭乱，解释更多的微观世界的产生和衰变现象。

理论展望　标准模型用不多的几个精确测量作为输入，即可计算得到与当今世界技术所能达到的一切测量的最高水平（比千分之几或更高）的精度可比的程度。理论的可重整性起了决定性的作用：若是不可重整的理论，一定做不到只用不多的输入量即可完成高阶精确计算。

2014年在LHC上观测到了一个中性标量粒子，其质量为125.7±0.4吉电子伏，所能测量到的各种性质与标准模型的希格斯粒子的相符合，因此普遍认为它是标准模型希格斯机制剩下的希格斯粒子。这样具有三代基础费米子、强、电磁和弱规范场量子和最简单希格斯机制的标准模型的“粒子谱”已经全部被实验发现。

现在对粒子物理标准模型的研究进入了新阶段。研究所观察到的质量为125.7±0.4吉电子伏的标量粒子是否确实是在标准模型中引起电弱自发破缺希格斯机制所剩下的标量粒子，以及进一步研究其本质等成为当前粒子物理实验和理论热衷的研究课题。直接测量出该标量粒子的三顶点和四顶点的自作用顶点对回答这方面的问题很关键，因此如何在LHC上和新建什么样的对撞机能够测量出这些顶点值吸引了众多专家开展深入研究。尽管如此，人们普遍相信标准模型是一阶段性的理论，它是更加基本理论的有效理论。因此期待从精确实验和新高能前沿实验中发现超出标准模型的迹象。从天文宇宙学的观测，已经能够肯定在宇宙中存在大量的暗物质和暗能量，但它们在标准模型中完全没有对应的粒子，这直接表明了一定有标准模型之外的物理。

另外，仅从理论出发，微观世界可以存在费米子和玻色子的一一对应的对称性。如果这种对称性存在，对于标准模型其所有的场和粒子都要做扩充，增加相对应的伴粒子，同时还能够把时间－空间的对称性与场和粒子的内禀对称性联系起来。这一对称性在数学上有重大意义，在粒子物理相互作用统一的理论和理解标准模型中出现的参数，这一种对称性可以起作用，理论上把这种对称性称为超对称。所以在粒子物理的实验和理论中发现已知粒子的超对称的伴子是研究的重点方向之一，但至今尚未观测到任何超对称伴子。这表明如果真实世界中确实存在这一种对称性，粒子和超对称伴子的质量一定相差很大，致使现有实验没有观测到超对称伴子。即超对称一定是严重被破坏的。而且一旦有一个超对称伴子被发现，就可以从中立即得知破坏超对称性的能量尺度，粒子世界将大大丰富，粒子物理的研究会进入蓬勃发展的崭新时期。

标准模型中的夸克、轻子是否最基本，人们曾经试图追究夸克、轻子的进一步结构，但至今没有发现迹象，表现出它们有结构。标准模型的三代基础费米子结构或许是与内部机构有关。如何测定三代夸克间的CKM矩阵和理论上探讨该如何理解它的问题，也是标准模型理论待解决的问题。在最初的标准模型中假设了三代中微子都没有右手螺旋分量，这样中微子静质量严格为零，三代中微子间不会发生振荡现象。但实验观测到了中微子振荡现象，表明中微子有静质量，也有右手螺旋分量等，并产生了中微子震荡的形式，以及中微子为何静止质量如此之小等基本问题。另外，人们尝试强作用、电磁作用、弱作用这三种相互作用完成彻底的大统一，甚至还试图把包括引力的四种相互作用统一。虽然在该方向有所进展，但是相互作用的统一不是个简单的问题，可能所涉及的统一的能量尺度远远超出现代技术的能力。

标准模型中的强作用QCD有原则性的待解决问题。如强作用QCD是已知且唯一不破缺的非阿贝尔规范场理论，传递相互作用的胶子有自己与自己的直接相互作用，在高能方向具有渐近自由的特性。在交换能动量很低时，相互作用强度会变得很强，使带有颜色的夸克、胶子没有自由状态（颜色禁闭），并决定了在特定条件下存在不同的物态（普通强子态谱、奇特强子态谱、夸克－胶子等离子态等）和条件的变化，将会引起物态的相变（手征相变、解色禁闭相变）等。

总之，标准模型无疑作为人类认识微观世界的里程碑记载下来，但人们仍然认为它是认识客观世界的阶段性理论，深信以上列到的问题是粒子物理标准模型确立之后一些待解决的典型问题。　（张肇西）

粒子物理实验数据获取　data acquisition in particle physics experiments　高效高速地获取、处理以及存储数据的过程。粒子物理实验的一项重要环节。粒子物理实验探测器的输出信号经过电子学的放大、成形等模拟处理后数字化，暂存在缓存中。数据获取的主要任务就是读出电子学缓存中的有效数据，根据要求进行一系列的在线实时数据处理，如事例组装、数据校准和事例过滤等，整理成完整的有效事例，最终将有用的事例数据记录到永久介质上，供离线数据分析。同时控制探测器和电子学的运行，给出反映探测器和电子学性能的各种统计图形，以及所获事例的分类统计图形，监测探测器与电子学工作状态。

粒子物理实验早期采用粒子径迹室型探测器（如云室、气泡室和流光室等），获得的事例图像直接用照相法保留在底片上，通过扫描测量仪等使事例信息数字化成为原始数据，等待进一步处理分析。20世纪60～70年代的数据获取系统基于核仪器插件的前端电子学插件，通过计算机辅助测量和控制系统总线读出数据，缺少并行处理能力，数据获取能力差，在千字节/秒量级。到了80年代，由于微处理器技术的发展，数据获取系统基于快总线和VME总线等总线方式，采用树状结构，可进行多节点的数据处理，数据获取能力在兆字节/秒量级，但由于存储能力有限，需要触发系统选择满足物理条件的好事例，压缩本底事例。由于同一机箱中的各个电子学插件需要通过总线仲裁共享机箱背板总线，导致系统的带宽有限，扩展性能差。90年代以后，随着网络技术和计算技术的飞速发展，数据获取系统采用基于网络的大规模计算机集群。网络上所有的节点都是平等的，通过点对点互联，发送和接收消息及数据，互不干扰，因此所有的节点均可以并行地工作，具有非常好的可扩展性。如运行在欧洲核子研究中心大型强子对撞机上的CMS实验，读出网络的带宽达到太比特/秒，记录到永久介质的数据率为百兆字节/秒，采用多级触发，在计算机集群上完成高级软件触发。

在数据获取系统中，大量采用通用的商用硬件，如计算机和交换机等，不但性价比高，而且可靠性也大大提高，运行更加稳定。通过部署合理高效的数据获取软件，在线集群具有更强大的数据获取和分布式并行处理能力，在线运行离线数据分析软件，可以实现更复杂的算法。

（朱科军）

粒子物理学 particle physics 探索微观世界中物质结构最小组成成分和性质及其相互作用规律的前沿科学。粒子物理学在探索宇宙的起源和演化也起了重要的作用，因此粒子物理学是研究小到物质最深层次结构，大到宇宙的最前沿科学，是揭示物质、能量、时间、空间本质的最基本科学。它是物理学的一个分支学科，是当代物理学发展的前沿之一。粒子物理学是以实验为基础，而又基于实验和理论密切结合发展的，当今物质结构研究已从早先的原子层次深入到**夸克**和**轻子**这一新层次。历史上粒子物理学发展大致经历了三个阶段。

基本粒子概念形成（1897～1937） 在这个阶段里，两千多年来人们关于物质是由最小构成单元——原子构成的思想，由哲学的推理，变成了科学的现实，而且在这个阶段终了时，形成了现代的**基本粒子**的思想。

原子论从哲学到科学 原子的概念，是由2400年前的希腊哲学家德谟克利特和中国战国时代的哲学家惠施提出来的。惠施说："至小无内，谓之小一。"意思是最小的物质是不可分的，称作最小的单元。这个最小的单元，就是德谟克利特称为原子的东西。但他们都没能说明原子或"最小的单元"具体是什么。19世纪初英国化学家J.道尔顿提出原子论开创了科学的原子学说。

物质基本结构单元——质子、中子和电子 1897年，J.J.**汤姆孙**在实验上发现了电子，1911年E.**卢瑟福**由α粒子大角度弹性散射又证实了带正电的原子核的存在，这样就从实验上证明了原子的存在和原子是由电子和原子核构成的。

1932年，J.**查德威克**在用α粒子轰击核的实验中发现了中子。随即人们认识到原子核是由质子和中子构成的，从而得到了一个所有的物质都是由基本的结构单元——质子、中子和电子构成的统一的世界图像。就在这个时候开始形成了基本粒子概念。

1905年，A.**爱因斯坦**提出电磁场的基本结构单元是**光子**，1922年被A.H.**康普顿**等人的实验所证实，因而光子被认为是一种"基本粒子"。1931年，W.**泡利**又从理论上假设存在一种没有静止质量的粒子——**中微子**（严格地讲是反中微子，中微子的存在是1956年由F.**莱因斯**和C.L.科恩在实验上证实的）。

发现正电子（电子的反粒子） 相对论性量子力学预言，电子、质子、中子、中微子都有质量和它们相同的**反粒子**。第一个反粒子——正电子（电子的反粒子）是1932年C.D.**安德森**利用放在强磁场中的云室记录宇宙线粒子时发现的，50年代中期以后陆续发现了其他粒子的反粒子。

两种新相互作用——强相互作用和弱相互作用 随着原子核物理学的发展，发现自然界除了已知的**引力相互作用**和**电磁相互作用**之外，还存在两种新的相互作用——**强相互作用**和**弱相互作用**。标志四种相互作用的强度的无量纲相互作用（耦合）常数及由它们引起的过程速率（反应率）见表1。

表1 四种相互作用的无量纲耦合常数、反应率和力程的比较

	无量纲耦合常数	反应率（秒$^{-1}$）	力程（厘米）
引力相互作用	$Gm_{\mathrm{p}}m_{\mathrm{e}} \simeq 3\times10^{-42}$	甚小	长程
弱相互作用	$G_{\mathrm{F}}m_{\mathrm{p}}^{2} \simeq 1\times10^{-5}$	$\leqslant 10^{10}$	$\sim 10^{-16}$
电磁相互作用	$\frac{e^{2}}{4\pi} \simeq \frac{1}{137}$	$10^{16}\sim10^{19}$	长程
强相互作用	$\frac{g^{2}}{4\pi} \simeq 15$	$10^{21}\sim10^{23}$	$\leqslant 10^{-13}$

注：采用自然单位制$\hbar = c = 1$，其中c是光速，$h=2\pi\hbar$，是普朗克常数。m_{e}及m_{p}分别为电子及质子的静止质量、G为万有引力常数、e为电子电荷、G_{F}为费密弱作用耦合常数，g为汤川强作用耦合常数。

基本粒子大发现时期（1937～1964） 这个阶段的开始以1937年在宇宙线中发现μ子为标志。

μ子的发现 1935年，**汤川秀树**为解释核子之间的强相互作用短程力，基于同电磁作用的对比，提出这种力是由质子和（或）中子之间交换一种具有质量（电子质量的200～300倍）的基本粒子——介子引起的。1936年，C.D.安德森和S.H.尼特迈耶在实验上确认了一种新粒子，其质量是电子质量的207倍，这就是后来被称为μ子的粒子。μ子是不稳定的粒子，衰变成电子、一个中微子和一个反中微子，平均寿命为2×10^{-6}秒，自旋为$\hbar/2$。

汤川秀树最初提出的介子的电荷是正的或负的。1938年N.凯默基于实验上发现的核力的电荷无关性的事实，发展了稍早些时候出现的**同位旋**的概念，建立了核力的SU(2)对称性理论。这个理论有两个重要的结果，一是除了带正负电的介子之外，还应当有不带电的中性介子，三种介子的质量应当相同；二是强相互作用的粒子可按同位旋分成一组组的多重态。

发现π介子和奇异粒子 1947年，M.孔韦尔西等用计数器统计方法发现μ子并没有强相互作用，直接的证明是1948年由**张文裕**用云室研究μ子同金属箔直接相互作用得到的。1947年C.F.**鲍威尔**等在宇宙线中利用**核乳胶**的方法发现了真正具有强相互作用的介子，其后在加速器上也证实了这种介子的存在。它们的质量约是电子质量的270倍，带有正电荷或负电荷，被称为$\pi^{\pm}$介子。1950年发现了不带电的π^0介子。μ子后来则和电子以及中微子归于一类，被统称作轻子。

从此以后，人类认识到的基本粒子的数目越来越多。就在1947年G.D.罗切斯特和C.C.巴特勒在宇宙线实验中发现了V粒子（即K介子），这就是后来被称为奇异粒子的一系列新粒子发现的开始。由于它们独特的性质，一种新的量子数——奇异数的概念被引进到粒子物理中。在这些奇异粒子中，有质量比质子轻的奇异介子$K^{\pm}$、K^0和$\overline{K}^0$；有质量比质子重的各种超子，包括Λ^0、$\Sigma^{\pm}$、Σ^0、Ξ^0和Ξ等。这些新发现的粒子，都是不稳定的粒子，除π^0介子外（它的寿命是10^{-16}秒），它们的平均寿命都在10^{-10}～10^{-6}秒，所以在地球上的通常条件下，它们并不存在，在当时的情况下，只有借助从太空飞来的高能量宇宙线才能产生。

这些发现了的基本粒子，加上理论上预言其存在，但尚未得到实验证实的引力场量子——引力子，按相互作用的性质，可分成引力子、光子、轻子和**强子**四类，见表2。

表2　基本粒子按相互作用力分类

	引力	电磁力	弱作用力	强作用力	例
引力子*	√	—	—	—	g
光子	√	√	—	—	γ
轻子	√	√	√	—	e、μ、ν
强子	√	√	√	√	π、K、p

* 尚未在实验中发现。

新粒子大量发现和强作用SU(3)对称性的建立　为了克服宇宙线流强太弱这个限制，从20世纪50年代初开始建造能量越来越高、流强越来越大的**粒子加速器**。实验上也相继出现了新的强有力的探测手段如大型**气泡室**、**火花室**、**多丝正比室**等，开始了新粒子的大发现时期。到了60年代初，实验上观察到的基本粒子的数目已经增加到比当年元素周期表出现时发现的化学元素的数目还要多，而且发现的势头还有增无减。1961年由**M.盖耳-曼**及Y.奈曼提出的，用强相互作用的SU(3)对称性来对众多强子进行分类的“八重法”。八重法分类不但给出了当时已经发现的强子在其中的位置，还准确预言了一些新的粒子，如1964年用气泡室实验发现的Ω^-粒子。八重法很好地说明粒子的自旋、**宇称**、电荷、奇异数以及质量等静态性质的规律性。

在此阶段中，证实了不仅电子，所有的粒子都有它的反粒子（有的粒子的反粒子就是它自身，如π^0、η等）。其中第一个带电的反超子$\overline{\Sigma}^-$是由中国的**王淦昌**等在1959年发现的。此外，还发现了为数众多的寿命极短，经强作用衰变的粒子——**共振态**。

基本粒子大量发现，使人们怀疑这些基本粒子的基本性。基本粒子的概念，面临一个突变。人们逐渐以“粒子物理”代替了“基本粒子物理”。这就是这个阶段终了时粒子物理在实验上的状况。

这个阶段理论上最重要的进展是**量子场论**和重整化理论的建立，以及相互作用中对称性理论的研究。

量子场论和重整化理论　上一阶段对微观世界理性认识的最大进展是量子力学的建立。经过一代物理学家的努力，量子力学能很好地解释原子结构、原子光谱的规律性、化学元素的性质、光的吸收及辐射等现象，特别是当它同**狭义相对论**结合而建立相对论性量子力学以后，它已经成为微观世界在原子、分子层次上的一个基本理论。但量子力学还有以下几个方面的不足：①它不能反映场的粒子性；②它不能描述粒子的产生和湮没的过程；③它有负能量的解，这导致物理概念上的困难。量子场论是由P.A.M.**狄拉克**、E.P.约旦、E.P.**维格纳**、W.K.**海森伯**和泡利等在相对论量子力学的基础上，通过场的量子化的途径发展出来的，它很好地解决了这三个问题。

在量子场论领域中最早发展起来的是**量子电动力学**，它是把电磁场（光子场）和电子场都加以量子化，从而描述电子和光子的各种现象的一种理论。40年代，对这个理论中的发散困难做了深入的分析。由于J.S.**施温格**、**朝永振一郎**、R.P.**费曼**和F.J.**戴森**等人的努力，在解决这个问题上有了突破性的进展。他们发现，如果重新定义理论中的质量和电荷，使之同实验的观测值相应，则量子电动力学中的无穷大结果不再出现。这种消除无穷大结果的方法，叫作重整化理论。它不但在原则上解决了量子电动力学中出现的发散困难，还提出了一整套按电子电荷的幂次展开的、直观的、用图形表示的逐级近似（微扰近似）的计算方法——费曼图方法，使量子电动力学的计算有了简单可靠的、具有相对论协变性质的基础。P.**库什**和H.M.福里1947年发现的电子反常磁矩及由W.E.**兰姆**等发现的氢原子的$2^2S_{1/2}$和$2^2P_{1/2}$能级的分裂，只有通过量子电动力学的重整化理论才能得到正确的解释（见**μ子回磁比**、**电子回磁比**和**兰姆移位**）。量子电动力学已经经受了许多实验上的验证，成为电磁相互作用的基本理论。

探索强相互作用的基本理论　20世纪50年代初证明了重整化的方法，也适用于强相互作用的汤川理论。但这无助于使汤川理论成为强相互作用的基本理论，因为按强作用耦合常数的幂次展开级数是不收敛的，对于弱相互作用理论则更困难。1934年由E.**费米**提出的弱作用理论中，虽然耦合常数小，可以做微扰展开，而且在最低阶的计算得到很好的结果，但在高阶修正时出现的无穷大结果不能用重新定义质量和耦合常数的方法来消除，所以它是不可重整化的理论。

1954年，盖耳-曼、M.L.戈德伯格和W.蒂林提出强相互作用的**色散关系**理论。在50年代直到60年代初它有很大的发展，在强相互作用过程的现象分析方面，也曾得到一些好的结果，但经过十多年的研究，终于肯定色散关系不可能是强作用的基本理论，主要原因是它只包含对散射振幅的普遍性质，而缺乏强相互作用独有的特殊性的东西。因而它只能是一种唯象分析手段。

沿着这个方向发展的还有雷其极点理论等。它们在缺乏严格证明的情况下被推广于强相互作用的散射理论。所得到的最重要的结果是：①基本粒子的自旋和质量有明显的规律性；②随着入射能量增加，二体散射截面在小角度处的变化具有特定的模式。由于这些理论的出发点和缺点与色散关系大致相同，故它们的成就和存在的问题就同色散关系大致相仿。

相互作用对称性理论　同时理论上另一重大的进展是相互作用中的对称性的研究。如果量子场系统在一种对称变换下保持不变，则将对应着一种守恒量，如在时空平移下不变，对应的守恒量就是能量和动量。在50年代初期，普遍认为在各种相互作用中，都有着空间反射变换P、电荷共轭变换C和时间反演变换T的不变性，与此相对应，宇称和C宇称应该是守恒的。不过，这种观点除了1955年由泡利在很一般的前提下，从理论上证明了CPT联合变换下量子场论的不变性以外，其他是没有从实验上或理论上被严格证明过的。

1955年，经过周密地对奇异粒子θ介子和τ介子的实验分析发现了θ-τ之谜。1956年**李政道**和**杨振宁**了解到，在弱相互作用中宇称守恒事实上并没有得到过实验上的证实。他们提出，在弱相互作用中宇称是不守恒的，也不存在θ-τ之谜。1957

年**吴健雄**小组在极化原子核^{60}Co的β衰变的实验中证实了宇称不守恒。随后不久，宇称不守恒在其他的弱相互作用过程的实验中也得到了证实。这些实验同时也证实了在弱相互作用中C宇称的不守恒。

1964年，J.W.克罗宁等在长寿命K_L^0介子的衰变实验中，发现有2π终态的衰变，从而实验又证实了不但单独的空间反射P和单独的电荷共轭变换C的不变性在弱相互作用中受到破坏，而且它们的联合变换CP的不变性也遭到破坏。随后认识到，这个实验事实上也证实了在弱相互作用中时间反演变换的不变性的破坏。

在弱相互作用中，与宇称不守恒的程度很大相反，CP不守恒的程度是极为微弱的，其根本原因至今尚没有足够的了解。

发现大量新粒子，从而使基本粒子的基本性受到猛烈的冲击；确立了各种对称性在弱作用中的破坏和成功提出了强子分类的SU(3)对称性；确定了量子电动力学作为微观领域中电磁相互作用的基本理论，但强相互作用和弱相互作用尚缺乏基本的理论。

夸克和轻子新层次（1964～　） 这个阶段的开始以提出强子由夸克组成的模型为标志（见**强子结构**）。

并非所有的基本粒子都是“基本”的想法，最早是在1949年由费米和杨振宁提出的。他们认为π介子不是基本的，基本的是核子，而π介子只是由核子和反核子构成的结合态。1955年**坂田昌一**扩充了费米和杨振宁模型提出了强子是由核子、Λ超子和它们的反粒子构成的SU(3)模型。坂田的模型可以解释介子的分类，但解释重子的分类有着很大的困难。

夸克假说的提出 1961年，在实验上发现了不少共振态。1964年已发现的基本粒子（包括共振态）的种类增加到上百种，因而使得盖耳-曼和G.兹韦克提出，产生SU(3)对称性的基础就是构成所有强子的构造单元，它们一共有三种（见表3），并命名为夸克（quark）。

表3　夸克的性质

夸克	电荷（e）*	同位旋分量	奇异数	重子数
u	2/3	1/2	0	1/3
d	−1/3	−1/2	0	1/3
s	−1/3	0	−1	1/3

★　e是电子电荷的绝对值。

60年代以来，在宇宙线中、加速器上以及在岩石中，都进行了对自由夸克的实验找寻，但迄今的实验没有找到自由夸克，迄今理论上认为夸克不能以自由的状态出现，这种性质叫作夸克禁闭，有待量子色动力学理论进一步证明。

强子内部结构的实验证据 在20世纪60年代和70年代，有更多的能量更高、性能更好的加速器建成。虽然在这些加速器上没有找到自由夸克，但却得到了间接地更有力地表明夸克存在的证据。

强子具有内部结构的迹象，最早是在60年代由电子在核子上的散射显示出来的。1967年开始用高能量的电子作为探针来研究质子的内部结构，发现质子内部有着几乎是自由的点状的结构。类似的实验后来也在中子上进行，得到了相同的结论。后来又用高能量的中微子作为探针来研究质子和中子结构。根据对散射截面的分析，也可以得到核子里存在近似自由的、质量不大的点状物的结论。

这些点状结构，可以认为是夸克存在的证据。它们的电荷可以由正负电子湮没为强子的总截面加以验证。由正负电子湮没为强子的过程，同正负电子湮没成一对$\mu^+\mu^-$子的过程相仿，从理论上知道，在高能下这两个过程的总截面σ（$e^+e^-\longrightarrow$强子）和σ（$e^+e^-\longrightarrow\mu^+\mu$）的比值$R$和夸克的电荷$e_i$有关：$R=3\sum_i e_i^2$，$i$标志夸克的类型。70年代初的$R$实验值和理论上的夸克电荷值基本上能满足这个关系式，从而给予了夸克模型以很大的支持。

发现重夸克c、b、t 最初在盖耳-曼等提出的假设中，夸克只有u、d、s三种，由此可以得到当时及其后发现的所有粒子的一个令人满意的分类。1974年**丁肇中**及**B.里克特**等分别在质子加速器和正负电子对撞机的实验中发现了一种新粒子J/ψ，它的质量很大，而寿命却比大部分共振态小一万倍，这必须解释为它是由一个新的较重的夸克c和它的反粒子$\bar{c}$所构成。这种新的夸克c又称**粲夸克**，具有一种新的量子数——粲数C，它的电荷是$\frac{2}{3}e$。这第四种夸克及粲数的存在，不久便因一系列的新粒子ψ′、ψ″、D、D_s、η_c等的发现而得到进一步的证实。同时在更高能量的实验中，上面提到的R值也增加了，这也说明在足够高的能量下第四种夸克开始对R做出贡献。

1977年，L.M.**莱德曼**等发现了另外一个独特的新粒子Υ，它的性质也只能以它是由另一种新的夸克b及其反粒子$\bar{b}$所构成来解释。这第五种夸克的存在，接着由新粒子Υ′、Υ″等的发现而得到更多的证据。称第五种夸克b为**底夸克**，它的电荷是$-\frac{1}{3}e$，带有一种新的量子数——底数B。在能够达到的最高能量的实验中，R值的进一步增加，说明b夸克也开始对R值做出贡献。

1995年，美国费米实验室发现了第六种夸克，**顶夸克**t。它的质量很重，约为174吉电子伏，它的电荷为$\frac{2}{3}e$。顶夸克t的寿命很短，来不及与反夸克构成强子就衰变为比它轻的夸克。

重轻子的新发现 与强子的数目急剧增加的情况不同，自从1962年利用大型火花室，在实验上证实了两类中微子分成ν_e和ν_μ之后，长时间内已知的轻子就只有四种：(e,ν_e)和(μ,ν_μ)。但到了1975年情况有了改变，这一年M.L.**佩尔**等在e^+e^-对撞实验中发现了一个新的轻子τ，它带正电或带负电，衰变成μ子或电子和两个中微子，它的质量很大，达质子的两倍，所以又叫重轻子。与它相应，2000年实验上发现了另一种相应的中微子ν_τ存在。

表4　轻子与夸克的对称性

轻子			夸克		
电荷（e）*：$\begin{pmatrix}0\\-1\end{pmatrix}$			电荷（e）*：$\begin{pmatrix}\frac{2}{3}\\-\frac{1}{3}\end{pmatrix}$		
$\begin{pmatrix}\nu_e\\e\end{pmatrix}$	$\begin{pmatrix}\nu_\mu\\\mu\end{pmatrix}$	$\begin{pmatrix}\nu_\tau\\\tau\end{pmatrix}$	$\begin{pmatrix}u\\d\end{pmatrix}$	$\begin{pmatrix}c\\s\end{pmatrix}$	$\begin{pmatrix}t\\b\end{pmatrix}$

★　电荷以电子电荷的绝对值e为单位。

尚未发现轻子有内部结构的实验证据。μ子在各个方面都同电子相同，相差只在于质量，这是一个一直使物理学家困惑的问题——所谓代的问题。τ的发现使轻子增加到三代：(e,ν_e)、(μ,ν_μ)、(τ,ν_τ)。构成不同代的轻子的原因是粒子物理研究的前沿课题之一。一种尝试是把轻子和夸克放在同一层次上考虑（见表5夸克与轻子的性质），并认为它们可能是复合粒子，是由更深一层次的粒子统一构成的。也许由于实验上的证据不足，这种考虑尚缺乏可靠的基础。从表5可以见到夸克有6种不同“味”，u、d、s三种质量较轻，称为轻味夸克；c、b、t三种质量较重，称为重味夸克。

夸克理论提出不久，就认识到强子的强相互作用和弱相互作用的研究应建立在夸克的基础上，同时还要充分考虑强子的结构特性和各种过程中的运动学特点，才能正确解释强子的寿命、宽度、形状因子、截面等动态性质。1965年北京基本粒子理论组发展的强子结构的层子模型，就是这个方向的首批研究成果之一。层子的命名，是为了强调物质结构的无限层次而

表5 夸克与轻子的性质

夸克	质量	电荷Q	奇异数S	粲数C	底数B	顶数T	轻子	质量	电荷Q	电子数l_e	μ子数l_μ	τ子数l_τ
d	4.5～5.3MeV	−1/3	0	0	0	0	e^-	0.5MeV	−1	1	0	0
u	1.8～3.0MeV	2/3	0	0	0	0	ν_e	<2eV	0	1	0	0
s	90～100MeV	−1/3	−1	0	0	0	μ^-	105MeV	−1	0	1	0
c	1.25～1.3GeV	2/3	0	1	0	0	ν_μ	<0.17MeV	0	0	1	0
b	4.15～4.21GeV	−1/3	0	0	1	0	τ^-	1.78GeV	−1	0	0	1
t	173GeV	2/3	0	0	0	1	ν_τ	<15.5MeV	0	0	0	1

做出的。层子模型中将夸克作为层子的一种方案构造强子结构模型（见**层子模型**）。

电弱统一理论的建立 最早的弱相互作用理论，是费米为了解释中子β衰变现象在1934年提出来的。弱作用宇称不守恒的发现，给弱作用理论的研究带来很大的动力。随后不久便确立了描述弱作用的流在洛伦兹变换下应当具有V-A的形式（V为矢量流；A为轴矢量流），而且适用于所有的弱作用过程，被称为普适费米型弱相互作用理论。

尽管在最低阶的**微扰论**计算中，普适费米型弱相互作用理论可以给出同实验相符合的结果，但高阶的计算中出现的无穷大，却无法用重整化的方法消除，这是费米弱作用理论的根本困难。

1961年，S.L.**格拉肖**提出电磁相互作用和弱相互作用的统一理论。这个理论的基础，是杨振宁和R.L.米尔斯在1954年提出的非阿贝尔规范场论。格拉肖提出，电磁相互作用和弱相互作用，具有一种特殊的对称性——SU(2)×U(1)对称性。其中U(1)对称性是电磁相互作用所具有的，它的阿贝尔规范场粒子——光子是传递电磁作用的粒子，这是已为人们了解的；而SU(2)对称性则是格拉肖提出的，弱相互作用应具有的对称性，按照杨振宁和米尔斯的理论，它的非阿贝尔规范场粒子有三种：W^+、W和Z^0，格拉肖认为它们是传递弱作用的粒子。在这个理论中，两种相互作用是统一的，两种耦合常数有着确定的关系。但在这个理论里，$W^\pm$和Z^0粒子是否具有静止质量、理论上如何重整化等问题，没有得到解答。

1967～1968年，在SU(2)×U(1)定域对称性的自发破缺的基础上，S.**温伯格**、A.**萨拉姆**阐明了作为规范场粒子的$W^\pm$、Z^0是可以有静止质量的，还算出这些静止质量同弱作用耦合常数以及电磁作用耦合常数的关系。这个理论中很重要的一点是预言弱中性流的存在，而当时实验上并没有观察到弱中性流的现象。由于当时没有实验的支持，所以这个模型并未引起人们立即重视。1973年美国费米实验室和欧洲核子中心在实验上相继发现了弱中性流，此模型的预言得到实验的证实，1979年格拉肖、温伯格、萨拉姆获得诺贝尔物理学奖。1983年C.**鲁比亚**实验组等在540吉电子伏的高能质子—反质子对撞的实验中发现的$W^\pm$和Z^0规范粒子，质量（$m_W \approx 80$吉电子伏，$m_Z \approx 90$吉电子伏）及特性同理论上期待的完全相符，这给予**电弱统一理论**以极大的支持，此后理论经历了一系列的实验精密检验，使它成为电、弱相互作用统一的基本理论。在弱、电统一模型成功的同时，预言了一种中性标量粒子（称为**希格斯粒子**）的存在，但理论并不能预言这种希格斯粒子的质量大小。长期以来大量实验支持电弱统一理论中的SU(2)×U(1)规范作用部分，但一直未找到希格斯粒子，2011年以前实验确定希格斯粒子的质量下限是115吉电子伏。这就成为粒子物理中的一个令人不解的谜——希格斯粒子（上帝粒子）在哪里。欧洲核子研究中心（CERN）运行的大型强子对撞机LHC上两个实验组（CMS和ATLAS）在2012年7月以及2013年确认发现了神秘的希格斯粒子，其质量为125吉电子伏。不言而喻，希格斯粒子的发现完善了标准模型，并在一定程度上回答了标准模型中对称性破缺本质的难题。

量子色动力学理论的建立 20世纪60年代初，SU(3)对称性在强子分类上取得了成功，在此基础上产生了强相互作用的流代数理论。这个理论把强作用的对称性和色散关系理论所沿用的解析性讨论结合起来，给出了量子场论中出现的强子流算符所满足的代数关系，并由此得到了一些耦合常数之间、各种过程之间的关系及反常磁矩等物理量，虽然这些结果与实验符合，但流代数并没有给强作用的研究带来突破性的进展。

到了60年代末70年代初，美国斯坦福直线加速器中心（SLAC）在电子打质子的深度非弹性散射实验中，J.I.**弗里德曼**、H.W.**肯德尔**和R.E.**泰勒**发现了标度无关性规律。J.D.布约肯首先认识到标度无关性规律意味着大动量迁移下电子是与质子内许多无相互作用的自由点粒子相互作用。费曼称质子内的这些点粒子为部分子。高能散射实验显示出强子的两个最显著的特征：①强子内部点状结构的存在；②这些点状结构在很小的尺度中相互作用很微弱，有如自由粒子（渐近自由现象）。夸克之间很强的相互作用在大动量迁移下变弱，具有渐近自由的特点。

1972年，为了解释夸克模型统计性质问题引入了“色”自由度，即假定每种夸克除了味（u、d、s以及后来发现的粲夸克c、底夸克b和顶夸克t）不同外还具有三种不同颜色，由此就可以做到在夸克模型里强子遵从相应的费米和玻色统计。1973年由于非阿贝尔定域规范场理论的进展，D.J.**格罗斯**和F.**威尔切克**，以及H.D.**波利策**等提议了SU(3)色规范群下非阿贝尔规范场论可以作为强相互作用的量子场论——**量子色动力学**（简称QCD）理论。与量子电动力学一样，量子色动力学也是一种定域规范理论（表6给出了量子电动力学和量子色动力学的比较）。在这个理论中，严格的对称性是色SU(3)对称性，夸克之间的强相互作用则是由于交换带色荷胶子而产生的，它们无质量。正是带色荷胶子之间有相互作用，从而产生反屏蔽效应，决定了强相互作用的渐近自由性质。这一性质对认识自然界中强相互作用的本质极为重要。1979年发现三喷注的实验结果证实了强子内部存在胶子。量子色动力学理论中除了夸克和胶子与量子电动力学中电子和光子类似的相互作用以外，胶子之间还存在三胶子和四胶子相互作用顶点。这些顶点决定相互作用耦合强度g_s随着能量的增加而减小以及与g_s紧密相关的β函数为负值。最终导致强相互作用的有效耦合常数g_s当能量Q^2趋于无穷大时趋于零，定量表达了强相互作用渐近自由的性质。人们形象地将反映这一特点的耦合常数称为跑动耦合常数。跑动耦合常数随能量Q^2增大而对数减小这一规律已得到一系列物理过程的实验结果证实。量子色动力学渐近自由理论成功得到了40多年实验检验，它能较好地解释一系

表6 量子电动力学和量子色动力学的比较

	量子电动力学	量子色动力学
对称群	U(1)	SU(3)
守恒量子数	电荷	色荷
传递力的媒介量子	光子（一种）	胶子（八种）

列高能实验结果，包括R值随能量的变化，轻子－质子深度非弹性散射的结构函数对标度无关性的偏离，高能下的喷注现象等。量子色动力学在强相互作用过程中取得的成就足以证明它为强作用的基本理论，并正走向精密验证和发展的阶段。

量子色动力学理论的基本成分是夸克和胶子，它们被紧紧束缚在强子内部，不能被击出呈自由的状态，只可能间接由强子实验观测到它们的存在。渐近自由和夸克禁闭是量子色动力学理论的两个重要特点。渐近自由性质在高动量迁移下的物理过程中得到实验检验。对于低动量迁移的物理现象和强子结构，则面临夸克禁闭困难，因而很难精确计算低动量迁移下物理过程的强子矩阵元。跑动耦合常数g_s在能量Q^2变小时逐渐增大以至达到无穷大，由此可以定性理解为什么夸克在强子内部而不能以自由状态分离出来。因为当两个夸克之间的距离增大时，夸克之间交换胶子的能量Q^2变小，跑动耦合常数变大，以至于耦合强度变为无穷大，这意味着夸克之间的相互作用随着分开的距离增加而增加，使得夸克和胶子永远束缚在强子内部，人们形象称此物理现象为“夸克禁闭”。这正像橡皮筋一样，拉的愈长弹回的强度愈大，永远束缚在一起。

由渐近自由性质决定的微扰量子色动力学理论是建立在微扰真空的基础上，而量子色动力学物理真空完全不同于微扰真空。真空性质的复杂性及其物理后果都充分表明了真空不空，它对物理学发展产生了深刻的影响。**南部阳一郎**的对称性自发破缺理论就是基于对真空物质性的认识提出的。物质与真空中的夸克、反夸克对和胶子不断发生相互作用构造出新的强子结构图像。因此揭示物理真空的本质必将导致夸克禁闭疑难的解决。只有完全掌握了渐近自由和夸克禁闭这两个特点，才能精确计算涉及强相互作用的物理过程和强子谱，因而得到从高能到低能所有能区的实验检验，才能说对强相互作用有了深刻的理解。

70年代到20世纪末，大量的高能物理实验证实了粒子物理中标准模型理论（弱、电统一理论与描述夸克之间强相互作用的量子色动力学理论合在一起，统称为粒子物理的标准模型理论），标准模型理论是近半个世纪以来探索物质结构研究的结晶，是20世纪探索微观世界规律的极重要的成就。

粒子物理的前景　标准模型理论的基本成分是夸克和轻子，传递相互作用的媒介子（光子、中间玻色子和八种胶子），以及新发现的希格斯粒子，共有61种基本成分（表5中六种夸克和它们的反夸克，每一夸克有三种不用颜色，共有36种不同夸克，六种轻子和反轻子共有12种，媒介子有12种）。这一理论已经受到了实验检验并正在继续发展。在标准模型中，不仅中间玻色子的质量是通过对称性破缺获得的，而且夸克和轻子的质量也是通过引入希格斯场汤川型耦合给出的。但轻子和夸克的质量谱从电子伏特（eV）一直到173吉电子伏（$1\text{GeV}=10^9\text{eV}$），可以相差11个数量级，即使同一层次的夸克也从几兆电子伏到173吉电子伏，相差上万倍，其质量的起源困扰着高能物理学家们。这样宽广的质量谱很可能反映了有更深层次的物质结构。中微子质量不为零且很小，它们的质量起源以及可能存在的**CP破坏**已成为粒子物理学家和天体物理学家们关注的热点问题。中微子具有不为零的质量本身就超出标准模型理论。

标准模型并不是基本理论，而是更深层次（新能标）动力学规律下的有效理论。

弱电统一理论表明，弱相互作用和电磁相互作用在能量远高于中间玻色子质量时，它们是统一的，在低能时弱电对称性自发破缺表现出两种不同的相互作用。人们很自然地要问，当能量更高时，弱电统一的相互作用与强相互作用是否会形成更大的统一理论。超对称大统一理论就是一种尝试（见**大统一理论**），对称性破缺构成低能现实世界的不同类型的相互作用规律。从粒子物理发展可以看到，对称性破缺的本质可能来自真空的不对称性产生真空对称性自发破缺机制；夸克禁闭可能是量子色动力学物理真空造成的。因此关键在于揭示真空的物质本质，两者都很可能从真空中得到破解。

几十年的实验结果一再表明粒子物理学中标准模型的成功，同时，粒子物理面临着对称性破缺的本质和夸克禁闭科学难题以及发现超出于标准模型的新物理的挑战。寻找解决难题的途径和迎接新物理的挑战将是粒子物理学家在进入21世纪以后面临的艰巨任务，这很可能导致物理学中新的动力学规律的诞生并影响21世纪科学技术的发展。当前，粒子物理学正向三个方向发展：一是向超高能量发展，例如西欧中心的LHC和正在策划的超高能的直线对撞机（ILC）、环形正负电子对撞机CEPC、μ子对撞机以及VLHC等；二是向高精度发展，例如即将运行的日本的超级B介子工厂和正在策划的超级τ－粲工厂等；三是向宇宙学方向发展，从天文观测和宇宙演化中发展粒子物理新观念和新理论。近年来天文观测中给出宇宙中物质成分：普通重子物质只占4%，而23%是非重子的**暗物质**，73%是**暗能量**。暗物质和暗能量本质是超出目前标准模型的新物理，也是近年宇宙学研究的一个里程碑性的重大成果。科学家们正在发展非加速器物理实验（空间卫星和地下实验室）并与天文观测相结合探讨自然界奥秘。这三大方向的发展相辅相成，都将对物质、能量、时间和空间的新理论创立起决定作用。它们的目标在于深入研究现今这一层次的夸克、轻子以及相互作用的运动规律进而可能揭示下一新层次的物理性质和规律。

可喜的是物理学发展使得粒子物理学、天文学和宇宙学交叉发展联手解决面临的难题，科学家们认识到粒子物理实验研究需要开展最广泛的国际合作，未来实验和天文观测发现的新物理现象和理论突破密切结合，必将揭示超出标准模型的新的物理规律。

（黄　涛）

粒子物理学中的计算物理　computational physics in particle physics　以计算机及计算机技术为工具和手段，运用计算数学的方法，解决复杂的粒子物理理论和实验问题的一门应用科学。粒子物理中的计算物理学给粒子物理的复杂规律和性质的研究提供了不可或缺的重要手段，在**粒子物理学**的发展中起着极大的推动作用。粒子物理中的计算物理包括计算物理在粒子物理实验和理论研究中的应用。它的应用可以大致分为四方面：实验数据分析、计算机数值和解析计算、计算机模拟（计算机实验）和计算机实时控制。粒子物理中的计算物理可以帮助实现粒子物理理论问题的数值、解析自动化计算分析和仿真事例模拟，也能实现实验中实验装置的控制、实验数据的自动化获取和在线实验数据分析处理。它还包括在粒子物理研究中其他一些应用，如语言文字处理、采用计算机网络进行信息或科学数据的交流传递等。

（马文淦）

粒子－振动耦合模型　particle-vibration coupling model　原子核物理中，通过考虑单粒子态和振动激发态之间的耦合，研究超越平均场关联对原子核单粒子性质和激发性质影响的一种理论模型。对于原子核这一量子多体系统，单粒子态与集体振动自由度强烈耦合。集体振动导致原子核平均场改变，从而引起单粒子态的谱因子减小，能量向**费米面**靠近，费米面附近能级密度增加，有效质量增大，以及激发态的能级劈裂，跃迁强度函数有展宽宽度（即原子核激发的衰减）等现象。粒子－振动耦合模型是描述上述现象的一种理论模型，它假设单粒子态以很高的概率吸收和发射声子，也即1粒子-1空穴与声子耦合的组态与纯粹的1粒子-1空穴组态强烈竞争。常用的粒子-振动耦合模型的组态空间仅局限于包含1粒子-1空穴和1粒子-1空穴与声子耦合的组态。

粒子－振动耦合模型源于20世纪50年代苏联物理学家L.D.朗道提出的费米液体理论，即引入准粒子概念描述无限费米系统（如金属中的电子气、液^{3}He、核物质等）的基本激发模式，准粒子之间的有效相互作用可以给出单粒子态和集体模式的耦合。随后，A.米格达尔将该理论推广至有限费米系统，并用于描述原子核的低激发谱。物理学家A.N.玻尔和B.R.莫特森将单粒子激发模式和集体激发模式及其相互作用的概念引入原子核物理，力图实现对原子核结构的统一描述。考虑粒子－振动耦合的模型包括准粒子－声子模型和核场论等。这些模型虽然可以给出满壳核附近的奇A核的低激发谱的描述，但是存在参数较多且不自洽等问题。

能量密度泛函理论假设原子核基态能量是密度的泛函，通过有效相互作用和平均场近似，成功实现了对原子核基态性质的描述。但是，能量密度泛函理论对原子核单粒子态的能量、谱因子和能级密度等性质的描述并不令人满意。虽然基于能量密度泛函的无规相位近似模型通过考虑1粒子-1空穴组态的相干叠加可以成功描述原子核巨共振的中心能量，但是不能描述巨共振的展宽宽度。对于中等或者重质量的原子核，集体振动自由度和单粒子自由度有很强的耦合。集体振动会导致原子核平均势的涨落，从而影响单粒子运动和巨共振的结构。为了改善对原子核单粒子态和巨共振的描述，需要考虑平均场涨落效应，研究集体振动对单粒子态和巨共振的动力学和结构的影响，即发展粒子－振动耦合模型。

基于相对论或者非相对论的能量密度泛函理论给出的平均势场、单粒子能谱、低能量集体振动（声子）能谱，以及由能量泛函对密度的二阶导数得到的粒子空穴组态之间的有效相互作用，在不引入新参数的情况下，已经发展了完全自洽的粒子－振动耦合模型，并将其成功用于研究原子核单粒子态的劈裂和谱因子、单极和偶极等巨多极共振模式、伽莫夫－特勒和自旋偶极等自旋同位旋共振模式、β衰变寿命等。（牛一斐　孟　杰）

连续波激光器 continuous wave laser　输出连续激光的激光器。一个激光振荡器工作状态可以分为连续波和脉冲工作状态。以连续光激励的固体激光器和以连续电激励的气体激光器及半导体激光器，均属连续波激光器。连续波激光的产生过程如下：在激光器的增益介质中，基态能级的粒子被激励源持续地泵浦到上能级，使得各能级的粒子数及腔内辐射场均具有稳定的分布。由于增益介质的谱线加宽作用，在一定频率范围内会形成光增益，进而落在这个增益线型范围内的纵模会在腔内得到放大。一般情况下，稳定的激光振荡会同时包含许多个纵模，如果泵浦强度增大到一定值，使得激光谐振腔内的某些模式超过振荡阈值，则对应的模式就会产生振荡，并从激光器输出镜输出。输出激光包含的纵模个数是由纵模间隔和激光介质的增益线型宽度共同决定。一般的连续波激光器工作时，腔内是有多个纵模同时起振的，由于泵浦的持续进行，在各个时刻都会产生受激辐射的光子，各个纵模的相位是随机分布的，因此，各个纵模之间无法产生相干叠加。当然，使用选模技术也可使连续激光器单纵模运转。

对于某些激光增益介质，持续的高功率泵浦会产生热积累造成介质热畸变甚至损伤，因此，高功率连续波激光器需采取适当的冷却措施。（闫　平　申艺杰）

连续光谱 continuous spectrum　光（辐射）强度随频率变化呈连续分布的光谱。根据量子理论，原子、分子可处于一系列分立的状态。两个态间的跃迁产生光谱线。每个光谱线系趋于一个短波极限，波长短于这个极限就出现一个光谱的连续区（见原子光谱）。这个极限称线系限。从线系限位置起，连续区的强度很快地下降，这个连续区是连续光谱。

自由电子和离子复合过程可在紫外区和X射线区产生连续光谱。高速电子打到靶上，受靶中原子核库仑场的作用而速度衰减，电子的动能转变成辐射能产生轫致辐射。轫致辐射在紫外和软X射线区也有连续光谱。发光材料在短波光（辐射）或阴极射线激发下发出连续光谱。炽热的物体也产生连续光谱。电子同步加速器是紫外和X射线光谱区的高强度连续光谱光源。（张在宣）

连续介质力学 continuous medium mechanics　将流体、固体等各种可变形凝聚态物质视为连续分布于一定空间区域的连续介质，以统一的观点研究其在宏观意义上的运动变形及其内部相互作用等宏观力学行为，进一步包括电磁和热现象以及偶应力与非局部效应等更一般意义上的宏观物理行为的学科。连续介质力学主要目的在于分析介质的运动和变形，导出普遍控制方程，建立各种物质的运动及变形的力学模型，把各种物质的本构关系用定量形式确定下来，并在给定的初始条件和边界条件下求出问题的解答。基本内容通常包括：①变形几何学，研究连续介质变形的几何性质，确定变形所引起物体各部分空间位置和方向的变化以及各邻近点相互距离的变化，这里包括诸如运动、构形、变形梯度、应变张量、变形的基本定理、极分解定理等重要概念。②运动学，主要研究连续介质力学中各种量的时间率，这里包括诸如速度梯度、变形速率和旋转速率、里夫林－埃里克森张量等重要概念。③基本方程，根据适用于所有物质的守恒定律建立的方程，例如连续性方程、运动方程、能量方程、熵不等式等。④本构关系。⑤特殊理论，例如弹性理论、热黏性流体理论等，以及包括杆、板、壳等一维与二维变形体力学的简化理论、塑性理论、黏弹性理论、热弹性固体理论、热黏性流体理论等。⑥问题的求解等。

连续介质力学最基本假设是“连续介质假设”：即认为真实介质/流体或固体所占有的空间近似地看作连续地无空隙地充满着“质点”。质点所具有的宏观物理量（如质量、速度、压力、温度等）满足一切应该遵循的物理定律，如质量守恒定律、牛顿运动定律、能量守恒定律、热力学定律以及扩散、黏性及热传导等输运性质。所谓质点指的是微观上无限大、宏观上无限小的物质单元（又称分子微团）。一方面，物质单元的尺度和分子/原子运动的尺度相比应足够大，使得物质单元中包含大量的分子/原子，对分子团进行统计平均后能得到确定的值。另一方面又要求物质单元的尺度和所研究问题的特征尺度相比要充分地小，使得一个物质单元的平均物理量可看成是均匀不变的，因而可以把物质单元近似地看成是几何上一个点。（郭兴明）

链裂变产额 yield of a fission chain　某一质量数的所有核素的独立产额之和。见裂变产额。

链统计学 chain statistics　描述高分子链形态的统计学方法。高分子的主链大多由碳碳单键（σ单键）组成。σ单键具有轴对称性，可以进行内旋转，即σ键相连的两个原子可以做相对旋转，内旋转不会影响σ键电子云的分布，但可导致分子链上的原子或基团在空间中的几何排列发生改变，形成不同的构象。热运动导致长链分子中单键不停地内旋转，高分子链的构象时刻在改变，因此高分子链的构象是统计性的，描述高分子链形态需要用统计学方法。W.库恩最先用无规行走的统计规律研究高分子链形态，采用的高分子链是柔性的线性高分子链，主链是由$n(n\to\infty)$个长度为l的链节连接起来的，其链节之间自由连接，内旋转完全自由，不受键角的限制和势垒的障碍，每个键在任何方向取向的概率相等，且链节不占有体积。这种理想链又称为自由结合链。热运动导致自由结合链的构象迅速转变，构象熵趋于最大，高分子链自发卷曲成线团状，其形状不断地变化，这种自由结合链又称为无规链或无规线团，研究这种无规链的构象只能采用统计的方法，故又称为统计链或统计线团。库恩用无规线团模型研究高分子链，获得了自由连接链的均方末端距，即末端距向量的二次方按分子链构象分布求得的统计平均值。链的均方末端距与链节数成正比：

$$\langle h^2\rangle = nl^2$$

式中h为链的末端距。理想链的均方末端距分布符合高斯分布，即以链节为统计单元的高分子链的构象符合高斯分布。

真实高分子链受到键角的限制，化学键不能自由旋转，链节间存在排斥体积效应。真实高分子链若处于θ状态（在θ温度、θ溶剂中）时为理想链，可用无规行走的统计规律描述其形态。在研究处于非θ状态的真实高分子链形态时，可将邻近相关的σ键合并，看作一个独立运动的单元，这个独立的运动单元称为库恩链段。如果链段数目足够大，且高分子链具有柔性，此时可把高分子链看作等效自由结合链，末端距符合高斯分布：

$$\langle h^2\rangle = Zb^2$$

式中Z为库恩链段数目；b为库恩链段的平均长度。如果等效自由结合链与自由结合链的伸直长度相等，$L=nl=Zb$，$Zb^2>nl^2$，即等效自由结合链的均方末端距大于自由结合链的均方末端距，可用库恩链段b来表示高分子链的柔性程度，b越短，链越柔顺，当链段长度b短到与化学键长度l一样时即为理想柔性链。另外，还可以把链段数足够大的高分子链分为若干个小的高分子链，每一个小高分子链的构象符合高斯分布。这种小高斯链称为高斯链段，其长度称为高斯统计链段长度，且高斯链段可以作为独立运动单元，可看作以高斯链段作为运动单元的等效自由结合链。与库恩链段相比，由于库恩链段内部不需要满足高斯分布这一条件，因此高斯统计链段比库恩链段长。

（张晓华）

链折叠 chain folding 高分子链采取折叠的方式在空间中有序排列。高分子链在理想状态（无相互作用）下，呈现出柔性线团构象。高分子链在相互作用影响下发生折叠，呈现出与自由链完全不同的链构象分布，从而形成一种新的空间结构。高分子链所受相互作用可基本分成两类：键合相互作用和非键合相互作用。键合相互作用是指高分子链单体之间通过化学键链接的相互作用，而这样的链接可以通过共价键完成，也可以通过非共价键（如氢键）完成。而非键合相互作用，可以由不同单体间的吸引力或排斥力、单体与溶剂分子间作用力、外加场（电磁场等）等非化学键方式实现。如蛋白质分子由所组成的氨基酸残基的亲水性、疏水性、带电等特性通过残基间的相互作用而折叠成具有一定空间排列的三级结构。再如有些高分子通过降温、拉伸或溶剂蒸发等过程，使高分子链发生折叠，在一定尺寸上形成类似于晶体结构的有序排列，从而出现高分子结晶现象。

（蒋 滢）

链状分子 chain molecule 大量的小分子基团通过化学聚合反应链接而成的具有较高分子量的分子。又称高分子或大分子。链状分子可以分成许多种类。根据分子键合方式的不同，可将其拓扑结构分为：线性链状分子和支化链状分子。根据链接小分子化学结构的异同，可将其划分为均聚物（由一种重复单元构成）和杂聚物（由两种及以上重复单元构成）。根据分子链的刚柔性不同，可将其粗略分为刚性链、半刚性链和柔性链。不同的链状分子依据链接方式、分子的体积与形态、链的柔性以及所处外界环境等因素的不同，将表现出完全不同的空间构象（见图）。

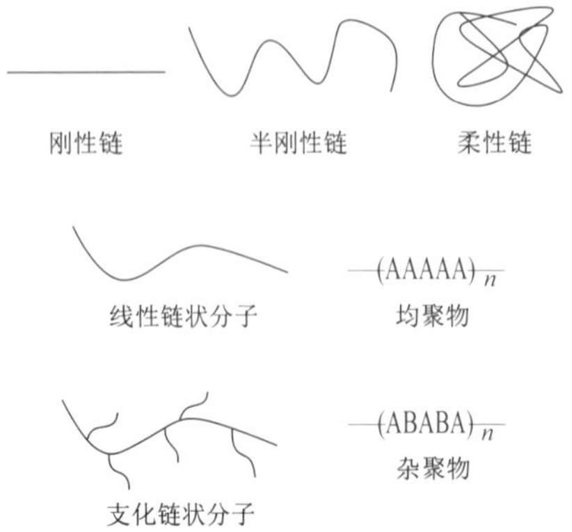

不同链状分子的空间构象

（蒋 滢）

良溶剂 good solvent 对高分子溶解能力较强的溶剂。在真实溶剂体系中，聚合物链段单元之间吸引作用通常略强于单元/溶剂间的吸引作用，从而导致单元之间的净吸引，其作用等价于一个吸引势阱。该势阱可以部分抵消链段单元之间的刚性排除能垒，因此在良溶剂中的排除体积效应弱于**无热溶剂**中的情况。另外，热能kT会导致聚合物链段的无规运动，在一定尺度条件下，排除体积作用可能弱于热能kT。排除体积作用等于热能kT的尺度被定义为“热团”。因此，在小尺度或者低分子量条件下，聚合物线团采取无规行走构象统计。良溶剂中聚合物线团尺寸-分子量标度表现为两个区域，即聚合物线团尺寸在转变点前后分别随着所含单元数的0.5和0.588次方增大，而转变点对应于热团的尺寸。但是由于这两个标度的细微差别（0.5与0.588），也由于聚合物样品的多分散性带来的实验困难，因而很难准确观察到两段标度及其转变点。在良溶剂条件下，实验测得的聚合物线团尺寸和特性黏数，在一定范围内通常表现为单一指数行为。无热溶剂是良溶剂的一种特例，其热团尺寸等于库恩链段尺寸。

（张宝庆）

梁敬魁 Liang Jingkui（1931-04-28～2019-01-19） 中国凝聚态物理学家和晶体学家。生于福建福州，卒于北京。1955年毕业于厦门大学化学系物理化学专业。

1956～1960年作为中国科学院派往苏联学习的研究生，在苏联科学院巴依科夫冶金研究所学习金属合金热化学和晶体化学。1960年获技术科学副博士学位。同年回国后在中国科学院物理研究所工作，任助理研究员。1978年3月晋升为副研究员，1983年2月为研究员。1984年3月至1987年6月调任中国科学院福建物质结构研究所任所长。1987年7月返回物理所。历任物理所晶体学研究室固体化学研究组组长，晶体学研究室学术秘书、副主任、主任，相图相变研究室主任。1993年当选为中国科学院院士。

梁敬魁长期在晶体结构化学、材料科

学和固体物理三个交叉领域，从事前沿性的基础和应用基础研究工作。主持完成了属首创的核试验瞬时过程测温装置的研制，在1969年中国第一次地下核试验测温工作中获得成功。该方法被采用作为核爆测温的一种主要方法，列为国防重要成果，获1978年中国科学院重大科技成果奖。在功能材料的多晶X射线衍射结构分析、相图和点阵常数精确测定方面做了大量系统的工作。利用粉末衍射法测定了一系列无机化合物的晶体结构。提出从第一条衍射线面间距值测定高T_c氧化物超导相结构和原子粗略位置的简便方法，发现分别属于两种结构类型的铊系超导相，并测定其结构。在Cu-Au二元系中观察到一系列新的超结构现象。开展了相图在单晶生长中应用的研究，在多元硼酸盐体系中确定了具有倍频效应的物质，并成功解决了优质紫外倍频偏硼酸钡低温相（BBO）晶体生长的原理和实践。著有《相图与相结构》(上、下册)、《粉末衍射法测定晶体结构》(上、下册)、《高T_c氧化物超导体系相关系和晶体结构》和《新型超导体系相关系和晶体结构》(补充修订版)。曾获北京市科学技术（基础）奖一等奖。1999年获何梁何利基金科学与技术进步奖。（尹晓冬）

量热术 calorimetry 测量**热量**的方法。由于热量为过程量，常采用测量已知热容量物体的温度变化，或通过已知潜热物体的相变而求出热量。用于测量热量的仪器称为量热器，如水量热器、冰量热器、蒸汽量热器和爆炸量热器等。量热术还可用于测量物体的比热、溶解热、汽化热和化学反应热等。（班士良　官　箭　邢　燕）

《两大世界体系的对话》 *Dialogue Concerning the Two Chief World Systems* 意大利物理学家**伽利略**所著意大利文的天文学和物理学著作。全名为《关于托勒密和哥白尼两大世界体系的对话》，亦简称为《两大世界体系》或《对话》，1632年3月在佛罗伦萨出版。

1635年译成英文、法文和拉丁文，1661年出版加注释英译本。1953年，加利福尼亚大学伯克利分校出版社还出版了S.德雷克的英译本。1974年上海人民出版社出版了由周煦良翻译的中译本。

《对话》是三人在“四天”(相当于四章）中的对话，旨在批判亚里士多德主义即被神化的地心说的自然哲学基础，论证哥白尼体系的真实性。对话的三个人，一是萨尔维亚蒂，伽利略的代言人；一是辛普利丘，原是古希腊**亚里士多德**著作的注释者，书中代表亚里士多德主义者发言；一是沙格雷多，原是伽利略的挚友，书中起着风趣的调侃者和仲裁者的作用。对话第一天，伽利略分析亚里士多德关于物质元素和运动分类的错误观念，并以他用望远镜所观察到的新天文现象（新星、木星的卫星、太阳黑子等）批判天体永恒不变和尽善尽美的见解。第二天，伽利略以他发现的**惯性定律**、自由落体定律、力和运动的合成定律、运动的相对性原理（当时尚无此概念）等力学新成果论证月球的自转。第三天，探讨行星绕日运动，论证太阳是宇宙的中心，地球只是绕太阳公转的一个普通行星，以高精度观测太阳黑子的位置变化推求出太阳自转和地球公转的周期。第四天，讨论潮汐问题。除了第四天对话外，其他三天的对话中伽利略的论点都是正确的，只是未曾采纳J.开普勒关于行星运动椭圆轨道的看法。

《对话》通过辛普利丘之口尽力完整地陈述亚里士多德主义者物质观、运动观和宇宙观，又通过萨尔维亚蒂透彻、深刻地批驳这些观念，沙格雷多又多方嘲讽亚里士多德主义哲学家的愚蠢，赞扬N.哥白尼天文体系的和谐性。从而激怒了亚里士多德主义哲学家们及其神学庇护者，这是导致伽利略于1633年受宗教裁判所审判的直接原因。

《对话》和哥白尼的《天体运行论》都是人类在宇宙观认识史上的历史界标，是近代科学革命的起点。它的平民性文风及其生动的哲学论述，在欧洲一直被认为是文学和哲学的杰作。A.**爱因斯坦**在1953年出版的《对话》英译本“序”中说：“伽利略的《对话》对于每一个对西方文化史及其在经济和政治发展上的影响感兴趣的人来说，都是一个知识宝库。”

（戴念祖）

《两门新科学的谈话》 *The Discourses and Mathematical Demonstrations Concerning Two New Sciences pertaining to Mechanics and Local Motions* 意大利物理学家**伽利略**在1637～1638年完成的意大利文物理学著作，1638年在荷兰莱顿出版。该书全名为《关于力学和定域运动两门新科学的谈话及其数学证明》，简称《两门新科学的谈话》或《两门新科学》《谈话》。曾被译成英、德、俄等多种文字，书名也有多种译法，“谈话”一词的意大利文有译为Dialogues（对话）者。1947年出版了S.德雷克英译本，书名简译为*Two New Sciences*。该书尚无中译本。

《谈话》文体结构和对话人物与6年前出版的《两大世界体系的对话》相同。由于《两大世界体系》未曾对伽利略所掌握的一些物理定律做出系统而详细的阐述，伽利略在晚年被监审期间萌发了撰写《两门新科学》的念头。书中前两天（相当于两章），伽利略讨论了物质状态、数学性质、实验和理论的普遍问题，涉及材料强度、空气重量、真空问题、声音性质、单摆振动、自由落体运动、由两个运动分量合成的抛物体运动、光的速度，以及对整个物理学的零散评论。后两天，定义匀速运动和匀加速运动，定义**动量**，讨论抛物体的运动轨道。全书几乎汇集了伽利略一生在力学和物理学方面所有的实验和理论研究成果。其中最重要的有惯性定律，自由落体定律，单摆等时性定律，抛物体的运动合成法则及其轨道问题，材料断裂与其强度问题，还有流体静力学、气体力学、声学（尤其是频率概念及音调和频率关系)、光学等。其时，虽然尚未有力学相对性原理这一术语，但伽利略从经验事实和可观测的定量实验中详尽阐述了这一原理。

《谈话》不仅是经验的总结，更有伽利略首创的科学方法，即实验与数学相结合的方法、逻辑推理的应用，使该书成为近代力学和实验物理学的奠基之作。伽利略提出“大自然的书是用数学语言写成的”。他创造了实验的现代观念，并称实验是理论的“严峻考验”。由于他定义了力和加速度的科学概念，从而创建了动力学这门学科，并为I.**牛顿**的经典力学打下了基础。法国数学家J.-L.**拉格朗日**曾指出，伽利略“在天文学的发现只要有一个望远镜和耐性就足够，而在动力学方面，从我们经常看到的现象中发现规律要有超凡的天才。因为关于这些现象，以往所有哲学家都没有做出正确的解释”。鉴于伽利略充分运用实验和数学相结合的方法，充分认识到经验与逻辑推理的关系，A.爱因斯坦方称颂他“成为近代物理学之父，事实上也成为整个近代科学之父”。

（戴念祖）

两能级模型 two-level system model 非晶态物质在1开以下温度区间表现出不同于晶态物质的普遍热力学特性。主要表现在它们的低温比热与温度成线性关系，热导与温度的二次方成正比。两能级模型是科学家为解释非晶态物质这种反常的低温物理现象（1开以下）提出的一种唯象模型。该模型核心思想认为，由于非晶态物质结构无序的本质，导致其普遍存在两个非常相近的能量位形，称为双势阱，或两能级，两能级的特征可用能垒高度和其不对称能量来表征，在非晶固体中，这两个量为随机分布。在足够的低温下，只有两个最低的能级会对热力学量产生有效贡献，但它们的原子振动能量远小于两亚稳态间的势垒，致使两个亚稳态之间无共振发生，使处于两个亚稳态的原子不再是简谐振动。但由于量子效应，两亚稳态间存在隧穿效应，所以在低温下每个亚稳态都可以发射和吸收声子，出现低能激发态。这种原子或原子团在两个非常相似的能量位形之间隧穿的现象，很好地解释了非晶态物质在1开温度附近及以下温度区间一系列反常的物理现象。（罗　强）

两体弹性碰撞　two-body elastic collision　两个物体从相距无穷远开始靠近，在短时间内发生强烈相互作用并改变运动状态，再分离至相距无穷远的过程，称为两体碰撞。如果整个过程中物体的内部状态没有发生改变，系统的总动能守恒，则为两体弹性碰撞。通过弹性碰撞过程，可以获得相互作用的信息。在微观领域，碰撞是研究粒子性质的主要方法之一。

设有两个质量为m_1和m_2的粒子1和粒子2，发生碰撞前的速度分别为$\boldsymbol{v}_1$和$\boldsymbol{v}_2$，碰撞后的速度分别为$\boldsymbol{v}_1'$和$\boldsymbol{v}_2'$。忽略碰撞期间的外力，则碰撞前后的动量和机械能守恒。在相距无穷远处，两粒子间的作用势为零，在质心系有：

$$m_1\boldsymbol{v}_1+m_2\boldsymbol{v}_2=m_1\boldsymbol{v}_1'+m_2\boldsymbol{v}_2'=0$$

$$\frac{1}{2}m_1\boldsymbol{v}_1^2+\frac{1}{2}m_2\boldsymbol{v}_2^2=\frac{1}{2}m_1\boldsymbol{v}_1'^2+\frac{1}{2}m_2\boldsymbol{v}_2'^2$$

在质心系，碰撞前后两个粒子的速度大小不变，$v_1'=v_1$、$v_2'=v_2$，改变的只有运动方向，且两个粒子的动方向相反。

要确定碰后状态，还须给出碰后速度的方向。定义散射角为粒子1的碰后速度与碰前速度的夹角。散射角与粒子间的相互作用以及相对姿态有关。在打靶试验中，碰撞前粒子2静止，质心系的散射角θ与实验室系的散射角θ_0满足下式：

$$\tan\theta_0=\frac{m_2\sin\theta}{m_1+m_2\cos\theta}$$

（朱界杰）

两体问题　two-body problem　研究两个相互作用质点的运动问题。常见的应用包括行星绕太阳的运动、单个电子绕原子核的运动和卢瑟福散射等。三个或以上质点组成的质点系，通常比较复杂。H.庞加莱证明了除非特殊情况，这样的多体问题不能通过寻找不变量来统一求解。而两体问题则比较简单，可约化为两组单体问题。单体问题在很多情况下有精确解，这些情况也适用两体问题。

记两质点的相对位移为$\boldsymbol{r}=\boldsymbol{r}_1-\boldsymbol{r}_2$，可以使用质心位移$\boldsymbol{r}_C$和相对位移$\boldsymbol{r}$这6个广义坐标描述质点系的运动：

$$\boldsymbol{r}_1=\boldsymbol{r}_C+\frac{\mu}{m_1}\boldsymbol{r},\ \boldsymbol{r}_2=\boldsymbol{r}_C-\frac{\mu}{m_2}\boldsymbol{r}$$

其中约化质量或折合质量定义为：

$$\mu=\frac{m_1m_2}{m_1+m_2}$$

质心位移满足质心运动定理：

$$\boldsymbol{F}=m_C\ddot{\boldsymbol{r}}_C$$

相对位移满足：

$$\boldsymbol{f}=\mu\ddot{\boldsymbol{r}}$$

这里$\boldsymbol{F}=\boldsymbol{F}_1+\boldsymbol{F}_2$是合力，而$\boldsymbol{f}=\frac{\mu}{m_1}\boldsymbol{F}_1-\frac{\mu}{m_2}\boldsymbol{F}_2$是两体的等效作用力。

由柯尼希定理可知，在质心系中，质点系的动能为：

$$T'=T-T_C=\frac{1}{2}\mu\dot{\boldsymbol{r}}^2$$

当外力为零时，由牛顿第三定律：

$$\boldsymbol{F}_1=-\boldsymbol{F}_2,\ \boldsymbol{f}=\boldsymbol{F}_1$$

所以$\boldsymbol{F}=0$，质心做匀速直线运动。

相对运动满足：

$$\boldsymbol{F}_1=\mu\ddot{\boldsymbol{r}}$$

如果两质点之间的作用力为保守力：

$$\boldsymbol{F}_1=-\nabla V(\boldsymbol{r})$$

则质心系中的机械能守恒：

$$E'=\frac{1}{2}\mu\dot{\boldsymbol{r}}^2+V(\boldsymbol{r})$$

（朱界杰）

两性离子型表面活性剂　zwitterionic surfactant　亲水基团同时具有正离子和负离子基团的**表面活性剂**。正离子部分基于伯胺、仲胺、叔胺或季铵阳离子。负离子部分可以是更可变的，并且包括磺酸盐，如在椰油酰胺丙基羟基磺基甜菜碱中。甜菜碱如椰油酰胺丙基甜菜碱具有带铵的羧酸盐。最常见的生物两性离子表面活性剂具有磷酸负离子与胺或铵，例如磷脂酰丝氨酸、磷脂酰乙醇胺、磷脂酰胆碱和鞘磷脂。两性表面活性剂本身几乎没有用处，但在提高阴离子和非离子表面活性剂的清洁效果方面非常有效。它们可以作为“偶联剂”，将表面活性剂、溶剂和配方中的无机盐组分结合在一起。（邢向军）

量子不可克隆　quantum no-cloning　描述未知非正交量子态不可以复制的**量子力学原理**。量子不可克隆定理表明：未知非正交量子态不可以克隆，即不能完美拷贝。也就是说，不存在一个量子力学容许的过程，使得：

$$|A_0\rangle\otimes|s\rangle\longrightarrow|A_s\rangle\otimes|s\rangle\otimes|s\rangle$$

式中$|s\rangle$为待克隆的未知非正交量子态；$|A_0\rangle$为仪器的初态；$|A_s\rangle$为仪器的末态。仪器的初态不依赖于待克隆的量子态，但其末态可以依赖于待克隆的量子态。

量子不可克隆定理由W.K.伍特斯，W.H.茹雷克和D.迪克斯于1982年发现，其理论基础是量子态的线性叠加原理。

量子不可克隆定理是量子物理区别于经典物理的基本性质。在应用中，它是量子保密通信的理论基础。（周端陆）

量子场论　quantum field theory　根据量子力学原理建立的场的理论，是微观现象的物理学基本理论。场是物质存在的一种基本形式。主要特征为场弥散于全空间。场的物理性质可用一些定义在全空间的量，如电磁场的性质可用电场强度和磁场强度或用一个三维矢量势$\boldsymbol{A}(\boldsymbol{x},t)$和一个标量势$\varphi(\boldsymbol{x},t)$描述。这些场量是空间坐标矢量$\boldsymbol{x}$和时间$t$的函数，它们随时间的变化描述场的运动。空间不同点的场量可看作是互相独立的动力学变量，因此场是具有连续无穷维自由度的系统。场论是关于场的性质、相互作用和运动规律的理论。量子场论则是在量子物理学基础上建立和发展的场论，即把量子力学原理应用于场，把场看作无穷维自由度的力学系统实现其量子化而建立的理论。量子场论是**粒子物理学**的基础理论并被广泛应用于统计物理、核理论和凝聚态理论等近代物理学的许多分支。

量子场论的建立及基本概念　经典场论（如麦克斯韦的电磁场论）中场量满足对空间坐标和时间的偏微分方程，因此经典场是以连续性为其特征的。按照量子物理学的原理，微观客体都具有粒子和波、离散和连续的二象性。初等量子力学中对电子的描述是量子化的，通过引进相应于电子坐标和动量的算符和它们的对易关系实现了单个电子运动的量子化，但对电磁场的描述仍然是经典的。这样的理论没有反映电磁场的粒子性，不能容纳光子，更不能描述光子的产生和湮没。因此初等量子力学虽然很好地说明了原子和分子的结构，却不能直接处理原子中光的自发辐射和吸收这类十分重要的现象。1927年P.A.M.**狄拉克**首先提出将电磁场作为一个具有无穷维自由度的系统进行量子化的方案。电磁场可按本征振动模式作傅里叶分解，每种模式具有一定的波矢$\boldsymbol{k}$、频率ω_k和偏振方式$s=1,2$；$\omega_k=|\boldsymbol{k}|c$。因此自由

电磁场（不存在与其相互作用的电荷和电流）可看作无穷多个没有相互作用的谐振子的系统，每个谐振子对应于一个本征振动模式。根据量子力学，这个系统具有离散的能级：

$$E=\sum_{k,s}\left(n_{k,s}+\frac{1}{2}\right)\hbar\omega_k$$

$n_{k,s}=0,1,2,\cdots$是非负整数。对基态所有的$n_{k,s}=0$，激发态表现为光子，$n_{k,s}$是具有波矢$\boldsymbol{k}$、极化s的光子数，$\hbar\omega_k$是相应光子的能量。还可证明$\hbar\boldsymbol{k}$是光子的动量，极化s对应于光子自旋的取向。按照普遍的粒子和波的二象性观点，应当可在同样的基础上描述电子。这要求把原先用来描述单个电子的运动的波函数看作电子场并实现其量子化。与光子不同的是电子服从**泡利不相容原理**。1928年E.P.约旦和E.P.**维格纳**提出了符合这个要求的量子化方案。对于非相对论性多电子系统，他们的方案完全等价于通常的量子力学，被称为**二次量子化**。这个方案可直接推广到描述相对论性电子的狄拉克场ψ_α，$\alpha=1,2,3,4$，量子化自由电子场的激发态相应于一些具有不同动量和自旋的电子和正电子，但每个状态最多只能有一个电子和一个正电子。下一步是考虑电磁场与电子场的相互作用，并把理论推广到其他的粒子诸如核子和介子等。描述电子场与电磁场相互作用的量子场论称为**量子电动力学**（QED），它是电磁作用的微观理论。1929年W.K.**海森伯**和W.**泡利**建立了量子场论的普遍形式。按照量子场论，相应于每种微观粒子存在着一种场。设所研究的场的系统可用N个互相独立的场量$\varphi_i(\boldsymbol{x},t)(i=1,2,\cdots,N)$描述，这里$\boldsymbol{x}$是点的空间坐标矢量，$t$是时间。各点的场量可看作是力学系统的无穷多个广义坐标。力学中可定义与这些广义坐标对应的正则动量，记作$\boldsymbol{\pi}_i(\boldsymbol{x},t)$。根据量子力学原理，可引入与这些量对应的算符$\hat{\varphi}_i(\boldsymbol{x},t)$和$\hat{\boldsymbol{\pi}}_i(\boldsymbol{x},t)$。对于整数自旋的粒子，可按照量子力学写出这些算符的正则对易关系。对半整数自旋的粒子则按照约旦和维格纳的量子化方案，可写出场的反对易关系。在给定由$\hat{\varphi}_i$和$\hat{\boldsymbol{\pi}}_i$组成的哈密顿算符$\hat{H}$后，可按量子力学写出场量满足的海森伯运动方程式，它们是经典场方程的量子化对应。量子力学还给出计算各种物理量的期待值，以及各种反应过程的概率的规则。$\hat{H}$通常取$\hat{H}=\int \mathrm{d}^3\boldsymbol{x}H(\boldsymbol{x},t)$的形式，式中$H(\boldsymbol{x},t)$只是同一时空点的场$\hat{\varphi}_i(\boldsymbol{x},t)$和$\hat{\boldsymbol{\pi}}_i(\boldsymbol{x},t)$的函数。这种场论称为定域场论。其中，场的2次项描述自由传播的波，相应于自由运动的粒子；3次以上的项则描述场的相互作用，它们的系数称为耦合常数。量子场论的定域性保证了不存在超距作用。像通常力学中的情形一样，也可等价选取其他的广义坐标，如取场量$\varphi_i(\boldsymbol{x},t)$的傅里叶分量作为广义坐标。在用到自由电磁场时，就得到前面已经叙述的狄拉克的结果。量子场论的这种表述形式称为正则量子化形式。量子场论还有一些基本上与正则量子化形式等价的表述形式，最常用的是R.P.**费曼**于1948年建立并在后来得到很大发展的路径积分形式。量子场论给出的物理图像是：在全空间充满着各种不同的场，它们互相渗透并且相互作用着；场的激发态表现为粒子的出现，不同激发态表现为粒子的数目和状态不同；场的相互作用可引起场激发态的改变，表现为粒子的各种反应过程；在考虑相互作用后，各种粒子的数目一般不守恒。量子场论可描述原子中光的自发辐射和吸收，以及粒子物理学中各种粒子的产生和湮没的过程，这是量子场论区别于初等量子力学的一个重要特点。所有的场都处于基态时表现为真空。从上述量子场论的物理含义可知真空并非没有物质。处于基态的场具有量子力学所特有的零点振动和量子涨落。改变外界条件时，实验中可观察到真空的物理效应，如在真空中放入金属板时，由于真空零点能的改变而引起的两个不带电的金属板的作用力（卡西米尔效应），以及由于在外电场作用下真空中正负电子分布的改变导致的真空极化现象。量子场论本质上是无穷维自由度系统的量子力学。量子统计物理和凝聚态物理等物理学分支中，研究的对象是无穷维自由度的系统。这些分支中感兴趣的自由度往往不是对应于基本粒子的运动而是系统中的集体运动，如晶体或量子液体中的波动。这种波动可以看作波场，而且也服从量子力学的规律，因此量子场论同样可应用于这些问题。在进行场的量子化时，必须使理论保持实验所要求的对称性，表现为当时空坐标和（或）场量作某种变换（数学上构成一个变换群）时系统的哈密顿量保持不变。根据**诺特定理**，对应于对称群的每个生成元场论中有一个守恒量，如能量、动量、角动量、电荷和同位旋等。对称性还给出粒子质量及物理过程振幅的一些关系式，这是此量子场论的重要性质。在涉及高速现象的粒子物理学中，满足洛伦兹不变性是对理论的一个基本要求。此外，还必须保证所得的结果符合量子统计的要求，即符合正确的自旋统计关系。量子场论中这些要求都已达到并给出了自旋统计关系的一般证明。

微扰论方法　考虑相互作用后，一般不能求得量子场论方程的精确解，必须采用近似计算方法。较早发展起来的量子场论的计算方法是在量子电动力学中首先采用的**微扰论**方法。即考虑到电子场和电磁场相互作用的耦合常数（即电子的电荷）e是一个小量，把哈密顿量中代表相互作用的项作为对自由场哈密顿量的微扰来处理。这样各种反应过程的振幅可表示成耦合常数e的幂级数，微扰论方法是逐阶计算幂级数的系数。考虑到耦合常数很小，只要计算幂级数的前面几个低次项，就可得到足够精确的近似结果。量子场论问题中如果耦合常数足够小，也可类似用微扰论的方法处理。1946～1949年**朝永振一郎**、J.S.**施温格**和费曼等发展了一套新的微扰论计算方法，这种方法具有形式简单、便于计算且明显保持相对论协变性的优点。特别是费曼引入了图形表示法和相应的物理图像，提供了写出微扰论任意阶项的系统的方法，此法有很强的直观性。

发散困难和重整化　在用量子电动力学计算任何物理过程时，尽管微扰论最低级近似的计算结果和实验是近似符合的，但进一步计算高次修正时却都得到无穷大的结果。同样的问题也存在于其他的相对论性量子场论中，这就是量子场论中的发散困难。它的根源在于：在现在的相对论性定域量子场论中，微观粒子实际上被看作一个点。即使在经典场论中，如果把电子看作一个点，由电子产生的电磁场对本身的作用而引起的电磁质量也是无穷大的。量子场论中发散有更多的形式，它们起源于粒子产生的场对本身的自作用。发散困难的存在表示现在的量子场论不能应用到很小的距离。曾经有不少修改量子场论基本假设的尝试，但都不成功。此外，还应当注意到，如果物理世界的基元不是点粒子而是某种有空间广延性的客体，也必然会改变点粒子场论在小距离处的结果。现有量子场论的框架内，发散困难用重整化的方法得到部分的解决。现有的量子场论可分为两类：第一类场论中所有的发散因子都可归结为少数几个物理参量的发散。如果重新调整这几个参量，使它们取实验要求的数值，对其他的物理量仍可用现有的理论计算，若按重整化的耦合常数作微扰展开就可得到有限的结果。这类理论称为可重整化的。量子电动力学属于这一类。量子电动力学中只有电子的质量和电荷需要重整化。重整化计算的合理性在于：如果未来没有发散的理论对定域量子场论的修改只限于充分小的距离范围之内，那些不发散的物理量受到的影响将很小，现有实验不能探测到这种偏离。因此可人为改变在小距离处微扰论的表示式，使计算结果有限。这种手续称为正规化。在对原来发散的参量作重整化后解除正规化，对不发散的量仍可得到足够精确的结果。只要正规化手续不改变理论的对称性，重整化计算的结果与正规化的具体方式无关。另一类理论中有无穷多个物理参量发散，这类理论称为不可重整化的。对于这类理论不能由有限个实验结果精确预言其他的实验结果。但小的时空距离在量子理论中对应于大的能量-动量，在一定的条件下不可重整化的理论作为低能有效理论还是有用的。1949年前后，施温格和费曼等首先用新式的微扰论作量子电动力学中的重整化计算。重整化的普遍理论及其严格证明经过N.N.博戈留博夫、I.Ya.波梅兰丘克、K.赫普和W.齐默尔曼等人的研究，在20世纪60年代中才完成。量子电动力学的重整化微扰论计算在很高的精度上与电子和μ子的反常磁矩及原子能级的兰姆移位的实验符合。电子反常磁矩的理论值与实验符合的精度现已达到10^{-9}。迄今量子电动力学通过了所有实验的考验。这些实验表明，量子电动力学在大于10^{-16}厘米处是正确的。量子电动力学的成功是重整化量子场论的实验证实。

规范场论及其他场论 量子场论以后的重要发展是非阿贝尔规范场论、**对称性自发破缺**理论和非微扰方法等几个方面。规范场论具有定域的对称性，即当场的变换群的参数依赖于时空坐标(x,t)时（各时空点的场做不同的变换），场的方程和所有物理量都保持不变。量子电动力学就是一种最简单的规范场论，它在电子场的定域位相变换下具有不变性，场的变换群是可交换的U(1)群。1954年**杨振宁**和R.L.米尔斯提出非阿贝尔规范场论，其中场的变换群是不可交换的。规范场论中对应于对称群的每个生成元必定有一个自旋为1的零质量粒子的场，称为**规范场**。像电磁场传递电磁作用一样，这些规范场可传递各种作用。对称性自发破缺是指：虽然场的方程具有某种对称性，但场方程的代表真空态的解不具有这种对称性，造成对称性破缺。J.戈德斯通证明，对称性自发破缺时必定存在零质量玻色子，其个数等于破缺的对称群的生成元的个数。如果规范对称性自发破缺，这些戈德斯通玻色场会与相应的规范场结合使规范场得到质量，称为黑格斯机制。1967～1968年，S.L.**格拉肖**、S.**温伯格**和A.**萨拉姆**提出了统一描述电磁相互作用和弱相互作用的自发破缺规范场论模型（G-W-S模型）。70年代初又提出了**量子色动力学**（QCD）作为描述强相互作用的理论，这是一种没有破缺的规范场论。G-W-S模型和QCD一起被称为粒子物理标准模型。爱因斯坦引力场论也是一种规范场，但有其特殊的性质。因此规范场论是构筑自然界四种基本相互作用理论的基础。由于理论中存在非物理的规范变换自由度，非阿贝尔规范场论在量子化和重整化上都有其特殊问题。除引力理论外，这些问题在60年代后期和70年代前期都得到了解决。研究这些问题时广泛利用了量子场论的路径积分和泛函的表述形式。非阿贝尔规范场的物理性质是70年代研究的中心课题，证明了这种理论的渐近自由性质，揭示了它的真空态的复杂性。为了解释除光子外实验中未观察到零质量规范粒子及参与非阿贝尔规范作用的夸克，提出了“禁闭”假设。这个假设有物理上看来有理论的论证，但其严格证明至今仍是对量子场论的挑战。出于不同的物理考虑，已经研究了各种不同的量子场论，其中有**超对称场论**（包括超对称规范场论）和二维共形场论。前者具有玻色子与费米子之间的对称性，使其发散性减弱；后者是在二维共形变换下不变的场论，可用于一维空间物理系统的临界现象，也是超弦理论的组成部分。利用其高度对称性，对这两种理论证明了许多不依赖于微扰论的严格结果。

非微扰方法 处理量子场论的微扰论方法有它的局限性，它要求耦合常数很小，即属于弱耦合的情况。耦合强到一定程度后微扰论展开式的头几项就不再是好的近似。因此量子场论的发展过程中已针对不同问题的需要发展了许多非微扰方法，如色散关系、半经典近似、重整化群方法、算符乘积展开、量子色动力学求和规则、各种低能有效理论、**格点规范理论**等。这些方法的出发点各不相同，在应用范围和近似程度上都有一定的局限性。低能有效理论的出发点是：能量足够低时重粒子不能产生，只出现在量子效应中间过程中而影响轻粒子之间的作用，因此可引进只包含轻粒子的有效场论，把物理过程的能量和某一能标的比作为小参数写出哈密顿量的展开式。这种理论通常是不可重整的，但如果对高阶项的系数的重整化值做一些合理的假设，低阶的几项就是好的近似。格点规范理论的出发点是：用定义于有限点阵上的有定域对称性的系统逼近连续时空中的规范场，利用电子计算机作蒙特卡罗模拟计算。格点提供了量子场论在小距离处的一种正规化。虽然这不再是一个无穷维自由度的系统，只要格点的数目足够多，仍是一种合理的近似。随着逼近方法的改进和电子计算机计算速度的提高，格点规范理论的精确度可不断提高，将发展为很有力的非微扰方法。

量子场论在物理学各分支的应用 量子场论作为微观现象的物理学基本理论广泛应用于物理学的各个分支。粒子物理学中粒子标准模型自提出以来经受了大量实验的检验。特别是20世纪90年代以后在正负电子对撞机LEP等加速器上达100～200吉电子伏质心能量区做的实验对一系列弱电物理量的测量精确到千分之一的量级，虽然存在几个可能的矛盾，理论与实验的符合总体上是满意的。2012年在LHC加速器上发现了**希格斯粒子**，至此标准模型预言的粒子都已被发现。QCD在纯强作用过程中也取得了很多成就，成为强作用的基本理论。量子电动力学取得成功以后，量子场论在粒子物理学中取得的这些新成就表明：虽然存在发散困难这样的基本问题和在强耦合下做精确计算的困难，量子场论仍然是解决粒子物理学问题的理论基础和有力工具。由于一些理论上的原因和在高能区可能存在的与实验的矛盾，相信粒子物理标准模型不是粒子物理的最终理论。人们一直在量子场论的框架内探讨各种超出粒子标准模型的理论。在统计物理、凝聚态物理和核物理的一些分支中量子场论也是重要的理论工具。量子场论的格林函数方法、费曼微扰论和路径积分方法在其中被广泛地应用。统计物理中的相变问题本质上不一定是量子效应，但由于是无穷维自由度问题和热涨落与量子涨落在数学形式上的相似性，量子场论方法对相变问题有十分重要的应用。如重整化群方法对解决长期不能解决的一些临界现象问题起了关键作用。如前面提到的，量子场论适用于凝聚态和作为多粒子系统的原子核中的许多现象。量子场论方法对超导和量子液体等现象的理论发展起了重要的推动作用。戈德斯通模、规范场、希格斯机制、重整化群和共形场论等概念在凝聚态理论中有许多重要应用。在QCD成为核力的理论基础后，核理论已更多地应用量子场论。量子场论未能解决的最大问题是引力场的量子化。这不但因为量子化的爱因斯坦引力场论是不可重整化的，只能作为低能有效理论使用，还因为引力黑洞的性质与定域量子场论有一些难以协调之处。引力在微观现象中通常可忽略。但按照量子化的爱因斯坦理论，在极小的距离$\approx 10^{-33}$厘米处（相应于

10^{19}吉电子伏的能量）引力会变得很强而不可忽略。因此把引力量子化困难与发散困难联系起来，期待有一个超出量子场论框架的更为基本的理论来解决。

（戴元本）

量子场论发散困难 divergence difficulties in the quantum field theory 量子场论中对相互作用常数展开，计算到高阶时出现的无穷大或发散情况。量子场论的微扰论是求解量子场论的十分有效的理论工具。在利用微扰论做相互作用常数展开进行高阶计算时，计算结果经常包含无穷大或发散的情况，这就是量子场论中的发散困难。对于只包含有质量的场的量子场论，这些发散是紫外或大动量发散。微扰论高阶计算其实就是试图计算量子涨落对低阶计算结果的修正。由于量子涨落可以历经所有可能的状态，在高阶计算中必须对这些所有可能状态的效应进行求和。量子场论包含了无穷多的自由度，因此可能的状态是无穷多。而量子场论中的紫外发散就是由对无穷多的状态求和所造成的，该发散在高阶计算中的具体表现为存在积分上限为无穷大的动量积分。对于一个可重整化的量子场论，可以重新定义有限个物理参量，比如相互作用耦合常数、粒子质量等。这些重新定义的物理参量依赖于量子场论中原有的物理参量，并且包含了高阶计算中所有可能的紫外发散。用重新定义的物理参量替换微扰论计算结果中原有的物理参量，并假设新定义的物理参量为有限，则计算结果也是有限的。这一步骤被称为重整化。

如果存在无质量的场或粒子，在高阶计算中不仅存在紫外发散，还可能存在红外和共线发散。如在量子电动力学中，如果一个电子发射或吸收一个动量几乎为零的光子时，将会发生红外发散。如果一个电子发射或吸收一个几乎和电子共线的光子，并假设电子质量为零时，将会发生共线发散。这些在量子电动力学中发散或无穷大，并不带来真正物理上的困难。由于实验仪器灵敏度的原因，实验上无法观测到动量几乎为零的光子，也无法区分处在共线运动状态的电子和光子。但实验上确实观察到电子发射或吸收一个光子的概率随着光子的能量变小而变大。对于具有渐近自由的非阿贝尔规范场论中，如量子色动力学，确实存在红外和共线发散的困难。这是因为在这一类场论中，由于色禁闭的原因，质量为零的场或粒子并不单独存在，或不对应于任何渐近自由态。因此实验上无法直接观测到这些场的激发或对应的粒子。在量子色动力学微扰论中，红外和共线发散困难可以通过因子化手段或因子化定理得到解决，从而得到有限的微扰论结果。

（马建平）

量子尺寸效应 quantum size effect 系统尺寸非常小时其系统性质显著不同于尺寸很大的宏观体系性质的现象。在宏观体系中，电子数目非常多，费米能级附近的电子能级是准连续的，能级之间的距离远小于系统的其他特征能量。当系统尺度非常小时，系统中费米能级附近的电子能级是离散的，能级间距接近甚至大于系统的一些特征能量，例如，热能量k_BT（k_B为玻尔兹曼常数，T为温度）、光子能量$h\nu$（h为普朗克常数，ν为光频率）、超导能隙等，系统性质可以显著不同于尺寸很大的宏观体系，这种现象就是量子尺寸效应。与宏观材料相比，纳米粒子的磁、电、光、声、热等性质往往显著不同，有些纳米粒子还具有更高的超导温度、很好的光学非线性、特异的催化性质以及强氧化性和还原性等，量子尺寸效应是一个主要原因。

（姬　扬）

量子点 quantum dot 一种准零维纳米结构。在量子点结构中，由于静电势（如栅电极电压等）、半导体边界（如半导体纳米晶体等）或不同半导体材料交界处形成的特殊能带结构（如核-壳结构等）等一种或多种限制条件，其三维尺度均在纳米量级，电子、空穴等在三维空间受限，不可自由运动。

形成、制备量子点的方法比较多，常见的有：利用胶体化学方法合成的纳米晶态量子点；利用晶体生长应变、使用分子束外延、金属有机化合物气相外延等生长的自组装量子点；利用半导体光刻技术在半导体异质结上制备的电栅型量子点等。

量子点种类虽然多，但这些量子点的尺寸都非常小，如纳米晶态量子点的尺寸最小约为2～10纳米；自组装量子点一般为5～50纳米；而电栅型量子点的横向尺寸约为20～100纳米。量子点较小的尺寸引起的量子尺寸效应，使其拥有与天然的原子、分子类似的分立能级谱结构，电子只能占据这些分立能级。通过调节量子点的尺寸、结构、势场、形状等可以很方便地改变其能级间隙，因此量子点也被称为“人造原子”。

由于量子点具有可控性良好的分立能级谱结构，多个领域都有应用，如量子点激光器、光伏器件、生物探测等。与此同时，半导体量子点还被广泛地用于固态量子计算研究。

（郭国平）

量子点接触 quantum point contact 二维电子气中短而窄的收缩区。量子点接触长度和宽度均远小于电子平均自由程，因此其电子输运是完全弹道的。电子弹道输运相应的一些本征特性也能得以揭示。其中最为突出的本征特性是电导量子化现象：

$$G=\frac{2Ne^2}{h}$$

式中G为量子点接触的电导；e为电荷常数；h为普朗克常数；N是由量子点接触的尺寸决定的传播模式或通道数。如图所示，改变分裂栅的电压V_g从而使量子点接触宽度改变时，零外加磁场下电导呈台阶式变化。

由于量子点接触的电导对通道的尺度非常敏感，其周围势场的微小改变就能引起通道电流的显著变化，因此经常被用于单电子探测，如在半导体量子计算中，常与量子点集成，通过电容耦合探测量子点中的电子状态。

图示为0.6开下测得的量子点接触电导随门电压V_g的变化图。左上角插图为量子点接触示意图，黑色阴影部分为两个栅电极。

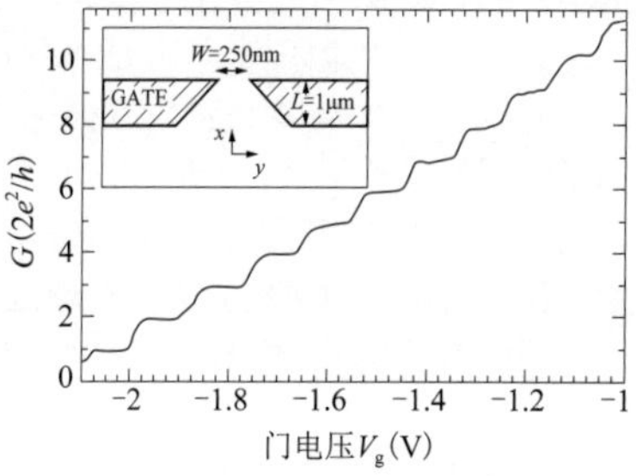

量子点接触电导随门电压变化图

（郭国平）

量子电导 quantum conductance 指在介观或纳米系统中由于电子的弹道输运而出现的以e^2/h（～$3.874\times10^{-5}\Omega^{-1}$）为单位的量子化电导。其中$e$为电子电量；$h$为普朗克常数。1988年，物理学家使用劈裂栅技术在二维电子系统中构造出狭窄的电子通道，通过改变栅压可调节通道的宽度并进而控制通道内一维导电模式的个数。这种结构被称为量子点接触，其电导呈现出一系列e^2/h整数倍的量子化平台。此外，1980年发现的量子霍尔态和2007年发现的量子自旋霍尔态（又称为二维拓扑绝缘体）的边缘态也可视为一维的弹道型输运通道。在量子输运领域中，量子电导还为讨论金属-绝缘体转变、弱局域化效应、普适电导涨落等许多其他电子输运现象提供了一个便利的电导单位。

（李永庆）

量子电动力学 quantum electrodynamics; QED 由经典电动力学发展而来的描写电磁场的相对论量子场论，是量子场论中历史最长，发展最成熟的部分。量子电动力学（QED）主要涉及电磁场（光子）和物质场的量子化和重正化，研究电磁场与带电粒子之间的电磁相互作用：包括光子的吸收和发射，带电粒子的产生和湮灭以及带电粒子之间的散射、带电粒子与光子之间的散射等物理过程。由于电磁相互作用耦合常数$\alpha_{em}\approx 1/137$很小，人们可以很好地使用**微扰论**计算QED的高阶修正。使用QED，人们对许多物理可观测量，例如电子和μ子（$\mu^{\pm}$）的反常磁矩、氢原子能级的兰姆移位等，给出了高精度理论预言，与实验测量结果在很高的精度下符合，是最精确的物理理论之一。**R.P.费曼**把QED称之为“the jewel of physics”（物理学瑰宝）。QED是第一个获得成功的量子场论理论，是标准模型理论的重要组成部分。它与原子和原子核物理、高能粒子物理理论和实验等许多研究领域有密切的关系。

1925年，非相对论量子力学创立。1928年，**P.A.M.狄拉克**提出了**狄拉克方程**，建立了相对论量子力学。1927～1929年，狄拉克、**W.K.海森伯**和**W.泡利**相继提出了辐射的量子理论。他们模仿谐振子场，引入了产生和湮灭算符，对电磁场做了量子化，奠定了量子电动力学的理论基础。电磁场量子化以后，粒子的产生和湮灭成为普遍的基本过程，可以自然地解释原子的自发辐射。采用费曼提出的**费曼图**方法，可以形象并简洁的描述电磁相互作用过程。QED的基本树图和单圈图如图所示：其中a～c分别表示费米子（动量为p）传播子f、光子（动量为k）传播子γ和γff电磁相互作用顶点；d～f分别表示次领头阶单圈费米子自能、光子自能（真空极化）和顶角修正。从QED出发，可计算各种电磁相互作用过程的截面，如**康普顿效应**、**光电效应**、**轫致辐射**、电子对的产生和湮灭等。因为电磁相互作用常数α_{em}很小，所以采用微扰论方法在领头阶近似下得到的理论计算结果，就可以和当时的实验测量值符合的很好。

在20世纪40年代，随着实验测量技术的进步，对**兰姆移位**和电子反常磁矩的实验测量精度越来越高。1947年，**W.E.兰姆**与合作者使用射频波谱的方法测得氢原子的$2S_{1/2}$能级比$2P_{1/2}$能级稍高（1057.77±0.010兆赫兹），并不是狄拉克相对论量子力学预言的完全简并。1947年，人们还通过精密实验发现电子的内禀磁矩并不严格等于一个玻尔磁子μ_B，而是（1.001 146±0.000 012）μ_B。这些非常精确的实验测量结果和领头阶QED预言值之间存在偏离，而且人们不能把这些偏离归之于实验测量的误差。为了解释这些“偏离”，必须计算高阶修正。但在计算次领头阶单圈图贡献时，人们发现不论是哪一种电磁相互作用过程，在做对圈图内线动量的积分时一定会出现无穷大，遇到发散困难。高阶修正发散的问题使得人们甚至怀疑相对论和量子力学可能是不兼容的。

兰姆移位和电子反常磁矩的发现，暴露了相对论量子力学的不足，同时“迫使”量子电动力学走向成熟。兰姆移位被发现后，**H.A.贝特**对氢原子能级跃迁产生谱线的过程做了非相对论估算。他考虑处于$2S_{1/2}$和$2P_{1/2}$态的电子和真空涨落的相互作用能虽然都是无限大，但经过一些近似处理，二者之间的差可以是有限值，给出了1040兆赫兹的理论值，和实验符合。这样如何从无限大中分离出有物理意义的有限部分——亦即如何做重正化就成为亟待解决的关键难题。

40年代末，新的重正化的QED理论由费曼、**J.S.施温格**、**朝永振一郎**和**F.J.戴森**等人建立起来。他们仔细地分析了对电磁相互作用的三个基本发散图形（如图d～f所示）所做的费曼积分中出现的无穷大，发现这种无穷大（即那些正比于$1/\epsilon$的项）可以被单独地因子化出来，而且这些无穷大因子又总是与电子质量m_e、电子电荷e（或者电磁耦合常数$\alpha_{em}=e^2/4\pi$），以及电子的旋量波函数和光子场等参数伴随出现的。因此，可以通过重新定义场量、质量和电荷的方法，把分离出来的发散部分在取极限（$\epsilon\rightarrow 0$）以前就抵消掉，从而使整个计算结果保持有限性。这个方法就是所谓的重正化方法。

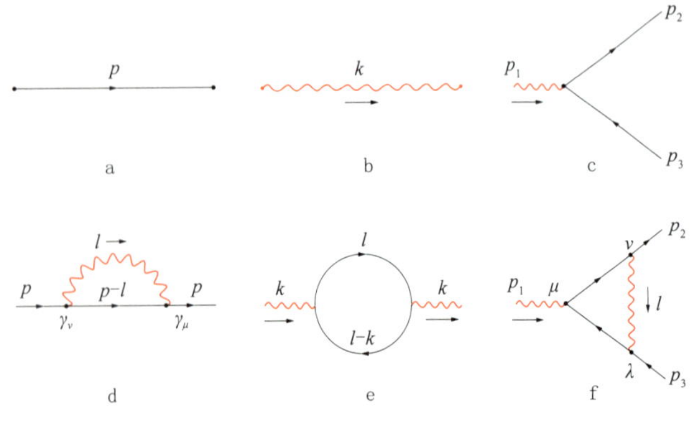

QED的基本树图和单圈图示意图

人们把包含圈图的积分叫作费曼积分。如图所示，在QED中有三种基本的发散图形。重正化包含两个步骤：首先做正规化，即把一个发散积分的有限部分和发散部分分离开来。有三类正规化方法，分别对应对积分的三个要素（积分变量、积分限和被积函数）做处理。1973年，**G.霍夫特**和他的导师**M.J.G.韦特曼**提出了可以处理无质量规范场的维数正规化方案，给出了杨－米尔斯规范场可重正性的严格证明。在QED理论中，通常采用相乘重正化方法：先用乘以重正化常数Z的方法，来重现定义场量和参数，再把QED拉氏量$\mathcal{L}$分解成基本项和抵消项，然后用基本项做计算，用抵消项消除其中的发散部分。在QED中，如图中所示的三种基本发散图形经计算可以写为以下形式：

$$\Sigma(p)=A+B(\not{p}-m)+C(\not{p}-m)^2$$

$$\Pi_{\mu\nu}(k)=[k_\mu k_\nu-k^2 g_{\mu\nu}][\Pi(0)+\Pi_C(k^2)]$$

$$\Lambda_\mu(p,p')=L\gamma_\mu+\Lambda_{c\mu}(p,p)$$

其中m为质量；四维动量处的斜线是采用费曼标记法，代表动量与狄拉克矩阵的点积。当取极限$\epsilon\rightarrow 0$时，$\{A,B,\Pi(0),L\}$是发散系数，$\{C,\Pi_C(k^2),\Lambda_{c\mu}(p,p')\}$是有限项。首先用裸量$\{\psi^0(x), A_\mu^0(x), e_0, m_0\}$写出拉氏量$\mathcal{L}_0$：

$$\mathcal{L}_0=\bar{\psi}^0(\mathrm{i}\not{\partial}-m_0)\psi^0-\frac{1}{4}(\partial_\mu A_\nu^0-\partial_\nu A_\mu^0)^2$$
$$+e_0\bar{\psi}^0\not{A}^0\psi^0$$

再把裸量重正化，即令：

$$m=m_0+\delta m=\frac{m_0}{Z_m},\quad \psi_0=\sqrt{Z_2}\psi,$$

$$A_\mu^0=\sqrt{Z_3}A_\mu,\quad e_0=\frac{Z_1}{Z_2\sqrt{Z_3}}e$$

其中$\{m,e,\psi,A_\mu\}$是重正化的量，$Z_{1,2,3}$和Z_m是重正化常数。由于QED的规范不变性，得到$Z_1=Z_2$。把重新定义的量代入上面拉氏量公式中，就得到用重正化的量表示的拉氏量：

$$\mathcal{L}=\bar{\psi}(\mathrm{i}\not{\partial}-m)\psi-\frac{1}{4}(\partial_\mu A_\nu-\partial_\nu A_\mu)^2$$
$$+e\bar{\psi}\not{A}\psi+(Z_2-1)\bar{\psi}(\mathrm{i}\not{\partial}-m)\psi$$
$$+(Z_3-1)\frac{1}{4}(\partial_\mu A_\nu-\partial_\nu A_\mu)$$
$$+(Z_2-1)e\bar{\psi}\not{A}\psi+\delta m\bar{\psi}\psi$$

其中$\psi(x)$是描写自旋量子数为1/2的费米子的旋量场，$A_\mu(x)$就是电磁场（光子场）。第一行的项在形式上和$\mathcal{L}_0$式诸项完全相同，只是把裸量换成重正化的量，他们叫作基本项。后两行叫作抵消项。在树图近似下，采用基本项就可以得到有限的结果。在做高阶微扰计算时，先按基本项用正规化方法，算出有限部分和发散部分，再选择适当的重正化常数Z_i，用抵消项消除掉发散部分，得到有限的结果。

上面QED拉氏量$\mathcal{L}$还包含如下特点：①由该拉氏量可以导出著名的麦克斯韦方程：$\partial_\mu F^{\mu\nu}=J^\nu$，其中$F_{\mu\nu}=\partial_\mu A_\nu-\partial_\nu A_\mu$是电磁场的场强张量，$J^\nu=e\bar{\psi}(x)\gamma^\nu\psi(x)$是费米子电磁流；②由于光子不带电荷，拉氏量$\mathcal{L}$不含电磁场的自耦合项；③拉氏量$\mathcal{L}$不包含规范场质量项$m^2A_\mu A^\mu$，因为这样的项破坏规范不变性。所以光子是无质量的；④光子和旋量场的耦合只包含量纲为4的$e\bar{\psi}\mathcal{A}\psi$电磁相互作用顶角（图c），其他高量纲规范不变的可能耦合为QED的可重正性要求所排除。这里升高或者降低张量的下上角标分别代表了改变张量类型的操作。

在量子电动力学的基础上，人们又先后建立了电弱相互作用理论和描写强相互作用的**量子色动力学**（QCD），这就是今天的标准模型理论，对应的规范群也从$U(1)_{em}$扩展到$SU(3)_C\times SU(2)_L\times U(1)_Y$。90年代以来，以大型正负电子对撞机、B介子工厂和大型强子对撞实验为代表的标准模型精确检验取得了巨大的成功。北京谱仪合作组对R值的精确测量和大亚湾中微子实验对θ_{13}混合参数的精确测量均具有重要的科学意义。

对QED理论最严格的实验检验来自对电子和μ子的反常磁矩a_e和a_μ的精确实验测量。以a_μ为例，实验测量值（本文下面出现的所有数值结果均取自粒子数据小组2016年发表的结果为$a_\mu^{\exp}=116\,592\,091\,(54)\,(33)\times10^{-11}$。在标准模型理论框架下，可以精确计算$a_\mu$的值，它包含三个部分的贡献：

$$a_\mu^{\mathrm{SM}}=a_\mu^{\mathrm{QED}}+a_\mu^{\mathrm{EW}}+a_\mu^{\mathrm{Had}}$$

第一项包含了由光子和轻子（e^-,μ^-,τ^-）传播子圈图所产生的高阶修正，算到5圈图［$\propto(\alpha/\pi)^5$］的理论预言值为$a_\mu^{\mathrm{QED}}=116\,584\,718.95(0.08)\times10^{11}$；第二项包含了由规范矢量玻色子$W^\pm$、$Z^0$以及希格斯粒子圈图所产生的电弱高阶修正。精确到双圈图水平的理论预言值为$a_\mu^{\mathrm{EW}}=153.6(1.0)\times10^{-11}$；第三项包含了由夸克和胶子圈图所导致的强子修正。由第一原理出发尚无法对此项修正做精确计算，主要的理论误差来源于此项。现有的理论预言值为$a_\mu^{\mathrm{Had}}(\mathrm{LO})=6923(42)(3)\times10^{-11}$，$a_\mu^{\mathrm{Had}}(\mathrm{NLO})=7(26)\times10^{-11}$。最后我们得到基于$e^+e^-$数据的标准模型理论预言值为$a_\mu^{\mathrm{SM}}=116\,591\,803(1)(42)(26)\times10^{-11}$，其中的三个理论误差分别来自电弱贡献、领头阶强子贡献和高阶强子贡献。和这些误差相比，QED理论误差$\pm0.08\times10^{-11}$非常小，完全可以忽略。比较$a_\mu^{\exp}$和a_μ^{SM}值，可定义实验测量结果和标准模型理论预言值之间的偏离为$\Delta a_\mu=a_\mu^{\exp}-a_\mu^{\mathrm{SM}}=288(63)(49)\times10^{-11}$，大约为$3.6\sigma$（3.6倍的实验测量标准误差）。如果使用τ轻子相关数据作为输入计算a_μ^{SM}，则偏离减小为2.4σ。对该偏离可以有两种解释：①计算强子修正的理论误差大。为了提高对a_μ^{Had}的计算准确度，人们引入格点QCD，并考虑了多种其他方法。②可能是新物理贡献，例如超对称模型中有很多新粒子可以给出所需要的贡献。

综上所述，量子电动力学是最精确的量子场论，是标准模型的重要组成部分。重正化的思想始于QED，但对弱作用理论的诞生、对电弱相互作用的统一，对量子色动力学的建立均有重要影响。对兰姆移位和轻子反常磁矩的高精度理论计算和高精度实验测量，促进了标准模型理论的发展和高能物理实验的设计和运行，同时为寻找超出标准模型的新物理信号或者证据提供了重要支持。

（肖振军）

量子电子学　quantum electronics　研究物质与**电磁辐射**相互作用时，利用物质量子系统的受激发射来放大或产生相干电磁辐射的方法，以及相应器件及其应用的学科。是物理学的一个分支学科。在量子电子学领域，科学家在量子水平上研究辐射与物质的相互作用。它的成果主要集中在受激辐射光放大（**激光**）和受激辐射微波放大（**微波激射器**）。

量子理论被科学家们接受为统一所有物理设备的物理学基础理论。因此，任何电子设备都可以被视为量子电子设备。然而，人们普遍认为量子电子设备只是那些能够激励量子能级之间转换的设备。激光和微波激射器是量子电子学中使用的主要设备，它们特点都是通过受激放大的机理将能量集在光束或微波中实现相干输出。晶体管和超导体也使用量子力学原理，但它们通常不被视为量子电子器件。

利用受激发射来放大相干电磁辐射的探索出现在**A.爱因斯坦**提出原子受激吸收、受激发射和自发辐射思想后的20多年，人们认识到通过能级**布居数反转**可以实现电磁波的受激放大。20世纪40～50年代，人们研究微波波谱学时发现，可在物质的特定能级间实现粒子布居数反转，通过受激辐射过程实现微波辐射的放大，结合微波谐振腔进而可能建成微波激射器，产生微波相干辐射。1954年前后，美、苏两国科学家分别独立研制成功氨分子微波激射器。

氨分子微波激射器的发明，标志着量子电子学这一新分支学科的诞生。后来，科学家们将这种机理扩大到光波波段，则发明了激光。60年代发明**激光器**后，学科的内容急剧扩大。伴随着激光和激光器的研究，形成了众多的分支学科，如激光物理、激光技术、非线性光学、激光光谱学、导波光学、集成光学等。这些分支学科有时也被包括在量子电子学之内。

量子电子学产生和发展过程中，传统电子学中的一系列技术，如放大、振荡、调制、解调、和频与差频、外差接收、信号处理等，都在量子电子学中以新的形式被借鉴。伴随量子电子学的主要器件——激光器的发展和应用，量子电子学的应用已延伸到科学技术、社会生活的方方面面。

（陈徐宗）

量子反常　quantum anomaly　一个在经典意义下作用量中的对称性在量子圈图水平上不存在的情况。对称性在物理学研究中有重要的物理意义。一个整体对称性的存在意味着可以定义一个守恒量。如时空平移不变性意味着能量和动量的守恒。规范对称性的存在通常确定了对应的相互作用，与该理论的**幺正性**和信息的守恒密切相关。对称性的破缺也具有重要的物理意义。对称性的真空自发破缺伴随着无质量戈德斯通粒子的产生或**希格斯机制**。一个对称性是否真的存在，通常与所谓的量子反常联系在一起。

量子反常可以从不同的角度来理解。从**量子场论**计算的角度，由于无穷大的存在，需要引进正规子或者截断。正规子可能破坏理论原来的对称性，即使在计算最后去掉正规子，对称性仍然无法恢复，这样就有了量子反常。从现代路径积分的角度，量子反常反映为路径积分中费米场的测度在对称变换下并非不变，由此获得的考虑量子修正的有效作用量不再具有原来的对称性。

分类　量子反常可以分为两类。一类是对整体对称性的破坏。这类反常有明显的物理效应，但对理论本身并不造成伤害。其中包括手征反常（轴反常），标度反常及超对称理论中R对称性反常等。另一类量子反常是局部对称性的破坏。这类反常对理论是有害的，会导致理论的不自洽性。最典型的例子是规范反常。由于规范对称性保证了理论的幺正性，它的破缺将导致理论的不自洽，因此规范反常是需要消除的。这在理论的构建上有很强的指导意义。其他可能造成理论不自洽的反常，包括引力反常、整体反常和宇称反常等。

手征反常　20世纪60年代中期在研究π^0介子的双光子衰变时发现了异常。由于π介子是强相互作用的对称性SU(2)×SU(2)自发破缺的戈德斯通玻色子，如果认为对称破缺后还有残存的U(1)×U(1)对称性，则描述π^0介子双光子衰变手征不变的有效相互作用可以被确定，其耦合常数需要考虑介子质量二次方被核子质量二次方的压低。这样，该过程的衰变率比实验测量到的小约三个数量级，近似为零。1969年J.S.贝尔和R.W.杰克夫在利用有效理论微扰计算双光子过程时发现了非零结果，并把这归结于正规化AVV三角图不能同时满足流守恒和规范不变性。几乎同时S.L.阿德勒独立地发现轴矢－沃德等式被AVV三角图破坏，而且没有高圈的贡献。阿德勒把该结果应用到π^0介子的双光子衰变过程，指出非零衰变率来自轴矢流的反常项。手征反常从计算上看来自为了处理紫外截断引进的正规子破坏了原来理论的对称性，这似乎意味着反常是一种紫外效应。但仔细的研究表明，只有圈图上传播的费米子是无质量时，才无法找到合适的正规子保持对称性，因此实际上手征反常是一种红外效应。

1979年藤川和男指出，在量子场论的路径积分描述中，手征反常实际上来自费米场测度在手征变换下无法保持不变。这样，费米场测度的变化正比于规范场的陈－庞特里亚金密度。利用路径积分讨论手征反常清楚地显示这个反常是单圈严格，不会受到高圈的修正。路径积分为研究量子反常提供了方便的手段。

手征反常的讨论很容易推广到其他有整体U(1)对称性的情形。特别是在超对称规范理论中，经常有多个U(1)对称性，如R对称性等。这些对称性都可能破缺，导致反常。手征反常的讨论也可以推广到非阿贝尔的整体对称性上。

手征反常在粒子物理中有多方面的重要应用。除上面提到的轴矢流反常导致的π介子双光子衰变外，其他重要的应用包括：

①U(1)问题的解决。在**量子色动力学**中上夸克u和下夸克d场质量较小，存在着一个手征的$U(1)_A$对称性，这个对称性如果自发破缺将导致一个质量接近于π介子的戈德斯通粒子。但这个粒子并未在实验上找到，这就是U(1)问题。这个问题最终由G.特霍夫特通过研究非微扰效应得以解决。由于非阿贝尔规范场存在着拓扑非平庸的瞬子位形，上面的$U(1)_A$对称性破缺，不再是理论的对称性，因此不存在自发破缺问题，也就不存在相应的戈德斯通粒子。

②重子数和轻子数不守恒。在标准模型中，夸克和轻子与SU(2)×U(1)规范场发生相互作用，由于SU(2)规范场可能存在着瞬子位形，重子数流和轻子数流不再守恒而存在反常。但这些不守恒效应来自非微扰效应，是被指数压低的，不易被观察到。

③反常匹配条件。特霍夫特指出，一个理论在紫外的反常结构会对理论的红外行为给出很强的限制。他提出了所谓的反常匹配条件，即理论的任何手征反常不依赖于理论所在的标度，在高能紫外和低能红外应该有相同的结构。反常匹配的一个重要应用是对量子色动力学低能束缚态谱的限制。另一个重要应用是对超对称规范理论的低能有效理论的限制，检验理论的赛博格对偶的正确性。

规范反常　手征反常并不会破坏理论的自洽性，因此是允许的，而且有重要的物理效应。但如果存在规范反常，即规范对称性无法在量子水平保持，则理论的幺正性将被破坏，不再是自洽的理论。同样在规范变换下费米场的测度也并非不变的。此时要保持规范对称性，必须使可能的反常相消。这限制了模型的构造。在一些情况下由于规范群的特殊性，反常并不存在，但很多情形必须合适地选择不同费米场的表示使反常相消。如在标准模型中，在各个规范群下不同费米场的表示都可以使相应的反常相消。

四维中的反常来源于在理论中费米场与规范场的耦合破坏了宇称，因此是手征规范理论。这类理论中左手费米子与右手费米子在规范变换下的行为不同，或说是处于规范群的不同表示，这样就有可能导致反常。由于理论具有**CPT对称性**，左手费米子和右手费米子互为反粒子，四维中它们的表示互为复共轭。如果规范群没有复表示，则理论不可能是手征理论。

在其他时空维数中，情况可能有所不同。在奇数维中没有外尔旋量，没有左右手的不对称性，也就没有上文介绍的反常，但有可能有宇称反常。在偶数维中，时空维数为$4n$的情形类似于四维。而$4n+2$的情形有重要的不同。首先$4n+2$维左手费米子的反粒子仍然是左手费米子，可以构造只包括单一手征费米子的理论。其次，在$4n+2$维时空手征费米子在规范群下的表示一定是实的，但左右手费米子的表示完全独立，如果它们的表示不同，则有可能导致规范反常。

量子反常的整体结构实际上是固定的，被对称性所限制，其数值因子依赖于理论的具体内容。J.外斯和B.朱米诺在1971年发现四维中反常必须满足一组自洽条件。这组自洽条件确定了反常的整体结构。他们还提出了确定反常的作用量。1983年E.威滕从五维的角度重新考虑了此作用量，从而确定了作用量前面的系数。这个作用量现在称作WZW作用量，在讨论戈德斯通粒子的有效作用量时有重要的应用。例如在考虑SU(3)×SU(3)自发破缺后得到的介子有效作用量时，WZW项的存在提供了新的选择定则，解释了K-反K介子系统到3π介子的衰变过程。

其他量子反常　除了手征反常和规范反常以外，还有其他的一些量子反常，下面逐一进行介绍。

①引力反常。在广义相对论中，理论具有微分同胚不变性，或者说广义协变性。如果量子效应导致微分同胚不变性无法保持，则称存在引力反常。与规范反常类似，引力反常只产生于场与引力的耦合从而破坏宇称的情形。由于量子场都处于洛伦兹群的表示下，只有复表示才能导致宇称破缺，因此只有当时空维数为$4n+2$时，才可能有引力反常。此时产生引力反常的费曼图有$2n+2$条外腿引力子。引力反常对应着理论的能动量张量不再守恒，因此引力反常是有害的，需要消除。

②混合反常。当圈图外腿同时出现规范粒子和引力子时导致的反常。它的存在意味着规范对称性和广义协变性被破坏，因此混合反常需要抵消。1984年M.B.格林和J.H.施瓦茨发现对于Ⅰ型超弦，当规范群为SO(32)时，规范反常、引力反常以及混合反常都可以被抵消。他们指出一个反对称张量场可以在规范粒子和引力子间的树图传播，这在反常抵消中发挥了至关重要的作用。这就是著名的格林－施瓦茨机制。

③整体反常。上面的讨论集中在规范变换或者坐标变换都是无穷小变换的情形。这些变换都被假定为可以连接到群的恒等元上。但由于群的整体性质，还存在着所谓的大规范变换或者大坐标变换，这些变换无法与群的恒等元连续相连。在路径积分中，费米场的位形及其在大规范变换下的场位形的贡献都需要考虑，但积分得到的结果是零，反映了这样的理论是病态的。这种规范场位形的非连通性导致的

反常称作整体反常，最早是由威滕在1982年发现的。

在弦理论单圈配方函数的讨论中，环面上的SL(2,Z)模变换也可能存在反常。这个模变换可以看作是二维世界面上不与恒等元相连的微分同胚变换，如果存在反常，则可以看作是一种整体反常。SL(2,Z)的不变性对保证理论没有紫外发散至关重要，也是弦世界面几何图像的一部分，因此该对称性不能够破缺。实际上弦理论单圈配方函数的模变换不变性是理论自洽性的要求。

④宇称反常。宇称反常类似于威滕在四维中发现的整体反常，但它存在于奇数维。假如规范群具有奇的对偶考克瑟特数，且无质量马约拉纳费米子的数目也是奇的，在量子化时如果想保持理论的规范不变性，则必须放弃理论在宇称和时间反演下的对称性。这被称作宇称反常。它最早是被A.J.尼米和G.W.谢苗诺夫及A.N.雷德利克发现的。这种反常在研究拓扑超导体中得到应用。

⑤标度反常（迹反常）。一个理论的经典标度不变性在量子水平上破缺，就称为标度反常。标度反常也称为共形反常，或外尔反常。经典理论的标度不变性意味着能动量张量的迹为零，因此标度反常又称为迹反常。一个典型的例子是量子色动力学经典上具有标度不变性，但在量子水平上被破缺，产生一个质量标度。在不同标度下理论的行为可以通过重整化群流来讨论。在重整化群流的固定点，理论才是标度不变的。

与通常的手征反常不同，标度反常一般不是单圈严格的，会受到高圈修正的影响。只有在超对称场论中，由于轴矢流和能动量张量属于同一超多重态，迹反常也是单圈严格的，这对超对称杨-米尔斯理论中耦合常数的β函数给出了很强的限制。

在弦理论中，二维世界面具有一个局域外尔对称性，因此外尔反常必须相消，这对弦所在的时空维数给出了限制——对于玻色弦只能在二十六维，对于超弦只能在十维。

应用与意义 量子反常与数学有着密切的联系。如果把路径积分欧式化，反常部分的积分正好由狄拉克算子左手零模与右手零模的差给出，这正是著名的阿提雅-辛格指标定理。这为研究量子场论的大范围性质打开了窗口。量子反常与规范场纤维丛的整体结构、同伦群、BRST上同调等数学分支都有着密切的联系。

总之，量子反常是场论中经典对称性被量子效应所破坏的现象。相对于整体对称性的量子反常是允许的，丰富了理论的物理内容。它们不仅有着确实的物理观测效应，也有助于讨论理论在不同标度下的行为。而相对于局域对称性的量子反常对理论是有害的，因此需要消除这类反常。这对理论的构建有着很强的指导意义。

量子反常不仅在高能物理中有多方面的应用，在凝聚态物理中也有重要的应用。研究一个理论的对称性及其可能的量子反常有着重要的物理意义。（陈　斌）

量子反常霍尔效应 quantum anomalous Hall effect 一种不需要外加磁场，霍尔电阻达到量子化数值（h/e^2的整数或分数倍）的反常霍尔效应。1880年，美国物理学家E.H.霍尔发现，在不施加外磁场的情形下，磁性材料中的自发磁化会引起电子在垂直于电流方向的运动偏转，这种效应称为反常霍尔效应。简言之，反常霍尔效应是不需外磁场的**霍尔效应**，其物理机理与霍尔效应很不同。2012年底，中国薛其坤研究团队与合作者在磁性拓扑绝缘体薄膜中首次实验观测到了量子反常霍尔效应。

整数量子霍尔效应来源于二维电子系统在低温、强磁场环境下的朗道量子化。在这种极端条件下，二维电子系统也会展示非零陈数的拓扑非平庸电子结构。1988年，美国理论物理学家F.D.M.霍尔丹提出一个具有**陈数**为1的拓扑非平庸能带的二维晶格模型。他的研究发现，在不需要外磁场的条件下，该系统就可以显示整数量子霍尔效应。从2006年起美国物理学家张首晟及其合作者提出，引入铁磁性的二维拓扑绝缘体或三维拓扑绝缘体薄膜将转变成为陈氏绝缘体，会呈现量子化的反常霍尔效应。中国清华大学薛其坤研究团队与中国科学院物理学研究所的合作者，利用分子束外延技术制备出了Cr掺杂的铁磁性的$(Bi,Sb)_2Te_3$拓扑绝缘体薄膜。在30毫开温度下，他们通过输运测量观测到，零磁场下的霍尔电阻呈现h/e^2的量子化平台，这标志着量子反常霍尔效应的实验发现（见图）。此结果已被世界多个研究组重复确认。

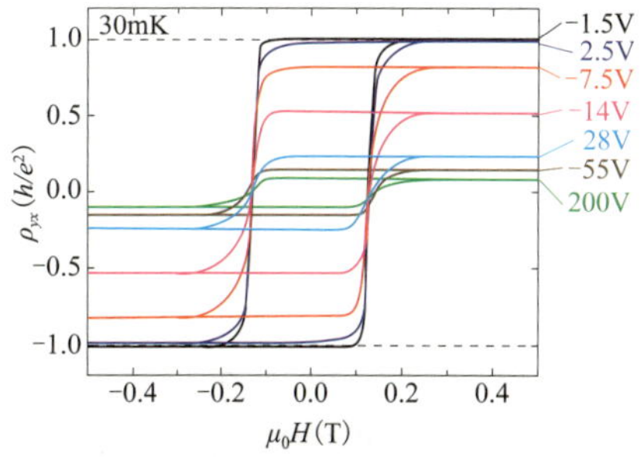

Cr掺杂的$(Bi,Sb)_2Te_3$薄膜中量子反常霍尔效应的实验测量结果

在固态系统中，量子反常霍尔效应仅在Cr掺杂的$(Bi,Sb)_2Te_3$薄膜、V掺杂的$(Bi,Sb)_2Te_3$薄膜及衍生系统中实现。2014年，瑞士T.艾斯林格课题组在冷原子系统中模拟出陈氏绝缘体，并观察到量子反常霍尔效应。当自旋轨道耦合强度和铁磁交换能满足一定条件时，在磁性拓扑绝缘体薄膜或磁性外尔半金属薄膜中，理论预期有可能出现具有多个边缘态的高阶量子反常霍尔效应。另外，在具有平坦能带的陈氏绝缘体中，具有分数化量子电导的量子反常霍尔效应也会出现。

由于量子反常霍尔效应不依赖于外加磁场和载流子迁移率，可以用来实现基于量子霍尔无耗散边缘态的器件应用。量子反常霍尔效应也为拓扑磁电效应、手征拓扑超导电性等拓扑量子物态和效应的实验研究奠定了基础。（薛其坤　何　珂）

量子反散射方法 quantum inverse scattering method 由列宁格勒学派在求解1+1维的量子可积模型过程中所建立的一种系统的代数求解方法，又称代数贝特拟设方法。量子反散射方法为求解物理学中（**量子场论**及凝聚态物理等）丰富的非线性可积模型系统提供了统一、普适的求解方式，因而其研究成为数学物理领域的重要分支之一。

量子反散射方法的具体思路是将求解哈密顿量本征态的问题转化为与其等价（由杨-巴克斯特方程所提供的对易守恒关系）的转移矩阵的本征态问题，使用相应的产生、湮灭算子作用在赝真空态上，构造相应的贝特参考态。该贝特参考态在满足特定约束条件下（一组代数方程组，即贝特拟设方程）会成为转移矩阵的本征态，同时它也是哈密顿量的本征态，这样相应的本征值函数和关联函数也可求出。

量子反散射方法揭示了传统贝特拟设方法的代数本质，故此也被称为代数贝特拟设方法。它是通过构造本征态（贝特态）来获取转移矩阵的本征值的，因此依赖于赝真空态的存在。该方法在处理U(1)-对称可积模型（具有赝真空态）上取得了巨大成功，但在求解如户田自旋链、具有非平行边界磁场的海森伯自旋链等U(1)-对称破缺可积系统（没有明显的赝真空态）时遇到了困难。最近发展起来的非对角贝特拟设方法可以克服这一困难，成功求解了系列U(1)-对称破缺的典型量子可积模型，并将量子可积模型的谱问题纳入统一的理论框架中。（杨文力）

量子干涉效应 quantum interference effect 在同一个量子系统中，与量子力学中态叠加原理相对应，若干个不同量子态叠加成一个纯态的情况。当研究体系特征尺寸与粒子德布罗意波长相近时，就可能会出现量子干涉效应，它可以是粒子自身的干涉。以单光子双缝干涉实验为例，入射光束的强度降低，以保证在任何时间间隔内，平均最多只有一个光子通过双缝。经过长时间累积后，摄影胶片上仍旧会出现杨氏双缝干涉图样。量子干涉必须在存在路径不确定性的情况下才有可能发生，当路径确定的信息原则上有可能被人获知时，干涉就会消失，惠勒延迟选择实验证明了这点。从量子干涉实验中，可以得到粒子跟环境相互作用的某些信息，但不可得到粒子内部状态方面的信息。量子干涉和经典波干涉现象形式上十分相似，但本质上有根本的区别：①经典波反映振动在介质中的传播，而量子波是描述微观客体的概率波，它反映微观客体非确定性的统计规律。经典波的干涉表现为稳定的强度分布，而量子波的干涉表现为稳定的概率分布。②经典波是以实物介质为载体，可以实在观察到介质形成的干涉图样。由于量子干涉的波函数不需要振动介质作为载体，因此看不到像经典干涉形成的直接干涉图样，但可以通过大量的微观粒子的集体表现，间接得到与经典干涉相似的量子干涉图样。③二者在形式上是相似的，但在物理内涵上有着本质的差别。经典力学中波的叠加原理是基于质点振动和波传播的相对独立性，而量子力学中态的叠加是基于微观客体所遵循的薛定谔方程的线性规律。经典力学中的两列波叠加形成一个新的波列，而在量子力学中叠加的是量子系统的两个可能态，叠加的结果使得体系将部分处于各个叠加态。

量子干涉效应可以以真空中自由电子

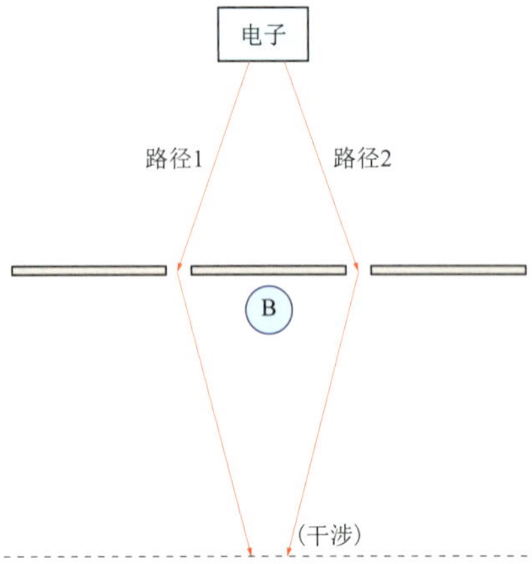

电子干涉实验示意图

的阿哈罗诺夫-玻姆效应（AB效应）为例说明。1959年，Y.A.阿哈罗诺夫和D.玻姆提出无论是否存在电磁场，电子波函数的位相都会受到空间中电磁势的影响，其效应可以通过图中的电子干涉实验来观测。通过螺线管通电之前后观测屏上量子干涉图案的变化来检测矢势的物理效应。1960年，AB效应被钱伯斯实验证实，真空中自由电子的AB效应是量子干涉效应。

（常　凯）

量子光学 quantum optics 用量子理论来研究光的相干性、统计性以及光与物质相互作用规律的光学分支学科。在实际的研究中，量子光学包括了半经典的处理方法，即对光场用经典理论而对原子系统用量子理论。全量子理论则对光和物质都采用量子理论。由于量子属性是光的固有属性，从这个意义上来讲，量子光学是各种现代光学学科以及与光有关的学科的基础。量子光学的产生与发展，体现了人类对光的本性和量子规律的认识过程。

量子光学的产生　19世纪光的电磁理论建立后，在解释诸如光的反射、折射、干涉、衍射和偏振等与光的传播有关的现象时取得了极大成功。19世纪末和20世纪初，发现了黑体辐射规律和光电效应等另一类光学现象，在解释这些涉及光的产生和光与物质相互作用的现象时，经典波动理论遇到了不可克服的困难。1900年，M.普朗克提出了能量子假说，得出黑体辐射的普朗克公式，很好地解释了黑体辐射规律。1905年，A.爱因斯坦提出了光子假设，成功地解释了光电效应。随后利用光子具有能量、质量和动量的概念，解释了康普顿效应。在这一物理学发生重大变革的时期，这些揭示经典理论危机的重要实验有许多是同光现象有关的，如前面提到的黑体辐射、光电效应、康普顿效应，以及有关原子光谱的大量资料。量子效应首先在光学现象中被观察到，反映了光学同量子物理之间的深刻联系。

20世纪20年代，量子力学的理论体系取代旧量子论逐步建立起来：1925年，W.海森堡、M.玻恩和E.P.约旦提出矩阵力学；1926年，E.薛定谔确定了波动力学的基本方程；1927年，P.A.M.狄拉克系统地把自由辐射场作为独立的动力学系统量子化，他指出了辐射场在动力学上等价于无穷多个无耦合的谐振子的集合，而每个振子是电磁场的一个模式，从而奠定了光场量子化的基础。狄拉克后来又提出了关于光子干涉的著名论断：每个光子只同它自己干涉，两个不同光子之间从不会干涉，这是对光子认识的深化。到了40年代，随着量子理论的深入发展，建立了量子电动力学的严密体系并得到兰姆移位实验的支持。在这以后的一段时期内，量子电动力学的运用和发展，主要是在研究光子同其他微观粒子的相互作用方面，而较少涉及光学领域。

50年代及60年代初，两方面的重要实验研究促成了现代量子光学的产生。一个是1956年的R．汉伯里·布朗和R.Q.特威斯的强度-强度关联（简称HB-T）实验。HB-T实验使人们意识到要从光场的统计性质的角度来理解光的干涉衍射效应，推动了对光场的高阶相干性的研究。同时，HB-T实验的量子解释揭示了不同光源产生的光子有不同的量子时空关联特性，即群聚或非群聚效应。另一个是辐射的受激放大实验，即1954年C.H.汤斯的氨分子微波激射器和1960年T.H.梅曼的红宝石激光器。激光的基本物理过程——光的受激辐射效应是早期光的量子研究对象。1960年第一台激光器的问世，无疑是光学学科的一场真正的革命，也是光学科学和技术走向现代的一个标志。实际上，它的影响已远远深入到物理学以外的许多学科和技术领域。激光与以往的热光源的根本区别是这两种光场遵从完全不同的统计性质。激光的出现，促进了对光的量子统计性质理论的研究和发展。

量子光学的发展　R.J.格劳伯用量子理论讨论光的相干性，为现代量子光学的发展奠定了理论基础。格劳伯和G.苏达珊将薛定谔提出的最小不确定态引申为相干态，建立了基于相干态的“格劳伯-苏达珊表示”，即P表示。它可以充分反映出场的相位信息，使得一个量子化光场可以同经典光场进行类比和对应。相干态表示成为量子光学的重要理论基础，在此基础上发展出各种量子准分布函数表示理论、光-原子相互作用的全量子理论（JC模型等）、量子热库理论等。

各类激光器的迅速发展和在实验室的广泛应用，加之光相干量子理论等量子光学理论工具的建立，促进了量子光学迅速发展。例如激光器的全量子理论、合作原子辐射、超辐射、非经典光场的研究，以及光场挤压态和挤压效应、光子的反群聚效应、双光子纠缠态等。与此同时，高功率激光的运用使得较容易观察到非线性光学效应，促进了非线性光学的发展。80年代，在激光泵浦非线性晶体产生的自发参量下转换过程中，获得了双光子纠缠态。有了量子纠缠光源，在量子光学领域开展了许多有关量子力学基本规律的实验，如验证贝尔不等式、惠勒的延迟选择等。此外，使用双光子纠缠光源和两个光子符合计数的观察方法，可以实现许多传统光学无法理解的现象，如亚波长干涉、非定域双缝干涉、鬼干涉和鬼成像等。21世纪初，理论和实验研究发现这些效应也可以用热光源通过强度关联的方法再现。热光的新现象极大地丰富了历史上HB-T实验揭示的物理内涵，这两类光源通过高阶关联再现的非传统的光学现象，为认识光子之间量子纠缠和经典关联的物理异同等问题提供了深入的思考。

量子光学研究中另一个引人注目的研究是腔量子电动力学。首先发现的是辐射体因谐振腔的存在而导致其自发辐射率不同于自由空间时的效应，接着E.T.杰恩斯和F.W.卡明斯提出了表征单模光场与二能级原子相互作用的J-C模型。基于这个模型，法国人S.阿罗什发展出在超导高Q微波腔中一个一个地放入制备到主量子数很高的里德伯态的碱金属原子的技术，观察到了原子自发辐射率增强的效应，实现了原子-原子、原子-光子纠缠态，并通过操纵原子实现对腔中光子（甚至单个光子）的控制以及量子非破坏测量等。在此实验技术基础上人们后来发展出单原子激射器、微激射器等。近年来，腔量子电动力学研究已扩展到所谓类腔结构中，如波导、光子晶体、半导体量子阱微腔、微纳结构等。进入21世纪，由于微纳加工技术的日新月异，更是催生了量子光力学这一新的分支领域，即在量子力学框架下实现了光学自由度和力学自由度的有效耦合，为解决微弱力（场）的精确探测和在宏观尺度上观测到量子行为等重大难题提供了新契机。

研究特色与应用　从量子光学的发展历程可以看出，量子光学研究的主要特色是：分析光场的各种经典和非经典现象的物理本质、揭示光场的各种线性和非线性效应的物理机制、探究光场与物质相互作用的各种动力学特性及其与物质结构之间的关系、发展新的光子操控技术并将其用于量子通信和量子传感等相关研究领域。

21世纪开始，半导体器件、计算机和电子技术迅速发展，大大开拓了实验室对光现象观察的视野，促进了实验量子光学的发展。而量子光学又推动了其他新兴学科的发展。激光冷却技术的发展可以操控和俘获原子分子并实现了玻色-爱因斯坦凝聚，推动了基于冷原子物理的原子光学的发展。原子光学借鉴了量子光学中的理论方法来描述物质波。光学系统量子非破坏测量、光信号的无噪声放大和克服真空涨落极限的挤压态的研究可用于极微弱信号的高精度光学测量，例如测量引力波。由于光波传播速度快且不易受干扰的特性属于最佳信息载体，在对电磁感生透明模型的研究中解决了光量子信号的存储问题，因此量子光学对光的量子本性的研究成为现代量子信息技术、量子通信和量子计算的基础。

研究成果　在量子光学的产生、发展和完善过程中，科学家们曾取得过一系列的重大历史突破，历时百年先后7次获得了诺贝尔物理学奖。

1921年，爱因斯坦由于光电效应定律的发现获得了量子光学发展史上的第一个诺贝尔物理学奖。1964年，汤斯、N.G.巴索夫和A.M.普罗霍罗夫由于微波激射器和激光器的发明获得了量子光学发展史上的第二个诺贝尔物理学奖。1997年，朱棣文、C.科昂-塔努吉和W.D.菲利普斯由于发明了激光冷却和捕获原子的方法获得了量子光学发展史上的第三个诺贝尔物理学奖。2001年，E.A.科纳尔、C.E.威曼和W.克特勒由于实现了玻色-爱因斯坦凝聚态获得了量子光学发展史上的第四个诺贝尔物理学奖。2005年，格劳伯由于建立了光场相干性的量子理论获得了量子光学发展史上的第五个诺贝尔物理学奖（与在激光精密光谱学方面取得突出贡献的两位学者分享）。2012年，阿罗什和D.J.维因兰德由于发现测量和操控单个量子系统的突破性实验方法获得了量子光学发展史上的第六个诺贝尔物理学奖。2022年，A.阿斯佩、J.F.克劳瑟和A.塞林格由于通过光子纠缠实验确定贝尔不等式在量子世界不成立并开创了量子信息科学这一领域而获得量子光学发展史上的第七个诺贝尔物理学奖。

结合当前的最新动态和发展趋势，可以期待不久的将来还会陆续出现使得量子光学理论体系和技术手段更加完善的标志性成果。

（汪凯戈　吴金辉）

量子耗散　quantum dissipation　在量子开系统中，与环境的相互作用所导致的量子系统能量的耗散。在实际的量子系统中，不能忽略环境的作用，即要考虑量子开系统。在该系统中的物质受到周围环境的影响，从而导致了量子系统中的能量和信息的不可逆损耗。

（李　勇）

量子化　quantization　从对物理现象的经典理解到量子力学新理解的系统性过渡过程。见场的量子化。

量子混沌　quantum chaos　研究复杂系统行为的一个量子力学分支，尤其关注经典-量子对应问题，旨在回答量子力学过渡到经典力学的条件、形式及物理蕴含。量子混沌这一问题的提出可追溯到量子力学发展之初爱因斯坦的工作，1917年他在一篇文章里指出像三体这样的不可积系统，其经典量子对应尚不清楚。但因问题固有的难度和复杂性，直至20世纪80年代才得到广泛关注和研究，并迅速成长为一个新的研究领域。量子混沌已和统计物理、原子分子物理、凝聚态物理、量子光学等多个学科形成了广泛的学科交叉。

量子混沌的研究对象是其经典对应系统有混沌运动的量子系统，其主要目的之一是揭示经典混沌运动的量子表现，尤其是具有普适特征的表现。其代表性成果是这类系统能谱的统计性质具有随机矩阵理论所给出的特征。该特征常常被用作量子混沌的判据，并被认为也适用于没有经典对应的量子系统。然而，这类系统的能量本征函数的统计性质还未研究清楚，其中最为困难的问题是所谓基矢依赖性问题。因其问题的困难和复杂，量子混沌领域所研究的系统多局限为周期外场作用下的一维（自由度）系统（如受击转子）以及保守的二维系统（如运动场形台球桌）。但是随着研究的深入，较高自由度的系统得到了越来越多的关注。

量子系统原则上并不存在对初始条件的指数型敏感依赖，因此没有经典意义上的混沌运动。1989年，M.贝里曾建议用“量子混沌学”命名这一研究领域，以避免“量子混沌”一词可能引起的误解。但是，研究人员仍普遍使用已被广泛接受的“量子混沌”这一术语来指称这一领域。

（赵　鸿）

量子霍尔效应　quantum Hall effect　二维电子系统在垂直磁场中出现的霍尔电阻量子化的现象。在低温和强磁场下，二维电子系统的霍尔电阻呈现出一系列量子化的平台。平台对应的电阻值具有高精度、稳定性和可重复性。

1980年，德国物理学家K.von克利青在研究硅的表面二维电子系统在强磁场中的输运性质时，出人意料地观测到精确的量子化霍尔电阻平台及相伴随的零纵向电阻。在平台处，霍尔电阻满足$R_{xy}=\frac{h}{ne^2}$，n为整数，并对应于朗道能级填充数$\nu=\frac{n_s h}{eB}$，n_s为载流子浓度，h是普朗克常数，e为电子电量，B为垂直磁场。1982年，崔琦、H.L.施特默和A.戈萨德利用迁移率更高的GaAs/AlGaAs二维电子系统发现了$\nu=1/3$的分数量子霍尔效应。1983年，R.B.劳克林给出了分数量子霍尔效应的理论解释，并指出分数量子霍尔态是电子-电子相互作用导致的具有分数电荷激发的不可压缩量子液体。K.von克利青因发现整数量子霍尔效应获得1985年诺尔诺贝尔物理奖，崔琦、施特默和劳克林因为在分数量子霍尔效应方面的贡献被授予1998年诺贝尔物理奖。

经典的**霍尔效应**早在1879年就已发现。当电流通过垂直磁场中的导体时，导体内的载流子运动会发生偏转，从而在导体两侧积累电荷，建立垂直于电流和外磁场的霍尔电压。在经典物理学中霍尔电阻，即霍尔电压和电流的比率，与外加磁场成正比。在半导体界面或石墨烯等材料的二维电子系统中，如果垂直磁场足够强，电子会沿着圆形轨道进行回旋运动。在量子物理学中这些回旋运动轨道被量子化，电子的连续能谱演化成一系列等间距的朗道能级。能级间距以及每个能级所能够填充的电子数与磁场强度成正比。当电子正好填满整数个**朗道能级**时，系统的霍尔电阻等于克利青常数（h/e^2=25 812.807欧）的n分之一。材料中无序分布的杂质和缺陷会产生随机的势场，使朗道能级展宽为一系列朗道能带，能带中心区域的电子态导电，而能带边缘的电子态是局域和不导电的。随着外加磁场的变化，电子交替填充导电态和局域态，霍尔电阻呈现出一系列整数化的平台。量子化的霍尔电阻平台必须在低温下和足够纯净的样品中观测。

量子霍尔态在现象上与超导态和超流态有些相似之处，它们都属于宏观量子态。与后两者不同的是，量子霍尔态没有局部的序参量，需要用具有全局性质的拓扑序进行描述。1982年，D.J.**索利斯**等证明量子霍尔电阻的精确量子化与拓扑不变量（**陈数**）有关，该工作被授予2016年诺贝尔物理学奖。国际计量委员会建议从1990年起在世界范围内启用量子霍尔电阻标准并给出克利青常数作为国际推荐值。

量子霍尔态是首个被发现的拓扑物态，其研究对物理学的发展产生了深远的影响。基于电荷的量子霍尔效应被推广到电子自旋等自由度，引领了拓扑绝缘体领域的研究。物理学家也在量子霍尔效应的研究中认识到存在对称性相同但拓扑性质迥异的物态，它们被称作具有不同的拓扑序。此外，还有可能利用一类特殊的分数量子霍尔系统来实现硬件可容错的量子计算，即拓扑量子计算。

（万 歆 李永庆）

量子级联激光器 quantum-cascade laser; QCL 一种基于半导体耦合量子阱子带间辐射跃迁实现光量子放大的单极性**半导体激光器**。量子级联激光器（QCL）通过一种载流子（电子或空穴）在同一能带（导带或价带）的不同子带间的受激辐射跃迁实现发光，发光频率取决于量子阱子带间的能量差。量子级联激光器有以下几个显著特点：①采用周期量子阱级联结构（见图）。耦合量子阱内因量子限制效应产生

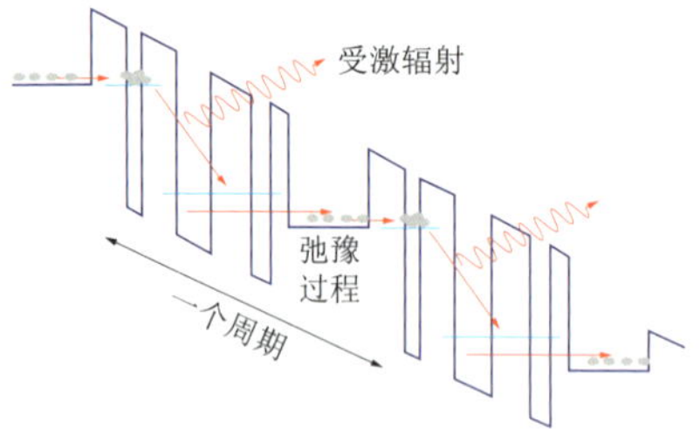

量子级联激光器工作原理示意图

分立的子带，在一定的偏压下，电子由前一个周期注入有源区，注入的电子在这些子带之间可产生粒子数分布反转。通过受激辐射发出一个特定频率的光子，然后经过一定的弛豫过程注入下一个周期。这一过程在周期间不断循环，可以实现电子注入的倍增，即输入一个电子可以激射N（重复的周期数目）个光子。量子效应决定子带间距，跃迁区和注入/弛豫区的逐级串联形成了级联特征。②通过调节势阱、势垒的材料厚度或组成可以调节导带或者价带的子带间能量差，从而在不改变生长材料的条件下在很大范围内实现对激射波长的调节（几微米到上百微米）。③电子或者空穴处于同一能带的各子带，各个子带有相似的抛物线形能量色散关系，激光增益谱较窄，且是一种高速响应的激光器。

量子级联激光器的出现填补了中远红外波段半导体固态辐射源的空白。量子级联激光器采用的材料体系主要有InP基GaInAs/AlInAs材料体系、GaAs基GaAs/AlGaAs材料体系，以及锑化物QCL材料体系，如InAs基InAs/AlSb材料体系、InP基InGaAs/AlAsSb材料体系、InP基InGaAs/AlGaAsSb材料体系等。

发展简史 1971年，苏联约飞物理技术研究所的R.F.卡扎林偌夫和R.苏里斯提出在超晶格中基于单极光子辅助隧穿跃迁的光量子放大是可能实现的。1994年，美国贝尔实验室的F.卡帕索、J.费斯特和卓以和等人将分子束外延技术与半导体能带工程相结合，研制出世界上第一个量子级联激光器，激射波长为4.3微米，材料体系为AlInAs/GaInAs超晶格，有源区采用三阱斜跃迁方式。2001年，瑞士纳沙泰尔大学的费斯特小组利用四阱双声子辅助共振隧穿大大改善了注入和抽取效率，采用该设计的量子级联激光器器件首次实现了室温连续激射。2002年，美国西北大学拉泽吉小组同样采用四阱双声子辅助共振隧穿设计的量子级联激光器首次实现了室温脉冲功率突破瓦级。2009年，美拉泽吉小组利用单阱注入设计，实现了在40开下53%的插座效率，首次实现了该类器件辐射出的光能量大于热损耗。2012年，瑞士苏黎世联邦理工学院的费斯特小组实现了量子级联激光器在中红外的频梳，进一步拓宽了量子级联激光器的应用方向。

太赫兹量子级联激光器 由于太赫兹频段的光子能量小，因此需要设计较小的子带间能量差，各类散射作用增强，使得粒子数反转更加难以实现。同时，在太赫兹波段，自由载流子的吸收增强，波导损耗也大大增加。2002年，世界上第一个太赫兹量子级联激光器由意大利和英国科学家合作研制完成，器件基于GaAs/AlGaAs材料体系，激射频率为4.4太赫。太赫兹量子级联激光器的有源区结构设计主要有束缚态到连续态跃迁结构、共振声子结构和散射辅助注入结构三个主要方向，波导结构设计主要有半绝缘等离子波导和双面金属波导这两个主要方向。太赫兹量子级联激光器在该波段的无损检测、天文探测和保密通信等方面有着不可替代的作用。

应用研究 量子级联激光器的波长范围可覆盖2.65～300微米的中远红外到太赫兹范围，中远红外波段的光源在化学检测、医学红外成像、光波通信等方面有着广阔的应用前景。特别是在气体检测方面，大部分重要的温室效应气体、大气污染气体、神经性毒气、爆炸产生物、燃料燃烧产生气体和人类呼吸产生的气体（CO、CO_2、CH_4、NH_3、N_2O、SO_2、O_3、HNO_3等化学痕量气体）的特征吸收谱都落在2～12微米波段。

（曹俊诚 刘峰奇）

量子几何动力学 quantum geometrodynamics **广义相对论**的正则量子化方案。**狭义相对论**把时间和空间统一到一起，称为时空。广义相对论进一步将时空从平直推广到弯曲，使得**爱因斯坦引力场方程**具有明显的协变性。在爱因斯坦引力场方程中，四维时空度规张量整体作为一个基本

变量。这种形式不便于研究包含引力场的初值问题和引力场的正则量子化问题。经过40多年的努力，于20世纪60年代初，人们又重新将广义相对论的四维时空分解为一维时间和三维空间，即沿某一类时方向将时空切成一个个三维超曲面，每个超曲面作为一个同时面，每个同时面都是一个三维弯曲空间，其度规为h_{ij}。两相邻同时面间的相对位置由延时函数N和三维位移矢量N^i给出。三维时空与一维时间、三维空间有如下关系：

$$ds^2=-N^2dt^2+h_{ij}(dx^i+N^idt)(dx^j+N^jdt)$$

式中N、N^i、h_{ij}为t、x^k的函数。利用这一分解可将爱因斯坦引力场方程的6个方程写成哈密顿正则形式的演化方程：

$$\dot{\pi}^{ij}=\{\pi^{ij}, H\}$$

式中π^{ij}为h_{ij}的共轭动量；H为引力系统的哈密顿量。另4个方程可写成4个对初值的约束方程。4个约束方程根据它们在空间变换下的性质，分为标量约束和矢量约束。矢量约束又称为微分同胚约束，生成在类空超曲面上的微分同胚不变性。标量约束又称为哈密顿约束，生成引力系统在时间参数的重参数化下的不变性。利用这组方程可以处理经典广义相对论的初值问题。

对于三维几何h_{ij}及其共轭动量π^{ij}引入量子化条件，就给出引力场的正则量子化。4个约束在量子化后，成为量子态湮灭算符。特别地，纯引力的哈密顿约束量子化后给出量子几何动力学的基本方程惠勒-德威特方程：

$$\left(\frac{1}{2\sqrt{h}}G_{ijkl}\frac{\delta}{\delta h_{ij}}\frac{\delta}{\delta h_{kl}}+\sqrt{h}\,^{(3)}R\right)\Psi[h_{mn}]=0$$

式中$G_{ijkl}=h_{ik}h_{jl}+h_{il}h_{jk}-h_{ij}h_{kl}$为超空间的度规；$h=\det(h_{ij})$；$^{(3)}R$为三维几何的内禀曲率。此处的超空间与超对称中的超空间不相干，它是由$h_{ij}(t,x^k)$所张的无穷维空间。当考虑引力与物质场耦合时，上式中需加入物质场算符的项。上式是高度非线性泛函方程，尚无法求解。

当三维几何具有高度对称性时，可利用对称性将超空间约化为有限维的小超空间，称为小超空间近似。在此基础上可研究量子宇宙学。（黄超光）

量子计算 quantum computation 基于量子力学的信息处理过程。量子计算中的信息载体为量子态，信息操作由量子动力学演化实现，信息读取对应量子测量过程。量子计算机是能够执行量子计算操作的机器。

量子计算机可以由大量的希尔伯特空间维数为2的量子系统构建，这里的二态子系统构成了量子计算信息处理的基本单元，称为量子比特。经典计算机中的信息处理的基本单位比特仅有0和1两种状态，而量子比特则可以处于任意0和1的量子叠加态。与经典计算机类似，可以构建量子逻辑门（特定的量子幺正演化）来操作量子计算机中的量子态。例如，3个单比特量子逻辑门（阿达马门、相位门、$\frac{\pi}{8}$相位门）和可控非门（CNOT）两比特量子逻辑门可以实现任意多比特量子幺正变换。由一系列量子逻辑门作用在多比特量子态上的计算方案称为量子线路量子计算。

量子计算机可以用来解决一些经典计算机难以解决的问题。例如，1982年，R.P.费曼指出量子计算机可以有效地模拟经典计算机不能模拟的多变量量子系统。1985年，D.多伊奇提出了量子图灵机。1992年，多伊奇与R.约饶提出了解决多伊奇问题的多伊奇-约饶算法，确定性地解决n比特的多伊奇问题。经典计算机所需要的时间随着n指数增长，而量子计算机所需要的时间随着n代数增长。1994年，P.肖尔提出了肖尔算法用来解决整数因数分解问题。已知最好的经典算法解决因数分解问题所需的时间是随着整数的增大指数增长，而利用量子计算机，肖尔算法所需的时间随着整数的增大代数增长。R.L.里维斯特、A.沙米尔和L.阿德曼提出了一种公钥密码系统（简称RSA），RSA的加密算法基于因数分解问题，肖尔算法可以用来攻克RSA公钥加密系统。许多其他的量子算法也已经被提出，用来解决各种问题。

量子计算机实现的最大困难来自环境噪声的影响，它可以直接导致量子计算优越性的丧失。理论研究表明，当单次运算的错误小于一个阈值的时候，纠错后的错误随着纠错使用的运算资源指数衰减。因此，通过利用足够的纠错资源，纠错后的运算可以达到任意的精度，即容错量子计算。

量子计算机的实现还处于早期发展阶段，正在深入探索的物理系统有超导约瑟夫森结、离子阱、腔量子电动力学、核磁共振、量子点等。最近在超导约瑟夫森结系统取得了出色的进展，实现了超过50个量子比特的相干操控。对于大量量子比特组成的系统，由于环境噪声的影响，技术上很难使得单次运算的错误小于理论阈值，实现容错的量子计算。

除了量子线路量子计算，量子计算的形式还包括单向量子计算、绝热量子计算或量子退火以及拓扑量子计算等。

（李 颖）

量子阱 quantum well 由势能壁垒和势能陷阱构成的一种量子结构，粒子在这种结构中的能量是量子化的。势阱是量子力学中的基本模型之一，描述了微观实物粒子的波动性（概率分布）和能量的不连续性（量子化），基本要素是势能壁垒和势能陷阱的空间尺寸。一个应用典范是由三层异质半导体材料构成的异质结构量子阱。当半导体材料中的导带或价带自由运动电子或空穴在空间某一方向上遇到另一种材料的界面时，由于两种材料的导带或价带边的绝对能量位置不一样，它们的运动相当于受到了势能壁垒的阻挡，两个势能壁垒和中间的势阱就构成了一个谐振腔。阱内粒子（比如电子或空穴）的概率波（波函数）只有在满足特定的波长（能量）时才能形成稳定的振荡，粒子的能量就被量子化了（本征能量），构成了所谓的量子阱。人们就用波函数和本征能量来描述这些量子态。另一种形成量子阱的方法是调制掺杂。同一材料的不同区域的掺杂性质不一样，费米能级也就不一样，载流子的转移导致了空间电荷电场的存在，能带发生弯曲形成了势垒，这种量子阱中具有一些特殊的特点，比如抛物线形的势阱、“真实空间”中的间接带隙等。

量子阱最重要的参数是阱的宽度和势垒的高度。以阱材料的带边为势能参考点的子带底能量与势阱宽度的平方成反比，只要宽度足够小，子带底离开体材料带边的程度就足够可观，就可以和体材料带隙相比拟，即量子阱的有效带隙比阱材料的体带隙大。如典型的铝镓砷-砷化镓量子阱，砷化镓阱宽在10纳米级别就可以产生这种量子限制效应。当两个量子阱空间上挨得足够近时（阱间势垒做够薄），便构成了耦合量子阱，两个阱的波函数因量子隧穿效应会发生交叠，生成新的波函数和本征能量。需要指出的是，由于基本的量子阱中的粒子只是在一个方向上的运动受到了限制，该方向能量被量子化，而其他两个方向则保持原来的自由运动状态。因此导带及价带的能带结构是一组准连续的子带，每个子带的色散关系可用抛物线近似，而子带底即对应运动受限方向上的量子化能量。这些子带决定了量子阱的能态密度与能量的关系明显区别于体材料的，不再是与能量的平方根成正比，而是呈阶梯状，其最低能量处的能态密度不再是零而是有限值，并且每增大到一个子带底能量处能态密度会阶跃增大一个定值

（见**电子态密度**）。很自然地，如果粒子在两个方向或者三个方向上运动都受到了限制，则形成了所谓的量子线、量子点，它们的能态密度分布将进一步锐化。

利用量子阱的独特子带结构可以做成各种光电子器件，有效摆脱体材料带隙的束缚，实现器件更短或更长波长的工作。如利用导带与价带间子带跃迁实现波长更短、可人工剪裁的量子阱激光器；利用导带内子带间跃迁实现中远红外量子级联激光器、量子阱红外探测器等。这些器件具有阈值低、量子效率高、输出功率大、温度依赖性低、高速和波长调谐范围宽等优点。（刘峰奇）

量子纠缠 quantum entanglement 两粒子或多粒子系统的一类量子关联。1935年A.**爱因斯坦**、B.波多尔斯基和N.罗森提出，当描述两个粒子（两个粒子的坐标分别为x_1、x_2，两者相距为x_0，两粒子的总动量$p=p_1+p_2$）的量子态为$\Psi(x_1,x_2)=\int_{-\infty}^{\infty}e^{(2\pi i/h)(x_1-x_2+x_0)p}dp$的时候，如果测得粒子1的动量为$p_1^0$，立即可确定粒子2的动量为$-p_1^0$；当测得粒子1的位置在$x_1^0$处，立即可确定粒子2的坐标为$x_1^0+x_0$。这一分析开启了人们对量子关联的深入探讨。紧接着，E.**薛定谔**给出了量子纠缠的概念：处于量子纠缠的复合系统，其态矢量在任何表象下都不能表示为各个粒子的态矢量的张量积形式。

存在量子纠缠的复合系统，其子系统即使空间分离也存在着特殊的量子相关性，显著区别于经典体系的特征。因此，量子纠缠不仅具有重要的理论意义，也是量子密码、量子计算、量子通信等量子信息处理的重要资源，对这方面的研究已经成为国际科技界关注的焦点。对量子纠缠的表征、产生、检测、转化和纯化都有了较多研究，不仅在光子、原子一类的微观粒子中，在分子、金刚石氮-空位色心等介观系统也观察到了量子纠缠现象。特别是纠缠光子源的成功实现，极大地推动了量子密钥分发、量子隐形传态等研究的蓬勃发展。

量子纠缠不仅是量子信息学的核心概念之一，在其他物理学领域（如凝聚态领域）也逐渐被接受与运用。研究发现量子纠缠在刻画量子相变、多体物理系统特征中也发挥着重要作用。具有丰富纠缠结构和复杂性质的多体量子纠缠逐渐成为国内外研究的热点，它是人们理解**量子退相干**过程以及量子与经典的过渡等诸多基础物理问题的关键。然而，多体量子纠缠具有多种不同的形式，随着粒子数目的增加，纠缠的复杂程度会迅速增加。因此，人们对它的认识还有限，深入研究这些复杂的多体量子纠缠态并合理使用其特有的形式和性质，将为多粒子量子系统在未来技术中的各种新奇应用开辟道路。（何琼毅）

量子纠错码 quantum error correction code 纠正环境对系统量子信息造成的错误的量子编码方法。实际的量子系统不可避免地受到周围环境的影响，这是制约量子通信和量子计算能力的一个关键因素。减弱环境影响的主要方法之一是量子编码方法，即用多个物理比特的量子态编码一个逻辑比特的量子态。由于这种方法主要是为了纠正环境对系统量子态造成的错误，因此称作量子纠错码。

量子纠错码的基本思想是将逻辑比特的量子态空间编码到多个物理量子比特态空间的子空间。量子纠错码要求每一个表征性的错误将编码的子空间变换到互相正交的子空间。因此我们可以通过量子测量确定错误的类型，并执行相应的幺正操作将发生错误后的子空间变换回原来的子空间。

最早提出的量子纠错码有1996年P.肖尔提出的9位码以及A.斯特恩提出的7位码。在这两种纠错码中，一个逻辑比特被编码在9个或7个物理量子比特中。在已知的纠错码中，一个逻辑比特可以存储在最少5个物理量子比特中，即5位码。1997年A.基塔耶夫提出了拓扑码，在量子计算领域中被广泛研究。这些量子纠错码均属于稳定子码。在稳定子码中，编码子空间是用物理量子比特泡利群的厄米阿贝尔子群元素的共同本征态来描述。

量子态的量子纠错码的思想拓展到整个量子计算过程，例如可以允许在幺正操作、量子测量，以及纠错操作中有错误等，最终形成了容错量子计算理论，为在环境影响下的可拓展量子计算奠定了理论基础。（周端陆）

量子绝热近似 quantum adiabatic approximation 量子力学中计算时间演化问题的一种近似方法。量子绝热近似的表述形式最早由M.**玻恩**和V.A.福克在1928年给出。在此之前，经典力学和旧量子论中也都有关于绝热近似的理论。

量子绝热近似的内容可表述为：如果量子系统的哈密顿量$H(t)$随时间t变化足够缓慢，则在时间演化中，系统的量子态处在哈密顿量的每个瞬时本征态的概率近似不随时间变化。比如，如果$t=0$时系统处在$H(t)$的基态，则此后任意t时刻系统都近似地处在$H(t)$的基态。该近似广泛应用于量子物理的各个实际分支。

量子绝热近似适用条件定性可以表述为：$H(t)$随时间变化的特征时间，远大于系统所在的$H(t)$本征态与其相邻的本征态之间能级差的倒数。该近似和普通的微扰理论都基于相同的数学原理，即高频振荡函数随时间的积分会随着振荡频率的增加而减小并最终趋向于零。（张 芃）

量子开系统 open quantum system 考虑环境作用的量子系统。实际的量子系统都会不可避免地与其周围环境相互作用，对于量子系统的完整描述需要包括其环境的作用。这种考虑周围环境作用的开放的量子系统就是量子开系统。研究量子开系统问题的常见方法有**量子主方程**和量子朗之万方程。（李 勇）

量子可积系统 quantum integrable system 满足刘维尔定理的可积系统，通常是指系统的守恒量可由杨-巴克斯特方程所构造。对于可积，在数学物理的不同领域有着不同的表述方式，此处是满足刘维尔定理下的可积。对于一个包含n个自由度的哈密顿量系统H，它可以使用一个$2n$维的辛空间来描述，如果存在n个函数独立的守恒量$F_i(i=1,\cdots,n)$，$\{H,F_i\}=0$，并且它们相互对易$\{F_i,F_j\}=0$，则称该系统为可积系统。此处函数独立意味着在所有位置dF_i都是独立的，并且是n维的。此时不可能有多于n个的独立变量存在，否则对易关系将会退化失效，并且哈密顿量H是$\{F_i\}$的函数。

而量子可积，通常是指系统的守恒量可由杨-巴克斯特方程所构造（杨-巴克斯特方程提供了可积的充分条件）。相对于自由粒子系统，量子可积系统至少是两体不可约的，而散射矩阵S或者R矩阵正是这样的一个体现。由杨-巴克斯特方程出发，利用矩阵运算的性质，可给出算子之间的对易关系，正是这些算子可构成哈密顿量，将求解哈密顿量本征函数的问题转化为求解转移矩阵的本征值的问题。而这一体系是可以用**量子反散射方法**及其推广的方法严格求解的。

量子可积系统在物理（如超弦和超对称杨-米尔斯理论、低维凝聚态理论、超冷原子理论以及低维统计物理等）和数学（如量子群和量子代数、扭结理论、非对易几何理论等）的众多领域都具有重要应用。（杨文力）

量子朗之万方程 quantum Langevin equation 在量子系统中，认为状态不随时间改变，而其算符随时间演化的处理方法所满足的微分方程。通常认为量子系统和其环境（概括成“热库”）构成一个总的封闭系统，算符的演化满足由总封闭系统的哈密顿量所决定的总的海森伯方程。对环境的算符演化方程进行形式积分并代入总的方程消除，就可以得出仅关于量子系统算符演化的方程，即量子系统的量子朗之万方程。该方程与不存在环境作用时的海森伯方程相比，通常多出耗散项和噪声项，反映出环境对所研究量子系统的阻尼及带来的量子起伏。（李　勇）

量子离物传态 quantum teleportation 一种全新的量子通信方式。又称量子隐形传态。量子离物传态是一种通过发送方与接收方之间共享**量子纠缠**，并在经典信道的辅助下，将发送方的未知量子态精确传送至远距离的接收方的过程。作为量子信息处理的基本单元，量子离物传态在实现分布式量子信息处理网络中发挥着至关重要的作用。

量子离物传态最初由C.H.贝内特等人在1993年提出，是演示量子纠缠的资源特性最直接也是最重要的方案（见图）。

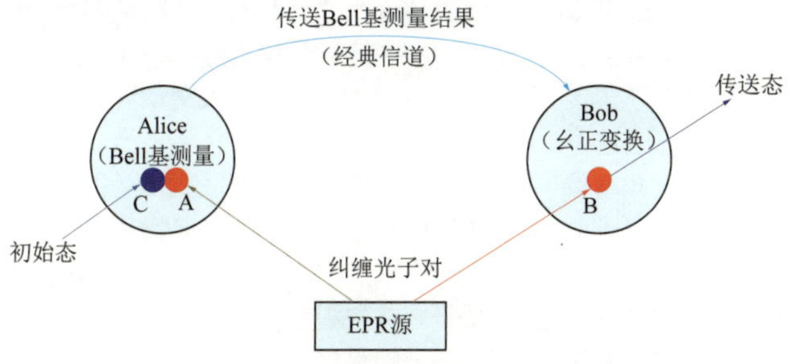

量子离物传态工作示意图

在这个方案中，通信双方艾丽斯（Alice）和鲍勃（Bob）共享一对量子纠缠粒子（光子对），信息发送方艾丽斯要把一个量子纯态信息，传送给接收方鲍勃。如果艾丽斯对自己拥有的两个粒子C、A实施联合贝尔（Bell）基测量，即向4个贝尔态上的投影测量，然后将测量结果通过经典信道发送给鲍勃；鲍勃根据接收到的信息对自己拥有的粒子B做相应幺正变换，就可以使其处于与待传送的未知态完全相同的量子态。这就在粒子B上实现对粒子C量子态的重建。在这个传送过程中，艾丽斯并不需要知道要发送的量子态，且其拥有的粒子也不需要传送给鲍勃，即原物始终留在发送者处，被传送的仅仅是原物的量子态，因此称为离物传态。在传送完成后，艾丽斯拥有的粒子的量子态已经被破坏，因此整个过程并不违背量子态不可克隆定理。另一方面，量子隐形传态过程依赖于经典通信，其进行速度不会比光速快，所以不能用于比光快的经典通信。

自量子离物传态的方案提出后，已经有很多实验小组完成了这一方案。1997年，奥地利的A.蔡林格小组利用偏振纠缠（EPR）光子对首次完成了对量子离物传态的原理性实验验证；紧接着，意大利实验小组实现了位置光子态的离物传态；美国加州理工学院的实验小组实现了连续变量的离物传态；美国洛斯阿拉莫斯实验室的研究人员则实现了核自旋量子态的离物传态；中国学者利用“墨子号”量子科学试验卫星实现了地星量子离物传态。

作为国际学术界量子信息实验领域的重要研究热点，量子隐形传态先后在包括如冷原子、离子阱、超导、量子点和金刚石氮-空位（NV）色心等诸多物理系统中得以实现。（何琼毅）

量子理想气体 quantum ideal gas 粒子间的相互作用可以忽略，而量子效应显著的体系。在该体系中，简并判据$n\lambda^3$不能忽略，其中$n=N/V$为粒子数密度，$\lambda=h(1/2\pi mk_BT)^{1/2}$为**德布罗意波**的平均热波长。该判据取值的大小反映了体系量子统计关联的强弱。

对于量子理想气体，系统微观粒子全同性原理带来的量子统计关联对该体系的宏观性质会产生决定性的影响，由**费米子**组成的系统遵从**泡利不相容原理**，满足**费米-狄拉克统计**（简称F-D统计）；而由玻色子组成的系统，处于同一个量子态的玻色子数目不受限制，满足**玻色-爱因斯坦统计**（简称B-E统计）。基于玻尔兹曼概率原理等的基本假设，采用条件极值的拉格朗日乘子法可以给出F-D统计和B-E统计的最概然分布函数（每个能级上的粒子数）：

$$a_l=\frac{\omega_l}{e^{\alpha+\beta\varepsilon_l}+\delta}$$

式中ε_l为单粒子能级；ω_l为该能级的简并度，$l=1,2,3\cdots$　$\alpha=-\mu/k_BT$，$\beta=1/k_BT$，由环境的温度T和化学势μ决定。对于F-D分布$\delta=1$，而对于B-E分布$\delta=1$。如果参数α满足$e^{\alpha}\gg1$（该条件称为经典极限条件或非简并性条件），F-D分布和B-E分布都过渡到玻尔兹曼分布。

当简并判据$n\lambda^3$的值很小，但不能忽略时，量子理想气体系统为弱简并性体系，其宏观性质可以展开为小参数$n\lambda^3$的幂级数形式。以系统的内能U为例：

$$U=\frac{3}{2}k_BT\left(1\pm\frac{1}{2^{5/2}}n\lambda^3+\cdots\right)$$

费米系统的附加内能为正而玻色系统的附加内能为负，费米子之间出现等效的排斥作用，玻色子间则出现等效吸引。

当简并判据$n\lambda^3$的值与1可以比拟时，体系的量子效应会愈加显著，其宏观性质与经典理想气体截然不同，玻色系统和费米系统各自呈现出独特的量子现象和效应。

当量子理想玻色气体的简并判据满足$n\lambda^3\geqslant2.612$时，三维非相对论理想玻色系统基态上有宏观量级的粒子占据，发生**玻色-爱因斯坦凝聚**（BEC），其临界温度为：

$$T_c=\frac{2\pi}{(2.612)^{2/3}}\frac{\hbar}{mk_B}(n)^{2/3}$$

临界温度与粒子的质量和粒子数密度有关，对碱金属原子而言，其数量级为nK。可通过降低温度和增大粒子数密度来实现BEC，激光冷却等技术的发展使得科学家在1995年实现了碱金属蒸气的BEC。当$T=0$K时，该体系的粒子全部处于基态，体系完全简并，此时系统压强$P=0$，熵$S=0$，系统处于完全有序的状态。

当理想费米的简并判据满足$n\lambda^3\gg1$且$T=0$K时，费米子按照泡利不相容原理从最低能级的状态依次填充至费米能级（$T=0$K时粒子的最大能量），与$T=0$K时的量子理想玻色气体不同，三维非相对论理想费米体系具有很大的压强（简并压），但是熵$S=0$，系统处于完全有序的状态。当考虑有限温度（$0<T<T_F$，T_F为费米温度），**费米面**附近量级为k_BT的范围内粒子会被热激发而对热容有贡献，其值可以定性和定量计算：

$$C_V\propto T$$

热容C_V与温度T的一次方成正比，这是强简并非相对论量子理想费米气体的一个重要特征。

一般而言，对于热力学极限情况下具有极相对论能量-动量关系的量子理想玻色气体，其能量和压强满足$PV=\frac{1}{3}U$；而非相对论性情形，压强与能量的关系为$PV=\frac{2}{3}U$。对于$T=0$K的量子理性费米气体，压强$P\propto(N/V)^{5/3}$（非相对论性能量-动量关系），$P\propto(N/V)^{4/3}$（极相对论性能量-动量关系）。

量子理想气体是非常重要的量子统计模型，这里的粒子可以是电子、光子等微观粒子或者元激发（声子、旋子、激子、极化激元等准粒子），甚至还可能是十分复杂的系统。基于非相对论性量子理想气体这个模型，玻色－爱因斯坦凝聚、超流、里查森效应、肖特基效应及其泡利顺磁性和朗道逆磁性等效应都可得到较为合理的解释。而相对论性量子理想气体模型可以应用于天体物理中，如中子星等现象可以得到很好的描述效果。（谭　磊）

量子力学 quantum mechanics　研究微观粒子基本运动规律的物理学科，是当代物理最重要的基础理论之一。量子力学不仅奠定了人们探索基本粒子、原子核、原子分子和凝聚态物质的物理基础，而且在化学、生物学等学科和当代技术创新中得到了广泛应用。量子力学的建立，导致了人们对物质运动形式和运动规律认识的根本性变革。20世纪前的经典物理学（经典力学、电动力学、热力学与统计物理学等）只适用于描述常规宏观情况下宏观物体的运动，不能很好地描述包含原子和亚原子的微观世界。通过量子力学，人们能够正确理解物质基本属性与微观结构关系。例如，物体为什么有导体、半导体和绝缘体之分，元素周期律的本质是什么，原子与原子是怎样结合成分子的，诸如此类问题的正确理解无不以量子力学作为理论基础。借助量子力学，人们还能够解释多体系统的衍生现象，如超导、超流、玻色－爱因斯坦凝聚等极低温下的宏观量子效应。量子力学导致了诸多技术创新，包括核能、半导体、激光、计算机、电视、光纤通信和互联网技术、电子显微镜和核磁共振成像等。可以说，量子力学和相对论的建立，给现代人类带来了前所未有的物质文明和精神文明。

从经典物理到量子论　自17世纪人们创立了牛顿力学系统、19世纪建立了电动力学以及热力学和分子运动论起，物理学家当时普遍存在一种观点，认为物理学大厦建立已经基本完成，对物质世界本质的认识已经接近终点。然而19世纪末物理学的一些新发现预示着经典物理学中可能潜伏着严重的危机。这就是经典物理学的上空悬浮着的两团乌云——电动力学中的以太和黑体辐射比热问题。实验观测到的物体比热总是低于能量均分定理给出的值$3R$[R是气体常数，其值为$8.314\,510\pm8.4\times10^{-6}$焦/（摩·开）]。这表明，低温时固体的部分自由度会被冻结，固体能量可能是分立的（量子化）。1900年，M.普朗克考察了黑体辐射能量密度在红外波段的测量结果，意识到了它与维恩半经验公式在低频区的偏离，而适用于低频的瑞利－金斯公式在高频极限是发散的，与实验尖锐矛盾，历史上称为紫外灾难。为此，普朗克提出了一个后来被称为普朗克公式的辐射场能量密度分布公式，能在全波段与实验很好地符合，它高频部分符合维恩半经验公式，在低频极限下过渡到瑞利－金斯公式。

普朗克公式中必定蕴藏着一个非常重要的科学原理。经过近两个月的艰苦探索，普朗克发现，假设“物体吸收或发射电磁辐射，只能以量子的方式进行，每个量子的能量为$E=h\nu$（其中，h后被称为普朗克常数）”，可从理论上导出他的黑体辐射公式。显然，能量不连续的观念是经典物理不允许的。A.爱因斯坦在1905年进一步发现，不连续量子假设还能解决经典物理学所碰到的其他困难，如光电效应。由此他提出了光量子概念，认为辐射场就是由光量子组成。每一个光量子的能量E与辐射的频率ν的关系是$E=h\nu$。根据狭义相对论，他给出光的动量和能量的关系为$p=E/c$，提出光量子的动量p与辐射的关系为$p=h/\lambda$。后来，爱因斯坦和P.J.W.德拜还进一步把能量不连续的概念应用于固体中原子振动的研究，成功地解决了当温度T接近于0开时，固体比热趋于零的现象。

量子理论另一个起源是E.卢瑟福提出的原子有核模型。J.J.汤姆孙1896年发现电子后，曾经认为正电荷均匀分布于原子中（原子半径约为10^{-10}米）。但这个图像不能解释α粒子穿过原子的大角度偏转。为此，卢瑟福在1911年提出了原子的有核模型：原子的正电荷以及几乎全部的质量都集中在原子中心很小的区域中（半径小于10^{-14}米）形成原子核，而电子则围绕原子核旋转。此模型能够很好地解释α粒子被原子核散射引起的大角度偏转，但不能解释原子的稳定性问题：电子围绕原子核旋转的运动是加速运动，按照经典电动力学，电子将不断辐射能量而减速，轨道半径会不断缩小，并发射出宽频连续辐射谱，原子约在10^{-12}秒内会塌缩掉。这与原子稳定地存在于自然界以及其他观测事实明显矛盾。

针对这个矛盾，丹麦物理学家N.玻尔认识到原子世界的微观运动规律必须背离经典电动力学，他深信作用量子h是解决原子结构问题的关键。玻尔假定，氢原子核外电子的轨道不是连续的，而是分立的，在轨道上运行的电子具有一定的角动量$L=mvr$（其中m为电子质量，v为电子线速度，r为电子线性轨道的半径），只能取值：$L=nh/2\pi=n\hbar$，式中$n=1,2,3,\cdots$称为主量子数，$\hbar=h/2\pi$。此式后被称为玻尔量子化条件，这是玻尔为了解释氢原子光谱提出的革命性假设，也称玻尔氢原子模型。只有当原子从一个较大的能量E_m的稳定状态跃迁到另一较低能量E_n的稳定状态时，才发生量子跃迁，发射单色光，其频率$\omega_{mn}=(E_m-E_n)/\hbar$。

玻尔的量子论打开了认识原子结构的大门，成功地解释了氢原子光谱的一般规律性。然而，玻尔量子论无法解释谱线的相对强度。对于更复杂的原子，如氦原子的光谱，玻尔量子论就无能为力了。从理论系统来讲，能量量子化概念与经典力学还是不相容的，为了解决这些问题，量子力学应运而生。

量子力学的诞生　为了克服早期量子论的困难和局限性，量子力学以矩阵力学和波动力学两种形式分别诞生于1925年和1926年。

矩阵力学　量子力学的矩阵力学或称矩阵形式起源于三篇划时代的论文，这就是W.K.海森伯的“一个人文章”、M.玻恩和E.P.约旦的“两个人文章”，以及海森伯、玻恩和约旦的“三个人文章”。比“一个人文章”稍晚，英国物理学家P.A.M.狄拉克在“两个人文章”之后，用c数与q数重新表达了矩阵力学。

通常认为“一个人文章”是海森伯的独创，“两个人文章”是“一个人文章”的数学表示，而“三个人文章”则是系统性综合和应用推广。1924年，海森伯首先意识到描述微观世界的必须是可观测量，诸如坐标和动量之类的经典物理概念不能同时使用来描述微观粒子的运动。他指出，对原子之类微观系统的描述，人们主要依据光谱学的观察，原子的光辐射体现了电子运动的全部特征。根据经典物理和对应原理，电子变速运动会导致电磁辐射，其频率分布是由电子坐标$q(t)$的傅里叶变换决定的。在玻尔的原子模型中，根据里兹组合定律，辐射的频率$\omega_{mn}=(E_m-E_n)/\hbar$与两个原子轨道的能级$E_m$和$E_n$相联系。因此，相应的量子系统坐标的傅里叶变换必须是依赖于两个指标的二维傅里叶变换$Q=\sum Q_{mn}\exp(\mathrm{i}\omega_{mn}t)$，对动量也要做类似的处理$P=\sum P_{mn}\exp(\mathrm{i}\omega_{mn}t)$。在此基础上，海森伯引用了1924年7月玻恩发表的一篇题目为“量子力学（德文名为*über Quantenmechanik*）”的论文所给出的量子化条件（索末菲量子化条件的微分－差分形式推广），直接给出了振子能量的量子化。也是在这篇文献中，玻恩首先使用了

"量子力学"一词。玻恩推广了H.A.克喇末处理原子内电子系统和电磁场之间相互作用的方法，从而能够处理带电系统之间的相互作用。玻恩的做法是将微分方程用差分方程代替，依据玻尔的对应原理，就可以完成经典力学向当时原生态的量子力学过渡。

"两个人文章"把海森伯猜测性的工作推向系统化科学理论的高度。玻恩意识到，海森伯把可观测力学量用两指标傅里叶变换描述，本质上是赋予每一个物理量，如粒子的坐标、动量、能量等，用一个矩阵表示（后来狄拉克称之为q数，J.冯·诺伊曼称之为算符），它们的代数运算规则与经典物理量不同，两个量的乘积一般不满足交换律。重要的是玻恩和约旦明确给出了基本可观察量的对易关系或称基本对易关系：$[Q,P]=\mathrm{i}\hbar$。

海森伯关于量子力学的基本思想是划时代的，但"两个人文章"之前，其科学逻辑是不完整的。一方面，虽然海森伯原来就强调可观察量的作用，但其理论在具体表述上仍然沿用了坐标、动量等经典观念以及电动力学中速度变化导致电磁辐射的经典定律。此时海森伯的量子力学无法摆脱经典观念的束缚。另一方面，由于海森伯当时不知道矩阵的概念，理论背后的数学观念并不清楚，因此无法对稍加复杂的系统，如氢分子进行有效的计算。玻恩和约旦的工作导致了海森伯量子力学走出"原生态"：一方面，对于微观系统，玻恩把量子力学的可观测量当成算符而不是可对易的数，避免了在微观世界描述中继续使用不可观测经典量的逻辑尴尬，彻底贯彻了海森伯"理论必须建立在可观察量之上"的核心精神，使得新的量子理论成为一个逻辑自洽的矩阵力学思想系统；另一方面，"玻恩对易关系"的建立，使得量子条件变得十分简洁、直观。此后不久，物理学家W.**泡利**利用"玻恩对易关系"，对氢原子能谱给出了一个十分漂亮的代数计算。另外，"玻恩对易关系"在物理上非常直观地展示了普朗克常量$\hbar$是刻画经典和量子边界的重要物理参数。在一些物理过程中，$\hbar$的作用可以不予考虑，则动量和坐标可以看成对易的，因而基本上可以用经典物理来近似地描述实际的物理过程。

总之，矩阵力学继承了旧量子论的合理部分，如原子的离散能级和定态、量子跃迁、频率条件等概念，同时又摒弃了一些没有实验根据的传统概念，如粒子轨道运动的概念。海森伯特别强调任何物理理论中只应出现可观测的物理量，如光谱线的波长（波数）、光谱项、量子数、谱线强度等。

波动力学 在普朗克-爱因斯坦的光量子论和玻尔的原子论的启发下，法国物理学家L.V.**德布罗意**注意到几何光学与经典粒子力学的相似性。根据逆向类比，设想实物（静质量$m\neq 0$）粒子也和光一样，具有波动行为。他假定与一定能量E和动量p的实物粒子相联系的"物质波"的频率和波长分别为$\nu=E/h,\lambda=h/p$（后来称德布罗意关系）。这个假定把物质存在的两种形式统一起来：无论是实物粒子还是光波，都具有波动和粒子的二重属性——**波粒二象性**。德布罗意进一步把原子定态与驻波联系起来，即把束缚运动实物粒子的能量量子化与有限空间中驻波的波长或频率的离散性联系起来。例如氢原子中作稳定的圆周运动的电子应联系一个驻波，绕原子核运动一周之后，驻波应当光滑地衔接起来，这就要求圆周长是波长的整数倍：$2\pi r=n\lambda$，$n=1,2,3,\cdots$，式中r是圆轨道半径。用$\lambda=2\pi r/n$代入德布罗意关系式，可求出角动量$J=rp=n$，$n=1,2,3,\cdots$。于是，根据驻波条件就很自然地得出了角动量量子化条件，从而说明粒子能量的分立性。实物粒子的波动性的直接实验证实是1927年才实现的。

在德布罗意的工作基础上，奥地利物理学家E.**薛定谔**于1926年初提出了描述物质波的基本波动方程——**薛定谔方程**：

$$\mathrm{i}\hbar\frac{\partial}{\partial t}\psi(x,t)=H\psi(t)$$

式中$H=p^2/2m+V(x)$为系统哈密顿量的算符形式；$p=-\mathrm{i}\hbar\partial/\partial x$为动量算子。这是一个含波动函数$\psi(x,t)$对空间坐标的二阶微商的偏微分方程。它把原子的离散能级与微分方程在一定的边界条件下的本征值问题联系起来，成功说明了氢原子、谐振子等的能级和光谱的规律。应用薛定谔方程时，必须先给出哈密顿算符的表达式，因此会涉及计算系统的动能与势能。将算符微分表达式代入薛定谔方程，再求解所得到偏微分方程时，即可得到波函数。关于微观系统的量子态的信息，全部都会包含在得到的波函数中。

薛定谔在创建波动力学时也运用类比的方法，犹如哈密顿过去对力学和几何光学进行的类比：光学中的费马定理（光走的路程最短）同理论力学中的最小作用量原理（物质沿最短的途径自由运动）是很相似的。薛定谔考虑到在光学中有牛顿的几何光学和惠更斯的波动光学，物质具有波动性意味着应当有波动力学。他说："从通常的力学走向波动力学的一步，就像光学中用惠更斯理论来代替牛顿理论所迈进的一步……"。提出薛定谔方程之前，薛定谔就考虑过德布罗意思想的相对论性推广，他将推导出的相对论性波动方程应用于氢原子，计算出束缚电子的波函数。但很可惜，因为薛定谔没有将电子**自旋**考虑进来，推导出的精细结构公式不符合索末菲模型。为此他只好将方程加以修改，除去相对论性部分，并用剩下的非相对论性结果来计算氢原子的谱线。求解这种微分方程的工作相当困难，在数学家H.外尔鼎力相助下，他重复出了与玻尔模型完全相同的答案。因此，他决定不发表相对论性部分，只把非相对论性波动方程与氢原子光谱分析结果写为一篇论文。1926年，他正式发表了关于波动力学划时代的论文。

薛定谔独立创建的这种量子力学形式——波动力学，赢得了爱因斯坦等老一代物理学家众口一词的喝彩，因为老一代人中不少人当时并不熟悉矩阵，也不能很好理解矩阵力学表达物理问题的思想方式，比如物理理论应建立在可观察量的基础之上。基于同样的原因，薛定谔和海森伯之间有过诸多言辞激烈的争论，但最终他还是证明，两种形式是等价的。几乎同时，美国物理学家C.爱卡特也独立地证明了这种等价性。其实，英国物理学家狄拉克在"两个人文章"之后，特立独行地用c数、q数重新表达了矩阵力学，与经典力学的泊松括号类比，狄拉克直觉地给出坐标-动量不可对易关系，从另一个角度展示了它与波动力学的等价性。其实，狄拉克和约旦后来提出一种基于变换理论的更普遍形式的量子力学表示，显示出矩阵力学和波动力学只不过是量子力学规律的无限多种表述形式中的两种。

量子力学波函数的意义 1926年6月，玻恩发表了名为"论碰撞过程中的量子力学（*Zur Quantenmechanik der Stoßvorgänge*）"一文，提出了应用波动力学解决散射问题的基本方法——**玻恩近似**。值得指出的是，在这个文章中，玻恩给出了波函数的概率解释。在这里波函数的概率解释虽然是作为副产品出现的，但它是量子力学正确描述微观系统物理实验的核心概念。

当时玻恩意识到，只有薛定谔的波动方程才适合于描述碰撞过程。他曾经尝试用矩阵力学解决碰撞问题，但是没有成功。因而他意识到，要解决碰撞问题，必须在特定边界条件下求解定态薛定谔方程，边界条件的正确选取是解决碰撞和散射问题的关键。

以电子被原子散射为例，如果电子沿着一个给定方向入射，那么散射波在传播方向的无穷远处是一个渐近的平面波。在这个过程中，质心静止的原子内态将被激发到原子分立的本征态的叠加态上。怎么理解和解释这些描述电子和原子联合状态叠加系数的物理含义是问题的关键。采用碰撞和散射的波动图像表述，那些叠加系数显然不可能代表从原子散射出去的物质密度分布。然而，如果回到粒子图像、考虑电子是一个不可分割的点粒子，单纯的波动图像就会导致与波粒二象性描述的矛盾。为了解决这种矛盾，玻恩明确地指出，回到粒子图像唯一正确的解释是，这些叠加系数代表了粒子沿特定方向入射然后被散射到特定方向的概率，因此物质波只是一种概率波。一种更加精密的考虑表明，概率与叠加系数函数的二次方成正比，更准确的说法应该是绝对值或者模的二次方。玻恩说是叠加系数函数的二次方，是因为他讨论问题时采用的是入射态和出射态的实部。玻恩的考虑抓住了一个伟大科学发现的关键，即量子跃迁概率的概念。在紧接着的同名的文章中，玻恩进一步明确并阐述了概率解释：归一化的波函数，可以写成是几个有离散本征值的非简并本征态的线性叠加，展开式的系数，其模的二次方是系统在相应本征态的概率。至此，人们终于发现了波动力学描述的是粒子运动的概率性定律，而且概率的改变遵守因果定律。

历史上，爱因斯坦曾经对波函数的概率诠释提出尖锐的反对意见，他倾向于量子力学应当是决定论性的描述。爱因斯坦说："无论如何，我都确信，上帝不会掷骰子。"薛定谔也反对"概率波"观点。他认为，波函数本身应当代表一个实在的物理上的可观测量，一个粒子可想象为一个物质波包。1927年索尔维会议之后，在玻恩概率诠释基础上，以玻尔和海森伯为代表的观点形成了量子力学的哥本哈根诠释，它的两个理论支柱是玻尔的**互补性原理**和海森伯的**不确定度关系**。以爱因斯坦和薛定谔为代表的另一方，对哥本哈根诠释提出了进一步的批评，集中反映在"薛定谔猫佯谬"和"**EPR佯谬**"两个理想实验的思辨中。薛定谔在关于"薛定谔猫佯谬"中首次提出纠缠态（复合系统不能表达为直积形式的叠加态）的概念，并用一个假想实验来说明，波函数的概率诠释应用于宏观物体会得出荒谬的结论。"EPR佯谬"则主要针对波函数的概率诠释，以叠加态来说明"波函数对物理实在的描述是不完备的"，并坚持定域实在论的观点，认为用纠缠态来说明量子力学对物理实在的描述是不自洽的。

后来，D.玻姆用两个自旋为1/2的粒子的自旋纠缠态，把纠缠态更为明确地表述出来。J.S.贝尔基于定域实在论和隐变量理论，分析了自旋纠缠态的性质：自旋单态下的两个自旋为1/2的粒子，存在自旋沿不同方向的投影关联，从而给出一个著名的不等式，即**贝尔不等式**，用来判断非定域关联的存在。根据这个不等式，可在实验上检验究竟是量子力学正确，还是定域实在论和隐变量理论正确。A.阿斯佩克特等的实验观测以及后来所有有关的实验都证明，量子力学关于非定域效应的预言是正确的，而定域实在论和隐变量给出的不等式与实验相悖。当然，如果不使用波包塌缩去理解量子力学非定域效应，不对量子力学的统计预言进行因果性的过度解读，量子力学与狭义相对论没有矛盾。

量子力学的发展 量子力学提出后，不仅成功地解释了氢原子光谱结构，而且为探索原子核、原子、分子、固体、液体和气体开辟了道路。W.H.海特勒和F.伦敦对氢分子结合机制的研究，奠定了L.鲍林等人理解化学键理论的物理基础。基于量子力学，F.**布洛赫**提出了能带论，阐明了固体有金属、半导体和绝缘体之分；G.**伽莫夫**用粒子的势垒隧穿概念，阐明了原子核衰变机制，对后来核能的利用有重要意义。

1928年，狄拉克创建了描述电子运动的相对论性波动方程——**狄拉克方程**，对氢原子光谱的精细结构和电子的自旋本质给予了正确的描述。由此，狄拉克预言了反粒子构成的物质新世界。狄拉克关于电磁场量子化的工作进一步补充了量子力学对场的描述，使得实物粒子与电磁场作用相关的所有问题原则上得到解决。在狄拉克上述两项工作的基础上，20世纪30年代诞生了**量子场论**，这是量子力学发展的另一个重大领域。

关于非相对性量子力学后期进展，必须提到R.P.**费曼**在40年代发展的路径积分理论。量子力学与经典力学的关系在路径积分形式下展现得格外清楚。如果说海森伯的矩阵力学是经典**正则方程**的量子对应、E.薛定谔的波动力学是经典**哈密顿-雅可比方程**的量子对应，费曼的路径积分理论则与经典力学的拉格朗日作用量有密切关系。量子力学路径积分形式不仅对量子干涉效应给出直观物理图像，而且易于推广到相对论情况，在量子场论中得到广泛而方便的应用。20世纪中叶，量子力学还推动了半导体物理和技术、激光物理和技术的发展。

量子力学的近期发展主要是应用到信息、能源和生命等交叉领域。根据计算机发展的摩尔定律，计算机芯片元件不久将会达到它的极限尺度，突破芯片元件尺度的极限是当前信息科学所面临的一个重大科学问题。从物理学角度看，信息的载体必定是一些特定的物理系统，信息的传递和处理必定是某种物理过程。随着物理的存储单元变得越来越小甚至变成单个原子，量子效应会越来越明显地凸现出来，基本量子特性——**量子相干态**会在信息的存储、传递和处理过程中起着核心作用。以量子力学原理为基础，充分利用量子相干性的独特性质（量子并行、量子纠缠和量子克隆），可以探索以全新的方式进行计算、编码和信息传输的可能性，为突破芯片极限提供新概念、新思路和新途径。由此已经孕育了一门新兴学科——**量子信息论**，它包括量子计算、量子密码与量子保密通讯等新兴量子技术。

除了量子信息论领域之外，量子力学正逐步渗透到生命科学领域，探索量子相干性在生命过程中的作用，如生物罗盘和光合作用。

量子力学前景展望 量子力学是一门被实验证实、应用十分成功的理论学科。与任何一门自然科学一样，人们应该把量子力学看成一门还在发展中的学科。量子力学并非绝对真理，也不可能关闭人们进一步认识自然界的道路。

著名物理学家G.**霍夫特**从引力量子化角度出发，考虑量子态是否是一种更深物质层次上状态的粗粒化，而量子力学恰是某种更深层次理论的有效理论。霍夫特证明，黑洞内部全部量子态的运动，可以由其表面上布尔态的行为完整地描述，这就是量子引力的全息原理。这个研究结果预示着，黑洞表面的布尔态也许是黑洞全部内态的粗粒化代表，而描述布尔态的量子引力理论只能是某种未知理论的有效理论。这个观点很好地说明了为什么量子引力理论通常是非定域的。1999年，霍夫特把这种等价类的思想进一步推广到整个量子力学：在原子尺度（力学有效工作的夸克以上物理尺度）上展现出的量子态，是普朗克尺度（一种极高能量的物理尺度）上"原初态"的等价类。这些原初态服从某种确定的、耗散的或不可逆物理定律。通过粗粒化损失了内部信息，幺正的量子力学可以从这种更底层的定律层展出来。从这个意义上讲，这种理论也可以视为某种经典隐变量理论。美国著名物理学家S.L.阿德勒提出了另外一种类似的底层理论——矩阵迹动力学，经典拉格朗日力学中的变量看成算符并求迹得到可微分运算的广义拉格朗日量，其动力学方程包含比海森伯方程多的残余项，在统计粗粒化平均下残余项贡献消逝。量子力学作为一个有效理论，可以定量描述吉拉尔迪-里米尼-韦伯（简称GRW）理论的唯象参数，即自发塌缩率。

事实上，撇开诠释上差异，量子力学已经在令人震惊的精度上正确地描述了“原子尺度”的物理。在这个物理尺度上另起炉灶建立全新的理论既不可能也没有意义。霍夫特和阿德勒等人的理论在更小尺度和更高能标上，量子力学是它们的低能或较大尺度极限时的有效理论，自然要克服以前各种新理论的困难和不足。另外应当指出，量子力学与引力的完美结合是20世纪物理学未解决的重大科学问题，它的深入研究或许会导致21世纪物理学的革命性的进展，量子力学将在这个方向发展并大展宏图。（孙昌璞）

量子力学的表象与变换 representation and transformation in quantum mechanics 量子力学中态矢量和力学量的具体表示形式以及不同形式之间的变换。量子力学的状态矢量是希尔伯特空间的右矢$|\rangle$。对于一个指定的右矢$|\psi\rangle$，既可以用**狄拉克符号**这种抽象的形式表示，也可以建立一个基矢系，用$|\psi\rangle$在各个基矢上的投影表示，即用矢量的分量形式表示。

量子力学的力学量是希尔伯特空间的厄米算符，一个指定的厄米算符A，它和态矢量的关系以及它的本征矢、期望值等，既可以用抽象的符号研究，也可以借助一个具体的基矢系讨论。前者便于理论研究，后者便于具体的计算。

希尔伯特空间的基矢　对于一个量子体系，选取几个对易的力学量，组成力学量完全集K。把这些力学量的本征值方程统一写为：

$$K|k_i\rangle = k_i|k_i\rangle \tag{1}$$

约定k_i既可以是分立谱的，也可以是连续谱的；既可以不简并，也可以简并。与本征值k_i对应的本征右矢为$|k_i\rangle$，全部本征右矢组成正交、归一的完备系$\{|k_i\rangle\}$。$|k_i\rangle$对应的左矢为$\langle k_i|$，全部本征左矢也组成正交、归一的完备系$\{\langle k_i|\}$。基矢的正交归一关系和完全性关系是：

$$\langle k_i|k_j\rangle = \delta_{ij} \tag{2}$$

$$\sum_i |k_i\rangle\langle k_i| = 1 \tag{3}$$

当本征值为连续谱时，上式δ_{ij}记号要理解为δ函数，取和对应为积分。

既然厄米算符的本征矢组成正交归一的完全系，用$\{|k_i\rangle\}$充当态空间的基矢是很自然的，称为基右矢。选定这组基右矢之后，态矢量的分量也就确定了。基右矢的对偶左矢$\{\langle k_i|\}$称为基左矢。

态矢量的表象　态矢的K表象　选择力学量完全集K的本征矢作为基矢，右矢$|\psi\rangle$可以利用式（3）展开为：

$$|\psi\rangle = \sum_i |k_i\rangle\langle k_i|\psi\rangle = \sum_i |k_i\rangle a_i \tag{4}$$

$$a_i = \langle k_i|\psi\rangle \quad (i=1,2,3,\cdots) \tag{5}$$

式中a_i为矢量$|\psi\rangle$在基矢$|k_i\rangle$上的投影，或$|\psi\rangle$的第i个分量。当$\langle k_i|$取遍所有基矢时，就得到$|\psi\rangle$的分量$a_1, a_2, a_3, \cdots$，把它们排列成一个列矩阵：

$$\begin{pmatrix} a_1 \\ a_2 \\ a_3 \\ \vdots \end{pmatrix} \tag{6a}$$

称为右矢$|\psi\rangle$的k表象。

类似可以将左矢$\langle\psi|$按照基左矢展开$\langle\psi| = \langle\psi|\sum_i |k_i\rangle\langle k_i| = \sum_i \langle\psi|k_i\rangle\langle k_i|$，展开系数为$\langle\psi|k_i\rangle = (\langle k_i|\psi\rangle)^* = a_i^*$，把它们排列成一个行矩阵：

$$(a_1^* \quad a_2^* \quad a_3^* \quad \cdots) \tag{6b}$$

称作左矢$\langle\psi|$的k表象。式（6b）是（6a）的转置并取复共轭矩阵。

内积$\langle\psi|\psi\rangle$可以写成矩阵的相乘：

$$\langle\psi|\psi\rangle = \langle\psi|\sum_i |k_i\rangle\langle k_i\|\psi\rangle$$

$$= \sum_i \langle\psi|k_i\rangle\langle k_i|\psi\rangle = \sum_i a_i^* a_i$$

$$= (a_1^* \quad a_2^* \quad a_3^* \quad \cdots)\begin{pmatrix} a_1 \\ a_2 \\ a_3 \\ \vdots \end{pmatrix}。$$

态矢量的坐标表象　类比K表象的做法，$|\psi\rangle$的坐标表象可以加入坐标基矢的完全性关系$\int dx|x\rangle\langle x| = 1$得到$|\psi\rangle = \int dx|x\rangle\langle x|\psi\rangle$把分量$\langle x|\psi\rangle$形式上写成一列矩阵：

$$\begin{pmatrix} \vdots \\ \psi_{x'} \\ \vdots \\ \psi_{x''} \\ \vdots \end{pmatrix} \tag{7a}$$

式中$\psi_{x'} = \langle x'|\psi\rangle$。由于坐标算符的本征值形成连续谱，矩阵的行标号是连续而且不可数的，矩阵只具备形式的意义。波矢量$|\psi\rangle$的坐标表象一般指的是这种矩阵形式。

既然这列矩阵的行是按照连续变化的本征值x'标度的，不妨把矩阵形式对应为函数形式，把（7a）的矩阵的行标号当成函数的自变量：

$$\psi_{x'} \to \psi(x') \tag{7b}$$

式中$\psi(x')$为波矢量$|\psi\rangle$的坐标表象的函数形式。量子力学所写的波函数，就是态矢量的x表象的函数形式。

算符的表象　算符的作用是把一个右矢（左矢）变为一个新的右矢（左矢），在取定基矢之后，右矢（左矢）的表象是一列（一行）矩阵，因而算符的表象应当是一个方阵。

算符的K表象　设$|\varphi\rangle = A|\psi\rangle$，取基矢$\{|k_i\rangle\}$，上式用基左矢$\langle k_j|$作用$\langle k_j|\varphi\rangle = \langle k_j|A|\varphi\rangle = \sum_i \langle k_j|A|k_i\rangle\langle k_i|\psi\rangle$上式可以简写为：

$$b_j = \sum_i A_{ji}a_i \quad j=1,2,3,\cdots \tag{8a}$$

$$b_j = \langle k_j|\varphi\rangle \tag{8b}$$

$$A_{ji} = \langle k_j|A|k_i\rangle \tag{8c}$$

$$a_i = \langle k_i|\psi\rangle \tag{8d}$$

式（8a）反映了矩阵相乘的关系：

$$\begin{pmatrix} b_1 \\ b_2 \\ \vdots \\ b_n \end{pmatrix} = \begin{pmatrix} A_{11} & A_{12} & \cdots & A_{1n} \\ A_{21} & A_{22} & \cdots & A_{2n} \\ \cdots & \cdots & \cdots & \cdots \\ A_{n1} & A_{n2} & \cdots & A_{nn} \end{pmatrix}\begin{pmatrix} a_1 \\ a_2 \\ \vdots \\ a_n \end{pmatrix} \tag{8e}$$

当我们选定一组基矢之后，只要知道算符对于给定基矢的作用，这个算符的矩阵也就确定了。方阵为：

$$\begin{pmatrix} A_{11} & A_{12} & \cdots & A_{1n} \\ A_{21} & A_{22} & \cdots & A_{2n} \\ \cdots & \cdots & \cdots & \cdots \\ A_{n1} & A_{n2} & \cdots & A_{nn} \end{pmatrix} \tag{8f}$$

这就是算符A的K表象。

算符的坐标表象　算符的坐标表象可以比照K表象讨论，得到它的矩阵形式。当态矢量取坐标表象的函数形式（7b）时，动量算符为微分算符$\hat{p} = -i\hbar\frac{\partial}{\partial x}$。

算符的自身表象是一个对角矩阵：

$$\langle k_i|K|k_j\rangle = k_j\langle k_i|k_j\rangle = k_j\delta_{ij}$$

$$i,j = 1,2\cdots,n \tag{9a}$$

对角线上的元素是算符K的本征值，非对角线上的元素全部为零：

$$\begin{pmatrix} k_1 & 0 & \cdots & 0 \\ 0 & k_2 & \cdots & 0 \\ \cdots & \cdots & \cdots & \cdots \\ 0 & 0 & \cdots & k_n \end{pmatrix} \tag{9b}$$

如果取其他表象，算符K的矩阵不是对角化的，这种情况下，可以把这个矩阵对角化求得本征值。矩阵对角化的过程，相当于从某种表象变换到K表象。

可以取一个具体表象，在该表象中计算算符的本征值和本征矢。设算符A的本征值方程为$A|\psi\rangle=\lambda|\psi\rangle$，取$K$表象，即用左矢$\langle k_j|$作用于上式两边，并且加入完全性关系$\sum_i|k_i\rangle\langle k_i|=1$，可得$\sum_i\langle k_j|A|k_i\rangle\langle k_i|\psi\rangle=\lambda\langle k_j|\psi\rangle$，这就是算符$A$在$K$表象的本征值方程，写成明显的矩阵形式为：

$$\begin{pmatrix}A_{11} & A_{12} & \cdots & A_{1n}\\ A_{21} & A_{22} & \cdots & A_{2n}\\ \cdots & \cdots & \cdots & \cdots\\ A_{n1} & A_{n2} & \cdots & A_{nn}\end{pmatrix}\begin{pmatrix}a_1\\ a_2\\ \vdots\\ a_n\end{pmatrix}=\lambda\begin{pmatrix}a_1\\ a_2\\ \vdots\\ a_n\end{pmatrix} \tag{10a}$$

即：

$$\begin{pmatrix}A_{11}-\lambda & A_{12} & \cdots & A_{1n}\\ A_{21} & A_{22}-\lambda & \cdots & A_{2n}\\ \cdots & \cdots & \cdots & \cdots\\ A_{n1} & A_{n2} & \cdots & A_{nn}-\lambda\end{pmatrix}\begin{pmatrix}a_1\\ a_2\\ \vdots\\ a_n\end{pmatrix}=0 \tag{10b}$$

方程有非平庸解，当且仅当上式中系数矩阵对应的行列式为零：

$$\begin{vmatrix}A_{11}-\lambda & A_{12} & \cdots & A_{1n}\\ A_{21} & A_{22}-\lambda & \cdots & A_{2n}\\ \cdots & \cdots & \cdots & \cdots\\ A_{n1} & A_{n2} & \cdots & A_{nn}-\lambda\end{vmatrix}=0 \tag{11}$$

解行列式方程，可以求得本征值λ的n个根，其中可能有重根。把每一个本征值λ_i分别代回式（10b），可以求得对应的本征矢量。

矩阵方程求解有固定的解法，尤其适合利用电脑进行计算。但是当矩阵的维数很高时，求解矩阵方程便很困难。对于无穷维的矩阵，只有形式上的意义。不过，量子力学的实际问题，往往只涉及一个维数不高的子矢量空间的计算。

表象变换 态空间的坐标基矢的选取，决定了态矢量和算符的表象。选取不同的基矢，相应的表象间有一定的变换关系。

态矢量的表象变换 假设有两组基矢，一组是力学量（完全集）A的本征矢$\{|u_i\rangle\}$，另一组是力学量（完全集）B的本征矢$\{|\nu_i\rangle\}$。态矢量$|\psi\rangle$可以按照这两组基矢展开，只要在$|\psi\rangle$的前面加入不同的完全性关系即可$|\psi\rangle=\sum_i|u_i\rangle\langle u_i|\psi\rangle=\sum_i|\nu_i\rangle\langle\nu_i|\psi\rangle$，$|\psi\rangle$的$A$表象和$B$表象之间的关系可以通过下式联系起来$\langle\nu_j|\psi\rangle=\sum_i\langle\nu_j|u_i\rangle\langle u_i|\psi\rangle$，式中右方加入了$A$的基矢的完全性关系。引入记号$b_j=\langle\nu_j|\psi\rangle, a_i=\langle u_i|\psi\rangle, s_{ji}=\langle\nu_j|u_i\rangle$，则上式可以写为：

$$b_j=\sum_i S_{ji}a_i\ (i,j=1,2,3,\cdots) \tag{12a}$$

写成矩阵形式为：

$$\begin{pmatrix}b_1\\ b_2\\ \vdots\\ b_n\end{pmatrix}=\begin{pmatrix}s_{11} & s_{12} & \cdots & s_{1n}\\ s_{21} & s_{22} & \cdots & s_{2n}\\ \cdots & \cdots & \cdots & \cdots\\ s_{n1} & s_{n2} & \cdots & s_{nn}\end{pmatrix}\begin{pmatrix}a_1\\ a_2\\ \vdots\\ a_n\end{pmatrix} \tag{12b}$$

简记为：

$$b=Sa \tag{12c}$$

式中S为一个表象间变换的方阵。把S转置并取复共轭，记作S^+，即$S^+=\tilde{S}^*$，显然得到：

$$S^+S=SS^+=I \tag{13}$$

即S为幺正矩阵，它的逆矩阵等于其转置复共轭矩阵：

$$S^{-1}=S^+ \tag{14}$$

算符的表象变换 利用完全性关系，很容易得到算符F的B表象和A表象之间的变换关系。设F'_{ij}是算符F在B表象的矩阵元，F_{kr}则是它在A表象的矩阵元，$F'_{ij}=\langle\nu_i|F|\nu_j\rangle$

$$=\sum_k\sum_r\langle\nu_i|u_k\rangle\langle u_k|F|u_r\rangle\langle u_r|\nu_j\rangle$$

$$=\sum_k\sum_r S_{ik}F_{kr}\tilde{S}^*_{rj}=\sum_k\sum_r S_{ik}F_{kr}S^+_{rj}$$

可简写为：

$$F'=SFS^+SFS^{-1} \tag{15}$$

式（15）表示了算符的表象变换，F'代表在B表象的方阵，F代表在A表象的方阵。

（裴寿镛）

量子力学的绘景 quantum mechanics pictures 描述量子系统随时间演化的表示方式。量子力学有三种绘景：薛定谔绘景、海森伯绘景和相互作用绘景。它们用不同表述的动力学方程描述量子系统随时间的演化，它们之间可以用含时幺正变换联系起来。根据研究问题的性质，选取适当的绘景可以带来一些方便。

薛定谔绘景 E.**薛定谔**建立的波动力学是用态矢量$|\psi(t)\rangle$描写量子系统的，系统状态随时间的演化服从**薛定谔方程**。用厄米算符代表力学量（可观测量），算符不随时间变化。例如位置算符X，动量算符P，角动量算符L_z，都不含时间。能量算符H通常不含时间，但是系统处于随时间变化的外场中是例外的情况。

这些含时的态矢量、不含时间的算符以及和它们相关的动力学方程、算符和态矢之间的各种关系式，称作薛定谔绘景下的表示。薛定谔绘景的特点是态矢随时间变化，算符不随时间变化。为了和其他两种绘景区别，薛定谔绘景下的态矢和算符都有下标S，分别记为$|\psi_S(t)\rangle$和A_S，薛定谔方程记为：

$$i\hbar\frac{\partial}{\partial t}|\psi_S(t)\rangle=H_S|\psi_S(t)\rangle \tag{1}$$

算符一般不含时间，可以表示为：

$$i\hbar\frac{\partial}{\partial t}A_S=0 \tag{2}$$

薛定谔绘景中，还可以取各种表象，每种表象的基矢是不随时间变化的。

海森伯绘景 当系统的哈密顿量H_S不含时间时，将所有的$|\psi_S(t)\rangle$和所有的A_S都做一个含时幺正变换，变换用系统的时间演化算符$U(t,0)$的逆算符进行：

$$U^{-1}(t,0)=U^+(t,0)=U(0,t)=e^{\frac{i}{\hbar}H_St} \tag{3}$$

由此变换到海森伯绘景。在这个绘景中态矢变换为：

$$\begin{aligned}|\psi_H\rangle&=U^{-1}(t,0)|\psi_S(t)\rangle\\ &=U^{-1}(t,0)U(t,0)|\psi_S(0)\rangle\\ &=|\psi_S(0)\rangle\end{aligned} \tag{4}$$

算符为：

$$A_H=U^{-1}(t,0)A_SU(t,0)=e^{\frac{i}{\hbar}H_St}A_Se^{-\frac{i}{\hbar}H_St} \tag{5}$$

式（4）说明在海森伯绘景中态矢量$|\psi_H\rangle$不随时间变化，即：

$$i\hbar\frac{\partial}{\partial t}|\psi_H\rangle=0 \tag{6}$$

而式（5）说明在海森伯绘景中算符随时间变化，满足运动方程：

$$i\hbar\frac{\partial}{\partial t}A_H(t)=-[H_H,A_H(t)] \tag{7}$$

海森伯绘景中可以取不同表象，每种表象的基矢是随时间变化的，而态矢量不随时间变化。

引入海森伯绘景的前提是系统的哈密顿量H_S不含时间，根据式（5）：

$$H_H=H_S$$

薛定谔绘景变换到海森伯绘景的含时幺正变换与H_S有关，不同的H_S得到不同的海森伯绘景。

相互作用绘景 如果系统的哈密顿量可以写成两部分之和：

$$H_S=H_{0S}+H_{1S}(t) \tag{8}$$

式中H_{0S}不含时间，为已经熟悉的哈密顿算符，已经知道它的本征值、本征矢；$H_{1S}(t)$为微扰部分，它可以含时间，也可以不含时间。构造一个含时幺正变换：

$$U_0^{-1}(t,0)=U_0^+(t,0)=U_0(0,t)=e^{\frac{i}{\hbar}H_0t} \tag{9}$$

它作用于薛定谔绘景的态矢量和算符，得到相互作用绘景的态矢量和算符：

$$|\psi_I(t)\rangle=U_0^{-1}(t,0)|\psi_S(t)\rangle=e^{\frac{i}{\hbar}H_0t}|\psi_S(t)\rangle \tag{10}$$

$$A_I(t)=U_0^{-1}(t,0)A_SU_0(t,0)=e^{\frac{i}{\hbar}H_0t}A_Se^{-\frac{i}{\hbar}H_0t} \tag{11}$$

根据式（11），相互作用绘景的哈密顿量为：

$$H_{0I}(t)=U_0^{-1}(t,0)H_{0S}U_0(t,0)=H_{0S} \quad (12a)$$

$$H_{II}(t)=U_0^{-1}(t,0)H_{IS}U_0(t,0)=e^{\frac{i}{\hbar}H_0t}H_{IS}e^{-\frac{i}{\hbar}H_0t} \quad (12b)$$

相互作用绘景中的态矢量 $|\psi_I(t)\rangle$ 和算符 $A_I(t)$ 都是随时间变化的：

$$i\hbar\frac{\partial}{\partial t}|\psi_I(t)\rangle=H_{II}(t)|\psi_I(t)\rangle \quad (13)$$

$$i\hbar\frac{\partial}{\partial t}A_I(t)=[H_{0I},A_I(t)] \quad (14)$$

（裴寿镛）

量子力学的微扰论 perturbation theory in quantum mechanics 一种求解量子体系相关问题时的近似方法。量子体系的能量本征值问题或者随时间演化问题，除少数特殊体系（例如谐振子，氢原子等）外，往往不能严格求解。因此，在处理实际问题时，除了采用适当的模型简化问题外，往往需要合适的近似方法，微扰论就是其中一类。量子力学中的微扰论的具体形式有多种，但其基本核心都相同，即找到体系中的小量作为微扰，代入**薛定谔方程**逐级求解。

定态微扰 设体系的哈密顿量为H，能量本征方程为：

$$H|\psi_n\rangle=E_n|\psi_n\rangle$$

式中E_n为能量本征值。此方程的求解，除少数简单体系外，一般都比较困难。假设H可以分解为两部分：

$$H=H^{(0)}+H^{(1)}$$

设$H^{(0)}$的本征值E_n^0和本征态$|\psi_n^{(0)}\rangle$可以解出或已经有现成的解。与$H^{(0)}$相比，$H^{(1)}$是一个小量（比较大小可以从经典的对应来理解，严格来说是比较两个算符的矩阵元），称为微扰。因此，可以在$H^{(0)}$的本征解的基础上，把$H^{(1)}$的影响逐级考虑进去。求能级和态的修正要考虑能级E_n^0是否简并，由此又分为简并微扰和非简并微扰两大类。以非简并微扰为例，其具体步骤如下：

将E_n和$|\psi_n\rangle$展开：

$$E_n=E_n^0+E_n^1+\cdots$$

$$|\psi_n\rangle=|\psi_n^{(0)}\rangle+|\psi_n^{(1)}\rangle+\cdots$$

带入能量本征方程有：

$$(H^{(0)}+H^{(1)})(|\psi_n^{(0)}\rangle+|\psi_n^{(1)}\rangle+\cdots)=(E_n^0+E_n^1+\cdots)(|\psi_n^{(0)}\rangle+|\psi_n^{(1)}\rangle+\cdots)$$

求解一级近似方程：

$$H^{(0)}|\psi_n^{(1)}\rangle+H^{(1)}|\psi_n^{(0)}\rangle=E_n^0|\psi_n^{(1)}\rangle+E_n^1|\psi_n^{(0)}\rangle$$

可以解得E_n^1和$|\psi_n^{(1)}\rangle$，以此类推可得到更高级修正项。

含时微扰 如果体系的哈密顿量不显含时间t，则体系的能量为守恒量。此时，$|\psi(t)\rangle$的求解是比较容易的，即$|\psi(t)\rangle=\sum_n a_n e^{-iE_nt/\hbar}|\psi_n\rangle$，其中$|\psi_n\rangle$为包括$H$在内的一组守恒量的共同本征态。如果在某一时刻加入某种含时的相互作用$H=H_0+H'(t)$，则体系不能保持在原来的本征态上（例如$|\psi_k\rangle$），而变为各本征态的叠加：

$$|\psi(t)\rangle=\sum_n C_{nk}(t)e^{-\frac{iE_nt}{\hbar}}|\psi_n\rangle \quad (6)$$

含时薛定谔方程转变为关于系数$C_{nk}(t)$的方程。$|C_{nk}(t)|^2$为体系在t时刻从原来的能量本征态$|\psi_k\rangle$跃迁到另一个本征态$|\psi_n\rangle$的概率。

对于一般的$H'(t)$，问题很难求解。如果$H'(t)$很微弱，$|C_{nk}(t)|^2$将随时间很缓慢地变化，体系仍有很大的概率停留在原来的状态上。在此情况下，可以用微扰逐级近似的方法，即含时微扰来求解。零级近似即忽略$H'(t)$的影响。如果体系初始时刻处于$|\psi_n\rangle$，则$C_{k'k}^0=\delta_{k'k}$。将零级解带入关于系数$C_{nk}(t)$的方程，有一级微扰近似解：

$$C_{k'k}^{(1)}=\frac{1}{i\hbar}\int_0^t e^{i\omega_{k'k}t_1}H'_{k'k}\,dt_1 \quad (7)$$

同理可以求得高阶近似解。（庄鹏飞）

量子力学诠释 interpretation of quantum mechanics 关于量子力学波函数如何描述微观世界、刻画对微观体系的测量或观察的诠释。量子力学成功地预言了各种物理效应，解释了各方面的科学实验。但是，自A.**爱因斯坦**和N.**玻尔**的旷世之争以来，作为量子力学的核心观念，人们对波函数的实际意义以及如何描述测量或观察这些问题并无完全的共识。人们提出了量子力学的多种诠释附加于量子力学基本形成共识的主体部分，如哥本哈根诠释、多世界（相对态）诠释、退相干诠释、自洽历史诠释、粗粒化退相干历史以及量子达尔文主义等。进一步的研究表明，很多诠释大致上是多世界诠释思想的拓展和推广。

关于量子力学人们基本形成了以下两个方面共识，它们构成了量子力学的主体部分：

①微观系统量子态用满足**薛定谔方程**的希尔伯特空间上的波函数刻画，物理上可观察量用希尔伯特空间上服从对易关系的厄米算符A来代表。

②波函数对量子系统的描述是概率性的，它通常是某一个力学量A的本征态的线性叠加。在其上测量A只能随机地得到A的本征值之一，其概率为相应叠加系数的绝对值平方。

第二条公理通常也称为**玻恩概率解释**。对于它只能描写微观系统的统计行为，爱因斯坦曾经表示了不满和批评。D.玻姆也曾通过引入隐变量、拓展波函数定义域，想把量子力学改造成一个完全确定性的理论。但是，利用**贝尔不等式**从可观察实验的角度否定了隐变量理论的努力，展示了量子力学玻恩概率解释及其非定域性的内禀性特征。

哥本哈根诠释 量子力学的哥本哈根诠释主要是对波函数的意义提出了以下的附加内容：①**不确定度关系**。一个量子粒子的位置和动量无法同时被准确测量。②**互补性原理**。物质具有**波粒二象性**，一个实验可以展现物质的粒子行为或波动行为，但二者不能同时出现。③对应原理。大尺度宏观体系（外在大量子数状态的体系）的量子行为接近经典行为。④测量假设。明确指出外部经典世界是诠释量子力学所必需的，实行量子测量的仪器及其外部观察必须是经典的。

互补原理强调波动与粒子描述是两个互补的、理想的经典概念，各自有其适用范围，但又一个也不能少。特定的物理实验中可以展现波动性或粒子性，单独采用两种观念中的任何一方，对所研究的现象都不能给出完整图像。为了表达这种不相容性，玻尔提出了互补性（并协性）的观念。对此，W.K.**海森伯**则沿着具象的方向考虑问题，认为是量子理论本身决定什么东西能被实验观测到，因此人们无法同时知道一个粒子的坐标和动量。也就是说，测量坐标或动量的任何单独实验必然引起对其共轭变量的扰动，使得两个变量的不确定度之乘积不能小于由普朗克常数给出的一个量，从而给出了微观世界中应用经典粒子标和动量概念时应受到的内禀限制，这就是不确定度关系。

如果把动量的不确定度看成对波动性限制，把坐标不确定度看成是对粒子性的限制，从逻辑的角度讲，互补原理可以具象成了不确定度关系，而不确定度关系是从量子力学的两条公理推导出来的。

通过明晰地阐述科学概念的内涵，可以看出哥本哈根诠释的前3条，即不确定度原理、互补性原理和对应原理（薛定谔方程的经典极限），均来自量子力学两条基本公理。但第4条，即测量假设却是哥本哈根诠释的独特之处，它通过附加经典必要性假设，拓展玻恩概率解释。J.冯·诺伊曼把经典必要性具象为波包塌缩，这是一个不能由薛定谔方程描述的非幺正过程：在叠加态上测A，一旦测量得到A的本征值之一，则测量后的波函数变为相应的本征态。这个假设保证了紧接着的重复测量给出相同的结果。

哥本哈根诠释关于“外部经典世界存在是诠释量子力学所必需的”观点，使量子力学彻底二元化。被研究的量子系统服从薛定谔方程描述的幺正演化，测量仪器或观察者导致了系统非幺正过程——波包塌缩。这一点遭到了包括爱因斯坦、E. 薛定谔、M. 盖耳－曼和S. 温伯格等著名科学家直言不讳的批评。例如，1979年诺贝尔物理学奖得主、物理学标准模型的创立者之一温伯格严厉批评了哥本哈根诠释的倡导者玻尔对于测量过程的不当处理：“哥本哈根诠释试图描述观测（量子系统）所发生的状况，却经典地处理观察者与测量的过程。这种处理方法肯定不对。观察者与他们的仪器也得遵守同样的量子力学规则，正如宇宙的每一个量子系统都必须遵守量子力学规则。”

多世界诠释　多世界诠释是H. 埃弗里特针对哥本哈根诠释存在的问题，在20世纪50年代中期对量子测量波函数描述提出的一种“实在论”或“本体论”的诠释，也称之为相对态理论。它旨在在量子力学的基本框架（薛定谔方程或海森伯方程加上玻恩概率解释）上描述测量或观察，不附加任何假设且不引入波包塌缩，把测量过程自洽描述为仪器－系统相互作用导致幺正演化，由此产生系统和仪器之间的关联。

量子力学的多世界诠释起源于埃弗里特的博士论文。1957年在《现代物理评论》发表了这个博士论文的简化版后，这个理论被学界冷落多年。60年代末，B.S. 德威特在研究量子宇宙学问题时，重新发现了这个“世界上保守好的秘密”，并把它重新命名为“多世界理论”。这个引人注目的名称复活了埃弗里特沉寂多年的观念，也引起了诸多新的误解和争论。

在多世界诠释中，微观世界中的量子态是不能孤立存在的，它的确定必须相对于它外部一切，包括仪器、观察者乃至环境中各种要素。与外部的相互作用把微观系统状态演化到一个所谓的世界波函数或称宇宙波函数：

$$|\varphi\rangle=\sum_n C_n|n\rangle\otimes|D_n\rangle\otimes|O_n\rangle\otimes\cdots\otimes|E_n\rangle$$

它是所有分支波函数的组合。其中微观系统不同分支量子态$|n\rangle$相对于不同的仪器状态$|D_n\rangle$，观察者的状态$|O_n\rangle$用环境的状态$|E_n\rangle$来定义。多世界诠释认为，相互作用导致了世界波函数的幺正演化过程，测量结果就存在于某一个分支之中。每一个分支都是“真实”存在，只是作为观察者恰好处在那个分支中，看到了分支中的事件。埃弗里特等人曾经通过粗粒化去推导玻恩规则，证明$|C_n|^2$代表事件n发生的概率。由于人们对概率起因有不同的理解，这种处理没有被公认。

多世界理论常常被误解为假设了世界的“分裂”，替代波包塌缩。事实上，埃弗里特从来没有直接做过这样的假设，“分裂”只是理论中间产物的形象比喻。当初埃弗里特投稿《现代物理评论》遭到了审稿人的批评：测量导致的分支状态共存，意味着世界在多次“观测”中不断地分裂，但没有任何观察者在实际中感受到各个分支的共存。埃弗里特对这个问题的答辩是思辨式的，但逻辑上很有说服力。N. 哥白尼的日心说预言了地球是运动的，但地球上的人的经验从来没有直接感觉到地球是运动的。不过，日心说发展出来的完整理论——牛顿力学从相对运动的观点解释了地球上的人为什么会感觉到地球不动。

事实上，埃弗里特和德威特等人利用不附加任何假设的量子力学理论，自洽地说明不同分支之间不能交流任何信息，在一个分支中看不到其他分支的信息。因此，在不同分支内观察者“看到”的结果是唯一的，这里需要明确定义量子测量，即产生系统和仪器之间理想经典关联的相互作用过程。通过这样的证明，多世界诠释变成一个类似于量子色动力学（QCD）的物理理论。QCD中间必须假设了夸克，但“实验观察”并没有直接看到夸克的存在。所幸QCD本身预言了渐进自由，它意味着夸克可能发生禁闭，这就解释了为什么自然界看不到自由夸克。理论本身可以解释理论预言与经验的表观矛盾，这一点正是成功理论的深邃和精妙所在。

多世界诠释似乎完美地解决了哥本哈根诠释中面临的关键问题，但其自身仍然在逻辑上存在漏洞，即偏好基矢问题：世界波函数的表达是不唯一的，可以表达成不同基矢的相对态，因此会代表不同观测结果。W.H. 茹雷克把H.D. 策提出的**量子退相干**观念应用到量子测量或多世界理论，为解决偏好基矢问题开辟了一个新的研究方向。

量子退相干诠释　量子退相干是描述系统与外部或内部多自由度相互作用导致量子相干性消失的动力学过程。数学上表达为系统密度矩阵的非对角元消失。量子退相干理论引起物理学界重视的一个重要原因是量子信息研究的兴起。量子计算利用量子相干性（量子并行和**量子纠缠**）以增强计算能力，而退相干对其物理实现造成了巨大障碍。

在量子退相干描述中，处在量子叠加初态$|\varphi_s\rangle=\sum C_n|\rangle n$的系统与处在初态$|E\rangle$上的环境发生不交换能量的非破坏的相互作用，$t$时刻整个系统波函数变为：

$$|\varphi(t)\rangle=U(t)(|\varphi_s\rangle\otimes|E\rangle)$$

$$=\sum C_n|n\rangle\otimes|E_n(t)\rangle$$

式中$|E_n(t)\rangle=U_n(t)|E\rangle$，而$U_n=\exp(-iH_nt)$是非破坏相互作用$V=\sum|n\rangle\langle n|\otimes H_n$中分支哈密顿量$H_n$决定的时间演化。体系的约化密度矩阵：

$$\rho_s(t)=Tr_E[|\varphi(t)\rangle\langle\varphi(t)|]$$

$$=\sum|C_n|^2|n\rangle\langle n|$$

$$+\sum_{n\neq m}C_n^*C_m|m\rangle\langle n|\times F_{mn}(t)$$

一般包含非对角项，其中$F_{mn}=\langle E_m|E_n\rangle$称为退相干因子。当$F_{mn}=0$，则非对角项消逝：

$$\rho_s(t)=\sum|C_n|^2|n\rangle\langle n|$$

这时，描述大系统量子态的量子相干叠加态$|\varphi_s\rangle$变成了没有量子相干的密度矩阵，实现了从量子叠加态到经典概率描述的转变。

量子退相干观念的一个重要目标是要解决所谓的“薛定谔猫佯谬”，即为什么常态下宏观物体不会展现量子相干性。根据波粒二象性的观点，任何实物粒子可以表现出波动行为，可以发生低能物体穿透高能势垒的量子隧道效应。对于微观体系，电子、原子、中子、准粒子乃至碳60（C_{60}）这样的大分子，实验上已经展示了量子相干效应，并在实际技术中得到了广泛应用，如扫描隧道显微镜。现在的问题是一个宏观物体可否发生量子隧道效应。策和他的学生E. 朱斯从另一个角度给出了相同的答案：一个宏观物体必定和外部环境相互作用，即使组成环境的单个微粒很小，与宏观物理碰撞时能量交换可以忽略不计，环境也可以记录宏观物体运动信息，从而与宏观物体形成量子纠缠，发生量子退相干。此时，环境的作用相当于在系统不同基矢态中引入随机的相对相位，平均结果使得干涉项消失。因此，不同态之间的相干叠加不存在了。针对各种实际中的宏观粒子，策和朱斯仔细地计算了它们在各种环境中空间运动的退相干因子。他们发现，大部分系统很快就会退相干。例如，直径10^{-3}厘米的尘埃，在分子中退相干特征时间快于10^{-30}秒。

1981年，茹雷克把策的量子退相干理论应用到在冯·诺伊曼的量子测量理论，把测量过程看成系统S与测量仪器D相互作用产生经典关联的一种动力学过程。在冯·诺伊曼量子测量中，通过与环境作用，系统与仪器形成的复合系统进一步与环境量子纠缠：

$$\sum\nolimits_{n} C \ |n\rangle \otimes |D\rangle \otimes |E\rangle \rightarrow$$

$$\sum C_n |n\rangle \otimes |D_n\rangle \otimes |E_n\rangle = |\varphi(t)\rangle$$

从而复合系统的约化密度矩阵变为：

$$\rho_{SD} = \sum |C_n|^2 |n, D_n\rangle\langle n, D_n|$$

$$+\sum C_m C_m^* |n, D_n\rangle\langle m, D_m| F_{mn}$$

如果没有环境，相互作用只是产生系统态$|n\rangle$与仪器态$|D_n\rangle$的量子纠缠，并非纯概率性的关联。当其中退相干因子$F_{mn}=\langle E_n|E_m\rangle \rightarrow 0$时，$\rho_{SD} \rightarrow \sum |C_n|^2 |n, D_n\rangle\langle n, D_n|$，退相干后的约化密度矩阵代表了关联是以经典概率的方式出现。就像天气预报，次日下雨的概率为30%，不下雨概率为70%，是一种经典随机现象，没有任何量子相干效应。测量就是这样一个产生关联的过程，而无须什么波包塌缩，也不必考虑一个人的观察是否影响下雨或不下雨。

自洽（退相干）历史诠释 量子退相干理论强调的是环境引起的量子退相干，但对于整个宇宙而言，谈其环境是没有意义的，宇宙本质是个孤立体系。因此，为了描述量子宇宙的所有物理过程，我们需要一个更加普遍的量子力学诠释。这里没有外部测量，也没有外部环境，一切都在宇宙内部衍生，在宇宙内部也可以看到一个从量子化宇宙约化出来的经典世界，经典引力支配各种各样的现象。针对这个问题，基于R.格里菲思和R.翁内斯等人提出的自洽历史处理，J.B.哈特尔和盖耳－曼等人发展了退相干历史的量子力学诠释。

量子力学自洽历史诠释是格里菲思在1983年提出的。与多世界诠释一样，量子力学自洽历史诠释也是从世界波函数出发，它强调的“历史”是有测量介入的离散时间演化序列。用一个描述测量结果的投影算符序列$H_j=P_{j1}\otimes P_{j2}\otimes P_{j3}\otimes\cdots\otimes P_{j1}$来定义量子世界包含时间演化和测量的历史。$P_j$代表在$t=j$时的到某本征态上的投影。不同的历史，相当于多世界理论中世界分裂的不同分支。显然，任意给定一个历史的集合，不同的历史之间有干涉效应，每一个历史相互不“独立”，不能定义经典概率。为了衍生出经典概率，格里菲思对描述历史的投影算符乘积给出了自洽条件$\mathrm{Tr}(H_j\rho H_l)=0(j\neq l)$，其中$\rho$代表系统的密度矩阵。满足这个条件的历史集合中的历史被称为自洽的历史。对每一组自洽的历史，可以赋予一个经典概率描述$\mathrm{Pr}(j)=\mathrm{Tr}(H_j\rho H_j)$。如果把每一个历史当成多世界理论中世界波函数时间域上的一个分支，自洽历史处理可以视为多世界理论的某种推广发展。在这个意义下，多世界可以看成是人们唯一宇宙“多种选择的历史”。按哈特尔和盖耳－曼的观点，虽然世界只有一个，但却可以经历很多个可能历史群组。

哈特尔和盖耳－曼等人发现，带有测量的历史序列可以用路径积分表达。他们针对量子引力和宇宙学，提出称为退相干历史的量子力学诠释，即宇宙体系演化过程粗粒化能够抹除若干可观察对象类之间的量子相干性，经典概率可以自洽地赋予每一个可能的路径。事实上，对任何瞬间宇宙中发生的事件作精确化的描述，构成了一个完全精粒化历史（completely fine-grained history）。不同精粒化的历史之间是相互干涉的，不能用独立的经典概率加以描述。但是，由于宇宙内部的观察者能力的局限性或需求的不同，只能用简化的图像描述宇宙，如只用粒子的质心动量和坐标刻画粒子的运动，本质上是对大量精粒化历史进行分类的粗粒化（coarse-grained）描述。粗粒类内的无规运动可以抹除各类粗粒化历史之间的相干性，从而使得粗粒化的历史形成所谓退相干的历史（decoherence history）。通过这种退相干历史的描述，原则上对量子引力到经典引力的约化给出了自洽的描述。

量子达尔文诠释 退相干历史的自洽历史诠释，仍然存在类似于偏好基矢的取向问题。同一个世界，有不同组合的自洽历史集，选择哪一个，有观察者的偏好。茹雷克提出了量子达尔文的观点去解决这个问题。量子达尔文主义认为，“微观量子系统是可测量的”这一经典属性是由宏观外部环境决定的，只有那些在环境中能够稳定保持的性质才是微观系统的真正属性，这种稳态结果代表了一种“自然选择”。只有那些在环境中残存下来的属性才是客观的，因为它不取决于个别人的意识，而是取决于它以外包括许多个人的整个环境，这一点很像多世界的相对态。在量子达尔文的诠释中，环境的作用不再仅仅只是一个产生噪声的破坏者，它本质上还是一个有足够信息冗余度的记录器和见证者。如果把环境分成几个子系统、把其中的一个或几个用来记录系统信息，其他则用来比对是否记录到相同的信息。如果不同的部分都记录了相同的东西，则这是一个微观系统固有的可在经典世界展现的东西，只有这样的属性才是客观的。

从这个意义上讲，这样的宏观环境与系统耦合，虽然可以不转换能量，但可以记录信息，使得系统“进化”到一个经典的状态。用非对角项消逝的退相干密度矩阵表示，使之对角化的基矢就是所谓的偏好基矢。从数学表达式看，量子达尔文表述与多世界诠释是等价的，只是它强调了环境记录信息的冗余性。当然，多世界理论强调要考虑系统以外的所有部分的重要性，虽然没有明确环境对基矢的客观选择，但暗含了信息冗余的要求。

量子力学诠释的哲学问题 对量子力学诠释采取“工具论”的态度，即可以不把波函数看成是本体论的东西，认为波函数不代表任何物理世界中的实体，也不描写实际的测量过程，而只是推断实验结果的数学工具。因此，在哥本哈根诠释中，波包塌缩与否，都不意味着实体的塌缩，只是塌缩后可以据此推断重复测量的结果。在这个意义下，波包塌缩的预言和多世界诠释或量子退相干等其他诠释描述一般也没有差别。玻尔自己晚期也多次谈到这一点。然而哥本哈根学派的思想缺乏逻辑上的一致性，他们强调诠释量子力学必须借助经典世界，明显走向了本体论的一面，因为经典世界才是客观存在的本体。从哲学意义上讲，量子力学的哥本哈根版本或哥本哈根诠释是一种二元论的混合体。微观世界由观察或意识决定，但实施观察的经典世界是客观存在的。因此，从逻辑上讲哥本哈根诠释是不自洽的。

一个理想的完美的量子力学诠释应该是一元论：一切源于量子，经典只是量子体系宏观极限下的“衍生”现象。为解决哥本哈根诠释二元论的逻辑困境和物理悖论，过去很多年人们提出了各种量子力学诠释，其思想本质上来自物理逻辑正确但图像十分反直觉的多世界诠释。多世界理论表达的是“一个波函数，多个世界”，而由它发展出来的自洽历史诠释讲的是“一个世界，多个历史”。

从物理实验的角度看，各种诠释本质上是对测量过程的诠释，但S.阿罗什认为“实验室中的测量远不是教科书中的投影假设”。物理所测量的是一个相互作用导致的幺正演化，要形成一个理想的仪器与被测系统的量子纠缠需要一定的时间。当测量仪器变得足够宏观，这个时间会变得无穷之短，这个过程就是渐进退相干过程。阿罗什在精心设计的腔量子电动力学实验中观察到了有演化时间表征的单个体系的渐进退相干过程。到底是哥本哈根诠释的投影测量还是与“多世界”有关的幺正演化测量，有可能根据测量时间效应在实验上加以区分。 （孙昌璞）

量子力学隐变量 hidden variable theory 量子力学波函数描述中不出现的变量。量子力学建立后很快就取得了一系列辉煌的成就，但关于量子力学波函数概率诠释，即玻恩概率解释，却出现了激烈的争论。包括A.爱因斯坦、E.薛定谔等量子理论的奠基人对M.玻恩的观点提出了尖锐的批评。爱因斯坦认为“上帝不掷骰子”，他确信应该存在一种确定性的理论。1935年，爱因斯坦等人发表了题为“量子力学对物理实在性的描述能被认为是完备的吗”的论文，提出了EPR佯谬。爱因斯坦等认为，量子力学的波函数描述是不完备的，在完备的理论中所有的具有物理实在性的物理量都应该有确定的值，即应该有确定的变量和这些物理量对应。这个思想引发了所谓隐变量理论的研究。

隐变量理论认为，表征体系状态的物理量都具有确定值，在状态的描述中这些确定值的物理量都有相应的变量和它对应。而在量子力学中只有一部分物理量有对应的变量出现在波函数中，那些波函数描述中不出现的变量就称作隐变量。在隐变量理论中这些物理量都应有确定的值，所以隐变量理论是确定性的理论。隐变量理论从爱因斯坦的物理实在性判据和定域性要求出发，在某些情况下可得到和量子力学一致的结果，但更多情况下与量子力学不一致。

20世纪60年代，J.S.贝尔在贝尔理论的基础上提出了一个不等式，即贝尔不等式。隐变量理论满足这个不等式。 （傅立斌）

量子力学中的变分法 variational method in quantum mechanics 可用来求解体系的能量及波函数的近似解的一种非微扰方法。一般情况下，变分法用于求解基态。

给定一个已知量子系统的哈密顿量，我们可以先猜测一个基态波函数的形式解 $|\psi(\lambda)\rangle$，其中有一个或多个参数λ。在此基础上我们可以计算能量：

$$\langle E(\lambda)\rangle=\langle\psi(\lambda)|H|\psi(\lambda)\rangle$$

即在该波函数状态下的能量期望值。此时该能量期望值依赖于波函数的参数，通过变分法可以找到使得能量最小时的参数取值，即可得到近似基态能量值和波函数。变分法近似的好坏依赖于形式解的选取。同时，变分法求得的能量总是不小于基态能量的精确值，因此可以给出基态能量值的一个上限。 （庄鹏飞）

量子力学中的超对称 supersymmetry in quantum mechanics 将费米子和玻色子联系起来的一种对称概念。最初超对称概念的提出是为了在量子场论中把费米子和玻色子场联系起来。后来，超对称的概念被推广，用以处理一般的一维势阱中粒子的能量本征方程，形成了量子力学中的超对称。 （庄鹏飞）

量子临界现象 quantum critical phenomena and transition 在量子相变点附近出现的物理现象。量子相变指的是在绝对零温度时，由于非热物理量（如压强、成分或磁场强度等）变化引起的相变过程。由于绝对零度不可能达到、只能无限接近，因此实验上研究量子相变通常是超低温下由非热物理量引起的相变，以此作为一种趋近描述。简而言之，量子临界现象与相变通常指的是某一非热变量诱发的相变过程和这一非热变量临界值附近的物理性质。基本内涵有如下几个方面。

量子相变与零温相变　低温或零温下的相变可以是量子的，也可以是经典的，取决于量子关联和经典行为之中哪一个占主导地位。零温极限并不能保证相变的量子效应。由于零温不可达到性，零温下非热变量引起的相变并不能在真实的实验中观察到。但是低温和极低温时的相变可以在实验上进行观察，并为零温临界现象这一渐近极限提供信息。

量子相变判据　如果在平衡相变点附近，系统的德布罗意热波长远大于其热涨落的关联长度，则相变称作量子相变。这一判据是1976年日本学者铃木增雄第一次提出，通常被认为是区别量子相变与经典相变的判据。不过，正确运用这一判据并不容易。

模型与方法　用于研究量子临界现象和相变理论的模型和方法有很多，其中演示二级量子相变最简单的模型是横磁场中的伊辛模型（横场伊辛模型）。从量子力学的本质上来看，量子相变是由决定系统性质的两个不对易算符间的相对强度变化而导致的。或者说，量子相变中有序化被来源于海森伯不确定性原理的量子涨落所破坏。在横场伊辛模型中，量子相变是由横向磁场与交换积分之间的竞争引起的。在一个系统的量子相变点附近，其相关物理性质可以表征为问题中某些独立变量的齐次函数，这时就表现出标度行为。这是研究热临界相变现象时所发展的标度理论的推广。对于量子临界性，可以通过考察特征长度以及特征时间的存在性来研究其标度行为。在量子临界点附近应该有一组标度变换，而描写标度变换的则是重整化群这一数学形式。

量子临界现象　量子临界点是一个处于零温的不动点。零温量子临界点的存在是解决许多悬而未决的凝聚态物质问题的关键。一个典型的例子就是离子晶体$LiHoF_4$的磁性，其零温时量子相变点出现在横向磁场强度大约是50千奥斯特左右。其他重要的例子包括重费米子化合物、高温超导体、稀土磁性绝缘体和二维电子气等。量子临界现象的理论已经成功地应用于这些材料物理性质的研究，简要叙述如下。

①重费米子化合物：又称重费米子系统。由于这类材料中运动粒子热有效质量比自由电子质量大两三个数量级，故称重费米子系统。这里电子作为重费米子的物理性质主要受到RKKY相互作用和近藤效应之间的竞争。RKKY相互作用有利于磁性基态的出现，近藤效应则屏蔽局域磁矩。

②掺杂铜氧化物：铜氧化物是显示以载流子掺杂导致从莫特绝缘相到d波超导相转变的一个典型例子。铜氧化物超导体的一般相图上存在两个掺杂驱动的量子临界点。一个是在欠掺杂极限，材料经历一个绝缘体－超导体相变。另一个是在过掺杂极限，发生超导体－正常导体相转变。

③低维结构中电子行为：相比体材料而言，低维结构可能提供新的且更简单的方式来理解量子相变和量子临界现象。比如，可以通过磁场或电场来调控量子点中的单重态－三重态转变；磁场通过阿哈罗诺夫－玻姆效应发挥作用，实现碳纳米管中的金属－半导体转变；标度分析预测在零温、零磁场、零化学势和零载流子浓度时，石墨烯正处在量子临界点上。

④格里菲思奇异性：美国物理学家R.B.格里菲思于1969年从理论上预测无序效应会定性改变物质的相以及临界点的行为，动力学临界指数将趋于无限大。这种现象即被称为格里菲斯奇异性。这一理论预测拓展到量子相变领域，就形成了量子格里菲斯奇异性理论。然而，要直接从实验上观察到量子格里菲斯奇异性是异常困难的，直到2015年北京大学的王健研究组在镓超薄膜的超导－金属相变中观察到了这种奇异性。 （王春雷）

量子蒙特卡罗方法 quantum Monte-Carlo method 一类使用*蒙特卡罗方法*研究量子体系的方法的统称。这类方法在强关联电子体系、量子格点模型、格点规范场论等领域具有广泛的应用。量子蒙特卡罗方法的关键步骤是将量子物理问题转化为经典统计问题，从而使用经典蒙特卡罗方法求解。典型映射方法包括：通过*薛定谔方程*和*福克-普朗克方程*的等价性，利用模拟扩散过程求解量子体系基态波函数。以及通过路径积分方法将量子体系映射为更高一维空间中的统计物理问题等。然而，一般的关联费米子和阻挫磁性等问题所对应的经典统计体系并不具有恒正的统计权重，因此量子蒙特卡罗方法对于这类问题的求解存在近似。求解“负符号问题”是量子蒙特卡罗方法研究的前沿。

（王　磊）

量子密钥分配 quantum key distribution 一种利用量子力学性质保证安全通信的技术，是量子密码学的重要内容。

量子密码学　以量子保密通信为核心内容，包括量子密钥分配、量子安全直接通信和量子密钥共享等，此外还包括量子公钥密码、量子零知识证明、量子掷币、量子比特承诺、量子身份认证以及量子计算算法和抗量子计算公钥密码等范畴的一门学科。量子密码起源于1969年S.威斯纳提出的量子货币概念。他首次提出可以使用量子态对信息进行编码。量子力学的海森伯不确定关系可以用于保护信息的安全。1984年，C.H.贝内特和G.布拉萨德提出了第一个量子密钥分配协议（*BB84协议*）。经过多年的理论和实验研究，量子密钥分配成为量子密码领域发展最为成熟、最有可能率先走向实用的技术之一。

量子密钥分配　由于历史的原因，量子密码中的量子密钥分配对应经典密码学中的密钥协商，它是在传输过程中产生共享密钥，并不是经典密码中将已知的密钥传送（分配、分发）给其他用户的任务。其基本思想是首先将候选的经典密钥用非正交量子态（如光子不同的偏振态）进行编码，再将编码后的量子态通过量子信道（如光纤、自由空间）传送给接收者。接收者测量接收到的量子态，记录测量结果。随后，通信双方通过公开经典信道公布制备量子态的基矢，并对部分测量结果进行对比，若发现误码率高于某个阈值，则放弃所有的结果；若误码率小于设定的阈值，则把剩余的结果进行后处理，获得安全的密钥（密码本）。接下来，通信双方使用该密码本，进行保密通信。

量子密钥分配需要使用经典信道。经典信道必须经过认证，否则窃听者可以通过篡改身份窃取所有的密钥信息。量子密钥分配的安全性建立在物理原理上，如量子不可克隆定理以及非正交量子态不可识别原理。窃听者如果想获取密钥的相关信息，需要对量子态进行识别，从而导致误码的产生。针对某个具体的量子密钥分配协议，通信者可以计算出窃听者获取信息量和误码率之间的函数关系，一旦确定窃听者获取的信息小于通信者之间的互信息量，则可以进行纠错和私密放大，获得安全的密钥。

第一个量子密钥分配实验是1989年由BB84协议的提出者及其合作者在实验室环境内完成的，其后又有众多实验室分别演示了量子密钥分配实验。虽然在原理上量子密钥分配是绝对安全的，但是在实际中，量子密钥分配的安全性会受到量子器件性能的影响。例如，人们一般使用弱相干光源代替理想*单光子源*，这会带来劈裂光子数攻击问题。另外，测量装置的非完美性也可能带来探测器侧信道攻击问题。

1991年，A.埃克特提出基于贝尔定理的量子密钥分配协议。建立在无漏洞*贝尔不等式*实验上的量子密钥分配协议原则上可以避免所有的侧信道攻击，也被称为装置无关的量子密钥分配。

由于光在光纤中传输信号随距离指数衰减，长距离量子密钥分配需要使用量子中继。

（蔡庆宇）

量子拍 quantum beat 多能级原子与量子化电磁场相互作用系统中的拍频现象，它无法用半经典理论加以解释。在半经典理论中，V型三能级原子和Λ型三能级原子与经典电磁场相互作用，它们各自都具有两个本征频率不相同的微观电偶极矩，这两个微观电偶极矩的辐射会出现两个本征频率的差频项，应该出现拍频现象。然而，用*量子电动力学*处理V型三能级原子和Λ型三能级原子与量子化电磁场的相互作用，则只有V型三能级原子系统会出现拍频现象，Λ型三能级原子不会。实验证实了量子电动力学的结论，因此这类拍频现象被称为量子拍。量子拍现象是支持量子电动力学的重要证据。

量子拍出现的原因可以用量子干涉理论解释如下：V型三能级原子被相干激发以后，其激发态的衰减可以通过自发辐射光子而到达单一下能级，V型三能级原子的相干激发可以通过左右两条跃迁通道到达同一下能级，这种情况与杨氏双缝干涉的情形相似，两条跃迁通道之间的干涉形成了量子拍现象。Λ型三能级原子被激发以后，其上能级是单一的，原子的激发态可以通过左右两条跃迁通道分别到达左或右下能级，这种情况就与杨氏双缝干涉的情形完全不同。因此，Λ型三能级原子的两条跃迁通道互不相干，所以不能形成拍频现象。量子拍现象的实验观察是由A.T.福雷斯特，R.A.古德蒙森和P.O.约翰逊在1955年首先实现的。激光发明以后，用两个不同波长的激光同时激发多能级原子系统来实现量子拍的实验已有较多研究。

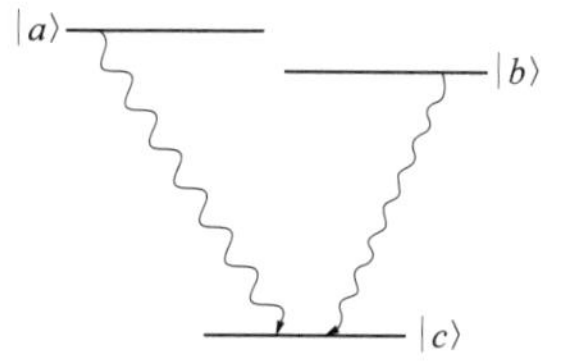

图1　V型三能级原子

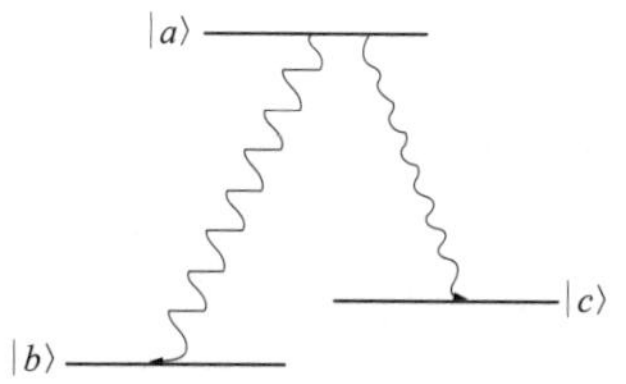

图2　Λ型三能级原子

（郑　杭）

量子群 quantum group 在数学和理论物理中，表示具有各种额外结构的非交换代数。对量子群而言，并没有简单统一且无所不包的定义，而是大致相似对象的群体。一般情况下，量子群差不多是霍普夫代数的同义词。更确切地说，量子群范畴是霍普夫代数范畴的对偶范畴。

量子群引入　量子群的出现颇为意外。在很长一段时间，紧致群和半单李代数都被视为“刚性”的对象。导致量子群出现背后的想法是，考虑一个结构，如果它在更大意义上等价，是在群代数或泛包络代数意义上。自然，群或包络代数就可以“变形”，虽然变形不再保持群或包络代数结构。更确切地说，变形可以在霍普夫代数的范畴内完成，而不需要霍普夫代数的交换或余交换条件。“量子群”这一术语最早出现在量子可积系统，后由V.德林费尔德和神保道夫独立地引入，将其视为某一类特殊霍普夫代数的理论。在德林费尔德表示中，给霍普夫代数引入一辅助参数q或h，量子群结构自然出现，即量子群具有给定李代数的泛包络代数结构，即半单或仿射的，当形变参数$q=1$或$h=0$时。与之密切相关，某些对偶对象的形变霍普夫代数，也被称为量子群。

同样的术语也用于经典或与经典李群、李代数关系密切对象的形变物，如在德林费尔德和神保道夫工作之后，通过所谓“双叉乘”运算，由S.马吉德引入一类量子群。不同于前例，这类由“双叉乘”运算引入的量子群，是非交换且非余交换的，适用于量子引力的研究。事实上，现在数学的文献中，更倾向于使用量子代数这一术语。如果变形对象是“非交换空间”的泛函代数，即A.科内的非交换几何的思想。也就是说，量子群至少有三种引入方式：量子对称、自对偶理论和量子几何。

量子群应用　量子群出现之后，已经成为一个全新的研究领域。作为应用之一，量子群在研究杨-巴克斯特方程和量子反散射法问题上有着巨大效用。这里略述在量子反散射法问题上具广泛意义的一类量子群，作为量子对称的量子群，即德林费尔德-神保型量子群，这是一类对称性被称为“量子群”的一个对象，是德林费尔德和神保道夫的工作。其表现为半单李代数泛包络代数的变形，或者更一般的卡茨-穆迪代数泛包络代数的变形。在霍普夫代数范畴的意义上，由此产生的代数有附加的结构，使之成为拟三角霍普夫代数。设$A=(\alpha_{ij})=2(\alpha_i, \alpha_j)/(\alpha_j, \alpha_j)$是卡茨-穆迪代数的嘉当矩阵，其中$\alpha_i$、$\alpha_j$是李代数的素根；$q$为不等于1的非零复数。若$G$是嘉当矩阵为$A$的李代数，而$X_i^+$和$X_i^-$分别是与$\alpha_i$和$-\alpha_i$相应的生成元，则量子群$U_q(G)$的生成元符合以下关系：

$$k_0=1$$

$$k_\lambda k_\mu=k_{\lambda+\mu}$$

$$k_\lambda X_i^\pm k_\lambda^{-1}=q^{\pm(\lambda,\alpha_i)}X_i^\pm$$

$$[X_i^+,X_j^-]=\frac{k_i-k_i^{-1}}{q_i-q_i^{-1}}\delta_{ij}$$

如果$i\neq j$，有所谓的量子塞尔关系：

$$\sum_{m=0}^{1-a_{ij}}(-1)^m\frac{[1-a_{ij}]_{q_i}!}{[1-a_{ij}-m]_{q_i}![m]_{q_i}!}(X_i^\pm)^m X_j^\pm (X_i^\pm)^{1-a_{ij}-m}$$

式中$k_i=k_{\alpha_i}, q_i^2=q^{(\alpha_i,\alpha_i)}$，对所有正整数$n$有$[n]_{q_i}=\Pi_{m=1}^n[m]_{q_i}$且$[m]_{q_i}=(q_i^m-q_i^{-m})(q_i-q_i^{-1})$。

余乘法可以有多种不同的定义方式，例如：

$$\Delta(k_\lambda)=k_\lambda\otimes k_\lambda$$

$$\Delta(x_i^+)=1\otimes X_i^++X_i^+\otimes k_i$$

$$\Delta(X_i^-)=X_i^-\otimes 1+k_i^{-1}\otimes X_i^-$$

与此余乘法相融的对极为：

$S(k_\lambda)=k_{-\lambda}, S(X_i^+)=-X_i^+k_i^{-1}, S(X_i^-)=-k_iX_i^-$这是群的逆运算的推广。（杨文力）

量子热化　quantum thermalization　量子系统趋于（热）平衡态的过程和结果。热化问题的核心是孤立系统趋平衡的过程特征与机制。对该问题的研究，涉及物理学中一些重要而尚未透彻理解的基本概念，如热平衡态的微观动力学定义，平衡态系综理论的微观基础等。在经典层面对热化问题的研究，最早可以追溯到L.玻尔兹曼的工作。量子力学创立后量子层面的探讨逐渐展开。经过多年研究，对该问题的许多方面有了深入了解，但仍然存在诸多未解难题，最难者为如何处理热过程的不可逆性与微观理论的可逆性之间的关系。

1929年，数学家、物理学家J.冯·诺伊曼证明了量子遍历性定理，指出薛定谔演化的长时间平均行为常有很好的遍历性。尽管并不直接适用于热化过程，但该定理推进了对平衡态的理解。物理学家E.薛定谔的工作指明，量子系统具有一些在经典层面所没有而在理解热化时必须考虑的特征，这些特征尤其体现于约化密度矩阵在能量基矢上的非对角项。到20世纪70～80年代，随着混沌研究领域的兴起和发展，人们认识到混沌现象对于理解热化具有重要意义，并且着手研究量子混沌与量子热化的关系。90年代，J.M.道茨利用随机矩阵理论、M.斯莱德尼奇利用半经典理论研究了量子混沌系统波函数的性质，在相应近似下他们发现，同一个窄能壳内的不同能量本征函数，对小子系统的可观测性质会给出十分接近的预言。

21世纪第一个十年中，具体模型中的计算在一定程度上验证了上述关于量子混沌系统波函数的预言，进而，人们假设这一性质在更为广泛的系统中成立，称为本征态热化假设（ETH），认为ETH可能是平衡态微正则系综描述的微观基石，也是理解热化过程的核心。但由于以下原因，总的形势要更为复杂。一方面，仅仅ETH并不足以解释能量本征态的叠加态的热化过程，而且根据量子混沌领域的现有进展，尚不足以确定ETH在真实量子混沌系统中的适用程度。另一方面，第一个十年中的另一项进展，揭示了另一个可能与热化本质有关的性质，即足够大的能壳中的典型态对小子系统性质所给出的预言，与微正则系综所给出的类似。沿ETH与沿典型态两个方向的研究以前还几乎是并行的，但后来它们有了汇拢趋势。可以预期，它们的真正汇拢会为热化问题带来更为深入的理解。温度概念的动力学基础，即什么样的动力学性质可以导致温度的统计力学表示式仍是一个十分困难、很少研究的问题。

（王文阁　王骄子）

量子热力学　quantum thermodynamics　热力学新兴分支学科。热力学和量子力学作为两个看似独立的理论都是讨论与光和物质有关的物理现象。量子热力学是联系热力学和量子力学的一门重要学科。1905年A.爱因斯坦提出热力学和电磁学两个理论体系应该在逻辑上保持一致性，并得出光可以被量子化的结论。这是量子理论的开端。几十年间，量子理论以一套独立的规则建立起来。热力学基础和量子力学的一些基本性问题是彼此关联的，如光子作为工作物质的光子热与量子相干、量子纠缠与熵和黑洞信息丢失之谜等。量子热力学研究的对象是量子世界的热力学，其发展目标是把热力学推广到量子力学的范畴内。在这个新兴领域关注的是如何从第一原理——量子力学，去描述理解热力学现象。这些研究彼此为对方提供一个新的视角，彼此互相促进，并导致这些学科新的发展和新的发现。

与量子统计力学不同，量子热力学的研究包括：基本概念，如热力学第一定律和一些热力学过程的量子力学推广；理想玻色气体、理想费米气体、自旋系统、谐振子系统、相互作用粒子等各种量子工质的热力学性质；以量子工质为基础的典型热力学循环，如卡诺循环、奥托循环、埃里克森循环、狄塞尔循环和阿特肯森循环等，并比较它们和经典热机循环的异同；非平衡热力学过程的做功量和平衡过程自由能改变量之间建立的等价关系；朗道原理与计算的物理极限的问题等。

（苏山河　陈金灿　曹秀风）

量子色动力学　quantum chromodynamics; QCD　以SU(3)为规范对称群的量子场论。除了规范场，量子色动力学（QCD）还包括夸克场。每种夸克场具有颜色量子数，描写夸克的内禀自由度。颜色量子数对应的对称群为SU(3)群，并被称为规范对称群。量子色动力学描写了夸克和胶子之间的相互作用以及胶子和胶子之间的相互作用。夸克和胶子组成了自然界观测到的强子。因此量子色动力学可以统一描述强子结构和强相互作用。经过长期的理论研究和实验验证，量子色动力学已被确认为描写强相互作用的基本理论。

量子色动力学包括了描写实验上已经确认的味量子数不同的六种夸克的费米子场，还包括了传递规范相互作用的规范场粒子的规范场。规范场量子被称为胶子，共有八种不同颜色的胶子。胶子是自旋为1的玻色子，它们没有质量。规范对称性保证了夸克和胶子的相互作用，以及胶子之间的相互作用只由一个相互作用常数刻画。因此量子色动力学只含有七个未定参数，它们是六种夸克的质量和一个相互作用常数。

量子色动力学具有许多量子场论所没有的特征。20世纪70年代H.D.波利策、F.威尔切克和D.J.格罗斯等发现，量子色动力学具有渐近自由的特征，即相互作用常数随着能标的变大而变小。这导致了诸如夸克与夸克之间的相互作用随这两夸克之间距离的变小而变弱。这和当时就已熟知的量子电动力学中的相互作用完全不同。在量子电动力学中，由于屏蔽效应，两个电子之间的相互作用是随着距离的减小而变强。在量子色动力学中，由于胶子之间相互作用的存在，导致了反屏蔽效应，使得相互作用常数随着距离的变小而变小。量子色动力学的这一特征被称为渐近自由。

在含有强子的高能散射中，有可能发生夸克之间距离很小的散射过程。这为验证渐近自由提供了实验可能性。同时由于渐近自由，可以利用微扰论去研究高能散射。在过去的研究中，尤其对深度非弹性散射的标度行为的理论研究和实验测量，验证了利用量子色动力学微扰论得到的预言。深度非弹性散射是轻子和强子的大角度偏转散射。由于大角度偏转，出射电子和入射电子之间有大动量转移。在大动量转移的情况下，散射截面几乎只依赖于大动量转移模方的幂次，即散射截面具有标度行为。结合量子色动力学的因子化定理和微扰论可以预言对该标度行为的量子修正。大量的深度非弹性散射实验证实了该量子修正的存在。另外，在欧洲核子中心的正负电子对撞机LEP上对多喷注现象的研究直接验证了量子色动力学的规范群为SU(3)。在其他的高能物理实验中，量子色动力学微扰论的理论结果几乎都得到了实验验证。

渐近自由同时也意味着夸克之间的相互作用会随着距离的变大而增强。如当距离在1飞米左右，相互作用常数的数值已经使得微扰论展开级数不收敛或展开无意义。而正是在这距离尺度上的相互作用，使得夸克和胶子形成了束缚态，形成了实验上直接观察到的强子。另外，实验上从未观测到自由的夸克和胶子，或实验上从未能直接测量颜色量子数。这导致了量子色动力学中的一个重要猜测：夸克禁闭，即不存在自由的夸克或胶子，它们永远被禁闭在强子束缚态中。这一猜测和实验现状不矛盾，但如何从量子色动力学出发在理论上给出证明，是一个世界性的难题。

量子色动力学在距离尺度为1飞米左右或更大，微扰论不再适用。QCD相互作用是强相互作用，研究在这一尺度的物理现象必须借助非微扰理论方法。在70年代K.G.威耳孙就提出可以把量子规范场论定义在格子化的时空中，得到格点量子规范场论。由于在格子化的时空中场是离散场，这使得利用电子计算机数值模拟格点量子规范场论成为可能。通过在格距为有限但很小时对格点量子规范场论的数值模拟，可以研究数值模拟结果在格距趋于零时的极限行为，并得到在连续时空中量子规范场论的非微扰理论预言。随着计算机计算速度的飞速增长和大量的理论研究，对格点量子色动力学的研究已经得到了大量的可以与实验结果相比较的结果。如强子质量谱的精确计算，计算相互作用常数以及重味介子的衰变常数等。格点量子色动力学的研究已经成为高能物理中的一个重要研究方向。（马建平）

量子色动力学重求和 QCD resummation 精确预言高能对撞机上某些特定观测量的计算方法。对于高能对撞机上的硬散射过程，量子色动力学（QCD）的耦合常数α_s较小，通常可把散射截面按α_s做微扰级数展开，即所谓的微扰论计算。一般考虑微扰论计算的前几阶的贡献就可以得到比较精确的结果。但对于某些特殊的过程或者观测量，按α_s展开不再合理，因展开系数含有数值上较大的对数项，致使微扰展开的收敛性不好。这时需要把这种大对数项求和到α_s的所有阶，从而得到更加可靠的结果。为了做到这一点，需要仔细研究这些大对数项的起源和结构。一般大对数项与散射过程中不同的能量标度有关。简单来说，如果一个散射过程含有两个特征能量标度，即一个高能标和一个低能标，这时微扰展开级数中就会出现形状为高能标和低能标之比的对数这一类大对数项。重求和的基本原理是，通过分析大对数项的起源，将不同能量标度处的贡献实现因子化，再通过求解重整化群演化方程来将不同能量标度的贡献所包含的大对数项分别重求和到所有阶。这种方法的优点在于，可以避免逐阶复杂的费曼图计算，利用演化方程将微扰展开的每一阶贡献中的大对数项都包含进来。常见的QCD重求和包括阈重求和、横动量重求和等。

①在阈重求和中（如强子对撞机上的轻子对产生），高能标是末态体系的不变质量，低能标是对撞机能量所允许的辐射胶子的能量，这两个能标之比的对数很大，需要求和到微扰论的所有阶。在物理上产生这种大对数项的起源是软胶子，通常又称为软胶子重求和。

②在横动量重求和中（如强子对撞机上轻子对在小横动量处的产生），高能标也是末态体系的不变质量，而低能标是该体系的横动量。物理上该体系的小横动量来源于初态的软或共线辐射。

③此外还有其他类型的QCD重求和，起源于重夸克的近阈产生。如在正负电子对撞机上顶夸克对的近阈产生中具有两个特征能标：一个是顶夸克质量，另一个是顶夸克动能。由于是近阈产生，顶夸克的速度v很小，因此这两个能标的比值是一个大数。这时会有两种类型的大数出现：一种含有形如(α_s/v)的项，需要运用格林函数的方法对这种代表顶夸克对间交换无穷多库仑胶子的项进行重求和；另外一种含有形如$(\alpha_s\ln v)$的项，可利用重整化群方法进行重求和。

重求和可以有效地提高微扰计算的精度，一个重要的例子就是高能正负电子对撞机（如大型正负电子对撞机LEP）上喷注形状因子（如冲度等）的QCD重求和结果，可以用来精确研究QCD高能行为，以及抽取强相互作用耦合常数。又如在强子对撞机上，利用传递电弱相互作用的荷电流矢量玻色子在小横动量区域产生的重求和后的精确计算结果，来研究荷电流矢量玻色子的质量。还有在强子对撞机上，为了得到精确理论预言，对希格斯玻色子的产生截面和不变质量分布的阈的重求和都是不可或缺的。

QCD重求和的研究方法主要分为两大类：一类是传统费曼图分析方法，通过分析费曼图的结构，从而获得因子化的表达式，并进而实现对大对数项的重求和。另一类是有效场论方法，特别是最近十几年发展起来的软-共线有效理论方法，通过构造不同能标处物理的有效拉氏量及对应的算符，基于有效场论方法实现因子化，进而利用重整化群的演化来实现大对数项的重求和，这种方法已被广泛采用。

（李重生）

量子色动力学强子化模型 hadronization model of quantum chromodynamics 描写微扰量子色动力学无法精确计算的夸克胶子转化为强子的唯象理论模型。高能强相互作用的多重产生过程一般分为软、硬两个子过程。其中硬过程描写末态夸克胶子的产生过程，可用微扰量子色动力学描写；而软过程（即强子化过程）描写夸克胶子转化为强子的过程，至今仍无法用微扰量子色动力学进行精确计算，还只能依靠各种唯象的强子化模型，如强子化的弦模型、集团碎裂模型和夸克组合模型等来描述。弦模型、集团碎裂模型和夸克组合模型等，都可描述高能多重产生过程中强子末态的整体性质，是迄今流行的三种主要强子化模型。不同的强子化模型反映了不同的强子化机制，鉴别或区分不同强子化模型的有效性，深入探索强子化过程，对于理解并最终解决非微扰量子色动力学的本质有着重要意义。

强子化的弦模型　该模型最早是在1974年，由X.阿特吕和G.梅内西耶在色与反色形成的色弦碎裂图像基础上提出的。1978年起，在B.安德森领导下，瑞典隆德大学理论物理组对弦碎裂模型做了进一步发展，并编写了相应的蒙特卡罗事例产生器JETSET/PYTHIA。弦碎裂模型的基本物理图像包括两部分：正反夸克$q\bar{q}$系统的色弦碎裂，以及多部分子系统形成的色弦碎裂。对于最简单的$q\bar{q}$色弦的碎裂，当色与反色之间的距离很大时，量子色动力学给出它们间的相互作用势是线性的，且当夸克q与反夸克$\bar{q}$反向运动时，它们间的色力线将被局限在一段色流管内，或是形成色的螺旋线（色力线究竟是形成色流管还是色螺旋线与真空结构有关），弦模型中的色弦就对应了色与反色之间的色力线。以上即弦碎裂模型的出发点。当q与$\bar{q}$向两边反向运动时，其动能就会转变为色弦的势能储存起来。势能积累到一定程度，色弦中就会有新的夸克对$q'\bar{q}'$通过真空激发产生出来。当$q\bar{q}$色弦从真空中激发出一对$q'\bar{q}'$时，隆德弦模型就认为最初的一段色弦分裂为两段色单态的子弦$q\bar{q}'$和$q'\bar{q}$。若子弦的不变质量足够大，它将继续按之前的方式碎裂，直到每一段子弦的不变质量都等于相应强子的质量时，碎裂过程才终止。由此可见，隆德弦模型中，色弦碎裂的最后结果是产生一段段不变质量等于强子质量的小色弦，这些小色弦的一端是夸克（色），另一端是反夸克（反色）。这样，隆德弦模型就可自然描写介子的产生。而为描写重子的产生，隆德弦模型则进一步引进了双夸克对产生机制和“popcorn”产生机制。

集团碎裂模型　最早由S.沃尔夫拉姆提出，后由B.R.韦伯等在20世纪80年代发展的另一个强子化模型，并编写了相应的事例产生器HERWIG，它主要包括以下三部分：①色单态集团的形成；②不变质量大的集团继续碎裂为小集团；③小集团衰变为直生强子。和隆德弦模型一样，韦伯模型也需要引入双夸克对的产生来描述重子的产生，这样最初的色单态集团就可衰变成两个重子。由于此模型只采用两体衰变方式，因此不需要引入额外的自由参数和分布函数就能给出直生强子的动量分布。

夸克组合模型　夸克组合机制（模型）最早由V.V.阿尼索维奇和J.D.布约肯等人提出，其最大优点是图像简单，不需引进任何附加机制，就能统一地描写重子和介子的产生规律。80年代，山东大学谢去病教授等人从夸克组合模型的基本图像出发，在e^+e^-湮没反应中，系统地提出了夸克产生律和夸克组合律，并把它们推广到多部分子态的情况来处理其强子化，成功解释了e^+e^-湮没和质子质子（反质子）$pp(\bar{p})$反应中的一系列实验现象，如重子-反重子关联、重子-介子比、末态粒子产额以及带电粒子的动量谱等；当其被拓展应用到相对论性重离子碰撞反应中时，亦可很好地解释末态强子的性质，如强子多重数、p_T谱、椭圆流和强子的快度分布等。（金　毅　李世兴　司宗国）

量子声学　quantum acoustics　研究与原子和分子等物质的微观结构有关的声学现象的学科。通常声学研究的对象是宏观的，不必考虑传播介质的微观结构，因此把介质看作是连续的，声波的能量也是连续的。但对于频率很高的声波（通常频率大于10^9赫），波长与微观结构的尺度（如原子间距等）相当，就必须考虑介质的微观结构。原子、分子等微观结构需要用量子力学来描述，与需要考虑介质微观结构对应的声学就是量子声学。

量子化的声波（机械波）称为声量子或声子。声子是一种准粒子，能量是$h\nu$（h是普朗克常数，ν是振动频率）。它的某些性质像光子，具有波粒二象性。可以说，广义的量子声学是研究声子的各种行为的声学分支。通常把金属中的点阵振动称为热声子，而量子声学着重讨论外加声波（声子）与物质微观结构的作用，包括与其他准粒子（如热声子、各种激子）和基本粒子（如电子、光子）的碰撞等，这些相互作用是揭示和理解近代物理中许多重要现象的物理基础。

在铅单晶的声衰减实验中发现，当温度降到超导体的转变温度以下时，衰减突然变小；而若用磁场使它处于正常导电态，则衰减又很快上升。这种奇异的行为是声子和电子相互作用的结果。接近绝对零度的一定温度范围内，液态氦处在He Ⅱ相，黏滞性消失，具有超流动性。这样的介质具有量子特性，存在通常介质中没有的波模式，如第二、第三、第四声，它们都是与超流动性紧密相连的模式。这些模式的频率较低，但仍属于量子声学研究的内容。（张海澜）

量子受限斯塔克效应　quantum confined Stark effect; QCSE　电场作用下，量子阱的能带发生倾斜，电子-空穴对发生空间分离，波函数交叠情况改变，引起吸收强度变化和吸收边移动的现象。斯塔克效应是原子或分子在外电场作用下能级和光谱发生分裂的现象，其原因在于原子或分子存在固有电偶极矩，在外电场作用下引起附加能量，造成能级分裂。在量子阱上加偏压时，量子阱的能带发生倾斜，导带势阱中的电子和价带势阱中的空穴会各自偏向一边，虽然电子和空穴各自偏向势阱的一边，但它们的波函数在空间上仍然重叠。此时吸收系数的带边能量E比不加电场时的带边能量，也就是禁带宽度E_g要小（严格来说是电子和空穴的第一子带间的距离），存在一个红移，这一红移的多少随外加电场的大小而变化。这就是量子受限斯塔克效应。

量子受限斯塔克效应实质上也是因为外场作用下引起的附加电位能造成了受限量子能态的移动。这一效应曾在研制量子阱的光电调制器时被广泛应用，如在一些耦合量子阱（点）器件诸如量子级联激光器、量子点探测器、量子级联探测器等方面具有非常灵活的应用。在量子级联激光器中，利用量子受限斯塔克效应可以有效地调节耦合量子阱激光跃迁区的子带间距、注入/弛豫区的隧穿输运状态；在量子级联探测器中，利用此效应可以方便地形成耦合量子阱的相邻阱之间的子带间距、形成电子输运的声子台阶。量子受限斯塔克效应在InGaN/GaN、AlGaN/GaN、GaAs/AlGaAs等各类材料体系的低维量子结构中得到广泛应用。

（刘峰奇）

量子输运　quantum transport　以低维系统，尤其是纳米结构的电子输运性质为主要研究对象的一个凝聚态物理分支。量子输运是凝聚态物理的一个重要分支，从20世纪80年代兴起的介观物理演化而来。早期的介观物理研究聚焦在介于宏观和微观尺度之间的介观尺度体系，虽然其核心是研究输运过程的量子性质，但并不需要涉及物理体系在原子尺度上的一些细节。随着纳米科技和物理实验技术的发展，越来越多的纳米尺度，甚至是原子尺度的结构成为重要的研究对象，人们发现介观和微观尺度物理的界限并不清晰，因而量子输运这一名称逐渐流行起来。

量子输运性质不能用经典或半经典的粒子散射图像进行描述，电子的波动属性在量子输运过程中不可忽略。低维电子系统是研究量子输运性质的重要平台，如二维电子系统、量子线、量子环、量子点接触和量子点等。典型的量子输运效应有：*量子霍尔效应*、电导量子化、弱局域化和反弱局域化效应、*阿哈罗诺夫–玻姆效应*、*库仑阻塞*、*近藤效应*、*量子自旋霍尔效应*、*量子反常霍尔效应*等。一般来说，电子体系的尺寸越小，其量子性质越明显，但也有一些量子输运特性在宏观尺寸的样品中就可表现出来，如整数和分数量子霍尔效应、弱局域化和反弱局域化效应和量子反常霍尔效应。量子输运研究不仅导致了许多新型物理效应和准粒子的发现以及大量新概念和新理论的提出，而且还有可能促进介观和纳米电子学在量子信息等领域的应用。 （李永庆）

量子顺电 quantum paraelectricity 一类和正常铁电性有所不同的十分重要的电介质特性。量子顺电体的介电常数在低温时呈现类似于居里–外斯行为，即显示出将要发生铁电相变的征兆，类似于通常的铁电材料。但直至绝对零度附近，都不发生铁电相变。

从晶格动力学理论看，铁电相变可以用声子模软化和冻结的观点阐述。从软模的角度看，量子顺电体具有极性模，但在整个温度范围内都不发生软模冻结。这一现象可以被解释为量子涨落使顺电相稳定，从而使铁电相完全被抑制，即量子涨落破坏了铁电序的形成。量子顺电体和铁电体的相似之处在于它们的晶体结构，大部分属于ABO_3的钙钛矿结构，所以应力和价态掺杂易使之成为铁电体。易于受外界条件影响而诱发铁电性是量子顺电体的本质特征之一。主要通过以下两个方面来诱导出铁电极化现象，即薄膜和衬底之间的面内应力，以及不同大小的离子掺杂所产生的化学应力。

$SrTiO_3$、$KTaO_3$和$EuTiO_3$等体系是典型的量子顺电体。实验表明：当A位掺入超过临界浓度的杂质时，顺电相不再稳定，出现由杂质导致的铁电性。从20世纪70年代，很多理论和实验工作围绕掺杂的量子顺电体展开，着重探讨了掺杂浓度、应力和外加电场等条件对这类材料介电、铁电、磁性及光学等性质的影响。以$SrTiO_3$为例，它有两个相变，在105K附近会从立方（空间群Pm3m）转变为四方（空间群I4/mcm）相，但这个类相变是TiO_6八面体旋转引起的$SrTiO_3$单胞对称性降低、或对称单胞变大，这一类相变被称为反铁畸变。此时，介电常数不显示反常，仅弹性模量有反常现象。铁电相变软声子被抑止的原因，可认为是由边界光模[1/2,1/2,1/2]比*布里渊区*中心模($q=0$)先行冻结引起的。另一种相变发生在约35.5K附近，是由于布里渊区中心软模的不稳定而导致Ti离子在c轴方向上与O离子发生相向运动，引发极化相变。但是，这一相变发生后，$SrTiO_3$单晶并未表现出铁电性，这是由于相变后的铁电位移量小于晶格热振动位移，铁电相变被晶格热振动所抑制。

具有这一特性的$SrTiO_3$被称为量子顺电体，或先兆型铁电体。通过掺杂、应力、电场和光照等外界条件的影响，可使量子顺电体$SrTiO_3$出现铁电性、铁磁性、巨压电性、金属–绝缘体转变、超导和蓝光发射等特性，具有深刻的物理意义和广阔的应用前景。 （吕笑梅　王晓飞　朱劲松）

量子隧穿 quantum tunneling 受*量子力学*支配的粒子，当遇到高度大于粒子自身总能量的势垒时也有一定概率穿过的行为。量子隧穿是一个纯量子效应，在经典力学中不会发生。该效应存在于大量量子系统中，可以用来解释太阳核聚变、α衰变等现象的机制。对于固定的势垒，微观粒子能量越高，穿过势垒的概率越大。

*江崎玲於奈*发现和研究了PN结的隧道效应，并于1957年制成了隧道二极管，他因此获得了1973年诺贝尔物理学奖。隧道二极管具有负阻特性，即电压越高，电流越小，可用在微波放大和高速开关等电路中。1974年张立纲、江崎玲於奈和朱兆祥在双势垒结构中观察到了共振隧穿效应。双势垒结构由两个势垒层和中间一个*量子阱*组成，结构两边的电极上加电压时，其中就会有电流通过。实验发现，外加电压变化到量子阱中的束缚态能级与发射极电子的费米能级对齐时，电流达到极大；如果再继续增大外加电压，能级不再对齐，电流会减小，产生负阻，称为共振隧穿。利用共振隧穿效应已经制成共振隧穿二极管（RTD），已有报道砷化铟/硫酸铵铝（InAs/AlSb）RTD的最高振荡频率高达712吉赫（10^9赫）。

（李树深　夏建白　张　芃）

量子态叠加原理 superposition principle of quantum states 量子力学基本方程（*薛定谔方程*）线性的直接推论，可以作为量子力学波函数的一个基本性质。量子态叠加原理从根本上区别了量子力学与经典力学对运动状态的描述。

设波函数$\psi_1(x,t)$和$\psi_2(x,t)$满足同一薛定谔方程，它们的线性叠加：

$$\psi(x,t)=c_1\psi_1(x,t)+c_2\psi_2(x,t)$$

也满足相同的薛定谔方程，是薛定谔方程描述的该微观系统的一个可能的量子态，这就是量子态叠加原理。如果进一步假设$\psi_1(x,t)$和$\psi_2(x,t)$分别为力学量A的本征函数，相应本征值为a_1和a_2。对这个状态进行力学量A的测量，结果只能是a_1或a_2，出现的概率分别与展开系数的模平方$|c_1|^2$和$|c_2|^2$成正比。

量子态叠加原理不是公理意义的“原理”，它只是薛定谔方程线性的结果。说它是量子力学的一个基本原理，只是为了强调它展现了量子力学的基本特征。ψ_1和ψ_2都是复函数，它们的叠加包含了两个波函数间相对相位的信息，即ψ_1和ψ_2是相干的，电子或原子不同路径之间的形成干涉效应便源于此。上述结论可推广到任意多个量子态的线性叠加。

量子态叠加原理的一个重要推论是1982年W.K.伍特斯、W.H.茹雷克和D.迪克斯提出的量子不可克隆定理，即不存在这样一个物理过程，可以对任意一个未知的量子态进行精确复制，使得每个复制态与初始量子态完全相同。该定理可以基于量子态的叠加原理通过反证法证得。在量子信息学中，人们可以笼统地说，未知量子比特不可能精确复制，使得每个复制比特与初始量子比特相同。这是量子密码学安全性的科学基础。 （孙昌璞）

量子态坍缩 quantum collapse 处在叠加态的量子体系通过测量突变到单一本征态的过程。又称波函数塌缩。量子态坍缩的概念与量子测量直接相关。一个量子体系处于波函数ψ描述的状态，要对该量子态的力学量A进行测量。按照量子力学理论，该量子态的波函数总是可以表示为力学量A的本征态的线性组合，即该量子体系处于相应本征态的叠加态。单次测量力学量A，体系的量子态随机突变（坍缩）到A的某个单一本征态上。

量子态坍缩的这种随机性是物理本质上的，不受任何隐含变量的控制。

量子态坍缩（或波函数塌缩）是量子测量的本质，它把描述体系状态的波函数与经典的可观测量联系起来。 （陈向军）

量子态希尔伯特空间 Hilbert space of quantum states 量子力学中单粒子的希尔

伯特空间，即位置x、y、z的全部复函数$\Psi(x,y,z)$的集合。在量子态希尔伯特空间中，除了已有的相加和乘以复数的运算外，还有内积的运算。Ψ_1和Ψ_2的内积定义为：

$$(\Psi_1,\Psi_2)=\int\Psi_1^*(x,y,z)\Psi_2(x,y,z)\mathrm{d}\tau$$

内积为零的两个函数称为互相正交，各函数同自己的内积通常取为1，称为归一化。量子态希尔伯特空间中，一组线性无关的、归一化的函数称为一组基函数（或称基矢）。基函数的数目称为空间的维数，量子态希尔伯特空间既可是有限值的，也可是无穷维的。

量子态希尔伯特空间中还有算符。算符$\hat{A}$作用到一个函数Ψ上可得到另一个函数ϕ，记为$\hat{A}\Psi=\phi$。

量子力学中描写体系状态的是量子态希尔伯特空间的复函数，描写物理量的是量子态希尔伯特空间的算符。如位置算符是$\hat{x}=x$，动量算符是$\hat{P}_x=-\mathrm{i}\hbar\dfrac{\partial}{\partial x}$。前者是相乘算符$\hat{x}\Psi=x\Psi$，后者是微分算符$\hat{P}_x\Psi=-\mathrm{i}\hbar\dfrac{\partial\Psi}{\partial x}$。一个算符的互相正交的全部本征函数系是量子态希尔伯特空间的一组基函数。（喀兴林）

量子统计 quantum statistics 研究粒子遵从量子力学规律的系统的统计方法。在经典力学里，如果说两个物体相同，实质上只是说对于关心的物理，这两个物体间的细微差别可以忽略。只要观察足够仔细，经典物理的粒子总是可以区别。如两枚相同的硬币，只要观察足够仔细，你定能找到它们之间的区别。量子力学对两个物体间的相同性有了新的认识。对于量子力学描述的微观粒子，如果它们相同，即是它们完全相同，无论用什么高精尖的测量都无法区别它们。这种量子相同性被称作全同性。诸如两个电子是全同的，没有任何测量手段可以区别它们。两个氢原子亦是全同的，两个水分子是全同的。

由于粒子间的全同性，量子统计和经典统计有着根本不同。考虑一个由两个全同粒子组成的量子系统，由波函数$\psi(x_1,x_2)$描述。由于这两个粒子全同，将两个粒子置换后系统状态应该不变。也就是说$\psi(x_1,x_2)$和$\psi(x_2,x_1)$两个波函数应该描述同一个量子态。这意味着它们只能差一个常数相位，$\psi(x_1,x_2)=\mathrm{e}^{\mathrm{i}\theta}\psi(x_2,x_1)$。再置换一次，系统应该完全复原，所以$\theta$只能取两个值0和π。对于$\theta=0$，波函数是对称的，$\psi(x_1,x_2)=\psi(x_2,x_1)$，相应的全同粒子叫**玻色子**。对于θ=π，波函数是反对称的，$\psi(x_1,x_2)=-\psi(x_2,x_1)$，相应的全同粒子叫**费米子**。如果两个全同粒子之间没有相互作用，对于玻色子，$\psi(x_1,x_2)=\varphi_1(x_1)\varphi_2(x_2)+\varphi_1(x_2)\varphi_2(x_1)$；对于费米子，$\psi(x_1,x_2)=\varphi_1(x_1)\varphi_2(x_2)-\varphi_1(x_2)\varphi_2(x_1)$。特别是，如果$\varphi_1=\varphi_2$，对于费米子，$\psi(x_1,x_2)=0$。即两个全同费米子不能占据同一个量子态。玻色子没有这个限制，任意多玻色子可以占据同一个量子态。

微观粒子由于全同性，它们不满足玻尔兹曼统计规律。玻色子满足**玻色－爱因斯坦统计**；费米子满足**费米－狄拉克统计**。根据玻色－爱因斯坦统计，处于能级ε_i的平均粒子数是：

$$n_i(\varepsilon_i)=\frac{g_i}{\mathrm{e}^{\frac{\varepsilon_i-\mu}{kT}}-1}$$

式中$\mu<\varepsilon_i$为化学势；g_i为简并度。玻色体系中存在一个临界温度T_c，温度小于T_c时系统会发生**玻色－爱因斯坦凝聚**；温度远大于T_c时，系统退化为经典系统，服从玻尔兹曼统计。根据费米－狄拉克统计，能级ε_i处的平均粒子数是：

$$n_i(\varepsilon_i)=\frac{g_i}{\mathrm{e}^{\frac{\varepsilon_i-\mu}{kT}}+1}$$

温度为绝对零度时，$\mu>\varepsilon_i$是费米能级，系统中的费米子填充了费米能级以下所有的量子态。上式分母中的加号表明每个能级ε_i最多被g_i个费米子占据。和费米能级对应的费米温度$T_F=\mu/k$是费米体系的特征温度。当系统温度T远大于T_F时，费米子退化为经典粒子服从玻尔兹曼统计。费米温度和费米子质量成反比，所以质量很轻的电子对应的费米温度很高。在通常固体材料里，电子的费米温度接近10 000开尔文，远高于室温，所以解释固体材料的输运性质时必须用量子力学。高温时微观粒子虽然也满足玻尔兹曼统计规律，但这不是说这些量子粒子就不再是全同的。只是由于高温时每个能级上的粒子数远小于1，所以全同性不再重要。（吴　彪）

量子统计系综 quantum statistical ensemble 描述量子系统统计规律而引入的一个系统集合的概念。简称量子系综。**系综**是美国物理学家J.W.**吉布斯**于1902年提出的一个理想化的概念，并不实际存在。它由一个实际系统的多个（可以是无穷多个）拷贝组成。这些拷贝之间没有任何相互作用。系综是统计力学中非常有用的一个理论工具，为思考问题提供了很多便利。如为了说明一个硬币投掷后出现正面和反面的概率各为多少，可以将同一枚硬币投N次，也可以同时投掷N个相同的硬币。后者就是系综方法。前后两种方法的等价通常被称作长时平均和系综平均的等价。

量子统计系综的定义是一样的。它在数学上由密度矩阵描述。举例说明，考虑一个量子系综，它由如下密度矩阵描述：

$$\hat{\rho}=\frac{1}{3}|\varphi\rangle\langle\varphi|+\frac{2}{3}|\Psi\rangle\langle\Psi|$$

如果这个系综有N个拷贝，则$N/3$个拷贝处于量子态$|\varphi\rangle$，$2N/3$个拷贝处于量子态$|\Psi\rangle$。这两个概率1/3和2/3就是系综概率。两个量子态$|\varphi\rangle$和$|\Psi\rangle$不一定正交。

在统计力学里有三个应用广泛的量子系统，微正则系综、正则系综和巨正则系综。这三个系综描述的实际系统都处于平衡态。微正则系综主要基于等概率假设，它的密度矩阵为：

$$\hat{\rho}_{mc}=\frac{1}{M}\sum_{E<\varepsilon_i<E+\Delta E}|\varepsilon_i\rangle\langle\varepsilon_i|$$

式中M为处于能壳$[E,E+\Delta E]$中的能量本征态数目；$|\varepsilon_i\rangle$为系统的能量本征态。正则系综的密度矩阵为：

$$\hat{\rho}_c=\frac{1}{Z}\sum_{\varepsilon_i}\mathrm{e}^{-\frac{\varepsilon_i}{kT}}|\varepsilon_i\rangle\langle\varepsilon_i|$$

式中Z为归一化因子也是配分函数。巨正则系综的密度矩阵为：

$$\hat{\rho}_{gc}=\frac{1}{Z}\sum_N\sum_{\varepsilon_i}\mathrm{e}^{(\mu N-\varepsilon_i)/kT}|\varepsilon_{i,N}\rangle\langle\varepsilon_{i,N}|$$

式中N为粒子数；μ为化学势；$|\varepsilon_{i,N}\rangle$为系统粒子数是$N$时的第$i$个能量本征态。当系统很大时，它的能量和粒子数涨落相对很小，这时三个系综是等价的。

但理论上微正则系综是最基本的。从微正则系综出发可以严格推导出正则系综和巨正则系综。但微正则系综只能建立在假设的基础上。关于假设的个数有不同的看法。如**李政道**的《统计力学》说只要一个等概率假设，黄克逊的《统计力学》则说还要另外一个随机相位假设。这些假设的合理性不是来自更基本的微观理论，而是来自由它导致的结论与实验吻合。这是一种理论的尴尬。一个宏观系统是由微观粒子构成的，量子力学可以准确描述微观粒子的运动，所以原则上微正则系综应该可以从量子力学推导出来。美籍匈牙利数学家、物理学家J.冯·诺伊曼在1929年证明了量子各态历经定理和量子H定理，从而宣布微正则系综确实可以从量子力学推导出来。尽管冯·诺伊曼的这两个定理有些问题，但其思路和基本结论是对的。特别是量子各态历经定理和量子H定理以新的形式都重新得到了证明。根据这些结果，一个孤立的不可积量子系统可以通过动力学演化达到平衡态，这个平衡态可以等价地有如下系综描述：

$$\hat{\rho}_{mc}=\sum_{\varepsilon_i}|\langle\varepsilon_i|\psi(t=0)\rangle|^2|\varepsilon_i\rangle\langle\varepsilon_i|$$

式中$|\psi(t=0)\rangle$为一个孤立量子系统的初始波函数。以上这个系综就是微正则系综。适当选择初始波函数，它可以退化成微正则系综。（吴　彪）

量子退相干　quantum decoherence　微观系统与外部环境的相互作用或对微观系统进行量子测量，而导致微观系统量子相干性消失的效应。数学上，量子退相干描述为系统约化密度矩阵的非对角元在演化过程中逐渐消失。量子退相干可以用来解决所谓的“薛定谔猫佯谬”，即为什么常态下宏观物体不会展现量子相干性效应。

在系统和仪器量子纠缠到经典关联的转换过程中，环境会起到关键作用。据此，W.H.茹雷克把量子退相干观念应用到了J.冯·诺伊曼量子测量过程中，证明了系统和测量仪器相互作用的确能够产生系统和仪器之间的经典关联。在量子退相干动力学描述中，测量就是一个产生经典关联的过程，而不必引入波包塌缩假设。

量子退相干理论引起物理学界重视的一个重要原因是量子信息研究的兴起。人们利用量子相干性（量子并行和量子纠缠）以增强计算能力，但退相干效应对其物理实现造成了巨大障碍，克服具体物理系统的量子退相干是量子信息实用化的关键。

关于量子退相干的深入讨论，可见**量子力学诠释**。（孙昌璞）

量子物质场的有效作用量　effective action of quantum matter fields　与半经典爱因斯坦场方程对应的量子物质的作用量。经典爱因斯坦场方程可从作用量$S=S_g+S_m$出发，利用变分法导出。这里S_g为引力场作用量，S_m为物质场作用量。如果物质场是量子化的，我们也希望对其引入某一合适的有效作用量W，利用变分原理得到半经典爱因斯坦场方程$G_{\mu\nu}=-\varkappa\langle T_{\mu\nu}\rangle$，即：

$$\frac{2}{\sqrt{-g}}\frac{\delta W}{\delta g^{\mu\nu}}=\langle T_{\mu\nu}\rangle$$

这里的W就是量子物质场的有效作用量。

以下我们以标量场为例，说明对于无源情形，其有效作用量可用生成泛函定义为：

$$W=-\mathrm{i}\ln Z[0]=-\mathrm{i}\ln\langle \mathrm{out},0|0,\mathrm{in}\rangle$$

标量场的生成泛函为：

$$Z[J]=\int D[\phi]\exp\{\mathrm{i}S_m[\phi]+\mathrm{i}\int J(x)\phi(x)\mathrm{d}^nx\}$$

式中$\int D[\phi]$为对标量场求泛函积分；$S_m[\phi]$为标量场作用量；$J(x)$为外源的流密度。对于平直时空，当$J=0$时：

$$Z[0]\equiv\langle \mathrm{out},0|0,\mathrm{in}\rangle_{J=0}=\langle 0|0\rangle=1$$

即没有粒子产生，真空是稳定的。而对于弯曲时空，即使$J=0$，一般来说$|0,\mathrm{out}\rangle\neq|0,\mathrm{in}\rangle$，因此真空是不稳定的。

当$J=0$时，对$Z[0]$求变分，有：

$$\delta Z[0]=\mathrm{i}\int D[\phi]\delta S_m e^{\mathrm{i}S_m[\phi]}=\mathrm{i}\langle \mathrm{out},0|\delta S_m|0,\mathrm{in}\rangle$$

因此：

$$\frac{2}{\sqrt{-g}}\frac{\delta Z[0]}{\delta g^{\mu\nu}}=\mathrm{i}\langle \mathrm{out},0|T_{\mu\nu}|0,\mathrm{in}\rangle$$

又由于：

$$\frac{2}{\sqrt{-g}}\frac{\delta Z[0]}{\delta g^{\mu\nu}}=\mathrm{i}e^{\mathrm{i}W}\frac{2}{\sqrt{-g}}\frac{\delta W}{\delta g^{\mu\nu}}$$

所以：

$$\frac{2}{\sqrt{-g}}\frac{\delta W}{\delta g^{\mu\nu}}=\frac{\langle \mathrm{out},0|T_{\mu\nu}|0,\mathrm{in}\rangle}{\langle \mathrm{out},0|0,\mathrm{in}\rangle}$$

因此W即为量子物质场的有效作用量。（余洪伟）

量子线　quantum wires　在两个维度上的电子态量子受限的线状材料。量子线通常也被称为一维材料。不同材料的输运特性千差万别，其根本原因是不同材料中的电子态不同。对于同一种材料而言，在经典物理的范围内，不同尺寸的材料输运特性相似；但是随着材料尺寸的继续缩小，量子效应会变得越来越明显，电子波函数发生变化，出现量子化的分立能级，进而会使材料的输运特性发生非常显著的变化。在固体物理中，量子线就是在两个维度上发生量子限制效应的线状导体（如金、银、铂等）或半导体（如砷化镓、硫化镉、氮化镓等）。通常情况下，量子限制效应在纳米尺度变得明显，因而常见的量子线直径在纳米尺度（几纳米至几百纳米），长度在微米尺度（几微米至几百微米），故又称为纳米线。

制作量子线的主要方法可以分为自上而下或自下而上两大类：所谓自上而下是指从较大的材料向下刻蚀得到；自下而上是指从更小的尺度向上合成得到。以悬置法为例，在半导体基片上用光刻胶保护，曝光显影后得到图形化的掩膜，再通过化学刻蚀（湿法或干法），也可以用高能粒子轰击，最终得到一端固定在基底上的量子线。另一种常用的方法是气-液-固合成法，即将高温融化的粒子或气态材料作为源，然后将源材料输运到催化剂（常用的催化剂是液态金属，比如纳米金球）表面，原材料会与催化剂融合，一旦达到超饱和，源材料就会固化，并从金球上向外生长，最终得到线状的固体量子线，其长度可以由源材料的供应时间控制。在生长过程中改变原材料，还可以得到量子线异质结。

量子线的电学特性与体材料差别很大，主要表现包括：①量子线在两个维度上量子受限，受限方向上的能量发生量子化，参与输运的电子能量只能是电导量子G的整数倍，$G=2e^2/h$（其中e是电子电量，h是普朗克常数）。②体材料中电子平均自由程一般在几十纳米至几百纳米，当量子线受限尺度小于电子平均自由程时，载流子在边界上的散射会显著增加。③由于量子线表面原子数目比例比体材料大很多，表面原子并不像材料中一样充分键合，因而有很多表面缺陷，导致量子线一般情况下的导电能力低于体材料。

量子线可以用来制作晶体管，将栅极缠绕在量子线上，源和漏位于量子线的两端，就可以得到高开关比的晶体管。利用量子线晶体管以及量子线逻辑门，有望构建超小电路。

此外，量子线显示了很好的光学性质。例如氧化锌量子线的室温**光致发光谱**，主要峰位于3.29电子伏，是氧化锌的自由激子峰，激子峰的半宽度很窄，只有90毫电子伏。另外，还有一个很弱的点缺陷产生的峰，位于2.5电子伏。强和尖锐的激子峰和弱的深能级发射，说明纳米线具有和氧化锌外延层相比拟的出色的光学质量。如果用纳米线制造**发光二极管**（LED），就可以得到低成本、低功率的高密度集成，甚至还可以得到无临界电流的激光发射，它比现有的平面LED器件具有如下优点：①纳米线具有小的直径和大的表面积，可以在不同的平台上集成高密度的有源器件。利用核-壳结构或轴向异质结构就提供了以纳米线为基的应用功能。②几何效应。对纳米线阵列，光能沿着纳米线的纵轴传播，并且光被约束在纳米线的小直径内，已经接近光衍射长度的极限。利用这个优点，已经制成纳米线共振腔、光泵的激光器等。③纳米线能生长在硅衬底上，代替蓝宝石或氮化镓，成本是原来的十分之一。量子线还可以用来制作纳米线激光器等光电元器件、砷化镓红光纳米线激光器、硫化镉绿光纳米线激光器、氮化镓紫光纳米线激光器等都已经在实验室成功实现。（王开友）

量子相干态　quantum coherent state　量子谐振子系统的一种特殊的量子态，通常被认为是量子谐振子状态中最接近经典谐振子的动力学行为状态。从数学的角度，量子相干态被定义为量子谐振子湮灭算符的本征态，它们构成了一组非正交的、过完备的相干态表象基，可以用来表示辐射场的态和算符。

相干态的概念早在1926年就被E.**薛定谔**提及（他当时称之为“最小测不准态”）。1963年，R.J.**格劳伯**在光相干性的量子理论中系统地引入了相干态的概念和方法，指出相干态是具有最小不确定度的量子光场态，最接近于经典的单模光场。理论上一个经典电流可以产生相干态的电磁场，实验中常把一个远高于阈值运转的单模激光器的输出光看成相干态光场。

按照量子力学理论，量子相干态可以通过位移真空态得到，并且位移量正好等于光场的振幅。量子相干态的两个互不对易可观察量的量子涨落相同，其乘积给出最小不确定度，因之又称为等值最小不确定态，所以它是量子理论所容许最接近经典极限的量子态。处于相干态时，量子化光场的光子数分布为泊松分布。

相干态及其表示已成为量子光学的基本理论表达形式。如今已不限于光学，其他物理学领域也都采用这种相干态的理论方法。（郑 杭）

量子相变 quantum phase transition 在绝对零度时发生的与热力学相变完全不同的由量子涨落引起的相变现象。经典物理的结论是在温度趋于绝对零度时处于平衡态的物质系统会被完全冻结。此时由大量微观粒子组成的宏观系统会形成一个稳定的有序结构，以减小微观粒子之间的相互作用能量。现代物理学的主要研究对象是量子物质，目的是描述在足够低的温度下，由大量相互作用的粒子组成的系统，依据量子力学原理所形成的各种物态。在量子世界里，即使在绝对零度仍然存在着微观粒子的零点运动，即量子涨落。这种零点运动的强度可以通过诸如压力或外加磁场强度进行有效调控。当微观粒子的零点运动充分强烈时，宏观物质系统将会变到另外一种物质形态，这样的相变与由温度所引起的热力学相变完全不同，称为量子相变。

二阶相变 两相之间的相变有时表现为某些物理量突然的跳跃，这种一阶的量子相变类似于热力学中的一阶相变，如水煮沸变成蒸汽。对于一阶量子相变，相变点两边的基态波函数可以一直延续到相变点，相变时系统只是从一个量子态变到另一边的量子态。但常见的相变则是变化过程平缓的二阶连续相变。二阶量子相变的重要特征体现在临界点处基态的特性：在远离量子临界点时，系统通常处于某个物态，如反铁磁性的金属态，其量子波函数可以写成简单电子构型的一个直积态。对于这种连续量子相变，波函数在临界点完全不是一个直积态，是一个指数大的由多种构型组成的包含各种长度尺度涨落且又复杂的量子叠加态，即处于临界点的波函数具有长程**量子纠缠**的属性。A.**爱因斯坦**、B.波多尔斯基和N.罗森在1935年著名的单个电子对的思想实验中，特别强调量子纠缠具有特殊的、非局域的本性，而类似的纠缠属性同样出现在由大量电子组成的关联系统之中。

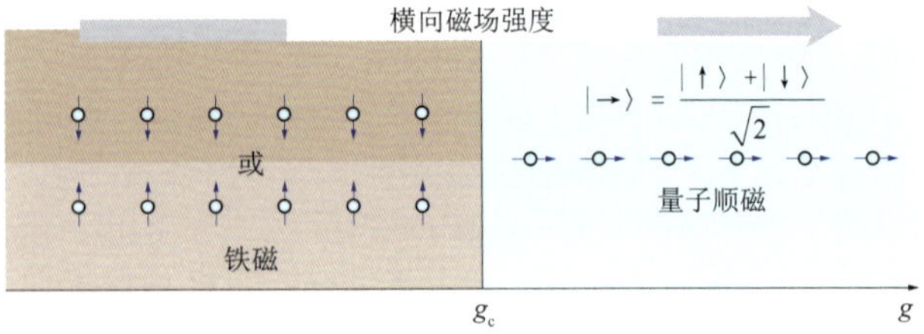

图2 横向磁场引起的一维伊辛模型基态的相变

当一块铁磁体失去磁性变成顺磁体的时候，相变是连续变化的，并且不需要吸收或者放出热量，这是二阶相变的特征。在绝对零度下，二阶相变的临界点被称为量子临界点。而量子临界态是不同临界点两边的物质形态，具有非常普适的物理性质（图1）。此外，量子临界点附近还会衍生出新的低能集体激发，因此量子临界状态代表了一种具有完全不同于弱相互作用系统物理性质的全新物质形态，称为量子临界物态。

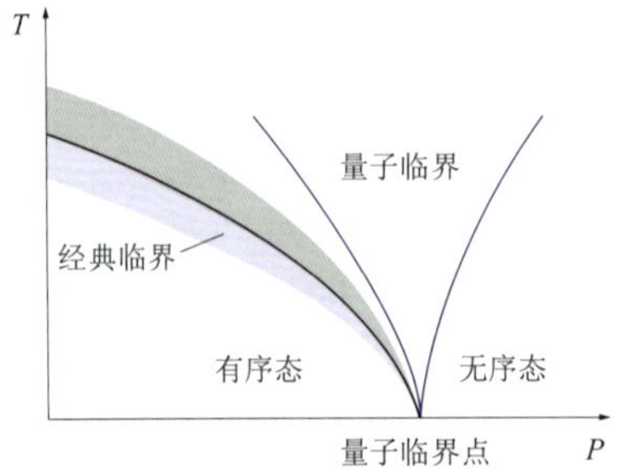

图1 典型的量子材料的相图

量子涨落是导致量子相变的根本原因，其来源是量子系统中物理量的非对易性。一个典型的例子是受横向磁场作用的一维伊辛模型：

$$H = -\sum_{\langle i,\ j\rangle} S_i^z \cdot S_j^z - g\sum_i S_i^x$$

随着磁场的变化，该模型出现铁磁到顺磁的相变。这类相变尽管是发生在系统的基态，但依然可以纳入朗道对称破缺的二阶相变理论框架中。该理论的基本要素是，在相变的过程中系统的离散对称性发生了自发破缺，所对应的状态可以用一个局域的序参量来刻画（图2）。由于这里自发破缺的是离散对称性，所以在相变临界点处不会导致无质量的玻色激发，但会衍生出无质量的马约拉纳费米激发。

关于量子相变的实验和理论研究有很多，包括强关联的金属系统、阻挫的量子磁性系统和高温超导系统。实验结果已经清楚表明：零温度下的量子临界点是物质基态相图中的一个奇异点，在有限温度下控制着大片的相空间。在该区域系统表现出一系列完全不同于普通金属的普适热力学和动力学输运性质。量子相变现象或许能为人们解释在低温下许多奇异金属态的行为提供一种崭新的微观机理。对于这一新物态的理解，将会丰富人们对自然界的各种物质形态的认识，发展出新的量子多体理论。

拓扑量子相变 但一个量子系统的基态还可能存在另外一种量子相变。在这种量子相变过程中，不存在朗道类型的对称自发破缺。系统在相变点两边均处于无序相之中，也不存在描述或区分这两个相的局域序参量，这类相变称为拓扑量子相变。之所以是拓扑性的，是因为这类相变的行为是由系统基态波函数的整体性质决定的，不存在定域的序参量，但可能存在非定域的序参量。在分数量子霍尔效应中，电导量子平台之间的相变就是一个典型的拓扑量子相变。在这个相变过程中，不同分数量子霍尔态之间的对称性并没有发生变化，但其内部结构（通常也称拓扑序）发生了变化，如基态简并度或有限系统边缘激发态的物理性质。刻画拓扑有序相的一种通常方式是用整数型的拓扑指数来表征它们，但这种表征方式无法反映不同拓扑有序相之间的关联。要克服这种困难，需要找到一种新的表征拓扑量子相变的方式。（张广铭）

量子信息论 quantum information theory 研究以量子态为信息载体，对信息进行存储、读取、传输和处理的理论，包括量子通信、量子密码和**量子计算**等学科。

量子信息 量子信息论从发展看是经典信息论的推广，其主要研究动机与经典信息论相同，差异在于无论是信息载体本身及其运行处理都涉及量子效应。因此从内容看量子信息论与经典信息论有本质的区别。例如，经典信息可以被准确的复制，然而根据D.迪克斯、W.K.伍特斯和W.H.茹雷克在1982年提出的**量子不可克隆**定理，未知的量子态不可能被准确的复制。除了不能复制，两个非正交的量子态不可以被完全区分。

用量子态来表示信息是量子信息的出发点，其中纠缠态是量子信息中最有效的资源。量子信息的物理基础主要有**量子纠缠**、**量子干涉效应**、**量子退相干**和量子不可克隆等。量子信息论的所有优越性均来自量子相干性。量子信息在无噪声的量子通道编码方案表明，冯·诺伊曼熵表示最优量子信息压缩率，是量子信息量的度量。量子信息论还包含下列重要课题：噪声量子通道信息容量、**量子纠错码**、量子密钥分发、量子远程传态、量子态估计以及量子纠缠的度量等。

量子纠错码　与经典信息相同，量子信息可以被纠错码保护。量子纠错码最早由P.肖尔在1995年提出。利用经典纠错码构造的量子纠错码为卡尔德班克－肖尔－斯特恩（Calderbank-Shor-Steane，简称CSS）码。此外，纠错码还包括表面码、色码、子系统码等。量子纠错码可以降低噪声对量子信息的影响。在量子纠错中，量子信息被编码在量子系统希尔伯特空间的一个子空间内。噪声导致的错误可以通过测量量子态被发现并纠正。由于使用的测量不区分子空间内的量子态，测量不影响存储的量子信息。

量子密钥分发　利用量子态实现的密钥分发被称为量子密钥分发。代表性的量子密钥分发方案包括C.H.贝内特和G.布拉萨德在1984年提出的方案（BB84方案），以及A.埃克特在1991年提出的方案（E91方案）。在BB84方案中，四个不同但不能完全区分的量子态由一方随机的选取，并且发射给另一方。由于量子态不能区分，窃听者仅能获得有限的信息。虽然接收方同样仅能获得有限的信息，发射方和接收方可以通过对信息的处理，例如利用量子纠错码纠错，生成准确的密钥。在理想状况下，窃听者不能通过测量量子态获得这些密钥。与此不同，E91方案利用了量子纠缠。密钥分发双方需要观测**贝尔不等式**确认，窃听者仅能获得量子态有限的信息，进而保证密钥的安全性。近年来，量子远程传态研究也有了长足的发展，中国学者利用“墨子号”卫星实现了地星量子远程传态。

量子计算　量子计算主要研究量子计算机和相应的量子算法。本质上量子计算机可以有效地解决任何经典计算机都难以解决的问题，典型的例子是基于**肖尔算法**的大数质因数分解。正在深入探索实现量子计算机的物理系统有超导约瑟夫森结、离子阱、腔量子电动力学、核磁共振、量子点等方案。

量子信息论和相关的量子信息技术都还在持续的发展中。（李　颖）

量子压缩态　quantum squeezed state　具有纯量子特性的非经典光场态之一，没有经典对应。压缩态的概念起源于量子力学中的不确定关系式。两个力学量算符的不确定关系式对所有态都是成立的，若找到一个场态使不确定关系式取等号，这个态就是最小不确定态。量子压缩态是一类具有最小不确定度的量子态，并且互不对易的两个可观察量之一在该态的量子涨落被压缩而另一个则被拉伸。人们试图利用量子压缩态的这一特性，使得某一正交分量的量子涨落被压缩从而得到量子噪声小于量子极限噪声的光场态。

理论上，量子压缩态可以通过压缩真空态然后平移得到，也可以先平移真空态得到相干态然后压缩相干态得到。量子压缩态早期也被称为双光子相干态，这是因为量子压缩态可以通过双光子位移算符作用到真空态上而得到。

实验获得压缩光场态是于1985年首先在钠蒸气中通过非简并四波混频技术实现的，后来也在其他体系（如简并参量下转换、二次谐波产生、光学双稳等）观察到同样现象。利用压缩态技术已实现低于量子极限噪声的光学检测。（郑　杭）

量子杨－巴克斯特方程　quantum Yang-Baxter equation　在统计力学和**量子场论**中的量子可积模型中描述可积代数结构的自洽方程。量子杨－巴克斯特方程为：

$$R_{12}(u_1-u_2)R_{13}(u_1-u_3)R_{23}(u_2-u_3)$$
$$=R_{23}(u_2-u_3)R_{13}(u_1-u_3)R_{12}(u_1-u_2)$$

式中$R_{12}(u_1-u_2)$为R矩阵，它是嵌入在$V\otimes V$量子空间上的算子，下标表示量子空间的标号，u_1则是依赖于量子空间1的参数。

杨－巴克斯特方程的解可给出局域算子之间的交换关系（对应于守恒量）。对于给定的一类型解，则可确定一种代数结构的交换关系，从而对这些算子代数关系的不同物理实现构造，对应于不同的物理模型。

杨－巴克斯特方程所描述的可积结构普遍存在于量子可积模型中，它在可积模型方面的研究中有着重要的核心地位，同时在量子群（量子代数）、非对易几何以及扭结理论等方面的研究中也处于重要的地位。杨－巴克斯特方程起源于两个方面的研究：一是**杨振宁**在研究一维量子多体问题时，求解具有排斥势函数相互作用下的定态**薛定谔方程**，得到三体散射振幅在使用两体散射矩阵所表述的粒子散射的等价交换关系：

$$S(k_3,k_2,k_1)\equiv S(k_3,k_2)S(k_3,k_1)S(k_2,k_1)$$
$$S(k_2,k_1)S(k_3,k_1)S(k_3,k_2)$$
$$=S(k_3,k_2)S(k_3,k_1)S(k_2,k_1)$$

二是R.J.巴克斯特在研究统计物理中的二维精确可解模型（具体为八顶角模型）过程中，建立的星－三角关系：

$$\sum_{\gamma,\ \mu'',\ \nu''}\omega(\mu,\alpha\,|\,\gamma,\mu'')\,\omega'(\nu,\gamma\,|\,\beta,\nu'')\,\omega''(\nu'',\mu''\,|\,\nu',\mu')$$
$$=\sum_{\gamma,\ \mu'',\ \nu''}\omega''(\nu,\mu\,|\,\nu',\mu'')\,\omega(\mu'',\alpha\,|\,\gamma,\mu')\,\omega'(\nu'',\gamma\,|\,\beta,\nu')$$

式中$\omega(\mu,\alpha|\gamma,\mu'')$为矩阵元，$(\mu,\alpha)$是行指标，而$(\gamma,\mu'')$是列指标。它是量子杨－巴克斯特方程的另一种写法，可图示为：图中的交叉即为散射作用，具体用一个矩阵来表示，读图顺序为：从左下角开始的顺时针方向转一圈。（杨文力）

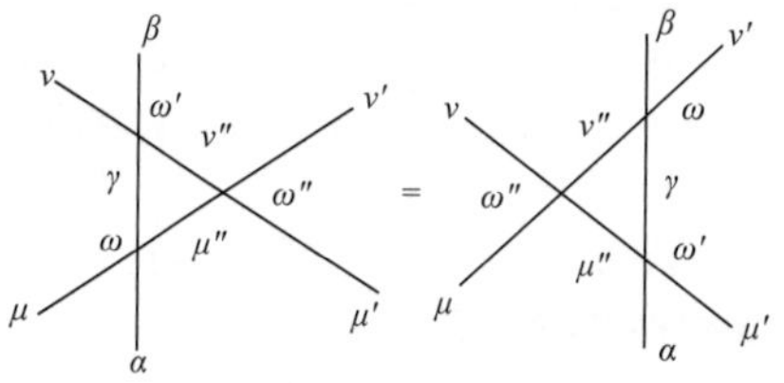

量子杨－巴克斯特方程示意图

量子液体　quantum liquid　一类低温下的宏观物相。其组成粒子的量子统计效应对于宏观物性具有不可忽略的影响。为了使粒子显示出量子效应，该系统的温度应该低到使粒子的热德布罗意波长大于粒子间的平均距离；为了表现粒子的全同性，该系统不能处于粒子难以交换的固态物相，而应该是液体（或气体）。凝聚态体系中重要的量子液体包括超流液态氦-4和超流液态氦-3。此外，固体材料中电子形成的费米液体和超导态也可以认为是量子液体。

对量子液体的研究始于20世纪上半叶发现的超导电性和超流动性。此后对于这类体系有许多重要的微观和唯象理论工作，如**玻色－爱因斯坦凝聚**的理论、超导的BCS理论、朗道的超流唯象理论、朗道的**费米液体理论**等。

通常所说的量子液体包括玻色－爱因

斯坦凝聚体、玻色子超流体、费米子配对后形成的超流体、带电费米子配对后形成的超导体等物相。

玻色–爱因斯坦凝聚体通常指无相互作用玻色子在低温下形成的一种宏观量子态，其中有宏观数量的玻色子占据了相同的单粒子基态。应该注意的是在严格意义下，无相互作用玻色子的玻色–爱因斯坦凝聚体并不是超流体，因为它没有有限的临界速度。

超流体通常指相互作用玻色子在低温下形成的类似玻色–爱因斯坦凝聚体的一种量子液体（如超流液态氦-4），其中也有宏观数量的玻色子占据了相同的单粒子态，而且这个液体物相的黏滞系数为零，可以在一定的临界速度之下相对容器壁保持无耗散的稳恒流动。但是当流速超过临界速度时会出现量子涡旋而产生耗散。

费米子配对后形成的超流体（如超流液态氦-3）或超导体可以近似认为是费米子形成的**库珀对**作为复合玻色子构成的超流体。除上述超流体的特性以外，费米子超流或超导还具有费米子型的元激发即博戈留波夫准粒子。带电费米子形成的超导体还具有**迈斯纳效应**。

因为冷原子技术的发展，现已可以通过精细调控温度、相互作用等条件在冷原子气体中实现玻色–爱因斯坦凝聚等人工量子液体。这方面的实验研究为量子液体这个课题提供了新的发展方向。

（王　垡）

量子宇宙学　quantum cosmology　量子理论和引力理论在宇宙学课题上的结合。**宇宙学**作为一门自然科学的理论，它所探讨的是宇宙中物质运动规律及时空的整体特性。也就是说，宇宙学是研究存在的整体的大尺度空间结构和演化的科学。现代宇宙学是20世纪20年代由**A.爱因斯坦**开创的。尔后在求解**爱因斯坦引力场方程**的基础上，建立了各种相对论宇宙模型。在40年代后期和80年代初期结合原子核物理学与粒子物理学方面知识又分别提出了热大爆炸宇宙模型和暴胀宇宙模型。可以说暴胀宇宙学已经把我们带到了$t=10^{-35}$秒的宇宙极早期，接近于宇宙的开端。剩下的问题就是宇宙是如何创生的，即作为宇宙的时间、空间和真空是如何产生的，这就是量子宇宙学所要回答的问题之一。

当把量子场论的方法应用到引力理论中，从而奠定和确立了量子引力的方向以后，自然也就产生了把量子引力理论应用到宇宙学上面的想法和探索，从而诞生了“量子宇宙学”，以及由此建立的量子宇宙模型。量子宇宙学所考虑的时间区域是普朗克时期至10^{-23}秒之间的极其短促的一刹那。研究主要涉及宇宙创生时期的时空拓扑结构、时空维数、宇宙最可几半径等重要问题。对这些问题的正确理解与深入探讨，对完整、全面、深刻地认识宇宙特性，特别是宇宙极早期特性是具有重要意义的。

一个完备的量子宇宙学理论的建立需要成熟的量子引力理论。但迄今为止还没有建立满意的量子引力理论。尽管如此，量子引力的某些特征已为人知。根据这些特征可对普朗克时期的宇宙做出一些合理的描述。在10^{-43}～10^{-23}秒的“量子”时期可用半经典近似处理方法。因此所讨论的量子宇宙学，应该是一个更为完善的理论前奏。

量子宇宙学的研究，从C.W.米斯纳开始已有半个世纪，但以往的研究着眼点集中于避免奇异性的产生，自1982年英国剑桥大学召开的一次极早期宇宙学讨论会开始，量子宇宙学研究着眼于宇宙的创生问题。在宇宙创生问题上，主要有两种研究方案：一种是哈特尔–霍金的欧氏（其中时间为纯虚数）路径积分波函数$\psi_{H\text{-}H}$；另一个是维伦金隧道波函数ψ_V。ψ_V是选择尽量接近于量子力学中的隧道解。初始能量密度大，隧道波函数大，对应的初始能量密度小，隧道波函数亦小，这意味宇宙有很高的概率是起始于大的初始能量密度。

$\psi_{H\text{-}H}$是选择欧氏路径积分产生的解，这路径积分所积路径为无边界的四维几何（时空的各种几何），这种“无边界”波函数极度集中在任意小的初始能量密度上。从此意义上说，它与隧道波函数正好相反。

由于宇宙波函数求解并非易事，它需要求解一个二阶的无穷维的泛函微分方程——惠勒–德维特方程，因此只是在微超空间中的一些特殊模型下给出了结果。

近阶段随着圈量子引力的深入研究，相应的圈量子宇宙学研究亦得到蓬勃的发展。在圈量子宇宙学的背景中，对空间平直、各向同性的宇宙模型进行了广泛的探讨。通过引入一个概念性框架和一些数值和解析运算构建量子理论中的“物理区”。从而能够系统探索引力区和物质区的量子几何效应，为许多长期存在的问题的解决提供了一把钥匙，从而不断拓展在圈量子宇宙学中的研究成果。

已被讨论过的宇宙学中一些较重要的问题有：宇宙各向同性问题、宇宙的均匀性问题、宇宙的号差问题、宇宙平直性问题、宇宙整体转动问题、宇宙时间箭头问题、宇宙的维数问题、宇宙在$a=0$（a为标度因子）处产生的概率问题、宇宙的最小半径问题、宇宙中原初黑洞生成问题、宇宙在普朗克时期的时空拓扑结构问题、婴儿宇宙和母宇宙关系问题以及虫洞相关问题。

（沈有根）

量子跃迁　quantum transition　量子力学中微观体系由一个状态突然改变成另一个状态的过程。微观体系的束缚态都具有离散的能谱，它的能量不能连续地改变，即只能发生跃迁。量子跃迁通常是在两个能量确定的状态之间发生的，总伴有能量的放出或吸收的过程，以满足**能量守恒定律**。原子体系由高（低）能级跃迁到低（高）能级时，要放出（吸收）相当于二能级差额的能量。这一过程以放出（吸收）一个频率为ν的光子（$h\nu=E_{高}-E_{低}$）的形式，或者与其他原子碰撞的形式完成。原子的外界存在有与能级差相应的频率的电磁场时，放出或吸收光子的过程称为受激辐射和受激吸收，发生概率除与两能级的性质有关外，还与外界电磁场的能量密度有关。外界不存在相应频率的电磁场甚至是真空时，原子仍有一定的概率由高能级向低能级跃迁而发射光子，这一过程称为**自发辐射**。并不是任意两个状态之间都能发生跃迁，而是要满足一定条件，即两个状态的量子数要满足一定关系才能发生跃迁，这一关系称为跃迁的**选择定则**。

（喀兴林）

量子主方程　quantum master equation　描述在环境影响下量子系统密度矩阵演化的微分方程。在**量子开系统**中，量子系统的状态由密度矩阵来表示。人们通常假定量子系统和其环境（概括成“热库”）构成一个总的封闭系统。量子系统哈密顿量、环境哈密顿量和它们的相互作用构成总的封闭系统哈密顿量。由此可以给出总的封闭系统密度矩阵演化的微分方程。在此基础上，对于环境部分求迹，就约化得出量子系统密度矩阵演化的微分方程，此即量子系统的量子主方程。

（李　勇）

量子自旋霍尔效应　quantum spin Hall effect　在某些具有自旋–轨道耦合的二维绝缘材料中，纵向施加电场导致横向量子化自旋流产生的一种物理现象。自旋流指带有相反自旋的电子以相等的平均漂移速率向相反方向的流动，此时总的电流为零，但单位时间通过样品横截面的自旋数目是非零的。量子自旋霍尔效应的存在最先分别由C.凯恩和E.米尔以及A.伯涅维格和张首晟在各自独立的理论工作中提出。不久后，M.科宁等在HgTe量子阱中的实验实现了量子自旋霍尔效应。量子自旋霍尔体系的重要特征是体系具有比较强的自旋-轨道耦合性，其作用类似于一个与自旋相关的磁通和电子轨道动量之间的耦合。在理想的情况下，即当电子自旋守恒时，一个量子自旋霍尔体系的两个自旋组分电子的运动就像是两个独立的无朗道能级的量子霍尔体系。当电子的费米能处于体能带带隙之中时，两个自旋组分贡献相反的量子化霍尔电导率，其净的效果是导致系统总的霍尔电导率为零，但是自旋霍尔电导率（两个自旋组分霍尔电导率之差）却是非零量子化的。在样品的边界，两个反向传播、自旋相反极化的无能隙边缘态横穿体能带带隙，可以传导自旋流但不导致能量的耗散。量子自旋霍尔效应的发生也可通过边缘态电子的输运来理解，被称为体-边对应性。

当电子自旋不守恒时，如当拉什巴自旋-轨道耦合存在时，会导致两个自旋组分混合，自旋霍尔电导率将会偏离量子化的值。但只要保证体系的时间反演对称性不被破坏并且体能带带隙依然存在，自旋流依然可以无耗散地在量子自旋霍尔样品的边缘上传导。在这种情况下，量子自旋霍尔体系不再能够被简单分解成两个量子霍尔体系，这时无能隙边缘态的存在归因于体能带的非平庸拓扑性质。这种体能带非平庸拓扑性质不能用传统的第一陈数描写，因为量子自旋霍尔体系第一陈数为零（总的霍尔电导率为零），需要用一种新的拓扑不变量，即Z2拓扑数或自旋陈数来刻画，这些拓扑不变量将具有量子自旋霍尔效应的绝缘体和普通的绝缘体从本质上区分开来。

将量子自旋霍尔效应的概念向高维体系推广导致三维拓扑绝缘体的诞生。对三维拓扑绝缘体的理论和实验研究呈现出越来越丰富的内容。三维拓扑绝缘体的特征是体能带存在带隙，在样品表面上存在无能隙的表面态。一种最简单的构造三维拓扑绝缘体的方法是将二维的量子自旋霍尔体系一层层地叠加起来。但这样构成的三维拓扑绝缘体在有无序存在时，由于层间散射会变得不稳定。这种拓扑绝缘体被称为弱拓扑绝缘体。强拓扑绝缘体必须在各个方向都是拓扑非平庸的，并且它的表面态低能色散关系呈现为奇数个狄拉克锥。由于三维拓扑绝缘体的表面态具有很好的金属特性，对杂质散射不敏感，为实现一些奇特的物理现象提供了理想的平台，如马约拉纳费米子和拓扑磁电效应。在实验中，三维拓扑绝缘体表面态的存在已经在$Bi_{1-x}Sb_x$、Bi_2Te_3和Bi_2Se_3等材料中得到实验证实。此外，自从1988年D.霍尔丹提出量子反常霍尔效应模型以来，一直没有被实验证实。2013年中国科学家发表了研究成果，利用磁性掺杂的三维拓扑绝缘体薄膜，中国科学家薛其坤等首次通过实验观察到量子反常霍尔效应，是量子反常霍尔效应研究的一个重要突破。这些研究成果更加激发了科学家对量子自旋霍尔效应和拓扑绝缘体极大的研究兴趣。

（盛　利）

量子自旋液体　quantum spin liquid　由于自旋阻挫等量子涨落效应，自旋系统的基态所呈现的类似于液体的无序态。见自旋液体。

列别捷夫，P.N.　Pyotr Nikolayevich Lebedev（1866-03-08～1912-03-14）　俄国物理学家。生于莫斯科，卒于莫斯科。1887～1891年先后在德国的斯特拉斯堡和柏林在A.孔特、F.科尔劳施、H.von亥姆霍兹等人领导的实验室中工作。1891年获理学博士学位后回国，在莫斯科大学任教，并筹建实验室。1900年任教授。

列别捷夫1899年研究光对于固体和气体的压力，1910年证实光对气体的压力，从而为光的电磁理论提供了实验证据。早年曾建成用以发射和接收4～6毫米电磁波的整套装置。在发现光压之后，又曾研究电磁起源、地球的转动。

列别捷夫建立了俄国物理学的一个学派，其中有知名的学者，如P.P.拉扎列夫、后来担任苏联科学院院长的S.I.瓦维洛夫等，他们都为苏联物理学的发展做出了重要贡献。十月社会主义革命以后，苏联科学院建立了以列别捷夫的名字命名的物理研究所。

（戴念祖）

裂变产额　fission yield　核裂变中产生某一给定种类裂变产物的份额。常用符号y表示，其表达式为：

$$y=\frac{\text{产生某一种裂变碎片核素的数目}}{\text{裂变事件发生的总数}}\times 100\%$$

又细分为原始裂变产额（又称独立裂变产额）和累积裂变产额。前者是指在瞬发中子发射后，发生β衰变以前生成的该核素的份额。后者是在规定时间内裂变直接产生和由其他裂变产物β衰变产生的该核素的合计份额。如不限定时间，累积产额指的是渐近值。某一质量数的所有核素的独立产额之和为该质量链的链裂变产额。裂变产额是一个重要的核数据，利用该数据可确定核燃料的燃耗，计算核装置产生的放射性和衰变余热等。

（韩洪银）

裂变产物　fission product　核裂变生成的裂变碎片及其衰变产物。裂变直接产生的产物在发射中子前的称为原始裂变碎片，有时简称裂片。而发射中子后发生β衰变前的产物称原始、独立或直接裂变产物。裂变产物有200多种核素，质量数在70～160。例如^{235}U吸收一个中子后裂变，形成具有激发能的原始裂变碎片^{139}Xe和^{94}Sr，它们经过的β衰变链分别为$^{139}Xe\rightarrow{}^{139}Cs\rightarrow{}^{139}Ba\rightarrow{}^{139}La$和$^{94}Sr\rightarrow{}^{94}Y\rightarrow{}^{94}Zr$。

（韩洪银）

裂变反应　fission reaction　原子核的激发能超过其裂变阈值，从而导致其发生裂变的核反应过程。通过这种反应机制发现了原子核的裂变。诱发原子核裂变的途径很多，例如中子诱发裂变，利用热中子轰击易裂变核使其裂变，如：

$$n+{}^{235}U\rightarrow{}^{236}U^{*}\rightarrow X+Y$$

式中X和Y表示两个碎片，或者利用较高能量的中子轰击其他锕系元素的同位素都能导致裂变。这种反应不仅发现了原子核裂变现象，还是产生裂变核能的主要途径。利用高能粒子轰击重核也可引起裂变反应。重离子轰击较重的靶核（重离子反应）也是发生裂变反应的重要途径。由于一般重离子弹核的能量较高，轰击靶核时带进复合核（系统）的激发能和角动量都比较高，这会导致复合核（系统）发生裂变的概率增大。重离子反应中，随着形成的复合核质量的增加，其裂变势垒下降，这也是复合核裂变概率增大，甚至成为复合核退激的主要反应道的重要原因之一。正是由于这个原因，使得超重元素的合成受到了一定的限制。复合核裂变碎片的角分布应遵从$1/\sin\theta$的规律（θ为质心系角度）。但是，由于复合核的角动量与裂变对称轴取向的不同，裂变碎片的角分布会偏离$1/\sin\theta$的规律。当入射重离子的能量很高时，例如每核子50兆电子伏的^{40}Ar轰击^{197}Au，由于反应形成的复合系统具有很高的激发能，不仅可以发生两裂变（裂成两个碎片），还可能发生三裂变，即复合系统裂成三个较重的碎片。

在重离子反应中，特别是弹核和靶核的质量数都很重时，并没有形成复合核，而是在交换较多能量和核子后射出两个大的碎片，这一过程称为**准裂变**。这在合成超重核的过程中，由于准裂变反应的竞争，大大降低了超重核的形成概率。

（靳根明）

裂变反应堆 fission reactor 一种实现可控核裂变链式反应的装置。核能工业中最重要的装置之一。通常简称为反应堆。

历史 1938年O.**哈恩**和F.斯特拉斯曼发现了铀核裂变，一个铀原子核裂变时放出约200兆电子伏的能量。1942年12月，E.**费米**领导的研究组建成了世界上第一座人工裂变反应堆，首次实现了可控核裂变链式反应。从20世纪50年代中期起，世界上大量建造研究性反应堆，同时开始建造用于发电的核电站。核电站的燃料资源丰富，经济性好，燃料用量很小。从60年代中期起，核动力发展迅速。截至2006年底，全世界共有443座核反应堆在运行，总装机容量达372 000兆瓦。

工作原理 基于自持的**裂变反应**（即裂变链式反应）。如一个^{235}U核吸收一个中子后发生裂变，又放出2～3个中子，除去消耗，至少还有一个中子能引起另一个^{235}U核发生裂变，使裂变自持地进行下去。核裂变链式反应的进行过程基本上是一个以中子为媒介的，裂变核素部分质量转化为能量的过程。见**核裂变**。

在反应堆内产生核链式反应的物质称为核燃料，又称裂变材料。

利用反应堆产生核能需要解决：①为核裂变链式反应提供必要的条件，使链式反应能持续进行，并能利用反应中产生的能量；②能控制链式反应，使其按所需方式进行；③避免核裂变链式反应产生的中子或放射性物质危害工作人员和附近居民的健康。

在反应堆内中子只有三种归宿：引起裂变、被吸收或逸出堆外。要实现核链式反应，就必须设法减少后两种损失。^{235}U结合能小，俘获中子后形成的复合核，任何能量的中子都可使它裂变，且对热中子有很大的裂变截面；而^{238}U结合能较大，只有能量超过1兆电子伏特的高能中子才能使它裂变，而且裂变截面不大。高能中子同^{238}U核的主要作用是非弹性散射，大部分裂变中子都通过非弹性散射降低能量，再在多次碰撞中被^{238}U核吸收，不能实现核链式反应。天然铀的主要成分是^{238}U，而^{235}U仅占0.71%，要利用天然铀实现核链式反应有两种途径：①用分离同位素的方法增加天然铀中^{235}U的浓度，这样处理后，甚至用比较小的装置也能实现核链式反应；②将天然铀或低浓集铀制成较细的棒，插在减速剂（通常用吸收中子截面较小的，如水、重水和石墨等轻物质）中，使核裂变放出的高能中子很快减速到热能区。而^{235}U热中子裂变截面比^{238}U的热中子吸收截面要大200倍。这样就使足够数量的中子引起^{235}U核裂变，以弥补^{235}U含量较小的弱点。现用于发电、供热、提供动力和研究的反应堆大都是这类堆。

临界状态值 为了防止过多的中子在引起裂变前逸出反应堆，反应堆要足够大，并具有足够多的燃料。通常把反应堆中通过裂变等过程得到的中子数同引起裂变的中子数之比称为中子增殖系数。核链式反应的规模维持不变的状态称为临界状态，此时堆芯的体积和堆内核燃料的质量分别称为临界体积和临界质量。堆芯的体积和核燃料的质量大于临界值时中子增殖系数大于1，核链式反应的规模就越来越大，这种状态称为超临界状态；反之，堆芯的体积和核燃料的质量小于临界值时中子增殖系数小于1，核链式反应的规模就越来越小，反应逐渐趋于停止，这种状态称为次临界状态。临界值对判断和控制裂变反应堆的运行状态有重要意义。

裂变反应堆的组成 反应堆的核心部分称为堆芯，又称活性区。堆芯主要由燃料元件、慢化剂和一些结构部件组成，还需有冷却剂流过堆芯。一般情况下，在堆芯周围设有反射层，把外逸的部分中子送回堆芯，以减少中子的损失。反射层以外是堆的壳体，再外面是屏蔽层。

燃料元件是堆芯的主要部件。它主要由裂变材料芯片（或芯体）和包壳组成。裂变材料应具有良好的辐照和化学稳定性、高导热系数和低膨胀系数。可用天然铀，也可用浓缩铀作裂变材料，用钚作裂变材料时可单独使用，也可同铀混合使用。元件包壳起支撑结构作用，同时也用来防止裂变产物外逸污染冷却剂回路，并防止冷却剂同裂变材料直接接触发生腐蚀等不利的化学反应。

^{238}U和^{232}Th本身不易产生裂变，但它们吸收中子后能转变成^{239}Pu和^{233}U等裂变材料。在用铀作燃料的反应堆内总有^{238}U存在，由它转化而得的^{239}Pu，一部分在堆内被作为燃料消耗掉，另一部分留存在由堆内卸出的经辐照后的燃料中，将这种辐照后燃料加以化学处理（即后处理），可回收^{239}Pu。将^{232}Th加入燃料元件中放在反射层中，可得到^{233}U。

为了利用反应堆中产生的热量，并且不使堆芯和反射层因受到高温而损坏，就要用液体或气体作为冷却剂流经反应堆，把热量引导出来，以产生蒸汽去发电或作为动力。冷却剂需要有高导热能力。常用的冷却剂为普通水、重水、氦和二氧化碳等。冷却剂的用量很大，需要循环使用。在一些用于发电的反应堆中，冷却回路被称为一回路，多数情况下其中没有热交换器而是把热能传给二回路中的水，以产生蒸汽送去发电或作为动力。

裂变反应堆的控制 通常称反应堆中每代中子平均存活的时间为堆中子寿命。裂变过程中直接放出的中子占中子总数99%以上，绝大多数中子的寿命为10^{-4}～10^{-3}秒量级，称为瞬发中子；不到1%的中子由裂变碎片核放出，它们以几分之一秒到几十秒的半衰期放出中子，称为缓发中子。启动反应堆，先要使堆进入超临界状态（即中子增殖系数大于1），堆内中子数才能开始按指数规律增长。中子增殖系数超过1的部分称为剩余中子增殖系数。如堆内瞬发中子寿命为10^{-4}秒，剩余中子增殖系数超过了缓发中子份额，反应堆不依靠缓发中子就可维持超临界状态，功率增长将难以控制。如果剩余中子增殖系数小于缓发中子份额，反应堆要依靠缓发中子才能维持超临界状态。由于缓发中子寿命较长，平均可使全堆中子寿命延长两个量级以上，堆内中子数就会以缓慢的速度增长，也就可控制反应堆的运行。所以，控制反应堆的关键在于保持剩余中子增殖系数不大于缓发中子份额。

为了实现对反应堆的控制，主要方法是向堆内增加或减少能强烈吸收中子的材料来改变堆的反应性。硼、铪、镉及其化合物都可用作控制材料，通常把它们制成棒状或片状应用，称为控制棒。控制棒可分为安全棒、补偿棒和调节棒。安全棒的作用是当反应堆发生意外或事故时，它可依靠弹簧或重力装置迅速进入堆芯使反应堆停闭，从而保证安全；补偿棒用来补偿堆内反应性的缓慢变化；调节棒的作用是调整反应堆的功率，使之达到并维持给定水平。

裂变反应堆的屏蔽 反应堆运行过程中产生大量中子，同时裂变产物具有极强的放射性。为使反应堆的操作人员不受各种放射线的伤害，反应堆的外部设有很厚的屏蔽层。一般是用混凝土加上铁矿石或用较厚的混凝土层作屏蔽层。屏蔽层的厚度取决于反应堆的功率，有时厚达三四米以上。

裂变反应堆的类型 按照用途可以把

反应堆大致分为生产堆、研究性反应堆和动力堆（包括供热堆）三大类；也可以分为军用和民用两大类。

①生产堆。主要用来生产核武器装料的 ^{239}Pu和T（氚），也可附带生产一点别的放射性核素。只有发展核武器的核大国才建造这种堆。

②研究性反应堆。用途很广，可以用作基础研究，也可用于工程研究，还可用于生产同位素。研究堆可以用于核物理、中子物理、凝聚态物理、辐射化学、生物学、医学、材料科学等许多学科基础研究的实验的中子源。所以有人称为中子源用堆。工程研究堆大致可分成两类。一是功率极低的堆，称为零功率堆或零功率装置。二是功率为几万到十几万千瓦的工程研究堆，主要用来研究新型堆的燃料元件和各种堆用材料的辐照性能。

③动力堆。用来发电或提供动力，单纯提供热能的堆也可归入这一类型。这类堆有军用民用之分。军用动力堆主要用来生产军舰汽轮机用的蒸汽，特别在潜艇上用得最多。民用动力堆(以下简称动力堆)主要用在核电站中，它起着火电站中锅炉的作用。民用堆又可以分为快中子堆、慢中子堆。到20世纪70年代前期为止，慢中子堆技术已进入成熟阶段，其特征是大型慢中子堆核电站的发电成本显著地低于火电站。技术比较成熟的慢中子动力堆有压水堆、沸水堆、重水堆和石墨气冷堆四种。此外，还有熔盐（增殖）堆、中子增殖堆等。

④其他型堆。根据不同的应用，还有微型中子源反应堆、TRIGA堆、高中子通量反应堆及游泳池堆等。（柴之芳）

裂变反应堆材料 fission reactor material 建造*裂变反应堆*，以实现核裂变链式反应所使用的材料。裂变反应堆材料包括核燃料、冷却剂、慢化材料、结构材料、控制材料、屏蔽材料等。这些材料，除了应具有一般工程材料所具有的性能外，还应有各种特殊的核性能，以及能很好地与反应堆环境相容的特性。

核燃料 裂变反应堆中使用的易裂变材料，有铀-235、铀-233、钚-239的金属、合金材料或其氧化物、碳化物、氮化物等陶瓷材料。二氧化铀是轻水反应堆使用最广的一种陶瓷核燃料。此外，核燃料还有弥散燃料和液态燃料。

冷却剂 用于导出反应堆内裂变产生的热量的工作介质材料。主要有气态的和液态的两类。常见的液态冷却剂有水、重水以及液态金属——钠、钾及钠钾合金、铋、铅铋合金等。常见的气体冷却剂有二氧化碳气体（CO_2)、空气和氦气（He）等。

慢化材料 在热中子反应堆中，用于将裂变中子慢化成热中子的材料。又称慢化剂、减速剂。慢化主要是由高能中子与慢化剂散射引起的。慢化剂一般选用质量数低、不易俘获中子的核素所组成的材料。常用的慢化材料有固态和液态两类。固态慢化材料有石墨、铍及氧化铍。液态慢化材料有轻水（普通水）及重水，此外还有有机慢化材料。

结构材料 反应堆结构材料包括堆芯结构材料、燃料（棒）包壳材料、反应堆压力容器材料以及热交换器传热管材料等。选择反应堆结构材料时，应考虑其强度、韧性、耐腐蚀性以及铁素体钢抗辐照脆化的性能。核级高韧性低合金钢、不锈钢、镍基合金等广泛用作堆芯结构材料和反应堆压力容器材料。锆合金广泛用于燃料（棒）包壳材料和燃料组件结构材料。

控制材料 用于制造控制反应堆反应性的控制元件的材料。此类材料具有强吸收中子性质。能有效地控制*裂变链式反应*的速率，快速地停闭裂变反应，保证堆运行的安全。控制材料有铪、银铟镉合金、含硼材料和稀土材料中的钐、铒、钆以及它们的某些氧化物和碳化物。

屏蔽材料 反应堆结构中用于减弱中子和各种射线，避免使工作人员及设备遭受辐照损伤的设施所用的材料。主要有铅、铁、重混凝土、水等材料。（石永康）

裂变链式反应 fission chain reaction 热中子引起易裂变核（如 ^{235}U）发生裂变时，放出的中子至少有一个可以引起新的裂变，使之一代一代继续下去的反应过程。一般每次裂变平均放出两三个中子。这些中子有三种可能的归属：引起裂变、被吸收和逃逸。通常把体系中某一代中子数与上一代中子数之比称为中子增殖系数，用 K 表示。当 $K=1$ 时，体系中的中子数保持不变，链式反应以恒定速率进行，这种状态称为临界。$K>1$ 时。中子数目将越来越多，链式反应规模越来越大，这时称为超临界。而 $K<1$ 时，称为次临界，此时中子数目逐渐减少，链式反应规模越来越小，直至最后停止。如果每次核裂变反应产生的中子多于引起裂变所消耗的中子（吸收和逃逸），那么有可能不依靠外界的作用而使裂变反应持续进行下去，这就是自持的裂变链式反应。核反应堆就是靠可控自持链式反应工作的，而原子弹是依靠不可控自持裂变链式反应爆炸的。

（张焕乔）

裂变能 fission energy 原子核每次裂变释放的总能量。通常指其平均值，可从核的质量亏损算出。裂变能以碎片总动能，瞬发中子和瞬发γ射线能，与β衰变相关的β粒子、缓发中子、γ射线以及中微子的能量形式释放。例如热中子引起 ^{235}U 裂变的裂变能约为200兆电子伏。其中裂变碎片总动能约为170兆电子伏，中子动能约为5兆电子伏，γ射线能量为7～8兆电子伏，其余为与β衰变过程相关的能量释放。1千克 ^{235}U 裂变释放的能量约相当于2万吨TNT炸药放出的能量。（韩洪银）

裂变势垒 fission barrier 核裂变重核从基态向断点形变过程中所要克服的最小能垒。原子核的宏观液滴模型表明，核的表面能和库仑能这两种相互对抗因素的叠加，导致裂变势垒和鞍点的形成。原子核裂变受到裂变势垒的阻挡，势垒高度是核裂变需要克服的最低能量。一般取裂变核基态能量作为势能零点。

原子核裂变实际历经的是一个复杂的多维势能曲面。在量子隧穿裂变势垒以后，势能曲面对裂变概率、碎片的质量分布、电荷分布以及动能和激发能等都有重要的影响。势能曲面是一个没有很好解决的问题。通常将复杂的势能曲面简化为一维裂变势能曲线加以应用，对应的势垒称为裂变势垒，势垒参数为势垒的高度（E_f)、曲率（$\hbar\omega$）和宽度。通常的势能曲线是一个单峰，但液滴模型加壳修正可以使裂变势垒劈裂成双峰势垒，实验上已观察到在锕系核区 $142 \leqslant N$(中子数)$\leqslant 148$ 存在双峰裂变势垒。

裂变势垒高度可从中子宽度与裂变宽度之比随激发能的变化导出，也可从不同类型的激发曲线提取。理论上可由宏观液滴模型计算，一般裂变势垒高度随电荷数的增大而减小，对轻锕系核势垒高度约为6兆电子伏（如 ^{235}U 的裂变势垒高度为5.8兆电子伏），当原子序数接近103时势垒高度变为零。在液滴模型中考虑微观壳修正效应后预言在超锕核区出现裂变势垒，推动实验室进行人工合成超重核。在重离子诱发裂变中，复合核高速转动，带有很高的角动量，由于裂变势垒与角动量相关，导致势垒高度降低。

（林承键 贾会明）

裂变碎片 fission fragment 裂变产生的碎片产物。见*裂变产物*。

裂变碎片质量分布 mass distribution of fission fragments 实验（特别是放化方法）

测得的核裂变反应产物的质量分布。裂变碎片通常是指释放中子前的碎块，而裂变产物通常指发射瞬发中子后的碎块。两者的质量分布行为基本相同，只有由于发射中子造成的轻微差别。实验测得的质量分布都是产物质量分布。裂变产物质量分布是核裂变时生成质量数为A的裂变产物质量链的产额$y(A)$与A之间的关系。在低激发能条件下，原子序数$Z>83$的裂变核，通常以非对称质量分裂方式为主要裂变方式。裂变核质量分裂的这种非对称性，决定了裂变产物质量分布曲线$y(A)$-A为双驼峰曲线（见图）。质量分布特征与裂变体

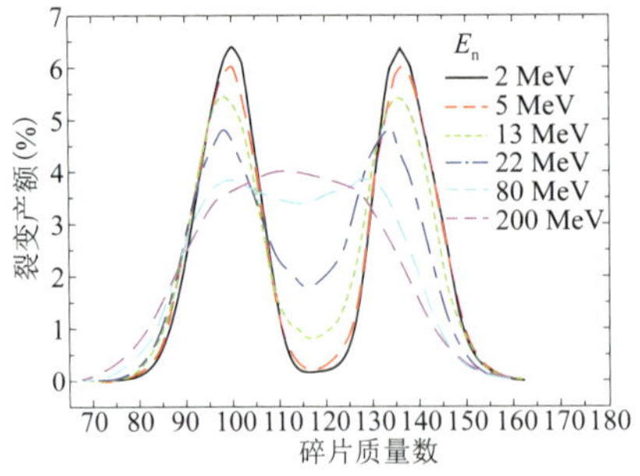

不同激发能下核裂变碎片的质量分布

系的激发能和裂变核的质量数有关。锕系核的裂变产物质量分布具有以下特征：①低激发能下，非对称裂变概率远大于对称裂变概率，裂变曲线的峰谷比（非对称与对称裂变产额之比）可达2个数量级；②随激发能升高和裂变核质量数增大，对称裂变概率随之增加，峰谷比降低；③裂变核的质量数变化时，重产物群的平均质量数（重峰峰位）基本稳定不变，而轻产物群的平均质量数（轻峰峰位）则随裂变核的质量数增加而增大；④对偶-偶裂变核（例如，^{235}U+中子、^{239}Pu+中子），由于对效应影响，裂变产物质量分布$y(A)$-A不光滑，曲线上存在明显精细结构峰。

（吴锡真）

裂变碎片总动能分布　total energy distribution of fission fragments　核裂变时，核碎片释放的动能分布。裂变释放能量的主要部分表现为裂变碎片的动能，而动能主要是由碎片之间的库仑能转化而来。裂变碎片总动能可以通过裂变断点的库仑能粗略估算：

$$[E_k] \cong E_c \cong V_0 Z^2/A^{1/3}$$

式中V_0为常系数；Z和A为裂变核的电荷数和质量数。裂变碎片总动能基本上不随裂变核的激发能变化，而随裂变核的$Z^2/A^{1/3}$值线性增加。核裂变时，具有特定质量和电荷数的某一碎片在各次裂变中所带的动能不是确定数，而是一个分布。

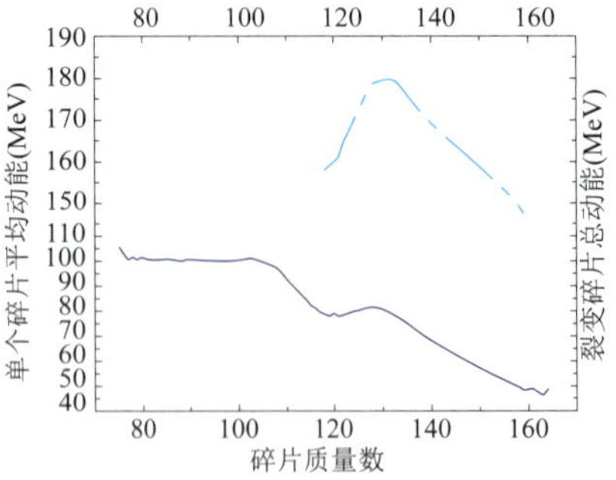

单个碎片的平均动能随碎片质量的变化

因此一般说，具有某一质量数的碎片所具有的动能都是指平均动能。碎片所具有的平均动能与碎片质量数的关系就是单一碎片动能分布（如图中实线）。而碎片总动能与碎片质量数的关系就是裂变碎片总动能分布（如图中点划线）。

（吴锡真）

裂变同质异能素　fission isomer　一种新型的同质异能素，它是以自发裂变为主要衰变方式的、处于特殊激发态（裂变同质异能态）的重核素，与同一核素的基态相比，自发裂变半衰期短得很多，相差可达10^{20}倍以上。裂变同质异能态的激发能一般为2～3兆电子伏。裂变同质异能素的存在是1962年由S.M.波利卡诺夫等人首次发现的。V.M.斯特鲁金斯基1967年提出的双峰裂变势垒理论，很好地解释了这一现象以及另外一些当时尚未得到解释的事实。

经典的液滴模型裂变理论认为，在裂变过程中，原子核发生形变，形变增大到一定程度后，断开成两部分。随着形变的增大，原子核的势能先是上升，到达一极大值，然后再下降（如图中虚线所示），这就是**裂变势垒**。斯特鲁金斯基把核壳层

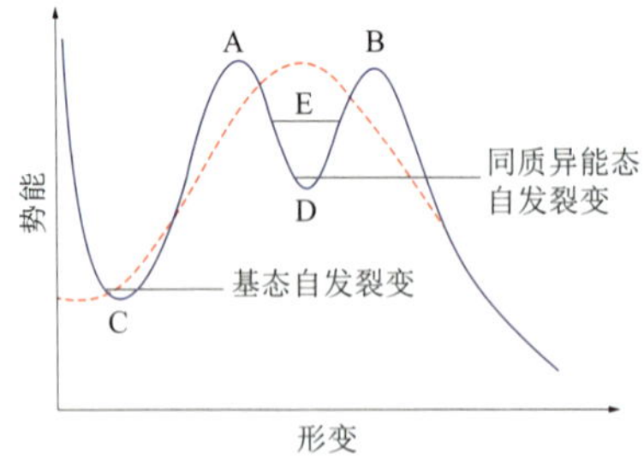

原子核裂变的双峰势垒

模型的概念从球形核推广到大形变核，对上述液滴模型理论进行校正。由于大形变的壳修正，某些中子数接近147的原子核，势能曲线上出现一个凹坑，形成了两个峰（如图中实线所示）。这样的势垒称为双峰势垒。

对于双峰势垒，除了基态（在图中C点）外，还存在一个亚稳的同质异能态（在图中D点）。它和基态之间由一个势垒（内垒A）隔开，所以尽管自旋差异不大，核素也不会很快跃迁回基态去。核素可以穿透外垒B而发生自发裂变。同基态的自发裂变相比，穿透的势垒要低得多，也薄得多，所以自发裂变半衰期比基态的短很多。

裂变同质异能态的成因与原子核的一般同质异能态的不同，并非由于较大的自旋差异，而是由于该态原子核的形状同基态的不一样，所以又被称为形状同质异能态。有趣的是，形状同质异能态本身还可以具有自己的自旋同质异能态（如在图上E处）。因此，一个核素可以有两个裂变同质异能态，它们之间自旋相差很大，激发能、寿命也不一样。

（黄胜年）

裂变中子　fission neutron　在裂变过程产生的中子。裂变中子分为瞬发裂变中子和缓发裂变中子。瞬发裂变中子伴随裂变产生，没有或只有极短的延迟，包含以下4种成分：①具有激发能的复合核的在到达鞍点前通过(n,nf)、(n,2nf)等反应道发射的鞍点前中子；②复合核从鞍点向断点过渡期间发射的断点中子；③复合核断裂后的两碎片在库仑力加速期间发射的中子；④当碎片速度达到它们最后速度90%以后发射的中子。这4种中子的数目依赖于复合核的激发能。通常把①②两个过程发射的中子统称为断前中子。还有少量中子是具有相当激发能的特定碎片在β衰变过程中发射的，由于这种中子发射具有长达秒量级以上的半衰期，被称为缓发中子（见**缓发中子份额**）。

（韩洪银）

裂变中子能谱　fission neutron energy spectrum　实验室坐标系中核裂变瞬发中子的能量分布。由于大部分中子是从运动碎片发射的，故中子的实验室能量由中子的发射能和运动碎片的附加动能组合而成。由于每次裂变事件产生的发射中子的碎片质量数、动能和激发能均有变化，因此，重核的裂变中子能谱也由许多变量决定。不过，系统地分析实验谱，归纳出所有重核裂变的中子能谱可以较好地用麦克斯韦公式表示：

$$N(E_n) \propto \sqrt{E_n}\exp\left(-\frac{E_n}{T_m}\right)$$

式中T_m为温度参数。也可写为瓦特谱形式：$N(E_n) \propto \sinh(4E_nE_f/T_w)^{1/2} \cdot \exp(-E_n/T_m)$ 式中E_f为碎片平均能量，T_w为瓦特谱参数。对于热中子引起的^{235}U裂变，$T_m=1.29$兆电子伏，$E_f=0.54$兆电子伏，$T_w=0.965$兆电子伏。

（韩洪银）

林兰英　Lin Lanying（1918-02-07～2003-03-04）　中国半导体材料科学家。生于福建莆田，卒于北京。1940年毕业于福州协和大学物理系，后留校任教8年。1948年赴

美深造，先后在狄金逊学院攻读数学、宾夕法尼亚大学攻读固体物理，1955年获宾夕法尼亚大学博士学位。1955～1956年在美国索文尼亚公司任高级工程师。1957年初回国，先任中国科学院应用物理研究所（1958年改为物理研究所）研究员（1957～1960），后任半导体研究所研究员（1960～2003），材料研究室主任（1960～1977）、副所长（1977～1983）。1980年当选中国科学院学部委员（院士）。曾任中国科学技术协会副主席（1980～1991）。

林兰英从事半导体材料制备和材料物理的研究，是中国相关学科的奠基人和开拓者之一。1957年和1962年分别研制成功锗、硅元素半导体单晶材料，创制了开门式单晶炉。此后又在中国最早研制锑化镓、锑化铟、砷化镓、磷化铟等化合物半导体材料，开拓了中国太空砷化镓单晶材料的实验与特性研究，为中国人造卫星用"硅太阳能电池"和连续相干双异质结激光器等提供了必需的材料。

（戴念祖）

临界现象　critical phenomenon　物质处在临界状态及其附近具有的特殊的物理性质和现象。1869年T.安德鲁斯研究二氧化碳气、液两相密度差时发现，温度在31.04℃时气、液密度趋同，两相界限消失，取名为**临界状态**。

临界现象理论分为经典理论和现代理论。经典理论以平均场理论为基础，以临界乳光为主要研究现象。当实验做到流体足够靠近临界点时，液滴的尺度与光波长相当，会产生很强的散射，称为临界乳光。现代理论是从临界指数的引入开始的。在临界点附近物质特性的物理量与温度T之间的关系均可写成$(T-T_c)^\beta$，β称为临界指数。这些指数与平均场理论预言不符。1966年L.P.卡达诺夫指出标度概念的重要性，在临界点附近粒子之间的关联、涨落起重要作用。1971年K.G.威耳孙用量子场论中重正化群方法，对卡达诺夫的物理概念进行了数学表述，论证了实验上总结出的临界现象的标度律和普适性，计算出符合实验的临界指数。

临界参数　1871年J.D.范德瓦耳斯提出真实气体状态方程，方程中引入气体分子本身的体积b，分子间吸引力所等效减轻的气体对容器壁的压力a/V^2，方程的形式为：

$$(p+a/V^2)(V-b)=RT$$

式中p是气体压强，V是气体摩尔体积，R是理想气体常数，T为气体热力学温度。范德瓦耳斯方程可以描述气液系统的气液相变以及气液相变临界点。气体的临界参数p_c、T_c和V_c可用方程中的参数a和b表达：

$$V_c=3b,\ T_c=\frac{8a}{27Rb},\ p_c=\frac{a}{27b^2}$$

图中给出了压强－体积变化曲线在临界点C处的p_c、V_c值。如果压力、温度、体积以临界点参数作为单位，即$P=p/p_c, t=T/T_c, v=V/V_c$，则范德瓦耳斯方程可写成：

$$(P+3/v^2)(3v-1)=8t$$

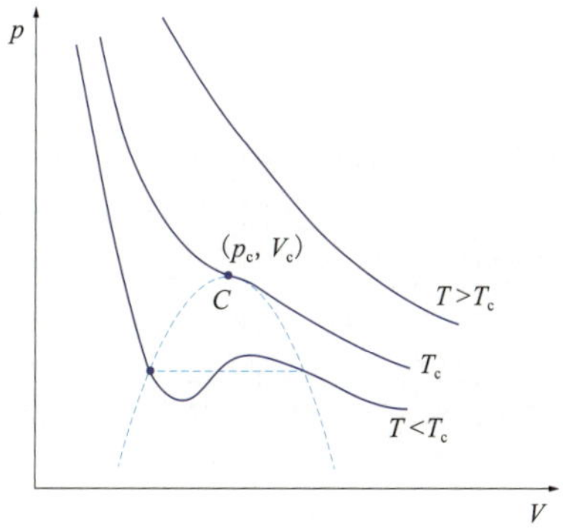

临界现象的p-V图

它不包含任何表征特定物质的量，适用于任何物质的气态和液态。这是最早提出的普适状态方程，也时最早的平均场理论。

临界指数　1907年P.E.外斯提出用分子场理论解释铁磁性，这是一种描述特殊相变的平均场理论。1937年L.D.朗道提出用序参量描述相变形式的理论，这包括了特别受人瞩目的他与V.L.京茨堡建立的超导唯象波函数理论。1945～1965年间大量精确的实验测量证实，在临界点附近物质特性的物理量与温度T之间的关系均可写成$(T-T_c)^\beta$，β称为临界指数。这些指数与平均场理论不符。1966年卡达诺夫指出标度概念的重要性，在临界点附近粒子之间的关联、涨落起重要作用。1971年威耳孙用量子场论中重正化群方法，对卡达诺夫的物理概念进行了数学表述，论证了实验上总结出的临界现象的标度律和普适性，计算出符合实验的临界指数。威耳孙为此获得了1982年诺贝尔物理学奖。

朗道理论　冰化为水、水变成水蒸气都需要吸热，相反的过程伴随放出热量，这是一级相变。在相变点两相的化学势相等，但化学势的一级偏导数代表的物性有突变。二级相变又称连续相变，物质两相的化学势及其一级偏导数相等，但二级偏导数有突变。固体中居里点的铁磁－顺磁相变、在没有外磁场时金属正常态－超导态相变都是二级相变。

连续相变时体系的对称性往往发生改变，处在高温相的对称性高，处在低温相的对称性低。朗道用序参量描述这两相的差异，高温相的序参量$\psi=0$，低温相的序参量$\psi\neq0$。在气－液临界点的相变中序参量ψ可选为两相密度差$\rho_l-\rho_g$，或比容差v_l-v_g，下标l，g分别代表液相和气相，ψ为实数。对于金属正常态－超导态的相变，序参量ψ为超导电子有效波函数，$|\psi|^2$代表超导电子密度，ψ是复数。朗道认为系统的自由能$F(\psi)$在相变点附近可用序参量ψ展开成幂函数：

$$F=F_0+a\psi^2+b\psi^4$$

由自由能极小条件$\partial F/\partial\psi=0$给出系统平衡时$\psi$的期望值。对于气－液临界点相变，$\psi$是实数。通常取参数$a=a_0(T-T_c)$，$b=b_0>0$，这里$a_0$和$b_0$都是常数，于是由$\partial F/\partial\psi=0$，得当$T>T_c$，$\psi=0$；当$T<T_c$，$\psi$代表液体密度$\rho_l$与气体密度$\rho_g$之差，所以$\rho_l-\rho_g\propto|T-T_c|^\beta$，临界指数$\beta=1/2$。

在临界点附近，序参量相对于平衡值有大的涨落，通常用$r=0$和r两点之间的关联函数来表示：

$$G(r)=\langle\psi(r)\psi(0)\rangle-\langle\psi(r)\rangle\langle\psi(0)\rangle$$

$\langle\ \rangle$表示系综统计平均值。当r较大时$G(r)$渐近于$(1/r^{d-2+\eta})\mathrm{e}^{-r/\xi}$，$\xi$称为关联长度，其在临界点附近的渐进临界行为是：

$$\xi\rightarrow\begin{cases}\xi_+(T-T_c)^{-\nu}, & T\rightarrow T_c^+\\ \xi_-(T_c-T)^{-\nu}, & T\rightarrow T_c^-\end{cases}$$

ν是关联函数的临界指数。而在临界点关联函数本身渐近行为是：

$$G(r)\rightarrow\frac{G_0}{r^{d-2+\eta}}$$

其中d是系统的空间维数，η是关联函数的临界指数。另外，序参量ψ随压力p的变化也有它的临界行为，当$T=T_c$时，$\psi\sim p^{1/8}$。事实上，完整的刻画临界现象一共需要九个临界指数，下表给出了临界指数的平均

临界现象

	β	α'	γ'	v'	δ	η	α	γ	υ
平均场	1/2	0	1	1/2	3	0	0	1	1/2
实验值	1/3	≈0	1.2		≈4.2	≥0	≥0	≥1.2	≥0.6

场理论值与实验值，可见平均场理论还有不足之处。

标度律和重正化群　卡达诺夫强调标度变换的重要性，他用标度变换，导出九个临界指数间有七个相互满足的关系式。所以，九个临界指数中只有两独立指数，其他七个可由这些关系式导出。尽管卡达诺夫的标度变换方法技术上较为粗糙，但他已经深刻认识到临界现象的本质是标度变换不变性。诉诸重正化群理论可以一般性的定量化、系统化计算临界指数。

1971年威耳孙将标度变换的思想和量子场论中重正化群的方法相结合。其基本思想为：解决统计物理中的相变问题可不必通过复杂的配分函数计算，而是探索能使配分函数保持不变的变换性质，从而抓住相变的主要特征。具体做法分两个步骤：①由于T趋于T_c时，关联长度ξ趋于无限大，元胞可用一定尺度的集团代替，集团中序参量平均值替代元胞的序参量。集团之间相互作用以有效作用代替。②进行标度变换使其与原来模型一致。这两个步骤合起来用变换R_s表示。R_s一般是非线性变换。如此相继进行$R_{ss}=R_sR_s$变换。这些变换的集合构成重正化群。最后在变换中的不动点同连续相变联系起来，给出临界点相变的特征。（陆　栋　刘玉鑫）

临界终点　critical endpoint　相图中临界线相交并被一阶相变线截断的点。相图中一级相变平衡曲线随着状态参量的变化存在终止点，两相共存的终止点，称为临界点。很多物质在不同条件下发生相变的级次不同。一级相变区与连续相变区之间的分界状态称为临界终点，一级相变区与连续过渡区之间的分界状态称为临界终点，一级相变区与二级相变区之间的分界状态称为三临界点。（刘玉鑫）

临界转速　critical rotational speed　转动系统的一种特征角速度。如以此角速度转动时，系统将发生对应于某阶自然频率的共振。转动机械（如电机、涡轮机等）的转子或轴系在制造和安装时不可避免地会有一些微小的偏心和偏角，转动时就会有惯性离心力和惯性力偶作用在转子或轴系上，从而引起它的弯曲振动。往复机械（如内燃机）的曲轴系统，转动时受到周期依赖于转速的周期性扭转力矩的作用，引起轴系的扭转振动。当转速达到某一特定值时，转子或轴系会发生对应于某阶自然频率的共振，系统处于动力不稳定状态。这种强烈的振动，导致轴的破坏或传动机构失灵，使机器不能正常运转。因此任何转轴都不允许在临界转速下工作，一般工作转速应小于或大于临界转速。

工作转速低于临界转速的转轴称为刚性轴；工作转速大于临界转速的转轴称为柔性轴。在柔性轴的情况下，机器启动或停车过程中，转轴的转速都要通过临界转速；为了安全，通常采用快速通过临界转速值或增大阻尼的方法，以避免转轴的振幅超过允许的限度。（叶开沅　俞焕然）

临界状态　critical state　两相共存的状态。相图中一级相变平衡曲线（简称一级相变线）随着状态参量的变化存在终止点，也就是两相共存的终止点，称为临界点。相应的状态称为临界状态。（刘玉鑫）

磷光　phosphorescence　原子、离子或分子通过涉及了亚稳态的自发跃迁过程而产生的光发射现象。磷光的余辉一般比较长。发光的有机分子基态通常为单态，激发态有单态，也有*三重态*。从三重态到基态的跃迁是禁戒跃迁，余辉比较长，就是磷光。（聂玉昕）

零点能　zero-point energy　对应于零点振动的能量。原子、分子以及与之对应的凝聚态物质（如固体或液体），即使在绝对零度下各个组分原子仍然会在平衡位置附近作小幅度振动，这种运动物理上称为零点振动。零点能在数值上等于普朗克常数乘以振动频率再除以2。零点振动（以及与之对应的零点能）起源于微观粒子的波粒二象性，或者由此引出的海森伯不确定原理：微观粒子的位置和动量不能同时完全准确地确定下来。零点振动的一个著名例子是：在常压下源自氦原子自身很强的零点振动，液氦即使在温度趋向于0开也不会凝固。把零点能的概念运用到现代量子场论中，认为真空的基态包含着各种频率的零点振动，倘若把其中的一些频率排除在外，就会有可观测的量子效应，如著名的卡西米尔效应——真空中两块平行的金属板之间存在着额外的吸引力。

在分子中，即使在绝对零度的温度下，分子振动处于能量最低状态时，分子中的原子核也不是静止的，仍在平衡位置附近做近似简谐振动的运动。零点能就是这种情况下原子核振动所具有的能量。（杨　勇　姚裕贵　阎　冰）

零点振动能　zero-point vibration energy　绝对零度的温度下，分子振动处于能量最低状态时，分子中原子核振动所具有的能量。见*零点能*。

刘高联　Liu Gaolian（1931-07-05～2008-03-08）　中国工程热物理和流体力学专家。生于江西奉新，卒于上海。1957年毕业于哈尔滨工业大学涡轮机专业研究生

班，后分配到中国科学院动力研究室（该室1960年并入科学院力学研究所），师从吴仲华。1957～1979年先后任中国科学院力学研究所研究实习员、助理研究员、副研究员。1979～1993年任上海理工大学动力工程系教授、研究室主任。1993年后任上海大学、上海市应用数学和力学研究所教授。曾是中国力学学会、中国工程热物理学会和中国动力工程学会理事，中国航空学会专家委员，上海非线性科学研究会理事长，上海交大动力机械教育部重点实验室学术委员，国际非线性分析学者联合会会员，美国和德国有关机械、力学和应用数学学会会员。1999年当选为中国科学院院士。

刘高联长期从事叶轮机气动理论和流体力学的研究。在吴仲华的叶轮机三维流动理论基础上，建立了以变分理论为基础的新理论体系。提出流体力学变分原理的建立和变换的系统性途径，首次建立叶轮机三维流动正命题、反命题及杂交命题的变分原理及广义变分原理族。同最优控制论结合，创立了三维叶栅和流道的优化设计理论。发展了可自动捕获各种未知界面的变域变分理论和广义有限元法。提出了一系列流体力学新通用函数，开拓了三维流动反－杂交命题的映象空间通用理论及解法。20世纪90年代起转向交叉学科气动－热－弹性耦合变分理论的研究，开创了连续介质力学的反－杂交命题和最优命题的变分理论，成为该学科的奠基人。开辟了非定常气动力学反命题、多工况点流体力学反命题等方向。1984年被评为国家级有突出贡献的中青年科技专家。1987年《叶轮机气动力学新理论体系的建立与系统性的研究》获国家自然科学奖二等奖。（尹晓冬）

刘颂豪　Liu Songhao（1930-11-12～　）　中国物理学家。原籍广东顺德。生于广东广州。1951年毕业于广东文理学院物理系。1951～1952年任中国科学院仪器馆筹备处实习研究员。1952～1980年历任中国科学

院长春光学精密机械研究所助理研究员、副研究员、研究室主任、研究部副主任、研究员，兼任长春光机学院光学材料系主任、上海科学技术大学物理系副主任及教授。1980～1986年历任中国科学院安徽光学精密机械研究所副所长、所长，兼任合肥分院副院长、激光光谱学开放实验室主任。1980年起任中国光学学会常务理事。1986年后历任华南师范大学副校长、校长，兼任华南量子电子学研究所所长、激光生命科学研究所所长，以及哈尔滨工业大学、上海科学技术大学、杭州大学兼职教授。曾任德国马普学会量子光学研究所合作教授、日本东京电子通信大学激光科学研究所合作教授。1995年任美国光学学会高级会员。1999年当选为中国科学院院士。

刘颂豪早期研究稀土玻璃化学成分与其光学性质的关系。发展了高折射率低色散的稀土光学玻璃，解决了**光学玻璃**生产中的“瓶颈”问题，推进光学玻璃生产批量化，建成中国第一条光学玻璃生产线。开拓稀土光学玻璃领域，发明代稀土光学玻璃。参与开拓中国激光领域，成功研制红外连续固体激光器，是中国最早研究成功的三种固体激光器之一。研究激光与物质相互作用，发现受激克尔散射效应，并提出了相应的理论。研究激光对靶材和光电元件的相互作用效应，为应用提供了重要依据和参数。开拓激光和激光光谱技术在生物学和医学中的应用，首次探测到常温下蛋白分子产生的双光子诱发荧光，系统研究了血卟啉衍生物治癌的光动学机理，为中国激光生物学和激光医学的发展做出了贡献。在中国率先建立超声分子束激光光谱学实验方法，用于物理和化学研究。开发激光和非线性光学在通信技术中的应用。获得国家级奖2项、省部级奖5项。1998年获广东省科学技术突出贡献一等奖，并被授予“广东省有突出贡献专家”称号。　（尹晓冬）

流变单元　flow unit　**金属玻璃**中可能存在空间结构和动力学上都异于基体的、类似晶体中缺陷的微观区域。流变单元是由纳米尺度的原子团簇构成，相比非晶态结构中的其他区域，其具有较低的模量和强度、较低的黏滞系数和较高的能量及原子流动性，可能对应于原子排布较为疏松或原子间结合较弱的区域。在非晶能量地形图上，流变单元区域对应于其中能量较高、较不稳定的能峰位置。不同的金属玻璃体系对应的流变单元密度也不相同，一般而言，脆度系数越大、结构越不均匀的金属玻璃体系越有可能具有较高的流变单元密度。由于流变单元处于能量更高的不稳定状态，使其相对于基体更容易被外部施加的能量所激活，体现出一种类液相的特性，导致金属玻璃表现出黏弹性。同时作为金属玻璃中的“缺陷”，流变单元受到外力施加时的起始作用区域，其激活、扩展、相互作用的过程会极大影响材料的宏观力学行为，如果同时考虑流变单元随温度变化的演化行为，流变单元之间的协同作用以及逾渗过程还极有可能与玻璃转变的发生相关。　（王　峥）

流代数　current algebra　在**夸克**层次上的一些“代数”运算规则。夸克被看作点粒子，具有自旋、电荷、颜色量子数，但不涉及它们的质量。一般的流代数是对轻夸克：u、d、s，而不包括重夸克c、b、t夸克。遵循**M.盖耳-曼**的$SU_f(3)$理论，如果考虑破缺，还需要加入一个破缺项（和夸克质量有关）。流代数在研究低能强相互作用时有很多重要的应用。　（郑汉青）

流光管　streamer tube　利用流光放电原理制成的管形探测器。通常管单元的截面形状和尺度为1厘米左右的圆形或方形。管的中心是高压电极丝。中心丝一般是直径为50～100微米的铍-铜丝或镀金钨丝，接正高电压。管壁为阴极，通常接地。管壁常用塑料或金属材料制成。20世纪80年代初由意大利的E.亚罗齐发明。自猝灭塑料流光管，用聚氯乙烯塑料梳状型材的内壁涂石墨作为阴极，梳状型材构成8（或更多）个管单元。用聚氯乙烯作管壁，如图a所示。

自猝灭流光管的工作条件最基本的要求是：①中心丝和管壁之间的电场强度足够强，且丝直径也足够大，形成沿半径方向较长的高场区，使气体放电过程能够发展到形成流光的阶段。②管内充有高比例的猝灭性气体，强烈吸收雪崩集团中放射出来的光子，从而把这个过程限制在流光的阶段。这称为自猝灭流光工作方式。工作气体一般要用较大比例的能大量吸收光子的多原子分子气体，如异丁烷、正戊烷与二氧化碳等。输出脉冲信号的引出方式根据应用的要求而定。从中心高压丝引出可在50欧姆电阻上得到高于70毫伏的大

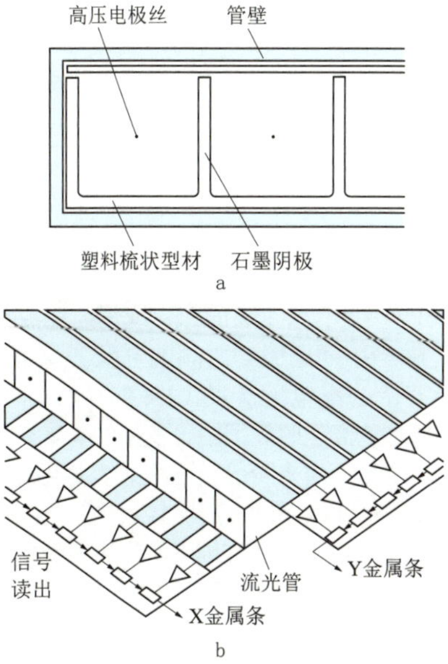

流光管示意图

与快的信号；在使用有电半透明性的石墨阴极的情况下，也可用安置在石墨阴极外侧的互相垂直的金属条（图b）引出感应正脉冲，其幅度可高于20毫伏，这样就同时得到了两维坐标信息。条宽及条间隙决定空间分辨率。这种粒子探测器有良好的时间分辨本领和坪特性（见**盖革-米勒计数器**），探测效率高，输出信号大，易于读出二维信号。20世纪后期，在加速器与对撞机的粒子物理实验以及粒子天体物理实验等领域的许多大型实验中已得到广泛应用。　（谢一冈）

流光室　streamer chamber　利用射线在工作气体中产生流光放电原理制成的粒子探测器。流光是气体放电的一种机制。入射粒子与气体原子发生电离碰撞，产生电子和正离子。在足够高的电场下，电子同气体原子作用形成电子雪崩，可使电子和正离子的数目按指数急剧增加，形成雪崩式放大（见**电离室**、**正比计数器**）。更高的外电场还可同时产生光子和光电离电子。这些电子和正离子在电场作用下反方向运动并形成偶极子集团。因为偶极子产生的内电场同外加电场方向相反，使偶极子集团内的总电场显著降低，致使电子和正离子复合放射出大量光子，光子的作用越加重要。另外，偶极子集团头部外面的电场非常强又产生新的雪崩偶极子集团。若干个集团连接在一起就形成了可见的流光。流光的直径一般为1毫米左右，长度为3毫米左右。若继续发展则可能形成导通阴阳极的火花放电通道。流光模式是20世纪30年代在大量研究雷电过程中发展起来的，到70年代有人（见**多丝正比室**）

曾用以探测粒子。流光室和**自猝灭流光管**分别利用了限制高电场的持续时间和使用可吸收光子的猝灭气体两种方法，使形成的流光阶段得到限制而不致发展成正负电极击穿型的火花放电。

流光室由苏联G.E.奇科瓦尼等于1963年发明。它由三个电极隔成两个空间，间距为几厘米。两个空间内充工作气体（90%的氖加10%的氦，或用纯氖或纯氦）。当中间电极与两侧地电极之间加数十万伏的高电压脉冲（3～20纳秒）时，因所加的高压时间很短，发生的电离和雪崩只发展至流光阶段而不再继续发展成火花击穿。灵敏空间一般比较大，在空间内多个带电粒子的径迹周围所产生的明亮的流光点都可用快速拍照的方法一次记录下来，留待进一步分析。另外，可用闪烁计数器望远镜等电子学探测器系统对事例进行挑选，从而对流光室高压脉冲进行选择触发。这样组成的流光室谱仪特别适用于测量高能重离子核反应产生的大量末态粒子的多径迹事例。70年代发展了高气压精密流光室，流光直径可小到150微米，另外还发展了全息充氢的流光室等。在获取图像手段方面发展了像增强器、电荷耦合器件以及全息照相等。（谢一冈）

流体动力学 fluid dynamics 从动力学的观点，研究作为连续介质的流体在力作用下的运动规律及其与结构物的相互作用和物质、能量输运过程的学科。流体力学的一个分支。流体动力学与流体静力学的差别在于前者研究运动中的流体，后者研究流体的平衡；流体动力学与流体运动学的差别在于前者考虑作用在流体上的力，后者着重对流体运动的描述。流体动力学包括液体动力学和气体动力学两大部分。1904年，L.普朗特建立边界层理论标志着近代流体动力学的开端。作为一门基础科学，百余年来流体动力学有了长足进步；和其他学科分支相互融合，还形成许多新的交叉学科。流体动力学还是一门应用科学，紧随着现代工业革命和技术革命而蓬勃发展起来。例如，20世纪中叶，航空和航天技术飞速发展造就了高速空气动力学的辉煌成就。21世纪初，生物医学工程的崛起孕育着生物流体力学的发展，海洋、环境、能源等新兴领域促进了流体动力学诸多前沿学科的发展。

研究内容 流体动力学基本方程及其定解条件 流体动力学作为一门定量的数理科学，其出发点是支配流体运动的基本物理定律，即质量守恒定律、**动量守恒定律**、**能量守恒定律**。这些定律应用在流体这种特殊形态物质时被表述为连续性方程、动量方程和能量方程。这些方程的数学形式（见**流体力学基本方程组**）可以表述为微分形式或积分形式。

为了完备流体动力学方程组，还需要补充其他假设条件和物理关系式，例如反映热量输运的傅里叶传热定律（热传导方程）、反映质量输运的菲克扩散定律以及反映流体应力张量和应变率张量之间关系的本构方程等。

流体动力学方程组是支配流体运动的普适方程，要确定某种具体的流体运动，就是要得到流体动力学方程组的一个确定的解。为此，必须给出流体动力学方程组的定解条件，包括边界条件和初始条件。

涡量动力学和旋涡动力学 涡量是流体动力学中一个重要的概念，而旋涡是流体的一种重要的运动形态。可以说，整个自然界充满了旋涡，从直径为厘米量级液氦中的量子涡到直径为5万光年的旋涡星云，都是旋涡运动的例子。研究涡量的动力学特性和旋涡的产生、演化及其相互作用对天体物理、大气动力学、物理海洋学、地幔和熔岩对流，及能源、交通、航空、航天、生物、建筑等科学和工程领域都有重要的应用价值。

无黏流体动力学 常见的流体，如空气和水，它们的黏性系数都很小。当在自然界或工程中遇到流动雷诺数很大的气流和水流时，因惯性力远大于黏性力，可以把它们当作无黏流体来处理。所谓无黏流动模型是当雷诺数趋向无穷大时对真实流动的一种近似。在流体动力学发展历史上，无黏流理论是历史悠久、发展成熟、应用广泛的一个分支。其中最为人们熟知的是伯努利积分和拉格朗日积分。无黏性的、正压的流体在有势外力作用下，其运动方程在定常和无旋两种特殊情形下有积分解。运动方程的两个第一积分分别称为伯努利积分（见**伯努利定理**）和拉格朗日积分。

黏性流体动力学 黏性流体运动的控制方程是纳维-斯托克斯方程。对于不可压缩的牛顿黏性流体运动，可以得到纳维-斯托克斯方程为数不多的精确解。这些精确解在流体动力学中有着特别重要的意义。它们揭示了黏性流动的物理机制，人们凭借这些精确解认识了黏性流动的基本规律。这些精确解包括定常流动下的平板和圆柱库埃特流动，平面和圆管泊肃叶流动，非定常的斯托克斯第一问题、第二问题，管道流动的起动过程，以及二维驻点流动和旋转圆盘附近的流动等。

根据普朗特的理论，在固体壁面上的大雷诺数流动中，黏性作用仅局限在物面附近很薄的一层内，这个薄层称为边界层。边界层以外的流体运动可以看作是无黏性的。问题可化为先求解边界层外的无黏性流动的速度和压力，然后再研究边界层内的流动，将黏性和壁面黏附条件考虑进去。研究边界层流动具有特别重要的意义，因为物体表面的摩擦阻力和流动分离形成的压差阻力等都取决于边界层内的流动特性。普朗特边界层理论也为无黏性流动模型的合理性提供了理论依据。黏性流体运动存在着两种性质截然不同的流动形态，即层流和湍流。层流的特点是流体微团做平滑规则运动，相邻两层的流体互不掺混，流体迹线光滑。湍流则完全相反：流体微团做不规则的涡旋流动，相邻流体微团激烈掺混，伴随着横向动量、质量、能量的传递，流体迹线杂乱无章，流场随机脉动，极不稳定。层流和湍流在一定条件下可以相互转化。

气体动力学 气体动力学是研究考虑可压缩效应和热力学现象的气体运动规律的学科分支。流体可压缩性是指由于流体高速流动引起的密度显著变化。某些特殊条件下的液体运动，如水下爆炸、水击、水声等，也要考虑液体的压缩性影响。热力学效应是指在高速运动中流体动能转变成内能导致的温度和热力学状态变化。气体动力学主要研究气体流动规律、流场和波系结构和流动过程中的物理、化学现象，它是伴随着航空航天和喷气推进技术的发展而发展起来的一个学科。

流动稳定性及湍流 流动稳定性是流体动力学的重要研究内容。它决定一个流动是保持还是改变其状态，是确定层流转捩为湍流和湍流发展程度的重要准则。20世纪初线性稳定性理论开始发展，并且得到了实验的证实，研究了平行剪切流、同心圆柱间的剪切流、热对流的流动不稳定性现象。20世纪40年代，**L.D.朗道**提出了流动失稳转捩湍流的非线性理论，80年代二次失稳及三波共振等弱非线性理论相继发展起来。

攻克湍流是物理学和力学的一个难题，是流体动力学最重要的研究目标之一。自湍流发现以来，经流体力学家的共同努力，取得了许多重要进展，并得到了广泛的工程应用，但仍面临着新的挑战。

流体中的波 大气和海洋中出现形形色色的波动现象，它们也是流体动力学重要的研究内容。如大尺度的大气流动，因为**科里奥利力**的作用，人们观察到了罗斯比波，它的波长约为6000千米。另外，在稳定分层的大气中会出现内重力波，其波长为数千米，而相速度和大气中的风速是同一数量级。与大气一样，海洋中同样存在罗斯比波（波长约为200千米）和内重力波。因海洋中存在自由面，最普通的海洋波动形式是表面波。根据表面波频散效应和非线性效应的主次，可将其分为深水波或浅水波，孤立波是两种效应平衡的产物。在波长很小的情况下表面张力可能超过重力效应而占支配地位，表现为水面上很多微纹，称为毛细波。我们观察到的海洋表面实际是许多不同振幅、不同波长、不同相位的波的叠加，这种随机的水表面波称为浪，可以用海浪谱来进行描述。波浪在由深水传向海岸的过程中，受到水深变化、地形变化和障碍物阻挡的影响，会发生波浪折射、绕射和破碎，需要采用非线性水波理论。对于灾难性的波浪运动，例如地震引起的海啸波，需要发展强非线性、大变形自由表面水动力学。

展望 随着现代科学技术的飞速发展，形成了流体动力学的新的前沿领域，其特征是以复杂流体为研究对象、宏观微观相结合的研究方法和多学科交叉。例如，以不满足牛顿黏性定律的流体为研究对象的非牛顿流体力学；以多相介质为研究对象的多相流体力学；以航天技术为背景的高温气体动力学和稀薄气体动力学；与水中物体高速运动密切相关的高速水动力学；与海洋工程密切相关的海洋工程流体力学；还有物理化学流体力学、环境流体力学、生物流体力学、微纳米流体力学等。可以展望，流体动力学不仅在传统的空气动力学和水动力学领域继续发挥着重要作用，而且在与物理、化学、地球、生命科学等学科融合中不断涌现新兴学科，呈现新的发展机遇。 （马晖扬）

流体力学 fluid mechanics 研究在各种力作用下流体介质运动和平衡的规律，特别是研究流体与固体、流体与流体之间的相互作用以及动量、能量和质量输运规律的学科。是力学的重要分支学科之一。流体介质包括液体、气体和等离子体，广泛地存在于自然界、生命体和工程领域中。流体力学是与人类生活和社会经济发展关系最为紧密的学科之一，蕴含着大量的重大基础科学问题，同时也在航空航天、海洋船舶、能源交通、土木水利、石油化工、环境灾害、生物医学等工程领域中发挥着重要的作用。

学科内容 流体力学是研究流体运动的学科，其学科内容有：

流体力学基础理论 流体力学在其发展过程中产生了一些具有挑战性的基础理论问题，如湍流、流动稳定性和旋涡动力学等。①湍流是自然界最常见的流体运动形态。因其复杂性，揭示湍流机理历来是科学界的经典难题。湍流的产生与发展过程中所蕴含的物理机制、湍流的预测及控制、湍流的拟序结构和动力学特性、湍流的统计理论及数值模拟等都是流体力学研究的前沿课题。由于统计力学和计算机模拟方法的引入，湍流在统计理论和数值模拟等方面取得了较大的进展，特别是湍流的理论研究从经典的解析模型走向计算模型，从实验研究走向数值模拟和实验研究相结合，能够处理越来越复杂的工程问题。②流动稳定性也是流体力学研究的难点。流动失稳是湍流产生的前兆之一，流动失稳后，流体的动力学特性将发生显著改变。流动稳定性的研究具有重要的理论意义。③旋涡动力学也是流体力学基础理论中的重要内容之一，主要研究涡量和旋涡的产生、演化及其与物体和其他流动结构的相互作用，以及在湍流发生、发展和流动控制中的作用。在研究以非线性、非定常、非平衡、多尺度和多场耦合等为特征的复杂流动中还有诸多基础理论问题不断出现。

水动力学 研究水及其他液体的运动规律以及它们与结构物相互作用的学科，是流体力学发展较早的一个重要分支。水动力学的研究在海洋船舶工程、水利交通工程、大气环境及水环境治理等领域发挥着巨大作用。传统水动力学研究：水在管道、渠道、江河中的运动；利用水力做功的水轮机问题；船舶在水中运动时所遇到的阻力，船舶稳定性和船体、推进器在水中引起的空化现象等。21世纪以来，海洋资源开发、海洋环境保护、海洋权益维护已成为世界各国普遍关注的战略问题。先进舰船技术研发、深海资源开发、沿海经济带资源利用和环境保护等对水动力学研究提出了新的迫切需求。以群泡动力学行为与空化机理、自然空泡和通气超空泡的内部结构与稳定性、水动力噪声与减阻降噪为研究重点的高速水动力学成为研究的前沿领域；海洋内波、畸形波和海啸波等极端海洋动力因素及其对海洋结构物的作用研究十分活跃；台风浪与风暴潮的模拟与预报、近海波浪数学模型与数值水池、河口海岸泥沙运动与海啸等海洋灾害研究得到关注。

气体动力学 研究空气和其他气体的流动规律、波系结构以及它们与结构物或界面相互作用的学科。它是在流体力学基础上随着航空工业和喷气推进技术的发展而发展起来的，是航空航天最重要的支撑学科之一。空气动力学专门研究飞行器或物体飞行在大气层中的流动规律、载荷特性和伴随的物理化学现象。它是气体动力学的分支学科。根据流体运动的速度范围或飞行器的飞行速度，空气动力学可分为低速空气动力学和高速空气动力学，大致以400千米/时的速度为划分的界线。低速空气动力学中气体介质可视为不可压缩的，对应的流动为不可压缩流动。大于这个速度的流动，必须考虑气体的压缩性影响和气体热力学特性的变化，这种对应于高速气体动力学的流动称为可压缩流动。可压缩流动根据其流动马赫数的不同，又分为四个流动范围：马赫数恒小于1的称为亚声速流动、恒大于1的称为超声速流动、马赫数大于5的称为高超声速流动、马赫数接近于1的称为跨声速流动。气体动力学还有一些边缘性的分支学科，如稀薄气体动力学、高温气体动力学等。为满足21世纪航空运输发展的需求，需要研制更具竞争力的新一代的民航客机，满足不同需求的高机动、高隐身的无人作战飞机以及微小型无人机等。这些需求对气体动力学提出了一系列需要解决的新问题。

多相流体力学 研究同种或异种化学成分物质的固-气、液-气、液-液或固-液-气共存系统运动规律的学科。“相”可指不同的热力学集态（固、液、气等），也可指同一集态下不同的物理性质或力学状态。研究对象是探讨流场中各个相的速度、压力、温度、组分浓度、体积分数、相与相以及各相与壁面间相互作用，以弄清其中的动量传递、传热、传质、化学反应甚至电磁效应的规律。多相流广泛应用于自然界和各工程领域，如沙漠迁移、泥沙运动、油气输送、煤粉燃烧、血液流动等，其普遍性、重要性和复杂性决定了其在流体力学中的重要地位。多相流研究关注受连续相流场制约的离散相动力学特性以及离散相对连续相的影响、离散相之间的相互作用，将侧重多相湍流场及稳定性、非线性多相流相界面动力学、数值模拟和测量方法、超常规离散相多相流、多尺度和多场作用下的多相流、多相流场的非牛顿效应、分层稠密多相流动及微重力气液两相流等。

非牛顿流体力学 牛顿流体是应力与剪切应变率（简称切变率）呈线性关系的流体，空气和水被认为是牛顿流体的典型例子。在自然界和工程技术中还存在着许多非牛顿流体，它们的应力和切变率之间的关系是非线性的，具有和牛顿流体不同的流动特性。非牛顿流体的问题普遍存在于与国民经济和日常生活密切相关的各个

领域，如石油工业、化学工业、食品工业、纺织工业和生物医学工程等。将研究对象从牛顿流体开拓到非牛顿流体，是经典流体力学发展到近代流体力学的重要标志之一。由于非牛顿流体问题的复杂性和重要应用背景，非牛顿流体力学已经成为近代流体力学最具挑战性的研究领域之一。非牛顿流体力学最为关注的领域包括：复杂流体本构关系、非牛顿流体的流动稳定性、弹性湍流、聚合物湍流减阻、触变性流体的雪崩现象、非牛顿流体的浸润和智能流体等。

渗流力学 研究流体在多孔介质内的运动规律的学科。渗流力学具有悠久的历史，1856年法国工程师H.-P.-G.达西公布了水通过均匀砂层渗流的线性定律，奠定了渗流力学的基础。在相当长的时期内，渗流理论及其应用主要涉及水在地下多孔介质内的流动，因此将其理解为地下渗流。后来渗流力学又在石油、天然气开发工业中得到应用，在这个阶段内渗流力学考虑的一般是均质、单相、等温的渗流过程。20世纪30年代以后逐步发展多相渗流理论，60年代初渗流理论迅速发展，考虑非均质、多重介质、多相性、流变性以及含有复杂的物理、化学反应、非等温渗流等过程，并进一步发展了微观渗流以及与生物学相结合的生物渗流等研究领域。渗流力学基础研究着重关注多相多组分渗流中相间和组分间相互作用的机理、物理化学渗流中物理过程和化学反应复合条件下的渗流运动、非线性渗流中的非达西渗流等。在实际应用方面则侧重于能源的开发利用和相关环境问题的治理，例如石油的开采、水渗流引起的山体滑坡、过度开发地下水引起的地面沉降等。

交叉学科 随着现代科学和工程技术的发展，流体力学与其他学科的交叉和融合日益突出，成为流体力学的一个重要发展方向，并形成多种流体力学的交叉学科或边缘学科。①物理-化学流体动力学是研究流体流动对化学转化或物理转化的影响，以及物理、化学因素对流体流动的影响的学科。②电磁流体力学是用经典流体力学和电动力学相结合的方法研究导电流体（等离子体和液态金属等）和磁场相互作用的学科。③工业空气动力学是应用于工程领域中的空气动力学，是空气动力学与气象学、结构动力学、建筑工程等相互渗透而形成的新兴学科。④从20世纪末起，微-电-机械系统的发展使微纳米流体力学得到极大关注，尺度影响、在流体与界面间复杂的物理和化学机制作用下的流动规律，以及流动与界面间相互作用是主要的研究内容。⑤稀薄气体动力学是原子分子物理学、统计力学、分子运动理论等和宏观气体动力学交叉产生的分支学科，又称分子气体动力学。当气体变得稀薄时，连续介质假设不再适用，需要采用分子运动理论和方法进行分析。现代工业一直朝着极端条件的方向发展，高空、高温、高速、低密度、微尺度等都是稀薄气体效应发生的契机。⑥地球流体力学研究地球及其他天体上的自然界流体的宏观运动，着重探讨其中大尺度运动的一般规律。如大气运动、海洋大尺度运动等，也包含考虑地球和自然界中含有化学反应的许多流动过程，以及地球深处熔浆的流动等。⑦环境流体力学是通过研究自然环境（大气、水体、岩土体中的流动、输运和相应的物理、化学和生物过程）分析导致人和其他生物体周围温度、湿度、风速、组分、噪声、磁场、辐射等环境参数变化规律的学科。是一门涉及气候、污染、生态、灾害等问题，与人类健康、农林牧业发展、污染减轻、灾害治理、绿色经济和社会、低碳、可持续发展等紧密相关的交叉学科。⑧生物流体力学主要研究生命体内生理流体（如血液、气体、淋巴液等）的流动问题，包括人工脏器、生物技术和医学工程中的流体力学问题，为揭示生命奥秘、发展更好的疾病诊断方法和治疗手段服务；还研究鸟类在空中的飞翔，鱼类在水中的游动等，是研究相关动物的比较生理学、行为学、生态学及进化的基础，为发展新型飞行器和水下航行器提供仿生学指导。

研究方法 流体力学在其发展进程中已形成理论分析、实验观测、数值计算相结合的研究方法。

理论分析 根据物理学基本定律，如质量守恒、动量守恒和能量守恒定律等，运用数学分析的手段，研究流体的运动，解释已知的现象，预测可能发生的结果。理论分析大致分为4个步骤。

①建立力学模型。针对实际流动问题，从众多影响因素中提取主要因素，对问题进行简化，建立反映问题本质特征的力学模型。如连续介质假设、牛顿流体、不可压缩流体、理想流体、平面流动等为常用的力学模型。

②建立数学模型。将物理学守恒定律应用于流体运动获得基本方程，如连续性方程、动量方程和能量方程等；加上反映流体力学性质的本构方程或其他相关方程；由这些方程组合成封闭的流体动力学方程组，就构成了控制流动问题的数学模型。

③求解方程组。在给定的边界条件和初始条件下，运用数学方法求流体动力学方程组的解。对一些特别简单的流动问题可获得解析解，对一般流动问题则难以求得解析解。根据流动的特征，利用量纲理论、摄动理论和群论，在一定条件下可将方程加以合理简化。经过多年努力，已创造出许多数学方法和技巧来求解这些简化的方程组。随着数值计算理论和技术的发展及电子计算机能力的增强，许多理论问题和工程技术对应的动力学方程组可进行数值求解。

④对解进行分析解释。求得方程组的数学解后，要结合具体流动，解释这些解的物理含义和流动机理。通常还要将这些理论结果用实验结果进行验证，以确定所得解的准确程度和模型的适用范围。

实验观测 除了理论结果需要实验验证外，大量复杂的实际流动问题要用实验研究来解决。流体力学实验包括现场观测和实验室模拟实验。对自然界固有的流动现象或已有工程的全尺寸流动现象，利用各种仪器进行系统观测，从而总结出流体运动的规律，并预测流动现象的演变。一般而言，现场观测费用高、时间周期长。

①实验室模拟。在相似理论的指导下，在实验室内建立模拟实验装置和设备，例如各种风洞、水槽、水池等，让要研究的流动现象在这些设备内重现，以便对必要的参量进行系统地测量。与现场观测相比，实验室模拟研究需要的时间、空间和费用均大为缩减。实验室模拟还可以对没有出现的事物和现象（如待设计的工程、机械等）进行观察，不仅可以检验理论分析和数值模拟结果的可靠性，还可提供真实的物理图像和深刻的感性认识。因此，实验室模拟是研究流体力学的重要途径和方法。相似理论是实验室模拟必须遵循的理论，目的是保证实验条件能模拟实际的流动规律。通常要满足必要的相似准则数，如雷诺数、弗劳德数、欧拉数等。

②测试技术。在流体力学实验中准确的测试方法和显示技术非常重要。基于高新技术的传感器、计算机技术和数字化技术的测试仪器大量涌现，如热线测速仪、激光多普勒测速仪等。为了满足流体力学研究的需要，高时空分辨率、多场、多尺度、非接触、能够捕捉精细流场时空结构与特征的仪器和测试技术正在进一步发展中。

数值计算 电子计算机的出现和发展，使许多原来无法求解析解的复杂流体力学问题有了求得数值解的可能性。从60年代开始，随着信息技术的飞速发展，流体力学数值模拟方法进展神速，对流动问题的模拟能力极大地扩展，形成了流体力学的新分支——计算流体力学，成为与理论流体力学、实验流体力学鼎足而立的分支学科，是现代流体力学的重要标志。在计算方法上，以连续介质力学基本方程离散化为基础，发展了有限差分法、有限元法、有限体积法和谱方法等；为了研究微观机制和现象，分子或粒子模拟方法，如分子动力学方法、直接模拟蒙特卡罗方法等，得到迅速发展。计算流体力学的发展和大量商用软件的出现，极大地推动了流体力学数值模拟在各工程领域中的应用，取得了令人瞩目的成就。这些领域包括航空航天、气象、船舶、武器装备、水利、化工、建筑、机械、汽车、海洋、体育、环境、卫生等。除了工程应用外，由于计算流体动力学对流场精细和定量化描述能力及重现能力，使其在流体力学的基础理论研究中也发挥了越来越大的作用。面对日益复杂的研究对象和科学问题，发展高精度、高分辨率、高保真数值方法和提高对复杂几何外形的处理能力，发展新的计算体系、大规模高性能的数值和智能算法、软件系统及其集成、计算可视化与虚拟仿真技术，是计算流体力学今后的发展方向。

展望 从**阿基米德**以后，特别是20世纪以来，流体力学已发展成为基础科学和工程科学体系的重要组成部分，成为与人类生活和社会经济发展联系最为紧密的学科之一。面对21世纪诸如人类健康、气候变化、能源短缺和可持续性发展等问题，流体力学将面临新的挑战和发展机遇。以非线性、非定常、非平衡、多尺度和多场耦合等为特征的复杂流动将是流体力学基础研究的中心课题，宏观微观结合和多学科交叉将成为现代流体力学的重要标志。随着基础理论分析、实验测试技术和数值模拟方法的不断发展，流体力学不仅在传统的气体动力学和水动力学领域中产生新的前沿学科，而且在与物理学、化学、地球科学、生命科学等领域的融合中不断涌现新兴学科。 （孙天风 马晖扬）

流体力学基本方程组 basic equations of fluid mechanics 流体运动所遵循的物理规律的数学表达式，用来研究流体运动中各物理量间的变化关系和求解流场中各物理量的分布。为了求解科学技术和工程实践中的**流体力学**问题，首先应对问题中的流体性质和运动现象进行简化，提出反映问题本质的理论模型，并运用基本的物理定律和反映此模型特点的特殊规律建立流体力学基本方程组。方程组应该是封闭的，即方程的个数要与其中出现的未知物理量的数目相等。然后，根据具体问题的初始条件和边界条件求解方程组，计算流场内各物理量的分布。流体力学方程组的自变量可取拉格朗日变量（物质坐标和时间），也可取欧拉变量（空间坐标和时间）。上述两种方法可根据流动的物理特征和便于计算物理量在流场中的分布而分别采用。

流体运动规律 即流体流动所遵循的物理规律，它们是建立流体力学方程组的依据。下述前三条为基本规律。

质量守恒定律 确定的流体，它的质量在运动过程中不生不灭。质量守恒定律在流体力学中的表达形式称为连续性方程。

动量变化定律 即牛顿运动第二定律在流动中的应用。确定的流体，总动量变化率等于作用在其上的体力和面力的总和。

能量守恒定律 **热力学第一定律**的最初表述。确定的流体，总能量（包括动能和内能）变化率等于外力（包括体力和面力）在单位时间内所做的功与单位时间自外部给予流体的热量之和。

热力学第二定律 根据大量观测结果总结出来的规律。它可有下述不同的表达形式：①热量总是从高温（物体）传向低温（物体），不可能作相反的传递而不引起其他之变化；②功可以全部转化为热，但热不能全部连续不断地转变为功；③孤立系统中实际发生的过程总使整个系统的熵值增大，即熵增原理，而熵是一个反映自发过程不可逆性的物质状态参数。

傅里叶传热定律 热流密度矢量与温度梯度的大小成正比而方向相反。

状态方程 流体微团运动中一般认为是处于热动平衡的均匀系统。只有两个热力学参量是独立的。任何三个热力学参量之间所满足的确定函数关系都称为状态方程（狭义的状态方程特指压力、密度、温度三者之间的函数关系）。不同的流体模型有不同的状态方程。

本构方程即应力与应变率间的关系。不同的流体模型有不同的关系。对牛顿黏性流体，本构方程就是广义的牛顿黏性定律。对忽略黏性的理想流体，应力就归结为压力。

在下述前提条件下：①流体在惯性参考系内运动且服从**牛顿运动定律**；②流体是连续介质；③流体微团在运动中处于热动平衡状态；④流体是单相介质；⑤牛顿黏性流体的模型；⑥层流运动；⑦体力和热源是已知的，并不考虑它们与流体运动间有相互作用，则可直接建立流体力学基本方程组。

积分形式的流体力学方程组 对有限的流体体积，讨论它的质量、动量、能量的变化率，根据基本物理定律写出的方程组就是积分形式的流体力学方程组。

连续性方程 流场中任取一体积为τ的流体，τ的周界面为σ，外法线单位矢量为$\boldsymbol{n}$。设ρ为流体密度；$\boldsymbol{v}$为流体速度，$v_n=\boldsymbol{v}\cdot\boldsymbol{n}$；$t$为时间；$\mathrm{d}/\mathrm{d}t$为随体导数符号。则$\tau$内流体质量的增加率等于单位时间内通过界面$\sigma$流进的流体质量，这个质量守恒定律可表达为：

$$\int_\tau \frac{\partial\rho}{\partial t}\mathrm{d}\tau+\int_\sigma \rho v_n\mathrm{d}\sigma=0 \qquad (1)$$

运动方程 设$\boldsymbol{F}$为作用在单位质量流体上的体力；$\boldsymbol{P}$为应力张量；$\boldsymbol{p}_n=\boldsymbol{n}\cdot\boldsymbol{P}$为$\sigma$上的面力密度。则$\tau$内总动量的变化率为：

$$\frac{\mathrm{d}}{\mathrm{d}t}\int_\tau \rho\boldsymbol{v}\mathrm{d}\tau=\int_\tau \rho\frac{\mathrm{d}\boldsymbol{v}}{\mathrm{d}t}\mathrm{d}\tau$$

τ内体力总和为：

$$\int_\tau \rho\boldsymbol{F}\mathrm{d}\tau$$

面力总和为：

$$\int_\sigma \boldsymbol{p}_n\mathrm{d}\sigma$$

动量变化定律给出动量定理：

$$\int_\tau \rho\frac{\mathrm{d}\boldsymbol{v}}{\mathrm{d}t}\mathrm{d}\tau=\int_\tau \rho\boldsymbol{F}\mathrm{d}\tau+\int_\sigma \boldsymbol{p}_n\mathrm{d}\sigma \qquad (2)$$

把$-\rho\dfrac{\mathrm{d}\boldsymbol{v}}{\mathrm{d}t}$看成是单位体积上的惯性力，动量变化定律可解释成总惯性力与总外力相平衡，从而合力矩为零，由此给出动量矩定理：

$$\int_\tau \boldsymbol{r}\times\rho\frac{\mathrm{d}\boldsymbol{v}}{\mathrm{d}t}\mathrm{d}\tau=\int_\tau \boldsymbol{r}\times\rho\boldsymbol{F}\mathrm{d}\tau+\int_\sigma \boldsymbol{r}\times\boldsymbol{p}_n\mathrm{d}\sigma$$

式中$\boldsymbol{r}$为从某固定点（对此点取力矩）到空间点的矢径。

能量方程 设U为单位质量流体的内能；v为速度$\boldsymbol{v}$的大小；q为单位时间内热源给单位质量流体的热量；T为热力学温度；$\boldsymbol{Q}$为热流密度矢量。傅里叶传热定律给出：

$$\boldsymbol{Q}=-k\nabla T$$

式中k为热导率。单位时间内由热源给τ内流体的热量为$\int_\tau \rho q\mathrm{d}\tau$。因传热由界面$\sigma$流入$\tau$内的热量为：

$$\int_\sigma k\frac{\partial T}{\partial n}\mathrm{d}\sigma$$

τ内流体总能量的时间变化率为：

$$\frac{\mathrm{d}}{\mathrm{d}t}\int_\tau \rho\left(U+\frac{v^2}{2}\right)\mathrm{d}\tau$$

单位时间内体力做功为：

$$\int_\tau \rho \boldsymbol{F}\cdot \boldsymbol{v}\mathrm{d}\tau$$

面力做功为：

$$\int_\sigma \boldsymbol{p}_n\cdot \boldsymbol{v}\mathrm{d}\sigma$$

能量守恒定律给出：

$$\int_\tau \rho\frac{\mathrm{d}}{\mathrm{d}t}\left(U+\frac{v^2}{2}\right)\mathrm{d}\tau=\int_\tau(\rho\boldsymbol{F}\cdot\boldsymbol{v}+\rho q)\mathrm{d}\tau$$

$$+\int_\sigma\left(\boldsymbol{p}_n\cdot\boldsymbol{v}+k\frac{\partial T}{\partial n}\right)\mathrm{d}\sigma \qquad (3)$$

以上三式（1）～（3）就是积分形式的流体力学方程组。可用它研究流场中物理量的总体变化关系，也可用它导出间断面上的条件。

微分形式的流体力学方程组 流体力学基本方程组通常是指微分形式的流体力学方程组。从上面积分形式的方程组出发，把式（1）～（3）中的面积分化成体积分，并假定各被积函数（流场中物理量及其有关的偏导数）连续，就可得到微分形式的方程组（也可直接对无限小体积元应用基本物理定律来建立）。

封闭的流体力学基本方程组为：

连续性方程：

$$\frac{\partial\rho}{\partial t}+\nabla\cdot(\rho\boldsymbol{v})=0 \qquad (4)$$

运动方程：

$$\rho\frac{\mathrm{d}v}{\mathrm{d}t}=\rho\boldsymbol{F}+\nabla\cdot\boldsymbol{P} \qquad (5)$$

能量方程：

$$\rho\frac{\mathrm{d}U}{\mathrm{d}t}=\rho q+\nabla\cdot(k\nabla T)+\nabla\cdot(\boldsymbol{v}\cdot\boldsymbol{P})-\boldsymbol{v}\nabla\cdot\boldsymbol{P} \qquad (6)$$

为使方程组封闭，还要引入应力与应变率间的关系和状态方程。

④牛顿黏性定律：

$$\boldsymbol{P}=(-p+\lambda\nabla\cdot\boldsymbol{v})\boldsymbol{I}+2\mu\boldsymbol{S} \qquad (7)$$

式中$\boldsymbol{I}$为单位张量；$\boldsymbol{S}$为变形速率张量；p为压力；μ为动力黏性系数；$\mu'=\lambda+2\mu/3$为体积黏性系数。$\mu'=0(\lambda=-2\mu/3)$的情形称为斯托克斯流体（除了高温和高频声波这些极端情况外，对一般情形下的气体运动，都可认为$\mu'\approx0$）。$\mu'=0$和$\mu=0$的情形称为理想流体，对理想流体$\boldsymbol{P}=-p\boldsymbol{I}$。

状态方程：

$$p=p(\rho T) \qquad (8)$$

$$U=U(\rho T) \qquad (9)$$

如完全气体的状态方程（8）为：

$$p=\rho RT$$

式中R为气体常数，$R=287.14$米^2/(秒^2·度)。比热为常数的完全气体的状态方程(9)为：

$$U=c_VT$$

式中c_V为定容比热。

式（4）～（9）共有13个方程，其中包含ρ、U、T、p、矢量$\boldsymbol{v}$、对称张量$\boldsymbol{P}$等未知物理量（其中$\boldsymbol{F}$、q、μ、λ、k是给定的量），因此式（4）～（9）就是封闭的流体力学基本方程组。

把式（7）代入式（5），就得纳维-斯托克斯方程：

$$\rho\frac{\mathrm{d}\boldsymbol{v}}{\mathrm{d}t}=\rho\boldsymbol{F}+\nabla(-p+\lambda\nabla\cdot\boldsymbol{v})+\nabla\cdot(2\mu\boldsymbol{S}) \qquad (10)$$

令其中$\lambda=0,\mu=0$，就得理想流体的欧拉方程：

$$\rho\frac{\mathrm{d}\boldsymbol{v}}{\mathrm{d}t}=\rho\boldsymbol{F}-\nabla p \qquad (11)$$

上述方程（4）～（7）可在直角坐标系中展开写成直角坐标系内的分量形式，也可在正交曲线坐标中展开给出相应的形式。流体力学基本方程组的求解需要给出合理的定解条件，即合理的边界条件与初始条件。

大量自然现象和工程技术中的流体运动都是湍流而不是层流，由于湍流的流场有随机的脉动现象，变化极不规则，可用统计平均的方法建立湍流平均流动所满足的运动方程组——雷诺方程组。

随着生产实践和科学技术的发展，对流体力学不断提出新的、更复杂和特殊的问题。这些新的问题使上述方程不断得到改进。20世纪90年代以后，流体力学向物理、化学、生物领域中许多相邻学科渗透，创立了许多新的分支学科。如相对论流体力学、多孔介质流体力学（即渗流力学）、稀薄气体动力学、非平衡系统流体力学、多相流体力学、非牛顿流体力学、电流体动力学、磁流体力学、物理-化学流体力学、生物流体力学、地球流体力学、宇宙气体动力学等。这些新的领域内，分别根据所研究问题的特点，提出各自不同的流体运动模型，从而建立各自不同的流体力学运动方程组。 （凌国灿 牛家玉）

流体马赛克模型 fluid mosaic model 一种广为接受的细胞膜的简化模型。又称流动镶嵌模型。1895年E.欧弗顿提出细胞膜由脂质分子构成的假说。1925年E.戈特和F.格林德尔间接证明红细胞具有脂质双层膜结构。1935年H.戴弗逊和J.达尼利提出了细胞膜的“三明治”模型，即蛋白质分布在脂质双层膜两侧将脂质双层膜夹在中间。1957年J.罗伯逊认为所有的细胞膜系统都具有“三明治”结构。1972年S.J.辛格和G.尼克森在总结前人研究结果基础上提出了流体马赛克模型。在这个模型中，磷脂分子形成脂质双分子层结构，磷脂分子头部朝向水相而疏水尾链两两相对埋于膜内，蛋白质则镶嵌于磷脂双分子层中。整合蛋白通过强疏水作用同脂质膜牢固结合而外周蛋白则附着在膜的表层，与膜形成较松散的结合。在生理温度下，脂质双分子层处于液晶相，磷脂分子和蛋白质分子能够在面内像液体中的分子一样扩散。

后续研究对流体马赛克模型有些细节上的改进。主要有两点：翻转酶使得脂质双分子层两叶脂质分子的分布保持非对称性；脂质双分子层面内不是均一相，不同脂质分子会发生相分离而形成脂畴。

（涂展春）

流注放电 streamer discharge 通常有两个含义，一是流注击穿机制，二是在这种机制下的放电过程。又称为流光放电。流注击穿机制是由1940年J.梅克和L.B.罗普首先提出的。该放电以汤森电子崩理论为基础，并考虑空间电荷电场的影响和电子崩中的光致电离效应。但与汤森过程明显不同，光致电离在流注机制中起决定性作用。其电离通道是线状和分枝的，可以发展到很长距离（即流注）。由流注转化为击穿，即流注击穿机制。它与汤森击穿理论是互补的。流注击穿也是从汤森机制开始的，只有当电子崩的尺度发展到临界值以上（约10^8量级）时，才能形成流注。

流注放电指由流注击穿机制主导的放电形式，一般发生在高pd（气压和电极间距的乘积）或不均匀电场中，具有发展迅速、通道狭窄的特点。流注机制主导的常见放电形式包括电晕放电、火花放电、闪络、沿面滑闪、长间隙先导放电等。

由于光致电离可以在任意点产生，次电子崩的形成位置因此是随机的，流注发展路径是曲折和分叉的，流注击穿也不需要导电电极的帮忙。流注可以在空间任何地方形成，并向电极扩展。流注中的电子崩速度可以达到光速的1%（约为10^6米/秒），形成击穿的时间很短，大气压下约10纳秒量级。在均匀电场中，一个流注（电子崩）就能导致间隙气体击穿。在非均匀电场中，气体击穿可以不发生在正负电极之间，而仅在高压电极附近的局部，如空气中的电晕放电、单电极放电等。

（欧阳吉庭）

柳百新 Liu Baixin（1935-06-10～ ）中国材料科学专家。生于上海，原籍江苏武进。1961年毕业于清华大学工程物理系，后留校工作。历任清华大学副教授、教授。1981～1982年赴美国加州理工学院做访问学者。1988～1989年，任中国高等科学技

术中心特别成员。1992～1995年，任国家自然科学基金委学科评审组成员。1994年起，任清华大学校务委员会委员。1998年当选为美国物理学会理事。1999年起，任国家自然科学奖、科技进步奖和发明奖学科评审组成员。2002年起，任北京市学位委员会“材料科学与工程”学科评审组成员。2002年起，任国家自然科学基金委学科评审组成员。2001年当选为中国科学院院士。

柳百新长期在载能离子束与材料的作用及改性，以及薄膜材料和核材料等领域从事研究工作。以金属多层膜离子束混合为实验手段，研究亚稳合金相的形成与相变，20世纪80年代提出离子束混合在二元金属系统中形成非晶态合金的经验规律和热力学模型，并用**第一性原理计算**论证了亚稳合金相的稳定性。提出用离子束辐照研究非晶态合金相变临界现象的思想，首创用离子束方法研究固体薄膜中分形生长现象。提出金属多层膜中非晶化反应的判据，并用分子动力学方法揭示其原子运动机制。在氮离子注入研究中，阐明了金属氮化物形成的热力学和生长动力学规律，发展出强流金属离子注入在硅表面合成金属硅化物的新技术。为快中子反应堆的设计提供结构材料的辐照肿胀数据。90年代发展出强流金属离子注入制备金属硅化物的新技术。首先提出从原子相互作用势计算金属玻璃形成能力。用实验论证了生成热为正的系统中，多层膜中的界面能有可能驱动固态非晶化反应，提出相应的理论判据，并用分子动力学模拟揭示了界面反应的原子运动机制。曾获1986年和1990年国家教委科技进步奖一等奖，1999年国家自然科学奖三等奖，中国物理学会授予的叶企孙（凝聚态物理）物理奖。

（尹晓冬）

六夸克态 six-quark state 一种**强子**的奇特态。六夸克态有别于通常的强子态：即由三个夸克构成的重子态和一个正夸克和一个反夸克组成的介子态。它是**量子色动力学**（QCD）理论所允许的、由六个夸克和（或）反夸克在强相互作用下构成的一个束缚的颜色单态。它的重子数可以是0或2。按照束缚的强弱，六夸克态可分成两类：一类是松散的束缚态，它们的尺度一般都较大，是一类似于分子的准分子态，如氘核；另一类是较紧致的深束缚态，在那里六个夸克被“挤压”在一个较小的空间，故尺度一般都较小。而后者则是强子新形态，它能使人们对强相互作用和物质的构成方式有更深入的理解。自20世纪60年代**M.盖耳－曼**提出夸克模型后，物理学家们就从理论上预言了可能存在着奇特的六夸克态，并付出巨大的人力与物力在实验中寻找。在过去的几十年中，也曾经有过一些关于六夸克态，如d′, H粒子实验进展的报道，但至今没有被确认。而一个深束缚的、重子数为2的态在实验中被观测到，它被称为d^*，它的质量、宽度、量子数，以及它在相关衰变道中的衰变宽度均被测量。但这个态还需要在其他类型的、可能的物理过程中观测和验证，它的结构也需要进一步通过理论和实验来确认。找到六夸克态存在的研究仍然任重道远。

（沈彭年）

卢鹤绂 Lu Hefu（1914-06-07～1997-02-13） 中国物理学家、教育家。山东掖县（今莱州）人。生于辽宁沈阳，卒于上海。1936年获燕京大学物理系学士学位，1939年和1941年在美国明尼苏达大学分别获理学硕士和哲学博士学位。1941～1945年先后任中山大学、广西大学和浙江大学教授。1952～1955年、1957～1997年，任复旦大学教授，分子物理教研室、理论物理研究室和原子核研究室主任。1955～1957年任北京大学教授，中子物理教研室主任。1960～1977年任中国科学院上海原子核研究室主任。1960～1977年任中国科学院上海原子核研究所副所长。1980年当选中国科学院学部委员（院士）。

卢鹤绂工作照片

卢鹤绂主要从事理论物理和核物理研究。1937～1938年，发现热离子发射的**同位素效应**，发明了测定轻同位素丰度比的时间积分法，并准确测定了锂-7和锂-6的丰度比，该数值被国际同位素和核数据表一直沿用至1990年。1939～1941年，卢鹤绂提出扇形磁场对入射带电粒子聚焦作用和普适原理，设计并制造了新型60度聚焦高强度质谱仪，首次制成低气压放电型纵向提取的硼离子束源。1946年，他首次在国际上公开估算铀-235原子弹及费米型链式裂变反应堆的临界大小的简易方法及其原理，提出了核半径的新计算公式。1949年以后的几年间，卢鹤绂建立了流体的容变黏滞弹性理论，提出容变弛豫和弛豫压缩的基本方程，后被称为“卢鹤绂不可逆性方程”。他还将此方程推广到全频率范围的声现象以及多种弛豫过程的情况，论证了关于容变黏滞系数定义的合理性，并扩充**A.爱因斯坦**的化学弛豫学说。1954年以后，卢鹤绂研究铀-235核裂变放出的中子数和受控热核反应。晚年，他指导研究生作夸克、胶子模型等方面的研究。

卢鹤绂长期从事物理教学工作，为培养中国物理科学人才做出多方贡献。参与筹建复旦大学原子能系和中国科学院上海原子核研究所的工作。1962年，他和**周同庆**共同主编《受控热核反应》一书，总结了1960年以前相关领域的理论与实践成果。

（戴念祖）

卢瑟福，E. Ernest Rutherford（1871-08-30～1937-10-19） 英国物理学家。生于新西兰南岛纳尔逊南郊，卒于英国剑桥。18岁获得新西兰大学坎特伯雷学院奖学金，在该校获得学士和硕士学位。1895年入剑桥大学卡文迪什实验室，成为**J.J.汤姆孙**的研究生。1898年加拿大蒙特利尔的麦吉尔大学聘任他为麦克唐纳教授。1907年他回英国担任曼彻斯特大学实验物理学教授。1919年应邀到剑桥接替退休的J.J.汤姆孙，担任卡文迪什实验室主任。1925～1930年当选为英国皇家学会主席。1931年受封为纳尔逊男爵。卢瑟福对物理学的重要贡献是发现放射性元素的衰变和提出原子有核模型。

放射性 1896年他先同J.J.汤姆孙、后又独自研究X射线束在空气中产生电离的现象。1898年A.-H.贝可勒尔发现铀自动发射出一种新的穿透性很强的辐射之后，他的研究工作就转移到这一新领域，并且发现铀放射性辐射中的两种成分：一种是能使大量原子电离但易被吸收的辐射，称为α辐射；一种是产生较少电离但穿透力颇强的辐射，称为β辐射（后

来证实为电子流)。1900年，卢瑟福在蒙特利尔发现钍及其化合物衰变成一种气体，接着再衰变为一种未知的放射性淀积物。1902年他与青年化学家F.索迪共同研究重元素（镭、钍、锕三族）自发蜕变理论，即放射性原子通过放出α粒子或β粒子而自发地衰变成另一种放射性元素的原子。这理论打破了原子不可再分的观念，开拓出物理学中一个全新的分支学科，即放射学。1903年他从气体放电实验中证明α粒子可被电磁场偏转，由偏转方向可证明它为带正电的粒子，又测定了它的速率和荷质比。1908年正式确定它就是氦(核)。同年，由于在放射性研究方面的杰出贡献，卢瑟福获得诺贝尔化学奖。他的研究开拓了原子物理学和原子核物理学的新领域，所用的研究方法也是后来发展的放射化学和核化学的先导。1904年他总结了放射性产物链式蜕变理论，奠定了重元素放射系元素移位的基本原理。他还提出根据放射性估算地球年龄的方法，论证了开尔文单就太阳重力收缩计算地球年龄的结论是错误的。

卢瑟福散射和原子结构 卢瑟福到曼彻斯特后，已在那里工作的德国物理学家H.盖革在他的建议下，发明了盖革计数管。1909年，盖革和他的助手E.马斯登第一次观测到α粒子束透过金属薄膜后在各方向上散射分布的情况，并且出现少数意料不到的大角度散射。卢瑟福感到这一结果同汤姆孙所发展的开尔文原子模型有矛盾，进而用α粒子散射实验探察原子内部结构。这个研究不仅让他发现了卢瑟福散射公式，而且在1911年提出有核的原子结构模型：原子有带正电的核，原子重量集中在核上，核半径小于10^{-12}米，核的周围是带负电的电子，且绕核沿稳定轨道转动，在动力学上保持平衡。虽然这个模型尚待完善，但却开创了原子核物理学的新领域。

人工核反应 第一次世界大战期间，卢瑟福承担与战事有关的研究，寻求探测追踪潜水艇的方法，但仍继续核实验研究。1919年他用α粒子轰击氮原子，结果氮原子转化为一个氧原子和一个氢原子。标志着人类第一次实现了改变化学元素的人工核反应——元素的人工嬗变，宣告了核能研究新时代的开始。

1921～1924年，卢瑟福和J.*查德威克*已经证实，从原子序数为5的硼到原子序数为19的钾，除碳和氧之外，所有的元素都有类似的核反应，即捕获1个α粒子放出1个质子而转化为下一号元素。在此期间卢瑟福预言了重氢和中子的存在。1934年，他和他的合作者们用氘核轰击氘，产生了氚，从而首次实现了核聚变反应。

卢瑟福擅长用非常简单的仪器做出一系列辉煌的发现。在教学上领导和培养了两代物理学家，其中有诺贝尔奖获得者。他在继J.J.汤姆孙之后又一次使卡文迪什实验室人才云集，成为物理学研究的重要中心。在第二次世界大战之初，他曾帮助过上千名逃离德国的科学家。

（戴念祖）

卢瑟福-玻尔原子模型 Rutherford-Bohr atomic model 逐步发展起来的完整而令人信服的原子结构学说。原子结构是物质结构的一个层次，构成元素的最小单元。人类对物质结构的认识有一个演变和逐步深入的过程。古希腊的思想家提出，物质是由一些不可分割的基础单元构成的，这是原子概念的萌芽。1808年，J.道尔顿提出了原子是元素最小单元的概念，不同元素的原子互不相同。后来逐步认识到原子有一定的结构，并不是不可分割的。1897年J.J.*汤姆孙*发现电子，这是原子具有内部结构的有力证据，而1911年E.*卢瑟福*提出的原子的核模型，给出了关于原子内部结构的正确模型。卢瑟福指出，在原子中心直径约10^{-14}米的范围内有一个原子核，它的质量占原子质量的绝大部分，并带有正电荷，核外约10^{-10}米的范围内分布着若干个带有负电荷的电子。

卢瑟福散射和有核的原子结构 卢瑟福到曼彻斯特后，已在那里工作的德国物理学家H.W.盖革在他的建议下，发明了盖革计数管。1909年，盖革和他的助手E.马斯登第一次观测到α粒子束透过金属薄膜后在各方向上散射分布的情况，并且出现少数意料不到的大角度散射。卢瑟福感到这一结果同汤姆孙所发展的原子模型有矛盾，进而用α粒子散射实验探察原子内部结构。这个研究不仅导致他发现了卢瑟福散射公式，而且在1911年提出有核的原子结构模型：原子有带正电的核，原子重量集中在核上，核半径小于10^{-12}米，核的周围是带负电的电子，且绕核沿稳定轨道转动，在动力学上保持平衡。虽然这个模型尚待完善，但却开创了原子核物理学的新领域。

玻尔氢原子理论 卢瑟福模型中，原子中的电子以库仑力与原子核结合并绕核转动。按经典理论，这时电子将不断辐射电磁波而迅速失去能量，轨道半径将迅速变小。据估算约10^{-9}秒的时间内，电子就会落入核中，致使原子崩溃。这与原子的稳定性质完全矛盾。1913年，N.*玻尔*结合了M.*普朗克*的量子概念、里德伯-里兹组合原则和卢瑟福关于原子的核式结构模型，阐述了氢原子结构的半经典理论，该理论要点有三。

①氢原子中的电子绕核作稳定的圆周运动，并不辐射电磁波，这一系列不连续的稳定状态称定态。

②电子运动的角动量的大小p不连续且必须满足量子化条件$p_n=nh/2\pi(n=1,2,3\cdots)$，其中$n$称主量子数。由理论计算得知处在第$n$个轨道上的电子具有能量$E_n=-R_Hhc/n^2$，式中$R_H$为氢的里德伯常数。由此可做出氢的能级图(见*原子光谱*)。

③当电子从能量较高的E_m能态跃迁到能量较低的E_n能态时$(m>n)$，将发射出频率为ν的光子$\nu=(E_m-E_n)/h=R_Hc(1/n^2-1/m^2)$，此式为从理论上解释了氢光谱线频率分布的经验公式。

玻尔理论突破了经典概念，提出了定态、量子化条件、分立能级、能级间的跃迁等极其重要的概念，第一次从理论上解释了氢原子光谱的经验规律，成就是巨大的。但由于仍未能完全脱离经典理论的束缚，玻尔理论也有很大的局限性，如它仅能解决氢原子的结构问题，对其他原子就无能为力。正确的理论要建立在量子力学的基础之上。

量子力学的描述 20世纪20年代量子力学发展起来。1926年，E.*薛定谔*提出了波动方程（又称*薛定谔方程*)，并正确解决了氢原子的结构问题。按*量子力学*，原子中的电子状态由4个量子数表征。①主量子数n。②电子具有轨道角动量$\boldsymbol{p}_l$，表征$\boldsymbol{p}_l$的量子数是l，$l=0,1,2,\cdots,n-1$。③轨道磁量子数m_l，表征轨道角动量在特定方向（一般指z方向）上的投影p_{lz}的量子化，$m_l=l,l-1,\cdots,-l$。④电子的自旋量子数为$s=1/2$（此数一般不用写出)，表征电子自旋角动量$\boldsymbol{p}_s$在特定方向上投影的自旋磁量子数是$m_s=\pm1/2$。

电子的自旋与轨道运动间有微弱的自旋轨道相互作用，它使自旋角动量$\boldsymbol{p}_s$与轨道角动量$\boldsymbol{p}_l$矢量相加，形成总角动量$\boldsymbol{p}_j$，表征$\boldsymbol{p}_j$的量子数是j，$j=l+s,l+s-1,\cdots,|l-s|$。m_j则是表征$\boldsymbol{p}_j$在特定方向投影的量子数，$m_j=j,j-1,\cdots,-j$。这样，也可用n,l,j,m_j这四个量子数来表征电子的状态。

轨道量子数$l=0,1,2,3,\cdots$的电子分别以s，p，d，f，…表 之。如$n=1$，$l=0$和$n=2$，$l=1$的电子分别称为1s电子和2p电子。n相同而l不同的电子构成的能级一般具有不同的能量。

单个价电子的某一n,l态，因为$s=1/2$，故$j=l\pm1/2$，其值共有$2s+1=2$个。考虑到自旋轨道相互作用，能级将有微小的二重分裂（$l=0$除外），称为精细结构分裂。凡是$l=0,1,2,\cdots$的能级，用大写字母S，P，D，…表之，再把$2s+1$之值写在字母的左上角，j值写在右下角，即成为能级的符号。如$n=2,l=1$的能级有二重分裂，$j=3/2$和1/2，能级符号为$2^2P_{3/2}$和$2^2P_{1/2}$，氢原子基态$n=1,l=0,j=1/2$，能级符号为$1^2S_{1/2}$。

原子能级的壳层结构 当原子序数大的时候，原子中电子状态的分布遵循一定的规律：①遵循**泡利不相容原理**。②按体系的总能量由小到大依次填充。

主量子数n和轨道量子数l相同的电子称等效电子。按泡利不相容原理，它们的其他两个量子数就不能再相同。因此，原子中等效电子数是有限制的，如2s电子的$l=0,m_l=0,s=1/2,m_s=\pm1/2$，其数目只能有两个。类此，2p电子只能有六个。这八个电子组成$n=2$的壳层，两个2s电子和六个2p电子分别组成次壳层。见下表。

原子中的电子壳层

n	1	2	3	4	5
l	0	0 1	0 1 2	0 1 2 3	0 1 2 3 4
电子态	1s	2s 2p	3s 3p 3d	4s 4p 4d 4f	5s 5p 5d 5f 5g
最多电子数	2	2 6	2 6 10	2 6 10 14	2 6 10 14 18
	2	8	18	32	50

填满电子的壳层称封闭壳层，这类原子具有很稳定的性质，一般不参与化学反应。原子的许多物理、化学性质基本上是由未填满壳层的特点决定的。正因为如此，元素才有了周期的性质。原子中各电子n,l值的集合称作原子的电子组态，如Na原子的电子组态是$1s^2\,2s^2\,2p^6\,3s^1$。电子组态给出了电子按壳层分布的情况。

复杂原子的能级结构 以两个价电子为例来说明复杂原子能级结构的一些特点。设有两个电子，各具有轨道角动量和自旋角动量p_{l_1},p_{s_1}和p_{l_2},p_{s_2}。由这两个电子组成的能级的特点取决于两个电子间的相互作用，情况是很复杂的。有两种典型情况比较易于分析。

①LS耦合。两个电子各自的轨道角动量$\boldsymbol{p}_{l_1}$和$\boldsymbol{p}_{l_2}$合成$\boldsymbol{p}_L$，其量子数为L，$L=l_1+l_2,l_1+l_2-1,\cdots,|l_1-l_2|$；两个电子的自旋角动量$\boldsymbol{p}_{s_1}$和$\boldsymbol{p}_{s_2}$合成$p_s$，其量子数为$s$，$s=s_1+s_2,s_1+s_2-1,\cdots,|s_1-s_2|$。最后，$\mathbf{p}_L$和$\mathbf{p}_s$合成原子的总角动量$\mathbf{p}_J$，其量子数为$J$，$J=L+s,L+s-1\cdots,|L-s|$。能级符号与单电子时类似，先写出$L$值符号（S、P、D等），$2s+1$值放于左上角，$J$值放于右下角。如两个不等效s电子，$l_1=l_2=0$，故$L=0$，能级符号为S。$s_1=s_2=1/2$，故$s=0$，1。由此得知存在能级$^1S$和$^3S$。最后一步，$^1S$中$J$值为0，$^3S$中$J$值为1，所以这两个能级应是$^1S_0$和$^3S_1$。如果是等效电子，还要考虑泡利不相容原理。可以证明，对于s^2组态，只有$^1S_0$能级，而不容许$^3S_1$能级存在。又如sp组态具有能级^1P和^3P，后者有精细结构。许多原子的能级属于LS耦合，见图。

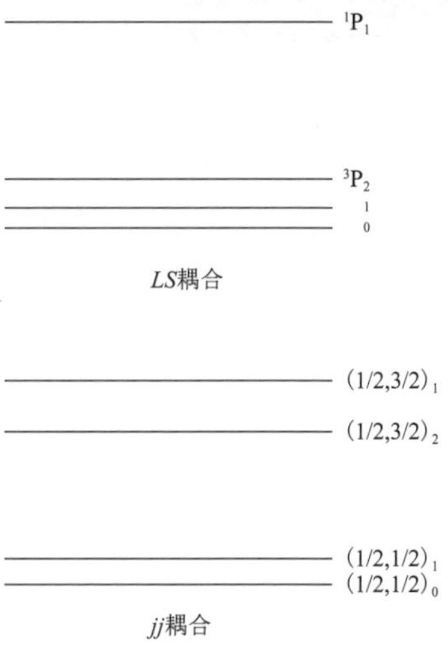

sp组态能级示意图

②jj耦合。每个电子各有自己的总角动量$\boldsymbol{p}_{j_1}$，$\boldsymbol{p}_{j_2}$，它们再耦合成原子的总角动量$\boldsymbol{P}_J$。量子数J的值为$J=j_1+j_2,j_1+j_2-1,|j_1-j_2|$，能级符号写作$(j_1,j_2)_J$。如同样是sp组态，$jj$耦合时能级是$(1/2,1/2)_{1,0}$和$(1/2,3/2)_{2,1}$。重原子的激发态和轻原子的高激发态能级多属此类型，见图。

随着价电子数目的增多，能级结构越来越复杂，至半壳层最甚。电子再填充时，能级结构反趋向简单，直至满壳层时，$L=S=0$，能级为$^1S_0$。有一个经验规则可确定最低能级。洪德定则指出：在某一电子组态的各个能级中，先选S值最大的诸能级，再选其中L值最大的能级，这个能级能量最低。由此可确定原子的基态。

原子能级还有一些细致的结构，见原子光谱的**超精细结构**、同位素移位、塞曼效应、**斯塔克效应**。（戴念祖 郑乐民）

卤钨灯 tungsten halogen lamp 内部充入卤素碘或溴，使工作时钨丝蒸发出来的钨，又重新回到钨丝，从而极大提高光效和寿命的白炽灯。根据这一卤钨循环原理，在1959年成功开发出第一个商业实用性的卤钨灯。它除了拥有以及提高白炽灯原有的优势（光效$\eta\geqslant20$流明/瓦，寿命$f\sim3000$小时）外，体积也有了极大的缩小，因此一投入照明市场，便成为最广泛取代白炽灯的热辐射光源，在汽车照明、宾馆餐厅、室内照明、新闻摄影、电影放映等领域得到普遍的应用。但其光效仍较低，因此也受到LED光源的有力冲击，已处于逐渐被淘汰的境地。（陈大华）

鲁比亚，C. Carlo Rubbia（1934-03-31～ ）意大利高能物理学家。生于戈里齐几亚。1958年获比萨大学哲学博士学位。1958～1960年，在罗马大学和美国哥伦比亚大学从事博士后研究。1960年，任日内瓦欧洲核子研究中心（CERN）的高级物理学研究员。1970年开始，兼任哈佛大学物理学教授。

在实验上发现并证实中性矢量玻色子$W^\pm$和Z^0的存在对于**电弱统一理论**是个关键。鲁比亚在1976年提出一整套方案，包括质子与反质子对撞，以CERN最大的加速器作为正反质子的循环存储环，利用S.**范德梅尔**发明的随机冷却技术等。他领导130位物理学家和技术人员组成的小组于1983年先后发现了$W^\pm$粒子和Z^0粒子，为电弱统一理论提供了确凿证据。为此，鲁比亚和范德梅尔同获1984年诺贝尔物理学奖。（郭奕玲）

鲁斯卡，E. Ernst Ruska（1906-12-25～1988-05-27）德国实验物理学家。生于海德堡，卒于柏林。1934年获柏林工业大学工学博士学位。此后任西门子电子公司研究员。1955年起任柏林马普学会弗里茨-哈伯电子显微镜研究所所长，兼柏林工业大学教授，直到1972年退休。

早在大学时代，鲁斯卡专攻电子透镜实验，利用磁透镜和静电透镜使电子束聚焦成像。1931年，开始研制电子显微镜。1933年，他与合作者首次发明并研制成功世界上第一台全金属镜体的电子显微镜，运用焦距为3毫米的磁透镜获得12 000倍放大率，拍摄了分辨率优于光学显微镜的铝箔和棉丝的照片，并试验采用薄试样使电子束透射而形成电子放大像。1937年着手研制作为商品的电子显微镜。1938年制成两台电子显微镜，其放大率为30 000倍。由于在电子光学上的基础工作以及发明第一台电子显微镜，鲁斯卡获1986年诺贝尔物理学奖。

（郭奕玲）

陆埮　Lu Tan（1932-02-23～2014-12-03）中国天体物理学家。生于江苏常熟，卒于江苏南京。1957年毕业于北京大学物理系，并分配到中国科学院原子能研究所。一年

后调入哈尔滨军事工程学院，任原子化学防护系基础课教员。1961年随系迁到长春，该系扩建成长春防化学院。1969年调到南京电讯仪器厂。1978年调入南京大学天文系，1981年起任教授。1982年成为国际天文联合会成员。2003年调至中国科学院紫金山天文台。2003年当选为中国科学院数学物理学部院士。2006年兼任南京大学与紫金山天文台共建的粒子-核-宇宙学联合研究中心主任。

陆埮长期从事高能天体物理科研和教学。1984年首次提出非轻子夸克弱过程对奇异星的径向振荡有极强的阻尼作用。1994年提出脉冲星辐射级联过程的“代参数”新概念。在γ射线余辉刚发现不久就研究了其星风环境和致密介质环境，有力支持了γ射线暴起源于大质量恒星塌缩的观点，并且提出了γ射线暴余辉动力学演化的统一模型，可描述从早期极端相对论到晚期非相对论的整个演化过程。曾获1987年国家自然科学三等奖，1996年国家教委科技进步一等奖，1998年国家教育部科技进步三等奖，2004年获国家自然科学奖二等奖。

（尹晓冬）

陆学善　Lu Xueshan（1905-09-21～1981-05-20）中国物理学家。字禹言。浙江吴兴人。卒于北京。1928年毕业于南京中央大学物理系。1933年清华大学研究院毕业后被选派赴英，入曼彻斯特大学，师从W.L.布拉格，攻读X射线晶体学，1936年获博士学位。回国后曾任北平研究院镭学研究所研究员，晶体学研究室主任。中华人民共和国建立后，历任中国科学院应用物理研究所（现物理研究所前身）研究员兼副所长、代所长、顾问，1955年

当选为中国科学院学部委员（院士）。

陆学善是中国X射线晶体学研究队伍主要创建人之一。筹建了物理研究所的晶体学研究室，并在工作中培养了一批**晶体学**专家。他从事X射线晶体学的研究工作近50年，毕生提倡实验科学，主张理论与实验并重，相互印证。他早年创立的利用晶体点阵常数测定相图中固溶度线的方法，仍在广泛应用。他在多晶X射线衍射方法、粉末衍射照相机的设计、衍射图谱指标化、德拜特征温度、超结构相的理论和实验工作、相图以及晶体结构分析等方面都做出了出色的贡献。国际上公认他研究成果的精确性和可靠性，并在晶体学著作中引用。

（戴念祖）

陆祖荫　Lu Zuyin（1926-01-10～1992-06-23）中国物理学家。生于江苏省常熟市白茆镇，卒于北京。1946年毕业于西南联大物理系，同年在北京大学物理系担任助

教。1947年考入清华大学理学院物理系做研究生，师从**周培源**从事流体力学研究。1950～1962年在中科院近代物理所从事**核乳胶**及**中子物理**研究。1957年10月到1958年9月在苏联列宁格勒物理技术研究所进修原子核物理实验技术。1958年9月到1959年3月在莫斯科原子能总局进修快中子反应堆技术。1959年3月回国。1962年11月，因研制“两弹”需要，作为技术骨干被调至国防科委核试验研究所（21所）担任三室主任。1978年因身体原因转业回到清华大学，先后担任工程物理系教研组组长，近代生物学及生物医学工程研究所所长。1986年调至中科院高能所，参与了北京谱仪预研工作。

陆祖荫致力于中国核物理、粒子物理和核武器事业。在核乳胶研究、研制高压倍加器、建立快中子截面参数及毫微秒飞行时间能谱测量方法等方面有所贡献，快中子去弹性散射截面的测量精度达到了当时的国际先进水平。在核乳胶研究中取得了丰富的研究成果，其中由**何泽慧**、陆祖荫、孙汉城合作完成的《原子核乳胶核-2，核-3制备方法的研究》获得了中国科学院1956年科学奖三等奖。在核试验研究所期间，是核物理测量和放化分析研究室主任，该室主要负责核试验中物理参数的测试和取样放化分析等工作。承担了建立快中子实验室的任务。1978年获国家发明三等奖，1985年获国家科学技术进步二、三等奖，1988年获国家科学技术进步一等奖，1989年获国家发明二等奖。

（尹晓冬）

路径积分　path integral　一种物理体系量子化描述的方式。路径积分是经典力学的作用量原理的延伸。历史上N.维纳第一个（19世纪20年代）使用路径积分的基本思想来描述布朗运动问题。1933年，P.A.M.**狄拉克**联系拉氏量把这个基本思想尝试引入到量子力学。路径积分的完整表述是R.P.**费曼**于1948年完成的。

路径积分描述认为，某量子事件发生的概率振幅是该事件的所有可能路径的贡献之和，而每一条路径的贡献则由该路径的作用量，即拉氏量沿该路径的积分决定。

路径积分量子化在规范场论中有重要应用。

（庄鹏飞）

吕敏　Lü Min（1931-04-20～　）中国核物理学家。生于江苏丹阳。1952年毕业于浙江大学物理系。1959年到苏联杜布纳联合核子研究所工作。1962年回国调到新疆

核试验基地，先后任研究室副主任、研究所副所长、基地科技委主任。20世纪80年代后调回北京，担任解放军总装备部武器装备论证研究中心研究员，继续在国防科研、军备控制等领域从事软科学研究。曾任中国核学会副理事长。1991年当选为中国科学院数理学部委员（院士）。

吕敏从事军备控制的科学技术等研究，在发展核试验物理测量技术中做出了重要贡献。早期曾在中国科学院近代物理研究所（后改称原子能研究所）从事基础物理研究，在云南高山实验室利用宇宙线进行基本粒子的实验。1962年奉调从事

国防科技研究，1962～1986年长期在新疆核试验基地从事核武器试验一线试验测量工作。多次参加核试验，在核试验的物理诊断领域中长期从事系统的、开创性的工作，为提高中国核试验物理诊断水平，建立较完善的诊断体系做出了贡献。在地下核试验中参与筹划，充分利用竖井有限的空间，实现各物理测量项目的统筹安排，在历次核试验中获得了丰富的配套的特征参数，提供给核武器理论设计的专家们，为提高中国的核武器水平做出了重要贡献。1986年后从事国防科技的软科学研究，参与军备控制、抗辐射加固、高新技术武器发展前景等问题的研究。1978年获全国科学大会先进科技工作者奖，1987年获国家科技进步奖特等奖，1985年、1990年、1992年分别获国家科技进步奖二等奖，1999年获何梁何利基金科学与技术进步奖等。（尹晓冬）

孪晶 twin crystal 一对以特殊晶面相邻接并有相同结构的晶体。孪生的两个**单晶**对接的晶面称为孪晶面。在构成孪晶的两个单晶体间，必有部分的对应晶面、对应晶棱相互平行，但不可能全部一一平行。但它们必可通过某一反映、旋转180°或者反伸（倒反）的对称操作而达到彼此重合或完全平行。

孪晶界可分为两类，共格孪晶界和非共格孪晶界。共格孪晶界指孪晶面上的原子同时位于两个晶体点阵的阵点上，为两个晶体所共有，属于匹配、无畸变的完全共格晶面，界面能很低。非共格孪晶界指孪晶界相对于孪晶面旋转一角度，孪晶界上只有部分原子为两部分晶体所共有，原子错排较为严重，这种孪晶界的能量相对较高。

1783年矿物学家从天然十字石的外形首次发现孪晶。其后研究主要集中于孪晶的几何关系、形态学及其形成规律。20世纪初以后，由于对晶体物性研究的需要，人们对孪晶与晶体结构的关系、孪晶的形成机制、孪晶界面的结构，以及它们对晶体物理性质的影响方面，进行了大量研究工作。孪晶影响晶体的力学、电学和光学性质。制作各种固体电子器件，往往要消除孪晶。1939年Y.I.弗仑克尔和T.康塔罗瓦首先用位错的理念处理孪晶，认为孪晶与切变之间有联系。当滑移不容易发生时，孪晶成为晶体范性形变的另一形式。所以利用机械形变可产生孪晶，也可消除孪晶。21世纪初，人们在材料中引入纳米尺度孪晶结构，结果发现这种结构不仅能够提高材料的强度，还能够维持相当的塑性。强化作用主要来源于纳米孪晶界对于位错的阻碍。不同于传统晶界，纳米孪晶结构能够储存大量的位错，从而具有较高的塑性和加工硬化能力。（丁大伟　汪卫华　陆　栋）

伦敦穿透深度 London penetration depth 反映超导体**抗磁性**的一个重要参量。一般用λ表示。在外加磁场低于超导体下临界场的条件下，超导体内的磁感应强度从平行于外磁场的表面开始向内指数衰减，该衰减的特征尺度，即磁感应强度衰减为表面强度的1/e倍时离表面的距离，定义为伦敦穿透深度。该特征尺度的冠名是为了纪念英国物理学家F.伦敦和H.伦敦兄弟在超导物理方面的开创性贡献。他们首先意识到超导是一种**宏观量子现象**，提出相位刚度的概念，并提出描写超导体电流与矢量势的关系，即伦敦方程。该方程结合麦克斯韦方程即可描写超导体的零电阻特性和抗磁性。根据伦敦方程，伦敦穿透深度的二次方倒数与超导体的超流密度成正比：

$$\frac{1}{\lambda^2}=\frac{ne^2}{m}$$

式中n为超流密度；e为载流子电荷；m为载流子有效质量。因此$1/\lambda^2$也常泛指超流密度。与伦敦穿透深度相对应的是超导相干长度，后者反映超导序参量的模在空间的变化尺度。A.A.**阿布里科索夫**发现，两个尺度的相对大小$\varkappa=\lambda/\xi$决定超导体的类别：$\varkappa<1/\sqrt{2}$时为第一类超导体，反之为第二类超导体。在第二类超导体中，当外磁场大于其下临界场时，磁力线以磁通量子的形式部分进入超导体，在磁通芯子周围磁感应强度的空间变化尺度也由伦敦穿透深度决定。伦敦穿透深度的典型值为50～500纳米。实验上伦敦穿透深度可以通过介子自旋弛豫谱或简单的互感法来测量。在具有完整超导能隙的超导体中，伦敦穿透深度在零温极限下对温度不敏感，因为其改变来源于准粒子激发，而后者因能隙的存在而受到压制。但是，如果超导能隙函数具有节点，即在某些动量点上的准粒子激发能隙为零，则伦敦穿透深度在低温极限下随温度以幂律增加，具体的幂次与能隙节点在动量空间分布的拓扑有关（也与超导体中的杂质有关）。因此，对伦敦穿透深度的测量，可以间接反映超导能隙函数的特征，而后者又与超导微观机理有关。（王强华）

伦敦兄弟 London brothers 均为理论物理学家，共同创立了宏观超导体电磁理论的基本方程——伦敦方程。

F.伦敦

F.伦敦　F.伦敦1900年3月17日生于德国布雷斯劳（今波兰弗罗茨瓦夫），1954年3月30日卒于美国北卡罗来纳州达勒姆。1921年在慕尼黑大学获哲学博士学位，1921～1927年在格丁根大学、法兰克福大学和波恩大学深造。1927～1939年分别在瑞士苏黎世大学、柏林大学、罗马大学、英国牛津帝国化学工业研究所、法兰西学院任教授或研究员。1939年移居美国，任杜克大学理论化学教授。

在光谱学和量子力学方面，1927年F.伦敦和W.H.海特勒发表氢分子共价键的量子力学解释，这一工作标志着近代量子化学的开始。所用的方法被称为海特勒-伦敦方法，是量子多体理论中的基本方法之一。1933年纳粹攫取政权，大肆排犹，伦敦兄弟被迫先后逃亡英国，在牛津大学从事低温物理研究工作。1935年，兄弟俩合作，提出超导体完全抗磁性的唯象理论，建立了超导体的电动力学方程，成功地解释了超导体一系列奇特的电磁性质。这组方程（共两个方程）后来被称为伦敦方程。他们还研究了超导体的表面能，提出区别第Ⅰ类超导体和第Ⅱ类超导体的判据。他们对液态氦的λ相变等问题的研究也做出过贡献。

H.伦敦　H.伦敦1907年11月7日生于德国波恩，1970年8月3日卒于英国牛津。先后在柏林、慕尼黑等大学学习。1934年在布雷斯劳大学获博士学位，同年移居英国，在牛津大学与其兄F.伦敦一起继续从事低温物理的研究工作。第二次世界大战后期，他曾参加英国原子弹的研究。战后H.伦敦最主要的贡献是1951年提出^3He-^4He稀释制冷机的原理，使这种制冷机的温度达4.5～6.0毫开，它已成为广泛使用的能获得极低温度的一种制冷机。（戴念祖）

伦纳-特勒效应 Renner-Teller effect 对于三个原子以上的直线分子，若电子态是简并的（即分子有两个或多个不同的电子态，其能量相等），分子的弯曲振动将破坏分子的直线，使分子的电子态发生能级分裂的现象。电子态能级的分裂导致**玻恩-奥本海默近似**不能描述分子的振动能级，分子的电子-振动-转动运动发生相互作用，使得分子的能级变得非常复杂。和扬-特勒效应的区别是：①伦纳-特勒效应中电子-振动-转动发生相互作用，而扬-特勒效应主要是电子-振动发生相互作用；②伦纳-特勒效应中分子的平衡结构还是直线，结构不会发生变化，而扬-特勒效应较大时分子可能会畸变为对称性较低的几何结构。典型的具有伦纳-特勒效应的分子离子是：OCS^+、$C_2H_2^+$和$HCCCN^+$等。如对于$C_2H_2^+$，共有7个振动模式，其中3个与化学键的伸缩振动相关的振动模式保持直线结构，没有伦纳-特勒效应，但2个二重简并的弯曲振动模式将破坏分子的直线对称性，导致分子的电子-振动-转动运动发生耦合，分子的能级只能归属为电子-振动-转动混合能级。

（莫宇翔）

伦琴，W.C. Wilhelm Conrad Röntgen（1845-03-27～1923-02-10） 德国实验物理学家。生于伦内普，卒于慕尼黑。三岁时全家迁居荷兰并入荷兰籍。1865年迁居

瑞士苏黎世，伦琴进入瑞士苏黎世联邦理工学院机械工程系，1868年毕业。1869年获苏黎世大学博士学位，并担任了物理学教授A.孔特的助手；1870年随同孔脱返回德国，1871年随他到维尔茨堡大学，1872年又随他到斯特拉斯堡大学工作。1894年任维尔茨堡大学校长，1900年任慕尼黑大学物理学教授和物理研究所主任。

伦琴一生在物理学许多领域中进行过实验研究工作，如对电介质在充电的电容器中运动时的磁效应、气体的比热、晶体的导热性、热释电和压电现象、光的偏振面在气体中的旋转、光与电的关系、物质的弹性、毛细现象等方面的研究都做出了一定的贡献。这些贡献大多不为人所注意。他对*X射线*的发现为他赢得了巨大的荣誉。

1895年11月8日，伦琴在进行阴极射线的实验时第一次注意到放在射线管附近的氰亚铂酸钡小屏上发出微光。经过几天废寝忘食的研究，他确定了荧光屏的发光是由于射线管中发出的某种射线所致。因为当时对于这种射线的本质和属性还了解得很少，所以他称它为X射线，表示未知的意思。同年12月28日，《维尔茨堡物理学医学学会会刊》发表了他关于这一发现的第一篇报告。他对这种射线继续进行研究，先后于1896年和1897年又发表了新的论文。1896年1月23日，伦琴在自己的研究所中做了第一次报告；报告结束时，用X射线拍摄了维尔茨堡大学著名解剖学教授克利克尔一只手的照片。这种射线被命名为伦琴射线。1901年诺贝尔奖第一次颁发，伦琴由于这一发现而获得了这一年的物理学奖。

（戴念祖）

轮廓长度 contour length 一根高分子链完全伸展可以达到的最大长度。如果把高分子链比作一团绳子（即所谓的无规线团），轮廓长度就是将这一根绳子拉直以后，测量得到的末端距离。真实高分子的化学键通常具有一定的键角，在其达到最大可拉伸长度时，键键之间应该采取全反式的构象。假设其主链具有n个长度为l的化学键，且处于全反式构象时相邻化学键之间夹角为θ，则其轮廓长度（R_{max}）可以通过以下公式计算：$R_{max}=nl\cos\frac{\theta}{2}$（见图）。对于自由连接链，在最大伸展时，

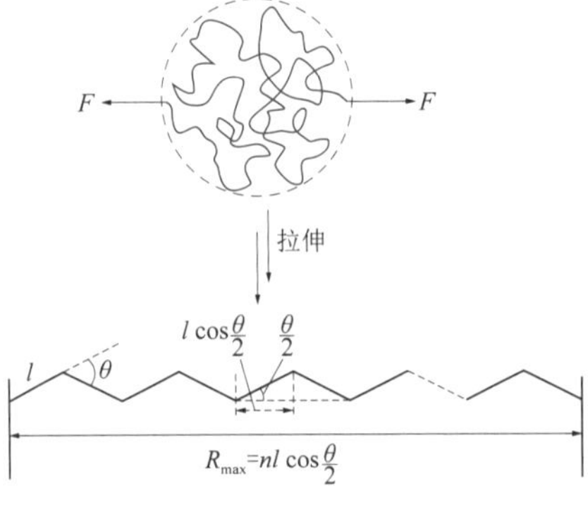

将高分子拉伸至不可伸长即得其轮廓长度

$\theta=0$，这样$R_{max}=nl$。高分子分子量越大，其重复单元越多，轮廓长度就越大。

对于主链具有n个长度为l，夹角为θ的共价键的高分子，其轮廓长度为$R_{max}=nl\cos\dfrac{\theta}{2}$。

（张文彬）

罗兰，H.A. Henry Augustus Rowland（1848-11-27～1901-04-16） 美国物理学家。生于宾夕法尼亚州洪斯代尔，卒于巴尔的摩。1870年毕业于伦塞勒工学院，获土木工程学士学位。两年后任该校物理学讲师。他当时进行了关于*磁导率*的研究，证明磁导率不是如当时铁磁学文献上普遍所说的随磁场强度变化，而是随着*磁感应强度*变化的。他的这项研究得到了J.C.*麦克斯韦*的高度评价。1875年，罗兰接受了约翰斯·霍普金斯大学的第一任物理学教授的职务，并到欧洲进行了一年学术访问。访问

期间，他在H.von *亥姆霍兹*的实验室中做了带电旋转盘的磁效应实验，第一次揭示了运动电荷能够产生磁场，引起了物理学界的注意。罗兰从欧洲购回了一批仪器，在约翰斯·霍普金斯大学建立起美国当时最好的实验室。此后，他在该校工作一直到逝世。

罗兰擅长数学，也做了一些电磁理论研究，但他更是杰出的实验物理学家。所测定的欧姆绝对值、热功当量值、水的比热随温度变化的关系，使他成为当时的权威人物。还指导他的研究生E.H.霍尔发现了*霍尔效应*（1879）。罗兰对科学的最大贡献是1882年开始研制的衍射光栅。他研制出的高精度螺杆驱动式光栅刻线机，能在一块25平方英寸（1英寸＝2.54厘米）的金属板上刻出每英寸43 000条线的光栅。接着又发明了有自聚焦作用的凹球面衍射光栅。1880年，用此种光栅制成了约有14 000条谱线的太阳光谱图，沿用很久。1881年，罗兰根据霍尔效应解释磁致旋光现象，他认为前者是磁场作用下金属中传导电流旋转的结果，而后者是同样条件下媒质中位移电流旋转的结果，从而在数学上推导出与J.C.麦克斯韦一致的旋光方程。

罗兰是美国国家科学院院士、英国皇家学会会员和法国科学院的外国院士。他是美国物理学会的创始人之一，并担任学会的第一任主席（1899～1901），对美国物理学的发展做出了巨大贡献。

（戴念祖）

罗雷尔，H. Heinrich Rohrer（1933-06-06～2013-05-16） 瑞士实验物理学家。生于布希，卒于沃勒劳。1960年获瑞士苏黎世联邦理工学院博士学位。1963年回到瑞士，在鲁希利康IBM公司苏黎世研究实验室工作。1986年起任IBM研究员和物理科学部主任。1997年退休。

罗雷尔和G.*宾尼希*同为IBM公司职员。1979年始，他们构想一种新仪器，以便进行超导研究。工作到1981年，他们发明了扫描隧道显微镜。其中，最大的困难

是如何设计只有一两个原子大小的扫描针尖，以确保外界噪声和各种振动不会传递到针尖上；又如何固定这样的针尖。由于成功地设计了扫描隧道显微镜，罗雷尔和宾尼希同获1986年诺贝尔物理学奖。（郭奕玲）

螺型位错 screw dislocation 一种类型的晶体**位错**。简称螺位错。一个晶体的某一部分相对于其余部分发生滑移，原子平面沿着一根轴线盘旋上升，每绕轴线一周，原子面上升一个晶面间距。在中央轴线处即为一螺型位错。螺位错的特征是**伯格斯矢量**平行于位错线。

（李建奇）

螺旋磁结构 helical magnetic structure 如果晶体内某一晶面内的磁矩取向相同，而沿着与此晶面垂直的晶轴方向且相邻的晶面内的磁矩取向都相对旋转一特定角度的空间排列结构。在实际材料中，螺旋磁结构既可能单纯地起源于材料内部铁磁性与反铁磁性交换作用的长程有序竞争，也可能来源于能量相近的单一铁磁性或者反铁磁性交换作用与磁晶各向异性（自旋－轨道耦合），以及源于外磁场和/或退磁场的静磁能之间的竞争。只有晶态材料才可能存在螺旋磁结构，常见的具有螺旋磁结构的材料包括稀土金属、含稀土的金属间化合物、尖晶石型氧化物、B20结构化合物、人工磁性薄膜（如Pt、Co、Ta）等。

（赵同云）

螺旋－线团转变 helix-coil transition 高分子链，特别是由氨基酸单体组成的多肽和蛋白质，在溶剂中构象的变化。以肽链为例，螺旋态是指某一段连续的氨基酸残基，每个残基的酰胺氢原子和位于它后面的第三个或第四个残基的羰基氧原子生成氢键，形成螺旋构象（见图）。在水环境下，氨基酸残基的酰胺氢原子和羰基氧原子也能与水分子形成氢键，某段连续的氨基酸残基呈现类似无规行走的卷团构象。螺旋－卷团转变模型将单个肽链划分成相互连接的链段，每个链段或者具有螺旋态，或者具有卷团态，而整个高分子链的构象则用螺旋态链段的数目和总链段数目的比值来描述。螺旋－卷团转变模

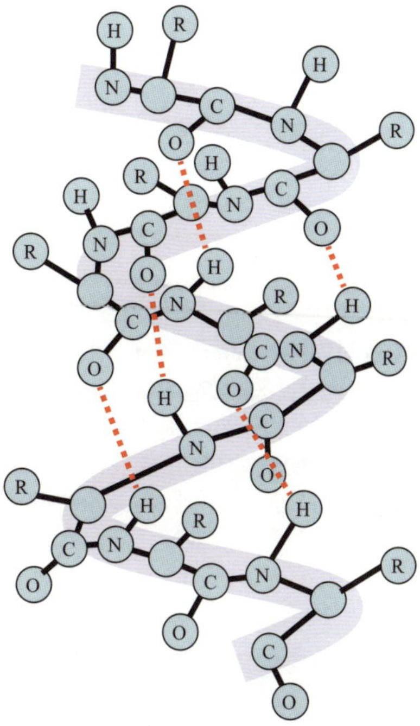

肽链的螺旋构象图

型可看作研究蛋白质折叠的简化模型，常见的有吉姆－布拉格模型和利弗孙－劳格模型。

（蒋 滢）

裸核力 bare nuclear force 在自由空间中体现的核子－核子相互作用。裸核力能够解释核子－核子散射实验数据。

（冯兆庆）

洛伦兹，H.A. Hendrik Antoon Lorentz（1853-07-18～1928-02-04） 荷兰物理学家。生于阿纳姆，卒于哈勒姆。1870年考入莱顿大学，1875年获博士学位。1877年任莱顿大学理论物理学教授。1912年担任哈勒姆自然博物馆的馆长、顾问，同时兼任莱顿大学的名誉教授。后来在荷兰政府中任职，1919～1926年在教育部门工作，其间1921年起担任高等教育部部长。1911～1927年还担任了索尔维物理学会议的固定主席。

洛伦兹在物理学上最重要的贡献是他的电子论。早在他作博士学位论文之前，由于读过菲涅耳文集而深受其影响。后来受到H.von**亥姆霍兹**的启发，他用J.C.**麦克斯韦**的电磁理论来处理光在电介质交界面上的反射和折射问题，并以此作为他的博士论文。在论文的末尾，他提到把光的电磁理论与物质的分子理论结合起来的前景，这就是他后来创立电子论的根源。1878年，他发表了光与物质相互作用的论文，把**以太**与普通的物质区别开来，认为以太是静止的，无所不在，而普通物质的分子则都含有带电的谐振子。在这个基础上，他导出了分子折射率的公式（即洛伦兹－洛伦茨公式）。1892年，他开始发表电子论的文章，他认为一切物质的分子都含有电子，阴极射线的粒子就是电子，电子是很小的有质量的刚球，电子对于以太是完全透明的，以太与物质的相互作用归结为以太与物质中的电子的相互作用。在这个基础上，1895年他提出了著名的洛伦兹力公式。另外，1892年他研究过地球穿过静止以太所产生的效应，为了说明**迈克耳孙－莫雷实验**的结果，他独立地提出了长度收缩的假说，认为相对以太运动的物体，其运动方向上的长度缩短。1895年，他发表了长度收缩的准确公式，即在运动方向上长度收缩因子为：

$$\sqrt{1-\frac{v^2}{c^2}}$$

1896年，P.**塞曼**发现放在磁场中的光源，其光谱线发生分裂（见**塞曼效应**）。洛伦兹立即用他的电子论对这一现象做了定量的解释。由于这一贡献，他和塞曼共同获得1902年的诺贝尔物理学奖。1899年，他在发表的论文里，讨论了惯性系之间坐标和时间的变换问题，并得出电子质量与速度有关的结论。1904年，他发表了著名的变换公式（H.庞加莱首先称其为**洛伦兹变换**）和质量与速度的关系式，并指出光速是物体相对于以太运动速度的极限。

此外，洛伦兹在当时物理学的各个领域里都有很深的造诣，他在热力学、物质分子运动论和引力理论等方面也都有过贡献。1878年，他指出物理学研究的目的是找出一些简单的基本的原理，使得所有的现象都能用这些原理来解释。

洛伦兹还是一位教育家，他在莱顿大学从事普通物理和理论物理教学多年，写过微积分和普通物理等教科书。在哈勒姆他曾致力于通俗物理演讲。他一生中花了很大一部分时间和精力审查别人的理论并给予帮助。他为人热诚、谦虚，受到**A.爱因斯坦**、**E.薛定谔**和其他青年一代理论物理学家们的尊敬。爱因斯坦作为新一代理论物理学家的领袖和普鲁士科学院的代表，在洛伦兹的安葬仪式上称他为“我们时代最伟大和最崇高的人”。

（戴念祖）

洛伦兹变换 Lorentz transformation 惯性坐标系（简称惯性系）之间的坐标变换。惯性系是那些能使**惯性定律**成立的参考系。**狭义相对论**的公式和结论只在惯性系中有效。考虑两个特殊的惯性系S和S'：这里S系和S'系的空间坐标轴x, y, z和x', y', z'为直角坐标轴且它们的相应坐标轴互相平行，S'系相对于S系以不变速度v沿x轴的正方向做匀速直线运动并且在初始时刻两惯性系重合。这样的两个惯性系之间的坐标变换即（齐次）洛伦兹变换取如下的线性变换：

$$\left.\begin{aligned}x' &= \alpha(x - vt)\\ y' &= y\\ z' &= z\\ t' &= \gamma t + \beta x\end{aligned}\right\} \quad (1)$$

式中c为（单向）真空光速；参数α, β, γ将利用光速不变原理确定。

惯性系的时间坐标t和t'由不变的单向光速（即$r = ct$和$r' = ct'$）定义，光信号在S系和S'系沿任意方向传播方程的平方分别是：

$$x^2 + y^2 + z^2 - c^2t^2 = 0 \quad (2)$$

和

$$x'^2 + y'^2 + z'^2 - c^2t'^2 = 0 \quad (3)$$

（2）和（3）式是球面方程，即在初始时刻从坐标原点向四面八方发出的光信号其轨迹是个球面（即单向光速各向同性）。

将（1）式代入（3）式即把带撇的坐标换成不带撇的坐标后必须变成方程（2）的形式。代入（1）式后（3）式变成：

$$(\alpha^2 - c^2\beta^2)x^2 + (y^2 + z^2) - 2(\alpha^2 v + c^2\beta\gamma)xt + (\alpha^2 v^2 - c^2\gamma^2)t^2 = 0 \quad (4)$$

要使（4）式成为（2）式，就需要x^2和t^2前的系数为1，而xt前的系数为零，即得到三个参数满足的方程组：

$$\left.\begin{aligned}\alpha^2 - c^2\beta^2 - 1 &= 0\\ \alpha^2 v + c^2\beta\gamma &= 0\\ \alpha^2 v^2 - c^2\gamma^2 + c^2 &= 0\end{aligned}\right\} \quad (5)$$

方程组（5）的解是：

$$\left.\begin{aligned}\alpha = \gamma &= \pm\frac{1}{\sqrt{1 - \frac{v^2}{c^2}}}\\ \beta &= -\frac{v}{c^2}\gamma\end{aligned}\right\} \quad (6)$$

其中第一式右边要取正号，这是因为在$v = 0$的时候两个惯性系必须成为同一个惯性系。将方程（6）代入方程（1）就得到通常的（齐次）洛伦兹变换：

$$\left.\begin{aligned}x' &= \frac{1}{\sqrt{1 - \frac{v^2}{c^2}}}(x - vt)\\ y' &= y\\ z' &= z\\ t' &= \frac{1}{\sqrt{1 - \frac{v^2}{c^2}}}\left(t - \frac{v}{c^2}x\right)\end{aligned}\right\} \quad (7)$$

（张元仲）

洛伦兹对称性 Lorentz symmetry 时空的基本对称性，是时空均匀、各向同性的体现。狭义的洛伦兹对称性主要是指在旋转、推促下物理规律的不变性，相应的对称群称为恰当正时洛伦兹群。如果还包含空间反演和时间反演变换，则称为完整洛伦兹群。进一步，若加上空间和时间平移操作，则构成共有10个生成元的庞加莱群。概略地讲，可以把洛伦兹对称性分为全局对称性和定域对称性：前者是狭义相对论的核心，相应变换即**洛伦兹变换**，由此可以建立不同惯性系间同一物理量的关联；后者则与微分同胚不变性、广义坐标协变性共同构成了广义相对论的对称性。一般，文献中洛伦兹对称性通常意味着平直时空，即对狭义相对论的检验。广义来讲，对洛伦兹对称性或洛伦兹不变性（LI）的检验也包括了对弯曲时空中定域洛伦兹对称性的检验。因为全局和定域的洛伦兹对称性分别构成粒子物理标准模型及广义相对论的基本对称性，故检验该对称性对夯实基础理论根基、加深对时空属性的认知极其重要。（肖 智 马伯强）

洛伦兹对称性破缺 Lorentz symmetry and its violation 洛伦兹对称性有可能并非严格成立的情况。

粒子物理标准模型和广义相对论并未统一于一个理论框架内。量子引力预期的能标是普朗克能标约1.22×10^{19}吉电子伏，远高于当前加速器所能达到的最高能级1.4×10^4吉电子伏，所以无法直接探测量子引力来为理论提供实验指引。但某些量子引力理论，如弦理论、圈引力论等都预言洛伦兹对称性可能并非严格成立。如若被实验证实，则无疑为探索量子引力能标处的新物理另启了一线生机。事实上，洛伦兹对称性破缺（LV）的想法早已有之：早在1951年，P.A.M.**狄拉克**就提出以太或者LV的可能性；20世纪70～80年代H.B.尼尔森等人则提出LI可能并非全能域严格成立，而仅是低能近似。现代意义上的探索可追溯到1998年V.A.科斯特莱基等在有效场论框架内，以广义相对论和粒子物理标准模型为低能近似，系统发展了描述LV效应的标准模型扩展理论（SME）；1999年，S.柯尔曼、S.L.**格拉肖**等则在标准模型中引入极限速度非光速的LV算符，简单描述了如何利用粒子反应检验LV效应。此外，探索LV的理论还包括霍扎瓦-栗弗席兹引力理论、爱因斯坦-以太理论、双狭义相对论等等。

通过在各个领域不断提高洛伦兹对称性检验的精度，拓宽和加深对基本时空对称性的理解。希望对该领域的探索有助于深入理解时空本性，并最终发现更深层次的物理规律。（肖 智 马伯强）

洛伦兹力 Lorentz force 运动点电荷在磁场中受到的作用力。由荷兰物理学家H.A.**洛伦兹**于1895年建立经典电子论时作为基本假设首先提出。电量为q、速度为$\boldsymbol{v}$的运动点电荷在磁感应强度为$\boldsymbol{B}$的磁场中受到的洛伦兹力为$\boldsymbol{f} = q\boldsymbol{v}\times\boldsymbol{B}$，其大小为$f = |q|vB\sin\theta$，式中$\theta$为$\boldsymbol{v}$和$\boldsymbol{B}$之间的夹角。当电量单位是库仑，速度单位是米/秒，磁感应强度单位是特斯拉时，力的单位则是牛顿。洛伦兹力的方向垂直$\boldsymbol{v}$和$\boldsymbol{B}$所决定的平面，指向由右手定则确定。当右手四指由$\boldsymbol{v}$经小于π角转向$\boldsymbol{B}$时，伸直大拇指的指向就是正电荷受力的方向。若为负电荷，则受力方向与之相反。洛伦兹力始终垂直电荷的运动方向，因此洛伦兹力不做功，它仅改变电荷运动的方向。电场和磁场同时存在的情形下，洛伦兹力表示为：

$$\boldsymbol{f} = q(\boldsymbol{E} + \boldsymbol{v}\times\boldsymbol{B})$$

式中$\boldsymbol{E}$为电荷所在处的电场强度，单位为伏/米。洛伦兹力公式是电磁场对电荷作用的基本公式，它和**麦克斯韦方程组**以及物质的介质方程一起构成**经典电动力学**的基础。许多科学仪器和工业设备中，如质谱仪、粒子加速器、电子显微镜、热核反应装置及霍尔器件中，洛伦兹力都有着直接的应用。（陈熙谋）

中国大百科全书

邓小平

中国大百科全书

（第三版）

物理学II

中国大百科全书出版社

M

麻点 pit pitting 光学表面呈现出的微小的点状凹穴。是**光学表面疵病**之一。包括开口气泡、破点，以及加工后残留的砂痕。麻点能够引起光学表面局部的漫反射、形成杂散光或增加局部的光能吸收，从而影响光学系统的性能。

在评判麻点面积的过程中，圆麻点取几何直径为计算基础；长圆形麻点取其最大轴线长度和最小轴线长度的算术平均值折算成麻点直径；不规则的麻点以其最大长度和最大宽度的算术平均值近似计算面积的平方根。

值得注意的是，光学表面经侵蚀或镀膜后形成的在反射光中呈干涉色突变的局部腐蚀或覆盖的点状缺陷（斑点），在实际检测中也可视作麻点处理。

（王　茹）

马大猷 Ma Dayou（1915-03-01～2012-07-17） 中国物理学家。广东潮阳人。生于北京，卒于北京。1936年毕业于北京大学物理学系。1937年赴美，先后在加利福尼亚大学洛杉矶分校和哈佛大学做研究生。在F.韩特指导下研究房间声学，1940年获博士学位后回国。1940～1946年任清华大学及西南联合大学副教授、教授，1946～1952年任北京大学教授兼工学院院长。1952～1955年任哈尔滨工业大学教授兼教务长。1955年在中国科学院应用物理研究所开始组织中国的声学研究工作。1956年组建电子学研究所，任副所长兼声学研究室主任，为中国的声学发展做出开创性的工作。1955年当选为中国科学院学部委员（院士）。1978年起任中国科学技术大学研究生院副院长、中国声学学会理事长等职。

马大猷是房间声学中简正振动方式（**简正波**）理论的奠基者之一。这一理论已广泛地应用于微波技术和水声学之中。1959年他设计并领导建造了中国第一个声学实验室，独创性地设计了以三面全反射和三面全吸收原则构成的卦限消声室。20世纪50年代末，组织并领导了语言声学研究，提出了语音的统计分布服从瑞利分布的新观点。他领导了人民大会堂的音质设计。70年代，马大猷和他的研究组在喷注噪声及其理论应用方面进行了系统性的研究工作。在湍流喷注噪声的压力关系、小孔喷注噪声A声级的计算公式及其近似表达式、多孔材料的出流性质，以及冲击噪声与湍流噪声的相干等方面获得了有创造性的成果。他还解决了微穿孔板吸声结构的设计理论和实际应用问题。

（戴念祖）

马尔可夫过程 Markov process 一种以俄国数学家A.A.马尔可夫姓氏命名的随机过程。如果一个随机过程的未来状态的条件概率分布（以过去和当前的值为条件）仅取决于当前状态，亦即描述系统状态的随机变量的概率分布演化只对最近的过去有记忆，而不依赖于任何更早的历史，具有这样属性的过程称为马尔可夫过程。时间离散状态离散的马尔可夫过程又称为马尔可夫链。如果一个随机过程可以假设为马尔可夫过程，则对该过程的分析就会大为简化。很多物理系统的非平衡演化过程都可以简化为马尔可夫过程，从而可以导出这些系统的演化方程。涉及马尔可夫过程的问题可以用概率论和统计的方法来解决。描述马尔可夫过程概率分布演化的方程就是主方程。**布朗运动**是一个众所周知的马尔可夫过程。

（史华林）

马赫，E. Ernst Mach（1838-02-18～1916-02-19） 奥地利物理学家、心理学家、科学哲学家。生于奇尔利茨（今属捷克），卒于德国的法泰斯泰滕。在维也纳大学学习数学、物理学和哲学，于1860年毕业并获博士学位。1864～1867年在格拉茨大学任数学教授。1867～1895年在布拉格大学（分校后在德国大学）任实验物理学教授，曾两度被选为校长。1895年他的母校维也纳大学聘请他主持专为他开设的“归纳科学的历史和理论”讲座。1898年患中风。退休后仍在家从事科学著述。

一生主要致力于实验物理学的研究，发表过100多篇研究论文和报告。他的最重要成就是在研究物体在气体中的高速运动时，发现了激波，并拍摄下激波的清晰照片，还确定以物体速度与声速的比值（马赫数）为标准，来研究物体的超声速运动。第二次世界大战后，超声速飞行和原子弹爆炸出现，他的研究成果更受到高度重视。马赫效应、马赫波、马赫角等以马赫命名的术语，在空气动力学中广泛使用，反映了马赫在力学上的历史性贡献。

马赫不仅是一个实验物理学家，还是一个具有批判精神的理论物理学家。他写了几本富有浓厚认识论色彩和历史观点的著作：《功守恒定律的历史和根源》（1872）、《力学史评》（1883）、《热学原理》（1896）、《物理光学》第1卷（1921）。其中《力学史评》（*Die Mechanik in ihrer Entwicklung, historischkritisch dargestellt*）几乎传遍世界，对物理学的发展产生了深刻的影响。马赫在这部书中，从经验论的观点对力学概念和原理做了历史性的考察。他在书中对I.**牛顿**的绝对时间、绝对空间的批判以及对惯性的理解，是极有启发性的思想，但在当时并没有引起物理学家足够的重视。这个思想对A.**爱因斯坦**建立广义相对论起过积极的作用，后来爱因斯坦把他的这一思想称为马赫原理。

G.T.费希纳和H.von **亥姆霍兹**在生理和心理学方面的成功，引起马赫把物理学应用到生理学、心理学的兴趣。他在视觉、听觉和运动感觉方面的研究也获得成果，特别是发现了后来以他命名的马赫带。

马赫的研究领域从科学到科学史，进而深入到科学认识论。马赫被认为是从A.孔德的实证论到逻辑实证论的中途人物，他的思想是维也纳学派的思想渊源。遵循马赫的哲学思想所形成的哲学流派被称为马赫主义。马赫的科学认识论曾在自然科学家中产生过强烈的反响。著名科学家爱因斯坦和P.W.**布里奇曼**以及量子力学哥本哈根学派的一些物理学家都曾受其影响。

作为物理学教育家，马赫还写过《大学生物理学教程》（1891）、《中学低年级自然科学课本》（1886）等有影响的教材；后者大约再版了20次，经修改在德奥使用了近40年，还流传到俄国。他重视成年教育，做过许多科普讲演，汇集出版了《通俗科学讲座》（1896）。

（董光璧）

马赫-曾德尔干涉仪 Mach-Zehnder interferometer 一种光学干涉仪。马赫-曾德尔干涉仪是以德国物理学者L.马赫和L.曾德尔而命名。曾德尔首先于1891年提出构想，后来马赫于1892年发表论文对这构想加以改良。

马赫-曾德尔干涉仪结构上与常见的**迈克耳孙干涉仪**有明显的不同。它由2块反射镜和2块分束镜组成，这4块镜子组成一个矩形，镜面相互平行。光源发射的光束经准直后，由分束镜M_1将光束分成L_1和L_2两部分。L_1经反射镜M_2反射到分束镜M_4上，一部分反射到光探测器D_1，另一部分折射到光探测器D_2。同样，L_2经反射镜M_3反射到分束镜M_4上，一部分反射到光探测器D_2上，另一部分折射到光探测器D_1中。

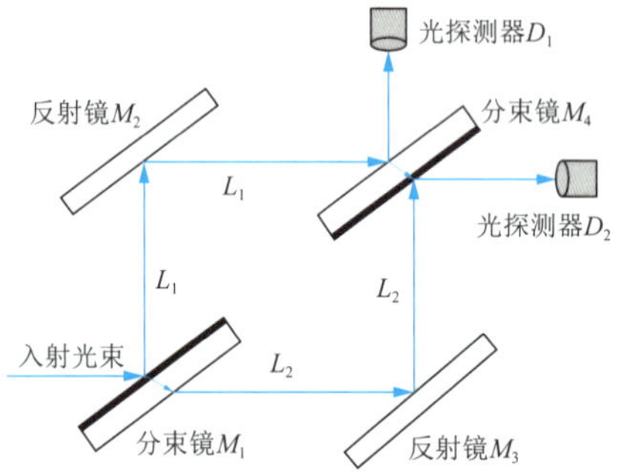

马赫-曾德尔干涉仪的光路简图

由于L_1和L_2是由同一束光经分束镜M_1分开的，在光探测器D_1和D_2中，分别来自L_1和L_2的部分光束可进行干涉叠加，所以该干涉仪是分振幅干涉。干涉叠加后光强同这两路光到达探测器的光程差相关，在任何一束光的路径中，折射率的改变都能带来光程差的改变，进而改变所探测到的光强分布。实际应用中，可以保持其中一个路径中介质的折射率不变，探测器测量到的变化将直接反映另一路径中折射率的变化。与普通光源相比，激光器的单色性好，亮度高，在这种干涉仪中使用激光器作为光源，不仅能获得清晰而又足够亮的干涉图样，而且便于调节。

在空气中，折射率同空气的密度相关，所以该干涉仪适用于空气动力学中关于气流折射率或密度分布变化的研究。由于两束光可分得很开，所以做这种实验时，在L_1处放一个风洞，在L_2处放一个参考室（装有不流动的同样气体），用以补偿光程。观察气流变化前后的干涉图样的差别，就可求得气流折射率或密度空间分布的变化。

马赫-曾德尔干涉仪还被广泛应用在量子力学、等离子物理学与传热学领域，如对量子纠缠、中子衍射的研究。

（田建国）

马可尼，G. Guglielmo Marconi（1874-04-25～1937-07-20） 意大利物理学家、发明家。生于波伦那，卒于罗马。父亲是一位意大利乡绅，母亲是爱尔兰人。曾先后在波伦那、佛罗伦萨和里窝那接受过私人教育。1896年移居伦敦。1897年，建立了马可尼无线电报有限公司，并任董事长。1914年被任命为意大利军队的中尉，1916年调任为海军司令部的中校。他曾是1917年意大利政府赴美使团的成员之一，1919年担任巴黎和会的意大利特命全权代表。1929年被封为侯爵。

主要业绩是发明了无线电报并把这种无线电通信从试验扩展到大规模实际应用。1895年马可尼在意大利他父亲的庄园里开始了无线电报实验。在这里他成功地把无线电信号发送到了2.4千米的距离。1896年马可尼携带自己的装置到了英国，不久就取得了第一个专利。1900年马可尼为其“调谐式无线电报”取得专利。1901年12月，他第一次使无线电波越过了康沃尔郡的波特休和纽芬兰省的圣约翰斯之间的大西洋，距离为3380千米。1902年他在美国“费拉德尔菲亚”号邮轮的航程中试验了无线电报通信的白昼效应。1902～1912年，他取得了多项新发明的专利权。因在发明无线电报上所做的贡献与K.F.**布劳恩**共获1909年诺贝尔物理学奖。

（郭奕玲）

马瑟，J.C. John Cromwell Mather（1946-08-07～ ） 美国天体物理学家。生于弗吉尼亚州罗阿诺克。1974年在加州大学伯克利分校获物理学博士。1974～1976年在纽约哥达德空间研究所做博士后期间，组织提出了宇宙背景探测器（COBE）卫星的第一份计划书，此后就一直在哥达德空间飞行中心作为COBE计划的首席科学家和项目领导者。

1989年COBE卫星升空，他所负责的远红外绝对分光光度仪（FIRAS）以前所未有的精度（百万分之五十）测量到宇宙微波背景辐射谱具有温度为2.725开的理想黑体的性质，而加州大学伯克利分校教授G.F.**斯穆特**负责的较差微波辐射计（DMR）则测到宇宙微波背景不同方向的温度起伏为十万分之一。由于这一重要成果对宇宙起源的大爆炸理论提供了新的有力支持，将宇宙学推进到精确科学的时代，马瑟和斯穆特分享了2006年度诺贝尔物理学奖。

马瑟的研究领域涵盖**宇宙学**、远红外天文学及仪器、傅里叶变换谱学、巨型望远镜、行星际尘埃和弥漫背景辐射。作为下一代空间望远镜（JWST）的高级项目科学家，他从1995年起就领导着这个科学团队，是项目管理中科学权益的代表。他还是美国国家科学院、宇航局、科学基金会支持的大天区红外巡天卫星（WISE）、亚毫米波宇宙结构演化探测（SPECS）等项目的顾问组和工作组成员。

（邹振隆）

马仕俊 Ma Shi Jun（1913～1962-01-27） 中国理论物理学家。原籍四川会理。生于北京，卒于澳大利亚悉尼。1935年毕业于北京大学。后就读于英国剑桥大学，1941年获博士学位。回国后任教于昆明西南联合大学。著名物理学家**杨振宁**和**李政道**都曾是他的学生。1945年起，先后在美国普林斯顿高级研究院、爱尔兰都柏林高等研究院、美国芝加哥大学核物理研究所和加拿大国家研究院作研究工作。1953～1962年任澳大利亚悉尼大学理论物理系高级教授。

主要致力于**量子电动力学**和介子场论方面的研究。20世纪40年代末到50年代初，他对量子电动力学中的真空极化、S矩阵理论、辐射场量子理论的相对论不变性以及幺正算符的幂级数展开等问题都做出了创造性的贡献。对核力介子场论、相互作用表象和束缚态理论也做过有意义的探讨。

（戴念祖）

马远良 Ma Yuanliang（1938-07-15～ ） 中国水声工程专家。生于四川隆昌。曾在中国人民解放军军事工程学院海军工程系水声专业插班学习。1961年毕业于西北工业大学。1981～1983年在英国拉芙堡大学进修。1961年春返回西北工业大学任教，历任副教授、教授。先后任西北工业大学

航海学院院长、西北工业大学校学术委员会主任、原国防科工委及中国船舶工业总公司水声专业组成员、中国声学学会副理事长暨水声分会主任等职。2003年当选为中国工程院信息与电子工程学部院士。

长期从事水声工程科学研究、装备研制和教学工作，是中国声呐领域的开创者和学术带头人。创立任意结构形状传感器阵列优化设计的“凹槽噪声场法”，成功运用于研制水下正交体积阵及其信号处理系统；提出匹配场噪声抑制与广义空域滤波的概念，推导出相应的理论解；拓展了传感器阵列波束优化设计理论，设计出宽带恒定束宽和高阶超指向性水听器阵列，创立连续可变精密数字时延和任意数字相移的工程实现方法；创立多种水下自导自适应技术，显著改善检测和测向性能。先后主持四种型号航空声呐研制，在声呐、水中兵器、信号处理领域主持完成30多项应用基础和高新技术课题。1965年参与中国第一型航空吊放声呐的研制，任主管技术工作的副主任兼项目总体组组长。1986年解决了第二型航空吊放声呐发展中出现的问题。1992年主持为某型进口反潜直升机量身打造吊放声呐的研制任务。有20多项科研成果获奖，含国家科技进步二等奖、全国科学大会奖等共14项。获国家发明专利多项。合作出版著作3部。是全国水中兵器学科第一位博士生导师，为相关领域的科技进步和高层次人才培养做出了重大贡献。获“全国优秀科技工作者”“全国国防科技工业系统先进工作者”“全国师德先进个人”和“全国优秀博士论文指导教师”等荣誉。

（尹晓冬）

马约拉纳中微子 Majorana neutrino 具有马约拉纳质量的中微子。一个粒子的质量不为零，意味着一定可以找到一个参照系，在此参照系中这个粒子处于静止状态。根据量子力学，处于静止状态的自旋1/2粒子有两个独立的量子态。一种可能是粒子和反粒子都分别有两个独立的态，这就是**狄拉克中微子**的情况。另一种可能是，粒子和反粒子在静止状态下是等价的。在这种情况下，一共只有两个独立的量子态，而只需要一个左手手征或右手手征量子场就足以构造出质量并描述粒子的这两个量子态。这种质量被称为马约拉纳质量，而这种粒子与反粒子等价的自旋1/2粒子被称为马约拉纳粒子。马约拉纳粒子不能是带电粒子，因为带电粒子和反粒子的电荷符号相反，因而不可能等价。

中微子是不带电的自旋1/2粒子，它可以具有马约拉纳质量。具有马约拉纳质量的中微子只需要一个手征量子场来描述。马约拉纳质量破坏中微子携带的轻子数，因而破坏标准模型的轻子数守恒规则。如果标准模型中微子是马约拉纳中微子，它将可以诱导致无中微子**双β衰变**。因而可以由无中微子双β衰变实验检验此类轻子数破坏效应。

中微子可以同时具有马约拉纳质量和狄拉克质量。如果其马约拉纳质量占主导地位，这样的中微子就可以被称为准马约拉纳中微子。

马约拉纳质量被应用于**中微子跷跷板机制**之中，为标准模型中微子极轻微质量的产生提供了一个简洁机制。 （廖 伟）

马祖光 Ma Zuguang（1928-04-11～2003-07-15） 中国光学专家。生于北京，卒于北京。1950年毕业于山东大学物理系。1953年获哈尔滨工业大学硕士学位。

1950～2003年在哈尔滨工业大学工作。1958年创建了哈尔滨工业大学核物理专业，任主任、副教授。1971年创建了哈尔滨工业大学激光专业（今光电子技术专业），任教研室主任、教授。1979年8月至1981年11月在德国Lambda Physik公司和汉诺威大学作访问教授。回国后任哈尔滨工业大学光电子技术研究所所长。马祖光1987年担任国家高技术“863”激光领域第一批领域专家、顾问。1990年担任航空航天部科技委员会光电子专业组副组长。1991年担任航空航天部科技委员会委员。1994年创建了可调谐激光技术国家级重点实验室，任学术委员会常务副主任。曾任《光学学报》编委、《光谱学与光谱分析》常务编委和黑龙江省光学学会理事长等职。2001年当选为中国科学院院士。

长期从事激光介质光谱、新型可调谐激光和非线性光学及应用研究。在二聚物、固态三聚物、四原子分子准分子、离子准分子体系上进行了长期系统的开创性工作，在国际上首次发现钠分子第一三重态跃迁。首先确定了四原子氧分子准分子构型，并实现了激光振荡。首次实现氩离子准分子VUV激光振荡等。他致力于发展有国防应用前景的可调谐激光及光电子技术，并取得了重大进展。其中包括用于水下通信的紧凑型可调谐硫双原子分子蓝绿激光器、高信噪比超窄带滤光技术、利用非线性效应改善光束质量、用相位共轭技术进行强激光传输畸变补偿、相位共轭自动跟踪飞行靶、外激光场中粒子间近共振能量转移等。1993年获航空航天工业部科技进步一等奖。2004年国防科工委追授为“国防科技工业战线的楷模”。2004年国家人事部和教育部追授为全国模范教师称号。

（尹晓冬）

迈克耳孙，A.A. Albert Abraham Michelson（1852-12-19～1931-05-09） 美国物理学家。生于普鲁士斯特雷诺（今波兰斯特尔诺），卒于美国加利福尼亚州帕萨迪纳。

两岁时全家移居美国。1869年入安那波利斯国立海军学院学习，1873年毕业后留校任基础课讲师。1879年转到华盛顿的航海年历局工作。1880年去欧洲进修，先后在柏林、海德堡、巴黎等地受教于H.von**亥姆霍兹**等名家。1882年回国，受聘为克利夫兰的开斯应用科学学院物理学教授，1889年任伍斯特的克拉克大学物理学教授，1892年起担任新建的芝加哥大学第一任物理系主任，直到1929年退休。1907年获得诺贝尔物理学奖。1923～1927年担任美国国家科学院院长。

以毕生精力从事光速的精密测量。从1879年到1923年多次利用多种方法测量光速。1923年他在加利福尼亚两个相距约35千米的山头之间，测得的数值为299 796±4千米/秒。在他有生之年，一直是国际上测定光速的中心人物。

1879年迈克耳孙设计了一种干涉仪（现在最常用的**迈克耳孙干涉仪**）用以测定地球相对于**以太**的运动。按照经典物理学理论，光乃至一切电磁波必须借助绝对静止的以太来传播。地球的公转产生于相对于以太的运动，因而地球运动的平行方向和垂直方向之间，光通过同一距离的时间应当不同，这一差异在迈克耳孙设计的第一个干涉仪上应产生0.04个条纹的干涉花纹移动。1881年的测定结果是否定的。1884年开尔文和瑞利访美，鼓励迈克耳孙提高精度重做这个实验。迈克耳孙同精通物理学和数学的化学家E.W.莫雷合作，改进实验装置，精度达到2.5×10^{-10}，于1887年重复了1881年的实验。结果仍未发现条纹有任何移动。他们为此感到十分失望，不愿再继续做下去。这便是物理学史上著名的迈克耳孙－莫雷实验，它是一个重大的否定性实验，因为它动摇了经典物理学的基础。为了解释这个实验的否定结果，G.F.斐兹杰惹于1889年、H.A.洛伦兹于1892年先后提出了长度收缩假说，为A.爱因斯坦建立狭义相对论准备了思想基础。

迈克耳孙首倡用光波波长作为长度基准，他在1893年提出用镉的红线（643.846 96纳米）为标准波长，并以此核定了基准米尺，这个基准一直用到1960年。1920年他用自己设计的星体干涉仪测量了恒星参宿四的直径为太阳的300倍，这是第一次测量恒星尺寸。（戴念祖）

迈克耳孙干涉仪 Michelson interferometer 美国物理学家A.A.迈克耳孙于1881年研制的一种依据分振幅原理设计的精密干涉测量仪器。迈克耳孙和E.W.莫雷使用这种干涉仪于1887年进行了著名的迈克耳孙－莫雷实验，证实了以太的不存在，启发了后来狭义相对论理论的提出。

其结构如图所示，M_1和M_2是两面高质量的反射镜，其中M_2固定，M_1用精密螺旋控制，可在支架上沿图中箭头方向移动。G_1和G_2是两块材料相同、厚度均匀、几何形状完全相同的光学平晶。G_1和G_2平行，并与M_1和M_2倾斜成45°。G_1的下表面镀有半透半反膜（图中粗黑线所示），使G_1成为一个分束镜，将一部分光反射到M_1，另一部分光透射。

扩展光源出来的光，经透镜后成为一束平行光，经分束片G_1后表面的半透半反膜分成两束，L_1和L_2。反射光L_1经反射镜M_1反射后原路返回，然后再透过G_1到达观察屏或者探测器上。另一束光L_2透过相位补偿片G_2后，入射到反射镜M_2，由M_2反射后再透过G_2，然后由G_1的半透半反层反射到观察屏或者探测器上。由于L_1和L_2是由同一束光分解而成，具有相同的频率，初始相位相同，满足相干条件，L_1和L_2经过不同的路径到达观察屏上能进行干涉。G_2的作用是使L_1和L_2都穿过同样厚度的光学平晶三次，以补偿光路L_2只通过G_1一次而引起的与光线L_1的附加光程差，所以称它为补偿片。

如图中所示，M_1在M_2附近有一个虚像，也就是说光束L_1被分束片上的半透半反膜反射后折向M_1，再经M_1反射到达观察屏的光程，等价于经M_1的虚像反射后到达观察屏的光程。因此，迈克耳孙干涉仪就相当于M_1的虚像和M_2组成的薄膜的干涉。通过精密螺旋调节M_1，对应地调节了M_1虚像与M_2的角度和间距，在观察屏上可得到不同的干涉条纹。①当M_1虚像平行于M_2时（此时，M_1和M_2严格垂直），会出现等倾干涉。②当M_1虚像不平行于M_2，则形成空气劈尖，会看到平行于M_1虚像和M_2交线的等间距等厚干涉。

如果M_1和M_2垂直时，移动M_1，相应地改变了M_1虚像和M_2间的距离，导致条纹的移动。移动的条纹数Δn和移动距离Δl关系为$\Delta l=\lambda\Delta n/2$，式中$\lambda$为光束的波长。因此，只要数出移过参考标记的条纹数$\Delta n$，由此式即可算出移动的距离$\Delta l$，故迈克耳孙干涉仪可用来精确测定长度。（田建国）

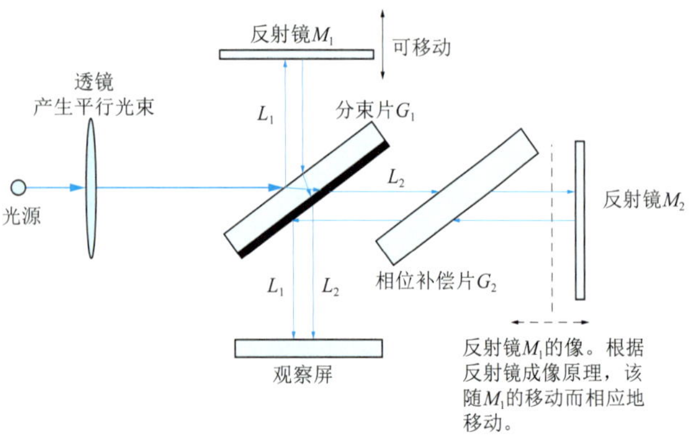

迈克耳孙干涉仪的光路简图

迈克耳孙－莫雷实验 Michelson-Morley experiment 检验以太是否存在的实验。19世纪物理学家曾经设想一种称为以太的物质充满宇宙空间，光波和电磁波（如同以太的振动）借助于以太介质传播。为了用实验证实以太的存在，1881年A.A.迈克耳孙首先使用直角干涉仪进行了实验。原理由图所示。直角干涉仪（又称迈克耳孙干涉仪），由光源S发射的一束光线经半透明反射镜在A点分为两束：第一束光透过A点射到另一面反射镜C后反射回来再被A反射到观测屏幕D；第二束光被A反射到反射镜B后再被B反射回来透过A射到观测屏幕D。两束光经过不同的路径后在D会合而形成干涉条纹。干涉仪随地球运动，如果地球是在以太中移动，则干涉仪周围就会存在"以太风"，因此两束光线会具有不同的速度；如果把干涉仪转动90°使两束光线的方位互换，从而改变它们的光行差，此时屏幕D上的干涉条纹会产生移动。

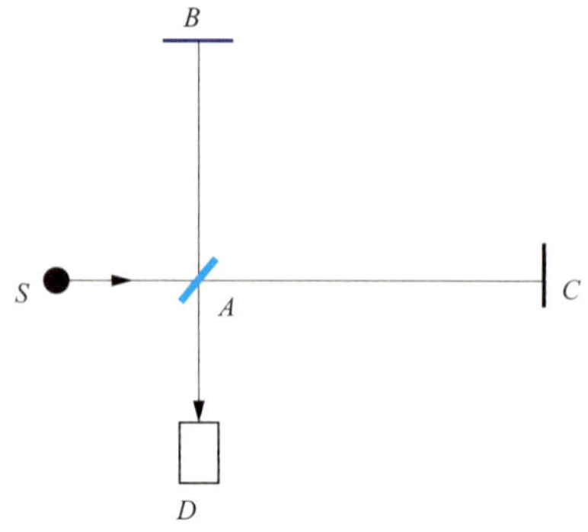

迈克耳孙干涉仪示意图

下面用旧的以太理论计算干涉条纹移动的数值。以太理论基于牛顿力学概念，如果地球在以太中以速度v运动，则地球周围"以太风"的速度为kv，其中系数$k=1$代表地球完全不带走以太，$k=0$代表地球完全带走以太，k介于0和1之间则代表地球部分带走以太。旧以太论是指$k=1$的情况。假定干涉仪转动之前"以太风"是沿C向A的方向。第一束光从A到C的传播速度按照牛顿速度相加定理应当是$c-v$，而从C返回到A的传播速度则是$c+v$。这束光线从A到C再回到A所用的时间是：

$$t_1=\frac{l_1}{c-v}+\frac{l_1}{c+v}=\frac{2l_1c}{c^2-v^2}$$

式中c为在静止以太中的光速；l_1为A到C的距离。由于有"以太风"在"吹"，所以由牛顿力学的速度矢量合成规则可知，第二束光线从A到B以及返回的速度是$\sqrt{c^2-v^2}$，所以它花费的时间是：

$$t_2=\frac{2l_2}{\sqrt{c^2-v^2}}$$

式中l_2为A到B的距离。两束光在A点重新会合后的时间差是：

$$\Delta t=t_1-t_2=\frac{2}{c}\left[\frac{l_1}{1-v^2/c^2}-\frac{l_2}{\sqrt{1-v^2/c^2}}\right]$$

把干涉仪在图形的平面内转动90°之后，"以太风"的方向则与AB平行，这时两束光的时间差是：

$$\Delta t' = t_1 - t_2 = -\frac{2}{c}\left[\frac{l_2}{1-v^2/c^2} - \frac{l_1}{\sqrt{1-v^2/c^2}}\right]$$

因此，干涉仪转动前后光线传播时间差的改变是：

$$\delta t = \Delta t - \Delta t' = \frac{2(l_1+l_2)}{c}$$

$$\left[\frac{1}{1-v^2/c^2} - \frac{1}{\sqrt{1-v^2/c^2}}\right] \approx \frac{(l_1+l_2)}{c}\left(\frac{v}{c}\right)^2$$

式中略去了v/c的更高阶项。如果光的波长是λ，则相应的干涉条纹移动量为：

$$\varDelta = \frac{c}{\lambda}\delta t = \frac{l_1+l_2}{\lambda}\frac{v^2}{c^2}$$

迈克耳孙在1881年的实验没有看到条纹的移动，按照实验精度，如果有“以太风”，其速度应小于21.2千米/秒。1887年迈克耳孙和E.W.莫雷进行了更高精度的实验，但仍然没有看到条纹的移动。按照实验精度，“以太风”的速度应小于4.7千米/秒。1905年**狭义相对论**问世之后，物理学家使用新的技术和装置不断进行类似的实验，精度越来越高，但仍然没有观察到条纹的移动。

（张元仲）

迈斯纳效应 Meissner effect 超导体呈现完全抗磁性的现象。完全抗磁性和完全导电性（电阻完全消失的现象）是超导体的两个最基本的特征。1933年W.迈斯纳和R.奥克森菲尔德发现磁场不能进入超导体内，还发现处于正常态的超导体在磁场中冷却到临界温度T_c以下，穿过样品的磁通也完全被排除到样品外。这表明完全抗磁性不能用完全导电性来解释，因为完全导电性将把磁通捕集在样品中。它是独立于完全导电性的另一个超导体的基本特性。迈斯纳效应不能用经典物理来解释，它是电子的量子配对引起的一种宏观量子现象。

迈斯纳效应表明，超导体的磁性质是可逆的，超导性是热力学稳定状态，与达到这一状态的过程无关。可逆迈斯纳效应的存在，意味着临界磁场$\boldsymbol{H}_c$会破坏超导性，$\boldsymbol{H}_c$应与零场下正常态和超导态之间的自由能差有关。对于第一类超导体，迈斯纳效应在临界磁场$\boldsymbol{H}_c$以下出现，而第二类超导体迈斯纳效应出现在下临界磁场$\boldsymbol{H}_{c1}$以下。

利用超导体的完全抗磁性质，可将磁场强度低于$\boldsymbol{H}_c$的永久磁体悬浮在超导体的表面附近，或者将超导球悬浮在均匀的磁场中。利用这一原理可制成超导重力仪，以测量地球重力的变化，也可制成陀螺仪。利用排磁通特性还可制成磁屏蔽筒。

（杨乾声）

迈特纳，L. Lise Meitner（1878-11-07～1968-10-27） 奥地利物理学家。生于维也纳，卒于英国剑桥。1906年获维也纳大学物理学博士学位。1907年去柏林大学随M.**普朗克**进修理论物理学，并开始同O.**哈恩**进行合作。1912年起参加威廉皇家学会新建的化学研究所放射性研究室（哈恩任主任）的研究，1918～1938年任该所（1928年起哈恩任所长）物理研究室主任。1912～1915年在柏林大学任普朗克的助教，1922年升为讲师，1926年任无薪教授，1933年9月被纳粹政权解除教师职务。1938年3月纳粹侵占奥地利，她被迫于同年7月秘密流亡到荷兰，经丹麦转到瑞典斯德哥尔摩诺贝尔研究所任教授，至1947年退休。退休后，先后在瑞典皇家技术研究所和皇家工程科学院继续从事研究工作，直到1960年。此后去英国剑桥，同她的外甥O.R.弗里施一道生活，终身未婚。

迈特纳的主要贡献大多是同哈恩合作完成的。1908年发现放射性同位素钍C（铋-212），1917年发现元素镤，20年代初研究核的同质异能现象，30年代中期用中子轰击铀发现四种放射性同位素。她还曾长期研究β衰变问题，于20年代末对β射线连续能谱的精确测定，促成W.**泡利**1930年提出**中微子**假说（1933年正式发表）。她的最大科学成就是发现铀核的裂变，这是她同哈恩合作的延续。哈恩同其助手F.斯特拉斯曼于1938年12月发现铀经中子轰击后出现钡，感到困惑，即向流亡在斯德哥尔摩的迈特纳通报。迈特纳同当时在哥本哈根工作的外甥弗里施讨论后，于1939年1月提出**核裂变**概念，以解释哈恩和斯特拉斯曼的实验结果。同时根据A.**爱因斯坦**的质能相当性，预言一个铀核裂变成一个钡核和一个氪核时会释放出200兆电子伏的能量，这比通常物质燃烧时释放的化学能要大几百万倍。核裂变和随后链式反应的发现，为核能（原子能）的应用开辟了道路，开创了原子时代的新纪元。

（戴念祖）

迈耶夫人 Maria Goeppert-Mayer（1906-06-28～1972-02-20） 美籍德裔核物理学家。生于德国卡托维兹（今属波兰），卒于美国圣迭戈。1930年获格丁根大学哲学博士学位。同年与美国化学物理学家J.E.迈耶结婚，移居美国，并于1933年入美国籍。1930～1939年任职于约翰斯·霍普金斯大学。1939年转至哥伦比亚大学战事研究部，从事铀同位素分离工作。1945～1960年任芝加哥大学物理学教授，并在国立阿贡实验室做研究。1960～1972年任加州大学圣迭戈分校物理学教授。1956年当选美国国家科学院院士。

从事原子核的实验和理论研究。1945年发展了用于解释元素和同位素丰度的宇宙射线发源的理论。1948～1949年，她和J.H.D.**延森**各自独立地建立了原子核的**核壳模型**理论，很好地解释了幻数核的实验事实，并定量地阐明了原子核的许多事实。由此，她与E.P.**维格纳**及延森获1963年诺贝尔物理学奖。她还做过量子电动力学、光谱学和统计力学的研究。

（沈 旋）

麦克斯韦 maxwell 绝对电磁单位（CGSM）制和高斯制中物理量磁通量的单位。简称麦。符号为Mx。为纪念英国物理学家J.C.**麦克斯韦**而命名。定义如果磁场的磁感应强度为1高斯，则在垂直于它的平面上，每平方厘米面积中所通过的磁通量为1麦克斯韦。麦克斯韦和国际单位制中的磁通量单位韦伯之间的换算关系为：

$$1\text{麦克斯韦} = 10^{-8}\text{韦伯}$$

（陈熙谋）

麦克斯韦，J.C. James Clerk Maxwell（1831-06-13～1879-11-05） 英国物理学家。生于爱丁堡，卒于剑桥。1847年入爱丁堡大学。三年后转入剑桥大学研习数学，1854年以优异成绩在该校三一学院数学系毕业后，留校任职两年。1856年到苏格兰阿伯丁的马里沙耳学院任自然哲学教授。1860年任伦敦国王学院的自然哲学及天文学教授。

1871年受聘为剑桥大学新设立的卡文迪什实验物理学教授，负责筹建该校的第一所物理学实验室——**卡文迪什实验室**。1874年建成后担任（第一任）主任。

麦克斯韦是经典电磁理论和气体分子运动论的奠基者。在电磁学方面，麦克斯韦接受并系统地表述了M.**法拉第**的基本思想和实验规律，而且对它们进行了创造性的数学上的诠释、推广和补充。他在《论法拉第的力线》的论文中给出了电流和磁场之间的微分关系式，这是他利用数学工具来表述力线概念的最初尝试。1861～1862年，他又构想了电磁作用的力学模型，引入了位移电流的概念，指出变化的电场可以激发出“涡旋磁场”，从而对法拉第电磁学做出了实质性的增补。1864年，麦克斯韦在位移电流和电荷守恒定律相容的前提下提出了联系着电荷、电流和电场、磁场的基本微分方程组。这一方程组经过后人的整理和改写，就成了作为经典电动力学主要基础的**麦克斯韦方程组**。在这里电磁现象的规律以数学形式严格地描述出来。这是物理学史上的一个重要里程碑，是后来所有场论的模式。

电磁场的波动方程是麦克斯韦方程组的数学推论。麦克斯韦正是通过这样的理论途径，预见了电磁波的存在，得到了电磁波在真空中的传播速度为光速。根据电磁波的速度和由他发现的电磁单位与静电单位的比值为光速，从而断定光是电磁波，建立了光的电磁理论，把光学和电磁学“统一”起来。这一发展被认为是在19世纪科学史上最伟大的综合之一。

麦克斯韦在电磁学实验方面也有重要贡献。他在H.**卡文迪什**实验验证静电力平方反比定律的基础上建立实验验证的严格理论，并重复卡文迪什的实验，把实验验证的精度提高了三个数量级。此外，他还发明了麦克斯韦电桥。

在分子运动论方面，麦克斯韦于1859年首次利用统计方法（概率观点）导出了气体分子的速度分布定律，这一定律后来被称为麦克斯韦速度分布律，从而开创了通过求微观量的统计平均值而得到宏观物理量的途径，标志着一个新物理方法的开始。他根据这一定律推算了气体分子的平均自由程，对气体的黏滞现象、导热系数、扩散现象和气体的其他性质进行了初步的诠释，发现黏滞系数与压强无关，得到了在给定温度和压强下相等体积的气体含有相同分子数的结论。引入了气体胁强的“弛豫时间模量”概念，处理了碰撞、输运等统计力学问题，导出了以黏滞系数、密度和比热表示的气体导热系数的公式，估算了气体分子的大小。1860年，提出了气体的“比热熵”概念，指出经典的能量均分定理有一定局限性。1872年提出了“麦克斯韦妖”的假想实验，说明违反热力学第二定律的可能性；100多年以来，人们在物理学、化学、生物学和控制论的讨论中时常提到“麦克斯韦妖”的问题。

除了在上述两个基本的物理学领域中做出了伟大的贡献外，麦克斯韦还研究过土星的光环和视觉理论，创立了定量色度学。他从1849年起就和J.D.福布斯一起进行了定量的混色实验，并一起发明了混色陀螺。他后来改进了这种陀螺，并且指出了关于视觉的三原色理论。

麦克斯韦兴趣广泛，才智过人，他不但是运用数学工具来分析物理问题的大师，而且是建立各种模型来类比不同物理现象的能手。除了上述各项工作以外，他在热力学、几何光学、弹性力学、光弹性学以及伺服机构理论等方面也进行了一些研究。此外，他负责建立起来的卡文迪什实验室，在他和以后几位主任的领导下，发展成为名闻全世界的学术中心之一。

发表论文100多篇。著作有《热的理论》（1870）、《电磁理论》（1873）、《物质和运动》（1877）等。（戴念祖）

麦克斯韦方程组 Maxwell's equations 描述电磁场性质和运动规律的一组方程。1864年由J.C.**麦克斯韦**在前人工作的基础上总结出来的。后经H.R.**赫兹**、O.**亥维赛**和H.A.**洛伦兹**等人整理，才得出现今比较对称的形式。19世纪40年代，电磁学不同条件下的基本实验定律，如**库仑定律**、**毕奥－萨伐尔定律**、**欧姆定律**和**法拉第电磁感应定律**已先后得出，建立电磁现象普遍的统一理论摆在物理学家面前。当时对于电磁现象的认识出现两种截然不同的观点。一种是超距作用观点，认为电力和磁力是超越空间无须介质传递也无须传递时间的直接作用。W.E.**韦伯**建立了超距作用的电磁理论，统一解释了静电现象、电流相互作用和电磁感应现象。韦伯理论虽然有一定的价值，但它未能提出进一步的预言，又存在机制上的困难，终被放弃。另一种是近距作用或媒递作用观点，认为电力和磁力的作用需要介质传递，需要传递时间。M.**法拉第**最早用力线来描述带电体和磁体周围空间的特殊状态，它们是传递电力和磁力作用的介质。麦克斯韦深受法拉第力线思想的吸引和鼓舞，审查了当时已知的全部电磁学定律的基础，坚持电磁现象的近距作用观点，用涡旋电场解释电磁感应现象，并进而提出位移电流的假设，认为变化的电场像传导电流一样会在周围激发磁场，完成了创建电磁场理论的关键性突破，建立了包括介质方程在内的完备的电磁场方程组，即著名的麦克斯韦方程组。方程组的积分形式：

$$\oint_S \boldsymbol{D}\cdot \mathrm{d}\boldsymbol{a} = Q_\mathrm{f}$$

$$\oint_S \boldsymbol{E}\cdot \mathrm{d}\boldsymbol{l} = -\frac{\mathrm{d}}{\mathrm{d}t}\int_S \boldsymbol{B}\cdot \mathrm{d}\boldsymbol{a}$$

$$\oint_S \boldsymbol{B}\cdot \mathrm{d}\boldsymbol{a} = 0$$

$$\oint_L \boldsymbol{H}\cdot \mathrm{d}\boldsymbol{l} = I_\mathrm{f} + \frac{\mathrm{d}}{\mathrm{d}t}\int_S \boldsymbol{D}\cdot \mathrm{d}\boldsymbol{a}$$

对应的微分形式：

$$\nabla\cdot \boldsymbol{D}=\rho_\mathrm{f}$$

$$\nabla\times \boldsymbol{E}=-\frac{\partial \boldsymbol{B}}{\partial t}$$

$$\nabla\cdot \boldsymbol{B}=0$$

$$\nabla\times \boldsymbol{H}=\boldsymbol{J}_\mathrm{f}+\frac{\partial}{\partial t}\boldsymbol{D}$$

介质方程：

$$\boldsymbol{D}=\varepsilon_0\varepsilon_\mathrm{r}\boldsymbol{E}$$

$$\boldsymbol{H}=\frac{\boldsymbol{B}}{\mu_0\mu_r}$$

$$\boldsymbol{J}_\mathrm{f}=\sigma\boldsymbol{E}$$

各式中$\boldsymbol{E}$为静电场和涡旋电场的场强的矢量和，即总场强；$\boldsymbol{D}$为电位移，$\boldsymbol{D}=\varepsilon_0\boldsymbol{E}+\boldsymbol{P}$；$\boldsymbol{P}$为介质的极化强度；$\boldsymbol{B}$为传导电流和位移电流所激发的总的磁感应强度；$\boldsymbol{H}$为磁场强度，$\boldsymbol{H}=\boldsymbol{B}/\mu_0-\boldsymbol{M}$，$\boldsymbol{M}$为介质的磁化强度；$Q_\mathrm{f}$和$\rho_\mathrm{f}$分别为自由电荷和自由电荷密度；$\boldsymbol{I}_\mathrm{f}$和$\boldsymbol{J}_\mathrm{f}$分别为传导电流和传导电流密度；$\varepsilon_\mathrm{r}$、$\varepsilon_0$、$\mu_\mathrm{r}$、$\mu_0$和$\sigma$分别为介质的相对介电常数、真空介电常数、相对磁导率、真空磁导率和电导率，ε_r、μ_r和σ分别为描述介质的极化、磁化和导电性能。式(5)反映总电场的有源性。式（6）反映总电场的有旋性，变化的磁场周围存在有旋电场。式（7）反映不存在孤立的磁极，总磁场是有旋的。式（8）中$\partial\boldsymbol{D}/\partial t$是位移电流密度，它本质上是变化的电场；式(8)反映位移电流和传导电流一样也激发涡旋的磁场。式（9）～（11）适用于各向同性线性介质。式（5）～（8）联合构成了完备的电磁场方程组。

麦克斯韦根据他的方程组预言电磁场的变化以波动形式传播，并得出电磁波在真空中的传播速度与1849年A.H.L.**斐索**测得的光速相符，由此麦克斯韦得出“光是媒质中起源于电磁现象的横波”，从而将光学纳入电磁学范畴。1887年赫兹完成电磁波实验，成功检验了电磁场变化的波动性和横波性，测定了电磁波速，并显示了电磁波与光波一样可以反射、折射和聚焦等，全面证实麦克斯韦方程组的正确性。

麦克斯韦方程组是电磁场的普遍方程组，它和洛伦兹力公式合起来构成宏观电磁现象的理论基础，即**经典电动力学**。它在说明物质的电磁性质、静电问题、恒磁问题、电磁波的激发和传播以及其他电磁学问题取得辉煌的成功。

麦克斯韦时代物理学被机械观统治着，认为麦克斯韦方程组在不同的惯性系中形式不同。1905年A.**爱因斯坦**建立**狭义相对论**，把相对性原理提升到基础的地位，在相互做匀速直线运动的惯性系中，一切自然定律都具有相同的形式，因此麦克斯韦方程组在不同惯性系中都具有相同的形式，这是突破机械观限制观察电磁现象的新观点。（陈熙谋）

麦克斯韦胁强张量 Maxwell's stress tensor 用以说明电磁场弹性力学性质的张量。在19世纪关于电荷之间相互作用力的问题上，曾有超距作用及近距作用两种论点。前者认为相互作用无须经过介质；后者认为必须借助于介质。但真空中没有通常的介质，这样提出以太论。假定空间充满了无质量但有弹性的**以太**，靠它传递作用力和传播波动。为了描述电荷之间作用力，M.**法拉第**提出力线管概念：每个力线管包含大量的力线，用单位横截面内力线的数目来标志电场强度，并认为这些力线管纵向有张力，横向有压力。力线起始于正电荷而终止于负电荷，异号电荷间的吸力和同号电荷间的斥力即通过力线管的纵向张力和横向压力进行传递。磁场的情形也类似，沿磁力管方向存在张力，垂直于磁力管方向存在压力。J.C.**麦克斯韦**用数学方法证明了法拉第观点，得出了一个类似于弹性力学的方程。其中与胁强相当的张量，称为麦克斯韦胁强张量。其表达式为：

$$\boldsymbol{T}\equiv\frac{1}{2}\left[\varepsilon_0E^2+\frac{1}{\mu_0}B^2\right]\boldsymbol{I}-\varepsilon_0\boldsymbol{EE}-\frac{1}{\mu_0}\boldsymbol{BB}$$

式中$\boldsymbol{E}$为电场强度；$\boldsymbol{B}$为磁感应强度；$\boldsymbol{I}$为单位张量；ε_0和μ_0分别为真空介电常量和真空磁导率。

从近代场论的观点看，虽然以太并不存在，但电磁场具有物质性并具有能量和动量，电荷之间的作用是通过电磁场传递的。法拉第和麦克斯韦所设想的胁强相当于电磁场的动量流。因此麦克斯韦胁强张量在近代电磁场理论或电动力学书中又称为电磁场动量流张量。（李从周）

麦克唐纳，A.B. Arthur Bruce McDonald（1943-08-29～ ）加拿大粒子物理学家。生于加拿大新斯科舍省悉尼。1964年、1965年相继获达尔豪斯大学物理学学士学位和硕士学位。1969年获美国加州理工学院物理学博士学位。1970～1982年任职于乔克河核子实验室。1982～1989年任美国普林斯顿大学教授。1989年起担任萨德伯里中微子观测站合作组主任。加拿大女王大学名誉教授。

20世纪30年代，为解释β**衰变**的连续能谱问题，W.**泡利**假设反应末态存在某种未知的电中性粒子，后被E.**费米**命名为中微子。随后的实验相继观测到反电子**中微子**（1956）、μ中微子（1962）和τ中微子（2000）。20世纪60年代末建立的粒子物理标准模型曾预言3种质量为零的中微子。不过，假如中微子有微小质量，且质量本征态与味道本征态之间存在混合，会产生中微子振荡现象，即一种中微子在飞行过程中可以自发变成其他类型中微子。“太阳中微子丢失之谜”和“大气中微子反常现象”暗含中微子振荡迹象。1984年，麦克唐纳的合作者陈华生提出利用重水作为探测器探测太阳中微子的优点，可以直接测量中微子振荡。1984年，麦克唐纳及其合作者建立萨德伯里中微子观测站（SNO）。SNO位于加拿大安大略省2100米深的镍矿中，其主要部分是一个直径12米的球形容器，里面装有1000吨重水，容器壁用丙烯酸树脂制成，厚度为5厘米，容器周围安装9600个光电倍增管用于探测**切伦科夫辐射**光子。SNO于1999年5月正式启用，2001年8月直接探测到来自太阳的电子中微子振荡成为μ中微子和τ中微子。2015年，麦克唐纳与日本物理学家**梶田隆章**因“发现中微子振荡，并且因此证明中微子具有质量”共同分享诺贝尔物理学奖。此外，麦克唐纳分别于2007年、2017年获富兰克林奖和基础物理学奖。（刘金岩）

麦耶，M. Michel Mayor（1942-01-12～ ）瑞士天体物理学家。生于瑞士洛桑。1966年获洛桑大学物理学位，1971年获得瑞士日内瓦大学天文学博士学位，现为瑞士日内瓦大学教授。1988～1991年他和国际天文学联合会一起研究星系结构。1989～1992年在欧洲南方天文台工作。1990～1993年在瑞士天文及天体物理学会研究。

1995年，麦耶和D.**奎洛兹**一起发现了第一个环绕类太阳恒星飞马座51的行星飞马座51b，这是人类历史上发现的第一颗绕主序星旋转的系外行星。此后的20多年里，根据麦耶和奎洛兹的方法，天文学家们发现了将近4000颗系外行星。2007年，他在智利欧洲南方天文台所属拉西拉天文台发现格利泽581c，这是首颗位于适居带内的太阳系外行星。2009年麦耶和他的团队发现目前质量最小的环绕主序星的系外行星格利泽581e。2013年他的团队发现密度和大小上都与地球接近、其编号为“Kepler-78b”的行星。2019年，与奎洛兹因“发现了围绕其他类太阳恒星运行的系外行星”而共同获得诺贝尔物理学奖。（尹晓冬）

脉冲激光沉积 pulsed laser deposition; PLD 使用脉冲激光技术的一种薄膜制备方法。是伴随着高功率脉冲激光技术的面世而迅速发展起来的薄膜制备技术，具有很多其他薄膜制备手段所不具备的优势。①对靶材的种类没有限制，既能沉积金属、半导体、绝缘体等各种无机材料薄膜，也能沉积有机材料薄膜。②独特的材料转移方式，使所制薄膜能够保持靶材的化学计量比，非常适合复杂的多元化合物，而且沉积过程中还可以引入各种气体进行掺杂。③独特的生长动力学过程，高功率激光辐照所产生的靶材粒子具有极高的密度和平均动能，再加上脉冲激光不连续的粒子供给方式，都有利于吸附粒子在样品表面的均匀成核和扩散成膜，因此可以外延出高质量的二维层状薄膜。

典型的PLD装置如图所示，一束高功率脉冲激光经透镜聚焦后投射到靶材表面，产生高温（$T>10^4$开）高压的等离子体，粒子的平均动能比热蒸发要高1～2个数量级，粒子数密度比热蒸发要高4个数量级。由于升温过程极短，粒子还来不及扩散，而粒子数密度又极高，这些粒子就会发生非常剧烈的碰撞，使得粒子的速度重新进行调整和分布，导致粒子沿靶法线方向高度择优分布，形成一个羽毛状

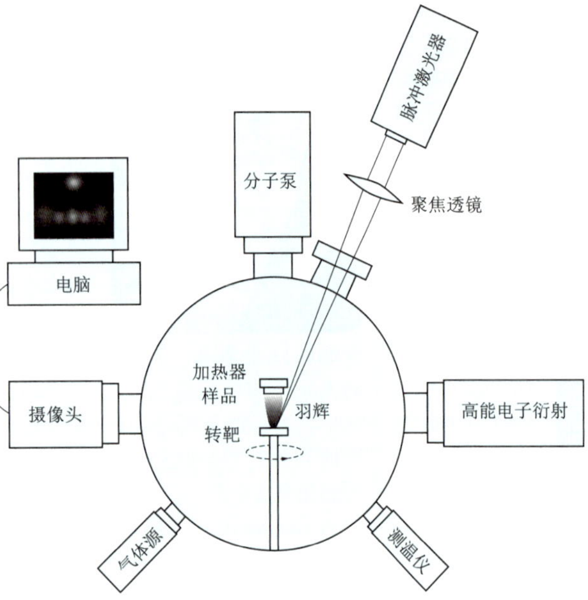

脉冲激光沉积实验装置示意图

的发光团（羽辉），最后烧蚀物通过定向膨胀沉积到衬底上形成薄膜。这种粒子间的剧烈碰撞发生在靶材表面几个气体平均自由程的区域内，因此这个过程是高度非平衡的，这使得激光与靶的作用完全不同于热蒸发，被称为烧蚀。烧蚀机制是PLD能保持靶材和薄膜成分一致的根本原因，因为剧烈碰撞使得不同成分的粒子速度趋于一致，它们最后膨胀达到衬底的时间也一致。

纳秒激光器是PLD最普遍采用的激光光源，发展趋势是脉冲宽度朝着皮秒、飞秒、甚至阿秒迈进，相应的激光功率密度也飞速提升，这使得制备的薄膜性能更加优异。（殷立峰　沈　健）

脉冲激光器　pulsed laser　输出以一定的重复频率出现激光脉冲的激光器。脉冲激光器主要有两大类：**锁模激光器**和**调Q激光器**。锁模激光是由于各个相位确定的纵模相干叠加而产生的，而调Q激光是时域上的强度调制产生的，其各个纵模的相位是随机的。

在锁模激光器中各个纵模振荡的相位被锁定，故发生相干叠加作用产生很窄的光脉冲，一般在几十皮秒至小于10飞秒的范围。锁模脉冲的重复频率取决于一个光脉冲在谐振腔的腔镜间往返一周的时间。由傅里叶变换知，这样短的时间长度的脉冲应具有相当大的频谱带宽。因此，要产生足够短的锁模脉冲，激光增益介质必须具有足够宽的增益带宽，如掺钛蓝宝石就具有很宽的增益带宽（数百纳米），因此可以产生只有几飞秒的脉冲激光。

在调Q激光器中，通过持续周期性地引入谐振器内的损耗而超过增益，使得粒子数反转被周期性地建立，进而周期性地形成激光输出。这种在谐振腔内引入损耗的过程也可以被描述为降低谐振腔的品质因数，即Q参数。在每个调制周期内，当激光增益介质存储的泵浦能量接近饱和水平时，引入的损耗被快速地撤去，使得激光器迅速产生一个激光脉冲。调Q激光器输出的光脉冲宽度一般为纳秒到几十纳秒，声光调Q、电光调Q、被动调Q均属此类。腔倒空激光器原理相似，只是先腔高Q运行且无输出耦合，然后迅速高耦合输出一个激光脉冲。

还有一类激光器虽然输出也是脉动的，脉宽在微秒或更长，通常称准连续激光器。这种激光器的泵浦源的激励是不连续的，如闪光灯、脉冲电源控制的激光二极管等，故可以产生不连续的脉冲式激光。

脉冲激光器使得激光的能量集中在很短的一段时间内，所以容易得到很高的峰值功率。这对许多研究领域有重要意义，如提高材料的光学非线性效率，研究极短时间内的物理、化学过程，以及激光加工等。（闫　平　申艺杰）

脉冲强磁场　pulsed high magnetic field　利用大功率脉冲电源对磁体线圈放电而产生的，且持续时间较短的强磁场。广义上，脉冲强磁场包括非破坏性脉冲强磁场和破坏性脉冲强磁场。前者指磁体线圈在产生磁场后不会破坏，可以重复使用，磁场范围在50～100特斯拉，磁场持续时间在数毫秒到数百毫秒；后者指磁体线圈在产生磁场的同时爆炸破坏，属于一次性实验装置，磁场在数百至数千特斯拉，磁场持续时间数微秒。

非破坏性脉冲强磁场起源于20世纪初。1927年，苏联科学家P.L.**卡皮察**实现了50特斯拉的磁场，并利用该磁场开展了大量科学实验研究。随后许多欧洲国家兴建起了脉冲强磁场实验室。随着磁场强度的进一步提高，电磁力成为纯铜磁体线圈破坏失效的主要原因。1986年，美国麻省理工大学强磁场实验室S.方尔教授将高强度铜铌合金线绕制成磁体线圈，一举将脉冲磁场提高到68特斯拉。1990年比利时鲁汶大学强磁场实验室F.海拉赫教授引入分布式加固技术，实现了脉冲磁体绕组的分层加固，将磁场提高到75特斯拉水平。随后美国国家强磁场实验室、法国图卢兹脉冲强磁场实验室、德国德累斯顿强磁场实验室先后采用多线圈、多电源的系统方案，将磁场进一步提高到80～100特斯拉。2012年美国国家强磁场实验室实现了100.7特斯拉的世界纪录。2020年中国华中科技大学国家脉冲强磁场科学中心实现了94.8特斯拉的峰值磁场。科学实验研究除了对磁场峰值提出要求外，对磁场波形也有诸多要求。例如比热测量需要脉冲磁场能够稳定一段时间，即脉冲磁场具有平顶阶段。1998年，美国国家强磁场实验室利用1430兆瓦、650兆焦的脉冲发电机电源实现了峰值60特斯拉、平顶持续100毫秒的脉冲磁场。华中科技大学国家脉冲强磁场科学中心利用100兆瓦、100兆焦发电机实现了峰值50特斯拉、平顶持续100毫秒的脉冲磁场，是世界上第二个能实现该类平顶脉冲磁场的实验室。另外，华中科技大学国家脉冲强磁场科学中心还独创了采用电容器电源实现峰值64特斯拉、持续10毫秒的无纹波平顶磁场，以及采用蓄电池实现峰值25特斯拉、平顶持续500毫秒、稳定度达0.1%的超长脉冲平顶磁场。

破坏性脉冲强磁场又可分为单匝线圈法、电磁磁通压缩法和爆炸磁通压缩法。其中单匝线圈法是利用电惯性小于机械惯性的原理，在电磁力破坏磁体线圈前使电流达到兆安级峰值，从而产生强磁场，仅有日本东京大学、法国图卢兹强磁场实验室和美国国家强磁场实验室开展该方面的研究，磁场在250～300特斯拉。电磁磁通压缩法是利用两个线圈之间巨大的电磁力作用，将一个线圈的面积快速压缩，利用磁通不能突变的原理实现磁场的放大，现只有日本东京大学在开展该方面的研究，磁场在600～800特斯拉。爆炸磁通压缩法是利用高能炸药爆炸压缩线圈面积的方法实现磁通压缩，苏联科学家曾使用170千克TNT炸药实现了2800特斯拉的世界纪录。破坏性脉冲强磁场因线圈爆炸破坏、磁场持续时间短，对实验场地和所能开展的科学研究有诸多限制，因此在世界范围内研究较少。

（李　亮）

慢光 slow light **群速度**小于真空中光速的光脉冲。在具有强烈正常色散性质的介质中可能获得慢光效应。研究中发现，在基于量子干涉效应的电磁感应透明介质中可以实现全光可控的慢群速、超慢群速，甚至光存储等现象。在电磁感应透明介质的透明窗口内，色散曲线的斜率非常陡峭，而介质吸收很小，从而使得探测光场脉冲在以慢群速度传播的同时不被强烈地吸收，保证了慢光脉冲的形状不变。电磁感应透明窗口的大小可以被强耦合光场所调控。如果在探测脉冲已经进入介质后，人为调弱直至关闭耦合光场，探测脉冲可以被进一步减速，最终相干地转换为介质原子的自旋激发，从而实现超慢群速，乃至光存储。这一过程同样适用于量子化的光场，从而可能实现光量子信息的处理。此外，在其他介质中也发现了大量的慢光现象。在光纤中，可以利用**受激布里渊散射**的原理实现慢光脉冲的传播。在由不同介电常数的材料在空间周期性排列而形成的光子晶体结构中可以产生光子带隙，在带隙边缘处的能带结构对应着极强的色散特性，从而产生慢光模式。在周期性光子晶体结构中引入某种形式的缺陷，也可以在光子带隙中产生缺陷模式，进而实现光子的局域化。在人工超构材料的研究中，利用正折射率材料与负折射率材料中光子能流方向相反这一性质，实现了在由正-负折射率材料构成的波导结构中的宽带慢光与光静止效应。 （王力军）

慢中子 slow neutron 用速度作中子能量范围划分的一种习惯说法。一般指动能低于某指定值的**中子**。该指定值可因不同的研究领域（如中子核反应、反应堆物理、辐射剂量学等）而异。在中子核反应研究中，常选为1千电子伏；在反应堆物理中，常选为1电子伏；在剂量学中，则常用有效镉截割能（约0.6电子伏）。在慢中子能量区域内，还可细分为：**共振中子**，其能量位于共振能区；超镉中子，其能量高于有效镉截割能；超热中子，其能量大于热中子的能量（0.0253电子伏）等。按定义，慢中子没有能量下限，能量低于0.005电子伏的中子亦属于慢中子的范畴，但实际上人们不把这类中子称为慢中子，而称为**冷中子**，能量更低的称为甚冷中子或**超冷中子**。 （唐洪庆　张焕乔）

慢中子俘获过程 slow neutron-capture process; s-process 一种类型的核过程。又称s过程。对于一个典型的**核素**，在中子环境下通过(n, γ)反应连续俘获**中子**，直到中子俘获过程无法与衰变过程竞争，从而开始另一个中子俘获链，这样一个过程被称作慢中子俘获过程（s过程）。s过程无法形成缺中子或丰中子的不稳定核素，只能形成在稳定线上的稳定核素，合成的核素丰度取决于反应链中涉及的中子俘获截面。对中子幻数的核素，俘获中子后形成复合核的激发能较小，此处核素比较容易实现积累，这就解释了太阳系丰度曲线在84、138等处的成峰机理。

s过程被认为是天体中合成铁以上元素的主要过程之一。随着核电荷数的增加，由于**库仑势垒**的作用，带电粒子反应截面太小，无法解释铁以上元素的核合成。而对中子来说，由于没有库仑势垒，中等天体温度的中子俘获截面相当大，使得较轻的种子核在中子源中可以合成重元素，这样的机理得到了太阳系丰度曲线的证实（见图）。在图中质量数84、138等处出现的峰值是与壳模型的中子幻数50、82等对应的。

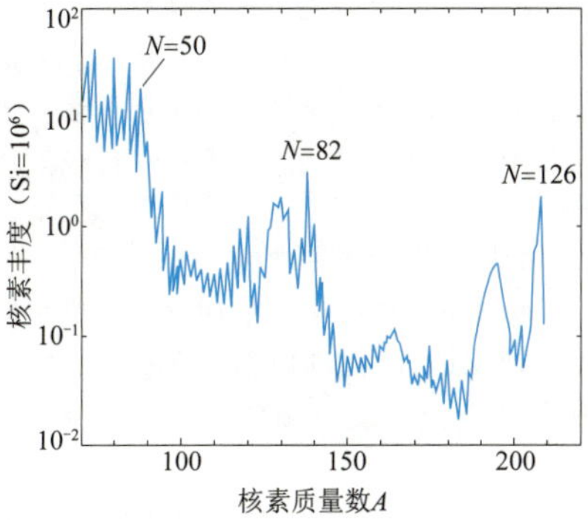

质量峰值用壳模型幻数标注

太阳系的丰度曲线

s过程的种子核素来自带电粒子核反应产生的靠近铁的稳定核素。事实上，s过程是有终点的，到^{209}Bi为止，因为更进一步就会导致衰变，更重的核素只能通过其他过程，如**快中子俘获过程**（r过程）来产生。

为了导出s过程路径上的物理条件，需要中子俘获反应截面、中子密度和b衰变半衰期等数据，加上天体模型，就可以对s过程的场所（例如温度）进行重要约束。通过在加速器和反应堆上对中子俘获截面和核素衰变进行精确测量，证明这些约束是十分有效的，可以大致得出s过程产生的温度，然后构筑相应的恒星模型。

通过以上天体物理和核物理的协同研究，人们认为主要s过程发生于低质量的渐进巨支星（AGB星，几倍太阳质量），这个场景从质子、氦和^{12}C开始，到氖和镁结束，产生了足够的中子密度。当然，还存在着大质量（数十倍太阳质量）恒星中的弱s过程组分对中子密度的贡献。

在以上过程中，存在一些比较重要的不确定度较高的核反应。例如重要核反应^{13}C$(\alpha, n)^{16}$O，该反应截面2倍的不确定度都会对AGB星和大质量恒星的核合成带来重要影响。另一类反应也十分重要，被称为中子毒物反应，如^{22}Ne$(\alpha, \gamma)^{26}$Mg，因为它有效地消耗了可以大量产生中子的^{22}Ne。以上重要的反应正在和计划在世界各地的加速器实验室或深地核天体物理实验室进行测量。

在实际计算中，需要输入的量是按温度范围的麦克斯韦平均截面，已有大量的实验测量和数据评价。总体来说，s过程相关的中子俘获反应的精度要高于带电粒子反应的精度。 （柳卫平）

慢纵波 slow longitudinal wave **毕奥理论**预测了在饱和多孔介质中存在两种类型的纵波，第一类纵波（快纵波）和第二类纵波（慢纵波）。当固体与流体运动方向相反时产生慢波，其速度小于流体的纵波速度。慢纵波是因流体与固体之间运动不相同所致。当固体骨架刚性远大于流体刚性时，慢纵波速率为$V_1/\sqrt{\tau}$，这里V_1为流体速度，τ为孔隙弯曲度。慢纵波仅满足下列条件时才能存在：固相与液相具有连续性，即流体与固体的差异运动的可能性；入射波频率充分高而流体黏滞性充分低；为避免散射，入射波的波长与孔隙尺寸相比充分大，必须足以避免孔隙壁上出现黏滞影响；流体与固体的体积模量有非常大的差异，便于区分两种压缩波。T.J.普罗那于1980年和1982年在人工制成的样品中首先观察到慢纵波，直到1997年O.科德和D.M.J.斯迈德在水饱和Nivelsteiner砂岩中首次观测到慢纵波。普罗那实验的原理见图，多孔样品为水饱和熔结玻璃微珠，整个实验系统放在一个水槽中。从声源发射出来的波到达多孔介质后转换为

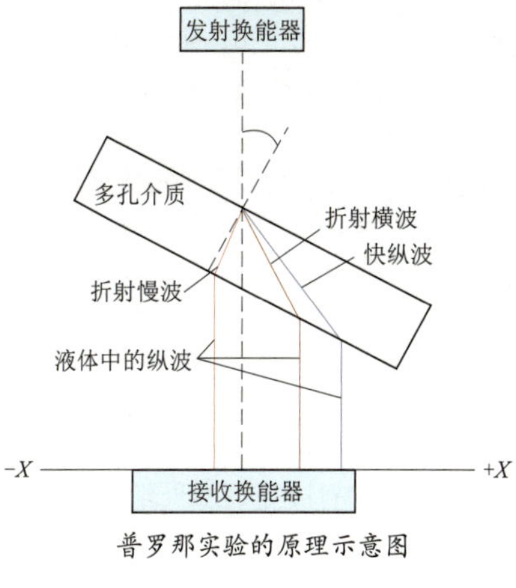

普罗那实验的原理示意图

快、慢纵波和横波，然后在另外一个界面处再次转换为水中纵波，调整入射波的角度，接收器上可以记录到明显且与三种体波对应的声脉冲。（陈　浩）

猫须探测器　cat's whisker detector　利用半导体与金属点接触方式产生的整流效应制作的无线电波检测器。猫须探测器是最早的无线电波检测器之一，为无线电通信的大规模实施做出了重大贡献。1874年K.F.布劳恩发现了半导体的整流效应，即一些硫化物晶体（自然界中的半导体材料）与金属接触时表现出明显的非线性的电流-电压特性。把细金属针（“猫须”）压在半导体材料的表面上，形成一个“点接触”，再在半导体材料的另一面做上电极，就构成了猫须探测器。由于金属和半导体材料电子浓度的差异，在接触区附近会出现内建电场和势垒，从而导致了整流效应；接触区的电容和势垒区到背电极的距离决定了器件的频率响应。猫须探测器可把高频交变电压转化为直流电流，实际上就是金属和半导体构成的肖特基二极管，但它出现于现代半导体理论创立之前，最初采用的半导体材料也是天然矿物晶体。随着半导体科学技术的发展，猫须探测器已经被更先进的半导体器件所替代。猫须探测器就是“矿石收音机”，将它整流下来的调幅的直流信号用一个耳机就能听，是半导体收音机的鼻祖。用它在无线广播电台附近能很清楚地听广播电台的广播。（姬　扬）

梅镇岳　Mei Zhenyue（1915-10-11～2009-12-15）　中国核物理学家。生于浙江杭州，卒于北京。1939年清华大学（西南联合大学）物理系毕业，毕业后留校任教。1945年考取第八届庚子赔款留英生，在P.B.穆恩的指导下，获得英国伯明翰大学硕士学位（1947年）和哲学博士学位（1949年）。1948～1949年在美国印第安纳大学深造。1950～1953年在加拿大国家实验室研究宇宙线。1953年回国。1953～1960年任中国科学院近代物理研究所和原子能研究所研究员、室主任。1958年参与筹建中国科学技术大学原子核物理与原子核工程系。1960～1976年任中国科技大学近代物理系教授、副系主任。1976年退休。

从事核谱和宇宙线研究，是中国核谱学的奠基人之一，原子核物理和核探测技术的开创者之一。在电子能谱学、电子能谱仪和以β谱测定电子中微子的静止质量等方面均有成就。20世纪40～50年代，通过对特定核素的能谱、外转换电子谱和内转换电子谱的测量和分析，为核素^{105}Ag、^{106}Ag、^{124}I、^{126}I、^{114}In、^{72}As和^{103}Rh等的能级特性提供了基础性的数据。1950年在加拿大国家研究委员会利用乳胶片叠，在26千米（85 000英尺）高空观测记录原初宇宙线与构成乳胶核素的强作用引起的簇射事件，发现质量约为1200倍电子质量的Kappa粒子，为以后K介子的确定提供重要实验证据。主持建造了中国第一台无铁双聚焦β磁谱仪和纵向聚焦β磁谱仪。还在筹建并主持中国科技大学近代物理系、筹建高能物理研究所、发展中国核谱研究和培养核物理人才方面做出了贡献。编著《原子核物理学》《β和γ放射性》等专著。（尹晓冬）

媒介子　in-medium meson　相互作用的传递者。自旋为h，是相应规范场的场粒子。电磁相互作用、弱相互作用和强相互作用都可用定域规范场理论描述，它们的基本相互作用顶点都包含两个费米子与一个玻色子，这个玻色子称为媒介子。电磁相互作用情况下可用量子电动力学来描述，这是U(1)定域规范场理论，媒介子是光子，在带电粒子之间传递电磁相互作用。

弱相互作用可与电磁相互作用统一起来用电弱统一理论加以描述，这是规范群为SU(2)×U(1)的定域规范场理论，规范场粒子是光子、Z^0和$W^{\pm}$粒子。Z^0和$W^{\pm}$粒子是传递弱相互作用的媒介子。

强相互作用用量子色动力学理论描述，这是在颜色空间建立起来的，是规范群为$SU(3)_C$的定域规范场理论，规范场粒子是8个胶子，它们在夸克之间传递强相互作用。

光子的静止质量为零，理论上这是由于量子电动力学遵从严格的定域规范不变性的结果。Z^0和$W^{\pm}$的静止质量不为零，这是由于电弱统一理论的真空对称性自发破缺的结果。光子、弱中间玻色子早已在实验上被发现。夸克和胶子组成强子，它们始终处在束缚态的环境下，而不存在自由态。由于夸克和胶子的存在而产生的性质已被实验测量证实。（吴济民）

每次裂变平均中子产额　average neutron yield per fission　每次裂变放出中子的平均数，即通常所说的裂变ν值。它是瞬发中子数ν_p与缓发中子数ν_d之和。裂变ν值随裂变核激发能增加而近似线性增加。裂变是一个随机过程，从一个裂变事件到另一个裂变事件，碎片种类和激发能可能有很大的变化，即每次裂变事件发射的瞬发中子数目呈概率分布，是一个宽度近似为1.08的高斯函数，其平均值是一个重要参数。经实验测定，热中子引起^{235}U和^{239}Pu裂变的ν值分别为2.4251±0.0034和2.877±0.006。正因为Th、U、Pu等锕系核每次裂变放出的中子数大于1，才有可能实现自持的裂变链式反应，从而使裂变能的应用和裂变核材料的增殖成为可能。（韩洪银）

蒙特卡罗方法　Monte Carlo method　通过按照一定分布函数采样来计算多变量积分的一种数值算法。通常多变量积分形式为：

$$\langle O(T)\rangle=\frac{\int_r O(r)g(r,T)dr}{\int_r g(r,T)dr}$$

式中$\langle OT\rangle$为温度为T时的可观测量$O(r)$的期望值；$g(r,T)=\exp[-E(r)/(k_BT)]$为玻尔兹曼分布，$k_B$为玻尔兹曼常数，$E(r)$为对应参数空间或相空间中的一点$r$的能量，它的积分$Z(T)=\int_r g(r,T)\mathrm{d}r$称为配分函数。假设通过随机采样得到均匀的一组样本点$\{r_i\}$，那么多变量积分则近似为$\langle O(T)\rangle=\sum_{i=1}^{N}O(r_i)g(r_i,T)/Z(T)/N$。可观测量的误差约为$1/\sqrt{N}$，与参数空间的性质无关。对于参数空间，这里$r$可以对应一系列参数构成的矢量，如位置、动量、体积、压强等。同时也可以拓展为函数。如密度场$\boldsymbol{\Phi}$，使$g(\boldsymbol{\Phi},T)$变为一个泛函，而参数空间也由向量空间变为函数空间。蒙特卡罗方法的关键在于如何通过改进抽样方法，提高模拟速度，减小样本之间的关联和结果的误差，实现高效准确的数值模拟。常用的改进方法有重要性采样、多重正则采样和模拟退火方法。

蒙特卡罗方法起初主要用于计算经典磁性系统，如伊辛模型、钟表模型、海森伯模型等。此后还用于计算复杂的流体问题以及聚合物的空间结构等。如今蒙特卡罗方法已经广泛应用于与统计相关的各个专业，如生物物理的蛋白质折叠、细胞分类，以及社会科学中的意见演化和金融物理中的风险投资等。

另一方面，对于真实物理多体体系，当温度接近零度，量子效应开始变强，使之无法被忽略。经典的热力学统计物理已经不适用，而需要量子热力学统计描述。相应的蒙特卡罗方法也需要量子化，而被量子蒙特卡罗方法替代。量子蒙特卡罗方法已得到高速发展，出现了圈演化、蠕虫、

随机级数展开等各种算法，并从2000年开始逐渐融合了量子信息、机器学习、大规模并行计算等。（张学峰）

米氏光散射理论 Mie scattering theory G.米于1908年提出的，有关在介质之中的颜料粒子对光散射的理论。当米在1908年研究微粒半径的大小接近于或者大于入射光线的波长的时候，发现大部分的入射光线会沿着前进的方向进行散射，这种现象被称为米氏散射。具体是指单一的、各向同性的球形粒子在高度稀释的介质系统中的光散射与该粒子直径、粒子与介质间的折射率之差、入射到介质中的粒子上的入射光的波长之间关系的理论。它也考虑到粒子会产生的光吸收问题，所推导出来的一组米氏方程可用于测定颜料粒度分布，预测颜料应用系统的颜色强度与颜料粒子尺寸的关系等。（严大东）

密度泛函理论 density functional theory; DFT 一种以粒子密度为唯一变量表达多体量子体系所有性质的严格方法。密度泛函理论是一种研究多体量子系统，特别是原子、分子、凝聚态、表面/界面等体系的电子结构的量子力学方法，广泛应用于物理、化学、材料科学等领域。

密度泛函理论起源于托马斯-费米模型，其基本想法是原子、分子和固体的基态物理性质可以用粒子密度函数来描述。但作为一个多体量子体系的严格理论，其理论基础建立在1964年P.C.霍恩伯格和W.科恩提出的霍恩伯格-科恩定理上。该定理的基本思想是多体量子体系的波函数和总能量等都可以唯一写成电子密度的函数。密度泛函理论采用分立的电子密度重构多电子体系的波函数，将传统量子理论中的3*N*维波函数（*N*为电子数）问题简化为三维粒子密度问题，十分简单直观，从而极大地降低了求解**薛定谔方程**的计算量，使计算较大的实际体系成为可能。通过一系列的近似与简化，在科恩-沈吕久方法的框架下，体系的总能量可以准确分为动能项、外势能项、经典库仑能项以及交换-关联能项。这就构成了密度泛函理论的基本框架。科恩也因他对密度泛函理论的贡献获得1998年的诺贝尔化学奖。

霍恩伯格-科恩定理认为：*N*个电子的体系，其基态电子密度$n(r)$和作用在体系上的外加势场$V(r)$有一一对应关系。已知外场$V(r)$，就能确定基态电子密度$n(r)$，这是显然的，因为原则上由哈密顿量就可计算所有的本征能量和本征波函数，求得$n(r)$。但反过来就不怎么明显。霍恩伯格-科恩使用变分原理证明了这也是唯一的，因此$n(r)$是一个决定系统基态物理性质的基本变量。体系的基态能量、电子动能和电子-电子相互作用势能均为$n(r)$的泛函。按照科恩和沈吕九的处理，多电子问题被处理成在有效外场下的无相互作用单电子体系问题。有效势场包括了外场、电子的库仑相互作用势场和电子的交换-关联势场，因此可以自洽求解。

在霍恩伯格-科恩-沈吕久理论的框架下，多体相互作用包含在交换-关联能量泛函中，从而多电子体系的问题转成为有效的单电子问题。而寻找精确的、便于表达的交换-关联能量泛函形式是密度泛函理论发展的主线。常用的交换-关联能的近似表示方法有：局域密度近似、广义梯度近似、杂化泛函等。局域密度近似（LDA）是最常用的交换-关联近似方法之一，即认为空间各点的交换-关联能只与该点附近的电子密度有关。LDA一般适用于电子密度较高、变化缓慢的体系及大部分晶体结构的计算，但对于电子密度变化较快的体系，如表面、分子等，表现不佳。广义梯度近似（GGA）的提出正是基于LDA的修正，引入了电子密度的一阶梯度。相对于LDA，GGA的优势在于得到更准确的原子、分子能量。含动能密度的广义梯度近似就是在GGA的基础上包含电子密度的二阶梯度。杂化泛函则是为了进一步修正能量，将一小部分哈特里-福克严格交换作用加入交换-关联能中，以期得到更准确的能量。各种杂化泛函的研究和应用非常热门，涌现出了很多种新的泛函，其中使用最广泛的就是HSE和B3LYP泛函。进一步，考虑到长程屏蔽效应的杂化泛函、混入部分微扰关联作用的双杂化泛函、以及使用无规相近似处理关联作用的方法和基于密度泛函的准粒子方法（例如GW方法）等也在快速发展之中。

为了满足不同的研究需求，密度泛函理论发展了其他扩展形式：当需要考虑电子自旋不同所带来的物理化学性质，如在外加磁场作用下的**塞曼效应**时采用自旋密度泛函理论；研究化学反应过程、光吸收与发射过程、激发态等问题时采用含时密度泛函理论或密度泛函微扰理论；某些重元素的计算需要用到相对论性密度泛函理论等。

经过几十年的发展，随着更精确的密度泛函形式的发现和更高效率的计算方法和程序的推出，密度泛函理论体系及其数值实现方法都有了很大的发展，这使得密度泛函理论的应用越来越广泛，在化学、物理学、材料科学（纳米科学）、生命科学、药物化学等领域都成为强有力的研究工具。密度泛函理论的研究体系也包括了从零维（如小分子、团簇、量子点）、一维（如纳米管）、二维（如固体表面）到三维（如高温超导）等多种系统。

基于密度泛函理论的计算软件包非常多，这些软件极大地扩展了量子化学的使用者范围，丰富了研究的内容。常见的有：VASP、Material Studio、Quantum Espresso、SIESTA、Wien2k、GPAW等。（孟 胜 李京波 任 俊）

密度矩阵 density matrix 量子态（包括纯态和**混合态**）的一种描述方式。**量子力学**中一个体系的量子态若是纯态，通常用波函数Ψ来描述。如用**狄拉克符号**，可表示为右矢$|\Psi\rangle$，其共轭态则表示为左矢$\langle\Psi|$。量子态的另一种描述是密度算符$\hat{\rho}=|\Psi\rangle\langle\Psi|$，$\hat{\rho}$虽是算符，但描述的是量子态。如采用一个具体的表象，$\hat{\rho}$就可表示为一个矩阵，称为密度矩阵。

设体系的一个力学量F的本征方程表示为$\hat{F}|n\rangle=F_n|n\rangle$，$F_n$为本征值（设取离散值），$|n\rangle$为本征态，$n$是一组满足正交完备性的量子数：

$$\langle m|n\rangle=\delta_{mn},\ \sum_n|n\rangle\langle n|=\sum_n P_n=1$$

式中$P_n=|n\rangle\langle n|$为投影算符，以$|n\rangle$为基矢的表象，称为F表象。量子态$|\Psi\rangle$在F表象中表示为：

$$|\Psi\rangle=\sum_n|n\rangle\langle n|\Psi\rangle=\sum_n a_n|n\rangle$$

式中$a_n=\langle n|\Psi\rangle$为量子态$|\Psi\rangle$沿基矢$|n\rangle$的投影。$|a_n|^2$表示态$|\Psi\rangle$下测量$F$得到$F_n$值的概率$\sum_n|a_n|^2=1$。密度算符$\hat{\rho}$在$F$表象中的矩阵元为：

$$\begin{aligned}\rho_{mn}&=\langle m|\rho|n\rangle=\langle m|\Psi\rangle\langle\Psi|n\rangle\\&=a_m(t)a_n^*(t)\end{aligned}$$

ρ_{mn}组成密度矩阵，它的对角元素为$\rho_{mn}=|a_n|^2$。显然所有对角元素之和（称为迹，用符号表示为Tr）为1，即：

$$\mathrm{Tr}\hat{\rho}=\sum_n|a_n|^2=1$$

对于混合态，则只能用密度矩阵来描述。（曾谨言）

密度矩阵重正化群 density matrix renormalization group 精确求解实空间量子格点模型的基态及低激发态的一种数值近似方法。**数值重正化群算法**主要适用于量子杂质系统的精确数值计算，当应用到实空间量子格点模型的计算时，计算误差随着格点数的增加很快增大。1992年美国物理学家S.R.怀特提出了密度矩阵重正化群方法，是计算一维量子格点系统最精确的数值方法之一。

密度矩阵重正化群方法的关键思想是引入系统子块和环境子块概念，系统子块$|i\rangle$与环境子块$|j\rangle$形成整个系统，称为超块，如图1所示。

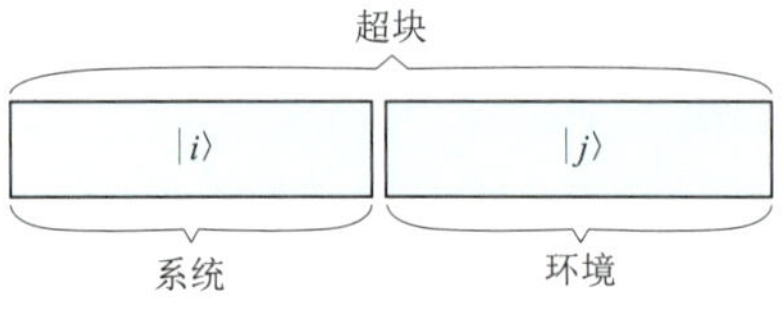

图1 系统子块和环境子块构成整个系统(超块)

通过计算系统子块的约化密度矩阵决定系统子块中哪些态对整个系统的目标态（如基态或低能激发态）贡献大，从而根据贡献大小决定系统子块中应保留的基矢。该算法根据计算时一维格点长度是否变化分为无限系统算法和有限系统算法。

无限系统算法的主要思路：

①根据保留的基矢数目决定系统子块和环境子块的大小，并构造之，如图1左右长方块表示。

②如图2，在系统左右长方块（对应的哈密顿量分别为$\bar{H}_l$,$\bar{H}_l^R$）表示的系统子块和环境子块间插入两个新增加的格点（黑点表示）。利用精确对角化方法如兰措什算法计算该超块的精确基态或少数几个低能激发态本征值和本征矢。

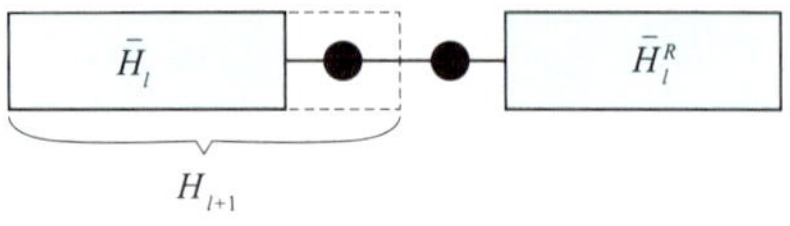

图2 无限系统算法示意图

③通过得到的基态或少数几个低能激发态的本征矢，计算图2虚框所示系统子块的约化密度矩阵，并完全对角化该约化密度矩阵，其本征值由大到小排列，并保留最大的M个本征值对应的本征矢。由这些本征矢构造变换矩阵，形成新的系统子块（图2中虚框所示）对应的哈密顿量H_{l+1}及相关算符。对环境子块做同样的操作或将新的系统子块拷贝作为新的环境子块。

④回到第②步，进一步增加系统尺寸，直至计算收敛或达到要求的系统尺寸。

有限系统算法是基于无限系统算法，固定一维格点系统的长度，但依次改变系统子块和环境子块的长度，重复上面步骤③，直至达到能量或波函数设置的收敛精度。 （罗洪刚）

密堆积结构 close-packed structure 晶体中原子或离子看成等径的硬球以空间利用率最高方式排列成的有序结构。在平面上等径球的密排方式如图1中的A球。球的间隙有B和C两种。排第二层时球放在B

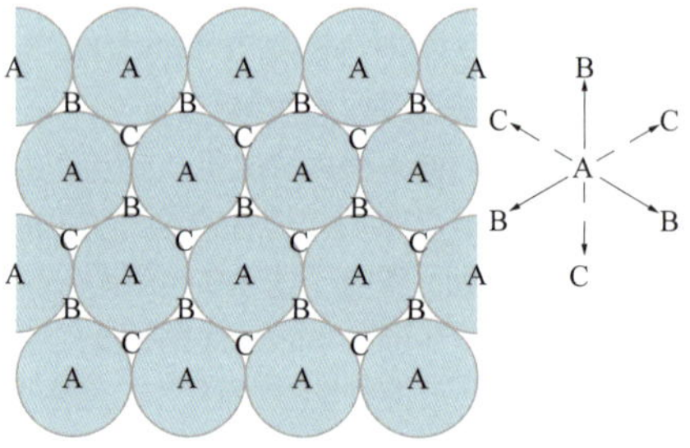

图1 平面密堆积层及其间隙

（C）位，便可得到最紧密排列。B位的球的间隙是在A或C，因此第三层球有两种堆积方式。

① 第三层球放在C位，此后依ABCABC……规则堆积下去，形成立方密堆积结构。这就是面心立方的（111）面沿体对角线方向堆积形成的结构。金属铜和铝，惰性元素氖和氩的晶体都是立方密堆积结构。

② 第三层球放在A位，此后依ABAB……规则堆积下去，形成六角密堆积结构。金属锌、镁和铍的晶体就是这种结构。

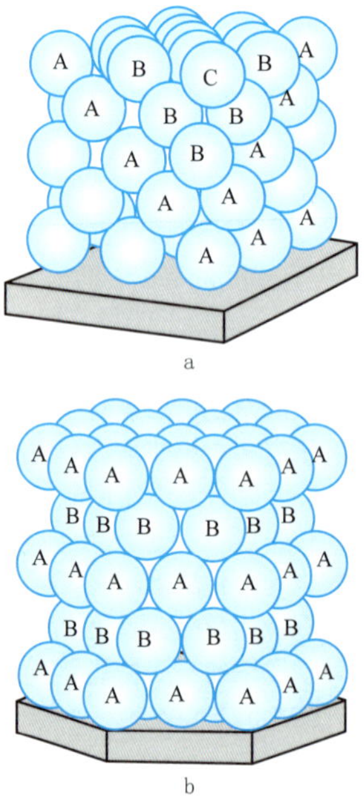

图2 两种密堆积结构的区别

这些晶体材料大多由无方向性的金属键、离子键和分子间作用力等结合的晶体中，原子、离子或分子等微观粒子总是趋向于相互配位数高，能充分利用空间的堆积密度最大的结构。

图2是这两种密堆结构，它们的空间利用率即球占有体积与晶体体积之比为：$\pi/6\approx74\%$。 （陆 栋）

密集波分复用 dense wavelength division multiplex; DWDM 一种频带利用率更高的波分复用（WDM）技术。它是在波分复用技术进一步发展基础上产生的，充分利用了光纤的宽带资源和光波严格的相干条件。DWDM与WDM技术一样，是对有巨大带宽的光波进行分割与复用。其实现过程、系统结构、性能指标及其技术特点也是相同的，只是复用的波长数和波长间隔不同，在同一根传输光纤中DWDM技术的复用波长数更多（>40）、波长间隔更小（<10纳米），按国际电联ITU-T标准规定的波长间隔为0.4纳米的整数倍（分别是0.4纳米、0.8纳米、1.6纳米、3.2纳米、6.4纳米）。

密集波分复用系统 DWDM系统的基本结构如图1所示：

该系统由光发送/转发器、光滤波器、光调制器、光合波/分波器、光放大器（OBA、OLA、OPA）、光监控信道发送/接收器、光转发/接收器等组成，这些器件基于光波的性质和半导体材料的光、电和机械特性而制成。DWDM系统有双纤单向、单纤双向的传输方式和集成、开放的传输形式，组成的网络拓扑有：点到点、星型、网格状、环状及全网状连接等结构。表征或设计DWDM系统的主要性能

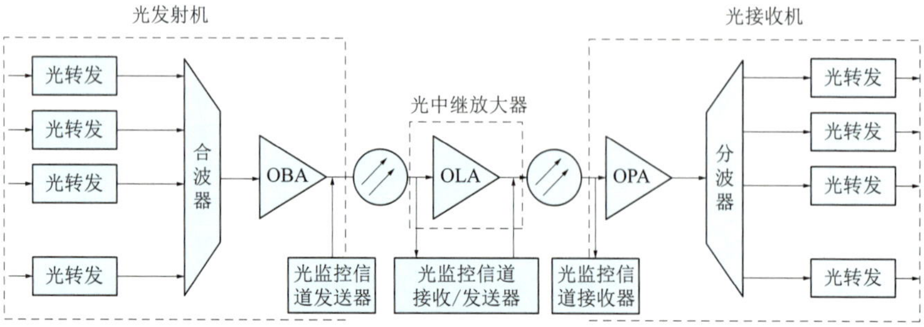

图1 密集波分复用系统基本结构

指标仍与WDM系统一样，有信道带宽、波长复用数、波长间隔（或波长间隔度）、信道间线性和非线性串扰、波长管理能力等。随着光/电器件技术的不断发展，特别是光放大器、光复用/解复用器、光插分复用器（OADM）/光交叉连接器（OXC）技术的日益成熟，使得这些器件的性能得以改善、提升，逐步建立了高速率、大容量的DWDM长途骨干网、越洋海缆系统及城域网、局域网、接入网等，并在大型通信业务运营商新建的各类传输网和网络层中得以广泛应用。

密集波分复用与其他通信业务的关联　由于受到WDM系统采用的光放大器件（EDFA）制约，DWDM设备主要的工作波长在1550纳米窗口，与其他业务的关联如图2所示。

在各种通信业务网络中，DWDM技术进一步呈现出超大容量、对数据透明（与光信号的速率和调制方式等无关）、便于扩容引入新业务（如CATV、HDTV和B-ISDN等）、高度的组网灵活性和经济性及可靠性、兼容全光交换、高度生存性等优势，已成为实现全光网的关键技术之一。

密集波分复用技术的研究重点　DWDM是一种对光器件有很强依赖性的技术。

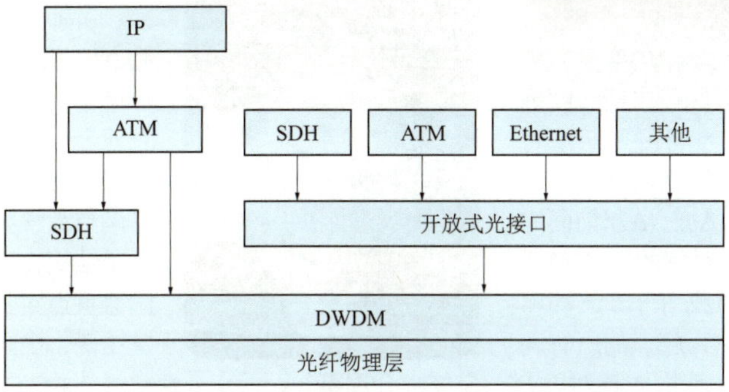

图2　密集波分复用技术与其他通信业务的关联

DWDM系统的应用和发展需要继续研制高性能、集成化且廉价的光器件，并开发超大容量、超高速、超长距离DWDM光纤通信的动态配置、管理等新技术。其研究重点在于：①能够产生几百个波长信道的激光光源，提供窄线宽、高功率、可调谐激光器阵列，低价的可调谐接收器及接收器阵列；②在波长信道数>200、接近1000时低损耗、无阻塞、快速开关的光交叉连接器件；③实现DWDM系统的动态选路（对波长、带宽的动态管理）所需的可调谐光器件（可调谐光滤波器、可调谐探测器、可调谐OADM及OXC等）；④可控存储时间的光存储器和可变延迟器；⑤保证系统高可靠性所需的非介入光性能检测（功率、噪声、眼图、波长准确度和线宽等）技术；⑥保证DWDM系统动态重置（节点、网络层、光纤层、波长层的管理）、稳定可靠性及安全性等技术。

（余重秀）

密勒指数　Miller indices　表征晶面的一种方法。以晶胞的基矢$\boldsymbol{a}$、$\boldsymbol{b}$、$\boldsymbol{c}$为坐标轴，用基矢长度作计数的单位，离原点最近的一个晶面在三个坐标轴上的截距为a/h、b/k、c/l，则（hkl）称为该晶面族的晶面指数，也称密勒指数。

（杨槐馨　李建奇）

密立根，R.A.　Robert Andrews Millikan（1868-03-22～1953-12-19）　美国物理学家。生于伊利诺伊州的莫里森，卒于加利福尼亚州的帕萨迪纳。1887年入奥伯林大学。1891年毕业后留校任教。1893年取得硕士学位。同年入哥伦比亚大学物理系攻读。1895年获得博士学位。同年赴德国柏林大学和格丁根大学深造。1896～1921年任芝加哥大学副教授、教授。1921年起，任加利福尼亚理工学院教授和布里奇物理实验室主任。

密立根最著名的实验成就是以油滴实验精确地测定了基本电荷。这个工作从1907年开始，直到1913年才最后完成，得到电子电荷的数值为：$e=(4.774\pm0.009)\times10^{-10}$esu。该实验证明电荷是量子化的，自然界存在基本电荷。与此同时，他致力于光电效应的研究。经过精心的观测，到1916年，他的实验结果完全肯定了A.爱因斯坦的光电效应方程，并且从图像中测出当时最好的普朗克常数h的值。这些研究成果使他获得1923年诺贝尔物理学奖。

还从事电子在强电场作用下逸出金属表面的实验，以及一些金属的X射线研究，发现了近1000条谱线，波长直到13.66纳米，从而有助于把X射线谱和光学光谱连接起来。他对X射线谱的分析工作，使在理论上与A.J.W.索末菲关于可见光双重线理论产生极大的分歧，这引起物理学者的广泛注意，致使G.E.乌伦贝克和S.A.古兹密特两人在1925年提出电子自旋理论。他在宇宙线方面也做过研究，积累了大量的不同高度不同地区的实验数据，发现了宇宙线的纬度效应的大小与经度有关；还纠正了早期有人认为宇宙线是由光子组成的观点。他和他的学生用强磁场中的云室对宇宙线的实验研究，促使他的学生C.D.安德森在1932年发现了正电子。密立根不仅是一位建立起一个学派的科学家，还是一位优秀的领导者和积极的社会活动家。

（戴念祖）

密立根油滴实验　Millikan's oil-drop experiment　第一个证实电荷量子化并测得电子电荷（基本电荷）e数值的实验，实验奠定了近代物理的基础。1897年J.J.汤姆孙测定了电子的荷质比，随后用实验确证了电子存在的普遍性，被世人誉为发现电子，于是测定电子电荷就成为当时物理学家们面临的重大课题。一些物理学家做出努力，然而实验结果颇为分散，不能令人满意。1907～1917年美国物理学家R.A.密立根做出重大改进，其油滴实验的装置如图所示。在一个保持恒温的密闭容器C内装有两块平行的金属圆板M和N，上板M中心有小孔以便可喷入小油滴，M和N接到电压可调的电源上以便板间可加上电场。喷射油滴的过程中油滴相互摩擦而带电，另外也可以用X射线或放射性射线照射使油滴改变电荷。用弧光灯照射，并用短焦距望远镜观测油滴的运动。通过测量油滴在视场中下降一定距离的时间，而得油滴在重力、浮力和黏滞力三者平衡作用下的收尾速度。另外在M、N板间加上一定的电压，油滴在电力、重力、浮力和黏滞力四者平衡作用下获得另一收尾速度。由这两个收尾速度公式可得油滴的电荷。密立根和他的学生精心测量了几千个油滴，还用甘油和汞的液滴进行观测。实验显示，无论是液滴所带的电荷

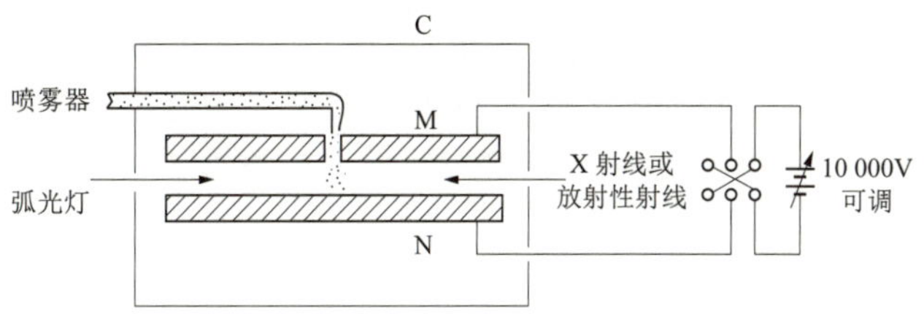

密立根油滴实验装置

还是经X射线或放射性射线照射而改变的电荷，在实验误差范围内均为某个最小值的整数倍，$q=Ne$，其中N为整数，e为最小电荷值，密立根称之为基本电荷。合理的解释是实验中油滴上带有N个电子，当油滴经X射线或放射性射线照射后，油滴上增加或减少了N个电子，每个电子带有基本电荷e。密立根最后测得基本电荷$e=(4.77\pm0.25)\times10^{-10}$esu，这一结果曾作为国际标准达十余年。

后来发展了测定基本电荷更精确的方法，利用X射线衍射测量晶体的原子间距，可得出阿伏伽德罗常数N_A，再应用法拉第常数F得到$e=F/N_A$的精确数值。根据2014年国际科技数据委员会（CODATA）推荐基本电荷为e=1.602 176 602 8(98)$\times10^{-19}$库仑。

（陈熙谋）

密排方向　close-packed direction　不同晶体结构中原子密度最大的方向。不同晶体结构中不同晶向上原子排列方式不一样。原子密度最大的方向称为密排方向，原子密度最大的面称为密排面。

原子球在一个密排面内具有最紧密排列的方式。如在面心立方结构中，面对角线的方向，即[110]为密排方向；体心立方结构中，体对角线方向[111]为密排方向。密排面为原子密度最大的面。如在面心立方结构中密排面为（110）面，体心立方结构的密排面为（111）面。

（施宏龙　王文忠）

密排面　close-packed plane　不同晶体结构中原子密度最大的面。见**密排方向**。

面积算符和面积谱　area operator and area spectrum　面积算符是圈量子引力理论中运动学层面上重要的可观测量。给定二维曲面S并将其嵌入到时空流形中，此二维曲面的面积算符用阿什替卡变量可表示为：

$$\hat{A}(S)=\int_S\sqrt{n_a n_b\hat{E}^a_i\hat{E}^b_I}$$

式中n_a为该曲面上的法余矢；$\hat{E}^a_i$为正交归一标架对应的算符。可以证明，此算符与高斯约束对易，说明该算符在局域标架变换下是规范不变的。**圈量子引力**的希尔伯特空间的基矢可由自旋网络态构成，这些态的某种线性组合是面积算符的本征态，其面积谱为：

$$A(S)=4\pi l_P^2\gamma\sum_i\sqrt{j_i(j_i+1)}$$

式中j_i为$SU(2)$群的不可约表示，取正的半整数，而指标i对所有与曲面相交的自旋网络的边求和；$l_P=\sqrt{\hbar G/c^3}$为普朗克长度；γ为Immirzi参数。上述结果说明圈量子引力理论中面积算符的本征谱是分立的，而且存在最小面积本征值：

$$\Delta A(S)=2\sqrt{3}\pi\gamma l_P^2$$

面积谱在黑洞熵的微观统计解释中起到了重要作用。

（凌　意）

面缺陷　planar defect　两维空间尺寸大，另一维空间尺寸小的**晶体缺陷**。又称二维晶格缺陷。畸变区只在一个方向上的尺寸很小，如晶界、相界、晶体表面和堆垛层错等。

（卢江波　屈世显）

闵可夫斯基时空　Minkowski spacetime　一维时间与三维欧几里得空间的四维统一描述。**狭义相对论**建立以前，时间与空间是两个相互独立的概念，与物质是否存在、是否运动无关，是绝对的。狭义相对论中钟的快慢及尺的长度都与惯性观察者的运动速度有关。德国数学家H.闵可夫斯基于1907年首先注意到，尽管空间距离Δl和时间间隔Δt与物体相对于惯性观察者的运动速度有关，但：

$$(\Delta s)^2=-c^2(\Delta t)^2+(\Delta x)^2+(\Delta y)^2+(\Delta z)^2$$

却与物体相对于惯性观察者的运动速度无关。上式将时间与空间统一成一个整体，构成类似于欧几里得几何学中的度量，称为闵可夫斯基度规。具有闵可夫斯基度规的时间、空间统一体称为闵可夫斯基时空，其中的Δs称为两点的间隔。

由于$c^2(\Delta t)^2$与$(\Delta x)^2$、$(\Delta y)^2$、$(\Delta z)^2$前面的符号有所不同，两点的间隔的平方$(\Delta s)^2$可能出现大于0、小于0或等于0三种不同的情况。把以任一点P为起点的所有满足$\Delta s=0$的点都画出来，就构成一对以P为顶点，相互对着的三维锥面（如图所示，图中只画了一维时间和二维空间），它被称为光锥。光锥把时空分为互不联通的两类区域：光锥外的区域，$(\Delta s)^2>0$，称为类空区域；光锥内的区域，$(\Delta s)^2<0$，称为类时区域。上面一个锥面内的区域称为P点的未来，下面一个锥面内的区域称为P点的过去。对时空中的每一点都可引入这样的光锥结构。时空中任一点的光锥结构与惯性参照系的选择无关。同样类时区域内的事件，与P相比哪个先发生，也与惯性参照系的选取无关。但类空区域的事件是较P早发生，还是较P晚发生，抑或与P同时发生，不同惯性系中的观察者有不同的看法。只有类时区域内和光锥面上的事件才能与P有因果关系。

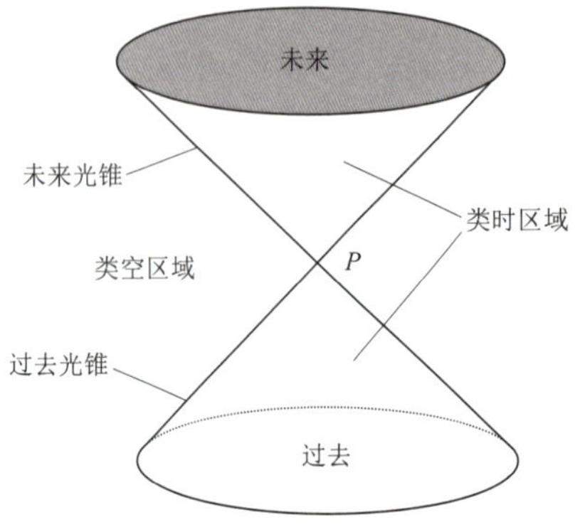

一维时间二维空间光锥

闵可夫斯基时空是平直时空。它是量子场论、粒子物理等相对论性物理理论的基础。

对于更一般的情况（如在**广义相对论**中），时空是弯曲的，称为弯曲时空，其度量不再由上式给出，而是由下式确定：

$$ds^2=g_{\mu\nu}(x)dx^\mu dx^\nu\text{（对重复指标求和）}$$

式中$g_{\mu\nu}$称为度规张量，它是时空点的函数。弯曲时空中每一点的切空间都是一个闵可夫斯基时空。

（黄超光）

闵乃本　Min Naiben（1935-08-09～2018-09-16）　中国固体物理学家。生于江苏南通，卒于江苏南京。1959年毕业于南京大学物理系，后留校工作，历任南京

大学物理系助教、讲师、副教授、教授。1987年获日本东北大学理学博士学位。曾任南京大学固体微结构物理国家重点实验室主任，中国晶体学会理事长，国家教育部科技委副主任，国家攀登计划和国家重点基础研究发展规划（“973”计划）光电功能晶体首席科学家，国家“973”计划顾问专家组材料领域召集人，国家重大科学研究计划量子调控专家组组长。1991年当选为中国科学院学部委员（院士）。2001年当选为发展中国家科学院院士。

主要从事晶体生长、**晶体缺陷**与晶体物性研究，是介电体超晶格研究的开拓者，准周期结构实用化的先驱。他开拓了介电体超晶格的研究领域，提出了介电体超晶格的概念，发展了制备技术，发现了一系列新效应，开拓了介电体超晶格在电子学中的应用。将准周期结构引入介电体晶格，建立了多重准相位匹配理论，发明了能同时输出三基色的超晶格激光器。发展了铁电晶体图案极化技术，促使铁电畴

工程学的诞生。研制成离子型声子晶体，发现了超晶格振动与微波耦合以及极化激元激发。利用光弹方法首次观察到螺位错并给出了成像规律，使之完善为研究透明晶体中位错的有效方法。提出了晶体生长的层错、李晶等缺陷机制，发展了非完整晶体生长的理论体系。设计和制备了周期、准周期介电体超晶格，并在其中实现了二倍频（SHG）、多波长SHG、三倍频、耦合光参量过程、光学双稳、极化激元激发以及高频（吉赫）声激发，开拓了通过控制微米级微结构来研制新材料、新器件的领域。1960年他在国内首次研制成功“电子束浮区区熔仪”，并成功制备出钼、铌、钨等体心立方高熔点金属单晶体。1999年获第三世界科学院（发展中国家科学院）基础科学奖（物理奖），2000年获美国科学信息研究所经典引文奖，2006年获国家自然科学奖一等奖，1982、2005、2007年三次获国家自然科学奖二等奖。1995年和2001年分别被评为全国优秀教师和全国模范教师。

（尹晓冬）

缪勒，K.A. Karl Alexander Müller （1927-04-20～2023-01-09） 瑞士实验物理学家。生于瑞士巴塞尔，卒于瑞士苏黎世。1958年获瑞士苏黎世联邦理工学院博士学位后，到日内瓦巴特尔研究所工作，后来成为核磁共振组的主任。从1963年起，一直在IBM公司苏黎世研究实验室工作，先后为该实验室物理部主任，荣誉研究员。1992年退休。

1986年，他和J.G.贝德诺尔茨一起发现钡镧铜氧（Ba-La-Cu-O）材料突破30开的超导性，打开了高温超导的大门。缪勒和贝德诺尔茨因此获1987年诺贝尔物理学奖。

（郭奕玲）

模竞争 mode competition 在激光振荡过程中，由于不同振荡模共用相同的或部分相同的激活粒子而产生的模强度相互影响的现象。在均匀加宽激光器中，假设一开始有多个纵模同时满足振荡条件，任何一个纵模光强的增加，都会使整个增益曲线均匀下降。这个过程直到其他纵模都停止振荡，就剩下一个最靠近增益谱线中心频率处的纵模产生稳定的振荡输出。这种通过增益饱和效应，使某一个模逐渐把其他模的振荡抑制下去，最后只剩下它自己维持振荡的现象就是模竞争。理想情况下，均匀加宽稳态激光器的激光输出是单纵模的，单纵模的频率总是在增益谱线中心频率附近。

在非均匀加宽激光器中，只要不同纵模形成的烧孔发生重叠也存在模竞争现象。例如，当增益曲线的中心频率ν_0和振荡频率ν_q相等时，ν_{q+1}和ν_{q-1}模形成的两个烧孔重合，也就是说，它们共用同一种表观中心频率的激活粒子，因而存在模竞争，此时ν_{q+1}和ν_{q-1}模的输出功率会有无规起伏。此外，当相邻纵模所形成的烧孔重叠时，相邻纵模因共用一部分激活粒子而相互竞争。在激光器增益带宽较宽，激光纵模间隔较小时，可能有若干纵模处于出光带宽内，必然引起多纵模对增益的竞争。模的竞争效应会引起激光的“跳模”现象。

（林殿阳 吕志伟）

模拟退火方法 simulated annealing method 将材料加热到一定温度之后，缓慢冷却，从而减少内部缺陷的方法。考虑到内部缺陷可以看作是一种局域极小值，则利用这种思想也可以解决蒙特卡罗模拟过程中的“内部缺陷”。以玻尔兹曼分布函数$g(r,T)=\exp[-E(r)/(k_BT)]$为例，假设存在两个状态$r_i$和$r_j$。那么，两者的函数比值为$\exp\{[-E(r_i)-E(r_j)]/(k_BT)\}$。可以看出，温度越高，其比值越接近1。因此，在高温区，可以有很大的概率从一个局域极小值点逃出。在具体模拟过程中，可以选择一个温度与模拟时间的单调递减函数$T(\tau_i)$，其中τ_i为模拟时间，通过对其进行优化调整，达到模拟退火的过程。

（张学峰）

模牵引效应 mode-pulling effect 由于激光器工作介质的色散，使得振荡纵模的频率ν_q'总是偏离无源腔（非激活腔或“冷腔”，腔中工作介质未被激励）相应纵模的共振频率ν_q，并且较后者更靠近工作介质增益曲线的中心频率ν_0的现象。又称频率牵引效应。激光工作物质在增益（或吸收）曲线中心附近呈现显著的色散现象，即折射率随频率而变化，且色散随工作物质增益系数的增高而增大。有源腔的频率牵引量与介质色散和纵模频率有关，因此，实际激光器各纵模的频谱分布不再如无源腔的纵模等间隔分布。

模牵引效应和激光工作介质增益线型与加宽机制类型有关。对于均匀加宽的洛伦兹线形，模牵引量为：

$$\nu_q'-\nu_q=\frac{(\nu_0-\nu_q)\cdot\Delta\nu_c}{\Delta\nu_H\nu_q'-\nu_q}=\frac{(\nu_0-\nu_q)\Delta\nu_c}{\Delta\nu_H}$$

式中ν_0、$\Delta\nu_H$分别为洛伦兹线型的中心频率和线宽；$\Delta\nu_c$为无源腔的纵模频率的线宽，且注意$\nu_q'\approx\nu_q$，$\Delta\nu_c\ll\Delta\nu_H$。模牵引量较之纵模间隔一般小很多。

（林殿阳 吕志伟）

膜的弹性 elasticity of membrane 生物膜具有的抵抗外力所引发变形的能力。物体或材料抵抗变形的能力称为弹性。细胞膜的基本架构是脂质双分子层，在胞浆一侧有纤丝构成的膜骨架。单纯的脂质双分子层能抵抗弯曲形变和面内压缩应变，而不能抵抗面内剪切应变。膜骨架不能抵抗弯曲形变，但能够抵抗剪切应变。整合脂质双分子层和膜骨架于一体的细胞膜能够同时抵抗弯曲形变和面内剪切应变。

如果将膜视为二维各向同性材料，其弹性可以由4个物理量来表征：面内压缩模量、面内剪切模量，以及面外弯曲刚度和高斯弯曲模量。红细胞没有内部细胞器，其细胞膜的面内压缩模量约为0.1牛/米，面内剪切模量约为5微牛/米，面外弯曲刚度约20～$30k_BT$（≈10^{-19}牛·米）。高斯弯曲模量的数值甚至符号都存在争议。因为膜的高斯曲率能量积分最后可化为边界积分，因此对于无边界的闭合细胞，该积分是不变量，而对于有边界的开放细胞，很难将高斯曲率能对应的边界积分与边界条件区分开。这些原因使得从实验上测量高斯弯曲模量十分困难，不同实验组的实验结果比较分散。

（涂展春）

膜骨架 membrane skeleton 在细胞膜内侧与嵌膜蛋白相连接的外周蛋白纤丝组成的网状结构。不同细胞的膜骨架不尽相同。红细胞的膜骨架主要由血影蛋白、肌动蛋白等构成，形成动态的六角网状结构。其他类细胞的膜骨架主要是由肌动蛋白细丝连接嵌膜蛋白构成动态网状结构，形成细胞的周质区。

膜骨架可视为高分子交联网络。蛋白纤丝可视为柔软的高分子，嵌膜蛋白即交联点。这一交联网络具有抵抗面内的正应力以及剪切应力的能力。蛋白纤丝典型长度约为几百纳米，利用热运动能量除以特征长度的二次方，可以估算出蛋白质交联网络的面内压缩模量或面内剪切模量在几个微牛/米的量级。实验上测得由血影蛋白等构成的红细胞膜骨架的面内压缩模量和面内剪切模量均在5微牛/米这一量级。

（涂展春）

膜泡形状方程 shape equation of lipid vesicles 描述膜泡平衡形状的方程。1973年，德国物理学家W.赫尔弗里希提出膜泡平衡形状使得给定表面积和膜泡体积时，弯曲自由能 $F_H=\int[(k_c/2)(2H+c_0)^2]dS$ 达到极小。$k_c(>0)$为膜的弯曲刚度；H和K分别为膜的局部平均曲率与高斯曲率；dS为膜的面积微元，积分遍及整个膜表面；c_0为自发曲率。在数学上可以引入两个拉格朗日乘子p和λ，对下述扩展的自由能：

$$F=\int\left[\frac{k_c}{2}(2H+c_0)^2+\bar{k}K\right]dS+pV+\lambda S$$

做无约束条件下的极小化。式中拉格朗日乘子p的物理意义是膜的渗透压（膜泡的外压减去内压），λ表示膜的表面张力；V和S分别为膜的体积和表面积。1987年，中国物理学家欧阳钟灿与赫尔弗里希对上述扩展的自由能进行一阶变分，导出了对应的欧拉-拉格朗日方程：

$$p-2\lambda H+k_c(2H+c_0)(2H^2-c_0H-2K)+2k_c\nabla^2H=0$$

式中∇^2为曲面上的拉普拉斯算子。该方程表征了膜上的每一点沿膜法线方向上的受力平衡，描述了闭合膜泡的平衡形状，因此也被称为膜泡的形状方程。如果用直角坐标表示，形状方程是一个四阶非线性偏微分方程，不存在寻找解析解的普遍方法。已知的对应于闭合膜泡的解析解只有球面、环面、迪潘四次圆纹曲面和双凹碟面。

（涂展春）

膜世界 brane world 一个从高维空间约化到四维时空的理论模型。为了统一引力与电磁相互作用，1921年德国数学家T.卡鲁扎通过引入一个额外的空间维度，将广义相对论推广到五维时空，从五维的纯引力理论出发，通过约化得到了四维的有效爱因斯坦引力场和麦克斯韦电磁场。为解释为何观测不到引入的额外维度的问题，1926年瑞典O.克莱因指出，该额外维卷曲为一个圈圈，其尺度极其微小，为普朗克长度（10^{-35}米）。该理论通常称为卡鲁扎-克莱因理论（简称KK理论）。

随着超弦/M理论的发展，特别是随着p-膜与D-膜的发现，理论物理学家提出额外维的另一种可能的机制，即膜世界图像（见图）。该图像认为，我们的四维宇宙是嵌入在高维时空中的一张曲面，除了引力，其他所有的物质和相互作用都被束缚在这张"膜"上。在该图像中，引力在额外维中传播而相互作用强度受到"稀释"，因此该图像可比较自然地解决规范层次问题（电弱能标为何比引力能标小大

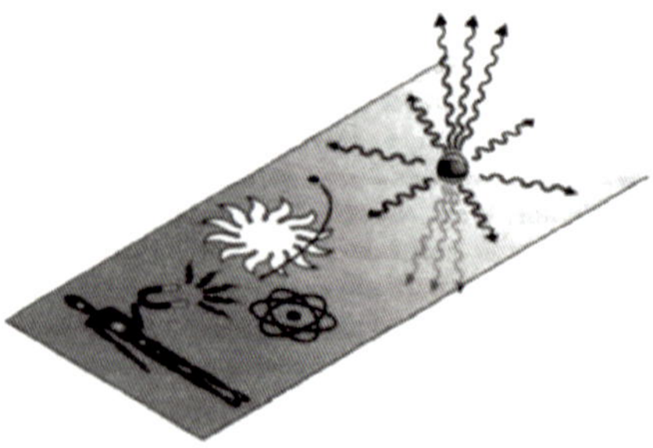

膜世界示意图

约16个数量级）。在该图像中额外维的尺度可以非常大，甚至是无限大的。膜世界图像最著名的两个模型是ADD模型和RS模型。

ADD模型（又称大额外维模型）是1998年由N.阿卡尼-哈麦德、S.迪莫普洛斯和G.德瓦利提出的。该模型的额外维流形是一个n维环面。在该模型中，为解决规范层次问题，额外维尺度可以达到亚毫米量级，而不再是KK理论中的普朗克尺度。

RS模型（又称卷曲额外维模型）是1999年由L.兰道尔和R.桑卓姆提出。根据膜的数量可分为RS1和RS2模型。在RS1模型中，五维的反德西特时空（带有负宇宙学常数的时空）的两端边界各有一张膜。由于额外维度的卷曲，使得引力局域化在其中一张膜上（称为紫外膜或普朗克膜或不可见膜），而我们的宇宙束缚在另一张膜上（称为红外膜或TeV膜或可见膜）。当假设我们的世界束缚在紫外膜而将红外膜移除后，则得到RS2模型。虽然此时额外维无限大，但该模型仍然能在膜上恢复有效的四维牛顿引力势。

（刘玉孝）

摩擦 friction 相互接触的两物体，当有相对滑动或相对滑动趋势时，在两物体接触面上产生的阻碍物体相互滑动的作用。又称滑动摩擦。阻碍两物体相互滑动的力称为摩擦力。物体只有相对滑动趋势时的摩擦力称为静摩擦力。物体已经相对滑动时的摩擦力称为动摩擦力。摩擦现象广泛存在于日常生活及工程技术之中。一方面，摩擦阻碍物体的运动，消耗运动能量，使物体的接触面磨损，是有害的；另一方面，摩擦也有积极作用，如许多传动与制动设备就是依靠摩擦工作的。没有摩擦人就不能行走，车辆也无法开动。摩擦的微观机理属摩擦学的研究范畴，摩擦的宏观规律是根据实验总结出的。

库仑摩擦定律由法国力学家、物理学家C.-A.de 库仑于1781年提出。

①静摩擦力$\boldsymbol{F}$的方向沿两物体接触面公切线，并与两物体相对滑动趋势方向相反。

②静摩擦力$\boldsymbol{F}$的大小可在一定范围内变化，最大静摩擦力$\boldsymbol{F}_{max}$的大小与正压力$\boldsymbol{N}$的大小成正比，而与接触面的大小无关：

$$\boldsymbol{F}\leqslant\boldsymbol{F}_{max}\quad \boldsymbol{F}_{max}=\mu_s N$$

式中μ_s为静摩擦因数，取决于接触物体的材料及表面粗糙度等，由实验确定。如钢与钢的静摩擦因数为0.15，砖与混凝土的静摩擦因数为0.76。

③动摩擦力$\boldsymbol{F}$的大小也与正压力（或正反力）$\boldsymbol{N}$的大小成正比：

$$F=\mu N$$

式中μ为动摩擦因数，且有$\mu<\mu_s$。

（贾书惠）

摩擦角 angle of friction 粗糙接触面上的全约束力与接触面公法线的最大夹角，通常用φ_m表示。粗糙支承面对被支承物体的约束力有两部分：切向的摩擦力F_f及法向的正反力N，二者的合力称为全约束力或全反力F_R，它与接触面公法线的夹角为φ。当摩擦力到达最大静摩擦力$F_{f,max}$时，φ等于φ_m，由此知：

$$\tan\varphi_m=\frac{F_{f,max}}{F_R}=\mu_s$$

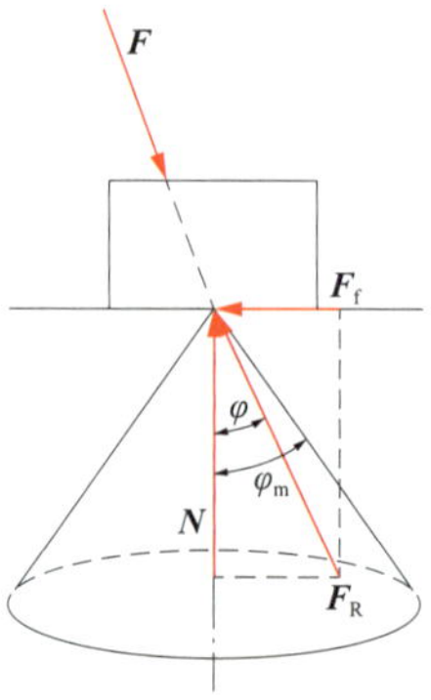

摩擦角与摩擦锥

式中μ_s为静摩擦因数。所以，摩擦角实际上是摩擦因数的几何表示，同样表征了接触面的粗糙程度。以公法线为轴，以$2\varphi_m$为顶角的正圆锥称为摩擦锥。在任何载荷下，全反力的作用线永远处于摩擦锥之内。如果作用在物体上的主动力的合力$\boldsymbol{F}$的作用线也落在摩擦锥内，则无论怎样增大主动力，都不能破坏物体的平衡，这种现象称为摩擦自锁。

利用摩擦角的概念能方便地解释现象，如粗糙斜面的倾斜角小于摩擦角时，其上静止的物体无论多重也不会下滑；尖劈的顶角小于二倍摩擦角时，楔入缝隙后便不会自行弹出；堆放砂土等散体时，自然形成的坡面倾角不可能大于摩

擦角等。（贾书惠）

摩尔定律　Moore's law　关于集成电路产业发展趋势预测的一条阶段性的工程经济学规律。摩尔定律表述为集成电路上可容纳的晶体管数目每18个月将增加1倍。它最初是由美国的G. 摩尔在1965年提出的，他研究了1959～1965年集成电路产业的发展数据，并预测在接下来的十年间集成电路上可容纳的晶体管数目每年将会增加一倍。美国的C. 米德将这一表述冠以“摩尔定律”的名字，并为世人所接受。到1975年，集成电路的复杂度的确发展到摩尔定律所预测的阶段。同时，摩尔在分析更多产业数据后，将技术换代的周期从先前所表述的一年调整为两年（24个月）。

自摩尔定律提出后，集成电路产业已按照该规律发展了超过50年，其背后的推动力既有技术因素也有经济和市场因素。集成电路制造工艺和器件技术的持续创新一直是至关重要的推手。按照时间排列，部分具有代表性的发明创造包括双极型器件、金属氧化物半导体器件、互补金属氧化物半导体工艺、钨插塞工艺、沟槽隔离、铜互连、应力硅、高k介质和金属栅及鳍式场效应晶体管器件等。这些技术使得集成电路上的器件尺寸持续缩小，集成密度、互连密度持续提高，同时克服了小尺寸器件性能下降、漏电流增大以及互连延迟增加等困难。经济和市场的因素也同样不容忽视，各种技术创新的目的是进一步提高单位面积上可集成晶体管数目，降低单个晶体管的制造成本，从而不断增加集成电路产业的利润。如果按照更快速度进行技术演进，初期巨大资金和人力投入使得制造成本不降反升；反之则集成电路产业不能跟随市场需求的快速变化。摩尔定律是集成电路产业作为人类社会经济行为所遵循的一种阶段性的规律。技术背后的物理学规律和经济学规律共同作用下使得集成电路产业不断向前发展，集成电路的复杂度不断提高而成本却不断降低。更为难能可贵的是，摩尔定律将产业的发展速度进行了定量化表述。

摩尔定律虽是对产业发展的一种预测，但它也逐渐成为产业发展的一个驱动力，产业界自觉以摩尔定律预测未来发展目标——如每两年发布的国际半导体发展路线图——并有目标地进行技术革新，而这种驱动力最终使得人们来到后摩尔时代。工艺的特征尺寸已缩减到10纳米以下，量子力学限制成为阻碍集成电路产业继续按照摩尔定律发展的物理壁垒，而不断攀升的巨额投入则逐渐形成经济壁垒，集成电路产业发展速度放缓已现端倪。壁垒虽高，但创新的源动力更为强劲：隧道场效应晶体管、电子自旋器件及磁电器件等各种基于新原理的器件或可使得摩尔定律继续延续；三维集成等新技术的出现则使得人们可绕开壁垒限制，继续扩展集成电路功能、增加集成度，进入所谓的“超越摩尔定律”时代。（刘力源）

末端矢量　end-to-end vector　由高分子链的头端指向末端方向的矢量。其大小即为链两端之间的距离。末端矢量仅仅考虑了头端和末端的位置，是线形高分子链无规线团尺寸大小的一种粗略的表示方法。从数学表达式上表示，高分子链的末端矢量（$\boldsymbol{R}_n$）是每个键的矢量之和（见图）：

$$\boldsymbol{R}_n=\sum_{i=1}^{n}\boldsymbol{r}_i$$

式中n为高分子主链化学键的数目；$\boldsymbol{r}_i$为第i个和第$i-1$个重复单元之间的键矢量。值得注意的是，高分子链的末端矢量随着高分子热运动不断变化，呈现一定的分布，因此讨论单独一个高分子链的末端矢量并无实际意义，值得研究的是其分布的平均值（如均方末端距）。（张文彬）

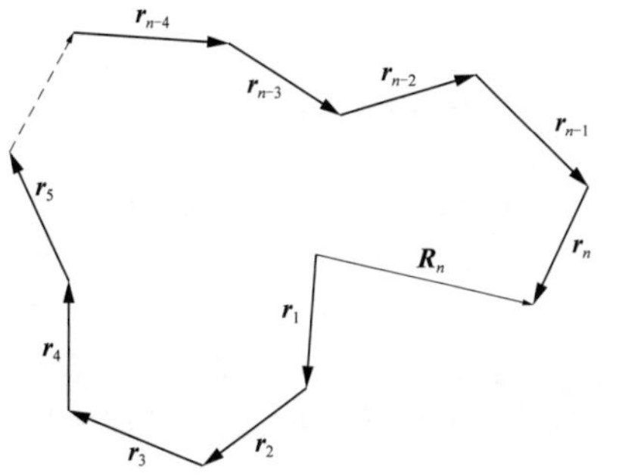

末端矢量为高分子链头端指向末端方向的矢量R_n

末态相互作用　interaction of final state　微观粒子的量子效应所导致的高阶辐射修正。一个不稳定初态粒子因存在内在的自作用自发衰变，两个初态粒子碰撞也因相互作用产生末态粒子。相互作用是一切过程发生的动力学因素，标准模型中的相互作用分为**强相互作用**、**电磁相互作用**和**弱相互作用**。粒子最基本的反应过程可以用最低阶**费曼图**来体现（大多数过程的最低阶费曼图是树图，也有一些过程最低阶图是圈图）。在最低阶图表示中，衰变得到的和碰撞产生的末态粒子都被当作自由粒子，但这只是此过程的最初级近似。实际上，由于微观粒子的量子效应，它会自发产生辐射（用高阶图表示）。由于辐射场的作用，末态粒子自身以及各粒子之间也将存在相互作用，这就是高阶图的辐射修正。在量子场论框架中，末态相互作用有三种基本类型：末态粒子顶点相互作用、自相互作用和韧致辐射。精确的计算需要考虑初态和末态辐射修正的贡献（有些末态相互作用是与初态相关联的）。如果末态包含**强子**，则微扰计算不可靠，可采用唯象模型描述，如引入自旋-轨道相互作用，带电粒子间的**库仑相互作用**等。也还有一些在实验上体现出来的末态相互作用机制不是很清楚，如正负电子湮没产生电中性的中子-反中子截面在产生阈附近不为零，而是一个有限的值。对此原因只有一些猜测，如在产生阈附近形成了重子束缚态、存在类似于气体分子间范德瓦耳斯力的库仑力泄漏、产生了未观测到的介子共振态等，但尚无完整合理的解释。（胡海明）

莫里斯-莱卡尔神经元模型　Morris-Lecar neuron model　由C. 莫里斯和H. 莱卡尔在1981年提出，用于刻画巨藤壶肌肉纤维与钙、钾电导特性相关的振荡行为的模型。莫里斯-莱卡尔神经元模型方程为：

$$C\frac{\mathrm{d}V}{\mathrm{d}t}=-g_{\mathrm{Ca}}M_{\mathrm{SS}}(V-V_{\mathrm{Ca}})-g_{\mathrm{K}}W(V-V_{\mathrm{K}})$$

$$-gL(V-VL)+I\frac{\mathrm{d}W}{\mathrm{d}t}=\frac{W_{\mathrm{SS}}-W}{\tau_{\mathrm{W}}}$$

其中

$$M_{\mathrm{SS}}=\frac{1}{2}\left[1+\tanh\left(\frac{V-V_1}{V_2}\right)\right]$$

$$W_{\mathrm{SS}}=\frac{1}{2}\left[1+\tanh\left(\frac{V-V_2}{V_4}\right)\right]$$

$$\tau_{\mathrm{W}}=\frac{1}{\left[\phi\cosh\left(\frac{V-V_3}{2V_4}\right)\right]}$$

式中C、V、W、M_{SS}、W_{SS}、τ_{W}、I分别为膜电容、膜电位、钾离子通道的活化概率、钙离子和钾离子通道打开概率的稳态值、激活时间常数、外界电流；g_{Ca}、g_{K}、g_{L}为电导的最大值；V_{Ca}、V_{K}、V_{L}为通道的反转电压；V_1～V_4、ϕ为参数。

莫里斯-莱卡尔神经元模型简单，阶数低，能模拟神经元的放电和恢复特性，在神经系统的建模研究中得到广泛的应用。（刘　锋）

莫特，N.F.　Nevill Francis Mott（1905-09-30～1996-08-08）　英国物理学家。生于利兹，卒于剑桥。1927年在剑桥大学获硕士学位。1929～1933年先后在曼彻斯特大学和剑桥大学任数学讲师，1933～1954年任布里斯托尔大学物理学教授。1936年当选为英国皇家学会会员。1954年起任剑桥

大学卡文迪什实验室教授和主任，直到1971年退休。退休后继续在剑桥大学进行研究工作。1962年英国政府授予其爵士衔。

早期研究量子碰撞理论，并与H.S.W.马瑟合著《原子碰撞理论》(1933)，成为该专题的经典著作。随后转入固体物理学的研究，在金属导体、离子晶体、半导体等方面广泛的课题上做了许多有影响的工作。特别是和H.琼斯、R.W.格尼合著《金属与合金性质的理论》(1936)以及和格尼合著《离子晶体中电子过程》(1940)两书，以鲜明的物理图像，从理论上综合阐明了十分丰富的固体物理现象，对现代固体物理学的形成和发展有重要的影响。

第二次世界大战后，莫特和在他直接影响下的一些科学家着重研究晶体缺陷及其对力学性质的影响，做出很重要的贡献。这个时期他还提出后来被称为莫特转变（见金属-绝缘体转变）的最初概念。

自20世纪60年代起，莫特致力于发展无序体系及非晶态物质的电子理论，他的工作有力地推进了非晶态物质的研究，他在和E.A.戴维斯合著的《非晶态物质的电子过程》(1979，第二版）中总结了这个学科的发展。由于他对非晶态物质研究的贡献，他和P.W.安德森、J.H.范扶累克共获1977年诺贝尔物理学奖。

（黄　昆）

莫特绝缘体 Mott insulator 能带理论预测其为金属，但实际上是不导电且能隙较大的绝缘晶体材料。莫特绝缘体的物理起因是电子之间强相互作用导致的库仑阻塞。在凝聚态物理和材料物理中，已知的绝缘体可分为四类：能带绝缘体、安德森绝缘体、朗道绝缘体和莫特绝缘体。除了由于无序散射引发量子干涉导致的弱局域安德森绝缘体，其他所有绝缘体内都存在单电子电荷激发能隙。

能带绝缘体中的电荷能隙就是价带和导带间的能隙。莫特绝缘体的原胞中具有奇数个电子，根据能带理论，这样的晶体应该是价带部分填充的金属。但和能带理论预测相反的是，电子之间的强库仑相互作用可以产生较大的电荷能隙，使得这些材料成为不能导电的莫特绝缘体。

莫特绝缘体的严格定义非常微妙，随着对强关联电子体系研究的进展及理解的不断加深而演化。这些进展主要来源于J.哈伯德、L.D.朗道、M.C.古茨维勒、C.D.安德森等物理学家的工作，以及对铜氧化物高温超导的实验和理论研究。严格来说，莫特绝缘体是受非零电荷能隙保护的量子电子态。该电荷能隙通称为莫特能隙，来源于电子间强库仑排斥势，但不伴随任何自发对称性破缺。要求无伴随的自发对称性破缺是为了帮助区分莫特绝缘体与其他因电子关联导致但伴随有自发对称性破缺序参量的朗道绝缘体。如在弱相互作用下得到的对称性破缺反铁磁体，通常被称为斯莱特绝缘体。

发展历史　N.F.莫特于1949年提出，电子间库仑相互作用可导致具有电子伏量级电荷能隙的绝缘体。当时莫特在研究金属的电子理论，并关注为何过渡金属氧化镍（NiO）不是导体。由于每个原胞中只有奇数个电子，能带理论预言NiO是金属。莫特意识到如果考虑到电子之间的库仑相互作用，能带理论预言是错误的。即为了传导电流，d电子需要在近邻的镍(Ni)原子间跳跃，从而产生Ni^{3+}和Ni^{1+}对。这个过程需要克服的库仑能量为：

$$U=E_{\mathrm{I}}-E_{\mathrm{A}}$$

即过渡金属电离能和亲和能之差。考虑到z个近邻原子间电子的量子跃迁（t）所导致的能量降低，即跃迁导致的能带带宽$W=2zt$，需要克服的净能量为$U-W$的量级。因此当$U>W$时，库仑阻塞使得电子无法跃迁，导致了绝缘体的产生；在$U\gg W$的情况下，电荷能隙则为U的量级。注意库仑相互作用U是个局域量，而W和t由波函数的交叠决定并强烈依赖于晶体中的原子间距a_0（晶格常数）。因此，莫特绝缘体可以通过大U或者a_0来实现。在过渡金属氧化物中，电子也可以通过p-d电荷转移的方式跃迁，即电子在近邻的过渡金属和氧原子间跃迁，如$Ni^{2+}O^{2-}\rightarrow Ni^{1+}O^{1-}$。在这种情况下，p-d电荷转移过程中的库仑能量损耗（Δ）等同于上述讨论中的U，而带宽W则包括p-d跃迁的贡献。在$U>\Delta>W$情况下产生的绝缘体通常称为电荷转移（莫特）绝缘体。

过渡金属d轨道电子的轨道自由度进一步扩展了莫特绝缘体的概念。众多过渡金属氧化物被证明是莫特绝缘体，其中包括氧化镍、氧化锰（MnO)、氧化亚铁(FeO)、氧化钴(CoO)、三氧化二钒(V_2O_3)和铜基高温超导体的母体La_2CuO_4。在光晶格上的冷原子量子结构中也观测到了莫特绝缘体。通常的莫特绝缘体在低温下会产生自旋反铁磁长程有序，所以在温度远高于反铁磁转变的奈耳温度以上观测到电荷激发的能隙是很重要的判据。

描述莫特物理的最简单理论模型是哈伯德在1963年提出的哈伯德模型。该模型包括两项：t项描述电子在晶格上跃迁产生的能带结构；U项描述两个电子占据同一格点时的局域库仑排斥势。哈伯德通过近似解出该模型并在$U\gg t$的条件下得到两个能量间隔为U的宽广非相干激发能带，称为上、下哈伯德带。虽然哈伯德采用的近似非常简单，但得到的激发能谱被认为是莫特绝缘体的本征特征。除了在一维这种特殊情况下，哈伯德模型还没有严格解。建立在大配位数（或维度）极限下的动力学平均场理论在哈伯德模型的研究方面取得了突破性进展，动力学平均场理论已经被拓展到多轨道系统，并集成到第一性原理的实际材料计算中。

物理意义及近期发展　莫特绝缘体的物理思想和概念并不涉及或依赖电子系统最终的基态，故而莫特绝缘体描述的是晶体里高能量尺度下电荷自由度的性质。事实上许多新奇量子电子基态可以从莫特绝缘体这个强关联电子“母态”中产生。

莫特绝缘体最重要和深远的物理意义是强关联电子体系可以产生自旋电荷分离或者电子量子数分数化的现象。当库仑排斥U非常强时，有能隙的高能电荷激发可以被投影去掉，所得到的莫特绝缘体的低能有效理论对应描述量子磁体的海森伯模型，即由量级为t^2/U的交换相互作用J耦合起来的局域磁矩。从这种意义上来说，莫特绝缘体的基态由低能的自旋自由度决定。

通常，莫特绝缘体确实表现出具有反铁磁长程序的对称性破缺基态，因而被称为反铁磁莫特绝缘体。镧系铜基高温超导母体La_2CuO_4就是一个好的例子。当温度低于约350开的奈耳温度（T_N），La_2CuO_4存在反铁磁长程序。但是它的电荷转移莫特能隙大约为2电子伏，远大于仅约120毫电子伏的平面内交换耦合J。当温度远高于T_N时，伴随热激发的莫特绝缘体的电荷能隙可以被输运和光谱实验观测到。铜基高温超导体通常被认为是载流子掺杂的莫特绝缘体。

一个没有对称性破缺的莫特绝缘体在零温下的基态就是量子自旋液体。在量子自旋液体中，自旋有关联但并不表现任何长程有序的对称性破缺，它可以在具有磁性阻挫和强量子自旋涨落的材料中实现。已有很多实验证据表明存在为量子自旋液体的莫特绝缘体材料，如在靠近金属-莫特绝缘体相变附近的某些三角晶格有机绝缘体材料和深处于莫特绝缘相中的强阻挫量子磁体中，都在极低温度下观测到了量子自旋液体的特征。（汪自强）

莫特森，B.R. Ben Roy Mottelson（1926-7-09～2022-05-13）丹麦美裔核物理学家。生于美国芝加哥，卒于丹麦哥本哈根。1973年入丹麦籍。1950年获哈佛大学哲学博士学位。先后任职于哥本哈根理论物理研究所、欧洲核子研究中心、哥本哈根北欧理论原子物理研究所。

莫特森从1951年开始，与A.N.玻尔密切合作，1952～1953年共同讨论原子核内核子集体运动以及集体运动与个别核子运动之间的关系，提出原子核的集团模型。为此，与玻尔及J.雷恩沃特共获1975年诺贝尔物理学奖。（郭奕玲）

莫特相变 Mott transition 晶体材料传导电流的能力随外部条件改变而产生的一种本质变化。一般发生在能带理论预言为传导电流的金属相和电子强关联效应导致的莫特绝缘相之间。由于电子间强相互作用产生的库仑阻塞，莫特绝缘体中的价带电子不再能传导电荷。所以，与依赖序参量的朗道相变不同，莫特相变是一种不涉及任何对称性破缺的金属-绝缘体相变。它在过渡金属氧化物、硫化物和掺杂半导体中被广泛地观测到。莫特相变的物理起源是局部库仑排斥势能（U）和原子间电子迁移动能（量子隧穿/跃迁t）之间的竞争。U倾向于将电子局域化，而t有利于电子的巡游性。后者敏感地依赖于原子间的晶格间距，且决定了相应的能带带宽W。

对于一个给定的材料，存在两种已知的莫特相变。第一种是通过控制能带宽度W，如外加压强或等价离子替代，改变U/W比，从而使得材料在金属相和顺磁莫特绝缘相之间转变。一个常见例子就是三氧化二钒（V_2O_3）在压强或替代下表现的莫特相变。第二种是通过化学掺杂莫特绝缘体而引入载流子，控制能带填充或者材料化学势导致的莫特相变。这样得到电子态，通常称为掺杂莫特绝缘体，是一种本质上不同于一个没有进入莫特相的金属的"不良导体"（bad conductor/metal）。它表现出被称为莫特性的许多奇异性质。例如由于它源于莫特绝缘体，其载流子密度很小且正比于掺杂浓度。掺杂莫特绝缘体的一个重要例子就是通过化学掺杂在反铁磁母体莫特绝缘态中引入足够载流子而衍生出的铜基高温超导体。

对莫特相变的理解是凝聚态系统中强关联物理的核心问题。莫特相变的本质，是一级相变还是连续相变，自1949年莫特绝缘体的思想提出以来就一直有争论。现在的理解主要依赖于无穷维极限下哈伯德模型的动力学平均场理论。该理论预言能带宽度或U/W比驱动的莫特相变在有限温下是一级相变，终止于一个二级临界点，与钒酸盐（如V_2O_3）和镍酸盐的实验结果吻合。

莫特相变本质上是一个量子相变，能在零温、具有完美的相位相干性的情况下发生。零温下的莫特相变是一级或连续相变这个问题，在理论和实验上都还在探讨和争议之中。在零温条件下，一个真正没有自发对称破缺的莫特绝缘体只能以量子自旋液体的形式存在，而一个稳定的量子自旋液体需要高度磁阻挫来对抗长程磁有序。这是一个极具挑战性的凝聚态物理前沿问题。（汪自强）

母国光 Mu Guoguang（1931-01-22～2012-04-12）中国光学家。生于辽宁锦西，卒于天津。1952年毕业于南开大学物理系，并留校任教。历任南开大学助教、讲师（1958）、副教授（1978）、教授（1983），光学教研室副主任，物理系副主任、主任（1984），副校长（1985）、校长（1986）。

1956～1957年被派往中国科学院长春光学精密机械研究所进修应用光学。1980～1981年先后任美国密歇根州立维恩大学访问副教授和亚拉巴马大学电机系访问教授。1986年兼现代光学研究所所长。1987～1996年任中科院"应用光学"国家重点实验室主任。1991年当选为中国科学院学部委员（院士）。1990年被选举为美国光学学会资深会员，1991年当选为国际光学学会资深会员。1993年当选为第三世界科学院（发展中国家科学院）院士。1994年当选为国际光学委员会副会长。

长期从事光学和应用光学的研究，是国际上最早进行白光光学信息处理研究的光学家之一。在应用光学、工程光学和光学设计方面进行长期、系统的研究，取得了多项重大科研成果。母国光在白光光学图像处理、光学模式识别、机器视觉、褪色胶片的彩色恢复、彩色胶片的档案存贮、黑白片作彩色摄影和显示、菲涅尔全息和串码滤波的三维目标识别、假彩色编码以及光学神经网络模式及其在识别中应用等方面的研究，都提出了新的概念和技术，发展了现代光学信息处理学科。设计并研制出多种新型光学仪器和器件，如设计并试制成光谱镜和多用光谱仪。发表"白光光学图像处理系统""彩色电视显像管涂屏用的光学校正镜""防空预警雷达信号的光学投影系统""锥轴深椭球冷反光镜"等。获1985年国家自然科学三等奖，1987年国家发明创造三等奖，国家教委科技进步二等奖。1987年被授予国家级有突出贡献的专家。（尹晓冬）

目标强度 target strength 在声呐探测中，反映目标反射能力的物理量。目标强度是距离目标的"声学中心"1米处的反射声强与入射声强之比取以10为底的对数再乘以10，即：

$$TS=10\lg\frac{I_r}{I_{i0}}$$

式中TS为目标强度，I_r为距目标"声学中心"1米处的反射声强，I_{i0}为入射声强。所谓"声学中心"是指在目标体上选择一参考点，看起来反射声波好像从这一点发出一样，I_r取实际测量换算到距离"声学中心"1米处的值。目标强度与声波频率、入射方向、反射方向有关。

在主动声呐探测中，目标反射特性与发射信号波形一起构成信号源的特性。在声呐方程中，用目标强度这一参量来描写目标反射能力，潜艇、鱼雷、水雷或鱼等海洋生物等复杂结构的水下目标其反射声的形成过程是多种多样的，主要有：①镜反射；②表面上有规则性的散射，不规则性就是曲率半径小于波长的棱角、边缘等；③声透入目标内部，引起内反射声波；④共振效应，某些入射波频率和方位可以激起目标不同的振动模式，往往会提高目标强度。水下目标的反射声与入射声相比，经常具有如下特征：①多普勒频移；②脉冲声信号的持续时间延展；③回声包络的不规则性；④调制效应，即舰船的螺旋桨可调制尾部方向的反射声，同时，船壳和尾流所合成的回声包络，由于两者频率不同会出现拍频或振幅变化。对于像潜艇这样形状和结构都非常复杂的反射体，在理论上计算目标强度是非常困难的，虽然做了大量实测研究，但仍有许多问题有待深入。一些简单几何体（如刚性球、有限和无限长圆柱、旋转椭球等）的目标强度可以给出其估计值，但对具体情况的实际目标测量值可能会有相当大的变化（其实际形状与简单几何体可能差异较大）。

（吴立新）

目标运动分析法 target motion analysis 利用声呐在不同时刻多次观测的数据（目标方位角、谱线、传感器之间相位差的时延等），通过处理和分析，估计出目标位置、运动轨迹和运动参数（速度、航向等）的方法。根据所利用的信息类型，目标运动分析法可分为纯方位目标运动分析法、基于方位时延目标运动分析法、基于到达时间与多普勒测量目标运动分析法、基于方位与频率测量目标运动分析法、空间累积目标运动分析法等。

通常被动声呐的基本功能是测向，一般不能直接测距或测距精度较差。纯方位目标运动分析法（也称纯方位跟踪）可以利用被动声呐的测向结果进行目标定位和运动参数估计，具有容易得到观测数据、算法相对简单且容易实现等优点，因此获得了广泛的应用。

目标运动分析使用的数学方法大致可分为两类：几何定位方法、滤波方法（如最大似然估计、卡尔曼滤波等）。目标运动分析方法，本质上属于非线性参数估计问题，原理上存在着解的存在性、唯一性问题，或可观测性问题。如对于纯方位目标运动分析，当声呐基阵和目标都做匀速直线运动时，则目标的运动要素不具备可观测性。为了估计出目标运动要素，需要在估计期间声呐至少做一次机动。可观测条件、声呐最优轨迹和目标跟踪算法是目标运动分析的核心问题。

收敛时间及定位精度是目标运动分析的两个重要指标。目标运动分析法收敛较慢，定位时间较长，当其观测数据较少时，距离估计误差较大，观测数据增大时距离的估计质量明显提高。为了获得好的定位效果，经常要求声呐在一段时间内有较大的角度移动。

（彭朝晖）

目镜 eyepiece 一种以眼睛作为接收终端的光学器件，是目视光学仪器如望远镜、显微镜等的组成部分，使用时通常靠近眼睛。目镜的作用是把物镜所成的实像进行二次放大，成像于无穷远或明视距离处供眼睛观察，其放大倍率由焦距决定，焦距越短倍率越高。所以是一种短焦距、孔径偏小、视场较大的光学系统，设计时主要考虑轴外像差。由于单片镜片成像质量较差，成像不清晰且具有严重的变形，所以目镜通常由若干片镜片组成以校正像差。其中靠近眼睛的称接目镜，靠近物镜的称向场镜。对于一个目视光学系统，通常会配备不同放大倍率的若干目镜，常用的有5倍、10倍、12.5倍、15倍、20倍等。历史上著名的光学家和仪器制造商曾经开发了不同结构的目镜，典型的有惠更斯目镜、冉斯登目镜、克尔纳目镜、阿贝消畸变目镜等。现在一般目镜都具有多片结构。

目镜的重要参数包括焦距或放大倍数、出瞳大小和出瞳距、线视场或视场角。出瞳距一般要大于6～8毫米，而高眼点目镜的出瞳距更大，可达20毫米以上，供戴眼镜的观察者使用。视场角一般在40°左右，也有更大的广角目镜。用于测量的目镜要有实的物面，在该面上设有分划板。目镜应可相对于分划板移动以适应不同屈光能力的观察者使用，称为视度调节。目镜最靠近物方的面到分划板的距离称为目镜的工作距离，设计时需给出视度调节的屈光度数，要求调节时不能让镜片碰到分划板。

当今有一种叫电子目镜的光学器件，这种器件严格来说不是一种传统意义的目镜，它是由位于物镜的实像面上的图像传感器和连接到显示设备的线路组成，目的是直接把物镜所成的像显示出来，或者输出到计算机进行图像处理。

惠更斯目镜　荷兰物理学家C.惠更斯于1660年发明了第一个多镜片目镜（图1）。这类目镜由两片凸面朝向物镜的平凸透镜组成，一般作为低倍目镜使用。通常采用同种玻璃，按校正倍率色差的要求，两镜间隔为焦距之和的一半。其中向场镜的作用是使由物镜射来的轴外光束折向接目镜，以减小接目镜的口径，也有利于轴外像差的校正，其焦距通常是接目镜焦距的2～3倍，大于间隔，因此在两透镜之间有一实像，应在此位置设置视场光阑。此视阑位置不是物镜像的位置，不能在其上设置分划板，故不宜用于量测显微镜。惠更斯目镜的镜目距约为焦距的1/3，因此其焦距不能小于15毫米。

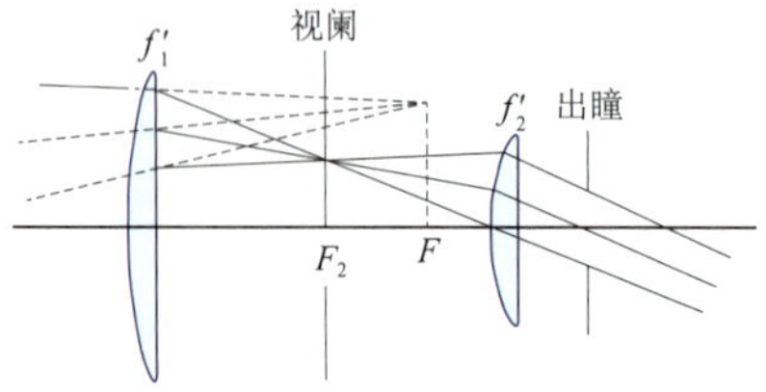

图1　惠更斯目镜

冉斯登目镜　1782年由英国天文与科学仪器制造商J.冉斯登设计，由两块凸面相对的平凸透镜组成，其间隔小于场镜和接目镜的焦距，且这两个焦距也不相等，使目镜的物方焦点位于场镜之外，可设置分划板；镜目距也可有所增大，可用于量测显微镜（图2）。

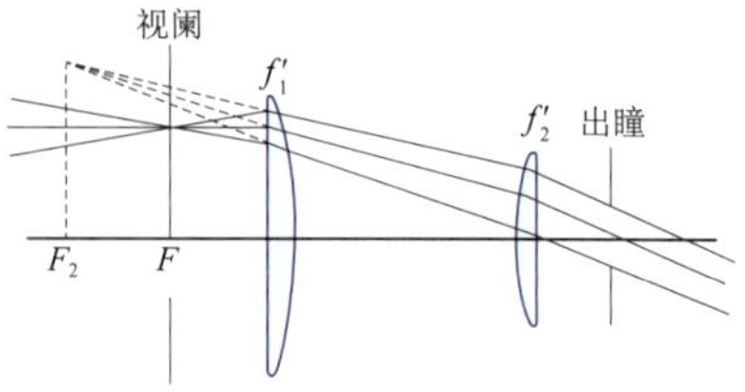

图2　冉斯登目镜

由于冉斯登目镜的物方焦面到接目镜的距离比惠更斯目镜要长一些，应用时显微镜的镜筒长度要明显增长，故不宜用于只做观察的生物显微镜中。在像差校正方面，该结构对彗差和像散的校正条件比惠更斯目镜有利得多，因此除了倍率色差外，所有其他的像差都要比惠更斯目镜小。

克尔纳目镜　德国光学家C.克尔纳于1849年设计的第一个消色差目镜，可认为是在冉斯登目镜的基础上，将接目镜改变为双胶合镜组而成的三片式目镜（图3）。它具有比惠更斯目镜、冉斯登目镜更好的像质，工作距离、镜目距和视场均有所增大。视场可达40°～50°，镜目距约为焦距的50%，工作距离约为焦距的1/3。

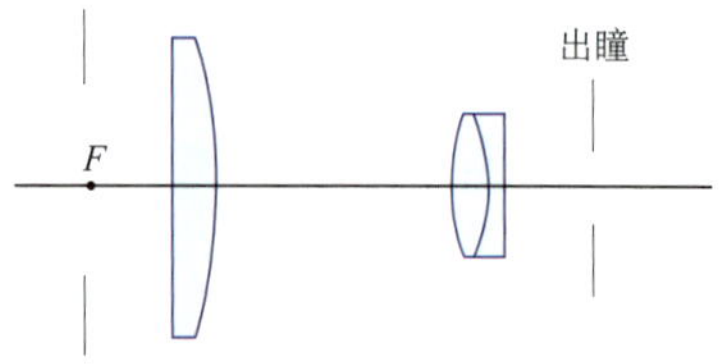

图3　克尔纳目镜

对称式目镜　奥地利光学仪器制造商G.S.普洛斯尔于1860年设计，也叫普洛斯尔目镜。它由两组相同的双胶合镜组对称设置而成（图4）。两个镜组各自校正好位置色差，整个目镜的倍率色差也随之校正，使其间隔可不受倍率色差的限制而做得很小。由于镜组间的间隔小，镜目距可以做到焦距的70%左右，适用于短焦距或长镜目距要求下使用，视场可以有40°～50°，可以用于观察深空或行星。对称式

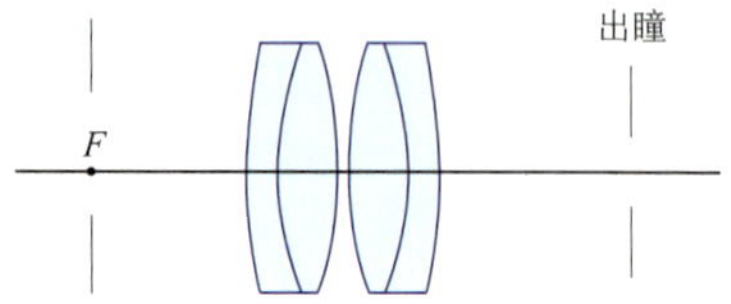

图4　对称式目镜

目镜的设计需要考虑两个胶合镜组正负透镜材料和形状的合理匹配。由于这种匹配的多样性，不同的对称式目镜的性能也各不相同。

阿贝无畸变目镜 1880年由德国光学家、企业家E.阿贝设计而成，由朝向物镜的三胶合镜组和朝向眼睛的单正透镜组成（图5）。两个镜组非常靠近，获得了相当大的镜目距，可达焦距的80%，因此能设计成很短的焦距。该目镜因能在校正倍率色差、彗差和像散的同时改善畸变而得名，视场约为40°～50°。特别适用于天文仪器中的高倍率望远镜，现在仍然常用于观察行星和月球。

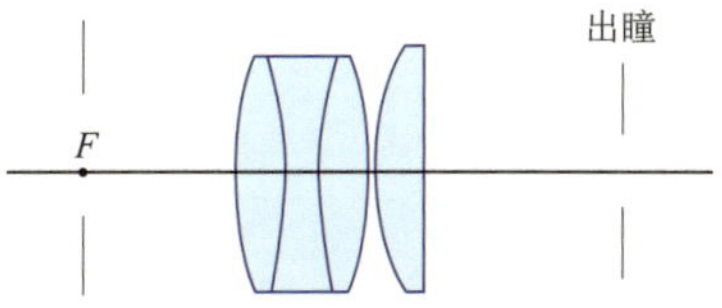

图5 阿贝无畸变目镜

爱弗尔目镜 德国光学家H.爱弗尔于1917年首先设计并用于望远镜的广角目镜（图6）。它是在对称式目镜中加入一块正透镜而得。由于减轻了二个双胶合镜组对主光线的偏角负担，高级轴外像差减小，视场可达65°～70°，较多应用于质量较高的高倍双筒望远镜中，镜目距约为焦距的70%。

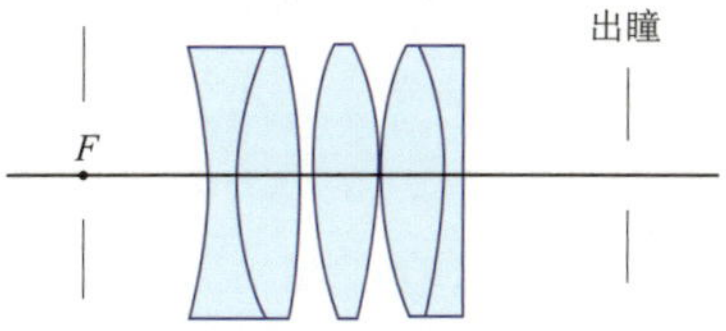

图6 爱弗尔目镜

（李晓彤 吴 兰）

穆鲁，G. Gérard Mourou（1944-06-22～ ） 法国物理学家。生于阿尔贝维尔。1973年获巴黎第六大学博士学位。随后在法国国立高等先进技术学院（ENSTA）应用光学实验室领导超快科学研究小组，同时在巴黎综合理工学院工作。自1977年起担任美国罗彻斯特大学教授。1990年担任密歇根大学超快光学科学中心主任。2005～2009年任ENSTA应用光学实验室主任。巴黎综合理工学院教授和密歇根大学荣誉教授。

1985年，正在罗彻斯特激光能量学实验室工作的穆鲁与学生D.斯特里克兰为进一步提高激光脉冲峰值功率，在不破坏被增强型材料情况下，成功制造出超短、高强度激光脉冲。他们首先将激光脉冲拓宽，以减小其峰值功率，然后对其放大，最后进行脉冲压缩。当脉冲在时间上被压缩并变得更短时，更多的光将会聚集在同一个微小空间中，脉冲强度则急剧增加。这一发明被称为啁啾脉冲放大技术（CPA），迅速成为后来的高强度激光标准。他们的发明革新了激光科学领域，使物理学家可以制造出更短且更强的激光脉冲，广泛应用于核物理、粒子物理等物理学各分支，以及医学领域的成像技术和癌症早期诊断和治疗。2018年，穆鲁与斯特里克兰因在激光物理学领域的突破性发明，尤其是“产生高密度超短光学脉冲的方法”方面的贡献，与美国物理学家A.阿斯金共同分享诺贝尔物理学奖。

（尹晓冬）

穆斯堡尔，R.L. Rudolf Ludwig Mössbauer（1929-01-31～2011-09-14） 德国物理学家。生于慕尼黑，卒于格林瓦尔德。1949年入慕尼黑工业大学学习物理。1955～1957年在海德堡大学马克斯·普朗克研究所做博士论文。1958年获慕尼黑工业大学哲学博士学位并任该校研究员。1961～1965年应邀任美国加州理工学院教授。1965～1971年以及1978年后一直任慕尼黑工业大学教授。1972～1977年任劳厄-朗之万研究所所长和法、德、英联合反应堆研究室主任。美国国家科学院院士、印度科学院院士。

穆斯堡尔在做博士论文期间，研究原子核对辐射的共振吸收。1957年发现，某种核素所发射的无反冲γ射线会被另一样品的同种核素所共振吸收。这一效应被称之为穆斯堡尔效应。为此获1961年诺贝尔物理学奖。

穆斯堡尔效应立即就被用于验证**广义相对论**所预言的引力红移并得到了精确结果，也被广泛用于测量核磁场和研究固体材料的特性。其应用范围包括核物理、相对论、固体物理、化学、冶金以至生物、医药等，迅速形成了跨学科的新领域，被称为**穆斯堡尔谱学**。

（郭奕玲）

穆斯堡尔谱学 Mössbauer spectroscopy 基于原子核无反冲γ射线共振散射或吸收现象即穆斯堡尔效应的一种核分析技术。1957年，德国物理学家R.L.穆斯堡尔在观察 ^{191}Ir的γ射线（129千电子伏）共振散射本底时首先发现了这一现象，因称穆斯堡尔效应。

原理 一个自由原子核发射或吸收γ光子时，原子核都要受到反冲，反冲能量$E_\gamma=E_0^2/2mc^2$，式中E_0是原子核的激发态能量E_e同其基态能量E_g之差值，m是该原子核的质量，c是真空中光速。这一反冲能量的损失使发射谱或吸收谱偏差$2E_\gamma$的能量。核激发态能量宽度f取决于其寿命Γ。对大部分发射γ光子的核辐射，$E_\gamma \gg \Gamma$，难以实现共振现象。穆斯堡尔发现，当原子核被束缚在晶体点阵中，其发射或吸收γ光子时，则整个晶体与原子核一起反冲，这时m应是晶体质量。晶体质量远大于1个原子核的质量，因此反冲能量E_γ显著减小，这样就容易观察到共振吸收现象，即所谓无反冲γ共振吸收现象。在反冲能量小于点阵振动的能级间隔时，它被整个晶体所吸收，因此穆斯堡尔效应又称为零声子发射和吸收。发生这种过程的概率称为无反冲因子或穆斯堡尔分数。

已经观察到具有穆斯堡尔效应的有46种元素，91个核素，112条穆斯堡尔跃迁线。这些**核素**统称为穆斯堡尔核，其中最常用的是^{57}Fe（14.4千电子伏）和^{119}Sn（23.8千电子伏），括号内为γ光子能量。

无反冲γ射线的特点是其谱线宽度接近于核能级宽度。如^{57}Fe的γ光子能量为14.4千电子伏，谱线宽度为4.6×10^{-9}电子伏，因此其γ射线能量分辨率高达3.2×10^{-13}。^{67}Zn的能量分辨率更高，达10^{-16}量级，借此能观察到原子核能级的超精细结构。

方法 测量穆斯堡尔效应的装置即穆斯堡尔谱仪，由无反冲的放射源、吸收体、产生多普勒速度的驱动系统和探测器组成。^{57}Fe是最常用的穆斯堡尔源，其多普勒速度约为毫米/秒量级。

应用 穆斯堡尔谱具有极高的能量分辨率，因此利用穆斯堡尔核外电子的相互作用所提供的信息，可精确地测定晶格结构、缺陷、有序度和离子价态等特性。穆斯堡尔谱的首次应用是在实验室内验证了广义相对论中的重力红移，此后它又应用于高温超导材料的研究，已广泛地应用到核物理、化学、固体物理、材料科学、地学、生物医学、考古学等领域。穆斯堡尔谱可以用于测量核激发态的磁矩、电四极矩、核能级寿命以及激发态和基态间核电

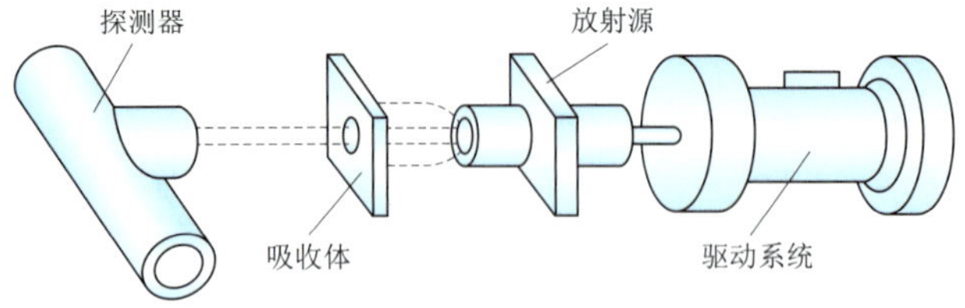

穆斯堡尔谱仪示意图

荷半径的相对变化；测定轴承钢中残留奥氏体的含量、催化剂中各相的组成、不同价态离子在不同晶位中所占的比例，以及注入杂质在复合半导体中的占位；研究高压对聚合物性质的影响、穆斯堡尔原子的电子组态、获取化学键的信息及研究锡、钛等金属有机化合物；研究血红蛋白、铁硫蛋白、铁转运蛋白等的结构和性质等。在磁性材料研究中，穆斯堡尔谱也是一种必不可少的技术。 （柴之芳）

N

纳米晶体 nanocrystal 三维空间尺度上至少有一维处于纳米量级（10^{-9}米）或由它们作为基本单元构成的晶体材料。纳米结构的晶态物质是按一定的规范构筑的一种新体系，包括一维、二维、三维、零维和分维的体系。纳米晶体单元包括纳米微粒、稳定的团簇、纳米管、纳米棒、纳米丝、纳米尺寸核壳，以及人造超原子等。纳米晶体的基本特性是小尺寸效应、表面与界面效应、*量子尺寸效应*和宏观量子隧道效应。纳米微粒、纳米固体和纳米结构材料等呈现出许多奇异的物理、化学性质，因此具有很重要的基础研究和应用价值。纳米晶体的电学和热力学性质显现出很强的尺寸依赖性，可以通过改变纳米晶体尺寸大小、成分、结构等方面来改变其物理、化学性质。纳米晶体能够提供单晶的晶体结构，通过研究这些微小的晶体结构，可以提供信息来解释相似材料的宏观样品的行为，而不用考虑复杂的*晶界*和其他*晶体缺陷*。尺寸小于几个纳米的半导体纳米晶体也被称为*量子点*。（李建奇 过 聪）

纳米颗粒 nanoparticle 线度在1～100纳米之间的细小颗粒。又称超微颗粒。纳米颗粒可以由金属、电解质和半导体，以及它们的复合物来制备。纳米颗粒具有重要的科学研究和实际应用价值，它显著不同于大块物质，也不同于单个原子或分子，但可搭起两者性质之间的桥梁。尺寸在10纳米以下的纳米颗粒又称*量子点*，这是由于其电子能级是显著量子化的。

纳米颗粒已经开始表现出大块固体的某些结构特征，但在物理性质上与大块固体仍有显著差异。大块物质总是有独立于其尺寸的稳定物理性质，但纳米颗粒的性质经常与尺寸以及形状有关。实际上材料性质将随着尺寸接近于纳米尺度而改变，这时表面原子的数目在体积中所占的比重将变得显著。所以一些特殊的、反常的性质在很大程度上源于纳米颗粒材料体积小但表面积大。

纳米颗粒的尺寸小，与电子的*德布罗意波*的波长相当，小于相位相干长度。电子被局限于一个体积十分狭小的空间，它的能级分布表现出不连续性，既不是宏观固体的准连续能带，又不同于微观系统的能级分布状况，表现为原大块固体的准连续能级产生的离散现象。根据久保理论，当$k_BT<e^2/d$（这里k_B为玻尔兹曼常数，T为温度），即当粒径d很小时，纳米颗粒具有电荷守恒的性质。这是说从一个纳米颗粒取走一个电子或加进一个电子都是十分困难的，因为一个电子克服库仑力所需做的功e^2/d特别大。

纳米颗粒的特殊性在于其*表面效应*和*有限尺寸效应*。研究得比较详细的是金属纳米颗粒。根据久保理论，纳米颗粒中由于电子数有限，电子能级间隔大于k_BT，也就是不同于大块固体的连续能带，能量取分立值。这样纳米颗粒将在比热、光吸收、磁性等方面表现出特殊性质。在纳米颗粒系统中已经观测到不少超出常规的物理性质，如金属纳米颗粒的表面等离子体共振，半导体纳米颗粒的量子受限，以及一些磁性纳米颗粒材料的超顺磁性。

实际上处理的往往不是单个的纳米颗粒，而是由大数目纳米尺寸颗粒构成的系统，即由纳米颗粒组成的块体，或由它们在空间有序排列而成的一维、二维、三维结构的聚合体。纳米颗粒系统表现出非常奇异的物理现象和物理效应，如金属纳米颗粒系统的光吸收远高于同样材料的大块固体，所以金属纳米颗粒系统的外观一般是深红色或黑色。由于颗粒形状的无规性，需要考虑颗粒系统的整体效应。可以预计不连续的能级是按一定概率分布的，因此需要引入能级统计的方法来计算颗粒聚集体的不同电子属性。

纳米颗粒可以是乳胶体、聚合物、陶瓷、金属或其他材料的颗粒。纳米颗粒越来越多的应用于光学、电子学、生物医学以及化妆品等生活领域中。纳米颗粒能够渗透到膜细胞中，并沿神经细胞突触、血管和淋巴血管传播。与此同时，纳米颗粒可能有选择性的积累在不同的细胞和细胞结构中。纳米颗粒的强渗透性，可在药物载体和显影剂的使用上提供有效性，但也对人体健康产生潜在威胁。关于纳米颗粒对人体健康危害的研究还不多。

（金国钧）

纳维–斯托克斯方程 Navier-Stokes equation 描述黏性不可压缩流体动量守恒的运动方程。简称N-S方程。此方程是法国科学家C.-L.-M.-H.纳维于1821年和英国物理学家G.G.*斯托克斯*于1845年分别建立的，故名。它的矢量形式为：

$$\rho\frac{d\boldsymbol{v}}{dt}=-\nabla p+\rho\boldsymbol{F}+\mu\Delta\boldsymbol{v} \tag{1}$$

在直角坐标中，它可写成：

$$\left.\begin{aligned}\rho\frac{du}{dt}&=-\frac{\partial p}{\partial x}+\rho X+\mu\Delta u\\ \rho\frac{dv}{dt}&=-\frac{\partial p}{\partial y}+\rho Y+\mu\Delta v\\ \rho\frac{dw}{dt}&=-\frac{\partial p}{\partial z}+\rho Z+\mu\Delta w\end{aligned}\right\} \tag{2}$$

式中ρ为流体密度；$\boldsymbol{v}$为流体速度矢量，在直角坐标中其分量为(u,v,w)；p为流体各向同性压力；$\boldsymbol{F}$为体积力，在直角坐标中其分量为(X,Y,Z)；μ为动力黏性系数。N-S方程概括了黏性不可压缩流体流动的普遍规律，因而在流体力学中具有特殊意义。

黏性可压缩流体运动方程的普遍形式为：

$$\rho\frac{d\boldsymbol{v}}{dt}=\rho\boldsymbol{F}+\nabla\cdot\boldsymbol{P} \tag{3}$$

式中

$$\boldsymbol{P}=-p\boldsymbol{I}+2\mu\left(\boldsymbol{S}+\frac{1}{3}\boldsymbol{I}\nabla\cdot\boldsymbol{v}\right)+\mu'\boldsymbol{I}\nabla\cdot\boldsymbol{v} \tag{4}$$

式中$\boldsymbol{P}$为流体应力张量；$\boldsymbol{I}$为单位张量；$\boldsymbol{S}$为变形速率张量，在直角坐标中其分量为：

$$s_{ij}=\frac{1}{2}\left(\frac{\partial u_i}{\partial x_j}+\frac{\partial u_j}{\partial x_i}\right)\quad(i,j=1,2,3)$$

μ'为膨胀黏性系数，一般情况下$\mu'=0$。若流体是均质和不可压缩的，这时$\mu=$常数，$\nabla\cdot\boldsymbol{v}=0$，则方程（3）可简化成N-S方程（1）和（2）。如果再忽略流体黏性（$\mu=0$），则（1）就变成通常的欧拉方程：

$$\rho\frac{d\boldsymbol{v}}{dt}=\rho\boldsymbol{F}-\nabla p \tag{5}$$

即无黏流体运动方程（见*流体力学基本方程组*）。

从理论上讲，有了包括N-S方程在内的基本方程组，再加上一定的初始条件和边界条件，就可以确定流体的流动。但是，由于N-S方程比欧拉方程多了一个二阶导数项$\mu\Delta\boldsymbol{v}$，因此，除在一些特定条件下，很难求出方程的精确解。可求得精确解的最简单情况是平行流动。这方面有代表性的流动是圆管内的哈根–泊肃叶流动和两平行平板间的库埃特流动。

在许多情况下，不用解出N-S方程，只要对N-S方程各项做量级分析，就可以确定解的特性，或获得方程的近似解。对于雷诺数$Re\ll1$的情况，方程左端的加速度项与黏性项相比可忽略，从而可求得斯托克斯流动的近似解。R.A.*密立根*根据这个解给出了一个最有名的应用，即空气中细小球状油滴的缓慢流动。对于雷诺数$Re\gg1$的情况，黏性项与加速度项相比可忽略，这时黏性效应仅局限于物体表面附近的边界层内，而在边界层之外，流体的行为实质上同无黏性流体一样，所以其流场可用欧拉方程求解。

把N-S方程沿流线积分可得到黏性流体的伯努利方程：

$$\frac{p_1}{\rho_1}+\frac{1}{2}u_1^2+gz_1=\frac{p_2}{\rho_2}+\frac{1}{2}u_2^2+gz_2+h_f' \qquad (6)$$

式中g为重力加速度；h_f'为单位质量流体克服阻力做功而引起的机械能损失。因此，流体沿流线流动时，机械能会转化成热能，使流体温度升高。（张德良）

奈耳，L.-E.-F. Louis-Eugène-Félix Néel（1904-11-22～2000-11-17） 法国物理学家。生于里昂，卒于科雷兹省的布里夫。1928年毕业于巴黎高等师范学校，1932年获法国国家博士学位。1937年起先后任法国斯特拉斯堡大学和格勒诺布尔大学教授。1953年被选为法兰西学院院士。1963年任国际纯粹与应用物理学联合会主席。曾担任法国国家科研中心指导委员会成员（1952），格勒诺布尔核研究中心主任（1956），格勒诺布尔磁学实验室主任（1945）。有多所外国科学院和大学授予他荣誉院士和教授称号。

主要致力于固体物理和磁学的研究。他建立和发展了反铁磁性（1932）、亚铁磁性（1948）和超反铁磁性（1961）的分子场理论，在热涨落和方向有序产生的磁化蠕移、微粉磁性、岩石磁性、磁畴和畴壁的理论，以及技术磁化和矫顽力理论等领域也都有突出贡献。反铁磁性转变温度被称为**奈耳温度**。他首先提出的一种畴壁结构被称为奈耳畴壁。反铁磁性和亚铁磁性理论为后来各种磁有序理论开辟了道路，亚铁磁性和微粉磁性理论分别促进了各种类型铁氧体材料和微粉永磁材料的发展和应用。由于在反铁磁性和铁氧体磁性方面的基础研究，获得1970年诺贝尔物理学奖。（王震西）

奈耳温度 Néel temperature 热扰动完全破坏反铁磁材料磁有序的温度。又称奈耳点。对于反磁性材料，当温度低于奈耳温度时，交换作用的存在，使近邻自旋磁矩反平行排列，即反铁磁序。当温度高于奈耳温度时，热扰动完全破坏这种磁有序使材料体现顺磁性。奈耳温度是反铁磁材料的二级相变转变点。从磁化的角度，在奈耳温度以下，反铁磁材料的磁化率χ与外磁场方向有关，随温度的升高，与反铁磁自旋（易）轴垂直方向的磁化率保持不变直至奈耳点，其他方向磁化率随温度的升高而增大，在奈耳点取极大值；在奈耳温度以上，反铁磁的磁化率与外磁场方向无关，随温度的上升而减小，其变化规律与铁磁材料在高于居里温度以上的居里-外斯定律类似，可表示为：$\chi=\frac{C}{T-\theta}$，其中C为居里常数，θ为奈耳温度。但不同于铁磁材料在高温顺磁时所表现的是正θ值，反铁磁材料的θ值为负。此外，在奈耳温度附近，反铁磁物质除了磁化率有反常变化外，其比热和热膨胀系数及其他一些物理参数都会出现反常的峰值。（蔡建旺）

南部阳一郎 Nambu Yoichiro（1921-01-18～2015-07-05） 美籍日裔物理学家。生于日本东京，卒于日本丰中。1942年于东京帝国大学（1947年起更名为东京大学）理学部物理学科毕业。1952年获东京大学理科博士学位。1952年到美国普林斯顿高等研究院进行访问研究。1956年起，任芝加哥大学副教授，1958年任教授。1970年加入美国国籍。1991年被授予芝加哥大学恩里科·费米研究所名誉教授。后为该校名誉退休教授，大阪市立大学名誉教授。

南部阳一郎是20世纪60年代对**量子色动力学**和**对称性自发破缺**领域进行研究的先驱。他对对称性自发破缺做出了开创性的工作，首先将铁磁系统和超导体中对称性破缺引入到微观粒子系统，提出了著名的南部-乔纳-拉西尼奥模型。对称性自发破缺机制深化了对真空态的认识，被称为南部-戈德斯通定理。自发对称性破缺机制是粒子物理标准模型的基础，该模型理论是近几十年探索物质结构研究的结晶，是20世纪探索微观世界规律的极重要的成就。标准模型理论中弱相互作用和电磁相互作用具有共同的非阿贝尔规范群对称性，规范场介子的质量为零。当选取了某一特定物理真空后，电弱作用的对称性产生自发破缺，系统中出现的零质量戈德斯通粒子变成了规范介子的纵向自由度，使原来没有质量的规范介子获得了很重的静止质量，统一的电弱相互作用被分解为性质截然不同的电磁相互作用和弱相互作用两部分，这就是黑格斯机制。这个机制精确地预言了传递弱相互作用中间玻色子质量，得到实验的证实，并保持了理论的规范不变性和可重正性。他还对量子色动力学和弦理论领域进行了开创性研究，是**弦理论**的创始人之一。

南部阳一郎获得了许多学术荣誉和奖励。1978年被授予日本文化勋章。1982年被授予美国科学界最高荣誉——美国国家科学奖。1985年获马克斯·普朗克奖章。1986年获狄拉克奖。1994年获J.J.樱井奖。他还被授予1994～1995年度的沃尔夫奖。2005年获富兰克林奖章。

南部阳一郎因为发现亚原子物理的对称性自发破缺机制而获得2008年度诺贝尔物理学奖。（成复旺）

囊泡 vesicle 两亲性分子分散在选择性溶剂中自发形成的一类具有封闭双层结构的分子有序组装体。这些两亲性分子包括天然的和合成的表面活性剂、磷脂分子以及嵌段共聚物等。一方面，囊泡为研究生物膜提供了一个模型体系；另一方面，囊泡可以用来载药，囊泡的双层结构使它拥有亲水微区和疏水微区，从而可以同时运载水溶药物和水不溶药物。（李卫华）

挠曲电性 flexoelectricity 描述材料中极化（电场）与应变梯度（应力梯度），以及应变（应力）与极化梯度（电场梯度）的线性耦合关系的性质。这种关系广泛存在于固体材料、液晶、高分子及生物膜中。又称弯电性。在固体材料中，弯电性的存在归因为应变梯度直接打破了晶体的中心反演对称性。不同于压电效应，弯电效应可以存在于中心对称晶体中。下列各式中最后一项均为弯电效应。一、三式的最后一项为正弯电效应，二、四式的最后一项为逆弯电效应，表示如下（为简洁采用爱因斯坦求和约定，即各阶张量角标成对出现时均需要求和）：

$$P_l=\varepsilon_0\eta_{lm}E_m+e_{lij}\varepsilon_{ij}+u_{ijkl}\frac{\partial\varepsilon_{ij}}{\partial x_k}$$

$$\varepsilon_{ij}=s_{ijpq}\sigma_{pq}+g_{lij}^*P_l+\Omega_{ijkl}\frac{\partial P_l}{\partial x_k}$$

$$E_l=\varepsilon_0^{-1}\chi_{lm}P_m+g_{lij}\sigma_{ij}+f_{ijkl}\frac{\partial\sigma_{ij}}{\partial x_k}$$

$$\sigma_{ij}=c_{ijpq}\varepsilon_{pq}+e^{*}_{lij}E_l+\pi_{ijkl}\frac{\partial E_l}{\partial x_k}$$

式中ε_0为真空介电常数；x_k为空间坐标分量；P_l为极化；E_l为电场；η_{lm}为电极化率张量；χ_{lm}为逆电极化率张量；ε_{ij}为二阶应变张量；σ_{ij}为二阶应力张量；e_{lij}、g_{lij}为三阶正压电系数张量；e^{*}_{lij}、g^{*}_{lij}为三阶逆压电系数张量；s_{ijpq}为四阶弹性顺服系数张量；c_{ijpq}为四阶弹性刚度系数张量；u_{ijkl}、f_{ijkl}为四阶正弯电系数张量；Ω_{ijkl}、π_{ijkl}为四阶逆弯电系数张量。弯电系数是衡量材料弯电效应的重要指标。

发展历程　1957年，V.马什克维奇和K.托尔皮戈发现单晶材料内晶格的非均匀形变能够产生静电势，并由此预测了弯电效应。1964年，Sh.M.科岗将应变梯度引入自由能函数，首次提出正弯电效应的唯象理论。1968年，E.V.布尔西安和O.I.扎伊科夫斯基在实验上观测到了这一现象。但由于宏观材料中弯电作用非常微弱，一方面弯电耦合系数十分小（10^{-11}～10^{-10}库/米），另一方面固体中的弹性变形又十分有限，很难通过外加载荷实现对应变梯度的控制，机械载荷弯曲材料产生的应变梯度其值也很小，通常只有0.1米$^{-1}$。但当材料处于纳米尺寸时，应变在小尺度范围内可以发生剧烈变化，此时弯电效应显著（弯电电场大于10兆伏/米），足以影响材料电学性能，因此理解和控制弯电效应对未来纳米电子及纳米技术发展起关键作用。2011年，D.李等对$HoMnO_3$薄膜利用掠入射X射线衍射测量出薄膜内部存在大的应变梯度，比传统块体内部大六七个数量级，从而在薄膜内部产生巨大的弯电效应。同年G.卡塔兰等在$DyScO_3$衬底上生长的$PbTiO_3$薄膜中发现，由于弯电效应使得铁电极化发生了旋转，为铁电材料极化旋转提供了新途径。2016年，卡塔兰等又发现，弯电效应不只存在于绝缘体中，半导体在应变梯度下也会形成自由电荷的再分布，产生类似弯电响应，这种响应比在绝缘体中大得多。利用氧空位能增加$BaTiO_3$（BTO）的导电性，分别对BTO单晶在真空条件和氧气氛中退火，得到氧缺失的$BaTiO_{3-\delta}$和富氧的$BaTiO_{3+\delta}$，分别测其弯电系数，得到$BaTiO_{3-\delta}$的弯电系数达1毫库/米，比$BaTiO_{3+\delta}$高两三个数量级。这一重大发现极大地激发了对弯电效应的研究兴趣。

应用　应变梯度能够在所有介电材料中产生电极化，即弯电材料的来源比压电材料更广泛。另外，与压电材料相比较，弯电材料有应用温度区间广、更加有利于环境变化等优势。因此弯电材料在传感、驱动方面呈现出的优良特性，使其在结构健康监测领域具有极大应用前景。而且在新型应变梯度传感器、新型压电复合材料、新型加速度传感器等方面的应用前景非常广阔。

（马秀良）

内爆　implosion　在惯性约束聚变中，烧蚀压推动剩余物质向球心运动，压缩和加热聚变燃料，使之达到热核聚变的条件（劳森条件）的过程。球对称的聚变靶丸受到高功率密度激光脉冲或者X射线的辐照后，表面烧蚀层物质迅速被加热至几百万摄氏度到几千万摄氏度的高温，产生向外高速膨胀的等离子体。由于动量守恒，剩余物质会感受到一个向内的、百万大气压级的压强（烧蚀压）。

在内爆的过程中，燃料的向内运动速度随时间不断增加，达到峰值后又逐渐降低。这个过程中需要燃料尽量保持为一个理想的球对称结构，否则难以实现燃料的聚变燃烧（见**激光聚变**）。

（郑　坚）

内聚能　cohesive energy　将单位量的物质分散至分子间作用力消失状态所需的能量。定量地描述，内聚能就是把1摩尔的液体或固体汽化所需要吸收的能量。用内聚能来衡量物质分子结合的紧密程度。固体依靠静电力结合而成，采用内聚能来反映这些力，其数量级是电子伏。内聚能是固体中原子或分子的结合能。

可用内聚能描述由表面活性剂、油、水所构成的体系中各种分子之间相互作用的强弱；预测各种结构的分子有序组合体的形成、转换和稳定性理论的表示式。

（牛智川）

内能　internal energy　系统内部的能量总和。不包括系统整体运动时的动能和系统在外场作用下的势能。在不考虑相对论相互作用情况下，内能为组成系统的所有微观粒子相对质心系的热运动动能与粒子间相互作用势能的总和，其大小与系统物质的量有关，且具有加和性，因此是广延量。内能常用符号U表示，具有能量的量纲，国际单位是焦耳（J）。对于一个真实的**热力学系统**，内能无法直接测量，但对于一个无限小的准静态过程，其增量为过程量热量dQ和做功dW之和，即：

$$dU=dQ+dW$$

（刘志锋　宫　箭　班士良）

内燃机　internal combustion engine　将工作物质（燃料）与空气混合物的燃烧过程置于气缸内部工作的热机，如汽油机、柴油机。如图给出火花点火式四冲程（含进气、压缩、做功、排气）汽油机的工作示意。图a表示进气阀打开排气阀关闭，活塞从上向下运动吸入工作物质后，进气阀关闭；图b表示活塞从下向上运动压缩工作物质（外界做功），连杆越过上死点；图c表示火花塞点火，工作物质燃烧，推动活塞从上向下运动经过程（图d）对外做功；图e表示连杆越过下死点后排气阀打开，活塞从下向上运动经过程（图f）将废气排出气缸后排气阀关闭进气阀打开，完成一个循环。

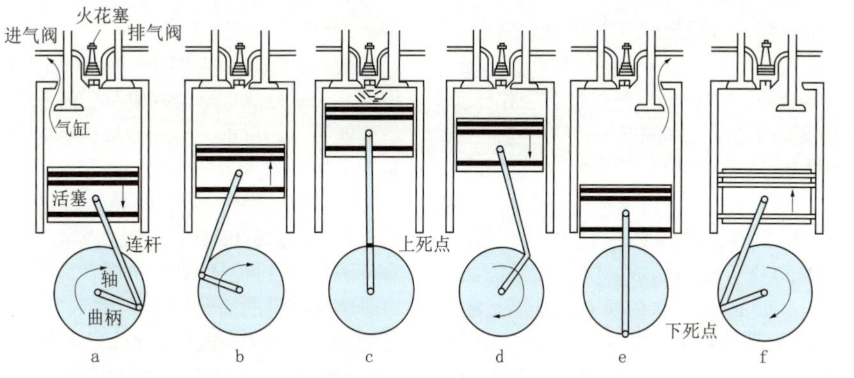

汽油机工作循环示意图

（班士良　刘志锋　邢　燕）

内转换　internal conversion　一种典型的**无辐射跃迁**过程。内转换发生在多重度相同的能态之间，既有从单重态到单重态的跃迁，也存在从三重态到三重态的跃迁。在内转换过程中，由于激发态与基态之间的能隙相对较大，从S_1到S_0的内转换速率常数（k_{ic}）一般小于10^8/秒；而由于激发态之间能隙相对较小，激发态之间的k_{ic}相对较高，一般可达到10^{11}～10^{13}/秒。k_{ic}通常还会受到分子刚性、温度以及重氢同位素的影响。分子刚性的提高，温度的升高，以及有机物中的氢被重氢原子取代均会使k_{ic}降低。

（石　英）

能带 energy band 固体物理中用来描述固体中电子被允许占据的能量范围。单原子中电子被局限在一系列不同离散能级的原子轨道上。按照量子力学泡利不相容原理，电子从低能量态到高能量态逐级填充。这些离散能级间没有能量态供电子占据。当多个原子组在一起形成晶体时，它们之间存在相互作用，原子轨道相互交叠。由于*泡利不相容原理*，固体中不能有两个电子具有相同的量子数，原子轨道交叠劈裂成具有不同能量、离散的分子轨道。由于固体中原子数众多(约10^{22}量级)，相应的轨道数目很大、劈裂很小（约10^{-22}电子伏量级），这些能级从而可以认为能形成连续的能量范围，即能带。

根据组成的原子轨道的不同交叠特性，能带有不同的宽度。由于原子实很强的束缚作用，近邻原子的内层电子间只有很小的交叠，从而形成的能带很窄。外层价电子受到较弱的原子实束缚，形成的能带宽度一般较大。在固体材料中，最低的没有被电子完全填充的能带被称为导带。材料是否具有导电特性主要是由导带中是否有电子占据决定。在金属中导带被电子部分占据。这些电子可以在晶格中自由移动，作为载流子来传导电流。在非金属材料中导带位于费米能级之上，是最低的未被填充的空带。对于半导体材料，导带可以接收从被占据的低能量能带上由于热、光激发等跃迁上来的电子，从而也产生导电性质。

价带是固体中被电子占据的最高的能带。半导体或绝缘体材料中，价带由被占据的分子轨道组成，位于费米能级之下，是最高的被完全填充的能带。由于掺杂或者受到热、电等激发时，半导体材料中电子可以从价带中跃过禁带至导带中，使得材料可以导电。在金属中最高的被电子占据的能带被部分填充，价带也是导带。不同能带间没有能级存在的能量区域称为禁带或能隙，不能被电子所占据，其内部没有电子态存在。在描述半导体和绝缘体材料电子结构性质时，分隔价带和导带的禁带有着特别重要的物理意义。其宽度，即价带顶和导带底的能量差，对应于激发一个电子从束缚于原子的价带态到成为导电电子所需的能量。不同的材料有着不同的禁带宽度。对于半导体材料，禁带宽度较小但非零。零温或低于一定温度下，半导体材料的导电特性表现为绝缘行为。但达到一定温度后，热激发可以使得半导体中电子从价带跃迁至导带，从而产生导电性质。与此相反，绝缘体则具有很大的禁带宽度，常规条件下热、光激发等并不能使得电子完成跃迁，实现体系导电。1931年英国物理学家A.H.威耳孙提出了通过布洛赫能带理论来理解金属、半导体和绝缘体的微观机制，为半导体物理的发展奠定了基础。

（马锋杰）

能带模型 band model 用来描述固体中的电子状态及其运动情况的物理模型。在原子形成分子时，原子轨道构成具有分立能级的分子轨道。晶体是由大量的原子有序堆积而成的。由原子轨道所构成的分子轨道的数量也十分庞大，以至于可以将所形成的分子轨道的能级看成是连续能带的能带模型。该模型是一种用来描述固体中的电子在原子核点阵及其他所有电子的电场中运动情况的物理模型。满的成键轨道形成价带，空的反键轨道形成导带。导带与价带通常由禁带分开。根据禁带的宽窄，固体可分为半导体和绝缘体，若禁带的宽度为零，则为金属。

晶体电子从最低能级开始填充，被电子填满的能带称为满带，被电子部分填充的能带称为不满带，没有电子填充的能带称为空带。满带电子不导电，而不满带中的电子对导电有贡献。价电子所占据的能带称为价带。

图1是金属、半导体和绝缘体的能带模型。如果晶体电子恰好填满了最低的一系列能带，能量再高的能带都是空的，而且能带最高的满带与最低的空带之间存在一个很宽的禁带，则这种晶体就是绝缘体。如果晶体的能带中，除了满带外，还有不满带，这种晶体就是金属。半导体的电子填充能带的情况与绝缘体相同，只是带隙较窄。在$T=0$K时，晶体是不导电的；在$T\neq0$K时，将有部分电子从价带被激发到导带，使价带顶与导带底的能带变成部分填充电子的不满带，晶体因而具有一定的导电能力。

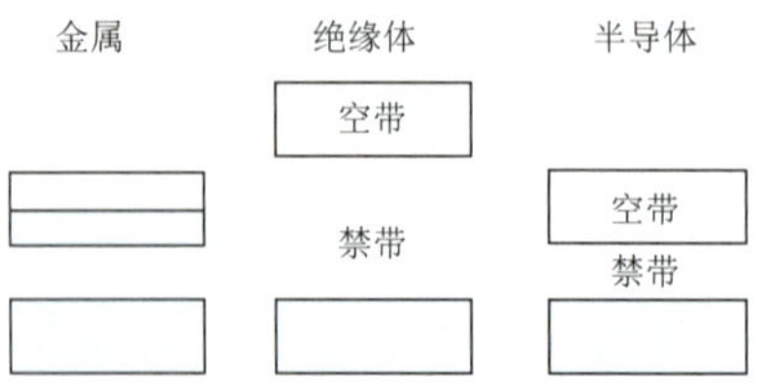

图1 金属、半导体和绝缘体的能带模型

满带中如缺了少数电子就会产生一定的导电性。通常在能带模型中引入空穴的概念将大量电子的集体运动等价地变为描述少数空穴的运动，从而简化能带模型对晶体导电的描述。能带模型中，导带中的电子与价带中的空穴均可以参与导电。

细致的能带模型应该是晶体中的单电子能量作为电子波矢$\boldsymbol{k}$的函数$E_n(\boldsymbol{k})$。其中n代表第n个能带。由于晶体的空间对称性，在倒格矢$\boldsymbol{k}$空间中，能量也是$\boldsymbol{k}$的周期函数。因此只需要在布里渊区内定义能带就已足够。计算能带要解薛定谔方程：

$$H\psi_n(\boldsymbol{k},\boldsymbol{r})=E_n(\boldsymbol{k})\psi_n(\boldsymbol{k},\boldsymbol{r})$$

式中H为哈密顿量；$\psi_n(\boldsymbol{k},\boldsymbol{r})$为电子波函数。计算能带的方法有紧束缚方法、经验赝势方法、第一性原理方法等。计算结果与实验结果符合较好。图2是半导体硅的能带，横坐标是沿着布里渊区对称轴Γ-X（1,0,0）方向和Γ-L（1,1,1）方向的波矢$\boldsymbol{k}$，纵坐标就是能量。在图2中阴影部分是带隙，

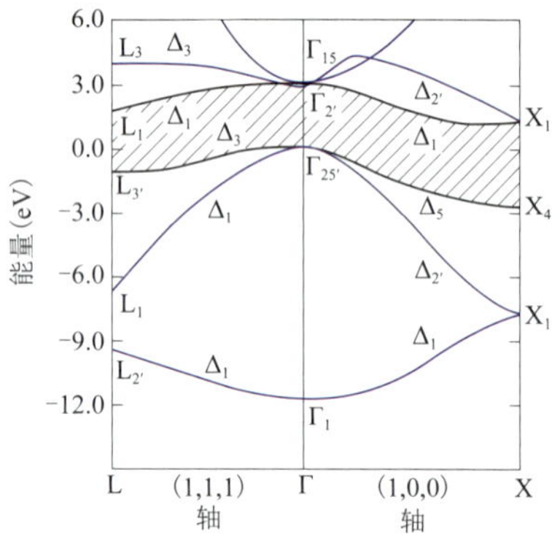

图2 半导体硅的能带

带隙以下的是价带，带隙以上是导带。价带顶在Γ点（$\boldsymbol{k}=0$），导带底在Γ-X轴上，带隙为1.1eV，因此半导体Si是间接带隙的半导体。

（李京波）

能级 energy level 原子中电子的能量所能取的离散值。原子中的电子只能在一系列一定大小、彼此分离的轨道上运动。电子在每一轨道运动时，原子具有一定的能量，电子在不同的轨道上运动时，原子具有不同的能量。与轨道相对应的能量只能是分立的数值，一系列不连续的轨道能量值就构成了原子的电子能级，常称为能级。

（蒋　刚）

能级寿命 level lifetime *原子核*的基本物理量。包括基态、激发态的寿命。从统计观点看，是指一条能级平均能存在的时间。稳定核不衰变，基态寿命是无限长的，不稳定核基态寿命最短为10^{-19}秒量级（^{16}F、^{9}B），最长可达10^{17}年（^{204}Pb）。原子核激发态寿命最长可达10^{15}年（^{180}Ta中77.1千电子伏9^-同核异能态）。大部分通过电磁跃迁衰变的激发态能级寿命在飞秒～年量级。根据寿命长短、衰变模式不同，实验上发展了不同的寿命测量技术。

（刘　忠）

能量 energy 物质所具有的基本物理属性之一。可以用来表征物理系统做功的本领。

能量的单位与**功**的单位相同，在国际单位制中是焦耳（J）。在原子物理学、原子核物理学、粒子物理学等领域中常用电子伏（eV）作为单位，1电子伏＝$1.602\,18\times10^{-19}$焦。物理领域，也用尔格(erg)作为能量单位，1尔格＝10^{-7}焦。

能量以多种不同的形式存在。按照物质的不同运动形式分类，能量可分为机械能、化学能、热能、电能、辐射能、核能。这些不同形式的能量之间可以通过物理效应或化学反应相互转化。

机械能 物体在力学现象中所具有的能量形式，包含动能和势能（位能），即机械能＝动能＋势能。

动能在宏观物体的低速力学现象中由牛顿力学近似给出：$T=mv^2/2$。式中物体的惯性质量m是一个不变的常数。**势能**是能量存在的另一种形式，可以把它比作能够转化为动能的物体具有(引力)势能，位置越高势能越强，当它自由下落到低处时，势能就转变成物体的动能。宇宙中物体内部的原子（或分子）之间既存在相互作用因而具有势能，又在不停地相对运动（热运动）因而具有动能。所以任何物体既有动能又有势能，例如一个弹簧被压紧时就具有了势能，压得越紧势能越大，把弹簧松开后，势能就转化成了动能。

化学能 物质发生化学变化（化学反应）时释放或吸收的能量。如干电池和蓄电池的放电是化学能转变成电能，给电池充电则是电能转变成化学能。

热能 物质内部原子分子热运动的动能。温度愈高的物质所包含的热能愈大。热机是膨胀的水蒸气把它的热能变成了热机的动能。

电能 正负电荷之间由于电力作用所具有的（电）势能，可以用电场强度表达出来。真空中的电能密度（单位体积内的电能），即电场能量密度$w=\boldsymbol{E}^2/2$，介质中的电能密度$w=\boldsymbol{E}\cdot\boldsymbol{D}/2$，式中$\boldsymbol{D}$为电位移矢量；$\boldsymbol{E}$为电场强度。电能的提取就是将电势能变成带电粒子的动能，如导体中的电流或加速器中的荷电粒子束。磁能是指磁场能，磁能密度$w=\boldsymbol{H}\cdot\boldsymbol{B}/2$，式中$\boldsymbol{H}$为磁场强度；$\boldsymbol{B}$为磁感应强度。电能密度与磁能密度之和为电磁能密度，即电磁场能量密度$w=(\boldsymbol{E}\cdot\boldsymbol{D}+\boldsymbol{H}\cdot\boldsymbol{B})/2$。

辐射能 指光和电磁波的能量（光子的能量）。

核能 原子核内核子的结合能，它可以在原子核裂变或聚变反应中释放出来变成反应产物的动能。

狭义相对论中的相对论性力学要比牛顿力学更精确地描写了物质的力学运动规律。**质能关系**（$E=mc^2$）把惯性质量与能量联系起来。物质的总能量写成：

$$E=\sqrt{m_0^2c^4+p^2c^2}=mc^2=\frac{m_0c^2}{\sqrt{1-\frac{v^2}{c^2}}}$$

式中m_0是物体的静质量；m为相对论质量；c为真空光速；v为物体在惯性系中的运动速度的大小（绝对值）；$p=mv$为物体动量的绝对值。物体的动能T等于总能量E减去静能量E_0（$E_0=m_0c^2$）：

$$T=E-E_0=m_0c^2\left(\frac{1}{\sqrt{1-v^2/c^2}}-1\right)\approx\frac{1}{2}m_0v^2$$

低速近似下（非相对论）的动能成为牛顿力学中的形式。由于质能关系，质量守恒包含在能量守恒之中。

机械能、化学能、热能、电（磁）能、辐射能、核能等不同类型的能量之间相互转化的方式多种多样。例如，最常见的电能（交流电和电池）可以由多种其他形式的能量转变而来，如机械能—电能的转变（水力发电）、核能—热能—机械能—电能的转变（核能发电）、化学能—电能的转变（电池）等。不同类型能量之间的相互转化方式如图。（张元仲）

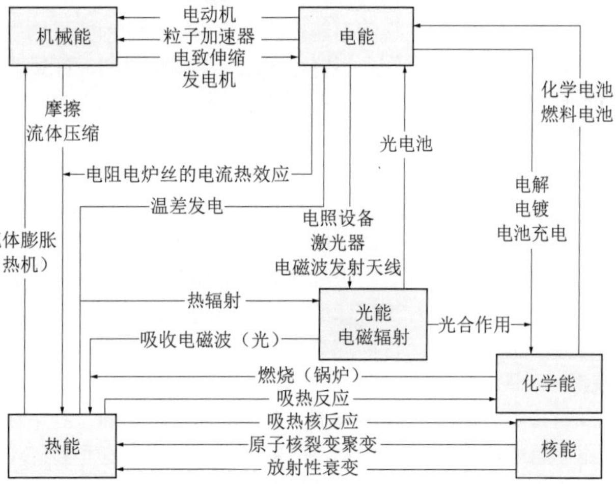

不同类型能量之间的相互转化方式

能量势垒模型 energy landscape model 一种描述和理解多体相互作用系统中动力学行为和热力学性能的方法。能量势垒模型广泛应用于物理学、化学和生物学科。任一能量形貌显示的是一个分子单元的所有可能构型或相互作用分子空间位置的能级（典型的**吉布斯自由能**）分布图。

数学中能量形貌是一个拓扑空间和相空间上能量连续变化的非离散函数。其中当系统有n个自由度时，连续能量形貌图是$n+1$维拓扑空间中的超曲面。理论计算中能量形貌指的是等价于相互作用的势能方程在N个组成粒子的多维相空间中多维度连续分布。能量形貌图中峰尖和峰谷分别对应局域相空间能量极大和极小值。

在研究蛋白质折叠问题中，理论上一个蛋白质存在几乎无限个能量形貌，即构型。而实际上蛋白质能通过占据可能的最低能量折叠(或**弛豫**)为二级和三级结构。其中能量形貌理论中关键理念是折叠漏斗，即假设一定受限条件下的蛋白质对应于一个能量极小值。

非晶态物理中，任一能量形貌中局域极小值指的是一个**热力学系统**的亚稳定状态。一定温度下，非晶系统的物性决定于可能遍历的能量/能级极小值和极小值相互间的转化性。高温下系统能够遍历更多的极小能级，而低温下系统只能遍历更少且能量更低的极小能级。最终非晶体系将冻结为玻璃，陷入可能极小能级。在能量形貌图中，这一能级数目庞大。

（闻 平）

能量守恒定律 energy conservation law 一个封闭（孤立）系统的总能量保持不变。能量守恒定律中的总能量一般说来已不再只是**动能**与**势能**之和，而是静止能量（固有能量）、动能、势能三者的总量。

焦耳热功当量实验是早期确认能量守恒的有名实验，而后在宏观领域内建立了能量转换与守恒的热力学第一定律。**康普顿效应**确认能量守恒定律在微观世界仍然正确，后又逐步认识到能量守恒定律是由时间平移不变性决定的，从而使它成为物理学中的普遍定律（见**对称性**）。机械能守恒定律是能量守恒定律的一个特例，即在一个封闭的力学系统中**机械能守恒**。

在保持总能量不变的前提下，固有能量、动能、势能之间可以相互转化。最典型的例子就是在正电子和负电子湮没成光子的过程中，正负电子的全部固有能量（对应于静止质量）转化成了光子能量即电磁辐射能（相应的质量为光子的动质量）。又如在原子核裂变过程中，部分固有能量转化为动能。一个由多种成分组成的复合系统，其整体的固有能量（或静质量）是各组成部分的固有能量（或静质量）与相互作用势能的总和。例如，稳定原子核的静质量要比构成它的核子（质子和中子）的静质量之和小，两者之差称为质量亏损，与之相应的能量就是原子核的结合能（来自核子之间的相互作用势能）。核能就是原子核反应过程中释放出来的原子核结合能，它是质能关系的直接证据。

能量守恒定律和动量（角动量）守恒定律成功应用的最典型事例是基本粒子实验中中微子的发现。**中微子**是一种静止质量微小、不带电且与物质相互作用极其微弱的基本粒子。20世纪20年代末30年代初，对原子核β衰变能谱的研究发现，衰变后发射出的电子（β射线）带走的能量比它按能量守恒定律所应带走的能量要小（似乎丢失了部分能量），而且原子核的自旋与电子的自旋不符合量子力学中的角动量合成规则。为了解释这种现象，要么放弃能量和角动量守恒定律，要么假定有一种未能观测到的基本粒子即中微子存在，以便保持这些守恒定律成立。物理学家最终选择了后者，并且利用其他的基本粒子实验证实了中微子和反中微子的存在，因此能量守恒定律和动量（角动量）守恒定律在这些过程中仍然有效。

上述狭义相对论能量、质量、动量的概念和定义，以及能量守恒定律和动量（角动量）守恒定律，或者更一般的能量-动量守恒定律（角动量守恒包含在其中），不仅适用于力学现象，而且适用于整个平直时空中的物理学。

（张元仲）

能量条件 energy conditions 能够描述物理上真实的物质源的能量-动量-应力张量需满足的条件。**广义相对论**中，物质场用能量-动量-应力张量（简称能动张量）T_{ab}描述。爱因斯坦场方程把能动张量与时空几何联系起来，所以能量条件对能动张量的限制也间接限制了时空几何。常用的能量条件有弱能量条件、强能量条件和主能量条件。如弱能量条件是说对于任意类时矢量$\boldsymbol{\nu}^a$，在时空中任一点都满足$T_{ab}\boldsymbol{\nu}^a\boldsymbol{\nu}^b\geqslant 0$。这些能量条件对物质场的能量密度和压强提出限制。弱能量条件指任何观者测得的能量密度为非负，强能量条件强调压强不能太负（与能量密度比），主能量条件指能流不能超光速。除了主能量条件可以推出弱能量条件外，这三个能量条件不具有包含关系。此外，还有类光能量条件：对于任何类光矢量$\boldsymbol{k}^a$，都有$T_{ab}k^ak^b\geqslant 0$。类光能量条件比前三个能量条件都弱，从弱能量条件、强能量条件、主能量条件都可以推出类光能量条件。

能量条件在**广义相对论**中扮演重要角色，如黑洞面积定理、奇点定理、正能定理等都涉及能量条件。通常的经典物质满足以上能量条件，但量子物质（物质场能动张量重正化后）或宇宙中的暗能量就可能违背某些能量条件。为了找到量子物质也满足的能量条件，进而提出了平均弱能量条件和平均类光能量条件（ANEC）。如ANEC要求 $\int_\gamma T_{ab}k^ak^b\geqslant 0$，其中$\gamma$是任意完备的类光测地线，$\boldsymbol{k}^a$是其切矢量。已经证实很多量子物质场满足ANEC，如平直时空中的畴壁或卡西米尔系统。已经证明：如果ANEC满足，则连接两个渐近平坦区域的可穿越虫洞及闭合类时线是不可能存在的。

（高思杰）

能量约束时间 energy confinement time 表征能量约束系统约束性能的时间尺度。能量约束系统的能量平衡公式：

$$\frac{\mathrm{d}W}{\mathrm{d}t}=P-\frac{W}{\tau_{\mathrm{E}}}$$

式中W为系统储存能量，假设以热能形式储存，P为加热功率，方程左侧即为系统储存能量的变化率，τ_{E}即为能量约束时间。当停止对这一系统加热时，能量约束时间τ_{E}就是能量衰减的时间常数，所以它是系统保温性质的量度。

这一概念经常用于磁约束核聚变装置研究中。此时，W一般为装置内等离子体的热能，而不计整体转动的动能，所以有时也称热的能量约束时间。它主要由等离子体的输运性质决定，是判断聚变装置性能的重要参数之一。

（王　龙）

逆磁电流 diamagnetic current 约束在磁场中运动的带电粒子，当存在垂直磁场方向的压强梯度时，在垂直两者方向上产生的电流。逆磁电流可表示为：

$$j_{\mathrm{d}}=-\frac{\nabla p\times \boldsymbol{B}}{B^2}$$

式中∇p为压强梯度；$\boldsymbol{B}$为磁感应强度。

为解释逆磁电流产生机理，假设温度均匀，仅粒子密度存在梯度。图1显示从磁场逆向观看带正电的粒子轨道，且假设所有粒子运动速度一样，所以拉莫尔半径也相同。在一个固定观察区域（矩形区域），由于密度梯度存在，在两垂直方向做回旋运动的粒子数目不同，产生一个向下的粒子流。若存在温度梯度，也得到同样效果。这种运动称为逆磁漂移，可以综合得到关

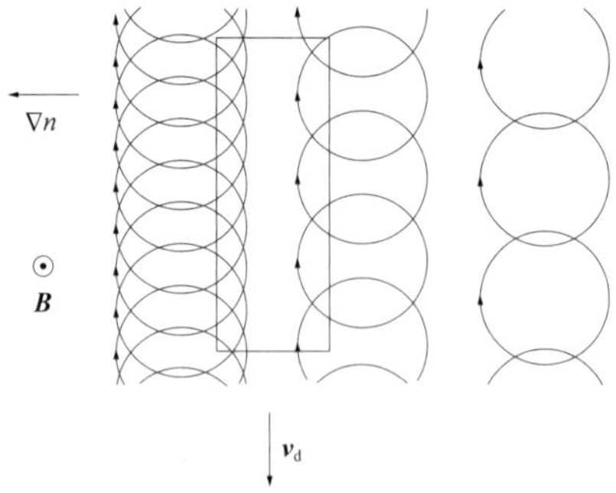

图1　带电粒子密度梯度引起的逆磁漂移

于逆磁漂移速度的公式：

$$v_{\mathrm{d}}=-\frac{\nabla p\times \boldsymbol{B}}{qnB^2}$$

式中q和n分别为粒子的电荷和数密度。由于正负带电粒子的逆磁漂移方向相反，形成逆磁电流。

将漂移电流的公式两侧叉乘$\boldsymbol{B}$，就得到流体平衡公式$\nabla p=\boldsymbol{j}\times\boldsymbol{B}$。所以这一逆磁电流公式和从磁流体模型得到的平衡公式是一致的。

在柱形或环形磁化等离子体里，由于存在径向向内的压强梯度，产生粒子的角向逆磁漂移（图2）。离子和电子的漂移方

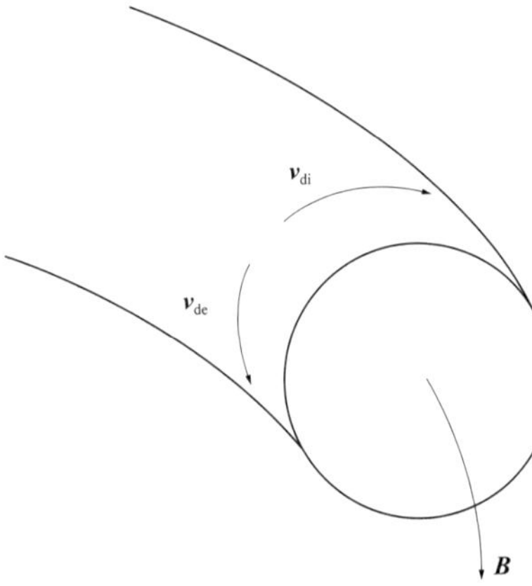

图2　环形等离子体的角向逆磁漂移

向相反，分别称为离子逆磁方向和电子逆磁方向。这样产生的逆磁电流方向和外加磁场方向相反，逆磁电流名称由此得来。

（王　龙）

逆光电子能谱 inverse photoemission spectroscopy; IPES 一种用于研究固体材料费米能级以上未占据电子态结构的实验技术。如果在光电子能谱实验过程中，不考虑其初始态为占据态，那么可以将逆光电子能谱（IPES）与光电子能谱（PES）看作时间反演的。

基本原理　用具有一定能量的高准直的电子束照射样品表面，这些电子首先会填充到未被占据的游离的电子态，例如样品真空能级E_{vac}以上的E_{i}能级（图1），然

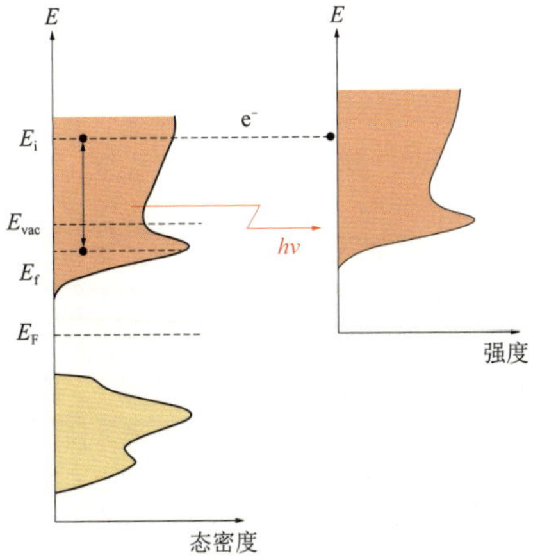

图1　逆光电子能谱

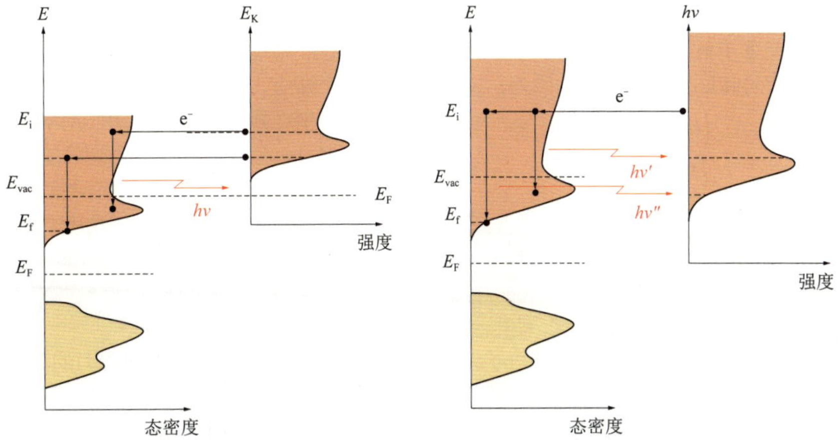

a 单色光模式　　b 可调谐光子能量模式

图2　可调谐光子能量模式比较

后进一步跃迁到费米能级E_F以上低能量的未占据态E_f，跃迁过程中，发射能量为$h\nu$光子。这一过程遵守能量守恒定律$E_i=E_f+h\nu$。由于入射电子的能量比较低，其穿透深度只有几个原子层，所以主要用于表面分析。对于一种材料，利用逆光电子能谱探测费米能级以上的未占据电子态的信息，再结合能够探测材料的占据态结构的光电子能谱，就可以获得完整的能带结构信息，这对于物性的研究有着十分重要的作用。

实验模式　逆光电子能谱有两种实验模式。

①单色光模式/韧致辐射单色光模式：是将被探测的出射光子的能量为定值，扫描入射电子的能量（图2a）。其中单色光模式用于低光子能量范围（例如真空紫外光）；韧致辐射单色光模式用于高光子能量范围（例如X射线）。

②光谱仪模式/可调谐光子能量模式：该模式将入射电子的能量设为定值，由光子探测器扫描一定能量范围内的出射光子（图2b）。

对比这两种模式，光谱仪模式能在比较大的光子能量范围内获得逆光电子能量谱，同时，将入射电子能量固定能够使入射电子更好地聚焦在样品上。尽管在一段时间内光栅分光仪非常稳定，但是，它的装配以及维护是相对比较昂贵的。单色光模式则具有低成本、设计简单和高计数率的优点。

逆光电子能谱仪系统　电子源以及光子探测器是逆光电子能谱仪系统最重要的两部分。早期，逆光电子能谱实验的电子源是用热钨丝。由于逆光电子过程具有比较小的辐射光子横截面，使得光子探测器拥有相对较低的计数率。因此，通过增加入射电子的能量来弥补低计数率带来的缺陷。为了得到高的放射率，常将具有低功函数的材料作为电子源的阴极。

光子探测器分为两种。第一种是单色光探测器。最常用的单色光探测器是**盖革-米勒计数器**（图3），它是一根用氟化钙窗口封闭的不锈钢管，里面充有由室温蒸气压决定的一个大气压的碘气（0.1托）。大多数情况下，它的直径为25毫米。氟化钙窗口的透射特性与气体光致电离截面的结合决定了被探测的光子能量与光子探测器的带宽。通常情况下，氟化钙窗口与碘气的结合，可使光子探测器具有大约为9.7电子伏的中心能量，以及大约0.8电子伏的通过频带。由盖革-米勒计数器与收集镜组成的典型固定光子波长的逆光电子能谱仪系统见图4。

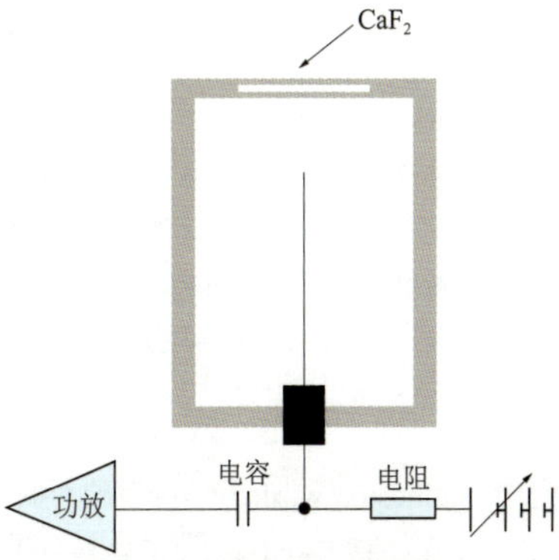

图3　盖革-米勒计数器

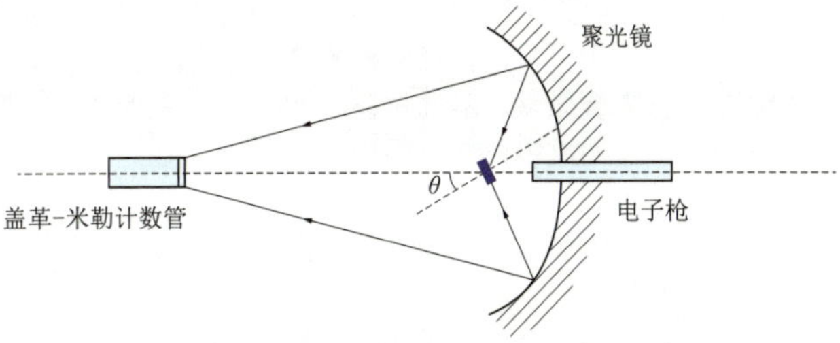

图4　固定光子波长的逆光电子能谱仪系统示意图

第二种光子探测器是可调谐探测器。根据光学元件的不同，可调谐探测器有两种：①光栅摄谱仪，它的色散元件为刻线式光栅；②折射聚焦透镜，它的色散元件为透镜。

使用这两种探测器的实验装置基本有三种：①配有多通道探测器与环形光栅的掠入射光谱仪系统（图5a）；②配有多通道探测器的偏离罗兰圆法线方向入射的光谱仪系统（图5b）；③配有单通道探测器的折射透镜为色散元件的光谱仪系

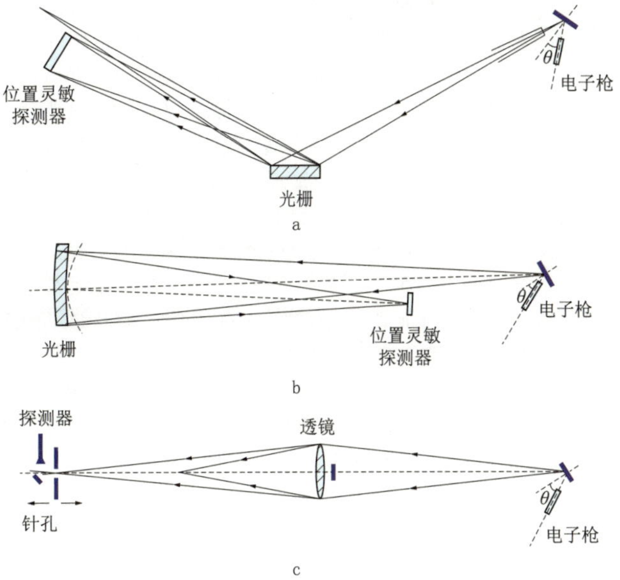

图5　三种逆光电子能谱仪系统

统（图5c）。

逆光电子能谱的不足　主要是低的能量分辨率。IPES与PES的截面比为：

$$r=\frac{\left(\frac{d\sigma}{d\Omega}\right)_{IPES}}{\left(\frac{d\sigma}{d\Omega}\right)_{PES}}=\left(\frac{\lambda_e}{\lambda_p}\right)^2$$

其中λ_e与λ_p分别代表电子和声子的波长，在真空紫外光区域（～10电子伏），$r=10^{-5}$；在软X射线区域（～1000电子伏），$r\sim10^{-3}$。如此小的截面比，使得逆光电子能谱的能量分辨率（大约为200毫电子伏）远小于光电子能谱的能量分辨率（好于2毫电子伏），有限的能量分辨率阻碍了逆光电子能谱探测材料费米能级附近的未占据态的结构信息。

日本的研究团队将偏离平面的伊格尔装置作为单色化出射光子的光学元件，再与能够提供合适的电子束能量色散的平行板状的电子源相结合，获得了能量分辨率为30毫电子伏的逆光子能谱仪。随着技术的不断发展，逆光电子能谱的性能会得到进一步的提高，在高精度的科学研究中，发挥越来越重要的作用。　（周兴江）

黏附功　adhesion work　一种反映粘连强度大小的热力学状态量。黏附是指不同的粒子粘连在一起的现象，对于相同粒子则称为凝聚。黏附的强度取决于不同粒子之间的相互作用，为了分离两种不同物质粘连状态需要做功。不同材料之间的黏附功大小是通过单位接触面积的吉布斯自由能的变化来衡量的，如A、B两种材料黏附，黏附功＝A表面能＋B表面能－AB表面能。

对于固体表面而言，因为表面结构粗糙，使得两种固体表面的接触面积非常小，具有很小的总黏附功，很难发生高强度的黏附。而在高压或真空状态下，移除掉金属氧化物粗糙结构所造成的影响，金属表面能够具有大的接触面积，在相互接触之后总黏附功将非常大，使得两者之间就像被焊接在一起一样，这就是冷焊现象。

通常情况下，能够通过液态的黏结剂将固体表面粘连，粘连强度取决于液体对固体的黏附功。对于固液之间的黏附功，同样可以利用单位接触面积的吉布斯自由能变化来衡量。设固体表面吉布斯自由能为σ_s，液体表面吉布斯自由能为σ_l，固液表面之间的吉布斯自由能为σ_{sl}，固液之间的黏附功为w，根据定义则有：$w=\sigma_s+\sigma_l-\sigma_{sl}$。其表征了固液界面完全分开，同时固体表面不吸附任何液体分子的条件下外界对体系应做的最小功。　（方海平）

黏弹性　viscoelasticity　当材料经历形变时表现出的黏性和弹性特性。黏性材料，如蜂蜜，在应力作用下随时间线性地剪切流动和应变。弹性材料在应力作用下发生形变，但是一旦应力消除就迅速恢复到原来的状态。黏弹性材料同时具有两类材料的性质，因此呈现时间依赖的应变。弹性通常是在有序固体中沿着结晶平面的化学键拉伸的结果，黏度是原子或分子在无定形材料内扩散的结果。

根据材料中应变速率与应力的关系，黏度性质可以分为线性、非线性或塑性响应。当材料呈现线性响应时，被称为牛顿材料。在这种情况下，应力与应变速率成线性比例。如果材料对应变率呈现非线性响应，则将其归类为非牛顿流体。还有一个有趣的情况，剪切或应变速率保持不变，而黏度降低。这种性质被称为触变性。此外，当应力与应变率无关时，材料表现出塑性变形。许多黏弹性材料表现出橡胶状行为，这可以由聚合物弹性热力学理论解释。

黏弹性材料的实例包括无定形聚合物、半结晶聚合物、生物聚合物、高温下的金属以及沥青材料。当应变迅速增加并超过弹性极限时，材料会发生裂纹。韧带和腱是黏弹性的，所以对其潜在损害的程度取决于它们长度变化的速度以及施加的力。

黏弹性材料具有以下特性：①*弹性滞后*。在应力－应变曲线中看到弹性滞后。②应力松弛。阶梯常数应变引起应力减小。③*蠕变*。阶跃恒定应力导致应变增加。

与纯弹性物质不同，黏弹性物质具有弹性成分和黏性成分。黏弹性物质的黏度使物质的应变速率依赖于时间。纯弹性材料在施加载荷然后去除时不会耗散能量（热量）。然而，当施加载荷然后去除时，黏弹性物质会损耗能量。在应力－应变曲线中观察到滞后，循环的面积等于加载循环期间的能量损失。塑性变形导致能量损失，这在纯弹性材料中不会发生。

具体来说，黏弹性是分子重排的结果。当对黏弹性材料（如聚合物）施加应力时，长链聚合物链的部分位置发生变化。这种运动或重排被称为蠕变。聚合物仍是固体材料，即使这些链的部分被重新排列以伴随应力，并且当这种情况发生时，其在材料中产生反应力。当反应力与所施加的应力相同时，材料不再蠕变。当原始应力消失，累积的反应力将导致聚合物返回其原始形式。因此，"黏"表示材料蠕变，"弹性"表示材料完全回复。　（邢向军）

黏滞现象　viscous phenomenon　流体中各层之间相互阻滞滑动的现象。相互阻滞滑动即各层之间有力的作用，也就是有动量传递，是一种重要的输运现象。表征流体黏滞程度的特征量是流体的黏度，常称之为黏滞系数。流体的黏度是在给定速率下其抗变形能力的量度，可以被概念化为在相对运动的相邻流体层之间产生的摩擦力。如当流体被强制通过管道时，管壁附近流体流动得更快。在这种情况下，需要一些应力（如管两端的压差）来维持流经管的流动。这是因为需要一个力来克服处于相对运动中的流体层之间的摩擦力。没有抗剪应力的流体称为理想流体（或无黏流体）。只有在非常低的温度下的超流体才能观察到零黏度。否则热力学第二定律要求所有流体都应具有正黏度，这类流体称为黏性流体。流体受到剪应力变形或拉伸应力时，所产生的阻力称为黏滞力。黏滞力像是流体内的摩擦力。黏滞力越低（黏滞系数低）的流体，流动性越佳。黏滞力是黏性液体内部的流动阻力，可以认为是流体自身的摩擦，因此黏滞力是流体的黏度的直观表现。

对于层流，黏滞力沿流线的切线方向，动量传递沿垂直于流线的方向，相应的黏度称为剪切黏度。剪切黏度η定义为流体承受剪应力时，剪应力与流体单位速度差的比值。设流速（黏滞力）沿x方向的分量为u，与之垂直的方向（动量传递方向）为y方向，则黏滞力在x的投影值可以表述为：

$$f=-\eta\frac{\partial u}{\partial y}$$

式中的η即为剪切黏度。该规律称为牛顿黏滞定律。符合该定律的流体称为牛顿流体。　（李定平）

凝固　solidification　由液态转变为固态的过程。见*熔解*。

凝华　deposition　物质直接由气态转变为固态的过程。见*升华*。

凝聚态光学　condensed matter optics　研究凝聚态物质的电子、离子、原子、分子和声子在与光子相互作用过程中对光子的吸收、辐射、与光子的耦合及其能量转化的特性与规律的学科。光是研究凝聚态物理的重要手段，在凝聚态物质科学研究中具有很多独特的优势。因此光作为一种独特的探针手段一直在促进着凝聚态物质科学研究的发展，同时凝聚态物质科学的研究进程又不断向光学提出新的问题与挑战，进而推进光物理的研究和发展。正是光与凝聚态物质的相互作用产生了凝聚态光学这样一门学科。

凝聚态光学包括光与凝聚态物质薄膜、表面、界面、量子线、量子点等低维受限体系相互作用的性质和规律；包括光子晶体、手性材料等人工微结构中光的吸收与激发、辐射与发光、传播与耦合等光学与非线性光学效应和特性；包括金属超构材料中微结构与光波的耦合共振效应及其磁响应；包括利用光与凝聚态物质相互作用研究其在电场、磁场、温度场、压力等作用下所发生的超快动力学过程；包括光电子学器件、光开关、光探测、光传导及光存储等器件基本原理和应用；包括绝缘体、半导体、玻璃、金属、分子材料、软物质体系中光的吸收、转化、传输和辐射等功能。

在人类历史上，关于光与凝聚态物质相互作用的研究曾获得过数十项诺贝尔奖。从中可以看出两个基本趋势：一是研究的物质对象越来越趋于复杂化和人工设计；二是光学手段越来越先进。未来的挑战将是如何将复杂的物质对象和先进的光学手段更好地结合起来。光与凝聚态物质相互作用主要包括先进光源、超快过程、微纳光学、激光制备、光电转换等若干重要前沿方向。

微纳结构在光传导的操控中起着重要作用，拓扑光子态的人工设计可以实现光子无反射的定向稳定传输，因此有望构建更稳定的光学元件；超快光谱学的发展促进了凝聚态物质中超快动力学过程的揭示。激光分子束外延是低维氧化物的重要制备方法，该方向的技术发展与突破使得氧化物异质结界面达到了原子级平整水平，并由此实现了钙钛矿氧化物的紫外光电探测器；深紫外激光器的诞生，推动了石墨烯、高温超导、拓扑绝缘体、宽禁带半导体和催化剂等凝聚态研究取得重要进展和突破。 （金奎娟）

凝聚态物理学 condensed matter physics 研究凝聚态物质的物理性质与微观结构以及它们之间的关系，即通过研究构成凝聚态物质的电子、离子、原子及分子的运动形态和规律，从而认识其物理性质的学科。一方面，它是固体物理学的向外延拓，使研究对象除固体物质以外，还包括许多液态物质，诸如液氦、熔盐、液态金属，以及液晶、乳胶与聚合物等，甚至某些特殊的气态物质，如经玻色-爱因斯坦凝聚的玻色气体和量子简并的费米气体。另一方面，它也引入了新的概念体系，既有利于处理传统固体物理遗留的许多疑难问题，也便于推广应用到一些比常规固体更加复杂的物质。从历史来看，固体物理学创建于20世纪的30～40年代，而凝聚态物理学这一名称最早出现于70年代，到了80～90年代，它逐渐取代了固体物理学作为学科名称，或者将固体物理学理解为凝聚态物理学的同义词。

理论基础 固体物理学的一个重要的理论基石为能带理论，它是建立在单电子近似的基础上的。而凝聚态物理学的概念体系则渊源于相变与临界现象的理论，植根于相互作用多粒子理论，因而具有更加宽阔的视野：既关注处于相变点一侧的有序相，也不忽视处于另一侧的无序相，乃至于两者之间临界区域中体现标度律与普适性的物理行为。

L.D.朗道于1937年针对二级相变提出了对称破缺的重要概念，后来成为凝聚态物理学概念体系的主轴。在某一特定的物态之中，某一对称元素的存在与否是不能模棱两可的。当原始相中某一对称元素在变温或变压过程中突然丧失，就意味着发生了相变，出现了有序相。引入序参量用来定性和定量地描述有序相和原始相的偏离。一直降到零温（0K），有序相达到基态，而非零温的有序相处于激发态。而激发态有恢复破缺了的对称性的倾向。低能激发态是非定域的，以波或准粒子的形式出现，被称为元激发的集合。非线性定域化的激发态则称“孅纬”拓扑缺陷。元激发与拓扑缺陷均会对不同的物理性质产生影响。

物质处在足够高的温度将呈现气态，它是均匀且各向同性的，就统计意义而言，保持了完整的平移和旋转对称性，与统辖它的物理定律的对称性相同。降温会使气体凝结成液体，虽则整体的对称性仍然保持不变，但出现了短程序。再降温又使液体凝固成为晶体，平移和旋转的对称性都发生破缺，剩下的对称性属230个空间群中的一个。固体丰富多彩的物性是和对称破缺密切相关，而具有诱人兴趣物性的液体也多半是液晶或复杂液体，也和某种对称破缺有关。晶态中的元激发为晶格振动或声子，是理解固体的热学性质的关键，晶态中的拓扑缺陷为位错，是理解固体的塑性与强度的关键。

研究内容 凝聚态物理学的基本任务在于阐明微观结构与物性的关系，因而判断构成凝聚态物质的某些类型微观粒子的集体是否呈现量子特征（波粒二象性）是至关紧要的。电子质量小，常温下明显地呈现量子特征；离子或原子则由于质量较重，只有低温下（约4K）的液氦或极低温下（μK至nK）的碱金属稀薄气体，原子的量子特征才突出地表现出来。这也说明为何低温条件对凝聚态物理学的研究十分重要。微观粒子分为两类：一类是费米子，具有半整数的自旋，服从泡利不相容原理；另一类是玻色子，具有整数的自旋，同一能态容许任意数的粒子占据。这两类粒子的物理行为判然有别。

固体电子论 对固体中电子行为的研究一直是固体物理学的核心问题。凝聚态物理学中情况依然如此。固体中电子的行为可按电子间相互作用的大小，分为三个区域。

①弱关联区。基于电子受晶格上离子散射的能带理论，为固体中电子行为提供了合适的理论框架，应用于半导体和简单金属已取得非凡成功，也构成半导体物理学的理论基础。

②中等关联区。包括一般金属和强磁性物质。朗道的费米液体理论成功地描述了一般金属以及低温下^{3}He液体中的元激发及物理行为。W.科恩等发展的密度泛函理论则提供了高效计算复杂结构材料中电子结构的理论框架。电子之间的交换相互作用（包括直接、间接、超交换、双交换及巡游交换）导致了磁有序相（铁磁体、反铁磁体及亚铁磁体）的形成。有关磁有序相的激发态（磁振子与磁畴）又提供了理解其物理参数和磁化曲线的契机，构成了铁磁学的物理基础。

③强关联区。涉及电子浓度甚低的不良金属。能带理论建立不久，E.P.维格纳就设想库仑斥力使电子定域于维格纳晶格上，接着N.F.莫特认为NiO这类氧化物是因关联导致的绝缘体，即莫特绝缘体。20世纪60年代近藤淳对于稀磁合金中电阻极小现象做了理论解释，称为近藤效应。80～90年代在一系列掺杂莫特绝缘体中发现了奇异的物性，如铜氧化物中发现高温超导体、锰氧化物中发现巨磁电阻效应等。另外，还在与近藤效应有关的镧系和锕系重电子合金中发现了多种有序相和反常的物性。对上述各类的强关联物质中的物性问题研究，尚未得到圆满解决。

宏观量子态 低温物理学研究的重大成果在于发现了金属与合金中的超导现象（电阻在Tc以下突降为零，磁通全部被斥，成为完全抗磁体）和液氦中的超流现象（黏滞系数在Tc以下突降为零）。这些宏观量子态现象的出现是规范对称性（波函数相位可为任意值）破缺的后果。早在1924年A.爱因斯坦就根据玻色-爱因斯坦统计提出了玻色-爱因斯坦凝聚的设想，即理想的玻色气体在低温下会出现基态为宏观的粒子数所占。^{4}He原子是玻色子，因而在^{4}He超流发现之后，F.伦敦就提出超流态是玻色－爱因斯坦凝聚的结果。而伦敦所提出的描述超导电动力学的伦敦方程实际上就蕴含了宏观量子态的概念。1952年V.L.京茨堡与朗道提出的超导唯象理论就明确地引入了类似于宏观波函数的复序参量来描述超导态。1957年J.巴丁等提出了正确的**超导微观理论**，即BCS理论，其关键在于一对电子在动量空间由于电子－声子相互作用而形成**库珀对**，从而使电子系统也具有某些类似于玻色子系统的特征。1972年在2.7毫开以下发现了^{3}He超流态，^{3}He原子也是费米子，所以这也是费米子配对的结果。从序参量的对称性可以判断配对态的特性：常规超导体是s波配对的自旋单态，高温超导体是d波配对的自旋单态，^{3}He超流体是p波配对的自旋三态，具有磁性。还有一些疑似p波配对的非常规超导体，正在研究之中。非常规超导体的机制也尚待澄清。1995年E.A.**科纳尔**等在将稀薄^{87}Rb气体冷却到极低温（<μK）实现了玻色－爱因斯坦凝聚，这就将凝聚态物理学的研究领域扩充到极低温下的稀薄气体。

纳米结构与介观物理　由于对于一些简单材料的物性已经比较清楚，从20世纪中叶开始就致力于将不同的材料按特定的结构尺度（关联于物性的某一特征长度）来组织成材料与器件的复合体，从而获得优异的物理性能。如果所选的结构尺度在纳米范围（1～100纳米）之内，即为纳米结构。20世纪末这一领域引起学术界和社会上的广泛重视。

量子力学认为粒子可穿过纳米尺度的势垒而呈现隧道效应。利用这一效应可制备隧道结这类夹层结构，诸如半导体隧道二极管、单电子超导隧道结、库珀对超导隧道结。后者体现了**约瑟夫森效应**已成为超导电子学的核心器件。利用与自旋相关的隧道效应，则已制出具有隧道磁电阻的磁存储器。

复合结构若进入电子费米波长的范围，就呈现量子限制效应，导致了**量子阱**、**量子线**与**量子点**。半导体量子阱已用来制备快速晶体管和高效激光器。量子线的研究也卓有成效，纳米碳管所揭示的丰富多彩的物性就是明证。量子点则可用以制备微腔激光器和单电子晶体管。利用铁磁金属与非磁金属可制成磁量子阱，呈现巨磁电阻效应，可用作存储器的读出磁头。这些事例说明了纳米电子学（包括自旋电子学）将成为固体电子学和光子学的发展主流。

纳米结构在基础研究中也发挥了十分重要的作用：在两维电子气中发现了整数和分数**量子霍尔效应**以及维格纳晶格，在一维导体中验证了**拉廷格液体**的理论，在一些人工纳米结构中发现了介观量子输运现象。

软物质物理学　软物质又称为复杂液体，是介于固体与液体之间的物相，液晶、乳胶、聚合物等均属此类。软物质大都是有机物质，虽然在原子尺度上是无序的，但在介观尺度上则可能出现某种规则而有序的结构。如液晶分子是杆状的，尽管其质心不具有位置序，但杆的取向却可能是有序的。又如聚合物是由柔软的长链分子所构成，由于长程无序的关联性，因而遵循了类似于临界现象的标度律。20世纪70～80年代液晶物理学和聚合物物理学的建立，使凝聚态物理学从传统的硬物质成功地延拓到软物质。软物质在微小的外界刺激（温度、外场或外力）下有显著的响应是其物性的特征，从而产生明显的实用效果。一颗纽扣电池可驱动液晶手表数年之久，就是证明。软物质变化过程中内能变化甚微，熵的变化十分显著，因而其组织结构的变化主要由熵来驱动，和**内能**驱动的硬物质迥然有别。熵致有序和熵致形变乃是软物质自组装的物理基础。

有机物质（小分子和聚合物）的电子结构与电子性质也受到广泛的重视。有机发光器件和电子器件正在研制开发之中。

发展方向　原则上说，凝聚态物理学的理论基础是量子力学，基本上已经完备而成熟。但由于这里涉及大量（趋于10^{23}）微观粒子的体系，而且研究对象进一步复杂化，新结构、新现象和新机制依然层出不穷，需要从实验、理论和计算上的探索，仍构成对人类智力的强有力的挑战。

凝聚态物理学和高新技术的发展关系密切。信息、材料和能源技术在21世纪所面临的挑战将给凝聚态物理学的进一步发展提供机遇。凝聚态物理学还在学科交叉中大有可为。随着凝聚态物理学日益深入到复杂结构的物质。它和化学之间的交叉渗透也愈来愈明显，甚至学科间的分界线已趋于模糊。它和生物学之间的交叉渗透也日新月异，既有实验技术上的相互支持，又有机制理论上的共同探索。

（冯　端）

凝聚微滴　coacervate droplet　由一定自组装过程形成的内部微观结构有序的球状物。因其功能和原生细胞相似，通常在实验室条件下作为原生细胞的替代品而被研究。又称人造原生细胞。凝聚微滴也可从不同物质源自组装形成，并具有一定的类似于核的集聚功能，能够集聚周围介质中的特定物质。如使用PVA-A和PVA-S形成的凝聚微滴能够聚集周围介质中的氨基乙酸或亚胺二乙酸，且对氨基乙酸的集聚能力高于亚胺二乙酸，同时集聚后的混合物能够保护氨基乙酸和亚胺二乙酸免于紫外线照射下的光化学分解反应。

具有一定空间分布的凝聚微滴可用来作为微反应器，通过不同微滴个体之间的化学传递来实现物质输运或化学反应的微观调控，由此可深化对生命过程的认识，同时也促进了生物芯片的开发。

（侯　旭）

牛顿，I.　Sir Isaac Newton（1643-01-04～1727-03-31）　英国物理学家、数学家、自然哲学家和天文学家，经典物理学理论体系的建立者。生于林肯郡伍尔索普镇，卒于伦敦。

生平　生父是一个小农场主，死于牛顿出生前三个月。牛顿是早产儿，幼年体质羸弱。三岁时母亲改嫁一位富裕的牧师，被寄养在外祖母家中，并在那里接受启蒙和小学教育。牛顿的童年缺乏父爱和母爱，致使他性格孤僻内向，没有知心朋友。牛顿在格兰瑟姆文科学校读中学，寄宿在一位药剂师的家中。在中学阶段，他广泛阅读各类书籍，制作各种玩具，从事多种化学、物理实验。他的学习成绩不好，一度还是班级里倒数第二。直到有一次他赢得了一场与欺负他的同学之间本来实力悬殊的殴斗，才萌发出强烈的上进心，天才的一面开始展现出来，成绩也跃升前茅。

即将中学毕业时，牛顿的母亲曾要求他放弃学业接掌家庭农场。在中学校长和牛顿的舅父W.艾斯库（神父，毕业于剑桥大学）斡旋下，牛顿得以重续学业，并以优异成绩被推荐到剑桥大学三一学院（1661）。由于母亲拒绝支付牛顿的学费，牛顿不得不以减费生身份入学，在课外兼做高年级学生差役。

在剑桥，牛顿极其勤奋地读书、思考。他研究了大量古代和当代人的著作，特别是有关自然哲学、数学和光学方面的，包括柏拉图、亚里士多德、N.哥白尼、伽利略、J.开普勒、R.笛卡儿、P.伽森狄、T.霍布斯、R.玻意耳的著作，以及I.巴罗的欧几里得《几何原本》译本，并写下大量读书笔记和手稿。1665年牛顿获得学士学位，同时获得续读研究生的资格。

1665～1666年，英国流行鼠疫，各大学师生被疏散，牛顿回到家乡。与此同时，牛顿度过了他一生中最富于创造力的18个月。这期间牛顿思考并记录了他一生最重要的科学思想和创造，包括二项式定理，由求切线方法推导出流数法（微分）和反流数法（积分），提出光的颜色理论，猜测行星椭圆轨道由服从平方反比关系的引力所决定等。但他没有公开这些思考和研究成果。

1667年剑桥大学复课，牛顿当选为三一学院研究员。1668年牛顿获得硕士学位，留校任教，定居剑桥。同年发明并制作出第一台反射望远镜。1669年，牛顿接替著名数学家巴罗任卢卡斯讲座数学教授，时年26岁。1671年他应邀制作第二台反射望远镜并赠送给英国皇家学会，1672年当选为该学会会员。1678年，由于光学研究卷入与R.胡克和英国耶稣会教团的争论，牛顿出现神经痛引发精神崩溃，次年他的母亲去世，在随后的几年里，牛顿拒绝一切公开活动。1679年，牛顿证明了引力的平方反比关系与行星椭圆轨道之间的对应关联。至此，牛顿的整个宇宙体系和力学理论的框架基本初步完成。1684年，牛顿写出论文《论轨道上物体的运动》。文中证明，天上与地上的物体服从完全同样的运动规律，引力的存在使得行星及其卫星必定沿椭圆轨道运动。这篇重要论文成为写作名著《自然哲学的数学原理》（简称《原理》）的必要准备。

在1685～1686年中的18个月里，牛顿写作《原理》，该书于1687年在E.哈雷的私人资助下正式出版。《原理》的出版震动了整个英国和欧洲学界，使他一跃成为当时欧洲最负盛名的数学家、天文学家和自然哲学家。1689年，牛顿当选为国会议员。1696年，牛顿出任造币局总监，并从剑桥移居伦敦。1701年，他再次当选国会议员，其后不久从三一学院退休。1703年，牛顿当选为英国皇家学会会长。1705年，受女王册封为爵士。

1704年牛顿的另一重要著作《光学》出版，这本书以英语写作。1707年，他出版了《算数理论》，这部著作没有引起广泛重视。在他生前，《原理》出版了三个版本，第二版在1713年，第三版在1726年。

牛顿后半生的研究强度大大减少。1693年牛顿发生第二次精神崩溃，历经三

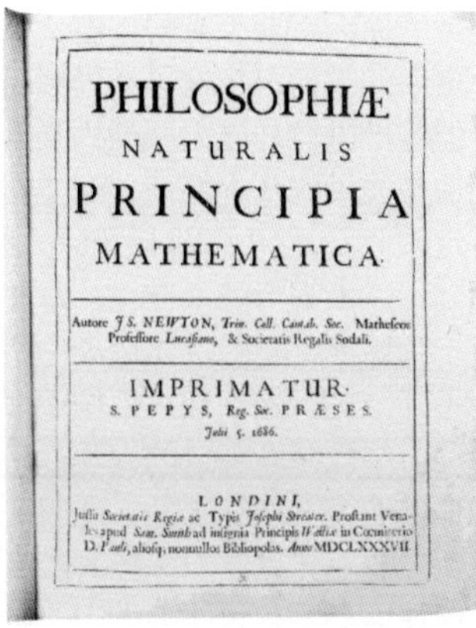

图1 《自然哲学的数学原理》扉页

年才逐渐复元，此后他几乎完全终止了科学研究。

在科学研究以外，牛顿长期致力于炼金术、《圣经》编年学和神学研究，并有所著述，留下大量手稿。

牛顿终生未娶。他去世之日，英国王室为他在西敏寺大教堂举行了国葬。

科学成就与贡献 1665～1666年英国的大鼠疫时期是牛顿最富于创造性的时期。牛顿晚年回忆道："1665年初，我发现了逼近级数法和把任意二项式的任意次幂化成这样一个级数的规则。同年5月，我发现格里高利和司罗斯的切线方法。11月，得到了直接流数法。次年1月，提出颜色理论。5月里我开始学会反流数方法。同一年里，我发现计算使小球紧贴着内表面在球形体内转动的力的方法，开始想到引力延伸到月球轨道，并且由开普勒定律、行星运动周期倍半正比于它们到其轨道中心距离，我推导出使行星维系于其轨道上的力，必定反比于它们到其环绕中心距离的平方。因而，对比保持月球在其轨道上的力与地球表面上的重力，我发现它们相当相似。所有这些都发生在1665～1666那两年的大鼠疫期间。那时，我正处于发明初期，比以后任何时期都更多地潜心于数学和哲学。"

牛顿的手稿见证了所有这些发现。尽管大鼠疫时期牛顿奠定了他一生全部重要科学发现的基础，但他的科学研究成果却是在以后几十年里逐渐成熟并公之于世的。牛顿的前半生（45岁以前）极富于科学创造性，大致可以分为三个阶段，分别集中在数学、光学和力学及运动学方面。牛顿最富于成果的科学活动则见于1685～1686年，这期间他写作了《原理》。

数学 牛顿对于代数学、数论、古典几何学与分析几何学、曲线分类、计算方法与近似求解以及概率论等都有重要贡献，他最重要的贡献是微积分和无限级数理论，特别是二项式展开式。

牛顿早年深受笛卡儿《几何学》和J.沃利斯《无穷算术》的影响，于1665年发现了二项式定理展开式$(a+b)^n$。在牛顿手稿中和他后来寄给G.W.莱布尼茨的信中记录了这一发现。这一发现在当时的欧洲是高度领先的。同年11月，牛顿发明流数（微分）方法，次年5月又发明了反流数法（积分）。1669年，牛顿得到他的成果即将被他人抢先的警告，匆忙完成第一篇微积分论文《运用无穷多项方程的分析》并由皇家学会备案，后于1711年发表。这篇论文于1676年被访问伦敦的莱布尼茨读到，埋下日后优先权争论的口实。1670年，牛顿著《流数术与无穷级数》，系统论述了流数方法，指出所谓流数方法就是运用无限收敛级数的概念，解决任意函数求微分的方法。该书于他去世后的1736年出版。1676年，牛顿完成第三篇重要的数学论文《曲线求积术》（该文后作为《光学》的一篇附录发表于1704年）。牛顿在文中指出，曲线是由点的连续运动组成的，面积是由曲线的连续运动组成的，而体积是由曲面的连续运动组成的。他推崇用几何学方法进行纯粹的数学分析。

牛顿微积分学首次公开发表于他的《原理》（1687）中，该书第1编第1章11条引理及附注陈述了他发明的通过首末比方法求极限和微分；第8章命题41又介绍了运用反流数方法求曲线面积，即积分。第2编第2章包含有无穷小增量和流数法。求极限法与微积分是牛顿得以建立引力学说体系的重要基础。

牛顿就任官职后数学研究大为减少，主要从事早年手稿的整理工作，但仍保持着一流的状态。1696年牛顿解决了J.伯努利设置的著名数学问题：求解最快的下降曲线，他轻易地指出最速降线是旋轮线。1707年牛顿发表《算数通论》（又译《广义算术》），其中包含有一系列代数学发现，如n次代数方程根的m次幂和的著名公式、实系数方程虚根成对的证明等。1716年，牛顿只用几小时就解决了莱布尼茨为了考验英国数学家的水平而提出的一个难题，显示出他虽已年逾古稀仍有敏捷的思维。牛顿死后，于1736年发表的《流数术与无穷级数》中，牛顿提出以他的姓氏命名的代数方程数值求根法则。此外，牛顿还是极坐标的原创者之一，并为映射（他称为阴影）理论做出过先驱工作。

光学 牛顿从光学研究开始步入科学共同体。1669年，牛顿发明并制作了第一台反射式望远镜，镜长6英寸（1英寸=2.54厘米），直径1英寸，放大率为30～40倍。

这种望远镜避免了伽利略发明的折射望远镜的像差和色散。1671年，牛顿应英国皇家学会之邀制作了第二台改进型反射望远镜，赠送给皇家学会。由于这一研究贡献，牛顿当选为皇家学会会员（1672）。

图2　牛顿发明并制作的反射式望远镜

早在1666年，牛顿就进行了光线穿过小孔和三棱镜的实验观察，发现太阳光经过三棱镜后分解为彩色光带。在随后的研究中牛顿表现出揭示事物本质特征的超凡能力。他用小孔取出一种颜色的光，令它通过第二个三棱镜，观察到光线没有进一步分解，于是他得出结论：太阳光是由多种颜色不同的光混合而成的，单色光是光的基本成分，由此他发展出后世称为光的"微粒说"的颜色理论。他还创造出"判决性实验"概念，认为其光的颜色理论是经过判决性实验验证的。自然哲学理论必定要经过判决性实验的检验。

虽然牛顿的主要光学研究在17世纪70年代进行，但是他最重要的光学著作《光学》出版于1704年，其主要原因是他的光本性理论受到同时代的R.胡克和C.惠更斯等人的强烈批评。《光学》在牛顿生前出版了3个版本，他还校订了该书的第4版（出版于他死后的1730年）。《光学》着重研究了牛顿环现象和光折射现象。由于坚持光波动说的两个强有力的反对者胡克和惠更斯已经去世，牛顿在《光学》中论述的光本性及其微粒说得以成为主流学说，直到19世纪初T.杨实验验证光的波动说为止。20世纪量子力学提出后光的波粒二象性得到公认，微粒学说又再次得以确认。

《光学》最有价值的部分是附在书末的附录"疑问"部分，特别是英文发表的第二版（1717～1718）中的"疑问"。其中，牛顿提到物体会导致远距离光线弯曲；热包含有物体的振动；热辐射由以太振动传递；光线由发光物体发射的微小颗粒组成；光线由于其微小颗粒的引力或其他的力会引起它所作用的物体的振动；振动是引起视觉的原因。至于光的本性，经过胡克和惠更斯的批评，牛顿虽然仍倾心于微粒说，但他把微粒与以太振动相联系，猜测周期性是波动的基本特征，而波长则对应着特定颜色。虽然牛顿也使用以太概念，但他倾向于以太很可能不存在，即使存在也必定十分稀薄，它对物体运动的阻力可以忽略不计。关于这一点，牛顿重申了他在《原理》中已经表明过的立场：自然哲学的职责是追究现象而不是构造假说。

运动学和天体力学　牛顿的最高科学成就体现在运动学和天体力学中。早在进入剑桥之初，他就已经思考运动的原理，当时他的思想主要受到笛卡儿和伽利略的影响。1664年他已经对非弹性碰撞问题进行过定量研究，不久他提出惯性原理，指出力与运动的变化之间存在着因果关系，并比惠更斯早十年提出向心力定律。牛顿早在大鼠疫时期就已经深入研究天体的周期运动与引力的关系问题，但他并没有取得最后的成功。1679年，他在与胡克关于引力与重物轨道问题展开的争吵中逐步意识到平方反比关系的引力作用指向椭圆轨道的一个焦点，而且平方反比关系可能是引力的一个普适关系。

1679～1680年的牛顿形成了万有引力观念，并且证明平方反比关系与椭圆轨道存在着必然的联系。1684年，哈雷、胡克和C.雷恩大约同时猜到引力的平方反比关系与行星的椭圆轨道之间有必然联系，但他们都无法证明和推导出这一结论。哈雷请教牛顿，牛顿表示他在几年前已经完成了证明。不久，牛顿写出《论轨道上物体的运动》一文，证明天上与地上的物体服从完全同样的运动规律，引力的存在使得行星及其卫星必定沿椭圆轨道运动，展示出一种全新的力学理论框架。哈雷看出这篇论文有划时代的价值，他敦促牛顿把它扩充为专著发表。于是《原理》这部科学巨著得以问世。

牛顿的力学、运动学和天体力学主要成果集中体现在《原理》之中。牛顿定义了时间和空间概念，定义了作用和力以及运动等概念，这些概念和定义沿用至今。他以公理形式提出了著名的牛顿运动三定律。当他把第二定律带入开普勒行星运动第三定律时，得到了椭圆轨道运动受到距离平方反比引力作用的关系。牛顿证明，这一关系适用于太阳与地球、地球与月球以及木星与其卫星，这就是著名的万有引力定律。在这部著作中，牛顿用统一的概念、理论体系详尽地解释了当时所知的几乎全部运动现象，包括物体、流体、落体、摆体等的运动，包括行星、彗星及行星卫星（月球、木星卫星）的运动，还包括海洋潮汐运动。

荣誉、性格及其他　牛顿的科学创造生涯持续到《原理》发表，当时牛顿45岁。其后近40年牛顿主要以科学界领袖、社会贤达、政府官员身份活动。他从未离开过英国，《原理》出版带给他世界声誉，他是剑桥大学三一学院硕士和院士、卢卡斯数学讲座教授、皇家学会会员、法国科学院外籍院士、英国皇家学会主席，被册封为英国历史上第一个自然哲学家爵士。

牛顿是个谦逊的人，他晚年回顾自己一生成就时曾说自己是一个在海滩上捡拾贝壳的男孩，对真理的汪洋大海一无所知。但是，由于早年的不幸经历，他在性格上既有内向深思的一面，也有争强好胜、为达到目的不择手段的一面。他在学术生涯中一直伴随着各种争论。1672年，初入皇家学会的牛顿提交了《论光的本性》论文，然而这篇论文遭到分别提出和发展光的波动说的皇家学会秘书胡克和欧洲当时最伟大的几何学家惠更斯的强烈批评，由此引发牛顿与胡克等人之间长达四年之久的第一场论战。参加论战的人中还有英国耶稣会教团，他们认为牛顿的实验及其理论解释是错误的。胡克后来又进一步指责牛顿剽窃他的光学研究成果，引发牛顿的狂怒，致使他孤独自闭，中断与外界交往达六年之久，而且此后再也没有发表光学研究成果，并在《原理》出版后众望所归的情势下拒绝担任皇家学会主席，直到1703年胡克去世。

牛顿重新回到学术研究是在1679年，当时他与胡克之间关于光的本性的争论已经过去多年，胡克致信牛顿建议二人恢复联络，提出研究行星的轨道运动与向心力作用之间的关系。牛顿对此未作回应，但又不禁向胡克提出另一个设想：考虑地球上的一座高塔，重物从塔顶下落，由于塔顶的切向速度大于塔座，重物将会落在塔的东侧，他还画了一张草图标出重物的下落轨迹，轨迹是一条通过地心的螺旋线的一部分。胡克立即回信告诉牛顿错了，重物的轨迹应当是椭圆而不是螺旋线。牛顿对于被胡克纠正十分不悦，他用引力定常假设纠正了胡克的草图，而胡克又再次告诉牛顿引力不是常量，而是与距离平方成反比。胡克公开了二人之间的通信内容，破坏了与牛顿之间达成的协议，导致牛顿与胡克决裂。多年后，胡克以这些通信为证据指责牛顿在《原理》一书中剽窃他的研究成果。然而，胡克的平方反比思想只是直觉猜测，他无法把这一关系从开普勒定律中推导出来，他不知道牛顿早已深入研究过椭圆轨道与平方反比关系问题。不过牛顿也承认，与胡克的争论提示他平方反比的引力指向椭圆轨道的一个焦点，而且平方反比关系可能是引力的一个普适关系。由于这场与胡克之间的关于引力问题的争吵，加之母亲去世打击，牛顿再次拒绝公开活动长达三年。

图3　牛顿在做光学实验

在写作《原理》过程中，胡克通过哈雷要求分享平方反比定律优先权，牛顿再次被激怒，几乎使该书写作流产。《原理》出版后，欧洲学者中有人指责牛顿书中使用的微积分技术是剽窃德国数学家莱布尼茨的，由此引发影响远及100余年的国际争论。牛顿为了证明自己的原创地位，不惜匿名发表文章攻击莱布尼茨及其支持者（如J.伯努利），并利用皇家学会主席身份和职权组织自己的门生信徒调查取证，迫使莱布尼茨去世前承认曾阅读过牛顿1669年手稿，反证莱布尼茨剽窃牛顿。这场与莱布尼茨的争吵长达25年，莱布尼茨去世并没有使牛顿罢手，直到牛顿去世才告终结。莱布尼茨独立发明微积分术迟至19世纪中叶才得到公认。

在与莱布尼茨等人争夺优先权的同时，牛顿还对自己的忠实门徒R.科茨（《原理》第二版序作者）由热情转为冷淡，原因是科茨由于疏忽未能纠正《原理》第一版中的错误，莱布尼茨等人原打算利用这个错误对牛顿再度发起攻击，科茨由此忧伤过度英年早逝。为了防范对手对自己的月球理论的攻击，牛顿还在哈雷的帮助下利用职权任意删节甚至篡改格林尼治天文台台长J.弗拉姆斯蒂德的观测结果，致使后者的终生天文观测和研究成果几乎毁于一旦。

在科学活动之外，牛顿大部分时间和精力用于炼金术、圣经编年学和神学研究。他写作过几篇圣经研究论文，纠正他所认为的流传到当时的圣经版本中的讹误。他认为圣经中隐藏着上帝创世时的密码，但遭到历代僧侣的篡改，而他的使命之一就是要恢复圣经的原貌。他还深受玻意耳等人影响，认为炼金术中包含有重要的宇宙机密，它只能由精英人物破解，而不能被普通人知晓。他的两次精神崩溃与沉迷于炼金术研究中毒不无关系。牛顿虽然有着深沉的宗教信仰，但他极端厌恶和怀疑教会僧侣。他的神学见解在当时属于异端，他曾写过一篇反对三位一体说的论文，在J.洛克安排发表时他出于畏惧宗教迫害又予以收回。他反对通过内省可以认识上帝，认为真正的上帝是不可知的，而要认识上帝则“非自然哲学莫属”，即需要进行数学和实验研究。这些见解在他的《原理》“总释”中得到清晰的表述。这样的见解有利于科学研究，也是他的科学研究和科学成就的重要原动力。

在研究和学术活动之外，牛顿是个活跃老练的社会活动家和政客。牛顿当选国会议员之后，曾坚决反对英王詹姆斯二世用天主教取代国教的企图，在抵制天主教会人员入主剑桥大学过程中居功甚伟。凭着这个政治成就他连任国会议员。在伦敦的政治与社交活动，使得牛顿有机会结识哲学家和社会活动家洛克等人，并赢得政府要职，成为女王的大臣。在造币厂总监职位上，牛顿提高了管理效率，成功地排挤并取代了自己的上司厂长，又在维护国币信誉和打击伪币制造方面卓有成效。在皇家学会主席任上，牛顿运用强有力的行政手段一改学会的涣散风气，把自己的门生信徒安插到皇家学会和英国所有的重要大学，成为英国新一代信奉牛顿学说的年轻科学家的保护人。

牛顿死后为三个同母异父的弟妹和众多亲属留下多达两万英镑的遗产。他还留下大批手稿，其中除一小部分与数学和自然哲学有关之外，大部分都是炼金术、神学和圣经研究手稿。　（王克迪）

牛顿环　Newton's rings　一种经典的分振幅干涉装置。17世纪中叶，英国物理学家**R.玻意耳**和**R.胡克**各自观察到，将一块平凸透镜的凸面放在一块平面玻璃上，光照射下会出现以接触处为中心的环形条纹，即牛顿环，如图1和图2所示。后来**I.牛顿**对这种现象做了详细的研究，并写进了他的名著《光学》里。如果照射光是单色光，牛顿环便是明暗相间的同心圆形；如果照射光是白光，牛顿环便是彩色的同心圆形。

牛顿环是**光的干涉**现象的一种。在平

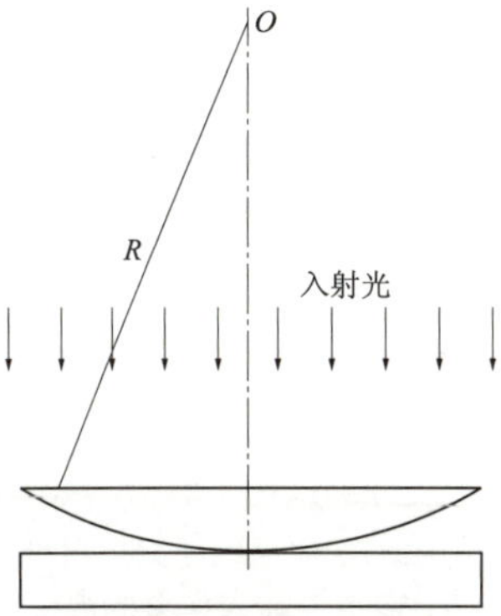

图1　观察牛顿环的装置

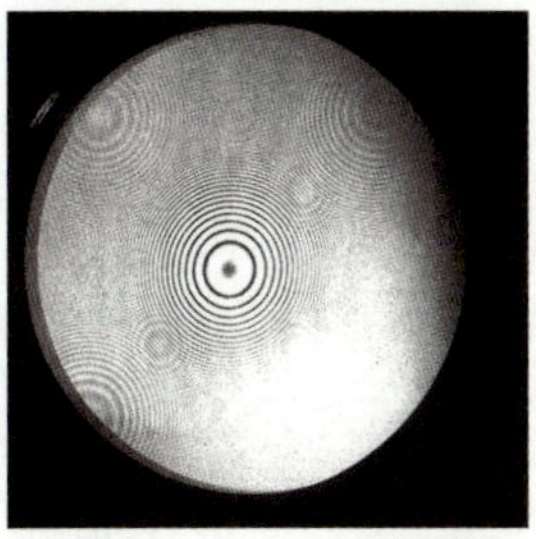
图2　牛顿环照片

凸透镜与平面玻璃之间，形成了一个很薄的空气膜。光照射下有一部分光从这薄膜的上表面（平凸透镜与空气的交界面）向上反射，另有一部分光则从它的下表面（空气与平面玻璃的交界面）向上反射，这两部分光发生干涉，结果就出现了牛顿环。

根据计算，当平凸透镜凸面的曲率半径为R，光的波长为λ时，n级（$n=0, 1, 2, \cdots$）牛顿环的半径为：

$$亮纹\ r_n=\sqrt{\left(n+\frac{1}{2}\right)\lambda R}，\quad 暗纹\ r_n=\sqrt{n\lambda R}$$

白光照射时，各种颜色的光由于波长λ不同，它们的亮环半径便不同，牛顿环便呈现出彩色来。

在磨制光学工件（如透镜）的工厂里，常用牛顿环来检测工件，方法是将标准件（玻璃验规）覆盖在待测工件上，两者间的空气膜在光的照射下出现牛顿环，根据环的形状和数目，便可决定进一步如何加工。　（胡望雨）

牛顿力学　Newtonian mechanics　经典力学的组成部分，以牛顿运动定律为基础研究物体机械运动的规律。见**牛顿运动定律**。

牛顿运动定律　Newton's laws of motion　英国科学家**I.牛顿**在1687年的著作《**自然哲学的数学原理**》中提出的关于物体机械运动的三条定律。又称牛顿三定律。

第一定律（**惯性定律**）：任何物体都保持静止或做等速直线运动，除非施加外力迫使其改变这种状态。

第二定律（运动定律）：物体运动量的变化永远与所施加的力成正比，并沿该力作用线的方向发生。

第三定律（作用和反作用定律）：对于每一个作用，总有一个大小相等方向相反的反作用；或者说，两个物体之间的相互作用总是大小相等方向相反。

牛顿在第二定律的表述中的“运动量的变化”实为动量变化率。

牛顿运动定律反映了物体机械运动的基本规律，它是在前人大量的观察、实验、研究的基础上总结出来的；而后人又在牛顿三大定律基础上，通过数学演绎的方法来研究物体的各种机械运动，因而使经典力学由零星、片段的知识转变为一门精确的科学。1845～1846年，英国的J.C.亚当斯与法国的U.-J.-J.勒威耶根据天王星运动的不规则性，通过力学计算预言在天王星轨道之外尚有一颗未知行星，并预报了它的位置。1846年9月，柏林天文台的J.G.伽勒用望远镜在预报的位置上真实地找到了这颗行星，后被命名为海王星。海王星的发现雄辩地表明，牛顿的理论体系完全符合客观实际。

牛顿运动定律中使用了绝对空间与绝对时间的概念，即长度和时间的度量与参考系的选择无关，两个相对做等速直线运动的参考系中的位置与时间满足**伽利略变换**。近代物理学的成就表明：空间、时间甚至物体的质量都与物体的速度有关；物体的速度越接近光速，它们受速度的影响就越明显。这时牛顿运动定律失效，应该使用**狭义相对论**，做这种高速运动的参考系中的时空则满足**洛伦兹变换**。另一方面，牛顿运动定律是从那些由大量原子和分子组成的宏观物体运动中总结出来的，而构成原子和分子的电子、质子、中子等微观粒子则有与宏观物体完全不同的属性与运动规律。因此，牛顿运动定律对这些微观粒子也不适用，这时应当使用**量子力学**的理论。牛顿运动定律适用于低速、宏观的物体，因此对一般的工程技术领域，以牛顿运动定律为基础的牛顿力学有着巨大的理论意义与实用价值。（贾书惠）

扭摆 torsional pendulum 安装在垂直悬线下端的一个物体，以悬线为轴作扭转振动的摆（图a）。中国物理学家**葛庭燧**于1947年利用上述扭摆原理，将悬线换成待测试样（图b）制成扭摆内耗仪，国际上称葛氏扭摆。大多数实验室使用的是葛氏扭摆改进型（图c）来测量固体内耗值。

根据扭摆振动方式不同，可将扭摆分为自由振动和强迫振动两种模式。固体内

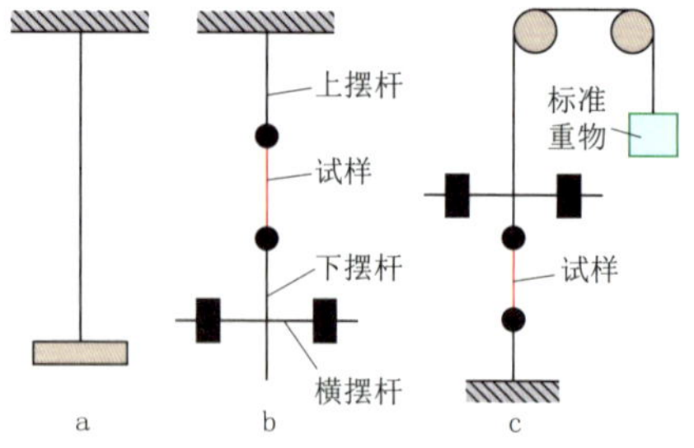

扭摆示意图

耗的内耗值：

$$Q^{-1}=\frac{1}{2\pi}\frac{\Delta W}{W}$$

式中ΔW为振动一周耗散的能量；W为振动一周的振动能。因此，试样在做自由振动时振动振幅将逐渐衰减下来，这时将递次振动振幅A的比值取其自然对数，即$\delta=\ln(A_n/A_{n+1})$，式中n为振动次数，δ称作对数衰减量。由于振动的能量与振动振幅的二次方成正比，所以：

$$\frac{\Delta W}{W}=\frac{A_n^2-A_{n+1}^2}{A_{n+1}^2}$$

$$=\frac{(A_n-A_{n+1})(A_n+A_{n+1})}{A_{n+1}^2}$$

$$\approx 2\ln\left(\frac{A_n}{A_{n+1}}\right)=2\delta$$

即：

$$Q^{-1}=\frac{\delta}{\pi}$$

试样做强迫振动时，内耗值Q^{-1}常用外加力和试样振动之间的相位差φ的正切来表示：

$$Q^{-1}\approx\tan\varphi$$

（朱震刚）

扭曲向错 twist disclination 三维**液晶缺陷**的一种。涉及液晶分子指向的局部扭曲。如图所示，设原系统是均匀的理想向列相，分子朝z方向排列。以向错线的z轴为中心，定义想象的缎带曲面，沿某处垂直剪开。把箭头所示处连着分子一起翻转角度π，重新连接剪口，得到的结构即为π扭曲向错。也可翻转2π得到2π扭曲向错等。拓扑学中，把k定义为扭转度，相对应于整个2π翻转。因此翻转一次为$k=1/2$，两次为$k=1$，依此类推。扭曲向

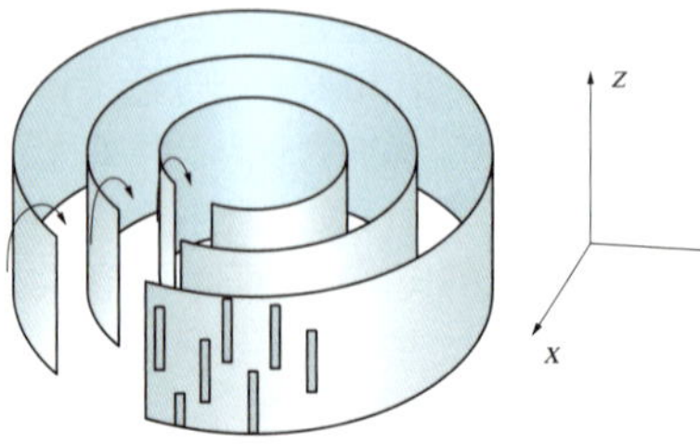

扭曲向错示意图

错也可以在总$k=0$系统发生，如把想象中的绕z轴缎带在正x区做$k=1/2$翻转，然后再在负x区另剪一刀做$k=1/2$翻转一次。（陈征宇）

扭转波 turning wave 仅存在于固体中的一种导波，是由固体中的纵波体波和横波体波叠加而成的一种模式波。扭转波可以是**驻波**也可以是传播的周期性波。和**弯曲波**相同，扭转波是一种形象的名称，并非严格的定义。例如，当拉伸弹簧的两端、同时扭转弹簧一端，会有一个扭转波沿着弹簧传播。空心圆管中存在三种振动形式：纵向、扭转和弯曲。其中，扭转波的运动是圆管每一个截面作为一个整体绕其中心轴旋转；管的径向和轴向位移都为零、仅周向位移不为零。

声波测井中，在四极子声源激励下，快速地层的井孔能激发出多个模式，其中频率最低的模式称为扭转波。扭转波与单极子声源声场的**斯通利波**类似，能量大部分集中在井壁附近，但在频散特性上，却表现出与单极子声源声场的**伪瑞利波**相似的性质。频率升高时弯曲波的相速度和群速度趋向于井中流体声速，而在低频时趋向于地层横波速度。在慢速地层的井孔中，四极子声源只能激发出一个传播模式，即扭转波。扭转波在低频的**相速度**和**群速度**趋于地层横波速度，当频率趋于无穷大时，扭转波的相速度和群速度趋向于流体和地层界面上的Scholte波。在随钻测井环境下，使用四极子声源激发扭转波被认为是测量慢速地层横波速度的最好方法。（林伟军）

浓溶液 concentrated solution 在高分子溶液中，浓度大于特征浓度c^{**}（在此之上分子链在所有尺度上都服从高斯分布）的溶液。

在高分子溶液中，存在两个特征浓度c^*c^*和c^{**}。c^*表示交叠浓度，在这个浓度之下分子链没有相互穿插；c^{**}对应于这样一个浓度，在此之上分子链在所有尺度上都服从高斯分布（$R\sim N^{1/2}$）。当高分子溶液浓度$c<c^*$时为稀溶液，此时高分子链在溶液中呈线团状，彼此分离；当$c^*<c<c^{**}$时为亚浓溶液（又称半稀溶液），这是一个很宽的范围，对应于分子链从开始相互穿插，到彼此交叠并缠结，直至使链的运动大为减少。当$c>c^{**}$时为浓溶液，此时链段的运动也受到限制，构象统计则回归到高斯分布。

值得注意的是，关于浓溶液与亚浓溶液的分界点的定义，从不同的角度会有不

同的结果。从平衡态构象的角度讲，如果c^{**}对应的体积分数为φ^{**}，则对于**良溶剂**$\varphi^{**}\approx v/b^3$。此处$v$为排除体积，$b$为**库恩长度**。这一浓度对应于半稀溶液的相关长度等于其热团尺寸。也就是说，当浓度大于这个值时，由于链段热运动的抗衡，溶液浓度基本上无法再有增加。在无热极限下，半稀溶液甚至可以过渡到本体，因为这种情形下$\varphi^{**}\approx 1$。此外，浓溶液还可以从动态下的缠结来定义。对于不同的定义，c^{**}会有所不同。 （严大东）

钕玻璃激光器 neodymium glass laser 以钕玻璃为激光工作物质的**固体激光器**。一般采用脉冲氙灯或**激光二极管泵浦**。激光基质材料主要有硅酸盐玻璃、磷酸盐玻璃。在钕玻璃中工作的激活离子Nd^{3+}，其能级结构与YAG中钕离子能级结构相似，是四能级系统，但是钕玻璃激光器的发射谱线较宽。典型磷酸盐或硅酸盐钕玻璃激光器件的有效增益谱宽为数纳米量级，其中磷酸盐钕玻璃的增益峰在1053～1054纳米，硅酸盐钕玻璃的增益峰在1047纳米附近。钕玻璃的光学均匀性好，发射截面适中，非线性系数低，大体积材料容易制备，还容易加工成型，因此钕玻璃激光器是获得高能量、高峰值功率激光的首选固体激光器。但由于玻璃基质的导热性差，因此钕玻璃激光器不适宜连续或高重复频率脉冲运转，一般在较低重复频率脉冲运转。要求输出能量越高，需要的钕玻璃材料的体积越大，所能承受的重复频率越低。

钕玻璃激光器的优势应用领域是以纳秒至微秒脉宽的单脉冲高能量输出为主要目标的激光应用。

①大能量激光驱动装置。钕玻璃多级激光放大器已被成功应用于大型激光驱动器装置中，利用这种类型的激光装置可获得接近太阳内部高温、高压条件的高密度物理状态，从而为物理学家提供高能密度物理的研究手段。典型代表型装置有中国的“神光”系列激光装置、美国的“国家点火装置”、法国的“兆焦耳装置”，它们均采用钕玻璃作为激光工作介质。典型的单束单脉冲输出能量为万焦耳量级，脉冲宽度为数纳秒量级。

②激光冲击强化。如飞机发动机叶片的激光冲击强化技术，可将材料表面的抗断裂能力成倍乃至数量级的提升。典型的激光输出参数为30～100焦/脉冲，脉冲宽度为数纳秒。

③高能OPCPA（光学参量啁啾脉冲放大）的泵浦源。提供百焦耳至千焦耳的纳秒级激光脉冲，作为OPCPA放大的抽运光。 （李学春）

诺顿定理 Norton’s theorem 由**基尔霍夫电路定律**导出的应用于电路分析和电路设计中的定理。又称等效电流源定理。可表述为二端有源网络可等效于一个电流源，电流源的I_0等于网络两端短路时流经两端点的电流，内阻等于从网络两端看除源网络的电阻。诺顿定理具有**戴维南定理**同样的功效。 （陈熙谋）

诺特定理 Noether’s theorem 物理体系的每一个可微的动力学对称性都对应一个守恒量。这个定理是德国数学家A.E.诺特在1915年证明的。对于一个自由度为s的经典力学体系，设其广义坐标为$q=(q_1, q_2,\cdots,q_s)$，拉格朗日函数为$L=L(q,\dot{q},t)$。依赖于一个连续参数ε的变换：

$$q_k\longmapsto Q_k=Q_k(q,t,\varepsilon)\quad(k=1,2,\cdots,s)$$

如果Q_k对于ε可微，则称该变换为单参数变换。不妨设当$\varepsilon=0$时有$Q_{\varepsilon=0}=q$。定义函数：

$$\begin{aligned}L_\varepsilon(q,\dot{q},t)&\triangleq L(Q,\dot{Q},t)\\&=L[Q(q,t,\varepsilon),\dot{Q}(q,\dot{q},t,\varepsilon),t]\end{aligned}$$

如果：

$$L(Q,\dot{Q},t)=L(q,\dot{q},t)+\frac{\mathrm{d}F(q,t,\varepsilon)}{\mathrm{d}t}$$

则称$L(q,\dot{q},t)$在单参数变换$q\longmapsto Q$下是规范不变的，而称变换$q\longmapsto Q$为由$L(q,\dot{q},t)$所定义的力学体系的对称变换。特别地，如果$F=$常数，则称$L(q,\dot{q},t)$在该变换下是不变的。

对称变换意味着力学量：

$$\varGamma=\sum^{s}p_k s_k-G$$

为守恒量，其中：

$$s_k(q,t)\triangleq\frac{\partial Q_k}{\partial\varepsilon}\Big|_{\varepsilon=0},$$

$$G(q,t)\triangleq\frac{\partial F}{\partial\varepsilon}\Big|_{\varepsilon=0},(p_k\ q,\dot{q},t)\triangleq\frac{\partial L}{\partial\dot{q}_k}$$

这就是诺特定理的数学表述。

诺特定理也可以用各粒子位矢、速度重新表述。对于N个粒子构成的体系，用每个粒子的位矢$\boldsymbol{r}=(\boldsymbol{r}_1,\cdots,\boldsymbol{r}_N)$描述体系的位形，拉格朗日函数写为$L=L(\boldsymbol{r},\dot{\boldsymbol{r}},t)$。假如变换：

$$\boldsymbol{r}_a\longmapsto\boldsymbol{R}_a=\boldsymbol{R}_a(\boldsymbol{r},t;\varepsilon)\text{且}\boldsymbol{R}_a|_{\varepsilon=0}=\boldsymbol{r}_a\quad(a=1,2,\cdots,N)$$

是L的对称变换，即有：

$$L(\boldsymbol{R},\dot{\boldsymbol{R}},t)=L(\boldsymbol{r},\dot{\boldsymbol{r}},t)+\frac{\mathrm{d}F(\boldsymbol{r},t;\varepsilon)}{\mathrm{d}t}$$

那么力学量：

$$\Gamma=\sum_{a=1}^{N}\frac{\partial L}{\partial\dot{\boldsymbol{r}}}\cdot\boldsymbol{\eta}_a-G$$

为守恒量，其中：

$$\boldsymbol{\eta}_a(\boldsymbol{r},t)\triangleq\frac{\partial\boldsymbol{R}_a}{\partial\varepsilon}\Big|_{\varepsilon=0}$$

$$G(\boldsymbol{r},t)\triangleq\frac{\partial F}{\partial\varepsilon}\Big|_{\varepsilon=0}$$

特别是，当相互作用与速度无关时，体系的拉格朗日函数可以写为$L=T(\dot{\boldsymbol{r}})-V(\boldsymbol{r},t)$，此时，与对称变换相联系的守恒量可以表示为：

$$\Gamma=\sum_{a=1}^{N}\boldsymbol{p}_a\cdot\boldsymbol{\eta}_a-G$$

式中$\boldsymbol{p}_a$为粒子a的动量。

由诺特定理可证明：对于一个力学体系，如果它在时间平移变换下是不变的，则其总机械能守恒；如果它在空间平移变换下是不变的，则其总动量守恒；如果它在空间转动变换下是不变的，则其总角动量守恒；而如果它在速度变换下是不变的，则其质心速度是守恒的。在经典场论以及**量子场论**中，也有相应的诺特定理。 （潘海俊）

诺沃肖罗夫，K. Konstantin Novoselov （1974-08-23～　） 英国/俄罗斯凝聚态物理学家。生于俄罗斯下塔吉尔。1997年获莫斯科物理技术学院硕士学位。2004年获荷兰奈梅亨大学博士学位。英国曼彻斯特大学教授。

1999年，诺沃肖罗夫在荷兰奈梅亨大学攻读博士学位，研究方向为介观电子传递和铁磁材料中的畴壁运动，**A.盖姆**是其指导教师之一。2001年，诺沃肖罗夫追随其合作导师盖姆前往英国曼彻斯特大学。2002年秋，盖姆建议学生将石墨加工成尽可能薄的薄膜并测量其“介观”性质。随后，受扫描隧道显微镜专家启发，盖姆利用普通胶带从石墨上剥离出石墨片，并与诺沃肖罗夫重复操作获得单层石墨片后测量石墨烯物理特性。发现其厚度极薄（约几纳米），却很坚硬，同时具有高热传导性和电传导性。2010年，诺沃肖罗夫与盖姆因在二维空间材料石墨烯方面的开创性实验共同分享诺贝尔物理学奖。 （刘金岩）

O

欧拉，L. Leonhard Euler（1707-04-15～1783-09-18） 瑞士数学家、力学家、物理学家。生于瑞士巴塞尔，卒于俄国圣彼得堡。1720年，不到14岁即进入巴塞尔大学，跟随J.伯努利学习。16岁获硕士学位。19岁时，由于在船的主桅方面的研究工作而获巴黎科学院的奖金。此后的1738年到1772年，曾12次获得该科学院奖金。1727年欧拉作为俄罗斯科学院数学部候补院士迁居圣彼得堡，1731年成为该院物理部的院士，1733年接替D.伯努利任该院数学部主任。因劳累过度，1735年他一目失明。1741～1765年欧拉作为柏林科学院院士及数学部主任在柏林工作了25年。1766年他又回到圣彼得堡，不久双目失明，但仍勤奋工作。

欧拉兴趣非常广泛。他是近代数学分析的主要奠基人之一。作为一个物理学家，他不仅广泛地将数学应用到整个物理领域，在力、声、热、光、电、磁等各个方面做出了许多重要贡献，而且在当时流传很广的《给阿勒玛格尼公主的书信集》中，提出了一切物理现象都是“以太”与物质相互作用的结果的思想，企图建立物理世界的统一图像。这一思想对18、19世纪物理学的发展有过不小的影响。

欧拉广泛研究了当时已提出的等周问题、最速落径、测地线及弹性力学中所提出的各种极值问题的解法，给出了这类问题的通解——著名的求泛函极值的欧拉方程（1736）。这些成果汇集成《寻求具有某种极大或极小性质的曲线的技巧》一书，从而开辟了“变分法”这一数学分支。在同一书中，欧拉还独立得出了力学中最小作用量原理，并表述为合理的数学形式。尽管如此，他还是捍卫P.-L.M.de莫培督对此原理的发明权，在科学史上被传为美谈。欧拉的二卷名著《力学或科学分析法解说》及其他许多著作，发展了牛顿质点和刚体力学，用分析解法代替了传统的几何解法，从而大大推动了经典力学的发展，开创了分析力学和刚体力学两个分支。欧拉对流体力学也有重要贡献，给出了流体运动的欧拉描述法，提出了理想流体模型，建立了理想流体运动的基本方程（欧拉方程），奠定了流体动力学的基础。

欧拉在物理学其他领域也有一些重要贡献。在声学中，他研究了音乐的数学理论、乐器理论和声的传播理论。他是18世纪唯一赞成光的波动说、反对光的微粒说的著名物理学家。他在光学仪器方面的三卷著作对望远镜和显微镜等光具组的设计与数学计算做出了贡献。他是第一个解析地处理光的振动的人，并在考虑了光对以太的弹性和密度的依存关系后，推演了光的运动方程，得到了光的反射和色散方面的结果。在热学方面，欧拉是最早把热看成是分子运动的物理学家之一。

欧拉一生中大部分时间里都以每年约800页左右的速率发表高质量的独创性的研究文章，在他双眼完全失明后还写了400多篇论文。 （金尚年）

欧拉动力学方程 Euler dynamical equation 由L.欧拉提出的表示**刚体定点转动**与所受外力矩之间关系的方程。见**刚体定点转动力学**。

欧拉角 Euler angle 由L.欧拉提出的用来确定定点转动刚体位置的三个相对转角的总称。见**刚体定点转动**。

欧拉运动学方程 Euler kinematical equations 描述**欧拉角**和角速度关系的方程。见**刚体定点转动**。

欧姆 ohm 国际单位制中物理量电阻的单位。简称欧。符号为Ω。伏特每安培（V/A）的专门名称。为纪念德国物理学家G.S.欧姆而命名。若某一导体内原来不存在任何电势差，当在其两端加上1伏特恒定电势差时，导体中产生1安培电流，则导体两端之间的电阻定义为1欧姆。从前用过国际欧姆作为电阻单位：当温度为0℃时，质量为14.4521克、长度为106.300厘米的均匀截面水银柱具有的电阻。1948年以后改用绝对欧姆即现定义。阻抗为交流电的表现电阻；电抗为阻抗的一部分，产生于电容和电感上。阻抗和电抗是与电阻相似的线路特性，也用欧姆来度量。声学欧姆和力学欧姆是类似的单位。

（陈熙谋）

欧姆，G.S. Georg Simon Ohm（1787-03-16～1854-07-06） 德国物理学家。生于巴伐利亚的埃朗根，卒于慕尼黑。1811年毕业于埃朗根大学并取得哲学博士学位，后在班贝格等地的中学任教。1817～1826年在科隆大学预科教授数学和物理学，后在柏林从事研究并任教，1833年任纽伦堡理工学院物理学教授。1849年任慕尼黑大学教授，直至逝世。

欧姆最重要的贡献是建立电路定律。从1825年开始，先后以伏打电池和温差电偶对导线电路的电导率等各要素做了许多测定，1826年发现电路中电流强度、电压和电阻相关联的基本定律，后称为**欧姆定律**。1827年又从理论上分别提出部分电路和全电路的欧姆定律，引入了“电动势”“电压降”和“电导率”等概念。他受到J.傅里叶关于热传导研究的启发，将电的流动和热的流动二者做了比较，建立了欧姆定律的理论。不久写成《伽伐尼电路：数学研究》一书，1827年出版。这部著作后来比他在1826年的实验研究更加闻名。

欧姆的实验装置
（悬挂着的磁针可指示电流的大小）

但直到七八年后，欧姆的电学研究成果才逐渐受到重视。1841年英国皇家学会授予他科普利奖章，1842年被聘为国外会员；1845年被接纳为巴伐利亚科学院院士。电阻的单位欧姆是为了纪念他而以他的姓氏命名的。除电学之外，欧姆在声学、光学等方面也做过研究。1843年，他提出简

谐振动的声在耳朵感觉中为单音，所有其他的声则被感觉为基音和泛音。这一发现被称为声学欧姆定律。（戴念祖）

欧姆定律 Ohm's law 恒定电路的基本实验定律之一。1826年由德国物理学家G.S.**欧姆**发现。可表述为通过导体的电流强度I与其两端的电压U成正比，表示为：

$$I=\frac{U}{R}$$

式中R为导体的电阻。欧姆定律适用于金属等各类导电材料以及导电的溶液，如酸、碱、盐的水溶液，这种导体的电阻称为线性电阻。根据欧姆定律可导出欧姆定律的微分形式，导体中某一点的电流密度$\boldsymbol{j}$等于导体该点的电导率σ乘以该点的电场强度$\boldsymbol{E}$，表示为$\boldsymbol{j}=\sigma\boldsymbol{E}$。欧姆定律的微分形式更细微地描述了导体内各点的导电状况，不仅适用于恒定电流情形，在非恒定的交变电流情形也仍然正确，比欧姆定律本身有更广泛的适用范围。可认为欧姆定律微分形式是更基本的规律。电路中存在非静电力$\boldsymbol{K}$时，欧姆定律微分形式化为$\boldsymbol{j}=\sigma(\boldsymbol{E}+\boldsymbol{K})$，当还存在其他作用时，微分形式中还应加上其他相应的项。欧姆定律微分形式是导电介质的介质方程之一，是解决一些介质问题时不可缺少的方程。教学中把含有电源在内的电路上电流I与电动势ε、电压U、电阻R之间的数学关系都广而称为欧姆定律。如一个含有电源（电动势为ε、内阻为r）和电阻R的单一回路的这种数学关系$I=\varepsilon/(R+r)$称为全电路欧姆定律。又如一段含有电源（ε,r）的电路的这种数学关系$U=\varepsilon\pm IR$称为含源部分电路欧姆定律。（陈熙谋）

欧姆加热 ohmic heating 托卡马克等离子体加热的基本方法。**等离子体**是导体，具有一定的电阻。当电流通过等离子体时，等离子体因有电阻而发热。由**欧姆定律**可知，热功率密度为$p=\eta j^2$，式中$\boldsymbol{j}$为电流密度；η为等离子体的电阻率，$\eta=2.8\times10^{-8}/T_e^{3/2}$（欧·米），$T_e$为电子温度，单位是千电子伏。很显然电子温度升高时等离子体电阻率下降，加热功率也随之降低。因此在较高温度时欧姆加热效果会变得很差，单凭欧姆加热是不能把等离子体加热到点火温度的。（高 翔）

欧姆接触 ohmic contact 金属与半导体的接触电阻远小于半导体材料本身的电阻的现象。实现欧姆接触的半导体器件工作时，大部分电压降在工作区而不是接触面，从而实现良好的器件性能。制备欧姆接触的主要措施有：选择适当的金属，减小金属与半导体间的势垒高度；在半导体表面层进行高掺杂或者引入大量复合中心，减少半导体侧的耗尽区宽度；采用窄带隙半导体构成的缓变异质结，有助于改善宽带隙半导体的欧姆接触。接触电阻与界面间的化学细节密切相关，很多实际因素会影响欧姆接触的性质：接触金属可能与半导体表面反应形成复合物；界面处污染层会增加势垒宽度；半导体表面可能会发生重构。重复可靠制备欧姆接触，需要极度洁净的半导体表面，而且它非常敏感取决于制备的具体细节，如半导体表面清洁、接触金属沉积、图案制造和退火。

半导体与金属接触，由于两者功函数的差别，在半导体表面会形成接触势。接触势有两种情况：阻挡层和反阻挡层。阻挡层就是在半导体这一边形成一个势垒，而反阻挡层则是一个势阱。当外加电压与接触电势方向相同时，势垒的高度增加，因而载流子数目必然要减小，电阻增加。如果外加电压方向与接触电势方向相反，势垒下降，载流子数目将增加，而且阻挡层变薄，电阻下降。做器件时选择欧姆接触材料是很重要的，必须保证接触电阻很小。因此要根据载流子的类型（n型或p型）、半导体和金属的功函数等选择合适的欧姆接触材料。（姬 扬）

欧阳钟灿 Ouyang Zhongcan（1946-01-25～ ）中国理论物理学家。生于福建泉州。1968年毕业于清华大学自动控制系。1981年获清华大学物理系固体物理专业硕士学位，1984年获光学专业理学博士学位。1985～1986年在中国科学院理论物理研究所做博士后。1986年获西德洪堡奖学金到柏林自由大学从事合作研究。此后在中国科学院理论物理研究所工作，历任副研究员（1989）、研究员（1992）、所长（1998～2007）、理论所学术委员会主任、理论所战略发展委员会主任等职。还曾任北京科协第七、第八届常委，中国物理学会第九、第十届常务理事、液晶物理分会主任、IUPAP生物物理委员会委员等职。1997年当选为中国科学院院士。2003年当选为第三世界科学院院士。

主要从事凝聚态物理中生物膜液晶模型理论、液晶物理及应用基础理论等研究。1985年提出D∞h液晶光倍频理论，预告液晶光整流效应，为日本实验室于1990年证实。1987年从曲面变分技术导出了用曲面曲率及其微分表示含自发曲率膜泡的普遍形状方程。1990年首次从理论上预言应存在着半径比为2的平方根与无穷的两种亏格为1的环形膜泡，并于1991年获巴黎高等师范学校实验室完全证实。1990年提出生物膜螺旋结构理论。提出了突破Helfrich流体膜框架的手征膜理论。合作发现了膜形状方程的四类解析解。给出了超扭曲液晶盒弱锚泊条件下指向矢的严格解。著有《生物膜泡曲面弹性理论》等专著，以及科普读物《从肥皂泡到液晶生物膜》。

1993年获海外华人物理学会亚洲华裔物理学杰出成就奖；1994年获首届中国博士后“国氏奖”；1995年获中科院自然科学一等奖；1996年被国家人事部评为国家有突出贡献中青年专家；1999年获周培源奖，同年因“生物膜形状的液晶模型理论研究”获国家自然科学二等奖；2004年获何梁何利科技进步奖，2005年获人事部全国优秀博士后，2010年获全国优秀科技工作者，2015年获选日本应用物理学会国际会士。（尹晓冬）

偶–奇核 even-odd nucleus 质子数为偶数，中子数为奇数的**原子核**。如^{3}He、^{13}C、^{17}O、^{207}Pb、^{235}U等。（任中洲）

偶极辐射 dipole radiation 随时间变化的偶极矩的电磁辐射。偶极矩分为电偶极矩和磁偶极矩，偶极辐射也相应分为电偶极辐射和磁偶极辐射。若用$\boldsymbol{E}(\boldsymbol{r},t)$和$\boldsymbol{B}(\boldsymbol{r},t)$分别表示真空中远离偶极矩$\boldsymbol{r}$处的辐射场在$t$时刻的电场强度和磁感应强度，则在偶极矩的空间尺度$l$和辐射场波长$\lambda$满足$r\ll l$、$\lambda$的条件下，电偶极辐射有：

$$\boldsymbol{E}(\boldsymbol{r},t)=\frac{\left[\ddot{\boldsymbol{P}}\left(t-\frac{r}{c}\right)\times\hat{\boldsymbol{r}}\right]\times\hat{\boldsymbol{r}}}{4\pi\varepsilon_0c^2r}$$

$$\boldsymbol{B}(\boldsymbol{r},t)=\frac{\ddot{\boldsymbol{P}}\left(t-\frac{r}{c}\right)\times\hat{\boldsymbol{r}}}{4\pi\varepsilon_0c^3r}$$

式中$\boldsymbol{P}(t)=\int_{V_l}\boldsymbol{r}_l\rho(\boldsymbol{r}_l,t)\,\mathrm{d}V_l$为小区域$V_l$电荷体系的电偶极矩矢量；$\rho(\boldsymbol{r}_l,t)$为电荷密度；$\ddot{\boldsymbol{P}}\left(t-\frac{r}{c}\right)=\left.\frac{\mathrm{d}^2\boldsymbol{P}(t')}{\mathrm{d}t'^2}\right|_{t'=t-\frac{r}{c}}$为电偶极矩对于推迟时间的二阶导数；$\boldsymbol{r}$和$\hat{\boldsymbol{r}}$分别为场点位置矢量$r$的模和单位矢量，后者

也为该场点处辐射场的传播方向；ε_0为真空介电常数；c为真空光速。若电偶极矩以$\boldsymbol{P}=\boldsymbol{P}_0\mathrm{e}^{-\mathrm{i}\omega t}$方式做角频率为$\omega$的简谐振荡，则电偶极辐射的能流密度为$\overline{\boldsymbol{S}}=\dfrac{\omega^4|\overline{\boldsymbol{P}}_0|^2}{32\pi^2\varepsilon_0c^3r^2}\sin^2\theta\hat{\boldsymbol{r}}$，其中$\sin^2\theta$表示辐射的角分布（见图）。可见，沿电偶极矩

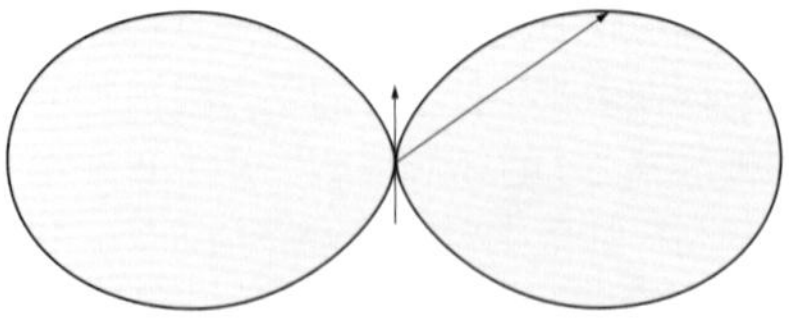

偶极辐射

振动方向的辐射为零，垂直于这个方向的辐射最强，总辐射功率为$W=\dfrac{|\boldsymbol{P}_0|\omega^4}{12\pi\varepsilon_0c^3}$。

对磁偶极辐射来说，辐射场的电场强度和磁场感应强度则变为：

$$\boldsymbol{E}(\boldsymbol{r},t)=\frac{\ddot{\boldsymbol{m}}(t-\frac{r}{c})\times\hat{\boldsymbol{r}}}{4\pi\varepsilon_0c^3r}$$

$$\boldsymbol{B}(\boldsymbol{r},t)=\frac{\left[\ddot{\boldsymbol{m}}(t-\frac{r}{c})\times\hat{\boldsymbol{r}}\right]\times\hat{\boldsymbol{r}}}{4\pi\varepsilon_0c^4r}$$

式中$\boldsymbol{m}(t)=\dfrac{1}{2}\int_{V_l}\boldsymbol{r}_l\times\boldsymbol{j}(\boldsymbol{r}_l,t)\mathrm{d}V_l$为相应于小区域$V_l$中电流体系的磁偶极矩矢量；$\boldsymbol{j}(\boldsymbol{r}_l,t)$为电流密度；$\ddot{\boldsymbol{m}}(t-\dfrac{r}{c})=\dfrac{\mathrm{d}^2\boldsymbol{m}(t')}{\mathrm{d}t'^2}\Big|_{t'=t-\frac{r}{c}}$为磁偶极矩对于推迟时间的二阶导数。磁偶极辐射与电偶极辐射具有相同的角分布形式，但前者强度比后者强度弱$(l/\lambda)^2$数量级。（杨国建）

偶极子源 dipole source 理想的偶极子源是由两个振幅相等、相位相反、无限接近的单极子源组合而成的。又称一阶声源。偶极子辐射声压和方向有关，呈“8”字形。最简单的偶极子源是一个振动片，在激励电压作用下向左右两侧振动。在声波测井中最初使用的偶极子源是将圆管状的压电陶瓷分为完全相同的两半，在每一片上加相反相位的激励电压，这样在井内产生的振动与振动片相同，可以当作是偶极子源。偶极子源在快速地层的井孔中能激发出多个模式，其中频率最低的模式称为弯曲波。在慢速地层的井孔中，偶极子源只能激发一个传播模式，即弯曲波。弯曲波在低频的相速度和群速度趋于地层横波速度，因此采用偶极子源是测量慢速地层横波速度的一种重要手段。

（林伟军 彭朝辉）

偶-偶核 even-even nucleus 质子数和中子数都是偶数的原子核。如^{4}He、^{12}C、^{16}O、^{40}Ca、^{48}Ca、^{118}Sn、^{129}Xe、^{140}Ce、^{156}Gd、^{208}Pb、^{232}Th、^{238}U、^{244}Pu。在天然存在的原子核中，偶-偶核的数目最多。

（任中洲）

偶然简并 accidental degeneracy 量子系统中，哈密顿量中某些参数变化引起的简并行为。假设量子系统的哈密顿量H随参数B变化，即$H=H(B)$。如果参数B在取某个特殊值B_0的时候哈密顿量的简并度忽然变大，即$B=B_0$时的简并度比B大于B_0或B小于B_0的情况都来的大，则称$B=B_0$时系统发生偶然简并。例如，磁场中进动的电子自旋，哈密顿量是磁场强度的函数，在磁场强度为0时的二重简并即为偶然简并。偶然简并的原因是系统的对称性在$B=B_0$时忽然变大。

（张 芃）

耦合常数 coupling constant 标志粒子通过相互作用转化过程强度的参数。电子可放出或吸收光子，电子和电磁场的耦合常数就是电子的电荷。耦合常数可以是有一定量纲的实量，不同的粒子转化过程的耦合常数不同。在用场论语言描述时，耦合常数是描写粒子转化的相互作用拉格朗日量密度中的系数参量g。由于粒子转化的概率总是正比于耦合常数g的二次方，有时又把$\alpha=g^2/(4\pi)$称为耦合常数。电子和电磁场的耦合常数按原始的定义就是电子的电荷$g=-e$，按后一定义就是：

$$\alpha=\frac{g^2}{4\pi}=\frac{e^2}{4\pi}$$

这就是人们熟知的精细结构常数α，是电磁相互作用的耦合常数。在量子论中，耦合常数用来表征作用强度，四种相互作用：引力相互作用、电磁相互作用、弱相互作用和强相互作用，其强度大小也可以通过它们的耦合常数比较出来。强相互作用的耦合常数是电磁相互作用的100倍，是弱相互作用的10^5倍，是引力相互作用的10^{40}倍。（高崇寿）

P

爬行模型　reptation model　描述熔体中缠结聚合物链运动的最简单的运动学模型。又称蛇行模型。熔体中的聚合物链受到缠结作用的影响，其分子链的运动呈现一种在受限管内的曲线运动方式，就像蛇在细管内爬行一样。爬行理论最早是由P.-G.de热纳提出并被用于解释缠结高分子系统中的高分子运动行为，之后由土井正男和S.爱德华加以完善。

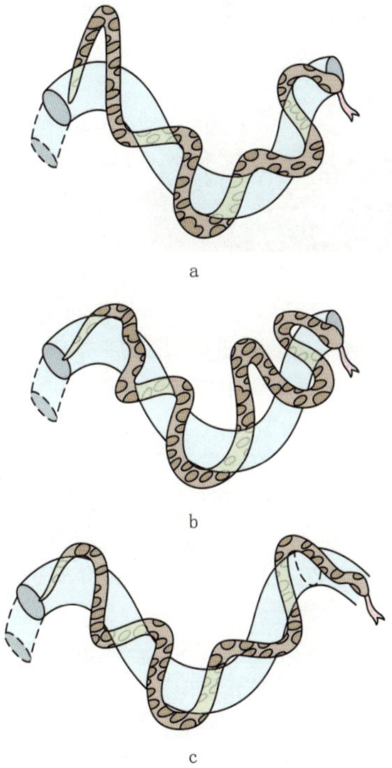

爬行模型示意图

讨论一条含有N个单体的高分子链，那么高分子主链（对于管道而言）的扩散系数为：

$$D_e=\frac{k_BT}{N\zeta}$$

式中k_B为玻尔兹曼常数；T为温度；ζ为单体的摩擦系数。那么，链在受限管内的爬行时间为：

$$\tau_{rep}\approx\frac{\langle L\rangle^2}{D_e}=\frac{b^2N^3\zeta}{N_ek_BT}=\tau_e\left(\frac{N}{N_e}\right)^3$$

式中b为高分子单体尺寸；τ_e为回转半径和管道半径大小相当的高分子链（N_e为此高分子链中的单体数量）的劳色松弛时间为：

$$\tau_e\approx\frac{\zeta N_e^2b^2}{k_BT}$$

对于长度小于受限管径的链段，其运动形式遵循**劳色模型**，计算得到相关的松弛时间和松弛模量。当松弛时间达到$t=\tau_e$时，聚合物链的运动开始受到周围其他分子链的缠结效应的影响，此时的分子链运动进入受限管内的爬行运动状态。

当聚合物链运动时间处在从缠结网链松弛时间τ_e到链爬行松弛时间τ_{rep}的时间范围时，链的运动是完全在受限管内的爬行运动，因此其松弛过程会出现推迟现象。

当聚合物链运动时间超过到链爬行松弛时间τ_{rep}后，为整条分子链的滑移运动，模量迅速下降。

爬行模型将浓聚合物熔体的动力学性能与分子量联系在一起，可以用于解释高分子链的缠结体系动力学，但短链或长链在短时期内的动力学通常可用劳色模型解释。（刘向阳）

帕斯卡，B.　Blaise Pascal（1623-06-19～1662-08-19）　法国数学家、物理学家、哲学家、散文作家。又译帕斯卡尔。生于克莱蒙费朗，卒于巴黎。1631年移居巴黎。

1635年左右开始对数学发生兴趣，1639年随父亲参加巴黎数学和物理学界的学术活动，1640年提出了射影几何中的帕斯卡定理。1642～1644年，他创制了历史上第一架机械计算机器。1646～1648年，重做E.托里拆利真空实验并研究有关问题。1651～1654年，进行了关于液体的平衡以及空气的重量等研究。1654年，提出二项式展开的系数的三角形排列法，即帕斯卡三角形。他又和P.de费马共同奠定了概率论的基础。1654年11月23日，接受第二次洗礼。1655年，退隐于波尔-鲁耶尔修道院。1656～1657年，作《与乡人之书》十多篇，批判耶稣会派。1658～1659年，研究摆线问题，间接地促进了微积分学的形成和发展。帕斯卡体弱多病，这使他的科研活动受到影响。

在物理学方面，帕斯卡的主要贡献在于对大气压强和液体静力学的研究。1646～1647年在巴黎等地以不同的方式做了一系列大气压实验，成功地证实了大气压强随高度的增加而减小。1649～1651年，他的姐夫F.佩里埃又根据他的指示，进行了一系列的气压观测，证实了水银柱的高度与当时当地的大气条件有关，从而预示了气压计用于气象预报的前景。

1651～1654年，帕斯卡研究了液体静力学和空气重量的各种效应，提出了著名的**帕斯卡定律**，即加在密闭液体任何一部分上的压强，必然按照其原来的大小由液体向各个方向传递。同时，他还提出了连通器原理和后来得到广泛应用的水压机的最初设想。他又指出器壁上所受的由于液体重量而产生的压强仅仅与深度有关；他进行实验，并从理论上解释了与此有关的液体静力学佯谬现象。为了纪念帕斯卡研究大气压强所做出的贡献，压强的单位帕斯卡就是以他的姓氏命名的。

帕斯卡全家笃信天主教，他对冉森派的著作尤为折服。1656年，教皇谴责冉森派离经叛道，帕斯卡应冉森派的要求写了18封《致一个外省人的信》，深入浅出地阐释了冉森派的教义，即道德准则和公民准则对任何人都应当一视同仁，只有全心全意献身上帝的人才能领受天恩，而不是像耶稣会那样对信徒们按地位和财产区别对待，从而把一个神学问题变成了一个可以用常识来解决的问题。他的信义正词严又极为感人，是法国散文的不朽之作。后人整理出版了他的一些笔记，名为《思想录》。（戴念祖）

帕斯卡定律　Pascal's law　由法国数学家、物理学家B.帕斯卡于1653年提出的流体力学中的基本定律之一。帕斯卡定律指出：加在密闭液体任何一部分上的压强，必然按照其原来的大小由液体向各个方向传递。其在流体机械工程中广泛应用。若一个流体系统中有大小两个活塞，在小活塞上施以小推力，通过流体中的压力传递，在大活塞上就会产生较大的推力（见图）。据此原理，可制造水压机，用于压

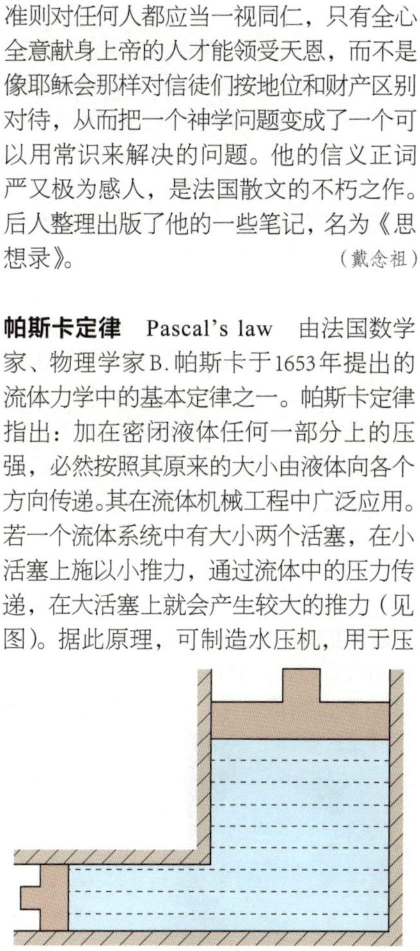

帕斯卡定律实例

力加工；制造千斤顶，用于顶举重物；制造液压制动闸，用于刹车等。（戴世强）

帕邢定律 Paschen' law 关于气体电击穿条件的定律。帕邢定律从*汤森放电*理论推导出，表述为击穿电压是气压和电极间距乘积的函数，写为：

$$V_{br}=\frac{Bpd}{\ln[Apd/\ln(1+1/\gamma)]}$$

式中p为气压；d为电极间距；常系数A、B与气体种类相关；γ与气体种类、阴极材料和表面状况、预电离相关。这一函数的形状呈现一个最低击穿电压值，有几个例子见下图。少量掺杂其他气体可能在很大程度上影响最低击穿电压。

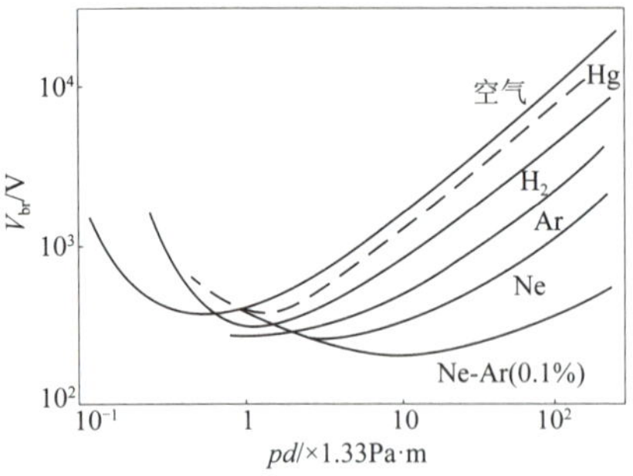

几种气体击穿电压曲线

帕邢定律表明，在两平行板电极放电管中，当阴极材料、结构相同且工作气体相同时，只要pd值相同，击穿电压就相同，而与电极间距无关。（欧阳吉庭）

拍 beat 物理学中，频率相近的两列波合成时所形成的脉动。合振动变化的频率称拍频，等于这两列波的频率之差。例如当两个频率相近的音叉同时发声时，就能听到时强时弱按拍频变化的声音。超声振动（如蝙蝠和海豚发出的声音具有高于人耳所能听到的频率），可通过不同声频的合成产生出可听拍频来探测。这一原理还用于无线电波的超外差接收上，这时，由振荡器发出的信号与输入的无线电信号合成经放大后成为可以听到的声音。（张海澜）

潘诺夫斯基，W.K.H. Wolfgang Kurt Hermann Panofsky（1919-04-24～2007-09-24） 美国物理学家。生于德国柏林，卒于美国洛斯阿尔托斯。美国斯坦福直线加速器中心教授、荣誉所长。1938年毕业于美国普林斯顿大学，1942年获美国加州理工学院博士学位。他是美国国家科学院院士、美国艺术与科学学院院士，也是多个国家科学院的外籍院士。2002年当选为中国科学院外籍院士。

长期从事加速器物理、核物理和粒子物理方面的理论研究和实验探索。曾参与建造能量为32兆电子伏现代质子直线加速器，领导建成能量最高的电子直线加速器、SPEAR正负电子对撞机、PEP正负电子对撞机和斯坦福线型对撞机（SLC）等。提出了潘诺夫斯基-温泽尔定理，阐明了决定束流品质的尾场的纵、横势函数的关系；提出了束流崩溃效应的渐近理论和环形加速器消色散聚焦结构理论，发明了以他的姓氏命名的四级矩磁铁结构等。曾荣获美国国家科学奖章。潘诺夫斯基对中国科学技术事业的发展十分关注。先后数十次访问中国，到多所院校讲学、交流，热情培养中国高层次科技人才。曾担任中国科学院院长顾问，特别对北京正负电子对撞机的研制给予了大量具体的帮助。（仲 佰）

潘孝硕 Pan Xiaoshuo（1910-10-31～1988-12-28） 中国磁性物理学家。生于浙江吴兴，卒于北京。1933年毕业于南京中央大学物理系。1933～1938年在中央研究院物理研究所任助理员。1938～1943年留学美国麻省理工学院，获理学博士学位。在美国期间，先后任麻省理工学院工业合作部研究员、哈佛大学水下声实验所研究员、美国海军部新伦敦水声实验所研究员。1946年回国，受聘为南开大学物理系教授，于1947～1948年出任物理系系主任。1949～1950年任中央大学物理系教授。1950年后任中国科学院应用物理所研究员，并担任磁学组组长和磁学研究室主任。

中国近代磁学研究的开拓者之一。他的研究涉及铁族-贵金属磁性、永磁体和软磁金属磁性材料的脱溶、超结构和磁化机制，金属磁性薄膜的磁性，以及非晶体磁性合金和自旋玻璃的结构变化、弛豫和磁相变等。潘孝硕早期从事磁学研究期间，主要从事关于合金磁性的研究，研究了铁-贵金属、铁-稀土金属合金磁性和磁性金属的磁化机制。1950年*施汝为*在潘孝硕的帮助下建立起中华人民共和国的第一个磁学研究组（室），他们长期合作进行磁学研究。1960年中科院物理所磁学室的研究组从金属永磁的研究扩大到了矩磁、高频铁氧体、微波铁氧体与铁磁共振、金属磁膜和磁性理论等重要领域。潘孝硕在指导全室研究工作的同时，亲自参加薄膜磁性和磁膜存储器的研究工作，获得大量的成果，完成了一批国家任务。他在长达半个世纪的学术生涯里培养了一批磁学研究和教学人才，在推动和领导中国磁学研究方面做出了重要贡献。（尹晓冬）

潘垣 Pan Yuan（1933-08-08～ ） 中国磁约束核聚变技术和高功率脉冲电源技术专家。原籍江苏扬州。生于湖北宜昌。1955年毕业于华中工学院（今华中科技大学）。1955～1958年在武汉电管局中心试验所任技术员。1958～1969年在二机部401所受控核聚变研究室任工程师、大组长。1969～1983年在二机部585所工作，1982年晋升为高级工程师。1983～1998年在中国科学院等离子体物理研究所任研究员、室主任、学术委员会主任。1988年8～12月在英国的欧洲联合托卡马克环JET工作。1990～1992年在美国得克萨斯大学聚变研究中心工作。1998年任华中科技大学教授，曾担任校学术委员会副主任、电气与电子工程学院名誉院长等职。1997年当选为中国工程院院士。

中国最早从事核聚变研究的主要成员之一，是中国核聚变电磁工程和大型脉冲电源技术的主要开拓者。主持和参与过三套聚变装置研制和一套装置升级改造。负责研制“小龙-2”和“凌云”核聚变等离子体实验研究装置。参与主持“中国环流器一号”（HL-1）的研制建造，负责工程方案设计、总体电磁工程、脉冲电源及总控系统等，创造性地解决了多项重大技术难题。负责完成HT-6M托卡马克的脉冲电源与控制系统的升级改造、国家自然科学重点基金项目“改善托卡马克等离子体磁约束性能的新理论和新途径”。还将聚变电磁工程技术成功应用于国民经济和国防建设，取得多项成果。曾获国家科技进步一等奖，中科院和核工业部科技进步一等奖、二等奖，以及教育部科技进步一等奖。（尹晓冬）

庞加莱，H. Henri Poincaré（1854-04-29～1912-07-17） 法国数学家、物理学家和天文学家。生于南锡，卒于巴黎。1871年入巴黎工艺学院学习。1875年毕业后又到

矿业学院学习，在做博士论文时期曾短期任矿业工程师。1879年以微分方程方面的论文获数学博士学位。同年应聘为卡昂大学数学教师。1881年起任巴黎大学教授，1887年被选为巴黎科学院院士，1906年被选为院长。1908年被选为法国科学院院士。

一生中研究的领域广泛，几乎涉及数学、物理学和天文学的各个主要分支。数学方面的成就，使他成为19世纪后期数学界的权威之一。完成自守函数理论是他最早的成就，以后在数论、代数学、几何学、拓扑学以及概率论等方面都有开创性的工作；尤其是在分析方面，如函数论、微分方程等分支的贡献更为重要。他还在发现了逻辑悖论的情况下复活了直觉主义，成为现代直觉主义者的先驱。在天文学方面，他的主要贡献是：论证了旋转流体的平衡图形（1885）；太阳系的稳定性，即多体问题（1899）；太阳系的起源（1911）。在“三体问题”上，他运用渐进展开和积分不变量等方法，深入研究得出微分方程在奇点附近的积分曲线的性质，从而发展了严格的天体力学计算技术。庞加莱讲授物理学达20年以上，精于理论物理，发表的论文和专著达70多篇。他研究了三维连续区内的有关问题和许多关于导热的问题，还论证了狄利克雷问题。

19世纪与20世纪之交，物理学发生了危机，然而庞加莱对物理学的发展趋势却有独到的见解。他认为所谓的危机，正是物理学要出现一场变革的先兆，将进入一个新的阶段。他明确指出，要摆脱危机，就要在新的实验基础上重新改造物理学，使经典力学的某些基本概念扩展为更为广泛的物理学概念。他一再肯定经典理论的价值，尖锐批判了“科学破产”的错误观点以及绝对怀疑论。庞加莱在这场变革中，对物理学几个领域的发展都做出了贡献。他在光学方面的研究成果促使A.-H.贝可勒尔发现了铀的放射性。1898年，他提出了在真空中光速不变的假设。1902年，他阐明过相对性原理，并将它推广到电磁学。1904年，他预示了新力学的大致图像：惯性随速度而增加，光速会变为不可逾越的极限。在新的力学里，原来的力学理论仍将在一定条件下近似正确。在1905年写的《论电子动力学》的论文中，他证明洛伦兹变换形成一个群，并阐述了这个变换的物理意义，他甚至在具有确定的正度规$x^2+y^2+z^2-\tau^2$的“四维空间”中使用了不变性理论和虚时间坐标$\tau=\mathrm{i}t$。因此，他被认为是相对论的先驱。庞加莱原来对量子论并不熟悉，在1911年索尔维物理学会议之后进行了深入研究，并认为量子论是自I.牛顿以来自然哲学所经历的最伟大、最深远的革命。在逝世前几个月，他还提出了“时间原子”的大胆思想。

20世纪初先后出版了《科学与假设》（1902）、《科学的价值》（1905）、《科学与方法》（1908）等科学哲学著作。他在哲学上受到了I.康德和E.马赫等人的影响，对哲学基本问题的看法是唯心的，但在科学研究中却始终坚持经验论的原则。他是约定论的创始人，认为科学的一些基本原理既不是经验事实的归纳，也不是先验综合判断，而是一种约定。这种约定既要受实验事实的引导，又要避免一切矛盾。约定论既要求摆脱康德的先验论，又要求摆脱马赫的狭隘的经验论，反映了当时科学界自由创造、大胆假设的要求，在科学和哲学上都有其积极意义。他还论述了假设、直觉和科学美在科学发现和形成科学理论中的作用，这一切对A.爱因斯坦以及其他科学家都产生了明显的影响。

（刘 辽 李醒民）

庞加莱变换和庞加莱群 Poincaré transformation and Poincaré group 洛伦兹变换和时空平移变换构成庞加莱变换。变换对应的群即为庞加莱群。如果两个惯性系的原点在初始时刻不重合，则相应的变换是：

$$\left.\begin{aligned} x' &= \frac{1}{\sqrt{1-v^2/c^2}}(x-vt)+x_0 \\ y' &= y+y_0 \\ z' &= z+z_0 \\ t' &= \frac{1}{\sqrt{1-v^2/c^2}}\left(t-\frac{v}{c^2}x\right)+t_0 \end{aligned}\right\}$$

式中x_0, y_0, z_0, t_0为4个常数，代表时空平移。上式的变换称为庞加莱变换（非齐次洛伦兹变换），相应的群称为庞加莱群。洛伦兹变换相应的群称为洛伦兹群。洛伦兹群是庞加莱群的一个子群。

物理系统的洛伦兹不变性给出角动量守恒定律。时间平移不变性给出能量守恒定律。空间平移不变性给出动量守恒定律。

上面两个惯性系的相对状态比较特殊：相应的三个轴互相平行且相互沿x轴运动。更一般的情况是，三个轴不互相平行而且相对运动沿任意方向，相应的一般洛伦兹群是上述特殊的洛伦兹群与空间转动群的乘积。

（张元仲）

抛射体运动 motion of a projectile 地球表面沿任意方向以任意初速度抛出的物体（质点）在重力作用下的运动。

理想的抛射体运动 如果不考虑空气阻力且认为重力场是均匀的，即重力加速度g是常量，则抛射体运动可看成水平方向的等速运动与铅直方向的等加速运动的合成。建立地面坐标系Oxy，原点在质点的抛射点，受力图如图1。质点在直角坐标系中的运动方程式为：

$$m\ddot{x}=0 \quad m\ddot{y}=-mg$$

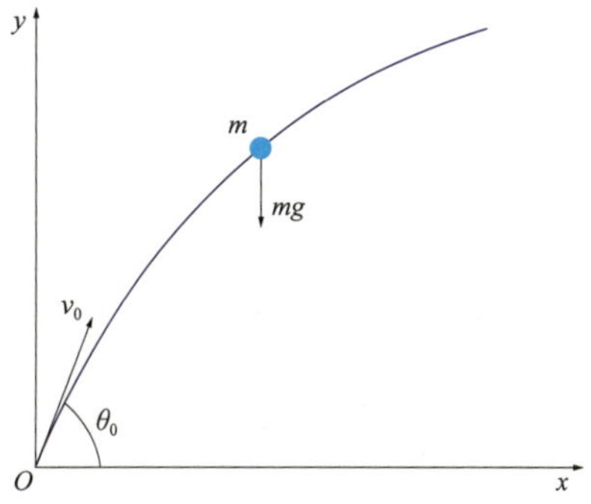

图1 抛射体的受力图

运动的初始条件为$t=0, x=0, y=0, \dot{x}=v_0\cos\theta_0, \dot{y}=v_0\sin\theta_0$。积分得：

$$x=(v_0\cos\theta_0)t\,,\ y=(v_0\sin\theta_0)t-\frac{1}{2}gt^2$$

消去时间t得质点的轨迹方程：

$$y=x\tan\theta_0-\frac{g}{2v_0^2\cos^2\theta_0}x^2$$

轨迹是一条抛物线。进一步分析可知，当抛射角$\theta_0=45°$时射程最远，θ超过或小于最佳抛射角45°同一角度时，射程相同（图2）。

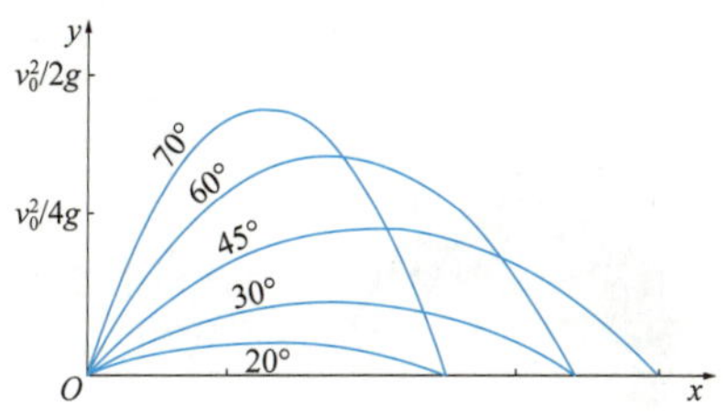

图2 抛射体轨迹

空气中的抛射体运动 如果考虑空气阻力的作用，则空气阻力F_R与质点速度方向相反，大小为速度的函数$F_R=mf(v)$。在自然坐标系中的运动方程为：

$$m\dot{v}=mf(v)-mg\sin\theta$$

$$m\frac{v^2}{\rho}=mg\cos\theta$$

式中θ为速度方向与水平线的夹角；ρ为轨迹的曲率半径。只有在阻力函数$f(v)$比较简单时，上式才有解析解。在外弹道学中一般采用数值积分方法，这时抛射体的轨迹不再是抛物线，称为弹道曲线。射程也大为缩短。如以550米/秒的初速沿$\theta_0=45°$发射子弹，真空中的射程超过30千米；而考虑空气阻力时射程是8.5千米，不到前者的1/3。 （贾书惠）

泡克耳斯效应 Pockels effect 电光效应的一种。又称线性电光效应。某些晶体在电场作用下会产生一个附加的双折射，这一双折射与外加电场强度的一次方成正比。1893年德国物理学家F.泡克耳斯首先研究了这种线性电光效应，由此得名。

对于晶体，常用折射率椭球描述其折射率特性：

$$\eta_{ij}x_ix_j=1 \tag{1}$$

当有外加电场作用时，晶体的折射率发生改变，因而公式（1）各项的系数也有相应的改变，可以写为：

$$\eta_{ij}(\boldsymbol{E})=\eta_{ij}(0)+\Delta\eta_{ij}(\boldsymbol{E}) \tag{2}$$

其中：

$$\Delta\eta_{ij}(\boldsymbol{E})=r_{ijk}E_k+s_{ijkl}E_kE_l+\cdots \tag{3}$$

公式(1)和(3)中重复指标需要求和。和电场的一次方成正比的项的系数r_{ijk}称泡克耳斯系数，描述了泡克耳斯效应。

光传播方向与电场方向平行的情况称为纵向电光效应。泡克耳斯盒就是利用纵向电光效应制成的一种快速电光开关。若光在晶体中的传播方向与电场垂直，则称为横向电光效应。用于光波振幅调制的电光调制器常采用这种方式。利用泡克耳斯效应也可以做成电光偏转器，用以改变光束的传播方向。 （初桂荫）

泡利，W. Wolfgang Pauli（1900-04-25～1958-12-05） 奥地利物理学家。生于维也纳，卒于瑞士苏黎世。1918年入慕尼黑大学，师从A.J.W.索末菲，1922年获哲学博士学位。同年在格丁根大学任教，结识

N.玻尔，又转入哥本哈根大学理论物理研究所工作。1923～1928年任汉堡大学讲师，1928年起一直任瑞士苏黎世联邦理工学院理论物理学讲座教授。1935年为躲避法西斯迫害而赴美国，1940～1945年任普林斯顿高级研究院理论物理学讲座教授，1946年重返苏黎世理工学院。

1921年，由索末菲推荐，泡利撰写有关相对论的长达200页的综述文章。在慕尼黑期间，研究反常塞曼效应。在哥本哈根期间，研究原子结构问题。1924年，提出应有第四个量子数来表示电子的自旋，其数值为+1/2或−1/2。后来发现，这两个数值代表费米子自旋的两种可能的方向。1925年提出不相容原理（后称**泡利不相容原理**），即一个原子内不能有两个电子具有相同的状态，也就是该原子内不可能有四个量子数完全相同的两个电子。该原理将量子论和已观察到的原子特性联系起来，可以解释原子内部的电子分布和元素周期表，也成为核物理和粒子物理的重要内容，因此获1945年诺贝尔物理学奖。为了解释β衰变时能量和动量丧失的困惑问题，他于1931年提出设想：β衰变过程在发射电子的同时还产生了质量极微小的中性粒子。后来，费米命名其为中微子，并在1956年被实验观测所证实。泡利还在量子场论、固体物理学等方面做了很多重要工作。他在哲学方面也有浓厚兴趣，对于科学创造的潜意识、分析心理学和量子力学的哲学都有独到研究。 （戴念祖）

泡利不相容原理 Pauli exclusion principle 两个全同的费米子不能处在相同的量子态。简称为泡利原理或不相容原理。为了解决原子光谱和量子论之间的矛盾，奥地利物理学家W.泡利提出：要完全确定原子中电子的能态，除了描述绕原子核运动的三个量子数之外，还有一个新的量子数，它只能取双值，是一个新的自由度。1925年，G.E.乌伦贝克和S.A.古兹密特实验发现电子的**自旋**，引入了新的内禀性质。泡利提出的电子的第四个量子数就是自旋量子数，因此原子中，每个确定的电子能态可以用主量子数、轨道角动量量子数、磁量子数和自旋磁量子数四个量子数来表征，原子中不可能有两个或两个以上的电子同时在四个量子数完全相同的状态上。

泡利不相容原理解释了原子的壳层结构、原子分子的稳定性以及宏观物体的稳定性，具有重要的意义。除此之外，按照泡利不相容原理，简并电子气存在着很高的压强（简并压强），可以抗衡致密天体的引力收缩，由此解释了白矮星的稳定存在。简并压强也存在于中子星等其他致密天体中。

量子力学建立之后，根据量子力学的基本假设，全同的费米子体系的波矢量对于粒子的交换必须是反对称的，可以直接导出泡利不相容原理。泡利不相容原理也是**费米-狄拉克统计**的基础。 （裴寿镛 杨玉军）

泡沫物理学 foam physics 研究泡沫的结构特征、稳定因素和流变规律及有关微观机理的一门科学。是软物质物理学中的一个研究前沿。泡沫系统是典型的复杂非平衡系统，对于其研究往往涉及与表面物理化学、拓扑学等领域的交叉。尽管泡沫是一种司空见惯的现象，但由于其复杂性，对泡沫物理性质的研究长时间停留在泡沫的静态结构阶段。1970年后，随着流体力学理论、微观显像手段与计算技术的发展，以及材料科学与工业生产的驱动，才开始进一步对泡沫的动力学进行深入研究。已有一些有关泡沫物理学的著作出版，但泡沫物理学理论体系仍然不够完整，有许多深层次的问题有待解决和研究。泡沫物理学是当前物理与化学学科的前沿领域。

泡沫静力学 对于泡沫物理学的研究起步于对泡沫的静态结构的探索。

1873年，比利时物理学家J.A.F.普拉托基于对多年肥皂膜实验的总结，最早提出了泡沫遵循的平衡模型，由此开创了泡沫物理学。其认为泡沫中稳定的液膜应该具有最小的面积，它具有如下的性质：每三个面（皂膜）总是相遇在同一条边上（称为普拉托边界），它们两两之间夹角为120°；四个普拉托边界总是在一个顶点相遇，两两夹角为arccos−1/3≈109.47°（四面体结构夹角）；采取其他方式堆积的泡沫结构不稳定，会逐渐转化成该结构。普拉托泡沫平衡法则因为简单有效而被广泛接受与应用，但该模型中的核心内容仍然属于猜想，至今仍旧没有完美的数学证明。

1887年，开尔文从表面张力的角度出发，认为理想完美泡沫的三维几何结构应能够以最小的表面积填充三维空间。他断言这种结构是一种体心立方堆积的14面体的结构（由正八面体削去6个顶角得到），这种结构具有高度的对称性。1992年D.威尔和R.费伦使用他们开发的计算软件Surface Evolver找到了一种表面积更小的三位堆积结构，被称为威尔-费伦结构。这种结构由两种不对称的单元组合而成，相同情况下表面积比开尔文的结构小了0.3%。尽管未经数学证明，但这是能找

到的公认的最优化的结构。由于这种结构较为复杂，其尚未在实验中观察到。而开尔文结构的泡沫却能够方便地用实验方法制备出来。中国国家游泳中心水立方的建筑设计使用的就是威尔-费伦结构。

现在对于具有单一分散性的泡沫的形态结构已经有了较为清楚的认识，研究方向已经转向湿泡沫和无序泡沫。

泡沫动力学 泡沫是一个非平衡系统，经过足够长的时间最终会演化成气液分离的热力学平衡状态。因此，泡沫的稳定性是被关心的一个重要问题。影响泡沫稳定性的演化过程主要分为三种：①泡沫中的液体在重力的作用下逐渐流出，称为泡沫排液。②不同大小的气泡的压力不同，它们之间的气体扩散使得大气泡变大，小气泡变小，这个过程称为泡沫老化。③气泡之间的液膜破裂使得相邻气泡融合。以上三个过程中，泡沫老化依靠的是气体扩散，过程比较慢；气泡融合可以通过采用合适的表面活性剂消除；而重力驱动的泡沫排液不可避免，直接影响泡沫的稳定性。三种因素还会相互影响，使泡沫呈现出随时间不断变化的丰富非平衡。另外，泡沫具有与一般物质不同的流变性，如弹性、塑性、黏性等，与常见的物质差异非常大。研究这些性质对于泡沫的生产、运输和应用具有非常重要的意义。由于泡沫系统中的相互作用以及涉及过程十分复杂，使泡沫的流变性成为一项非常具有挑战性的研究。

相近学科 一个与泡沫系统十分相近的体系是乳液。二者都是两相不互溶的体系，只是一个是气液界面，一个是液液界面，二者在微观结构、稳定性机理和流变特性等方面具有许多共同的特性。实际中泡沫的产生绝大多数情况下需要表面活性剂的参与，因此泡沫物理学与物理化学的关系十分紧密，在一些界面化学的教材中泡沫有独立的章节进行详细描述。另外，泡沫静力学的研究也吸引了很多数学家来研究其中涉及的拓扑学、几何学等原理。

发展前景 泡沫及相关材料在工业中有着重要的应用，如重工业中使用泡沫浮选矿物，化工生产中需要控制消除泡沫，精细化工中各种清洁剂、发泡剂，泡沫灭火器的配方，还有航天航空中需要的轻质高强度的泡沫材料。泡沫动力学是科学家们正在攻克的主要难题。泡沫的排液以及流变性也将是今后很长一段时间内的研究热点。此外，许多其他研究方向不断出现，如固体颗粒对泡沫的稳定作用、气动泡沫以及非水体系下的泡沫等。有关泡沫的研究也不断地采用新技术，如使用微流控技术研究单分散泡沫的各种性质已经逐渐成熟。 （陶胜洋）

佩尔，M.L. Martin Lewis Perl（1927-06-24～2014-09-30） 美国高能物理学家。生于纽约，卒于帕罗奥图。1948年毕业于布鲁克林综合工学院化工系，后被通用电气公司录用。

1955年获哥伦比亚大学物理系哲学博士学位。1955～1963年在密歇根大学任教。从1963年起，担任斯坦福大学直线加速器中心（SLAC）教授。

1972年佩尔领导的实验小组在SLAC直线加速器近旁建造了一座正负电子对撞机，并努力寻找新粒子。1975年在一系列实验中发现了新粒子迹象。经过对实验数据的反复检验，佩尔确认它是在电子和μ子之外的又一种轻子，被称为τ子。τ子、τ子中微子及其反粒子组成第三类轻子。佩尔因对轻子物理学做出的开创性贡献而获1995年诺贝尔物理学奖。 （郭奕玲）

佩尔斯相变 Peierls transition 一维或近一维材料，由于电子-晶格相互作用，在低温下均匀晶格的金属相是不稳定的，晶格的畸变会导致金属-绝缘体相变的现象。佩尔斯相变的典型例子就是中性的聚乙炔链在低温下会发生晶格二聚化，即碳-碳键长短交替，电子能带在费米面（点）形成能隙。正是由于这个晶格二聚化，反式聚乙炔形成两个能量简并的结构，从而在聚乙炔链中可以有拓扑的元激发——孤子，它的自旋-电荷反常关系，即带电孤子自旋为零，中性孤子自旋1/2，解释了导电聚乙炔的高导电率伴随极低的磁化率。20世纪70年代以来合成的以TTF-TCNQ为代表的有机材料中观察到的金属-绝缘体相变就是晶格结构畸变的结果。

早在20世纪30年代，R.E.佩尔斯指出，一个离子带一个电子形成的一维等间距排列的链是不稳定的。这被称为佩尔斯定理。这一定理可以更一般地表述为：一维金属都是不稳定的，任何一个$2k_F$的扰动均会在费米面（点）$\pm k_F$打开一个能隙。这一方面导致占据的所有电子能量均降低，另一方面电子的态密度在能隙边发散，因而保证电子总能量的降低总是主导的，$2k_F$的声子软化一定会发生。对聚乙炔而言，每个CH基团有一个价电子，电子能带是半满的，$k_F=\pm\pi/2a$，这里的a是CH基团的距离，$2k_F$的声子软化对应周期$2a$的畸变，即元胞周期扩大一倍，形成二聚化的链结构，同时费米面对应布里渊区边界，有能隙，成为绝缘体。同样，若系统的电子是1/3或2/3满的，则佩尔斯相变导致结构的三聚化；电子能带1/4或3/4满，则形成四聚化结构。佩尔斯相变导致晶格的畸变，形成新的周期晶格，电子在新的周期晶格势场中形成新的周期密度分布，称为（公度的）电荷密度波。对电子能带填充呈非公度情况的系统，晶格畸变后无周期性，整个晶体是一个大元胞，电荷分布则会形成非公度的电荷密度波。公度的电荷密度波晶格具有周期性，因而它不具有任意长度的平移不变性，电荷密度波不能自由运动，这就是周期晶格对电荷密度波的钉扎作用。而非公度的电荷密度波晶格不具有周期性，它在晶格中具有连续的平移不变性，可以自由运动，可以导电。电荷密度波已在很多材料中被证实，如在$NbSe_3$和$K_{0.3}MoO_3$中看到电荷密度波的温度相当高，分别是145开和180开。

需要指出的是严格的一维系统，电子的费米液体理论已经失效，没有朗道准粒子激发，取而代之的是拉廷格液体，这是一种只有集体激发的导体。实际的材料通常都是各向异性的，如弱耦合的分子链，电子沿链方向可以自由运动，而几乎无法在链间跳跃。这样的链间耦合抑制了一维体系的强涨落，同时电子的运动又是一维的，这保证了低温下可以看到佩尔斯相变的发生。 （吴长勤）

佩兰，J.B. Jean Baptiste Perrin（1870-09-30～1942-04-17） 法国实验物理学家。生于里尔，卒于美国纽约。1897年获巴黎高等师范学院博士学位，1894～1897年任物理助教。

1897年任巴黎大学神学院物理化学讲师，1910年晋升为教授。1918年当选英国皇家学会会员；1923年当选法国科学院院士，1935年任副院长。1940年迁往美国。

1895年证明阴极射线是带负电的粒

子。在巴黎大学期间，研究离子传输和布朗运动。1905年，A. 爱因斯坦发表了有关布朗运动的论文。在其影响下，佩兰对A. 爱因斯坦的布朗运动方程进行全面的实验检验。1908年佩兰将爱因斯坦的高度分布公式改写成乳浊液分布方程。为了验证这一方程，他选择适当的物质做成乳浊液，并且巧妙地采用“离心分类”方法，测定各种颗粒的半径，并进一步确定阿伏伽德罗常数的数值。佩兰还通过一系列实验证明了液体中布朗微粒的乳浊液分布方程和布朗运动的位移公式，从而为原子的存在提供了直接证据。由于在物质不连续结构方面的工作，特别是对沉积平衡的发现，佩兰获1926年诺贝尔物理学奖。

（郭奕玲）

配位数　coordination number　晶体中一个粒子的周围最近邻的粒子数。配位数可以被用来描写粒子排列的紧密程度。如面心立方、体心立方、六角密排晶体的配位数分别为12、8和12。　（施宏龙　王文忠）

喷注　jet　高能反应中产生的呈喷射状的以强子为主的粒子束。通过部分子间的相互作用而发生的高能反应，产生携带巨大能量和动量的部分子，由于色禁闭，部分子只能在碰撞点附近小于费米尺度上自由传播，一旦超过费米尺度，部分子必须经过量子色动力学（QCD）相互作用过程变成无色的强子，才能够长距离飞行到探测器。从初始带色的部分子到末态无色的以强子为主的无色粒子集团的物理过程，称作强子化过程。又名部分子碎裂过程。由于碎裂过程初始的部分子具有很高的动量，经过强子化，这些动量将被产生的强子所携带，使这些末态强子在原来部分子动量方向上呈喷射状，形成动量空间的倒圆锥形结构，被称作喷注。

喷注现象首先在高能正负电子湮没（e^+e^-湮没）中被观测到，即所谓的双喷注事例，以及更高能量下三喷注与多喷注事例等。随后，在其他高能反应如轻子－核子深度非弹性散射、高能强子－强子碰撞等实验中被普遍观测到。喷注是高能反应中部分子强子化产生的普遍现象，如高能e^+e^-湮没中双喷注事例由$e^+e^- \to q\bar{q}$过程产生的夸克－反夸克对$q\bar{q}$演化而成，三喷注事例则由该夸克反夸克对$q\bar{q}$进一步辐射大动量胶子产生的三部分子末态$q\bar{q}g$演化而形成，多喷注事例则由多部分子末态经过演化而形成。

在QCD理论中，喷注定义为满足一定相空间约束条件的末态强子集团。喷注的个数并不等同于末态高能反应产生的末态部分子数目。以e^+e^-湮没为例，利用微扰QCD计算三部分子产生过程$e^+e^- \to q\bar{q}g$的截面并不总是有限值，它包含红外发散和共线发散，对应的相空间区域为胶子与夸克/反夸克动量方向共线或胶子带软动量。恰当的喷注定义应该对红外贡献和共线贡献都不敏感。最早的喷注定义为应用于e^+e^-湮没过程的斯特曼－温伯格喷注。如果大部分能量沉积在两个尖圆锥内部，则该事例为双喷注事例，每个圆锥内部的部分子/强子集团被定义为一个喷注。斯特曼－温伯格喷注的两个主要参数为落在喷注之外的能量的最大占比ϵ和圆锥锥角δ，利用微扰QCD计算得到的斯特曼－温伯格喷注截面为有限值且依赖于参数ϵ和δ。利用类似方法，可以定义e^+e^-湮灭三喷注事例、多喷注事例等。

实验上确定喷注也是一件相当复杂的事情，尤其是对于末态有多个喷注产生的过程，此时如何判定一束强子是否构成一个喷注、一个强子是否属于某一个喷注等均比较困难。人们提出了更多的适用于多喷注末态的喷注算法，早期的有JADE算法、Durham算法等。当前实验中常用的喷注定义分为两类：基于锥形粒子分布的算法，如SISCone算法；基于粒子连续重组的算法，如k_t算法、anti－k_t算法等。当前主流的喷注算法均可在FastJet软件包中自由调用。

喷注是高能反应微观动力学研究的重要工具，在高能物理学发展中起到重要作用，著名的例子如高能e^+e^-湮没中三喷注事例的发现，确立了胶子的存在，并确定出胶子的自旋为1，为QCD的发展起到重要作用。当前喷注是实验上确定高能反应中产生高能部分子的主要手段。在重离子碰撞中，喷注淬火或能量损失成为研究反应中产生的强相互作用物质状态与性质的重要手段。　（宋玉坤　周　剑　梁作堂）

彭桓武　Peng Huanwu（1915-10-06～2007-02-28）　中国物理学家。湖北麻城人。生于吉林长春，卒于北京。1931年入清华大学物理学系。1935年毕业获理学士学位，继续入研究院学习。1937年夏去昆明云南大学任教。1938年冬赴英，入爱丁堡大学理论物理系随物理学家M. 玻恩工作。1940年获哲学博士学位。1941～1943年在爱尔兰都柏林高等研究院与W.H. 海特勒合作进行介子理论方面的研究。1943～1945年在英国爱丁堡大学与玻恩等合作进行场论方面的研究。1945年又获得爱丁堡大学理学博士学位。随后又到都柏林高等研究院任教授两年，继续进行场论和介子理论方面的研究。1947年底回国，在云南大学物理学系任教授，1949年5月到清华大学物理学系任教授。1950年在中国科学院近代物理研究所（1956年改为原子能研究所，1972年一部分成为高能物理研究所）任研究员，1953年4月任副所长。1961年开始到第二机械工业部工作。1972年回到中国科学院，任高能物理研究所副所长、研究员，1978年任理论物理研究所所长，1983年任名誉所长。1955年当选为中国科学院学部委员（院士）。

在固体理论、介子物理和量子概论等方面取得诸多重要研究成果。回国后，在核物理和原子能科学技术领域做出了贡献。尤其是在20世纪50年代和60年代中国两弹一星制造过程中，他对中国的原子能科学事业做了许多开创性的组织和探索工作，对中国核反应堆和核武器的理论设计以及有关过程中的临界安全工作做出了杰出贡献。他注意培养和造就了一批年轻的科学工作者，其中不少人当选为中国科学院院士。1999年被授予“两弹一星功勋奖章”。

在凝聚态理论和统计物理、原子分子物理和激光等前沿领域也做了大量开创性工作。1945年与玻恩共同获得英国爱丁堡皇家学会的麦克杜加耳－布列兹班奖。1948年被选为皇家爱尔兰科学院院士。

（戴念祖）

彭堃墀　Peng Kunchi（1936-08-25～　）　中国光物理学家。原籍四川广元。生于江苏镇江。1961年四川大学物理系毕业，分配到山西大学物理系工作，历任助教、讲师、副教授、教授。1981～1984年先后在法国国家科学研究中心非线性光学实验室、美国得克萨斯大学量子光学实验室做访问学者。1985年回国建立了山西大学光电研究所量子光学实验室，并担任研究所所长。

1988～1989年赴美国加州理工学院量子光学实验室做访问学者。1991～2000年被任命为山西大学校长。任国家自然科学基金委员会信息科学部评审委员会委员、中国物理学会理事、中国物理学会量子光学专业委员会副主任、山西省物理学会理事长、《量子光学学报》编委会主任及主编。2003年当选为中国科学院院士。

主要从事量子光学及固体激光技术等领域的基础与应用研究。在量子光学的基础和应用研究中，研制了内腔倍频稳频Nd：YAP/KTP激光泵浦源，设计了半整块光学参量放大器（OPA），在同一个实验装置上获得多种非经典光场，应用强度相关孪生光束实现了精确度突破标准量子极限的微弱信号检测与量子非破坏测量。利用纠缠态光场完成了连续变量量子密集编码、三组分纠缠态光场产生及通道容量受控量子通信等量子信息领域的重要基础实验。设计了易于实现的连续变量量子纠缠交换与量子通信网络实验系统，为量子信息处理提供了可行的实验方法。利用半导体激光器作为泵浦源发展为全固化单频稳频倍频Nd：YVO_4/KTP、Nd：YAP/KTP激光器并已形成产品。领导完成了“全固化单模单频绿光激光器”“连续可调谐钛宝石激光器”等光量子器件研究，为中国量子光学及固体激光器的发展做出重要贡献。2002年获国家技术发明二等奖，2003年获何梁何利基金科学与技术进步奖，2006年获国家自然科学奖二等奖。（尹晓冬）

彭齐亚斯，A. Arno Penzias（1933-04-26～2024-01-22） 美国天体物理学家。生于德国慕尼黑，卒于美国圣弗朗西斯科（旧金山）。1940年移居美国。1954年从纽约市立学院毕业，1962年获哥伦比亚大学博士学位。1961年受聘于贝尔电话实验室，1974年任实验室无线电研究室主任。先后当选为美国艺术与科学学院院士（1974）、美国国家科学院院士（1975）。

20世纪60年代初，为了改进与“回声”(Echo)和“电视星”(Telstar)卫星的通信，与R.W.威耳孙合作建立6米号角式接收天线系统，其定向灵敏度高于其他射电望远镜。彭齐亚斯又制造一个氦致冷参考源，威耳孙也改进了一套对比天线温度的开关装置。1964年，当他们测量银晕气体射电强度时，发现存在着无法消除的背景辐射，指出波长7.35厘米的微波噪声相当于3.5开黑体辐射。在之后的长时期测量中还发现背景辐射的各向同性程度极高，没有季节性变化。他们与麻省理工学院、普林斯顿高级研究院的天文学家共同探讨，并把辐射温度订正为2.7开，于1965年7月将发现成果公之于世，被称为3开宇宙背景辐射。彭齐亚斯和威耳孙认为，3开微波背景的发现是对大爆炸宇宙学的有力支持。彭齐亚斯还致力于改进和制作精密射电望远镜，并通过射电望远镜发现了大量星际分子。1973年他发现氘化分子DCN，并探测到星际中氘的分布。这些成果为宇宙起源的研究提供了重要证据。彭齐亚斯因1965年与威耳孙共同发现3开微波背景辐射，获1978年诺贝尔物理学奖。（郭奕玲）

碰撞 collision 两物体或粒子彼此由远及近发生相互作用，从而改变运动状态、改变形状或转化为其他粒子的过程。微观粒子的碰撞又称**散射**。

宏观物体碰撞　可用经典力学描述。碰撞在极短时间内完成，碰撞力远比一般的作用力大，过程中可不计其他力的影响而认为两碰撞物体的动量之和守恒。

碰撞过程中，两物体不能看作刚体，因都要经历形变和恢复两个阶段，所以应把两物体看作可变形的弹塑性体。当两物体的刚度较大、碰撞时相互接触的时间大于两物体中任一个弹性波的最大周期时，就可以不考虑弹性波的传播时间，而认为碰撞作用瞬时传到整个物体。物体发生塑性形变时，部分机械能转化为内能等其他形式的能量，故碰撞过程中的机械能不守恒。

按照I.牛顿引入的假定，在碰撞中，两小球在恢复阶段的碰撞冲量和变形阶段的碰撞冲量之比称为恢复系数e，或者说，两物体在完全脱离接触的瞬时，接触点公共法线方向上的相对速度和开始碰撞瞬时接触点公共法线方向上的相对速度之比称为恢复系数。这个系数和相互碰撞的速度和物体的尺寸无关，只依赖于相互碰撞的物体的材料，当$e=1$时，碰撞是弹性的，只有在这个时候，碰撞过程中两物体的总动能才是守恒的。当$e<1$时，碰撞是非弹性的。当$e=0$时，碰撞是塑性的，这时两物体如发生正碰撞，将连接在一起运动。

一个刚性很大的物体在运动过程中，其上某点被突然固定时，则相当于在此点上对物体作用有一个碰撞冲量，而且碰撞是塑性的，即$e=0$，这种情形常称为“突加约束”。

对于多个物体的同时碰撞，还没有一般的研究方法。

微观粒子碰撞　需用量子力学描述。由于量子力学中的测不准关系，微观粒子的位置和速度不可能同时精确测定，以一定初速运动的微观粒子碰撞后的运动状态也就不是唯一的，用量子力学的波动方程可以确定碰撞后粒子处于任一种运动状态的概率。另外，微观粒子在碰撞过程中可以因相互作用而产生或湮没，这也是与宏观物体不同的。

微观粒子的碰撞过程分为弹性的和非弹性的两种，在弹性碰撞（又称**弹性散射**）过程中，粒子之间只有动能的交换，而不发生粒子的种类、数目和内部运动状态的改变。在非弹性碰撞（又称**非弹性散射**）过程中，或者发生粒子内部运动状态的改变，或者发生粒子的种类和数目的改变，这时，粒子之间转换的能量不仅是动能，还有与粒子的跃迁或粒子的产生和湮没相关的能量。

对亚原子粒子碰撞过程的研究是粒子物理学的一个重要课题，通过它可以得到关于粒子间相互作用的信息。

（叶开沅　俞焕然　谢诒成）

碰撞电离 collision ionization 能量足够大的光子、电子或者离子撞击原子或者分子时，使得该原子或者分子中的电子发射出来而形成正离子的过程。按入射粒子的种类划分，碰撞电离可以分为电子碰撞电离、离子碰撞电离、重离子碰撞电离、亚原子碰撞电离和光电离等。通过碰撞电离实验，可以研究各种入射粒子与原子、分子、团簇和离子体系作用的动力学，主要包括作用机制、次级粒子特征和作用速率及截面。（马新文）

碰撞过程 collision process 微观粒子与原子分子发生碰撞相互作用的过程。碰撞过程可能会伴随有能量、动量和电荷交换，相互作用的结果不但服从能量守恒、动量守恒和电荷守恒，还与它们相互作用的情况（如原子的量子态、分子的空间取向等）以及原子分子的结构有关系。因此，通过碰撞实验，可以研究原子分子的激发态结构，也可以研究各种入射粒子与原子、分子、团簇和离子体系作用的动力学，主要包括作用机制和作用速率及截面，包括总截面、微分截面、角关联、振子强度、能量转移和动量转移等。入射粒子可以是光子、电子、正电子、质子、离子、原子或者分子等，光子也可以是微波、红外、可见、紫外、真空紫外、XUV、X射线和γ射线光子。碰撞过程是丰富多样的：碰撞对象可以是静止的，也可以是运动的，还可以通过激光手段预先制备到特定的量子态；碰撞结果可以是激发、俘获，也可以是电离或者解离，以及所有这些过程；碰撞类型可以是两体碰撞，也可以是三体碰撞等。

理论研究方面，主要是基于量子力学建立和发展可靠的碰撞模型或者数值计算方法，以解释和理解各种能区的碰撞现象。实验方面，发展各种粒子束技术、交叉碰撞束技术，提高能量、动量、角度分辨，获取高精度的多重微分数据，研究碰撞机制。碰撞过程的研究与等离子体物理、化学反应、惯性约束核聚变、磁约束核聚变、核技术应用、辐射物理、辐射生物医学、大气科学和天体物理等学科有密切的关系。 （马新文）

劈形向错 wedge disclination 一种三维液晶缺陷。如图所示，典型的劈形向错在z轴上有平移不变性。单看每一个弯曲截面上，向列相液晶分子在xy平面和曲面交叉的方向做方向性排列，并无排列缺陷。但劈形向错在任何一个与z轴垂直的二维截面上，可以看到二维平面排列奇点（见**液晶缺陷**）。图a、b、c、d分别对应于+1、+1/2、−1/2、−1的劈形向错。劈形向错的中心轴形成线向错。图示为垂

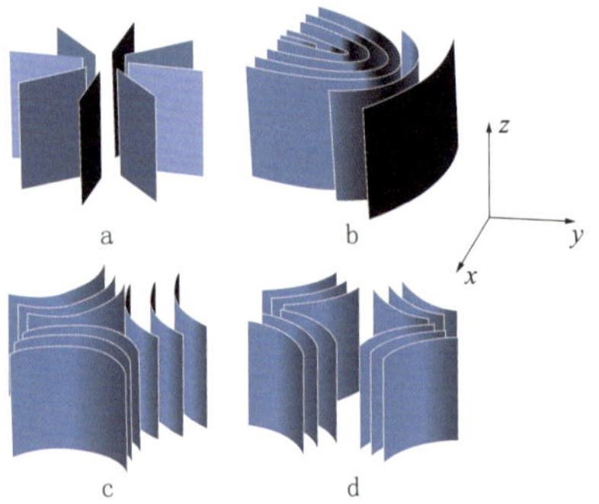

劈形向错示意图

直的理想状况，中心轴也可以为三维空间中的弯曲曲线。 （陈征宇）

皮布尔斯，P.J.E. Phillip James Edwin Peebles（1935-04-25～ ） 加拿大裔美国物理学家和理论宇宙学家。生于加拿大温尼伯。1958年获得曼尼托巴大学学士学位，1962年获美国普林斯顿大学博士学位。1962年起在普林斯顿大学工作，现为普林斯顿大学阿尔伯特·爱因斯坦荣誉科学教授。

他在原始核合成、暗物质、宇宙微波背景和结构形成等领域做出了理论贡献。1965年，美国贝尔实验室工程师A.彭齐亚斯和R.W.威耳孙首次发现宇宙微波背景辐射，引发了R.H.迪克和皮布尔斯等人的强烈关注，他们在1965年同一期的《天体物理杂志》发表论文，详细讨论了宇宙微波背景辐射的温度，提出其宇宙学意义：这个信号可能来自宇宙大爆炸。根据皮布尔斯的理论工具和计算方法，可以计算预测宇宙的形状以及其中所包含的物质和能量。他将宇宙极早期的高能物理过程与星系形成和团的天体物理过程联系起来，对宇宙标准模型的建立起到关键作用。他提出了关于星系形成稳定性的欧斯垂克-皮布尔斯判据。20世纪60年代以来，他所建立的理论框架为现代宇宙学研究奠定了基础，将猜测性领域转变为精密科学。2019年，由于"对于物理宇宙学方面的理论发现"获得诺贝尔物理学奖。 （尹晓冬）

疲劳 fatigue 材料因持续受到动态变化的应力而造成的结构劣化。引起疲劳的动态变化应力通常远小于静态的屈服强度。疲劳是渐进且局部的结构损坏过程，由于长时间积累而产生，所引起的断裂往往在毫无预警的情况下发生，可能造成突发事故。疲劳现象发生于动态应力时，可大致分为三个阶段：裂纹形成、裂纹扩展和材料断裂。材料构件设计的形状会显著影响疲劳寿命，如方孔和尖角凹槽会提高局部应力，裂缝较容易产生。相反，若改成圆孔和圆滑凹槽，裂缝较不容易产生。材料的疲劳性质可在实验室模拟取得资料，根据实际情况调整应力，并记录达到破裂所需的施力周期次数，进而可以得到曲线。通过分析S-N曲线，可以得到材料的疲劳特性。 （丁大伟 汪卫华）

匹配场定位法 matched field processing 水声信号处理和水声物理相结合，即水声逆问题的一种求解方法。基本原理是已知海洋环境参数（包括声速剖面、海底地形、海底底质声学参数等）和水听器阵列接收的声信号，利用水下声场模型，计算不同候选距离和深度处声源所产生的声场幅度和相位，形成拷贝场矢量，并使之与水听器阵列测得的声场数据（称为测量场）按照一定方式（称为匹配处理器）进行"匹配"，呈现出最大匹配值的候选距离和深度就是声源真实距离和深度的估计值。与几何定位法和目标运动分析法设定水面目标声波到达接收阵处为平面波不同，匹配场定位利用的是声场空间相干性，充分考虑了声波传播过程中的多途和频散效应，不仅能够同时估计水下目标的距离和深度，而且还具有作用距离远、定位精度高等优点。根据水下目标定位使用的水听器阵列，匹配场定位可分为垂直阵匹配场定位和水平阵匹配场定位。

匹配场定位中，匹配处理器决定了定位的性能。最广泛的匹配场处理器是线性处理器（又称Bartlett处理器或常规处理器）：

$$p=W^{H}(\varphi)K_{W}(\varphi)$$

式中φ是网格点的位置（假定的声源位置），$W^{H}(\varphi)$为声场模型计算的拷贝场矢量，K为$N\times N$维接收数据的互谱密度矩阵（测量场），N为水听器阵元数。Bartlett处理器的优点是宽容性或稳健性较强（对环境参数、阵列信号的相位误差、阵列空间采样等模型参数的敏感性较弱），但其模糊度平面的旁瓣较高，分辨率较低。

匹配场定位虽然能够获得较高的精度，但它综合利用了水声信道模型、基阵设计、窄带、宽带相干处理方法，因此在实际使用中，需要考虑定位过程中的失配问题。如环境失配问题，实际海洋环境（声速剖面、海底地形、海底底质声学参数等）与匹配场声场计算中采用的海洋环境之间存在着误差，其中水深失配、海底声速等参数的失配对匹配场定位精度有较大影响。另外，接收阵水听器位置误差、水听器之间灵敏度和相位不一致等系统失配，亦可能会导致部分匹配场处理器出现较大误差。提高匹配场定位精度、提高匹配场处理器环境宽容性和稳健性，是匹配场定位的重要研究内容。

水下载体的定位主要采用几何定位原理，即根据不同基元到达载体的声波传播时间差或相位差测量得到相对距离和方位，再根据相对距离和已知基元的位置解算出载体在水下的空间位置。水声定位系统是对水下载体定位的主要方式。随着海洋开发和科学技术的发展，水声定位系统的用途愈来愈广泛，如可用于水下合作目标的跟踪与定位，海上石油勘探、海上工程施工的定位，海底管道、电缆和光缆的铺设、定位及维修，水下潜航器的定位和

导航，海上试验平台的定位等。

水声定位系统一般有多个基元（接收器或应答器），基元间的连线称为基线。根据基线长度，水声定位系统可分为长基线系统、短基线系统和超短基线系统。长基线系统基线较长，一般为几千米到几十千米，定位精度高，但布放、校准和回收需要较长时间，作业过程复杂，在深水使用时位置数据更新率较低。短基线系统的基线远小于长基线系统，一般是几米到几十米。其定位精度比长基线系统低，但比超短基线系统高。超短基线系统的定位精度比上两种差，但其声基阵尺寸很小，一般在几厘米到几十厘米范围内，可安装在较小的载体上，有利于安装和布放。上述各种定位系统可单独使用，也可有机地组合，构成组合系统。

长基线水声定位系统通常由基线长度为几千米的海底应答器阵和被定位载体上的应答机组成。长基线定位系统解算出的位置是对应海底应答器阵的相对位置，只有已知海底应答器阵的绝对地理位置时，才能得到载体在大地坐标系的绝对位置。长基线定位系统的定位包括载体位置解算和海底应答器绝对位置的测量。长基线定位也可将应答器安装在GPS浮标上，可通过GPS系统获得GPS浮标的位置，时钟同步浮标发送带有自己的位置信息的同步信号，从而可省去烦琐的水下应答器位置的校准过程（图1）。

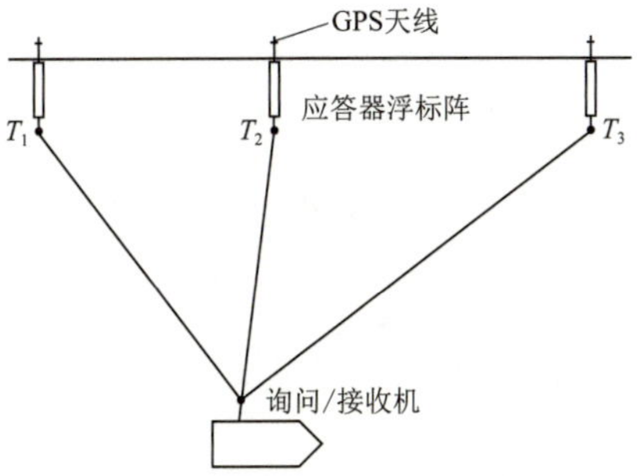

图1　长基线水声定位系统示意图

短基线水声定位系统在被定位的船或潜器上安装至少3个（通常可多于3个）水听器，水听器间距5～20米。这些水听器组成一个声基阵，接收来自信标（或应答器）发出的信号，根据信号到达时间差，测出各水听器与信标（或应答器）的方位和距离，最终获得信标（或应答器）相对于声基阵的三维坐标位置。在实际应用中，要考虑声基阵安装平台的纵、横摇，基阵安装位置偏差，基阵中心点与平台参考点之间的偏差等因素，必要时需要进行修正或补偿。由于水听器需要安装在载体不同位置，有些水听器有时不可避免地会处在噪声较大的位置，从而影响定位效果（图2）。

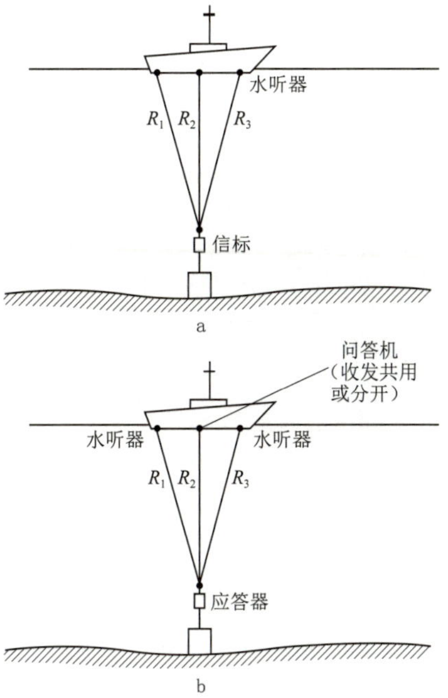

图2　短基线水声定位系统示意图

超短基线水声定位系统是短基线系统的一种变种。它将发射换能器和几个水听器组合成一个整体，称为声头，其尺寸只有几厘米至几十厘米，可以安装在船体底部，也可悬挂于小型水面船的一侧。由于声头尺寸不大，使用较为灵活方便，且可选择噪声干扰小的位置进行安装或吊放。超短基线水声定位系统基阵尺寸很小，不能利用短基线系统中常规脉冲到达时间检查方法，必须利用相位差或相位比较法，

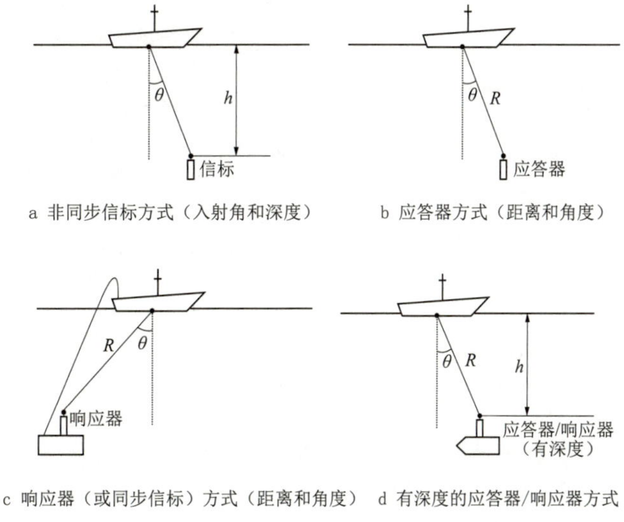

图3　超短基线水声定位系统几种定位解算方式

确定信标（或应答器）在基阵坐标系的方位进行位置解算。根据解算方式不同，可分为两类：一类根据声线入射角和已知深度进行位置解算；另一类根据测量的距离和声学入射角进行定位解算。根据信号应答方式可分为非同步信标方式（在海底布放已知深度的信标）、应答器方式、响应器方式、有深度的应答器/响应器方式。超短基线水声定位系统测量误差受阵元间距测量误差、海水声速及测时误差影响较大，一般只在基阵下方一个锥度范围内斜距相对定位精度较高。通常采用假的加大基阵尺寸、提高信号带宽等方法来提高定位精度（图3）。　（彭朝晖）

偏振分束器　polarizing beam splitter; PBS　一种将入射光分成偏振正交的两束线偏振光的光学元件。实际上，分束型偏振片（尼科耳棱镜、格兰-汤普森棱镜、格兰-傅科棱镜、格兰-泰勒棱镜、沃拉斯顿棱镜等）也可被用作偏振分束器，但是它们有一个共同的缺点，那就是分离的两个正交偏振光的传播方向是非垂直的，这使得在实际应用中给光路调整带来不便。所以，偏振分束立方体（见图）在实际中被广泛

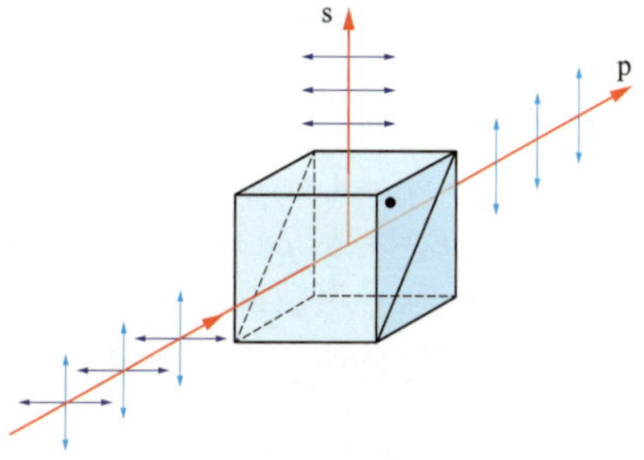

偏振分束立方体

应用，因为其传播方向垂直的两个正交s和p偏振光易于光路的调整。

通常，偏振分束立方体由一对精密的玻璃直角棱镜黏合而成，在其中的一个棱镜的斜边镀有金属-介质混合膜。需要指出的是，在实际应用中，为获得最佳性能，光需从立方体角上有点标记的两个邻面入射。但是，该类偏振分束器产生的两束正交线偏振光束的偏振纯度要低于上述基于晶体双折射原理的偏振分束器。　（王慧田）

偏振光　polarized light　电矢量（通常认为即光振动矢量或光矢量）相对于传播方向以一固定方式振动的光。按电矢量末端在光的传播过程中形成的轨迹，偏振光主

要分为线偏振光和椭圆偏振光（圆偏振光是椭圆偏振光的特例）。与偏振光截然不同的是非偏振光。非偏振光可以认为是两束光的叠加，这两束光沿同一方向传播，偏振方向不同，相位差则做无规变化。这种无规性决定了电矢量在垂直光线的各方向上取向的概率是相等的。大约每经过10^{-8}秒长短的时间，电矢量的方向与相位等就发生跃变。电矢量的方向与振幅的变化没有什么规律性的联系。非偏振光也称为自然光。利用光的电磁波性质可以从自然光获得偏振光。

线偏振光　电矢量始终沿一个固定方向振动。根据光的电磁理论，此时电场强度矢量与磁场强度矢量各按固定的、互相垂直的方向振动。

椭圆偏振光　两个频率相同，沿着相同方向传播并且偏振互相垂直的线偏振光一般叠加成椭圆偏振光。此时合成的电场强度矢量$\boldsymbol{E}$的端点随着t的变化画出一个椭圆。椭圆的形状取决于两线偏振光的振幅与相位差。若两线偏振光沿$+z$方向传播，其偏振分别沿x、y方向，则有：

$$E_x=A_1\cos\omega t$$

$$E_y=A_2\cos(\omega t+\delta)$$

式中ω为频率；δ为相位差。在$A_1\neq A_2$、

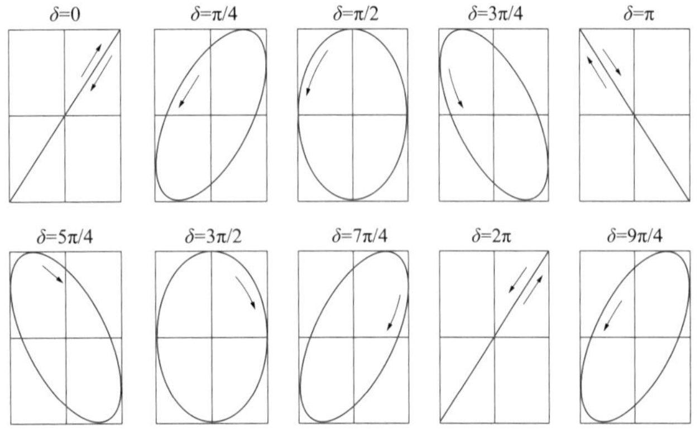

椭圆偏振光

$\delta\neq m\pi\,(m=0,\pm1,\pm2,\cdots)$时，$\boldsymbol{E}$的端点所描写的曲线为椭圆，椭圆的形状随$\delta$不同而不同，如图所示。

圆偏振光　若$A_1=A_2$、$\delta=\pm\pi/2,\pm3\pi/2,\cdots$时，$\boldsymbol{E}$的端点所描写的曲线为圆，此时得圆偏振光。

对椭圆或圆偏振光，随着δ的不同，电矢量$\boldsymbol{E}$的旋转方向会发生改变。设光的传播方向是从纸面向上，则可有旋转方向相反的两种椭圆偏振光。传统定义为：当观察者迎着光看时，电矢量做顺时针旋转的叫右旋光；电矢量做逆时针旋转的叫左旋光。

特别注意到，当$\delta=m\pi(m=0,\pm1,\pm2,\cdots)$时，椭圆蜕变成直线，即为线偏振光。　（徐亦庄）

偏振光的干涉　interference of polarized light　有相同的频率和有固定的相位差，并且在同一平面上振动的两偏振光的干涉。可分为平行的平面偏振光的干涉和会聚的平面偏振光的干涉两种。

平行的平面偏振光的干涉　当起偏镜N_1和检偏镜N_2正交时，没有光能通过检偏镜。然而，此间在两者间插入一块光轴平行于表面的晶片K，如图1所示，则有

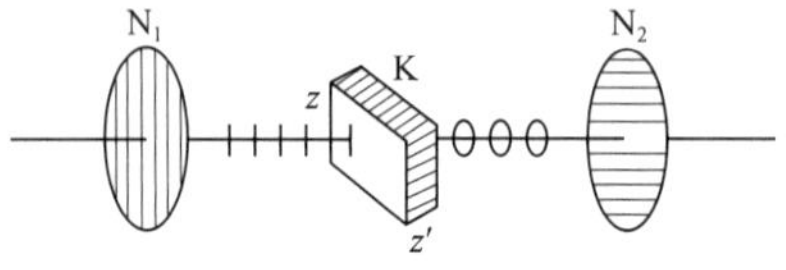

图1　获得平行的平面偏振光的装置

光从检偏镜透过；若晶片是楔形板，则见有明暗相间的条纹出现。加晶片后能见到光的这种现象即为一种平面偏振光的干涉现象。

图2中，N_1和N_2代表正交的起偏镜和检偏镜的主截面，zz'代表晶片的主截面。设A为通过起偏镜N_1的平面偏振光的振幅，它在晶片内分解为振幅为A_o和A_e的o光和e光。通过厚度为d的晶片后，o光和e光的相位差为：

$$\delta_K=\frac{2\pi}{\lambda_0}(n_o-n_e)d$$

式中n_o和n_e分别为晶片对o光和e光的主折射率，λ_0为光波长。具有这样固定相位差的o光和e光合成一个椭圆偏振光，但是当令其通过检偏镜N_2时，A_o和A_e在N_2主截面上的分振幅分别为：

$$A_{2o}=A_o\cos\theta=A\sin\theta\cos\theta$$

$$A_{2e}=A_e\sin\theta=A\cos\theta\sin\theta$$

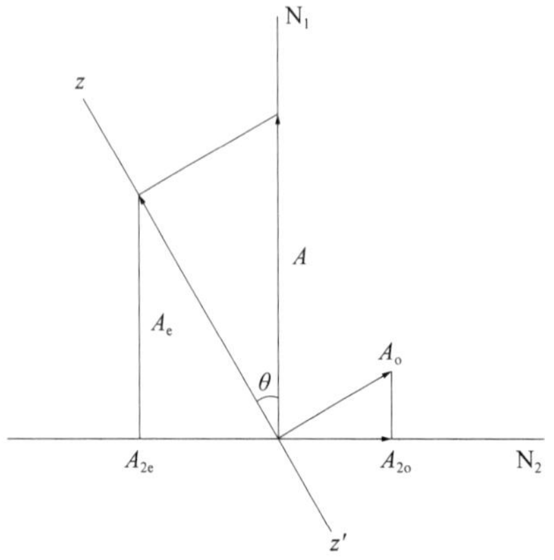

图2　起偏镜和检偏镜正交的情形

此式表示，通过N_2的两平面偏振光是等振幅而且振动在同一平面（N_2）的两个相干光；它们的相位差除了δ_K外还要加上A_o和A_e在N_2主截面投影所引起的相位差，所以此两相干光的总相位差：

$$\delta_\perp=\delta_K+\pi=\frac{2\pi d}{\lambda_0}(n_o-n_e)+\pi$$

当$\delta_\perp=2k\pi\,(k=1,2,3,\cdots)$时，通过$N_2$有最大光强度；当$\delta_\perp=(2k+1)\pi\,(k=0,1,2,3,\cdots)$时，没有光通过检偏镜。所有连续递增厚度的楔形晶板挡在正交的N_1和N_2之间时，从N_2能看到明暗相间的条纹。

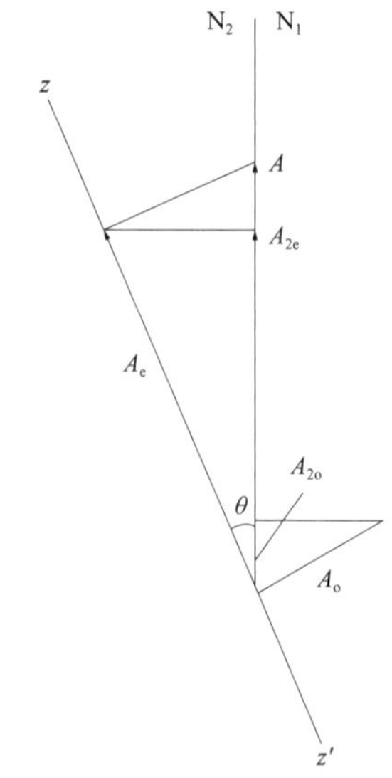

图3　起偏镜和检偏镜平行的情形

若起偏镜和检偏镜平行放置，如图3，则透过检偏镜N_2的两相干光的振幅分别为：

$$A_{2o}=A_o\sin\theta=A\sin^2\theta$$

$$A_{2e}=A_e\cos\theta=A\cos^2\theta$$

可见，除$\theta=45°$外，在一般θ值下，$A_{2o}\neq A_{2e}$；它们的相位差只决定于$\delta_{\parallel}=\delta_K$。当$\delta_{\parallel}=2\pi$或其整数倍时，由$N_2$透射的光有最大光强；当$\delta_{\parallel}=\pi$及其奇数倍时，由$N_2$透射的光强最小（$\theta=45°$时最小为零）。

对于某一给定的晶片，由于$\delta_\perp$与$\delta_{\parallel}$有π的差别，所以在正交（$N_1\perp N_2$）系统和平行（$N_1\,/\!/\,N_2$）系统所得干涉条纹的明暗位置正好相反。

用白光照射系统时，对于各种波长的光，干涉最大和最小的条件不能同时满足，因而自N_2出射的光呈一定的彩色。而同一晶片，在正交系统透射光所呈的彩色与平行系统中所呈的彩色互为补色。此外，当由正交向平行过渡或其相反过渡，即转动起偏镜和检偏镜之一时，由于相位差有π变化，所以出射光的彩色会随之由一种彩色变为它的补色。通常称为色

偏振。

色偏振是检验双折射现象的极灵敏的方法，它在检验玻璃元件有无应力及区别某些纤维方面得到相当普遍的应用。

会聚的平面偏振光的干涉 观察会聚的平面偏振光干涉的实验布置如图4所示，其中晶片K的光轴与晶片表面垂直并且平行于系统的光轴。

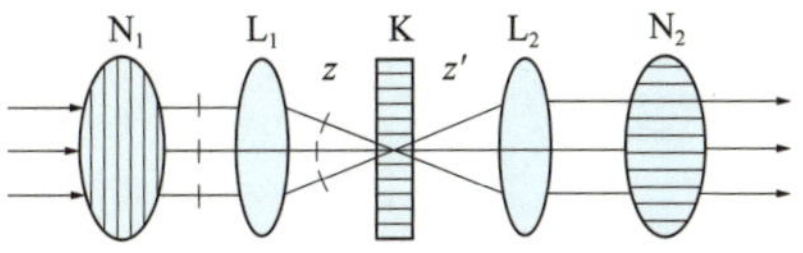

图4 会聚的平面偏振光的干涉

如果透镜L_1和L_2不放在起偏镜N_1和检偏镜N_2之间，因为在晶片内o光和e光都沿光轴进行，没引入相位差，所以没有干涉现象。但若利用透镜L_1产生会聚于晶片K的平面偏振光，又用透镜L_2将会聚光再变为平行平面偏振光，当晶片是厚为2毫米的方解石时，通过检偏镜N_2可以观察到如图5所示的干涉图样。其中黑十字称等旋线，又以透镜光轴为中心的明暗相间的圆环，称为等色线。

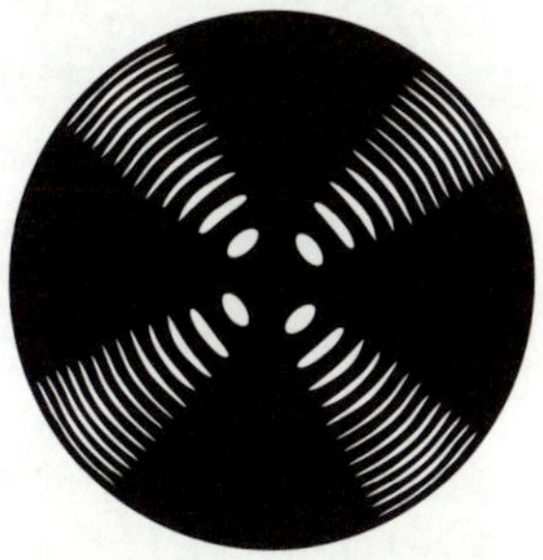

图5 会聚偏振光的干涉图样

图6a表示顺光线看去，会聚光在晶片前表面上的投影。其中，圆代表自透镜L_1射出的、有相同孔径角（即在晶片表面上有相同入射角i_1）的光线在该表面上的轨迹。通过圆周上各点的偏振光的振动方向在该表面上的投影，都平行于起偏镜主截面N_1。在晶片K很薄的情况下，o光和e光分开得很少，因而以入射角i_1射到晶片上的光线，可由图6b表示其晶体内的光路。由图6a可以看出，对于通过P、P'、H和H'各点的偏振光并不分解，在$N_1 \perp N_2$的情况下，都不能通过检偏镜N_2，其他同心圆周上与之相应的各点与此相同，因而通过N_2观察时，会看到暗的十字；当$N_1 /\!/ N_2$时，这些点上偏振光都能通过N_2，所以会看到亮的十字。

对于圆周上的其他各点，例如C点，平行于N_1的矢量在晶体K内分解成沿该点圆周切线方向的o光和沿半径方向的e光。在近似的情况下，两光在晶片内所通

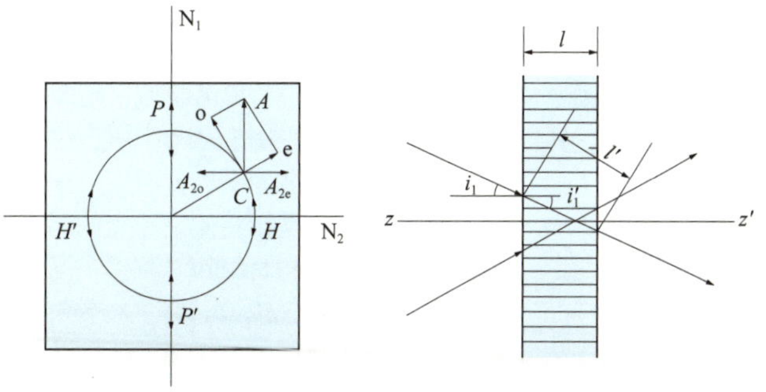

a 会聚光在晶片前表面上的投影　　b 在薄晶片中的光路

图6 会聚的平面偏振光情形

过的几何路程为l'，因而晶片K和检偏镜N_2给两光造成的相位差为：

$$\delta=\frac{2\pi}{\lambda_0}l'(n_o-n_e')+\pi$$

式中$l'=l/\cos i_1'$，i_1'为光在晶体内的折射角，n_e'为晶体在i_2方向上e光的折射率。显然，在这种情况下，相位差只决定于i_1'角。具有相同i_1'的光有相同的相位差，同在一干涉条纹上。于是，通过检偏镜看到的干涉图是一组明暗相间的同心圆环；用白光照射时，看到的干涉图是彩色同心环，同一圆环有同一彩色，故名等色线。

当晶体光轴在其他方向时，则所得的等旋线与等色线和上述的显著不同，图7就是光轴平行于表面的石英片放在$N_1 \perp N_2$的系统中所看到的会聚的平面偏

图7 干涉图样

振光的干涉图样。

偏光显微镜中利用会聚的平面偏振光的干涉图样来测定光轴的位置已成为在切割与磨制晶体时的重要手段。对于大块晶体的定轴，已应用与图4相似的光学系统制成晶体定轴投影仪。（母国光）

偏振光的琼斯表象 Jones representation of polarized light 任一偏振光可以表示为偏振相互正交、相位关联的一对偏振基的线性叠加。在琼斯表象中，任一偏振光表示为正交、相位关联的一对偏振基的线性叠加，且可写为一个1×2琼斯矩阵：

$$\boldsymbol{E}=\begin{bmatrix}E_x\\E_y\end{bmatrix}=E_0\begin{bmatrix}Ae^{i\alpha_1}\\Be^{i\alpha_2}\end{bmatrix}=E_0e^{i\alpha_1}\begin{bmatrix}A\\Be^{i\delta}\end{bmatrix}=E_0e^{i\alpha_1}\boldsymbol{P}$$

式中E_0为振幅；A和B分别为x和y偏振分量的振幅权重（要求$A^2+B^2=1$）；α_1和α_2为相应偏振分量的相位；$\delta=\alpha_2-\alpha_1$为相位差；$\boldsymbol{P}$为表示其偏振态的归一化琼斯矢量。偏振态由x和y偏振分量的相对振幅和相对相位决定；δ决定偏振态的手性，即$\delta\in(0,\pi)$为左旋，而$\delta\in(-\pi,0)$为右旋。

对于线偏振光，其琼斯矢量为：

$$\boldsymbol{P}_{\text{lin}}=\begin{bmatrix}\cos\theta\\\sin\theta\end{bmatrix}$$

式中$\theta(\theta\in[0,\pi])$为线偏振方向与x方向的夹角。易知线偏振光的x和y偏振分量是同相位($\delta=0$，$\theta\in[0,\pi/2]$)或反相位($\delta=\pm\pi$，$\theta\in[\pi/2,\pi]$)。例如，$x\ (\theta=0)$、$y(\theta=90°)$和$\pm45°(\theta\pm45°)$线偏振光的琼斯矢量分别为：

$$\boldsymbol{P}_{\text{lin}}^{x}=\begin{bmatrix}1\\0\end{bmatrix},\ \boldsymbol{P}_{\text{lin}}^{y}=\begin{bmatrix}0\\1\end{bmatrix},\ \boldsymbol{P}_{\text{lin}}^{\pm45°}=\frac{1}{\sqrt{2}}\begin{bmatrix}1\\\pm1\end{bmatrix}$$

对于圆偏振光，其x和y偏振分量大小相等，且两者的相位差为$\delta=\pm\pi/2$，分别对应于左旋和右旋圆偏振光，则其琼斯矢量为：

$$\boldsymbol{P}_{\text{cir}}=\frac{1}{\sqrt{2}}\begin{bmatrix}1\\\pm i\end{bmatrix}$$

对于一般椭圆偏振光，其偏振琼斯矢量可由y和x偏振分量的振幅比$\gamma=B/A$和相位差δ表示为：

$$\boldsymbol{P}_{\text{ell}}=\frac{1}{\sqrt{1+\gamma^2}}\begin{bmatrix}1\\\gamma e^{i\delta}\end{bmatrix}$$

而对于左旋和右旋正椭圆偏振（$\delta=\pm\pi/2$），则其偏振琼斯矢量分别为：

$$\boldsymbol{P}_{\text{ell}}=\frac{1}{\sqrt{1+\gamma^2}}\begin{bmatrix}1\\\pm i\gamma\end{bmatrix}$$

（王慧田）

偏振光谱学 polarization spectroscopy 基于光偏振特性的一组光谱技术。此处的“光”可以是红外线、可见光、紫外线、X射线，也可以是任何其他频率范围的电磁波。通过分析光的偏振特性，可以了解发射光的物质或光可以通过的介质。也可以使用一个偏振光源来探测某个介质，此时通过光偏振的变化就可以推断介质的属性。在一般情况下，介质中任何一种各向异性都会导致偏振的某种变化。这种各向异性可以是介质所固有的（如晶体），也可以是外部施加的（如等离子体中磁场的

出现）。

偏振光谱学更常指一种消除多普勒效应的光谱技术。其基本做法与饱和光谱学类似：将激光器出射的光束分为两束，其中一束（泵浦束）比另一束（探测束）强很多，两束以相反方向通过待测样品；弱的探测光束是线偏振的，且通过放在两个交叉偏振器之间的样品，因此若通过样品时偏振不改变，则几乎不会被探测器探测到。但泵浦光束的存在将会改变这种偏振情况。泵浦光束首先通过四分之一波片变为圆偏振光，样品原子吸收圆偏振光的概率依赖于原子角动量的取向。初始原子角动量的取向是无规的，但当某些取向的原子吸收一种圆偏振光后，泵浦光束便使得这些原子所处的原子能级变空了，而具有相反角动量取向的原子相对就多了。这相当于角动量取向的各向异性分布，对于入射的线偏振探测光束来说，这种各向异性的样品就是双折射性的。经过这样的各向异性样品之后，探测光的偏振面就会发生微小的转动，也就能够通过交叉的偏振器被探测器测量到。由于所有这些情况的发生必须是泵浦光束与探测光束作用在相同原子上，即无多普勒移位的原子上，因此偏振光谱学同饱和光谱学很类似。事实上，偏振光谱学是从饱和光谱学中派生出来的。

偏振光谱学技术的最大特点是基本没有噪声，利用这种技术可以得到更为精密的能级结构知识，如测量结果把里德伯常数值的精度提高了三倍，而使之成为最精确的已知基本常数。（曾和平）

偏振光器件 polarizing device 主要指生成偏振光或变换光偏振的器件。包括偏振生成器件（偏振棱镜、吸收型偏振片、偏振分束镜）和偏振变换器件（波片、光学补偿器）。

偏振生成器件 偏振生成器件包括偏振棱镜、吸收型偏振片和偏振分束镜。

偏振棱镜是基于双折射和全内反射效应，用于生成或检测偏振光的元件。主要包括尼科耳棱镜、格兰–汤普森棱镜、格兰–傅科棱镜、格兰–泰勒棱镜。这类偏振棱镜均由两块光轴平行的双折射晶体组合而成，因双折射效应，光入射进入第一块晶体被分为折射率不同的寻常光（o光）和异常光（e光），其中折射率较高的一束偏振光在两个双折射晶体的界面发生全内反射，而折射率较低的一束偏振光透过界面从棱镜的输出端面输出。

吸收型偏振片基于材料的二向色性（对某一方向偏振光的吸收比对垂直于此方向的偏振光的吸收更强）实现偏振光的生成和检测。因其一个偏振分量被透射可以利用，而另一个偏振分量则被吸收，故不适用高功率激光情形。实际上，该类吸收型偏振片多数被用于检偏。

偏振分束镜是指将偏振正交的两束光分离的器件。尼科耳棱镜、格兰–汤普森棱镜、格兰–傅科棱镜、格兰–泰勒棱镜原则上也可用作偏振分束镜。沃拉斯顿棱镜和罗雄棱镜则是由光轴正交的两块双折射晶体组成的另一类偏振棱镜。两束正交偏振光被折射在不同的方向，进而实现正交偏振光的分离，具有可在高功率激光下工作的优点。所有以上这些偏振分束镜产生的正交偏振光的传播方向并非垂直或平行，这给实际应用中光路的调整带来不便。偏振分束立方体是另一类偏振光器件，由一对精密的玻璃直角棱镜黏合而成，两束正交线偏振光束的传播方向相互垂直，这给应用中光路的调整带来方便。

上述所有的偏振产生器件有一个共同的功能，就是生成具有特定偏振方向的线偏振光，这些线偏振器的功能可以用琼斯矩阵表示。对于透光轴分别在x和y方向的线偏振器，其琼斯矩阵分别为：

$$\begin{bmatrix}1&0\\0&0\end{bmatrix},\begin{bmatrix}1&0\\0&1\end{bmatrix}$$

对于透光轴与x轴成±45°的线偏振器，其琼斯矩阵分别为：

$$\frac{1}{2}\begin{bmatrix}1&\pm1\\\pm1&1\end{bmatrix}$$

对于透光轴与x轴成θ角的一般线偏振器，其琼斯矩阵为：

$$\begin{bmatrix}\cos^2\theta&\frac{1}{2}\sin2\theta\\\frac{1}{2}\sin2\theta&\sin^2\theta\end{bmatrix}$$

偏振变换器件 偏振变换器件包括波片、光学补偿器等。

*波片*是一种由光轴平行于晶体表面的单轴晶体平板制成的光学元件。基于双折射效应，偏振正交的o光和e光具有不同的折射率n_o和n_e，从而在两个偏振分量间引入相位延迟：

$$\delta=\frac{2\pi(n_o-n_e)d}{\lambda}$$

式中λ和d分别为光在真空中的波长和波片厚度。对于给定的晶体和波长，位相延迟正比于波片的厚度d。常用的波片主要有三种：1/4波片、1/2波片和全波片，即引入的相位延迟分别为$\delta=\pm\pi/2$、$\pm\pi$和2。相应的琼斯矩阵分别为：

$$\begin{bmatrix}1&0\\0&\pm i\end{bmatrix},\begin{bmatrix}1&0\\0&-1\end{bmatrix},\begin{bmatrix}1&0\\0&1\end{bmatrix}$$

对于具有相位延迟为δ的任意波片，其琼斯矩阵为：

$$\begin{bmatrix}1&0\\0&e^{i\delta}\end{bmatrix}$$

波片可以用于变换光的偏振态。例如，1/4波片可以将线偏振光变换为圆或椭圆偏振光，反之亦然。

光学补偿器又被称为巴俾涅补偿器，相当于一种相位延迟任意可调的波片。巴比涅补偿器由一对光轴正交的两个楔形单轴晶体构成，通过调整两者重叠区域的厚度，可以实现相位延迟的任意可调。其改进型由三部分构成，包括一对光轴平行的两个楔形单轴晶体和一个光轴与其正交的单轴平行晶片。（王慧田）

偏振片 polarizer 仅允许某一特殊偏振的光通过，而禁止其正交偏振光通过的光学元件。偏振片可以用于起偏而产生特定偏振光，也可以用于检偏而实现光的偏振态检测。偏振片主要分为线偏振片和圆偏振片两种。

线偏振片可分为吸收型和分束型两类。对于吸收型偏振片，不需要的偏振光被器件吸收，而只允许需要的偏振光通过。而对于分束型偏振片，将入射光束分为正交偏振的两束，其中一束被反射，另一束被透射，从而实现某一特定偏振光的输出。

吸收型偏振片 主要包含线栅型和二向色性型两类。线栅型偏振片由规则精密排列、间距远小于光波长的平行金属线构成（图1）。线栅型偏振片只允许偏振方向垂直于金属线的偏振光通过。二向色性吸收偏振片基于材料的偏振选择性吸收，实现线偏振片功能。

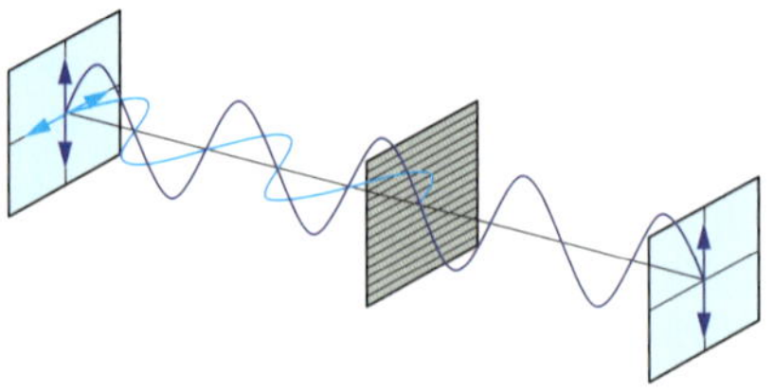

图1 吸收型线栅型偏振片

分束型偏振片 分束型偏振片将入射光束分为正交偏振的两束。不同于吸收型偏振片，该类偏振片具有两个优点：①分束型偏振片并非通过吸收某一偏振光而获得偏振光，因而更适合用于高强度激光；②有两个从不同路径传播的正交偏振光可以利用。

分束型偏振片主要可以分为界面反射型和双折射型两类。

利用光在两个透明材料界面反射的布儒斯特效应，可以设计和制备界面反射型的线偏振片（图2）。当光入射在一个界面，s和p偏振光（偏振方向分别垂直和平行入射面）具有不同的反射行为，尤其是在某一特殊入射角（称为布儒斯特角）时，反射光只有s偏振分量而无p偏振分量。

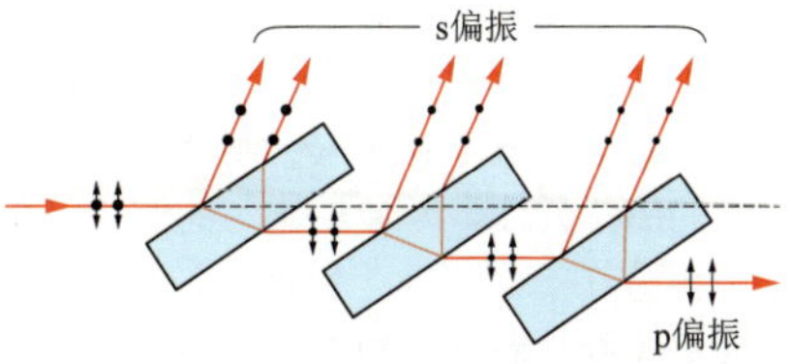

每个平板以布儒斯特角放置，反射光为s偏振光，经过多片后，透射光主要为p偏振光

图2 平板片堆型偏振分束器

双折射型偏振片则利用了晶体的双折射特性，将入射光分成沿不同路径传播的正交偏振两部分。尼科耳棱镜就是分束型偏振片的一个例子（图3）。尼科耳棱镜由

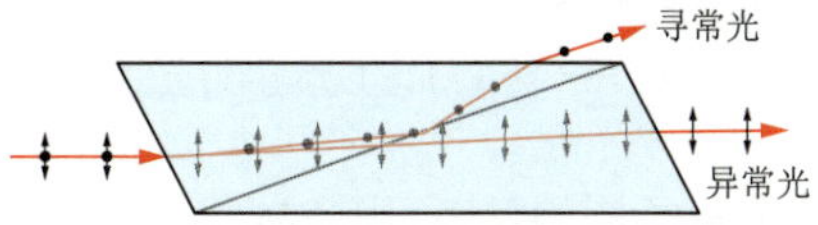

图3 尼科耳棱镜

一块方解石被切割成两块，而后再用加拿大香脂胶合而成；双折射效应使得入射光在第一块方解石中被分成传播方向略有不同的o光和e光；因o光在方解石中的折射率高于在加拿大香脂中的折射率，o光在界面发生全内反射，而e光具有较低的折射率将直接透过界面；最终获得偏振态正交的两束高纯度线偏振光。此外，还有诸多变型的双折射型偏振片，如格兰-汤普森棱镜、格兰-傅科棱镜、格兰-泰勒棱镜、沃拉斯顿棱镜等。（王慧田）

漂移 drift 通常指带电粒子系的整体定向移动。漂移可以是粒子系中所有粒子都以相同速度运动（如电子束或离子束，电子系中的逃逸电子群，聚变堆中燃烧等离子体中的α粒子群），但在磁化等离子体中通常指等离子体状态量在垂直于磁场方向的一类比较缓慢的定向移动。对等离子体做单粒子轨道描述时，它指的是单粒子在磁场中做回旋运动时的导心在其他外力作用下垂直于磁场方向的轨道漂移。而在流体描述时，它是指流体元在压强梯度驱动下，在垂直于磁场方向做所谓的逆磁漂移。在动理学描述时，又指单粒子速度分布函数在速度空间平均速度（在平行或垂直磁场方向）漂移。

粒子轨道漂移 带电粒子在外磁场中会在垂直于磁场的方向上做快速回旋运动，其回旋运动的中心称为导心。如果在垂直磁场方向上存在电场、重力场，或存在磁场的梯度和曲率时，导心将以较低的速度在既垂直于磁场又垂直于外力，或磁场梯度和曲率的方向上做匀速漂移运动，这时带电粒子仍围绕导心快速旋转。导心在漂移过程中画出的轨道称为漂移轨道，其漂移速度为：

$$v_D=\frac{\boldsymbol{F}\times\boldsymbol{B}}{qB^2}$$

式中$\boldsymbol{F}$为作用在单个带电粒子上的外力；$\boldsymbol{B}$为磁场；q为粒子电荷。这力可以是与电磁无关的重力$\boldsymbol{F}=m\boldsymbol{g}$，$m$为粒子质量，$\boldsymbol{g}$为重力加速度；也可以是电场力$\boldsymbol{F}=q\boldsymbol{E}$，$\boldsymbol{E}$是电场，或磁场力（磁场梯度引起的磁压力和磁场曲率引起的磁张力）。在电漂移时无论电子还是离子，导心漂移方向都相同，即与粒子电荷无关。其他类型导心漂移则是与粒子的电荷正负大小相关的。

在磁约束装置托卡马克的等离子体中，由于环向磁场效应，带电粒子的导心在沿磁场垂直于大环方向漂移时，其导心漂移轨道在小环上的投影会呈现环形或香蕉形。在高温下，香蕉形的导心轨道粒子在等离子体的输运过程中将起特别重要的作用——即所谓的新经典输运过程。它与在均匀磁场中的所谓经典输运有明显的不同。

流体元逆磁漂移 磁化等离子体中带电粒子组成的流体元在垂直于磁场方向的电场力或流体元密度、温度、压强梯度等不均匀性引起的热力学力作用下，也会在既垂直于磁场又垂直于这些梯度方向上做匀速漂移运动，又称逆磁漂移。这是流体元的漂移，其电漂移速度和梯度漂移速度分别为：

$$v_E=\frac{\boldsymbol{E}\times\boldsymbol{B}}{B^2}$$

$$v_{D\alpha}=-\frac{\nabla p_\alpha\times\boldsymbol{B}}{q_\alpha n_\alpha B^2}$$

$$p_\alpha=n_\alpha T_\alpha$$

式中电漂移公式与导心电漂移公式相同，但这里指的是流体元的漂移。而密度n、温度T和压强p（各α类带电粒子）是流体的参量，它们的梯度引起的力也只作用在流体元上，不是作用在单粒子上的力。这时电子流体元和离子流体元的漂移方向相反，但大小相同（在∇p、q、n都相同时）。这样，电子和离子漂移流在有界等离子体中就会形成一个围绕边界流动的电流，称漂移的逆磁电流。电流所产生的磁场和原来的磁场方向相反，即逆磁的，起到削弱等离子体中心磁场的作用。因此，称这种电子和离子的流体漂移为逆磁漂移。

速度分布函数的漂移 在动理学的描述中，漂移是指带电粒子的单粒子速度分布函数由于各种原因（外力，如外电场、外磁场、粒子系的空间不均匀性引起的热力学力等）引起的对热力学平衡时麦克斯韦分布的时间缓变的偏移或畸变。这种变化可以在磁场方向，也可以在垂直磁场方向。在实验上可以通过测量粒子系的流体元速度来观察到相应的漂移运动。一个明显的例子是在外电场下，电子的速度分布函数会在速度空间，在电场的反方向产生一个移动，相应地在实验上就会测量到电子系流体元在外电场作用下的一个漂移流动，即电流。

（李银安 胡希伟）

漂移波湍流 drift wave turbulence 由等离子体密度、温度以及磁场的空间不均匀所驱动的不稳定性。由于空间不均匀性的存在，等离子体中的粒子会产生漂移运动，漂移运动的能量可以驱动微观不稳定性，故称漂移波。当漂移波幅度超过一定阈值，不同尺度的漂移波发生非线性波-波相互作用，最终形成宽谱的混沌状态，称为漂移波湍流。通过能量在波数空间中级联，分立的漂移波线谱逐渐过渡到连续的宽谱。根据驱动来源的不同，漂移波湍流分为离子温度梯度模、电子温度梯度模和捕获粒子（离子和电子）模湍流等，这些不同类型的漂移波湍流也对应着不同的空间和时间尺度。在高温等离子体中，空间尺度在亚毫米到厘米之间，频率从几十千赫到几百千赫。

漂移波湍流是磁化等离子体中普遍存在的现象，是等离子体湍流的主要部分。20世纪发展了大量的漂移波湍流理论，并在不同的实验装置上对漂移波湍流进行了非常细致的研究。现代等离子体研究结果表明，漂移波湍流是形成反常输运的主要原因，在漂移波湍流的研究中发展出流剪切抑制湍流理论，并获得了空前成功的实验验证，为人为控制反常输运提供了非常重要的手段。（兰 涛）

漂移动理学理论 drift kinetic theory 等离子体动理学在强磁场下的一种近似理论。在强磁场中，当所研究的物理现象的空间特征尺度λ远大于带电粒子的回旋半径ρ，而其特征频率ω又远小于粒子的回旋频率Ω_c时，可以用带电粒子导心的运动代替带电粒子本身的运动。基于这样的物理图像发展起来的动理学理论称为漂移动理学理论。

漂移动理学理论完全忽略了带电粒子的回旋运动，包括有限回旋半径效应。它是完整动理学理论的一种近似，也是回旋

动理学理论的一种近似。但漂移动理学理论将六维相空间中的动理学方程简化为五维相空间中的方程，给解析分析和数值处理带来很大的方便。它所引入的误差为$(\rho/\lambda)^2$量级。

漂移动理学理论的基本方程是弗拉索夫方程或考虑到碰撞项的福克-普朗克方程对回旋运动，即粒子回旋角φ的平均所得的漂移动理学方程。具体导出方法是，将带电粒子的速度表示成与磁场平行的分量和垂直的分量之和：

$$\boldsymbol{v}=v_{/\!/}\boldsymbol{b}+\boldsymbol{v}_{\perp} \quad (1)$$

式中$\boldsymbol{B}=B\boldsymbol{b}$，再将垂直于磁场的速度用极坐标表示为$\boldsymbol{v}_{\perp}=(v_{\perp},\varphi)$。这样，速度矢量就可以通过三个相应的标量$\mu$、$K$、$\varphi$来表示，即磁矩$\mu=mv_{\perp}{}^2/2B$、动能$K=mv^2/2$和回旋角$\varphi$，这里$m$为粒子质量。如果回旋频率$\Omega_c$远大于其他频率，可将分布函数对回旋运动做平均：

$$\bar{f}(\boldsymbol{r},\mu,K)=\frac{1}{2\pi}\int f(\boldsymbol{r},\mu,K,\varphi)\,\mathrm{d}\varphi \quad (2)$$

以弗拉索夫方程为例，对各项做回旋运动平均后就得出漂移动理学方程：

$$\frac{\partial\bar{f}}{\partial t}+\boldsymbol{v}_g\cdot\frac{\partial\bar{f}}{\partial\boldsymbol{r}}+\left(q\boldsymbol{E}\cdot\boldsymbol{v}_g+\mu\frac{\partial B}{\partial t}\right)\frac{\partial f}{\partial K}=0 \quad (3)$$

式中导向中心速度$\boldsymbol{v}_g$为平行于磁场的速度，以及电漂移、磁场曲率漂移和梯度漂移速度之和：

$$\boldsymbol{v}_g=v_{/\!/}\boldsymbol{b}+\frac{\boldsymbol{E}\times\boldsymbol{B}}{B^2}+\frac{v_{/\!/}^2\boldsymbol{b}\times(\boldsymbol{b}\cdot\nabla)\boldsymbol{b}+\boldsymbol{\mu}\times\nabla B}{\Omega_c} \quad (4)$$

式中$\Omega_c=qB/m$，$\boldsymbol{\mu}=\mu\boldsymbol{v}_{\perp}/v_{\perp}$；$q$为粒子电荷，电场和磁场则通过麦克斯韦方程与分布函数耦合。

考虑到碰撞效应后，应在方程（3）的右边增加碰撞项$(\partial\bar{f}/\partial t)_{\mathrm{coll}}$，即由粒子间的碰撞引起的平均分布函数变化率，可以从对福克-普朗克方程的碰撞算符做回旋平均得到。所得的算符描述在能量空间的慢化和扩散，以及在磁矩空间的扩散。通常不保留经典碰撞扩散效应，因为其量级为二级项$\nu(\rho/\lambda)^2$，其中ν是碰撞频率。因此，这一碰撞项常常被略去而成为漂移动理学弗拉索夫方程，即（3）式。

在环形磁约束聚变装置（如托卡马克、仿星器等）中，磁场一般很强，带电粒子的特征回旋运动半径很小，而回旋频率非常高。因此，漂移动理学理论在研究这种高温等离子体中的低频、长波不稳定性及其引起的湍性输运和新经典输运中得到广泛应用，为解释实验中观察到的反常输运现象提供了理论基础。（董家齐）

漂移管 drift tube 一种利用电子漂移时间确定漂移距离以测量入射粒子位置的气体径迹探测器。在大型强子对撞机上的ATLAS实验采用了薄壁高气压漂移管。这种漂移管同正比管相似，直径达数厘米，单管空间分辨可达80微米。多个漂移管黏接成多层大型室体，安置在磁场空间中的不同位置，可以精确测量高能带电粒子的径迹和动量。ATLAS实验共采用了37万只高气压漂移管，组成了一个大型μ子探测器，覆盖5500平方米，可精确测量能量高达太电子伏的μ子。此漂移管μ子探测器在发现希格斯粒子中起到了重要作用。（谢一冈）

漂移室 drift chamber; drift tube 一种利用电子漂移时间确定漂移距离以测量入射粒子位置的气体径迹探测器。1969年G.夏帕克和T.布列萨尼首次提出。1971年A.H.瓦伦达等制成了包括电子学和数字化读出的第一个能实际运行的漂移室系统。图中为一个典型的漂移室室体结构，内充工作气体。室体内设置一排相互平行的阳极丝及其两侧的阴极丝，与多丝正比室类似，但丝距较宽，为2～10厘米。当带电粒子垂直于丝平面射入时，其产生的电离电子在电场作用下向阳极丝漂移。若在远离阳极丝的空间电场是均匀的，则漂移速度v是恒定的，由漂移时间t即可确定漂移距离s $(s=vt)$。漂移室的最突出特点是定位精度高（可达70微米），同时电子学读出通道数相对少，可以制成大灵敏面积探测器。为了精确测量漂移时间，漂移室读出电子学电路必须能够获得时间零点（如可利用加速器束流或闪烁计数器获得相当于粒子穿过室体的时刻）。漂移室的时间分辨率虽然较高（通常可达5纳秒左右），但输出信号有较大的时间延迟（一般为数百纳秒），因此不宜作为快触发信号使用。

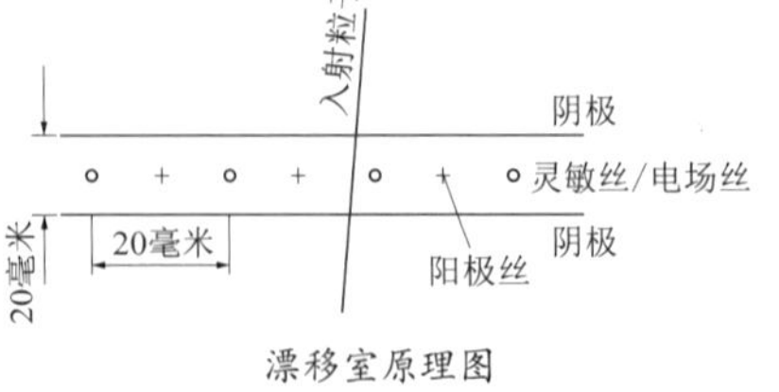

漂移室原理图

为了改进性能和满足不同需要，漂移室自发明以来已发展出多种类型，如喷注漂移室和小单元漂移室等。前者由多个独立的漂移单元组成，每个单元又由信号丝平面和场丝平面构成。信号丝平面中的阳极丝之间设置位丝，处于较低电位，来形成以阳极丝为中心，以场丝为边界的均匀漂移区域。喷注漂移室具有单元电场均匀、单元界限明确、边缘效应小、刻度简单、径迹寻找简单等优点。北京谱仪的主漂移室就是一个喷注漂移室，具有3216根信号丝，800余个单元，每个单元内有4根信号丝，在单元中心附近交错排列，以解决左右分辨问题，信号丝之间有电位丝（工作电压约1.4千伏），起到减少信号丝之间的串扰并使电场更加均匀的作用，单元边界分布有场丝（工作电压约3千伏）。漂移室（管）是高能物理实验中重要的探测器之一。（谢一冈）

频率 frequency 周期运动中的物体在单位时间内完成的运动周期数或振动次数。频率常用符号f或n表示，等于周期T的倒数，即f（或n）$=1/T$。为纪念19世纪德国物理学家H.R.赫兹，频率通常以赫（兹）为单位。1赫等于每秒1周，符号为Hz，千赫（kHz）为1000赫，兆赫（MHz）为10^6赫。各种不同性质的振动或波具有不同的频率范围。如声的频率在20～20 000赫之间。工业用交流电的频率为50赫，称为工频，无线电的频率在几千赫至几十兆赫。光的频率更高，如黄光的频率为5×10^{14}赫。波长和频率f的关系为$f\times\lambda=v$，式中v为波速。在简谐振动中，频率常用角频率或圆频率ω来代替，$\omega=2\pi f$，它表示每秒弧度数（见声、振动）。（张海澜）

频率标准 frequency standards 用信号频率相当准确和单一的正弦振荡信号发生器确定频率的计量。物体周期运动的频率ν是其周期T的倒数，$\nu=1/T$。时间间隔可以利用周期运动的周期T来测量，也可以通过频率进行测量。所以，时间与频率测量密不可分。

一般的实用频率标准是信号频率相当准确和单一的正弦振荡信号发生器。其频率是用频率基准直接或间接来校准的，其准确度稍差。常用的频标有石英晶体振荡器和原子频率标准。日常使用的频率标准的标称频率一般都处在电磁波的射频或微波频段，也有少量频标处于光频段，后者称为光频标。

频率标准的基本性能指标：①频率不确定度（在时间频率计量界常常也叫准确度）。它表征频标的输出频率与其标称频率ν_0的平均偏差$\delta\nu$的相对值，即$\delta\nu/\nu_0$。②频率稳定度。它表征一定的取样时间内的平均频率随不同取样的变化$\mathrm{d}\nu$与其标称频率ν_0的相对值$\mathrm{d}\nu/\nu_0$。

频标的频率稳定度随取样时间τ的长

短而不同，一般需要有15个取样以上做平均，才能得到频标稳定度的数据。通常将取样时间在1000秒以上的称为长期频率稳定度，1000秒以下的称为短期频率稳定度，但界限不严格，随需求而异。

由于频标的短期频率起伏决定于它的频率或相位噪声，所以频标的短期稳定度与其噪声类型密切相关，也可以用噪声谱密度来描述，这称为频域表征。而上述随取样时间不同的稳定度表征则称为“时阈”表征，一般用阿伦方差（无间隔的前后两次取样平均值之差的二次方的多次平均值）$\sigma^2(\tau)$表示，其中τ是取样时间。通常也用阿伦方差的二次方根$\sigma(\tau)$表示。在有确定的噪声模型下，两种表征之间有严格的数学关系。

频率标准还有一些随使用情况所需的指标要求，如频率漂移率、复现性（每次开机后的频率重复性），随温度、湿度、气压、磁场等变动的频率变化率，以及体积、重量、功耗、平均故障时间和寿命等。（王义遒）

品质因数 quality factor 用来表征单自由度受迫振动共振峰的尖锐度或频率选择性的物理量，即Q值。有若干等价的定义。阻尼较小时，$Q=\omega_0/\beta$，其中ω_0是系统的固有频率，β是阻尼因子。当振幅衰减为峰值的$1/\sqrt{2}$倍时，对应的两个频率之差$\Delta\omega$称为带宽，可定义频率$Q=\omega_0/\Delta\omega$。$Q/2\pi$还等于系统储存的最大能量与一个周期内所耗散能量之比。（秦　敢）

品质因子 quality factor; Q-factor 表征振荡器或谐振腔保存能量能力的量。是振荡器或谐振腔的一个基本物理指标。又称Q因子。以光学谐振腔为例，品质因子定义为$Q=U/P$，其中U为谐振腔储存的光场总能量，P为光场在谐振腔一个振荡耗散或泄漏出去的能量。较高的Q值表示振荡器或谐振腔的能量损失率较低，振荡消失得较慢（或振荡的寿命较长）。假设谐振腔共振模式的寿命为τ，角频率为ω_0，中心波长为λ_0，带宽为$\Delta\omega$（或$\Delta\lambda$），则品质因子也可用不同的形式定义成$Q=\omega_0\tau=\omega_0/\Delta\omega=\lambda_0/\Delta\lambda$。

高的Q值是设计优质谐振腔的追求目标。以光子晶体微腔为例，已经提出了很多方法来提高品质因子，实现高Q光子晶体微腔。其关键点是降低能量内部耗散以及外部泄露的渠道。为降低内部损耗，可提高光子晶体微腔材料（如硅、碳化硅、石英等）的纯度，降低杂质的密度，减少它们对光场能量的吸收。为降低外部泄漏，一方面是提高光子晶体微腔的纳米加工精确性和准确性，降低表面粗糙度，减少光散射和能量泄漏；另一方面是设计更好的几何形状和结构（如引入缓变的边界反射和散射层），降低微腔本征的泄露。通过设计、材料、制备等多个环节的综合努力，理论上硅光子晶体微腔的品质因子可超过10^8，实验上硅光子晶体微腔的品质因子已超过10^7，对光信号的捕获和限制时间可达纳秒甚至微秒的水平。高Q光子晶体微腔可用于构建光子集成回路里面的光延迟、光缓存甚至光逻辑等功能器件，在物理上，微腔具有巨大的珀塞耳因子，可显著地增强量子辐射体的自发辐射速率。另外，由于微腔内部具有极高的光场能量密度，与量子点等辐射体的量子相互作用可达到强耦合的水平，已观测到清晰的拉比劈裂等量子物理行为。（李志远）

平衡零拍探测 balanced homodyne detection 将平衡探测与零拍探测相结合的光场量子涨落探测方法。对光信号的直接测量法是用光电探测器测量信号中的光子数或光强，由光子数的测量可以获得光场涨落的有关信息，但不能区分所观察的涨落是来自经典涨落还是量子涨落，平衡探测法可以测量光场的量子涨落。

平衡探测法由一个50/50平衡分束器（即透射率和反射率相等）和两个一样的光电探测器组成（图1）。待测的信号光入

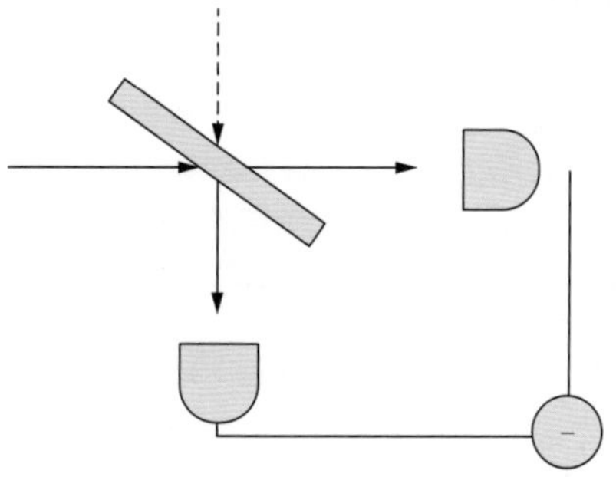

图1　平衡探测法示意图

射到一个平衡分束器的一个输入端，分束器的另一端没有光入射，为真空态$|0\rangle$。信号光通过平衡分束器后分为强度相等的两束光，分别被两个光电探测器测量，然后对测量结果做减法。由于信号光中的经典涨落被分束后仍保持完全的关联，在减法器被完全消去。而信号光中的量子涨落被分束后不能保持关联，在通过减法器后被保留下来，由此可以测量出原信号光中的量子涨落。平衡分束器不能“平衡地”分配量子涨落。当一个光量子通过分束器时，它不可能一分为二。同样，稀疏的散粒光子也不可能完全相等地分配。只有当光子数量足够多时，相等分配的概率大大提高，因此经典涨落可以在减法器中被消去。

实验上观察量子涨落的挤压效应需要测量光场振幅正交分量及其涨落，可用零拍探测法来解决。零拍探测法如图2所示，其主要光学器件是右下角的分束器BS。设待测信号光场用a_1表示，入射到分束器的一端。在分束器的另一端，入射另一与信号光频率相同处于相干态$|\alpha\rangle$的强光场，称为本地振荡光场（本振场），用a_L表示，满足$a_L|\alpha\rangle=\alpha|\alpha\rangle$。由于两束光属于不同的场模，它们的场算符$a_1$和$a_L$可以对易。相同频率的两束光在通过分束器叠加后不会产生拍频，因此称为零拍测量。

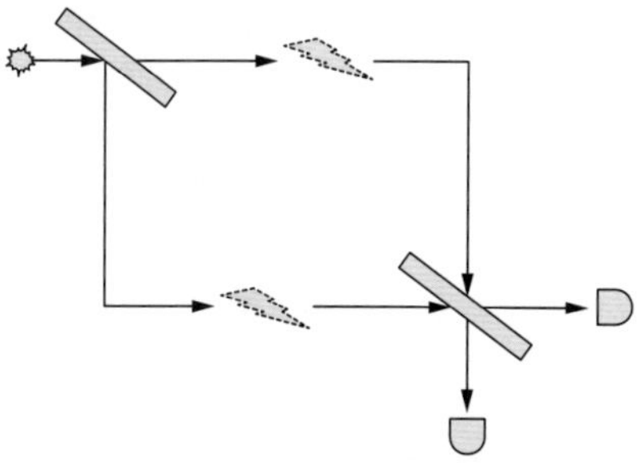

图2　零拍探测法示意图

如果将平衡探测与零拍探测相结合，即在图2中的分束器采用一个50/50平衡分束器，$\cos^2\theta=\sin^2\theta=1/2$，这时两个输出端的光子数差直接反映了信号场的正交分量。这种方法称为平衡零拍探测法，适用于测量十分微弱的信号场的正交分量，其条件是要求分束器有很好的平衡性。（汪凯戈）

平衡态 equilibrium state 在没有外界影响条件下热力学系统的各部分宏观性质在长时间里不发生变化的状态。这里所说的没有外界影响，是指系统与外界没有相互作用，既无物质交换，又无能量传递（做功和传热），即系统是孤立系。

动态平衡　从微观看，由于组成系统的分子不停顿热运动，微观量随时间作迅速的变化，保持不变的只是相应微观量的统计平均值。所以，热力学平衡态是一种动态平衡，称为热动平衡。动态平衡的状态参量取“确定的”数值并不是绝对的，仍会发生对平衡数值的微小偏离，这种现象称为涨落。分析表明，在一个有大量粒子组成的系统中涨落极小，它的相对强度与粒子数的二次方根成反比，致使宏观观测时完全可忽略这种偏离。只有一些特殊问题（如大气中光的分子散射和液体中的临界乳光现象）才必须考虑涨落的影响。平衡态是一个理想化的概念，因为在

实际问题中不存在完全没有外界影响的孤立系。但若外界条件的变化速率相对于系统由非平衡态趋向平衡态的速率足够缓慢时，平衡态概念是实际情况的一个合理抽象和近似。如在一般的气缸中活塞移动的速率约为几米每秒，而实验表明，在室温下气体内压强趋于平衡态数值的速率大约是几百米每秒，因此在活塞运动的每一瞬间，都可把缸中气体的状态近似为平衡态。此外，在这样的气缸中压强趋于平衡的弛豫时间的数量级约为10^{-3}～10^{-2}秒，而活塞往返一次的时间约为几秒。所以说，当影响系统状态变化的外界因素的特征时间远大于弛豫时间时，可相当正确地把每一瞬间气缸中气体状态近似为平衡态。强调平衡态必须是“长时间里”不发生变化的状态，是因为有些物理过程的弛豫时间很长，或者系统处于亚稳状态，以致把它们误认为平衡态。如碳同位素$^{14}_{6}C$的半衰期$T=5730$年，故在这种弛豫时间很长的缓慢衰变过程中，系统始终处于非平衡态。又如在物质的气液两相共存区可能出现过冷蒸气和过热液体那样的亚稳态，在外界有限小的扰动下，即会自发地回复到气液两相共存的稳定平衡态。

热动平衡条件　一般情况下，热力学系统的热动平衡包括以下三种平衡：力学平衡、热平衡和化学平衡。系统达到力学平衡时，内部没有不被平衡掉的力；达到热平衡时，系统各部分的冷热程度（即温度）都相等；化学平衡要求系统中各部分不再自发地趋向于内部结构的变化，如不发生化学成分和浓度的变化。化学平衡包括相平衡和化学反应的平衡。三种平衡中任何一种平衡的破坏都有可能引起总的系统平衡态的破坏，使系统处于非平衡状态。由此可见，只有当系统处于平衡态时，热力学系统的状态参量（如力学、热学、化学和电磁的状态参量）才有确定的数值和意义。

热动平衡的统计解释　热力学系统的平衡态是通过组成系统的微观粒子之间频繁的碰撞或相互作用加以建立和维持的。达到平衡态时，粒子处于最为无序、最为混乱和无规则的运动状态。从整体上看，任意一个可能存在的使相碰两粒子微观态发生改变的有序的定向过程，必为其逆向的相碰过程所平衡，从而在系统中不可能存在任何宏观的定向的有规则的流，这就是细致平衡。显然只有保持细致平衡，才能有系统总的热动平衡。所以说，系统在宏观上建立的平衡态是由微观上实现的细致平衡来加以保证和维持的，这一基本规律被称为细致平衡原理。细致平衡原理要求：在宏观可观测的时间间隔内，在气体的任意局域的任意方向上有相同多的分子在运动；每个方向上，离开和进入该局域的同一速率的气体分子数目相等。19世纪中叶，J.C.**麦克斯韦**正是依据此物理图像，导出了著名的麦克斯韦速度分布函数：

$$f(v_x,v_y,v_z)=(m/2\pi kT)^{3/2}\exp\left[-(m/2kT)(v_x^2+v_y^2+v_z^2)\right]$$

式中m、T分别是气体分子的质量及气体的热力学温度；k是玻尔兹曼常数。1872年L.**玻尔兹曼**在他自己提出的积分微分方程的基础上证明了H定理，为系统有趋向平衡并停留于平衡态的自然趋势提供了统计解释。说明平衡态是气体可能处的各种宏观态中最为无序的和概率最大的状态。建立平衡态的充分又必要的条件是满足实现细致平衡。此时，气体分子按速度的分布不再受碰撞的影响；正元碰撞过程恰好与逆元碰撞过程数目相等，且它们的影响互相抵消。已经证明，麦克斯韦速度分布函数是细致平衡条件的普遍解。

（包科达）

平均场近似　mean field approximation　多体系统相互作用的非微扰的零级近似。存在相互作用的多粒子系统，每个粒子都受到周围其他粒子的作用，这些周围粒子相互作用的叠加并对其粒子密度分布（粒子云）的平均，在零级近似下，将产生一个平均势场。这个平均势场是一个单体算符，只依赖于受作用的这个粒子的坐标，但不是外界施加的外场，而是其他粒子对这个粒子相互作用叠加平均的结果。平均场是对多体系统相互作用的非微扰的零级近似，对多体系统的正确描述应当是平均场加剩余相互作用。

在平均场近似下，剩余相互作用被略去，系统的哈密顿量成为单体算符，各个粒子在平均场中彼此独立地运动，粒子之间通过平均场相互联系，互通信息。与外场中的独立粒子运动不同，平均场近似下的独立粒子运动的量子态和产生这些量子态的平均场必须有互为因果的反馈关系。自洽平均场也是随多粒子系统各粒子的量子态的变化而变化的。

（吴　勇）

平均功率　average power　交流电瞬时功率$i(t)u(t)$在一个周期T内对时间的平均值。交流电平均功率用公式表示为：

$$\bar{P}=\frac{1}{T}\int_0^T i(t)u(t)\,\mathrm{d}t \qquad (1)$$

经计算得出一段交流电路的平均功率为：

$$\bar{P}=IU\cos\varphi \qquad (2)$$

式中I为电流有效值；U为电压有效值；φ为电压和电流的相位差；$\cos\varphi$叫作功率因数。对于纯电阻元件，$\varphi=0$，$\bar{P}=IU$。对于纯电感或纯电容元件，$\varphi=\pm\dfrac{\pi}{2}$，$\bar{P}=0$，在瞬时功率$p(t)>0$的时间内，有能量输入该元件，输入到电感元件中的能量以线圈内的磁能形式储存起来，输入到电容器中的能量以极板间的电能形式储存起来；在瞬时功率$p(t)<0$的时间内，能量又从电感或电容中输回到电源。$\bar{P}=0$表明在纯电感或者纯电容元件中能量的传输和转换过程完全是可逆的。在普遍情形下，交流电路平均功率的表达式为（2）式，意味着瞬时功率时正时负，$p(t)>0$的时间大于$p(t)<0$的时间，表明除了一部分能量由电源输向负载，还有一部分能量在电源和负载之间来回传输。

实际中很多用电器都属于电感性用电器，其功率因数都小于1，这造成部分电能在电源和用电器之间来回输送，导致部分电能的无益耗损和用电设备的空置。提高用电器的功率因数是电力工程中关心的经济问题。具体的办法是在用电器上并联一个适当的电容。

（陈熙谋）

平均寿命　average life time　某种粒子产生后到衰变时为止平均存在的时间，简称为寿命。当粒子运动速度很快甚至接近光速时，由于相对论性的效应，其平均寿命将比粒子静止时长，表现为同一种粒子的平均寿命随速度的增加而增加。**粒子物理学**中提到粒子的平均寿命都是指在该种粒子静止时所观测到的平均寿命。至于粒子运动时的平均寿命，则根据相对论的公式进行推算。

已知的可以衰变的基本粒子，其平均寿命分布在很大的范围内。中子的平均寿命最长，其值为898±16秒，其他粒子的平均寿命都短于10^{-5}秒，最短的约为10^{-25}秒。粒子物理学中称为稳定粒子（见**衰变**）的基本粒子，已测定的平均寿命除W粒子和Z粒子外都大于10^{-20}秒；粒子物理学中称为不稳定粒子的基本粒子，已测定的平均寿命都小于10^{-20}秒。

考虑到粒子的质量总是随粒子的运动速度而改变，在粒子物理学中提到质量都是指粒子在静止时所表现的质量。微观现象的普遍规律决定了只有完全稳定的粒子其质量才具有完全确定的值，可以衰变的粒子的质量m分布在某一确定值附近的一定范围内。这种分布可以用该种粒子的质量分布函数$P(m)$表示出来。如图所示，粒子的质量分布图中有一个最大值M，就是通常所说该种粒子的质量。最大值两边曲线降到最大值一半处的两点之间的质量差用Γ代表。Γ反映了由于粒子是可以衰变的而引起的粒子质量分布的范围，称为衰变宽度，它等于平均寿命的倒数乘普朗克常数再除以光速的二次方。换言之，在**自然单位制**中，衰变宽度等于平均寿命的倒数，它直接反映粒子稳定的程度。

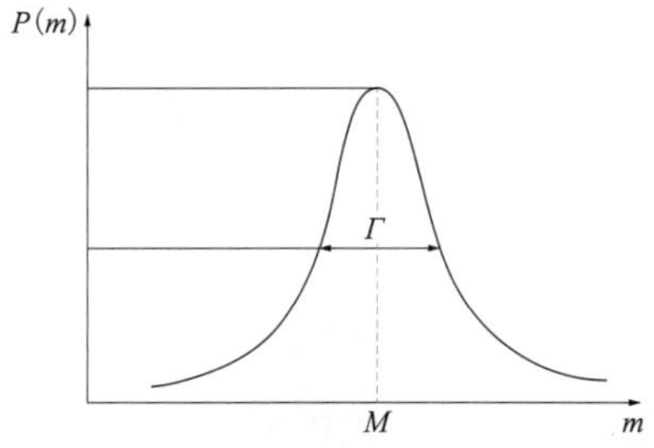

粒子质量分布

实验中直接测量的通常是平均寿命或衰变宽度。对于绝大多数粒子来说，由于平均寿命很短而衰变宽度大，实验上通常是直接测量衰变宽度。只有平均寿命很长的粒子，例如平均寿命约为10^{-8}秒，才能直接测量它的平均寿命。

已发现的可以衰变的基本粒子中除极少数外一般都具有不止一种衰变方式，但是一种粒子只有一个确定的衰变宽度和一个与之相对应的平均寿命。基本粒子的这个基本属性可以作为在实验上辨认和区别基本粒子的重要依据。例如在早期关于K介子的研究中发现衰变到两个π介子的粒子和衰变到三个π介子的粒子具有相同的质量和平均寿命，后来就据此判断它们是同一种粒子（K介子）的不同衰变方式。这个判断对发现宇称不守恒是起了作用的。又如在以后研究中性K介子的衰变过程中，发现中性K介子衰变时其平均寿命呈现出两个值，这两个值相差500余倍。从这个现象判定，有两种衰变行为完全不同的中性K介子存在。（高崇寿）

平面波 plane wave 波阵面为一个平面的波。在同一时刻，该平面上波的相位相同。平面波是最简单形式的波，由传播方向和传播速度确定，一般用$F(x-vt)$来表示沿x方向传播的波。波动问题的求解常将入射波分解为平面波，研究平面波入射的情况，最后通过积分得出实际问题的解。（彭朝晖）

平面电磁波的反射和折射 reflection and refraction of plane electromagnetic waves 平面电磁波在介质界面上发生的现象。**电磁波**（包括光）由一种均匀各向同性介质传播到另一种均匀各向同性介质，在分界平面上就分别向两种介质中传播：向第一种介质中传播的是反射波，向第二种介质中传播的是折射波。电磁波的反射和折射的强度和相位，以及它们的传播方向由界面处电磁场的边界条件确定。

设入射波为均匀平面波，入射波矢与界面法线所构成的平面为入射面。根据电场的边界条件，在分界面上电场强度的切向分量连续，由此得出反射波矢和折射波矢都在入射面内，其中反射波也是均匀平面波，它的传播方向与界面法线的夹角（反射角）等于入射方向与界面法线的夹角（入射角）。至于折射波，则可分为两种情形：

①介质2的折射率大于介质1的折射率。即$n_2>n_1$，或虽然$n_1>n_2$，但入射角θ_i满足：

$$\sin\theta_i<\frac{n_2}{n_1}$$

的情形。这时折射波也是均匀平面波。令折射波的传播方向与界面法线的夹角（折射角）为θ_t，则θ_t与θ_i有关系式：

$$n_1\sin\theta_i=n_2\sin\theta_t$$

这就是光学上的斯涅耳定律。

②$n_1>n_2$且$\sin\theta_i<\frac{n_2}{n_1}$的情形。这时折射波不是均匀平面波，它的振幅沿着进入介质的深度而逐渐衰减到零。反射波的振幅则与入射波相同。这种现象称为**全反射**现象。反射波、折射波与入射波振幅之间的关系也可根据边界条件求出。分别考虑电场强度垂直于入射面和平行于入射面两种情形。根据界面处$\boldsymbol{E}$和$\boldsymbol{H}$的切向分量连续性可得：

$$\frac{E^r_{0\perp}}{E^i_{0\perp}}=\frac{n_1\cos\theta_i-n_2\cos\theta_t}{n_1\cos\theta_i+n_2\cos\theta_t}=-\frac{\sin(\theta_i-\theta_t)}{\sin(\theta_i+\theta_t)}$$

$$\frac{E^t_{0\perp}}{E^i_{0\perp}}=\frac{2n_1\cos\theta_i}{n_1\cos\theta_i+n_2\cos\theta_t}=-\frac{2\cos\theta_i\sin\theta_t}{\sin(\theta_i+\theta_t)}$$

$$\frac{E^r_{0//}}{E^i_{0//}}=\frac{n_2\cos\theta_i-n_1\cos\theta_t}{n_2\cos\theta_i+n_1\cos\theta_t}=\frac{\tan(\theta_i-\theta_t)}{\tan(\theta_i+\theta_t)}$$

$$\frac{E^t_{0//}}{E^i_{0//}}=\frac{2\cos\theta_i\sin\theta_t}{\sin(\theta_i+\theta_t)\cos(\theta_i-\theta_t)}$$

这四式合称为**菲涅耳公式**，式中的垂直与平行均相对于波矢和界面法线组成的平面而言。（杨弃疾　陈熙谋　陈晓林）

平行光管 collimator 能提供平行光束的光学仪器。平行光管是装校调整光学仪器的重要工具，也是光学量度仪器的重要组成部分，可作为测试基准，广泛地用于测试工作和对其他仪器的校准工作。平行光管是将一个被光源照明的针孔或分划板置于物镜的焦面上而构成。配用不同的分划板，连同测微目镜或显微镜系统，可以测定透镜组的焦距、鉴别率及其他成像质量。从平行光管物镜射出的平行光束，遇到平面反射镜反射后，将循原路返回而被物镜聚焦于针孔上。若无视差，则可凭此判定原光束的平行性。将平面反光镜固定于工件上，可以进行工件的运动直线性检验。平行光管的物镜比一般望远物镜像差校正要求更高，常选用双分离型物镜，这样可以多一个曲率半径和空气间隔作为独立变量。平行光管参数主要包括成像位置、靶面尺寸、窗口尺寸、透镜直径、有效直径、光源、照明方法和照度等。（顾去吾　江俊峰　郁道银）

坡印廷矢量 Poynting vector 电磁场中的能流密度矢量。电场强度为$\boldsymbol{E}$、磁场强度为$\boldsymbol{H}$的空间里，电磁场能流密度矢量为：

$$\boldsymbol{S}=\boldsymbol{E}\times\boldsymbol{H}$$

其大小$S=EH\sin\theta$，θ为$\boldsymbol{E}$和$\boldsymbol{H}$的夹角，方向由$\boldsymbol{E}$和$\boldsymbol{H}$按右手螺旋定则确定，表示单位时间通过垂直于能量流动方向的单位面积的能量，单位为瓦/米^2。能流密度概念是1884年J.H.坡印廷建立的，稍后O.亥维赛也独立得到。

电磁场的场能密度和能流密度是能量储存在场中观点完备描述所必需的。如从能量守恒出发，考虑空间任意闭合面S所包围的体积V，如果该体积内电磁场能减少，必定一部分用于体积V内转化为其他形式的能量，还有另一部分能量通过界面S流出，能流密度矢量就是描述后一因素的物理量。因此，能量是通过电磁场传输的。电磁场的能量储存在电磁场中。按照这种观点，即使在直流电路情形下，电源中的能量也不是通过电路中的电流传输到负载电阻去的，而是以电路周围电磁场能流的形式传输到负载电阻去的。在交流电路中，在各种电磁耦合的器件中，在电磁波的传播以及电磁辐射中，能量无一不是通过电磁场能流的形式传输的。（陈熙谋　陈晓林）

珀耳帖效应 Peltier effect 当电流通过不同导体组成的回路时，依赖于电流方向，不同导体的接头处会出现的吸热或放热现象。1834年J.C.A.珀耳帖发现了这种电致冷效应，电子在外加电场的作用下定向运动，将一部分内能带到电场另一端。接头处在单位时间内吸收（或放出）的热量正比于通过的电流，也依赖于接头处材料的性质和温度。利用珀耳帖效应制作的半导体制冷片，既没有制冷剂，也没有运动部件，具有良好的制冷效果。掺杂（n型或p型）不仅可以改变半导体特性，还可以改变半导体的温差电动势率、导电率和导热率，从而提高制冷效率。半导体制冷的常用材料是碲化铋基的掺杂半导体。（姬 扬）

珀塞耳，E.M. Edward Mills Purcell（1912-08-30～1997-03-07） 美国实验物理学家。生于伊利诺伊州泰勒威里，卒于马萨诸塞州剑桥。1933年毕业于普渡大学电机工程系，后来兴趣转向物理，1938年获哈佛大学哲学博士学位。1940年到麻省理工学院辐射实验室工作。1949年任哈佛大学物理学教授。曾任美国总统科学顾问、美国空军顾问委员会成员，1970年被选为美国物理学会理事长。

在麻省理工学院曾从事军事科学和微波雷达的研制。1946年，他和H.C.托雷、R.V.庞德等人组成一个小组，成功地进行了核磁共振的研究，并首次报告了在凝聚态物质中观察到的核磁共振现象。为此，他和做出同样发现的F.布洛赫同获1952年诺贝尔物理学奖。

1948年与庞德合作提出自旋温度的概念。1951年在21厘米波段发现中性星际原子氢辐射，证实了荷兰天文学家H.C.范德胡斯特于1944年所做的射电波预言，有力地推动了射电天文学的发展。（郭奕玲）

珀塞耳效应 Purcell effect 在原子与微腔体系中，原子的自发辐射率会在谐振腔的作用下增强，其自发辐射率大于原子处于自由空间的自发辐射率的效应。1940年，E.M.珀塞耳发现在能量匹配的共振微腔中，原子的自发辐射率会大大增强。随后，此效应被推广应用到固态微腔和激子体系中，并可用来表征光与物质的弱耦合作用。在光-物质弱耦合区，处于激发态的原子或激子可通过辐射光子的形式弛豫到基态。其辐射的光子被增益介质再次吸收的可能性很小，该系统是一个耗散系统，其跃迁行为由**费米黄金定则**决定，所以激发态的占据数呈指数衰减。若加上匹配的谐振腔，光子的终态则是分立态，辐射出来的光子被重新吸收再次辐射的可能性大大增加，所以原子的自发辐射率就会相比于处在自由空间时大大增强。如原子、量子点、量子阱中的激子等与微腔耦合都会发生此效应。

珀塞耳因子是用来描述谐振腔中原子自发辐射率比自由空间中原子自发辐射率的增强倍数。它可以表示为：谐振腔中原子自发辐射率除以自由空间中原子自发辐射率。（陈张海）

蒲富恪 Pu Fuque（1930-07-18～2001-05-02） 中国理论物理学家。生于四川成都，卒于北京。1952年清华大学毕业，同年10月任中国科学院应用物理研究所实习员。1956～1960年赴苏联科学院数学研究所留学。1960年获副博士学位后回国。在中科院物理所组建磁学实验室理论组并任组长，先后担任助理研究员、副研究员、研究员（1978）。1984～1989年当选为国际理论物理中心（ICTP）协联成员。1979年以后应邀担任著名磁学期刊《磁性和磁性材料》的国际顾问。1988～1994年出任国际纯粹与应用物理联合会（IUPAP）磁学分会委员。1990年分别任中国科学院物理研究所和理论物理研究所学术委员会委员。1991年当选为中国科学院学部委员（院士）。

擅长以数学和理论物理方法解决前沿固体理论问题，主要集中在磁学领域的理论研究。在苏联留学期间，应用统计物理中的双时格林函数方法，改进了反铁磁的量子理论，首次建立在整个温度区域内适用的磁化强度公式。回国后从事自旋位和稀土金属中磁相互作用理论研究。20世纪60年代初，他和合作者完成了用推迟格林函数理论对铁磁共振线宽的研究，导出稀土金属s-f间接交换作用的哈密顿量，解释了新的赝偶极作用和各向异性来源。70年代在天线理论研究中，建立了一个与原偏微分方程边值问题完全等价的天线电流一维积分方程以代替著名的海伦方程，并与合作者用于介质天线，求得数值解和部分解析解。在1978年获“全国科学大会奖”。80年代初期在微磁学的研究中，与另一合作者超越前人的线性近似，首创用非线性微分方程分支理论研究磁化分布的连续-不连续变化，提出和解决了初始成畴问题，建立铁磁体中磁矩连续-不连续变化的统一理论。其结果为国际同行推崇，特邀在1985年国际磁学界大会上做报告，并获1986年中国科学院科技进步奖一等奖和1987年国家自然科学奖三等奖。在量子完全可积系统中，与他人合作，发展费米型量子反散射理论，精确求解二维量子完全可积系统的首例DSI模型。（尹晓冬）

普朗克，M. Max(Karl Ernst Ludwig) Planck（1858-04-23～1947-10-04） 德国物理学家，量子论的奠基者。生于基尔，卒于格丁根。其父是基尔大学法律学教授，1867年受聘慕尼黑大学而举家迁往慕尼黑。1874年普朗克入慕尼黑大学攻读数学，由于对大自然和宇宙的广泛兴趣而改读物理学。1877年转入柏林大学。曾聆听H.von亥姆霍兹和G.R.基尔霍夫的讲课，自学R.克劳修斯有关热力学的著作。1879年获得博士学位。1880年任教于慕尼黑大学，1885年受聘为基尔大学副教授。1889年因基尔霍夫去世而受聘于柏林大学，1892年升为理论物理学教授，并任理论物理研究所所长。1928年退休，由E.薛定谔继其位。1912～1938年任普鲁士科学院数学物理学部终身秘书，1930～1937年任威廉皇家学会会长，该学会后改名为M.普朗克学会，简称马普学会。

从博士论文开始，普朗克一直关注并研究热力学第二定律，发表了诸多论文。1859～1860年，基尔霍夫对黑体做出科学定义，即黑体是辐射的完全发射体和完全吸收体。直至1890年，人们已经从实验和理论上研究有关黑体辐射的能谱分布曲线，而理论结果总不能与实验完全相符合。1896年W.维恩提出了黑体辐射能密度分布的位移定律，但只适用于高频辐射，对低频辐射则完全失效。1900年，英国物理学家瑞利勋爵导出一个黑体辐射公式，并经过J.H.金斯修正后，被称为瑞利-金斯公式，而该公式又只适用于低频辐射，不适宜于高频辐射。由于普朗克从事了20年的热力学研究，并对常人容易误解的“熵”这个概念有清晰认识，他考虑到问题的核心不在于黑体辐射强度公式本身，而在于将它和辐射能量、频率和熵之间的关系联系起来。他试想将这两个数学关系用最简单的方式即内插法将它们结合在一起，并把这个结果转换成辐射能和它的频率的关系式，从而得到以他的名字命名的辐射定律，而将上述两个旧公式作为它的极限情形。他在1900年10月19日德国物理学会的会议上宣读了这一成果。但是，从普朗克看来，这纯粹是猜测，是一种“幸运的直觉”。在今天看来，所有上述辐射公式都是从经典物理学观念即“辐射能是连续的”的概念基础上得到的。

留下的问题是如何从理论上论证半经验地发现的普朗克辐射定律。普朗克又回到由L.玻尔兹曼发现的熵和概率的关系上，并且计算了频率为ν的振子的概率。为此他历经了两个月艰辛的努力。首先，他必须放弃他自己长期坚持的热力学第二定律是“绝对真理”的信条，而必须接受玻尔兹曼关于该定律是一个统计定律的解释；其次，他必须假定，包括黑体和重新发射出那些入射到其上的辐射能的振子都不能连续地吸收辐射能，而只能离散地吸收分立的辐射能。或者说，辐射能本身是分立的，它只能按照“量子”的能量吸收或发射，而每个量子的能量等于$h\nu$，它和辐射频率ν成正比。这样，普朗克根据黑体所有振子中每个振子具有的辐射能以及这些量子是按统计规律分布的条件，就计算出黑体的总辐射能，其结果和两个月前的半经验式猜测完全一致。普朗克提出的能量子概念和常数h（后称为普朗克常数），成为此后微观物理学中最基本的概念和极为重要的普适常量。1900年12月19日，普朗克在德国物理学会上报告了这一结果，成为量子论诞生、新物理学革命宣告开始的伟大时刻。由于这一发现，普朗克获得了1918年诺贝尔物理学奖。

然而，普朗克本人是一个不情愿的革命者。其成就的深远影响在经过多年以后才得到普遍公认，A.爱因斯坦对此起了最为重要的作用。普朗克本人却是为回到经典物理理论而斗争的最后一批人中的一个。

20世纪20年代以来，普朗克成为德国科学界的中心人物。他的公正、正直和学识使他在德国受到普遍尊敬，具有决定性的权威。在纳粹政权统治下，他直言于希特勒，反对其种族灭绝政策，并坚持留在德国以尽力保护各国科学家和德国的物理学。为此，他承受了巨大的家庭悲剧和痛苦。他在柏林的住宅被炸毁，他最爱的小儿子因涉及谋刺希特勒事件被残忍杀害。他凭坚忍的自制力一直活到89岁。

（戴念祖）

普朗克常数 Planck constant 物理学普适常数之一，是量子力学中用以定义“量子”大小的常量。M.**普朗克**发现，假设黑体并非连续而是以一个最小能量单元的整数倍辐射电磁波，可以正确地描述黑体辐射的谱密度。该能量单元正比于电磁波的频率，即$E=h\nu$。其中h即普朗克常数。之后，该能量量子化的假设先后被A.爱因斯坦及N.玻尔用来解释光电效应及原子结构，最终成为量子力学发展的一块基石。普朗克常数的大小为$6.626\ 070\ 15\times10^{-33}$焦·秒。另一个常用的物理量为约化普朗克常数：$\hbar=h/2\pi$。

（庄鹏飞）

普朗克定律 Planck's law 描述黑体的光谱辐射出射度与波长、绝对温度之间关系的热辐射定律。见**普朗克黑体辐射公式**。

普朗克黑体辐射公式 Planck black-body radiation formula 德国物理学家M.**普朗克**于1900年提出的描述黑体辐射的公式。又称普朗克定律。任何物体都在不断地辐射、吸收、反射电磁波。辐射的电磁波具有一定的谱分布，相应于在不同的波段具有不同的能量分布。这种谱分布依赖于物体本身的特性和温度，是物体将热能转化为电磁能的本领的体现，因而被称为热辐射。为了研究不依赖于物质的热辐射规律，物理学家定义了一种理想的物体——黑体来研究热辐射。黑体完全吸收任何波长的外来电磁波，没有反射和透射，其热辐射频率分布不依赖于黑体的外形、材料和结构，只依赖于温度。黑体的热辐射被称为**黑体辐射**，又称为空腔辐射、绝对辐射或者温度辐射。

德国物理学家W.维恩于1896年根据热力学和经典电磁学推导出黑体辐射维恩定律，但只适用于高频情况，在低频部分与实验结果有较大偏离。1900年普朗克重新阐释玻尔兹曼熵公式，导出普朗克定律。1901年在解释普朗克定律的过程中，普朗克假定辐射的能量是量子化的，即对于一定频率的电磁波，物体只能以$h\nu$为单位吸收或者发射它，h为普朗克常数。即发射或吸收电磁波只能以“量子”的方式进行，每份“量子”的能量为$h\nu$。在这种假设下，他得出的黑体辐射公式为：

$$B_\nu(\nu,T)=\frac{2h\nu^3}{c^2}\frac{1}{e^{\frac{h\nu}{k_BT}}-1}$$

式中$B_\nu(\nu,T)$为黑体辐射的功率（单位时间的能量），相应于单位频率以及黑体法线方向的单位面积和单位立体角；h为普朗克常数；c为真空中的光速；k_B为玻尔兹曼常数；ν为辐射电磁波的频率；T为黑体的绝对温度。普朗克强调要与实验相符，h必须取有限值，而经典理论要求$h\to0$。当电磁波频率极高波长极短时，普朗克定律可以退化成维恩定律。1905年英国物理学家瑞利和J.金斯也推导出黑体辐射瑞利-金斯定律，但只适用于长波低频情况，当电磁波频率极低波长极长时，普朗克定律可以退化成瑞利-金斯定律。

图中给出黑体的绝对温度为3000～5000K时相应的辐射波能谱。可以看到，随着温度的提高，辐射波的波峰向着波数短频率高的方向移动。随着温度的降低，波峰向着波数长频率低的方向移动。图中

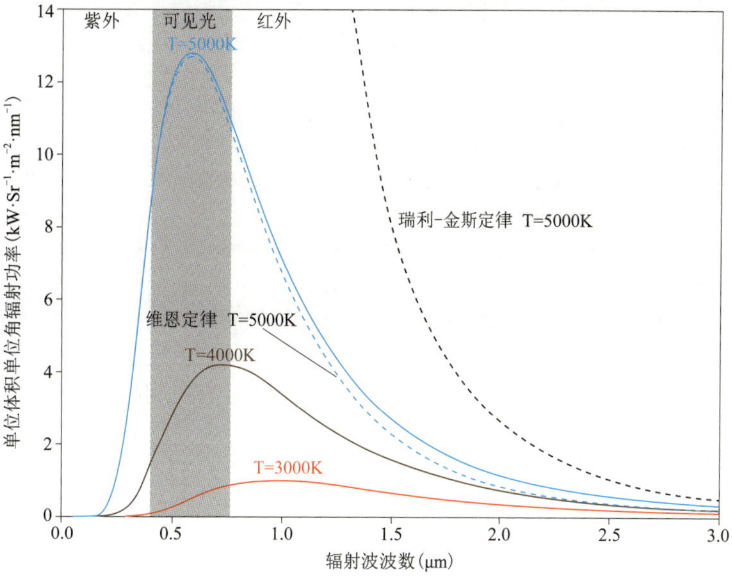

黑体辐射波能谱

还给出了瑞利–金斯定律和维恩定律在$T=5000$K时候的能谱，可见瑞利–金斯定律在坐标区域内远远地偏离了普朗克定律，而维恩定律在短波区与普朗克定律一致，在长波区偏离了普朗克定律。

随后，1905年A.**爱因斯坦**在解释光电效应的过程中进一步认为辐射电磁波本身就是量子化的，引入光量子的概念，认为辐射场是由光量子组成，每一个光量子的能量与辐射场的频率之间的关系为$E=h\nu$，光子动量$p=h/\lambda$，h的物理意义才清楚。这使得黑体辐射公式和光电效应一样成为光的波粒二象性的有力证据，是量子力学的奠基石之一。

绝对的黑体是不存在的。实验中可以用空腔中的小孔模拟黑体。现实中太阳可以被认为是一个黑体。黑洞是近似完美的黑体，其黑体辐射被称为**霍金辐射**。

（钟振祥　史庭云　庄鹏飞）

普罗霍罗夫，A.M.　Aleksandr Mikhailovich Prokhorov（1916-07-11～2002-01-08）　俄罗斯物理学家。生于澳大利亚昆士兰州，1923年回到苏联。卒于莫斯科。1939年毕业于列宁格勒大学物理系，同年进入苏联科学院列别捷夫物理研究所。1941～1944年战争期间在部队服役。复员后回到列别捷夫物理研究所，1946年为高级研究员，1954年任该所振荡实验室主任兼莫斯科大学教授。1968年任该所副所长。曾任莫斯科罗蒙诺索夫大学教授。1960年当选苏联科学院通讯院士，1966年当选为院士。

主要贡献在量子电子学领域。1952年和他的同事N.G.巴索夫预言量子放大与振荡的可能性。1954年他们又提出微波激射器原理，1956年制成氨分子束微波激射器。20世纪60年代初，组织青年物理学家开展激光器研究，并制出第一批半导体激光器。与巴索夫和美国C.H.汤斯同获1964年诺贝尔物理学奖。

（郭奕玲）

普罗卡方程　Proca equation　带有质量并且自旋为1的场方程。见**场方程**。

普适电导涨落　universal conductance fluctuations　在尺寸足够小的导体中，由量子干涉所导致的电导随磁场等物理量的变化而出现的无规涨落。在低温条件下，电子波可以在较长尺度内保持相干，当样品的尺寸L接近或小于退相干长度l_ϕ时，沿不同路径传播的电子波之间的干涉使得电导产生涨落。根据李雅达和A.D.斯通以及B.L.阿尔苏勒的理论，在零温极限下，普适电导涨落的平均幅度处于e^2/h（约4×10^{-5}欧$^{-1}$）量级，且不依赖于样品的尺寸和杂质分布的微观细节，因而具有普适性；然而，普适电导涨落的幅度与电子简并度、样品形状和系统的对称性有关。当$L>l_\phi$时，电导涨落的幅度随L/l_ϕ的增加逐渐被抑制。由于温度升高时退相干长度变短，观测普适电导涨落一般需要低温条件以及介观或纳米尺度的样品。普适电导涨落虽然具有无规性，但其电导变化可以在多次的测量中重复，这一特征与电子噪声不同。

（李永庆）

谱级　spectrum level　海洋噪声谱级的简称，是度量海洋噪声的物理量。噪声的幅值（能量）随频率的分布称为噪声谱。海洋噪声是水声信道中的一种干扰背景场，又可分为自噪声和环境噪声（常称为**海洋环境噪声**）。在声呐方程中，作为水声信道的加性干扰，度量海洋噪声强弱的物理量用海洋噪声级NL予以描写，它是指用无指向性水听器测得的测量带宽内海洋噪声强度与参考声强之比取10为底的对数再乘以10，即：

$$NL=10\lg\frac{I_N}{I_0}$$

式中I_N为测量带宽内的噪声声强；I_0为参考声强，是具有均方根声压等于1微帕的平面波声强。

海洋环境噪声是被动声呐的主要干扰之一，其谱级密切依赖于海况，并有每倍频程衰减5～6分贝的下降规律。深海环境噪声可划分为四个频段，在每个频段内，谱级随频率的变化规律各不相同，并各有起主要作用的声源。在风速大于5节（1节＝1海里/小时）时，波浪噪声谱级每倍风速增加6～7.2分贝。温兹曲线全面地概括了深海谱级的规律。依据温兹曲线，可以对深海噪声级做出可靠的预报。海洋环境噪声还包括其他各种因素的影响，例如雨和雹等。大雨可使6级海况下的谱级，在5～10千赫范围增大30分贝。

因为浅海环境还有其他的多变性重要噪声源，如击岸噪声、生物群体噪声以及技术噪声等，所以浅海环境噪声谱级随时间和地点不同而有很大的差异性。

（吴立新）

谱宽　spectral bandwidth　在通信领域，指谱量值是其最大值规定的百分比时的波长范围。在光通信应用中，指定谱宽的常用方法是所谓半高全宽（FWHM），即主纵模峰值波长的幅度下降到一半处光谱线型上对应两点间的波长范围。

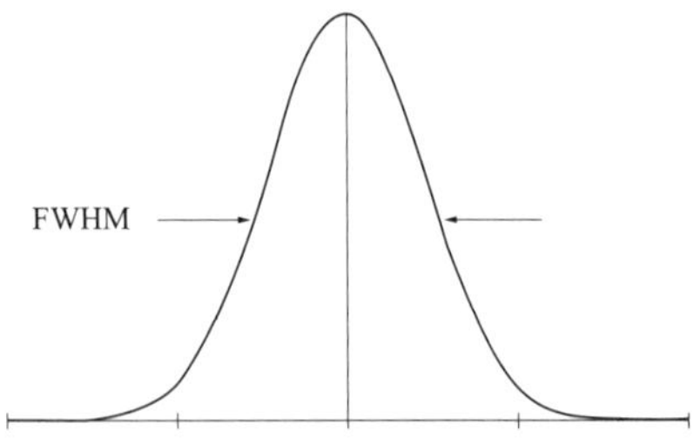

谱宽示意图

这与带宽中使用的约定类似，那里定义为功率下降到不到一半时的频率范围。

半高全宽的方法可能很难适用于具有复杂形状的光谱，指定谱宽的另一种方法是均方根偏差的特殊情况，其自变量是波长λ，$f(\lambda)$是对应的辐射度量。相对谱宽$\Delta\lambda/\lambda$也经常被用到，$\Delta\lambda$是主纵模峰值波长的幅度下降到一半处光谱线型上对应两点间的波长间隔，λ是中心波长。

（曾和平）

谱线轮廓　spectral line profile　原子群从基态跃迁至激发态所吸收的谱线（吸收线）并不是绝对单色的几何线，而是具有一定的频率（或波长）宽度，使谱线的强度分布具有一定的轮廓（或形状）。最简单的原因就是原子的能级都是有一定寿命的，根据量子力学不确定原理，就具有一定的宽度，同时受多普勒效应和其他微观粒子的碰撞等，实际观察到的谱线轮廓都具有一定的宽度。谱线轮廓描述的是吸收或发射光谱线的能量随波长的相对分布，它是由共振辐射场与原子系统（大量有相互作用的原子）之间相互作用的物理机制所决定的。典型的谱线轮廓有两种：一是由均匀增宽引起的洛伦兹型，这里样品中所有原子都对谱线的全部有贡献；二是非均匀增宽引起的高斯型轮廓，这里样品中每一个不同（速度或位置）原子吸收或发射的共振频率（波长）略有不同，因此只对谱线的某一部分有贡献，整个谱线轮廓是各部分原子所产生的谱线的叠加。由于原子状态的无规性质，决定了谱线轮廓的高斯型分布。当谱线强度降落到极大值一半时所对应的两个频率（或波长）之间的间隔称谱线宽度（又称半高全宽度）。

（周小计）

谱线强度　line strength　光谱学中用谱线强度表示在该谱线频率处辐射光子（或吸收）的能力。在光谱学的量子理论中，原子发生跃迁的谱线强度被定义为发生跃迁的两个能级间的跃迁矩阵元的平方。例如对于电偶极跃迁，其谱线强度S_{ik}：

$$S_{ik}=\sum_{m_i,m_k}|D_{m_i,m_k}|^2=|D_{ik}|^2$$

该式表示对能级$|i\rangle$和$|k\rangle$的所有分量m_i和m_k之间的电偶极允许的所有跃迁进行求和。对于磁偶极跃迁和电四极跃迁，也有相应的谱线强度定义。

光谱学中常因方便，将原子看成经典谐振子，用所谓振子强度f_{ik}描述原子发射或吸收的强弱，f_{ik}和S_{ik}的关系为：

$$f_{ik}=\frac{1}{g_i}\frac{8\pi^2m\nu}{3e^2h}S_{ik}$$

式中g_i为$|i\rangle$的简并度；ν为跃迁频率；e和m分别为电子电荷和质量；h为普朗克常数。振子强度f_{ik}常在光谱测试中应用。

三种跃迁形式　在给定频率处的谱线强度与该频率光子吸收和辐射的净速率有关。能级间的三种跃迁形式决定了光子吸收和辐射的净速率。A.爱因斯坦称这三种形式分别为受激吸收、受激辐射和自发辐射。

受激吸收　在外辐射场中，当原子由低能级向高能级发生跃迁时，跃迁频率对应所吸收的光子的频率。跃迁到上能级的速率（每秒跃迁概率）定义为：

$$w_{ik}=B_{ik}\rho(\nu_{ik})$$

式中w_{ik}为跃迁速率；B_{ik}为受激吸收跃迁爱因斯坦系数；$\rho(\nu_{ik})$为单位带宽的辐射能量密度。B_{ik}的值大，说明该样品吸收能力强；反之，则其吸收能力弱。

受激辐射　在外辐射场中，当原子受激辐射时，原子从上能级跃迁到下能级，发出的光子频率对应于跃迁频率。受激辐射的速率定义为：

$$w_{ki}=B_{ki}\rho(\nu_{ki})$$

式中B_{ki}为受激辐射跃迁爱因斯坦系数。

自发辐射　自发辐射是原子从激发态自发地跃迁到低能级上，并发射出跃迁频率的光子。这个过程与其他两种跃迁互相独立，自发辐射速率为一常数。所以，从高能级到低能级的跃迁总速率为：

$$W_{ki}=A_{ki}+B_{ki}\rho(\nu_{ki})$$

式中A_{ki}为自发辐射跃迁爱因斯坦系数。

系数A_{ki}与系数B_{ki}的关系为：

$$B_{ki}=\frac{c^3}{8\pi h\nu_{ki}^3}A_{ki}$$

原子的自发辐射、受激辐射和受激吸收系数可以由量子理论与谱线强度S_{ki}建立联系，如：

$$A_{ki}=\frac{1}{g_k}\frac{16\pi^3\nu_{ki}^3}{3\varepsilon_0hc^3}S_{ki}$$

光谱测量　实际的光谱测量总是涉及常处于热平衡的大量原子（分子），由于原子的固有性质以及周围物理环境对它的影响，任何发射谱线或吸收谱线都有一定的宽度与轮廓，即光强分布在一定频率范围内，以某一频率为中心（即极大值），两边强度逐渐减弱。实际的光谱学测量中遇到的都是这样有一定宽度的光谱线，因此常把光谱线轮廓中光强随频率的分布称之为光谱线强度，显然这时的光谱线强度是表示光谱线能量的物理量。

原子从上能级n向下能级m跃迁时，其发射光谱线强度I_{nm}为：

$$I_{nm}=N_nA_{mn}h\nu_{nm}$$

式中N_n为上能级n上的布居数；A_{mn}是$n\rightarrow m$的自发发射跃迁概率；ν是谱线频率；h是普朗克常数。此式表示单位体积的发射源在单位时间内沿所有方向上发射频率为ν_{nm}光谱线的总能量，单位是焦耳/（厘米^3·秒）。

当光源处于热平衡状态时，原子按能级的分布遵从玻尔兹曼分布，上能级n上的布居数为：

$$N_n=\frac{g_n}{g_0}N_0\exp(-\frac{E_n}{kT})$$

这里N_0为基态上的布居数；E_n为激发态能量；k是玻尔兹曼常数；T是光源温度；g_n和g_0分别为基发态和基态统计权重。这时光谱线强度可表示为：

$$I_{nm}=\frac{1}{4\pi}\frac{g_n}{g_0}N_0A_{nm}h\nu_{nm}\exp(-\frac{E_n}{kT})$$

当光源对某发射谱线有自吸收时（光性厚时），不能简单地给出光谱线强度的表示式。此时必须用辐射转移方程，同时考虑发射和自吸收来进行计算。

谱线强度的绝对测量是非常困难的，实际测量中一般用一个已知光强按频率分布的标准光源与待测光源做比较进行测量。同时，还要从实验上校正光谱仪的分辨率、仪器的反射和吸收引起的能量损失、探测器的绝对灵敏度等有关参量。

（钱毓敏　曾和平）

谱线增宽　spectral line broadening　原子发射或吸收的光谱线不是单一频率的谱线，而是由于原子自身的物理性质或受到所处环境物理状态的影响，谱线具有一定的增宽。通常有自然宽度、多普勒增宽、碰撞增宽、渡越时间增宽及激光功率强度引起的增宽等。从谱线增宽的性质区分有均匀增宽和非均匀增宽两种（见**谱线轮廓**）。自然宽度和碰撞增宽等属于均匀增宽，多普勒增宽则属于非均匀增宽。原子本身物理性质产生的谱线增宽包括谱线的自然宽度和多普勒增宽等。谱线的自然宽度起因于原子在所处的激发态能级有一定寿命，根据测不准关系，原子激发态能级就具有一定的宽度，两个能级间的跃迁不可能发生单一频率的辐射，谱线具有一定的宽度。当发光原子运动时，它发射的光谱线会产生多普勒频移。由于光源内有许多发光原子，它们的无规则、不同速率的运动产生的多普勒效应使原子发射的谱线增宽，这叫作多普勒增宽。研究谱线的增宽机制对于了解原子结构，消除加宽因素使线宽减小到最小，在精密测量上具有重要意义。同时，谱线增宽的理论和实验在天体物理学、气体放电和等离子体物理等研究领域有重要的应用。如通过谱线轮廓和增宽的测量和分析，了解恒星大气的物理状态和过程，测定等离子体温度、粒子数密度和气压等物理参数。　（周小计）

Q

齐纳隧穿 Zener tunneling 对半导体重掺杂PN结施反向电压至一定值时，电流因量子隧道效应出现急剧变化的现象。对二极管施加反向电压（$V_D<0$）到一定的值V_{BR}，电流i_D会急剧增大（称为击穿），如图1所示。二极管反向击穿现象，根据原理的不同又分为齐纳隧穿和雪崩击穿。齐纳隧穿发生在掺杂浓度较高的非简并PN结中，与量子力学中的隧道效应密切相关。最初是由理论物理学家C.齐纳提出来解释电介质击穿现象的，所以称为齐纳隧穿。

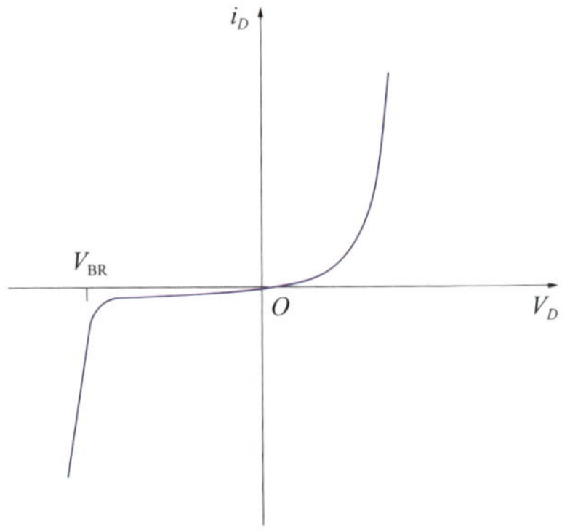

图1 PN结的击穿

在重掺杂的情况下，耗尽层的宽度很小。当反向电压增大到一定值时，势垒区内就建立起很强的电场，这种强电场可将束缚在共价键中的价电子释放出来，使势垒区产生大量的电子–空穴对。当内建电场越来越强时，越来越多的电子从共价键中释放出来，这些电子在强电场的帮助下进入n区导带，形成击穿电流。

从能带的角度理解齐纳隧穿可参考图2。当强电场使p区的价带顶E_{vp}上升到n区的导带底E_{cn}以上时，尽管n区导带电子向p区导带扩散的势垒$E_{cp}-E_{cn}$很高，但耗尽区中p侧价带顶的电子向n区导带底漂移时却并无能量障碍，它们只需渡越一个能量上是禁区的狭窄空间。当此空间足够窄时，这种渡越是可以实现的，这就是量子隧穿。而PN结两边的掺杂浓度越高，空间电荷区越窄，能带越弯曲，隧穿现象越容易发生。这等于反向偏压产生的电场直接从p区的价带抽取电子，而不是从它的导带，因此反向电流急剧增大，出现齐纳击穿，又称齐纳隧穿。

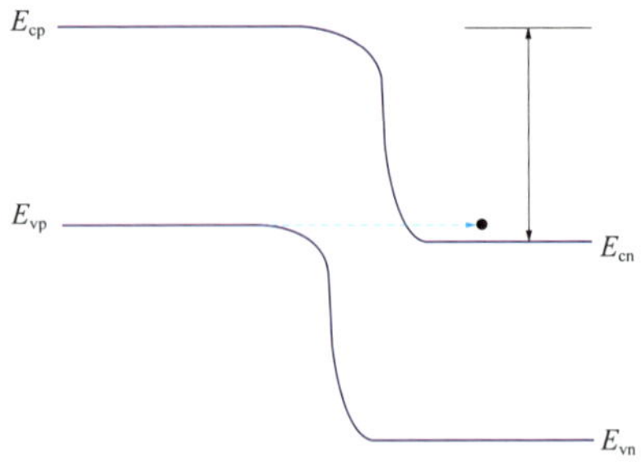

图2 发生齐纳击穿时的能带示意图

由于齐纳击穿中反向击穿的I-V曲线比较陡峭（图1），击穿后虽然电流在很大的范围内变化，但是电压基本保持不变，所以可以用来制作稳压二极管。

（杨富华）

其他相对论性引力理论 other relativistic gravitational theories 广义相对论之外的许多其他引力理论。爱因斯坦广义相对论已经通过了许多观测和实验检验，是一个非常成功的引力理论，但引力的不可重正化、时空奇点、暗物质（星系的旋转曲线与预期不一致）和暗能量（当前宇宙的加速膨胀）等问题仍然是爱因斯坦广义相对论所面临的挑战。

除了广义相对论之外，还有许多其他引力理论。为了检验不同的引力理论，人们建立了参数化后牛顿方法（简称为PPN方法），即在后牛顿近似中引入10个参数。不同的引力理论给出不同的参数值，由观测或实验测定这些参数，则可判定哪种理论与观测结果相符。在广义相对论中$\gamma=\beta=1$，其他参数都为零。最新实验结果为$\gamma-1<2.3\times10^{-5}$，$\beta-1<8\times10^{-5}$，其他参数接近于零。下面介绍一些主要的相对论性引力理论。

布朗斯–狄克理论 又称约旦–布朗斯–狄克理论。该理论基于E.P.约旦1959年的工作，由C.H.布朗斯和R.H.狄克于1961提出。它是广义相对论的主要竞争对手，是标量–张量引力理论的一个特例。在该理论中，万有引力常数G不再为常数，而是由随时空点变化的标量场来替代，引力相互作用则通过该标量场和度规张量场来实现。卡西尼–惠更斯实验对布朗斯–狄克耦合参数的限制是$\omega>50\ 000$。

标量–张量引力理论 标量–张量引力理论是对爱因斯坦广义相对论及布朗斯–狄克理论的进一步推广。该理论中传播引力相互作用的标量场可以是有质量的场。G.W.霍恩德斯基于1974年发现了场方程保持为二阶微分方程的最一般标量–张量理论，该理论虽然包含更高阶的导数项，但是传播引力相互作用的自由度只有度规张量场及标量场。

$f(R)$引力理论 由H.A.布赫达尔于1970年提出，是广义相对论的一个高阶推广理论，其中$f(R)$的某些函数形式可能来源于量子引力的修正。该理论实际上是一族理论，曲率标量R的不同函数$f(R)$定义了不同的理论。最简单的情况为$f(R)=R$，即广义相对论。由于$f(R)$可以是任意函数，该理论有可能解释宇宙的加速膨胀和结构形成，而不用引入未知的暗能量或暗物质。实际上该理论可转换为一种标量–张量引力理论，其相应的参数$\omega=0$，该取值通常与太阳系实验严重不一致。但在很多模型中，在物质场存在的情况下，标量势$V(\phi)$起到赋予标量场一个比较大的有效质量的作用（即变色龙机制），导致标量场在超过地球大小的距离时被抑制。因此，只有适当精细调节过的$f(R)$引力才能与观察和实验一致。

高斯–博内引力理论 又称爱因斯坦–高斯–邦涅特引力。该理论通过在爱因斯坦–希尔伯特作用量里增加高斯–博内项来修改广义相对论。高斯–博内项仅在时空维度超过四维时才是非平庸的，因此常用于额外维模型中。在四维或者更低维情况下，高斯–博内项可化为拓扑项。尽管高斯–博内项中包含了黎曼曲率张量、里奇张量和曲率标量的平方项，但那些含度规的二阶以上偏导数的项相互抵消，因此高斯–博内引力仍然是二阶理论，没有增加动力学自由度。

洛夫洛克引力理论 这是D.洛夫洛克于1971年提出的引力理论，是广义相对论的推广。它是任意时空维度中能给出守恒的二阶运动方程的度规引力理论的最一般推广。在三维和四维情况下，洛夫洛克引力与广义相对论一致，但在高维情况则不一样，此时广义相对论为洛夫洛克引力的特殊情况，因为描述广义相对论的爱因斯坦–希尔伯特作用量仅是洛夫洛克作用量的几项中最简单的那一项。

有质量引力理论 广义相对论可以看成是描述无质量引力子（一种自旋为2的粒子）的理论，而有质量引力理论则是描述有质量引力子的理论。在经典理论中，这意味着引力波满足一个有质量的波动方程，因此其传播速度低于光速。有质量引力最早可追溯到20世纪30年代W.E.泡利和M.菲尔兹提出的平直时空背景中有质量引力子的线性理论，但该理论中存在一个不稳定的模式，并且当引力子质量趋于零时不能退化成广义相对论，此即所谓的vDVZ不连续性。A.I.瓦什泰恩于1972年发现线性理论只在“瓦什泰恩半径”之外有效，并指出非线性效应可屏蔽多余自由度（即瓦什泰恩屏蔽机制），从而克服了vDVZ不连续性问题。后来发展出不存在不稳定模式的有质量引力理论，但该理论给出的近日点进动与观测实验不一致。直到2010年提出dRGT理论后，这些问题才在四维和高维时空被解决。由于在大尺度上对广义相对论做了修改，有质量引力及其扩展理论（如双度规引力）给出了宇宙晚期加速膨胀的一种可能解释。后来通过对引力波的色散关系进行修改，LIGO引力波的观测对引力子质量的限制为$m<1.2\times10^{-22}\mathrm{eV}/c^2$。

双度规引力理论　用两个度规（一个为时空度规，一个为高能下引入的参考度规）来描述引力的一类理论。在该理论中，光速依赖于能量。如果这两个度规都是动力学的且有相互作用，则将有两个引力模式，一个有质量，一个没有质量，因此，双度规引力理论与有质量引力理论紧密联系。某些双度规引力理论可给出宇宙晚期的加速膨胀，因此可以替代暗能量。

张量－矢量－标量引力理论　由J.D.贝肯斯坦于2004年提出，是M.米格罗姆修改牛顿力学（MOND）的相对论推广。其主要特点为：满足守恒定律；在球对称静态解的弱场近似下，能得到修改牛顿力学的加速度公式；避免了早期推广修改牛顿力学碰到的如超光速等问题。该理论包括一个张量场、一个单位矢量场、一个动力学的标量场、一个非动力学的标量场及一个任意的无量纲函数。这些量组合成一个相对论性的拉格朗日密度，形成张量－矢量－标量（TeVeS）理论的基础。该理论的PPN参数为$\gamma=\beta=1,\xi=\alpha_3=0,\varsigma_i=0$，$\alpha_1$和$\alpha_2$具有复杂的形式。实验对理论中的参数有一定限制。（刘玉孝）

奇特分子　exotic molecule　在结构上或性质上与普通分子有着明显不同的分子，或仅能在特殊环境下观察到的分子。在核物理或核化学中，当电子碰到其反粒子正电子时，在两者湮没生成γ射线之前的纳秒尺度时间内会形成一个亚稳态的奇特原子，称之为**电子偶素**，化学符号Ps。电子偶素在某种程度上等效于氢原子，其中正电子扮演质子的角色。早在1946年J.A.惠勒就推测两个Ps原子可以形成一个更复杂的Ps_2分子。由于Ps的寿命非常短，并且很难大量得到低能的正电子，因此直到2007年美国加州大学河滨分校的物理学家D.B.卡西迪和A.P.米尔斯才在硅薄膜的内表面形成了这种奇特分子。

在星际太空中零压力以及几乎零温度的环境下存在的另外一类分子也可以称为奇特分子，如HCO^+、N_2H^+离子，C_2H、C_3N和C_4H自由基，亚稳态HNC等。它们在地球环境中的反应活性太大，以至于在实验室中还未观察到其微波谱。

通过光缔合两个亚稳态氦原子的方式可以得到一个超冷的氦分子，其具有奇特的物理性质，如尺寸相当大，两个原子之间的距离在50纳米的数量级，相当于普通分子键长的1000倍左右，也可以归为一类奇特分子。（郑雨军）

奇特核　exotic nucleus　具有奇特核结构的原子核。例如，具有中子晕和质子晕结构的原子核为奇特核。（靳根明）

奇特量子数　exotic quantum number　超出普通量子数的可能取值范围的强子态量子数。奇特量子数是相对于传统夸克模型对普通强子态的夸克－胶子组分结构描述而定义的。普通强子态中“介子”是由夸克－反夸克组成的具有整数自旋的色单态，“重子”则是由3个夸克组成的具有半整数自旋的色单态。在这样的组分夸克有效自由度下，强子态的量子数，如总角动量（J）、宇称（P）和电荷共轭（C），只能取一些特定的值，这样的量子数称为普通量子数。与此对应，如果一个强子态的量子数超出普通量子数的可能取值，则称为奇特量子数，它表明该强子的内部夸克－胶子自由度不同于普通强子态的组分结构，有可能是由夸克－胶子构成的更加复杂的色单态强子，即**奇特强子**或奇异强子。研究这些超出传统夸克模型的奇特强子或奇异强子是认识量子色动力学非微扰强相互作用性质的重要手段。（赵　强）

奇特强子　exotic hadron　夸克组分结构明显不同于普通强子态的强子。从**奇特量子数**是否为零可以分成两类。又称奇异强子。具有奇特量子数的强子可以被称为是第一种类型的奇特强子，这类强子的夸克组分结构明显不同于普通强子态。如由正反夸克对$(\bar{q}q)^-$和组分胶子g可以构成量子数$J^{PC}=1^{-+}$的“混杂态$(\bar{q}qg)$”介子，这样的量子数不可能由$(\bar{q}q)^-$构成。实验上如果观测到$J^{PC}=1^{-+}$的强子，就可以判断此强子一定是奇特强子。但奇特强子也可能具有和普通强子一样的量子数，这就需要更多的判据来判断其内部的夸克－胶子组分结构，这类的奇特强子被归为第二种类型。如纯粹由胶子构成的色单态强子，即胶子球，其基态的量子数$J^{PC}=0^{++}$，与普通强子态中的标量介子具有相同的量子数。由于与普通强子具有相同的量子数，第二类奇特强子的产生、衰变等过程很难和普通强子区别开来。它们与普通强子之间还可以通过动力学相互作用发生混合，使得在实验上判断其结构和性质变得困难。寻找和判断奇特强子最终或许需要实验、唯象理论和格点量子色动力学计算的共同努力，才能真正理解强相互作用这一独特的非微扰动力学性质。（赵　强）

奇特原子　exotic atom　原子中的电子、原子核中的质子分别或两者都被其他粒子诸如e^+、$\mu^\pm$、$\pi^\pm$、$\tau^\pm$、$K^\pm$介子、$D^\pm$介子、反质子$\bar{p}$、超子Λ、$\Sigma^\pm$、Ξ^-、Ω^-等代替，通过电磁相互作用形成的原子。又称奇异原子。这些替代粒子都是在高能作用中产生的，除轻子和介子外，它们的寿命都大于电磁相互作用引起的转化和跃迁过程的特征时间（10^{-11}秒），在它们衰变之前具有足够长的时间形成奇特原子。

由μ^-取代普通原子中一个电子e^-形成的μ子原子是最早被发现的奇特原子。1940年中国物理学家张文裕在云室中发现μ^-子原子能级之间跃迁时发出的特征光子。实验上已发现多种奇特原子。一般使用俘获法或重粒子衰变法产生奇特原子：将高能碰撞产生的粒子慢化，使得它在原子的俘获截面增大使其被俘获形成奇特原子，或者用重粒子衰变直接产生奇特原子，如衰变$K_L^0\rightarrow(\pi\mu)+\nu$。

由一个正粒子代替质子与电子组成的奇特原子称类氢原子。如(e^+e^-)称为正电子素，(μ^+e^-)称为μ子素，它们都是类氢原子。μ^+质量是e^+的207倍，所以μ子素更像氢原子。它们都具有特别短的寿命，可以作为氢的示踪剂。

奇特原子可以作为许多基本问题研究的“实验室”，如检验狄拉克方程、静电力与库仑定律的偏离、原子核大小的效应，检验量子场论基本原理、直接观测分子库仑爆炸以及研究宇宙演化问题等。奇异原子的性质与组成它的粒子的性质有密切关系，因此是原子物理和高能物理两个领域共同研究的对象。对奇特原子的形成、衰变和能级的移动等的测量，可对相应的组成粒子的质量及其他基本性质做精确测定。（张飞昊　龙桂鲁）

奇性定理　singularity theorem　由R.彭罗斯和S.W.霍金证明的关于大质量恒星演化和宇宙原初奇性的定理。奇性概念与物理量的发散性密切相关，在广义相对论诞生之前早已存在。例如，静止点电荷的场强E在点电荷所在处（$r=0$）发散，物理学家就说静电场在该点呈现奇性，也说该点是静电场的奇点。广义相对论问世不久，K.史瓦西求得了爱因斯坦方程的第一个精确解，借用几何单位制（其中$G=c=1$）可以表示为：

$$ds^2=\left(1-\frac{2M}{r}\right)dt^2+\left(1-\frac{2M}{r}\right)^{-1}dr^2$$
$$+r^2(d\theta^2+\sin^2\theta d\varphi^2)$$

史瓦西解描述球对称恒星外部的时空度规，其中M代表恒星质量。这个解在$r=2M$及$r=0$处都有奇性。$r=2M$处的奇性是坐标奇性，改用适当坐标系便可消除，只有$r=0$处的奇性才是真正的奇性，专业上称为时空奇性，是广义相对论的一个难题。“难”字首先表现在难以给时空奇性（奇点）下定义。在广义相对论中，时空定义为配有洛伦兹度规的四维流形，时空奇性指该度规在某些地方（奇点所在处）发散。但度规发散（因而无意义）的点已不是合格的时空点，应从流形中删除。这样看来，奇异时空可以这样定义：某些区域被删除的时空称为奇异时空。问题在于如何判断某些区域已被删除。下面介绍一个巧法。设L是三维欧氏空间的一条无限延伸的直线，则其线长的取值范围是$(-\infty,\ \infty)$，但如果把L经过的某些区域删除，线长的取值范围就不再是$(-\infty,\infty)$，这种直线称为不完备直线。不完备直线的存在正是空间有被删除区域的标志（探针）。欧氏空间的直线在弯曲时空的推广称为测地线，又分为类时测地线、类光测地线和类空测地线三种。类时测地线和类光测地线分别代表自由质点（静质量非零）和光子（静质量为零）的时空轨迹（专业上称为世界线）。测地线的常用参数是仿射参数（对类时和类空测地线，仿射参数就等于线长）。仿射参数的取值范围不是$(-\infty,\infty)$的测地线称为不完备测地线。不完备测地线的存在标志着时空有被删除的区域。由此就可理解被多数文献接受的奇性定义：若不可延拓时空存在不完备的类时或类光测地线，就称它为奇异时空，或说它有奇性（奇点）。

许多奇异时空在沿不完备测地线趋于奇点时都有曲率发散性。曲率发散性又分两种：①如果由时空的内禀几何量（如度规和黎曼张量）构成的某个标量多项式沿不完备测地线发散，就说时空存在s.p.曲率奇性。②如果黎曼张量及其协变导数在沿测地线平移的任一标架场的分量中有一个发散，就说时空存在p.p.曲率奇性。①蕴含②，但②不蕴含①。某些时空虽然存在曲率发散性，但只当“趋于无限远”时才发散，这种时空不应视为奇异时空。可见，不用测地不完备性而只用曲率发散性定义时空奇性是不妥的。

广义相对论的奇性疑难几乎跟广义相对论同时诞生。最令人困惑的问题是：恒星晚期坍缩和宇宙开端的奇性是否真实存在。许多物理学家不相信奇性会存在于真实世界中，他们认为恒星晚期坍缩导致的奇性只是由于恒星模型的理想球对称性所致，而宇宙的原初奇性则源于宇宙模型的均匀性和各向同性。与此相反，1965～1970年彭罗斯和霍金先是分别后是合作，以定理的形式严格证明了如下重要结论（称为奇性定理）：无须依赖对称性假设，大质量恒星晚期坍缩和宇宙原初的奇性在一定条件下都是不可避免的。这里的一定条件包含三类：①能量条件；②因果条件；③时空中某些地区的引力强大到任何物质一旦被俘获就无法逃逸的程度。奇性定理共有四个，其中第一个是由彭罗斯率先证明的。各个奇性定理无非是说只要上述三类条件的某种适当组合成立，时空就必然存在不完备类时或类光测地线（因而存在奇性）。如果要弱化任一类条件，就要对其他两类适当强化。最后一个定理是彭罗斯和霍金的合作成果，是四个定理中最强有力的。

虽然奇性定理的证明在数学上是严密的，但在物理上只局限于经典广义相对论的范畴，请注意“经典”一词在近代物理学中早已成为“非量子”的同义语。爱因斯坦广义相对论虽然在时空观以及识透引力本质方面是具有革命性的，但也有非常不革命之处，就是一点“量子味”也没有，所以被称为经典广义相对论。人们相信必须对它“量子化”，最终目标是要创立一种全新的“量子引力论”。站在这个高度来看，与其说奇性定理证明了时空奇性的不可避免性，不如说它证明了经典广义相对论在极为靠近奇点时的不适用性。

（梁灿彬）

奇异介子-核散射 hypron-nucleon scattering 带奇异夸克的介子，如K介子、η介子等与原子核的散射。是核物理领域的一个重要研究方向。奇异介子-核散射的研究主要集中在K介子与原子核的散射上。实验利用高能加速器上产生的高品质的二次K^+或者K^-介子束流与原子核发生弹性或者非弹性散射（简称KA散射），观测末态产物及其角分布。

奇异介子-核散射与一系列核物理的基本问题相联系，越来越受到人们的重视，如日本质子同步加速器就将KA散射列为其中长期重要的物理目标之一。通过研究KA散射，人们可以了解奇异介子与原子核相互作用，探索核介质效应，理解奇异性产生的复杂机制，研究手征破缺与恢复，产生新的奇特多夸克态，寻找丢失的共振态和产生超核等。

也有人从理论上根据对称性讨论Ds介子（粲-奇异夸克组成的介子）与原子核或核子散射的问题。随着实验的发展，或许实验上可以研究这些粲-奇异夸克组成的重味介子与原子核的散射。

（钟显辉）

奇异强子 strange hadron 带奇异量子数的强子。从夸克角度讲，这种强子包含s或(和)$\bar{s}$夸克。s夸克的奇异量子数为−1，$\bar{s}$的奇异量子数为+1。奇异量子数有可加性。

（李学潜）

奇异原子核 hyper nucleus 带奇异夸克自由度的重子或者介子甚至多夸克态通过强相互作用束缚在原子核内部，与原子核形成的束缚态。到21世纪初，人们能够得到的奇异原子核只有少数传统的轻味超核。它们是由Λ超子（uds）、3个Σ（Σ^+、Σ^0、Σ^-）超子（uus、uds、dds）或者更重一些的Ξ（Ξ^0、Ξ^-）超子（uss、dds）被束缚在原子核内部形成的束缚态。如核内包含一个超子，称之为Λ超核；包含两个Λ超子，称之为双Λ超核。研究超核的实验装置主要集中在日本的高能加速器研究机构（KEK）和美国的布鲁克海文国家实验室（BNL）、杰斐逊实验室（JLab）。

除了传统的轻味超核外，对奇异原子核的探索还涉及反K介子、η介子等含奇异夸克的介子束缚在原子核内部形成K介子核、η介子核等非常有趣的问题。根据理论预言，反K介子、η介子由于其与原子核较强的吸引而相互作用，能够与原子核形成深束缚态——介子核。多年来，德国的实验物理学家一直在寻找η介子核的信号，可惜到21世纪初尚未发现令人信服的证据。日本的实验物理学家致力于通过质子同步加速器（J-PARC）寻找K介子核，也还没有找到可靠的信号。对于奇异原子核在理论上的探索还涉及含奇异夸克的重味重子、重味介子，以及多夸克与原子核形成束缚态的问题。

（钟显辉）

企鹅图 penguin diagram 量子场论中的味道改变中性流的单圈费曼图。企鹅图的一个重要意义是在粒子物理标准模型中理解电荷共轭－宇称（CP）破坏。在标准模型中，在树图阶不允许存在味道改变中性流，而企鹅图由于是圈图效应，它的贡献通常比较小。但对于味道改变的中性流过程主要来自企鹅图的贡献，通常可以用来寻找新物理。

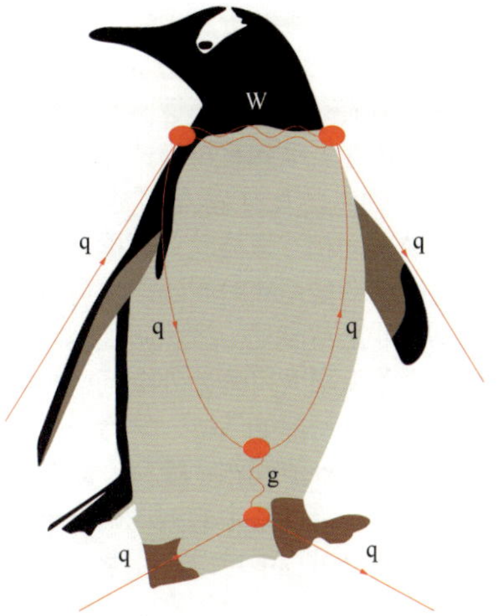

量子场论企鹅图示意图

如图所示，在标准模型中，企鹅图通常是一个重夸克通过一个圈图衰变到3个其他夸克或轻子，圈图中包含W玻色子和其他夸克，末态其中一对夸克－反夸克由胶子或光子/Z玻色子产生，另外一个夸克具有与初态重夸克相同电荷但不同味道，因此这类过程是味道改变中性流。企鹅图根据相互作用的不同通常可以分为量子色动力学（QCD）企鹅图、电弱企鹅图，分别对应正反夸克对由胶子还是光子/Z玻色子产生。此外，如果胶子或光子/Z玻色子在壳，不产生正反夸克对，则对应存在色磁企鹅图和电磁企鹅图。如果光子/Z玻色子产生的是正反轻子对，则对应的是味道改变中性流的半轻子衰变过程。

在重夸克有效理论中，圈图中相对重的粒子都被积分掉，每一种企鹅图就对应一种有效算符。在超出标准模型的新物理模型中，圈图内的粒子可以由其他新粒子替换；也有新物理模型的粒子可以给树图的味道改变中性流算符，则相应的耦合必须是严重压低的。（吕才典）

气泡室 gas bubble chamber 利用过热液体绝热膨胀产生气泡的高能粒子径迹探测器。简称泡室。1952年由美国D.A.**格拉泽**发明，他为此获得1960年诺贝尔物理学奖。气泡室曾给高能物理实验带来许多重大的发现，如Ω超子和中性流事例等。20世纪50年代以中国科学家为主，利用泡室发现了反Σ负超子。

泡室的工作原理是：密闭容器中的工作液体在特定的温度和压力下进行绝热膨胀时，可在一定的时间间隔内（约50毫秒）处于过热的亚稳状态而不会立即沸腾。当带电粒子通过此工作液体时，粒子与液体中的原子碰撞而产生很多离子对，使过热液体中离子集团形成汽化中心，围绕这一中心逐渐形成胚胎气泡。经过0.3～1毫秒后，胚胎气泡增大到肉眼可见时，把这一连串气泡拍摄下来，就得到了高能带电粒子的径迹照片。照相结束后，在液体沸腾之前，立即压缩工作液体，气泡随之消失，整个系统就很快回到初始状态，准备做下一次探测。每次循环时间为6～15秒。

气泡室装置包括室本体以及压缩－膨胀、低温、照明、照相和控制等系统。为了由粒子径迹的弯曲程度测量其动量，常与磁铁系统一起使用。泡室的工作液体可用有机液体如乙醚、丙烷和较重的氟利昂等，它们都可在常温下工作。另外，还有液氢、液氘和液氦泡室。这些泡室都要求在低温下工作。因为基本粒子与质子（氢核）的相互作用最简单，所以用液氢泡室容易得到明确的物理结果。20世纪60年代后，又出现了快循环泡室（每秒可以循环十次以上）和全息照相泡室等。泡室虽有直观、比**云室**物质密度大、容易得到完整的粒子径迹、事件的作用顶点可见、同时显示多个粒子径迹、有效空间大和测量精度高等优点，但因循环时间太长，收集和分析数据慢等缺点，现已极少使用。（谢一冈）

气体动理论 kinetic theory of gases 19世纪中叶建立的以气体热现象为主要研究对象的经典微观统计理论。气体由大量分子组成，分子作无规则的热运动，分子间存在作用力，分子的运动遵循经典的牛顿力学。根据上述微观模型，采用统计平均的方法来考察大量分子的集体行为，为气体的宏观热学性质和规律，如压强、温度、状态方程、内能、比热以及输运过程（扩散、热传导、黏滞性）等提供定量的微观解释。气体动理论揭示了气体宏观热学性质和过程的微观本质，推导出宏观规律，给出了宏观量与微观量平均值的关系。它的成功印证了微观模型和统计方法的正确性，使人们对气体分子的集体运动和相互作用有所了解，标志着物理学的研究第一次达到了分子水平。

简史 1678年R.**胡克**提出气体压强是大量气体分子与器壁相碰的结果。1738年D.**伯努利**据此导出了压强公式，解释了玻意耳定律。1744年M.V.罗蒙诺索夫提出热是分子运动的表现。这是气体动理论的萌芽时期。

19世纪中叶气体动理论有了重大发展，它的奠基者是R.**克劳修斯**、J.C.**麦克斯韦**、L.**玻尔兹曼**。1858年克劳修斯提出气体分子平均自由程的概念并导出相关公式。1860年麦克斯韦指出，气体分子的频繁碰撞并未使它们的速度趋于一致，而是达到稳定的分布，导出了平衡态气体分子的速率分布和速度分布。后来，他又建立了输运过程的数学理论。1868年玻尔兹曼在麦克斯韦分布中引进重力场。70年代玻尔兹曼引入非平衡态的分布函数，用它定义一个H函数，证明在平衡态H达到最小（H定理），进而揭示了熵的统计意义。他还完成了输运过程的数学理论。此后，H.A.**洛伦兹**把输运过程的数学理论用到金属中的电子，得到重要结果。

内容 气体动理论的研究是从平衡态气体性质开始的。气体动理论建立了理想气体（无限稀薄气体）的微观模型：气体分子是有质量无体积的质点，分子间、分子与器壁间除碰撞（弹性碰撞）外无其他作用力，各分子独立地做匀速直线运动。气体压强p是大量分子撞击器壁的结果，由此导出了压强的公式：

$$p=\frac{2}{3}n\overline{\varepsilon}$$

它把气体压强p与气体分子平均动能$\overline{\varepsilon}=\overline{mv^2}/2$相联系。式中$m$是分子质量；$v$是分子速率；$n=N/V$是单位体积分子数；$N$和$V$是气体总分子数和气体体积。根据查理定律，一定量气体的体积不变时，压强与温度成正比。由压强公式和查理定律，理想气体的绝对温度T与$\overline{\varepsilon}$成正比：

$$\overline{\varepsilon}=\frac{3}{2}kT$$

它表明温度是大量分子热运动剧烈程度的宏观表现，式中k称为玻尔兹曼常数，为$1.380\,650\,3(24)\times10^{-23}$焦/开。以上两式为气体的压强和温度提供了微观解释，它们都只具有统计的意义，由上两式得出：

$$p=nkT=\frac{N}{V}kT$$

这就是理想气体的状态方程。

1857年克劳修斯根据气体分子的质点模型，假设气体分子都以平均的速率运动（尽管他认为气体分子的速率极为不同），再次导出了压强公式，并结合理想气体状态方程，首次给出了氧、氮、氢气体分子在0℃的方均根速率$\sqrt{\overline{v^2}}$分别为461米/秒、492米/秒、1844米/秒，使人们对气体分子的激烈运动有了定量的认识。气体分子速率如此的高，气体扩散进行的却如此缓慢，克劳修斯认为原因在于分子频繁的碰撞。1858年克劳修斯把气体分子的质点模型修改为弹性球模型，引入平均自由程$\bar{l}$的概念，描绘气体分子相继两次碰撞之间行经的平均距离，并用概率方法导出：

$$\bar{l}=\frac{3}{4\pi n\sigma^2}$$

式中$\sigma=u/2$是分子弹性球半径。

1860年麦克斯韦指出，气体分子的频繁碰撞并未使它们的速率趋于一致，而且出现稳定的分布。他利用概率统计方法导出了平衡态气体分子的速率分布函数（称为麦克斯韦分布）为：

$$f(v)=4\pi\left(\frac{m}{2\pi kT}\right)^{3/2}\exp\left(-\frac{mv^2}{2kT}\right)v^2$$

它描绘了任一气体分子的速率处在以v为中心的单位速率区间的概率。利用分布函数，麦克斯韦导出了平衡态气体分子的平均速率$\bar{v}$、方均根速率$\sqrt{\bar{v^2}}$，最概然速率v_p与温度T的关系，还把克劳修斯的平均自由程公式修正为：

$$\bar{l}=\frac{1}{\sqrt{2}\pi n\sigma^2}$$

分布函数是平衡态统计理论的核心，它是计算各种微观量平均值，进而对各种宏观热学量和热学规律做出微观解释的依据。另外，分布函数给出的是概率性的统计规律，它表明由大量分子构成的体系所遵循的热学规律具有与牛顿力学截然不同的统计规律性特征。1920年O.斯特恩的分子束实验首次验证了麦克斯韦速率分布，直到1955年才做出高度精确的实验验证。

1868年玻尔兹曼在麦克斯韦分布中引入重力场，得出玻尔兹曼分布，成功地解释了大气密度和压强随高度的变化。玻尔兹曼还证明了能量均分定理，揭示了内能、比热的微观本质，但也开始暴露出以能量连续分布为基础的经典统计理论的困难。

麦克斯韦首先研究了非平衡态的气体输运过程，得出了把宏观量黏滞系数μ与微观量平均值相联系的公式：

$$\mu=\frac{1}{3}\rho\bar{l}\bar{v}$$

式中的ρ是气体密度。由上式，采用G.G.斯托克斯得出的空气的值μ/ρ以及室温下的$\bar{v}$值，麦克斯韦得出空气分子在室温和大气压的平均自由程为$\bar{l}=5.68\times10^{-8}$米。利用$\bar{z}=\bar{l}/\bar{v}$又得出平均碰撞频率$\bar{z}=8.08\times10^{9}$/秒。1865年J.J.洛施密特假设液体分子紧挨密排，气体分子间距为平均自由程，利用同种物质液/气密度比值和$\bar{l}$的数值，得出空气分子的大小（直径）$d\approx10^{-6}$毫米，阿伏伽德罗常数为$N_A\approx10\times10^{23}$/摩尔。这些数据虽然粗糙，却是第一次对气体分子的激烈运动、频繁碰撞以及分子的大小、间距、总数等有了真切具体的了解，标志着物理学的研究第一次达到了分子水平。

然而，由$\mu=\rho\bar{l}\bar{v}/3$给出的$\mu\propto\sqrt{T}$，与实验结果$\mu\propto T$并不相符。1865年麦克斯韦用力心点模型取代弹性球模型，假设分子间的作用力$f\propto r^{-n}$（r是分子间距），在$n=5$时得出了与实验相符的结果。由此，麦克斯韦意识到，气体动理论发展的根本困难在于并不需要对分子结构以及分子间作用力做出具体而并无根据的假设，应该用更普遍的统计理论来取代它。遗憾的是，他英年早逝（1879），未能如愿。

1872年和1875年玻尔兹曼给出了非平衡态的包含时空变量$(\boldsymbol{r},t)$的气体分子速度分布函数$f(\boldsymbol{r},\boldsymbol{v},t)$所遵循的演化方程——玻尔兹曼积分微分方程。这个方程是气体动理论的基本方程。用它讨论输运过程，导出了黏滞系数、扩散系数、热传导率的表达式，完成了输运过程的数学理论。由于方程太复杂，直到1916年才给出稀薄气体能。现在，玻尔兹曼方程已成为研究流体、等离子体和中子输运过程的基础。

玻尔兹曼用$f(\boldsymbol{r},\boldsymbol{v},t)$定义了一个$H$函数：

$$H(t)=\int f(\boldsymbol{r},\boldsymbol{v},t)\ln f(\boldsymbol{r},\boldsymbol{v},t)\,\mathrm{d}\boldsymbol{r}\mathrm{d}\boldsymbol{v}$$

并证明分子在相互碰撞的影响下，H随时间t单调减小，平衡态H达到最小，变为平衡态的麦克斯韦度速度分布$f(v)$，这就是H定理。玻尔兹曼认为，H对应于热力学函数熵S，H减小对应S增大，H定理对应熵增加原理。玻尔兹曼为H定理提供了概率论的解释：气体分子每一种可能的微观状态都具有相同的概率，系统会自发地由概率极小的初始状态向概率更大的状态过渡，最后达到最概然的平衡态，并给出熵S与相应的微观状态数目W的关系：

$$S=k\ln W$$

这就是玻尔兹曼的关系。它表明熵是系统无序度的量度，从而为热力学第二定律提供了微观统计解释。上式后来被铭刻在玻尔兹曼的墓碑上。

发展　20世纪初，关于布朗运动的实验研究和理论分析涉及涨落现象和随机运动，为气体动理论提供了有力的支持。1902年J.W.吉布斯把麦克斯韦和玻尔兹曼创立的统计方法发展为系统的理论。吉布斯采用的统计系综方法把整个系统作为统计的个体，从而避免了气体动理论的困难，理论上更为严谨。从此，气体动理论的成果被纳入统计力学之中，后者普遍适用于气体、液体和固体。　　（陈秉乾）

气体动力学　gasdynamics　在连续介质假设的前提下研究伴有热效应的气体介质运动规律的流体动力学的一个分支。气体动力学是在流体力学的基础上，随着航空工业和喷气推进技术的发展而成长起来的，是空气动力学、热力学、化学反应动力学、统计物理学等多个学科相结合的一门交叉学科。在气体动力学中，根据运动速度可将流动分为亚声速流动、跨声速流动、超声速流动和高超声速流动；根据流动在空间中的变化特点可分为一维流动、二维流动和三维流动；根据空间中每一点处的流动是否随时间而改变可分为定常流动和非定常流动。按照所处理问题的流场是否为无限大可分为外流问题和内流问题。高速飞行器如飞机、导弹、航天器等的绕流属于外流问题；喷气发动机、风洞、燃气轮机等设备中的流动则属于内流问题。在流动过程中可以有化学变化，也可以没有化学变化。气流在空间中可以连续变化，也可以发生突跃变化。激波、爆轰、爆燃现象等就属于突跃变化。

学科内容　从理论上研究气体动力学问题，必须首先根据自然界的基本规律（如质量守恒、动量守恒和能量守恒规律）建立流动过程中气体流速、压强、密度、温度等物理量所应满足的基本关系式，这些关系式就是气体动力学基本方程（见流体力学基本方程组）。基本方程可以是微分形式，也可以是积分形式。在一般情况下，方程复杂，求解也很困难。因此在理论研究中，往往要根据具体的流动现象建立相应的模型，如一维或多维的连续流动、各种有突跃变化的流动以及有化学反应的流动等。

对于一维定常连续流动，在流动过程中，随着流速的变化，气体的压强、密度和温度等也起变化，因而必须同时考虑运动学关系、动力学关系和热力学关系。研究表明，要使气流在管道里不断增大速度，在亚声速时，管道应收缩；在超声速时，管道应扩张。所以，产生超声速气流的管道（即拉瓦尔管）形状需先收缩后扩张。气流在拉瓦尔管的最小截面(即喉道)处达到声速。超声速风洞、火箭发动机、蒸汽和燃气涡轮机中都用到拉瓦尔管形状的管道。对于绝热有摩擦的非等熵流动，在亚声速时，摩擦使气流加速；反之，在超声速时，摩擦使气流减速。或者说在亚声速流动时，摩擦使气流膨胀；而在超声速流动时，摩擦使气流压缩。二者都以声速为极限。一维定常非绝热流动，常见于热交换器中的流动。对于喷气发动机燃烧室内的流动，若不细致研究燃烧过程，也可以归为这一类流动。对于亚声速流动，加热时，流速增大，压强、密度都减小；对于超声速流动，加热时，流速减小，压强、密度、温度都增大。

各种飞行器的外流问题都属于多维流动，许多内流问题也必须按多维流动问题来处理，如压气机、涡轮机中的流动问题，飞机进气道和喷管中的流动问题等。多维流动的研究比一维流动要复杂得多，往往要根据具体的流动情况，采取不同的研究方法。为了研究绕机翼的流动，其理论有翼型理论、升力线理论、升力面理论；研究叶轮机中流动问题的理论有叶栅理论、三维流动理论等。

不论是一维流动还是多维流动，在整个流场上流动一般都是连续变化的，但在局部区域可能出现突跃式的变化，如激波、爆轰和爆燃等。突跃变化十分迅速，所占空间尺寸极小，与宏观尺度相比可以忽略不计，理论上可以作为无厚度的突跃面来处理，用一维流理论建立突跃变化前后诸物理量之间的关系。

随着近百年航空航天技术的迅猛发展，气体动力学在这些十分成熟的经典内容的基础上有了长足的进步。这里着重讨论气体动力学前沿性的学科内容，显然航天、航空工程仍是其主要应用对象，这里将高温气体动力学和航空涡轮发动机的气体动力学作为航空工业发展的主要学科内容。

航天飞行器设计中的高温气体动力学研究　高超声速飞行器在再入大气层或长时间大气层内飞行时，由于飞行速度极高（通常在马赫数5以上），飞行器周围产生强激波，气体经过激波的强烈压缩和边界层黏性耗散减速后，温度急剧升高，高温气体动力学或气动热力学问题不容忽视，成为影响飞行性能和飞行安全的关键因素。

真实气体效应。主要指气体随着温度的升高，逐渐产生的振动能激发、分子离解、原子电离和组元间的化学反应等物理化学现象，以及这些现象对流动的影响。真实气体效应影响下，完全气体假设不再成立，气体比热不再为常数，完全气体状态方程不再适用。真实气体效应不仅改变气体的热力学特性，对传热有显著的影响，同时改变激波位置与形状、边界层分离区大小等，从而影响飞行器气动力特性，是高超声速飞行器气动设计的难点和重点。

稀薄气体效应。通常发生在克努森数介于0.1～10的流动区域，此区域又称稀薄过渡流区。这一流区气体分子间的碰撞频率和气体分子与物体表面的碰撞频率大致相当，分子间的碰撞不足以使气体状态在很短时间内达到平衡态，非平衡效应对流场产生很大的影响，连续介质假设失效，必须从气体分子动力学角度进行研究。对于再入飞行器和临近空间高超声速飞行器而言，稀薄气体非平衡效应对气动力、热影响显著，能否准确预测成为制约新一代高超声速飞行器设计研制的重要因素。

气动加热效应。飞行器在大气层中高速运动时，周围气体在激波强烈的压缩和边界层剧烈的摩擦作用下，大部分动能转化为内能，飞行器绕流气体温度急剧升高，与飞行器表面产生巨大的温差，部分热量从热边界层向冷物面以对流传热方式传递，使飞行器表面温度升高，这种飞行器在大气中做相对运动产生热的现象称为气动加热。严重的气动加热会导致材料烧蚀、气动热弹性等问题，是实现高超声速飞行的主要障碍（热障）。对于复杂外形高超声速飞行器而言，各种局部干扰如发动机唇口和立板、舵与机身、翼与舵之间以及各种拐角、凹槽与缝隙、凸起物与台阶等流动，将产生严重的激波干扰、分离和再附、转捩和湍流、化学反应与组分扩散等复杂流动现象，使当地热流陡增数倍甚至十多倍以上，热增量问题十分突出，必须研究清楚这些局部区域的高热流情况。

辐射加热效应。飞行器以极高速度在大气层中飞行时（如木星探测器再入速度高达48千米/秒），激波层内气体温度将非常高，高温气体的辐射传热影响不容忽略，如阿波罗载人飞船再入地球时，辐射传热是总加热率的30%左右；金星探测器再入金星时，辐射传热占总加热率的95%以上。辐射加热效应已经成为影响气动热力学环境的主要因素之一，飞行器设计时需要高度重视。

等离子体效应。气体分子在高温下被电离成等离子体，在飞行器周围形成等离子鞘套，对飞行器气动力、热载荷产生显著影响；同时，电离产生的自由电子对无线电波的干扰，飞行器与地面的通信将受到影响，在某一高度、某一速度下甚至出现通信中断现象（又称黑障）。另外，烧蚀产物也将增加等离子鞘套中的电子密度，所以必须在气动外形和材料等方面采取有效的措施降低电子密度，研究等离子鞘套和尾迹的电磁特性及其对雷达波传播的影响，从而实现对飞行器有效的识别和跟踪。

航空涡轮发动机的气体动力学研究　主要有：①燃烧问题。发动机通过燃烧，将化学能转换为机械能从而实现动力输出，其本质是在受限空间（壁面影响）和极端条件（超声速、超临界、高温高压、参数突变等）下，燃料和氧化剂流动混合后的强烈化学反应过程，涉及燃烧反应动力学模型、湍流和燃烧的相互作用机理、极端条件下燃烧及燃烧稳定性等问题，是决定发动机动力性能的主要因素之一。②相变和多相流动问题。液态燃料从喷嘴喷出后雾化并与氧化剂混合点火燃烧以及固态燃料点火燃烧的过程涉及相变和气-液、气-固、气-液-固多相流动问题，影响喷嘴和点火方案设计及污染物生成。③强非定常问题。由于燃烧过程的湍流特性和涡轮叶片的旋转作用，燃烧室和涡轮内的高温气体流动具有强烈的三维非定常特性，涉及燃烧室燃烧稳定性、涡轮中转子和静子的干涉（时序）效应、端壁效应、叶尖泄漏流动、热斑影响、耦合传热、叶片冷却等问题，是可靠燃烧和涡轮设计的重要影响因素之一。

总之，为了发展先进的航空发动机，必须深入研究发动机内部的气体复杂流动规律及其相应的内流气体动力学规律。

研究方法　气体动力学是通过理论与实验的途径并在理论和实验结合的过程中发展起来的。理论研究应首先在实验的基础上建立正确的流动模型。因为气体可以按很多自由度组合成不同的运动。例如在超声速绕钝体的复杂绕流中，它总是由边界层及其分离、分离的自由剪切层及其所形成的旋涡、在超声速流动中存在的激波和膨胀波等流动结构组成，再通过实验，仔细观察上述流动结构及其分布。这样有可能建立反映上述流动本质的流动模型，再应用质量、动量和能量守恒定律建立正确描述上述流动的基本方程，通过适当的简化假设后，可以应用各种解析方法来求解，也可应用现在广泛采用的数值方法来求解。

实验方法应包括地面模拟实验和飞行试验。风洞因气流易于控制和便于测量等原因，已成为气体动力学中最主要的实验装备。**风洞实验**既能为飞行器设计直接提供数据，也能用于气体动力学的基础研究和各种应用研究，为新理论的研究提供流动模型，为航空和航天器的设计提供新思想和新概念。为了提高风洞的实验能力，需要不断提高风洞性能（如提高风洞的雷诺数，减小风洞的洞壁干扰和支架干扰，降低来流气流的湍流度等），发展先进和新型的实验技术（如采用各种微型探头、各种非接触测量技术和动态流场测量技术等），提高风洞实验的数据质量和风洞的运转效率，建立将风洞实验结果外推到飞行条件的各种方法。将风洞和计算机结合，可大大增加风洞的实验能力。由于风洞实验并不能完全实现真实的飞行条件，因此，除地面风洞模拟实验外，还可利用试验飞机、火箭和火箭橇等进行模型自由飞试验或进行真实飞行器的飞行试验。所以，风洞实验、自由飞试验和理论研究，已成为解决气体动力学各种问题的互相联系、互相依赖、互相补充和互相验证的多种手段。

随着气体动力学的研究方法和研究手段的发展，要求建立由模拟范围和用途各不相同的风洞组成的风洞群，以及速度超过每秒几万亿次的巨型计算机组成的数值模拟系统是十分必要的。

展望　航空航天技术一直是气体动力学发展的强大推动力。先进机动高超声速飞行器、载人航天和登月工程、天地往返运输系统、高性能大型客机等航空航天重大工程技术的发展都给气体动力学提出了新的挑战，涉及许多关键的基础科学问题，如高超声速流动、超声速燃烧、边界层物理、激波主导的流动、爆轰物理、非平衡流动以及热环境和材料的相互作用等，气体动力学的研究面临着真实流动物理建模、地面模拟方法和能力、数值计算算法和计算能力三个方面的挑战，期待着气体动力学新的突破性进展。　（邓学蓥）

气体放电　gas discharge　气体导通电流的现象。由于电流是大量带电粒子定向（沿电场方向）运动形成的，气体放电意味着原来电中性的气体中出现了大量的带电粒子（电子、离子）。电离和阴极表面电子发射是气体中产生带电粒子的途径。在一定条件下，气体中将出现能量足够高的微观粒子，如电子、离子、光子、亚稳态中性粒子、剧烈热运动的中性粒子，统称之为荷能粒子。当这些荷能粒子撞击气体原子（或分子）时，可能使气体原子（或分子）中的一个甚至多个电子脱离原子核的束缚，产生自由电子和离子，这个过程称之为**碰撞电离**。根据荷能粒子种类的不同，碰撞电离又分为电子碰撞电离、离子碰撞电离、光子碰撞电离（简称光电离）、中性亚稳态粒子碰撞电离（简称潘宁电离）、热运动原子或分子碰撞电离（简称热电离）。当这些荷能粒子撞击金属阴极时，将可能使金属导带费米能级的自由电子克服阴极表面势垒，发射到气体中，称之为阴极表面电子发射。根据荷能粒子种类的不同，阴极表面发射又分为离子碰撞发射（即所谓的二次电子发射）、光子碰撞发射（简称光电发射）、中性亚稳态粒子碰撞发射、热运动原子或分子碰撞发射（简称热发射）。电子被阴极排斥，不太可能撞击阴极，因此不考虑电子碰撞阴极发射。当气体中的带电粒子足够多并且电场足够强时，气体将导通足够大的电流而呈现导电体状态，将气体从绝缘状态向导电状态的转变过程称为击穿。气体放电的主要研究内容就是电离和击穿。

气体放电研究的历史可以追溯到远古时代人类对雷电现象的观察，但相关实验和理论研究是从公元17世纪开始的。1600年，英国的W.吉尔伯特发现，将带电的金属球靠近火焰时，它的电荷要消失；而与火焰相连接的验电器将获得电荷。17世纪中叶，O.von盖利克用静电起电机观察到电火花。1785年，C.-A.de库仑利用静电扭秤观测到带电金属球的电荷是通过空气而不是绝缘支撑体损失的。上述研究表明，空气是可以导通电荷的。

19世纪初，人们制造出功率足够大的蓄电池，从而俄国的V.V.彼得罗夫和英国的H.戴维分别于1803年和1812年发现了电弧。这种放电在两个电极之间形成明亮的拱形通道，所以得名电弧。1831～1835年，英国物理学家M.法拉第研究了低气压下的气体放电，首先发现了暗放电：电流能够流过低气压的放电管，但完全不发光，这就是后来熟知的汤森放电。提高电压以增大放电电流之后，法拉第又观察到了辉光放电现象：当外加电压约为1000伏时，低气压（几个毫米汞柱）放电管中出现了一系列明暗交替的发光层。至此，气体放电最基本的三种连续放电形式（汤森放电、辉光放电和电弧放电）都被人们发现。

19世纪后期到20世纪初期，气体放电的研究与原子物理的研究不可分割。1858年，德国实验物理学家J.普吕克发现超低气压（约0.01毫米汞柱）辉光放电会发射阴极射线。1869年，德国物理学家J.W.希托夫发现磁场会使阴极射线偏转。1876年，E.戈德斯坦发现电场也会使阴极射线偏转。1897年，英国物理学家J.J.汤姆孙测定了阴极射线中带电粒子的荷质比，发现其比氢离子的荷质比大1000多倍，从而发现了电子。至此，人们认识到在气体中流过的电流主要是由电子形成的。许多涉及电子、离子和原子基本过程的知识都是从研究气体放电管中的现象得到的。

20世纪初期，英国科学家J.S.汤森创立了一个气体放电物理的学派，主导了那一代人在这个领域的研究。1915年，他出版了著名的《气体中的电流》一书，提出了电离系数α和电子雪崩的概念，成功解释了均匀电场气隙的击穿现象，这就是所谓的汤森放电理论。从此，气体放电发展成为一个专门的学科体系。

1928年，美国科学家I.朗缪尔引入了“等离子体”这个名词。他说：“在气体放电中，用鞘层来称呼紧邻器壁和电极的区域。那用什么来称呼放电通道中的主要部分，在这部分空间电荷是完全中和的……我将它称为等离子体。”后来，就把气体放电通道中的物质称为**等离子体**，它是大量带电粒子和中性粒子的混合产物，也可俗称为电离气体。

20世纪30年代，为了电力系统的可靠绝缘，需要更深入地了解长间隙（d）和高气压（p）条件下的气体放电过程。原有的汤森放电理论已不完全适用。H.雷特和J.M.米克于1939年和1940年分别独立提出了流注放电理论，它可以较为准确地处理大pd值下的间隙击穿问题。汤森放电理论和流注放电理论共同构成了气体放电的理论基础，且后者是对前者的补充和发展，二者并不矛盾，只是所适用的pd值范围不同。

雷达发明于第二次世界大战中。为了深入了解微波在空气中传播的问题，S.布朗等在20世纪40年代对微波放电进行了系统研究。从50年代末期起，全世界广泛开展了对受控热核聚变的研究。受控热核聚变只能在低气压氘氚放电产生的高温等离子体中实现，为此人们研制了各种产生和约束等离子体的装置，对各种磁场位形下放电等离子体的特性进行了深入的研究。60年代出现了激光，在1963年实现了在光频范围内的放电。当红宝石激光器产生的功率大于10兆瓦的光巨脉冲通过透镜聚焦后，会在空气中产生火花。1970年，人们用连续的二氧化碳激光器产生了稠密的稳态等离子体。

早先的气体放电应用研究主要集中在电力系统中，其研究内容主要涉及架空输电线和高电压电器的气体绝缘问题。前者包括雷电防护、长间隙流注和先导放电、电晕、绝缘子沿面闪络；后者包括电弧和六氟化硫的击穿。之后的几十年里，气体放电产生低温等离子体的研究得到越来越广泛的重视。由于气体放电，低温等离子体中存在各种化学活性粒子（电子、离子、光子、亚稳态粒子和中性自由基等活性基团），它们被大量地应用于材料表面改性、废气废水处理、辅助燃烧、医学生物效应等研究中。

气体放电存在多种不同的放电形式，如微电流不发光的汤森（暗）放电、小电流柔和均匀发光的辉光放电、高电流密度的细丝放电（即流注放电）、大电流明亮刺眼的电弧放电、局限于极不均匀电场强场区的电晕放电、长间隙中的先导放电、稍纵即逝的火花放电、沿固体绝缘表面的沿面放电、气隙被固体绝缘隔断的介质阻挡放电等。上述放电中的一部分是日常生活中所熟悉的。如长气隙放电的代表——大自然中雷闪放电、霓虹灯管和荧光灯中的辉光放电、电焊枪的电弧放电、输电线掉落地上时的火花放电、等离子体显示屏中的介质阻挡放电等。

影响气体放电形式的主要因素有以下几种：①气压。低气压下通常为汤森放电和辉光放电，而高气压时通常为流注放电。②电场分布。极不均匀电场击穿前通常先出现电晕放电。③气隙长度。长间隙击穿过程通常为流注放电起始，先导放电结束。④外电路阻抗。大阻抗时通常为微电流的汤森放电，而小阻抗时通常为强电流的电弧放电。此外，外加电压的作用时间或频率也将影响气体的击穿和稳定放电特性。（王新新）

气体放电光源 gas discharge lamp 通过气体放电将电能转换为光能的一种电光源。气体放电光源主要品种有：低压（$p \leqslant 1000$帕）气体放电灯，包括荧光灯和低压钠灯；高压（$p \geqslant 10^5$帕）气体放电灯，包括高压汞灯、高压钠灯和金属卤化物灯、微波硫灯；超高压（$p \geqslant 5 \times 10^5$帕）气体放电灯，包括氙灯和投影仪用超高压汞灯。在不同类型的气体放电灯里，物理过程常各不相同。（陈大华）

气体分子平均自由程 mean free path of gas molecules 自由程的平均值，常记为$\overline{\lambda}$。气体分子（一般即组成系统的组分粒子）在连续两次碰撞之间走过的路程称为其自由程。记气体分子的平均速率为$\overline{v}$，则它在时间t内走过的平均路程为$\overline{v}t$。由于在这段时间内分子发生的平均碰撞次数为$\overline{Z}t$，则其平均自由程为：

$$\overline{\lambda} = \frac{\overline{v}}{\overline{Z}}$$

对于同种分子形成的气体（同一种组分粒子形成的系统），分子的平均自由程为：

$$\overline{\lambda} = \frac{1}{\sqrt{2}n\sigma}$$

式中n为系统中分子的数密度；σ为分子的碰撞截面。对于由同种分子形成的温度为T、压强为p的理想气体系统，分子的平均自由程为：

$$\overline{\lambda} = \frac{k_B T}{\sqrt{2}\sigma p}$$

式中k_B为玻尔兹曼常量。（包景东 李定平）

气体激光器 gas laser 以气体为工作物质的激光器。根据气体工作物质的性质和状态，气体激光器可分为原子气体激光器、分子气体激光器和离子气体激光器三大类。

原子气体激光器 工作物质是未电离的中性气体原子，激光跃迁发生于中性原子的不同激发能态之间。能产生激光跃迁的原子种类很多，主要是惰性气体（氦、氖、氩、氪、氙）和某些金属原子蒸气（镉、铜、锰、锌、铅等）。氦-氖激光器是典型的原子气体激光器，激光波长主要是632.8纳米。惰性气体激光器的波长范围主要在近红外区，共约200条谱线。金属蒸气激光器是利用被加热的金属蒸发出来的蒸气作为工作物质的激光器。已在几十种金属蒸气中获得激光辐射，输出波长主要在可见光波段，少数在红外波段和紫外波段。铜蒸气激光器是金属蒸气激光器中的典型代表。

分子气体激光器 工作物质是未电离的气体分子，激光跃迁发生在气体分子不同的振动-转动能级之间。由于分子振动能级的激发截面比较大，能够获得较高的粒子数反转值，分子气体激光器的效率较高。能够用作激光工作物质的分子种类主要有CO_2、CO、N_2、O_2、N_2O、H_2O、H_2等分子气体。分子气体激光器中还有一类称为准分子激光器，所谓准分子是指一种在基态离解成原子而在激发态暂时结合成分子（寿命很短）的不稳定缔合物，激光跃迁产生于其束缚态和自由态之间，采用的准分子气体主要有XeF^*、KrF^*、ArF^*、$XeCl^*$等。分子气体激光器的典型代表是CO_2激光器。

离子气体激光器 以气态离子在不同的激发态之间的激光跃迁而工作的一种激光器，主要包括惰性气体离子激光器、分子气体离子激光器和金属蒸气离子激光器。主要特点是：输出波段遍布真空紫外到近红外。代表性的激光器有氩离子（Ar^+）激光器、氦-镉（$He\text{-}Cd^+$）离子激光器等。

气体激光器的激励方式大都采用气体放电激励方式，特殊情况也采用电子束激励、热激励、化学能激励、光激励等其他激励方式。优点是：发射的谱线波长分布区域宽，覆盖了从紫外到远红外整个光谱区；输出光束具有很好的单色性和方向性，是很好的相干光源。缺点是：在同等输出功率下，气体激光器的体积较大。

气体激光器被广泛地应用于工农业、国防、医学和科研领域，如激光准直、激光计量、激光材料加工、全息术、激光光谱、激光医疗、激光制导、激光雷达等方面。（周达君 王天及 高春清）

气体状态方程 equation of state for gas 描述一定质量气体的体积与温度和压强的关系式。对于一定质量的气体，可以用压强p和体积V描述它的平衡态，所以温度T就是p和V的函数，这个函数关系可写作$T=f(p,V)$或$F(p,V,T)=0$，被称为气体的状态方程。

①单一组分理想气体的状态方程。质量为M的理想气体的状态方程为：

$$pV = \frac{M}{\mu}RT$$

式中μ为摩尔质量；普适气体常量R=8.314 510焦/（摩尔·开尔文）。

②多种组分理想气体的状态方程与道尔顿分压原理。多种组分理想气体即混合理想气体，其压强等于各组分的分压强之和，该规律即道尔顿分压原理。某组分的分压强是指这个组分单独存在时（即在与混合气体的温度和体积相同，且与混合气体中所包含的这个组分的物质的量相等条件下，以化学纯的状态存在时）的压强。

对于由几种组分组成的混合理想气体，设其共有k种组分，则混合气体的总物质的量为$n=n_1+n_2+\cdots+n_k$。由于每一种组分的理想气体的状态参量都满足理想气体状态方程，设系统的温度为T，第i种组分气体的压强和体积分别为p_i和V_i，则：

$$p_iV_i=n_iRT$$

若各组分气体都分别均匀分布于混合气体系统所处的整个空间V中，即$V_1=V_2=\cdots V_n=V$，则：

$$\sum_i p_iV = \sum_i n_iRT$$

这样有$pV=nRT$，即对于混合气体，其压强为：

$$p=p_1+p_2+\cdots+p_k$$

③实际气体状态方程。实际气体的状态方程可分为两类：一类是对气体的结构做一些简化假设后推导出来的，其基本出发点是物质结构的微观理论。此类状态方程形式简单，但结果不够精确。另一类是为数极多的经验和半经验的状态方程。此类状态方程形式复杂，但具有较高的准确

性。第一类方程的代表是范德瓦耳斯状态方程（见**范德瓦耳斯模型**），第二类方程的代表是昂内斯方程（见**位力展开**）。

（崔 鑫 班士良 宋铁磊）

气相化学反应平衡常数 equilibrium constant of gas-phase chemical reaction 反映气相化学反应平衡过程的定量标志。一般说来，化学反应都可以同时向正、反两个方向进行。当正、反两个方向的反应速率相同时，系统就达到了平衡状态，系统中各物质的数量就不再随时间而改变。化学反应的这种平衡是在一定条件下的动态平衡，一旦外界条件发生变化，平衡状态也会随之发生变化。对气相化学反应：

$$d\mathrm{D}+e\mathrm{E}+\cdots \rightarrow g\mathrm{G}+h\mathrm{H}+\cdots$$

可以定义如下的平衡常数：

$$K^{\ominus}=\frac{\left(\frac{f_{\mathrm{G}}}{p^{\ominus}}\right)_{\mathrm{e}}^{g}\left(\frac{f_{\mathrm{H}}}{p^{\ominus}}\right)_{\mathrm{e}}^{h}\cdots}{\left(\frac{f_{\mathrm{D}}}{p^{\ominus}}\right)_{\mathrm{e}}^{d}\left(\frac{f_{\mathrm{E}}}{p^{\ominus}}\right)_{\mathrm{e}}^{e}\cdots}$$

式中$p^{\ominus}$为标准压力；f为对应气体的逸度，对理想气体逸度可简单用分压来替换；下标e为处于平衡状态。通过平衡常数可以求得平衡体系中各组分的量。同时对尚未达到平衡的体系，可以通过比较逸度商：

$$Q=\frac{\left(\frac{f_{\mathrm{G}}}{p^{\ominus}}\right)^{g}\left(\frac{f_{\mathrm{H}}}{p^{\ominus}}\right)^{h}\cdots}{\left(\frac{f_{\mathrm{D}}}{p^{\ominus}}\right)^{d}\left(\frac{f_{\mathrm{E}}}{p^{\ominus}}\right)^{e}\cdots}$$

与平衡常数的相对大小来确定反应进行的方向：如果$K^{\ominus}>Q$，反应可以向右自发进行；如果$K^{\ominus}=Q$，表示系统已经处于平衡状态；如果$K^{\ominus}<Q$，表示对所给定的反应式，反应不能向右自发进行。

平衡常数与标准状态下反应的吉布斯自由能变化值$\Delta_r G^{\ominus}$的关系为：

$$\Delta_r G^{\ominus}=-RT\ln K^{\ominus}$$

可以通过$\Delta_r G^{\ominus}$来求平衡常数，而$\Delta_r G^{\ominus}$可以通过查热力学表由标准摩尔生成吉布斯自由能求得。

（李震宇）

气相外延 vapour phase epitaxy; VPE 一种广义上的生长单晶薄膜材料的工艺方法。是将反应物通过气相输运，并在气相中或衬底表面进行物理或化学反应，生长出晶体粒子，以薄膜形式在衬底上进行外延。

在半导体科学技术的发展中，气相外延发挥了重要作用，典型代表是硅气相外延和砷化镓气相外延。前者以高纯氢气作为输运和还原气体，在化学反应后生成硅原子并沉积在衬底上，生长出晶体取向与衬底相同的硅单晶外延层。后者通常有两种方法：氯化物法和氢化物法。VPE技术具有工艺设备简单、生长的薄膜纯度高、生长速率高、电学特性好的特点，适合于厚膜外延。

（曾一平）

汽化 vaporization 由液态变为气态的过程。与之相反的过程称为**液化**。由液态变为气态的过程称为汽化。汽化有蒸发和沸腾两种方式。蒸发指的是任何温度下，在液态表面发生的汽化现象。**沸腾**指的是某一确定温度和其他条件下，在整个液体内部和表面同时发生的激烈的汽化现象。发生沸腾的确定温度称为确定的其他条件（如通常的一个大气压的压强等）下的沸点。沸点与压强等其他条件相关。空气中水蒸气在地表物体上凝结成的水滴称为露。一个大气压下发生这种现象对应的温度称为露点。露点除与大气压强相关外，还与空气中水蒸气所占比例（亦即其分压强的大小）相关。纯物质系统汽化过程中，由完全的液态转变为完全的气态需要吸收的热量称为相应条件（温度、压强等）的汽化热。物质的汽化热与物质的量有关。为避免混淆和便于比较，单位质量的纯物质由完全的液态转变为完全的气态需要吸收的热量称为该物质（在其他的确定条件下）的汽化热，单位为焦耳/千克（J/kg）。也常取1摩尔的物质，相应地有摩尔汽化热，单位为焦耳/摩尔（J/mol）。对应的凝结过程中释放出来的热量称为凝结热。通常情况下，凝结热与汽化热相同。

（穆良柱）

迁移率边 mobility edge 用于区分无序体系中延展态和局域态的临界能量。足够强的无序会导致波在介质中的传播完全停止，即发生安德森局域化。英国物理学家N.F.莫特进一步提出，固态体系的能带会被无序展宽，位于迁移率边（对应于两个临界能量）之内的电子处于扩展态，而在迁移率边之外的带尾中，电子处于局域态。当费米能级跨过迁移率边时，发生**金属-绝缘体转变**。增加样品中的无序强度会导致迁移率边向能带中心移动，并最终使延展态消失。许多凝聚态输运实验支持安德森局域化和迁移率边的存在。P.W.**安德森**和莫特被授予了1977年诺贝尔物理学奖，部分原因是他们在无序系统研究中所做出的杰出贡献。后来，冷原子体系的实验提供了更直观的存在迁移率边的证据。

（李永庆）

铅铋冷却反应堆 lead-bismuth cooled reactor 利用高温液态铅铋合金作为第一回路冷却剂的反应堆。铅铋合金冷却剂的质量控制非常重要，这种冷却剂有以下几个特点。首先，这种冷却剂中，铅和铋对中子的慢化能力和吸收能力很低，这使得反应堆中的中子能谱较硬，因此适合作为高效增殖核燃料及快中子反应堆冷却剂。其次，它有优良的热工水力特性，即液态的铅基合金有很强的载热及传热能力，作为冷却剂能够使反应堆堆芯更紧凑。再者，由于其物理化学特点，使得铅铋冷却反应堆的安全性大大增加：铅基合金沸点高，提高了堆芯排热的可靠性，排除了热交换危机，反应堆主回路也不需要保持高压。这些因素使反应堆设计简化，提高了可靠性，实际上消除了冷却剂应急过热主回路超压或堆内热爆炸的可能性。铅铋合金的化学活性小，与水和空气反应非常轻微，不释放氢或发生放热反应，即使发生泄漏，也不会有化学爆炸与发生火灾的可能性。事故条件下液态铅基合金凝固可对放射性物质起到自封效应。液态铅基合金自然对流能力强，同时使反应堆具有负反应性反馈，在事故条件下能够依靠液态铅基合金的自然对流导出堆芯余热，可避免堆芯极度过热使堆芯损坏。利用以上这些特点，可使反应堆小型化和模块化，有利于船用核动力的发展。另外，这种反应堆在制氢及海水淡化等方面也有广阔的应用前景。铅铋冷却反应堆是第四代反应堆的一种候选堆型。

俄罗斯首先设计建造了核潜艇用的铅铋冷却反应堆，在服役过程中证实了铅铋冷却技术的可行性，得到了教训，积累了技术规范。在此基础上，俄罗斯又设计了SVBR-75/100小型、模块式液态铅铋冷却的先进快堆，它成为第四代核能论坛承认的先进核能系统之一。除俄罗斯之外，欧盟国家以及美国、韩国、日本和中国都先后开展了铅基反应堆的研究。

（靳根明）

前线轨道理论 frontier orbital theory 由日本理论化学家福井谦一提出的分子中电子云分布的理论。这一理论将分子周围分布的电子云根据能量细分为不同能级的分子轨道，即占据轨道和非占据轨道两类。其中包括占据轨道中能量最高的轨道（HOMO），以及非占据轨道中能量最低的轨道（LUMO）（见**最低未占据分子轨道**）。HOMO上的电子能量最高，所受束缚最小；而LUMO是未占据轨道中能量最低、最容易接受电子的轨道。由于这些因素，相对于其他分子轨道，HOMO和LUMO的特性对于分子的物理化学性质及化学反应起着重要的作用。因此，对HOMO和

LUMO前线轨道的分析是对于确定分子的物理化学性质及反应活性的一个非常好的评估。通过评估参与反应的各个分子的分子轨道，获得前线轨道的能量、波函数相位、重叠程度等信息，可进一步定性解释分子的这些行为，并可以应用前线轨道理论解释一些经典理论无法解释的分子反应行为。

前线轨道理论具有简单、直观、有效的特性，在化学反应、生物大分子反应过程、催化机理等理论研究方面有着广泛的应用。福井谦一因前线轨道理论与美国R.霍夫曼（分子轨道对称守恒原理）分享了1981年的诺贝尔化学奖。（崔中华）

钱德拉塞卡，S. Subrahmanyan Chandrasekhar（1910-10-19～1995-08-21）美国理论物理学家、天体物理学家。生于印度拉合尔（今在巴基斯坦），卒于美国伊利诺伊州芝加哥。1930年毕业于印度马德拉斯大学，1930～1934年在英国剑桥大学三一学院学习理论物理，1933～1937年在该校任教。1937年移居美国，在芝加哥大学叶凯士天文台工作，1942年任该校教授。1944年为英国皇家学会会员，1955年为美国国家科学院院士。1952～1971年任美国《天体物理学杂志》主编。他在恒星内部结构理论、恒星和行星大气的辐射转移理论、星系动力学、等离子体天体物理学、宇宙磁流体力学和相对论天体物理学等方面都有重要贡献。

早期从事恒星内部结构理论的研究。他利用完全简并的电子气体的物态方程建立白矮星模型，导出白矮星的质量上限是太阳质量的1.44倍。这就是钱德拉塞卡极限。1939年，他出版《恒星结构研究引论》一书，系统论述了恒星内部结构理论。1950年出版《辐射转移》一书，总结了他在恒星和行星大气辐射转移理论方面的主要工作。他解决了有偏振的辐射转移问题，并用量子力学方法计算了作为中介光谱型恒星大气不透明度源泉的负氢离子吸收系数。1943年，他出版《恒星动力学原理》一书，运用经典力学讨论星团、星系等天体系统的动力学问题。20世纪60年代，他出版《等离子体物理》和《流体动力学和磁流体力学的稳定性》等专著，并从事相对论天体物理的研究。1983年因对恒星的结构和演化的物理过程的基础性研究的贡献，荣获诺贝尔物理学奖。（郭奕玲）

钱皋韵 Qian Gaoyun（1927-03-14～ ）中国核燃料工程和同位素分离专家。生于上海。1950年毕业于上海交通大学，留校任助教。1953～1955年作为莫斯科大学研究生进修两年。1956年回国。先后在原子能研究所一部、二部工作。1955～1959年任原子能研究所受控核聚变研究室副主任。1960～1986年先后任原子能研究所气体扩散研究室副主任，核工业理化工程研究院科技处处长、副院长、院长。1986年后调核工业部工作，先后担任副总工程师，科技委副主任、主任，中国核工业总公司科技委主任，中国核学会理事长，“七五”至“九五”国家重点科技攻关项目铀同位素分离专家组组长。1994年当选为中国工程院院士，任首届能源与矿业工程学部常务副主任。

先后在中子物理、聚变物理和铀同位素分离的科学研究及其组织方面做了大量的工作，是中国气体扩散用分离膜研制的奠基人之一。20世纪60年代从事气体扩散机中核心元件分离膜的研制工作。正式研制甲种和乙种分离膜。他组建分离膜性能研究的实验室，亲自指导和参加多个测量装置的设计和调试工作。分析了丙、丁两种分离膜的性能、工艺、成本，最终选定丁分离膜的方案。还为中国气体扩散机的应用、改进和研制做出了贡献。1978年后组建离心技术研究队伍和实验室，提出开发分离性能更好、更符合中国国情的技术路线，为中国铀同位素分离离心技术的发展奠定了基础，在中国铀浓缩技术向离心法过渡的决策中起到重要的促进作用。主持并参与离心机和辅助系统研制在内的一整套完整的离心机研制体系的建立，并及时组织几种离心机的扩大试验，后又筹建了离心机小批量生产线，为促进科研成果迅速向工业化转化做出了重要贡献。1986年获国家人事部颁发的有突出贡献中青年专家称号。曾获国家科技进步奖二等奖一项、国家发明奖一等奖四项。（尹晓冬）

钱临照 Qian Linzhao（1906-08-28～1999-07-26）中国物理学家。生于江苏无锡，卒于安徽合肥。1929年毕业于上海大同大学。“九一八”事变前曾在东北大学物理系任助教，事变后在北平研究院物理研究所任助理员，研究石英的压电及其振荡现象、压力对感光材料的影响。1934～1937年就学于英国伦敦大学学院研究生部。1937～1945年抗日战争期间，钱临照在昆明北平研究院从事应用光学研究。曾与所长严济慈等在昆明郊区建立小规模光学车间，制造出显微镜、水平仪各100余台，供抗战后方之用。他还对《墨经》中的物理学内容进行研究。早在伦敦大学时期，他即致力于晶体范性的研究。他首先发现体心立方结构的钠、钾单晶体中的X射线星芒现象是滑移面的转动，并从实验中得出低熔点钠、钾及高熔点钼的滑移规律。同时，他还从事一项玻璃表面的研究工作，证明玻璃表面微裂缝的存在。

1948年曾任中央研究院总干事。中华人民共和国建立后，他先在中国科学院应用物理研究所任研究员，1958年任中国科学技术大学教授。1978～1984年任副校长，1981年创建了该校自然科学史研究室。他一直从事晶体缺陷的研究，并坚持指导研究生工作。

1955年当选为中国科学院学部委员（院士）。1943～1978年，任《物理学报》主编、副主编和编辑委员。1980～1983年任中国科学技术史学会第一届理事长，1980～1982年任中国电子显微镜学会第一届理事长。（戴念祖）

钱三强 Qian Sanqiang（1913-10-16～1992-06-28）中国物理学家。浙江吴兴人。卒于北京。钱三强的父亲是五四运动期间著名的语言文字学家钱玄同。1936年清华大学物理系毕业。1937年赴法国留学，在约里奥-居里夫妇指导下，在巴黎大学镭学研究所

居里实验室和法兰西学院原子核化学实验室进行原子核物理的研究工作，1940年获法国国家博士学位。1944年和1947年起先后担任法国国家科学研究中心研究员和研究导师。1946年获法国科学院亨利·德巴微物理学奖。1948年回国后，任清华大学物理系教授和北平研究院原子学研究所所长。1950年起，历任中国科学院近代物理研究所副所长、所长，中国科学院计划局副局长、局长、副秘书长，原子能研究所所长、副院长。1955年当选为中国科学院学部委员（院士）。1956～1978年担任第二机械工业部副部长。曾任中国物理学会副理事长（1951～1981）、理事长（1982～1987），中国核学会荣誉理事长，中国科协副主席（1986～1991）、名誉主席。

从事核裂变现象的研究。1938～1939年他与I.约里奥-居里合作，用中子打击铀和钍得到放射性的镧同位素，从它们的β射线能谱证明它们是同一种同位素。这对解释当时发现不久的核裂变现象是有力的支持。1944年他首先从理论和实验上确定了50 000电子伏以下的中低能电子的（真）射程与能量的关系。1946年与G.布依西爱和M.巴什莱合作，首次测出了镤（$^{231}_{91}Pa$）的α射线的精细结构，并与电子内转换产生的γ谱线符合得很好。1946～1948年，钱三强与**何泽慧**、R.沙士戴勒和L.微聂隆合作，发现铀的三分裂和四分裂现象。他根据实验继续分析研究得出能量与角分布等关系，对三分裂现象从实验与理论两方面做出了全面的论述。经过十几年的考验，这一论述已得到公认，尤其是到20世纪50年代获得新的实验手段后，从第三裂片的同位素质量谱、射程、发射角度等都说明他的解释与新的实验证据以及电子计算机的计算结果相符合。

他不仅培养了一批从事研究原子核科学的人才，建立起中国研究原子核科学的基地，而且在中国两弹一星的研制过程中，发挥了重要的组织领导作用，1999年被追授“两弹一星功勋奖章”。他对中国科学院和中国原子能事业的建设、计划和学术领导都做出了杰出贡献。 （戴念祖）

钱伟长 Qian Weichang（1912-09-10～2010-07-30） 中国应用数学家和力学家。生于江苏无锡，卒于上海。1935年毕业于清华大学物理系。1939～1942年在加拿大多伦多大学求学，获哲学博士学位。后在美国加利福尼亚理工学院喷气推进研究所从事研究工作，得到T.von卡门的指导。1946年回国后任清华大学教授，兼任北京大学、燕京大学教授。1949年以后在清华大学任教，曾任教务长、副校长等职。1955年当选为中国科学院数理学部委员（院士）。1983年起任上海工业大学校长。曾任中国力学学会副理事长、中文信息学会理事长。2003年任《中国大百科全书》第二版总编辑委员会副主任。

为中国的力学事业做了许多工作。他是中国科学院力学研究所、清华大学工程力学研究班、中国力学学会的创建人之一。20世纪50年代曾任中国科学院力学研究所副所长。1984年创建上海市应用数学和力学研究所。他曾负责多种中国力学书刊的编辑工作，创办了《应用数学和力学》期刊。他长期从事力学的教育工作，培养了大批专业人才。

在力学方面的主要成就有：①建立了薄板薄壳的内禀统一理论（1940），第一次将张量分析用到弹性板壳上。②在薄板大挠度的非线性问题摄动法和奇异摄动法这一领域，他第一次用系统摄动法处理非线性方程（1947～1957），并用奇异摄动法解决相关问题，在创建奇异摄动法方面做出了重要贡献。③在广义变分原理和有限元理论方面，他的工作涉及广义变分原理的正确建立，包括完全的和不完全的广义变分原理的全部理论以及大位移问题的最小余能原理和广义变分原理等，为有限元法的广泛应用奠定了基础（1960～1978）。

对一些应用力学问题也进行了研究，如研究仪表弹性元件环壳的分析解（1978）。在应用数学方面，他编著了包括10 000个三角级数的《傅氏级数之和》大表。他对汉字文字改革、汉字信息处理等都做过研究，研制成新颖中文打字机；对大功率电池的设计理论、电机计算理论等都有独特的见解。

科学研究专著有《我国历史上的科学发明》（1953）、《弹性柱体的扭转理论》（与林鸿荪、胡海昌、叶开沅合著，1954）、《弹性力学》（与叶开沅合著，1956）、《变分法及有限元》（1980）等。 （谈庆明）

钱学森 Qian Xuesen（1911-12-11～2009-10-31） 中国力学家，工程控制论和物理力学的开创者，中国空间技术、系统科学和系统工程的奠基人，国家杰出贡献科学家。祖籍浙江杭州。生于上海，卒于北京。1934年毕业于上海交通大学机械工程系。1936年获美国麻省理工学院航空工程硕士学位，后转学加州理工学院，师从力学家T.von卡门。1939年获哲学博士学位，留校成为卡门的助手，是卡门组建的美国航天中心喷气推进实验室的主要成员。1947年任麻省理工学院教授。1949年任加州理工学院喷气推进中心戈达德讲座教授。1955年钱学森回到祖国。1956年春参加制订国家12年科技发展远景规划，并主持制订其中“喷气和火箭技术的建立”一项的规划。同年，创建中国科学院力学研究所，并被任命为国防部火箭、导弹研究院院长。1957年当选为中国科学院学部委员（院士）。1958年开始，主持中国科学院卫星技术领导小组，开创了中国空间技术的研究，任该院第一任院长。1965年以后，任第七机械工业部副部长、国防科工委副主任。1991年被授予“国家杰出贡献科学家”称号。1999年被授予“两弹一星功勋奖章”。任《中国大百科全书》第一版总编辑委员会副主任。

为了研究实现超声速飞机和远程火箭的可能性，在空气动力学、固体力学、稀薄气体力学等应用力学领域做出了杰出贡献，并且开创了工程控制论和物理力学等技术科学新分支。在应用力学领域的主要成果有：计算亚声速流动的卡门-钱近似方法（1939），方法的关键是用等熵曲线上代表来流状态点处的切线来近似取代等熵曲线本身，此法适用于飞行速度接近声速的高亚声速流动；确定壳体发生屈曲的临界载荷的能量跃变原理（1940～1942）；提出稀薄气体力学中三类流动的划分原则（1946）；与郭永怀一起论证了上临界马赫数的存在，其意义在于能预示当飞行速度提高到某一相应数值时，飞机突然发生栽头和抖振的现象。在喷气推进领域，他的主要成果有：提出探空火箭的逐次脉冲推进以达到优化高度的方案（1939）；在喷气助推起飞器的研制中做出重要贡献（1937～1942）；最早提出和论述核动力火箭的可能性（1947）；在火箭的推力优化、燃烧室的伺服稳定及控制和制导分析等方面做出重要贡献（1951～1955）。

钱学森在解决一系列有关高速飞行问题的过程中，联系到其他工程技术领域更广泛的需要，开创了工程控制论和物理力学两门新的技术科学。1954年出版《工程控制论》，讨论和研究实现自动控制和调节的理论及有关系统的结构原理，当即引起各国的广泛注意，形成多种文字的版本。为了提供人们迫切需要而又难以通过实验得到的高温、高压及放射线作用下的材料性质，他在1953年发表*Physical Mechanics—— A New Field in Engineering Science*，提出物理力学的主旨是通过对物质的微观分析，总结和整理物质的宏观性质，找出内在规律，从而得到所需数据。20世纪下半叶，科学技术各个领域都在沿着他最早指出的宏观和微观相结合的道路，研究和解决面临的复杂问题。

技术科学思想是钱学森科学思想的重要组成部分。1947年他给浙江大学、交通大学和清华大学作的题为《工程和工程科学》的报告和1957年发表在《科学通报》的《论技术科学》，对技术科学的内涵和特点，与基础科学和工程技术之间的关系，它的意义和作用、观点和方法论，以及技术科学教育等方面做了全面的论述，起到了全面界定技术科学的历史性作用。

钱学森在1955年回国后不久，便建立了运筹学研究组，认为运筹学和系统学等可在经济、国防以及其他系统的分析中发挥重要作用。20世纪80年代组织北京系统工程学术讨论会，在此基础上逐渐完善而形成一门新的技术科学——系统科学和工程；又提出思维科学，研究如何处理从客观世界获得的信息从而得到改造世界的知识和规律，并详细地讨论了这门科学的研究内容、层次和研究方法。　（谈庆明）

潜望镜　periscope　可使观察者在隐蔽位置观察不直接在视线内的目标的光学仪器。最简单的潜望镜由相隔一定距离的上、下两个倾斜45°平行反射面的反射镜或反射棱镜构成。一般潜望镜均由上、下反射镜（或棱镜）与有一定放大率的望远镜系统构成。仪器上端镜筒水平轴线与下端镜筒水平轴线间的距离称为仪器的潜望高。潜望镜多采用透镜组转像。为减小镜管直径，还常在透镜转像组的像面附近加一场镜。潜望镜可安全隐蔽地实施观察，亦可作方位角、高低角及距离测量。

潜望镜按在军事上的用途分为步兵、炮兵、坦克和潜艇潜望镜：①步兵潜望镜。多为小型仪器，放大率为4～8倍，潜望高0.4～0.55米，手持或架设于三脚架上。②炮兵潜望镜。主要用于炮兵指挥所，放大率在10倍以上，潜望高2～4.5米。③坦克潜望镜。常采用不具放大作用的观察系统，或与有一定放大率的望远镜系统交替使用，潜望高0.2～0.4米。④潜艇潜望镜。是复杂的大型仪器，潜望高达十几米，有升降及俯仰观察装置，仪器可精确测定目标的方位和距离，还可根据星体的方位和高度确定潜艇自身的位置进行天文导航。由于现代光纤传像技术的发展，已出现软型潜望镜。它用传像光纤把物体经物镜所成的像传输到目镜前的焦面上。光纤可随意弯曲，还可把像转为正立的，适用于某些特定场合。

现代的潜望镜应用了微光夜视、红外热成像、激光测距、计算机、自动控制、隐身等光电技术的新成果，主要技术指标可达到：俯仰范围−15°～+60°，1.5倍、6倍和12倍多种放大倍率，高精度的瞄准线双轴稳定，潜望镜入瞳直径>21毫米，潜望力约12米。现代潜望镜常配置多种摄像机和传感器，如数码摄像机、微光电视摄像机、彩色电视摄像机、热像仪、人眼安全型激光测距仪等；还能实时提供视频信号，实现同步观察。现代潜望镜系统在昼光和夜间条件下都有相当好的观察效果，可有效监视海面和海空、收集导航数据、搜索和识别各种海上目标，观察到的图像还可以录像供回放。

（仲　佰　江俊峰　郁道银）

浅能级杂质　shallow level impurity　半导体中杂质原子的价电子受到束缚较弱，形成与固体导带低或价带顶间隔比较小的杂质能级。在半导体中有些杂质原子的价电子受到束缚较弱，成为提供载流子（电子或空穴）的施主或受主杂质。它们在半导体中形成的施主能级接近导带，或者受主能级接近价带，因此称其为浅能级杂质。

浅施主杂质和浅受主杂质的能级距离导带底或者价带顶只有几个或几十个毫电子伏，因此在室温下，施主能级上多余的一个电子将被热激发进入导带，成为自由载流子。同样受主能级上多余的一个空穴也被热激发进入价带，成为自由载流子。因此，浅能级杂质一般是电活性杂质，在室温容易全部电离。所以在半导体中，可利用浅杂质的电离来提供电子制成n型半导体，或提供空穴制成p型半导体。浅杂质对半导体的电学特性，如导电类型、迁移率等影响很大。

浅杂质能级的位置可采用所谓类氢模型来计算。此处“类氢”意为“与氢原子类似”。氢原子中电子的量子化能量为$\Delta E_0=13.6$电子伏。而对于半导体中的浅能级杂质原子来说，它对其价电子的束缚比较弱，这一点类似于氢原子；但它与孤立的氢原子又有两点不同：①电子处于半导体中，若半导体的介电常数为真空介电常数的ε_r倍，则半导体中电子受到杂质原子正电中心的引力将减弱为原来的$1/\varepsilon_r$，束缚能量将减小为原来的$1/\varepsilon_r^2$；②电子在晶格周期性势场中运动，电子（空穴）的质量需用有效质量m_n^*（m_p^*）来代替m_0，其值一般会变小。因此，对于半导体中的浅施主杂质，得到的电离能为$\Delta E_d=(m_n^*/m_0)(\Delta E_0/\varepsilon_r^2)$。对于浅受主杂质，电离能则为$\Delta E_a=(m_p^*/m_0)(\Delta E_0/\varepsilon_r^2)$，都会远小于$\Delta E_0$。如对于锗：$\varepsilon_r=16$，$m_n^*=0.12m_0$，得到$\Delta E_d=0.0064$电子伏，这与实验在数量级上基本相符。对于硅：$\varepsilon_r=12$，$m_n^*=0.26m_0$，则得到$\Delta E_d=0.025$电子伏，这也与实验基本符合。

半导体中大多数施主杂质或受主杂质掺入半导体的浓度可人为精确控制，而且掺杂浓度可在很大的范围内变化，从10^{20}/米^{3}直至10^{26}/米^3（即几乎每1000个原子中有一个杂质原子），这样使得半导体在室温下的电导率可以相差12个数量级。在半导体的不同区域中分别掺入施主和受主杂质，形成PN结，构成大部分半导体器件的基本单元亦即整流器、发光管、激光器、晶体管、调制器、检测器及光电池等。

在半导体锗和硅中的浅能级杂质主要有以下两类：①浅施主杂质是Ⅴ族元素，如磷、砷、锑等都是替位式杂质。②浅受主杂质是Ⅲ族元素，如硼、铝、镓等，也都是替位式杂质（硅中铟的能级比较深，为0.16电子伏）。

Ⅲ-Ⅴ族半导体中，在砷化镓和磷化镓中常用的浅施主杂质是硒、碲、硅、锗和锡。砷化镓和磷化镓中常用的受主杂质是锌、镉和镁。Ⅵ族元素是施主杂质，替代晶格上的Ⅴ族原子。它们在砷化镓中的电离能分别为0.005 87电子伏（硫）、0.005 79电子伏（硒）、0.03电子伏（碲），氧有一个浅能级（另一个能级是0.75电子伏的深施主能级）；在磷化镓中浅杂质的电离能分别为0.107电子伏（硫）、0.105电子伏（硒）、0.093电子伏（碲）。

（江德生）

嵌段共聚物　block copolymer　由两种或两种以上的长序列链段构成的聚合物。其中每一链段由几十至几千个结构单元构成。嵌段共聚物一般为线型，但也有星型和四星型的非线型聚合物，其中线型聚合物可进一步按照其组成的长序列链段的数目分为二嵌段共聚物、三嵌段共聚物以及多嵌段共聚物，具体结构如下图所示。

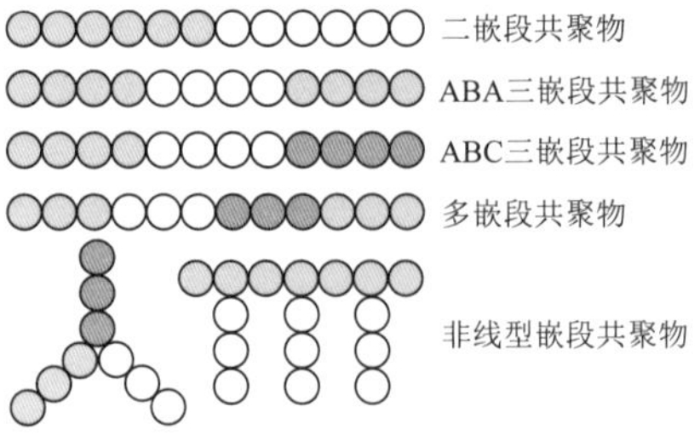

嵌段共聚物结构示意图

嵌段共聚物通常通过共聚的方法合成，例如自由基共聚（包括活性端基的嵌段共聚、高分子引发剂的嵌段共聚以及可控/“活性”自由基的嵌段共聚）、阴离子共聚、阳离子共聚和缩聚反应。嵌段共聚物具有各链段原有的特性，譬如亲水性、疏水性、熔融温度、玻璃化转变温度等。利用嵌段共聚物原有链段的特性可以改进聚合物的结构性能，扩大应用范围。例如，当二嵌段共聚物其中一个链段为亲水性链段，而另一个链段为疏水性链段时，二嵌段共聚物在水中会自发组装成特性形态的纳米粒子，可以为纳米反应器的制备和药物控制释放提供丰富的载体。另外，当组成ABA三嵌段共聚物的A/B链段之间化学性质相差较大时，会造成链段之间的相容性差，从而导致链段倾向于形成聚集结构而发生微相分离，工业生产的聚苯乙烯-聚丁二烯-聚苯乙烯（俗称SBS，S和B分别代表聚苯乙烯和聚丁二烯链段）ABA三嵌段共聚物即为此例。由于SBS三嵌段共聚物中，聚丁二烯链段的玻璃化转变温度（−100℃左右）远低于室温，室温下是一种橡胶，可以为材料提供韧性；而聚苯乙烯的玻璃化转变温度（100℃左右）远高于室温，室温下微相分离后形成硬塑料微区，可以为材料提供强度，并且高温下聚苯乙烯微区遭到破坏后可以自由流动成型，但室温下又可重组；聚丁二烯链段和聚苯乙烯的特性赋予SBS三嵌段共聚物同时具有弹性和热塑性，即为热塑性弹性体。热塑性弹性体完美地体现了链段特性对嵌段共聚物性能的影响。

（张望清）

嵌埋团簇　embedded cluster　嵌埋到衬底或其他掩盖层中的**团簇**。当团簇的沉积能量大于沉底的嵌入能时，团簇会埋入衬底中。形成嵌埋团簇的沉积能量与团簇的种类、尺寸及衬底有关，如金团簇嵌埋到高定向石墨中，金团簇所需要的沉积能量为大于3电子伏每原子。团簇在衬底中嵌埋的深度则与团簇沉积的动量成正比。也可以再沉积掩盖层制备嵌埋团簇，如一些常见的光学薄膜层等。

（宋凤麒）

腔量子电动力学　cavity quantum electrodynamics　研究腔中的原子（分子或其他量子系统）与量子化电磁场相互作用的量子光学分支。1946年，E.M.珀塞耳第一次提出与谐振腔耦合的原子，其自发辐射速率会增大的效应，这是因为谐振腔电磁场的模式结构不同于自由空间，从而增强了原子与腔的有效相互作用强度。

根据与原子相互作用的腔模频率的不同，腔量子电动力学可以分为微波腔量子电动力学和光学腔量子电动力学。随着微波激射器和激光器的发明与相应技术的迅速进步，腔量子电动力学的理论基础——**JC模型**建立，过去数十年中腔量子电动力学在理论和实验及相关应用技术方面都得到了极大的开拓和发展。

原子与腔相互作用的量子电动力学系统提供了一个进行量子物理研究和量子信息处理的实验平台，例如2012年诺贝尔物理学奖获得者之一S.阿罗什和他的合作者发展出在超导高Q微波腔中一个一个地放入制备到主量子数很高的里德伯态的碱金属原子的技术，观察到了原子自发辐射率增强的效应、薛定谔猫态；实现了原子-原子、原子-光子纠缠态；通过操纵原子，实现对腔中光子（甚至单个光子）的控制以及量子非破坏测量等。

随着微加工技术的提高，已经能制备波长尺度的各种结构的微谐振腔，如法布里-珀罗微腔、微球腔、微盘腔、微环腔、回音壁模式微腔以及光子晶体微腔等。这些微腔最小模体积小至波长三次方量级，最大Q因子已接近10^{10}，为腔量子电动力学研究提供了有效的技术平台。

（郑　杭）

腔模　cavity mode　能在光学谐振腔中进行稳定的“自再现”振荡的光场分布。在光学谐振腔中，只有具有一定的频率和一定的空间分布的光场才能够在腔内形成“自再现”振荡，即腔模。通常将腔模分为纵模和横模。腔模沿腔轴线方向的稳定场分布称为纵模，而在垂直于腔轴的横截面内的稳定场分布称为横模。

纵模用以表征能在腔中“自再现”光场的频率。这些频率是分立式分布的，它们必须满足谐振腔长是其相应半波长的整数倍这一条件，纵模频率为：

$$\nu_q = q \cdot \frac{c}{2L'}$$

不同q值对应于不同的纵模；L'为腔的光学长度。

横模用来区分不同“自再现”光场的横向空间分布，也与光波频率有关。根据谐振腔内不同的对称性，可选择直角坐标或极坐标来描述光场的横向空间分布。分别用厄米特-高斯模和拉盖尔-高斯模来表示不同的横模（见图）。两者的最低阶模——基横模对应的光束即是高斯光束。

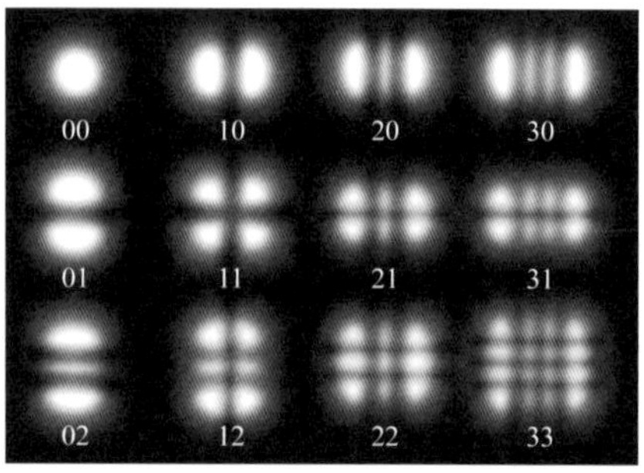

图1　厄米特-高斯模

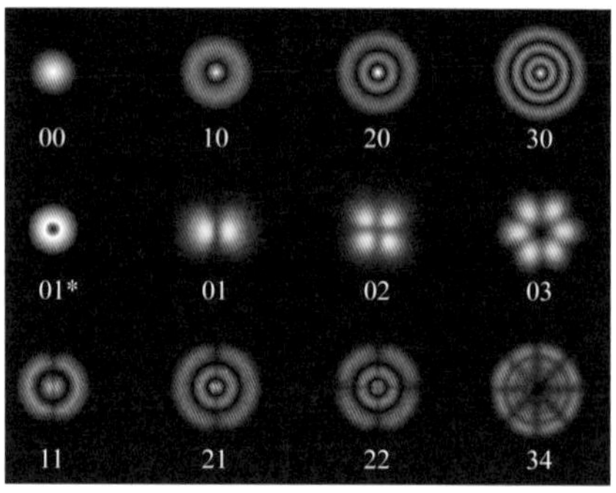

图2　拉盖尔-高斯模

对于某一给定的纵模可以有不同的横模，反之亦然。经常用TEM_{mnq}（对厄米特-高斯模，拉盖尔-高斯模则用TEM_{plq}）来描述腔模。其中“TEM”表示电磁场横波，下标整数“q”用于表示纵模的阶数，它与谐振腔的腔长有关。腔长越长，纵模数就越多。激光器输出谐振腔允许的那些纵模受制于激光放大介质的增益线宽和谐振腔损耗。靠近增益峰处的纵模最容易起振。通常通过调整腔长控制相邻纵模间隔来选择纵模。整数“m”和“n”（或“p”和“l”）则用以表示特定的横模阶数，描述光场横向空间分布的变化情况。相较于“q”值，“m”和“n”（或“p”和“l”）值要小得多，通常也就是0附近的几个整数。横模阶数越大，其模体积也越大，一般情况下在谐振腔中的传输损耗就越大。通常利用不同横模的衍射损耗差别来选择横模。真实的激光器当以最低阶单横模运转时，非常接近理论上的高斯光束（TEM_{00q}），实际中就将其当成高斯光束；而非单横模运转时，常常看成几个高阶横模的叠加。

纵模决定激光的光谱特性，如激光的线宽和相干长度等；而横模则决定激光的发散角、光束尺寸、能量分布和空间相干性等。

（徐世祥）

强场近似 strong-field approximation 在处理外场与原子分子相互作用的量子理论（如散射矩阵理论）中，由于不可能对束缚势和外场与电子的相互作用同时得到解析解而采取的一种近似方法。在散射矩阵的展开式中有两种展开形式：一种是对外场与电子相互作用进行展开；另一种是对束缚势进行展开。对于外场远远弱于束缚势的情况，利用第一种展开进行计算，即传统微扰论的处理方法。当外场强度达到可以与束缚势相比拟甚至强于束缚势的情况下，利用第二种展开进行计算。这时外场与电子的相互作用是做非微扰的处理，而束缚势对电子的作用则是在展开的高阶项中加以考虑（除初态以外）。特别在计算强激光场与原子分子相互作用的过程，例如电离过程中，通常除了初态（一般是基态）外不考虑其他束缚态，并且忽略初态由于电离产生的耗散过程（电离率较小）。如果系统的束缚势是短程势，则散射矩阵展开的高阶项（包含束缚势对电离电子的作用）远小于描述电子从初态直接跃迁到连续态的最低阶项，从而可以忽略。这一理论被称为强场近似模型，其主要物理图像是当电子跃迁到连续态后主要受外场的作用而忽略束缚势的作用。后来由于实验上发现线偏振强激光场下原子电离电子能谱的高能部分出现了与强场近似模型计算不符的平台结构，后在散射矩阵展开式中考虑包含电离电子与束缚势一次相互作用的项得到与实验一致的结果。这一理论被称为改进的强场近似模型。

（陈 京）

强光光学 intense-light optics 随着超短激光脉冲技术发展起来的光学分支。又称强场光学。超强激光的出现激起了对超强电磁场、超高能量密度新现象的关注，促成了强光光学这个新领域的产生。这些研究都依赖于超短超强激光系统，因此超短超强激光系统的研究始终是强光光学中的一个重要方面。应用到强光光学的超强激光器，是高峰值功率的超短超强飞秒激光系统，一般除了有一个飞秒激光器作振荡器外，还有一个比较庞大的放大器，重复频率低但能提供的峰值功率很高。为了得到很强的超短光脉冲，人们发展出来多种超短脉冲激光放大技术，如再生放大器、多通放大器、啁啾脉冲放大技术（CPA）、光学参量啁啾放大器等，其中最有名的就是1985年G.穆鲁和D.斯特里克兰发明的CPA技术，为此两人荣获2018年诺贝尔物理学奖（同时获奖的还有发明光镊的A.阿什金）。啁啾脉冲放大技术的基本思想是先将飞秒光脉冲的脉宽在时域上展宽（如用光栅对），峰值功率小了，就能安全地送到放大器进行放大而不致损坏放大器，等能量提高了从放大器输出后，再将光脉冲的脉宽压窄回飞秒（如用反置的光栅对）。CPA技术的发明、发展和应用，使人们能够在实验室台面上实现高峰值功率的超强激光，聚焦后的峰值功率密度可望达到10^{22}瓦/厘米^{2}量级，实现了名副其实的超强激光（场强相当氢原子内电子感受场强的激光的功率密度为3.5×10^{16}瓦/厘米^2），实实在在地推动了强场物理学的诞生和发展。1996年劳伦斯利弗莫尔实验室演示了第一台10^{15}瓦量级超强激光器以来，各国在这方面的研究竞争都很激烈。高峰值功率的激光经过聚焦后功率密度极高，为人们提供了前所未有的极端物理条件，即超强电磁场和超高能量密度。

超强电磁场中电子的相对论运动，引起原子、分子呈现出许多新奇的非微扰电离现象，包括多光子电离（MPI）、阈上电离（ATI）、隧穿电离（TI）、越垒电离（OBI）、高次谐波产生（HHG）、阿秒光脉冲产生（阿秒是探索原子和分子中关联电子运动的时间尺度）等，以及相对论的非线性效应。原子、分子、固体和等离子体的强场研究正方兴未艾，其中阿秒科学及借助HHG的真空紫外（VUV）和极紫外（EUV）相干光源研究具有重要的技术发展前景。超强电磁场和等离子体相互作用会产生超热电子，超热电子可以激发很宽范围的超快电磁辐射（X射线-太赫兹），也会产生极强的静电场（尾波场），该场可以把带电粒子加速到很高能量，这是新的激光加速粒子的途径。另一方面，超强激光在很短时间内将大量能量紧紧地聚焦积聚在很小的空间范围内，形成了超高温度、超高压强、超高能量密度的极端环境，使某些天体（如恒星甚至黑洞）的物理过程可以在实验室中模拟研究。超强激光驱动核聚变也一直在探索中。

（李师群）

强流粒子束 high flux particle beam 束流强度（单位时间通过横截面的粒子个数或单个脉冲包含的粒子个数）极大的电子束或离子束，有时也包括中子束等。其特点是携带能量大、功率高和脉冲宽度窄，与物质作用过程中往往会引起极强的辐射和次级粒子发射。强流粒子束的产生往往需要借助高功率脉冲放电技术和射频直线加速技术。利用同步加速器技术，粒子束的强度相对较低，但能量可以更高。

利用直线感应加速器技术可以获得强流粒子束。这种加速器技术由N.C.克里斯托菲洛斯在20世纪60年代发明。这种技术可以获得单脉冲1000安以上的强流电子束。美国阿贡国家实验室和洛斯阿拉莫斯国家实验室等大型实验室拥有这种强流电子加速器。中国工程物理研究院研制的神龙系列直线感应电子加速器可以提供的电子束峰值强流高达数千安，脉冲宽度约100纳秒，电子能量高达20兆电子伏。中国科学院近代物理研究所、清华大学等单位也发展了不同类型的强流直线电子加速器，这些电子加速器的能量都在百兆电子伏以下。该类型的强流电子束已广泛地应用于核爆炸模拟、大型X光闪光照相、超强功率微波的产生、高功率气体激光器抽运等。

利用同步加速器技术（该技术由V.I.韦克斯勒于1944年提出原理设计），可以获得数百兆电子伏至吉电子伏量级的强流电子束。以上海同步辐射光源为例（见图），该加速器可以提供能量为3.5吉电子伏（35亿电子伏）、脉冲宽度小于100皮秒（1皮秒=1万亿分之一秒）的强流电子束，该光源为第三代同步辐射光源。建设中的上海软X射线自由电子激光用户装置是第四代光源，比上海光源的亮度还要高9～10个数量级。基于这种电子加速器的同步辐射光源已经成为材料科学、生命科学、环境科学、物理学、化学、医药学、地质学等学科领域的基础和应用研究的一种最先进的且不可替代的工具，并且在电子工业、医药工业、石油工业、化学工业、生物工程和微细加工等方面具有重要而广泛的应用。

上海同步辐射光源鸟瞰图

强流离子束装置与强流电子束装置类似，也大致可以分为直线加速器和回旋加速器两种。世界上流强最大的直线感应离子加速器建设在美国伯克利国家实验室。该装置可以提供能量为1兆电子伏/核子量级，峰值流强超过2安，脉宽20～30纳秒，束斑2毫米左右，单脉冲10^{11}个离子的强流离子束。利用回旋加速器技术，以德国的反质子与离子加速装置（FAIR）

和中国新启动的十二五规划项目强流重离子加速装置（HIAF），可以产生能量更大（如质子束能量达到10吉电子伏以上，重离子能量也达到1吉电子伏/核子量级）、单脉冲离子数达到相同量级甚至更高的高能短脉冲强流离子束。这种强流离子束可以用于粒子物理与核物理、原子物理、高能量密度物理、核天体物理，以及材料科学等领域的科学研究，同时也为离子束驱动惯性约束聚变研究提供了独具特色的工具。

随着超短超强激光技术的发展，利用激光加速技术也获得了强流粒子束，其特点是脉宽极短（通常在皮秒至飞秒量级），峰值功率极高，但束流能散相对传统加速器较大，相关研究十分值得期待。

（赵永涛）

强耦合超导体 strong-coupling superconductor 很强的电子-声子耦合诱导的配对相互作用而导致超导的超导体。一般把电声耦合常数$\lambda>1$的超导体归为强耦合超导体。强耦合理论是G.M.伊莱什伯格在A.B.米格达勒关于正常态的理论的基础上建立起来的。强耦合超导体的超导转变温度与德拜频率相当，因此这类超导体中的特征能量尺度与诱导配对相互作用的声子能量相当。此时超导电性对声子激发的动力学特性敏感，导致偏离弱耦合超导体普适规律偏离，同时也使得通过测量超导性质而发掘吸引相互作用的起源成为可能。如美国核物理学家E.M.麦克米伦通过分析隧道谱得到电-声耦合谱函数$\alpha^2F(\omega)$和库仑赝势μ_*。这些材料特性可以输入强耦合理论计算对弱耦合理论普适规律的修正，从而计算超导转变温度、能隙、同位素效应、临界磁场、磁化曲线、磁通点阵、电磁响应等。伊莱什伯格理论可以说是朗道-费米液体理论的推广，用以处理强电声耦合情况。如朗道-费米液体一样，该理论也有一定的唯象成分，都可以从以k_BT/E_F和$\hbar\omega_D/E_F$为小量的渐近展开得到（E_F为费米能）。理论中包含材料参量，如朗道参数、$\alpha^2F(\omega)$和μ_*等，必须从实验中获得。伊莱什伯格理论也是一种自洽平均场理论，在根据米格达勒定理忽略顶角修正的前提下，它计算电声耦合和屏蔽库仑相互作用导致的频率依赖的自能修正（包含正常和反常自能）。这个自能修正单粒子格林函数，再用修正的格林函数重新计算自能修正，直到自洽条件得到满足为止。根据强耦合理论得到的结果与实验符合的程度比弱耦合理论更好。如关于两倍能隙与超导转变温度之比$2\Delta_0/(k_BT_C)$，实验上对于超导体Hg、In、Nb、Pb、Sn、Tl的情况分别为4.61、3.69、3.80、4.50、3.74、3.60，强耦合理论给出的值分别为4.50（+2%)、3.87（−5%)、3.8（−1%)、4.47（+1%)、3.73（+0%)、3.71（−3%)，其中括号中给出了因实验参数导致的不确定程度，而弱耦合理论只能给出一个“普适”值3.53。强耦合理论成功的前提是米格达勒定理，即在自能计算中可以忽略顶角修正，其误差为$\sqrt{\frac{m}{M}}$的量级，式中m为电子质量；M为离子质量。强耦合理论也被推广到非电声子机制的超导体，如铜氧化物高温超导体，用以研究自旋涨落导致超导的可能性。但与传统电声子机制相比，理论上尚有值得注意的地方：首先是忽略顶角修正是否可行，其次是自旋涨落是电子系统本身的性质，而声子是独立于电子的激发模式。

（王强华）

强耦合等离子体 strongly coupled plasma 相邻带电粒子间耦合较强的等离子体。等离子体中相邻带电粒子间的相互作用强弱通常用耦合强度Γ来表征，Γ定义为相邻带电粒子间的平均库仑势能与平均热运动动能的比值，即：

$$\Gamma=[q^2/(4\pi\varepsilon_0 d)]/(k_BT)$$

式中d为相邻粒子间的平均间距；ε_0为真空介电常数；k_B为玻尔兹曼常数；q和T分别为带电粒子的电荷和温度。对于简并电子气体（量子等离子体），Γ定义为：

$$\Gamma=[q^2/(4\pi\varepsilon_0 d)]/E_F$$

式中E_F为费米能量。$\Gamma>1$的等离子体可称为强耦合等离子体。

粒子数密度为n的经典等离子体，粒子间平均间距为$d=[3/(4\pi n)]^{1/3}$，则耦合强度Γ与德拜球内粒子数N_D（见**德拜长度**）的关系为$\Gamma\approx1/N_D^{2/3}$。对于呈现集体效应的经典等离子体，$N_D\gg1$，则$\Gamma\ll1$，是弱耦合的，可以近似看作理想气体。

根据耦合强度的定义，提高Γ的途径有三种。其一是降低粒子平均间距，亦即增大粒子数密度，对于$T\sim100$电子伏（约10^6开）的等离子体，粒子数密度需达到10^{26}/厘米^{3}才能使Γ约为1，通常发生在恒星内部或激光驱动内爆等离子体中；其二是大幅度降低温度，通常采用激光冷却俘获带电粒子的方法获得；其三是增大带电粒子的电荷，通常利用等离子体中的带电尘埃颗粒达到。

曾有学者利用蒙特卡罗模拟方法研究过经典单组分等离子体中的物态方程，预言当$\Gamma=168\pm4$时即可发生液态-固态相变，但长期以来实验室强耦合等离子体很难获得。后来利用潘宁阱和尘埃等离子体从实验上分别观察到离子晶体和尘埃库仑晶体。

潘宁阱中带电粒子横向运动被磁场约束、纵向运动被电场约束，在井中做刚性转动，利用激光对其冷却，可形成整体绕磁场刚性旋转的离子晶体结构。

实验上最易实现且研究得最多的当属尘埃等离子体晶体。每个尘埃颗粒电荷数可高达$10^3\sim10^5$，其Γ值极易超过170。自从1994年首次在实验上获得尘埃库仑晶体以来，该研究经久不衰，近20年来尘埃等离子体中的晶体、相变、弹性晶格波等研究引起广泛关注。

（马锦秀）

强衰变 strong decay 由强相互作用引起的粒子衰变过程。在已知的自然界的四种基本相互作用中，强相互作用力最强，是一种短程力，原子核正是在强相互作用下才得以形成。描述**强相互作用**的理论称为**量子色动力学**（QCD）。在粒子物理中，将直接参与强相互作用的可观测粒子称为强子。按照夸克模型，强子是由夸克构成的复合体，如质子、中子、π介子等。

由强相互作用引起的粒子衰变过程称为强衰变。因此，只有**强子**才发生强衰变，并且衰变末态也是强子。在夸克模型中，强衰变实际就是强相互作用下的夸克反应过程。按照实验和理论，自由状态下质子是唯一稳定的强子。由于通常强相互作用力很强，相应的反应过程时间都比较短。强衰变粒子的寿命一般在$10^{-24}\sim10^{-20}$秒之间，是不稳定粒子，也称为共振态。

强相互作用有很高的对称性，相应地满足许多守恒定律。在强衰变的过程中，所有已知的量子数都守恒，如电荷、味道、同位旋等。强衰变过程可分为两大类：一类是末态强子中含有初态强子的夸克组分，如$\psi(3770)$衰变到$D\bar{D}$的过程；另外一类末态中不含有初态强子的夸克组分，如ϕ介子到不含奇异夸克的轻强子末态的衰变过程，以及J/ψ介子到轻强子的衰变过程等。按照粒子物理中的OZI规则（Okubo-Zweig-Iizuka），通常前一类衰变宽度较后一类要大得多，相应地能发生这样过程的粒子寿命也就更短；后一类过程称为受到OZI压低。实验上发现，ϕ介子两个K介子要比到OZI压低的三π过程衰变宽度大得多。

（乔从丰）

强相互作用 strong interaction 自然界四种基本相互作用中最强的一种。最早研究的强相互作用是核子（质子或中子）之间的核力，是使核子结合成原子核的作用。

自1947年发现与核子作用的π介子以后，实验陆续发现了几百种有强相互作用的粒子，这些粒子统称为**强子**，其中自旋为半整数的称为**重子**，自旋为整数的称为**介子**。

强相互作用与其他相互作用相比有如下特点：①强度大。电磁相互作用的强度正比于一个称为精细结构常数的量：

$$\frac{e^2}{4\pi\hbar c}\approx\frac{1}{137}$$

式中e为电子的电荷；$2\pi\hbar=h$为普朗克常数；c为光速。如果强相互作用也用一个与电荷e对应的量g来描述，则$g^2/(4\pi\hbar c)$为1～10。强相互作用比电磁相互作用强10^2～10^3倍。②强相互作用是短程力。但力程比弱相互作用的力程长，约为10^{-13}厘米。③比其他三种基本作用有更大的对称性。即在强相互作用中有更多的守恒定律（见**对称性**）。除实验中还没有发现破坏的能量、动量、角动量、电荷、重子数和轻子数守恒外，强作用还有在弱作用或电磁作用中被破坏的宇称、C宇称、同位旋、奇异数守恒及粲数和底数守恒。此外，强作用还有一些近似的对称性，如SU(3)味对称和手征对称性。

对强相互作用本质的了解是物理学中长期的困难问题。曾经提出过许多处理强作用的理论和方法，但取得的成就都很有限。原因之一是理论中没有小参量，找不到可靠的近似方法。20世纪70年代初，由强子的夸克模型和非阿贝尔规范场的概念出发提出了**量子色动力学**。该理论中强子是由夸克、反夸克和一些称为胶子的规范粒子组成的，这些强子组元有不同的“色”，它们之间的相互作用由胶子场传递，强度正比于色耦合常数的二次方。强子整体上是无“色”的。这个理论可以解释上述强作用的特点。70年代，在高能电子和质子碰撞产生多个强子这类深度非弹性散射过程中发现一些规律。在这些过程中，强子中的夸克受到猛烈碰撞，产生许多胶子和夸克-反夸克对。在量子色动力学中，夸克、胶子的有效色耦合常数在高能量、大动量传递（相当于远小于强子半径的空-时距离）过程中变小，因此可以取为小参量对小距离过程作近似计算。结果与深度非弹性散射及其他一些高能量、大动量传递过程的实验符合。**量子色动力学**已被认为是强作用的基本理论。

（戴元本）

强子 hadron 直接参与强相互作用，而且能够单个存在的最小粒子。自旋为$\hbar$整数倍（0, 1, 2, …）的强子称为介子；自旋为$\hbar$半整数倍（1/2, 3/2, …）的强子称为**重子**。历史上曾经认为强子是构成物质的基本组分，但很快发现强子是有内部结构的，它们不是基本的。已发现的介子是由**夸克**及反夸克构成，重子是由三个夸克（或三个反夸克）构成。夸克之间通过交换**胶子**相互作用，将夸克（反夸克）束缚在一起构成强子。此外，理论上认为存在胶子束缚态——**胶球**，也属于强子。它们的存在有待实验的证实。见**粒子物理标准模型**、**量子色动力学**。

（沈齐兴）

强子分子态 hadronic molecular state 由两个或更多个**强子**通过**强相互作用**形成的束缚态。在粲夸克偶素和粲介子被发现后，M.B.奥洛施恩和L.B.奥肯于1976年提出强子分子态。区别于强子原子态，强子分子态是强子之间通过电磁相互作用形成的束缚态，通常被认为是超出夸克模型的奇特强子态的一种。此概念可以看作是原子核概念的推广，原子核是核子通过强相互作用形成的束缚态。

两个强子通过相互作用形成的S波态，而且是束缚能很小的浅束缚态，是研究的较多的强子分子态。束缚能很小意味着此系统中束缚的强子运动很慢，可以利用非相对论量子力学或者有效场论来处理。同时，这也意味着组分强子之间的距离较大，该系统可以利用强子作为有效自由度来研究。一个物理态是否为强子分子态，取决于在组分强子的连续谱中找到该物理态的概率。这一概率通常记为$1-Z$，通过求解薛定谔方程会找出下列近似关系：

$$g_{\mathrm{NR}}^2\approx(1-Z)\frac{2\pi}{R\mu^2}$$

$$a\approx\frac{2R(1-Z)}{2-Z}$$

$$r_{\mathrm{e}}\approx\frac{RZ}{1-Z}$$

式中$R=1/\sqrt{2\mu E_{\mathrm{B}}}$描述了组分强子之间的典型距离；$\mu$为组分强子的约化质量；$E_{\mathrm{B}}$为束缚能。等式左边的$g_{\mathrm{NR}}$为物理态与两个组分强子的非相对论耦合常数；$a$和$r_{\mathrm{e}}$分别为组分强子之间相互作用的散射长度和有效程。美国物理学家S.温伯格在1964年便推导出了这些关系，并利用它们来说明氘核是一个质子和中子的束缚态而并非基本粒子。需要注意的是上述关系只能应用于S波浅束缚态，而且它们的相对误差为r/r_{e}，其中r为组分强子之间的力程。

一系列实验中观测到了主要由分子强子态构成的结构，其中最著名的是2003年由贝尔（Belle）合作组在B介子衰变中发现的X（3872），它被广泛地认为是由$\bar{D}D^*$以及它们的反粒子组成的自旋为1、宇称和电荷共轭宇称皆为正的强子分子态。

（郭奉坤）

强子化 hadronization 在粒子物理中，**部分子**（即夸克和胶子）形成**强子**的过程。强子化过程是在粒子对撞机中高能碰撞产生夸克和胶子之后发生的过程。由于色禁闭现象，这些带色荷的夸克和胶子不能自由地单独存在。在标准模型中，它们与从真空中通过量子涨落而自发产生的夸克和反夸克结合在一起形成强子。例如，正负电子对撞（湮灭）可以产生一对正反夸克，在夸克产生之后，这个夸克（或反夸克）可以碎裂成一个或者若干个强子，最终会在探测器中被观察到。

强子化也发生在宇宙大爆炸后不久夸克-胶子等离子体冷却到温度低于自由夸克和胶子不能存在的温度（大约170兆电子伏）。那时夸克和胶子就结合成强子。

然而，不是所有的夸克都会发生强子化过程。一个顶夸克的平均寿命为5×10^{-25}秒，这个寿命比量子色动力学（QCD）强作用的时间标度要短，所以一个顶夸克在它能强子化之前就衰变了，这允许物理学家观察到一个“裸夸克”。因此，当所有其他的夸克仅作为强子的组分被观察到时，顶夸克一直没有被作为任何可观测的强子的组分被观察到。

“碎裂函数”作为在硬散射过程中描述末态单粒子能量分布的函数被广泛使用。从唯象学的角度，夸克或胶子里产生强子的方式可以分别用夸克碎裂函数或胶子碎裂函数来明确地表达。部分子碎裂函数描述的是一个部分子碎裂到携带部分子动量的某一分数的强子的概率。

碎裂函数可以通过很多高能散射过程来测量。正负电子湮灭过程提供了一个干净的初态环境（没有初态强子），并严格限制夸克碎裂函数和反夸克碎裂函数的和。然而，正负电子湮灭对胶子碎裂函数不那么敏感，对电荷反对称夸克碎裂函数与反夸克碎裂函数之差不敏感。这些量可以通过质子-（反）质子和电子-质子散射来约束。特别是电子质子散射提供了一个更加复杂的环境，在这个环境中，有可能研究来自初态QCD辐射、强子靶的部分子和自旋结构以及靶的剩余系统对碎裂过程的影响。而且，正负电子湮灭的四动量转移的二次方是由碰撞能量来决定的。轻子-强子散射有两个独立标度，即负的四动量转移二次方和强子末态的不变质量，这两个标度对于一个给定的质心系能量都能以几个数量级变化，因此可以通过单个实验在不同环境下对碎裂进行研究。所以，在轻子－强子和强子－强子的散射中和在正负电子湮灭中，针对碎裂函数的测量是相辅相成的。

强子化过程的QCD物理机理还没有被完全了解，还没有已知的关于强子化的确切理论，但是物理学家通过大量的唯象学研究和各种长程QCD近似行为，将强子化过程模型化和参数化。具体来说，强子化可以用蒙特卡罗模拟来探究。由一个单夸克的强子化产生的一个呈小角圆锥体状的粒子束叫一个喷注。在粒子探测器中，可以观察到的是喷注而不是夸克，夸克的存在是被推断出来的。模型、近似方案和预测的喷注的强子化或喷注碎裂一直被广泛地用来与许多高能粒子物理实验中的测量量相比较。 （肖博文）

强子化的弦模型 string model of hadronization 一种解决量子色动力学非微扰问题的强子化唯象模型。见**量子色动力学强子化模型**。

强子结构 hadron structure 对强子内部结构的认识和研究。强子曾经被看成是基本粒子，随着粒子物理学的进展，认识到强子是有着内部结构的粒子。

早期模型 最早提出强子结构模型的是**E.费米**和**杨振宁**。1949年，他们提出当时已知的所有原子核及介子都是由质子p、中子n以及它们的反粒子（$\bar{p}$、$\bar{n}$）构成的。如π介子是由处于自旋单态及轨道运动的S态（$^1S_0$态）的正反核子构成的同位旋三重态：

$$\pi^+=p\bar{n} \quad \pi^0=\frac{1}{\sqrt{2}}\times(p\bar{p}-n\bar{n}) \quad \pi^-=n\bar{p}$$

由正反核子还可构成$^1S_0$的同位旋单态或$^3S_0$的同位旋单态或三重态。具有这些量子数的粒子在1949年尚未被发现，但在后来的实验中已被找到。费米－杨模型中只有非奇异的介子及重子，因为核子不具有奇异数，由此不能构造成奇异粒子。1955年，日本物理学家**坂田昌一**推广了费米－杨模型，提出所有的强子都是由质子p、中子n和超子Λ以及它们的反粒子$\bar{p}$、$\bar{n}$、$\bar{\Lambda}$构成的坂田模型。坂田模型中质量最低的一些介子的构成是：

$$\pi^+=p\bar{n} \quad \pi^0=\frac{1}{\sqrt{2}}\times(p\bar{p}-n\bar{n}) \quad \pi^-=n\bar{p}$$

$$K^+=p\bar{\Lambda} \quad K^-=\Lambda\bar{p}$$

$$K^0=n\bar{\Lambda} \quad \bar{K}^0=\Lambda\bar{n}$$

$$\chi^0=\sqrt{\frac{1}{3}}(p\bar{p}+n\bar{n}+\Lambda\bar{\Lambda})$$

$$\eta^0=\sqrt{\frac{1}{6}}(p\bar{p}+n\bar{n}-2\Lambda\bar{\Lambda})$$

此后的实验检验中，坂田模型对介子的分类，介子的质量、自旋、宇称等性质的描述较成功，但对重子的分类则不能令人满意。如$\Sigma^{\pm,0}$及$\Xi^{0,-}$这5种重子，在坂田模型中是分别由（正反核子＋Λ）和（反核子＋2Λ）构成的，而这些可能的组合共有27种。就是说坂田模型预言的重子太多。此外，坂田模型对重子的自旋、宇称等性质的描述也不够好。

强子具有内部结构的实验上的迹象，最早是在1956年由能量约为1吉电子伏的电子在核子上的散射实验中显示出来的。实验表明，核子不是一个点，而是在半径为0.8×10^{-13}厘米的范围内有着确定的电和磁的分布的物理实体。

对称性 1961年，**M.盖耳－曼**和**Y.奈曼**提出了用SU(3)对称性来对强子进行分类的“八重法”，这是沿着费米－杨－坂田模型方向的一个重大进展。物理上费米－杨－坂田模型主要只考虑了强子的同位旋对称性质，此外强子还有一个重要的内部量子数超荷，这两个量子数与粒子的电荷有着确定的关系。这个关系是不能自动在费米－杨－坂田模型中出现的，必须考虑更高的对称性，这就是盖耳－曼和奈曼提出的SU(3)对称性。八重法分类是粒子物理中的周期表，当时已经发现的粒子在八重法分类中都能有自己的位置，而且还准确地预言了一些新的粒子，最著名的是重子Ω^-，它在1964年被发现。到1964年粒子的数目增加至近百种，且新粒子发现的势头有增无已。八重法分类很好地说明了强子的自旋、宇称、电荷、奇异数及质量等一系列性质的规律性。

SU(3)群的基础表示是三维的，介子和重子都不属于SU(3)群的基础表示。盖耳－曼及G.兹韦克从而提出了和SU(3)群的基础表示相对应的是三种粒子。盖耳－曼还给它们起了一个从文学著作中借来的名字——**夸克**，表明夸克只有三种。现在习惯把它们记作u、d、s。它们是自旋为1/2的粒子，其性质见表。

夸克的性质（*e*是电子电荷的绝对值）

夸克	电荷	同位旋第三分量	奇异数	重子数
u	$\frac{2}{3}e$	$\frac{1}{2}$	0	$\frac{1}{3}$
d	$-\frac{1}{3}e$	$-\frac{1}{2}$	0	$\frac{1}{3}$
s	$-\frac{1}{2}e$	0	−1	$\frac{1}{3}$

夸克模型里，所有强子都是由夸克和它们的反粒子组成的，如质子由三个夸克（uud）组成，中子由三个夸克（udd）组成，π^+介子由正反夸克（$u\bar{d}$）组成，π^-介子由正反夸克（$d\bar{u}$）组成。夸克假设提出后，物理学家一直在找寻自由的夸克，但迄今尚未有被确证为成功的报道。

粒子的性质可分为两类。一类称为静态性质，如质量、自旋、奇异数、同位旋、重子数、电荷等；另一类称为动态性质，如寿命、衰变宽度、形状因子、截面、衰变分支比等，它们与粒子在不同的相互作用下的变化过程有关。粒子物理实验的大量资料是与后者有关的。SU(3)夸克模型在解释粒子的静态性质上取得很大的成功，但在解释粒子的动态性质上则未涉及。

层子模型 1965年，北京基本粒子理论组提出**层子模型**来研究粒子的动态性质。层子模型的主要思想是：①物质结构有无限层次，粒子层次上的构成组分是层子。强子所参与的相互作用归结为层子所参与的相互作用。②要解释强子的动态性质，只考虑对称性质是不够的，必须计及强子的内部结构。③强子是层子或反层子的束缚态，不能当作点粒子处理。④层子在强子内部的运动，可作非相对论近似，但强子作为一个整体运动，必须具有相对论协变的性质。⑤不同强子的动态性质，通过对称性及内部运动波函数的联系可表现出来。

层子模型是一个较好的强子结构模型。纷繁的粒子物理现象开始呈现出有机联系的、统一的图像。

量子色动力学 20世纪60～70年代，建成了一批能量更高、束流更强、性能更好的加速器。虽然这些加速器上没有找到自由夸克，但对研究强子的结构起了重要的作用。1968年用能量高达20吉电子伏的电子作探针来研究质子内部结构的电子深度非弹性散射实验中发现，大角度散射的截面比原来想象的要大得多，这意味着质子内部电荷有着点状的结构。另外的迹象还表明，这些点状的结构在质子里可认为是自由的。类似的实验后来在中子上进行也得到了相同的结论。70年代利用高能量的中微子作为探针来研究质子和中子的内部结构的中微子深度非弹性散射实验，也得到核子里存在有点状的、近似自由的和质量不大的结构的结论。

1974年，**丁肇中**及**B.里克特**等分别发现了一个新粒子J（或称ψ），它有着非常独特的性质，不能由上表所示的三个夸克u、d、s及其反粒子构成，只能以它由一个新的夸克c及其反粒子$\bar{c}$构成得到解释。这个新的夸克被称为**粲夸克**，有着一种新的量子数——粲数，它的电荷是$2e/3$。这第四个夸克及粲数的存在，不久便由一系列的新粒子$\psi(2s)$、D、D_s、η_c、Λ_c、Σ_c、Ξ_c和Ω_c等的发现得到更多的证据。

1977年，L.M.莱德曼等发现了又一个独特的新粒子ψ，它的性质只能以另一种新的夸克b及其反粒子$\bar{b}$构成得到解释。这第五个夸克被称为底夸克，它的电荷是$-e/3$，带有一种新的量子数——底数。这个新的夸克及底数的存在，由新粒子$\psi(2s)$、$\psi(3s)$以及B介子等的发现得到更多的证据。

1995年美国费米实验室发现了第六种夸克。这种夸克被称为顶夸克，记作t，它的电荷为$2e/3$，带有一种新的量子数——顶数。

早在讨论层子模型时就知道，夸克必须具有一种新的性质，才能解决夸克的自旋统计问题，如Ω^-重子是由三个处在轨道运动为s态的s夸克构成的，但这明显违背自旋为1/2的粒子必须服从的泡利不相容原理。后来引入夸克具有一个新的量子数——色量子数，或即夸克带有"色荷"的概念来解决这个矛盾。色荷是与电荷类比的概念，夸克一共有三种可能的色荷。夸克的电荷和色荷可由正负电子湮没成为强子的总截面的大小加以验证。实验的结果支持上述关于（u, d, s, c, b, t）六种夸克的电荷及色荷的假设。

1973年，建立了描述夸克之间的相互作用的量子色动力学（QCD）理论：夸克之间的作用力，是由于带有色荷的夸克相互交换带有色荷的胶子而产生的。这与描述电磁作用力的量子电动力学的图像很相像，在那里电磁力是由于带电荷的粒子相互交换光子而产生的。与光子一样，胶子也是没有静止质量的自旋为1的粒子，但光子不带电荷，而胶子带有色荷。正是这个差别，使得强相互作用力是短程力，必须做无穷大的功，才能把强子里的夸克或反夸克完全分开。这使得夸克不能以自由的状态存在。自由的胶子至今也还没有在实验上被发现。因此，夸克和胶子只能在强子内存在，称为夸克禁闭。

量子色动力学已成为强相互作用的基本理论。短距离下微扰论成功地应用到各种物理过程，得到了实验的验证。但大距离下由于非微扰特性，尚未有行之有效的方法。特别是关于夸克禁闭的特性完全是由QCD的非微扰性质确定，它与QCD非微扰真空密切相关。

强子物理　QCD的研究中强子结构和真空结构的一个重要的交叉领域，称之为强子物理。QCD在短距离下可将强子内的夸克和胶子作为类点粒子用微扰理论描述，而强子物理本质上是由大距离下QCD非微扰理论描述，并直接影响到原子核的核力理论。在中等距离区域内，强子物理包含更加丰富的物理现象。实际上在所有能量标度范围内，物理现象是相互关联的，即使短距离下QCD微扰理论被应用的能量区域内，QCD非微扰效应仍然会涉入其中。因此，强子物理不仅受到更多的粒子物理学家和核物理学家的重视，而且正在发展成为一个重要的研究领域，以求深入揭示强子结构和QCD真空结构的本质。（黄　涛）

强子量能器　hadron calorimeter　测量高能强子（带电的和中性的）能量及其他属性，并据此区分强子和其他种类粒子的探测器。高能强子进入介质时，和原子核发生弹性或非弹性散射（后者以多重产生为主），产生多个次级粒子，它们又和介质的原子核产生相互作用，如此反复进行发生非弹性碰撞，产生另一代次级粒子，一代一代次级粒子能量不断降低，多重产生能力下降。因此，随着过程向物质的纵深发展，次级粒子数目开始（核作用长度λ_I范围内）增加，在深度约为$0.2\ln E$（吉电子伏）$+0.7\lambda_I$处达到极大值后，次级粒子数目以λ_{att}约为（1～2）λ_I为衰减系数随介质的深度而衰减，这种过程称为强子簇射（级联）。在此过程中，有的次级粒子如π^0介子会衰变为两个γ光子，也可在介质中产生电磁簇射。强子量能器记录和测量强子簇射过程［也包括少部分由π^0、η^0（约占30%）介子引发的电磁簇射］产生次级粒子的总能量沉积，从而得到入射强子能量。入射强子方向可通过测量能量沉积的横向分布重心来确定。

高能强子在介质中的核作用长度较长，不可能像电磁量能器那样做成全吸收型的强子量能器，通常都是取样型的，但其结构与电磁量能器却十分相似。取样探测器常见的有塑料闪烁计数器、漂移室、流光室（管）、阻性板室（RPC）和阴极条室（CSC）等。吸收体常用铁、铜、铅板，也有用铀板的。铀板可俘获簇射过程中产生的快中子发生的裂变，减少中子的泄漏，改善能量响应和能量分辨率。

为了将簇射产生的次级粒子尽可能多（约95%）地收集到，选取足够厚的介质是十分必要的。通常强子量能器的纵向介质厚度尺寸L常用如下公式估算，约为：

$$L \approx (0.2\ln E + 0.7)\lambda_I + 4\lambda_{att}$$

式中E为以吉电子伏为单位的强子能量；λ_I为介质的核作用长度。

探测高能粒子的大型磁谱仪通常都包括强子量能器，提供鉴别强子的手段。（郑志鹏）

强子输运　hadron transport　研究强子在强子物质中的传播以及与其他强子发生相互作用的过程。强子是由部分子（夸克、反夸克和胶子）组成的复合粒子。根据强子内部组分夸克的个数，强子可以分为重子（如质子和中子）和介子（如π介子）。研究强子的输运过程，可以帮助了解强相互作用物质的很多性质。

研究强子输运的理论工具主要是输运理论。输运理论主要用来研究输运过程，如热传导（能量的传递）、流体的流动（动量的传递）、分子扩散（质量的传递）等。输运理论的基本出发点是守恒定律，即对于系统和其外部环境来说，所研究的物理量（如能量和动量）是守恒的。各种输运理论和模型都是建立在对基本守恒定律的不同表述上。如玻尔兹曼方程描述气体中单粒子的相空间分布，即在给定位置和动量时粒子出现的概率分布，随时间以及空间的变化。而流体力学方程描述系统宏观的物理量（如能量密度、压强、流体元的速度）的空间分布随时间的变化等。输运理论在物理、化学、生物等科学领域有着广泛的应用。

研究强子的输运过程还需要知道强子之间的微观相互作用机制。强子之间的强相互作用的基本理论工具是量子色动力学（QCD）。但是量子色动力学的基本自由度是夸克和胶子，而强子物质的基本自由度是强子。所以基于量子色动力学，人们发展出一些以强子为基本自由度的有效场论，例如手征微扰理论是一个以赝介子为基本自由度，按照动量幂次展开的低能有效理论。（秦广友）

强子物理势模型　potential model in hadron physics　在粒子物理的研究中通过引入相互作用势来描述夸克间的强相互作用。类似于电磁相互作用的库仑势，在粒子物理的研究中，人们也引入相互作用势来描述夸克间的强相互作用，代入到薛定谔方程中求解，得到强子谱和波函数。

为了计算强子能谱（介子和重子），不同的研究者引入了一些不同的势模型。势模型的基本思路是根据量子色动力学（QCD）场论，推导出夸克-反夸克，或夸克-夸克之间的相互作用，在非相对论近似下，将之转化成非相对论的势。由于是非相对论的，这个模型对重味强子（由重夸克构成的强子）比较合理。

根据SU(3)理论，夸克-反夸克系统可以处在八重态或单态中，夸克和反夸克可以通过交换胶子相互作用，根据场论可以推导出单胶子交换能导致一个库仑类的势$A\frac{\alpha_s}{r}$，前面的系数A是由卡西米尔算子的期望值$\langle P|\lambda^a\lambda^a|P\rangle$决定的，其中$|P\rangle$是夸克-反夸克所处的颜色本征态。如果它是单态，这个期望值是负的，即夸克和反夸克间是引力；反之，如果是八重态，这个值是正的，夸克和反夸克间的相互作用是斥力。对色单态的介子，它为$-\frac{4}{3}\frac{\alpha_s}{r}$。然而只有这一项不足以反映夸克永久被束缚在强子内的事实，因而研究者唯象地引入一个束缚项。最常用的是所谓线性势$\varkappa r$，也就是说夸克-反夸克系统的势为$-\frac{4}{3}\frac{\alpha_s}{r}+kr$，这个势模型称为康奈尔势。此外，束缚项还有其他的形式（如幂次、对数、积分形式等），不同形式就是不同的势模型。将势代入薛定谔方程，求解即可得到该介子能量谱（基态和激发态）。同时也得到介子的波函数，它对于讨论介子衰变是至关重要的。

特别要指出的是，势中的参数，比如康奈尔势的两个参数α_s和$\varkappa$并不能从更根本的理论中得到，而是要用实验数据来确定。此外，只有这两个输入还不够，为了符合实验，还需要引入零点能。当然，为了能够更精确地描述不同量子数的束缚态，还需要在简单势模型的基础上增加一些自旋-自旋相互作用项和自旋轨道相互作用项。

尽管可以在势函数中加入相对论修正项，对由轻夸克（u, d, s）组成的介子很难通过势模型得到合理的解。势模型通常用在研究重夸克构成的介子，例如$c\bar{c}$系列（$J/\psi, \psi', \eta_c, h_c$等等）、$b\bar{b}$的Υ系列，以及$b\bar{c}$（$c\bar{b}$）的$B_c$系列。

推广到重子，夸克-夸克间的相互作用可以从QCD理论推导出单胶子交换导致的势为$-\frac{2}{3}\frac{\alpha_s}{r}$，这时夸克-夸克子系统是在色$-\bar{3}$态中，同样反夸克-反夸克子系统是在色$-3$态中。

势模型的优越性在于简单，物理图像清晰，但缺点很明显，它有很多唯象参数需要用数据确定，因而不很可靠。相应的研究还在不断取得进步。（柯红卫）

强CP破坏 strong CP violation 强相互作用中电荷共轭变换和空间反射联合变换下对称性的破坏。见**轴子**。

敲出反应 knockout reaction 直接核反应的一种。它的基本思想是：探针核与目标核的一部分发生剧烈作用，将其从目标核中敲出，而目标核的其余部分基本不受影响，可被视为旁观者，也就是把敲出过程视为准自由碰撞。理想的敲出反应发生在较高的碰撞能区（一般要求每核子几百兆电子伏）。敲出反应最初是指探针核与目标核一部分的对头碰撞，但后来更广泛地用于A(a, a′b)B反应，其中b是A的一部分，即A＝B+b。在准自由条件下，a和b的碰撞近似满足能量动量守恒等条件，这样通过控制初始束流能量并测量出射a′和b，就能推出b原本在目标核A里的能量动量及其概率分布。可见，当b处于A的确定的量子态时，这种方法具有很高的灵敏度。比如，对于目标核表面的单粒子状态或者集团结构状态，敲出反应都是很好的谱学研究工具。

历史上广泛应用的敲出反应是(p, 2p)或者(p, pn)反应，也就是用几百兆电子伏的质子束（探针），从靶核（目标核）表面敲出质子或中子的情况，这主要是研究稳定核（靶核）表面的单核子量子态分布。研究的敏感区域，大体在核表面二三飞米深度的范围。对于敲出更深层次的核子，探针核的运动会受到轨道扭曲、多次碰撞等复杂过程的影响，很难实现准自由碰撞，相应的能量动量谱会逐渐展宽。

放射性核（不稳定核）束物理得到很大发展。利用放射性束的核反应，往往采取逆运动学，即目标核在束流中，而靶核是探针。由于不稳定核（特别是滴线区核）结合能较小，表面比较扩展，因此表面敏感的敲出反应更有用武之地，实际上已经成为重要的不稳定核谱学研究工具。对于核基态具有集团结构的原子核，显然敲出集团的反应，比如(p, pa)，也是很有效的研究途径。

敲出反应的理论描述，通常采取平面波冲量近似或者扭曲波冲量近似，后者适用于碰撞能量不很高的情况。（叶沿林）

切向加速度 tangential acceleration 表示速度大小变化率的物理量。见**加速度**。

切克劳斯基拉晶法 Czochralski method 利用籽晶从坩埚熔体中提拉制备单晶的方法。又称直拉法。由波兰人J. 切克劳斯基于1918年用此法测定结晶速率而得名。切克劳斯基拉晶法基本工艺是将原料装在坩埚内加热熔化。将一个切成特定晶向的细单晶（称为籽晶）的端部浸入溶体并使其略有熔化。然后控制合适温场，缓慢地将籽晶垂直提升，通常过程包括引晶、缩颈、放肩、等径控制，拉出的液体固化成为单晶。通常直拉法生长出的单晶是接近圆柱形的。

直拉法晶体生长设备的炉体一般由金属（如不锈钢）制成。利用籽晶杆和坩埚杆分别夹持籽晶和支承坩埚，并能旋转和上下移动。坩埚一般用电阻或高频感应加热。制备半导体和金属时，用石英、石墨和氮化硼等作为坩埚材料；而对于氧化物或碱金属、碱土金属的卤化物，则用铂、铱或石墨等作坩埚材料。炉内气氛可以是惰性气体，也可以是真空。使用惰性气体时压力一般是一个大气压，也有用减压的。对于高蒸气压材料则用高压（几十个大气压）。（曾一平）

切伦科夫，P.A. Pavel Alekseyevich Cherenkov（1904-07-28～1990-01-06） 苏联物理学家。生于沃罗涅日，卒于莫斯科。1928年毕业于沃罗涅日大学数理系。1930年进苏联科学院列别捷夫物理研究所深造并工作，1940年获该所理学博士学位，后一直任该所研究员。

1934年还为研究生的切伦科夫发现镭辐射穿透某些高折射率的介质时，介质会发出一种特殊的辐射。人们一直把这一发光现象归之于荧光或磷光。切伦科夫通过对此现象的更深入研究，认定这是一种新的辐射，后被称为**切伦科夫辐射**。在研究了这一新辐射的一般性质之后，1937年他与同事I.M. 夫兰克和I.Ye. 塔姆提出一种理论解释：带电粒子穿过透明介质时的速度若大于光在该介质中的速度时所产生的光。由于这一发现及其解释，他们三人同获1958年诺贝尔物理学奖。利用切伦科夫辐射制成的**切伦科夫计数器**，广泛用于反应堆中，以探测高速运动的带电亚原子粒子。

切伦科夫曾参与研制同步加速器，为此在1952年获苏联国家奖。他对韧致辐射和核的相互作用、光致核反应和光介子反应、轻核分裂等也有研究。1977年再次获苏联国家奖。（郭奕玲）

切伦科夫辐射 Cherenkov radiation 带电粒子以超过介质中光速在介质中运动时发出的一种电磁辐射，是带电粒子运动形成的相干电磁冲击波（类似于子弹或飞机在空气中超音速运动）。如图1所示，冲击波的方向与粒子运动方向之间的夹角θ满足$\cos\theta = c/nv$，式中v为粒子速度；n为介质折射率；c为真空中的光速。注意：通常的材料折射率n是大于0的，因而θ小于90°，冲击波向前发射。对于新发展的负折射率材料，θ大于90°，因而是向后发射的，叫逆切伦科夫辐射。

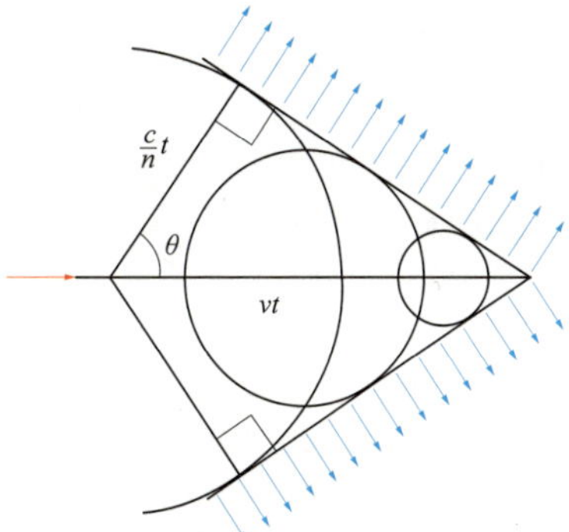

图1　切伦科夫辐射示意图

切伦科夫辐射是运动的带电粒子与介质内的束缚电荷和诱导电流共同的一种集体效应。简单说明如下：带电粒子在介质运动过程中，会使其附近的分子形成偶极子。如图2中的带电粒子带负电荷，则偶极子的正极都朝向入射的带电粒子；粒子过去后，原来周围的偶极子很快地退极化，恢复原来状态。从图2a可以看到对较低速度的粒子，极化的偶极子都是按粒子瞬时位置对称排列的，偶极子正极都指向带电粒子，因此不会出现按“特定方向的辐射”。但当粒子速度高于介质中光速时（图2b），附近极化的偶极子正极都趋向粒子运动方向，粒子前、后电偶极子的分布不再是对称的，具有不为零的随时间变化的总电偶极矩，退极化过程产生电磁辐射。切伦科夫辐射具有明显的方向性、强偏振及随媒质变化不大的谱分布。相对强度与频率成正比，在可见光波段是蓝色辉光。总强度与入射带电粒子的速度成比例，粒子数量越多，总强度也越强。

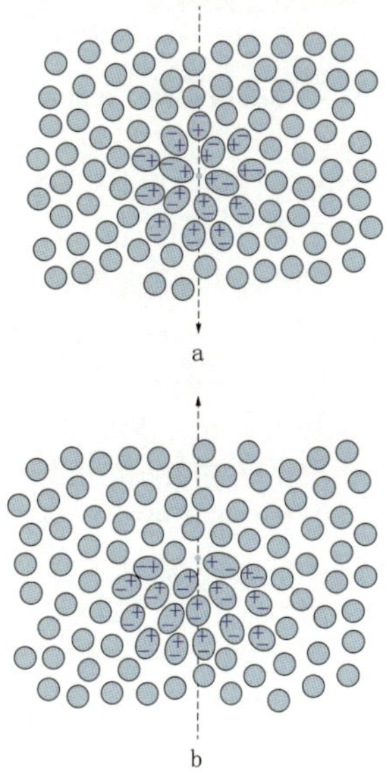

图2　带电粒子在介质中运动及介质分子产生极化示意图

切伦科夫辐射是1934年由俄罗斯物理学家P.A.**切伦科夫**发现的。1937年，另两名俄国物理学家I.M.夫兰克和I.Ye.塔姆成功地解释了切伦科夫辐射的成因，三人因此共同获得1958年诺贝尔物理学奖。

利用切伦科夫辐射制成的**切伦科夫计数器**，能准确测定粒子运动速度。该类计数器具有计数率高，分辨时间短，并能避免低速粒子干扰等特点，在粒子物理和核物理中得到广泛应用。

（王　青　谢一冈）

切伦科夫计数器 Cherenkov counter　利用切伦科夫辐射效应探测粒子的装置。带电粒子在均匀介质中运动的速度大于光在该介质中的相速度时，能产生一种以圆锥面为波前向外传播（运动粒子位置为圆锥面顶点）的微弱辐射称**切伦科夫辐射**。利用它的一系列特性可探测高能带电粒子，确定粒子的方向、强度和速度等，尤其是在鉴别高能粒子方面有特别重要的意义。

阈式切伦科夫计数器　切伦科夫计数器主要由辐射体、光收集系统和光探测器组成。利用辐射传播方向与粒子飞行方向的夹角和带电粒子的速度的关系，可制成阈式切伦科夫计数器。典型的聚焦型阈式切伦科夫计数器如图1所示。

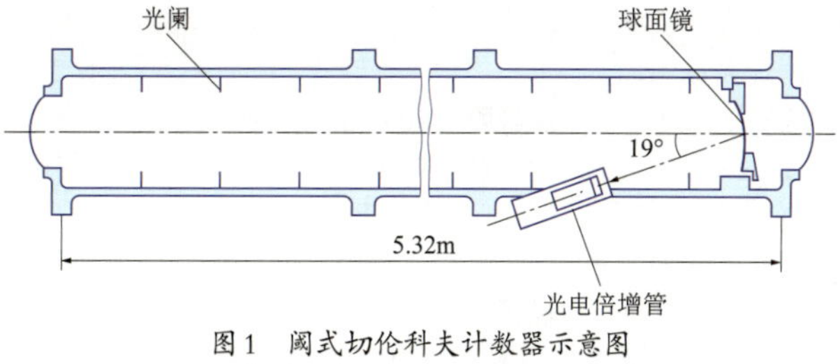

图1　阈式切伦科夫计数器示意图

当匀速带电粒子的速度大于阈速度c/n（c为光速，n为介质折射率）时才能发生切伦科夫辐射，且波长主要在可见光区。入射粒子穿过气体介质辐射体所产生的切伦科夫光，可用沿粒子方向轴线上斜置一个与轴线成角度为θ_c[$\theta_c = \cos^{-1}(1/n)$]的球面反射镜测到，按$2\theta_c$圆锥角发出的切伦科夫光经球面反射镜反射并会聚到光子探测器（如光电倍增管）的光阴极上，通过测量其输出的电脉冲信号即可探测到高于阈速度的粒子。通过改变气压或选择不同折射率的辐射介质就可改变计数器的阈速度，这样就可测量速度超过不同阈速度的粒子强度和方向。利用它可鉴别强子π/K、K/p等。常用的固、液、气体的透明介质辐射如氢、氦、二氧化碳、气凝硅胶、水、有机玻璃和铅玻璃等。如图1的探测器用于测量鉴别50吉电子伏附近的π介子，充氦气，$\theta_c = 19°$。为了提高探测效率，粒子要穿过5米多介质才能达到满意的效率。多年来曾发展了不同类型的探测器，如采用球面镜和抛物面镜等。

微分式切伦科夫计数器　将上述图1中经过球面镜反射的光聚焦到一组窄间隙的可调的圆环光阑上，并用若干光电倍增管测量通过光阑狭缝的光电信号，就可测定在特定速度范围内的粒子，这样的探测器称为微分式切伦科夫计数器。

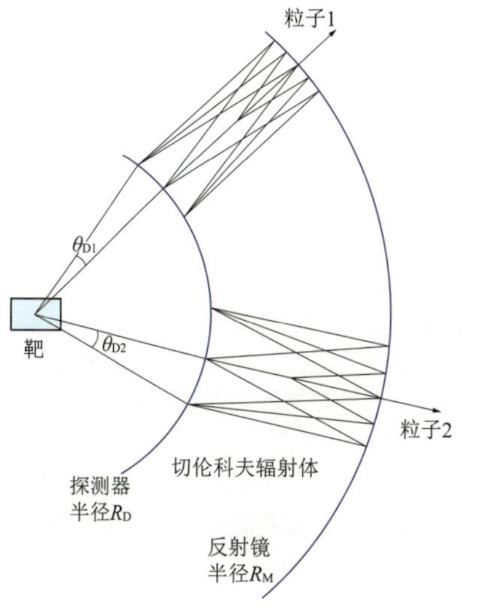

图2　环形成像切伦科夫计数器示意图

1977年出现了环形成像切伦科夫计数器RICH，它是为适应探测对撞机束流对撞后产生的大量从对撞中心沿径向四周发射的末态粒子而发展起来的，如图2所示。环形探测器位于对撞区附近，粒子沿径向通过辐射介质产生的切伦科夫光发射到半径较大的球面上，经反射后被位于半径较小的球面上的多个光电探测器所接收。

光子接收系统也有很大发展，如光电转换体构型的光探测器。应用最新发展的微结构气体倍增器，可以获得更快响应更高的粒子计数率，进一步提升了性能。

历史上曾利用切伦科夫计数器等实验装置发现了一些重要的基本粒子，如反质子、反中子及J/ψ粒子等，至今它仍在许多大型高能物理和核物理实验中起到重要作用。

（谢一冈）

切伦科夫探测器 Cherenkov detector 利用切伦科夫效应探测粒子的装置。见**切伦科夫计数器**。

亲水性 hydrophilicity 极性基团浸入水中，参与水分子氢键网络形成的性质。与之相反的是**疏水性**。水具有很强的极性，相邻水分子能够形成氢键。在液态水中，水分子形成动态的氢键网络，平均每个水分子周围约有3.5个氢键。当极性基团（如羟基）浸入水中，能够参与水分子氢键网络的形成，对氢键网络影响不大，因而是亲水性的。非极性基团不能够参与水分子氢键网络的形成，当非极性基团浸入水中导致水分子氢键网络的构象熵减少，整个体系的自由能会被抬高，这是不利的。因此，非极性基团表现出疏水特性。

可以采用美国化学家L.鲍林提出的模型来计算疏水自由能。在该模型中，一个水分子位于周围四个水分子形成的四面体中心，中心水分子有六种可能的方向选择来与四个顶点的水分子形成氢键。如果其中一个顶点被非极性分子取代，则只有三种形成氢键的可能性。当两个非极性基团置于水中，二者倾向于靠在一起，减少总的疏水面积，从而降低疏水自由能。看起来似乎是有某种力使得疏水基团靠在一起，这种力被称为疏水相互作用，本质上是一种熵效应。疏水相互作用在生物体的蛋白质折叠以及脂质双分子层的自组装过程中起主导作用。 （涂展春）

秦国刚 Qin Guogang（1934-03-19～ ） 中国半导体材料物理学家。生于江苏南京，原籍江苏昆山。1956年毕业于北京大学物理系。1961年北京大学物理系研究生毕业。1961～1962年在山东海洋学院（今中国海洋大学）任教。1962年调回北京大学物理系。1962～1970年任北京大学物理系讲师。1970～1979年在北京大学汉中分校无线电系任讲师。1979年随北京大学汉中分校迁回北京。1979～1985年任北京大学物理系副教授。1985年任北京大学物理系（2001年更名为物理学院）教授。1980～2000年任北京大学物理系半导体教研室主任。1980年12月至1981年9月在美国伊利诺伊大学物理系做访问学者。1988～1989年任北京高等科学技术中心特别成员。2001年当选为中国科学院院士。2001～2009年任北京大学物理学院学术委员会副主任。2006年任北京大学物理学院纳米半导体和光电子物理团队的学术负责人（2008年后与戴伦教授共同担任）。2008年起任华南师范大学双聘院士。2009～2014年任北京大学物理学院学位委员会主席。

主要研究领域为半导体材料物理和器件物理。在半导体杂质与缺陷领域研究中，最早揭示硅单晶中存在结构中含氢的深中心，并确定其在禁带中的能级。发现退火消失温度原本不同的各辐照缺陷在含氢硅中变得基本相同。发现氢能显著影响肖特基势垒高度。测定的硅中铜的深能级参数被国际权威性半导体数据专著采用。在多孔硅和纳米硅镶嵌氧化硅光致发光和电致发光方面的研究中，对光致发光提出量子限制-发光中心模型，得到国际广泛支持。发现P型硅衬底上氧化硅发光中心电致发光现象，在此基础上，设计并研制出一系列硅基电致发光新结构，所提出的电致发光机制模型被广泛引用。秦国刚与戴伦研究团队是国际上最早（2010）实现石墨烯基有机电致发光的两个团队之一。2008年获何梁何利基金科学与技术进步奖。2014年获北京大学国华奖。 （尹晓冬）

轻核 light nucleus 质量数在1～80之间的原子核。如原子核^{1}H、^{4}He、^{12}C、^{16}O、^{40}Ca、^{48}Ca等。轻核在自然界很重要，如太阳上能量的来源是由质量特别轻的轻核聚变反应产生的。地壳中轻核（轻元素）含量也很高。 （任中洲）

轻夸克 light quark 在自然界存在的六种味量子数不同的夸克中的三种，即u、d、s夸克。见**粒子物理标准模型**。

轻子 lepton 粒子物理电弱标准模型（见**粒子物理标准模型**）中不参与**强相互作用**的基本费米子的统称。标准模型中一共包括三代六味轻子。它们分别是带一个单位电荷的电子、μ子和τ轻子，以及与之分别对应组成一代的电中性的电子中微子、μ中微子和τ中微子。在标准模型框架内，三种带电轻子参与弱相互作用、电磁相互作用和引力相互作用，三种中微子参与弱相互作用和引力相互作用；其中，参与弱相互作用的只是带电轻子和中微子的左手分量。

词源 “轻子”一词，词源为希腊语，意为“细微的、微小的、纤薄的”。1948年粒子物理学家已经在实验中相继发现了电子和μ子，与核子相比，它们不参与强相互作用且质量较小，因此比利时物理学家L.罗森菲尔德根据丹麦物理学家C.穆勒的建议，为此类基本粒子起名轻子，取义“轻小细微”。此后，随着τ轻子的发现，人们意识到此类基本粒子的质量不一定轻于核子，但基于习惯，“轻子”一词得以保留。

标准模型中的轻子 在标准模型中，每代轻子包含一个由左手费米子构成的弱相互作用二重态，与一个由右手费米子构成的弱相互作用单态。通过电弱对称性自发破缺过程（见**对称性自发破缺**），左手二重态中的一个分量与右手单态构成具有非零质量的狄拉克费米子，即该代带电轻子；剩余的一个左手二重态分量构成零质量电中性的中微子。中微子振荡效应的发现，说明至少有两代中微子具有非零质量，且中微子的三个质量本征态均是各代中微子的混合，因而标准模型的轻子部分还有待进一步的完善，以解释中微子的非零质量。不同新物理模型对中微子究竟是马约拉纳费米子（见**马约拉纳中微子**）还是狄拉克费米子有不同的结论，这些假说还有待进一步的实验检验。

三代带电轻子中，电子是稳定粒子，因而在粒子物理加速器实验中，电子是较为常见的加速粒子之一。μ子和τ轻子能够通过弱相互作用过程衰变，其中μ子由于寿命相对较长，在高能对撞机实验和高能宇宙线实验中都是非常重要的观测粒子。三代轻子除质量差异外，其自旋、电荷、相互作用性质在标准模型中完全相同，因此对轻子相互作用一致性的检验是检验标准模型的重要方向。 （曹庆红）

轻子的PMNS味混合矩阵 leptonic PMNS flavor mixing matrix 描述不同类型的轻子在带电流弱相互作用过程中相互转化强度的矩阵。轻子的PMNS（Pontecorvo-Maki-Nakagawa-Sakata）味混合矩阵U与夸克的CKM（Cabibbo-Kobayashi-Maskawa）味混合矩阵在概念上类似。

1957年意大利理论物理学家B.M.蓬泰科尔沃指出了马约拉纳型中微子与反中微子之间相互转化的可能性。1962年日本学者牧二郎、中川昌美和坂田昌一假设电子型和μ子型中微子是由两种相应的质量本征态线性叠加而成，从而第一次提出了中微子味混合的概念。1968年蓬泰科尔沃基于牧二郎等的思想，推导出电子型与μ子型中微子之间的振荡公式。因此，轻子的味混合矩阵U如今也被简称为PMNS

矩阵。

在粒子物理学的标准模型中，由于夸克不仅与规范玻色子相互作用，也和希格斯粒子相互作用，这使得它们的质量本征态不同于相互作用本征态（亦称为味本征态），两者之间的不匹配在以质量本征态所表达的带电流弱相互作用拉氏量中体现为存在一个幺正的CKM味混合矩阵V。类比于夸克的味混合现象，轻子的味混合效应也可以用PMNS矩阵U来描述。与V不同的是，U本身是否为幺正矩阵，还依赖于中微子的质量起源机制，而后者至今仍不能确定。唯象学做法是暂取U为幺正矩阵，作为分析中微子振荡实验数据的基础。鉴于中微子振荡本身与带电轻子无关，U实际上将中微子的质量本征态与味本征态以如下的方式联系起来：

$$\begin{pmatrix}\nu_e\\ \nu_\mu\\ \nu_\tau\end{pmatrix}=\begin{pmatrix}U_{e1}&U_{e2}&U_{e3}\\ U_{\mu1}&U_{\mu2}&U_{\mu3}\\ U_{\tau1}&U_{\tau2}&U_{\tau3}\end{pmatrix}\begin{pmatrix}\nu_1\\ \nu_2\\ \nu_3\end{pmatrix}$$

即每个味本征态是三个质量本征态的线性叠加。U的标准参数化方案为：

$$U=\begin{pmatrix}1&0&0\\0&c_{23}&s_{23}\\0&-s_{23}&c_{23}\end{pmatrix}\begin{pmatrix}c_{13}&0&s_{13}e^{-i\delta}\\0&1&0\\-s_{13}e^{i\delta}&0&c_{13}\end{pmatrix}\begin{pmatrix}c_{12}&s_{12}&0\\-s_{12}&c_{12}&0\\0&0&1\end{pmatrix}P_\nu$$

$$=\begin{pmatrix}c_{12}c_{13}&s_{12}c_{13}&s_{13}e^{-i\delta}\\-s_{12}c_{23}-c_{12}s_{13}s_{23}e^{i\delta}&c_{12}c_{23}-s_{12}s_{13}s_{23}e^{i\delta}&c_{13}s_{23}\\s_{12}s_{23}-c_{12}s_{13}c_{23}e^{i\delta}&-c_{12}s_{23}-s_{12}s_{13}c_{23}e^{i\delta}&c_{13}c_{23}\end{pmatrix}P_\nu$$

其中$c_{12}=\cos\theta_{12}$，$s_{12}=\sin\theta_{12}$，以此类推。当中微子是狄拉克粒子时，P_ν为单位矩阵，可以忽略；而当中微子是马约拉纳粒子时，P_ν为包含两个独立参数的对角相位矩阵。但轻子数守恒的中微子振荡实验对P_ν不敏感，因此太阳、大气、反应堆和加速器中微子振荡实验结果确定或限制的只是U的三个混合角（θ_{12}、θ_{13}、θ_{23}）以及CP破坏相位（δ）。

基于现有的中微子振荡实验数据，整体拟合分析给出的最佳数值结果为：

$\theta_{12}=33.48°$（与中微子质量等级无关）

$\theta_{13}=8.50°$（正等级）或$8.51°$（倒等级）

$\theta_{23}=42.3°$（正等级）或$49.5°$（倒等级）

$\delta=306°$（正等级）或$254°$（倒等级）

而三个标准偏差（3σ）的允许值范围为：

$\theta_{12}=31.29°\rightarrow35.91°$（与中微子质量等级无关）

$\theta_{13}=7.85°\rightarrow9.10°$（正等级）或$7.87°\rightarrow9.11$（倒等级）

$\theta_{23}=38.2°\rightarrow53.3°$（正等级）或$38.6°\rightarrow53.3°$（倒等级）

$\delta=0°\rightarrow360°$（正等级或倒等级）

据此可以判断，PMNS中微子混合矩阵U具有$|U_{\mu i}|\approx|U_{\tau i}|$的奇特性质（其中$i=1,2,3$），即近似的$\mu$-$\tau$味对称性。与$U$很不同的是，夸克的CKM味混合矩阵$V$接近于单位矩阵。这是迄今为止对中微子味混合结构的基本认识，对相应的理论模型构造具有重要的启发意义。（邢志忠）

轻子–核子深度非弹散射 lepton-nucleon deep inelastic scattering 核子从高能轻子获得大动量转移而被击碎并产生大量粒子的反应过程。轻子与核子深度非弹散射是探测核子结构和探索新物理的重要实验手段，起源于20世纪60年代末在美国斯坦福直线加速器中心（SLAC）进行的用高能电子束流轰击质子靶的实验。此后世界上又先后使用过中微子、μ子、正电子等作为轻子束流进行轻子–核子深度非弹散射实验。1973年，欧洲核子中心Gargamelle实验组通过中微子深度非弹散射实验，首次确认了中性流作用的存在，是验证电弱统一模型的重要实验之一。在核子结构方面，尚未在任何实验中发现轻子存在内部结构，故视其为点粒子，因而是探测其他粒子内部结构的理想探针。

轻子–核子深度非弹散射过程通过粒子间的大动量转移获得亚核子尺度的空间分辨率，以探测核子的内部结构。SLAC的电子–核子深度非弹散射实验发现核子内部存在带电点粒子结构，证实了夸克的真实存在。据此实验结果，R.P.费曼、J.D.布约肯和E.A.帕索斯等构建了强子结构的部分子模型，成功解释了核子结构函数的标度无关性。此后的轻子–核子深度非弹散射实验发现标度律破坏的现象则被认为是对微扰量子色动力学的重要验证。20世纪80年代，欧洲核子中心一系列μ子–核子深度非弹散射实验，发现在夸克部分子模型的框架下，夸克动量只贡献核子总动量的大约一半，这意味着核子中存在不直接参与电弱相互作用的成分，是胶子存在的间接证据。1983年欧洲核子中心在μ子与氘核和铁核的深度非弹散射实验中发现了EMC效应，此现象至今未能得到很好的理论解释。1988年欧洲核子中心通过极化的μ子与核子深度非弹散射实验发现了**质子自旋危机**，至今依然是强子自旋结构的重要课题。德国电子加速器中心（DESY）自1992年开始运行至2007年结束运行的强子电子环形装置是探测核子内部结构的重要实验装置。其非极化电子–核子对撞实验为分析核子中的部分子分布函数提供了大量数据，是分析其他高能核子散射过程的必要基础。而其极化固定靶实验则揭示了核子丰富的自旋结构，并将对核子结构的认识从一维拓展到三维。轻子–核子深度非弹散射仍然是人们探测核子结构最重要的手段。美国杰弗逊实验室拥有高亮度的极化连续电子束流，其正在运行和即将运行的一系列电子核子深度非弹散射实验，致力于对核子及原子核内价夸克主导区间的部分子分布结构进行精确测量，另外将通过宇称破坏的深度非弹散射过程对超出粒子物理标准模型的新物理进行探索。规划的电子离子对撞机（EIC）将通过深度非弹散射过程对核子及原子核内海夸克和胶子的分布进行精确测量，并对自旋结构、胶子饱和等多个课题进行探索。（刘天博　马伯强）

轻子数 lepton number 与**轻子**相对应的可相加性量子数。系统中正轻子的数目减去反轻子的数目。**粒子物理标准模型**中共有三代六味轻子，因此与这6个费米子场相对应的可定义6个独立的U(1)变换，其中每一个生成元对应的量子数是该种轻子的正粒子数目与反粒子数目之差。由于同代的标准模型左手带电轻子与左手中微子属于一个弱相互作用二重态，上述6个量子数中有3个不是好量子数，即这6个U(1)变换中有3个不是标准模型的对称性变换。剩余的3个量子数即三代轻子对应的3个轻子数在经典水平上都是标准模型的好量子数，在标准模型微扰过程中是守恒量。由于中微子振荡效应和中微子混合（中微子混合矩阵）的存在，轻子数的分代守恒会遭到破坏，因此它们不再是微扰过程的守恒量。但此时这三者之和即总轻子数仍然是一个好量子数，亦即微扰过程的守恒量。如果中微子具有马约拉纳质量项（见**马约拉纳中微子**），则相应的质量项将在模型中引入轻子数改变为2的轻子数破坏效应。即便在不包含中微子质量的标准模型中，由于左手轻子与右手轻子属于电弱相互作用规范群的不同表示，当规范反常相消时，总轻子数对应的整体U(1)变换存在整体反常。这种反常导致该U(1)变换对应的量子数（轻子数）不是守恒量。对于零温度下的标准模型，弱相互作用规范场的瞬子位形对应的规范场具有不同拓扑量子数真空之间跃迁的量子隧穿，隧穿前后的系统轻子数将发生改变。在标准模型中，零温下由瞬子位形诱发的隧穿概率非常小，导致的轻子数破坏效应几乎可以忽略不计。对于有限温度系统，该过程不再完全由量子隧穿决定，热涨落将导致不同规范场真空之间势垒鞍点处的不稳定经典位形sphaleron（见**重子数和轻子数破坏**

模型）可以通过经典过程达到，这些经典路径随着系统温度的升高，将导致越来越可观的轻子数破坏。（曹庆红 张 昊）

氢脆 hydrogen embrittlement 由于氢的作用使得金属材料力学性能劣化的一种现象。氢脆广泛存在于多种金属材料中，包括钢、钛合金、铝合金、镁合金、金属间化合物、高温合金及非晶合金等，在高强度材料中氢脆尤其重要。氢脆会引起材料的塑性、韧性甚至强度的严重下降，并诱发解理、准解理、沿晶断裂等脆性断裂。根据氢的来源，氢脆可分为内部氢脆和环境氢脆。内部氢脆源于在材料制备及加工（包括冶炼、热加工、热处理、酸洗、电镀、焊接等）时进入材料内的氢的作用。而环境氢脆是当构件在含氢介质中服役时发生。内部氢有时引起氢蚀（脱碳）、氢鼓泡、白点（发纹）、氢化物形成等氢损伤，或在慢速率加载、恒应力静置时引起突发性的氢致滞后断裂。若无不可逆的氢损伤，可通过去氢处理使材料性能得以恢复。氢脆的主要机理包括氢致高压气泡、氢致表面能降低、氢致内聚强度降低、促进局部塑性变形、协助空位产生、氢反应和氢化物致脆等，但还缺乏普适的氢脆理论。为防止氢脆的发生，在优化合金成分和组织以降低材料氢脆敏感性的同时，可通过设计和调控材料的制备和加工工艺、表面防护、优化服役环境的方法抑制氢的进入，以及使用热处理等方法去除材料内部氢。（屈瑞涛）

氢键 hydrogen bond 一种分子间的相互作用。分子（或化学基团）中与电负性高的原子X共价结合的氢原子H带有部分正电荷（$X—H^{\delta+}$），能再与另一分子（或化学基团）中电负性高且拥有未成键的孤对电子的原子Y相吸引而形成X—H⋯Y型的聚集结构，这种较弱的结合作用称为氢键。X、Y原子的电负性越大、半径越小，则形成的氢键越强。例如，与氟（F）形成的F—H⋯F是最强的氢键。与共价键有相似之处，氢键具有方向性和饱和性：一个X—H基团只能与一个Y原子相结合，且X—H⋯Y要尽可能成直线。氢键H⋯Y总是指向Y原子上的某一孤对电子，故其具有方向性；Y原子能与X—H基团形成氢键的数目取决于前者拥有的孤对电子数，故氢键具有饱和性。但氢键H⋯Y之间作用主要是静电吸引和X—H与Y间的极化，这与共价键形成过程的电子配对与共用有本质的不同。氢键也能在同一分子内两个基团之间形成，称为内氢键。分子间的氢键可以使很多分子结合起来，形成链状、环状、层状或立体的网络结构。例如在单质水中每个H_2O分子上的氧（O）可作为X原子，则两个OH键均可作为氢原子给体分别与其他两个水分子形成两个氢键；同时，该氧原子上拥有两对孤对电子，故它又同时可作为Y原子，分别与其他水分子上的OH基形成两个氢键。因此，每个水分子均可通过氢键与邻近的其他四个水分子相聚合。当温度下降到冰点时，水分子借助氢键结合力规则排列而形成冰的晶体。氢键H⋯Y的键长为相同原子构成的共价单键H—Y的两倍，键角（∠XHY）为150°～180°。

氢键键能比较小，通常只有17～25千焦/摩。但氢键的形成对物质的性质有显著影响。氢键能使熔点和沸点升高；溶质与溶剂之间形成的氢键，能使溶解度增大；在核磁共振谱中，氢键使有关质子的化学位移移向低场；在红外光谱中，氢键X—H⋯Y的形成使X—H的特征振动频率变小并伴有谱带的加宽和强度的增加。氢键的形成决定着蛋白质分子的构象，在生物体中起着重要的作用。（石 英）

氢原子光谱 hydrogen atomic spectrum 最简单的*原子光谱*。氢原子由一个质子和一个电子构成，是最简单的原子，因此氢原子光谱是氢原子内的电子在不同能级跃迁时发射或吸收不同频率的光子形成的光谱。它是最简单的原子光谱，表现为不连续的线光谱。在可见光和近紫外光谱区发现了氢原子光谱的14条谱线，谱线强度和间隔都沿着短波方向递减。其中可见光区有4条，分别用H_α、H_β、H_γ、H_δ表示，其波长的粗略值分别为656.28纳米、486.13纳米、434.05纳米和410.17纳米。氢原子光谱的各谱线系的波数可用广义巴耳末公式表示：

$$\sigma = R_H(1/m^2 - 1/n^2)$$

式中R_H为氢原子里德伯常数，其值为$(1.096\ 775\ 854 \pm 0.000\ 000\ 083) \times 10^7$/米。对于一个已知线系，$m$为一定值，而$n$为比$m$大的一系列整数。氢原子光谱现已命名的六个线系见表。

氢原子光谱的六个线系

莱曼系	$m=1$	$n=2, 3, 4$	紫外区
巴耳末系	$m=2$	$n=3, 4, 5$	可见光区
帕邢系	$m=3$	$n=4, 5, 6$	红外区
布拉开系	$m=4$	$n=5, 6, 7$	近红外区
普丰特系	$m=5$	$n=6, 7, 8$	远红外区
汉弗莱系	$m=6$	$n=7, 8, 9$	远红外区

当用分辨本领很高的分光仪器去观察氢原子的各条光谱线时，发现它们又由若干相近的谱线组成，称为氢原子光谱线的精细结构。它来源于氢原子能级的细致分裂，分裂的主要原因是相对论效应以及电子自旋和轨道相互作用所引起的附加能量，这可由P.A.M.狄拉克的相对论性波动方程得到解释。1947年W.E.兰姆和R.C.雷瑟福用原子束磁共振法发现氢的$2S_{1/2}$比$2P_{1/2}$高出1057.8兆赫，这就是著名的*兰姆移位*。为解释这种现象，发展了量子电动力学理论。氢光谱的研究曾促成了量子力学的发展，后来又成为推动和验证量子电动力学发展的最重要的实验方法之一。测量氢某些谱线频率的精度已达10^{-13}量级，由此推出的里德伯常数的精度达10^{-12}量级。（周小计）

倾腔脉冲 dumped pulse 采用腔倒空技术获得的激光巨脉冲。腔倒空技术，又称脉冲透射式调Q，不同于普通的调Q激光器，一般在谐振腔的两端使用接近100%的高反镜。此时腔内激光的损耗很小，通过利用电光器件使谐振腔内激光的偏振状态改变，从而使输出耦合迅速从零上升到接近100%，形成巨脉冲。腔倒空技术的特点包括：

①不同于其他主动调Q的储能方式（工作物质储能），腔倒空技术的储能方式是谐振腔储能。即将能量以光子的形式存储在谐振腔内，当腔内的光子数密度达到最大值时，瞬间将腔内的能量全部倾倒出去，形成巨脉冲激光输出。

②由于腔倒空的脉冲宽度主要取决于光子来回的渡越时间（在电光器件的响应时间非常短的条件下），而与重复频率、工作物质增益等无关，所以巨脉冲的脉冲宽度会更短，输出激光的峰值功率更高。脉冲宽度可以达到5纳秒以下，峰值功率达到兆瓦级。

③腔倒空技术的能量利用率更高。这是由于储能方式是谐振腔储能，光子可以来回多次经过工作物质，从而能够充分利用上能级的粒子数，而普通的工作物质储能调Q在输出完巨脉冲后会不可避免地留有少量剩余的反转粒子数，导致了储能没有被完全的释放。但对于腔倒空激光器，由于封闭的腔内的高峰值强度，这对于腔内镀膜元器件的损伤是个不可忽略的问题，需要通过对腔型的设计增大激光模体积，以此来降低镀膜元器件上的峰值功率强度。（李建郎）

球差 spherical aberration 轴上物点发出的光束经光学系统后，与光轴夹不同角度的光线交光轴于不同点，从而在像面上形成一个圆形弥散斑的现象。又称球面像差。对于单色光而言，球差是轴上点成像时唯一存在的像差。一般是以实际光线在像方与光轴的交点（即实际像点）相对于近轴光线与光轴交点（即理想像点或高斯像点）的轴向距离来度量它。如图所示，从轴上物点Q发出的光线经光学系统后，近轴光线与光轴交于Q_0'点，此即高斯像点；最边缘的光线与光轴交于Q_h'点，它与高斯像点的间距δS_L称为轴向球差。球差也可在垂轴方向度量，最边缘光线与高斯像面的交点至光轴的距离δS_T称为垂轴球差。球差有正负之分，规定Q_h'在Q_0'之右称正球差，反之则称负球差。凸透镜和凹透镜的球差正负性恰好相反。

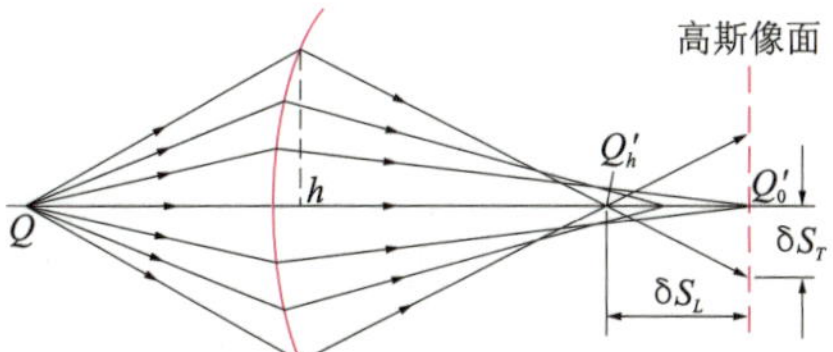

球面系统的球差

球差大小与通光孔径、透镜的折射率及其形状（两表面的曲率半径r_1和r_2）有关。对给定折射率和焦距的透镜，可有不同的曲率半径比值r_1/r_2，选择适当的比值可使球差达到最小值。这种利用改变比值r_1/r_2减小单透镜球差的方法称为配曲法，此法只能在一定程度上减小球差。利用凸、凹透镜的球差正负性相反的特点，把两种透镜适当组合起来，可进一步减小球差。

球差也存在于电子光学系统中。

（胡望雨　白本锋）

球马克　spheromak　一种形状近于球形的等离子体磁约束实验装置。包含环向磁场和极向磁场，但其环向磁场由等离子体电流，而不是由外线圈产生，因而其中心没有用于穿过线圈的洞，分支磁面处于等离子体内部。这是球马克和球形环的主要区别。由于没有环向场线圈，也缺乏感应环向等离子体电流的变压器中心螺线管，必须用一些特殊的方法产生球马克等离子体。比较通用的方法是同轴电极注入方法（见图）。运行时首先在内外电极间加高电压，然后在两电极间充入气体使气体击穿，产生围绕内电极的环形等离子体。两电极间的径向放电电流则产生环向磁场。置于内电极中的螺线管也在同时放电，感应极向磁场，在等离子体内形成螺旋磁场结构。放电电流及环向磁场作用产生的洛伦兹力驱动等离子体向外（图中为向下）运动，进入主放电室，并伴随磁螺旋度的注入。反应室壁用良导体构成磁通保持器，保持磁通不致扩散并使磁螺旋度守恒。

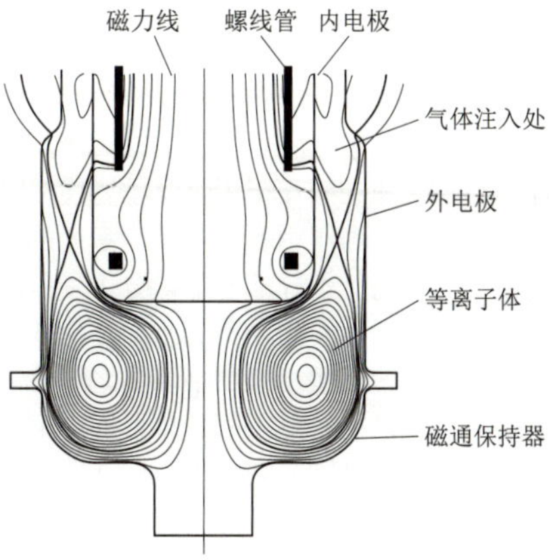

球马克装置中等离子体的形成

球马克类型装置结构比较简单，但等离子体中环向磁场和极向磁场数值接近，而且电流近似与磁场平行，导致等离子体比压值较低，其产生和维持等离子体的方式使得其难以保持长的放电时间，因此很难作为磁约束聚变位形的可能选项。但球马克等离子体是在特定边界条件下的一种弛豫状态，因此在研究等离子体的长期行为及天体和空间等离子体中有其科学价值。

（王　龙）

球形环　spherical torus　环径比小于3的托卡马克型磁约束等离子体装置。又称球形托卡马克、低环径比托卡马克。环径比定义为环形等离子体的大半径R与小半径a之比$A=R/a$。因为小半径a是在垂直对称轴方向定义的，一定有$A>1$（见图）。环径比较小时，等离子体形状接近球形（图a），其横截面有自然形成的拉长比和三角形形变。垂直方向的拉长有利于比压值的增加，三角形形变有利于宏观稳定性。此外，球形环外加的环向约束磁场内侧强、外侧弱，特别是在环外侧，环向场和等离子体电流产生的极向磁场接近，使得合成磁力线的旋转变换性质在环内外有较大差别，这种磁力线特点也有利于提高等离子体的稳定性，使得等离子体达到较高的比压值。球形环紧凑的位形和良好的

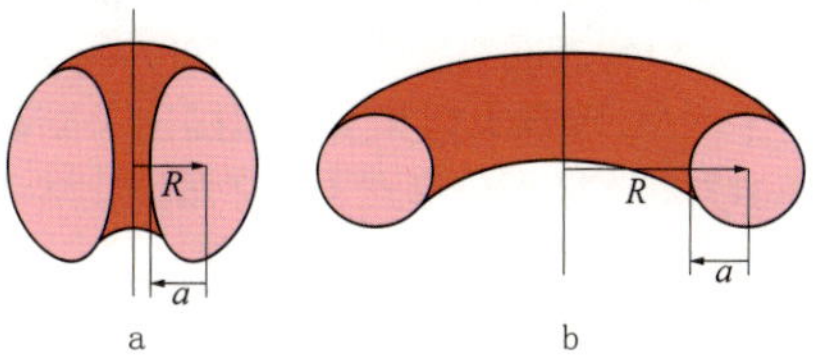

球形环（a）和常规托卡马克（b）等离子体形状比较

磁流体稳定性，使得其具有潜在的降低聚变装置造价的优势。

由于球形环等离子体中心部分的空间较窄，还要穿过约束用的环向磁场线圈和感应等离子体电流的变压器螺线管，涉及的工程问题比较复杂，所以直到20世纪90年代初期才开始发展。但相应研究工作已经取得很大的进展，成为将来聚变堆的可能选型，也适于用作测试聚变堆结构材料的体中子源。

球形环装置的运行方式和基本物理过程与**托卡马克**没有很大区别。主要研究工作除了平衡、稳定、输运、加热等项外，由于变压器的中心螺线管功能较差，放电的启动和等离子体电流维持是重要研究课题。如能完全取消中心螺线管则使装置结构简化很多，从而增加了聚变堆选型的竞争力。

此外，低环径比的仿星器或者反常箍缩位形也属于球形环的范畴，但还没有实际运行的此类装置。

（王文浩）

区熔精炼法　zone melting purification　利用分凝效应提纯材料的方法。区熔提纯是在一个相对长的固体原料中，有一个短的熔区缓慢地从一头移向另一头，这一过程可以重复进行多次，使材料中的杂质在凝固过程中逐渐向固体的头部和尾部移动，从而获得高纯材料。分为水平区熔和悬浮区熔两类。这种技术可用于生产纯度很高的半导体、金属、合金、无机和有机化合物晶体。

能够实现提纯是利用了分凝效应，即杂质在熔体和熔体内已结晶的固体中的溶解度是不一样的。在结晶温度下，若一杂质在某材料熔体中的浓度为C_L，结晶出来的固体中的浓度为C_S，则称$K=C_L/C_S$为该杂质在此材料中的分凝系数。K的大小决定熔体中杂质被分凝到固体中去的效果。

（曾一平）

趋肤效应　skin effect　导线内通有交流电，由于电磁感应促使电流在导线中分布不均匀，越趋近导线表面电流密度越大的现象。趋肤效应本质上是电磁波从导体侧面进入导体并在导体内传播时，电磁波随着进入深度按指数衰减，从而电流密度也随之按指数减少的现象。用趋肤深度描述趋肤效应的显著程度，它是指从导体表面算起，深入导体内部电流密度下降到1/e≈37%的深度。理论计算得出趋肤深度：

$$d=\sqrt{\frac{2}{\omega\mu_0\mu_r\sigma}}$$

式中ω是交流电的圆频率；μ_r是相对磁导率；μ_0是真空磁导率；σ是导体的电导率。可以看出，频率越高、导体的电导率及磁导率越大，则趋肤深度越小，趋肤效应越显著。趋肤效应使导线的有效截面积减少，从而使它的有效电阻增大。高频下导线的电阻会显著随频率增大而增大，损耗亦会显著增大。为了减小这种效应，在频率不太高时常采用辫线，即用细导线编织成束来代替实心线；而载有高频电流的导体则做成管状并在表面镀低电阻率的银，以减小表面层的电阻。可利用趋肤效应来对金属表面进行淬火，用高频强电流通过金属，趋肤效应使表面迅速加热可达淬火温度，立即淬火使之冷却，可使金属表面变得很硬，而内部仍保持原有的韧性。

（陈熙谋）

取向分子 oriented molecule 轴向相对于外部参考系具有确定指向性的分子。取向和准直是用来描述角动量的两个最常用的立体化学、动力学名词，通常指趋于某一特定方向。在一般实验条件下，气体分子的空间分布是各向同性的，这时化学反应的方向性特征将被分子轴向的随机分布所抹杀。分子的取向是指分子轴向相对于外部参考系具有确定的指向性，所有分子轴都平行于实验室参考系中的某一固定轴。如异核双原子分子NO，它的O端在化学上不同于N端。如果在一个分子系综中，所有分子轴都平行于实验室参考系中的某一固定轴时称为分子准直。

静电场和激光场都可以用于准直和取向分子。通常用静电场来取向具有永久偶极矩的分子。处于静电场中的分子其永久偶极矩与静电场相互作用，相当于在分子上施加一个扭力，使得分子转向偶极矩与电场平行方向。同样，处于激光外场中的分子会被极化产生诱导偶极矩，诱导偶极矩又和激光电场相互作用产生扭力，使得分子被准直或取向。静电场取向分子的方法，由于静电场的强度受到能够施加的电压不能无限增大的限制，只适合取向永久偶极矩较大的分子。与静电场取向相比，激光取向的优点是不必受到分子必须具有永久偶极矩的限制，分子只需具有不对称的极化率就可以被准直取向，并且得到的准直程度也较高。相对于激光的脉冲宽度，对于分子的转动周期小于光场脉宽时，即场的变化慢于分子的转动时，激光与分子间的相互作用是绝热的。在激光的作用下，分子由自由转子演化到激光场下的本征态，即自由场本征态的叠加态，也就是相对于激光偏振方向摆动的摆态。当激光与分子相互作用结束后，分子绝热返回最初的自由场的状态，分子的取向程度随着激光场变化。当脉冲出现时，分子被准直；当脉冲强度达到最大时，分子取向程度达到最大；当脉冲结束后，分子的准直取向现象也随之消失，回到最初的各向同性的状态。这种准直方式叫作绝热取向。而当激光的脉冲宽度远小于分子的转动周期时，激光与分子相互作用时分子还没来得及转动，激光的作用就结束了。激光的作用相当于“踢”了分子一下，分子受到激发形成一个相干的转动叠加态，即形成一个转动波包。在激光作用结束后，这一波包自由演化，不断重相和退相形成周期性的取向。由于这种取向现象出现在激光作用结束之后的无外场条件下，因此也叫无场取向。

（马 日）

圈量子引力 loop quantum gravitation 量子引力候选理论中极富代表性的一种。圈量子引力强调非微扰和背景无关性。该理论的基本思路是将广义相对论的核心思想（即引力的本质是时空几何的效应，因而时空几何是动力学变量）贯彻到引力的量子化过程中。基于同样思想，圈量子引力摒弃了建立在给定的经典时空背景上的微扰量子场论的方法，以背景无关的引力联络的和乐和标架的通量为基本变量，对时空几何本身进行非微扰量子化。鉴于闭合的圈上的和乐的迹是最简单的内部规范不变量子态，该量子引力理论被称为圈量子引力。

1986年美国学者A.阿什替卡最先提出了广义相对论的复数联络动力学形式。以此为基础，1988年意大利学者C.罗维里和美国学者L.斯莫林将规范场论中的威耳孙圈表示引入广义相对论的正则量子化。1994年西班牙学者F.巴韦罗将阿什替卡的复联络变量修改为更便于量子化的实SU(2)联络变量。1995年阿什替卡、波兰J.莱万多夫斯基、美国D.马罗尔夫、葡萄牙J.穆罗和德国T.梯也曼在先前工作的基础上，严格地构建了具有内部规范不变性和空间微分同胚不变性的实SU(2)联络理论运动学希尔伯特空间，使圈量子引力的基础框架趋于成熟，使自旋网络态构成圈量子引力的运动学希尔伯特空间的基底。以自旋网络态为基础，1997年乌拉圭学者M.瑞森贝格和罗维里提出了圈量子引力的路径积分形式（又称作自旋泡沫模型）的思路和方案。

在正则圈量子引力中，面积和体积等几何量被成功量子化为上述运动学希尔伯特空间中的自伴算符，它们的谱是离散的，反映了空间几何在普朗克尺度附近的分立性质。将圈量子引力的基本结构与孤立视界的概念相结合，可对黑洞熵的微观统计起源给出一定的解释。圈量子引力的思想和方法还被应用到宇宙学模型中，发展出圈量子宇宙学理论，为量子引力如何克服宇宙大爆炸奇点的困难提供了重要的启示。圈量子引力的适用范围不限于四维广义相对论，2011年德国梯也曼、N.博登德菲和A.瑟恩将其适用范围扩大到任意维数不小于3的情况；同年，中国学者马永革和张向东将其适用范围扩大到包括$f(R)$理论在内的有完好定义的几何动力学的任意度规引力理论。

作为知名度仅次于超弦理论的量子引力候选理论，圈量子引力开辟了将广义相对论核心思想与量子力学相结合的新途径，其严格的运动学理论框架和量子几何的离散结构为探索量子引力及其物理效应提供了很好的参照和依据。这使得该理论在广义相对论和引力学界受到广泛的关注，对量子引力和量子宇宙学的研究产生了深远的影响。但圈量子引力还没有建立完备，就理论本身而言，其面临的问题主要有两个：一是理论的量子动力学还没有完全确定下来；二是还没有找到导出其低能有效理论的方法。这两个问题也是该理论向前发展所要解决的核心问题。

（马永革）

圈量子宇宙学 loop quantum cosmology 一种将圈量子引力的思想和方法应用到宇宙学模型的理论。利用宇宙学模型的对称性，如均匀性且（或）各向同性，可将原本是无限自由度的引力理论约化为有限自由度的理论模型，从而为理论的进一步研究提供便利和参照。圈量子宇宙学继承了圈量子引力的一个基本特征，即直接对应于量子算符的基本变量不是联络而是联络的和乐；圈量子宇宙学还将圈量子引力面积算符的离散谱的信息包含在动力学结构之中。

1999年德国M.博约沃尔德最先利用对称约化研究了圈量子引力的方法在宇宙学模型中的应用，提出圈量子宇宙学这个名词。博约沃尔德在2001年发现他的圈量子宇宙学模型不存在宇宙大爆炸奇点。2003年美国A.阿什替卡、波兰J.莱万多夫斯基和博约沃尔德一起对圈量子宇宙学的基本结构进行了修改和完善；2006年阿什替卡、波兰T.帕沃夫斯基和美国学者P.辛格改进了圈量子宇宙学早期的动力学构造，发现经典广义相对论的弗里德曼－罗伯逊－沃克宇宙学模型的大爆炸奇点能够被圈量子宇宙学预言的量子反弹所克服，此工作使该圈量子宇宙学模型的理论结构得以完善。2009年中国学者阳劲松、丁优和马永革提出了与完整圈量子引力的构造更为相似的圈量子宇宙学哈密顿算符，同样预言了量子反弹。随后，在圈量子宇宙学的运动学框架下，学者们对不同宇宙学模型以及不同量子动力学构造的研究都验证了量子反弹的存在。

圈量子宇宙学的结果对量子引力如何克服宇宙大爆炸奇点的困难提供了重要的启示。由于量子反弹取代了大爆炸奇点，圈量子宇宙学对宇宙暴胀理论和宇宙微波背景辐射各向异性问题的研究提供了新的与量子引力效应相关的理解。圈量子宇宙学也适用于四维广义相对论之外的度规引力的宇宙学模型，如布朗斯－迪克引力理论的宇宙学模型。圈量子宇宙学不仅为检验和发展圈量子引力提供了简单的理论模型，而且为如何在宇宙观测中寻找量子引力的效应提供了理论借鉴。圈量子宇宙学在量子引力和宇宙学界受到了广泛的关注，逐渐激起人们对宇宙观测中可能发现量子引力效应的兴趣和探索。

但圈量子宇宙学还只是先经过经典的对称性约化后所得到的理论模型，其预言与完整的圈量子引力中蕴含的结果是否一致还有待于进一步论证，因此建立圈量子宇宙学与完整的圈量子引力的联系是该模型理论必然面对的问题。2018年意大利A. 达波和德国K. 列格纳通过对完整圈量子引力的哈密顿算符的半经典分析得到的宇宙学有效哈密顿，与阳劲松等人2009年得到的宇宙学有效哈密顿有相同的形式，说明阳劲松等人提出的圈量子宇宙动力学较好地反映了完整圈量子引力的性质。就圈量子宇宙学本身的研究，如何更好地与宇宙观测相结合，寻找量子引力可能的观测效应，将成为其进一步发展的趋势。（马永革）

全反射　total reflection　光从光密介质（折射率较大的介质）射入光疏介质（折射率较小的介质）时，如果入射角较大，便只有反射光而没有折射光，光全部被反射的现象。设光从折射率为n_1的介质射入折射率为n_2的介质，入射角为θ_1，折射角为θ_2，则由斯涅耳定律得出：

$$n_1\sin\theta_1=n_2\sin\theta_2$$

可知，当$n_1<n_2$时，$\theta_2>\theta_1$。在θ_2等于90°时，入射角为$\theta_1=\arcsin n_1/n_2=\theta_c$，$\theta_c$称为临界角。如水（$n=1.33$）到空气的临界角为48.8°，玻璃（$n=1.50$）到空气的临界角为41.8°。当入射角大于临界角时，便出现全反射。

光的全反射有很多实际应用，如棱镜的全反射用于改变光的进行方向，光纤（玻璃纤维）的全反射用于光通信和医学内窥镜等。（胡望雨　方哲宇）

全固态激光器　all solid state laser　以半导体激光器作为泵浦源的固体激光器。全固态激光器的激光工作物质、激励源等均由固体物质构成。按泵浦方式来分类，全固态激光器可分为端面泵浦、侧面泵浦和混合泵浦等类型。按工作物质的形状来分类，全固态激光器常被分为棒状激光器、板条激光器、盘片激光器和光纤激光器等。

全固态激光器的研究可追溯到20世纪60年代。1964年，美国林肯实验室的R.J. 凯斯等人用5个GaAs LD侧面泵浦U^{3+}：CaF_2晶体得到了2.613微米的激光输出，宣告了第一台全固态激光器的诞生。1968年，美国M. 罗斯在170开的低温下实现了第一台LD泵浦的Nd：YAG激光器，从此全固态激光器开始快速发展。80年代，基于量子阱和应变量子阱等新结构，分子束外延和化学束外延等晶体生长新工艺的发展，使激光二极管（LD）和激光二极管阵列（LDA）的研究工作取得了很大进展，推动了全固态激光器件、技术及应用的发展。90年代，InGaAs LD制备工艺日趋完善，成本大幅度降低，再加上全固态激光器整体设计上的优化，使得全固态激光器的发展进入实用化的新时期。进入21世纪以来，全固态激光器技术日趋成熟，很多性能优良的全固态激光器都已经得到广泛应用。

全固态激光器兼具半导体激光器和固体激光器的优点，具有体积小、重量轻、效率高、波长范围宽、光束质量好、性能稳定、寿命长、易操作、易智能化等诸多优点，是激光技术发展的重要方向。与灯泵浦激光器比较，全固态激光器具有以下优点：系统效率高，具有良好的光束质量，高的脉冲重复频率，可靠性高，使用寿命长；结构紧凑、重量轻、小型化、使用方便，由于不存在灯泵浦中的高压脉冲、高温和紫外辐射，操作环境相对安全。

全固态激光器的缺点：由于二极管激光束的模式比较差，将光束耦合进激光晶体并且达到与谐振腔模匹配，需要采用光束变换、光纤耦合等技术；在高功率泵浦时，需要对二极管采取温度控制精度较高的冷却措施，整机的温控系统较大；二极管对电源的要求也要高于闪光灯，因为尖峰电流会严重损坏或者降低二极管的使用寿命；全固态激光器的价格还比较昂贵，影响了它的广泛应用。

全固态激光器通过变频可实现红、绿、蓝等可见光输出，进一步变频可实现紫外甚至深紫外的激光输出，而利用光参量等方式，它又可以实现中红外的输出，因此具有非常广阔的输出波段。全固态激光器已经广泛应用于科研、医疗、信息、生物工程、环保、工业加工及军事等领域，成为新一代性能卓越的绿色、节能相干光源。（樊仲维　邱基斯）

全局优化算法　global optimization algorithm　在潜在的解空间中，根据某些限制条件，搜索并使得目标函数达到最小或最大的过程中使用的实现方法。一般而言，全局优化问题可以用以下的数学模型来表示：

$$\begin{cases}\min(\text{or}\max) & f(x)\\ \text{s.t.} & x\in S\end{cases}$$

式中$f(x)$为目标函数或称评价函数；S为潜在的解集合。当$x\in S$，并且$f(x)$取得最小（或最大）值时，x是目标函数的一个可行解。求解问题的优化对象可以是连续变量，也可以是离散状态，因此全局优化方法也可以相应地分为连续全局优化或离散全局优化问题。

与全局优化算法相对应的一般是指局部优化算法，前者全局优化算法求解所获得的解往往更好，但算法的时间复杂度也通常更高，甚至在一些非常复杂的问题上，使用全局优化算法很难在有限的时间内得到可靠的优化解。全局优化算法的应用范围比较广，如在旅行商问题和蛋白质结构计算等不同领域的问题中都有应用。常用的全局优化算法除了分支限界法外，往往也采用一些非确定性方法，如模拟退火算法、进化算法、群优化算法等，尽可能地寻找全局最优解。

在使用全局优化算法解决实际问题中，算法的设计过程一般包含以下几个步骤：首先是目标函数的设计，即通过抽象，把待解决的实际问题建模为一个或多个目标函数，目标函数所对应的最小值或最大值是问题潜在对应的最优解；其次是迭代搜索过程，即在解空间中，根据限制条件，使用全局优化算法迭代寻找，使目标函数值达到最小或最大的解；最后利用优化目标函数来评估与排序所搜索得到的解，并结合问题属性对结果进行分析与解释。（沈红斌）

全同粒子　identical particles　具有完全相同内禀属性的粒子。自然界中存在不同种类的粒子，如电子、质子、中子、光子、π介子等。每一种粒子各自具有特定的内禀属性，包括静质量、电荷、自旋、磁矩、寿命等。量子力学中把属于同一类的具有完全相同的内禀属性的粒子称为全同粒子。粒子全同性概念与粒子态的量子化有本质上的联系。如果没有态的量子化，就谈不上全同性。经典物理学中，由于粒子的性质（质量、大小、形状等）可连续变化，谈不上两个粒子真正全同。

全同粒子组成的多体系的哈密顿量，对于任何两个粒子交换是对称（不变）的。量子力学中，这种全同性导致全同多粒子体系波函数对于粒子交换的对称性。对于自旋是$\hbar$整数倍（包含0）的粒子，如π介子（自旋为0）和光子（自旋为$\hbar$），波函数对于任何两个全同粒子交换是对称的（不改变正负号），称为**玻色子**。对于自旋是$\hbar$的半奇数倍的粒子，如电子、质子和中子（自旋为$\hbar/2$），波函数对于任何两个全同粒子交换是反对称的（改变正负号），称为**费米子**。

粒子全同性不应认为只是一个抽象概念，它是可观测量。全同费米子体系必须遵守**泡利不相容原理**，它是理解化学元素周期律（原子中的电子壳结构）的关键。而全同玻色子体系则允许任意多个粒子处于同一量子态，在适当条件下则可能出现玻色-爱因斯坦凝聚现象。 （曾谨言）

全位错 total dislocation 伯格斯矢量为单位点阵矢量的整数倍的位错。为了把通常的位错与不全位错区别开，称前者为全位错。全位错可以分解为两个不全位错，分解的条件要从几何角度和能量角度考虑。从几何角度看，全位错属于一种线缺陷，可视为晶体中已滑移部分与未滑移部分的分界线，其存在对材料的物理性质，尤其是力学性能具有影响。 （李建奇）

全息存储 holographic memory; holographic storage 利用全息的方法将用户信息进行记录和再现的方式。在存储之前，要将用户的数字信息经过特定的编码方式转换成类似二维条形码式的图案，这种图案通常称作数据页。在记录过程中（图a），空间光调制器（SLM）将数据页图案调制到称为物光（也称信息光）的一束光束中，用透镜将该光束会聚到全息介质中，并与称为参考光的另一束光进行干涉，该干涉条纹被记录在全息介质中的立体空间里，随着参考光入射方向的改变，可以将不同的信息存储在全息介质的同一个位置，由此可实现三维空间里的高密度的存储。在再现过程中（图b），当参考光按照记录时的角度入射时，根据布拉格条件，被记录的信息光就会被再现出来，该再现光经过透镜后即可还原空间光调制器的图像，将此再现图案经过解码，就可还原成用户的数字信息。这种全息存储方式通常被称为双光束全息光存储。

全息光存储采用的是三维空间记录和二维数据传送方式，与传统光盘存储方式相比，具有高密度（1毫米厚介质的理论值达每平方英寸10太字节）和高速率的优势（取决于光电器件的转换速度）。

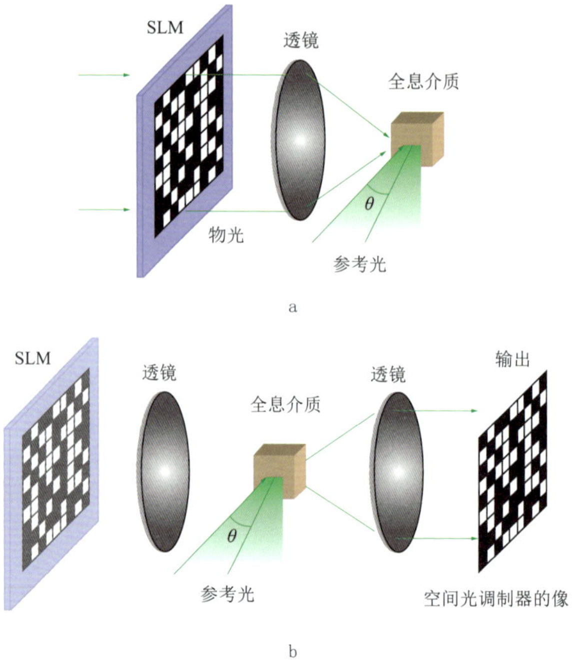

双轴全息光存储的记录和再现原理

全息光存储的研究从20世纪60年代就已经开始。80～90年代，作为美国的国家项目也曾研究过全息光存储技术，主要的代表是美国加州理工大学、斯坦福大学的研究团队以及IBM等。当时的主要记录材料是光折变晶体。其特点是可擦写的存储，它是迄今为止仍然存在价值的一种全息存储材料。

进入21世纪后，美国一些公司提出了光致聚合物作为全息光存储材料，其寿命达到50年。中国在全息存储领域也有一些研究成果。

日本的公司提出了同轴全息光存储方式。该方式独特之处是：将信息光与参考光共轴；采用反射式全息光盘结构，并放置于透镜后焦点处。这样可以很顺利地将传统光盘的伺服技术结合到全息光存储系统中，既简化了系统的光学结构，又能避免环境振动等外界因素的干扰，解决了双光束干涉方式无法克服的问题。

同轴全息光存储方式在读取过程中其再现图像还会伴随着很大的噪声，限制了其记录密度的增加，实际达到的存储密度与理论值还有很大差距。为了降低噪声，提高同轴全息光存储的记录密度，研究者们提出了多种有效方式。其中利用相位调制的全息存储方式，可增加调制的记录参量，提高数据存储效率。 （谭小地）

全息干涉量度术 holographic interferometry 通过分析物体全息图及在此基础上生成的干涉图，来获知物体形貌、形变、振动等信息的无损检测技术。利用全息术，通过两次或多次曝光、连续曝光，将物体变化状态对应的两个或多个波前记录在全息图上，之后用光波照明全息图，波前重建并相互干涉，通过干涉图分析获得物体变化的信息，从而实现高精度、非接触的干涉计量。普通干涉量度术只能测量抛光的简单形状的透明物体或反射面，而全息干涉量度术可测量透明或不透明物体，甚至对任意形状的三维漫反射表面实现无损检测。可用于研究物体微小形变或振动、高速运动、封闭容器爆炸过程等。

典型的全息干涉方法有实时法、两次曝光法和时间平均法。

实时全息干涉测量 通过单次曝光，把物体未发生状态变化的光波波前记录在全息图上，全息图精确复位，用原参考光照明全息图，重建原始波前并与物体状态变化实时产生的波前相干涉，在全息再现像上产生干涉条纹，分析干涉图样，对物体三维变化进行实时观测、测量。当物体表面变化时，干涉图样随之变化，因而可以实时地观察研究物体在不同时刻下的状态，观察到所谓“活”的条纹。

两次曝光全息干涉测量 通过两次曝光，在一幅全息图上记录物体的原始波前和变形波前，照明全息图实现两个不同时刻的波前重建并相互干涉，分析再现像表面的干涉图样对物体发生的三维变化进行观测、测量。两次曝光全息干涉法可比较变形前后两个时刻下物体状态的变化。因为变形前后的两个物光波前已永久性记录在全息图中，全息图不需要精确复位。它不能在外界条件变化的同时，实时观察物体状态的变化。采用脉冲激光器作光源，两次曝光法很适合对瞬态现象（如冲击波、流场等）做记录和观测。

时间平均全息干涉测量　时间平均法常用来研究振动物体的运动状态。全息记录时间远比振动周期要长，拍摄振动物体的全息图时，整个连续曝光过程可看作是多次短暂曝光的叠加。每一次短暂曝光记录的是振动物体表面位于不同位置时所发出的光波前。平均曝光光强等于整个曝光期间光强分布的时间平均值，得到时间平均全息图。照明全息图，对再现物体像上的条纹进行分析，就可确定物体振动的模式和其表面振幅分布。

物体表面振幅小的点所发出的光波，与参考光叠加产生的干涉条纹，相对比较稳定，条纹对比好，再现时也最明亮。相反，振幅大的物点所发出的光波与参考光干涉产生的条纹最不稳定。连续曝光后，记录的条纹对比最差，再现像中这些点也最暗，因而由时间平均全息图可观察到物体振动的模式。

数字全息干涉量度术　通过两次或多次曝光、连续曝光，把物体不同时刻的波前与参考光的干涉条纹记录在CCD或CMOS等光电成像器件上，通过计算机进行数字重建，得到不同时刻物体状态对应波前，这些波前再相互叠加产生干涉图，分析干涉图样提取物体的相位分布，可对物体的三维变化进行观测、测量。

传统光学全息干涉术由于烦琐的物理化学过程，通常不能实现实时和现场测量，数字全息干涉术则大大简化了测量过程，已广泛地应用于现场静态或动态过程的连续测量，如三维形貌测量、振动测量等许多领域。　（吕乃光）

全息光学元件　holographic optical element; HOE　基于光学全息或计算全息原理制成的一种光学元件。用于光学系统中实现光波的各种变换的全息图，其功能基于衍射原理，是一种薄膜型的衍射光学元件。全息光学元件一般采用重铬酸盐明胶、光致抗蚀剂等全息记录介质制作。而普通光学元件通常是由光学玻璃、晶体或各种透明介质制成，其作用是基于光的直线传播、光的反射、折射等几何光学原理。全息光学元件主要有全息透镜、全息光栅、全息扫描器、全息滤波器、全息滤光片等。

全息透镜　全息透镜是通过两球面波相干涉或者一平面波与一球面波相干涉制得的全息图器件，具有聚焦、成像等透镜功能。由于色差大，通常用于激光或准单色光的光学系统，如激光准直系统、激光干涉仪、光盘驱动器的光学头等。全息透镜具有孔径大、重量轻、容易复制等优点。它不能完全替代普通光学透镜，但可互为补充，完成一些特殊功能，如用作补偿光学系统像差的补偿透镜。全息透镜可同时具有成像和转像等多种功能，还能完成许多折射、反射光学元件难以实现的特殊功能。

全息光栅　通过双光束干涉的方法，在记录介质上记录两束平面波产生的干涉条纹所得到的光栅。与刻划光栅相比较，全息光栅不存在周期误差，对制作环境要求远没有刻划光栅苛刻，且具有杂散光少、分辨率高、面积大、适用光谱范围宽、便于制作或复制等优点。除平面光栅外，还可制作凹面全息光栅。

全息滤波器　光学滤波系统中用于实现振幅和相位滤波的全息图器件，用于相干光学信息处理系统中。它具有复值透过率，置于空间频率平面，可改变输入频谱中各频率成分的振幅和相位关系。如在光学特征识别中用作匹配滤波器，可实现相关识别。　（吕乃光）

全息瞄准镜　holographic weapon sight　以全息原理记录和再现的一种新型瞄准指示装备。

全息瞄准镜于20世纪末才开始应用。与红点瞄准镜、激光导向瞄准镜等其他光学瞄准镜相比，全息瞄准镜具有以下特点：①全息光学元件所呈现的分划图像是虚像，光源外辐射小，隐蔽性好。②全息光学元件所呈现的分划图像直接落在被瞄准目标上，瞄准精度高；分划像亮度可调，适应范围广，与瞄准对象反差明显。③瞄准时可保持双眼睁开，扩大了视野，在射手头部与瞄准镜没有对准的情况下仍能迅速锁定目标，大大提高了瞄准速度。基于以上特点，该瞄准镜特别适用于敌我双方的近距离“动对动”射击。多个国家的部队和警察已经配置了这种瞄准镜。

全息瞄准镜通常由能够再现无穷远处分划像的全息光学元件（HOE），能够产生再现光的光学系统及必要的调整机构组成。其中，HOE记录了无穷远处的分划像的全息图，经过与记录时的参考光相同的再现光照射，就能够形成一个无穷远处的分划像，通过调整机构将再现光路光轴与弹道校准到一致时，分划像指示的位置就是弹着点。由于分划像直接落在被瞄准目标上，不会因观察角度产生视差，因此观察眼无须落在光轴上，大大提高了瞄准速度。

由于再现光源的波长存在温度漂移现象，不同温度下波长有所改变，这种改变对再现像位置有较大影响。通常会采用对称补偿光路抵消这种变化，使再现像位置基本保持不变，即在形成再现光的光路中采用另一个与HOE具备类似特性的衍射光学元件，使波长对再现角度的影响与HOE的影响相反，这样就基本消除了波长漂移的影响。

尽管全息瞄准镜与其他瞄准方式相比有着明显的优点，但也存在很多可以改进的地方。全息瞄准镜还需要进一步减低成本，减小体积和重量，降低功耗，提高分划像质量，降低噪声和减少杂像等。

（周杨斌）

全息术　holography　基于光的干涉和衍射原理实现波前记录和重建的技术。通常包括两个步骤：波前记录和波前重建。第一步引入相干参考光波与物体衍射或散射的光波相干涉，以干涉条纹的形式记录下来，物光波前的振幅和相位都储存在记录介质中，得到全息图；第二步用相干光波照明全息图，由于衍射效应能重建原始物光波，该衍射光波传播将产生包含物体全部信息的三维再现像。普通照相只能记录物体反射或透射光的强度，所以记录的是物体的二维图像。全息术不仅可记录光的振幅，还可记录其位相，故能记录物体的深度信息。全息术不仅可用于光波波段，也可用于X射线、微波、电子波和声波。

发展简史　1947年出生于匈牙利的英国物理学家D.伽柏提出全息术，意图提高电子显微镜的分辨本领。方法是完全撇开电子显微镜物镜，用胶片记录经物体衍射未聚焦的电子波，得到全息图。再以相干光照明全息图，衍射波将产生原物体放大的光学像。他利用水银灯发出的可见光代替电子波，获得了第一张全息图及其再现像。由于全息术的发明，他获得了1971年诺贝尔物理学奖。1960年激光的出现为全息术的发展打开了道路。激光是一种单色性很好的强光，是制作全息图最理想的相干光源。1962年，E.N.利思和J.乌帕特尼克斯提出离轴全息方法，引入分离的倾斜参考光波。当激光照射全息图，产生孪生像的衍射波在方向上分离，不再互相干扰，可看到清晰的三维像。同年，Y.N.丹尼苏克提出了反射全息图的方法，第一次用普通的白炽灯照明全息图观察到全息像。由于脉冲红宝石激光器可辐射持续时间很短（几个纳秒）的强脉冲激光，研究人员开始用脉冲激光全息图记录运动的物体。1965年，R.E.布鲁克斯等用Q开关红宝石激光器实现了全息干涉测量，可用于材料的无损检测、流场分析等。同年A.W.罗曼提出了计算全息术，利用计算机和绘图设备制作全息图。计算全息术利用数字计算机来综合全息图，甚至不需要物体的实际存在，只需要物光波的数学描述，具有很大的灵活性。1968年，S.A.本顿发明彩虹全息术，可用白光观察全息图，看到记录物体的彩虹像，这使后来通过模压技术批量生产全息图成为现实。随着CCD和CMOS等光电成像器件的分辨率的不断提高，以及计算机技术的飞速发展，数字全息术发展迅速。采用CCD等光电成像器件记录物光和参考光的干涉图，然后在计算机中通过数字重建，由数字全息图获得全息像，已在三维形貌测量、振动测量、全息显微术等许多领域获得应用。

基本原理 以离轴全息图为例，说明波前记录和重建的过程。它是一种两步无透镜成像方法。

波前记录 利用干涉原理，才能把波前的振幅和位相都储存在记录介质中。如图a，激光光束被分成两部分：一束光照明物体，经物体反射、散射或衍射，作为物光投射到照相干板上；另一束光作为参考光照明照相干板。两束光相互干涉。照相干板经曝光、显影处理就能得到全息图。干涉条纹的衬度和形状信息中分别包含有物光波前振幅和位相的信息。

波前重建 全息图上细密的干涉条纹图样，可看作不同频率、不同方向的衍射光栅的线性组合。如图b，用均匀的激光光束照明全息图，一部分光直接透过。另外两束衍射光波向不同方向传播，可看作±1级衍射光。其中一束衍射光波传播到观察者眼睛里，与真实物体发出的光波作用完全相同，实现了波前重建。尽管物体已经移开，但仍可看到原始物体的虚像（原始像）。另一束衍射光波可看作原始物光波前的共轭波，传播形成物体的实像（共轭像），看到的像和原物体凸凹相反。由于再现的光波前携带有物波的振幅和位相信息，再现的像显示出物体的三维属性，具有视差效应。适当选择记录时参考光的倾斜角度，可使直接透射光以及产生孪生像的两束衍射光传播时分离开，互不干扰。

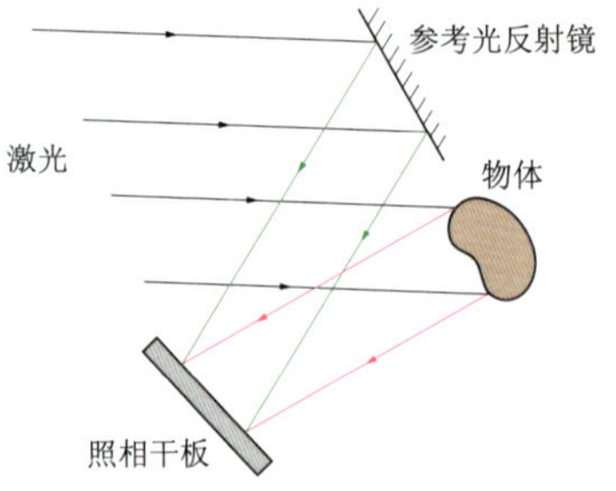

a 波前记录

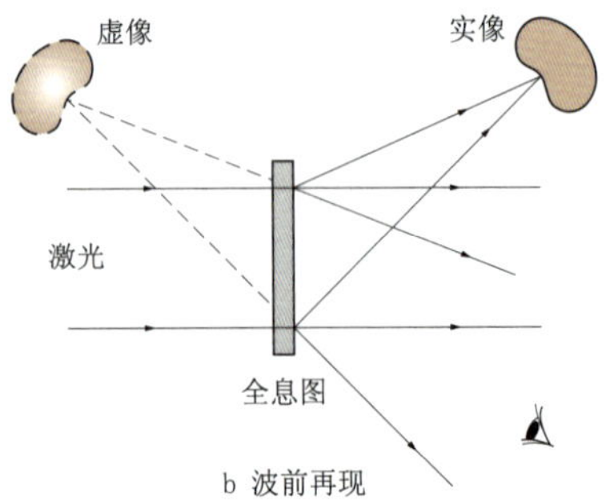

b 波前再现

全息术原理

全息图的类型 全息图种类繁多，主要有以下几种。

同轴全息 物光和参考光都来自同轴方向记录的全息图。光波照明全息图，透射光波中直接透射光和产生孪生像的衍射光波都在同一方向传播，无法分离。适合用于粒子场、细纤维和微生物的全息显微成像。

离轴全息图 引入一束单独的参考光倾斜照明记录介质，它和物光不在同一轴线上，利用记录介质记录干涉条纹得到的全息图。全息图被照明时，产生孪生像的两个衍射光波以及直接透射光传播方向彼此可以分离，避免了相互干扰。

反射全息图 全息记录时，采用厚记录介质，物光和参考光来自记录介质两侧，近似相反方向记录。由于布拉格条件，全息图具有波长选择性，可以用白光照明，从其反射的光中观察到单色像。

菲涅耳全息图 使记录介质位于物体衍射光场的菲涅耳衍射区（近场），记录平面上物光分布为物体的菲涅耳衍射，与参考光干涉得到的全息图。它适合记录三维的漫反射物体。

像全息图 全息记录时，在物体的像平面或附近放置记录介质所记录的全息图。它可用扩展的白光光源照明再现，用于全息显示。

傅里叶变换全息图 利用透镜的傅里叶变换性质，在记录平面产生物体的空间频谱，并引入参考波与之干涉记录得到的全息图。利用平面波照明全息图，可再现物体的频谱及其共轭。再次利用透镜作傅里叶变换，才能得到物体的原始像和共轭像。

体全息图 全息记录时，记录介质厚度比记录干涉条纹间距大得多，干涉条纹在记录介质内形成复杂的三维体光栅结构所产生的全息图。再现像需要满足布拉格条件，$2d\sin\alpha=\pm\lambda$，式中d为体光栅结构的光栅间距；α为入射角；λ为波长。体全息图再现时对照明光的方向具有灵敏性，因而可以改变参考光方向，把不同物体的全息图存储在同一体积的记录介质内，再现时改变照明角度，可再现出不同的物体像。

相位全息图 受到光波照明时仅仅相位被调制，不影响其振幅分布的全息图。有浮雕型相位全息图和折射率型相位全息图两种。相位全息图的衍射效率比振幅全息图高得多。

彩虹全息图 采用白光照明，物体的三维像和狭缝像同时再现，观察者的眼睛沿垂直于狭缝像方向移动，看到的物体像的颜色如同彩虹般连续变化的全息图。全息记录时，可在光路的适当位置加狭缝予以实现。

模压全息图 用模压方法大批量复制的全息图。制作过程包括三步：白光再现浮雕全息图（母版）制作、电铸凹凸金属模版和模压复制。广泛用作商品的防伪商标和各种银行卡、有价证券等的防伪标记以及装饰包装材料。

彩色全息图 利用红、绿、蓝三种波长激光依次在全色记录介质上记录物体的三基色反射或透射体积全息图。白光照明，由于全息图具有波长选择性，红光、绿光和蓝光记录的全息图分别被白光中的红光、绿光和蓝光成分同时再现，产生真彩色物体的三维像。

合成全息图 将一系列从不同角度拍摄的物体的普通二维照片，通过全息干涉记录的方法顺序记录并压缩在一张全息软片或全息干板上得到的全息图。当用白光照明全息图时，人的双眼观察到从不同角度拍摄的物体的像，从而产生立体视觉。可用于三维显示。

计算全息图 利用数字计算机，通过采样、计算、编码、绘图和照相缩版制作的全息图。编码方法使透明片的振幅透过率被调制，能记录抽样点的振幅和相位。相干光照明计算全息图，可实现实际物体或虚拟物体的波前重建，可用作全息光学元件，用于三维显示、光学检测、光学信息处理。

全息术的应用 21世纪以来，全息术和计算机技术、光电子技术结合更加紧密，全息术得到广泛应用。主要包括全息显示、全息干涉量度术、全息光学元件、全息显微术、全息存储、全息复空间滤波器及在光信息处理中的应用等。

全息显示 利用模压全息技术可以大

批量印制三维和彩色的图片，用于期刊封面、插图、商标防伪标识和包装装潢；反射全息图用于博物馆文物的存档和展示；数字合成全息图用于全息产品广告；展现写实的或梦幻的三维彩色空间的全息艺术品；利用脉冲激光器拍摄或合成全息技术制作的全息肖像等。

全息光学元件 全息光学元件用于光学系统中实现对光波相位调制或变换的全息像。制作时，可以采用光学全息方法或计算全息术方法。主要有全息光栅、全息透镜、全息扫描器、全息滤波器等。

全息干涉量度术 利用全息术，通过两次或多次曝光、连续曝光，将物体变化状态对应的两个或多个波前记录在全息图上，光波照明全息图，波前重建并相互干涉实现干涉计量。可测量透明或不透明物体，甚至对复杂形状的三维漫反射表面实现无损检测。可研究物体微小形变或振动、高速运动、封闭容器爆炸过程等。利用CCD等光电成像器件记录数字全息图的数字全息干涉量度术获得了广泛应用。

全息显微术 利用脉冲激光记录三维动态物场的全息图，照明全息图实现高分辨率三维物体放大成像的技术。对再现三维物场可在静止状态下逐层进行显微观测，实现超焦深显微术。多用于活体生物标本或运动微粒场观测、测量。数字全息显微术利用CCD等光电器件，记录来自微小物体的物光和参考光的干涉图样，通过数据采集、处理，在计算机中生成数字全息图，再通过数字模拟，实现全息图的衍射成像，得到微小物体的高清晰度、高分辨率的放大再现像。

全息存储 早期主要是页面式信息存储，采用傅里叶变换全息图记录文字图像。而采用光折变晶体、光致聚合物等新型体全息记录材料的超高密度体全息存储技术已逐渐成为主流技术。由于体全息图具有严格的布拉格选择性，采用角度复用或波长复用等技术，都可在介质同一位置的共同空间中记录大量全息图，从而实现大容量的信息存储。 （吕乃光）

全息原理 holography principle 一个$(d+1)$维且包括引力的物体的自由度可由该物体表面上的d维不含引力理论之自由度描述的、类似于光学中全息技术的理论。“全息”，最初本是一个光学成像词汇，指在二维面上存储物体空间三维图像的信息，并且可再次从二维面中将物体的三维图像信息读取出来的相干光学技术。与传统成像原理相比，全息成像的特别之处在于它利用相干光在二维平面上完备表述物体的三维信息。20世纪70年代，J.D.贝肯斯坦、S.W.霍金等发现黑洞的熵与其视界面积而不是体积成正比，暗示黑洞内部的物理可通过视界上的自由度来描述，与光学里的“全息”非常类似。受黑洞面积熵定律的启发，G.霍夫特和L.萨斯坎德分别提出并完善了引力全息性质的思想，引入了全息原理。结合对偶性的思想，全息原理可表述为：一个$(d+1)$维时空上的量子引力理论可用其边界上d维无引力的量子场论来等效描述。考虑到反德西特（AdS）空间像球体一样有着自然可定义的边界，所以AdS空间可作为实现全息原理最直观的选择，即AdS空间内的引力理论可由其边界上的共形场论来完全等效。1997年底，J.玛达切纳在弦理论的基础上实现了这种对偶描述，即著名的AdS/CFT对应，给出了时空内部的弦理论或超引力和其边界上的共形场论之间的全息对偶。如果边界上的量子场具有温度，则对偶AdS时空中的理论应包括具有相同霍金温度的黑洞解。借助于对偶的思想，脱胎于复杂黑洞物理的全息原理，不仅是熵界的简单推广，其带来的是对量子引力认识的深刻转变。作为基本原理，任何一个成功的量子引力理论都必须遵守全息原理。

全息原理的重要性不仅体现在构造基本理论上，也体现在对实际问题的分析和应用上。根据全息原理，可以从一个理论的计算结果推导出其对偶理论的相关结果。如利用AdS/CFT对偶，可从弱耦合引力系统的相关计算去处理规范场框架下难以处理的强耦合问题。后又将AdS/CFT对偶推广到更一般的规范/引力对偶。规范/引力对偶及其对应字典为全息原理在很多领域的广泛应用奠定了基础。利用规范/引力对偶研究量子色动力学强耦合性质，以及凝聚态物理中如高温超导、超流和玻色-爱因斯坦凝聚等一些困难问题都取得了一定的成功，并触发了很多新的研究方向。此外，基于全息原理提出的全息暗能量模型在解释宇宙加速膨胀、宇宙学常数问题和宇宙学巧合性问题等方面也取得了很多有意义的进展。全息原理是物理学中极为重要的突破之一，它蕴含的丰富物理亟待人们进一步的挖掘和研究。

（潘启沅）

缺陷态 defect state 由固体中缺陷引入的电子态。缺陷态是由缺陷破坏了晶格周期结构的原子或原子团而产生的特殊电子态。研究缺陷态需要针对具体情况进行具体分析。一般按晶体缺陷的维度划分，常见的缺陷可归为三大类：点缺陷、线缺陷和面缺陷。

点缺陷是零维缺陷，包括空位、间隙和反位，如图1所示。其中空位用于描述固体周期性晶格位置原子的丢失，通常也称为肖特基缺陷；间隙用于表示晶格原子之间多出来的原子；反位用于表示固体化合物或合金中不同类型原子之间的错误占位。这些点缺陷的组合会形成新的缺陷，如近邻的空位和间隙原子形成新的缺陷，又称弗仑克尔缺陷对。

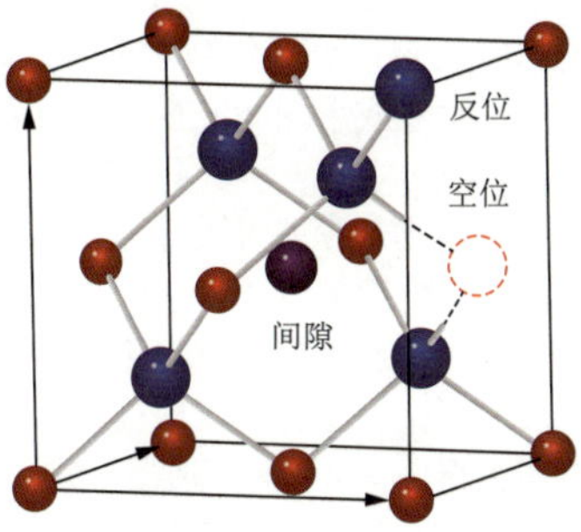

图1 常见点缺陷

线缺陷是一维缺陷，用于描述晶格中某一条线（位错线）周围原子错位排布现象，主要包括刃位错、螺位错和它们的组合。位错可以视为晶面原子的整体滑移造成的结果，完整描述位错需要用到伯格斯矢量（指明滑移方向）和位错线两个参数。对于刃位错，晶面的滑移方向与位错线方向垂直，其结果表现为某一晶面在晶体内部的终结，如图2所示。螺位错则相反，晶面的滑移方向与位错线方向相平行。

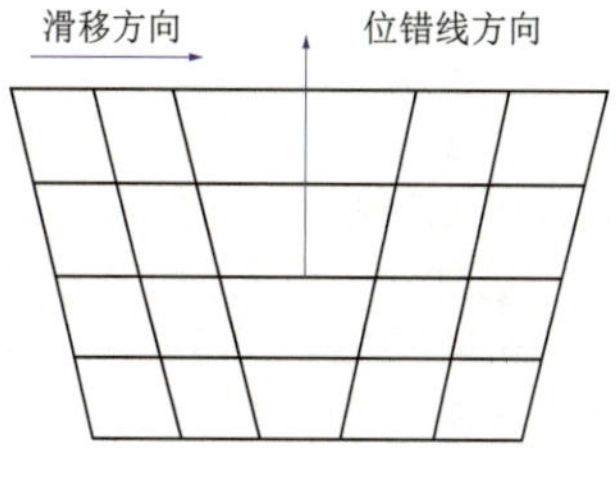

图2 刃位错示意图

面缺陷是二维缺陷，包括晶粒间界、层错和孪晶间界等。其中晶粒间界通常在晶体内部晶向改变时产生；层错常在密堆积结构晶体如面心立方结构中产生；孪晶间界则用于描述晶体中出现的一个由原子组成的对称镜面，如在密堆积结构ABC[A]CBA中的A晶面就是一个孪晶间界。

缺陷的存在不总是坏事，实际上缺陷态极大丰富了材料的各种磁学、电学和光学特性。如在半导体中，利用掺杂导致的占位或间隙位缺陷，实现了对材料导电性能的大范围调控，构成了微纳电子学的基础。又如位错的存在大大提高了金属的韧

性。再如利用金刚石中的氮－碳空位缺陷（N-V中心），可以制造高空间分辨的磁显微镜。（赵建华 王海龙）

群论在物理学中的应用 application of group theory in physics 作为数学概念的群论在物理学领域的重要应用。19世纪30年代，法国数学家E.伽罗瓦运用其所创群的概念方法，精妙地证明了高于4次的代数方程没有一般的求根公式，群这个数学对象开始为人所知。如今伽罗瓦关于群的思想已渗透到现代数学的各个领域，其方法已发展成艰深而又富有魅力的伽罗瓦理论。

群论在物理领域大放异彩。可以这样说，群论在物理理论的几乎所有领域都很重要。其一，群论是研究对称性的有力工具，借助群论方法，仅仅根据对称性，常常就可以得出重要的物理结论。其二，借助群论得以准确刻画对称概念，其影响已经波及物理学各个领域，并且随着时间的推移，必将更加深入。

原子分子结构和光谱、晶体学、固体物理和量子物理中的应用 依据原子分子和晶体结构的对称性对其进行群论分类，可以看到所有观察到的原子分子和晶体的光谱态对应于这种对称性。在原子分子结构和光谱、晶体学、固体物理和量子物理中清楚地显示了这一点。例如在量子物理中，一个量子系统的状态可以由一个复矢量空间中的一个矢量代表。这个复矢量空间称为态空间，态空间中的矢量称为态矢量。如果一个量子系统具有某种对称性，那么一般而言可以借助群的概念予以准确描述，并在其态空间上引进与之对应的线性变换，这种变换称为量子系统的对称变换。态矢量可以按照其在对称变换下的性质进行分类，而对称变换可以在群论框架中研究。于是，借助群论知识，不必通过复杂计算，即可得出关于量子系统态空间、态矢量和物理量的一些重要结论。例如，群论的方法可以通过找出哈密顿量的对称性，预测能量的简并情况。运用群论方法常常可以迅速判定系统不可能从某个初始状态演化到另一个给定的状态，换言之，系统在这两个状态之间的跃迁是禁戒的，因此量子力学选择定则迅速被确定，这正是群论在原子分子光谱理论中广泛应用的关键所在。

相对论中的应用 群论与物理紧密联系的另一个纽带是相对论。相对论要求描述一个物理系统的方程在不同参照系中具有相同的形式，而参照系变换可以用群的概念描述，这使得按照群论观点研究参照系变换时物理量的变换方式成为自然之事。相对论的要求和群的框架严格限制了参照系变换时物理量的变换方式，于是物理系统可以按照其物理量的变换方式进行分类。例如基于时空对称性，洛伦兹和庞加莱群用于表示相对论，这使得物理科学更加统一。

粒子物理中的应用 应用群论对粒子运动对称性和对称性规律破缺的研究在粒子物理学中也起重要作用。例如在标准模型的背景下，用群论研究了度规对称性和粒子物理学中的对称性、空间反演不变性以及时间反转不变性等。（刘旭峰）

群速度 group velocity 波包在空间的传播速度。实际存在的波通常不是单频，而是由许多频率分量组成的，各单频分量的振动相互叠加形成波包。单频波受到调制，其调制包络也是波包。波包传播的速度就是群速度，若用符号v_g表示，即：

$$v_g=\frac{d\omega}{dk}$$

式中ω为波的角频率；k为波传播方向上的波数。群速度实际上就是时间角频率对空间角频率的导数。群速度是波包的能量传播速率，也是波包所表达信号的传播速率。

在真空中或非色散介质中，群速度与相速度（$v_p=\omega/k$）相等，即$v_g=v_p=v$，v为真空中或非色散介质中的波速。

在色散介质中，波的群速度和相速度关系如下：

$$v_g=v_p-\lambda\frac{dv_p}{d\lambda}$$

通常情况（正常色散）下，相速度随波长λ增加而增大，波的群速度随波长增加而减小，且小于群速度。反常色散情况时则相反。（吴立新 崔宏滨）

群速度色散 group velocity dispersion; GVD 介质中*群速度*随频率的变化。光脉冲是由多种频率的光波组成的波包。当光脉冲在色散介质（如光纤）中传播时，由于色散，不同频率的波将以不同的速度传播，光脉冲在介质中的传播常数k在载波频率ω_0附近可展开为：

$$k(\omega)=k(\omega_0)+\frac{\partial k}{\partial\omega}\Big|_{\omega=\omega_0}(\omega-\omega_0)+\frac{1}{2!}\frac{\partial^2 k}{\partial\omega^2}\Big|_{\omega=\omega_0}(\omega-\omega_0)^2+\frac{1}{3!}\frac{\partial^3 k}{\partial\omega^3}\Big|_{\omega=\omega_0}(\omega-\omega_0)^3+\cdots$$

$$=k(\omega_0)+k'(\omega-\omega_0)+\frac{1}{2}k''(\omega-\omega_0)^2+\frac{1}{6}k'''(\omega-\omega_0)^3+\cdots$$

上式中的二阶项来源于群速度随角频率的变化，因此被称为群速度色散，它的存在会造成光脉冲展宽。k''被称为群速度色散系数，$k''>0$为正常色散，$k''<0$为反常色散。根据k''的表达式，即：

$$k''=\frac{\partial^2 k}{\partial\omega^2}=\frac{\partial}{\partial\omega}\left(\frac{\partial k}{\partial\omega}\right)=\frac{\partial}{\partial\omega}\frac{1}{v_g}=-\frac{1}{v_g^2}\frac{\partial v_g}{\partial\omega}$$

式中$v_g=\frac{\partial\omega}{\partial k}$为群速度，群速度色散也可被定义为群速度的倒数对角频率的导数，它代表介质中群速度随角频率（或频率）的变化情况。

群速度色散引起的光脉冲展宽效应，会导致光脉冲在传播过程中发生变形，影响光脉冲的传播。光脉冲在有些非线性介质中传播时，其自身的光场会使介质的折射率发生变化，引起光脉冲的相位发生变化，进而使光脉冲不同部位的频率发生移动，将光脉冲的前沿向后挤压，同时将光脉冲的后沿向前挤压，由此导致光脉冲变窄，这种效应被称为自相位调制压缩。群速度色散使光脉冲展宽，自相位调制压缩效应使光脉冲变窄，当二者相互平衡时，光脉冲可保持波形不变地在介质中传播，即形成*光孤子*。在反常色散介质中，可形成亮光孤子；而在正常色散介质中，则可形成暗光孤子。由于光孤子在传播过程中保持波形不变，可减小或避免失真，因而在光通信领域具有重要的应用价值。（侯春风）

R

燃烧等离子体 burning plasma 被热核反应加热到很高的温度，就像被点燃一样能燃烧的等离子体。要取得聚变能，只有通过热核聚变途径。而能产生热核反应的轻核离子温度至少需要达到10千电子伏（十亿度），这时它们将处在等离子体状态。当等离子体达到了所谓的点火条件后，离子间发生了大量的核聚变，从而产生了大量的核能量。这些能量分别由聚变产生的中子及带电的离子携带。如在人为条件下最容易发生的氘（D）–氚（T）聚变反应：

$$D+T \rightarrow n(14.1MeV)+He(3.5MeV)$$

反应中，约4/5的聚变能量由中子n携带，1/5能量由带电的氦核He（又称α粒子）携带。中子不带电，无法被约束在等离子体中。但氦核带2个正电荷，可以被强磁场约束在磁化等离子体中。然后通过碰撞等物理过程把自己携带的聚变能交给背景等离子体中的氘、氚离子及电子。这时等离子体就被加热到更高的温度。

能自行加热的燃烧等离子体为维持等离子体在点火状态而需要从外面对它不断输入能量的负担得以大大减轻。为了定量描述这种自燃的程度，通常引入两个参数，即能量增益因子Q和α粒子加热比例因子f_α：

$$Q=\frac{P_f}{P_h},\quad f_\alpha=\frac{P_\alpha}{P_\alpha+P_h}$$

式中P_f为每次聚变产生的聚变能；P_h为维持聚变持续进行而必须从外面注入燃烧等离子体的能量。

通常称$Q=1$为能量得失相当条件，这时聚变产生的能量刚好等于从等离子体中由于各种原因损失掉的能量（因而需要从外面补充这部分能量）。而当$Q>1$时，则认为等离子体已进入自持燃烧阶段。这时聚变能除了补足从等离子体中损失掉的能量外，还有能力加热等离子体，从而降低对外加能量的需要量。以D-T聚变为例，由于这时：

$$Q\approx\frac{5P_\alpha}{P_h},\quad f_\alpha=\frac{Q}{5+Q}$$

所以$Q=1$时，$f_\alpha=17\%$；$Q=5$时，$f_\alpha=50\%$；$Q=10$时，$f_\alpha=67\%$。也就是说，只有当$Q>5$，氦离子的自持加热能量占维持燃烧等离子体所需要能量的大部分。而聚变电站要能有经济效益，必须达到$Q>10$。

随着Q增大，聚变产生的带电粒子（如D-T反应时的α粒子）系的能量和粒子密度在燃烧等离子体总能量和总密度中所占的比例也不断增大。当$Q>5$后，它们已成了燃烧等离子体中最重要的一种成分，它们和背景等离子体中的电子和各种离子间的相互作用也不可忽略。而且它们的能谱不再是麦克斯韦分布（不能对它们再用流体描述），从而有可能对以往基于磁流体描述的等离子体的整体约束性能控制产生不可忽略但仍然是未知的影响。这些聚变产生的高能离子本身也会驱动许多新型的不稳定性（如各种阿尔文不稳定性），从而影响能量和粒子的约束性能。具体而言，在磁约束装置（如托卡马克）中这些聚变产生的带电粒子系统，作为一类新的重要组分，会对燃烧等离子体的平衡、宏观稳定性及输运过程都发生重大影响。

由于没有大规模的热核反应，就不会产生具有这类高能粒子成分的燃烧等离子体，所以直到现在都不具备开展这些研究的实验条件。而建造聚变堆前又必须掌握燃烧等离子体的物理性质及控制方法。为此正在建造的国际热核聚变堆（ITER），就把燃烧等离子体作为一项最重要的要达到和进行深入研究的目标。（胡希伟）

饶毓泰 Rao Yutai（1891-12-01～1968-10-16） 中国物理学家。生于江西临川，卒于北京。1913年赴美留学，1922年获普林斯顿大学哲学博士学位。同年回国，任南开大学物理系系主任。1929～1932年赴德国研究。1933年起先后任北京大学物理系系主任、理学院院长，西南联合大学物理系系主任。1944～1946年赴美国研究。回国后续任北京大学理学院院长和物理系系主任等职，1952年起任物理系教授。1948年当选中央研究院院士。1955年当选中国科学院学部委员（院士）。1947～1951年当选中国物理学会副理事长，后为名誉理事。“文化大革命”期间，饶毓泰深受迫害、屈辱，含恨逝世；1980年平反昭雪。

饶毓泰是实验物理学家。1922年他的博士论文是研究低压电弧的电子发射速率的实验成果，他所设计的电弧光源的电压比通常的低，这是当时气体导电研究的一项新成就。20世纪30年代初期，从事碱金属原子的斯塔克效应的研究，在观测铷和铯原子光谱线的反斯塔克效应的实验中，观测到它们的主线系的分裂和位移现象。这一工作丰富了量子力学领域的实验数据。40年代，他在美国和他的合作者进行分子光谱的研究，系统地研究了多种化合物的拉曼光谱和某些同位素的分子振动–转动光谱，为确定化合物中自由基的结构和研究同位素气体分子开辟了途径。

饶毓泰也是教育家。他在南开大学创建物理学系，培养出吴大猷等优秀的物理学家。20世纪30年代在北京大学任教期间，加强实验教学和科学研究，使物理学系出现了新面貌。在抗日战争艰苦环境中，西南联合大学教学和生活条件简陋，他坚持不懈，讲课认真，培养出不少物理学工作者。（戴念祖）

热传递 heat transfer 热量由一处传输到另一处的现象。热传递依赖于传热介质的性质，还依赖于相应的不同处的温度及其间温度分布的行为。根据传热介质不同处的温度差值大小及其间温度分布的行为，热传递的方式主要分为热传导、热对流和热辐射三种。

热传导 由于物体各层间温度不均匀，使热量从高温区传向低温区的现象称为热传导。热传导的本领或强度由热通量或热流来表征。所谓热通量或热流即单位时间内传输的热量。如图所示，温度相同的平面平行于x-y平面，温度梯度沿z方向。

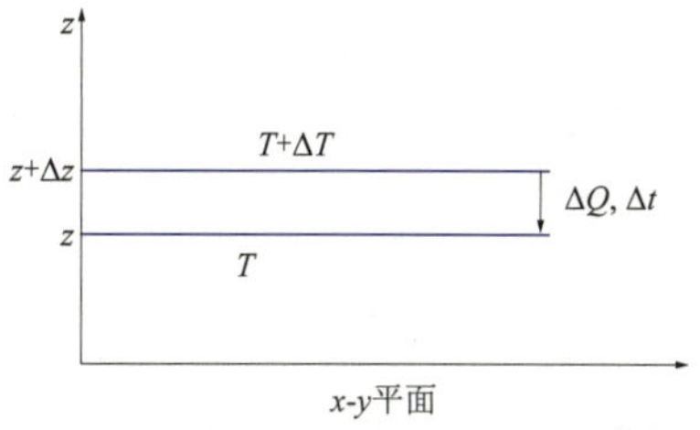

热传导示意图

实验表明，热通量为：

$$\Phi=\frac{\Delta Q}{\Delta t}=-\varkappa\frac{dT}{dz}S$$

式中$\frac{dT}{dz}$为不同等温度层之间的温度梯度；S为传热面的面积；$\varkappa$为热导率或导热系数，其单位为瓦/（米·开），其中的负号表示热流总是沿着由温度高的层向温度低的层传递。该规律常被称为傅里叶热传导定律。

由于热通量依赖于传热面的面积，因此上述规律不易表征不同材料的传热本领，于是人们通常考察单位时间通过单位面积传递的热量，并称之为热流密度，记为ϕ，并有：

$$\phi=-\varkappa\frac{\mathrm{d}T}{\mathrm{d}z}$$

物质（系统）的热导率（或导热系数）是表征物质热传导能力的特征量，依赖于系统的温度、热容量和组成物质的组分粒子间的相互作用，严格地从第一性原理出发对其进行确定仍是重要的研究内容。对于简单的情况，利用分子动理论得到气体的热导率可以由系统的密度ρ、定容比热c_V和组成气体的组分粒子的平均速率$\bar{v}$和平均自由程$\bar{\lambda}$表述为：

$$\varkappa=\frac{1}{3}\rho\bar{v}\bar{\lambda}c_V$$

如果系统近似为理想气体系统，则其热导率可以由系统的温度T、定容比热c_V和组分粒子的质量m和碰撞截面σ表述为：

$$\eta=\frac{3c_V}{3\sigma}\sqrt{\frac{mk_{\mathrm{B}}T}{\pi}}$$

式中k_{B}为玻尔兹曼常量。

热对流　当高温系统中的物质传到低温系统时，其携带的能量（热量）释放给低温物体。以这种方式实现的传热称为对流传热。

温度分别为T_1、T_2的两系统之间的对流传热满足类似于傅里叶传导定律形式的牛顿冷却定律：

$$\frac{\Delta Q}{\Delta t}=-h(T_1-T_2)S$$

式中S为传热面积（对流通道的面积）；h称为对流系数或传热系数。

大气环流、海洋环流、地幔环流等各种环流引起的传热及热管传热等都是热对流方式传热的典型代表或应用实例。

热辐射　温度高于绝对零度的物体向外辐射电磁波的现象。　（徐莉梅）

热磁效应　thermomagnetic effect　由外加磁场或物质内部磁状态改变引起的该物质热性质（如热导率、温度梯度）或电性质（如温差电势）的变化，或由于热或热流引起的物质磁性的变化。又称磁场热效应。利用这类效应可以研究某些物质的能带结构、传导机制或获得超低温度。一般包括以下几种效应。

厄廷好森－能斯脱横效应　当导体或半导体受到磁场H_z和与之垂直的产生热流I_t的温度梯度$\partial T/\partial x$同时作用时，在垂直前两者的方向产生电场E_y的现象（图a），其关系为：

$$E_y=Q\Big(\frac{\partial T}{\partial x}\Big)H_z$$

式中Q为厄廷好森－能斯脱系数。

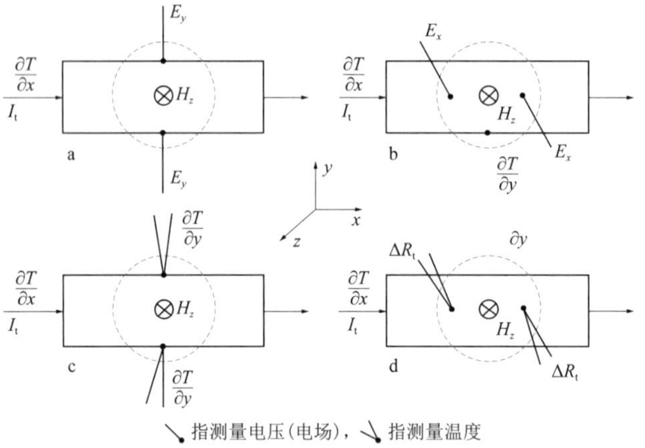

四种热磁（磁场热）效应的示意图

厄廷好森－能斯脱纵效应　当导体或半导体受到磁场H_z和与之垂直的产生热流I_t的温度梯度$\partial T/\partial x$同时作用时，在热流方向产生电场E_x的现象（图b），其关系较为复杂。

里纪－勒杜克横效应　当导体或半导体受磁场H_z和与之垂直的产生热流I_t的温度梯度$\partial T/\partial x$同时作用时，在垂直前两者的方向产生温度梯度$\partial T/\partial y$的现象（图c），其关系为：

$$\Big(\frac{\partial T}{\partial y}\Big)=S\Big(\frac{\partial T}{\partial x}\Big)H_z$$

式中S为里纪－勒杜克系数。

里纪－勒杜克纵效应　当导体或半导体受磁场H_z和与之垂直的产生热流I_t的温度梯度$\partial T/\partial x$同时作用时，在热流方向发生热阻改变ΔR_t的现象（图d），其关系较为复杂。

上述四种磁热效应与磁场电效应（如霍尔效应、磁致电阻效应）是相似的。

磁热效应　又称磁卡效应或磁致温差效应，指强磁或顺磁物质中伴随磁化强度改变而发生的可逆温度变化，这与由磁滞引起的不可逆加热效应（温度变化）不同。由热力学可以证明，当磁场绝热变化ΔH时，在强磁或顺磁物质中引起的可逆温度变化ΔT与这物质的定磁场热容C_H、定磁场M温度系数$(\partial M/\partial T)_H$和温度$T$的关系为：

$$\Big(\frac{\Delta T}{\Delta H}\Big)_S=-\frac{T}{C_H}\Big(\frac{\partial M}{\partial T}\Big)_H$$

这一效应是利用顺磁盐绝热去磁获得超低温的物理基础。　（李国栋）

热电材料　thermoelectric material　通过固体中载流子的定向热输运、电输运而引起能够将热能和电能可逆地相互转换的一类材料的总称。利用热电材料制作的器件可应用于温差发电和半导体固态制冷，其无机械活动部件，因此长期工况下稳定性卓越；无温室气体、含氟制冷剂的排放，绿色环保，并具有体积小、精度高的优点。

在热电材料中涉及最重要的三种**热电效应**：塞贝克效应、**珀耳帖效应**、汤姆孙效应。塞贝克效应指的是在均质半导体的两端如果存在温度差$\mathrm{d}T$，相应地材料的两端将会随之存在一个与之相关联的电势$\mathrm{d}V$，则塞贝克系数$\alpha=\mathrm{d}V/\mathrm{d}T$。对于均匀温度场中均质且热力学稳定的材料，其载流子均匀分布为一等势体，如果此材料处于一个定向温度梯度的环境中，一方面材料内部会存在温度梯度，高温段因为更强的热激发作用使得其中的载流子浓度更高。另一方面，温度越高的载流子能量越高，这种浓度和能量差驱动载流子从高温端向低温端的定向漂移，最终使冷端载流子浓度增加，在材料两端形成一个内建电场。同时内建电场会阻碍载流子的扩散，当扩散和漂移达到平衡后，内部电荷分布稳定，材料两端会形成一个塞贝克电势差。珀耳帖效应是塞贝克效应的逆效应，表现为材料两端的电势差会导致材料两端形成温度差。该效应是由于载流子在不同导体内部的势能不同（或者认为材料的费米能级存在差异），当节点处有电流通过时，为了保持系统的能量守恒与电荷守恒，系统就要和环境进行能量交换，从而发生吸放热的现象。珀耳帖系数$\pi_{ab}=1/J\times(\mathrm{d}Q/\mathrm{d}t)$，其中$J$为电流密度；$\mathrm{d}Q/\mathrm{d}t$为单位时间单位面积所吸收的热量。汤姆孙效应可以理解为电流J通过时，均质材料中温度梯度（$\mathrm{d}T/\mathrm{d}x$）会造成材料吸放热现象的出现，汤姆孙系数$\tau^{\mathrm{T}}=1/J\times(\mathrm{d}Q/\mathrm{d}t)\times(\mathrm{d}T/\mathrm{d}x)^{-1}$。值得注意的是，以上效应中出现的热效应与焦耳热不同，其本质是载流子在温度场、电场中定向输运的结果，是一种可逆的热效应。

常见的热电材料以半导体材料为主，传统的热电材料有碲化铋基合金材料，碲化铅基合金材料，锗硅合金材料等。随着理论和实验的进一步发展，新型的热电材料如SnSe、In_4Se_3、BiCuSeO、$CuInTe_2$也不断地被发掘出来，同时传统材料通过纳米技术的手段也焕发出新的活力。

（李京波）

热电离规真空计 thermal ionization vacuum gauge 一种电离真空计。高温灯丝发射出的高能电子，撞击气体分子形成带正电的离子流，离子流的强度与气压成比例关系。测量范围：1大气压至10^{-8}帕。

（吴小山）

热电器件 thermoelectric device 将热能和电能进行相互转换的材料和器件。热电器件通常是利用一些**热电效应**来工作的，包括塞贝克效应、**珀耳帖效应**及汤姆孙效应等。热电材料通常由p型和n型半导体材料构成，用途包括制冷和发电等。

现在用于制作热电器件的材料，包括铋硫族化合物，诸如Bi_2Te_3和Bi_2Se_3，是室温下具有良好性能的热电材料，可以用来制作室温下的制冷器件。2008年J.赫尔曼斯等证明，由铊掺杂的碲化铅合金在773开具有1.5的热电品质因数（ZT），2012年达到2.2的ZT因子的碲化铅合金被制造出来。无机包合物$A_xB_yC_{46-y}$和$A_xB_yC_{136-y}$、镁和Ⅳ族元素的化合物、方钴矿的主要成分LM_4X_{12}、硅锗合金等在1000℃左右是最好的热电材料；钴酸钠晶体以及一些无定形材料等也是很好的热电材料。

另外，科研工作者们在纳米尺度的体系中提出了用热来构筑各种器件，如热二极管、热整流器件、热三极管和热存储器等。基于这些微观热器件，还设计出了各种量子逻辑门。 （孙庆丰 杨宁选 闫 青）

热电效应 pyroelectric effect 由温差直接转换成电压的一种热电现象。又称温差电效应。当一种热电装置在两端存在温度差时就会产生电压。反之，当一个电压施加在热电装置两端时，将产生温度差。

基于热电效应，热能和电能可以相互转换。这一热电转换技术提供了一种绿色能源，在空间技术、工业余热回收利用、微电子与信息技术、太阳能高效热电-光电复合发电等诸多领域，具有广泛的应用前景。

将两种不同性质的金属相连接，并在接触头处保存不同的温度，电路中将存在温度梯度和化学势梯度，温度梯度产生热流，化学势梯度引起粒子流（电流），在这种情况下，实验观察到的热电效应一般包括三种：塞贝克效应、**珀耳帖效应**和汤姆孙效应。

塞贝克效应是T.J.塞贝克在1827年发现的。由两种不同的金属a、b连接成的热电偶在两个接头处保持不同的温度T和$T+\Delta T$，在电容器中有电势差ΔU的存在，并且电势差正比于温度差，即有：

$$\Delta U = S_{ab} \cdot \Delta T$$

式中S_{ab}为塞贝克系数（或温差电动势系数），单位是伏/开，约定S_{ab}取正，指在高温端电动势驱使电流从金属a流向金属b。塞贝克系数S_{ab}取决于金属材料的性质，并与温度有关。一般情况下，S_{ab}系数通常会随温度的改变而变化。

珀耳帖效应是J.C.A.珀耳帖在1834年发现的。将两种不同的金属a、b连接，并保持温度恒定，当有电流通过时，在一个接头处有热量放出，在另一个接头处则吸收热量。吸收或放出的热量正比于通过的电流强度，即有：

$$Q=\Pi_{ab} \cdot I$$

式中Π_{ab}为珀耳帖系数，它取决于两种金属的性质，并与温度有关。由于$\Pi_{ab}=S_{ab} \cdot T$，珀耳帖效应可以视为塞贝克效应的逆过程。

汤姆孙效应是W.汤姆孙（**开尔文**）发现的。当电流通过具有温度梯度的均匀导体时，除放出焦耳热外，导体还要放出或吸收另外的热量，这部分热量称为汤姆孙热。在单位时间内，单位体积的导体放出的汤姆孙热为：

$$q_T=-\Gamma_{ab} I \cdot \nabla T$$

式中Γ_{ab}为汤姆孙系数，它与金属的性质及温度有关；∇T为温度梯度。

珀耳帖效应和汤姆孙效应都与电流密度成正比，当电流反向时吸热效应便变成放热效应，这两个效应都是可逆的。

基于热电效应的工作原理，研制出了热电发电机、热电制冷器和温差电偶温度计。利用热电发电和制冷将有效解决能源的可持续发展问题。能将热能和电能进行相互转换的新型功能材料称为热电材料，热电材料的转换效率取决于无量纲热电优值ZT：

$$ZT = \frac{\sigma S_{ab}^2 T}{\chi}$$

式中S_{ab}为塞贝克系数；σ为电导率；$\chi=\chi_1+\chi_e$为热导率（包括电子的热导率和声子的热导率）。热电材料的ZT值越高，其性能越好。提升热电材料ZT值的方法一般有两种：其一是提高其热功率S_{ab}和电导率，较大的热功率S_{ab}能更有效地将温差转换为材料两端的电压；其二是降低其热导率，使热扩散和焦耳加热引起的能量损失降到最低。但受莫特关系和维德曼-夫兰兹定律的限制，高的热功率S_{ab}导致一个低的电导，高的电导往往也意味着一个高热导，这三个参数相互关联，不能独立调整。

（孙庆丰 杨宁选 闫 青）

热辐射 thermal radiation 所有温度高于绝对零度的物体借助发射电磁波传递能量的方式。热辐射具有连续的辐射能谱，波长自远红外区延伸至紫外区，但主要靠波长较长的红外线。辐射源表面在单位时间内、单位面积上所发射（或吸收）的能量同该表面的性质及温度有关，表面越黑暗越粗糙，发射（吸收）能量的能力就越强。

不同物体对同样电磁波的吸收、穿透和反射的程度有所不同。物体吸收的辐射能同射到物体上的总辐射能之比a称为吸收系数；反射部分同总辐射能之比r称为反射系数；穿透部分同总辐射能之比t称为穿透系数。三者间有下列关系$a+r+t=1$。

①当$t=1$时，$a=r=0$，称为理想透射体。

②当$r=1$时，$a=t=0$，称为理想反射体。

③当$a=1$时，$t=r=0$，称为理想黑体。

一个物体向外辐射能量的同时，还吸收从其他物体辐射来的能量。如果物体辐射出去的能量恰好等于在同一时间内所吸收的能量，则辐射过程达到平衡，称为平衡辐射，此时物体具有固定的温度。

（孙志铭）

热辐射光源 thermal radiation source 通过电流加热导体至白炽状态而发光的一种光源。热辐射光源主要品种是**白炽灯**和**卤钨灯**。它的辐射能量和光谱由黑体和非黑体的热辐射规律和特性所确定。这也是热辐射光源设计和制造的理论基础。

（陈大华）

热功 thermal work 将力学定义扩展到热力学中用以描述系统能量变化的物理量。在力学中功定义为力和位移的标积。反映力在空间上的积累效应，为过程量，国际单位为焦耳（J）。该概念可以扩展到热力学中，用以表征热力学过程中系统的能量变化。下以气体膨胀做功为例（见图），设想气缸内气体经历无摩擦的准静态膨胀过程，图中S表示活塞的面积，p表示气体的压强。则气体对活塞的压力为pS。当气体推动活塞向右缓慢地移动一微小的位移dl时，由力学中功的定义可知，气体对外界做的微量功为：

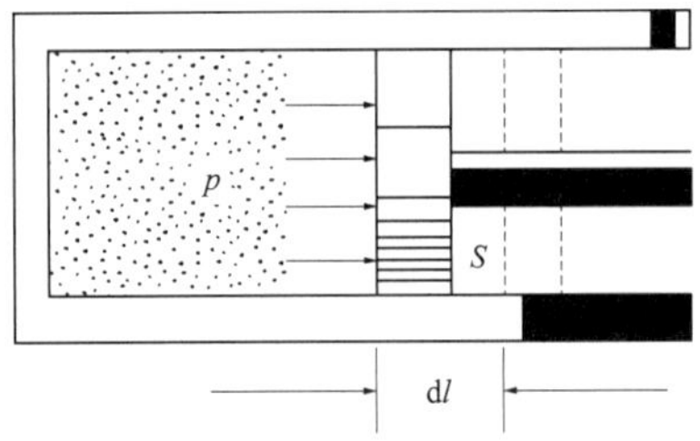

气体膨胀做功示意图

$$dW=pSdl=pdV$$

该式虽从特例导出，但可证明它是准静态过程中计算体积功的一般表达式。若系统经历有限的准静态过程，体积由V_1变化到V_2，系统对外界做的总功为：

$$W=\int dW=\int_{V_1}^{V_2} pdV$$

在p-V图中上式为过程曲线与V轴间的面积。当初末状态一样时，若变化过程不同，则过程曲线不同，系统所做的功也不同。（刘志锋 崔 鑫 班士良）

热功当量 mechanical equivalent of heat 热量的单位卡和功的单位焦耳的比值。热量和功都是系统内能改变量的量度，都是过程量，它们的单位之间应该存在着一定的换算关系，英国的J.P.焦耳首先从实验中测定了这个关系。现代实验得出，1克纯水在101.325千帕恒定压强下，温度从14.5℃升高到15.5℃所吸收的热量为4.1855焦，称之为1个15℃卡。因此，热功当量就是4.1855焦/卡。（包科达）

热固性树脂 thermosets 一类具有高度交联三维网状结构的聚合物，它是由小分子单体或预聚物经历固化或交联反应而形成的不熔不溶的刚性材料。又称热固性聚合物。与热塑性塑料不同，热固性树脂在固化后不能再次加热成型，只可机械加工。因此，热固性树脂必须在固化反应期间用特定的模塑或涂层工序转变成最终形状。预聚物可以是液态的，或者能通过升高温度成型然后固化。制成的热固性树脂只能在高于玻璃化转变温度的较高温度时软化。因此，其玻璃化转变温度通常是它们应用的极限工作温度。热固性树脂由于高度交联，因而具有优良的抗化学腐蚀和热形变性能，并呈现高力学强度和低蠕变倾向。

热固性树脂的应用十分广泛，主要用于制造增强塑料、泡沫塑料、电工用模塑料、浇铸制品、胶粘剂和涂料等领域，特别是作为复合材料的基体。还广泛应用于汽车、航空航天和航海业等领域，是公认的高性能工程材料。（李宝会）

热管 heat pipe 典型的利用对流传热方式实现热传递的装置。

热管传热的工作原理和过程是，工作物质在高温热源端汽化后沿管子传输到待加热的低温端，在低温端工作物质凝结成液体，同时释放出热量，实现高效传热的目标（见图）。凝结成液体的工作物质沿排布于管壁上的细管或细丝回流到高温热源端。因此，热管也是以毛细现象为工作原理的典型应用装置。

热管简化的纵切面示意图

因为液体的汽化热很大，所以这种传热技术的效率很高，并且装置的结构简单、没有噪声、工作可靠，适用温区广泛（采用不同沸点的物质作为工作物质），从而广泛应用于科学研究、航空航天工程、军事工程和医疗技术等领域。（徐莉梅）

热光 thermal light 物质中带电粒子热运动产生的电磁辐射。对于温度高于绝对零度的物体，其原子或分子间的碰撞会引起动能变化，这将导致电荷加速和/或偶极振荡，于是产生电磁辐射。所有温度高于绝对零度的物质都会发出热辐射。热辐射的例子包括白炽灯发出的可见光和红外光、动物发出的和红外相机探得的红外辐射以及宇宙微波背景辐射等。阳光是太阳热等离子体产生的热辐射的一部分。地球也发出热辐射，但是由于比太阳冷得多而具有更低的强度和不同（红外而非可见）的光谱分布。

热辐射与黑体辐射密切相关。黑体辐射的密度算符由玻尔兹曼分布函数描述，光子统计特性满足玻色-爱因斯坦分布，光谱（能量）分布由普朗克定律决定。我们熟悉的很多光源尽管处于热力学平衡状态却并不发出真正的黑体辐射。它们发出的光常是有方向的而不是各向同性的，是部分偏振的而不是非偏振的，光谱分布也可能不同于普朗克分布。黑体辐射经过一些线性滤波器后即可得到这些光。

黑体辐射通过线性滤波过程后得到的辐射都称之为热辐射或混沌辐射。典型的线性滤波器包括小孔、光栅、反射镜、棱镜、起偏器、光谱滤波器、偏振旋转器和相位板，以及它们的任意组合。所有黑体辐射的重要对称特性都可能在滤波过程中丢失，然而统计特性可以得到很好保持。在量子光学中更关注这些量子统计性质，因此认为热光与黑体辐射一样，光子计数分布是玻色-爱因斯坦分布，二阶相干度大于1，光子具有群聚特性等。（吴金辉）

热核 hot nucleus 热激发能约在3兆电子伏、每核子以上的高激发原子核。这是20世纪80年代中期，利用中能重离子加速器提供的中能重离子，对原子核在高激发状态进行研究时提出的概念。研究结果表明，当原子核的激发能高于3兆电子伏每核子时，原子核可以发生多重碎裂，甚至出现液-气相变。（靳根明）

热核反应 thermonuclear reaction 在高温高密度条件下，两个较轻原子核聚合成一个较重原子核的核反应。见受控热核聚变。

热机 heat engine 以热力学系统作为工作物质，将热量转换为对外输出机械功的机械。热机主要分为内燃机，例如柴油机、汽油机、喷气机等；以及外燃机，例如蒸汽机、汽轮机等。（班士良 刘志锋 邢 燕）

热机循环 heat engine cycle 热机从高温热源吸收热量，向低温热源放出热量，经历循环后对外做净功的过程。如图所示，采用p-V图描述一可压缩二参量系统热机的循环。设由初态A经系列准静态过程，沿顺时针方向ABCDA返回到A构成准静态循环，这样的循环称为正循环。在ABC段系统对外做功W_1，其大小为曲边形MABCN的面积；在CDA段外界对系统做功W_2，其大小为曲边形MADCN的面积，经历一个循环后，系统对外做净功$W=W_1-W_2$。

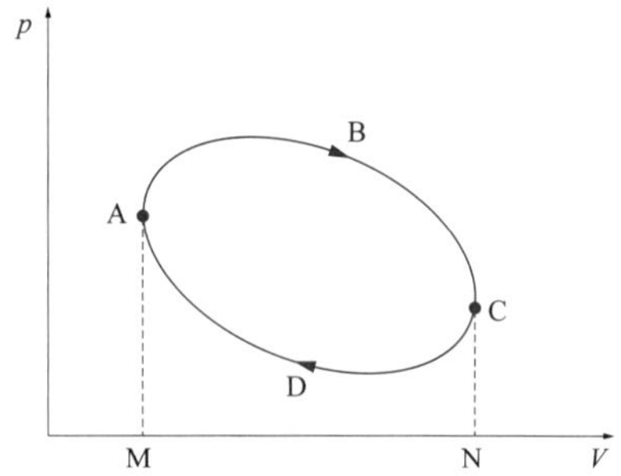

热机循环

在历经上图的正循环过程中，热机对外做功，由于向低温热源（通常为大气）放出的热量不可再利用，故热机效率η定义为：

$$\eta=\frac{W}{Q_1}=\frac{Q_1-Q_2}{Q_1}$$

式中Q_1为热机吸收的热量；Q_2为热机放出的热量。（班士良 刘志锋 邢 燕）

热激电流谱 thermally stimulated current spectroscopy 在低温下利用光激发产生的电子-空穴填充深能级陷阱，然后根据不同升温速率下结电流随温度变化的特性，探测半导体中深能级缺陷的能级位置及其浓度的常用电学测量技术。热激电流谱是研究高阻半导体中缺陷能级的一种简便而有效的方法。将高阻半导体样品置于低温环境下，利用光照产生的非平衡载流子（电子和空穴）填充陷阱能级，再在无光照条件下以恒定的加热速率将样品逐步加热到高温环境，则被陷在陷阱能级上的电子或空穴就会受热激发而依次释放出来，并在外电路中形成一系列随温度变化的电流峰，即热激电流谱。陷阱释放电子或空穴的过程不仅依赖于陷阱能级的深度，还依赖于它的温度和热发射率，能级越浅释放载流子所需的温度越低。最后，根据谱峰的位置和它所包围的面积，即可求得陷阱的能级深度和浓度。

热激电流谱实验装置尚未商业化，大部分是由实验室研究人员自己搭建的，冷却装置根据冷却方式不同主要有三种类型：小型致冷机冷却的低温样品架及测量电路；流动或循环流动液氮冷却的低温样品架及测量电路；液氮或液氦浸没式低温样品架及测量电路。根据测量样品的不同特征，可制备上下电极条形样品、夹心结构样品、结形样品、叉指状电极样品、PN结或肖特基结样品。

早在20世纪50～60年代，就有人提出热激电流谱，并在高阻硅、以硫化镉为代表的Ⅱ-Ⅵ族化合物和以半绝缘砷化镓为代表的Ⅲ-Ⅴ族化合物半导体材料研究中得到广泛应用，此后逐步扩展到高阻半导体的各个领域，甚至介电材料和聚合物。由于以氮化镓、碳化硅为代表的第三代半导体材料和光电子器件的快速发展，热激电流谱在这些领域的研究也越来越受到重视，特别是在与氮化镓电子器件可靠性相关的缺陷研究领域，热激电流谱将发挥重要作用。（杨学林）

热库 heat reservoir 与所研究的热力学系统进行热交换的物体。又称热源。通常热库指热容量为无限大的理想物体，即热库的温度是恒定不变的，不会因为有热量的吸收或者放出而发生改变。这样的理想物体在实际中是不存在的，但只要物体的质量足够大，在吸收或放出热量的过程中，其温度改变非常之小，在实验中无法观测到，则可将其视为热库。如将1千克的冰块投入海洋中，不会使海水的温度发生变化，则海洋就是一个热库。

（邢 燕 宋铁磊 班士良）

热力学 thermodynamics 从宏观角度研究物质的热运动性质及其规律的学科。热力学是物理学的分支，它与**统计物理学**分别构成了热学理论的宏观和微观两个方面。热力学并不追究由大量微观粒子组成的物质的微观结构，而只关心系统在整体上表现出来的热现象及其变化发展所必须遵循的基本规律。它满足于用少数几个能直接感受和可观测的宏观状态量诸如温度、压强、体积、浓度等描述和确定系统所处的状态。通过对实践中热现象的大量观测和实验发现，宏观状态量之间是有联系的，它们的变化是互相制约的。制约关系除与物质的性质有关外，还必须遵循一些对任何物质都适用的基本的热学规律，如**热力学第零定律**、热力学第一定律、热力学第二定律和热力学第三定律等。热力学以上列从实验观测得到的基本定律为基础和出发点，应用数学方法，通过逻辑演绎，得出有关物质各种宏观性质之间的关系和宏观物理过程进行的方向和限度，故它属于唯象理论，由它引出的结论具有高度的可靠性和普遍性。但由热力学得到的结论与物质的具体结构无关，故在实际应用时还必须结合必要的被研究物质物性的实验观测数据，才能得到定量的结果，这是热力学研究的局限性。

热力学在系统平衡态概念的基础上，定义了描述系统状态所必须的三个**态函数**：热力学温度T、内能U和熵S。热力学第零定律为定义和标定温度奠定了基础；热力学第一定律定义了态函数内能；热力学第二定律引进了态函数熵和热力学温标；热力学第三定律则描述了系统的内能和熵在绝对零度附近的性状。

平衡态的特性 系统的状态是由其全部的状态参量及其变化来加以确定的。经验证明，没有外界影响的条件下，系统的各部分的宏观性质总会趋向一个长时期不发生变化的状态，称为**平衡态**。只当系统处于平衡态时，其状态参量才有确定的数值和意义。处于平衡态的定量系统，其状态参量之间存在确定的函数关系，表示这种函数关系的数学关系称为该系统的状态方程。对于不受外场作用并处于平衡态的单元均匀系，为描述和确定系统所处的状态只需三个状态参量，它们是温度T、体积V和压强p，故状态方程为$F(T,V,p)=0$。说明为了确定这样的系统所处于的状态，只有两个状态参量是独立的，它们可是(p,V)，也可是(p,T)或(T,V)。一切可用来描述和确定系统所处状态并是系统独立状态参量单值函数的物理量称为系统的状态函数或态函数。如对于一个单元均匀系，取(p,V)作为独立的状态参量时，温度T就是态函数。热力学中常用的态函数有内能U、焓H、熵S、自由能F和自由焓G等。

热力学第零定律和温度 温度是物体冷热程度的数值表示。经验证明，达到热平衡的两物体的温度相等；若把已经达到热平衡的两物体分开，则物体的状态将维持不变。为了判别两个物体温度的高低，必须引进第三个物体，并依据基本实验事实：若两个物体分别与处于确定状态的第三个达到热平衡，则这两个物体彼此也处于热平衡。由于此实验事实是标定物体温度数值的基本依据，故称为热力学第零定律。第三个物体的温度变化通常是通过该物体的某一个可观测的物理性质的变化加以标志的。但此性质必须随物体的冷热程度有显著和单值的变化。如以液体体积变化作为温度变化标志的液体温度计，以气体压强、气体体积、电阻、温差电势和光的亮度等作为温度变化标志的定压气体温度计、定容气体温度计、电阻温度计、热电偶温度计和光学高温计等。温度数值的标定方法称为**温标**。温标按其标定温度方法的不同，可分为经验温标、理想气体温标和热力学温标。经验温标规定，标志温度变化的物理量与温度之间满足线性关系，具有使用方便和读数快等优点，但规定线性关系有很大的任意性，结果是使用不同温度计测量同一温度的数值并不相同，这是经验温标的主要缺点。用理想气体温标标定的温度数值与作为测温质的气体性质无关。热力学温标标定的温度数值与选作测温质的性质完全无关，但它是一种建立在热力学第二定律基础上的理论性温标，总是通过一定的实验温标加以实现的。可以证明，在理想气体温标可标定温度的范围内，热力学温标和理想气体温标一致，因此在实践中用理想气体温标实现热力学温标。

热力学第一定律和内能 见**热力学第一定律和内能**。

可逆过程和不可逆过程 热力学系统的状态随时间的变化叫作热力学过程，简称过程。每一时刻系统都处于平衡态的过程叫准静态过程或准平衡过程。如果一个过程既可正向进行，也可逆向进行，而且在逆过程时系统经过的全部状态与正过程所经历的状态相同只是次序相反，并在每一步上消除了正过程在外界产生的影响，则原过程称为可逆过程。若无论用什么办

法都不能消除正过程在外界产生的影响，则原过程称为不可逆过程。事实上，没有摩擦阻力和其他损失的准静态过程一定是可逆的过程。如气缸中的理想气体在活塞作用下完成准静态的等温膨胀过程，过程中气体对外界做功和同时从恒温热源吸取热量分别为W和Q；达到终态后，若让活塞缓慢地反向运动，完成准静态的等温压缩过程，则过程将一步步地沿原过程经历的状态进行，只是方向相反，而且在每一步上外界对系统做功和系统向恒温热源放出热量的数值，恰好分别等于正过程时系统所做的功和从热源吸收的热量，并消除了原过程在外界产生的一切影响。从而说明，无摩擦和其他损失的准静态过程是可逆过程。不可逆过程的例子有向真空的自由膨胀过程，即气体起初只占据容器的一部分，然后充满其余原为真空的部分；温度不同的两物体，通过热接触达到热平衡的过程。因为这些过程都不能在不引起外界影响的情况下而恢复原状。严格地讲，一切由大量粒子组成的系统中发生的宏观过程都是不可逆的，因为在机械运动中总伴随着摩擦损失；热传递过程中热量总是从较热的部分传到较冷的部分。这些过程中总的能量仍是守恒的，并不违反热力学第一定律。因此，必然存在另外一些基本规律，它们将对实际过程可进行的方向做出限定。这就是热力学第二定律，以及在此基础上引进的态函数熵。

热力学第二定律和熵　见热力学第二定律和熵。

热力学第三定律和绝对熵　见热力学第三定律。

不可逆过程热力学　见不可逆过程热力学。　（包科达）

热力学第二定律　second law of thermodynamics　热力学基本定律之一，有开尔文表述和克劳修斯表述。不可能从单一热源吸收热量使其完全变为有用功而不产生其他影响（开尔文表述）。或者不可能把热量从低温物体传到高温物体而不产生其他影响（克劳修斯表述）。开尔文表述和克劳修斯表述是两类不同的现象，但二者完全等价。自然界中所有的不可逆过程其本质是相同的，可从某一种不可逆过程出发来说明其他过程是不可逆性。因此热力学第二定律还可有其他各种表述，如熵增加原理、普朗克表述等，但它们都和开尔文表述及克劳修斯表述等价。其数学表述为：

$\Delta S \geq \int_{i}^{f} \frac{dQ}{T}$（等号表示可逆过程，不等号表示不可逆过程）

式中ΔS为从初态i到末态f过程的熵变；dQ为任意微小过程中系统从外界吸收的热量；T为系统的热力学温度。利用ΔS的变化可以判断任一个过程是可逆还是不可逆过程。　（黄凤珍）

热力学第零定律　zeroth law of thermodynamics　发生热接触的两系统组成孤立系，经足够长的时间，系统将达到平衡态，则称这两个系统已达到热平衡。又称热平衡定律。在没有外界影响条件下，两系统分别与第三个系统发生热接触，它们的性质不发生变化，则这两个系统必处于热平衡。如下图所示的A、B、C三系统，系统A、B分别置于由绝热壁隔开容器的不同部分，如果将处于确定状态的系统C分别与系统A（图a）、B（图b）接触时，若系统A和C处于热平衡态，系统B和C也处于热平衡态。若将系统A和B放在一起（图c）时，A、B、C三系统也必定处于平衡态。根据热平衡原理，如果选系统C作为标准的热力学系统，当系统C与A热接触和系统C与B热接触时都处于热平衡，则系统A和B一定有相同的温度。

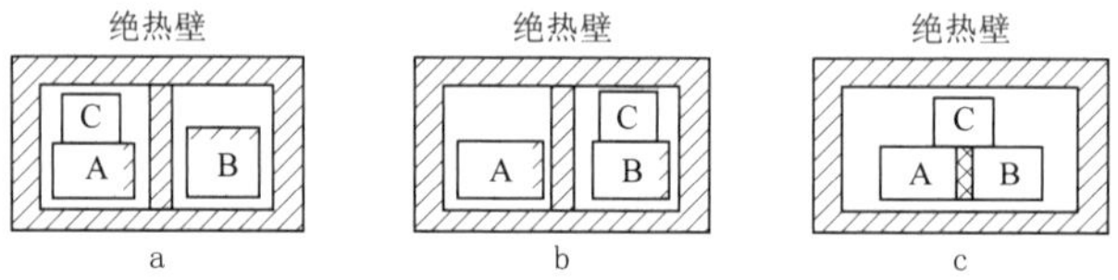

处于热平衡的A、B、C三系统

（崔　鑫　班士良　官　箭）

热力学第三定律　third law of thermodynamics　描述平衡系统在本身温度趋近于绝对零度时的热学行为变化规律。

能斯特定律　W.H.能斯特1906年研究发现的热力学系统本身温度趋近于绝对零度时，其熵变化的行为的规律。该定律表述为，当趋近于绝对零度时，处于热平衡状态的液体或固体中所有反应都不会导致系统的熵发生变化。该定律的数学表达式为：

$$\lim_{T\to 0}(S_1 - S_2) = 0$$

式中S_1和S_2分别表示平衡系统的初末态熵。尽管能斯特定律中只提到固态和液态系统，但其可扩展用于所有的平衡系统。

普朗克（绝对）熵　1911年M.普朗克通过利用能斯特定律计算吉布斯自由能和焓随温度变化的行为时，得出系统的绝对熵在温度趋近于绝对零度时变为零的结论。这样定义的熵，即以温度趋于绝对零度时系统的熵为零作为标准参考点而确定的熵，称为普朗克绝对熵。也称为热力学第三定律的普朗克描述，即在绝对零度时，处于真实热平衡态的系统的熵为零。该描述对应的数学表达式为：

$$\lim_{T\to 0} S = 0$$

相比能斯特定律，该描述的表达更绝对，适用的范围也要小一些。如普朗克描述对于所有真实结晶固体都适用，但对于某些玻璃即已失效。因为这些玻璃即使在趋近于绝对零度时仍具有无序结构，从而具有不等于零的熵。

热力学第三定律有多种表述方式，除能斯特定律和普朗克绝对熵外，还可以描述为在有限的手段下不可能将系统的温度降低到绝对零度。　（章建辉）

热力学第一定律　first law of thermodynamics　热力学过程中不同形式的能量在转化与传递过程中守恒的定律。是能量守恒定律在涉及热现象宏观过程的具体描述。当热力学系统的状态发生变化时，可以通过做功和传热改变系统的内能。内能的增量（ΔU）等于外界对系统所做的功（W）与外界传递给系统的热量（Q）之和，表达式为：

$$\Delta U = W + Q$$

热力学第一定律是关于能量转化与传递的定律，主要涉及三个物理量：①内能。热力学系统内部的能量，指的是组成热力学系统的微观粒子动能与相互作用势能的总和。②功。力学作用下转移的能量。由于热力学系统的多样性，其相互作用是广义的力学相互作用，包括磁场、电场等对系统的影响。③热量。热学相互作用下转移的能量。热力学系统的平衡态，除满足力学平衡条件外，还应满足热平衡条件和化学平衡条件。当系统的热平衡态被破坏时，系统的状态就会随之发生改变，即系统与外界存在热学相互作用，其结果就是系统与外界之间发生了能量的转移，传递的能量称为热量。热量的本质是能量。

热力学第一定律就是阐述这三个物理量之间关系的定律。热力学过程中外界对系统所做的功为W，传递给系统的热量为Q，系统处于初态i时的内能为U_i，达到末态f时为U_f，内能的增量$U_f - U_i$，记为ΔU，根据热力学第一定律：$\Delta U = W + Q$。功、热量和内能的单位为焦耳（J）。$W>0$表示外界对系统做正功（或系统对外界做负功），$W<0$则表示外界对系统做负功（或

系统对外界做正功）；$Q>0$表示外界传递给系统热量，$Q<0$表示外界传递给系统负热量，即系统向外界释放热量。如果系统发生的过程是一个微小的过程，热力学第一定律可写成微分形式：$dU=đW+đQ$。内能U是**态函数**，dU表示全微分；W与Q不是态函数，$đW$和$đQ$表示微小量。

热力学第一定律还可以表述为：第一类永动机是不可能造成的。所谓第一类永动机就是不需要消耗任何形式的能量和动力而能对外做功的机械。热力学第一定律本质上与能量守恒定律是等同的，是热力学最基本的定律之一。（王建波）

热力学冻结 thermodynamic freeze-out 在高能重离子碰撞中产生的高密热核物质迅速达到热力学平衡并且向外快速膨胀，系统的密度不断减小到弹性碰撞不能维持且碰撞产生的粒子的动量分布不再变化时，该系统所处的状态。与**化学冻结**类似，热力学冻结也是一个局域概念，它是局部粒子密度的函数。通常非弹性碰撞需要的能量大于弹性碰撞，因此，在高能重离子碰撞中热力学冻结往往发生在化学冻结之后。

在相对论高能重离子碰撞中，人们利用流体力学模型通过分析粒子的动量分布来提取热力学冻结时的参数：热力学冻结温度T_{fo}和集体运动速度参数β。这两个参数，尤其是集体运动速度参数β，都受状态方程的影响。它们同时是碰撞能量和碰撞参数的函数。它们的关系可以用一个简单的公式来描述：

$$E_{kin}=T_{fo}+c\cdot mass\cdot\beta^2$$

式中E_{kin}为所考虑粒子在热力学冻结时的总能量；c为一个常数；$mass$为热力学冻结时强子的质量。由此可见，给定粒子在热力学冻结时的总能量由两部分组成：一部分是无规热运动，由T_{fo}表示；另一部分是有规集体运动，由β描述。

实验结果发现，碰撞能量越高或碰撞中心度越大，热力学冻结时的温度就越低，集体运动速度参数β就越大。对于给定能量的核核碰撞，擦边碰撞的温度大于中心碰撞，但是集体运动速度参数β相对较低。（刘 峰 许 怒）

热力学过程 thermodynamic process 热力学系统从一个平衡态到另一个平衡态，其状态随时间所经历的变化过程。由于中间状态的不同，热力学过程又分为非静态过程和准静态过程。前者为始末两平衡态之间所经历的中间状态为非平衡态的过程。后者为始末两平衡态之间所经历的过程是无限缓慢的，以致系统所经历的每一个中间态都可近似看成平衡态的过程。准静态过程是抽象化的理想过程，实际过程中，中间状态不可能都是**平衡态**。（刘志锋 崔 鑫 班士良）

热力学过程量 process variable of thermodynamics 描述系统状态变化过程的物理量。不同于状态量（**态函数**），过程量与时间变化量相对应，其值依赖于系统变化所经历的具体路径，因此过程量的微小增量不能表示为状态函数的全微分。若过程量为A，则其微小增量表示为ΔA，而不是dA。（刘志锋 崔 鑫 班士良）

热力学平衡态条件 condition of thermodynamic equilibrium states 无外界影响条件下，热力学系统各部分的宏观性质长时间不发生变化的状态。根据状态参量的分类，平衡态条件包括力学平衡条件、热平衡条件、化学平衡条件和相平衡条件，其宏观表征分别为压强均匀、无宏观粒子流、温度处处相同、浓度相同、化学反应达到平衡、无化学成分变化、无物相变化。（邢 燕 官 箭 班士良）

热力学系统 thermodynamic system 由大量微观粒子组成的宏观物体系统，是热力学的研究对象。系统有自己的边界，它既可以是实在的，如研究的对象是容器内的气体，则容器壁就是它实在的边界；也可以是虚拟的，如系统是大块流体中的一部分，则可设想它有一封闭的边界面。与热力学系统相对的概念是外界。外界即在系统的边界之外且与系统发生密切联系或相互作用的部分，又称环境。系统与外界之间的相互联系或作用是指能量传递和物质交换。

热力学系统通常按下述三种方式分类：根据系统与外界相互联系的情况，可分为开放系统、封闭系统和孤立系统；根据系统的组成成分不同，可分为单元系统和多元系统；根据系统的物理和化学性质的均匀性，可分为均匀系统和非均匀系统。

开放系统。与外界既有能量交换又有物质交换的热力学系统。

封闭系统。与外界有能量交换而无物质交换的热力学系统。

孤立系统。与外界既无能量交换又无物质的交换的热力学系统。

单元系统。由一种化学成分的物质组成的系统，如氧气、二氧化碳、纯金属、水等。

多元系统。由两种或两种以上化学成分的物质组成的系统，如空气、盐水、合金等。

均匀系统。由一种物相构成，各部分物理和化学性质完全相同的系统（又称单相系统），如物质的气相、通常的液相或固相都是均匀系统。

非均匀系统。由两种或两种以上物相组成的各部分物理和化学性质不同的系统（又称复相系统），如冰水混合物是二相系统，冰、水和水蒸气在三相点平衡共存时的系统是三相系统。（邢 燕 宋铁磊 班士良）

热力学循环 thermodynamic cycle **热力学系统**由初始状态（初态）经过系列状态变化（过程）后返回到初态的过程。例如**热机循环**，是一个经典的热力学循环过程。（班士良 刘志锋 邢 燕）

热力学状态 thermodynamic state 由**热力学系统**的各种宏观性质所确定和描述的宏观状态。

平衡态　在无外界影响条件下，热力学系统各部分的宏观性质长时间不发生变化的状态。热力学中的平衡态是一种动态平衡，称为热动平衡。在微观上组成系统的大量分子仍处于不停的无规则热运动中，只是运动的平均效果即可观测的宏观性质不随时间变化。对于实际的热力学系统，绝对不受外界影响是不可能的，故而平衡态是一个理想化的概念。在许多实际问题中，当系统受外界影响很小，宏观性质随时间变化极为缓慢时，可以把实际状态近似当作平衡态处理。

非平衡态　在不受外界影响的情况下，热力学系统各部分的宏观性质可以自发地发生变化的状态。

稳定态　在外界影响下，热力学系统的宏观性质不随时间变化的状态。也称为稳态或稳恒态。如将一根均匀的金属杆一端浸在沸水中，另一端浸在冰水中，维持沸水和冰水的温度不变，经过足够长的时间，金属杆上各处的温度尽管不相同，但其状态不再随时间发生变化。由于有外界的影响，此时金属杆的状态并不是平衡态，而是稳定态。（邢 燕 官 箭 班士良）

热量 heat **热力学系统**（物体）与外界或在其内部存在温度差别时能量传递的度量。由温度差别（简称为温差）产生的热物理相互作用称为热接触，是一种能量交换的**热力学过程**。在自然的热接触过程中，热量从高温物体传到低温物体。热量与热力学过程的路径有关，属于过程量。对于一无限小准静态过程，过程量不是*态函数*，因而不满足全微分条件，故将在过程中传递的热量记为ΔQ而不是$\mathrm{d}Q$，以区别有全微分的态函数。热量的单位为焦（J）。

（班士良　宫　箭　邢　燕）

热纳标度理论　Gennes scaling theory　描述大分子链性质的理论。在早期的高分子科学中也曾得到一些指数律公式用于描写分子链和高分子材料的性质，但直到P.-G.de热纳才认真总结归纳了标度指数、标度律的科学意义和内涵，将其上升为一种概念、思想和理论工具。这一理论应用于高分子科学，用以揭示大分子链及高分子材料所遵循的普适的本征性质，开创了高分子科学发展的新时代。由于大分子链具有自相似结构和分形性，因而它具有其他凝聚态物质所没有的标度性。

标度理论揭示了包括高分子材料在内的一大类复杂物质（主要是软物质）的本征性质和运动规律，是高分子物理学发展中的一种基本概念和方法论的突破。

标度理论的核心思想之一是分子链的构象与观察的空间尺度有关，与溶液浓度有关。稀溶液中影响链构象有两大因素：柔顺性和排除体积。柔顺性取决于分子布朗运动，其能量在k_BT数量级。排除体积则反映了结构单元所受的远程相互作用和溶剂作用之和。由于排除体积作用能具有累加性，因此在一小段链上，当累加的排除体积能小于k_BT时，排除体积对构象不产生影响，该小段链构象由布朗热运动决定，呈理想链构象。若观察尺度增大，大到该链累加的排除体积能大于k_BT，排除体积开始起作用，将影响该段链构象。

热纳指出：在高分子物理发展的第三阶段，发现了高分子统计学与相变问题的一种相互关系，这一发现使高分子科学可以得益于临界现象已经积累的大量知识，以及已经出现的大量相当简单的标度性质。

除高分子外，标度理论的应用领域还适用于包括液晶、表面活性剂、胶体和多孔介质等现在称之为软物质的一大类复杂体系，深刻、系统描述该类物质从有序到无序的转变的一般特点和遵循的规律。这是物理学史上具有划时代意义的大事。古典物理学虽然可以揭示微观量子世界和宏观大宇宙的物质运动规律，却无法深刻描述与人类关系最密切的介观世界（材料领域）的复杂行为和性质。多体问题、关联效应、复杂结构、非线性行为，尤其是理论工具的缺乏，使人们在此领域步履艰难。标度理论的出现是物理学的新飞跃，它提供了形式极其简单的理论工具（标度律），用以研究结构与行为都相当复杂的软物质世界的规律性。

（刘向阳）

热偶真空规　thermocouple vacuum gauge　利用在低气压下气体热导率与压强之间的依赖关系制成的真空计。又称热偶真空计。热偶真空计的测量范围在100～10^{-1}帕，但不能够测量更低的压强，这是因为当压强更低时，热丝的温度较高，此时气体分子热传导带走的热量很小，而由热丝引线本身产生的热传导和*热辐射*这两部分不再与压强有明确的依赖关系，这样就达到了测量下限。

（吴小山）

热容量　heat capacity　*热力学系统*或物体升高（或降低）单位绝对温度T时所吸收（或放出）的*热量*。用公式表述为：

$$C=\lim_{\Delta T\to 0}\frac{\Delta Q}{\Delta T}=\frac{\mathrm{d}Q}{\mathrm{d}T}$$

其单位为焦/开（J/K）。热容量与系统或物体的质量成正比。通常，系统或物体温度的变化需有一定的条件，则热容量称为在该条件下的热容量，如对于一定质量系统，描述其*热力学过程*的独立参数有两个，可选为T、p（压强）或T、V（体积），常用的热容量有定压热容量和定容热容量。

①定压热容量。系统或物体经历等压过程的热容量，即：

$$C_p=\lim_{\Delta T\to 0}\left(\frac{\Delta Q}{\Delta T}\right)_p=\left(\frac{\mathrm{d}Q}{\mathrm{d}T}\right)_p=\left(\frac{\partial H}{\partial T}\right)_p$$

式中H为系统的态函数焓。

②定容热容量。又称定体热容量。系统或物体经历等容过程的热容量，即：

$$C_V=\lim_{\Delta T\to 0}\left(\frac{\Delta Q}{\Delta T}\right)_V=\left(\frac{\mathrm{d}Q}{\mathrm{d}T}\right)_V=\left(\frac{\partial H}{\partial T}\right)_V$$

式中E为系统的态函数内能。

（班士良　宫　箭　邢　燕）

热释电性　pyroelectricity　一类自然极化的晶体中存在的热—电转换的物理现象。属于电—力—热三角形的一角，与铁电性和压电性构成电介质物理的重要内涵之一。

晶体因为存在电极化，因此具有很大的极化电场。热释电性就是晶体在加热或冷却过程中两端产生电势差的现象。温度变化时，晶体内部的原子/离子位置会发生变化（如热胀冷缩），因此内生极化电场也会发生变化，在表面出现电荷富集和电势差。如果温度恒定不变，则晶体两端电压会因为电路漏电而衰退为零。

热释电很容易与热电混淆，二者不但物理现象不同，机制也很不同。热释电材料也是压电材料，但是压电材料中有一些却不是热释电材料。

热释电效应可以用温度变化导致的电极化矢量变化来衡量。实际上热释电系数包括恒定应力状态下的热释电（一阶热释电效应）系数和热膨胀导致的压电效应（二阶热释电效应）的贡献。铁电晶体需要有预极化导致剩余电极化存在，才能有宏观热释电效应出现。自发铁电极化一定是与温度依赖的，特别是在铁电相变点附近变化最显著，从而有很大的热释电系数。热释电系数的数学定义如下：

$$p_i=\frac{\partial P_S}{\partial T}$$

式中p_i为热释电系数，单位为库/(米^2·开)；P_S为自发极化强度。

在所有32种晶体点群中，热释电晶体点群有10种：1、2、m、mm2、3、3m、4、4mm、6、6mm。虽然现在常用的热释电材料都是人工合成的，但热释电最初是在天然材料中被观测到的，如骨头和肌腱。常用的热释电材料多为薄膜的形式，如GaN、$CsNO_3$、聚乙烯氟化物、苯基吡啶衍生物、酞菁钴。人工晶体以$LiTaO_3$的热释电性能最佳。

热释电效应在很多领域都有广泛的应用，如温度探测器、热电发电器件，甚至用于核聚变中的高电压点火装置。

（刘俊明）

热释发光　thermoluminescence　发光体以某种方式被激发储存了能量，然后加热发光体，使其以光的形式把能量再释放出来的发光现象。热释发光材料中含有一定浓度的发光中心和陷阱，在光或射线粒子激发下，晶体内产生自由电子或空穴，其中一部分被陷阱俘获。晶体受热升温时，被俘的电子热激发成为自由载流子，当与电离的发光中心复合时就发出光来。所谓陷阱是缺陷或杂质在晶体中形成的局部反常结构。它在禁带中形成了局域性能级，可以容纳和储存电子。这些电子只有通过热、光、电场的作用才能返回到导带，到导带后它们或者和离化中心复合产生发光，或者再次被陷阱俘获。由热释放出的电子同离化中心复合所产生的发光，就称作热释发光。热释发光是形成长余辉发光的重要原因，有的材料的长余辉可以延续到十多个小时。

热释电子的概率正比于$e^{\varepsilon/kT}$，ε是陷阱深度；k是玻尔兹曼常数；T是绝对温度。

热释光与陷阱深度有关。发光强度近似正比于陷阱释空率（单位时间、单位体积晶体内从陷阱释放出的载流子数）和复合发光的效率。热释发光的强度随发光体的温度的变化曲线叫热释光曲线。如线性升温即恒速升温时，热释光可直观地显示材料中的陷阱的种类及深度和每个陷阱的密度。当发光体从低温开始受热升温时，浅陷阱中的电子先受热激发到导带，热释光曲线上升，温度上升到T^*时，曲线出现峰值，陷阱释空时，曲线下降。温度继续上升，在另一温度T^*时，曲线又出现峰值，对应于另一更深的陷阱。从曲线高峰的数目可推断陷阱大致分为几种深度，从高峰位置对应的温度可估计陷阱深度。近来由于测试技术的进步，可以测量发光光谱随温度的变化。

利用热释光研究材料中的陷阱是研究材料物理的一种简单而重要的方法。在考古研究中可用于古代文物的年龄测定，因为文物在埋藏过程中，受到周围环境介质中天然放射性元素铀、钍和钾的照射。埋藏时间越长，则在文物中产生的电子和空穴越多，因此热释光就越强。测量样品的热释发光并与参照样品作比较，原则上可推断化石等样品的年代。利用热释光技术还可制成辐射剂量计。 （柴之芳 陈金富）

热塑性塑料 thermoplastics 在一定温度范围内能反复加热软化和冷却硬化的聚合物材料。与热固性材料不同，热塑性塑料加热后能软化或熔融成任意形状，冷却后形状不变，这种状态可多次反复而始终具有可塑性。大多数线型聚合物均为热塑性材料，很容易进行挤出、注射或吹塑等成型加工。热塑性塑料通常具有较高分子量，分子链之间无化学键产生，并且加热可快速软化，这些性质使热塑性塑料成为优异的注塑成型备选材料。我们日常生活中使用的大部分塑料都属于热塑性范畴，例如聚乙烯、聚丙烯、聚氯乙烯、聚苯乙烯、聚甲醛、聚碳酸酪、聚酰胺等都是热塑性塑料。 （李宝会）

热探测器 thermal detector 利用探测元件吸收入射辐射而产生热引起温升，并借助各种物理效应把温升转换成电量而制成的器件。最常用的有温差电偶、测辐射热计、戈莱管、热电探测器。一般来说，热探测器的接收元由于表面涂黑，其光谱响应是无选择性的。它只受透光窗口光谱透射特性的限制，因此主要应用于红外区和紫外区。它的缺点是响应率较低，响应速度慢，机械强度低。由于热电探测器和薄膜器件的发展，这些缺点已有所改进。

温差电偶和温差电堆 温差电偶（热电偶）是利用温差电现象制成的一种器件，由两种能产生显著温差电的金属丝（如铜和康铜）或P型和N型半导体构成。把两种材料的一结点涂金黑（或铂黑）或覆盖上镀黑的薄片，以吸收辐射并引起温升，这一结点称为热端；而未加热的一端称为冷端。在热端和冷端有温差时，回路中会产生温差电动势，其数值与辐射量有关：

$$\varepsilon=p(T)\Delta T$$

式中ε为温差电动势值；$p(T)$为温度T时的温差电动势率；ΔT为吸收光产生的温差。

温差电堆（热电堆）是把若干个温差电偶串接而成，目的是显著地提高其响应率，其典型结构如图1所示。

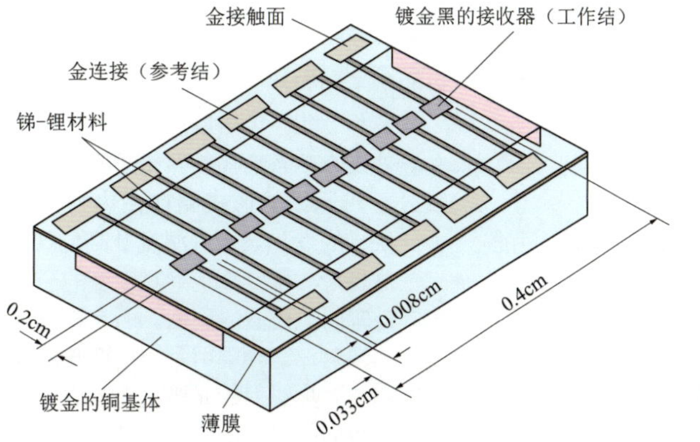

图1 典型温差电堆的结构图

测辐射热计 利用热敏电阻构成的探测器。当热敏电阻吸收光（在红外区常称辐射）出现温升后会引起阻值的变化，如果用一负载电阻与热敏电阻串联并施加偏压，那么从负载电阻或热敏电阻上取出的输出电压的变化量与入射的光量有关。

常常把一对参量相同的热敏电阻密封在一起，其中一个接受光照，然后利用桥式电路取出与光量相关的电信号。优点是减小了外界温度变化造成的影响。

热敏电阻可以是金属（铂、镍、金）的，也可以是半导体的，前者线性比较好，后者响应率较大。也有利用低温半导体（掺杂Ga和In的Ge、Si）和低温超导材料的，它们噪声小、响应率高，可测很微弱的辐射或远红外辐射。

戈莱管 主要利用小容量的气体受热膨胀使柔镜变形的原理探测辐射的器件。它的原理如图2所示。当辐射被薄膜吸收产生温升，气体受热膨胀，使镀银的柔镜弯曲。光源发出的光经光栅聚焦到柔镜上，经此镜反射回的光栅像再经过光栅投射到光电管上。当柔镜受压弯曲，光栅像相对于光栅位移，使投射到光电管的光通量发生变化，光电管的输出信号的变化量反映出辐射量的大小。这种探测器时间响应慢，但能探测弱光，主要应用于光谱仪器中。

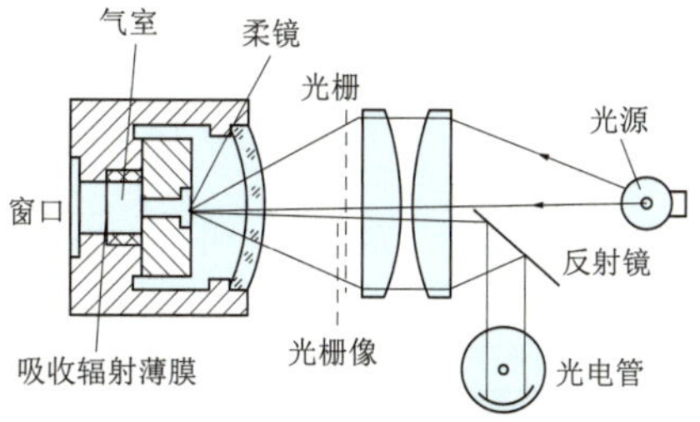

图2 戈莱管原理图

热电探测器 利用居里点以下的热电晶体的自发极化强度与温度有关的原理制成的器件。当热（释）电晶体薄片吸收辐射产生温升时，在薄片极化方向产生电荷变化为：

$$\Delta Q=p_T A\Delta T$$

式中ΔQ为电荷变化量；p_T为温度T时的热释电系数；A为吸收辐射的表面的面积；ΔT为晶体的温升值。当用调制的辐射照射时，晶体的温度不断变化，电荷也随之变化，从而产生电流，它的数值与调制的辐射量有关。

在恒温下，晶体内部的电荷分布被自由电子和表面电荷中和，在两极间测不出电压。当温度迅速变化时，晶体内偶极矩会产生变化，产生瞬态电压，所以热（释）电探测器只能探测调制的辐射或辐射脉冲，它的响应时间快，可达纳秒（10^{-9}秒）数量级，并能在常温下工作。此外，它仅由晶体片镀以电极构成探测元，因此机械强度很高，克服了红外探测器容易损坏的缺点，响应的谱段从γ射线到亚毫米波，是发展最快的热探测器。

热电探测器所用的材料主要有钛酸钡、硫酸三甘肽（TGS）、掺镧的锆钛酸铅（PLZT）、铌酸锂和铌酸锶钡，也采用多晶、陶瓷和塑料，可按需要制成各种形状的探测器。 （缪家鼎）

热调控 thermal regulation 像在固体中调节电流一样调控热流的大小和方向的方法。宏观热调控最重要的手段是构建热功能材料。通过对宏观热扩散方程的空间变换，实现空间热导系统的非均匀分布，从而实现对热流大小和方向的有效调控。科学研究中包括微纳米结构对**热电材料**的ZT因子的提升、声子晶体中热导率的急剧减小、热二极管等声子器件对热流的调控等理论设想和实验实现。

热调控离不开微观的声子输运机制，通过对声子输运机制的研究，制作一些有趣的热调控器件。如通过选用一种或者几种特定材料异质结制备声子热二极管，可以实现热流在一个特定方向的传导，而在另一个方向不能传导。科学家提出类似的热调控器件还有热三极管、热逻辑门和热存储器等。热二极管和热三极管能够自如控制热流的流动方向，并由之组合可以得到处理信息所需的各种逻辑门。

传统的热传导模式是指，材料的热导系数在空间均匀分布，热量从温度高的一端直线流向温度低的一端。热超构材料能够实现空间热导系数的非均匀分布，通过对宏观热扩散方程的空间变化实现对热流方向的调控，达到热调控的目的。热调控在能源利用、信息处理和低耗器件等方面有着广阔的应用前景。

（孙庆丰　杨宁选　闫　青）

热透镜效应 thermal lensing effect　由激光增益（或传输）介质中温度梯度分布状态形成的类透镜效应。

成因　热透镜效应主要发生在高功率固体激光器件中，其形成依赖于两个条件：一是激光增益介质的加热和冷却共同作用形成了增益介质垂直于光束传播方向的横向温度梯度分布；二是激光增益介质的热光折射率效应或热应力效应，共同作用形成了激光增益介质中横向折射率分布不均匀。通常的激光介质横截面常选为圆形，并采用边缘冷却的方式，这时介质中心区域温度高于边缘温度，形成的折射率分布形态就与透镜非常类似。因此，通常称其为热透镜效应。根据温度分布和增益介质材料的不同，热透镜效应的效果和强弱也不同。

控制　热透镜效应将影响激光腔的综合参数，影响激光在激光腔内的传输和分布，并最终影响激光器的输出性能。通常热透镜效应是与泵浦及冷却结构相关的，因此在设计激光器的过程中量化热透镜效应，抑制或利用热透镜效应，使其成为激光器设计过程中的组成部分。热透镜效应的应对策略有：

①优化结构。寻找横向热分布效应较低的泵浦结构与冷却方式，如面冷却的薄片激光器结构，以期获得均匀的横向温度分布，从而获得光焦度的稳定。

②尽可能选择热光效应低的增益材料作为增益介质来减弱热透镜效应。

③稳定并量化热透镜的光焦效应，并在激光腔设计中统筹考虑设计激光腔的光学参数，从而在正常工作状态下获得性能优良的激光性能。

其他　其他热透镜效应还有：

①高平均功率激光器的腔外热透镜效应。在高平均功率激光器中，腔外光学元件存在一定的弱吸收，当激光的横向强度有梯度分布或存在透镜等不等厚元件的情况下，也会发生热透镜效应，这种情况的补偿可用增加透镜或修正光路参数的办法克服。②光纤中的热透镜效应。通常在光纤中热透镜效应可忽略，但在一些如大模场光纤中热透镜效应会显著影响光纤性能，导致模式劣化。

（李学春）

热效应 heating effect　物质系统对于热现象的贡献和对于热环境的响应。热效应表现很多，并已经应用广泛。仅举几个常见的例子如下。

发热　即产生热量。热量是指由于存在温差热力学系统与外界传递的能量，它以分子热运动的形式储存在热力学系统中。狭义的发热只表观温度升高的现象。

热辐射　温度高于绝对零度的一切物体向外辐射电磁波的现象。所有物体都会发生热辐射，这种辐射是一定波长范围内的电磁波。热辐射的光谱是连续谱。物体用电磁辐射的形式把热能向外散发，这也是热传递的方式之一。

一般热辐射的强度（辐射本领）及其按频率的分布与辐射体的温度和性质都有关。如果辐射体对电磁波的吸收和辐射达到平衡，热辐射的特性则只取决于温度，与辐射体的其他特性无关。从实验可知，在单位时间内，从物体单位面积向各个方向所发射的频率在ν到$\nu+\Delta\nu$内的辐射能dW与频率ν和温度T有关。当$d\nu$足够小时，可认为dW与$d\nu$成正比，即：

$$dW=M(\nu,T)d\nu$$

式中$M(\nu,T)$为该物体在温度时发射频率为的辐射本领。

1859年，G.R.基尔霍夫证明，对任何一个物体，辐射本领$M(\nu,T)$与吸收率$A(\nu,T)$的比值仅与辐射的电磁波的频率ν和温度T有关，与物体的性质无关，即有：

$$\frac{M(\nu,T)}{A(\nu,T)}=f(\nu,T)$$

物体的辐射本领遵循普朗克公式描述的规律和相应于最大辐射本领的波长与辐射体温度的乘积为常量（还可以表述其他形式）的维恩位移定律。总辐射本领遵循正比于辐射体温度的四次方的斯忒藩－玻尔兹曼定律。

热膨胀　指在压强不变的情况下，大多数物质的体积随温度升高而增大的现象。在相同条件下，气体膨胀率最大，液体膨胀率次之，固体膨胀率最小。物质的热膨胀在微观条件下可以用分子间距解释。

热膨胀的强度即热膨胀率，通常由等压膨胀系数（又称热膨胀系数或体膨胀系数）表征。压强不变情况下，热膨胀系数α定义为升高单位温度引起体积的相对变化量，即：

$$\alpha=\frac{1}{V}\left(\frac{\partial V}{\partial T}\right)_p$$

为更全面表征热膨胀的行为和规律，还引入压缩系数（按分别在等温条件下压缩、绝热条件下压缩，可具体化为等温压缩系数、绝热压缩系数，分别记为χ_T、χ_S）的概念和体积弹性模量（常记为K）的概念，它们的定义分别为：

$$\chi_T=-\frac{1}{V}\left(\frac{\partial V}{\partial p}\right)_T$$

$$\chi_S=-\frac{1}{V}\left(\frac{\partial V}{\partial p}\right)_S$$

$$K=-V\left(\frac{\partial p}{\partial V}\right)_T$$

由热力学知识可知：

$$\left(\frac{\partial V}{\partial T}\right)_p=\frac{-\left(\frac{\partial p}{\partial T}\right)_V}{\left(\frac{\partial p}{\partial V}\right)_T}$$

因此热膨胀系数还可以表述为：

$$\alpha=\frac{1}{K}\left(\frac{\partial p}{\partial T}\right)_V=\chi_T\left(\frac{\partial p}{\partial T}\right)_V$$

固体具有确定的形状，其热膨胀现象容易观测。液体和气体虽然没有固定的形状，但它们的热膨胀仍可认为是其体积随温度变化的行为，所以常用体膨胀系数表示其膨胀程度。一级近似下系统的体积随温度改变量变化的行为可以表述为：

$$V=V_0(1+\alpha\Delta T)$$

式中α为体膨胀系数；V_0为初始温度情况下系统的体积；ΔT为温度改变量。

热涨落　或称涨落，是自然界广泛存在的一种现象。当系统处于平衡态时，系统的热力学量相对于其统计平均值的随机偏离称为热涨落。对于一个非零温系统，它并不会处于某一个微观态上；反而根据等概率原理，所有的微观状态都可能被占据。这种概率分布通常由玻尔兹曼分布来描述。这也是热涨落现象的微观理论基础。更广义的，这种围绕平均值的涨落包括热力学量，也包括非热力学量；存在平衡态，也存在非平衡态。

实验和理论研究发现，涨落与系统的空间维数有极为密切的关联，空间维数越高，涨落越不重要；反之，空间维数越低，涨落反而越强烈。

一切热力学量都有涨落，只不过对属于宏观系统整体的热力学量，由于系统包含的总粒子数极为巨大，相对涨落可以忽略。但如果所关心的物理现象涉及宏观小而微观大的部分，则涨落就会具有可观测的物理效应。在多相系统中，涨落起着十分重要的作用，特别在临界点附近，系统的组分粒子分布的高度空间相关性，会导致诸如临界乳光现象。为了计算热力学量的涨落，M.von斯莫卢霍夫斯基和**A.爱因斯坦**发展了一种准热力学理论。这种方法不是以系统微观状态的概率分布为基础，而是直接找出表达热力学量涨落的概率，所以这种理论是一种唯象理论。传统的热力学中完全没有涨落，这种理论考虑了涨落，已经超出了传统热力学的范畴，因此被称为准热力学理论。

涨落问题至关重要，一类重要的涨落现象被称为**布朗运动**。历史上这种涨落现象曾经对物质原子论的确立发挥了重大作用，并且启发了关于一个不处于平衡态的系统如何逼近平衡态，以及已经处于平衡态的系统如何维持平衡态问题的思考。涨落与时间之间的函数关系导致了关联函数概念的提出，解释了近平衡的**非平衡态**下系统的耗散性质和平衡态下的自发涨落间的联系，进而导致了**涨落耗散定理**的诞生。 （孙庆丰　杨宁选　闫　青）

热学　thermal physics　研究物质处于热状态下的有关性质和规律的物理学分支学科。起源于人类对冷热现象本质的探索。人类生存在季节交替、气候变幻的自然界中，冷热现象是最早观察和认识的自然现象之一。中国山西省芮城西侯度旧石器时代的遗址说明大约180万年前人类已开始使用了火。大约2000年前，中国已有气候反常的记载。公元前东方和西方都出现了热学领域的早期学说。中国战国时代的邹衍创立了五行学说，他把水、火、木、金、土称为五行，认为这是万事万物的根本。古希腊时期，赫拉克利特提出火、水、土、气是自然界的四种独立元素。这些都是人类对自然界的早期认识。

1714年，D.G.华伦海特改良水银温度计，定出华氏温标，给温度测量以共同的标准，使热学走上了实验科学的道路。1912年，W.H.能斯特提出**热力学第三定律**。经过许多科学家200多年的努力，人们对热的本质有了正确的认识，并逐步建立起热学的科学理论。

历史上对热的认识出现过两种对立的观点。18世纪出现过热质说，把热看成是不生不灭的流质，一个物体含有的热质多，就具有较高的温度。与此相对立的是把热看成物质的一种运动的形式。M.V.罗蒙诺索夫指出热是分子运动的表现。针对热质说不能解释摩擦生热的困难，许多科学家进行了各种摩擦生热的实验。特别是B.T.朗福德的实验，他用钝钻头钻炮筒，因钻头与炮筒内壁摩擦，在几乎没产生碎屑的情况下使水沸腾。1840年以后**J.P.焦耳**所做的一系列实验，都说明热是同大量分子的无规则运动相联系的。焦耳的实验以精确的数据证实了J.R.迈尔**热功当量**的正确性，使人们抛弃了热质说，并为**能量守恒定律**奠定了实验基础。与此同时，热学的两类实验技术——测温术和量热术也得到了发展。

将热状态具体化可知，热学是研究热运动的性质和规律及其对物质宏观性质的影响，以及热运动与其他各种运动形式之间相互转化的规律的物理学分支。热学研究的对象包括热运动的性质及规律和物质的宏观性质两个方面。宏观性质可以根据物质状态的特征分为静态的和动态的，并可以根据其运动形式分为力的、热的和电磁（光）的，等等。物质系统（亦称为**热力学系统**）的最重要特征之一是其由大量微观粒子组成，相应地，自然具有大量微观运动状态。因此，热力学系统既可以是宏观可见的大系统，也可以是宏观小、微观大的系统，因此热学的研究对象不仅包括宏观可见的系统，还包括通常意义上的微观系统（只要其具有大量微观运动状态，以至于可以利用统计方法确定物理量）。物质的状态不仅包括固态、液态、气态、等离子体态及高压态、粉尘态等表观（可见）的状态，还包括仅微观可见（可以区分）的由物质的组分粒子的关联（或构型、结构）决定的微观状态。通常把仅宏观可见的状态简称为物态；把考虑微观结构的状态简称为物相，如常见的物质铁，由其分子（原子）构成四种不同的晶体结构，这样铁有体心立方δ铁、面心立方γ铁、体心立方β铁和体心立方α铁，并且其性质有较大差异，因此都呈现为固态的铁有四种相。**物相**是具有更普遍意义的描述热力学系统状态的概念。系统由一个相向另一个相的演化（变化）统称为**相变**。现代物理学研究表明，物质演化的（包括宇宙及宇宙物质等的演化）过程中相变起着至关重要的作用，因此相结构与相变已成为热物理学的重要研究领域。

根据热学研究对象的上述特点，在对其长期的研究中逐渐形成了由宏观入手和由微观入手的两种方法，即热物理学研究理论方法的两个方面：一是宏观理论，即**热力学**；二是微观理论，即**统计物理学**。热力学方法是根据大量观测事实，应用数学工具，通过逻辑推理和演绎，分析总结归纳出确定且可观测的宏观量之间的关系及其变化规律的。观测事实既可以是静态的，也可以是动态的，因此这种方法既适用于研究状态方程等静态性质，也适用于研究热力学定律等动态规律。显然这种方法具有唯象和可靠、普适的特点。统计物理学方法是根据物质微观结构的学说，从微观层次出发，利用统计方法阐述物质宏观性质的物理本质。这种方法具有唯理和基本的特点，但由于受到对微观结构及其组分粒子间相互作用认识的水平和实际计算能力的限制，这种方法被认为具有近似的特点。宏观物理量是相应微观量的统计平均值，因此热力学（宏观）方法和统计物理学（微观）方法相辅相成，构成了热物理学的理论基础。

热学起源于人类对冷热现象本质的探索，其研究内容既包括热运动的性质和规律及其对物质宏观性质的影响，又包括热运动与其他各种运动形式之间相互转化的规律，故对热运动的性质和规律等的应用自然也属于其研究范畴。除热物理学研究早期就发展建立的**热机**（内燃机）技术、热电转换技术被广泛应用外，还发展建立了利用**热效应**的很多热探测、热调控技术。这些技术已经广泛造福于人类。

（孙　煜　刘玉鑫）

热噪声　thermal noise　热平衡时电阻中载流子的随机运动在电阻两端产生的电压相对平均值的涨落。又称约翰逊噪声、尼奎斯特噪声。热噪声是自由电荷载流子与晶格原子碰撞产生的，与晶格温度有关，而与探测器工作点的偏置状态无关。热噪声存在于所有探测器中，其噪声电压可表达为：

$$v_n=(4kT_dR_d\Delta f)^{1/2}$$

热噪声电压的谱密度为：

$$\frac{v_n}{\sqrt{\Delta f}}=(4\pi T_dR_d)^{1/2}$$

式中k为玻尔兹曼常数；T_d为探测器绝对温度；R_d为探测器电阻；Δf为电子学带宽。热噪声电压与探测器的电阻、温度有关；热噪声电压的谱密度与频率无关，是一种白噪声。通过测量热噪声，也可得到体系的绝对温度。

（陆　卫）

热质说　caloric theory　在18世纪被科学界用于解释关于燃烧和热现象的一种理

论。热质说认为，热的传递是由于热质（假想的无重量流体）的流动。caloric一词除译为“热质”外，还有译为“热素”的。

古代人将光焰、火和热三者模糊地等同看待。古希腊的四元素（水、土、气、火）中“火”是其中一种物质元素。古代中国的五行说（金、木、水、火、土）亦将“火”列为其一。古代也有少数智者认为热是一种运动。《庄子·外物篇》和《淮南子·原道训》都认为，发热燃烧是由摩擦运动所产生的，所谓“木与木相摩则燃”。英国F.培根，**R.玻意耳**和**I.牛顿**等人也曾经从经验事实中得到热是微细粒子的扰动或振动的结果。

18世纪是热质说的鼎盛期。1723年德国医生G.E.施塔尔提出燃素说，认为燃烧和锻打过程中，燃烧物质或金属释出燃素。1732年，荷兰化学家H.布尔哈维将燃素分为发热的燃素和燃烧的燃素，将热和火区分开，从而为热是物质实体的观念开辟了道路。英国化学物理学家J.布莱克在1762年先后提出关于熔化和蒸发的潜热理论，以及**热容量**的概念，热质在这些概念中起着重要作用。1780年，法国化学家A.-L.拉瓦锡精确测定冰融解时的热容量，从而破除了燃素说，但他却将热质列入其元素表中。他还将热质分为“自由”的和“束缚”的两种。前者可以从一个物体移向另一物体，成为各种热现象的假想载体；后者被束缚于物质分子上。热质说从此成为一个完整学说。大多数物理学家和化学家认为热质是一种无质量的独立的流体，热质粒子在互动中产生排斥现象，以此解释热从发热物体向冷物体的流动，并说明热的某些耗散现象。在19世纪30年代之前，热质说在早期热力学发展中扮演了一个主要角色。它有助于能量概念的建立，但也成为澄清科学思想的障碍。

最早对热质说提出质疑的是B.T.朗福德伯爵。他在1798年为大炮钻炮膛时产生了无穷尽的热，因而提出，热是由机械功产生的。他主张热并非一种物质，因为没有一种物质能像热一样无限制地产生。虽然，法国P.-S.拉普拉斯、英国T.杨和H.戴维赞同朗福德的观点，但多数物理学家仍持怀疑态度。直到1860年，能量守恒和相互转化定律的建立，尤其是**J.P.焦耳**对**热功当量**的一系列精确测定以及能量守恒的数学理论的建立，热质说才完全退出科学舞台。（戴念祖）

热中子 thermal neutron 与所在介质处于热平衡状态的**中子**。用温度作低能区中子能量范围划分的一种习惯说法。按定义其能量不是单能点，而是一个分布。标准的热中子能谱是麦克斯韦谱：

$$F(E)\mathrm{d}E=\sqrt{E}\cdot\exp[-E/(kT)]\mathrm{d}E$$

式中k为玻尔兹曼常数；T为中子的热力学温度。标准中子温度293.58开（室温，20℃），对应中子最可几能量为0.0253电子伏，与它相应的中子速度为2200米/秒，中子波长是0.1798纳米。热中子还有另一层含义，是指能量为0.0253电子伏的单能中子。这是一个标准能量点，该能量下它和一些选定的原子核（如^{10}B、^{197}Au、^{235}U、^{239}Pu等）的某些核反应参数也是一种标准参数，例如(n, α)、(n, γ)和(n, f)反应截面等。热中子的波长与原子、分子的尺度及它们在固体、液体中的原子间距相当，而中子能量与它们的元激发能接近，因此热中子散射成为研究凝聚态物质的静态和动态特性的一种有力工具。裂变燃料（^{235}U、^{239}Pu等）通常对热中子具有比快中子大得多的吸收截面，因此，热中子裂变反应堆借助于减速剂实现对快中子的慢化，以便更有效地利用中子产生裂变能。（唐洪庆）

人工放射性同位素 artificial radioactive isotope 利用核反应堆产生的中子流，或者加速器产生的高能带电粒子流轰击别的核素，而人为生成的放射性同位素。中子俘获或者中子诱发裂变所产生的同位素多是丰中子的，而加速器束流产生的放射性同位素可以是缺中子的，也可以是丰中子的，这与其引起的反应有关。理论预言，利用高能重离子束流轰击重靶核，可以产生几千种放射性同位素。已知的3400多种原子核中，绝大部分是人工放射性核素。这些人工方法生产的核素是不稳定的，可以发射β粒子和γ射线，一些人工放射性同位素也可以发射α粒子。（许　昌）

人工神经网络 artificial neural network 一种模仿生物神经网络结构和功能的计算模型。简称神经网络。人工神经网络起源于机器学习和人工智能认知科学领域，能在外界信息的基础上改变内部结构，是一种自适应系统。现代神经网络是一种非线性统计性数据建模工具，通过数学统计的学习方法进行优化，得到大量可以用函数表达的局部结构空间，具有类似人脑的简单决定或判断能力。神经网络广泛应用于模式识别，包括粒子物理实验的粒子鉴别等。典型的神经网络具有结构、激励函数和学习规则三个部分。

①结构。结构指定了网络中的变量和它们的拓扑关系。如神经网络中的变量可以是神经元连接的权重和神经元的激励值。

②激励函数。激励函数定义神经元如何根据其他神经元的活动来改变自己的激励值，一般激励函数依赖于网络中的权重，具有短时间尺度的动力学规则。

③学习规则。学习规则指定了网络中的权重如何随着时间推进而调整，是一种长时间尺度的动力学规则。一般学习规则依赖于神经元的激励值，也可能依赖于监督者提供的目标值和当前权重值。

常见的人工神经网络由一个多层神经元结构组成（见图），包括输入层、隐层和输出层。输入神经元会被输入的数据所激活。在激励值被加权并通过一个函数后，这些神经元的激励值被传递到其他神经元。这个过程通过训练样本的不断学习，对各层的权重依据学习策略进行自动校正。最后输出神经元的激励值决定了模式识别的效果。

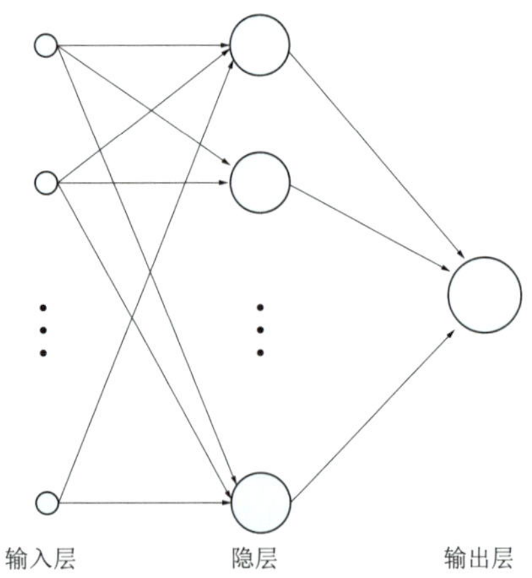

神经网络示意图

20世纪40年代末心理学家D.赫布提出了非监督式学习规则，即赫布学习规则。1958年F.罗森布拉特创造了感知机。1975年P.韦伯斯提出了关键的反向传播算法，有效解决了异或问题，普遍用于多层神经网络的训练，使神经网络得以比较广泛的应用。（杨海军）

人造卫星运动 satellite motion 一种人造天体绕地球的运动。人造卫星是航天时代的第一种人造天体，由于它的质量远小于地球的质量，因此在不考虑太阳、月球和其他星球的作用时，可以把人造卫星的运动近似地看成是质点在以地球的质心为力心，场力为**万有引力**的**辏力场**中的运动。

由于人造卫星只受到通过地球质心的万有引力的作用，所以它对于地球质心O的角动量守恒，因而它将在它的初速度矢量同地球的质心O所构成的平面内运动。在此平面内所建立的以地球质心O为原点的极坐标系，人造卫星在此坐标系内的轨道方程为：

$$r=\frac{p}{1+e\cos(\varphi-\beta)}$$

式中$p=\frac{r_0^2 v_0^2 \sin^2\theta_0}{gR^2}$；

$$e=\left[1+\frac{2\left(\frac{v_0^2}{2}-\frac{gR^2}{r_0}\right)r_0^2 v_0^2 \sin^2\theta_0}{g^2R^4}\right]^{\frac{1}{2}};$$

$\beta=\varphi_0-\arccos\left[\frac{1}{e}\left(\frac{p}{r_0}-1\right)\right]$；$(r_0,\ \varphi_0)$ 为人造卫星进入轨道时的位置；v_0为卫星在这时刻速度的大小；θ_0为这时的速度矢量v_0同该时刻卫星关于O的矢径r_0之间的夹角（图1）；g为重力加速度；R为地球的半径。不同的初始条件将给出不同的运动轨道。运动轨道同e的关系如图2所示。为

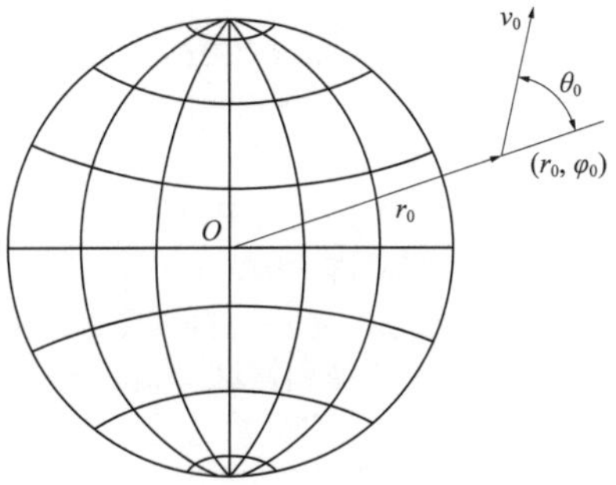

图1　人造卫星的初始运动状态

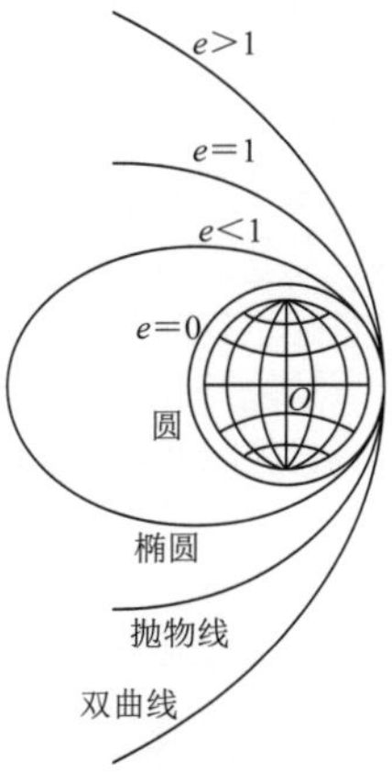

图2　人造卫星轨迹和e的关系

使人造卫星做围绕地球的周期运动，必须使e满足$0\leqslant e<1$这一条件。当人造卫星沿椭圆轨道运动时，轨道的长半轴$a=\frac{r_0^2 v_0^2 \sin^2\theta_0}{gR^2(1-e^2)}$，短半轴$b=\frac{r_0^2 v_0^2 \sin^2\theta_0}{gR^2\sqrt{1-e^2}}$。在$v_0$已确定的情况下，必须控制$\theta_0$以保证人造卫星运行的轨道曲线不同地球大气层相交，否则人造卫星将很快坠落。

人造卫星沿椭圆形轨道运行时，它的运动规律遵循**开普勒定律**，此时地球的质心处于卫星运行轨道的一个焦点上，卫星轨道离地球质心最远的点称为远地点，离地球质心最近的点称为近地点。运行的周期$T=2\pi\sqrt{\frac{a^3}{gR^2}}$，此周期和地球的自转周期相等时，卫星称为同步卫星。

人造卫星的实际运行轨道和在辏力场中算得的理论轨道之间将有所差异，这是因为人造卫星的运动还要受到太阳、月球等星体的作用，还要受到太阳光压力的影响。此外，在理论计算中还应考虑空间大气的影响和地球形状的非球形的影响。当人造卫星的轨道比较靠近月球时，月球的引力作用将产生重要的影响，问题成为限制三体问题。

①第一宇宙速度。当人造卫星的运行轨道为圆形时，$e=0$。如卫星的初始位置在地球表面上，并且初始速度矢量和初始矢径垂直，则$r=r_0=R,\theta_0=\pi/2$。可得到$v_0=\sqrt{gR}$，这时人造卫星做绕地球的圆周运动。这个速度称为第一宇宙速度，又称环绕速度。它近似为7.9千米/秒。

②第二宇宙速度。人造卫星运行轨道为抛物线时，$e=1$。如初始时在地球上，$r_0=R$，则$v_0=\sqrt{2gR}$。这时人造卫星将脱离地球引力作用，成为人造行星。这个速度称第二宇宙速度，又称逃逸速度。它近似为11.2千米/秒。

③第三宇宙速度。如要使人造天体脱离太阳系，则其初始最小速度约为16.7千米/秒，这个速度称为第三宇宙速度。

（叶开沅　俞焕然）

任之恭　Chih-Kung Jen（1906-10-02～1995-11-19）　美籍华裔物理学家。生于中国山西沁源，卒于美国波士顿。1926年毕业于清华学校，同年赴美留学。先后入麻省理工学院、宾夕法尼亚大学，1931年获哈佛大学哲学博士学位。1930～1933年先后任哈佛大学物理学助教、讲师。1933年回国后，任山东大学物理学教授；1934～1937年任清华大学物理学兼无线电学教授；1937年以后任无线电研究所所长，兼西南联合大学物理学和电机工程教授。1946年出国研究，1955年留居美国。1946～1950年任美国哈佛大学物理学客座教授，1952～1973年任约翰斯·霍普金斯大学应用物理研究所基础研究中心副主任。1978年受聘为北京清华大学名誉教授，中国科学技术大学名誉教授。

任之恭是中国物理学会较早的会员之一，曾任中国物理学会会计，中国物理学报编辑委员会委员。他以无线电和微波物理学的研究著称国内。抗日战争期间他担任清华大学无线电研究所所长时，在缺少材料、缺乏仪器设备的极端困难条件下，努力为组建该所做了大量工作。在他领导下，研究所在国内首次制成电子管等无线电器件，并发表研究论文近10篇。他特别重视无线电在国防建设中的应用，为此在抗战期间的几次物理学年会中，他曾作过洋溢爱国热情的讲演或广播讲话。中美建交后，他经常回国访问、讲学，对祖国科学事业极为关心。1972年曾担任华裔科学家访华团团长，美国华人各界联合会会长。

任之恭在外国科学杂志上发表了50余篇物理学研究论文。其研究工作大致可分为两个时期：①20世纪20年代末到30年代初，主要研究高空电离层、电子振荡器的理论与实验，氢负离子（H^-）亲和性吸收光谱的量子力学理论；②40年代末到70年代初，主要研究微波波谱学、电子自旋磁共振、分子转动磁矩**塞曼效应**、自由磁基共振、微波在生物系统的应用等。1977年任之恭还在中国科学出版社出版了中文专著《微波量子物理学》。

（刘　恒）

刃型位错　edge dislocation　**伯格斯矢量**垂直于位错线的**位错**。简称刃位错。由于某种原因，**晶体**的一部分相对于另一部分出现一个多余的半原子面。这个多余的半原子面犹如切入晶体的刀片，沿着半原子面的“刃边”形成一条间隙较大的“管道”，该“管道”附近的原子偏离平衡位置，造成晶格畸变刀片的刃口线即为位错线。这种线缺陷称为刃型位错。

（卢江波　屈世显）

任意子　anyon　存在于二维空间的一种不同于**费米子**与**玻色子**的粒子。1977年J. M. 雷纳斯和J. 迈海姆提出了存在于二维空间的一种不同寻常的统计，这种统计用来表征统计以及环绕性质的内禀参数是介于**玻色-爱因斯坦统计**和**费米-狄拉克统计**之间的分数，因此被称为分数统计或者中间统计。区别于玻色子和费米子两种基本粒子，分数统计的多体波函数对于交换两个粒子的结果不再是简单的对称波函数和反对称波函数关系；每个量子态上的粒

子最大的占有数（每个量子态上可以最多存在多少个粒子）也不再是无穷大和1这两种极限情况。

继1977年雷纳斯和迈海姆的工作之后不久，美国理论物理学家F.**威尔切克**提出了任意子的分数统计概念。任意子统计的标志性特征就是对于交换及编织（或环绕编织）粒子使波函数产生附加的相位。这个标志性的相位为$2\pi m+2\pi k\alpha$。式中α为统计参数，和具体的统计种类有关；k为环绕数，或者被称为编织圈数，也就是一个粒子绕另一个粒子转了多少圈；m为任意整数。对于玻色子和费米子，交换作用和编织一圈使玻色子的波函数不发生任何变化；而对于费米子的波函数，交换作用使波函数产生一个-1的因子，而编织一圈波函数仍不变。因为任意子的中间统计的统计参数是分数（例如$\alpha=1/2$, $1/3,\cdots$），所以它也被称为分数统计，相应的粒子被称为任意子。区别于更高维空间的置换群表示，描述任意子的是二维的编织群表示。首次从实验上观察到这一奇特的交换统计现象是通过分数量子霍尔效应中激发的分数荷准粒子。分数统计引发的奇特现象有很多，例如**分数量子霍尔效应**、费米气体超流和高温超导等。经过实验和理论研究证实，一些凝聚态系统是可以激发出任意子的，这些系统的非平庸基态用**拓扑序**来描述。例如分数量子霍尔系统中陈数$\nu=1/3$的劳克林态，它所激发出的是阿贝尔任意子，它的交换相为$\pi/3$，分数荷为$\pm1/3$。陈数$\nu=5/2$（Moore-Read态）激发出的是具有$\pm1/4$荷的非阿贝尔任意子。

A.Y.基塔耶夫提出了一种任意子正六边形自旋格点的精确可解模型，从而建立了阿贝尔和非阿贝尔两种任意子的理论。基塔耶夫模型研究的是自旋为1/2的格点系统。由于是正六边形，原始模型的这种格点又被称为蜂房格点。在原始模型中，正六边形的格点在每个顶点处存在一个自旋（图1a）；经过一系列的约化和操作（马约拉纳费米子表示以及微扰论），六边形格点模型简化成四边形格点模型（图1b）。

任意子的模型称为磁通管模型，可以理解为荷电的点旋涡（类似于电磁场，但

a　　　　　　　　　　b

a 强关联的原始模型　b 有效自旋形成的新格点

图1　约化模型

这里对应的是虚拟“电荷”和“矢势”)。因此任意子的激发被称为超选扇区（superselection sector），由费米子ε和Z_2旋涡构成，具有能隙的谱并且由陈数表征。陈数为偶数的是阿贝尔任意子，非阿贝尔任意子的陈数为奇数。

最典型的阿贝尔任意子为1（真空）、e、m，其中e为电荷（激发于四边形的顶点）、m为磁旋涡（激发于四边形所包围的面）；e粒子和m粒子相互环绕一圈会对整体的波函数产生一个附加的相位-1（图2）；融合法则是$\varepsilon=e\times m$由一个电荷和一个磁旋涡构成；同种粒子相互融合会发生湮灭。还存在另外一种阿贝尔任意子，它的超选扇区为1（真空）、a、$\bar{a}$，其中a、$\bar{a}$互为反粒子；与前一种阿贝尔任意子不同的是，正反粒子之间会湮灭。

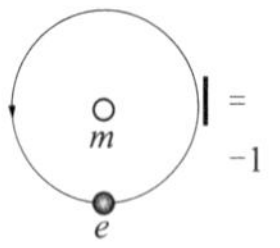

图2　粒子e环绕粒子m转一圈产生相位因子-1

对于非阿贝尔任意子，情况稍微复杂。非阿贝尔任意子来源于共形量子场论的拓扑和代数结构。很多有代表性的工作相继出现，例如E.威滕关于陈-西蒙斯理论的研究，K.弗雷登哈根以及J.弗洛里希等人由局域场论发展的理论等。非阿贝尔任意子的超选扇区（或者称为旋涡）包括1（真空）、ε（费米子）、σ（具有单独马约拉纳模式的旋涡，陈数为奇数）。非阿贝尔任意子的融合法则稍微复杂：$\varepsilon\times\varepsilon=1$, $\varepsilon\times\sigma=\sigma$, $\sigma\times\sigma=1+\varepsilon$。

二维的任意子激发是二态系统（或者说模2）的，因此任意子可以用来编码量子比特（量子的0和1）。由于任意子的拓扑性质，量子信息的存储都是拓扑的，从而用来实现量子计算机。任意子的基态、激发以及编织操作都是非局域的，因此可以用来实现拓扑量子计算。例如，M.H.弗里德曼等人于2002年提出的利用某种非阿贝尔任意子的编织操作实现的拓扑量子计算方案；实验中已经实现的在量子纠错编码中可以利用任意子的融合、编织、关联关系的拓扑性质，可以提高逻辑操作的容错率。这一点具有重要的意义，它能够有效降低对于操作精度的苛刻要求从而大大提高实现量子计算机的可能性。

（龙桂鲁　沈　尧）

韧脆转变　ductile-brittle transition; DBT　当温度低于某一值时，具有一定韧性的金属材料的冲击吸收功明显下降，断裂方式由原来的韧性断裂变为脆性断裂的现象。相应的特征转变点的温度称为韧脆转变温度，用符号t_K表示。一般金属材料的变形是通过位错运动来吸收能量的，位错运动的晶格阻力称为派-纳力。它是对温度非常敏感的短程力，且随着温度的降低而升高，因此低温下位错运动困难，材料屈服强度急剧升高。当降低到某一温度点时，屈服强度与断裂强度相等，这个温度就是韧脆转变温度；继续降温，屈服强度继续升高至大于断裂强度，则材料在没有塑性变形的条件下已经发生脆性断裂。

通常应用缺口冲击试样测量金属材料的韧脆转变温度。当温度较高时，冲击吸收功随温度缓慢变化，称为上平台区；当温度降低至某一很窄的温度范围内，冲击吸收功随温度降低而急剧下降；随着温度进一步降低，冲击吸收功又随温度缓慢变化，称为下平台区，如图所示。在上述韧脆转变过程中，相应的试样断口形貌也随之变化，由纤维断口向晶状或解理断口转变。通常具有面心立方晶格结构的金属及合金不易产生韧脆转变即韧脆转变温度较低，如316不锈钢和$Al_{0.1}CoCrFeNi$高熵合金。具有体心立方晶格结构的金属及合金或某些密排六方晶体金属及合金会发生韧脆转变，如中、低强度结构钢。这主要由于这两种晶格结构金属及合金中的派纳力较面心立方晶格结构高很多，由于派-纳力在屈服强度中占的比例很大，故低温韧脆转变现象明显。广义的韧脆转变主要与物质在变形或断裂时吸收能量的变化有关。这涉及流变单元随温度的变化，这里的流变单元可以包括**位错**、**孪晶**、**晶界**、自由体积等。非晶合金不含有位错，其变形的流动单元一般更复杂，所以常常显示复杂或相反的情况。高熵合金因为层错能低，低温时可以通过孪晶变形，使得韧脆温度可以很低，甚至到液氦温区。

韧脆转变现象对一些在寒冷地带服役的机械设备，如工程机械、运输机械、桥

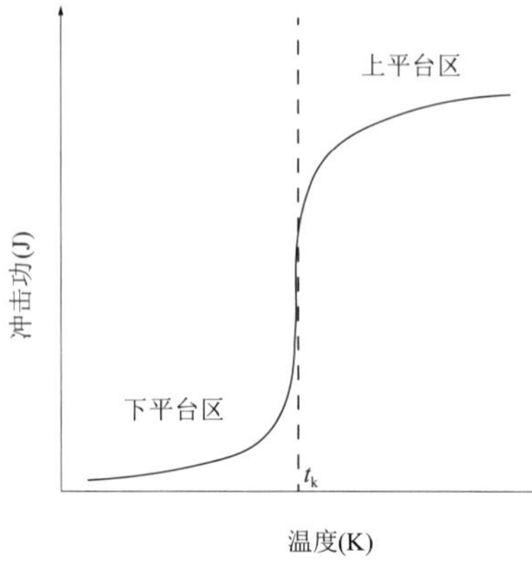

金属材料韧脆转变示意图

梁、铁路、输油管道等带来很大危害及影响。在工程应用中，为防止构件发生低温脆性破坏，应选择韧脆转变温度低于构件下限工作温度的材料。因此，韧脆转变温度已成为构件材料性能的考核指标之一。

（张　勇）

韧致辐射　bremsstrahlung　带电粒子在撞靶或碰撞过程中急剧减速所产生的辐射。包括同步辐射、回旋辐射和β衰变辐射中电子或正电子的减速。韧致辐射可来自X射线管、核聚变反应、β衰变及一些天文过程。遵循麦克斯韦速度分布律的电子所产生的韧致辐射又称为热韧致辐射；来自等离子体的韧致辐射称为自由辐射。韧致辐射是部分偏振的，具有连续谱，其强度在很宽的频谱范围内变化缓慢。辐射能量流和粒子加速度的平方成正比，与距离的平方成反比，辐射方向集中在粒子前进方向的斜前方。总功率正比于粒子电荷数Z二次方，反比于入射粒子质量的二次方。速度接近于光速的带电粒子穿过介质时，韧致辐射是其能量损失的主要机制；带电粒子的速度远小于光速c时，韧致辐射与电离相比显得并不重要。韧致辐射的低频段可用**经典电动力学**处理，高频段需用**量子电动力学**来计算。在量子电动力学的微扰计算中，必须考虑韧致辐射对反应截面的贡献以抵消虚修正中所包含的红外发散。在**量子色动力学**的研究中也存在类似的效应，为抵消**强相互作用**导致的**夸克胶子**相互作用虚修正中所包含的红外发散，截面计算中必须包括由于夸克发射时的软胶子所引起的修正。

韧致辐射可用于产生高能光子束（γ射线和X射线）。

（王　青　冯太傅）

日冕模型　corona model　等离子体中离子电离态平衡分布的模型之一。其电离过程仅考虑电子碰撞电离，复合过程仅考虑自发辐射，适合于密度较低的**等离子体**。因该模型用于日冕发射光谱分析故有此名。又称日冕平衡。密度较低的等离子体一般辐射密度低，再吸收过程可以忽略，所以原子或离子的电离只需考虑电子碰撞电离。而复合过程由于密度低，碰撞产生的复合可以忽略，只考虑自发辐射复合。在这样的模型中，某一电离态的数密度n_z随时间变化即速率方程可表示为：

$$\frac{\mathrm{d}n_z}{\mathrm{d}t}=n_e[n_{z+1}\alpha_{z+1}+n_{z-1}s_{z-1}-n_z(\alpha_z+s_z)]$$

式中n_e为电子数密度；α_z和s_z分别为z电离态的自发辐射复合速率系数和碰撞电离速率系数，这两个系数只是电子温度的函数，所以平衡态下电离态的分布，即不同电离态的比例，只与电子温度有关。当然对原子和最高电离态，方程右侧只存在两项。同一电离态中不同能级间的跃迁也可用日冕模型处理。在高温聚变等离子体中，很多情况适合日冕模型。

若等离子体密度增加，日冕模型不再适用，电离过程仍仅考虑电子碰撞电离，但复合过程中的碰撞复合不能忽略，称碰撞辐射模型。如果密度再增加，碰撞频繁，达到局部热平衡态，只需考虑碰撞复合过程，则称局部热平衡模型。不同模型适用条件的区别，不但和等离子体密度有关，也与电子温度，以及具体的谱线类型有关。

（王　龙）

溶剂挥发诱导自组装　evaporation-induced self-assembly　一种合成方法。将一滴溶剂置于待组装的组分上并允许其在空气中自由干燥，溶剂蒸发导致单个组分自发结合成有组织的结构或模式。

（邢向军）

溶胶-凝胶法　sol-gel route　在材料科学中，从小分子生产固体材料的方法。用于制造金属氧化物，特别是硅和钛的氧化物。该方法包括将单体转化成胶体溶液（溶胶），以作为离散颗粒或网状聚合物的集成网络（或凝胶）的前体。典型的前体是金属醇盐。

（邢向军）

溶液生长法　solution growth method　一种晶体生长的方法。其将原料（溶质）溶解在溶剂中，通过改变温度、蒸气压等状态参数使溶液过饱和，使溶质元素不断向结晶面沉积，实现晶体生长。

（任治安）

熔解　fuse　由固态转变为液态的过程。与之相反的过程称为**凝固**。纯物质系统可在某一确定温度下发生熔解或凝固，这一温度称为该物质在确定条件下的熔点或凝固点（考虑相变时一种物质的熔点与凝固点有差异）。影响熔点（凝固点）高低的条件有压强、外场强度等，亦即物质的熔点（凝固点）与压强等条件有关。

纯物质系统熔解过程中，从完全的固态转变为完全的液相需要吸收的热量称为该物质的熔解热。物质的溶解热与物质的量有关。为避免混淆和便于比较，称单位质量的纯物质由完全的固态转变为完全的液相需要吸收的热量称为该物质（在其他的确定条件下）的熔解热，单位为焦耳/千克（J/kg）。也常取1摩尔的物质，相应的有摩尔溶解热，单位为焦耳/摩尔（J/mol）。相对应凝固过程中释放出来的热量称为凝固热。通常情况下凝固热与溶解热相同。

（穆良柱）

熔体生长法　melt growth method　一种单晶生长的方法。其是在材料的熔点下，使熔体局部处于过冷状态，再用各种技术移动固液界面，使熔体逐渐凝固形成单晶的方法。

（任治安）

熔盐堆　molten salt reactor　采用^{232}Th-^{233}U燃料循环的热中子增殖反应堆，慢化剂为石墨，因燃料熔融氟盐混合物（$UF_4+ThF_4+7LiF+BeF_2$）而得名。见**动力堆**。

蠕变　creep　固体材料在应力作用下缓慢且永久的变形。是低于材料屈服强度的应力长时间作用的结果。当材料长时间处于高温或在熔点附近时，蠕变会更加剧烈。蠕变速率常常随着温度升高而加剧。蠕变速率与材料性质、加载时间、加载温度和加载结构应力有关。取决于加载应力和它的持续时间，这种变形可能变得很大，以至于一些部件可能会失效。例如，涡轮叶片的蠕变会使叶片与外壳相接触，导致叶片失效。蠕变一般是工程、冶金方面高应力或高温下工作的部件评价所需要关注的问题。

（丁大伟　汪卫华）

蠕虫状链模型　worm-like chain model; Kratky-Porod model　**自由旋转链模型**的一种特殊情况，其键角非常小（$\theta\ll1$），适合于描述刚性高分子。真实高分子链的键角通常是固定的。这意味着第一个键的方向将影响和制约其后若干个键在空间中的取向，使链变得更加刚性。为了接近真实链，在自由旋转链模型中就加入了固定键角的限制。蠕虫状链模型是由O.克拉特凯和G.普罗德在1949年提出的特别适合描述刚性高分子的链模型。它可以被看成是自由旋转链模型中键角θ为很小值的特殊情况。根据自由旋转链模型，首先将$\cos\theta$在$\theta=0$附近进行展开，可得：

$$\cos\theta\cong1-\frac{\theta^2}{2}$$

则其极限弗洛里特征比为：

$$C_\infty=\frac{1+\cos\theta}{1-\cos\theta}\cong\frac{4}{\theta^2}$$

可见当θ角很小的时候，高分子链非常刚性。此时持续长度l_p与θ的关系为：

$$l_p=-\frac{l}{\ln(\cos\theta)}\cong\frac{l}{1-\cos\theta}\cong l\frac{2}{\theta^2}$$

它也可以理解为无限长链的末端距在第一键方向上的投影的平均值（$n\to\infty$）：

$$l_{\mathrm{p}}=\frac{1}{l}\sum_{i=1}^{n}\langle r_i\cdot r_j\rangle=\frac{1-\cos^n\theta}{1-\cos\theta}l$$

$$\cong\frac{l}{1-\cos\theta}\cong l\frac{2}{\theta^2}$$

那么，相应的**库恩长度**即为：

$$b=l\frac{C_\infty}{\cos(\theta/2)}\cong l\frac{4}{\theta^2}=2l_{\mathrm{p}}$$

常见的单链DNA的持续长度约为1.3纳米，而双链DNA的持续长度约为50纳米，其库恩长度则约为100纳米。

蠕虫状链模型也可以从另外一个方面获得。假设高分子链不可伸长，但可在热扰动下发生一定程度的弯曲，那么，弯曲所需要的能量可以表示为：

$$H=-\varepsilon\sum_{i=1}^{n-1}(r_{i+1}\cdot r_i)=-\varepsilon\sum_{i=1}^{n-1}\frac{2l^2-(r_{i+1}-r_i)^2}{2}$$

对于确定键角和键长，且总链长度不变的高分子链，当$l\to0$且$\theta\to0$时，可看成一个连续的、均匀的链模型，也就是所谓的蠕虫状链模型。于是：

$$H=\frac{\varepsilon l}{2}\int_0^{R_{\max}}\left[\frac{\partial\hat{t}(s)}{\partial s}\right]^2\mathrm{d}s$$

式中$\hat{t}(s)$为在位置s处沿着高分子链轮廓的切矢量（见图）。因此，当轮廓长度$R_{\max}$很大的时候，蠕虫状链模型体系的哈密顿量为：

$$\frac{H}{k_{\mathrm{B}}T}=\frac{\varepsilon l}{2k_{\mathrm{B}}T}\int_0^{R_{\max}}\left[\frac{\partial\hat{t}(s)}{\partial s}\right]^2\mathrm{d}s$$

$$=\frac{l_{\mathrm{p}}}{2}\int_0^{R_{\max}}\left[\frac{\partial\hat{t}(s)}{\partial s}\right]^2\mathrm{d}s$$

持续长度的定义也可以在这里引入，即$l_{\mathrm{p}}=\dfrac{\varepsilon l}{k_{\mathrm{B}}T}$，它的物理意义是沿着高分子链轮廓的两个切矢量相关性衰减的特征长度，如下式所示：

$$\langle\hat{t}(s)\cdot\hat{t}(s')\rangle=\mathrm{e}^{-\frac{|s-s'|}{l_{\mathrm{p}}}}$$

则可进一步推算其末端距：

$$R=\int_0^{R_{\max}}\hat{t}(s)\mathrm{d}s$$

其均方末端距为：

$$\langle R^2\rangle=\int_0^{R_{\max}}\mathrm{d}s\int_0^{R_{\max}}\mathrm{d}s'\langle\hat{t}(s)\cdot\hat{t}(s')\rangle$$

因此：

$$\langle R^2\rangle=2l_{\mathrm{p}}^2\left(\frac{R_{\max}}{l_{\mathrm{p}}}-1+\mathrm{e}^{-\frac{R_{\max}}{l_{\mathrm{p}}}}\right)$$

该等式有两个极限情况：①当$R_{\max}\gg l_{\mathrm{p}}$时，$\langle R^2\rangle\cong2l_{\mathrm{p}}R_{\max}=bR_{\max}$；②当$R_{\max}\ll l_{\mathrm{p}}$时，$\langle R^2\rangle\cong R_{\max}^2$。前者表示当链足够长的时候，它将展现出足够的柔性；后者表示当链长较短时，高分子链呈现出棒的特点。真实高分子多数在较短尺度上呈现出相当的刚性，在较长尺度上则又呈现出相当的柔性。蠕虫状链模型可以更好地描述非柔性高分子的空间链构象统计，被公认为是更加接近真实高分子（包括DNA链、RNA链、多肽链等）的高分子链模型。蠕虫状链与自由连接链模型相比，最重要的区别在于它的链并不完全刚性，可以在一定程度上摆动和弯曲。这使得它在预测高分子链的拉伸力与拉伸长度之间的关系方面更为准确。

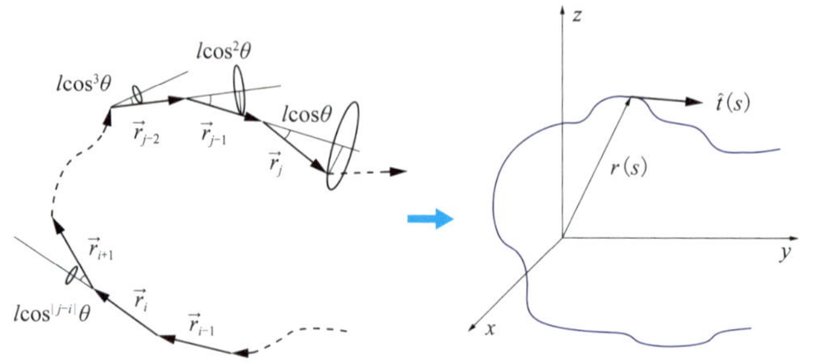

蠕虫状链模型

蠕虫状链模型可以被看成自由旋转链模型中θ很小的一种特殊情况：当$l\to0$且$\theta\to0$的时候，它是一个连续的、均匀的链模型，在链上的每一点可以用其切矢量来描述：

$$\hat{t}(s)=\frac{\partial r(s)}{\partial s}$$

（张文彬）

乳化剂　emulsifier　促使两种互不相溶的液体形成稳定乳状液的物质。乳化剂能够降低乳状液中各种构成相之间的界面张力，使之形成均匀稳定的乳状液。乳化剂是表面活性物质，可以是小分子表面活性剂、合成或天然的两亲性高分子物质或固体粉末，但最常用的是小分子表面活性剂。这些分子中同时具有亲水基团和亲油基团，能在油/水界面上吸附或富集，从而形成一种保护膜，阻止液滴互相接近时发生合并，降低界面张力，减少形成乳状液所需要的能量，从而提高乳状液的稳定性。乳化剂还能够影响乳状液的类型。乳化剂广泛用于医药、农药、合成橡胶、合成树脂、制革、化妆品、纺织印染、石油、食品及涂料等工业。

一般可用亲水亲油平衡值（HLB）来表示其乳化能力的差别。HLB愈大，则亲水作用愈大，即可稳定水包油型乳状液；反之，HLB愈小，则亲油作用愈大，即可稳定油包水型乳状液。

乳化剂根据其结构和性质不同可分为阴离子型、阳离子型和非离子型；根据其来源可分为天然乳化剂和合成乳化剂；按照应用类型可以分为表面活性剂、黏度增强剂和固体吸附剂；按其亲油亲水性可分为亲油型和亲水型。

（邱　东）

乳胶分散体　latex dispersion　由不同形态的粒子所构成的胶体系统。历史上乳胶分散体是一种能够在2000多种植物中发现的天然聚合物材料。从这一角度看，天然橡胶就是一种重要的乳胶分散体材料。现在所有类型的聚合物分散体均被称为乳胶分散体，统指由不同形态的粒子所构成的胶体系统。

在化学建材领域，液态乳胶分散体主要作为水泥砂浆以及混凝土的修饰材料而被使用。硬化后的纯水泥砂浆硬而脆，并显示出很小的黏附力。通过加入乳胶分散体，可使得这种结构的黏附力得以提升，同时还能实现灵活可控的强度或稠度。而且，分散体能够提高胶凝材料体系的弹性，以及耐磨性能。

分散体可在多种材料体系中作为砂浆外加剂而存在，如建筑工业中的黏合剂体系，瓷砖、隔热复合系统，以及水泥浆体和硬膏剂等。一种包含可再分散散剂的稠砂浆在实际应用中扮演着越来越重要的角色，这种稠砂浆是由液态聚合物分散体通过喷雾干燥后得到的。

聚合物分散体的合成绝大多数是通过乳液聚合作用实现的。这种自由基聚合过程是在有表面活性剂存在的情况下，聚合物在水中作为分散剂进行的。通过多种化学单体的共聚作用，可实现对聚合物分散体性质的定制。由于它们具有形成薄膜的能力，分散体被归为聚合物黏合剂一类。除去水分后，聚合物粒子之间彼此接触，进一步除水后，这些粒子开始变形并构筑成薄膜。

不同组分以及粒子形态的聚合物分散体作为化学建材的基础而被合成并表征。此外，在纯有机系统以及非有机混合系统中，聚合物分散体也被广泛研究。用于聚合物分散体表征和分析的方法有动态光散射（DLS）、Zeta电位测定、流电流测量及电子显微技术（ESEM、SEM、TEM）等。

另一与之相关的代表性研究领域为聚合物分散体和胶凝材料之间相互作用的研究。

（侯　旭）

乳胶室　emulsion chamber　进行高能物理实验的重要探测器。基本构造是在一层层铅板（或铁板）之间夹入感光层，即铅板与感光层交替叠合组成。感光层是由在一种特殊的袋中放入不同感光度的X射线软片和乳胶片，之后采用真空密封而成。

当高能γ射线（或电子）进入乳胶室时，在铅板中发生**电磁级联簇射**，并迅速发展。这种簇射通过感光层时在X射线片上形成不同的黑斑。在相应各黑斑位置的乳胶片上，形成一束簇射电子径迹。电子径迹的分布密度是簇射的能量、穿过物质层（铅）的深度的函数，亦即数出各感光层中电子的径迹密度，就能知道簇射的能量。测量簇射在各层中的位置，就可知簇射所来自的方向。在实际测量中，先做出X射线片的黑度与电子密度的关系曲线，之后只要测量X射线片上黑斑的黑度与位置，就可得到簇射的能量与方向。

乳胶室和**核乳胶**的分辨本领一样高，而观测方法比核乳胶更迅速而简便。原则上可观测任何太电子伏（10^{12}电子伏）能量以上的簇射，强子在乳胶室中发生作用而形成的喷注也可观测。由于构造简单，可以迅速建成大面积乳胶室。

最早的乳胶室是1952年美国M.F.卡普隆等用铜板制成的（气球乳胶室)。由于底片必须借助显微镜观测，故测量速度很慢。1957年日本西村纯采用放有X射线片的乳胶室，可不借助仪器而用眼睛直接观测底片，速度提高3000倍。1968年后普遍采用显微密度计测量簇射黑斑黑度的方法确定能量，乳胶室的规模也扩展到几百平方米的大小。有用气球、飞机运载的小型精密乳胶室，以寻找新粒子、观测初级宇宙线成分为主要目的。在地下有观测μ子的μ子乳胶室。也有同其他仪器配合，在加速器上应用的精密乳胶室。而更为广泛的应用是在高山上建造的高山乳胶室，主要观测宇宙线超高能核作用的有关现象，如γ射线簇射、强子簇射的性质；双芯、多芯等簇射的大横动量现象；某些奇异的超高能现象。世界上主要的高山乳胶室基地有：中国的甘巴拉山（高度5500米）乳胶室（见图)，日本的富士山（高度3760米）乳胶室，日本与巴西在玻利

中国甘巴拉山乳胶室

维亚合作的恰卡尔塔亚山（高度5200米）乳胶室。

由于乳胶室探测能区高、观察细微，用在宇宙线超高能核作用的研究中，对探索加速器能量尚未达到的能区中的情况是非常有效的。

（任敬儒）

乳状液 emulsion 一种液体以液珠形式分散在与它不相混溶的另一种液体中而形成的分散体系。又称乳液、乳剂、乳化液。在乳状液中，液珠称分散相（内相或不连续相)；另一种液体是连成一片的，称分散介质（外相或连续相)。乳状液通常由“油”、水两相构成，其中的“油”相泛指一切与水不相混溶的有机液体。凡由水和“油”或两种不互溶的“油”混合生成乳状液的过程，均称为乳化。将乳状液破坏，使油水或油油分离的过程称为破乳。乳状液一般不透明，呈乳白色。液滴通常没有静态的内部结构，直径大多在100纳米～10微米。牛奶、冰激凌、雪花膏、橡胶乳汁、原油乳状液等均属此种分散体系。乳状液在工业、农业、医药和日常生活中都有极广泛的应用。

乳状液的配置方法有水中乳化剂法（湿胶法)、油中乳化剂法（干胶法)、新生皂法、两相交替加入法、机械法（乳匀机、胶体磨、超声乳化法）等。

乳状液属于热力学不稳定体系，容易发生如下变化：分层、絮凝、转相、破乳、酸败等。乳状液的质量通常用以下指标评定：乳滴的大小、分层现象、乳滴合并速度、稳定常数等。

（邱　东）

软势模型 soft potential model 在**两能级模型**的基础上扩展而得到的一种唯象模型。又称软势能模型。用来解释非晶态物质中在2开以上的温度区间内比热偏离**P.J.W.德拜**的理论预言而出现一个峰（**玻色峰**)，以及热导出现一个平台的实验现象。软势模型的核心思想是假设非晶态物质中存在软化的局域振动模式，并且这些振动模式存在相互作用，因此该模型需要考虑非谐振的情况。假设单个振动模式的非谐振势为：

$$V(x)=\varepsilon\left[\eta\left(\frac{x}{a}\right)^{2}+\xi\left(\frac{x}{a}\right)^{3}+\left(\frac{x}{a}\right)^{4}\right]$$

式中x为振动模式中的原子或原子团偏离平衡位置的距离；ε为振动模式中的原子或原子团的能量标度；η和ξ为非谐振势强弱的参数；a为不同振动模式中的原子或原子团之间的平均距离。根据非谐振子的哈密顿量可计算得到非谐振子的能量，从而可得到非谐振子与温度相关的比热和热导。软势模型指出，非简谐的软振子态密度与频率的4次方成正比，其比热贡献与温度的5次方成正比。通过和实验测量结果比较发现，软势模型的数值计算结果与二氧化硅（SiO_2）等一些绝缘的“强”玻璃的测量数据符合得很好，而对于金属玻璃的实验结果描述不是很好，与一些“脆”玻璃的比热测量结果也不能很好地吻合。

（罗　强）

软物质热学性质 heat behavior of soft matter 在热力学体系下软物质表现出的热力学特性。软物质对温度比较敏感，许多软物质在室温下就是热力学体系。热力学体系由于有环境涨落等的影响，主宰体系演化的就不单是相互作用，还有与体系自由度结构相对应的熵及环境温度，这时体系的演化就会沿着自由能最低的方向演化。一个体系是否是热力学体系，取决于体系相互作用总和（内能）与熵的贡献的实力对比，经常讨论的热力学体系发生在微观体系，是因为室温对微观体系可以产生足够大的热力学涨落，即使这个微观体系的熵不是很大，也已经足够与相互作用内能大小相抗衡。

一个体系是热力学体系的先决条件，是熵对自由能的贡献不可忽视，这就要求熵越大的体系越好，多自由度体系相对有比较大的相空间维数，积分后的状态数比较大，相对应于较大的熵。软物质的许多体系如聚合物、液晶等，有一个共同的特性，就是总自由度比较大。这时体系的相空间积分比较大，使得即使在室温条件下，体系的熵对自由能的贡献也可与相互作用内能相比，甚至超过相互作用，起到重要甚至决定性的作用，产生所谓的熵驱动现象，宏观上表现出对温度的敏感性。软物质体系在常温下易变形、易受外界刺激等特性，其实都是熵驱动的某个侧面表现形式，也是软物质重要的热力学特征。

软物质的许多现象都和熵有关，这就注定了软物质的理论支撑离不开热力学统计物理理论。由于软物质具有多自由度，形成的软物质体系在室温条件下，熵的贡献足以与相互作用内能相抗衡，驱动体系的结构演化。多自由度的特点使得系统在保持熵增的前提下，某个自由度上允许熵减，使得在这个自由度上从无序状态析出某种结构成为可能，这就是熵驱动自组织现象的来源。弹性理论、相变理论、标度理论、自洽场理论等是研究软物质热学性质理论研究方法的主流。

（吴晨旭）

瑞利　3rd Baron Rayleigh（1842-11-12～1919-06-30）　英国物理学家。原名J.W.斯特拉特（John William Strutt）。生于埃塞克斯的威特姆，卒于威特姆。袭父爵位，称瑞利勋爵。20岁入剑桥大学三一学院学习，三年后以优异成绩毕业。毕业后第二年就被选为三一学院研究员。1873年被选为英国皇家学会会员，1879～1884年任卡文迪什实验室主任。1885～1896年任皇家学会秘书，1905～1908年任会长。1908年任剑桥大学校长直到逝世。

瑞利的研究工作开始于电学，后更多地研究声学和光学两个领域。1877～1878年写成《声学原理》两卷，为近代声学奠定了基础。为解释“天空为什么呈现蓝色”的问题，他导出了分子散射公式（被称为瑞利散射）。在实验方面，他进行了光栅分辨率和衍射的研究，第一个对光学仪器的分辨率给出明确的定义。这项工作导致后来关于光谱仪的光学性质等一系列基础性的研究，对光谱学的研究起了重要作用。

1879年J.C.麦克斯韦逝世，瑞利接任卡文迪什实验室第二任主任。在五年任期内，他注意加强基础物理实验的教学与研究，卓有成效地把一个原来只有五六个人的实验室发展成为拥有70位实验物理学家的高级实验研究中心，培育出大量人才，对近代物理学的发展有很大影响。当时他还负责实施一项精心制订的研究计划，其中包括麦克斯韦已经开始的重新确定欧姆、安培和伏特这三个物理量的工作。这些工作经受住了时间的考验。

19世纪80年代中期以后，瑞利扩展了研究范围，在光辐射和声辐射、弹性介质振动、毛细现象，以至电磁学、力学普遍性理论、热力学等方面都做出了贡献。1885年，他指出声波在弹性固体中传播时可以有一种能量集中于表面附近的弹性波，被称为声表面波（或瑞利波）。声表面波理论在地球物理和现代声学中已占有一定位置，如微型声表面波器件在现代声电子学领域中得到广泛应用。

正是他对气体密度的首次精确测定，在1895年发现从液态空气中分馏出来的氮，同从亚硝酸铵中分离出来的氮，有极小的密度差异。同时W.拉姆齐也证实了这两种物质的不同密度。这一事实导致空气中的一个稀有元素——氩的发现。为此瑞利和拉姆齐分别获得1904年度诺贝尔物理学奖和化学奖。瑞利在1900年得出一个关于热辐射的公式（后被称为瑞利-金斯公式），在长波区域，同实验符合得很好，为量子论的出现准备了条件。瑞利也密切注意量子论和相对论的出现和发展。他对声光相互作用、机械运动模式、非线性振动等的研究，对整个物理学的发展都具有深远影响。　（戴念祖）

瑞利-金斯公式　Rayleigh-Jeans formula　根据经典统计力学导出的辐射公式。瑞利和J.H.金斯根据经典统计理论，研究密封空腔中的电磁场，得到了空腔辐射的能量密度按波长λ分布的瑞利-金斯公式：

$$w(\lambda,T)\,\mathrm{d}\lambda=\frac{8\pi kT}{\lambda^4}\,\mathrm{d}\lambda$$

式中k为玻尔兹曼常数；c为真空中光速；T为热力学温度。

把能量密度$w(\lambda,T)$与波长λ的关系曲线及实验曲线画在图中，可以看出瑞利-金斯公式在长波情况下同实验结果相符，但在短波范围能量密度则迅速地单调上升，同实验结果矛盾。甚至出现随着波长变短，能量密度趋向无穷大的荒谬结论。瑞利-金斯公式的这一严重缺陷在物理学史上称作“紫外灾难”，它深刻揭露了经典物理的局限，对辐射理论和近代物理学的发展起了重要的推动作用。

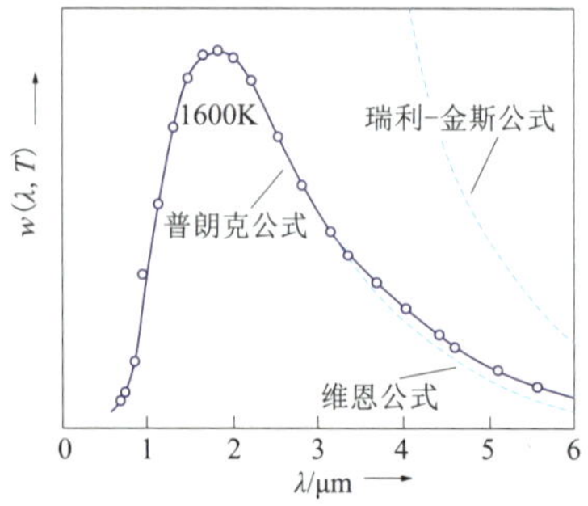

黑体辐射的理论公式与实验曲线的比较

（陆　卫）

瑞利散射　Rayleigh scattering　尺度远小于入射波波长的散射体所产生的散射现象。散射波的波长与入射波相同，而其强度与波长的四次方成反比。

声波的瑞利散射　声波在传播过程中遇到障碍物（散射体）时，会发生偏离原来传播路径的散射现象。散射声波的能量及其向四周的分布不是均匀的，同散射体尺度与声波波长的比值、散射体物理性质及其结构形状等有关。当一束平面波入射到一个半径为a的弹性球体上时，假定此球体很小，并满足条件：

$$ka=\frac{2\pi fa}{c}=\frac{2\pi a}{\lambda}\ll 1$$

式中k为声波波数，f、c和λ分别为声波的频率、波速和波长。在离开小球一定的距离处，散射声波的声强分布可用下列近似公式来描述：

$$I\propto I_0S_0\left(\frac{a}{\lambda}\right)^4\left(\frac{1-gh^2}{3gh^2}-\frac{1-g}{1+2g}\cos\theta\right)^2$$

式中I_0代表入射声波的声强，$S_0=\pi a^2$，$g=\rho/\rho$，$h=c/c$。ρ和ρ'分别代表传播介质的密度和弹性小球的密度，c和c'分别代表它们对应的声速，θ为散射角。上式表明，声波散射的能量与声波波长四次方成反比，也即声波频率愈高，波长愈短，从入射声波中获取的散射能量愈多，这类散射称为瑞利散射。

光波的瑞利散射　在光学中也存在同样的瑞利散射，可以解释天空的蔚蓝色（见光散射）。　（彭朝晖）

润湿　wetting　液体与固体接触后，液固界面上的附着力大于液体分子的内聚力，液体沿固体表面延展的现象。微观上液体和固体接触的面内存在薄薄一层的液体分子，它们受到外面固体分子的作用，其性质和液体内部的不同，称附着层。附着力是附着层液固分子间的作用力，作用效果是使液体在固体表面延展；内聚力是液体分子间的作用力，作用效果是使液体表面层收缩。

润湿现象普遍存在于自然界中。当一滴水落到干净的玻璃板上，附着力大于水分子间的内聚力，体系的合力f是指向液固界面，此时表面层具有延展的趋势，水将沿着玻璃表面延展，这种现象称作浸润（图a）；当一滴水落到干净的石蜡板上，水分子间的内聚力大于附着力，此时体系的合力f指向液滴，液滴表面层具有收缩的趋势，水将收缩成球后滚动，这种现象称作不浸润（图b）。液体与固体接触时，

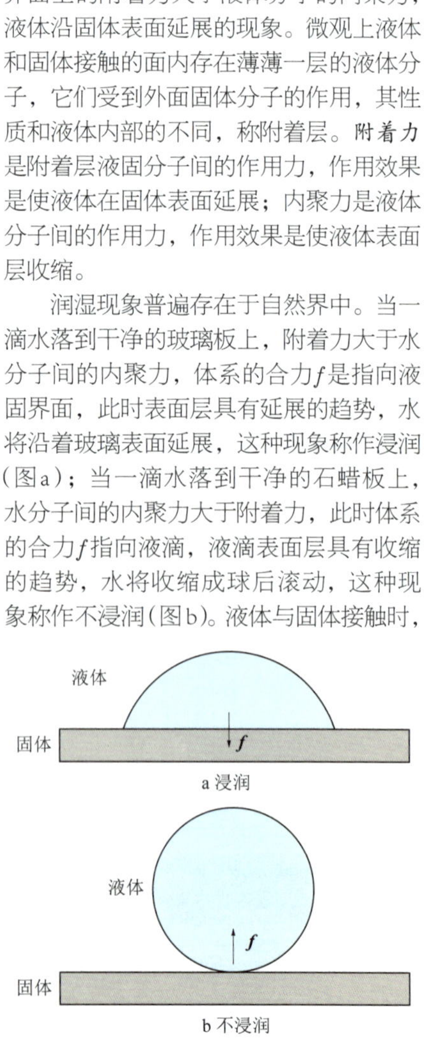

液体和固体间的浸润和不浸润

当附着力大于液体分子间内聚力，浸润现象可自发进行。

润湿现象可分为三种类型，即沾湿、浸湿和铺展。润湿方式或过程不同，润湿的难易程度和润湿的条件亦不同。沾湿是改变液－气界面与固－气界面为固－液界面的过程，如农药喷洒时农药附着于植物的叶面上；浸湿是指固体浸入液体的过程，此过程中固－气界面消失，产生了固－液界面，如洗衣时把衣服泡在水中；铺展是在固－液界面代替固－气界面的同时，液体表面也扩展的现象。

固体的润湿性与极性有关，极性化合物的可润湿性明显优于相应的完全非极性的化合物。高分子固体的可浸润性与其元素组成有关，在碳氢链中氢被其他原子取代后，其润湿性能将明显改变。

润湿作用在生产生活中有着广泛应用。如农药喷洒过程中需要增加润湿作用。由于大多数农药水溶性差，对植物的茎叶润湿不好，一是滚落浪费，二是不能展开而杀虫效果差，所以需要用到能增大润湿作用的物质来提高润湿程度，可大大提高药效。矿石浮选、医疗等领域则需要去润湿作用，即使某些物质本是润湿的变成非润湿。如一次性抽血器具中盛血的玻璃管内壁需要疏水化，使血液在管内不残留，此时需要使用疏水的物质去处理玻璃管内壁使其疏水。 （陶胜洋）

弱带电流 weak charged current 粒子与弱规范玻色子 $W^{\pm}$ 发生作用时电荷改变一个单位的弱作用形式。见**弱中间玻色子**。

弱局域化 weak localization 在无序较弱不足以引起安德森局域化的情况下，量子效应对导电性质的修正效应。固体材料的导电性质是由其电子的流动性决定的。材料中往往存在着各种无序的因素，如杂质、缺陷、**位错**等，还有**晶格**的热运动所形成的热声子。电子在运动过程中受到它们的散射而改变运动状态。在理论上电子的运动状态可以用经典力学的散射理论来描述，由此可以推导出**玻尔兹曼方程**、**欧姆定律**、德鲁德模型等一系列经典的电学规律。但作为微观粒子的电子，其运动状态往往要考虑量子力学的效应，尤其在量子相干长度的尺寸范围内。当无序程度很大时，散射波之间的**量子干涉效应**会引起电子波函数的安德森局域化，导致从金属到绝缘体的量子相变。即使无序较弱不足以引起电子波函数的局域化，量子效应仍可造成导电性质偏离经典的电学规律。两个电导分别为 G_1 和 G_2 的导体并联后，根据经典的电学规律，其总电导是 $G=G_1+G_2$。但如果考虑到并联的两个支路之间的量子干涉效应，总电导必须再加上一项量子修正项 $G=G_1+G_2+\delta G$。这种在无序较弱不足以引起安德森局域化的情况下量子效应对导电性质的修正，统称为弱局域化效应。

原理　实验发现，上述的量子修正 δG 总是负的，这似乎与无序情况下量子干涉可以增强也可以抵消的实际情况相抵触。1980年，B.L.阿尔特舒勒等提出了弱局域化理论，阐明了负量子修正的原理。下图表示电子从一个电极注入后的散射路径。实线表示电子经过多次散射最终从另一个电极出去的路径，它们对电导有贡献。而点线和点划线的路径是绕一圈最后又从原来的电极回去的路径（向后散射），它们对电导没有贡献。由于散射中心的无规的特点，多数散射路径之间的干涉，既可以是增强的，也可以是抵消的。但有两类路径，即图中点线（顺时针向后散射）和点划线（逆时针向后散射）的路径，它们之间的干涉一定是增强的。这是因为在具有时间反演对称的系统中，电子走过这两个路径所获得的位相差是一样的。但这两类路径都是反射回去的路径。根据粒子数守恒的原则，反射回去的电子越多，对电导有贡献的透射过去的电子就越少，这样就减少了总电导。这就是弱局域化量子修正总是负的原因。

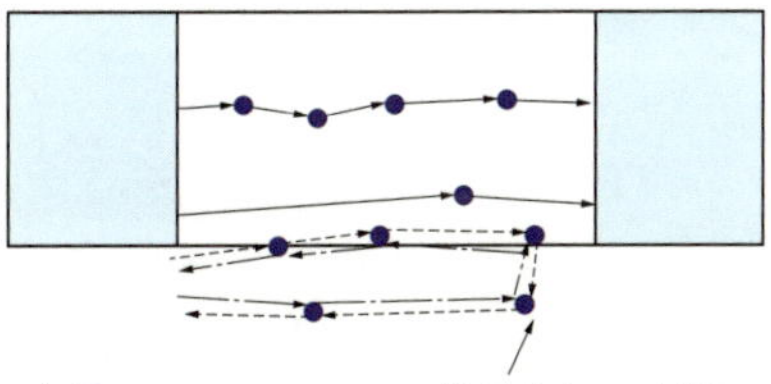

电子从一个电极注入后的散射路径

应用　如果加上磁场，电子走过顺时针和逆时针向后散射路径时会得到附加的符号相反的位相。这使得二者的位相差不再相等。二者的干涉从原来的总是增强变成既可能增强也可能抵消，这使得系统总体的电导增大（电阻减少）。因此弱局域化效应使得系统具有负的磁电阻。由于弱局域化是量子效应，维持电子在系统内的量子相干性是其必要条件，所以，通过测量系统的磁电阻，并与弱局域化效应下所应有的磁电阻的数值进行比较，可以确定电子在该系统内量子相干性的持续时间（退位相时间）。 （熊诗杰）

弱衰变 weak decay 由弱相互作用引起的粒子衰变现象，是**粒子物理学**中最为普遍的一类现象。根据弱相互作用的作用强度，可以推知粒子弱衰变的寿命通常在十几分钟到 10^{-13} 秒的范围内。

原子核的 **β 衰变**是粒子弱衰变的一个典型例子，也是最早发现的弱衰变现象。通过对大量原子核β衰变的研究，认识到自然界里应存在一种新的基本相互作用，即通常所说的**弱相互作用**。另外，通过对钴60原子核β衰变所产生的电子的角分布的测量，**吴健雄**等证实了由**李政道**和**杨振宁**提出来的“弱作用过程中宇称不守恒”现象。宇称不守恒在π介子和μ子的弱衰变中也得到了证实（见**P宇称**）。

由**S.L.格拉肖**、**S.温伯格**和**A.萨拉姆**于20世纪60年代末提出的**电弱统一理论**被公认为描写粒子弱衰变最为成功的有效理论。按照该理论，原子核的β衰变的实质是一个下夸克通过释放一个W玻色子转变成一个上夸克；W玻色子随后又衰变成一个电子和一个反电子中微子。在粒子弱衰变中，由于弱相互作用的特殊性，很多量子数（如同位旋和奇异数等）不再守恒，且这些量子数的改变将遵循着特定的选择定则。 （杨亚东）

弱相互作用 weak interaction 自然界已知四种基本相互作用中的一种。又称弱力或弱核力。在四种基本相互作用中，弱相互作用的力程最短，大约为1/400fm，比**电磁相互作用**和**强相互作用**弱好几个数量级。

最早观察到的弱相互作用现象是原子核的 **β 衰变**，随后又观测到各种介子、重子和轻子的**弱衰变**和中微子散射等弱相互作用过程。恒星内部的热核聚变过程，即氢融合成氘的过程也是弱相互作用的重要实例。另外，碳-14衰变成氮-14放射性过程定年法也是弱相互作用。

与其他三种基本相互作用相比，弱相互作用具有如下三个典型特点：

①唯一能够改变夸克味道（将一种类型的夸克变成另外一种类型的夸克）的相互作用。

②目前知道的唯一能够破坏宇称对称性（见**P宇称**）和电荷－宇称联合对称性（见**CP破坏**）的相互作用。

③由质量很大（约为90吉电子伏）而寿命很短（低于 10^{-24} 秒）的W和Z玻色子传递的相互作用。

另外，在弱相互作用中，**同位旋**、奇异数、粲数、底数等量子数都不再守恒。

描写弱相互作用的理论经历了漫长的发展历程。首先，**E.费米**提出了四费米子流－流相互作用的原子核β衰变有效理论。

随后，基于弱相互作用的一些经验规律，逐渐认识到描写四费米子作用的弱相互作用流应具有V-A的形式。这促使R.P.费曼和M.盖耳-曼于1958年提出了关于弱相互作用的普适费米型弱相互作用理论。这些理论虽然取得了很大成功，但却有重要的理论缺陷：首先，费米型相互作用是不可重整化的，因而无法计算微扰论的高阶效应；其次，当质心系能量大于约300吉电子伏时，中微子散射过程的截面将破坏幺正性。因此上述理论只能被认为是一个低能唯象理论，而不能作为弱相互作用的基本理论。

对流-流耦合理论的一个改进是由李政道、M.N.罗森布拉斯和杨振宁提出来的中间玻色子理论。该理论的核心思想是：类比电磁相互作用是通过交换光子而发生的，可以假定弱相互作用流-流耦合是通过交换中间玻色子而产生的。由于弱相互作用的力程很短，该中间玻色子需很重。虽然该理论可以显著地改善流-流耦合理论在高能极限下的行为，但更详细的研究表明，中间玻色子理论仍无法解决重整化和幺正性的问题。

受上述低能唯象理论的启发，并注意到弱相互作用与电磁相互作用虽然很不相同，却又有不少相似之处，以及电磁场是一种规范场，S.L.格拉肖、S.温伯格和A.萨拉姆最终于20世纪60年代末提出了电弱统一的规范理论（见电弱统一理论）。这是一种规范对称性发生自发破缺的理论（见对称性自发破缺），其中的一个规范玻色子无质量，对应着传递电磁相互作用的光子，其余的规范玻色子通过希格斯机制而得到质量，对应着传递弱相互作用的W和Z玻色子。该理论可以很好地描述轻子、夸克以及希格斯粒子与规范玻色子的电弱相互作用。

这样，电弱统一理论成功地把自然界中似乎没有任何关系的两种基本相互作用——电磁相互作用和弱相互作用统一起来进行描述，而且是可重整化的，且克服了幺正性的困难。另外，该理论所预言的W和Z玻色子，以及希格斯粒子都已被实验发现。目前，该理论所给出的理论预言与几乎所有的弱相互作用实验结果一致。因此，电弱统一理论被公认为描写弱相互作用最为成功的低能有效的理论。

（杨亚东）

弱中间玻色子 weak intermediate boson 传递弱作用的$W^{\pm}$、Z^0粒子。$W^{\pm}$和Z^0也叫中间矢量玻色子或弱规范玻色子，它们传递弱相互作用，类似于光子传递电磁相互作用。$W^{\pm}$传递弱带电流，如原子核的β衰变；而Z^0传递弱中性流，其典型物理过程是μ型中微子与电子的弹性碰撞。$W^{\pm}$和Z^0的自旋都是1（以$\hbar$为单位）。W^{+}带一个单位正电荷，其反粒子是W^{-}；Z^0不带电，是自己的反粒子。$W^{\pm}$粒子的质量约为80吉电子伏/c^2，Z^0的质量约为91吉电子伏/c^2。它们都是不稳定的粒子，寿命极短，约为3×10^{-25}。它们首先被标准模型预言，最后于1983年在欧洲核子研究中心（CERN）被UA1和UA2实验组发现。在粒子物理标准模型中，电磁相互作用与弱相互作用被统一在$SU(2)_L\times U(1)_Y$规范群下。该对称性自发破缺到电磁$U(1)_Q$对称性，$W^{\pm}$和Z^0规范粒子通过希格斯机制获得质量，而光子保持无质量，从而区分出弱相互作用和电磁相互作用。

（廖　益）

弱中性流 weak neutral current 粒子（如电子、中微子）与弱规范玻色子Z^0发生作用时电荷不变的弱作用形式。理论粒子物理学家于20世纪60年代在四费米子相互作用有效理论和量子电动力学基础上，提出了电磁与弱作用的规范统一理论，即粒子物理标准模型。该理论既包含带电流形式的弱作用，也预言了存在中性流形式的弱作用。欧洲核子研究中心（CERN）Gargamelle实验组随后于1973年在μ型中微子实验中首次发现弱中性流。该项发现有力推动了寻找弱规范玻色子$W^{\pm}$和Z^0的实验，并开启了精确检验标准模型的理论和实验研究新时代。

（廖　益）

S

萨本栋 Sa Bendong（1902-07-24～1949-01-31） 中国物理学家、电机工程学家、教育家。蒙古族。生于福建闽侯，卒于美国旧金山。1921年在清华学校（今清华大学）毕业后赴美国，先后在斯坦福大学和伍斯特工学院攻读电机工程和物理学。1927年获理学博士学位。1928年回国，任清华大学物理系教授。1937年任厦门大学校长。1945年任中央研究院总干事兼物理研究所所长。抗日战争胜利后，致力于恢复和建设中央研究院。1948年当选中央研究院院士。自1932年中国物理学会成立起，他担任过学会的会计、秘书和副理事长等职，并对统一物理学名词译名有很多建树。萨本栋全力献身于科学教育事业，虽长期患有胃病，仍顽强工作。

萨本栋的重要贡献是提出用双矢量（并矢）方法解决电路的计算和分析问题，开拓了电机工程的一个新研究领域。他的《瞬变和推挽电路》一文发表后很有影响，此外还有关于各种真空管的性能的研究成果。1935年访美，受聘为俄亥俄州立大学客座教授，在电机工程学系开双矢量电路分析讲座；之后用英文写成专著《并矢电路分析》，于1939年在美国出版。1944年春受聘为麻省理工学院和斯坦福大学的访问教授，讲授交流电机学，首先提出用标幺值系统分析交流电机；并综合整理写成英文专著《交流电机》，于1946年在美国出版，被美国许多大学选为教本。

萨本栋是著名教育家。他编著了《普通物理学》和《普通物理实验》，这是中国第一部用汉语正式出版的大学物理教材，使用了近20年之久。萨本栋任厦门大学校长期间，正是抗日战争的艰苦岁月。他苦心筹划，迅速迁校福建长汀，倾注全力办好学校。他励精图治，顶住干扰，排除阻力，使学校得到发展，教学质量显著提高，成为当时屹立于中国东南隅唯一的知名大学。他还亲自授课，担任好几门专业课程的教学；重视基础学科，带头讲授一年级新生的微积分，并且于1948年整理出版了一部《实用微积分》。萨本栋还在国内出版了《交流电路》和《交流电机》两本专著。 （戴念祖）

萨哈方程 Saha equation 表示热平衡时电离气体中电子和一次电离离子数值密度随温度变化的关系。又称萨哈公式。1920年由印度天体物理学家M.萨哈提出：

$$\frac{n_e n_i}{n_o} = \frac{(2\pi m_e kT)^{3/2}}{h^3}\frac{2g_i}{g_o}\exp\left(-\frac{eE_i}{kT}\right)$$

式中n_e、n_i、n_o分别为电子、离子和原子数密度；m_e为电子质量；T为温度；k为玻尔兹曼常数；h为**普朗克常数**；E_i为电离电位；g_i、g_o分别为离子和原子基态的统计权重。如氢和碱金属的$g_i/g_o=1/2$。这一公式的来源是基于下列电子碰撞电离和其逆过程碰撞复合反应：

$$A+e \longleftrightarrow A^+ + e + e$$

其正反应是二体过程，速率与$n_o n_e$成正比，逆反应是三体过程，速率与$n_i n_e^2$成正比。平衡时，比例$n_e n_i/n_o$只与二反应的速率系数有关，仅为温度的函数。在温度高、密度低的情况下，辐射复合不可忽略，这一公式不适用。

萨哈公式有时也用于表示不同电离态数密度之间的关系。例如第j电离态和第$j+1$电离态的数密度n_j和n_{j+1}间的关系可用类似公式表示，其中指数项内的电离能E_i为两电离能之差$E_{j+1}-E_j$。 （王 龙）

萨拉姆，A. Abdus Salam（1926-01-29～1996-11-21） 巴基斯坦物理学家。生于印度旁遮普邦农村，卒于英国牛津。就读于旁遮普大学和剑桥大学，1952年在剑桥大学获哲学博士学位。1957年以后任伦敦帝国学院理论物理学教授。1956～1974年任巴基斯坦原子能委员会委员，1961年又先后任巴基斯坦总统首席科学顾问和科学委员会委员。1971年任联合国科技咨询委员会主席。1959年被选为英国皇家学会会员，1973年当选国际理论物理和应用物理协会副主席。他也是瑞典皇家科学院名誉院士，苏联科学院外籍院士和美国艺术与科学学院院士。

萨拉姆长期从事基本粒子和**量子场论**的研究。20世纪50年代初，他在重正化理论方面提出了消除理论中出现的某些发散（交缠无穷大）的方法。60年代上半叶，他研究了规范场理论和黑格斯机制，并在1968年独立地提出了通过黑格斯机制使中间玻色子获得静止质量的电弱统一规范理论，即通常所说的温伯格-萨拉姆理论（**电弱统一理论**）。这个理论提出后，它的一些预言不断地为实验所证实。由于萨拉姆的这些贡献，他和S.**温伯格**、S.L.**格拉肖**共同获得1979年诺贝尔物理学奖。所预言的静止质量很大的三种中间玻色子W和Z^0，后来由欧洲核子研究中心（CERN）分别于1983年1月和6月在质子-反质子对撞机的实验中找到。其质量与理论预言的一致，从而极大地支持了这个理论。萨拉姆等人还在1973年提出了统一描述**夸克**和**轻子**的帕蒂-萨拉姆模型，预言了质子的衰变。这项工作为大统一理论开了一个头。

萨拉姆对理论物理方面的国际交流十分热心，是积极的活动家。他把所得诺贝尔奖金捐作培养发展中国家的物理学家的费用。由于萨拉姆的努力，1964年在意大利的里雅斯特创建国际理论物理中心（ICTP）。这是帮助发展中国家的物理学家的研究机构，他一直是这个中心的负责人。1983年又由他发起成立了第三世界科学院（TWAS），总部设在的里雅斯特。其宗旨是：加强第三世界科学家之间的联系与合作，扩大第三世界国家科学家之间的影响，促进发展中国家的科学发展。

（戴念祖）

萨支唐 Chih-Tang Sah（1932-11-10～ ） 美籍华裔微电子学家。生于中国北平（今北京）。1953年毕业于伊利诺伊大学。1954、1956年分别获斯坦福大学电机工程硕士、博士学位。1959～1964年先后任仙童半导体公司高级成员、物理部主任经理。1964～1968年任伊利诺伊大学教授。1988年后，担任佛罗里达大学电机和电子工程系教授、工学院首席科学家。为美国国家工程科学院院士（1986）。2000年当选为中国

科学院外籍院士。

萨支唐长期致力于半导体器件和微电子学研究，对发展晶体管、集成电路以及可靠性研究做出了重要贡献。他提出了半导体PN结中电子-空穴复合理论；开发了半导体局域扩散的平面工艺和MOS、CMOS场效应晶体管，并提出MOS晶体管理论模型；发明了探测半导体中微量缺陷的深能级瞬态能谱（DLTS）方法；发现了氢在硅中对受主杂质的钝化作用；致力于亚微米MOS晶体管的可靠性研究。曾获半导体工业协会（SIA）最高奖（1998）等多项奖励。（仲　佰）

塞格雷，E.G.　Emilio Gino Segrè（1905-02-01～1989-04-22）　美国意大利裔物理学家。生于意大利罗马蒂沃利，卒于美国加利福尼亚州。1922年进罗马大学先后学习工程学和物理学，1928年在E.费米指导下获哲学博士学位。在国外做了四年研究后，1932～1938年先后任罗马大学和巴勒莫大学物理学教授。1938年赴美国加州大学访问研究，被意大利法西斯从巴勒莫大学撤职。后定居美国，任加州大学劳伦斯辐射实验室副研究员。1943～1946年在洛斯阿拉莫斯实验室研制原子弹，1946～1972年任加利福尼亚大学伯克利分校教授。美国国家科学院院士。

塞格雷曾研究过原子光谱、原子物理和原子核物理。1932年起，他与费米合作实验元素嬗变，1935年发现慢中子，1937年发现超铀元素锝。1940年与他的同事发现砹，后与另一研究小组发现钚-239。研制原子弹期间，他又与费米合作，完成将铀-238转变为钚-239的实验，并将后者作为制造原子弹和反应堆的重要材料。从1948年起，塞格雷和O.张伯伦合作进行了一系列质子-质子散射实验和极化效应的研究。1955年他们利用新的高能质子同步稳相加速器发现并判明了反质子，为其他许多反粒子的发现打下基础。为此，他们获1959年诺贝尔物理学奖。（郭奕玲）

塞曼，P.　Pieter Zeeman（1865-05-25～1943-10-09）　荷兰实验物理学家。生于泽兰，卒于阿姆斯特丹。1885年进入莱顿大学，1893年获博士学位。1895～1897年任莱顿大学编外讲师。1897～1907年，任阿姆斯特丹大学物理学讲师、教授。1908年起，任物理研究所所长。1923～1935年，任塞曼实验室主任。1933年成为科学院院士。

塞曼在莱顿大学曾经受教于H.开默林·昂内斯和H.A.洛伦兹，后来还当过洛伦兹的助教，并与洛伦兹共事多年，因此对洛伦兹的电磁理论很熟悉。他的实验技术也很精湛，1892年曾因仔细测量克尔效应而获金质奖章。他在研究磁场对光谱的影响时，得益于洛伦兹的指导和他的电磁理论，从而得出有重大意义的发现。塞曼先是在磁场中发现光谱线变宽，然后根据洛伦兹的电子理论，观察到了圆偏振光，进而求出了离子所带电荷与其质量的比值e/m，这一比值正好与J.J.汤姆孙从阴极射线测量了荷质比具有相同的数量级，这一结果成了电子存在的重要证据。塞曼既对他所发现的塞曼效应做出了合理的解释，证明了电子的存在，同时也对洛伦兹的电子论提供了令人信服的实验证据。

塞曼效应是继法拉第效应和克尔效应之后又一项反映光的电磁特性的效应。塞曼效应更进一步涉及了光的辐射机理，因此被视为是继X射线之后物理学最重要的发现之一。为此他和洛伦兹获1902年诺贝尔物理学奖。（郭奕玲）

塞曼减速器　Zeeman slower　一种利用塞曼效应来改变光与原子相互作用的共振频率从而实现激光持续冷却原子的科学实验装置。塞曼减速器可以将室温或以上的原子束冷却到几开。塞曼减速器是由W.D.菲利普斯和H.J.麦特卡夫发明的。塞曼减速过程通常作为冷却原子以便将它们囚禁到磁光阱中的初步步骤，其目标是将初速度为几百米每秒的原子束减速到10米/秒左右（取决于所使用的原子）。利用塞曼减速器实现的低温原子为实验实现玻色-爱因斯坦凝聚奠定了基础。塞曼减速器也因此成为一些冷原子物理实验系统的组成部分。

当近共振激光与运动着的原子相互作用时，原子吸收光子后动量改变，相应的速度也发生变化。若激光传播方向与原子运动方向相同，则原子加速；反之原子减速。原子吸收光子后通过自发辐射回到基态，释放光子是各向同性的，原子在多次自发辐射平均后动量的变化为零。因此原子在每一次吸收和发射光子的过程中平均得到净的速度变化，经过多次吸收和自发辐射过程可实现原子的减速或加速。由于多普勒效应，原子与激光相互作用的共振频率与原子的运动速度有关。利用激光冷却原子时，冷却激光传播方向与原子运动的方向相反，激光的频率略低于原子的共振频率（红失谐）以补偿多普勒频移。随着原子速度的减小，原子共振所需的激光频率增大。如果激光的频率变化不能与原子速度减小引起的共振频率的变化相匹配，则激光冷却效率就会降低。为了解决这一问题，可以在保持激光频率不变的前提下，利用外磁场来改变原子的共振频率。磁场使原子基态和激发态的能级发生位移，磁场的大小沿原子路径逐渐降低以匹配共振频率的变化，从而实现原子束的持续减速。这种利用梯度磁场减速原子的方法就是塞曼减速。

一个典型的塞曼减速器包括原子炉、圆柱真空腔和磁场线圈（通常由螺线管状线圈产生）。原子炉中产生的高速原子束在圆柱真空腔中与冷却激光束相向运动，圆柱真空腔外围的磁场线圈产生沿径向对称且沿轴向渐变的梯度磁场。根据需要减速的原子的种类和最终的速度要求，可以设计最佳的梯度磁场，以实现塞曼减速的最佳效果。（王　谨）

塞曼效应　Zeeman effect　当原子置于静磁场时，其一条谱线分裂成几条谱线的现象。荷兰物理学家P.塞曼在1896年首次观察到钠光源放在外磁场中，原子的谱线出现了加宽现象，仔细研究发现这种谱线加宽实际是谱线发生了分裂，钠原子的一条谱线在磁场下分裂成几条谱线。随后，另一位荷兰物理学家H.A.洛伦兹运用经典电磁理论对这种现象进行了解释。他认为，由于电子存在轨道磁矩，并且磁矩方向在空间的取向是量子化的，因此在磁场作用下能级发生分裂，谱线分裂成间隔相等的3条谱线。塞曼和洛伦兹因此共同获得1902年的诺贝尔物理学奖。

1897年爱尔兰的T.普雷斯顿发现很多实验观察到的谱线有时并非分裂成3条，间隔也不尽相同。这无法用洛伦兹理论解释，人们把这种现象叫作反常塞曼效应，把分裂为3条的塞曼效应称为正常塞曼效应。

1912年德国物理学家F.帕邢和E.E.A.巴克发现在较强的磁场中原子的谱线出现三重分裂，这一现象被称为帕邢-巴克效应。

在现代物理文献中，这些别名极少出现，通常使用塞曼效应。磁场中一个原子的总哈密顿量写成：

$$H=H_0+V_M$$

式中H_0是零场下的原子哈密顿量，V_M是磁场与原子磁矩的相互作用算符：

$$V_M=-\mu\cdot\boldsymbol{B}$$

式中μ是原子的磁矩。原子磁矩包含电子部分和原子核部分，其中原子核部分比电子部分小3个数量级，通常被忽略。因此，有：

$$\mu=-\frac{\mu_B(g_L\boldsymbol{L}+g_S\boldsymbol{S})}{\hbar}$$

式中μ_B是玻尔磁矩，$\boldsymbol{L}$是轨道角动量，$\boldsymbol{S}$是自旋角动量，$g_L=1$，$g_S\approx2.002\,319\,1$。

当磁场比较微弱时，V_M相对于精细结构（由自旋-轨道耦合相互作用导致）比较小，可以作为微扰处理。经过进一步计算，可以得到：

$$V_M=\mu_B Bm_j\left[g_L\frac{j(j+1)-l(l+1)+s(s+1)}{2j(j+1)}+g_S\frac{j(j+1)+l(l+1)-s(s+1)}{2j(j+1)}\right]=\mu_B Bm_j g_j$$

式中中括号包含的项就是朗德g因子g_j，m_j被称为磁量子数。对于外壳层只有一个电子的情况，$s=1/2$且$j=l\pm s$，朗德g因子可以化简成（g_L且$g_S\approx2$）：

$$g_j=1\pm\frac{g_S-1}{2l+1}$$

将V_M作为微扰，取平均就得到磁场效应对能级的修正为：

$$E_Z=\langle nljm_j|V_M|nljm_j\rangle=\mu_B Bm_j g_j$$

在一定磁场下，塞曼分裂是由于总角动量在磁场方向投影的不同引起的。考虑类氢原子在弱磁场下的谱线劈裂情况，以$2P_{1/2}\to1S_{1/2}$为例。此时两个态的总角动量都是1/2，在磁场方向的分量为$m_j=\pm1/2$。因此初态和末态各自分裂成两个态，由于g_j不同，导致一条谱线分裂成4条谱线。再考虑氦原子电子总自旋为0、跃迁P→S的分裂情况。此时，末态为S态，总角动量为0，磁场方向的分量$m_j=0$；初态为P态，角动量为1，磁场方向的分量$m_j=0,\pm1$。因此，末态保持不变，初态分裂成3个态，导致一条谱线分裂成3条等间隔的谱线。

随着磁场的增强，V_M超越了自旋-轨道耦合相互作用，但还小于H_0时，即帕邢-巴克效应。在超强磁场下，磁场相互作用项比H_0大，原子结构被破坏，标准意义上的原子将不复存在。

在塞曼效应发现的早期，量子力学还未建立，对于原子表现出的反常塞曼效应在其后的20余年里一直未能得到很好的解释。1924年W.泡利提出**泡利不相容原理**时赋予了电子一个具有两个数值的量子自由度。1925年德国物理学家G.E.乌伦贝克和S.A.古兹密特提出电子自旋假设，随后很好解释了反常塞曼效应。

在正常塞曼效应中，谱线分裂的间隔与玻尔磁矩μ_B中的电子荷质比有关。由此计算得到的荷质比验证了汤姆孙实验，进一步证实了电子的存在。塞曼效应可用来精密测量磁场，在日常和实验中广泛运用。1908年美国天文学家G.E.海尔首次注意太阳光谱中的塞曼效应，指出太阳黑子中存在超强磁场。当前太阳磁场的分布图就是通过塞曼效应绘制的。塞曼效应在激光冷却中广泛运用，如磁光阱和**塞曼减速器**。（钟振祥　史庭云）

三重态　triplet state　处于激发态的一种分子状态。用符号T表示。又称三线态。根据**泡利不相容原理**，同一轨道上最多可容纳两个电子，而且这两个电子的自旋方向必须相反（可以用↑↓来表示），对应于单重自旋组态，即**单重态**。但在分子激发态中，如果被激发的电子在激发时自旋方向发生了改变，不再配对（用↑↑或↓↓表示），这时由于两个电子不在同一轨道，不违背泡利原理，仍然可以存在，其自旋量子数的代数和等于1，即自旋多重性（2s+1）为3。这种分子状态就称为三重态。三重态分子能级在磁场中会发生劈裂，因此光谱中原来的一条谱线劈裂为三条线。对于同一电子组态的激发态，由于处于单重态的分子交换能为正值，而处于三重态的分子交换能为负值，故三重态能量要低于单重态。（石　英）

三分裂　ternary fission　一个原子核分裂成三个裂变碎片的现象，包括轻粒子伴随裂变和三个碎片质量相近的裂变两种形式。

真正的三分裂是从同一点同一时刻发出三个碎片，即在断裂瞬间或接近断裂瞬间（比蒸发时间短得多）发射的较轻粒子。最早是1946年中国科学家**钱三强**、**何泽慧**在法国居里实验室通过观察核乳胶（位置精度约1微米）里面中子诱发铀核裂变碎片的径迹时发现，三个碎片大多在一个平面上，钱三强考虑三个碎片之间的夹角后给出了物理证明。

测量轻带电粒子的角分布表明，这些粒子在垂直于裂变碎片的方向上最多，因此它们不是从被加速的碎片里蒸发出来的，而是在两碎片还紧挨在一起的时候从碎片之间的（颈部）区域发射出来，碎片的库仑场使粒子在垂直于碎片轴的方向上受到加速。把粒子释放到碎片之间需要消耗用掉能量的很大一部分。轻带电粒子的发射概率对于激发能相对不灵敏。产额随可裂变参数Z^2/A有显著的增加，这和产额与断裂点形变的大小有关的想法是一致的。三分裂是裂变物理的一个分支，是裂变断颈时反应机理的灵敏探针，如通过α粒子轨迹计算与实验的比较，说明在α粒子伴随裂变中，释放α粒子的时候，碎片具有相当大的动能。只有初生碎片的变形超过平均值（因而碎片间距D大于平均值）的断裂组态才有可能发射α粒子。三分裂事例相当稀少，大约每300～500次裂变事件中才有一个。

可能发射的轻粒子有$^{1,2,3}H$，$^{3,4,6,8}He$，$^{6,7,8,9}Li$，$^{7,9,10}Be$，B，C和N等。其中α粒子（由于结合能高）产额约占小碎片产额的90%，远远超过其他轻粒子。产额居第二位的是氚核（约占总额的7%）。排第三的是^6He。其他轻粒子的产额与α相比至少有数量级的差别。同时，三分裂变也会产生像其他类型裂变中的中子和γ等不带电粒子产物。轻粒子的能量通常为10～20兆电子伏。α粒子的典型平均能量约为16兆电子伏（在**α衰变**中从未有这么高的能量），被称为“长射程α”。两个较大裂变碎片携带的动能大约170兆电子伏。

对于十分罕见的三块大小差不多的“真正”三分裂，三个裂变碎片的动能大约为60兆电子伏。主要在激发能大、Z^2/A值也高的核中找到了十分明显的证据。在重粒子引起重元素靶核裂变的情况下，产生三个碎片的机制可能有两种。在“真正”三分裂事件中，同时形成两个颈，导致三个碎片。第二种机制被称为“级联”裂变：通常的两分裂产生的重碎片还可能有足够的激发能再发生裂变。分析表明，除了Z^2/A和激发能都很低的情况，所有的三分裂都可看作为级联裂变。

1946年11月22日晚，何泽慧在巴黎居里实验室发现了铀核的四分裂，并给出四分裂与二分裂数目之比仅为万分之三左右。（林承键　贾会明）

三角流　triangular flow　方位角不对称重离子碰撞**集体流**傅里叶分解的第三阶分量（$\langle\cos3\phi\rangle$项）。三角流已经在RHIC和

LHC的大量实验中观测到，它比**椭圆流**强度小。不同于椭圆流，三角流的产生来源于在碰撞早期形成的物质（**夸克－胶子等离子体**），即相对论重离子碰撞的流体动力学计算中初始态的涨落。初始态横向空间分布的偏心度和三角变形度通常由下式定义：

$$\varepsilon_n=\frac{\sqrt{\langle r^n\cos(n\Phi)\rangle^2+\langle r^n\sin(n\Phi)\rangle^2}}{r^n}$$

式中$\langle\cdots\rangle$为对初始横密度的平均；r和Φ为横平面的极坐标。$n=2$为偏心度，$n=3$为三角变形度。逐事件分析可得到初始态的空间分布ε_n的涨落。对于三角流（及高阶流），在实验分析和理论计算中通常采用广义的事件反应平面：$\psi_n=(1/n)\arctan[\langle P_T\sin(n\phi_P)\rangle/\langle P_T\cos(n\phi_P)\rangle]$，集体流系数定义为$v_n=\langle\cos[(n(\phi_P-\psi_n)]\rangle$。通过逐事件分析可得到三角流（和高阶流）系数。研究表明v_n的大小与ε_n成正比关系。与椭圆流不同，三角流等奇次高阶流存在于中心快度区，而由于反应系统的对称性，椭圆流等偶阶流不存在于中心快度区。三角流（以及高阶流）的测量和分析对确定强相互作用物质的输运性质和极端相对论能区重离子反应的初始态极为有用。2.76A · TeV Pb+Pb碰撞中，由4-粒子积累量估算得到的集体流强度v_2、v_3随横动量的变化见图，不同颜色符号表示不同中心变化的结果。　（李祝霞）

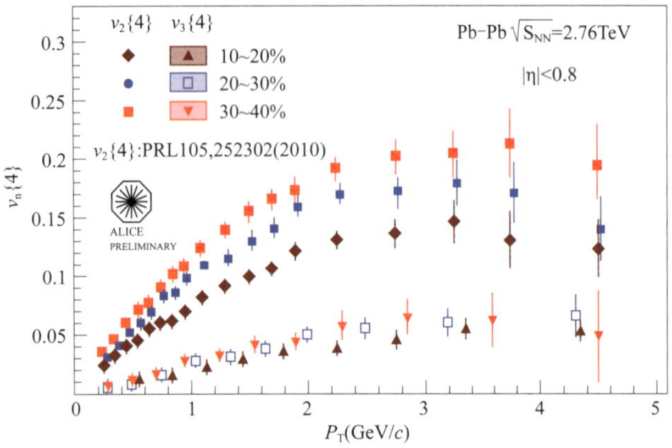

2.76A · TeV Pb+Pb碰撞中，
由4粒子积累量结算得到的集体流强度v_2、v_3随横动量的变化

三嵌段共聚物　triblock copolymer　由相邻嵌段组分不一致的三个嵌段连接形成的**嵌段共聚物**。三嵌段共聚物可以分为两组分（二元）三嵌段共聚物和三组分（三元）三嵌段共聚物；此外，根据其拓扑结构，还可以分为线型、杂臂星型、梳型等三嵌段共聚物。其中典型的两组分三嵌段共聚物为线型ABA三嵌段共聚物，它能够形成的有序相和AB两嵌段共聚物类似，只是具有不同的相边界。

三组分三嵌段共聚物通常标记为ABC三嵌段共聚物，ABC三嵌段共聚物的参数空间比AB两嵌段共聚物大很多，至少包括三个相互作用参数（$\chi_{AB}N$、$\chi_{AC}N$和$\chi_{BC}N$）以及两个独立的体积分数（f_A和f_B）。较为常见的ABC三嵌段共聚物包括线型和星型，它们均能够自组装形成丰富的有序相。　（李卫华）

三体核力　three-body nuclear force　三个核子之间的相互作用力。在多核子体系中，除核子－核子间的两体有效相互作用外，还有三个核子之间、四个核子之间以及更多核子之间的多体相互作用。在核多体系统中，核子－核子之间是通过吸收或发射介子发生相互作用的，这将伴随着中间态核子结构的修正（例如虚激发）。根据泡利原理，这种虚激发过程必然与第三个核子自由度相关。也就是说，三体核力是通过核子－核子相互作用形成的共振态与第三个核子相互作用形成的，它是核子－核子相互作用的“剩余部分”。三体核力在高密核物质中尤为重要，可以增加单核子结合能。　（冯兆庆）

三维立体显示　stereoscopic display　一种按照符合人类立体视觉特点，还原显示空间三维信息的显示方法。三维立体显示有多种分类方法。按照显示原理主要可分为平面双目视差显示、空间光场重构显示以及体三维显示等。

平面双目视差显示　是基于人眼的双目视差原理，在平面显示设备上显示具有不同视差量、分别对应左右眼的图像，利用空间分离、偏振分离、波分复用或时分复用、互补色差等手段，使观察者左眼和右眼分别观察到对应的左右图像，从而产生立体视觉的方法。

空间分离指将左眼和右眼对应的图像分别投射或显示在合适的空间位置并适合观察者双眼接收，从而产生立体视觉。利用空间分离法制作的显示设备有多种，主要包括各类虚拟现实（VR）眼镜，视差屏障式自由立体显示设备，柱镜式自由立体显示设备等。其中虚拟现实眼镜应用较广，其优势在于视场角度大，左右图像分离，立体感好；缺点在于只适合单人观看，需要佩戴比较重的助视设备。虚拟现实眼镜主要是头戴式显示器，其水平视场角已经高达110°，组合分辨率可达2160×1600。视差屏障式或柱镜式自由立体显示技术，又称裸眼3D显示技术。其优势在于无须助视设备，适合多人观看，是虚拟现实的一种重要显示手段。它的缺点在于图像分离不完全，视差量较大时容易出现串扰，制作大尺寸自由立体显示单元难度较大。利用该技术研制成功的大尺寸非拼接显示单元面积最大可达6.0米×1.8米，三维立体沉浸感较强，适合多人同时观看。

偏振分离是利用光的偏振特性，在图像显示时对左眼和右眼的图像分别进行偏振调制，同时观察者佩戴具有对应偏振特性的眼镜，保证观察者的左眼和右眼分别接收到对应的图像，从而产生立体感。偏振分离法优点在于佩戴被动式眼镜，成本低廉。缺点在于需要在成像设备上采用偏振调制单元，投影显示时需要保偏屏幕，局限性较大，亮度低。现在低端3D影院普遍采用该方法。

波分复用是使用不同波段的可见光分别显示左右眼对应的图像，利用窄带滤光片将左右眼对应的图像进行分离，从而保证观察者的左右眼能够在分别看到RGB全色图像的同时不发生左右图像串扰。该方法优点在于使用被动式眼镜，左右眼均能看到全色图像，不需要保偏屏幕。缺点在于采用干涉滤光片眼镜，成本较高。

时分复用是将左右眼对应图像在屏幕上交替分时显示，观察者佩戴的快门式眼镜左右镜片会相应地同步交替开关，确保左右眼分别只能看到对应图像。该方法优点在于分辨率高，图像颜色不受影响，可以通过修改屏幕显示频率而不修改屏幕的光学结构来实现，实现方式较便捷；缺点在于眼镜需要供电，成本较高，眼镜和显示设备之间需要进行同步。

互补色差利用互补颜色的光显示左眼和右眼的图像，观众通过佩戴对应的滤光眼镜，使得左右眼分别只能看见相应的图像。该方法的优点是记录和传输方便，但是存在颜色失真的缺点，因此已经较少应用。

空间光场重构显示　是通过在空间中重构三维场景或物体的各个点元向各方向发出的光线，并重构光线的辐射分布与传输，从而再现该三维场景或者物体的方法。与平面双目视差显示相比，空间光场重构显示可以呈现不同深度和角度的图像，从不同的视角可以观察相应的图像，可以正确表达遮挡、阴影关系，以看到真实的聚焦和离焦效果。研究中的空间光场重构的方法主要有阵列型空间光场重构和全息显示等。

阵列型空间光场重构主要是通过合理设计的图像显示阵列和散射屏来实现，图像显示阵列显示不同方向的图像，散射屏调整从显示阵列入射的光线在水平和垂直两个方向上的散射角度，重构三维场景的各个点不同水平方向上的光线，从而在观察区域形成具有连续视差的图像，显示出立体效果。

全息显示是利用干涉原理将物体发出的特定光波以干涉条纹的形式记录下来，再利用衍射原理在一定条件下复原物光波的光场信息，实现三维物体或场景的显示。广义上它也是一种空间光场重构显示方法。全息显示技术已经在防伪、包装、干涉计量等方面取得广泛应用。全息显示技术在国际上的发展研究主要集中在动态全息及合成全息等方向，在实验室中已成功利用全息功能屏实现水平或全视场的3D光场显示，对编码的光场信息实现3D空间正确的解码，重建空间光场分布。

图1　全息显示

体三维显示　是控制三维空间内各个抽样点的色彩和亮度，形成反映三维场景或物体的点的集合，实现三维立体显示效果的方法。主要缺点是缺少光线的传播方向信息，不能体现物体的遮挡关系，实现结构复杂，体积难以做大。

虚拟现实是一种仿真系统，该系统通过计算机技术创造出融合三维图像、声音、触觉等多种信息的虚拟环境，让使用者沉浸其中，并与之自然互动。

增强现实是一种将真实世界信息和虚拟世界信息融合的技术，将计算机技术创

图2　虚拟现实

造的视觉、声音、触觉等信息，叠加到真实世界场景中，被使用者所感知并与之互动，达到超越现实的体验。

（丁　凌　何　林）

三相点　triple point　热力学曲线中表示物质的气、液、固三相共存的点。实验表明，同一物质的汽化曲线、溶解曲线和升华曲线三者交于一点，该交点表示的状态是该物质的气、液、固三相共存的平衡态，称为该物质的三相点。如水的三相点在0.0076℃（273.16K）及610.75Pa出现。

（刘玉鑫）

三相交流电　three-phase alternating current　电动势峰值相同，频率相同，相位差2π/3的三相交流电源。它是由三个结构上完全相同的线圈缠绕在发电机的定子上，彼此在空间上相隔2π/3（120°），当转子磁体以匀角速度旋转时产生的。在三个线圈中分别产生三个交变的**电动势**：

$$e_{AX}(t)=\varepsilon_0\cos\omega t$$

$$e_{BY}(t)=\varepsilon_0\cos\left(\omega t+\frac{2\pi}{3}\right)$$

$$e_{CZ}(t)=\varepsilon_0\cos\left(\omega t+\frac{4\pi}{3}\right)$$

这三个电动势峰值相同，频率相同，仅在相位上相差2π/3。三相电源的三个线圈有A、X、B、Y、C、Z六个接头，实际中总是把X、Y、Z三个接头短接在一起引出一个公共接头O，输出的引线共有四根，从A、B、C引出的三根叫作端线，从公共点O引出的引线叫作中线。这种连接方式叫作三相四线制（图1）。实际中还常使中线接地只保留三根端线作为输出线，这种连接方式叫作三相三线制。每个线圈的电压叫作相电压，两根端线之间的电压叫作线电压。由于三个线圈的结构完全相同，三个线圈的相电压相等，相位相差2π/3，因此三个端线之间的线电压也相等，线电压与相电压的关系为$U_l=\sqrt{3}U_\varphi$。通常市电的相电压为U_φ=220伏，三相电的线电压U_l=380伏。三相电负载连接方式有星形连接，每一相连接一个负载（图2）。当三个负载完全相同的情形下，中线电流$I_0=0$，中线可省略；当三个负载不对称时，中线电流$I_0\neq0$，中线绝对不能断开，它对于平衡各相电压起很好作用。另一种负载连接方式是三角形连接，它只用于对称负载情形（图3）。各相负载上的相电压即电源的线电压，此时线电流与相电流的关系为$I_l=\sqrt{3}I_\varphi$。

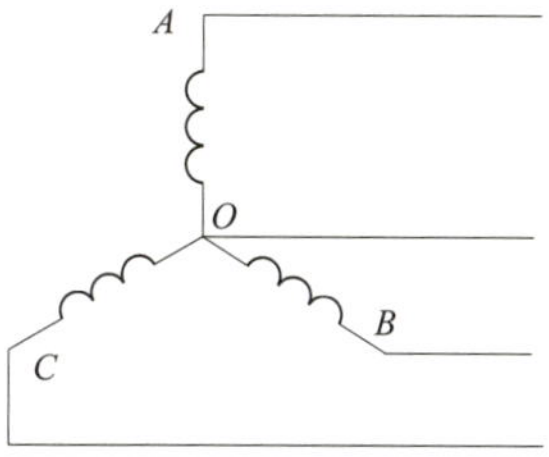

图1　三相交流电源

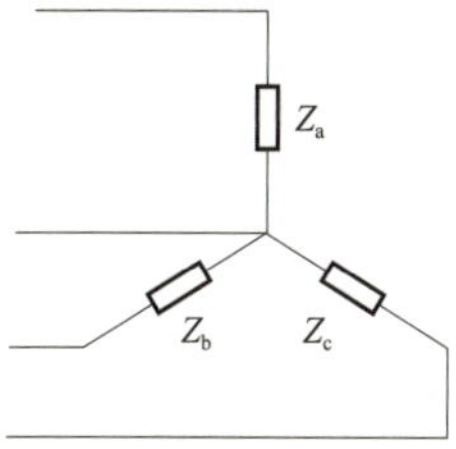

图2　三相负载的星形连接

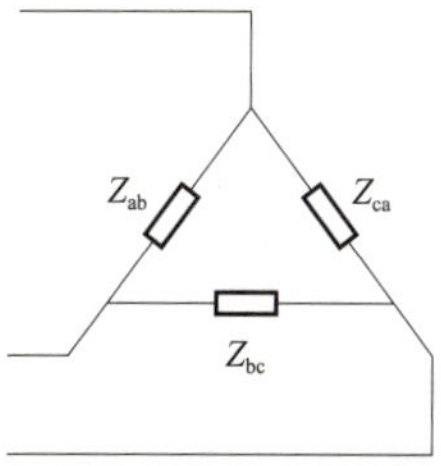

图3　三相负载的三角形连接

在电力工程中广泛使用三相交流电，它比单相交流电更为优越。首先，以相同的线电压传输相等的功率至同等远距离，使传输线上消耗相等的焦耳热，三相电传输线金属用量可节约25%，这对于庞大的电力工程系统来说节省的物资是极为可观的。其次，它可以比较方便地产生旋转磁场，这是实际中广泛应用的感应式电动机的基本组成部分。再次，单相交流电的瞬时功率是随时间周期性变化的，而三相交流电的瞬时功率是不随时间变化的常量，这就使三相电的供给运转更为平稳。

（陈熙谋）

三元共聚物　terpolymer　由三种组分的单体共聚形成的**共聚物**。最重要的一类三元共聚物是三元嵌段共聚物，它具有巨大的参数空间，至少包括三个相互作用参数（$\chi_{AB}N$、$\chi_{AC}N$和$\chi_{BC}N$）以及两个独立的体积分数（f_A和f_B）。最典型的三元嵌段共聚物为线型和星型ABC**三嵌段共聚物**，它们可以自组装形成异常丰富的有序相。

增加三元嵌段共聚物的链段数和改变链拓扑可以形成无数种三元多嵌段共聚物，研究表明链结构对三元多嵌段共聚物的自组装行为具有显著的影响。

（李卫华）

散斑　speckle　被激光照明物体的表面呈现颗粒状结构的现象。1960年激光器问世后不久就较普遍地观察到了散斑现象（激

光出现前在少数特殊情况也观察到过类似现象），取名为激光散斑。这种强度随机分布的散斑图样，可由激光在粗糙表面反射或激光通过不均匀媒质时产生。大多数物体表面对激光光波的波长（以氦氖激光器为例，$\lambda\approx0.6$微米）来讲是粗糙的。由于激光的高度相干性，光波从物体表面反射时，适当距离的观察点的光场是由粗糙表面上各点发出的相干子波叠加而成（见图），这就形成了随机分布颗粒状强度图样——激光散斑（又称激光斑纹）。这种随机强度分布图样可用统计方法来描述。

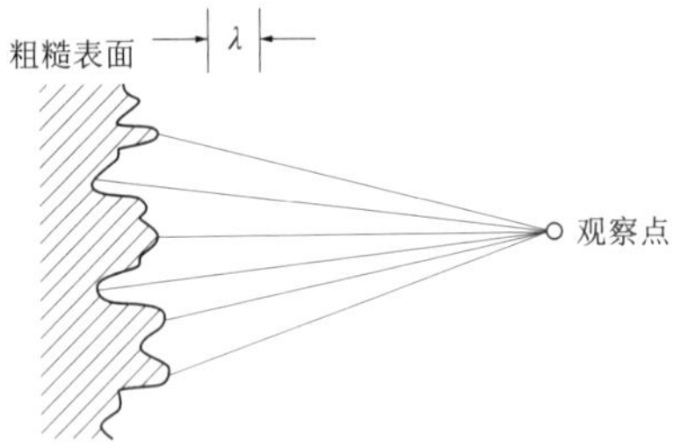

粗糙表面反射

I.牛顿时代一些科学家也曾观察到散斑现象。牛顿当时就提出过为什么能观察到恒星的闪烁现象而观察不到行星的类似现象。现在知道这两类星体的光的空间相干性是不同的。1877年K.埃克斯纳研究散射光干涉现象时，在夫琅禾费衍射亮环内观察到辐射颗粒状散斑图样，这种辐射状是光源单色性不够引起的。1914年M.von劳厄发表的夫琅禾费照片更清楚地显示了辐射颗粒状结构，并讨论了它的统计特性。但对散斑现象做大量深入的研究，以及开辟日益广泛的应用，是在激光器出现之后。激光器是散斑研究和应用的理想相干光源。人们对散斑的统计性质进行了深入的研究，包括相干和部分相干、偏振和部分偏振等情况。因为散斑图样对相干成像系统是一种相干“噪声”，限制了成像系统的分辨率。人们曾致力于把散斑效应减至最小的研究，但进展不大。

由于散斑具有全场、非接触、高灵敏度特点，在应用方面（包括静态和动态测量）取得了进展。

散斑干涉量度术　为非镜面反射物体提供了一种高灵敏度测量方法。可测量物体的位移、振动和形变，成为无损检验的重要手段之一。优点是可调节散斑大小以适应检测器（胶片、电视等）的分辨率而不降低精度。利用散斑的统计性质可测量物体表面粗糙度，假若表面均方根粗糙度小于照明光波的波长，则粗糙度可由散斑的反衬度来测定。

光学信息处理　用散斑图样可对图像信息进行编码和解码、图像相减、反衬度翻转等。

散斑成像技术　具有非接触、无创伤、动态快速成像等优点。适用于微循环血流的测量。可测量血管管径、血流密度、血流速度和血流流量等微循环参数。用于评估肿瘤周围血管的损伤效应。

散斑图像数字处理技术　数字图像处理技术用于散斑测量技术，可根据被测物体表面的散斑图像在变形前后的相关性来确定被测物体形变的非接触测量技术。例如，测量位移、应变、表面缺陷和裂纹。特别是白光散斑（亦称人工散斑）照相术，电子散斑干涉计量术的发展，使测量技术实用化，获得了广泛应用。

（张洪钧　王殖权）

散射　scattering　光子、电子、中子、离子等粒子通过靶物质后偏离原行进方向的现象。偏离原方向的粒子被称为散射粒子，如散射光子、散射电子等。如果散射过程中靶物质的内部状态不发生变化，则称为弹性散射，否则称为非弹性散射。常见的弹性散射包括光的瑞利散射、电子和中子的弹性散射等。常见的非弹性散射包括光的拉曼散射、X射线的康普顿散射、电子的非弹性散射等。

散射方法是探测靶样品内部结构的强有力实验手段。E.卢瑟福的α粒子散射实验揭示了原子核的存在，电子的深度非弹性散射显示了夸克存在的迹象。光子、电子和中子散射实验已经是揭示样品内部结构的常规分析测试手段，在凝聚态物理、原子分子物理、化学等领域具有非常广泛的应用。

（朱林繁）

散射截面　scattering cross section　散射理论中描述散射效果的物理量，具有面积量纲。考虑无穷多粒子以相同的速度$\boldsymbol{v}$，不同的瞄准距离向固定的散射靶入射，它们铺满了与速度$\boldsymbol{v}$垂直的平面，在该平面单位面积内的粒子数为N_0。大多数粒子由于瞄准距离很大，因而在散射后会以原来的速度继续运动，不受靶的影响。只有有限数量（N个）粒子在散射后会改变运动方向，则该散射总截面σ定义为$\sigma=N/N_0$。此外，针对特定的出射方向$\boldsymbol{r}$（该方向和入射速度方向不同）还可以定义微分截面$\sigma(\boldsymbol{r})$。其物理意义为：散射后沿该方向$\mathrm{d}\Omega$立体角内运动的粒子数为$\mathrm{d}N=N_0\sigma(\boldsymbol{r})\mathrm{d}\Omega$。根据量子散射理论，特定方向上的微分散射截面等于该方向的散射振幅的模的二次方，而散射振幅可以从定态散射理论直接计算出来。

散射截面和靶与入射粒子的相互作用有关，也和粒子的入射速度有关。一般而言，相互作用越强，范围越大，则散射截面越大。同时，在很多系统中，散射截面可能随相互作用强度以及入射速度共振变化，即在某些特定入射速度和相互作用强度下，散射截面取极大值。

（张　芃）

散射强度　scattering strength　单位面积（或体积）介质的散射波强度与入射波强度的比值，用以表征介质对入射波的散射能力。单位面积或体积产生的散射声波，折算到1米处的散射声强I_s与入射声强I_i的比值（用分贝表示），即：

$$S=10\log_{10}\frac{I_s}{I_i}=10\log_{10}\sigma(\theta_i,\theta_s,\phi_s)$$

式中$\sigma(\theta_i,\theta_s,\phi_s)$为散射截面，与入射角$\theta_i$、散射角$\theta_s$、散射方位角$\phi_s$以及入射波波长、散射体物理性质等相关。散射方向与入射方向相反时（$\theta_s=\theta_i,\phi_s=\pi$），散射强度又称为反向散射强度。由界面非均匀性引起的散射强度称为界面散射强度，由体积非均匀性引起的散射强度称为体积散射强度。散射是引起混响的主要原因，也是引起声传播路径上能量损失的原因之一。

（彭朝晖）

散射振幅　scattering amplitude　描述量子场论中由一些粒子组成的初态，在粒子间相互作用的影响下，转化为由另外一些粒子组成的末态的概率振幅。散射振幅是量子场论理论中的中心概念之一。在量子体系中，量子态随时间的演化是通过一个幺正算符来表示。运用到量子场论中，通常把初态定义在时间为过去无穷远处，末态定义在时间为未来无穷远处，在此极限下的演化幺正矩阵被称为散射矩阵（S矩阵）。进一步把散射矩阵写为$S=I+\mathrm{i}T$，因此排除掉其中恒等矩阵部分I，剩下的$\mathrm{i}T$就是描述粒子之间非平庸相互作用的部分。散射振幅就是如下的矩阵元：<末态$|\mathrm{i}T|$初态>。如同量子力学中的概率振幅一样，散射振幅是一个复数。对它取模的二次方后，就得到了该初始态转化为制定末态的概率（密度）。

散射振幅是沟通实验测量和理论计算的桥梁。一方面，通过对高能对撞机的数据分析，得到不同散射过程的散射截面（也就是散射概率）。另一方面，通过一定的理论框架，可以计算相应过程的散射振幅。取其模的二次方后，依赖于不同的物理测量，对初始态和（或者）末态某些参数求和（积分），得到需要的散射截面。通过这两个数据的比较，能够判别理论描述的正确与否。现在公认的粒子物理标准模型就是在许多不同的反应过程中，都通过了上面描述的非常严格的对比，从而确立了它是在现今所达到能标上的一个正确的理论。

散射振幅的精确计算是一个非常困难的问题。除极少数模型（如可积系统）由于体系的特殊性质，能够得到精确的表达式外，在大多数模型中只能做近似计算。在这些近似计算中，比较常见的是按**弱相互作用**常数展开的微扰计算。标准的计算方法是费曼图技术。通过把量子场论的拉格朗日量分解为自由粒子部分和相互作用部分，能推导出费曼规则。这些规则包括自由粒子的传播子部分和不同粒子间的相互作用部分。把不同部件拼接起来，就得到描述相互作用过程的**费曼图**和其对应的表达式。在这个微扰展开中，不同的阶数对应不同的拓扑结构。零阶近似是树图结构，第一阶修正是一圈图结构，下一阶修正是两圈图结构等。尽管所有阶的展开的求和是否收敛和收敛半径等问题尚没有一个十分清晰的理解，就当下的高能实验数据的对比表明，对大部分能区，头几阶的近似已经能够给出足够精确的结果（红外部分领头贡献的所有阶求和是个例外）。

尽管费曼图技术有非常直观的物理图像，已经被实现在很多程序中，应用起来也很方便，但很多实际的计算也暴露出该方法本身的局限。该方法的一些主要弱点是：①随着外线粒子个数及相互作用项增多，费曼图的个数增加得很快，速率可能比$n!$更快。②单个费曼图的表达式可以很复杂。如爱因斯坦引力的三点顶角有100多项。③单个费曼图明显破坏对称性，特别是规范对称性。因此导致尽管中间过程非常复杂，由于对称性的原因，会有很多不同图之间的相消，最终结果会相比简单很多。这个现象预示费曼图技术也许不是一个最有效的方案。

散射振幅的计算和相关性质的研究已有很多的进展。这些进展的关键思想是仔细区分在壳振幅和非在壳物理量。费曼图技术是一个非在壳的理论框架。为了维护**洛伦兹对称性**和规范对称性，必须引入非物理自由度及鬼场等冗余量。但在在壳处理方案中，这些冗余量都自动削去，因此极大简化了在壳散射振幅的计算。同时在计算的每一步中，理论的对称性特别是规范对称性都得到保持，因此中间步骤和最终结果的表达式都非常简洁。已经发展的在壳计算方案有：①树图的在壳递推关系（BCFW关系）；②MHV-图展开方法；③一圈图的幺正切割方案；④一圈图被积函数约化的OPP方案；⑤高圈图基于计算代数几何的被积函数约化的方案；⑥CHY计算方案；⑦通过在壳树图振幅构造圈图被积函数的Q-cut方案等。

散射振幅不仅有非常丰富的物理意义，它也蕴含很多美妙的数学结构。由E.威滕提出的缠量研究方案，开启了散射振幅几何性质的研究。特别是通过对$N=4$超对称规范场论的研究，可认识到（平面）散射振幅和威圈之间的对偶关系以及其蕴含的可积结构、格拉斯曼几何结构，在壳图和置换群的关系，以及振幅和几何图形体积之间的对应关系等。相信这些数学物理之间的密切联系只是冰山之一角，更多的精彩等待进一步探索。

（冯　波）

散磁性　speromagnetism　非晶态材料所特有的一种新型磁有序结构。在某些非晶态材料中，原子空间排列的无规性使近邻原子间的交换作用呈不同程度的混乱分布，使其原子磁矩的方向呈发散状，无规分布于合磁矩方向的周围，使非晶材料具有散磁性。

1973年，J.M.D.科埃和P.W.里德曼在非晶态$Fe(OH)_3 \cdot 0.9H_2O$的胶体中最先发现了散磁性结构，此后又在非晶态$DyCo_3$薄膜中发现了与晶态亚铁磁亚点阵有相似之处的另一种散磁结构和亚铁磁性。

散磁性和一般铁磁材料在居里温度以上的顺磁态不同（见**铁磁性**），是一种长程无规的磁有序状态。它没有自旋玻璃现象的基本特征，所以也不是**混磁性**。

（王震西）

散粒噪声　shot noise　由于电子所带电荷离散性质导致电流围绕其平均值的涨落。散粒噪声是W.肖特基于1918年在研究真空管自发的电流涨落时发现的，它不同于温度噪声，是导体中电荷量子化导致的结果。由于电子所带的电荷是离散性的，因此某时刻流过导体某点的电流是不连续的，随时间变化的，且围绕平均值涨落。与**热噪声**不同的是，研究散粒噪声必须研究系统的非平衡态输运，因此散粒噪声也被称为非平衡本征噪声，又称散弹噪声或颗粒噪声。

散粒噪声是量子输运探测的有效手段，是研究介观体系电子输运的重要方法，包含很多电导不能提供的输运信息，如元激发的电荷、纠缠态、电子输运的波和粒子性质，同时也为导电通道提供探测方法，可以被用来探测界面共振隧穿态。由于散粒噪声可以带来大量有用信息，是研究材料性质的有效手段，因此散粒噪声的研究成为研究热点，在隧道结、分数量子霍尔体系、无序导体、超导、量子点、异质结、石墨烯和非平衡自旋输运等领域，理论和实验都取得了重要进展。

（夏　钶）

散裂反应　spallation reaction　高能粒子通过碰撞使较重原子核分裂成许多小的核碎片和质子、中子等粒子的过程。**能量**在每个核子几百兆电子伏到几个吉电子伏的高能粒子，如质子，与较重原子核碰撞时，与原子核内的核子直接发生碰撞，将本身的能量通过核子的级联碰撞转移给核内的核子，成为重原子核的内部激发能，从而使重原子核处于较高的激发状态，并且在没有达到热平衡的瞬间分裂成许多小的核碎片和质子、中子等粒子，处于高激发的碎片在退激发的过程中也会发射核子和轻粒子。碰撞过程中也可能随时有高能的核子出射。有多种理论可以描述散裂反应过程中出射的粒子能谱。散裂反应可以用来研究核物质状态方程，以散裂反应为基础，研制了**散裂中子源**，如中国散裂中子源就是利用1吉电子伏的质子轰击重金属靶原子核，产生同能量的中子，用于科学研究和应用研究。散裂反应还是加速器驱动的系统（ADS）的主要物理基础，即利用散裂反应高能质子轰击钨等重金属原子核产生大量的宽能量范围的中子，再利用这些中子驱动次临界反应堆，将核废料中的长寿命放射性元素，如锕系元素，变成短寿命的元素。

（靳根明）

散裂中子源　spallation neutron source　用散裂方式产生中子的一种装置。当一个中、高能量质子轰击重元素靶（例如钨、铀、汞等元素）导致重核的不稳定而"蒸发"出二三十个中子，这种重核"裂开"并向各个方向"发射"出很多中子的装置，称为散裂中子源。

散裂中子源的特点是：中子产生效率高，较小的体积内可产生很高的中子注量率、具有优越的脉冲时间结构的脉冲中子，产生的中子能谱宽广，最大能量可以达到几百兆电子伏，大大扩展了中子科学研究的范围。散裂中子源是研究中子特性、探索物质微观结构和运动的主要装置，它可以带动物理、化学、生命科学、医学、材料科学、纳米科学、国防科研和新型核能开发等学科的发展，广泛用于工业和农业生产的各个领域。散裂中子源不使用核燃料，只产生极少量活化产物。

散裂中子源能够产生很强的中子束

流，突破了反应堆中子源中子注量率的极限，它为众多学科前沿领域的研究提供了一种最先进、不可替代的研究工具，随着强流加速器技术的发展，百千瓦到兆瓦级束流功率的散裂中子源成为国际公认的新一代高注量率、宽波段、高安全的中子源。

20世纪70年代初，美国洛斯阿拉莫斯国家实验室（LANL）基于LAMPF强流质子直线加速器建成了世界第一台散裂中子源，并在1977年转化为脉冲中子源；20世纪80年代出现了美国阿贡国家实验室的强脉冲中子源（IPNS）和日本高能加速器研究机构的脉冲散裂中子装置（KENS）分别建成；1985年英国卢瑟福实验室建成ISIS环形加速器，能量为800兆电子伏，平均流强为230微安，是20世纪世界上最强的脉冲散裂中子源。进入21世纪，美国、日本以及欧洲等发达国家认识到高中子注量率和中子利用效率的散裂中子源在现代科学技术中的重要地位，相继斥巨资建设新一代的散裂中子源。中国散裂中子源（CSNS）于2017年建成，一期设计束流功率为100千瓦，脉冲重复频率为25赫兹。2018年完成验收，正式投入使用。

（路　伟）

扫描电子显微镜 scanning electron microscope; SEM　利用电子透镜将电子束聚焦非常细，用偏转系统使电子束在试样表面上作光栅扫描，激发出各种物理信息的仪器。通过对这些激发的信息的收集、放大，调制同步扫描的显像管的亮度，显示出试样表面形貌（图1）。具有高能量的电子束与固体样品中的原子核及核外电子发生作用时，可产生多种物理过程，如二次电子、背散射电子、俄歇电子、特征X射线、阴极射线致发光以及感生电流和吸收电流等。常用的二次电子像适用于试样表面几何形貌的观察，图像分辨率高。背反射电子像可用于不同原子序数的材料鉴别和观察。背散射电子（电子沟道效应）分电子通道花样和电子通道显微像两种，可获得试样结晶学取向信息。试样成分信息来自元素的特征X射线，有X射线能谱分析法、X射线波谱分析法和X射线荧光分析法三种，它们的探测极限不同，能谱分析法最低，而荧光法最高。阴极荧光和电子感生电流在半导体材料和器件中应用。

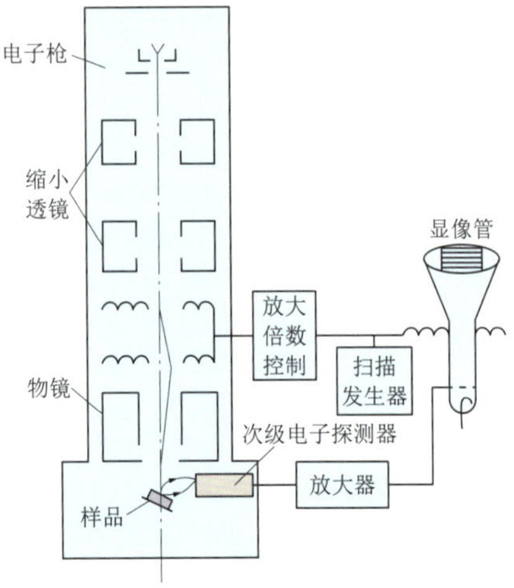

图1　扫描电子显微镜的原理示意图

扫描电子显微镜是观察试样表面形貌和成分分布的一种方法，其优点是景深大，制样方便。根据研究对象不同，发展了环境扫描电镜、扫描透射电镜等。E. 鲁斯卡1932年研制成世界上第一台扫描电子显微镜。为此，他与扫描隧道显微镜

图2　扫描隧道显微镜（STM）

（STM）（图2）的发明者G. 宾尼希和H. 罗雷尔一起荣获了1986年诺贝尔物理学奖。

（麦振洪）

扫描干涉仪 scanning interferometer　连续改变法布里－珀罗标准具（见法布里－珀罗干涉仪）两反射面间的光程来测量入射光波长的仪器。它可实现光谱分析，经常被用于检查连续光激光器光谱的精细结构。其工作原理如图1所示，光束入射到法布里－珀罗标准具时，在标准具内形成多次反射和透射。这些透射的光束之间存在着相位差，相邻级次透射光间的相位差取决于光束在标准具内往返一次的光程，由腔内的折射率和腔长决定。由于探测器上的光是所有级次透射光的干涉结果，所以测量到的信号强度依赖于光程差同入射光波长的关系。依据该关系，可以连续改变光程差来实现入射光谱的扫描，而改变光程差可以通过调整腔内折射率和腔长来实现。

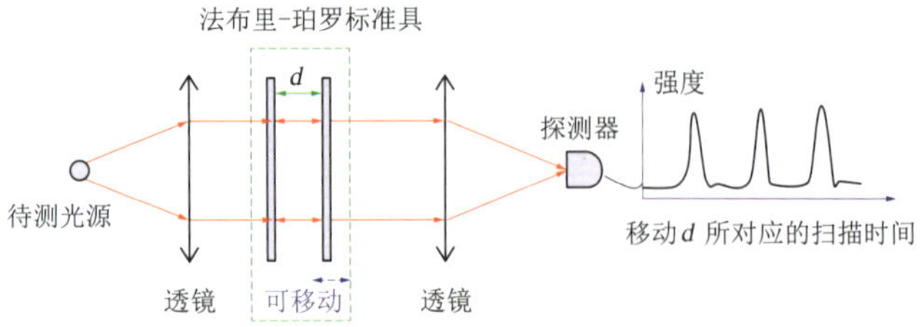

图1　扫描干涉仪的工作原理图

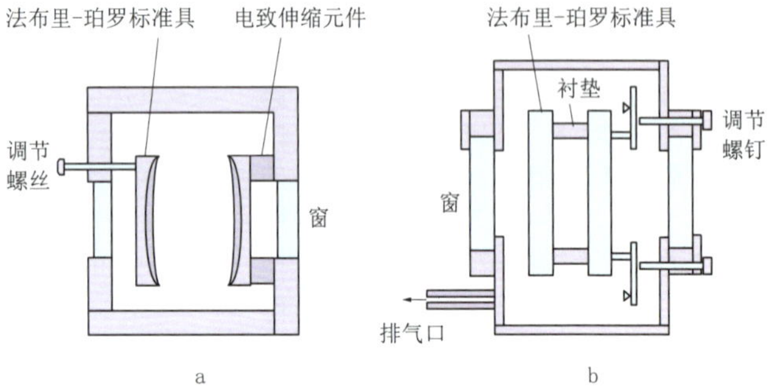

图2　扫描干涉仪原理示意图

图2a是把标准具置于密封的真空室中，利用改变施加到电致伸缩元件上的电压去连续地改变腔长和光程差，实现入射光谱的扫描。图2b是把标准具置于真空室中，扫描时将气体注入气室内，通过调节真空室的气压去连续地改变折射率和光程差，实现光谱的扫描。

如果在探测器前再加了单色仪，将可实现光谱的超精细测量。标准具中，初始腔长和折射率决定了可测量光谱的区域，而光程差的变化范围决定了可测量的光谱范围。

（田建国）

扫描隧道能谱 energy spectrum of scanning tunneling microscopy　利用扫描隧道显微镜发展的测量材料电子态密度随能量变化的一种能谱手段。根据量子力学的隧道效应原理，通过测量一个尖锐的金属针尖与被测量样品之间的隧道电流和电压的关系，计算出微分电导的方式而得到能谱。根据量子力学的隧穿原理，如果针尖与被测量样品之间保持几埃的距离，测量到的微分电导为：

$$\frac{\mathrm{d}I}{\mathrm{d}V} \approx \frac{4\pi e^2}{\hbar}\exp\left(-\frac{\sqrt{8mw}}{\hbar}d\right)\rho_t(0)\,\rho_s(eV)$$

式中m为电子质量；w为功函数；V为针尖与样品之间的电压；d为样品和针尖之间的距离；ρ_t和ρ_s分别为针尖和样品的态密度。针尖一般选择费米能很大的金属，在测量过程中，其电子态密度被认为是常数。一般在等流模式下，可以通过与针尖联系在一起的反馈电路测量出高度在空间的分布，即给出了原子形貌。如果测量的是$\frac{dI}{dV}$在空间的变化，就可以测量到电子态密度在一定能量下在空间的变化。对于超导体，其准粒子态密度满足博戈留波夫关系：

$$E=\sqrt{\varepsilon^2+\Delta^2(T)}$$

式中ε为从费米能算起的单电子动能；Δ为超导能隙。因此超导体的单电子态密度可以写成：

$$N_s(E)=N(0)\mathrm{Re}\left[\frac{E}{\sqrt{E^2-\Delta^2}}\right]$$

所以，对于s波超导体，$\Delta=\Delta_0=$常数，不随角度变化；对于d-波超导体，$\Delta(\theta)=\Delta_0\cos 2\theta$。通过计算，可以发现，对于s波超导体，在能隙以内态密度是零，在能隙处态密度发散，在远大于能隙处，态密度变成与正常态一样的值，是个常数。对于d波超导体，在能隙以内只有零能的态密度是零，然后以线性方式增加，形成一个“V”形态密度与能量的依赖关系。其他与s波的态密度随能量的关系类似。利用隧道谱的形状可以确定超导体能隙的大小和性质。（闻海虎）

扫描隧道显微术 scanning tunneling microscopy 基于扫描隧道显微镜的原子级显微操控技术。用于显微放大，分辨单个原子。随着技术的发展与设备的更新，扫描隧道显微镜（STM）还能用来研究样品表面的电子结构或操控单个的原子、分子而对样品进行原子级的表面结构修饰。STM的含义也从最初的扫描显微镜扩展成扫描隧道显微术。

扫描隧道显微镜由G.宾尼希和H.罗雷尔构思，并与其合作者C.格贝尔及E.魏贝尔于1982年完成。STM的放大原理与波动光学无关，是基于量子力学的电子隧穿势垒效应（也正因此而得名），从而摆脱了衍射对放大分辨本领的限制。

STM的探测部件是一金属针尖，如图1T所示。在与导电样品S之间加一电压，当T与S之间的距离降到纳米以下时，会有电子从低电位一方隧穿针尖-样品之间的真空势垒区形成隧道电流。STM的针尖装在压电驱动器上。压电驱动器包括三个沿相互垂直方向的压电传感器，即X压电元件、Y压电元件和Z压电元件。在外加电压作用下，压电元件将伸长或收缩。如对X压电元件施以锯齿形电压而在Y压电元件上施以随时间线性增加的电压，压电驱动器便会控制针尖在样品表面上方扫描。样品位置有一粗调定位器，在其与Z压电元件的共同作用下可将针尖带到与样品相距几埃的范围。针尖-样品之间的隧道电流被放大并与参考值相比较，其差值即用来反馈控制加在Z压电元件上的电压以操纵针尖的高度。如使针尖保持确定的高度而在样品表面作二维扫描，隧穿电流将随着样品表面的凸凹而增减，测量隧穿电流就能“看出”样品表面的形貌。由于隧穿电流与势垒宽度呈指数衰减关系，一般宽度变化0.1纳米可使隧穿电流变化一个数量级，从而使STM沿针尖轴向的纵向分辨本领可达0.01纳米量级。另一方面，针尖极尖锐甚至在顶端只剩一个原子，这就保证了STM在横向（沿样品表面）也有很高的分辨本领，可达0.1纳米量级。这就是STM用作显微放大可达原子级（即可“看到”原子）的原理。通常实际观测时往往保持隧穿电流恒定而精确记录针尖的高度，这就是所谓恒定电流的工作模式。

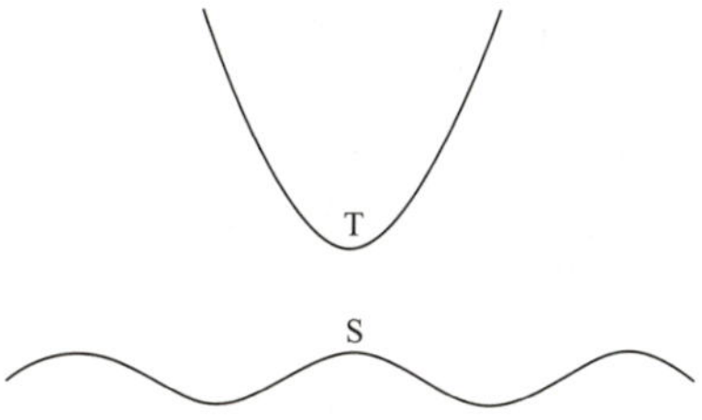

图1 扫描隧道显微镜针尖与样品示意图

STM可在真空、大气、惰性气体甚至液体环境中工作，工作温度可从技术上得以实现的最低温度至几百摄氏度的高温。应用STM成功地确定了争议长达二三十年的Si（111）表面（7×7）重构的原子结构（见**表面物理学**），观察以环状苯分子和DNA双螺旋结构。由于STM的巨大成就，宾尼希、罗雷尔与长期从事电子显微镜研究的E.鲁斯卡共获1986年诺贝尔物理学奖。

STM的另一作用是可观测样品表面具空间分辨的隧道谱（STS）。当样品与针尖距离保持恒定时，STM的隧穿电流取决于样品和针尖的电子状态密度（DOS），即单位能量间隔中的电子状态数。如针尖的DOS已知（如可用自由电子气模型），隧穿电流便只取决于样品的DOS。固定针尖位置，改变针尖-样品之间的电压V，便可测量隧穿电流I随V的变化（即测量STS）。理论表明，动态隧道电导率dI/dV正比于样品的DOS。如将针尖在样品表面扫描，便可获得各处的STS，从而得到样品表面空间分辨的电子态的信息。

1990年，美国的D.M.艾格勒等人率先采用STM实施表面原子的操纵控制。在低温下，他们在镍的（110）表面上随机地吸附一些氙（Xe）原子，然后将STM针尖从上方对准一个选定的Xe原子。降低针尖高度，直到针尖与Xe原子之间的范德瓦耳斯力大到足以拖动Xe原子运动但尚不足以使其脱离镍的表面，待到达指定位置后再将针尖上升，使Xe原子脱离针尖影响而停留在指定位置上。用这样方法，他们将35个Xe原子排成三个英文字母I、B、M，每个字母长为5纳米，开创了用STM施对表面作原子级结构的修饰。1993年艾格勒等人又在铜的（111）表面上操纵吸附其上的48个铁原子围成一个直径7纳米的圆圈，相邻铁原子间的距离为0.9纳米。铜（111）表面存在一层二维电子气，只能沿表面运动。铁原子对这些电子有很强的散射作用，使得被铁原子圈围住的表面电子“困”在圈内，故称此为量子围栏。围栏里的电子波形成同心圆形状的**驻波**（图2），用STM测量得的电子密度在围栏内的分布与量子力学的计算结果完全一致。电子密度正比于波函数模

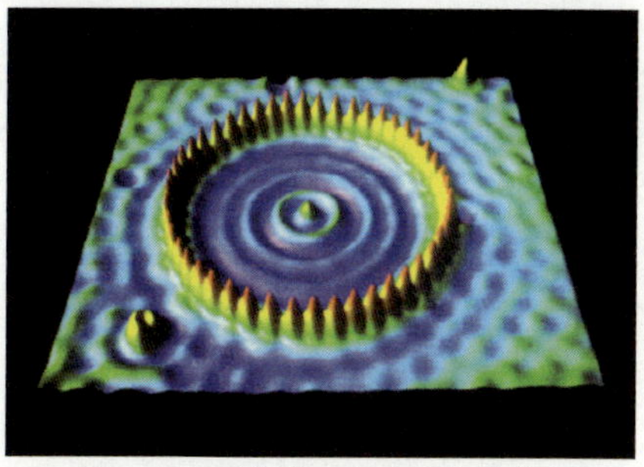

图2 量子围栏中二维电子气的驻波

的二次方，这一成果表明，从某种程度上可用STM观察电子波函数，为从实验上验证量子力学的规律提供了又一个重要的实验手段。（陆 栋）

扫描透射离子显微术 scanning transmission ion microscopy; STIM 在**扫描质子微探针**（SPM）技术的基础上，使用微狭缝方法，得到空间分辨率达亚微米量级的微区的**核分析技术**。又称扫描透射离子微探针。其不仅具有更高的微区分析能力，而且可利用兆电子伏特量级的质子束穿过一定厚度的薄样品时的能量损失与样品密度的相关性，获得样品的密度分布图像，给出样品中元素分布的精细结构，有助于实现定量化。这种核分析技术特别适用于生

物医学样品的分析，因为这类样品主要由轻元素组成，而且具有合适的质量厚度，对兆电子伏特量级的离子穿透成像十分有利。实用中可与扫描质子微探针相结合，对生物样品进行综合研究，既给出形态结构的精细图像，又可获得准确的元素定量浓度。　　（柴之芳）

扫描物镜　scanning lens; f-θ lens　具有线性扫描特性的一种特殊物镜。在设定范围内其像高与扫描角度成正比。通常的成像聚焦物镜，无穷远物体（平行光）经物镜成像在焦平面上，其理想像高y'与入射角度θ的正切成正比，即$y'=f'\tan\theta$。此类物镜用于扫描聚焦系统工作时，由于理想像高和扫描角度不成线性关系，因此入射光束以等角速度扫描而焦平面上像高的扫描速度却不是常数。

为了实现等速扫描（即扫描速度是常数），应使聚焦物镜产生一定的负畸变，使其实际像高比理想像高小些，对应的畸变量$\Delta y'=f'(\tan\theta-\theta)$。具有上述畸变量的物镜，以等角速度扫描的入射光束将在焦平面上实现线性匀速扫描，其像高$y'=f'\theta$，所以这种线性成像物镜称为扫描物镜（又称f-θ物镜）。其典型结构如图所示。

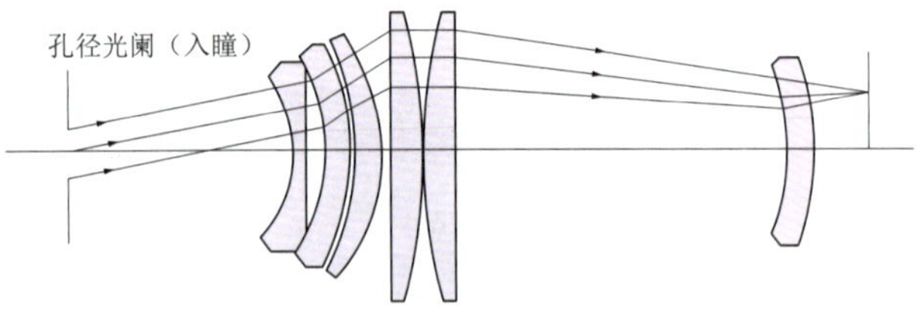

扫描物镜典型结构

扫描物镜的分辨率为：

$$\sigma=f'\Delta\theta=f'\frac{a\lambda}{D}=1.22\lambda/\frac{D}{f'}$$

式中a为扫描孔径的形状因子，当扫描孔径为圆形时$a=1.22$。由上式可看出，在扫描波长λ确定时，分辨率σ与D/f'成反比，即扫描系统的相对孔径越大，分辨率越高。大多数扫描物镜属大视场小相对孔径的像方远心光学系统。

扫描物镜被广泛应用于红外、激光扫描等系统中。由于焦平面上轴上点和轴外点还需要具有相同的成像质量和扫描点大小，因此扫描物镜除需严格校正轴上和轴外点像差外，还应满足无渐晕和平像场的设计要求。为了满足扫描物镜保留一定的畸变量和像方远心光路的要求，其结构形式多采用如图所示的多片分离式的负弯月形镜片，光焦度的分配为负－正－负形式。前二组正负焦距和间隔满足总的光焦度要求，有利于平像场设计，第三组为负组位于像面附近，有利于满足像方远心光路的要求。随着非球面技术的发展，现代扫描物镜的结构已可大大简化，如激光打印机常用的扫描物镜仅由两片塑料非球面镜片构成。　　（谢洪波　郁道银）

扫描质子微探针　scanning proton microprobe; SPM　基于物质中待测原子受微米尺度质子束激发时放出的特征X射线的鉴别，实现对元素组成分析的**核分析技术**。特点是能对微小样品或样品上的微小区域进行无损直观的高灵敏度多元素分析，或高空间分辨率的密度分布分析。元素相对分析灵敏度可达1微克/克，比扫描电子微探针高二三个量级。因此，扫描质子微探针自20世纪70年代初问世于英国哈威尔实验室以来，发展极其迅速。

原理　将质子加速器产生的高能质子束准直、聚焦成微米束，对样品作扫描分析。高能质子与样品原子相互作用而释放出X射线，射线的能量和强度取决于样品微区中元素的种类和含量。质子能量一般为兆电子伏量级，这一能量的质子束对大多数元素都有较高的电离截面，约为10^{-22}～10^{-21}厘米^{2}量级，同时在样品中引起的**轫致辐射**却比电子低得多，因此其分析灵敏度高。

方法　扫描质子微探针的关键是使由加速器产生的质子束的束斑尺寸（又称空间分辨率）聚焦至微米乃至亚微米量级。尽管最简便的方法是用微孔准直器，但由此产生的微束强度太低，又无法作扫描分析。扫描质子微探针则采用聚焦方法，即用两组或数组磁四极透镜将质子束聚焦成微米至亚微米尺寸。

扫描质子微探针的扫描方式有步进扫描和随机扫描两种方法。由于聚焦后的质子束的束流密度高，采用步进扫描方法易使样品局部区域产生热损伤和辐射损伤，因此常用随机扫描方式，使扫描范围内各点接受束流轰击的概率相等，从而保证被测各点的束流及测量条件相近。扫描质子微探针的实验装置主要由质子加速器、微束系统和分析系统等组成（图1）。

扫描质子微探针对薄样品的定量分析一般用内标法或薄标样刻度法，分析精度可达5%；对厚样品，由于基体效应和二次荧光增强效应的影响，定量分析较困难，一般通过建立理论模型和使用基本参数，无标样定量分析软件程序对其进行定量元素分析。

应用　扫描质子微探针的无损、直观、微区微量多元素分析的特点，使它在生物、环境、材料、地质、考古、法学等领域中有广泛的应用价值。典型的例子是在生命科学中的单细胞微量元素分析，图2为一动物肝细胞中多种元素的二维分布图。单个细胞的大小一般为20～50微米，其中所含元素的相对浓度约为1～10微克/克量级，因此空间分辨率达微米量级的扫描质子微探针是分析单个细胞中微量元素分布的最佳方法，亦最能体现扫描质子微探针的特色。环境科学中可实现对单颗大气粒子的元素分析；地质科学中可用于深海锰结核中元素的微区分析；材料科学中

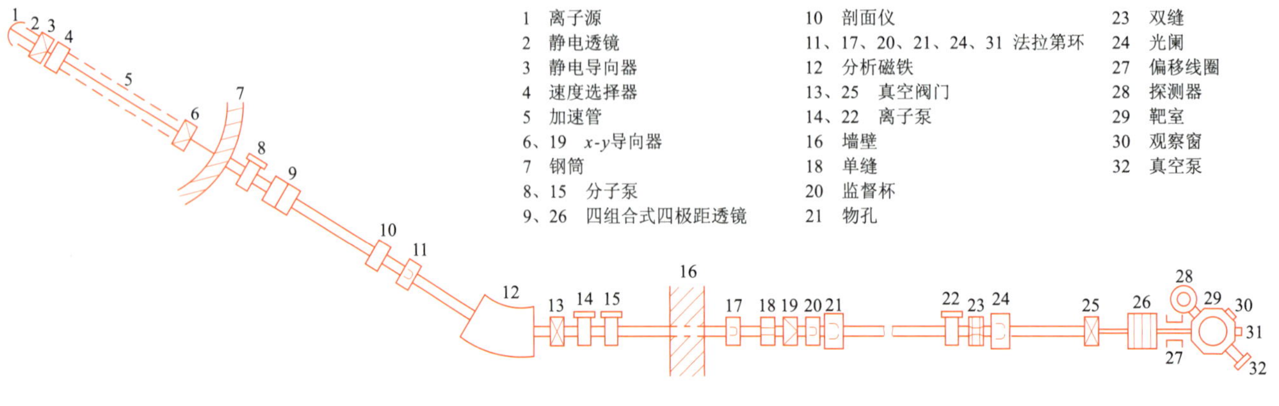

图1　扫描质子微探针装置示意图

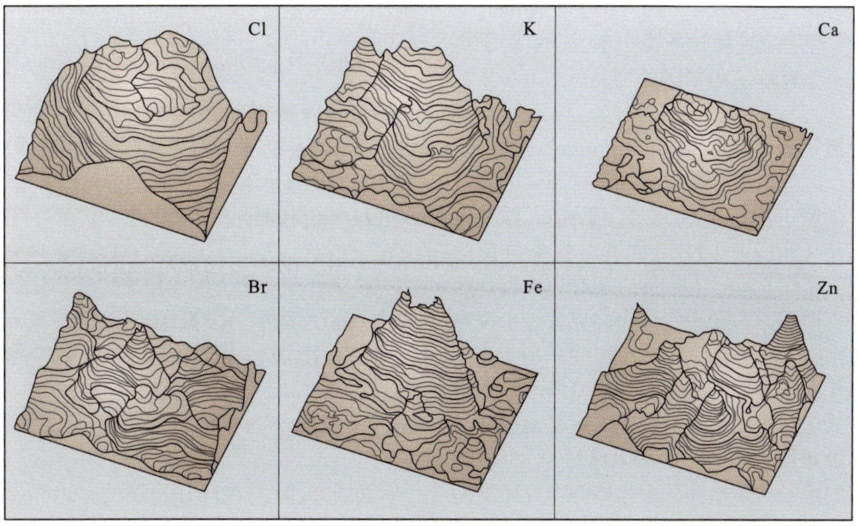

图2　动物肝细胞的二维元素分布

用于大规模集成电路表面杂质的分析等。由于X射线探测器窗的吸收，扫描质子微探针无法测定原子序数小于11的元素。

（柴之芳）

色　color　**夸克**具有的一种内部自由度，可以取三种不同的状态。借用光学中的词汇称它们有三种不同的色。见**色量子数**。

色差　chromatic aberration　复色光入射光学系统时产生的一种**像差**。由于光学材料对不同波长的光具有不同的折射率（材料的**色散**），使得不同波长的光成像的大小和位置有所差异，由此导致成像偏差。色差包括两种：光学系统对不同波长的光有不同的焦距和横向放大率，前者使不同波长的光成像在不同位置，称位置色差（轴向色差）；后者使不同波长的光成像的高度不同，称倍率色差（垂轴色差）。对目视仪器中的透镜，通常用氢原子光谱中的红光C线和蓝光F线这两种单色光所成像的差别来表征色差大小（见图）。色差的存在使像点变成带色的弥散斑，可严重影响像质。

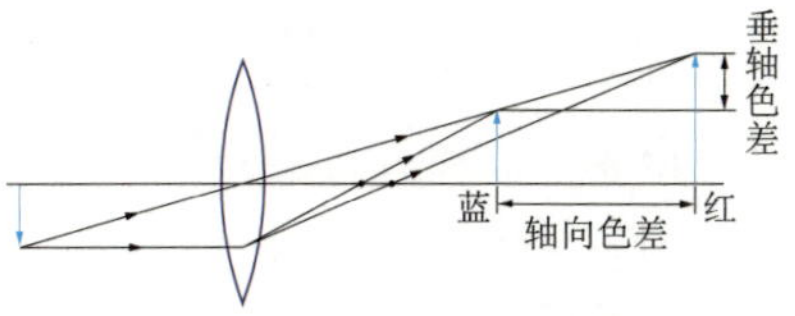

轴向色差和垂轴色差示意图

单透镜的色差不能用配曲法来校正，通常是将一对用不同材料做成的正、负透镜胶合起来，选择适当的折射率和透镜的曲率半径，可对选定的两种波长（目视仪器通常为C、F谱线）消除色差。大型天文望远镜中常用反射式物镜，成像基于**反射定律**，与材料的折射率无关，故不存在色差。

色差也存在于电子光学系统中，能量不同的电子经过电子透镜时受到不同折射而引起。电子色差可以通过提高加速电压、减小加速电压起伏或放置限制光阑等方式来减小。

（胡望雨　白本锋　彭练矛）

色超导体　color superconductor　在中子星等致密星体的核心，产生禁闭解除的致密夸克物质的基态构成的超导体。在中子星等致密星体的核心，物质密度可能大到使得**核子**口袋破裂，从而产生禁闭解除的致密夸克物质。根据**量子色动力学**（QCD）的计算，夸克之间存在吸引相互作用。由超导的巴丁-库珀-施里弗机制（简称BCS）机制，**夸克**在**费米面**附近将形成**库珀对**从而降低体系的能量。这样，致密夸克物质的基态是一种超导体，普遍称为色超导体，以便与凝聚态物理中的电超导区分。致密夸克物质中色超导的研究可以追溯到20世纪70年代。但当时由于没有正确考虑未屏蔽的磁胶子的贡献，导致估算的夸克能隙非常微弱，从而对致密物质的状态方程等性质的改变很小。20世纪90年代末基于非微扰有效理论和量子色动力学微扰论的计算均表明，中等密度时的夸克能隙相当可观，从而掀起了色超导研究的热潮，并逐渐完善了量子色动力学的凝聚态物理。在极高密度时，基于微扰论的计算表明夸克物质的基态是一种色味锁定态。当密度降低时，夸克物质的相结构非常丰富。尤其是考虑了电中性和奇异夸克质量等效应后，夸克物质的基态是一种非均匀的晶格超导态。另外，由于中等密度时的强耦合性质，预期夸克物质的性质应介于BCS态和玻色-爱因斯坦凝聚态（BEC）之间，即所谓的BCS-BEC过渡。

（何联毅）

色度学　colorimetry　对颜色进行分析、分类、合成和量度的学科。在感光材料、荧光材料的特性研究，以及各种照明光源的制造等方面均有重要应用。

色视觉　即色觉，是人眼在接收不同波长的光刺激后的主观感觉。不同波长的光引起不同的色觉。单一波长的光引起的色觉称光谱色，包含不同波长的混合光引起的综合色觉称非光谱色。I.**牛顿**最早发现白光是不同色光合成的结果，并建立了一个圆环模型来预测任何两种色光的合成结果。凡能合成白光的任何两种颜色称为互补色。

色品　是描述颜色品质的综合指标，有如下3个属性：①色调。色光中占优势的光的波长称主波长，由主波长的光决定的色觉称色调。②亮度。由色光能量决定的主观光亮度。③饱和度。单色光与白光混合后纯光谱色所占的比例。纯光谱色的饱和度为1，白光则为0。

原色　指按一定比例混合后可得各种不同颜色的基本颜色。T.**杨**首先提出三原色设想，认为所有颜色均可从红、绿、蓝3种基本颜色按适当比例混合而得，称三原色。J.C.**麦克斯韦**做了色盘实验，证实了杨氏的三原色理论。国际照明委员会（CIE）于1931年确定了合成各种光谱色所需的三原色刺激值。

色品图　是以不同位置的点表示各种

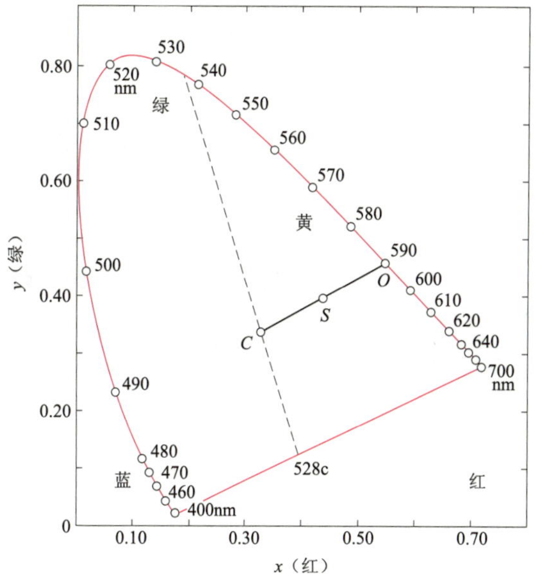

色品图

颜色色品的平面图（见图），1931年由CIE制定。图中x、y分别是红、绿原色的比例，蓝原色比例（z坐标）可从$x+y+z=1$中推出。弧线上各点代表纯光谱色，直线段上各点是紫－红色系列（非光谱色），中心点C代表白色。任给颜色点S，连接CS，延长线与弧线交于O点，O点处的波长即颜色点S的主波长（色调），CS/CO的比值是该颜色的饱和度。色品图有很大的实用价值。任何颜色的色品都可在图上标定出来，颜色的合成路径也一目了然。

色度计　色度计是测量和比较颜色的仪器，用来分析待测颜色的色成分，进而对样品进行各种定性或定量分析。

（胡望雨）

色禁闭　confinement of color　强子内部带有色自由度的夸克和胶子束缚在一起，不可能产生自由的夸克、胶子的现象。又称颜色禁闭。在现象学上，正反夸克之间的吸引势往往可以用线性势或者谐振子势来描述，这形象地反映了色禁闭的特征。对于非阿贝尔规范场，又叫杨－米尔斯场，存在着一个重要的特性，即渐近自由。它说的是在大动量或小距离的情况下，场的相互作用强度趋于零。这个性质是由于非阿贝尔规范场的耦合常数所满足的重整化群方程所决定的。以量子色动力学（QCD）为例：

$$\mu\frac{\mathrm{d}}{\mathrm{d}\mu}g=\beta(g)=-\frac{g^3}{16\pi^2}\left\{\frac{11}{3}C_A-\frac{4}{3}T_fN_f\right\}$$

式中$C_A=N$（对于QCD，$N=3$）为色自由度数；$T_f=1/2$，N_f为夸克味数目。在这个方程里的β函数的$\beta(g)$取负值，因此随着能标μ的增大耦合常数g减小，而随着能标μ降低耦合常数g增大。

反过来，与渐近自由相对应且等价的概念叫红外奴役：当能标$\mu\simeq 1\text{GeV}$（吉电子伏）或更小时，耦合常数开始变大甚至爆炸，此时QCD进入非微扰区域。在强子内部带有色自由度的夸克和胶子束缚在一起，当其中两个粒子（夸克、胶子）试图分开时随着距离的增加相对动量随之减少（这是根据量子力学的不确定关系来的），因此束缚力加强，据此判断不可能产生自由的夸克、胶子。这一现象就叫作色禁闭。色禁闭的学说解释了为什么夸克总是结合在一起，以色单态的强子形式出现。

近代的相对论重离子碰撞实验试图更进一步地理解夸克禁闭与相变的微观机制。有迹象表明高能量高密度的重离子对撞在能量密度达到1GeV/fm^3时，在10^{-23}的时间尺度和几个飞米（fm）的空间尺度上产生夸克－胶子等离子体，这有助于更进一步地理解色禁闭的性质。

（郑汉青）

色量子数　color quantum number　描述夸克内部自由度所具有的三种不同内禀状态的量子数。在M.盖耳－曼和G.兹韦克利用（味道）SU(3)对称群对强子分类的研究工作之后，人们建立了夸克模型。在夸克模型中，介子由一个夸克和一个反夸克组成，重子由三个夸克组成。由于夸克是费米子，在两个夸克互相交换时，重子的波函数必须是反对称的。这是泡利不相容原理所要求的。而服从味道SU(3)对称性的重子波函数在两个相同夸克互相交换时是对称的，违反了泡利不相容原理。为解决这一困难，O.W.格林伯格于1964年提出每一个夸克具有一种新的内部自由度，可以有三种不同内禀状态。这三种状态通常被称为夸克具有三种不同的颜色或色量子数。这三种状态下的夸克在强相互作用中性质相似，即强相互作用有与此自由度相对应的对称性。该对称性对应的对称群也是SU(3)。由于夸克有颜色量子数，由三夸克组成的重子的波函数也应该包含颜色分量。如果要求强子是颜色SU(3)对称群的单态，即强子是无色的，则重子的波函数满足泡利不相容原理。把颜色SU(3)对称群取为规范群，得到含有夸克场的量子场论就是量子色动力学。

实验上间接证实了色量子数的存在。如果没有色量子数，即夸克不具有三种不同颜色的状态，理论上得到的中性π介子衰变到两光子的衰变概率比实验上观测到的小，正负电子湮灭到强子的散射截面也比实验观测到的小。对高能正负电子对撞机上多喷注现象的研究发现了传递色量子数的胶子等现象，验证了量子色动力学的规范群为SU(3)。

（马建平）

色散　dispersion　简谐波在一些介质中的相速度因频率不同而异的现象。又称频散。见波。

色散关系　dispersion relation　从因果律出发，与其他原理相结合得出的积分关系式的总称。量子场论中场算符在类空时的对易性满足因果律，但是建立一个直接的因果律与S矩阵解析性的关系则要困难得多，很难在一般情况下严格证明这一论断。然而考虑到经典的色散关系使人们又有理由相信这一关系。

以一个经典的散射问题为例。一个波包$A(z,t)$沿着z轴以速度v移动，则有：

$$A(z,t)=(2\pi)^{-1/2}\int_{-\infty}^{+\infty}\mathrm{d}\omega\, a(\omega)\exp\left[\mathrm{i}\omega\left(\frac{z}{v}-t\right)\right]$$

式中$a(\omega)$为傅里叶变换后的振幅。如果这个波包在原点被散射，则被散射波在朝前的方向上$(r=z)$可以写成：

$$B(r,t)=r^{-1}(2\pi)^{-1/2}\int_{-\infty}^{+\infty}\mathrm{d}\omega f(\omega)a(\omega)\exp\left[\mathrm{i}\omega\left(\frac{z}{v}-t\right)\right]$$

式中$f(\omega)$为散射分波振幅；r为离开原点的距离。把波包$A(0,t)$做反傅里叶变换得到：

$$a(\omega)=(2\pi)^{-1/2}\int_{-\infty}^{+\infty}\mathrm{d}tA(0,t)\exp(\mathrm{i}\omega t)$$

如果入射波在$t=0$以前没有达到原点，即：

$$A(0,t)=0,t<0$$

则$a(\omega)$在上半平面是解析的。因果律在这个模型下要求在r处只有当$t>r/v$才能有散射波，因此：

$$B(r,t)=0,vt-r<0$$

现在利用$B(r,t)$的反变换和A为零的条件式，可以得到$a(\omega)f(\omega)$在$\mathrm{Im}\omega>0$时是一个解析函数。因此散射振幅$f(\omega)$本身在$\mathrm{Im}\omega>0$时是一个解析函数［除了$a(\omega)$的零点，但这个零点是入射振幅带来的任意的东西］。

类似于上述的讨论在经典理论中经常可以看到。但在量子场论中把以上论证严格化的主要障碍是上面A为零的条件式。该式意味着对入射波包的时间在微观上要求严格的定域化。而在S矩阵理论中希望精确知道的量是能量，而有测不准原理（不确定原理）则意味着两者的冲突。如果对时间的精确确定和能量的精确确定两者之间按测不准原理作一妥协，则这也意味着对解析性质的确定也变得不再精确。

接受了散射矩阵元的解析性质后，利用柯西积分公式则可建立色散关系。比如说，如果实解析函数$f(q^2)$仅在物理割线上非解析且在无穷远处收敛足够快，则：

$$f(q^2)=\frac{1}{\pi}\int_{\mathrm{th}}^{\infty}\frac{\mathrm{Im}f(z')}{z'-q^2-\mathrm{i}\epsilon}\mathrm{d}z'$$

即色散关系将散射振幅和它的割线上的虚部建立了联系。

（郑汉青）

色心　color center　一种晶体缺陷。色心是晶体中由离子缺位引起缺陷库仑场捕获电子或空穴而构成的一种缺陷。

（卢江波　屈世显）

色心激光器　color center laser　以色心晶体为工作物质的激光器。发射激光的激活粒子是色心。又称F心激光器。常用色心晶体的基质是碱金属卤化物晶体，色心是碱金属卤化物晶体及碱土氟化物晶体中的离子位置结合一个电子而形成的，其产生方法主要有γ射线照射着色、电子束照射着色、电解着色、光致电离着色和加热附加着色等。色心有许多种类型，常见的有F色心、$F_2(M)$色心、$F_2^+(M)$色心、F_A色心、F_B色心、$(F_2^+)_A$色心、O_2^-色心、$M(F_2)$色心、M_A色心、F_2^{+*}色心等。色心的种类很多，对于不同的基质会有不同的色心介质。

最早的色心激光器是B.弗里茨和E.蒙克于1965年实现的。典型色心激光器有：①LiF：F_2^-色心激光器。它的工作物质是用平均能量1.25兆电子伏γ射线照射LiF晶体。辐射剂量范围5×10^6～5×10^8拉德。这种激光器可以连续工作和脉冲工作，输出的激光波长可以在1.12～1.26微米范围内调谐。要激光器获得长时间稳定连续输出，需要对晶体采取有效的冷却措施。LiF晶体有比较好的导热性能，可以采用把它和铜块接触，利用导热给激光工作物质降温。②$NaF(F_2^+)^*$色心激光器。它输出的激光波长，可在0.99～1.22微米范围调谐；激光斜率效率高，激光振荡阈值泵浦功率低，约为15毫瓦。③$(F_2^+)_A$色心激光器。这种激光器输出的激光波长可在2.00～3.65微米范围调谐。其中以掺锂的KCl晶体为基质的激光器，其输出激光波长在2.00～2.50微米范围调谐；以掺锂的KI晶体为基质的激光器，其输出激光波长范围在2.59～3.65微米范围调谐。④Ti：$KClF_A$（Ⅲ）色心激光器。用输出激光波长1.06微米的Nd^{3+}：YAG激光泵浦，用泵浦功率1瓦可得到的激光输出波长可以在1.4～1.6微米范围内调谐，可获得的输出激光功率大约为100毫瓦。

这种激光器的主要特点是：①输出的激光波长可在比较宽的波长范围调谐（200～400纳米）。②输出激光谱线宽度比较窄，理论上可达2.5千赫，商品器件的约为1兆赫。③可以脉冲输出，也可以连续输出。④激光能量转换效率比较高，可达50%。主要缺点是：热稳定性较差，多数需要在较低温度条件下工作。

（雷仕湛）

沙尔，C.G.　Clifford Glenwood Shull（1915-09-23～2001-03-31）美国物理学家。生于宾夕法尼亚州匹兹堡，卒于马萨诸塞州麦德福。1941年获纽约大学博士学位。1937～1941年任纽约大学助教。1941～1946年任德萨斯公司研究员。1946年任美国橡树岭国家实验室研究员、首席研究员。从1955年起任麻省理工学院教授，直到1986年退休。

沙尔在1950年前后，致力于**中子衍射技术**的研究。研究了顺磁衍射和磁性晶体结构，开发了极化慢中子辐射的应用，创造了一种新的中子探测方法，称作中子干涉系统。并运用这一技术于凝聚态物理学的研究，对凝聚态物理学的发展起了促进作用。为此他获1994年诺贝尔物理学奖。

（郭奕玲）

闪电物理　lightning physics　研究闪电特征、闪电的物理机理以及闪电的利用和闪电灾害防护的学科。闪电物理属于大气物理中的大气电学范畴，也是大气电学中比较活跃的分支。

雷雨云的形成　闪电主要来自雷雨云。雷雨云是对流云发展的成熟阶段。云中除有规则的上升气流外，还有系统性的下沉气流，云中冰雹粒、雪花、雨滴、冰晶、云滴等水汽凝成物和云粒子，在大气电场、上升气流和重力分离作用下，发生碰撞、摩擦、破碎、冻结等过程，造成雷雨云具有一定的电结构。雷雨云的特点是正电荷分布在云的上部，负电荷分布在云的中下部，在云的底部还有一个范围不大的带正电荷的区域，如图所示。

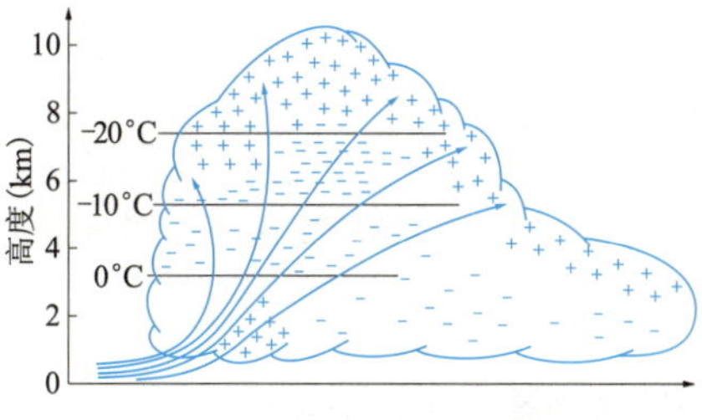

雷雨云中电荷分布示意图

闪电雷鸣的产生　雷雨云中聚集的电荷达到一定的数量时，在云内不同部位之间和云与地面之间就产生很强的电场，电场强度可高达1万伏/厘米以上，足以击穿大气，在云的不同部位之间、不同云块之间以及云与地面之间激发出耀眼的闪光，这就是闪电。闪电的形状有多种，最常见的是线状闪电和片状闪电。闪电伴随有雷鸣声，清脆响亮似爆炸声的称为炸雷，沉闷且发出长时间的隆声的称为闷雷。闪电时仅几厘米直径的闪电通道内释放的电能可达2×10^9焦，通道中的空气突然急剧增温上万度，造成空气急剧膨胀，气压达上百个大气压，随后又迅速冷却而收缩。这一骤胀骤缩发生在千分之几秒的短时间内，产生冲击波向外传播，能量很快衰减演变成普通声波，这是能听到的炸雷。云中的闪电和雷声在云里多次反射，互相干扰，听起来感觉声音沉闷且隆隆声不断。

闪电的观测和研究　闪电发生的时间极短，又无法预知，而且强弱变化很大，因而是最难研究的大气现象之一。尽管如此，自从1752年**B.富兰克林**进行了闻名的“风筝实验”揭示了雷电的电学本质后，200多年来发展了一些有效的闪电观测手段和研究方法，积累了丰富的资料。

通过高时间分辨率的特殊高速摄影机研究闪电的发光过程，并对**电场**、**电磁辐射**进行观测，研究闪电的放电过程，弄清楚地闪是大气中的脉冲式放电现象。此外，测量雷击电流，有助于指导设计制造抗雷击设备的过电压保护。对闪电进行光谱研究，有助于估计闪电通道的温度和电离度，推测通道的压强和所产生的冲击波能量。利用分米波段特殊雷达研究闪电回波特征，推测闪电通道的情况。用飞机喷撒特殊物质破坏雷雨云的起电机制，抑制闪电的发生。利用卫星研究全球闪电活动情况和分布。发射拖线火箭进行闪电的人工触发，使闪电在一定条件下成为时空上可控的对象，获取闪电的各种资料等。然而，所有这些离全面认识闪电、控制和利用闪电还有相当的距离。

（郭昌明）

闪烁计数器　scintillation counter　利用射线或粒子引起闪烁体发光并通过光电器件记录射线强度和能量的探测装置。1911年**E.卢瑟福**借助显微镜观察到单个α粒子与硫化锌作用发出**荧光**。1919年他又利用荧光屏第一次观察到α粒子轰击氮产生氧和质子，这是闪烁计数器的雏形。正式的闪烁计数器是1947年由J.W.科尔特曼和H.P.卡尔曼发明的，它由闪烁体、光收集系统和光电器件三部分组成（图1）。

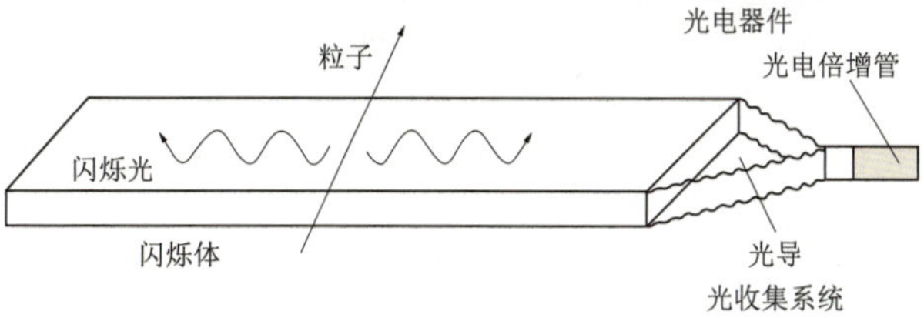

图1　闪烁计数器示意图

闪烁体是受到射线照射时能够发光的物质，分为无机闪烁体和有机闪烁体。闪烁体可以是固体、液体和气体状态。无机闪烁体是指掺入少量激活剂的无机晶体。常用的有硫化锌、碘化钠、碘化铯、锗酸铋、氟化钙和钨酸铅等。银或铊等分别作为激活剂。它们的发光机制是射线将闪烁晶体价带中的电子激发到导带，退激发出荧光。退激发主要有两种模式：一种是直接退激到价带过程发光的衰减时间短（1～10纳秒），且光子能量高（紫外区）；另一种是间接退激由靠近导带下面的杂质中心（如激活剂等）能级进一步退激而发射的光子，发光衰减时间长（约微秒数量级），且光子能量较低（波长从紫外区到黄光区）。无机闪烁体的密度较高，对γ射线探测效率高，且透明性好，适于测量高能γ射线强度及其他带电粒子，并有一定的能量分辨本领。硫化锌闪烁体是半透明材料，对重带电粒子阻止本领很大，而对γ射线极不灵敏。适于在β、γ本底场中测量α粒子、质子及与含硼、锂物质等混合后测量慢中子等。有机闪烁体包括有机晶体蒽和其他基于苯环的碳氢化合物，如对联三苯PPO等，其激发发光的机制是分子激发后退激而发出荧光。有机闪烁体中加入波长移位剂BBQ等以便减少光被吸收的概率。将发光物质溶解于有机溶剂内或聚合在聚苯乙烯等的材料中，可分别制成液体闪烁体和塑料闪烁体，用以探测各种带电粒子（重带电粒子和轻粒子如β射线、μ子等）以及利用闪烁体中的氢核反冲效应测量快中子。蒽晶体是发光效率最高的有机闪烁体，常作为同其他闪烁体比较发光效率的标准。有机闪烁体能量分辨本领差，一般只作强度测量。气体闪烁体已很少选用。此外，闪烁光纤也是广泛使用一种闪烁材料。它是由通用光纤中加入上述发光物质和波长移位物质所构成。

光收集系统即光导，是在闪烁体与光探测器之间的连接部分。它的两侧需要分别同闪烁体光输出部分的形状和光电器件的光输入端部的形状相一致，以达到尽可能多地收集光和使光分布均匀的目的。如图1中的鱼尾形光导等，光导与闪烁体之间用光学胶粘合，光电器件（如光电倍增管）的玻璃端部与光导之间要用同玻璃的折射系数（n=1.5）相近的光学硅脂密接以达到最有效的光传输。常使用氧化镁或氧化铝细粉末等包装闪烁体和光导，利用其漫反射以提高光收集效率。

光电器件是利用**光电效应**把**光子**转换成电信号的器件。最常用和典型的器件是光电倍增管（PMT）。在一个真空玻璃管

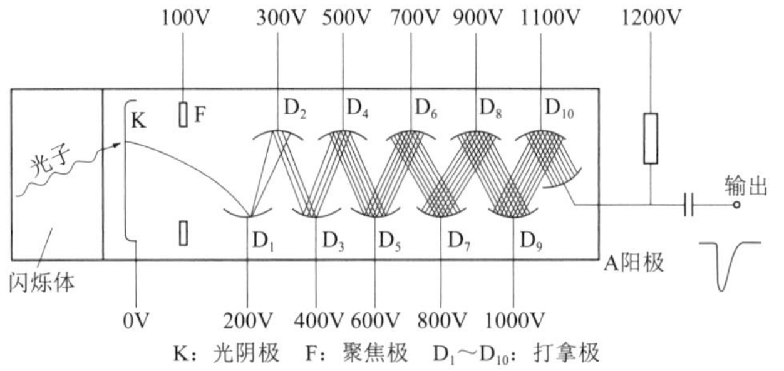

图2 光电倍增管示意图

内封装多个不同的电极（图2），闪烁体产生的光子打在光阴极K上打出光电子，光电子经过聚焦极F打在第一打拿极D_1上并依次在D_2～D_{10}各打拿极间倍增，每个电子经过打拿极可产生3～6个次级电子，打拿极一般有9～14个，因此总电子倍增系数可达10^5～10^6倍或更高。经过倍增的电子最后被阳极A收集后产生快电脉冲信号（幅度可达几百毫伏，脉冲上升时间2～3纳秒）。半导体光电器件现有很大发展，出现了有放大功能的雪崩型光二极管，在所加偏压不高（50伏）的条件下也能达到10^5的内放大系数。一种新型的可见光探测器在低温下只加6伏偏压就可达10^4内放大系数。光电器件输出的电脉冲经过前级电子学系统（放大、成形、甄别等）进入粒子数据获取系统，并进行数据处理和分析。

闪烁计数器是时间响应最快的粒子探测器之一。广泛用于原子核物理和高能物理实验、放射性应用，如核医学、地质勘探以及放射性剂量测量等领域。如无机闪烁体与雪崩二极管结合用于高能物理实验中的电磁量能器以及核医学计算机断层扫描（CT）、闪烁光纤与PMT、微通道管或电荷耦合器件联用的多路精密位置分辨成像系统等。

（谢一冈）

闪速存储器 flash memory 一种基于半导体工艺实现的具有快速电学擦除和数据读写功能的存储器。闪速一词是指存储器可对一个存储块或一个存储扇区同时进行快速擦除。闪速存储器属于非易失存储器，在断电的情况下仍然可以保证数据不丢失。与同属非易失存储器的磁盘存储器相比，闪速存储器具有体积小、重量轻、读写速度快和防震性能好等优点，已在计算机、数码相机、智能手机、固态硬盘、平板电脑及各种便携式电子设备中大量应用。随着半导体集成电路制造工艺的快速发展，闪速存储器的存储容量仍在快速增加，而同等存储容量闪速存储器的价格却在快速下降。

在闪速存储器中，用于数据存储的基本元器件是浮栅晶体管，一个浮栅晶体管就是一个数据存储单元。浮栅晶体管是在传统金属氧化物半导体晶体管的多晶硅栅（控制栅）和衬底之间的栅氧化层中增加了另一个浮空的多晶硅栅（浮栅）。由于浮栅被氧化硅绝缘介质层包围，绝缘层形成的势垒阻止了电子流出或流入浮栅，使得浮栅晶体管在断电后具有电荷存储的功能。此外，通过沟道热电子注入或者FN隧穿机制来调节浮栅上存储的电荷，还可对浮栅晶体管的阈值电压进行编程。

在闪速存储器中，浮栅晶体管的编程（电子注入浮栅）是通过沟道热电子注入或FN隧穿来实现，浮栅晶体管的擦除（电子离开浮栅）是通过FN隧穿来实现。在沟道热电子注入过程中，电子被浮栅晶体管漏端和源端之间的横向电场加速，在获得足够的能量后穿过浮栅和衬底之间的氧化层进入浮栅。在FN隧穿过程中，加在浮栅和衬底之间的强电场，改变了多晶硅-二氧化硅-硅结构的**能带**，使得电子可穿过能量势垒进入或离开浮栅。

闪速存储器按照电路结构主要分为两大类：一类是面向程序和数据存储应用的或非（NOR）型闪速存储器；另一类是面向大容量存储应用的与非（NAND）型闪速存储器。在NOR型闪速存储器中，每个浮栅晶体管都连接到一个公共的位线上，浮栅晶体管利用沟道热电子注入机制进行编程，利用FN隧穿机制进行擦除；在NAND型闪速存储器中，若干个浮栅晶体管以串联的方式，通过两个选择晶体管连接至位线和源端，浮栅晶体管利用FN隧穿机制进行编程和擦除。与NOR型闪速存储器相比，NAND型闪速存储器具有更小的存储单元面积、更快的擦写速度和更低的功耗。

闪速存储器是由日本桀冈富士雄在日本东芝公司工作时发明的。1984年增冈藤生在美国加州旧金山举行的国际电子器件会议上发表了该项发明。闪速存储器的主要目的是提升紫外可擦除可编程只读存储器的功能，避免在数据改写时将存储器从电路系统中取出。NOR型闪速存储器和NAND型闪速存储器也在20世纪80年代后期相继被提出。随后闪速存储器在个人计算机、数码相机和智能手机等应用需求

的推动下快速发展。闪速存储器的主要生产厂商有美国的美光公司和闪迪公司、日本的东芝公司以及韩国的三星公司等。随着集成电路工艺特征尺寸进入纳米阶段，闪速存储器的制造难度和制造成本急剧增加，为了进一步提高存储器的存储密度并降低单比特成本，多值单元技术甚至垂直三维存储单元技术已经开始在闪速存储器中使用。其中，三星公司已于2015年实现了存储容量为128吉比特，最大写速度达到50兆比特/秒的三维NAND闪速存储器。（冯 鹏）

熵 entropy 系统混乱程度的度量。熵具有加和性，为广延量，通常用符号S表示，国际单位是焦耳每开尔文（J/K）。

历史上熵有两种定义，一种是经典宏观热力学熵，即克劳修斯熵；另一种是微观统计熵，即玻尔兹曼熵。

①克劳修斯熵。18世纪50年代，R.克劳修斯在研究卡诺循环过程中得到了著名的克劳修斯不等式：

$$\oint \frac{\mathrm{d}Q}{T} \leqslant 0$$

在可逆过程中上式取等号。这表明对于任何热力学系统，热量与温度的比值（热温比）沿任何可逆循环的积分为0，即两个平衡态之间的热温比的积分与过程无关。由此可定义一个新的态函数熵，在无限小的可逆过程中其增量满足：

$$\mathrm{d}S = \frac{\mathrm{d}Q}{T}$$

在有限可逆过程中，熵在两个平衡态1、2之间的差值为：

$$\Delta S = S_2 - S_1 = \int_1^2 \frac{\mathrm{d}Q}{T}$$

②玻尔兹曼熵。19世纪70年代，L.玻尔兹曼在研究构成热力学系统的微观粒子的统计行为时，定义了微观统计熵：

$$S = k \ln \Omega$$

式中k为玻尔兹曼常数（1.38065×10^{-23}焦/开）；Ω为系统的微观状态数（热力学概率）。已经证明，该定义与克劳修斯熵等价，且提供了熵的物理本质解释。

（刘志锋 宫 箭 班士良）

熵理论 entropy theory 利用物理量熵描述系统状态及演化趋势的理论。熵是系统混乱度的度量。从微观上来看，系统的熵取决于系统所能占据的微观状态数Ω。L.玻尔兹曼首先假设对于一个系统，其熵的大小定义为：

$$S = k_{\mathrm{B}} \ln \Omega$$

式中k_{B}为玻尔兹曼常数。从统计力学的观念来看，系统的熵可以解释为在所有宏观可观测量确定后对系统的剩余不确定性的度量。对于一个微观系统，其在t时刻的相空间位置决定系统所能占据的能量状态及其概率。假设系统有Ω个微观状态，而系统占据第i个状态的概率为p_i，则熵可以定义为：

$$S = -k_{\mathrm{B}} \sum_i p_i \ln p_i$$

对于一个孤立系统，初始的有序态对应于整个能量范围中的一个狄拉克函数。随着时间增加，系统逐渐由初始态向邻近能量态发生跃迁。而系统所能到达的状态数便是Ω，从系统的能态密度上看，这就对应于系统能谱的色散程度的增加。对于孤立系统而言，在平衡状态下，系统将遍历所有可以达到的微观状态，因此对应于熵的一个极大值，这就是热力学第二定律的推论，此即熵增原理。

熵最初始的定义对应于系统不能用于做功的那部分热能。基于自由能的概念：

$$F = U - ST$$

式中U为内能；T为热力学温度。自然界物质的状态取决于自由能状态，即为能量和熵相互竞争的结果。因而我们世界的所有自然过程的演化都与熵和能量之间的转化方向有关。基于熵原理，可以理解和实现很多新奇的物理现象，如熵致有序、逼近绝对零度、玻色-爱因斯坦凝聚等；而生物体的进化也被认为是一种实现负熵的过程。（管鹏飞）

熵危机 entropy crisis 特定条件下，相同化学成分构成的液态和晶态物质中，液体的熵小于等于晶体的熵的现象。又称考兹曼佯谬。相同化学成分构成的液态和晶态物质中，由于具有无序结构，液体的熵大于对应晶体的熵。在慢速冷却条件下，液体通常在熔化温度附近释放热量（熔化焓）后形成晶态物质。如果快速冷却，液体来不及析晶重排以形成晶体，而是以过冷液体形式存在。过冷液体（熔化温度以下）与液体（熔化温度以上）热学性质具有连续性，并且过冷液体的比热大于晶体的比热。当温度降低时，过冷液体的熵比晶体的熵降低得快。1948年W.考兹曼根据该特性外推到更低温度时，发现过冷液体的熵能够小于等于晶体的熵，从而违反热力学定律，出现所谓的“熵危机”现象。晶体与过冷液体的熵相等时对应的温度称为考兹曼温度。

实际上过冷液体在冷却过程中会向非晶态或玻璃态转变，该过程称为玻璃转变，该转变温度或玻璃转变温度高于考兹曼温度。经过玻璃转变后的非晶与晶体的比热相当，所以具有较大比热的过冷液体的性质无法外推到玻璃转变温度以下，即玻璃转变会“避免”出现熵危机现象。因此具有无序结构的非晶或过冷液体的熵在熔化温度以下始终能保持大于晶体的熵。

（汤美波）

熵增加原理 principle of entropy increase 热力学系统从一个平衡态绝热到达另一个平衡态的过程中，它的熵永不减少的原理。若过程是可逆的则熵不变；若过程是不可逆的则熵增加。根据熵增加原理，不可逆绝热过程总是向熵增加的方向变化，可逆绝热过程总是沿等熵线变化。孤立系统中的熵永不减少，即在孤立系内部自发进行的涉及与热相联系的过程必然向熵增加的方向变化，系统达到平衡时熵取极大值。（黄凤珍）

上临界磁场 upper critical magnetic field 对第二类超导体加磁场，超导体超导电性被破坏的临界磁场。通常用符号H_{c_2}表示。当外磁场达到上临界磁场时，全部超导序参量被破坏，库珀对被拆散。上临界磁场的表达式是$\mu_0 H_{c_2} = \Phi_0 / 2\pi\xi^2$。

（闻海虎）

《尚书纬·考灵曜》 *Shangshu Wei: Kaolingyao* (*Apocryphal Book of Documents*: *On Stars*) 《尚书纬》是中国汉代著作之一，《考灵曜》乃其中之一篇。在中国古籍分类中，《尚书纬》是纬书之一。所谓纬书即非儒家经典，而是附会儒家经义之书。西汉末年，纬书渐兴。它们多取材于民间，其中除大量神话传说、占卜迷信之外，还记录了天文、历法、地理、医学、方伎等科学知识。据《隋书·经籍志》载：“《尚书纬》三卷，郑玄注。”郑玄（127～200），字康成，东汉经学家。其《考灵曜》的原始稿本或在西汉已成书，也未可知。《考灵曜》中留下了西汉时期一些假想的天文数据，如天地距离、二十八宿之外空尺度、周天度数与周长、日月行度、日影长短与地面距离之关系、天空分野、天文仪器“璿玑”，以及“盖天说”等，足可称为古代宇宙论之作。尤其是，该书提出“地有四游”的地动说，并且以“人在大舟中，闭牖而坐，舟行而人不觉”的生活经验阐明“地恒动不止，而人不知”。这恰与近代物理学中伽利略相对性原理的说法完全一致。

经典物理学指出，在封闭船舱中任何

力学实验都不能发现该船是处在静止的或匀速直线运动状态。换句话说，也就是“人在大舟中，闭牖而坐，舟行而人不觉”。伽利略在其1632年的《两大世界体系的对话》中，曾以关闭船舱中的许多实验，如苍蝇、飞虫的运动，滴水、跳跃等等，阐述船内的人无法以其中任一现象判断船是运动还是静止。伽利略以此说明地球是在运动，而地上的人不能觉察到地球的运动。在伽利略之后三个世纪，人们才认识到，提出在封闭船舱中“舟行而人不觉”这一说法的重要意义，并将其称之为伽利略相对性原理。A.**爱因斯坦**又将它推及光学和电磁现象，并把它作为**狭义相对论**的两大基础之一。《考灵曜》早于伽利略《两大世界体系的对话》至少1500年，《考灵曜》的有关记述可以看作是伽利略相对性原理的最古老的说法。

《尚书纬》在隋代已佚。但《考灵曜》中关于“闭舟而人不觉其行”的文字见之于魏晋以来许多典籍。《尚书纬·考灵曜》还见之明代孙瑴（生卒年不详）辑本《古微书》之中。（戴念祖）

烧孔效应 hole burning effect 用来描述激活物质内反转粒子数的选择性消耗的效应。

常见的烧孔有增益曲线烧孔和增益空间烧孔。

增益曲线烧孔 在非均匀加宽气体介质（以多普勒加宽为例）中，频率为ν，强度为I_ν的光入射时获得的增益系数为：

$$g_i(\nu,\ I_\nu)=\frac{g_i^0(\nu)}{\sqrt{1+I_\nu/I_s}}$$

$$=\frac{g_i^0(\nu_0)}{\sqrt{1+I_\nu/I_s}}\exp\left[-4\ln 2\left(\frac{\nu-\nu_0}{\Delta\nu_D}\right)^2\right]$$

式中I_s为饱和光强，$g_i^0(\nu_0)$为中心频率处的小信号增益系数，$g_i^0(\nu)$为频率ν处的小信号增益系数。可见强度为I_ν的入射光获得的增益系数为小信号的$(1+I_\nu/I_s)^{-\frac{1}{2}}$倍。

对多普勒加宽情形，速度不同的原子群有不同的中心频率，而具有相同的中心频率的一群原子又有一个小的均匀加宽效应存在，因此，当频率为ν_1，强度为I_{ν_1}的准单色光入射到非均匀加宽的增益介质时，使中心频率为ν_1的那一群反转粒子发生饱和，对中心频率远离ν_1的反转粒子不发生影响。饱和后的那群反转粒子对总的非均匀加宽增益曲线ν_1处的增益贡献减小，所以在ν_1处出现了一个局部增益凹陷（图1），这一现象通称“烧孔”，也称作增益曲线烧孔。光强大，“烧孔”也就深。

由于在非均匀加宽增益介质激光器中，每一频率的光只在该频率附近一个小范围内引起增益饱和。因为激光是在谐振腔内往返传播，使具有与上述速度大小相等、方向相反的气体分子的反转粒子数也减少。结果在增益曲线上出现两个对中心频率对称的“烧孔”（图2），这两部分的气体分子对激光输出都有贡献。孔的面积越大，意味着反转粒子数消耗的越多，激光输出功率也就越大。

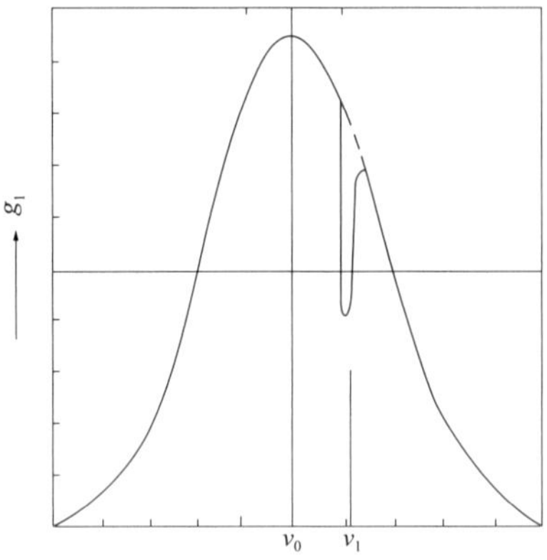

图1 非均匀加宽工作物质的增益曲线

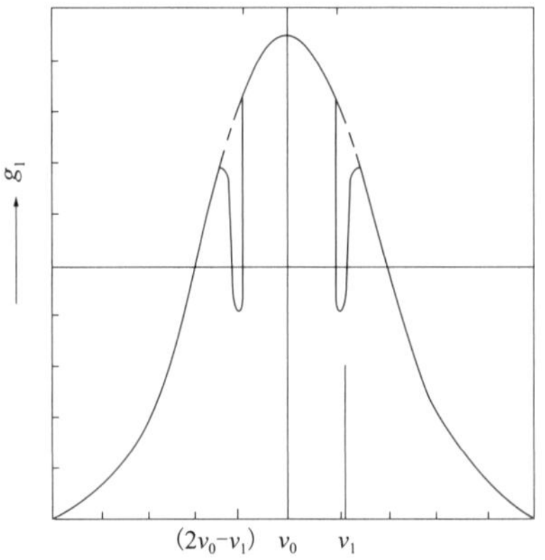

图2 非均匀加宽气体激光器的增益曲线

在这种激光器中，只要纵模间隔足够大，各纵模间影响就很小，一个纵模的建立，不会明显影响另一个纵模的增益系数。因此产生烧孔的条件是纵模间隔足够大。再者，增益曲线其他部分对应的反转粒子数来不及补充到“空穴”中来，也就是说增益曲线其他部分所对应的反转粒子数补充到“空穴”中所需要的时间比在激光作用下原子反转数迅速下降的时间长得多。

增益空间烧孔 当频率为ν_q的纵模在谐振腔内形成稳定振荡时，腔内形成一个驻波场，波腹处光强最大，波节处光强最小。因此虽然ν_q模在腔内的平均增益系数等于g_t（工作物质内部由于吸收、散射等原因造成的损耗系数），但实际上轴向空间各点的反转粒子数密度和增益系数是不同的，波腹处增益系数（反转粒子数密度）最小，波节处增益系数（反转粒子数密度）最大。这一现象称为增益空间烧孔。

在均匀加宽激光器中，假设有多个纵横满足振荡条件，由于某一纵模光强的增加，会使整个增益曲线均匀下降。理想情况下，由于模竞争，均匀加宽稳态激光器的输出应是单纵模的，单纵模的频率总是在谱线中心频率附近。

但实际上，在这类激光器中，当激发较强时，往往出现多纵模振荡。激发越强，振荡模式越多。产生这一现象的原因就是空间烧孔效应。由于轴向空间烧孔效应，不同纵模可以使用不同空间处的激活粒子数而同时产生振荡。但如果激活粒子的空间转移很迅速，空间烧孔便无法形成。在气体工作介质中，粒子做无规则运动，迅速的热运动消除了空间烧孔，所以，以均匀加宽为主的高气压气体激光器可获得单纵模振荡。在固体工作物质中，激活粒子被束缚在**晶格**上，虽然借助粒子和晶格的能量交换形成激发态的空间转移，但由于激发态粒子在空间转移半个波长所需要的时间远远大于激光形成所需要的时间，所以空间烧孔不能消除。如不采取特殊措施，以均匀加宽为主的驻波腔固体激光器一般为多纵模振荡。在含光隔离器的环形行波腔内，光场不形成驻波，不存在空间烧孔，因而可以得到单纵模振荡。

激光器中，除了存在轴向空间烧孔，由于横截面上光场分布的不均匀性，还存在横向的空间烧孔。由于横向空间烧孔的尺度较大，激活粒子的空间转移过程不能消除横向空间烧孔。不同横模的光场分布不同，它们分别使用不同空间的激活粒子，因此，当激励足够强时，可形成多横模振荡。（林殿阳 吕志伟）

射频等离子体 radio frequency plasma 由射频电磁场（2～200兆赫）激励气体放电产生的**等离子体**。包括容性耦合等离子体、感性耦合等离子体和螺旋波等离子体。

容性耦合等离子体（CCP） 是由射频静电场来激励气体放电产生的等离子体。通常是在一个充满工作气体的真空腔室中放置两个平行板电极，并在两个电极之间施加射频电压。电极间距大概在1～10厘米之间，其中一个电极由一个高频电源驱动，另一个电极接地或连接低频电源，如图1所示。CCP的放电结构是典型的“三明治”结构，即靠近两电极的鞘层区中间夹着一个呈电中性的主等离子体区。在主等离子体区，电子能够响应射频电场的振荡，并通过与中性气体分子的碰撞，把从射频电场中获得的能量转移给气体分子，用于气体的激发和电离。在鞘层区，鞘层电场一方面约束电子进入鞘层区，另一方面加速正离子轰击电极表面。此外，鞘层边界在一个射频周期内随时间振荡。当鞘层快速扩张时，鞘层电场会反弹从主等离子体区流向鞘层的电子，于是产生高能电子。这些被鞘层电场"弹回"到主等离子体区的高能电子，也会引起气体的激发和电离。

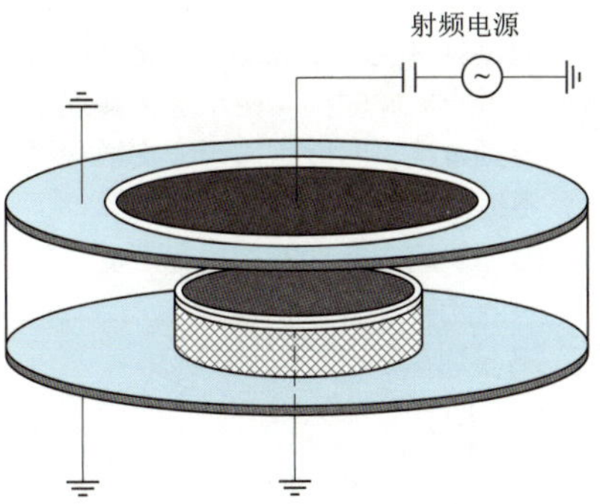

图1 CCP放电腔室示意图

CCP主要用于半导体芯片的制造，如介质刻蚀和薄膜沉积，以及硅基的光伏太阳能薄膜沉积工艺。对介质刻蚀工艺，通常采用双频电源驱动的CCP，其中高频电源（频率大于13.56兆赫）用于控制等离子体密度，低频电源（频率小于13.56兆赫）用于控制入射到基片上的离子能量。

感性耦合等离子体（ICP）是利用射频电源输出的电流产生的电磁场来激励气体放电产生的等离子体。通常是采用电感线圈把电源的能量耦合给等离子体。ICP源的线圈分成两种类型：一种是柱状线圈，即线圈缠绕在圆柱形的石英腔室侧壁的外侧；另一种是平面线圈，即一个类似"盘香"形状的平面线圈放置在放电真空室顶部介质窗的上面（图2）。当施加射频电源时，线圈中的射频电流就会在放电腔室中产生交变磁场，而交变磁场又会感应出环向的涡旋电场。该涡旋电场把能量耦合给等离子体中的电子，并维持气体放电。由线圈电流（或感应电场）维持的放电模式称为感性模式（H模式）。

此外，在线圈的高压端和接地端之间存在着电位降，该电位降会在腔室中产生射频静电场，并能激励气体放电。由线圈两端电位降（或静电场）维持的放电模式称为容性模式（E模式）。当射频电源的功率较低时，主要是由E模式维持着放电；当射频电源的功率较高时，主要是由H模式维持放电；当射频电源功率达到一定阈值时，放电会由E模式转换到H模式，在增加和降低射频功率的过程中可能会产生回滞现象。在H模式下，等离子体的密度高、电子温度低；而在E模式下，等离子体的密度低、电子温度高。

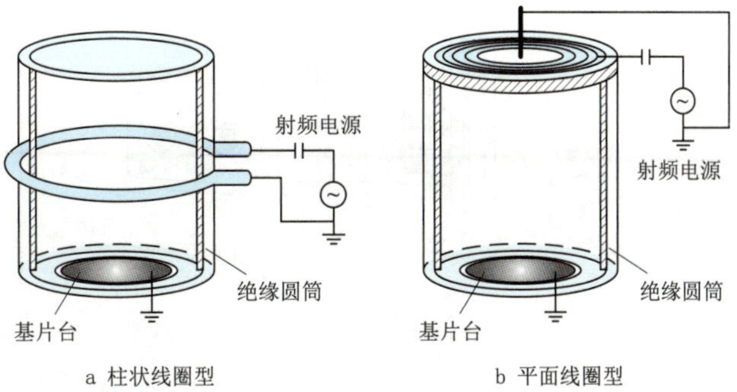

图2 感性耦合等离子体源结构示意图

螺旋波等离子体（HWP）是在稳恒磁场环境下由射频电磁波激励气体产生的磁化等离子体。通常在放电石英管外部缠绕一种特定的天线（如马鞍形的天线），并与射频电源连接。同时利用直流线圈在放电腔室中产生大约为100高斯的轴向静磁场。这样可以在这种等离子体内部存在一种与磁场平行传播的右旋极化波。1970年，R.鲍斯韦尔第一次在实验上产生了螺旋波等离子体，其放电装置如图3所示。螺旋波可以在有限直径、轴向磁化的圆柱等离子体中传播，是具有哨声波模式的波。螺旋波模式由多个低频哨声波叠加而成，该哨声波与磁场成同一角度传播，因此即使螺旋波有较复杂的横向模式结构，螺旋

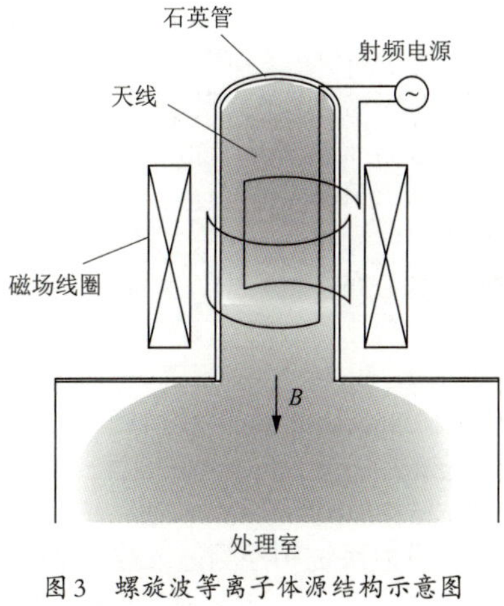

图3 螺旋波等离子体源结构示意图

波的色散关系和哨声波相同。HWP天线典型的驱动频率范围在1～50兆赫，通常采用的频率为13.56兆赫。

（刘永新 王友年）

射线声学 ray acoustics 用射线理论方法，将声波视为沿射线传播的声束，研究声场中声强沿射线束的变化。是声场理论的高频近似。又称几何声学。射线声学把声波的传播看作一束无数条垂直于等相位面的射线的传播，每一条射线都与等相位面垂直，称为声线。声线途经的距离代表波传播的路程。声线经历的时间为波传播的时间。声线束所携带的能量为波传播的声能量。由此在射线声学的范围内有两个基本方程：一个用以确定射线行走规律的程函方程；另一个用以确定声波沿射线传播的强度方程。与几何光学相似，射线声学的描述方法能给人直观的感觉，在一定条件下，射线声学的数学运算也相对比较简捷。

射线声学是波动声学在高频条件下的近似，应用射线声学一般需要满足两个条件：一是在可以与声波波长相比拟的距离上，声波幅度的相对变化量远小于1；二是在可以与声波波长相比拟的距离上，声速的相对变化远小于1。条件一说明射线声学只能应用于声波强度没有发生太大变化的部分。如在深海会聚区，在一个波长距离内，声强可能会很快地减小，射线声学不适用。又如在声线不能到达的影区，按照声线携带声能的观点声强为零，但实际上由于声衍射声强不完全为零，因而射线声学也不适用。条件二要求介质声速变化缓慢，在一个波长距离上，声传播方向不能发生很大的改变。如在声速跃变层附近，射线声学不能应用。

（李整林）

射线束材料改性 beam technology for material modification 一种利用射线束辐照进行材料改性的技术。射线束是成束发射的电子束、光子束、离子束或中子束。射线束材料改性是用一定能量和剂量的电子、γ光子、离子或中子等射线束辐照材料，通过改变材料中原子本身或者原子间的结合方式，在材料中引起特定的物理、化学和生物性能变化，改变材料成分、结构、表面性能及生物遗传基因，达到符合特定需要的材料改性。射线束材料改性是材料分子和原子层次对其性能改变是核科学技术和材料科学技术交叉发展的产物。采用这种技术可以达到常规手段不能产生的效果。例如，切削刀具经过这种新工艺的短时间处理，可以成倍提高使用寿命，以及改善工件切削质量；种子经过射线束辐照，可能产生新的优良品种。

材料改性中应用的电子束一般由电子

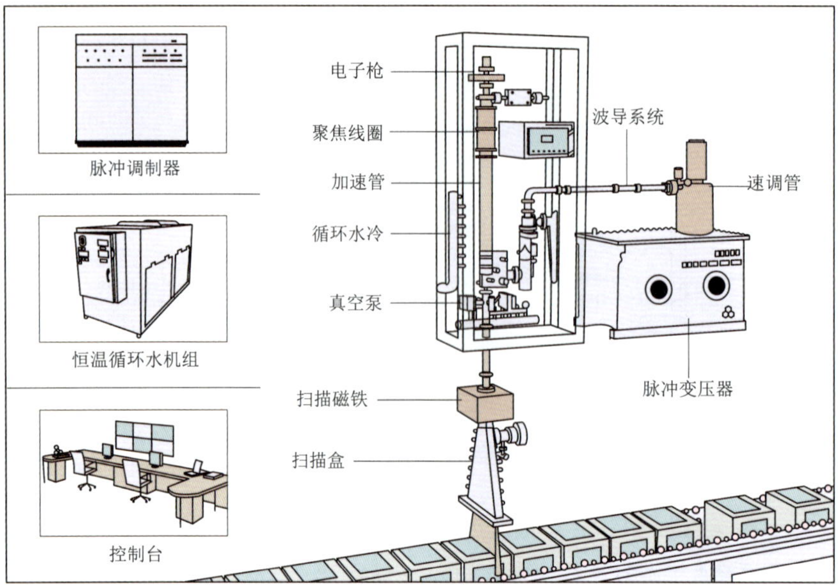

图1 电子直线加速器原理示意图

直线加速器、电子静电加速器、高频高压发生器（“地拉米”加速器）等提供。电子直线加速器的原理如图1所示。电子束能量在几个兆电子伏（MeV）量级，束流强度几十毫安到上百毫安的量级；离子束一般由加速器提供，能量要求不是很高，例如几万到几十万电子伏特，但束流强度要尽可能高，例如几十到几百毫安甚至到安的量级；中子束由核反应堆、放射性中子源或加速器中子源提供，反应堆中子束流密度可达每米^{2}秒10^{15}以上；γ射线能量可达兆电子伏量级，穿透本领强。人工放射性同位素钴-60（^{60}Co）源或铯-137（^{137}Cs）是较强的γ射线源。^{60}Co的半衰期适中，为5.7年。若半衰期太长，放射性强度低；而半衰期太短，则需要频繁更新。^{137}Cs寿命较长，放射线能量比^{60}Co低。

电子束和γ射线主要是通过它们对材料中原子、分子的激发、电离和解离作用，以及由此产生的活性粒子（激发的原子和分子、离子和自由基），使材料改性。过程中，辐射能转化为激发能、电离能和解离能。

高能离子与材料原子核之间发生核反应，引起原子核的变化，使材料改性。更广泛应用的是低能加速器产生的低能（千电子伏～兆电子伏量级）离子，它们注入材料内部，使材料发生变化。离子注入系统示意图如图2所示。低能离子束辐照材料时，入射离子逐渐损失能量，最后停留在材料中，实现材料的离子掺杂。高能离子还可以通过电离或者与材料原子核弹性和非弹性碰撞，材料中引起电离、激发、位错和其他缺陷，导致材料微观结构和宏观性能变化。

中子不带电，不直接产生电离，通过材料原子核碰撞产生的反冲核再产生次级电离。中子对材料的穿透本领强，可以穿透到材料深部。中子和原子核碰撞时，除了使核反冲而离开原有的位置外，还可能被核吸收和产生核反应，使材料核发生嬗变，在材料中产生一些不同的核素，它们均匀分布在材料中，达到均匀掺杂。

（英敏菊）

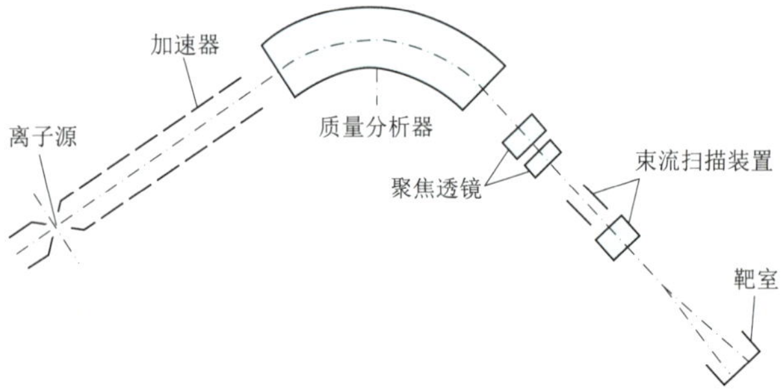

图2 离子注入系统示意图

摄谱仪 spectrograph 将待测光按频谱形式分离并记录下来的光学仪器。摄谱仪的基本结构由照明系统、准直系统、色散系统、投射系统和探测记录控制系统组成。典型的摄谱仪具有多通道探测记录系统和成像装置。

通常摄谱仪按色散元件分类，可分为棱镜摄谱仪、光栅摄谱仪和法布里-珀罗干涉窄带成像仪。

棱镜摄谱仪根据棱镜材料不同可分为：石英棱镜摄谱仪（适用于紫外区）、玻璃棱镜摄谱仪（适用于可见光区）和萤石棱镜的光电直读光谱仪（适用于真空紫外区）。

光栅摄谱仪利用衍射光栅作为色散元件，色散率与入射波长无关，应用波段宽，可任意选择波段范围。通常使用的衍射光栅形式有：平面光栅、凹面光栅、闪烁光栅、全息光栅、阶梯光栅、棱镜光栅等。下图示意了一种摄谱仪的工作原理。

法布里-珀罗干涉窄带成像仪采用压电材料作为法布里-珀罗标准具窗口材料，通过施加电压就能改变标准具腔长，选通窄带光成像输出。由于这种模式采用扫描选频方法，所以常用于天文学观测方面，不适合于瞬态光谱记录分析。

摄谱仪的主要性能指标有带宽、分辨率、杂散光等。

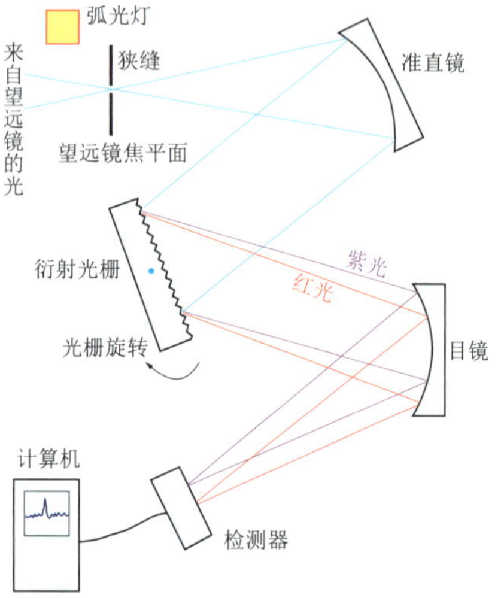

狭缝光栅摄谱仪工作原理示意图

①带宽（bandpass）。摄谱仪的带宽一般是指摄谱仪中探测器沿色散方向的敏感长度所覆盖的光波长范围。且在此波长范围内，探测器上的狭缝像应保持成像清晰。

②分辨率（resolution）。入射狭缝宽度通常决定了摄谱仪的光谱分辨率，但当入射狭缝宽度减少至和探测阵列像素大小相当时，就存在极限分辨率。这时要遵从采样理论用两个像元覆盖的波长范围计算分辨率。例如：当入射狭缝为25微米×3毫米，光栅刻线密度1200l/mm，1024元阵列探测器时，分辨率为0.17纳米。

③杂散光（stray light）。在摄谱仪阵列探测器系统中，杂散光的影响要远远高于扫描单色仪。由于阵列器件面积大，而动态范围又小于单元器件，所以光线易从探测器阵列上反射回光路中，多次散射形成杂散光。在摄谱仪中精确计算杂散光强度是一件困难的事，现摄谱仪通过设计和

工艺处理将杂散光控制在0.1%以下。

摄谱仪是光谱学研究的重要仪器和手段，其在各行各业中应用广泛。在化学、生物学领域是研究样品构成的主要工具；在天文学领域是研究星体物质构成的基本手段；光谱分析通常也应用于地球遥感、资源勘探、植被覆盖率等研究中；在军用方面，用特殊形式的摄谱仪能快速判定敌方发射的激光波长，从而判定敌方是在测距、干扰或在用激光制导精确弹药，以利己方做出快速反应。

从1876年由H.德雷珀发明了摄谱仪并用其分析了织女星的谱线后，摄谱仪的发展取得了长足的进步。早期摄谱仪普遍采用感光胶片或干板记录谱线，现已被半导体探测器取代，其结果能快速通过网络共享。覆盖范围已从可见光拓展至X光、紫外、红外区域。

1990年发射的哈勃空间望远镜就携带了紫外和可见光波段的摄谱仪，在大气层外观测星体；其后詹姆斯·韦伯空间望远镜设计安装近红外和中波红外摄谱仪，继续着哈勃空间望远镜的使命。

（高教波　宁子立）

摄像机　video camera　一种电子扫描成像仪器。眼睛是人类感知世界最主要的器官，如果被观察的物体由极微弱的可见光或波长处于不可见范围（紫外或红外波段）的辐射照射，或物体距观察者十分遥远和快速变化，眼睛便难以直接对其观察，需要借助各种摄像系统。20世纪后期，发展出形形色色的摄像机，最常见的有利用摄像管的电视摄像机、电荷耦合器件（CCD）摄像机、由像增强器与摄像系统组合的微光摄像机和光子计数摄像机，以及专门用于拍摄高速运动或变化的物体的高速摄像机。随着数字化技术的迅速发展，出现了图像更加清晰的数字摄像机。

摄像机工作的基本原理是：把光学图像信号转变为电信号，以便于存储、传输。拍摄时，反射的光被摄像机镜头收集，使其聚焦成像在摄像器件的受光面（如摄像管的靶面）上，再通过摄像器件把光信号转变为电信号，即得到了“视频信号”。对于照度很弱的景物成像的微光摄像系统，摄像器件前面需耦合一级乃至多级像增强器，将微光图像增强后再由CCD转换为全电视信号。

摄像机在国民经济各领域得到广泛应用。军事上用其观察敌方行动和发现隐藏目标。公安和司法部门利用摄像机对机场、银行等重要部门进行安全监控。摄像技术与日常生活非常密切，只需将一个十分小巧的数码摄像头通过微机接入宽带互联网中，用户即可与相隔万里的亲友进行实时可视通信。

（刘　琨　郁道银）

摄影物镜　photographic lens　主要用于将大物成小像于接收器上，即将空间物体成像于感光胶片或其他接收器上的透镜组。那些将一个物平面上的图形、文字成像于各种感光材料上的透镜组，诸如制版镜头、复印镜头等也属摄影物镜之列。投影物镜则是把小的工件或摄制在胶片上的文字、图像，或加载到液晶显示器、数字微反射镜（DMD）等空间光调制器上的多媒体图像，以较大的倍率在各种屏幕或感光纸上成像的透镜组，如投影仪镜头、电影放映镜头和放大机镜头等。从光学结构上看，投影物镜与摄影物镜属于同一类型，相互可看成是光学上的倒置使用。

摄影物镜需要适用于对不同亮度的物体有时甚至是照明十分微弱的物体的拍摄，要求有很大的相对孔径，常常要求倍率连续可调。摄影物镜的视场也很大，就标准镜头而言，约为40°～50°，而广角镜头则更大。所以摄影物镜属大孔径大视场一类的透镜组，各种像差都需要校正；但由于普通感光胶片本身的分辨率不高，而投影仪的图像分辨率受到空间光调制器像素大小的限制，对物镜分辨率的要求要比显微镜物镜和望远镜物镜这一类小像差系统低得多，属于大像差系统，这是摄影物镜能实现大视场、连续变焦等性能指标的原因之一。当然，对不同用途的摄影物镜，像质要求也有很大差别，其相对孔径或视场往往随像质要求的提高而有所降低。

摄影物镜和投影物镜由于各种像差都要校正，一般具有比较复杂的结构，一些最常用的结构形式如图所示。图a所示的是由两个胶合组组成的珀兹伐物镜，它有利于校正轴上宽光束像差，可达较大相对孔径（1:2），但因结构形式是两个分离的正透镜组，像面弯曲得不到校正，使视场受到限制只能小于25°，最适合作电影放映物镜。图b是三片式**柯克物镜**，它是能同时校正七种像差的最简单形式，相对孔径和视场分别为1:4.5～1:3.5和40°～50°，成像质量一般，适用于低档照相机或投影仪。图c是**天塞物镜**，与三片式物镜相比成像质量有所提高，相对孔径为1:3.5～1:2.8，应用比较广泛。图d是双高斯型物镜，在相对孔径为1:2和视场为45°时，可以有很好的成像质量，在中、高档照相机中应用较广。在此基础上加以复杂化，可以得到性能和质量更高的物镜。图e是**远摄物镜**，适于做长焦距物镜。它由分离得很开的正、负两个镜组组成，可使其像方主面位于物镜之前，因此焦距虽长而筒长却可较短。图f是**反远摄物镜**，适于做短焦距物镜，它也由分离的正、负两镜组组成，但因负组在前，可使像方主面位于物镜之后，因此焦距虽短而有较长的工作距离，相对孔径一般为1:2～1:2.8，视场一般为60°～75°。

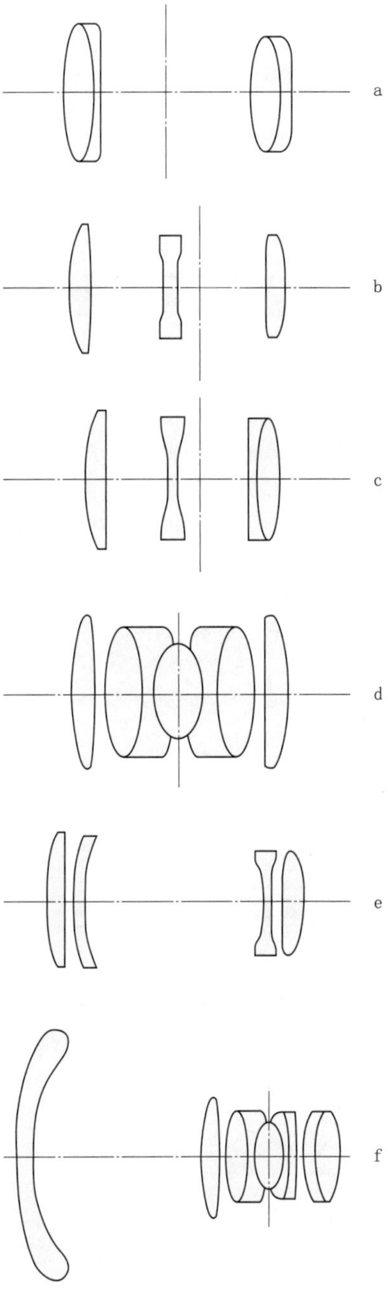

常用摄影物镜的结构形式

在电影摄影、电视摄像和投影仪中普遍应用焦距可以连续变化的变焦距镜头，它可以获得用固定焦距镜头拍摄时所不能达到的艺术效果。这种镜头是靠移动（有线性的，也有非线性的）某几个镜组来达到变焦的目的，当然其结构是极其复

杂的。 （李元康　张　新）

深度非弹性散射 deep-inelastic scattering; DIS　在粒子物理学中，是通过轻子与强子的高能非弹性散射探测强子的内部结构的散射过程；在核物理研究中，是重离子的高能非弹性碰撞过程，弹核与靶核之间既有核子和能量的交换，也保留各自个体一些特征的一种重离子核反应机制。

轻子-强子深度非弹性散射是指高能情况下，当轻子与强子碰撞交换的中间玻色子的康普顿波长很短时，能够深入探测强子内部结构的非弹性散射过程，且初态强子被彻底打碎。结构函数是在深度非弹性散射过程定义的描写核子结构的标量函数。对宇称守恒的单举深度非弹性散射，存在两个非极化结构函数F_1、F_2和两个自旋依赖的结构函数g_1、g_2。

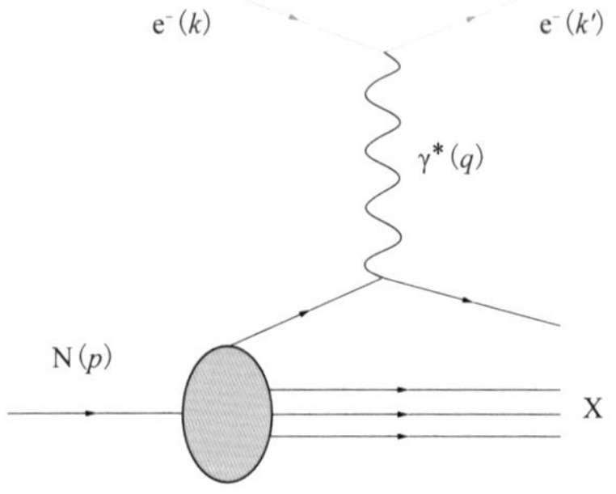

深度非弹性散射过程示意图

由于轻子只参与弱电相互作用，轻子-强子散射可以很好地采用单玻色子交换近似来描述。对单举深度非弹性散射，以$e^-N \to e^-X$为例，交换的中间玻色子为光子，在单光子近似下可以用图表示。虚光子的康普顿波长用$1/Q$表征（$Q^2=-q^2$，q是虚光子的四动量），深度非弹性散射就是指$Q \gg M$且$M_X>M$的过程，其中M是核子质量，M_X是图中以X标记的强子系统的不变质量。在单光子近似下，$e^-N \to e^-X$过程的微分散射截面可以表示为：

$$d\sigma=\frac{\pi e^4}{sQ^4}L^{\mu\nu}(k,k')W_{\mu\nu}(q,p)\frac{d^3k'}{(2E')(2\pi)^3}$$

式中$L^{\mu\nu}(k,k')$为轻子张量，它描述轻子与光子的相互作用，是完全由量子电动力学决定的已知的张量；$W_{\mu\nu}(q,p)$为强子张量，它描写虚光子与核子间的相互作用，具有如下的表达式：

$$W_{\mu\nu}(q,p)=\frac{1}{2\pi}\sum_X\langle p|j_\mu(0)|X\rangle\langle X|j_\nu(0)|p\rangle(2\pi)^2\delta^4(q+p-p_X)$$

式中求和是对强子末态相空间积分和强子种类的求和。强子张量$W_{\mu\nu}(q,p)$依赖于核子的结构。对称性分析发现，非极化反应过程的$W_{\mu\nu}(q,p)$取如下的一般形式，

$$W_{\mu\nu}(q,p)=\left(-g_{\mu\nu}+\frac{q_\mu q_\nu}{q^2}\right)W_1(\nu,q^2)+\frac{1}{M^2}\left(p_\mu-\frac{p\cdot q}{q^2}q_\mu\right)\left(p_\nu-\frac{p\cdot q}{q^2}q_\nu\right)W_2(\nu,q^2)$$

上式中两个标量函数W_1和W_2（或无量纲的$F_1=MW_1$和$F_2=\nu W_2$）与核子结构紧密相关，被称为核子结构函数。若用μ子代替核子，即将核子看成点粒子，则这两个结构函数退化为：

$$2MW_1^{\text{point}}(\nu,q^2)=\frac{Q^2}{2M\nu}\delta\left(1-\frac{Q^2}{2M\nu}\right)$$

$$\nu W_2^{\text{point}}(\nu,q^2)=\delta\left(1-\frac{Q^2}{2M\nu}\right)$$

在极化情况下需要另外两个结构函数来描写反应过程的自旋依赖，它们通常记为G_1与G_2（或无量纲的$g_1=M^2\nu G_1$和$g_2=M\nu^2G_2$），被称为自旋依赖的结构函数。

考虑弱相互作用过程，如$e^-N \to \nu_eX$，需要在强子张量中计入宇称破坏的项，如自旋无关的$\frac{i}{2M^2}\varepsilon_{\mu\nu\alpha\beta}q^\alpha p^\beta W_3(\nu,Q^2)$，相应增加宇称破坏的结构函数$W_3$（或$F_3=\nu W_3$）；自旋依赖的部分相应增加$G_3$、$G_4$和$G_5$三个自旋依赖的结构函数。对$e^-N \to e^-X$过程，也需要计入Z玻色子交换过程及其与光子交换过程的干涉项的贡献。

在部分子模型中，结构函数直接由部分子分布函数给出，如：

$$F_1(x,Q)=\frac{1}{2}\sum_i e_i^2[q_i(x,Q)+\bar{q}_i(x,Q)]$$

$$F_2(x,Q)=\sum_i e_i^2x[q_i(x,Q)+\bar{q}_i(x,Q)]$$

式中$q_i(x,Q)$是该种夸克在核子内的数密度，称为部分子分布函数，参见部分子模型。

深度非弹性散射是认识物质深层次结构最有力的手段之一。通过这类实验，能清楚认识到质子由更深层次的基本粒子夸克组成，早期领导这类实验的三位物理学家J.I.弗里德曼、H.W.肯德尔和R.E.泰勒因此获得1990年诺贝尔物理学奖。当前对深度非弹性散射的研究由单举逐步深入到半单举过程，如$e^-N \to e^-hX$，此时相应的微分散射截面仍然可以表示为：

$$d\sigma^{si}=\frac{\pi e^4}{sQ^4}L^{\mu\nu}(k,k')W_{\mu\nu}^{si}(q,p,p_h)\frac{d^3k'}{(2E')(2\pi)^3}\frac{d^3p_h}{(2E_h)(2\pi)^3}$$

相应地强子张量定义为：

$$W_{\mu\nu}^{si}(q,p,p_h)=\frac{1}{2\pi}\sum_X\langle p|j_\mu(0)|p_h,X\rangle\langle p_h,X|j_\nu(0)|p\rangle(2\pi)^4\delta^4(q+p-p_h-p_X)$$

此时对于强子h无自旋的情况下，非极化情形下独立的核子结构函数有4个，极化情形下增加到18个；强子h有自旋的情况更加复杂。部分子模型中，半单举结构函数由横动量依赖（TMD）的或三维部分子分布函数与TMD碎裂函数的卷积给出；若考虑喷注产生过程$e^-N \to e^-qX$，则结构函数直接由TMD分布函数给出。考虑横动量与自旋自由度，独立的TMD夸克分布函数有8个，TMD胶子分布函数也有8个，包括著名的Sivers函数、Boer-Mulders函数等；同时还需要考虑高扭度部分子分布函数的贡献，它们对反应截面的贡献是阶压低（Λ/Q幂次压低）的。对半单举过程与核子三维结构的研究是当前高能物理学界的重要前沿。

重离子深度非弹性碰撞有以下明显特征：有大的动能损耗和质量转移；反应产物有各向异性的角分布；大的角动量转移；中子质子比迅速达到平衡；平衡前的轻粒子发射。原因在于当两个较重的原子核碰撞时，由于存在切向和径向摩擦，导致原子核的相对动能转变为内部激发能、形变能和碎片的转动能。而且由于碰撞条件的变化，如入射能量、碰撞系统的质量等，出射碎片的能量变化特征也有所不同。深度非弹过程是一个典型的非平衡态输运过程，可以用非平衡态统计物理的主方程进行描述。

为解释实验观测到的现象，J.威尔钦斯基给出了一个描述深度非弹性散射的经典图像（忽略质量交换），即入射离子的散射角度随碰撞参数的变化图：随着碰撞参数的减小，出射离子的偏转角减小，随后会偏向负角度，同时出射的离子的能量也减小。这样就导致在一个角度可以观测到两种能量成分的出射离子。高能成分在正角度出射，而低能部分在很大的负角度出射。考虑到动能的耗散，许多学者在经典运动方程引进摩擦力来解释这一过程。

1973年前后苏联杜布纳研究所的研究人员在利用^{40}Ar轰击钍靶时首先发现这一现象，随后都普遍认为这一过程只在较重的重离子碰撞中发生。但是，中国科学院近代物理研究所的研究人员利用^{16}O轰击^{27}Al时，也观察到了这样的过程。

（宋玉坤　周　剑　梁作堂　靳根明）

深能级 deep level　在半导体材料中，一些杂质产生的位于禁带中心附近，远离导带和价带的能级。处于这些能级的杂质具有较大的电离能，在室温下一般不电离，对半导体材料的载流子没有贡献，但

它们可作为电子或空穴的复合中心，影响非平衡少数载流子的寿命。这类杂质称为**深能级杂质**，通常由同族元素的不同原子（等电子杂质）或者碳氧氮及一些重金属原子产生。深能级杂质可以是单个的杂质原子或缺陷，也可以是杂质和缺陷的络合体。它们往往可以连续接收几个电子，在禁带中形成多重能级，各对应于不同的电荷态。深能级有四个重要指标：①深能级在禁带中的能量位置；②深能级杂质的密度；③从导带（或价带）捕获电子（或空穴）的能力；④把深能级上的电子发射到导带（或价带）去的能力。深能级对电子（或空穴）的捕获能力与发射能力相关，它们都依赖于温度。深能级瞬态谱的测量就是多次缓慢地改变半导体材料的温度，利用巧妙发射率窗电子探测技术，得到发射速率的温度依赖关系，进而得到半导体禁带范围内的杂质、缺陷深能级的相关信息，具有极高的检测灵敏度。（姬　扬）

深能级杂质　deep level impurity　半导体中杂质原子的价电子受到的束缚比较紧、电离能大，从而在固体中形成的杂质能级或多重能级是在能隙中央附近的杂质。

半导体中深能级杂质原子的价电子受到束缚比较紧，深能级杂质的电离能大。深施主杂质和深受主杂质在半导体禁带（能隙）中的能级位置比较深，距导带底或价带顶较远，其产生的能级在半导体能带中位于禁带较深处（即比较靠近禁带中央）。

半导体中能产生深能级的杂质有多种：如等电子杂质（即在半导体晶格中，杂质采取代位位置，而且和被替代的晶格主体原子在元素周期表中属于同一族的杂质，即在晶格中与主体原子价键数相同的杂质原子）能产生深能级；半导体中的代位杂质，如与被替代的主体原子的价键数相差不是1，或者与被替代的主体原子不属于同一个周期，或者原子半径相差比较大时，容易形成深能级；元素周期表中的过渡元素原子（如铬、锰、铁、钴等）杂质容易在半导体中形成深能级。

深能级杂质只能以很小的浓度掺进半导体中，在硅中是10^{12}～10^{13}/厘米^3，在化合物中是10^{17}/厘米^3。它们对载流子浓度的贡献很小，主要作用是复合中心或者俘获中心。在有些器件中则要求较短的载流子寿命，如快速开关，则可以有意引入较高浓度的深能级杂质（缺陷）复合中心。间接能隙半导体，掺入等电子杂质氮（氮是V族，替代磷）后，就能非常有效地发光。

深能级杂质和浅能级杂质有很大差别：①浅杂质能级一般离带边比较近；而深杂质能级则不一定，大部分离带边较远，位于能隙的中间部位。②杂质和缺陷在半导体中能产生偏离周期性势场的微扰。浅能级杂质的微扰势是屏蔽的库仑势，是长程的、缓变的，而深能级杂质的微扰势是短程的。③浅能级杂质态的波函数是类氢波函数，在空间的扩展范围是有效玻尔半径，为10纳米左右。而理论计算表明，深能级波函数是相对局域的，只扩展到缺陷或杂质周围几层原子上。④对浅能级杂质，它的能级位置（结合能）主要由一个带的有效质量决定，而对深能级杂质，由于其波函数在动量空间是扩展的，有效质量理论不再成立。⑤在实验上，区分浅能级杂质和深能级杂质，可根据流体静压下杂质能级相对于能带边的变化，对浅能级杂质，杂质能级与相关带边相对能量的移动很小，而深杂质能级位置在压力下相对于带边的移动较大。（江德生）

神光-Ⅲ　Shenguang-III facility　中国自行研制的首台能量输出能力超过十万焦的激光聚变研究装置。建在位于四川省绵阳市的中国工程物理研究院激光聚变研究中心。2002年开始设计，2007年启动工程研制，2015年完成建设，三倍频激光输出能量可以达到18万焦。装置由48束激光组成，分为6个激光束组，每个束组按4×2布局排列。单束激光设计输出能力为基频激光能量7500焦（波长为1053纳米），三倍频激光能量3750焦（波长为351

神光-Ⅲ装置图

纳米），脉冲宽度3纳秒，光束口径360毫米×360毫米。神光-Ⅲ装置建成时，其能量输出能力居世界第二，仅次于美国的国家点火实施装置。该激光装置的建成，标志着中国激光聚变研究跨入世界先进行列。（郑　坚）

神经信息处理　processing of neuronal information　长期进化过程动物发展出的一套丰富的与环境相互作用的能力，即通过中枢神经系统（CNS）和外周感受器和作用器官，来获取内部和外部的信息，然后根据内在行为和记忆状态进行信息处理，并产生对输入信息的响应的过程。神经信息处理的基本单元是神经元。在中枢神经系统中，这些神经元以并行或串联分级的方式密集相互连接成复杂神经网络。可以从突触、神经元、神经环路等不同水平上研究感知与行为的神经信息处理，主要包括：①视觉、嗅觉、味觉、听觉、触觉等感觉系统信息加工和整合的机制；②突触可塑性和神经网络的调控在神经信息处理中的作用；③学习/记忆、注意、决策、运动、本能行为等的神经机制以及神经调质系统在神经信息处理过程中的功能作用。神经电生理多细胞记录实验表明个体刺激，物体或事件通常被群体神经网络编码为时空放电模式。而神经网络中神经元相互连接的突触传递强度可以在对输入信息处理的过程中增强和减弱，体现出突触可塑性或网络链接的可塑性变化，这样的神经网络的信息处理过程具有很强的适应性和学习能力。这使得动物大脑的信息处理能力与现有人造机器的信息处理能力截然不同，其特点是具有抗噪声能力，学习能力和泛化能力，以及参与复杂社会行为的能力。神经科学家经常用信息理论来量化神经信息通道可靠传递信息的数量和能力。但神经细胞和神经网络不仅仅传递信息，还会处理和加工信息，甚至产生认知和计算能力，这是信息理论很难量化的。揭示神经系统处理信息过程遵循的算法和规则及机制是我们这个时代的挑战。（于玉国）

神经元放电模式　neuronal firing pattern　神经细胞释放电信号的方式。对神经元放电的峰峰间期（ISI）进行分析，是比较常用的研究神经元放电模式的方法。在去极化电流刺激下，锥体神经元常见的放电模式有两种：规则型放电（RS）和簇发型放电（IB）。规则型放电，指发放持续的、规则的单根动作电位的放电模式，具有明显的发放频率适应性；簇发型放电，有两种表现形式，在刺激开始以2～5个动作单位簇为单位的成簇放电，其后伴随单个动作电位的放电模式。在簇状发放内，随着刺激强度的增大，前两个动作电位的峰峰间期较为恒定，或在刺激期间具有多个成簇样放电的放电模式。

非锥体神经元的放电模式一般有两种：低阈值放电和快速放电。低阈值放电，指具有一个再生性去极化峰，产生动作电位时阈值低，所需刺激强度较小。低阈值放电神经元的膜输入阻抗大，放电频率适应性大于快速放电神经元。快速放电表现为高频放电，快速放电神经元没有或具有很小的放电频率适应性。除此之外，还可以根据动作电位半高宽，超极化后电位等区分低阈值放电和快速放电。如与低阈值放电神经元相比，快速放电神经元动作电位半高宽较小，超极化后电位较大。

（古华光）

沈克琦 Shen Keqi（1921-10-17～2015-02-17） 中国物理学家。生于江苏武进（今常州市），卒于北京。1943年西南联合大学物理系毕业。1943～1946年任桂林国立汉民中学物理教师。1946～1991年在北京大学物理系任教，先后任助教、讲员、讲师、副教授、教授。1953～1980年先后任物理系普通物理教研室副主任，物理系系主任助理、副系主任。1978～1991年先后任北京大学副校长、北京大学校务委员会副主任。1985～1990年任烟台大学校长。1963～1991年任中国物理学会副秘书长、教学研究委员会主任、副理事长。1984～2009年担任全国中学生物理竞赛委员会主任、名誉主任。1991年11月离休。

长期从事物理教学、物理教学研究和高等教育行政工作。参与领导北京大学物理系和中国理科高等教育改革，培养了一大批优秀物理学人才。担任中国博士后科学基金会理事长、全国高等教育自学指导委员会副主任，参与创建和发展博士后制度和中国高等教育自学考试制度。参与创办并主持全国中学生物理竞赛。长期担任国家教委全国中小学教材审定委员会副主任，主编出版了《自然科学基础》《高中物理学》参考教材，主编《中国科学技术专家传略·理学编·物理学卷》第一卷和第二卷。沈克琦为办好北京大学物理系/推进理科高等教育改革和中小学物理教育做出了突出的贡献。（尹晓冬）

沈括 Shen Kuo（1031～1095） 中国北宋科学家。字存中。钱塘（今浙江杭州）人。曾任沭阳县（今江苏沭阳）主簿。嘉祐八年（1063）中进士，不久升为太史令。熙宁年间积极参与王安石变法运动，如整理陕西盐政，考察两浙水利、差役等。熙宁五年（1072）提举司天监，次年升任集贤院校理。熙宁八年（1075）出使契丹，斥其争地要求。次年任翰林学士，权三司使。元丰五年（1082），西夏攻永乐（今陕西米脂西）、绥德（今陕西绥德）二城，沈括奉命力保绥德，因永乐失守，连累坐贬。元祐三年（1088）退居润州（今江苏镇江），筑梦溪园，汇集平生见闻，撰《梦溪笔谈》。

沈括一生撰书多种，据《宋史·艺文志》载，其著述有22种155卷，但根据《梦溪笔谈》和宋代诸家书目，此外尚有18种。现在尚存的只有《梦溪笔谈》26卷、《补笔谈》3卷、《续笔谈》1卷、《长兴集》残存本19卷和《苏沈良方》中的一部分沈括医方，其他均已失传。《梦溪笔谈》的科学内容丰富，见解精到，无论在中国还是在世界科学史上都享有很高的声誉。

沈括的物理知识是多方面的，在磁学、光学、声学几个方面都有所创见。

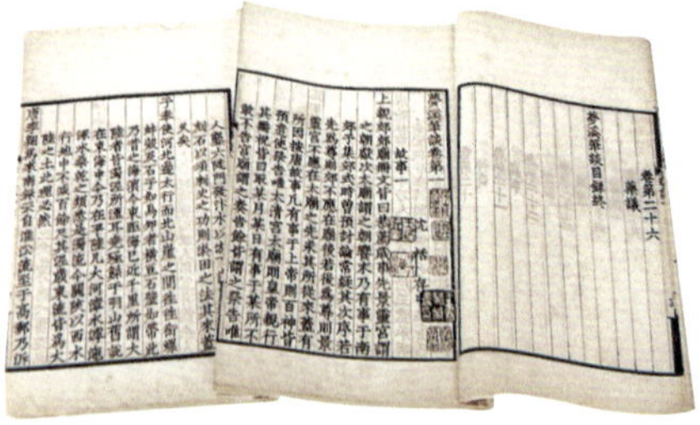

《梦溪笔谈》

磁学 ①最早记载了人工磁化的一种简便方法，即"以磁石磨针锋"，造指南针。②在历史上第一个指出了地磁场存在磁偏角，即磁针所指"常微偏东，不全南也"。③详细讨论了指南针的四种装置方法：水浮，置于指甲上，置于碗沿上和悬吊的方法。他指出，浮在水面容易摇荡不定，放在指甲或碗沿上容易滑脱，用单根蚕丝悬挂最为方便。

光学 ①对针孔成像与球面镜成像的问题，中国在战国初期就有所认识。沈括对这些现象做了仔细研究，力图进行理性的概括。他提出"碍"的概念，这是指某种特殊的几何点，如小孔成像的孔，凹镜的焦点或曲率中心。他认为针孔成像和凹面镜成像（包括凹面镜向日取火）都是由于光线通过"碍"的缘故，得到物的投影，亦即成像。他认为这种几何关系就是"算家"的"格术"。他正确地描述了镜面的曲率与像的大小的关系。②他所记载的"红光验尸"法指出，当尸体的伤痕不易发现时，可在中午用新的红油伞罩在用水浇了的尸体上，则伤痕可见。这新的红油伞实际上起了滤光器的作用，尸体伤痕的青紫处，在红光下比在白光下看得清晰。③沈括研究过透光镜。透光镜是一种特制的铜镜，当镜面对着阳光，镜背的文字图案能够反射在墙壁上，他猜测这是由于镜面上存在与背文相对应的细微图案的缘故，他还对铸造过程中镜面形成相似图案的原因做了一种比较合理的解释。

声学 ①用纸人显示声音的共振，是沈括的一个发明。古代的琴（或瑟）上，都有宫、商、角、徵、羽、少宫等弦，其少宫、少商分别比宫、商高八度音。他剪了一个纸人放在少宫或少商弦上，弹动宫弦或商弦时，在相应的少宫或少商弦上的纸人就会跳动起来，而弹其他弦时，纸人则不动。用两只琴（或瑟），将纸人放在一只琴的弦上，则弹动另一只琴时，相应弦上的纸人就会跳动。这里，前者是因宫和少宫、商和少商的频率相差一倍，故产生泛音的共振；后者则是基音的共振。沈括将这两种情形统称为"应声"，并指出这是正常的规律。②"虚能纳声"是沈括在声学上的另一个见解。他指出，将牛革箭袋（矢箙）放在地上当枕头，就能听到数里之内的人马之声。从现代物理学观点看来，这是由地面下传来的声波能量衰减小，而箭袋的空腔起了集音作用的缘故。

（王锦光 薄忠信）

沈文庆 Shen Wenqing（1945-08-21～ ） 中国实验核物理学家。生于上海。1968年毕业于清华大学工程物理系。1968～1991年，于中国科学院兰州近代物理研究所工作，历任助理研究员、副研究员、研究员、副所长、学术委员会主任。1991年起任中国科学院上海原子核研究所研究员，历任研究员、博士生导师、党委书记、副所长。曾任国家自然科学基金委员会副主任，中国核物理学会理事长，国家"973"重点基础研究发展规划"放射性核束物理和核天体物理"项目首席科学家、上海市科协主席（2001）、兰州重离子加速器国家实验室主任、北京串列加速器核物理国家实验室学术委员会主任、北京大学核物理与

核技术国家重点实验室学术委员会主任等职。1979年开始多次到德、日、法、美、丹麦、荷兰等国从事核物理研究工作。获国家自然科学二等奖1次，三等奖2次，中科院自然科学特等奖、一等奖各1次，二等奖3次，被国家人事部、教委分别授予有突出贡献中青年专家和有突出贡献出国留学人员的称号。1999年当选为中国科学院院士。

在中国科学院近代物理研究所和合作者一起在73兆电子伏以下的$^{12}C+^{209}Bi$发射粒子研究中，证实低能核反应中有大质量转移反应引起的α粒子发射。研究证实轻系统存在深度非弹性散射，并证实了有非完全深度非弹性散射的新反应机制。在负责兰州国家重离子加速器实验区建设与组织一批实验方面做出重要贡献。20世纪80年代在德国重离子研究中心用软件修正方法获得当时国际上最佳的质量与电荷分布，测到4个新核素。测量了准裂变的物理特性和质量弛豫时间并分析了对合成超重核的影响。在放射性核束物理方面研究奇异核结构的性质特点及用奇异核进行的核反应研究，包括新核素的合成，新的衰变性质研究，N/Z自由度在核反应中的作用，如中子晕、中子皮和新模式共振的研究。90年代在中国科学院上海原子核研究所与学生一起，提出了适用于低能和中能的核反应截面参数化公式；发展了用BUU方程计算反应截面的新方法，指出了轻丰中子核的中子分布弥散度增加的原因。研究了中能重离子核反应的基体效应及由此研究核物质相变、物态方程及介质中核子-核子相互作用截面。

（尹晓冬）

沈学础　Shen Xuechu（1938-02-28～　）中国物理学家。生于江苏溧阳。1958年复旦大学毕业，后进入中国科学院上海技术物理研究所。1978～1981年赴联邦德国马普固体研究所深造。1985～1993年任中国科学院红外物理国家实验室主任。1986年任中国科学院上海技术物理研究所研究员。1986～2002年当选为上海物理学会副理事长。1993年起任红外物理国家实验室和上海技术物理研究所学位委员会主任。1996～2001年任中国科学院上海技术物理研究所科技委主任。2001年任复旦大学教授和上海大学理学院院长。2005年当选为国际红外毫米波太赫兹学术会议国际组委会委员。2009年成为红外毫米波、太赫兹国际学术组织的创始会员和理事。先后任德国布伦瑞克技术大学、加拿大基尔大学、中国台湾大学、日本东北大学的客座教授。1995年当选为中国科学院院士。

长期从事光谱学和固体物理学研究，做出具有创新性的工作。发展了光学补偿双光束傅里叶变换红外光谱方法，发现了一定条件下某些固体存在声学局域模。发展了傅里叶变换光热电离谱方法，使硅中浅杂质检测灵敏度有数量级的提高。对**超晶格**、**量子阱**及其他低维结构、半磁半导体和非晶半导体、固体中杂质以及氨基酸、多肽、蛋白质分子等做了大量光谱研究，尤注重其中量子态跃迁、量子态杂化耦合等微观量子过程和量子互作用。在固态电子混沌、微腔激子激元、微腔单量子点等方面也有新结果。著有《半导体光学性质》《半导体光谱光学性质》等。1988年获"国家有突出贡献中青年专家"称号。三次获国家自然科学奖，多次获中国科学院自然科学奖一等奖等。2002年获何梁何利基金科学与技术进步奖。2006年获"国际电磁波谱科学巴顿奖"。

（尹晓冬）

沈元壤　Yuen-Ron Shen（1935-03-25～　）美籍华裔物理学家。生于上海。1956年获台湾大学学士学位。1959年、1963年分别获美国斯坦福大学和哈佛大学硕士、博士学位。自1970年起任美国加州大学伯克利分校物理系教授。任美国艺术与科学学院院士（1990）、美国国家科学院院士（1995）。1996年当选为中国科学院外籍院士。

在非线性光学方面，对等离子体的光学非线性、感应散射理论、非线性光学的量子统计理论等方面做了开创性工作，开辟了液晶非线性光学研究领域。在激光光谱和分子物理方面，对多原子分子的红外多光子解离得到透彻的了解；观察和分析了囚禁离子有序-无序跃迁，成为原子物理学近期的热点。在固体物理学方面，发展了调制光谱方法，使测定固体能带更为精确。发明了一种倍频-和频方法用于研究表面和界面，开辟了表面科学的诸多新领域。

（仲　佰）

甚大型强子对撞机　very large hadron collider; VLHC　正在探讨的下一代强子对撞机。期望其对撞能量比**大型强子对撞机**（LHC）的设计能量（14太电子伏）高几倍，甚至达100太电子伏。主要物理目标是开拓新的能量区域来研究基本粒子及其相互作用，寻找新粒子、新现象，探索超出标准模型的新物理。

VLHC尚无详细计划和时间表，它仅是一个名字，用于讨论其技术方法上的可行性。欧洲提出的未来环形强子-强子对撞机、中国提出的超级质子-质子对撞机均属这种对撞机。

（赵政国）

渗透率　permeability　衡量多孔介质输送流体通过能力的一种量度。是法国水力学家H.P.G.达西定义的一个多孔介质重要参数。渗透率值大，表示多孔介质输送流体通过的能力大。渗透率值小，表示多孔介质输送流体通过的能力小。多孔介质渗透输运性能与自然界密切相关，与人类的生产生活紧密联系。如常见的农作物的根部在土壤中对水分和矿物质的吸收和输送，动物体内的养分透过薄膜进入血液，各种溶液在生物体组织之间的转移等，这些过程都与渗透有关。又如地下水和油气在岩石孔隙中的运动也称为渗透，多发生在多孔介质中。

达西定律是流体渗流的基本定律，是由达西在1852～1855年通过大量实验得出的，为实验定律。根据达西定律，流体通过多孔介质的渗透率可用下式表示：

$$K = \frac{Q\mu L}{A \cdot \Delta P}$$

式中K为多孔介质的渗透率，单位为米^2，即与面积的单位相同，称之为达西（D），常用的单位为毫达西（md）；Q为单位时间内通过多孔介质的流量，单位为米^3/秒；μ为流体黏度，单位为帕·秒；A为多孔介质截面积，单位为米^2；ΔP为多孔介质两端的压力差，单位为帕；L为多孔介质的长度，单位为米。

渗透率又分为绝对渗透率、有效渗透率和相对渗透率。绝对渗透率是多孔介质中只有一种流体（单相）存在，且流体不与多孔介质发生任何物理和化学反应的情况，绝对渗透率是多孔介质的自身性质，取决于多孔介质孔隙的形状、大小和多少，与所通过流体的性质无关。在室内测定岩心对空气的绝对渗透率时，一般规定以0.1帕压差下的空气渗透率为标准。实际在多孔介质中发生渗透作用多是多相流体共存的。有效渗透率则表示多相流体共存时多孔介质对其中某一相流体的通过能力，不仅与多孔介质的自身性质有关，还与流体的饱和度和流体在孔隙中的分布有关。相对渗透率是当多孔介质中多相流体共存时，其中某一相流体的有效渗透率与绝对渗透率的比值。

对多孔介质渗透率的研究，不仅有重要的理论价值，而且应用价值也很大，可以为解决能源以及环境问题提供有效科学的依据。如为更好研究页岩气的渗流规律及开采方案，准确测量页岩的渗透率就显得尤为重要。但因为自然界中多孔介质的结构比较复杂，多孔介质中孔隙的形状、大小和数目不尽相同，许多研究者投入了大量人力和物力来研究多孔介质渗透率参数，以及渗透率、围压和孔隙率三者之间的关系。研究者普遍通过实验测量和数值分析来估算多孔介质的渗透率，测试方法和技术也日益趋于完善。（陶胜洋）

升华 sublimation 物质直接由固态转变为气态的过程。与之相反的过程称为凝华。纯物质升华过程中，由完全的固态转变为完全的气态需要吸收的热量称为相应条件（温度、压强等）的升华热。物质的升华热与物质的量有关。为避免混淆和便于比较，单位质量的纯物质由完全的固态转变为完全的气态需要吸收的热量称为该物质（在其他的确定条件下）的升华热，单位为焦耳/千克（J/kg）。也常取1摩尔的物质，相应的有摩尔升华热，单位为焦耳/摩尔（J/mol）。相反的凝华过程中释放出来的热量称为凝华热。通常情况下凝华热与升华热相同。

空气中水蒸气在地表物体上凝华成的冰称为霜。这一自然现象是典型的凝华过程。一个大气压下发生这种现象对应的温度称为霜点。霜点除与大气压强相关外，还与空气中水蒸气所占比例（亦即其分压强的大小）相关。（穆良柱）

升华法 sublimation method 将多晶原料经气相转化为单晶的生长方法。原料在高温区被加热**升华**，再被输运到低温区，在低温区冷凝成核进而生长为**晶体**。常温下饱和蒸气压较高的单质（如砷、磷）及某些化合物（如硫化锌、硫化镉、碳化硅等），均可用此法得到**单晶**。

升华法操作简单、方便，且可以通过控制组分分压来控制化学计量比的偏离。但升华法生长速度慢，主要用于生长小块晶体，如薄膜、晶须等。为生长高质量的大单晶，在升华法基础上又发展出有籽晶的升华技术，生长容器上部低温区放置籽晶可减少多晶成核，改善单晶的质量。坩埚的设计及与之相关的温度分布是控制单晶生长的关键。另外。此方法是气相质量输运过程，原料表面的氧化或易升华性及杂质的存在会严重影响气相的构成和组分的分压，进而劣化质量输运效率，影响单晶生长。

升华法已成为生长碳化硅单晶的标准方法，下面对其生长过程进行简述。1955年J.A.莱利首次用升华法制备了碳化硅（SiC）单晶。其坩埚为石墨坩埚，采用内外两层的设计。外壁为致密的坩埚，内有一筒，用多孔石墨制成。将SiC多晶填充于两筒间，然后在高温炉中加热使SiC升华，随着气流穿过多孔石墨，在内层坩埚上随机结晶成核。但此方法不能保证单晶生长的重复性，且没有办法控制晶体的多型性。对莱利法进行改进，采用籽晶取代随机成核，大大提高了SiC单晶尺寸和质量。（任治安）

生产反应堆 production reactor 用来生产裂变材料钚的核反应堆。简称生产堆。主要用途是将铀-238转换成易裂变核素钚-239，一般也能同时生产聚变燃料氚。特点是热功率大（钚产量同热功率及运行日数成正比），常用天然铀金属元件为燃料，转换比高，热工参数低，燃耗深度比**动力堆**浅，换料比较频繁。堆芯热工参数低，除了易于建造和安全可靠外，还有利于降低钚产品中的钚-240份额，以得到高质量的军用钚。已建成的生产堆类型有：石墨水冷堆、石墨气冷堆和**重水堆**。（杨红义）

生理光学 physiological optics 涉及解剖学、生理学、医学、物理、化学、心理学、光学工程、生物医学工程等的跨多学科的光学分支。人对光的感知，是以眼睛（见图）作为光学器件，以视网膜作为接收光能量装置，所产生的信号经视神经传输到大脑视区，最终成为视觉，而与之相关的研究内容，就构成了生理光学。生理光学的研究内容包括：眼球作为光学器件的性能，视网膜对光的响应特性，光响应信号在视神经中的传递与关联，大脑对光信息的识别及处理。

一般可用几何光学来研究眼球的光学成像性能。光线进入眼通过眼内媒质折射，在视网膜上成像，这个过程称为眼屈光。因为空气和角膜的折射率差别大，光线折射明显，眼睛的聚焦能力主要来自角膜。眼睛通过调节晶状体的两个表面的曲率来改变屈光力，可对不同距离的物体聚焦。眼睛可以看清的最远和最近距离分别对应于其调焦范围的远点和近点。正常视力眼睛的远点在无穷远，而儿童的近点可近于10厘米；近视眼的远点偏近，需要用凹透镜矫正；而远视眼的近点偏远，需要用凸透镜矫正。散光则是由于眼球不同方向截面内的曲率不同，需要用非球面透镜矫正。目前通过激光手术切削角膜也可矫正视力。

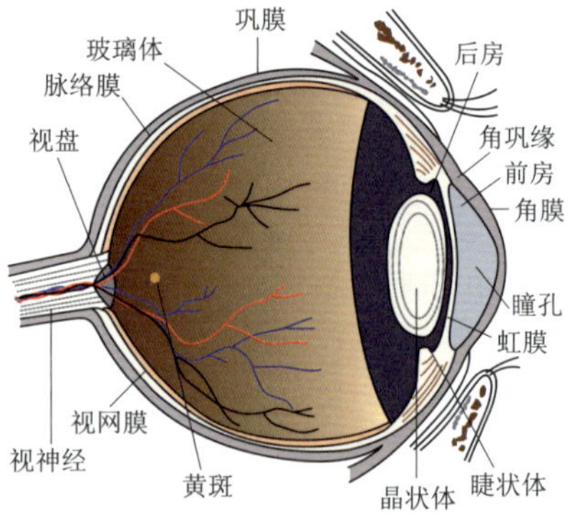

眼睛结构图

在调焦范围内，有一个眼睛舒适工作的距离叫明视距离，一般为25厘米。眼内的虹膜可以调节进入眼睛的光量。虹膜中央的小圆孔称为瞳孔。除了光量引起瞳孔大小变化，眼的调焦过程或者情感变化也会影响瞳孔的大小。临床有时为方便检测，需要做散瞳处理，就是将瞳孔放大。一般瞳孔最大可达8毫米。

眼球后端所连的视神经，在相应的视网膜表面形成了视神经盘，其特殊之处是没有感光细胞，因而落于该处的光线不可能被感知，故称为盲点。盲点的位置在视网膜内黄斑中心的鼻侧约3毫米处。正常时由于用两眼看物，一侧盲点可以被对侧视觉补偿，所以人们并不觉察自己的视野中有一处盲点。

一般眼睛水平方向视场角可达160°，垂直方向视场角约130°，但只有中央视角6′～7′的范围可以看清物体的细节，对应于眼底的分辨能力强的黄斑区，眼能够分辨的最小细节所对应的视角约为30″～1′。人的眼睛需要不断转动，将视场中心瞄准需要注视的地方。眼球有几种运动模式，它的不停运动，对于视知觉很重要，如果光线持续稳定刺激视网膜上同一位置，则在几秒钟内刺激像的轮廓和颜色便会消退。另一方面，人眼在观察景物时，光信号传入大脑神经，需经过一段短暂的时间，光的作用结束后，视觉会延续0.1～0.4秒并不立即消失，这种残留的视觉称后像，视觉的这一现象则被称为视觉暂留，因此每秒几十帧播放的视频或电影感觉是连续没有间断的。

眼睛由视网膜锥细胞对颜色进行的感知，即色觉。正常人能辨识波长380～760纳米的可见光，由紫、蓝、青、绿、黄、橙、红七色组成。明亮环境中，眼睛对555纳米的绿色光最敏感，而昏暗环境中会对更短波的偏蓝的光敏感，因此月色朦胧的夜晚，人们会感受到周围笼罩在一层蓝绿的色彩中。因视锥细胞集中分布在视网膜中心部，故该处辨色能力最强，越向周边部，视网膜对绿、红、黄、蓝4种颜色的感受力依次消失。如果缺乏色觉或色觉不正常，就是色盲或色弱。色盲是由于缺乏某种视锥细胞而出现的色觉紊乱，包括红色盲、绿色盲、蓝色盲和全色盲（单色觉）几种类型。人和动物的色觉有差异。有的鸟类和昆虫对紫外线、红外线这类人眼看不到的光谱非常敏感，但也不乏动物色盲的例子。

立体视觉就是视觉系统对三维空间的知觉，也就是辨别物体的距离、物体间的前后位置、方向等的能力。双眼视觉是立体视觉的主要基础，其原理是同一被视物体在两眼视网膜上的像有差异，左眼看到物体的左侧面较多，而右眼看到物体的右侧面较多，远处的物体对双眼的视角小，近处的视角大，来自两眼的图像信息经过视觉中枢处理后，可产生物体的立体感。单眼有时也有立体视觉，产生于物体的位置或视角变化，得以判断其前后。我们看立体电影或电视，一般要佩戴眼镜，通过不同偏振或时序选择，让两眼分别看到模拟有差异的图像，产生立体感。三维立体画也是利用这个原理，在水平方向生成一系列重复的图案，当这些图案在两只眼中重合时，就看到了立体的影像。

（薛　平）

生物磁学 biomagnetism 研究生命物质的磁性、生物磁现象和生命活动过程中结构功能的关系以及外磁场对生物体磁影响的生物学和磁学相互渗透的边缘学科。

发展简史　生物磁学现象和效应的观察及应用开始很早。中国西汉的《史记》（公元前90年）便有利用磁石治病的记载。明代著名药物学家李时珍在《本草纲目》（1578）中列举了磁石在医药上的十余种应用，如治肾虚耳聋、眼花内障、小儿惊痫、大肠脱肛、金创血出等。在西方，古希腊罗马时期的医生加伦曾利用磁石治疗腹泻，11世纪阿拉伯名医阿维森纳曾利用磁石治疗脾脏病、肝病、水肿和秃头等。I.艾丹在所著《电和磁现象的相互联系》（1843）一书中，综述了磁场对动植物和人体的影响以及在临床上的应用。19世纪末，M.A.达松伐耳发现了人眼磁闪光效应。由于现代物理学、化学、电子学等方法在生物磁学中的应用，测量了人体和生物体的极微弱磁场，发展了人体和生物体的核磁共振成像技术，发现了一些生物体内的微量强磁物质，研究了生物磁性与生物结构和功能的关系，极大地丰富了现代生物磁学的内容和应用。

生物磁现象　生物磁场可能有两种来源：一种是由生物体中的电子传递和离子转移等过程引起的生物电流产生的电致内源生物磁场；另一种是由于生物体内的强磁性物质（如Fe_3O_4微粒）磁化后产生的磁致内源（生物体内原有的）或外源（从生物体外进入的）生物磁场。生物磁场的强度很微弱，如人体心脏活动产生的心磁场约10^{-11}～10^{-10}特，人体脑神经活动产生的脑（神经）磁场约10^{-13}～10^{-12}特，人体肺部吸入强磁性物质磁化后可产生约10^{-9}～10^{-8}特的磁场。测量这些微弱的生物磁场需要采用高灵敏度的磁强计（如超导量子干涉式磁强计）和高性能的磁屏蔽室。生物磁图表示生物磁场随时间的变化，它能提供关于生物体的生理和病理状态的重要信息。其特点是：磁探头不与生物体接触，可避免接触（如电极）干扰；可测量恒定的和交变的生物磁场及不同方向的生物磁场分量；可测量生物磁场的三维空间分布；某些情况下生物磁图具有较高的分辨率。因此，生物磁图可在基础研究和临床诊断上得到应用。

生物磁场研究中，检测生物活体内主要由生物大分子活动期间生物电的流动所造成的磁场，受到生物学家的重视，因为这些磁场正是大分子结构和功能变化的真实反映。如利用电子自旋共振可研究光合作用中产生的自由基数量与光照强度和频率的关系，探讨光合作用的机理，研究含顺磁离子（如含铁离子的血红蛋白）或加入自旋标记（含自由基的分子）的生物分子的某些微观结构；利用**核磁共振**方法可研究含核磁矩同位素（如^1H、^{13}C、^{14}N、^{15}N、^{17}O、^{31}P和^{33}S）的生物分子的微观结构和动态过程，证认生物大分子中的各种基团，利用核磁共振成像技术还可显示生物组织甚至生物活体的某一截面的元素或状态分布（见图），现已能显示^1H的元素分布和状态变化；利用穆斯堡尔效应（见**穆斯堡尔谱学**），可研究含有穆斯堡尔同位素（如^{57}Fe）的生物组织的某些微观结构和电子状态；研究某些含铁蛋白在氧化和还原状态的电子价态变化，可诊断一些与含铁有关的疾病（如含铁血黄素沉着病、地中海型贫血病）；利用磁化率的测量可研究生物组织中顺磁离子（如铁离子）的能级参数，研究正常组织与病变组织的差异等。

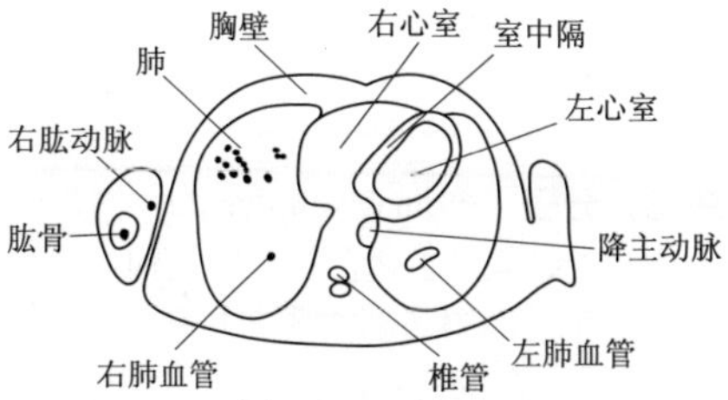

人胸部的核磁共振成像

磁（场）生物效应　不同类型、强度和分布的外磁场对生物体的影响不同。迁徙鸟类和回归的鸽子能清楚地找出它们周围的路径，很多研究有力地证明了鸟类能够很好地利用地磁。如把果蝇饲养在均匀恒定磁场中，磁场为0.01～0.15特时，果蝇形态并无明显变化，但当把磁场增加到0.3～0.4特时，形态畸变就显著增大。黑暗或闭眼状态中，由磁场引起光感觉的磁闪光效应只发生在磁场变化或交变磁场情况下，并且在磁场变化频率为20～30赫时最为显著。把体外培养的S-37肿瘤细胞在不同强度的均匀恒定磁场中培养，磁场约0.1～0.2特时未观察到可察觉的变化，磁场增加到约0.37特时会使细胞中的脱氧核糖核酸合成减少，磁场再增加到0.44～0.80特时会出现细胞退化变性现象。

生物磁学的应用　生物磁学在农业、医药、环境保护和生物工程等方面得到广泛的应用。农业上利用磁场处理一些作物的种子和幼苗，施加少量的磁性肥料，或者利用经磁场处理的水（简称磁水或磁化水）浸种、育秧或灌溉，可提高种子发芽率，促进作物长势，收到增产效果；利用磁水养鱼，可使鱼病减少，促进鱼的发育生长。医药上磁石（Fe_3O_4）已是多种中药的重要组分；磁场治疗（磁疗）对于急性扭挫伤、腰肌劳损、神经性头痛等疾病都有较好的疗效；磁场镇痛（简称磁麻）方法已开始在拔牙、切除粉瘤和阑尾，以及结扎输卵管等手术中试验或应用；利用磁场作用原理，已研制出血流计、磁药针、无触点心肌或神经刺激器、血球分离器和磁假肢等；磁水已在治疗结石病上得到较好疗效。环境保护中，利用高梯度磁分离和加磁性种子的磁分离方法，可除去煤中硫化物，清除污水中的细菌、病毒和有害残留物（如汞等）。生物工程中，长期的观测和实验表明鸽子认家（导航）与地磁场有关；一些细菌在水中沿地磁场游动表现出“向磁性”；磁场能引起果蝇遗传上的变异。这些为磁仿生工程或遗传工程提供了有意义的线索。

关于生物磁现象和磁（场）生物效应的作用机理，是一个十分复杂而没有被很好解决的问题。它既包括物理学范畴的内容，又涉及生命物质的结构和功能，尚有大量问题需要解决。（李国栋）

生物大分子 biomacromolecule 存在于生物体内的大分子化合物。它是构成生命体和生命活动的基础物质，共有4类，其中3类是聚合物，即由较小分子组成的长序列，包括蛋白质、核酸和糖类，第4类是脂类。生物大分子具有复杂性和稳定性，分子量巨大。在生命体内，生物大分子的许多功能都发生于它们的构象变化。许多不同的生物分子参与各种复杂的生物学反应，这种活动高度精确和专一，包含复杂的调控，例如DNA序列的“遗传密码”精确地决定了蛋白质的氨基酸序列。生物大分子的物化性质、结构及其动态特性、分子间相互作用及其协同性等正是复杂生命活动的基础。研究生物大分子，是探索生命本质的重要途径之一。

生物大分子大多数是由简单的组成结构聚合而成的大分子体系。蛋白质的组成单位是氨基酸，核酸的组成单位是核苷酸，而多糖的组成单元是单糖。生物大分子均可以在生物体内由简单的结构合成，也可以在生物体内经过分解作用被分解为简单结构，一般是在合成的过程中消耗能量，分解的过程中释放能量。从化学结构而言，蛋白质是由α-L-氨基酸脱水缩合而成的，核酸是由嘌呤和嘧啶碱基与D-核糖或2-脱氧-D-核糖、磷酸脱水缩合而成，多糖是由单糖脱水缩合而成。由此可知，由低分子量的生物有机化合物变为高分子量的生物有机化合物的化学反应都是脱水缩合反应。

蛋白质、核酸和多糖这三类生物大分子，在分子结构和生理功能上差别很大。然而，在以下几个方面又显出共性：①在活细胞内，生物大分子和相应的生物小分子之间的互变，通常通过脱水缩合或加水分解；②蛋白质链（或称肽链）、核酸链和糖链都有方向性，尽管方向性的体现各不相同；③蛋白质、核酸和多糖分子都有各具特征的高级结构，正确的高级结构是生物大分子执行其生物功能的必要前提；④在活细胞中，该三类生物大分子密切配合，共同参与生命过程，甚至很多情况下形成生命活动必不可少的复合大分子，如核蛋白、糖蛋白等。这些生物大分子的复杂结构决定了它们的特殊性质，它们在体内的运动和变化体现着重要的生命功能。如进行新陈代谢供给维持生命需要的能量与物质、传递遗传信息、控制胚胎分化、促进生长发育、产生免疫功能等。

蛋白质　以氨基酸为基本单位构成的生物高分子。蛋白质分子上氨基酸的序列和由此形成的立体结构构成了蛋白质结构的多样性。蛋白质具有一级、二级、三级、四级结构，蛋白质分子的结构决定了它的功能。氨基酸是组成蛋白质的基本单位，氨基酸通过脱水缩合连成肽链。每一条多肽链有二十至数百个不等的氨基酸残基，各种氨基酸残基按一定的顺序排列。蛋白质的氨基酸序列是由对应基因所编码的。除了遗传密码所编码的20种基本氨基酸，在蛋白质中，某些氨基酸残基还可以被翻译后修饰而发生化学结构的变化，从而对蛋白质进行激活或调控。多个蛋白质往往是通过结合在一起形成稳定的蛋白质复合物，折叠或螺旋构成一定的空间结构，从而发挥其特定功能。合成多肽的细胞器是细胞质中糙面型内质网上的核糖体。蛋白质的不同在于其氨基酸的种类、数目、排列顺序和肽链空间结构的不同。

蛋白质是生命活动的主要体现者，构成生命现象的各种活动，主要是通过蛋白质来实现的。生命的新陈代谢是由成千上万种化学反应组成的，而这些化学反应几乎全部是在一类特殊蛋白质——酶的催化下进行的。运动功能从最低等的细菌鞭毛运动到高等动物的肌肉收缩都是通过蛋白质实现的。肌肉的松弛与收缩主要是由以肌球蛋白为主要成分的粗丝以及以肌动蛋白为主要成分的细丝相互滑动来完成的。运输功能在生命活动过程中，许多小分子及离子的运输是由各种专一的蛋白质来完成的。机械支持和保护功能高等动物的具有机械支持功能的组织如骨、结缔组织以及具有覆盖保护功能的毛发、皮肤、指甲等组织主要是由胶原、角蛋白、弹性蛋白等组成。免疫和防御功能生物体为了维持自身的生存，拥有多种类型的防御手段，其中不少是靠蛋白质来执行的。例如抗体即是一类高度专一的蛋白质，它能识别和结合侵入生物体的外来物质，如异体蛋白质、病毒和细菌等，避免其有害作用。在维持生物体正常的生命活动中，代谢机能的调节，生长发育和分化的控制，生殖机能的调节以及物种的延续等各种过程中，多肽和蛋白质激素起着极为重要的作用。此外，尚有接受和传递调节信息的蛋白质，如各种激素的受体蛋白等。蛋白质在细胞和生物体的生命活动过程中，起着十分重要的作用。生物的结构和形状都与蛋白质有关。蛋白质还参与基因表达的调节，以及细胞中氧化还原、电子传递、神经传递乃至学习和记忆等多种生命活动过程。

核酸　同蛋白质一样，也是生物大分子。核酸的相对分子质量很大，一般是几十万至几百万。核酸水解后得到许多核苷酸，核苷酸是组成核酸的基本单位，即组成核酸分子的单体。一个核苷酸分子是由一分子含氮的碱基、一分子五碳糖和一分子磷酸组成的。根据五碳糖的不同可以将核苷酸分为脱氧核糖核苷酸和核糖核苷酸。核酸是由许多核苷酸聚合成的生物大分子，为生命的最基本物质之一。核酸广泛存在于所有动植物细胞、微生物体内，生物体内的核酸常与蛋白质结合形成核蛋白。不同的核酸，其化学组成、核苷酸排列顺序等不同。根据化学组成不同，核酸可分为核糖核酸（RNA）和脱氧核糖核酸（DNA）。DNA是储存、复制和传递遗传信息的主要物质基础。RNA在蛋白质合成过程中起着重要作用——其中转运核糖核酸（tRNA），起着携带和转移活化氨基酸的作用；信使核糖核酸（mRNA），是合成蛋白质的模板；核糖体核糖核酸（rRNA），是细胞合成蛋白质的主要场所。核酸不仅是基本的遗传物质，而且在蛋白质的生物合成上也占重要位置，因而在生长、遗传、变异等一系列重大生命现象中起决定性的作用。

多糖　多糖类化合物广泛存在于动物细胞膜和植物、微生物的细胞壁中，是由醛基和酮基通过糖苷键连接的高分子聚合物，是构成生命的四大基本物质之一。由相同的单糖组成的多糖称为同多糖，如淀粉、纤维素和糖原；以不同的单糖组成的多糖称为杂多糖，如阿拉伯胶是由戊糖和半乳糖等组成。多糖不是一种纯粹的化学物质，而是聚合程度不同的物质的混合物。多糖的结构单位是单糖，多糖相对分子质量从几万到几千万。结构单位之间以糖苷键相连接，常见的糖苷键有α-1,4-、β-1,4-和α-1,6-糖苷键。结构单位可以连成直链，也可以形成支链，直链一般以α-1,4-糖苷键（如淀粉）和β-1,4-糖苷键（如纤维素）连成；支链中链与链的连接点常是α-1,6-糖苷键。某些多糖，如纤维素和几丁质，可构成植物或动物骨架。淀粉和糖原等多糖可作为生物体储存能量的物质。不均一多糖通过共价键与蛋白质构成蛋白聚糖发挥生物学功能，如作为机体润滑剂、识别外来组织的细胞、血型物质的基本成分等。（刘俊秋）

生物大分子表征的单分子方法 single molecule method for biomacromolecule characterization 运用一定的实验仪器和方法，将生物大分子运动在体外检测的精度提高到原子分辨率的技术。不断发展的单分子技术，被广泛应用于探讨生物大分子构象的变化（如RNA、DNA、蛋白质和多糖的折叠和应变响应）、生物大分子运动机制（包括化学机械循环耦合、运转机制、折叠途径、过渡态性质等）、核酸和蛋白质的动态相互作用、微米距离跟踪单个粒子、解密多亚基系统的旋转运动等方面。常见的生物大分子表征的单分子方法包括粒子质心跟踪、荧光共振能量转移、磁镊、原子力显微镜、光镊。

粒子质心跟踪 利用荧光染料分子等易于观察的标记物标记目标分子，直接在光学显微镜中跟踪标记物的运动，得到生物大分子的运动情况。是测量分子运动最直接的方法，特别适合于旋转运动的高分辨率测量。

荧光共振能量转移 在两个不同的荧光基团中，如果一个荧光分子（供体分子）的发射光谱与另一个荧光分子（受体分子）的吸收光谱有一定重叠，而这两个荧光基团间的距离合适（一般小于100埃），就可观察到荧光能量由供体向受体转移的现象（图1）。单分子荧光共振能量转移常被用

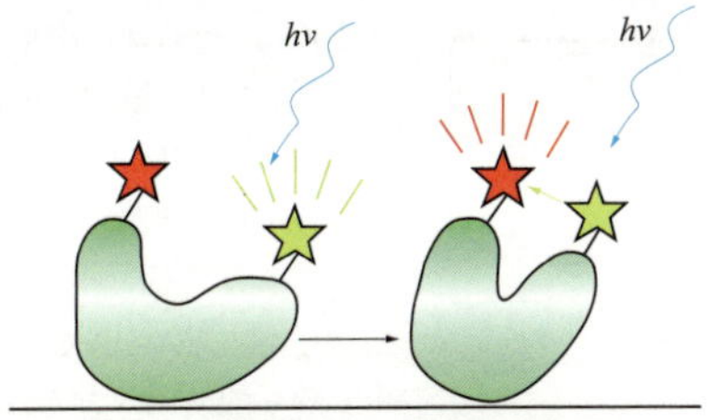

图1 荧光共振能量转移示意图

于观测**生物大分子**的构象变化，如冷休克蛋白的折叠途径、霍利迪连接体的迁移、端粒的折叠，以及转录的起始等过程。同时也被广泛应用于研究单个RNA分子的折叠动力学。

磁镊 新发展起来的一种用于生命科学研究领域的微操纵技术，通过磁场控制超顺磁性小珠的移动，并利用这个小珠捕捉单分子，进行接下来一系列力学拉伸的实验（图2）。磁镊常用于研究DNA对力和力矩的力学响应、拓扑异构酶的分子机制等。

原子力显微镜（AFM） 利用微悬臂感受和放大悬臂上尖细探针与受测样品原子之间的作用力，从而达到检测的目的。原理是将一个对微弱力极敏感的微悬臂一端固定，另一端有一微小的针尖，针尖与样品表面轻轻接触。由于针尖尖端原子与样

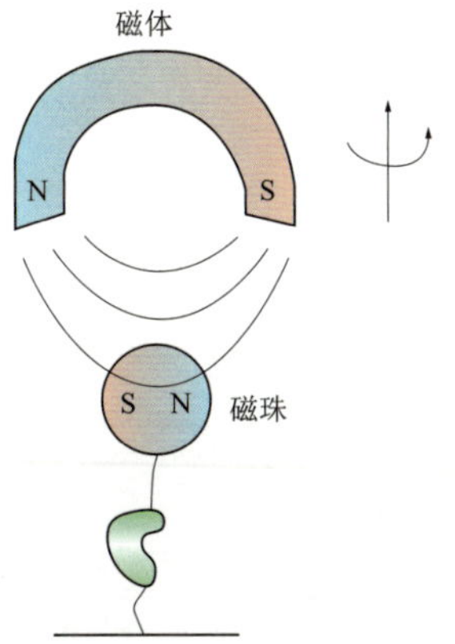

图2 磁镊示意图

品表面原子间存在极微弱的排斥力，通过扫描时控制这种力使其恒定，带有针尖的微悬臂将对应于针尖与样品表面原子间作用力的等位面，而在垂直于样品的表面方向起伏运动。利用光学检测法或隧道电流检测法，可测得微悬臂对应于扫描各点的位置变化，从而可以获得样品表面形貌的信息（图3）。

AFM的应用主要包括三个方面：生物细胞的表面形态观测；生物大分子的结构及其他性质的观测研究；生物分子之间力谱曲线的观测。

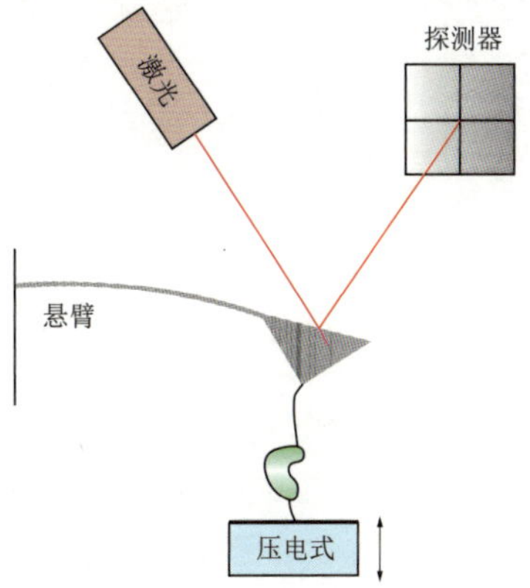

图3 原子力显微镜原理示意图

光镊 由于紧密聚焦的激光束可形成光阱，微小物体受光束的辐射压而被束缚在光阱处，移动光束使微小物体随光阱移动，借此可在显微镜下对微小物体（如病毒、细菌以及细胞内的细胞器及细胞组分等）进行操纵（图4）。

图4 光镊工作原理示意图

光镊捕获微粒的尺度在几十纳米到几十微米，正好是生物细胞、细胞器，以及生物大分子的尺度范围。同时光镊温和的操控不会损伤细胞，且大部分细胞膜是透明的，光可以穿过细胞膜操控细胞内部微粒，这是其他操控手段无法做到的。这使得光镊十分适合应用于生物大分子的研究。如对经典机械酶（如驱动蛋白、肌球蛋白、动力蛋白等）的运动特征和机制的研究，以及对DNA聚合酶、RNA聚合酶等过程中核酸酶的运动特征和机制的研究等。

这些生物大分子表征的单分子方法，都依赖于通过特异性的共价相互作用、非共价相互作用，或非特异性相互作用将标记物附着在目标分子上，实现对目标分子的标记。标记物要么散射光（如微米大小的颗粒），要么本身发光（如荧光染料或量子点），从而将分子运动可视化。根据是否需要施加外力，上述五种生物大分子表征的单分子方法常被分为两大类。其中质心跟踪和荧光共振能量转移属于一类，它们被动跟踪标记分子的运动，而不施加显著的外力。磁镊、原子力显微镜和光镊属于第二类，需要在外部机械载荷作用下测量运动。

不同的单分子技术的组合融合了单个技术的优势，为生物大分子的表征提供强大的工具。如荧光和光捕获技术的组合有助于直接探讨酶反应中机械和化学步骤的耦合问题，以荧光和力为基础的技术的组合，使在负载下的运动与构象变化相关，组合荧光捕获装置中的斩波捕获和激发光束可以改善信噪比、增加荧光寿命。

（曹 毅）

生物大分子表征的光谱方法 spectropic characterization of biomacromolecules 利用电磁辐射作为探针获取**生物大分子**各级结构、结合键类型、构象变化等信息的方法。不同的电磁波具有不相同的波长、频率和能量，照射到特定样品上会表现出吸收、辐射、衍射等现象，通过检测器检测入射光的损失、衍射光强度等参数，就可以得到样品的结合键类型、特定结构等信息。

常用的生物大分子表征的光谱方法分为吸收光谱、发射光谱以及光散射三大类。其中吸收光谱测量的是样品对电磁波的吸收的大小，包括红外辐射谱、紫外-可见吸收谱、圆二色光谱。常见的发射光谱有荧光光谱。

红外辐射谱 生物大分子中，组成化学键或官能团的原子处于不断振动的状态，其振动频率与红外光的振动频率相当。用红外光照射生物大分子，分子中某个基团的振动频率或转动频率和红外光的

频率一样时，分子吸收能量由原来的基态振（转）动能级跃迁到能量较高的振（转）动能级。不同的化学键或官能团吸收频率不同，在红外光谱上将处于不同位置，从而可获得生物大分子中含有何种化学键或官能团的信息。

紫外－可见吸收谱　紫外－可见吸收光的能量对应电子能级之间的能量差，因此吸收紫外－可见光引起的是样品分子电子能级间的跃迁。

电子跃迁类型有：①$\sigma \rightarrow \sigma^*$跃迁，指处于成键轨道上的$\sigma$电子吸收光子后被激发跃迁到$\sigma^*$反键轨道；②$n \rightarrow \sigma^*$跃迁，指分子中处于非键轨道上的n电子吸收能量后向$\sigma^*$反键轨道的跃迁；③$\pi \rightarrow \pi^*$跃迁，指不饱和键中的$\pi$电子吸收光波能量后跃迁到$\pi^*$反键轨道；④$n \rightarrow \pi^*$跃迁，指分子中处于非键轨道上的n电子吸收能量后向$\pi^*$反键轨道的跃迁。吸收能量的次序为：$\sigma \rightarrow \sigma^* > n \rightarrow \sigma^* \geqslant \pi \rightarrow \pi^* > n \rightarrow \pi^*$。

特殊的结构有特殊的电子跃迁，对应不同能量（波长），反映在紫外－可见吸收谱图上就有一定位置、一定强度的吸收峰。根据吸收峰的位置和强度就可以推知生物大分子的结构信息。

用紫外－可见吸收谱测量蛋白质和核酸等生物大分子的浓度。蛋白质浓度的测量通常是测量样品在280纳米处的吸光度（A280）A，由$A = \varepsilon Cl$（ε表示摩尔消光系数，l为厚度）得到蛋白质的浓度C。蛋白质的A280主要是由于色氨酸和酪氨酸侧链的吸收，因此知道了ε的大小，也就知道了单位长度的蛋白质中色氨酸和酪氨酸残基的数量。用紫外－可见吸收谱研究生物大分子的构象变化。生物大分子所处环境发生改变时（如pH值、温度等），其构象可能发生改变（图1）。蛋白质构象发生变化时，生色团所处的环境发生变化，因此产生的紫外－可见吸收谱参数的变化可以作为构象变化的一个指示。用紫外－可见吸收谱研究生物大分子及其配基的结合。生物大分子与其配基的结合，如酶与底物、抗体与抗原的结合等，会使结合部位附近生物大分子或配基内的生色团吸收谱参数发生变化。从生色团的吸收光谱的变化，不仅可以判断生物大分子的结合部位附近有什么生色团存在，而且可以得到结合情况的信息。

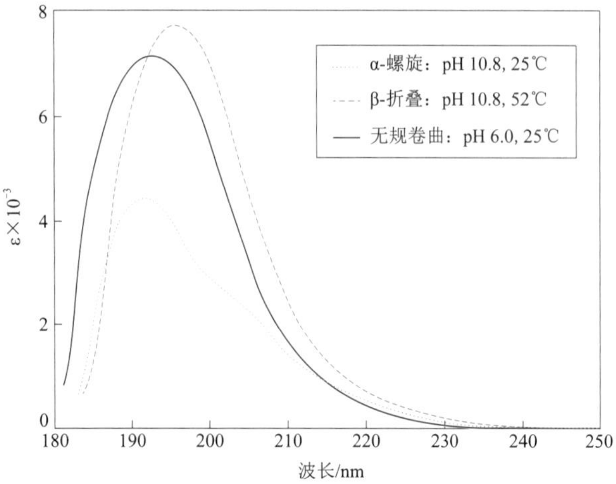

图1　不同构象的多聚赖氨酸的吸收谱

圆二色光谱　是应用最为广泛的测定蛋白质二级结构的方法，是研究稀溶液中蛋白质构象的一种快速、简单、较准确的方法。光学活性物质对组成平面偏振光的左旋和右旋圆偏振光的吸收系数（ε）是不相等的，$\varepsilon L \neq \varepsilon R$，即具有圆二色性。如果以不同波长的平面偏振光的波长λ为横坐标，以吸收系数之差$\Delta\varepsilon = \varepsilon L - \varepsilon R$为纵坐标做图，得到的图谱即是圆二色光谱，如图2所示。

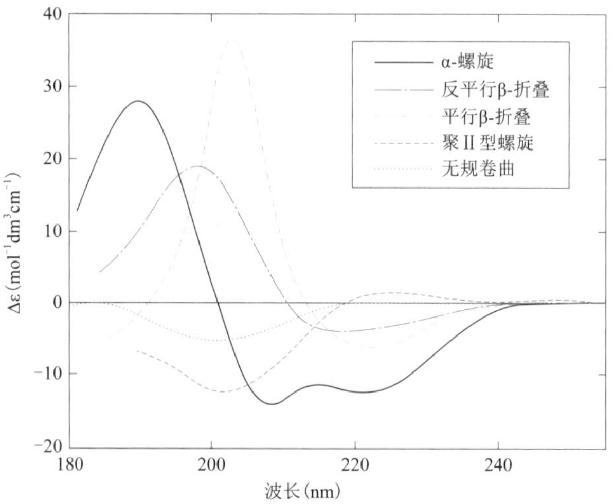

图2　蛋白质二级结构的圆二色光谱

荧光光谱　由电子态基态被激发到第一电子激发态中各振动能级上的分子，一般会以某种形式丢失部分能量。从第一电子激发态的不同振动能级，甚至从第二电子激发态等更高的电子激发态返回第一电子激发态的最低振动能级。从第一电子激发态的最低振动能级返回基态的不同振动能级，如果能量以光子的形式释放，则放出的光称为荧光。

荧光光谱包括激发谱和发射谱两种。激发谱是荧光物质在不同波长的激发光作用下测得的某一波长处的荧光强度的变化情况，即不同波长的激发光的相对效率。发射谱则是在某一固定波长的激发光作用下，荧光强度在不同波长处的分布情况，也就是荧光中不同波长的光成分的相对强度。

（曹　毅）

生物大分子的电学特性　electrical properties of biomacromolecules　蛋白质和核酸代表的生物大分子所具有的特异的电学性质。导电**原子力显微镜**（AFM）通过精确控制探针施加的压力，可用于精确表征蛋白质分子的电学性质。在不同的探针压力下，蛋白质分子发生不同程度的形变，表现为介电击穿、共振电子隧穿及直接隧穿等不同的电子输运机理。在此过程中界面电阻起到重要的作用。如界面电阻会阻碍电子的流入和流出，使得蛋白质分子积累电荷，从而容易发生不可逆的介电击穿。研究蛋白质分子在各向异性压力下的电学性质，可以帮助进一步推测蛋白质分子的生物活性。

脱氧核糖核酸（DNA）链的电学性质与放射损伤修复、生物合成有关，也可用于设计分子传感器和分子导线。通过将DNA分子直接连接在两个电极之间，用伏安法测电阻，可测量该分子的导电能力。不同的DNA片段体现出不同的电学性质，覆盖了从绝缘体、半导体、导体甚至到超导体。若对DNA片段进行处理，以其为模板则可制备具有良好导电性的金属纳米线，但与此同时DNA的生物活性被破坏。此外，基于单个分子的电学特性可进行DNA的基因组测序。

（董　昊）

生物大分子加速采样模拟方法　simulation methods for accelerated sampling of biomolecules　用于弥补常规的全原子**分子动力学模拟**（MD）方法在时间与空间尺度上的局限性而发展起来的一系列计算模拟手段与算法。由于计算机技术的高速发展，以分子模拟为主的理论方法已成为研究蛋白质等**生物大分子**功能运动的主要手段之一。但生物大分子具有多体复杂性以及构象运动的多尺度特征，典型的蛋白质与核酸功能运动时间常发生在微秒、毫秒甚至秒以上等多个时间尺度，而常规的全原子分子动力学模拟一般仅能达到纳秒或微秒时间尺度。因此多种加速采样的计算模拟手段被逐渐发展起来，有效增强了分子动力学模拟对于构象空间的采样能力。有以下几种代表性的方法。

副本交换分子动力学（REMD） 采用不同的特定交换变量值（通常为温度）运行多个独立的MD模拟。在特定时间间隔内，基于**蒙特卡罗方法**在相邻模拟之间交换系统状态，从而克服能量面上的势垒，更加有效地探索构象空间。该方法中所有的独立模拟应该经历至少一个可变交换事件，因此是不连续的，但遵循适当的玻尔兹曼分布。该方法的缺点是计算量较大，副本数目与系统自由度的平方根成正比。

伞形采样方法 过程的自由能变化可由一系列伞形采样模拟得到的平均力势（PMF）导出。在这个过程中会创建一系列初始构型。每个构型均为预设反应坐标上的特定点，因此该方法的自由能计算依赖于预设的反应坐标，并受到简谐势的限制。这种限制可以使得结构对于构型空间中指定的区域进行采样。为了能正确地重建PMF曲线，各采样窗口需充分采样，并保证窗口之间有适当的重叠。

元动力学方法 通过不断填充势能面来实现对整个势能面的采样。在实际操作中，一旦某状态被采样，正的高斯势将被添加到真实的势能面上，从而避免在势能面某些局部极小区域的重复采样。该方法的缺点在于依赖于参数的选择。例如，高斯势的高度和宽度将极大地影响计算的精度和收敛性。

模拟退火 该方法是将体系升温，使得体系能够在相空间的不同位置间转换，再逐渐降低温度，得到势能面上当前位置附近的能量极小点。多次重复该过程，有可能找到体系势能面上的各个局域最小值。

粗粒化方法 在粗粒化模型中，通常每个残基由一个或几个相互作用粒子代替，从而很大程度上降低了相关的自由度数。同时在粗粒化模型下，蛋白质功能运动能量面更为光滑。这些特征使得粗粒化模型具有较高的构象空间采样效率，因而适用于描述蛋白质分子体系的大尺度、长时间构象运动。（董　昊）

生物大分子力学特性 mechanical properties of biomacromolecules 由于生物分子间或分子内力的相互作用表现出的力学特征。

生物分子间和分子内的相互作用是各种生物学过程的基础。几乎所有的生物学过程，包括从细胞分裂、自噬、移动到脱氧核糖核酸DNA转录、复制以及蛋白的表达、折叠与解折叠，都是生物分子间或分子内力的相互作用的结果。同时分子内或分子间作用力又维持着生命体的稳定性，包括蛋白或者肽链稳定的三维结构、配体受体相互作用等，均为生物分子间以及分子内作用力抵抗随机热扰动，以及其他外力作用的结果。此外，作用力是许多生物分子功能实现的调制器，影响着生物进化、组织稳定以及疾病等多种重要生物学过程。研究一些重要的生物大分子（如蛋白质、多糖、DNA、RNA等）的力学特性对于探究生命的本质具有重要意义。

生物大分子是由许多通过柔性或半柔性接头连接的单元组成的，这使得其构型空间和构象熵非常大。当一个外力试图分离生物大分子的末端（拉伸它）时，必须克服生物大分子保持最大状态熵的热扰动。而通过外力分离生物大分子的末端会不断增加聚合物单元的方向与拉力方向的一致性，从而逐渐降低聚合物链的整体熵。

牛顿第三定律表明，聚合物会产生内部张力，使得两端互相靠近。因此聚合物是熵弹簧。当聚合物受到外力，构象发生变化时，若没有内能变化，则其抵抗形变的收缩力（弹力）完全是由熵的变化而产生的。这种由于系统熵变而引起的弹性称为熵弹性。最初拉伸聚合物总长的60%～80%时仅需很小的力（通常为pN量级）。但进一步的拉伸需要一个显著和迅速增加的力，因此在理论上，需要无限的力来完全分离聚合物端部，并完全与拉伸方向对齐。不同于胡克弹簧，生物大分子的熵弹性显示出高度非线性弹性。FJC模型、WLC、eWLC等模型可在一定程度上模拟生物大分子的这种力学特性。一些生物聚合物，如纤维素或特定的单链DNA序列，或折叠的多肽链等聚合物动力学特性与这些模型较吻合。但许多生物大分子只在有限的力的范围内符合这些熵模型，在更大的力下，会明显偏离模型，因此需要使用单分子力谱进行表征。（曹　毅）

生物分子机器 biomolecular machine 一类由蛋白质/核酸组成的通过构象循环运动实现高效率能量转换、信号传导等精细而复杂生物功能的**生物大分子**系统。生物分子机器通常由多个蛋白质结构域或亚基组成，也可以包含核酸分子。生物分子机器工作过程中，其各结构单元在配体或底物参与下，通过大幅度的构象循环运动和别构耦合，高效协同完成物质转运、降解、催化、信号传导、蛋白质折叠等精细的功能过程。其功能相关的构象运动通常由ATP水解能或结合/释放配体来驱动，实现化学能、构象以及动力学的耦合。与宏观机器相比，纳米尺度的生物分子机器需要具有一定的结构柔性，利用热涨落来完成其功能循环。生物分子机器具有比宏观机器更高的工作效率。典型的生物分子机器包括各种分子马达、转运蛋白、核糖体、分子伴侣、DNA解旋酶等。如大肠杆菌的GroEL-GroES分子伴侣是由多个亚基组成的双环状蛋白质分子机器，通过消耗ATP水解提供的化学能帮助底物蛋白的正确折叠。其功能循环包括底物蛋白质的俘获、折叠、释放等过程。分子伴侣将处于解折叠态或错误折叠的蛋白质链装入其GroEL空腔，完成折叠后将其释放到空腔外，从而避免蛋白质的错误折叠及非功能性聚集。分子伴侣功能的实现依赖于ATP分子水解、亚基的构象运动、GroES的结合释放等过程的协同耦合。（李文飞）

生物分子数据 biomolecule data 反映有关生物体中分子信息，并经过数据净化处理后形成具有标准格式、实时性和注释性的数据集合。生物分子一般是具有特定结构，以一定的组织性存在生物体中，包含有分子量一般在1万（道尔顿，Da）以上的**生物大分子**和分子量通常在500以下的生物小分子等不同种类。构成生命物质基础的生物大分子主要有蛋白质、核酸等。它们具有分子量大、种类多、结构复杂等特点。生物小分子主要包括代谢产物、天然产物等。

领域内已经存在很多公共生物分子数据库，如核酸数据库、蛋白质序列与结构数据库、生物分子图像数据库等。这些数据库通常具有以下特点：①标准化。存储在数据库中的数据记录需要具有规范与统一的格式，以方便实现自动化地访问与标准化使用。②及时性。生物分子数据库中的记录往往需要与最新的实验结果和相应文献相匹配，及时更新，以反映相关分子的最新知识。③完整性。生物分子数据库中的记录要尽可能对相关数据字段有详细的解释说明信息，以保证数据的完备性。④高质量。生物分子数据库中的记录数据应具备高质量，通常需要定期对记录数据进行维护检查与核对，以保证数据的质

量。⑤共享性。数据库往往需要提供能通过互联网访问与检索数据的接口，以实现数据的便捷共享。（沈红斌）

生物数据挖掘 biological data mining 从与生物相关的大量的、不完全的、有噪声的、模糊的、随机的各种数据中，通过算法搜索隐藏在其中的有价值的生物信息、医疗信息和知识等的过程。生物数据挖掘是将数据挖掘应用于生物医学及生物信息学中，提出一系列专门针对生物数据的挖掘算法和挖掘模式，以期发现生物数据中的规律，并对分析结果进行解释、可视化和生物医学应用。

生物数据挖掘是一门涉及面很广的新兴交叉学科，涉及生物学、医学、公共卫生、数据库、人工智能、数理统计、可视化、并行计算等领域。而数据挖掘利用了来自如下一些领域的思想：①数理统计学的抽样、估计和假设检验；②模式识别和机器学习的搜索算法、建模技术和学习理论；③人工智能领域的思想，包括最优化、深度搜索、贝叶斯概率模型等；④其他相关领域的思想，包括进化计算、信息论、图论、信号处理、可视化和信息检索等。适合大数据的处理技术包括：关联规则学习、分类、聚类分析、数据融合、自然语言处理、回归、信号处理、仿真、可视化、神经网络、深度学习等。

生物数据挖掘主要应用于基因组学、转录组学、蛋白质组学、代谢组学、脑连接组学和系统生物学等会产生大量数据的领域。它对序列分析、基因表达、同源研究、蛋白质结构预测，以及药物设计都有广阔的研究空间。生物数据已经进入大数据时代，使得生物医学研究范式从假设驱动向数据驱动转变。以前在分子生物学水平上的实验，其目的是获得结论或提出一种新的假设；而基于海量生物医学大数据所进行的大数据挖掘，则是通过挖掘其中的规律，直接提出假设或得出可靠的结论。（帅建伟）

生物系统模拟 networks and system simulations in biology 应用物理学上的复杂网络、非线性动力学等理论，基于实验上的相关数据，对生物系统的各种信号相互作用关系进行全局系统性的模型构建，从而进行定量的数学描述和讨论，并使模型预测能够反映出生物系统的真实过程，且定量研究生物系统随时间变化的动力学行为。当今生物学的研究离不开数值的计算，生物信息学对于大量的基因序列数据的处理分析是人类基因工程完成的必要前提。对于生物系统的研究，除要了解细胞内的组成外，更重要的是要知道细胞和组织等的动力学行为方式，揭示生命体系在不同条件下、不同时间是怎样的生理过程。实验手段大多数都是建立在静态的基础上去研究生物体如细胞内的特定信号的生理过程，很难从一个动态过程去观测并还原细胞内各种信号相互影响真实发生的情况。

生物体细胞间和细胞内的信号通路非常复杂，“高通量”和基因测序等技术为人们揭示细胞内许多信号分子及其复杂的相互作用网络提供了可能。从系统的角度出发，结合实验和计算去研究生物系统的复杂动力学行为，即所说的系统生物学。基于实验数据，通过对生物信号网络进行系统建模，如对细胞的存活、凋亡、增殖等信号网络构建相关模型，构建的生物系统模型应该能重现实验数据，解释相关实验观测，并揭示生命体系在不同条件、不同时间时的不同生物功能调控过程。进一步对相应网络进行一系列的动力学分析，利用非线性非平衡统计方法等，研究具有不同生物功能、不同拓扑结构的生物网络的稳定性、多态性，动态平衡点的动力学性质及演化路径动力学性质，和不同信号相互间耦合反馈动力学等。借助定量的刻画方法，总结生物网络动力学的普适性规律，揭示生物网络动力学性质与拓扑性质的一般关系，以及它们对生物功能的影响。同时，还可以给出一系列的预测，对实验提供一定的指导意义。（帅建伟）

生物医学光子学 biomedical photonics 基于光频波段的电磁辐射及相应原理方法和技术来解决生物医学领域问题的新兴的交叉边缘学科。又称生物医学光学。这一新兴学科领域面向从医学诊断到治疗和疾病预防的生物医学需求，自20世纪90年代后期起呈现了持续性发展的态势。光子技术导致医学上长期亟盼的无创或微创诊断和治疗发生了革命性飞跃。生物医学光子学是具有旺盛生命力的科学技术领域，具有再发生类似X射线透视和CT断层成像技术那样推动人类医疗进步的巨大潜力。普遍认为，生物医学光子学是世界上先进国家竞相发展的高科技领域之一。

与生物医学结合的光子技术在生物医学强大需求的牵引下，在生物医学领域的诸多应用的日积月累中，在研究内容和方法上已逐渐呈现其有别于一般光子学发展路线的特殊性，不能简单地以光子学在生物医学中的应用来概括，已上升为具有相对独立体系的生物医学光子学。如借助与光现象直接相关的反映电子、原子、分子信息的量子生物学，构成了能发现DNA结构、细胞内在机制的分子结构以及疾病遗传原因的分子生物医学基础。光子技术的最新进步，发展出了针对早期疾病状态或生理参数进行临床监测的新技术，不仅改变了细胞、组织和器官的传统检测方式，而且发明了可精确靶向定位和导航的精准医疗器械，加速了医学的发展。在光子学和纳米技术的结合方面，实现了原子和分子层次的探测和操纵，具有识别特定基因组的能力，破译了许多疾病的遗传密码，有望消除疾病的病因，从而使分子和细胞水平的诊断成为生物医学光子学研究的重要领域。

生物医学光子学能够获取连接分子结构和生理功能的关键信息，是理解、治疗和预防疾病最重要的非侵入、非电离性的手段，必将给生物医学研究带来光明的前景。主要研究内容包括以下方面。

①生物组织基本光学特性、光-组织相互作用和组织光学成像的理论，包括生物组织内光的产生、吸收、散射、传输、转换、放大等，涉及各种光探测成像技术和硬件系统，从接近衍射极限的高分辨光学成像到组织层次的光学功能成像技术，如荧光寿命成像、共聚焦和多光子显微术、近场探测、光镊、光学相干层析成像、偏振干涉测量、多普勒成像、光散射和热成像、光声和超声调制光学成像等。

②光学活检与治疗，泛指用于诸如糖尿病、癌症诊治的非成像光学技术。包括多光子荧光、散射、反射、拉曼、红外与医学上具有意义的细胞的结构与功能相关的病理生物或生物化学物种相关的光谱信息及传感技术等（如血压、血化学、组织温度等），以及光动力疗法和各种激光治疗技术等。

③与基因组学、蛋白质组学和生物技术应用相关的专门光学方法和仪器，包含生物芯片、纳米传感器、量子点、分子探针、生物发光，以及受激发射光淬灭、结构光照明、光激活定位、随机光学重构等超分辨显微光学成像技术等，提供了亚细胞分子动力学和结构信息、单细胞机制到组织功能等多层次分析的关键工具，用于研究细胞骨架、核酸体、膜结构与动力学变化等，还能快速评估和反应抗肿瘤药物、抗生素或抗病毒药物的效果。特别地，基于多重退火和成环循环扩增等多种微量全基因扩增技术，还可实现单细胞基因测序，最终将有助于阻断遗传性疾病、理解和预测癌细胞的病理行为以及细胞对药物治疗的反应等。（李　晖）

声 sound　狭义为人耳能够感觉到的空气振动；广义为各种弹性介质中的机械波，包括人耳不能感知的振动。声不能在真空中传播，必须通过具有弹性的介质传播。介质可是各种气体、液体和固体。如潜在水里的人也能听到声音，附耳于铁轨上可以听到远处的火车声。声和日常生活的关系非常密切。语言是人类交换和获取信息的最重要的手段之一。优美的音乐可陶冶性情，噪声则会破坏情绪，甚至影响健康。大自然中充满了各种声音，风雨雷电、各种动物的叫声、江河湖海的水媒浪声无时无刻不包围着人类。随着科学技术的发展，音响的录放处理，噪声控制，超声治疗和诊断，工业超声检测和加工，水下声呐，语音处理和通信等声学技术在人类的生活中作用越来越大。

声的传播　声音是由物体的振动产生的。产生声音的物体称为*声源*。声源的振动，引起附近的局部介质中产生扰动，使一部分介质发生弹性变形，并开始离开平衡位置运动。这个扰动必然推动周围的介质，一方面使周围介质也发生运动，同时周围介质的反作用又使先产生扰动的部分回到平衡位置。由于介质具有惯性，回到平衡位置后介质会过冲，产生相反方向的扰动。这个扰动又推动周围介质，同时周围介质产生反作用，使过冲的介质又趋向平衡位置。在介质弹性和惯性的作用下，声源附近的介质先在平衡位置附近振动，被它推动的周围介质也振动，同时不断推动更远的介质相继产生振动。这样各部分的介质都在平衡位置附近振动，不断地压缩和膨胀，伴随着介质的密度和压强不断变化。远处介质的振动在时间上要滞后一些。这种由近及远向周围传播的机械振动就是声波。声波存在的空间是声场。声波传播的时候，介质的质点本身没有宏观的运动，只在平衡位置附近振动。当声波到达人耳时，引起鼓膜振动，产生听觉。声波牵涉到的是质点位移、密度和压强等力学量，因此声波是机械波。

流体中的扰动是膨胀和压缩的体积变形，伴随着质点位置、密度、压强和温度的变化。这种体积变形引起的波是纵波，平面纵波的质点位移方向和波的传播方向平行。由于压强最容易测量，而其他的物理量可根据压强推算出来，因此描述流体中声音的基本物理量是声压，它等于介质中给定位置的实际压强的瞬时值减去没有声音时介质的平均压强得到的差。声压的计量单位是帕。声场中不同位置的声压一般不同，同一位置的声压也随时间变化，称为声波的波形。固体中的扰动除了体积变形外，还可有体积不变的剪切变形。因此除了纵波外还有横波，平面横波的质点位移方向和波的传播方向垂直。固体中的声波用应力和应变描述，也称为应力波或弹性波。严格讲黏滞流体中也产生一种横波，但一般流体中这种横波衰减很快，很难探测到。

声的基本性质　声音的频率是介质质点每秒钟振动的次数，单位是赫。频率的倒数是周期，是振动一次的时间。现代声学研究的频段约为10^{-4}～10^{14}赫，人耳能听到的范围为20～20 000赫，这部分声称为可听声。频率低于20赫的声称为次声，频率高于20 000赫的声称为超声。狗、海豚、蝙蝠等动物可听到一些超声。

人耳对听到的不同声音可分辨出音调的高低、响亮的程度（响度）、音质的不同，这是声的主观标准。音调主要取决于声的频率，同时也受到声压大小和声波波形的影响。响度主要取决于声压，同时依赖于频率和声波波形。人耳对声非常灵敏，它可觉察小到10微帕的声压。一个声音可由许多不同频率的声音组成，形成不同的音质。

声压也用声压级（SPL）表示，单位是分贝（dB），其定义为：

$$\mathrm{SPL}=20\lg\frac{p}{p_{\mathrm{r}}}$$

式中p为测量得到的有效声压；p_{r}为参考声压，一般取为2×10^{-5}帕。

声波的能量包括动能和势能。声场中单位体积内的声能量称声能密度，单位时间内通过垂直于声传播方向的单位面积上的平均声能量称为平均声能流密度，或称为声强。声强描述声能量传输的快慢和方向，它是个矢量。声强常用声强级（SIL）表示，其定义为：

$$\mathrm{SIL}=10\lg\frac{I}{I_{\mathrm{r}}}$$

式中I为声强；I_{r}为参考声强，一般取为10～15瓦/米^2。

参考声压和参考声强都相当于人耳能听到的1千赫的最小声音。同一个声音的声压级和声强级近似相等。人耳能听到的最弱的声音（1千赫）是0分贝，室内高声谈话的声音是68～74分贝，飞机发动机在5米外产生的声音是140分贝。人耳对声音强弱的分辨能力约为0.5分贝。

线性声波　生活中遇到的绝大部分声波的扰动都非常小，如大声讲话时空气中质点的位移振幅只有几十纳米的数量级，而声压对大气压强之比以及密度扰动对空气密度之比只有百万分之一的数量级。研究这类声波的数学方程中，扰动的二次方项和更高次项以及多个不同扰动的乘积比扰动本身小得多，可忽略，只保留一次的线性项。这样的声波称为线性声波，研究线性声波的理论是线性声学，是整个声学中最主要的部分。

线性声波在介质中的传播速度是由介质决定的，与声音的频率和强度无关。在1个大气压、20℃时空气中的声速是344米/秒，水的声速是1480米/秒。固体中的声速比较高，通常为几千米每秒。

声的反射、透射、衍射和散射　声波遇到不同介质的分界面时，一部分声波反射回来，另一部分穿过分界面，透射到另一种介质中去。如果介质中存在不同的波形，如固体中存在纵波和横波，就可能产生多个不同波形的反射波和透射波。当声波遇到比较小的障碍物时，除了反射、透射，还会绕过障碍物，产生衍射现象。有时候把反射、透射和衍射等统称为散射。即使在一种介质中，如果介质的温度、成分等性质是不均匀的，或者有一部分介质在运动，也会产生散射现象。

声波在传播过程中不断减弱的现象称为声衰减。向周围各个方向扩散传播的声波，传播过程中声能分布的空间不断扩大，能量密度不断减小，这种衰减称为声几何衰减。介质的黏滞性、导热性和分子内部结构对声波的弛豫等性质也会导致声衰减，常称为介质对声波的吸收。被吸收的声波能量最终转化为热能。介质中的微粒杂质，如空气中的灰尘雾滴、江海中的气泡、泥沙和浮游生物等，除了和介质作相对运动会产生损耗，还会把声波散射到其他方向，这种衰减称为散射衰减。

非线性声波　日常的声音大都属于线性声波，但一些很强的声音是非线性声波。如现代的强力喷气发动机发出的声音可超过180分贝，声压振幅达到2.8×10^4帕，质点速度振幅为67米/秒，它具有许多不同于线性声波的性质。流体中线性正弦波的幅度很小，波的稠密部分和稀疏部分的传播速度几乎一样，因此声波的频率和波形保持不变，以固定的速度传播。但非线性波的稠密部分的声速大于线性波的声速，而稀疏部分的声速要小些，因此在传播过程中正弦波的波形不断变化，趋向于锯齿形状。从频谱角度来看，它在传播过程中逐渐产生高次谐波，基频能量不断转移给谐频。传播距离足够长时，声衰减现象使波形逐渐恢复，趋向正弦波形，振幅也减小。

非线性声波的另一个特点是非线性叠加。两个线性波相遇时，只要把两个波的声压相加就得到总的声压，频率不变。两个非线性波相遇时会产生许多不同频率的波，这些频率可是原来的两个频率的和或差，分别称为和频波和差频波，也可是原来频率的谐频的和或差。在一定的传播距离以外差频波的强度可超过原来的波，如果原来的波比较强，差频波还可能发展成激波。

非线性声波还可以和介质发生作用，产生一些非波动现象，如产生介质中的声流，即介质的非周期流动。

（应崇福　张海澜）

声表面波 surface acoustic wave 沿均匀各向同性弹性固体与空气或真空接触的表面传播，且能量集中在表面附近的弹性波。英国物理学家**瑞利**1885年首先从理论上给出，又称瑞利波。声表面波传播速度是弹性波中传播速度最慢的**波**，比固体中的横波约慢10%。声表面波的质点振动是在波传播的矢簇平面内，由垂直于表面和沿传播方向两个位移分量构成，其相位相差90°，质点位移的轨迹为椭圆。图1为声表面波传播示意图。随着距表面深度的加深，声表面波的振动幅度（不一定是单调的）将趋于零，且当深度大于几个波长以后，其幅度即已很小。所以能量集中于表面附近的几个波长范围内，这是**表面波**的主要特征。

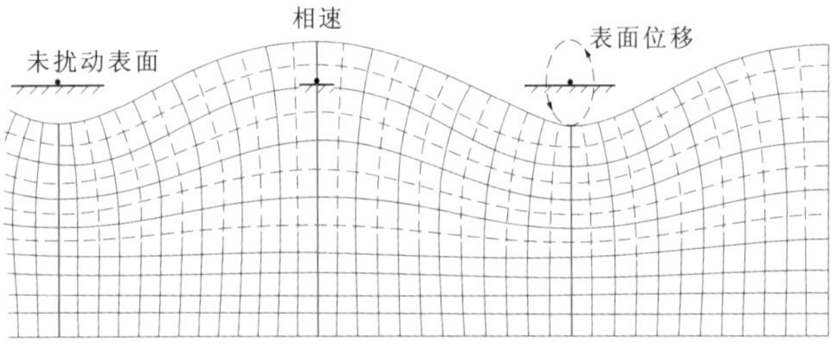

图1　声表面波传播示意图

当界面为弯曲的诸如柱面和球面时也存在声表面波。对于分层的半空间也存在声表面波。不过与平界面的均匀半空间不同，声表面波都是频散的，而且是多模的。

对于各向异性介质如**晶体**，表面波也可传播。但由于各向异性，声表面波的传播速度因表面切向和传播方向而异。其质点振动位移一般有三个方向分量，相位之间的关系也较复杂。各向异性并存在有压电性的压电介质中，也可存在声表面波。与非压电介质不同，这时随着弹性表面波的传播，还伴有电场分布的传播，这种电的扰动也以同样的表面波速度传播。

声表面波存在于自然界地震中，因此可应用于地球物理勘探。在超声学领域中的表面缺陷检测和延迟线的制作方面也获得一定的应用。1965年在压电介质表面上用所谓叉指换能器有效地产生了声表面波，从此在电子学领域中也获得了广泛应用，构成一类所谓声表面波器件。声表面波器件的基本结构如图2所示。它是在压电晶体（石英、铌酸锂、钽酸锂等）的抛光表面上用半导体平面工艺淀积金属（铝和金）叉指状电极的两个叉指构成叉指换能器，其中一个作发射，一个作接收。电信号通过发射换能器的汇流条到叉指上，通过压电耦合，将电信号变成声信号（声表面波），经过一段压电晶体中的传播，到达接收换能器，声信号再转换成电信号输出。电信号在两个叉指换能器上和传播途径中进行各种处理，从而构成具有不同功能的声表面波器件。

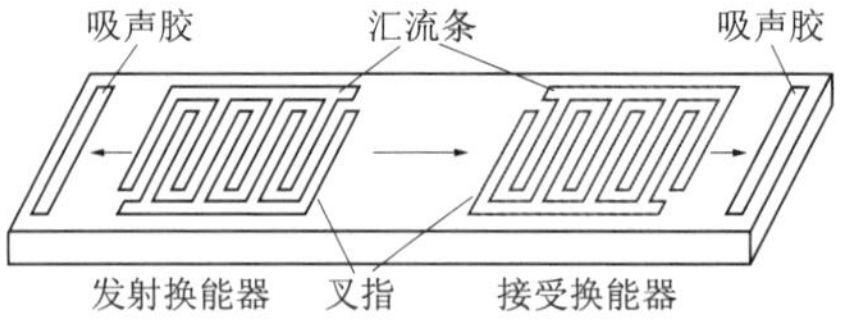

图2　声表面波器件的基本结构示意图

声表面波传播速度比电磁波速度约小五个数量级，因而器件可微型化。千兆赫器件叉指宽度已小到亚微米。声表面波器件具有结构简单、稳定可靠和性能优异的特点，适用频率范围在10^7～10^9赫。声表面波器件主要有延迟线和延迟线振荡器、带通滤波器、脉冲压缩滤波器、谐振器等，已广泛应用于通信、雷达、电子对抗和电视等电子技术领域。

（汪承灏）

声波 sound wave 介质中传播的质点位置、压强和密度对相应静止值的扰动。见**声**、**波**。

声波测井 sonic logging 根据声波（或弹性波）在介质中的传播原理，在充液井中测量声波到时、幅度等特性，以确定井外地层特性或井外固体连通性的测井方法。测井是在钻井过程中（随钻测井）、钻井之后下套管之前（裸眼测井）或下套管之后（工程测井或生产测井），利用岩层的电化学特性、导电特性、声学特性、放射性等地球物理特性，通过将各种专门的仪器放入井内，沿井深测量井剖面上岩层的各种物理参数随深度的变化，并根据测量结果进行综合解释来判断岩石及其所含流体性质，确定油气层及其他矿藏的方法（见图）。测井是获取地层剖面精确参数和储层定量评价最主要和最快捷的手段。声波测井确定井外地层特性一般用于地层评价，声源频率一般为千赫到数十千赫；确定井外固体连通性一般用于固井质量评价，声源频率从数十千赫到数百千赫。采用对称的单极子声波测井方法，在快地层（地层横波速度大于井中流体速度）可以直接测量地层纵波和横波，而在慢地层（地层横波速度小于井中流体速度）只能测量到地层纵波。此外，对称单极子还可以测量到反映地层渗透率变化的**斯通利波**。利用多极子，如偶极子或四极子的频散特性，可以在低频或基于频散校正的方法获得慢地层的横波速度。通过交叉偶极子声波测井，还可以直接获取地层横波的周向各向异性。声波测井最早用于地震资料处理的时深转换，后来发展为一种重要的孔隙度测井方法，声波测井还可以用于识别岩性与气层，通过各向异性反演裂缝和地应力以及评价压裂效果等。此外，声波测井还可以用于计算岩石力学参数。在随钻声波测井仪器与信号处理中，如何压制或消除沿钻铤传播的声波对地层信息的干扰是一个巨大的挑战。基于记录的反射波信息，远探测声波测井是声波测井方法与地震处理的结合，可以将声波测井的探测范围从原有几十厘米扩展到数十米，弥补了声波测井与井间地震各自在探测深度与分辨率方面的不足。

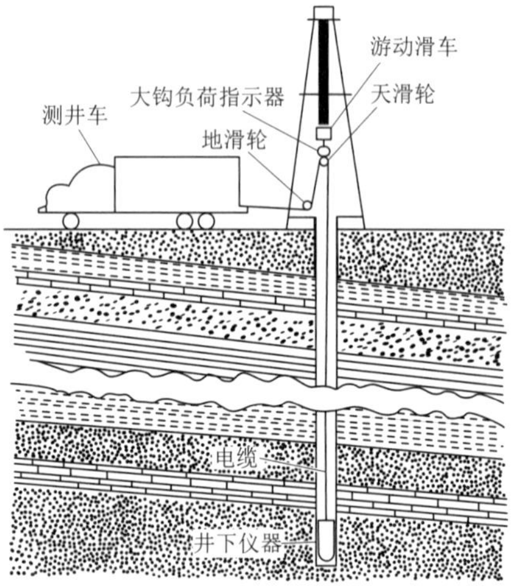

电缆测井示意图

（陈　浩）

声波导 acoustic waveguide 在一个或两个方向延伸得很远，可限制并使声波在其中沿一个方向或两个方向传播很长距离的结构。常见的管道、线材、板材和井孔等都是声波导的例子。海洋、地层和大气层也都具有声波导的性质。声波在声波导中以模式的方式传播。声波导的横截面上各个模式有各自固定的分布。每个模式的传播速度不一样，通常都随频率变化（称为频散），因此声信号在波导中传播时会失真。每个模式有各自的截止频率。对于一个模式，只有高于截止频率的声波才能传播，低于截止频率的声波会很快衰减，称为倏逝波（又称凋落波）。横截面上的分布越复杂的模式截止频率越高。在刚性壁流体介质的声波导中存在一种基波模式，它的传播速度就是流体的声速，它没有截止频率，即任何频率的声波都能传播，实际上传播的是平面声波。因此在这种波导中，如果声波的频率很低，其他模式都被截止，这时只有这种没有频散的基波传播，声信号不会失真。（张海澜）

声超透镜　acoustic hyperlens/superlens　由特殊材料或结构组成的，能够突破衍射极限的声学透镜。在声学透镜成像中，由于衍射极限的存在，小于半波长的细节信息无法得到。这些细节信息由亚波长的高频倏逝波所携带，而倏逝波随传播距离呈指数衰减，因此无法传播到远场。使用特殊的材料或结构，可以在远场进行倏逝波重建，实现完美成像。较常见的超透镜主要有两种，近场超透镜Hyperlens和近场超透镜Superlens。Hyperlens不仅能重建倏逝波中的亚波长信息并将信息传递到透镜外部的远场区，还能放大图像信息。一个能够工作在宽频段的声学Hyperlens（图1），

图1　二维声学Hyperlens

通过在空气中排列扇形铜片构成，其利用等效媒质的各向异性，使较高角动量的模式从倏逝波转换为传播模态。相对地，Superlens仅恢复倏逝波中的亚波长信息，而不对其进行放大。Superlens一般由特殊材料构成，比如负折射率材料，然而由于声学双负材料制备上的困难，这一超透镜难以实现。因此研究人员另辟蹊径，提出

图2　三维声学Superlens

用平行的薄片排列形成二维Superlens，或者用空心柱阵列构成三维Superlens（图2），并用所设计的结构实现窄带的超分辨率成像。但是需要说明的是，前面所描述的这些声学超透镜在成像时，被成像物体需要置于透镜表面处，以保证倏逝波信号在进入透镜前并未完全消失。这一要求将限制超透镜在医学诊断或无损检测等领域的应用，是后续研究中所要解决的问题。

（阚威威　程建春）

声成像　acoustical imaging　利用声波照射物体得到物体内部结构可视图像的技术。声波是物质波，只要有物质就能传播声波。与普通光波不同，声波可显示不透明介质的内部结构。声成像反映的是物体内不同组织结构的声学性质（声速、声衰减、声阻抗、声学非线性参量等）的差异，因此声成像与同一物体的光学图像有所不同。声成像通常工作在超声频段，有时也称为超声成像。

声波是人眼不能看见的，如何将声信号变成可视的图像，可用B型切面扫描成像来说明。超声换能器（探头）向待测物体发射声脉冲，如果在物体内部不同的地方（深度）存在声阻抗的差异，就会在这些深度上反射一系列回波脉冲，回波脉冲到达时间前后代表不同的深度，而回波幅度大小代表声阻抗差异的大小，并在荧光屏上用光点的亮度显示出来，从而得到一个显示亮度分布的扫描线。如果探头沿与声束垂直的直线运动，或安置一个换能器阵列使各阵元分别依次沿直线发射声束，扫描线将沿直线运动方向变化（又称变迹）。若探头或阵列扫掠过一个平面（切面），荧光屏上就显示物体声学性质分布的亮度分布（灰阶）的切面图像，这就是B型切面扫描成像。这个切面就是声束的矢簇平面。B型切面成像的扫描方式主要有声束沿直线变迹的线扫描和声束作扇形变迹的扇形扫描。此外，可用相应亮度调制的灰阶进行数字编码处理，转换成不同颜色的彩色图像，以增强视觉效果，称彩色B型切面扫描成像。这种彩色图像并不是物体的真实色彩，亦称为伪彩色。除了B型切面扫描成像，还有C型切面扫描成像，这时成像平面是与声束相垂直的平面。另外，利用声波的多普勒效应，即将流动体流速用超声多普勒的频移来表示，并用声成像技术显示出来，称之为多普勒成像。这些成像术实际用的是二维的切面成像，三维立体成像也已在医学诊断等领域广泛应用。

为了提高分辨率，常让声束聚焦。聚焦有两类：一类是用声透镜，在高频工作的超声显微镜就是利用它来聚焦成像的。由于焦距是固定的，为了成像就要用机械方法去移动焦点实现扫描成像。另一类是较新发展的所谓电子动态聚焦方法。它可用发射声束（或接收声束）聚焦。通过加到换能器阵列各阵元的声脉冲信号给予相应的不同时延，以便发射（或接收）的各个声束脉冲同时在待聚焦处相干叠加聚焦。如果改变这个脉冲序列的时延，就可在空间不同的点聚焦成像。

此外，对下列声成像方法也进行了不少研究，包括：①用声产生的次级效应，如热效应、化学效应和辐射压力，应用热塑片、照相底板和在液面上成像。②将光全息原理引入到声学领域的声全息成像。③将X射线CT成像移植到声学上的超声CT成像，即超声计算机层析成像。这些成像术由于存在不同缺点，尚不能实用。

声成像技术正在蓬勃发展，B型切面扫描成像已广泛应用于医学诊断中，如胎儿的B型切面声像图。它在材料领域的应用和水下声成像技术都在积极发展之中。

（汪承灏）

声多普勒流速剖面仪　acoustic Doppler current profiler; ADCP　20世纪80年代初发展起来的一种测流设备。ADCP使用换能器作传感器。换能器发射声脉冲波，声脉冲波通过水体中不均匀分布的泥沙颗粒、浮游生物等反散射体反散射，由换能器接收信号，经测定多普勒频移而测算出流速与流向。ADCP能直接测出断面的流速剖面，具有不扰动流场、测验历时短、测速范围大等特点，被广泛用于海洋、河口的流场结构调查、流速和流量测验等。

（彭朝晖）

声发射　acoustic emission　物体或材料内部迅速释放能量而产生瞬态弹性波的一种物理现象。又称应力波发射或微地震。但声发射一词已得到最广泛使用。声发射所相应的弹性波并不仅局限于可听声域，有效频谱范围可伸展到数兆赫甚至数十兆赫频段。

产生声发射的两个重要条件是外部激励和材料出现永久损伤。有各式各样产生声发射的源，如固体内裂纹的形成和扩展（裂纹的传播）、塑性形变、固体内位错的移动和位错在钉扎点上的分离、孪晶边界的移动、复合材料内基体或夹杂物的破裂、分层或纤维的断裂，以及物质结构的变化（包括相变）等。不同的源相应于不同的发射声波，因而也相应于不同的声发

射信号。尽管引起声发射的外部原因多种多样，但其共同点都是由于外部条件（应力、温度、电磁场等）的变化，引起物体或结构某一局部或某些部分变得不稳定并迅速释放出弹性能。声发射是正在扩展的材料缺陷（裂纹）的指示器，没有扩展裂纹或材料的缺陷处于静止状态，就没有能量的重新分配，也就没有声发射。声发射技术是检测材料损伤，特别是对早期损伤实行动态监测的有效工具。

（耿荣生）

声辐射 acoustic radiation 声源在介质中形成声场的过程。声源是产生声音的物体，它的振动引起周围的介质振动，向远方传播，形成声波和声场。声源可是固体，如音叉、琴弦、扬声器的振膜等；也可是振动的流体，如哨、笛、喷注和爆炸等。雷暴、风浪、气流、动物的发声器官等是自然界的声源。各种乐器、扬声器是制造的声源。振动的机器、机动的交通工具是日常生活中的噪声源。从能量的观点看，声辐射是把机械能、电能、生物能等各种形式的能量转化为声能的过程；而声源是实现这个过程的物体。把电能转化为声能的声源称为电声换能器，有压电式、磁致伸缩式、电动式、电磁式和静电式等换能器。把流体动能转化为声能的声源称为流体动力式换能器。

声辐射最主要的性质是其产生的声场的性质，如声场的频率、强度和空间分布等。许多声辐射的空间分布具有方向性，即在某些方向辐射的声能很强，而在其他方向较弱，称为声辐射的指向性。指向性是由声源上各点的振动产生的波传到接收点时以不同的相位叠加的结果。球对称的脉动小球向各个方向的声辐射相同，没有指向性，称为简单声源。嵌装在刚性平板上的扬声器在其正前方的声辐射最强，称为主瓣。随着偏离主瓣对称轴的角度的增加，声辐射减弱。频率较高时，活塞的直径比声波的波长大，声辐射在一定的角度出现次极大，称为旁瓣。频率越高，活塞越大，主瓣越尖锐，旁瓣越多。反之，尺度比波长小得多的声源的声辐射指向性很弱，主瓣很宽，辐射均匀，通常没有旁瓣。不同的应用场合需要不同的指向性，控制声辐射的指向性是声辐射研究的重要内容。

声辐射的另一个性质是声源辐射的效率，即声源振动的能量中有多大的比例转化为声能，这取决于声源和介质的相互作用，由两者的性质共同决定。

（张海澜）

声干涉仪 acoustic interferometer 利用往返声波在介质中叠加干涉形成驻波的原理，精确测量介质中的声传播速度的仪器。最早出现于20世纪20年代。基本形式有变程干涉仪和定程干涉仪两种。

变程干涉仪 适用于流体的测量。基本原理是：作为发射换能器的压电晶片，在频率为f_0的电信号驱动下发生振动并向介质中发射平面声波。经刚性反射板反射形成向相反方向传播的反射声波，两者在介质中相干便产生驻波。当移动反射板、改变晶片与反射板之间距离时，在某些特定距离上声波发生共振，反映到晶片的电参数（流经晶片的电流或其两端电压）将随距离周期性地相间出现一系列极大值和极小值。根据驻波原理，相邻两次极大值（或极小值）间所对应的移动距离等于声波的半波长。为减少测量误差，一般测量n个极大（小）值对应的移动总距离L，求出声波的波长$\lambda=2L/(n-1)$；再利用已精确测定的声波频率f_0值，即可计算出被测介质的声速$c=f_0\lambda=2f_0L/(n-1)$。由于频率的测量准确度极高（可达10^{-7}），故变程干涉仪声速测量准确度主要取决于移动距离的测量准确度，一般可达$10^{-4}\sim10^{-5}$量级。

定程干涉仪 适用于固体介质的测量，其基本结构与变程干涉仪相同，即把发射晶片贴在固体试样的一个端面，另一端为自由面或贴上接收晶片。此时，发射晶片与反射面（或接收晶片）之间的距离成为固定值，即被测试样的长度d，而测量靠连续调变声波发射频率来实现。定程干涉仪声速测量准确度也为$10^{-4}\sim10^{-5}$量级。

声干涉仪一直是实验室条件下精确测量声速的主要手段。至今对它的改进，多集中在新型电子线路与器件的采用，信号与数据处理的数字化与自动化，以及各种误差的修正方面。声干涉仪也可同时测量声衰减系数，但因为准确度不高，已为其他方法（如脉冲法）所代替。

声干涉仪的原理还可推广应用于其他方面。如在已知材料声速的情况下，可用于共振法超声测厚。用被测材料样品取代反射板，就演变为驻波管，可用于材料吸声系数与声阻抗率的测量等。 （张德俊）

声光布拉格衍射 acousto-optic Bragg diffraction 光波通过周期性形变介质时会发生满足布拉格条件的衍射现象，而当介质中同时有声波和光波传播时，由于介质中有周期性的应变场，会出现两种波之间的相互作用，声光布拉格衍射即是这种力学-光学效应（声光效应）的一种重要情况。

声波在介质中传播时会产生周期性的应变场。设传播方向为z，则应变场的分布为：

$$\varepsilon(z,t)=\varepsilon_0\cos(\Omega t-Kz)$$

式中ε_0为应变的幅度；K和Ω分别为声波的波矢量和角频率，$K=2\pi/\Lambda$，声波的速度$V=\Omega/K$。声波的周期性应变场使介质中的宏观光学参数（极化率、介电常数、折射率等）随之产生周期性的变化，形成体光栅，其空间周期等于声波波长Λ，折射率的变化为：

$$\Delta n(z,t)=\Delta n\cos(\Omega t-Kz)$$

则$n(z)=n_0+\Delta n(z)$，其中n_0为未加声波时的折射率。当声波为行波时，声光介质中形成以声速移动的体光栅。

当声波和光波两者同时传播时，两者的相互作用通过声光介质相互耦合。由于声波的波长远远大于光波的波长，因此可以将声波产生的体光栅看作是相对静止的，当光波通过声光光栅时发生衍射现象，除了沿入射光方向的直接透射光以外，还会出现一系列的衍射光（图1）。改变声波的频率和振幅，就可以控制衍射光波的频率、强度、方向和偏振态。当声波满足布拉格条件时出现共振现象，全部（或大部分）的光波衍射能量都集中在1级衍射波中，此即声光布拉格衍射。

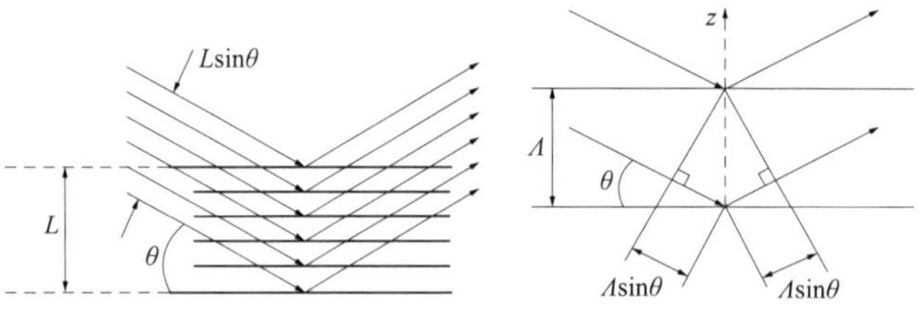

图1 光波通过声光光栅时发生衍射现象示意图

设入射光波波矢$\boldsymbol{k}_1$和衍射光波波矢$\boldsymbol{k}_2$的z分量记为β_1和β_2，称为传播常数，在发生共振时满足动量守恒条件：

$$\beta_1-\beta_2=\pm K$$

即：

$$2k\sin\theta=K\text{或}\Lambda\sin\theta=\frac{\lambda}{2}$$

此即布拉格条件，其中θ角为入射光波和光栅面的夹角（图2）。布拉格条件要求相邻衍射光的光程差等于光波波长，则布拉格角为：

$$\theta_B=\sin^{-1}\frac{K}{2k}=\sin^{-1}\frac{\lambda}{2\Lambda}$$

当入射光沿布拉格角入射时就发生共振，

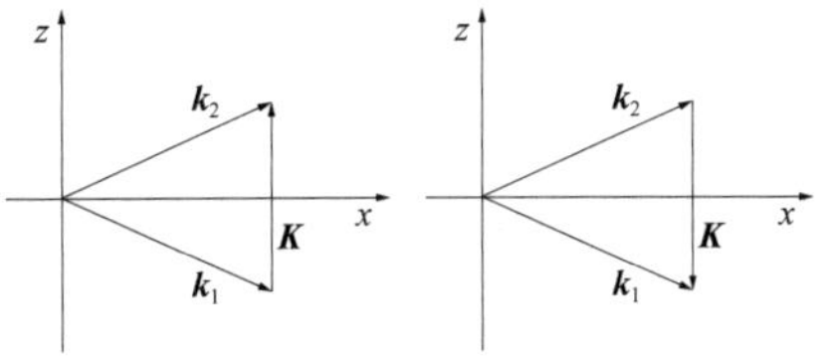

图2　光波波矢关系示意图

动量的矢配量记为：

$$\Delta\beta=\beta_1-\beta_2+K=2k\sin\theta+K$$

满足布拉格条件时$\Delta\beta=0$，声光布拉格衍射的动量守恒（图2）。

*声光效应*还有另一类衍射现象为拉曼－奈斯衍射。

基于声光衍射可制成声光调制器、声光偏转器、声光频移器、声光滤波器等声光器件。　（张　颖　宋菲君）

声光效应　acousto-optic effect　超声波引起介质光学性质的改变，使入射到介质的光束的传播方向及频率发生改变的现象。*超声波*在介质中传播，引起介质的应变，从而使介质内部物质的密度出现周期性的分布和变化。一般情况下，介质被拉伸时密度减小，对光的折射率减小；介质被压缩时密度增大，对光的折射率增大。因而，在超声波的作用下，介质内部的折射率呈现周期性的分布，而且这种分布也随时间做周期性的变化，从而导致在介质中传播的光的散射、衍射、偏转等。

超声波频率较低且入射光束宽度比声波波长小时，介质折射率的空间变化使光线发生偏转、聚焦或发散作用；超声波频率较高且入射光束宽度比超声波波长大很多时，光学性质的变化起相位光栅作用，通过声场的光束相位受到空间周期性调制，即在光束同一截面上相位按周期性分布，使光束发生衍射，称声光衍射作用。

声光效应主要研究声光衍射作用。对于各向同性的介质，根据超声波频率的不同，出现两种不同的衍射现象：①超声波频率不太高且光束穿越声场的作用距离较小的情况下，所引起的相位光栅使光束产生多级衍射，多级衍射光分布在主光束的两侧。同时，各级衍射光的频率也受声波频率的影响，如入射光的频率为ν_0，声波频率为ν_a，则第n级的衍射光的频率变为$\nu=\nu_0\pm n\nu_a$（正负符号由光束和声波传播的相对方向决定，同向为负，反向为正），第n级衍射角θ_n与入射角（光传播方向与声波阵面的夹角）θ_0、超声波长Λ、光波长λ的关系满足$\sin\theta=\sin\theta_0\pm n\lambda/\Lambda$。此现象是印度科学家C.V.拉曼和N.S.奈斯于20世纪30年代前后首先提出的，称为拉曼－奈斯衍射。②超声波频率较高且光束穿越声场的作用距离L满足$2\pi L\geqslant n\Lambda^2/\lambda$，入射角$\theta_B$满足$\sin\theta_B=\lambda/(2\Lambda)$的情况下，光束通过声场后，出射光束的一侧出现较强的一级衍射光，类似于X射线由晶体点阵产生的衍射作用，而频率则变为$\nu=\nu_0\pm\nu_a$，称布拉格衍射。对于各向异性单晶（最常用的是钼酸铅晶体），除上述正常布拉格衍射之外，还由于介质折射率在入射光方向与衍射光方向不同，出现反常布拉格衍射。

由于声光效应引起的光束方向和频率的变化都很小，激光问世以前尚未引起重视。20世纪60年代激光出现以后，由于激光的单色性和方向性好、强度高，利用声光作用（主要是布拉格衍射）可快速而有效控制激光束的方向、频率和强度，大大扩展了激光的应用范围，推动了声光效应的研究和声光器件的发展。早期的声光器件是利用铌酸锂压电晶片在透明固体（如玻璃或单晶）中激发声波，用以制作如下器件：①利用光束偏转角随声波波长改变的特性制成声光偏转器，实现光束快速扫描。②利用偏转光束随声波频率和声功率变化制成声光调制器，应用于制造激光器（如制造锁模脉冲激光器等可控输出功率激光器）或实现激光输出强度调制。③利用偏转光调频特性制成声光滤波器或声光频谱分析仪等。④声光信号处理器（如声光卷积器或相关器），用于光通信或光信号处理。

20世纪70年代*光波导*技术和*声表面波*技术的出现，发展了利用声表面波和光波导之间声光互作用的表面波声光器件。声表面波和光波导的能量非常集中，所需驱动功率较小，可利用平面工艺制作，平面声光器件在光信号处理（如光通信）及集成光学方面有着广泛的应用。　（张淑仪　崔宏滨）

声化学　sonochemistry　研究声能所引起的化学反应或化学过程改变的物理化学分支学科。此处的声能主要指*超声波*所提供的能量，常用频区为20～50千赫，所以声化学又称为超声化学。已研究的声化学体系和介质以液体为主。对于有固相催化剂或固相反应物参加的反应体系，功率适当的超声波常有明显的效果，甚至可以得到一般热反应所无法得到的产物。关于利用超声波可向体系输入能量的理论解释，以空洞理论为主。该理论认为，虽然超声波的作用力远不足以改变分子的结构和键合方式，但当超声波输入连续性介质并在介质中传播时，介质分子将受到周期性的压缩和疏松作用。在疏松期内，由超声波产生的负压足够大时，介质分子将克服分子间的相互作用力被“撕裂”而产生大量微小的“空洞”。这些“空洞”可能通过两种途径影响化学反应：①空洞中所包含的瞬时达到高温高压（理论计算最高可达5000开和1000大气压）的气体，会使空洞迅速膨胀并呈爆炸性破裂，可能导致空洞内部和附近的物质被激发甚至断裂成活性碎片，从而引发化学反应。②空洞周围可以产生强大的电场梯度，足以引发化学反应。对于非均相反应，特别是非均相催化反应，超声波往往能够起到明显的作用。已有部分声化学研究成果转化为生产技术。例如，由甲基碘CH_3I和铝Al合成$(CH_3)_3Al$的反应，在室温下很容易得到中间产物$(CH_3)_3Al_2I_3$。如果在反应体系中通入超声波，在室温下经2.5小时，转化为$(CH_3)_3Al$的产率可达96%；而用常规的加热和搅拌方法，经10小时，也得不到$(CH_3)_3Al$。

由于超声波对于化学体系的作用，并不存在严格的选择性，所以对于具体反应机理的解释往往存在一定的不确定性。　（宋心琦）

声级　sound level　近似人耳对声音各频率成分感觉程度综合成的总声压数值。单位为分贝（dB），其数值因所用的计权网络而异，所以应注明所用计权网络符号。常用A计权测量，其结果则以分贝A表示。如A计权数声级为80分贝，则记作$L_A=80$分贝。　（张海澜　吴立新）

声空化　acoustic cavitation　在力学和/或热机制作用下，液体内局部压力小于其饱和蒸气压时，出现的空泡（气泡）形成、膨胀、收缩和消散等一系列过程。当收缩程度非常剧烈时，空泡会发生坍塌内爆。在空泡内爆的瞬间，泡内聚集的能量迅即释放，致使在单泡空化发生的微小空间内呈现出高达15 000K以上的高温、10^7帕以上的高压并伴随产生光子、离子、自由基以及强冲击波和高速射流等极端的物理条件。

空化的发展过程可以分为成核、增长、振动、坍塌、消散等过程（图1）。

在空化的研究过程中，研究者将其大致分为两个基本类型（图2），即瞬态空化与稳态空化。

稳态空化是指在声波的交变作用下，气泡在共振半径的尺度上做长期的线性或非线性振荡，其活动主要是膨胀与收缩：在负压作用下，气泡膨胀，外界气体可以进入气泡内部；在正压作用下，气泡收缩，

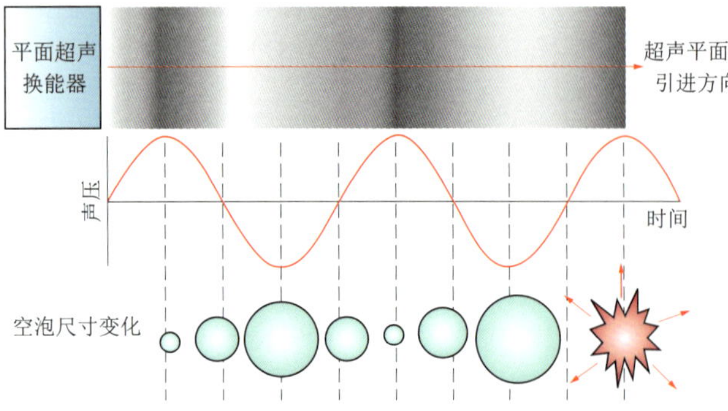

图1 空化中的声场分布、声压变化及空化微泡发展变化示意图

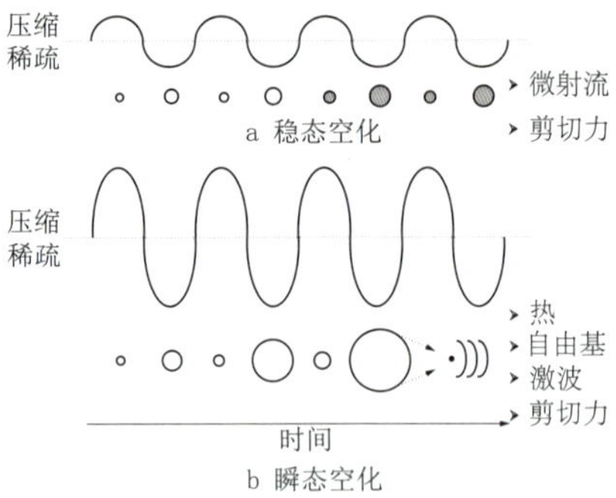

图2 稳态空化和瞬态空化示意图

气体被挤压出气泡，如此做周期性变化。瞬态空化发生在更高的声强度下，过程激烈且复杂。在瞬态空化中，气泡在声场作用下在较短周期中迅速增大，到达一定程度后，在随即而来的声场正压作用下收缩。在惯性作用下快速收缩到最小时，猛烈的崩溃会使局部压力和温度急剧升高，可达到几百兆帕的高压和几千摄氏度的高温。在这样的高温高压条件下，气泡中的水蒸气可分解为OH和H自由基，又可迅速与其他组分相互作用而发生化学反应。此外，崩溃时还常常有声致发光、径向冲击波及高速射流等现象伴随发生。

空化检测包括基于超声空化过程中所产生的信息，如声学、光学、生物学、声化学以及电子学信息等，发展而来的不同检测方法（见表）。其中声学方法基于空化过程中空化微泡的不同频段的声散射信号（如次谐波、谐波、超谐波等）以及其高灵敏度而被广泛使用。光学方法由于其直观性和高分辨性能在空化基础研究中使用也较广泛。 （徐姗姗　万明习）

空气检测方法

分类	具体方法
声学方法	B超成像 超声散射 次谐波 二次谐波 宽带噪声 多普勒
光学方法	声致发光 化学发光 光散射 超高速摄影 光学全息成像
声化学方法	对苯二酸 氢化溴乙非啶 二氯荧光黄双乙酸盐 自旋捕集技术组织损伤
生物学方法	细胞损伤 溶血 麻痹
电子学方法	电阻抗测量

声马达 ultrasonic motors 声驱动器中应用最广的一类，主要工作于超声频段。又称超声马达。不同于传统马达将电磁力转变为驱动力，超声马达是利用压电陶瓷的逆压电效应在振子上产生超声波谐振，再通过摩擦机构设计，带动转子或滑块做旋转运动或直线式移动。

20世纪40年代，美国的A.L.W.威廉斯等就利用压电材料振动特性作为马达驱动力，其工作频率并不限于超声频段，但转动力小，效率低。1973年，美国IBM公司的H.V.巴特首次提出以超声波振动的方式来驱动马达，但磨耗较大。1980年，日本的指田年生改善了磨耗问题，制作出有实用价值的超声马达，并成功应用于照相机的自动对焦系统。

超声马达分环形和微型两种，以环形较为普遍。相较于传统马达，环形超声马达优点有：低转速下高扭矩；定位扭矩大；对启动和停止的控制能力好；可大范围无级调节旋转速度；无噪声；低能耗；工作温度范围宽。但其也有不足之处，如输出功率偏小，不适合长期高速运转，使用寿命较短，定速控制的设计复杂，成本相对高。

除工作于谐振位移驱动方式的超声马达外，还有一类声驱动器工作于刚性位移驱动模式，包括单（双）晶片驱动器、多层式驱动器、rainbow驱动器、moonie驱动器和cymbals驱动器等，它们在大小、质量、位移量及负载能力上均各有特点，已广泛应用于显示器件控制、微位移产生系统等。 （张　锐　万明习）

声呐 sonar 利用声波作为信息载体对水中目标进行探测、定位、识别、跟踪和实现水下导航、测量和通信的设备。

声呐系统一般是由发射机、换能器（水听器）、接收机、显示器和控制器等几部分组成。发射机用于产生需要的一定功率的电信号，以便激励换能器将电信号转变为声信号向水中发射。水声信号若遇到潜艇、水雷和鱼群等目标会被反射，然后以声呐回波的形式返回到换能器（水听器），水听器接收后又将其转变为电信号。电信号经接收机放大和各种处理，再将处理结果反馈至控制器或显示系统。最后根据这些处理的信息可测出目标的位置，判断出目标的性质等，从而实现声呐的功能。

按工作方式，声呐可分为主动声呐和被动声呐。主动声呐向水中发射声波，通过接收水下物体反射回波来发现目标，并测定其参数。被动声呐通过接收目标的辐射噪声，探测目标并测定其参数。现代舰艇常采用主、被动综合声呐来进行水下通信、遥测和控制等，这种综合声呐系统在水下声学通信信道两端都有发射换能器和接收换能器。水上部分是以电子计算机为中心的数据采集、处理、图像显示等设备，水下部分则是水声换能器（或基阵）。

声呐是各国海军进行水下监视使用的主要装备，用于对水下目标进行探测、分类、定位和跟踪，进行水下通信和导航，保障舰艇、反潜飞机和反潜直升机的战术机动和水中武器的使用。此外，声呐技术还广泛用于鱼雷制导、水雷引信，以及鱼群探测、海洋石油勘探、船舶导航、水下作业、水文测量和海底地质地貌的勘测等。

影响声呐工作性能的因素除声呐本身的技术状况外，海洋环境条件的影响也很严重。比较直接的因素有传播衰减、多路径效应、混响干扰、海洋噪声、自噪声、目标反射特征或辐射噪声强度等，它们大多与海洋环境因素有关。如声波在传播途中受海水介质不均匀分布和海面、海底的影响和制约，会产生折射、散射、反射和干涉，会产生声线弯曲、信号起伏和畸变，造成传播途径的改变，以及出现声影区，严重影响声呐的作用距离和测量精度。现代声呐根据海区声速-深度变化形成的传播条件，可适当选择基阵工作深度和俯仰角，利用声波的不同传播途径（直达声、海底反射声、会聚区、深海声道）来克服水声传播条件的不利影响，提高声呐探测距离。 （李整林）

声能学 high-power acoustics 研究声的能量及其应用的声学分支学科。声能能改变物质的结构、状态、功能，或加速这些改变的过程，使物质获得新的物理、化学和生物特性。声能学就是研究声与物质的相互作用，主要内容有声能的各种效应及其作用机理、高声与强声的产生方法和系统、相关的实验研究和工程应用研究等方面。包括在特殊条件或极端条件下声的规律的研究、声疲劳、强振动或强噪声的设备安全问题和生理效应研究等。声能学研究常与**非线性声学**有联系。

声能应用的物理基础是声与物质的相互作用。强声在介质中传播时，会产生一系列效应，如力学效应、热学效应、光学效应、化学效应、生物效应等。液体中有强度超过空化阈的超声传播时，液体中产生大量气泡，小气泡随着超声振动逐渐生长然后又突然破灭，这种现象称为**声空化**。声空化会产生短促的、局部的、极大的高温、高压和高强电场，同时伴随有强烈的噪声和**声致发光**。声空化是许多在液体中超声应用的主要机理。声空化可将能量聚集10^{12}倍以上，但声空化造成的极端高温高压的上限至今还不清楚。

20世纪初，发现超声可使液体雾化和乳化，也可使有机物或生物活体的组织结构发生改变。50年代中期，对高声强超声的研究取得很大的进步，发明了超声切割和超声焊接技术。功率超声的应用领域已经扩展到工业、农业、国防、医药卫生、环境保护、科学研究、日常生活和空间技术等领域，用在其他技术难以实现或效率很低的场合。1982年，发现了热声效应，开辟了热声学研究和热声致冷器的应用研究。声能有很多应用，也会具有破坏力。次声的能量能够引起人或生物不适，甚至导致杀伤。地震波的能量具有巨大的破坏力。暴露在高声强可听声或超声环境中的老鼠和鱼类会很快死亡。

高声强的低频率声成功地用来清除锅炉烟道的积灰和积垢。超声在物质加工方面的应用有机械加工、金属成型、纸塑料金属焊接、搪锡、极高光洁度模具的超声抛光、缝纫、晶粒细化等。在物质处理方面的应用有超声清洗、加湿、乳化、雾化、分散、粉碎、除气、干燥、防腐防垢、加速过滤、超声萃取、超声杀菌、处理鱼卵、处理植物种子等。在技术方面，有超声马达、超声悬浮传送硅片、铝基碳纤维复合材料制造等。在能源技术方面，有声波采油、油井超声解堵、超声燃油掺水乳化和燃油掺煤粉等。在生物医学方面，有超声治疗、超声手术、超声提取中药材的有效成分等。其他还有如海水淡化、卫星空间站中的无容器声悬浮技术等。超声应用的很多机理仍尚未搞清，有待深入研究。

随着声学研究的深入，对声能的认识不断扩展，并开辟出新的应用领域。其中，超声治疗和**声化学**是最令人瞩目的两个新应用领域。超声纳米技术、超声污水处理是很受关注的研究方向。比较成熟的应用有超声手术刀、超声治疗白内障、超声粉碎肾结石、洁牙、减肥美容等技术。正在研究中的有超声治癌、抗早孕、治疗心血管疾病等技术。在新兴的纳米技术领域，超声在分散、制粉、形成特殊结构、无容器技术等方面有望提供新方法。

（沈建中）

声逆散射 acoustic inverse scattering 根据给定的入射波和得到的散射波研究散射体特性的理论和方法。在特定声源发出声波后，声学系统会散射声波，入射场和散射场叠加形成总声场。散射理论的正问题为根据入射场和声波方程以及相应的边界条件决定散射场。声逆散射是散射问题的逆问题：根据得到的散射场或散射场的远场性质，反演非均匀介质的特性。由散射波场到散射体特性的反演关系或反演方法，是在散射理论的基础上获得的。逆散射理论与反演技术已成为研究各种工程技术和科学问题的重要手段。在声隐身斗篷的研究中，声逆散射方法也是除坐标变换方法外的主要设计方法之一。声逆散射方法有两种不同的设计思路。一种是将一定数量的小圆柱分散在散射体附近，并假设小圆柱分布位置为未知变量，通过多重散射法推导包含这些未知变量的系统的散射声场，再用模拟退火算法求解系统散射最小时这些位置变量的取值，按此位置变量分布的圆柱即构成声隐身斗篷。另一种则假设散射体由若干壳层包覆，并将这些壳层的材料参数作为未知参数，利用数值算法求解低阶散射模式为零时这些材料参数的取值，即可得到由这些壳层构成的隐身斗篷。（阚威威 程建春）

声镊 acoustic tweezer 利用声波控制物体移动的技术。1874年德国物理学家A.孔特实验证实了声驻波场中微粒会汇集到波节处，并呈现带状分布（见图）。1990年吴君汝等使用两个相对放置的**超声换能器**

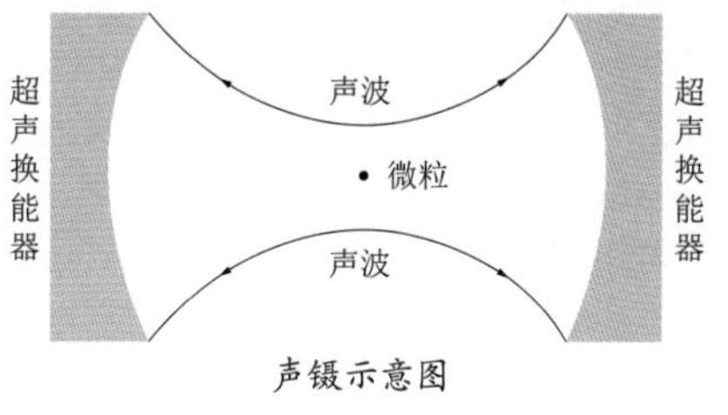

声镊示意图

产生了驻波场，成功捕获了乳胶粒子和蛙卵，并提出了声镊的概念。

驻波声镊的重要应用领域是微流芯片领域。在超声驻波场中，微球体会聚集在驻波场的波节或波腹处。一般情况下较轻的微球体会汇集到驻波场声压波腹，而较重的粒子会汇集在波节处。微流芯片领域中驻波声镊在亚毫米或微米级管道内利用超声辐射力精确操控溶液中的粒子，达到化学和生物分析目的。如调节驻波的频率、相位，改变声势阱的位置，实现微球体或者细胞的萃取、分离、混合、搅拌等功能。

涡旋声镊是在超声驻波基础上进一步发展的操控技术。在声波传播过程中的相位奇异性会导致声波螺旋状扭转，出现中心轴上声强为零的现象，形成声涡旋。声涡旋是具有螺旋相位波前且存在相位奇点的特殊声场。螺旋状的声波具有角动量，产生的力矩可以操控微粒的运动。不同于光涡旋，超声可以很好地穿过不透明介质内部。所以，声涡旋可以非侵入非接触地对（非）透明流体中的微球体进行操控。

（史爱伟 万明习）

声谱分析 sound spectrum analysis 对声或振动信号进行测量或计算，以获得它们的组成和强度的频率分布图的技术及工作的统称。又称频谱分析。声和振动信号都是由各种频率成分组成的。表征声和振动信号的主要参数是强度和频率成分。频率成分不同的声和振动信号，即使强度差不多，对它们的感觉和识别，或它们所产生的干扰和破坏作用，却是不同的。因而声谱分析在现实生活中有重要作用：可有效地降低噪声污染，只有在了解了噪声源频率特性后，才可能采取针对性控制措施；人机对话语言自动翻译机的研制，其语言识别和语言合成部分都离不开关于语言声谱的知识；对敌方潜艇的侦察，方法之一是将其噪声谱与存储的样本谱做比较识别；还有如声致振动的研究等。

声谱测量时先把声或振动信号转换成电信号，经滤波器滤波，测量滤波后的电信号幅度，然后换个滤波器再做，得到一系列滤波器中心频率与信号幅度的关系，连成曲线就是声谱（频谱）曲线。早期的滤波器是电阻、电感和电容组成的无源滤波器，后来研制出有源滤波器和数字滤波器。声谱分析的关键是滤波器带宽。最常用的滤波器是1/3倍频程和倍频程滤波器。用它们测得的曲线分别称1/3倍频程和倍频程声谱曲线。数字滤波器的频率分辨度可做到1赫。

进行声谱分析应注意的问题：一是声

或振动信号在时间上大多为随机起伏过程，需进行多次测量才能得到确定的声谱；二是测量时要避免其他噪声的干扰，因此测量必须在特定的环境(如消声室）进行。

（李晓东　戴根华）

声强　sound intensity　单位时间内通过垂直于声传播方向的单位面积上的平均声能量。又称平均声能流密度。见*声*。

声强仪　sound intensity meter　直接测量空气中声强的仪器。声压是标量。一维声场中测点处的声压，是入射波和反射波按它们相位关系的叠加，用声级计区分入射波声压和反射波声压是做不到的。声强是矢量，该测点处的入射波声强和反射波声强指向相反的方向，可用声强仪分别测量。所以用声强仪测量声强有许多用处，如可在多个声源共同建立的声场中分别测定每个声源的声功率，可作为定位仪判定声源方向识别噪声源，以及测定吸声材料的斜入射吸声系数等。（李晓东　戴根华）

声全息　acoustical holography　将全息照相原理引入声学领域而形成的声成像技术。又称声全息术。20世纪60年代中期形成。声波与光波在传播特性上有相似的规律，都可利用波阵面重建原理进行成像。最早的声全息成像即超声液面全息就参照的是光全息的方式。在水槽中由一个物波换能器发射的超声束，穿过被观察物体后，投射到位于水面的液膜上；而由另一个参考波换能器发射的同频率超声束直接投射于液面。两波在液面上叠加干涉形成的声强分布，使液膜产生相应的形变，构成全息图。然后在液面上方用激光束照射液膜，通过光学重建获得物体图像。液面全息的优点是能实时重建图像。缺点是液膜易受干扰且不稳定。又因光与声的波长相差约五个数量级，故用光波对声全息图进行重建，会因纵向分辨率畸变而使图像失去三维性。

随后出现的扫描声全息充分发挥声波自身的特点。特别是利用声学中线性检测器（传声器、水听器、接收换能器等）可直接测出物波衍射场的幅度与相位，然后转换为电信号。参考波也可用电信号模拟。两者的相干可用电子学方法实现，因而能方便地获得物波场的全息数据（声全息图）。将全息数据转换为光学图样，可用于光学重建；运用计算机与数字化技术，则可更灵活地进行数据处理与图像重建。最简单的扫描方式是单探头扫描，即只用一个声接收换能器，在物波衍射场的选定平面上进行格栅式扫描。为提高记录速度，后采用线阵扫描。但任何机械扫描均受各种限制而不可能太快（相对于声速），难以用于运动物体的成像，因而出现了二维阵成像系统。二维阵多用方阵（阵元数$N\times N$）或矩形阵（阵元数$N\times M$）。为保证成像的分辨率，阵的孔径需足够大；要达到一定视野和对比度，又需有足够的阵元数。这无疑增加了系统硬件的规模和复杂性。要用较少的阵元获得较大的孔径，出现了发射阵与接收阵的综合孔径技术的成像系统。其中典型的有日本冲电气公司研制的4×4发射阵与32×32接收阵综合孔径声全息水下成像系统。该系统采用计算机重建，成像速率为1帧/2秒。图1为该系统实物照片。图2给出海下距阵3.6米远处自行车的图像。

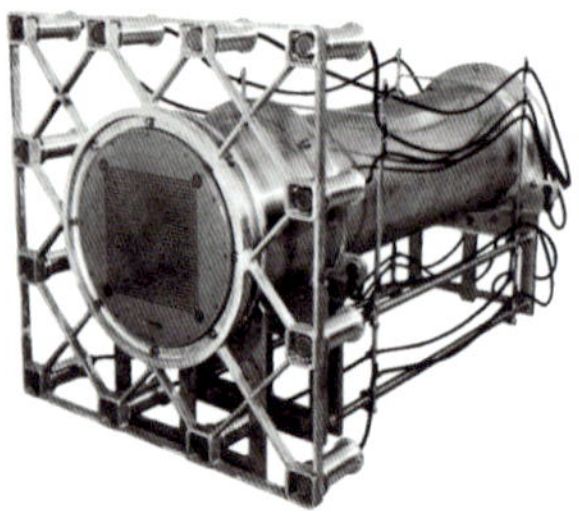

图1　发射阵（4×4）、接收阵（32×32）综合孔径声全息水下成像系统

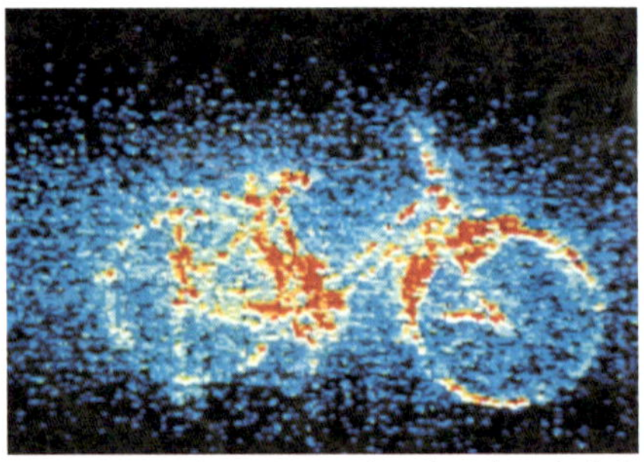

图2　水下距阵3.6米远处自行车的声全息重建

声波能通过不透光的物质（雾气、浑水、金属等），故声全息在获得这些物质中物体形状及其结构的可见图像方面具有独特优点，在材料缺陷的无损检测、水下物体的探测与识别、人体病灶的医学诊断的应用上，有重要应用价值。

上述各种声全息系统的成像距离d都远大于声波波长λ，即$d\gg\lambda$的较远距离，习惯上称为常规声全息。20世纪80年代，美国宾夕法尼亚大学的J.D.梅纳德、E.G.威廉斯等提出适用于成像距离甚小于声波长，即$d\ll\lambda$的近场声全息（NAH）。由于在极临近被测声源或物体的距离上测量，故除常规声全息所接收的携有目标结构低空间频率信息的传播波成分外，还能收到随距离迅速衰减的**倏逝波**成分。而这种倏逝波成分携有目标细结构的高空间频率信息。所以，用记录有传播波和倏逝波成分的全息数据，进行图像重建（称为广义声全息重建），其成像分辨率不受瑞利分辨率极限（$\lambda/2$）的限制，可达到辐射声波长的几分之一，甚至几十分之一。

低频声的波长较长，容易满足$d\ll\lambda$的条件，因而近场声全息特别适合于对低频声源进行空间定位和振动模式的准确测定。主要用于空气中噪声源的定位，振动物体（机器、乐器等）的模态分析。中国科学院武汉物理与数学研究所研制出32阵元接收线阵扫描NAH系统（图3），在空气中测出了古代乐器曾侯乙编磬的振动模式。图4示出一个模拟编磬的基频（154赫）振动模式。

图3　32阵元接收线阵扫描近场声全息测振系统

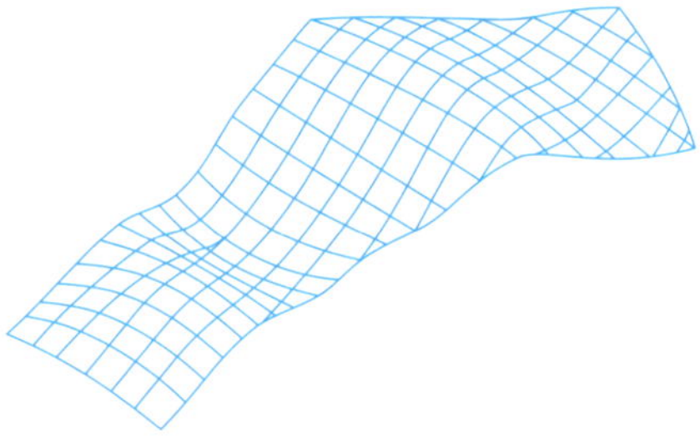

图4　模拟编磬的基频（154赫）振动模式

为有效测得全息数据，通过计算机进行快速傅里叶变换的运算，可方便地获得被测声源或目标的重建像。关键问题是要做到实时重建，尚需解决高密度二维接收阵和多通道快速并行处理数据的难题。但与其他声成像技术一样，研究被测声源或目标的声学特性，始终是获得高质量图像的基本物理问题。

声全息仍是一项正在发展并具有巨大潜在应用的技术。从技术条件和应用需求来看，用于医学诊断的实时、三维声全息成像技术可望首先取得突破性进展。

（张德俊）

声散射　scattering of sound　声波在传播中遇到障碍物时，部分声波偏离原始传播路径，从障碍物四周散播开来的现象。当声波向障碍物入射时，障碍物受入射声的激励而成为一个次级声源，并将部分入射声能转换为散射声能而向其四周辐射。从障碍物四周散布开来的那部分声波称为散射声波。散射声波的能量取自入射声波，也即散射声波的能量与入射声波射到该障碍物上的能量成正比。此外，散射声波的能量及其向四周的分布同障碍物的线度与声波波长的比值、障碍物的物理性质及其结构形状等有关。散射声波向四周散布并不是均匀的，即散射声波具有一定的角分布特性。如一束平面声波入射到半径为a的一个弹性球体上时，假定此球体很小，并满足条件：

$$ka=\frac{2\pi fa}{c}=\frac{2\pi a}{\lambda}\ll 1$$

式中k为声波波数，f、c与λ分别为声波的频率、声速与波长。在离开小球一定的距离处，散射声波的声强分布可用一个近似的解析式来描述：

$$I\propto I_0S_0\left(\frac{a}{\lambda}\right)^4\left[\frac{(1-gh)^2}{3gh^2}-\frac{(1-g)}{(1+2g)}\cos\theta\right]^2$$

式中I_0代表入射声波的声强，$S_0=\pi a^2$，$g=\rho'/\rho$，$h=c'/c$。而ρ与ρ'分别代表传播介质的密度与弹性小球的密度，c与c'分别代表它们对应的声速，θ称为散射角。假定传播介质为空气，则可取$g\gg 1$，$h\ll 1$，从而上式可以简化为：

$$I\propto I_0S_0\left(\frac{a}{\lambda}\right)^4\left(\frac{1}{3}-\frac{1}{2}\cos\theta\right)^2$$

图a为描述这一情况下散射声强的角分布示意图。这时散射声波的能量分布是不均匀的，主要集中分布于与入射声波相背的半球方向。此外，从上两式还可反映出重要的声散射规律：声波散射的能量与声波波长四次方成反比，也即声波频率愈高，波长愈短，从入射声波中获取的散射能量愈多，这一规律称为**瑞利散射**。在光学中也有类似的规律。光学中曾用瑞利散射成功地解释了为什么晴朗的天空会呈现蔚蓝色的原因。

另一种会产生很强声散射的现象，也备受人们注意。如果声在水中传播而遇到悬浮在其中的微小气泡，则因为$g\ll 1$与$h\ll 1$，前式可简化为：

$$I\propto I_0S_0\left(\frac{a}{\lambda}\right)^4\beta$$

上两式相比为：

$$\beta=\frac{1}{3}\left(\frac{\rho c^2}{\rho' c'^2}\right)$$

室温下这个β值可达到几千，即水中气泡的散射作用比空气中的坚硬小球要强得多，且散射声的能量是从小气泡四周均匀

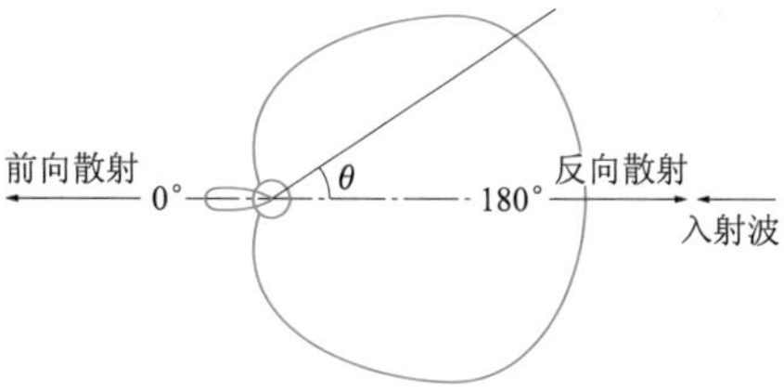

a $ka\ll 1$

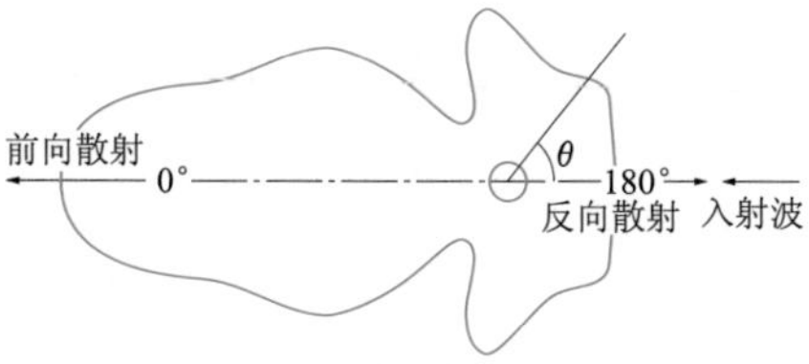

b $ka=5$

散射声强的角分布

散布开来的。而声散射能量是取自入射声，因此入射声向原始方向行进的能量就会受到很大损失。说明如果水中存在很多微小气泡，就会严重干扰和阻碍声波在其中的传播。声波的这一散射现象已被作为一种新颖的造影剂应用于超声医学诊断成像技术中。

随着障碍物的线度与声波波长的比值变大，声散射的能量及其分布也会随之变化。图b表示当$ka=5$时空气中一个坚硬球体所产生的散射声强的角分布示意图。这时入射于该球体上的声能的大部分转换为散射声能。如果ka再进一步增大，则散射声能基本上可分为两半，一半分布于与入射声波相反方向的半空间，另一半则集中于入射波行进的方向。而这一部分声波却正好与原始入射波位相相反，以致互相叠加结果在球体背后形成较明显的声阴影，即球体已挡住了入射声波继续行进的去路。反向散射以及其他的散射声能分布特性同障碍物体的材料、结构、形状、大小等都有密切关系。现已通过声散射的特性和规律制作一种声呐系统，向水中发射声波来探测敌方鱼雷和潜艇等水中目标的行动方位，甚至可勾画出所探测目标物的轮廓。固体中的声散射现象也正在被大量揭示出来。如在钢、铝等金属材料及构件中存在伤痕、缺陷或裂缝等都构成了固体中的散射体。将声散射的研究广泛应用于材料科学等无损检测技术展现出巨大的前景。（杜功焕）

声速 speed of sound　声波在介质中的传播速度。通常用符号c表示。又称音速。从本质上讲，声速是介质中微弱压强扰动的传播速度，计算公式为：

$$c=\sqrt{\frac{K}{\rho}}$$

式中ρ为介质的密度；$K=\mathrm{d}p/(\mathrm{d}\rho/\rho)$，称为体积弹性模量，$\mathrm{d}p$、$\mathrm{d}\rho$分别为压强和密度的微小变化。对于液体和固体，$K$和$\rho$随温度和压强的变化很小，主要是随介质不同而异，所以在同一介质中，声速基本上是一个常数。对于气体，K和ρ随压强和温度的变化很大，故按体积弹性模量的定义，用下式计算更为方便：

$$c=\sqrt{\left(\frac{\partial p}{\partial \rho}\right)_S}$$

下标S表示过程是等熵的。这是因为微弱的压强扰动在气体中引起的温度梯度和速度梯度都很小，而过程进行得很快，热交换和摩擦力都可以略去不计。对于完全气体的等熵过程，有$(\mathrm{d}p/\mathrm{d}\rho)_S=\gamma p/\rho$，$\gamma$为比热比。声速$c$又可表示为：

$$c=\sqrt{\gamma RT}$$

式中T为热力学温度；R为普适气体常数。对于空气，$\gamma=1.4$，$R=287.14$焦/（千克·开），故$c=20.05$米/秒。

在流动的气体中，相对于气流而言，微弱扰动的传播速度也是声速。在温度T不为常数的流场中，各点的声速是不一样的，与某一点的温度相当的声速称为该点的“当地声速”。当气流的温度很高，或存在有外部的激励源时，气体分子内部振动的动能很大，分子的离解度很高。在这种情况下，当微弱压力波扫过使气体温度很快地发生变化时，气体分子的平动能和转动能很快就能达到相应的平衡值，但分子振动能和离解能达到新平衡态所需的特征时间要大得多，此时在波的传播过程中，可以认为这部分内能没有变化，即气体处于冻结状态。这时，声速公式可表示为：

$$c_f=\sqrt{\left(\frac{\partial p}{\partial \rho}\right)_{S,q}}$$

式中c_f表示冻结声速，下标q表示振动能和离解能等保持原值不变。声速在常见介质中的数值见表。

声速在几种介质中的数值

介质	温度/°C	声速/$\mathrm{m\cdot s^{-1}}$
空气	0	313.0
氢	0	1286
氧	0	317.2
水	15	1450
铅	20	1230
铝	20	5100
铜	20	3560
铁	20	5130
花岗石*		6000
硬橡皮*		54

* 声速值与温度基本无关。

固体的情况比较复杂，除了纵波还

有横波，它们的声速分别是$\sqrt{\frac{\lambda+2\mu}{\rho}}$和$\sqrt{\frac{\mu}{\rho}}$，这里$\lambda$和$\mu$是拉密弹性系数。各向异性的固体的声速更复杂，不同方向传播的声波有不同的声速。（查济璇　张海澜）

声梯度折射率材料　materials with acoustic gradad index　一种非均质的复合材料，它的组分和结构在材料内部按一定规律连续变化，从而使折射率也相应地呈连续变化。在传统的声学系统中，构成元件的材料一般都是均质的，各元件内部折射率通常为常数，可通过改变元件的尺寸或形状来实现所需要的功能。利用梯度折射率材料可以根据需要设计渐变的微结构，使材料内部的等效折射率按要求连续变化并实现相应的功能。一种常见的实现方法是在声波传播的基底媒质中嵌入不同大小的亚波长散射体，可用于实现各种类型的声学

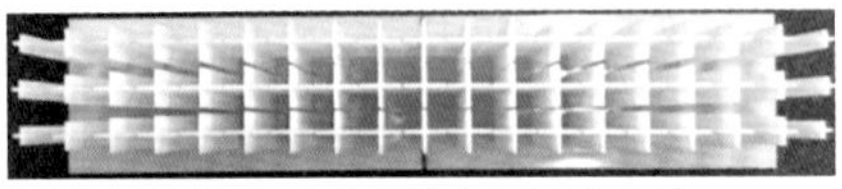

一个典型的声梯度折射率透镜

透镜以及声场调控。一个典型的声梯度折射率材料构成的透镜如图所示。通过在空气中排列不同大小的十字形散射体，可对声波实现聚焦。由于每个十字形散射体尺寸都远小于对应的声波波长，根据等效介质理论，每个散射单元都可以看作均一介质，这些等效介质连接起来形成连续变化的梯度折射率材料。根据需要设计散射体的几何参数，使这些散射体的等效折射率在1～2之间连续变化。同时，为了降低能量损失并提高聚焦效率，还需使此梯度折射率材料声阻抗与背景媒质相匹配。实际应用中，很多器件要求梯度折射率材料有较广的折射率分布，同时还要兼顾声阻抗等方面的特性，这往往是梯度折射率材料设计的难点所在。由于实际材料的声学参数所限，图中的声梯度折射率透镜不是一个理想透镜，而是权衡折射率和阻抗等参数要求后所得的结果。（阚威威　程建春）

声微射流　acoustic microjet flow　一种声空化引发的声学现象。当作用到液体介质上的超声波能量足够高时，负压相的声压峰值可在液体中形成局部性的负压区，当这一负压足以克服液体分子之间的结合力时，液体被拉开而形成空腔，即产生空化气泡，简称空化泡、空泡。液体中的空化泡在超声场的作用下振动、生长并不断聚集声场能量，当能量达到某个阈值时，空

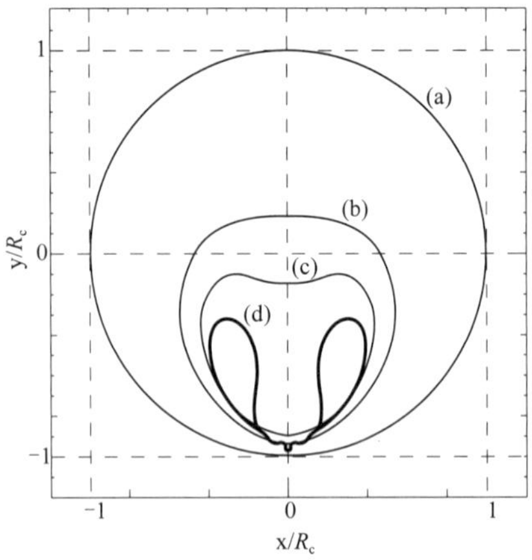

（a）即将溃灭的气泡；（b）不对称溃灭；
（c）声微射流初步形成；（d）漏斗状的穿孔

空化泡溃灭时形成的声微射流示意图

化泡会发生急剧地崩溃闭合，即溃灭。在空化泡溃灭的瞬间可释放出巨大的能量，产生极大的冲击力和高温。如果空化泡产生在刚性壁面附近或与壁面相接触，由于壁面的存在使得空化泡惯性溃灭时周围的液体不能对称地流动，在气泡和壁面之间产生的压力梯度导致空化泡的不对称溃灭，即气泡上下壁面的溃灭速度不同。为了保持整体气泡-液体系统的冲量守恒，不对称的溃灭导致空化泡上壁的速度大于靠近壁面的气泡下壁速度，溃灭时气泡上方的流体加速并聚集，导致形成指向壁面的微射流，即声微射流（见图）。声微射流在极短的时间内就完成对材料表面的定向冲击，具有强大的冲击力，是超声波清洗、超声治疗等应用的基本原理之一。声微射流的动态行为不仅取决于气泡和声场的性质，还取决于壁面的性质以及气泡与壁面之间的距离。（宗瑜瑾　万明习）

声吸收　absorpton of sound　实际传声介质里，声能在传播途中逐渐变成热，从而出现随距离而逐渐衰减的现象。实际的传声介质（包括各种气体、液体和固体以及其他物态）都是非理想的。声吸收过程是一个耗散过程，与**声速**常有密切的关联，因此研究声吸收问题时，往往要考虑频散现象。

引起介质对声吸收的原因很多。静止和均匀流体介质中主要原因有介质的黏滞性、热传导以及介质的微观动力学过程中引起的弛豫效应等。非纯介质（如大气中含有灰尘粒子、液态雾滴等）中，在声波作用下这些悬浮体对介质做相对运动而产生的摩擦损耗，以及在水雾中弛豫效应等也是引起声吸收的原因。

海水中含有一定的化学物质，频散吸收要显著高于纯水。地震、火山爆发以及核爆炸时发出的声音，含有远低于20赫的次声成分，可持续绕地球转几个圈。可见声波的吸收既决定于介质的一些特性，也与声波的频率有关。从声吸收规律来探索（物质）介质的特性和结构，已发展成声学分支——分子声学，它通过宏观的声吸收以及声频散来研究分子以至原子等微观结构与各种频率声波的相互作用。当然，声吸收的研究范围还要广泛得多。

经典吸收　主要由黏滞和热传导两部分吸收组成。

黏滞吸收　声波通过介质时介质质点因相对运动而产生内摩擦，即黏滞作用，导致声的吸收。对于流体，黏滞作用由切变黏滞系数以及容变黏滞系数两部分来描述。前者是由介质的剪切形变产生的，后者宏观上是由体积变化引起的。已经证明，大量测试中表现出来的超过经典吸收的部分是容变黏滞系数的作用，这一系数与微观过程的弛豫性质有关，它是声波频率的函数。

热传导吸收　声波传播过程基本上是绝热的，介质中有声波通过时，产生压缩和膨胀的交替变化，压缩区温度升高，膨胀区温度降低。这时相邻的压缩和膨胀区之间形成温度梯度，引起热传导。这个过程是不可逆的，因此产生声能的耗散，称为热传导吸收。液体热传导吸收一般较小，常可忽略；但液态金属如水银则正好相反，热传导吸收要比黏滞吸收的作用更大。

弛豫吸收　弛豫吸收由介质分子的微观内过程引起，主要有下列机制。

分子热弛豫吸收　简称分子弛豫吸收。一般发生于多原子分子的气体中。实质是分子的相互碰撞，使外自由度（指分子平动自由度）和内自由度（分子的振动和转动自由度）之间发生能量的重新分配。介质静止时可用压强、温度、密度等物理参量描述这一平衡状态。声波通过时介质发生压缩和膨胀过程，介质的物理参量及其相应的平衡状态也将随声波过程而发生简谐变化。而任何状态的变化都伴有内外自由度能量的重新分配，并向一个具有新的平衡能量分配状态过渡。但建立一个新的平衡分配需要一段有限的时间。这样的过程称为弛豫过程，建立新的平衡状态所需要的时间称为弛豫时间。这种过程伴随着熵的增加。由此导致有规的声能向无规的热转化，即声波的弛豫吸收。

化学弛豫　声波通过会产生可逆化学反应的介质时，也会发生与上述热弛豫类似的化学反应平衡的破坏，并产生弛豫过

程。这种弛豫过程也导致声的吸收。可出现这种化学反应弛豫的介质有分子发生解离和缔合作用的气体、各种能起化学反应的混合物以及电解质溶液等。

结构弛豫 声波通过一般液体时，由于分子间互相作用很强，热弛豫时间很短，声吸收主要由于液体分子的体积发生变化产生，这种发生介质微观结构的重建过程的弛豫称为结构弛豫。纯水具有结构弛豫，它对吸收贡献较大。

多重弛豫 一种介质可存在一个以上的弛豫过程。如电解质水溶液，可同时既存在纯水的结构弛豫，也存在电解质的解离–缔合化学反应弛豫。如果这两种弛豫过程的弛豫时间相差很大，则实验上可把它们明显分别出来。实验发现，还有一些液体（如黏弹性液体）具有一个极为宽广的弛豫时间谱，而这个弛豫时间谱实质上具有连续谱的特征，这种弛豫称为多重弛豫。

实际介质的声吸收 典型的有下述两种情况：

大气吸收 大气中主要吸收机制是分子弛豫吸收，即与空气中所含氧气、氮气、水蒸气和二氧化碳的主要成分有关。理论证明，氧气与水蒸气的相互作用占大气吸收的主要成分；氮气含量虽多，但只在低频和高湿度情况下起重要作用；二氧化碳虽只占大气的万分之三，但其作用，特别是在湿度较小的情况下绝不可忽略。因此考虑大气吸收时，相对湿度和温度都是重要的参量。

海水吸收 容变黏滞系数的存在已能在理论上解释纯水的吸收。海水中含硫酸镁及硼酸，会导致两项化学弛豫吸收。海水在低频时吸收很小（100赫约为10^{-6}分贝/米），但频率较高时吸收显著增加。硼酸在海水中含量甚微（约为百万分之四），但实验观察到它的水溶液在约1000赫时显示出比纯水高300倍的弛豫吸收。至于含量也较低的硫酸镁导致的反常声吸收的测量以及理论探讨早在20世纪40年代末已开始。这两种吸收都与温度以及水的静压力有关。海水中含有气泡等悬浮体，除产生声散射外，也是造成海水吸收的重要原因。

生物介质的声吸收 生物介质一般指生物软组织。声波在生物介质中能量衰减的机理十分复杂。除了黏滞、热传导和多种复杂的弛豫过程引起能量耗散外，还有因组织不均匀性而引起声波的散射，这部分散射能量仅改变声的传播路径，并不能转换为热。尽管声波的热耗散是主要的，但由于二者的贡献很难分离开来，因而在生物介质中常采用声衰减系数替代声吸收系数来描述声波的传播损耗。

测量方法 主要有四种：①度量发射声脉冲的幅度因吸收而引起的随距离的相对变化的脉冲法。②度量衍射光的强度随声场距离的相对变化的光衍射法。③度量驻波声场中极大值或极小值的幅值随距离相对变化的声干涉法。④测量盛有待测介质的容器中共振锐度变化的共振法。共振法主要应用于较低频段的测量，而脉冲法应用较为普遍，精度较高，方式较多，借助快速发展的计算机与电子技术，脉冲法测量声吸收技术也一直在飞速发展着。

（杜功焕 魏荣爵）

声学 acoustics 物理学分支学科之一。研究介质中机械波的产生、传播、接收和效应的科学。介质包括物质各态（固体、液体和气体等），可是弹性介质也可是非弹性介质。机械波是指质点运动变化（包括位移、速度、加速度中某一种或几种的变化）的传播现象。机械波就是声波。

历史 声音是人类最早研究的物理现象之一。声学是经典物理学中历史最悠久而当前仍在前沿的分支学科。从上古起直到19世纪，都是把声音理解为可听声的同义语。中国先秦时就说“情发于声，声成文谓之音”，“音和乃成乐”。声、音、乐三者不同，但都指可听到的现象，与现代对声的定义相同。西方也是如此，acoustics的词源是希腊文akoustikos，意思是说“听觉”。世界上最早的声学研究工作在音乐方面。《吕氏春秋》记载，黄帝令伶伦取竹作律，增损长短成十二律；伏羲作琴，三分损益成十三音。三分损益法就是把管（笛、箫）加长三分之一或减短三分之一，听起来就很和谐，这是最早的声学定律。1957年中国河南信阳出土的编钟是公元前525年为纪念晋与楚作战而铸的，其音阶完全符合自然率。明朝朱载堉于1584年提出的平均率，与当代西方乐器制造中使用的乐律完全相同，但比西方早提出300年。古代除了对声传播方式的认识外，对声本质的认识与今天的完全相同。东西方都认为声音是由物体运动产生的，在空气中以某种方式传到人耳，引起人的听觉。

对声学的系统研究是从17世纪初伽利略研究单摆周期和物体振动开始的。从那时起许多物理学家和数学家都对研究物体振动和声的产生原理做出过贡献。声的传播问题则更早就受到注意，几乎2000年前中国和西方都有人把声与水面波纹相类比。1635年就有人用远地枪声测声速，假设闪光传播不需时间。以后此方法得到不断改进，1738年法国科学院用炮声测量，测得的结果折合到0℃时，声速为332米/秒，与最准确的数值331.45米/秒只差1.5‰，这在当时“声学仪器”只有停表和人耳的情况下的确是了不起的成绩。I.牛顿在1687年出版的《自然哲学的数学原理》中根据推理：振动物体要推动邻近介质，后者又推动它的邻近介质等，经过复杂而难懂的推导求得声速应等于大气压与密度之比的二次方根。L.欧拉于1759年根据这个概念提出更清楚的分析方法，求得牛顿的结果。但由此算出的声速只有288米/秒，与实验值相差很大。J.le R.达朗贝尔于1747年首次导出弦的波动方程，并预言可用于声波。直到1816年，P.-S.拉普拉斯指出只有在声波传播中空气温度不变时牛顿的推导才正确，而实际上声波传播中空气密度变化很快，不可能是等温过程，而应该是绝热过程，因此声速的二次方应是大气压乘以比热比（定压比热与定容比热的比）与密度之比。据此算出声速的理论值与实验室值完全一致。

到19世纪末，接收声波的仪器只有人耳。人耳能听到的最低声强大约是10^{-12}瓦/米^2（声压是2×10^{-5}帕），在1000赫时，相应的空气质点振动位移大约是10^{-11}米，只有空气分子直径的1/10，可见人耳接收声的能力确实惊人。19世纪中就有不少人耳解剖的工作和对人耳功能的探讨，但至今还未能形成完整的听觉理论。现已对声刺激通过听觉器官、神经系统到达大脑皮层的过程有所了解，但这过程在大脑皮层如何进行分析、处理、判断还有待进一步研究。音调和频率的关系明确后，对人耳听觉的频率范围和灵敏度也有不少的研究。1843年，G.S.欧姆提出人耳可把复杂的声音分解为谐波分量，并按分音大小判断音品的理论。在欧姆声学理论的启发下，开展了听觉的声学研究（生理声学和心理声学），并取得重要的成果，最有名的是H.von亥姆霍兹的《音的感知》。在关闭空间（如房间、教室、礼堂、剧院等）里面听语言、音乐，效果有的很好，有的很不好，这导致了建筑声学或室内音质的研究。但直到1900年W.C.赛宾得出混响公式，才使建筑声学成为真正的科学。

19世纪及以前二三百年间的大量声学研究成果的总结者是瑞利，他在1877～1878年出版的两卷《声学原理》中集经典声学之大成，为现代声学奠定了基础。他开始讨论的电话理论，已发展为电声学。20世纪由于电子学的发展，使用电声换能器和电子仪器设备，可产生、接收和利用任何频率、任何波形、几乎任何强度的声波，使声学研究的范围远非昔日可比。现代声学中最初发展的分支就是建筑声学和电声学以及相应的电声测量。随着频率范围的扩展，又发展了超声学和次声学；由于工作手段的改善，进一步研究听觉，发展了生理声学和心理声学；由于对语言和通信广播的研究，发展了语言声学。第二次世界大战中，开始把超声广泛地用到水下，使水声学得到很大的发展。20世纪以来，特别是20世纪50年代以来，全世界由于工业交通事业的巨大发展出现了噪声环境污染问题，从而促进了噪声、噪声控制、机械振动和冲击研究的发展。随着高速大功率机械应用日益广泛，非线性声学受到普遍重视。此外还有音乐声学、生物声学。这样逐渐形成了完整的现代声学体系。

现代声学的特点　有如下4个方面：①大部分基础理论已比较成熟，这部分理论在经典声学中已有比较充分的发展。②基础理论在不同实际范围内的应用问题研究得较多。③非常广泛地渗透到物理学其他分支和其他科学技术（包括工农业生产）及文化艺术领域中。人类的活动几乎都与声学有关，从海洋科学到语言音乐，从地球到人的大脑，从机械工程到医学，从微观到宏观，都是声学家研究对象。声学的边缘科学性质十分明显，边缘科学是科学的生长点，声学是物理学重要的发展方向之一。④在基础理论部分产生了一些新的研究热点。如关于声子晶体的研究，发现一些具有周期结构的多相复合材料具有一些奇特的声学特性，这些特性可能在噪声控制、声学检测和成像方面有潜在的应用，引起了广泛的关注（见声子晶体、声学超常材料、声梯度折射率材料、声逆散射、变换声学、声超透镜、声隐身）。又如超声产生空化现象，空化现象能大大增强超声的各种效应。同时这种现象涉及物理、化学和生物多个学科，并牵涉到非线性现象，是非常复杂的问题，也是当前的研究热点。

分类　声学研究的理论方法大致可分为下面4类：

波动声学　又称物理声学，是用波动理论研究声场的方法。在声波波长与空间或物体的尺度数量级相近时，必须用波动声学分析。主要是研究反射、折射、干涉、衍射、驻波、散射等现象。在关闭空间（如室内，周围有表面）或半关闭空间（如在水下或大气中，有上、下界面）内，反射波的互相干涉要形成一系列的固有振动（简正振动方式或简正波）。简正波理论是引用量子力学中本征值的概念并加以发展而形成的，它注意到声波波长较大和速度小等特性。

射线声学　又称几何声学，它与几何光学相似。主要是研究波长非常小（与空间或物体尺度比较）时声能沿直线的传播，即忽略衍射现象，只考虑声线的反射、折射等问题。这是在许多情况下都很有效的方法。如研究室内反射面、固体中作无损检测以及液体中探测等时，都用声线概念。

统计声学　主要研究波长非常小（与空间或物体比较），在某一频率范围内简正振动方式很多、频率分布很密时，忽略相位关系，只考虑各简正方式的声能相加关系的问题。赛宾公式就可用统计声学方法推导。统计声学方法不限于在关闭或半关闭空间中使用。声波传输中统计能量技术解决很多问题就是一例。

计算声学　运用数值计算方法研究声学问题。由于数值计算的发展非常迅速，并且计算机的性能也得到飞速发展，许多以前难以想象的计算今天在个人电脑上几分钟就可以完成。同时计算科学不断发展，涌现出许多新的算法，出现了许多成熟的计算机软件。在声学应用上，数值计算一方面可以对理论结果做大量的计算，得到直观形象的定量结果，总结规律。另一方面还可以计算没有解析结果的复杂问题，为实际问题提供依据。数值计算的采用对计算方法的研究提出了许多新的问题，有关的计算理论不断发展，逐渐成为一个新兴的分支学科——计算声学。计算声学采用多种不同的方法，最基本的有限差分方法基于泰勒展开把声学的偏微分方程近似为差分方程求解，方法直观，应用广泛。应用最广的是基于单元剖分和弱形式的有限元方法，现有许多性能优良的成熟软件。其他如边界元、谱元、格子气等方法也各有特点，呈现出五彩缤纷、快速发展的态势。

声学仪器设备及测量　20世纪以前，声源仅限于人声、乐器、音叉和哨子。频率限于可听声范围内，可控制的声强范围也有限。接收仪器主要是人耳，有时用歌弧、歌焰作定性比较，电话上的接收器和传声器还很简陋，难于用作测试仪器。20世纪以后把电路理论应用于换能器的设计，把晶体的压电性用于声信号和电信号之间的转换，之后又发展了压电陶瓷、驻极体等，并用电子线路放大和控制电信号，使声的产生和接收几乎不受频率和强度的限制。近年用半导体（如CdS）薄膜产生超声，用激光轰击金属激发声波等，使声频超过了可听声高限的几亿倍。次声频率则可达每小时一周以下，声强可超过人耳所能接收高强声音的几千万倍。声功率也可超过人喉发声的10^{11}倍。声学测量分析仪器也达到了高度准确的程度。这些手段给声学各分支的进一步发展创造了很好的条件。

利用对声速和声衰减测量研究物质特性已应用于很广的范围。测出的空气中实际的吸收系数比19世纪G.G.斯托克斯和G.R.基尔霍夫根据黏性和热传导推出的经典理论值大得多，在液体中甚至大千倍、几万倍。这个事实导致了对弛豫过程的研究，这在对液体以及对它们结构的研究起了很大作用（见声吸收）。对于固体同样工作已形成从低频到超声频固体内耗的研究，并对诸如固体结构和晶体缺陷等方面的研究都有很大贡献。用热脉冲产生的超声频率可达到10^{12}赫以上，为凝聚态物理开辟了新的研究领域。

（马大猷　张海澜）

声学测量　acoustical measurement　研究声学量的测量的技术。声学量测量技术研究是从17世纪初伽利略研究单摆周期和物体振动开始的，到19世纪末接收声波的仪器仅有人耳。20世纪初A.G.贝尔发明了用于电话机的炭粒传声器，首次把声波能转换为电信号。60年代使用电声换能器和电子仪器设备，可产生、接收和利用各种频率、波形和强度的声波，解决了声学量的测量，建立了空气和水中的声压基准及有关的标准测量方法。带微处理机的声学测量仪器及新测量技术（如实时频率分析、快速傅里叶变换、相关分析等）的出现，使几天才能完成的测试分析工作现在只需几分钟即可完成。声学测量方法和测量准确度的提高，为近代声学的发展创造了条件。

声学中的主要量　描述声源及声源产生声场的特性、描述接收声波及分析声波特性和在声学现场中起主导作用的声学量为主要量。

表1所列的声学主要量中，声压是最

表1　声学中的主要量

声学量		单位	
名称	符号	名称	符号
频率	f, ν	赫	Hz
声压	p	帕	Pa
声速	c	米/秒	m/s
声功率	W	瓦	W
介质的声特性阻抗	Z_c	帕·秒/米	Pa·s/m

基本，也最易测准的。声场若为自由场时，声强、声功率可按一定的理论关系由声压导出，但对复杂的声场这些量间的关系较为复杂，需要独立测量某一声学问题选用哪个声学量来分析问题，这应视具体情况而定。

声学量的级　实际生活中声音强度的变化范围非常大。如人耳刚能听到的声音的声压为2×10^{-5}帕，而宇宙飞船推进器的声压约为10^5帕，变化范围可达10^{10}量级。人类听觉对声信号强弱刺激的反应不是线性的，而成对数比例关系。为表示方便，引入了物理量某个量的级。声学量的级定义为：声学中一个量与同类基准量之比的对数。对于不同声学量，对数的底、基准量和级的类别必须加以说明。与声学量有关量的级，如压谱级、声级、噪声级等的基准值可根据该量的定义和表2中列出的有关量的基准值来确定。

表2　主要声学量的级和基准值

名称	定义	基准值
声压级	$L_p=2\lg(p/p_0)$	空气中：$p_0=20\mu Pa$　水中：$p_0=1\mu Pa$
振动速度级	$L_v=2\lg(v/v_0)$	$v_0=1nm/s$
振动加速度级	$L_a=2\lg(a/a_0)$	$a_0=1\mu m/s^2$
振动位移级	$L_d=2\lg(d/d_0)$	$d_0=1pm$
力级	$L_F=2\lg(F/F_0)$	$F_0=1\mu N$
声功率级	$L_W=\lg(W/W_0)$	$W_0=1pW$
声强级	$L_I=\lg(I/I_0)$	$I_0=1pW/m^2$
声能密度级	$L_D=\lg(D/D_0)$	$D_0=1pJ/m^3$
能量级	$L_E=\lg(E/E_0)$	$E_0=1pJ$
自由场［电压］灵敏度（级）	$M=2\lg(M/M_0)$	空气中：$M_0=1V/Pa$　水中：$M_0=1V/\mu Pa$

注：表中级的单位为贝［尔］(B)，常用分贝（dB），1dB=0.1B。

声学测试环境　声学测量的首要问题是要选择符合测量要求的测试环境，最常用的声学测试环境是自由声场和扩散声场。

自由声场　均匀各向同性介质中边界影响可忽略的声场。声波在自由声场中可不受任何干扰地传播，因而能对被测对象的声学特性作准确的测量。理想的自由声场很难实现，只能获得满足一定测量误差要求的近似自由声场。如地面反射声和噪声可忽略的高空，气象条件适宜时可认为是自由场；宽阔的广场或田野，除地面反射外上方是半无限空间，可认为是半自由声场。人工设计的消声室可获得室内自由声场。水声测量中，像湖泊、海湾、港口、水库等天然水域，只要有足够大的开阔度和深度，都可作为自由声场。在有限空间测试电声器件或换能器声学特性时还可用脉冲声技术，在时间上将来自边界的反射声与直达声分开，以获得自由声场条件。

扩散声场　能量密度均匀、各个传播方向作无规分布的声场。符合此要求的实验室称为混响室，其设计要求是尽量加长空室的混响时间，保证室内的声扩散状态。混响室内当声源连续稳定地发射一定频谱的声波时，声场各点的平均能量密度应当相等，各点从不同方向来的平均能量流也应当相等，各个方向到达某点的声波之间的相位是无规的。满足这三个条件的声场即为扩散声场。

声学测试信号　声学测量中常用的测试信号有纯音、白噪声、粉红噪声、脉冲和猝发声等。

声学测试基本设备　声学测量时，不管测试系统如何复杂和先进，都可归纳为接收设备、分析设备和读出设备。

接收设备　在空气中是传声器，在水中是**水听器**（又称水下传声器）；对超声频是超声波接收器；测量振动时是拾振器。

分析设备　主要功能是：将接收器输出的微弱信号放大；将信号由时间域转变到频率域进行频谱分析；经过模数转换，将模拟信号转变为数字信号进行信号处理。分析设备主要是放大器、频谱分析仪和微处理机等。

读出设备　声和**振动测量**的读出设备是相同的。最常用的是用指针指示输出数据，如表头读数；也有将输出以几何图形的形式描画出来，如声级记录仪器和X-Y记录仪；数字式仪器可直接用数字显示测量结果或由数字打印机打出，也可通过接口输入计算机，用磁盘或光盘储存。

（章汝威）

声学超常材料　acoustic metamaterials　具有一般材料所不具备的声学特性的亚波长人工复合结构，其复合结构通常在空间按周期分布。声学超常材料的概念是基于等效和近似的思想提出的，其理论基础为等效介质理论。等效介质理论也称为等效参数理论，通常用来研究复合材料的宏观特性。等效介质方法是针对各种具体的问题，通过不同途径对复合材料各组分作平均。根据不同的研究背景和目的，找出其中相对重要的性质和材料参数，在理论上求得其近似平均，同时忽略一些烦琐而相对不重要的细节。对于声学超常材料，当声波波长远大于周期单元尺寸时，基于长波近似可将其近似看作一块均匀材料。诸多结果表明，当声波波长足够长，单个周期单元对声波的影响将非常小，但大量散射结构的周期排列又在整体上对大波长声波的传播有明显影响，这时可把周期复合结构看作一个具有特殊性质的均一材料，用等效介质的方法来描述。

随着超常材料相关研究的发展，人们拓展了等效介质理论的应用范围，不再局限于低频极限的情形。当材料在特定频率范围内性质比较稳定，或者只关心特定窄带频率附近材料的整体性质，即使此时结构单元与声波有强烈的相互作用，实际上不能等效为均一材料，依然可以把等效介质理论作为一种研究手段。类似于黑箱理论，通过系统的输入和输出来判断系统的性质。通过特殊设计，声学超常材料可具有一般材料所不具备的特殊声学特性，如密度各向异性、负等效质量密度、负等效弹性模量等，能被用来设计实现平面聚焦透镜、**声超透镜**、隐身斗篷等声学器件。

声学超常材料的概念最开始形成于对**声子晶体**低频段特性的研究中。在局域共振型声子晶体提出后，相关学者就指出其超低频禁带来源于其中每个结构单元的共振，这一结构单元可被看作弹簧振子。在特定频率上振子做与声压梯度反向的受迫振动，因此该声子晶体可看作等效动态密度为负的材料（见图）。人们发现负的等

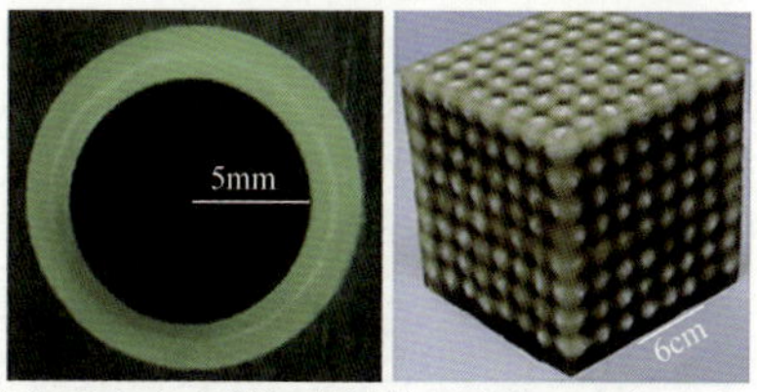

负等效密度声学超常材料及其单元结构示意图

效质量密度可以由结构单元的偶极共振来实现，而负的弹性模量则来源于结构单元的单极共振。通过特殊设计，使单极和偶极共振同时发生，即可得到双负材料，也称作负折射率材料。苏联科学家V.韦谢拉格于1968年就指出波在负折射率材料中传播时，能流方向与波矢方向相反，当波从正折射率材料入射到负折射率材料的

界面时，入射波和折射波处在界面法线方向的同一侧。利用双负材料可实现突破衍射极限的完美成像、互补参数的声学隐身斗篷以及平面聚焦透镜等新型声学器件。然而由于共振吸收等现象，双负材料在声学中较难实现。人们将目光转向等效折射率为零的声学超常材料，即零折射率材料。在零折射率材料中，声速无限大，因此其中的声波维持等相位。零折射率材料可用来实现各种特殊的波阵面操控。

另一类声学超常材料为具有各向异性等效参数的声学超常材料，称作超常流体，相关概念形成于对布拉格散射型声子晶体低频段特性的研究中。由于不涉及共振，此类超常材料具有宽工作频带、瞬态响应好并且受黏滞衰减等效应的影响相对较小的特点，可应用到隐身斗篷、弯曲波导等对声波的特殊操控中。

（阚威威　程建春）

声衍射　diffraction of sound　声波传播过程中遇到障碍物时，部分声波会绕至障碍物背后并继续向前传播的一种现象。又称声绕射。

声波的波动过程也遵循*惠更斯-菲涅耳原理*。按照这一原理，声波会绕过障碍物或绕至带孔声屏障的背后继续行进的现象是不难理解的。声衍射产生的声场较为复杂，但现代已有完善的声波理论来处理声波的衍射问题，特别对于形状规则的物体，如声波通过球体、圆柱体等的障碍物而产生的衍射声场，理论处理已十分成熟。至于声波遇到较为复杂的实际障碍物体时的声衍射问题，借助计算机技术与计算方法已不成为很难的课题。

现已证明，声衍射的强与弱是同障碍的大小与声波波长的比值密切相关。这里可用$ka=\frac{2\pi fa}{c}=\frac{2\pi a}{\lambda}$的值来描述。式中$k$为声波的波数，$f$、$c$、$\lambda$分别为声波的频率、速度和波长。$a$是代表障碍物尺度的量，如为球体$a$就代表球体的半径。一切物体的大小是相对的，反映声学特性时物体的大小常可用声波波长作为尺度来度量。ka就代表物体线度与声波波长的相对大小。声衍射强弱与ka值密切有关，ka越小声衍射现象越强，ka越大声衍射现象越弱。

图1是声波遇到球形障碍物时产生衍射现象的简单示意。图1a表示当$ka=1$时，球体线度与声波波长比值较小，有部分声波会绕过球体行进，图1b表示当$ka\ll1$时衍射很强，声波将会如同此球不存在那样维持原有传播路径继续行进，图1c表示

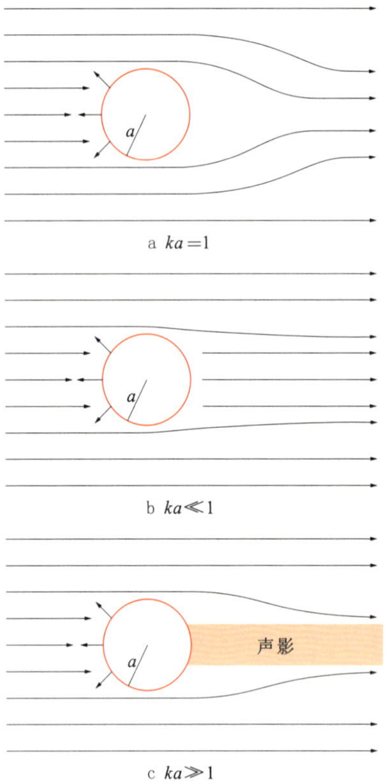

图1　声波遇到球形障碍物的衍射

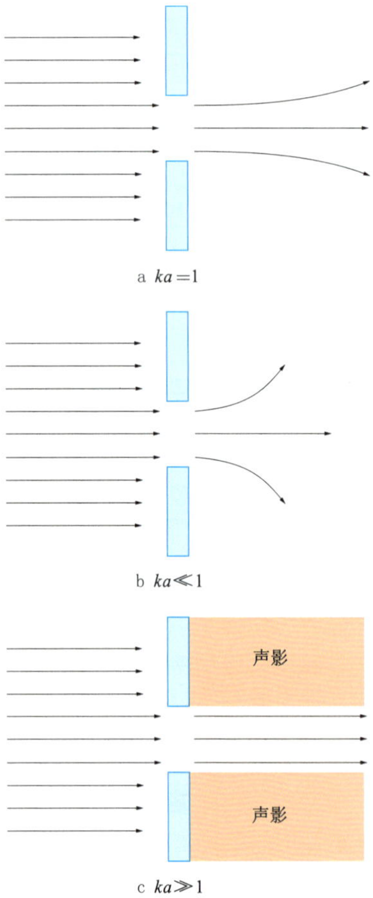

图2　声波遇到带有圆孔的声屏障的衍射

当$ka\gg1$时衍射很弱，声波几乎只是沿着直线传播以至于被球体挡住去路而在其背面形成明显的声影。

声波通过一带有孔径的声屏障时也会表现出明显的声衍射现象。如声波从该声屏障的左方入射而来，不仅会透过孔径向右方传去，也会部分地绕向屏障背后。图2是声波遇到带有圆孔的声屏障时所产生衍射现象的简单示意。图2a、图2b、图2c分别描述了声波通过带有圆孔的声屏障时的衍射现象。

声衍射现象在日常生活中很容易被觉察到。如果躲在较粗的柱子背后，仍能明显听到从柱子前方传来的谈话声，这就是一个很典型的声衍射现象的例子。

（杜功焕）

声掩蔽　auditory masking　一个声音的听阈因另一个声音的存在而上升的现象。纯音被白噪声所掩蔽时，纯音听阈上升的分贝数，主要决定于以纯音频率为中心一个窄带噪声的功率。这个窄带的频率宽度是随着纯音频率的不同而变化的，称为临界频带。在听觉频率尺度上，一个临界频带的宽度等于1巴克。临界频带的概念是美国科学家H. 弗莱彻在20世纪40年代提出来的。这些频带与听觉滤波器有关。在频率上一个强的低频纯音可掩蔽高频纯音。在时间上除了即时掩蔽外，还存在一个声音可对它后面的声音产生掩蔽，称为前向掩蔽；一个声音也可对它前面的声音产生掩蔽，称为后向掩蔽。复合纯音的掩蔽比较复杂，与它的频率组合与相位关系有关，有时产生时间窗效应，即在某一时段内产生的掩蔽很小。如果一侧耳输入信号，另一侧耳输入噪声，则可在中枢产生掩蔽。掩蔽效应看来是噪声对信号的一种干扰，但也可在语音通信中加以利用。如数字语音压缩通信中，可借助掩蔽效应使嵌入的加密密码听不出来，即不因密码而降低通话质量。

（张家騄）

声遥感　acoustic remote sensing　用声学方法测定观测对象的位置、形状、特征及运动状况等的技术。声遥感技术分有源方式和无源方式两种。有源方式由声源发出声波，接收穿透被测物的声波，或接收由被测物反射或散射回接收器的声波，以获取被测物的各种参数。无源方式则本身不发射声波，而接收被测对象发出的声波，以获取被测对象参数。

原 理　声波穿透介质时，介质的密度、声速、吸声系数和运动速度的分布及变化，界面的性质、位置、形状、运动变化，以及介质中不均匀体的性质、大小、形状、运动状况等，会影响透射波的衰减、起伏、

波形变化和产生反向散射。从透射波和散射波的参数可测出介质及其中不均匀体的状态和变化。

介质运动导致的湍流和气泡会产生噪声，其中的自然声源或人工声源也产生噪声。对噪声的测量和分析可得到噪声源的位置、空间分布、强度、频率特性等，并可通过进一步的分析了解产生噪声的条件。测量自然噪声源产生的声场，也可得出有关介质的各种参数。

研究各种不同介质中声的传播和散射是声学的正问题。测得声传播和散射特性之后反推介质的特性是声学的逆问题。声遥感就属于声学的逆问题。

应用　大气中使用声雷达对空发射声波，接收由大气湍流散射回来的声波，根据其强度和**多普勒频移**可了解大气中的风速和温度分布以及湍流的情况。

大气中的次声可传播很远距离。用次声阵接收远距离传来次声信号并加以分析，可监测远距离发生的次声现象，如火山爆发、台风、雷暴、龙卷风、恶劣天气、核爆炸等现象，用以判断其发生地点、时间和强度。

在一个海域范围的周边，相距几百千米安放若干个声发射器和接收器，测量声波到达各点间的传播时间和往复传播的时间差，通过计算反演可推算这些点包围的大面积海域的温度场和流速场。这种方法称为**海洋声层析**技术，在1979年提出，已用于测量大洋中的中尺度涡、内波和锋面等。利用海中两个固定点之间的声信号传播时间变化或声信号振幅、相位起伏谱，可观察海中波浪、内波和海水微观不均匀的运动变化状况。在世界大洋中相距上万千米的两点间，在声道轴上发射和接收低频脉冲声信号，长时间观测传播时间的变化，可测出声道轴上的平均温度变化，进一步可推算由于温室气体排放引起的地球温升，可得到全球气候变化的平均数值。这种方法称为大洋气候声学测温，已开始进行常年观测。

海底安放换能器向海面发射信号并接受反射回波，可测量海面波浪。浅海中夏季有温跃层存在，上层温度高，声速也高，下层温度低声速也低。长时间测量海底至海面反射回海底的时间值，可测出温跃层的升降。海中有许多散射体随海水运动。向水层发射声信号，并接收各层散射体反射回波，测量由于散射体运动产生的多普勒频移，每发射一次信号，可在上千米深度内得出几十个水层的流速，称为多普勒流速剖面仪。测量水中泥沙对声波的反向散射可测得泥沙的含量。

海中的风生噪声与风速有密切关系，测量噪声的谱级，可得到一定范围内的海面风速。利用海面的波浪噪声作为声源，测量噪声场的分布，可得出海底结构的参数。

（吴立新）

声隐身　acoustic cloaking　使用特殊材料或者技术在声学上隐藏一个物体，使物体不被外界声信号探测到。传统的隐藏物体的方法有减小物体自身噪声、减小散射体散射截面以及使用吸声材料等，比如使用消声瓦。但是相关方法会使探测设备接收不到反射回波而形成一个黑点，物体依然有被发觉的可能。**声学超常材料**的发展推动了各种新的声隐身方案的提出，相关的设计可以使声波绕过物体或者透过物体，而不被物体的散射干扰，理论上有可能实现任意声信号都无法探测的宽带声隐身。主要的设计方法包括坐标变换（变换声学）和散射消除（逆向设计）等。坐标变换方法将包裹散射体的隐身斗篷映射到目标虚空间中仅由背景媒质填充的相应区域（图1），同时根据两个空间的几何关系得到斗

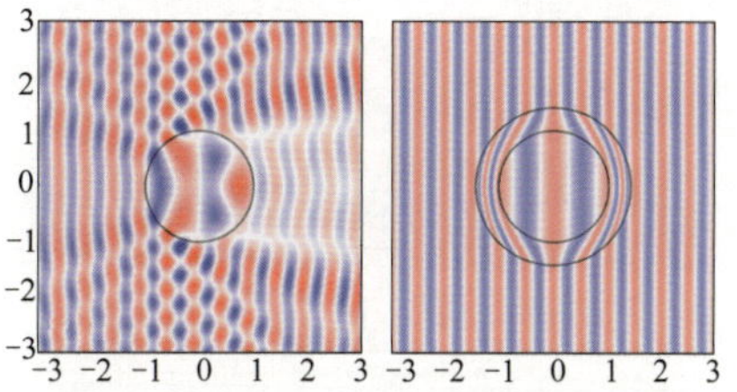

图1　基于坐标变换的隐身斗篷

篷的参数分布，实际上是构造了一个声学幻象。散射消除方法则根据散射理论计算系统散射截面并进行逆向优化，最后得出使整个系统散射最小时斗篷的材料参数和结构参数（图2）。无论是坐标变换方法还是散射消除方法，相关设计所要求的声学参数通常较为特殊，很难直接用已知的材料实现，声学超常材料的发展使实现这些

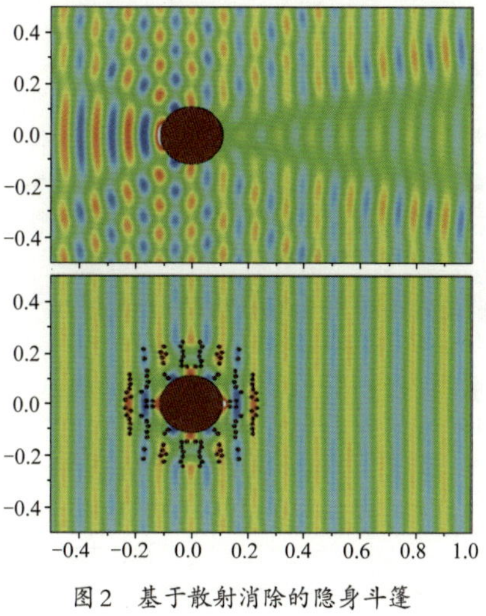

图2　基于散射消除的隐身斗篷

特殊参数成为可能。实现基于声学超常材料的隐身斗篷，其关键往往在于设计易于实现的宽带隐身斗篷参数分布，并用特定的亚波长结构实现设计所要求的声学参数。

（阚威威　程建春）

声源　sound source　产生声音的物体。见**声**、**声辐射**。

声致发光　sonoluminescence　**超声波**穿过液体形成**声空化**时，迸发出短暂亮光的现象。20世纪30年代，德国科学家发现，当超声波穿过液体的时候，在一定条件下会产生一种声空化现象，即在液体中产生细小的气泡。声波足够强会使这些气泡被剧烈压缩，同时会发出亮光，亮点很细小，发光很短暂。这种现象后来被称为多气泡声致发光。到了1989年，更精细的实验显示存在单气泡声致发光现象。

根据发光的光谱计算出气泡中的温度高达2万～100万开之间，这引起了科学家的极大兴趣，甚至有人去探讨实现核聚变的可能性。

声致发光的物理机制还没有彻底解决，但已提出过多种理论模型。

（张　新）

声致双折射　acoustic birefringence　原本不具有双折射特性的光学介质在**超声波**作用下体现出双折射性质的现象。声致双折射现象由法国科学家R. 卢卡斯在1938年发现。声致双折射通常发生在液体、胶体或聚合物溶液中，产生的原因是声波传输过程中的流体流动速度梯度引起原来随机取向的分子发生重新取向，从而像**单轴晶体**一样体现出双折射性质，对应光轴沿声波传输方向。

声波作用下的分子重新取向具有一定弛豫时间τ。对于以液晶分子为代表的各向异性分子，**弛豫时间**小于或接近声波的变化周期，声致双折射随着声波发生周期性变化。此时正交偏振光折射率差一般用均方根值Δn_{rms}来表征，大小正比于声波的振幅。而对于胶体等大分子来说，分子转动弛豫时间远大于声波周期，因此，声致双折射导致的正交偏振光折射率差不会发生快速变化，体现为静态双折射，折射率差Δn则正比于声波振幅的二次方，即声波强度大小。

检测声致双折射现象实验中，线偏振入射光传输方向需要垂直于超声波传输方向，且入射光偏振方向与超声波传输方向成45°角。声致双折射多应用于研究液体或溶液分子的转动特性。

（刘伟伟）

声周期结构 acoustic periodic structure　介质在空间按周期分布所形成的人工复合结构。根据结构单元与工作波长的关系，通常将声周期结构分为*声子晶体*和*声学超常材料*两种。声子晶体的结构单元尺寸与其工作波长可比拟，而声学超常材料则通常为亚波长结构，即结构单元远小于声波波长。严格来说，声周期结构、声子晶体和声学超常材料三者之间没有很明确的界定，尤其是声学超常材料，目前还没有一个严格的定义。例如，局域共振型声子晶体可看作声学超常材料，因此有时候把声子晶体也归为声学超常材料的范畴。此外声学超常材料还包括结构单元随机分布的非周期媒质，因此广义来说，声学超常材料具有比声周期结构更广的涵盖范围。如果把声子晶体看作宏观材料，声学超常材料看作微观材料，人们很多时候关心的是声周期结构介于微观和宏观之间的介观特性。通过特殊设计，声周期结构可具有一般材料所不具备的特殊声学特性，如声禁带、密度各向异性等，能被用来设计实现隔声、聚焦透镜、滤波、*声波导*以及隐身斗篷等声学器件。（阚威威　程建春）

声子 phonon　晶格原子振动形成的格波的能量量子。固体中原子之间有类似于弹性力的相互作用，单个原子发生位移，会由近及远向各方向传播，形成*晶格*中的波，称为格波。若格波的角频率为ω，则格波能量的最小单元为$\hbar\omega$，这就是声子。它是格波的能量量子。格波量子态的变化相当于声子的产生或消没，格波能量的增大或减小相当于声子数变多或变少。固体的温度上升，格波振幅增大，能量变大，相应于声子密度增大，此即固体的晶格比热的微观图像。

一般声子可看成是气体分子在固体占有的范围内运动。声子的平均自由程受各种散射过程限制，除固体中的缺陷、杂质和界面可引起散射外，还需要考虑非弹性力的作用。弹性力对应于简谐振动，所以非弹性力引起的效应称为非简谐效应。这种效应使声子之间有相互作用，限制声子的平均自由程，它对固体的晶格热导起重要作用。

金属中的自由电子气是金属电导、热导过程的主要载体。电子的运动还受到声子散射，使金属电阻值依赖于温度。

格波的不同类型对应于不同类型的声子。如果晶体每个原胞含有s个原子，每个原子有三个自由度，这个固体中的声子类型有$3s$个，即角频率ω_j，$j=1,2,3,\cdots,3s$。其中有三个类型在格波波长很长时，频率趋于零，这三种是声学格波，其余$3s-3$种是光学格波。与光学格波对应的声子称为光学声子，光学声子在*离子晶体*中与光子之间有较大的相互作用，在光学现象和介电特性方面起重要作用。（陆　栋）

声子晶体 phononic crystals　通常指两种或者两种以上介质在空间按周期分布所形成的人工复合材料。由于介质在空间的周期分布，相应的弹性常数和密度在空间也按周期分布。声子晶体的空间周期性可描述为平移不变性，数学上与固体物理中的晶体结构相同，可用固体物理中的空间点阵和能带理论来描述。

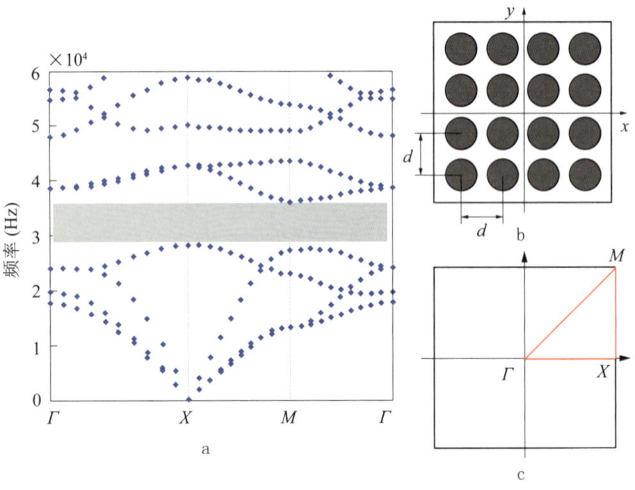

声子晶体及其能带结构

由于与周期介质相互作用，声波在传播时会形成特殊的*色散关系*（能带结构），并且有可能在不同的色散曲线之间形成声禁带（带隙），落在声禁带频率范围内的声波不能通过声子晶体。如图a所示，为一个典型的声子晶体能带结构，灰色区域没有任何模式，为声禁带。图b为相应的二维声子晶体，根据声子晶体的对称性，可得到波矢空间中的不可约布里渊区，在图c用红线标出。

根据声禁带所产生的不同机理，可将声子晶体划分为布拉格散射型声子晶体和局域共振型声子晶体。声波被周期结构散射，当入射波长与周期结构晶格常数接近时，称为布拉格散射。布拉格散射可导致特定频率的声波不能通过声子晶体，形成声禁带。布拉格散射型声子晶体的声禁带通常位于波长与晶格尺寸相当的频段。图中所示的声子晶体为一个典型的布拉格型声子晶体。局域共振是指周期结构单元中的局域化共振现象，当声波频率接近声子晶体中共振单元的共振频率时，共振结构单元将与其发生强烈的耦合共振作用。当单元中发生局域共振时，声波不能继续向前传播，导致声带隙的产生。相关概念最早于2000年提出，所得到的低频带隙比同样尺寸的布拉格散射型声子晶体的第一带隙频率降低了一个数量级以上。局域共振的主要特点有：通过低频声带隙实现“小尺寸控制大波长”；带结构中存在平直带，内部波场呈现局域共振模态；带隙由单个散射体的局域共振特性决定，与它们的排列方式无关；带隙宽度随填充率的增加而单调增加。

在对特定结构声子晶体能带特性的研究中，人们相继发现了局域缺陷模态、负折射等现象，并利用这些新效应实现了隔声、聚焦以及滤波等功能。通过在声子晶体中构造缺陷，能形成特殊的声波导和谐振腔。相关现象可以应用到弹性薄板等介质中，形成新型的兰姆波器件或表面波器件。对不同类型声子晶体在低频段（即长波极限下）声学特性的研究，逐渐形成了密度各向异性以及负参数声超常材料的概念。此外，利用声子晶体还有可能形成声的单向传输器件。由于线性声波方程在时间反演操作下具有对称不变性，在忽略耗散、非线性等效应时，孤立的声学过程是一个可逆的物理过程，满足时间反演对称。利用非线性或耗散等效应可打破时间反演对称的限制，结合声子晶体对不同布洛赫模式的选择特性，可设计出相应的声单向器件。（阚威威　程建春）

失谐 detuning　光物理中，光的频率相对量子系统的共振频率存在稍许差异的现象。实验中可以调节激光频率使其具有某一失谐，由于原子运动产生*多普勒频移*，这时激光仅激发特定运动速度或运动方向的原子。调节失谐就可激发不同运动的原子，因此失谐是激光冷却原子和原子磁光阱的核心参数。激光频率小于原子共振频率时，被称为红失谐，反之被称为蓝失谐。（曾和平）

施里弗，J.R. John Robert Schrieffer（1931-05-31～2019-07-27）美国物理学家。生于伊利诺伊州的奥克帕克，卒于佛

罗里达州的塔拉赫西。1957年获伊利诺伊大学哲学博士学位。先后在芝加哥大学和伊利诺伊大学任教，1964年任宾夕法尼亚大学物理学教授，1992年任佛罗里达大学物理学教授。1971年当选美国国家科学院院士。

施里弗在博士生期间，在J.巴丁指导下和L.N.库珀一起共同研究并建立了超导的BCS（三人姓氏的头一个字母组合）理论。施里弗发现了用以描述超导体基态特性的波函数。由于巴丁、库珀和施里弗三人共同建立了超导微观理论，为此他们获1972年诺贝尔物理学奖。施里弗还研究低合金理论、铁磁性和表面物理学。

（郭奕玲）

施密特，B.P. Brian Paul Schmidt（1967-02-24～ ） 美国/澳大利亚天体物理学家。生于美国蒙大拿州的米苏拉。1989年获亚利桑那大学物理学和天文学学士学位。1992年、1993年相继获哈佛大学天文学硕士和博士学位。1993～1994年任哈佛大学史密斯天体物理中心博士后研究员，随后组建高红移超新星搜索队（HZT）。1995年率队迁至澳大利亚国立大学斯特朗洛山天文台。2010年任澳大利亚国立大学教授。

20世纪20年代末，美国天文学家D.P.哈勃最早发现宇宙不是静止的，而是在膨胀。要确定宇宙的膨胀是加速还是减速，需测量遥远天体的距离和红移关系。天文学领域通常利用测距方法，即通过测量天体亮度来推断距离。Ⅰa超新星是白矮星产生剧烈爆炸结果的激变变星。白矮星通过吸积伴星质量以获得额外质量，当其质量超过钱德拉塞卡极限时便开始坍缩，再度提高温度至超越核聚变所需的燃点。核聚变后几秒内，白矮星释放极高能量，成为一颗超新星。几乎所有已知Ⅰa超新星具有相似的绝对亮度，被看作宇宙的“标准烛光”。测量超新星到地球的视亮度，通过对比视亮度和绝对亮度差异，便可推知超新星到地球的距离。由于宇宙膨胀，超新星发出的光传播到地球时波长变长，光谱向红色方向移动。因此，科学家可测量超新星的“红移”。1998年，HZT研究组通过对五十多颗高红移的超新星样本分析，得出观测到的高红移超新星亮度比一个通常物质为主的宇宙学模型所预言的要暗，即现今宇宙的膨胀是在加速而不是减速。2011年，施密特与A.G.赖斯以及S.玻尔马特因发现“通过超新星发现宇宙加速膨胀”共同分享诺贝尔物理学奖。

（刘金岩）

施汝为 Shi Ruwei（1901-11-19～1983-01-08） 中国物理学家。生于江苏崇明（今属上海），卒于北京。1924年毕业于南京高等师范学校（改建的国立东南大学）机械系，1925年毕业于东南大学物理系。同年到1930年在清华大学任物理系助教。1930年赴美国学习，1934年在耶鲁大学获博士学位。1934年8月回国，任中央研究院物理研究所研究员。1943～1945年任广西大学教授。1945年回到中央研究院物理研究所。中华人民共和国建立后，在中国科学院应用物理研究所（1958年改为物理研究所）工作，历任代理所长（1954～1956）、所长（1957～1981）和名誉所长（1981～1983）。是中国物理学会副理事长兼秘书长（1963～1982）。1955年当选为中国科学院学部委员（院士）。

施汝为专门从事磁学研究，在30年代的早期研究中，第一项工作是在国内完成的《氯化铬及其六水合物的顺磁磁化率》（1931），这时期关于铁-钴（1934）和镍-钴（1936）合金单晶体的磁晶各向异性的研究是金属基本磁性研究中的一项重要工作。40年代前后对坡莫合金（1939）和磁铁矿（1940）晶体的磁畴粉纹图的研究，开创了国内磁畴的实验观测工作。50年代结合实际需要研究了铝-镍-钴永磁合金的热处理问题（1951，1957）。他为中国物理学和磁学事业的发展、科学规划的制定和科学人才的培养做出了重要贡献。

（戴念祖）

施士元 Shi Shiyuan（1908-03-20～2007-09-28） 中国物理学家。生于上海崇明，卒于南京。1929年清华大学物理系毕业后，赴法国留学深造。1933年获巴黎大学博士学位，是居里夫人为中国培养的唯一物理学博士。1933年回国。1933～1946年任中央大学物理系教授。1945～1946年任临时大学物理系教授兼系主任。1946～1952年任中央大学物理系教授兼系主任。1952～1987年任南京大学物理系教授，先后兼任基础物理、金属物理、原子核物理教研室主任。1984年任南京大学物理系名誉系主任。曾任江苏省物理学学会理事长，中国物理学会核物理分会常务委员，中国核学会质谱分会副主任，中国科普作家协会常务理事，江苏省科普作家协会理事长，《质谱学报》主编等职。

施士元是中国核物理学和核物理教育的开拓者和奠基人之一。20世纪30年代测定内转换β能谱，定出γ射线能量与核能级，肯定重原子核有能级存在。1933～1937年主要从事声学、光学研究。声学主要研究球形波的方向性。光学主要研究X射线光谱分析研究，利用X光机和布拉格光谱仪进行光谱分析和拉曼效应的研究，研究了积分强度的光电定量光谱分析法、影响光谱线积分强度的因素等。开展对液态钾的X射线研究，发现液态中存在近程有序。50年代研究$AuCu_3$有序-无序转变动力学，证明有序-无序转变是一种成核成长的相变过程。60～70年代，参加核数据研究，提出计算中子和轻核反应散射截面的理论模型。他毕生从事高等教育工作，创办南京大学金属物理、核物理两个专业，培养出一批优秀物理人才。主编《核反应堆理论导论》《汉英物理学词汇》，参编《英德法俄汉物理学词典》等。

（尹晓冬）

施泰因贝格尔，J. Jack Steinberger（1921-05-25～2020-12-12） 美国高能物理学家。德裔犹太人。生于德国巴特基辛根，卒于瑞士日内瓦。第二次世界大战初期，纳粹迫害犹太人，他移居美国。战后获芝加哥大学哲学博士学位。之后，任教于加州大学伯克利分校。1950年起，在哥伦比亚大学任教职。80年代，在日内瓦欧洲核子研究中心（CERN）任职。

施泰因贝格尔从事粒子物理、特别是

π介子的研究。1962年，他在和L.M.莱德曼及M.施瓦茨用加速器产生中微子的实验中起着领导作用，实验发现π介子衰变成μ子所产生的中微子与β衰变所产生的中微子是两种不同类型的**中微子**。从而证实中微子至少有两种，一种是电子型，一种是μ子型。这一发现为**电弱统一理论**的建立奠定了基础。为此他们三人同获1988年诺贝尔物理学奖。（郭奕玲）

施特默，H.L. Horst Ludwig Störmer（1949-04-06～ ）德国物理学家。生于法兰克福。1977年获斯图加特大学博士学位。1977年作为博士后到美国新泽西州贝尔实验室工作，1983年任贝尔实验室半导体物理研究部主任，1992～1997年任贝尔实验室物理研究实验室主任。1998年起，任哥伦比亚大学物理学和应用物理学教授。

1982年施特默和崔琦发现**分数量子霍尔效应**，以及一种具有分数电荷激发态的量子流体，对凝聚态物理学的发展起了很大的推动作用。他和崔琦及R.B.劳克林共获1998年诺贝尔物理学奖。（郭奕玲）

施瓦茨，M. Melvin Schwartz（1932-11-02～2006-08-28）美国高能物理学家。生于纽约，卒于爱达荷州的温特福尔斯。1953年获哥伦比亚大学哲学博士学位，并留校任教。1966年，入斯坦福大学任教。1970年后转到企业部门，担任数字通讯公司总裁。1991年又回到高能物理领域，任布鲁克黑文国家实验室高能和核物理部副主任。主要是对**中微子**的研究。1962年，他和L.M.莱德曼、J.施泰因贝格尔发现μ中微子并以此证实轻子二重态结构，施瓦茨构想了产生μ中微子的实验设计方案。因此他们同获1988年诺贝尔物理学奖。

（郭奕玲）

施温格，J.S. Julian Seymour Schwinger（1918-02-12～1994-07-16）美国理论物理学家。生于纽约，卒于洛杉矶。1939年获哥伦比亚大学哲学博士学位。1939～1941年在加州大学伯克利分校当J.R.奥本海默的研究助理。1941～1945年先后在珀杜大学和麻省理工学院任教和研究。1945～1972年先后任哈佛大学副教授和教授。1972年起任加州大学洛杉矶分校教授。美国国家科学院院士。

施温格从1941年起曾从事雷达研究。后来兴趣从电磁辐射理论转向量子电动力学。1945～1947年，他独立地提出量子电动力学的新理论形式、计算方法和重正化方法，解决了量子电动力学中的发散困难。他的方法与R.P.费曼和朝永振一郎的不同，但结果都是相同的。因此，他们三人同获1965年诺贝尔物理学奖。施温格还在1941年建立了氘核四极矩理论，1957年提出两种中微子存在的假说和弱电统一的思想。他在核物理、统计物理、场论、引力的量子理论等方面都有建树。（郭奕玲）

湿度 humidity 空气水汽含量的量度。一般在特定的温度下，物质发生汽化时其气态部分的压强与饱和蒸气压之比称为该温度下的湿度。湿度特指空气中实际水蒸气的压强与水的饱和蒸气压之比。（穆良柱）

石墨烯 graphene 由单层碳原子按照六角形晶格排列组成的二维平面结构材料。平面内相邻碳原子间通过sp^2杂化以σ键形式连接，垂直面方向形成π键，这种碳原子间紧密结合的成键方式使石墨烯可以稳定存在。2004年，英国物理学家A.盖姆和K.诺沃肖罗夫首次通过机械剥离的方法从石墨中成功分离出石墨烯，二人共同获得了2010年诺贝尔物理学奖。石墨烯一般特指单层碳原子的二维结构，广义上也包括双层石墨烯和多层石墨烯等准二维结构。石墨烯也是组成其他碳基材料的基础结构，可以包裹形成零维的富勒烯、卷曲形成一维的**碳纳米管**、堆叠形成三维的石墨等。

物理性质　①电子特性。单层石墨烯是具有零带隙的半金属材料，**能带**中导带和价带相交于一点，形成狄拉克点。狄拉克点处的载流子浓度为零，而其附近的低能准粒子可以看作是满足二维狄拉克方程的相对论性粒子，称为无质量的狄拉克费米子。狄拉克点附近的能带满足线性色散关系$E=\hbar v_F k$，其中费米速度v_F接近10^6米/秒。石墨烯因为其独特的能带结构表现出丰富的电学性质。石墨烯中载流子迁移率在室温下可以达到15000厘米^2/(伏·秒)，通过提高样品质量、改变衬底等方法可以减少散射来进一步提高迁移率，在亚微米尺度可以实现弹道输运。另外，由于无质量的狄拉克费米子，单层石墨烯表现出半整数的**量子霍尔效应**，即$\sigma_{xy}=\pm 4(N+1/2)e^2/h$，其中正负号反映了电子空穴的对称性，因子4代表了狄拉克点的四重简并度，N为朗道因子。施加高磁场可以进一步打破朗道能级简并度。由于载流子的高迁移率，半整数的量子霍尔效应可以在室温下观测到。此外，在高质量的石墨烯中也可以观测到**分数量子霍尔效应**。

②光学特性。石墨烯具有很高的透光度。因为它的独特的能带结构，单层石墨烯对光的吸收率约为2.3%，多层石墨烯的吸收率和层数成正比。而当入射光的强度超过一定值，石墨烯对光的吸收将会趋于饱和。

③机械性能。石墨烯是已发现的强度最高的材料，抗张强度可以达到130吉帕，杨氏模量可以达到1太帕。石墨烯具有很好的柔韧性，高质量的石墨烯在很大程度弯折的情况下依然可以保持良好的电学性质。

制备方法　有众多石墨烯的制备方法，其中最常用的有以下几种。

机械剥离法。石墨由石墨烯通过很弱的层间范德瓦耳斯作用堆叠而成，机械剥离方法通过简单的胶带剥离来打破石墨中的层间相互作用，可以获得晶格结构完整的石墨烯。该方法优点在于操作简单，缺点在于不适合大规模生产。

氧化还原法。利用强氧化剂浓硫酸、浓硝酸、高锰酸钾等将石墨氧化，通过超声处理可以分离出氧化石墨烯，进一步利用强还原剂将氧化石墨烯还原成石墨烯。该方法优点在于适合大批量生产石墨烯，缺点在于得到的样品缺陷较多。

碳化硅（SiC）外延生长法。将SiC在高真空环境中加热到1100℃，使硅原子升华脱离，碳原子重新结合形成石墨烯。该方法可以生产出高质量石墨烯，缺点在于对设备要求比较高。

化学气相沉积法。将含有碳的混合气体导入反应腔中加热反应，一段时间后降温冷却，使碳原子沉积到特定金属衬底上形成石墨烯。该方法生产效率高，可以得到大面积质量较高的石墨烯。

应用　石墨烯的独特性质不仅对基础研究有重要意义，其在电子器件、光学、生物医学、环境等多个方向也具有很好的应用前景。石墨烯具有一定的场效应调节能力，载流子对外场响应快，可以用于制作很高工作频率的晶体管。石墨烯是很好的导电导热材料，透明度高，结合其高机械强度和高柔韧性，可以用来制作柔性导电薄膜设备，如柔性透明显示屏、太阳能电池透明电极等。光学上，石墨烯量子点可用于荧光检测、生物成像、光催化、光伏器件等领域。此外，石墨烯制作的传感器可以用于细菌分析、生物检测等。石墨烯还具有很强的吸附能力，可以吸附重金属离子、有机污染物等，用于环境净化。石墨烯的应用前景吸引着人们越来越多的关注，实现石墨烯在生活中广泛的应用仍是科学研究努力的方向。　　（缪　峰）

时间　time　物理学中的一个基本物理量。人类关于时间的感觉来自对外界运动现象的观察。事件同其他事件建立起的序列关系或者意味着顺序关系、因果关系的体系，如过去、现在与未来的概念，构成了人们的时间观念。I.牛顿的绝对时间观认为时间是独立于存在以外的一个数学概念，时间均匀地流淌着。在G.W.莱布尼茨、I.康德、E.马赫、A.爱因斯坦等人的物理观中，时间离开了物体的相对运动就没有任何意义。或者说，真正存在的只有事件和过程，而时间是由其如何安排而来的衍生概念。时间只是人用来给事件安排序列加以比较的基础知识结构，具有可重复特征的序列事件被用来计时。外部的存在提供了一个物体是在运动着的认知前提，这是关于空间和时间的可操作性定义。物理事件发生在三维空间和一维时间内，即物理学展开于四维时空流形上，此一论断被当成物理学的第零定律。物理学的任务之一就是研究物质的运动和状态变化，物理学的基本方程多是关于时间的微分方程。

时间的测量　时间的测量依赖于可重复序列事件的存在。地球自转带来的日出日落事件序列定义了天或者日，显然，日不过就是被观测用以计时之对象的名称。以月亮－地球－太阳相对位置所决定的月相周期变化定义了月，而地球绕太阳公转的周期定义了年。日作为时间单位对人类来说还是太长了，因此有将一日分为12时辰和24小时的需求。年的时长除以月的时长取整为12，而年的时长除以日的时长取整为360。从数的角度来说，12、24、60和360也是拥有较多除数的数，它们保证了进一步分割的便利。C.托勒密把一小时按照圆周的映射分成60等份，每一小份称为第一级小份，简称分钟。进一步地将每一小份分成60等份，每一小份称为第二级小份，简称秒。秒的时长接近人类一眨眼的时长，故秒和米、千克成为物理学的基本单位。年、月、日作为时间单位是非公度的，更小的时间单位秒也是非公度的，如何调适这些不同尺度上的时间标准以获得一个方便合理的计时体系，是日历的内容。

任何可观察计数的事件序列都可以用来计时。单摆、沙漏、日晷、脉搏等都是有着不同时长单位的计时器。单摆周期依据摆长变换的规律，以及自由落体的运动规律，伽利略确立这些规律时所依据的时间就是由自身的脉搏提供的。一个事件意义上的序列，比如单摆在一侧开始返回这一特征事件，就可以作为计时的依据，并将此事件发生的间隔当作时间单位。只有在用其他物理事件的更短时长的间隔作为时间单位时，才可以讨论此事件序列相邻间隔是否等时长的问题。

随着科学技术的发展，人们需要周期更短的事件序列来作为时间的标准，高精度的时间标准需要高重复率的、可计数的物理事件以及更稳定可靠的计数技术。1927年出现的石英钟，工作频率为32 768赫；1955年出现的铯-133原子钟，工作频率为9 192 631 770赫。注意，铯-133原子钟的工作频率是个整数值，应该理解为1967年的国际标准单位把铯-133的一条超精细跃迁谱线的9 192 631 770次振荡时长定义为1秒。时间的标准通过光速为常数的约定和约瑟夫森效应分别定义了长度和电压的标准。在1977年左右出现的铷-87原子钟，其工作频率为6 834 682 610.904赫。1990年以后，冷原子技术提供了线宽更窄的谱线，光梳技术提供了方便的光学频率计数，从而大大提高了计时精度。当前利用铯-133原子喷泉的原子钟，计时精度可达10^{-16}～10^{-17}。至2010年为止，人类获得的最短可控时长是12阿秒。原子钟的信念基础，是微观体系的一些高频事件，如光的辐射，其具有更好的等时长特征。

动力学方程中的时间　物理学研究运动，在非相对论的力学中，时间和空间是独立的。牛顿力学的运动方程为$ma=F$，其中加速度为a，是位置关于时间的二阶微分。在哈密顿力学中，正则方程是位置q和动量p的关于时间的一阶微分方程。在狭义相对论中，时间和空间被组合成新的概念——时空。时空对应的空间称为闵可夫斯基空间，其度规为$ds^2=dx^2+dy^2+dz^2-c^2t^2$。将$ds^2=dx^2+dy^2+dz^2-c^2t^2$写成$-(cd\tau)^2=dx^2+dy^2+dz^2-c^2t^2$，式中$\tau$为运动物体的固有时。时空的概念意味着绝对同时性的放弃。在广义相对论中，物质的分布定义了弯曲时空的几何，其曲率就是引力。

量子力学的薛定谔方程、狄拉克方程以及克莱因－戈登方程同样是关于时空的方程，形式上分别是关于时间一阶微分－空间二阶微分、时间一阶微分－空间一阶微分和时间二阶微分－空间二阶微分的方程。量子力学中也只包含关于时间的最高为二阶的微分项，含有高于二阶的时间微分项的作用量还没有量子化的方案。在量子力学语境中，位置x如同动量、哈密顿量一样，是算符，但时间t只是参数。这表现在量子力学中的位置－动量不确定性关系有形式的公式推导，而关于时间－能量的不确定性关系则是拼凑的。在量子场论的语境中，时间和空间坐标都是参数。狄拉克方程要求时间和空间具有相同的地位，方程须满足洛伦兹变换，由此引入的四分量波函数导出了反粒子概念，解释了自旋的相对论本质。

时间的箭头　热力学断言，一个孤立体系，其熵永不减少，表示为$dS/dt\geqslant0$。由此，有观点认为热力学体系的演化提供了时间的箭头。然而，此处的时间和电磁学或者引力的动力学方程中的时间并没有建立起身份认同。将动力学方程中的时间t换成$-t$，不妨碍孤立体系的熵永不减少的热力学论断。表达式$dS/dt\geqslant0$中的时间t和动力学方程中的时间t并不必然是一回事。

另一个时间箭头的观念源于宇宙学。宇宙学观察发现星系之间一直在远离，进而推论存在一个时空奇点，宇宙起源于时空奇点上的一次大爆炸。大爆炸作为时间的起点，自那时起宇宙经历了约138亿年的演化，并将一直膨胀下去。时间的区间为$(0,\infty)$。不过，也有观点认为宇宙未来会经历一个大收缩的过程，回到时空奇点甚至作为下一次大爆炸的起点。相应地，有时间轮回的观念。

时间反演 $t\to -t$变换称为时间反演。虽然认定时间具有单向性，但不妨碍考察时间反演下物理量和物理定律的变换性质。在时间反演变换下，加速度、能量、电场、电位移等物理量不变，而速度、动量、角动量、磁感应强度、磁场强度等物理量则变为负号。在量子力学中，时间反演操作被表示为一个反幺正算符T，即算符T满足$T\mathrm{i}=-\mathrm{i}T, T\mathrm{i}T^{-1}=-\mathrm{i}$。

粒子物理的动力学规律体现在标准模型中。标准模型被表述为具有CPT对称性的量子场论，其中C为电荷共轭，P为宇称，T为时间反演对称，时间反演的效果不过是互换粒子和反粒子的命名。时间反演不是对称性，而被称为CP破缺。其来源有两种情况：强相互作用中的直接对称破缺和在弱相互作用衰变过程中由具有不同味夸克的混合造成的对称破缺。

时间的维度 和空间一样，时间在物理学方程中一直当作是一个完整的维度。考虑到时间的单向性，也有认为时间只具有半个维度的观点。如何由半维时间来构造描述世界的动力学方程还未见可行的方案。

作为虚数的时间 在狭义相对论中，时间和空间拥有相同的地位，它们一起构成闵可夫斯基空间$(x, y, z; ct)$，度规为$\mathrm{d}s^2=\mathrm{d}x^2+\mathrm{d}y^2+\mathrm{d}z^2-c^2\mathrm{d}t^2$。将时间坐标当作虚数，即考虑时空坐标$(x, y, z; \mathrm{i}ct)$，度规为$\mathrm{d}s^2=\mathrm{d}x^2+\mathrm{d}y^2+\mathrm{d}z^2+(\mathrm{i}c\mathrm{d}t)^2$，则形式上又重回了欧几里得空间。变换$t\to \mathrm{i}t$被称为维克转动。把时间以虚数形式处理会使得许多物理问题变得简单，比如洛伦兹变换就成了欧几里得空间的转动，速度相加公式本质上是连续转动的叠加问题。维克转动将经典扩散方程与薛定谔方程联系起来，它也有助于理解量子力学的路径积分表述是如何同统计力学相联系的。在处理有限温度体系的动力学问题时，时间t还和$\beta=1/kT$一起构成复数$t+\mathrm{i}\beta$。把时间t当成虚数或者放在复数中处理，表面上也许只是技巧性的，但它表明时间和空间确实有着本质上的不同。仅就数学而言，$(x, y, z; \mathrm{i}ct)$应被看作是双四元数。

时间是物理学的关键概念，物理学的重要方程基本上都是关于时间的微分方程。时间是什么，它具有哪些属性，这是一个深刻的但却没有答案的问题。物理学的发展将不得不一次次地面对这个问题。而对时间概念认识的深化，会是物理学进步的一个重要标识。 （曹则贤）

时间带宽积 time-bandwidth product 光脉冲的脉冲宽度Δt和光谱宽度$\Delta\nu$的乘积$\Delta t\cdot\Delta\nu$。脉冲宽度是时域里光脉冲包络的半高全宽（FWHM），而光谱宽度是谱域里光强谱分布曲线的半高全宽。

不同形状的光脉冲，用傅里叶变换可得到不同的谱分布，因此光谱宽度也不同。一般时域里越窄的光脉冲，谱域里的频谱分布越宽，但时间带宽积总是满足不等式：

$$\Delta t\cdot\Delta\nu\geqslant k$$

式中k为一个依赖脉冲形状的常数，如对高斯型脉冲为0.441，对双曲正割型脉冲为0.315。

能使上式取等号的光脉冲称变换极限脉冲。这种光脉冲是确定光谱宽度下脉宽最短的脉冲，或确定脉冲宽度下谱宽最窄的脉冲。

变换极限脉冲的各光谱分量有着相同的相位（无啁啾）。正常运转的锁模激光器可以产生非常接近变换极限的激光脉冲。

时间带宽积不等式有时也称时间-带宽不确定式，但这个不等式是由傅里叶变换性质导出的。 （李师群）

时间的测量 measurement of time 包含两个概念：其一是时间的间隙的测量，如用时间单位秒测量时间的间隔；其二是时刻的测量，它是记录时间流逝的标尺，简称时标。时间的间隙的测量即时间单位的定义，时刻的测量指各类时标，也可以看作是以某一时刻为起点到计时时刻的时间间隔。

国际秒定义 第一次国际秒定义 在1820年至1960年的一个多世纪内，采用了平太阳秒的定义。人们观测地球的自转是以太阳为参照物进行测量的，但由于地球自转的同时，还在绕太阳公转，因此，一个严格的“真太阳日”比地球自转周期要长一些，即：

$$一个真太阳日 = 地球自转周期 + \Delta T(\alpha)$$

式中最后一项$\Delta T(\alpha)$为公转旋转过α角所需的时间，α为地球自转一周时绕太阳公转的角度。由于地球自转和公转的周期都存在不均匀性，用它们的平均值更为可靠。科学家将一年内所有真太阳日的平均值称为平太阳日，用它作为平太阳秒的定义，即秒的第一次定义为：

$$平太阳秒 = 平太阳日 /86\ 400$$

式中分母中的值为由每天24小时，乘以每小时60分，每分60秒而得出的，即1天为$24\times 60\times 60=86\ 400$秒。在平太阳秒定义后的一个世纪内，并未能发现地球自转一年的平均值的不稳定度。

第二次国际秒定义 1960年至1967年，为了提高时间单位的准确度，出现了秒的第二次定义，即用历书秒代替平太阳秒作为秒的定义。历书秒是以地球公转为基础的，因为地球公转的周期比自转周期更加稳定。地球绕太阳一周为一年，时间单位的定义则用地球两次经过春分点（每年的春分是昼夜平分的标志）的时间间隔，称为1回归年。1回归年的时间相当于365个平太阳日又5小时48分45.9747平太阳秒，即：

$$1回归年 = 31\ 556\ 925.974\ 7平太阳秒$$

由于每回归年平太阳秒长不完全相同，历书秒是用1900年的回归年进行定义的，即历书秒用1899年12月31日12时开始的一个回归年作为定义中规定的回归年。

第二次秒定义比第一次秒定义的准确度提高了一个量级，达到了1×10^{-9}的量级，即十亿分之一的精度，相当于30年不差一秒。但测量时要用3年的观测来进行平均，这些繁复的手段使它在使用上极不方便，不久就被第三次秒定义所代替。

第三次国际秒定义 1967年，第13届国际计量大会通过了秒的新定义为：“铯-133原子基态的两个超精细能级之间跃迁所对应辐射9 192 631 770个周期的持续时间。”

各类时标 时间单位秒作为国际单位制的基本单位是指时间间隔，而在科学技术和生活中还有另一概念是时刻，它是记录时间流逝的标尺，简称时标。它是由时间间隔连续累加而得到的。时标中的一个重要时刻是时标的原点。由于应用中的不同需要，时标分为世界时、历书时、国际原子时、协调世界时几类。

世界时（UT） 世界时以地球自转运动为基础。在天文学中，为了便于计算和处理跨越年、月的长期数据，将日期按十进制编号，称为儒略日，符号是JD，起点是公元前4713年1月1日UT12时。例如，1987年1月1日世界时零时可表示为JD2 446 796.5。将数字的前两位（24）和小数点后的5略去，就简化为MJD46 796，称为约化JD或改进JD。其起点为MJD，即JD2 400 000.5，是1858年11月17日世界时零时。严格地说，UT的刻度是不均匀的，但它准确地反映了地球自转的角位置，因此仍广泛地用于大地测量、导航和生活等方面。

历书时（ET） 历书时的时间单位是历书秒，它的起点是1900年1月0日世界时12时正。历书时的秒是以地球绕太阳公转运动周期为基础的，由于公转比自转更为稳定，因此ET比UT均匀。由于地球自转在逐渐减速，自1900年至2000年的一个世纪内，UT比ET约落后1分钟，今后二者的差距还将继续增大。

国际原子时（TAI）　1970年，国际计量大会对TAI的定义为："以秒定义为根据，以世界各地运转的原子钟读数为依据，由国际时间局（BIH）建立的时间参考。"1988年，由国际计量局（BIPM）执行这项任务。国际原子时的时间单位是原子秒，其起点是1958年1月1日UT零时，TAI与UT之差的每年约1秒的速度差在继续扩大，从起点至2003年，UT比TAI已落后了约32秒。

协调世界时（UTC）　天文学、大地测量和导航等领域需要准确地知道地球自转的角位置，即不均匀的UT时刻，而科学研究和通信部分需要准确的TAI。为了满足这两方面应用需要，标准频率和时码发播台发播了UTC，其起点是1960年1月1日UT零点，并从1972年起，改为它的秒与TAI的秒保持严格一致，而时刻与UT之差控制在不超过±0.95秒。当有可能超过时，就通过增减一整秒（闰秒）的方法进行协调。UTC与TAI之间的关系可表示为：

$$\mathrm{UTC}=\mathrm{TAI}-N_{\mathrm{S}}$$

式中N_{S}为整数秒。

1974年后，协调世界时已成为国际的法定时间。（沈乃澂）

时间反演　time reversal　时间反号的变换，即时间$t\to -t$。在时间反演变换下，物理事件倒转演化的顺序。奇次依赖于时间的物理量在时间反演下都改变符号，如速度、动量、角动量等都是奇次依赖于时间的，它们在时间反演下都改变符号。但对于粒子自旋，因为没有经典定义，无法通过它与时间的关系知道自旋在时间反演下如何变换。在量子理论中，假设自旋在时间反演下的变换与轨道角动量相同，所以自旋在时间反演下改变符号。不依赖于时间或偶次依赖于时间的物理量在时间反演下都是保持不变的。量子理论的分析表明，表示时间反演的算符（T）不具有**幺正性**，它是反幺正算符。

量子系统随时间演化的性质是由它所经历的相互作用决定的。检验量子系统的时间反演不变性，是通过测量这个系统中的某个物理量在时间反演下的变化进行的。中性K介子系统可以通过**弱相互作用**而发生混合。随着时间的演化，K^0可以转化成$\bar{K}^0$，$\bar{K}^0$也可以转化成K^0。实验上可以通过测量$\bar{K}^0\to K^0$转化的概率与$K^0\to\bar{K}^0$转化概率的差别来检验弱作用下时间反演对称性是否遭到破坏。1998年欧洲核子研究中心（CERN）的CPLEAR实验组测量的这个转化概率非对称参数为$(6.6\pm1.3\pm1.0)\times10^{-3}$。这个结果说明弱相互作用下时间反演对称性是破坏的。而其他实验表明，**强相互作用和电磁相互作用**下，时间反演对称性是保持的。（杨茂志）

时间分辨光谱　time-resolved spectrum　通过记录时间相关光谱演化，了解研究体系中的动态过程。这种过程无法从稳态光谱（积分光谱）中获得。由于所研究的过程需分解为短暂的瞬间，如纳秒时间分辨（1纳秒$=1\times10^{-9}$秒）乃至飞秒时间分辨（1飞秒$=1\times10^{-15}$秒），因而要求激发光源为短脉冲或超短脉冲光源，根据探测仪器的时间分辨能力，可选用从闪光灯到掺钛蓝宝石飞秒激光器等多种光源。时间分辨光谱研究方法多种多样，如闪光光解、时间相关单光子计数、条纹相机、泵浦-探测、荧光上变换等方法。

用时间分辨光谱研究微观粒子的运动规律和相互作用，导致了很多新现象、新机理的发现。如研究了分子间的能量转移、电子在分子中的内转移、化学反应的动态过程，以及光生物学中的基本过程等。

有了什么量级的时间分辨本领，就有可能研究物质在什么时间尺度的动力学过程。（阎吉祥　王树峰）

时间扩展室　time expansion chamber; TEC　一种通过延长粒子径迹上产生的电离电子的漂移时间，从而分别测量径迹上各电离团的气体探测器。时间扩展室的概念最早由A.H.瓦伦达于1979年提出。在正比计数器或**多丝正比室**的灵敏体积内，带电粒子的径迹处沉积的能量使气体电离（称原电离），电离电子漂移到阳极丝附近产生雪崩放大并由阳极丝输出脉冲。脉冲形状强烈依赖原电离的位置。原电离按束团形式沿径迹非均匀地分布，它们到达阳极的时间是相隔很近的，因此重叠起来，形成一个脉冲信号。这样，多丝正比室或**漂移室**的输出信号就不能分辨这些束团。如图所示，当带电粒子较为垂直地（径迹A）入射到较低电场的漂移区内，这些电离团就能用较长的漂移时间分散地陆续到达阳极，这就相当于使时间扩展，从而就可测量到和每个束团相对应的分离的脉冲信号。常用栅极将低电场的漂移区和高电场的雪崩放大区分开，并用加低电位的场

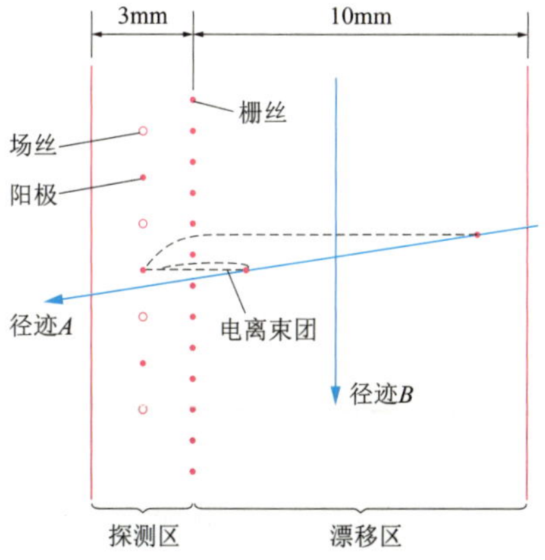

时间扩展室原理图

丝以改善收集信号的各阳极丝周围的电场，以使阳极信号互不干扰。

带电粒子在物质中单位长度的电离损失是鉴别粒子种类的重要参数之一，因此测定径迹电离束团的数量和分布特别是对高能粒子相对论上升区有重要意义。通过选择特别的气体等可以获得很好的空间分辨率（可达60微米）和双径迹分辨能力（可达约600微米），现已应用在一些大型电子对撞机实验中作为中心径迹室或接近对撞点附近的顶点探测器。（谢一冈）

时间膨胀　time dilation　一种狭义相对论效应。**洛伦兹变换**是线性变换，所以对于任意时空坐标间隔：

$$(\Delta x\equiv x_2-x_1,\quad \Delta y\equiv y_2-y_1,\quad \Delta z\equiv z_2-z_1,\quad \Delta t\equiv t_2-t_1)$$

与

$$(\Delta x'\equiv x'_2-x'_1,\quad \Delta y'\equiv y'_2-y'_1,\quad \Delta z'\equiv z'_2-z'_1,\quad \Delta t'\equiv t'_2-t'_1)$$

之间的洛伦兹变换和通常的洛伦兹变换形式相同：

$$\begin{cases}\Delta x=\dfrac{1}{\sqrt{1-\dfrac{v^2}{c^2}}}(\Delta x'+v\Delta t')\\ \Delta y=\Delta y'\\ \Delta z=\Delta z'\\ \Delta t=\dfrac{1}{\sqrt{1-\dfrac{v^2}{c^2}}}\left(\Delta t'+\dfrac{v}{c^2}\Delta x'\right)\end{cases}$$

考虑在S'系中的某一点静止不动，即空间坐标间隔为零（$\Delta x'=0,\Delta y'=0,\Delta z'=0$）的一只标准时钟，此时洛伦兹变换给出：

$$\begin{cases}\Delta x=\dfrac{1}{\sqrt{1-\dfrac{v^2}{c^2}}}(v\Delta t')\\ \Delta t=\dfrac{1}{\sqrt{1-\dfrac{v^2}{c^2}}}\Delta t'\end{cases}$$

上式中的时间变换式就是时间膨胀公式，改写成：

$$\Delta\tau' \equiv \Delta t' = \Delta t\sqrt{\frac{1-v^2}{c^2}}$$

式中$\Delta\tau'$为静止在S'系中的给定时钟显示的时间间隔，因而是固有时间隔。由于时钟的速度v总比光速c小，该式中的根号因子（收缩因子）小于1，因而$\Delta\tau' < \Delta t$，即在S系中看来运动的时钟走慢（时间膨胀）。但Δt是坐标时间隔，因为它是S系中两个不同地点（由上面的第一式知道$\Delta x>0$）的时钟记录的时间之差，所以上面的时间膨胀实际上是说“固有时比坐标时小”，即一只运动的时钟比静止在不同地点的两只时钟之差走得慢。直接的实验验证包括飞行μ子寿命增长和环球飞行原子钟速率减慢。（张元仲）

时间投影室 time projection chamber; TPC 一种测量粒子径迹上产生的电离电子的漂移时间和径迹沿漂移方向的投影位置，从而确定径迹三维坐标的探测器。时间投影室这一探测器最早由D.R.奈格林在1974年提出并研制。TPC的原理如图1所示，容器的内部充以氩等工作气体，形成灵敏空间。射入灵敏空间的粒子，沿着其轨迹在气体中产生电离电子。产生的电离电子在电场内向图1中下面的信号丝和其下方的感应片阵列方向按匀速漂移。由其漂移的时间就可以确定粒子径迹各部位沿图中垂直方向的位置（见**漂移室**），相当于径迹在该点的z坐标。当径迹各点的漂移电子渡越到信号丝附近区域，在很高的电场下产生雪崩（见**多丝正比室**），在高电位的信号丝上产生负信号并在低电位（常在低电位附近）的感应片上产生正信号，由此就得到了径迹各点分别投影到下平面上的x、y坐标。另外也可以用**微结构气体探测器**（MPGD），如气体电子倍增器（GEM）等产生雪崩放大并获得二维坐标。为了隔离较低的漂移区电场和有雪崩效应的高电场区和信号丝之间的干扰，附加栅极丝与场丝及门控丝等是很必要的。

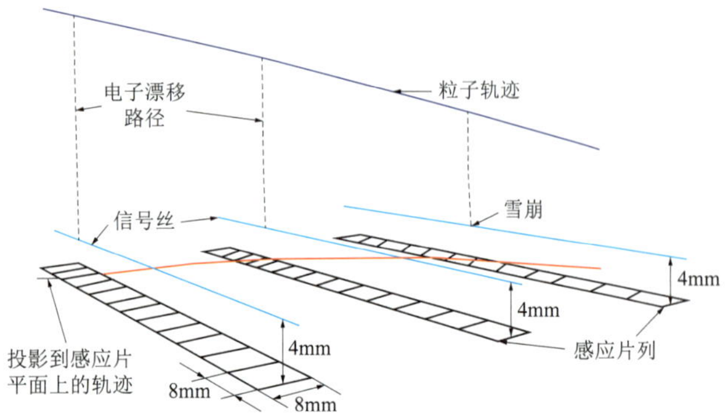

图1 TPC的径迹三维定位原理

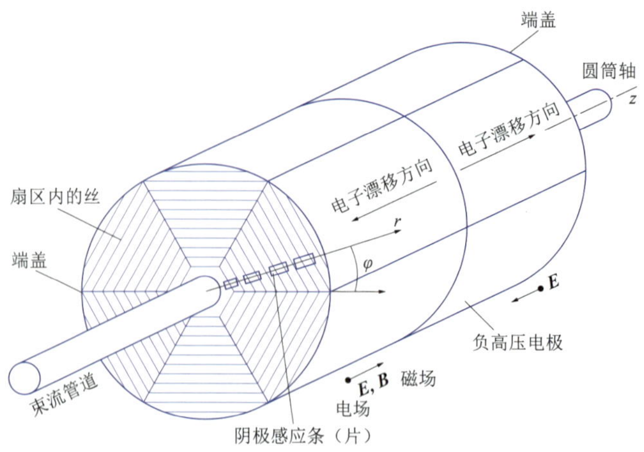

图2 时间投影室

典型和常用于对撞机中心探测器的对称圆筒型TPC，容器的中部横断面处安置金属负高压电极，圆筒周边由中部到两端加上逐渐增高的电位，中部横断面两侧空间内就建立了方向相反的均匀电场。由对撞中心向两侧空间射出的多个末态粒子径迹上的电离电子漂移就能够在两端圆形横断面上得到二维投影位置坐标。20世纪后期多采用上述的信号丝和感应片原理，如图2所示。圆形平面内分成若干个扇形区域，每个扇区内沿弦方向拉有大量相互平行的阳极丝，并在其后沿半径方向分布有阴极感应条或片（确定半径r，由丝信号和r确定轴向角φ），21世纪以来常选择微结构气体电子倍增器确定漂移电子的位置。如果时间投影室位于磁场中，则由径迹弯曲程度可推出粒子的动量，并由信号大小确定粒子电离能量损失。

TPC已较多地用于大型高能物理实验。它作为正负电子对撞机的大体积中心探测器及多径迹精密测量方面备受重视（在重离子对撞实验中也有广泛应用）。如20世纪80～90年代欧洲核子研究中心（CERN）正负电子对撞机LEP上的四个大型实验中就有ALEPH和DELPHI两个实验使用了TPC。前者的圆筒型TPC的外直径为3.6米，长4.4米，端部分成18个扇区，每个扇区有约2万个感应读出片和约3000根阳极信号丝，每条径迹可给出21个空间坐标，可得到很好的空间分辨率和电离能损分辨率（4%）。21世纪初，ILC直线对撞机计划中的中心探测器ILD上选用TPC，其投影位置探测器选用微结构的GEM。在粒子天体物理领域也发展了用于暗物质与宇宙中微子研究等的液体时间投影室，如意大利格兰萨索（Gran Sasso）国际宇宙线天体研究实验室于20世纪末建造了数台液氙和液氩TPC。中国建议筹建的环形正负电子对撞机——CEPC对撞机的实验上，中心探测器计划采用大型TPC。

（谢一冈）

时间相干性 temporal coherence 光场中两个时空点的某些量之间不考虑空间影响的相关性。见**光的相干性**、**物理光学**。

时空 space-time 时间和空间的简称。现代自然科学认为时间和空间都是物质延展性的表现。时间是一维的，是一维的绵延；空间是三维的，是三维的广延。绵延与广延都属于延展。然而绵延与广延不同，它还有“流逝”的含义。绵延的这种“流逝性”，在物理学上表现为自然过程的不可逆性，表现为**热力学第二定律**。流逝性的存在使得时间概念比空间概念更为复杂，因而也引起了哲学家和科学家的更多注意。

牛顿的时空观 I.**牛顿**认为存在不依赖于物质和运动的绝对时间和绝对空间，时间与空间也互不关联，各自独立存在。空间就像一个固定的容器，物质在其中独立地运动。G.W.莱布尼茨则认为时间和空间都是相对的，时间不过是事件发生的先后顺序的罗列，空间不过是物体间有序性的表达，时间和空间都不能脱离物质客体而独立存在。物质消失了，时间和空间也就消失了。

爱因斯坦的时空观 A.**爱因斯坦**的相对论，掀开了人类认识时空的新篇章。爱因斯坦认为时间是相对的，空间也是相对的，但时空作为一个整体是绝对的。能量是相对的，动量也是相对的，但能量-动量作为一个整体是绝对的。他的**狭义相对论**认为，时间与空间一起组成“四维时空”，能量与动量一起组成“四维动量”。在**广义相对论**中，爱因斯坦又进一步建立起时空与物质之间的联系。他认为物质的存在会造成时空的弯曲，弯曲的时空又会反作用于其中的物质，影响物质的运动。

在广义相对论中，作为“演员”的物质和作为“舞台”的时空，不再是互不相关的，而是相互影响的。不过，在相对论中，即便在无物质时，时空也依然存在。

爱因斯坦的一个伟大贡献是用几何这个数学工具来精确描述弯曲时空。他假设任何时空可以用带号差的度规来描述，由度规计算得到的曲率等几何量则反映时空的弯曲情况。将物质分布与时空几何联系在一起的是爱因斯坦引力场方程，这是一个张量方程，是广义相对论的基础。人们已经通过这个方程找到了多个描述黑洞、宇宙演化等问题的精确解，而这些解又可以用来计算物体在引力场中的运动，例如解释光线在星体附近的弯曲、水星近日点的进动等现象。

爱因斯坦的时空观是建立在坚实的实验和理论基础上的，从相对论得到的一系列看似违背常理的预言，如“尺缩钟慢”“双生子现象”等，都得到了实验的有力支持。下面介绍一个与引力场相关的时间现象。中国古代就有“山中方一日，世上已千年”的传说故事，实际上就是对时间相对性的大胆想象。然而这个古老的传说却得到了广义相对论的理论支持。根据广义相对论的计算结果，在引力场强的区域，例如星体表面，时间会相对变慢。如果一个宇航员能够在黑洞或致密星体表面停留一段时间，之后再返回远离星体的飞船上，即使他经历和感觉到的时间可能只有几个小时，但飞船上的时间已经过了很多年，他回到飞船后会发现其他宇航员已经变老了。虽然科技手段远不足以完成这样的星际旅行和实验，但是这种时间的相对性已经体现在我们的现实生活中。现在普遍使用的手机导航定位主要依靠手机与卫星之间的信号传播时间来计算位置。一方面，由于卫星相对于地球表面运动，会产生狭义相对论预言的动钟变慢效应。另一方面，高空中的引力场相对于地面会弱一些，导致卫星上的钟与地面钟的速率会有微小差异。这些相对论效应在短时间内可以忽略，但累积一段时间后，就会导致定位的明显偏差。因此现在的卫星定位系统都要考虑狭义和广义相对论对卫星上钟速的修正效应。

时空的测量　H.庞加莱认为，凡是不能测量的东西，都不能进入自然科学。因此，物理学中的时间和空间必须有测量的方法。在相对论诞生之前，“时间测量”与“空间测量”是相互独立的两件事。空间的长度，一般用规定了长度单位的标准尺来测量，而时间则是用周期运动来测量。

现代物理学认为应该在“约定”，即“规定”真空中的光速是一个常数的基础上来定义时间和空间的测量。通过这一约定，可以校准静止于空间各点的“钟”，定义时间的“同时”和“同步”。还可以定义先后流逝的“时间段”的相等，从而完成对时间的测量。对空间长度的测量则取决于“时间的测量”和对“光速的约定”。相对论中两点的距离，是用光走过这段距离的时间（用钟测量）乘上恒定的光速来定义的。相对论中不再有另外独立的标准尺。

相对论和量子论　相对论极大地改变了人类的时空观念，量子论也在深刻影响人类对时空的认识。宏观上看来平坦均匀的时空，在微观看来却存在量子涨落。不确定关系告诉我们，考察的时空区域越小，感到的量子涨落越激烈。这就像飞机上的人观察大海一样。当飞机飞得很高时，飞行员觉得海面平静而光滑，降低飞行高度后，飞行员注意到海面上存在微波与涟漪。当飞机贴近海面时，飞行员会看到泡沫与浪花。因此，相对论界普遍认为，在宇宙诞生的极早期，由于时空区域极小，可能存在着猛烈的时空量子涨落。在那段时期，时空的泡沫与浪花有可能形成复杂的拓扑结构，例如虫洞和多连通的宇宙。时空的这类复杂结构，有可能伴随着宇宙的膨胀和演化，一直保留到今天。量子论告诉我们，近距离观察均匀流逝的时间之河时，河面并不平静，存在着泡沫和浪花。

二十世纪六七十年代，相对论专家R.彭罗斯和S.W.霍金证明了一个重要的定理——奇性定理。这条定理说，一个合理的物理时空中，必然至少存在一个“奇点”，它可以是时间的“开始”或“结束”。黑洞的奇点附近通常有任意大的时空曲率，其产生的潮汐力可以“撕碎”任何靠近的物体。绝大多数物理学家认为，“奇点”的出现是由于引力场没有成功量子化造成的，他们推测，将来把引力场成功量子化后，“奇点”就会被排除。

相对论界认为，宏观的时空是四维的，一维时间，三维空间。但量子引力的研究则发现，微观的时空有可能不止四维，例如可以是十维和十一维。其中一维是时间，其他各维是空间。当然，也有人认为时间和空间都不止一维。

相对论和量子论的结合，正在把“时空”的研究推向新的高度。

（赵　峥　高思杰）

时空流形的“1+3”分解　1+3 space-time split　广义相对论中对时间与空间的一种划分方法。物理世界由三维空间和一维时间来描述是人们对于时间和空间的直观。这一直观认识随后被表述为牛顿的绝对时间与空间，成为牛顿经典物理学的基石。与牛顿物理学不同，广义相对论使用四维洛伦兹流形来描述时空，用时空流形上的几何来描述引力，时间和空间不再具有绝对意义。但在广义相对论中，为讨论包括引力场在内的各种物理场的时间演化问题，又需要时间与空间的概念。这一问题的解决来自引入四维时空的“1+3”分解，来划分时间和空间。

在时空流形中，选取时间函数t，满足t取任意给定常数值的点均构成一个三维类空超曲面$\boldsymbol{\Sigma}_t$，选择时间方向向量$\boldsymbol{t}^a=\alpha\boldsymbol{n}^a+\beta^a$，其中$\boldsymbol{n}^a$为空间曲面的法向量，函数$\alpha$称为时移函数，$\beta^a$切于$\boldsymbol{\Sigma}_t$称为位移矢量场。上述选择（$\boldsymbol{\Sigma}_t$，$\alpha$，$\beta$）称为时空流形的一个“1+3”分解，其中时间函数$t$对应于牛顿物理学中的时间，类空面$\boldsymbol{\Sigma}_t$为$t$时刻的空间。记$\boldsymbol{\Sigma}_t$上的诱导度规为$h_{ij}$，则时空度规在给定“1+3”分解后可表达为：

$$\mathrm{d}s^2=-\alpha^2\mathrm{d}t^2+h_{ij}(\mathrm{d}x^i+\beta^i\mathrm{d}t)(\mathrm{d}x^j+\beta^j\mathrm{d}t)$$

此外，$K_{ij}=\frac{1}{2}L_n h_{ij}$称为$\boldsymbol{\Sigma}_t$的外曲率。一般这样的划分局部总能实现，而整体上的存在性则依赖于时空流形的整体性质。时空的“1+3”分解具有相当的任意性，这种任意性恰恰体现了广义相对论方程的坐标协变性。选择不同的“1+3”分解，相当于选取了不同的坐标求解广义相对论方程。“1+3”分解的概念，对于处理广义相对论的初值问题、正质量定理、引力的正则量子化等问题都有应用。

（吴小宁）

实验定标律　experimental scaling law　通过实验总结的物理量之间的关系，反映物理过程的相似性。一般以齐次函数表示，经常用于表示磁约束聚变装置所达到的能量约束时间、等离子体的温度和密度等参数和装置工程参数间的关系。根据定标律的一般规则，这些变量各自独立，其数目应该取最小值。从物理过程遵循的定律，并使用量纲分析的方法，也可得到某种定标关系，如关于磁约束等离子体输运的玻姆扩散和回旋玻姆扩散，但由于过程的复杂性，这些简单的定标关系不完全符合实验结果，必须从实验结果的综合得出这些定标关系并不断检验。其中最重要的是关于能量约束时间的定标律。根据多台正在运行装置上的实验结果总结出定标律，往往用于预测设计中的更大型装置能得到的等离子体参数，并将其作为设计新装置的物理根据。当然也可用来进行不同装置间的比较研究，以及分析、检验输运等过程的物理机制。

如从11台大中型托卡马克装置上总结出来的**托卡马克**存在边缘局域模运行时的能量约束时间的定标律为：

$$\tau_{E,th}^{IPB98(y,2)}=0.0562\frac{I_p^{0.93}R^{1.39}a^{0.58}\chi^{0.78}n_{20}^{0.41}B_t^{0.15}A_i^{0.19}}{P^{0.69}}$$

其中能量约束时间的单位为秒，各装置参数及单位为等离子体电流I_p（兆安），大半径R（米），等离子体小半径a（米），等离子体拉长比χ，等离子体数密度n_{20}（10^{20}/米^3），环向磁场B_t（特斯拉），离子质量数A_i，辅助加热功率P（兆瓦）。建造中的国际热核实验堆（ITER）准备运行这种模式的放电，因此使用这一定标律预测能达到的能量约束时间，并据此计算可产生的聚变功率。

其他类型的聚变装置如**仿星器**、磁镜、**反场箍缩**等，也总结了相应的定标律。

（王　龙）

实验数据的统计处理　statistical treatment of experimental data　科学实验对一定的物理量进行测量获得实验数据并加以分析，以推断被测定物理量的数值或物理量之间的函数关系的过程。自然界存在相同条件下过程和结果确定的必然现象，以及在相同条件下对同一事物做重复测量结果却不同的随机现象。许多科学领域，特别是粒子物理和核物理，大量物理现象具有随机性质，物理规律往往被观测数据的随机性模糊化。实验观测数据是由有限个随机数据（观测值随机变量的一个样本）组成的。由于物理现象及测量误差的随机性质，这类实验的数据分析必须运用以随机变量为研究对象的随机性数学（特别是概率论和数理统计）的方法。

分辨函数　利用实验装置测量物理量存在误差，对于常量x，观测值为x'的概率分布用分辨函数$r(x,x')$表示。由于测量过程往往包含大量独立的随机过程，根据中心极限定理，分辨函数通常可用正态分布描述：

$$r(x,x')=\frac{\exp[-(x'-x)\ \ 2\sigma^2]}{(\sqrt{2\pi}\sigma)}$$

其中标准差σ反映测量精度，σ越小，精度越高。粒子物理实验中，测量粒子位置、时间、动量、能量和质量的分辨函数都是实验装置的重要性能指标，也是数据分析中必定用到的重要参数。

参数估计　实验的待测物理量通常是观测值随机变量所服从的统计分布的参数。例如不稳定粒子的寿命τ，它是观测值随机变量——衰变时间t（粒子从产生到衰变的时间间隔）所服从的指数分布的期望值，t的概率分布为$f(t)=e^{-t/\tau}/\tau$。参数τ不能直接测量，需由t的观测值样本通过统计推断求得。

设待测物理量θ是概率密度为$f(x|\theta)$的随机变量x的分布参数，实验的直接观测值是x的随机子样样本$\boldsymbol{x}=\{x_1,\cdots,x_n\}$。$\theta$用样本$\boldsymbol{x}$构建估计量$\hat{\theta}(\boldsymbol{x})$估计。最常用的估计量是极大似然估计，即使样本$\boldsymbol{x}$的联合概率密度（似然函数）：

$$L(\boldsymbol{x}|\theta)=L(x_1,\cdots,x_n|\theta)=\prod_{i=1}^{n}f(x_i|\theta)$$

达到极大的参数值$\hat{\theta}^{+\sigma_+}_{-\sigma_-}$为$\theta$的估计值。实验结果表示为，区间$[\hat{\theta}-\sigma_-,\hat{\theta}+\sigma_+]$包含$\theta$真值的概率为给定常数$\gamma$，称为置信概率$\gamma$的置信区间。如果$\hat{\theta}$的概率密度$g_{\hat{\theta}}$为已知，置信概率$\gamma$的置信区间由下式求得：

$$\frac{\gamma}{2}=\int_{-\infty}^{\hat{\theta}-\sigma_-}g_{\hat{\theta}}\mathrm{d}\hat{\theta}=\int_{\hat{\theta}+\sigma_+}^{+\infty}g_{\hat{\theta}}\mathrm{d}\hat{\theta}$$

若取$\gamma=0.683$，相应的σ_+和σ_-称为参数θ的标准误差。

利用实验数据进行参数估计　真实实验中涉及大量物理过程和大量测量数据，估计量$\hat{\theta}$的概率密度$g_{\hat{\theta}}$一般难以求得，无法据此求得θ的置信区间。实验确定参数θ及其误差通常利用样板方法，该方法将某个观测量的实验数据分布与其理论分布进行最优化拟合，后者是实验中所有物理过程对该观测量的模型预期分布，称为样板，它通常基于理论模型利用蒙特卡罗模拟求得。待测物理量θ通常是其中某特定过程（信号）中特定随机变量的分布参数。数据样本与样板的最优拟合可以求得参数θ及其误差。为此，首先需要从实验收集的全部事例中将信号事例筛选出来，这一步骤称为信号事例判选。其要点是确定一组描述事例性质的特征变量，它们可以用测量装置直接测量（或者是直接观测量的函数），这组特征变量对于信号事例和非信号（本底）事例有明显不同的分布函数。适当选择这组特征变量的截断值可以尽可能多地保留信号事例、尽可能多地去除本底事例。信号事例判选后保留的“类信号事例集”中除了信号事例外，一般残留有本底事例，它们处于特征变量的截断值限定的“信号区”内。实验数据分析需要基于类信号事例集来推定参数θ的估计值和置信区间。

设类信号事例集的事例总数为N，信号事例数为N_s，它们可考虑为期望值λ和λ_s的泊松变量的一个随机子样。特征变量组中选择某个特征变量m对类信号事例集的事例进行区分信号和本底的拟合运算。m的选择需满足以下条件：信号区内信号事例和本底事例的m的概率密度$f_s(m|\boldsymbol{\eta}_s)$和$f_b(m|\boldsymbol{\eta}_b)$形式应当已知且形状显著不同，其中$\boldsymbol{\eta}_s$和$\boldsymbol{\eta}_b$为已知或待拟合参数。信号区内$m$的概率密度为：

$$f(m|\boldsymbol{\eta})=w_sf_s(m|\boldsymbol{\eta}_s)+(1-w_s)f_b(m|\boldsymbol{\eta}_b)$$

式中$w_s=\lambda_s/\lambda$为信号事例占全部事例的比例，它是θ的函数，即$w_s=w_s(\theta)$。$f(m|\boldsymbol{\eta})$是实验者对于特征变量m的概率密度的理论模型，它考虑到了实验中一切过程的分布和测量系统对一切物理量的测量误差（分辨函数），能够在统计意义上正确地预言m的测量值（数据）样本。于是N个事例（m_i, $i=1,\cdots,N$）的联合概率密度函数（似然函数）为：

$$\ln L(\boldsymbol{\eta})=-\lambda+N\ \mathrm{In}\lambda+\sum_{i=1}^{N}\mathrm{In}\{w_s(\theta)\\ f_s(m_i|\boldsymbol{\eta}_s)+[1-w_s(\theta)f_b(m_i|\boldsymbol{\eta}_b)]\}$$

似然函数中待拟合的未知参数$\boldsymbol{\eta}$包括$\boldsymbol{\eta}_s$、$\boldsymbol{\eta}_b$、λ和$w_s(\theta)$。（$\boldsymbol{\eta}_s$、$\boldsymbol{\eta}_b$也可是已知常数）。似然函数达到极大被认为理论模型和测量数据达到最优拟合。利用最优化程序包MINUIT中的Minos方法（参见文献）对$\ln L$求极大可求得$\boldsymbol{\eta}$的极大似然估计值$\hat{\boldsymbol{\eta}}$（包括$\hat{W}_s(\theta)$）及其误差。$\ln L(\boldsymbol{\eta})$（超）曲面与$\mathrm{In}L(\boldsymbol{\eta})=\mathrm{In}L(\hat{\boldsymbol{\eta}})-0.5$（超）平面相截形成等概率值（超）截线，该截线在参数$\boldsymbol{\eta}$各分量轴上投影的两个极值即为该分量置信概率约0.683区间的上下限。通过w_s与θ的函数关系并利用误差传递公式（见下文），即可求得参数θ的估计值$\hat{\theta}$及其（统计）误差。

统计误差和系统误差　上述数据拟合过程求得的参数θ的误差是统计误差，它反映了估计量$\hat{\theta}(\boldsymbol{x})$本身的随机性质导致的观测结果的不确定性。参数$\theta$反映随机分布的整体性质，无穷大样本（$n\to\infty$）才能测定其精确数值，有限样本量求得的$\hat{\theta}$值对于真值$\theta$必定存在统计误差。此外，$\hat{\theta}$还存在系统误差，它反映统计误差之外的测量误差。根据这一定义，统计误差与系统误差相互独立。系统误差包含仪器测量误差、刻度误差、仪器不稳定性导致的误差、测量原理中用到的公式的误差、数据分析方法中存在的偏差等等。许多实际问题中，估计量$\hat{\theta}$的表示不但包含样本值$\boldsymbol{x}=\{x_1,\cdots,x_n\}$，还包含需通过其他实验和其他计算获得的物理量$\boldsymbol{c}=\{c_1,\cdots,c_k\}$，它们在拟合过程中被处理为已知常量，但实际上存在误差。这些误差导致的估计值$\hat{\theta}$的误差亦是系统误差。可见，系统误差可同时包含随机误差和非随机误差。

误差传递公式　已知直接观测值的误差，估计间接观测值（直接观测值的函数）的误差，称为误差传递问题。设n个直接测定值可由n维随机向量$\boldsymbol{x}=\{x_1,x_2,\cdots,x_n\}$的各个分量表示，其测量误差则由$\boldsymbol{x}$的协方差矩阵$V(\boldsymbol{x})$对角项二次方根（标准差）表示。$\boldsymbol{x}$的函数$y=y(\boldsymbol{x})$（间接测定量）的方差$V(y)$由误差传递公式求得：

$$V[y(\boldsymbol{x})]=\sum_{i=1}^{n}\sum_{j=1}^{n}\left(\frac{\partial y}{\partial x_i}\cdot\frac{\partial y}{\partial x_j}\right)_{\boldsymbol{x}=\boldsymbol{\mu}}\cdot V_{ij}(\boldsymbol{x})$$

式中$\boldsymbol{\mu}=\{\mu_1,\mu_2,\cdots,\mu_n\}$，$\mu_i$为$x_i$的期望值。$\boldsymbol{\mu}$是未知的，实际计算时可用$\boldsymbol{x}$的估计值作为近似。$V(y)$的二次方根视为$y$的误差。如果$\boldsymbol{x}$服从正态分布，$y$是$\boldsymbol{x}$的线性函数，则$y$也服从正态分布，其标准误差可以用误差传递公式严格算出。一般函数的误差传递问题，只有在各直接观测值的误差都较小的条件下，才可以近似地使用误差传递公式。对于实验观测结果不服从正态分布的一般情形，往往也采用其标准差作为“标准误差”。这种情况下，相应误差区间的置信概率不等于（但近似于）68.3%，近似程度与观测值分布的具体形式有关。

假设检验　参数估计和拟合方法用于由实验数据估计观测值统计分布的待定参数。但是，观测值所服从的统计分布是实验者主观假设的理论模型，它是否反映实验的真实情况，需要进行假设检验。如果待检验的假设是分布函数（形式已知）的未知参数是否等于某个给定值，称为参数检验；如果待检验的假设是分布函数的函数形式，称为非参数检验。

假设检验的一般方法，是选择随机变量x的随机样本$\boldsymbol{x}$的一个函数$u(\boldsymbol{x})$，叫作检验统计量，在理论假设成立（零假设H_0为真）的条件下u的概率密度已知且表为$g(u\,|\,H_0)$，u落入其定义域的一个子域R（称为拒绝域）的概率用一接近于0的小量$\alpha=P(u\in R\,|\,H_0)=\int_R g(u\,|\,H_0)\mathrm{d}u$表示。如果由观测值样本$\boldsymbol{x}=\{x_1,\ldots,x_n\}$算出的$u$值$u_{\mathrm{obs}}(\boldsymbol{x})$落入子域$R$，由于$\alpha$很小，这是一个小概率事件，因此假设$H_0$不大可能是正确的，我们认为在显著性（水平）$\alpha$上观测数据与理论假设存在显著的矛盾。

似然比检验　参数检验中广泛使用的检验统计量是似然比。设随机变量x的概率密度为$f(x\,|\,\theta)$，未知参数$\boldsymbol{\theta}=\{\theta_r,\theta_s\}$，要检验数据样本$\boldsymbol{x}=\{x_1,\cdots x_n\}$与假设$H_0$和$H_1$中哪一个相符：

$H_0:\theta_i=\theta_{i_0}\quad i=1,2,\cdots,r,$

（也表示为$\boldsymbol{\theta}_r=\boldsymbol{\theta}_{r_0}$，$\boldsymbol{\theta}_{r_0}$为已知常数）；

θ_j不限定，$j=1,2,\cdots,s,$

（也表示为$\boldsymbol{\theta}_s$不限定）。

$H_1:\theta_i\neq\theta_{i_0}\quad i=1,2,\cdots,r,$

（也表示为$\boldsymbol{\theta}_r\neq\boldsymbol{\theta}_{r_0}$）；

θ_j不限定，$j=1,2,\cdots,s,$

（也表示为$\boldsymbol{\theta}_s$不限定）。

即检验数据样本是否与$\boldsymbol{\theta}_r=\boldsymbol{\theta}_{r_0}$的零假设相一致。似然比定义为：

$$\lambda=\frac{L(\boldsymbol{x}\,|\,\boldsymbol{\theta}_{r_0},\ \boldsymbol{\theta}_s'')}{L(\boldsymbol{x}\,|\,\boldsymbol{\theta}_r',\ \boldsymbol{\theta}_s')}$$

式中$\boldsymbol{\theta}_s''$为零假设H_0限定的参数空间($\boldsymbol{\theta}_r=\boldsymbol{\theta}_{r_0}$)中的极大似然函数对应的$\boldsymbol{\theta}_s$值；$\boldsymbol{\theta}_r'$、$\boldsymbol{\theta}_s'$为全部参数空间$\boldsymbol{\theta}$中的极大似然函数对应的$\boldsymbol{\theta}_r$、$\boldsymbol{\theta}_s$值。可以证明，当子样容量$n$很大且$H_0$为真时，统计量$-2\ln\lambda$渐近地服从$\chi^2(r)$分布。因此，可利用统计量$-2\ln\lambda$来检验假设$H_0$。定义显著性：

$$\alpha=\int_0^{\lambda_\alpha}g(\lambda\,|\,H_0)\,\mathrm{d}\lambda=\int_{\chi^2_\alpha(r)}^{\infty}f(y;r)\,\mathrm{d}y$$

式中$g(\lambda\,|\,H_0)$为假设H_0为真时似然比λ的概率密度，$f(y;r)$为$\chi^2(r)$分布的概率密度。如果由观测值样本$\boldsymbol{x}=\{x_1,\cdots,x_n\}$算出的$\lambda$值$\lambda_{\mathrm{obs}}(\boldsymbol{x})$满足$-2\ln\lambda_{\mathrm{obs}}>\chi^2_\alpha(r)$，则实验数据与假设$H_0$不相符。

皮尔逊χ^2检验　非参数检验中广泛使用的检验统计量是皮尔逊χ^2量。我们要根据随机变量x的观测值数据样本$\boldsymbol{x}=\{x_1,\cdots,x_n\}$来检验随机变量$x$的概率密度是否具有$f(x)$的形式（理论模型）。这种检验也称为拟合优度检验。将随机变量x的定义域划分为N个互不相容的子区间，χ^2定义为：

$$\chi^2\equiv\sum_{i=1}^{N}\frac{(n_i-np_i)^2}{np_i}$$

式中n_i为落入子区间i中观测值的个数；np_i为子区间i中观测值个数的理论预期值：$p_i=\int_{x_{i-1}}^{x_i}f(x)\,\mathrm{d}x$。$\chi^2$值的大小表征了实验数据与理论预期值差异的大小；同时，如果理论假设是正确的，则χ^2渐近地服从自由度$N-1$的$\chi^2(N-1)$分布。定义显著性$\alpha=\int_{\chi^2_\alpha(N-1)}^{\infty}f(y;N-1)\,\mathrm{d}y$，其中$f(y;N-1)$是$\chi^2(N-1)$分布的概率密度。如果$\chi^2<\chi^2_\alpha(N-1)$，则判定实验数据与理论预期相符；否则，两者不一致。

（朱永生）

实验数据的误差处理　uncertainty treatment of experimental data　物理实验中处理实验数据的误差的方法。见**实验数据的统计处理**。

史密斯，G.E.　George Elwood Smith（1930-05-10～　）美国应用物理学

家。生于纽约。1955年获宾夕法尼亚大学学士学位，1959年获芝加哥大学博士学位。1959～1986年在贝尔实验室工作。

史密斯博士毕业后便加入贝尔实验室，研究半金属电学性质。此外，史密斯的研究方向还包括材料的热电制冷和低温电子器件。1964年，史密斯担任贝尔实验室设备概念部门负责人，致力于研制固态器件。1969年，史密斯与同事W.**博伊尔**合作研制出电荷耦合器（CCD）。CCD是基于爱因斯坦的光电效应的图像传感器，即光电池阵列发出的电子数与入射光强成正比。CCD由一种高感光度半导体材料制成，能将光线转变成电荷，通过模数转换器芯片转换成数字信号，数字信号经压缩后由相机内部闪速存储器或内置硬盘卡保存。从而易于将数据传输给计算机，并借助计算机处理手段修改图像。该发明用电子捕获光线代替以往的胶片成像，带来摄影技术革新，推动医学和天文学发展，广泛应用于疾病诊断、人体透视及显微镜外科等领域。2009年，史密斯与博伊尔因发明数码相机图像感应器——“感光半导体电荷耦合器件”分享诺贝尔物理学奖。2017年，史密斯因对研制数字成像传感器的贡献获伊丽莎白女王工程奖。

（刘金岩）

史密斯-珀塞耳效应　Smith-Purcell effect　自由电子掠过金属光栅表面时辐射出电磁场的现象。1953年，由美国哈佛大学研究生S.J.史密斯在E.M.**珀塞耳**指导下首次发现，后来被命名为史密斯-珀塞耳效应。史密斯和珀塞耳的实验利用范德格拉夫加速器产生的300千电子伏能量电子束，掠过金属光栅表面，得到波长450～550纳米的可见光。通过实验，他们给出了著名的色散关系式，即史密斯-珀塞耳辐射的共振条件：

$$m\lambda=d\left(\frac{1}{\beta}-\sin\theta\right)$$

式中λ为波长；d为光栅周期间距；β为电子速度和真空中光速之比，恒小于1；θ为极化角；m为谐波次数，是整数。史密斯-珀塞耳辐射具有如下特点：

①装置简单。主要利用电子束与金属光栅的作用产生远场辐射，而光栅的加工简单方便。另外，装置体积小，可以

方便地插入电子束装置，设计成紧凑型光源。

②空间辐射分布。相对于同步辐射、自由电子激光、渡越辐射，史密斯-帕塞耳辐射具有很宽的出射角，且在不同的出射角辐射出不同频率的光。

③频率可调。根据**色散关系**，史密斯-帕塞耳辐射可作为频率可调光源，可以根据目标波长设计电子束流能量和光栅结构。然而，辐射强度随着电子束离光栅表面的距离增大呈指数衰减，当距离小于波长时，辐射强度有很大的提高。因此，史密斯-珀塞耳辐射已经成为利用低能电子束产生毫米波或**太赫兹源**的一种理想方法。实际上，已经根据这个效应制成了几种器件，如奥罗管（Orotron，又称绕射辐射振荡器）、莱达管（Ledatron）等，这类器件还正在发展中。

④具有空间谐波。在某一空间角可以同时探测到基波和高次史密斯-珀塞耳波，其频率成倍数关系。

⑤可用于束流诊断。史密斯-珀塞耳辐射作为非阻断束流的诊断方法，逐渐成为束团长度和纵向分布测量、对撞机粒子位置精细测量等方面的研究热点。

后续研究表明，史密斯-珀塞耳辐射的机理与**切伦科夫辐射**、微波行波管辐射等都有类似之处，可以归结为慢波结构的作用。匀速运动电子产生的场可看作慢波（或称表面波、衰减波），慢波被光栅衍射形成的辐射，就是史密斯-珀塞耳辐射；而慢波被介质折射，则形成切伦科夫辐射。 （邓海啸）

史氏气团 Snoek atmosphere 间隙原子偏聚在螺型位错附近，形成的间隙溶质原子集团。当间隙溶质原子在体心立方晶体中产生非对称畸变时，它既与刃型位错也与螺型位错发生交互作用。C、N原子和α-Fe中的螺型位错交互作用形成的气团，即为史氏气团。 （卢江波 屈世显）

史瓦西解 Schwarzschild solution 爱因斯坦引力场方程的真空球对称解。经过近10年的努力，1915年A.**爱因斯坦**终于写下了人们广为使用的**爱因斯坦引力场方程**：

$$R_{\mu\nu}-\frac{1}{2}g_{\mu\nu}R=\frac{8\pi G}{c^4}T_{\mu\nu}$$

式中G为牛顿引力常数；c为光速；$T_{\mu\nu}$为时空中物质的能量动量张量。

1916年德国物理学家K.史瓦西首先发现了一个真空爱因斯坦引力场方程的球对称解，即上述引力场方程右边能量动量张量为零时的球对称解。该解可以表述为：

$$\mathrm{d}s^2=-\left(1-\frac{r_s}{r}\right)c^2\mathrm{d}t^2+\left(1-\frac{r_s}{r}\right)^{-1}\mathrm{d}r^2+r^2(\mathrm{d}\theta^2+\sin^2\theta\mathrm{d}\varphi^2)$$

式中$r_s=2GM/c^2$，M为一个积分常数。上述解描述一个静态球对称天体的外部引力场。根据渐近行为分析可知，这个积分常数M即为该天体的质量。可以证明，任何球对称的真空爱因斯坦引力场方程的解总是可以表述为上述史瓦西解的形式。这一结论被称为伯克霍夫定理。$r=r_s$是一个坐标奇异性，该奇异性可以通过坐标变换被移去；而$r=0$是一个本征奇异点，无法通过坐标变换将其移去。$r=r_s$的奇异性直到20世纪60年代中期才真正弄明白其意义。事实上，它表示一个**黑洞**的视界面。$r=r_s$表示视界半径。该视界面是一个单向膜，物质从黑洞外部可以通过单向膜进入黑洞，但黑洞内的物质无法通过该单向膜跑到黑洞外。 （蔡荣根）

矢量水听器 vector hydrophone 一种由传感器相互正交方向布置且可以同时测量声场中海水介质质点声压梯度或振动矢量的组合水声接收换能器。接收器还能同时测量空间同一点上声压以及一个（或几个）声场矢量特性，又称为组合接收器。矢量水听器按照通道数可分为一维、二维、三维矢量水听器；按照换能原理可分为压电式、电动式、电磁式、磁致伸缩式、电容式和光纤式；按照工作原理分为非惯性传感器（如声压梯度传感器等）和惯性传感器（如在介质中呈自由状态、与介质同振的柱型和球型矢量水听器）；按照测量的物理量可以分为质点振速式、质点振动加速度式、质点位移式，其相应的传感器灵敏度频率特性分别是与频率无关、与频率成正比和与频率成反比。

对于惯性矢量水听器来说，定义介质密度为ρ，水听器平均密度为ρ_s。在理想流体介质中，当矢量水听器尺寸远小于声波波长时，自由运动的刚性柱体和球体振速$\boldsymbol{v}$与水介质质点振速$\boldsymbol{v}_0$之间分别满足$|\boldsymbol{v}|/|\boldsymbol{v}_0|=2\rho_s/(\rho_s+\rho)$和$|\boldsymbol{v}|/|\boldsymbol{v}_0|=3\rho/(2\rho_s+\rho)$，且$\boldsymbol{v}$和$\boldsymbol{v}_0$之间的相位差趋于0。因此，当平均密度$\rho_s$近似等于水介质密度$\rho$时，矢量水听器在水介质中呈中性浮力状态，具有唯一且相互一致的几何中心、重心和相位中心，其振动幅值和相位与介质质点保持一致，能有效地测量水中质点振速或加速度矢量。常用的同振球型三维矢量水听器示例见图1。

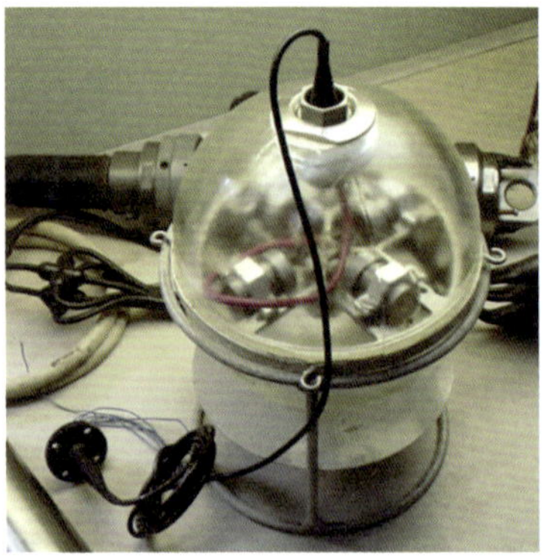

图1 一种同振球型三维矢量水听器

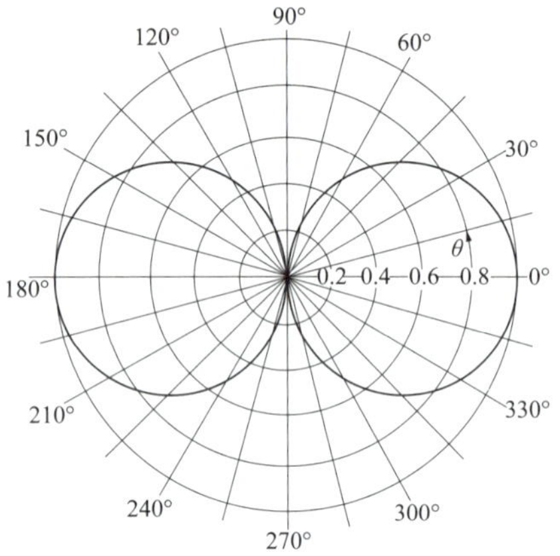

图2 偶极子余弦指向性

在工作频率范围内，矢量水听器每个矢量通道上的灵敏度指向性呈现与频率无关的偶极子余弦指向性（图2）。理论上，自由场条件下各向同性噪声场中组合矢量水听器的指向性指数为4.8分贝。通过声压和振速分量的不同组合，获得不同的指向性，可用于抑制相干干扰并提高目标信号检测能力。

矢量水听器可测量声场矢量信息（如声能流密度等），在水下声场特性测量以及水声信号检测、定位与分类等方面具有重要应用。 （周士弘）

势能 potential energy 物体由于位置或位形而具有的做功的能力。又称位能。势能单位与功相同，为牛·米或焦耳。水库中的水自高处流下时重力对水做功，转变为水的动能，可驱动水轮机发电；张开的弓恢复变形时弹性力对箭做功，转变为箭的动能，从而将箭射出。以上说明高处的水具有重力势能，张开的弓具有弹性势能。

重力和弹性力具有共同的特点，即在这种力作用下，质点从一处运动到另一处时，力所做的功只与初始与终了的位置有关，而与运动的路径无关。满足这种条件的力称为势力（又称**保守力**）；摩擦力就不是势力。常见的势力有重力、弹性恢复力、万有引力等。只有在势力场（保守力场）中才有势能的概念，通常先取一基准点O（基准面、基准位形）为势能的零点，质点在某位置A的势能V_A定义为由位置A移动到基准点时势力所做之功：

$$V_A=W_{A\to O}$$

质点在两位置势能之差等于势力在两位置间所做之功，即：

$$V_1-V_2=W_{1\to 2}$$

势能是位置的函数，它与势力的关系为：

$$\boldsymbol{F}=-\nabla V$$

即势力$\boldsymbol{F}$为势能函数的梯度并冠以负号。

常见的保守力和相应的势能如下：

重力$\boldsymbol{F}=-mg\boldsymbol{e}_z$，其中$\boldsymbol{e}_z$是竖直向上方向的单位矢量，重力势能$V=mgz$。

引力$\boldsymbol{F}=-\frac{Gm_1m_2}{r^2}\boldsymbol{e}_r$，其中$\boldsymbol{e}_r$是两个质点连线的单位矢量，引力势能$V=-\frac{Gm_1m_2}{r}$。

弹力$\boldsymbol{F}=-k(x-x_0)\boldsymbol{e}_x$，其中$\boldsymbol{e}_x$是沿弹簧伸长方向的单位矢量，$x_0$和$x$分别为弹簧原长和现有长度，弹性势能$V=-\frac{1}{2}k\cdot(x-x_0)^2$。

静电力$\boldsymbol{F}=\frac{q_1q_2}{4\pi\varepsilon_0r^2}\boldsymbol{e}_r$，其中$\boldsymbol{e}_r$是两个点电荷连线的单位矢量，静电势能$V=\frac{q_1q_2}{4\pi\varepsilon_0r}$。（贾书惠）

事件视界 event horizon 两个时空区域能否建立因果联系的边界。在四维时空中事件视界是一个三维类光超曲面。对于黑洞而言，事件视界是黑洞的边界，它将时空分为黑洞区和非黑洞区，进入事件视界的粒子（包括光子）都无法逃出黑洞。对于白洞而言，事件视界则是白洞的边界，它将时空分为白洞区和非白洞区，白洞外的粒子（包括光子）都无法回到白洞之内。黑洞的事件视界又称未来事件视界。白洞的事件视界又称过去事件视界。

对于史瓦西黑洞，事件视界的半径（在$c=G=1$的单位制下）为$r_s=2M$，事件视界的面积为$A=16\pi M^2$；对于克尔黑洞而言，事件视界的半径为$r_+^h=M+\sqrt{M^2-a^2}$事件视界的面积为$A=16\pi M_{ir}^2$，其中$M_{ir}=\frac{1}{\sqrt{2}}\left(M^2+M\sqrt{M^2-a^2}\right)^{1/2}$称为克尔黑洞的不可约质量。

1971年，S.W.霍金证明了黑洞面积定律：若包含黑洞的时空满足一定的因果条件和爱因斯坦场方程，物质场满足一定的物理条件，则黑洞事件视界的面积不会随时间减小。在稳态时空中，可以在事件视界上定义表面引力。当满足爱因斯坦场方程以及主能量条件时，可证明表面引力在事件视界上为常数。这些性质启发人们将黑洞的面积、表面引力与热力学系统的熵和温度对应，对黑洞热力学的建立起到了重要作用。

在满足一定条件的时空中，根据从陷俘面发出的类光测地线具有汇聚趋势，并结合时空在渐近无穷远的拓扑性质，可以证明陷俘面、表观视界只可能存在于事件视界以内。

事件视界并非广义相对论所独有，在其他相对论性引力理论中也同样可能存在事件视界。但广义相对论框架内证明的事件视界的性质不一定能够推广到其他引力理论中。（高思杰 黄超光 赵峥）

视界 horizon 广义相对论中通常指某些时空区域的边界。一般而言，视界是一个分界面，如在海边看到海与天相接的地方。在广义相对论中，不同视界的几何性质差别很大。有关黑洞的视界包括事件视界、表观视界、柯西视界、孤立视界等。在宇宙学中还经常用到粒子视界的概念。在宇宙学常数不为零的黑洞解中，除了黑洞的事件视界外，还存在宇宙学视界。（高思杰 赵峥）

视界问题 horizon problem 根据哈勃定律，在一个膨胀的宇宙中两个区域相隔越远，退离速度越大。因此宇宙中非常遥远的信息会由于不能超过光速而无法抵达观测者。这样就形成了宇宙的视界，即观测者只能捕获到此视界以内的物理信息。从地球上观测到的可见区域只是宇宙的一小部分，其他不可见区域与观测者之间没有信息交替。在缺乏暴胀的热大爆炸宇宙学模型中，宇宙视界可不断向外扩张，使得可观测区域不断增长。但当观测者首次看到这些新区域时，却发现彼此相距遥远的区域和之前的可观测区域极为相似，处于不同区域的宇宙微波背景辐射具有几乎相同的温度，大尺度结构十分接近，时空曲率也彼此一致。这样就带来了一个理论疑难：为何这些从未有过因果性连通的区域能够如此默契地具有近乎相同的物理状态，包括宇宙微波背景辐射温度、大尺度结构物质功率谱和时空曲率等物理参量。

这一问题在暴胀宇宙中得以完美解决。暴涨宇宙学说认为，当前宇宙的所有可观测区域都可以来自极早期同一个因果连通区域，在暴胀期间，由于宇宙空间呈近指数形式的加速膨胀，使得所有原本十分接近的区域可以迅速退离到极大尺度，并在暴胀结束后直至今日仍能覆盖观测者的可观测范围。（朴云松）

手机照相机 smartphone camera 智能手机中执行照相功能的模块。20世纪末，众多通信厂商着手研究用蜂窝移动电话拍摄和传输照片。能拍照的手机于2000年进入市场，从此拍照逐渐成为智能手机的必备功能，到2010年全球带照相功能的手机产量就超过了10亿。

手机照相机是智能手机的重要模块（组件），其构成和技术性能受几何尺寸的制约，存在局限性，如难以对拍摄效果特别是景深进行有效控制，弱光条件下照片质量不佳。另外，手机照相机与智能手机融为一体，拥有普通相机不具备的独特功能，如便携性和随时可用性、即时分享、应用程序支持。近年来随着移动通信和数字摄影技术的发展，手机照相机有了巨大进步，已逐步取代低端便携相机。

决定手机照相机技术性能的基本要素包括镜头、光电转换元件、图像处理器、显示屏。

镜头 镜头是决定成像质量的关键。因厚度限制，许多手机使用等效于全幅单反相机焦距为24～30毫米的定焦广角镜头，有较广的视角和较大的景深。影响镜头光学分辨率、几何保真度、色差、焦外成像质量的因素有镜片材料和技术、制造工艺、镀膜等。

镜头的一个重要指标是光圈，用f值表示，是焦距和光阑直径之比。f值越小光圈越大。手机镜头采用固定光圈，通常在$f/2.0$左右。光圈大则进光量大，可提高快门速度避免手机振动导致的照片模糊，有利于弱光拍摄；同时光圈大景深较小，有利于突出主体虚化背景。

和相机一样，手机镜头包括一组镜片，一般用树脂制成，少数高端型号会使用光学性能更好的玻璃。镜头涉及的技术还包括非球面镜片、自动聚焦、双镜头设计、光学防抖等，许多功能需由镜头、感光元件、图像处理器的联合作用来实现。

非球面镜片：像差和形变比球面镜片小，而且较轻薄，一般用于高端型号。

自动聚焦：大部分手机使用对比度检测技术实现自动聚焦。为提高自动对焦速度，过去专属于单反相机的相位检测和闭环马达也被用于某些高端手机。

双镜头和多镜头：①焦距和光圈不同的两个或多个镜头切换，实现变焦；②如两幅图像像素相同而景深不同，合成后可产生背景虚化效果；③两个焦距和光圈相同的镜头同时取景，分别用于处理彩色和黑白信息，提供额外光照以增大进光量，可在弱光拍摄时增强图像细节，提高画质。

光学防抖（OIS）和电子防抖（EIS）：OIS基于传感器和微控制器驱动马达移动镜片，抵消振动的影响。EIS是软件技术，通过检测手机运动保持高反差目标不动，或用人工智能识别主体，保持其在画面中的位置，主要在高动态范围（HDR）合成，以及夜景和视频拍摄中起作用。许多手机兼有OIS和EIS，称为混合防抖（HIS）。

感光元件　智能手机普遍采用CMOS传感器将光学影像转换为图像数据。感光元件由许多传感器单元按网格排列，每个单元对应一个像素。手机照相机的像素数已从初期的几十万增加到几百万乃至千万，有的超过两千万甚至更多。

高像素照片可以表现更多的图像细节，但高像素并不等同于高画质。除了镜头，决定画质的另一个重要因素是感光单元的大小和品质。通常较大的感光单元性能较好，而且相互间干扰小，有利于降低噪点，提高画质。同样大小的感光元件要达到较高的像素数，势必减小感光单元；另外，使用较大的感光单元又要提高像素数目，就要增大整个感光元件的面积。和任何数字相机一样，面积较大的感光元件常与优良的画质相联系，而大面积感光元件对镜头设计又有更高的要求。

感光单元只能感受光强而不能感受颜色，在感光元件前面有一个包含红绿蓝（RGB）三色过滤单元的颜色滤镜阵列，使每个单元只感受一种颜色，经图像处理器插值生成彩色图像。常用的拜耳滤镜阵列以红绿蓝绿（RGBG）为一组循环排列而成。RGBW滤镜阵列是拜耳阵列的变种，用白色（W）滤光单元替换一个绿色单元，有利于提高图像亮度，改进弱光拍摄性能。

图像处理器　图像处理器（ISP）对传感器输出的数据进行自动处理：校正线性以适应人眼视觉特性；进行插值运算将拜耳滤镜阵列的输出转换为彩色图像；调整色彩亮度反差使照片更加悦目；降噪并清除传感器缺陷形成的坏点，等等。手机照相机的最终成像质量与ISP的性能密切相关。

出于成本考虑，多数产品的ISP芯片与手机的处理器集成在一起，由处理器厂商提供，高端产品则会使用成本较高的独立ISP芯片。集成芯片的性能不如独立ISP芯片，因为无法针对具体传感器进行设计，成像效果很难达到最优，而且缺乏个性，不能形成产品的独特风格。

ISP不仅是指硬件，相应的软件至关重要，高性能的图像处理算法是优秀照片质量的保证。不同算法产生不同的处理效果，例如较高的对比度和鲜艳度，或者更偏向自然柔和，各厂商在处理算法方面会有自己的特色。双镜头产生背景虚化或提升弱光画质也都是通过ISP实现的。

触摸显示屏　手机照相机的操控主要通过触摸屏实现，性能包括厚度、耐用性、精确度、灵敏度、响应速度。触摸屏有电阻式和电容式两种。前者靠压力传感，灵敏度低，很少用于手机。电容式基于人体本身的导电性，灵敏度高，只需轻触，屏幕可以很薄却很耐用，被绝大多数智能手机采用。缺点是不能用绝缘物（例如戴手套）操作。

屏幕显示质量是影响手机照相性能的重要因素。技术性能包括分辨率（像素）、对比度、可视角度的大小、表现颜色影调的准确度和自然度、表现不同明暗程度的动态范围等。

显示屏的分辨率即像素数是描述屏幕的重要指标，例如720×1280、1080×1920、1440×2560等。但图像精细程度还取决于屏幕尺寸。分辨率相同，屏幕尺寸小则像素较小，显示的图像更细腻。用像素密度（ppi）即每英寸像素数能更确切地反映图像的显示质量，实际上超过400ppi对于视觉感受意义不大，显示屏像素过高往往耗电大，而且整机性价比反而较低。

显示屏技术主要有液晶显示和有源矩阵有机发光二极管两类。前者颜色再现性能好，寿命较长，成本较低；后者色域较广、功耗小、可视角度大、对比度高。

其他　手机为后置照相机配备闪光灯，辅助弱光拍摄。为了弥补LED闪光偏冷，肤色不自然的问题，可用两个色温不同的闪光灯，混合后使色温达到平衡，获得更自然的颜色。

用于自拍和视频通话的前置镜头，通常分辨率和综合性能较差，也有少数型号提供较高分辨率的前置镜头以提高自拍质量。

一些手机还有拍摄原始图像编码数据格式的选项，但并不能在手机里直接观看，除非安装了特定的应用程序。一般认为实用性不强。

手机照相机同时又是摄像机，用手机拍摄视频越来越普遍。现在大多数手机都能拍摄高清视频（1920×1080），部分高端型号能拍摄4K视频（3840×2160）。

（王朔中）

手性分子　chiral molecule　一种不能与自身镜像分子重叠的分子，即同种原子重叠，同种化学键也重叠。手性分子与其镜像分子互为旋光异构体或光学异构体。光学异构体具有相同的物理性质，但是化学性质诸如药力、毒性等方面存在较大差异，甚至相反。在生物体内和药物里存在大量的手性分子。通常会将光学异构体分为左旋分子（S，来自拉丁文字Sinister，意思为左）和右旋分子（R，来自拉丁文字Rectus，意思为右）。左旋分子和右旋分子都大量的存在于自然界中，如柠檬油精的两种光学异构体——左旋柠檬油精与右旋柠檬油精，它们大量存在于柑橘类水果中。它们的不同组分的混合物会导致柑橘类水果具有不同的气味，左旋柠檬油精气味更像柠檬，而右旋柠檬油精气味更像橘子。

光学异构体由分子与其镜像分子组成。从对称角度讲，分子关于平面的镜像只有一个，无论对称平面处于何处，因此凡是与镜面对称相关的对称性分子，都不是手性分子。或者说手性分子所属的点群里没有对称面、反映旋转轴以及中心对称点等对称元。

手性分子具有很高的光学活性，能导致偏振光的偏振方向发生旋转，即手性分子具有旋光效应。（郑雨军）

手征拓扑孤粒子模型　chiral topological soliton model　基于量子场论的用具有手征性的孤粒子拓扑解描述重子的理论模型。量子色动力学（QCD）是强相互作用的理论，但QCD低能行为（也就是非微扰QCD效应）还是一个具有挑战性的领域，人们对诸如手征破缺这样的概念还只有定性的理解，只能用各种唯象模型和格点计算来研究与低能QCD（如强子化）有关的物理过程。G.霍夫特和E.威滕分别证明了低能QCD是介子的弱相互作用相。威滕进一步指出重子是在介子的弱耦合相中作为孤粒子而出现的。

虽然对非微扰QCD的了解不够深入，但非线性σ模型还是提供了手征对称性破缺的恰当描述，相应的拉氏量为：

$$\mathfrak{L}=\frac{1}{2}(\partial_{\mu}\sigma)^{2}+\frac{1}{2}(\partial_{\mu}\pi)^{2}$$

如果取$U(x)=\frac{1}{f_{\pi}}(\sigma+\mathrm{i}\tau\cdot\pi)$，式中$f_{\pi}^{2}=\sigma^{2}+\pi^{2}$，$\tau$为泡利矩阵，对应的经典拉氏函数可以用指数形式由$\pi$（赝标粒子）和$\sigma$（标量粒子）表示出来，可以得到经典能量$E$。很容易验证出，非线性$\sigma$模型的有限能量解是不稳定的。英国科学家T.H.R.斯格明加入一个非线性项，得到一个新的拉氏函数，它包括一个无量纲常数ε，新加的斯格明项可以认作是对非线性σ模型的高阶修正。这时，得到的能量解是稳定的。

根据标准拉氏定理，得出一个经典方程，这个方程是高度非线性的。为了解此方程［只是对SU(2)］，斯格明假定有高度对称性的刺猬结构解：$U_0(x)=\exp[\mathrm{i}F(r)\tau\cdot\hat{r}]$，$F(r)$满足一定的边界条件。这样，方程转换成另一个较清楚的形式，但此超越方程一般只能数值求解。根据**李政道**的教科书给出的方法，可以对质子、中子等进行量子化。得到质子、中子的质量为$M_N=M+\dfrac{1}{2\lambda}\dfrac{3}{4}$，其中$M$是经典孤粒子质量，$\lambda$是由实验确定的参数。

在斯格明模型中重子是介子场的孤粒子，可以计算许多重子相关的物理量，如电荷半径、同位旋标量和矢量的磁矩，也可以计算诸如$\Delta\to N\pi$和$\Delta\to N\gamma$的衰变振幅等。

上述的刺猬解原则上只适用于SU(2)，因而不能包括奇异强子。但如果想要将理论扩展到SU(3)，一个可以采取的办法是将刺猬解嵌入到SU(3)中，那就可以计算有奇异性的超子质量了。（李学潜）

手征向列相 chiral nematic phase 胆甾相液晶的一种。手征向列相属于非甾体类，具有胆甾相液晶所必需的螺旋结构，但在结构中不包含胆甾环。它们是把含不对称碳原子的光学活性的烷基或烷氧基等支链连接到一般向列型液晶化合物的末端而形成的，这样的液晶化合物称为手征向列相。手征向列相液晶中每一层内分子像向列相一样倾向于彼此平行排列，沿层的法线方向看，每层液晶的指向矢连续转动形成螺旋。相的螺距和手征性分子的手性度有关，一般为数百纳米以上。对掺入手征性分子诱导形成的胆甾相，螺距可长达几微米。手征向列相液晶的光学性质非常奇妙，具有圆偏振光的选择反射性、强烈的旋光性以及圆二色性等特性。（王琼华）

手征性 chirality 用来描述一种物体和它的镜像不能重叠的现象。简称手性或手型。凡是一个分子中出现某个碳原子连有四个不同的基团或原子，就会出现互为镜像的两个异构体。由于它们在空间上并不能重叠，因此它们并不是同一种化合物，而是构型不同的两种异构体，即光学异构体，又称手性异构体。故常把连有四个不同的基团或原子的碳原子称为手性碳原子，也称为手性中心，常用C*表示，而把这样的分子称为手性分子。

历史上研究最多的手性分子是乳酸。尽管通过C—OH和C—O_2H键的旋转有许多立体异构体存在，但是它却只有如图所示的两个残留对映异构体，二者都可以在自然界中见到。(+)_乳酸存在于肌肉体液中，产生于肌肉运动的生化过程，在10%的水溶液中其比旋光度值为3.8，于25～26℃时熔化。与之相反，在葡萄糖与巴拿马利什曼虫的无氧发酵过程中，会产生许多化合物，有一个便是对映纯的(－)_乳酸，它在26～27℃时熔化，与(+)_乳酸有相同大小的旋光度值，但方向相反。

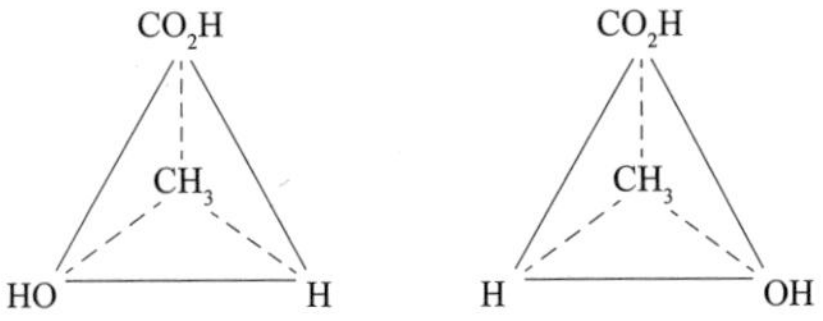

(+)_乳酸　　(－)_乳酸

乳酸的分子结构

旋光性是手性分子的一种性质，即旋转偏振光平面的能力。旋光度的大小与测量条件有关，包括温度、溶剂和射入样品的入射光的波长。一个旋光性的分子一定是手性的，反之亦然。在一些测量条件下，有些手性分子的旋光性可能非常小，以至于无法与零相区别。在这种情况下，如果用另一个波长来测定，就可能得到较大的旋光度。分子是否具有手性与分子的对称性紧密相关，当分子缺乏一定必要的对称因素时，就可能具有手性。一般情况下，对称面、对称中心和更替对称轴往往是同时存在的，判断一个分子是否具有手性，只要考查分子能否与其镜像重合。如果一个分子不能与其镜像重合，则它就是一个手性分子，手性分子必然具有对映异构体，因而具有旋光性，由该手性分子合成的化合物是一种光学活性物质。

粒子的自旋可以用来定义一个粒子手征性，或螺旋度。粒子的手性取决于该粒子是否在庞加莱群的右或左手表示下变换。狄拉克费米子ψ的手征性，是通过狄拉克矩阵γ^5定义，其特征值为±1。任何狄拉克场ψ可以通过投影算子$P_{\mathrm{L}}=\dfrac{1-\gamma^5}{2}$和$P_{\mathrm{R}}=\dfrac{1-\gamma^5}{2}$作用在$\psi$上，投影到手征左手或右手分量。粒子的螺旋度用自旋矢量到动量方向投影来描述。如果它的自旋方向与其运动方向相同，该粒子的螺旋是右手；如果自旋方向和运动方向相反，它是左手螺旋。两者之间的对称性变换称为**宇称**。狄拉克费米子在宇称变换下的不变性称为手征对称性。无质量的粒子（如光子、胶子等）手性和螺旋度相同，是一个不依赖于观测者所在参考系的相对论不变量。非零质量粒子（如电子、夸克、中微子）的手征性和螺旋度不同。对非零质量的粒子，不同参考系的观察者可以观察到不同螺旋度。无质量狄拉克费米场的矢量规范理论在对费米子场的左手和右手分量相互独立变换下不变，具有手征对称性。有质量的费米子不具有手征对称性。拉格朗日量（拉氏量）中的质量项，明显地破坏手征对称性。例如在**量子色动力学**（QCD）中，如果可以忽略三个轻夸克的质量，QCD的拉氏量密度在对左手场和右手场做整体SU(3)味道转动的直积变换$SU_L(3)\times SU_R(3)$下不变，称为QCD的手征对称，它是强相互作用的重要近似对称性。手性对称变换可以分解为矢量对称性（左手与右手之和）和轴对称部分（左手与右手之差）。

与手征对称性紧密相连的一个重要的物理概念是手征对称性的自发破缺。所谓**对称性自发破缺**指的是拉氏量或运动方程具有某种整体连续对称性，但真空态或基态并不具有这种对称性。自发破缺一个最重要的后果是存在相应的无质量粒子，又叫作戈德斯通粒子或南部-戈德斯通粒子。对于近似的手征对称性的自发破缺，则戈德斯通粒子会有一个小的质量，正比于夸克质量。（王琼华　侯德富　郑汉青）

手征液晶 chiral liquid crystal 由具有不对称碳原子的液晶分子构成的**液晶**。液晶分子本身不具有镜像对称性，或者掺有**手征性**分子。手征性液晶分子形成的液晶相往往具有螺旋结构，如胆甾相、手征性近晶相B、手征性近晶相C，液晶分子的指向矢沿着螺旋轴连续旋转。手征性液晶分子加入其他非手征性液晶分子中，螺旋结构也可被诱导产生。两种典型的手征液晶相是：扭曲或手征向列相（N^*）；扭曲或手征近晶C相（S_C^*）。两种液晶相的主要区别是手征近晶C相具有层状结构。在同一层中手征近晶C相的分子相互平行，各层分子与层法线倾角保持不变，但分子在层面上的投影呈螺旋状排列，即每层液晶分子之间的方位角发生转动。（王琼华）

首次积分 first integral 在运动过程中始终保持初态的由广义坐标和广义速度组成的物理量。见**拉格朗日方程**。

受激布里渊散射 stimulated Brillouin scattering 强入射光使介质中的声波场得到极大增强，继而声振动使入射光的散射也得到相干增强的散射现象。见受激光散射。

受激发射 stimulated emission 在光的照射下粒子从高能级跃迁到低能级并发出光的现象。见发射。

受激光散射 stimulated light scattering 入射光是较强激光，使散射光强增强，并和入射激光产生相干性的光散射现象。光遇到介（物）质时（如分子，晶体、固体、液体）会有被吸收和再发射（称为散射光）的散射现象。若入射光是强度较强的激光，由于激光所具有的相干性，会使得散射光的光强得到放大（增强），并且和入射的激光具有一定的相干性（如方向上的相关性），这时的光散射称受激光散射。

通常的散射光与入射光的方向会有所不同。散射的过程会对介质产生扰动的作用，因此散射光就会带有介质在散射过程中的信息，如原子蒸气中电子能态的激发，一般介质中的电子、原子核的运动，分子的振动、转动，以及声波（连续介质如晶体、固体、液体），乃至如液体中分子（特别是高分子）的取向、移动扩散等信息。这些信息表现在散射光的频率、方向和强度上。

当入射光的能量较高时，介质中的电子足以受到扰动。由于电子和核运动的耦合作用，会使得散射光的频率和入射光的不同，其间的差别对应于分子的振动、转动或声波的频率，前者称为拉曼效应，后者称为布里渊效应。当散射光的频率小于入射光时，称为斯托克斯效应（可以理解为入射光的能量被介质吸收了）；而当散射光的频率高于入射光时，称为反斯托克斯效应（可以理解为介质中的运动量子能量拼入了散射光的能量）。至于入射光和散射光频率一样的，就称为瑞利散射。这时由于入射光和散射光的方向不同，所以还是有光的动量传递到物质的，这样散射光的中心频率固然和入射光的相同，但是峰的宽度会变宽。这个峰宽的变化就反映了介质中分子的取向、移动、扩散的弛豫（也和分子的大小有关）等信息。一般来说，散射光的强度和入射激光的强度成正比。

对于受激光散射，因为入射激光的强度较强，由于激光所具有的相干性，会使得散射光的光强得到放大，并且和入射的激光具有一定的相干性（如方向上的相关性）。这样，就有了所谓的受激拉曼、受激布里渊和受激瑞利效应，这些受激效应都是多光子相互作用的结果。

受激拉曼散射 发生拉曼跃迁时，介质吸收一个光子，拉曼散射表现为介质对散射光的拉曼增益和对入射光的损耗。当拉曼增益不高时对应自发拉曼散射，是一种非相干的光输出。当提高入射光的光强使介质的单程拉曼增益足够高时，介质入射面的噪声光经过放大形成与入射光强度可比拟的相干光输出，会出现受激拉曼散射。受激拉曼散射广泛应用于新波段可调谐相干光的产生。例如，在原子蒸气中通过受激斯托克斯-拉曼散射产生近红外相干光；通过受激反斯托克斯-拉曼散射产生紫外或真空紫外相干光；利用分子气体中的受激拉曼散射获得紫外或相干光，直至可调谐远红外相干光；利用半导体中电子自旋的塞曼能级的自旋反转效应，可获得单色性极好的可调谐红外相干光。受激拉曼效应除了散射光强度的增益外，还表现在散射光的自聚焦（self-focusing）和自陷阱（self-trapping）等效应。

受激布里渊散射 与受激拉曼过程类似，不同的是其中所涉及的是介质的声波。受激布里渊散射可出现在各向同性的介质中，已经在许多固体、液体和高压气体中观测到受激布里渊散射。在入射光、散射光和声波三个波耦合过程中应满足能量和动量守恒定律，由此可推出：

$$\nu_i-\nu_s=\pm\left(\frac{2\nu_i v_e n}{c}\right)\sin\frac{\theta}{2}$$

式中θ为入射光与散射光间夹角；ν_i是入射光的频率；ν_s是散射光的频率；n是介质的折射率；v_e是声波的速率；c是光速。因为声速比光速小得多，由此看出（受激）布里渊散射与（受激）拉曼散射相比较有明显的不同：它的散射频移非常小（一般小于1厘米$^{-1}$，而拉曼散射的频移范围是10^2～10^3厘米$^{-1}$），而且与散射方向有关，背向散射（$\theta=\pi$）频移最大（同时受激效应也最大）而前向散射（$\theta=0$）频移为零。实际上，受激布里渊散射是两个物理过程互相影响的结果：①入射光和散射光基于电致伸缩效应在介质中激发声波。②入射光在声波形成的动栅上经布拉格衍射产生多普勒频移的散射光。背向受激布里渊散射可用来产生相位共轭波，在相位共轭光学（见非线性光学）中有重要应用。在强激光的作用下，由于电致伸缩效应，散射过程会产生超声速的声波，它的多次倍频谱会在谱图上显示出来，同时这些谱峰也变得狭窄，这使得人们可以很准确地测得介质的超声波的波速。

受激瑞利散射 基本原理和过程和受激布里渊散射相同，只是这时入射光和相干的散射光的频率相同，所涉及的物理现象是关于连续介质的热运动。它不如受激拉曼散射和受激布里渊散射那样受到重视。 （吴国祯）

受激拉曼散射 stimulated Raman scattering 入射光的光强使介质的单程拉曼增益足够高时，介质入射面的噪声光经过放大形成与入射光强度可比拟的相干拉曼光输出的散射现象。见受激光散射。

受激瑞利散射 stimulated Rayleigh scattering 入射光场对介质的热作用，包括介质吸收光温度分布变化、折射率分布随之变化等所引起的对入射光的相干散射，散射光与入射光的频率相同。见受激光散射。

受激跃迁 stimulated transition 存在原子与外界实体的作用而发生的跃迁。见自发跃迁。

受控热核聚变 controlled thermonuclear fusion 用可以控制反应速率的方法实现热核聚变反应，目的在于提取可使用的能源。在热核聚变中，由两个质量数较小的轻原子核在很高的温度下碰撞聚合形成一个更重的原子核发生质量亏损而释放出巨大的能量。太阳是地球能量的主要来源，而太阳和宇宙中的恒星上就时刻发生着聚变反应，向外辐射光和热。1952年11月1日美国在马绍尔群岛爆炸了第一颗氢弹，实现了非可控的热核聚变。

概述 实现受控热核聚变是非常困难的。受控热核聚变反应的基本原理是将反应原料，如氢元素的同位素氘和氚，加热到高温，产生电离而形成高温等离子体，采用适当的约束手段，使它们处于一个有限区域并能维持一定时间，这时其中部分的轻核发生聚合反应而释放出巨大的能量。反应物的原子必须要有足够高的温度，使其在相互碰撞时，原子核的平均热动能足以克服原子核间的势垒，发生聚变反应。同时要有足够的密度并能将约束维持足够长的时间，以保证足够大的反应率。核聚变的反应截面大小取决于反应物的种类和温度（能量）。太阳上所发生的聚变反应是一种质子-质子反应，反应截面甚低，无法作为能源利用。人们所关心的是容易在实验室条件下达到的，反应截面的峰化位置在相对较低能量的反应方式，主要包括以下几个反应：

$D+T \rightarrow {}^4He\ (3.52)\ +n\ (14.06)$

$D+D \rightarrow {}^3He\ (0.82)\ +n\ (2.45)$

$D+D \rightarrow T\ (1.01)\ +p\ (3.03)$

$D+{}^3He \rightarrow {}^4He\ (3.67)\ +p\ (14.67)$

式中D和T分别表示氢（H）的同位素氘和氚；^{3}He和^{4}He表示氦的同位素；n表示中子；p表示质子；括号中的数字表示反应产物所携带的动能，单位为兆电子伏。

图1为上述第一种反应氘-氚反应原理的示意。当两种原子核以很高速度碰撞，它们之间的距离很接近时，可以越过同种电荷互相排斥的**库仑势垒**，在核力作用下发生核反应，结合成更重的氦核，即α粒子，并释放出一个中子。它们分别携带了3.52兆电子伏和14.06兆电子伏的能量。与其他几种反应比较，氘-氚反应在10～100千电子伏，即1亿～10亿度高温的区间具有最大的反应截面。因此人类能够最先实现的受控热核聚变反应是氘-氚聚变反应。

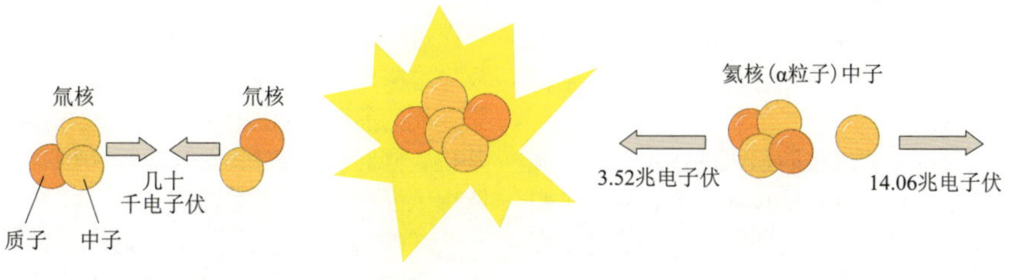

a 两种原子核以高速碰撞　b 两核充分接近时发生聚变反应　c 生成高能α粒子和中子

图1　氘－氚聚变反应过程示意图

两种氘-氘反应的反应截面接近，都低于氘-氚反应截面，不宜作为首选能源。但是由于氚有放射性且价格昂贵，只在少数聚变实验装置上进行过氘-氚运行，多数实验使用氘或氢作为工作气体。

氘-氦-3反应产物全为带电粒子，无中子产生，因而没有高能中子对结构材料辐照引起的材料退化及反应堆关闭后的辐射问题，称为**先进燃料**。但这种反应要求达到的温度更高，而且地球环境缺乏氦^{3}He，必须从月球上寻找，所以这种反应不在近期考虑之内。

图2为几种聚变反应的反应速率系数$<\sigma v>$随温度的变化，其中σ为反应截面，v为反应粒子间相对速度，尖括号表示对速度分布的平均。反应速率系数的意义是：单位时间单位体积的反应次数是$<\sigma v>n_1n_2$，其中n_1和n_2是两种反应粒子的数密度。如果是一种粒子则为$<\sigma v>n^2/2$。n为总粒子数密度。对于两种氘-氘反应，图2表示它们的平均反应速率系数。

对于人类来说，核聚变反应的燃料可认为是取之不尽、用之不竭的。每升海水

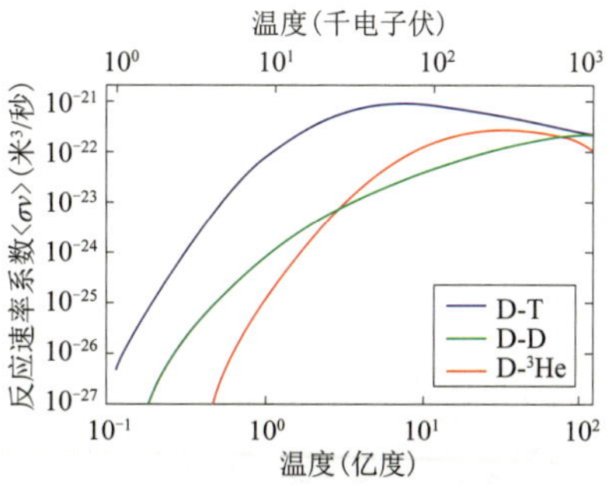

图2　3种聚变反应的反应速率系数

中含0.03克氘，通过聚变反应可以释放相当于燃烧300升汽油的能量。而地球上仅在海水中就有45万亿吨氘，如果全部用于聚变反应，释放出的能量足够人类使用几百亿年。至于氚，虽然在自然界中不存在，但通过中子与锂的反应可以产生，而海水中也有大量的锂。受控热核聚变是一种清洁能源，其反应产物是没有放射性污染的氦。由于核聚变需要极高的温度，一旦某个环节出现问题，燃料温度下降，聚变反应就会自动终止。因此聚变堆是次临界堆，不会发生类似于核裂变电站的泄漏事故。基于这些优点，热核聚变为人类彻底摆脱能源危机带来了希望。

实现的基本要求　当聚变燃料的温度和密度达到一定数值时，就会发生聚变反应。但作为能源的受控热核聚变尚要求更高的条件。这是因为将燃料加热到聚变所要求的温度需要输入一定的能量，各种能量损失机制也需要对燃料补充能量。所以聚变成为能源的最低要求是反应产生的能量大于输入能量。由于判断标准和计算模型的差别，对于这一基本要求提出了不同判据，得到数量级接近的结果。在这些判据中，除去等离子体形态的温度、密度外，另一个重要参数是能量约束时间。它的意义是当外界加热停止后，等离子体温度降低到环境温度所需要的时间，是约束系统绝热性能的测度，取决于等离子体的输运过程。

假定从聚变堆中逸出的总功率为外部集热器所收集，然后以一定的转化因子转化为电功率，利用这个电功率来维持聚变堆中的等离子体功率损失。能量损失只计**轫致辐射**功率，可以得到一个条件，这个条件称为**劳森判据**。

考虑粒子对氘、氚等离子体的自加热，直接逸出反应堆区域的聚变功率是由中子携带的那部分聚变功率，进行类似的分析，得到实现零功率输出的条件。这一条件低于劳森判据。

对氘-氚聚变反应堆来说，由于存在α粒子的自加热效应，有可能建立完全或基本上依靠这种自加热将聚变反应长期维持下去的工作状况。这个条件称为“点火”。类似于普通的煤炉，当把煤点燃后，如果煤的温度已足够高，煤就可以自身维持燃烧状态。自持燃烧条件要求α粒子的功率等于或大于总的等离子体损失功率。这一条件高于劳森判据。

这些判据均为近似估算，没有考虑物理量的空间分布和许多重要的物理过程。如在关于点火条件的分析中，假定α粒子的功率完全沉积在氘、氚等离子体中，这是理想化的假定。此外，没有考虑杂质辐射，以及杂质成分引起的有效燃料成分的减少。反应堆中心混入很微量的杂质粒子，也会引起有效燃料离子浓度的很大减少，使有效聚变功率更大地减少。聚变α粒子的能量也绝不可能沉积在氘、氚等离子体中，它们本身有特定的约束规律。虽然以上所述判据是近似的，但仍然为聚变研究指明了方向。对氘、氚聚变来说，基本上归结为两方面的要求：①要求将氘、氚等离子体的温度加热到10千电子伏（10^8度）以上；②要求等离子体的粒子密度和能量约束时间的乘积大于（2～4）$\times 10^{14}$厘米$^{-3}$·秒。

实现的方法　实现聚变反应需要几亿度的极高温度，在这种条件下氘、氚等燃料已经完全电离。根据电中性原理，各种粒子总的正负电荷相等，此时物质的状态呈现出明显的电磁性质，被称为**等离子体**。将如此高温的等离子体约束住通常有两种途径，即磁约束和惯性约束。

磁约束聚变　当高温等离子体达到几百万、几千万甚至几亿度时，任何容器遇到它都会被熔化。磁约束聚变就是利用强磁场能够很好地约束带电粒子的特性，设计能够将等离子体约束于其中的磁场位型。磁约束聚变的代表性装置是**托卡马克**，是20世纪60年代苏联科学家发明的。除此之外还有仿星器、球马克、Z箍缩、反场箍缩、磁镜等各种装置。托卡马克主要部分是一个环形轮胎状的封闭的真空腔体，其环向场线圈产生沿着大环方向的很强的环向磁场，而等离子体环向电流产生

沿着小环方向的极向磁场，两个磁场耦合形成螺旋状的封闭磁场，称为约束高温等离子体的“容器”。

惯性约束聚变 除了用强磁场约束高温等离子体的约束外，还可以利用热核反应燃料自身的惯性达到约束的目的。在热核反应中，燃料原子核被加热到10千电子伏量级的高温，热运动速度非常大，逃离反应区域的时间很短，尽管如此，其仍然需要一定的逃离时间。如果在这极短的逃离时间内迅速将燃料加热和压缩到热核反应的条件，实现燃料的点火并完成热核燃烧，这样就能够在高温高密度的热核燃料相互飞离之前实现热核聚变。这种依靠燃料自身的惯性约束自己，实现点火和燃烧的方案称为惯性约束聚变。将热核燃料在极短的瞬间加热并压缩到点火条件的源称为驱动器。典型的惯性约束聚变是氢弹，这是利用原子弹驱动的，不过是不可控的聚变。通常实验室可控的驱动源有激光器、Z箍缩和重离子加速器，以激光驱动发展最快，为主流。激光核聚变的思想是苏联科学家N.G.**巴索夫**在1961年提出的，其基本原理是利用功率非常强的激光束均匀地辐照由氘氚混合物组成的燃料靶丸，迅速将靶丸加热压缩成高温高密度的等离子体，在靶丸飞散之前迅速实现点火和燃烧。

研究历程 20世纪30年代，在英国剑桥的**卡文迪什实验室**进行了人类历史上第一次核聚变实验，结果失败。英国物理学家E.**卢瑟福**于1933年宣布：从原子中寻找能源无异于痴心妄想。然而随着第二次世界大战的结束和曼哈顿计划的成功实施，人们对原子物理和核聚变的兴趣与日俱增。1952年爆炸的第一颗氢弹，爆炸中释放的巨大能量宣告人类终于成功实现了核聚变。欣喜之余，科学家设想能否将爆炸中瞬间释放的巨大能量缓慢地释放出来，以实现和平利用聚变能的目的。

在这之后的一段时期，世界上许多国家都在秘密开展受控热核聚变的相关研究。美国物理学家L.斯必泽在普林斯顿大学等离子体物理实验室建造了磁约束装置——**仿星器**；物理学家J.塔克在洛斯阿拉莫斯国家实验室建造了磁场箍缩装置；E.特勒在劳伦斯利弗莫尔国家实验室把氢弹研究扩展到惯性约束研究。在英国，聚变研究的大量工作是在大学里开展的，其中最主要的有位于哈维尔皇家学院的汤姆逊研究组和位于牛津大学的桑尼曼研究组。1952年物理学家S.库辛和A.沃尔建造了小型等离子体环形箍缩装置，后来又建造了规模较大的实验装置ZETA。在苏联，聚变研究也在有条不紊地开展，但都在高度保密状态下进行。直到1956年冷战缓和，苏联领导人N.S.赫鲁晓夫访问英国，才促成了聚变研究逐步开展国际合作。由于聚变反应的实现条件非常苛刻，不是一个国家的力量就能实现的。基于这样的一个认识，终于在1958年日内瓦召开的国际原子能大会上通过了开展国际合作和交流的决定。

此后几年，聚变研究进展非常缓慢。几乎在10年之后的1968年，在苏联的新西伯利亚召开的第三次国际等离子体物理和受控热核聚变会议上，苏联物理学家I.Ye.塔姆和A.D.萨哈罗夫报告在托卡马克装置T-3上获得了非常好的等离子体参数。消息传来，聚变界深受鼓舞，但同时也有人怀疑。1969年在征得塔姆等同意后，英国卡拉姆实验室派小组携带最先进的激光散射设备重新测量了T-3上的电子温度，结果发现测得的温度比塔姆等报告的温度还要高。自此以后**托卡马克**在聚变研究中脱颖而出，成为磁约束聚变的主要研究平台，世界上掀起了托卡马克研究热潮。

美国首先把当时最大的仿星器C改装成托卡马克，并很快投入运行，获得了跟T-3类似的结果。这期间世界上建造了许多托卡马克装置，如美国普林斯顿大学的ATC、橡树岭国家实验室的ORMAK、麻省理工学院的Alcator，英国的Cleo，法国的TFR400，联邦德国的Pulsator，日本的JFT-2等。这批装置一般称为第一代托卡马克。在此基础上又建造了规模较大的第二代托卡马克装置，典型的有美国普林斯顿大学的PLT、苏联的T-10、美国通用原子能机构的Doublet、联邦德国的ASDEX。这批装置在20世纪70年代中期先后投入运行，并获得重要进展。为了研究接近聚变点火条件的高温等离子体性质，开始设计第三代托卡马克装置。有美国的TFTR、欧洲的JET、日本的JT-60和苏联的T-15。前三个装置已分别于1982年、1983年、1985年投入运行，取得非常显著的成果。1991年11月9日，JET装置上首次实现氘氚放电。在1993年TFTR装置上通过氘氚等离子体燃烧获得了10兆瓦的聚变能。1997年JET装置获得了16.5兆瓦的聚变能。

中国开展核聚变研究最早可追溯到20世纪50年代中期。初期各种途径并重，侧重于技术比较简单的箍缩类装置。到了70年代建成核工业西南物理研究院和中国科学院等离子体物理研究所两大主要研究基地，为后来的发展奠定了基础。20世纪70年代中国科学院物理研究所的CT-6和中国科学院等离子体物理研究所的HT-6B、HT-6M等小型托卡马克装置对放电物理等课题进行了研究。1984年，中国环流器一号（HL-1）投入运行。1992年，HL-1升级改造为HL-1M。1994年，中国科学院等离子体物理研究所成功研制了HT-7超导托卡马克，使中国成为继法、日、俄之后第四个具有超导托卡马克装置的国家。2002年，核工业西南物理研究院建成了HL-2A常规磁体托卡马克，开始一系列物理实验并取得丰硕的科研成果。HL-2A装置于2003年成功实现了偏滤器位型放电；2006年HL-2A装置等离子体电子温度达到5500万度；2009年实现了高约束（H模）模式放电。中国科学院等离子体物理研究所于2006年自主设计、研制并建成了首个与**国际热核实验堆**（ITER）位形相似的全超导托卡马克EAST，已取得多项重要实验成果。随着HL-2M建设及EAST的扩建和性能改善，可以进一步在两个装置上开展与先进聚变反应堆密切相关的前沿性的探索研究，为聚变能的前期应用提供重要的工程和物理基础，同时能为ITER安全运行和稳态实验提供强有力的支持和准备。

ITER工程经过半个多世纪的不懈努力，随着国际上一批托卡马克装置成功建设和运行，磁约束聚变研究取得了一系列重大成果，具备了建造运行反应堆级托卡马克实验装置的科学技术和工程建设条件。基于这一共识，世界一些主要国家共同合作启动实施了ITER计划。ITER装置是一个能产生大规模核聚变反应的超导托卡马克。其装置中心是高温氘氚等离子体环，超导磁体将产生5.3特斯拉的环向强磁场，并激励15兆安的等离子体电流；核聚变反应功率达50万千瓦，持续时间达400～3000秒。这将是人类第一次在地球上获得持续的、有大量核聚变反应的高温等离子体，产生接近电站规模的受控聚变能。希望通过建设和运行ITER，验证和平利用核聚变能的科学技术和工程可行性。

从进展预计，第一批聚变堆肯定是托卡马克类型的。但普遍认为这种类型未必是最终选择，所以其他类型的磁约束聚变途径以及惯性约束聚变研究也取得很大进展。鉴于能源问题的紧迫性以及传统能源对环境的污染，更多的国家开始了聚变能源的研究。在建造ITER的同时，也在考虑ITER以后建造示范性聚变电站的问题。对于不同类型的聚变装置均在进行聚变堆的设计，聚变能源的社会经济效益，以及环境、安全等问题也在估算之中。

（李建刚）

受力分析　force analysis　确定作用于物体上力的数目、作用点位置，以及了解其大小、作用线、方向等有关信息的过程。为了清楚地显示物体的受力状态，应将被研究的物体（受力体）从周围的物体（施力体）分离出来，单独画出它的简图，并用矢量标出全部的作用力。分离的过程称为取分离体，最后所得的标明力的简图称为受力图。对受约束的非自由体，就要去掉约束并代之以相应的约束力，此过程称解除约束。无论在**静力学**中或动力学中，受力分析都是研究问题的基本步骤。

图1a所示的支架中，杆*AB*所受的主

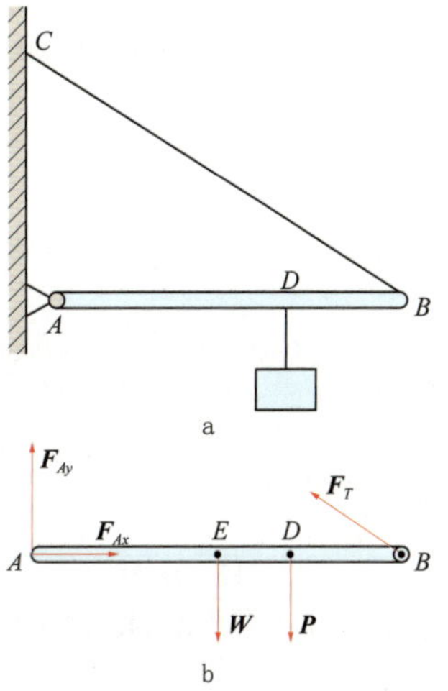

图1　支架及其受力示意图

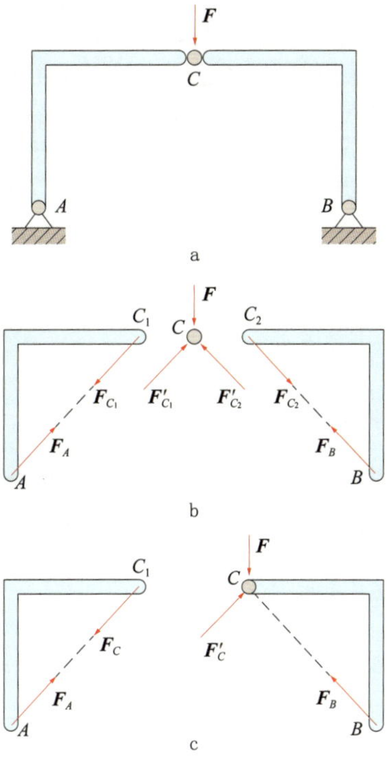

图2　三铰拱及其受力示意图

动力为自重$\boldsymbol{W}$及载荷$\boldsymbol{P}$，解除*A*点铰链及*B*点绳索的约束，并根据两种约束的性质标出约束力$\boldsymbol{F}_{Ax}$、$\boldsymbol{F}_{Ay}$及$\boldsymbol{F}_T$，得到杆*AB*的受力图（图1b）。图2所示的三铰拱简化为由曲杆*AC*、*BC*及销钉*C*组成的刚体系统（图2a），在销钉*C*处作用有主动力$\boldsymbol{F}$，忽略曲杆的自重，则系统的每一部分的受力图如图2b所示。由于曲杆*AC*只在*A*、*C*两点受力，是二力构件，可确定约束力的方向沿两点连线，同理杆*BC*也是二力构件。销钉*C*对杆*AC*的作用力与杆*AC*对销钉*C*的作用力是一对作用与反作用。同理，也可将销钉*C*与杆*BC*看成一个物体，则系统由两部分组成，各部的受力如图2c。这时销钉*C*与杆*BC*之间的相互作用力是内力，在受力图上不必画出。

对在空中或水中运动的自由体，如飞机、导弹、舰船、鱼雷等，所受的主动力大多是分布力，即力连续地作用在一定范围内，如重力、空气阻力、水的浮力等。一般情况下，画受力图时可用分布力系的合力代替（见**力系的简化**）。　（贾书惠）

受迫振动　forced vibration　系统受到策动力的作用而产生的振动。又称强迫振动。受迫振动由两部分组成，其一是瞬态振动，是与策动力无关的自由振动，与初始状态有关，且由于阻尼的存在而很快衰减；其二是稳定振动，由策动力所激发，与初始状态无关，且不会衰减。当策动力为简谐形式时，稳定振动的频率与策动力相同。稳定振动是受迫振动的核心部分。

（秦　敢）

倏逝波　evanescent wave　随传播距离呈指数衰减的声波。它无法传播到远场。又称凋落波。一般来说是指声波从一种介质进入另一种介质时，由于全反射在两种介质分界面上形成的沿界面法向方向衰减的波。如图所示，当入射角超过临界角时，根据斯涅耳定律，将会发生全反射，与此同时，声能量会在界面上积聚，形成一个沿*x*轴方向传播，而沿*z*轴方向指数衰减的声场。广义来说倏逝波还有多种形式，比如当声波频率处于声子晶体禁带中，声波随传播距离呈指数衰减，可看作倏逝波。在声波导截止频率以上的一些高阶模式，同样也可以看作倏逝波。又比如做角谱展开时，可以选取在其他方向上波矢分量很大而特定方向波矢分量为虚数的模式，虚数波矢方向上传播的平面波即为倏逝波。在进行成像时，由于衍射效应，通常存在一定的极限分辨率，小于半波长（更准确来说，小于艾里半径）的信息无

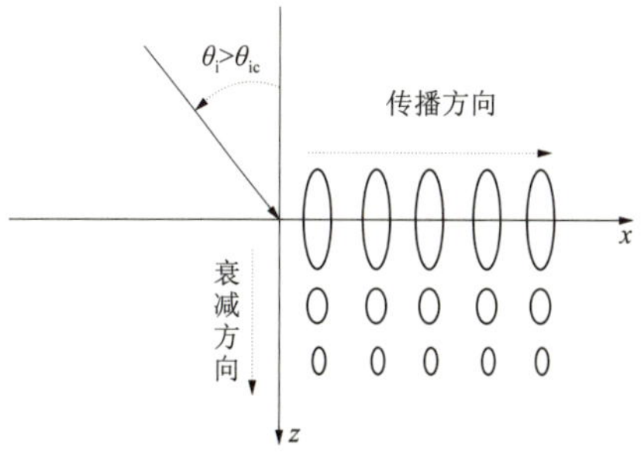

入射角（θ_i）大于临界角（θ_{ic}）时形成倏逝波

法重建，这称为瑞利极限。倏逝波携带了小于半波长的细节信息，利用倏逝波的这一特性可突破衍射极限，实现近场的亚波长成像。此外，通过设计一些特殊的人工结构，如负参数材料，可在远场重建倏逝波，实现反常透射以及完美成像。

（阚威威　程建春）

梳形高分子　comb macromolecule　多根线型支链同时接枝在一个主链之上所形成的像梳子形状的高分子聚合物，是一种特

梳形高分子的链拓扑结构示意图

殊的接枝聚合物。梳形聚合物具有很高的分子内有序性，使其具有异乎寻常的固态及溶液性能，通常是一类性能优异的类晶聚合物。

（李卫华）

舒尔茨–哈代规则　Schulze-Hardy rule　不同价态的电解质对溶胶聚沉能力的经验法则。憎液胶体是热力学不稳定体系，向其中引入无机电解质会引起溶胶中分散相微粒的互相聚结，颗粒变大，使溶胶聚沉。起聚沉作用的主要是与胶粒带相反电荷的反离子，如对带负电的As_2S_3溶胶起聚沉作用的是电解质的阳离子。电解质对溶胶的聚沉能力不仅取决于其浓度，还与其离子价态有关。在相同浓度下，反离子的价数越高，电解质的聚沉能力越大，聚沉值即在一定条件下使胶体发生聚沉所需的电解质的最低浓度越小。一般，电解质的聚沉值和反离子价数的六次方成反比，如一、二、三价反离子的聚沉值的比例大约为100∶1.6∶0.14。聚沉值大小与实验条件有关，因为制备条件的不同，所得溶胶的浓度及胶粒上的电荷多少均有差异，因而聚沉值的大小具有相对性，此即舒尔茨–哈代规则。

（崔基炜　郝京诚）

疏水性　hydrophobicity　非极性基团不能够参与水分子氢键网络的形成的性

质。见亲水性。

输运现象 transport phenomenon 在非平衡状态物质（气体）各部分之间动量、能量、质量等物理量的传递、交换现象。又称迁移现象。输运现象是当大量存在相互作用的粒子（或用来刻画一个粒子随机行为的很多实验粒子）在相空间或某种介质中运动时，各粒子的位置、动量和其他特征量将随时空发生演化，从而引起相关物理量改变的现象。这样的物理量改变也就是传递物理量，从而使得物理量分布原本不均匀的系统，演化到物理量分布均匀的系统。亦即输运过程是使系统从一个平衡态转变到另外一个平衡态所经历的动力学过程，是非平衡统计物理的主要研究课题。

研究输运现象的常用方法是动理论。动理论从微观动力学出发，通过单粒子分布密度函数来讨论系统的宏观性质。假设微观粒子的相互作用机制已经从实验或者理论计算给出，如反应截面、势能曲线或曲面、跃迁概率等，由此建立单粒子分布密度函数所满足的方程，或写出单个粒子在相空间的轨迹遵守的随机微分方程。然后采用一定的数学方法，特别是蒙特卡罗方法，找出系统的分布及样本点，并在此基础上研究有关物理现象，这种方法称为动理论方法。动理论方程也称为输运方程。描写输运过程常见的方程有：玻尔兹曼方程、福克-普朗克方程、朗之万方程和主方程等。

通常根据所传递的物理量对输运进行分类，传递动量的称为黏滞，传递热量的称为热传导，仅位置改变或传递粒子的称为扩散。因此正常输运的研究包括黏滞、热传导（对带电粒子系统还有电导）和扩散等。（包景东 李定平）

束箔光谱学 beam foil spectroscopy 20世纪60～70年代发展起来的基于加速离子撞击不同元素薄箔的光谱学分支。束箔光谱学利用加速的离子撞击不同元素的薄箔，高速离子穿过薄箔时经历进一步电离或俘获电子的电荷交换过程，之后飞行路程中由所处的电离态或激发态自发衰变而发光，形成“束箔光”。分析发光的光谱，可以用来研究原子和离子的能级结构，包括精细结构和超精细结构；利用飞行时间技术，可以测量原子、离子的激发态寿命。因此束箔光谱学是研究基础原子物理学的很好的手段。

束箔光谱装置中通常由离子源产生离子，经加速器加速及汇聚、准直后，进入真空靶室。在靶室中装有固体的薄箔，常用的有厚度为5～10微米的碳箔，也有用铍箔、金箔的，还有用“乙烯”箔的。经过箔的粒子束很多处于高离化态或高激发态，通常在与束垂直的方向用单色仪和其他光学器件观测这些粒子自发衰变发出的束箔光。在靶室后面接有静电分析器，测量箔后离子的速度，并最后用法拉第圆筒收集，束流积分仪记录。

束箔光谱的特点：①可以得到各种同位素纯的元素的光谱。②谱线十分丰富，特别是高电离态、高激发态光谱。③以束箔激发作为时间零点，可用来测量激发态寿命。④束箔光展现一定的相干性。（曾和平）

束缚态 bound state 单粒子的位置波函数或多粒子相对位置波函数取值集中在实空间的某些有限区域，而在无穷远处取值趋向于零的量子态。束缚态的波函数是平方可积的。当量子系统的能量本征态为束缚态时，其相应的能谱是分立的，且能量通常小于无穷远处势能或相互作用能的取值。（张 芃）

树枝形高分子 dendritic macromolecule 高度支化且具有树枝状结构的高分子聚合物，支化程度随着支化层（称作“代”）由内至外地增长。树枝形高分子是一类三维、高度有序并且可以从分子水平上控制，设计分子的大小、形状、结构和功能基团的新型高分子聚合物。随着大量的树枝形高分子被合成出来，对其性质的研究也不断深入，成为高分子领域研究的热点之一。树枝形高分子的结构很独特，既不像线形高分子那样细长，也不像网形高分子那样星罗棋布，它就像树枝一样逐层伸展出去，所以被形象地称之为“树枝形高分子”。高度支化的结构和独特的单分散性使这类聚合物具有特殊的性质和功能。例如：在石油废水里加入树枝形高分子之后，在很短的时间里油水就分离开来，这项技术已经得到了应用；树枝形高分子不仅能够降低染料废水中的色度，使它变得澄清，也能用作染色工艺工程中的助染剂，大大提高染料的着色能力及抗水性能；树枝形高分子还可作为缓释药物载体、信息贮存材料、导电材料、纳米材料、光电子开关等。另外，树枝形高分子还被用于乳化炸药稳定剂，可使炸药的贮存期由1个月增加到8个月。（李卫华）

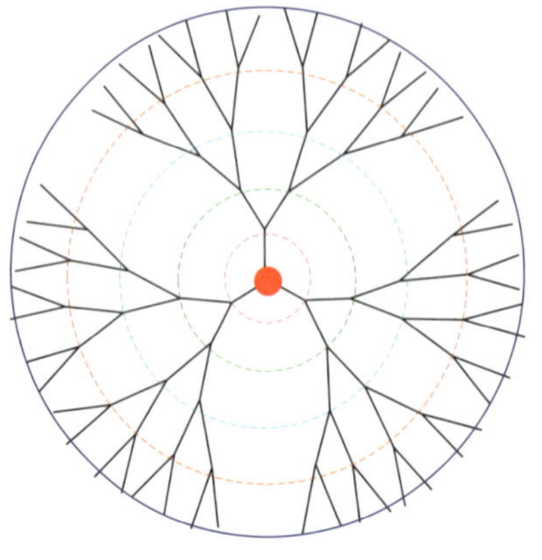

树枝形高分子的链拓扑结构示意图

数值重正化群算法 numerical renormalization group algorithm 20世纪70年代由美国物理学家K.G.威耳孙提出的，利用重正化群变换，求解近藤或量子杂质模型等量子力学系统所有本征值和本征态的一种数值算法。这是一个逐渐将高能态积分掉，通过重正化变换，依次得到低能有效哈密顿量的过程，体现了重正化群方法的非微扰本质。

数值重正化群算法的基本思路是：

①利用兰措什算法，将近藤或量子杂质等量子力学模型映射到一个离散的一维线性链。该链的最左端是量子杂质，连接到传导电子（或库粒子）形成的一维链，对应能量尺度的对数离散化，其中$\Lambda>1$是标度因子（图1）。

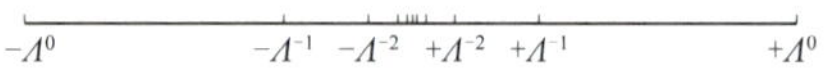

图1 传导电子的对数离散化

②沿着链的方向，每增加一个“格点”，表示更低能量自由度的态被加到系统中，通过重正化变换，依次建立N个格点与$N+1$个格点哈密顿量的关系。

③利用迭代方法，从量子杂质出发，依次增加一个“格点”，对角化哈密顿量，得到所有本征值和本征矢，图中H_0是杂质哈密顿量，f_i（$i=1, 2, \cdots$）对应传导电子对数离散化“格点”（图2）。

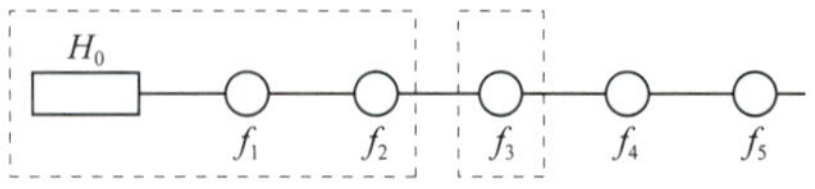

图2 迭代对角化示意图

④根据计算资源，保留能量最低的M个本征态并进入下一步循环，直至收敛。这样就获得了系统在不同能量尺度下的多体本征态及对应的本征能量，并可计算相关的物理量。

数值重正化群算法广泛地应用到近藤或量子杂质等量子力学模型的基态及热力学性质的精确计算。现发展了全密度矩阵数值重正化群算法，计算精度及计算效率得到进一步的提升。（罗洪刚）

数值孔径 numerical aperture 描述光学系统的物镜或光纤能够收集光的角度范围的参数。在光学显微镜中，数值孔径描述了物镜收集光的锥角的大小；在光纤中，数值孔径则描述了光进出光纤时的锥角的大小。数值孔径表示式为$NA=n\sin u$，其中n为介质的折射率，u为光束的张角。

显微物镜成像时，物距很小，因而光束的发散角较大，不满足近轴条件，但必须满足阿贝正弦条件，即$ny\sin u=n'y'\sin u'$，其中n、n'分别是物方、像方的折射率，y、y'分别是物、像的横向线度，u、u'分别是一对共轭的物方光线、像方光线与光轴的夹角。阿贝正弦条件是在轴上消除球差的前提下，近轴小物以大孔径光束成像的充分必要条件。满足阿贝正弦条件的一对共轭物像点，称作齐明点。

由于显微物镜成像时，物总是在物方焦平面附近，像距远大于焦距，因而入射孔径角u与光阑的孔径成正比，像的照度为$E=k\pi B\dfrac{(n\sin u)^2}{\beta^2}$，其中$\beta=\dfrac{y'}{y}$，是像的横向放大率，像的照度与数值孔径的二次方成正比。数值孔径越大，表示在横向放大率一定的情况下，通光量越大，像的照度越大。同时较大的数值孔径，可以减小衍射，增大像的分辨率。

光纤耦合光传输时，入射到光纤端面的光并不能全部被光纤所传输，只是在接收角u范围内的入射光才可以，因此数值孔径表征了光纤接收光的能力，但数值孔径也会对光纤模式色散有影响。

（崔宏滨）

数值相对论 numerical relativity 利用数值计算的方法求解广义相对论动力学方程——爱因斯坦方程，或其他引力理论中对应爱因斯坦方程的动力学方程。最早在1964年，S.G.哈恩和R.W.林德吉斯特首次试图使用数值相对论方法研究双黑洞碰撞问题。由于计算的硬件限制和爱因斯坦方程计算理论的不成熟，该尝试未能成功。直到20世纪90年代，数值相对论的研究还主要局限在轴对称甚至球对称的**广义相对论**系统。由于引力波探测计划的迫切需求，1995年以后数值相对论的研究主要集中在三维空间一维时间的广义相对论系统。2010年以后，基于基本引力理论特别是全息原理发展的需求，数值相对论的一部分研究重心转移到高维全息引力系统的数值研究。

特点 不同于其他计算物理问题，数值相对论面临的爱因斯坦方程不是显表达式偏微分方程。由于约束方程和坐标选择等特点，爱因斯坦方程对应的偏微分方程形式多种多样。不同偏微分方程形式虽在解析层面等价，但偏微分方程的性质不同，数值计算的特性也不相同。如何选择合适的偏微分方程形式来进行数值计算，是数值相对论特有的计算方程形式问题。由T.W.鲍姆加特、S.L.夏皮罗、柴田大和中村隆发展起来的BSSN计算方程形式和最早被F.比勒陀利乌斯成功应用的广义调和坐标（GH）计算方程形式是2005年后被普遍采用的两种计算方程形式。计算方程形式同坐标选择、计算网格大小、边界条件设定和黑洞奇点处理方法等因素一起决定数值计算的稳定性。稳定性问题是数值相对论面临的第一大困难。爱因斯坦方程变量多，方程形式复杂使得数值相对论对超级计算机的依赖性很大。如何高效使用超级计算机是数值相对论的第二大困难。特定的自适应网格细化和谱分解计算方法等都是针对该第二大困难发展起来的数值相对论计算方法。广义相对论时微分同胚协变的物理理论，只有不依赖坐标选择的结果才有物理意义。但数值相对论的计算必须基于某特定的坐标系，且坐标系的选择首要考虑的是保证数值计算的稳定性。所得计算结果自然也是基于这个坐标选择的，如何从坐标依赖的数值计算结果提炼出坐标不依赖的物理结果是数值相对论的第三大困难。雷其-惠勒方法和纽曼-彭罗斯方法等都是针对这里的第三大困难为提取引力波波形发展起来的数值相对论分析方法。

发展 不同于近似、微扰等解析处理方法，除数值误差外，数值相对论是对爱因斯坦方程不做任何近似的处理方法。所以它是研究完整爱因斯坦方程强动态、强引力场效应的理想方法。特别地，数值相对论是处理引力波天文学波源建模问题的通用方法。在人类最早的引力波探测实验GW150914和GW151226中有效单体数值相对论理论模型发挥了举足轻重的作用。该模型把GW150914信号的信噪比和探测置信度分别从20和4.6σ提高到24和5.1σ。对于GW151226，该理论模型更是把不可见的信号变成了信噪比和探测置信度分别为13和5.0σ的探测结果。更重要的有效单体数值相对论理论模型，从引力波信号反演出波源信息，确定出GW150914和GW151226的波源都是双黑洞并合，并给出了黑洞的质量、自旋等信息，实现了引力波天文学的观测。有效单体数值相对论理论模型是有效单体解析分析方法与数值相对论计算结果结合得到的产物。有效单体解析分析方法，最早由A.布奥那诺和T.达莫尔在1999年提出。有效单体解析分析方法同数值相对论计算结果的结合最早由布奥那诺和潘奕等在2007年提出，所使用的数值相对论计算结果由美国航天局的数值相对论小组利用他们的数值相对论软件Hahndol计算所得。Hahndol软件使用的是BSSN计算方程形式和有限差分的数值计算方法。后来有效单体数值相对论理论模型的发展主要依赖于加州理工学院-康奈尔大学联合数值相对论小组利用他们的数值相对论软件SpEC计算所得的结果。SpEC软件使用的是GH计算方程形式和谱分解的数值计算方法。其他数值相对论小组包括德国马克斯·普朗克所小组（CCATIE软件）、德国耶拿大学小组（BAM软件）和中国科学院数学院-台湾成功大学联合小组（AMSS-NCKU软件）等的计算结果，对有效单体数值相对论理论模型的发展起到比较和标定的作用。这些小组所用软件使用的都是BSSN计算方程形式和有限差分的数值计算方法。

引力塌缩中的临界现象最早是M.肖普图艾克在1993年用数值相对论方法发现的。该临界现象为人们理解广义相对论中的非线性稳定性、黑洞奇点的宇宙监督猜想、全息原理等重要的基本引力物理问题提供了重要线索和帮助。数值相对论在2005～2010年间的重大发现还包括，双黑洞并合产生的终了黑洞反冲速度最大可达约4000千米/时。双黑洞并合引力波最多可带走全系统超过8%的总能量。

（曹周健）

数字光处理器 digital light processor; DLP 一种将影像信号经数字处理再投影的显示技术。常用于投影仪和背投电视中。在DLP投影仪中，图像由数字微镜器件（DMD）产生。DMD是一种半导体元件，一个DMD芯片上包含数百万个微镜元，每个微镜元控制投影画面中的一个像素，各微镜元相互独立，因此投影画面的分辨率与微镜片的数量一致。在入射光一定时，微镜的状态不同，则反射镜的出射角度不同，所以DMD的作用相当于光开关。

这些微镜元在数字驱动信号的控制下可以沿对角线方向翻转±12°。每个微镜元有三个状态：开、关、静态。没有通电时，DMD处于静态，每个像素表面与基板平行。通电时，每个像素相对于基板翻转+12°或−12°，此时DMD相当于一个二维闪耀光栅，像素尺寸就是光栅常数。具体来说，微镜片的角度只有两种，分别对应“开”和“关”两种状态。微镜片在两种状态之间切换的快慢是可调的，使得DMD反射的光强呈现出黑（“关”）与白（“开”）之间的各种灰度。

单片DLP投影仪和三片DLP投影仪中，产生彩色图像的方法不同。

单片式DLP投影仪内部只安装一片DMD，光源与DMD之间有一个转动的色轮以产生不同的颜色。色轮通常被分成红、绿、蓝和一个透明区（用来增加亮度，因其会减弱了色彩饱和度，因此有些投影仪中没有此区）四个区域。当色轮中不同的色区位于光源前时，DMD就显示画面中对应颜色的部分。色轮高速旋转，红、绿、蓝三种画面就以非常高的速度被投射过来，经DMD反射就能看见合成的“全彩色”画面。

三片式DLP投影仪内部安装三片DMD，光源的白光经由光学分色棱镜分成红、绿、蓝三基色，再分别投射到相应的DMD芯片，被反射后进入投影透镜形成彩色投影图像。

DLP技术首先具有数字优势。数字技术的采用，使得图像灰度等级达256～1024级，色彩可达2563～10 243种，还消去了多种图像噪声，画面质量稳定，再现精确。其次是DMD器件应用反射模式，使成像器件的总光效率达60%以上，对比度和亮度的均匀性都非常出色。

（陈　笑）

衰变　decay　不稳定的基本粒子和复合粒子在没有外来作用情况下自动转化为几种更轻粒子的过程。从**量子场论**的观点，即使是孤立的微观粒子也会在其周围空间激发虚的各种场，并与原有粒子发生自作用导致其衰变。按相互作用的不同，粒子衰变分为**强衰变**、**电磁衰变**和**弱衰变**。同一种粒子可有几种不同的衰变模式，即使通过同一衰变模式也会得到不同的衰变末态。

量子场论计算得到的反映粒子衰变概率称为衰变宽度Γ，它与相互作用耦合常数成正比。由于强相互作用强度比电磁作用大10^3倍，比弱作用大10^5倍，通常把不具有强衰变模式的粒子称为稳定粒子，把具有强衰变模式的粒子称为不稳定粒子，即**共振态**。粒子的衰变是一个微观过程，一个不稳定粒子在其自身参考系中从产生到衰变实际存在的时间t满足指数关系$\exp(-t/\tau)$，τ称为粒子寿命，τ的倒数即为衰变宽度Γ。

粒子衰变只有在满足一定的守恒条件下才能发生，能量-动量守恒、角动量守恒、电荷守恒对所有衰变模式是普适的，但强衰变模式、电磁衰变模式和弱衰变模式对分离量子数（如同位旋I和I_3、C宇称、P宇称、CP联合宇称、G宇称等）的守恒性要求可以不同。有一些理论模型和实验在探讨某些守恒律破坏（如重子数和轻子数不守恒等）的问题。

（胡海明）

衰变纲图　decay scheme　用以综合反映某核素放射性衰变的主要特征和数据的示意图。任何一种不稳定核素，都会自发地通过发射或吸收粒子（又称射线）而转变为另一种核素。这种由一种核素向另一种核素的自发转变，称作原子核的衰变，简称核衰变。衰变过程通常都伴随着射线的发射，所以不稳定核素的衰变也叫作放射性衰变。衰变前的原子核称为母核，衰变后的原子核称为子核。

衰变纲图中包含了研究原子核衰变中积累起来的关于核低激发态性质的大量实验数据，为核结构理论的发展提供了重要的资料。这些数据是通过α射线能谱学、β射线能谱学和γ射线能谱学的研究得到的。此外，衰变纲图上给出的半衰期和射线能量及强度的数据，也是发展放射性同位素应用的基础。

典型的衰变纲图，通常包括以下三方面内容：①衰变时发射出的粒子（或射线）的种类及其能量和强度；②γ跃迁的多极性；③从对衰变过程的研究中获得的关于母核和子核结构的知识，即衰变所涉及的各能级的能量、自旋和宇称。

衰变纲图中一般以横线表示核能级，最上的粗横线表示母核的基态，最下的粗横线表示子核的基态，中间的横线表示子

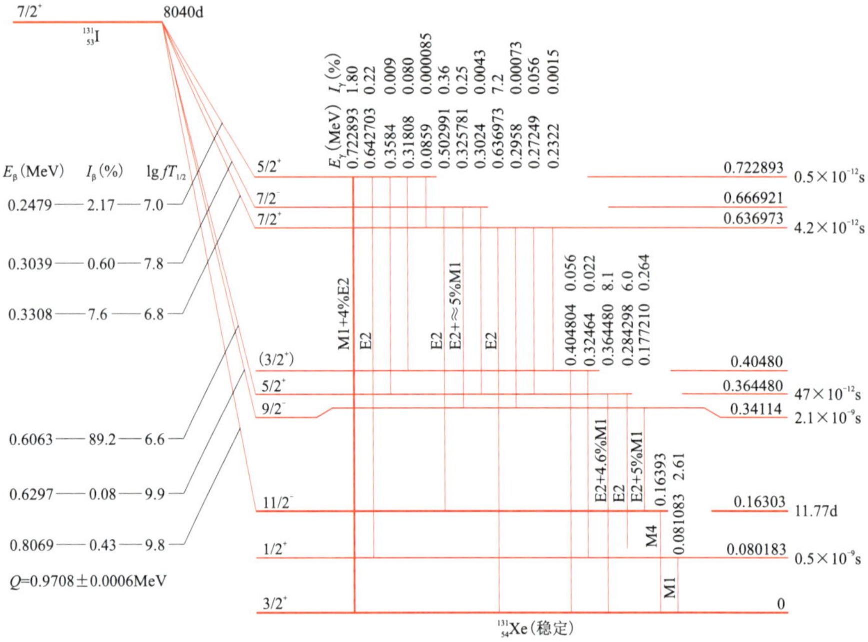

图1　β⁻衰变纲图的例子

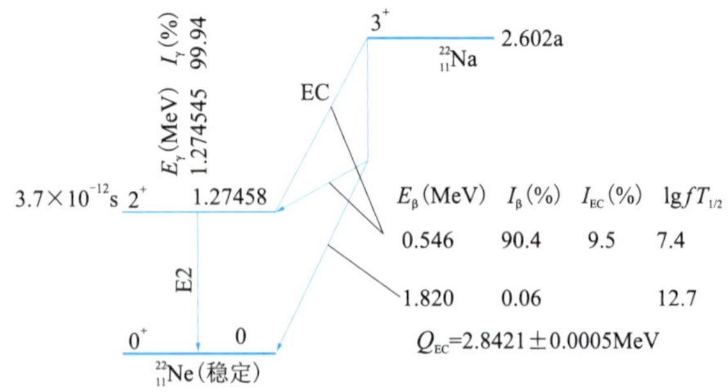

图2　β⁺衰变和电子俘获（EC）衰变纲图的例子

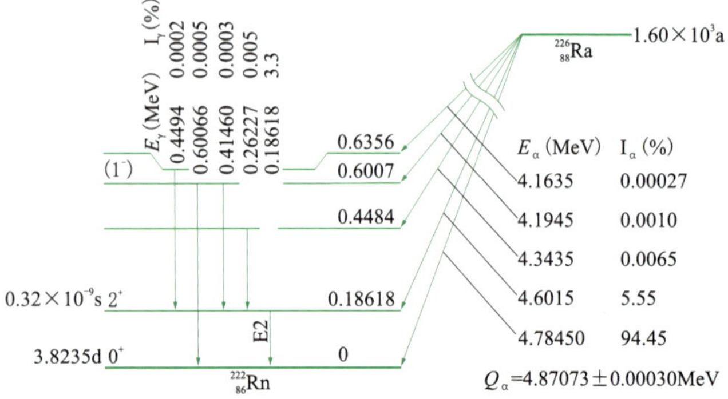

图3　α衰变纲图的例子

核的激发态，其中一条中等粗细的线（自旋宇称为11/2⁻）表示半衰期较长的激发态，即同质异能态（图1）。以向右斜的箭头表示β^-衰变，向左斜的箭头表示β^+衰变或轨道电子俘获（图2）；以向左斜的双线箭头表示α衰变（图3）；以竖直的箭头表示从子核较高的激发态到较低的激发态或子核基态的γ跃迁。把能量、半衰期、γ跃迁的多极性、自旋、宇称等数据记相应的位置。下面以几个具体的例子说明各种衰变的衰变纲图。衰变纲图的具体画法在不同的书上略有差异，但基本内容是一样的。

β^-衰变　图1是β^-衰变纲图的例子。左上方的水平粗线代表母核$^{131}_{53}I$的基态，右下方水平粗线代表子核$^{131}_{54}Xe$的基态。各组可能发射的β^-射线的最大能量E_{β^-}、强度I_{β^-}(%)和比较半衰期的对数值$\lg fT_{1/2}$；分别表示在同图上斜线相应的位置上。γ跃迁时发射的γ射线的能量E_γ和强度I_γ，用竖写的数字标在相应垂线的始端。表示γ跃迁多极性的符号E2和M1等标在垂线的一侧，如图中的M1+4% E2表示该γ跃迁是96%的磁偶极辐射（M1）和4%的电四极辐射（E2）的混合。水平线左端上面的数字表示该能级的自旋，数字右上角的"+"号或"−"号分别表示该能级的宇称为"偶"或"奇"。水平线右端上面的数字表示激发态的能量，单位是兆电子伏，水平线右端的数字表示该能级的半衰期，单位是秒。左下方的Q_{β^-}称为β^-衰变的Q值，它代表母核基态和子核基态之间的能量差。$\lg fT_{1/2}$值用来确定β跃迁的禁戒类型。如果知道了β跃迁的禁戒类型和母核的自旋和宇称，就可根据β跃迁的选择定则，对β跃迁后直接到达的子核激发态的自旋和宇称做出推测。同样，知道了γ跃迁的多极性和该跃迁所联系的两个能级之一的自旋和宇称，就可推测另一个能级的自旋和宇称。从图1中可看出，母核到子核基态的衰变，可通过许多种途径实现，如可先经过β^-跃迁到子核的0.722 893兆电子伏激发态，再经0.722 893兆电子伏的γ跃迁到达子核基态；也可在β^-跃迁后先经过0.642 703兆电子伏的γ跃迁到达子核的第一激发态，再经过0.080 183兆电子伏的γ跃迁到达子核基态。

其他衰变　α衰变、β^-衰变、β^+衰变和轨道电子俘获（记作EC）衰变的纲图，就其内容而言是大体相似的，只是表示方法稍有不同。图2是β^+衰变和电子俘获（EC）衰变纲图的例子。母核$^{22}_{11}Na$位于纲图的右上角，从母核发出的带箭头的斜线表示电子俘获跃迁，用长度为1.022兆电子伏（正负电子对的静止能量）的垂线再加上带箭头的斜线表示β^+跃迁，以此来反映这样的事实：即只有当母核同子核能级之间的能量差大于1.022兆电子伏时，从母核向这个能级的β^+跃迁才是可能的；否则二者之间的跃迁只能通过电子俘获进行。图2中从母核向子核第一激发态跃迁的$\lg fT_{1/2}$值是电子俘获和β^+跃迁$\lg fT_{1/2}$值的平均值。Q_{EC}是母核基态和子核基态之间的能量差。图3是α衰变纲图的例子，图中用带箭头的双线表示α衰变，右侧的E_α及I_α是所发射的α粒子的动能和强度（%）。Q_α为母核基态和子核基态之间的能量差，是母核基态衰变到子核基态的α粒子动能和子核反冲能量之和。

（刘运祚）

衰减全反射　attenuated total reflection　利用光学迅衰场与表面共振激发的全反射研究表面物理现象。入射面内偏振的单色平面光波在密－疏媒质的界面上全反射时，光疏媒质中所形成的迅衰场能量可以被耦合到金属或半导体的表面上而使**表面等离激元**（SP）或表面极化激元共振激发。全反射的光强因而会发生剧邃衰减的现象。

利用光学中的迅衰场与SP相耦合衰减全反射方法是在1968年由A.奥托提出的。奥托利用棱镜的全反射以产生迅衰场，并且由于迅衰场具有沿棱镜法线方向指数衰减的性质，所以被研究的表面必须与棱镜的全反射面相贴近到小于微米的空隙时才有可能使迅衰场的能量耦合到表面上。这种安排被称为奥托装置（图1）。1971年E.克雷奇曼把厚度约为500埃的金属薄膜，直接蒸镀到棱镜的全反射面上，也同样获得了在金属－真空（或其他媒质）界面上对SP的耦合，这种安排被称为克雷奇曼装置（图2）。

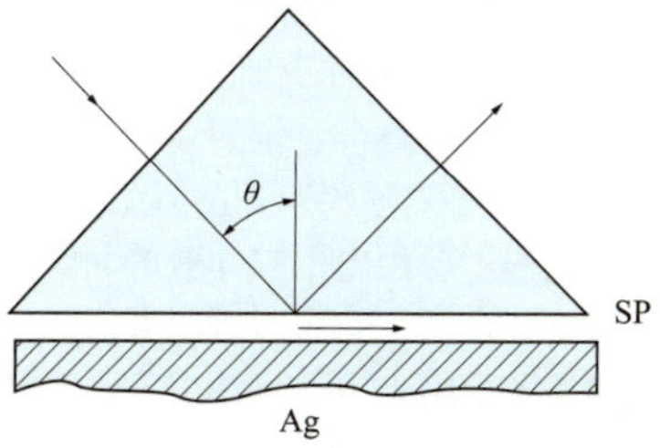

图1　奥托装置

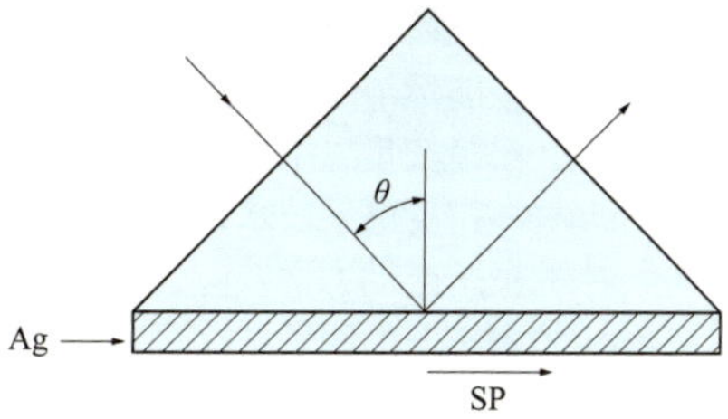

图2　克雷奇曼装置

由于SP的激励是沿界面传递的，入射光的波矢沿界面的分量与SP的波矢相匹配时才能满足共振激发的条件，这时候入射光的能量可以通过迅衰场而耦合到SP使之激励，而反射率应为100%的全反射光强因而受到了严重的衰减。匹配可以通过改变入射角或改变入射光的波长来实现。反射率随入射角或波长改变的曲线称为衰减全反射谱（ATR谱，图3）。SP的

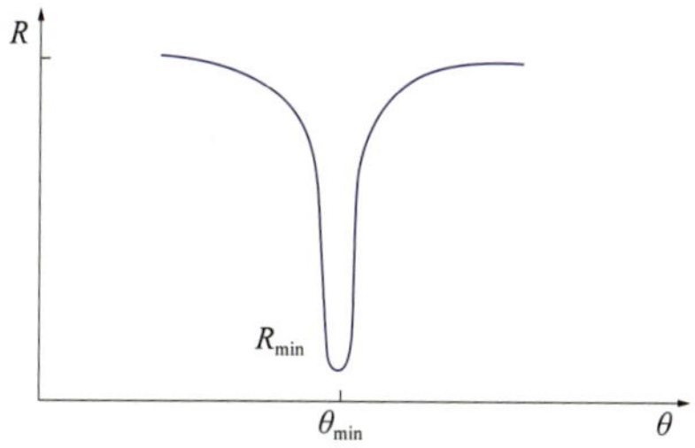

图3　ART谱

激发反映在ATR谱中为一具有洛伦兹线型的共振吸收峰（见**光的吸收**），峰的位置、半宽度及峰值与承受SP激发的媒质的介电常数及膜层或空气隙的厚度有密切的关系。由于SP只局限在界面的附近，所以ATR谱只反映出界面的特性而与媒质的体内因素无关。若是界面的状态发生了变化，例如形成了过渡层，界面增加了粗糙度以及吸附了其他分子等都会引起ATR谱中的共振峰的位置、宽度及峰值的改变，所以ATR是一种研究表面或界面光学性质的十分灵敏的方法，由于ATR可以在金属－真空界面、金属－电介质界面上均能实现，因之ATR方法已成为研究表面物理现象的一种具有发展前途的方法。

用极性半导体（如磷化镓）代替奥托装置中的金属，测量它的ATR谱，可确定表面极化激元的频率－波矢关系。

（章志鸣）

双层　bilayer　由原子或分子紧密堆积而成的层状物质结构。其性质通常在凝聚态物理中有所涉及、研究并得以应用，尤其是在半导体器件的研究背景下，两种完全不同的物质被连接起来形成结，如pn结、肖特基结等。层状物质，如石墨烯、一氮化硼或者过渡金属，有着独特的电学性质，是电流研究的活跃领域。生物学中常见的双层的例子是脂双层。（侯　旭）

双电层　electric double layer　当一种物体（如固体、液滴、气泡等）浸入到液体中时，物体的表面电荷与带相反电荷的离

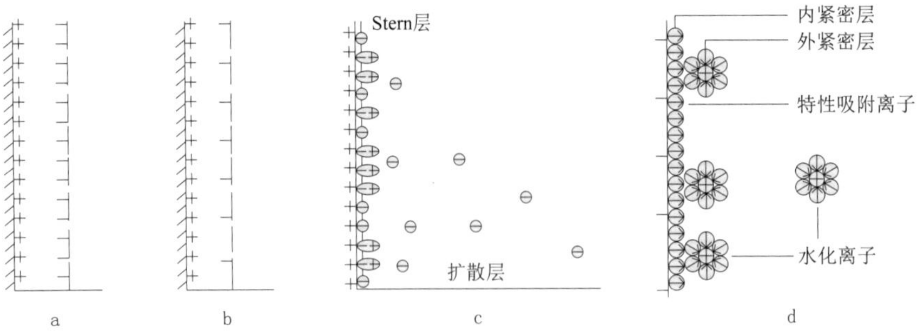

a 亥姆霍兹平板型模型 b 古依－查普曼模型 c 斯特恩双电层模型 d BDM双电层模型

双电层的代表性模型

子（反离子）构成平行的两层电荷结构。双电层厚度一般约为0.2～20纳米。

双电层理论最早是由H.von 亥姆霍兹于1879年提出。该理论基于平板型模型，认为带电质点的表面电荷与反离子构成平行的双层，其距离约等于离子半径，像一个平板电容器（图a）。在电场的作用下，带电质点和溶液中的反离子分别向相反的方向运动。尽管这种模型对电动现象给予了说明，但只考虑了固体表面上定位离子的静电吸引，而忽略了离子在溶液中的热运动。

在亥姆霍兹模型的基础上，L.G. 古依和D.L. 查普曼分别于1910年和1913年提出了扩散双电层的模型（图b），认为是由于静电吸引作用和离子的热运动共同作用的结果：一方面，带电质点的表面电荷力图将反离子拉向界面；另一方面，离子本身的热运动使反离子扩散到溶液中去。在溶液中反离子只有一部分紧密结合在固体表面上（距离约为1～2个离子的厚度）形成紧密层，另一部分离子与固体表面的距离则可从紧密层一直分散到本体溶液中形成扩散层，随着与界面距离的增大，反离子由多到少。双电层的厚度随溶液中离子浓度或电荷数的增加而减小，扩散层中离子的分布可用玻尔兹曼分布公式表示。然而，古依－查普曼模型不适用于高离子浓度的体系。

1924年，O. 斯特恩结合亥姆霍兹和古依－查普曼模型提出了一种新的模型（图c），认为部分离子紧密吸附在表面上形成紧密层（斯特恩层，约为1～2个离子的厚度），吸附在表面上的这层离子称为特性离子。在斯特恩层中，反离子的电性中心构成了斯特恩平面。与古依－查普曼模型类似，一些离子从斯特恩层一直分散到本体溶液中形成扩散层。这个模型中有以下几个假设：所有离子都被当成了点电荷，扩散层中的离子相互作用都被认为是库仑力作用，双电层中的介质介电常数恒定不变。

随后多人分别对双电层理论进行了补充和丰富。其中，有代表性的是BDM理论（图d），主要是对斯特恩模型的紧密层做了补充。该理论将紧密层又分为内紧密层和外紧密层，并引入了溶剂化的作用。在内紧密层中，所吸附的反离子紧贴在固体表面，这一层反离子所构成的面为内亥姆霍兹层（IHP），与反离子接触的溶剂分子形成有序的定向排列，这部分离子是部分溶剂化的。在斯特恩层内，IHP之外的离子是溶剂化的反离子，以这些离子为中心构成外亥姆霍兹层（OHP），分布在外紧密层中的反离子是不均匀且断续的，因此存在电荷不连续效应。扩散层存在于OHP之外的区域。

（崔基炜　郝京诚）

双电子复合 dielectronic recombination 当自由电子的动能在某些特定的值时，电子被俘获到激发轨道所释放的总能量（电子动能加束缚轨道电离能）恰好等于离子中束缚电子被激发到上能级所需要的激发能，电子－电子相互作用就会共振激发束缚电子，形成双激发态离子，并最终通过辐射退激到基态的过程。自由电子与非全裸离子碰撞时，电子被俘获到离子的束缚态并将多余的能量以辐射光的形式放出，这一过程即辐射复合。辐射复合是光电效应的逆过程，双电子复合是俄歇或者自电离的逆过程。自由电子被俘获的时候，如果能量条件合适，也可以同时共振激发两个或者多个束缚态电子到激发态，这些奇异的过程称为三电子复合或者多电子复合。辐射复合和双电子复合是等离子体中最基本的电荷交换和能量交换过程。双电子复合的共振能量与离子的能级结构有密切的关系，已经在重离子冷却储存环上发展成为一种高精度谱学技术，用于研究强库仑场中的量子电动力学效应，并拓展到了不稳定核素离子的原子结构研究，获取不稳定原子核的电荷半径等信息。

（马新文）

双耳效应 binaural effect 由双耳神经系统联合处理两只耳朵传来的信息所产生的听觉功能。双耳效应主要作用是声源定位，也可提高听音人在噪声环境中的信号检测能力和言语可懂度。20世纪30年代美国科学家S.S. 史蒂文斯和E.B. 纽曼提出了声源定位的双工理论，即双耳之间声信号的时间差和声级差是定位的主要线索。这便是早期立体声系统设计的依据。但它不能解释单耳也能定位的机理，也不能说明垂直于双耳轴线的平面上双耳是如何定位的。20世纪70年代发现，4～8千赫频率以上耳郭的反射对区分仰角很重要，2千赫以下头和肩的反射也有影响。因此，提出了用与头相关的传递函数来描述声波传播中谱特性的变化对双耳、单耳声源定位的作用。此外，还提出了计算双耳互相关的神经机制等模型。但是，在听觉高层次双耳的相互作用（如在复杂声场中的定位以及在嘈杂环境）中能区别不同声源或说话人的能力等，都需进一步深入研究。双耳效应的研究具有广泛的应用前景，如改善立体声技术与多媒体技术、建立虚拟听觉空间和辅助导航等。

（张家騄）

双高斯物镜 double-Gauss lens 1817年，德国数学家C.F. 高斯为了解决哥廷根天文台观测望远镜的像差问题，构思出一正一负两片弯月形透镜的组合（图1）。后称为高斯物镜。1888年，A.G. 克拉克将两对高斯结构沿光阑对称组合，形成双高斯结构（图2）。

1896年，P. 鲁道夫发现，原始双高斯结构有结构对称的优点，但正负镜片之间

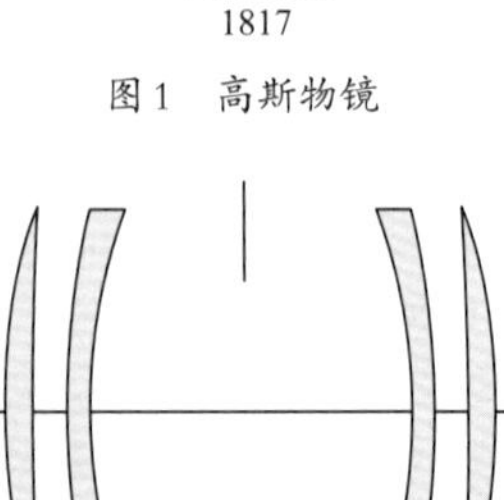

图1　高斯物镜

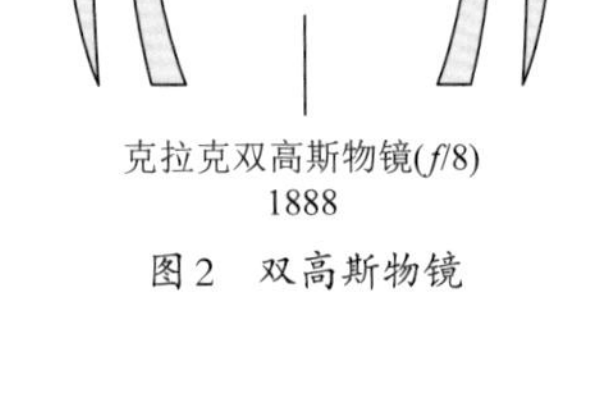

图2　双高斯物镜

的较大间隔不利于像差降低。于是他把薄的负透镜加厚，后来又用1片正透镜和1片负透镜组成的胶合负透镜代替，由4片4组变成6片4组（图3），首次在大光圈（$f/4.5$）时得到满意像质。1920年，H.W.李为了修正更大光圈情况下对称双高斯结构的像差，提出非对称双高斯结构（图4），并使用高折射率光学玻璃，将光圈提高到了$f/2$。德国的光学公司由于拥有独特的超高折射率玻璃生产能力，对双高斯结构的后期发展贡献颇多，设计并生产了多款经典镜头。

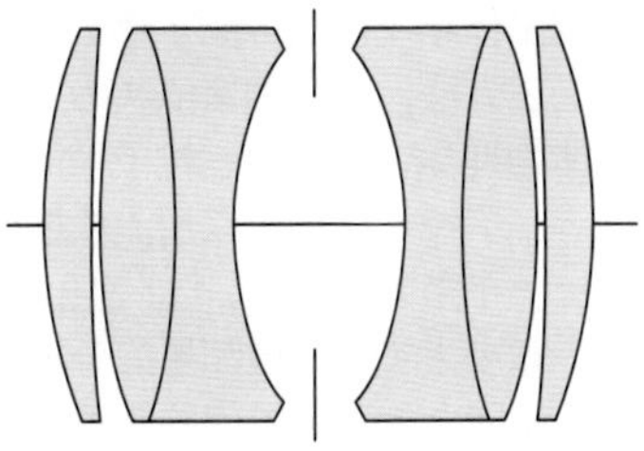

图3 鲁道夫改进

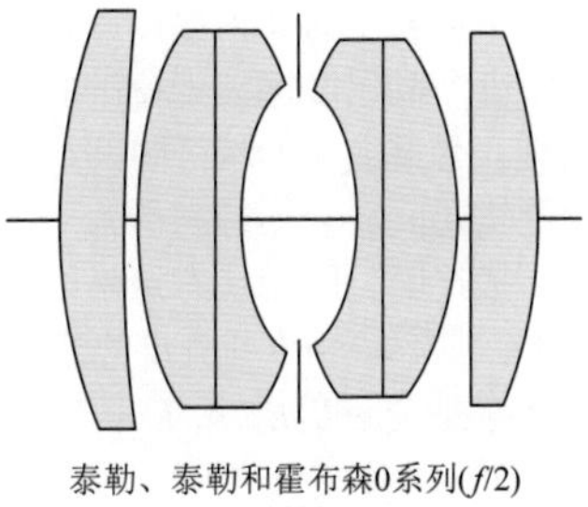

图4 李改进

非对称双高斯物镜有很多变形，以增加镜头的相对孔径、改善像质或适应不同的用途。最常见的方法是把前面或后面的正透镜用两个单正透镜来代替，或者把前、后厚透镜中的胶合面用分离曲面代替等。随着非球面技术的兴起，双高斯物镜的性能又得到了进一步的提升。现今看到的大光圈镜头，包括许多$f/1.0$甚至$f/0.95$的物镜设计多数都是基于非对称的双高斯结构的。（谢洪波 郁道银）

双共振 double resonance 同一体系中的两个不同的共振核都被激发起来的现象。一个原子中存在多种能级，其成因各不相同，主要由电子运动产生，但原子核的性质也有影响，会产生一些附加能级。如由于原子核的磁矩可以使电子能级产生超精细结构。同一电子能级中超精细结构之间的跃迁主要体现核磁矩状态的变化。如果选出三个性质不同的能级，对它们中各一对能级之间施加两种不同频率的共振辐射场，其中一个能级是共同的，则对该能级之间的跃迁必然会影响另一对能级的原子分布关系，从而产生各种新的物理现象。如可以用强辐射场将一对高能级跃迁饱和，则高激发态与基态具有相同的原子布居数，从而使低激发态能级的布居数反而少于高能级的，此时这对能级就可能发生受激辐射。这是产生激光的一种有效手段。这种双共振按辐射频率不同可以分为：射频光学双共振、射频微波双共振、光学双共振等。在外加磁场中，由核磁矩取向不同产生的能级之间的跃迁一般处在射频波段，称为**核磁共振**；而由电子自旋不同产生的能级之间的跃迁称为**电子顺磁共振**。由这两组能级构成的三能级之间的双共振往往称为核电子双共振。对高激发态电子能级与基态超精细结构能级之间的双共振还称为光磁共振。它们是改变原子内部状态的有力的实验工具。（王义道）

双光子共振 two-photon resonance 一种两个光子同时参与物质共振相互作用的过程。对于通常的单光子吸收过程，设频率为ω_1和ω_2的两个光场的光子能量分别为$\hbar\omega_1$和$\hbar\omega_2$，原子或分子等物质可以相继吸收ω_1光子到中间态E_k，再吸收ω_2光子最终跃迁到末态E_f（图a），这是两个单光子吸收过程相继发生的情况。

当ω_1和ω_2光场较强时，原子或分子也有一定概率同时吸收这两个光子从初态E_i到末态E_f（两能级之间的跃迁原本是偶极禁戒的），而无论这两个能态之间是否还有中间能级，这类过程称双光子吸收过程。若$\hbar(\omega_1+\omega_2)$准确等于首末能态间的能量差（E_f-E_i），则原子从初态E_i到末态E_f的跃迁过程称为双光子共振。双光子共振跃迁无须中间能级（如H原子1s至2s的跃迁），但在能级图上图示时（图b）常在$\hbar\omega_1$和$\hbar\omega_2$之间用一条虚线显示出两者的相对大小，习惯上称虚能级E_v。在保证双光子共振情况下，通过选择不同的频率ω_1和ω_2，使得该虚能级与粒子的某一真实能级接近，可以增强通过双光子共振激发到末态E_f的概率。

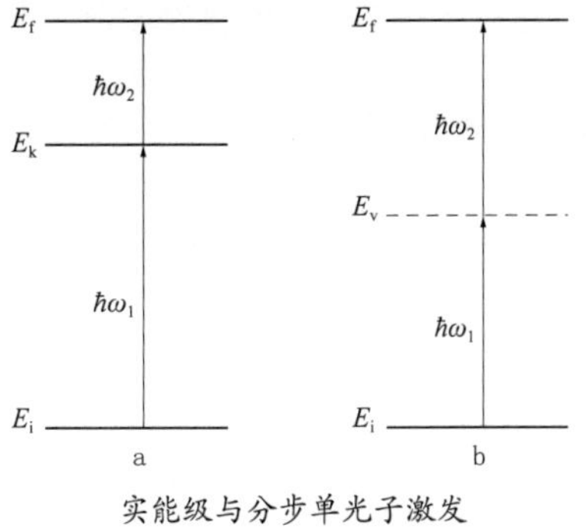

实能级与分步单光子激发
和虚能级与双光子激发示意图

双光子发射是相反的过程，是两个光子同时参与的从态E_f到态E_i的跃迁。

双光子共振现象第一次在射频波段观察到，激光出现后也在光学频段被观察到，并在激光物理、非线性光学和激光光谱学中被广泛研究应用。（王兵兵）

双光子过程 two-photon process 粒子物理中两个光子相互作用的一个重要过程。双光子过程通常是借助于高能粒子对撞机来产生的。在高能粒子对撞机上（如正负电子、质子-质子、重离子对撞机），对撞带电粒子可能各辐射一个实的或虚的光子，然后这两个实（虚）光子再湮没产生某些末态粒子体系，如正负电子对撞的双光子过程：

$$e^++e^-\rightarrow(e^++\gamma^*)+(e^-+\gamma^*)\rightarrow e^++e^-+X$$

依据**量子电动力学**，光子间并不能直接耦合，但可以通过更高阶的过程发生相互作用。双光子过程是研究光子的（强子和电动力学）结构信息的主要渠道。这类过程的实验测量还可以用来对电弱作用理论进行高精度检验，也能用来寻找新的基本粒子、产生强子束缚态等。在未来的光子-光子对撞机上双光子过程的实验测量将会更加干净、精确。（马文淦）

双光子激光 two-photon laser 利用双光子受激发射获得双光子的放大，进而得到两个相干光场的物理过程。双光子激光是一种高阶受激发射过程。双光子激光的基本原理可以图示如下。

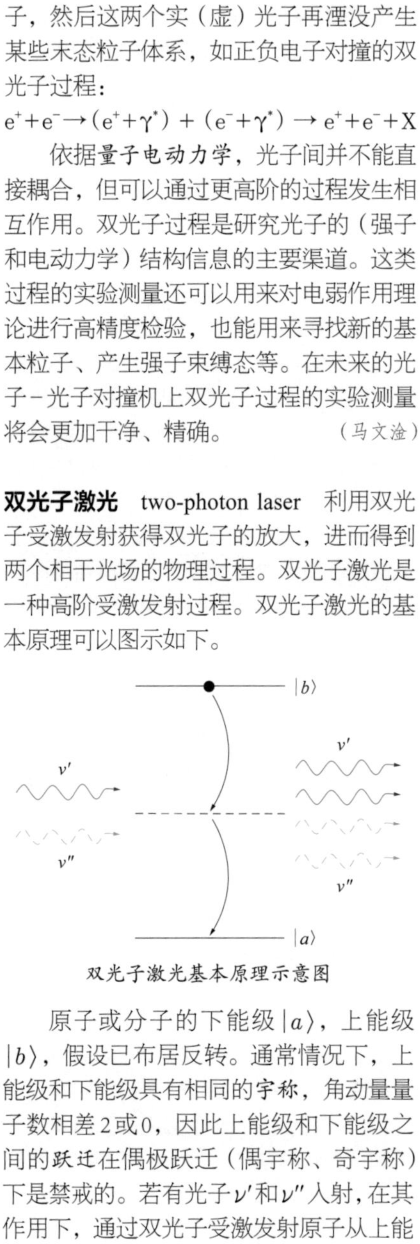

双光子激光基本原理示意图

原子或分子的下能级$|a\rangle$，上能级$|b\rangle$，假设已布居反转。通常情况下，上能级和下能级具有相同的**宇称**，角动量量子数相差2或0，因此上能级和下能级之间的**跃迁**在偶极跃迁（偶宇称、奇宇称）下是禁戒的。若有光子ν'和ν''入射，在其作用下，通过双光子受激发射原子从上能级跃迁到下能级，同时辐射出新的频率为ν'和ν''的光子，受激发射出的新的光子具有与入射光子相同的频率、相位和方向，并且满足$h\nu'+h\nu''=E_b-E_a$。如果$\nu'=\nu''$，即辐射出的两光子频率是相同的，这个过

程称为简并的双光子受激发射；如果$\nu' \neq \nu''$，称为非简并的双光子受激发射。通过改变入射光的频率，对应辐射出的光子频率也随之发生变化，从而可以得到频率连续可调的相干辐射光，这样双光子激光具有相当大的调谐范围。另外，双光子激光中的上、下能级之间不存在电偶极跃迁，这有利于获得高的功率。

由于寻找具有合适上下能级的原子体系和排除伴随的其他物理过程相当困难，双光子激光没有成功发展起来。

（王兵兵）

双极扩散　ambipolar diffusion　一种等离子体扩散效应。等离子体中的带电粒子可以因为粒子密度梯度、温度梯度而发生扩散运动，即粒子从高密度、高温度的地方向低密度、低温度的地方移动，形成定向的粒子流。但带负电荷粒子（电子和负离子）与带正电荷粒子（正离子）的扩散速度是不同的，这使得正负电荷在空间出现了分离。根据泊松方程会产生一个内部自生电场，即双极电场。双极电场的大小和方向由两种粒子的梯度和扩散系数来决定。双极电场会进一步影响带电粒子的运动：它将加速扩散得比较慢的粒子（如在非磁化等离子体中一般是质量大的离子，而在垂直磁场方向则是质量小、因而回旋半径小的电子），而拖慢扩散得比较快的粒子（和前面情况相反的粒子）。这样带电粒子的总运动就不但受到密度、温度梯度的影响（物理上称为扩散），也受到自生双极电场的影响（物理上称为迁移）。在上述扩散和迁移两种因素共同作用下，所有带电粒子将以相同的速度运动，称为双极扩散。如果仍把它看成是由于梯度而产生的扩散运动，则其双极扩散系数将接近扩散得较慢的粒子的扩散系数。如在由电子和一种正离子组成的非磁化等离子体中，当电子和离子的密度梯度与温度都相同时，双极扩散系数将是离子扩散系数的两倍。

（胡希伟）

双夸克　diquark　在重子内部由两个夸克构成的客体。这两个夸克由于强相互作用结合得较为紧密，其大小可能比普通的强子小，可以近似被看成一个粒子。

双夸克还仅是一个模型假设，并不能从量子色动力学推导出来。但随着实验上得到关于强子的数据越来越多，双夸克这个理论假设可以描述一些强子的性质，因而显出合理性。

在没有深入完整理解量子色动力学理论的非微扰方面的情况下，物理学家用一些合理的模型和假设来描述强子，如夸克模型。双夸克的概念是在夸克模型的框架里提出的。

在夸克模型中，介子是由正反两个夸克构成的，重子是由三个夸克构成的。因为强子是色中性的，而正反夸克，或三个夸克，都可以构成色中性组合，从而描述强子。在此逻辑下，可以设想由更多的夸克构成的强子，只要这些夸克构成色单态。如由两正两反夸克构成的四夸克强子态。特别地，由两个正夸克构成的态的色量子数可以和一个反夸克一样，而且这两个夸克相互吸引可能在强子内部形成一个紧致的客体。这样的客体就叫双夸克。两个反夸克亦然，可以构成色量子数和一个正夸克一样的色组态。夸克模型原则上允许正反双夸克构成强子，这是一种四夸克态。如σ、χ、a_0（980）和f_0（980）粒子都可以很好地用正反双夸克这样的四夸克态来描述。

对于在重强子内部的重夸克，两个重夸克也可以设想为构成一个双夸克。这时两个重夸克之间可以由色库仑相互作用而有较强的相互吸引，形成较紧致的双夸克。因此两个重夸克构成的双夸克比两个轻夸克构成的双夸克更为自然。

从唯象学角度，由于强吸引力作用，两个夸克可以有较强的关联（在动量空间）。一般，如果重子由两个重味夸克和一个轻夸克构成，则两个重夸克自然地构成一个双夸克子系统，它们不仅在动量空间，而且在位置空间也有强关联。这个子系统可以作为轻夸克的色场源。对一重两轻夸克的重子，两个轻夸克可构成关联的双夸克。这时重夸克的运动可以忽略，并为轻-双夸克提供色场。

由于重子是三个夸克组成，原则上重子由法捷耶夫方程组描写，去掉质心自由度，还有几个独立方程，很难求解。但由于双夸克的存在，三体问题简化成两体问题，就可大大的简化，而且还可以借助关于介子的知识来处理重子。

这个图像有重要的唯象应用。特别在处理重子跃迁过程时，双夸克可以作为旁观者。双夸克图像在处理重子的质量谱、计算产生截面和衰变宽度方面都取得接近数据的结果，因此大多数研究者相信双夸克结构是合理的。

（刘　纯　柯红卫）

双夸克模型　diquark model　一种尚不能从量子色动力学推导出来的模型假设。见双夸克。

双流体模型　two-fluid model　对不同的粒子体系分别建立各自的流体运动方程，并考虑到它们间的相互作用（粒子间碰撞及带电流体间电磁力）的一种等离子体理论描述模型。双流体方程组可以描述变化频率较高，因而电子和不同种类离子及中性粒子会呈现不同反应及贡献的等离子体现象。如低温等离子体中电子、离子与中性粒子间的相互作用；高温等离子体中的各种集体运动（如不同频率本征波与不稳定性），电子与离子和外注电磁波的相互作用等。

多粒子体系（包括等离子体）有多种不同的描述方法，从简到繁依次为：热力学、流体物理学、动理学、粒子系的计算机模拟等。多粒子体系可以用流体描述的条件是：粒子密度足够大，这时空间尺度为宏观小微观大（从物理测量的分辨率来看）的粒子团，由于粒子间的频繁碰撞且能在测量可分辨的时间尺度上基本保持不离散。这样，这些粒子团就可以用连续介质中的流体元来描述。流体物理学适用于描述多粒子体系中这样一些物理过程：其变化的特征空间尺度远大于粒子的碰撞平均自由程，且其变化的特征时间尺度远长于碰撞平均时间，包括静态行为。

流体描述时，所用状态量是位于时空点（$\boldsymbol{r}$，t）处流体元的可测量物理量。最基本的状态量是密度n（$\boldsymbol{r}$，t）、流速u（$\boldsymbol{r}$，t)和温度$T(\boldsymbol{r}, t)$。它们的时空演化由相对应的流体物理方程组描述，即连续性（粒子数或质量守恒）方程、动量守恒方程和能量守恒方程。流体物理描述也可以包括更多的流体可测量物理量（粒子分布函数的更高阶矩）及其演化方程。

由于等离子体中往往包含两种或多种不同类型的带电粒子，因此它们的流体物理状态量和相应的流体物理的方程组也要按种类分别列出。当带电粒子是电子和离子时，对应的就是双流体模型。当等离子体中含有多种不同的离子时，对应的就是多流体模型。

由于流体元（粒子系）带电，双流体方程与普通的（中性多粒子系）流体方程有以下不同：

①连续性方程中应包括由于电离及复合碰撞引起的流体元中带电粒子数的增减。

②流体元带电，可以产生空间的电荷分离，从而出现空间静电场。而带电流体元的运动可以产生空间电流，电流又会产生空间电磁场。因此流体方程组中要加入描述电磁场的介质麦克斯韦方程组及相应的本构关系［诸如$\boldsymbol{D}(\boldsymbol{E})$、$\boldsymbol{B}(\boldsymbol{H})$及欧姆定

律］等。这里特别要注意的是，等离子体中的带电粒子处于非束缚态、可以较自由的运动，因此这时的本构关系或本构方程也会与中性粒子介质中的不同。

③运动方程中出现静电力（库仑力）和磁力（洛伦兹力）项。（胡希伟）

双势垒隧穿 double barrier tunneling　在一个双势垒结构中，电子在某一能量附近发生共振，穿透系数为1的现象。双势垒隧穿是最简单的**共振隧穿**。又称双势垒共振隧穿。

双势垒隧穿起始于共振隧穿初期的研究。最初结果由D.玻姆通过WKB近似计算得到。其共振隧穿的*I*-*V*（电流-电压）特性也于1983年由G.索尔纳在AlGaAs/GaAs双势垒结构中观测到。

其过程可分为如下部分（见图）。

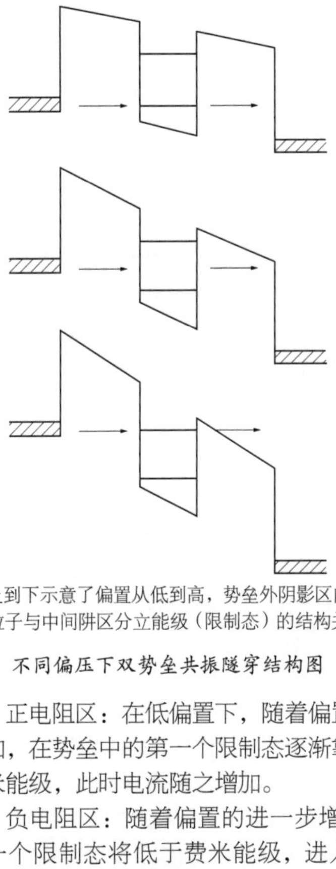

从上到下示意了偏置从低到高，势垒外阴影区内带电粒子与中间阱区分立能级（限制态）的结构关系

不同偏压下双势垒共振隧穿结构图

正电阻区：在低偏置下，随着偏置的增加，在势垒中的第一个限制态逐渐靠近费米能级，此时电流随之增加。

负电阻区：随着偏置的进一步增加，第一个限制态将低于费米能级，进入禁带，此时随着偏置增加，电流减小。同时第二个限制态仍高出费米能级很多，对电流没有贡献。

第二个正电阻区：与第一个区类似，随着第二个限制态越来越靠近费米能级，第二个限制态将输运更多电流，使得总电流再次增加。

利用双势垒隧穿可以制作一些器件，如：①共振隧穿二极管，其中包括Ⅲ-Ⅴ族共振隧穿二极管、Si/SiGe共振隧穿二极管；②带间共振隧穿晶体管，其中包括Ⅲ-Ⅴ族共振隧穿晶体管、Si/SiGe共振隧穿晶体管。

双势垒隧穿为共振隧穿及相关原理的研究提供了基础，同时，利用双势垒隧穿做成的共振隧穿二极管在半导体领域扮演着重要的角色。（杨富华）

双折射 birefringence　当一束平面光波从真空或各向同性介质射入各向异性介质（如晶体）时，产生两个折射平面波的现象。每个折射波各有一个相应的光线方向和一个光线速度。例如，将一块冰洲石（透明的方解石）放在书上看，它下面的线条都变成双影（图1）。产生这种现象的原因是，一条光线射到冰洲石上，会在冰洲石内产生两条折射光线（图2）。自然界的晶体大多数都不同程度地产生双折射，只是不及冰洲石那样显著，因而不容易观察到。

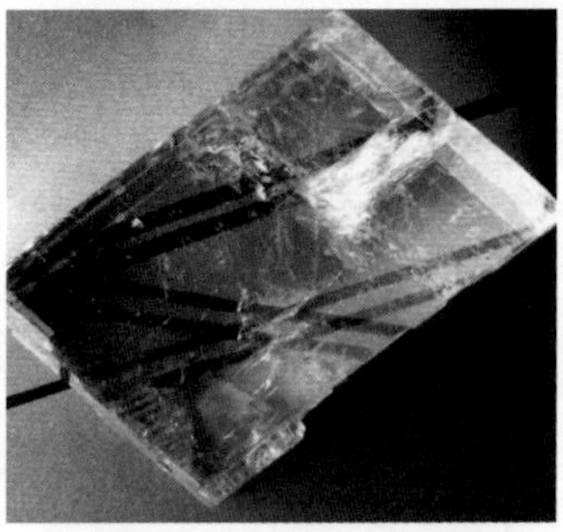

图1　冰洲石双折射现象

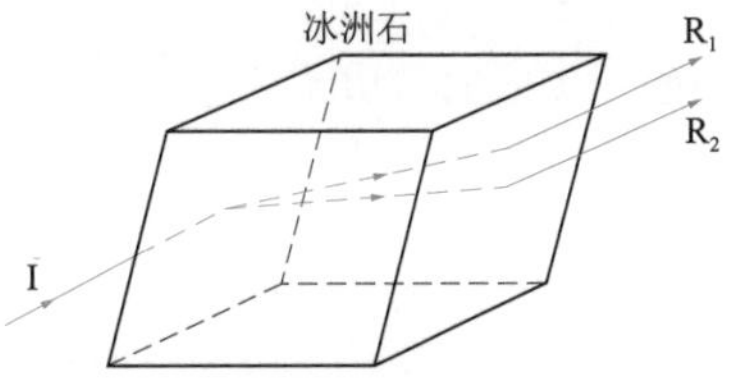

图2　冰洲石双折射示意图

冰洲石的两条折射光线中，一条光遵守普通的折射定律，称作寻常光（或o光）；另一条光不遵守普通的折射定律，称作非常光（或e光）。在冰洲石内，寻常光的传播速度与传播方向无关，是一个常量；非常光的传播速度则是与传播方向有关的变量。冰洲石内有一个特殊的方向，非常光沿这个方向传播的速度等于寻常光的速度。这个方向称作冰洲石的光轴。冰洲石的六个表面都是相同的菱形时，两个钝隅的连线便是光轴，如图3所示。

寻常光和非常光都是线偏振光。冰洲石内光线和光轴构成的平面称作主平面。寻常光的振动（电场强度）垂直于寻常光的主平面；非常光的振动（电场强度）则在非常光的主平面内。当晶体光轴在入射面内时，o光和e光的主平面重合，两者的振动方向相互垂直，也就是o光和e光的偏振相互垂直。

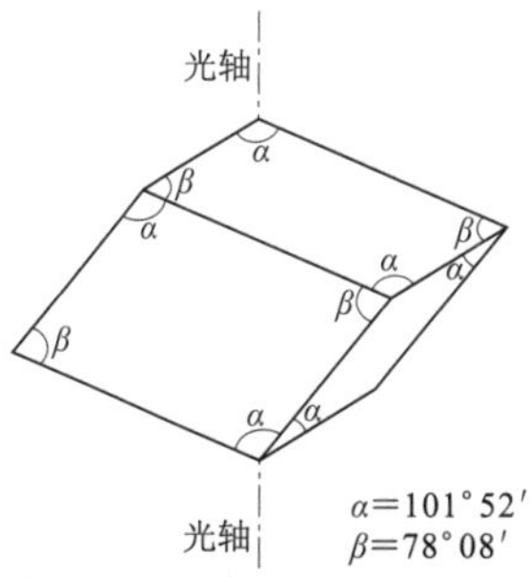

图3　冰洲石的光轴示意图

像冰洲石这类只有一个光轴的晶体叫**单轴晶体**，有两条光轴的晶体叫**双轴晶体**。双轴晶体中也会发生双折射现象，但是两条折射光线的传播速度都与传播方向有关。

有些物质（如玻璃、塑料、环氧树脂）通常是不发生双折射的，但当它们内部有应力时就会产生折射率的各向异性，从而出现双折射现象。还有些不发生双折射的物质（如硝基苯、钛酸钡），在电场的作用下也会产生折射率的各向异性而出现双折射现象。（胡望雨　古　英）

双重味强子 doubly heavy-flavored hadron　含有两个重味夸克或反夸克的强子，包括双重味介子和双重味重子。双重味介子由正反两个重味夸克组成，包括隐含味道的粲夸克偶素和底夸克偶素，以及显含味道的**Bc介子**及其激发态。双重味重子由两个重味夸克和一个轻夸克组成。下面集中介绍双重味重子的性质。

双重味重子包括Ξccq重子、Ξbcq重子和Ξbbq重子，其中q代表标准模型中存在的三种轻夸克之一，即上夸克、下夸克和奇异夸克。依据轻夸克类型的不同，双重味重子可以带有不同的电荷数。

丁肇中和**B.里克特**等于1974年分别在质子加速器和正负电子对撞机的实验中发现了粲夸克偶素家族中的J/Ψ介子。L.M.**莱德曼**等于1977年在美国费米实验室中发现了底夸克偶素家族中的Υ介子，费米实验室TEVATRON强子对撞机上的CDF实验组于1998年发现了Bc介子。相比于双重味介子，双重味重子的产生更加困难，也更难于被实验所发现。TEVATRON强子对撞机上的SELEX实验组于2002年声称发现了$Ξcc^+$重子（由两个粲夸克和一个轻夸克d构成），但该实验组测得的事例数远大于理论估算值，该项测量结果迄今仍未得到其他高能物理实验组的证实。从2010年起，经过近7年的找寻，基于更高的对撞能量和更高的积分亮度，欧洲核子中心大型强子对撞机上的LHCb实验组于2017年发现了另一双粲重子Ξcc^{++}（由两个粲夸克和一个轻夸克u构成），中国的实验物理学家们在其中起到了重要作用。值得指出的是LHCb实验组确认发现的Ξcc^{++}与SELEX实验声称发现的Ξcc^{+}有约100兆电子伏的质量差别，远大于理论估算的几个兆电子伏的质量差别。由于Ξcc^{++}和Ξcc^{+}的寿命和衰变方式都有相当大的不同，人们仍需更多的实验测量才能最终确定SELEX测量是否正确。

与双重味介子的产生方式不同，高能物理理论家通常认为双重味重子的产生过程理论上需要分两步进行：首先产生由两个重夸克组成的偶夸克态，然后这些重的偶夸克态再以碎裂的方式生成双重味重子。基于这种方式，中国高能物理学家们完成的GENXICC产生子程序已被实验家用于模拟双重味重子在高能强子对撞机上的产生性质。

双重味重子的衰变方式有多种，如带正电的$\Xi^{+}cc$可以衰变为$\Lambda c^{+}K^{-}\pi^{+}$或$P^{+}D^{+}K^{-}$。SELEX实验组的初步测量结果，表明这两个衰变道的衰变宽度的比值约为0.36。（吴兴刚）

双重味物理 doubly heavy flavor physics 关于双重味强子产生和衰变等的粒子物理学。见B_c介子、双重味强子。

双轴晶体 biaxial crystal 具有两个光轴的晶体。正交晶系、单斜晶系和三斜晶系的晶体都是双轴晶体。当一束平面光波从真空或各向同性介质射入双轴晶体时，一般情况会出现两个折射波，即双折射现象，特殊情况下会出现圆锥折射现象（如折射波的传播方向正好沿着双轴晶体的某一光轴）。

对于双轴晶体，折射率椭球的三个半轴长度彼此不相等，若将最短的选作x轴，而将最长的选作z轴，使得$n_1<n_2<n_3$，二光轴N_1、N_2处在xz平面内，且关于z轴对称（见图）。设光轴与z轴的夹角β，两光

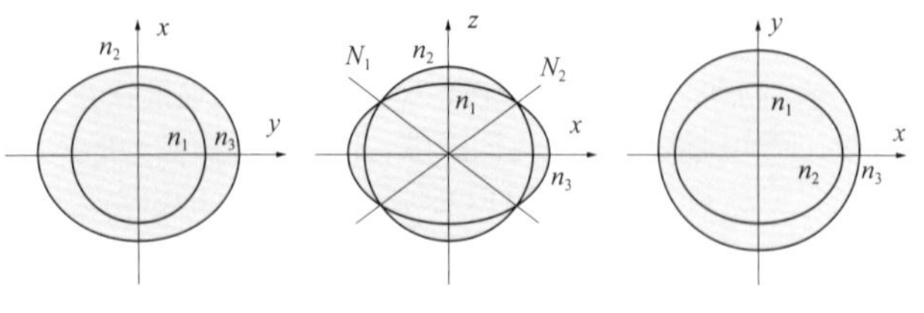

双轴晶体折射率椭球的三个主截面

轴间的锐夹角称为光轴角，则光轴角为2β。双轴晶体也有两个光线轴，不与波法线光轴，即光轴重合，但与两光轴在同一平面内。光线轴与z轴的夹角小于β。（孔勇发 许京军）

双β衰变 double β decay 一个原子核释放出两个电子和两个反中微子（或两个反电子和两个中微子）变成另外一个原子核的衰变过程。在β衰变中是一个带有电荷数Z的衰变原子核N释放出一个电子和一个反中微子（或者一个反电子和一个中微子）并且变成一个电荷数为$Z+1$（或者电荷数为$Z-1$）的原子核N′。此衰变原子核N的静止能大于原子核N′的静止能量，原子核N可以衰变成N′。如果原子核的静止能量小于电荷数比其大1或小1的原子核的静止能，这样的原子核将不能通过释放一个电子和一个反中微子（或一个反电子和一个中微子）衰变为其他原子核。

某些原子核的静止能量小于电荷数比其大1或小1的原子核的静止能，但是大于电荷数比其大2或小2的原子核。如^{76}Ge的静止能小于^{76}As的静止能，但是大于^{76}Se的静止能。这样的原子核可以通过释放两个电子和两个反中微子（或两个反电子和两个中微子）而衰变为其他原子核。这样的衰变就是双β衰变。

双β衰变是轻子数守恒的衰变过程。衰变初态没有轻子，轻子数为零。衰变末态有一个轻子和一个反轻子（一个电子和一个反中微子，或者一个反电子和一个中微子），轻子数也为零。（廖 玮）

水凝胶 hydrogel 以水为分散介质的凝胶。传统的水凝胶是指具有网状交联结构的水溶性高分子形成的一种含水量极高的体系。20世纪90年代已经开启了关于小分子水凝胶的研究，即分子量通常在2000以下的小分子，在水体系中通过非共价键相互作用自组装形成的具有规则结构的聚集体。这种在氢键、π-π堆积等弱相互作用力驱动下组装形成有序结构，包裹着大量水相构成的小分子水凝胶，又称为超分子水凝胶。

水凝胶分类方法有多种。根据网络键合的不同，可分为物理凝胶和化学凝胶。物理凝胶即通过物理作用力如静电作用、范德瓦耳斯力、氢键、链的缠绕等形成，这种凝胶在外界环境（如温度、pH值、光、电、压力等）刺激下，可以实现凝胶与溶液之间的可逆转换，故又称智能水凝胶。化学凝胶则是由化学键交联形成的三维网络聚合物。根据胶凝剂材料又分为天然水凝胶和合成水凝胶。天然水凝胶通常是指天然高分子形成的水凝胶，主要有胶原、明胶、透明质酸盐和纤维蛋白等。天然水凝胶大多无毒，而且对机体的刺激性很小。而合成水凝胶则主要包括丙烯酰胺、丙烯酸、聚乙烯醇等高分子链为主线框架并具有网络结构从而包裹大量水相形成的凝胶。

随着科技的发展，水凝胶类型实现多样化。根据机械强度、刺激响应、生物适应等性能，其应用范畴日渐增大。除在日常用品、生物医药等领域已得到广泛应用外，在废水处理、密封包装材料等工业应用，污泥固化、保水材料等农业土建领域，以及在控释开关、生物酶固定、组织工程等方面，均具有很高的应用价值。（刘鸣华）

水声定位 underwater acoustical localization 利用水中声波进行定位的技术，包括水下目标的探测定位、水下载体的定位等。声呐是利用声波对水下目标进行探测和定位的主要设备。声呐对水下目标的定位是在水声探测获取目标方位的基础上，通过进一步信号处理与分析，解算出目标的距离与深度。根据声呐平台位置，水下目标定位可分为单基地水声定位和多基地水声定位。根据声呐工作方式的不同，水下目标定位可分为主动定位和被动定位：主动定位主要利用水下目标的回波或应答信号；被动定位则是利用水下目标发出的噪声或信号。

主动定位 一般利用接收回波与发射脉冲信号间的时间差来估计目标距离。若有一目标与主动声呐发射换能器距离为R，则换能器发射声脉冲经目标反射后往返传播时间$t=2R/c$，在已知声速c的情况下，可求得目标的距离为$R=ct/2$。因此只要测定声脉冲往返时间t，便可求得目标距离。水下目标回波信号常被掩盖在主动声呐发射换能器发射主动信号所引起的混响信号中，因此如何提高主动定位的信混比，是主动定位方法研究的重要课题。

被动定位 一般利用水下目标辐射噪声和信号来估计目标距离。根据测距原理，被动定位法可分为几何定位法、目标运动分析法、匹配场定位法等。

几何定位法 又可分为方位法和时差法，其共同点是利用大孔径水听器阵列或间距相当长的多个子阵（至少2个或3个，子阵本身具有一定的指向性，可以获得较好的空间处理增益）。方位法测距原理如图1所示，A、B为两个方向性子阵，相距为d，利用两个子阵分布测出的目标方

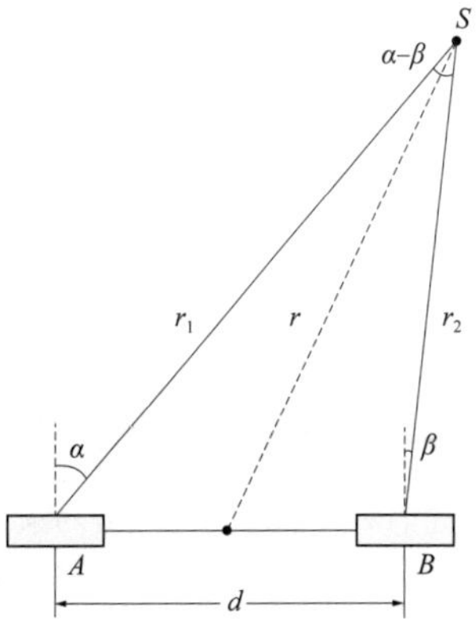

图1　方位法被动测距原理

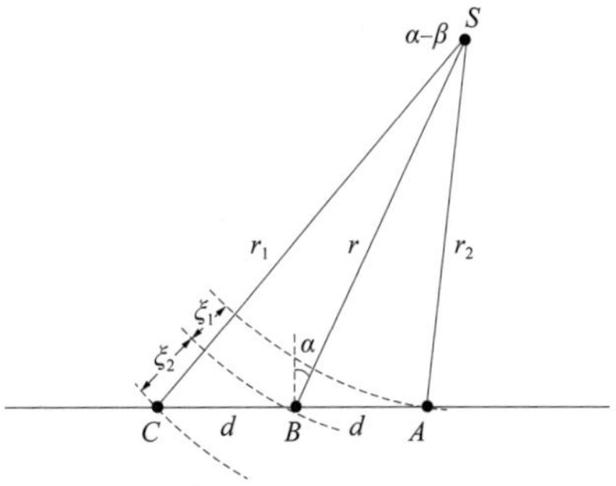

图2　三元阵被动测距几何关系

位角α、β可以求出目标距离为：

$$r=\frac{1}{2}\sqrt{2(r_1^2+r_2^2)-d^2}$$

式中$r_1=\dfrac{\cos\beta}{\sin(\alpha-\beta)}d$，$r_2=\dfrac{\cos\alpha}{\sin(\alpha-\beta)}d$。

方位法假设目标距离能够满足远场平面波，同时要求d应足够大，否则α和β的差太小，误差增大。时差法利用目标到达子阵的时间差进行测距。假设目标是点源，声波按柱面波或球面波方式传播。经典的三元阵被动测距如图2所示，阵元间距相等均为d，声速为c，则目标距离为：

$$r=\frac{d^2\cos^2\alpha}{(\tau_{23}-\tau_{12})c}$$

式中τ_{12}和τ_{23}分别为图中声程差ξ_1和ξ_2对应的时差。几何定位法中声阵的孔径、阵元安装位置、目标方位、声速误差等均会影响目标距离估计的精度。

（彭朝晖）

水声对抗　underwater acoustic countermeasure　用声学方法降低对水声探测或水声通信的效果，使对方难以发现自身的存在和位置，以及降低对方通信能力和可靠性的技术。水声探测分为主动探测和被动探测两种方式。主动探测由声呐发出探测声信号，接收目标反射的信号以探测目标的位置。被动探测则靠接收目标发出的噪声探测目标的方位。水声对抗一般采取两种措施：一种是降低舰船的声反射能力或降低辐射噪声；另一种是干扰，释放能模仿舰艇的反射目标或噪声目标，使对方的声呐跟踪假目标，或在近距离时发出强噪声使对方声呐不能正常工作。前一种又称声隐身技术。

声隐身技术包括降低舰艇（主要是潜艇）的辐射噪声和反射声波的能力。潜艇噪声主要包括螺旋桨噪声、振动噪声和水动力噪声。隐身措施主要是对螺旋桨进行精密的设计与加工，使之不易产生空化噪声。为了降低艇壳向水中辐射的振动噪声，选用振动和噪声小的设备，采用隔声、阻尼和减振的技术，并把潜艇的主要动力设备装在浮筏上，使对外辐射噪声降到最低。为降低水动力噪声，潜艇外壳设计中都采用流线型。降低潜艇反射能力的措施有两方面：一方面设计最合理的外形——水滴形，使潜艇的声反射最小；另一方面是在潜艇外壳上覆盖消声瓦，使潜艇反射能力降低。

干扰对方声呐最早使用的方法是释放气泡幕。潜艇中装设有充满发泡剂的气泡幕弹。气泡幕有很强的声反射能力，使对方容易误认为是潜艇。但气泡幕固定不动，反射性能和潜艇也有差别，有经验的声呐员可识别出来。另一种干扰方法是释放声诱饵。声诱饵从潜艇中放出后，按一定程序在水下航行，并发出与潜艇噪声类似的噪声。它收到主动声呐信号后能发出类似潜艇回波的信号，对敌方有较大的迷惑能力。在潜艇距对方声呐很近时还可发出强的干扰，使对方的声呐超载堵塞。

（吴立新）

水声探测　underwater acoustical detection　利用声波在水中的传播、散射特性，通过电声转换和信息处理，在水中获取水下目标探测和环境信息的活动。由于电磁波在水中衰减系数比声波高数个量级，声波是目前所知唯一能够在水中远程传播的信息载体，因此水中的探测、定位、识别和通信等活动都需要以声波为载体。根据工作方式，水声探测可分为主动探测和被动探测。主动探测是由声源发射声波并通过分析接收的回波信号进行水下目标信息和海洋环境信息探测和获取。被动探测系统本身不发出声波信号，通过接收水中其他辐射声源发出的声信号，进行信号处理和分析，由此估计出声源的方向、位置和特性。根据用途，可分为水下目标探测声呐、反蛙人声呐、测深仪、测流仪、海底地层剖面仪、避碰声呐、多普勒计程仪等。随着电子技术与电子器件的进步，人们对海洋环境及水声场特性认识的提高和信号处理技术的发展，水声探测逐步向利用声场特征量来提高水声探测系统的时间、空间增益，并向远距离、大深度、高分辨率等方向发展。

目标探测　利用声波实现对水中目标的搜索、警戒、跟踪、识别、定位和运动要素测定等。1490年，意大利人**达·芬奇**最早记述采用两端开口的长管插入水中听测远处航船的方法。第一次世界大战中，法国物理学家**P.朗之万**采用石英－钢夹心换能器和电子管放大器，研制出最早的舰艇声呐。随后目标探测声呐迅速发展，大量装备海军各型舰艇。现代声呐向低频、大功率、大基阵、系统性、综合性、系列化、模块化、标准化、高可靠性和可维修性等方向发展。按照装备对象，目标探测声呐可分为水面舰艇声呐、潜艇声呐、航空声呐、便携式声呐（潜水员声呐）、岸基声呐和分布式声呐等。

水面舰艇声呐主要包括换能器基阵安装在舰艇壳体的舰壳声呐和安装在舰艇尾部在水中拖曳的拖曳声呐，主要用于探测潜艇和水雷。水面舰艇声呐以主动工作方式为主，兼有被动工作方式。潜艇声呐主要包括安装在艇艏部的艇艏声呐、安装在艇侧的舷侧阵声呐和安装在艇尾部在水中拖曳的拖曳声呐，主要用于探测水面舰艇、潜艇和其他水中目标。航空声呐主要包括反潜直升机使用的航空吊放声呐、反潜直升机与反潜巡逻机均可使用的浮标声呐，主要用于探测潜艇。岸基声呐以海岸为基地，换能器阵布放在近岸水域或敏感水域海底，实现对敌潜艇的远程预警和监视，引导反潜兵力实施对潜探测和攻击。分布式声呐安装在潜标、浮标、水下滑翔机、UUV等分布式载体上，通过自主工作或联合组网实现对水下目标的探测。

目标探测设备（声呐）一般由基阵、电子机柜和辅助设备三部分组成。基阵由水声换能器以一定几何图形排列组合而成，其外形通常为球形、柱形、平板形或线列形，有接收基阵、发射机阵或收发合一基阵之分。电子机柜一般有发射、接收、信号处理、显示和控制等分系统。辅助设备包括电源设备、连接电缆、水下接线箱等。

目标探测性能不仅取决于声呐设备本身的技术状况，还受传播衰减、多路径效应、混响干扰、海洋噪声、自噪声、目标反射特征或辐射噪声强度等因素的影响。现代声呐根据海区环境和声速梯度特点，可适当选择基阵工作深度和工作参数，充分利用声波的不同传播途径（直达声、海底反射声、会聚区、深海声道）来提高声呐的探测性能。

鱼探仪 是一种可用于发现鱼群的动向、鱼群所在地点、范围的声呐系统，利用它可以大大提高捕鱼的产量和效率。

反蛙人声呐 主要使命是在一定的距离上探测敌方向对方平台或港口靠近的蛙人及蛙人运载器，并可进行识别和连续跟踪，如美国的AN/WQX-2型反蛙人声呐。蛙人是一种自身噪声极低的目标，其反射声波的能力也比较低。现代蛙人根据呼吸设备的不同可分为开式蛙人和闭式蛙人：开式蛙人呼出的气体直接进入水中，产生大量气泡；而闭式蛙人呼出的气体通过自循环机构重新与气瓶中的氧气混合，不产生任何外泄气泡。闭式蛙人的肺和呼吸器是主要反射体，开式蛙人呼出的气泡是主要反射体。反蛙人声呐一般采用高频主动声呐对蛙人进行探测，声呐工作频率一般在几十到几百千赫，作用距离对闭式蛙人的探测距离可达500米以上，对开式蛙人的探测距离可达700米以上。

测深仪 工作原理是，利用换能器在水中发出声波，当声波遇到海底而反射回换能器时，根据声波往返的时间和所测水域中声波传播的速度，求得海底与换能器之间的距离。测深仪是水深测量的主要仪器，现已广泛应用于航道勘测、水底地形调查、海道测量、船只导航定位等方面。根据测深仪的换能器发射、接收和信号处理方法，可以分为回波测深仪、多波束测深仪、侧扫声呐、合成孔径声呐等。

回波测深仪 发射单个波束，利用回波测量海深或鱼群深度，设备相对简单，成本较低，根据其测量深度范围的不同，设计了不同类型的回波测深仪，广泛应用于各类船舶上。

多波束测深仪（条带测深仪） 利用安装于船底或拖体上的声基阵向与航向垂直的海底发射超宽声波束（一般开角为60°～150°），接收海底反向散射信号。经过信号处理后形成多个波束，同时获得几十个甚至上百个海底条带上采样点的水深数据，其测量条带覆盖范围为水深的2～10倍，与现场采集的导航定位及姿态数据相结合，绘制出高精度、高分辨率的数字地形图。与单波束回声测深仪相比，多波束测深系统具有测量范围大、测量速度快、精度和效率高的优点，可把测深技术从一条线扩展到一条带，并进一步发展到立体测深和自动成图，特别适合进行大面积的海底地形探测（见图）。

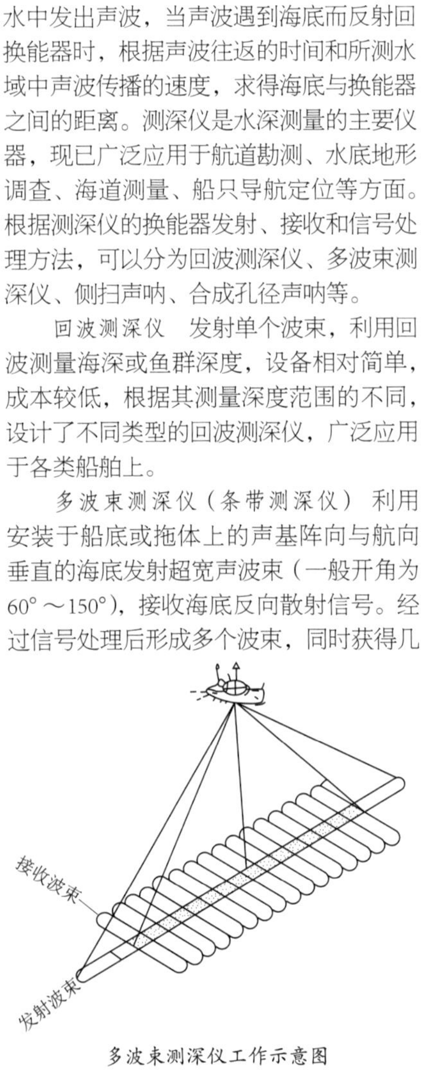

多波束测深仪工作示意图

侧扫声呐 又称旁侧声呐或海底地貌仪，其换能器阵装在船壳内或拖曳体中，走航时向两侧下方发射扇形波束的声脉冲进行海底地貌和水下物体探测。侧扫声呐的工作频率通常为几十千赫到几百千赫，波束平面垂直于航行方向，沿航线方向束宽很窄，开角一般小于2°，以保证有较高分辨率；垂直于航线方向的束宽较宽，开角约为20°～60°，以保证一定的扫描宽度。工作时发射出的声波投射在海底的区域呈长条形，换能器阵接收来自照射区各点的反向散射信号，经放大、处理和记录，形成海底图像。侧扫声呐具有较高的分辨率，能较准确判别海底目标特征，探明障碍物的形状、大小、出露高度、大致性质和海底底质类型概况。现代侧扫声呐广泛应用于海洋地形调查，以及探测海底礁石、沉船、管道、电缆以及各种水下目标等。多波束测深仪的优点在于定位精度高、噪声少、能够进行三维可视化分析，适宜于安装在船上做大面积测量。侧扫声呐适宜于安装在各类水下载体上进行海底地形的细致测量，其优点是拖体距海底面的高度容易调节、具有很高的分辨率、能够区分目标物的底质特征，缺点是定位精度稍差。

合成孔径声呐 是一种新型高分辨水下成像声呐，其工作原理与合成孔径雷达相似，小孔径基阵的移动，通过对不同位置接收信号的相关处理，来获得移动方向（方位方向）上大的合成孔径，从而得到方位方向的高分辨力。合成孔径声呐具有如下特点：①分辨率高且与距离无关，可以对远距离目标高分辨率成像；②可以工作在低频频率上，具有一定的穿透性，适合海底地质勘探；③点目标信噪比有较大改善，适合于漫散射背景下点目标检测，适合于混响背景下水雷探测，尤其是沉底雷的探测；④分辨率相等条件下，测绘速率一般高于侧扫声呐。合成孔径声呐可以用于水下军事目标的探测和识别，最直接的应用就是进行沉底水雷和掩埋水雷的高分辨探测和识别。在民用方面，这种声呐可以用于海底测量、水下考古和搜寻水下失落物体等，尤其可以进行高分辨海底测绘，对数字地球研究具有重要意义。

（彭朝晖）

水声通信 underwater communication 用声波作为信息载体在水中传输指令、语言、图像和数据的技术。按作用距离可分为短程（小于1千米）、中程（1～10千米）、远程（10～200千米）和超远程（大于200千米）通信。按工作原理可分为水声非相干通信和水声相干通信。水声信道是十分复杂又具有特点的信道。水声信道与有线电信道、无线电信道、光纤信道并列为四种信道。

水声通信广泛应用于民用和军用方面。如水下机器人之间，以及它和母船之间的通信；潜艇之间，以及潜艇与水面舰艇之间的通信。随着海洋开发的迅速发展，海上军事活动的增加，水声通信显得日益重要。

（吴立新）

水声学 underwater acoustics 主要研究水中（特别是海洋中）声波的产生、传播、接收和测量的科学。用以解决水下目标探测和信息传输过程有关的各种声学问题。近代声学的一个重要分支。声波是在海洋中唯一能够远距离传播的能量辐射形式，这方面远比电磁波（无线电波、光波等）好。水声学随着海洋的开发和利用发展起来，并得到了广泛的应用。它是两次世界大战期间发展起来的综合性尖端技术科学，又是一门工程科学，包含了水声工程和水声物理两个部分。水声物理是水声工程应用的理论基础，为工程设计提供合适的参数；同时水声技术的不断发展和广泛应用，又为水声物理提出新的内容和要求，并为水声物理的研究提供新的手段，促进水声物理的发展。

水声物理从水声场的物理特性分析出发，主要研究海水介质及其边界（海底、海面）的声学特性和声波在海水介质中传播时所遵循的规律，以及对水声设备工作的影响。作为声信息传输通道的海水介质及其边界条件，具有十分复杂和多变的特性，这就使得声波在海水中传播的规律相应地也十分复杂和多变。但掌握和了解水下声场的复杂多变的规律性，并做出合乎要求的预报，对水下探测和通信系统的设计、制造、操纵和使用，以及增进人类对海洋环境的认识，海洋资源的开发，都是必不可少的。

水声工程包括水下声系统和水声技术两个方面。水下声系统指的是水声换能器及基阵，用来实现水下声能与电能之间的转换。水下声系统研究的内容主要为换能器的材料、结构、制作及其辐射、接收特性等。广义的水声技术是泛指声波在水中完成某种功能的有关技术问题。狭义的水声技术可理解为水声信号处理、显示技术，主要研究声信号在水中传播时的特征和背景干扰（噪声和混响）的统计特性，并在此基础上设计出最佳时、空处理方案,实现强背景干扰下的信号检测。另外，在检测出目标的基础上，对目标的参数，诸如方位、距离、运动速度等做出定量估计。亦对被检测目标的某些属性,如性质、形状、运动要素等做出判别。

现代水声学的研究课题涉及面很广，主要有：新型水声换能器；水中非线性声学；水声场的时空结构；水声信号处理技术；海洋中的噪声和混响、散射和起伏，目标反射和舰船辐射噪声特性；海洋介质的声学特性等。特别是水声学正在与海洋、地质、水生物等学科互相渗透，形成海洋声学研究的新领域。随着对海洋的研究与开发，水声学在海洋资源的调查开发、对海洋动力学过程和环境监测、增进人类对海洋环境的认识等方面的应用还将不断扩展。（李整林）

水听器　hydrophone　用于接收水中（或其他液体）水声信号的电声换能器。又称水下传声器、水下声接收器。水听器主要用于声呐设备、声呐浮标、水声测量和其他水声武器以及民用的水声设备。由于工作原理、特性及构造等的不同，有声压、振速、声压梯度、矢量、无向、指向、压电、光纤等各种不同类型的水听器。用于水声测量的，可分为标准水听器和测量水听器两类。标准水听器用作水声计量，性能稳定，是经过精确校准的水声换能器，其电声性能必须满足国家标准规定的要求。它也是水声声压计量标准器具。测量水听器是用作实验室或工厂的水声计量用二级标准水听器，可作为进行各种水声计量及测量水声设备声学性能的水声声压计量器具。水听器的频率在低于1赫兹至100兆赫兹的范围内。

水听器的发展方向主要集中在两个方面：一是寻找新的换能材料以提高水听器的性能；二是建立新的换能结构和新的换能原理。如矢量水听器和光纤水听器。

（吴立新）

水星近日点进动　perihelion precession of Mercury　水星绕太阳公转的轨道近似为椭圆形，其近日点位置不停变化的现象。水星的近日点每百年进动574.1弧秒。引起水星近日点进动的主要因素是邻近行星对它的摄动及太阳的扁率。U.-J.-J.勒威耶早在1859年就指出，水星的近日点进动无法用牛顿力学和当时已经观测到的太阳行星对它的摄动来解释，观测值与理论值之差为每百年40弧秒（后来被重新估计为每百年43弧秒）。这一问题困扰了天文学家和物理学家长达半个多世纪。一直到A.爱因斯坦提出了广义相对论用来描述物体之间的引力相互作用。爱因斯坦发现，广义相对论可以很好地解释水星近日点进动的剩余43弧秒。他指出相对论效应引起的进动角可以表示为轨道半长轴a、行星轨道偏心率e和运行周期T的函数：

$$\varepsilon=24\pi^3\frac{a^2}{T^2c^2(1-e^2)}$$

式中c为光速。水星的轨道半长轴为5.79×10^{10}米，轨道偏心率为0.206，周期为7.6×10^6秒，则水星每转一圈由相对论效应引起的进动角为0.104弧秒。每一百年水星绕太阳运行大约415个周期，所以相对论效应引起的水星近日点进动为每百年43弧秒。因此水星近日点进动成为证实广义相对论的一个非常重要的观测结果。（刘云旗　龚云贵）

顺磁迈斯纳效应　paramagnetic Meissner effect　在一些铜氧化物高温超导体研究中发现的体系对弱磁场表现出顺磁响应的现象。在实验中，判定材料为超导体的两个独立判据分别为零电阻现象和迈斯纳效应。H.开默林·昂内斯于1911年发现了超导体的零电阻现象。1933年，W.迈斯纳与R.奥克森菲尔德发现超导体从通常状态相变至超导态的过程中对磁场的排斥现象。超导体展现出完全抗磁的特性，即迈斯纳效应。零电阻现象和迈斯纳效应是超导态的两个相互独立又相互联系的基本属性。单纯的零电阻并不能保证迈斯纳效应的存在，但零电阻效应又是迈斯纳效应的必要条件。迈斯纳效应证明了超导体不仅是理想的导体，更确认超导态是一个稳定的热力学相。

人们在一些铜氧化物高温超导体的研究中发现顺磁迈斯纳效应。顺磁迈斯纳效应可能与颗粒超导体的结构有关，后者可以看作弱耦合的约瑟夫森结所形成的网络。在由d波超导体组成的约瑟夫森结网络中，可以存在自发的轨道环流和自发的量子化磁通。当外磁场为零时，自发量子化磁通的取向为杂乱无章，总磁矩净值为零。当弱的外磁场施加在超导体时，自发量子化磁通的取向会产生偏转，自发磁通的总和为净的有限值。当自发磁通的总和大于超导抗磁电流的贡献时，超导体就会展现出顺磁性（正的磁化率），即导致顺磁迈斯纳效应。顺磁迈斯纳效应在弱磁场和T_c附近表现最为显著。当外磁场超过某一临界值（5个奥斯特左右）时，超导抗磁电流的效应会进一步增强并超过自发磁通总和的效应，系统呈现出抗磁性。此外，在某些块状的s波超导体中，也观察到弱的顺磁迈斯纳效应，此效应与样品表面的不均匀性相关，可能是磁通被囚禁的一种亚稳态性质。（陈　焱）

顺磁性　paramagnetism　物质的固有磁矩通常处于磁无序结构，在外磁场作用下沿磁场方向呈现出一定的磁矩分量的性质。物质的顺磁性属于磁无序结构。从原子结构的角度，这类物质中的原子、离子或者分子具有固有磁矩，但这些磁矩之间没有交换作用，或者其交换作用能量与热扰动能量相比可以忽略，因此在热运动支配下，各个磁矩在空间的取向既不固定也不相关，整体上呈现为空间无规排列，不能形成自发的磁有序结构。只有在外界磁场作用下，按照统计分布，沿磁场方向有一定的磁矩分量。顺磁性材料包括过渡族金属和稀土元素的绝缘化合物、有机化合物中的自由基，以及少数顺磁性气体（如一氧化氮、氧气）等。

在外磁场中，顺磁性物质的磁化强度M的方向与磁场强度H相同，磁化率$\chi=M/H$为正值，数值为10^{-6}～10^{-3}量级。顺磁磁化率与温度、外磁场强度的依赖关系可用朗之万函数或者布里渊函数描述；在高温近似下，磁化率χ为仅依赖于温度T的常数，即符合居里定律：$\chi=C/T$。其中，$C=ng_J^2J(J+1)\mu_B^2/(3k_B)$为居里常数。在实际中，通常以磁化率与温度之间的关系是否满足居里定律作为顺磁性的判据，由居里常数可测定原子的有效磁矩$\mu_{eff}=g_J\sqrt{J(J+1)}\mu_B$，即$C=n\mu_{eff}^2/(3k_B)$，其中$k_B$为玻尔兹曼常数，$n$为单位体积内的磁性原子（或分子）数。

一些材料中的磁矩之间虽有交换作用，如铁磁和亚铁磁材料，但在温度高于居里温度的情况下，其磁化率随温度的变化遵从居里－外斯定律：$\chi=C/(T-T_P)$。其中T_P称为材料的顺磁居里温度，对于铁磁性交换作用，其值为正($T_P>0$)；对于反铁磁性交换作用，其值为负($T_P<0$)。

范扶累克顺磁性　一些材料（如碱金属）虽然不具有自发磁化，外层电子之间不存在交换作用，但它们在磁场中会产生感生磁矩，从而具有较弱的顺磁性。范弗莱克的量子理论指出，这是由不对称原子或分子的电子云极化所致，并不随温度改变。这类性质称范扶累克顺磁性。

泡利顺磁性　金属中自由电子也会感生顺磁性，称为泡利顺磁性。用金属电子论可计算出泡利顺磁性的磁化率为$\chi=3n\mu_B^2/E_F$，E_F为费米能级。因此一般泡利顺磁性与温度无关，在温度很高的情况下，它随T^2增大而降低。

交换增强顺磁性　在一些过渡金属和稀土金属及其合金中，其巡游的磁性电子之间虽有一定的交换作用，但作用强度还未能达到斯托纳增强条件，即$UN(E_F)\not>1$，式中U为电子关联作用能，$N(E_F)$为费米面态密度，因而不具备自发磁化，但顺磁性磁化率较大一些，称为交换增强顺磁性。

一些原子核（如^1H、^7Li、^{11}B、^{13}C、^{17}O等）以及中子具有磁矩，在磁场作用下会产生顺磁性，但其顺磁磁化率比电子对顺磁性的贡献小得多，只有10^{-6}～10^{-10}量级，因而在讨论物质的顺磁性时，一般不计及原子核的顺磁性。（戴道生）

顺磁盐绝热去磁制冷　refrigeration by adiabatic demagnetization of a paramagnetic salt　最早产生1开以下至毫开温区的制冷技术。简称磁制冷。顺磁盐中含有铁或稀土元素，其3d或4f壳层没有填满，因而具有**磁矩**。当温度高于顺磁盐的磁有序特征温度θ时，顺磁盐是一个混乱取向的磁偶极子体系。当温度降到θ以下时，发生偶极子的自发取向，系统的熵减小。在$T>\theta$时，如果施加一外磁场$B=B_i$，从体系的温熵图（见图）可看出，外磁场引起的偶极子择优取向使体系的熵减少。因此如果在减压^4He或^3He液浴中将顺磁盐冷却到某一温度T_i，且在与液氦浴保持热接触的条件下施加外磁场进行等温磁化，体系在这过程中释放出来的磁化热被液浴所吸收，熵下降。再使顺磁盐与周围环境绝热，并将磁场降低至$B=B_f$或零，这样就可以获得显著的降温效果，得到$T=T_f$或$T=T_0$的温度，绝热去磁所能达到的最终温度取决于外磁场强度和顺磁盐的磁有序化特征温度。这种制冷方法的原理由P.J.W.德拜和W.F.吉奥克于1926年提出，直到1933年，吉奥克和D.P.麦克杜格尔才在实验上取得成功，得到0.53开的低温。随后，W.J.德哈斯、E.C.魏斯马和H.A.克喇末又将温度进一步改写为0.27开。利用磁有序温度最低的硝酸铈镁（θ为1.9毫开），顺磁盐绝热制冷获得的最低温度约为1.5毫开。

（张其瑞　樊　洁　景秀年）

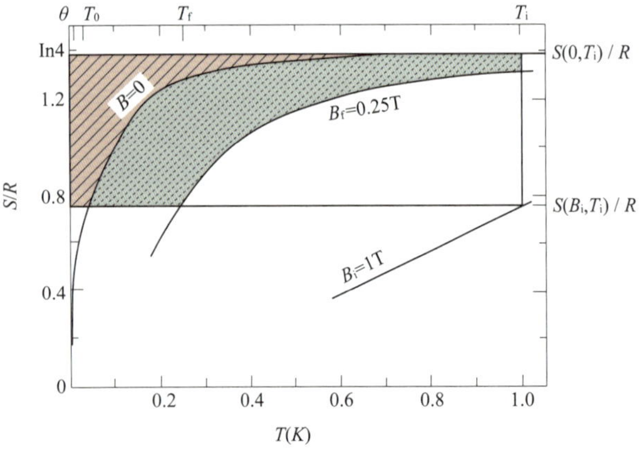

顺磁盐的温熵图（R为气体常数）

顺电性　paraelectricity　电介质材料处于顺电态时所呈现的性能。电介质的特征是能在外电场作用下以正、负电荷中心不重合的电极化方式传递、存储或记录电的作用和影响。具有顺电性的材料在无外场下，原子和分子分布并不存在电偶极矩，它们的正负电中心是重合的，这称为材料的顺电性能。当外加电场作用时，正负带电单元向不同方向移动，造成材料的正负电中心不重合，形成电偶极矩。在电极化过程中，电介质极化强度P同电场强度E成正比关系，场强为零时，极化也为零，此时电介质称为顺电体，具有顺电性。

一些微观粒子（例如原子、离子、离子团、分子等）的极化是电介质极化的根源。这些粒子通常处于混乱状态，对宏观电极化的贡献为零。只有在外加电场的情况下，粒子才会沿电场方向贡献一个可以累加起来而呈现宏观极化强度的电偶极矩。根据局部粒子极化对介电常数的贡献，电极化主要有以下四种微观起源：电子云位移极化、离子位移极化、偶极子取向极化和其他极化机制（在不均匀的介质中，还存在**晶界**、**相界**、**晶格畸变**、杂质、夹层、气泡等缺陷区，还会出现其他一些更为复杂的微观极化机制），见**介电极化**。在一定温度范围内，有些材料即使无外场也存在自发极化并可随外场转向，此类材料为铁电体，具有**铁电性**。在铁电材料中，随温度变化其顺电性与铁电性可以相互转化，其铁电性通常只存在于一定的温度范围，自发极化强度随温度升高而减小，并在某一称为居里温度或居里点T_C的温度处自发极化消失，转变成具有顺电性的顺电相。当$T>T_C$时，铁电体变成顺电体，电滞回线消失，是极化无序状态。

从晶体结构角度看，铁电结构可以看成是由顺电相晶体结构经过微小畸变而得到的，这一过程伴随晶体对称性降低的过程，因此顺电相的晶格对称性一般比铁电相高。在顺电相，靠近T_C附近，极化率满足居里－外斯定律：$\chi=C/(T-\theta)$，这里C是居里常数、θ是居里－外斯特征温度。实际上，很多铁电体在顺电态时并非严格满足居里－外斯定律，原因在于铁电体系中存在复杂的相互作用，导致顺电态内存在一些异常的微小结构涨落。这种涨落可能也是弛豫铁电体的特征之一。

顺电相还有一种表现形式，即**量子顺电**。它是指在居里温度非常接近绝对零度时，体系会展现先兆型铁电相变的特征，但这种相变趋势会被体系很强的量子涨落抑制，体系在低温区段呈现类平台的介电弛豫响应。按照铁电软模理论，铁电失稳与量子涨落竞争，导致软模频率无法冻结。

电介质的顺电性并非一无是处，也能找到实际应用。介电常数很高而绝缘性较好的电介质在能量存储与转化、微波器件和可调谐器件等领域都有广阔的应用前景。（吕笑梅　王晓飞　朱劲松）

瞬发裂变中子　prompt fission neutron　伴随裂变产生，没有或只有极短的延迟的裂变中子。见**裂变中子**。

瞬发裂变γ辐射　prompt γ radiation from fission　裂变碎片在经历β衰变前发射的**γ射线**。就目前所知，碎片的最短的β衰变半衰期约为0.1毫秒，因此可以认为裂变后0.1毫秒内产生的γ射线都可称为瞬发γ辐射，其中有一半以上的γ射线是在裂变后10^{-11}秒内出现的。瞬发γ射线能谱可近似写为指数形式$N(E_\gamma)=A\exp(-CE_\gamma)$，式中常数$A$和$C$与核素种类和γ射线能量区间有关。大体上说来，每次裂变大约发射8个光子，平均能量为1兆电子伏。发射瞬发中子数多的碎片，发射的γ光子数和释放的γ射线总能量也多。

（韩洪银）

瞬态相干光学效应　coherent transient optical effect　在原子或分子辐射过程的弛豫时间范围内，与入射共振光场间的一系列基于相干过程的非线性光学效应，包括光学章动、光学自由感应衰减、光子回波等。一般而言，瞬态相干光学效应只在入射激光相当强且与分子固有频率发生共振时才会发生。此类效应的共同特点是，分子在外界入射共振光场作用下，产生的感应振荡电偶极矩在**弛豫时间**内所保持的位相关系起着关键作用，其中不少效应是在将光共振与磁共振进行对比的过程中被预言和证实的。

磁矩M在恒磁场H_0中会围绕后者做拉莫尔进动，进动圆频率为γH_0，其中γ称为回磁比。如果在垂直于恒磁场的平面内同时有一圆频率为ω的圆偏振交变磁场H_1，则在以恒磁场方向为转轴角速度为ω的旋转坐标系上，磁矩M围绕矢量$H_1+(\omega/\gamma-H_0)$作拉莫尔进动。进动圆频率为$\gamma\,|H_1+(\omega/\gamma-H_0)|$。此运动图像是讨论磁共振的基础。

圆频率为ω的相干光作用于二能级原子，一方面改变原子在上下两能级上的布居，同时也会感生出一个圆频率为ω的振荡电偶极矩。如果不考虑原子的弛豫过程，则无论是原子在上下两能级的布居数差，或是感生电偶极矩的振幅，都是随相干光作用的时间周期性变化。而且，在光场作用停止前激励起的振荡电偶极矩和所产生的能级布居数差仍将在光场作用停止后保持下去。这样一个过程可以用一个虚构的偶矩矢量（称为赝偶矩矢量）在一个虚构的场（称为赝场）中的运动来表示。此赝偶矩矢量$\boldsymbol{P}$的分量p_x和p_y表示原子的感生振荡偶矩的x和y分量（设光沿z方向传播）；其z分量则与上下能级的布居数差（$\rho_{11}-\rho_{22}$）成比例，比例系数β是二能级间的电偶极矩跃迁矩阵元。赝场$\boldsymbol{E}$的x和y分量定义为作用于原子的真实光波电场的x和y分量，其z分量E_z定义为$-\omega_0/\beta$。ω_0是二能级原子的固有频率。上述过程相当于这样一种运动：在以z为转轴、角速度为ω的旋转坐标系上，赝偶矩矢量$\boldsymbol{P}$围绕赝有效场$\boldsymbol{E}_{\rm L}$做拉莫尔进动，其中$\boldsymbol{E}_{\rm L}=\boldsymbol{\varepsilon}+\dfrac{\hbar}{\beta}(\omega_0-\omega)\hat{\boldsymbol{Z}}$（$\boldsymbol{\varepsilon}$为光波电场振幅，$\hat{\boldsymbol{Z}}$为单位矢量）。进动圆频率为$\Omega=\dfrac{\beta}{\hbar}|E_{\rm L}|$。这种用来描述相干光与二能级原子相互作用的方法称为光学矢量模型。事实上，无论是光感生的能级布居数差或振荡电偶极矩都有回复到原来状态的倾向。这分别称为纵向和横向弛豫。能级布居数差回复到起始值，感生偶矩的振幅变到零，两者所需的特征时间T_1和T_2分别称为纵向和横向弛豫时间。这种弛豫过程在上述光学矢量模型中表示为：赝矢量$\boldsymbol{P}$的z分量p_z有回复到起始值的倾向，特征时间为T_1，$\boldsymbol{P}$的x和y分量p_x和p_y有回复到零的倾向，特征时间为T_2。经过上述处理，光共振和磁共振过程就变得极为相似了。正如在磁共振中曾经观察到一系列瞬态相干效应那样，在光共振中也预言和观察到一系列瞬态相干效应。讨论这些效应的基础则是前面描述的光学矢量模型。但是，光共振和磁共振仍然存在重大差别。差别在于在光共振中物质的尺度大大超过光的波长，因而存在着光在被作用物质中的传播问题。由此瞬态相干光学效应又具有自己的特点。

瞬态相干光学效应内容很丰富。只列举其主要者如下。

光学章动 当振幅恒定的光波作用于共振媒质即固有频率与光波频率共振的媒质时，在光场加入的开始阶段，光波的振幅会受到调制，调制圆频率为$\Omega=\dfrac{\beta}{\hbar}|\varepsilon|$。随着光场加入时间的增长，调制将逐步消失。

此现象发生的原因是：当加进与原子共振的光波场（振幅为ε）时，原来与z轴平行的赝矢量$\boldsymbol{P}$立即围绕有效场$\boldsymbol{E}_{\rm L}$进动（图1）。因为现在$\omega=\omega_0$、$\boldsymbol{E}_{\rm L}=\varepsilon$，而$\varepsilon$又落在$xy$平面上，故$\boldsymbol{P}$围绕垂直于$z$轴的某个轴以圆频率$\Omega=\dfrac{\beta}{\hbar}|\varepsilon|$进动。由于$\boldsymbol{P}$时而朝上，时而朝下，$p_z$时而取正值，时而取负值，故上下能级的粒子数周期性发生变化。这个变化反作用于光波场，使原来的光波受到圆频率为Ω的振幅调制。当然，这种现象只出现在共振光场加入的开始阶段，因为当经历弛豫时间后，$\boldsymbol{P}$就趋于一个稳定的取向而不再进动了。同时，光强也要足够强，使$\boldsymbol{P}$在弛豫时间之内至少已进动了一周以上，才可能观察到。

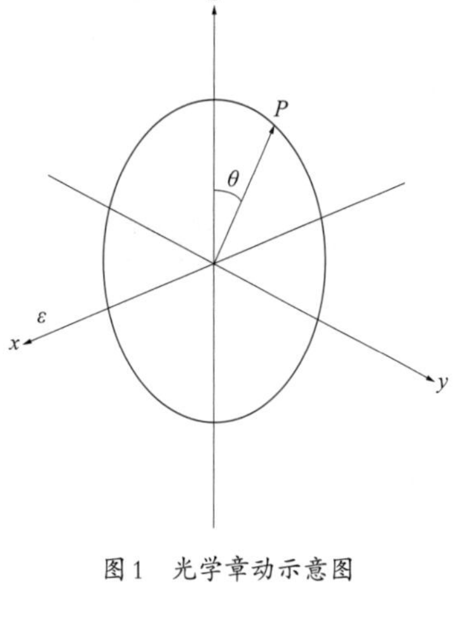

图1 光学章动示意图

自由感应衰减 设有一共振的光波已经较长时间作用于原子系统。如果突然给原子施加一恒定电场，使原子的固有圆频率ω发生了$\Delta\omega$的斯塔克移动，则光波振幅出现圆频率为$\Delta\omega$的衰减振荡。

此现象可做如下解释：由于共振光场的较长时间作用，$\boldsymbol{P}$矢量到达一个新的稳定取向。当原子的固有圆频率发生$\Delta\omega$的斯塔克移动后，光波的频率便远离原子现有的固有频率。同时，在以恒定角速度为ω的旋转坐标系上，矢量$\boldsymbol{P}$开始围绕z轴以$\Delta\omega$的圆频率进动。这也意味着在固定坐标系上$\boldsymbol{P}$开始围绕z轴以$\omega+\Delta\omega$的圆频率进动，从而感生偶矩的x和y分量以圆频率$\omega+\Delta\omega$振荡，并发出圆频率为$\omega+\Delta\omega$的辐射。由于横向弛豫过程，此辐射以弛豫时间T_2逐渐衰减。又由于新产生的这个辐射波与原来的光波发生拍频，结果出现圆频率为$\Delta\omega$的衰减振荡。

光子回波 设开始时作用于二能级原子系统一个共振的光脉冲，且满足$\dfrac{\beta}{\hbar}\int_{-\infty}^{\infty}\varepsilon{\rm d}t\approx\dfrac{\pi}{2}$（称为$\pi/2$脉冲）的条件，在$\tau$时间以后又作用另一个共振光脉冲，且满足$\dfrac{\beta}{\hbar}\int_{-\infty}^{\infty}\varepsilon{\rm d}t\approx\pi$（称为$\pi$脉冲）的条件，则再过$\tau$时间后原子系统会自动发射一个光脉冲，称为回波脉冲，如图2底部所示。

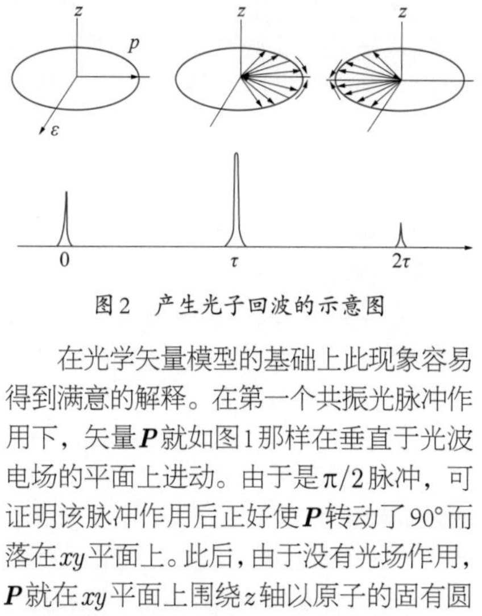

图2 产生光子回波的示意图

在光学矢量模型的基础上此现象容易得到满意的解释。在第一个共振光脉冲作用下，矢量$\boldsymbol{P}$就如图1那样在垂直于光波电场的平面上进动。由于是$\pi/2$脉冲，可证明该脉冲作用后正好使$\boldsymbol{P}$转动了90°而落在xy平面上。此后，由于没有光场作用，$\boldsymbol{P}$就在xy平面上围绕z轴以原子的固有圆频率进动。由于存在非均匀增宽，各个原子的矢量$\boldsymbol{P}$的进动频率稍有不同，从而使有些原子的矢量$\boldsymbol{P}$超前，有些落后，相互逐渐散开，并使$\boldsymbol{P}$的宏观平均值变小。图2顶部第二个图表示在经过时间τ后矢量$\boldsymbol{P}$散开的情况。这时刻，由于作用于原子上的是一个共振的π脉冲，于是每个原子的矢量$\boldsymbol{P}$又都围绕ε转动了180°（ε是在xy平面上），从而使原来$\boldsymbol{P}$超前的原子变成落后，原来落后的变成超前。如图2顶部第三个图所示。此后，在没有光场的作用下$\boldsymbol{P}$又都再次围绕z轴以原子的固有频率进动。这时，由于非均匀增宽，所见的不再是$\boldsymbol{P}$的逐渐散开，而是它们的集中。在又经历时间τ之后，它们完全集中在一起而得到一个最大的宏观平均振荡电偶极矩，并自动发射一个光脉冲。此即光子回波。无疑，这全部过程经历的时间应小于原子弛豫时间T_2和T_1，否则是不会有回波效应的。

自感生透明　设有一个共振的$2n\pi$脉冲，也就是$\frac{\beta}{\hbar}\int_{-\infty}^{\infty}\varepsilon \mathrm{d}t \approx 2n\pi$，$n$为任意整数的脉冲通过媒质。由于这样的脉冲作用于原子，只会使原子的矢量$\boldsymbol{P}$进动了n周后又回复到原来的状态。因此，媒质对光波没有任何吸收，就像是透明的一样。这种现象称自感生透明。事实上，对2π光脉冲，脉冲的前沿部分发生原子对光的吸收，而在后沿部分原子又把吸收的能量交回给光波。对$n>1$的$2n\pi$脉冲，也存在类似的能量经过吸收又被交回的过程。因而，这种效应必然伴随着光脉冲的整形以至分裂为多个脉冲。无疑，只有当光脉冲宽度不大于原子弛豫时间时才会发生自感生透明。

超荧光　设有N个二能级原子，它们都处在布居数反转状态。理论和实验都已证明，通过它们与辐射场的相互作用可以使这些原来不相干的原子关联起来，从而形成一个电偶矩而发出很强的相干辐射。其辐射强度与N^2成正比，而不像自发辐射那样与N成正比。此现象称为超荧光。

近年来也已发现和研究了一系列三能级原子的瞬态相干光学效应及在光混频中的瞬态相干效应。

瞬态相干光学效应目前主要应用在固体和气体介质中共振谱线增宽性质的研究和激发态弛豫参量的测量。

（叶佩弦　邹英华　王树峰）

斯必泽电阻率　Spitzer resistivity　完全电离气体的经典电阻率。由L.斯必泽首次推出。斯必泽电阻率表述为：

$$\eta = 5.2\times 10^{-5}\alpha Z\frac{\ln \Lambda}{T_e^{3/2}}\ (\Omega\cdot \mathrm{m})$$

式中Z为离子电荷数，α为与Z有关接近1的常数，$\ln\Lambda$为库仑对数，T_e为电子温度，单位为电子伏（1电子伏相当于1.16万度）。由于**库仑对数**只弱依赖于密度，这一电导率主要与电子温度有关，随温度升高电阻率逐渐降低。

在磁约束等离子体中，沿磁场方向的电导率也符合斯必泽电导率，但在环形磁场位形中，由于捕获粒子的作用，必须对斯必泽电阻率进行新经典修正。

（王　龙）

斯莱特-鲍林曲线　Slater-Pauling curve　3d过渡金属二元合金基元的平均原子磁矩和基元核外价电子总数的关系曲线。其特征是基元的平均磁矩与基元的核外价电子总数近似成线性关系。20世纪30年代，J.C.斯莱特和L.C.鲍林分别发现了这一特定关系，其与合金的晶体结构没有明显联系，且这种变化规律可以简单用过渡金属磁性的刚性能带模型解释。

对于常见的铁、钴和镍而言，其磁矩分别为2.2、1.7和0.6倍的玻尔磁子μ_B。在铁∶钴＝7∶3附近时，$Fe_{70}Co_{30}$合金磁矩出现最大值2.5μ_B。以$Fe_{70}Co_{30}$合金为顶点的主曲线，左侧的铬、锰和铁的磁矩随平均价电子数从铬开始沿斜率约为1的斜线上升，而右侧的钴、镍和铜的磁矩沿斜率约为−1的斜线下降。从而$Fe_{50}Ni_{50}$合金和金属钴具有相近的平均磁矩，对应两者具有相同的平均核外价电子数27或者平均价电子数9。

20世纪80年代，A.威廉斯在总结前人理论的基础上，提出并构建了广义斯莱特-鲍林曲线，即三元及多元金属合金的基元磁矩和基元中价电子总数的关系曲线。若M_t为基元的总磁矩，Z_t为基元中的价电子总数，则对应于$M_t=Z_t-18$、$M_t=Z_t-24$和$M_t=Z_t-28$的合金分别满足线性关系。对大多数赫斯勒合金，无论是半赫斯勒合金还是全赫斯勒合金都满足广义斯莱特-鲍林曲线。（薛德胜）

斯莱特近似　Slater's approximation　在量子力学中，用斯莱特行列式表示具有反对称性质的多费米子系统波函数的一种近似方法。斯莱特行列式满足了**泡利不相容原理**，即交换两个费米子（电子）时，波函数改变符号，或具有相同自旋轨道的两个电子的斯莱特行列式对应零波函数。

N电子体系的斯莱特行列式的形式如下：

$$\Psi(x_1,x_2,\cdots,x_N) = \frac{1}{\sqrt{N!}}\begin{vmatrix} \phi_1(x_1) & \phi_2(x_1) & \cdots & \phi_N(x_1)\\ \phi_1(x_2) & \phi_2(x_2) & \cdots & \phi_N(x_2)\\ \vdots & \vdots & \ddots & \vdots\\ \phi_1(x_N) & \phi_2(x_N) & \cdots & \phi_N(x_N)\end{vmatrix} = |\phi_1,\phi_2,\cdots,\phi_N|$$

单一的斯莱特行列式在**哈特里-福克方法**中可用作电子波函数的近似，但在更为准确的理论方法（如组态空间作用）中，需要多个斯莱特行列式的线性组合。可以说，斯莱特行列式是最简单的费米子波函数，但并非每一个费米子波函数都能够以斯莱特行列式的形式存在。给定费米子波函数的最优化的斯莱特近似使斯莱特行列式和目标波函数之间具有最大化的重叠。

（吴　勇）

斯穆特，G.F.　George Fitzgerald Smoot（1945－02－20～　）美国天体物理学家，生于佛罗里达州育空。大学和研究生时代在麻省理工学院攻读数学和物理学，1970年获物理学博士学位。他是观测天体物理学和宇宙学领域的活跃研究者。斯穆特从70年代起供职于劳伦斯伯克利国家实验室和加利福尼亚大学伯克利分校物理系，致力于银河系和宇宙背景辐射的观测研究，包括地面射电望远镜观测、球载仪器和卫星实验。作为1989年升空的美国国家航空航天局宇宙背景探索者（COBE）卫星上较差微波辐射计（DMR）的首席科学家，他和同事们经过缜密的数据处理，于1992年发表了首张全天宇宙微波背景图，在扣除银河系的贡献和由于观测者运动产生的偶极矩效应后，表明来自宇宙早期的遗迹辐射在不同方向的温度起伏不到十万分之一，正是这些微小的不均匀性的种子经过数十亿年的演化，形成了星系、星系团等巨大的天体。由于这一杰出贡献，斯穆特和J.C.马瑟分享了2006年度诺贝尔物理学奖。

斯穆特还对2001年发射的第二代宇宙微波背景各向异性探测卫星（WMAP），以及欧洲空间局拟于2007年发射的、空间分辨率和灵敏度更高的第三代卫星普朗克计划做出了贡献。

（邹朗克）

斯塔克，J.　Johannes Stark（1874－04－15～1957－06－21）德国实验物理学家。生于希肯奥夫的上帕拉蒂那特，卒于上巴伐利亚。1894年起进入慕尼黑大学学习，1897年获博士学位。1900年任格丁根大学讲师。不久转到

格丁根物理研究所工作。1909年在亚琛技术学院任教授。1920年在维尔茨堡成为W.维恩的继任者。

斯塔克主要研究气体导电。1906年进入格丁根物理研究所后不久，他发现了极隧射线（阳极射线）谱线位置的移动，即在地球上的光源中检验出多普勒效应。1913年斯塔克使用一个色散度大、灵敏度高的摄谱议，并装备了高强度光源以及真空泵，在极隧射线管上加上强电场，对氢和氦的谱线进行研究，发现在氢光谱蓝线位置上出现了几条谱线。这表明在电场中，氢原子光谱线出现劈裂，这一现象后被称为斯塔克效应。由于这一成就和发现极隧射线中多普勒效应，斯塔克获得1919年诺贝尔物理学奖。斯塔克是一个反犹太的种族主义者，也是希特勒的支持者。1933～1939年，他被希特勒委任为物理技术研究协会主席。他追随希特勒，挑起反对近代理论物理的论争，诽谤M.von劳厄和A.J.W.索末菲等人。1947年反纳粹法庭判处他在劳动营服苦役四年。

（戴念祖）

斯塔克减速 Stark deceleration 根据直流斯塔克效应，采用时序控制的非均匀电场实现分子束的纵向减速。传统静电斯塔克减速器由N对加上正负高压的减速电极沿着分子束方向排列而成，为了提高横向稳定性（或改善横向聚焦特性），相邻一对减速电极是相互垂直的。除传统斯塔克减速器以外，还有环状电极斯塔克减速器、芯片斯塔克减速器和行波斯塔克减速器等。

静电斯塔克减速的基本原理是：一束脉冲分子束沿着静电斯塔克减速器的轴向运动时，由于那些处于弱场搜寻态分子的电偶极矩方向和电场方向反平行，它们将受到一个电场偶极力的减速作用，相当于处于弱场搜寻态的分子在斯塔克势垒上“爬坡”，在这一过程中分子势能增加，因机械能守恒导致分子动能的损失。如果电场一直开着，被减速的分子在“下坡”的过程中将获得与“爬坡”过程中损失的相同动能，因而分子的动能在一个“爬坡—下坡”的循环过程没有任何能量损失。但是如果当脉冲分子波包接近一对电极中央时，突然关掉电场，由于这一非绝热过程，分子的势能突然降为零，而动能保持不变，在这一过程中，分子就获得一个净减速，分子损失的动能就等于分子“爬坡”过程中增加的斯塔克势能。接着，分子波包继续通过第二对、第三对……第N对减速电极，将不断重复上述过程，分子将损失更多的动能，从而导致了分子的有效减速与冷却。例如，采用长度为50厘米、减速电极为100级的静电斯塔克减速器，在±10千伏的电压下，可将中心速度为380米/秒的超声ND_3分子束减速至0，相应的冷分子温度可达1～10毫开（mK）。此外，根据交流斯塔克效应，采用红失谐的静止或脉冲光学晶格即可构成光学斯塔克减速器，并实现超声分子束或亚声速分子束的有效光学斯塔克减速。静电或光学斯塔克减速器是一种制备冷分子的有力工具，在分子光学实验、冷碰撞物理、冷化学物理、精密测量物理和精密光谱学等领域中有着广阔的应用前景。

（印建平）

斯塔克效应 Stark effect 原子或分子的能级在外电场的作用下发生移动和劈裂的现象。由J.斯塔克在1913年发现。斯塔克效应使得波函数也发生了变化，导致跃迁概率的改变，有时甚至会使得原子中原来的禁戒跃迁变成允许跃迁。

线性斯塔克效应是由外电场与原子、分子内部电多极矩的相互作用引起，二级斯塔克效应是由外部电场与外部电场在原子、分子内部感生的电多极矩的相互作用引起。外部电场可以是均匀静电场、非均匀静电场、交变电场、脉冲电场、电磁辐射电场，还可以是原子、分子周围其他带电粒子产生的电场等多种形式。

斯塔克效应中外部电场为10^5伏/厘米量级，远小于10^{11}伏/厘米量级的原子内部电场强度，可使用量子力学微扰处理方法。偶极矩改变宇称，不同宇称的态之间的矩阵元才不为零，因此对于非简并的能级无斯塔克效应。对于氢原子的线性斯塔克效应，在非相对论近似下，对于主量子数n，能级分裂和移位的公式为：

$$\Delta W^{(1)}=\frac{3}{2}n(n_1-n_2)ea_0E,$$

式中(n_1-n_2)的取值范围从$-(n-1)$到$(n-1)$的整数；e为电子电荷；a_0为玻尔半径；E为电场强度。对于氢原子的二级斯塔克效应，能级劈裂公式为：

$$\Delta W^{(2)}=\frac{n^4}{16}[17n^2-3(n_1-n_2)^2-9m_l^2+19]a_0^3E^2$$

式中m_l为轨道磁量子数。对于类氢原子，将上面公式中的n换成n/Z即可。考虑相对论效应后，能级的劈裂会复杂一些。

分子中也存在斯塔克效应。线性分子中永久电偶极矩总是沿着分子的轴方向，分子的整体转动垂直于该轴，因此没有线性斯塔克效应。对于有些对称陀螺结构的分子，在分子轴方向上有永久电偶极矩，因此有线性斯塔克效应。一般的球形陀螺分子没有永久电偶极矩，不存在一级斯塔克效应，但在某些振动激发态上可由振动产生很小的永久电偶极矩，从而引起一级斯塔克效应。

斯塔克效应主要应用于原子、分子的结构研究中。等离子体谱线的斯塔克增宽和场感生谱线的出现可用于电场强度和带电粒子密度的测定。动态斯塔克效应偏振仪可用于磁场倾角测量。斯塔克效应还应用于光强度的调制，可对固体和晶体进行其定域电场和杂质激发态的研究。利用量子阱结构中的量子限制斯塔克效应可制成电吸收型光强度调制器，具有调制速率高、频率啁啾小、易于集成的优点。

（王 敏 龙桂鲁）

斯特恩，O. Otto Stern（1888-02-17～1969-08-17） 德国实验物理学家。生于德国索劳（今属波兰），卒于美国加利福尼亚州伯克利。1906年入布雷斯劳大学学习物理化学，1912年获哲学博士学位。同年他到布拉格当A.爱因斯坦的助手，以后又随爱因斯坦转到苏黎世。1914～1923年先后任法兰克福大学理论物理学讲师、罗斯托克大学教授。1923～1933年任德国汉堡大学教授。1933年因A.希特勒上台而辞职，并移居美国，任匹兹堡卡内基理工学院教授，1945年退休。

斯特恩最早研究统计热力学和量子理论，后来兴趣转到分子束方法，他发展了用分子束（原子束）作为研究分子、原子和原子核特性的有力手段。1920年用原子束实验最先直接验证麦克斯韦速度分布律。1921年，他与W.革拉赫合作运用分子束方法首先证明了原子磁矩的存在，即在实验上证实原子在磁场中的取向是空间量子化的。该实验在科学史上被称为斯特恩-革拉赫实验。它提供了一种测量原子磁矩的方法，也为测定亚原子粒子的磁矩奠定了基础。1933年，与O.R.弗里施合作测定了氢分子中质子的磁矩，发现它的实际值约为理论值的2.5倍。由于在发展分子（原子）束方法和测量质子磁矩方面所做的贡献，斯特恩获1943年诺贝尔物理学奖。

（郭奕玲）

斯特恩-革拉赫实验 Stern-Gerlach experiment 由O.斯特恩和W.革拉赫完成的原子物理实验。在斯特恩-革拉赫实验中，制备好的银原子束通过一个不均匀的磁场区域，射线束在磁场作用下发生偏折，最后落在观察屏上。若*原子磁矩*可以任意取向，则屏上就该形成一片黑斑。实验发现屏上实际形成了两条清晰分立的黑斑，表明银原子的磁矩只能取两个特定的方向，从而验证了原子角动量在磁场方向的投影是量子化的。该实验于1921年到1922年期间完成，这是历史上首次直接观察到原子磁矩量子化现象。斯特恩因此荣获1943年诺贝尔物理学奖。 （金光日）

斯特里克兰，D. Donna Strickland（1959-05-27～ ） 加拿大物理学家。生于圭尔夫。1981年获加拿大麦克马斯特大学学士学位。1989年获美国罗彻斯特大学博士学位。加拿大滑铁卢大学教授。

1985年，正在罗彻斯特激光能量学实验室攻读博士学位的斯特里克兰与导师G.穆鲁为进一步提高激光脉冲峰值功率奠定基础。他们在不破坏被增强型材料的情况下，成功制造出超短、高强度激光脉冲。他们首先将激光脉冲拓宽，以减小其峰值功率，然后对其放大，最后进行脉冲压缩。当脉冲在时间上被压缩并变得更短时，更多的光将会聚集在同一个微小空间中，脉冲强度则急剧增加。这一发明被称为啁啾脉冲放大技术（CPA），迅速成为后来的高强度激光标准。他们的发明革新了激光科学领域，使物理学家可以制造出更短且更强的激光脉冲，广泛应用于核物理、粒子物理等物理学各分支，以及医学领域的成像技术和癌症早期诊断和治疗。2018年，斯特里克兰与穆鲁因在激光物理学领域的突破性发明，尤其是“产生高密度超短光学脉冲的方法”方面的贡献，与美国物理学家A.阿斯金共同分享诺贝尔物理学奖。 （尹晓冬）

斯通利波 Stoneley wave 在两种声学性质不同介质的平面分界面上传播的波，通常这两种介质都是固体。斯通利波是一种变态的瑞利波，因R.斯通利首先发现并研究而得名。斯通利波是否存在与介质的弹性拉莫尔常数和介质密度有关，它的传播速度由两个介质的性质决定。如果这两层介质中有一种是固体，而另一种是流体，则认为是斯通利波的一个特例，称为Scholte波。在声波测井中，井孔为有限尺寸（井径小于井内流体纵波波长），孔内为钻井液，孔外为固体地层，在接收波列中存在着一种以接近井内流体纵波速度传播的波。早期人们认为这种波是由井内声源发出沿钻井液直接传播到接收探头的，并被称之为“直达波”。但实际上这是一种沿液固界面（井壁）传播的导波，它更多的受到井内流体的制约，但同时受井外地层的影响。井内流体中传播的“直达波”不再是纯纵波，速度也略低于流体的纵波速度，也被称为斯通利波或井眼斯通利波。井眼斯通利波是一种频散波，但频散很弱；斯通利波的速度以流体的纵波速度为上限，幅度随离井壁距离增加而减小。

Scholte波是斯通利波的一个特例。Scholte波的能量大部分在液体而非在固体中传播，其波速小于液体中的纵波速度。在液体中，随着离界面距离增加，波幅稍微减小；但在固体中，波幅随离界面距离增加迅速减小。 （林伟军）

斯托克斯，G.G. Sir George Gabriel Stokes（1819-08-13～1903-02-01） 英国物理学家和数学家。生于爱尔兰斯莱戈郡，卒于剑桥。1837～1841年就学于剑桥大学。1849年起担任剑桥大学卢卡斯教授席位。1851年被选为英国皇家学会会员，3年后任皇家学会秘书长达31年之久，1885～1890年任皇家学会会长。

斯托克斯在流体动力学、光学、光谱学和数学等领域都有成就，发表过大量理论与实验方面的论文。他还系统地研究固体的弹性、波在弹性媒质中的传播等问题。1842年起他相继提出不可压缩流体的稳恒流动理论和流体流动的摩擦理论。1845年，他和法国的C.-L.-M.-H.纳维等人分别独立地推导出黏滞流体的动力学方程（被称为纳维-斯托克斯方程），这项基本性的贡献奠定了传统流体动力学的基础。1851年，斯托克斯推导出固体小球在黏滞流体中以匀速缓慢移动时所受的阻力为$F=6\pi\eta a v_0$，式中v_0为小球速度，η为黏滞系数，a为小球半径。这是小球在流体中受重力作用自由降落的最终稳恒速度的近似公式，被称为斯托克斯公式或斯托克斯黏性定律，它后来在气象学领域以及密立根油滴实验等许多问题中有重要的应用。斯托克斯把连续介质观点应用于弹性固体平衡及运动理论时区分了形变与容变两种弹性模量。

在光学方面，斯托克斯在1845～1846年提出光行差理论，研究了以太作为传播光波的弹性介质所应具有的性质问题。他研究了光的干涉和*牛顿环*，于1849年提出光衍射的动力学理论，明确指出平面偏振波的偏振面与振动方向垂直。1852年，他解释了不可见的紫外光通过萤石等转为可见光的现象，并将这种光命名为“荧光”。他发现荧光体所发荧光的波长总比激发光的波长长，即斯托克斯线；后来发现温度相当高时，荧光波长反而变短的反现象，即反斯托克斯线。他提倡利用荧光现象研究物质对紫外线的吸收和用来进行各种有机物的光谱分析。1862年他还提出了关于晶体双折射的动力学理论。他对光学许多方面的贡献部分地反映在他于1887年出版的《论光》文集中。他还研究过大地的重力测量等问题。

斯托克斯紧密结合物理研究的需要，对数学也做出了一定贡献，如在1849年提出矢量分析中关于空间线积分与面积分基本关系的斯托克斯定理、无穷级数及定积分计算等。 （戴念祖）

斯托默，F.C.M. Fredrik Carl Mülertz Størmer（1874-09-03～1957-08-13） 挪威数学家和空间物理学家。又译史笃默、斯托末。生于希恩，卒于奥斯陆。毕业于奥斯陆大学。1892～1903年在奥斯陆大学主要从事基础数学研究工作，后任该校数学教授。

1903年在挪威天体物理学家K.伯克兰的地球模拟实验的启发下，从事对带电粒子在偶极磁场中运动轨迹的计算工作，其计算结果为研究宇宙线粒子在地球附近的运动以及地球辐射带的发现建立了理论基础。1909年为了将他的理论计算结果与观测进行比较，他在挪威组织了观测极光与特殊类型云图的观测台站网，并成功利用一种照相方法来确定极光的高度与位置。1955年他出版了关于极光研究方面的重要著作《极区极光》，这部书总结了他在极光研究中的理论计算和实验结果。此外，他在级数、数论和函数等方面也有一定贡献。 （徐荣栏）

斯托纳-沃尔法斯模型 Stoner-Wohlfarth model　描述单畴磁性颗粒的磁化强度在其磁矩均匀反转情况下随磁场变化的理论模型。一般用于计算单畴磁性颗粒的*磁滞回线*，由E.C.斯托纳和E.P.沃尔法斯在1948年提出。此模型假设单畴磁性颗粒具有单轴磁各向异性，各向异性常数为K_u，磁场方向沿某方向而大小改变(不失一般性，设该方向为x轴)，磁化强度$\boldsymbol{M}$为颗粒内饱和磁化强度$\boldsymbol{M}_s$在x轴方向的投影，单畴颗粒内磁矩转动只受磁场和磁各向异性作用，热扰动引起的磁矩转动忽略不计，当颗粒的磁化易轴与磁场的夹角为θ时，根据能量极小原理及所加磁场变化的历史，可计算出在不同磁场下颗粒磁矩与x轴的不同夹角α，从而可全面计算出磁化强度随磁场变化，即单畴磁性颗粒的磁滞回线。　（马　嵩　张志东）

四费米子相互作用有效理论 effective theory of four-fermion interactions　发现弱相互作用宇称不守恒后，1957～1958年建立的普适V-A（矢量-轴矢）费米型弱相互作用理论。四费米子相互作用有效理论对于确立弱作用是规范相互作用起了关键作用。从*电弱统一理论*和*粒子物理标准模型*理论来看，它是把传递W玻色子的动量略去直接得到的有效理论。　（张肇西）

四分之一波片 quarter-wave plate　一种特殊的波片，能使寻常光与非常光之间的光程差除了是整数倍波长外还要有四分之一波长的差别。见*波片*。

四极辐射 quadrupole radiation　随时间变化的四极矩的*电磁辐射*。四极矩分为电四极矩和磁四极矩，四极辐射相应的分为电四极辐射和磁四极辐射。若用$\boldsymbol{E}(\boldsymbol{r},t)$和$\boldsymbol{B}(\boldsymbol{r},t)$分别表示真空中远离四极矩的$\boldsymbol{r}$处的辐射场在$t$时刻的电场强度和磁感应强度，在四极矩的空间尺度$l$和辐射场波长$\lambda$满足$r\gg l$、$\lambda$的条件下，对电四极辐射来说则有：

$$\boldsymbol{E}(\boldsymbol{r},t)=\frac{\left[\dddot{\boldsymbol{D}}\left(t-\frac{r}{c}\right)\times\hat{\boldsymbol{r}}\right]\times\hat{\boldsymbol{r}}}{24\pi\varepsilon_0c^3r^3}$$

$$\boldsymbol{B}(\boldsymbol{r},t)=\frac{\dddot{\boldsymbol{D}}\left(t-\frac{r}{c}\right)\times\hat{\boldsymbol{r}}}{24\pi\varepsilon_0c^4r^2}$$

式中$\boldsymbol{D}(t)=3\int_{V_l}\rho(\boldsymbol{r}_l,t)\,\boldsymbol{r}_l\boldsymbol{r}_l\mathrm{d}V_l$为小区域$V_l$中电荷体系的电四极矩张量；$\rho(\boldsymbol{r}_l,t)$为电荷密度；$\boldsymbol{r}_l\boldsymbol{r}_l$为电荷位置矢量的并矢；$\dddot{\boldsymbol{D}}\left(t-\frac{r}{c}\right)=\frac{\mathrm{d}^3\boldsymbol{D}(t')}{\mathrm{d}t'^3}\Big|_{t'=t-\frac{r}{c}}$为电四极矩张量对推迟时间的三阶导数。电四极辐射的能流密度矢量为$\overline{\boldsymbol{S}}=\frac{1}{4\pi\varepsilon_0}\frac{1}{288c^5r^4}|\dddot{\boldsymbol{D}}\times\hat{\boldsymbol{r}}|^2$，辐射角分布由因子$|\dddot{\boldsymbol{D}}\times\hat{\boldsymbol{r}}|$决定，总辐射功率正比于$\omega^2(l/\lambda)$，其中$\omega$为辐射场频率。电四极辐射与磁偶极辐射同数量级，所以比电偶极辐射弱$(l/\lambda)^2$数量级。对于磁四极辐射来说，其强度又比电四极辐射弱$(l/\lambda)^2$数量级，通常忽略不计。　（杨国建）

四夸克 tetraquark state　在粒子物理学中，四夸克态是由四个价夸克组成的粒子。四夸克态具有整数的自旋，为一类尚未被实验确认的*强子*。

在传统夸克模型中，强子包括*介子*和*重子*。其中，介子由两个正反价夸克组成，而重子由三个价夸克组成。原则上，*强相互作用*的基本理论*量子色动力学*允许存在由多于三个价夸克组成的粒子，这些区别于普通强子（介子和重子）的粒子也被称作奇特强子态。此外，奇特强子态还包括胶球、混杂态等。四夸克态存在两种形式，一种是由两个色单态集团组成，这种形式也被称作分子态；另一种则是由两个色多重态集团组成。四夸克态如果存在，将是超出传统夸克模型的奇特强子态的一个例证。

四夸克态尚未被实验确认，但是实验上有一些四夸克态可能的候选者。从2003年开始，在国际各大粒子物理实验上，许多以X、Y、Z命名的类粲偶素态相继被发现，它们的发现为研究和确认四夸克态提供了良好的契机。由于粲偶素必须为电中性，因此实验发现的带电的类粲偶素态是四夸克态最好的候选者，包括带电荷的类粲偶素态Z（4430）以及带电荷的类粲偶素态Z_c（3900）。　（刘　翔）

四维时空间隔和物理事件分类 four-dimensional space-time interval and classification of physical events　在*狭义相对论*中，一维时间和三维空间构成闵可夫斯基四维平直时空，其度规可取为$\eta_{\mu\nu}=(-1,1,1,1)$，相应的下标$\mu,\nu=0,1,2,3$。任意两个物理事件的四维间隔的二次方写为：

$$\mathrm{d}s^2=\eta_{\mu\nu}\mathrm{d}x^\mu\mathrm{d}x^\nu=-c^2\mathrm{d}t^2+\mathrm{d}x^2+\mathrm{d}y^2+\mathrm{d}z^2$$

*洛伦兹变换*保持四维间隔不变，即$\mathrm{d}s'^2=\mathrm{d}s^2$。四维间隔的二次方只有三种类型：$\mathrm{d}s^2<0$称为类时间隔；$\mathrm{d}s^2=0$称为类光间隔；$\mathrm{d}s^2>0$称为类空间隔。相应的物理事件分别称为类时事件、类光事件、类空事件。如果两个物理事件代表的是某一物质的运动，分别是亚光速运动、光速运动、超光速运动（狭义相对论排除了超光速运动的存在，物理事件只能是类时事件或类光事件）。四维间隔在洛伦兹变换下保持不变，因而这三类不同类型的运动不会通过坐标变换而互相转化。例如，不可能通过洛伦兹变换把亚光速运动变为超光速运动，反之亦然。　（张元仲）

四圆衍射仪 four-circle diffractometer　一种测量单晶X射线衍射强度的仪器。四圆衍射仪使用一个计数器（如盖革-米勒计数器）测量一个衍射光束（或斑点）的强度。一个单晶的衍射点可有几百到上万个。计数器总是保持在水平面上，但可通过旋转测角头上的晶体的方位使得要测量的每一个衍射点落在水平面上。测角头与计数器的方位由$(\chi,\omega,2\theta,\varphi)$四个欧拉角确定，故称为四圆衍射仪。$\chi$角可以在0～360度调节侧角头的旋转轴方向，而$\varphi$角是侧角头上的旋转角，可进一步在0～360度调节晶体及其衍射点的方位。2θ角可调节计数器测量的衍射光束与入射X射线之间的夹角，即布拉格角。ω角可调节侧角头绕垂直于水平面的旋转轴的旋转。同时，在测量衍射强度时对ω角进行扫描，一般范围很小，在0.5～5度。四圆衍射仪有一个固定的光学中心，四个欧拉角旋转轴都相交于光学中心。所以，当晶体被精确调节在光学中心时，测量衍射强度的实验过程中的任何欧拉角旋转都不会移动晶体的空间位置。这样就保证入射X射线总是穿过晶体。

四圆衍射仪是由美国的T.C.福纳斯于1955年发明的。早期是用于测量蛋白质单晶的衍射强度，后来被广泛用于研究有机分子的晶体结构。由于测量时必须预先计算出每一个衍射点的四个欧拉角，四圆衍射仪很早就实现了由计算机控制的自动化。这使得单晶衍射强度的测量速度和精度大大超过了当时通常使用的曝光相片底片的记录方法。四圆衍射仪使得“直接法”（一种由衍射强度推算相位的数学方法）在解析小分子晶体学相位问题中的应用成为可能。由于其他测量X射线衍射强度的探测仪的出现，如成像板、CCD等面探测仪，四圆衍射仪现已不被广泛使用，但大多数现代衍射仪都应用四圆衍射仪的设计原理。　（仲　佰）

宋家树 Song Jiashu（1932-03-21～　）中国金属物理学家。籍贯安徽舒城。生

于湖南长沙。1954年毕业于东北人民大学物理系，1958年该校研究生毕业，后留校任教。1960～1973年在第二机械工业部第九研究院，任室副主任、车间副主任。1973～1985年任第二机械工业部903厂副总工程师、总工程师，中国核学会材料分会副理事长。1986～1991年任中国核工业总公司军用局总工程师。1991～1996年先后任中国工程物理研究院科技委委员，国防科工委科技委兼职委员，核材料学会副理事长，中国原子能机构核材料管制办公室专家委员会成员。1986年起任国务院发展研究中心国际技术经济研究所研究员、高级顾问。1993年当选为中国科学院院士。1997年后任中国科学院军控研究小组主席，亚太安全合作理事会（CSCAP）中国委员会委员。

20世纪50年代宋家树从事高温合金及金属强度研究，取得多项成果。之后，在特种核材料应用研究这一科技领域中进行了长期的开创性的研究，有不少创造发明。从60年代开始从事核武器研制工作，参加过第一颗原子弹、第一颗氢弹的关键部件技术攻关，为发展核技术做出了重要贡献。后期从事新材料及能源领域发展战略和军备控制方面的研究。曾应聘参加国家高技术计划，科技攻关及新材料应用研究计划的编制工作。作为新一代核武器攻关的技术负责人之一，他完成了新型核材料及关键热核部件的攻关任务，为此曾获多项国家级奖励。获1987年国家科技进步奖特等奖，1980年国防科工委重大科技成果三等奖，1987年和1988年国家发明奖三等奖。 （尹晓冬）

苏肇冰 Su Zhaobing（1937-06-21～　）中国物理学家。生于江苏苏州。1958年毕

业于北京大学物理系，并留校任教。1963年后，他先后被聘为第二机械工业部第九研究院第九研究所副研究员、研究室主任，中国科学院理论物理研究所研究员、研究室主任、所长。1991年当选为中国科学院学部委员（院士）。2000年当选为第三世界科学院（发展中国家科学院）院士。

苏肇冰主要从事凝聚态理论和统计物理方面的研究，并取得多项重要成果。1978年以来，在闭路格林函数理论及其应用的研究方面，他与**周光召**、**郝柏林**、**于渌**合作，系统地将现代**量子场论**与统计格林函数结合，发展了适用于平衡和非平衡统计的闭路格林函数方法。20世纪80年代初期，在经典电磁波局域化问题的研究方面，与K.阿亚合作，预言了电磁波在粗糙金属表面传播的安德森局域化。随后又预言在金属小颗粒悬浮液体中通过测量吸收系数可能观察到电磁波局域化的迁移率边界，其后得到实验验证。在准一维有机导体的研究方面，他与于渌合作推广了20世纪50年代**黄昆**提出的多声子晶格弛豫理论，建立了准一维有机导体系统中非线性元激发的量子跃迁理论。在公度非公度相变的研究方面，他与合作者找到了场论中1+1维手征反常在凝聚态物理中的第一个例子，即非公度电荷密度波集体输运的加速机制。在高温超导现象、量子化**霍尔效应**、非线性导电理论等方面也做了研究。1987年获中国科学院科技进步一等奖。1999年获中国科学院自然科学一等奖。2000年获何梁何利基金科学与技术进步奖。2000年获国家自然科学二等奖。 （尹晓冬）

速度 velocity 描述动点运动方向及快慢的物理量。速度是矢量，通常以$\boldsymbol{v}$表示。速度矢量$\boldsymbol{v}$的方向沿运动方向，大小表示运动的快慢。国际单位制中速度的单位是米/秒，常用的速度单位还有千米/时。如图所示，曲线运动中动点M从瞬时t至瞬时$t+\Delta t$的位移为$\Delta\boldsymbol{r}$，即点M矢径$\boldsymbol{r}$的增量；则比值$\boldsymbol{v}^*=\Delta\boldsymbol{r}/\Delta t$称为点$M$在时间间隔$\Delta t$中的平均速度。当$\Delta t\to 0$时，$\boldsymbol{v}^*$的极限$\boldsymbol{v}$称为点$M$在瞬时$t$的瞬时速度，简称速度。

$$v=\lim_{\Delta t\to 0}\frac{\Delta\boldsymbol{r}}{\Delta t}=\frac{\mathrm{d}\boldsymbol{r}}{\mathrm{d}t}=\dot{\boldsymbol{r}}$$

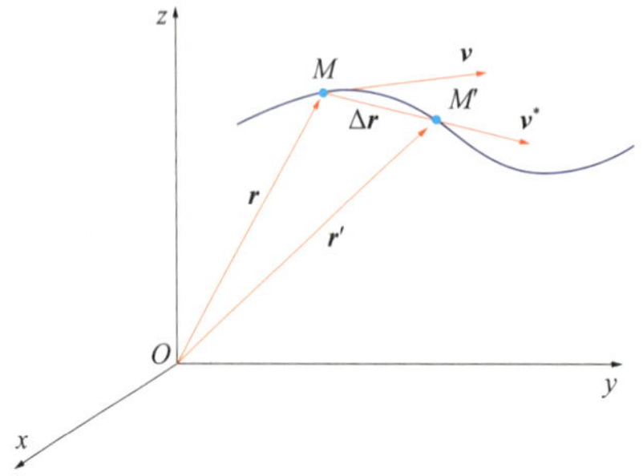

平均速度与瞬时速度

速度是矢径$\boldsymbol{r}(t)$对时间的导数，方向沿轨迹的切线。当描述点M的运动方程已知时，可用对时间求导的方法求解速度。直角坐标系中运动方程为：

$$x=x(t)\quad y=y(t)\quad z=z(t)$$

则速度矢量在三轴的投影为：

$$v_x=\dot{x}(t)\quad v_y=\dot{y}(t)\quad v_z=\dot{z}(t)$$

速度矢量为：

$$\boldsymbol{v}=v_x\boldsymbol{i}+v_y\boldsymbol{j}+v_z\boldsymbol{k}=\dot{x}\boldsymbol{i}+\dot{y}\boldsymbol{j}+\dot{z}\boldsymbol{k}$$

在平面极坐标中，速度可表达为：

$$\boldsymbol{v}=\dot{r}\boldsymbol{e}_r+r\dot{\varphi}\boldsymbol{e}_\varphi$$

在柱坐标系中，速度可表达为：

$$\boldsymbol{v}=\dot{r}\boldsymbol{e}_r+r\dot{\varphi}\boldsymbol{e}_\varphi+\dot{z}\boldsymbol{e}_z$$

在球坐标系中，速度可表达为：

$$\boldsymbol{v}=\dot{r}\boldsymbol{e}_r+r\dot{\theta}\boldsymbol{e}_\theta+r\sin\theta\dot{\varphi}\boldsymbol{e}_\varphi$$

在自然坐标系中，用点M的轨迹及沿轨迹的运动规律$s=s(t)$描述运动，点M的速度为：

$$\boldsymbol{v}=v\boldsymbol{\tau}\text{，}v=\frac{\mathrm{d}s}{\mathrm{d}y}\boldsymbol{\tau}=\dot{s}\boldsymbol{\tau}$$

式中$\boldsymbol{\tau}$为点M处轨迹切线的单位矢量，指向弧坐标的正向。 （贾书惠）

塑性 plasticity 外力作用下材料发生不可逆的永久性形变而不被破坏的能力。又称范性。塑性表示材料在静载荷下发生屈服或流变的性能。

一般可利用金属材料具有塑性而进行各种加工（如轧制、锻造挤压、拉拔、冲压等），为金属零件成形提供有效的途径。金属变形后不仅改变了外观形貌和尺寸，内部的微观组织和性能也发生了变化。金属材料的塑性通常用光滑试样做拉伸试验，用在应力-应变曲线上得到的伸长率δ和断面收缩率ψ两个参数来表示。按照塑性的大小，材料可分为塑性材料（δ大于2%～5%，如铜、钢等）和脆性材料（δ小于或等于2%～5%，如铸铁等）两种。材料的塑性也与受力的方式有关。已发现一些材料具有超塑性，总应变可超过1000%。使静态材料产生塑性形变的机制包括滑移、孪生和扭折。滑移是塑性形变最基本的形式。晶体的滑移是通过位错沿着滑移面的运动来实现的。非晶态材料的形变是由于外力使原子、分子脱离平衡位置而发生黏滞性流变。塑性形变过程是复杂的，应力和应变之间不存在简单的数学关系。塑性理论主要用在研究金属的蠕变、塑性流变及压力加工，预测构件的极限强度和屈服特性等。 （丁炳哲）

塑性形变 plastic deformation 材料在应力作用下经历的不可逆形变。例如，当固体金属被弯曲或捣成新形状时，在材料本

身中发生了永久性的变化。在工程中，从弹性行为向塑性行为的过渡称为屈服。在大多数材料中可以观察到塑性形变，特别是金属、土壤石、混凝土、泡沫、骨骼和皮肤。然而，造成塑性形变的物理机制可能各不相同。在结晶尺度上，金属中的**塑性**通常是位错运动的结果。在脆性材料如岩石、混凝土和骨骼中，塑性主要由微裂纹滑动引起。对于许多延性金属，拉伸应力将导致其以弹性方式形变。应力的每个增量都伴随着扩展的比例增量。当应力被移除时，该部件返回其原始尺寸。然而，一旦应力超过阈值，屈服强度-延伸比弹性区域更快地增加；现在当应力被去除时，一定程度的扩展仍然存在。然而，**弹性形变**是近似的，其质量取决于考虑的时间框架和应力加载速度。如果形变包括弹性形变，则通常也称为“弹性塑性形变”。完美的塑性是材料经受不可逆形变而不增加应力或载荷的特性。具有硬化的塑料材料需要越来越高的应力，导致进一步的塑性形变。通常，塑性形变也取决于形变速度，即通常必须施加较高的应力以增加形变速率。这种材料被称为黏塑性材料。

（邢向军）

算符乘积展开 operation product expansion; OPE 量子场理论中处理算符乘积在时空参数接近奇异点时的一种幂次展开理论。在量子场理论中，通常需要知道当所有其他算符带入或带出的四动量为固定值时，一个算符A所引入的四动量和另一个算符B带出的四动量到达无限大时的振幅行为，即需要知道在时空坐标表示中，当x任意接近y时，$x \to y$，算符A和B乘积在x和y处的行为特性。

如果算符乘积$A(x)B(y)$是x^{μ}的解析函数，则当傅里叶变量k趋近于无穷大时，其傅里叶变换的振幅将呈指数下降。在大动量k极限情况下，对傅里叶变换乘积振幅的行为将主要由时空参数彼此接近时所具有的奇异点特性决定。美国理论物理学家K.G.**威耳孙**于1969年对相关特性展开了开创性的研究。

威耳孙假设算符乘积$A(x)B(y)$关于$x-y$趋近于零的奇异部分可以由其他局域算符展开：

$$A(x)\ B(y) \to \sum_{C} F_{C}^{AB}(x-y)\ C(y)$$

函数$F_C^{AB}(x-y)$是有奇异点的复数函数。一般这一求和应该是无限系列。但维度分析表明，当x很接近y时，$F_C^{AB}(x-y)$将是$x-y$的$d_C-d_A-d_B$次幂的函数。这里d_O是算符O的质量或动量的幂次维数。当增加微商或场构成更复杂的算符C时，d_C也增加，$F_C^{AB}(x-y)$函数的奇异性的强度降低。算符乘积$A(x)B(y)$的展开将由少数几项低维的算符C主导，进而简化了解其算符特性的分析。算符乘积展开的显著优越之处在于它是算符之间存在的关系，因此当应用于任何矩阵元$\langle b|A(x)B(y)|a\rangle$时，对于所有状态$a$和$b$，函数$F_C^{AB}(x-y)$是通用的。

德国物理学家W.齐默尔曼在1970年用微扰方法给出了威耳孙假设的完整证明，为算符乘积展开奠定了坚实的基础。在具体应用算符展开方法时，由于对奇异函数$F_C^{AB}(x-y)$的无穷大需重整化，上述分析的简单幂次维数计算会被修正，获得反常维数γ_0，因此$d_C-d_A-d_B$的计算也会包含反常幂次。

复杂度越来越高的$C(x)$的奇异性减少，因此算符乘积展开方法能得到关于x趋近y时$A(x)B(y)$的行为特性的准确描述。算符乘积展开方法在高能物理和凝聚态物理学中具有广泛应用。

（何小刚）

随机过程方法 stochastic process method 研究随机现象演变过程的统计规律性的方法。以时间作为参数t的随机变量$Y(t)$的时间序列通常称为随机过程。如果进行连续观察，则获得具有连续参数t的函数$Y(t)$作为该过程的样本。如果在离散时间$0<t_1<t_2<\cdots<t_n<T$进行观测，则得到样本$\{y_1, y_2, \cdots, y_n\}$。随机过程研究的是随机现象演变过程的统计规律性，最早源于物理学特别是**布朗运动**的研究。随机过程被用作随机变化的系统和现象的数学模型，不仅广泛应用于自然科学的各个领域，在社会科学的许多领域也日益受到重视。

在统计物理学中，描述大量粒子组成系统的宏观状态物理量，对应于微观量的统计平均。由此定义为平均值的宏观量伴随着由相关微观自由度的热扰动引起的涨落。当所研究的系统处于非平衡态时，描述系统必须要考虑平均值和涨落的时间演化。随机变量和随机过程是非平衡统计物理学的重要工具。1905年A.**爱因斯坦**对布朗运动的理论解释开启了借助随机过程描述自然现象的数理科学发展方向。如果人们只关心由多粒子构成的整体中一部分粒子的演化，则把这部分粒子叫作系统，其他部分称为环境。可以引入随机力的概念来模拟环境对于系统的影响。在微观层面上，系统运动的随机轨迹是概率描述的基本要素。一般假设随机力的不同随机实现是独立的，并且粒子的运动不具有长时间记忆。法国物理学家P.**朗之万**第一次在布朗粒子牛顿运动方程中增加随机力，开创了一个现在称为随机微分方程的数学领域，这样**朗之万方程**也成为研究各种非平衡系统的常见方程。将随机过程用于非平衡物理过程的模拟，通常采用马尔可夫近似。通过研究该马尔可夫过程概率分布演化的主方程以及**福克-普朗克方程**可得到相关物理系统的非平衡演化行为。如果随机过程在离散空间和时间上演化，则可以使用元胞自动机模型。

（史华林）

随机激光 random laser 靠光在无序介质中的多重散射来构成光学反馈和光限制的一种非传统意义的激光。据散射所提供的反馈是强度反馈还是振幅反馈，随机激光分为两类：一类具有非相干反馈；另一类具有相干反馈。

在首个激光器问世后不久，就发展出了非谐振反馈的激光腔，其法布里-珀罗腔的一面镜子被一个散射面所取代。随后出现了在含有散射体的增益介质中光的自生长的理论设想。自发辐射的光子在增益介质中经历多次散射而随机行走，导致增益介质受激辐射而产生更多的光子。一旦光子的产生率超过了通过介质界面光子的泄漏率时，介质中的光子数量就会随时间增长。这个过程类似于原子弹中中子的产生，因此曾被戏称为“光子弹”。上述过程曾在固体粉末或含有散射颗粒的染料溶液中实现。多重散射不仅通过增加在增益介质中的路径长度来增强光子放大，而且还把从泵浦区逸出的光子部分反馈回来以提供能量。由微米或纳米颗粒构成的随机激光有时被称为涂料激光。

对于具有相干反馈的随机激光，光散射提供了振幅的反馈，这一反馈是相位敏感的并且是谐振的。这与具有强度反馈的随机激光很是不同，那里反馈对相位不敏感，而且是非谐振的。经过多次散射后，光子有一定概率回到原来的位置，只要散射是弹性的，返回的光子是相位相干的，它们的干涉产生特定频率的激光模。这些激光模通常会在发射谱中形成分立的谱峰，峰的频率取决于散射体的空间配置。

具有相干反馈的随机激光器既可在几何光学范畴运转，也可在波动光学范畴运转。在前者情况下，折射率空间涨落的相关长度比光学波长大得多，如在平滑的聚合物薄膜中。此时光的传播可以用光线轨迹来描述。尽管大多数轨迹是混乱和开放的，但不稳定的周期性轨道确实存在，可以支持激光作用。不过，在结构相关长度与光波长可比甚至还小的无序介质中，光散射应用波动光学描述。这样的随机介质可以由具有增益的微米或纳米颗粒的聚集形成，或在增益材料中掺入被动散射体。光因多重散射和波干涉被部分受限在介质里。借助外部**泵浦**，由于不完整限制而导致的光子外泄可以通过光子放大得到补偿，从而引起激光振荡。

随机激光已经在多种材料系统中实现，如粉末、溶液、多晶、胶体、聚合物、光纤和有机物等。激光频率范围从近紫外到中红外。虽然随机激光可以发生在弱散射系统和强散射系统中，但对较弱的散射激光阈值较高。随机激光有独特的性质，这可能会引起广泛的应用。例如，随机激光辐射的空间相干性可以通过调整散射强度或激发过程来降低。作为照明源，具有低空间相干性的随机激光可以消除相干伪像和全景成像中的串扰。另外，其激光频率还是随机结构的光谱指纹，因而在光学标签和传感方面有潜在的应用。

随机激光是一个复杂的开放式非线性动力学系统。它可以支持许多激光模式，而这些模式可通过增益饱和而相互作用。因此，多模随机激光可以成为一个模型系统对统计物理学进行基础研究，如对莱维统计和自旋玻璃理论的研究。随机激光的复杂性导致其多样化行为，它可以是单模激射或多模激射，其输出可以是各向同性的或定向的，其辐射可以具有较高的或较低的相干性。随机激光的特性易调控，激射频率和阈值可通过调整散射介质的结构或散射体的形状来控制。同时，对随机激光的研究也提高了对星系的微波激射以及恒星大气层中激光的认识。（曹 蕙）

随机行走 random walk 描述由一系列随机步骤组成的路径的一种随机过程。一个简单的例子是发生在无限格点上的随机行走，初始位于原点的步行者以相同的概率走到最邻近格点中的一个，该过程以时间间隔Δt重复，这也被称为醉汉游走问题。对于这个简单的随机行走，步行者的位移平均值为零，方差正比于所走的步数。从原点出发再次返回原点的概率与空间维数有关。一维行走返回原点的概率为1，二维行走返回原点的概率也是1，但三维行走返回原点的概率小于1，仅为0.340 537 329 6…（波利亚计数）。随机行走这个术语在1905年由英国数学家K.皮尔逊首次提出。随机行走被广泛地用于作为扩散现象的微观模型。通常，可以假设随机行走是以马尔可夫链或**马尔可夫过程**的形式出现，但比较复杂的随机行走则不一定以这种形式出现。如果走过的点都不许再碰，称为自回避行走，通常用来描述溶液中高分子链的行为。在某些限制条件下，随机行走还会出现一些比较特殊的模式，如莱维飞行。随机行走模型可以应用于生态学、心理学、物理学、化学、生物学，以及经济学等许多领域。（史华林）

随机振动 random vibration 对未来任何一个给定时刻的瞬时值不能预先确定的振动。随机振动的大小在某个范围内存在着概率，它由概率密度函数确定。自然界与工程中存在着一大类的振源，如路面不平、大气湍流、海浪、地震等，它们的特点是随机性，即不能用确定性的时间和（或）空间的函数描述，只能用概率或统计方法描述。当机械或结构系统受到这类具有不确定性随机振源的激励，就产生具有不确定性的随机振动。研究这些机械或结构系统对随机激励的稳定性、响应和可靠性，对那些经受自然界随机激励的航天航空设施、船舶、桥梁、建筑物和车辆的安全有重大意义。

随机振动的研究内容包括：随机过程的各种描述方法；随机激励源的统计特性；机械或结构系统在随机激励源作用下的响应特性；机械或结构系统在随机激励源作用下随机振动的控制；提高机械或结构在随机激励下的可靠性。

随机过程通过统计方法来描述；在时间域中用概率分布函数、概率密度函数、均值、均方值、方差等来描述；在时延域中用相关函数和来描述；而在频率域中用谱密度函数描述。

随机激励源的特性通过大量的测试获得。许多实际情况下，上述随机激励源为零均值时，各态历经平稳的高斯随机过程。当实际情况不满足零均值各态历经平稳高斯随机过程的条件时，在探讨性研究中随机激励源也常被模型化为等效的零均值各态历经平稳高斯随机过程。

实际的机械或结构系统几乎都是连续的、非线性的。离散线性系统是实际系统经离散化与线性化后得到的一种理想化模型，对这种模型线性叠加原理成立。对系统模型不同的表示方法，可相应地利用系统的脉冲响应矩阵作响应的相关分析，利用系统的频率响应矩阵进行响应的谱分析，利用实模态叠加法和复模态叠加法获得响应的相关矩阵和方差矩阵等。同样对连续线性系统模型也可用上述方法获得各种随机激励下响应的统计量。实际的机械或结构系统几乎都是连续的、非线性的，因此按照线性理论获得的结构是实际系统随机振动响应的一次近似。当这种近似不能满足要求时，可采用扩散过程理论方法或等效线性化、摄动法等，也可采用数字模拟或**蒙特卡罗方法**计算非线性系统在随机激励下响应的统计量。当系统的参数（如材料特性和几何尺寸）是空间坐标的随机函数时，可采用随机有限元法预测系统的统计量；也可用随机平均法、能量包线随机平均法或等效非线性方法等预测随机参激系统影响的统计量及系统的随机稳定性。

对受随机激励的机械或结构系统，其可靠性以复杂的形式依赖于系统的动态特性、激励的性质与大小以及机械或结构系统的损坏模式。（赵 玫 陈 进）

随钻声波测井 acoustic logging while drilling 在油田钻井的同时测量地层岩石的声波纵波速度、横波速度、斯通利波速度等声学参数的技术。这种技术边钻进边测量，能获得地层内部声波速度分布的原始信息。由于数据传输技术的限制，只有少量测量数据能实时上传地面处理，大量数据存储在井下仪器中，钻井结束起钻后回放处理。

随钻声波测井需要克服钻进产生的强烈噪声、震动、泥浆冲蚀和井下高温、高压等恶劣条件与环境的干扰，实现在狭小钻孔空间内的测量，技术难度很大，因此随钻声波测井仪器出现得比较晚。1984年诞生了随钻电阻率测井仪器后，直到1989年斯伦贝谢公司开始着手研发，1992年试制出实验样机，1994年正式推出用于生产的随钻声波测井仪器。经过近30年的发展，一些技术瓶颈问题逐步得到解决，形成了多代随钻声波测井仪器。由最初的单极子纵波声速测量，发展到纵波、横波速度测量，声波成像，以及方位声波成像，显示了替代传统电缆测井的趋势。

随钻声波测井的声源和接收器都是安装在钻头和钻杆之间的钻铤上的。由声源产生声波信号，通过井眼泥浆传播至井壁，沿井壁滑行，再通过泥浆返回至接收器接收。记录的声波速度是声波通过接收器之间直接面对的井壁地层的速度。一般声源分为单极子、偶极子和四极子。如果地层的横波速度小于井眼流体的纵波速度（慢速地层），单极子声源无法确定地层的横波速度，可以利用偶极子和四极子技术实现慢速地层的横波速度测量。

地层岩石力学特性参数无法直接测量，但可以从随钻声波测量得到的地层纵波和横波速度值，结合岩石密度进行计算；利用声波测量数据可以计算孔隙压力，进而改善钻井作业，提高钻井安全系数。（丛键生）

碎裂函数 fragmentation function　描述高能反应中产生的部分子碎裂或强子化过程的一个物理量。碎裂函数有非常直观的定义，即碎裂函数$D_q^h(z)$是部分子q在碎裂过程q→hX中产生的强子h的数密度。其中z是强子h携带的部分子q的动量分数，即$D_q^h(z)dz$是q→hX过程产生的动量分数在z至$z+dz$之间的h的数目。

对部分子碎裂与碎裂函数的直观图像最早由R.P.费曼和R.D.菲尔德引进，称作费曼－菲尔德模型，是一个重复级联图像。以夸克碎裂产生介子为例，最初参与碎裂的夸克（记为q_0）与真空激发产生一个$q_1\bar{q}_1$对形成介子M并遗留一个新的夸克q_1，即$q_0 \to M+q_1$，随后q_1重复该级联过程直至能量消耗殆尽。多次重复上述级联碎裂过程，得到的单个介子M的数密度即为碎裂函数$D(z)$。设q→ h+q′过程中产生的h携带q的动量分数z的概率密度为$f(z)$，则碎裂函数满足如下积分方程：

$$D_q^h(z)=f_q^h(z)+\sum_{q',h'}\int_0^{1-z} dz' f_q^{h'}(z') D_{q'}^h\left(\frac{z}{1-z'}\right)$$

在量子色动力学（QCD）理论框架下，与部分子分布函数类似，部分子碎裂函数有相应的规范不变的定义式。以单举强子产生过程$e^+e^- \to hX$涉及的一维碎裂函数$D(z)$为例，其算符定义式为：

$$D(z)=\frac{z}{2}\sum_X\int\frac{d\xi^-}{2\pi}e^{izp^+\xi^-}\mathrm{Tr}[\gamma^+\langle 0|U(\infty,\xi)\cdot \psi(\xi)|hX\rangle\langle hX|\bar{\psi}(0)U^{\dagger}(\infty,0)|0\rangle]$$

式中$U(\infty,\xi)$是规范链接，来源于末态胶子多重散射，它的存在保证$D(z)$具有规范不变性。$D(z)$的算符定义建立在QCD因子化定理的理论框架中，即反应截面为部分子产生截面与部分子碎裂函数的卷积，$d\sigma=H_q\otimes D_q^h$。QCD理论中的碎裂函数有如下特点：①一般情况下，碎裂函数是非微扰QCD动力学决定的物理量，不能通过微扰方法定量计算，只有对于一些特殊的碎裂过程，如重味夸克碎裂到双重味介子的碎裂，其中的非微扰效应能够因子化为波函数的原点值或相应算符矩阵元，从而可以用微扰QCD计算剩余部分。对一般情况下的碎裂函数，在给定标度下，对z的依赖目前只能依靠实验数据的参数化或唯象模型计算。②碎裂函数的普适性。不同种类和不同能量的高能过程均用到具有相同算符定义的同一组碎裂函数，这为从实验数据中抽取其形式提供了理论上的可能性。③碎裂函数的标度依赖性。碎裂函数随能量标度的变化而演化，且演化行为可以由微扰QCD计算，这为精确抽取碎裂函数形式提供了有效途径。

在不考虑QCD相互作用的影响时，碎裂函数具有标度无关性，即只依赖于变量z，与碎裂夸克的能量无关。在实际过程中需考虑QCD相互作用，碎裂函数的标度无关性被破坏，它随能量的变化由QCD导出的DGLAP演化方程确定：

$$\frac{dD_i(x,Q^2)}{d\ln Q^2}=\frac{\alpha_s}{2\pi}\int_z^1\frac{dz}{z}P_{ji}(z,\alpha_s)D_j\left(\frac{x}{z},Q^2\right)$$

式中$P_{ji}(z,\alpha_s)$为部分子劈裂函数。根据演化方程，给定初始能量标度Q_0处的碎裂函数$D_i(z,Q_0^2)$，求解演化方程就可以得到任意标度Q处的碎裂函数$D_i(z,Q^2)$。演化方程的求解常用的方法有两种：①通过梅林变换求解。将积分方程变换为梅林空间的普通代数方程求解，再通过逆梅林变换得到z空间的碎裂函数。②直接利用龙格－库塔法等数值求解积分方程，得到任意标度碎裂函数的数值结果。

当前碎裂函数研究的前沿包括：①横动量依赖（TMD）的或三维碎裂函数。当考虑半单举过程，如$e^+e^- \to h_1h_2X$时，必须考虑TMD碎裂函数。此时如计入自旋自由度，对夸克碎裂为自旋为1/2的强子，需要8个独立的碎裂函数描写，包括著名的柯林斯碎裂函数等。而对自旋为1的强子，如矢量介子等，则需要18个独立的碎裂函数。这些独立的碎裂函数分别描写碎裂过程不同侧面，特别是横动量与自旋之间不同的关联效应等。②高扭度碎裂函数。在考虑自旋以及横动量依赖时，高扭度碎裂函数起到重要作用。在QCD理论中，这些碎裂函数同样由夸克－夸克关联子定义，对具体物理过程的贡献是所谓阶压低（Λ/Q压低）的。对包括这些高扭度碎裂函数在内的TMD碎裂函数的研究是粒子物理的前沿。另外，双强子碎裂函数、多部分子碎裂函数等也是被关注的前沿课题。

与分布函数相比，目前对碎裂函数的参数化还比较少，并牵涉对衰变过程处理等复杂性。对一维碎裂函数的参数化已进入到次领头阶水平，常用的有Kretzer、KKP、HKNS、DSS、AKK08等。另外，数值计算还常借助于建立在强子化模型基础上的蒙特卡罗事例产生器，如PYTHIA、HERWIG、SHERPA等。

（宋玉坤　周　剑　梁作堂）

孙承纬 Sun Chengwei（1939-12-12～　）中国爆炸力学专家。生于上海。1963年毕业于北京大学数学力学系。后分配到青海的核工业部第九研究院（中国工程物理研究院的前身），历任助理研究员、科研组长，研究室副主任、主任，研究所科技委主任等职。

1982～1984年在美国华盛顿州立大学物理系任访问副教授、副研究员。1994～2001年为国家高技术某领域专家组成员。曾任中国工程物理研究院流体物理研究所资深专家和主要技术负责人，国防科工委电磁发射专家组成员，国家“863”计划八领域专家委员会委员，中国物理学会常务理事，中国力学会、空气动力学会、兵工学会的组长或成员，以及中国科技大学力学系、中国科学院力学研究所、国防科技大学理学院的兼职教授。2003年当选为中国工程院院士。

长期从事炸药爆轰、激光辐照效应、应用脉冲功率技术等研究，并从事材料动态响应和高能量密度动力学等基础研究。在爆轰物理方面系统做出创造性工作，为核武器发展做出重大贡献。提出激光辐照效应新模式，为激光应用技术做出重要贡献。倡导中国的电磁发射、高电压爆磁发生器和电磁内爆研究，做了开拓性工作。曾获国家发明奖三等奖1项，国家科技进步二等奖1项，军队及部委级科技进步一等奖4项、二等奖13项、三等奖23项，国防发明专利1项。获国家有突出贡献中青年专家称号和全国五一劳动奖章。

（尹晓冬）

孙鑫 Sun Xin（1938-07-15～　）中国凝聚态物理学家。生于江苏扬州。1960年毕业于复旦大学物理系，毕业后留校。1978年任副教授，1984年晋升为教授。

1979～1981年和1982～1983年先后在美国西北大学和加州大学做访问学者。1987年和1988年暑假在美国洛斯阿拉莫斯国家实验室做访问教授，1990～1991年和1997～1998年在日本分子科学研究所做客座教授。1990年任意大利国际理论物理中心协联成员。2000年被推选为“国际合成金属会议”主席，并主持了2002年的会议。2013年当选中国科学院院士。

主要从事统计物理和凝聚态理论研究，着重将凝聚态物理和高分子化学相结合，研究有机光电功能的机理。在“相变和临界现象”研究上，1979年他建立的自旋格点连接图展式，解析算出国际上采用的一类八顶点统计模型的临界指数$\delta=7$，并表明其能满足全部7个标度等式。20世纪80年代初在新的导电机制——孤子理论研究中，与合作者从理论上预言了孤子还存在一类新的振动模，有红外活性，后来得到实验证实。在高分子学科中，与合作者们发展了宽能带的π电子关联理论，澄清了高分子“共轭结构”产生原因的争论。90年代提出负极化的模型。21世纪初分析了有机高分子材料的特征是具有单双键交替的共轭结构，根据共轭结构依赖于π电子态的特点，从理论上预言了高分子可具有“光致极化反转”、自旋载子的“光致电荷变号”等一系列独特的光电功能。他还对“对称破缺”进行了研究。

“导电高分子中的电子关联”项目成果获得了1990年中科院自然科学奖一等奖。“导电高分子中的电子关联和键结构”项目成果获得1991年国家自然科学奖三等奖。

（尹晓冬）

孙云球　Sun Yunqiu（约1630～约1662）中国明末清初光学仪器制造家。字文玉，又字泗滨。吴江（今属江苏）人，后寓居苏州虎丘。父早丧，初以卖药、后以制造眼镜供养老母。其时，玻璃眼镜为舶来品，

孙云球登山望远像

物稀价昂。孙云球手工磨制水晶远视眼镜和近视眼镜，且随目对镜，不爽毫厘，患者称心。从此开苏州自制眼镜之先河。在他的制作中，有千里镜（望远镜）、存目镜（单式显微镜或放大镜）、察微镜（复式显微镜）、万花镜（万花筒）、鸳镜（无腿眼镜或两目深浅不同的近视镜）、半镜（半平圆形老花镜）、夕阳镜（太阳镜）、多面镜（多棱多面球形镜）、幻容镜（哈哈镜、柱面镜）、放光镜（幻灯）、夜明镜（探照灯）等几十种。此外，他还创制自然晷，著《镜史》（已佚）一书。

（戴念祖）

损失锥　loss cone　在速度空间中，临界角围绕与磁场平行方向的速度坐标形成的圆锥。见**磁镜效应**。

索恩，K.S.　Kip Stephen Thorne（1940-06-01～　）美国物理学家。生于犹他州洛根。1962年获加州理工学院学士学位。1965年获普林斯顿大学博士学位。1967年起在加州理工学院工作，1970年起担任教授。

1916年A.爱因斯坦基于**广义相对论**预言引力波存在。**引力波**是时空曲率像波一样以光速在时空中传播。两个相互环绕的致密天体是一种典型的引力波波源。天体质量越大，间距越小，引力越强。类似地，越致密的两个天体相互环绕对方时越可以以更短的距离靠近对方，从而产生更强的引力波。探测引力波可以对广义相对论进行实验检验。自20世纪80年代开始麻省理工学院和加州理工学院共同提出LIGO项目，并于2002年开始搜索引力波。LIGO由位于华盛顿的汉福德和路易斯安那的利文斯顿的干涉仪组成，每个干涉仪都带有两个4千米长的臂并组成L型。2015年9月14日，LIGO首次探测到距离地球约13亿光年的2个质量分别约为36倍和29倍太阳质量的黑洞相互转绕并合产生的引力波。这是人类首次直接探测到引力波。索恩主要研究相对论性天体物理和引力物理学，是LIGO项目立项的主要领导者之一。他发展了从数据中甄别和发现引力波信号的分析技术，为LIGO发现引力波和确定波源的物理特性奠定关键理论基础。2017年，索恩与同事B.C.巴里什和麻省理工学院教授R.韦斯因对“LIGO探测器建设及引力波探测所做的贡献”共同分享诺贝尔物理学奖。

（尹晓冬）

索尔维物理学会议　Solvay conference on physics　以创造氨碱法制碱而闻名于世界的比利时化学工业家和社会活动家E.索尔维首倡召开的多次国际物理学会议的总称。从1911年召开第一次会议起，到1982年已举行过18次。前17次都在布鲁塞尔举行，第18次会议在美国举行（图1、图2）。索尔维会议和传统的学术性会议不同，后者一般只公布已经获得一定成果

图1　第一次索维尔会议与会者合影

图2　第五次索维尔会议与会者合影

的科学研究工作，而索尔维会议却致力于讨论物理学发展中有待解决的关键性问题。这个会议的另一个特点是每次都只由人数不多的、来自世界各国有关方面最杰出的专家就一个专题进行讨论。

1911年，由于相对论和量子论的出现，引起了新概念同经典物理学理论的严重不协调。德国科学界的两位领袖人物，物理化学家W.H.能斯特和物理学家M.普朗克，在1910年初就酝酿要开一次国际性会议以探讨相关的问题。

1910年6月，能斯特在布鲁塞尔会见了索尔维，请求他给予会议资助。索尔维对科学发展中遇到的问题极感兴趣，也想通过此次会议了解物理学家对他本人有关引力和物质结构思想的关注程度，于是欣然承诺。能斯特就建议由索尔维倡导邀请一些著名的科学家来布鲁塞尔开一次会。索尔维邀请了当时一些著名的科学家，如H.A.洛伦兹、普朗克、A.爱因斯坦、A.J.W.索末菲、W.维恩、J.H.金斯、H.开默林·昂内斯、E.卢瑟福、M.居里、J.B.佩兰、P.朗之万、M.布里渊和H.庞加莱等人，于1911年10月底在布鲁塞尔开了一次国际物理学会议，会议的主题是辐射和量子论，洛伦兹担任科学委员会的主席。

在这次会议上，能斯特报告了量子论在物理和化学中的应用，其中特别阐述了低温下的物质属性。索末菲报告了由电子碰撞引起的电离问题。洛伦兹做了关于物理体系的能量按自由度分布的报告。爱因斯坦在会议结束前总结了量子概念的诸多运用，论证低温下比热的反常性。会议还讨论了如何使辐射理论和统计力学原理结合起来。而量子论的创建者普朗克在此次会上评述新量子论与旧经典理论之间构架

调和的困难，并提出应当重塑量子概念本身。会后，受讨论鼓舞的庞加莱，提出一种数学证明，表明普朗克的辐射定律必然要引用量子。这一证明又改变了金斯和其他一些物理学家的看法，他们转而支持量子论。1913年N.玻尔提出氢原子的量子论，对量子论的建立做出了很大贡献。

由于这次会议的成功，在洛伦兹帮助下，索尔维创建了一个有效期30年的基金组织，定名为国际物理学协会，于1912年5月1日成立，其目的是激励那些能够扩展和深化自然现象知识的研究，主要是物理学和物理化学的进展，以及其他自然科学与它们有关的问题。1913年春，索尔维又建立了另一个名为国际化学协会的基金组织，其目的是激励同化学有关的研究。这两个基金组织各有自己的科学委员会，统称为国际物理学和化学协会。

索尔维物理学协会由两个委员会指导，一个是行政委员会，一个是国际科学委员会，前者由索尔维本人（或一位他指定的代理人）、一位由比利时国王指定的成员和一位由布鲁塞尔大学指定的成员共3人组成，负责行政事务；后者由9名成员（必要时可临时增加）组成，负责指导科学活动。

从1911年到1982年，索尔维会议共召开了18届，基本上3～5年召开一次。在两次世界大战期间，因受战争影响而间断。从第一届到第四届（1911～1924），促进了量子力学的建立；从第五届到第十届（1927～1954），为基本粒子理论的形成创造了条件；从第十一届到第十六届（1958～1973），为现代宇宙学和量子场论的建立起了推动作用；第十七届（1978）主题是平衡态和非平衡态统计力学中的有序涨落，第十八届（1982）主题是超高能物理学。索尔维会议使更多物理学家认识、理解并参与探索物理新潮流，物理学理论真正成为各国物理学界的共同财富，对现代物理学发展产生了不可估量的作用。为了表达各国物理学家对索尔维为国际学术交流所做出的贡献，将会议命名为索尔维物理学会议，简称索尔维会议。

从第十五届（1970）起，索尔维会议的出席者仅3～5人，在物理学界的影响也大不如前。但会议的历史功绩是永恒的。

（戴念祖）

索利斯，D.J. David James Thouless（1934-09-21～2019-04-06） 英国凝聚态物理学家。生于苏格兰贝尔斯登。1955年获剑桥大学学士学位。1958年获康奈尔大学博士学位。随后在劳伦斯国家实验室从事博士后研究。1961～1965年在剑桥大学丘吉尔学院工作。1965～1978年任伯明翰大学数学物理教授。1979～1980年任耶鲁大学教授。1980年后任华盛顿大学教授。华盛顿大学荣誉退休教授。

1972年，索利斯与博士后J.M.科斯特利兹在伯明翰大学合作研究二维系统相变的可能。他们发现通过拓扑的途径——涡旋，可以在二维实现新的相变，即拓扑相变。拓扑相变是一种特殊的、没有对称破缺的相变。20世纪80年代，索利斯在华盛顿大学与合作者提出量子霍尔效应的量子化起源于拓扑，对应的整数是“陈省身数”。上述研究使得将拓扑材料应用于电子器件、超导体和量子计算成为可能。2016年，索利斯与D.霍尔丹和科斯特利兹因“理论发现拓扑相变和拓扑相物质”共同分享诺贝尔物理学奖。

（尹晓冬）

索末菲，A.J.W. Arnold Johannes Wilhelm Sommerfeld（1868-12-05～1951-04-26） 德国理论物理学家。生于东普鲁士柯尼斯堡（今俄罗斯加里宁格勒），卒于慕尼黑。

1886年入柯尼斯堡大学，1891年获博士学位。1893～1894年任职格丁根的矿物研究所。1897年任克劳斯塔尔矿业学院教授。1900年任亚琛技术学院教授。1906年起任慕尼黑大学理论物理学教授，不久主持建立了理论物理研究所，1940年退休。年近80高龄时，又回该所担任所长，直到因车祸在慕尼黑逝世。

索末菲对原子结构和原子光谱的研究有贡献。早期曾研究楔形窄缝的X射线衍射，获得了该衍射问题的严格解。1907年以相对论观念预言速度接近光速的电子在减速过程中将有能量辐射，为后来的轫致辐射理论提供了理论基础。1915年在玻尔原子模型中引入椭圆轨道、轨道的空间量子化等概念，成功地解释了氢原子光谱和重元素X射线谱的精细结构以及正常塞曼效应。这些成果在早期量子论对微观世界的探索中曾占有重要地位。1919年与W.科塞尔合作，确定了光谱线位移定律。1920年引进内量子数，得到双重线和三重线的选择定则，对碱金属和其他元素光谱的双重线或多重线做出初步解释。1928年曾提出新的、在量子统计基础上的金属电子论，解释了比热问题。

索末菲有强烈的正义感，对科学无比真诚。他对当时纳粹德国的反犹太运动，以及由此用来统治德国科学家的“德意志物理学”，毫不畏缩地表明了自己不同的立场，纳粹刊物攻击他是“文化界中犹太文化的代理人”。著有《原子结构和光谱线》(1919)、《波动力学补篇》(1929)、《理论物理学讲义》(6卷，1942～1949）等著作。

（戴念祖）

索末菲量子化条件 Sommerfeld quantization condition 由A.J.W.索末菲遵循旧量子论中的玻尔原子模型提出的量子化条件。

旧量子论 从1900年M.普朗克提出量子论，到1925年量子力学建立，这段时间对辐射场和原子系统的主要研究成果有：普朗克的能量量子化、A.爱因斯坦的光量子假设、N.玻尔的原子模型、L.V.德布罗意的实物粒子波粒二象性假设等，总称旧量子论。旧量子论中的这些唯象的理论还不是完整、自洽的理论，但是对突破经典物理的观念、建立量子力学具有非常重要的意义。

索末菲量子化条件 玻尔的原子模型成功解释了氢原子光谱是原子分子结构研究的重要基础。1915年，索末菲把量子论推广到几个自由度的体系，建立量子化条件：

$$\oint p\cdot \mathrm{d}q = nh$$

式中p是系统某个自由度的动量，q对应的坐标；h是普朗克常数；积分取能量不变的一个周期，是粒子轨道围成的某相空间的面积，该面积以普朗克常数为单位量子化。

索末菲把推广后的量子化条件，首先应用到椭圆轨道的原子模型，即两个自由度的玻尔原子模型。索末菲的量子化条件对角动量的量子化（也称为空间量子化）起到重要作用，并且引入了简并的概念，正确解释了塞曼效应。

（裴寿镛）

锁模 mode-locking 光学领域一种用于产生皮秒、飞秒超短激光脉冲的技术。在激光谐振腔不同纵模间引入固定的相位关系，模式之间的干涉效应会使振荡激光产生一系列的脉冲，称为锁相激光或锁模激光。介质的荧光带宽越宽，锁定的纵模数量越多，脉冲宽度越短。在实际的锁模激光器中，脉冲宽度还受到其他因素的影响，如脉冲形状、激光腔的色散等。

锁模技术最主要的有主动锁模和被动锁模两种，其他还有自锁模、同步泵浦锁模及附加脉冲锁模等。主动锁模是在谐振腔内加入外部驱动的光调制器产生相位或频率调制而导致锁模的技术。光调制器的损耗调制频率与腔内脉冲往返时间匹配，腔内脉冲在腔内往返的过程中总是受到相同的损耗调制。被动锁模由被动非线性器件（可饱和吸收体）对腔内振荡激光产生周期性调制而导致锁模的技术。满足锁模条件的振荡模的光强度高，可饱和吸收体对它们的光学吸收很弱。在共振腔内其光强度不断得到放大，最后形成激光振荡。不满足锁模条件的振荡模，它们的光强度比较弱，被可饱和吸收体强烈吸收，最终不能发生激光振荡。自锁模又称克尔镜锁模，是利用激光介质本身的非线性效应对振荡光束进行强度调制实现锁模，不需要另加主动或被动调制组件。同步泵浦锁模是用一台锁模激光器的输出脉冲泵浦另一台激光器，调制腔内增益从而实现锁模的技术。附加脉冲锁模是将部分输出激光在外腔进行非线性调制，然后反馈进内腔与腔内的脉冲相干叠加产生锁模的技术。

通过锁模产生的超快脉冲具有极短的持续时间、极高的峰值功率、极宽的光谱等特点，在工业、军事、环境、能源、通信等众多领域得到了广泛应用。

（沈德元）

锁模激光器　mode-locked laser　利用锁模技术制成的激光器。在一台自由运转的激光器中，如果不采取特殊选模措施，总是会有很多个纵模同时存在，只有在这些激光纵模的相位相互锁定时，才能产生超短激光脉冲，称锁模脉冲。一般自由运转激光器的增益宽度都较宽，频率范围内可同时容纳许多个振荡纵模，这些纵模相位上彼此没有关联，总的光强分布呈现无规则起伏状态，激光器输出的光强实际上是各个振荡模强度按时间的统计平均值。如果采用一定的方法使得各个纵模的相位保持稳定的相位关系，发生相位干涉，就可获得峰值功率很高、脉冲重复出现的光脉冲序列。（林位株　高春清）

T

塔姆，I.Ye. Igor Yevgenyevich Tamm (1895-07-08～1971-04-12) 苏联物理学家。生于符拉迪沃斯托克（海参崴），卒于莫斯科。1918年毕业于莫斯科大学。

1924～1941年以及1954年起，在莫斯科大学执教。1934年起又在苏联科学院物理研究所工作。1933年被选为苏联科学院通讯院士，1953年被选为院士。

基本研究工作是关于**量子力学**及其应用、辐射理论、宇宙线、核子相互作用等。从1930年起，先后建立了固体中光散射的量子理论和光被电子散射的理论，金属中的光电效应理论。在理论上证明了在晶体表面存在着电子特征状态的可能性（后被称为塔姆能级）。根据这一论证，在晶体中不同的表面效应就可以得到解释。1934年实验中发现切伦科夫效应后，他与I.M.**夫兰克**一起于1937年提出解释这一效应的辐射理论（见**切伦科夫辐射**）。由于这一研究成果他们分享了1958年的诺贝尔物理学奖。1945年他提出了处理核子相互作用的近似方法。从1950年起与A.D.萨哈罗夫一起研究受控热核聚变。著有《电学原理》一书（1929年初版，1966年印行第8版）。（戴念祖）

太赫兹波 terahertz wave 电磁频谱中介于红外与微波之间、波长范围为100～1000微米，对应频率范围3～0.3太赫兹的波段。太赫兹技术的研究主要围绕三大部分内容展开，即太赫兹产生源、太赫兹探测和应用研究。太赫兹波有粒子的属性，但不能用电子计数方法测量。太赫兹波又有波的属性，但不能用已有的微波、无线电波电子器件产生和进行相干调制。人们关注太赫兹技术的原因是太赫兹射线普遍存在，是认识自然界的有效线索和工具。

产生方法　常用的电子学产生法有加速电子产生法等。而常用的光子学产生方法主要有超短激光脉冲有关且能产生宽带亚皮秒太赫兹辐射的光整流、光电导和非线性光学差频等方法。此外，利用热辐射、高能加速器等产生太赫兹波的研究也在发展中。

特点　太赫兹技术主要包括太赫兹成像技术和太赫兹光谱技术。跟其他波段的成像技术一样，太赫兹成像技术也是利用太赫兹射线照射被测物，通过物品的透射或反射获得样品的信息，进而成像。太赫兹成像技术与其他波段的成像技术相比，所得到探测图像的分辨率和景深都有明显的增加（超声、红外、X射线技术也能提高图像分辨率，但毫米波技术却没有明显的提高）。太赫兹光谱技术信噪比高，能迅速对样品组成的细微变化做出分析和鉴别，其光谱技术是一种非接触测量技术，使其能够对半导体、电介质薄膜及体材料的物理信息进行快速准确的测量。另外太赫兹技术还有许多独特的特性，如在非均匀的物质中有较少的散射，能够探测和测量水气含量等。

应用　由于太赫兹电磁波能量很小，不会对物质产生破坏作用，所以与**X射线**相比更具有优势。许多非金属非极性材料对太赫兹射线的吸收较小，因此结合相应的技术，使得探测材料内部信息成为可能。如陶瓷、硬纸板、塑料制品及泡沫等对太赫兹电磁辐射是透明的，因此太赫兹技术可以作为X射线的非电离和相干的互补辐射源，用于机场、车站等地的安全监测。如探查隐藏的走私物品包括枪械、爆炸物和毒品等，以及用于集成电路焊接情况的检测等。太赫兹的独特性能给通信（宽带通信）、雷达、电子对抗、电磁武器、天文学、材料学、医学成像（无标记的基因检查、细胞水平的成像）、无损检测、安全检查（生化物的检查）等领域带来了深远的影响。

发展　国际上对太赫兹已达成如下共识：太赫兹波是一种新的且有很多独特优点的辐射源；太赫兹技术是一个非常重要的交叉前沿领域，给技术创新、国民经济发展和国家安全提供了一个非常诱人的机遇。它能够引起人们广泛的关注、有如此之多的应用：首先是因为物质的太赫兹光谱（包括透射谱和反射谱）包含着非常丰富的物理和化学信息，研究物质在该波段的光谱对于物质结构的探索具有重要意义；其次是因为太赫兹脉冲光源与传统光源相比具有很多独特的性质。人们关注太赫兹技术的原因是太赫兹射线普遍存在，是认识自然界的有效线索和工具。但相对于其他波段的电磁波比如红外和微波，对太赫兹电磁波的认识和应用相对还比较匮乏。（陆　卫）

太赫兹波传输 THz wave transmission 频率在太赫兹波段的电磁波传输，是通信领域新兴的重要研究对象。太赫兹通信是继**微波**和光通信之后的又一重要通信频段，被誉为新一代的无线革命。理论上讲，在通信领域里频率越高通信容量就越大。太赫兹波的频率比微波要高1～4个数量级，能提供10吉比特/秒以上的无线传输速率，这是微波无法达到的速度。因此，能解决信息传输受制于带宽的问题，也能满足用户对带宽的需求。其主要应用领域有室内局域无线通信、高速局域网网络通信、空间通信、保密通信等。

由于大气中的水汽、氧气、二氧化碳等对太赫兹波吸收较强，使得太赫兹波在自由空间中的传输十分困难。再者，太赫兹波不能被很好地控制、聚焦，太赫兹脉冲以频率分量呈径向分布，造成聚焦度、孔径甚至自由空间传输对太赫兹波的波形及其光谱都具有很大的影响。太赫兹传输的重点和难点在于太赫兹波的导波传输问题及太赫兹波相关的导向传播和自由传播间的有效耦合问题。

常见的太赫兹波传输有两种方法：波导技术和准光学技术。波导技术需要金属波导腔或介质光纤。在波长低于毫米级频率范围内，金属波导方法有很大的能量损失，大约与频率的二次方成正比，而利用光纤则有**色散**和较高的吸收。太赫兹波在波导中传输可应用于近场太赫兹波器件、太赫兹波互联、太赫兹波准光学腔和实现太赫兹波谱的超灵敏测量等。在用波导传输太赫兹脉冲时，必须选取群速度色散较小的波导。另外，太赫兹波还可以和金属表面的等离子体振动耦合，如将金属线上刻出一系列精细凹槽，可较为理想地引导太赫兹波，该结构可将太赫兹波聚焦成万分之一毫米的小点（普通的透镜只能聚焦到几分之一毫米）。关于波导技术的研究有：太赫兹在圆形和矩形金属波导中的传输，单模太赫兹波在蓝宝石光纤中的传输，聚乙烯介质带平板波导中的传输，太赫兹脉冲通过细小孔径、金属狭缝（薄与厚两种情况下）的传输，以及太赫兹光子晶体波导等。太赫兹波导传输主要还是受到传输损耗率、色散性和弯曲损耗率等的影响。

准光学技术是太赫兹波传输的常用方

法，可将自由空间中传输的太赫兹波由发射端传输到接收端，或将自由传输的太赫兹波有效地耦合到波导之中。美国科学家研制出一种由半导体（铟镓砷和铝铟砷）交叠分层组成的具有负折射率的人工电磁介质。基于该材料可制成平面透镜，进行高分辨率的物质成像，现仅是工作在红外波段，将来有望拓展到太赫兹波段。

（陆 卫）

太赫兹波导 terahertz waveguide 一种太赫兹波传输器件。太赫兹波在大气中的传输不仅损耗大（水蒸气的吸收和大气散射），而且易受周围环境影响，太赫兹波导是解决此问题实现太赫兹波能量和信息传输的重要器件，在一个太赫兹系统中使用太赫兹波导还能够实现太赫兹系统的便携性和稳定性。太赫兹波导的低损耗与可弯曲性是研究者追求的目标。

按波导材料划分，太赫兹波导可分为金属类波导和介质类波导两类。太赫兹金属波导的常用材料是铜、黄铜、不锈钢等，结构类型包括金属管波导、金属线波导、平行金属板波导等。其中金属管波导按横截面的形状又可分为空芯矩形金属波导和圆形金属波导。太赫兹介质波导的常用材料是单晶蓝宝石、高密度聚乙烯等，结构类型包括聚合物布拉格波导、聚合物空芯波导、聚合物微结构波导等。

金属管波导使用准光学方法耦合传输太赫兹波，可以将自由空间传输的太赫兹波耦合到亚毫米尺度的金属波导内。平行金属板波导没有截止频率的限制，因此不存在由群速色散所导致的过大脉冲展宽。金属线波导具有传输损耗低、没有色散、结构简单等特点。在介质波导中，聚合物布拉格波导采用两种不同材料的多层周期性变化外壁构成空芯结构实现太赫兹波的高效传输。聚合物空芯波导使用单一介质构成的管状结构，利用反谐振原理实现太赫兹波的高效传输。聚合物微结构波导即光子晶体光纤利用特殊的结构设计，实现某种模式的太赫兹波的传输。与金属波导相比，聚合物材料波导在低损耗性与可弯曲性两方面都有比较明显的优势。但这类波导缺点是结构复杂，加工难度大。

（沈京玲）

太赫兹成像 terahertz imaging 通过成像测量方式，观测待测样品在太赫兹波段光学响应空间分布的技术。太赫兹成像是太赫兹技术中的重要组成部分。它利用太赫兹辐射光子能量低、与极性物质的相互作用强、对非极性物质具有较高透射率等特性，可以安全、准确、快速地获取物质全面的太赫兹波段信息，如物质的化学成分、含水量、内部缺陷、偏振特性分布等。太赫兹成像技术可以广泛应用于科研和工业领域，如国防安检、空间通信、无损探伤、半导体工业、医疗诊断和制药业、食品质量控制、文物保护等。

太赫兹成像研究最早可追溯到20世纪60年代的第一个天体太赫兹成像，1975年非天体的太赫兹成像也有报道。美国贝尔实验室的M.C.努斯等于1995年首次得到太赫兹的二维透射成像，他们利用太赫兹透射扫描成像方法成功观测了树叶含水量的变化和电子芯片的内部结构，由此打开了太赫兹成像研究的大门。现已发展出各种各样的太赫兹成像技术，大致归纳为：

①按照明方式，可分为主动式成像和被动式成像。即利用太赫兹辐射源照明样品进行成像，通过测量样品热辐射中的太赫兹光谱成分进行成像。

②按照明光源类型，可分为太赫兹脉冲成像和连续波成像。即利用宽频谱太赫兹光源进行照明成像，利用单频谱太赫兹光源进行照明成像。

③按成像测量方式，可分为透射式成像和反射式成像。即通过测量透射过样品的太赫兹信号进行成像，测量由样品表面或内部界面反射的太赫兹信号进行成像。三维物体通过测量透射和反射太赫兹信号，可以得到三维物体的太赫兹层析图像，三维层析图像主要有太赫兹计算层析和飞行时间层析图像。

④按样品扫描方式，可分为逐点扫描成像和焦平面成像。即将太赫兹辐射聚焦于样品表面，并移动样品与太赫兹焦点之间的位置，测量样品不同区域太赫兹光学响应进行成像；利用扩展太赫兹光源照射样品，通过面阵测量手段一次性获取太赫兹波前信息进行成像。

⑤按成像分辨率，可分为太赫兹远场成像和近场成像。远场成像指通过测量从样品透射或反射的太赫兹远场传输波信号进行成像，由于受波长限制，其分辨率为毫米量级。近场成像指通过探针技术将从样品透射或反射的太赫兹近场倏逝波信号耦合到远场进行探测，或直接将太赫兹探测器放置样品近场区域测量倏逝波信号进行成像，其分辨率可达微米甚至纳米量级。

⑥按所提取的光学信息，可分为时域成像和频域成像。时域成像指直接对各像素上所测量的时域太赫兹信号进行信息提取组成的样品图像，包括单一时刻太赫兹场成像、时域最大值成像、时域最小值成像、时域峰值成像、飞行时间成像等。频域成像指通过对各像素上太赫兹时域信号进行傅里叶变换，转换成频域光谱，进而提取信息组成的样品图像，包括单频振幅成像、单频相位成像、折射率成像、吸收系数成像、偏振成像等。

（张 岩 王新柯）

太赫兹辐射 terahertz radiation 频率范围处于0.1～10太赫兹（1太赫兹＝10^{12}赫兹）波段的电磁辐射。其对应波长为3毫米～30微米、波数为3.3～333.3厘米$^{-1}$、光子能量为0.41～41兆电子伏。由于太赫兹辐射的波长介于微波与中红外线之间，又称亚毫米波辐射、远红外辐射。太赫兹辐射的特点大致可分为下面几种。

低光子能量。由于太赫兹辐射的光子能量只有毫电子伏量级，不会对生物组织造成光致电离损害，因此利用太赫兹辐射制造的安检设备或医疗诊断设备比基于X射线的设备安全。同时由于太赫兹电场可导致很多半导体材料（GaAs、InAs、InSb）的带内跃迁，或驱动半导体载流子的非线性运动，因此利用太赫兹光谱测量可以观测很多半导体器件中的瞬态物理学过程。

与极性物质有较强的相互作用。故极性分子（如水分子）对于太赫兹辐射具有较强的吸收，这对于太赫兹技术来说既有不利因素也有优势之处。虽然由于受水蒸气的影响，太赫兹波在传播时会受到较大的吸收和色散影响，但另一方面利用太赫兹成像技术可以对物质的含水量进行检测，这在食品的质量控制或制药业上都有重要应用。

宽频带特性。利用光导天线和光整流机制产生的太赫兹脉冲源所覆盖的光谱范围通常在0.2～2.5太赫兹内，而基于强激光等离子体激发的太赫兹脉冲源甚至可覆盖到10太赫兹以上。由于很多生物大分子或化学物质的振动、转动能级处于这一频段，因此利用太赫兹光谱仪可以有效地获取这些物质的“指纹光谱”，这一特性可在安检领域用于识别毒品和爆炸物，也可在制药业中检测药品质量。

对于非极性物质具有较高透射性。由于塑料、橡胶、纸张、纺织物、建筑材料等非极性物质对于太赫兹辐射的吸收较小，因此利用太赫兹成像技术可以对被这些物质遮掩的内部材料进行非侵入式检测。这一特性可用于对信件、包裹的内部物质进行识别，对文物古迹的内部缺陷进行鉴定，对航空复合材料进行无损探伤等

领域。（张 岩 王新柯）

太赫兹时域光谱 terahertz time-domain spectroscopy; THz-TDS 一种新兴的、非常有效的太赫兹光谱相干探测技术。是太赫兹光谱技术的典型代表，具有宽带宽、高信噪比、无损检测、瞬态特性以及可室温工作等特点。

最常见的THz-TDS系统有透射式和反射式两种系统，主要由飞秒激光器、太赫兹辐射产生装置和相应的探测装置，以及时间延迟控制系统组成。常用的太赫兹脉冲产生方法有：光导天线（如低温生长GaAs）、光整流（如ZnTe晶体）、半导体表面辐射（如InAs），以及空气等离子体产生等。探测脉冲并不通过样品，其作用为实现取样测量的探测门脉冲，经过时间延迟系统后和通过样品后的太赫兹脉冲一同共线入射到太赫兹探测装置上，通过控制时间延迟系统来调节泵浦脉冲和探测脉冲之间的时间延迟，便可用逐点扫描的方式得到太赫兹脉冲的时域波形。对应的探测方法主要有：光导天线探测、自由空间电光取样探测（如ZnTe、GaP晶体），以及空气等离子体探测等。

与用连续非相干源的傅里叶变换光谱测量不同，那里测量的是太赫兹电场的自相关信号，而太赫兹时域光谱技术直接测量太赫兹脉冲的电场强度，因此可同时提供太赫兹电场的振幅和相位信息，使得其在研究材料特性时无须使用克拉默斯－克勒尼希关系就能获取材料在太赫兹波段的复光学常数（如复折射率，复介电函数、复电导率等）。太赫兹时域光谱不仅能够获得很低能量区间的光谱测量，更重要的是通过对超快激光的分束能够实现不同能量激光泵浦后的时间分辨的太赫兹光谱测量。近红外泵浦－太赫兹探测、中红外泵浦－太赫兹探测、太赫兹泵浦－太赫兹探测等时间分辨测量已成为当代光谱技术的重要发展方向，通过泵浦－探测技术可对基础科学，如物理学、化学和生物学中的超快现象进行时间分辨的测量和分析。（张存林 周庆莉 王楠林）

太赫兹探测器 terahertz detector 太赫兹波段的电磁场探测器。**太赫兹辐射**通常是指频率范围处于0.1～10太赫兹波段的电磁辐射，而传统电子学的半导体器件如二极管和晶体管，因受到半导体制备技术的限制，工作频率一般被限制在0.1太赫兹以下，而基于量子机制的光子型半导体器件，受能隙间隔的限制必须工作在大于10太赫兹以上的电磁频段。因此，在太赫兹频段开发和研究各种探测器，以满足不同的实际需求，已成为突破太赫兹技术应用瓶颈的关键。

太赫兹波段的信号探测技术主要分为相干（外差混频）探测和非相干（直接探测）探测。相干探测技术用一个具有非线性电流－电压特性的器件，将难处理的高频太赫兹信号变换到可方便处理的较低频率的信号（又称中频信号）。相干探测技术灵敏度高，且保持原信号的相位信息，是高灵敏度信号探测常用的手段。但相干探测技术结构复杂、成本昂贵，并需要高稳定的具有一定输出功率的本振信号驱动源，这在太赫兹波段是有一定难度的，从而也使其应用范围受到一定的限制。非相干探测技术是将被测信号直接转化为直流电流或电压信号，因无须本振信号源和中频放大器等，而使系统结构简单，动态范围宽，便于小型化和阵列化，但它缺点是只能得到信号的幅度信息，因此这种探测技术比较适用于阵列多像元成像探测系统。

太赫兹相干探测器主要有半导体肖特基二极管、晶体管等离子体波混频探测器、超导隧道结（STJ）混频器、超导热电子测热辐射计（HEB）混频器等。其中半导体器件工作于常温，其噪声温度约达50倍量子噪声温度极限；而超导器件需工作于低温，其噪声温度可达5倍量子噪声温度极限。

太赫兹非相干探测器主要有戈莱泡、热释电探测器、微测热辐射计、肖特基二极管、晶体管等离子体波探测器、超导隧道结探测器、超导转变边缘探测器（TES）、超导微波动态电感探测器（MKID）等。（陈 建）

太赫兹相干层析 terahertz coherence tomography 利用太赫兹脉冲的相干层析技术。主要包含飞行时间层析技术和计算层析技术。飞行时间层析技术是太赫兹脉冲反射成像中的一类技术，即通过测量由样品表面和内部界面所反射的太赫兹信号，对样品表面和内部形貌进行重建的成像方法，与光学相干层析技术类似。飞行时间层析技术是在太赫兹反射时域光谱技术的基础上发展而来的，其一般采用宽频谱脉冲太赫兹辐射作为照明光源，并采用光电导天线、电光采样和空气等离子体等方法对由样品表面和内部反射的太赫兹信号进行时间分辨相干探测。对于内部具有多层结构的样品，由于在每一层界面处存在折射率的突变，会引发相应的反射太赫兹信号，形成反射太赫兹信号时域序列，利用这一信号序列可对样品内部各界面分布进行重建。

计算层析技术是用太赫兹脉冲对物体某部一定厚度的层面进行扫描，由探测器接收透过该层面的太赫兹脉冲。由光电转换变为电信号，再经模数转换转为数字信号，输入计算机处理得到重建的三维图像。

由于太赫兹辐射对非极性物质具有较高的穿透性能，因此该技术多用于检测文物古迹的内部损伤、航空复合材料的内部缺陷、机动车尾气污染检测、塑料工业部件测量、无损成像分析陶瓷过滤器、喷漆作业中漆膜的厚度和干燥程度、生物活检样品的病变情况等方面。（张 岩 王新柯）

太赫兹应用 terahertz application 主要指利用**太赫兹源**作为激发或探测手段来研制各种光学测量系统，用于科研和工业领域。由于**太赫兹辐射**具有光子能量低、频带宽、与材料相互作用的信息丰富等特点，因此太赫兹技术已经逐步在众多科研和工业领域显示出其强大的应用潜力。

太赫兹主要应用领域如下：

①国防安检。由于太赫兹辐射对于人体较为安全，对于纺织物、纸张、塑料等包装材料具有较高透射性能，并且利用太赫兹光谱可以识别毒品、爆炸物等违禁化学物质，因此可以利用**太赫兹成像**技术对海关、机场过往人员和包裹进行安全检查，识别隐藏的危险物品。

②医学成像。根据水对太赫兹辐射强烈吸收的特性，可以利用太赫兹光谱成像技术对皮肤表层病变、烫伤以及生物组织的活检切片进行检测，表征病变组织的区域与程度。

③制药业。利用太赫兹光谱分析技术对化学成分的识别功能，可以在制药业中用于检测药品的化学成分和含量，进而控制药品质量。同时，对于某些有糖衣的样品，利用**太赫兹相干层析**技术还可以对糖衣包裹是否合格进行精确测定。

④半导体工业。由于太赫兹辐射的光子能量较低，一般不会造成半导体材料（如GaAs、InAs、InSb等）的电子带间跃迁，而强太赫兹场又可以导致半导体的带内跃迁、非线性运动、声子吸收等现象，因此利用太赫兹**泵浦－探测技术**可以观测半导体材料很多精细的瞬态输运过程（如谷间散射、碰撞电离等），这为高性能半导体器件的研制提供了高精度的测试与表征平台。

⑤无损探伤。由于太赫兹辐射对于建

筑材料、聚合物等非极性物质具有较高透射率，因此利用太赫兹相干层析技术可以对某些特殊工件或墙体进行无损探伤，这一功能可用于对航空复合材料的内部缺陷进行甄别，也可对古代壁画、石雕的内部破损进行检测。

⑥通信技术。相对于传统的微波通信，由于太赫兹频段较高，比微波波段高出1～4个量级，可以提供比一般的宽带技术快几百甚至上千倍的通信速率。同时太赫兹波束的方向性更好、保密性和抗干扰性更高、太赫兹频段的通信元件尺寸更小巧，这些都为太赫兹通信提供了便利。

⑦食品安全。由于太赫兹辐射对物质水分含量十分敏感，通过太赫兹光谱分析可以检测出物质受环境影响发生的变化，用于食品生产过程中的质量控制，特别适用于检测粮食储存过程中产生的霉变等。

（张　岩）

太赫兹源 terahertz source　工作条件下能够辐射出太赫兹频段电磁波的一类器件。包括自由电子激光器、工作于太赫兹频段的气体激光器、真空电子学太赫兹源、超快激光泵浦光电导太赫兹源、太赫兹量子级联激光器以及其他半导体电子学和光子学太赫兹辐射源等。

自由电子激光器　自由电子激光器是通过直接加速自由电子，并使其沿着周期性结构的磁场运动来实现的。速度接近光速的电子束通过偏转磁铁形成的扭摆磁场时，在洛伦兹力作用下通过同步辐射产生太赫兹波。由于电子周期运动与发射光场同相，因而辐射光场得到相干叠加，产生自由电子太赫兹激光。与其他太赫兹源相比，自由电子太赫兹激光器具有功率大、光束质量和波形结构优良、效率高和连续可调等优点。但是自由电子激光器价格昂贵、设备笨重，不适合广泛应用。

气体激光器　某些气体分子激光器利用光栅调谐的泵浦激光（一般泵浦激光为CO_2激光器，工作波长10微米，功率20～100瓦）注入低压气体腔中，在分子的振动/转动能级之间形成粒子数反转，从而产生太赫兹波。是一种能产生大功率、连续太赫兹辐射的激光器。气体激光器可以在室温下工作，但激射频率依赖于所选择的气体，因此频率不可以连续调谐。这种激光器价格较为昂贵，体积较大。

真空电子学太赫兹源　回旋管是工作在毫米波及太赫兹频段的典型的真空电子学器件，功率可达千瓦以上。回旋管的工作机理是基于电子在磁场中的回旋谐振受激辐射，是一种快波器件，不需要传统微波、毫米波真空电子学器件所必需的慢波系统，可实现高频、大功率输出。回旋管太赫兹源器件在远程探测、高分辨雷达和太赫兹辐射与物质的相互作用研究方面具有重要应用前景。

光电导太赫兹源　在光电导半导体材料（如GaAs等）表面沉积金属，制成偶极天线电极结构，当飞秒激光照射在电极之间的光电导半导体材料时，会在其表面瞬时（10^{-14}秒量级）地产生大量自由电子－空穴对。这些光生载流子在外加直流电场或内建电场作用下被加速，伴随快速的载流子复合过程，在光电导半导体材料表面会形成变化极快的光电流变化，从而产生向外的太赫兹电磁辐射脉冲。

太赫兹量子级联激光器（THz-QCL）只有电子参与的单极型激光器。电子从较高的能量状态跃迁到较低的能量状态，发射出太赫兹频率的光子。其激射波长取决于由量子限制效应决定的量子阱两个激发态之间的能级差，与半导体材料的能隙无关。THz-QCL具有能量转换效率高、体积小、轻便和易集成等优点。

电子学太赫兹源　最为典型的是耿氏振荡器，它具有极窄的线宽。耿氏振荡器作为电子转移器件，其最高频率由电子能谷散射的弛豫时间决定。类似的还有共振隧穿二极管、渡越时间振荡器、布洛赫振荡器和冷等离子体振荡器等。这类太赫兹源主要基于半导体技术和微细加工技术，具有结构紧凑等特点。耿氏振荡器作为实验室信号源以及超导－绝缘体－超导（SIS）混频接收机的本振源，得到了广泛的应用。

其他太赫兹源主要有基于非线性效应的差频发生器和参量振荡器等。

（曹俊诚）

太阳能电池 solar cell　利用半导体光电效应或者光化学效应把太阳光辐射能直接转化成电能的装置。又称太阳电池或光电池。太阳能电池一般由一个或多个半导体PN结所构成，分别称为单结太阳能电池或多结太阳能电池。当太阳光照射到半导体材料上产生空穴－电子对（光生载流子）后，在PN结内建电场的作用下，光生空穴将会流向P区，光生电子流向N区，其电极两端将瞬时形成电势差（电压），接通电路后就会产生电流，这就是物理学上著名的光伏效应。太阳能电池的种类很多，常见的有单晶硅太阳能电池、多晶硅太阳能电池、非晶硅太阳能电池、碲化镉薄膜太阳能电池、Ⅲ-Ⅴ族砷化镓基太阳能电池、有机薄膜太阳能电池、染料敏化太阳能电池、钙钛矿系列太阳能电池等。此外，还有仍处于研发阶段的新型太阳能电池，如中间带太阳能电池、量子点太阳能电池、多激子太阳能电池、热载流子太阳能电池和热光伏太阳能电池等。

（曾一平）

太阳中微子 solar neutrino　在太阳中产生的中微子。太阳中微子都是电子中微子，没有反电子中微子，也没有μ子和τ子型中微子和反中微子。在20世纪H.A.贝特的开创性工作之后，人们认识到太阳发出的光和热来源于聚变核反应释放的能量。这些链式核反应过程包括质子－质子反应链（pp链）和碳氮氧循环反应链（CNO链）。它们一方面释放能量，合成氘（^{2}H）、氦-3（^{3}He）、氦-4（^{4}He）、锂-7（^{7}Li）、铍-7（^{7}Be）、硼-8（^{8}B）、碳（C）、氮（N）、氧（O）、氟（F）等元素及其同位素，还可以产生电子中微子。

太阳中微子可以由pp链和CNO链中的多个过程产生出来。在pp链反应中可以产生中微子的过程有：①pp型，$p+p\to{}^2H+e^++\nu_e$，$E_\nu<0.42$兆电子伏；②pep型，$p+e^-+p\to{}^2H+\nu_e$，$E_\nu\approx1.4$兆电子伏；③铍-7型，$^7Be+e^-\to{}^7Li+\nu_e$，$E_\nu\approx0.86$兆电子伏；④硼-8型，$^8B\to{}^8Be^*+e^++\nu_e$，$E_\nu<15$兆电子伏；⑤hep型，$^3He+p\to{}^4He+e^++\nu_e$，$E_\nu<18.7$兆电子伏。在CNO链中可以产生中微子的过程有：①氮-13型，$^{13}N\to{}^{13}C+e^++\nu_e$，$E_\nu<1.2$兆电子伏；②氧-15型，$^{15}O\to{}^{15}N+e^++\nu_e$，$E_\nu<1.7$兆电子伏；③氟-17型，$^{17}F\to{}^{17}O+e^++\nu_e$，$E_\nu<1.7$兆电子伏。

到达地球的太阳中微子的总通量大约为6×10^{10}/（厘米^2·秒）。其中的主要成分是pp型中微子，如图1所示。在能谱的低能端，太阳中微子主要是pp型中微子。在能谱的高能端，太阳中微子的主要成分是硼-8型中微子。

由于太阳相对年轻的年龄，其中的碳氮氧重元素较少，释放的能量主要来自pp链核反应过程。pp型太阳中微子与太阳的主要能量来源$p+p\to{}^2H+e^++\nu_e$反应过程直接相关，其通量直接与太阳的光度相关，因而对它的理论预言比较准确。对pp型太阳中微子的探测是直接检验太阳的能量产生机制的关键手段。铍-7型、硼-8型、氮-13型、氧-15型、氟-17型太阳中微子的通量依赖于相应元素在太阳中的丰度，依赖于具体的太阳模型。对这些类型太阳中微子通量的测量可以为鉴别和研究太阳模型提供重要参考。

太阳中微子研究历史上的一个重大事

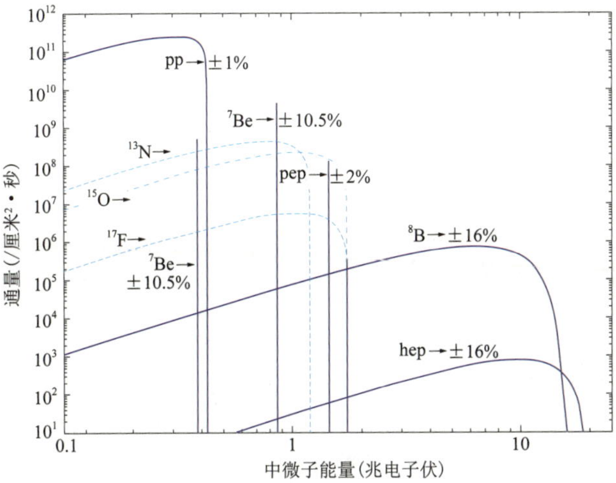

图1 标准太阳模型预言的太阳中微子能谱

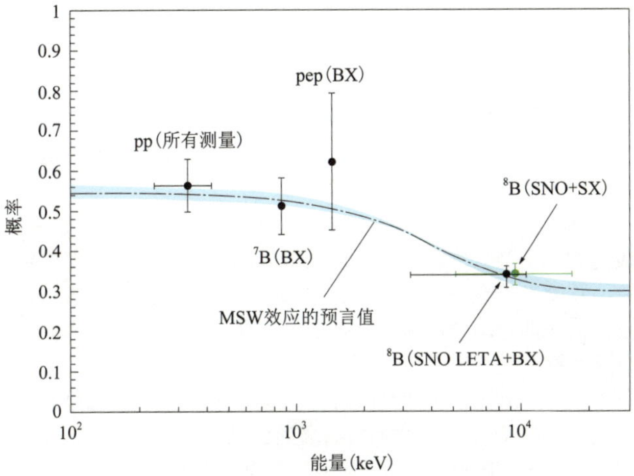

图2 对太阳中微子存活概率的测量结果

件是R.戴维斯领导的霍姆斯特克实验探测到的太阳中微子通量小于理论预言值。这就是太阳中微子失踪之谜。其后30多年间，超级神冈实验（SK）和萨德伯里中微子观测站（SNO）对硼-8型太阳中微子能谱进行了精确的测量，最终确立了**中微子振荡**的现象。

太阳中微子振荡可以由MSW共振效应理解。其大致意思是：①类似于光在透明介质中传播时可以得到有效质量，**色散关系**可以被改变，中微子在介质中传播时也可以得到有效质量$m^2 \rightarrow m_{\mathrm{eff}}^2 = m^2 + 2EV$，其中$E$是中微子的能量、$V$是势能；②因为在物质中只有电子，电子中微子的色散关系被特别地改变；③这导致太阳中微子在离开太阳后仍然保持为电子中微子的存活概率与中微子能量具有一些特定的函数关系。如图2所示，MSW共振效应预言的太阳中微子存活概率与实验结果相吻合。

（廖　玮）

态函数 state function 由热力学系统（物体）的状态唯一确定的用以表征系统宏观性质的物理量。其数值与系统如何达到这个状态的过程无关。在无限小准静态过程中，态函数的增量为完整微分；在有限过程中，态函数改变为其完整微分的积分，且积分与路径无关，只与系统的初末状态有关。

态函数中的态指的是热平衡态，即在没有外界影响情况下，系统各部分性质长时间不变。当系统达到热平衡态时，其宏观性质可用一组**状态参量**来描述，若宏观物理量可表示为这些状态参量的函数，则该物理量为态函数，表示为：

$$F(p, V, T, \cdots) = 0$$

式中p为压强；V为体积；T为温度；省略号表示其他可能的状态参量，如系统的粒子数N、磁感应强度B等。

（刘志锋　宫　箭　班士良）

泰勒，J.H. Joseph Hooton Taylor（1941-03-29～　）美国射电天文学家。生于费城。1968年获哈佛大学天文学博士学位。此后任马萨诸塞大学天文学助理教授、副教授、教授。1981年起任普林斯顿大学物理学教授。

泰勒研究射电天文学，设计并发展了射电望远镜及其信息处理系统。1974年起，他和研究生R.A.赫尔斯等人用西印度群岛波多黎各的300米射电望远镜前后发现了40个脉冲星，其中之一是PSR1913+16。其后两个星期，又发现该脉冲星是一双星系统。泰勒的学生赫尔斯于1978年证实，该脉冲星系统的公转周期变快，其实测变率与广义相对论的理论预言值一致。这就为检验A.**爱因斯坦**的**广义相对论**和其他引力理论找到了一个新的革命性的“空间实验室”，也是广义相对论迄今所得到的最可靠的实验验证。由于发现了新型脉冲星，并由此开拓了引力研究的新的可能性，泰勒和赫尔斯获1993年诺贝尔物理学奖。

（郭奕玲）

泰勒，R.E. Richard Edward Taylor（1929-11-02～2018-02-22）加拿大高能物理学家。生于艾伯塔省梅迪辛哈特，卒于美国加利福尼亚州斯坦福。一直在美国斯坦福大学任职。

1963～1973年，泰勒和J.I.**弗里德曼**、H.W.**肯德尔**在斯坦福大学的直线加速器中心高能粒子实验中发现了电子、质子和束缚中子的**深度非弹性散射**，对夸克模型理论的发展起过重要作用。为此，他和弗里德曼及肯德尔获1990年诺贝尔物理学奖。

（郭奕玲）

泰勒弛豫 Taylor relaxation 以美国科学家J.B.泰勒姓氏命名的**弛豫过程**。**等离子体**是存在大量自组织行为和集体相互作用的复杂体系，其经过短时剧烈的湍流运动而自发达到一种相对稳定状态的过程称作弛豫过程，而所达到的相对稳定的状态称作弛豫态。一般是通过对描述等离子体整体状态的某个泛函在一定约束条件下取极值（用变分原理）来研究等离子体的弛豫态。

泰勒最早将磁螺旋度守恒为约束条件的最小能量原理应用于实验室等离子体，成功解释了环形箍缩装置独特的未被解释的实验现象。

环形箍缩实验共同的显著特征是等离子体在一个初始的高度湍流状态后弛豫到一个静态状态，而当箍缩参数（定义为角向场强度边界值与环向场强度的截面平均值之比）超过某个临界值时，弛豫态等离子体边缘区域会发生环向磁场的反向，称为**反场箍缩**，显然需要某种弛豫机制达到自组织状态。

泰勒假定达到稳定位形的等离子体应该具有最小的磁场能，对于低电阻、弱黏滞并具有高磁能的等离子体，自生的快湍流过程会将磁能在一个较短的**弛豫时间**尺度内耗散到最小磁能，而相应磁螺旋度的衰减要慢得多，这样他将等离子体弛豫态用磁螺旋度守恒作为约束条件的总磁能泛函的极值来描述。应用这一变分原理，泰勒得到描述等离子体弛豫态的欧拉方程为 $\nabla\times\boldsymbol{B}=\mu\boldsymbol{B}$，其中 μ 是常数。显然该弛豫态是电流与磁场平行的无力场等离子体平衡状态。不同系统的弛豫态磁场空间分布需将欧拉方程对所研究的几何位形及边条件求解得到。而对所研究的系统，弛豫态形态仅仅决定于参数 μ。泰勒得到环形箍缩系统的解，计算给出其 μ 值对给定装置由 H/ψ^2 唯一决定（H 和 ψ 分别是磁螺旋度和总环向磁通，在良导体环形壳内 ψ 也是不变量），即弛豫态的特定结构仅依赖于 H/ψ^2。同时得到 μ 与通常实验中的箍缩参数 Θ 直接相关，有 $\Theta=\mu a/2$（a 是小半径），泰勒发现在箍缩参数 $\Theta>1.2$ 条件下，弛豫态呈现为自发的环向磁场反向的状态，预言了产生反场的临界值为 $\Theta\sim1.2$，这与多个装置的实验结果很好相符，从而成功解释了反场箍缩平衡。

后来泰勒的理论被成功地应用于许多不同的实验室等离子体系统以及空间等离子体的物理研究。而由磁螺旋度守恒约束下最小能量原理得到的无力场弛豫态称为泰勒弛豫态。（张　澄）

弹性模型 elastic model　描述非晶态物质中的**玻璃转变**和形变建立的流变模型。非晶态物质在受迫情况下（如受热、受力），其原子流变方式和规律完全不同于晶态固体。弹性模型能给出非晶流变的统一解释，为研究非晶领域的重要科学问题，探索新型非晶材料提供了新的观点和理论。

弹性模型基于假设：在足够短的时间尺度或高频条件下，黏滞液体可以看作“流动的固体”，或者说只要在足够快的时间尺度去探测，任何黏滞液体都会有类似固体的特征，即黏滞液体≈流动的固体。这些液体的弹性可以用瞬态模量 G_∞、E_∞ 和 K_∞ 来表征。弹性模型的基本思想是：非晶固体和非晶液体形成之间的差别在于它们承载切向应力的能力，体系黏滞系数的急剧增加是由于液体中局域弛豫行为的弹性相互作用的增强，即流动激活能主要由其体系瞬态模量决定。

不同物质的流动规律虽然不同，但其共同点就是需要能量来克服流动势垒，即固体或液体中的粒子或原子需要特定的能量才能摆脱其邻居的束缚而发生流变。非晶流动黏滞系数符合经验扩展的阿伦尼乌斯方程：

$$\eta=\eta_0\exp[\Delta E(T)/(k_BT)]$$

式中 k_B 为玻尔兹曼常数。其激活能 $\Delta E(T)$ 是随温度变化的函数。

根据弹性模型，流变的激活能可以表示成：

$$\Delta E=V_mG_\infty(T)$$

式中 V_m 为特征体积。如定义流动激活能密度 ρ_E 为：

$$\rho_E=\Delta E/V_m$$

激活能密度表示单位体积的原子发生塑性流动所需要的激活能，就不用考虑均匀流动单元（所有原子都参与流变）和非均匀流动单元（部分局域原子参与流变）激活能中所涉及的特征体积因素，因此可以把该弹性模型的应用范围拓展到过冷液体和非晶固态。对于非晶合金：

$$\rho_E=\Delta E/V_m=(10G+K)/11$$

该模型能较好地解释玻璃转变过程中黏滞系数急剧增大的玻璃转变、非晶的形变与流变及很多其他现象和特性。（汪卫华）

弹性凝胶 elastic gel　一类特殊的凝胶。又称可逆凝胶。具有弹性机械特征，在应力作用下能发生**弹性形变**，包括能被拉伸或压缩，当应力消失，能恢复到原形貌。其组成包括部分柔性的线性高分子聚合物凝胶，如明胶，或者硅烷、碳纳米管或氧化石墨烯等形成的气凝胶，也包括有小分子通过非共价键如氢键、配位键、疏水作用、π-π堆积作用等形成的部分超分子凝胶。

弹性凝胶之所以有弹性，在于凝胶材料本身有着较高的断裂能。有的合成凝胶断裂能在100～1000焦/米²，有的超过这个范围，而脆性凝胶断裂能大约在10焦/米²。此外，弹性凝胶在应力作用下，其代表弹性成分的弹性模量 G'，远大于其代表能量耗散成分损耗模量 G''，故在形变过程中能量被储存起来，一旦应力消失，储存的能量将用于恢复形变。部分弹性水凝胶能被拉伸到其本身长度的10倍以上，气凝胶中有的能被压缩至其本身的10%，达到90%的应变。

弹性水凝胶具有生物相容性，良好的机械性能和刺激响应性，在生物组织工程支架材料、用于药物传送的囊泡方面有着良好应用，可当作模型细胞外基质用于生物研究，作为响应性的材料在多种领域有着应用。（刘鸣华）

弹性散射 elastic scattering　初态与末态的粒子组分及各粒子在质心系中的动能没有发生改变的散射过程。一般指粒子被相互作用势场散射的过程，有时也用来代表两个实粒子之间的碰撞过程。对于后一种情形，习惯上使用弹性碰撞一词。在弹性散射前后，各粒子在**质心参考系**中的动能没有丢失，不会转化为其他形式的能量或产生额外的粒子。但质心系中严格的动能守恒是针对初态与末态而言的，并不意味着在散射过程中不存在任何形式的能量转化。弹性散射过程中完全可以发生动能转化为各种势能（如电势能、引力势能等）的情况，只要这些形式的能量最终没有损耗且完全转变为末态的绝热渐近态粒子的动能即可。对于 $n+1$ 维时空中的弹性散射，粒子组分不变和能动量守恒导致末态粒子的自由度只剩下空间角分布。一般，散射发生后粒子的运动方向，依赖于相互作用的性质和散射的瞄准距离。因此弹性散射发生后各粒子的运动方向，反映了导致该散射发生的相互作用的性质。

历史上弹性散射的上述特点被用来研究粒子间的相互作用性质和势场的结构，其中比较著名的例子包括α粒子在库仑势中的卢瑟福散射实验、带电粒子与实光子之间的汤姆孙散射、**康普顿散射**和**康普顿背散射**等。

历史上，由于对粒子动能损失是否以质心系为标准存在不一致性，对某些散射过程究竟归入弹性散射还是**非弹性散射**，存在不一致的判断。当实验室参考系与质心系不同时，即便在质心系中各粒子在散射前后的动能没有改变，在实验室系中也可能有显著的动能变化。因此很多在质心系中各粒子的动能不发生改变的过程，由于在实验室系中存在可观的粒子动能改变，在部分文献中被归为非弹性散射，如康普顿散射和康普顿背散射。对于这种由于历史原因和各专业方向习俗导致的用语不一致性，应根据相应问题灵活理解。

带电粒子的弹性散射主要由库仑相互作用引起。但是，由于核力的存在，使其与纯库仑散射有一定区别。当入射粒子的能量低于碰撞系统的库仑势垒时，其弹性散射是纯库仑散射，又称卢瑟福散射。当入射粒子的能量高于系统的库仑势垒时，特别是在重离子碰撞中，如果入射核的运动方向线（穿过入射核中心）到靶核的距离（称为碰撞参数）较大，只有库仑相互作用，这时的散射与纯库仑散射一致。如果碰撞参数逐渐减小，吸引的核力开始起作用，弹核的轨道就会偏离纯库仑散射，当库仑作用与核力相等时，离子的运动轨道开始有明显变化，弹性散射截面也开始以指数下降，这时弹核的散射角度称为库仑虹角，虹角附近的散射称为虹散射，该处的弹性散射截面降为库仑散射截面的1/4。虹角的大小与碰撞系统及其入射离子能量有关。弹性散射的截面与弹核入射能量、两个核的电荷数即质量数有关。弹性散射的出射弹核主要分布在前角度，其能量接近于入射时的能量。随着散射角度的增加散射概率逐渐减少，能量也逐渐降低。

原子核之间的弹性散射可以用光学模型进行较好地描述。

弱束缚核在库仑力的作用下会发生离解，因此弱束缚核的弹性散射与稳定核的弹性散射有明显区别。

中子在靶核上的弹性散射遵循碰撞前后动量守恒和动能守恒原理。碰撞后中子会将部分动能传递给靶核，从而降低自己的速度，即慢化。

（曹庆红　张　昊　靳根明）

弹性形变　elastic deformation　材料在应力作用下经历的可逆形变。对应的材料称为弹性材料。在应力场被去除后，弹性材料自动恢复到初始状态。大多数固体材料在微小应力的作用下表现为弹性材料。在连续体中，形变场是由施加力导致的应力场引起的。应力与应变之间的关系由本构方程表示。如果弹性形变很小，应力与应变之间呈线性关系，其系数为弹性模量张量。

连续介质力学中的形变是将一个连续体从参考状态转换为当前状态。在这里状态指的是一个物体中所有粒子位置的描述。外部负载、体力（如重力或电磁力）或温度、水分含量或化学反应等的变化都可能导致形变。应变是形变物体内的相对位移的描述。刚体运动不导致相对位移，因此对应变没有贡献。选取不同的参考坐标和张量空间，可以对应变场的描述做出不同的等效选择。

连续体的位移可以分为两个部分：刚体位移和形变。刚体位移由物体的平移和旋转组成，而不改变其形状或大小。形变意味着物体的形状和/或体积的变化。如果在连续体的位移之后，颗粒之间存在相对位移，则发生形变。如果在连续体的位移之后，当前构型中的颗粒之间的相对位移为零，则不存在形变，而是发生了刚体位移。

（邢向军）

弹性滞后　elastic hysteresis　当应力施加在黏弹性材料上时，应变不会与应力同时变化，而是落后于应力的现象。这是同一应力的应变值在增加负载和减少负载时取值不同的原因。应力－应变曲线的面积在数值上等于加载材料后卸载所做的功。

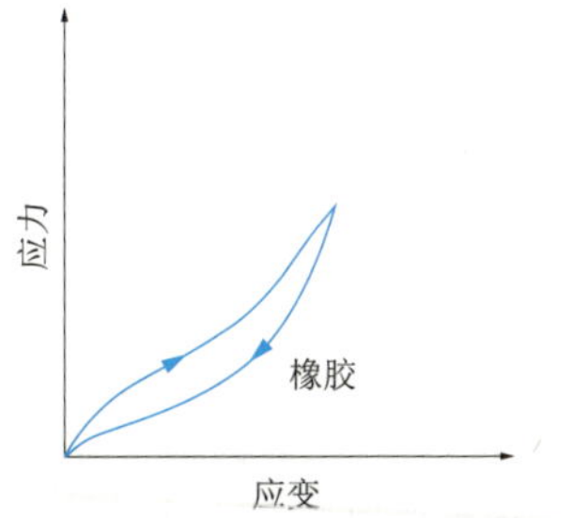

应力－应变曲线

如图所示，当橡胶恢复到原始状态时，应力－应变曲线不一致，并得到这个滞后回线。当橡皮筋拉伸时，它会加热，如果它被突然释放，它会冷却下来。环路中心的区域是由于内部摩擦而消耗的能量。如果反复拉伸和释放橡皮筋，可以看到由滞后引起的加热效应。

（邢向军）

谭峭　Tan Qiao　中国古代光学家。南唐道士。字景升（一作“昇”），号紫霄真人。

活跃于10世纪初。又说，10世纪30年代曾旅居于闽。唐国子司业洙之子，幼居长安（今西安）。自幼聪敏，颇涉经史，好黄老诸子、列仙神人。青少年出家后，曾游太行、五岳，师嵩山道士十余年。尔后居南岳炼丹，复入青城山隐居。有著作《化书》传于世。《化书·四镜》写道：“小人常有四镜：一名圭，一名珠，一名砥，一名盂。圭视者大，珠视者小，砥视者正，盂视者倒。”圭是平凸透镜，珠是双凸透镜，砥是平凹透镜，盂是凹凸透镜。谭峭是中世纪时期世界上掌握最多透镜类型并了解其成像状况的人。谭峭还发现复镜的“镜镜相照，影影相传”的光学现象。在他论述“道”的思想时常以镜子和光学现象作为依据。《化书》中还记述了谭峭所认识的声学、运动学、静电与静磁等诸多物理现象。谭峭还在书中称：“小人由是知，阴阳可以召，五行可以役，天地可以别构，日月可以我作。”

图1　谭峭画像

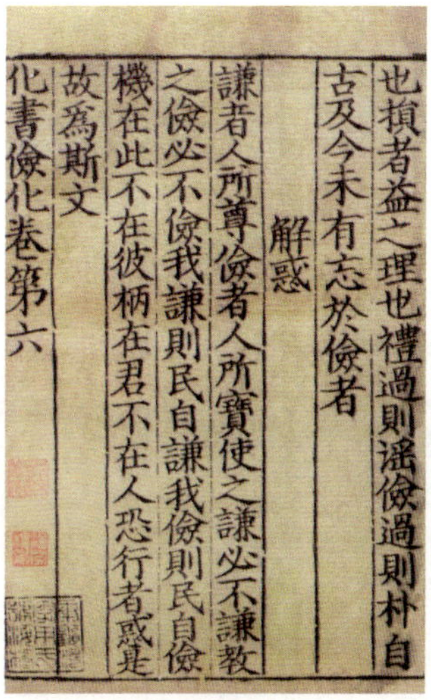
也損者益之理也禮過則諂儉過則朴自
古及今未有忘於儉者
解惑
謙者人所尊儉者人所寳使之謙必不謙教
之儉必不儉我謙則民自謙我儉則民自儉
機在此不在彼柄在君不在人恐行者惑是
故爲斯文
化書儉化卷第六

图2　《化书》

（戴念祖）

碳富勒烯　carbon fullerene　金刚石、石墨和无定形碳外被发现的第四种碳的同素异形体。是由非平面的碳五元环、六元环等构成的封闭式空心球形、椭球形或其他笼形、类笼形结构碳材料。简称富勒烯。第一个被发现的碳富勒烯分子是碳60（C_{60}）。1985年，英国化学家H.W.克罗托和美国科学家R.F.柯尔、R.E.斯莫利等用激光气化蒸发石墨方法在实验中首次制备出由60个碳原子组成的碳团簇分子C_{60}。发现者当时认为C_{60}的结构与美国建筑学家R.B.富勒设计的代表作球形圆顶薄壳类似，因此将它命名为富勒烯，又称巴基球。为此，克罗托、柯尔和斯莫利获得了1996年度诺贝尔化学奖。C_{60}的分子结构是有60个顶点的球形32面体，由12个正五边形和20个正六边形组成，其中五边形彼此不相连接，只与六边形相邻。它具备最高的二十面体点群对称性（I_h）。C_{60}中每个碳原子与周围三个碳原子形成三个非共面的σ键。按照欧拉多面体定理$N-L+F=2$（N、L、F分别是多面体的顶点、边和面数），只要在多面体每个顶点上放置一个碳原子，可以得到各种可能大小的碳富勒烯分子。它们具有严格的12个五边形和$N/2-10$个六边形。

随着C_{60}的发现，许多C的同素异形体如C_{20}、C_{70}、C_{76}、C_{82}、C_{84}等及其相关的化合物也相继被成功合成，富勒烯的家族成员不断扩大。

比较成熟的富勒烯制备方法主要有电弧法、热蒸发法、燃烧法和化学气相沉积法等。除了人工制备之外，碳富勒烯还存在于宇宙空间和自然界中。由于碳富勒烯独特的几何结构和化学、物理性质，它自20世纪90年代已成为材料科学、化学、电子学、生物医学和纳米科学与技术领域内的研究重点课题，同时在如半导体、超导、非线性光学材料、催化剂、蓄电池材料、超级润滑剂和医学上作为影像剂等方面也显示出广阔的应用前景。

（董锦明　缪　峰）

碳纳米管　carbon nanotube　碳的一种同素异形体，由单层石墨烯或者多层石墨烯卷曲而成的一维圆柱状结构。管径一般为几纳米到几十纳米，管壁厚度取决于径向方向的*石墨烯*层数。单层石墨烯卷曲而成的碳管称为单壁碳纳米管（SWCNT），多层石墨烯卷曲而成的碳管为多壁碳纳米管（MWCNT）。SWCNT的直径一般为1～3纳米，最小直径为0.4纳米。大于6纳米的SWCNT一般非常不稳定，易发生塌陷。碳纳米管的长度一般为100纳米～10微米。MWCNT的层间距约为0.34纳米。

发现及制备　1991年日本饭岛澄男在利用电弧放电制备碳纤维时发现了多壁碳纳米管，随后他又发现了单壁碳纳米管。碳纳米管的制备方法多种多样，例如电弧放电法、激光烧蚀法、化学气相沉积（碳氢气体热解法）、固相热解法、辉光放电法、气体燃烧法以及聚合反应合成法等。

结构　碳纳米管主要是由呈六边形排列的碳原子构成的单层、数层到数十层的同轴圆管。碳纳米管中石墨层的碳原子以sp^2杂化形式存在。由于存在一定的曲率，碳纳米管中的碳原子介于sp^2与sp^3杂化类型之间。根据碳六边形沿轴向的不同，其取向可将碳纳米管分为锯齿形、扶手椅形和螺旋形三种类型。扶手椅形和锯齿形碳纳米管都是非手性纳米管，螺旋式纳米管具有手性。每一个纳米管可采用指数(n, m)唯一描述：扶手椅形纳米管指数对为(n, n)；锯齿形纳米管指数对为$(n, 0)$；而螺旋形纳米管指数对为(n, m)，且$n \neq m$。其中n和m是用来定义纳米管轴向和径向矢量的参数，下图分别给出了这三种类型的碳纳米管结构，具体的(n, m)数值已标在图注中。图a为扶手椅形纳米管（5，5），图b为锯齿形纳米管（9，0），图c为螺旋纳米管（10，5）。不同类型的碳纳米管通常电子能带结构也不同，相应可分为金属型和半导体型纳米管。

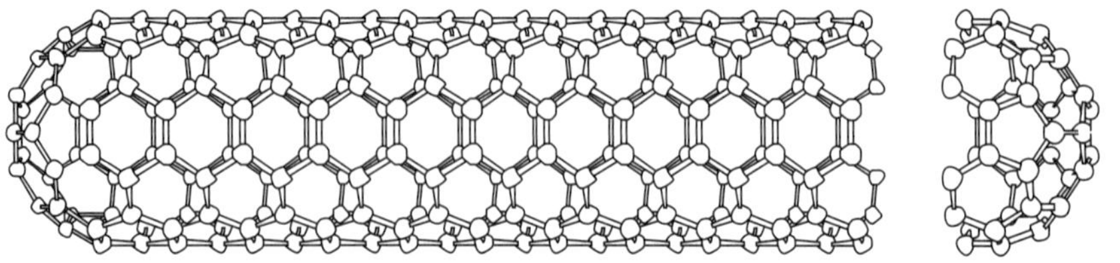

a 扶手椅形纳米管(5, 5)

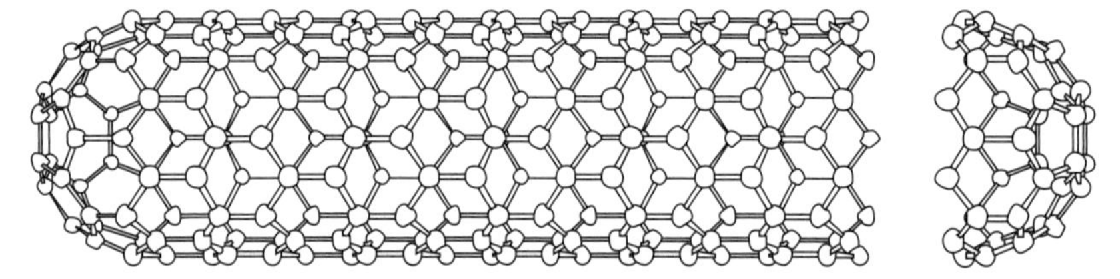

b 锯齿形纳米管(9, 0)

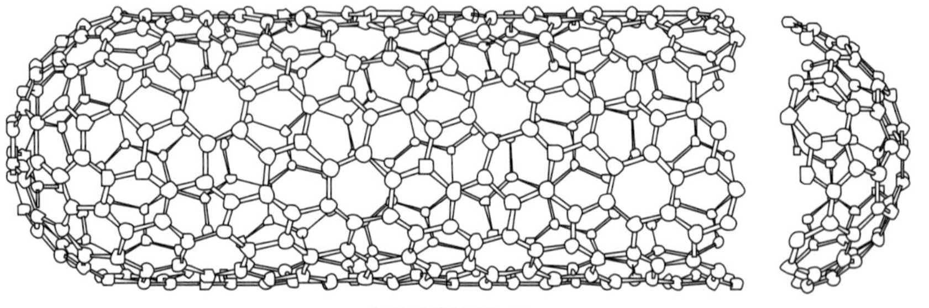

c 螺旋纳米管(10, 5)

碳纳米管结构简单示意图

性质及应用　物理性质方面，碳纳米管具有较大的长径比，可看作准一维纳米材料。构成碳纳米管的石墨烯片层中的碳原子之间以共价键相连，所以具有很高的强度。理论研究表明，单壁碳纳米管的杨氏模量和剪切模量与金刚石相当，强度可达1.0太帕以上，约为钢的100倍，而密度只有钢材料的1/6。碳纳米管还具有极高的韧性，十分柔软，被称为“超级纤维”，并可作为复合材料中的加强材料。同时，由于它透明且具有柔性，有望制成透明导电薄膜，用作触摸屏的材料。电学方面，根据卷曲方式不同，纳米管可具有良好的金属导电性和半导体特性，可作为最细的导线应用于纳米电子器件中，有望成为新一代的量子器件。碳纳米管的顶端很尖锐，具有优异的场发射性能。阈值电压可达1.0伏/微米，电流稳定且重现性好，可用作电子发射源，推动场发射薄膜显示屏的发展。光学方面，半导体型纳米管具有很好的发光特性，可用于户外照明灯丝材料，具有寿命长、发光稳定性好、节能等优点。

（谭平恒）

碳-14测年　^{14}C dating; radiocarbon dating　根据碳-14的衰变程度计算样品大概年代的一种测量方法。又称碳-14年代测定法、放射性碳定年法。碳-14（^{14}C）是碳的放射性同位素，其半衰期为5730年。碳-14是用于衰变测年的理想核素，特别是对于有机碳样品。生物体在活着时与大气有充分的碳交换，死后可被视为封闭体系。在封闭体系中碳-14含量的变化符合指数衰变规律，若已知其初始放射性比活度A_0，则只要测得当前的放射性比活度A，即可推知样品的年龄。无机碳样品的封闭性与所处环境密切相关，须进行具体分析。

国际上统一采用现代碳标准作为A_0值，记为MC（modern carbon）。现代碳标准是以国际标准物质NBS草酸OX-1在1950年的碳-14放射性比活度的95%定义的。用A_0值求得的年龄称为样品的碳-14年龄（radiocarbon age），一般在其后标以BP（before present），其含义是以1950年作为向前推算年龄的起点。实际上大气中的碳-14放射性比活度随地磁偶极矩强度、太阳活动强度和人类活动的影响而变化，故所测得的碳-14年龄还需要用校正曲线进行校正，得到真实的日历年代。

碳-14在大气中的放射性比活度，虽然在总体上有较好的空间一致性，但在个别地区或特定情况下，会偏离全球平均值。例如火山活动会从地幔中释放大量死碳，故火山地区样品的年龄会普遍偏老。这一现象称为贮存库效应。

传统的碳-14测年是用衰变计数法测量样品的放射性比活度，20世纪70年代以后发展起来加速器质谱（AMS）方法。对AMS方法，上面的放射性比活度A应改换为同位素丰度R。现代碳标准折合成$^{14}C/^{12}C$的同位素丰度值约为1.18×10^{-12}。

为了将样品的碳-14年龄转换为真实年龄，需要使用碳-14测年的年代校正曲线。最初的校正曲线是基于对已知年龄树轮的测量，故亦称为树轮校正曲线。但树轮校正只能延续到距今一万年左右，更早的校正曲线则是基于对已知年龄珊瑚的测量。国际上已有一些通用的程序可用于碳-14年龄的校正。校正后的样品年龄称为日历年龄（calendar age），其单位写为Cal a BP。在考古学中人们更多地习惯于使用日历年代AD或BC。由于校正曲线在某些年代范围的多值性，一个碳-14年龄值可能对应多个日历年龄。故一般情况下，根据校正曲线的形状和误差以及碳-14年龄的误差，只能给出一个样品日历年代的置信区间以及相应的概率分布。在某些情况下，虽然样品碳-14年龄的测量误差只有三五十年，但其日历年代的2σ置信区间可达200年以上。

为了减小日历年代置信区间的宽度，发展了基于贝叶斯统计的系列样品年代校正方法。该方法引入包括样品顺序与分期等信息的验前分布，对样品日历年代的范围形成附加的约束，从而使样品日历年代验后分布的置信区间大幅度减小。在夏商周断代工程中就成功地使用了这种方法。

（郭之虞）

碳60 carbon60 由60个碳原子所构成的分子，形状酷似足球，又被称为足球烯。碳60具有60个顶点和32个面，其中12个面是正五边形，20个面是正六边形（见图），简称为C_{60}。C_{60}也是第一种被发现的富勒烯。

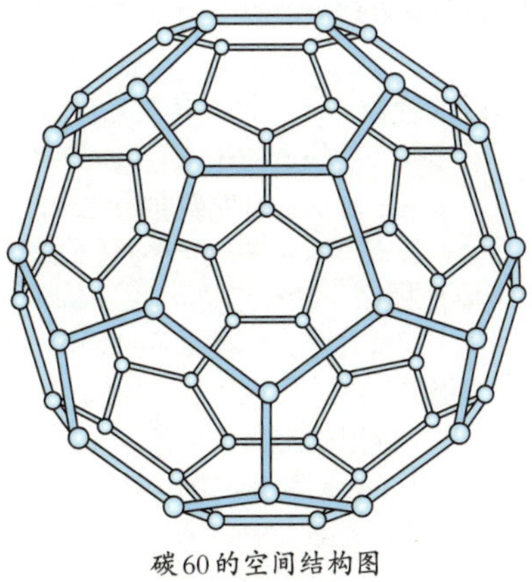

碳60的空间结构图

发现及制备 1985年，英国化学家H.W.克罗托和美国科学家R.E.斯莫利等人在氦气流中以激光汽化蒸发石墨实验中首次制得由60个碳组成的碳原子簇结构分子C_{60}，并推测这个**团簇**是球状结构。R.F.柯尔、克罗托和斯莫利因富勒烯的发现于1996年获诺贝尔化学奖。

分子结构和对称性 C_{60}是一种碳原子簇，60个碳原子在空间排列成化学键最稳定的空间结构。C_{60}分子共有30个双键，在两个六边形共用边处，其键长为0.140纳米；60个单键在六边形和五边形共用边处，其键长为0.146纳米。C_{60}分子骨架直径为0.709纳米。由于碳原子的电子云厚度为0.335纳米，则C_{60}分子直径为1.034纳米，其空腔为0.374纳米，体积为1.87×10^{-22}厘米^3。碳原子的键能为7.40电子伏，电子亲和能为2.65±0.05电子伏。在室温C_{60}分子结合的晶体为立方面心结构，晶格常数$a=1.417$纳米，在249开时晶体结构转变为简单立方结构。处于顶点的碳原子与相邻顶点的碳原子各用近似于sp^2杂化轨道重叠形成σ键，每个碳原子用剩下的一个p轨道采用$sp^{0.02}$杂化方式形成一个含60个π电子的垂直于球面的闭壳层电子结构，因此在近似球形的笼内和笼外都围绕着π电子云。C_{60}分子在^{13}C核磁共振谱中只显示一条谱线，说明C_{60}分子中的60个碳原子是完全等价的。这使得C_{60}分子成为最对称的分子。

C_{60}分子最显著的性质是其高度的对称性I_h，即分子可能具有的最高对称性。它一共有120个诸如旋转轴和对称面的对称操作。理论计算和实验证明，C_{60}分子有14个可分辨的振动频率，其中4个为红外活性，10个拉曼活性。拉曼活性又可分辨出8个来源于H_g对称性的五次简并偶态模式和两个来自A_g对称性的非简并偶态模式。其余模式为寂静模式。

性质 C_{60}分子凝聚后会通过分子间作用力形成一种黑色C_{60}固体。室温条件下，由于剧烈的热运动，C_{60}固体晶格中的C_{60}分子会绕着固定点做高速旋转。低温时，C_{60}分子处于转动有序状态。1992年发现K_3C_{60}具有超导电性，超导转变温度T_c为18开。现已合成出各种掺杂碱金属C_{60}超导体，其中Cs_3C_{60}的T_c为40开。碱金属掺杂C_{60}是一类新的三维有机超导体。同时，C_{60}还具有其他的许多优异物理性质，如强磁性、耐高压等。

用途 C_{60}所具有的奇特物理和化学性质使其具有诸多潜在的应用价值。在光学应用方面，C_{60}分子具有三维高度非定域电子共轭结构，因此具有良好的三阶非线性光学性质，是制造光阈值器件和光折变器件的良好材料。在电学方面，C_{60}高分子复合材料中，C_{60}与高分子之间存在光诱导的电子迁移现象使其在光电导、光电二极管以及光电压装置的应用方面具有优势；还可用于构建下一代的单电子晶体管。掺入碱金属的C_{60}具有良好的超导电性更促进了C_{60}在其他电学器件方面的应用。在工程方面，C_{60}独特的分子结构是其可以用作比金属和合金更为新型有效的吸氢材料，常温下稳定且回收率高；同时还可作为催化剂以及制造金刚石的原材料。此外，在固体润滑、传感、气体分离等应用方面，C_{60}也具有不可估量的价值。

（谭平恒）

汤川秀树 Yukawa Hideki（1907-01-23～1981-09-08） 日本物理学家。生于东京，卒于京都。1929年毕业于京都大学物理系。1932年任京都大学讲师，1933～1939年在大阪大学任教，1939年回京都大学任物理学教授，直到1970年。其间1943～1945年兼任东京大学教授。1948年受聘为美国普林斯顿高级研究院客座教授，1949～1951年任哥伦比亚大学教授。1953～1970年任京都大学基础物理学研究所第一任所长。1975年以后长期患病。

从事原子核和**量子场论**的研究。在1935年发表核力的介子场理论，预言作为核力及**β衰变**的媒介存在有新粒子即介子，还提出了核力场的方程和核力的势，即汤川势的表达式。按照这一理论，质子和中子通过交换介子而互相转化，核力是一种交换介子的相互作用。1937年**C.D.安德森**等在宇宙线中发现新的带电粒子（后被认定为μ子）之后，经**C.F.鲍威尔**等人的研究，于1947年在宇宙射线中发现了另一种粒子，认定是汤川秀树所预言的介子，被命名为π介子。由于在核力理论的基础上预言介子的存在，汤川秀树获得1949年诺贝尔物理学奖；1943年他还因此获得日本文化勋章。

他和**坂田昌一**等人在1937年展开了对介子场理论的研究。1947年提出了非定域场理论，试图解决场的发散问题。1953年9月在京都召开国际理论物理学会上，汤川秀树发表了非定域场的统一理论。他从1946年起主编英文杂志《理论物理学进展》，向国外介绍日本理论物理学的研究成果。

（戴念祖）

汤定元 Tang Dingyuan（1920-05-12～2019-06-03） 中国半导体和红外物理学家。生于江苏金坛，卒于上海。1942年毕业于重庆中央大学物理系，1948～1951年先后留学于美国明尼苏达大学和芝加哥大学物理系，1950年获硕士学位。1951年回国，历任中国科学院应用物理研究所和半导体研究所副研究员、研究员。1964年

起，任上海技术物理研究所研究员、所长（1977～1985）、学术委员会主任和红外物理国家重点实验室学术委员会主任（1985年开始）。先后兼任中国科技大学教授、半导体教研室主任，上海科技大学教授、技术物理系主任等职。1991年当选中国科学院学部委员（院士）。

在留美期间，曾发现金属铈的新颖相变，首创金刚石高压容器。回国后，从事半导体光电物理与器件的研制工作，在窄禁带半导体和碲、镉、汞晶体的物理特性及其器件方面多有成就。1958年后从事红外物理和红外探测器的研制。他所参与研制的光电器件和红外探测器等仪器已成为中国人造卫星、军用和民用高科技装置之一。他有13项物理学科研成果被列入国际科学手册之中。曾多次获得国家自然科学奖和科技进步奖。（戴念祖）

汤姆孙，G.P. Sir George Paget Thomson（1892-05-03～1975-09-10） 英国物理学家。J.J.**汤姆孙**之子。生于剑桥，卒于剑桥。1914年毕业于剑桥大学三一学院。第一次世界大战期间，他应召在皇家空军服役。1919～1922年在**卡文迪什实验室**工作。1922年任阿伯丁大学教授，1930年当选为英国皇家学会会员，1930～1952年任伦敦大学帝国科学技术学院物理教授。1952～1962年任剑桥大学基督圣体学院院长。

从事**原子物理学**、**量子力学**、**气体放电**等方面的研究。1919年他受到电子被氩原子散射实验的启发，研究电子被原子散射问题。1922年试图将T.**杨**的光干涉实验与他的电子散射实验结合，研究电子散射问题。1927年以能量为两万电子伏的快速电子穿过10^{-8}米厚的铜、银、锡等金属箔，观察到电子产生的衍射环，从其衍射环直径计算波长，发现电子的动量与波长间的关系与L.V.**德布罗意**物质波理论预言的一致，验证了物质波理论。在此发现前两个月，美国物理学家C.J.**戴维森**和L.H.革末用镍晶体散射慢速电子，发现其散射的特定方向最强电子束，与晶体散射X射线波束之间存在着单值对应关系，证实了电子的波动性。他和戴维森为此共同获得1937年诺贝尔物理学奖。此后汤姆孙利用电子衍射仪，发现许多固体和液体的原子排列及其分子结构，对研究材料的应力分布和电阻有重要作用。

1939年促成英国政府组织科研人员，在汤姆孙和J.**查德威克**领导下研究核裂变。当美国总统F.D.罗斯福采纳A.**爱因斯坦**的建议决定制造原子弹，但美国政府还在犹疑时，汤姆孙领导的英国原子能委员会得出战争结束前德国可能用铀-235制成原子弹的结论，致函美国，促使美国决心迅速制造原子弹。第二次世界大战期间，他先后担任英国政府科学顾问和原子能委员会主席。战后，还担任联合国原子能委员会首席顾问及英国代表。1943年被封为爵士。（戴念祖）

汤姆孙，J.J. Sir Joseph John Thomson（1856-12-08～1940-08-30） 英国物理学家。生于曼彻斯特，卒于剑桥。14岁进欧文学院学习。1876年成为剑桥大学三一学院的数学研究生。1880年取得数学荣誉学位考试的第二名，次年便成为三一学院研究员。1884年被选为英国皇家学会会员，随后任剑桥大学教授和**卡文迪什实验室**教授，并接替**瑞利**担任主任。1905年接替瑞利任皇家学院自然哲学教授。1911～1913年任英国皇家学会副会长。1915～1920年任会长。1918年起担任三一学院院长，1919年他辞去卡文迪什实验室教授的职位，推荐他的学生E.**卢瑟福**继任，而自己留在实验室继续进行研究工作，长达21年。

主要贡献是关于原子物理的研究和发现电子。1884年，他曾精确测定电量的静电单位与电磁单位两数值之比值恰好是光速值。此后，他在卡文迪什实验室取得了重大科研成果，开辟了近代物理学的新领域。19世纪90年代初，德国人P.**勒纳**由实验得知**阴极射线**可通过金属薄片，因此认为它不可能是粒子流。后来，汤姆孙发现阴极射线的速度小于光速两个数量级，认为它不可能是以太波。1896年他邀请勒纳到英国进行学术交流，彻底了解清楚勒纳的思想和实验结果。终于使他产生一个新的想法，阴极射线可能是质量和线度小于原子的粒子射线。为了证实这个想法和弄清楚这些粒子的物理性质，1897年汤姆孙做了一个决定性的实验，先证明阴极射线在电场和磁场作用下，其弯曲路径与带负电粒子相同；后测定阴极射线受一定强度磁场作用后弯折的曲率半径，以及采用静电偏转力与磁场偏转力相抵消的方法确定粒子的速度，由此得到阴极射线粒子的荷质比，并发现它们的质量为氢原子的1/1837；汤姆孙还进一步发现，不论阴极射线管内气体成分为什么、电极是什么材料，阴极射线粒子的荷质比都相同。这就令人深信，这种带负电粒子是组成一切原子的基本成员之一。当时汤姆孙把他发现的这种粒子称为“微粒”，于1897的4月30日正式宣布。后来把这种微粒命名为**电子**。以后两年内，他又发现用其他方法，如受紫外线照射而发射出的光电子和碳丝受热而发射出来的热电子的e/m值也相同。这就更进一步证明了上述论断无可置疑。电子是公认的第一种基本粒子。电子的发现标志着人类对物质结构的认识进入了一个新的层次，打破了千百年来认为原子是组成物质的最小单元这一观念，揭示出原子还有内部结构。为此，汤姆孙获1906年诺贝尔物理学奖。

1899年发现光电流中的电子和热电子发射效益，详细研究了电子在磁场和电场中运动的理论。提出了**气体放电**的特点，说明了连续X射线谱的起源。1900年提出光被自由电子散射的有效截面表达式，称为汤姆孙公式。1903年提出一种原子模型，即汤姆孙模型。1904年提出原子价的电子理论，解释化学元素的周期性质。1907年研究极隧射线，发展了质谱仪的工作原理。1911年提出确定离子束粒子（不同气体的离子）的相对质量的抛物线方法，该方法对研究同位素颇有价值。1912年将氖放电管中原子量分别为20和22的两种不同的氖离子区分开来，第一次用物理方法分离了稳定元素的同位素。他的方法经过同时在卡文迪什实验室工作的F.W.**阿斯顿**的改进和完善，发展成为今天的质谱仪。

在担任卡文迪什实验室教授期间，创建了完整的研究生培养制度和良好的学术气氛。1895～1914年，受过他教益的很多学者后来都取得重要研究成果。其中有7人获得了诺贝尔奖，27人取得英国皇家学会会员资格。他是一位卓越的教师，不但给研究生讲专业课，还给大学生讲基础物理课。（戴念祖）

汤姆孙散射诊断　Thomson scattering diagnostics　利用激光汤姆孙散射原理探测等离子体参数和集体运动模式的诊断方法。汤姆孙散射是电磁波在自由电子上的散射，因由英国物理学家J.J.*汤姆孙*发现而得名。当电磁波入射到自由电子时，引起电子以同样频率振荡，并发射散射波。从不同方位接受的散射波的频率、波数和偏振可以推断电子的运动状况，这就是汤姆孙散射诊断的基本原理。

当入射光子能量远小于被探测电子的静止能量，且引起的电子振荡幅度远小于光波长时，主要由波的电场引起电子运动，可不考虑相对论效应和量子力学效应，用经典的电动力学理论处理散射问题，此时得到的电子辐射电场是一个推迟解。设电子本身以速度v在运动，由于多普勒效应，散射波的圆频率为：

$$\omega_s=\omega_0+kv\cos\psi$$

式中ω_0为入射波圆频率，k为散射波波数，ψ为入射波传播方向和电子运动方向夹角。散射波电场振幅和散射角有关，最大值在与入射波电场偏振方向垂直，为：

$$\hat{E}_{s,\max}=r_0\hat{E}_0/R$$

式中$\hat{E}_0$为入射波电场振幅，R为观测点和辐射电子距离，r_0为电子经典半径：

$$r_0=\frac{e^2}{4\pi\varepsilon_0 m_e c^2}=2.82\times10^{-15}\text{ 米}$$

式中e为电子电荷，ε_0为真空介电常数，m_e为电子质量，c为光速。对于非偏振光，所有立体角积分的总散射截面为：

$$\sigma_T=\frac{8\pi}{3}r_0^2=6.65\times10^{-29}\text{ 米}^2$$

又称为汤姆孙散射截面。这是一个非常小的量，必须采用激光这样的强光源作为入射诊断束，以增强散射光强，使之达到可探测的水平。

采用汤姆孙散射诊断等离子体电子组分的温度时，需要考虑等离子体中的电子周围由异号电荷组成的德拜球围绕所起的屏蔽作用。当入射电磁波的波长小于*德拜长度*时，入射波可与单个的电子作用，称非相干散射；当入射电磁波的波长大于德拜长度时，主要探测等离子体的集体运动模式，称相干散射。可以选择入射电磁波的波长和入射角来确定属于哪种散射。

非相干散射主要用于探测等离子体电子温度。在非相对论近似下，散射光谱是典型的高斯分布，其相对的半宽度为：

$$\frac{\Delta\lambda_{1/2}}{\lambda_0}=4\sin\frac{\theta}{2}\sqrt{\frac{2k_BT_e}{m_ec^2}\ln2}$$

式中θ为散射角，k_B为玻尔兹曼常数，T_e为电子温度。因此测量了散射光谱宽度就可计算电子温度。

在实验室等离子体诊断中，一般采用红宝石激光一类脉冲激光器作为光源，在环形等离子体装置中的典型光路如图1所示。激光经聚焦从上方或下方入射，在90°方向收集散射光，经分光后测量其光谱宽度决定等离子体中的电子温度。因为电子散射截面极小，必须用光阑、消光器等部件充分去除入射光在壁上产生的散射光，才能得到需要信噪比。

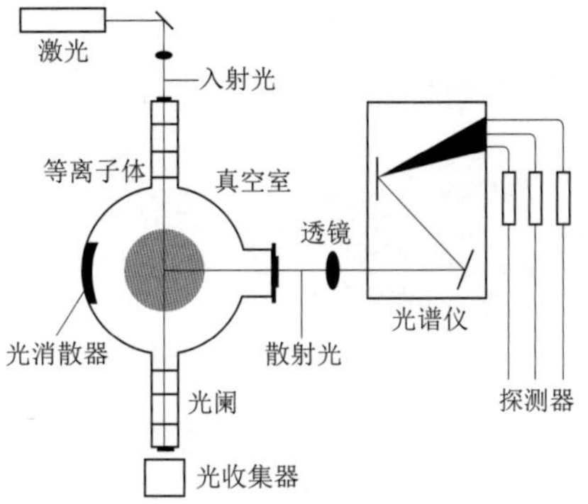

图1　非相干汤姆孙散射诊断设备示意图

原则上知道散射体积后，可以从总散射功率或一定立体角内的散射功率计算等离子体电子密度。但散射体积和立体角都很难测量或计算，一般采用空气的*瑞利散射*定标，即将同一真空室内充以一个大气压空气，用同一设备测量散射光谱，从谱线总面积可计算其粒子密度。因为空气原子的散射截面已知，根据两散射谱线面积之比就可推算等离子体的电子密度。

等离子体的非相干汤姆孙散射诊断有良好的空间分辨率，但囿于脉冲激光等强光源的重复频率比较低，其时间分辨率难以提高。即使如此，非相干汤姆孙散射诊断因其对等离子体电子温度测量的准确性而被广泛用于高温等离子体诊断，也逐渐用于低温等离子体。此外，针对大型聚变装置，发展了另一种汤姆孙散射诊断装置，称为光雷达。它是一种背向散射，入射光路和散射光路合一，利用短脉冲激光散射信号的时间延迟实现空间分辨。

相干散射又称集体散射，用以研究等离子体的密度涨落或称集体运动模式。它的工作原理是散射波的圆频率和波矢满足匹配关系：

$$w_s=\omega_0\pm\omega_p$$

$$k_s=k_0\pm k_p$$

式中下标0表示入射波，p表示等离子体的振荡模式。在实际集体散射诊断系统中，散射波和入射波一般处于同一波段，有：

$$k_s\cong k_0$$

$$\omega_s\cong\omega_0$$

因而有：

$$k_p\cong 2k_0\sin\theta/2$$

式中θ为散射角，不同的散射角对应等离子体密度涨落不同的波数分量。

由于要求入射电磁波的波长大于德拜长度，一般采用微波或红外波段。具体诊断光路一般采用小角度散射，如图2所示。激光束经聚焦后射入等离子体，对应不同散射角方位收集散射光信号，分别分光后测得对应不同波数值的频谱，就得到等离子体涨落的频率－波数谱。

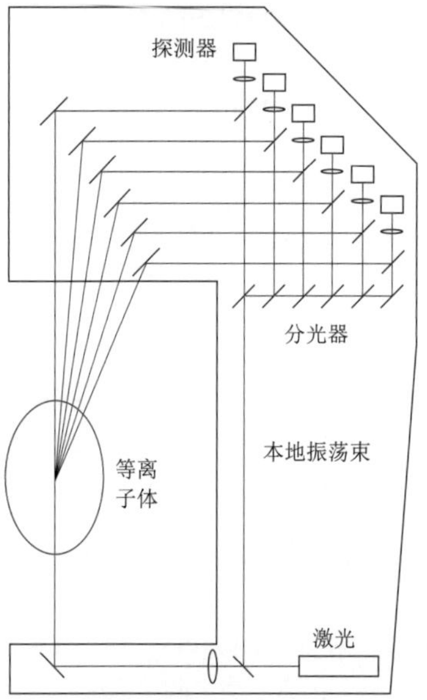

图2　相干汤姆孙散射诊断设备示意图

相干散射最早用于电离层的探测，使用几百兆赫的电磁波从地面发射，探测电离层的背散射信号，可以推算电离层等离子体的密度、温度等参数。由于历史原因，电离层的散射测量被称为非相干散射测量。

（王　龙）

汤姆孙原子模型　Thomson atomic model　英国物理学家J.J.*汤姆孙*于1904年提出的原子结构模型。在原子核发现之前，有两个已知的事实：①原子是中性的；②原子内具有带负电荷的电子。汤姆孙提出正电荷在原子内球对称均匀分布，形成所谓“葡萄干面包”或者“果冻”结构。这个模型可以解释原子的稳定性，即当电子轨道半径增大，所感受到的正电荷增多，受到的吸引力变大，从而阻止电子逃逸。

汤姆孙的原子模型，使他的学生E.*卢瑟福*受到启发，于1909年设计高速α粒子（氦原子核）撞击金膜的实验。结果表明，某些α粒子发生了大角度的散射，这无法用汤姆孙原子模型解释。基于此，卢瑟福于1911年提出了现在以他的姓氏命名的卢瑟福原子模型，认为原子内的正电荷高度聚集在一个很小的区域，并且承载了几乎全部的原子质量。这个带正电的核称作*原子核*。

卢瑟福原子模型表明，原子由带正电的原子核和电子组成，原子的序数就是原子核所带的正电荷数，也是原子所拥有的电子数。但电子如何围绕原子核运动，则由物理学家N.玻尔借鉴地球绕日运动提出电子绕核做类似运动，并且是量子化的玻尔氢原子模型来解释。（赵增秀）

汤森放电 Townsend discharge 描述放电电极间气体击穿过程的理论，也指相应的放电过程。以英国科学家J.S.汤森的姓氏命名。1897～1901年，汤森逐步提出并完善了这种雪崩放电理论，解释气体放电从非自持向自持的转化过程，是关于气体击穿最早也是最基本的理论。

汤森引入三个汤森系数α、β和γ表征放电中的三个过程。汤森第一电离系数α表示一个电子从阴极到阳极经过单位路程与中性气体粒子发生非弹性碰撞所产生的电子-离子对的数目，这种电离过程称为α过程。第二电离系数β表示一个正离子从阳极到阴极经过单位路程与中性气体粒子发生碰撞所产生的电子-离子对的数目，这种电离过程称为β过程。一般情形下$\beta \ll \alpha$，β过程可以忽略。第三电离系数γ表示一个正离子撞击阴极表面时平均从阴极表面逸出的电子数，这种电离过程称为γ过程，即二次电子发射。实验证明，阴极电子发射还包括光电发射和次级电子发射，广义的γ过程包括所有引起电子从阴极发射的过程。

均匀电场下，气体自持放电条件为：

$$\gamma(e^{\alpha d}-1)=1$$

式中d为电极间距离，其物理意义是：$e^{\alpha d}-1$是从阴极出发的1个电子到达阳极的过程中经过碰撞电离后形成的正离子数；$\gamma(e^{\alpha d}-1)$则表示因γ过程从阴极表面释放出来的电子数。如果从阴极释放出来的电子数为1，则恰好可以代替那个由外界电离因素引起的从阴极表面处出发的电子。这时，即使去掉外界电离因素，放电强度仍可保持不变。但外界电离因素实际上总是存在的，因而放电电流仍将不断增加，直至气体介质完全击穿，回路中形成稳态电流：

$$i=\frac{i_0 e^{\alpha d}}{1-\gamma(e^{\alpha d}-1)}$$

当$\alpha=0, \gamma=0$时，$i=i_0$，为剩余电离产生的种子电子在电场作用下定向迁移形成的饱和电流；当$\alpha\neq0, \gamma=0$时，$i=i_0 e^{\alpha d}$，表示在电子雪崩作用下，电流以指数形式增长。

汤森放电理论适用于气压较低时的放电，可以解释许多气体击穿现象，如气压、电极间距等对击穿电压的影响（帕邢定律）、电负性气体的高击穿电压、混合气体中的潘宁效应等。（任春生）

汤斯，C.H. Charles Hard Townes（1915-07-28～2015-01-27） 美国物理学家。生于南卡罗来纳州格林维尔，卒于加利福尼亚州奥克兰。1939年获加州理工学院哲学博士学位。1939～1947年入贝尔实验室从事微波波谱学和雷达研究。1948～1959年任哥伦比亚大学物理学教授、辐射实验室主任、物理系主任。1959～1961年任国防分析研究所所长兼研究主任。1961年后任麻省理工学院教务长兼物理系教授。1967年起任加州大学教授。美国国家科学院院士，英国皇家学会会员。

20世纪40年代研究微波波谱学，1951年产生微波激射的想法，他和同事历经两年的试验，在1954年制成第一台微波激射器。1958年与A.L.肖洛合作，提出设计激光器初步方案及其研制的可能性和特性。在此基础上，红宝石脉冲固体激光器和氦氖气体连续波激光器在1960年相继问世。由于这一贡献，汤斯和苏联物理学家N.G.巴索夫和A.M.普罗霍罗夫同获1964年诺贝尔物理学奖。1960年以后，汤斯从事非线性光学研究。1968年在加州大学开创射电和红外天文学研究，与他人合作发现星际空间复杂分子（氨和水）。他在微波激射器、激光器、飞机导航等方面获13项专利。（郭奕玲）

唐孝威 Tang Xiaowei（1931-10-01～ ） 中国原子核物理及高能物理学家。生于江苏无锡。1952年清华大学物理系毕业，毕业后在中国科学院近代物理研究所（后更名为原子能研究所）核探测器组从事核探测器的研制。1956年被派往苏联杜布纳联合核子研究所从事高能物理研究。1960年初奉调回国到二机部核武器研究所工作，参加原子弹研制工程。1963～1973年迁居青海核武器研制基地。1973年调入中国科学院高能物理研究所。1978年率中国科学实验组赴德国汉堡电子同步加速器研究中心（DESY）进行高能物理实验。1979年10月回国后任中国科学院高能物理研究所室主任。1983年初筹建中国科学院高能物理研究所第十四研究室。2001年调到浙江大学，创建交叉学科实验室。1994年起任国家攀登计划“核医学和放射治疗中先进技术的基础研究”项目首席科学家。1997年任中国科学技术大学脑科学研究中心主任。1998年主持国家基金委重大项目“发展近场技术，研究生物大分子体系特征”。1980年当选为中国科学院学部委员（院士）。

主要从事原子核物理、高能实验物理、生物物理学、医学物理学、核医学、脑科学等方面的研究。20世纪60年代参加中国原子弹、氢弹的研究、试验，负责中子点火实验的测试任务和青海核武器研制基地研制两弹中的一系列大型试验的物理测试任务，以及新疆核试验基地两弹实验的近区物理测试任务，在中子点火实验和核试验物理诊断等方面取得成果，为中国核武器发展做出了重要贡献。70年代中期进行中国卫星舱内空间辐射剂量的测量。70年代末率领中国实验组到德国汉堡电子同步加速器研究中心进行高能物理实验，参加的马克·杰国际合作组在实验中发现胶子。80年代初领导中国科学院高能物理研究所实验组参加L3实验及AMS实验等国际科技合作，在实验证实自然界存在三代中微子，以及实验测定中间玻色子特性等方面做出贡献。90年代起和中国神经科学家一起推动和组织脑功能成像实验和神经信息学研究，并在生物物理学、医学物理学、核医学、脑科学等交叉学科研究领域工作。21世纪以来进行意识问题的自然科学研究。主编的《粒子物理实验方法》获1983年全国优秀科技图书一等奖，获全国劳动模范、有突出贡献的中青年专家等称号。（尹晓冬）

逃逸速度 escape velocity 物体不再做任何加速也能逃离引力中心的吸引的速度。又称脱离速度。逃逸速度随高度的增加而减少，且等于在同一高度做圆轨道运动速度的$\sqrt{2}$倍。在地球表面，如果大气阻力可忽略不计，则逃逸速度约为11.2千米/秒（第二宇宙速度）。在质量较小的月球表面，逃逸速度约为2.4千米/秒。（仲 佰）

陶瑞宝 Tao Ruibao（1937-03-17～ ） 中国理论物理学家。生于上海市南汇县。

1960年毕业于复旦大学物理系；1964年复旦大学物理化学系理论物理专业研究生毕业。毕业后留校任教至今，历任助教（1964～1978）、讲师（1978～1980）、副教授（1980～1984）、教授（1984）、物理系主任（1988～1990）、量子调控研究中心主任（2005～2009）等职。1983～1984年赴美国埃克森美孚研究和工程公司任访问学者，从事多孔媒质方面的研究工作。1985年建立物理学科博士后流动站。1985～1990年任意大利国际理论物理中心准成员。1986年任中日统计物理和凝聚态理论讨论会组委会成员，1987年取得李政道中国高等科学技术中心特别成员资格，同年被聘为国际《现代物理》杂志的编辑，1991～1992年再度去美国埃克森美孚公司合作研究流体方面的理论课题。曾任上海市物理学会理事长（1991～1996），第四届国务院学位委员会物理天文评议组成员，第三届国家教委科技委员会委员，意大利国际理论物理中心协联成员（1985～1990）、高级协联成员（1998～2004），自然科学基金委员会理论物理专项基金专家组成员、副组长等职。2003年当选为中国科学院院士。

从事统计物理和凝聚态理论方面的研究。1966年首创了自旋算子玻色变换的投影算子理论，把变换后对玻色空间的限制表示成玻色粒子间的相互作用，提供了一个最为完整的自旋-玻色变换公式，受到国际上的重视和采用。20世纪80～90年代，与他人合作创立了计算周期性多孔和复合媒质中弹性波和电磁波传播的傅里叶方法，计算了微结构对弹性模量、介电常数等的影响，其中部分工作获得了国家教委科技进步二等奖。90年代，对磁多层体系发展了局域坐标的方法，建立了矫顽场的量子和经典（零温和有温）理论，并把它应用到磁多重亚稳态的寻找和多值记录新模式的研究。此外，还给出了判断Thue-Morse（T-M）序列及推广的T-M和推广的Fibonacci序列上的电子态和声子态的局域性和扩展性的判据、一些非周期序列体系中存在扩展态的严格证明，这些证明早于国际上相同问题的证明，并更加严格。在高温超导理论的研究上，最早把**共振价键理论**（RVB）系统地介绍给国内同行并较早地对其提出疑问，以及对超导材料的晶格动力学性质等进行计算。建立了能包括液晶分子位置短程关联的广义分子场理论，解释了在“无序相-向列相”液晶理论中的“de Gennes迷”。此外，在非周期序列、复杂流体的理论研究、低维磁性理论、群论和相变理论等方面都取得了一些重要成果。著有《物理学中的群论》。

（尹晓冬）

特斯拉 tesla 国际单位制中物理量磁通量密度、磁感应强度的单位。简称特。符号为T。千克每安二次方秒［$kg/(A \cdot s^2)$］的专门名称。为纪念20世纪美籍发明家、电工专家N.特斯拉而命名。定义为1韦的磁通量均匀而垂直地通过1平方米面积的磁通量密度，即1特＝1韦/米^2。在1956年国际电工委员会（IEC）执行委员会上，采用这一名称以代替当时的韦/米^2、伏·秒/米^{2}以及牛/（米·安）等组合单位。1960年第11届国际计量大会（CGPM）予以通过。

（陈熙谋）

梯度折射率透镜 gradient index lens; GRIN 一种利用变折射率介质制作的透镜。由于梯度折射率透镜的两个端面为平面，却具备凸透镜一样的成像功能，故又称自聚焦透镜、端平面透镜。若希望制造一种折射率分布剖面可产生类似于一均匀折射率分布的球面透镜，即透镜的光学相位（光程）差可用折射率变化取代，也可产生同样的聚焦（光焦度）效果。非均匀端平面透镜折射率剖面所产生成像光束的聚焦点如图1所示，

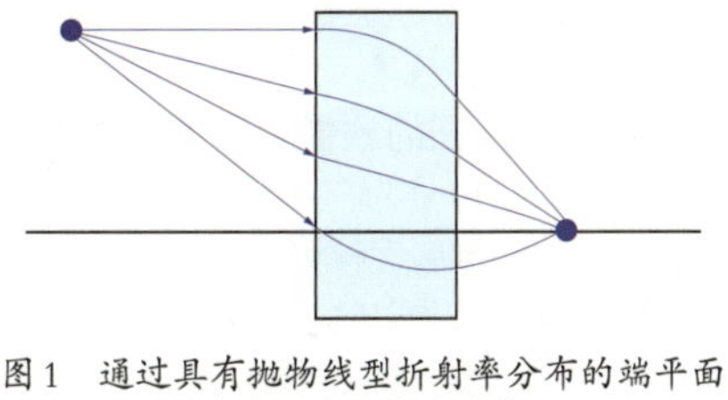

图1 通过具有抛物线型折射率分布的端平面透镜的光线聚焦成像

与均匀折射率球面透镜具有同样的聚焦作用。在此，仅考虑径向折射率分布的变化。

产生变折射率的方法有化学气相沉积法、双坩埚扩散法、中子照射法、分子填充法等。但比较成熟的并适于微透镜批量生产的还是离子交换法。首先要通过配法设计、玻璃熔炼，研制成适合于离子交换的玻璃材料，再拉制成所需微透镜尺寸的棒料投入离子交换的熔盐炉中，通过溶液中的离子和特种玻璃中的相应离子相互交换以达到折射率的变化。常用于离子交换的玻璃成分有：$LiCO_3$、$NaNO_3$、KNO_3、$CsNO_3$、Ag_2O、Tl_2SO_3等。通过离子交换后的玻璃棒，其折射率不再是常数，而变为由中心沿径向构成递减的梯度分布，即由中心n_0到包层按照$n_1, n_2, \cdots, n_{皮}$的递减分布而形成抛物线型的光线传播轨迹。这样，每条光路上的光线速度c/n亦非常数，从而达到从同一始点发出的每条光线可同时到达同一终点。梯度折射率透镜的自聚焦如图2b的梯度折射率光纤所示（GRIN光纤同一点发出的光线聚焦于同一点）。作为比较，图2a示意的是多模阶跃型光纤的内全反射传输。

GRIN的主要应用是制作单透镜或构成排透镜，可用作物场扫描的传真机、复印机等；单棒透镜用于半导体激光器光耦合，特别在光通信中用作LD/LED的光耦合器；医用内窥镜中的成像物镜或多周期的长棒传输透镜；自聚焦微透镜阵列板构成不同用途的掩模投影系统；不同形式的光学互连器等。

（李育林）

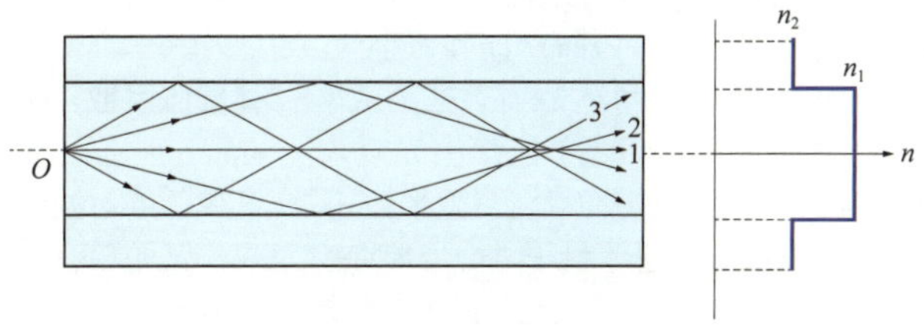

a 阶跃型折射率光纤，由于光线光程的差别致使各光线在不同的时间到达

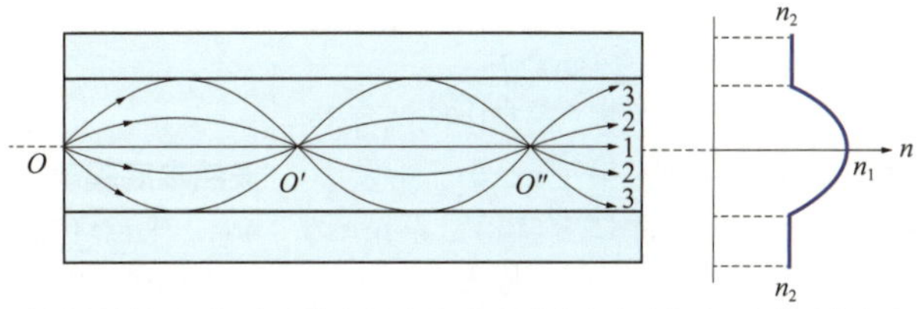

b 梯度折射率光纤，各光线光程不同，但沿着各自光路的速度之差致使各光线可同时到达

图2 多模阶跃型光纤的内全反射传输与GRIN自聚焦梯度折射率光纤

梯形高分子 ladder macromolecule 两根线型单链由多根侧链相连形成的类似梯子的带状高分子聚合物。又称双线高分子聚合物。较为经典的梯形高分子是由连续的形如梯子的环状结构所组成的（见图）。

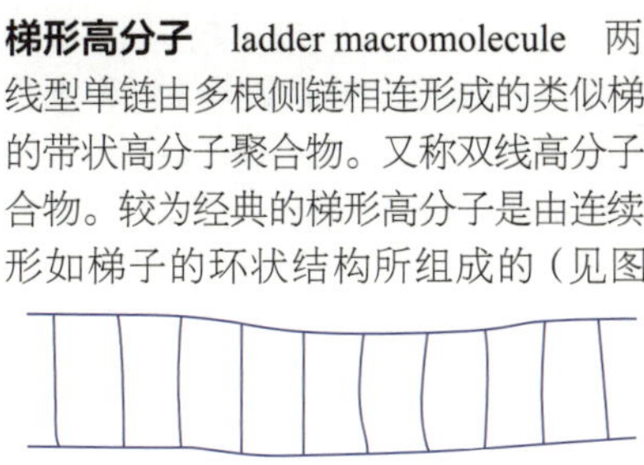

梯形高分子的链拓扑结构示意图

这类高分子有很好的耐温性，分子链呈一定刚性，熔点很高，加热时不到熔融就分解。梯形结构不易合成得很完善，往往存在缺陷。例如聚苯基倍半硅氧烷是由两条硅-氧链组成，每一条链上的硅原子又和另一条链上的硅原子以氧桥连接，形成了一个梯形结构。聚丙烯腈经加热环化后再在高温下氧化脱氢也可得到梯形高分子。此外，梯形聚合物还可以分为全梯形聚合物、分段梯形聚合物、部分梯形聚合物等。

（李卫华）

锑化物激光器 antimonide laser 采用与镓锑衬底晶格匹配的多元AlGaInAsSb材料研制的激光器。由于锑化物AlGaInAsSb材料本身的窄带隙和能带特性，可研制基于Ⅰ型InGaAsSb/AlGaAsSb量子阱结构的1.5～4微米量子阱激光器，和基于Ⅱ型InGaSb/InAs量子阱结构的3～11微米级联激光器。

锑化物量子阱激光器 以InGa(As)Sb/AlGa(In)AsSb量子阱为有源区，通过调节量子阱组分，激射波长可覆盖1.5～4微米。其中1.94微米锑化物激光器技术最为成熟，单管室温连续出光功率可达2瓦，插头效率12%，1瓦时寿命可达1万小时。bar条连续出光功率可达22瓦，插头效率14%；叠阵（10个bar条）连续出光功率可达140瓦。在长波段（大于3微米），采用五元势垒有效改进了量子阱价带带阶较小导致空穴限制不足的缺点，使3微米激光器连续出光功率也可达到1瓦。3.6微米脉冲平均功率20毫瓦。而3.73微米激光器，脉冲峰值功率达到80毫瓦。

锑化物级联激光器 最早由杨瑞青于1995年提出，有源区采用InAs/GaSb量子阱。2001年美国陆军研究实验室以InAs/GaInSb量子阱为有源区，提高了电子、空穴波函数交叠，研制出激射波长为3.6微米的级联激光器，80K时脉冲峰值功率为6瓦。2002年，Maxion公司与美国海军研究实验室（NRL）合作，提出InAs/GaInSb/InAs双量子阱结构，第一次实现锑化物级联激光器的室温脉冲工作。随后NRL主要针对级联激光器的电子、空穴注入区进行了研究，实现了激光器室温连续工作。2008年，NRL提出内生载流子再平衡概念，通过在电子注入区掺杂，增大注入有源区的电子数量，提高有源区增益，并实现了3～11微米激光器激射。其中3.5微米锑化物级联激光器，室温连续功率592毫瓦，并在7微米、10.4微米实现了室温激射。Nanoplus公司研制的3.3微米锑化物级联DFB激光器，已应用于美国“好奇”号火星车上，并已获得火星甲烷气体的相关数据。

锑化物激光器可完全覆盖1.5～11微米波段，具有体积小、重量轻、效率高、寿命长等优点。大功率锑化物激光器可应用于激光加工、激光医疗、固体激光器泵浦源等民用领域，以及光电对抗、激光雷达、量子通信等国防领域。窄线宽激光器可应用于大气监测、石油化工、钢铁冶炼、矿井安全等工业领域。锑化物激光器在国际上已经实现了商品化。

（牛智川）

体积混响 volume reverberation 分布在海水介质本身或体积之中的散射体，如海水中的流砂粒子、海洋生物、海水本身的不均匀性、大的鱼群等引起的混响。产生体积混响的散射体是生物性的，它们主要是存在于海洋中的海洋生物，很可能是磷虾科动物、乌贼和桡足类动物，至于在低频时散射层表现出选频特性，这很可能是鱼类特别是含气的鱼鳔所造成的。相比之下，那些非生物性的散射体，如尘粒和砂粒、温度不均匀水团、海洋湍流和舰船尾流等，它们对海中观测到的散射强度的贡献，通常是微不足道的。

（李整林）

体膨胀系数 coefficient of volume expansion 在压强保持不变的条件下，温度升高单位绝对温度引起的系统体积变化的比率。又称等压膨胀系数。通常用α表示，满足：

$$\alpha=\lim_{\Delta T\to 0}\frac{1}{V}\left(\frac{\Delta V}{\Delta T}\right)_p=\frac{1}{V}\left(\frac{\partial V}{\partial T}\right)_p$$

（崔　鑫　班士良　宋铁磊）

天然本底辐射 natural background radiation 来自环境中普遍存在的天然辐射源对人类产生的照射。

来源 天然辐射源是人类接受电离辐射照射的最主要来源，主要包括原生放射性核素、宇宙射线和宇生放射性核素，以及天然放射性物质增强源。

原生放射性核素 从地球形成开始就一直在地内存在的放射性核素称为原生放射性核素，可分为存在于三个天然放射性衰变系中的放射性核素，即以铀-238为首的铀系衰变链、以铀-235为首的锕系衰变链和以钍-232为首的钍系衰变链和单次衰变的长寿命天然放射性核素（如钾-40、铷-87、镧-138、钐-147、镥-176等）。三个天然衰变系母体及单次衰变的天然放射性核素都具有可与地球年龄相比的物理半衰期，因此有相对稳定的地壳丰度。已经发现的单次衰变的天然放射性核素有20多种，但除钾-40和铷-87以外，其他核素的丰度都很低且半衰期很长，因此对环境放射性的贡献可以忽略不计。

原生放射性核素广泛存在于地球的岩石、土壤及水体中；这些核素在地表中的分布是不均匀的，其含量主要由地质环境决定，与地质构造、各类岩石的成因及矿物成分相关。通常酸性岩浆岩（如花岗岩）中的放射性铀钍含量较高，碳酸盐岩、石膏和岩盐中的铀钍含量较低。土壤和岩石中所含的铀、钍、镭、钾-40等放射性核素，一般以钾-40的活度浓度为最高。

世界上个别地区的地表放射性物质含量较高，其本底辐射水平明显高于正常本底地区，这类地区称为高本底地区，如印度喀拉拉邦、巴西的大西洋沿岸和中国广东省阳江市的部分地区。在不受干扰的情况下地壳中的原生放射性核素对人类产生的天然辐射照射基本上是稳定的，但某些人为生产活动（如矿产资源的开发利用）可导致天然辐射环境的显著改变，而使得这些地区居民所受辐照增加。

宇宙射线 来自外层空间，是许多种辐射的混合物，包括质子、α粒子、电子及其他高能粒子。所有这些高能粒子都与地球大气层中的原子与分子相互作用产生一系列次级带电粒子和非带电粒子。宇宙射线到达地面时，其主要成分变为各种介子（如μ子）、中子、电子、正电子和光子等。由于大气的吸收作用，到达地球表面的宇宙辐射的总量大大减少。大气的这种屏蔽作用意味着宇宙射线产生的剂量率随海拔高度的增加而增大，高原地区和乘坐飞机的剂量率比海平面更高。

宇生放射性核素 是宇宙射线与大气层及地表中的原子核相互作用而产生的。宇生放射性核素通过气象运动、分子热运动、生物代谢等大自然的活动方式分布于地球表面上，成为天然本底辐射的来源之一。宇生放射性核素中对公众剂量贡献较大的是氚（氢-3）、铍-7、碳-14和钠-22；这些核素存在于人体内，参与新陈代谢作用而产生内照射。根据2008年联合国原子辐射影响科学委员会（UNSCEAR）报告的估算结果，人体内的这些核素所致的全球年平均个人有效剂量分别为碳-14（12微希沃特）、钠-22（0.15微希沃特）、铍-7（0.03微希沃特）和氚（0.01微希沃特）。

天然放射性物质增强源 许多人类生产活动可以引起工业产品、副产品、废物和局域环境中天然存在的放射性物质（NORM）的活度浓度增强。这些人为活动包括矿物开采和利用（如铀矿和金属的采冶，稀土和铌的提取，煤矿、石油及天然气的开采，磷酸盐、氧化锆、二氧化钛工业等）、建筑材料的生产加工、磷肥的使用、水处理淤泥的农业应用、废渣工业用作陆地回填和建筑材料等。这些活动已被证明能明显增强人类的天然辐射照射，引起了人们日益广泛的关注。

剂量 通常情况下，天然辐射源所致照射剂量与人类生活的地点及方式密切相关。因此，天然辐射照射随时间、地点及社会发展状况的变化而变化。UNSCEAR根据成员国和有关国际或国家科研机构的科学调查研究资料对全球居民所受到的天然辐射照射进行了定期评估。表中列出了世界和中国居民受到的天然辐射源的年平均个人有效剂量对比。从表中可以看出：

全球和中国居民所受的来自天然辐射源的年平均个人有效剂量

辐射来源		年平均个人有效剂量/（mSv）	
		全球[1]	中国[2]
外照射	宇宙射线电离成分	0.28	0.26
	中子	0.10	0.10
	宇生核素	0.01	—
	陆地γ辐射	0.48	0.54
内照射	氡及子体	1.15	1.56
	钍及子体	0.1	0.185
	钾-40	0.17	0.17
	其他核素	0.126	0.315
总计		2.4	3.1

注：1.UNSCEAR2008年报告给出的全球评估结果。
2.中国2002年前调查评估结果。

天然辐射源所致全球居民平均年个人有效剂量约为2.4毫希沃特（mSv），其中室内氡为最主要贡献者（1.15毫希沃特）。

（戴雄新）

天塞物镜 Tessar lens 将三片式柯克物镜的最后一片替换为一组双胶合镜片构成的物镜。结构如图所示。

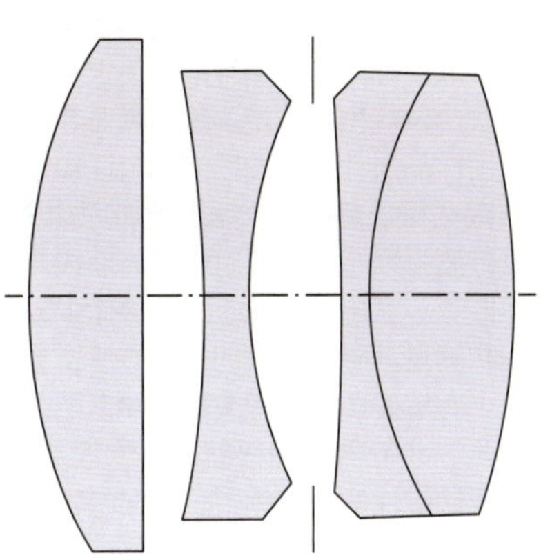

天塞物镜

天塞物镜并不是由柯克物镜直接发展而来的，而是德国光学专家P.鲁道夫根据他自己设计的四片四组式乌那镜头改制而成，Tessar在希腊语中就是“四”的意思。双胶合透镜的引入，使球差、色差、像散等像差得到充分改善，其相对孔径可以大大提高，在中等视场50°～60°情况下相对孔径可做到1/3.5～1/2.8，是最常见的中档次物镜。

天塞物镜是非对称式正焦距物镜的经典设计。一般情况下，前组为重钡冕玻璃单凸透镜，中组为火石玻璃单凹透镜，后组为一火石凹透镜和一钡冕凸透镜构成的双胶合镜组。由于具有优良的成像分辨率，获得了“鹰眼”美誉。

天塞物镜一般通过移动前组镜片来实现对焦，因为前组透镜的光焦度大约是全物镜光焦度的3倍，所以只需要1/9的移动量即可达到与全物镜移动相同的对焦效果。另外，第一镜片与第二镜片之间的距离较大，第一镜片的对焦移动量与间距相比小很多，所以对成像质量的影响不太大。

（谢洪波 郁道银）

天野浩 Amano Hiroshi（1960-09-11～ ） 日本电子工程学家。生于日本静冈县滨松市。1983年、1985年和1989年分别获名古屋大学学士学位、硕士学位和博士学位。

1992～2010年，在日本名城大学工作，先后担任讲师、助教授和教授。2010年起担任名古屋大学教授。

本科毕业后便进入名古屋大学赤崎勇的研究室攻读博士。此时，赤崎勇已经开始致力于利用氮化镓研制高亮度蓝色LED。赤崎勇和天野浩采用有机化学气相沉积法制造氮化镓薄膜，并按照实验条件的特殊要求独立设计制造设备。随后，他们考虑在蓝宝石基片和氮化镓之间加上中间层，并选择氮化镓、氧化铝、碳化硅和氧化锌作为候选物。1985年，天野浩利用氮化铝作为蓝宝石基板的缓冲层成功制备氮化镓单晶体。随后几年，赤崎勇团队实现氮化镓结晶掺镁，在光谱并未改变的情况下极大提高发光强度，最终成功用氮化镓PN结制作高亮度蓝色LED。2014年，天野浩与其导师赤崎勇以及加州大学圣巴巴拉分校日裔美籍电子工程学家中村修二因发明“高效率蓝色发光二极管”共同获得诺贝尔物理学奖。 （白 欣）

条纹扫描干涉仪 fringe scanning interferometer 用调制参考波面使干涉条纹对探测器扫描来实现波面相位精密探测的仪器。以特外曼－格林型条纹扫描干涉仪为例。如图所示，该干涉仪参考波面的调制

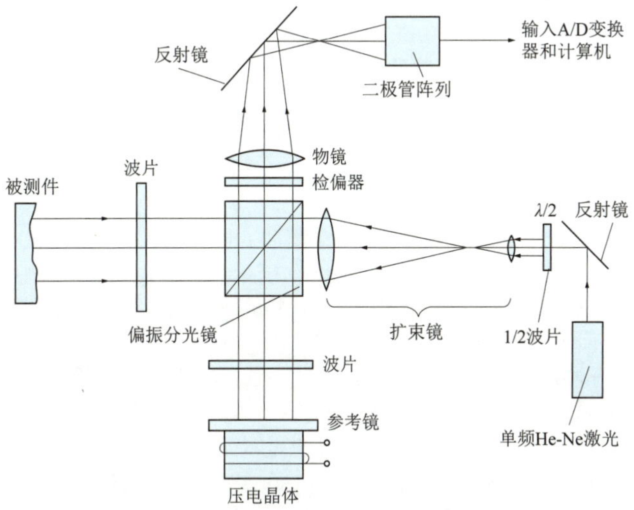

特外曼－格林型条纹扫描干涉仪原理图

是通过压电晶体驱动参考反射镜来达到的。调制的干涉条纹被32×32二极管阵列所接收，用一台小型电子计算机及一系列外部设备对测量过程进行控制、计算及显示，完成对被测件（包括平面、球面及镜头）1024点的相位探测，测量精度可达λ/100。

条纹扫描干涉仪的特点有：①干涉系统本身的误差可用绝对校正法测出和存储，并在后续的波面测试中自动除去，因此降低了干涉系统各光学元件的加工要求。当要求测量精度为λ/100时，干涉系统的波面误差只要1个λ就够了。②由于二极管阵列上光强以随机形式多次取样和平均，因此大气抖动、振动及热变形对测量精度的影响明显下降。 （卓永模）

条纹相 stripe phase 在空穴掺杂反铁磁体中出现的空穴排列为周期性条纹状的电子态。条纹相主要存在于铜氧化合物高温超导体，以及与其相似的镍氧化合物、钴氧化合物和锰氧化合物等强关联电子体系

中。在这种电子态里，母体中的反铁磁长程序被空穴掺杂所破坏，但这些空穴并不随机分布，而是呈现周期性的条纹结构。电子本身的性质是各向同性的，因此条纹相直接来源于电子之间的强关联特性。条纹相的存在可以通过中子散射、X射线等手段直接探测。在铜基超导体中，条纹相成功解释了一些体系中1/8掺杂处超导临界温度下降的异常现象，并为理解体系的其他一些特殊性质提供了非常重要的基础。通过条纹相的研究，也引出电子液晶相等重要的概念。（李世亮）

调制掺杂 modulation doping 制作半导体异质结构或**超晶格**时，每一层结构的掺杂类型和掺杂量都独立变化的一种掺杂方法。为了获得超高迁移率的二维电子气，德国物理家H.L.**施特默**等在1978年最早提出了调制掺杂方法，为**分数量子霍尔效应**的发现奠定了重要基础。采用调制掺杂方法可实现对材料的磁学、电学和光学等性质的调控。

在半导体中，要改变载流子类型（电子型或空穴型）以及浓度，常用的方法是对相应的材料进行直接掺杂。与一般的掺杂不同，调制掺杂最大的特点是实现了载流子和掺杂离子在空间上的分离，下面以(Al, Ga)As/GaAs异质结为例进行介绍。样品结构如图a所示，从下到上依次是本征（未掺杂）的砷化镓层、本征(Al, Ga)As空间隔离层和n型掺杂的(Al, Ga)As层。对材料能带结构进行分析可以发现，二维电子气被束缚在界面附近的GaAs势阱中，如图b所示。因此，本征(Al, Ga)As层起到

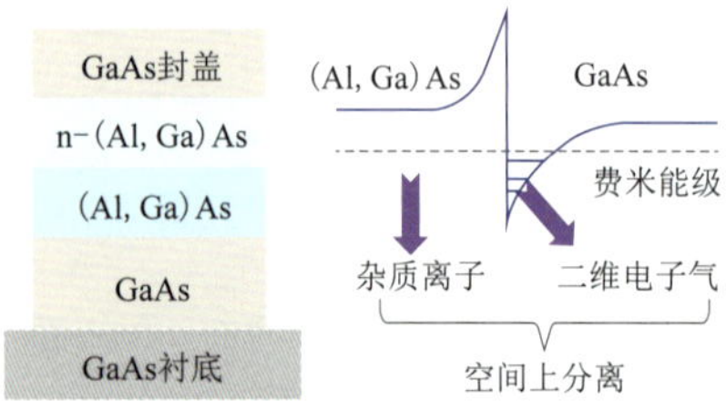

a 样品结构示意图　　b 能带结构示意图

$Al_xGa_{1-x}As/GaAs$二维电子气

了隔离n型(Al, Ga)As层中的杂质离子和本征砷化镓势阱中近自由电子的作用。考虑到影响载流子迁移率的主要因素是杂质电离散射和晶格散射，通过调制掺杂能有效地抑制杂质电离散射，因此能大大提高载流子的迁移率。（赵建华　王海龙）

调制光谱学 modulation spectroscopy 运用光调制技术进行光谱测量的**光谱学**分支。光调制技术将一个携带信息的信号叠加到待调制的光波上，使其某些参数如振幅、频率、相位、偏振状态和持续时间等按信号变化。实现光调制的装置称为光调制器。承载信息的调制光波经传输（自由空间或介质中），再由光探测器接收并经处理系统解调，检测出所需要的信息。

光谱测量中的调制可以直接通过对激光束的幅度（强度）、频率或相位进行调制来实现，也可以通过对被测量对象（如原子、分子）的某些行为进行调制来实现。对光束的直接调制可以通过斩光器、电光调制器、声光调制器等器件来实现，对被测对象的调制可以通过对原子、分子进行外场（电场或磁场）调制、速度调制或浓度调制等多种方法来实现。

调制方法主要有直接调制、腔内调制和腔外调制三种。

①直接调制。外加调制信号直接控制激光器的泵浦源，如控制半导体激光器的注入电流，从而使激光的某些参量受到调制。

②腔内调制。通过改变激光器的腔内参数如增益、谐振腔Q值或光程等来实现，主要用于Q开关、腔倒空、锁模等技术。腔内调制又分为被动式与主动式两类：被动调制利用某些在激光波长有可饱和吸收的材料（如染料）的非线性吸收特性，将其置于激光腔内构成一个被动式Q开关或锁模；主动调制包括机械调制、电光调制、声光调制和磁光调制等。

③腔外调制。只改变腔外光波参数而不影响激光振荡本身的一种调制方法，主要用于光偏转、扫描、隔离、调相、调幅和斩波等方面。腔外调制一般采用主动方式。（曾和平）

调制结构 modulated structure 晶体在具有一定重复周期的基本结构之上，存在一个重复间距更大的长程周期（从几个埃到纳米尺度）结构。如果调制周期的长度是基本结构周期的整倍数，这样的调制称为是有公度的（commensurate structure）；如果两者之间没有明显的特殊关系，则是无公度调制（incommensurate structure）。最常见的例子是，晶体内部的原子位置，占有率或化学组分以某一较长的周期在空间中有序排列，使得晶体除了具有基本结构外在其他方向上还具有较长的调制周期。（李建奇）

调Q激光器 Q-switching laser 利用激光调Q技术获得短脉冲、高峰值功率激光脉冲输出的一类**脉冲激光器**。谐振腔的品质因数Q定义为贮存在谐振腔中的能量与每周期能量损耗之比。在调Q激光器中，以光泵浦的方式将能量存储在激光增益介质中，同时降低腔内的Q值，腔内损耗大于增益，因此激光振荡不能发生，激光上能级的粒子数大量积累，能量存储的时间为上能级寿命量级。当谐振腔突然恢复到高Q值，即腔内损耗突然降低时，储能就以非常短的光脉冲释放出来。由于激活介质的储存能量建立了高增益，所以在极短的时间里脉冲被急剧放大，释放出巨大的能量，所产生脉冲的峰值功率比普通长脉冲的峰值功率高几个数量级。

一般情况下，调Q激光器的脉冲宽度在纳秒量级，脉冲峰值功率在兆瓦量级，通常将这种激光脉冲称为巨脉冲。所谓的调Q即调节谐振腔内的单程损耗系数，单程损耗包括反射损耗、吸收损耗、衍射损耗、散射损耗、透射损耗等。采用不同的方法控制谐振腔内的损耗，就形成各种不同的调Q激光器。调Q激光器分为主动调Q激光器和被动调Q激光器两大类。主动调Q激光器有转镜调Q、电光调Q、磁光调Q、声光调Q和腔倒空调Q激光器等，而被动调Q激光器则有染料调Q、半导体可饱和吸收镜调Q和可饱和吸收晶体调Q激光器等。

调Q激光器多用于激光打标、激光打孔、激光雕刻和激光医学等方面。（朱小磊）

铁磁共振 ferromagnetic resonance 恒磁场中具有**铁磁性**的物质对特定频率的电磁波的吸收或发射现象。测量时外加恒磁场为0.1～1.0特，发生共振吸收的电磁波的频率大多在微波频段。一般电磁波的频率固定，可通过连续改变恒磁场的强度的方法测量铁磁共振谱。描述铁磁共振谱的主要参数是在某一微波频率下测得的共振吸收峰的位置（磁场值）及吸收峰的宽度。铁磁体中原子磁矩间的微观相互作用使这些磁矩自发地平行排列在易磁化方向，并形成**磁畴**。测量共振的磁场中，样品已被饱和磁化，许多其他相互作用参数决定其共振参数。如由样品宏观形状决定的**退磁因子**，由微观相互作用决定的**磁晶各向异性**，由样品尺寸及微波场的均匀性决定的非一致共振、静磁型共振、自旋波共振，以及微波强度超过阈值时出现的非线性铁磁共振等。铁磁共振是研究铁磁体中动态过程和测量其磁性参数的重要方法，也是雷达中有重要应用的微波磁器件，如微波隔离器、环行器和相移器等的物理基础。具有亚铁磁性的铁氧体中，存在与铁磁体类似的交换相互作用及自发磁化，因此其中发生的亚铁磁共振与铁磁共振有许多相

似之处。习惯上把亚铁磁共振也称为铁磁共振。由于它的电阻率极高，对微波几乎没有趋肤效应的影响，所以成为用于微波器件的主要材料，称为微波铁氧体，甚至成为铁磁共振的主要研究对象。反铁磁体中有类似的相互作用，因此反铁磁共振也被归入铁磁共振之中，常被用于毫米波或更高频段的微波器件中。（孟庆安）

铁磁性 ferromagnetism 一些物质（通常为过渡族金属、稀土族金属及其合金与化合物等）在磁场作用下表现出的一种磁性。从磁结构的角度，铁磁性物质中所有磁矩的空间取向均平行于同一方向，磁矩的大小可以不同，属于共线型磁有序结构。

从磁学性质的角度，铁磁性一般具有以下特征：①一般比较容易达到技术磁化饱和状态。在几十到几千安/米的外加磁场作用下，达到技术饱和磁化后，磁化强度不再随磁场的增加而增大，磁化曲线与磁场的关系呈复杂形式。饱和磁化强度最高可达2×10^6安/米。②存在磁滞行为。在准静态磁场中，磁化一周时磁化强度的变化落后于磁场的变化，磁化强度与磁场之间的相互关系为一面积不为零的封闭的回线，称为磁滞回线。③在特定温度发生磁性相（转）变。磁化强度随温度的变化关系较复杂，在某一临界温度以上，铁磁性消失，物质的磁性转变为正常的顺磁性，此临界温度称为居里温度T_C。处于顺磁态的铁磁性物质的磁化率与温度之间的关系，一般满足居里－外斯定律。一些物质在居里温度以上仍然存在短程磁有序，在稍高于居里温度的有限温度范围内，磁化率与温度之间的关系偏离居里－外斯定律。

以上特征只是材料具有铁磁性磁结构的必要条件，不能作为唯一判定具体材料是否具有铁磁性磁结构的充分条件。铁磁性的唯一判据只有一种，即中子衍射实验结果。

从磁结构起因的角度，可以用基于分子场假说的经典唯象理论和基于泡利不相容原理与全同粒子交换作用的量子力学理论来解释。

外斯理论　1907年，P.E.外斯提出两个假说：①导致自发磁化并与自发磁化强度成正比的分子场假说；②分区域自发磁化的磁畴假说。基于外斯的分子场理论，可定性解释铁磁性的磁化过程，自发磁化强度随温度的变化关系，以及存在自发磁化消失的温度——居里温度。从实验技术的角度，尚不能直接测定分子场的大小，根据居里温度推出的分子场强度约为10^9安/米。磁畴假说已于1930年被朗道－栗弗席兹能量方程和磁畴观测实验所证实。

海森伯理论　1928年，W.K.海森伯和Y.I.弗仑克尔同时基于量子理论证明，外斯分子场实质上是源于过渡金属原子中d壳层电子自旋的直接交换作用。两相邻原子的电子自旋的交换能为$E_{ex}=2A_{ij}\boldsymbol{S}_i\cdot\boldsymbol{S}_j$。式中$A_{ij}$为第$i$和第$j$电子的交换积分常数，$\boldsymbol{S}_i$和$\boldsymbol{S}_j$为第$i$和第$j$电子的自旋量子数。如果$A_{ij}$为正，则两自旋在平行排列时作用能低，反之要高。因此，A_{ij}为正值是物质形成铁磁性自发磁化的必要条件。在海森伯铁磁性理论中，参与交换作用的电子都局域在原子核附近（局域在d壳层中），电子之间只能是近程的直接交换作用，因而海森伯交换作用模型常被称为局域电子模型。在这一条件下，每个原子的总磁矩只能是玻尔磁子μ_B的整倍数。他们还给出了分子场系数和交换作用能的关系为$\lambda=2ZA/ng^2\mu_B^2$，其中A为A_{ij}近邻交换作用值，Z是近邻原子数，n是单位体积的原子数，g是朗德因子。由于A_{ij}的近似性，其数值至今都无法准确计算，而是从实验测得居里温度值推算其大小。对铁和钴的单质约为2×10^{-21}焦/原子对。

巡游电子铁磁性理论　铁、钴、镍及其合金的原子磁矩实际上都不是玻尔磁子m_B的整数倍，这三种纯金属的平均原子磁矩分别是$22.2m_B$、$1.7m_B$和$0.6m_B$。在20世纪30年代，E.C.斯托纳、N.F.莫特和J.C.斯莱特等用巡游电子模型解释了这一平均原子磁矩为非整数玻尔磁子的实验事实。同时也给出了铁磁性的存在判据，以及自发磁化随温度的变化关系。3d过渡族金属的d电子具有巡游性，即可在不同原子之间准自由地运动，从而形成在费米面附近具有较高态密度的窄能带。在交换作用下，自旋平行排列的铁磁性状态在能量上比其他排列状态更低，使得原来简并的自旋向上与自旋向下的子能带发生被称为交换劈裂的相对位移。基于费米－狄拉克统计分布规律，费米面上升的自旋子能带（主能带）中的电子必然会改变自旋的取向，填充到费米面下降的自旋子能带（副能带）之中，导致自旋向上与自旋向下的两个子能带中各自填充的电子数不再相同，将电子数之差平均到每个原子时通常都不是整数，因而产生了非整数倍玻尔磁子的平均原子磁矩。

局域电子模型和巡游电子模型在解释铁磁性起源上各有其成功和不足的地方。虽然在解释金属及其合金的铁磁性起源方面多采用巡游电子模型，但电子自旋之间的交换作用仍是出现铁磁有序的最基本原因。

从应用的角度，具有铁磁性的材料是最重要的一种磁性材料，也是所有的磁性材料中应用最广泛的一种。

（赵同云　蔡建旺）

铁电薄膜 ferroelectric thin film 具有铁电性的薄膜材料。铁电材料指的是拥有电极化并可在电场驱动下产生极化反转特征的一类材料，具有类似铁磁回线特征的电滞回线。铁电材料具有多种低维纳米结构，如二维的铁电薄膜或超晶格，或一维铁电纳米线和零维纳米点/纳米岛等纳米结构。低维铁电纳米结构与块体相比具有诸多独特新颖性能，并在电子器件尤其是新型存储与传感器件等领域具有重要用途，从而受到广泛关注。

低维铁电薄膜材料体系　已报道很多铁电薄膜及纳米结构，包括常见的钙钛矿$BiFeO_3$（铁酸铋，BFO）、$Pb(Zr_{1-x}Ti_x)O_3$（锆钛酸铅，PZT）、$BaTiO_3$（钛酸钡，BTO）、$LiNbO_3$（铌酸锂，LNO）、$Ba(Sr, Ti)O_3$等，还有层状钙钛矿结构$Bi_4Ti_3O_{12}$、$SrBi_2Ta_2O_9$等，也涉及铁电半导体SnTe、GeTe等、有机铁电等系类材料。还发现简单二元氧化物HfO_2薄膜及衍生物也具有铁电性，虽然它们呈块体时不具有铁电性。

制备手段　铁电薄膜可用脉冲激光沉积（PLD）、磁控溅射、分子束外延（MBE）、化学气相沉积（CVD）、凝胶－溶胶（Sol-Gel）等方法制备。零维纳米颗粒可以用Sol-Gel、水热法等化学方法制备。一维纳米管及纳米线可用多孔氧化铝（AAO）模板法、静电纺丝法等制备。为实现器件应用，还需发展有序纳米岛阵列制备技术，包括聚焦离子束（FIB）及电子束光刻（EBL）等自上而下方法，以及超薄氧化铝模板与共聚物模板等自下而上方法。除此之外，还可用AAO、聚苯乙烯小球为模板对铁电薄膜进行刻蚀，形成高质量形状可调的铁电纳米岛阵列。

低维结构新颖物理现象　①薄膜特性。铁电薄膜与块材类似，具有双稳态极化、压电性、热释电性、电光效应等。与块体材料比较，铁电薄膜可大幅降低驱动电压（如几伏电压驱动）并与半导体工艺相兼容，适用于微型集成器件。因为界面效应，还可以衍生出界面型铁电阻变特征及极化调控光伏效应等。对于超薄膜（<5纳米），还可出现铁电隧穿的量子现象，表现出电导显著增强及阻变特征。

②小尺寸铁电性。通常认为，当纳米铁电体尺寸缩小到一定尺度（极限尺度），

将失去电极化。但最新研究显示，一些高性能PZT、BTO、BFO外延薄膜在接近1纳米厚度还具铁电性，而某些半导体铁电材料（如SnTe）在单原子层还可保持面内电极化，从而被称为铁电二维材料。对于零维纳米点，有报道称GeTe铁电材料可在5纳米尺度保持铁电性，这意味着可用于建构每平方英寸高达30Tb超高密度存储器，比当前磁存储密度还要高近2个量级。

③界面效应。因界面应力或表面效应，铁电薄膜与纳米结构可表现出铁电增强特征，如衬底压应力可大幅增强BTO电极化，甚至诱导$SrTiO_3$从顺电到铁电相转变。当薄膜制备成纳米点时，由于衬底挟持减弱，可导致显著压电增强效应以及畴反转模式的改变。

④纳米电畴结构。在低维铁电材料中，由于静电能、畴壁能、弹性能与界面相互作用，呈现出丰富多彩的畴结构，如菱方相$BiFeO_3$铁电薄膜中的71°和109°自发条带畴壁、四方相铁电薄膜中*a-c*条带畴等。还在$PbTiO_3/SrTiO_3$超晶格或多层薄膜中观测到退极化诱导出电力线闭合的涡旋拓扑畴阵列，而在零维纳米点中也观测到类似涡旋畴及中心畴等拓扑结构。除此以外，还可通过外场写入（如通过扫描探针施加电压）特定畴结构，实现信息存储。由于畴结构与电学、磁学、光学（光伏、二次谐波）等特性紧密相关，使得通过改变畴结构来调控相关物性成为可能，并发展出畴结构工程与畴电子器件学等重要领域。相关研究已涌现出如畴壁电导、畴壁磁性、可调倍频、压电增强等丰富的新颖物性，既丰富了凝聚态物理的内容，也为开发新型电子器件创造了新机会。

主要用途　铁电薄膜及纳米结构可用于建构非易失性随机存储器（FeRAM）、动态随机存储器（DRAM）、微机电系统（MEMS）、声表面波器件、应力传感、热释电探测、电光器件、可调电容及微波器件等。铁电纳米结构也是建构磁电多铁性功能组元的重要候选材料，其中存储器应用是铁电纳米结构的重要用途之一。通过不同极化方向进行数据存储，制造出高速度、长寿、低能耗的新型铁电存储器是主要发展方向。并且，商业化的铁电存储器在各类电表及存储卡等方面也有广泛用途，但由于技术的限制，存储密度还不够高，主要用于低能耗小容量存储器。利用铁电阻变效应，还可建电阻式非破坏性存储器件，有望大幅提高存储密度。除此以外，铁电晶体管式的铁电存储也在探索研究中。由于铁电介质存储密度接近原子级别，便于电场控制，在存储方面尚有巨大潜力有待挖掘。　（高兴森　樊　贞）

铁电场效应　ferroelectric field effect　金属-铁电薄膜-半导体异质结构中半导体表面载流子浓度受电压调空的现象。场效应最初是指金属-氧化物-半导体异质结构中，电压通过氧化物电容调控半导体表面载流子浓度的现象。通常，金属-氧化物-半导体场效应晶体管中的栅介质材料为非极性的二氧化硅或铪基氧化物。一旦撤去栅压，栅电容放电，信息就会丢失。铁电场效应就是利用铁电薄膜作为栅介质，栅压通过翻转铁电电容的极化方向对半导体表面的载流子进行非易失性的调制。当铁电薄膜极化指向半导体时，铁电薄膜表面正的极化电荷将在半导体表面诱导出负电荷，一旦栅压使铁电极化翻转，负的极化电荷将使正电荷在半导体表面聚集。

研究现状　铁电场效应早期的研究集中于开发铁电场效应晶体管，用于无损读出的非易失性存储器件。栅压翻转铁电栅电容极化方向指向沟道或背离沟道，完成信息的写入。铁电极化电荷调控场效应晶体管源漏之间沟道载流子的类型和浓度，控制晶体管的开关。通过读取源漏之间的电流大小即可将信息读出。铁电场效应晶体管的优点在于：①与传统铁电随机存储器相比，通过源漏电流读出信息并不破坏铁电栅电容的极化方向，这样的无损读出可将读出速度提高到纳秒量级；②5伏甚至更低的写入电压，远远低于浮栅型非易失存储器的工作电压。为了保证足够大的开关窗口，铁电场效应晶体管通常需要200～500纳米厚的铁电栅电容，因此限制了沟道的宽度和器件的集成度。新发展的HfO_2基铁电薄膜不仅易与Si衬底集成，并且具有较大剩余极化和矫顽场，可将栅电容的厚度降低到5～30纳米，有望将铁电场效应存储器的集成度推进到28纳米技术节点以下。

应用前景　由于铁电场效应提供了一种对材料内的载流子进行非易失性调控的有效方案，也被广泛应用于调控强关联电子体系的电子结构，比如超薄磁性金属薄膜、碳纳米管、石墨烯、极性/非极性界面等低维电子体系和高温超导、庞磁电阻、莫特绝缘体等，呈现出新奇的物理现象。　（吴　迪）

铁电畴　ferroelectric domain　铁电体中偶极子有序排列、自发极化方向一致的有限区域。也就是说，在一块铁电畴内各个晶胞的自发极化方向一致。相邻铁电畴之间的交界处即为铁电畴壁。按畴壁两侧铁电畴的极化方向间夹角可以定义畴壁的名称，例如$BiFeO_3$中的180°、90°、71°、109°等畴壁。

发展历程　20世纪50年代开始，人们已经可以进行铁电畴结构的观察。主要分间接观察和直接观察两大类。间接观察法（如化学腐蚀法、粉末沉淀法、液晶法等）必须先将试样表面进行物理、化学处理，使其显现畴结构，再用光学或电子显微镜进行观察。直接观察法则是试样不经破坏，用电子束、X射线、光和二次谐波等方法直接观察。化学腐蚀法是最简单的观察方法，利用腐蚀剂对电畴中不同极化状态的腐蚀速率，在晶体表面形成凹凸，在显微镜下即可进行观测。采用光的双折射法，P.W.福斯贝格观察到四方相有8种类型的电畴分布形态，非常复杂。$BaTiO_3$陶瓷也可显示出一个晶粒内的畴的分布形态。20世纪70年代后，电子显微术观察畴结构得到了广泛的应用，它的优点是分辨率高，可在电场和温度作用下观察畴的结构变化。扫描电镜和扫描透射电镜可直接观察晶体、陶瓷和聚合物等各种样品表面或超薄试样表面的畴结构。这些形式多样的观测方法帮助人们更好地从微观畴结构来理解铁电体的宏观性质。E.G.费先科等曾经详细描述电畴的形成是系统自由能取极小值的结果。

由于晶体具有多种对称性，在高温顺电相时存在着若干个等概率的可出现自发极化的方向。当温度下降到铁电相时，自发极化可出现在这些对称性等效的方向上。典型的位移型铁电晶体$BaTiO_3$有三个铁电相转变点。顺电相的$BaTiO_3$晶体结构为立方相，在290K时进入到四方相，自发极化将出现在<100>方向，相对于立方相<100>晶向有6个等效的方向。在220K时进入到正交相，此时自发极化将出现在<110>方向，相对于顺电时的立方相，<110>晶向将有12个对称等效的方向。在150K时进入到菱形相，自发极化沿<111>方向出现，有8个对称等效方向。

总言之，铁电畴的构型取决于顺电相的对称性和自发极化产生的方向。电畴的稳定分布须满足系统总自由能取极小值的条件。由于铁电晶体的自发极化特质，晶体表面剩余一层正的和负的束缚电荷，束缚电荷在晶体内部将产生与铁电极化方向相反的电场，称之为**退极化场**。相应的退极化能使得静电能升高。另一方面，自发极化要求晶体具有特殊极性方向，这导致其晶体结构必然不存在对称中心，所以铁电体必然具有压电性。那么当晶体由顺电转变为铁电相时，伴随着自发极化的产生将造成应力，包括自发极化造成的应力、压电应力、电致伸缩应力，这些一起构成了应变能。电畴和畴壁的形成主要是为了降低退极化能和应变能，以使得系统总自由能取极小值。

降低退极化能主要有三种方式。一是形成180°畴，二是载流子定向移动以屏蔽自发极化，三是通过表面吸附物提供屏蔽电荷。180°畴使晶体表面净余的束缚电荷量减少，从而减小退极化场。另外，若晶体中存在自由载流子，则载流子将在退极化场的作用下定向移动，形成规则排列的空间电荷。空间电荷产生的电场与退极化场反向，起到屏蔽作用。表面吸附层是指铁电晶体表面吸附环境中的分子、离子等来起到屏蔽极化电荷的作用。降低应变能的途径是形成非180°畴。

机械约束影响电畴的形态。值得一提的是，在陶瓷中，任一晶粒受到周围晶粒的约束不能自由形变，而伴随着自发极化的出现，晶粒内将出现大的应变能。晶粒内将产生多个非180°畴以减小应变能，达到**平衡态**。例如，采用扫描电子显微镜和偏光显微镜观察$BaTiO_3$陶瓷中电畴，就可以得出结论：畴的分布与晶粒尺寸有关。小晶粒样品中电畴呈薄层状分布，大晶粒样品中电畴呈鱼脊骨型分布，当晶粒足够小时则呈单畴分布。这里的原因在于：若晶粒内的自发极化是均匀的，那么受到周围晶粒的钳制将受到应力作用，为了降低应变能，晶粒中将形成90°畴，并且畴壁处于特定的晶面上，使其两边的畴沿畴壁平面的应变量相等。总体而言，陶瓷体系中的畴结构显得非常复杂多变。

20世纪90年代以后，新的电子显微术有了很大的发展。采用球差校正透射电子显微镜可以观测亚埃级的三维铁电畴结构，顶尖级的原位透射电子显微镜可以实现同步观察外加电场和应力下原子级结构的变化。

在材料生长领域里，随现代薄膜生长技术的发展，人们可以在氧化物衬底上生长高质量的外延**铁电薄膜**。由于退极化场的影响，薄膜厚度明显地影响畴结构，尺寸效应一直是铁电薄膜领域的难题。1999年，理论预言铁电薄膜厚度在低于10个晶格厚度时就无法具有稳定的铁电性。2004年，X射线衍射法证明室温下3个晶格常数厚度的$PbTiO_3$薄膜依然保有铁电性，打破了铁电极限厚度的预言。然而，在之后的探索中，铁电性仍然受限于极小厚度，人们认为，退极化场能是影响超薄铁电膜存在的关键因素。2007年，超高分辨透射电子显微镜（HRTEM）直观观察到界面处的铁电性受到了抑制。利用HRTEM观察到，由于界面的应力和退极化场影响，在$Pb(Zr_{0.2}Ti_{0.8})O_3$界面处，铁电极化能沿着对称性不允许的方向排布，畴结构呈涡流状。利用HRTEM发现，在$PbTiO_3$-$SrTiO_3$超晶格结构中形成了长程有序的涡旋－反涡旋的极化取向分布。

贾春林等采用负球差校正透射电子显微镜，在$Pb(Zr_{0.2}Ti_{0.8})O_3$中原子级分辨率的180°畴壁处发现纵向畴壁（该类畴壁所在晶面的法向矢量平行于两侧极化方向）的宽度有大约10个晶胞常数，而横向畴壁（该类畴壁所在晶面的法向矢量垂直于两侧极化方向）的宽度只有1个晶胞常数。他们认为纵向畴壁处富集的缺陷屏蔽了畴壁处的极化电荷，使得其稳定地存在。

伴随随着第一台原子力显微镜的诞生，纳米技术如火如荼地发展。运用扫描探针显微镜的多种模式（包括压电力显微镜、磁力显微镜、导电显微镜等），在不损伤样品的情况下，可以实现对纳米尺度畴结构的读取和写入，并探测铁电畴及畴壁处丰富的物理现象。在多铁性氧化物中，由于电荷、自旋、轨道、晶格等自由度的耦合，出现了许多新奇的物理特性。结合压电力显微镜与光发射电子显微镜，在$BiFeO_3$薄膜中观测到铁电极化方向与反铁磁轴一一对应，且实现了三种不同的铁电翻转，揭示71°和109°铁电翻转对应着反铁磁轴变化。通过扫描探针电场调控，可以在纳米级尺度上对各种畴进行调控。通过减小薄膜的弹性束缚或控制探针针尖的移动模式，可以实现铁电（180°）或铁弹（109°或71°）畴的翻转。

美国加州大学伯克利分校的R.拉梅斯团队首次发现，在绝缘的$BiFeO_3$中，109°畴壁和180°畴壁处有较高电导。这是由于结构畸变引起的静电势和局部电子结构变化而造成畴壁带隙降低。后来，在71°畴壁处也发现高电导，这是因为畴壁处积累氧缺陷，使得肖特基势垒降低。橡树岭国家实验室的S.V.加里宁团队发现，通过纳米级探针可以人为构筑不同取向畴壁，并且证明畴壁处载流子的浓度与畴壁处极化不连续的程度有关。之后他们再次构筑涡旋分布的铁电畴结构，涡旋的中心作为一维拓扑缺陷，表现出增强的电导。与畴壁导电不同的是，它是这种特殊电畴结构在电场下的本征响应。在多铁性六角锰氧化物$ErMnO_3$中存在中性的、头对头、尾对尾的畴壁。其中特别的是，畴壁的导电程度与畴壁取向相关，尾对尾的畴壁电导性最高，因为在p型$ErMnO_3$中，空穴可以富集在尾对尾的畴壁上。

对多铁性材料，铁电畴壁的魅力还在于磁电耦合。$YMnO_3$是第一类多铁的典型代表，当时在德国波恩大学的M.菲比希课题组通过光学二次谐波法观测到h-$YMnO_3$中铁电畴壁也是反铁磁畴的畴壁，同时反铁磁畴壁也可以独立地存在。后来，通过低温磁力显微镜发现在h-$ErMnO_3$的铁电畴壁处也有磁响应，这是因为净余Er^{3+}的磁矩。而D.M.伊文斯团队发现一种新的多铁材料［$Pb(Zr,Ti)O_3$-$Pb(Fe,Ta)O_3$］在3千奥斯特磁场下，通过横向压电力显微镜（LPFM）铁电畴发生明显变化。

应用与展望　在外电场下，铁电体中的畴壁将发生移动，形成新畴，可以实现人为地对畴分布的控制。周期性的片状铁电畴在非线性光学领域有着重要的应用，比如应用于激光倍频和超高频压电谐振器等。1962年，诺贝尔奖得主N.**布洛姆伯根**提出若畴结构的周期与泵浦光的波长相比拟，则波长转换效率最高。周期性畴结构的典型铁电材料为$LiNbO_3$、$LiTaO_3$、$KTiOPO_4$等。虽然这种周期性片状畴已应用于市场，然而，如何使畴的宽度维持长期的稳定以及调制出亚微米宽度的周期性畴，仍是亟待解决的问题。

铁电薄膜在光伏领域也备受关注，自发极化使得电子－空穴对分离，因此光电压大大提高，不再局限于带隙宽度。并且，畴壁处存在的静电势也促使载流子分离。同时，还可以外加电场使极化反向，得到方向相反的光伏电压。但是，铁电光伏的效率仍受限于材料的光电流，可通过掺杂降低带隙的方式来提高效率。

基于铁电畴壁移动的存储器件开发仍是困难重重，原因是相较于磁畴壁的移动，铁电畴壁的移动速率无法超过音速。因此，更多期望寄予对畴壁电子态的探索。随着器件尺寸的减小，畴壁密度提高，多铁性畴壁的功能性开发将具有广阔的应用前景。

（张金星）

铁电畴拓扑结构　topological structure of ferroelectric domain　铁电体自发极化区域的空间结构保持稳定性的几何特征。类似于铁磁体具有磁畴，铁电体也可以形成铁电畴结构。某些拓扑畴具有实空间拓扑稳定性，虽然各个畴形貌、大小可以变化，但在畴壁交汇点可以保持很高稳定性，可以用一个拓扑数来描述。

在六角结构锰氧化物$YMnO_3$体系中，六瓣形状的铁电拓扑畴很常见。在六角结构锰氧化物体系中，锰形成准二维三角晶格，并且该三角晶格会发生三聚化畸变，因此三聚化结构畴具有α、β、γ三种。而其铁电极化由三聚化畸变加其他晶格畸变导致，具有沿着晶格c轴上下（+与-）两种取向，因此该体系共有α^+、α^-、β^+、β^-、γ^+、γ^-六种畴。实验发现，这六种**铁电畴**能形成共顶点的六瓣结构，并且围绕六瓣中心，畴的排列磁序始终只有α^+—β^-—γ^+—α^-—β^+—γ^-—和α^-—β^+—γ^-—α^+—β^-—γ^+—两种可能，类比于涡旋与反涡旋。这种结构非常稳定，加电场可以改变其中畴的大小，移动涡旋位置，但无法消灭单独一个涡旋中心。涡旋与反涡旋可以湮没。该六重对称畴结构，反映了其$Z_3\times Z_2$对称性，是由畴壁能决定的（非上述涡旋次序的畴壁能量非常高，因此无法出现）。

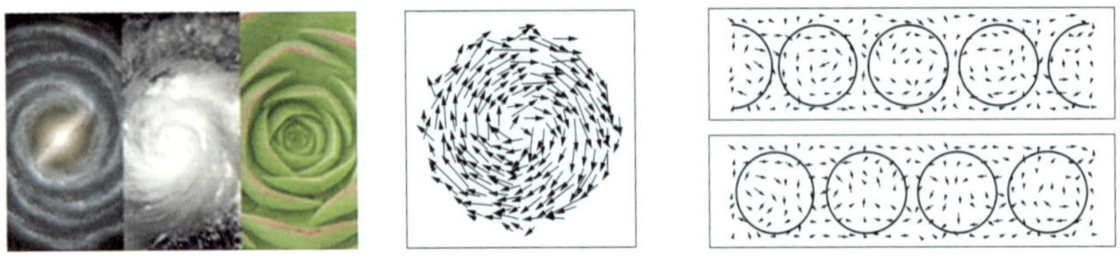

a　　b　　c

自然界的涡旋结构与铁电纳米结构中的几个铁电涡旋态实例

具有其他对称性的铁电体系，也有可能存在类似的拓扑畴结构（不限定于$Z_3\times Z_2$类型）。图中给出了几个涡旋结构实例。图a展示了自然界中星云、大气系统和花朵中的涡旋结构；图b是电纳米点中的极化涡旋结构；图c是理论预测的涡旋阵列。

（董　帅）

铁电反转动力学　ferroelectric polarization reversal and dynamics　对铁电体中的自发电极化在外场作用下发生反转现象即铁电反转的研究。

物理效应　铁电体的定义是晶体具有自发极化，且极化在外电场作用下可发生反转。这种独特的极化反转特性，相当于“0”和“1”两种逻辑态的切换，因此铁电材料可用于信息存储。此外，人们还广泛尝试利用铁电极化的反转来实现诸多物性的调控，比如多铁异质结的磁性，铁电隧道结和铁电二极管的阻态，以及铁电光伏器件的光伏特性。除电场外，还发现可通过绕屈电效应利用应力梯度驱动反转。

铁电极化反转基本特征　铁电极化在周期性电场作用下发生反转，会形成极化-电场（P-E）电滞回线，这是铁电材料的显著特征。铁电极化反转还会形成瞬时电流，在电流-电场（I-E）回线中矫顽场附近出现电流峰，可通过电流密度时间积分计算极化变化量。铁电极化反转所需时间跟材料种类、晶体结构、畴结构、缺陷等因素都有关。有报道极化反转时间最短可达到皮秒量级。因此，高速是铁电存储的一大优势。

铁电极化反转过程　铁电材料中自发极化的取向可能并不完全一致，但在一些微小区域，自发极化方向相同，这些微小区域称为电畴。极化反转过程与电畴的形核和长大有关。一般认为，极化反转包含以下三个过程：①在外加电场作用下，在某些特定位点（如铁电体与电极的界面）形成新的反向畴核；②这些尖劈状的新畴纵向生长，直至贯穿薄膜厚度；③新畴横向扩张、合并，直至整个区域极化方向与外加电场方向一致。

动力学模型　为了描述铁电极化反转的动力学，人们提出了许多种模型。广泛认可的有以下两种。

科尔莫戈罗夫-阿夫拉米-石桥模型（KAI模型）　该模型认为极化反转包含电畴形核和自由长大两个过程，且假定了两种形核发生的场景。α模型，即形核在整个极化反转过程中以一定的速率持续发生；β模型，即形核在$t=0$时刻全部发生完毕，然后再进行畴的生长。KAI模型给出了反转极化值ΔP与时间t的关系：

$$\Delta P(t)=2P_s\{1-\exp[-(t/\tau)^n]\}$$

式中P_s为自发极化强度；τ为特征反转时间，与畴核间平均距离、畴壁运动速度以及外加电场大小等因素有关；n为有效维数，在α模型中$n=D+1$；而在β模型中$n=D$，这里D是指畴生长的维数，$D=1, 2, 3$分别代表条状畴、柱状畴和球状畴的生长维数。

考虑到畴在生长过程中，由于碰到边界而导致生长维数发生变化，V.Y.舒尔等人对KAI模型进行了修正。KAI模型（含修正模型）可以较好地描述铁电单晶和外延薄膜的极化反转行为，但不适用于多晶薄膜。这是因为KAI模型假定了铁电体足够大且畴可以自由长大，而在多晶薄膜中，畴的生长受到缺陷（如晶界）的限制。此外，KAI模型不能很好地描述时间范围很宽的极化反转行为，因为模型假定了铁电体不同区域的τ是均一的，但实际上τ可能是一个分布函数。

成核限制转换模型（NLS模型）　与KAI模型不同，NLS模型认为新畴成核是主导极化反转过程的最主要步骤。NLS模型有如下假定：**铁电薄膜**可以被分割为许多基本区域；每个基本区域独立成核，一旦成核完成，畴核立即长大并填满这个基本区域，即畴核长大时间相比于成核时间可忽略；这些基本区域的形核时间是一个分布函数。因此，NLS模型给出如下反转极化值ΔP与时间t的关系：

$$\Delta P(t)=2P_s\int_{-\infty}^{\infty}\{1-\exp[-(t/\tau)^n]\}F(\log\tau)\,\mathrm{d}(\log\tau)$$

式中$F(\log\tau)$表示形核时间的分布函数，例如采用洛伦兹分布函数。NLS模型可以很好地描述铁电多晶薄膜的极化反转行为，且在外加电场和反转时间范围都很宽的情况下也适用。

实验观测　具体材料的铁电反转动力学机制，可通过观测宏观电极化随反向电脉冲宽度变化趋势获得，也可用显微镜直接观测反畴成核-生长过程，通过压电显微镜微可直观显示出微观反转机制。

（樊　贞　高兴森）

铁电复合材料　ferroelectric composites　由铁电材料和非铁电材料按照一定的连通型和一定的体积比例复合而成的材料。铁电材料的基本特征是具有自发极化，且自发极化可随外电场而发生反转。因而，外加电场与材料的电位移之间呈现出电滞回线关系，而外加电场与材料的应变之间呈现出蝶形曲线关系。利用铁电体所具有的电畴开关和极化反转特性，可制备具有广阔应用的**铁电薄膜**存储器和各种电光器件。经极化处理的铁电材料表现出优异的压电和热释电性能，据此发展了各种压电陶瓷驱动器、传感器和热释电探测器，它们在现代先进机电系统、热敏探测和空天探测中有着重要的应用（见**铁电性的应用**）。

铁电复合材料一定程度上克服了铁电陶瓷材料声阻抗高、质脆、成形加工较困难的缺点以及铁电高分子机电损耗较高的问题，在传感器、制动器、换能器等领域具有广泛的应用。例如，可用于医学脉搏传感器、动态应变测量、振动与噪声控制等。

由于铁电材料的应用主要发挥其力-电耦合性能，铁电复合材料的组成相、性能、连通型以及各相之间的力学、电学匹配对铁电复合材料的性能有着重要的影响。在铁电材料中，铁电陶瓷使用最为广泛，铁电复合材料也多以铁电陶瓷作为铁电相（例如，锆钛酸铅、锆钛酸铅镧、钛酸钡等）。铁电复合材料的基体相可由非铁电或铁电材料组成，常用声阻抗低、柔顺性好的高分子聚合物（例如，非铁电的聚乙烯、铁电聚偏氟乙烯等）作为基体材料。广义上讲，许多铁电陶瓷材料本身也可以看作是铁电复合材料。例如，对弛豫铁电体，由于铁电相变发生在一个温度范围内，呈现出弥散性铁电相变，在相变区间内的任意温度点，可将尚未发生相变的顺电相看作基体相，与已发生相变的铁电相构成一种铁电复合材料（见**弛豫铁电性**）。

从20世纪90年代起，中国重点支持以铁电介电材料为主的铁电存储器、热电探测器和压电驱动等研究和应用。铁电复合材料总体上向低损耗、多功能以及无铅化的方向发展。（马　静）

铁电光伏效应 ferroelectric photovoltaic effect 发生在具有非中心对称铁电材料中的光伏效应。

特征　与传统异质结（如PN结、肖特基结）光伏效应不同，铁电光伏效应通常具有以下三大特征：①光生载流子的分离可以发生在均匀的体区域中，而不局限于异质界面处；②开路电压V_{oc}可以不受材料带隙的限制，甚至能达到千伏量级；③V_{oc}及短路电流J_{sc}可随铁电极化的翻转而改变，因而光伏特性可受电场调控。

材料　铁电光伏效应的早期研究主要集中在铁电块体材料，如陶瓷和单晶。21世纪以来，随着薄膜制备技术的不断发展，**铁电薄膜**中的光伏效应受到越来越多的关注。研究较多的铁电材料体系包括铁酸铋（$BiFeO_3$）、锆钛酸铅［$Pb(Zr_{1-x}Ti_x)O_3$］、钛酸钡（$BaTiO_3$）、铌酸锂（$LiNbO_3$）等。

机理　铁电光伏效应的研究虽已开展了数十年，但其机理至今仍存在争议。提出的机理包括以下四种：

体光伏效应（图a）。由铁电体的内禀非中心对称性造成，图中用三角形代表铁电晶格所形成的不对称散射中心。A.M.格拉斯等指出，在非中心对称晶体中，电子（或空穴）从动量为k的态转变到动量为k'的态的概率与该逆过程的概率不相等，这样当电子（或空穴）受激发及散射后，它们的动量分布是不对称的，因此会形成稳态的净J_{sc}，大小为$J_{sc}=G\alpha I$，其中G、α、I分别是格拉斯系数、吸收系数和光强度。V_{oc}则可推导为：

$$V_{oc}=E_{oc}d=J_{sc}d(\sigma_d+\sigma_{ph})^{-1}=G\alpha Id(\sigma_d+\sigma_{ph})^{-1}$$

式中d为电极间距离，σ_d，σ_{ph}分别为暗场和光照下的电导率。由该式可见V_{oc}正比于电极间距离，并不受铁电体带隙限制。后续研究表明，J_{sc}也可以在非极化方向上产生，因而B.斯特曼和V.M.弗里德金将格拉斯等的理论进一步推广，提出体光伏效应中J_{sc}和入射光之间是张量关系，可以用三阶张量形式的格拉斯系数G_{ijk}来描述。

界面肖特基势垒效应（图b）。L.平蒂列等认为铁电体/电极之间形成肖特基势垒，该势垒中的内建场E_{bi}可以促使光生电子-空穴对分离，同时势垒的高度和宽度可以受到极化电荷的调控，使光伏效应具有电场可调性。P指示了极化方向。

退极化场效应（图c）。姚奎等指出，由于铁电极化屏蔽不完全而形成的退极化场E_d也可以有效分离光生电子-空穴对。该退极化场的方向与剩余极化方向反向平行，其大小受铁电材料的剩余极化强度及电极材料的介电常数影响。因此当施加不同电压获得不同大小和方向的剩余极化强度时，光伏特性（V_{oc}和J_{sc}）会被改变甚至转向。退极化场与电极间距离成反比，因此退极化场效应通常在薄膜材料中较为显著，而在块材料中可以忽略。

畴壁效应（图d）。R.拉梅斯等在具有条纹畴结构的$BiFeO_3$薄膜中发现显著的光伏效应，且V_{oc}的大小正比于畴壁数量，因此他们提出一种新的光伏机理，即光生电子-空穴对依靠畴壁中的内建场E_{bi}分离，并分别聚集于畴壁两端界面而形成一定的V_{oc}，由于畴壁呈条状平行排列（相当于串联电池），每个畴壁处的V_{oc}累加起来可以形成非常可观的总V_{oc}。而当极化方向翻转时，畴壁中的内建场也会反向，造成可调的光伏行为。（樊　贞　高兴森）

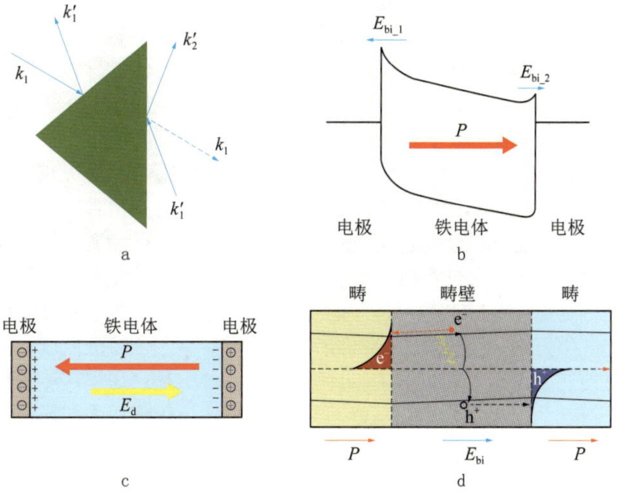

几种铁电光伏机制

铁电金属 ferroelectric metal 表现出类铁电相变行为的导电材料。1965年，P.W.**安德森**和E.I.布朗特预言具有金属性的物质可能通过连续相变产生极化轴，从而失去对称中心并表现出类铁电行为，并将其命名为铁电金属。2013年，石友国等首次发现高压条件下合成的金属性$LiOsO_3$在140开发生了$R\bar{3}c$-$R3c$类铁电结构相变。他们利用会聚束电子衍射技术严格证明了金属性的$LiOsO_3$在140开以下失去了对称中心，并协同中子衍射技术进一步得出$LiOsO_3$的这种结构相变与具有相同空间群的$LiNbO_3$铁电体，在铁电居里温度附近发生的铁电结构相变是完全可类比的。

金属性的$LiOsO_3$中的铁电畸变主要来自A位的锂原子结构不稳：锂原子朝向面外的最近邻氧原子位移能降低静电能，从而诱发了结构相变。此外，在费米能级附近，电子轨道与铁电相变是弱耦合的，也有利于在金属中诱发类铁电性质。理论计算的结果表明，$LiOsO_3$中的类铁电相变属于有序-无序相变。$LiOsO_3$中电子对长程电偶极子的屏蔽具有各向异性，其中沿着最近邻锂-锂链方向，电子的屏蔽是不完全的，从而导致了体系表现出长程铁电序。（段纯刚）

铁电软模理论 ferroelectric soft-mode 描写晶格动力学中声子模各种软化与相变关系的理论。**晶格动力学**是研究晶体原子在平衡位置附近的振动及这些振动对晶体物理性质影响的学科。在晶格势能的简谐近似下，采用周期性边界条件，可以得到晶格振动是以不同模式的行波方式在晶体中传播，即格波。同一模式的格波可以等效于同一频率振动的简谐振子，也称为简正模。按照量子理论，每个简谐振子的本征能量是由一系列间隔相同的能级组成。能级间隔$\hbar\omega$（$\hbar$为约化普朗克常数，ω是晶格振动角频率）为格波的能量量子，称为**声子**。声子是简正模能量增加或者减小的最小能量单元。当温度接近居里温度时，某一或某些晶格振动频率趋于零，即称为软模。这时，简正模的原子对偏移平衡位置的恢复力趋于零。

铁电软模概念最先是在研究铁电相变时由W.科克伦和P.W.**安德森**明确提出来

的，现在已成为结构相变研究中的一个基本概念了。

铁电相变：布里渊区中心横光学声子的软化与铁电相变相联系。由于布里渊区中心横光学模的软化，每个原胞内正负离子中心的偏移冻结形成电偶极矩，使整个晶体呈现均匀的自发极化。

反铁电相变：布里渊区边界横光学声子的软化与反铁电相变相联系。布里渊区边界横光学模的冻结，使顺电相相邻晶胞具有大小相等方向相反的电偶极矩，就出现了反铁电结构。

铁弹相变：布里渊区中心声学声子的软化与铁弹相变相联系。当晶体中声学模振动频率趋于零，每个原子在平衡位置附近的振动度趋于零，在位移最大处冻结，发生铁弹相变。

非简谐相互作用：晶格势能函数展开的高阶项称为非谐相互作用项，它们引起的效应称为非谐效应。在晶体中原子相互作用势函数简谐近似下，可以得到声子的概念。这一概念为描写晶体中晶格振动提供了极大的方便。但在简谐近似下，很多物理问题还是不能得到合理解释，例如晶体的热膨胀和软模的产生机理等。在简谐近似下，原子平均位置不因振幅的改变而变化，所以简谐近似下的理论不能处理晶体的热膨胀现象。三阶非简谐作用可归结为晶格振动频率与晶体体积有关。晶体体积的增大使晶体的弹性能增加，同时会使晶格振动频率下降而使晶格振动的自由能减小。两种效果相结合使晶体体积与温度有关。通过引入格吕奈森常数描写三阶非简谐作用，可以从理论上导出晶体热膨胀系数的表达式，证明了1908年E.格吕奈森从实验中总结得出的联系热膨胀系数与晶体的压缩系数、比热容之间的经验规律，即所谓的格吕奈森关系。理解软模则需要考虑到四次非谐效应。在铁电相中，原胞间相互作用使晶格振动模硬化，而四次非谐作用使模软化。在顺电相时，原胞间相互作用使晶格模软化，四次非谐性使晶格模硬化。总的说来非谐性有利于顺电相稳定，原胞间相互作用有利于铁电相稳定。有关晶体的热力学性质和状态方程的一系列问题，如弹性常数与压力和温度的关系、高温比热容与温度的关系等，都要考虑非谐作用才能得到结果。（王春雷）

铁电隧道结　ferroelectric tunneling junction　以超薄铁电薄膜作为绝缘层的金属/绝缘层/金属异质结构。隧道结是由两个金属电极和纳米厚度的绝缘层构成的金属/绝缘层/金属异质结构。两个金属电极上有电压差时，可以发生**量子隧穿**，一侧金属中的电子以一定的概率隧穿通过绝缘层进入另一侧金属，形成隧穿电流。隧穿的概率由绝缘层势垒的高度和宽度决定。通常的隧道结中，绝缘层是非极性的。铁电隧道结利用具有非易失性极化的超薄铁电薄膜作为隧道结的绝缘层，当施加电压使铁电层极化翻转时，电子隧穿通过绝缘层的概率在高低两个值之间变化，因此产生两个非挥发的电阻状态。

原理　铁电隧道结的电阻转变有多个来源，其中最主要的是静电势贡献。首先考虑一个非极性的绝缘层，它可以简化成一个方势垒。铁电绝缘层表面的极化电荷被金属电极中的电子屏蔽。按托马斯-费米理论，屏蔽长度是费米面附近电子态密度的函数。良好的金属，屏蔽长度可以在埃的尺度，半导体的屏蔽长度可以达到几十纳米。实际的有效屏蔽长度与铁电/金属界面的物理和化学参数有很大的关系。一般，金属中的电荷并不能完全屏蔽铁电极化电荷。不完全的屏蔽导致铁电绝缘层中存在与极化方向相反的**退极化场**。这时，电子看到的不再是方势垒，两个铁电/金属界面处的能量由于退极化场产生的额外静电能而改变，一边升高、另一边降低。如果采用不同的金属电极或者由于界面状态不同导致有效屏蔽长度不同，则两个界面处能量的改变是不对称的。屏蔽相对完全（屏蔽长度较小）的界面，能量的改变较小，此时平均势垒高度增加。如果极化方向翻转，退极化场随之翻转，两个界面上不对称的能量改变也随之改变符号，平均势垒高度降低。由此得到非易失性铁电极化调控的隧穿势垒高度和相应的两个隧穿电阻状态。

应用　铁电隧道结的两个隧穿电阻状态可以作为“0”和“1”两个逻辑态用于存储。这样的电阻型铁电存储器既有铁电存储的非易失性优点，同时也具有阻性存储简单的器件结构，更易于高密度集成。铁电隧穿存储不依赖于离子或带电缺陷在纳米尺度上的移动，因而也具有较好的器件一致性、稳定性和功耗，使其在非易失性存储领域具有巨大的潜在应用价值。如果施加电压脉冲使得铁电绝缘层中的畴逐步翻转，还可以使得隧道结电阻在一定范围内随电压或脉冲数目连续的变化，表现出忆阻行为，可模拟人脑神经元之间的信息传递，可用于新颖的类脑计算器件。（吴　迪）

铁电相变唯象理论　phenomenological theory of ferroelectric phase transition　用热力学理论的方法研究铁电相变过程及相关物理性质的理论。这一理论的优势是能够对铁电相变过程及相关物理性质进行统一的描述。理论的出发点是系统热力学势函数，即自由能。通常是假设一定形式的热力学势函数，然后利用热力学关系得到系统平衡态的物理性质。铁电相变的唯象理论虽然不能回答为什么材料具有**铁电性**，但是可以从已有的物理性质预判其他物理性质。

自由能函数　又称为热力学势函数。对铁电相变而言，热力学势需要考虑几个方面。

铁电体是一个机电耦合体系，其自由能包括三个部分：电学部分、力学部分和机电耦合部分。由于铁电体的极化强度与施加电场的响应关系是一个未知函数，因此自由能中电学部分通常采用按电位移或极化强度进行泰勒级数偶次幂的展开形式。力学部分主要是考虑线性部分的贡献。机电耦合部分是以电致伸缩能的形式出现在自由能表达式中。

描写铁电体的自由能需要三对共轭物理量，即热学量（温度和熵）、力学量（应力和应变）和电学量（电场和电位移或者极化强度）。根据自由能函数中自变量的选取组合不同，描写铁电体的自由能一共有八种形式。

对非均匀体系，比如需要考虑边界效应和畴结构影响的时候，自由能表达式中还包括极化强度（或者电位移）梯度、应变/应力梯度的贡献等。

主要结论　铁电相变唯象理论主要应用于均匀块体铁电材料。处理的相变有一级相变、二级相变以及临界相变过程。二级相变的理论处理和结论相对简单，但是大多数铁电材料具有一级铁电相变过程。下面简要列举一级铁电相变唯象理论的主要结论。

居里-外斯定律。在高温顺电相，铁电体的静态介电常数随温度的关系通常满足居里-外斯定律。即介电常数的倒数与温度成正比关系。把这一定律与实验数据拟合，可以得到居里-外斯温度和居里-外斯常数。二级相变和多数铁电材料的介电行为遵从这一定律，但是弛豫铁电体和量子顺电体的介电常数则偏离这一规律。

相变特征温度。描写铁电一级相变有四个特征温度，按照从低到高的顺序分别是：居里-外斯温度、居里温度、铁电相极限温度和场致相变极限温度。实验上通过升温测量静态或者低频介电温谱，可以确定居里-外斯温度和铁电相极限温度。理论上居里温度有明确的物理意义，而实验上一般观察不到物理性质在这一温度出现任何反常。对于二级铁电相变，这四个特征温度完全相同，通常称为居里温度。

场致相变。对具有一级相变的材料体系，当温度处在铁电相极限温度和场致相变极限温度之间，并且体系处于顺电相时，通过施加一定强度的外电场，能够诱导出铁电相。极化强度与电场的关系表现出双电滞回线的形式。而对于具有二级相变的材料体系，在任何温度时都不会出现场致相变。

理论扩展 铁电相变的唯象理论有一些新的发展，包括：①对于非均匀低维体系，利用变分原理取自由能泛函极小，可以得到这类体系的静态铁电性质，比如极化强度在空间的分布情况，尺寸驱动相变等。②如果把自由能表示成为两套亚晶格极化强度的函数，可以描写反铁电体相变过程及其物理性质，这时的理论称为铁电相变的基特尔理论。③假设极化强度随时间的变化与自由能偏离平衡态的大小成正比，即可得到哈拉特尼科夫-朗道方程。这一方程通常是描写均匀块体材料的铁电弛豫过程。对于非均匀体系，同一原理能够得到时间相关的京茨堡-朗道方程，也称为相场法，用于电畴等非均匀体系的动态演化过程。 （王春雷）

铁电性 ferroelectricity 在一定温度范围内存在两个或多个取向的自发极化，且自发极化取向可随电场而改变的铁电体所具有的物理性能。具有铁电性的铁电体材料并不含“铁”，只因它与有**磁滞回线**的铁磁体相类似，具有电滞回线，因而称为铁电体。在某一温度以上，它是顺电相，无铁电性，其介电常数服从居里-外斯定律。铁电相与顺电相之间的转变为铁电相变，最高的相变温度为居里温度或居里点T_C。有的铁电材料在T_C以下的不同温度（称为转变温度）还可能转变成不同结构的铁电相。具有铁电性的铁电体即使在没有外界电场的作用下，内部也存在电极化，这种极化称为自发极化。自发极化的存在是铁电性的一个特征。

起源 铁电体的铁电性与晶体结构和电子成键密切相关。铁电性（自发极化）来源于材料结构畸变导致的正负电荷中心不重合，形成自发极化。通常称此类铁电材料为正规铁电体或本征铁电体。随着**多铁性**研究的发展，已发现了其他几种铁电性产生机制，即铁电极化的产生依赖于特殊的电荷、轨道或自旋序。在铁电相变中，自发极化非一阶序参量，这类铁电体被统称为非正规（非本征）铁电体，主要有以下几类。

磁致铁电体 为非正规铁电体中研究最为广泛的一类，其铁电性来源于特殊磁结构导致的空间反演对称破缺，铁电极化是与磁序参量耦合的二阶序参量。2003年，木村刚等人率先在钙钛矿锰氧化物$TbMnO_3$中发现摆线螺旋磁结构可以产生铁电性，且在外加磁场下铁电极化会翻转而改变方向，具有较强的磁电耦合效应。

已发现有三种磁致铁电极化机制：交换伸缩机制、自旋电流机制或反贾洛申斯基-守谷（DM）相互作用机制、自旋依赖的p-d杂化机制。后两种机制其实都源于自旋-轨道耦合效应。

交换伸缩机制一般出现在具有++--型共线自旋序及其他共线自旋结构的材料中，如六角锰氧化物$RMnO_3$、RMn_2O_5、$CaMn_7O_{12}$及伊辛磁体Ca_3CoMnO_6等。铁电极化的出现与对称磁交换作用有关，其具有的形式可以写为$\boldsymbol{P}\propto\boldsymbol{S}_i\cdot\boldsymbol{S}_j$，其中$\boldsymbol{S}_i$、$\boldsymbol{S}_j$表示近邻磁性离子自旋。在++--型磁结构中，相邻自旋对分别平行和反平行排列，这种不对称性可导致相邻的自旋对产生相反趋势的结构位移（键长键角改变）从而降低交换能，结合电荷序或其他结构扭曲，这种交换收缩效应可产生铁电性。

自旋电流机制（KNB理论）普遍出现在具有摆线螺旋磁序的材料中，如正交钙钛矿锰$RMnO_3$(R=Tb, Dy)、尖晶石$CoCr_2O_4$、磁铅石$Sr_3Co_2Fe_{24}O_{41}$等，极化具有的形式可写为$\boldsymbol{P}\propto\boldsymbol{e}_{ij}\times(\boldsymbol{S}_i\times\boldsymbol{S}_j)$，其中$\boldsymbol{S}_i$、$\boldsymbol{S}_j$表示磁性离子自旋，$\boldsymbol{e}_{ij}$是连接这一自旋对的矢量。在该机制中，离子没有发生相对位移，铁电极化来源于电子云相对离子实的偏移，即纯电子效应。

反DM相互作用机制从离子移动角度解释了铁电极化的起源，即DM相互作用导致连接自旋离子相对移动，得到的铁电极化形式和自旋电流机制相同，但方向相反。另外，在三角反铁磁体中发现的铁电极化$\boldsymbol{P}\propto\boldsymbol{S}_i\times\boldsymbol{S}_j$，因此这一磁诱导极化机制也被归纳为自旋电流机制，也可出现在具有本征螺旋的磁结构中。

与以上两种自旋关联效应有关的机制不同，依赖于自旋p-d杂化机制的铁电极化属于单离子效应，可在简单的磁结构中出现，最早被用来解释$Ba_2CoGe_2O_7$中铁电性的起源。该机制来源于自旋-轨道耦合作用对p-d杂化效应的修正。自旋-轨道耦合作用会引起磁性离子配位键产生局部电偶极矩，大小依赖于自旋方向和键的夹角。不同键产生的电偶极矩没有抵消，导致铁电性出现。

电子铁电体 电子铁电性起源于与电子的电荷或轨道有序等电子关联效应。在一些窄带的强关联电子体系中，电荷载流子在低温下会局域化，形成电荷有序结构。如果电荷有序的排列方式破坏了空间反演对称，则可能出现铁电性。最典型的例子是$LuFe_2O_4$，温度低于350开时，$LuFe_2O_4$出现形成Fe^{2+}和Fe^{3+}有序排列的电荷序态，由于Fe^{2+}和Fe^{3+}电荷中心不重合，导致出现电偶极矩及宏观电极化。轨道序通常由扬-特勒效应引起并伴随着结构畸变。已有理论预言这种电子不稳定性产生的结构畸变及轨道序能够在一些体系中导致铁电性。

几何铁电体 不同于常规铁电体中铁电性与化学键密切相关，几何铁电性与电子成键无关，仅来源于复杂的晶格畸变。代表性材料如六角锰氧化物$RMnO_3$（R=Ho-Lu、Y），其铁电性来源于MnO_5双棱锥体倾斜及由此导致的R离子移动，从而破坏空间反演对称，导致铁电性产生。

主要性能特征 电滞回线 铁电体极化随外电场的变化而变化，电场较强时极化与电场之间呈非线性关系。在电场作用下新畴成核长大，畴壁移动，导致极化转向。电场很弱时，极化线性地依赖于电场（见图），此时可逆的畴壁移动成为不可逆

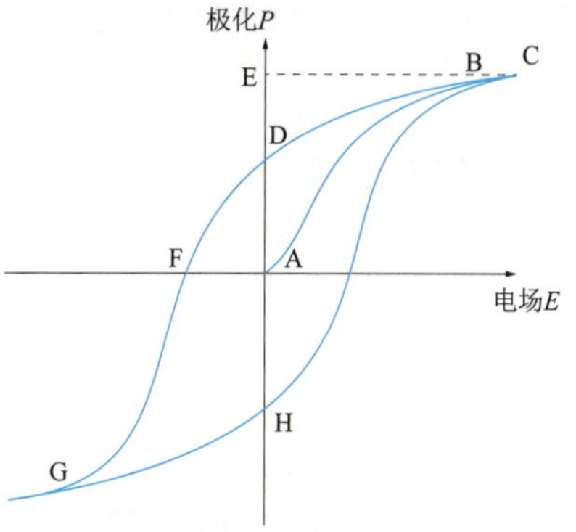

铁电体的电滞回线

的，极化随电场的增加比线性段快。当电场达到相应于B点的值时，总极化仍然有所增大（BC段）。如果趋于饱和后电场减小，极化将循CBD段曲线减小，以致于当电场达到零时，晶体仍保留在宏观极化状态。线段AD表示的极化称为剩余极化P_r。将线段CB外推到与极化轴相交于E，则线段AE为饱和自发极化P_s。如果电场反向，极化将随之降低并改变方向，直到电场等于某一值时，极化又将趋于饱和。这一过程如曲线DFG所示，AF所代表的电场是使极化等于零的电场，称为矫顽场E_c。电场在正负饱和值之间循环一周时，极化与电场的关系如曲线CBDFGHC所示，此曲线称为电滞回线。

居里点 当温度高于某一临界温度

T_C时，晶体的铁电性消失。这一温度称为铁电体的居里点。由于铁电性的消失或出现总是伴随着晶格结构的转变，所以是个相变过程。已发现铁电体存在二种相变：一级相变伴随着潜热的产生，二级相变呈现比热的突变而无潜热发生。铁电相中自发极化总是和电致相变联系在一起，所以铁电相晶格结构的对称性要比非铁电相为低。如果晶体具有两个或多个铁电相时，最高的一个相变温度称为居里点，其他则称为转变温度。

居里－外斯定律　由于极化的非线性，铁电体介电常数不是常数而依赖于外加电场，一般以上图AB段曲线在原点的斜率代表介电常数。即在测量介电常数ε时，所加外电场很小，铁电体在转变温度附近时，介电常数具有很大的数值，数量级达10^4～10^5。当温度高于居里点时，介电常数随温度变化遵循居里－外斯定律：

$$\varepsilon=\frac{C}{T-T_0}+\varepsilon_\infty$$

式中C为居里－外斯常数，T_0为居里－外斯温度，ε_∞为光频介电常数。

分类　铁电体的分类方法很多，按其所含的基本单元的不同可划分为以下几种：①含氧八面体的铁电体；②含氢键的铁电体；③含其他离子基团的铁电体；④铁电聚合物与铁电液晶。

含氧八面体的铁电体是铁电体研究的一个主要方向，根据其空间排列方式，铁电体还可以从结构上进一步分为：①钙钛矿结构，通式ABO_3如$BaTiO_3$，$Pb(ZrTi)O_3$；②焦绿石结构，通式$A_2B_2O_7$如$Cd_2Nb_2O_7$等；③钨青铜结构，通式AB_2O_6如$PbTa_2O_6$等；④Bi系层状钙钛矿结构，又称黛眼蝶相结构，通式$(Bi_2O_2)[A_{m-1}B_mO_{3m+1}]^{2+}$，如$SrBi_2Ta_2O_9$(SBT)，$Bi_4Ti_3O_{12}$(BiT)等。

（朱劲松　吕笑梅　张俊廷）

铁电性的应用　applications of ferroelectricity　具有**铁电性**的铁电体在微电子和光电子等诸多高技术中的重要应用。铁电体的大致应用范围如图1所示。

铁电体的非铁电性应用　**压电性**：铁电体都具有压电性。正向压电效应是外加

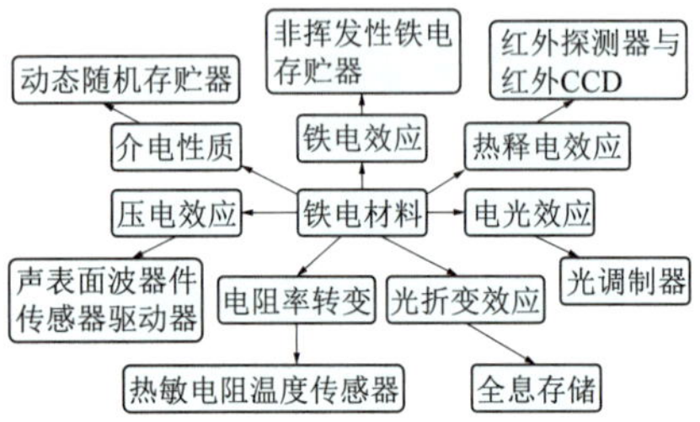

图1　铁电材料的应用框架图

应力（应变）使离子位移，造成正负电中心不重合而形成电极化，材料表面会产生极化电荷。利用正向压电效应可制作压电传感器等。此外，正向压电性能即"加应力可产生电荷"还可被用作为能量收获系统产生新能源。反向压电效应是外加电场作用下正负离子产生相反方向位移，而使材料产生应变。如果外加的是交变电场，则体系会产生振动。利用其反向压电性能即"加电场可产生应变"，可制作电声换能器，用于超声波探测（如B超等）、声呐、传感器、声表面波器件等。

热释电性：当铁电体温度变化时可在其表面观测到束缚电荷，此为热释电性。铁电体具有热释电性是由于温度变化引起晶体热胀冷缩，在此过程中由于材料的正负离子位移而使其电中心不重合从而在其表面形成极化电荷。利用其热释电性质可制作红外探测器、红外监视器、热电成像系统等。

非线性光学效应：铁电体的非线性光学效应是指由于在强光（电）场作用下，铁电材料介电极化的非线性项出现，而引起的光的二次、三次谐波及和频差频等产生。利用非线性光学性能可用于激光倍频（二次谐波）、三倍频、和频、差频等参量过程。

电光效应：铁电体的电光效应是指材料在外加电场作用下引起的折射率变化现象。当光通过加有电场的铁电材料时，光传播的位相、振幅等将受到影响，实现电控光的目的。可以通过电光效应制作电光开关、光偏转器、电光调Q、光调制器、光通信等器件及应用。

声光效应：铁电体的声光效应是建立在弹光效应的基础上，实现声控光的目的。所谓弹光效应，是指周期性的弹性波在材料中传播时引起的材料折射率变化，形成折射率光栅。光通过加有声波的晶体时将被衍射，从而光的位相、强度、频率等将会发生变化。利用声光效应可制作声光开关、声光偏转器、声光调Q、声光调制器等器件及应用。

光折变效应：利用光照射引起的被照区域折射率变化效应，可利用此效应制成光折变存储器件。

介电性：铁电体都具有良好的介电性能。可以借助大介电常数及小介电损耗的铁电材料，以用于电容器、绝缘器件、高储能器件（见**巨介电材料**）。

多铁性：利用铁电体的多铁性可以在不同外场下调控材料的性能。实现电控磁、磁控电、力控电（磁）、电（磁）控力等，可用于制作新一代弱磁信号探测和存储等器件。

铁电存储应用　铁电非挥发存储器是利用铁电体所具有的电滞回线性质而制成的器件。如图2所示，当加到铁电体上电场E为零时，铁电体上仍保持有一定的极化强度$P_r(-P_r)$。这个极化电荷的符号取决于该铁电体上原加电场的符号，若原来加的正场，则当外场降到零时，铁电体上保持正的剩余极化（P_r）。而若是从负场变到零，则此时剩余极化为负（$-P_r$）。正是利用无外场时铁电体仍然存在的两个稳定极化$\pm P_r$作为计算机编码0和1，这就是铁电记忆及逻辑电路的基础。

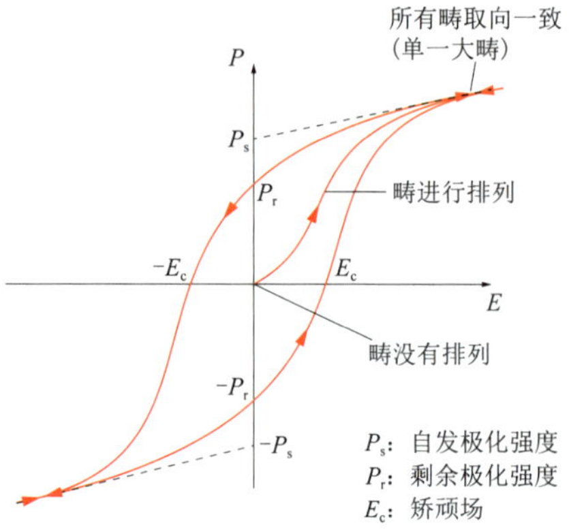

图2　铁电体的电滞回线

铁电记忆存储是直接利用铁电体铁电性能的例子。在铁电存储器应用中，即使电源突然中断，其贮存的信息也可保持，因而通常称为非挥发性铁电随机读取存储器（NV-FeRAM）。铁电存储器具有尺寸小（是通常可擦除随机只读存储器的20%）、抗辐照（特别适用于军用及航天使用）、存储读取速度高、容易与硅工艺相容、低功耗等特点。特别是由于其薄膜形式，可以在很低电压工作，对于100～300纳米厚的铁电薄膜，翻转电压仅为几伏，与硅工艺及器件兼容，很有实用价值及应用前景。铁电随机存储器已有商品销售，智能卡及嵌入式芯片已用于众多家电的控制器，如洗衣机、索尼游戏机（Play station PS2等）、电视频道存储记忆器、复印机、收费站刷卡等等方面，更大存储量的产品将在数码相机、随身听中使用，市场前景看好。

用铁电材料制备存储器的思想最早提出于1952年，即利用铁电晶体的电学双稳态特性，用可反转的"上""下"两个方向的极化状态，来实现计算机存储器操作。但由于当时薄膜制备技术尚未发展，且早期的铁电存储器存在半选干扰问题，疲劳问题也非常显著，再加上要使用昂贵的铁电单晶材料，因此铁电存储器的设想在当时未能实现。直到90年代初，随

着薄膜制备与应用技术的成熟，才逐渐发展出铁电存储器。已设计出的存储器有三种，即非易失性随机存储器（FeRAM）、铁电场效应管（FeFET）和动态随机存储器（DRAM）。

以FeRAM的工作原理为例来加以说明。当铁电存储单元中**铁电薄膜**处于P_r（$-P_r$）状态，相应的铁电存储单元信息为1（0）。当一个脉冲作用于存储单元时，如果读脉冲和存储单元的极化相反，电畴将反转，此时通过电容器的位移电流为反转电流。当脉冲方向与存储单元的极化相同时，无极化反转发生，此时铁电薄膜只表现为线性的电容特征，位移电流为小电流。因此，比较两个电流就知道存储状态是1还是0。作为铁电存储器使用的材料，关键是其存储性能的稳定性。但是在很多情况下，外界条件的变化会对存储能力有很大的影响。铁电存储器的性能包含许多的物理过程，如剩余极化、疲劳、保持、抗辐照、漏电流、印记、老化、合成气体退火（FGA）、应力效应、畴结构、择优取向和极化开关问题等。对用于铁电存储器的铁电薄膜来讲，除此之外还有漏电流、铁电疲劳性能（永久极化与开关次数关系）及铁电保持性能（永久极化与时间关系）。通常要求永久极化$P_r>10\mu C/cm^2$、低矫顽场$E_c<100kV/cm$。好的疲劳特性，在铁电翻转10^9次时，永久极化很少变化。在10^5秒内可较好地保持电荷，漏电流小于$10^{-7}A/cm^2$。但由于铁电存储器自身结构特点，其存储密度还不是太高，这制约了其作为高密度存储的应用。

铁电高功率脉冲电源　铁电性的另一个重要应用是铁电高功率脉冲电源，又常被称为冲击波爆电换能器，这是铁电自发极化的直接应用。首先使铁电体极化，使其内部铁电畴有序排列，然后在此铁电体上施加一很大的瞬时冲击波（压力），使铁电体内部极化呈现的有序状态破坏或接近破坏（迅速去极化）。此时储存在极化后铁电材料内部的能量密度（可达兆焦耳/米^{3}以上）将释放出来，将产生高达100千伏和几千安培以上的脉冲高电压和大电流。由于其体积小、重量轻、无须能源系统支持，可用于空间武器系统。如果冲击波以恒定速度传播，就是一个脉冲恒流源，可以在负载上产生前沿很陡的脉冲大电流和脉冲高压。

高亮度铁电体电子束源　铁电体在外电场作用下，电偶极子将沿外场排列形成准单向电畴。此时，铁电体的表面在宏观上出现具有正负极性的束缚电荷，并形成一退极化场$E_i=-P_s/(\varepsilon_0\varepsilon_r)$，该场可达每毫米兆伏量级。如果此时将外电场突然反向，则处在材料表面的负电荷（电子）将会在正外场作用下发射出去，形成一电子发射源。由于这种电子发射与传统的热阴极（如电子管、阴极射线管）发射不同，电子发射是正常室温状态，这也称为铁电冷阴极。可以作为冷阴极电子器件使用。

（朱劲松　吕笑梅）

铁电性现代量子理论　modern quantum theory on ferroelectricity　以多电子体系平均场理论为核心处理极化量子的理论。电偶极矩的概念是静电理论的核心，用于描述一个体系在外加电场下的响应性质。对于有限体系例如分子，它没有概念上或实际上的问题。在离子极限下，对一些位于r_i处的电荷q_i，其偶极矩d定义为：

$$d=\sum_i q_i r_i$$

对于连续的电荷密度分布$\rho(r)$所产生的电偶极矩表达式为：

$$d=\int\rho(r)rdr$$

如果分子或团簇不带净电荷，这些表达式的意义明确，通过直接计算得到结果。例如水分子偶极矩的方向，与直观理解是一致的。然而当试图把这个简单的公式推广到固体情形时，问题就变得复杂很多。定义宏观体系内禀性质的常用方法是引入每单位体积或每单位质量的性质。例如磁化就是每单位体积的磁偶极矩。对于固体材料来说，需要定义每单位体积的电偶极矩来表示体相的电极化。此时相关的物理量通过单胞体积归一化来计算。利用这个简单方法来处理电极化出现的问题可以通过一个简单的一维模型来说明，如图所示。交替排列的阳离子和阴离子形成的一维链，间隔是$a/2$，a是晶格常数。不做任何计算，可以看见两个用虚线标出的等价单胞中电极化的方向完全相反。

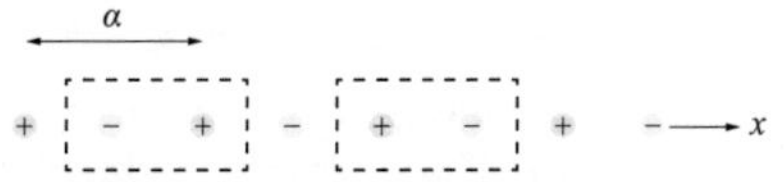

交替排列的阳离子和阴离子形成的一维链图

这种困难导致了该领域的巨大混乱，学界在这个基本问题上存在很大争论：是否可以认为极化是固体中的内禀性质，或者极化可能实际上由表面终止的细节决定。而随着研究者逐渐认识到极化实际上是极化的变化，而不是极化的绝对值时，人们逐渐得到了问题的答案。极化的变化有明确意义，并且可以和实验测量值比较。当20世纪90年代引入了所谓的“现代极化理论”之后，这个困扰得到彻底解决。这个理论指出了周期性体系的极化实际上来自点阵而并非矢量，并通过量子力学的方法（例如**密度泛函理论**）计算电子结构而得到极化点阵。下面简要介绍现代极化理论如何定义体相的极化以及如何利用密度泛函理论求出极化。

固体的周期性、极化点阵和极化量子　从一维链图看到选择不同的单胞可以得到不同的极化，这是因为固体极化的多值性所导致的。这种极化的多值性是周期性的结果。如果在实验上测量极化的变化，那么极化可以是单值的，并且有明确意义。根据上图首先注意到，所有的原子都是反演中心，从这个角度来看这个点阵是非极化的。

其次具体计算如虚线矩形所示的两个单胞中每单位长度的偶极矩。如果单胞是三维点阵，极化的定义是每单位体积的偶极矩。先看左边单胞的极化，单胞左边的边缘设为原点，即$x=0$。位于$a/4$处有一个电荷为-1的阴离子，而电荷为$+1$的阳离子位于$3a/4$。电荷单位是电子电量e。此时单位长度的偶极矩为：

$$p=\frac{1}{a}\sum_i q_i x_i=\frac{1}{a}\left(-1\times\frac{a}{4}+1\times\frac{3a}{4}\right)$$

$$=\frac{1}{a}\frac{2a}{4}=\frac{1}{2}$$

接着考虑右边单胞的极化，同样把单胞左边边缘设置成原点。此时阴离子位于$3a/4$处，而阳离子位于$a/4$处，因此电极化为：

$$p=\frac{1}{a}\left(1\times\frac{a}{4}-1\times\frac{3a}{4}\right)=-\frac{1}{a}\frac{2a}{4}=-\frac{1}{2}$$

如果继续选取不同的单胞，可以得到不同的极化，每个极化值和原始的极化值相差一个整数。把这一系列极化值称为极化点阵。在这种情况下，极化值为$\cdots,-5/2,-3/2,-1/2,1/2,3/2,5/2,\cdots$。

设想从一个点阵中的阴离子拿走一个电子后，这个阴离子变成中性粒子。把这个电子移动一个晶格长度，并放在右边相邻的阴离子上。由于周期性边界条件的限制，需要同时拿走这个相邻的阴离子上的电子，并继续向右移动一个晶格长度，这样才能接收从左边进来的电子，并且这个过程结束后体系保持不变。由于电子的再定位并没有改变这个体系的物理性质，但是体系的极化发生了变化。由于每个单胞内单位负电荷移动了距离a，因此电偶极矩的改变为$-a$，极化为-1。把这种在单胞内移动一个电荷产生的极化值称之为极化量子P_q。对于一维情况，极化量子等于点阵常数除以单胞的长度，它显然等于1。

测量铁电极化的实验方法　铁电材料

是一种绝缘性的固体，其特征是具有可反转的宏观极化。在平衡态下，铁电材料表现出对称性破缺，是一个非中心反演对称性的结构。铁电材料中最重要的矢量性质是极化P，平衡态的值是自发极化。然而，实验上并不是直接测量P的值，而是利用P的可反转性来测量极化的变化。在大多数铁电晶体中，不同的结构是对称性等价的，也就是说极化P的允许值大小是相等的，并沿着等效（对映体）的对称方向。在一个典型的实验中，需要加上足够强电场使极化发生从P到$-P$的反转。在极化反转实验中直接测量的量是两个对映体结构之间的极化差。利用对称性，可以将该差值等同于自发极化的两倍，电滞回线实际上是主要的实验输出。而两个铁电对映体结构A和B之间的转变是通过外加电场来驱动。实验装置通常测量流过样品的电流$j(t)$的积分：

$$\Delta P \equiv P_{\mathrm{B}}-P_{\mathrm{A}}=P(\Delta t)-P(0)=\int_0^{\Delta t}\mathrm{d}t\,j(t)$$

然后将ΔP的一半定义为自发极化P_{S}。需要强调的是，实验测量的既不是P_{A}，也不是P_{B}，而是两者之差。

极化理论的基本规则　无论是诱导的极化还是自发极化，为了得到微观理论上的极化P，必须强调绝热电流起的作用。这个理论的基础如上面ΔP公式所示。该式还可以通过引入无量纲的绝热时间参数λ来简化，λ连续从0（初始态）变化到1（对应终态）：

$$\Delta P=\int_0^1\mathrm{d}\lambda\frac{\mathrm{d}P}{\mathrm{d}\lambda}$$

一般而言，初态和终态是指一个体系缓慢加上子点阵位移、应力和电场等之前和之后的状态。这里的$\mathrm{d}P/\mathrm{d}\lambda$是一个有明确意义的体相矢量的性质。注意这个公式成立的条件是对于λ取所有可能的中间值，体系都具有绝缘性。这是因为在其他情况下不能唯一确定瞬变电流。为了讨论铁电体的自发极化，此时设λ是标度后的子点阵位移，从$\lambda=0$的具有中心反演的参考态演化到$\lambda=1$的自发极化结构，自发极化可写成：

$$P_{\mathrm{eff}}=\int_0^1\mathrm{d}\lambda\frac{\mathrm{d}P}{\mathrm{d}\lambda}$$

这个公式只是有效的而不是极化定义的最终形式。

现代极化理论　发展于20世纪90年代。该理论首先由R.雷斯塔给出了初步而重要的发展，随后的发展主要由D.H.范德比尔特等完善。现代极化理论有时候被称为“极化的贝里相位理论”，这是因为通过所谓的贝里相位可以导出极化的表达式。

如果采用平均场理论来处理多电子体系，例如科恩–沈方案，自洽的单电子势在玻恩–卡门条件下是周期性的。此外，如果考虑晶体体系，自洽势具有周期性。具有布洛赫形式的本征函数为$\psi_{nk}(\boldsymbol{r})=\exp(-\mathrm{i}\boldsymbol{k}\cdot\boldsymbol{r})u_{nk}(\boldsymbol{r})$，其中$u$具有周期性。本征函数满足薛定谔方程$H|\psi_{nk}\rangle=E_{nk}|\psi_{nk}\rangle$，可以等价地写成$H_k|u_{nk}\rangle=E_{nk}|u_{nk}\rangle$，其中$H_k=(p+\hbar k)^2/2m+V$。

上面所有的物理量隐含依赖于随时间缓慢变化的参数λ。通过绝热微扰理论，极化有效的形式可表示为：

$$P_{\mathrm{eff}}=\Delta P_{\mathrm{ion}}+[P_{\mathrm{el}}(1)-P_{\mathrm{el}}(0)]$$

式中ΔP_{ion}是离子的贡献，而$P_{\mathrm{el}}(\lambda)$的形式为：

$$P_{\mathrm{el}}(\lambda)=\frac{e}{(2\pi)^3}\mathrm{Im}\sum_n\int\mathrm{d}k\langle u_{nk}|\nabla_k|u_{nk}\rangle$$

这里对所有的占据态求和，从而可以看出极化就是体系的基态性质。$|u_{nk}\rangle$理解成参数λ的隐函数。如果选取从中心反演的参考态至平衡极化态的绝热演化路径时，P_{eff}理解成铁电晶体的自发极化。$P_{\mathrm{el}}(\lambda)$的表达式是现代极化理论的核心结果。对于熟悉贝里相位理论的人来说，会发现$A(k)=\mathrm{i}\langle u_{nk}|\nabla_k|u_{nk}\rangle$就是“贝里联络”或“规范势”。对整个闭流形（这里是整个布里渊区）积分就得到贝里相位。注意到$P_{\mathrm{el}}(\lambda)$的公式与参数空间选取的路径无关，因此结果只取决于终点的选取。以上分析隐含的条件是体系必须绝缘，否则绝热条件会不成立。

利用贝里相位计算电极化P已经在很多电子结构计算软件中得以实现。

（向红军）

铁基超导体　iron-based superconductor　继氧化物超导体之后的另一类具有高临界温度（T_c）的新型高温超导体。2006年日本科学家细野秀雄领导的小组首先在LaFeP(O, F)中发现3～7开的**超导电性**。2008年研究组又报道在氟掺杂的LaFeAsO体系具有26开超导电性。这一发现立刻引起关注，中国科学家迅速开展这方面研究，在短时间内将超导转变温度提升到50开以上，激发了世界范围内铁基超导体的研究热潮。

与铜氧化物高温超导体类似，铁基超导体具有准二维层状晶体结构，现已经发现的铁基超导材料数量很大，包括多种结构体系，如反氧化铅型结构的“11”型、PbFCl结构的“111”型、ZrCuSiAs结构的“1111”型、$ThCr_2Si_2$结构的“122”型及其他复杂夹层型。所有结构体系中都由一个相同的作为超导层的FeX（X是砷或硒）结构单元所构成，其中铁原子本身排成四方格子。与铜氧化物超导体不同的是，FeX结构实际上由上下两层X原子夹着中间一层铁原子构成，X原子在以铁原子为体心的四面体顶角上。

铁基超导体具有与铜氧化合物高温超导体非常相似的电子相图：母体都同为反铁磁体，随着掺杂，反铁磁性被破坏而超导电性随之出现。但与铜氧化合物不同的是，铁基超导体的母体并不是**莫特绝缘体**而是金属，相图中也可以存在超导与**反铁磁性**共存的区域。对于铜氧化合物超导体，电子–电子的强关联效应被认为是其丰富的物理现象的根源，而铁基超导体同样表现出显著的电子–电子关联效应，只是强度上相对要弱一些。尤其值得提及的是铁原子中不同3d轨道电子的关联强度也不相同，导致其巡游性和局域性程度有所差别。多轨道是铁基超导体与铜氧化物高温超导体最显著的差别，这也导致其费米面的拓扑结构相对复杂和多变。

超导基础研究的核心问题是超导电子的配对机理。在铜氧化物高温超导体中，广泛认为反铁磁性涨落是驱动电子配对超导的主要因素。在铁基超导体中，反铁磁性涨落机制也同样被提出来解释其配对机制，已有的**非弹性中子散射**和其他相关实验表明在反铁磁波矢联系的费米面上存在超导能隙函数的反号，因而铁基超导体被认为是一类新的多能带非常规超导体。

（王楠林）

铁矩性　ferrotoroidicity　材料中的磁矩（原子自旋或轨道电流）按头尾相连的形式形成微小涡旋的一种**磁有序**态。材料中的微小涡旋有序排列时产生磁涡旋矩$\boldsymbol{T}$，这种涡旋可以是顺时针或逆时针，并可通过改变电场和磁场的特定组合来改变涡旋的方向。涡旋沿同一方向（顺时针或者逆时针）的区域称为铁矩畴。体系的磁涡旋矩$\boldsymbol{T}=[\Sigma_i\boldsymbol{r}_i\times\boldsymbol{S}_i]/2$，其中$\boldsymbol{r}_i$和$\boldsymbol{S}_i$分别为位置矢量和磁矩，即$\mathbf{T}\sim\boldsymbol{P}\times\boldsymbol{M}$，说明其代表了极化强度$\boldsymbol{P}$和磁化强度$\boldsymbol{M}$的耦合。如图1所示，铁矩性作为铁性序之一，在时间反演和空间反演操作下都不对称，这样它就和弹性形变、磁矩、电极化等成为可表征极化的物理量，一起构成了完整的空间和时间反演的关系表。如图2所示，小环状电流（磁矩）均匀分布成圈状，从而产生垂直于平面的磁涡旋矩$\boldsymbol{T}$；施加平行于平面的外磁场$\boldsymbol{H}$后，基于能量最小化的要求，小环状电流重新分布，从而产生出电极化$\boldsymbol{P}$，这就是一种典型的**磁电效应**，

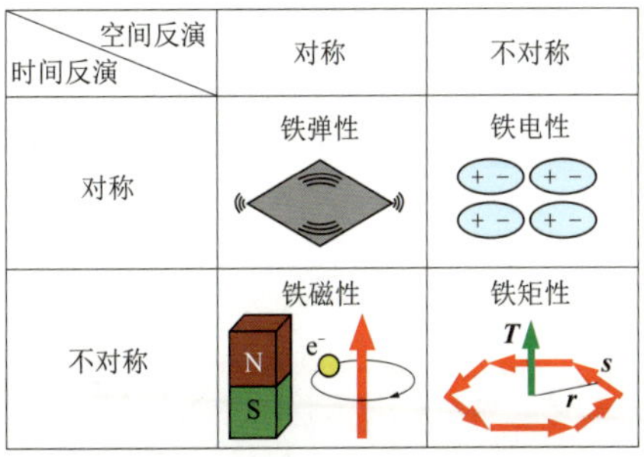

图1 各种铁性在时间和空间反演操作下的宇称变化

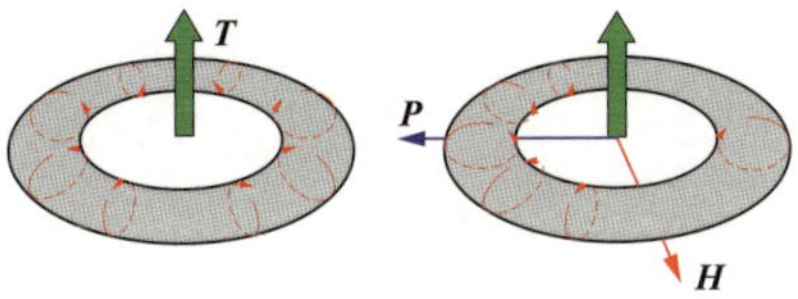

图2 涡旋矩和磁电效应

即电场可以诱导磁化强度，磁场可以诱导极化。

铁矩体的涡旋本质决定了其磁相互作用主要为反铁磁或亚铁磁，研究者已经在 $GaFeO_3$、$LiCoPO_4$、$LiNiPO_4$ 等体系中发现了铁矩性。其中柏林玻恩学院的物理学家B.范阿肯和日内瓦大学的化学家M.菲比希在氧化物材料 $LiCoPO_4$ 中首次发现了与独立的反铁磁畴共存的铁矩畴。对于 $LiNiPO_4$ 氧化物，其中四个钴原子两两成反铁磁排列，由于原子磁矩大小不同，系统显示弱铁磁性，又因原子位矢大小不同，系统具有净磁涡旋矩。

（马秀良）

铁弹性 ferroelasticity 晶体的应力-应变呈非线性关系，且在一个循环中其行为类似铁电体的电滞回线和铁磁体的磁滞回线的物理性质。1969年，日本物理学家相津敬一郎首先使用了铁弹性一词。他发现 $Gd_2(MoO_4)_3$ 晶体的应力-应变关系并不遵从**胡克定律**的线性行为，而是在一个循环中走出了一条类似磁滞回线形状的曲线——力滞回线（见图），呈非线性关系。这种行为类似于铁电体的电滞回线和铁磁体的磁滞回线，因此借用了“铁”在这里的寓意，称这种物理性质为铁弹性，对应的物质称为铁弹体。铁弹体与它的“姐妹”物质：铁电体和铁磁体都具有响应滞后特性，表现“铁性”的本构方程的形式也都是一样的。

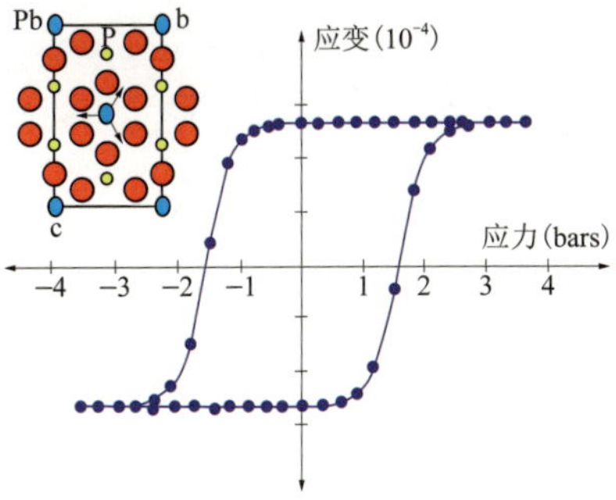

铁弹体 $Pb_3(PO_4)_2$ 的力滞回线（$1bar=10^5Pa$）

铁弹相变 铁弹性出现在物质的铁弹相状态。铁弹体物质在高温时是高对称结构的顺弹相，降低温度转变为低对称结构的铁弹相。铁弹相变可以是一级或二级相变。铁弹相变的临界温度 T_C 称为铁弹居里温度。铁弹性的任何两个取向态在无应力作用时，其晶体结构呈镜面对称。所以每个取向态具有垂直于 x 轴或 y 轴的镜面对称是铁弹体的结构基础，可以是三斜、单斜、正交、三方和四方等5种晶系。铁弹相变使晶格发生畸变（宏观表现也称为自发应变），相变可用布里渊区中心声学模的软化理论描述，也可以用朗道相变理论进行计算模拟。因为顺弹相中原子有两个或多个对称等效的构型，所以铁弹相中物质的自发应变（微观的晶格畸变）有两个或多个可能的取向态。

铁弹畴 为降低应变能，通常铁弹相中要分成许多称为畴的小区域。畴与畴之间的边界称为畴壁。铁弹畴内自发应变（晶格畸变）取向相同。在足够强的单轴应力作用下，畴壁发生移动，导致畴的转向和尺寸变化，使畴重新取向。这是一个畴的排列从外力为零的平衡状态，转向有外力参与的新平衡状态的过程。在两个低能量平衡态间的转变需要跨过中间的高能量势垒，能量消耗需要一部分外力做功，这就是出现力滞回线的原因。$SrTiO_3$、$LaAlO_3$、$BiVO_4$、NdP_5O_{14} 和 LaP_5O_{14} 等是熟知的铁弹体。

多铁性 在铁弹、铁电和铁磁三种物理性质中兼有两种或两种以上的物质，即为多铁物质。铁弹体、铁电体和铁磁体三姐妹可以组合出四种多铁物质。

许多铁弹物质兼有铁电性。如 $Fe_3B_7O_{13}Cl$、b-$Td_2(MoO_4)_3$、$NaKC_4H_4O_6 \cdot 4H_2O$、$Tl_2Cd_2(SO_4)_3$、PtGeSn、$BaTiO_3$、$PbTiO_3$、$BiFeO_3$ 等。所有位移型铁电体都具有压电效应，展示蝴蝶形的应力-应变回线，有些科学文献的讨论也将它们归于铁弹体之中。

金属的铁弹性 许多金属性物质的铁弹性表现更为突出。它们随温度变化而产生的铁弹相变中各种序参量发生突变，滞后现象明显但量并不很大，被称为热弹性马氏体相变。由于金属的化学键强度较氧化物的低，因此位错滑移机制导致的形变要远大于氧化物。因此这类材料的应用多选择穿越相变的形式。如成分为NiTi的“形状记忆合金”，利用温度变化穿越相变，获得的大形变可以将两段金属管实现真空密封。但如果采用施加外应力穿越相变，这种合金能够提供超过8%的非线性大形变，被称为“超弹性”或“相变伪弹性”。

铁弹智能材料 人们习惯把兼有传感和执行的功能材料称为“智能材料”。如NiTi形状记忆合金在温度变化时发生相变，其电阻变化使之成为传感器，而如果令其相变应变去调整温度（如开关空调窗口），就同时成为执行器。如果这样的智能材料具有更多的可供应用的物理性质，则智能性将更加提高。如在20世纪90年代末开始大量研究的“磁相变材料”。这种材料兼有结构相变和磁性两种物理特性，是具有磁性的铁弹物质。热弹性马氏体相变，也具有形状记忆效应（早期称为“磁性形状记忆合金”）。这类材料作为智能材料，在传感方面，比NiTi这样的非磁性材料多了一个磁性信号；在执行方面，不仅可以通过改变温度和施加外力使它发生相变，而且还可以利用施加磁场来驱动相变。相比NiTi合金，磁相变材料“更聪明，更能干”。主要的磁相变材料存在于霍伊斯勒合金（如 Ni_2MnGa、Co_2NiAl 等），MMX六角合金（如MnNiGe、MnCoGe等）和d-metal合金（如NiMnTi和NiMnV等）等三大体系。

应用铁弹体的所有偶数阶极性张量随相变而突变的特点，可以用于制作各种智能元器件。早期曾经期望，铁弹半导体（如 VO_2）、铁弹超导体（如 Nb_3Sn）、铁光弹体［如 $Gd_2(MoO_4)_3$］和铁电铁弹体（如RS）等能够成为新型多功能材料。NiTi等形状记忆合金已经在自动控制、特殊弹性元件等方面有了很多应用。由于热弹性马氏体相变伴随着较大的熵变，可以用作制冷材料，而磁相变材料的相变熵变和磁熵变叠加在一起将提高制冷效率。随着更多的铁弹相变材料的发现，将磁、光、电、熵变和应变等多种物理效应交叉耦合于一身的智能材料将具有更广泛的应用前景。

（吴光恒）

铁性体拓扑结构 topology in ferroics 按拓扑几何定义描述的铁性序参量的空间局域结构。一个或多个铁性序参量（铁电极化、磁矩、应变）在空间构成局域结构，这一结构的形态在发生连续空间形变时，存在某一恒定不变的几何性质，被称为具有拓扑不变性的拓扑缺陷。

最早关注铁性有序体系中拓扑缺陷的是N.D.梅尔曼，他仔细讨论了铁性序参量的局域结构如涡旋结构和斯格明子结构

铁性体系中拓扑畴结构举例

序参量	拓扑结构	图示
电极化、自旋、晶格应变	畴壁	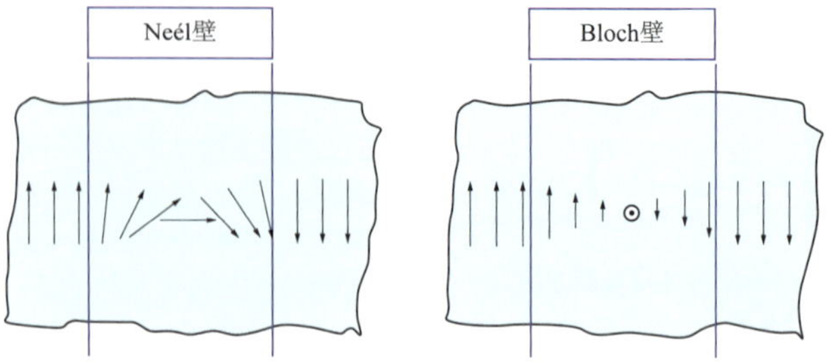
电极化、自旋	涡旋	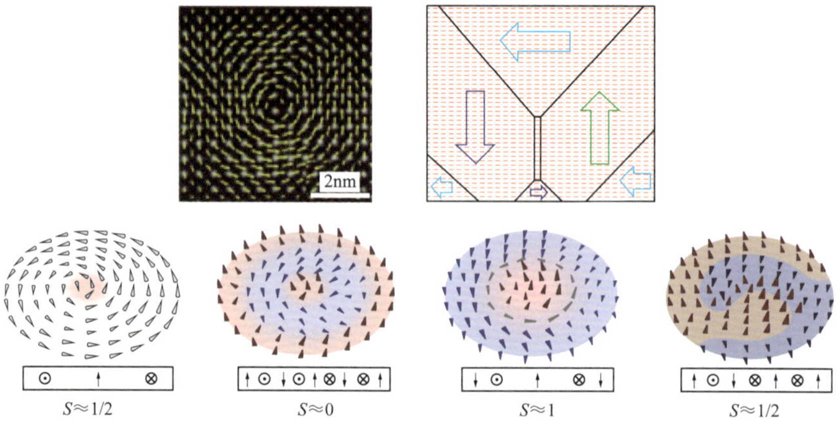
自旋	斯格明子	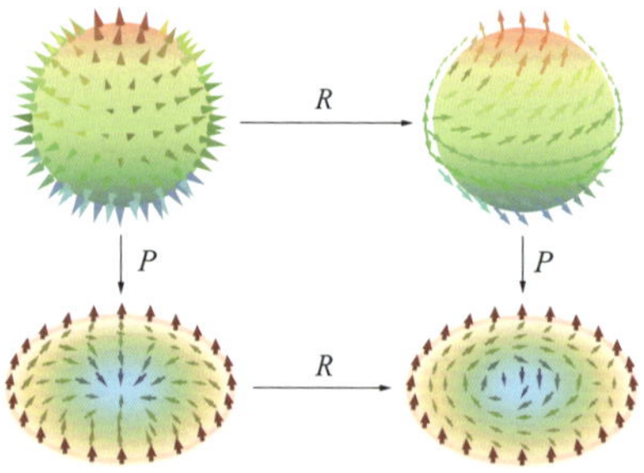
自旋	涡旋－反涡旋	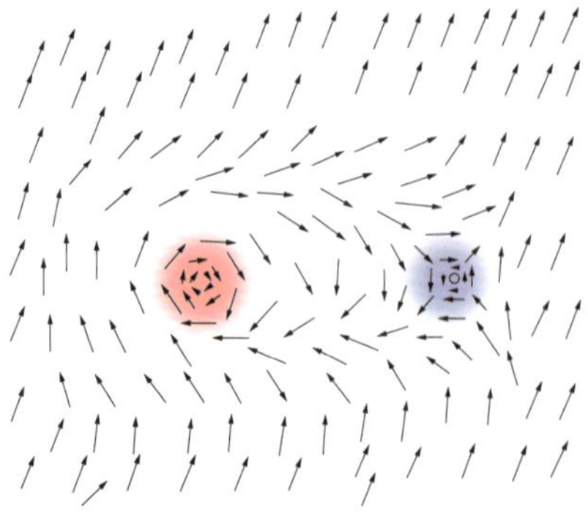

续表

序参量	拓扑结构	图示
电极化	$Z_2 \times Z_3$	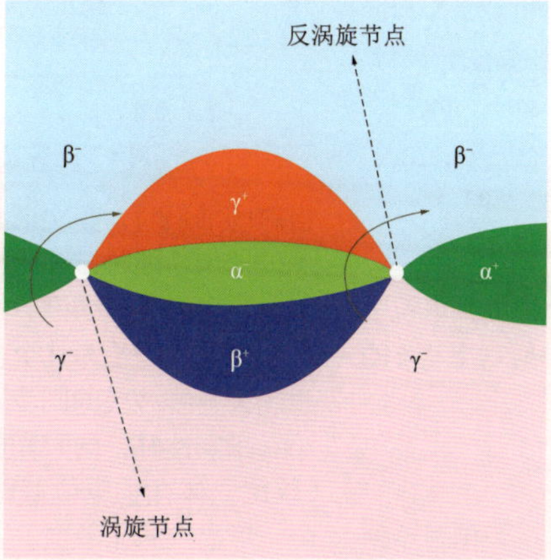
电极化	中心畴	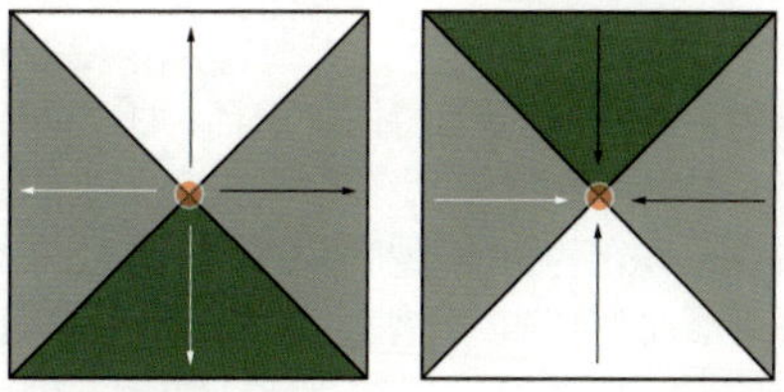

所具有的几何性质，借用了数学上的拓扑几何定义来描述这些特定结构。已知的若干铁性体拓扑结构见上表。

铁性体拓扑结构的形成决定于序参量多重相互作用能的共存与竞争，如相互作用能、自旋-轨道耦合、静态能、各向异性能、表面和界面能等。材料的物理维度和形貌也有很大影响。铁性体拓扑结构的研究仍然处于起步阶段，对畴结构的形成机制和调控方法的研究依然在快速发展。

（刘俊明）

铁氧体 ferrite 一类具有**亚铁磁性**磁结构的含铁类氧化物。具体有尖晶石结构、石榴石结构和磁铅石结构三类，均属亚铁磁性物质。①尖晶石结构铁氧体为AB_2O_4型氧化物，其中A和B均可为二价和三价的金属。实际上B基本为铁，或少量锂、镁、铝等金属，A多为过渡族金属或少量镁。晶体为面心立方结构，一个晶胞有32个氧离子、16个三价和8个二价金属离子。这类材料的**磁化强度**可达5×10^5安/米，居里温度可高达600℃以上。这种铁氧体由于电阻率非常高，损耗较低，软磁性好，故多用作高频和甚高频磁性材料。②石榴石结构铁氧体以$Y_3Fe_5O_{12}$氧化物为主体，可根据不同需要而用部分稀土离子或碱土金属离子替代钇离子，也可用少量锗、铝等离子替代铁，因而磁化强度有很大的可调范围。但这种材料居里温度由其中铁离子间接交换作用决定，故不同的材料的居里温度都在280～290℃。电阻率一般在10^{12}欧·米左右，磁性可调，常用作微波通信、雷达器件中的磁性元件。它的法拉第磁光性能好[(10^3)°/厘米]，铋部分替代钇后，它的法拉第转角可大于(10^4)°/厘米。可用作光通信中隔离器，调制器等器件的材料。有些重稀土石榴石铁氧体具有抵消温度，在此温度时材料中两个相反方向的磁矩绝对值相等，因而总磁矩抵消为零。③磁铅石结构铁氧体以$BaFe_{12}O_9$和$SrFe_{12}O_{19}$为主，还有四种类似成分，具有六角密堆积结构，有很强的单轴磁晶各向异性，因而都是很好的硬磁性材料，磁能积可达4×10^4焦/米³以上。

（戴道生）

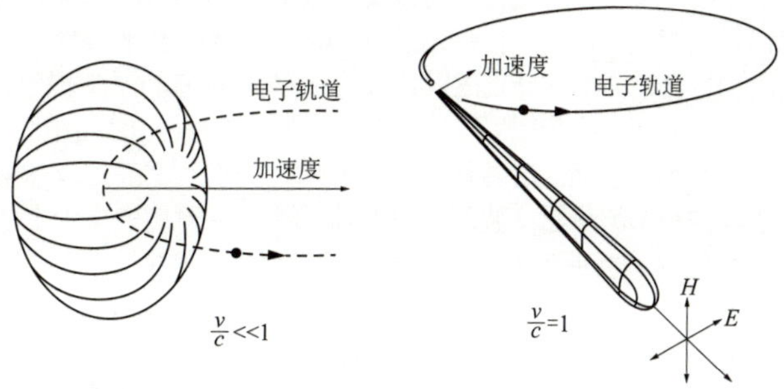

a 低速带电粒子的电磁辐射　　b 相对论性带电粒子的电磁辐射

图1 带电粒子的电磁辐射

同步辐射 synchrotron radiation 相对论性带电粒子（速度接近光速）在磁场的作用下沿曲线轨道运动时发出的**电磁辐射**。因这一电磁辐射是首先在电子同步加速器上被观测到的，故名为同步辐射。

原理 带电粒子做加速运动时，会发出电磁辐射。如图1a所示，低速运动带电粒子的辐射功率分布，没有明显的方向性。而相对论性带电粒子的电磁辐射主要集中在其运动轨迹的切线方向上，如图1b所示，其辐射张角为相对论因子γ的倒数：

$$\gamma = 1/\sqrt{1-(v/c)^2} = m/m_0$$

式中m_0为粒子的静止质量，v为粒子的速度，c为光速。

最初的同步辐射是从弯转磁铁处获得的，它是一个宽谱辐射，可以覆盖从红外到**X射线**的频谱范围。图2为弯转磁铁同步辐射功率密度随辐射频率的分布曲线，其中同步辐射特征频率ω_c定义为将辐射总功率分成两等份的那个特殊频率。特征频率可依式计算：

$$\omega_c = \frac{3c\gamma^3}{2\rho}$$

式中ρ为弯转运动的半径。特征频率与相对论因子γ的三次方成正比，因此要想获

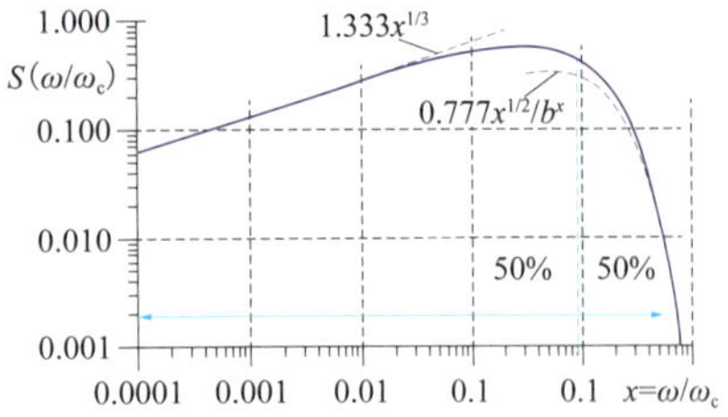

图2　弯转磁铁的同步辐射谱函数

得高能光子，有效的方法是提高带电粒子的能量。带电粒子的瞬时辐射功率与γ的四次方成正比：

$$P=\frac{e^2c}{6\pi\epsilon_0}\frac{\beta^4\gamma^4}{\rho^2}$$

式中e为电子的电荷，$\beta=v/c$为相对论速度，ϵ_0为真空中的电解质常数。因此电子作为最易获得的质量较轻的带电粒子，是被用来产生同步辐射的最佳选择。

为了获得更强的同步辐射，人们制造了磁场方向（南极S与北极N）上下交替并沿运动轨道周期变化的磁铁，称之为扭摆器。当电子束经过扭摆器并沿蛇形轨道向前运动时，多次弯转发出的同步辐射相互叠加，从而增加了辐射的通量和亮度。进一步研究发现，如果各次弯转发出的同步辐射同相叠加，同步辐射光谱将形成分立谱，且光谱亮度与交变磁极数N的平方成正比，从而使同步辐射亮度在特定频谱上得到大幅度增强。这种具有干涉效应的扭摆器被称为波荡器。波荡器的辐射原理如图3所示。当带电粒子在两个磁极处发出辐射的光程差d是辐射波长λ的整数倍n时，这两束光就可以同相叠加，其波长为：

$$\lambda=\frac{\lambda_u}{2n\gamma^2}\left(1+\frac{K^2}{2}+\gamma^2\theta^2\right)$$

式中$K=0.934B\lambda_u$以厘米为单位，B为波荡器峰值磁场以特斯拉为单位，λ_u为波荡器周期长度以厘米为单位。波荡器中电子的瞬时辐射功率为：

$$P=\frac{e^2c\gamma^2K^2}{12\pi\epsilon_0}\left(\frac{2\pi}{\lambda_u}\right)^2$$

波荡器的光谱如图4所示，当磁场很弱时（K很小），只有基波能被观察到，

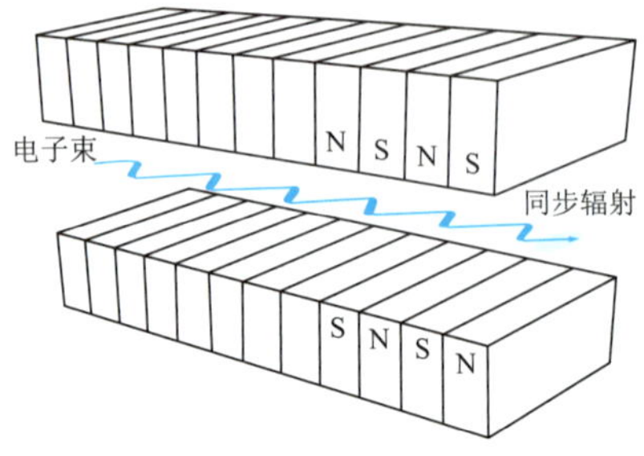

图3　波荡器辐射原理示意图

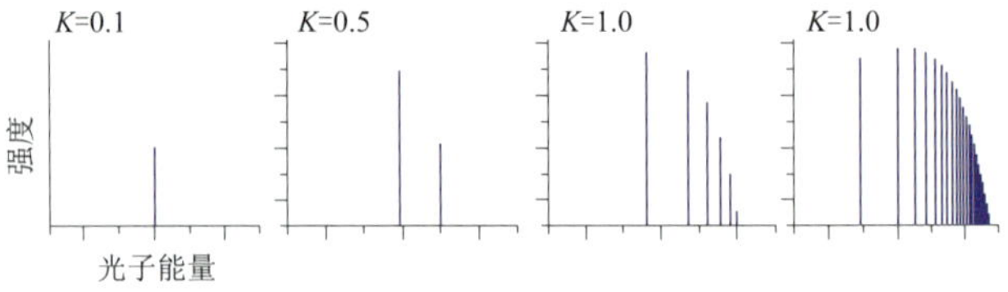

图4　波荡器辐射到弯铁辐射的频谱演变图

当磁场增强时，高次谐波开始出现。当磁场进一步增强时，谱线越来越密，直至成为弯铁辐射的连续谱。

当电子能量为几个吉电子伏时，可产生硬X射线波段的同步辐射，其辐射张角小、指向性好，同时光斑尺寸小，其亮度（单位立体角、单位截面积、单位时间和0.1%带宽内的光子数）远高于其他方式所产生的X射线，是探知微观世界的有力工具。

特性　同步辐射具有十分突出的优良特性，包括：①亮度高，光子通量高。同步辐射集中在很小的立体角内，电子能量越高，立体角越小，能量越高度集中。②频谱宽，连续可调。同步辐射相应的波长为几微米至1纳米，相应的光子能量为1～10^4电子伏量级。③具有偏振性。在电子轨道平面中辐射出的同步辐射完全是偏振光，其电矢量平行于轨道平面；偏离电子轨道的同步辐射，是椭圆偏振同步辐射。④具有时间结构。电子束是具有一定长度和间隔的脉冲束团，因此同步辐射的脉冲宽度取决于电子束团的长度，这表明同步辐射是具有时间结构的脉冲光源，其宽度约为0.01～1纳秒或更短。⑤洁净度高。同步辐射是自由电子产生的，无其他粒子本底。此外，同步辐射是在超高真空环境中传播，因此特别适合对环境清洁度要求很高的科学实验和工艺过程。⑥可作为标准光源。这是因为同步辐射的光通量、能量分布及偏振度等均可准确计算，并和实验值符合良好。

发展　截至2020年，同步辐射光源已经历了三代的发展，正在开启第四代的全新阶段。第一代同步辐射光源是基于高能物理的电子同步加速器或正负电子对撞机的兼用光源，其电子同步加速器或储存环不是为产生同步辐射设计的，因此第一代光源的性能普遍不高，实验线站数量较少，而且在使用时常常会受到高能物理实验的限制。第二代同步辐射光源是同步辐射专用光源，优化后的光源性能、实验线站数目和用光时间相比第一代光源都有大幅改善和提升。在此基础上，第三代同步辐射光源通过降低储存环电子束发射度并大量使用波荡器实现了同步辐射亮度的又一次大幅度提高。相对第二代光源，第三代光源使其同步辐射实验的空间、时间和能量分辨率等总体性能发生了飞跃，成为众多学科前沿研究和应用研究不可或缺的利器。第四代同步辐射光源也可称之为衍射极限储存环光源，即在第三代光源的基础上进一步降低储存环的电子束发射度，达到光子**衍射极限**。在此情形下，再降低电子束发射度对提升同步辐射亮度已没有帮助，即通过降低电子束发射度提高同步辐射光源亮度达到了极限。

全世界共有50多台同步辐射光源在运行，中国大陆有3台，分别是北京同步辐射装置BSRF（第一代同步辐射光源，2.5吉电子伏），合肥光源HLS（第二代同步辐射光源，0.8吉电子伏），上海光源SSRF（第三代同步辐射光源，3.5吉电子伏）。此外，还有正在北京建设的高能光源HEPS（第四代同步辐射光源，6.0吉电子伏）和在合肥预研的合肥先进光源HALS（第四代同步辐射光源，2.4吉电子伏）。

应用　同步辐射光源在基础研究和应用科学中有重要价值，广泛应用于凝聚态物理学、材料科学、原子物理和分子物理学、化学、生物大分子结构研究、地学、辐射诊断、微电子学和微机械技术等领域中，是众多学科进行基础和应用研究不可替代的工具。（赵振堂　柴之芳）

同步回旋加速器　synchro-cyclotron　一种高频电场频率变化的回旋加速器。同步回旋加速器是1951年的诺贝尔化学奖获得者E.M.麦克米伦的专利。在这种加速器中高频电场的频率是变化的，用以补偿粒子的速度从开始到接近光速过程中的相对论效应。它与经典的回旋加速器之间有两个主要的区别：①只有一个类似于经典回旋加速器的D型盒作为电极，而另外一个极是开放的；②电场振荡频率因相对论速度效应是连续减小的，而不是恒定的。

在经典回旋加速器中，电场的角频率为：

$$\omega=\frac{qB}{m}$$

式中q是粒子电荷，B是磁感应强度，m是粒子静止质量。然而在速度v大于1/3光速c时相对论效应会变得很明显，这时频率修正为：

$$\omega=\frac{qB}{\gamma m}$$

式中γ是相对论因子。

同步回旋加速器主要的优点是，不需要约束离子在出口前完成的周期数，不要求产生大加速度的强电场，不需要很窄的诸如经典回旋加速器的D型盒间隙，因此只要一个D型盒即可。另一端振荡的电压源与地连接。而磁极可以靠得很近，这就极大地增加了磁通量密度，磁控管能以高得多的效率工作。

同步回旋加速器的主要缺点是，由于所加的振荡电压的频率变化，只有很少一部分的离子离开离子源被俘获，进入最大半径和能量的相稳定轨道，导致输出束流的占空因子很低，即平均束流只占瞬时束流一个很小的比例。因此加速器能产生高能离子，但只有比较低的强度。

同步回旋加速器对于质子治疗很有吸引力，因为使用高磁场可以使系统紧凑。中国华中科技大学联合国内的研究单位及医院使用超导技术研发适合进入医院的超导同步回旋加速器。（徐　刚）

同步加速器 synchrotron 在一定的环形轨道上加速带电粒子的装置。这里“同步”是指在加速过程中，轨道偏转磁场随粒子能量“同步”上升。它克服了**同步回旋加速器**因体积过大而对能量的限制，使能量提高几个数量级。主要特点是轨道磁场随时间改变。当注入器（如**直线加速器**等）向同步加速器注入束流期间，轨道偏转磁场处在某一较低值，轨道的半径$\rho=Pc/ZeB$，其中Pc是粒子的能量，Ze为电荷数，B为偏转磁场的磁感应强度。一旦注入过程结束，轨道磁场B随加速过程与能量Pc同步上升，轨道半径ρ几乎不变，使束流轨道始终处在一个环形的真空室内。加速过程结束后，轨道磁场在较短的时间内保持在最高值，以引出束流。待束流全被引出后，轨道磁场下降到前次注入时的较低值，再次注入束流，如此循环变化。因此，同步加速器工作在脉冲状态。

同步加速器可用于加速电子、质子或重离子，相应称为电子同步加速器、质子同步加速器或重离子同步加速器。对于电子同步加速器，通常注入加速器中的电子束已是相对论性的，速度接近于光速，因此不需要为保持同步加速条件而调变加速电场的频率。但对质子或重离子束，它们的静止质量超过电子的1800倍，在相同注入能量下，速度小于或远小于光速。随加速过程粒子的回旋频率增高，高频电场的频率也应随之增高。频率调变的办法是调节加载于加速腔内**铁氧体**的偏磁电流，以改变铁氧体的磁导率，达到调节加速腔频率的目的。

第一台电子和质子同步加速器分别于1947年和1952年在美国建成。早期的同步加速器，轨道偏转磁铁与聚焦磁铁做成一体，称为组合作用磁铁。为确保磁铁对轨道的要求，其聚焦四极分量较弱，因而称为弱聚焦系统。20世纪50年代，N.C.克里斯托菲洛斯和E.D.库朗等提出了强聚焦原理，特点是将轨道偏转和聚焦两种磁铁分开，可各自优化，称为分离作用磁铁系统，使环形真空室的横截面尺寸进一步减小（见**粒子加速器**）。20世纪60年代起至今建成的大量的同步加速器都采用强聚焦原理。

电子做圆周运动时一直受到向心力作用，会产生**电磁辐射**，称为**同步辐射**。因此，电子同步加速器除用作高能物理实验装置外，已被大量地用作同步辐射光源。质子同步加速器除直接用于高能物理实验外，还可用作质子对撞机或另一台更高能量的质子同步加速器的注入器。强流质子同步加速器还可用于强脉冲散裂中子源。而重离子同步加速器除用作核物理和重离子物理实验装置外，还可用作重离子放疗治癌的装置。（王书鸿）

同步振荡 synchronized oscillation 在神经集合的水平上，大量神经元的同步活动引起的宏观振荡。同步振荡可以在脑电图（EEG）中观察到。神经振荡是中枢神经系统的节律性或重复神经活动。神经组织可以以多种方式产生振荡活动，通过单个神经元内的机制或神经元之间的相互作用来驱动。在单个神经元中，振荡可以表现为膜电位的振荡或动作电位的有节律发放模式，并随后激活突触后神经元的膜电位振荡。神经元组中的振荡活动通常来自导致其放电模式同步的神经元之间的反馈连接。神经元之间的相互作用可以产生与单个神经元的发射频率不同的频率振荡。宏观神经振荡的一个常见的例子是α波。

德国精神病学家H. 贝格尔早在1924年就观察到神经振荡。50多年后，人们在脊椎动物神经元的神经活动中发现同步振荡行为，但并未完全清楚其背后机制。神经活动同步振荡可能具有特征绑定、信息传递和产生节律运动输出等功能。随着研究的深入，尤其是脑成像等技术的进步，使得人们更多了解到神经活动同步振荡现象。神经活动同步振荡的产生机制和功能作用也是神经科学的一个主要研究方向。

在中枢神经系统的所有层次都可观察到神经活动的同步振荡，包括单细胞层次的动作电位，多细胞层次的局域场电位（LFP），以及脑电图测量到的大尺度的脑电信号振荡等。通常振荡可以通过它们的频率、幅度和相位来表征。可以使用时频分析从神经记录中提取这些信号特性。在大规模振荡中，幅度变化被认为是由一个神经集群的同步活动引起，也称为局域同步。另外，远程神经元或神经网络也会产生同步振荡活动。实验发现神经振荡和同步可能与许多认知功能密切相关，如信息传递、感知、运动控制和记忆等。

神经活动同步振荡的数理研究方向属于神经动力学方向。神经动力学将大脑视为一个动力学系统，并使用微分方程来描述神经活动随时间的演变，希望从神经活动的动力学模式了解认知功能如感知、记忆等的功能机制。（于玉国）

同分异构体 isomer 具有相同分子式、不同化学结构的化合物。在有机化学中，同分异构体可以是同类物质（所含官能团相同），也可以是不同类的物质（所含官能团不同），其物理性质和化学性质也可不相同，如乙醇和甲醚（C_2H_6O）。

有机物中的同分异构现象主要分为结构异构和立体异构两大类。由于分子中原子或基团连接的顺序不同造成的同分异构现象，称为**结构异构**。结构异构又可分为（碳）链异构、位置异构和官能团异构。而在分子中原子的结合顺序相同，但原子或原子团在空间的相对位置不同的异构，称为**立体异构**。立体异构又分为构象异构和构型异构，而构型异构还分为顺反异构和旋光异构（又称手性异构）。构造相同的化合物由于单键的旋转，使连接在碳上的原子或原子团在空间的排布位置随之发生变化而产生的立体异构现象，称为构象异构。对含有双键或环状结构（如环丙烷）的分子，由于分子中的双键或环的原子中的键自由旋转受阻碍，存在不同的空间排列方式而产生的立体异构现象，称为顺反异构。具有手性异构的分子，在结构上镜像对称而又不能完全重合，称为手性分子。手性分子可使偏振光的方向发生偏转，具有旋光活性，包括左旋和右旋两种。对立体异构的另一种分类方法是将其分为对映异构（旋光异构）和非对映异构两类。其中非对映异构又分为顺反异构和构象异构等。（郑雨军）

同核分子 homonuclear molecule 具有相同原子核的原子组成的双原子分子。同核分子的能级结构特点反映在它的光谱上。同核双原子分子如H_2、O_2、N_2和I_2等，在核间距任何变化情况下都没有永久电偶极矩，因而没有红外光谱和远红外光谱，但可观察到它们的振动拉曼光谱。

（郑雨军）

同核异能素 isomer 处于较长寿命激发态的核素。见同核异能素跃迁衰变。

同核异能素跃迁衰变 isomeric transition decay 同核异能素（处于亚稳态的核素）发生的衰变。大多发生γ跃迁，少数发生β衰变，还有一些发生裂变、α衰变及质子发射，个别可通过上述的多种方式衰变。与基态相比，同核异能素具有非常不同的形状，因此波函数的重叠度较小，不能太快衰变。偶－偶核中角动量和宇称为0^+的形状同核异能态衰变到0^+的基态时，由于不能提供发射光子需要的角动量，只能通过发射内转换电子跃迁到基态。球形核中的同核异能素与较低能态之间能量差别较小而角动量的差别悬殊，因此发生低能量高极性的γ跃迁，即发射的光子带走的能量小而角动量大。能量越低极性越高的电磁跃迁，其发生的概率越小。

对于轴对称形变原子核中存在的K同核异能素（K为角动量在形状对称轴上的投影），阻碍衰变的不仅有角动量的大小还有角动量的方向。严格地讲，K同核异能素γ跃迁在极性λ大于或等于初末态K值的变化ΔK时才能发生，称为K选择定则。所以具有较高K值的态不易跃迁到较低K值的态，这样就形成了高K同核异能素。实际上，由于跃迁的初末态有K混合，通常发生禁戒度为$\nu=\Delta K-\lambda$的禁戒跃迁。K混合越大，跃迁就越容易发生。影响K混合的因素包括形状起伏与偏离轴对称、集体转动的科里奥利力、能级密度和偶然近简并。

在远离稳定线的原子核中，β衰变可具有优势，有的同核异能素β衰变到邻近的原子核。除了γ跃迁和β衰变外，重核及超重核中的同核异能素还可以发生裂变、α衰变。K同核异能素的裂变势垒一般比相应基态的高和宽，从而较难裂变。K同核异能素由于费米面附近的粒子拆对以及拆对导致的超流性减弱，可以具有比基态小的α衰变概率。极端丰质子的同核异能素可以直接发射质子，极端丰中子的同核异能素理论上可以发射中子，尚在通过实验努力寻找中。

（刘红亮 许甫荣）

同量异位素 isobar 核子数A（中子数与质子数之和，$A=N+Z$）相同，而中子数N、质子数Z不同的一系列核素。见核素。

同位素效应 isotope effect 在一些超导体中，对其中的一些元素进行同位素替代会改变其超导转变温度T_c的现象。规律近似为$T_c\propto 1/\sqrt{M}$，其中M为同位素原子质量。因为固体中晶格振动的特征频率，即声子德拜频率ω_D与原子质量有类似关系$\omega_D\propto 1/\sqrt{M}$，同位素效应强烈暗示这类超导体的超导微观机理与晶格振动密切相关。H. 弗洛里希最先从理论上探讨了电子－晶格振动之间的耦合对解释超导电性的重要性，但真正解释同位素效应的是巴丁－库珀－施里弗的超导微观理论（BCS理论）。电子之间除了受屏蔽的库仑排斥作用，还存在以声子为媒介的相互作用。当两个电子的能量（以费米能为参考零点）均低于声子德拜频率时，它们之间的总的有效相互作用可以是吸引相互作用。另一方面，L.N. 库珀证明电子之间只要存在吸引作用，无论它多么微弱，都足以导致电子配对形式的束缚态。考虑到电－声耦合导致的吸引作用，BCS理论预言新的基态就是超导基态。在忽略库仑排斥及简化吸引作用后，BCS理论得到超导转变温度为：

$$T_c\sim 1.14\omega_D e^{-\frac{1}{\lambda}}$$

式中λ为电－声耦合强度（与声子频率无关）。这一结果与同位素效应相符。在实际材料中，同位素效应并不严格遵循$T_c\propto 1/\sqrt{M}$。可定义同位素指数为$a=-\dfrac{\mathrm{d}\ln T_c}{\mathrm{d}\ln M}$。在常规金属及金属合金超导体中，同位素指数低于但接近0.5。也有明显低于这一数值的情况，如铅和锇。其原因是电－声耦合强度超过了弱耦合极限。这时需要同时考虑库仑排斥作用和电－声耦合导致的（推迟）吸引作用，用BCS理论的推广，即强耦合南部－厄立希伯格理论，来求解超导能隙和超导转变。在以铜氧化物高温超导体为代表的非常规超导体中，同位素效应弱且没有明确的规律，暗示电－声耦合在其超导机理中不是主要因素。

（王强华）

同位旋 isospin 与强相互作用抽象空间转动相关的量子数。在原子核理论中略去质子和中子的电荷和质量差异，将质子和中子视为处在抽象空间中的，类似于1/2自旋向上和向下的两个状态。同位旋是以这两个态为基础，质子和中子，以及由质子和中子构成的原子核在这抽象空间内转动的所谓SU(2)对称性。因为是在抽象空间内的转动，因此与这抽象空间转动联系的量子数，称为同位旋。

在人们认识到质子和中子等强子都是由夸克构成之后，才认识到同位旋的本质是由于u和d夸克的质量小（因此差别小），再把它们所带的电荷差别略去，所导致的对称性和对应的量子数。真实物理世界中，u和d夸克的质量和电荷都有差别，因此同位旋对称性是近似的；同位旋的破坏是u和d夸克的质量差和电磁作用引起的。

（张肇西）

同位旋相似态 isobaric analog state; IAS 核子数A（中子数与质子数之和，$A=N+Z$）相同（称为同质素），自旋、宇称I^π相同，同位旋T相同，只有T_3不同的能级。又称同位旋多重态。对于具有电荷无关性的强相互作用，质子和中子是完全相同的，可以把它们看成一种粒子——核子的两种状态。质子和中子的这种内部对称性质可以用同位旋（一种与普通空间中的自旋类似的内部对称量子数）来描述：核子的同位旋$T=1/2$，T沿第三轴的分量T_3可取$-1/2$和$1/2$，分别对应质子和中子，或者说，质子和中子是一个同位旋二重态。

原子核的同位旋T可以由质子和中子的同位旋矢量“合成”得到，$T_3=(N-Z)/2$，$|(N-Z)/2|\leqslant T\leqslant A/2$。核的基态具有最小的$T$。

例如，^{14}O、^{14}C的基态和^{14}N的第一激发态构成了同位旋三重态，它们的$T=1$，T_3分别为-1、0、1（图1）。^{21}Ne、^{21}Na的基态和若干个激发态一一对应地构

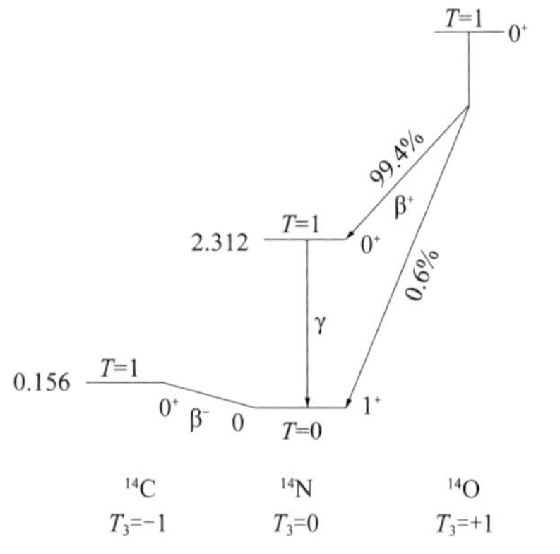

图1 ^{14}O、^{14}C的基态和^{14}N的第一激发态构成了同位旋三重态

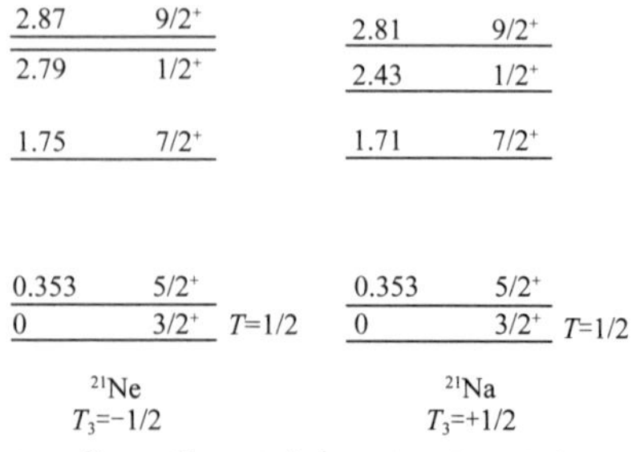

图2 ^{21}Ne、^{21}Na的基态和若干个激发态一一对应地构成了同位旋二重态

成了同位旋二重态（图2）。

与在普通空间的转动不变性保证能级与角动量的第三分量取值无关类似，**强相互作用**在同位旋空间的转动不变性将导致能级与同位旋的第三分量取值无关。因此核力的电荷无关性是强相互作用的同位旋转动不变性的结果。同位旋转动不变性保证同位旋守恒。由于T_3与电荷有关，**电磁相互作用**不具有同位旋空间的转动不变性，因此破坏同位旋守恒。同一同位旋多重态中的质量差异是由电磁作用引起的。

（刘　忠）

同中子素　isotone　中子数N相同、质子数Z不同的核素。见**核素**。

同轴等离子体枪　coaxial plasma gun　用同轴电极放电产生等离子体团并将其加速的设备。主要部分由内外两同轴电极组成，当有高电压加到两电极之间时，击穿以后形成电极间的放电。这一电流回路在两电极间产生的磁场与电弧间的**洛伦兹力**推动放电等离子体向另一端加速运动而脱离电极体系喷出。控制击穿时间的方法有两种：一是在两电极间放一金属丝，当电压加上以后，通过金属丝放电将其烧毁形成电弧；二是控制枪内气压充分低，使得加电压后不致击穿，然后充进气体脉冲致使击穿产生电弧。

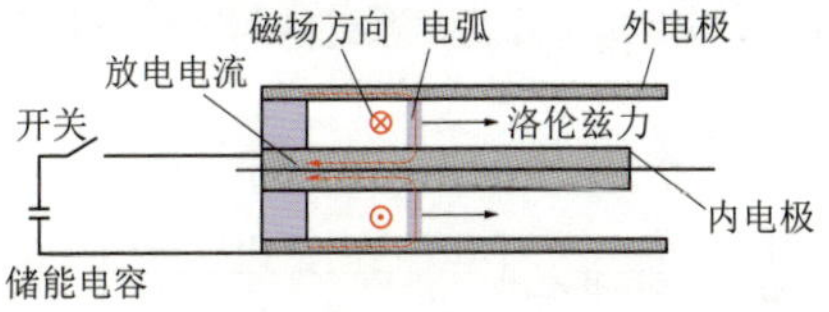

同轴等离子体枪

这种枪可以将**等离子体**直接注入等离子体约束装置如**仿星器**或**磁镜装置**中。也可用于等离子体焦点、**球马克**等类型装置。

（王　龙）

铜氧化物超导体　cuprate superconductor　铜氧化物形成的具有**高温超导电性**的超导体。1986年，瑞士IBM实验室的物理学家J.G.**贝德诺尔茨**和K.A.**缪勒**首次发现铜氧化物高温超导材料$La_{2-x}Ba_xCuO_4$，随后大量具有类似化学成分和晶格结构的铜氧化物高温超导材料被相继发现，掀起了探索高温超导电性的热潮。具有90开尔文以上的**超导电性**在$YBa_2Cu_3O_7$和$Bi_2Sr_2CaCu_2O_8$等材料中被相继发现。1994年，高压下的$HgBa_2Ca_2Cu_3O_{8+\delta}$保持该材料体系的最高超导转变温度，其$T_c$为164开。这意味着廉价的液氮可以被广泛应用来冷却材料以获得超导电性，使超导材料的广泛应用成为可能，更重要的是看到了实现室温超导的希望。为了表彰这一突破性的发现，1987年贝德诺尔茨和缪勒被授予诺贝尔物理学奖。铜氧化物超导体的发现是20世纪标志性的科学事件之一。

铜氧化物高温超导材料具有与钙钛矿非常相似的结构，由发生超导的基本导电单元CuO_2层和提供载流子的库电层相互堆垛而成（图1，a为几类典型的铜氧化物超导体的空间晶格结构，这些材料体系都包含有CuO_2面；b为CuO_2面中Cu格点的$3d_{x^2-y^2}$轨道与O上的$2p_x$和$2p_y$轨道之间的杂化），主要的物理性质几乎全部由CuO_2面决定。通常铜氧化物超导体的临界温度与材料的层间阳离子种类、CuO_2面层数及氧空位的含量有密切的关系。根据载流子类型可将其分为空穴型和电子型超导体两大类，其中空穴型超导体的种类比较丰富。

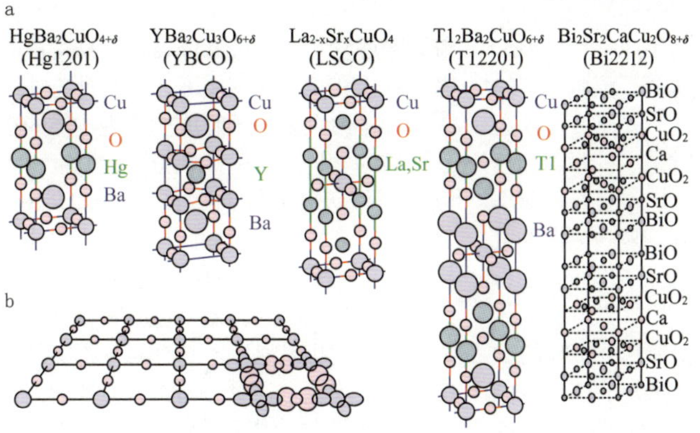

图1　几类典型铜氧化物超导体

铜氧化物超导体中存在复杂的电子-电子关联效应，并由此导致其具有非常丰富的随载流子浓度变化的电子相图，如图2所示，其中存在众多复杂的电子态。如何理解这样复杂的电子相图，以及相图中各种复杂电子态与超导态之间的关联，被认为是理解高温超导电性机理的一个关键。

铜氧化物超导体母体（零掺杂）属于**莫特绝缘体**，由于在位的库仑排斥作用能很强，其CuO_2面内的载流子高度局域化。

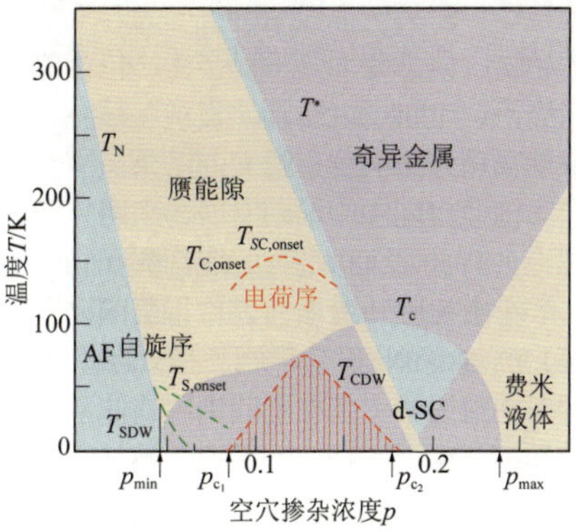

图2　空穴型铜氧化物超导材料的相图

在低温下（$T<T_N$）零掺杂或者轻微掺杂的材料中最近邻的铜格点上磁矩排列方向相反，处于奈耳-反铁磁有序态。通过对CuO_2面的电荷掺杂，反铁磁有序会被抑制，超导态出现，并在最佳掺杂p_{opt}（T_C最高的掺杂浓度）处达到最高超导转变温度，在较大掺杂区间超导消失，最终形成如图2中的拱形超导区域（d-SC）。众多实验结果都表明其**超导配对对称性**是d波，这与传统的s波超导体不同。

铜氧化物超导体除引人瞩目的超导电性外，还具有与普通金属中的费米液体行为截然不同的物性，包括奇异金属、赝能隙、多种有序相竞争等物理现象。铜氧化物超导材料的超导电性和众多的新奇物理现象的起源一直存在争议，仍然需要深入的探索。

（陈仙辉）

统计光学　statistical optics　以随机变量、随机过程、关联函数等数学工具，对光的产生、光与物质的相互作用、光的传播以及光的探测等物理过程进行概率统计分析的学科。二十世纪六七十年代发展起来的光学学科。研究内容可以分为狭义和广义两种。狭义的统计光学主要研究各种光场（如热光、激光等）的统计性质及其对光学现象（如成像、干涉、衍射等）的影响。广义的统计光学包括所有使用概率统计方法来分析处理的光学问题。

统计光学的物理基础在于几乎所有涉及光场的物理现象（光场的产生、光与物质相互作用等）本身是一些概率过程，从原理上无法进行精确的确定性描述。例如，自然界中，光场的产生一般来源于大量原子或分子的随机辐射的叠加，因此总光场强度实际上存在着涨落。之所以一般察觉不到，是因为自然界的光场涨落速度太快，一般的探测器（包括人的眼睛）无法跟上它的涨落速度。

一般来说，如果相对于对某种光学现象有两种物理模型，一种是确定性的物理模型，另一种是基于统计光学的物理模型，后者往往更加普适而且总是将前者（确定性的物理模型）包含于其中作为它的一个特例。

（李福利）

统计平衡　statistical equilibrium　当组成系统的子系按微观运动状态的分布等于给

定宏观条件下的最概然分布时系统所处的状态。

最概然分布　一般地说，达到平衡态的气体中分子出现按速率的某一种分布是一种偶然事件，因为只要系统总粒子数和总的平均能量恒定的条件得到满足，一切分布都是可能出现的，包括像所有N粒子都处于某一个速度范围内的这样一种非常极端的分布，差别只在于发生各种分布的概率的不同，发生概率最大的分布称为最概然分布。麦克斯韦速度（或速率）分布就是气体分子质量为m、温度为T的平衡态气体中实现的分子按速度（或速率）的最概然分布。这就是说，假若能够精确测定任一时刻所有N个分子的速率的数值，则在一定的时间间隔内测得的气体分子满足麦克斯韦速度分布律的次数，将远大于按其他速度分布的次数。当气体分子数N非常大时（如等于10^{23}/摩的数量级），任一种可能的气体分子按速度的分布的概率相对于最概然分布的概率变得非常小，以致这些分布对实验上可观测的平均分布的贡献变得可忽略时，其平均分布就非常接近最概然分布。当气体分子数为无穷大时，实验上观测到的平均分布就是最概然分布。在实际问题中，气体的分子数不可能等于无穷，故实验观测到的分布将或多或少地偏离最概然分布。这些偏离导致了宏观量的涨落，所以有时也就直接把这些偏离叫作涨落。宏观量是相应微观量的统计平均值。达到平衡态时，系统的宏观状态参量是对最概然分布做统计平均的结果。因此，对在最概率分布附近涨落的分布求统计平均的结果必然会在宏观量附近起伏，这就是涨落的起因。

热动平衡和细致平衡原理　与统计平衡状态相应的宏观态就是**平衡态**。它是一种实现了力学平衡、热平衡和化学平衡的热动平衡，故达到平衡态的热力学系统的状态参量就有了确定的数值和意义。从微观看，热力学系统的热动平衡是通过组成系统的微观粒子之间频繁的碰撞或相互作用加以建立和维持的。达到平衡态时粒子之间的数密度、动量和能量的交换，是如此之充分和完全，以致系统达到一种在给定的宏观条件下最为无序、最为混乱和无规则的运动状态。气体中分子间的碰撞遵循细致平衡原理：若有速度分别界于$v \sim v+\mathrm{d}v$和$v_1 \sim v_1+\mathrm{d}v_1$内的两个分子，经正元碰撞过程$(v,v_1)\to(v',v'_1)$，速度分别变为$v' \sim v'+\mathrm{d}v'$和$v'_1 \sim v'_1+\mathrm{d}v'_1$，则从整体讲，气体中必有逆元过程$(v',v'_1)\to(v,v_1)$，抵消正元过程的影响。故细致平衡原理要求，在宏观可观测的时间间隔内，在气体的任意局域的任意方向上有相同多的分子在运动；每个方向上，离开和进入该局域的同一速率的气体分子数目相等，从而使得在系统中不可能存在任何宏观的定向的有规则的流。所以，系统在宏观上建立的平衡态是一种统计平衡状态，它是由微观上实现的细致平衡加以保证和维持的。

（仲　佰）

统计物理学　statistical physics　从物质的微观结构和相互作用出发，用统计方法说明或预言由大量粒子组成的宏观物体的物理性质的学科。粒子“大量”的程度，可以达到阿伏伽德罗常数$N_A=6.022\times10^{23}$/摩的量级。粒子数目如此之多，不可能直接求解描述它们的方程组，必须采用概率统计的方法去研究。宏观过程和微观运动的时间尺度相差悬殊。一个看来不随时间变化的宏观状态，对应着瞬息万变的大量微观运动状态。对宏观状态进行一次物理测量的过程中，微观运动已经历了大量不同的状态。测量本身实际上也是一种统计平均。

统计平均的结果，导致温度、压力等宏观参数的出现。对于**平衡态**，早在19世纪中叶就从实验中概括出了宏观参数遵从的基本规律，构成了**热力学**的体系。对于**非平衡态**，也先后建立了**流体力学**和不可逆过程热力学这样的宏观描述。统计物理学是从微观到宏观的桥梁，它为各种宏观理论提供根据，它与**量子力学**、电动力学一起成为现代气体、液体、固体和等离子体理论的基础，并在化学过程和生命现象的研究中发挥着作用。

统计物理学既是物理学又是方法论。它所涉及的数量和尺度都是相对而言的。如人类观测所及的宇宙尺度大致是140亿光年，而星系尺度为3万光年，星系带来的物质不均匀发生在百万分之二的相对尺度上，因此浩瀚宇宙可看作相当均匀的稀薄气体，每个星系可看作是没有内部结构的粒子。在另一个极端，尺度为若干纳米的生物大分子或大分子复合体，包含着大量原子，有时可以当作“宏观”系统，用统计物理方法得到有意义的结果。

统计物理学的早期发展，来自分子动理论，其重要成果是熵的统计解释。

平衡态统计物理　1902年美国物理学家J.W.**吉布斯**在其《统计力学的基本原理》中建立了平衡态统计物理的体系。后来知道，这个体系并不局限于遵从经典力学的系统，它甚至更为自然地适用于服从量子力学规律的微观粒子系统。

根据经典力学，具有N个自由度的力学系统的状态，可用N个广义坐标和N个广义动量描述，它们构成一个$2N$维的空间，称为相宇或**相空间**。相宇中的每一点代表系统的一种可能的运动状态。可以想象，大量性质相同的力学系统，它们只由于初始条件差异而处于各种不同的运动状态。于是相宇每一点代表一个力学系统。这些系统的集合称为**系综**或统计系综。力学系统随时间演化，其代表点在相宇中连续地改变位置，描绘出一条轨道。统计平均对于微观运动的尺度而言，是一种长时间的平均，也就是对应于同一个宏观状态的一切可能的微观状态求平均，或者说对系综求平均。引入相宇中代表点的分布密度ρ，它是广义坐标、广义动量和时间的函数。系统的任意力学量A也是广义坐标和广义动量的函数。它的长时间平均值可沿着代表点的轨道计算，也可对系综求和计算：

$$\overline{A}=\int A\rho\mathrm{d}\Gamma$$

式中$\mathrm{d}\Gamma$是所有广义坐标和广义动量微分元的缩写，而分布密度ρ是求和的权重。轨道平均和系综平均的一致性，基于各态历经假设。当$A=1$时，其平均值也是1，这是分布密度ρ的归一条件。

对于满足哈密顿正则运动方程的力学系统，相宇中代表点随时间演化的运动轨道永不相交。因此，系综的时间演化可看成相宇中代表组成的不可压缩流体的运动，其密度函数ρ满足刘维尔方程：

$$\frac{\mathrm{d}\rho}{\mathrm{d}t}\equiv\frac{\partial\rho}{\partial t}+\sum_{i=1}^{N}\left(\frac{\partial H}{\partial p_i}\frac{\partial\rho}{\partial q_i}-\frac{\partial H}{\partial q_i}\frac{\partial\rho}{\partial p_i}\right)=0$$

式中H是力学系统的哈密顿函数。

为了得到超乎力学规律的统计描述，必须对分布密度ρ的具体形状做出基本统计假定。统计假设不能从力学考虑推导出来，只能作为理论中的基本假定引入统计物理学的体系，其正确性也只能最终由实验来检验。它实质上只包含大致如下的假定：如果对于系统的各种可能状态没有更多的知识，就假定一切状态的概率相等。统计物理学之所以有丰富的被实验证实的推论，在于前面已经强调指出的“大量”粒子数和相应的微观状态数目，保证统计规律很好地成立。平衡态统计物理中常用到三种系综和三种分布。对于能量E和粒子数N都固定的孤立系统，采用微正则系综，平均的结果是E和N的函数；对于可和大热源交换能量但粒子数固定的系统，采用正则系综，平均的结果是温度T和粒子数N的函数，允许能量E有涨落；对于可和大热源交换能量和粒子的系统，采用巨正则系综，平均的结果是温度T和化学势μ的函数，允许能量E和粒子数N都有涨落。

微正则系综在理论上很重要，但实践中却不便于应用。现实的物理系统不是完全孤立的。在考察粒子数N给定的现实物理系统时，理论允许它们之间交换能量而最终达到平衡态。这样的系综称为正则系综。对于正则系综相宇中分布密度函数ρ比例于玻尔兹曼因子$e^{-E_i/kT}$，其中k为玻尔兹曼常数，E_i是第i个微观状态的能量。E_i是广义坐标和广义动量的函数，原则上可以通过求解力学运动方程得到。为了保证分布密度函数ρ的归一，玻尔兹曼因子要除以所有可能因子的总和：

$$Z=\int e^{-E_i/kT}\mathrm{d}\Gamma=\sum_i e^{-E_i/kT}$$

上式第二种写法是对一切可能的状态求和，当状态连续变化时是对一切可能的状态积分。这样状态i的正则分布密度是：

$$\rho=\frac{1}{Z}e^{-E_i/kT}$$

Z是平衡态统计物理中的一个重要的量，称为统计配分函数或简称配分函数。配分函数的重要意义在于，通过它可和经典热力学建立联系：热力学自由能或亥姆霍兹自由能F的表达式是：

$$F=-kT\ln(Z/N!)$$

式中的$N!$是当年J.W.吉布斯为得到正确的经典热力学结果而硬加进去的，其意义只有用量子统计才能阐明。从自由能F计算其他宏观量，只进行微分和运用普通的热力学关系。

考察宏观热力学和微观力学关系的另一种视角是，引入一个宏观量F，它以类似玻尔兹曼因子的方式反映相应宏观状态的概率，即要求：

$$e^{-F/kT}=\sum_i e^{-E_i/kT}=Z$$

两面取对数把F从上面的式子里解出来，就得到未包含$N!$的式子。

如果物理系统不仅与热源交换能量，而且还交换粒子来达到平衡，那就要用巨正则系综描述。巨正则分布中增加了与粒子数N有关的项，写为：

$$\rho=\frac{1}{\Xi N!}e^{(\mu N-E)/kT}$$

与热力学对比后，知道μ是化学势。上式分母中的巨配分函数Ξ来自巨正则分布的归一条件。与热力学的关系，通过对巨热力势：

$$\Omega=-kT\ln\Xi$$

对温度和化学势的微分得到。此外，由热力学关系$\Omega=-pV$知道：

$$\frac{pV}{kT}=\ln\Xi$$

量子统计物理是在基本统计假设下对宏观系统进行的一种不完备的量子力学描述。在完备的量子力学描述中，一个独立系统的状态由波函数$\boldsymbol{\Psi}$完全决定。$\boldsymbol{\Psi}$可以按照任何完备函数系$\{\boldsymbol{\Phi}_n\}$展开：

$$\boldsymbol{\Psi}=\sum_n C_n\boldsymbol{\Phi}_n$$

$|C_n|^2$是一次测量中观测到量子态n的概率。力学量A由算符$\hat{A}$描述，其量子力学平均值是：

$$\overline{A}=(\overline{\boldsymbol{\Psi}},\hat{A}\boldsymbol{\Psi})=\sum_{n,m}C_n^*C_mA_{nm}$$

式中A_{nm}是算符在$\{\boldsymbol{\Phi}_n\}$表示中的矩阵元：

$$A_{nm}=(\boldsymbol{\Phi}_n,\hat{A}\boldsymbol{\Phi}_m)$$

宏观系统不可能绝对孤立，也不具有确定的波函数$\boldsymbol{\Psi}$。即使把外界环境和所考虑的物理系统放在一起组成孤立系统，C_n中也要出现与外界有关的未知因素。这时虽然没有关于C_n的确切信息，仍然可把$C_n^*C_m$形式上换成某个矩阵$\hat{\rho}$的元素ρ_{nm}，然后对密度矩阵$\hat{\rho}$做统计假定来计算平均值：

$$\overline{A}=\sum_{n,m}\rho_{nm}A_{nm}=\mathrm{tr}(\hat{\rho}\hat{A})$$

式中tr是求矩阵迹符号，表示求括弧中矩阵的对角元素之和。上式的第二种写法与具体的表示$\{\boldsymbol{\Phi}_n\}$无关。量子统计物理学中的基本统计假定就是关于密度矩阵$\hat{\rho}$的论断。这里同样有三种常见的统计系综和三种密度矩阵，它们实质上与经典统计物理的情形相似。

从量子力学知道，同类微观粒子是互相不可区分的。但N个全同粒子组成的大系统的波函数，对于粒子的置换可能具有两种不同的对称性质。自旋为整数的粒子组成的玻色子系统，其总波函数对于任意两个粒子的置换是对称的。自旋为半整数的粒子组成的费米子系统，其总波函数对于任意两个粒子的置换是反对称的。处于量子态p的平均粒子的自旋可为0或任意正整数；而费米粒子的自旋只能是0或1。处于量子态p的平均粒子数是：

$$\overline{n_p}\equiv f_p=\frac{1}{\exp[(\varepsilon_p-\mu)/kT]\pm1}$$

式中ε_p是粒子能量。对于费米粒子上式分母中取正号，称为费米-狄拉克统计；对于玻色粒子取负号，称为玻色-爱因斯坦统计。把处于一切量子态的粒子数累加起来，得到系统的总粒子数$\sum_p\overline{n_p}=N$。这个式子决定化学势$\mu=\mu(T,N)$。

概括起来说，具有半整数自旋的微观粒子遵从费米-狄拉克统计；具有整数自旋的微观粒子遵从玻色-爱因斯坦统计。这是自旋和统计的关系。对于十分稀薄的理想气体，处于任何一个量子态的平均粒子数都很小，量子状态的占有法则自然不起作用，两种量子统计的差别消失。这相当于在上式分母中忽略一项的贡献：

$$f_p=\exp[(\mu-\varepsilon_p)/kT]$$

这就是经典统计中的玻尔兹曼分布律。麦克斯韦速度分布律是它的一个特例。在严格的二维空间中的微观粒子，其统计性质可以连续地处于玻色和费米之间，这相当于在$\overline{n_p}\equiv f_p$式分母中把±1换成$\exp(\alpha i)$，其相位α可从0（玻色）变到1/2（费米）。这种“分数”统计在二维电子系统的量子霍尔效应理论中有应用。

经典统计物理与量子统计物理的差别在于对微观运动状态的描述，而不在于统计方法。以正则系综为例，解决平衡态的统计物理问题可概括为三个步骤：①求解一个经典或量子力学问题，得到多粒子系统的能谱或本征值谱。②计算配分函数Z。③对Z中的参数求微分，计算热力学量。第一步是一个与统计无关的力学问题，只有少数理想情况可以严格计算。第二步迄今只对于没有相互作用的理想体系和少数有相互作用的物理模型得到了准确结果。为了计算配分函数，发展了各种近似方法，如基团展开、高温展开、低温展开和按照相互作用强度展开的微扰论等。特别是借助电子计算机，可针对更为现实的物理模型，用分子动理论方法或蒙特卡罗法计算配分函数和各种统计平均值。这就使平衡态的统计物理学获得日益广泛的应用。

能否描述宏观物理系统中的突变（相变）现象，曾经是对平衡态统计物理的一个挑战。一批统计物理模型的严格解和计算机模拟的成功，从正面回答了这一挑战。特别是发现了物理系统在接近相变点时，热力学函数具有愈益精确的尺度变换下的不变性。基于这种不变性的重正化群方法，给出不需求得配分函数就可严格计算系统临界特性的理论框架。1982年的诺贝尔物理学奖颁发给相变和临界现象的重正化群理论的提出者K.G.威耳孙。

重正化群方法最初起源于量子场论。统计物理和量子场论都以无穷维的物理系统为对象，两者有许多相通之处。量子场论在一定意义上是统计物理学的特殊篇章，而借助量子场论方法可构建处理平衡系统和非平衡系统的统一框架。

非平衡态统计物理　自然界中平衡态是相对的、特殊的、局部和暂时的，不平衡才是绝对的、普遍的、全局和经常的。非平衡现象千姿百态、丰富多彩，短时期内不可能期望建立与平衡态理论相媲美的非平衡态统计物理。虽然对于自然界中若干类非平衡现象已经建立了普遍的宏观描述和相应的统计理论，但非平衡态统计物理作为一个整体，仍是一门不断发展、远未成熟的学科。以下从两个方面介绍非平衡态统计物理的内容和方法。一方面，针对已经能够成功地处理的物理问题，概括对非平衡现象的宏观或半宏观描述，列举主要的定理和结论；另一方面，结合非平衡态统计物理的主要方法，概述这一理论所具有的数学结构，指出理论中存在的一些基本问题。

在稳定的平衡态附近，主要的趋势是趋向平衡。如果对处于平衡态的物理系统施以短暂的小扰动，则取消扰动后系统经一定时间就要回到平衡，所需的这一段时间称为**弛豫时间**，这类过程称为弛豫过程。宏观描述中往往引入一个弛豫时间就够了。计算弛豫时间的数值及与温度依赖关系是统计理论的课题。

如果强行维持使物理系统处于不平衡状态的外界条件，如温度差、浓度差、电位差（可把它们看作是广义力，记作X_i），但又不使其离开平衡太远，则系统内会产生持续不断的“流”J_i。离开平衡不远时，流正比于力。这个正比关系概括了19世纪以来建立的一大批经验规律，如电流正比于电位差（欧姆电导定律，1826），热流正比于温度差（傅里叶热传导定律，1822），粒子流正比于浓度差（菲克扩散定律，1855）。这些流描述了电荷、能量、质量等的转移和输运。输运过程中消耗的功率比例于力的二次方。这些过程称为线性输运过程或耗散过程。事实上输运过程可以错综复杂地进行。一种力能引起多种流，一种流可来自多种力。如温度差不仅直接引起热流，还可引起扩散流。这就是C.索雷特在1879年发现的热扩散效应，后来发展成为分离同位素的方法之一。浓度差不仅直接引起扩散流，还能导致热流。这就是L.迪富尔在1872年发现的热扩散。因此，一般情况下应把流和力的关系写成：

$$J_i=\sum_j L_{ij}X_j$$

L_{ij}称为（线性）输运系数。电导率、热导率、互扩散率、黏滞系数、热扩散系数等都是输运系数。由上式描述的过程，又称为线性不可逆过程或线性响应。

宏观的平衡态对应瞬息万变的微观运动方式，是微观运动的平均表现。因此，各个宏观量并不是一成不变地等于统计平均值，而是在平均值上下起伏摆动。如果对系统中“微观大、宏观小”的部分进行测量，则围绕平均值的涨落尤为清楚。涨落的存在，还决定物理仪器的测量精度的极限。

平衡态附近的情形 弛豫、输运（耗散）和涨落是平衡态附近的主要非平衡过程。它们都是由趋向平衡这一总的倾向决定的，与平衡态有深刻的内在联系。如系统局部受到短暂的外界小扰动而离开平衡，或者由于自发的内部涨落而偏离平衡，其后回到平衡的弛豫过程应是相同的，应由系统的内部性质决定，而与最初偏离平衡的原因无关。因此，涨落和输运系数都可完全用平衡态的物理量表示出来。偏离平衡不远的线性不可逆过程的热力学和统计物理，已经是发展成熟的理论，主要由以下三个原理描述。

①输运系数对称原理（又称**昂萨格倒易关系**）。恰当选择流和力的定义后，输运系数矩阵是对称的：

$$L_{ij}=L_{ji}$$

1854年W.汤姆孙（**开尔文**）研究热电效应时，推导出第一个对称关系。这个原理的一般形式是1931年L.昂萨格从微观运动方程出发，通过时间反演下的不变性证明的。

②**涨落耗散定理**。输运系数L_{ij}由相应的流J_i和J_j的涨落决定。1905年**A.爱因斯坦**得到布朗运动粒子在时间t内的均方位移与扩散系数D成正比：$\overline{(\Delta x)^2}=2Dt$。1928年H.尼奎斯特证明线性电路中热噪声电动势的均方值与电阻R成正比：$\overline{(\Delta \varepsilon)^2}=4\pi RkT$。这都是涨落耗散定理的早期特例。这个定理的普遍形式是H.B.卡伦和T.A.韦尔顿于1951年证明的。

③**最小熵产生原理**。不可逆过程使系统的熵增加。熵产生的速率由广义力的二次型决定：

$$P\equiv\frac{\mathrm{d}S}{\mathrm{d}t}=\sum_i J_iX_i=\sum_{ij} L_{ij}X_iX_j$$

式中$\mathrm{d}S$仅指系统内产生的熵，不包括通过边界与外部交换的熵。平衡态是一种不随时间变化的定常态。平衡态附近也可能存在另外一些不随时间变化的非平衡的定常态。I.普里戈金在1945年证明的最小熵产生原理指出，熵产生取最小值的态也是定常态。这一原理的适用范围比前面两个原理要窄。除了偏离平衡不远这一共同前提外，它还要求下面将要介绍的局域平衡假定成立。最小熵产生原理的物理图像是清楚的：如果外力的存在使系统不能趋近平衡（即$P=0$）的态，它就进入P最小的态。

有一大类非平衡现象的宏观描述是在局域平衡假定下建立的。这里又可区分两种情形。第一种是物理系统的整体虽然处于非平衡态，但系统中每个微观大、宏观小的部分却近似地处于局部的热平衡态。因此，可定义依赖于空间坐标，甚至随时间缓慢变化的温度、化学势等热力学量，并在每一个局部引用平衡态的热力学关系。这类理论的最成功的例子就是流体力学。它对于时空坐标的五个函数（流体速度的三个分量、密度和压力）建立了封闭的非线性方程组。第二种局域平衡系统通常是空间均匀的，但系统可分成若干个子系统，每个子系统内部由于相互作用较强而迅速达到平衡，但子系统之间耦合较弱，需要较长时间才能达到平衡。这种情形下，可为每个子系统定义自己的温度。如晶体中磁性原子的自旋自由度和点阵的振动自由度往往可分开处理。

远离平衡的情形 20世纪60年代以来，对于远离平衡的物理现象进行了广泛的研究，但尚未形成完整的理论体系。这里最重要的一类现象是远离平衡的突变、有序和结构的出现。它们与平衡态的相变有许多相似之处。①通常某个参数达到一定阈值，新状态才突然出现，这是一种临界现象。②新状态具有更丰富的时间和空间结构，如周期行为和花纹图样。③只有不断从外界提供能量这些结构才能存在下去。④新结构一旦出现，就具有与平衡态类似的稳定性，不易因外界条件的微小改变而消失。普里戈金等在1969年建议以耗散结构一词概括这类现象。宏观量之间的非线性相互作用，在远离平衡时有重要作用。耗散结构的理论主要基于非线性方程的分岔点分析，基本上处于宏观描述阶段。

主要研究方法 统计物理学所面临的数学问题，介于动力系统（多自由度乃至无穷自由度的力学）理论和概率论与随机过程理论之间。非平衡统计物理学的主要方法也是左右逢源，可划分为两大类。

第一类是从微观力学出发的统计理论，可概括为“刘维尔方程加统计假定”。刘维方程可以改写成算符形式：

$$\mathrm{i}\frac{\partial\rho}{\partial t}=\hat{L}\rho$$

式中刘维尔算符$\hat{L}$在经典情形下就是泊松括号，而在量子情形下则是哈密顿算符和密度矩阵的对易子。量子力学中有时称为冯·诺伊曼方程。彻底的非平衡统计物理学，应当从刘维尔方程出发，加上明确的统计假定，导出各种宏观和半宏观描述，并在后者不适用的情形下，提供直接的统计处理途径。然而，对于非平衡统计假定的认识，如今还远不如平衡态。把N个粒子的分布函数ρ对$N-1$、$N-2$等粒子的变量积分，可定义单粒子、双粒子、三粒子等无穷多个约化的分布函数。由刘维尔方程出发，可为这些约化分布函数推导出无穷个耦合的方程，其中K粒子约化分布函数的方程中出现$K+1$粒子的约化分布函数等。任何较为实际的讨论，都需要把这个连环套方程截断。这类“截断近似”隐含着某种统计假定，其意义往往不很清楚。比较成功的例子，是N.N.博戈留波夫于1946年在两条明确假定下推得了经典的玻尔兹曼输运方程式。对于量子系统，早在1928年W.泡利就为密度矩阵的对角元素推出了主方程。它可描述趋近平衡的不可逆过程，但推导中每一步都要使用前面已经提到过的无规相位近似。后来L.C.P.范霍夫（1957）和普里戈金（1961）只在初始时刻使用一次无规相位近似，推得了形式有所不同的主方程，并讨论了趋向平衡的条件，说明不可逆性与热力学极限中的无穷体积有关。

非平衡统计物理学的第二类方法直接从随机方程出发，因而不需要统计假定，却带上更多的半唯象描述的成分。20世纪初，P.朗之万在布朗粒子的牛顿运动方程中加上了随机力$\xi(t)$：

$$m\frac{\mathrm{d}v}{\mathrm{d}t}=-\alpha v+\xi(t)$$

用来反映没有归纳到摩擦力αv中的其他运动自由度的影响。这是首次在物理学中使用随机微分方程，因此这一类方程以后通称为朗之万方程。现代非平衡统计物理中的朗之万方程可以表述如下。选择宏观变量的集合$\{Q_i=1,2,\cdots,n\}$来描述某一类非平衡现象，它们遵从广义的朗之万方程：

$$\frac{\partial Q_i}{\partial t}=-\sum_{j=1}^{n}\Gamma_{ij}\frac{\partial F}{\partial Q_j}+K_i(Q)+\xi_i(t)$$

式中势函数F在平衡态附近就是自由能，而在某些远离平衡的定常态附近也可从微观运动方程的时间反演对称出发，证明存在类似的势函数。矩阵Γ的对称部分描述耗散和扩散运动，保证系统能够趋向平衡。$K_i(Q)$反映不能通过势函数表示出来的宏观变量之间的耦合。这一项通常称为模模耦合，每个Q_i就是一个运动模。模模耦合项对应量子场论中沃德-高桥（Ward-Takahashi）恒等式的效应。对于随机力$\xi_i(t)$，通常假定它遵从高斯分布。

以上处理非平衡统计问题的两类方法，并不是相互对立或无关的。事实上，线性不可逆过程的统计理论可以同样好地应用这两套方法来建立。用由微观力学的确定论的方法论证和推导概率论的理论形式，已经有过一些富有意义的尝试。

（郝柏林）

统一场论　unified field theories　物理学基础理论研究的一个重要方向。其基本思想是世间万物、各种现象皆可由场论（特别是**量子场论**）来统一描述。这里统一的意思，是指有共同的根源（起源）、有不可分割的内在联系。统一场论最早由A.**爱因斯坦**在20世纪40～50年代鼓吹。他当时的目的是要把电磁场和引力场统一起来，没有成功。需要注意的是，仅仅是几个场并列描述，即使有相互作用但不涉及共同起源，也没有不可分割的内在联系，就不算是统一场论。**粒子物理标准模型**中，**电磁相互作用**和**弱相互作用**有内在的联系，可算是一定程度的统一，但它们和**强相互作用**没有统一起来。

历史上各个阶段的物理学基础理论，大多都有统一的意味在里面。如牛顿力学和引力理论，把天上天体的运行规律和地上物体的机械运动规律统一了起来。J.C.**麦克斯韦**的电磁场理论，把原先分列的电学、磁学和光学现象的规律统一起来用麦克斯韦方程描述。但统一场论和一般的统一理论还有差别，即强调其目标是用场的观念、场的思想来构建统一理论。所以弦论是一种统一理论，但不算是统一场论。

在量子理论出现前，场是指在时空中连续分布的一种物质运动形态；和其相对的物质运动形态是粒子，即物质集中分布在极小的空间区域中，可近似处理为一些离散的空间点上。如在麦克斯韦的电磁理论中，电荷是由粒子载带的，它产生的电场和磁场则在周围的空间中连续分布。**量子力学**出现后，有一个重要的原理，叫作波粒二象性，即粒子在空间各点被测量到的概率是由在空间中连续分布的波场（或称波函数）来描述和决定的。把量子力学推广到场之后，就得出量子场论；波粒二象性推广为场粒二象性。任何一种基本粒子，都有一种量子场与之相应；该量子场的能量量子就是该基本粒子。如量子的电磁场就是光子场，其能量量子就是光子。而通常看作是点粒子的电子，相应的有量子化的电子场，电子是其能量的量子。按照量子场论，世上的基本粒子皆可由量子场来统一描述。这只是为统一场论创造了必要条件。为达成统一场论的目标，还需要统一描述基本粒子之间所有的相互作用力，发掘它们之间的内在联系。

现代物理学基础理论认为，已知的基本粒子之间只有四种（相互作用）力，以其作用力的强度来排列分别是引力、弱力、电磁力和强力。现代场论的基本思想是，对应于这四种基本的力都有相应的弥散在空间中的中介场，作用力通过中介场的扰动（或涟漪）来传递。统一场论的宏伟目标，就是要用场论的观点和思路，来统一这四种基本作用力。

引力是人类从牛顿时代就已熟悉的，I.**牛顿**认为万有引力是超距作用的力。但20世纪初爱因斯坦的**广义相对论**颠覆了牛顿的观点，爱因斯坦认为引力是由引力场作为中介来传播的。2016年2月11日美国LIGO和意大利Virgo引力波天文台联合宣布探测到了双黑洞碰撞融合过程发出的**引力波**，证实了爱因斯坦100年前关于引力波的预言，也就证实了引力场的物理实在性。

自然界其他三种基本力，与放射性物质的三种射线密切相关。弱相互作用力是导致不稳定的原子核进行**β衰变**的力。电磁作用力是麦克斯韦电磁场理论已经描述过的力，日常生活中的电灯、手机、微波炉、化学新材料等，都离不开它；在原子核的尺度上，它是导致不稳定原子核的γ衰变的力。强相互作用力则是导致原子核进行衰变的力，也是把原子核中的质子和中子黏合在一起的力，在质子或中子中把夸克黏合在一起的力。除了早已知道电磁场（或光子）是传递电磁力的中介，传递弱作用和强作用力的中介是到20世纪60年代末70年代初才从理论上予以确认。这个理论后来叫作粒子物理标准模型。而实验上要到80年代中后期，才在高能粒子加速器的实验数据中找到确凿的证据，证明弱力的中介确是理论预言的W和Z粒子场，强力的中介确是理论预言的胶子场。

20世纪60年代末70年代初建立的粒子物理标准模型，是当代物理学的基础理论。它可以解释至2016年秋所做的一切有关粒子物理的实验结果。它囊括了所有已知的基本粒子，迄今为止实验上尚未发现标准模型之外的任何粒子。它也解释了粒子间除引力外涉及其他三种基本作用的一切现象和实验结果。标准模型的基础，除**狭义相对论**和量子论外，还有具普适性的两大物理原理：一个是杨-米尔斯规范场原理，即世上所有的基本相互作用都应通过一类特殊的场，即和基本粒子分类的对称性密切相关的规范场，作为中介来传递。在标准模型中，电磁、弱和强三大基本作用都满足规范场原理，都是通过规范场粒子作为中介来传递的。另一个就是所有的质量非零的基本粒子都是通过**对称性自发破缺**的机制获得质量的。

此外，标准模型建立了电磁相互作用和弱相互作用之间的联系，某种意义上统一了电磁作用和弱作用这两种基本相互作用。这是朝向统一场论重要的一步。但标准模型没有建立强作用和电磁-弱作用的联系，强作用只是与电磁-弱作用独立地并列在一起。而且标准模型没有纳入引力相互作用。所以粒子物理标准模型只是达成了部分的统一，即弱和电磁作用的统一，并没有实现统一场论把所有相互作用都统一起来的宏伟目标。

把弱力和电磁力与强力统一在一起的理论尝试，叫作**大统一理论**。其基本思想是在比量子引力的普朗克长度（约为10^{-32}厘米的极小尺度）小两个量级的尺度上，电磁力、弱力和强力的相互作用强度大小变成同样的大小，成为统一的一种力。但这个理论关于质子寿命的预言，比实验测量到的质子寿命要短得多。所以迄今大统一理论并未成功。要求大统一理论满足**超对称**（玻色-费米对称性）有可能改变质子寿命，以与实验符合。但有其他许多问题与实验不甚吻合。迄今尚无一个公认的大家都接受的大统一的理论方案。

试图纳入量子引力的一种统一理论方案是**超弦理论**。但无论是大统一场论或是弦论，都没有取得基本的成功，特别是未能解释和预言20世纪90年代末精密宇宙学实验发现的、占宇宙总能量的95%的**暗物质**和**暗能量**的存在和性质。所以统一场论在真正了解暗能量和暗物质的本性和性质之前，都将继续是当代物理的一大挑战。（吴咏时）

头波　head wave　一般情况下是指声波在某种波导结构的传播过程中，被接收器接收的第一个信号。在快慢两层介质构成的结构中，声波从慢速介质中以临界角入射到快速介质中，沿快速介质表面传播并以临界角折射回慢速介质中，这种波最先到达，被称为头波。在**单极子源**产生的快速地层井孔声场中，当直达波的入射角等于纵波临界角时，折射波沿孔壁传播（见图）。由于纵波速度高，纵波波前在最前面（图中Q点）。它一面传播，一面产生速度比它低的波。在孔内是声波头波，它的波前是图中的直线QR，实际是一个圆锥面，称为头波。在孔外是QS代表的横波头波。同样，临界折射的横波也可以在孔内产生头波，波前是图中的TE。（林伟军）

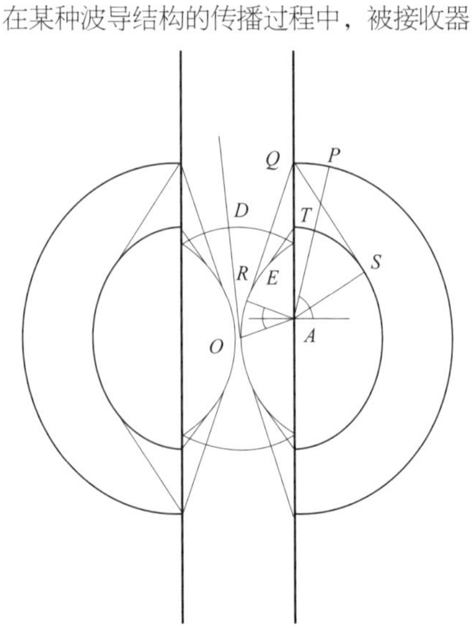

快速地层井孔中头波示意图

投影机　projector　一种可将图像或视频信息投射到幕布上的设备。可以通过不同的方式连接计算机、VCD、DVD、BD、游戏机、DV等，将相应的视频信号投射出去。投影机主要有数字光处理器（DLP）投影机、液晶显示器（LCD）投影机、硅基液晶显示（LCOS）投影机、微投影机（PICO）四类，已广泛应用于会场、办公室、学校、家庭和娱乐场所。

DLP投影机　DLP以数字微反射器（DMD）作为光阀成像器件。主要分为单片式和三片式DLP投影机。

单片式DLP投影机　投影灯泡（UHP光源）发出的光被弧形灯反射后输出到聚光透镜。聚光后由反射镜反射到红外线和紫外线滤波器，滤掉红外线光和紫外线光后进入光导管被均匀化，均匀化后的白光束照射到被称作色轮的分光器件上，经过色轮的作用把白光分解为红、绿、蓝三种基色光。红、绿、蓝三基色光经过反射镜反射到中继透镜，中继透镜是一个透镜组，它对光进行聚焦后入射到全反射棱镜。全反射棱镜的作用是调整光线射到DMD器件上的入射角，使得DMD上的微镜片转动时，将光线准确地射入或偏离投影透镜，在投影屏幕上形成图像（图1）。

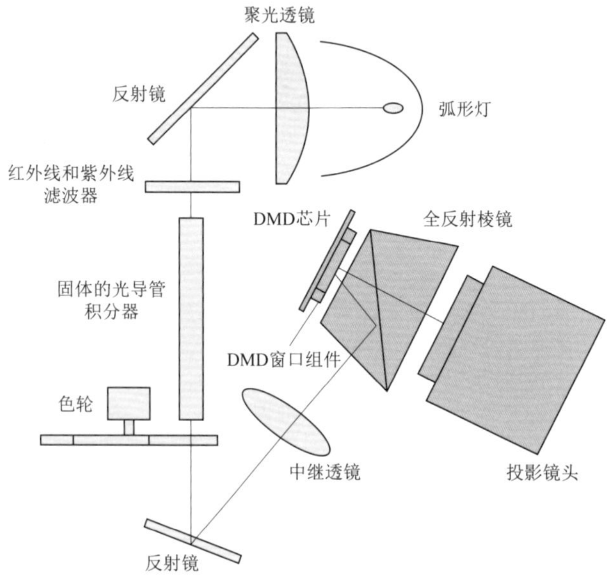

图1　单片式DLP投影机的结构示意图

三片式DLP投影机　不再用色轮作为分色器件，投影灯发出的白光由光学分色棱镜分成红、绿、蓝三基色，三基色分别投射到相应的三个DMD器件上并被微镜片反射后进入投影透镜，通过投影透镜在投射屏幕上形成彩色图像（图2）。

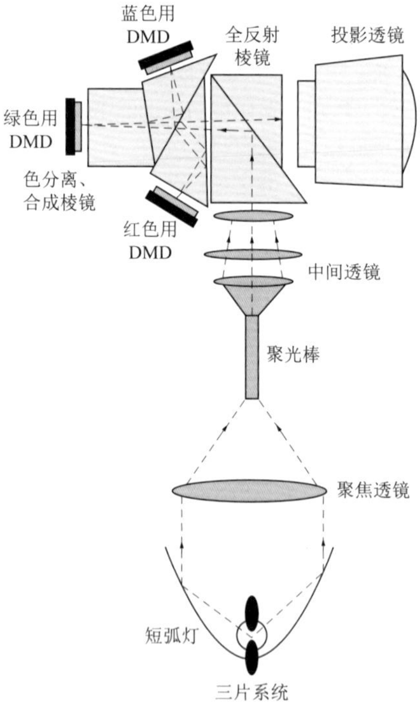

图2　三片式DLP投影机示意图

LCD投影机　一种基于液晶投影技术的设备，也分为单片LCD和三片式LCD投影机。该技术使用高亮度卤素灯泡照射LCD面板，经LCD透射后的影像信息光束经过投射镜头组后投射于屏幕上显示。投影画面色彩还原真实鲜艳，色彩饱和度高，光利用效率高，显示效果类似于液晶电视，颜色还原度较好，色彩表现比较真实，适合家庭等场合使用。

三片式LCD投影机使用独立的红、绿、蓝液晶面板。由灯泡产生的白光经由光学系统的分光、反射后产生了红、绿、蓝三光束，分别穿透对应的液晶面板，液晶面板受电子电路的控制决定每一个像素的开关状态，最后由混色矩阵系统、镜头输出彩色图像。

LCOS投影机 硅基液晶就是“制作在单晶硅上的LCD显示技术”。LCOS投影显示技术因具有高分辨率、低价格、反射式成像等特点，被视为投影机未来的核心技术。

三色LED光源单片LCOS微型投影机的工作原理如图3所示。LED照明光源经过LED驱动系统点亮输出三基色光，经过光束整形系统转换成一束小角度的均匀照明光，然后经过偏振光束分离器（PBS）使得P、S光分离形成偏振光照到LCOS投影面板上。LCOS投影面板是一种反射型空间光调制器，它根据视频控制系统输入的视频信号控制屏上每个像素点的电压和偏振状态的时间，从而生成一幅像素图像，经LCOS屏反射的偏振光再次通过PBS后被投影镜头放大，最后投射到投影屏幕实现投影效果。

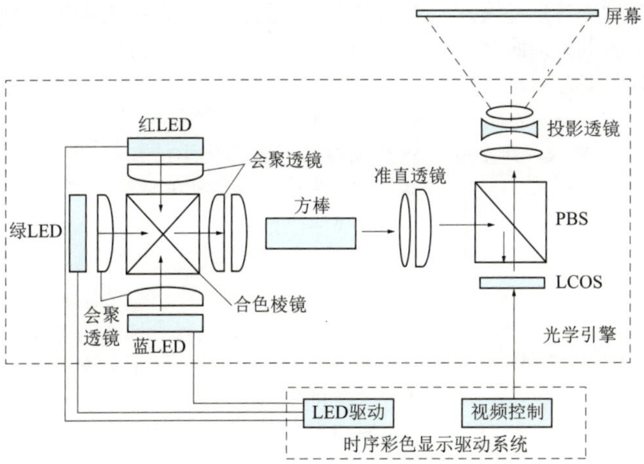

图3 LCOS微型投影机的工作原理

PICO投影机 微投影机是随着投影技术的发展，面向移动应用市场的一个全新类别。这里微投影包含了掌上投影机、手持投影机和嵌入投影三个类别。微型投影机只有MP4播放器般大小，却可以在墙上投影80甚至100英寸的画面。微投影技术正在向光电集成芯片方向发展，其中最常见的包括MEMS光扫描微投影、LCD透射微投影、DLP和LCOS反射式微投影等。（陈 笑）

投影物镜 projection objective 主要用于将小物成大像于接收器上的透镜组。见摄影物镜。

投影仪用超高压汞灯 ultrahigh pressure mercury lamp for projectors 一种超高压汞灯。俗称UHP光源。工作时灯内温度在1190～1400开范围，同时灯内汞蒸气工作压强大于2×10^{7}帕，因此所辐射的可见光谱线能极大增强和展宽，加上其电极极距仅在1.5毫米以内，所以是理想的白光点光源。该灯的光效约65流明/瓦，寿命接近10 000小时，灯功率规格可在100～300瓦范围选取，但价格较昂贵，工作时必须配置冷却风扇，主要用于多媒体投影仪领域。（陈大华）

透镜及透镜组 lens 用透明材料制成的具有两个折射表面（其中至少有一个是曲面）的光学成像元件。按折射表面的几何形状可分为球面透镜和非球面透镜两大类。按聚光性质可分为会聚透镜和发散透镜两种，前者亦称凸透镜或正透镜，后者亦称凹透镜或负透镜。其中凸透镜是中央较厚，边缘较薄的透镜，可用于远视与老花镜；凹透镜是中央较薄，边缘较厚的透镜，可以用于近视镜。二者的剖面图如图1所示。

平行光线通过凸透镜发生偏折后，光线会聚，在投射光线的出射方向交于F点，形成的是一实焦点。平行光线通过凹球面透镜发生偏折后，光线发散，不能形成实性焦点，沿着散开光线的反向延长线，在投射光线的同一侧交于F点，形成的是一虚焦点。平行光经过凸透镜和凹透镜的光路图见图2。

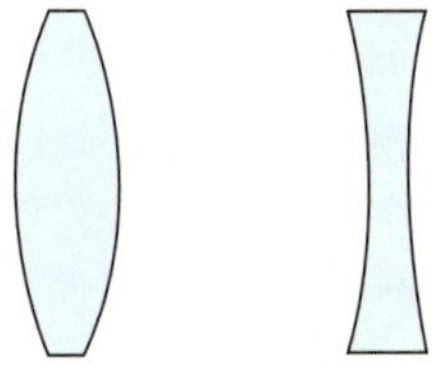

图1 凸透镜和凹透镜的剖面图

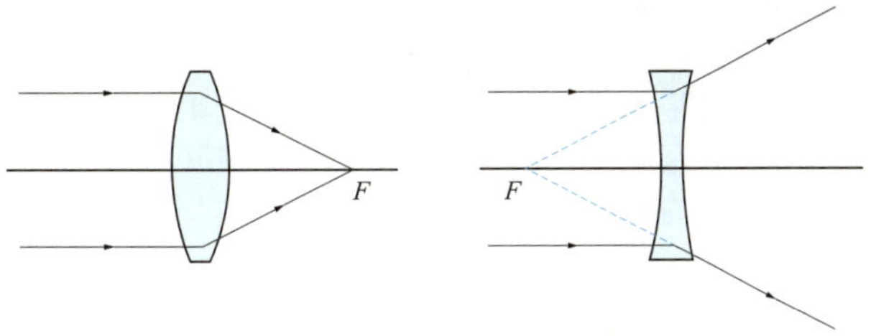

图2 平行光经过凸透镜和凹透镜的光路

球面透镜 折射曲面为球面的透镜。通常不加特殊说明而提到透镜或透镜组时，绝大多数场合是指球面透镜及其组合，因为在各种曲面中只有球面最适合批量生产，最容易加工到高精度。过二球面曲率中心的直线称为透镜的光轴。由一个球面和一个平面组成的透镜中，光轴是通过球面的球心并垂直于平面的直线。光轴与透镜表面的交点称为顶点。

透镜的高斯光学性质由它的基点位置和焦距大小决定，如图3，f和f'为物方和像方焦距；它们与透镜的结构参量即曲率半径r_1及r_2、沿光轴厚度d和折射率n之间有如下关系：

$$\varphi=\frac{1}{f'}=-\frac{1}{f}=(n-1)\left(\frac{1}{r_1}-\frac{1}{r_2}\right)+\frac{(n-1)^2}{n}\frac{d}{r_1r_2}$$

式中φ为透镜的光焦度。

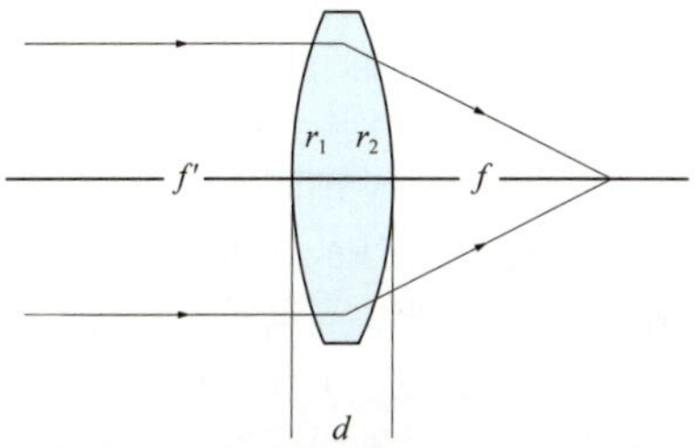

图3 透镜成像

轴对称非球面透镜 较常用的有二次曲面（椭球面、抛物面、双曲面）的非球面透镜，多半用于聚光镜一类的场合，它可对很大的孔径校正球差，因此可以替代由多块球面透镜组成的聚光镜系统。但在光学成像系统中，为校正像差，有时也用高次曲面的非球面透镜。应用非球面透镜，不仅在校正像差方面有独到的好处，而且能简化光学系统结构，因此具有重要作用。光束经过球面透镜和非球面透镜的光路图如图4所示。

柱面透镜 凡由两个母线互相平行的柱面，一个柱面和一个平面或一个柱面和一个球面组成的透镜都称柱面透镜。柱面透镜由于是非轴对称的，其成像性质可通过两个截面来描述。一个是平行于母线的截面，它相当于平行平板，光焦度$\varphi=0$，对光束没有聚焦作用；另一个是垂直于母线的截面，它相当于一个球面透镜，具有最大的光焦度。所以，当柱面透镜对一个点光源成像时，得到的是一条与母线方向一致的直线，其共轭距由相当于球

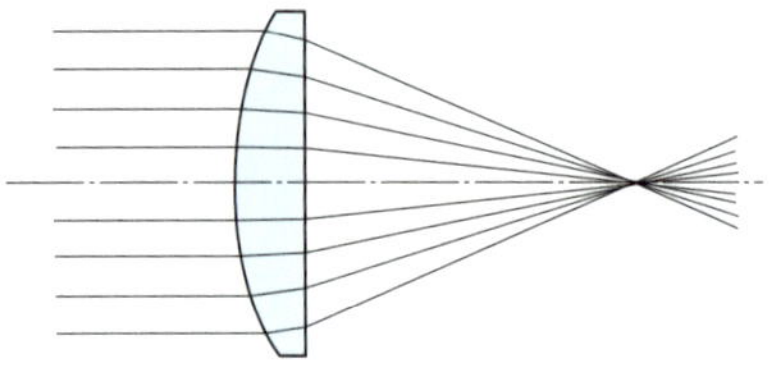

球面透镜所产生的像差(球差)

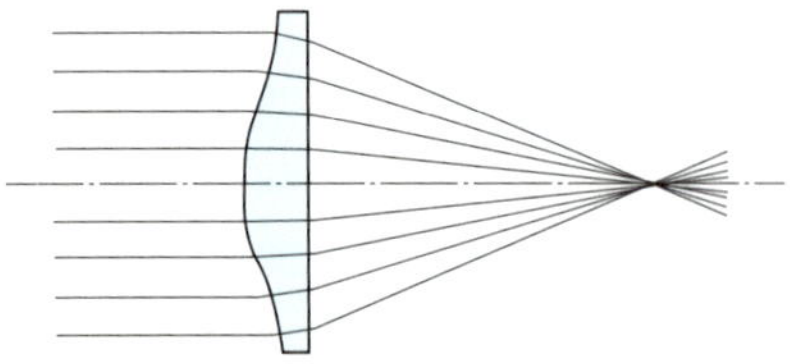

非球面透镜对像差的校正

图4 球面透镜和轴对称非球面透镜的成像

面透镜的截面所决定。随着宽银幕电影技术的发展，柱面透镜得到广泛应用。宽银幕电影摄制和放映时，在普通镜头前面加一个附加套镜，又称变形镜头，它由母线相互平行的几个柱面透镜组成，在平行于母线的截面内仍相当于平行板，而在垂直于母线的截面内相当于望远镜系统。附加在电影摄影机镜头前面的套镜使影像水平方向（垂直于母线的截面方向）的尺寸压缩成原来的一半，而高低方向的尺寸不变，于是在电影胶片上得到横向被压缩的变形影像。影片放映时在放映机镜头前也加上套镜，套镜使画面尺寸在水平方向加倍而高低方向不变，于是银幕上的影像恢复到景物本来面目，同时也得到宽银幕效果。

菲涅耳透镜　由一系列同心圆环状带区构成，故又称环带透镜。图5a表示一个普通透镜的连续表面，如果透镜的焦距短而直径大，透镜就又厚又重；图5b表示具有相同焦距和直径的菲涅耳透镜的不连续表面，就设计原理而言可以假想它是连续表面“分割”成一个个环带后进行不等距平移形成的。比较二者，显然阶梯透镜有厚度小、重量轻、光吸收损失小等优点，而且各环带的面形在设计过程中可根据需要分别调整，互不牵扯，有利于像差的校正。1820年法国科学家A.-J.菲涅耳首先在灯塔的导航灯系统中使用阶梯透镜，故文献中多称之为菲涅耳透镜。近几十年来，不用玻璃而用光学塑料制造的阶梯透镜逐渐增多。塑料易于压制成形，适合批量生产，其比重小于玻璃，使透镜重量进一步减轻。由于工艺的改进，环带宽度可小于1毫米，甚至小于0.1毫米；每个环带都是圆锥面的一部分，不同环带的锥顶角不同；因环带很窄，圆锥面和理论要求的曲面几乎没有差别，故不影响光学性能。这种密纹阶梯透镜常被称为螺纹透镜，

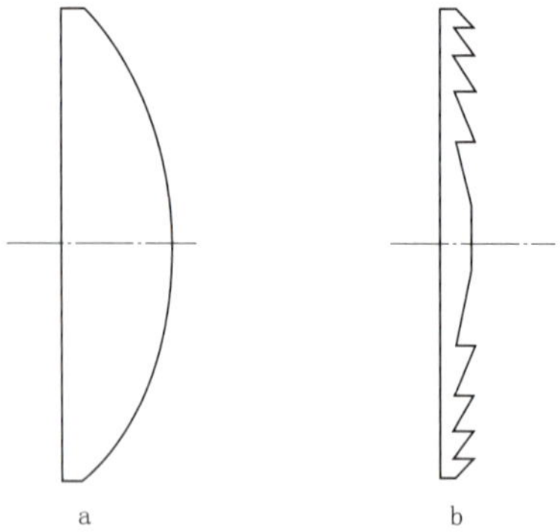

图5 普通透镜和菲涅耳透镜

可用作电视放大镜、书写投影仪的聚光镜、照相机取景器的场镜等。菲涅耳透镜是保留了透镜表面的原有曲率而将中间的多余材料去掉后的结构，易产生波面畸变而导致像质变坏，一般只用在对像质要求不高而需要大孔径的场合。

放大镜　辅助眼睛观察细小物体的透镜组称为放大镜。单片正透镜是一个最简单的放大镜。

使用放大镜时，被观察物体AB位于物方焦点上，或焦点以内与焦点很靠近的地方，眼睛看到的是物体的虚像$A'B'$，如图6。放大镜的一个重要性能参量是放大率M。通过放大镜观察物体时像对眼睛的张角ω'的正切，与眼睛直接看物时物对眼睛张角ω的正切之比，$M=\tan\omega'/\tan\omega$，即放大率。一般眼睛于明视距离$-l=250$毫米处看物，则可得$M=250/f'$。

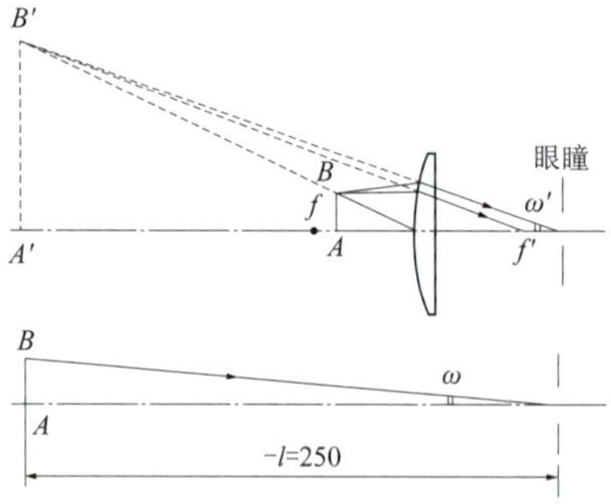

图6 放大镜的放大作用

可见，放大镜的焦距f'越短，倍率越高。对于单片透镜，由于像差和透镜直径的限制（因系视场光阑，直径不能太小），一般只能应用于5倍以下。如用两片或多片透镜组合起来，则放大率可达15～20倍。

为了实现具体的功能，透镜可以组成透镜组。常用的透镜组有**目镜**、**显微镜物镜**、照相物镜和投影物镜等。

（李元康　张　新）

透明导电氧化物薄膜　transparent conducting oxide film　一种特殊的薄膜材料。它既是金属氧化物又是半导体薄膜材料，也属于光学材料，具有禁带宽、可见光范围内透射率高和电阻率低等光电特性。透明导电氧化物（TCO）薄膜最早出现在20世纪初，1907年K.贝德克尔首次制备出氧化镉透明导电薄膜，1950年前后出现了SnO_2基和In_2O_3基透明导电薄膜。20世纪80年代氧化锌基透明导电薄膜兴起，90年代中期开发出了多元TCO薄膜、聚合物基体TCO薄膜、高迁移率TCO薄膜及P型TCO薄膜。TCO薄膜主要包括铟、锑、锌和镉的氧化物及其复合多元氧化物薄膜材料，即In_2O_3、SnO_2、氧化锌、氧化镉及其掺杂体系In_2O_3：Sn(ITO)、In_2O_3：Mo(IMO)、SnO_2：Sb(ATO)、SnO_2：F(FTO)、ZnO：Al(AZO)、CdO：In等。这类透明导电薄膜都是通过半导体掺杂贡献载流子来降低其电阻率。它们的基本特点包括：较大的禁带宽度，一般超过3.0电子伏，因此也具有紫外光吸收特性；可见光范围高透过率，不小于80%；红外光范围高反射性；短波频率下高反射性；较低的电阻率，低于10^{-3}欧姆·厘米。

TCO薄膜按照半导体类型分为P型和N型两类；按照氧化物基类别主要分为In_2O_3基、SnO_2基、氧化锌基三大体系；按照组分数量分为二元TCO和多元TCO。TCO薄膜的制备工艺种类繁多，概括来说，可分为化学法和物理法两大类。化学方法主要包括电镀法、溶胶-凝胶法、喷涂热分解法、化学气相沉积法等；物理方法主要包括磁控溅射法、真空蒸发法、离子辅助沉积法、脉冲激光沉积法等。

TCO薄膜由于具有既透明又导电的光电性能，可广泛地应用于平面显示器件、太阳能电池、反射热镜、气体敏感器件、特殊功能窗口涂层及其他光电子、微电子、透明电子器件等领域。具体来说，利用TCO薄膜可见光透过率高的特性可用于平面液晶显示、电致发光显示）、电致彩色显示、太阳能电池透明电极等领域；利用TCO薄膜对光波的选择性（对可见光的透射和对红外光的反射）可用作热反射镜，对寒冷地区的建筑玻璃窗起热屏蔽作用，节省能源消耗；利用TCO薄膜透明表面发热器的功能可用于汽车、飞机等交通工具的玻璃窗上、防雾摄影机镜头、特殊用途眼镜和仪器视窗上形成防雾除霜玻璃。

（李京波）

透明介质　transparent medium　对某一波段范围内的光波吸收很少的介质。光波通过介质时，其能量会被介质吸收而转变为其他形式的能量（如热能等）。若介质对

某一波段范围内的光波具有相同的吸收，且吸收很少，这种吸收称为一般性吸收，对该波段的光来说，该介质可称为透明介质。自然界不存在对所有波长都具有相同吸收的透明介质。若介质对某一波段范围内的各种色光具有不同程度的吸收，则这种吸收称为选择性吸收。以上假定介质是纯净的，没有光散射等影响。　（朱建华）

透射光谱　transmission spectrum　光穿过物体经相互作用后，透过的光随波长或频率变化的图谱。透射光与入射光相比缺少的部分，就是被样品吸收、散射或者反射的光。透射光谱本质上是由材料中的原子分子组成决定的，与量子态间能级差相匹配的光更容易被吸收。吸收发生的频率和相关强度与样品的电子分子结构相关，频率也依赖于样品中分子间的相互作用、晶体结构、所处的环境（温度、压强、电场等）。透射光谱和**吸收光谱**密切相关，以不同的形式表达了同样的信息，彼此间可通过计算得出。

透射光谱可以应用于固体、液体、气体样品的检测。透射光谱常用作化学分析来检测样品中特定物质的组成及含量，红外及紫外谱区较为常用。透射光谱同样可以应用于原子分子物理、天文、遥感、食品成分含量监测等方面。其结果依赖于通光路径、样品厚度、吸收系数、反射率、入射光角度、偏振、特定粒子尺寸、方向等。　（曾和平）

突变论　catastrophe theory　描述自然界发生的各种突变现象的数学理论。又称突变理论。由法国数学家R.F.托姆于1969年提出。托姆认为，突变论的核心内容是美国数学家H.惠特尼1955年关于平面到平面的映射论文提出的奇点理论。托姆的贡献在于证明了基本突变分类定理，对突变形式做了分类。

突变论提出的研究突变现象的数学方法由四步组成：①确定刻画系统的参数和控制参数；②确定支配系统的势函数；③确定系统所有可能平衡态构成的态空间；④研究态空间到控制参数空间的投影，确定突变可能发生的参数范围。基本突变分类定理指出，尽管支配系统的势函数是非常复杂的，但只要系统的控制参数的个数不超过四个，结构稳定的势函数的拓扑类型只有7种，即一个控制参数时为折叠型，两个控制参数时为尖点型，三个控制参数时分别为燕尾型、双曲脐点型和椭圆脐点型；四个控制参数时为蝴蝶型和抛物脐点型。

托姆的突变论提出后，虽然被应用于某些突变现象的研究，取得一些有用的结果，但在数学界仍有些争议。此外，托姆的突变论完全不考虑涨落的影响，而其势条件在开放系统中基本不满足，也大大局限了理论的适用范围。　（刘寄星）

突触动力学　synapse dynamics　描述突触后膜电位随突触活动变化关系的学科。神经系统中的细胞单位——神经元通过其细胞膜内外的电位差传递信号。而神经元之间则经由名为突触的结构相联系。突触以其传输信号的性质分为化学突触和电突触。电突触处两细胞的膜在电学上相连续，故电位可直接传导；而化学突触处两细胞膜之间存在空隙，上游神经元的电信号必须先转化为化学信号（化学分子），才能再在下游神经元的膜上转化为电信号。单个化学突触总是单向的，释放化学信号的膜称为前膜，接收化学信号的称为后膜。为了将化学信号转化为电信号，后膜上有对应的离子通道，其动力学描述和一般离子通道相同：

$$I=-g(V-E)$$

突触可按主要离子通道的平衡电位E分为兴奋性和抑制性。当E低于细胞平衡电位（约−65毫伏）时，如−90毫伏，突触的活动产生外向电流，使突触后膜电位降低（超级化），该突触为抑制性；反之，若$E=0$毫伏，突触活动去极化细胞，该突触为兴奋性。

通常，离子通道的平衡电位不会发生变化。突触动力学一般描述的是突触电导密度$g(t)$随时间t的演化。例如，对于发生在$t=0$的单一突触事件，最简单的指数衰减：

$$\frac{\mathrm{d}g}{\mathrm{d}t}=-\beta g(t>0)$$

$$g(t)=g_0\mathrm{e}^{-\beta t}$$

双指数（或称α突触）：

$$g(t)=g_0\frac{\mathrm{e}^{-t/\tau_1}-\mathrm{e}^{-t/\tau_2}}{\tau_1-\tau_2}\quad(t>0)$$

以及一级动力学：

$$\frac{\mathrm{d}g}{\mathrm{d}t}=\alpha T(t)(g_0-g)-\beta g\quad(t>0)$$

二级动力学：

$$\frac{\mathrm{d}g}{\mathrm{d}t}=k_1R-k_2g$$

$$\frac{\mathrm{d}R}{\mathrm{d}t}=k_3T(t)-[k_3T(t)+k_4]R$$

式中$T(t)$表示化学信号（递质分子浓度）。对于多重突触事件，有时需要将单一的突触动力学方程相加，有时是重置，有时则只需将$T(t)$代入。当然，考虑到离子通道的生物学特性，还需设置不应期（距离太近的后一事件不予考虑）、部分失活（调低g_0）。神经元还会根据接收到的刺激模式调整突触通道蛋白的数量甚至突触的数量，需要引入更多动力学方程（短时程和长时程）来描述g_0的变化。　（古华光）

突触可塑性模型　model of synaptic plasticity　描述神经元之间信息传递效能增强或减弱现象的模型。动物神经系统由大量的神经元组成，神经元相互之间的功能连接和信息传递主要由突触来实现。有两类突触：以缝隙连接为基础的电突触；以及传递递质分子的化学突触。其中，化学突触传递是有方向的，即一个神经元通过放电活动，释放神经递质而提供突触输出，称为突触前神经元；另一个神经元通过激活递质受体和改变膜兴奋性来响应突触输入，称为突触后神经元。现代神经科学奠基人西班牙科学家S.R.卡哈尔最早提出脑的学习记忆可以通过增加神经元之间的（突触）连接的假说。加拿大科学家D.赫布在1949年更进一步提出著名的赫布突触假说，即相互连接的两个神经元在经历同步的放电活动后，它们之间的突触连接会得到增强。这种神经活动引起的神经元之间信息传递效能增强或减弱的现象称为神经突触可塑性。

突触可塑性被认为是学习与记忆过程的神经基础，分为短时程突触可塑性和长时程突触可塑性。其中维持数秒或数十秒的突触可塑性变化被认为是短时程的突触可塑性。在一些突触中，重复刺激突触前神经元，突触后的跨膜电位大小会出现明显的增加。如果这种增强作用发生在1秒以内，就称为突触的短时程易化作用。如果伴随着突触前持续活动，突触后的跨膜电位大小逐渐减小，就称为短时程抑制作用。易化与抑制的共同作用，有利于神经信息传递的确定性。而那些神经活动引起的维持达数个小时甚至几天的突触连接变化则称为长时程突触可塑性。1973年，挪威科学家T.布利斯和T.罗莫报道了在麻醉兔大脑的海马区域高频刺激（250赫，100个）引起的内嗅皮层–齿状回突触反应增强，并可维持数小时至几天，首次提出了长时程突触增强（LTP）可能是学习记忆的细胞学机制。LTP的实验现象很快在其他脑功能区中被发现，其中海马区域的LTP机制和功能意义最受关注。同时，美国科学家M.比尔等在1993年进一步发现了低频率刺激（1～3赫，约1000个）引起突触功能长时程抑制（LTD）。神经元间连接减弱的突触可塑性对神经系统也十分重要。连接减弱能够避免出现全部突触饱和，导致失去选择性、神经网络活动和突触强度形成正反馈等现象。大量实验证据表明，突触可塑性是大脑学习和记忆的分子细胞学机制，了解突触可塑性的机制对阐明中枢神经系统性相关疾病（如老年痴呆症、药物成瘾等）的机理具有重要意义。

描述突触可塑性的模型主要分为两大类：①现象模型。关于突触可塑性的黑箱模型。描述作为模型输入的神经元活动，与作为模型输出的突触强度之间的关系。包括基于神经元发放率的模型，以及基于神经元发放时刻的脉冲时间依赖的突触可塑性模型（STDP）。现象模型通常用来模拟大脑的高级活动，如记忆和神经元选择性的形成。②生物物理模型。包含神经元突触的细胞学和生物物理学细节的灰箱模型，如基于钙离子浓度与突触强度间关系的双向突触可塑性钙依赖模型，以及基于分子网络的信号转导通路相关的突触可塑性模型。生物物理模型通常用于模拟受控的突触可塑性实验。 （古华光）

图形化衬底 patterned substrate 用微纳米技术制备预先设计好的衬底，用来保证外延生长薄膜的质量。衬底和外延薄膜之间巨大的热失配和晶格失配，会导致外延薄膜内较大的应力、缺陷或裂纹，严重限制外延材料的应用。图形化衬底是通过微纳米加工技术在大失配衬底上制备周期或非周期的微米、纳米阵列，满足外延生长的衬底结构。

蓝宝石图形化衬底（PSS）是使用最广泛的一种图形化衬底结构。PSS源于**侧向外延**（ELOG）技术。2000年美国C.阿什比等人利用条形结构的蓝宝石衬底进行氮化镓的单步生长。与传统ELOG一样，较好地改善了氮化镓外延质量，但工艺步骤大为简化。随后的几年，各种PSS图形开始出现，包括圆孔形、圆台形、圆包形、六角金字塔形等。这些结构除了带来位错密度的减少、外延层应力调节等好处外，另一个重要的方面是消除或减弱界面的全反射效应，增加发光器件的光抽取效率。PSS图形尺寸与器件的发光波长有关，一般为微米量级，发光二极管（LED）市场通用的3×2微米的尺寸较多。保证较高分辨率的特征尺寸，一般选择步进式曝光机制作PSS图形掩膜。使用刻蚀工艺得到最终的PSS结构。

当PSS的尺寸进一步减小时，光子在蓝宝石和氮化镓界面将有更多的偏折机会，因此在光的抽取方面具有更大的优势。市场上的PSS尺寸已经发展到1.5×0.75微米。进一步地，纳米PSS（NPSS）也得到了研究人员的重视。对于NPSS增加LED的光抽取效率有较一致的看法。但对晶体质量的提高还有异议。一种观点是NPSS外延岛状的合拢区在高缺陷区，不利于降低位错密度。另一种观点是NPSS外延完全不同于平面外延，纳米尺寸的岛状生长合拢时，位错产生受到抑制。

相比微米PSS的成熟工艺，大面积的周期性NPSS制备还很困难。NPSS制备，公认的工艺有电子束曝光、自组装纳米球技术、纳米压印技术等。纳米压印是类似于图章印刷的一种技术。其工艺成本较低，是有望实现NPSS产业化制备的技术。但是纳米压印的母版极其昂贵，一般利用电子束曝光，激光全息干涉方法得到。一种阳极氧化铝的技术，有望解决纳米压印母版的问题。 （陈志忠）

钍基反应堆 thorium-based reactor 以钍为基础核燃料的反应堆。钍不能直接作为反应堆的核燃料，最初需要将^{232}Th和^{235}U（或^{239}Pu）混合使用，后者裂变产生的中子被^{232}Th俘获生成^{233}U（$^{232}\mathrm{Th}+\mathrm{n}\longrightarrow{}^{233}\mathrm{Th}\xrightarrow{\beta^-}{}^{233}\mathrm{U}$），经过一段时间积累了足够的^{233}U后，就可以都用^{233}U作为核燃料使反应堆正常运行。钍基反应堆有一系列的优点：钍的储量丰富，是铀的三四倍，而且比铀矿更易于开采；钍还是一种更为高效的燃料源，铀作为反应堆燃料必须经过浓缩，使其^{235}U的含量达到要求，而所有的钍都是可直接利用的核燃料；^{232}Th的热中子吸收截面是^{238}U的3倍，因此^{232}Th-^{233}U的转化效率远高于^{238}U-^{239}Pu的转化。钍氧化物（ThO_2）比铀氧化物（UO_2）更加稳定，钍基燃料裂变产物的释放率比铀的低一个数量级；钍燃料循环中乏燃料^{232}U的半衰期只有68.9年，因此其具有内在的反核扩散特征。同时，与铀燃料循环相比较，钍燃料循环只产生很少量的超铀元素废物，也更加容易控制和处理。钍基燃料在反应堆内可允许更高的燃料芯块温度和更深的燃耗，钍基核燃料对各种堆型的适应性较好，无须对现有反应堆的燃料组件和结构材料等做重大改变。第一篇详细描述^{232}Th-^{233}U热中子增殖堆的文献是1945年5月7日在芝加哥发表的《循环燃料增殖堆的初步计算》。后来，先后有美国、德国、加拿大、印度等十多个国家开展了钍基反应堆的基础研究，钍基燃料循环的研发工作也取得了大量的实验研究成果，但其规模远小于铀燃料和铀－钚燃料循环的研究。由于钍－铀燃料循环工艺仍不成熟，还没有建立工业体系，尚未真正用于核能生产。 （靳根明）

湍流 turbulence 一种在自然界和工程技术领域中广泛存在的流体流动状态。在湍流中，流体微团做高度非定常的无规则运动，可呈现多种时空尺度和自组织的拟序结构。湍流研究是流体力学中重大的理论问题，诺贝尔物理学奖获得者R.P.费曼把湍流称为经典物理的最后一个未解决的难题。湍流和物体在流体中运动的摩阻、噪声、混合、传热、传质、燃烧等密切相关，因而在航空航天、交通运输、动力化工、大气海洋、能源环境等许多工程领域中有重要的应用。

研究内容 湍流类型 各向同性湍流在任意直角坐标系中各阶脉动统计量都相同的湍流属于各向同性湍流。它虽然是最简单的湍流，但是具有湍流脉动的基本特性。湍流脉动是多尺度的随机过程，在没有外力作用下，湍流脉动动能从大尺度向小尺度传递，最后在小尺度中脉动动能耗散为内能，这种能量串级过程是湍流的基本属性。20世纪40年代，苏联A.N.科尔莫戈罗夫用理论分析导出了高雷诺数局部各向同性湍流的湍动能谱，在惯性子区中湍动能谱以波数的−5/3次幂递减。这一能谱存在于远离地面和水面的自由大气和水域中，在现代高雷诺数直接数值模拟中也能获得该能谱。各向同性湍流研究对于揭示多尺度湍流的能量串级过程有重要贡献。

剪切湍流和湍流模型 绝大多数自然界湍流是剪切湍流，它的平均速度梯度不等于零。有两类剪切湍流：有壁剪切湍流，如湍流边界层；远离壁面的自由剪切湍流，如射流、混合层和尾流等。预测剪切湍流统计特性，必须给出雷诺方程中雷诺应力的计算公式，称为雷诺平均纳维－斯托克斯方程（RANS）。雷诺平均湍流模型是建立在唯象论基础上的半经验性模型，最著名的是L.普朗特（1925）的混合长度模型。同一时期的T.von卡门（1930）和G.I.泰勒（1932）从湍流脉动的相似性和湍涡性质分别建立了涡黏性系数的半经验公式。20世纪70年代初，利用湍动能串级现象和湍涡尺度概念，W.P.琼斯和B.朗德（1970）提出了二方程k-e涡黏性湍流模型。唯象论湍流模型不是通过严格的科学体系建立，带有半经验性质，没有一种模型可以对一切复杂湍流都适用。为了克服涡黏性模型的缺陷，湍流模拟专家考虑通过封闭雷诺应力输运方程建立模型，称为二阶矩模型。建立二阶矩模式须要引入更多模型常数，计算量又较低阶模型大很多，二阶矩湍流模型发展受到限制。70年代，气象学家J.斯马果林斯基提出大涡模拟（LES）思想，将非定常纳维–斯托克斯方程进行低通过滤，构造大尺度湍流的控制方程，大尺度脉动和过滤后剩余小尺度脉动之间的动量输运用亚格子尺度应力（SGSS）表示。建立SGSS封闭模型后，就能数值计算可解尺度湍流。LES首先应用在气象数值模拟，而后在工程湍流中被广泛应用。

20世纪50年代，人造卫星上天，航天工程迅速发展，可压缩湍流的模拟提到日程上来。可压缩湍流的雷诺平均方程产生更多的不封闭项，难以构造模型。不久，人们发现马赫数小于5的可压缩湍流边界层的统计特性和不可压缩湍流边界层类似，称为摩可文假定（1962）。与此同时，法国湍流专家A.法沃尔提出密度加权平均的雷诺方程和密度加权过滤的大涡模拟方程作为可压缩湍流数值模拟的基本方程。高超声速（马赫数大于5）湍流还没有可靠的RANS模型或大涡模拟亚格子模型。

湍流拟序结构 20世纪60～70年代，用流动显示方法先后在湍流混合层和湍流边界层中发现重复性的流动形态，称为拟序结构。混合层或其他自由剪切湍流的拟序结构比较容易理解：它们的平均流动速度剖面都有拐点，自身是不稳定的，能产生大尺度的涡结构。在湍流边界层中，拟序结构的触发是随机的，它的基本过程可简要地描述如下：在壁湍流的过渡层，突然产生低速流体抛离壁面，称为上抛，在上抛很短时间内产生很大的脉动动量输运，可高达平均雷诺应力的200倍；上抛过程结束，一股高速流体冲向壁面，称为下扫，下扫过程也在近壁区产生脉动动量输运，但是小于上抛过程。下扫过后，近壁区流动进入平静期，这时流向速度在垂直壁面方向产生拐点，有拐点的速度分布突然失稳，产生又一次上抛和下扫，如此周而复始循环。大量的精细测量和条件统计表明，拟序结构运动是湍流边界层中维持湍流，或再生湍流的主要机制；在流动结构上，湍流边界层近壁区向外区抛出的是大尺度的马蹄涡或发卡涡。人们曾希望由拟序结构揭开湍流之谜，事实上，拟序结构是一种很复杂的随机过程，对它全面了解并非易事，至今还在通过实验测量和数值模拟对它进行研究中。然而，人们发现可以通过控制拟序结构控制边界层湍流达到减阻的目的。

20世纪末，在高雷诺数壁湍流中（湍流边界层、圆管湍流流动），发现一种超大尺度脉动，这种脉动可以在湍流边界层外层检测到，内层的拟序运动依然存在，而超大尺度脉动对内层的湍流脉动有某种调制作用。壁湍流的超大尺度脉动的产生机理和它对内层的影响正在研究中。

湍流减阻 湍流运动的明显特点是它的能量耗散远远大于层流，无论是管内流动，还是航行器的外流，湍流摩擦阻力都远大于层流摩阻。很多年前，就发现在水流中添加纤维可以减小摩阻。发现壁湍流的拟序结构以后，湍流减阻逐渐建立在理性的基础上。湍流减阻的方法，无非是干扰湍流生成过程，抑制湍流脉动，因此湍流减阻和控制湍流紧密联系在一起。第一类湍流减阻的方法是改变壁面几何外形或流体中溶入添加剂改变流体的流变性质，属于这类湍流减阻的有：管内流动的高分子聚合物溶液，光滑壁改为沟槽壁（如鲨鱼皮减阻），这类减阻不需要输入能量，从湍流控制来说，属于被动控制。另外一类减阻的思想是直接控制近壁拟序结构来达到减阻；由于拟序结构是随机的，这类控制要达到最佳效果，需要有反馈措施，称为主动控制。理想的主动控制是设置微型传感器和促动器，当传感器发现有下扫时，促动器从壁面注入流体；当发现上抛时，吸出流体，以抑制上抛下扫，削弱湍流生成机制。20世纪80年代，微型机械问世，人们寄希望于这种主动控制的减阻得以实现，有过许多理论和数值模拟的研究。近壁拟序结构的尺度很小，需要很多传感器和促动器进行控制，难以实用。20世纪末利用高电压产生低温等离子体，然后利用电磁力实现了近壁流体的展向震荡抑制流向涡。壁湍流的等离子体控制成为减阻的新方向。湍流减阻既节能，又减少温室气体的排放。减阻机制和实施方案是长期研究的任务。

研究方法 **理论分析** 湍流是多尺度不规则流动，主要的分析工具是概率统计和谱分析。在分析湍流脉动的各阶相关和能谱的基础上，应用量纲分析和量级分析，提出一些湍流理论，例如K41理论。张量分析是研究湍流的必要工具，建立各向同性湍流的理论模型，以及唯象论雷诺平均模式时必须应用张量分析理论。更深层次的理论分析，需要将随机函数和群论结合，建立试探性的湍流理论模型，如直接干扰近似、重正化群理论等。

实验研究 实验是湍流研究的重要环节，湍流可以在特制的实验设备或现场实测（如大气湍流）。湍流的实验设备要求风洞工作段的湍流度低。湍流是高雷诺数流动，研究超大尺度壁湍流，需要特制的超大圆管设备。测量仪器是实验研究湍流非常重要的条件，除了仪器精度外，要求测量探针对湍流场的干扰尽量小，测量系统的频率响应快。热线风速仪、激光多普勒测速仪、现代粒子图像测速仪等是湍流测量的主要仪器。湍流实验研究除了一般的概率统计外，为了检测湍流结构，需要精巧设计各种条件采样和统计方法。

观察湍流结构还可以采用流动显示方法，如氢气泡线法，激光荧光显示法等。壁面压强脉动的观测有光敏漆法。

数值计算 湍流是时空不规则多尺度流动，至今没有解析理论可以用来预测湍流，数值模拟是湍流理论研究和工程计算的有效工具。根据研究对象要求的精细程度，湍流数值模拟有三层次。最精细的数值模拟方法，称为直接数值模拟，它用数值离散纳维–斯托克斯方程计算湍流的样本流动，其空间和时间分辨率需要达到科尔莫戈罗夫耗散尺度，是计算量最大的数值模拟，目前的电子计算机水平可用于计算简单湍流，是研究简单湍流机制的主要工具。第二层次的数值模拟是大涡模拟，它用数值离散过滤的纳维–斯托克斯方程，空间网格尺度在惯性子区，远大于科尔莫戈罗夫耗散尺度，目前可以用于计算较复杂的工程和大气湍流。第三层次是雷诺平均模拟，它求解数值离散雷诺方程，空间和时间分辨率由统计平均场确定，是目前湍流工程计算的主要数值模拟方法。不同数值模拟对象，采用不同数值计算方法。简单的均匀湍流，用离散精度高的谱方法。工程计算复杂湍流，采用守恒性好的有限体积法。需要较高精度的工程计算，采用高精度的紧致差分格式。对于高速气体湍流，特别是有激波的湍流，它的数值方法需要既能正确捕捉激波，又要避免数值振荡产生的伪湍流，这是湍流数值计算的专门问题。

展望 从雷诺提出湍流场分解为平均场和脉动场，并建立湍流平均方程以来，短短100多年，通过理论分析、湍流测量和数值模拟方法，人们对湍流的认识不断深入，发现了许多新的现象，提出了有效控制湍流方法，构造了不少数值预测方法，越来越多的工程技术和自然环境流动应用湍流理论和模型来预测统计特性。随着科学技术的发展，对湍流研究提出更高的要求，在航天高科技中，湍流成为预测气动力和气动热的瓶颈，高超声速湍流是当前的迫切课题。在一般工程系统和自然环境中，要求提高湍流预测精度。满足科学技术发展的需要，湍流研究应当从基础和应用两方面发展，基础研究层面上，应用随机过程理论、先进实验方法和精细数值模拟揭示多尺度、有结构的湍流特性，争取建立具有普适意义的湍流理论；在应用层面上，通过实验和数值模拟认识湍流结构，建立湍流模型，发展适用于复杂湍流的有效数值预测方法。理论和应用两个层面的研究是相辅相成的，理论提供应用研究的坚实基础，应用研究的成果为建立理论提供资料。（张兆顺）

团簇 cluster　由几个乃至上千个原子、分子或离子通过物理或化学结合力组成相对稳定的聚集体。是原子与分子团簇的简称。团簇的空间尺度从几埃到几百埃。其物理和化学性质随所含的原子数目而变化。许多性质既不同于单个原子分子，又不同于固体或液体，也不能用二者性质的简单线性外延或内插得到。因此把团簇看成是介于原子分子与宏观固体之间物质结构的新层次，是各种物质由原子分子向大块物质转变的中间状态。

团簇科学研究的基本问题是弄清其如何由原子、分子一步一步发展而成，以及随着这种发展，团簇的结构和性质如何变化，当尺寸多大时发展成宏观固体。若干个原子可以一定方式构成分子，但不一定是团簇。如4个磷（P）原子构成四面体的磷分子和8个硫（S）原子构成环形分子，它们可以在气相、液相和固相中以稳定的单元存在。团簇作为原子聚集体往往产生于非平衡条件，很难在平衡的气相条件下生成。对于小尺寸团簇，每增加一个原子，团簇的结构会发生变化，即所谓重构。而当团簇大到一定尺寸时，变成大块固体结构，此时除了表面原子存在弛豫外，再增加原子不会使整体结构发生变化，其性质也不会发生显著改变。这就是临界尺寸，或叫作关节点。这种关节点对于不同物质可能是不同的，即便是相同物质也可以有不同的生长序列，最后形成不同的固态结构。因此研究从一个原子或分子长成固体过程中的团簇所具有各种结构序列，不仅对于认识大块凝聚物质的形成规律和某些性质的来源是有益的，而且对于寻找和构造新物质的结构单元也是十分有意义的。

团簇按键合方式可分为范德瓦耳斯团簇、分子键团簇、氢键团簇、共价价键团簇和金属键团簇，甚至还存在混合键团簇。按存在方式和研究目的可分为气相（自由）团簇、**支撑团簇**、**包裹团簇**等。

团簇产生的方法有磁控溅射、绝热气体膨胀、惰性气体冷凝、激光蒸发及化学合成等。通过绝热气体膨胀和惰性气体冷凝得到的团簇一般是中性的，可通过各种方法使之电离，包括电子电离、光电离、离子反应和激光电离。团簇的电离过程和电离效率都是与尺寸相关的。团簇电离后，可用四极质谱仪、静电或磁谱仪及飞行时间质谱仪探测。一般上述方法产生的团簇都具有一定的尺寸分布。由于具有一定尺寸分布的团簇，实验测量的性质其实是这个尺寸分布范围团簇性质的平均，许多与尺寸相关的独特效应往往都被掩盖于这种平均中。因此产生和获取尺寸均一的团簇，对于研究团簇结构演变和奇异性质及其应用显得非常重要。尺寸均一的离子团簇可通过在飞行时间过程中按m/Z（质量/原子序数）作尺寸选择及脉冲关断偏转电场的方法获得。而通过两束交叉团簇的弹性碰撞或离子束与中性原子束碰撞发生电荷交换反应，可获得尺寸均一的中性团簇。（王广厚）

团簇的幻数 magic number of clusters　具有特别高的热力学稳定性的**团簇**的原子（分子）数目。在团簇生成后进行质谱研究中，一般其丰度随着所含原子数目的增大而缓慢下降，但在某些特定值$n=N$，出现突然增强的峰值，表明具有这些特定原子（分子）数目的团簇具有特别高的热力学稳定性。这个数目N称为团簇的幻数。团簇的幻数序列有两类：一类是位置序起主要作用的麦凯壳层结构，最为典型的实验结果是超声喷注产生Xe_n团簇的质谱分布，在$n=13,19,55,147$等处呈峰值；另一类是电子序起主要作用的电子壳层结构，这种现象在金属团簇，特别是碱金属和贵金属团簇中最为明显，如Na_n团簇的幻数为$n=2,8,20,34,40,56$等。对于金属团簇，超壳层结构也已被发现。对于大多数团簇，位置序和电子序共同作用，在团簇数目较小时电子序起主要作用，团簇数目较大时位置序则起主要作用。（王金兰）

团簇的相 phase of clusters　参照体相对**团簇**的分类包括冷的固相团簇和热的液相团簇两类。固相团簇中的原子能在很长时间内处于确定的位置，仅在其平衡位置做小幅振动；液相团簇内的原子有扩散运动，其扩散距离可用随时间变化的平均位移来描述，大于绕平衡位置振动的振幅，但小于团簇尺寸。对于一个有限粒子数的团簇系统，在能量（或温度）升高过程中，体系受热振动驱动和结构熵变化等影响，在异构体之间往往出现重组其原子排列方式的现象。在熔化温度附近，团簇将发生从固相到液相的转变，但团簇的固-液相变一般不是相变温度点的突变行为，而是发生在一定温度范围的连续过程，固-液两相共存，其熔化区间相比块体材料明显展宽。团簇的熔化过程往往是从表面开始再到内部，因此其表面首先会先熔化为液态层，故表面熔点要比内部低。由于破坏团簇中粒子之间的点阵排布所需的能量较小，团簇的熔化温度和焓明显低于相应的块体材料。团簇的热稳定性还与其电子壳层和原子排列有关，且其熔化温度强烈依赖于团簇尺寸，随尺寸减小，熔化温度降低。（万建国）

团迹 blob　研究高分子标度关系的理论链模型。又称链滴。由P.-G.de热纳在1979年出版的《高分子聚合物物理的标度概念》中首次提出。揭示大分子链及高分子材料所遵循普适的本征性质，并成功应用于多种高分子体系（如高分子稀溶液、熔体、高分子良溶液、高分子凝胶等）研究当中（见图）。将高分子链看成大小

高分子链示意图

为ξ_T的若干个球体通过相互连接而构成。当尺度为ξ_T时，高分子链的相互作用近似等于热能k_BT，k_B为玻尔兹曼常数，T为体系温度。当尺度小于ξ_T时，相互作用较弱，在球体内高分子呈现出类似自由链的行为。当尺度大于ξ_T时，相互作用能将在体系中占主导作用，最终决定高分子链的构象行为。团迹的尺寸ξ_T可由如下公式表示：

$$\xi_T \approx b g_T^{1/2} \approx \frac{b^4}{v}$$

式中b为高分子链段单体的尺寸；g_T为团迹内含有的单体数目；v为排除体积，直接决定团迹的尺寸。对于$v \approx b^3$，团迹尺寸为$\xi_T \approx b$，表明高分子在绝热溶剂中呈完全溶胀状态；对于$v < b^3 N^{-1/2}$（N为高分子链的聚合度），团迹尺寸大于高分子链的尺寸，表明高分子链呈现出近似理想链行为；而对于$b^3 N^{-1/2} < v < b^3$，团迹尺寸介于单体尺寸与高分子链尺寸之间，表明高分子链处于中度溶胀状态。基于团迹模型，可研究高分子链在各种体系（如高分子链拉伸、压缩、吸附及亚浓溶液等）中的标度行为。（蒋　滢）

退磁场 demagnetizing field　在开放磁路中，由材料的非自闭合方向的剩余磁化强

度（简称剩磁）在其内部产生的磁场。一个环状的磁体，沿环的周向磁化时，形成的磁路是闭合的，不存在磁极；而一个开路磁体被磁化时，其两端则出现磁极，并在其周围产生磁场。磁极产生的磁场的方向总是由N极到S极（包括材料内部和外部），而在磁性材料内部，磁化强度是从S极到N极，因此磁极的磁场（N到S）恰好与磁性材料本身的磁化强度方向（S到N）相反，起着退磁作用，故称为退磁场，用$\boldsymbol{H}_d$表示。只要磁性材料的形状不是闭合或无限长的，当它被磁化时，其内部的磁场强度$\boldsymbol{H}$，由于存在退磁场，总是要小于外加的磁场强度$\boldsymbol{H}_e$。在材料内部真正起到磁化作用的总磁场$\boldsymbol{H}$是外磁场和退磁场的矢量和，即$\boldsymbol{H}=\boldsymbol{H}_e+\boldsymbol{H}_d$，其中$\boldsymbol{H}$是真正对材料起磁化作用的磁场，称为内部磁场。在各向同性的均匀磁化的磁介质中，也可写成标量式$H=H_e-H_d$。（杨金波）

退磁曲线 demagnetization curve 材料的**磁滞回线**在第二或第四象限部分的曲线。常用磁感应强度B、磁极化强度J或磁化强度M随外磁场强度H反向单调变化关系B-H、J-H或M-H曲线表示。一般是指用一个单调变化的磁场从饱和状态退磁的情形，退磁曲线所描述的是反磁化过程的前一段过程，为从剩余磁化强度B_r开始，B退到等于零的过程。它是磁性材料重要的特性曲线，因为由退磁曲线上确定的一些技术磁性参量是永磁材料不同应用的重要参考指标。（杨金波）

退磁因子 demagnetization factor 具有开放磁路的磁性材料退磁场与材料磁化强度的比例因子。只要磁性材料的形状不是闭合或无限长的，当它被磁化时，材料内要产生退磁场。退磁场H_d的大小和材料的磁化强度M成正比，即可以表示成如下形式：$H_d=-NM$，式中N是比例系数，称为退磁因子，其数值和材料的几何形状有关。负号表示在材料内部H_d和M两者的方向相反。退磁因子的精确计算一般只能限于可被均匀磁化的旋转椭球体。球形磁体是其特例。设椭球体三个主轴的长度分别为a、b、c，沿这三个主轴方向的退磁因子分别为N_a、N_b、N_c，可以证明：$N_a+N_b+N_c=1$，由此便可直接得出简单形状磁体的退磁因子。如对于球体，$N_a=N_b=N_c=1/3$；对于长轴为c的细长圆柱体，$N_a=N_b=1/2$, $N_c=0$；对于主轴c垂直板面的薄圆板，$N_a=N_b=0$, $N_c=1$。磁性旋转椭球体的退磁因子值可直接在磁学手册中查到。对于一些简单形状的试样，退磁因子由经验公式计算，但在大多数情况下是通过实验确定的。（杨金波）

退极化场 depolarization field 电介质存在时因外电场$\boldsymbol{E}_0$的作用形成的极化电荷所激发的**电场**。退极化场$\boldsymbol{E}'$与外电场的叠加构成总电场$\boldsymbol{E}=\boldsymbol{E}_0+\boldsymbol{E}'$。一般说来$\boldsymbol{E}'$是复杂的，除了外电场之外，还取决于电介质的性质和分布情况。然而在均匀电介质的内部，情况比较简单，即$\boldsymbol{E}'$处和外电场的方向相反。其后果是总电场$\boldsymbol{E}$比原来的$\boldsymbol{E}_0$减弱，故称为退极化场。一般说来，当电介质的纵向尺度越大，横向尺度越小，退极化场就越弱；反之，纵向尺度越小，横向尺度越大，则退极化场越强。（陈熙谋）

退吸 desorption 从固体表面释放出气体的现象。见**吸附**。

托卡马克 tokamak 一种具有环向等离子体电流的环形强磁场**磁约束聚变**装置。又称环流器。现代磁约束聚变研究的主流装置。托卡马克中的环形等离子体电流产生角向磁场，和外加的环向磁场合成螺旋形磁场，使粒子沿着这一磁场运动，消除由磁漂移产生的电荷分离，以及由此引起的粒子损失。托卡马克装置结构如图所示。

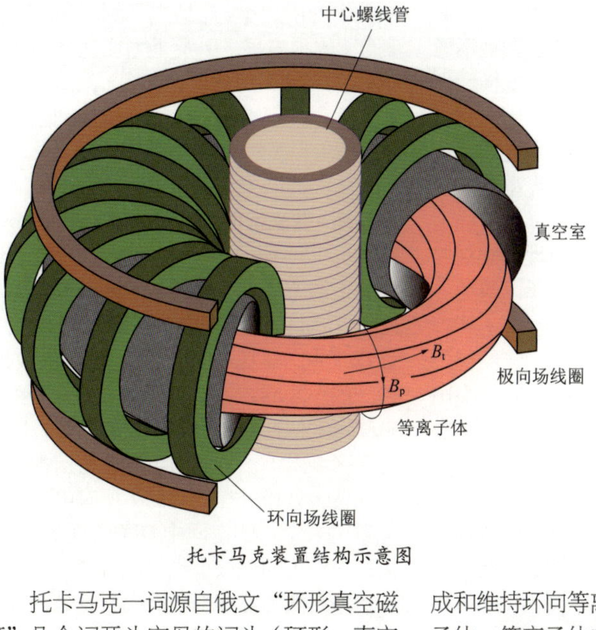

托卡马克装置结构示意图

托卡马克一词源自俄文“环形真空磁笼”几个词开头字母的词头（环形、真空室、磁、线圈）组成的缩写词Токамак。20世纪50年代初期，苏联物理学家A.D.萨哈罗夫和I.Ye.**塔姆**及美国物理学家L.斯必泽分别独立提出了等离子体电流产生螺旋磁场约束等离子体的设想。随后苏联库尔恰托夫研究所的L.A.阿尔茨莫维奇等领导的研究组开展了对托卡马克的实验研究，建立了一系列实验装置，均以T字母打头。在1965年英国卡拉姆实验室举行的等离子体物理和受控热核反应的国际会议上，苏联科学家报告了T-3托卡马克的首批实验结果。他们又在1968年苏联新西伯利亚举行的国际会议上报告了T-3的最新实验结果。翌年英国卡拉姆实验室的科学家用自带的红宝石激光散射仪重新测量了T-3托卡马克上的电子温度，证明了在T-3装置上确实实现了很好的约束。这一成就促成全世界范围内研究托卡马克的热潮，各国纷纷建设自己的托卡马克装置，并在约束、加热等方面不断取得进展。

20世纪80年代以来，一批大型托卡马克装置相继建成并投入运行。典型的装置上等离子体温度已达2亿～4亿摄氏度，表征聚变反应研究进展的参数$n\tau T$（密度×能量约束时间×温度）已达到1.5×10^{21}米$^{-3}$·秒·千万摄氏度。90年代托卡马克研究取得了突破性进展，在几台大型装置上进行了氘-氚实验，获得了兆瓦到十几兆瓦级的聚变功率。日本JT-60U托卡马克上实验参数的等效氘-氚聚变反应的能量增益因子Q（聚变反应产生的能量与输入装置的能量之比）达到1.25。这些进展表明，托卡马克装置核聚变的科学可行性得到了实验证实。1985年苏美首脑建议国际合作建设托卡马克型的**国际热核实验堆**（ITER），于1988年开始概念设计，1992年开始工程设计。这一工程正在进行中。

托卡马克的主机主要由磁场系统和真空室组成。磁场系统包括环形场线圈和欧姆变压器。环形场线圈排列在一个环形轴上用于产生约束等离子体的环向磁场B_t。欧姆变压器用以感应环向电动势，击穿真空室内工作气体，形成和维持环向等离子体电流，并加热等离子体。等离子体电流产生极向磁场B_p，与环向磁场合成螺旋形磁场。欧姆变压器可为铁芯或空芯，近年来的大型装置多采用空芯变压器，由中心螺线管和外侧的极向场线圈组成。它们综合作用，既起到变压器的作用，又用于维持等离子体平衡和设定的截面形状。

真空室由不锈钢或其他高电阻金属材

料制成，用抽气系统抽成高真空。然后充入工作气体放电。一般大型装置的真空室内装有排除杂质的偏滤器。偏滤器中和等离子体接触部位一般使用钨、石墨、碳纤维等耐高温材料。在反应堆里，真空室壁和等离子体间装有吸收中子并进行增殖中子和氚的包层。

托卡马克的工作方式决定它是脉冲工作的，因为脉冲变压器维持等离子体电流的能力是有限的，而这与反应堆稳态运行要求相违。为此发展了一些非感应驱动电流的方法，主要靠注入波的驱动。此外，托卡马克等离子体靠欧姆加热提高和维持所需的聚变温度。而等离子体的电阻率随温度增加而降低，导致加热效率降低，以致完全达不到聚变温度。为此还发展了各种辅助加热方法，主要是波或高能中性粒子束的注入。此外，环形装置的新经典输运效应在具有等离子体密度或温度梯度时可以驱动和感应驱动电流同向的自举电流。

由于托卡马克等离子体靠本身电流产生磁场维持磁场构型，有强的自组织性，物理上比较复杂，许多问题有待进一步研究。其中最重要的议题是输运和约束。很早就发现，实验得到的输运系数远高于经典输运，用基于粒子在环形位形中的运动特点提出的新经典输运也未能充分解释这一现象，故称之为**反常输运**。等离子体湍流研究揭示，这一反常输运来自微观不稳定性，主要是等离子体密度和温度梯度相联系的自由能驱动的漂移波的作用。

托卡马克装置已经取得很大进展，预计第一批聚变堆也将是托卡马克型的。但在稳态运转和结构材料问题上尚有一些困难。此外有一种带有很大随机性的宏观局部稳定性质的破裂现象应尽量予以避免。

（李银安）

托里拆利，E. Evangelista Torricelli（1608-10-15～1647-10-25） 意大利物理学家。生于法恩扎，卒于佛罗伦萨。托里拆利在求学时已显露才华，为学校主管人B.卡斯泰里（伽利略早年的学生）所赏识，

毕业后便被任用为私人秘书。1641年卡斯泰里将他正式介绍给**伽利略**，托里拆利便与V.维维亚尼一同给伽利略做伴。三人相处极其友善，经常讨论学术问题，直到伽利略去世。同时托斯卡纳公国大公聘托里拆利为宫廷数学家和哲学家，接替前任伽利略的职务，薪俸优厚。从此他便在佛罗伦萨愉快地度过一生，做了大量科学工作，在学术界赢得盛誉。

托里拆利研究过水动力学，并解决了许多实际水利工程问题。1641年表述了液体从容器小孔出流的速度与液面高度的关系式，被称为托里拆利公式。证明喷泉高度与水源头高度相同。1643年，他以两个等长不同形状（一个顶端为球形）的玻璃管，管内均灌满水银的实验，证明它们倒立后水银柱等高，以此表明大气压的存在。这个实验被称为托里拆利实验，水银柱上端的真空被称为托里拆利真空，实验用的玻璃管称为托里拆利真空管。1644年与维维亚尼合作，发明了水银气压计，并将气体温度计改制成液体温度计。他还改进了磨制光学透镜的方法；提出风产生于两个地区空气的温度差或密度差的主张；发现一个物体系统的重心处于最低位置时，该系统是稳定平衡的。

（戴念祖）

托里拆利定律 Torricelli's theorem 由意大利物理学家和数学家E.**托里拆利**于1643年发现的流体力学相关定律。液体在重力作用下，从大容器壁（或底）上的小孔中射出速率v与从小孔到液面的垂直高度h的平方根，以及重力加速度的两倍（$2g$）的平方根成正比，即$v=\sqrt{2gh}$。此关系式称为托里拆利定律或托里拆利公式。

（仲　佰）

托马斯-费米近似 Thomas-Fermi approximation 一种计算多电子原子的电子结构的近似方法。又称局域密度近似。是L.H.托马斯和E.**费米**在1927年独立发展的计算方法，其基本思想是，将实空间划分为一些小区域，每个区域内电子感受到的电势可近似视为与空间无关的常数，因而每个区域内电子的分布可近似为自由电子气的费米分布。在此近似下所有电子的总能量可表示为实空间中电子密度的泛函，因此人们可通过最小化总能量求出电子密度。该方法虽然在很多情况下定量上准确度不高，但由于其相对简单且能得出部分定性正确的结论，因而也被用于很多物理系统的分析。

（张　芃）

托马斯进动 Thomas precession 考虑三个惯性系S、S'、S''，其中S、S'之间的坐标轴互相平行，因而它们之间是无转动的**洛伦兹变换**；类似地，S、S''的坐标轴也互相平行，因而它们之间也是无转动的洛伦兹变换。但S'、S''之间则是有转动的洛伦兹变换，即S''和S'的坐标轴不再互相平行而是存在一个空间转动，这种转动称为维格纳转动（经典物理学中的伽利略变换没有这类效应）。1927年，托马斯首先把这种运动学效应应用于电子在原子核电场中做闭合轨道运动的情况，发现了电子的磁矩在运动中会产生进动，这种进动被称为托马斯进动。考虑了托马斯进动之后，原子光谱的精细结构分裂和反常塞曼效应就可同时得到圆满解释。托马斯进动效应还表现在电子和μ子在垂直于均匀磁场的平面内做圆周运动时其自旋的进动频率：

$$\omega_a=\frac{(g-2)}{2}\frac{eB}{m_0c}$$

式中$(g-2)$因子相应于反常磁矩；e为电荷；m_0为静质量；B为磁感应强度；c为真空光速。多年来进行的电子和μ子的$(g-2)$因子的实验测量结果与上面的理论预言在极高精度上相符合。

（张元仲）

陀螺 gyro 工程中具有固定点的、绕对称轴做高速自转的对称刚体。陀螺的自转轴称为陀螺主轴。由于陀螺具有定轴性、进动性等力学特性（见**陀螺力学**），因而可制成陀螺仪、陀螺稳定器，导航平台等装置，用于不同的工程技术领域。从力学上看，陀螺的含义更为广泛。高速自旋的炮弹在飞行中并无固定点，但其相对质心的运动就是典型的陀螺运动，依靠了陀螺的稳定性才不致翻跟斗。大型电机转子的转动轴受到轴承约束，但在转轴变形时，转动轴可在空间改变方向，伴随产生的陀螺效应，将会改变转子的临界转速。

地球绕南北极轴自转，自转角速度极为缓慢，但因自转动量矩十分巨大，因此地球也是一个内充液体外带气圈的大陀螺（图1）。地球南北极轴在星空的指向也以25 800年为周期缓慢改变，称为岁差。航天器为了稳定与控制自己的姿态运动，常

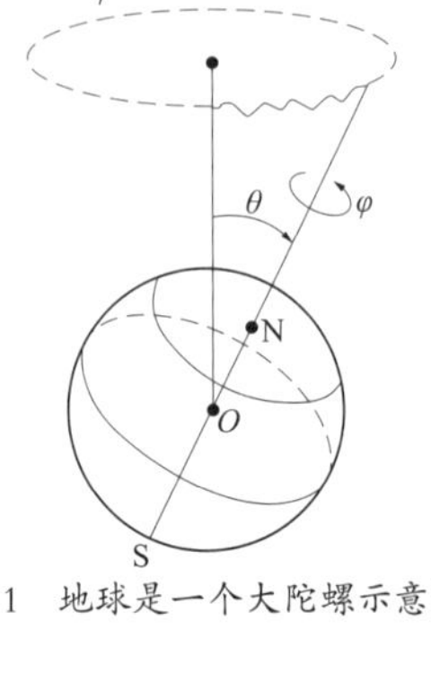

图1　地球是一个大陀螺示意图

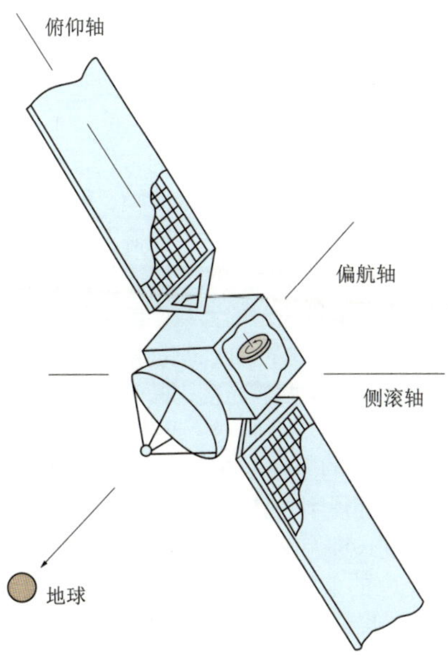

图2 带动量飞轮的陀螺体卫星示意图

在内部安装动量飞轮（一个或三个），称为陀螺体卫星（图2）。因此，只要能绕某轴转动，而此轴又可绕某会交轴转动的刚体或准刚体，一般都可称为陀螺。

（贾书惠）

陀螺力学 gyrodynamics 研究**陀螺**、**陀螺仪**、**陀螺装置**与陀螺系统的运动规律的力学学科。陀螺运动的理论基础是**刚体定点转动动力学**。L.欧拉的研究给出了自由陀螺的运动规律，J.-L.**拉格朗日**则揭示了在外力作用下陀螺的运动是进动与章动的合成。19世纪初开始研制用于表演陀螺运动特性的装置。但直到1852年，法国物理学家J.-B.-L.**傅科**才成功地制作出第一个陀螺仪，并用它检测地球的自转，不过只得到定性的结果。此后随着工业技术的发展，陆续出现了用于航海、航空、陆地、航天的各种陀螺仪器与陀螺装置，陀螺力学也得到相应发展，研究内容不断丰富，大体包含下面四个方面。

陀螺进动理论 由于陀螺转子的高速自转，许多情况下章动是高频微幅的；忽略章动，只研究作用力与陀螺主轴的进动（陀螺运动的主要成分）之间的关系，就构成了陀螺的进动理论。进动理论是实用陀螺仪理论，工程实践中有重要应用。如可用来对不同性能的陀螺仪进行原理设计、研究各种陀螺仪的原理偏差（速度偏差、冲击偏差）及补偿方法、陀螺罗经与陀螺平台的调整条件，工具误差的产生及消除途径、陀螺性能测试的方案设计等。

陀螺章动理论 由陀螺的完整动力学方程出发，可获得包括章动在内的陀螺真实运动。章动理论研究进动理论中被忽略的动力学方程中的某些项（称为章动项）对陀螺运动的影响，并估计进动理论的正确程度及其应用范围。在有关稳定性的研究中必须考虑章动项，如直立陀螺的稳定性、动力陀螺稳定装置的稳定性、陀螺的起动与停止等。章动项还能引起非线性效应，如在框架陀螺仪中，即使理想的自由陀螺仪，其主轴的指向也会缓慢地改变，称为章动引起的漂移。

陀螺系统动力学 含陀螺的系统的动力学方程中会出现速度的线性项，其系数矩阵是反对称的，这些项称为陀螺项。如果将这些项看成力并称为陀螺力，则它们有重要性质：陀螺力在系统微小实位移上元功之和为零。自然界与工程中有许多非陀螺系统中也出现陀螺力，如相对运动中的**科里奥利力**、不变磁场对运动电子的**洛伦兹力**等。对含陀螺项的动力学方程进行统一研究，就构成陀螺系统动力学。主要内容有陀螺力对定常运动稳定性的影响及系统的陀螺稳定、系统的微振动、动力学方程的简化条件等。

工程中的陀螺效应问题 研究各工程领域中与陀螺效应有关的问题，如转子动力学中陀螺效应对临界转速的影响、运动载体由于转动部件引起的运动交叉耦合、地球引力场中自旋卫星的运动、具有动量飞轮的陀螺体卫星的姿态控制等。

（贾书惠）

陀螺仪 gyroscope 具有高速转动着的旋转对称型刚体部件的仪器。又称回转仪。陀螺转子大都是定子在内、转子在外的电机，又称陀螺马达，通电后其转速保持为常数，每分钟数千转到数万转。也有外表为球形的中空转子，其内部装有赤道带，因而转子仍有确定的极轴并绕其自转。陀螺转子的支承可用环架（框架），内、外环轴的交点即为转子的支承点，如框架陀螺仪（图1）。挠性陀螺仪的结构类似一内置框架的陀螺仪，但用挠性扭杆代替轴与轴承，又称动力调谐陀螺仪（图2）。动压陀螺仪的转子用球铰支承。采用球形转子的陀螺仪则根据其支承方式不同分别称为液浮陀螺仪、静电陀螺仪与超导陀螺仪。这些陀螺仪中转子可绕内环轴、外环轴、自转轴转动，故称三自由度陀螺仪。当内外环轴上均无作用力矩时，称为自由陀螺仪，它能在惯性空间指示确定方向。自由陀螺仪与一定的修正力矩结合可构成指示地垂线的陀螺垂直仪（地平仪）、指示方向的陀螺方位仪、指示南北向的陀螺罗经等。如果陀螺仪只有一个环架，称为二自由度陀螺仪，与一定的控制力矩结合可用

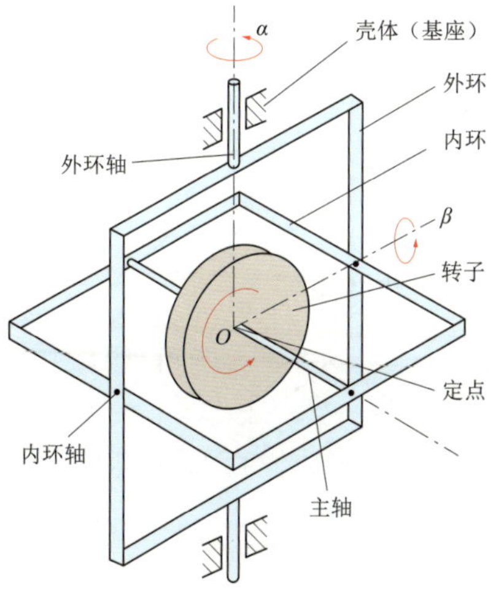

图1 框架陀螺仪示意图

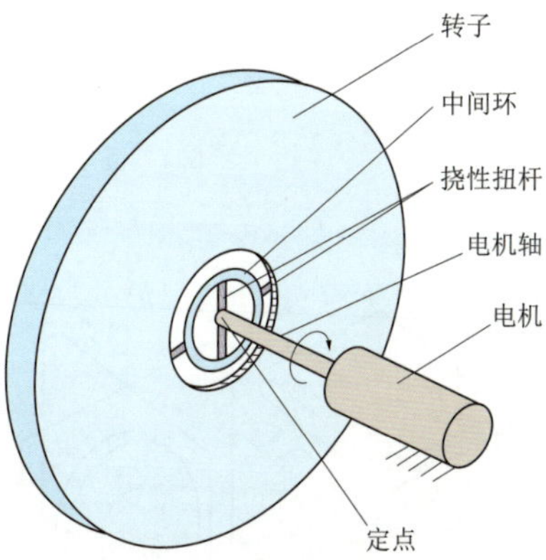

图2 挠性陀螺仪示意图

来测量载体转动的角速度与角度，因而可制成转弯仪、微分陀螺、积分陀螺。上述仪器可在飞机、船舶、火箭、导弹等运动载体上作为指示姿态角的仪表，或在自动飞行控制系统中用作传感器。非传统陀螺仪，如激光陀螺仪、光纤陀螺仪、粒子陀螺仪等均无转子，工作原理与传统陀螺仪完全不同。

（贾书惠）

陀螺装置 gyroscopic device 以一个或多个**陀螺仪**为核心部件，可完成与载体定位、定向及稳定有关的任务的机电系统。

惯导平台 图1所示为一种航海用惯性导航系统中的平台。平台P通过环架系统安装于载体，可绕三个轴转动。为了使平台模拟当地的地理坐标系（三坐标轴分别指向：东向E、北向N及天顶Z），设置了三个陀螺仪G_E、G_N、G_Z及三套稳定回路。两个加速度计A_E、A_N（载体在海平面运动，不考虑高度变化）输出的信号经导航计算机计算后可获得载体的运动信息，包括所在位置的经度λ、纬度φ、速度v、航向K及航程S。

单轴动力陀螺稳定装置 图2所示为稳定轴为x轴的平台P。当有干扰力$\boldsymbol{F}$作

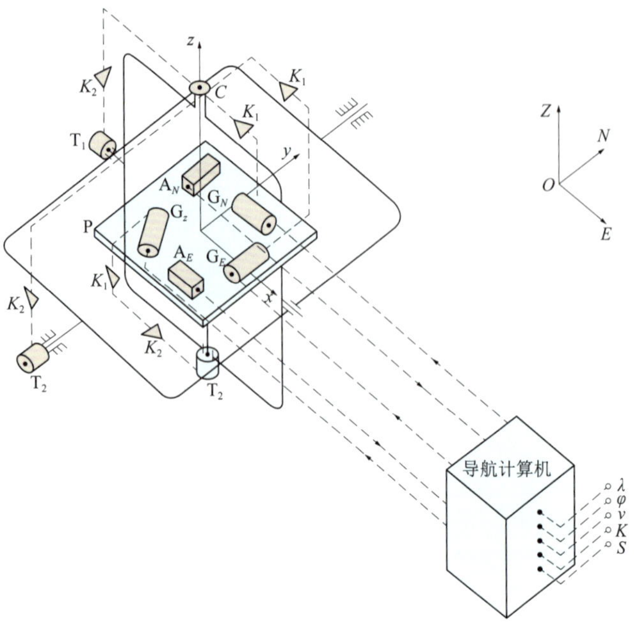

图1　惯导平台

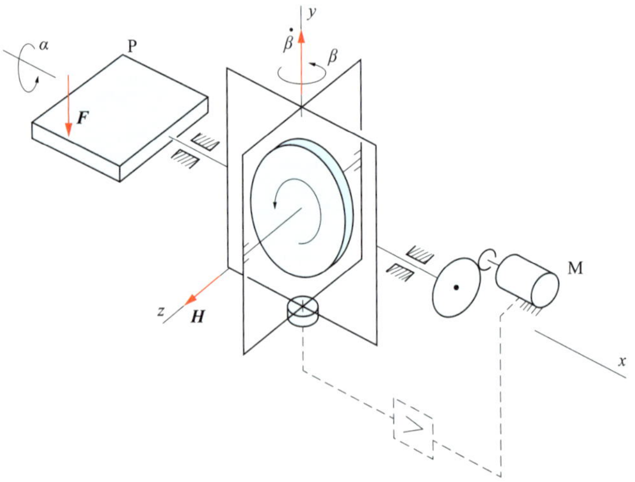

图2　动力陀螺稳定单轴平台

用于平台时，陀螺绕y轴进动并产生陀螺力矩抵抗干扰力矩；同时，根据进动角β的信号，稳定回路中的电机M产生稳定力矩抵抗干扰力矩。两种力矩的联合可保证平台的稳定精度与品质。这种装置可装在行进的坦克上用来稳定炮管的仰角。

（贾书惠）

椭偏仪　ellipsometer　一种用于测量一束偏振光从被研究的表面或薄膜上反射后偏振状态产生变化的光学仪器。用它可以得到表面或薄膜的有关物理参量的信息。椭圆偏振测量是一种非常实用的光学技术，它已有100多年的发展历史。1808年，E.-L.马吕斯探测到反射光线的偏振特性，1889年，P.德鲁德建立了椭圆偏振测量的基本方程式，奠定了椭圆偏振测量技术的发展基础。它是一种无损的测量方法，对于表面的微小变化有极高的灵敏性，如可探测出清洁表面上只有单分子层厚度的吸附或污染。这一技术与光谱系统、计算机结合后，达到了测量步骤简化及计算更为迅速的效果。它在各个领域中，如物理、化学、材料和照相科学、生物学以及光学、半导体、机械、冶金和生物医学工程中得到了广泛的应用。

原理　当一束光线倾斜入射到一表面或薄膜上时，平行于入射面振动的p偏振分量和垂直于入射面振动的s偏振分量在满足切向分量连续的边界条件下，因入射媒质、基片和薄膜材料对于p偏振和s偏振有不同的光学反射系数，在表面或薄膜上反射时，p偏振和s偏振的反射振幅和反射位相也各不相同。当入射光是一束线偏振光时，在一般情况下，从表面或薄膜上反射后，p偏振和s偏振之间产生了不同的振幅衰减和反射相位差$\Delta=\delta_p-\delta_s$（δ_p和δ_s分别是p偏振和s偏振的反射相移）。反射光电矢量终端的轨迹是一椭圆，称为椭圆偏振光。椭偏仪中实际测量的是样品的p偏振和s偏振的复数振幅反射系数的比值：

$$\rho=r_p/r_s=\mathrm{tg}\phi\cdot\exp(\mathrm{i}\Delta)$$

式中ϕ和Δ为表面或薄膜与基片组合的椭圆参量。因为参量ϕ和Δ是表面或薄膜的光学常量的函数，从而通过测量椭圆参量，便可确定表面或薄膜的光学性质。

类型　椭偏仪中最具有代表性的是补偿式和光度式两种类型。

最基本的补偿式（或称消光式）椭偏仪由偏振器、四分之一波片（或补偿器）、样品、检偏器等部件构成。从光源出射的光束，经过方位可旋转的起偏器，成为在某一方位的线偏振光，当它再经过快轴的方位相对于起偏器的方位为45°或135°的四分之一波片时就变成椭圆偏振光，p偏振和s偏振的振幅相等，但它们相对于被测表面的水平及垂直方向的相位差则仅决定于起偏器的方位，可以在0°～360°变化。所以只要调节起偏器的方位，使入射的椭圆偏振光经过表面或薄膜反射后重新补偿成线偏振光，最后用检偏器基于消光的原理测定反射线偏振光的方位。根据起偏器和检偏器方位的读数，便可确定椭圆参量ϕ和Δ。这种消光式的椭偏仪具有最高的测试准确度。光度式椭偏仪，一般是通过连续旋转检偏器（或补偿器），测量随检偏器的方位变化而变化的反射光强度，从而得到样品的斯托克斯参量。另一种光度式椭偏仪是利用电光或压电技术调制光束的偏振状态，称为偏振调制椭偏仪。光度式椭偏仪适于快速测量，而且有较高的重复精度，但是一般说来，准确度不如传统的消光式椭偏仪。

（沈伟东　唐晋发）

椭圆流　elliptic flow　重离子碰撞的集体流傅里叶分解的二阶分量$v_2=\langle\cos 2\Phi\rangle=\langle(p_x^2-p_y^2)/p_t^2\rangle$，$\langle\cdots\rangle$表示统计平均。椭圆流来源于反应重叠区形成的高密物质空间分布的不对称［不对称度定义为$\varepsilon=(y^2-x^2)/(y^2+x^2)$］，由于粒子间相互作用形成压力梯度，导致动量空间的不对称（$v_2=-\langle p_y^2-p_x^2\rangle/\langle p_y^2+p_x^2\rangle$）。椭圆流反映出在平面和出平面粒子发射的差。$v_2$为正，表示在平面发射比出平面发射强；$v_2$为负，表示出平面发射比在平面发射强。在低能时，反应系统只有非常弱的（或没有）压缩，核子运动受平均场控制，因此粒子以在平面发射为主，v_2为正。随能量升高，反应体系在反应重叠区形成高密物质，高度压缩区的粒子间相互作用导致粒子发射以出平面为主，v_2为负。当能量达到某一值时，v_2达最大负值，当能量再升高，v_2再度为正，但其机理与低能时v_2为正不同。在不同能量时Au+Au碰撞中积分的v_2值随反应能量的变化见图。

在中高能重离子碰撞中，椭圆流包含核状态方程和核子-核子两体散射截面的介质修正等非常重要的信息，对确定核状态方程和核介质效应非常重要。在相对论能区重离子碰撞中，碰撞早期两核间非常复杂的反应过程达到一定程度的局域热平衡后，在其杏仁形状重叠区形成**夸克-胶子等离子体**，即在**相对论重离子碰撞**的流体动力学计算中的初始态，由于初始态的组分之间相互作用产生的压力梯度使坐标空间的椭球形变转变为动量空间的椭球形变，从而形成椭圆流。**大型强子对撞机和**

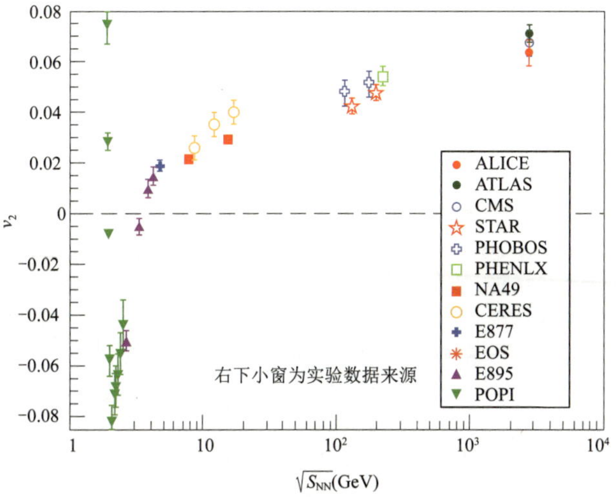

Au+Au碰撞中积分 v_2 的激发函数

相对论重离子对撞机实验中测到的椭圆流提供了形成强相互作用夸克-胶子等离子体的最重要的一个信号。理论研究还表明，v_2 与在碰撞中形成的夸克-胶子等离子体的切向黏滞性直接相关，因此椭圆流的实验测量和理论研究对于确定极端相对论重离子碰撞中产生的夸克-胶子等离子体的性质和输运性质非常重要。

（李祝霞）

椭圆偏振光　elliptically polarized light　电矢量端点描写的曲线为椭圆时的一种偏振光。见**偏振光**。

拓扑不变量　topological invariant　几何图形在连续变形下保持不变的性质。连续变形包括扭曲、拉伸、变形等，但不包括撕裂或者合并。带把的咖啡杯和甜甜圈（或游泳圈）对拓扑学家是一样的，因为可以将咖啡杯连续变形成一个甜甜圈。在这个拓扑变形过程中，图形所具有的不变性质就是它围成的孔数始终保持为一，这是一个典型的拓扑不变量。经典的拓扑不变量还有著名的欧拉示性数等。对几何图形进行分类的一个重要方法就是构造它的拓扑不变量，拓扑等价的几何图形具有相同的拓扑不变量。

自从发现整数量子霍尔效应之后，拓扑不变量在物理学中已经出现诸多的实际应用。

（盛　利）

拓扑超导体　topological superconductor and Majorana fermion　一种宏观拓扑量子态，如一维p波超导、二维破坏时间反演对称的 p_x+ip_y 波超导以及时间反演对称不变的类 $p_x\pm ip_y$ 波超导等。拓扑超导体的体内存在**超导能隙**，但在其边界（如一维系统的端点、二维系统的边缘）超导能隙关闭，存在零能边缘态，其个数由**拓扑不变量**决定。这些边缘态由电子态和空穴态等权重叠加而成，也称为马约拉纳零能模（束缚态）。马约拉纳费米子，由E.马约拉纳在1937年提出的，它是其本身的反粒子。在基本粒子的研究中，马约拉纳费米子尚未被找到。电中性的中微子曾被猜测是马约拉纳费米子，但关于中微子有质量的发现给这种猜测增加了不确定性。凝聚态物质中的马约拉纳零能模，如存在于一维拓扑超导体的端点，或二维拓扑超导体的磁通芯中的马约拉纳零能束缚态，并不完全等同于马约拉纳费米子。因为马约拉纳零能模算符除需满足马约拉纳费米算符的性质外，还需与其系统哈密顿量对易。由于马约拉纳零能模的存在，使得拓扑超导体内的电子数可以为偶数或奇数，存在费米子数宇称为0和1的简并基态。对于具有2*N*（*N*为正整数）个马约拉纳零能模的拓扑超导系统，其基态简并度为 2^N。不同于三维空间的**费米子**或**玻色子**以及二维空间的阿贝尔任意子，在二维空间中对马约拉纳零能束缚态进行两两交换操作将导致系统的量子态在简并基态所张开的空间中旋转（幺正变换），并且其结果依赖于交换操作的先后次序，即马约拉纳零能束缚态遵从非阿贝尔统计，幺正变换不完全对易。马约拉纳零能束缚态受到体内超导能隙的拓扑保护，只要相互之间在空间上分离得足够开（波函数不交叠），则这些零能束缚态就对局部扰动免疫。所以马约拉纳束缚态被认为是量子比特的理想载体，可用于构筑拓扑量子计算机。

（屈凡明　王　垡　吕　力）

拓扑绝缘体　topological insulator　一种具有时间反演对称性和拓扑保护的表面态的材料。

金属和绝缘体　电子能带结构决定了金属和绝缘体的电导率。固体能带理论描述了这些物态的电子结构，利用晶体的“离散”平移对称性，通过在周期性布里渊区域中限定的晶体动量 $\mathbf{k}$ 来分类电子状态。如**布洛赫定理**所述，具有完全周期性势场的晶体，其单电子薛定谔方程的本征态是布洛赫波：

$$H|\psi_n(\mathbf{k})\rangle=E_n(\mathbf{k})|\psi_n(\mathbf{k})\rangle$$

式中 $|\psi_n(\mathbf{k})\rangle=e^{i\mathbf{k}\cdot\mathbf{r}}|u_n(\mathbf{k})\rangle$，这里 $|u_n(\mathbf{k})\rangle$ 是定义在晶体的单位原胞中，$\mathbf{r}$ 是位置算子。它们是布洛赫哈密顿量 $H(\mathbf{k})$ 的本征态 $H(\mathbf{k})|u_n(\mathbf{k})\rangle=E_n(\mathbf{k})|u_n(\mathbf{k})\rangle$，其中，$H=\sum_k\psi(k)H(k)\psi(k)$ 而 $\psi(k)$ 是基矢。在具有两个子格子的晶体中，$\psi(k)$ 将是一个两分量的湮灭算符 $(c_{Ak}, c_{Bk})^T$。本征值 $E_n(\mathbf{k})$ 决定了共同形成能带结构的能带，其中 n 是能带指数。图1显示出最简单的二能带（价带和导带）和带隙的情况。能带和它们之间的能隙决定了固体的电导率和其他性质。绝缘体具有完全占据的价带和无占据的导带以及带隙（有时达几个电子伏），因此不具有无能隙的电子态来用于导电。金属则是部分能带填充。即使温度为0开，部分填充的能带中的无能隙电子态也会导电。

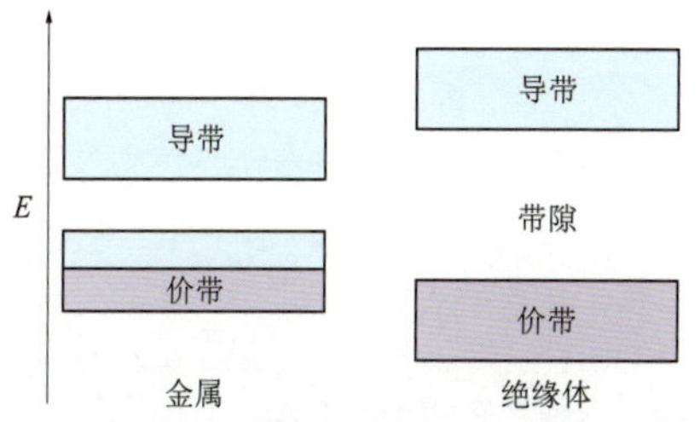

图1　金属和绝缘体的能带结构

绝缘体的常规表面态　表面态是在材料表面发现的电子态。晶体表面明显地导致周期性的偏离，在这种情况下，动量 $\mathbf{k}$ 成为复数，从而形成表面态。表面态的波函数在真空方向上单调衰减，而在晶体的方向以振荡方式衰减，其位于晶体表面附近。

有两种表面态，通常称为肖克莱状态和塔姆状态。然而，这两个术语之间没有真正的物理上的区别，只是描述表面态的数学方法不同。肖克莱态是由于仅与晶体边界相关的电子势的变化而产生的电子态，该方法适用于描述正常金属和一些窄带隙半导体。在紧束缚模型的框架中计算的表面态通常称为塔姆态，但它们也适用于描述过渡金属和绝缘体。这些表面态在现代意义上是拓扑平庸的，因为它们来源于一个体能带并返回到相同的体能带。杂质和氧化可以容易地去除这些微不足道的表面态。在金属表面也存在表面态，如Cu（100）和Ag（110）表面。

与普通绝缘体比较　拓扑绝缘体在体内部具有能隙，就像在普通绝缘体中一样，但它包含局域在其表面上的导电的电子态。虽然普通绝缘体也可以支持表面导电，拓扑绝缘体的表面态是特殊的，因为它们被时间反演对称性拓扑保护，并且没有任何非磁性杂质可以破坏它们。

在非相互作用的拓扑绝缘体的体内部，电子能带结构类似于普通绝缘体，其中费米能级落在导带和价带之间（如图2a所示）。在拓扑绝缘体的表面上，存在能量落在体能隙中并在表面导电的特殊电子态，奇数个表面态将导带与价带连接，并在布里渊区中的时间反演不变点处交叉（如图2b所示），这导致了拓扑保护的金属边界态。

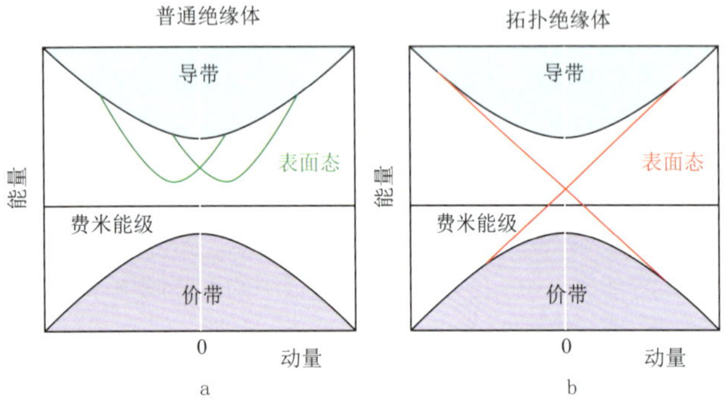

图2　普通绝缘体和拓扑绝缘体的表面态

二维拓扑绝缘体　2005年，C.L.凯恩和E.J.米尔确定了二维绝缘体的一种新型的拓扑特性，其与整数量子霍尔效应的特性不同。有两个研究组独立引入了二维拓扑绝缘体（也称为量子自旋霍尔绝缘体）的模型。凯恩和米尔提出了石墨烯中量子自旋霍尔模型，其借鉴了D.**霍尔丹**在更早的时候提出的石墨烯中的整数量子霍尔模型。自旋向上的电子表现出手性的整数量子霍尔效应，而自旋向下的电子显示出相反手性的整数量子霍尔效应。独立地，B.A.伯涅维格和张首晟在应变砷化镓中提出了量子自旋霍尔模型，其具有复杂的应变结构，可由自旋轨道耦合实现，使得自旋向上的电子感受到向上的磁场，而自旋向下的电子感受到向下的磁场。两种方案的主要成分是自旋轨道耦合的存在，这可以被理解为电子自旋耦合到与动量相关的磁场。这个理论预言很快就得到了实验证实，导致了自然界拓扑绝缘体的首次发现。

石墨烯具有非常弱的自旋轨道耦合，因此在实际情况下，其不太可能导致量子自旋霍尔状态。2006年伯涅维格、T.L.休斯和张首晟预测超过临界厚度$d_c=6.5$纳米的碲化汞量子阱是拓扑绝缘体。拓扑绝缘体的一般机制是能带反转，其中导带和价带的通常排序需通过自旋轨道耦合反转。

在大多数常见的半导体中，导带由s轨道中的电子形成，并且价带由p轨道中的电子形成。然而，在碲化汞中，包括自旋轨道耦合在内的相对论效应非常之大，以至于能带被反转，也就是说，自旋轨道耦合将p轨道为主的价带推到了s轨道为主的导带之上。碲化汞量子阱可以夹在碲化镉中生长，而碲化镉具有相似的晶格常数但是更弱的自旋轨道耦合。因此，增加碲化汞层的厚度d可以增加整个量子阱的自旋轨道耦合的强度。对于薄量子阱，如图3a的左列所示，碲化镉具有主要作用，并且能带具有正常排序：s导带E1位于p价带H1之上。在厚量子阱中，如右列所示，由于碲化汞层的厚度d增加，发生相反的排列。这里的蓝色曲线显示了电子在导带中的势能；红色曲线是价带中空穴的势能。电子和空穴被这些电势限制，但在另外两个维度上是自由的。

碲化汞中的量子自旋霍尔态可以通过E1和H1子带的简单模型来描述。该模型的解在能带反转状态下$d>d_c$给出了一对边缘态，而在$d<d_c$中没有边缘态，如图3b量子阱的能谱所示。左边薄量子阱具有绝缘能隙，右边在厚量子阱的间隙内部是边缘态，如红线和蓝线所示。一对边缘态（称为螺旋态）具有相反的自旋，并从价带一直连接到导带，并且非磁性杂质背散射被禁戒。当费米能级在体能隙中时，电导由跨越间隙的边缘通道支配。量子自旋霍尔态下的两端电导为$G_{xx}=2e^2/h$（其中e、h分别为电子电荷与普朗克常数），而在正常绝缘态下为零。由于电导由边缘通道控制，电导值对样品的宽度应该不敏感。2007年，由L.W.莫连坎普领导的维尔茨堡大学的一个团队观察了通过分子束外延生长的碲化汞量子阱中的**量子自旋霍尔效应**。输运实验显示量子自旋霍尔绝缘体的电导率为$2e^2/h$，表明螺旋边缘态的贡献。相比之下，平庸的绝缘体相确实

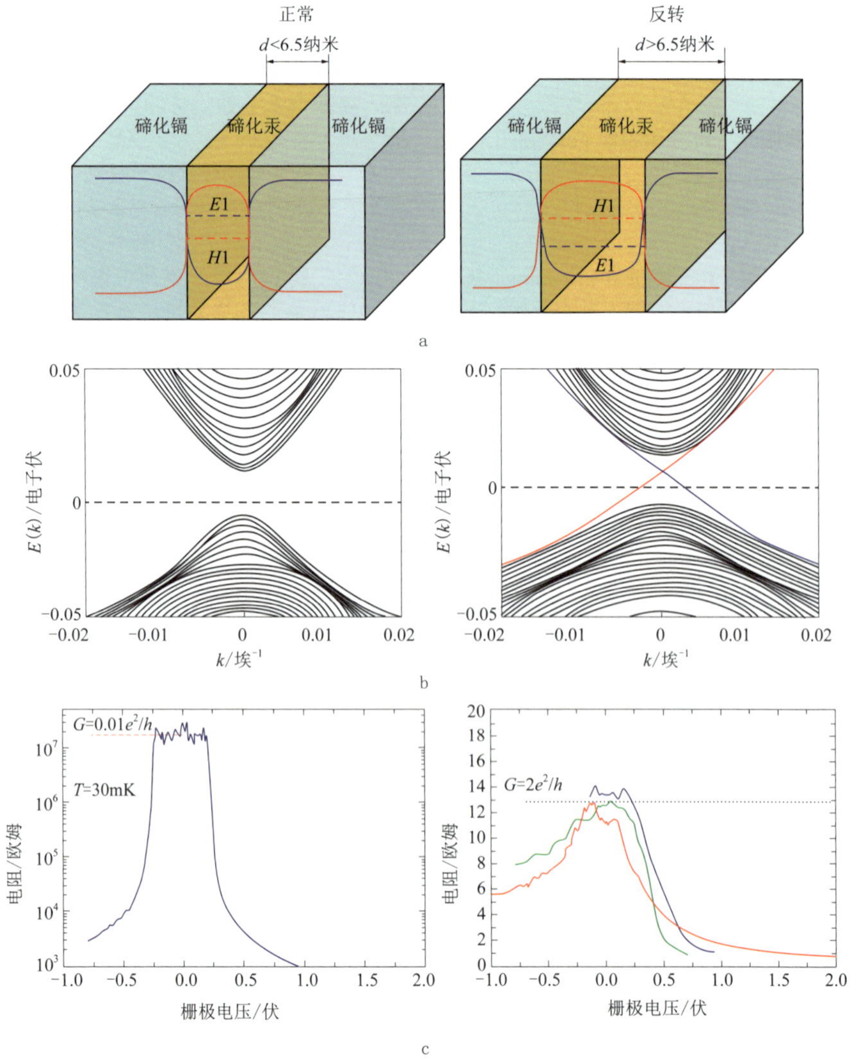

图3　碲化汞量子阱是二维拓扑绝缘体

是绝缘的，具有消失的电导（图3c），即薄量子阱在能隙内具有几乎无穷大的电阻；而厚量子阱由于完美导通边缘态而具有在$R=h/2e^2$处的量化电阻平台。此外，对于0.5微米（红色）至1.0微米（蓝色）的不同宽度的样品，电阻平台是相同的，证明只有边缘导通。

三维拓扑绝缘体　具有一维螺旋边缘态的二维拓扑绝缘体可以简单地推广到三维拓扑绝缘体。Bi_2Te_3，Bi_2Se_3和Sb_2Te_3被预言是三维拓扑绝缘体，其体能隙大至0.3电子伏，拓扑表面态由单二维无质量个狄拉克锥组成，其能带形成所谓的狄拉克锥。然而，其表面态以及机制非常复杂。不久之后，在具有特殊范围x的合金$Bi_{1-x}Te_x$中首次实现了三维拓扑绝缘体。图4a给出三维拓扑绝缘体Bi_2Te_3的晶格结构，由Te-Bi-Te-Bi-Te的叠层准二维层组成，箭头表示晶格基矢。

普林斯顿组的角分辨光电子谱实验观察到了Bi_2Se_3的单个狄拉克锥表面态。此外，该组的自旋分辨的角分辨光电子谱测量显示电子自旋位于表面的平面中，并且总是垂直于动量。更进一步，斯坦福大学也通过角分辨光电子谱实验在Bi_2Te_3中观察到没有体载流子的纯拓扑绝缘体相。观察到的表面态具有线性能量动量关系，且在零动量点交叉。通过映射所有动量空间，角分辨光电子谱实验证实Bi_2Te_3和Bi_2Se_3的表面态由单个狄拉克锥组成。见图4b。角分辨光电子谱显示能量动量的关系是线性的。顶部的两条虚线表示体能隙；底线标志着狄拉克锥点。图4c角度分辨光电子谱绘制动量空间中的能谱。其显示Bi_2Se_3表面态的自旋轨道耦合。

与碲化汞类似，Bi_2Te_3族的非平凡拓扑结构是由于Bi和Te的强自旋轨道耦合导致的，由具有相反宇称的两个轨道之间的能带反转。由于这种相似性，三维拓扑绝缘体系列可以通过三维版本的碲化汞模型来描述。第一原理计算表明，材料表面上有一个单一的狄拉克锥。表面态的自旋位于平面内，并且总是垂直于动量，如图4c所示的动量空间中的能谱。

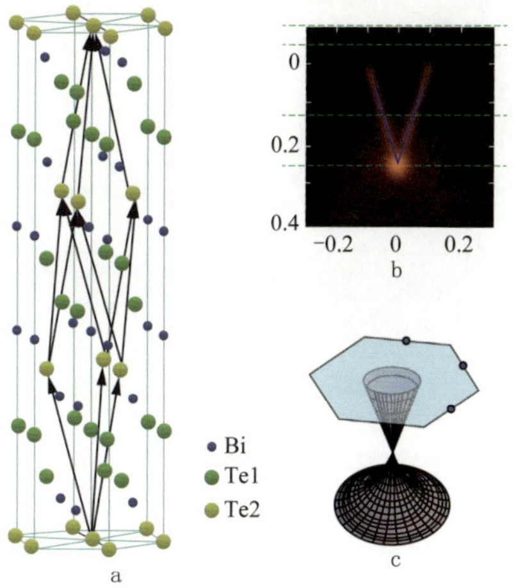

图4　拓扑绝缘体Bi_2Te_3的晶格结构、角分辨光电子谱及动量空间中的能谱

（王　靖）

拓扑相变　topological phase transition　由系统拓扑性质变化导致而无法用传统的对称性破缺理论来描述的**相变**。

简史　1972年物理学家J.M.**科斯特利兹**和D.J.**索利斯**基于拓扑性缺陷的理论，指出二维系统中存在从低温涡旋束缚态到高温涡旋自由态的相变，即科斯特利兹-索利斯相变，简称KT相变。事实上苏联物理学家V.L.别列津斯基在1970年也完全独立地提出了类似的相变机理，所以这一相变又被称为别列津斯基-科斯特利兹-索利斯相变，简称BKT相变。这一工作开启了拓扑相变的研究。2016年科斯特利兹、索利斯和D.**霍尔丹**凭借他们在拓扑相变和拓扑物态领域的理论发现而获得了诺贝尔物理学奖。

基本内容　相变指的是系统有序程度的改变，通常伴随着对称性质的突然变化。例如在传统的铁磁相变中，高温顺磁相中微观磁矩方向随机，平均值为零；低温铁磁相中，磁化强度或微观磁矩的平均值不再为零，而是选出了特定空间方向，破缺了空间旋转对称性。这类连续对称性的破坏在二维是不稳定的。科斯特利兹和索利斯指出在二维平面系统中，存在拓扑型的涡旋激发，相当于在二维平面上挖出不同的洞，从而改变了系统的拓扑。以**XY模型**为例，假设二维平面上每个点都有一个单位长度的小指针，可以指向平面内的任意方向。典型的涡旋构型如图所示。如果围绕着涡旋中心顺时针走一圈时，小指针的方向也顺时针走一圈的话，拓扑学上称这是绕数为1的正涡旋（图a）；反之如果绕涡旋中心顺时针走一圈，而小指针却逆时针走了一圈，则这就是绕数为−1的反涡旋（图b）。在拓扑意义下，具有不同绕数的涡旋激发是不能通过连续变形（不断地局域改变小指针的方向）来互相转化的，属于不同的拓扑类。

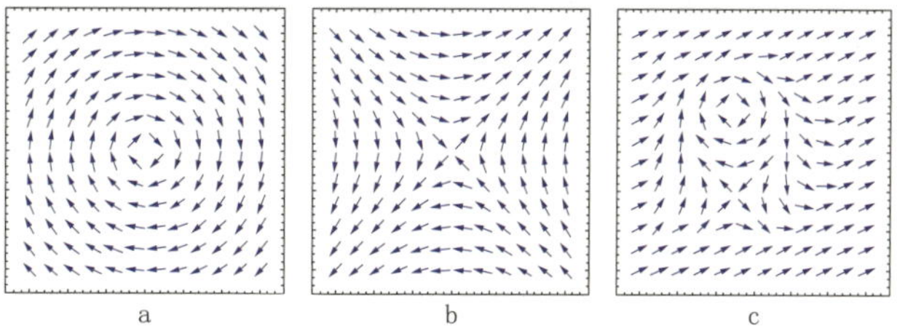

二维平面的涡旋构型

尽管涡旋的激发需要较高的能量，但在高温下产生大量自由涡旋有利于熵的增加，从而降低系统的自由能。而在低温下正负涡旋束缚对（图c）的产生则有利于能量的降低，因此在特定温度下系统的拓扑性质会发生转变。这一转变不同于对称性破缺的传统相变，通常被称为KT相变。这类相变具有普适性，被实验证明存在于二维磁体以及超导和超流薄膜系统中。随着量子自旋链和**量子霍尔效应**等相关研究的开展，物理学家认识了越来越多具有不同拓扑性质的物相。这些物相可以用不同的**拓扑不变量**来刻画，它们之间的拓扑相变则伴随着拓扑不变量非连续的变化。

此外，凝聚态物理中拓扑相变还指压强、磁场或掺杂等外参量变化时固体中电子占据的能带融合和消失的转变。这类相变也称栗弗席兹相变，涉及费米面拓扑的改变，也无法用对称性破缺来描述。

研究状况　21世纪以来，量子自旋液体、**拓扑绝缘体**和**拓扑超导体**等研究极大推动了拓扑相变领域的发展，使量子临界现象研究超越了传统的**朗道相变理论**范式。

（万　歆　廖海军）

拓扑序　topological order　一类**宏观量子态**的共同属性。这类宏观量子态不能用局域的对称破缺序参量描述。具有对局域微扰稳定的简并，而且其简并度与体系所处的实空间流形的拓扑属性有关。大部分的分数量子霍尔效应系统和**量子自旋液体**都具有拓扑序。此外，有许多量子格点模型可以给出拓扑序。具有拓扑序的体系通常体内有能隙，并且具有有限能量的所谓拓扑激发，这类激发不能用局域的物理算符单独产生，而且一般有不同于**玻色子**和**费米子**的统计特性。如二维拓扑序通常有阿贝尔型或非阿贝尔型的**任意子**元激发。这个概念最早是在20世纪80年代末90年代初对于分数量子霍尔效应和量子自旋液体的相关理论研究中提出。到20世纪末，具有拓扑序的体系被指出可以作为量子比特，利用拓扑序对于局域微扰稳定的特性进行容错量子计算。进入21世纪之后，许多数学和量子信息领域的概念和方法被广泛引入对于拓扑序的研究之中。

一个最早发现的拓扑序是1/3填充的分数量子霍尔效应系统。这个体系没有任何自发对称破缺，对于体系内部的激发有能隙。理论研究发现，如果能把这个体系放到闭曲面上，该系统将有简并的基态且简并度为3的幂次，而幂指数为曲面的亏格（如球面的亏格为0，环面为1，双环面为2），简并度幂函数的底（这里为3）被称为这个拓扑序的量子维度。这个体系具有带1/3基本电荷的阿贝尔任意子元激发，两个这样的元激发交换会对量子态波函数造成$\pi/3$的复相位。

一个具有非阿贝尔任意子的拓扑序是针对填充数5/2的分数量子霍尔效应系统提出的莫尔－里德态。这个量子态具有电中性的马约拉纳费米子型的任意子元激发，交换两个马约拉纳费米子会对量子态造成非平庸的幺正变换，且多次交换的结果可能和交换的顺序有关。

对于拓扑序的刻画分类和传统的自发对称破缺序完全不同，因为拓扑序不能用局域序参量及其对称性来描述，这方面的研究仍在积极进行之中。利用陈－西蒙斯理论对于只具有阿贝尔任意子的二维拓扑序已经有比较完备的理论分类刻画，利用格点规范理论和数学中的范畴理论对于一般的拓扑序分类也已经有很多进展。关于系统内禀对称性（如自旋旋转对称性等）对于拓扑序分类的细化作用（所谓的对称富化的拓扑序）也已经有一些结果。而量子信息的概念和语言，如纠缠熵和纠缠谱，对于刻画和理解拓扑序也有很多重要结果，如用所谓的拓扑纠缠熵可以得到二维拓扑序的量子维度。（王 垡）

W

瓦尔顿，E.T.S. Ernest Thomas Sinton Walton（1903-10-06～1995-06-25） 爱尔兰实验物理学家。生于都柏林，卒于北爱尔兰贝尔法斯特。1927年和J.D.考克饶夫一起在剑桥卡文迪什实验室E.卢瑟福教授的指导下从事研究工作，1931年获剑桥大学哲学博士学位。1934年任都柏林三一学院研究员，1947年任自然和实验哲学教授。1952年起任都柏林高等研究院宇宙物理部主任和高级研究员，1974年退休。为爱尔兰皇家科学院院士。

1929年瓦尔顿和考克饶夫设计了第一台高压倍加器，被称为“考克饶夫-瓦尔顿仪器”。1931年他们以这种仪器首次实现不用放射性物质的人工核反应，即令锂原子核嬗变为两个氦原子核。继而对其他一些轻元素，如铍、碳等进行类似实验，获得了大量的重要数据，首次用实验验证了爱因斯坦的质能等价理论。由此，他和考克饶夫获1951年诺贝尔物理学奖。

（郭奕玲）

瓦维洛夫，S.I. Sergei Ivanovich Vavilov（1891-03-24～1951-01-25） 苏联物理学家。生于莫斯科，卒于莫斯科。1909年入莫斯科大学学习，1914年毕业并留校任教。1918～1930年任俄联邦下属一个部的物理和生物物理研究所物理光学研究室主任。1920年任莫斯科高等工业学校教授。1929年任莫斯科大学教授。1932年起任苏联科学院物理研究所所长，兼任光学研究所学术领导人和实验室主任。1945年当选苏联科学院院长。

瓦维洛夫从事物理光学，尤其是发光和光本性的研究。1923年与其同事共同发现光学中第一个非线性效应。1927年发现发光产额与激发辐射波长的关系，被称为瓦维洛夫定律。长期研究荧光性质，最早指出荧光偏振程度取决于激发荧光的光波长，导致荧光光谱的研究。曾研制一种新型经济发光灯。设计了一种严密的荧光分析法，建立紫外显微术和发光显微术。1934年指导P.A.切伦科夫发现纯液体在γ射线作用下的特殊发光，被称为瓦维洛夫-切伦科夫效应。在证实光量子性质方面也做了多项研究。

（戴念祖）

外差干涉仪 heterodyne interferometer 使用两种不同频率的单色光分别作为测量光束和参考光束，通过光电探测器的混频，输出差频信号的干涉仪。又称双频干涉仪、交流干涉仪。受光电探测器频响的限制，频差一般在100兆赫以内。被测物体的变化如位移、振动、转动、大气扰动等引起的光波相位变化或多普勒频移载于此差频上，经解调即可获得被测数据。

外差干涉仪的突出优点是：①由于物体变化所产生的多普勒频移信息是载于稳定的差频上，且其频率较高（几兆至100兆赫），因此，光电探测时避过了激光器的低频噪声和半导体器件的$1/f$噪声区；又利用频率跟踪等外差解调技术大量滤除了宽带噪声，因此提高了光电信号的信噪比。例如，零差干涉测长仪中，当测量光束受外界干扰光强衰减50%时，就不易正常工作，而外差干涉测长仪则在光强衰减90%时仍能正常工作，因此能用于生产现场，并能于较长距离时测量（大于60米）。②可以直接从输出频率相对于差频的增减判别运动的方向，因此可以测量物体的连续变化过程如随机振动波形、气流扰动随时间变化过程等，而零差干涉仪较难实现。

外差干涉仪现已广泛应用于测速、测长、测角、测振、测表面光洁度、测激光束通过湍流时光束的扰动，还能用于提高望远镜的视轴瞄准精度，以及用于自适应光学中的鉴相器等领域，获得了比零差干涉仪更高的精度。

外差干涉仪中两种不同频率的光束可由两台稳频的激光器提供，也可以利用磁光、电光、声光效应或旋转光栅盘的衍射效应提供。

（张仲先）

外尔半金属 Weyl semimetals 一种三维电子材料。非简并的导带和非简并的价带在布里渊区内相交的孤立动量点被称为外尔点。在每个外尔点附近，电子的低能量、长波长的单粒子激发的运动可以用外尔方程来近似描述，因此得名。

原理 外尔半金属的出现需要两个条件：空间反射-时间反演联合对称性的破缺（即PT-破缺）和导带、价带之间的能带反转。前者保证了三维能带的自旋简并解除，后者使得两个能带出现交叉。可以证明，在不考虑晶体的点群对称性时，两个能带的相交会出现在布里渊区中孤立的偶数个点上。在每个交点附近，体系的低能量、长波长的电子激发都可以用一个二能带有效运动方程来近似描述。展开到动量的一阶项时，该方程与三维空间自由的无质量费米子（外尔费米子）所遵循的运动方程很相似。另一方面，考虑一个包围着单个外尔点的布里渊区中的闭合球面，此球面上的波函数所确定的陈数为+1或者−1，这又和外尔费米子的正负手性对应起来。如上所述的这些相似性，促使人们将此类材料命名为外尔半金属，而每个交点则称为外尔点，其所具有的手性（陈数的正或负）称为该外尔点的单极荷。

材料 外尔半金属态的实现，需要时间反演对称性的破缺或者空间反射对称性破缺。前者对应的是磁性材料，而后者对应的是非中心对称的材料。截至2017年，实验上被观测到的外尔半金属材料都是非中心对称的。这些材料包括但不限于砷化钽、砷化铌、磷化钽、磷化铌、二碲化钨、二碲化钼等。

性质 外尔半金属的特异性体现在其体态的性质和表面态的性质两个方面。最显著的体态性质是手性反常。当考虑一个只由正手性（或者负手性）的外尔费米子所组成的系统时，虽然体系的作用量具有电荷守恒，但当考虑量子效应时，发现一个任意小的磁场将使得体系的电荷不断增加（或者减少），违背了电荷守恒。在外尔半金属中，正负外尔点必须成对出现，因此不会出现总电荷的不守恒，而是当正负外尔点附近的电子态之间的散射矩阵元比较小时，磁场会引起一个由正（负）外尔点流向负（正）外尔点的电流。在实验中，这将体现为当磁场方向和电流方向平行或者反平行时，体系的电阻随着磁场的增大而下降，即出现所谓的负磁阻，已在砷化钽中观察到了这一效应。在表面（界面）上，外尔半金属的拓扑性质表现为费米弧的出现。对于一般的二维或准二维金属，费米面是布里渊区中的一条或数条闭合曲线；而外尔半金属的表面态的等能面则是一条或几条连接正、负外尔点在表面布里渊区的投影点的非闭合曲线。这是因为外尔点在体态中的拓扑数（即陈数）决定了在表面投影点附近，电子态呈现出正螺旋面或反螺旋面的色散关系，而此类曲面的等高线就是连接正、负螺旋面中心的非闭合曲线（见图）。图a为砷化钽中理论计算得到的布里渊区中几对代表性的外尔点的位置和它们所携带的手性，蓝色为负，红色为正（图中绿色的圆为忽略自旋-轨道耦合时的能带交线）；图b为一个正手性的外尔点在表面布里渊区的投影点附近，表面态的螺旋面形状的色散关系；图c为两个相反手性的外尔点的表面投影之间的表面态的色散关系，其中绿色的弧线是该图像的一条等高线。

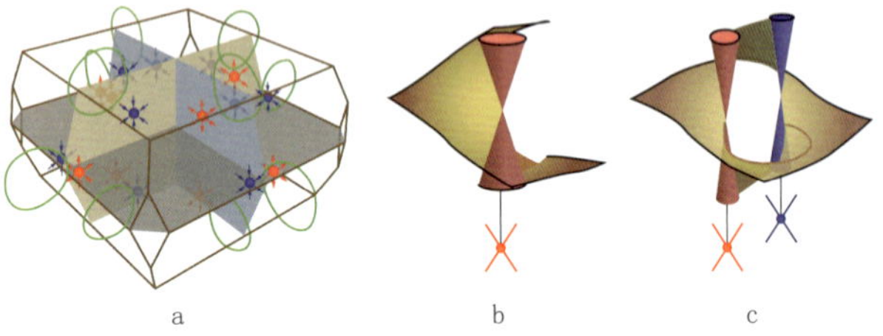

外尔半金属表面态示意图

（方　忠　方　辰）

弯曲波　flexural wave　指在力驱动下，或入射声波的激励下，板、棒或管中作弯曲运动并传播的波。是一种反对称模态的波，一般情况下是频散的。弯曲波是一种形象的名称，并非严格的定义，有的文献将板、棒或管中反对称模态的波都叫作弯曲波。在声波测井中，在偶极子声源激励下，井壁地层中存在弯曲波，此时井壁质点在与井轴垂直方向上的位移的幅度大于沿井轴方向的位移，井壁产生弯曲变形。在快速地层的井孔中，弯曲波与单极子声源声场的斯通利波类似，能量大部分集中在井壁附近，但在频散特性上，却表现出与单极子声源声场的伪瑞利波相似的性质。频率升高时弯曲波的相速度和群速度趋向于井中流体声速，而在低频时趋向于地层横波速度。在慢速地层的井孔中，弯曲波在低频的相速度和群速度趋于地层横波速度，当频率趋于无穷大时，弯曲波的相速度和群速度趋向于流体和地层界面上的Scholte波。（林伟军）

弯曲时空　curved space-time　几何弯曲的时间空间统一体。其中每一点代表一个事件，每一类时或类光曲线称为一条世界线。在狭义相对论中，时间和空间的统一体构成一个平直的四维几何。在广义相对论及其他相对论性引力理论中，由于引力场的存在，这种时间和空间的统一体构成一个弯曲的四维几何。在广义相对论中，描述弯曲时空几何的基本变量是度规张量场。在其他相对论性引力理论中，弯曲时空几何的基本变量除度规张量场外，还可酌情增加挠率张量场等（以下仅涉及广义相对论中的弯曲时空）。度规张量场［常简称为度规张量，记作$g_{\mu\nu}(x)$］是一个对称可逆张量场，其每一分量都是时空点的函数。它量度时空中点x附近两相邻点的时空间隔，即：

$$ds^2=g_{\mu\nu}(x)dx^\mu dx^\nu$$

式中对重复指标求和。四维时空的度规张量场共有10个独立的分量场。

在弯曲时空中每一点可定义一个光锥。与在平直时空中每一点的光锥有所不同：它们是在时空点的切空间中无限延伸，而不是在时空中无限延伸，如图1所示。图1中二维曲面代表一个弯曲时空，每一点有一个切平面，在切平面内有一个光锥。

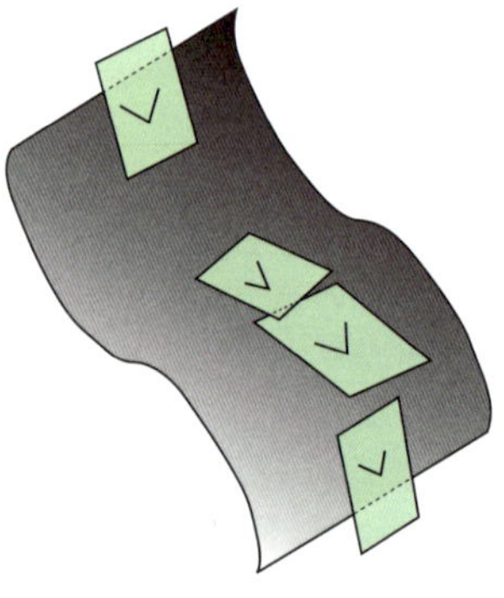

图1　弯曲时空中光锥示意图

利用光锥可把时空中的曲线分为类时线、类光线和类空线。任意两事件的关系可按连接它们的曲线的性质分为类时关联、类光关联和类空关联。只有能建立类时关联或类光关联的两个事件才可能有因果联系。

球面上最“直”的线是大圆弧（如图2中的$\widehat{AB}$、$\widehat{AN}$、$\widehat{BN}$所示），弯曲时空中的最“直”的线称为测地线。测地线也分为类时、类光和类空三类。广义相对论认为，引力场中自由的检验粒子沿着类时测地线运动，而光子沿着类光测地线传播。

由度规张量可计算出时空的克里斯托费尔联络：

$$\Gamma^\lambda_{\mu\nu}=\frac{1}{2}g^{\lambda\sigma}(\partial_\nu g_{\sigma\mu}+\partial_\mu g_{\sigma\nu}-\partial_\sigma g_{\mu\nu})$$

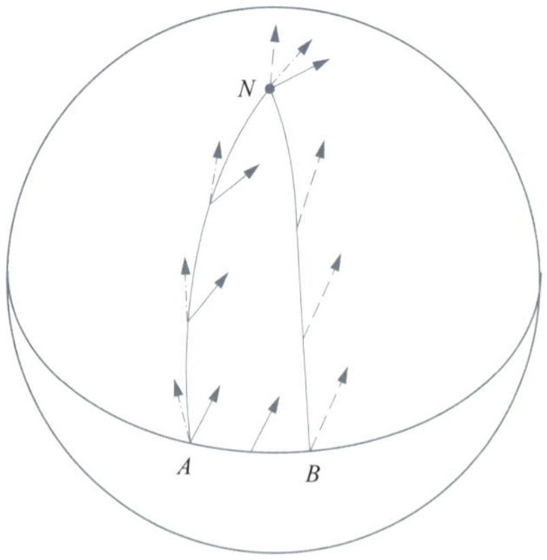

图2　球面上的测地线和矢量的平行移动

式中$\partial_\mu=\dfrac{\partial}{\partial x^\mu}$，以及（无挠）黎曼曲率张量：

$$R^\lambda_{\sigma\mu\nu}=\partial_\mu\Gamma^\lambda_{\sigma\nu}-\partial_\nu\Gamma^\lambda_{\sigma\mu}+\Gamma^\lambda_{\rho\mu}\Gamma^\rho_{\sigma\nu}-\Gamma^\lambda_{\rho\nu}\Gamma^\rho_{\sigma\mu}$$

利用克里斯托费尔联络可将弯曲时空中矢量沿曲线从一点平行移动（简称平移）到另一点。如图2所示，点划线矢量是AN的切矢量，实线矢量是A点的一个矢量沿$\widehat{AN}$和$\widehat{AB}$的平移，虚线矢量是A点的矢量沿$\widehat{AB}$平移到B点后，再沿$\widehat{BN}$的平移。平行移动提供了一种将一时空点的几何与相邻点几何比较的途径。

黎曼曲率张量是4阶张量，具有4个指标，共有20个独立分量，描写时空弯曲的程度。当一个时空的黎曼曲率张量恒为零时，称这个时空是平直的。黎曼曲率张量可分解为两部分。一部分是里奇张量：

$$R_{\mu\nu}=R^\lambda_{\mu\lambda\nu}$$

它是2阶张量，是一个对称张量，有10个独立分量。由它的组合给出爱因斯坦张量：

$$G_{\mu\nu}=R_{\mu\nu}-\frac{1}{2}g_{\mu\nu}R$$

式中$R=g^{\mu\nu}R_{\mu\nu}$为曲率标量。在广义相对论中，爱因斯坦张量与时空中物质场的能量-动量-应力张量通过爱因斯坦场方程联系在一起。另一部分是外尔张量：

$$C^\lambda_{\sigma\mu\nu}=R^\lambda_{\sigma\mu\nu}-\frac{1}{2}(\delta^\lambda_\mu R_{\sigma\nu}-\delta^\lambda_\nu R_{\sigma\mu}+g_{\sigma\nu}R^\lambda_\mu-g_{\sigma\mu}R^\lambda_\nu)$$

$$+\frac{1}{6}R(\delta^\lambda_\mu g_{\sigma\nu}-\delta^\lambda_\nu g_{\sigma\mu})$$

外尔张量也有10个独立分量。

如同在地球赤道上相邻两点的两条经线（图2中$\widehat{AN}$和$\widehat{BN}$）最终在南北两极相交一样，在弯曲时空中两相邻测地线间的距离不再保持不变。通过观察两条相邻测地线的分离与接近就可洞察时空的弯曲。两相邻测地线的偏离就给出有限大系统所受到的潮汐力。（黄超光）

弯曲时空量子场论　quantum field theory in curved space-time　研究量子化的物质

场在经典引力场中传播的理论。是平直时空量子场论的拓展。20世纪在构建自然界基本相互作用的统一理论上取得了令人瞩目的进展。60年代，S.L.格拉肖、S.温伯格和A.萨拉姆提出了将电磁相互作用和弱相互作用统一起来的弱电统一理论，后来又试图将描述强相互作用的量子色动力学也包括进来，构成将强、弱、电磁三种相互作用统一起来的大统一理论。但引力是一个例外。尽管A.爱因斯坦的广义相对论在引力经典性质的研究方面取得了巨大的成功，但人们却一直不能将其融入这一统一理论的框架，甚至引力场本身的量子化也有巨大的困难。

人们依然没有能够建立一个完全自洽的量子引力理论，但是在探索时空本质和引力量子化的征途上已经做出了很多有益的尝试，如弦论和圈量子引力理论。当能标远小于普朗克能标的时候，可以把引力场处理成用广义相对论描述的经典弯曲时空背景来考虑物质场的量子化问题，这种半经典的理论就是弯曲时空量子场论，它可以看作是量子引力的低能近似理论。

弯曲时空量子场论在对于极早期宇宙以及黑洞附近量子化物质场的研究方面取得了一系列重要的成果。20世纪60年代，L.E.派克系统研究了膨胀宇宙中的粒子产生效应，发现变化的引力场会导致粒子的产生。1974年S.W.霍金发现，考虑量子效应之后黑洞会像一个黑体一样向外辐射能量。黑洞霍金辐射的发现不仅为黑洞熵的唯象理论提供了支持，而且深刻揭示了量子理论、引力理论和热力学之间的内在联系，被认为是联系这三种理论的“罗塞塔石碑”，为人类揭开量子引力之谜提供了重要线索。与此同时，S.A.富林、P.C.W.戴维斯和W.G.安鲁分别指出，在惯性观测者定义的闵可夫斯基真空中，匀加速观测者会认为自己处于一个温度正比于其固有加速度的热库之中，即安鲁效应。这些弯曲时空量子效应对于深入研究量子引力的某些特性具有重要意义。此外，弯曲时空量子场论还可以解释时空大尺度结构的形成以及微波背景辐射的各向异性。

（余宏伟）

万有引力 universal gravitation 存在于任何两个物体之间的由质量引起的相互吸引力。I.牛顿于1687年在《自然哲学的数学原理》中提出了万有引力定律。其内容是：任何两物体之间都存在相互吸引的作用力，力的方向沿两物体的连线，力的大小F与两物体质量m_1和m_2的乘积成正比，与两物体之间距离r的平方成反比。用公式表示就是：

$$F=\frac{Gm_1m_2}{r^2}$$

式中G为万有引力常数，它是与物体无关的普适常量，需要由实验确定。牛顿所说的物体是指质点。如果考虑有尺寸大小的物体，则应将两个物体分割成许多质点，计算它们之间的万有引力并求其矢量和。可以证明，地球对球外一点的引力通过地心，因此地球周围的引力场是中心力场；人造地球卫星就在这个中心引力场中运动。

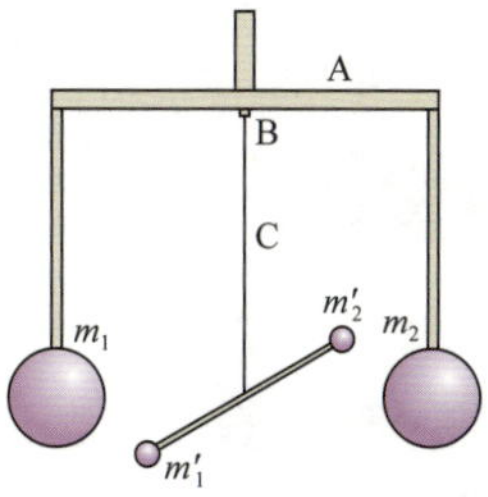

卡文迪什实验示意图

测定万有引力常数G的数值时，需要测定两个已知质量物体的引力。1798年，H.卡文迪什用扭秤做了实验，通过测量扭丝的转角及扭丝的扭转刚度来测量大小球之间的引力。他测得的数值为$G=6.754\times10^{-11}$米^3/（千克·秒^2）。经过长期改进，国际科学技术数据委员会（CODATA）1988年推荐的数值为$G=6.673\ (10)\times10^{-11}$米^3/（千克·秒^2）。

牛顿是从天体运动的规律中发现万有引力定律的。1609年和1619年，德国天文学家J.开普勒在多年观测的基础上总结出了行星运动的三大定律，其中第二定律（面积定律）表明行星的绕日运动的动量矩守恒，这就意味着行星受到来自太阳的中心引力；而第三定律（谐和定律）则蕴涵着平方反比律。平方反比律也曾被其他人（如R.胡克）提出过，牛顿则经过缜密的数学推导，提出了**万有引力定律**。万有引力定律是研究天体力学的基础。1846年，就在理论计算的位置上发现了太阳系中的一颗新的行星——海王星。现代航天技术中，人造地球卫星及各种航天器的轨道问题与姿态问题、登月问题、行星际飞行问题等都以万有引力为基础进行研究。

关于万有引力的进一步研究属于A.爱因斯坦，他所创立出的广义相对论已成为现代天体物理学与宇宙学分析问题的基础。

（贾书惠）

万有引力定律 law of universal gravitation 物体间相互作用的一条定律。任何物体之间都有相互吸引力，这个力的大小与各个物体的质量成正比例，而与它们之间的距离的平方成反比。如果用m_1、m_2表示两个物体的质量，r表示它们间的距离，则物体间相互吸引力为：

$$F=\frac{Gm_1\,m_2}{r^2}$$

式中$G\approx6.672\ 59\times10^{-11}$千克$^{-1}$·米^3·秒$^{-2}$称为万有引力常数。（根据中国引力物理学家罗俊等的最新测量结果，国际天文学联合会给出的2023年建议G值为$6.674\ 30\times10^{-11}$。

I.牛顿利用万有引力定律不仅说明了行星运动规律，而且还指出木星、土星的卫星围绕行星也有同样的运动规律。他认为月球除了受到地球的引力外，还受到太阳的引力，从而解释了月球运动中早已发现的二均差、出差等。另外，他还解释了彗星的运动轨道和地球上的潮汐现象。

1859年，法国天文学家U.-J.-J.勒威耶发现水星近日点进动速率的数值与用万有引力定律算得的数值有偏差。以后又有人陆续发现月球运动长期加速、星光在太阳附近弯曲等用万有引力定律无法解释的现象。20世纪以来，许多学者（如A.爱因斯坦等）又提出了各种新的引力理论。

（郑学塘）

汪承灏 Wang Chenghao（1938-01-10～ ）中国声学家。生于江苏南京。1958年毕业于北京大学物理系。毕业后被分配到中国科学院电子学研究所第八研究室，师从应崇福，从事超声学研究。

1958～1964年任中国科学院电子学研究所研究实习员。1964～1969年任中国科学院声学研究所研究实习员。1969～1979年任中国科学院物理研究所研究实习员、助理研究员。1979～1998年历任中国科学院声学研究所助理研究员、副研究员、研究室主任、研究所学术委员会主任、研究员。1998～2006年，当选为中国声学学会常务理事、名誉理事。2001年当选为中国科学院院士。

20世纪60年代，汪承灏开展单一空化气泡声致发光的研究，早于国外。实验发现除光辐射外还存在电磁辐射，发现了空化发光发生在空化气泡闭合的瞬间，证实了空化发光机理的“热点”理论机理。

研究压电换能器的电负载特性，提出频率可调压电换能器原理和压电阻尼原理。70年代建立了压电晶体表面激发的广义格林函数理论，建立了压电晶体中声表面波的激发、传播、衍射和散射的系统理论，构成了声表面波技术的理论基础。给出了压电晶体表面源产生的衍射场严格分析，克服了流行的角谱理论的缺陷，得到了声表面波在表面栅阵产生散射场的准确表达。80年代提出和研制了多种国际先进水平的声表面波和高频体声波器件与系统，其中一些器件与系统获得了实际应用。1999年筹建声学MEMS实验室，用时两年时间，初步建成声学MEMS工艺线，开展声学MEMS研究。1992年被评为国家中青年有突出贡献专家。 （尹晓冬）

汪德昭 Wang Dezhao（1905-12-20～1998-12-28） 中国物理学家。生于江苏灌云，卒于北京。1923年考入北京师范大学物理系。1933年赴比利时，次年到法国，

入巴黎大学高等物理和工业化学学院，在P.朗之万的指导下，完成了大气电学和超声方面的一系列研究工作。1940年获法国国家博士学位。他所创立的关于大小离子平衡态研究的新理论，被国际学术界称为“朗之万-汪德昭-布里加理论”。1938～1956年先后任法国国家科学研究中心专任研究员，研究指导主任。1945年法国科学院因他在大气电学方面的贡献，授予虞格大奖。1947～1948年应F.约里奥-居里的聘请，任法国原子能委员会顾问。第二次世界大战期间，他是法国科学研究中心国防研究机构中唯一的外籍科学家，同朗之万一起进行声呐的研究工作。1956年回国，先后担任中国科学院器材局局长、原子能研究所质谱分析研究室主任、无线电电子学研究所副所长和声学研究所所长等职。1957年当选为中国科学院学部委员（院士）。

汪德昭自1958年起，致力于水声学的研究。从建立队伍到开展研究，做了一系列的奠基性工作，开创了中国水声学研究的新局面。长年以来，他率领他的学生完成了浅海水声传播、散射、起伏、吸收、混响、噪声、表面声道和内波等一系列研究课题，培养出一批高水平的研究技术人才。1960年，他根据中国南海海区的水声参数，计算出声呐的作用距离，为实践提供了重要的准确计算。他指引他的学生转向深海水声研究，在水下声道和反转点会聚区研究方面，取得很大进展。他和他的学生合著的《水声学》一书，总结了水声研究20年来的部分研究成果。1981年西欧法语区声学家协会授予他荣誉奖章，1983年巴黎市长授予他巴黎市荣誉奖章。 （戴念祖）

王承书 Wang Chengshu（1912-06-26～1994-06-18） 中国物理学家、气体动力学和铀同位素分离技术专家。生于上海，卒于北京。1936年获燕京大学物理学硕士

学位，其后任教于燕京大学。1939年与张文裕结婚。1941～1946年入美国密歇根大学深造，获哲学博士学位并从事博士后研究，1946～1956年先后任密歇根大学副研究员、研究员，并两度在普林斯顿高级研究院工作。1956年回国，历任中国科学院近代物理所研究员（1956～1958），原子能研究所先后两个研究室副主任（1958～1965），华北605所副所长、第二机械工业部第三研究院研究员，大型气体扩散机总设计师（1965～1978），核工业部科学技术局总工程师，曾兼任北京大学、清华大学和大连工学院教授。1980年当选为中国科学院学部委员（院士）。

王承书早年曾与其师G.E.乌伦贝克合作研究稀薄气体动力学，第一个建立求解玻尔兹曼方程的本征值理论，并于1951年与其师共同提出适用于多原子气体的玻尔兹曼方程，又称为WCU方程（WC是王张的两个姓字头，U即乌伦贝克的姓字头）。回国后，长期从事铀同位素分离工作，为中国铀同位素分离的理论研究奠定了基础，并培养了一支相关的理论研究队伍。在中国研制第一颗原子弹期间，为原子弹装料工作做出了贡献。 （戴念祖）

王大珩 Wang Daheng（1915-02-26～2011-07-21） 中国物理学家。祖籍江苏吴县（今属苏州）。生于日本东京，卒于北京。1936年清华大学物理学系毕业。1938～1942年为英国伦敦帝国学院物理系应用光学和谢菲尔德大学玻璃制造系研究生。1942～1948年在英国伯明翰昌司玻璃

公司从事光学玻璃的研究工作。在此期间，由于发展新型精密折射仪获英国仪器制造协会第一届包温氏仪器发展奖金；另外发展了若干光学玻璃新型号新配方，其中有两类镧系玻璃获得专利权。1948年5月回国后，先后任大连大学应用物理系教授、系主任，中国科学院长春光学精密机械研究所研究员、所长、名誉所长，长春光学精密机械学院院长，哈尔滨科学技术大学校长，中国科学院长春分院院长。1955年当选为中国科学院学部委员（院士）。1981年当选为中国光学学会理事长、中国计量测试学会理事长。王大珩还是国际米制公约计量委员会（中国）委员。

王大珩是中国光学事业奠基人之一。他与其他科技人员一起，创办了长春光学精密机械研究所，使其成为中国第一个重要光学技术发展基地，并支援了国内其他光学科学研究和教育单位的建立与成长。在他的指导下，开创并发展了中国光学技术、光学计量、激光技术、光学玻璃、光学工程等领域的工作；研制了诸如核试验用的测量设备、导弹和卫星发射技术中的光学跟踪经纬仪以及卫星地面模拟太阳辐射试验设备等大型光学装备，在中国两弹一星的制造及其若干重大试验中发挥了重要作用，他还是中国“863”高科技项目的发起人和组织者之一。1999年，被授予“两弹一星功勋奖章”。 （戴念祖）

王鼎盛 Wang Dingsheng（1940-10-24～ ） 中国物理学家。生于重庆南川。1962年毕业于北京大学物理系。1966年中国科学院物理研究所研究生毕业。曾任国家自

然科学基金委数理学部主任，中国科学院国家表面物理实验室主任，国际纯粹与应用物理联合会（IUPAP）磁学委员会委员。任中科院物理研究所研究员，中国计算物理学会理事，《中国物理快报》责任副主编。2005年当选为中国科学院院士。

王鼎盛主要从事计算物理研究，在固体磁性、吸附理论以及计算物理理论方法等领域有卓越建树。与他人合作，从密度泛函理论出发，用表面能带方法，计算在非磁材料上的超薄铁磁膜的物理性质，研究了磁性和原子层数的关系，说明并不存在磁性“死层”，并预言在超薄铁磁薄膜中原子的磁矩可以显著大于在体材料中的磁矩，后为实验所证实。发展了磁晶各向异性的理论计算方法，计算结果与实验结果符合较好，提出的有效配位作用分析方法被同行广泛使用，还发展了高阶交换作用磁体的计算。发展了从第一原理出发对表面吸附层的电子结构的计算，比较严格地处理了电荷转移问题和基底影响问题。开辟了从第一原理出发计算晶体的非线性光学性质的理论，对中国计算材料学的发展做出了贡献。2000年获国家科技进步奖二等奖。2001年获中国物理学会叶企孙奖。（尹晓冬）

王淦昌 Wang Ganchang（1907-05-28～1998-12-10） 中国物理学家。生于江苏常熟，卒于北京。1929年毕业于清华大学，受教于叶企孙、吴有训。1929～1930年任

清华大学助教。1930年赴德国，入柏林大学，在L.迈特纳指导下从事β衰变能谱研究，1934年获博士学位。1934～1936年任山东大学物理学系教授。1936～1950年任浙江大学物理学系教授、系主任。1950～1956年任中国科学院近代物理研究所研究员，1952年后兼任副所长。1956～1960年任苏联杜布纳联合核子研究所研究员，1958年后兼任副所长。1961～1978年任第二机械工业部研究院副院长，1978～1982年任副部长，兼任原子能研究所所长和研究员，1982年任科学技术委员会副主任、原子能研究所名誉所长和研究员。1955年当选为中国科学院学部委员（院士）。曾任中华人民共和国科学技术协会副主席、中国物理学会副理事长、中国核学会理事长。

王淦昌的贡献主要在实验物理学方面，在理论物理学方面也有很深的造诣。早年致力于粒子物理学的探索。1930年到柏林不久，听到W.博特报告用α粒子轰击铍核发现一种高能射线，他即提出用云室来研究这种射线的性能。这一设想由于未取得导师支持而未能实现，可是一年多后，J.查德威克就是通过这样的实验而发现了中子。抗日战争爆发，他随浙江大学西迁到贵州遵义和湄潭。在极端困难的条件下，坚持教学和研究，1941年提出通过轻原子核（如^{7}Be）俘获K壳层电子释放中微子时所产生的反冲探测中微子。在这类过程中，所产生的原子核（如^{7}Li）的反冲能量和动量将仅仅同发射的中微子有关。他把自己的设想写成《探测中微子的建议》一文发表于1942年1月出版的美国《物理评论》。这一年美国物理学家J.S.阿伦据此进行了^{7}Be的K俘获实验，证实了他的预言。直到1953年利用原子反应堆产生强反中微子束直接探测到自由反中微子以前，这是关于中微子存在的最有力的证据，被认为是1942年世界物理学的重要成就之一。

王淦昌在粒子物理学方面另一重要成就是发现反西格马负超子。这是他所领导的一个小组于1959年底在苏联杜布纳联合核子研究所利用10吉电子伏的质子同步稳相加速器和他们自己制造的24升丙烷气泡室，从四万张照片中找到的。这是在高能π介子核反应中第一次观察到有反粒子产生、衰变和衰变产物湮没等完整图像。超子的反粒子的重大发现，进一步证实了任何粒子都存在反粒子的理论预言，这一发现是在这个加速器上所取得的最重要的成果。1982年获得国家自然科学奖一等奖。这是中国物理学家第一个在国内所获得的最高奖。

1960年王淦昌回国以后，参加原子弹的研制并参与领导工作。这是为了打破大国核垄断的一项重大工程。王淦昌当时与一批优秀物理学家以及其他人员，在西北高原和荒漠上的实验室和试验场中同甘共苦，经过4年的艰辛工作，终于在1964年10月16日成功地爆炸了中国第一颗原子弹，并继续努力于1967年6月17日爆炸了第一颗氢弹。

此外，王淦昌在1964年独立于苏联N.G.巴索夫提出利用激光惯性约束产生核聚变的设想，并组织进行了这方面的实验研究工作。晚年，他主要从事惯性约束聚变研究，并且为中国核电站的建设奔走呼吁。几十年来，王淦昌虽然担负许多组织领导工作，仍始终坚守在科学研究工作的第一线。他是“863”高科技项目的发起人和组织者之一。1999年被追授“两弹一星功勋奖章”。（戴念祖）

王广厚 Wang Guanghou（1939-11-01～ ） 中国原子分子与团簇物理学家。生于安徽

省肥西县。1963年毕业于北京师范大学物理系；1963年9月～1967年12月在南京大学外语系修习英文。1968年留南京大学物理系任教。曾任南京大学物理系教授、固体微结构物理国家重点实验室教授、中国科学院上海光学机械所兼职研究员、“国际小颗粒与无机团簇会议”（ISSPIC）国际顾问委员会委员。2004年ISSIPC-12国际会议主席。瑞典杂志《材料科学论著》国际顾问编委。英国*Advances in Physics X*编委。1980年6月至1982年8月在美国纽约州立大学（奥巴尼）物理系做访问学者；1990年10月至1991年10月在德国萨尔兰大学新材料研究所和BASF研究中心做客座教授，研究孤立原子簇和纳米结构材料的性质，并应邀在意大利国际理论物理中心讲学。2011年当选为中国科学院院士。

长期从事物理学交叉学科领域的研究和教学工作，在国内率先开展原子团簇物理的实验和理论研究并取得了一系列原创性成果。在国际上首先提出区分异同位素团簇和相同同位素团簇，发现了溅射离子团簇的同位素效应。首先观察到硅团簇表面振动模及其量子特性，氟化锂团簇一阶拉曼散射和声学声子增强效应。发现包裹团簇的纳米喷射以及金团簇在硅晶表面形成的纳米结构具有多道共振隧穿特性。建立了过渡金属团簇经历金属-非金属、磁性-非磁性转变的尺寸方程，被国际学术界广泛采用。揭示了金属原子线的生长序列及其由原子链状经螺旋多壳结构向晶态的演变规律。这些结果无论对低维体系的基础研究还是未来分子电子器件的应用开发均有重要意义。带领研究组自行设计和研制成功多台团簇实验装置，并以团簇为基元制备了多种具有奇异性质的纳米结构和材料及量子器件。著有两卷本《粒子同固体相互作用物理学》和《团簇物理学》等学术著作。获得胡刚复物理奖和教育部科技进步一等奖等多项奖励及多项发明专利。1988年因“离子簇的幻数和同位素效应”获国家教委科技进步二等奖，2010年因“原子团簇和团簇组装的尺寸效应和奇异性质”的研究获国家自然科学二等奖。（尹晓冬）

王季烈 Wang Jilie（1873-09-07～1952-03-01） 中国物理学教育家。生于江苏苏州，卒于北京。1894年中举。1898年入江南制造局翻译馆。1900年到汉阳入张之洞幕府，任自强学堂、经心书院理化教习。1904年考中进士，任职学部，后升任专门司郎中，先后任八旗学堂、京师译学馆的理化教员。1907年起任京师译学馆监督（即校长），兼任商务印书馆理科编辑。1930年8月在金州明伦堂讲学。1939年移居北京。1945年在苏州与贝晋眉等同创吴社。1947年与张紫东等组成正俗曲社。

王季烈参与翻译中国第一部介绍X射线的《通物电光》一书，重编中国第一部称为“物理学”的教科书《物理学》，译、编理化教材多种，为近代科学特别是物理学在中国的起步做出了重要贡献。王季烈在昆曲研究方面深有成就，他和吴梅、俞粟庐一起被誉为中国近代昆曲三大家。

（尹晓冬）

王克明 Wang Keming（1939-03-02～2013-07-20） 中国材料物理学家。生于浙江乐清，卒于山东济南。1961年毕业于山东大学物理二系，随后留校任教。1962年到中国科学院原子能研究所进修。1978年考取出国留学预备生，1980～1982年于美国纽约州立大学奥巴尼分校和加拿大蒙特利尔大学访学。历任山东大学物理学系系主任（1994年6月至1998年11月）、山东大学物理学院学术委员会主任，山东大学学术委员会主任，国际波姆物理学会科学成员，中国物理学会理事，中国核物理学会理事，山东物理学会理事长等职。1992年被国家人事部授予“有突出贡献的中青年专家”称号，1995年被评为全国教育系统劳动模范。2007年获“全国优秀博士学位论文指导教师”称号。2007年当选为中国科学院院士。

长期从事离子束与固体相互作用及材料改性的研究工作。1970年参与研制的“60keV硼离子注入机”项目获得1978年全国科学大会奖，1978年参与研制的“400keV离子注入机”项目获得山东省科技进步三等奖。20世纪80年代初率领团队系统研究了重离子注入光电晶体中的射程和损伤分布，发展了重离子在多元靶中的平均投影射程及其离散的有效计算方法。80年代末至90年代利用KTP晶体离子束形成光波导的方法对KTP、$LiNbO_3$、LBO、BBO等27种氧化物光电晶体中形成了位垒型光波导，对波导特性进行了深入研究，研究了注入离子能量、剂量、种类以及退火温度等对折射率分布，光强分布和损耗的影响。1997年提出了用激光脉冲沉积法制备掺Er的KTP晶体波导激光薄膜的方法。2007年提出了一个离子注入铌酸锂晶体的损伤所引起异常光以及寻常光折射率变化的定量关系，不仅对于较重离子所引起的折射率的变化，还对高剂量He离子注入铌酸锂晶体所引起的折射率位垒边上的“奇异模”进行了解释。因《重离子在多元靶中的射程和射程离散的研究》，获1991年国家教委科技进步（理论成果）三等奖，同年被选为国际波米物理学会的科学成员。其领导的课题“粒子与光电材料相互作用的应用基础研究”获得2005年国家自然科学奖二等奖，“离子注入光波导与缺陷研究”获教育部中国高校科学技术奖（自然科学奖）一等奖。

（尹晓冬）

王明贞 Wang Mingzhen（1906-11-18～2010-08-28） 中国物理学家、物理教育家。生于江苏苏州，卒于北京。父亲王季同（1875～1948）是数学家和机电专家，兄长王守競是物理学家。1928年毕业于南京金陵女子大学，1932年获燕京大学物理学硕士学位。随后在金陵女子大学数理系任教。1938～1942年留学于美国密歇根大学物理系，获博士学位。1943～1945年在美国麻省理工学院辐射研究室从事雷达研究，1947～1949年任云南大学物理系教授。1949～1952年赴美国诺特丹姆大学研究理论物理学。此后至1955年为回国与美国官方抗争。1955年回国后，一直在清华大学任教授。

在攻读博士期间，王明贞在其师G.E.乌伦贝克指导下，首次独立地从福克-普朗克方程和克喇末方程推导出自由粒子、简单谐振子和耦合谐振子的布朗运动。她的博士论文后来成为她们师生合作的《布朗运动理论》的基础。该文在物理学、生物学和通信理论中被广泛引用。她是最早从事雷达噪声统计理论和橡胶长链统计力学研究的物理学家。

（戴念祖）

王乃彦 Wang Naiyan（1935-11-21～ ） 中国核物理学家。生于福建福州。1956年毕业于北京大学技术物理系。毕业后分配到北京原子能研究所中子物理实验室工作，在钱三强的领导下从事中子能谱学的研究。1959年被派到苏联杜布纳联合核子研究所中子物理实验室工作，历时五年半。1965年7月回国后被分配到二机部核武器研究设计院第二研究所工作。1980年被调往中国原子能科学研究院，在王淦昌的指导下开展粒子束惯性约束聚变和氟化氪激光惯性约束聚变的研究。1985～1986年在日本名古屋大学等离子体研究所工作十个月。中国原子能科学研究院研究员。曾任中国原子能科学研究院核物理研究所所长、中国原子能科学院副院长、国家自然科学基金委员会副主任、中国核学会理事长、《中国物理学报》主编、核工业总公司科技委副主任、核工业部研究生部主任、太平洋地区核理事会理事长。1993年当选为中国科学院院士。

王乃彦参加研制并建立中国第一台原子反应堆上的中子飞行时间谱仪，测得第一批中子核数据，对镱（Yb）和铽（Tb）同位素的中子共振结构的研究做出了贡献。参加和领导了核武器试验中近区物理测试许多课题，为核武器设计、试验、改进提供了重要的实验数据。在日本名古屋大学等离子体研究所，他与宫原昭合作，发表了强流电子束和物质相互作用的文章，还和日本合作研制了一台强流相对论性电子束加速器。在中国开辟并发展了粒子束惯性约束聚变研究，创建了相应的研究室，在强流电子束和物质相互作用研究方面取得突出成就。在电子束泵浦氟化氪激光研究中取得具有国际水平的科研成果，建成了六束百焦耳级的氟化氪激光装置。开展了超短超强激光加速电子和质子等激光物理的研究。在国家“973”计划重要科学前沿领域中，参加了《超强超短激光科学中若干重要前沿问题》(2006～2009)的研究，以及《极端强场超快科学重要前沿与应用开拓》(从2010年起)的课题，担任该课题中子课题的负责人，研究超强光场驱动的高性能高能粒子束的产生及其应用开拓。2003年获何梁何利基金科学与技术进步奖。2004年获全球核理事会奖。 (尹晓冬)

王普 Wang Pu(1902-09-09～1969-01-05) 中国核物理学家。生于山东沂水，卒于山东济南。1928年北京大学物理系毕业。1928～1929年任上海中央研究院地质所和物理所助理研究员。1929～1930年，任山东省教育厅督学。1930～1935年任青岛大学(1932年改称山东大学)物理系讲师。1935年赴德国柏林大学留学，在威廉皇家科学院达莱姆化学研究所研究核物理学，1938年获博士学位。1938～1939年，任美国卡内基学院客座研究员。1939年回国。1939～1946年任北平辅仁大学教授。1945～1946年兼任北平临时大学北大分校物理系主任。1946～1947年，任山东大学物理系教授、系主任、代教务长。1947～1950年任美国国家标准局辐射物理研究员。1950～1951年任美国杜克大学访问教授。1951～1956年任美国范德比尔特大学副教授，1956年上半年曾兼任美国通用汽车学院教授。1956～1969年任山东大学物理系教授。1956～1958年兼任中科院物理所研究员。

核裂变缓发中子的发现者。他早期研究人工放射性，1939年发现了核裂变的缓发中子，为反应堆的建造以及原子能的和平利用铺平了道路。在高能物理实验室中应用核乳胶、低能X射线谱分析，以及宇宙中不稳定粒子的研究方面也取得一定的成果。他为山东大学的创建和恢复做出了贡献，在山东大学物理系建立了原子物理教研组和核乳胶实验室，为该系后来的发展打下了基础。 (尹晓冬)

王启明 Wang Qiming(1934-07-03～) 中国光电子学家。生于福建泉州。1956年毕业于复旦大学物理系。同年9月任中国科学院应用物理研究所半导体研究室实习研究员、课题组长。1960～1962年任中国科学院应用物理研究所测试中心实习研究员、课题组长。1962～1973年任中国科学院半导体研究所激光研究室课题组长、助理研究员。1973～1978年任中国科学院半导体研究所激光研究室第二负责人、课题组长。1978～1982年任中国科学院半导体研究所光电子器件与物理研究室主任、课题组组长、副研究员。1982～1984年任中国科学院半导体研究所副所长。1985～1994年任中国科学院半导体研究所所长、研究员。1987年2月被选为“863”计划信息领域第一届专家委员会委员。1991年任中国科学院半导体研究所集成光电子系国家重点联合实验室学术委员会主任。1991年当选为中国科学院学部委员(院士)。

20世纪50年代参与中国半导体锗和硅材料的生长与提纯研究。60年代参与筹建中国半导体测试中心，创新发展了交流磁场下的霍尔效应和光磁电(PME)效应测试方法，排除了硅材料中光伏效应的干扰；提出并建立了一种测试硅中少子寿命的高频相移法。70～80年代主要开展光电子器件研究，主持完成了硅雪崩光电探测器、砷化镓双异质结半导体激光器研究，在中国首先研制成连续激射的室温半导体激光器，先后使短波长和长波长激光器寿命突破10万小时，达到实用水平。发现了双异质结构激光器中出现反常自脉动，正向负阻开关和记忆开关等现象，提出了双光丝Q开关机制，界面态载流子陷落存贮机制以及自掺杂反向击穿机制等，为深入研究提供了理论基础。研制成量子阱激光器、调制器和光双稳激光器及开关器件，对发展光信息处理、光开关、光交换技术以及新一代光电子器件做出了贡献。

王启明曾连续3次被授予“国家级有突出贡献中青年专家”称号(1986、1987、1988)，多次获得国家科学技术进步奖。他和同事们合作研制出的半导体激光器应用于北京市话局的光纤通信实验线路上，在中国揭开了以半导体激光器为基础的光纤通信事业的序幕。这一成绩作为中国“短波长光通信器件的研制”的全国联合项目，于1985年获国家科技进步奖二等奖。他主持的长波长InGaAsP激光器的研制成功，获得“六五”攻关的国家大奖。领导的科研小组对双稳态激光器的系统研究取得阶段性成果，获中国科学院自然科学二等奖。1992年指导开发的“自电光效应双稳态开关器件”，获中国科学院科技进步一等奖。1995年指导开发的“量子阱波长双稳态激光器”获中国科学院科技进步一等奖。1999年获何梁何利基金科学与技术进步奖，2001年获国家光通信与集成光学杰出贡献奖。 (尹晓冬)

王世绩 Wang Shiji(1932-09-28～) 中国核聚变与等离子体物理学家。生于上海。1952年考入东北人民大学(今吉林大学)物理系，1955年转入北京大学技术物理系，1956年毕业于北京大学技术物理系。毕业后到中国科学院原子能科学研究院工作，1956～1959年任该院研究实习员。1959～1964年在苏联杜布纳联合原子核研究所工作。1964年7月回国后到第二机械工业部第九研究设计院(今中国工程物理研究院)工作。曾任九院实验部31室副主任、高功率激光物理国际实验室顾问、国家高技术863项目顾问。1986年被聘为研究员。曾任上海高功率激光联合实验室主任(1986)、中国工程物理研究院上海激光等离子体研究所所长(1988)。2002年被聘为同济大学理学院院长。2005年任同济大学理学部主任。曾获国家科技进步奖一等奖1项、二等奖2项、三等奖1项；上海市及国防科技进步奖一等奖7项，二等奖若干项；光华科技一等奖1项；何梁何利科学与技术奖；大阪大学ILE进步奖。1999年当选为中国科学院院士。

长期从事核物理和激光等离子体物理实验研究。20世纪60年代初在苏联杜布纳联合原子核研究所研制含镉大液体中子闪烁探测器，实现较高精度测量共振中子裂变参数。60年代中期在核试验测试中，采用优化设计的气体切仑科夫探测器，实现高本底下高能γ射线测量，并据此确定热核反应时间过程。80年代初，主持中国激光聚变研究实验工作，领导研制十余种诊断设备，组织多轮总体实验，做了大量开创性工作。80年代后期对中国X光激光研究的开拓、发展及跻身国际先进行列做出了重要贡献，创造并实现双靶对接、多靶串接、空间限束等方案，解决了远距离多靶串接等技术难题，显著提高输出X光激光的质量和料率。曾赴日合作研究，应用均匀线聚焦和双靶对接技术，获得增益饱和的类镍激光。90年代，组织领导“神光Ⅱ”高功率激光聚变装置的研制。（尹晓冬）

王守競　Wang Shoujing（1904-12-24～1984-06-19）　中国物理学家。生于江苏吴县（今苏州），卒于美国。1921年在苏州工业专门学校毕业后考入清华学校留美预备班，1924年赴美国康奈尔大学留学，后转哥伦比亚大学，1927年获得博士学位，在美进行研究工作两年后回国，任浙江大学物理系主任，1931～1933年任北京大学物理系主任。因实业救国心切，1933年夏受聘于国民党政府资源委员会，先后任职于兵工署和昆明中央机器厂总经理。抗日战争后任该会驻美代表。20世纪40年代末至50年代初，任麻省理工学院兼任教授，后任王安公司驻欧洲代表。

世界上最早进入量子力学研究领域的人。1927～1928年他把新诞生的量子力学成功地应用于原子分子的研究，最早用变分法求二级微扰，计算类氢原子间的偶极矩-偶极矩相互作用，从而得到范德瓦耳斯作用能量的系数。在计算氢原子和类氢原子的基础上，又分别计算了氢分子和多原子分子的非对称转动谱能级公式。他在此期间的三篇论文对量子力学的发展有过相当影响，其计算方法和结果被运用于大量常见原子分子能级的计算。回国后，在建设北京大学物理系及该系光谱实验室，创建中国物理学会等方面做出了贡献。在实业界的十几年间，奠定了中国汽车制造和重型机械的发展基础，培养了一大批相关的工程技术人才。（戴念祖）

王守觉　Wang Shoujue（1925-06-27～2016-06-03）　中国半导体器件与电子学专家。原籍江苏苏州。生于上海，卒于江苏苏州。1949年毕业于上海同济大学电机系。同年先后入北平研究院镭学研究所（上海）和物理所，任助理员。1953～1956年就职于第一机械工业部第二设计分局任设计师。1956～1960年在中国科学院应用物理研究所和物理所任助理研究员、副研究员。1960年后调到中国科学院半导体研究所，任研究员、室主任、副所长、所长等。曾任半导体与信息技术研究会名誉主任，《电子学报》和*Chinese Journal of Electronics*编委会主任，中国电子学会副理事长，中国神经网络委员会主席。1980年当选为中国科学院学部委员（院士）。

王守觉是中国半导体器件与微电子技术的奠基人之一，半导体人工神经网络和多维空间仿生信息学的开拓者。1958年在中国首次研制成功锗合金扩散高频晶体管，并在109工厂进行小批量生产，应用于中国研制的晶体管高速计算机。1959～1963年负责研究成功全部硅平面工艺技术，并研制成功5种硅平面型晶体管，为中国研制应用于国防领域的微型计算机奠定了基础。1974年成功用自制的图形发生器自动制版技术制成了大规模集成电路掩模版，解决了制约集成电路发展的关键性问题。1976年起从事新电路的探讨，提出了一种新的多值与连续逻辑高速电路——多元逻辑电路，大幅提高了电路运算速度，并试用于整机。1979年后主要从事多值与连续逻辑电路系统的研究并使之应用于生产实际中。1990年开始致力于半导体人工神经网络、模式识别的基础理论与应用研究，后在此基础上创建了多维空间仿生信息学，使神经网络对实物对象的识别能力达到了世界先进水平。1964年获得国家发明奖和国家新产品一等奖、中科院一等奖1项（1980）、二等奖3项（1983、1992、1996）、三等奖1项（1986）、国家发明三等奖1项（1996）、北京市科技进步一等奖（2001）、何梁何利基金科学与技术进步奖（2001）和中国台湾潘文渊文教基金杰出科研奖（2002）。（尹晓冬）

王守武　Wang Shouwu（1919-03-15～2014-07-30）　中国物理学家、半导体技术专家。生于江苏苏州，卒于美国。1941年毕业于上海同济大学机电系。在昆明机器厂工作数年后，于1945年赴美国深造。1946年获普渡大学工程力学硕士。后转向量子力学，1949年获博士学位。1950年底回国。先后任中国科学院应用物理研究所研究员，半导体研究所研究员、代所长、副所长，微电子中心名誉主任。1980年当选为中国科学院学部委员（院士）。

王守武是中国半导体科学技术的主要奠基人之一。他在中国科学院相继筹建了物理研究所半导体研究室、半导体研究所、晶体管厂、半导体测试中心和微电子中心。组织领导并参与研制了中国第一块锗单晶、硅单晶、晶体管和第一台激光器、第一块半导体大规模集成电路，并参与了相关的“两弹一星”国防任务，在半导体材料的相关理论和技术上做出了一系列开创性贡献。王守武在中国科技大学、清华大学等院校兼教多年，培养了一批研究生和半导体技术专家。曾任《半导体学报》主编、国务院电子计算机和大规模集成电路领导小组集成电路顾问组组长、中国科学院微电子研究所名誉所长等多种荣誉和社会职务。多次荣获国家科技进步奖和科研成果奖，2000年获何梁何利基金科学与技术进步奖。（戴念祖）

王天眷　Wang Tianjuan（1912-04-20～1989-02-20）　中国物理学家。生于浙江黄岩，卒于北京。1929～1932年就读于上海交通大学预科，1934～1938年就读于清华大学物理系。1947年赴美国深造，1948年底获俄亥俄州立大学物理系硕士学位，随即转入哥伦比亚大学并于1953年获哲学博士学位。1954～1960年间，先后在哥伦比亚大学辐射研究所任高级研究员、法国科学研究中心原子钟委员会顾问等。回国后任中国科学院武汉物理研究所研究员、副所长和所长（1960～1981），物理研究所研究员（1981～1989）。

王天眷在哥伦比亚大学期间，参与了C.H.汤斯领导的微波受激发射研究。以其深厚物理基础和精湛的实验技术，为首台氨微波发射器的研究成功做出贡献。该研究又导致激光的发明。汤斯获得1964

年诺贝尔物理学奖与王天眷的工作有密切关系。王天眷还发明了高灵敏度、低噪声而又简便的信号反馈振荡检波电路，被称为“王氏电路”。在从事核磁四极共振研究中，他首次以实验证实电16极矩的存在。回国后，致力于波谱学研究，领导了有关核磁、顺磁、核电四极和光磁共振等基础性研究工作，成为中国近代波谱学的主要开拓者之一，尤其是在20世纪60～70年代完成了氨分子钟、铷原子激射器和铷原子钟的研究，为中国时间频率计量事业奠定了基础，也为高速飞行器短期频率的校正标准和洲际导弹试验做出了贡献。该研究曾获国家科技进步奖一等奖。

（戴念祖）

王业宁　Wang Yening（1926-10-14～2019-02-22）　中国物理学家。祖籍安徽六安。生于安徽安庆，卒于江苏南京。1949年中央大学物理系毕业。同年后被南京药学院（今中国药科大学）聘为助教。1950年调入南京大学物理系任教，历任助教、讲师、副教授、教授。1953～1964年在中国科学院金属研究所进修，师从葛庭燧，学习金属物理和内耗。历任中国物理学会内耗与超声衰减专业委员会主任、电介质物理专业委员会副主任，中国材料研究学会常务理事，第十五届国际内耗与力学谱委员会顾问委员，国际材料联合会中国委员等职。1991年当选为中科院学部委员（院士）。

王业宁长期从事固体中相变与缺陷的内耗及超声衰减研究工作。1954年协助施士元、程开甲建立了中国第一个X射线金属物理专门化，并开始了马氏体相变内耗与超声衰减研究。在固体相变及缺陷有关的内耗研究中首先提出马氏体相变瞬态内耗与振动一周内的转变量成正比、稳态内耗源于共格界面的静滞后损耗、铁电畴粗化过程类似一级相变等理论和机制，发现二级相变涨落引起低频内耗峰，又提出被称为“王模型”的Snoek-Koster弛豫的新机制。在铁电研究中，首先分析了$SrBi_2Ta_2O_9$中存在的五种电畴结构，并用电镜予以证实。发现铁电畴的粗（细）化具有一级相变特征，在三种（Y,Bi,Tl）高温超导体的正常态均发现存在三个类变相（只有晶格参数跳变，而无对称性改变）的温区，并首次测定了铋锶钙铜氧的弹性软模，用电镜方法找到了铁电体（SBT）中“无疲劳”的根源，在2000年国际铁电会议上就此做了邀请报告。1964年获国家工业新产品奖三等奖，1982年获国家自然科学奖二等奖，1990年获国家教育委员会科技进步奖一等奖，1991年获国家自然科学奖四等奖。1999年获江苏省科技进步奖一等奖。2000年获何梁何利基金科学与技术进步奖。

（尹晓冬）

王育竹　Wang Yuzhu（1932-02-29～　）中国物理学家。生于河北正定。1955年清华大学无线电工程系毕业，后赴苏联科学院无线电技术与电子学研究所学习，1960年获副博士学位。1961～1964年任北京中国科学院电子学研究所助研、课题负责人。1964～1985年任中科院上海光机所室主任、副研究员。1980～1981年赴日本东京大学做访问学者。1985～1986年赴意大利计量院做访问学者。1986年晋升为中科院上海光机所研究员。历任学术委员会副主任（1986～1992），中科院量子光学重点实验室主任（1989～1995，1998～2004）。山西大学量子光学重点实验室学术委员会主任和兼职教授（1979～2001）、山西大学量子光学与器件国家重点实验室第一届学术委员会主任（2002～2005）。北京大学、清华大学量子信息与测量联合重点实验室学术委员会副主任（2003，2006）。中国科学技术大学量子信息重点实验室学术委员会副主任、委员（1998年起）。浙江大学兼职教授（2002年起）。1997年当选为中国科学院院士。1999年被选为瑞典皇家工程科学院外籍院士。

王育竹长期从事电磁场与原子相互作用的研究，是中国原子频标开拓者之一。1969年1月，王育竹领导研制成功中国第一台铷原子钟，应用于多项国防工程。“铷原子频率标准（铷钟）研究”项目获得1978年全国科技大会重大科技成果奖。1986年被人事部授予“有突出贡献专家”称号。1987年“远望号测量船”项目获得国家科技进步特等奖。70年代末后建立了中国第一个量子光学开放实验室，率先在中国开展激光冷却气体原子研究：首次提出积分球红移漫反射激光冷却气体原子机制和光频移效应激光冷却气体原子机制；首次利用激光偏移原子束验证亚泊松光子统计；开展了一维驻波场激光冷却原子的研究，最早观测到低于多普勒冷却极限温度的小组之一；首次将多普勒效应用于原子干涉仪，观察到原子干涉现象。首次利用铷玻璃微球研究腔内量子电动力学效应，获得了新的激光谱线；在中国首次实现了铷原子稀薄气体的玻色-爱因斯坦凝聚；倡导开展冷原子钟研究。“光的力学效应研究”项目1989年获中国物理学会首届饶毓泰物理奖。“激光偏转原子束与亚泊松光子统计的验证”项目获1989年中科院自然科学奖二等奖和1990年国家自然科学奖三等奖。

（尹晓冬）

王治梁　Wang Zhiliang（1915-09-11～1997-12-12）　中国物理学家。生于湖北黄陂。1938年武汉大学物理系毕业。1939年5月被聘为武汉大学物理系研究助理，1941年被中华大学（武汉）理学院聘为讲师。1944年赴美留学。1945年获美国斯坦福大学硕士学位，后赴哈佛大学从事科学研究。1946年回国先后在中山大学、天津大学、南开大学、武汉大学任物理学教授。从1956年起担任武汉大学物理系主任，1960～1962年任武汉大学理化系主任。先后任中国物理学会常务理事、湖北省物理学会理事长，教育部高教理科物理学教材编审委员会委员，全国高等教育自学考试指导委员会物理专业委员会委员，《物理学基础知识丛书》编委会副主编等职。

王治梁早期研究工作涉及原子结构、黑体辐射和微波理论等领域。1956～1959年，他开展了用类似固体量子理论的方法来探讨液体性质的创造性研究，量子多体问题的研究，以及用场的能量子理论对影响电磁波谐振频率的因素进行了研究。在1959年发表的《阐明铁氧体被磁化后磁旋效应简单的方法》中用一种量子物理的处理方法，导出了关于法拉第磁旋效应的波尔德公式。20世纪80年代中期，他组织和领导了武汉大学物理系有关核少体理论、核数据，以及离子束物理等领域的科研工作。他是武汉大学物理系理论物理、核物理和应用物理专业的创建人。他致力于中国高等教育事业50余载，曾主讲原子核理论、量子力学、电动力学、原子物理学、物理光学、核电子学、微波理论和核物理实验方法等课程。他所编写的《电动力学》和《量子力学》讲义被推荐为全国优秀教材。他十分重视学科建设与人才培养，培养了一批研究生及科研教学骨干。 （尹晓冬）

王竹溪 Wang Zhuxi（1911-06-07～1983-01-30） 中国物理学家、教育家。生于湖北公安，卒于北京。1933年毕业于清华大学物理学系，1935年该校研究院毕业，

同年8月赴英，入剑桥大学，1938年获博士学位。同年回国，先后任西南联合大学教授，清华大学教授兼物理学系主任，北京大学物理学系教授、理论物理教研室主任，北京大学副校长等职。曾任中国物理学会副理事长，中国计量测试学会副理事长，《中国科学》副主编，《物理学报》主编，教育部理科物理教材编审委员会主任委员。1955年当选中国科学院学部委员（院士）。

王竹溪素以治学严谨著称。在理论物理的各领域，特别是在热力学、统计物理学和数学物理等方面具有很深的造诣。在湍流尾流理论、吸附统计理论、超点阵统计理论、热力学平衡与稳定性、多元溶液、热力学绝对温标、热力学第三定律、物质内部有辐射的热传导问题以及基本物理常数等广泛领域发表过学术论文30余篇。诸如，他和汤佩松于1941年合作阐释植物细胞吸收和传输水分的热力学公式，最早在植物生理学中引入水势概念。在近半个世纪之后，该文仍是国际生物学界最早、最详尽的有关植物细胞水分关系的学术文献。著有《热力学》《统计物理学导论》及《简明十位对数表》等，与郭敦仁合著《特殊函数概论》。培养了大批物理学工作者，为发展中国科学与教育事业做出了卓越贡献。著名物理学家杨振宁即为他早期的研究生。

曾长期担任中国物理学会名词委员会主任，在统一中国物理学名词工作中起了重要作用。编成一部《新部首大字典》。 （戴念祖）

网络场论 network field theory 把网络理论与场论结合起来，从麦克斯韦方程组建立新电路理论，以电磁场的变化规律支配电路，达到电磁场与电路的统一。电网络所表现的现象，是网络内电磁场与构成网络元件之间的相互作用，可用麦克斯韦方程组和物质电磁性质方程组表示。具体到线性和非线性网络，都统一看作一个分布有能量和电荷、电流的系统，系统内各支路能量和各节点电流、电荷分别遵从麦克斯韦方程组导出的能量守恒定律和电荷守恒定律，把这两个守恒定律联立求解，并从解得到的积分形式的两组独立方程组作为电路基本定律出发，可演绎出电路有关问题，建立场与路统一的新的电路理论。

最基本的网络是正弦稳态线性网络。对全空间而言，复数形式的能量守恒定律的积分形式为：

$$\int \hat{\boldsymbol{j}}^{*}\cdot\hat{\boldsymbol{E}}\mathrm{d}V+\mathrm{i}\omega\int(\mu\hat{\boldsymbol{H}}\cdot\hat{\boldsymbol{H}}^{*}-\varepsilon\hat{\boldsymbol{E}}\cdot\hat{\boldsymbol{E}}^{*})\mathrm{d}V=0$$

式中符号“^”表示复数，而$\hat{\boldsymbol{j}}^{*}$是复矢量$\hat{\boldsymbol{j}}$的共轭。对能量守恒定律，重要的是要把电磁场变量$\hat{\boldsymbol{j}}^{*}\cdot\hat{\boldsymbol{E}}$、$\hat{\boldsymbol{E}}\cdot\hat{\boldsymbol{E}}^{*}$和$\hat{\boldsymbol{H}}\cdot\hat{\boldsymbol{H}}^{*}$变换成适应于电路上的电路变量$\hat{\boldsymbol{j}}\cdot\hat{\boldsymbol{j}}^{*}$。因为这三项电磁场变量代表导体内热能、电场能量和磁场能量，所以变换后在$\hat{\boldsymbol{j}}\cdot\hat{\boldsymbol{j}}^{*}$的前面所出现的变换系数必然与电路上储存这三种能量的元件性能有关。其中储存电磁场能量的元件有电阻、电容、自感和互感，所以把经过计算所得的这四个变换系数分别定义为这四种元件的复阻抗率，分别用$\hat{\rho}^{(R)}$、$\hat{\rho}^{(C)}$、$\hat{\rho}^{(L)}$和$\hat{\rho}^{(M)}$表示。把电荷守恒定律：

$$\oint\hat{\boldsymbol{j}}\cdot\mathrm{d}\boldsymbol{s}=0$$

应用于网络所有N个节点上，可写出以电流密度为变量的线性方程组。网络场论证明了此方程组系数组成的矩阵的秩等于$N-1$。据此，方程组有$N-1$个独立方程：

$$\sum_{t=1}^{B}\int\hat{\boldsymbol{j}}_t\cdot\mathrm{d}\boldsymbol{s}_{\mu,t}=0\ \text{或}\ \sum_{t=1}^{B}a_{\mu,t}\hat{j}_t=0$$

$$(\mu=1,2,\cdots,N-1)\qquad(1)$$

式中B代表网络内的支路数。$N-1$个独立方程可解出$N-1$个未知量电流，它们之中每一个电流都是其余$B-N+1$个电流的某一函数。因而，把$B-N+1$个自变量电流称为独立变量电流，而把$N-1$个因变量电流称为非独立变量电流。同时把它们通过的支路分别定义为独立电流支路k'和非独立电流支路i。继续对式（1）线性方程组应用克莱姆规则，解得非独立变量电流密度可经独立变量电流密度线性表出的关系，把此关系式代入由能量守恒定律对网络所有B条支路写出方程式，其中一类的非独立变量电流密度中，实现了两守恒定律于网络中的联立求解。若式（1）方程组的解存在且唯一，则经过证明，要求：①$N-1$条i支路不得形成任一闭合回路，其形状如同“树”一样。②由式（1）方程组的解所联系的若干条i支路和一条在其他闭合回路中所没有出现的k'支路必须组成一个闭合回路，用$l_{k'}$表示，它是一种独立回路。由网络图论引进电路的树支，连支和单连支回路就是现在的i支路，k'支路和$l_{k'}$独立回路。

当不计互感时，两个守恒定律联立的解是由$B-N+1$个独立回路线积分组成的方程组：

$$\oint_{l_{k'}}\hat{K}\cdot\mathrm{d}\boldsymbol{t}=\oint_{l_{k'}}(\hat{\rho}^{(R)}+\hat{\rho}^{(C)}+\hat{\rho}^{(L)})\hat{\boldsymbol{j}}\times\mathrm{d}\boldsymbol{l}$$

$$(k'=N,N+1,\cdots,B)\qquad(2)$$

式中每一个独立方程都对应一个对独立回路$l_{k'}$（$k'=N,N+1,\cdots,B$）的积分。式（1）和式（2）就是积分形式的两个独立方程组。式（2）中两项线积分分别包含了电源的参量和元件的性能参量以及电路上的基本变量电流密度矢量，式中出现两个矢量的标积，乃是解中两项由此出现仅能取值±1的两个方向余弦$\cos(\boldsymbol{K},\mathrm{d}\boldsymbol{l})$和$\cos(\boldsymbol{j},\mathrm{d}\boldsymbol{l})$而表出的该两项正负号的定则，其中$\boldsymbol{K}$、$\boldsymbol{j}$和$\mathrm{d}\boldsymbol{l}$的方向分别表示电源极性方向、电流标定方向和选定的回路绕行方向。式（2）由于包含元件性能的原始参量$\hat{\rho}^{(R)}$、$\hat{\rho}^{(C)}$和$\hat{\rho}^{(L)}$，因而可导出元件特性公式（元件性能约束）：

$$\hat{V}^{(R)}=\hat{I}R$$

$$\hat{V}^{(C)}=\frac{1}{\mathrm{i}\omega C}\hat{I}$$

$$\hat{V}^{(L)}=\mathrm{i}\omega L\hat{I}$$

和支路特性方程，而由式（1）和式（2）则可导出基尔霍夫电流和电压定律（元件互连约束）：

$$\sum_{t=1}^{B}\cos(\boldsymbol{j}_t\cdot\mathrm{d}\boldsymbol{S}_{\mu,t})\hat{I}_t=0\qquad(\mu=1,2,\cdots,N-1)$$

$$\sum_{t=1}^{B}\cos(\boldsymbol{j}_{k',t}\cdot\mathrm{d}\boldsymbol{S}_{k',t})\hat{V}_t=0$$

$$(k'=N,\ N+1,\ \cdots,\ B)$$

可见，基尔霍夫定律所反映的各支路的电流线性关系和电压线性关系、每一项正负号定则以及独立方程数目，能在一个表达式中同时表达出来，达到了完整的统一。此外，由式（1）和式（2）经过推理，还可以得到其他必要的内容，组成正弦稳态线性网络理论。在正弦稳态非线性网络乃至非正弦稳态线性网络和非线性网络中，两个积分形式的独立方程组，从麦克斯韦方程组出发，也得到证明。自1991年提出网络场论以来，它经历的工作主要是

揭示了积分形式的两组独立方程组，这才是电路上真正的电路基本定律，并由此开辟了建立场和路统一的电路理论的道路。

（陈佳圭）

望远镜 telescope 能将远处物体进行视角放大的光学仪器。广义来讲，还包括射电望远镜、X射线望远镜、γ射线望远镜等。望远镜一方面放大远处物体的角距，使观测者能看清更小的细节；另一方面能收集到比瞳孔直径粗得多的光束，使观测者看到原来不能分辨的暗弱物体。因此，望远镜是天文和地面观测中不可缺少的工具。光学望远镜有折射式和反射式两大类。

望远镜是1608年荷兰人H.李普希发明的。伽利略在1609年也独立制成了望远镜，并最早（1610）用来进行天文观测。1665年C.惠更斯制成了几米长的折射式望远镜，专用于天文观察。反射式望远镜由英国人J.格里高利于1663年最早提出，1668年I.牛顿设计并制造出了第一台反射式望远镜。

目视折射式望远镜由物镜、目镜两个主透镜组及其他配件组成。其物镜的后焦点F'_o与目镜的前焦点F_e重合，且$|f'_o|>|f'_e|$。望远镜属于无焦系统，入射的平行光束经过望远镜后仍为平行光束，所以望远镜也常常作为缩束器或扩束器使用。

望远镜主要分为开普勒型和伽利略型两大类。开普勒型望远镜的物镜和目镜都是正光组，成倒立的像，如图1所示。伽利略型望远镜的目镜是负光组，成正立像，如图2所示。相比较而言，伽利略型镜筒短，无须棱镜倒像，而且正负光组配合利于像差校正，优点颇多。但它没有实像面，不能设置视场光阑（分划板），因此不能用于瞄准或测量场合，应用范围受到限制。常用的望远镜多是开普勒型。

只有物镜和目镜的开普勒望远镜成倒立的像，需要加入转像系统以获得正像。转像系统有棱镜转像系统和透镜转像系统两类。常见的双筒望远镜用放在物镜后面的棱镜系统转像，由于光轴在棱镜系统中迂回转折，可使望远镜的结构十分紧凑，便于随身携带和手持观察，如图3所示。而当望远镜需要很长的镜筒时，则需要采用透镜转像系统。典型的例子是潜望镜和内窥镜等，在其物镜和目镜之间有数组对称式成像透镜组，拉长光路并成倒像。

望远镜的放大率是物镜焦距与目镜焦距之比，望远镜的分辨率由物镜的极限分辨角φ表示：

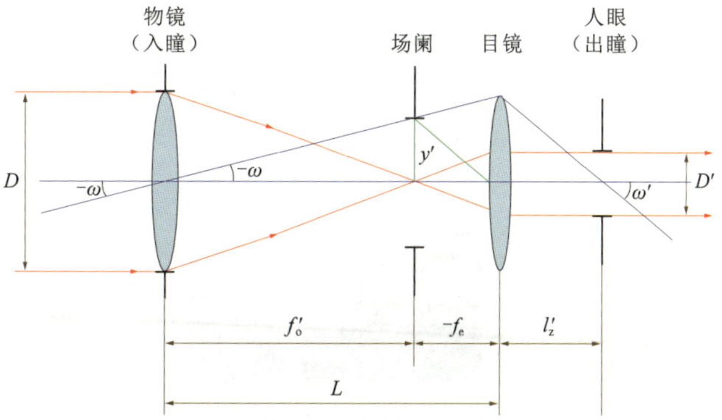

图1 开普勒型望远镜

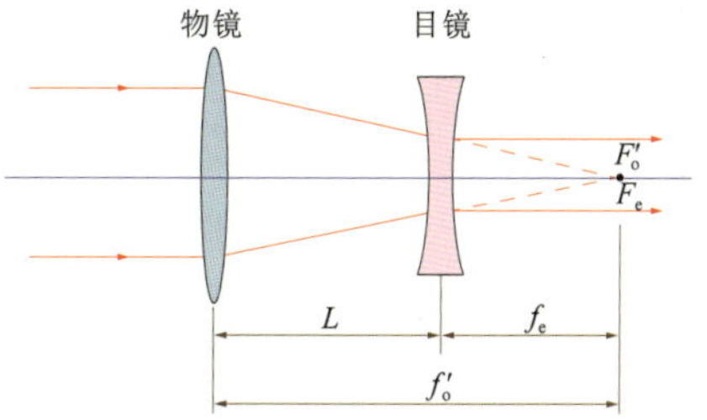

图2 伽利略型望远镜

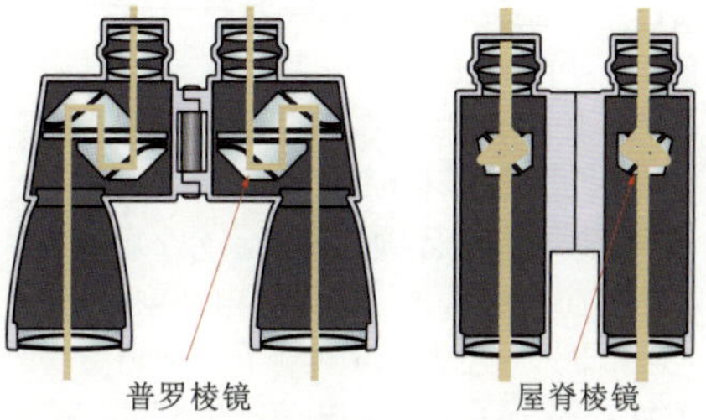

图3 含有棱镜转像系统的便携式双筒望远镜

$$\varphi=\frac{0.61\lambda}{n'\sin u'f'_o}=\frac{1.22\lambda}{D}$$

在波长确定的情况下，望远镜的分辨率仅与物镜的入瞳直径有关，因此大型望远镜，尤其是天文望远镜，口径都非常大，如哈勃望远镜的主镜口径2.4米，凯克望远镜是10米。

大口径望远镜由于体积大、材料制备困难等，无法采用折射形式，往往采用反射式结构。早期的反射式望远镜多是同轴结构，存在中心遮挡，如牛顿反射式望远镜（图4）和卡塞-格林式望远镜（图5）。现代望远镜多采用离轴反射式结构，如离轴抛物面望远镜（图6）和离轴三反式望远镜（图7）。反射式望远镜没有色差，工作波段可远超可见光、红外波段的限制，因此得到广泛应用。随着现代非球面技术、非对称元件加工技术、自适应控制技术等新技术的发展，反射式望远镜的性能得到了极大提高。

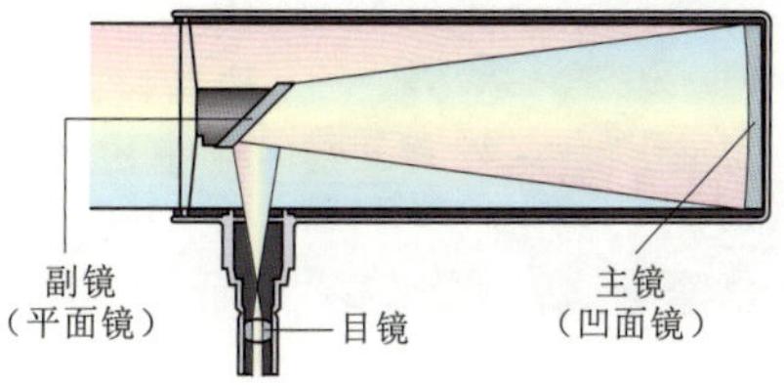

图4 牛顿反射式望远镜

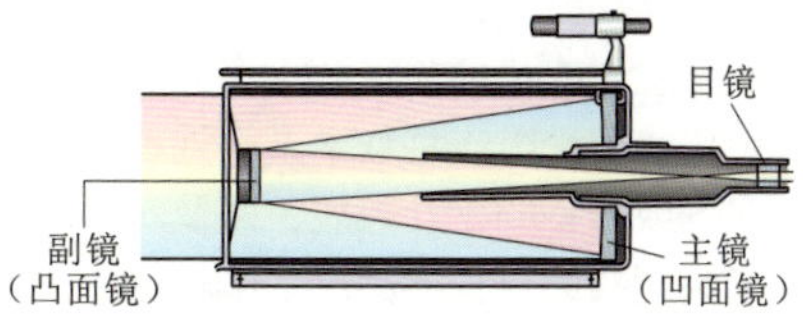

图5 卡塞－格林式望远镜

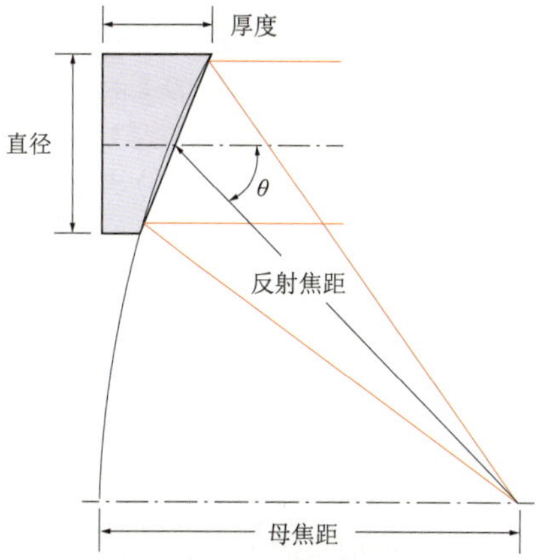

图6 离轴抛物面望远镜

天文望远镜除了口径更大、分辨率更高外，与地面观察望远镜相比光学结构没有根本区别。现代天文望远镜不是单纯的目视观测仪器，它要满足照相、测量、光谱分析、光度计量等许多领域的技术要求，当作一台特殊的大型照相机使用。

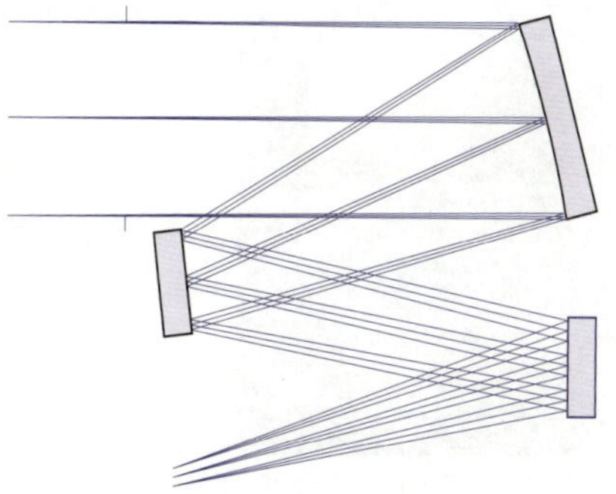

图7 离轴三反式望远镜

（谢洪波 郁道银）

望远镜物镜 telescope objective 望远镜系统中把无限远物体成像于其焦平面上的一个透镜组。在无透镜转像系统的简单望远镜中，物镜的这一像面与目镜的物方焦平面重合，眼睛通过目镜观察这一物体的中间像。

主要性能参量是焦距、相对孔径和视场角。望远镜的放大率M是物镜焦距f_o与目镜焦距f_e之比，而望远镜的镜筒长度是f_o与f_e之和，故物镜的焦距f_o是决定望远镜放大率和筒长的一个重要参量。物镜相对孔径D/f_o是望远镜入射光瞳直径D与物镜焦距f_o之比，一般不大于1:3。望远镜物镜半视场角ω与目镜半视场角ω'之间的关系为$\tan\omega=\tan\omega'/M$，目镜视场角2ω一般为40°～50°，设望远镜放大率M为4×～6×，则物镜视场角2ω不大于10°。所以，望远镜物镜是属于中等孔径和小视场一类的透镜组，只要校正轴向色差、球差和满足正弦条件即可。由于相对孔径不大，用单个镜组就能承担光线的偏角而不至于有大的剩余带球差。常用的结构形式有双胶合组、双分离组和三分离组，如图所示。双分离组可使剩余

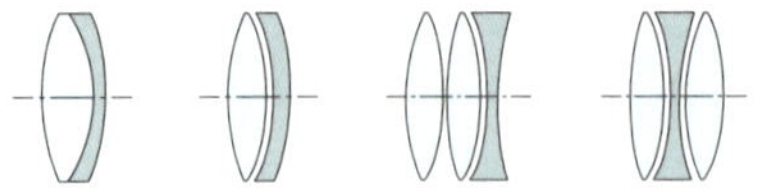

望远镜物镜

带球差很小，甚至能对两个孔径带消球差，可以做到比双胶合组大的相对孔径；三分离组能使球差的色变化有所改善。

（李元康）

威尔切克，F. Frank Wilczek（1951–05–15～ ）美国理论物理学家。生于纽约。1974年获普林斯顿大学博士学位。后在普林斯顿高级研究院和加州大学圣巴巴拉分校工作，现任麻省理工学院物理学教授。在他还是21岁的博士生时，就和导师D.J.格罗斯一起探讨胶子的特性。1973年，他和格罗斯共同提出粒子物理强相互作用中的“渐近自由”理论。与此同时，H.D.波利策也独立地提出类似理论。为此，他与格罗斯、波利策三人获2004年诺贝尔物理学奖。

（郭奕玲）

威耳孙，C.T.R. Charles Thomson Rees Wilson（1869–02–14～1959–11–15） 英国物理学家。生于苏格兰中洛锡安郡格伦科斯，卒于皮布尔斯郡卡洛普斯。1888年入剑桥大学的悉尼·苏撒克斯学院，1896年获得博士学位。1900年担任剑桥大学的物理学讲师等职务。1925年任剑桥大学杰克逊讲座自然哲学教授。1934年退休。曾被选为英国皇家学会会员，并被授予科普利奖章。

1894年夏末，威耳孙以气象学家的身份开始研究云雾。为此，他设计了一种在封闭的容器里膨胀湿空气的方法。这是最早的云室。他发现潮湿而无尘的空气膨胀时出现水滴，断定这是水蒸气以大气中导电离子为核心而凝聚的结果。X射线的发现，让他认识到可利用其辐射形成的离子，从而产生更浓的云雾。经实验发现，云室里确实留下了一串凝结水滴的痕迹。因此，云室可以用来探测带电粒子，并可以用照相记录下来。这些工作是在1895～1900年间进行的。此后，云室几经改进，并在1912年达到完善程度，成为原子核物理学研究不可或缺的设备。其后又导致气泡室问世。1911年威耳孙首先利用云室观察并照相记录了α粒子和β粒子的径迹。1927年他和美国A.H.康普顿同获诺贝尔物理学奖。1916年起，威耳孙从事大气电现象的研究，为英国战时阻塞气球创制了一种防雷击的方法；提出了大气中电荷产生机理，设计了一种测定大气电的灵敏静电计；预测了宇宙线的存在。

（戴念祖）

威耳孙，K.G. Kenneth Geddes Wilson（1936–06–08～2013–06–15） 美国物理学家。生于马萨诸塞州沃尔瑟姆。卒于缅因州萨科。1961年获加州理工学院哲学博士学位。1962年到欧洲核子研究中心研究粒子物理学。1963年任康奈尔大学副教授，1971年任该校物理学教授。美国国家科学院院士。

1971年，威耳孙以重正化群的方法解决铁磁体和其他物理系统的相变和临界现象，建立了连续的或二次相变的物质变化理论。该理论以一种数学方法处理有关相邻原子或分子的相互效应，以及对大得可用实验观察的材料样品产生影响的原子或分子的效应。解决了物理学中久而未决的难题，创立了相转变临界现象的近代理论。为此，获1982年诺贝尔物理学奖。

（尹晓冬）

威耳孙，R.W. Robert Woodrow Wilson（1936–01–10～ ） 美国天体物理学家。生于休斯敦。1962年获加州理工学院哲学博士学位。1963年任职于贝尔实验室。1976年任射电物理学研究室主任。1978年任布法罗纽约州立大学物理教授。

威耳孙在贝尔实验室和A.彭齐亚斯合作，用射电望远镜于1965年观测到宇宙背景微波辐射，被认为是大爆炸宇宙学的一个重要观测证据。为此他们获1978年诺贝尔物理学奖。威耳孙还从事毫米波射电天文学研究，发现一氧化碳等多种星际分子；测量了星际同位素，特别是氘同位素的丰度；探测银河系中的暗云，由此证实了热宇宙模型，这是他对宇宙学和天体物理学做出的又一贡献。此外，他研究了微波固体器件和集成电路。

（郭奕玲）

威曼，C.E. Carl Edwin Wieman（1951–03–26～ ） 美国物理学家。生于俄勒冈州的科瓦利斯。1977年在斯坦福大学获博士学位。1977～1984年在密歇根大学物理系研究和任教。此后，任科罗拉多大学物理学副教授（1984～1987）、教授（1987～1993）。还在波尔德市天体物理学联合实验室（JILA）任研究员（1985～1987）、主席（1993～1995）。

1990年，威曼提出在磁光阱中进行激光冷却并进行蒸发冷却，就有可能在碱原子中得到玻色–爱因斯坦凝聚。1995年6月他和同事E.A.科纳尔首次实现了从铷原子稀薄气体中获得这种凝聚体，证实A.爱因斯坦和S.玻色的理论预言。为此，威曼和科纳尔获2001年诺贝尔物理学奖。

（尹晓冬）

微波 microwave 频率范围从300兆赫到3000吉赫的电磁波。相应的波长从1米到0.1毫米。传统的微波包括波长从1米到100毫米的分米波波段，从100毫米到10毫米的厘米波波段，从10毫米到1毫米的毫米波波段，现在将波长从1毫米到0.1毫米的亚毫米波波段也包括在微波频率范围中。

微波的显著特征是其波长与实验室或工程应用中的交流电路、器件和设备的尺度相同，或比它们更小。电磁波从电路中的一点传播到另一点产生响应所需的时间与交流电的振荡周期可以比拟。作为低频电路分析基础的电流、电压概念，电感、电容和电阻等集总电路元件概念，以及基尔霍夫定律均不再适用。对于微波频率，电路和器件的分析需要依据电磁场和电磁波的原理进行。另外，微波频率介于声频和光频之间，兼有声波和光波的某些特点。如用抛物面反射天线形成具有高定向性的微波波束，原理类似于用聚光灯产生光束；微波通过波导管的传输、谐振腔等则源于对应的声学器件。另一方面，分子、原子以及核系统在外加交变电磁场的周期力作用下发生谐振现象，其中很多发生在微波率范围。这些谐振现象为研究物质结构提供了重要的实验手段，也导致多种固态微波放大器和振荡器问世。

由于第二次世界大战对于雷达的强烈需求，促使微波技术迅速发展并趋于成熟，至今雷达仍是微波最重要的应用领域。

微波的另一重要应用是通信。以电磁波作为信息载体传递的信息量与电磁波的带宽成正比。从300兆赫到3000吉赫的微波频段其绝对带宽是从零频到300兆赫频率的全部低频带宽的近10 000倍，因此微波通信便成为通信技术发展的必然选择。微波通信主要有两种方式：一种是微波波束在自由空间中传播的无线方式，如地面上的微波通信站之间的接力通信，以及地球站与卫星之间的通信；另一种是以同轴线或波导构成的地面有线网络通信。当网络的干线被具有接近于无限带宽容量的光纤替换时，便奠定了全球互联网的基础。全球互联网则需要综合使用微波和光波，以及有线和无线等所有先进的信息传递方式。

微波还广泛应用于基础科学、医学、工业、农业、军事以及日常生活等方面。在后一类应用中的共同特点是微波的电磁能量直接作用于物质或物体，又常称为微波能的应用，如在微波炉中加热食品等。

标称波长频率范围表

波段代号	频率范围/GHz	标称波长/cm
L	1～2	22
S	2～4	10
C	4～8	5
X	8～12	3
Ku	12～18	2
K	18～27	1.25
Ka	27～40	0.8
U	40～60	0.6
V	60～80	0.4
W	80～100	0.3

在雷达、通信和常规的微波工程中现已习惯使用波段的字母代号。微波各波段的字母代号及其对应的频率范围，标称波长如表所示。

（龚中麟）

微波磁学 microwave magnetism 研究磁性材料在微波磁场下的动力学行为和规律的磁学分支学科。微波磁场下的磁性材料性能，称为微波磁性。它既是磁性材料交流磁性的分支，也是磁性材料内禀磁性和直流磁性基本物理量的反映。微波磁学的物理本质是磁矩（或磁化强度）在微波（300兆赫～300吉赫）驱动下的动力学过程，主要表现为存在铁磁、亚铁磁或反铁磁共振、自旋波和弛豫现象。它不仅体现了磁性材料对电磁场的传输和吸收、磁矩的进动以及磁化反磁化过程，而且其特征对于寻找新型微波磁性材料、吸波材料，以及微波功能器件有重要作用。

用于研究磁矩动力学过程的方法有铁磁共振、磁谱、超快技术、电学测量、穆斯堡尔谱学及其组合。在微波波段，由于磁性材料阻尼作用明显，而且各向异性等效场来源复杂，甚至包含自旋流等非传统磁场对磁矩动力学过程的影响，材料磁矩对微波磁场的响应函数是张量。

描述微波磁学的基本方程是朗道-栗弗席兹-吉尔伯特（LLG）方程：

$$\frac{\mathrm{d}\boldsymbol{M}}{\mathrm{d}t}=-\gamma\boldsymbol{M}\times\boldsymbol{H}_{\mathrm{eff}}+\frac{\alpha}{M}\boldsymbol{M}\times\frac{\mathrm{d}\boldsymbol{M}}{\mathrm{d}t}$$

式中$\boldsymbol{M}$为磁矩（或磁化强度）；t为时间；γ为旋磁比；$\boldsymbol{H}_{\mathrm{eff}}$为等效磁场（含直流等效场和交流等效场，包括材料自身和外加等效磁场）；α为吉尔伯特阻尼因子。LLG方程是一个矢量、非线性动力学微分方程，通常难以严格求解。它可以反映对微波磁场的传输过程、共振吸收过程、弛豫过程、自旋波激发过程等。在微波磁场下，磁矩对微波磁场的典型响应有一致进动和非一致进动；去掉微波磁场后，磁矩的响应表现为弛豫进动。

一致进动 当所有磁矩同相位进动时称为一致进动。单畴颗粒（或薄膜）、无耦合的单畴颗粒体系以及饱和磁化的体系，通常存在此种情况。典型的例子是**铁磁共振**，其共振频率、线宽和磁导率的大小与材料自身特性密切相关。

非一致进动 磁性材料内部的磁矩非同相进动时，称为非一致进动。此时由于磁矩间有一定夹角，交换作用将贡献主要的等效磁场。非一致进动的共振频率高于一致进动，典型的情况是自旋波。在磁性材料内部可存在传播型的自旋波和驻波型的静磁模。反铁磁次晶格之间、不同铁磁畴之间的光学支进动也属于此类情况。

弛豫进动 去掉外加微波磁场后，进动的磁矩将逐步回到稳定的易磁化方向上，称为磁矩弛豫进动。该进动不仅反映了磁性材料自身的等效磁场和阻尼，也反映了外加直流等效场和等效阻尼的作用。

（薛德胜）

微波等离子体 microwave plasma 利用高频电磁波使工作气体电离击穿而产生的等离子体。应用于产生微波等离子体的频率一般是0.915吉赫和2.45吉赫，其中2.45吉赫微波使用更为普遍。微波等离子体产生系统由微波源、传输线或波导管、定向耦合器及功率计、环行器及匹配器、微波谐振腔及等离子体负载组成。一般用磁控管产生微波，通过波导管或同轴电缆传输到谐振腔室内，变化的电磁场使气体介质极化，击穿气体介质放电，产生等离子体。

微波激发等离子体的形式有微波传输线和谐振腔、慢波结构边缘场、近场微波天线、同轴基表面波激发等离子体柱和波导基表面波激发等离子体柱，以及利用电子回旋共振激发等离子体。

微波等离子体是常用等离子体之一。产生微波等离子体的电源频段、能量传输方式及对电子的赋能方式不同于其他类型等离子体，具备以下特点：①微波在波导中以横电波或横磁波方式传播，能够穿透等离子体，可以实现无内电极。在表面波放电模式下可以进行大面积放电，在磁场约束电子回旋共振模式下可以在极低的气压下放电。②能量耦合效率高，95%以上的微波能量可转化为等离子体能量。③工作气压范围宽、电子温度可达到5～10电子伏、等离子体密度高于10^{12}/厘米^3。④等离子体中存在近麦克斯韦型电子能量分布的高能尾部粒子，提高了分子离解率、电离率及反应粒子的活性，增加微波等离子体的应用范围。⑤平均离子能量低，基片表面附近加速离子的等离子体鞘层电位低，而且离子能量控制与等离子体产生相对独立，适合进行微电子器件的刻蚀。⑥无电极放电系统使得微波等离子体沉积薄膜纯度高、速率快。

从应用角度看，微波等离子体中的反应粒子浓度高活性强，可以在低温甚至室温下沉积薄膜，并可以实现晶体的取向生长，能实现高速率沉积、纯度高、难以制备的特种薄膜。较低的离子能量降低了基体表面的损伤，可以实现通过控制轰击基片的离子能量，获得其他方法难以得到的高能亚稳相结构。低气压下的反应离子方向性好，是亚微米刻蚀工艺的优良源种。

微波等离子体在技术上得到广泛应用，主要有：①薄膜沉积。微波等离子体辅助或增强化学气相可沉积各类薄膜，且沉积的薄膜纯度高。②聚合。分为微波等离子体诱导化学聚合，即在微波等离子体作用产生的自由基发生的后续聚合反应，以及微波等离子体直接化学聚合，即为在等离子体存在的情况下发生的聚合反应。③表面改性。可用于处理各种固体表面，进行表面改性，如金属薄膜脱脂、脱油去污染；有机材料表面改善物化性能；实现材料表面的卤化；诱导高分子材料表面接枝等。④刻蚀。利用微波等离子体高密度的特点，可用于高速刻蚀，在刻蚀速率、选择性、方向性、损伤等方面具有较高的综合指标。在微波等离子体中增加一些辅助设备，如磁场，就可获得稳定的电子回旋共振等离子体，用以对Si、SiO_2、Si_3N_4、金属等进行刻蚀。⑤光源。用作各种原子吸收光谱法和原子荧光光谱法分析的激发光源或分解分子。⑥离化源。微波等离子体不仅设备简单，而且有更好的检测能力，对元素有更低的检出限，且所用的功率较低，所以也可作质谱的离化源。⑦高密度离子源。应用于离子推进、大电流离子注入、离子束溅射沉积等。

（陈　强）

微波激射器　maser　利用辐射场的受激发射原理制成，能够产生噪声极低的相干微波辐射的微波放大装置。电磁波与原子或分子等量子系统共振相互作用时，对于原子（或分子）的某两个能级，若其布居数是处于粒子数反转状态，即上能级的布居数大于下能级的布居数，则与入射电磁波相互作用后总体表现为原子辐射相干电磁波，从而使入射电磁波的能量增加，这就是量子放大。如果入射电磁波的频率为微波频率，则利用这种原理制成的放大器称为微波量子放大器。若再加上适当的反馈装置，则微波量子放大器就可以变成微波量子振荡器。微波激射器是微波量子放大器和微波量子振荡器的统称。

第一台微波激射器是1954～1955年由美国物理学家C.H.汤斯和苏联物理学家N.G.巴索夫和A.M.普罗霍罗夫独立研制的氨分子激射器。其工作原理是：氨分子束先通过一个非均匀电场，使处于两个基态能级中较低能级的分子被偏转掉，处于较高能级的分子被聚焦，进入微波谐振腔，被腔内辐射场激励而跃迁到下能级，发生受激发射。受激发射产生的辐射场激励更多的分子发生受激发射，造成辐射能量的累积。当累积能量超过微波腔（氨分子系统）损耗的能量时，出现自持振荡。将振荡能量导出，就得到一个激射器。氨分子激射器的长期稳定度不高，未能走向实用化。但该技术的工作原理和应用前景从一开始就受到重视。基于其工作原理，美国物理学家N.布洛姆伯根于1956年发明了固体微波量子放大器，A.L.肖洛和汤斯于1958年提出了激光的原理。

在微波激射器中，为了加强原子与电磁波的相互作用，往往把工作物质放在一个微波谐振腔中，谐振腔的谐振频率正好等于原子的跃迁频率。有的微波量子放大器用慢波结构来代替谐振腔。谐振腔本身又是一个反馈装置，原子辐射出的电磁波能量的一部分留在腔内，再次作用于原子上构成正反馈作用。当谐振腔的Q值足够高，原子辐射的功率足够大时，微波量子放大器就变成微波量子振荡器。

微波量子放大器的优点是其具有特别低的噪声。因为在微波波段，可能成为噪声源的自发辐射可以忽略，如果把放置工作物质的谐振腔再放入液氦中，则它的噪声温度只有几开（K），非常接近于无噪声的理想放大器。微波量子振荡器的优点是振荡频率可以做得非常稳定。因为它决定于原子能级的稳定性，只要选择合适的能级使能级位置对各种外界宏观条件不敏感即可。

激射器在技术上的主要用途是：①作为极低噪声的微波前置放大器。②作为频率标准。应用最广的激射器是氢原子激射器。美国物理学家N.F.拉姆齐与D.克莱裴奈等于1960年设计了世界上第一台氢原子激射器，输出的无线电波的频率为1 420 405 751.786赫，对应于氢原子基态两个超精细能级之间的跃迁频率。氢激射器输出频率的准确度和稳定度极高，稳定度指标已经达到10^{-14}量级，可用作频率和时间基准。

（高克林　陈徐宗）

微波介电器件　microwave dielectric device　利用介质材料来限制和传导微波，实现波导、谐振、滤波等功能的系列无源电子功能器件，主要包括介质波导、介质谐振器、介质滤波器、介质双工器、介质天线等。只要微波电磁场的能量以合适的方向馈入介质，通过多次内反射其大部分能量在某些离散频率下会限制在介质内。当介质的外尺寸和电磁波在波导内的波长相近时，某种电磁场能量分布模式满足麦克斯韦方程及其边界条件而产生谐振。谐振时电磁场能量分布模式主要有横电波（TE）、横磁波（TM）及横电磁波（TEM）三种。

对于单个圆柱形介质谐振器来说，其TE_{011}模谐振频率与介质的介电常数二次方根成反比$f_0 \sim c/(D\varepsilon_r^{1/2})$，这里$c$为电磁波在自由空间的速度、$D$为介质的直径、$\varepsilon_r$为介电常数。为了防止电磁波发射，一般TE模介质谐振器内置在封闭金属腔中采用$TE_{01\delta}$谐振模式。

谐振器的品质因素Q定义为：$Q=2\pi$（每个谐振周期存储的最大能量）/（每个谐振周期损失的能量）。谐振器的无载品质因素Q_u定义为：$Q_u^{-1}=Q_d^{-1}+Q_r^{-1}+Q_c^{-1}$，其中$Q_d^{-1}$为介质引起的损耗、$Q_r^{-1}$为辐射损耗、$Q_c^{-1}$为腔体传导损耗。谐振腔的有载品质因素$Q_L$定义为：$Q_L^{-1}=Q_u^{-1}+Q_{ext}^{-1}$，其中$Q_{ext}^{-1}$为外电路耦合损耗。其有载品质因素$Q_L$通常由网络分析仪测量谐振频率$f_0$及3.0dB带宽$\Delta f$获得：$Q_L=f_0/\Delta f$。

对于单个TEM模式介质同轴谐振器（见图），可以设计为四分之一波长和半波长同轴谐振器。四分之一波长同轴谐

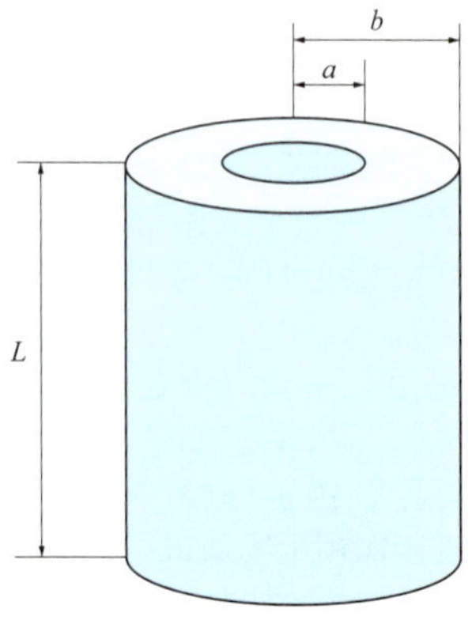

介质同轴谐振器

振器一端开路、一端短路，而半波长同轴谐振器两端均开路。以四分之一波长圆柱型同轴谐振器为例，设其内导体半径为a，外导体半径为b，谐振器的长度$L=\lambda_g/4=c/(4f_0\varepsilon_r^{1/2})$，无载品质因素$Q_u$由$Q_u^{-1}=Q_d^{-1}+Q_r^{-1}+Q_c^{-1}$求得。这里辐射损耗$Q_r^{-1}$可以忽略不计，内外电极引起的损耗为$Q_c^{-1}=4\delta/\lambda+8\delta L(a+b)/\ ab\delta\cdot\ln(b/a)$。其中$\delta$为趋肤深度，取决于导体的电导率和谐振频率。可以看出，四分之一波长圆柱型同轴谐振器的无载品质因素Q_u除了受介质材料本身的损耗影响外，还受内外导体的电导率和内外径大小的影响。一般当$b/a=2.4\sim3.6$时，Q_u可以达到最大值。

多个介质谐振器级联即构成介质滤波器。谐振器之间通过辐射耦合，级联的介质谐振器越多，滤波器的带宽就越宽，但插损也越大。

对于三种谐振模式，TE模Q值最高，但谐振器尺寸也最大。TEM模谐振器尺寸体积最小，但由于金属电极损耗的影响，其Q值最低。而TM模谐振器的尺寸和Q值介于两者之间。因此TM模或多模介质谐振器的应用也越来越多。

微带贴片天线由介质片和金属微带电极构成，可以设计成方形或圆形薄片。电磁波沿着微带馈线输入，在金属贴片下传播，在金属贴片周围因开路而反射，在贴片下形成驻波。由于介质基片的厚度远小于波长，因此微带贴片天线可以看成谐振开槽天线，金属贴片和短路面之间的介质形成谐振腔，而金属贴片的周围即构成辐射槽。　（卞建江　翟继卫）

微波硫灯　microwave sulphur lamp　一种充有硫元素，利用微波激发发光的特殊的灯。利用2.45吉赫微波使硫元素激发和电离发光，1992年美国率先完成在石英球泡（$\Phi=28$毫米）内，充填硫元素和启动气体，通过硫分子的B-X辐射，产生接近太阳光的连续可见光谱。这种灯光效高（$\eta\sim$90流明/瓦），显色性好（显色指数$Ra\sim$85）和寿命长（$f\sim$40 000小时），如再填充入BrH，显色指数可达$Ra\geqslant95$。该灯配用导光管后，可适用于大型博物馆、展览馆、飞机场和高层建筑等处的照明。

（陈大华）

微磁学　micromagnetics　研究磁有序材料准静态磁化及其动力学微观演化过程的磁性理论分支学科。由W.F.布朗在20世纪60年代创立，又称计算微磁学或微磁模拟。微磁学分为静态微磁学和动态微磁学两种分析模式。主要用于研究微米至纳米尺寸的磁性薄膜或自旋电子器件中的磁畴结构，或在磁、电、光等外场激励下所诱导的磁化动力学的微观演化过程。还可以用于理论预测实验技术难于或无法探测的超小尺寸（如20纳米以下）的磁畴结构特性。微磁学技术是研发和优化磁性材料及自旋电子器件的重要工具之一，已在磁传感器、磁记录介质、硬盘磁头、磁性随机存储器和永磁体研发等过程中得到广泛的应用。

静态微磁学　采用能量极小化方法，用于研究磁化强度（或磁矩）矢量$\boldsymbol{M}$处于平衡状态时的空间形态分布。当温度远低于铁磁材料的居里温度时，磁化强度矢量$\boldsymbol{M}$的大小可近似等于材料的饱和磁化强度M_s，因此可以认为$\boldsymbol{M}$大小不随温度变化，而磁矩形态的变化主要由局域磁矩的方向来决定。在通常情况下，铁磁体的自由能主要包含交换能E_{ex}、磁晶各向异性能E_k、塞曼能（外磁场能）E_Z、退磁能（或形状各向异性能）E_d以及DM（Dzyaloshinisky-Moriya）磁相互作用能E_{DM}等：

$$E_{tot}=E_{ex}+E_k+E_Z+E_d+E_{DM}$$

利用连续性理论，其中各项可具体表达如下：

$$E_{ex}=A\int_V(\nabla m)^2\mathrm{d}V$$

$$E_k=\int_V(K\sin^2\theta)\,\mathrm{d}V$$

$$E_Z=-\mu_0\int_V\boldsymbol{M}\cdot\boldsymbol{H}_a\mathrm{d}V$$

$$E_d=-\frac{\mu_0}{2}\int_V\boldsymbol{H}_d\cdot\boldsymbol{M}\mathrm{d}V$$

$$E_{DM}=D\int_V\boldsymbol{M}\cdot(\nabla\times\boldsymbol{M})\mathrm{d}V$$

式中A为交换系数；m为$\boldsymbol{M}$的方向余弦；K为单轴各向异性；θ为$\boldsymbol{M}$和单轴各向异性轴的夹角；μ_0为真空磁导率；$\boldsymbol{H}_a$为外加磁场；$\boldsymbol{H}_d$为退磁场；D为DM交换系数。对于磁致伸缩体系，还需要考虑应力导致的磁弹性能或应力能。在静态磁学计算中，铁磁体的磁矩稳态分布可采用求能量极小值的方法获得，数值计算方法可选用共轭梯度法或下坡法等。

动态微磁学　用于研究磁矩随时间变化的进动特性，由朗道-栗弗席兹-吉尔伯特（LLG）方程描述该过程：

$$\frac{\mathrm{d}\boldsymbol{M}}{\mathrm{d}t}=-\gamma\boldsymbol{M}\times\boldsymbol{H}_{eff}+\frac{\alpha}{M_s}\boldsymbol{M}\times\frac{\mathrm{d}\boldsymbol{M}}{\mathrm{d}t}+\text{others}$$

式中t为时间；γ为旋磁比；$\boldsymbol{H}_{eff}$为有效磁场（体系的每一项能量E_i有与之对应的有效磁场，$H_i=\left(\frac{1}{\mu_0M_s}\frac{\partial E_i}{\partial M}\right)$；$M_s$为饱和磁化强度。方程右侧第一项描述的是磁矩$\boldsymbol{M}$绕有效磁场$\boldsymbol{H}_{eff}$的进动行为。第二项为阻尼项，描述了体系能量趋向最低能量时的速度。α为材料阻尼系数，取值一般在0.01～0.05。方程右侧的附加项用于描述纳米磁学和自旋电子学发展所引入的新物理效应，如自旋转移矩效应、自旋-轨道矩效应等。两者均可借助一个新的力矩项添加到LLG方程中：

$$T=-\frac{a_J}{M_s}\boldsymbol{M}\times(\boldsymbol{M}\times\hat{\boldsymbol{m}})-b_J\boldsymbol{M}\times\hat{\boldsymbol{m}}$$

式中a_J和b_J分别为面内转矩和垂直转矩的强度（与自旋极化电流或自旋流大小、材料和器件结构参数相关）；$\hat{\boldsymbol{m}}$为自旋转移矩效应或自旋-轨道矩效应中的自旋极化方向。为了便于数值编程，LLG方程可以写成朗道—栗弗席兹（LL）方程：

$$\frac{\mathrm{d}\boldsymbol{M}}{\mathrm{d}t}=-\frac{\gamma}{1+\alpha^2}(\boldsymbol{M}\times\boldsymbol{H})$$

$$-\frac{\alpha}{1+\alpha^2}\frac{\gamma}{M_s}\boldsymbol{M}\times(\boldsymbol{M}\times\boldsymbol{H})+O(o)$$

LLG方程实际上是吉尔伯特在LL方程基础上改写的另一种形式，主要差别在于阻尼项的具体形式，两者等价。

微磁学模拟软件　微磁学理论可以借助计算机模拟来展示其物理过程。对于数值计算，首先要对磁矩连续分布的薄膜体系采用有限元或有限差分的方法进行离散化，离散成一系列计算单元。每个单元的尺寸一般要小于材料的交换长度。随后每个单元的磁矩进动均由LLG方程支配；单元之间有交换作用和静磁耦合作用等。一般采用有限差分法离散的微磁学软件计算速度较快，但有限元法则能更好地处理曲面边界问题。

国际上已开发出多套基于LLG方程的优秀微磁学计算软件。如美国国家标准技术研究院开发的OOMMF、奥地利维也纳技术大学开发的Magpar、英国南安普顿大学开发的Nmag、比利时根特大学开发的MuMax等开源软件，英国约克大学还开发了用于描述激光激励的超快磁动力学过程的原子尺度微磁学软件Vampire。此外，还有一些商用收费软件，如LLG simulator、MicroMagus等。国内学者也自行开发了一些微磁学程序包，如同济大学开发的mmag2.0、复旦大学开发的基于COMSOL模块接口的有限元微磁程序等。

（刘要稳）

微等离子体　micro-plasma　放电空间被限制在一个很小区域内的等离子体。其至少一个维度上（电极间隙或放电通道）线度为亚毫米以下量级，甚至可以和德拜长度比拟，发生在气体或液体放电中。微等离子体包括热的和冷的两种。热的微等离子体近于局域热平衡，其离子温度与电子接近、并远高于室温，一般为3000～10 000开，由电弧放电或激光诱导产生。冷的微等离子体是非热平衡的，离子温度远低于电子，并接近气体室温，一般由辉光放电产生。微等离子体具有高电子密度、高激发效率的特点。根据放电机制的不同，微等离子体密度范围很大，一般为10^{10}～10^{18}厘米$^{-3}$；其电子能量一般为非麦克斯韦分布，具有很大的20电子伏以上高能拖尾。

微等离子体尺寸小，边界效应强烈，鞘层作用明显，呈现新的鞘层动力学。等离子体与外界的比表面积大，导热快，可工作于大气压下，也是高碰撞等离子体。这种高气压稳定放电源于气体放电的相似性，使得在相同pd（p为气压，d为电极间距）下，微电极间隙可在大气压或更高气压下稳定运行。但当间隙小于10微米时，放电击穿不再遵循经典帕邢定律，随间隙而减小，显示出微放电的独特性质。此时电极表面状态非常重要，场致发射非光电的二次电子起主要作用。新的放电机制使微等离子体与常规等离子体在放电模式、实现条件和稳定性等方面存在差异。

产生微等离子体的结构可以归纳为电晕式、微腔、介质阻挡、毛细管电极等几类，其驱动电源可以是直流、脉冲、中高频、射频和微波，相应的典型微等离子体包括微电晕、微空心阴极、毛细管等离子体、等离子体射流等（见图）。

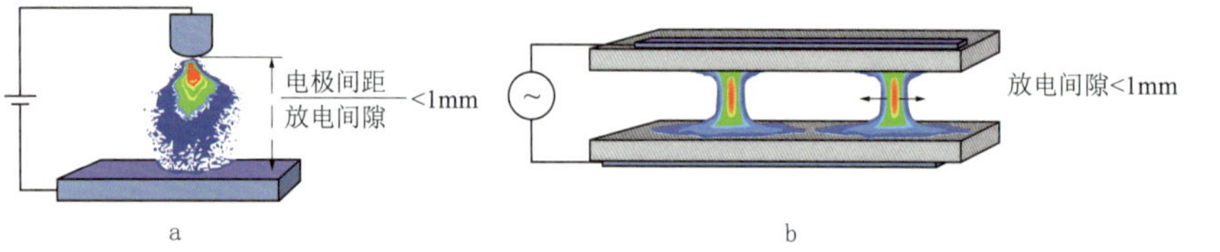

一种直流放电（a）和一种交流放电（b）微等离子体

微等离子体可以产生强烈的热、力、光、电和化学活性等效应，因而有着广泛应用。大气压下纳米材料制备和材料表面的定点处理是最典型的应用之一。它充分利用了微等离子体的微型和局域特征，突破了传统材料工艺的限制。另一典型应用是微区局域散热器，由微电晕离子风完成。它没有机械装置，设计灵活，可以置于芯片、笔记本表面等，能够实现对微区的有效散热管理，将传统风冷散热效果提高50%以上。微等离子体射流与生物医学结合形成新型等离子体医学交叉学科，可以用于传统的灭菌消毒，还能利用其局部特性进行癌细胞的灭活和凋零、伤口处理及细胞保护等。微等离子体手术刀则利用微区局部力学效应对细胞进行手术。微等离子体也是很好的气体传感器，利用放电体产生的特征离子或发光光谱，形成有效的质谱、光谱源或激光光源。利用微等离子体还可形成某些独特功能的微电子器件，用于微波和射频的传输控制。此外，微等离子体还被应用于微显示器件、离子源或辅助离子源等。　（欧阳吉庭）

微电子机械系统　micro-electro-mechanical system; MEMS　集成了微机构、微传感器、微执行器及信号处理控制等功能于一体的系统。建立在微米/纳米技术基础上的一种前沿技术。日本称之为微机械，而欧洲称之为微系统技术。

微电子机械系统这一概念最早可以追溯到1959年，美国著名物理学家R.P.费曼在一次会议演讲中首先提出了MEMS的概念。

在1962年，诞生了世界上第一个硅微压力传感器，它采用体硅加工技术，被认为是微传感器的开山之作。20世纪80年代，硅静电微马达问世。90年代以来，喷墨打印机、微加速度计等产品相继问世，一系列关于MEMS的会议也相继召开。

在MEMS技术兴起之前，这种微型机械结构就被认为具有很广阔的前景。现今通过对传统半导体器件加工制造技术的改进，MEMS已逐步进入了人们的生活。

MEMS的组成部件尺寸在1～100微米，而整个MEMS器件的尺寸在20～1000微米。整个系统通常包括一个中央的数据处理单元（微处理器）和一些与外界环境进行交互的部件（微传感器）。在此微观尺度下，经典物理理论下的一些准则已不再适用。由于MEMS器件具有高的比表面积，表面效应取代体积效应成为影响器件性能的主要因素。

微电子机械系统是指集微传感器、微执行器以及信号处理和控制电路、接口电路和电源于一体的微型机械电子系统。它通过对系统的微型化和集成化来提升其性能。微电子机械系统涉及工业中的各个领域，包括航空航天、汽车电子、生物医疗、自动控制、消费电子等。它具微型化、机械电气性能优良、可批量生产、集成化、多学科交叉等一系列特点，是21世纪的一项前沿技术，是集成了多种学科的尖端成果。

一些常见的商用MEMS应用如下：①喷墨打印机。用压电材料或热泡沫喷射技术将墨滴喷射到纸张上。②加速度计。广泛应用于汽车领域，包括气囊及电子稳定控制系统。③陀螺仪。应用于汽车及其他领域中，用来检测角速度；加速度计和陀螺仪经常组合起来使用，用于远程遥控、定位、导航等，或在消费电子产品中，实现三维效果及游戏控制。④麦克风。应用于便携设备中，如手机、耳机、笔记本电脑，市场上主要包括智能手机、可穿戴设备、智能家居、汽车应用程序等。⑤压力传感器。用于汽车胎压监测，一次性血压检测等。⑥显示。数字微镜器件。⑦光开关。用于数据通信的校准。⑧生化MEMS。用于医疗、健康相关的生物检测分析技术。⑨微尺度的能量采集系统。⑩微机械超声波传感器。　（杨富华）

微观粒子能量分布规律　energy distribution law of microparticles　微观粒子在一定条件下按照能级或微观状态排列的分布规则。孤立系统由大量近独立的粒子组成，其单粒子的量子能级和相应的简并度分别记为ε_1, ε_2, ε_l, …和ω_1, ω_2, ω_l,…，这些大量的粒子会分别占据不同的单粒子能级。把粒子数按照能级的排列a_1, a_2, a_l,…称为微观粒子按能级（或者说微观状态）的一个分布，并简记为$\{a_l\}$。对于一个特定的宏观条件，存在着极多数量的微观分布。其中微观状态数最多的分布称为最概然分布。利用统计力学的基本假设，即等概率原理，也就是处于平衡态的孤立系统中各个可能的微观态出现的概率相同，且其总粒子数N和总能量E都守恒，从而推导出近独立粒子系统的最概然分布规律。由于全同粒子和可分辨粒子的区别，以及是否受到泡利不相容原理的影响，玻色系统、费米系统和玻尔兹曼系统分别遵从不同的最概然分布。

玻色-爱因斯坦分布律　玻色系统中近独立粒子的最概然分布称为玻色-爱因斯坦分布，亦常简称为玻色分布。其具体的表达式为：

$$a_l=\frac{\omega_l}{e^{\alpha+\beta\varepsilon_l}-1}$$

式中ε_l、ω_l分别为第l能级的能量和简并度；$\beta=\frac{1}{k_BT}$，$\alpha=-\frac{\mu}{k_BT}$，它们分别与系统的温度T及化学势μ相联系。

费米-狄拉克分布律　费米系统中近

独立粒子的最概然分布称为费米-狄拉克分布，亦常简称为费米分布。其具体的表达式为：

$$a_l=\frac{\omega_l}{e^{\alpha+\beta\varepsilon_l}+1}$$

式中ε_l、ω_l分别为第l能级的能量和简并度；$\beta=\frac{1}{k_BT},\alpha=-\frac{\mu}{k_BT}$，它们分别与系统的温度$T$及化学势$\mu$相联系。

玻尔兹曼分布律　玻尔兹曼系统中近独立粒子的最概然分布称为玻尔兹曼分布律，亦常简称为玻尔兹曼分布。其具体的表达式为：

$$a_l=\omega_l e^{-\alpha-\beta\varepsilon_l}$$

式中ε_l、ω_l分别为第l能级的能量和简并度；$\beta=\frac{1}{k_BT},\alpha=-\frac{\mu}{k_BT}$，它们分别与系统的温度$T$及化学势$\mu$相联系。（宋慧超）

微观因果性　microscopic causality　微观领域中的因果关系。在经典理论中，场量$\varphi(x)$是可测的。而在量子理论中，在两个时空点x,y对于场的精确测量仅在$\varphi(x)$与$\varphi(y)$对易的情况下才有可能。在无相互作用的自由粒子情形，可以计算对易子$\Delta(x-y)$有如下性质：

$$\Delta(x-y)\equiv-\mathrm{i}[\varphi(x),\varphi(y)]=0$$
$$[\text{如果}(x-y)^2<0]$$

上面关系式所表示的叫作微观因果性条件。它说明处于不同时空点的两个场仅在类空间隔时才能被彼此不受干扰的同时测量，需要强调的是这一关系式是在自由场情形下推导出的。有相互作用情况下很难证明微观因果性条件，因此被用作公理化场论的几个基本假设之一。

在狭义相对论中，因果性的精确含义是没有连接类空区间的信号传递过程。因此上面给出的对易子为0式子是一个充分条件，它保证了由量子力学的基本规律定义的测量不违反狭义相对论所要求的因果性条件。但反过来，很难证明这个式子也是一个宏观因果性的必要条件。

通常认为微观因果性条件导致了物理振幅是复平面上的解析函数，并且散射振幅色散关系的有效性是因果律的结果。如利用微观因果性条件可以建立著名的LSZ（Lehmann-Symanzik-Zimmermann）约化公式，以及KL（Källen-Lehmann）表示。前者是量子场论的基石性公式，后者是解析性与色散关系的最简单的例子。

（郑汉青）

微观中子截面　microscopic neutron cross section　单个中子入射到单位面积内只含一个靶核的核反应概率。反应截面具有面积的量纲。中子核反应类型有：弹性散射和非弹性散射、核裂变、辐射俘获、(n,2n)、(n,3n)、(n,p)、(n,d)、(n,α)等。因此，相应的微观中子截面包括全截面、弹性和非弹性截面、裂变截面、中子辐射俘获截面、次级中子微分和双微分截面以及(n,2n)、(n,3n)、(n,p)、(n,d)、(n,α)截面等。核裂变的产物产额、核裂变的平均瞬发中子多重性及多重性分布、裂变瞬发中子能谱，也属于微观中子数据。微观中子截面在核能利用、核武器研制以及核技术发展中有着广泛应用，是宏观中子截面的基础。（唐洪庆）

微结构气体探测器　micro-pattern gas detector; MPGD　利用多孔膜或丝网等微型结构进行气体雪崩放大的气体探测器。

发展历程　1988年，A.奥德等用光刻方法在绝缘基板上刻蚀出宽窄条金属，分别作为阴极和阳极，加一定电压后，可得到一定的气体倍增信号，发明微条气体室（MSGC）；1996年前后I.乔马塔里斯发展了微网气体倍增室；1997年，欧洲核子研究中心（CERN）F.绍利发明气体电子倍增器（GEM）；2004年A.布来思金发展出厚型气体电子倍增器（THGEM）；21世纪以来发展很快，形成新一代气体探测器。

气体电子倍增器　如图所示，GEM的倍增电极（GEM膜）是用50微米厚的柔性印刷电路所用的双面覆铜聚酰亚氨膜，上下覆盖以5微米铜层，再在膜板上利用光刻、化学腐蚀出间距140微米、直径70微米的圆孔，呈三角形排列。微孔内部形状为双圆锥形（或单圆锥形）。膜上下电极之间加350～400伏的电压，在孔内形成高达8万伏/厘米的强电场。电子的雪崩增殖就发生在孔内。

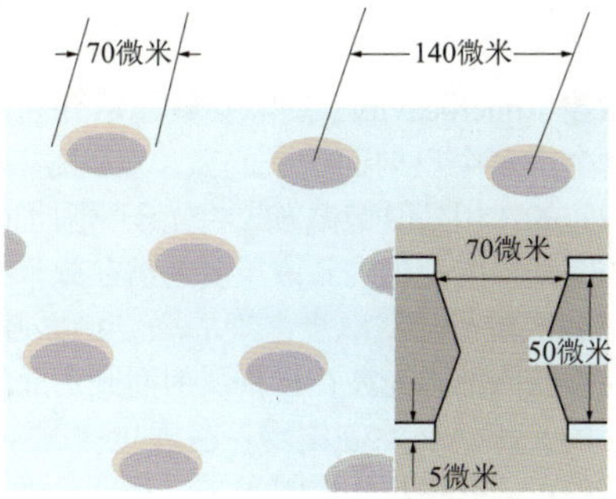

GEM倍增电极示意图

气体倍增因子就是当一个电子进入孔内经雪崩后出孔处增殖的电子数。一层膜的倍增因子由工作电压确定，根据测量对象可以用2、3层。第一层上面为阴极，其间为漂移区（或称电离区），带电粒子在此区内沉积能量，所产生的离子对中的电子在漂移电场下漂移到孔内。最下层GEM膜与阳极之间称为感应区（收集区），增殖后的电子最后被阳极收集。单级GEM的气体倍增因子可达50左右，总的气体倍增因子可达10^5～10^6甚至更高。阳极输出脉冲的上升时间由感应区电子群渡越到阳极的时间决定，因为感应区的间隙很窄而且其他区域不可能对阳极信号上升时间有贡献，这就是GEM的上升时间极比丝室信号短的根本原因。

用一般印制板打孔法开发了厚型GEM，其厚度一般在0.2～1.2毫米，甚至可达3毫米，孔径与厚度相当，按三角形排列，其孔距约比孔径大一倍，一般有边缘处理，以改善耐压和防止放电。虽然它的极限空间分辨率比GEM稍差，但也可达到亚毫米量级。

将一层金属网加在电离区与感应区之间，研制成功微网气体倍增室。其最大特点是金属网与阳极之间距离非常近，只有0.1毫米左右，电子在这个极高电场极短距离中漂移到阳极过程中所产生的负脉冲有极快的响应上升时间，甚至可以到小于1纳秒，因此有利于测量极快事件。

应用　微结构气体探测器在21世纪以来受到很大重视，其突出的共同优点是有很快的响应时间、高计数率、抗辐射，并且适于大面积制造，易于多路读出，配以不同转换体易于测量各种中性粒子和各种波长的光子等。

微结构气体探测器在国民经济许多应用方面，如医疗、射线防护、剂量监测、生物成像等已有广泛应用。（谢一冈）

微晶　microcrystal　尺度为微米量级的细小晶体。对于玻璃等非晶态固体，在高于玻璃过渡温度T_g时进行退火，会在体内形成由微晶构成的相。原子有序排列的微小晶粒，被认为是由结缔组织的无序区域连接起来的。由于这些微晶粒散乱无规的取向，使整个材料的长程有序性消失。

常用的微晶玻璃实际上是由玻璃工艺生产的陶瓷（玻璃陶瓷），它是经过微晶化的热处理形成的固体。固体中由于先掺有成核的物质，在热处理时利于形成均匀分布的细小晶粒，从而改善了物理性能，提高了强度，使热膨胀系数变小。作为闪烁体的$BaLiF_3$也常制成微晶固体，作为X射线、γ射线的探测器。有些磁合金如Al-Ni-Co永磁合金也常制成微晶永磁材料。（陆　栋）

微纳光学 micro/nano-photonics 在纳米尺度上研究光学现象和技术以及光与物质相互作用规律的学科。又称纳米光学。微纳光学是一个新的光学分支。随着纳米科学和纳米技术的快速发展，这一新兴的研究领域有越来越丰富的工具和方法来实现纳米尺度的加工、控制和表征。

许多现代科学领域的基础都是依赖于光学实验建立的，因此，推动纳米尺度光与物质相互作用的研究，将可能发现许多有趣和新颖的现象。然而，传统光学在原理上存在着一个远场衍射极限，限制了光学成像系统的空间分辨率。随着技术发展，已可使用纳米结构和技术实现把光在纳米尺度范围内操控，如扫描近场光学显微镜、金属微纳结构中的表面等离激元等。

扫描近场光学显微镜最早在1982年实现，使得光学成像的分辨率远远超过衍射极限。当光照射到物体上，物体近旁光的高空间频谱成分形成隐失波，这种隐失波只存在于距离物体表面波长尺度的范围内，无法辐射到远场中去。这就是衍射极限的来源，传统的成像光学系统使得亚波长的信息丢失。而要获得物体表面的亚波长的超分辨率能力，只有检测物体表面发出的隐失波信息才可以。距离物体表面越近，隐失波越强，包含有更高空间频谱成分，所以要获得物体的超分辨率信息，一般要求能够获得距离物体表面1/10波长范围内的光波。在近场范围内，完成光学成像以及光谱分析，实现纳米尺度的光学实验，已经发展成为一个新兴的研究领域——近场光学。

利用金属微纳结构也是一种有效的超越衍射极限、局域光场的方法。这是由于金属微纳结构中的自由电子与外界光场耦合，产生集体相干振荡，称为表面等离激元。由于金属介电函数实部很大，而且为负数，使得金属结构中等离激元的波长远小于入射光波长，实现超分辨。表面等离激元分为两种：传播模式的表面等离极化激元（SPPs）和非传播模式的局域表面等离激元（LSP）。表面等离极化激元是金属表面的自由电子与入射光子耦合产生的沿金属和电介质界面传播的电磁表面波。它是一种衰减波，在垂直于金属电介质界面方向上，电场强度随距离呈指数衰减，并沿着金属和电介质界面传播。而局域表面等离激元广泛存在于金属纳米颗粒的情况，是指金属纳米结构中的自由电子与电磁场相互作用，在金属表面产生集体振荡。它是一种非传播的元激发，可引起金属表面的局域场增强，可以使得许多光学过程的转换效率得到显著提高。因此，利用纳米尺度的结构、针尖或孔洞，使得光场局域在金属表面，也可以实现超越衍射极限成像。

微纳光学技术已经广泛应用于光电子学、微机电、太阳能电池、光谱及成像等领域，促进了物理学、化学、应用科学、工程、生物学、医药科技等领域的发展。

（方哲宇）

微能带 miniband 在超晶格材料中，由于量子阱之间的势垒较薄，各量子阱的束缚能级互相耦合形成的一种类似于固体能带的结构。超晶格材料中的一种材料为有限深势阱，其中存在离散量子能级，但其数目是有限的，取决于带阶高度、势阱宽度和有效质量。与无限深势阱不同的是，这时波函数不完全集中在势阱区，而将以指数衰减的形式“渗透”到势垒区。如果相邻量子阱之间的距离比较小，则各量子阱中的波函数将有重叠而发生相互作用。能级会产生分裂，由于超晶格结构含有多个势垒较薄的量子阱，使原来单量子阱中的量子能级分裂展宽为一能带，这一能带称为超晶格微能带。这也是超晶格材料和量子阱或多量子阱材料的主要区别。

微带类似于固体中的能带，但又有很大的区别，因为微带是一维的，其布里渊区很小，且能带宽度很小。这些特点决定了某些物理现象（如布洛赫振荡）在一般固体中观察不到，而在超晶格中可以观察到。另外，由于超晶格微带的宽度很窄，大约为几十毫电子伏，而它的周期长度却比较大，为几十纳米，当外加电场满足条件$qFd \approx \Delta E$时，因为能带的倾斜使势阱的能级位置相互错开，本来已经联合成微带的能级就会分裂，电子会重新局域化。另外，通常可利用布拉格衍射的玻尔兹曼输运理论和场引起的局域态之间的跳跃电导理论来描述超晶格中的微带输运。

（李京波）

微腔 microcavity 间隔层或光学介质的两个或多个反射面构成的微小空间结构。微腔的作用是以谐振方式将光场局限于微小空间尺度范围内。该尺度通常在微米甚至纳米量级。类似于常规的激光谐振腔，在微腔内部，光波在这些反射面间形成闭合的光路，产生驻波场。在理想情况下，微腔可以无损耗地局限光场，且拥有确定的共振频率。对于非理想（一般）情况，微腔的品质可用Q因子描述。它正比于腔内光子寿命，Q值越高，腔的光谱精细度也越高。由于尺寸微小，其共振频率分布也比通常的光学谐振腔要稀疏得多。微小的模体积还使得微腔内部光场可出现许多腔量子电动力学效应。Q因子和模体积是描述微腔两个最基本的特征参数。

典型的微腔结构类型有法布里-珀罗微腔、微球腔、微盘腔、微环腔、回音壁模式微腔以及光子晶体微腔等。微腔的制造水平已经能使它的最小模体积小至波长三次方量级，而最大Q因子已接近10^{10}，谐振腔在光波长尺度的微腔激光器也已经实现。

光学微腔在集成光学、信息光学等领域有很好的应用前景，也为腔量子电动力学研究提供了一条有效的技术途径。

（徐世祥）

微区成分分析 microanalysis 样品表面线度约1微米的面积内进行成分分析的技术。简称为微束分析或微探针。分析结果反映由微小面积和取样深度决定的有效探测体积内的平均成分和含量。分析时若对样品表面扫描即可探测成分的面分布及相应的表面形貌。此类成分分析大多始于20世纪60年代，随着以超大规模集成电路为代表的高新技术日益超微小型化，微区的线度也由约1微米向亚微米、纳米（10^{-9}米）乃至原子尺寸（10^{-10}米）方向延伸，对微区分析提出了更高的要求。

微区成分分析技术种类繁多，大多是用能会聚成微米的射线与样品相互作用，在有效探测体积内激发出射线的能量（或质量）和强度来进行成分分析。入射和出射的射线可同可异的不同组合，就构成了多种各有特色的微区成分分析技术，常用的有电子探针、质子探针、俄歇电子探针、离子探针、激光探针、原子探针和近场光学显微镜等。

电子探针　用能量几万电子伏直径约1微米的电子微束，在样品表面取样深度近1微米的微区内激发出标识X射线，由其能量和强度来识别组成的元素和含量。探测极限为10^{-15}～10^{-14}克，可用于探测原子序数大于或等于4的元素。定量分析精确度近1%，可与电子显微镜兼容。

把电子探针中的电子换成质子就成为质子探针，即质子显微镜。相对于电子探针，由于韧致辐射小，探测灵敏度可提高2、3个数量级。此外，还可在空气中进行分析且是非破性的，对生物样品如细胞中的微量元素的成分分析特别有价值。缺点是质子射线要从加速器中引出。

俄歇电子探针　用比电子探针能量低的数千电子伏电子微束，在样品表面取样深度仅为0.5～2纳米的表面层内激发出俄歇电子，因为其能量与原子内层能级有关，所以具有“指纹”鉴定的特征。探测极限为10^{-4}克。定量分析较好，特别适用于微区表区低原子序数元素的成分分析。

离子探针 用能量数千电子伏，直径约1微米的一次离子束，轰击样品表面微区使样品受损面溅射出二次离子，经质谱法分析可得到每一时刻新鲜表面下取样深度为2～10纳米范围的多元素和同位素分析。它具有极高的灵敏度，探测极限在10^{-19}～10^{-15}克，可用于测量半导体、金属、合金的痕量和微量成分以及它们随深度的分布。缺点是以[破坏样品表面为代价，而且难做定量分析。

激光探针 用直径约0.5微米的激光微束在样品表面取样深度几微米内的微区激发出离子进行质谱分析。探测极限可低到几千个原子，为10^{-20}～10^{-18}克。缺点是对样品有破坏性。

原子探针 利用针头状导电样品在高电场区发生场电离和场发射所产生的离子进行质谱分析。优点是针头直径要小到1至几个原子，且取样深度仅1个原子层，其探测限可低到1个原子。缺点是对样品要求高，且有破坏性。

近场光学显微镜 上述几种成分分析技术横向分辨率仅为1微米，而原子探针应用中又有局限性，所以根本不能满足超微小型化成分分析的要求。1983年发明的隧道显微镜及其近场工作方式为解决此局限性开拓了新思路。1984年发明的**近场光学显微镜**有望成为超小微区成分分析的有效方法。近场光学显微镜与样品间距小于光源的波长，此时成像的分辨率不再受光波衍射的限制，可比原波长小1、2个数量级，已达纳米尺度，还有望继续提高。

（陆 栋）

微扰论 perturbation theory 一个寻求复杂问题近似解的方法。它广泛应用于物理问题之中，尤其是量子力学中薛定谔方程的本征值问题求解。物理学中会遇到许多不能严格求解的哈密顿量，如果能将这哈密顿量分解为一个可解部分和一个微扰部分，并且微扰部分产生的效果可以看作是对可解部分的修正，那么便可以采用微扰论的方法近似求解这个哈密顿量。对于多数情况，只要微扰部分远小于可解部分，修正便成立。这样，从这个已知可解的哈密顿量出发，求解它的本征值与本征矢作为基础，之后考虑微扰项，使用微扰论的方法对基础本征值与本征矢进行修正，或者通过基础本征值与本征矢对哈密顿量进行修正，得到有效哈密顿量，用以描写靠近已知问题却不能严格求解的有效物理图像。量子力学中的微扰论分为定态微扰理论与含时微扰理论。

定态微扰理论 1926年E.**薛定谔**发表了关于定态微扰理论的文章。文章参考了**瑞利**关于弦的谐振问题中的非本征微扰的研究，所以定态微扰理论也被称作瑞利-薛定谔微扰理论。定态微扰理论，顾名思义用以处理定态哈密顿量，也就是与时间无关的哈密顿量。

假设系统哈密顿量满足本征方程：

$$H|\psi_n\rangle=E_n|\psi_n\rangle$$

式中E_n为本征能量；$|\psi_n\rangle$为相应的本征态。由于求解困难，所以将哈密顿量分成两部分：

$$H=H_0+V$$

式中H_0为可以求解的哈密顿量，它的本征能量和本征态满足：

$$H_0|n^{(0)}\rangle=E_n^{(0)}|n^{(0)}\rangle$$

式中V为微扰项，当系统存在微扰项之后，本征能量与本征态可以按微扰论展开成级数形式：

$$E_n=E_n^{(0)}+E_n^{(1)}+E_n^{(2)}+\cdots$$

$$|\psi_n\rangle=|n^{(0)}\rangle+|n^{(1)}\rangle+|n^{(2)}\rangle+\cdots$$

式中$E_n^{(k)}$为能量的第k阶修正；$|n^{(k)}\rangle$为波函数的第k阶修正，且高阶修正与零级H_0的解都正交：

$$\langle n^{(k)}|n^{(0)}\rangle=0\quad(k=1,2,3,\cdots)$$

根据以上等式，可以求得各级修正满足的本征方程以及递推关系，从而可以逐级求得各级修正：

$$H_0|n^{(0)}\rangle=E_n^{(0)}|n^{(0)}\rangle$$

$$[H_0-E_n^{(0)}]|n^{(1)}\rangle=[E_n^{(1)}-V]|n^{(0)}\rangle$$

$$[H_0-E_n^{(0)}]|n^{(2)}\rangle=[E_n^{(1)}-V]|n^{(1)}\rangle+E_n^{(2)}|n^{(0)}\rangle$$

$$\cdots$$

非简并微扰论 对于不存在简并能级的相对简单的H_0，以上推导严格成立，以下将给出常用的一阶与二阶修正。一阶修正：

$$E_n^{(1)}=\langle n^{(0)}|V|n^{(0)}\rangle$$

$$|n^{(1)}\rangle=\sum_{k\neq n}\frac{\langle k^{(0)}|V|n^{(0)}\rangle}{E_n^{(0)}-E_k^{(0)}}|k^{(0)}\rangle$$

二阶修正：

$$E_n^{(2)}=\sum_{k\neq n}\frac{|\langle k^{(0)}|V|n^{(0)}\rangle|^2}{E_n^{(0)}-E_k^{(0)}}$$

$$|n^{(2)}\rangle$$

$$=\sum_{k\neq n}\sum_{l\neq n}\frac{\langle k^{(0)}|V|l^{(0)}\rangle\langle l^{(0)}|V|n^{(0)}\rangle}{(E_n^{(0)}-E_k^{(0)})(E_n^{(0)}-E_l^{(0)})}|k^{(0)}\rangle$$

$$-\sum_{k\neq n}\frac{\langle n^{(0)}|V|n^{(0)}\rangle\langle k^{(0)}|V|n^{(0)}\rangle}{(E_n^{(0)}-E_k^{(0)})^2}|k^{(0)}\rangle$$

$$-\frac{1}{2}\sum_{k\neq n}\frac{\langle n^{(0)}|V|k^{(0)}\rangle\langle k^{(0)}|V|n^{(0)}\rangle}{(E_n^{(0)}-E_k^{(0)})^2}|n^{(0)}\rangle$$

简并微扰论 实际情况中H_0可能存在能级简并，以上推导需要做一些修正，假设简并度为D，则取零级波函数为：

$$|n^{(0)}\rangle=\sum_{k\in D}\alpha_k|k^{(0)}\rangle$$

代入一阶修正等式，可求得其中系数α_k满足齐次线性方程组，求得相应的解之后，就得到了新的零级修正，之后便可以给出一阶修正：

$$E_n^{(1)}=\sum_{k\notin D}\langle k^{(0)}|V|n^{(0)}\rangle$$

$$|n^{(1)}\rangle=\sum_{k\notin D}\frac{\langle k^{(0)}|V|n^{(0)}\rangle}{E_n^{(0)}-E_k^{(0)}}|k^{(0)}\rangle$$

高阶修正可以用同样的方法给出，先代入各阶修正递推方程，求得系数α_k，然后同非简并的情况，给出高阶修正。

对于多参数的微扰项，可以给出微扰论相对更广泛的公式，具体求解过程与前面类似，假设系统哈密顿量可以写作：

$$H(x^\mu)=H(0)+x^\mu F_\mu$$

式中$x^\mu F_\mu$为微扰项。则本征能量与本征态可以展开成级数形式：

$$E_n(x^\mu)=E_n+x^\mu\partial_\mu E_n+\frac{1}{2!}x^\mu x^\nu\partial_\mu\partial_\nu E_n+\cdots$$

$$|n\rangle=|n\rangle+x^\mu|\partial_\mu n\rangle+\frac{1}{2!}x^\mu x^\nu|\partial_\mu\partial_\nu n\rangle+\cdots$$

其中偏导项满足：

$$\partial_\mu E_n=\langle n|\partial_\mu H|n\rangle$$

$$\langle m|\partial_\mu n\rangle=\frac{\langle m|\partial_\mu H|n\rangle}{E_n-E_m}$$

$$\langle\partial_\mu m|n\rangle=\frac{\langle m|\partial_\mu H|n\rangle}{E_m-E_n}$$

根据以上推导，针对系统的低能有效物理，可以给出一个系统的低能有效哈密顿量。假设系统的低能空间表示为l，高能空间为h。则系统在低能空间的有效哈密顿量的矩阵元$H_{mn}^{\text{eff}}=\langle m|H(x^\mu)|n\rangle$可以写作：

$$H_{mn}^{\text{eff}}=\langle n|H|n\rangle+\langle m|\partial_\mu H|n\rangle x^\mu$$
$$+\frac{1}{2!}\sum_{k\in h}\left(\frac{\langle m|\partial_\mu H|k\rangle\langle k|\partial_\nu H|n\rangle}{E_m-E_k}\right.$$
$$\left.+\frac{\langle m|\partial_\nu H|k\rangle\langle k|\partial_\mu H|n\rangle}{E_n-E_k}\right)x^\mu x^\nu+\cdots$$

式中$m,n\in l$，为系统的低能空间。

含时微扰理论 为了研究一个随时间变化的扰动对系统的影响，P.A.M.**狄拉克**发展出了含时微扰理论。因为哈密顿量是时间相关的，所以本征能量与本征态是随时间演化的。考虑到这些，含时微扰理论主要针对演化问题的求解，如初始量子态在微扰下的时间演化，或者特定观测量的期待值在给定初始态后的时间演化问题。

对一个存在随时间变化扰动$V(t)$的系统：

$$H=H_0+V(t)$$

满足薛定谔方程：

$$H|\psi(t)\rangle=\mathrm{i}\hbar\frac{\partial}{\partial t}|\psi(t)\rangle$$

系统量子态的演化则可以用H_0的本征态$|n\rangle$为基矢作线性展开：

$$|\psi(t)\rangle=\sum_n c_n(t)\mathrm{e}^{-\frac{\mathrm{i}E_nt}{\hbar}}|n\rangle$$

式中$c_n(t)$为t时刻系统处在能量为E_n的本征态$|n\rangle$上的概率幅，它们满足$H_0|n\rangle=E_n|n\rangle$，$c_n(t)=\langle n|\psi(t)\rangle\mathrm{e}^{\mathrm{i}E_nt/\hbar}$。代入薛定谔方程：

$$\sum_n=\left(\mathrm{i}\hbar\frac{\partial c_n}{\partial t}-c_nV(t)\right)\mathrm{e}^{-\frac{\mathrm{i}E_nt}{\hbar}}|n\rangle=0$$

写成微分方程形式为：

$$\frac{\partial c_n}{\partial t}=\frac{-\mathrm{i}}{\hbar}\sum_k\langle n|V(t)\ k\rangle c_k(t)\mathrm{e}^{-\frac{\mathrm{i}(E_k-E_n)t}{\hbar}}$$

求解此方程的级数解，便给出了含时微扰系统波函数演化的修正：

$$c_n(t)=c_n(0)+\frac{-\mathrm{i}}{\hbar}\sum_k$$

$$\int_0^t\langle n|V(t')|k\rangle c_k(t')\mathrm{e}^{-\frac{\mathrm{i}(E_k-E_n)t'}{\hbar}}\mathrm{d}t'$$

其中一阶修正就是用零时刻的$c_k(0)$代替$c_k(t')$。（董召阳　李建新）

微乳状液　microemulsion　一种介于一般乳状液与胶束溶液之间的，透明或半透明的，由水、油、乳化剂和助乳化剂自发形成的热力学稳定的胶体分散体系。微乳状液有水包油O/W、油包水W/O和双连续三种类型，其分散相液滴直径约为10～100纳米。微乳状液的稳定性很高，长时间放置不分层，用普通离心机不能使它分层，具有很高的界面面积及对难溶液体的增溶作用，故被广泛地用在化妆品、制药、润滑剂、食品、农药喷洒、涂料、环境治理、清洗、燃料、化学合成、微孔介质的合成、纳米材料的制备等诸多领域。

制备微乳状液需要大量的乳化剂和助乳化剂（碳链为中等长度的极性有机物，如壬醇），微乳液的分散相液滴尺寸大于胶束，小于常规乳状液液滴，具有胶束和一般乳状液的某些性质，既可看作是胀大的胶束，也可视为液滴极微小的乳状液。制备微乳状液的关键是配方，微乳状液的性质只与配方有关，而与制备条件无关；乳化剂和助乳化剂的用量很大，常占整个体系的10%～30%（重量）。正因为如此，对微乳状液的形成机理有混合膜和增溶作用两种看法。

①混合膜理论。此理论认为微乳状液是液珠极微小的乳状液，微乳状液能自发形成的原因是乳化剂和助乳化剂的混合膜可在油－水界面上形成暂时的负界面张力。

②增溶作用理论。此理论认为微乳状液的实质是胀大了的胶束，是在特殊条件下增溶作用的结果。增溶作用是自发进行的，所以微乳状液可自发形成。乳化剂的浓度超过临界胶束浓度时即有增溶作用，但一般增溶量小于10%（重量）时能形成微乳状液。（邱　东）

微通道板　microchannel plate　20世纪70年代在单通道电子倍增器基础上发展起来的一种多通道电子倍增器。微通道板具有结构简单、增益高、时间响应快和立体成像等特点，因而得到广泛的应用。它主要应用于各种类型的像增强器、夜视仪、量子位置探测器、X射线放大器、场离子显微镜、超快速宽频带示波器、光电倍增器等。

微通道板是由许许多多的特殊空心玻璃纤维压制成的一块很薄的板（图1），空

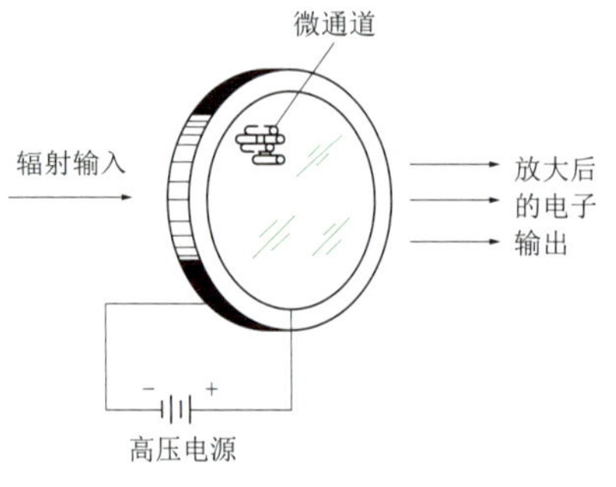

图1　微通道板工作原理示意图

心纤维的内径为20～40微米，板的厚度大约2毫米，板的外径可做到五六厘米。每根空心纤维（即每个微通道）的内表面层是次级电子发射系数较大的材料（通常发射系数可达3～4），在真空的条件下，微通道的两端面用真空溅射的办法镀一层导电物质作为电极。

当微通道板两端加上1千伏左右的直流电压，在每个微通道内部都形成与通道中心轴平行的电场，图2表示这样一个微

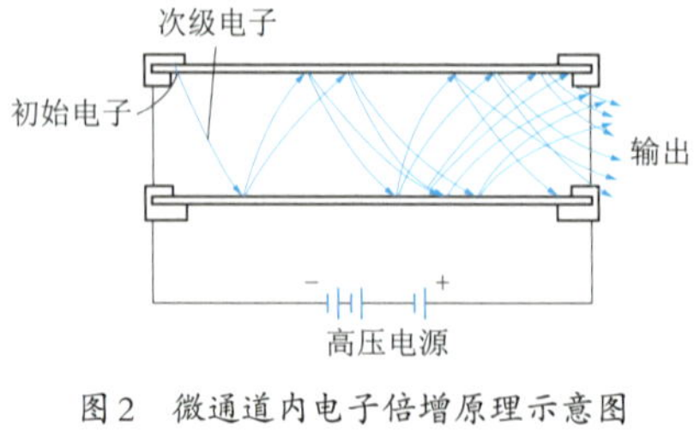

图2　微通道内电子倍增原理示意图

通道内的电场和电子倍增原理。具有初速度的电子从通道一端射入，这些电子在电场和垂直于电场方向的速度分量的作用下，以抛物线轨道飞行并得到加速，而后碰在通道的壁上打出几个次级电子。这些次级电子在电场作用下又得到加速，再次撞击内壁打出次级电子。如此重复多次，便实现了电子的倍增。板上所有微通道的电子倍增的总和就构成了整个微通道板的电子增益。可见，微通道板必须工作在高真空的条件下。而且，电子在倍增过程中走的路程很短，仅几毫米，飞行时间只有1纳秒（10^{-9}秒）左右，飞行时间涨落则更小，从而有可能成为皮秒（10^{-12}秒）级的光电转换。因此微通道板是电子倍增器件中的重要组成部分。

电子倍增系数的大小和微通道板的厚度（即微通道的长度）、微通道内径、次级电子发射系数以及所用的电压有关，一般可达10^3～10^4，如果采用较高的电压，把两块板串联起来，电子倍增系数达到10^7也是不困难的。

微通道板的电流和电荷饱和特性是指在一定电压下可输出的最大电流或电荷，图3绘出了一个典型的电流特性曲线，图

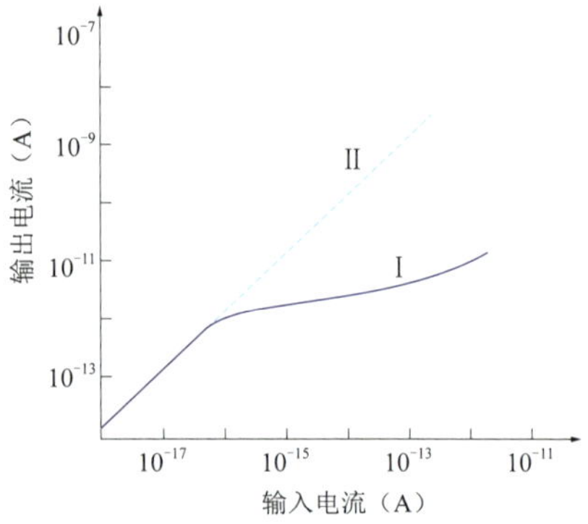

图3　微通道板电流特性曲线

中曲线Ⅰ是直流工作条件下的饱和特性，输出电流明显地偏离线性；曲线Ⅱ是脉冲工作条件下的饱和特性，较窄的电流脉冲输入时，如0.2微秒宽的脉冲，输出电流密度可达10毫安/厘米^2。

微通道板的主要噪声来源是场致反射、直流反馈噪声、交流闪烁本底噪声等。另外，由于板中各个微通道的增益不同还带来了空间图像噪声。（李　金）

微透镜阵列　microlens array　众多微透镜单元的组合。每一个单元都是直径微米量级的微小透镜，每个微透镜和传统透镜一致，都是具有两个折射表面（至少一面为曲面）的光学成像元件。微透镜阵列将入射光完整的波前在空间上分成许多微小的部分，每一部分都通过微透镜聚焦在对应的焦点上，一系列的焦点构成了该微透镜阵列的焦平面。由于其尺寸小、重量轻以及集成度高等优点，可以实现很多传统透镜无法实现的功能，广泛应用于光信息

处理、光互联等微光学系统中。此外，微透镜阵列由于具有很强的适应能力，广泛应用于成像、立体图像显示、三维物体识别以及通信器件中。

通常情况下，微透镜阵列中的微透镜为平凸外形，易于与其他平面元件耦合连接，其材料多为熔融石英，熔融石英在紫外到红外都具有很好的传输特性。微透镜阵列通常是由光刻技术加工而成，该方式较模压环氧树脂的方法具有形状和位置一致性好的优点。 （陈 笑）

微型中子源反应堆 miniature neutron source reactor 中国原子能研究院于20世纪80年代中期设计并建造的一种主要用于中子活化分析的小型研究性反应堆。与其相似的有先前研制成功的加拿大的SLOWPOKE堆（safe low power critical experimental reactor），意为“安全型、低功率临界实验堆”。这种微型堆的特点是：①功率低，约为20千瓦，最大中子注量率为1×10^{12}中子/（厘米^2·秒）。②安全可靠，可设在大城市中心，无发生事故之虞。③操作简便、维修容易，可实现无人操作。④临界质量小。主要技术指标列于表。

微型中子源反应堆的主要技术指标

最大功率	20千瓦
堆芯直径	230毫米
堆芯高度	250毫米
棒形燃料	^{235}UAl合金，^{235}U装料量800～900克
减速剂和冷却剂	水
5千瓦功率时温度	堆芯入口28℃，出口38℃
照射孔道	10根，中央管道处的最大中子通量为10^{12}中子/（厘米^2·秒）

微型堆的堆芯由燃料元件、上下栅格板、控制棒等组成，栅格板上有350个元件孔位，呈同心圆排列，内装344根富集度达90%的^{235}U-铝合金燃料棒。该堆除用于中子活化分析外，还可用于少量同位素生产和教学培训。中国现有四座微型堆，并已出口五座。 （柴之芳）

韦伯 weber 国际单位制中物理量磁通量的单位。简称韦。符号为Wb。是平方米千克每安二次方秒［$m^2\cdot kg/(A\cdot s^2)$］的专门名称。为纪念德国物理学家W.E.韦伯而命名。定义为单匝环路的磁通量，当它在1秒时间间隔内均匀地减小到零时，环路内产生1伏的电动势，即1韦＝1伏·秒。这个单位于1895年由英国科学协会（BAS）承认。1935年国际电工委员会（IEC）通过以“韦伯”作为磁通量的实用制单位，1948年第9届国际计量大会（CGPM）采纳。与绝对电磁单位（CGSM）制中磁通量的单位麦克斯韦之间的换算关系为：

$$1\text{韦伯}=10^8\text{麦克斯韦}$$

（陈熙谋）

韦伯，W.E. Wilhelm Eduard Weber（1804-10-24～1891-06-23） 德国物理学家。生于维滕贝格，卒于格丁根。1822年入哈雷大学就学。1826年以关于簧风琴管理论的论文获博士学位。1831年任格丁根大学物理学教授。1837年同另外6位教授发表声明，抗议汉诺威王国废除1833年的自由宪法，被解除教授职务。1843～1849年任莱比锡大学物理学教授。1848年的革命迫使当局让步，政策有所改变，韦伯重新回到格丁根大学。他由于科学上的卓越贡献，曾接受德国、法国和英国的多种荣誉奖。1935年国际电工委员会通过以“韦伯”作为磁通量的实用制单位，1948年又得到国际计量大会的承认。

韦伯在物理学上的成就是多方面的。早在他入哈雷大学学习之前，已开始与其兄合作研究液体表面波的一些现象；他的博士论文以及其后的研究是声学方面的；而他的主要贡献则是在电学和磁学方面。

早在1833年，他与C.F.高斯合作研制了用电池做动力的电报机，在格丁根大学相距9000英尺（1英尺＝30.48厘米）的物理实验馆与天文台之间架设电线来传输信号。这是世界上第一台有线电报机。1834年高斯和韦伯组织格丁根磁学联合会，创建地磁观测网，这一工作后来促使韦伯发展了多种灵敏的磁强计和其他磁学仪器。1832年高斯在韦伯的参与下将测量的绝对单位引入磁学，韦伯后来工作的一个重要方面是将这一思想扩展到电测量。他确立了电流的电磁单位，研究了电阻的绝对测量，并提供了几种测量电阻的实用方法。1855年与R.H.A.科尔劳施合作，测定了电量的电磁单位和静电单位的比值，其数值与光速相近，这一结果成为J.C.麦克斯韦推断光是电磁波的重要依据。

韦伯在理论上的重要贡献是提出电作用的基本定律，将库仑静电定律、安培电动力定律和法拉第电磁感应力统一在一个公式中。他的基本思想是认为运动电荷之间的作用力是基本的，它决定了各种电和磁的作用。韦伯在物质的磁性和电性方面也做了许多工作。1848～1852年，他巧妙地设计实验而观察到铋的抗磁性，并将安培的磁性理论推广到抗磁现象；1852年，他试图用电流体和电粒子来解释电阻；1875年试图用分子参数来表示电导率。在这些工作中，韦伯形成了原始形式的电粒子的开普勒模型，发展了关于一切物质都是由电粒子组成以及这些电粒子决定物质的电性、磁性和热学性质的物理思想，这对于以后P.德鲁德和H.A.洛伦兹发展电子论具有重大影响。

（戴念祖）

韦斯，R. Rainer Weiss（1932-09-29～ ） 美国物理学家。生于德国柏林。1955年和1962年分别获麻省理工学院学士学位和博士学位。1960～1962年任教于塔夫兹大学。1962～1964年在普林斯顿大学从事博士后研究。1964年加入麻省理工学院，并于1973～2001年担任麻省理工学院教授。后为麻省理工学院荣誉教授。

1916年A.爱因斯坦基于广义相对论预言引力波存在。引力波是时空曲率像波一样以光速在时空中传播。两个相互环绕的致密天体是一种典型的引力波波源。天体质量越大，间距越小，引力越强。类似地，越致密的两个天体相互环绕对方时越可以以更短的距离靠近对方，从而产生更强的引力波。探测引力波可以对广义相对论进行实验检验。自20世纪80年代开始麻省理工学院和加州理工学院共同提出激光干涉引力波天文台（LIGO）项目，并于2002年开始搜索引力波。LIGO由位于华盛顿的汉福德和路易斯安那的利文斯顿的干涉仪组成，每个干涉仪都带有两个4千米长的臂并组成L型。2015年9月14日，LIGO首次探测到距离地球约13亿光年的两个质量分别约为36倍和29倍太阳质量的黑洞相互转绕并合产生的引力波。这是人类首次直接探测到引力波。韦斯40余年一直致力于LIGO项目。他发明的激光干涉引力波探测器是LIGO装置的基础。韦斯还首次分析了探测器的主要噪声来源，领导LIGO仪器科学研究，使LIGO具有足够灵敏度探测到微弱的引力波。2017年，韦斯与加州理工学院K.S.索恩和B.C.巴里什因对“LIGO探测器建设及引力波探测所做的贡献”共同分享诺贝尔物理学奖。 （尹晓冬）

韦特曼，M.J.G. Martinus Justinus Godefridus Veltman（1931-06-27-2021-01-04） 荷兰理论物理学家。生于瓦尔韦克，卒于比尔特霍芬。1963年获乌得勒支大学博士学位。1966年前任日内瓦欧洲核子研究中心研究员。1966～1981年任乌得勒支大学物理教授。1981年当选荷兰科学院院士。同年起在密歇根大学任教。1997年退休。

韦特曼在20世纪60年代中期研究当时热门的“流代数”，坚持不懈地要解决非阿贝尔规范场的重正化问题。1969年初，G.霍夫特协助其解决了非阿贝尔规范理论的重正化的数学方法。他们又共同解决了费曼积分的计算法则，终于完成了电弱统一理论，并精确预言了$W^{\pm}$、Z^0粒子的物理性质。1995年，这一理论预言在美国费米国家实验室得到证实。通过重正化规范理论方面的工作，阐述了电弱相互作用的量子结构，使电弱统一理论被广泛接受。为此，韦特曼和霍夫特同获1999年诺贝尔物理学奖。 （郭奕玲）

唯象核力 phenomenological nuclear force 符合核子-核子散射实验数据得到的核力形式。这种核力可以用来说明核子-核子相互作用，但不能从根本上解释核力的来源。*核力*是核子之间势场梯度的度量。低能碰撞时，核子-核子势非常简单，只有两个参数；中能碰撞时核力的自旋相关部分变得较为重要。为了给出核力的一般形式，需要满足平移不变性、伽利略变换不变性、旋转不变性、空间反射不变性、时间反演和平移不变性、粒子交换不变性、同位旋对称性、共轭性8个对称性的要求。

为此，在核力的表达式中要包含下面几项，且都有实部和虚部：中心力（包含核子自旋相互作用项）、自旋-轨道相互作用项、张量项、四极自旋-轨道角动量相互作用项、核子自旋-动量相关项。利用这样的公式与实验数据进行符合，确定各个参数。一般情况下，核子相互作用势中只要包含前四项。 （冯兆庆）

维德曼-夫兰兹定律 Wiedemann-Franz law 由G.H.维德曼和R.夫兰兹发现的一个实验定律。维德曼-夫兰兹定律描述了金属的电子热导率χ_e和电导率σ在低温弹性散射极限下，满足：

$$L_0=\frac{\chi_e}{\sigma T}=\frac{\pi^2}{3}\left(\frac{k_B}{e}\right)^2\equiv 2.44\times10^{-8}\mathrm{W\cdot\Omega\cdot K^{-2}}$$

式中L_0为洛伦兹常数。1853年维德曼和夫兰兹报道了不同金属在同一温度下，其$\frac{\chi_e}{\sigma}$几乎有相同的值，1872年H.A.洛伦兹发现了$\frac{\chi_e}{\sigma}$与温度T的正比关系。维德曼-夫兰兹定律的基本假设是：①固体内参与导热和导电的是同一种准粒子。②准粒子的电荷为e，且满足*费米-狄拉克统计*。③准粒子间的散射是无能量损耗的弹性散射。 （李世燕）

维度效应 dimensional effect 物理系统维度变化引起系统性质重大改变的效应。如低维（一维、二维）系统具有三维系统所没有的许多新的物理特性。物理系统的空间维度有三维、二维、一维、零维，甚至分数维。维度效应表现在以下几个方面：①材料的能带结构、态密度等性质显著依赖于维度，随维度的降低其量子力学特征越来越显著。如量子点接触结构中出现电导量子化。②随着维度降低，量子涨落不断增强，系统的元激发谱等发生显著变化。如一维碳纳米管中出现拉廷格液体行为。③相互作用导致系统出现新奇的统计特征。如二维电子气在强磁场中出现新奇的阿贝尔任意子——劳克林态和非阿贝尔任意子——莫尔-里德态等。④在热相变和量子相变过程中，系统的维度将影响标度律和临界指数。这些都是维度效应在凝聚态物理学中的具体表现。 （刘海文 夏 钶）

维恩，W. Wilhelm Wien（1864-01-13～1928-08-30） 德国物理学家。生于东普鲁士费希豪森，卒于慕尼黑。1882年先后入格丁根大学和柏林大学学习。1883～1885年在H.von亥姆霍兹的实验室工作。1886年获哲学博士学位。后来随亥姆霍兹转到德国帝国技术物理研究所。

1896年任亚琛大学教授。1899年任吉森大学物理学教授。1900年任维尔茨堡大学物理学教授。1920年任慕尼黑大学物理学教授。

1893年，维恩提出辐射能量分布定律和维恩位移公式，可以有效地说明热辐射的实验结果。他还提出过一个热辐射实验方案，即用空腔代替黑体，可以使热辐射实验做到更为准确。在此基础上，实验家证明维恩辐射能量分布定律在长波方向与实验有系统的偏差。这一偏差促使M.普朗克对此定律做出改进，并提出能量子假设。可以说维恩的工作为发现能量子奠定了基础。

维恩在1897年研究了阴极射线的性质。几乎与J.J.汤姆孙同时，用不同的方法测量了阴极射线粒子的荷质比。1898年维恩研究了极隧射线，得到的结论为它们是带正电的射线。他用磁场和电场测量了极隧射线的偏转，结论是它们由带正电的粒子组成，质量至少不比氢原子轻。

维恩的主要贡献是发现了热辐射定律，并因此获1911年诺贝尔物理学奖。 （郭奕玲）

维格纳，E.P. Eugene Paul Wigner（1902-11-17～1995-01-01） 匈牙利裔美国理论物理学家。生于匈牙利布达佩斯，卒于美国普林斯顿。1925年获柏林工业大学工学博士学位，后留校任物理学讲师。1930～1936年、1938～1971年先后任普林斯顿大学数学物理学和理论物理等教授。1937年入美国籍。1937～1938年任威斯康星大学教授。1942～1945年到芝加哥大学冶金实验室，协助E.费米建立第一个原子核反应堆。1946～1947年任橡树岭原子能委员会实验室主任。1952年以后曾两度任美国原子能委员会总顾问委员会委员。美国国家科学院院士。

维格纳在原子核和基本粒子的基础理论方面做出了一系列贡献。1927～1930年，他发展了把群论运用于量子力学的原理，

引申出标志亚原子粒子特性的空间和时间对称的概念。1928年他和E.P.约旦合作，提出将费米子波动方程二次量子化方法。1933年揭示了核力的有关特性。1936年与合作者成功提出中子吸收理论，这一理论在建立核反应堆时起着重要作用。1939年，重核裂变被发现之后不久，他论证了在铀中进行链式反应的可能性。在美国第一座原子反应堆的试制工作中他负责理论设计工作。他还研究化学反应率理论、核结构和粒子物理学。

由于维格纳在原子核与基本粒子理论方面的贡献，特别是发现并应用基本对称原理，他和迈耶夫人、J.H.D.延森三人获1963年诺贝尔物理学奖。

（郭奕玲）

维格纳－爱卡特定理 Wigner-Eckart theorem 量子力学和群表示论中的一个定理。维格纳－爱卡特定理在原子分子物理、核物理和粒子物理中有广泛的应用。该定理指出，不可约张量算符在角动量本征态间的矩阵元可以分成两个因子的乘积：

$$\langle j'm'|T_q^{(k)}|jm\rangle=\langle j'\|T^{(k)}\|j\rangle\langle j'm'|kqjm\rangle$$

式中$\langle j'\|T^{(k)}\|j\rangle$为约化矩阵元。在旋转操作下，$\langle j'\|T^{(k)}\|j\rangle$不变，因为它是一个与$m'$、$q$、$m$无关的数。矩阵元$\langle j'm'|T_q^{(k)}|jm\rangle$对坐标系转动的依赖反应在克莱布什－哥尔丹系数$\langle j'm|kqjm\rangle$上。一般称$T^{(k)}$为SO(3)（或其他群）的$k$秩不可约张量算符，如果它的$2k+1$个分量算符$T_q^{(k)}(q=k,k-1,\cdots,-k)$按照SO(3)群的不可约表示$D^{(k)}$变换。维格纳－爱卡特定理告诉人们：如果计算矩阵元$\langle j'm'|T_q^{(k)}|jm\rangle$的值，那么只需选择性地（特殊的$m'$、$q$、$m$）计算约化矩阵元的值，而克莱布什－哥尔丹系数有表可查。

（庄鹏飞）

维格纳点阵 Wigner crystal 极低温、低密度、强相互作用多电子点阵固体。又称维格纳晶格。金属中的电子通常用简并费米液体描述。最简单的模型是凝胶模型。1934年，美国物理学家E.P.维格纳指出，简并费米液体并不是凝胶模型中电子的唯一基态，电子也可能形成晶格，成为电子固体，称为维格纳点阵（维格纳晶格）。

基态能量和金属－绝缘体相变　对三维凝胶模型，费米液体的基态能量：

$$E_{FL}\approx-\frac{0.916}{r_s}+\frac{2.21}{r_s^2}\mathrm{ERy}$$

式中无量纲参数r_s为电子平均库仑相互作用能与平均动能的比值；ERy为有效里德伯常数。电子密度越低，r_s越大。体心立方维格纳点阵的基态能量可用$E_{WC}\approx-\frac{1.792}{r_s}+\frac{2.26}{r_s^{3/2}}+\frac{b}{r_s^2}\mathrm{ERy}$估算（$b\leqslant1$）。可见，当$r_s$很大时，$E_{WC}<E_{FL}$。这表明当电子密度很低时，电子是可以形成维格纳点阵的。对三维电子，蒙特卡罗模拟的结果提示，金属－维格纳点阵相变发生在$r_s=106$。维格纳点阵更容易在低维空间形成，如在二维空间，蒙特卡罗模拟给出的临界r_s为31，电子形成三角晶格。

外场的作用　二维电子气在外磁场中形成朗道能级，电子的动能被冻结，这有利于维格纳点阵的形成。理论预言，二维电子气最低朗道能级填充因子大约1/7时，会发生分数量子霍尔态到维格纳点阵的相变。如果有足够强的面内磁场存在，相变的临界填充因子≤1/5。对二维空穴气，由于空穴的有效质量大于电子，面内磁场存在下的临界填充因子可接近1/3。在高朗道能级，可以形成电子导向中心团簇的维格纳点阵。

实验发现　维格纳点阵在一维、二维和准三维凝聚态系统中都有发现。

①液氦表面的电子维格纳点阵。电子的维格纳点阵最早是1979年于吸附在液氦表面上的电子系统中实现的。用射频技术测量电子密度响应函数，通过电子晶格声子谱认定了电子的三角晶体结构。但电子面浓度过低（$n_s\sim10^7$/厘米^2），无法观测到绝缘体－金属相变。

②在分数量子霍尔体系中的维格纳点阵。20世纪90年代在GaAs/AlGaAs半导体异质结中的高迁移率二维电子（空穴）气填充因子$\nu=1/5$（1/3）附近发现了电子（空穴）的劳林分数量子霍尔液体－绝缘体相变，但绝缘体是电子形成了维格纳点阵的后果还是无序造成的安德森绝缘体尚有争论。在21世纪对上述二维电子（空穴）气施加面内磁场，在朗道填充因子$\nu=1/5$（1/3）处，发现了随面内磁场变强而发生的分数量子霍尔液体－维格纳点阵相变。由于面内磁场的作用与载流子的厚度有关，这种维格纳点阵称为准三维维格纳点阵。2008年左右崔琦等发现了无序钉扎的劳林$e/3$分数电荷准粒子的维格纳点阵。

③高朗道能级二维电子气的团簇维格纳点阵－条纹相相变。二维电子气在$\nu=4$和$\nu=3$朗道能级有维格纳点阵－条纹相金属相变。1990年实验中发现，当ν接近9/2和7/2时，二维电子气的电导是各向异性的，如在一个方向是导电的，而在与之垂直的方向是绝缘的，这与理论上预言的电子导向中心的条纹相一致。但当ν远离半填满时，这种各向异性会消失而进入电子固体态。简单的计算发现，这种固体态是电子导向中心团簇形成的维格纳点阵，每个团簇中有2～3个电子导向中心。

④一维维格纳点阵在单电子晶体管（2005）、纳米碳管（2008）以及短量子线（量子点接触，2009）都有直接的实验观测。

非电子系统　有计算认为，在白矮星的内部，被剥离电子的原子－离子形成维格纳点阵。在实验室，带电的胶质和带电的塑料小球也可形成维格纳点阵。

（虞　跃）

维格纳函数 Wigner function 将一个量子波函数映射到经典相空间里的函数。又称维格纳准概率分布函数或维格纳分布函数。它是美国理论物理学家E.P.维格纳1932年在研究量子力学和经典力学对应时引入的，后来J.莫叶儿在1949年也独立发现了这个函数。由于维格纳函数在信号处理方面有广泛应用，而J.维尔在研究信号处理时在1948年也独立发现了这个函数，所以维格纳函数有时也被叫作维格纳－维尔函数。

在量子力学里维格纳函数实质是一个映射，它可将一个量子波函数映射到经典相空间里。对于一个一维波函数$\psi(x)$，维格纳函数$P(x,p)$定义如下：

$$P(x,p)=\frac{1}{\pi\hbar}\int_{-\infty}^{\infty}\psi^*(x+y)\psi(x-y)\mathrm{e}^{2ipy/\hbar}\mathrm{d}y$$

式中x、p分别为坐标、动量。容易看出，维格纳函数$P(x,p)$是实的。当动量p（坐标x）被积掉，$P(x,p)$就退化为通常波函数在空间（动量空间）的概率分布。维格纳函数与它对应的波函数一样可以完整描述整个量子力学系统。波函数随时间按薛定谔方程演化。而维格纳函数则按维格纳－莫叶儿方程随时间演化。维格纳函数的定义可以做多种推广：①任意维度；②密度矩阵；③任意一对共轭量，如时间和频率。对于一个三维的密度矩阵$\hat{\rho}$，维格纳函数的定义为：

$$P(r,p)=\frac{1}{(2\pi)^3}\int\langle r+\hbar s/2|\hat{\rho}|r-\hbar s/2\rangle\mathrm{e}^{ip\cdot s}\mathrm{d}^3s$$

如果把p换成任意一个算符，上式就成为一个将作用于希尔伯特空间的算子转换为相空间上的一个函数的变换。这个变换叫维格纳变换，它是外尔变换的反变换。

与经典力学的关系　在经典力学里，都确定坐标和动量的单个粒子，可以用相空间中的一个点表示，它的运动由牛顿方程给出。如果有很多个相互独立又完全一样的粒子（系综），在相空间可以用一个概率分布函数描述它们，这个函数在相空间某个点的取值正比于处于这个点的粒子数。这个概率分布按刘维尔方程演化。维格纳最初引入维格纳函数就是为了寻找一个量子版的相空间概率分布函数，以期帮助人们理解量子-经典对应。维格纳函数也确实具有一些概率函数的性质，如实函数、全空间积分后等于1。但维格纳函数可以取负值，所以它只是一个准概率分布函数。从维格纳函数的定义可以看出，它是将一个一维函数转换成了一个二维函数。这类变换可以有无穷多种。可以证明，无论哪种变换所得相空间分布函数都不可能非负。这是由测不准关系决定的。后期研究发现，如果把经典相空间分割成小的相格并在相格内对维格纳函数求平均，则只要相格比普朗克常数大，这个平均值就是非负的。这些性质使维格纳函数在研究量子系统的半经典极限时有广泛应用。在量子力学里经常通过波函数进行幺正变换在不同表象间转换，如傅里叶变换就是一个幺正变换，它将波函数从实空间表象转换成动量空间表象。维格纳函数不是一个幺正变换。将波函数幺正投影到相空间的变换可以通过瓦尼尔函数实现。

其他应用　如果将坐标x换成t，动量p换成频率ω，维格纳函数就变成了一个将时域信号脉冲转换到时频域函数的映射$P(t,\omega)$。由这个函数可以获悉在什么时段有什么频率。由于这个原因，维格纳函数在信号处理里是个非常有用的工具，被广泛应用于很多领域，诸如生物、天文观测、电子工程、地震、声学等。

（吴　彪）

维因兰德，D.J.　David Jeffrey Wineland（1944-02-24～　）美国物理学家。生于威斯康星州密尔沃基。1965年获美国加利福尼亚大学伯克利分校学士学位。1970年获哈佛大学博士学位。随后在华盛顿大学从事博士后研究工作。1975年担任美国国家标准局研究员，同时担任科罗拉多大学波尔得分校教授。美国物理学会、美国光学学会会士，美国国家科学院院士。

量子光学研究光与物质的相互作用，自20世纪80年代以来发展迅速。物理学家逐渐利用微观实验检验量子力学基本原理和微观与宏观世界之间的转变。维因兰德致力于研究离子的量子相干控制，发展了囚禁离子的多普勒冷却与边带冷却的理论和实验技术，并利用囚禁离子实现高精度的时间标准——光钟。1978年，维因兰德等与合作者首次在实验上成功地用激光冷却镁离子。随后，维因兰德与其合作者实现用激光对粒子的冷却。此外，维因兰德研究组借助于囚禁离子建立比铯原子钟时间更精确的光钟。光钟利用单离子的窄（禁闭）能级跃迁结构，对于扰动不敏感，有望成为未来新型时间标准的基础。2012年，维因兰德与法国物理学家S.阿罗什因“提出了突破性的实验方法，使测量和操控单个量子体系成为可能”分享诺贝尔物理学奖。

（刘金岩）

伪瑞利波　pseudo-Rayleigh wave　在半无限大固体的自由表面上，沿表面方向传播的波。瑞利波是一种表面波，它的传播速度略小于固体中的横波速度，幅度随离开表面的距离增加而迅速衰减。固体介质表面的质点作椭圆运动，椭圆的长轴与瑞利波的传播方向垂直。当固体介质表面覆盖液体层时，瑞利波一边传播，一边向流体“泄漏”，它的能量因此不断损失，幅度不断衰减。此时的瑞利波被称为伪瑞利波（或广义瑞利波）。在声波测井中，在地层横波速度大于泥浆速度的情况下，在井壁附近同样存在这种伪瑞利波，它是频散的，速度小于地层的横波速度。每一个伪瑞利波都有截止频率，在截止频率处的相速度等于地层的横波速度。

（林伟军）

梶田隆章　Kajita Takaaki（1959-03-09～　）日本物理学家、天文学家。生于东松山市埼玉县。1981年获埼玉大学学士学位，1986年获东京大学博士学位。1999年起任东京大学宇宙线研究所教授。

20世纪30年代，为解释β衰变的连续能谱问题，W.泡利假设反应末态存在某种未知的电中性粒子，后被E.费米命名为中微子。随后的实验相继观测到反电子中微子（1956）、μ中微子（1962）和τ中微子（2000）。60年代末建立起的粒子物理标准模型曾预言3种质量为零的中微子。不过，物理学家在50～60年代提出，假如中微子有微小质量，且质量本征态与味道本征态之间存在混合，会产生中微子振荡现象，即一种中微子在飞行过程中可以自发变成其他类型中微子。“太阳中微子丢失之谜”和“大气中微子反常现象”暗含中微子振荡迹象。1987年，日本神冈实验与美国IMB实验探测到超新星中微子。90年代，神冈探测器扩建为超级神冈探测器（Super-Kamiokande）。1998年，梶田隆章及其所领导的团队发现，当宇宙线穿过地球大气层时，两种不同味道的中微子在抵达一个由包含5万吨纯净水构成的切伦科夫探测器之前可以相互转换，从而证明中微子振荡现象。此外，位于加拿大安大略省的SNO探测器于2001年也探测到类似现象。SNO探测到来自太阳内部核聚变产生的反电子中微子到达地球时发生丢失，这意味着反电子中微子通过振荡转变为其他味道中微子。2015年，梶田隆章与加拿大物理学家A.B.麦克唐纳因“发现中微子振荡，并且因此证明中微子具有质量”共同分享诺贝尔物理学奖。

（白　欣）

未来环形正负电子对撞机　future circular collider-e^+e^-; FCC-ee　做可行性研究的下一代正负电子对撞机。又称三重大型正负电子对撞机，由欧洲核子中心（CERN）主导设计，计划建在日内瓦地区地下，圆环周长80～100千米，其最初设计的81千米刚好是大型正负电子对撞机的圆环周长的3倍。它是质心能量在90～400吉电子伏的高亮度、高精度的正负电子对撞机，运行亮度在10^{34}～10^{36}/（厘米^2·秒）。该对撞机的物理目标除了实现对标准模型粒子（Z、W粒子，希格斯玻色子，顶、底、粲夸克和τ轻子等）的精确测量，还包括对粒子物理研究尚待解决的诸如超出标准模型的暗物质、宇宙重子非对称、标准模型中的等级问题、宇宙稳定性和中微子质量等问题进行探索。它和环形正负电子对撞机（CEPC）、国际直线对撞机等面向未来的正负电子对撞机类似，是大型强子对撞机的下一代加速器，预期将在希格斯玻色子等标准模型粒子的精确测量方面做出重要贡献，也可以用于探索微弱的新物理信号。

未来环形正负电子对撞机是由CERN主导，由约135个国际科研机构、大学及25个企业联盟参与的科学研究。作为前沿正负电子对撞机，它计划有8年的设计准备期、10年的建设期、15年的运行期，总时间约35年。与CEPC未来规划升级为超级质子－质子对撞机类似，未来环形正负电子对撞机在规划中也考虑以后升级为未来环形强子－强子对撞机。

（方亚泉）

位错 dislocation 由成列原子偏离平衡位置，并使附近原子也偏离平衡位置而形成的畸变区。位错可看成是局部晶格沿一定的原子面发生滑移的产物，属于晶体中的线缺陷。滑移不贯穿整个晶体，晶格滑移引起的晶体缺陷到晶格内部终止。在已滑移部分和未滑移部分晶格的分界处造成质点的错乱排列，即位错。已滑移区和未滑移区的交线，称为位错线。根据位错线取向和晶格滑移方向的几何关系不同，位错分为刃位错、螺位错和混合位错三种基本形式。位错线与滑移方向垂直，称刃位错，也称棱位错。位错线与滑移方向平行，则称螺位错。刃位错与螺位错混合出现构成混合位错。刃位错恰似在滑移面一侧的晶格中额外多了半个插入的原子面，后者在位错线处终止。螺位错是另一种线缺陷，垂直于某一方向的晶格平面族发生变形成为一个连接起来的螺旋面，其螺旋轴就是螺位错。此外，还有这两种位错的混合型，称为混合型位错。如果滑移从晶体的一角开始，然后逐渐扩大滑移范围，滑移区和未滑移区的交界为曲线，曲线与滑移方向既不垂直也不平行，原子的排列介于刃型位错和螺位错之间，就称为混合型位错。

按照晶面整体滑移的模型，晶面发生滑移的临界切应力τ_c约为$\mu/10$，μ是晶体的切变模量。实际的τ_c值为$\mu/10^6$～$\mu/10^3$，远小于上述理论值。1934年G.I.泰勒、E.奥罗万和M.波拉尼各自提出位错模型，以便降低τ_c的理论值。1940年R.E.佩尔斯、1947年F.R.N.纳巴罗从位错模型计算出的临界应力为10^{-6}～$10^{-5}\mu$，解释了临界切应力τ_c很低的事实。20世纪50年代高分辨率透射电子显微镜技术发展，能够直接观测到位错的晶格结构的构型。

晶面滑移实际上是通过位错的滑移来实现的。如果晶体中有一个刃位错，便有一个多余半晶面HE（图1a），位错线是E处垂直于纸面的直线。在水平方向切应力作用下，HE向右移动（图1b）直至移至晶体边缘，位错线消失，整个晶面滑移一个平移b（图1c）。螺位错的滑移过程与晶面滑移相似（图2a），不过螺位错线运动的方向与切应力方向垂直，而晶面原子滑移总是按切应力方向进行的（图2b、图2c）。

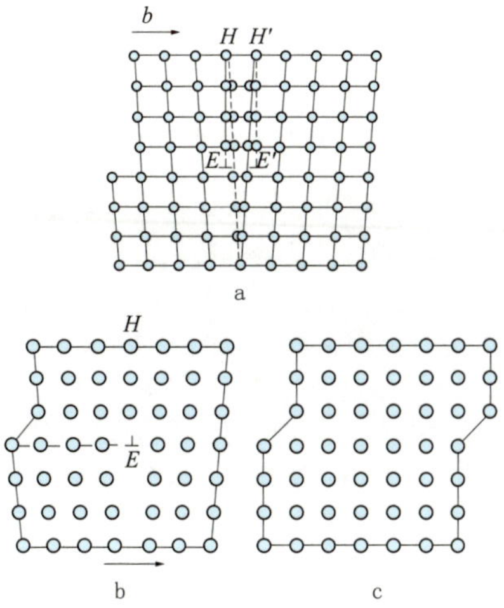

图1 刃位错与晶面滑移

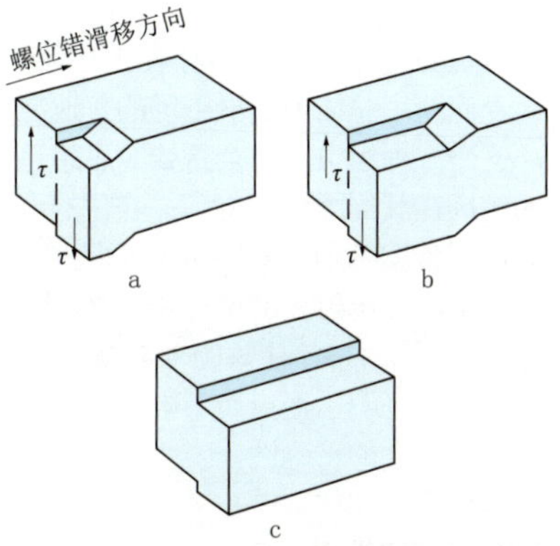

图2 螺位错与晶体的滑移

一根位错线不能终止于晶体内部，只能终止于晶体表面包括晶界。若它终止于晶体内部则必与其他位错线相连接，或在晶体内部形成封闭的位错环。位错存在应变能，具有缩短位错线长度的趋势，以及会生成和增殖等性质。

晶体中如有位错时，原子偏离完整晶格的位置，存在相应的弹性应力场，位错之间、位错与点缺陷之间存在相互作用。这是金属加工硬化、合金强化、以及沉淀强化的物理基础。此外，位错对半导体、磁性材料、超导材料的技术性能都有影响。在晶体生长过程中螺位错起了重要作用，由于以螺位错线为轴的晶面变成螺旋面，有填不完的台阶供晶体生长择优的位置，而使生长过程连续不断。

（卢江波 屈世显 陆 栋）

位力定理 virial theorem 稳定的束缚体系满足的一个普遍的统计性质。如果用$\boldsymbol{r}_a$表示体系中粒子a的位矢，用$\boldsymbol{F}_a$表示该粒子受到的合力，则体系总动能T对时间的平均值：

$$\langle T\rangle=-\frac{1}{2}\left\langle\sum_a \boldsymbol{r}_a\cdot\boldsymbol{F}_a\right\rangle$$

这里如果体系做周期性运动，则时间范围取为一个周期；而如果体系做非周期性运动，则时间范围取无穷（或者说足够长的时间）。上面的关系就称为位力定理，而其右边通常称为位力。

在所有力都是保守力的情形下，设体系总势能为V，则$\boldsymbol{F}_a=-\partial V/\partial \boldsymbol{r}_a$，因此位力定理可以写为：

$$\langle T\rangle=\frac{1}{2}\left\langle\sum_a \boldsymbol{r}_a\cdot\frac{\partial V}{\partial \boldsymbol{r}_a}\right\rangle$$

如果体系中任何两粒子之间相互作用的势能都与二者之间距离的n次幂成正比，比例系数也都相同，则位力定理又可以写为：

$$2\langle T\rangle=n\langle V\rangle$$

对于简谐振子，$n=2$，因此有$\langle T\rangle=\langle V\rangle$；对于万有引力或库仑吸引力，$n=-1$，因此有$2\langle T\rangle=-\langle V\rangle$。

在狭义相对论中，静止质量为m的粒子以速度v运动时，其动能为：

$$T=\left(\frac{1}{\sqrt{1-v^2/c^2}}-1\right)mc^2$$

式中c为真空中的光速。正是由于动能形式的不同导致了位力定理的表述有所不同。对于相互作用势能与距离的n次幂成正比的情形，狭义相对论中的位力定理写为：

$$1\leqslant\frac{2\langle T\rangle}{n\langle V\rangle}\leqslant 2$$

位力定理在统计物理、天体物理等学科中有重要的应用。如将位力定理与动能均分定理结合，可以给出理想气体的状态方程$pV=Nk_BT$（这里T表示开尔文温度）。而在天体物理中，位力定理可以将星系质量、尺度以及温度联系起来，由此可以估算诸多重要物理量的数值。

（潘海俊）

位力展开 virial expansion 表示实际气体的宏观状态参量之间关系的方法。将宏观状态参量p与T的关系按密度的幂次展开，即可得到：

$$pV_m=A+\frac{B}{V_m}+\frac{C}{V_m^2}+\frac{D}{V_m^3}+\cdots$$

或：

$$pV_m=A'+B'p+C'p^2+D'p^3+\cdots$$

这种方法称为位力展开，所得的方程常称为开默林·昂内斯方程，简称昂内斯方程。式中A、B、C…及A'、B'、C'…分别称为第一、第二、第三、……位力系数。

（崔 鑫 班士良 宋铁磊）

位形空间　configuration space　经典力学中为了描述体系位形而引入的一个抽象空间。对于**自由度**为s的体系，其位形可以用s个独立的广义坐标（$q_1, q_2, \cdots, q_s$）完全描述，而以（$q_1, q_2, \cdots, q_s$）作为直角坐标所构建的s维空间就称为该体系的位形空间。体系在每一时刻的位形可以用位形空间中的一个点表示。

对于一个由N个粒子构成的体系，每一个粒子需要3个坐标（如粒子位置的直角坐标或球坐标等）确定其位置，而为了描述体系的位形就需要$3N$个坐标，因此该体系的位形空间就是$3N$维的。如果该体系受到m个完整约束：

$$f_\alpha(\boldsymbol{r}_1, \boldsymbol{r}_2, \cdots, \boldsymbol{r}_N, t)=0 \quad (\alpha=1, 2, \cdots, m)$$

几何上这些约束方程定义了$3N$空间中的一个$s=3N-m$维曲面，称为位形曲面或位形流形，表示体系位形的点只能在该曲面上运动。位形流形在局部上可以与s维欧几里得空间建立起一一对应关系，而这个s维欧几里得空间实际上就是位形空间。

除了位形空间，经典力学中还有另一个重要的抽象空间——**相空间**，这是以广义坐标和广义动量（或广义速度）作为直角坐标所构建的$2s$维空间。相空间中的一个点不仅可以描述体系在某一时刻的位形，还可以描述该时刻每一个粒子的速度。（潘海俊）

位移　displacement　质点的位置变动，用连接先后两位置的有向线段表示。如图点的位移所示，在瞬时t质点位于Q点，瞬时$t+\Delta t$位于Q'点，则矢量$\boldsymbol{QQ'}$表示质点从t时刻开始在Δt时间间隔内的位移。它等于Q'点的矢径与Q点的矢径之差，即：

$$\Delta \boldsymbol{r}=\boldsymbol{r}(t+\Delta t)-\boldsymbol{r}(t)$$

与此同时，质点在Δt时间间隔内由Q点沿轨迹曲线运动到Q'，所经过的路程是

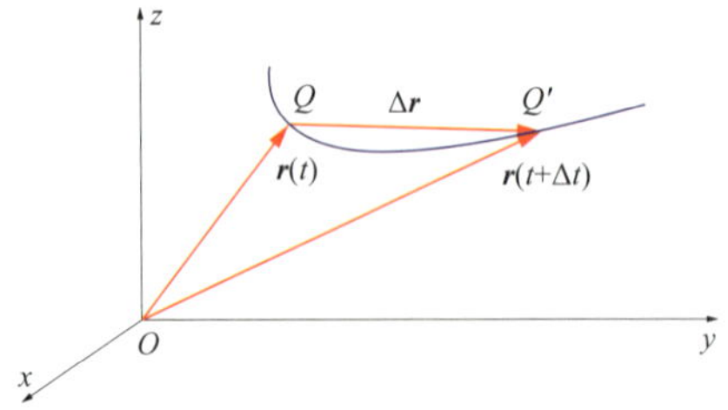

点的位移

弧长$\widehat{QQ'}$（标量）。因此，位移和路程是两个不同的概念。但当Δt很小，位移矢量的模和路程的差为高阶小量；当$\Delta t \to 0$，两者相等。（仲　佰）

位移电流　displacement current　为发展电磁场普遍理论，J.C.**麦克斯韦**引入的一个重要概念。恒定电流的磁场遵从**安培环路定理**，磁场强度沿任意闭合回路的积分等于穿过闭合回路的传导电流的代数和。恒定电流情形，无论对于哪一个以闭合回路为周界的曲面来说，穿过闭合回路的传导电流是相同的，不存在矛盾。而非恒定电流情形，如一个电源对一个电容器充电，闭合回路环绕连接导线，若选取连接导线穿过的曲面，则穿过该曲面的传导电流不为零，而选取通过电容器两极板之间的曲面，则穿过这一曲面的传导电流为零，这样就得到矛盾的结论，是不合理的，即安培环路定理对非恒定情形不适用。麦克斯韦指出，虽然电容器两极板之间是断开的，但对电容器充电，极板上电荷随时间变化，在极板间产生变化的电场，这一随时间变化的电场好像传导电流一样也能激发磁场，称为位移电流。位移电流密度为电位移矢量对时间的变化率$\partial \boldsymbol{D}/\partial t$。电容器两极板之间传导电流虽然中断，但电位移电流接续下去，就不存在上述矛盾。由此麦克斯韦总结得到电磁场的普遍方程组。这一方程组中，两个重要的思想是变化的磁场在其周围激发电场；变化的电场在其周围激发磁场。麦克斯韦根据他的方程组得出存在电磁波的预言和光是电磁波的论断，后被H.R.**赫兹**的**电磁波**实验所证实，这就证明了麦克斯韦电磁场理论和位移电流概念的正确性。（陈熙谋）

味道改变弱中性流　flavor changing neutral current　一种分支比很小的能够改变味道的衰变机理。标准模型中包括的$\mathrm{SU(3)_C \times SU(2)_L \times U(1)_Y}$规范作用的拉氏量中与规范场分量$\mathrm{W^{\pm}}$玻色子直接耦合，由u型夸克和d型夸克构成的流，能够令这两类夸克间相互转化是带电的弱流；相应的$\mathrm{W^0}$和B规范场分量，经历了温伯格角的转动，变成了Z玻色子和光子的分量，与Z玻色子直接耦合，由u型夸克或者由d型夸克构成的流是弱中性流。

虽然标准模型中三代夸克的味道弱本征基与它们的质量本征基有错位，三代间可以差幺正变换。又因为在发生弱过程时需要把质量本征基转到夸克的弱本征基。这两个本征基之间的转换是一个幺正矩阵。那么有两个幺正矩阵，记为$U_u(3)$和$U_d(3)$，分别对u型夸克(u, c, d)和d型夸克(d, s, b)进行变换，并有$U_u^{\dagger}(3)U_d(3)=U_{\mathrm{CKM}}(3)$，其中$U_{\mathrm{CKM}}(3)$就是熟知的3×3**CKM矩阵**。因为中性流是与中性的Z玻色子作用，并且$U_u^{\dagger}(3)U_u(3)=I$，$U_u^{\dagger}(3)U_u(3)=I$，I是单位矩阵，因而在标准模型拉氏量中就不存在直接的味道改变的中性流。

实际上在标准模型中通过圈图（即量子修正）味道改变中性流过程是可以实现的。例如中性K介子（由d夸克和反s夸克构成，或反d夸克和s夸克）衰变到$\mu^+\mu^-$和中性K介子到反中性K介子的转化等过程。它们在夸克层次上是通过“三角图”和/或“箱图”实现的。即使如此是高阶修正，历史实验上并没有找到当时理论预言的这些的衰变模式。导致理论发现原因在于，除了考虑当时已知的u、d、s三个轻夸克外，还需要考虑当时尚未发现的第四种u型夸克c，去抵消已知的u夸克的贡献，这就是著名的格拉肖-伊利奥普洛斯-马亚尼（GIM）机制。

实验上发现的弱中性流$\mathrm{p\bar{p}} \to \nu\bar{\nu}$等过程，无味道改变，有比较大的反应截面（或衰变宽度）是对温伯格-萨拉姆电弱理论的有利支持。与之相比，味道改变中性流过程除了圈图的压低（圈图属于微扰展开的高阶效应），而且还有GIM机制的压低，因而味道改变中性流过程是很小，是被多重压低的。以c夸克为例（s夸克的情形上面谈过），主要过程有$\mathrm{c \to u+l\bar{l}}$、$\mathrm{c \to u}+\nu\bar{\nu}$、$\mathrm{c \to u+e^+\mu^-}$（$\mathrm{e^-\mu^+}$）等。强子层次上是$\mathrm{D^0 \to \mu^+\mu^-}$、$\mathrm{D \to X_u+l\bar{l}}$、$\mathrm{D \to X_u}+\nu\bar{\nu}$等过程（对b夸克有类似的过程）。理论方面的计算已比较可靠，实验上也对这些过程做了测量。如对$\mathrm{D^0} \to \rho^0\mu^+\mu^-$，它的分支比理论的估计值为$1.8\times10^{-6}$，实验的上限值为（$BR<1.8\times10^{-4}$），对$D^0 \to \mu^+\mu^-$，理论值为$BR=3.0\times10^{-13}$，实验值为$BR<6.2\times10^{-9}$。由于它们的分支比很小，实验数据多数只能给出它们的上限。基于标准模型的理论计算结果也都小于这些上限值，因而还看不出矛盾。但当实验精度进一步提高，很可能给出确定的测量值。如果这些测量值是明显高于理论的预言值，则一定存在超越标准模型的新物理。这也是高能物理实验家努力提高亮度（减少统计误差）和改进设备和分析方法（减少系统误差）来测量这些稀有衰变的原因。

（柯红卫　李学潜）

味道SU(3)对称性　SU(3) flavor symmetry　强子（重子和介子的统称）之间存在的包括同位旋对称性和超荷对称性在内的更高的、内部近似对称性。味道SU(3)对称性常被简称为SU(3)对称性。这个对称性表明，**强子**（主要是轻强子）可分成若干组（称为多重态），组内的粒子有相同的时空对称性质（如自旋、宇称）和重子数等，有比较接近的静质量，有各不相同，但按一定规律分布的**同位旋**I、同位

旋投影量子数I_3和超荷值Y，它们在相互作用过程中表现出大体上一致、密切相关的性质。利用SU(3)群及其表示的数学工具来描述强子之间的这种对称性质，研究强子基本属性并进行分类，以及它们在各种相互作用过程中的互相关联性的理论称为SU(3)对称性理论。

历史 对微观世界的认识，随着制造和探测高能粒子手段的不断更新，越来越深入。到20世纪50～60年代发现众多的新强子、新现象。特别是确立了一系列名为**奇异强子**的新强子，及为数众多的**共振态**粒子，使得当时已发现的强子数目猛增至上百个之多。这种情况下，把这么多粒子进行分类，找出它们之间的内在对称性，进而追溯它们的根源，就成了当时的粒子物理研究前沿。

细致的实验分析表明，原先适用于普通重子（核子，包括质子p和中子n）和普通介子（π^+, π^0, π^-）的同位旋对称性可推广应用于所发现的奇异强子，从而引入新的量子数——奇异数S。已确立的重子除了$S=0$的同位旋双重态核子以外，还包括$S=-1$的同位旋单态的Λ超子和三重态的Σ超子（Σ^+, Σ^0, Σ^-），以及$S=-2$的同位旋的双重态Ξ超子（Ξ^0, Ξ^-）。介子除了$S=0$的三重态π之外，还包含$S=+1$的同位旋双重态（K^+,K^0）和$S=-1$的双重态（$\bar{K}^0,K^-$）。共振态粒子的同位旋和奇异数也可通过实验予以确认。60年代前期，利用SU(3)群把同位旋对称性和超荷（与奇异数密切相关，$Y=B+S$，B为重子数）对称性结合起来，统一到一个更高的内部对称群中去，发展并最后确立了关于强相互作用粒子（强子）的味道SU(3)对称性理论。

强子SU(3)对称性的建立 味道SU(3)对称性是利用数学的李群SU(3)群来分类强子和研究强子的结构。早期进行的尝试与坂田模型的提出密切相关。50年代初，粒子物理中发现了一系列奇异强子（具有奇异数的强子），并总结出奇异数联系强子的电荷、同位旋间的**盖耳-曼-西岛法则**。在此基础上，日本物理学家**坂田昌一**在1955年提出了坂田模型，假定所有的强子都是由质子p、中子n和超子Λ以及它们的反粒子组成的。正像忽略了质子和中子差别以后核力和核子体系具有同位旋对称性［SU(2)对称性］一样，如果忽略Λ超子与核子之间的差异，把它们看作是处在三种状态下的相同粒子，则作为同位旋对称性推广，它们应具有SU(3)对称性。由它们所构成的强子体系也应具有SU(3)对称性。

按照李群的基本理论，SU(3)群的不可约表示用一对非负整数(λ, μ)来标志，记作$D(\lambda, \mu)$，通常更简洁地用黑体的维数数字来代表，如$D(0,0)=\mathbf{1}$，$D(1,0)=\mathbf{3}$，$D(0,1)=\mathbf{3}^*$，$D(1,1)=\mathbf{8}$，$D(3,0)=\mathbf{10}$等，其中$\mathbf{3}^*$是$\mathbf{3}$的共轭表示。

按坂田模型，在SU(3)变换下基本的（p,n,Λ）具有重子数$N=1$，按基础表示3变换；相应的反粒子（$\bar{p},\bar{n},\bar{\Lambda}$）具有重子数$N=-1$，按共轭表示$3^*$变换；介子的$N=0$，由一对正反（p,n,Λ）组成，它们应按表示8和1变换。当时实验上已确认的赝标介子只有同位旋三重态的普通π介子（π^-,π^0,π^+）和两个同位旋双重态的奇异K介子(K^0,K^+)和($K^-,\bar{K}^0$)，它们一共有7个。根据这SU(3)对称性预言，至少应当存在一个同位旋单态的非奇异介子，与上述7个粒子组成SU(3)八重态。不久果然在实验上发现了单态非奇异介子η。与赝标介子的情形相似，先后在实验上发现的矢量介子三重态ρ（ρ^-,ρ^0,ρ^+）、两个奇异双重态K^*（K^{*0}, K^{*+}, K^{*-}, $\bar{K}^{*0}$）和非奇异单态ω和φ共九个，适宜于填充表示8和1。可见，以坂田模型为基础的SU(3)对称方案很好地解释了介子的性质。

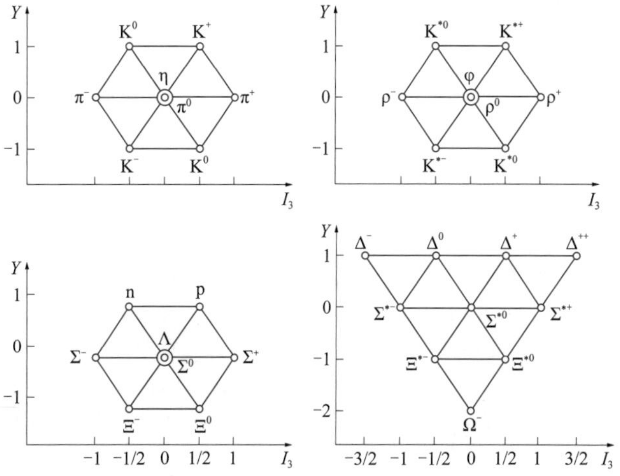

非单态粒子的填充情况

按照坂田模型，自旋宇称为$1/2^+$的重子（p, n, Λ）属于表示3，其他$1/2^+$重子Σ和Ξ应由两个3和一个3^*组成，可填充表示6^*或15。这里没有其他$1/2^+$重子Σ三重态和Ξ双重态的合适位置，更不要说后来发现的自旋宇称为$3/2^+$的重子共振态。可见坂田模型关于重子的分类方案遭到了原则性的困难。

1961年，在重新仔细分析实验资料的基础上，**M.盖耳-曼**和Y.奈曼提出了新的SU(3)分类方案，称为八重法。假定八个$1/2^+$重子（N, Ξ, Σ, Λ）和八个赝标介子（K, $\bar{K}$, π, η）一样，应填充表示8。按照SU(3)规则，主要衰变为一对赝标介子的矢量介子共振态与主要衰变为一个$1/2^+$重子和一个赝标介子的$3/2^+$重子共振态都应当属于表示27，10，10^*，8和1。

根据实验资料分析，同坂田模型中一样，九个矢量介子（ρ, K^*, ω）和ϕ可填充表示8+1。自旋宇称为$3/2^+$的重子共振态，起初共发现九个，即非奇异的四重态Δ(1232)($\Delta^-,\Delta^0,\Delta^+,\Delta^{++}$)，超荷$Y=0$（$S=-1$）的三重态$\Sigma^*$(1385)($\Sigma^{*-},\Sigma^{*0},\Sigma^{*+}$)和超荷$Y=-1$（$S=-2$）的双重态$\Xi^*$(1530)($\Xi^{*-},\Xi^{*0}$)。在八重法分类方案中自然地把它们归入表示10，但此表示中还要求存在一个新的$Y=-2$（$S=-3$）的相对稳定的同位旋单态重子Ω^-，理论还预言其质量约为1675兆电子伏。1964年实验上果然发现了这样一个粒子。以后，实验还测定了它的质量为（1672.45±0.32）兆电子伏，自旋宇称为$3/2^+$，它主要的弱衰变方式（$\Omega^-\to\Lambda K^-,\Xi\pi$）和寿命（0.819±0.027）×$10^{-10}$秒，这些都与理论预言相符合。$\Omega^-$粒子的发现是对SU(3)对称性八重态方案的有力支持。

SU(3)对称性的主要结果 SU(3)对称性给出了一系列可与实验结果相比拟的理论预言，主要有以下几点。

粒子填充和分类 现已确认的常见介子和重子在SU(3)对称性中按下述方式分类。

赝标介子8+1：K(495)，$\bar{K}$，π(140)，η，η′(958)。

矢量介子8+1：K^*(892)，$\bar{K}^*$，ρ(770)，ω(783)，ϕ(1020)。

$1/2^+$重子8：N(939)，Ξ(1320)，Σ(1193)，Λ(1116)。

$3/2^+$重子10：Δ(1232)，Σ^*(1385)，Ξ^*(1530)，Ω^-(1673)。

粒子符号后括弧中的数字是指该同位旋多重态质量的平均值，以兆电子伏为单位。每一组自旋宇称确定的介子或重子称为一个SU(3)多重态。非单态粒子的填充情况可用图表示；SU(3)单态只含一个粒子。

质量关系 如果SU(3)对称严格成立，一个SU(3)多重态内诸粒子的静质量应该相等。实际上一个SU(3)多重态内粒子的静质量并不相等，这表明八重法对称性只是近似的，决定粒子质量的强相互作用除其主要部分是SU(3)不变的以外，还存在着较弱的中强相互作用，它在SU(3)变换下的性质同八维表示中的超荷算符一样，由此可得一级近似下的质量公式，通常称为盖耳-曼-大久保公式。对于八维表示，此公式给出下述求和关系：

$$3m_{0,0}+m_{1,0}=2m_{1/2,1}+2m_{1/2,-1}$$

对十维表示，则给出等距规则：

$$m_{1,0}-m_{3/2,1}=m_{1/2,-1}-m_{1,0}=m_{0,-2}-m_{1/2,-1}$$

式中$m_{I,Y}$是同位旋-超荷量子数为（I,Y）的状态的质量。实验上，对$1/2^+$重子，八维表示公式两边的观察值的1/4分别为1135和1128兆电子伏，故此式在0.6%的精度范围内成立。对$3/2^+$重子十维表示公式中三个质量差分别是152、149和139兆电子伏，也符合得相当好。

对于介子八重态，通常认为应用质量二次方代替上式中的质量，加上电荷共轭性质的考虑，可得：

$$3m_{0,0}^2+m_{1,0}^2=4m_{1/2,\pm 1}^2$$

对于赝标介子，用K和π的质量代入，推得$m_{0,0}^2=0.320$吉电子伏^2，而η粒子$m_\eta^2=0.301$吉电子伏2，两者相差约6%，这是由于存在着第九个SU(3)单态的粒子与八重态中（I,Y）=（0,0）的粒子，具有一样的性质，存在着状态的混合。对于矢量介子，此种混合更大，需要专门的讨论。

磁矩关系和电磁质量差　电荷算符在SU(3)变换下的性质由盖耳-曼-西岛法则确定，由此可导得一个SU(3)多重态内诸粒子磁矩的相互关系。如：

$$\mu(\mathrm{p})=\mu(\Sigma^+),\ \mu(\Sigma^-)=\mu(\Xi^-),$$
$$\mu(\Xi^0)=\mu(\mathrm{n})$$

等。同时，还可导出一个同位旋多重态内不同电荷粒子质量的“超精细”分裂。对$1/2^+$重子，可得到关系式：

$$m(\Xi^-)-m(\Xi^0)$$
$$=m(\Sigma^-)-m(\Sigma^+)+m(\mathrm{p})-\mathrm{m}(\mathrm{n})$$

而对$3/2^+$重子，则得到：

$$m(\Delta^+)-m(\Delta^0)=m(\Sigma^{*+})-m(\Sigma^{*0})$$
$$=1/3[m(\Delta^{++})-m(\Delta^-)]$$
$$m(\Delta^0)-m(\Delta^-)=m(\Sigma^{*0})-m(\Sigma^{*-})$$
$$=m(\Xi^{*0})-m(\Xi^{*-})$$

强衰变宽度与电磁衰变宽度　按照SU(3)对称性，把同一多重态内各个粒子看成同一粒子的不同内部状态，因此各粒子的相应衰变方式的概率之间就存在着一定的关系。

此外，这个理论还广泛讨论了其他激发态粒子的分类填充和质量关系，各种衰变方式之间的联系，散射截面之间的关系，研究了强子**弱相互作用**的性质和选择规则等。大体上说来，这些推断和预言同实验结果有比较好的符合。

SU(3)对称性理论提供了一个可靠而有力的工具，对长期积累起来的丰富实验资料做出了系统的分析，对数以百计的强子进行了贴切的分类，较成功地解释了这些粒子的基本属性。从这个意义上说，强相互作用粒子的SU(3)对称性同化学元素的周期律具有很多相似之处。

味道SU(3)对称性和强子结构　关于强子SU(3)对称性的研究，一开始就与坂田模型紧密相关。受到实验更广泛支持的八重法方案正是从坂田模型中脱胎出来，而又经过原则性改造得到的。八重法方案具有一个十分显著的特点：所有介子都仅仅填充表示8和1，它们可以由基础表示3和3^*的乘积得出；所有重子都仅仅填充表示8和10，它们可以由三个3表示的乘积得出。盖耳-曼和G.兹韦克指出按八重法分类方案，其SU(3)群对应的基础表示3和3^*具有分数重子数、分数电荷和分数超荷量子数的用u、d、s代表，并取名为夸克。由于实验没有观测到分数电荷和重子数的粒子，盖耳-曼和兹韦克最早发表的论文没有明确将u、d、s夸克称为粒子。按SU(3)群一切强子表示都可由基础表示夸克及其反粒子构造。即介子由一对正反夸克构造，得到表示8和1；重子由三个夸克构造，得到表示10、8和1。(轻)强子之间的味道SU(3)对称性正是由夸克的基本SU(3)属性所决定的。后来人们认识到实验没有观测到单独的具有分数电荷的夸克等是**色禁闭**（见**量子色动力学**）的原因，并把u、d、s夸克看作实体，建立了各种夸克模型。夸克模型成功地阐明了强子的味道SU(3)对称性，并导出了一系列重要的新结果，得到了实验的广泛支持。

20世纪70年代以后，实验上又陆续发现了重的强子等，表明了夸克世界中还有重夸克：粲夸克c、底夸克b和顶夸克t。这些新型的夸克质量重，被称为重夸克；而原先发现的质量轻得多的夸克u、d和s，就称为轻夸克。20世纪60年代发展和确立的强子SU(3)对称性正是轻夸克所组成的物理体系所具对称性的体现。对轻夸克体系SU(3)对称性的进一步深入研究，还指明夸克还具有三种不同“颜色”为基础的色自由度。基于色自由度的新的SU(3)变换，就不仅是一种新的对称性，而且正是决定夸克之间强相互作用的量子色动力学的动力学理论。由此发展而来的强子结构问题和动力学问题的研究，一直是粒子物理理论的一个最重要的研究方向。

（张肇西）

味量子数　flavor quantum number　区分夸克的一种内部性质的量子数。粒子物理用味统称夸克的一种内部性质，与普通味觉上的“味”完全无关。分析已有加速器能量范围内产生的强子谱间接地表明了六种不同的夸克及其反夸克的存在，这就是以质量由小到大为序的上夸克u、下夸克d、奇异夸克s、粲夸克c、底夸克b和顶夸克t。上、下、奇异、粲、底、顶被称为夸克具有的六种不同的味。为区分这种不同的味，引入了不同的量子数：如上、下二者质量最小，构成同位旋I，其量子数为I及其第三分量I_3，以及可作代数和的奇异数S、粲数C、底数B、顶数T等。每一种味的夸克又有三种不同的色状态（见**色量子数**、**量子色动力学**），夸克的味与色是互相独立的两种性质分类。已知的各种相互作用的性质表明：**弱相互作用**、**电磁相互作用**与夸克的味有关，根据理论和实验观测只有在弱相互作用过程，夸克的味才有可能改变；**强相互作用**与味无关，即不改变味。

（沈齐兴）

魏宝文　Wei Baowen（1935-11-22～　）中国核物理学家。生于河南禹县（今禹州）。1957年毕业于北京大学技术物理系。毕业后被分配到中国科学院近代物理研究所。

1958年调到兰州，师从杨澄中从事核物理研究。1979～1980年任法国国家重离子研究中心访问学者。1980～1994年历任中国科学院近代物理研究所副研究员、副所长、所长、研究员。1987～1998年任中国科学院兰州分院院长。1992年任兰州重离子加速器国家实验室主任。1995年当选为中国科学院院士。

魏宝文长期从事核物理和加速器物理研究并获多项重要成果。20世纪60年代初，他完成了γ射线和快中子闪烁探测方法研究，在近代物理研究所早期核物理实验中发挥了重要作用。1963年，他作为兰州1.5米回旋加速器建成后的第一个使用者，研制出2～9兆电子伏单能中子源，用于重要的国防科研任务。随后主持完成了9～12兆电子伏中子对锂-6和锂-7的非弹性碰撞截面测量，澄清世界各国数据在峰值区的分歧，为氢弹的研制提供了核数据。因此，他和杨澄中等一起获得1978年全国科学大会奖。70年代初对聚变反应堆材料进行了群截面计算，在此基础上用快中子输运理论的锡方法，对聚变反应堆再生区的中子分布与核发热进行了理论研究。1975年作为总工程师和单位负责人参与和组织领导中国第一台大型分离扇重离子回旋加速器（HIRFL）的研制工作，负责设计兰州重离子加速器。该装置于1988年建成，其分离扇重离子回旋加速器等时性磁场垫补的工作，获得1986年中科院科技进步奖二等奖。1989～2000年在HIRFL上续建兰州重离子加速器冷却储存环（HIRFL-CSR）概念设计和立项论证。该装置于20世纪末立项，2007年建成。他同杨澄中等因HIRFL的设计和建造获得1991年中科院科技进步奖特等奖和1992年国家科技进步一等奖。他还获得2000年中科院科技进步奖一等奖、2001年何梁何利基金科学与技术进步奖、2008年国家科技进步二等奖。（尹晓冬）

魏荣爵 Wei Rongjue（1916-09-04～2010-04-06） 中国物理学家。生于湖南宝庆（今邵阳），卒于江苏南京。1937年毕业于金陵大学物理系，获理学士学位。

1945年到美国芝加哥大学和伊利诺伊大学研究生院主攻原子核物理，获硕士学位。1947年转加利福尼亚大学洛杉矶分校随声学家V.O.克努曾研究声学。1950年获哲学博士学位，后任该校研究员。1951年举家回国，任南京大学物理系教授和金陵大学兼职教授。1952年起任南京大学物理系主任。该校声学研究所建立后任所长。曾任中国声学学会副理事长，中国电声标准化技术委员会主任。1980年当选为中国科学院学部委员（院士）。

魏荣爵是中国**声学**事业的创始人之一。1952年他首先在南京大学创建中国第一个声学专业，建立消声实验室和混响实验室。其成就遍及物理声学、语言声学、建筑声学和电声学等声学的各个分支。他的博士论文运用分子的弛豫吸收理论成功地解释了低频声波在水雾中的反常吸收，指出声波导致气液两相转换是声能耗散的原因。他还进行过声波消雾的研究。回国后，发展了低频声波在水雾中的传播理论。最早提出用语噪声方法测量汉语平均谱，研究了混响及噪声对汉语语言通信的影响。他所领导的研究小组对分子声学、微波声学、非线性声学、低温声学和声学分岔、混沌、孤立子及其之间的内在联系做了大量的研究。（戴念祖）

温标 temperature scale 温度的数值表示。在实际生产、生活及科学研究中，使用的温标主要有经验温标、理想气体温标、热力学温标及国际实用温标。温标有三要素：①测温物质。即选定作为测量温度标准的物体，通常的气体、液体、固体都可选做测温物质。②测温属性。即用来标定测温物质温度的某个物理量。测温属性与温度有显著的单值函数关系，即测温曲线。③固定标准点。即为标定温度的数值而规定的标准点及相应的温度值。

经验温标 利用特定测温物质的特定测温属性建立的温标。在经验上以某一物质属性随温度的变化为依据并用经验公式进行分度的温标。

热力学温标 完全不依赖于任何测温物质及其测温属性的温标。也称为绝对温标。用这种温标所确定的温度称为热力学温度或绝对温度，用T表示，其单位为开尔文（K）。1K等于水的三相点的热力学温度的1/273.16，即水的三相点温度为273.16K。

国际实用温标 国际上约定一系列物质的温度的固定点、特殊温区内作为标准测量用的内插仪器及其测温属性，进而形成了国际实用温标。国际实用温标保证国际间的温度标准在相当精确的范围内一致，并尽可能接近热力学温标，使与热力学温标的误差不会超出精密气体温度计的误差范围。从1927年起，曾多次制定协议性的国际温标来统一各国的温度计量，现在国际上采用的是1990年国际温标（ITS-90）。（崔鑫 班士良 官箭）

温伯格，S. Steven Weinberg（1933-05-03～2021-07-23） 美国物理学家。生于纽约，卒于奥斯汀。1954年毕业于康奈尔大学，后到哥本哈根大学、普林斯顿大学深造，1957年获博士学位。1969～1973年为哈佛大学教授和史密森天体物理实验室的高级科学家。1980年到得克萨斯大学任教。

温伯格的主要研究领域是基本粒子和**量子场论**。他的主要贡献是在1967年引入对称性自发破缺机制（**希格斯机制**），解释了光子和中间玻色子的质量差异，在规范场理论的基础上建立了电弱统一理论。

由于A.萨拉姆也提出了这方面的理论，通常将其称为温伯格-萨拉姆理论。这个理论的可重正化性后来被G.**霍夫特**等人所证明。这个理论所预言的中性弱流，于1973年首次在欧洲核子研究中心由实验证实。以后有更多的实验事实（如温伯格角的测定）支持了温伯格-萨拉姆模型。由于这项成就，温伯格和S.L.格拉肖、萨拉姆共同获得了1979年的诺贝尔物理学奖。电弱统一理论中所预言的静止质量很大的三种中间玻色子$W^{\pm}$和Z^0已由欧洲核子研究中心分别于1983年1月和6月正式宣布在270吉电子伏的质子-反质子对撞机SPS实验中找到，$W^{\pm}$和Z^0的质量分别约为82吉电子伏和93吉电子伏。此外，温伯格还对宇宙学具有浓厚的兴趣，他的名著《引力论和宇宙论——广义相对论的原理和应用》1972年出版。1978年出版的科普著作《最初三分钟》已成为全世界宇宙学爱好者喜爱的读物。（戴念祖）

温差电现象 thermoelectric phenomena 直接由温度差产生电动势，或由电流引起热量的吸收和释放。又称热电现象。温差电现象包括塞贝克、珀耳帖及汤姆孙三个效应。

塞贝克效应 指若在两种不同导电材料（如金属或半导体）接触的地方存在温度差异（温度梯度），则接触处将产生电动势。1821年，德国物理学家T.J.塞贝克发现，对于由两种金属导线构成的回路，若两金属连接的地方存在温度差，放在回路旁的罗盘指针将会偏转。因此塞贝克称此现象为“温差磁效应”。实际上这是由于温差产生的电动势使回路中产生电流，使罗盘指针受力偏转的磁场正是由此电流产生。塞贝克效应产生的电动势表达式为：$E_{emf}=-S\nabla T$，式中S为塞贝克系数（“热电势”一词既可以指E_{emf}，又可以指S），∇T为接触处局部的温度梯度。金属的塞贝克系数为0～10毫伏/开，常制成金属热电偶作为一种测温元件。半导体的塞贝克系数则比金属高很多，可以用作温差发电器。塞贝克效应的物理机制主要有两方面：①载流子扩散，根本原因是两种材料化学势不同。②声子牵引，即声子从热端向冷端的扩散对载流子扩散产生影响。

珀耳帖效应 1834年法国科学家J.C.A.珀耳帖发现了塞贝克效应的逆效应。即当电流流过两种不同的热电材料所组成的闭合回路时，在其中一个接触处产生吸热而在另一个接触点处产生放热，从而产生温差的现象，称为珀耳帖效应。在接触点处单位时间吸收和释放的热量，和两种材料的珀耳帖系数之差以及通过电流的大小成正比。一个材料的珀耳帖系数代表这个材料单位电荷所能承载热量的大小，是一个材料的固有属性。珀耳帖效应可用于制冷，其优点是结构简单紧凑，并且不需要像氟利昂这样循环液体，从而清洁环保，缺点是效率低。

汤姆孙效应 1851年W.汤姆孙（即开尔文勋爵）用热力学分析温差电效应，预言并发现了汤姆孙效应。即在存在温度梯度的均匀导体中通有电流时，导体中除了产生不可逆的焦耳热外，还要吸收或放出一定的热量的现象。在单位时间和单位体积内吸收或放出的热量与电流密度及温度梯度成正比，其比例系数称为汤姆孙系数。汤姆孙效应是继塞贝克效应和珀耳帖效应之后的第三个热电效应。

（雒建林　李世燕）

温度 temperature 标记物体冷热程度的物理量。温度是决定一系统是否与其他系统处于热平衡的宏观性质。它的特征就在于一切互为热平衡的系统都具有相同的温度。

温度的本质是物体内部分子无规则热运动的剧烈程度。温度与大量分子的平均能量相关，为大量分子无规则热运动的集体表现。如对于单原子分子理想气体，其平均内能或平均能量满足：

$$\bar{\varepsilon}=\frac{3}{2}kT$$

式中k为玻尔兹曼常量。

（崔　鑫　班士良　宫　箭）

温度计 thermometer 用以准确判断和测量温度及温度梯度的工具，分为指针温度计和数字温度计。温度计有两个重要的因素：①随着温度变化的温度传感器（如在玻璃管温度计中的水银球或在红外线温度计中的数字传感器）；②把这种变化转变成数值的方式（如玻璃管温度计的可见数值标度或红外线温度计的数字读数）。温度计被广泛应用于工业、气象、医疗和科学研究中。

（崔　鑫　班士良　宫　箭）

温密物质 warm dense matter 一种温度和密度范围处于传统的等离子体和凝聚态物质之间的物质形态。温密物质的温度低于系统的费米能量，即物质中的电子处于量子简并状态，电荷之间的平均库仑相互作用高于离子无规则运动的动能，即电荷之间是强耦合的。

温密物质在实验室和自然界中广泛存在。在惯性约束聚变中，被强烈压缩的主燃料通常处于温稠密状态；高Z物质的辐射热传导区处于温密状态。自然界的白矮星、大质量行星（如木星）的内核也处于温密状态。

（郑　坚）

温室效应 greenhouse effect 一物体附近有透射系数不为1（即不完全透射）的薄膜情况下，该物体与薄膜之间的区间内温度升高的现象。又称花房效应。温室效应是辐射传热的一个典型实例。

以地面上的温室大棚（花房）为例（如图示），记地面的温度为T_E，花房上层的

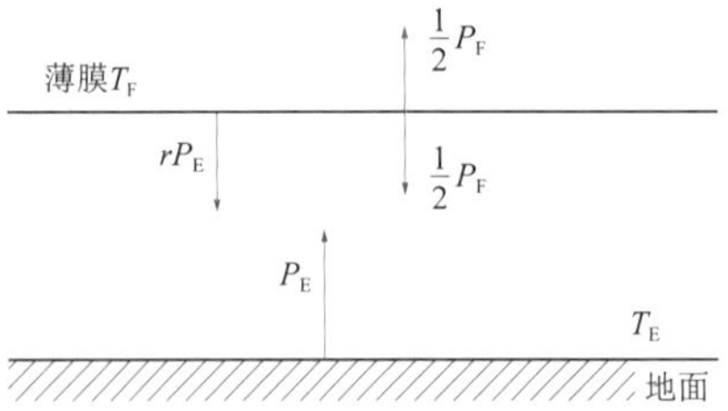

温室效应示例图（以花房为例）

面积为S，由黑体辐射的斯特藩－玻尔兹曼定律知，相应于这块地表的辐射功率为：

$$P_E=\sigma ST_E^4$$

式中σ为斯忒藩辐射常量。记花房顶端薄膜的反射系数为r，花房顶端薄膜的温度为T_F，在忽略其吸收能量并将之沉积起来的情况下，薄膜仅以功率$P=\frac{1}{2}P_F=\frac{1}{2}\sigma ST_F^4$向薄膜之外的空间辐射能量，其余的能量（$rP_E+\frac{1}{2}P_F=r\sigma ST_E^4+\frac{1}{2}\sigma ST_F^4$）则在地面与花房顶端薄膜之间沉积下来。随着时间推移，沉积的能量逐渐增多，从而使花房内和顶端薄膜的温度升高。当$P=P_E$时，系统辐射传热达到稳定，使地面与花房顶端薄膜之间的空间达到一个高于初始温度的温度，从而出现温室效应。常的具有大玻璃窗的房间会出现很高的温度，也是温室效应的典型表现。

人类生活和工业生产等活动会排放大量二氧化碳等气体，这些气体沉积在地球表面附件形成一层类似于花房顶端的薄膜的膜，从而会使地球表面附近出现温室效应，从而破坏人类生存的大气结构和温度环境。这样，控制二氧化碳等气体的排放即是环境保护的重要举措。

（徐莉梅）

稳定共振腔 stable resonator 激光三种类型共振腔中的一种。又称稳定腔。对于简单的两个球面镜按一定间距L组成的共振腔，定义$g=1-L/R$，如果是凸面镜，则曲率半径R前须加负号。在满足条件$0<g_1g_2<1$的情况下就构成了稳定腔。对于由多个光学元器件构成的复杂共振腔而言，可利用光线在腔内往返一周的$ABCD$传输矩阵来描述，当满足条件$-2<A+D<2$的情况下，就构成了稳定共振腔。

对于稳定共振腔而言，由于腔内旁轴光线可多次往返而不会横向逸出光腔外，所以这种腔的损耗小，与非稳腔和介稳腔相比，对腔镜调整精度要求低，适合于低增益工作介质或通光孔径较细和腔长较长情况下的激光器系统。这种腔的缺点是对激光模式的限制能力较弱，易出现多模式同时运转，输出的激光光束发散角较大。在激光器设计中，稳定腔一般较多应用于中小功率激光器。

（金玉奇）

稳态强磁场 steady high magnetic field 可由超导磁体、水冷磁体和混合磁体产生的可稳定存在较长时间的强磁场。超导磁体所能产生的最强磁场取决于超导体的临界温度、临界电流密度和临界磁场。高磁场超导磁体通常被优化设计成包含多个不同临界参量的超导线圈的组合体。2016年1月20日，日本理化研究所产生了27.6特的超导磁体最高磁场，该超导磁体由4种超导线圈组合而成：REBCO#2（6.5T）+Bi－2223（4.5T）+Ni3Sn+NiTi（17.1T）。2017年12月8日美国佛罗里达的国家强磁场实验室实现了32特全超导磁体。

水冷磁体的设计和制造主要需要解决高热通量的冷却和高应力的承受问题。1936年美国麻省理工学院的F.毕特特教授将螺线管的导体加工成有径向切口的圆环盘，绝缘片加工成有扇形切口的圆环片，二者都有同样的作冷却用的2毫米圆孔，形成若干个冷却环。这种线圈的特点是结构简单、整体性好，电流密度沿径向分布与半径成反比，因而产生磁场的效率高，称为毕特线圈。1960年美国在MIT

建立世界上第一个强磁场实验室时，毕特磁体产生了20特的稳态强磁场。1990年美国在佛罗里达州立大学建立新的国家强磁场实验室时，创立了毕特片设计的新概念，称为佛罗里达毕特磁体，成功地将水冷磁体的稳态强磁场逐年提高到27特、30特和33特。2015年6月15日，中国科学院强磁场科学中心将水冷磁体的稳态强磁场提高到38.5特。

1965年，M.F.伍德和D.蒙哥马利提出混合磁体概念，即将水冷磁体的外围低场区用超导磁体来取代。在同等电源功率下，混合磁体将能产生比水冷磁体更高的磁场。2000年1月美国的新混合磁体产生了45特的最高稳态强磁场，其内水冷磁体磁场贡献31特，外超导磁体磁场贡献14特。

2016年11月13日，中国科学院强磁场科学中心的混合磁体产生了40特的世界第二高稳态强磁场，其内水冷磁体磁场贡献30特，外超导磁体磁场贡献10特。

（高秉钧）

涡电流　eddy current　处于变化的磁场中或相对磁场运动的导体块内部产生的形如流体中涡旋的感应电流。简称涡流。由法国物理学家J.-B.-L.傅科发现，故也称傅科电流。对于大块良导体，由于电阻很小，涡电流强度可很大。涡流在导体中流动时释放大量焦耳热；若磁场变化的频率越高，则释放的焦耳热越多。因此，用交流线圈激发的交变磁场可制成感应电炉，用以加热、熔化和冶炼金属，优点是无接触，可在真空容器内加热，不受污染，不会在高温下氧化，加热效率高、速度快。变压器、电动机等交流设备的铁芯中因交流电引起的涡流不仅导致能量损失，还导致温升，故铁芯常用相互绝缘的硅钢薄片或细条叠合而成，以减小涡流损耗。电子技术的高频范围，常用铁粉或电阻率较高的铁氧体作磁芯。

（陈熙谋）

无反转激射　lasing without inversion　无布居数反转的激光输出。激光是受激辐射光放大的简称，其产生需要工作介质、泵浦源和谐振腔3个要素。工作介质通过泵浦源的激励在高能级和低能级间形成布居数反转，使得受激辐射过程压过受激吸收和腔镜泄露等光子耗散过程，再通过谐振腔的反馈放大形成超过阈值的激光输出。值得注意的是，一般情况下的激光工作介质总可以描述为一个两能级开放原子系统，该系统的受激辐射谱和受激吸收谱是完全对称的，因此只有在布居数反转的情况下才能令受激辐射过程压过受激吸收过程。

那么是否存在受激吸收谱和受激辐射谱不对称的特殊情况，进而获得无布居数反转的激光输出这种可能呢？人们曾提出若干理论方案来造成受激辐射谱和受激吸收谱的不对称，如利用原子反冲效应、强激光场驱动二能级原子以及建立激光驱动三能级、多能级原子的量子干涉和原子相干效应等。其中多能级原子的量子相干效应实现无反转光放大得到最多的研究。实际上，一个工作在**电磁感生透明**条件下的原子系统即具有不对称的受激吸收谱和受激辐射谱。

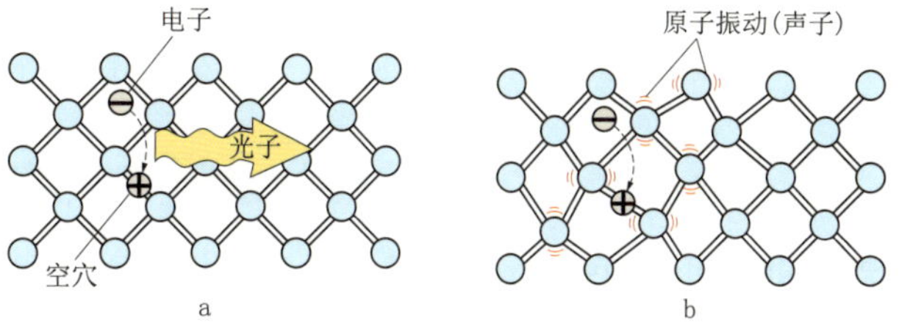

辐射跃迁与无辐射跃迁的区别

无反转激射理论上适合作为短波长区如真空紫外、X射线相干辐射的产生机制。20世纪90年代，无反转激射研究很受关注，有不少相关实验研究报道。但这种机制基本是实验室中的物理研究，虽有物理意义，却没有形成有实际应用价值的激光器。

（吴金辉）

无辐射跃迁　non-radiative transition　电子跃迁到空穴时并不伴随光子的发射，而是通过激发声子把跃迁过程放出的复合能以热能形式传递给晶格的过程。通常使用经典的SRH（Shockley-Read-Hall）复合过程来描述半导体中的无辐射跃迁。在SRH图像中，晶格中的掺杂或缺陷在半导体带隙中产生新的能级，这些杂质态为电子-空穴对的跃迁提供动量，使得电子-空穴跃迁满足动量守恒。半导体中的杂质和位错引起的能级有可能位于半导体带隙中间，在能量上远离价带和导带，即所谓的**深能级**陷阱，无辐射跃迁主要发生在这些深能级陷阱处。在硅或者其他间接带隙半导体中，无辐射跃迁是主要的**激子**产生和复合过程。在直接带隙半导体中，在载流子浓度很低的情况下，无辐射跃迁也是主要的复合机制。通过晶格振动的形式交换能量，或者通过声子交换为晶格的热能。图中示意性地给了辐射电子-空穴对辐射跃迁与无辐射跃迁的区别。在辐射跃迁过程中，电子-空穴对复合的同时发射一个光子，其中光子能量等于电子-空穴对的能量；在无辐射跃迁过程中，电子-空穴对复合的时候没有发射光子，而是把能量以声子的形式传递给晶格激发原子的振动。

无辐射跃迁是影响半导体光电器件性能的主要机制，要实现高效率的光电器件，必须遏制器件中的无辐射跃迁概率。无辐射跃迁一般情况下通过遏制发光、产生本征缺陷、减小载流子寿命或提高工作时的扩散等来降低器件的效率。只有在测辐射热仪或者利用电学或光学方法孤立某个区域等极少情况下，无辐射跃迁才对器件性能是有利的。在所有情况下，实现对无辐射跃迁的有效控制都是有益的，这有利于减小器件的能量损耗和减轻过热带来的问题。为了有效控制无辐射跃迁，需要增加材料制备的研发投入，以期找到克服这些问题的工艺，或者深入理解无辐射跃迁过程来降低它所带来的效应。

（骆军委）

无规共聚物　random copolymer　由两种或两种以上的单体单元，通过化学聚合的方法所得到的聚合物。不同种类的单体单元在大分子主链上随机分布。无规共聚物的结构中存在着序列问题。某种单体的序列长度和分布与单体的性质、配比和聚合条件有关。为了描述无规共聚物的序列结构，常用的参数有单体单元的平均序列长度和嵌段数R。以A和B两种单体单元所组成的无规共聚物为例：

$$\underline{A}\ \underline{BBB}\ \underline{A}\ \underline{B}\ \underline{AA}\ \underline{BB}\ \underline{AA}\ \underline{B}\ \underline{A}\ \underline{BB}$$

短划表示序列，也就是由同类单体直接相连的嵌段，对于单体A、B来说，其平均序列长度分别为$\langle L_A\rangle_n$和$\langle L_B\rangle_n$，本例中：

$$\langle L_A\rangle_n=\frac{7}{5},\quad \langle L_B\rangle_n=\frac{9}{5}$$

嵌段数R的定义是在100个单体单元中出现的各种嵌段的总和。R与平均序列长度存在下式关系：

$$R=\frac{200}{\langle L_A\rangle_n+\langle L_B\rangle_n}$$

R值可以表征共聚物的类型，R值越大越富有交替性，R值越小越富有嵌段性。当R为100时，表明此聚合物为交替共聚物。

无规共聚物中两种以上单体单元的无规排列，既改变了结构单元的相互作用，也改变了分子间的相互作用，因此无论在溶液性质、结晶行为以及力学性质等方面，都与**均聚物**有很大的差异。但是为了改善聚合物的某种适用性能而采用几种单体进行共聚的方法，可以使产物兼有几种均聚物的优点。（赵汉英）

无规立构度 atacticity 衡量**无规立构聚合物**占总聚合物体系百分比的量。无规立构度低，表明聚合物的空间排列规整性较好，能紧密堆积，更容易形成聚合物结晶。反之表明空间排列规整性较差，不易形成聚合物结晶。无规立构度可通过核磁共振、X射线衍射、二次离子质谱分析、振动光谱等实验方法测定。（蒋 滢）

无规立构聚合物 atactic polymer 由旋光异构单元通过无规链接方式构成的旋光异构体高分子链。简称无规聚合物。如结构单体为—CH_2—CHR—型聚合物分子。若R代表CL，该聚合物称为聚氯乙烯；若R代表苯环，该聚合物称为聚苯乙烯。如果R基团（旋光异构单元）在主平面（由主链构成的平面）两侧随机分布，则该聚合物分子称为无规立构聚合物。自由基聚合的聚合物大都是无规的。无规立构聚合物的结构不规整，一般熔点较低，不能结晶。无规立构通常可通过核磁共振波谱法确定。根据国际纯粹与应用化学联合会（IUPAC）的严格定义，高分子是指有高分子量的大分子，而聚合物是由大量高分子链构成的物质。而一般中文里聚合物和高分子经常混用，不做严格区分。（蒋 滢）

无规相位近似 random phase approximation 一种计算量子多体系统小振幅集体振动的有效近似方法。由美国科学家D.J.玻姆和D.潘恩斯在20世纪50年代提出，被广泛应用于凝聚态物理和原子核物理等领域。建立在霍恩伯格–科恩定理基础上的静态密度泛函理论是描述量子多体系统基态性质的重要理论之一。为了描述量子多体系统的激发态性质，则需要采用含时密度泛函理论。与霍恩伯格–科恩定理的思想一致，E.龙格与E.K.U.格罗斯证明，含时多体问题亦可精确地转化为含时单体问题，称作龙格–格罗斯定理。然而，转化后的单粒子场不仅与系统某一时刻的状态相关，而且还依赖于单粒子密度随时间变化的整个过程，即包括了记忆效应。因此，其复杂程度远高于静态的密度泛函理论。

对于系统的小振幅振动，可以将该单粒子场在其基态附近展开，并且忽略记忆效应，即忽略其在傅里叶空间中对应的能量依赖，便可得到所谓的无规相位近似。这是一个含时的平均场理论。其简要的物理图像是，在系统基态平均场的基础上，仅考虑系统中单粒子的各种1粒子-1空穴激发所产生的基态关联，并利用这些激发的相干叠加来描述系统的激发态性质。该方法被广泛用于研究原子核的巨共振激发。

无规相位近似方法涉及产生1粒子-1空穴激发的剩余相互作用。在早期的无规相位近似中，该剩余相互作用通常唯象地给出。在严格自洽的无规相位近似中，剩余相互作用通过静态能量泛函对密度的二阶导数给出。与静态的能量密度泛函理论相比，由于自洽的无规相位近似并未额外地引入相互作用参数，因此被认为有更可靠的预言能力。随着计算技术的进步，基于**密度泛函理论**，自洽的无规相位近似得到快速发展，并成为原子核物理的重要研究领域之一。（牛中明 梁豪兆 孟 杰）

无极分子 nonpolar molecule 总的正负电荷中心重合，电荷分布是均匀、对称的分子。如H_2、O_2、CO_2、BF_3分子等。由同种原子组成的双原子分子都是无极分子。无极分子没有永久电偶极矩。将无极分子置于外电场中，在外电场的作用下两种电荷的中心会分开一段微小距离，使分子具有感生电偶极矩。在实际可以得到的电场强度下，感生电偶极矩比极性分子的永久电偶极矩小很多，且感生电偶极矩的方向总与外电场的方向相同。（郑雨军）

无极荧光灯 induction lamp 一种利用射频H型放电原理制成的无电极荧光灯。无极荧光灯起源可追溯到19世纪，但真正发展和进入实际使用是20世纪90年代才得以实现。灯内充有低压惰性气体和主辅汞气，其结构有内置磁芯和外置磁芯两种，工作频率分别选取为2.65兆赫、13.65兆赫或230千赫，功率有20瓦到400瓦规格可选取。该灯具有光色柔和、工作稳定、无频闪、电磁干扰小、可调光、光效高（约85流明/瓦）、寿命长（约60 000小时）等诸多优点，使该灯在当今照明应用领域仍占有一席之地。（陈大华）

无铅压电材料 lead-free piezoelectrics 具有高品质压电铁电性能且有良好的环境协调性（不含铅）的新型压电铁电材料。该类材料可用于制作滤波器、谐振器、电容器、驱动器、传感器、换能器等关键电子器件，在信息、制造、生物、能源、航空航天等领域具有广泛应用。为了满足保护环境，适应人类社会的可持续发展的要求，中国学者早在1998年就提出了“环境协调性铁电压电陶瓷”的概念。

压电材料具有机械能–电能相互转换的功能，在国民经济、国防建设等领域得到了广泛的应用。压电功能器件产业效益巨大，一直是各国竞争的重点之一。几十年来，锆钛酸铅（PZT）基材料凭借其高性能等优点一直主宰着压电器件市场。但是铅元素的高挥发性及毒性使得其在生产和使用过程中会污染环境和危害人类健康，不利于社会的可持续发展。许多国家相继出台了一系列的法律和规定来限制铅元素在电子器件中的应用。2003年欧盟颁布了《关于限制在电子电器设备中使用某些有害成分的指令》(RoHS)。日本通过了《家用电子产品回收法案》。中国信息产业部于2006年出台《电子信息产品生产污染防治管理办法》并于2007年3月1日起生效。2012年6月，中国工业和信息化部联合国家发改委、环境保护部等形成《电子电气产品污染控制管理办法（征求意见稿）》，要求全面限制电子产品中使用铅、镉、六价铬等有害成分。2012年10月，欧盟有关专门委员会研究了RoHS指令中的含铅条款，决定同意继续使用PZT等含铅压电陶瓷。这一修正条款（2012/50/EU）自2013年1月2日生效，豁免到2016年7月21日为止。2016年8月，欧盟RoHS指令建议委员会公开发布资料，表示2020年将会对部分压电产品不再豁免。对部分压电材料的豁免期由原来的5年降低为3年。所有需要豁免的压电产品都将在豁免期到期日提前18个月进行申报。因此，无铅压电材料和器件的发展迎来极好的战略机遇期。

无铅压电材料主要分为铋层状结构、钨青铜结构和钙钛矿结构三大类。

①铋层状结构：由二维钙钛矿层$(A_{m-1}B_mO_{3m+1})^{2-}$和$(Bi_2O_2)^{2+}$层有规则地交替排列而成，其化学通式为$(Bi_2O_2)^{2+}\cdot(A_{m-1}B_mO_{3m+1})^{2-}$[（m=1, 2, 3, 4, 5…）A=$Ca^{2+}$、$Sr^{2+}$、$Pb^{2+}$、$Bi^{3+}$、$Na^+$等，B=$Nb^{5+}$、$Ta^{5+}$、$Ti^{4+}$、$W^{6+}$等]。该类材料典型代表为：$Bi_4Ti_3O_{12}$、$Bi_3TiNbO_9$、$PbBi_2Nb_2O_9$等。该类无铅（或只是少量铅）压电材料具有以下特点：低介电常数（127～154）、高居里温度（>500℃）、高机械品质因数Q_m（2000～7200）、压电各向异性明显、高绝缘强度、高电阻率、低老化率。但是，低的压电活性（<100pC/N）和高矫顽场

是这类材料的缺点和难点。为了改善其压电活性，通常采用掺杂改性和工艺改性。该类材料主要应用于高温高频场条件下。

②钨青铜结构：此类晶体结构因类似四角钨青铜K_xWO_3和Na_xWO_3而得名。该结构基本特征是存在$[BO_6]$式氧八面体，其中B为Nb^{5+}、Ta^{5+}。细分之下又有非填满型（如$PbNb_2O_6$）、填满型（$Ba_4Na_2Nb_{10}O_{30}$）和完全填满型（$K_6Li_4Nb_{10}O_{30}$）三种类型。典型代表有$Ba_2AgNb_5O_{15}$和$(Sr_xBa_{1-x})Nb_2O_6$等。该类结构材料具有自发极化强度较大、居里温度较高、介电常数较低、光学非线性较大等特点，但是其压电系数却相对较低，仅限于高频条件下使用。

③钙钛矿结构：钙钛矿结构（ABO_3）的晶体结构模型如图所示。B位原子与6个氧原子相连接，形成氧八面体。该结构主要包含如下几类材料体系。

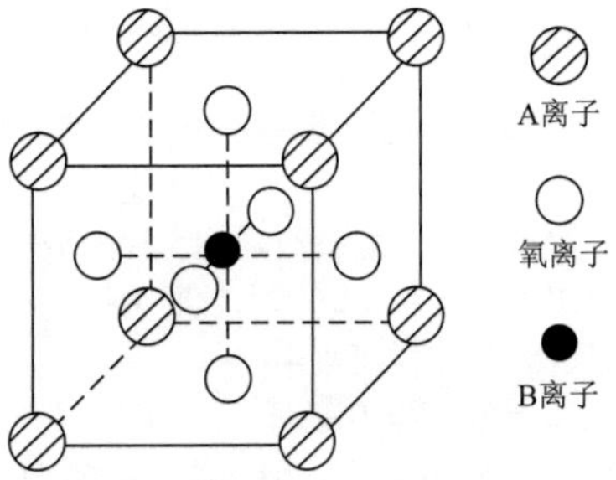

钙钛矿结构示意图

碱金属铌酸盐基材料：该类材料的ABO_3结构中，A位离子为碱金属离子（如K^+、Na^+和Li^+），B位离子为Nb^{5+}。典型的代表体系为铌酸钾钠［$(K,Na)NbO_3$］。该类材料具有高压电性能（80～570pC/N）、较高居里温度（180～500℃）等优点。但是碱金属（如钾、钠等）的高挥发性使得该类材料致密度相对较低，且碱金属易吸水潮解。研究者通过构建新型相界的方式，有效地提升了KNN基材料的压电性能。例如，四川大学利用传统陶瓷制备工艺已制备出压电常数达570pC/N的KNN基无铅压电陶瓷，是该类陶瓷报道过的最高值。

钛酸钡基材料：该类材料的ABO_3结构中，A位离子主要为钡离子（Ba^{2+}），B位离子主要为钛离子（Ti^{4+}）。典型代表为钛酸钡（$BaTiO_3$）和锆钛酸钡钙［$(Ba,Ca)(Ti,Zr)O_3$］。该类材料具有高压电性能（200～620pC/N）、高介电常数（～10^4）及低损耗（$\tan\delta \leqslant 0.03$）等优点。但是该类材料的居里温度较低（≤120℃），压电性能的温度稳定性较差，不能在温度比较高的环境中使用。主要应用于电子陶瓷元件、正温度系数热敏电阻、多层陶瓷电容器等电子元器件以及一些复合材料之中。

钛酸铋钠基材料：钛酸铋钠（$Bi_{0.5}Na_{0.5}TiO_3$）在室温条件下为三方铁电相，居里温度为320℃。该类材料具有剩余极化强度较高（$P_r>30\mu C/cm^2$）、机电耦合系数较大（为40%～50%）、介电常数较小（240～340）、声学性能较好（$N_p=3200Hz\cdot m$）等优点。该类材料的高场致应变引起广大研究者广泛兴趣，2016年在该类材料中获得的应变值达0.70%，远优于某些铅基材料，被认为有希望部分取代铅基压电材料。但是，该类材料所具有的高矫顽电场使其难以充分极化，而相对较低的去极化温度又极大地限制其在铁电和压电器件中的实际应用。

铁酸铋基材料：铁酸铋（$BiFeO_3$）属于多铁性材料，具有铁电性和反铁磁性，是典型的单相多铁材料，也是多铁材料研究的热点之一。其铁电居里温度为820℃，反铁磁奈耳温度为370℃，因此在室温下就具有多铁性，具有广阔的应用前景。该类材料同时具有好的铁电和压电性能，铁酸铋薄膜的剩余极化强度非常高（$P_r=50\sim230\mu C/cm^2$），铁酸铋陶瓷的压电性能也较好（50～402pC/N）。但是，铋离子的高挥发性使得难以制备致密的铁酸铋材料，同时也可能产生大量的载流子或者缺陷，使其难以被充分极化。

（吴家刚　肖定全）

无穷小正则变换　infinitesimal canonical transformation　依赖于某个无穷小参数ε的**正则变换**。对具有s个自由度的力学体系，从一组正则变量q、p到另一组正则变量Q、P的无穷小变换表示为：

$$Q_\alpha=q_\alpha+\varepsilon f_\alpha(q,p,t)$$

$$P_\alpha=p_\alpha+\varepsilon g_\alpha(q,p,t)\ (\alpha=1,2,\cdots,s)$$

为了使得该变换为正则变换，函数f_α和g_α应满足：

$$\sum_{\alpha=1}^{s}(f_\alpha\delta p_\alpha+g_\alpha\delta q_\alpha)=\delta F(q,\ p,\ t)$$

由于恒等变换可以由第二类正则变换产生，所以对于任一函数$G(q,P,t)$：

$$F_2(q,\ P,\ t)=\sum_{\alpha=1}^{s}q_\alpha P_\alpha+\varepsilon G(q,\ P,\ t)$$

就构成了一个无穷小正则变换的第二类生成函数，其生成的变换为：

$$Q_\alpha=q_\alpha+\varepsilon\frac{\partial G}{\partial p_\alpha},P_\alpha=p_\alpha-\varepsilon\frac{\partial G}{\partial q_\alpha}(\alpha=1,2,\cdots,s)$$

由上式可知，P_α与p_α仅相差一个无穷小量，所以$G(q,P,t)\approx G(q,p,t)$。

无穷小正则变换的一个重要例子是体系状态在极短时间内的演化。如果$G(q,P,t)$是体系的哈密顿函数，那么这样的变换表示为：

$$Q_\alpha=q_\alpha+\varepsilon\frac{\partial H}{\partial p_\alpha},P_\alpha=p_\alpha-\varepsilon\frac{\partial H}{\partial q_\alpha},\quad \alpha=1,2,\cdots,s$$

（潘海俊）

无热溶剂　athermal solvent　链段单元之间相互作用和单元/溶剂相互作用没有能量差，聚合物稀溶液体系表现出排除体积效应的溶剂。聚合物链段占有一定的空间体积，链段单元之间表现出刚性排除能垒，即排除体积效应。在无热溶剂中，聚合物稀溶液体系表现出完全的排除体积效应，因此聚合物链的构象统计性质可以由自回避无规行走模型描述。这与服从无规行走构象统计的理想链截然不同。苯乙烯的乙苯溶液或者聚苯乙烯齐聚物溶液，以及聚乙烯的烷烃溶液就是典型的无热溶液的例子。

（张宝庆）

无序体系　disordered system　微观组织结构排列有序晶体之外其他体系和材料。其微观结构不具有长程有序性。又称非晶态物质。相对于晶体，无序体系分布更为广泛，涵盖了所有非晶固体和液体，常见的有塑料、玻璃、非晶硅、水以及溶液。同时，无序体系的应用也极其广，涉及日常生活、能源、通信和社会发展等方面。为此，无序体系的探索越来越受到关注。

无序体系的热点探索众多，典型无序体系中的液体和玻璃的结构、动力学行为和热力学特征等三个方面是材料科学和凝聚态物理学中最基础且最难解决的基本理论难题。液体和玻璃的结构通常指不考虑热运动前提下基本单元在空间的瞬时排列。其基本特征是没有长程有序性，是否存在局域以及中程有序仍有待证实。理论上液体和玻璃的无序结构可分为两大类型：无序球体堆拓和无序网状连接。无序球体堆拓结构常应用于离子、小分子和金属等由简单基本单元组成的体系；而无序网状连接结构只适用于少数如SiO_2一样存在共价键强结合的体系。实验结构测试和分析手段难以区分液体和玻璃。

液体和玻璃的动力学异常丰富和复杂，与玻璃转变问题密切关联。液体动力学行为的基本特征包括：一定压强下，黏度随温度降低而连续增大；从熔点T_m至玻璃转变温度（大约$T_m/3$温区），黏度增大13～15个数量级；绝大多数液体黏度随温度变化偏离阿伦尼乌斯关系；结构弛豫变化存在一个交叉温区；高于交叉温区，存在埃级尺度上两个快速皮秒级动力学过程；低于交叉温区，存在两个弛豫，

α和慢β弛豫。慢β弛豫要快于α弛豫，前者在温度区域是符合阿伦尼乌斯关系，而后者偏离阿伦尼乌斯关系，且两者在时间上都是非指数的。相对于液体，玻璃的动力学非常缓慢；其行为特征常描述为非线性和非指数性的叠加。玻璃的动力学行为不仅是一个基础科学问题，而且与实际应用密切关联。

液体和玻璃的热力学涉及液体和玻璃的内能、比热、焓和熵等热力学量的变化规律及本质。其中，液体的比热要大于玻璃的比热，而玻璃的比热相近于其对应晶体比热。由此，理论上液体不能存在于零开，存在某一温度处转变为玻璃（该转变又称理想玻璃转变）。液体和玻璃的热力学研究核心是建立液体和玻璃比热的物理描述范式，将液体和玻璃纳入一个可以认知的范畴。

无序体系的深入研究不仅拓展了对其基本规律的认知，而且对于其他领域有着重要影响。如玻璃转变现象和理论已广泛应用于社会学、通信、生物等领域。

（闻 平）

无中微子双β衰变 neutrinoless double β decay 一个原子核释放出两个电子（或两个反电子）并且变成另外一个原子核的衰变过程。又称零中微子双β衰变。与**双β衰变**对比，在无中微子双β衰变过程中没有中微子释放出来。例如，$^{76}Ge \rightarrow {}^{76}Se + e + e$。

与双β衰变不同，无中微子双β衰变是轻子数不守恒的衰变过程。在无中微子双β衰变中，衰变初态没有轻子，轻子数为零，而衰变末态有两个电子（或者两个反电子），轻子数为正2或者负2。因而这是一个轻子数破坏的衰变过程。

无中微子双β衰变可以由双β衰变中的中微子湮没而产生出来。在双β衰变中，原子核释放出两个电子和两个反中微子（或者两个反电子和两个中微子）。如果双β衰变中的两个反中微子（或者两个中微子）发生湮灭，则衰变过程将不再释放出中微子或者反中微子，这样就形成了无中微子双β衰变。发生这样的中微子湮灭需要中微子具有特殊的性质。这个性质就是中微子需要具有破坏轻子数的马约拉纳质量。另外，还有其他一些机制也可以导致无中微子双β衰变，这些机制也都需要破坏轻子数的物理机制。

由于粒子物理标准模型的相互作用不破坏轻子数，所以标准模型相互作用不会导致无中微子双β衰变。因而，实验发现无中微子双β衰变将成为超出粒子物理标准模型的标志性发现，具有重大的物理意义。

虽然关于无中微子双β衰变有大量的理论计算结果，给出不同的理论预言，但无中微子双β衰变过程尚未被可靠地观测到。德国海德堡小组和俄国莫斯科小组声称他们观测到了无中微子双β衰变，但他们的结果未被该领域大多数科学家认可。中国科学家计划在四川锦屏山地下实验室研究原子核的无中微子双β衰变过程。

（廖 玮 任中洲）

无作用力磁场 force-free magnetic field 空间分布电流处处与空间磁场平行，因而不受到与磁场垂直的洛伦兹力作用的磁场形态。不存在空间电场时，从麦克斯韦方程得到：

$$\nabla \times \boldsymbol{B} = \mu_0 \boldsymbol{j}$$

式中$\boldsymbol{B}$为空间磁场，μ_0为真空介电系数，$\boldsymbol{j}$为空间电流。因而得到无作用力磁场的方程：

$$\nabla \times \boldsymbol{B} - \lambda \boldsymbol{B} = 0$$

式中系数λ一般是空间的函数，λ/μ_0是电流密度和磁场的比例系数。当λ为常数时，场是稳定的，且处于最小能态。这时方程有一个轴对称的解：

$$B_r = 0, B_\theta = B_0 J_1(\lambda r), \quad B_z = B_0 J_0(\lambda r)$$

式中$J_0(\lambda r)$和$J_1(\lambda r)$分别为零阶和一阶贝塞尔函数。

在宇宙空间等离子体稀薄处，如太阳的色球层，多存在这样的无作用力磁场，因动力压强无法平衡磁场对电流的作用力。在磁约束聚变装置中，一些等离子体在边缘处由于动力压强很弱，也接近无作用力磁场形态。

（王 龙）

吴大猷 Wu Dayou（1907-09-29～2000-03-04） 中国物理学家和教育家。生于广东番禺，卒于台北。1929年毕业于天津南开大学。1931～1933年在美国密歇根大学获得硕士和博士学位。1934年秋起担任北京大学物理系教授。1938年夏起任西南联合大学物理系教授。1946年春吴大猷应国民政府的派遣，携同助手朱光亚和李政道两人，赴美国考察原子弹和原子科学的状况。此后留在美国。1947年任密歇根大学客座教授，1948～1949年，他先在哥伦比亚大学任教，后又在纽约大学兼课。1949年秋接受加拿大国家研究院的邀请，任该院理论物理组主任达14年之久。1963年从加拿大迁往美国，先后任纽约布鲁克林理工学院研究教授，纽约州立大学布法罗分校教授、物理系主任。1956年以后，经常回台湾讲学，曾任中国台湾“中央研究院”物理研究所代所长。1967年起在台湾担负策划及推动科学发展的重任。1979年，从美回台北定居。1984年初担任中国台湾地区最高学术研究机关负责人，直到1994年在台湾退休为止。

吴大猷在北京大学和西南联大期间，主要讲授理论物理和近代物理，倡导在大学中开展研究工作，推动了北大光谱学研究。在西南联大艰苦条件下，认真指导青年教师和研究生，培养了一批物理学人才。在加拿大国家研究院，推行自由学术研究气氛，吸引了世界上许多国家的物理研究人员到那里学习或做研究。在该院做过研究并且成名或以后成名的一大批物理学家，都对吴大猷留下深刻印象。吴大猷受任纽约州立大学物理学和天文学系主任后，锐意革新，加强教师阵容和理论物理研究工作，在三年时间内就显著提高了这个系的教学和科研水平。

吴大猷一生发表了120余篇论文，涉及原子和分子理论、相对论、经典力学、统计物理学、散射理论、原子核物理学、等离子体物理和天文学诸多领域。尤其是通过计算铀原子5f电子能态，使他在理论上预言了铀后14个元素的存在以及它们各自的5f壳层的电子状况。他的关于原子光谱“多重激发态”的概念，被人称之为“吴态”。他较早计算了氦原子双激发能态，计算原子或离子中一个、二个或三个电子受激后的能态，提出“受激电子亲和性”概念来描述氦原子受激后两个电子的能级差，讨论了由分子或电子激发的分子振动、分子振动与转动的互相作用、分子简正振动等问题。1939年吴大猷综合其研究成果，撰写了《多原子分子的振动光谱及其结构》一书，以纪念北京大学建校40周年。这是当时国际上有关课题的第一本也是唯一的一本专著。在这些工作基础上，1946年以后，吴大猷通过原子和分子的电子碰撞激发和双重激发研究了核散射理论，研究了氧、氮分子如何离解成两个原子的应用性问题，并与日本学者大村充合作撰写了《量子散射理论》一书。在加拿大国家研究院期间，吴大猷着重研究了气体分子运动论和统计物理，并且撰写了《气体和等离子体的动力学方程》一书。1975年吴大猷将他历年教学讲稿整理成《理论物理》(共7册）在台北出版，该书对中国和东南亚的物理学界起了很大影响。

吴大猷于1939年获中央研究院丁文江奖，1943年获教育部科学著作一等奖，1948年当选中央研究院院士，1957年当选加拿大皇家学会会员，1967年在台北获特殊贡献奖。他一生刚直不阿，坦诚待人。在他主持台北“国科会”期间，不同意台湾政界欲造原子弹的计划。他改革台湾的科学教育，狠抓基础理论，为台湾的科学事业和高科技产业奠定了发展基础。他一生想念着北京。多次言及他自己“心身是在那个地方成长的”。1992年回北京与周培源等旧友相聚，受到北京大学等院校热情接待。（戴念祖）

吴杭生 Wu Hangsheng（1932-02-19～2003-12-04） 中国低温物理学家。生于浙江杭州，卒于安徽合肥。1949年考入安徽大学数学系；次年重新考试，进入上海交通大学物理系，1951年因院系调整转入复旦大学物理系并于1953年本科毕业；1956年北京大学物理系理论物理研究生毕业并留校任教。1976年被调往中国科技大学工作，1978年被聘为教授、博士生导师。1993年当选为中国科学院学部委员（院士）。

长期从事超导电性的教学与研究工作，在铁磁与超导共存问题、过渡金属超导电性、超导薄膜、超导临界温度、第二类超导体、约瑟夫森效应和高T_c铜氧化物超导等方面做了大量系统的研究，取得突出成果。在开创和推动中国超导电性研究方面发挥了重要作用。60年代初期对超导薄膜理论进行了一系列研究，首先明确地提出了超导薄膜的尺寸非局域化效应，得到了超导薄膜临界磁场的$d^{3/2}$规律，导出了非局域的京茨堡－朗道(GL)方程，并指出超导唯象理论对薄膜不适合，导出了非局域的GL方程，研究了超导膜的能隙与磁场和电流的关系，其理论值与实验相当符合，同时讨论了杂质对超导膜电磁性质的影响，解释了前人的理论所不能解释的实验结果。1977年初与蔡建华、龚昌德等国内外知名教授联合发起了“超导临界温度理论”的研究，站在了国际理论物理学界的这一主流研究方向的前沿。在吴杭生等人的主持下，由Eliashberg方程导出了大λ展开严格级数解及小λ的解析T_c表达式，对这些解的性质及在实验系统中的应用进行了深入研究，系统分析了各类超导材料温度与各物理参量的关系，为人们深入研究超导临界温度理论提供了一个重要的理论基础。为此获1978年全国科学大会奖、1981年国家自然科学奖。80年代后期在高温超导电性发现后，与合作者对高温超导电性的微观机理问题进行了一系列研究，并指出用BCS-Eliashberg的理论框架解释高达90K的超导电性是很困难的，提出把BCS理论框架中的赝库仑势函数μ^*选择为负数，对考虑新的电子间相互作用是有帮助的；研究得出了磁作用引起的体膨胀是导致YBCO中铜氧面扭曲的原因；研究了La_2CuO_4在平行磁场中的相变的结果；研究了RVB巡游P空穴模型等。著有《超导电性》(2003)。（尹晓冬）

吴健雄 Chien-Shiung Wu（1912-05-31～1997-02-17） 美籍华裔物理学家。生于江苏上海（今上海市），卒于美国。1934年毕业于南京中央大学。1936年入美国加利福尼亚大学，1940年获博士学位。1942年与袁家骝在美国结婚。1952年任哥伦比亚大学副教授，1958年升为教授，同年当选为美国国家科学院院士。1972年起担任普宾讲座教授，直到1980年退休。1975年曾任美国物理学会第一任女性会长。

吴健雄物理学上的主要贡献是，1957年用**β衰变**实验证明了在弱相互作用中的宇称不守恒。1956年之前，吴健雄已因在β衰变方面所做过的细致精密又多种多样的实验工作而为核物理学界所熟知。1956年李政道、杨振宁提出在β衰变过程中宇称可能不守恒之后，吴健雄立即领导她的小组进行了一个实验，在极低温(0.01开）下用强磁场把钴-60原子核自旋方向极化（即使自旋几乎都在同一方向），观察钴-60原子核β衰变放出的电子的出射方向。他们发现绝大多数电子的出射方向都和钴-60原子核的自旋方向相反。就是说，钴-60原子核的自旋方向和它的β衰变的电子出射方向形成左手螺旋，而不形成右手螺旋。但如果宇称守恒，则必须左右对称，左右手螺旋两种情况机会相等。因此，这个实验结果证实了弱相互作用中的宇称不守恒，在整个物理学界产生了极为深远的影响。吴健雄对β衰变的一系列实验工作，特别是1963年证明的核β衰变中矢量流守恒定律，是物理学史上第一次由实验证实电磁相互作用与弱相互作用有密切关系，对后来**电弱统一理论**的提出起了重要作用。

吴健雄对粒子或辐射探测器的研制有不少贡献。为了增加μ^-子原子的X射线的探测效率和能量分辨率，她在1964年就制造了中型Ge（Li）探测器，详尽地研究μ^-原子的X射线谱，由此对原子核的各种性质做了极为精密的测定和解释。后来，X射线谱的范围又扩大到所有的“强子原子”，即所谓奇特原子。对强子的性质，如K^-、p和Σ^-，也做了精密的测定。

在1959年穆斯堡尔效应发现之后，吴健雄对它深入研究，其最重要的贡献为将穆斯堡尔光谱法应用于生物学中大分子结构的研究。

为了证实轻子数在弱作用中守恒律的有效性，吴健雄等在深达600多米深的纯盐矿井中安置了测量双β衰变仪器，测得“无中微子的双β衰变”的寿命为10^{-21}年的数量级，即说明轻子数是守恒到10^{-3}以上。

在1950年以前，吴健雄已经做了一个关于量子力学的基本哲学的实验，称为爱因斯坦－波多尔斯基－罗森实验或佯谬，结果证明了正电子与负电子的宇称相反，说明与量子力学并无矛盾。1970年她的实验组对此做了进一步实验，在更高程度上支持量子力学的正统法则，再次否定隐变量理论。

吴健雄以其为数众多的贡献赢得了崇高的荣誉。1958年普林斯顿大学授予她名誉科学博士称号。这是该大学首次把这个荣誉学位授予一位女性。她还获得其他15所大学的名誉学位。美国总统授予她1975年国家科学勋章。1978年她获得国际性的沃尔夫基金会首次颁发的奖金。吴健雄曾受聘为南京大学、北京大学、中国科学技术大学等校的名誉教授，中国科学院高能物理研究所学术委员会委员。

吴健雄发表过100余篇科学论文，与袁家骝合编了《实验物理学方法·原子核物理学》(1961)，与S.A.莫斯科夫斯基合写了《β衰变》(1965)。（戴念祖）

吴乾章 Wu Qianzhang（1910-10-17～1998-10-10） 中国晶体学家。生于海南

澄迈，卒于北京。1933年毕业于南京中央大学物理系。1936年中央研究院物理研究所研究生毕业。毕业后留所任助理员。1937年抗日战争爆发，随所西迁，先后到达广西、贵州和重庆等地。1945年抗日战争胜利后，随所自重庆返回南京。1949～1951年留学英国，在曼彻斯特大学理工学院物理系攻读X射线晶体学。1951年回国。历任中国科学院应用物理研究所（1958年改名为物理研究所）助理研究员、副研究员、研究员，晶体学研究室副主任、主任、所学术委员会委员等职，并兼任中国科学院原子能研究所六室室主任等职。还曾担任中国科技大学晶体专业教研室主任。在四机部11所、地质部地质力学研究所、中国硅酸盐学会及晶体生长专业委员会、北京硅酸盐学会等单位担任多项兼职。

吴乾章是中国X射线晶体学和人工晶体学的开拓者和奠基人之一。1941年参加了赴福建崇安研究日全食与地磁场关系的观测队，获得中国首次日全食对地磁影响的完整资料。吴乾章自1951年开展X射线多晶衍射物相分析方法的研究。1956年指导开展了针对衍射相位问题的光学模拟X射线单晶体衍射的研究。1959年起又组织结构分析“直接法”的研究，并倡导把X射线、电子和中子三大衍射技术结合起来。50年代末开始，吴乾章带头开展人工晶体的研究工作，成功克服了水晶生长后期裂隙等问题，生长出大块高质量水晶晶体。1970年以后吴乾章强调相图等基础研究对晶体生长的重要性，并提出了“难长晶体”的研究方向。他积极推动《人工晶体学报》期刊的出版和发展。为中国X射线衍射分析的研究做出了奠基性贡献，也为推进中国晶体研究和培养人才做出重要贡献。（尹晓冬）

吴全德 Wu Quande（1923-12-12～2005-12-29） 中国电子物理学家。生于浙江黄岩，卒于北京。1947年清华大学电机系毕业，后进入该校物理系任助教。1952年转到北京大学物理系，任讲师。1953年任电子学教研室主任。1955年任电子物理教研室主任。1961年任副教授。1978年升为教授。吴全德在北京大学执教53年，曾任电子学系学位委员会主任、纳

米科学与技术研究中心主任，国家自然科学基金“几种新型薄膜材料的基础研究”和“纳米电子学基础研究”项目主持人，以及国家纳米科技指导协调委员会委员等职。1991年当选为中国科学院学部委员（院士）。

吴全德主要从事光电阴极、含超微粒子薄膜及薄膜的成核和生成等方面研究。在中国率先开展光电阴极理论研究，在国际上最早提出银氧铯光电阴极电子发射机理。提出金属超微粒-半导体薄膜光电子发射模型，导出电子输运方程，被国际同行学者誉为“吴氏公式”。他发展了固体基质中超微粒子的成核、生长理论，国际同行称之为“吴氏理论”。他在阴极电子学和薄膜电子学领域，尤其是在基质中和基底表面上纳米粒子生长的物理条件、远离平衡态的分区协同和非协同扩散生长的理论和实验等方面，进行了长期系统的研究。他创造性地研究了纳米结构的艺术美，著有《科学与艺术的交融》《科学人谈美和文化》。1987年获国家自然科学三等奖，1988年获国家教委科学技术进步二等奖，1993年获中科院自然科学二等奖。（尹晓冬）

吴式枢 Wu Shishu（1923-05-27～2009-02-27） 中国理论原子核物理学家、物理教育家。原籍江西宜黄。生于北京，卒于吉林长春。1944年毕业于同济大学

机械系，后在校任助教。1947～1951年在美国伊利诺伊大学攻读物理学，1951年获哲学博士学位。回国后，历任大连工学院应用物理系教授（1951～1952），东北人民大学（今吉林大学）物理系教授、系主任（1952）。1980年当选为中国科学院学部委员（院士）。

在攻读博士期间，吴式枢将刚提出的核壳模型应用于研究μ子吸收和光核反应，其成果被人们称为“吴模型”。1955年，他最先研究了两个自旋波函数系统。20世纪60年代开始，在原子核多体理论方面开展系统研究。70年代最早在格林函数中引入非线性方法，特别对核自洽场理论进行了系统研究。80年代起提出了有限温双时格林函数不可约顶角算符的系统方法及其严格表达式。在三维相对论两体波动方程方面，吴式枢也有独到研究。

20世纪70年代初，吴式枢为大庆油田解决了水淹层的物理判断方法。70年代中期，又组建了中国核数据中心。（戴念祖）

吴有训 Wu Youxun（1897-04-02～1977-11-30） 中国物理学家、教育家。生于江西高安，卒于北京。1920年毕业于南京高等师范学校。1921年赴美入芝加哥

大学，随A. H.康普顿从事物理学研究，1926年获博士学位。1926年秋回国，先后在江西大学和中央大学任教，1928年秋起任清华大学教授，物理系主任、理学院院长（包括1938年以后在西南联合大学的8年）。1945年10月任中央大学校长。1948年当选中央研究院院士，同年底任上海交通大学教授，1949年任校务委员会主任。1950年夏任中国科学院近代物理研究所所长，同年12月起任中国科学院副院长，1955年当选中国科学院学部委员（院士）并任数理化学部主任。吴有训曾任中国物理学会理事长。中华人民共和国成立后，先后担任中华全国自然科学专门学会联合会和中华人民共和国科学技术协会副主席。

吴有训在物理学领域的重要成就是：在参与康普顿的X射线散射研究的开创工作时，他以精湛的实验技术和卓越的理论分析，验证了**康普顿效应**。1924年与康普顿合作发表《经过轻元素散射后的钼Kα射线的波长》。1926年他单独发表《在康普顿效应中变线与不变线的能量分布》和《在康普顿效应中变线与不变线的能量比》两篇论文。这些成果丰富了康普顿的工作，使康普顿效应进一步为国际物理学界所公认。

1928年吴有训任教于清华大学物理学系以后，仍然坚持科学研究。发表的有关X射线散射的论文达50多篇。他积极组织并参加近代物理学的研究，是国内开展近代物理实验的先驱者。20世纪30年代

中，他在清华大学讲授近代物理和普通物理学，注重实验课，并指导许多届学生的毕业论文工作。他不辞辛劳，诲人不倦，指导查阅文献，制备实验装置，以严谨的科学作风培养出许多优秀学生。毕生致力于中国的科学事业和教育事业。

（仲　佰）

五夸克态　pentaquark state　由4个夸克加一个反夸克构成的重子共振态。广义的五夸克态包括两种主要的类型：①5个夸克处在一个口袋中，只形成一个无色集团。②由$\bar{q}q$介子和qqq重子两个无色集团构成强子分子态（见图）。狭义的五夸克态只包括第一种。

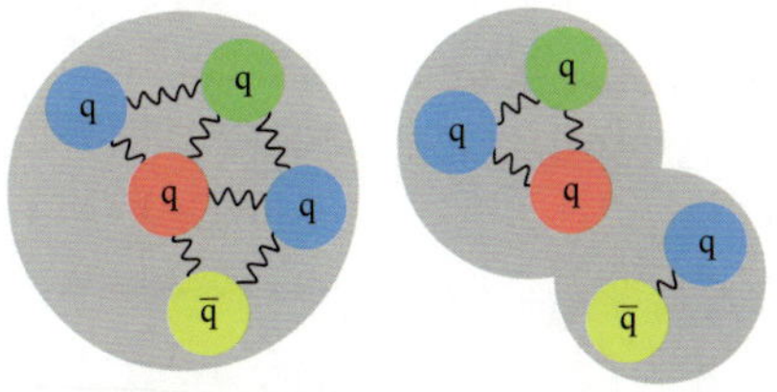

五夸克态的两种模型：五夸克态处在一个口袋中（左）或者两个无色集团构成强子分子态（右）

所有已被实验确立的重子都可以用三夸克组态夸克模型来描述，尽管有些重子共振态的性质用五夸克态或介子－重子分子态描述会更好。自从20世纪60年代夸克模型提出以来，人们就预期了五夸克态的存在。但寻找了几十年，直到21世纪初，才先后有两类五夸克态声称被实验发现。一类是由俄罗斯科学家预言，并由日本SPRING8的一个实验组在2003年首先声称发现的由$\bar{s}$uudd组成的θ^+（1540）五夸克态。尽管包括美国、德国、日本、俄罗斯等国家的十余个著名实验室的实验组也相继给出基本一致的结果，使得具有国际权威的粒子数据组不得不将θ^+（1540）列为2004年度《粒子数据表》基本确立的粒子，然而，最终高统计量的实验否定了θ^+（1540）五夸克态的存在。另一类是由中国和西班牙科学家首先预言的由$\bar{c}$cuud组成可衰变到J/ψp的五夸克态，2015年由在欧洲核子研究中心做实验的LHCb实验组观测到。中国物理学家在其中发挥了重要作用。该类五夸克态的确立还需其他实验的进一步验证。

（邹冰松）

物理光学　physical optics　从光的波动性出发，以光是特定频段的电磁波为基础，基于麦克斯韦电磁理论来研究光的本性、产生、传输，以及与物质的相互作用的学科。传统意义上，物理光学研究的电磁波谱覆盖紫外（10～400纳米）、可见（400～760纳米）和红外波段（0.76～1000微米）；随着相干X射线源和太赫兹波的产生，以及相关器件的发展，也可将X射线和太赫兹波段纳入物理光学研究的范畴。

早在17世纪末（1690），荷兰科学家C.**惠更斯**就已经比较系统地阐述了光的波动学说，即惠更斯原理。19世纪初，英国物理学家T.杨的双缝干涉实验（1801）从实验上验证了光的波动性，法国物理学家A.-J.**菲涅耳**发展了惠更斯原理，提出了**惠更斯－菲涅耳原理**，进一步圆满地解释了光的衍射现象。1860年，英国物理学家J.C.**麦克斯韦**基于电磁理论预言光波是一种电磁波，成功地将波动光学与电磁理论联系起来。实践证明，光场与介质相互作用以及光的探测等过程中起主要作用的是电振动矢量，因此，光波通常用电振动矢量（又称光振动矢量）$E(\boldsymbol{r},t)=A(\boldsymbol{r},t)\mathrm{e}^{\mathrm{i}\phi(\boldsymbol{r},t)}$来表征（这里只给出矢量的大小），其中$\boldsymbol{r}$和$t$分别是空间位矢和时间，$A(\boldsymbol{r},t)$和$\phi(\boldsymbol{r},t)$分别是光场的振幅和相位。光场的等相位面称为光波的波前，其法向方向代表光波的传播方向。光的传播伴随着电磁能量的输送，坡印亭矢量描述了在单位时间内通过垂直于传播方向的单位面积上的电磁能量。光波在真空中的传播速率为299 792 458米/秒。

光的相干性和干涉　在线性条件下，光波在空间中相遇时满足线性叠加原理。以两列平面光波相遇的情况为例，当这两列光波具有相同的振荡频率、固定的初始相位关系和相互平行的光振动分量时，可以形成稳定的干涉条纹，上述条件称为光的相干条件。当两列光波“同相”时，光场因相干相长而变亮；当两列光波“反相”时，光场因相干相消而变暗。光场中任意两个场点之间的相干性由相干度γ_{12}表征：

$$\gamma_{12}=\left|\frac{\langle E(\boldsymbol{r}_1,\ t+\tau)E^*(\boldsymbol{r}_2,\ t)\rangle}{\sqrt{\langle|E(\boldsymbol{r}_1,\ t)|^2\rangle\langle|E(\boldsymbol{r}_2,\ t)|^2\rangle}}\right|$$

式中τ为光波从两个场点传播到观测点的时间差；尖括号〈…〉为对括号内的物理量进行系综统计平均。当$\gamma_{12}=1$时，两个场点之间完全相干；当$\gamma_{12}=0$时，两个场点之间完全不相干；当$0<\gamma_{12}<1$时，两个场点之间部分相干。任意场点自身是完全相干的。光源有限的频谱宽度和空间尺度会降低其相干度，分别称为光源的时间相干性和空间相干性。常用的获得相干光的方法有分波前（如杨氏双缝干涉）、分振幅（如薄膜干涉）和分振动面（如偏振光的干涉）等方法。激光光源通常具有很好的相干性。

光的衍射　光在传播过程中遇到障碍物会发生衍射现象：光波偏离直线而绕过障碍物继续传播。光的衍射分为**菲涅耳衍射**和**夫琅禾费衍射**两类。惠更斯－菲涅耳原理能够很好地解释光的衍射现象，衍射光场的分布可由菲涅耳－基尔霍夫衍射公式计算。在实际应用中，菲涅耳－基尔霍夫衍射公式的计算往往比较复杂，因此人们常常采用一些直观形象的近似方法来处理光的衍射现象，如菲涅耳波带法等。一对几何结构互补的衍射屏所产生的衍射光场遵循巴比涅互补原理，即它们的衍射光场复振幅之和等于光波自由传播到观测点时的光场复振幅。几何光学是波动光学在障碍物尺寸远大于光波波长时的近似描述。

光的偏振特性　光的偏振体现了光的横波特性。光波可以处于不同的偏振状态，如自然光、线偏振光、圆偏振光、椭圆偏振光和部分偏振光等。在同一时刻同一波面上光波偏振态的分布可以是均匀的（标量光场），也可以是不均匀的（矢量光场）。光波的偏振态可用斯托克斯矢量、琼斯矢量或者庞加莱球等方法描述。在各向异性晶体中，光波的传播速率依赖于光的传播方向和偏振状态，产生双折射效应。光波在两种不同介质的界面上发生反射和折射，经过微粒和不均匀物体的散射以及通过偏振片、波片等器件后，通常其偏振态将发生变化，如自然光以布儒斯特角入射时，反射光为振动面垂直于入射面的线偏振光；自然光通过偏振片、格兰型偏光棱镜以及尼科耳棱镜等器件后变为线偏振光；在不同的条件下，线偏振光通过四分之一波片后，出射光可以为线偏振光、圆偏振光或者椭圆偏振光等。在数学上，一个物理过程或者光学器件对于光波偏振状态的变换可由米勒矩阵或者琼斯矩阵描述。利用偏振片和四分之一波片可对光的偏振态进行检偏。

光与物质的相互作用　根据电磁理论，光波与物质的相互作用过程可理解为组成物质的带电粒子如电子在光场作用下产生振荡，这些振荡电荷作为次级波源，所产生的光场与入射光场相干叠加干涉或者非相干叠加，从而形成各种光学现象，如反射、折射、吸收，散射以及色散等。在处理实际问题时，人们通常通过引入介质相应的光学常数如折射率、介电常数、吸收截面、散射截面等来唯象地描述光与物质相互作用的宏观效果，即介质的光学性质；进一步结合边界条件，从而解释各种光学现象。如利用菲涅耳公式能够解析地处理两种不同介质界面上光波的反射、折射、偏振状态的变化，以及倏逝波等现象。需要指出的是，传统物理光学对于光的本性，以及光与物质相互作用的认识存在局限性，无法正确解释诸如黑体辐射、光电效应以及原子的线状光谱结构等光学现象。正是对于光的**波粒二象性**以及光与物质相互作用认识上的根本性突破，推动了量子理论的建立。

应用与发展　物理光学的基本原理在人类社会生产实践中得到了广泛的应用，如精密测量、光学仪器设计、光学信息处理等，推动了科学技术的发展和人类文明的进步。基于光的相干性和干涉原理而设计的各种干涉仪如**迈克耳孙干涉仪**和HBT干涉仪，在狭义相对论、量子光学的建立，以及引力波的探测等中起到了关键性的作用。光的衍射限制了光学仪器空间分辨率的无限提高，突破光的衍射极限成为提高光学成像和显微技术空间分辨率的关键所在。新的概念、方法和技术的提出，如傅里叶变换光学、光学全息术、光学传递函数、衍射管理、矢量光场、光纤、光波导，以及激光光源的诞生等，推动了传统物理光学向现代光学的发展进程。

（张国权）

物理量单位制　unit system of physical quantities　基本物理量及其单位选取的参考体系。物理学是以实验为主的科学，它的理论建立在实验基础上，实验结果均用测量的数值表示。为了定量地表示测量结果，同一类物理量，需要选出特定的量作为单位，这一类中的任何其他量均可用这个单位和一个数的乘积来表示。这个数就称为该物理量以上述特定的量作为单位时的数值。

任何一个物理量都具有两个特性：一是可测，二是可用数学形式表明其物理含义。可测意味着同一类的两个“量”之比是一个纯数，如圆的周长与直径都是长度，属同类量，其比值为纯数p。一个“量”的“单位”则是通过协议所选取的这个“量”的参考，其数值为1，也就是数值公认为“1”的量。物理量 = 纯数 × 单位：

$$Q=\{Q\}\times[Q]$$

$[Q]$表示所采取的“单位”，而$\{Q\}$是Q以$[Q]$为单位时的数值。为了描述一个物理过程、现象，并定量地表示它们，每一个物理量都要有一个单位。

自然单位制　粒子物理学中普遍采用的一种特殊的单位制。在微观现象的研究中所遇到的物理量，都是直接有微观含义的物理量，或者是通过统计性质与微观含义相联系的物理量。这些量都可以通过几个基本的物理量表达出来，这些物理量的单位也都可以用基本物理量来表示，基本物理量及其单位的不同选取，就构成了不

表1　基于常数值的2014年国际数据委员会（CODATA）平差的一些非SI单位用SI单位的数值表

量	符号	数值	单位	相对标准不确定度u_r
电子伏（e/C）J	eV	1.602 176 620 8（98）$\times10^{-19}$	J	6.1×10^{-9}
（统一的）原子质量单位	u	1.660 539 040（29）$\times10^{-27}$ 自然单位（n.u.）	kg	1.2×10^{-8}
速度的自然单位	c, c_0	299 792 458	m s^{-1}	精确
作用的自然单位$h/2\pi$	$\hbar$	1.054 571 800（13）$\times10^{-34}$	J s	1.2×10^{-8}
		6.582 119 514（40）$\times10^{-16}$	eV s	6.1×10^{-9}
质量的自然单位	m_e	9.109 383 56（11）$\times10^{-31}$	kg	1.2×10^{-8}
能量的自然单位	m_ec^2	8.187 105 65（10）$\times10^{-14}$	J	1.2×10^{-8}
		0.510 998 946 1（31）	MeV	6.2×10^{-9}
动量的自然单位	m_ec	2.730 924 488（34）$\times10^{-22}$	kg m s^{-1}	1.2×10^{-8}
		0.510 998 946 1（31）	MeV/c	6.2×10^{-9}
长度的自然单位$\hbar/m_ec$	λ_C	386.159 267 64（18）$\times10^{-15}$	m	4.5×10^{-10}
时间的自然单位	$\hbar/m_ec^2$	1.288 088 667 12（58）$\times10^{-21}$ 原子单位（a.u.）	s	4.5×10^{-10}
电荷的原子单位	e	1.602 176 620 8（98）$\times10^{-19}$	C	6.1×10^{-9}
长度的原子单位：玻尔半径	a_0	0.529 177 210 67（12）$\times10^{-10}$	m	2.3×10^{-10}
能量的原子单位：哈特里能量	E_h	4.359 744 650（54）$\times10^{-18}$	J	1.2×10^{-8}
时间的原子单位	$\hbar/E_h$	2.418 884 326 509（14）$\times10^{-17}$	s	5.9×10^{-12}
力的原子单位	E_h/a_0	8.238 723 36（10）$\times10^{-8}$	N	1.2×10^{-8}
速度的原子单位	$a_0E_h/\hbar$	2.187 691 262 77（50）$\times10^{6}$	m s^{-1}	2.3×10^{-10}
动量的原子单位	$\hbar/a_0$	1.992 851 882（24）$\times10^{-24}$	kg m s^{-1}	1.2×10^{-8}
电流的原子单位	$eE_h/\hbar$	6.623 618 183（41）$\times10^{-3}$	A	6.1×10^{-9}
电荷密度的原子单位	e/a_0^3	1.081 202 377 0（67）$\times10^{12}$	C m^{-3}	6.2×10^{-9}
电势的原子单位	E_h/e	27.211 386 02（17）	V	6.1×10^{-9}
电场的原子单位	E_h/ea_0	5.142 206 707（32）$\times10^{11}$	Vm^{-1}	6.1×10^{-9}
电场梯度的原子单位	E_h/ea_0^2	9.717 362 356 ð60 Þ$\times10^{21}$	Vm^{-2}	6.2×10^{-9}
电偶极矩的原子单位	ea_0	8.478 353 552（52）$\times10^{-30}$	C m	6.2×10^{-9}
电四极矩的原子单位	ea_0^2	4.486 551 484（28）$\times10^{-40}$	C m^2	6.2×10^{-9}
电极化率的原子单位	$e^2a_0^2/E_h$	1.648 777 273 1（11）$\times10^{-41}$	C^{2}m^{2}J^{-1}	6.8×10^{-10}
磁通密度的原子单位	ea_0^2	2.350 517 550（14）$\times10^{5}$	T	6.2×10^{-9}
磁偶极矩的原子单位	$2\mu_B\hbar e/m_e$	1.854 801 999（11）$\times10^{-23}$	J T^{-1}	6.2×10^{-9}
磁化性的原子单位	$e^2a_0^2/m_e$	7.891 036 588 6（90）$\times10^{-29}$	J T^{-2}	1.1×10^{-9}
电容率的原子单位	$10^7c^2e^2/a_0E_h$	1.112 650 056… $\times10^{-10}$	F m^{-1}	精确

注：表中的电子伏、原子质量单位以及速度等物理量的自然单位均是粒子物理学常用的单位。

表2　SI的7个基本单位的定义

基本单位	定义的依据	定义年份
秒（s）	铯133原子基态的两个超精细能级之间跃迁	1967
米（m）	真空中光速	1983
千克（kg）	国际千克原器的质量	1889
安培（A）	两根相距1米的平行而无限长的圆直导线间的相互作用力	1948
开尔文（K）	水三相点热力学温度的1/273.16	1967
摩尔（mol）	0.012千克碳-12的原子数	1971
坎德拉（cd）	光源发出频率为540×10^{12}赫的单色辐射，在此方向上的辐射为1/683瓦特每球面度	1979

表3 SI的导出单位的定义及单位

名称（符号）	定义	单位
球面度（sr）	整个球有4π个球面度	1（无量纲）
弧度（rad）	弧长等于半径时所对的圆心角为1弧度	1（无量纲）
频率（赫，Hz）	每秒周数或周期为1秒的周期现象	s^{-1}
力（牛，N）	使质量为1千克的物体产生加速度为1米·秒$^{-2}$（$m\,s^{-2}$）的力	$kg\,m\,s^{-2}$
压力（帕，Pa）	1牛顿的力均匀垂直作用在1平方米的面积上所产生的压力，$N\,m^2$	$m^{-1}kg\,s^{-2}$
能量、功、热量（焦耳，J）	1牛顿的力使其作用点在力的方向上位移1米所做的功为1焦耳，Nm	$m^2kg\,s^{-2}$
功率（瓦特，W）	1秒内产生1焦耳能量的功率为1瓦特，$J\,s^{-1}$	$m^2kg\,s^{-3}$
电荷量（库仑，C）	1安培恒定电流在1秒时间间隔内所传送的电荷量，A s	s A
电压（伏特，V）	通过导线的恒定电流为1安培，在导线某两点间消耗的功率为1瓦特，两点间的电势差（电压） 定义为1伏特，$W\,A^{-1}$	$m^2kg\,s^{-3}A^{-1}$
电容（法拉，F）	当电容器两极板各带有1库仑异号电量，极板之间产生1伏特电势差时电容器的电容值，$C\,V^{-1}$	$m^{-2}kg^{-1}s^4A^2$
电阻（欧姆，Ω）	在两端加上1伏特恒定电势差时，导体中产生1安培电流，导体两端之间的电阻定义为1欧姆，$V\,A^{-1}$	$m^2kg\,s^{-3}A^{-2}$
电导（西门子，S）	电阻的倒数，单位为西门子，Ω^{-1}	$m^{-2}kg^{-1}s^3A^2$
磁通量（韦伯，Wb）	单匝环路的磁通量，当它在1秒时间间隔内均匀地减小到零时，环路内产生1伏特的电动势，Vs	$m^2kg\,s^{-2}A^{-1}$
磁通量密度（特斯拉，T）	1韦伯的磁通量均匀而垂直地通过1平方米面积的磁通量密度，$Wb\,m^{-2}$	$kg\,s^{-2}A^{-1}$
电感（亨利，H）	若通过某一线圈的电流变化率均匀地为1安培/秒，在此线圈或另一线圈中产生的感应电动势为1伏特，则该线圈的自感或两线圈间的互感为1亨利，$Wb\,A^{-1}$	$m^2kg\,s^{-2}A^{-2}$
摄氏温度（摄氏度，℃）	以热力学温度与水三相点低0.01开的热状态之差表示的温度为摄氏温度，℃	K
光通量（流明，lm）	发光强度为1坎德拉的电光源在单位立体角1球面度内发出的光通量为1流明，lm	cd sr
照度（勒克斯，lx）	1流明的光通量均匀分布在1平方米的表面上所产生的光照度为1勒克斯，$lm\,m^{-2}$	$m^{-2}cd\,sr$
活度（贝可，Bq）	每秒时间间隔内发生一次衰变的放射性活度，Bq	s^{-1}
吸收剂量（戈瑞，Gy）	单位质量物质中吸收电离辐射的能量值，1焦耳/千克＝1戈瑞，$J\,kg^{-1}$	m^2s^{-2}
剂量当量（希沃特，Sv）	1希沃特＝1焦耳/千克，$J\,kg^{-1}$	m^2s^{-2}

同的单位制。微观物理学中涉及的基本物理量原有长度、时间、质量、电荷和温度五种，为了减少独立的基本物理量的数目，利用库仑定律并规定真空的介电常数为无量纲的数1或1/4π来定义电荷，从而使电荷不再是基本物理量。在粒子物理学中，考虑到所处理问题都属于微观高速运动范围，利用三个普适常数来减少独立的基本物理量的个数，从而把独立的量纲减少到只有一种。表1给出了一些采用国际单位制（SI）的非SI单位。

国际单位制 各种物理量通过描述自然规律的方程及其定义而彼此相互联系。为了方便，选取一组相互独立的物理量，作为基本量，其他量则根据基本量和有关方程来表示，称为导出量。

物理学在历史上曾建立过多种单位制体系。1971年后，建立了以7个基本量为基础的国际单位制。国际单位制的各个基本单位和导出单位的定义见表2、表3。

（沈乃澂）

物理量量纲 physical dimension 定性表达物理量与基本量之间关系的概念。在国际单位制（SI）中，长度、质量和时间三个基本单位的量纲分别为L、M和T。导出单位与基本单位的关系可以用两者之间的量纲表示。

国际通用计量学名词（VIM）对量纲的定义为：以量制中基本量的幂之乘积给出该量制中一个量的表达式。

在量的量纲中所表达的只是导出量与单位制中的基本量之间的定性关系，是正比还是反比，或是与基本量的多少次方成正比或反比的关系，并不能表明彼此之间的量值关系。两个量的量纲相等并不能代表两个量相等；但如果两个量相等，则两个量的量纲一定相等。

量纲关系的运算和表达式 量纲关系从其物理含义而言是定性关系。照理，只有定量的才能进行数学运算。国际标准ISO31认为可以按照数学规则进行运算，GR3101也认同此理。

为了把量纲的表达式标准化，GR3101-91中做了规定。量纲的符号有两种：其一是采用量的符号所用字母，但改为大写字母并用正体，例如L为长度量纲；其二是在量的符号前加量纲的符号dim。由于等式是表示大小相等的关系式，对于只表示定性关系的量纲之间，采用等号并不十分恰当，只能认为是一种关系式。某个单位（例如密度d，动能E_k）的量纲可用下列等式表示：

$$\mathrm{dim}d=\mathrm{L}^{-3}\mathrm{M}$$

$$\mathrm{dim}E_k=\mathrm{L}^2\mathrm{MT}^{-2}$$

式中dim为某个物理量的量纲。采用不同的单位制时，导出量的量纲会有差别。在物理学发展的历史上，先后曾建立过各种不同的量制，如厘米-克-秒（CGS）量制、静电量制、高斯量制等。1971年后，国际上普遍采用了国际单位制（简称SI），选定了由七个基本量构成的量制，导出量均可用这七个基本量导出。七个基本量的量纲分别用长度L、质量M、时间T、电流I、温度Θ、物质的量N和光强度J表示，则任一个导出量的量纲：

$$\mathrm{dim}A=\mathrm{L}^{\alpha}\mathrm{M}^{\beta}\mathrm{T}^{\gamma}\mathrm{I}^{\delta}\Theta^{\varepsilon}\mathrm{N}^{\zeta}\mathrm{J}^{\eta}$$

这是量纲的通式，式中的指数$\alpha,\beta,\gamma,\delta,\varepsilon,\zeta,\eta$称为量纲指数。选用的单位制称为量制，当今世界大多数国家均采用SI量制，只有美国和其他少数国家在国内仍使用英制。在国际交往或科技交流中，均已使用SI量制。

无量纲量与量纲为1的量 在ISO“量和单位”（1993年第三版）未公布前，均使用“无量纲量”。自该版开始，在ISO31（1992年）中，均使用“量纲为1的量”。这两个术语含义相同，可以等同使用。

VIM对无量纲量的定义为：在量纲表达式中，其基本量纲的全部指数为零的量。例如精细结构常数量纲为零，是一个无量纲量。

量纲、物理量、单位、数值与量值之间的区别 认识物理问题的规律离不开对物理量的计量。计量某一个物理量，需要以一定方式将该量与一个取作单位的同类量相比较，如在力学问题中常采用厘米、克、秒分别作为长度量、质量量和时间量的单位，并称为厘米-克-秒（CGS）制。但用物理单位制讨论和研究物理问题时很不方便。最本质的办法是选用本问题中能够反映问题特征的物理量来当作单位。一般在物理问题的因果关系中，特别是在作为原因的自变量中选择某几个具有独立量纲的自变量当作单位组成单位系，用来计量该问题中所有的物理量。如在运动学问题中可选用一个特征长度和一个特征时间组成单位系；在动力学的问题中，则除了选用一个特征长度一个特征时间外，还要选用一个特征质量或特征力，三者组成单位系。

对于某些仅由基本量定义的量，在其量纲与定义方程之间易造成混淆。例如速度v，其量纲为$\dim v = LT^{-1}$，而其定义方程为$v=l/t$，上述两式中，l为长度，t为时间，L为长度量纲，T为时间量纲，形式接近但符号字母大小写不同。

物理量的单位也是个量，是约定定义和采用的特定量，它用于与其他同种量相比较以表示该同种量的大小。例如，把千克原器的质量约定为质量的单位，称之为千克，用此定量表示其他物体的质量。计量单位可以定义为“数值等于1的量”。数值又称为量的数值，VIM定义为：在量值表达中用以与单位相乘的数字。无量纲量的量值就是个数值。不同的无量纲的量值之间不能相加减，即不能把它们看成为只是数，例如：表示ε的数绝不能与表示相对密度d的数相加。

量纲分析 量纲分析是对物理现象或问题所涉及的物理量的属性进行分析，从而建立因果关系的方法。历史上最早把物理量的属性看作物理量量纲的是J.傅里叶。他把量纲一词的概念，从几何学中的长度、面积和体积的范畴，推广到物理学中的长度、时间、质量、力、能、热等物理量的范畴。这一词不再限于长、宽、高等几何空间的属性，而泛指物理现象中物理量的属性，称之为量纲。

量纲分析在物理和工程领域发挥了极其重要的作用，特别是对物理机理和数学表述不太清楚的问题。运用量纲分析可以进行模拟试验，从而加深对问题的认识，因为量纲分析所遵循的思想、原则和方法具有普遍性和通用性。

（沈乃澂 包科达）

物理凝胶 physical gel 胶体粒子或高分子链在微观层面上通过物理键交联形成的凝胶。通常物理凝胶通过非共价键交联。物理凝胶中，凝胶剂主要是无机微纳米颗粒，高分子化合物以及小分子化合物形成的纳米结构。凝胶剂分子通过非共价键相互作用（弱相互作用）成为三维网络结构固化溶剂，形成物理凝胶。这些弱相互作用主要有氢键作用、π-π堆积作用、范德瓦耳斯作用、静电作用、偶极作用、配位作用及主客体作用等。

性质 物理凝胶的最明显特征是其热可逆性和刺激响应性，即通过调节分子间弱相互作用的方式调控物理凝胶的形态。典型的物理凝胶，具有热力学驱动性质，宏观上表现为相变可逆，宿主溶剂（多数情况下是水）在一定的温度范围内可以发生可逆的溶胶-凝胶转变。因此物理凝胶有时被称为热可逆凝胶，即溶胶-凝胶转变受温度影响是可逆的并且受温度控制。此外，有些物理凝胶在搅拌、晃动的作用下，可因剪切作用发生凝胶-溶胶转变，当剪切力去除后，溶胶又可恢复为凝胶态。

制备 物理凝胶主要有两种，即合成高分子、生物-天然高分子。

合成高分子：①通过氢键形成的交联。聚乙烯醇由于氢键形成微晶，这些微晶成为交联点，从而形成凝胶。②通过静电作用交联。将具有相反电荷的高分子电解质溶液在适当条件下混合，由于静电相互作用形成分子聚集体，获得以此为交联点的分子复合物凝胶。③通过配位键交联。聚羧酸、聚醇、聚胺和在侧链上有能与其他配位的配位基合成高分子，通过加入多价金属离子而形成交联。④通过范德瓦耳斯力结合引起交联。⑤其他。通过分子缠结、异常黏性形成凝胶和由本体聚合引起高分子互穿网络等。

生物-天然高分子：①通过氢键交联。通过氢键交联的多糖类中有淀粉、琼脂、角叉菜胶等，广泛用于食品、照相工业、医药、培养基等方面。②配位键交联。褐藻酸盐、果酸、魔芋、甘露糖等的水性胶体，通过加入二价金属离子形成凝胶化。③疏水键交联。加热甲基纤维素或羟丙基纤维素水溶液可使它们凝胶化。④其他。作为食品增黏剂和凝胶化剂的多糖类的咕吨树胶具有长侧链，只要分子缠结就凝胶化，透明质酸吸水性极高，高分子量的透明质酸水溶液中由于分子缠结而凝胶化。

物理凝胶由于其自身的热可逆性和刺激响应性，可应用于食品包装、医药和医疗、土木建筑、化学工业等方面。

（刘鸣华）

物理气相沉积 physical vapor deposition 一种晶体、薄膜的生长方法。物理气相沉积是在真空条件下，利用蒸发或溅射，将材料源（固体或液体）转化为原子、分子或部分电离成离子的气相，再使这些携带能量的蒸发粒子沉积到基体表面，以形成晶体、薄膜。（任治安）

物理学中的纤维丛 fiber bundle in physics 用于物理学中规范场论的数学概念。整个空间是由不同的简单空间组成的，底流形上每一点的切空间叫纤维，所有的切空间构成纤维丛。纤维丛概念产生于微分几何的研究，可看作拓扑乘积的推广。

纤维丛的系统研究始于20世纪30年代，它不仅在拓扑学和微分几何学中占有重要地位，也被广泛应用于其他数学和物理学分支。规范理论通常用微分几何的语言讨论。数学上，一个规范就是某个流形的（局部）坐标系的一个选择。一个规范变换也就是一个坐标变换。物理学的规范场正好是纤维丛上的联络。

纤维丛的不变量叫作陈类。

（庄鹏飞）

物理学中的因果关系 causality in physics 物质世界中各现象之间存在着的因果关系。物质世界中，各现象之间存在着客观联系。一个现象是由另外一个或一些现象引起的，它又会导致一个或一些新现象的出现。引起一定现象的现象是原因，产生的现象是结果。因果关系客观地存在于物质世界的运动和变化之中。

因果关系要求原因一定发生在前，结果一定相随在后，又要求一定的原因同一定的结果之间存在着规律性的联系。因果关系实质上反映了物质世界各种事物或现象不可能无中生有，也不可能有归于无。

在经典力学中确定的力学体系内，只要知道组成该体系的所有物体的初始状态（位置和动量），又知道它们之间的相互作用力，就可以通过牛顿定律来确定这个体系在未来任一时刻及过去任一时刻的状态。这是经典力学中的因果关系。

随着热力学和统计物理学的发展，人们认识到只能用统计规律来研究由大量结构单元组成的、受到多种因素制约的复杂系统的运动和变化。统计规律反映的是客观世界的偶然性同必然性在因果关系上的统一，从而也使人们认识到了经典力学规律的局限性。

相对论和量子力学的发展，使人类对于因果关系的认识更为深入。量子理论的建立，揭示出微观世界中因果关系的具体形式。人们必须在波函数所代表的概率分布的统计意义上来认识微观粒子在时空中运动的因果关系。物理学的发展将会不断深化人们对因果关系的认识，因果关系也可以帮助人们深刻认识客观世界的内在联系。（刘 明）

物态 state of matter 物质在一定的温度和压强条件下所处相对稳定的状态，通常是指固态、液态和气态。见*物质状态*。

物相 phase 物质中包含特定的性质的相。各部分的性质完全一致的系统称均相系或单相系。由若干个被界面隔开的均匀部分相组成的系统称多相系或复相系。

通常物质有气、液、固三种状态，也称为气体、液体、固体。有时也将气态、液态、固态称为气相、液相、固相。但相与物态的内涵并不完全相同。通常的气体及纯液体只有一个相。对于有些液体可存在正常液体相和液晶相，低温液态He^4有正常液体相和超流液相两个液相。固体由于晶体结构、物理性质的差异，存在许多不同的相。（应学农）

物质波的干涉 matter-wave interference 验证粒子的波动性的干涉实验。物质波的概念最早由L.V.德布罗意提出，即任何实物粒子都具有波的特性。能量E及动量p的粒子的物质波波长与频率分别为$\lambda=h/p$和$\nu=E/h$。干涉、衍射是波所特有的，1927年C.J.戴维森与L.H.革末用电子束在晶体表面的衍射首先证实了电子的波动性。但电子的干涉实验进行得要慢得多，1961年C.约恩松首先进行了电子的双缝干涉实验，真正的单电子双缝干涉于1974年由P.梅利等以及1989年由外村彰等完成。

理想的双缝实验中，在任何时间里应该只能有一个电子处于狭缝和屏幕之间。1989年外村彰等人的电子双缝干涉实验基本做到了这一点。在该实验中，电子通过狭缝落在屏幕上，逐个被探测器记录，星星点点地积累起来的电子逐渐形成干涉图样。干涉图像是因为通过两个狭缝的波ψ_1和ψ_2叠加形成的，在屏幕上的强度和$|\psi_1+\psi_2|^2$成正比。形成干涉的条件是电子的物质波波长（德布罗意波长）要大于双缝之间的距离，波的相干长度要大于两条干涉的路径的程差，并且不对电子通过哪一个狭缝进行测量。如果进行这类测量，则在屏幕上记录的只是电子通过两个单个狭缝图像的和，即$|\psi_1|^2+|\psi_2|^2$。其结果在所有细节上都与量子物理学的预期吻合。

物质波的干涉除用电子实现外，也已用中子、冷原子分子甚至碳60等物质粒子实现。（庄鹏飞）

物质–反物质不对称性 matter-antimatter asymmetry 宇宙中正物质与反物质之间丰度的不对等性质。在宇宙中人类、地球、恒星乃至星系等人们常见的物体都是由“普通物质”组成。例如从组成物质的原子层级来看，它们由外围的电子和中心的原子核构成，其质量主要来自组成原子核的重子即质子和中子。而粒子物理学中与质子、中子和电子对应，可存在反质子、反中子和反电子；其分别具有和质子、中子及反电子相同的质量和寿命，但相反的电荷、*重子数*和*轻子数*。一般而言，组成物质的基本粒子都存在反粒子，所以理论上可以期待存在纯粹由反质子、反中子和反电子组成的宏观的反物质聚集，如由反物质构成的恒星和星系等。

“反物质”一词最早是由A.舒斯特在1896年提出，人们最早观测到的反物质是正电子，由C.D.*安德森*于1932年在云室里观测宇宙射线时发现。但人类从未观测到宏观聚集的反物质。物质和反物质相遇会湮灭并释放出巨大的光和能量，因此，在人类可观测的宇宙当中不大可能出现宏观的反物质聚集。反物质一般是在人类的实验室如高能对撞机上（或者在宇宙射线中）瞬间产生并被观测（例如2012年中国的马余刚团队基于美国重离子对撞机RHIC上的实验数据计算得到反超氚原子核）。但是这些方式产生的反物质其丰度相对普通物质基本可以忽略不计。宏观和宇观上看这一观测到的物质和反物质丰度的不对等称为（宇宙）物质反物质不对称。

观测到的宇宙中这种正物质（以重子为代表）的“超出”，直接影响到宇宙早期轻元素的核合成过程，并影响到现在观测到的宇宙微波背景辐射中温度涨落的精细结构，从而作为六个基本宇宙学参数之一，它可以被精确“测量”。Planck实验组2015年对于宇宙微波背景辐射的研究给出的最新结果为宇宙中的重子类物质的质量约占现在宇宙所有质量的5%。从微观来看，粒子和其反粒子尽管具有相同的质量和寿命，其相互作用性质并非完全对称。然而，人们观测到自然界的基本粒子相互作用中，弱相互作用破坏电荷共轭（C），以及电荷共轭和宇称联合变换（CP）的对称性，因此参与弱相互作用的粒子和其反粒子会表现出不同的性质，如衰变分支比并非完全对称。其中CP破坏在20世纪60年代首次在K介子系统中观测到，并在21世纪初在B介子中发现。2019年LHCb实验组宣布发现D介子中的CP破坏等。这一微观上粒子–反粒子的不对称性给宏观上解释物质对于反物质的超出提供了基础。根据目前宇宙学的大爆炸理论，暴涨以后物质和反物质数归零。在随后的宇宙膨胀中，所有物质都是以处于热平衡的粒子形态存在于一个高温高密度的等粒子体中。现在人们需要从已知的微观过程，最终通过某种物理机制产生宏观上更多的正物质或者重子数（见*重子数产生*），这是宇宙学和粒子物理学研究的要解决的疑难之一。（舒 菁）

物质结构学说 theory of material structure 描述物质由相对于所考虑层次更微观的粒子组成的理论。

物质的结构成分 关于物质结构学说经历了由朴素原子论到原子分子论再到现代物质结构的过程。最早的原子论是公元前400年古希腊德谟克利特提出的，他认为所有的物质都是由数不清的、小到人眼无法看到的粒子集合而成的。他把这些粒子称为原子，在希腊语中是不可分的意思，并认为有四种不同的原子，即石、水、气、火。在中国同一时代，也有朴素的原子论，墨子就说过“一尺之棰、日取其半、万事不竭”的无限可分学说。直到22个世纪之后，才有了建立在实验基础之上的原子分子学说。它始于18世纪与19世纪之交。J.道尔顿发现，一种物质与另一种物质化合形成另一种新物质时，它们的重量总有简单整数比的关系。据此他提出，物质都由原子组成，不同物质的原子其重量有简单整数比的关系。由于没有看到原子，在其后的将近一个世纪内，仍认为原子仅仅是为描述方便而臆想的东西。直到1897年J.J.*汤姆孙*发现电子，1905年A.爱因斯坦等提出描述*布朗运动*的理论（布朗运动是布朗粒子在荷载它的介质的分子无规则撞击下的随机运动）和1908年佩兰实验证实爱因斯坦等人的理论的正确性，才确立了上述原子分子学说。再经过1903～1911年一系列工作，E.*卢瑟福*建立原子具有核式结构学说，到20世纪30年代前期发现原子核包含有质子和中子及20世纪50年代前期发现还有包含超子的原子核，再到20世纪60年代初发现质子不是点粒子而是有结构的复合粒子。一直到21世纪前期标准模型所预言的全部粒子被发现。

日常生活中最常见的物质形态是固态、液态和气态，称为三种基本状态。此外，从结构上分还有非晶态、液晶态等。在低温下从物理性质上分，有超导态、超流态、玻色–爱因斯坦凝聚态等。在高温或高能状态下有等离子态、夸克–胶子等离子态等。

现代组分结构观点　现代物质结构学说包括物质组分结构观点、非受限的微观粒子总在不停顿无规则运动、微观粒子之间有相互作用三部分主要内容。

物质组分结构的观点包括：宏观物质由分子组成或由原子直接组成；分子由原子组成，原子由原子核和电子组成；原子核由质子和中子组成；质子和中子是由夸克和胶子组成的；夸克有六种之分，并且和胶子都被禁闭在强子内；夸克除组成质子和中子外，还可以组成介子；此外，还有光子、轻子、中微子，以及参与弱相互作用的中间玻色子等。

阿伏伽德罗定律　根据J.-L.盖–吕萨克发现的气体化学反应的倍比容积关系，意大利化学家A.阿伏伽德罗于1811年提出，在相同温度和压强条件下，相同容积内包含的任何气体的分子数都相同。这一规律即为阿伏伽德罗定律。如按照理想气体系统的压强公式$p=nk_BT$，（式中n为摩尔数密度，k_B为玻尔兹曼常数），任何气体在标准状况下的分子数密度（常被称为洛施密特数）都为：

$$n_0=\frac{p_0}{k_BT_0}=2.686\ 754\times10^{25}\text{米}^{-3}$$

且与气体的种类无关。

将前述阿伏伽德罗定律改写，即在温度和压强分别相同情况下，1摩尔任何气体所占的容积都相同。考虑实验测得的1摩尔任何气体在标准状况下所占的体积都为$V_0=22.413\ 83\times10^{-3}$米^3，则得1摩尔任何气体包含的分子数都为：

$$N_A=n_0V_0=6.022\ 045\times10^{23}\text{摩尔}^{-1}$$

该数值常被称为阿伏伽德罗常数，并可作为阿伏伽德罗定律的另一个表述。现在常将之推广到任意层次的微观粒子，即有1摩尔微观粒子系统包含的微观粒子数都为$6.022\ 045\times10^{23}$个。

阿伏伽德罗常数的数值，或者阿伏伽德罗定律，可以由简单的密立根油滴实验、布朗粒子在重力场中的分布实验、剪切黏度确定的液体中的布朗运动实验、溶液的电解实验等实验测定。

分子量与摩尔质量　J.道尔顿由化合物的质量与化合前物质的质量成简单整数比关系知，物质由分子组成，分子由原子组成。按照现在约定，以碳-12原子（分子）的质量规定为12为标准，测得的各种分子的质量称为相应分子的分子量。如氢气的分子量为2.016，氧气的分子量为15.999等。分子量近似即一个物质分子包含的核子的数目。

相应地1摩尔物质的质量简称为摩尔质量。摩尔是一系统包含的物质的量，其基本组分单元数等于0.012千克碳-12所包含的原子的数目。通常所说的宏观物质的摩尔质量近似即以10^{-3}千克为单位的分子量数。

（严大东　刘玉鑫）

物质状态　matter state　物质的表观状态的简称。不考虑物质（热力学系统）的组分粒子的结构，如空气称为气态，水称为液态，冰、铁等称为固态。气体、液态、固态即物质三态。现在除气、液、固三种状态外，还有由带正电荷粒子与带负电荷粒子形成的整体呈电中性的物质状态、由较大颗粒形成的物质状态，以及处于高压情况下的物质状态。由带正电荷粒子与带负电荷粒子形成的整体呈电中性的物质状态称为等离子体态。由较大的颗粒形成的物质状态称为粉尘态。如各种器件表面上的灰尘、沙漠中沙粒可移动的表面层等。处于很高压强情况下的物质状态称为高压态。

组分粒子相同但呈现为不同状态的物质具有不同的性质，如最常见的水蒸气、水和冰，尽管都由H_2O分子组成，但其密度（比重）、热容量等性质却完全不同。

物质状态有多种，因此物质状态的改变也有多种。如固态转变为液态、液态转变为气态、气态转变固态等。不同物质发生状态改变的条件不同，而且同一种物质发生不同状态改变的条件也不同。

（穆良柱）

X

西格班，K.M.B. Kai Manne Börje Siegbahn（1918-04-20～2007-07-20） 瑞典物理学家。生于隆德，卒于恩厄尔霍尔姆。他是K.M.G.西格班的儿子。1944年获斯德哥尔摩大学哲学博士学位。1951年任皇家工学院教授。1954年任乌普萨拉大学物理学教授、物理研究所所长。

从事核能谱的研究。1950年制成第一台X射线电子能谱仪，实现X辐射单色化，开创了光谱分析的新领域。1951年，创立了电子能谱化学分析术。根据X射线所轰击出来的电子能谱，可以描述测试样品的化学键结构。这种技术后来被广泛用于材料分析、空气污染中粒子分析、石油精炼中固体催化剂的表面分析等。为此，他和N.布洛姆伯根、A.L.肖洛同获1981年诺贝尔物理学奖。

（郭奕玲）

西格班，K.M.G. Karl Manne Georg Siegbahn（1886-12-03～1978-09-26） 瑞典物理学家。生于厄勒布鲁，卒于斯德哥尔摩。1906年入隆德大学，1911年获博士学位，后在隆德大学物理研究所当J.R.里德伯的助手。1920年任教授。1923年任乌普萨拉大学物理学教授。1937年任瑞典皇家科学院实验物理学教授。同年瑞典皇家科学院诺贝尔研究所物理部成立，西格班任第一届主任。1964年退休。

西格班在1912～1937年致力于X射线光谱学。他设计的X射线管，曝光时间大大缩短，使测量精度大为提高。他能够对X射线谱系做出精确的分析。他验证了C.G.巴克拉用吸收方法测出的K系和L系，同时发现了M系。他证明了K谱系一般都是双线，还在50种元素的X谱线中找到了28条L系谱线和24条M系谱线。这一工作支持了N.玻尔等人把原子中电子按壳层排列的观点。继而他从各种元素的标识X射线辐射整理出系统的规律，对原子的电子壳层的能量和辐射条件建立了完整的知识体系。1937年以后，西格班领导诺贝尔研究所致力于研究核物理问题。他们设计和建造了用于不同目的的各种β谱仪。他由于在X射线光谱学领域的发现与研究获1924年诺贝尔物理学奖。

（郭奕玲）

西拉德，L. Leo Szilard（1898-02-11～1964-05-30） 美国物理学家。生于匈牙利布达佩斯，卒于美国加利福尼亚的拉霍亚。原学电机工程，后改学物理。1922年获德国柏林大学博士学位。后来在他的一篇论文中，阐述了熵和信息之间有关联的想法，这被认为是信息论发展的先兆。

1933年A.希特勒攫取政权后，迫使具有犹太血统的西拉德离开德国而去英国，到剑桥大学工作。1934年，他初步具备了链式反应的概念；同年在伦敦和T.A.查尔默斯共同发现以他们姓氏命名的西拉德-查尔默斯效应，提出了分离同位素的新方法。1938年由于不满《慕尼黑协定》的签订，又离开英国去美国，后于1943年入美国籍。

西拉德曾在20世纪20年代末和A.爱因斯坦一起做出过一些重要发明。他设计过比较先进的粒子加速器，参与裂变的研究并在E.费米建造第一座裂变反应堆的工作中卓有贡献，其中最突出的就是1945年和费米共同取得第一座原子反应堆的专利权。

西拉德在第二次世界大战后转而研究生物学，1946年受聘为芝加哥大学放射生物学和生物物理研究所的教授。

西拉德反对独裁，爱好和平。第二次世界大战期间，他和爱因斯坦等人就研制和使用原子弹等问题，多次向美国政府提出建议；战后致力于维护国际和平，反对军备竞赛。西拉德治学严谨，一生发表的论文只有29篇，大都收集在《西拉德文集：科学论文》中。

（戴念祖）

吸附 absorption 通常称固体表面吸收气体的现象为吸附。被吸附的气体称为吸附质；能够吸附气体的固体称为吸附剂。现在的很多种新型材料的制备，即是通过这一原理和现象而实现的。事实上由于只要存在密度梯度就存在扩散，不同物质的扩散系数不同，因此在不同物质（甚至处于不同相的同一种物质）表面都会发生吸收或/和发生另一种物质现象。一般这些现象都可以统称为吸附、退吸。如每一个生命体系都具有许多组织，各种组织都由细胞组成。细胞之间及细胞与外界之间由细胞壁和细胞膜分开，这些边界上都存在物质交换。这样的交换都可以认为是通过吸附和扩散而实现的。人们通过呼吸吸进肺泡中的氧分子就是先被吸附到毛细血管壁上，然后扩散到毛细血管内，被血液带到需要氧气的组织，再通过退吸将氧传递给相应的组织。毛细血管中的二氧化碳进入肺泡也是退吸的实例。因此基于吸附、扩散和退吸在物理、化学、生命科学、材料科学及很多工程技术方面都具有重要应用。

在吸附过程中被吸附的分子，由无规则运动状态转化为沉积在吸附剂表面状态，无规则运动剧烈程度减小。因此吸附过程通常伴随有放热现象。单位质量的气体被吸附时放出的热量称为吸附热。

由于不同物质组分单元之间相互作用的性质和强度以及扩散系数存在差异等因素影响，一种物质对另一种物质的吸附本领（或称吸附力）会不相同。根据吸附力的具体性质，常将吸附分为物理吸附和化学吸附。物理吸附通常指一类物质分子与另一种物质组分粒子（尤其是固体的离子）通过范德瓦耳斯作用被极化，从而被吸附在另一种物质表面，形成吸附层。化学吸附指，如果气体分子与固体离子间的相互作用力大于范德瓦耳斯力，从而在其间形成强分子键，使被吸附的分子稳定存在于吸附剂表面或进入其内部，从而使被吸附分子的内部结构发生变化。从这样的分类可知，化学吸附较稳定，不易退吸，吸附热较大（可与化学反应热相当）。但化学吸附具有选择性，某些物质只能吸附特定的其他物质分子。并且，通常物理吸附和化学吸附同时发生，难以区分具体吸附类型。

（包景东 刘玉鑫）

吸附泵 adsorption pump 一种捕集真空泵。分为真空吸附泵和分子筛吸附泵。

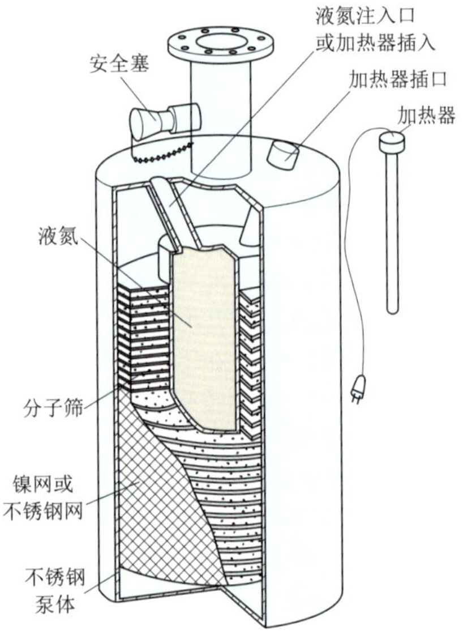

内冷式分子筛吸附

真空吸附泵的含义是指把真空泵抽气口通过吸盘、管子等元件与待吸附物体连接，此时吸盘类似密闭容器，对吸盘抽真空，造成内部气压由常压变为负压，利用外界大气压和这个负压之间的压差作用，达到吸附物体的目的。分子筛吸附泵是一种在低温下靠分子筛的物理吸附作用实现抽气的真空泵（见图）。一切固体物质的表面都有吸附作用。但实际上只有多微孔的物质或磨得很细的物质因表面积很大才有明显的吸附作用。分子筛就是这种物质。分子筛（人造沸石）为多微孔型结构的碱金属铝硅酸盐，体内有许多空腔状晶胞，其间有微孔相通。在液氮温度下，气体或液体分子通过微孔吸附于晶胞空腔的内表面上。分子筛有很大的比表面积，所以能吸附大量的气体和液体。（吴小山）

吸附层 adsorbed layer 在一个物体中具备吸附周围介质中特定物质潜能的区域。吸附层的属性与基底物质和吸附物之间的相互作用类型相关，并且受基底物质的形貌以及周围吸附物的分布影响。如在电化学中，通过施加外场的方式使得基底物质表面形成欠电位区域，由此对周围介质中的金属原子通过电场力进行吸附，使得金属原子沉积到基底物质上。离子表面活性剂在表面带有电荷的物质上的吸附也是通过电场力产生的吸附现象，并对周围介质中一定浓度的离子表面活性剂形成一定的吸附层。吸附层的厚度等属性与物质表面电荷分布有关，同时也与介质中吸附物的浓度相关。吸附层的形成还可能源于其他类型的作用势，如化学势。

活性炭滤网中的分子筛颗粒，对气体纯化主要靠吸附和交换作用。分子筛孔隙率非常高，内表面积很大。经高温活化沸石失水后，晶体内部形成许多大小均匀的孔径，具有很强的吸附能力，能有效地把直径小于其孔径的气体分子及水分保留在孔内，而把大于孔径的分子挡在孔外。

吸附层对吸附物的作用力可以通过原子力显微镜（AFM）来测量研究。（侯 旭）

吸附等温线 adsorption isotherm 在一定温度下，吸附质分子在吸附剂界面上进行吸附达到平衡时，它在两相中的浓度关系。吸附曲线是用来表示吸附量q、吸附质浓度c和温度T之间的关系。吸附曲线可以用函数表示：$q=f(c,T)$。当T为常数时，$q=f_t(c)$，q-c的关系曲线即为等温吸附线。由于吸附剂与吸附质之间的作用力不同，以及吸附剂表面状态的差异，吸附等温线有所不同。吸附等温线可以反应吸附质、吸附剂的性质以及它们之间相互作用的信息。

对于气体分子，吸附等温线是q-p函数。根据大量气体吸附等温线的实验结果，可将气体吸附等温线分为5种类型（图1）。吸附曲线横坐标为相对压力p/p_0，p为气体吸附平衡压力，p_0为气体在吸附温度时的饱和蒸气压。根据BET吸附等温式：

$$\frac{V}{V_m}=\frac{cx}{1-x}\left[\frac{1-(n+1)x^n+nx^{n+1}}{1+(c-1)x-cx^{n+1}}\right]$$

式中x为p/p_0；n为吸附分子层数；c为与吸附热有关的常数。当$n=1$时，为单分子层吸附，曲线类型为Ⅰ型，又称朗缪尔型。曲线缓慢上升至单分子吸附饱和。当$c\gg1$时，吸附曲线为Ⅱ型或Ⅳ型，曲线前半段上升缓慢，呈现上凸形状，这是由于在低压区为单分子层吸附。随着压力升高，曲线后半段迅速上升，吸附开始转为多层吸附，若吸附剂为非孔性或孔径很大，吸附层数不受限制，曲线最终呈现为Ⅱ型，吸附曲线向上翘而不会达到极限状态。若吸附剂为孔性的，吸附层数受到孔径的限制，在高相对压力时出现吸附饱和现象，吸附等温线又趋于平缓。当$c\ll1$时，吸附曲线为Ⅲ型或Ⅴ型，低相对压力时曲线下凹，若吸附剂为非孔性时，曲线上翘。而吸附剂为孔性时，高相对压力区的曲线趋于平缓。由于孔结构中的毛细凝结作用，在中等相对压力时，Ⅳ型比Ⅱ型，Ⅴ型比Ⅲ型吸附等温线上升的更快些。吸附等温线低相对压力段反映气体与表面的作用的大小。中等相对压力段反映单分子层的形成及向多层或毛细絮凝的转化。由高相对压力段形状可以看出固体表面有孔或无孔，以及孔径分布和孔体积大小。

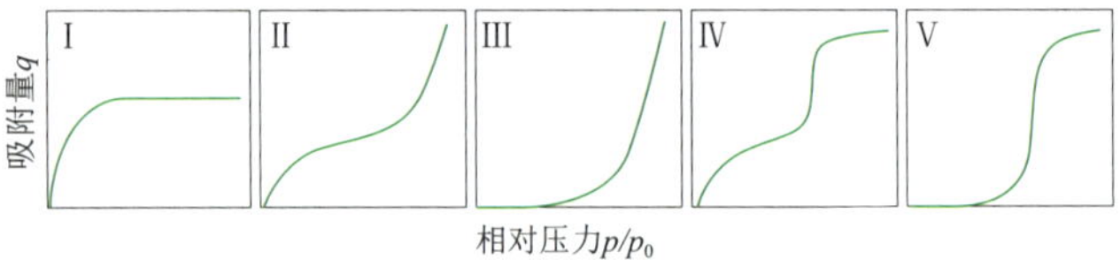

图1 气体分子吸附等温线

稀溶液的吸附等温线可分为4类，分别为S型、L型、H型和C型（图2）。S型等温线，起始部分斜率小，并凸向浓度轴。

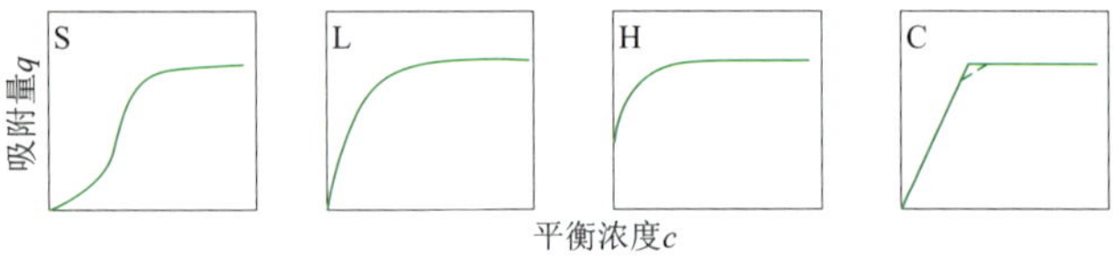

图2 稀溶液吸附等温线

随着平衡浓度的增大，吸附量有一快速上升阶段，这是被吸附的溶质分子与液相中溶质分子相互吸引的结果。当溶剂有强烈的竞争吸附，且溶质以单一端基近似垂直定向地吸附于固体表面时，可出现这类等温线。L型等温线，吸附量与浓度的关系符合朗缪尔方程，起始部分斜率较大，曲线凸向吸附量轴。当浓度大到一定程度时，吸附量大多不再变化。一般这种类型表示在稀溶液中溶质比溶剂更易被吸附。溶质是线性的或平面分子，且以长轴或平面平行于表面的吸附常有这类等温线。H型等温线溶质在极低浓度时就有很大的吸附量，表示溶质与吸附剂间有强烈的亲和力，类似于化学反应。如溶液中的化学吸附、离子交换吸附、高分子吸附和某些离子型表面活性剂胶团的吸附都属于此类。C型等温线，起始段为一直线，表示溶质在吸附剂表面和溶液中的分配是恒定的。某些物质在部分结晶聚合物上的吸附时出现这类等温线。其机理可能是吸附质最初吸附在无定形区内，由于吸附的作用使其他部分发生膨胀形成的吸附位，从而可继续发生吸附，直至结晶区，吸附作用不再继续进行。（陶胜洋）

吸附能力 adsorbability 使物质富集到固体（吸附剂）表面的能力。吸附剂内部粒子受到周围粒子的力是均匀的，总作用力为零。而界面上的粒子由于周围粒子的非均质性，所受力不能相互抵消，总作用力不为零，而合力指向吸附剂内部，使吸附剂粒子自发吸附气体（吸附质）粒子，最终达到表面能最低的状态。

吸附剂多为固体粉末或多孔物质，这些物质均具有较大的比表面积，以实现更大的吸附能力。固体对于气体的吸附能力可以用吸附量Γ来衡量，吸附量Γ定义为单位固体质量W或单位固体表面积A所吸附的吸附质气体的体积V或物质的量n：

$$\Gamma=\frac{V}{W} \quad 或 \quad \Gamma=\frac{n}{W}$$

和：

$$\Gamma=\frac{V}{A}=\frac{V}{WA_{sp}} \quad 或 \quad \Gamma=\frac{n}{A}=\frac{n}{WA_{sp}}$$

影响因素　吸附剂的本性决定了它对一些气体或蒸气有特殊的吸附能力。如可将活性炭放入防毒面具中吸附过滤毒气，可将硅胶放进紧密仪器作为吸湿剂。此外，吸附质的性质也会影响吸附量。在物理吸附中，由于吸附力为分子间力，吸附过程与气体的液化过程相似，因此物质的沸点越高，越易液化，也越容易被吸附。由于临界温度T_c约为沸点T_b的2/3，故T_c越高的吸附质越容易被吸附。

吸附质的温度对吸附能力也有很大影响，一般温度升高，吸附能力反而减弱。这是因为吸附为放热过程，按照化学平衡移动原理，升温不利于放热反应。在未达到吸附饱和之前，吸附质的压力越大，吸附能力也越强。

应用　在生活生产中经常利用吸附分离、提纯物质。而针对不同的混合物，应使用不同的吸附剂，通过吸附能力可以衡量不同的吸附剂对某些特定物质的吸附效果。在生产中吸附能力是设计大型的重要吸附系统所需的数据之一。　（陶胜洋）

吸附原子　absorbed atom　通过一定的作用力被吸附到物体表面的原子。原子在物体表面的吸附可分为四种形式。

物理吸附。吸附原子通过范德瓦耳斯力吸附在物体表面上称为原子的物理吸附。吸附原子的物理吸附能较低，约小于0.5电子伏每原子，与其气相原子凝结热相当。

化学吸附。化学吸附可视为吸附原子与物质表面原子，通过一个或者多个电子轨道的重叠，而进行的一种化学反应。化学吸附有极高的方向性，一般仅限于物体表面的单层吸附。

吸收。吸收是指吸附原子扩散到固体内部的行为，体积较小的原子如氢、氮、碳等最容易发生这种行为。原子必须借扩散得以进到固体内部，因此这种吸收过程是一种热激发的过程。

形成化合物。当吸附原子与固体表面的键结强度高于固体内部的键结时，吸附原子将与物体表面原子形成化合物，如氧化层的形成。　（侯　旭）

吸气剂离子泵　getter ion pump　将被抽气体分子电离，利用电磁场或**电场**的作用将其输送到泵的吸附表面而被吸气剂捕集的一种真空泵。吸气剂离子泵是一种无污染的超高真空泵（见图），极限压力可达10^{-9}～10^{-7}帕。吸气剂真空泵分为蒸发离子泵和溅射离子泵两种。它们是由电离抽气作用与蒸发（或升华）活泼金属的吸附作用相结合的真空泵。　（吴小山）

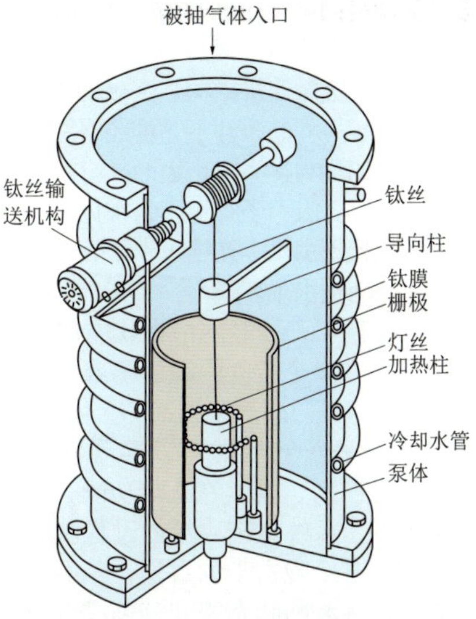

吸气剂离子泵的结构示意

吸收边　absorption edge　半导体吸收光谱中阈值附近的吸收谱，可揭示半导体**带隙**以及联合态密度的性质。在纯净半导体中，自由载流子和杂质都很少，带内与自由载流子吸收、杂质吸收等相关的信号都很弱。吸收主要指由吸收入射光子激发电子从价带向导带跃迁所引起的，称为基本吸收。由于价带和导带之间隔着禁带，能量小于带隙的光子不能被半导体吸收从而把一个电子从价带激发到导带，引起基本吸收的光子能量必须大于带隙这个阈值。该阈值附近的吸收也叫作基本吸收边，如图所示。基本吸收边的形状依赖于对应带边的电子跃迁强度，因此可根据半导体吸收光谱的吸收边形状来判断它是直接带隙还是间接带隙。在硅、锗、碳化硅、砷化铝、锑化铝和磷化镓等间接带隙半导体的基本吸收光谱中，对应的吸收边叫作间接吸收边，它的吸收系数α与光子能量的关系为$(\hbar\omega-E_g)^2$，其中$\hbar\omega$是光子能量（对应的波长为λ），E_g是带隙；而在氮化镓、砷化镓、锑化镓、磷化铟、砷化铟、锑化铟以及所有的Ⅱ-Ⅵ族等直接带隙半导体的基本吸收光谱中，对应的吸收边叫作直接吸收边，它的吸收系数α与光子能量的关系为$(\hbar\omega-E_g)^{1/2}$。

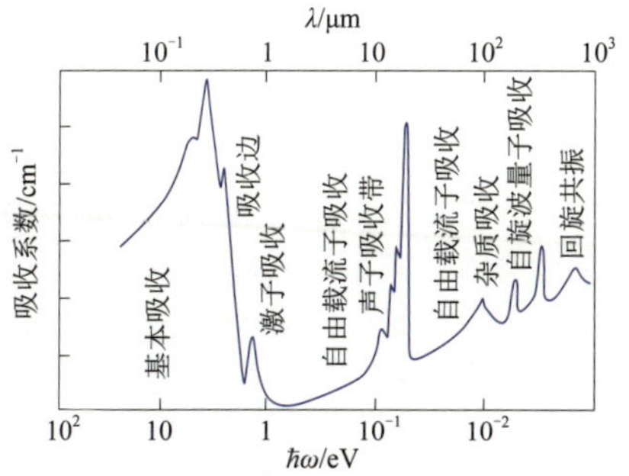

半导体吸收光谱示意

吸收边的形状还与参与电子跃迁的导带和价带的联合态密度N_{cv}有关，而联合态密度则与晶体的维度有关。对于三维晶体，$N_{cv}\propto(E-E_g)^{1/2}$；对于二维晶体，如**量子阱**和**石墨烯**等，$N_{cv}\propto$常数；对于一维晶体，如**量子线**，$N_{cv}\propto(E-E_g)^{-1/2}$；而对于零维晶体，如**量子点**，$N_{cv}$则是一系列的$\delta$函数。　（骆军委）

吸收长度　absorption length　粒子射入物质中到发生该粒子被吸收或转化为其他粒子所经过的平均距离。见**相互作用长度**。

吸收光谱　absorption spectrum　处于基态和低激发的原子或分子吸收光子，从低能级跃迁到高能级而产生的光谱。吸收光谱可以是线状谱或吸收带。研究吸收光谱可了解原子、分子和其他许多物质的结构和运动状态，以及它们同电磁场或粒子相互作用的情况。每一种元素都具有其独特的标识吸收光谱。早在19世纪J.von**夫琅禾费**发现了太阳光谱中的暗线，进一步研究确定了太阳的元素组成。

传统的吸收光谱的研究方法使用具有连续光谱的光源（如白炽灯、连续谱红外光源和紫外谱光源）和光谱分光仪器，在连续光谱的本底上显示暗的吸收光谱。也可以使用上述光源发出的光通过**单色仪**（通过棱镜或光栅分光）成为准单色光。调节单色仪，使光的频率连续扫描，通过样品并被记录下来，得到吸收光谱的线形。

20世纪60年代**激光**技术出现后，在紫外线、可见光和红外波段范围可使用频率连续可调的激光器作光源来研究原子和分子的吸收光谱。激光技术的发展给吸收光谱方法的研究以巨大的推动，现已具备了为获得极高分辨率、极高灵敏度等所需要的激光吸收光谱技术（见**激光光谱学）。

吸收光谱广泛应用于材料的成分分析和结构分析，广泛地应用于物理学、化学、生物学、天文学、地理学等学科的科学研究工作，也广泛地应用于工业、农业和医药等领域。 （张在宣）

吸收系数 absorption coefficient 表征介质对光吸收能力的量。光进入介质时光强随进入深度而减小的现象称为**光的吸收**。电磁波在任何介质中传播时，其能量都会被介质吸收一部分，完全没有吸收的绝对透明介质是不存在的。实验表明，若入射光强度I_0不是很大，光的强度I随进入介质的厚度d成指数下降，其规律为：

$$I=I_0e^{-\alpha d}$$

式中比例系数α是与光强无关的量，称为该物质的吸收系数；"−"表示随传播距离d的增加，光强随之减小。

上式由P.布格在1729年得出，称为布格定律。1760年经J.H.朗伯做了详细说明，又称朗伯定律。由该式可见，吸收系数α的量纲为长度的倒数，单位是厘米$^{-1}$，它表示因介质的吸收，光强衰减到原来的$e^{-1}\approx 36.8\%$时，光所通过的介质厚度的倒数。在线性光学范围内，这个反映光的吸收的规律相当精确，但对于强激光源，上述规律不再成立，须用**非线性光学**理论处理。

对于溶液，吸收系数α与其浓度C成正比，即$\alpha=\varepsilon C$，ε称为摩尔吸收系数，只与吸收物质的分子特性有关而与溶液浓度无关，其单位是升·摩$^{-1}$·厘米$^{-1}$。于是前式可表示为：

$$I=I_0e^{-\varepsilon Cd}$$

上式由A.比尔在1852年得出，称为比尔定律。它表示溶液吸收的光能与溶液中吸收物质的分子数成正比。比尔定律仅在溶液浓度较小时成立，在溶液浓度相当大时，分子间平均距离减小，每个分子对光能的吸收能力都受到邻近分子的影响，将偏离比尔定律。 （朱建华）

吸引子 attractor 描述有耗散的动力学系统在相空间内运动轨道收缩区域的术语。**统计物理学**的刘维尔定理证明，保守系统在运动过程中始终保持相空间体积不变。耗散系统则不然，其相空间体积在运动中必然逐渐收缩。根据系统性质不同，其相空间运动轨道或收缩到不动点，或收缩到封闭的极限环，或收缩为二维或高维环面以及其他形状的几何体上。运动时间足够长以后系统在相空间所趋向的这些有限区域统称为吸引子。吸引子是不随时间变化的几何体，其附近的运动轨道均要趋向它。吸引子一般分为两类：一类称为平庸吸引子，一类称为奇怪吸引子。平庸吸引子对应于规则运动，其空间维数为整数，如前面提到的零维不动点、一维极限环或高维环面。奇怪吸引子对应于混沌运动，其空间维数一般为分维。奇怪吸引子是耗散系统混沌运动的重要特征。

（刘寄星）

吸引子神经网络 attractor neural network 由突触相互连接的神经元构成的神经网络。在给定突触连接结构、突触动力学和神经动力学方程的条件下，神经网络就是一个高维的动力学系统，因而具有特定的吸引子结构。吸引子神经网络常见的**吸引子**包括点状吸引子、连续吸引子、周期吸引子和混沌吸引子。

点状吸引子神经网络在状态空间中具有一个或多个孤立的吸引子或稳定定态。网络将随时间演化到某一个吸引子。点状吸引子网络常常可以实现联想记忆、模式识别、决策等认知功能。在知觉决策中，系统做出决策的过程就是网络演化到某个吸引子的过程，吸引子的动力学特性和将状态空间分割成不同吸引域的鞍点的特性，就决定知觉决策的响应时间和正确率等特性。连续吸引子神经网络的突触连接结构具有平移不变性，神经网络的定态具有零特征根，且在状态空间形成准连续的集合。一般认为大鼠的头朝向神经元构成一维的连续吸引子网络，特定的头朝向神经元活动编码大鼠的头朝向。大鼠海马中的位置细胞构成了二维的连续吸引子网络，特定神经元的活动编码大鼠在活动场景中的位置。

周期吸引子神经网络可以周期性地活动，因此存在极限环。神经网络中的兴奋性神经元导致其他神经元兴奋，抑制性神经元抑制其他神经元的活动，快速的兴奋性和较慢的抑制性相互作用可以产生周期行为。同时突触的短时程抑制和神经元的适应性也可以产生周期性活动。周期吸引子是中枢模式产生器的典型模型，用来刻画控制动物的咀嚼、行走和呼吸等行为的神经系统活动。

混沌吸引子神经网络具有混沌行为。在随机连接的神经网络中，可以产生混沌行为。由于包含丰富的动力学模式，具有混沌行为的随机连接网络经常用来训练特定的输出行为。此外，有人认为在辨别出气味以前，嗅球的活动就落在混沌吸引子上。 （王大辉）

希格斯，P. Peter (Ware) Higgs（1929-05-29～2024-04-08） 英国理论物理学家。生于纽卡斯尔市埃尔西克区，卒于苏格兰爱丁堡。1950年、1952年和1954年分别获伦敦大学国王学院学士学位、硕士学位和博士学位。1954～1956年在爱丁堡大学工作。随后在伦敦帝国理工大学和伦敦大学工作。1960年返回爱丁堡大学担任讲师，1980～1996年任爱丁堡大学教授。

根据现代物理学，物质由**基本粒子**构成，基本粒子间相互作用力由规范玻色子传递。绝大多数基本粒子具有质量，质量起源是物理学的重要问题之一。20世纪60年代初，希格斯对**对称性自发破缺**产生兴趣。对称性自发破缺导致出现零质量标量粒子，不过粒子物理实验并未发现这类粒子，因此需要提出避免这类粒子出现，同时又使得规范场粒子获得质量的理论。1964年，希格斯发表题为《对称性破缺，无质量粒子和规范场》以及《对称性破缺与规范玻色子的质量》两篇论文解决上述问题，预言一种新的有质量的零自旋玻色子。与此同时，R.布鲁特与**F.恩格勒特**，以及G.古拉尔尼克、C.R.哈根和T.基布尔也发表了类似想法。这一机制被称为布鲁特-恩格勒特-希格斯机制。2012年7月4日，欧洲核子研究中心（CERN）宣布其**大型强子对撞机**（LHC）实验发现质量为125吉电子伏的疑似**希格斯粒子**。2013年，希格斯与恩格勒特因在理论上预言希格斯玻色子存在共同获得诺贝尔物理学奖。 （刘金岩）

希格斯工厂 Higgs factory 在希格斯粒子质量的能量处运行的正、负μ子对撞机和辅以配套的高性能探测器的粒子物理高能实验装置。高亮度运行能量在240～250吉电子伏的正负电子对撞机和辅以配套的高性能探测器的粒子物理高能实验装置也称为希格斯工厂。由于电子与**希格斯粒子**耦合非常弱（正比于电子的质量），在希格斯粒子质量的能量处运行的正负电子对撞机，即使有共振增强，产生出的希格斯粒子数量仍不够多。因此考虑用在希格斯粒子质量的能量处运行的正负μ子对撞机来替代。由于**μ子**的质量约为电子质量的200倍，意味着μ子与希格斯粒子的耦合强度为电子与希格斯粒子的耦合的200多倍。在同样的共振作用下，正负μ子对撞机中能产生的希格斯粒子数约为正负电子对撞机上产生的4万多倍。而μ子是不稳定粒子，其寿命约为10^{-6}秒。用正负μ子进行对撞，要靠高能质子轰击固定靶产生出正负μ子，并在它们衰变之前将其加速到质心系能量值为希格斯粒子质量值进行对撞，可想而知其中的困难（见*μ子对撞机*）。正或负μ子束亦可用于制造中微子束流，因此科学家们在研究建造这样的希格斯工厂，但距取得成功尚有时日。

由于实验研究希格斯粒子性质的重大需要，运行能量在240～250吉电子伏和500（或更高）吉电子伏的高亮度正负电子对撞机，背景相对干净，能够产生单个和两个希格斯粒子，除可研究希格斯粒子与基础费米子（*夸克*和*轻子*）的相互作用外，还可研究希格斯粒子本身的三粒子的自作用。因此把这高出产生希格斯阈值能量的正负电子对撞机也称为希格斯工厂。

（张肇西）

希格斯机制 Higgs mechanism 粒子物理标准模型引入的以解释电弱规范对称性破缺以及基本粒子，特别是弱作用规范玻色子$W^{\pm}/Z^0$质量起源的机制。1961年，S.L.*格拉肖*提出可以构造$SU(2)_L \times U(1)_Y$规范对称群，统一描述*电磁相互作用*和*弱相互作用*。规范对称性要求传递电磁相互作用和弱相互作用的自旋$J=1$矢量玻色子，即光子γ、$W^{\pm}$和Z^0，都应该是无质量的，且仅有$J_3=\pm1$两种横向极化模式，而不存在$J_3=0$纵向极化，并且相互作用力程为无穷大。电磁相互作用严格满足U(1)规范对称性，即力程无穷大，光子传播子无质量的要求。但实验观测表明：弱作用力程局限于原子核尺度范围，且弱作用传播子$W^{\pm}$和Z^0有近于100吉电子伏的巨大质量。

1967年，S.*温伯格*和A.*萨拉姆*在*电弱统一理论*中引入希格斯机制，即构造一个4分量的$SU(2)_L$弱同位旋二重态希格斯标量场。其中，2个带电分量和1个中性分量为非物理实在的、无质量戈德斯通玻色子，$W^{\pm}/Z^0$粒子通过吸收这3个戈德斯通粒子获得$J_3=0$纵向极化自由度；另一个中性分量为具有物理质量的希格斯玻色子。希格斯场的拉氏量满足$SU(2)_L \times U(1)_Y$规范对称性，但其势能项具有一种称为“墨西哥草帽”的特殊形态，基态高度简并，真空期望值（VEV）不为零，且具有质量量纲，即VEV～246吉电子伏。在高能标下统一的$SU(2)_L \times U(1)_Y$规范对称性，其$W^{\pm}/Z^0$规范玻色子通过与希格斯场耦合，在$O(10^2)$吉电子伏能标下获得物理质量$M_W=80.385\pm0.015$吉电子伏和$M_Z=91.1876\pm0.0021$吉电子伏。同时，$SU(2)_L \times U(1)_Y$破缺至$U(1)_{EM}$电磁规范对称性。因此，这一对称性破缺机制被称为电弱对称性自发破缺（EWSB）。

（韩　良）

希格斯粒子 Higgs particle *粒子物理标准模型*电弱破缺机制预言的电中性、偶宇称、零自旋$J^P=0^+$标量基本粒子，简写为H。其质量实验观测值$M_H=125.09\pm0.24$吉电子伏。理论预言传递电磁、弱、强相互作用的矢量玻色子，即光子γ、弱作用$W^{\pm}/Z^0$粒子、*胶子*g，在定域规范对称性要求下都应该严格质量为零。此外，自旋1/2轻子、夸克基本物质场费米子，如电子和*顶夸克*，在严格的手征对称性下也应该是无质量的。但另一方面，实验观测表明，弱作用传播子$W^{\pm}/Z^0$以及所有荷电轻子和夸克都是有质量的。

为解决这一矛盾，20世纪60年代，P.*希格斯*和S.*温伯格*等提出在标准模型引入一个弱同位旋$SU(2)_L$复二重态，称为希格斯二重态。其自由场运动方程或拉氏量遵从电弱规范对称性，但场势能最低能态的真空期望值不为零。弱作用规范玻色子$W^{\pm}/Z^0$以及荷电轻子与夸克，分别通过规范耦合和汤川耦合与希格斯场发生相互作用，经由对称性自发破缺而获得质量。由于希格斯粒子质量大、寿命短，对撞机实验产生截面及其可观测衰变分支比小，实验寻找非常困难。直到2012年，欧洲核子研究中心（CERN）*大型强子对撞机*（LHC）的ATLAS和CMS实验，宣布在$H\to\gamma\gamma$双光子、$H\to ZZ^*\to 4l$四轻子、$H\to WW^*\to 2l2\nu$双轻子横动量丢失的3个稀有衰变道联合探测中，初步发现“类希格斯”新粒子存在。并在随后的大统计数据中，验证了该粒子自旋、宇称和质量符合标准模型对希格斯粒子的预言，从而正式确定发现希格斯粒子。

（韩　良）

稀磁半导体 diluted magnetic semiconductor 利用少量过渡族元素取代非磁性半导体中的部分原子后形成的*磁性半导体*。因其磁性杂质浓度低、磁性弱而称稀磁半导体。典型的稀磁半导体包含过渡元素掺杂的传统半导体，如(In, Mn)As、(Ga, Mn)As等，也包含过渡元素掺杂的宽禁带金属氧化物诸如ZnO和TiO_2等。稀磁半导体中，局域自旋磁矩和载流子之间存在强烈的自旋-自旋交换作用，外加电场或磁场可以影响载流子浓度及行为，从而影响半导体的磁性以及电输运行为，导致负磁电阻效应、反常霍尔效应和*磁光效应*等。稀磁半导体兼具磁性和半导体性质，通过稀磁半导体可以向半导体注入高度自旋极化电流，从而同时利用电荷和自旋两种属性实现新功能微电子器件。

（孙继荣）

系间窜跃 intersystem crossing 发生在不同多重度能态之间的一种*无辐射跃迁*。跃迁过程中电子的自旋发生反转，包括从单重态到三重态或从三重态到基态。常见的系间窜越过程涉及分子的第一激发单重态（S_1）以及第一激发三重态（T_1）。$S_1\to T_n$这类系间窜越过程的速率常数用K_{st}表示，时间尺度通常为10^{-6}～10^{-12}秒；而从T_1发生的系间窜越过程，只可能到达基态S_0（即$T_1\to S_0$），其速率常数用K_{ts}表示，时间尺度通常为10^{-3}秒。

（石　英）

系综 ensemble 在相同宏观条件下，系统大量不同微观状态的集合。又称统计系综。系综在*相空间*里的几何表示是无数个相点的集合。随着时间的演变，这些相点分别以各自的轨迹在相空间中运动，这种运动可比喻为流体的流动。系综理论中重要的物理量是相点的密度函数$D(q, p, t)$；归一后的密度函数称为概率密度函数$\rho(q, p, t)$，显然有：

$$\iint \rho(q,p,t)\,\mathrm{d}q\mathrm{d}p = 1$$

式中$\rho(q,p,t)\mathrm{d}q\mathrm{d}p$表示任意时刻系统处于相点$(q,p)$附近相体元$\mathrm{d}q\mathrm{d}p$内的概率。由$\rho(q,p,t)$归一条件和哈密顿正则运动方程：

$$\dot{q}_i=\partial H(q,p)/\partial p_i$$
$$\dot{p}_i=-\partial H(q,p)/\partial p_i$$

其中$i=1,2,\cdots,N$，可以证明，概率密度函数$\rho(q,p,t)$随时间的变化满足刘维尔方程：

$$\frac{\partial\rho}{\partial t}+\{\rho,H\}=0$$

式中的$\{\rho,H\}$是概率密度函数$\rho(q,p,t)$和哈密顿量$H(q,p)$的*泊松括号*。这就是说，只要给出某一时刻t_0时的概率密度函数$\rho(q^0,p^0,t_0)$，就可确定以后任一时刻的概率密度函数ρ。刘维尔方程的另一种写法是：

$$\mathrm{d}\rho/\mathrm{d}t=0$$

它说明系综的概率密度函数在运动中不变。或者说，在相空间里相点在运动中没有集中和分散的倾向，保持原来的密度不变。

（包科达）

细胞的膜系统 membrane system in cells 由内膜系统与细胞膜组成的系统。细胞是构成生命的基本单元，由各种细胞器组成，包括细胞膜、*细胞骨架*（微管、微丝和中间细丝）、中心体、线粒体、高尔基体、内质网、核糖体、细胞核、溶酶体、过氧化物酶体等。其中细胞膜和核膜是细胞的两种重要的膜结构。细胞膜是细胞内部与外部环境交换物质、能量和信息的屏障，也是细胞成为独立生命个体的根本保障。核膜包裹着细胞核，保护细胞的遗传物质，同时也允许细胞核内外的物质、能量和信息交流。线粒体、高尔基体、内质网、溶酶体、过氧化物酶体均是由各种形态的膜结构包裹的细胞器，它们是细胞内相对独立的隔室。核膜、线粒体膜、高尔基体膜、内质网膜、溶酶体膜、过氧化物酶体膜构成细胞的内膜系统。

细胞的膜系统在细胞中占非常大的比重，对于细胞的生命过程十分重要，没有细胞的膜系统就没有生命。（涂展春）

细胞电信号 biological electricity 细胞产生与细胞生理状态密切相关的电生理现象。活的细胞不论是在静息状态还是活跃状态，都会产生电生理现象，细胞电信号是膜内外的离子跨膜（主要是通过离子通道）流动产生的。细胞处于静息状态时，细胞膜内外两侧的电位差（外正内负）称为静息电位。当细胞受到的刺激大于某一阈值时，细胞膜内外的电压就会发生改变，并将产生一个不衰减的“全或无”式的脉冲信号，称为动作电位。将细胞膜两侧电压变成内正外负的过程称为极化，膜电压的数值向负值减少方向变化的过程称为去极化，向负值增大方向变化的过程称为超极化。神经细胞电信号和心肌细胞电信号就是典型的细胞电信号，心电图和脑电图本质上源于心肌细胞和脑神经细胞电信号。

静息电位产生的主要原因是细胞内外各种离子分布不均衡、膜上各种离子通道开关对相应离子产生不同的通透性、生电性钠泵的作用。当细胞处于静息状态时，细胞膜内外的各种离子产生的化学势能和总的电势能大小相等方向相反，即电-化学势能平衡。如在静息状态时，枪乌贼轴突内外液存在各种离子的浓度差，细胞膜对这些离子的通透性不同，使得轴突膜内外维持着−70毫伏左右的静息电位。已测量过的神经细胞其静息电位都在−90～−30毫伏，如海马CAI区的椎体细胞的静息电位在−60毫伏左右，视网膜上视杆细胞的静息电位在−40～−30毫伏，大脑皮层的椎体细胞静息电位在−80～−60毫伏。

动作电位产生的离子机制：①当轴突膜受到电刺激时，膜产生去极化，这使得膜对Na^+、K^+通透性发生变化，Na^+大量涌入细胞内，并出现超射，构成了动作电位的上升相。②紧接着Na^+通道失活，使Na^+内流下降，同时K^+通道活化，产生K^+的外流，构成动作电位的下降相。③由于K^+电导的变化没有失活现象，只是在膜电位逐步恢复的过程中逐渐降低，延时较长，产生了正后电位。④依靠膜上的Na^+-K^+-ATPase泵，完成排Na^+摄K^+任务，维持一定的膜内外离子浓度差，使细胞恢复到静息状态的水平。

（贾　亚）

细胞骨架 cytoskeleton 细胞中的纤维状蛋白质复合物组成的网络结构。细胞骨架普遍存在于真核细胞中，对细胞的形态结构、细胞迁移、细胞分裂等具有重要的功能。

细胞骨架系统　真核细胞中的细胞骨架包括微管、微丝，和中间纤维系统。在原核细胞中，也发现存在结构和功能上与真核细胞中的细胞骨架蛋白相似的骨架结构，已经发现的几种蛋白质有FtsZ、MreB、ParM等。下面主要对真核细胞中的几种细胞骨架系统进行简介。

微管　由两种微管蛋白（α-和β-微管蛋白）聚合而成。首先由α-和β-微管蛋白构成二聚体，二聚体的微管蛋白再聚合成微管原纤维，然后13条原纤维围成一个中空的管状结构，直径约为25纳米。α-和β-微管蛋白可以和鸟苷三磷酸（GTP）结合，并催化水解反应来调节微管的组装过程。细胞内的微管系统由中心粒组织其动态形成与分解等过程。微管的变种结构还可以进一步组装成细胞外的鞭毛、纤毛等结构。微管可以形成束状结构，并在细胞有丝分裂过程中负责将复制完成的染色体分配到两个子细胞中。

微丝　由肌动蛋白聚合形成。肌动蛋白具有两种主要状态，即单体状态G-actin和纤维状态F-actin，它们可以结合腺苷三磷酸（ATP）或腺苷二磷酸（ADP），并且可以催化ATP水解成ADP，在微丝蛋白聚合形成微丝结构时，其催化ATP水解的速度增加。微丝由两股平行的F-actin链结合并缠绕在一起构成，所以其两端是不同的，分别被称作+、−端。微丝的直径约为7纳米，每37纳米螺旋旋转一周。在细胞内多根微丝也经常形成束状结构，或者在其他辅助蛋白的作用下形成分支状结构。单体肌动蛋白可以在微丝的两端（+, −）进行结合或解离，但其结合与解离的速率不同，所以微丝可以定向生长，对细胞膜施加推力的作用。微丝具有较强的硬度。用虫链模型来描述，其驻留长度约为10微米。微丝参与到肌肉收缩、细胞运动、细胞分裂、细胞内输运等重要的生命过程中。

中间纤维　中间纤维有很多种，在不同的组织中不同类型的中间纤维被表达，其构成单元也是长条状的蛋白质。其直径为8～12纳米。主要对细胞的形状和内部结构起到支撑作用。

细胞骨架功能　细胞骨架的功能包括结构支撑、细胞运动和细胞内输运。各种细胞骨架作为纤维状的蛋白质复合物，具有一定的抗压与抗拉的力学性质，可以使得细胞保持特定的形状，使得各种细胞器处于相对固定的位置。细胞骨架中微丝的形成和分解使得细胞可以在基质上进行运动，由微管形成的细胞的纤毛、鞭毛等也帮助细胞在其所处的环境中运动。在细胞内部，特定的分子马达可以在细胞骨架的纤维上做定向运动，帮助进行细胞内物质的输运，肌肉的收缩，细胞分裂时染色体的分离等。肌球蛋白是以微丝为轨道的马达蛋白，动力蛋白和驱动蛋白是以微管为轨道的马达蛋白。它们在细胞运动和细胞内物质输运过程中都起到非常重要的作用。（陈　虎）

细胞间通信 cell-cell communication 由一个细胞发出信息，通过媒介传递到另一个细胞的过程。利用细胞间通讯和信息传递，可以维持细胞的物质代谢与能量代谢，协调细胞之间的行为，实现细胞的生长、分裂、分化和死亡，以及各种生理学功能。细胞间传递信号的媒介包括物理（如电磁场、力、热等）、化学（如各种有机、无机离子或分子等）、生物学（如激素、神经递质、信号细胞等）信号。细胞间通信可分为直接通信和间接通信两种。直接通信指从一个细胞发出的信息分子，通过连接通道直接进入靶细胞的通信方式。间接通信指一个细胞产生的信息分子被分泌到胞外，经扩散或血液运输到靶细胞，并与靶细胞上的受体结合，再通过一定机制将信息传递入靶细胞内的通信方式。间接通信又可分为长距离通信和短距离通信。

（贾　亚）

细胞间相互作用 cell-cell interaction 一般指细胞之间的连接方式。是细胞质膜之间的直接作用。根据功能不同，细胞之间的连接方式可分为封闭连接、锚定连接和通信连接。封闭连接指细胞与细胞的质膜密切地连接在一起，阻止溶液中分子沿细胞间隙渗入细胞体内。锚定连接指通过*细胞骨架*系统将细胞与相邻细胞或细胞与基质之间连接起来，可分为与中间纤维相关的（桥粒和半桥粒）和与肌动蛋白纤维相关的（黏着带和黏着斑）连接；通信连接包括间隙连接、神经细胞间的化学突触和植物细胞中的胞间连丝。（贾　亚）

细胞力学　cell mechanics　研究活细胞的力学性质及其与细胞功能之间关系的学科，是生物物理学的一个分支。细胞力学与软物质物理、流变学和生物力学密切相关。

细胞的非线性与非平衡状态的流变性质是由细胞内各种细胞器，尤其是*细胞骨架*系统的自组装和解离的动力学性质及细胞膜的弹性所决定的。

细胞力学特性反映在细胞本身的形貌与抗压、抗拉特性上。不同的细胞有不同的力学特性。如植物细胞需要细胞壁的支撑，动物体中各种不同组织的力学特性相差非常大：骨细胞硬度非常大，而大脑内神经细胞的硬度非常小，肌肉皮肤等组织细胞的硬度处于中等水平。

细胞力学特性的另外一个方面是*细胞间相互作用*的强弱，以及细胞与胞外间质网络结构的相互作用的强弱。这些决定了由细胞构成的整个组织器官的力学性质。

细胞的运动与迁移受到其力学特性的影响，同样由细胞骨架、分子马达和细胞膜的动态组装、解离和形变等因素所决定。

细胞力学特性的实验测量可以采用类似单分子操纵的技术，如*光镊*、磁镊、*原子力显微镜*等。将小球或微悬臂梁等连接在细胞表面，可测量细胞的形变与外加作用力的关系。另外，牵引力显微镜技术是专门用来研究细胞对二维基底或三维细胞外基质作用力的技术。通过显微镜测量在基底或基质中固定的标记小球的位移和基底的弹性性质，可以得到细胞在形变和运动过程中产生的外力的大小。

（陈　虎）

细胞内输运　intracellular transport　细胞内各种物质（如膜状细胞器、蛋白质复合物、mRNA等）被运送到特定位置的过程。真核细胞内部是高度区域化的体系，细胞中物质的合成部位与功能部位往往是不同的，必须经过细胞内物质的输运来实现细胞的各种生理学现象。

在细胞基质中翻译生成的蛋白质分子，通过膜泡既可以被转运到细胞器（如线粒体或叶绿体、过氧化物酶体、细胞核等）和细胞基质的特定位置，也可以被转运到粗面内质网中，然后经高尔基体转运至溶酶体、细胞膜或细胞外。膜泡输运是蛋白质输运的一种特有的方式，普遍存在于真核细胞中，在输运过程中，涉及蛋白质分子本身的修饰、加工和装配，以及多种膜泡定向输运及调控过程。每种膜泡表面都有特殊的标记，以保证将转运的物质运至特定的细胞位置。膜泡输运方式有三种类型：网格有被小泡、Cop Ⅱ有被小泡、Cop Ⅰ有被小泡。输运小泡的形成、转运与靶膜的融合是一个特异性的过程，涉及多种蛋白质识别、装配、去装配的复杂过程。在细胞的膜泡输运过程中，糙面内质网相当于重要的物质供应站，高尔基体就是重要的集散中心。

神经细胞轴突中的蛋白及膜结构都是在胞体内合成后再转运去的。轴突输运的类型包括快速转运和慢速转运。细胞内骨架纤维一方面作为慢速转运的成分而经轴索运动，另一方面又充当快速转运的轨道。微管可作为高尔基体和其他小泡及颗粒输运的轨道，运速可达2微米/秒，单根微管上的物质输运可以是双向的。驱动蛋白（分子马达）是这种输运的动力来源，其结构由三个部分组成：两条球形的重链头部［可与微管结合，水解腺苷三磷酸（ATP）提供能量］、一段绕线式α螺旋链、两条轻链（可与转运小泡结合的部位）。分子马达介导的转运方式为驱动蛋白向正极输运小泡；胞质动力蛋白驱动向负极输运小泡。（贾　亚）

细胞内信号动理学　statistical models of intracellular signaling kinetics　用数学、物理学和化学的原理和方法，建立描述细胞内各种信号系统演化的动理学方程，研究信号在传递过程中的变化规律及产生的生理学效应，从精确和定量的角度来揭示细胞内信号传递和演化的物理规律的学科。构建细胞内信号动理学方程，既可以从确定性或随机性层面描述，也可以在分子水平层次或网络水平层次描述。细胞内的信号动理学包括酶催化动理学，代谢网络动理学，Ras蛋白、G蛋白循环、磷酸化传递和MAP激酶级联信号系统的动理学，细胞质自由钙离子振荡动理学，有丝分裂振荡动理学，细胞周期动理学，基因表达与调控动理学等。（贾　亚）

细胞信号网络建模　cell signaling network modeling　基于生物上细胞的信号网络相关作用关系，构建细胞信号网络数学模型，写出细胞信号分子随时间变化的方程，再进一步利用计算机模拟分析细胞内信号分子随环境、时间变化的动力学行为，从而进一步实现对有关细胞信号网络预测的过程。细胞信号网络的结构复杂，规模庞大，建立的数学模型一般维数高，变量多，具有高度非线性，是系统生物学领域的重要研究内容之一。

对于细胞信号网络建模，第一步是确定信号网络。细胞网络虽然很复杂，但不同的细胞受体经常激活同样的重要通路和下游关键效应蛋白。而关键的细胞命运抉择主要是由关键效应蛋白的动力学决定的。因此可以对许多信号不予考虑，而专注于关键蛋白的信号网络建模。根据对细胞内信号通路的认识，可将细胞中调控各项生理功能的信号网络模块化。在具体建模中常根据研究目标，确定具体的功能模块。然后基于实验数据确定这些模块中信号反应通路的关键蛋白，进而对这些关键信号蛋白建立一个合理的细胞信号反应网络。

第二步是针对该细胞信号网络进行数学方程建模。只有基于细胞信号网络构建相应的数学模型、定量确定蛋白质间的相互作用过程，才能更系统且深入地对该生理过程进行理解。生物信号网络的建模主要涉及贝叶斯网络、布尔网络、常微分方程、偏微分扩散反应方程，以及随机动力学模型等。数学建模涉及的关键步骤就是确定模型中的各个反应动力学速率参数。如果模型牵涉空间效应，还要考虑扩散系数等。部分参数的确认可以从相关生物化学实验结果中获取，具体参数的确认可以从模型对相关实验数据的再现拟合中获取。如果实验结果与理论结果出现差异，基于相应的实验对模型做进一步的修正和优化，再次模拟出预测的实验结果，然后再进行其他预测。反复将通过模型得到的理论预测与实验验证结果进行对比，直到两者结果吻合。

第三步是对信号网络数学模型进行各种动力学分析，包括网络拓扑结构分类、非线性分岔分析、不同振荡模式、时空斑图、微扰控制、参数敏感性和噪声效应等讨论。通过这些研究，能定量且系统研究细胞信号网络的拓扑结构、动力学性质、生物功能及其联系等。也能定量确定出信号网络中的关键调控因子，有助于实验上快速测试和提出新的有关网络结构和功能的假设，以及提出控制信号传递的有效方式，最后从理论和实验上对相关信号网络生理过程有更深入的了解。

（帅建伟）

细致平衡 detailed balance 气体中分子间碰撞遵循的热动平衡状态。见**统计物理学**。

狭义相对论 special relativity A.爱因斯坦在1905年发表的题为《论动体的电动力学》一文中提出的平直时空理论。这个理论的出发点是两条互相独立的基本假设（或说两条基本原理）：**狭义相对性原理**和**光速不变原理**。狭义相对论的内容分为运动学和动力学。运动学的核心是**洛伦兹变换**，动力学指的是满足（狭义）相对性原理的近代物理理论。除了**广义相对论**，其他的相对论性的近代物理理论如**狭义相对论力学**、狭义相对论量子力学、狭义相对论量子电动力学、狭义相对论性的粒子物理理论等都是四维平直时空中的动力学理论，即其动力学方程在洛伦兹变换下保持形式不变。广义相对论是使用弯曲时空描写**引力相互作用**的近代引力理论，该理论是在局部时空具有洛伦兹不变性，即强等效原理。所以说狭义相对论是近代物理学的一大支柱。这些相对论性的动力学理论已经被许多高精度实验所证实。

狭义相对论预言了牛顿经典物理学所没有的一些新效应（相对论效应），如时间膨胀、横向多普勒频移、长度收缩、质速关系、质能关系等，它们已经被大量实验直接证实。 （张元仲）

狭义相对论力学 relativistic mechanics 满足**狭义相对性原理**的力学定律。力学定律在**洛伦兹变换**下需要保持形式不变。为此，牛顿力学第二定律$\boldsymbol{F}=m\boldsymbol{a}$应当改写为：$\boldsymbol{F}=\mathrm{d}\boldsymbol{p}/\mathrm{d}t$，式中$\boldsymbol{p}=m\boldsymbol{u}$为物体的动量，其中$\boldsymbol{u}$是物体的速度，惯性质量$m$是物体速度的函数。在狭义相对论力学中，物体的惯性质量分为静质量m_0和相对论质量m，两者的关系由质速关系给出。

类似地，物体的能量分为固有能量E_0和相对论能量（总能量）E。动能K是总能与固有能量之差：$K=E-E_0$。

质量速度关系　简称质速关系：

$$m=m_0/\sqrt{1-u^2/c^2}$$

质能关系　物质的惯性质量与能量之间的关系式，即：

$$E=mc^2$$

动量、总能量、静质量组成的不变量　该不变量在洛伦兹变换下保持不变：

$$p^2c^2E^2-m_0^2c^4$$

在洛伦兹变换下，动量$\boldsymbol{p}$如同坐标矢径$\boldsymbol{r}$一样变换，而能量E/c如同时间坐标ct一样变换。物理系统在一般洛伦兹变换下的不变性给出轨道角动量和自旋角动量守恒律，而在时空平移变换下的不变性给出能量-动量守恒律。荷电粒子的电磁偏转实验、回旋加速器的运转、高速粒子飞行时间的测量、原子光谱精细结构分裂的解释，都为质速关系提供了证据。原子能发电、原子弹和氢弹的实现都以质能关系为理论基础。

极限速度　由质能关系和质速关系可知，如果静质量不为零的物体以光速c运动，则它的质量和能量为无穷大。把这样的物体加速到光速需要做的功亦为无穷大，但这是不可能的。因此，通常物体的速度只能接近而不可能达到真空光速，即光速c是物质的极限速度。

光子的静质量　光子在真空中的速度永远是c，如果把它当成经典粒子，则由质速关系可知其静质量必须是零。而且，一切以光速c运动的物质其静质量也必定是零。在现实世界，通过大量的光学和电磁学的高精度实验和分析，仍没有发现光子有静质量存在。

超光速与因果律　按照狭义相对论，静质量为正实数的通常物质，其运动速度一定小于光速c，这类物质称为亚光速物质（或亚光速粒子），它们的全体称为亚光速世界。狭义相对论也允许超光速世界的存在，其中所有物质的速度都超过光速c，这类物质（或粒子）称为快子，其静质量是虚数（其二次方小于零）。物理学家曾经设计过许多实验，但都没有发现快子的踪迹。如果在亚光速世界里能够出现快子，就会有违反因果律的现象发生。考虑在某一给定惯性系中的第一点发生了第一个物理事件，同时有一个超光速信号把这个信息传送到第二点而触发了第二个事件，则说这两个事件具有因果联系且满足因果律："原因"（第一个事件）在"结果"（第二个事件）之前发生。但按照洛伦兹变换，总能找到另外一些惯性系，在这些惯性系中"结果"（第二个事件）是在"原因"（第一个事件）之前出现的。因此，在狭义相对论中因果律排除了超光速信号的存在。

（张元仲）

狭义相对性原理 special relativity principle 一切物理定律（力学定律、电磁学定律、粒子物理学定律以及其他动力学定律）在所有惯性系中均有效。更具体地说，一切物理定律的方程式在**洛伦兹变换**下保持形式不变，即协变性。所有近代物理理论都是使用相对性原理的这种表述构造出来的，四维平直时空中的近代物理理论（如相对论力学、相对论电动力学、相对论量子力学、量子电动力学、粒子物理理论等），其动力学方程都具有洛伦兹变换下的协变性。**广义相对论**则在局部时空中满足相对性原理的要求。因此，狭义相对论是近代物理学的一大支柱。这些近代物理理论被实验所证实，这也是狭义相对论（包括相对性原理）的实验证据。

需要说明：①相对性原理只在惯性系中有效，所以使用相对性原理之前必须首先定义惯性系；②相对性原理一定涉及两个惯性系，在同一个惯性系中无法谈论相对性原理；③相对性原理只涉及动力学，运动学不适用相对性原理。 （张元仲）

下临界磁场 lower critical magnetic field 对第二类超导体加磁场，磁场开始进入超导体形成磁通线的临界磁场。通常用符号H_{c1}表示。下临界磁场的表达式是：$\mu_0H_{c1}=(\Phi_0/4\pi\lambda^2)\ln\chi$。 （闻海虎）

夏建白 Xia Jianbai（1939-07-05～ ）中国半导体物理学家。祖籍江苏苏州。生于上海。1962年北京大学物理系毕业。1965年北京大学物理系研究生毕业。1966年底分配到北京大学物理系能谱教研室工作，任助教。1970年调至核工业部585所（现西南物理研究院）工作。1978年调至中国科学院半导体研究所，历任助理研究员、副研究员、研究员（1986）。1983～1985年在瑞士洛桑联邦理工大学访问工作。1985～1986年转到意大利国际理论物理中心访问工作。曾任《科学通报》主编，中科院信息科学技术学部常委等职。2001年当选为中国科学院技术科学部院士。

夏建白长期从事半导体和半导体超晶格、微结构理论研究，在低维半导体微结构电子态的量子理论及其应用方面进行了系统的研究。提出量子球空穴态的张量模型，获得重轻空穴混合的本征态，并给出正确的光跃迁选择定则。提出介观系统的一维量子波导理论，对任意复杂的一维介观系统给出了直观、简单的物理图像和解析结果。提出（11N）取向衬底上生长超晶格的有效质量理论，解决了一大类非（001）取向衬底生长超晶格的空穴子带的理论问题。提出计算超晶格电子态的有限平面波展开方法，用赝势理论研究了长周期超晶格，解决了用平面波方法计算大元胞晶体电子态的困难。提出半导体双势垒结构的空穴隧穿理论，发展了多通道的传输矩阵方法。1993年、2004年和2009年3次获国家自然科学二等奖，2005年获何梁何利基金科学与技术进步奖。著有《半导体超晶格物理》《现代半导体物理》《半导体自旋电子学》和《半导体微纳电子学》等。其中《半导体超晶格物理》获1997年全国优秀科技图书一等奖，《现代半导体物理》获2001年全国优秀科技图书三等奖。

（尹晓冬）

夏帕克，G. Georges Charpak（1924-08-01～2010-09-29） 法国波兰裔物理学家。生于波兰戴布洛威卡，卒于法国巴黎。5岁随家人移居法国。1955年获巴黎法兰西学院理学博士学位。从1959年起一直在瑞士日内瓦欧洲核子研究中心（CERN）工作。1984年后还担任巴黎高等物理化学学院教授。法国科学院院士。

夏帕克从事粒子物理探测技术研究。1968年发明了**多丝正比室**，为新一代粒子探测技术和粒子物理的发展奠定了基础。1970年后，他与合作者进一步把多丝正比室发展成为具有更高径迹定位精度的**漂移室**，后来又发明了**多步雪崩室**。他因多丝正比室的发明获得1992年诺贝尔物理学奖。

（郭奕玲）

夏元瑮 Xia Yuanli（1884～1944） 中国物理学教育家。字浮筠。浙江杭州人。卒于贵阳。早年在南洋公学（后来的交通大学）读书。1905年赴美，先在伯克利学校预习理化实验，后转入耶鲁大学。1909年又赴德国入柏林大学，曾从学于物理学家、量子论创始人M.**普朗克**和实验物理学家H.鲁本斯。1913年因无经费而中断学习回国，任北京大学理科学长，1918年任物理学教授，主讲理论物理学。1919～1921年第二次到柏林，经普朗克介绍认识了A.**爱因斯坦**，其后与爱因斯坦常有交往，曾代表北京大学邀请爱因斯坦到中国讲学，但未实现。1921年夏元瑮回国后，曾任北京大学（1921～1922）、同济大学（1922～1923）、大夏大学（1924～1927）教授。并兼任北京师范大学、辅仁大学、第一交通大学（上海）等校物理学教授；北平大学女子文理学院院长兼工学院物理系教授（1928～1932）、北平大学代校长（1932～1935）、湖北省教育厅厅长（1936）。1937年起，任湖南大学教务长，重庆大学教务长，大夏大学（当时在贵阳）教务长、理学院院长。

夏元瑮早年主持北京大学理学院和物理系，开创了中国物理教育事业并培养了中国有史以来第一届物理系毕业生。他是**相对论**在中国最早的传播者之一，1921年翻译出版了爱因斯坦的《相对论浅释》。从中国物理学会成立时起，夏元瑮一直作为该会理事，热心赞助中国物理学的发展工作。

（欧建平）

先进燃料 advanced fuels 在聚变反应中利用无高能中子产物、不至于对反应堆结构材料产生辐射损伤、用于释放可利用能量的聚变燃料。这样的先进燃料有氦-3、硼-11等。其中有希望最先得到应用的是氦同位素氦-3。氦-3核由一个中子和两个质子组成，在高温下可与氘核进行如下聚变反应：

$$D+{}^{3}He\rightarrow{}^{4}He+p$$

与主要用于聚变研究的氘-氚反应不同，这一聚变反应的产物完全是带电粒子（氦核即α粒子${}^{4}He$以及质子p），没有高能中子产生，所以不存在高能中子辐射对装置结构材料引起的损伤。此外，由于这种反应产物全为带电粒子，可以用一种能量直接转换器将逸出的反应产生的带电粒子的动能直接转换为电能。

与常用的氘-氚反应比较，氦-3-氘反应的截面较小，而且这一反应截面的最高值在温度10亿摄氏度以上，所以必须将燃料加热到这样的高温才能进行充分燃烧释放出能量。而如此高温的**等离子体**在磁场中的回旋辐射，以及由此引起的能量损失很强，所以不适宜使用强磁场装置。由于这些困难和特点，适合先进燃料的约束装置类型应与流行的磁约束聚变装置的结构有很大不同，很多基础研究工作要从头开始。

此外，尽管上述氦-3-氘直接反应无中子产生，但燃料组成中的氘核本身会发生氘-氘的副反应，产生少量低能中子，也存在材料辐射问题。纯的氦-3反应，即氦-3-氦-3反应也只产生带电粒子，且无这样的副反应问题，但所要求条件更高。

氦-3作为聚变燃料的另一困难是地球上非常缺乏氦-3且不易制造，大量的氦-3只能从月球上寻找。月球上的氦-3来自太阳风，源于太阳上进行的质子循环聚变反应。由于月球上没有大气，也没有磁层的保护，太阳风中的氦-3沉积、积累在月球表面，储存在月壤中。它们和不能作为核燃料的氦-4并存。开发氦-3的方案首先是开采月壤，将其加热使氦气逸出。然后从氦气中分离出氦-3，液化后运至地球。

（王 龙）

先进运行模式 advanced performance 一种适合**托卡马克**聚变堆的高约束、高比压、高自举电流份额的运行模式。可以减小聚变反应堆的尺度，增加聚变功率密度，保证运行的可靠性，实现稳态运行。经过多年的探索，托卡马克已成为实现磁约束核聚变的主要途径。但从运行模式来看，它还不能满足聚变堆的经济性和实用性要求，需要发展更先进的运行模式。托卡马克先进运行模式的概念于20世纪90年代由美国的科学家提出，并在DⅢ-D装置上率先开始研究。它可以用三个参数来表征：H因子，归一化比压β_N和自举电流份额F_{BS}。H因子是实际能量约束时间与高约束定标律所预期的能量约束时间之比，表示等离子体的约束品质。**等离子体**的比压是等离子体压强和磁压强的比值，是表征聚变堆经济性的一个重要指标。产生氘-氚聚变的离子温度在10千电子伏以上，并且聚变率是和等离子体密度二次方成正比的。因此等离子体比压越大，用于约束高温高密度等离子体的磁能越少，则聚变反应堆的经济性越好。**自举电流**是托卡马克中由等离子体的压力梯度驱动的无感电流。自举电流份额是自举电流和等离子体总电流的比值，它的提高可以实现聚变等离子体的稳态运行。而且自举电流将产生反剪切位型，有利于内部输运垒的形成，提高等离子体芯部的约束水平。一般托卡马克运行在$H\leqslant2$，$\beta_N\leqslant2.5$，而在先进托卡马克运行模式下，可以达到H约为4，β_N约为5，F_{BS}约为80%的水平。

国际热核聚变实验反应堆（ITER）设计两种先进运行模式。一种是混合运行模式，包括自举电流的非感应驱动电流约占总电流的50%；另一种是稳态运行模式，完全由非感应电流运行。

（丁玄同）

纤维增强材料 fiber-reinforced material 纤维材料与基体材料按一定工艺复合形成的高性能新型复合材料。复合材料是指由两种或两种以上不同性质或不同组织的组分(单元)构成的材料。从工程概念上讲，复合材料是指以人工方式将两种或多种性质不同，但由性能互补的材料复合起来做成的新材料。复合材料的组分分成基体和增强体两个部分。通常将其中连续分布的组分称为基体，如聚合物(树脂)基体、金属基体、陶瓷基体；将纤维、颗粒、晶须等分散在基体中的物质称为增强体。顾名思义，增强体为纤维物质的复合材料就是纤维增强材料。

初期纤维增强材料主要应用于航空、航天、国防等高科技领域，广泛用于航天器、军舰、潜艇等军事装备上。20世纪下半叶，随着纤维增强材料制造成本的降低，又因其轻质、高强、耐腐蚀等优点，成为土木工程的一种新型结构材料。在土木工程中应用的纤维增强材料主要有碳纤维增强复合材料、玻璃纤维增强复合材料和芳纶纤维增强复合材料三种。

以高分子化合物为基体，添加各种增强材料制得的一种复合材料可用于生物医学领域。它综合了原有材料的性能特点，并可根据需要进行材料设计。这种纤维高分子增强材料种类繁多，按作用可分为结构复合材料和功能复合材料。按结构分类有单层复合材料、叠层复合材料以及填充骨架型复合材料。 （刘向阳）

氙灯 xenon lamp 利用高压惰性气体氙气的放电发光原理制成的光源。氙灯的光色酷似太阳光，俗称“小太阳”。它的显色性特别好(显色指数$Ra \geqslant 96$)，工作寿命期间发光稳定，光色几乎不变。有长弧和短弧两种规格。长弧氙灯充氙气压($P=2.7 \sim 27$千帕)，功率可达几十万瓦，适用于室外大面积照明，也可作为老化试验、植物生长和光化学反应用的光源，但光效低($\eta \sim 28$流明/瓦)是其致命弱点。短弧氙灯工作气压可达15大气压，工作时可采取自然冷却，包括风冷和水冷等不同形式，其极距约几毫米，发光体很小，阴极光斑的亮度是灯平均亮度的许多倍，因此是十分理想的点光源，适合作为光学测量用标准光源、电影放映光源和太阳模拟光源。 （陈大华）

弦理论 string theory 描述强相互作用粒子(称为强子)散射振幅的高能行为的理论。弦理论的物理相关性始于1968年。一维弦有开弦和闭弦两种拓扑结构。通常的粒子对应于弦的不同振动模式。开弦具有两个端点，在时空中的自由演化给出一个两维的世界叶面。闭弦是一个没有端点的闭合圈，在时空中自由演化给出一个在拓扑上等价于柱面的两维面。1973～1974年，量子色动力学对强相互作用高能行为的成功描述，使弦理论领域绝大多数研究人员放弃了对该理论的进一步研究，留下继续从事该理论研究的仅有两到三人。1974年研究发现，闭弦振动谱中包括一个对称张量(对应自旋为2)的无质量模，对应的是传播引力相互作用的载体，通常称为引力子。进一步研究表明，任何在量子力学意义上自洽的弦理论必然包含闭弦，即包括引力相互作用，因此弦理论至少是一个描述引力的量子理论而不仅是描述强相互作用。另外，自洽性还要求10维时空和一种新的对称性——超对称，即玻色子和费米子之间的一种交换对称性。在所谓超弦第一次革命期间(1984～1985)，发现存在五种量子力学意义下自洽的微扰弦理论，其中有的超弦理论如杂化弦还明显包含规范自由度，因而包括了除引力外的其他三种相互作用。因此弦理论不仅将引力量子化，给出有限的计算结果而且从理论上自然将引力和其他三种相互作用统一起来。亦即超弦理论中四种相互作用的统一是理论本身不自相矛盾的必然结果。

尽管如此，自洽微扰弦理论的不唯一性，难以描述十一维超引力等，特别是第二次超弦理论革命(20世纪90年代)中高维膜的发现，暗示着仅考虑一维弦的微扰弦理论不可能完善。进一步对非微扰弦理论的研究发现了该理论的各种对偶性，首次对一些黑洞熵提供了微观解释，实现了引力全息特性(AdS/CFT对应)，最终导致了M理论存在性的发现。 （卢建新）

弦唯象学 string phenomenology 从十维的超弦理论出发，构造四维粒子物理模型的研究领域。弦理论不仅是关于量子引力的理论，也是一个大统一理论。在弦理论中，自然界中的基本粒子是有一定尺度的弦，弦的振动模式描述了基本粒子。开弦的振动模式中包含规范粒子，而闭弦的振动模式中包含引力子，因此在弦理论中通过规范粒子传递的强、弱和电磁相互作用与通过引力子传递的引力相互作用可以自然实现统一。但理论的自洽性要求弦理论具有超对称性，而且时空的维度必须是十维。如何在超弦理论中构造出四维世界中的粒子物理标准模型是一个非常重要的课题，由此发展出了弦唯象学。

从十维超弦理论出发构造粒子物理模型的主要困难有两点：首先观测到的时空维度是四维，故超弦理论中的额外六维空间必须非常小，即额外六维空间维度需要紧致化；其次构造的粒子物理模型需要覆盖标准模型中的粒子谱。特别地，标准模型中的费米子具有手征性，这很大程度上限制了模型的构造。一个常用的办法是从超弦理论中构造最小超对称标准模型或者超对称大统一模型。 （陈　斌）

冼鼎昌 Xian Dingchang(1935-08-15～2014-04-07) 中国理论物理学家。生于广东广州，卒于北京。1956年毕业于北京大学物理系。同年到中国科学院近代物理

研究所从事粒子物理学的理论研究。1959年到苏联杜布纳联合核子研究所工作，任初级研究员。1964年回国。曾在1962年到丹麦哥本哈根的尼尔斯·玻尔研究所做博士后。1980～1981年在纽约州立大学(石溪校区)理论物理研究所任研究员，访问了纽约市立学院和费米国家实验室。1982年应聘到比利时布鲁塞尔自由大学物理系开展格点规范场理论的研究。1985年夏担任同步辐射项目的主任。曾任中国物理学会同步辐射委员会主任(1995～2000)、《高能物理与核物理》主编(1986～1994)。1991年当选为中国科学院学部委员(院士)。2002年当选为第三世界科学院院士。

冼鼎昌主要从事理论物理及同步辐射应用研究，是中国同步辐射应用的开创人，培养了一代同步辐射设备建设及科学应用的人才。早期从事粒子物理理论研究，1965年作为主要助手协助朱洪元进行层子模型的研究。1978年“非阿贝尔规范场的磁单极解——同步球对称规范场解”的研究获全国科学大会奖。同年的“经典规范场理论研究”工作获国家自然科学奖三等奖。后因国家需要，冼鼎昌从粒子物理学理论方面转到了同步辐射应用领域。领导建成中国第一个同步辐射实验室，并开展了中国的同步辐射应用领域研究。在同步辐射实验室的科学规划、物理设计、工程设计等方面都做出了正确的决策，并解决了设计、施工、安装、调试中出现的一系列问题。与国外同时提出X射线吸收超细结构(EXAFS)的设想，开展实验并进

行了这方面的理论研究。领导建成中国的同步辐射生物大分子晶体结构研究平台，并组织开展在平台上的合作研究。在粒子理论方面，发展了相对论不变的相空间计算方法、格点规范场理论中的累积量变分法、波函数计算的解析延拓法等，在经典规范场、介子四维波函数和格点规范场理论研究中取得多项重要成果。1990年获国家科技进步奖特等奖。（尹晓冬）

显微镜 microscope　通过获得微小物体或物体细节的放大像对物体进行观察的仪器。显微镜通常由照明部分、成像部分和探测部分组成。传统的显微镜一般指利用光作为照明源的光学显微镜。除传统光学显微镜外，显微镜家族中还有电子显微镜、X射线显微镜、扫描隧道显微镜（STM）、**原子力显微镜**（AFM）、**近场光学显微镜**（SNOM）和新发展起来的超分辨光激活定位显微镜（PALM）和受激发射损耗显微镜（STED）等。

发展简史　早在公元前5～前4世纪，中国古著作《墨经》就有用凹面镜可以获得一个缩小倒立的像和一个放大正立的像的记载，这是人类关于物体的像放大或缩小的最早记载。世界上最早的光学显微镜通常认为是荷兰父子H.詹森、Z.詹森于1595年左右发明的。**伽利略**利用一个凸透镜和一个凹透镜在1609年发明了他的第一台显微镜。1610年左右，伽利略首创两级放大的显微镜。后来荷兰A.van列文虎克研制成放大率达200多倍、分辨率为1.4微米的显微镜。1807年H.van代耳最早研制出消色差显微物镜。1827年G.B.阿米奇发明了孔径角高达120°的三组消色差物镜，1850年阿米奇又提出浸液物镜。1873年E.**阿贝**提出显微镜二次衍射成像概念，接着阿贝又于1886年研制成功复消色差显微物镜。

虽然显微镜早在17世纪初就发明了，但直到19世纪中叶才开始获得广泛应用。19世纪末的40～50年，理论和技术急速发展并接近完善，光学显微镜的物镜、目镜及基本结构也已大体确定。近代致力于发展研究用显微镜，如超分辨显微镜，以满足各个领域的需要。

成像原理　显微镜把近处的微小物显示为一放大的像，以供人眼观察。图1是显微镜成像的原理图。为简化，把物镜L_1和目镜L_2均以单块透镜表示。物体AB位于物镜前方，离开物镜的距离大于物镜的焦距，但小于两倍物镜焦距。AB经物镜以后，形成一个倒立放大的实像$A'B'$，位于目镜的物方焦点F_2上，或者在很靠

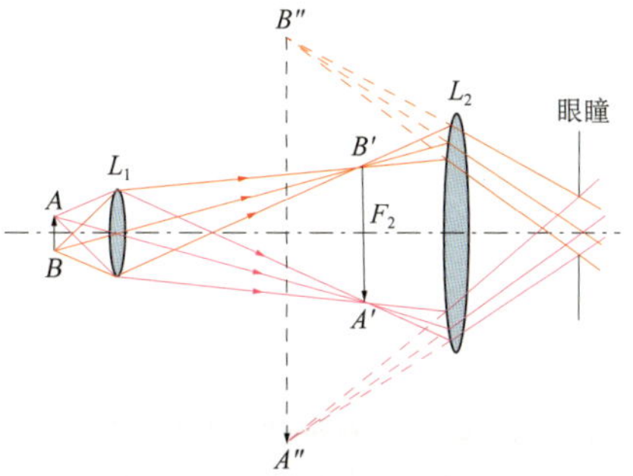

图1　显微镜成像原理

近F_2的位置上，再经目镜形成放大了的虚像$A''B''$供眼睛观察。虚像$A''B''$的位置可以在无限远处（当$A'B'$位于F_2上时），也可以在观察者的明视距离处（当$A'B'$在图中焦点F_2之右边时），取决于F_2和$A'B'$之间的距离。目镜的作用类似放大镜，所不同的只是眼睛通过目镜所看到的不是物体本身，而是物体被物镜所成的已经放大了一次的像。

显微镜的光学技术参数　显微镜的光学技术参数包括**数值孔径**、分辨率、放大率、焦深、视场直径、覆盖差、工作距离等。这些参数是相互联系又相互制约的，在使用时，应根据镜检的目的和实际情况来协调参数间的关系，但应以保证分辨率为准。

数值孔径　数值孔径简写NA，数值孔径是物镜和聚光镜的主要技术参数，是判断两者（尤其是物镜）性能高低的重要标志。数值孔径$NA = n\sin u$，是物镜前透镜与被检物体之间介质的折射率（n）和半孔径角（u）的正弦之乘积。为了充分发挥物镜数值孔径的作用，聚光镜的NA值应等于或略大于物镜的NA值。

分辨率　显微镜的分辨率指能分辨开两个靠近的物点或者物体细节的能力，其中最常用的判断依据是瑞利判据。瑞利判据是：当一个艾里斑的边缘与另一个艾里斑的中心正好重合时，此时对应的两个物点刚好能分辨（图2）。

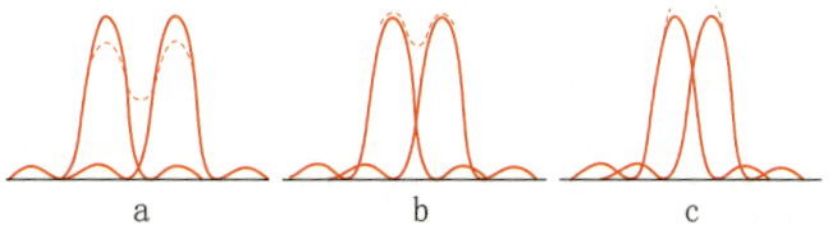

图2　瑞利判据图示

根据瑞利判据和阿贝衍射极限公式，显微镜的分辨率公式可以写成

$$\sigma = 0.61\lambda/NA$$

式中σ为最小分辨距离，λ为光波长，NA为物镜的数值孔径。物镜的分辨率是由物镜的NA值与照明光源的波长两个因素决定，NA值越大，照明光线波长越短，则σ值越小，即分辨率越高。要提高分辨率即小的σ值，可采取以下措施：①降低波长λ值，使用短波长光源。②增大介质的折射率n值以提高NA值。③增大孔径角u值以提高NA值。④增加明暗反差。

放大率和有效放大率　由于经物镜和目镜的两次放大，所以显微镜总的放大率$\varGamma$是物镜放大率β和目镜放大率$\varGamma_1$的乘积：$\varGamma=\beta\varGamma_1$。

与放大镜相比，显微镜可以具有高得多的放大率，并且通过选用不同放大率的物镜和目镜，能够方便地改变显微镜的放大率。放大率虽然是显微镜的重要参数，但也不是放大率越高越好。显微镜放大倍率的极限称有效放大倍率。分辨率和放大倍率是两个不同的但又互有联系的概念。有关系式$500NA<\varGamma<1000NA$。

焦深　焦深为焦点区深度的简称。即当焦点对准物体某处时，不仅位于该点焦平面上的各点都可以看清楚，而且此平面上下一定厚度内，也能看得清楚，这个能看清楚部分的厚度就是焦深。

视场直径　显微镜所看到的明亮的圆形范围叫视场，它的大小是由目镜的视场光阑决定的。视场的直径也称视场宽度。

有关系式$F=FN/\beta$。式中F为视场直径，FN为视场数，标刻在目镜的镜筒上，β为物镜放大率。由关系式可看出：①视场直径与视场数成正比。②增大物镜的倍数，则视场直径减小。因此，若在低倍镜下可以看到被检物体的全貌，而换成高倍物镜，就只能看到被检物体的一部分。

覆盖差　显微镜的光学系统也包括盖玻片在内。由于盖玻片的厚度不标准，光线从盖玻片进入空气产生折射后的光路发生了改变，从而产生了相差，这就是覆盖差。

国际上规定，盖玻片的标准厚度为0.17毫米，许可范围在0.16～0.18毫米。

工作距离　工作距离也叫物距，指物镜前透镜的表面到被检物体之间的距离。镜检时，被检物体应处在物镜的一倍至二倍焦距之间（对于无限远成像物镜，被检物体应处在1倍焦距处）。

光学显微镜组成部分　机械装置　主要包括：①镜架显微镜的主体部分，包括底座和弯臂。②目镜筒。根据有否摄像功能，可分为双目镜筒和三目镜筒。③物镜转盘上有3～5个孔，分别装有低倍或高倍物镜镜头。④载物台。放置玻片的平台，其中央具有通光孔。⑤调焦机构。利用调焦手轮可以驱动调焦机构，使载物台做粗调和微调的升降运动，从而使被观察物体对焦清晰成像。⑥聚光器调节机构。聚光器安装在其上，调节螺旋

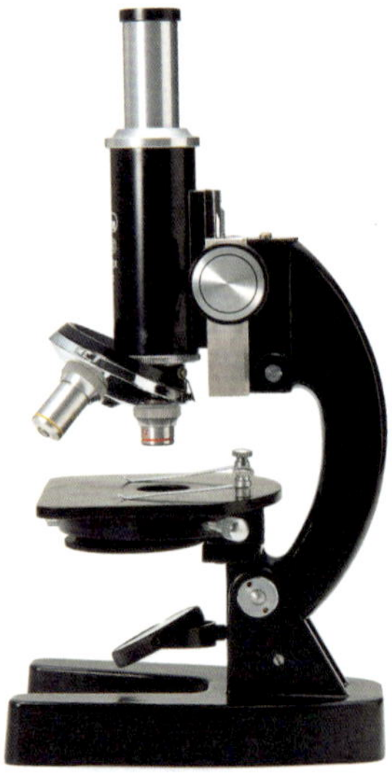

图3 普通光学显微镜

可以使聚光器升降，用以调节照明光线的强弱（图3）。

光学系统 光学系统包括：

目镜 插在目镜筒顶部的镜头，由一组透镜组成，可以使物镜成倍（如10×、15×等）放大物像。在这些目镜上可以加装测量分划板，测量分划板的像总能清晰地调焦在标本的焦面上。

物镜 ①按显微镜镜筒长度（以毫米计）：透射光用160镜筒，带0.17毫米厚或更厚的盖玻片；反射光用190镜筒，不带盖玻片；现在高端物镜都是无限远成像物镜。

②按浸法特征：非浸式（干式）、浸式（油浸、水浸、甘油浸及其他浸法）。

③按光学装置：透射式、反射式以及折反射式。

④按数值孔径和放大倍数：低倍（$NA\leqslant0.2$与$\beta\leqslant10\times$）、中倍（$NA\leqslant0.65$与$\beta\leqslant40\times$）、高倍（$NA>0.65$与$\beta>40\times$）。

⑤按校正像差的情况不同，通常分为消色差物镜、复消色差物镜、半复消色差物镜、平视场消色差物镜、平视场复消色差物镜和单色物镜。消色差物镜外壳上常有“Ach”字样。它校正了轴上点的位置色差（红、蓝）、球差（黄绿光）和正弦差，保持了齐明条件。复消色差物镜的结构复杂，透镜采用了特种玻璃或萤石等材料制作而成，物镜的外壳上标有“Apo”字样。复消色差物镜的性能很高，适用于高级研究镜检和显微照相。半复消色差物镜又称氟石物镜，物镜的外壳上标有“FL”或者“Fluor”字样。平视场物镜是在物镜的透镜系统中增加一块半月形的厚透镜，以达到校正场曲的缺陷，提高视场边缘成像质量的目的，物镜的外壳上标有“Plan”字样。

光源 有卤素灯、钨丝灯、汞灯、荧光灯、金属卤化物灯、激光等。

聚光器 包括聚光镜、孔径光阑。聚光镜由透镜组成，它可以集中透射过来的光线，使更多的光能照射到被观察的部位。

数码摄像系统 包括：

①摄像头。宽场成像的显微镜一般采用CCD、CMOS等**像素阵列探测器**，点扫描的显微成像系统一般采用**雪崩光电二极管**（APD）、光电倍增管（PMT）等点探测器。②图像采集卡。③软件。④电脑。

类型 光学显微镜有多种类型：按目镜的数目可分为双目显微镜和单目显微镜；按图像是否有立体感可分为立体视觉显微镜和非立体视觉显微镜；按观察对象可分为生物显微镜和金相显微镜等；按光学原理可分为偏光显微镜、相衬显微镜和微差干涉对比显微镜等；按光源类型可分为普通光显微镜、荧光显微镜、紫外光显微镜、红外光显微镜和激光显微镜等；按接收器类型可分为目视显微镜、数码（摄像）显微镜等。常用的显微镜有双目体视显微镜、生物显微镜、金相显微镜、偏光显微镜、荧光显微镜等，还有一些先进的显微镜。

双目体视显微镜 又称“实体显微镜”或“解剖镜”，是一种具有正像立体感的目视仪器。在生物、医学领域广泛应用于切片操作和显微外科手术；在工业中用于微小零件和集成电路的观测、装配、检查等工作。

金相显微镜 专门用于观察金属和矿物等不透明物体的金相组织。这些不透明物体无法在普通的透射光显微镜中观察，故金相显微镜和普通显微镜的主要差别在于前者以反射光照明，而后者以透射光照明。

偏光显微镜 用于研究透明与不透明各向异性材料的一种显微镜。凡具有**双折射**的物质，在偏光显微镜下就能分辨清楚。这些物质中虽然有些也可用染色法来进行观察，但有些则不可能，而必须利用偏光显微镜。因此，偏光显微镜被广泛地应用于矿物、化学等领域，在生物学和植物学也有应用。

荧光显微镜 用短波长的光线照射荧光染料，使之受激发后而产生长波长的荧光，然后观察。荧光显微镜广泛应用于生物、医学等领域。

相衬显微镜 利用光的干涉原理，对物体的光程差进行成像，将人眼不可分辨的相位差变为可分辨的振幅差，即使无色透明的物质也可成清晰可见的像。

微分干涉显微镜 不仅能观察无色透明的物体，而且图像呈现出浮雕状的立体感，并具有相衬镜检术所不能达到的某些优点，观察效果更为逼真。微分干涉显微镜出现于20世纪60年代。

生物显微镜 用来观察生物切片、生物细胞、细菌以及活体组织培养等的观察和研究。

倒置显微镜 为了适应生物学、医学等领域中的组织培养、细胞离体培养、浮游生物、环境保护、食品检验等显微观察，将物镜、聚光镜和光源的位置都颠倒过来使用的显微镜。

数码显微镜 以光电感光器件取代人眼作为接收器的显微镜。这类显微镜便于图像的记录和分析。

其他先进的显微镜 如共焦显微镜、双光子显微镜、近场光学显微镜、单分子显微镜，以及超分辨的光激活定位显微镜（PALM）和受激发射损耗显微镜（STED）等。

（匡翠方）

显微镜物镜 microscope objective 显微镜中对微细物体成首次放大像的透镜组。显微镜用于观察、研究或摄影记录极微小的物体及其结构，因此首要的问题是要对物体的微细结构有足够的分辨能力。显微镜的分辨本领由物镜决定，有如下关系：

$$\delta=\frac{0.61\lambda}{NA}$$

式中NA为物镜的数值孔径，$NA=n\sin u$，是物方折射率n与光束孔径角正弦$\sin u$之乘积，它是显微物镜的一个最重要的性能参量；λ为波长；δ是显微物镜刚能分辨开的物面上两点间最小距离，δ越小，分辨本领越高。所以，显微镜物镜为达到高的分辨本领，必须有尽可能大的数值孔径，显微镜的总放大率M是物镜垂轴放大率β（简称物镜倍率）和目镜放大率M_e的乘积，它与物镜的数值孔径之间应有恰当的比例关系。装有小数值孔径物镜的显微镜，即使放大率M很大也无济于事，因为物镜分辨本领低，属无效放大；而装有大数值孔径物镜的显微镜，若总放大率M过低，则物体细节不能被眼睛所分辨而发挥不了物镜的高分辨作用。显微镜总放大率M与物镜数值孔径NA之间的恰当关系应为：

$$500NA<|M|<1000NA$$

根据各种不同标本的观察需要，显微镜需配备一套具有不同数值孔径和倍率的物镜。物镜的倍率自然也是与数值孔径相匹配的，通常将二者标志于物镜的镜筒上，例如40×0.65表示倍率为40倍，数值孔径为0.65的物镜。

显微镜物镜的视场一般讲是比较小的，是一个大孔径小视场的透镜组，至少应该校正好球差、轴向色差和满足正弦条件。按此要求设计的物镜称为消色差物镜。图中示意了这种物镜的基本类型。a是低倍物镜，$\beta=5$，$NA=0.1$；b是中倍物镜，$\beta=10$，$NA=0.25$；c是高倍物镜，$\beta=40$，$NA=0.65$；d是浸液物镜，$\beta=100$，$NA=1.25$。

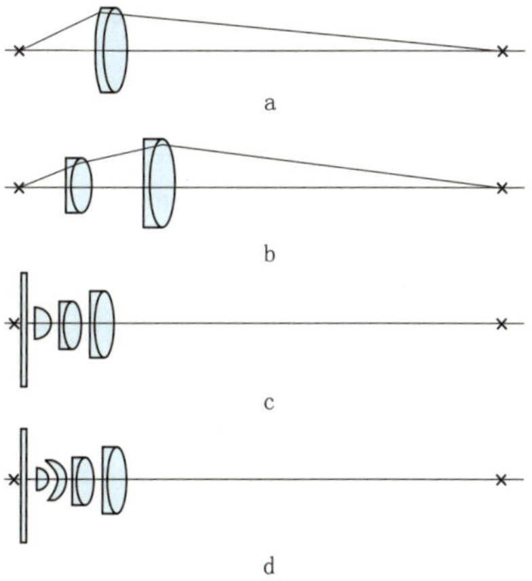

消色差显微物镜

消色差物镜的主要不足之处是二级光谱对整个视场像质的影响，以及像散及像面弯曲对视场外围部分像质的影响。在消色差物镜的基础上校正二级光谱、使三种色光消去轴向色差的物镜称为复消色差物镜，这种物镜需依赖于特种光学材料（例如氟化钙）才能设计制造出来。改善视场外围像质，即采用弯月形厚透镜以进一步校正好像散和像面弯曲的物镜称为平场消色差物镜，这种物镜是显微摄影和显微投影所需要的。如果既校正二级光谱又改善视场外围像质，则得到平场复消色差物镜，这是一种质量十分完美的显微镜物镜。与消色差物镜相比，复消色差物镜和平场消色差物镜的结构要复杂得多，而平场复消色差物镜的结构则更为复杂。

（李元康）

现实核力　realistic nuclear force　在表征核力各部分贡献的基础上，经过参量化拟合核子-核子散射实验数据得到的核力。见**核力**。

线偏振光　linearly polarized light　光矢量始终沿一个固定方向振动的光。见**偏振光**。

线缺陷　line defect　在一维方向上偏离理想晶体中的周期性、规则性排列所产生的**晶体缺陷**。缺陷尺寸在一维空间尺寸大，另两维空间尺寸小。

（卢江波　屈世显）

线团-小球转变　coil-globule transition　在外界条件改变的情况下，高分子构象在线团态和小球态间的转变。线团和小球是单个高分子链在溶剂中可能存在的两种热力学稳定状态。线团对应的是高分子链充分舒展的状态。在线团态下，高分子链的均方回转半径R_g与分子量N的标度关系为$R_g\sim N^{0.588}\approx N^{3/5}$。小球对应的是高分子单体紧密排列的状态，在小球态下标度关系为$R_g\sim N^{1/3}$。线团-小球转变在实验中通常可以通过改变溶剂的好坏来实现。在**良溶剂**中高分子链段和溶剂的相互吸引作用或者排斥作用，小于链段之间的相互排斥，高分子链会选取与溶剂有更多接触的延展状态。在**不良溶剂**中，高分子链段和溶剂的排斥作用大于链段之间的相互排斥，高分子链会减少与溶剂的接触，塌陷为一个小球状态。大分子体系中很多现象，如蛋白质的折叠、DNA链的络合、交联高分子网络的溶胀行为等，都与线团-小球转变有密切的联系。

（蒋　滢）

线向错　line disclination　物质结构中缺陷的一种。一般由缺陷点连接成线。这里特指液晶等系统中分子本来具有的理想排列方向遭到破坏。线向错与**位错**概念不同，后者指空间位置排列上的缺陷。三维线向错的分类可以用二维切面来判断（见**液晶缺陷**）。如图所示，伴随+1二维缺陷的是所谓2π向错线。

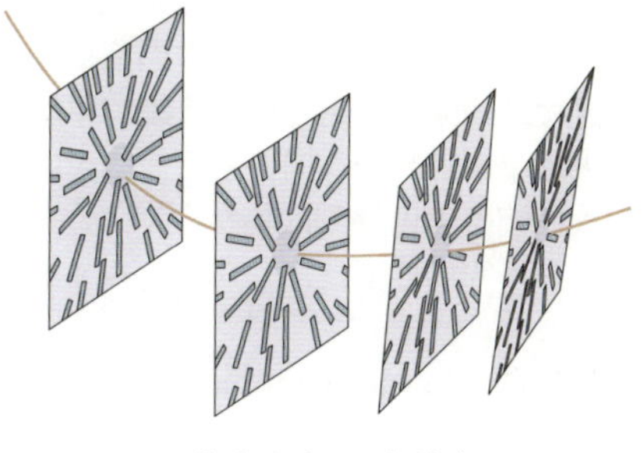

二维缺陷的2π向错线

另外，伴随+1/2和−1/2二维缺陷的是所谓π向错线。线向错可以在三维空间分叉，导致分叉奇点。线向错的分类和性质是尚在研究的课题。

（陈征宇）

线形高分子　linear macromolecule　官能度为2的单体经过缩合聚合得到的无支链的高分子聚合物。有些烯类单体，如苯乙烯、丙烯酸甲酯等，聚合以后主链上出现的短侧链是由单体转换来的，其长短一致，而且有规律地出现在重复单元之中，这样的短侧链不称为支链，仍属于线形高分子。线形高分子和相同分子量的支化高分子相比，具有更高的熔融温度、流动性更差。另外，线形高分子是热塑性的，加热可以熔融而且在适当的溶剂中亦可以溶解。

（李卫华）

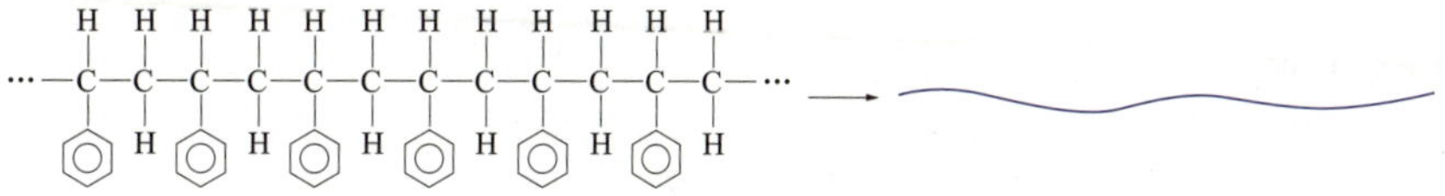

典型线形高分子：聚苯乙烯

线性波　linear wave　在介质中移动着的某物理量的扰动足够小的波。见**波**。

线性空间不变系统　linear space-invariant system　点光源在物场中移动时，其像只改变空间位置而不改变其函数形式的线性系统。光学成像系统的输入及输出满足线性关系时称为线性系统。线性系统的特点是满足叠加性，即利用δ函数的筛选性可以将任意输入用带有权重并有位置移动的若干基元（δ函数）的线性组合来表示，基元函数的输出用脉冲响应$h(x,y)$表示，这样，系统的输入$g_1(x_1,y_1)$与输出$g_2(x_2,y_2)$的关系就可以用输入函数与脉冲响应的乘积的积分来表示：

$$g_2(x_2,y_2)=\iint_{-\infty}^{\infty} g_1(\xi,\eta)\,\delta(x_1-\xi,y_1-\eta)\,\mathrm{d}\xi\mathrm{d}\eta$$

线性空间不变系统输入和输出的关系可表示为输入函数与脉冲函数的卷积：

$$g_2=g_1*h$$

这种表示方法为光信息处理的数学描述带来了极大的方便。一般光学成像系统中的整个物平面并不满足线性空间不变的要求，但是可以将物面划分成若干个等晕区，则每个等晕区都可以按线性空间不变系统来处理。光学傅里叶变换系统必须满足线性空间不变系统的条件。

（孙雨南）

线性黏弹性　linear viscoelasticity　**黏弹性**材料中应变速率与应力呈现的线性关系。所有线性黏弹性模型可以用连接应力和应变的沃尔泰拉方程表示：

$$\varepsilon(t)=\frac{\sigma(t)}{E_{\text{inst,creep}}}+\int_0^t K(t-t')\,\dot{\sigma}(t')\,\mathrm{d}t'$$

或

$$\sigma(t)=E_{\text{inst,relax}}\varepsilon(t)+\int_0^t F(t-t')\dot{\varepsilon}(t')\mathrm{d}t'$$

式中t为时间；$\sigma(t)$为应力；$\varepsilon(t)$为应变；$E_{\text{inst,creep}}$和$E_{\text{inst,relax}}$为蠕变和弛豫的瞬时弹性模量；$K(t)$为蠕变函数；$F(t)$为弛豫函数。线性黏弹性通常仅适用于小变形。

（邢向军）

线性响应理论 linear response theory 非平衡响应中，只需考虑扰动对系统的一级贡献时系统对扰动的响应理论。一个孤立的宏观系统总是会趋于平衡态。当存在外界扰动或非平衡约束时，系统会偏离平衡态。非平衡响应是指一个系统在非平衡过程中对引起该过程的扰动（力）的响应。在非平衡态下，热力学系统内部存在着各种各样的非平衡过程，如热传导、物质扩散、电荷流动等，这些非平衡过程体现为物质或能量的空间流动，称为流，记为$\{J_i, i=1,2,\cdots,N\}$。引起各种流必然有相应的产生因素，通常称为力，记为$\{X_i, i=1,2,\cdots,N\}$。典型例子，如热传导来源于温度在空间的不均匀性（温度梯度），物质扩散则来源于物质在空间分布的不均匀性（浓度梯度）。

流和力之间的关系是自然世界因果律的直接反映。如果外界扰动较弱，则系统的非平衡态偏离其平衡态较小。在考虑非平衡响应时，只需考虑扰动对系统的一级贡献，系统对扰动的响应为线性响应，此时流和力之间在离平衡态很近的区域可以看成是线性关系：

$$J_i=\Sigma_j L_{ij}X_j$$

式中L_{ii}为自唯象系数，$L_{ij}(i\neq j)$为交叉唯象系数。已经发现了很多不同非平衡过程的力与流之间的这种线性定律，如热传导过程中热流J与温度梯度∇T之间关系的傅里叶定律$J=-\varkappa\nabla T$（$\varkappa$为热导率），物质扩散过程中物质流J与浓度梯度∇n之间关系的菲克定律$J=-D\nabla n$（D为扩散系数）等。在远离平衡态情况下，力和流之间不再满足线性关系。

交叉唯象系数$L_{ij}\neq 0$代表不同的非平衡过程之间存在着耦合关系，一种力不仅可以导致相应的流，亦可以引起另外的流，不同的力与非平衡流之间可以相互交叉。典型的例子包括反映温差导致电流与电压差导致热交换效应的温差电效应（实验上发现的有塞贝克效应、珀耳帖效应和汤姆孙效应），反映压差导致的内能流与温差导致的物质流间关系的力热效应等。1931年，L.昂萨格在细致平衡原理的基础上证明了线性输运系数之间存在对称的倒易关系，即：

$$L_{ij}=L_{ji}$$

一般情况下外界扰动与时间有关，系统的线性响应也是时间的函数。线性响应的系统性理论研究是日本物理学家久保亮五等开展的，该理论提出了基于平衡态的非平衡线性响应计算方法，即非平衡流对外力的响应函数可以通过平衡态的平均来计算得到。

对于可完全包含在哈密顿中外场作用中的力学微扰，受扰前系统的哈密顿量为H_0，受扰后的哈密顿量为：

$$H=H_0+H_t'$$

则一个宏观系统的力学量A在受扰前为其平衡态值：

$$\langle A\rangle_0=\int\rho_0 A(\Gamma)\mathrm{d}\Gamma$$

即零级近似，式中ρ_0为平衡态统计分布；Γ为系统相空间变量。受扰后的值在零级近似基础上进行，可借助平衡态的平均表示为：

$$\langle A\rangle=\langle A\rangle_0+\int_{-\infty}^{t}\langle[A(t-t'),H_{t'}']\rangle_0\mathrm{d}t'$$

根据表达方式的不同，久保线性响应理论有第一和第二公式两种表达方式。如果多种外力$\{F_i(t)\}$下受扰哈密顿量可以表示为：

$$H_t'=\sum_{j=1}^{n}A_j(\Gamma)F_j(t)$$

则对应的多个力学量$\{A_i\}$的线性响应可表示为：

$$\langle A_i(t)\rangle=\langle A_i\rangle_0+\sum\int_{-\infty}^{t}\langle[A_i(t),A_j(t')]\rangle_0 F_j(t')\mathrm{d}t'$$

此称为第一公式。利用未受扰时力学量演化的海森伯方程$\dot{A}=-\mathrm{i}[A,H_0]$，力学量$\{A_i\}$的线性响应可表示为：

$$\langle A_i(t)\rangle=\langle A_i\rangle_0-\beta\sum_j\int_{-\infty}^{t}\langle[A_i(t),\dot{A}_j(t')]\rangle_0 F_j(t')\mathrm{d}t'$$

此称为第二公式。这些结果都将非平衡过程的线性响应用平衡态系统的平均形式来表示，且有极大的普遍性。如可以利用线性响应理论得到的格林-久保公式来计算材料的热导率。

（郑志刚）

线性振动 linear vibration 可以用常系数线性微分方程描述的振动。为达此目的，以力学系统为例，要求质点所受弹性力为线性回复力，阻尼力是速度的线性函数。一般振动在振幅足够小时，常能近似为线性振动。线性振动遵从线性系统的叠加原理，可以很方便地求解外界对系统的复杂激励。

（秦　敢）

相对孔径 relative aperture 透镜的有效孔径与其焦距之比。相对孔径的倒数称光圈系数（F数）。光具组的有效孔径与其焦距之比称该光具组的相对孔径。

（崔宏滨）

相对论 relativity 狭义相对论和广义相对论的统称。狭义相对论是A.爱因斯坦在1905年建立的平直时空理论；广义相对论是1915年爱因斯坦建立的一种弯曲时空的引力理论（在时空的局部而非整体满足狭义相对论的要求）。

（张元仲）

相对论粒子运动方程 relativistic equations for one particle and multi-particle bound states 把描述非相对论微观粒子运动规律的薛定谔方程推广到高速运动情况，依不同条件获得的不同形式的方程。薛定谔方程是量子力学最基本的方程，描述微观粒子非相对论状态下随时间变化的运动规律。薛定谔方程仅适用于速度不太大的非相对论粒子运动。做高速运动的粒子的行为需要用相对论的波动方程来描述，一方面，要区分是单粒子运动方程还是多粒子构成的束缚态所满足的方程，另一方面，还要区分粒子的不同自旋。

克莱因-戈登方程　自旋$S=0$（标量）的单粒子的相对论方程。此方程是由瑞典理论物理学家O.克莱因和德国人W.戈登于20世纪20～30年代分别独立推导给出的。对于没有相互作用的自由粒子，方程如下（自然单位制，以下同）：

$$(\Box-m^2)\varphi(x)=0$$

式中$\varphi(x)$描述自旋为零的标量场，m是场量所描述的粒子质量，$\Box=\nabla^2-\dfrac{\partial^2}{\partial t^2}$为达朗贝尔算符。这个方程给出的粒子能量为$E=\pm\sqrt{p^2+m^2}$（其中$p$是粒子的三维动量，四动量满足协变的$p^2=m^2$在壳条件），可见此方程含有负能解，后来才意识到负能解意味着反粒子。

狄拉克方程　自旋$S=\dfrac{1}{2}$的单粒子的相对论方程。P.A.M.狄拉克于1928年建立起来的描述电子的相对论运动方程：

$$(\mathrm{i}\gamma^\mu\partial_\mu-m)\psi(x)=0$$

式中γ是满足反对易关系的4×4矩阵，$\psi(x)$是狄拉克场。这个方程与克莱因-戈登方程具有相同的相对论能量，一样也有负能解。狄拉克认为正能解对应电子，负能解对应电子的反粒子，即预言了正电子的存在。此预言在1932年被美国物理学家C.D.安德森在宇宙线实验中所证实。这个方程不仅可以描述电子，还可以描述任何自旋$S=\frac{1}{2}$的粒子，如夸克。

电磁场方程 自旋$S=1$的矢量粒子的相对论运动方程最简单的是描述无质量的电磁场波动方程，是由英国物理学家J.C.**麦克斯韦**在19世纪60年代建立起来的，用**量子场论**的语言，电场和磁场可以统一用一个四矢量场$A_\mu(x)$描述，即电磁场，描述的粒子为光子，自由粒子情况下，协变的运动方程为：

$$\Box A_\mu(x)=0$$

粒子四动量满足$p^2=0$的在壳条件。

以上3个方程适用的是没有相互作用的自由粒子，当粒子参与相互作用时，方程的左边保持不变，但是右边不再为零。

贝特-萨耳彼特方程 薛定谔方程也可以描述两个及两个以上粒子相互作用并形成束缚态的状况，但是与单粒子情况相同，也不是相对论的方程。两个粒子构成的束缚态的相对论方程是贝特-萨耳彼特方程，是由H.A.**贝特**和E.E.萨耳彼特在1951年给出的。不同于单粒子的运动方程，两粒子的束缚态方程比较复杂，涉及粒子之间的相互作用，并且有多种形式，这里给出它的一种应用相对广泛的形式，即两个正反夸克构成的介子所满足的贝特-萨耳彼特方程，首先用图示意有相互作用的情况。

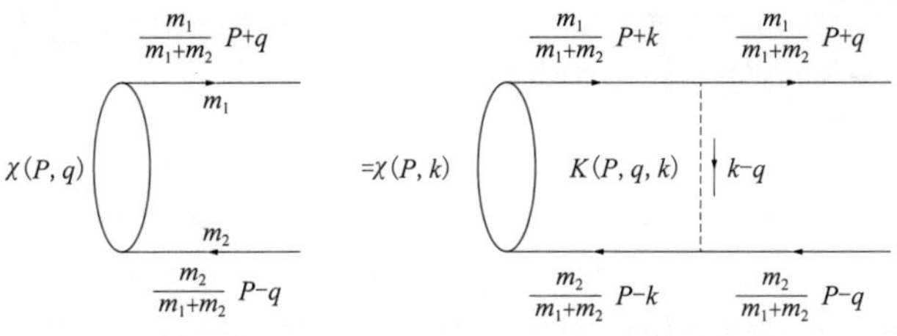

描述介子束缚态的贝特-萨耳彼特方程的图形表示

在动量空间的贝特-萨耳彼特方程如下：

$$\chi(P,q)$$
$$=S(p_1)\int\frac{\mathrm{d}^4k}{(2\pi)^4}K(P,q,k)\,\chi(P,k)S(p_2)$$

式中$\chi(P,q)$和$\chi(P,k)$是相应介子的四维贝特-萨耳彼特波函数，P为介子的总动量，q和k为介子内两个夸克间的相对动量，p_1为正夸克动量，p_2是反夸克动量，这些动量都是四动量，它们之间的关系是：$P=p_1+p_2$，$p_1=\frac{m_1}{m_1+m_2}P+q$，$p_2=\frac{m_2}{m_1+m_2}P-q$。$S(p_1)=\frac{\mathrm{i}}{\gamma\cdot p_1-m_1}$和$S(p_2)=\frac{\mathrm{i}}{-\gamma\cdot p_2-m_2}$分别是正夸克和反夸克的传播子，$K(P,q,k)$是两个夸克之间的相互作用核。不同于上面几个微分方程，此方程是一个积分方程，因此，两个组分之间的相互作用被积分后重叠无穷多次，从**微扰论**的角度来看，即包含了所有微扰阶的贡献。（王国利）

相对论流体力学 relativistic hydrodynamics 描述高速运动（接近光速）的流体集体演化行为的一种理论模型。它在重离子碰撞物理、天体物理学和宇宙学中是一个重要的理论工具。流体力学涉及几个相关变量（例如温度、流体速度），同时可以针对一个给定系统**非平衡态**即时的宏观演化给出有效的描述。在局域热平衡的假设和长波极限下，流体力学可以近似地提供被研究系统的连续性描述，其背后的微观理论是描述粒子统计行为的**玻尔兹曼方程**。

流体力学是描述流体的集体行为的一种必不可少的工具。流体力学方程组包含能动量守恒律和状态方程，以及与黏滞性有关的耗散关系。相对论流体力学被频繁地用于描述所有能量区域的重离子碰撞。它的优点是物理意义清晰，其解析解或准解析解是可能求出的，这使得对物理过程会有一种更深的了解。为研究某特定物理系统的流体力学性质，需要输入系统的状态方程，所以，从某种角度来说，流体力学对状态方程的研究提供了一个很好的工具。无黏滞的理想流体力学已经可以相当好地描述相对论重离子碰撞中产生的夸克胶子等离子体的演化。在此基础之上，物理学家发展出来了更能真实地反映流体集体行为演化的带黏滞性的相对论流体力学和3+1维流体力学的数值模拟。这些都是重要的研究课题，也将会随着应用的需要不断完善。（肖博文）

相对论平均场理论 relativistic mean field theory 基于**核力**的介子交换理论和相对论量子场论，在平均场近似下发展起来的一种相对论量子多体理论方法。又称σ-ω模型或瓦莱卡模型，最初也称为量子强子动力学。用于描述原子核结构性质并取得很大成功。相对论平均场理论将核子（质子与中子）作为基本自由度，用狄拉克旋量表示。核子间的相互作用通过交换各种虚介子实现。这些介子作为类点粒子引入，并通过其量子数（如自旋、宇称、同位旋等）、质量以及与核子的耦合常数来表征。基于这一物理图像，可以构造出一个将核子视为点粒子、核子之间的相互作用通过交换介子进行描述的拉格朗日量。从该拉格朗日量出发，可以导出描述原子核体系的运动方程组，即核子满足的**狄拉克方程**，以及介子满足的克莱茵-戈登方程。由于求解非线性耦合微分积分方程组的困难，上述核子和介子运动方程需要引入一些必要的近似进行求解。平均场近似就是将狄拉克方程中的介子场算符用其在基态上的平均值替代，从而可以将描述原子核体系的运动场方程简化为一组耦合的积分微分方程，再利用计算机通过自洽迭代进行数值求解。

实际应用中，通常引入矢量ω介子和标量σ介子分别描述核子间相互作用的短程排斥和中长程吸引部分，同位旋矢量-矢量ρ介子描述核子间相互作用的同位旋相关部分（区别中子和质子）。由于**强相互作用**低能非微扰性质的复杂性，介子的质量及其与核子的耦合常数目前还不能从第一原理给出，相关的4～6个参数（取决于ω和ρ介子的质量是否采用实验值）以及耦合常数介质效应引入的2～6个参数，可以通过拟合一些原子核的基态性质（如质量和半径等）确定。

根据相对论平均场理论计算，原子核的平均势场包含一个数百兆电子伏的长程强吸引标量势和一个同样为数百兆电子伏的短程强排斥矢量势。两者相互抵消给出约几十兆电子伏的吸引势，这与非相对论的平均势场模型一致。两者的相互叠加自然地给出原子核中很强的自旋-轨道相互作用，而这一相互作用在非相对论模型中通常需要进一步引进新的参数。相对论平均场理论取得的预想之外的成功还包括：赝自旋对称性的物理起源，反核子谱的自旋对称性，奇时间场由矢量势的空间分量自然给出，自旋-轨道相互作用势随同位旋的变化与实验值更好符合等。（赵鹏巍 孟 杰）

相对论修正 relativistic correction 非相对论理论（如**薛定谔方程**）相对于全相对论理论（如**量子电动力学**）的差别。基于量子电动力学（QED），在库仑规范下，原子体系哈密顿算符可严格分为纵场相互作用与横场相互作用两部分。纵场相互作用（狄拉克-库仑哈密顿量）是瞬时的；横场相互作用主要有布莱特相互作用（电子-电子相互作用的横场修正，存在于电子数大于1的多电子原子体系，包含有限光速传播的延迟效应）和其他高阶量子电动力学效应（包含自能、真空极化和顶角修正等，**兰姆移位**即是其在原子能级结构中的体现），可用微扰理论处理。一般布莱特相互作用远大于高阶QED效应。从非相对论理论原子哈密顿算符出发，可用精细结构常数α的幂次对上述基于量子电动力学的哈密顿算符进行微扰展开，其各展开项就对应着不同的相对论修正项。比如展开到α^2项就是所谓的布莱特-泡利哈密顿算符，其包含的修正可分为来源于狄拉克-库仑哈密顿量的修正（包括质量修正项、单体达尔文项、自旋-轨道相互作用项）和来源于布莱特相互作用的修正（包括两体达尔文项、自旋-其他轨道相互作用项、自旋-自旋相互作用项）。其中自旋-轨道相互作用、自旋-其他轨道相互作用和自旋-自旋相互作用会造成原子能级的精密细结构分裂，其余修正项只会造成原子能级的整体平移。对于低离化度原子体系，相对论修正可以较好地考虑原子体系中的相对论效应；而对于高离化度原子体系基于全相对论算符的理论计算则更为有效。（高　翔）

相对论重离子对撞机　Relativistic Heavy Ion Collider; RHIC　位于美国纽约市长岛布鲁克海文国家实验室的一台重离子对撞机。RHIC于1991年开始建造，2000年投入运行，是世界上第一台重离子对撞机。RHIC可以进行高亮度的重离子对撞和极化的质子对撞实验，它能够将重离子（如Cu、Au等）和质子分别加速到质心能量高达每核子100和250吉电子伏。通过高能重离子对撞实验去探索新物质形态和量子色动力学（QCD）相图，以及通过极化质子对撞实验研究核子结构。整个RHIC装置是由范德格拉夫串列加速器、直线加速器、增强器和交变梯度同步加速器组成。脉冲离子源产生的金原子经历3个不同的加速过程后注入RHIC环中。2014年开始范德格拉夫串列加速器被直线加速器取代。RHIC由两个同心的超导储存环组成，分别称为蓝环和黄环，它们有各自的弯曲和聚焦磁铁以及高频腔，但共用一个周长约为3.8千米的隧道。RHIC环上一共有6个对撞点，在4个对撞点上装有实验探测器，其中2个大型的实验探测器是PHENIX和STAR，2个小型的探测器是BRAHMS和PHOBOS。2005年开始，只有PHENIX和STAR实验继续运行。RHIC上进行了一系列的p+p、d+Au、Au+Au、Cu+Cu、Cu+Au以及U+U对撞实验。由于在RHIC实验中观测到了喷注淬火和很强的集体流，2005年布鲁克海文国家实验室宣布在RHIC上发现了强耦合夸克-胶子等离子体（sQGP）。实验结果表明sQGP的黏滞系数与熵之比η/s非常小，并且接近量子极限，因此这种新物质也被称为理想流体。2010年开始RHIC进行束流能量扫描，用以寻找QCD的相边界和可能存在的临界点。

一个计划中的重大升级改造项目是eRHIC，目标是建造21吉电子伏高亮度的电子与现有的250吉电子伏的极化质子或每核子100吉电子伏的离子束对撞设备，计划在未来实现电子-离子碰撞并开展相关物理研究。（刘　峰　许　怒　马余刚）

相对论重离子碰撞　relativistic heavy-ion collision　把重离子加速到相对论性极高的能量后发生碰撞，从而可能提供新物质状态的实验手段。描述强相互作用的理论是量子色动力学（QCD）。格点QCD预言，在高温高密条件下存在一种新的物质形态——夸克-胶子等离子体（QGP）。在实验室实现这种最深层次的物质状态的唯一可能手段是相对论重离子碰撞。

早期的加速器和宇宙射线实验发现了大量的参与强相互作用的粒子，统称为强子。强子的尺度大约为1飞米（10^{-15}米）。尽管强子已经很小，但它们可以分解为更小的组分。通过对大量强子的分类研究，美国科学家M.盖耳-曼等提出了强子的夸克模型，认为强子是由夸克组成的束缚态。更高能量下的物理实验证实了夸克确实存在于强子内，是构成强子的更基本的自由度，而夸克之间通过交换一种新的基本粒子——胶子来实现相互作用。以夸克和胶子为基本自由度的量子场论QCD于20世纪70年代被提出，并成功经受了各种实验的精确检验而被确立为强相互作用的基础理论。然而，实验上从来未能观测到独立存在、自由传播的夸克和胶子，它们只能存在于强子的内部。这就是著名的夸克禁闭问题。看起来夸克之间的相互作用是如此之强以至于它们被永远囚禁在强子里面。一个非常有趣的问题是：虽然夸克不能独立存在，但在极端的外部条件下，夸克可以在比强子更大的范围内运动吗？

QCD有一个著名的特性，即渐近自由。当夸克之间的相互作用发生在很高能量，或很小的尺度时，相互作用的强度变得非常小。能量越高或尺度越小，越接近自由情形。考虑一个由许多强子组成的热力学体系。如果加热体系使其温度越来越高，则大量粒子会从真空中被激发出来，而如果压缩体系则粒子之间的距离会变小。因此不论是加温或是加压，都会使体系的粒子数密度增加，使得强子口袋的边界变模糊。用量子力学的语言来说，夸克的波函数之间会互相重叠。这意味着强子作为体系的自由度失去了意义，无法再将夸克束缚在强子内，夸克将得以在整个热力学体系——尺度上远大于强子——的范围内传播。这一现象被称为退禁闭相变。由于相变是一个非微扰过程，对QCD相变的理论研究还依赖于格点QCD和模型QCD。最近的有限温度格点QCD计算表明：当温度提高到约150～160兆电子伏（相当于2×10^{13}开）时，强相互作用系统的能量密度会发生一个跳跃。从热力学的观点来看，系统在此临界温度发生了相变。跳跃之后的能量密度接近由夸克胶子构成的理想气体的能量密度（斯忒藩-玻尔兹曼极限），说明当温度大于临界温度时，体系的基本自由度主要是夸克和胶子。而当温度小于临界温度时，体系的很小的能量密度与强子气体相应的值符合。此计算充分说明，在临界温度，夸克胶子将从强子中离解出来而发生退禁闭相变，形成一种新的物质形态——QGP。在高密度情形，格点QCD由于技术困难还没有精确的结果。许多模型QCD的计算预言，强相互作用物质在高重子数密度也处于退禁闭的夸克相。强相互作用理论的另一个重要特征是手征对称性。理论研究表明，与退禁闭相变相对应，强子相的手征对称性自发破缺，而退禁闭相的手征对称性恢复。

既然理论上预言了退禁闭相变的存在，那么自然界是否存在或者曾经存在过这些退禁闭的状态？宇宙学的研究表明，在大爆炸后约10^{-6}秒时，整个宇宙可能处于夸克-胶子等离子体态。此外，在宇宙里的致密天体的最内部，物质密度是如此之高以至于也有可能达到低温高密度下的退禁闭条件。而在实验室，相对论性重离子碰撞是唯一可能产生这种高温高密新物质形态的手段。

通过加速器把重原子核加速到极高的能量后发生碰撞，使得在尺度与原子核相当的体积内的能量密度极高。由于动能转变成热能，体系有可能热化，达到发生QCD相变的条件。自20世纪70年代以来，不同能量的重离子碰撞实验相继运行，其目的是在实验室产生QGP。正在运行的高能重离子加速器有美国布鲁克海文国家实验室的相对论重离子对撞机（RHIC）和欧洲核子研究中心的大型强子对撞机（LHC）。在RHIC，对撞的核主要是金（Au），质量数为$A=197$，最高对撞能量为$200A$ GeV，主要实验组包括STAR和PHENIX。在LHC，对撞的核主要是铅（Pb），质量数为$A=207$，对撞能量为2.76ATeV，即将达到5ATeV，正在考虑升级为39ATeV的方案，专门从事重离子碰撞研究的实验组是ALICE，另外ATLAS、CMS和LHCb也部分进行重离子实验。

相对论重离子碰撞体系的温度究竟有多高，是否达到了形成夸克物质的条件？如果认为夸克在核子内部的运动是接近于自由的，那在较大范围内产生夸克-胶子等离子体的最低能量密度应该是核子内的能量密度。可以结合相对论流体力学方程和格点QCD提供的状态方程来描述高能重离子碰撞产生的强相互作用物质的时空演化，其初始条件由对撞能量和核几何确定。通过与实验测量的末态强子多重数比较，可以估计体系的初始能量和初始温度。计算发现，在RHIC和LHC的重离子碰撞能达到的能量密度已经远远高于夸克物质所要求的能量密度。

值得注意的是，相对论重离子碰撞产生的系统不是一个静态的热力学系统，它既有无规的热运动，又有集体的膨胀。这就使得在重离子碰撞末态观测到的粒子携带有**集体流**。将末态强子的动量分布用相对于碰撞反应平面（由束流和碰撞参数所定义的平面）的角度进行傅里叶展开，各级系数定义了不同级次的集体流，例如中心流、椭圆流、三角流等。特别是碰撞早期由非对心碰撞形成的椭圆流由于携带有夸克-胶子等离子体的信息，被认为是形成新物质形态的一个重要信号。在RHIC，人们发现对撞产生的火球具有很强烈的集体运动，尤其是各向异性椭圆流的数据与使用了QGP状态方程的理想流体力学的计算结果符合很好，而没有考虑QGP贡献的强子输运模型得到的椭圆流比实验数据小得多。这一事实说明RHIC的金核对撞产生的火球早期应该处在退禁闭状态。只有部分子自由度被释放出来，体系才会有足够的压强产生观测到的大椭圆流。另外，各种粒子的椭圆流可以很好地根据它们的组分夸克数进行标度，进一步表明碰撞早期形成一种退禁闭的夸克胶子物质。LHC的实验数据表明，椭圆流较RHIC能量有大约20%的增加。而且，即使在极中心的铅核对撞时，高阶次的集体流，例如三角流，也不为零。表明早期原子核重叠区域核子分布的涨落引起各种形状的空间不对称分布，经过体系的演化转变成为末态动量空间的高阶次集体流。RHIC和LHC的实验还发现，两强子的相对方位角关联出现了一种奇特的山脊结构，可以由集体流给出自然的解释。然而LHC的实验结果发现，在7特电子伏的质子对撞高多重数事件和5特电子伏的质子+铅核碰撞中也看到了类似的现象，这是否表明在这些碰撞中也可能形成了类似于铅+铅碰撞中的强耦合夸克-胶子等离子体（sQGP）？

由于剧烈的膨胀，相对论重离子碰撞体系的能量密度和温度不断下降，即使在早期形成了QGP，当体系的温度下降到QCD相变的临界温度时，也会重新回到强子系统。最后在末态观测到的只能是强子。因此，一个重要的问题是如何在末态寻找QGP的信号。事实上，寻找QGP的敏感信号一直是相对论重离子碰撞最重要的任务。一个敏感的信号必须是在体系演化的早期产生的，经历过QGP相，而且受后来强子相的影响比较小，以至于信号不会被抹去，还能够在末态看到。

一个重要的信号是喷注淬火。碰撞早期产生的快速夸克或胶子（喷注）穿过夸克物质时由于相互作用而损失能量。大横动量单强子是由一个喷注碎裂而成的，能量损失使得高能核-核碰撞中大横动量单强子的产额减少。另外，如果在夸克物质表面产生了一对背靠背的喷注，其中一个穿过整个QGP区域有较大的能量损失，而另一个只穿过薄薄的QGP表面，损失很少的能量。这样，重离子碰撞中双强子背对背的关联与核子对撞中的关联会完全不同。RHIC实验数据显示，金核对撞中平均每对核子碰撞的高横动量喷注产额要比相同能量的核子对撞低得多，而且中心碰撞时背靠背关联消失。这一现象说明在核-核碰撞早期产生的高能喷注在穿过高温火球的过程中损失了相当比例的能量。基于微扰QCD的理论指出，只有火球中的胶子密度非常高的时候才能解释实验数据。而在如此高的胶子数密度下，体系只能处在退禁闭的状态。

重夸克偶素，例如J/ψ和Υ，是由**重夸克**及其反夸克组成的束缚态，其束缚能远比其他轻强子要大，可以在更高的温度下生存。因此重夸克偶素是相对论重离子碰撞中夸克物质的重要探针。当早期产生的重夸克偶素穿越高温高密夸克物质时，其束缚能会受到色荷的德拜屏蔽效应而减弱。当温度高到一定阈值之后，重夸克偶素态将被熔解，在末态的产额将会压低。另一方面，在RHIC和LHC能量时，QGP中的重夸克很多，非关联的重夸克和反重夸克可以合成为重夸克偶素，称之为重产生。对比熔解和重产生这两种机制，未熔解的来自初态的重夸克偶素通常具有较高的横动量，而在QGP重产生的重夸克偶素具有较小的横动量。在RHIC和LHC观测到的重夸克偶素的产额核修正因子和横动量核修正因子都能被假设有QGP的输运理论很好地解释。

QGP的信号还包括轻子和光子的电磁探针、奇异夸克强子的增加、π介子的玻色-爱因斯坦关联等。考虑到重离子碰撞中多粒子体系的复杂性和强相互作用的非微扰效应，往往一个信号还不足以确认QGP的形成，必须综合考虑多个探针的行为。在理论上，发展了用AdS/CFT**对应**研究强耦合极限，讨论强电磁场对QCD物质尤其是手征对称性相变的影响，考虑有涨落的流体力学，用更细致的输运模型描述重离子碰撞的时空演化等。

通过实验与理论的探索，很可能QGP已经在RHIC和LHC的重离子碰撞中产生了，人们对此新物质形态也有了一定的了解，但仍然比较粗浅。人们只知道早期的火球处于高温状态，但是还不知道体系是否达到了化学平衡或者热平衡、黏滞性有多大、是否是理想流体、是否存在强耦合、在物质密度增加时是否存在QCD相变的临界点等。实验上，在RHIC进行能量扫描，探索在不同物质密度时的QCD相变，寻找临界点；也迫切需要通过轻子与核的高能碰撞来获得核内夸克的分布，而这正是研究相对论重离子碰撞的输入条件；在LHC，更高能量的重离子碰撞将要运行，产生的QGP的时空范围将更大。人们希望，通过这些实验和更加细致的理论研究深入探索QGP的性质。

（庄鹏飞）

相对性多普勒效应 relativistic Doppler effect 光波传播满足的**多普勒效应**。光波的频率和传播的方向在**洛伦兹变换**下分别按如下公式变换：

$$\omega' = \omega\frac{1+(v/c)\cos\theta}{\sqrt{1-v^2/c^2}}$$

$$\cos\theta' = \frac{\cos\theta - v/c}{1-(v/c)\cos\theta},$$

$$\sin\theta' = \frac{\sin\theta}{1-(v/c)\cos\theta}$$

式中ω和ω'分别为在S系和S'系中测得的同一束光波的角频率；θ和θ'分别为光波传播方向分别与x轴和x'轴的正方向之间的夹角。$\theta=90°$（垂直于光线方向）的情况称为横向多普勒效应（牛顿经典物理学没有这种效应）。横向（或二阶）多普勒效应实际上来自时间膨胀效应，它们已被很多实验直接证实。

（张元仲）

相对运动　relative motion　动点相对参考系的运动。物体的机械运动具有相对性，运动依据所选参考系的不同而不同。所以，一切运动都是相对的。但对工程上大量遇到的一个动点相对两个参考系运动（点做复合运动）的情况，相对运动一词有特定的含义。

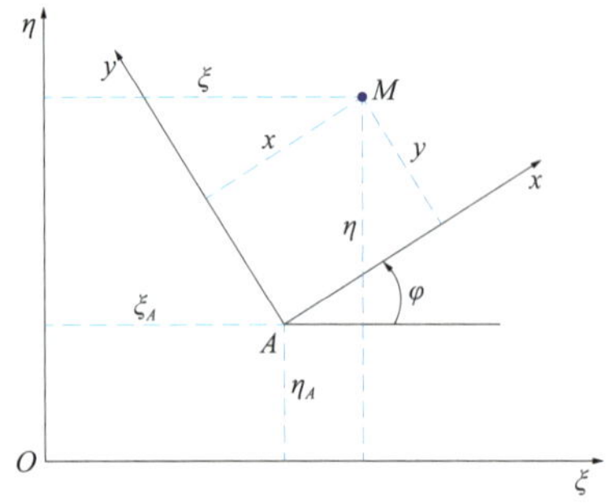

平面情况下的坐标变化

如在地面上看来是垂直下落的雨点在前进的车厢中看来是斜向后方的；对这一现象，可选雨点为动点，地面为定参考系（定系），车厢为动参考系（动系）。动点相对定系的运动称为绝对运动，动点相对动系的运动称为相对运动，绝对运动与相对运动都是点的运动；而动系相对定系的运动称为牵连运动，它是刚体的运动。与此相应，动点相对定系的速度与加速度称为绝对速度$\boldsymbol{v}_a$与绝对加速度$\boldsymbol{a}_a$，动点相对动系的速度与加速度称为相对速度$\boldsymbol{v}_r$与相对加速度$\boldsymbol{a}_r$；由于牵连运动是刚体的运动，故定义在所论瞬时动系上与动点重合之点（牵连点）的速度与加速度为牵连速度$\boldsymbol{v}_e$与牵连加速度$\boldsymbol{a}_e$。由于运动，不同瞬时的牵连点也不相同。

因为点的坐标可用时间函数表达，所以上述三个运动中运动方程的关系就是一系列的坐标变换。以平面运动为例，如图所示。选定参考坐标系为$O\xi\eta$，动参考坐标系为Axy，则有点M的相对运动方程为：

$$x=x(t)\quad y=y(t)$$

动系Axy的牵连运动方程为：

$$\xi_A=\xi_A(t)\quad \eta_A=\eta_A(t)\quad \varphi=\varphi(t)$$

点M的绝对运动方程为：

$$\xi=\xi_A+x\cos\varphi-y\sin\varphi$$
$$\eta=\eta_A+x\sin\varphi-y\cos\varphi$$

或写为矩阵形式：

$$\boldsymbol{r}(t)=\boldsymbol{r}_A(t)+\boldsymbol{T}(t)\boldsymbol{\rho}(t)$$

式中$\boldsymbol{r}=\begin{pmatrix}\xi\\ \eta\end{pmatrix}$，$\boldsymbol{\rho}=\begin{pmatrix}x\\ y\end{pmatrix}$，$\boldsymbol{r}_A=\begin{pmatrix}\xi_A\\ \eta_A\end{pmatrix}$，$\boldsymbol{T}=\begin{pmatrix}\cos\varphi & -\sin\varphi\\ \sin\varphi & \cos\varphi\end{pmatrix}$；$\boldsymbol{T}$为由坐标系$Axy$到坐标系$O\xi\eta$的坐标变换矩阵。对点的空间运动，运动方程的关系仍有上式的形式，只是各矩阵的维数由2×1或2×2变为3×1或3×3。

三个运动中速度的关系服从速度合成定理：

$$\boldsymbol{v}_a=\boldsymbol{v}_e+\boldsymbol{v}_r$$

三个运动中加速度的关系服从加速度合成定理：

$$\boldsymbol{a}_a=\boldsymbol{a}_e+\boldsymbol{a}_r+\boldsymbol{a}_C\quad \boldsymbol{a}_C=2\boldsymbol{\omega}\times\boldsymbol{v}_r$$

式中$\boldsymbol{a}_C$称为附加加速度或**科里奥利加速度**；$\boldsymbol{\omega}$为动系的转动角速度。科氏加速度是由于牵连运动和相对运动相互影响而产生的。当动系做平移运动时，加速度合成定理有简单形式：

$$\boldsymbol{a}_a=\boldsymbol{a}_e+\boldsymbol{a}_r$$

点的复合运动理论常用于机构的运动学分析，有运动合成与运动分解两类问题；也用于其他有多个参考系的情况，如人造地球卫星星下点轨迹的计算，跟踪空中活动目标的导引方法等。　（贾书惠）

相对运动方程　equation of motion in non-inertial systems　在非惯性参考系中建立质点运动与受力关系的方程式。**牛顿运动定律**适用于**惯性参考系**，但工程中常需解决物体相对非惯性参考系的运动问题。如运动着的载体（飞机、舰船等）中力学仪表的行为，载人飞船在轨道飞行中宇航员的动作规范等。地球本身也属非惯性系，在远程火炮、惯性导航、大气运动等问题中必须考虑地球的自转，亦即研究对非惯性系的相对运动。

航天飞机中宇航员在失重状态下自由飘浮

以某惯性系为定系，相对它运动着的非惯性系为动系，则质点在惯性系的运动方程为：

$$m\boldsymbol{a}=\boldsymbol{F}\qquad(1)$$

质点相对非惯性系的运动方程为：

$$m\boldsymbol{a}_r=\boldsymbol{F}-m\boldsymbol{a}_e-m\boldsymbol{a}_C\qquad(2)$$

式中$\boldsymbol{a}_r$、$\boldsymbol{a}_e$、$\boldsymbol{a}_C$分别为质点的相对加速度、牵连加速度和科氏加速度（见**相对运动**）。引入记号：$\boldsymbol{F}_{Ie}=-m\boldsymbol{a}_e$称为牵连惯性力；$\boldsymbol{F}_{IC}=-m\boldsymbol{a}_C$称为科氏惯性力，它们均有力的量纲；则式（2）成为：

$$m\boldsymbol{a}_r=\boldsymbol{F}+\boldsymbol{F}_{Ie}+\boldsymbol{F}_{IC}\qquad(3)$$

式（3）建立了相对运动与受力之间的关系，称为相对运动方程式，它与牛顿运动定律（1）有相同的形式。因此，在研究质点相对非惯性系运动时，只要在质点上作用两个虚构的力$\boldsymbol{F}_{Ie}$及$\boldsymbol{F}_{IC}$，就仍然可使用牛顿运动定律及由它推导出的一切定理。对于质点系相对非惯性系的运动，应该对其中每个质点按上法处理。

牵连惯性力与科氏惯性力的性质有以下几方面：

①对这两个力，既不存在施力物体，也不存在反作用力，它们不符合“力是两物体之间的相互作用”的定义。因此，它们都不是真实的力。它们的大小与方向与所选动参考系有关，而真实力与参考系无关。

②但在非惯性系中，它们完全可被感觉到并被仪器测量出来。如汽车加速向前时，乘客感到有力将身体压向座椅靠背；电梯加速上升时，乘客感到体重增加（超重现象）；在空间轨道上运行的载人飞船中，宇航员的体重被一种力抵消，处于失重状态。这些力都是牵连惯性力，在非惯性系中它们是真实存在的。

③它们都是体积力，即作用于物体的每一个质点上。如运载火箭起飞时，宇航员身体的每一部分都处于超重状态。这种状态是产生浮力的水池中无法模拟的，因为水的浮力是表面力，不可能作用于宇航员的内脏及血液。

④它们与达朗贝尔惯性力也不相同，后者的表达式是$\boldsymbol{F}_I=-m\boldsymbol{a}$，$\boldsymbol{a}$为质点的绝对加速度，两者的物理意义也不相同。如果质点在动系中相对静止，即$\boldsymbol{v}_r=0$，$\boldsymbol{a}_r=0$，则$\boldsymbol{a}_e=\boldsymbol{a}$，牵连惯性力转化为达朗贝尔惯性力。在相对论中，它与引力是等价的。

见**离心力**、**科里奥利力**。　（贾书惠）

相干长度　coherence length　在描写超导的宏观唯象理论中，超导序参量在被扰动情况下其模量在空间变化的特征尺度。用ξ表示。在杂质附近，超导序参量受压制，而离开杂质越远，超导序参量越接近或恢复到未被扰动时的满值。这里序参量变化的空间尺度就是相干长度。再如在外加磁场下，被磁场穿透的部分超导序参量为零，处于正常相，其余部分仍然保持超导。这样形成了一个正常相-超导相的界面。超导序参量从正常相越过界面到超导相的空间变化，其特征尺度也是ξ。同时磁感应强度在界面附近也有一个空间变化，即从正常相到超导相的衰减，其空间尺度称为**伦敦穿透深度**。A.A.**阿布里科索夫**发现，两个尺度的相对大小$\varkappa=\lambda/\xi$决定了界面能的符号，因此决定了超导体的类别：①$\varkappa<1/\sqrt{2}$时界面能为正，因此磁场倾向于整体进入超导体而减小界面面积，这类超导体称为第一类超导体。②反

之，$\kappa>1/\sqrt{2}$时界面能为负，磁场倾向于以一个个最小磁通量子的形式进入超导体而最大限度增加界面面积，这类超导体称为第二类超导体。在磁通芯周围，超导序参量的位相绕磁通一周变化2π，而其模量随离开磁通的径向距离增加逐渐从零恢复到满值，其空间变化尺度就是ξ。相干长度也用来表征超导体的干净程度。当电子平均自由程l小于ξ时称脏超导体，反之为干净超导体。在干净极限超导体中的电磁响应必须考虑在ξ尺度内的非定域性，反映超导电子波包的特征尺度。这种尺度可以根据**超导微观理论**（BCS理论）和测不准原理得到：$\xi\sim\hbar v_F/\Delta$，其中v_F为费米速度，Δ为超导能隙。在BCS理论中相干长度与超导配对互作用的力程是完全独立的两个概念，局域的配对互作用并不意味着相干长度就一定短。（王强华）

相干共振 coherence resonance 对可激神经系统施加一定的**噪声**可使它的放电振荡反应相干性最大，即随机振荡的某个相干度量指标在最优的噪声强度下达到极值的现象。相干性度量的指标包括峰间距、功率谱、相关系数等。与随机共振的区别在于，相干共振发生于没有弱的外界驱动力的系统中。

以模拟神经元放电的（FHN）模型为例，方程为：

$$\varepsilon\dot{x}=x-\frac{x^3}{3}-y \qquad \dot{y}=x+a+D\xi(t)$$

式中$\varepsilon\ll1$为分离快激活变量x和慢抑制/恢复变量y的时间尺度；$\xi(t)$为均值为零的高斯白噪声，满足$\langle\xi(t)\xi(t+\tau)\rangle=\delta(\tau)$；$D$为设定噪声的强度。在确定性的情况下$(D=0)$，$a>1$时系统只有一个稳定平衡点，是可激的；$a<1$时系统则有一个稳定极限环。当施加噪声时，相干共振发生在可激区域。随机的微扰会激发系统，造成小涨落或发放。当噪声强度较小或较大时，发放是不规律的，但在中间强度时会出现准周期性的发放。存在最优或共振的噪声强度，使周期性最大。

相干性度量指标有：①相关时间$\tau_{cor}=\frac{1}{\mathrm{var}(x)}\int_0^\infty C^2(\tau)\mathrm{d}\tau$。式中$\mathrm{var}(x)$为$x$的方差；$\tau_{cor}$为噪声强度的最大值对应相干共振。②功率谱。噪声引起的振荡以功率谱密度中存在峰值频率ω_p为特征，而它的半高宽$\Delta\omega$越窄则振荡越显著。质量因子$Q=\omega_p/\Delta\omega$越大，振荡越显著，所以相干共振对应于随着噪声强度变化出现的最大质量因子Q。

神经元动作电位发放时刻t_i的集合为$\{t_i\}$，发放峰间距定义为$T_i=t_i-t_{i-1}$，可用于表征放电即时周期变化率。发放峰间距统计分布称为峰间距直方图，在神经科学中作为量化神经活动电发放过程的一个重要特征量被广泛使用。发放峰间距的变异系数定义为：

$$CV=\frac{\sqrt{\langle T^2\rangle-\langle T\rangle^2}}{\langle T\rangle}$$

对于泊松过程，$CV=1$。相干共振被证明出现在CV随噪声强度出现显著最小值的地方。

相干共振产生的原因，在于不同噪声强度下不同特征时间导致的不同行为。噪声引起的极限环的周期可以分解为两个不同部分：激活时间T_a和恢复时间T_c。前者是从稳定平衡点逃离到激发态所需要的时间，对于激活阈值Δ，有：

$$\langle T_a\rangle\propto\exp(\Delta/D^2)$$

后者是回到**平衡态**的时间，几乎不依赖于噪声。对弱噪声，$D^2\ll\Delta$，所引起的振荡由激活时间决定，发放满足泊松统计；对于强噪声，激活时间与恢复时间相比变得很小，恢复时间平均值不依赖于噪声，但它的偏差正比于D^2，所以此时发放周期的大涨落主要来源于时间的大偏差。相干共振发生在噪声处于合适的强度时，大到使激活时间短到主导总的振荡时间，但是又没大到造成大的恢复时间涨落。对于神经元来说，相干共振的噪声可能来自内在的离子通道涨落或突触输入电压信号的随机涨落。对于神经元网络，通常会存在最优的神经元数目或突触强度，使得相干性最大。（于玉国）

相干光 coherent light 能够产生稳定而清晰干涉花样的光波。严格意义的相干光相干度为1。单色光场是严格意义的相干光，但单色光场和单色光源在现实中是不存在的。准单色光（频率分布集中在中心频率近旁，$\Delta\nu\ll\bar{\nu}$）可以具有很好的相干性，现实中在一定范围内可看成是相干光，典型的例子是**激光器**产生的激光束。

现实中常采用波阵面分割法（如杨氏双缝干涉装置）或振幅分割法（如薄膜干涉装置）将一般准单色光源的光波分为两列，也可产生较清晰的干涉条纹。这时通常也会称这两列光波是相干的，但其实它们只是部分相干光（相干度小于1），而且一般还要满足以下条件：频率相同，有相同的振动方向，相位差保持恒定。（崔宏滨）

相干结构 coherent structure 运动形态急剧变化的复杂系统存在的在空间上局域、时间上寿命很长的规整结构。湍动的大气、奔腾的河流、被磁场约束的高温电离气体、大量原子聚集的固体都是典型的复杂系统。认真观察这些系统中的运动状态，除可看到急剧变化的形态外，还会发现与之共存的长时间的局部的规整结构。这些结构被称为相干结构。孤立子就是一种特殊的相干结构。造成这些结构存在的原因是非线性相互作用。

历史上最有名的孤立子是所谓浅水波孤立子，又称KdV方程孤立子。浅水波孤立子早在1834年就被英国工程师J.S.罗素观察到。他在s运河行船的前头看到一个鼓出的孤立水峰，船停之后，水峰竟然保持原有形状以匀速沿运河移动了数千米后才消失。罗素将之称作“孤立波”，并认为它是流体方程的一个解。1895年两位荷兰数学家D.J.科特韦格与G.德弗里斯导出描述浅水单向运动的一维非线性偏微分方程即KdV方程：

$$\frac{\partial u}{\partial t}+\frac{\partial^3 u}{\partial x^3}+u\frac{\partial u}{\partial x}=0$$

式中$u=u(x,t)$为任一点x，任一时刻t，水面偏离平衡面的高度。他们从方程中得出与罗素所描述的孤立波类似的解析解：

$$u(x,t)=3v\mathrm{sech}^2[\sqrt{v}(x-vt)/2]$$

式中v为常数，代表波包整体运动速度。当时科学界为线性理论统治，解的叠加仍为解的概念根深蒂固，有人怀疑两个这样的孤立波叠加后其形状和特性会完全被破坏，认为这样的解“不稳定”、毫无物理意义，从而此一重要结果为后人淡忘。直到1965年，美国物理学家M.D.克鲁斯卡尔与N.J.扎布斯基用计算机模拟有名的**FPU问题**的连续极限的初边值问题时，发现了FPU问题的一类解可由KdV方程的解描述，而且KdV方程的孤立波解在相互作用后不改变各自的波形和速度，具有类似于粒子碰撞的性质，他们将这种孤立波命名为孤立子（见图）。图中表示两个KdV孤立子从左向右运动，二者振幅比为8∶2，从而传播速度比为2∶1，经过一段时间，快孤立子追赶上慢孤立子，碰撞后快者越过慢者，二者均保持原来的形状。图a～e显示了两个孤立子的碰撞过程。

KdV方程孤立子的发现，推动了非线性问题可积系统极端普遍方法的建立。

理论研究上最清楚的孤立子都还是空间一维的。但实验室或自然界中的相干结构，如流体和等离子体中的涡旋、大气中

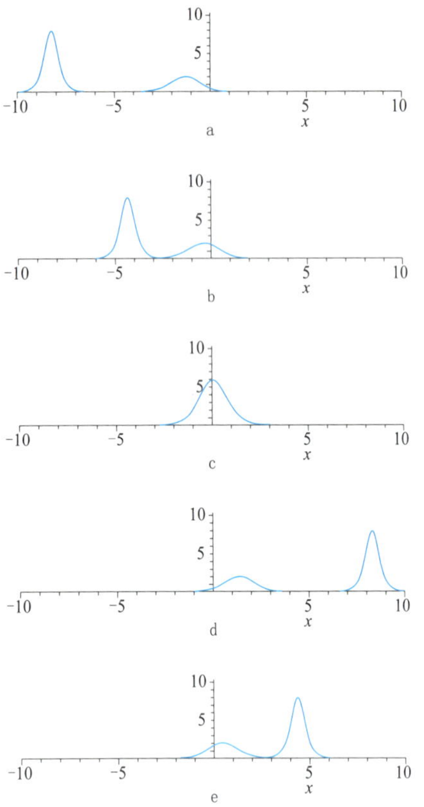

两个KdV孤立子的碰撞图

的台风等，其维数明显高于一维。建立这些相干结构或高维孤立子的理论，从实验和理论上探索它们之间相互作用的规律，是当前相干结构和孤立子研究的重要课题。由孤立子研究而推动的可积系统数学理论研究，正在经典系统的可积性理论、非线性偏微分方程的精确求解方法等方向上深入。（刘寄星）

相干控制 coherent control 利用**相干光**来控制光与原子的相互作用过程的量子力学方法。波在传播时其频率、相位等物理量在不同地点或不同时间的相关特性称为相干性。通过对相干激光的相位进行整形来控制原子（分子）的量子干涉现象，可使原子（分子）动力学过程与控制激光的相位有恒定的关系。

相干控制的概念最早出现在化学反应控制领域，利用相干性好的激光与原子（分子）相互作用，可有效地将原子（分子）激发到特定的态上去，从而达到选择反应通道的目的。化学反应的相干控制从时域来看，就是通过控制激光脉冲之间的时间延迟来相干地控制化学反应。从频域来看，就是通过单光子和多光子通道的干涉来相干地控制化学反应。相干控制可用于控制单分子化学反应、双分子化学反应的最终结果。

相干控制旨在通过外场将量子系统从初始状态转移到目标状态。对于给定的初始和最终（目标）状态，相干控制被称为状态到状态的控制，这为量子门操作奠定了基础。

随着激光技术的发展，相干控制已被广泛地应用于视网膜的生物光异构化、光谱、质谱、磁共振波谱学、成像、激光冷却、量子增强感测、量子信息处理、量子模拟、阿秒物理学等领域。（王　谨）

相干拉曼光谱学 coherent Raman spectroscopy; CRS 研究介质中原子、分子（或晶格）的振动与强激光相互作用后产生的非线性拉曼散射效应的学科。激光出现后，不但使以往的自发拉曼散射现象更易进行观测和研究，使之成为重要的光谱学工具，而且在一定的条件下，在强激光电场作用下，电场对感生偶极矩的非线性贡献变得重要起来，导致出现了一些新型的具有良好方向性与相干性的受激散射效应，散射强度比自发拉曼散射强度大10^9倍，如受激瑞利、受激布里渊和受激拉曼效应。这些研究发展成为内容丰富的相干拉曼光谱学。

相干拉曼光谱学始于1962年受激拉曼散射的发现：强激光作用在适当的介质时，由于入射光的光子通量高，引起介质中处于高能态上的粒子数甚多，当其中少数以**自发跃迁**形式落到低能级时，会诱导高能级上其余众多的粒子发生受激跃迁，使得微弱的自发散射光会被放大几个数量级，从而构成受激拉曼散射。光放大率与入射激光强度、光与介质互相作用的长度和微分散射截面，以及拉曼谱线宽度$\delta\nu_R$的倒数成指数关系。将光的自发散射转变为定向的、相干散射的受激拉曼散射是一种非线性光学效应。它的发现推动了相干拉曼光谱学的研究，如利用四波混频过程来产生新的相干频率，出现了相干反斯托克斯拉曼散射（CARS）和相干斯托克斯拉曼散射（CSRS）光谱技术。以上所述观察到的效应，都可以由三阶非线性极化系数来正确地描述，都属于相干拉曼光谱学范畴。

相干拉曼光谱学的唯象描述如下：当频率为ν_1和ν_2（其中$\nu_1>\nu_2$）的两束高强度的相干激光，同时入射到待测样品时，两个不同频率的激光会迫使待测样品中的分子以这两个激光的频率之差$\nu_1-\nu_2$的频率作振动n_R（n_R是拉曼活性振动频率），即当满足$\nu_R=\nu_1-\nu_2$时，会相干激发介质中的分子振动或转动，而这种振动或转动的相干激发又与入射光场$E_1(\nu_1)$和$E_2(\nu_2)$相互作用。在这种相干受迫振动中，分子的振动频率会同入射激光的频率混合起来产生介质的极化，而这个极化所发射的各种频率的辐射便成为各种相干拉曼光谱。

如果激光频率ν_1是固定的，激光频率ν_2是可调的，通过调谐激光频率ν_2，使得它们的频率之差$\nu_1-\nu_2$（$\nu_1>\nu_2$）等于待测样品中分子的某一个简正振动的频率ν_R。如果频率为$\nu_1-\nu_2$的振荡，同频率为ν_1入射激光束之间夹角满足相位匹配关系，则光波在介质中的非线性相干叠加，会产生出频率为$\nu_{as}=2\nu_1-\nu_2$的新的反斯托克斯信号，这正是用激光ν_1激发的相应于分子拉曼频率的反斯托克斯频率。因此，由这种四波混频过程产生的散射即相干反斯托克斯拉曼散射。如果把两个入射激光波的作用倒过来，则可产生出频率为$\nu_S=2\nu_2-\nu_1$的新的斯托克斯波，其信号频率低于最小的入射激光频率。此过程产生的散射即相干斯托克斯拉曼散射。相干反斯托克斯拉曼散射和相干斯托克斯拉曼散射是两种很有意义和发展前途的实用型非线性激光光谱学技术。

由于**光散射**与**非线性光学**学科间的互相交叉，通过对相干拉曼散射效应的深入研究，一方面加深了人们对强激光与物质互相作用规律性的认识，如可用以研究晶体中的晶格振动和某些非线性光学性质，研究具有荧光的生物组织（如活细胞等）的结构；另一方面，也向人们提供了一种用来产生相干光辐射的新手段，利用受激拉曼散射等效应制成高转换效率的**可调谐激光器**。（刘玉龙）

相互作用长度 interaction length 从粒子射入物质中到发生第一次相互作用所走过的平均距离。**强子**或**原子核**与物质原子核作用的相互作用长度称核作用长度。粒子射入物质中到发生该粒子被吸收或转化为其他粒子的相互作用所走过的平均距离为吸收长度。同种粒子在同一物质中的吸收长度不会比相互作用长度短。相互作用长度及吸收长度与相互作用总截面及吸收截面的关系是：

相互作用长度

$=A/$（$N\times$相互作用截面$\times$物质密度）

式中A为物质原子量；N为阿伏伽德罗常数。（朱重远）

香蕉轨道 banana orbit 环形磁约束等离子体中一种形状类似香蕉的带电粒子运行轨道。相应的粒子称为香蕉粒子或约束粒子。在环形磁场位形中，带电粒子在做回旋运动的同时，沿环形磁面上的螺旋形磁力线自由运动。由于外加的环向磁场在环内侧强外侧弱，有些粒子运动到内侧时被反射回外侧继续运动到另一内侧再次反射。即被约束在沿磁力线形成的磁镜场中，称为约束粒子。而另一些平行于磁场速度分量较大的粒子可以通过内侧强场区，沿螺旋磁力线环绕大环和小截面连续运动，称为通行粒子。

由于环向磁场存在曲率和梯度，上述两种轨道上的带电粒子还在垂直磁力线方向漂移运动而偏离原磁面。按照漂移速度公式，这一漂移在垂直方向依赖于所带电荷极性，分别朝上和朝下偏离。约束粒子在小截面上的投影图上构成了封闭形的轨道。图1显示了这种类似香蕉形状轨道的成因。约束粒子轨道在小截面上的投影类似香蕉，实际三维轨道也类似香蕉，但不是封闭的。这是因为处于轨道的内外两组成部分的受力有少许差别，使得粒子轨道不断在环向移动，称为进动。总的运动图像可见图2所显示的计算机模拟结果。

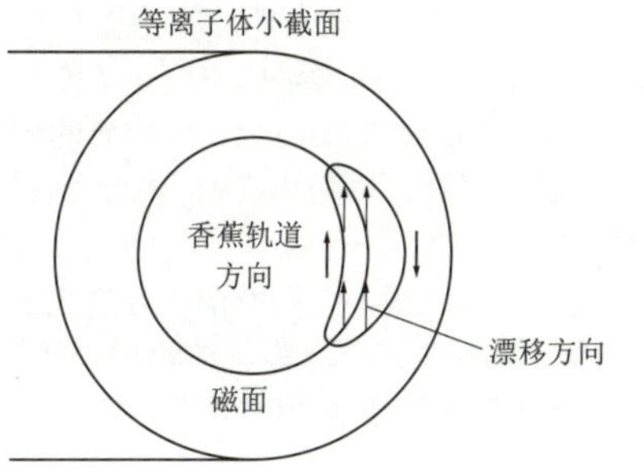

图1　约束粒子的香蕉轨道在环形等离子体小截面上的投影

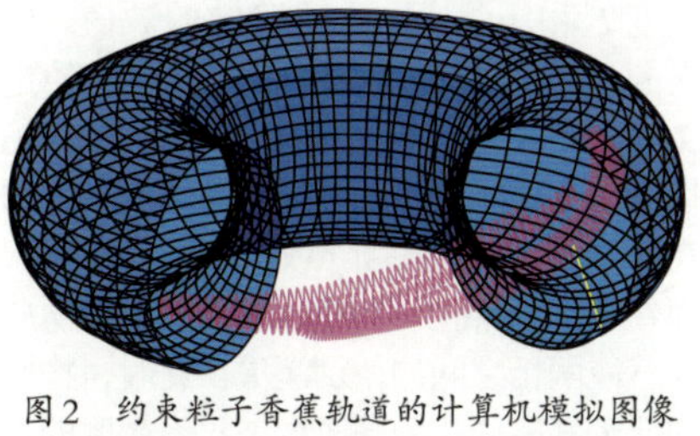

图2　约束粒子香蕉轨道的计算机模拟图像

约束粒子的香蕉轨道对环形等离子体的输运性质起着重要影响。考虑到约束粒子贡献的输运理论称为**新经典输运理论**。**自举电流**、新经典撕裂模等重要现象也与约束粒子的香蕉轨道有关。

（王　龙）

响度　loudness　表示一个声音听来有多响的程度。见**声**。

响应函数　response function　反映非平衡流和力之间关系的函数。流对力一般是非线性的响应关系，响应函数一般是时间空间的函数，且有时间记忆（非马尔可夫性）和空间关联。

考虑线性响应的简单情形，在外力空间分布均匀而随时间变化情况下，t时刻的非平衡流响应与t时刻之前的历史有关：

$$J_i(t)=\sum_{j=1}^{n}\int k_{ij}(t,t')X_j(t')\,\mathrm{d}t'$$

式中$k_{ij}(t,t')$为响应函数。由于因果律，t时刻的流只对t时刻之前的力有响应，即响应函数在$t>t'$时不为0，而在$t<t'$时为0。

在空间均匀、时间定态外力的特殊情形，上述流和力的关系回到正比关系：

$$J_i=\sum_j L_{ij}X_j$$

其中线性输运系数矩阵可表示为响应函数的积分：

$$L_{ij}=\int_{-\infty}^{\infty}k_{ij}(\tau)\,\mathrm{d}\tau$$

（郑志刚）

向列相　nematic phase　由长径比很大的棒状**液晶**分子组成液晶相。液晶分子长轴基本保持平行，而分子的质心位置却很混乱。向列相特征是液晶分子的指向矢方向有序而液晶分子的质心位置无序。因此与近晶相相比，向列相的液晶分子不存在层状结构，即分子不能排列成层，而能上下、左右、前后滑动，具有类似普通液体的流动性。向列相液晶的分子排列是可以取向的，粘在支撑物表面上可减少它的流动性。例如可在玻璃基板表面上预先涂布取向层，将取向层沿着同一个方向均匀摩擦，形成沿同一方向的凹槽。取向层上的向列相液晶为减小弹性形变，将沿凹槽方向排列。处于向列相的液晶分子长轴接近平行，因此具有**单轴晶体**的光学性质。又由于液晶分子在电学上具有**介电各向异性**，所以可以利用外加电场对具有光学各向异性的向列相液晶分子进行控制，改变原有分子的指向矢方向，从而改变液晶的光学性质，实现液晶对外界光波的调制。

向列相液晶由于存在着明显的光学、电学各向异性，加上其黏稠度较小，因此成为液晶显示器件中应用最为广泛的一类液晶。利用向列相液晶分子排列易于取向的性质，还可以在液晶盒的上下基板表面做不同的取向层，制备扭曲向列相液晶盒。如果往向列相液晶中添加手性剂，将产生螺旋结构，将向列相液晶转变为胆甾相液晶。

（王琼华）

向心加速度　centripetal acceleration　做曲线运动物体**加速度**的法向分量。因它的方向指向曲率中心而得名。向心加速度只改变**速度**的方向，不改变速度的大小。其值等于速度v的二次方除以曲率半径所得的商，即$a_n=v^2/R$。物体做变速直线运动时，向心加速度为零。向心加速度不等于零是物体做曲线运动的必要条件。

（仲　佰）

向心力　centripetal force　迫使做曲线运动的物体不断转变运动方向的作用力。对于做圆周运动的物体来说，向心力指向圆心，大小等于mv^2/R，其中m和v分别是物体的质量和速度，R是圆周的半径。对于做一般曲线运动的物体来说，物体所受到的力可以分解为沿轨道的切线方向的分量f_t和法线方向的f_n。后者就是向心力，其作用只是迫使物体不断转变方向，而不改变物体速度的大小，它在法线方向造成的法向加速度等于v^2/R，这里的R是轨道在该点的曲率半径，因此$f_n=mv^2/R$。

按照牛顿第三定律，除了向心力作用在沿曲线运动的物体上以外，同时还存在另一个和向心力大小相等而方向相反的力。这个力作用在迫使物体不断转变方向的那个物体（某些“约束物”）上，称之为离心力。如石块系于绳上而被抡转时，向心力作用在石块上，而离心力作用在绳子上。

（贾书惠）

相变　phase transition　外界条件（温度或者压强）连续变化时，物相发生的突变。通常的相变可以从如下三方面的变化体现：①结构发生变化。如气相凝结成液相或固相，液相凝固为固相，固相中不同晶体结构的转变。②化学成分的不连续变化。如固溶体的脱溶分解，溶液的脱溶沉淀。③某种物理性质突变。如顺磁铁磁相变，顺电铁电相变，正常导体与超导态转变，金属绝缘体转变。但相应于一些特殊的过程，物质状态没有突变、性质确实不同，这类过程称为连续过渡。

相变可以按热力学标准分类，可分为一级相变、二级相变等。**P.厄任费斯脱**给出的相变级次定义为：n级相变是指在参与相变系统的热力学势其$n-1$阶导数保持连续的情况下，其n阶导数不连续的相变。已知的相变有一级相变、二级相变、三级相变、无穷级相变（亦即连续过渡）。上述相变的热力学标准分类，无法定义在相变时其比热发生发散的情形（统计物理给出，热力学极限条件下，可以存在这样比热发散的相变）。此即为λ相变。更为准确和通用的热力学相变分类，是将相变分为不连续相变和连续相变。不连续相变就是一级相变，除一级相变的其他热力学相变统称为连续相变。连续相变前后摩尔熵和摩尔体积均不发生突变，即它们做连续变化。（应学农）

相变前效应 pretransition effect 相变前发生的物理、化学过程。相变可分为一级相变、二级相变和高级相变。相变是一个复杂的过程，狭义的相变过程指相变前后化学组分不发生变化的过程，是一个物理过程而并不涉及化学反应；广义的相变过程还包括过程前后相的化学组成发生变化的情况，中间可能涉及化学反应的发生。不同的相变过程在动力学和热力学上都有各自不同的特征。相变的类型可以按照热力学、动力学以及结构变化来划分。多数相变过程都会涉及新相的成核及其长大的过程。从系统结构、组分、热力学性质等角度对相变过程进行相变前效应研究有助于建立其中所涉及的反应动力学机制等方面的模型。如对位移型相变，或者有序相变，可以通过原位测量的方法来对相变前效应进行研究。（侯 旭）

相场计算方法 phase field computation method 通过序参量的时空分布来模拟材料微结构形貌及演化的计算方法。对铁电材料，序参量通常为极化矢量。材料微结构的形貌与演化、包括铁电材料电畴结构及演化，是其体系自由能趋于（局部）平衡的结果。因此，可以通过材料序参量的空间分布与时间演化进行模拟。

相场模型由三大要素组成：①系统自由能，为序参量的泛函，通常包括内能、界面能、序参量相互作用及外场作用等。对铁电材料而言，通常涉及力场电场及其耦合。②驱动力，可通过系统自由能对序参量的变分求得。③动力学，即序参量时间变化率与驱动力的关联，通常假设为线性关系。

相场方法涉及的非局域弹性与介电相互作用计算可通过格林函数积分予以实现，序参量演化的时空偏微分方程组求解在空间维度上可通过有限差分或有限元方法实现，在时间维度上可通过半隐性有限差分予以实现。

相场计算方法广泛用于模拟铁电多铁材料电畴结构与演化及其对宏观力电磁耦合性能的影响。（李江宇）

相衬 phase contrast 一种空间滤波方法，即通过改变成像光波的相位以增加像的反衬度。由荷兰物理学家F.泽尔尼克于1935年提出，他由此获得1953年的诺贝尔物理学奖。

普通显微镜主要用于观察不同位置处透射率或反射率相差较大的样品，即振幅型样品。对于均匀透明的样品，即透过率函数是相位型（透过光波振幅几乎无差别，相位变化明显）的样品，则由于反衬度太小而难以观察。可以采用附加相移的办法改变像的反衬度。

设相位型样品的屏函数为$\tilde{t}(x,y)=\mathrm{e}^{\mathrm{i}\varphi(x,y)}$，这种样品对振幅或光强的透过率没有变化，因此，在普通显微镜下显示为几乎均匀一致的亮度，看不清样品的结构。设物平面发出的光波经过样品后为$\tilde{U}_o=A\tilde{t}(x,y)=A\mathrm{e}^{\mathrm{i}\varphi(x,y)}$。泰勒展开为：

$$\tilde{U}_o=A\mathrm{e}^{\mathrm{i}\varphi(x,y)}=A\left(1+\mathrm{i}\varphi-\frac{1}{2!}\varphi^2-\frac{\mathrm{i}}{3!}\varphi^3+\cdots\right)$$

若在显微镜的物镜的像方焦平面（傅氏面）处加一相位板（如在一玻璃板的中心加一小滴液体），该相位板处于傅氏面上零级斑的位置，只能使直流成分产生附加的相位δ（δ称作相移）。透过相位板的光波，即进入像面的光波则为：

$$\begin{aligned}\tilde{U}_I&=\tilde{U}_o\mathrm{e}^{\mathrm{i}\delta}=A\mathrm{e}^{\mathrm{i}\varphi(x,y)}\mathrm{e}^{\mathrm{i}\delta}\\&\overset{\text{仅作用于0级}}{=}A\left[\mathrm{e}^{\mathrm{i}\delta}+\mathrm{i}\varphi-\frac{1}{2!}\varphi^2-\frac{\mathrm{i}}{3!}\varphi^3+\cdots\right]\\&=A(\mathrm{e}^{\mathrm{i}\delta}-1+\mathrm{e}^{\mathrm{i}\varphi})\end{aligned}$$

像的光强为：

$$\begin{aligned}&I(x,y)\\&=A^2(\mathrm{e}^{\mathrm{i}\delta}-1+\mathrm{e}^{\mathrm{i}\varphi})(\mathrm{e}^{-\mathrm{i}\delta}-1+\mathrm{e}^{-\mathrm{i}\varphi})\\&=A^2\{3+2[\cos(\varphi-\delta)-\cos\varphi-\cos\delta]\}\\&=A^2[3+2(\sin\varphi\sin\delta+\cos\varphi\cos\delta-\cos\varphi\\&\quad-\cos\delta)]\end{aligned}$$

此时光强与相位φ、δ的空间分布有关，因而在显微镜下能够分辨样品由于相位分布不同而呈现的空间结构，即将相位变化转化成强度的变化。

一般所使用的显微样品的厚度都很小，因而$\varphi\ll1$，此时$\sin\varphi\approx\varphi$，$\cos\varphi\approx1$，上式变为：

$$I=A^2[1+2\varphi(x,y)\sin\delta]$$

$\sin\delta$就是观察到的像的反衬度。如果使相移δ等于$\pm\pi/2$，则$\sin\delta=\pm1$，可以得到最大的反衬度。（崔宏滨）

相和相变 phase and phase transition 相是热力学系统空间的一个区域，在此区域内，物质的所有物理性质基本上是均匀的。相变则是描述物质状态的一些物理参数转换成不同值的过程。各部分的性质完全一致的系统称为单相系或均匀系，如物质的气态、液态或固态都是单相系。与单相系相对的是复相系（非均匀系）。复相系由存在宏观性质差别且被界面分隔开的各均匀部分组成。复相系中的每个均匀部分都称为一个相，如气相、液相、固相等。水蒸气与水在一定温度达到平衡共存就是一种复相系。固态复相系如铝硅合金和铝碳复合材料等，作为新型的功能材料已得到广泛应用。不同相之间的转变称为相变。如气体在相变温度放热转化为液体；一定压强下的固体被加热熔融成液体；铁磁物质温度上升到居里点开始转变为顺磁物质等都是相变现象。

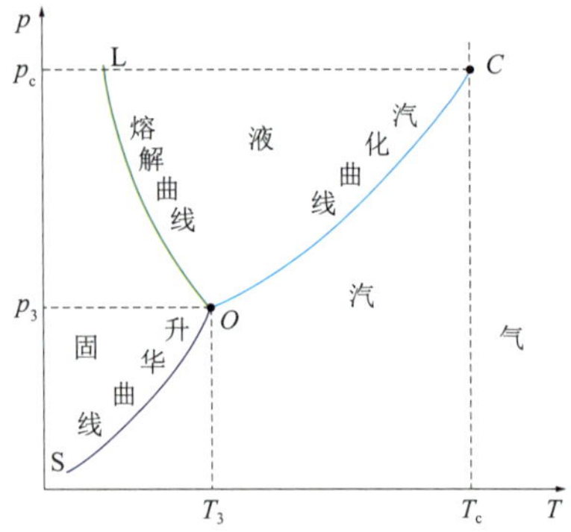

纯物质相图

相图 以温度T和压强p作为独立状态参量，确定纯物质所能处的物态（如气、液、固相）或其同素异构态的p-T图称为该物质的相图。如图所示，纯物质的相图上，表示气液、气固和液固两相达到平衡共存的三条曲线分别叫作汽化曲线、升华曲线和熔解曲线，它们把相图分割成三个区域。相图中每个点表示该物质处于气、液或固相时相应的温度和压强的数值。图上的O点被称为三相点，它是三条相平衡曲线的交点。在三相点上该物质气、液、固三相共存达到平衡。任何物质的三相点温度T_3和压强p_3取唯一确定的数值。如水的三相点是1990年国际实用温标的定义固定点——$T_3=273.16$开，$p_3=600$帕。临界点C是纯物质气液相变的终点。若用T_c和p_c分别表示临界点处的温度和压强，则在等于和高于T_c和p_c的区域里，物质的气液两相之间的差别消失。此时，物质的低密度态变化为高密度态只有密度的连续变化，不再出现对应两相密度发生跃变的气液共存区。高于临界温度后，物质不再可能通过等温压缩被液化。实验可得气液系统临界点数值，如水临界点位于$T_c=374.15$℃和$p_c=2.21\times10^7$帕。

化学势 参与相变的各相的物质的量可变是相变的基本特征。物质的量可变的系统叫作开放系，简称开系。对于一个开系，除传热和做功可引起系统内能的改变外，各相之间物质的量的转换也将导致其内能的改变。类似于热量传递起源于温度差、体积改变起源于压强差，两相的化学势不等是各相物质的量改变的起因。化学势μ与温度T和压强p一样是强度量；定义为单位摩尔数的自由焓G（或称吉布斯函数）：

$$\mu = G/n = U_m + pV_m - TS_m$$

式中的n是物质的量（摩尔数）；U_m、V_m和S_m分别表示物质的摩尔内能、摩尔体积和摩尔熵。

相变中质量总是从高化学势的相向低化学势的相转变，直到两相的化学势相等：

$$\mu_1(T,p)=\mu_2(T,p)$$

这说明达到平衡共存的两相压强和温度之间有一一对应关系；在相图上表示为一条两相平衡共存的曲线$p(T)$，它可是汽化曲线，也可是升华曲线或熔解曲线。在有限化学势差作用下发生的相变是非平衡相变，这是一种不可逆过程；维持化学势相等条件下发生的“1”相与“2”相之间的物相转变是平衡相变，这样的过程是可逆的。

一级相变　对于一定温度T和压强p下发生的平衡相变，由化学势相等条件可得：

$$L=T(S_{m_2}-S_{m_1})=(U_{m_2}-U_{m_1})+W$$

式中$W=p(V_{m_2}-V_{m_1})$。这就是说，若在相变时观测到相变潜热L和相变功W，则两相的摩尔熵和摩尔体积将发生跃变（$S_{m_1}\neq S_{m_2}$，$V_{m_1}\neq V_{m_2}$）。在相变热力学中把有潜热且体积发生跃变的相变称为一级相变。物质的汽化、凝结、熔融、凝固等都是一级相变。热力学分析表明，系统摩尔熵和体积分别等于化学势对温度和压强的一阶偏导：$S_m=-(\partial\mu/\partial T)_p$，$V_m=(\partial\mu/\partial p)_T$。因此，也可把一级相变的基本特征概括为在相变时化学势连续，而化学势的一阶偏导数发生跃变。

克劳修斯－克拉珀龙方程　对于单元系由化学势相等的相平衡条件得到的相平衡曲线斜率与相变潜热和两相摩尔体积差之间关系称为克劳修斯－克拉珀龙方程：

$$\mathrm{d}p/\mathrm{d}T = L/T(V_{m_1}-V_{m_2})$$

此式首先由B.P.E.克拉珀龙于1834年利用无穷小卡诺循环论述得到，之后又被R.**克劳修斯**应用热力学从理论上导出，故得此名。克劳修斯－克拉珀龙方程叙述了熵变（相变潜热）和密度跃变的联系。例如，考虑在正斜率相平衡曲线上发生的平衡相变，当系统从低熵相转变为高熵相（系统吸热）时，必定同时伴随高密度相向低密度相的转变。由此方程引出的结论（如沸点和熔点随压强的变化规律，相变潜热与温度的关系等）都能与实验观测很好地吻合。应用克劳修斯－克拉珀龙方程，还能解释为什么在相图上大部分物质（如二氧化碳）的熔解曲线的斜率为正，而一些物质（如冰）的熔解曲线的斜率为负。因为大多数物质熔解时吸热，同时体积膨胀，但还有一些物质（如冰）熔解时吸热同时体积缩小。由克劳修斯－克拉珀龙方程可见，前一种情况将导致熔点随压强增加而升高（熔解曲线的斜率为正），后一种情况将导致熔点随压强增加而降低（熔解曲线的斜率为负）。

二级相变　实验中还可观测到另一类相变——发生相变时两相的化学势连续，但不同于一级相变，化学势的一阶偏导数仍连续（即无相变潜热和相变功），化学势的二阶偏导数发生跃变。换句话说，相变物质的比热$C_p=T(\partial S_m/\partial T)_p$、体膨胀系数$a=(1/V_m)(\partial V_m/\partial T)_p$和等温压缩系数$\chi_T=-(1/V_m)(\partial V_m/\partial p)_T$的数值在相变前后会有跃变。这样的相变称为二级相变。实验中已观察到的二级相变的有液态氦中发生的He Ⅰ—He Ⅱ转变；铁磁体和顺磁体之间的转变；二元合金的有序态和无序态之间发生的转变；临界点处发生的气液相变以及无外磁场作用时超导材料中发生的正常态和超导态之间的转变等。

连续相变　临界点处发生的气液相变属于连续相变。这是因为当温度大于临界温度时系统处于气态，是完全无序的、高度对称的态；而当温度小于临界温度后系统处于汽液两相共存的态，系统的无序度减小，呈现出具有一定结构的近程有序，系统的对称性随之下降，物理学中称之为对称破缺。在临界点附近发生的系统对称性和无序度的变化可用**序参量**$\phi=\rho_l-\rho_g$定量地加以刻画，式中的ρ_l和ρ_g分别表示物质的液体密度和气体密度。当系统温度从小于临界温度升高到临界温度时ϕ从大于零连续地减小到零值，故这样的相变也称为连续相变。L.D.**朗道**首先指出，不仅临界点附近发生的气液相是连续相变，前面提到的其他二级相变也是连续相变，只是不同系统具体的序参量不同而已，故可统称之为连续相变。约定连续相变发生在临界点，与之有关的物理现象称为**临界现象**。

与一级相变中的克劳修斯－克拉珀龙方程相当的，在二级相变中确定相图上的两相平衡共存曲线斜率的方程叫作厄任费斯脱方程：

$$\frac{\mathrm{d}p}{\mathrm{d}T}=\frac{C_{m,p_2}-C_{m,p_1}}{TV_m(a_2-a_1)}=\frac{a_2-a_1}{\chi_{T_2}-\chi_{T_1}}$$

式中的V_m是在相变时系统的摩尔体积；$C_{m,p}$、a和χ_T分别表示相变物质的定压摩尔热容、体积膨胀系数和等温压缩系数。

（包科达）

相界　phase boundary　具有不同结构的两个相之间的界面。不同结构包含同质异构和不同质材料。它们可能是结构对称性相异，或晶格常数有别，或键合类型不同，使相界具有较复杂的结构组态。相界大体上可分成共格相界、半共格相界和非共格相界三类。

共格相界　共格相界的两相界面是晶格完全匹配的，这情况极少见。钴相变中出现面心立方和六角密堆的两相界面，这两相由于有相同的晶格面作为相界面，相界两侧的晶面按不同规则堆垛成各自的结构。这是一种界面能特别低的相界。

半共格相界　半共格相界是常见的一类相界，是通过界面上产生失配位错阵列来补偿的近共格相界。在外延生长中基底晶体和外延层的晶格常数分别为a_s和a_0，两者失配度为：

$$f=(a_s-a_0)/a_0$$

外延生长初期，外延层很薄，这种失配可用弹性形变来容纳，以保持两者共格。但随着外延层增厚，弹性能增大，外延层力图恢复无畸变状态以减少弹性能，界面失去共格，界面原子排错的能量陡然上升。两者竞争的结果是，在界面上产生了失配位错的阵列或网络，形成半共格界面。

非共格相界　非共格相界则是一种完全无序的相界。在合金中经常出现。

（陆　栋）

相空间　phase space　经典理论中确定系统中所有粒子运动状态的全体物理量构成的一种几何空间。经典**系综**理论中描述和确定系统的微观运动状态一般采用相空间的几何表示法。又称相宇或Γ空间。在经典力学中，给定系统的动力学状态可用系统的广义坐标和与之共轭的广义动量加以确定。对于一个由N个粒子组成的系统，若共有$3N$个自由度，则可用

$$(q,p)\equiv(q_1,q_2,\cdots,q_{3N};p_1,p_2,\cdots,p_{3N})$$

描述和确定系统的微观运动状态。为了形象和几何地表示系统的微观运动状态，设想构造一个由$3N$个坐标轴$q_1,q_2,\cdots,q_{3N}$和$3N$个动量轴$p_1,p_2,\cdots,p_{3N}$组成的、正交的$6N$维空间，称为相空间。系统的一个微观运动状态，对应于相空间中的一个点，称为相点。系统的动力学状态随时间的演变，可用相点在相空间里画出的一条曲线表示，称为相点的轨迹。在经典力学中，若给出表示系统能量的哈密顿量$H(q,p)$以及系统的初态(q^0,p^0)，则系统状态随时间的演变可由哈密顿正则运动方程确定：

$$\dot{q}_i=\partial H(q,p)/\partial p_i$$

$$\dot{p}_i = -\partial H(q,p)/\partial q_i$$

其中$i=1,2,\cdots,3N$。由上列方程组解的唯一性可知，通过相空间的每个点只能画出一条相轨迹。（包科达）

相平衡 phase balance 在一定条件下，当一多相系统中各相的性质和数量均不随时间变化时，该系统所处的状态。宏观上看此时没有物质由一相向另一相的净迁移；微观上看不同相之间的分子转移并未停止，只是两个方向的迁移速率相同而已。相平衡的条件为：在一个封闭多相体系中，相与相之间可以有热的交换、功的传递和物质的交流。对具有多相体系的热力学平衡，包含了以下四个平衡条件：①热平衡条件。达到平衡时，各相具有相同的温度。②压力平衡条件。达到平衡时各相的压力相等。③化学势平衡条件。任一物质在各相中的化学势相等，相变达到平衡。④化学平衡条件。化学变化达到平衡。（刘玉鑫）

相平衡曲线 phase balance curve 连接相平衡状态点的曲线。一般的热力学相变过程既可以单向进行，也可以双向发生，多数是可以双向进行并达到平衡的。所谓相平衡就是在相变过程中系统中达到了相及其物质的量都不再变化的状态。相平衡时描述不同相的某些状态参量之间其数值都没有差异，如物质三态之间的相变，物质不同相之间的压强和温度的差别消失，则在p-T图上相平衡的两个状态都可以用同一个点表示。而这些相平衡的点就连接为一条曲线，称为相平衡曲线。p-T图上各相平衡曲线之间围成了一个个区域，这些区域称为一个个相。所有相平衡曲线的图构成了相图。（刘玉鑫）

相速度 phase velocity 波的等相位面在空间的传播速度。若相速度表示为c_p，则：

$$c_p = \frac{\omega}{k}$$

式中ω为波的角频率，k为波传播方向上的波数。单一频率的波，其传播速度就是它的相速度。在通常的介质中，简谐波的相速度是与频率无关的常数，这种介质称为非色散介质。但在某些介质中，相速度因频率（或波长）而异，此种现象称为色散或频散，这种介质称为色散介质。而对于非线性波，相速度还是振幅的函数。

波的色散由介质的特性决定，因此常把介质分为色散的或非色散的。介质会导致波的色散，一个原因是它的尺寸有限，这种色散叫位形色散。例如，在尺寸比波长大得多的固体块内，弹性波的相速度是常数，但对于沿直径同波长可比拟的棒面传播的弹性波，同样材料的棒便是色散的了。同样，对水下声波而言，开阔的深海大洋通常是非色散水声信道，而浅海（海深与波长可比时）则是色散水声信道。

介质导致色散的另一个起因在于它内部的微观结构。有的介质不论其形状如何，对于某些频率范围的某些种类的波总是色散的。例如，有些介质内部的带电粒子（如电子），受入射可见光的激励而振动，从而反作用于这个光，导致它的色散。正由于水的色散性，雨后才有可能映出彩虹。（吴立新）

相位 phase 简谐运动中，正弦函数或余弦函数的自变量。又称位相、相。例如在简谐振动$A=A_0\sin(\omega t+\varphi)$或$A=A_0\cos(\omega t+\varphi)$中，正弦函数或余弦函数的自变量$\omega t+\varphi$称为相位，它是时间的一次函数。特别地，零时刻的相位φ称为初相位。注意，对于同一个简谐振动，其正、余弦函数形式的相位不同。（张海澜）

相位匹配 phase match 非线性光学中，提高非线性转换效率的手段。在非线性光学中，常有数束入射光入射到非线性介质中，感生出非线性极化，由此产生新的辐射光。为了能提高非线性转换的效率，需要在传播过程中使非线性极化与新辐射光之间相位匹配。这样，在非线性介质中不同位置产生的光才能有效地相干叠加，得到最大强度的辐射光。

以二次谐波为例，假设入射光为$E_{\text{input}}(x,t)=E_\omega e^{i(k_\omega x-\omega t)}$，由非线性极化$P_{2\omega}\propto E_\omega^2 e^{2i(k_\omega x-\omega t)}$产生二次谐波$E_{\text{SHG}}(x,t)=E_{2\omega}e^{i(k_{2\omega}x-2\omega t)}$。这里，相位匹配的条件为$\Delta k=2k_\omega-k_{2\omega}=0$。而当相位失配，即$\Delta k\neq 0$时，输出效率将减少一个因子$\sin^2(\Delta kL/2)/(\Delta kL/2)^2$，式中$L$为非线性介质的长度。

在非线性晶体中，相位匹配可以利用晶体的非对称性来实现。（傅盘铭）

相位相干长度 phase coherence length 在一个体系中，电子在拥有确定的相位记忆的前提下所能运动的最大距离。这里主要介绍电子的相位相干长度，对于光波和声波等也有类似的概念。由于电子有波动性，因而表现出相干叠加性，也就是取决于电子波函数相位的叠加。电子在运动过程中，经历多次散射，仍然有可能保持确定的相位记忆，进而表现出相干叠加性。当电子运动距离超过相位相干长度后，电子的相位将发生无规则的变化，进而破坏相干叠加性。因此，相位相干长度又被称为退相干长度。一般认为弹性散射前后电子的相位变化有确定的联系，相干性仍然可以保持，而非弹性散射会改变电子的能量，进而导致电子相位的无规则变化。因此相位相干长度也等于电子在两次非弹性散射间所走的平均距离。（沈 瑞）

相稳定条件 phase stability condition 使系统中物质的相具有稳定性所需要的条件。平衡态是理想化的概念，因此在确定的条件下，物质才能有稳定的相。相稳定条件可以表述为绝热压缩系数大于零、等容热容量大于零，或等温压缩系数大于零、等容热容量大于零。对于常见的物质，在等温或绝热情况下增大压强时体积总是减小、在体积不变情况下输入热量（能量）时温度总是升高，即是相稳定条件的表现。（应学农）

像差 aberration 实际光学系统所成的像与近轴光学（高斯光学）系统所成的理想像之间的偏差。像差的产生起因于物空间的一个物点发出的光线经实际光学系统后，一般并不会聚于像空间的一点，而是形成一个弥散斑。弥散斑的大小与系统的像差有关。近轴光学系统只适用于靠近轴的小物体的细光束成像，但任何一个实际光学系统都具有一定的相对孔径和视场，因此对不同孔径的入射光线其成像的位置会不同，不同视场的入射光线其成像的倍率也会不同。实际的光路远远超过近轴区域所限制的范围，因此物像的大小和位置与近轴光学系统的成像结果也就有所差异，从而产生像差。

基于几何光学的像差主要有七种，一般分为两大类，即单色像差和色差。单色像差是指在单色光入射光学系统时产生的像差，按产生的效果，又分成使成像模糊和使成像变形的两类像差，前一类包括球差、彗差（正弦差）和像散，后一类包括场曲和畸变。色差是指在复色光入射光学系统时产生的像差，由于光学材料对不同波长的光具有不同的折射率，使得不同波长的光成像的大小和位置有所差异，色差包括位置色差（轴向色差）和倍率色差（垂轴色差）两种。

尽量消除或减少这些像差是设计光学系统的一项重要任务。（白本锋）

像面弯曲 curvature of field 垂直于光轴的物平面经透镜后成的像不是平面而是曲面的现象，即不能在像平面聚焦。像面弯曲是一种光学像差，是球面成像系统的初

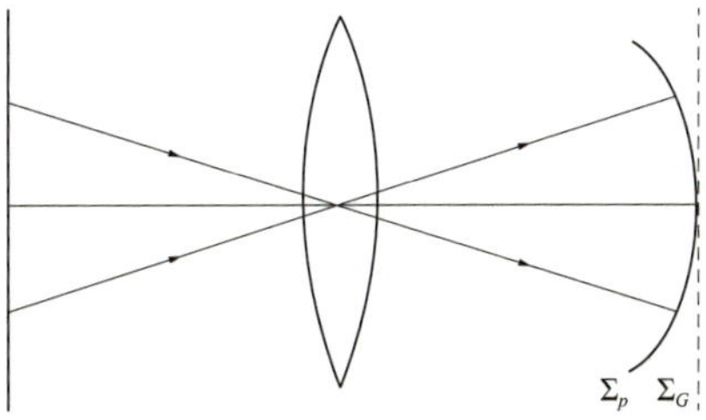

球面系统的像面弯曲

级像差之一。弯曲的像面又称珀兹伐曲面。如图中所示，Σ_G为高斯像平面，Σ_P为珀兹伐曲面。沿光轴入射的光可以在像平面聚焦，而离轴的入射光聚焦点近于焦平面，从而这些离轴光的焦点构成珀兹伐曲面。对于成像面为曲面时，这种像差不明显，如人类的眼球成像。在照相机中，短焦距镜头中像面弯曲造成的图像模糊较明显，而在长焦距镜头中则几乎没有影响。形成像散很大的光学系统一般也有很明显的像面弯曲。目视仪器中可容许一定程度的像面弯曲，但照相机中感光器件总呈平面，像面弯曲必然导致图像模糊。在光学工程中，通常使用正负性相反的凸、凹透镜适当组合，可有效地减小像面弯曲造成的像差。（胡望雨　朱　星）

像散 astigmatism　球面成像系统的初级像差之一。从离轴较远的物点发出的同心光束，即使很窄，经透镜后也不再是同心光束，而成为像散光束，产生像散。像散光束的横截面一般是一椭圆，在两处退化成互相垂直的直线，称为子午焦线和弧矢焦线（见图）。两焦线之间的某处横截面

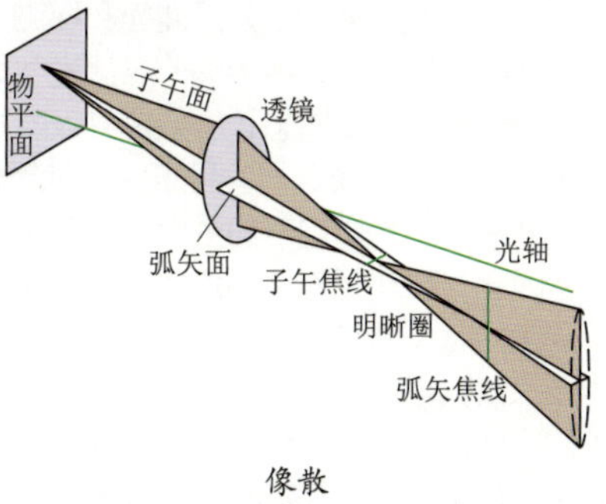

像散

为一个圆，称为最小模糊圈或明晰圈。包含光轴和主光线（从物点出发经透镜中心的光线）的平面称子午面；包含光轴并与子午面垂直的平面称弧矢面。子午焦线和弧矢焦线分别与子午面和弧矢面垂直。像散大小用两焦线间的距离在光轴上的投影来量度。

像散产生的原因是透镜对子午面内的光线和弧矢面内的光线有不同的聚焦能力，相应有不同的焦距。单纯像散是大倾角的窄光束产生的，当孔径较大时（宽光束），除像散外还同时存在球差和彗差。像散大小与物点离轴的距离、透镜的相对折射率及镜片表面曲率有关。适当选择透镜材料、表面曲率或用组合透镜可减小像散。（胡望雨）

像素阵列探测器 pixel array detector　由一维或者二维的成像单元组成的阵列，每个成像单元可以捕获光子，把光子转换为电荷，然后再在芯片内部或者外部进行模数转换，进而形成图像的仪器。像素阵列探测器中的成像单元能够进行光电转换的光谱范围可以很宽，从X光、紫外光、可见光、近红外扩展到红外光波段。能够对红外光谱成像的图像传感器一般是特殊材料构成，或者对硅进行了特殊处理，例如对短波红外感光的材料一般是铟镓砷（InGaAs），中波红外感光的材料一般是锑化铟（InSb），长波红外感光的材料一般是碲镉汞（HgCdTe）。

分类　传感器的分类方式可以有很多种，根据加工工艺的不同，可以分为CCD和CMOS；根据扫描方式的不同可以分为线扫描和面扫描；还可以根据快门方式和感光结构的不同来进行分类。

CCD和CMOS　这两种技术诞生于20世纪70年代，由于工艺方面的限制，一直到20世纪末，CCD都占有绝对领先的地位，可以实现高质量的成像。随着CMOS半导体工艺的发展，可以在很小的硅片上实现高度的集成，同时提高了感光性能，降低了功耗，降低了成本，提高了分辨率和速度。

线扫描和面扫描　线扫描的图像传感器是一条线，每次采集只采集一行的图像。线扫描的图像传感器也可以有多条线。面扫描的图像传感器是一个二维的成像阵列，采集图像是以“面”的方式进行。

快门方式CMOS　图像传感器具有两种快门方式，一种是滚动快门或者卷帘快门，另外一种是全局快门。两种方式的区别在于图像阵列的各个像素点的曝光步骤不同。对于滚动快门类型的图像传感器来说，扫描是逐行进行的，可以是从上到下，或者从下到上，或者是从中间到两边等各种方式，但是都是一行曝光完成，间隔一定时间之后下一行开始曝光。所有的像素点并不是在同一时刻曝光，所以在整个曝光周期内，如果被拍摄物体发生了位移，就会造成图像的扭曲。全局快门的方式是所有的像素都是在同一个时间开始和结束曝光，不会有滚动快门的运动物体的扭曲现象。

主流的CCD图像传感器可以认为是全局快门的，根据感光区域和电荷存储区域的不同，可以分为整帧、帧转移和隔行，三者各有优缺点。整帧传输方式的CCD，整个区域都可以感光，可以实现较好的感光性能，但是需要搭配机械快门才可以正常工作。帧转移方式的CCD，类似整帧方式的CCD，但是它的感光区域和存储区域是分开的两部分，无须机械快门。隔行的CCD是应用最广的一类，感光区域和存储区域一行一行间隔开，可以实现快速的图像捕捉。

主要技术参数　衡量像素阵列探测器的技术参数有很多，以下几种是比较常用的指标：

分辨率：成像单元的个数。

像素尺寸：每个成像单元的大小，大尺寸的像素可以有大的用来接收光的面积。

动态范围：体现了传感器能够体现的最暗和最亮的区域范围，最亮的范围和满阱电子直接相关，即每个像素所能容纳的电子的能力。最暗的范围和暗噪声有关。一般用两者比值取对数来标度。

量子效率：光子转换为电子的效率，QE值越高表示传感器具更有好的光电转换性能。

每个图像传感器厂家参数测量的方法不尽相同，所以直接对比不同传感器厂家的技术指标无实际意义，需要首先保证大家的测量方法和基准是一样的。为此欧洲机器视觉联盟（EMVA）制定了一个用于衡量图像传感器各个方面参数的标准“EMVA 1288”，这个标准为横向比较各个传感器的性能参数提供了一种方法。（沈华东）

肖尔算法 Shor's algorithm　P.W.肖尔1994年提出的量子算法。按照量子力学原理运行的计算机称为量子计算机，由量子计算机完成的计算称为量子计算，在量子计算机上执行的算法称为量子算法。

肖尔算法　肖尔算法属于量子算法，针对的是大数分解问题。所谓大数分解就是将一个大整数分解成素数乘积。肖尔算法出现之前，所有已知的大数分解算法其时间复杂度至少是指数形式的，并且无法断定是否存在具有多项式形式时间复杂度的大数分解算法。如果针对某种加密方法的破解手段需要指数形式时间复杂度的算法，那么这种加密方法可以认为是安全的；如果只需多项式时间复杂度的算法，则应判定这种加密方法不安全，这是密码学界的共识。广泛使用的由R.L.里维斯特、A.沙米尔和L.M.阿德曼提出的RSA

系统、公钥密码系统，其安全性正是由大数分解问题的复杂性保证的。肖尔算法具有多项式形式时间复杂度，因此一经发表立即引起巨大反响，至少在理论上不应再认为RSA公钥密码体制是安全的。肖尔算法的提出极大地推动了量子计算研究，肖尔也因此于1998年荣获奈望林纳奖。

工作机制　量子计算机的奇特之处在于其存储器（量子存储器）的工作机制。量子存储器是由一些称为量子比特（q-比特）的存储单元构成的，每一个量子比特是态空间为2维的量子系统。数据按照某种编码方式对应量子存储器的量子态。量子计算每一步骤对应量子存储器的量子态的一种改变方式。根据量子力学原理，这通过作用于量子存储器的态空间上的幺正变换来完成。量子计算的灵魂是态叠加原理。假定需要计算某个函数f在x,y,z处的值，而求f的函数值的计算由酉变换U实现。根据态叠加原理，可以构造x,y,z对应的量子态的线性叠加态作为输入。由于U是线性变换，U作用于这个态后得到的量子态中同时包含了三个函数值$f(x)$、$f(y)$、$f(z)$的信息。量子计算的这种特性是量子算法高效性的理论基础。然而，得到同时包含了三个函数值信息的量子态并不意味着同时可以读出这三个函数值。如果直接观测这个量子态最多只能得到这三个函数值中的一个，这样前面步骤的高效性完全丧失。这是因为根据量子测量原理，测量将导致量子态塌缩到某个特定的态。可以说，设计高效量子算法的关键是处理好从一个特定量子态读取信息问题。

肖尔算法利用数论将大数因子分解过程转化为求某个函数的周期，在量子环境下，实现量子傅里叶变换，从而高效地对大数进行质因子分解。（刘旭峰）

肖克莱，W.B.　William Bradford Shockley（1910-02-13～1989-08-12）美国物理学家。生于英国伦敦，卒于美国巴罗阿尔托。1936年获麻省理工学院博士学位。1936～1955年进入贝尔实验室，曾任该室晶体管物理学研究主任。其间，于1942～1944年任美国海军反潜战运筹学组研究主任。1955～1958年加盟贝克曼仪器公司并建立了肖克莱半导体实验室。1958～1960年任肖克莱晶体管公司经理。1963～1975年任斯坦福大学教授。

肖克莱专长于固体能带理论。1945年曾预言：假如半导体片的厚度与表面空间电荷层相近，即有可能用垂直于表面的电场来调节表面层的电阻率，使平行于表面的电流受到控制。同在贝尔实验室的J.巴丁提出了表面态理论；W.H.布拉坦发现硅表面的光生电动势。他们三人合作，于1947年底发明了点接触晶体管。1950年肖克莱又成功地研制出结型晶体管。20世纪60年代因提出“人种-智能-遗传”这一颇有争议的论题而成为毁誉参半的人物。由于对半导体的研究和晶体管效应的发现，肖克莱、巴丁和布拉坦同获1956年诺贝尔物理学奖。（郭奕玲）

肖洛，A.L.　Arthur Leonard Schawlow（1921-05-05～1999-04-28）美国物理学家。生于纽约州芒特弗农，卒于斯坦福。1949年获多伦多大学哲学博士学位。先后担任哥伦比亚大学和贝尔实验室研究员。1961年起任斯坦福大学物理学教授、物理系主任。1981年任美国物理学会会长。

肖洛是研究微波激射器和激光器的先驱者之一。曾与C.H.汤斯合作，为汤斯发明激光器做出重要贡献。在斯坦福大学建立了激光光谱学研究中心。1971年，肖洛和合作者创造了多种新的方法，如饱和吸收光谱、内调制荧光光谱、双光子光谱、偏振光谱、光电流光谱等，为高分辨率激光光谱学的发展做出重大贡献。为此他与N.布洛姆伯根同获1981年诺贝尔物理学奖。

（郭奕玲）

肖特基缺陷　Schottky defect　晶体结构中的阴、阳离子离开原来位置，留下阴阳离子的空位，并在表面形成分子或者空位。见晶体缺陷。

消多普勒展宽光谱学　Doppler-free spectroscopy　致力于消除多普勒展宽，提高光谱研究精度的光谱学研究分支领域。

多普勒展宽　在可见光以及紫外波段的原子谱线中，谱线宽度一般由多普勒展宽决定。由于原子的热运动，以速度v朝着探测器运动的原子与静止的原子的跃迁频率之间有一个多普勒频移，该频移的角频率表达式为$f=f_0(1\pm v/c)$，其中f_0为静止原子的跃迁频率。原子的运动速度满足麦克斯韦-玻尔兹曼速度分布，即：

$$n(v)\,\mathrm{d}v=N\sqrt{\frac{m}{2\pi k_\mathrm{B}T}}\exp\left(-\frac{mv^2}{2k_\mathrm{B}T}\right)\mathrm{d}v$$

式中N为原子数；k_B为玻尔兹曼常数；m为原子质量；T为原子气体的绝对温度。在这种情况下，原子的吸收谱线表现出高斯线型的展宽，其半高全宽为：

$$\Delta f=f_0\sqrt{\frac{8k_\mathrm{B}T\ln 2}{mc^2}}$$

例如室温下铷原子的多普勒展宽为510MHz，远大于铷原子谱线的自然线宽6MHz。

常见的消多普勒展宽技术　包括饱和吸收光谱技术、偏振调制光谱技术和双光子谱技术等。这些技术的共同之处是它们皆采用了两个对射的激光来探测原子。

饱和吸收光谱技术　该技术利用一束光强较高的“泵浦激光”来泵浦原子的内态，同时利用另一束频率相同但光强较低反向传播的“探测激光”来探测原子内态变化。实验时通过改变激光频率并记录探测光通过原子气体的透射率来获得原子跃迁谱线。在没有泵浦光的情况下，探测光经过原子时被吸收，其透射光谱（探测光的强度随频率的变化）将出现一个谷，谷的宽度由原子的多普勒展宽决定。在有泵浦光的情况下，若激光频率与原子不共振，由于多普勒效应，泵浦光和探测光因传播方向相反作用于不同的原子，因此泵浦光的存在对探测光的透射光谱没有影响。而在共振的情况下，泵浦光和探测光作用于同一群原子，由于强的泵浦光将把大量原子激发到激发态，导致能够吸收探测光的基态原子减少了，而能受到探测光影响从而发生受激辐射的激发态原子增多了。因此与跃迁频率共振的弱探测光经过原子气体时，透过原子气体的探测光比不共振的情况强很多，形成一个反向的吸收峰，这就是所谓的饱和吸收峰，其宽度由自然线宽决定。饱和吸收技术一般可以清楚地分辨原子的超精细结构，因此常被用来将激光频率锁定到原子的超精细结构的跃迁谱线上。

偏振调制光谱技术　该技术与饱和吸收光谱技术类似，采用频率相同，传播方向相反的一束强的泵浦光和一束弱的反向探测光，也利用了泵浦光和探测光只有在频率与原子跃迁共振时才作用在同样的原子上的这一原理来获得消多普勒光谱。不同的是饱和吸收光谱技术测量的是探测光的透射率，而偏振调制光谱技术通过测量探测光的偏振变化来实现这一目的。实验上一般采用一个线偏振的探测光和一个圆偏振的泵浦光，并在测量探测光的光电探测器前放置一个与探测光偏振正交的偏振片。当激光频率不与原子跃迁共振时，泵浦光和探测光作用在不同速度的原子上，探测光无法进入探测器。反之，泵浦光会改变原子的内态，使得探测光发生法拉第旋光效应，因而获得圆偏性质，使得探测器能够测量到探测光。偏振调制光谱技术的测量的信噪比比饱和吸收光谱技术高。

双光子光谱技术　在该技术中原子通过吸收双光子实现跃迁。在非共振情况下，只有特定速度的原子群通过吸收同一束光中的两个光子可以实现跃迁。而在共振情况（激光频率为原子跃迁频率的一半），由于两束光的多普勒频移相抵消，$f(1+v/c)+f(1-v/c)=2f$，任意速度的原子都可以通过各吸收对射光束中的一个光子实现跃迁，因此吸收光谱在共振处将出现一个峰。（郑盟锟）

消光　extinction　在传播过程中，由于反射、折射、吸收或散射，使光束不能传播到预定的地方，而形成暗斑的光学现象（图1）。最常见的情况是两个相互垂直放置的偏振片产生消光。光束经过第一个偏振片时，透射光为线偏振光（第一个偏振片用于产生线偏振光，此时被称为起偏器），其偏振方向同第一个偏振片的透振方向相平行。该透射光经过第二个偏振片时，由于偏振方向同第二个偏振片（此时可称为检偏器）的透振方向相垂直，光束无法通过，观察屏上光斑为暗，这两个正交的偏振片产生了消光（图2）。

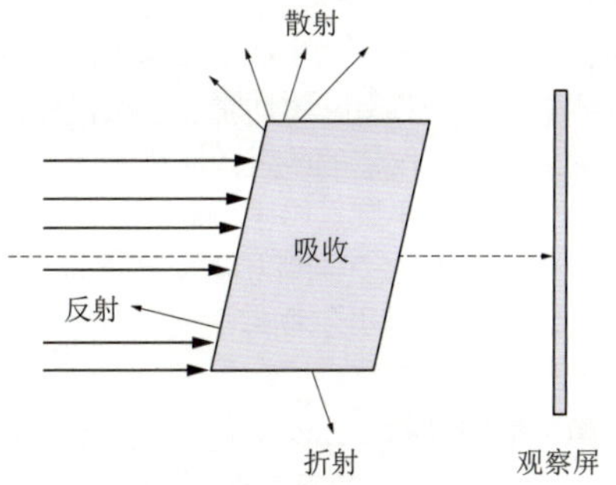

图1　光学消光现象

除了光学，在矿物学、大气光学等学科也有消光概念。

在矿物学里，消光是指在两个透振方向相互正交的偏振器之间插入矿物晶体片出射光斑会变暗的现象。即在上面两个正交的偏振片之间放上矿物晶体片，如果该晶体光学性质各向同性，偏振片间的光束通过晶体片后偏振不改变，而不能透过第二个偏振片，产生了消光。如果该晶体光学性质各向异性，透过晶体片后光束的偏振将依据起偏器透振方向和晶体片光轴间夹角而发生改变，偏振发生改变的光束将能部分透过检偏器。此时，沿光轴旋转晶体，观察屏上将能观察到光斑明暗相间的变化，每旋转90°产生一次消光。

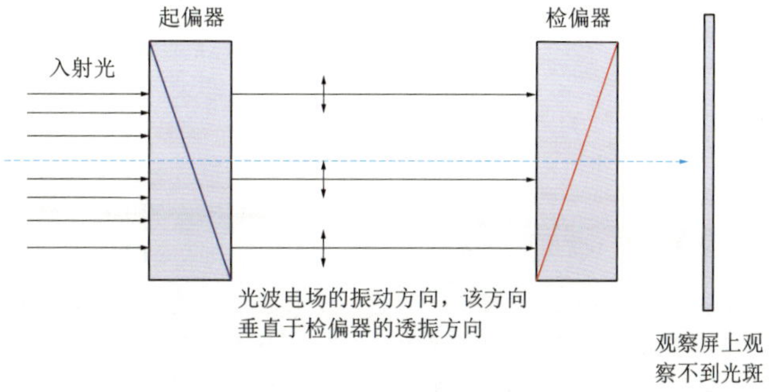

图2　正交的偏振片能对任意偏振的入射光产生消光

在大气光学里，消光指天体发射的光线被路途中的物质（气体和尘埃）吸收和散射掉，地面观察者观测到天体变暗或观测不到天体发射的光的现象。（田建国）

消光比　extinction ratio　用于衡量偏振元件所产生的线偏振光偏振纯度的一个参数。当一束线偏振平行光经过一个偏振元件时，沿平行于光轴方向转动该偏振元件，透射光强（或功率）将由大到小或由小到大周期性地变化。转动偏振元件，在某一个角度将获得最大的透过光强I_1（或功率P_1），该角度对应的方向称为该偏振元件的透振方向，在同这个角度相垂直的方向将获得最小透过光强I_2（或功率P_2），定义$\rho=I_2/I_1$（也可用$\rho=P_2/P_1$）为该偏振元件的消光比（见图）。该偏振元件可以是任意能产生线偏振光的光学元件，如二向色偏振片、格兰-泰勒棱镜等。（田建国）

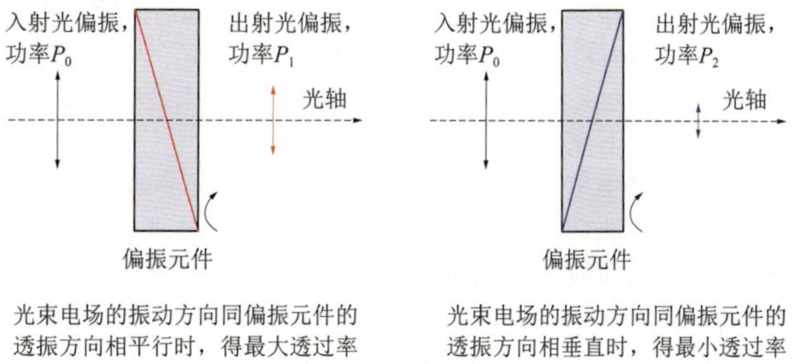

测量偏振元件消光比的方法

消光系数　extinction coefficient　材料复折射率的虚部。反映了材料对入射光的吸收。通常用希腊字母$\varkappa$表示。光波在介质中传播时，光波的电场分量按习惯可表示为$E(\boldsymbol{r},t)=E(r)e^{i(\boldsymbol{k}\cdot\boldsymbol{r}-\omega t)}$或$E(\boldsymbol{r},t)=E(r)e^{i(\omega t-\boldsymbol{k}\cdot\boldsymbol{r})}$，式中$\boldsymbol{r}$为位置矢量、$t$为时间、$\boldsymbol{k}$为光波波矢、$\omega$为光波频率。与光波的上面两种表示相对应，复折射率可分别写为$\tilde{n}=n+\mathrm{i}k$或$\tilde{n}=n-\mathrm{i}k$，它往往被用于计算出射光场同入射光场间的关系。

复折射率的实部n是折射系数，反映了电场相位的变化，而虚部$\varkappa$就是材料的消光系数，反射电场幅度的变化。消光系数同材料的吸收系数的关系为$\alpha=4\pi\varkappa/\lambda$，$\lambda$是对应光束的波长。消光系数反映了材料对入射光的吸收大小，$\varkappa$值越大吸收越强。（田建国）

消色差透镜　achromatic lens　可消除（降低）透镜材料色散效应的透镜系统。由于透镜材料（通常是光学玻璃）的色散效应，折射率n为波长的函数，通常波长越短折射率越高。一束来自无限远、沿透镜光轴传播的白光进入单个透镜后（图1），蓝光（F光，波长486.1纳米）、黄绿光（d光，波长587.6纳米）和红光（C光，波长656.3纳米）的焦点位置不同，称为轴向色差（见色差）。对于未校正色差的透镜，在光轴的任何位置都得不到一个清晰的焦点，焦斑呈现明显的色散，弥散很严重。通常以蓝光的焦点和红光的焦点在光轴方向的间隔ΔL_{FC}作为色差的度量。

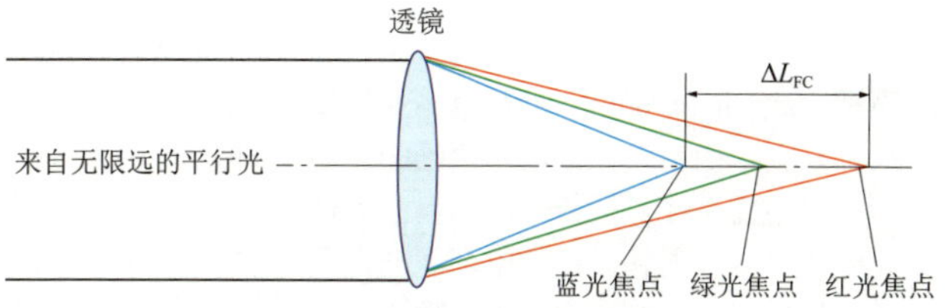

图1　一般透镜的色差现象示意图

为了校正色差，一般采用双胶合透镜，其正透镜朝向平行光，负透镜朝向焦点。正透镜采用冕牌玻璃（如K9），负透镜采用火石玻璃（如F_1）。双胶合透镜有三个曲率半径、两种玻璃，变量较多，优化后在校正单色光的像差（主要是球差）、

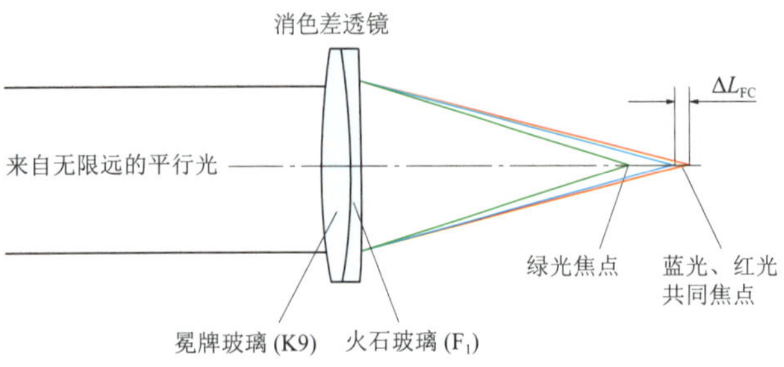

图2 消色差透镜示意图

满足焦距要求的同时，使得轴向色差 ΔL_{FC} 接近于零，蓝光和红光的共同焦点与绿光的焦点的轴向间隔不大，达到校正轴向色差的效果，使得来自无限远的平行光束聚焦为一个较清晰的焦点，色散很小（图2）。这种透镜称为消色差透镜。

消色差是光学系统的基本要求。照相机、投影仪、显微镜等复杂光学系统，不但轴上光束要求消色差，中、大视场光束也要求消色差。（宋菲君）

消色散 de-dispersion 利用各种补偿技术减小或消除**色散**影响的过程。群速度色散会导致光脉冲展宽，改变其波形，引起失真，进而给光通信带来不利影响。利用各种补偿技术可以减小或消除色散的影响，例如可利用两段长度相等但群速度色散系数符号相反的光纤构成光脉冲通路，两段光纤的联合作用可使光脉冲通路的平均群速度色散系数接近或等于零，进而显著地降低或完全消除色散的影响。

（侯春风）

消声室 anechoic room 所有边界上都铺了吸声材料，使室内形成自由声场的声学实验室。主要用途包括传声器的自由场校准、测试电声仪器和设备的电声性能，测定各种机器和设备的噪声功率及频谱，以及作为语言和听觉等基本研究的实验环境。消声室所用的吸声材料，吸声系数要求大于0.99。一般采用尖劈式渐变吸声体，用超细玻璃棉或成型的玻璃毡制作。如一个10米×10米×10米的消声室，每个面都铺上1米高的尖劈，其低频截止频率可达80赫。缺点是尖劈尺寸过大，使消声室相当大的体积为尖劈所占用。而近代航空工业和汽车工业要求消声室的低频截止频率为50赫甚至更低。尖劈高度构成了消声室设计的实际障碍。低频声场只是少数几个简正声波构成的，所以只要在墙角或两个相邻墙面相交的边线处铺设吸声系数不是很高（0.4已足够）的吸声材料，就可得到满意的低频自由声场。边界上铺上由弹性阻尼层、粘接层、可振动的薄钢板和开孔型泡沫塑料组成的厚度为60厘米的复合板共振吸声结构就能在50赫以上的全频段满足要求。

国际上还建造了大量的半消声室。半消声室的地面为硬质刚性反射面，常用厚水磨石铺就，其余要求与消声室相同。半消声室尤其适宜测量大型车辆、机器、设备的噪声。使用半消声室要注意测试物的等效声中心和接收传声器不能离地面太高，否则应进行高频修正。（李晓东 戴根华）

萧健 Xiao Jian（1920-07-19～1984-02-20）中国宇宙线物理学家、高能物理学家。生于湖南长沙，卒于北京。1944年毕业于西南联大物理系。1947～1950年，赴美国深造。先入斯坦福大学，后转加州理工学院物理系。1948年获硕士学位，1950年2月唯恐回国受阻，毅然放弃博士论文答辩而回国。回国后，在中国科学院物理研究所、原子能研究所、高能物理研究所、近代物理研究所任助理研究员、副研究员、研究员。1980年当选为中国科学院学部委员（院士）。

萧健在加州理工学院期间，在其师C.D.**安德森**指导下研究**宇宙线**，以娴熟的实验技巧测定了 K^0 介子、Λ^0 超子的质量、寿命和主要衰变方式，还首次测定了 μ 子的衰变电子谱。回国后，他主持建立了中国高山宇宙线观测站，成为中国**宇宙线物理**的创始人。在国内首先将现代数理统计和计算机技术引入高能物理实验，为在线数据的获取和离线分析奠定了基础。还为高能实验物理培养了一大批科学研究人才。（戴念祖）

小柴昌俊 Koshiba Masatoshi（1926-09-19～2020-11-12） 日本物理学家。生于爱知县丰桥市，卒于东京。1951年毕业于东京大学。1955年获美国罗切斯特大学博士学位。1958年起在东京大学工作，1987年任东京大学名誉教授。

小柴昌俊和他的小组研制的中微子探测器称为神冈中微子探测实验装置。它被放置在日本的矿井中，由一个装满水的大罐构成。当中微子穿过这个罐时，它们会与水中的原子核相互作用。这个反应导致释放电子，产生了微弱的闪光。包围在罐四周的光电倍增管捕捉到这些闪光，记录下来。调节探测器的灵敏度，可以证明**中微子**的出现。小柴昌俊的神冈探测器不但可以记录反应发生的时间，并且能识别出方向，首次证明中微子来自太阳。

1987年2月，神冈探测器接收到名为大麦哲伦1987NA的超新星爆发所产生的中微子脉冲。如果超新星爆发变为中子星，它所释放出来的巨大能量大部分都会以中微子的形式放射出来。估计共有约 10^{58} 个中微子从超新星1987NA放射出来，小柴昌俊的研究小组观察到通过探测器的约 10^{16} 个中微子中的12个。

1996年，小柴昌俊研制的更大更灵敏的探测器——超级神冈实验装置投入使用，观测到了全新的**中微子振荡**现象，这意味着中微子具有非零质量。小柴昌俊的发现以及他对仪器的改进为中微子天文学奠定了基础。小柴昌俊由于对天体物理特别是在宇宙中微子探测方面做出开创性贡献，2002年获诺贝尔物理学奖。（郭奕玲）

小角X射线散射 small-angle X-ray scattering; SAXS 一种静态散射技术。特征是利用**X射线**作为探测工具照射样品，在很小的散射角范围内（0.1°～10°）收集物质的散射信号，并从中解析得到物质结构的信息。

小角X射线散射的理论是基于弹性散射提出的，即入射光和散射光只是传播方向发生改变而波长不发生改变。根据所采用的X射线的光源，其波长约在0.05～0.2纳米范围，因此小角X射线散射所能探测的结构尺度在1～50纳米，与小角中子散射技术有所重叠。通过进一步降低散射角度，如超小角X射线散射技术，更大尺度的结构也可以探测到，如微米级。

小角X光散射起源于物质在纳米尺度的结构不均匀性。X射线的散射能力主要取决于样品所含元素电子密度的大小，因此较重元素的散射比轻元素的散射强。通过重元素标记可以增强样品的散射能力或制造出特有的衬度，以更清晰地观察物质的微结构。X射线具有较好的穿透性，可用于较厚样品内部微结构的探测，但是当样品含有重元素时其探测厚度显著降低。小角X射线常用于结晶、相分离、胶体及分子组装体等的研究，可以给出微观结构的尺度和形貌，是一种很常用的结构表征技术。小角X射线散射数据分析通常需要进行模型拟合，以找到相似度最高的结构，在某些情况下也可以不依赖模型，如吉尼耶分析、分形维度确认、比界面积测定等。

相应的仪器设备称作小角X射线散射谱仪，通常使用二维检测器。（邱 东）

小林诚 Kobayashi Makoto（1944-04-07～ ）日本物理学家。生于名古屋。1972年获得名古屋大学博士学位，进入京都大学。1989年任国家高能物理实验室教授、物理部主任。1997年任粒子和核科学研究所教授、日本高能加速器研究组织（KEK）物理部主任。2003年任KEK粒子和核研究所所长。2004年为KEK理事会理事，2006年为KEK名誉退休教授。

物质结构的研究已从早先的原子层次深入到**夸克**和**轻子**这一新层次。20世纪60年代大量的实验证实了质子、中子、介子等**强子**是由三种更基本的夸克（上夸克u、下夸克d和奇异夸克s）组成的，并提出了夸克模型理论。1973年小林诚和**益川敏英**提出了“小林-益川理论”，指出如果自然界中（至少）还存在第三代夸克（顶夸克t和底夸克b），微观粒子系统中的**CP破坏**现象就可以得到解释。从而预言了底夸克b和顶夸克t的存在。1974～1995年发现了粲夸克c、底夸克b、顶夸克t，至此理论预期的六种夸克都被发现。他们还认识到B介子（包含b夸克的介子）有可能是研究CP对称性破坏的最理想的场所。90年代末美国和日本斥巨资建造了**B介子工厂**就是为了寻找在B介子中CP不守恒现象。此后几年来两个B介子工厂的实验（美国的BaBar和日本的Belle）证实了他们提出的**CKM矩阵**。虽然小林和益川机制给出CP破坏的起源，但定量计算给出的正、反物质不对称量远远小于观察到的10^{-10}。主要原因是小林和益川机制给出的CP破坏量不够大。因此寻找新的CP破坏机制是粒子物理学和宇宙学的重要课题。

小林诚长期致力于粒子物理和量子场论研究，由于他的卓越贡献，曾获（1979年）仁科纪念奖，美国物理学会J.J.樱井奖（1985年），名古屋大学大学院理学研究科坂田早川讲座奖（2002年），欧洲物理学会2007年度高能基本粒子物理学奖。小林诚由于与益川敏英发现对称性破缺的来源并预言了自然界至少存在三代夸克，荣获2008年度诺贝尔物理学奖。

（尤联元）

小信号增益 small-signal gain 当输入增益介质的光信号很小，远远不会导致增益饱和时，介质具有的增益。激光器或光放大器中，增益是光放大过程的一个重要参数。对于入射的连续波光信号，定义小信号增益$G=I(L)/I(0)$，即出射光强与入射光强之比（L为增益长度）。在稳态情况下，增益$G=e^{(\alpha-\beta)L}$，式中α为小信号增益系数，β为放大器的损耗系数。增益介质处于小信号增益运转时，在增益介质中的任何地方，光信号的强度都远低于饱和强度。当入射信号变得很强时，反转粒子数被显著抽空，则会出现增益饱和。

对于脉冲光信号放大，定义光子流强度（单位时间内流过单位横截面积的光子数）经过长度为L的放大介质后的增益为：

$$G=\int_{-\infty}^{\infty} I(L,t)\,dt \Big/ \int_{-\infty}^{\infty} I_0(0,t)\,dt$$

式中积分号表示对整个脉冲积分；分母和分子分别为进入与通过放大介质后光脉冲信号的光子流强度。当入射信号脉冲中的光子数很少时，则信号增益和入射信号强度无关，而随放大介质长度L或初始反转粒子数密度的增加按指数规律增大，这种情况下的增益称为小信号增益。当入射信号的光子数足够多时，随信号强度的增强增益减小，呈现增益饱和现象。

（林殿阳 吕志伟）

效率骤降 efficiency droop 半导体发光二极管在电流增加，温度上升或波长偏离蓝光增加的情况下，发光效率明显降低的现象。一般对电流为350毫安工作的蓝光半导体**发光二极管**（LED），其发光效率比峰值发光效率下降约30%。效率骤降根据电流、温度、波长的变化分别称为J-droop、T-droop及λ-droop。电流密度增加引起的骤降效应最为显著。效率骤降效应对小功率LED不是很显著。对大功率及长波长的LED而言，其电流密度、工作结温以及发光波长都显著增加，效率骤降是不可避免的问题。

效率骤降的原因主要有载流子泄漏和**俄歇复合**两种。载流子泄漏是指在大注入情况下，有源区电子泄漏到P区复合的情况。由于蓝宝石上的氮化物外延材料具有较大的自发极化和压电极化效应，正向注入条件下N区的电子能量高于P区，导致电子非常容易进入P区而发生非辐射复合。另外，一些观点认为随着注入电流密度的增大，**量子阱**中的载流子浓度增加，导致电子空穴的复合不直接发射光子，而是把另一个电子或空穴激发到更高的能级。因为氮化物半导体直接俄歇复合的系数很小，正常注入水平下很难发生俄歇复合，但在声子辅助或缺陷辅助的条件下，俄歇复合的概率大大增加。除了上述主要的因素外，还存在其他的因素，如缺陷的影响。在一般的注入水平下，缺陷是电学和光学惰性的；但在大注入条件下，这些缺陷形成的势垒将被较高能量的载流子越过，从而缺陷参与到载流子的复合中。另外，载流子的去局域化效应，电子、空穴非对称的注入都是引起效率骤降的原因。

解决电注入下的效率骤降主要集中在以下几个方面。首先是极化匹配的外延结构，利用AlInGaN或AlInN垒层结构可以得到与阱层InGaN晶格常数相同的外延结构，因为阱层的极化效应得到降低，从而降低整个N区电子的能量，减少有源区电子的泄漏。AlInGaN可作为电子阻挡层，也会增加大注入下电子阻挡的效果。另外，采用非极性的LED结构可直接在电子的传输方向上消除极化电场，因为极化电场的方向总是垂直c面方向。采用双异质结有源区可降低大注入有源区的载流子浓度，减小俄歇复合。但双异质结条件下较大的InGaN厚度使得其制备难度加大。自支撑氮化镓上制备LED的效率骤降效应也得到改善，美国Sorra公司的氮化镓衬底LED的工作电流密度接近1000安/厘米^2，是常用LED的数十倍，也有引入微纳结构来消除效率骤降的方法。使用微米柱阵列的方法可以显著改善LED的电流分布，同时减小能带重正化效应，加速载流子的辐射复合速度，可使微米柱LED可以耐受1000安/厘米^{2}以上的工作电流密度。把器件尺寸降低至几百纳米，在500安/厘米^{2}的电流密度下，没有测量到纳米LED的显著的效率骤降。其原理除了电流的分布之外，还与存在的显著的纳米微腔效应相关。**表面等离激元**具有较大的能态密度，与量子阱耦合可使得载流子复合具有更高的效率，从而降低有源区载流子的浓度，减少效率骤降。

效率骤降是**半导体照明**领域存在的主要问题，各种新的技术不断涌现，但离最终的产业化应用都存在距离。一旦效率骤降问题能够圆满解决，半导体照明的效率提升和成本降低都有望实现。

（陈志忠）

协变密度泛函理论 covariant density functional theory 描述原子核结构常用的一种相对论量子多体理论方法，通常的**相对论平均场理论**即协变密度泛函理论的一种形式。又称相对论密度泛函理论。**密度泛函理论**广泛应用于物理、化学和材料等领域。它的特点包括：体系是一个自束缚、非均匀、无外场、有边界的有限多体系统，体系组成单元之间的相互作用目前尚不能从第一原理导出。协变密度泛函的理论基础是霍恩伯格-科恩定理，即体系任一观测量的基态期待值均可表示为关于体系基态的矢量密度和标量密度的唯一泛函。协变密度泛函理论的核心是构建一个关于矢量密度及标量密度的能量密度泛函。最小化能量密度泛函给出决定体系基态密度的变分方程。根据科恩-沈定理，通过引入一组正交完备的单粒子狄拉克旋量波函数，可将该变分方程约化为**狄拉克方程**，其中的单粒子哈密顿量包含定域的标量势和矢量势。这样，通过引入一组在定域标量势和矢量势中运动的无相互作用的独立（准）粒子，可以再现多粒子相互作用系统的精确基态标量密度、矢量密度和总能量，即将一个多体问题简化成了一个单体问题。相应的定域势也称为科恩-沈势，它依赖于密度，可通过对能量泛函关于密度做变分得到。相应的狄拉克方程也称为相对论科恩-沈方程。由于该方程的本征波函数，即单粒子狄拉克旋量波函数，依赖于标量势和矢量势，而标量势和矢量势依赖于密度，密度又依赖于单粒子波函数，因此相应的狄拉克方程通常需要自洽迭代求解。

协变密度泛函理论的可靠性完全决定于科恩-沈能量泛函的可靠性。严格的能量泛函包括动能项、直接项以及交换关联项，其中交换关联项包含了除动能和直接项之外的所有多体关联及相对论效应。

原子核中很强的自旋-轨道相互作用可以通过相对论理论自然给出。原子核的平均势场包含一个数百兆电子伏的长程强吸引标量势和一个同样为数百兆电子伏的短程强排斥矢量势。两者相互抵消给出约几十兆电子伏的吸引势，这与非相对论的平均势场模型一致。两者的相互叠加自然地给出原子核中很强的自旋-轨道相互作用，而这一相互作用在非相对论模型中通常需要进一步引进新的参数。协变密度泛函理论取得的预想之外的成功还包括：赝自旋对称性的物理起源，反核子谱的自旋对称性，奇时间场由矢量势的空间分量自然给出，自旋-轨道相互作用势随同位旋的变化与实验值更好符合等。

由于**强相互作用**低能非微扰性质的复杂性，目前还不能从第一原理给出核子间有效相互作用。实际应用中，原子核能量密度泛函的形式及其耦合参数通常通过拟合一些原子核基态性质确定。与格点量子色动力学给出的核子间相互作用、相对论布鲁克纳矩阵等结合，是协变密度泛函理论的重要发展方向。

（赵鹏巍　孟　杰）

协同学 synergetics 研究系统从无序到有序转变规律和特征的一种理论方法。20世纪70年代由德国物理学家H.哈肯提出。按照他的说法，协同学属于跨学科的研究领域。它是研究系统中的子系统之间怎样合作以产生宏观的空间结构、时间结构或功能结构的。它既能处理确定论过程，又能处理随机过程。实际上，协同学主要研究的是发生在各种系统中的**自组织现象**。若系统表现各种状态的相互竞争多种因素势均力敌时，出现无序。若外界条件到达某个关节点，往往只剩下极少数几种因素起作用，此时若加上某种偶然作用——临界涨落，就可导致一种因素占主导地位，系统将处于该因素所决定的状态。此外，也会有两种或多种状态合作，造成一种新主导状态的情况。

协同学把自组织现象当作一种非平衡相变，利用其基本原理——支配原理把高维的自组织动力学问题用一组维数很低的**序参量**运动方程来描述。通过求解序参量方程并考虑涨落的影响给出自组织过程的各种结果。

协同论提出后，相继在物理学中的激光原理、光双稳态不稳定性、耿氏不稳定性、流体力学中的对流不稳定性、化学中的化学振荡反应、化学波、生物学中的水螅形态发生模型以及若干诸如投资就业、舆论形成等社会科学问题上得以应用，并取得不少新结果。协同学研究的若干内容，与**非线性科学**中斑图形成和动力学的研究内容是一致的。协同学的一些重要概念，也在非线性科学研究中得到应用。

（刘寄星）

谐振电路 resonance circuit 储能元件电容与电感内的电能与磁能不断相互转换的电路。最简单的谐振电路是RLC串联谐振电路（图1）和RLC并联谐振电路（图2）。

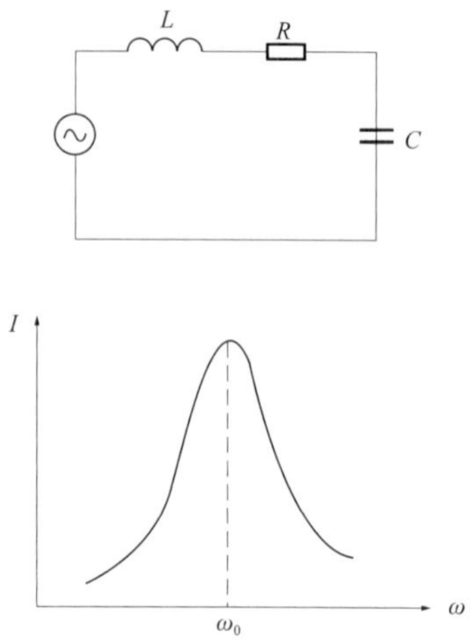

图1　RLC串联谐振电路和谐振曲线

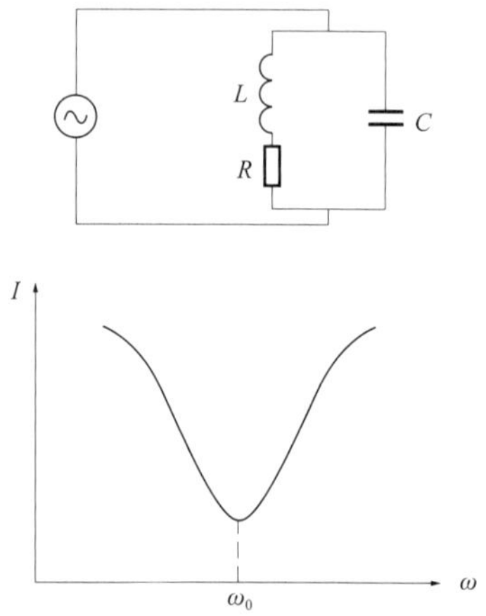

图2　RLC并联谐振电路和谐振曲线

在RLC串联谐振电路中，复阻抗和电压与电流的相位差分别为：

$$\tilde{Z}=R+\mathrm{i}(\omega L-\frac{1}{\omega C})$$

$$\varphi=\tan^{-1}\frac{\omega L-\frac{1}{\omega C}}{R}$$

从而电流与电压的量值关系为：

$$I=\frac{U}{\sqrt{R^2+(\omega L-\frac{1}{\omega C})^2}}$$

谐振频率　电路中的电流I随交流电的频率而变化。当交流电的频率ω等于电路的固有频率ω_0满足$\omega_0 L-\frac{1}{\omega_0 C}=0$，即$\omega_0=\frac{1}{\sqrt{LC}}$，或$f_0=\frac{1}{2\pi\sqrt{LC}}$时，$I_0=\frac{U}{R}$，且$\varphi=0$，电路的电流达到极大值$I_0$，电流与电压的相位差为零，电流与电压同步调地振荡，此称为谐振，ω_0或f_0称为谐振频率。而此时电感和电容上的电压并不为零，而是分别为：

$$U_L=\frac{\omega L}{R}U$$

$$U_C=\frac{1}{R\omega C}U$$

谐振曲线　当交流电的频率ω小于谐振频率ω_0时，$I<I_0$，$-\frac{\pi}{2}<\varphi<0$，电路呈电容性；当交流电的频率ω大于谐振频率ω_0时，$I<I_0$，$0<\varphi<\frac{\pi}{2}$，电路呈电感性；电流随频率变化的谐振曲线在$\omega=\omega_0$处出现一峰值，电路电阻越小，谐振峰越尖锐，此时电路呈电阻性。

品质因数　谐振电路的特性由**品质因数**Q的值加以描述，品质因数有多层含义。首先品质因数Q值的定义是谐振电路中储存的能量W_S与每个周期内消耗的能量W_R之比的2π倍，用公式表示并经计算为：

$$Q=2\pi\frac{W_S}{W_R}=\frac{\omega_0 L}{R}=\frac{1}{R\omega_0 C}$$

谐振电路的品质因数Q值越大，表明电路的储能与损耗相比越大，即储能效率越高。其次，品质因数Q值决定了谐振时的阻抗比和电压比：

$$Q=\frac{Z_L}{R}=\frac{Z_C}{R}=\frac{U_L}{U_R}=\frac{U_C}{U_R}$$

在谐振时，$U_R=U$，以致电感和电容上的电压达到电源电压的Q倍。通常电路的Q值可达到几十到几百，即使电源电压只有10伏，电感或电容上的电压可达几百到几千伏，这对于人身或仪器的绝缘安全都是危险的，须加以考虑。再次，设频率稍许偏离谐振频率增大或减小Δf时使电流$I=\frac{I_0}{\sqrt{2}}$，则称$2\Delta f$为谐振电路的通频带宽度，经计算有：

$$2\Delta f=\frac{f_0}{Q}$$

此式表明Q值越大，谐振电路的通频带宽度越窄，谐振曲线越尖锐，谐振电路的频率选择性越优。

在RLC并联谐振电路中，复阻抗和电压、电流的相位差分别为：

$$\tilde{Z}=\frac{R+\mathrm{i}\omega L}{(1-\omega^2 LC)+\mathrm{i}R\omega C}$$

$$\varphi=\tan^{-1}\frac{\omega L-\omega C(R^2+\omega^2 L^2)}{R}$$

电路中的总电流I随交流电的频率而变化，在某一特定频率使$\varphi=0$，电路中的电流和电压达到谐振，谐振频率为$\omega_0=2\pi f_0=\sqrt{\frac{1}{LC}-\left(\frac{R}{L}\right)^2}$，电路的总电流为极小值。当电阻$R$可忽略时，此公式和串联谐振频率公式一样。谐振时两分支内的电流$I_C=QI_0$，$I_L=QI_0$几乎相等，相位差几乎差π，从而电路中的总电流I_0很小。在LR和C组成的闭合回路中有很大的电流在其中往返循环，而通入电源的总电流很小。并联谐振电路的特性也由品质因数Q值来描述，Q值表达式仍为$Q=\frac{\omega_0 L}{R}=\frac{1}{R\omega_0 C}$。

（陈熙谋）

泻流　effusion　气体的组分分子从很薄的壁上一个很小的孔洞泻出的现象。当孔洞的尺度小于气体的组分粒子的平均自由程时，孔洞区域内的粒子之间的碰撞可以忽略，基本上所有到达孔洞的粒子都会穿过孔洞。也就是说单位时间内溢出孔洞的粒子数等于单位时间碰到小孔对应的面积上的组分粒子数。此外，由于小孔面积足够小，该泻流对容器内分子的平衡态分布的影响可以忽略。由麦克斯韦速率分布律知，泻流粒子束中粒子按速率的分布率为：

$$f_B(v)=\frac{m^2}{2k_B^2T^2}v^3\mathrm{e}^{-\frac{m}{2k_BT}v^2}$$

式中m为粒子的质量；T为热平衡态下系统的温度；v为泻流粒子的速率。在实验上可以测得泻流粒子束中的粒子的速率分布，从而检验麦克斯韦速率分布。

（宋慧超）

谢家麟　Xie Jialin（1920-08-08～2016-02-20）　中国加速器物理学家。祖籍河北武清（今属天津）。生于黑龙江哈尔滨，卒于北京。1943年毕业于燕京大学物理系。

后任职于中央无线电厂研究室。1947年赴美国留学。1948年获加州理工学院物理系硕士学位。1951年获斯坦福大学物理系博士学位。美国当局以谢家麟所学微波专业与军事有关为借口，阻其回国。先后在美国俄勒冈州立大学物理系任教，斯坦福大学微波及高能物理实验室任副研究员，芝加哥麦卡瑞斯医学研究中心任加速器研制负责人。1955年回国。1955～1973年，任中国科学院原子能研究所研究员兼电子学研究所研究员，还兼任清华大学工程物理系教授。1973年起，任中国科学院高能物理研究所研究员、加速器研究室主任、副所长，“八七”工程加速器总工程师，**北京正负电子对撞机**（BEPC）工程经理，合肥同步辐射加速器工程总顾问。曾被选为中国带电粒子加速器学会理事长和中国高能物理学会副理事长等。1980年当选为中国科学院学部委员（院士）。

在芝加哥时，谢家麟曾为麦卡瑞斯医学中心建成了当时能量最高的医用加速器。回国后，1964年领导建成中国第一台可向高能发展的电子直线加速器。1981～1988年，领导建成北京正负电子对撞机，1993年又制成自由电子激光振荡器。为此，获得国家科技进步奖特等奖和二等奖。

（戴念祖）

谢希德　Xie Xide（1921-03-19～2000-03-04）　中国物理学家。生于福建晋江，卒于上海。物理学家**谢玉铭**之女。1946年毕业于厦门大学数理系。曾在上海沪江大学任教。

1947年9月入美国史密斯学院，从事氢桥接分子紫外吸收的研究。1949年获硕士学位。不久转到美国麻省理工学院从事高压缩氢气阻光性的理论研究，1951年获博士学位。后来参加该学院J.C.斯莱特领导的分子和固体研究室的工作，从事半导体共振腔的理论研究。1952年8月回国，从同年11月起一直在复旦大学任教，1977～1983年担任现代物理研究所所长，1978年起任副校长，1983年起任校长。1958～1962年曾兼任上海技术物理研究所副所长。曾任中国物理学会副理事长。1980年当选为中国科学院学部委员（院士）。

谢希德是中国半导体物理学、固体能谱和表面物理学研究的主要倡导者和组织者之一，在表面和界面物理以及量子器件和异质结构电子性质的理论研究方面卓有成就。主要著述有同**黄昆**合编的《半导体物理学》、同方俊鑫合编的《固体物理学》。1981年5月美国史密斯学院和纽约市立学院授予她荣誉科学博士。她是国际学术刊物《表面科学》和《电子能谱术和显微术杂志》的编委。

（陆　栋）

谢玉铭　Xie Yuming（1893-06-05～1986-03-20）　中国物理学家、教育家。字子瑜。生于福建晋江，卒于台北。1917年毕业于北京协和大学（燕京大学前身），先

后任教于福建泉州培元中学和燕京大学。1923年赴美国深造，1926年获哥伦比亚大学博士学位。1926～1937年任燕京大学物理系副教授、教授、系主任；1937～1939年任湖南大学物理系教授、唐山交通大学（时迁至长沙）教授；1939～1946年先后任厦门大学数理系教授、系主任、理学院院长、教务长；1946年任聘为菲律宾马尼拉东方大学教授，直到1968年退休。退休后移居中国台湾。

1925年前后，谢玉铭在美国芝加哥大学随A.A.**迈克耳孙**从事光的干涉研究。1932～1934年，应邀赴美国加州理工学院任客座教授。其间，他和W.V.休斯顿合作研究氢原子光谱巴耳末系精细结构。起初是要测定精细结构常数α。其时实验认为，$\alpha=e^2/hc=1/137$（e为电子电量，h为普朗克常数h除以2π，c为光速）。氢原子巴耳末线系是对应于主量子数$n=3,4,\cdots$的较高能级跃迁到$n=2$能级的谱线，每一条线都有选择定则确定的五个精细结构。这些精细谱线彼此间隔很小、强度各异，表观上成一频率差为$\Delta\nu$的双峰。谢玉铭及其合作者称它为紫峰和红峰。从理论上可以算出双峰的$\Delta\nu$。谢玉铭及其合作者依据实验测定的这一频率差比理论计算值小，相当于$\alpha=1/139.9$。由于α是由三个已经精确测定的普适常数所决定的，如此之大的差异令人难以接受。而谢玉铭的实验精度又足于排除这一差异的实验根源。这样，谢玉铭及其合作者大胆提出：“产生这个差异的原因，可能是计算能级时，没有考虑电子和它的辐射场之间的相互作用。”用今天的话说，也就是忽略了自具能。他们的实验完全正确，他们的提议正是1947～1948年**量子电动力学**重正化理论的主要发展方向。1947年，W.E.**兰姆**等人以微波共振法研究氢原子光谱，发现$n=2$的两个能级确有频率差，相当于能量为4.4×10^{-6}电子伏的移位。这个所谓的兰姆移位曾引起物理学界的震惊，兰姆因此获1955年诺贝尔奖。不久，H.A.**贝特**在理论上完成自具能修正计算，从而导致重正化理论的发展。后来物理学界才发现并承认，谢玉铭和休斯顿是最早用光学方法观测到“兰姆移位”的人。

谢玉铭对早期燕京大学物理系、抗日战争时期厦门大学数理系和理学院的建设做出了重要贡献。他和C.H.郭察理合编的《物理学原理及其应用》《物理学实验》将基本原理和中国人的日常生活结合在一起，对于启发学生帮助极大，成为20世纪30年代前后的物理学优秀教材，曾受到美国教育学家J.杜威的称赞。（戴念祖）

解思深 Xie Sishen（1942-02-18～2022-11-02） 中国物理学家。生于山东青岛。1965年毕业于北京大学物理系。1983年获中国科学院物理研究所博士学位。中

国科学院物理研究所研究员。曾任国家纳米科学中心首席科学家，“973”国家重点基础研究发展规划“纳米材料与纳米结构”项目首席科学家。2003年当选为中国科学院院士。2004年当选为第三世界科学院院士。

长期从事纳米材料的合成、结构及物理性质的研究，对碳纳米管的生长机理做了系统的研究，发明了可控制多层碳管直径的定向生长方法，制备出离散分布、高密度和高纯度的定向碳管列阵，对多层碳管的拉伸特性进行了研究，观察到碳管的三阶拉曼谱、三阶光学非线性效应，发现多层碳纳米管的声子谱具有平方结构，首先用连续介质弹性理论得到碳管的弹性自由能表达式和碳管的平衡形状方程及可能的形状，在超导氧化物体系的相关系和晶体结构测定上做出重要贡献。“高Tc氧化物体系的发现”获1989年国家自然科学奖一等奖，“液氮温区氧化物超导体的合成，相关系和晶体结构”的研究获1991年国家自然科学奖三等奖。“低温和强磁场下的超高压装置和应用于固体物理研究”获1998年中科院科技进步三等奖。（尹晓冬）

辛克维奇，O.C. Olgierd Cecil Zienkiewicz（1921-05-18～2009-01-02） 英国工程力学家、计算力学家。生于英格兰凯特勒姆，卒于斯旺西。1943年毕业于英国帝国理工学院，获荣誉学士学位，1945年获该校哲学博士学位。1965年获英国伦敦大学科学博士学位。1957年任美国西北大学教授。1961年起历任英国威尔士大学教授、工程数值方法研究所所长和荣誉教授，联合国教科文组织工程数值方法

机构主席。英国皇家学会会员（1979），英国皇家工程科学院院士（1979），美国国家工程科学院外籍院士（1981）和波兰科学院外籍院士（1985）。1998年当选为中国科学院外籍院士。

辛克维奇教授是有限元数值方法研究的先驱者之一，长期处于世界前沿。他对现代数值计算中的有限元法做出了系统性和创造性的开拓和发展，在有限元法许多具有方向性的重大进展上都做出了重要贡献。（仲 佰）

欣德马什-罗斯神经元模型 Hindmarsh-Rose neuron model J.L.欣德马什和R.M.罗斯提出的膜电位变化的一般模型。1982年欣德马什和罗斯推广了**菲茨休-南云神经元模型**，提出了一个膜电位变化的一般模型；又于1984年提出了改进模型，得到如下方程组：

$$\dot{x}=y-ax^3+bx^2-z+I$$
$$\dot{y}=c-dx^2-y$$
$$\dot{z}=r[s(x-x_R)-z]$$

式中x、y、z分别为膜电位、快速恢复电流和慢调整电流；I为外界输入电流；a、b、c、d、s、r、x_R为参数。

欣德马什-罗斯模型可模拟较多的神经元放电特性，如持续输入电流下放电频率的适应性、放电后超极化效应、成簇放电等，有重要的研究价值。（刘 锋）

新经典输运理论 neoclassical transport theory 考虑环效应对碰撞输运的影响所发展起来的**等离子体输运**理论。20世纪60年代开始，由于**经典输运理论**预言的输运系数比实验观测小大约两个数量级，聚变等离子体物理学家开始考虑等离子体湍流效应，以及**托卡马克**等环形磁约束聚变实验装置的环效应等对等离子体输运的影响。逐步形成了新经典输运理论。

1962年，德国物理学家D.普菲耳斯和A.施吕特尔研究了环效应对等离子体碰撞输运的增强，发现当碰撞频率足够高时可以用流体理论研究等离子体（流体区）碰撞输运。他们的理论结果表明，碰撞输运在流体区由于环效应可以增强大约10倍（磁约束装置中反映磁力线螺距角的一个特征量叫作安全因子；安全因子越大

则等离子体发生大尺度不稳定性的可能性越小；通常托卡马克的安全因子为3～5，其二次方大约为10）。

1967年，苏联科学家A.A.加列耶夫和R.Z.萨格杰夫采用动理学方法研究了弱碰撞区环形等离子体的碰撞输运。由于等离子体碰撞频率随温度增加而降低，弱碰撞区输运研究对于聚变应用更有实际意义。环形磁场中，由于**磁镜效应**，那些平行于磁场方向速度比垂直速度小到一定程度的带电粒子被俘获在弱磁场区（环的外侧），其轨道投影在环的小截面上形似一个香蕉，因而该种粒子称为“香蕉”粒子。加列耶夫－萨格杰夫的动理学理论计算表明，环效应大大增强了环形装置中弱碰撞等离子体（“香蕉区”）的碰撞输运。这种效应主要由俘获粒子引起，因此扩散系数与捕获粒子份额（环形装置小半径与大半径比的二次方根）成正比，与“香蕉”宽度的二次方成正比，与碰撞频率成正比。这一“香蕉”区扩散机制可以用无规行走模型加以理解。俘获粒子的平行速度较小，因此**库仑散射**不需要使粒子速度偏转90°就很容易在一个较小的特征时间内改变“香蕉”粒子的平行运动方向，使“香蕉”粒子的实际位置改变一个“香蕉”宽度。从无规行走模型的观点来看，“香蕉”粒子由于库仑散射，在一个小于90°偏转时间的有效碰撞时间内无规行走了一个“香蕉”宽度。这种俘获粒子效应对经典碰撞输运的增强超过了普菲耳斯－施吕特尔流体理论预言的增强因子。

1970年美国物理学家P.H.卢瑟福采用动理学理论系统研究了新经典输运。他的理论表明，新经典输运流正比于由电子和离子平行于磁场的流速不同导致的碰撞摩擦力，反比于环形装置小环方向的磁场分量。考虑到碰撞摩擦力满足牛顿第三定律，卢瑟福证明新经典碰撞输运导致的电子流与离子流自动相等，与平均垂直电场无关，这就是新经典输运的自动双极性。

1970年，美国物理学家A.A.韦尔发现，环形装置中的俘获粒子在环向电场作用下会向内箍缩，这被称为韦尔箍缩。俘获粒子韦尔箍缩的速度与环向电场成正比，与小环方向的磁场成反比。其物理机制是俘获粒子在一个**香蕉轨道**周期的平均环向力平衡，环向电场力被箍缩速度乘以小环方向磁场的**洛伦兹力**平衡。

1971年，英国科学家R.J.毕克顿、J.W.康纳、J.B.泰勒和苏联科学家B.B.卡多姆采夫、V.D.沙夫拉诺夫分别独立发现环形磁约束等离子体在碰撞扩散的同时会自发产生一个环向电流。该电流由俘获电子引起，但主要由通行电子携带，其机制可看作均匀磁场中由粒子回旋运动产生的垂直于磁场的抗磁电流的推广。由于托卡马克的运行必须有一个环向电流，这一伴随着碰撞扩散自发产生的环向电流被称为**自举电流**，又称靴带电流。

新经典输运理论预言的自举电流已经为实验所证实。新经典离子热输运有时候还是比实验观测值小很多，而且新经典输运理论预言的粒子箍缩、粒子扩散以及电子热输运等与实验观测值比通常也相去甚远。磁约束等离子体实验观测到的这些反常输运一般归因于静电涨落，以及电磁涨落等集体效应导致的等离子体湍流。

（王少杰）

信息光学 information optics 傅里叶光学的另一种名称，是现代光学的一个分支。见**傅里叶光学**。

星形高分子 star macromolecule 三根以上线形链的一端连接在一起形成的高分子聚合物。由于此类聚合物特殊的结构，其表现为许多特异的性能。星形聚合物是一种最简单的支化聚合物（见图），与相同

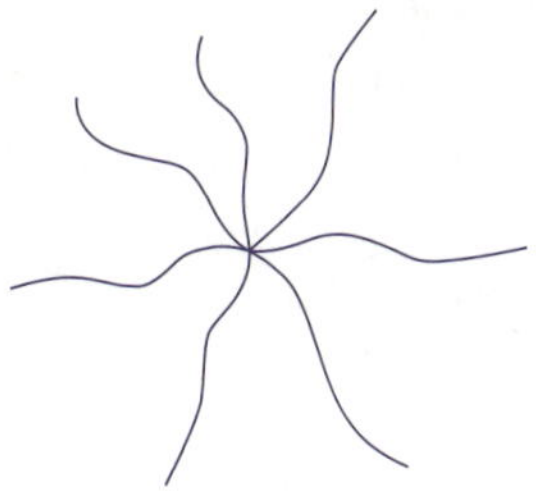

星形高分子的链拓扑结构示意图

分子量的线形聚合物相比，在溶液中的动态力学尺寸更小，具有溶液和本体黏度低的特性，这对聚合物的加工有重要的意义。

（李卫华）

邢定钰 Xing Dingyu（1945-02-03～ ）中国物理学家。生于上海。籍贯江苏南京。1967年毕业于南京大学，1981年在该校获硕士学位。1986～1988年在美国休斯敦大学物理系和得克萨斯州超导中心做访问学者。1990年起任南京大学教授。1993～2001年任南京大学物理系副主任。1999～2005年任南京大学固体微结构物理国家重点实验室主任。2004年起任南京微结构国家实验室（筹）主任。2007年当选为中国科学院院士。

长期从事凝聚态理论研究，在电子输运理论、低维受限量子系统和超导理论等方面做出了贡献。发展了非平衡统计算子理论，正确处理半导体热电子的输运问题，修正了国际上长期沿用理论方案的缺陷。发展了具有多谷能带结构半导体的热电子输运理论。在掺杂锰钙钛矿氧化物的庞磁电阻机理研究中，合作提出双交换机制和非磁无序相结合的理论模型，运用单参数标度理论计算扩散态和局域态迁移率边解释实验结果。发展了磁多层结构和磁颗粒系统的解析输运理论，正确计算了巨磁电阻的角度依赖性和随颗粒尺度的变化。1993年获国家教委科技进步奖二等奖。由于在自旋输运和巨磁电阻理论方面所做出的突出贡献，2001年获教育部中国高校自然科学一等奖，2002年获国家自然科学二等奖。

（尹晓冬）

行星近日点进动 perihelion precession of planets 行星近日点位置的变化称为行星的近日点进动。行星绕太阳的公转轨道可近似分解为两种运动的叠加。第一个为行星沿着椭圆轨道的运行，太阳位于该椭圆的一个焦点上；另一个是椭圆轨道的长轴以太阳为定点的缓慢转动。近日点指的是行星轨道上距离太阳最近的点，行星近日点进动即为该近日点绕着太阳的转动。

从经典力学而言，如果太阳和行星的形状为完美的球状，则它们之间的作用力满足简单的平方反比律$1/r^2$，行星的运行轨道为封闭的椭圆形轨道。但有多种原因可以造成行星运行偏离椭圆轨道产生进动。如星体并不为完美的球状，恒星和行星自身的自转会产生离心力，造成星体在赤道位置上隆起，形成一个椭球。同时附近星体的引力场对它产生的潮汐力也可使它形状偏离球状。这种星体自转和邻近星体施加的潮汐力会对行星产生一个额外的立方反比的四极矩势场$1/r^3$，使行星偏离封闭轨道，从而产生近日点进动。邻近行星之间的引力摄动也是导致进动的一大因素。对水星而言，由太阳系中其他行星对水星引力摄动造成的进动角度为每百年532弧秒，而由太阳形状的椭球性（太阳质量四极矩）造成的轨道进动结果，仅为每百年0.025弧秒。

但在经典力学下，并不能完全解释天文观测到的行星近日点进动。对于水星，经典力学考虑了各种因素的高精度计算只能得出每年5.32弧秒的近日点进动，但观

测得到的却是每年5.74弧秒。一直到A.爱因斯坦提出了**广义相对论**用来描述物体之间的**引力相互作用**，这个问题才得到解决。爱因斯坦指出相对论效应引起的进动角可以表示为轨道半长轴a、行星轨道偏心率e和运行周期T的函数：

$$\varepsilon = 24\pi^3 \frac{a^2}{T^2c^2(1-e^2)}$$

式中c为光速。利用上述表达式计算得到的结果与观测值比较强有力地支持了广义相对论。相对论效应引起的3个主要行星近日点进动角度与观测值的比较如下表。

3个主要行星近日点进动角度ε的理论值与观测值

行星	ε理论值（100年值）	ε观测值（100年值）
水星	43.03″	42.98″±0.04″
金星	8.63″	8.4″±4.8″
地球	3.84″	5.0″±1.2″

（刘云旗　龚云贵）

形状磁各向异性　shape magnetic anisotropy　强磁体几何形状引起的**退磁场**大小的方向差异性导致的磁各向异性。又称退磁场各向异性。实用的强磁体都是有限尺寸的，因此磁化后，在磁体的两个端面处会产生强的表面磁极。两端面处的表面磁极相互作用，形成方向与**磁化强度**相反的等效磁场，称为退磁场。退磁场的大小与磁体的几何形状有关，且正比于磁化强度M，即退磁场$H_d=-NM$，N是与几何形状有关的**退磁因子**。（颜世申）

形状因子　form factor　粒子间相互作用矩阵元中含有的洛伦兹标量函数因子。按照相对论协变性的普遍要求，可以得到相互作用矩阵元的一般表达式，其中含有一个或几个标量函数因子。这些因子是相互作用过程中初态和末态粒子之间动量转移的函数，它们反映了相互作用振幅随动量转移的变化关系，称作形状因子。如在电子与光子的相互作用矩阵元中出现电磁流的形状因子；在核子**β衰变**的弱相互作用矩阵元中出现轴矢量流的形状因子等。

形状因子通常与粒子的内部结构有确定的关系。在一些情形下，如果参与相互作用的粒子基本上可以看作是没有内部结构的点粒子（在一定的能量标度下），则形状因子将接近于一个不随动量转移变化的常数因子。在点粒子的量子场论（如**量子电动力学**）描述中，形状因子则主要是由对相互作用过程的高阶微扰修正决定的。当相互作用常数很小时，这种高阶微扰的形状因子与常数因子的偏离一般也比较小。对相互作用过程的形状因子的实验测定能为理解粒子的内部结构和对相互作用动力学的研究提供重要的信息。

电形状因子和磁形状因子是指在描述电磁相互作用的粒子——光子顶角中出现的形状因子。如按照相对论协变性和电磁场规范不变性（见**狭义相对论**）的要求，自旋1/2的费米子与光子的相互作用顶角可以一般地表示为：

$$\langle p_2|j_\mu|p_1\rangle = \bar{u}(p_2)\left[\gamma_\mu F_1(q^2) + \frac{\mathrm{i}}{2m}\sigma_{\mu\nu}q_\nu F_2(q^2)\right]u(p_1)$$

其中$u(p_1)$和$u(p_2)$分别是初态和末态费米子的四分量狄拉克旋量，γ_μ和$\sigma_{\mu\nu}$是4×4矩阵，m是费米子的质量，$q=p_2-p_1$是初态和末态费米子之间的动量转移，$F_1(q^2)$和$F_2(q^2)$为两个形状因子。为方便起见，通常又把F_1和F_2的如下线性组合定义为电形状因子$G_E(q^2)$和磁形状因子$G_M(q^2)$：

$$G_E(q^2)=F_1(q^2)+(q^2/4m^2)F_2(q^2)$$
$$G_M(q^2)=F_1(q^2)+F_2(q^2)$$

当$q^2=0$时，$G_E(0)$取粒子的电荷值，$G_M(0)$取粒子的磁矩值，其中$F_2(0)$对磁矩的贡献称作反常磁矩。

对于电子，$F_1(0)=1$（以电子电荷为单位），实验测得$F_2^{\exp}(0)=0.001\,159\,652\,180\,91\pm0.000\,000\,000\,000\,26$（以$\frac{|e|\hbar}{2m_ec}$为单位，$m_e$为电子的质量）。准确到电磁精细结构常数$\alpha$一次项的量子电动力学理论计算给出$F_2(0)=\frac{\alpha}{2\pi}=0.001\,161\,4$，计及$\alpha$高阶修正的微扰论结果与电子的实验值符合得非常好（见**μ子回磁比和电子回磁比**）。但对μ子反常磁矩的精确测量似乎表明，即使考虑了结构常数α的高阶修正，包括夸克圈图的非微扰强作用引起的真空极化效应等，实验和理论之间仍有可能存在微小差异。因此轻子的反常磁矩成为检验粒子物理标准模型和探索超出标准模型的新物理的重要途径。

对于质子，$F_1(0)=1$（以质子电荷为单位），实验测得$F_2^{\exp}(0)=1.792\,845\,6\pm0.000\,000\,11$（以$\frac{|e|\hbar}{2m_pc}$为单位，$m_p$为质子的质量）。对于中子，$F_1(0)=0$，实验测得$F_2^{\exp}(0)=1.913\,041\,84\pm0.000\,000\,88$。核子具有很大的反常磁矩这一事实表明，它们是具有内部结构的复合粒子。对核子的电磁形状因子实验测定是从20世纪50年代后期开展起来的。这一工作对揭示核子的内部结构有重要意义。如核子电荷半径的均方值同电形状因子的关系是：

$$\langle r^2\rangle = -6\frac{\mathrm{d}G_E(q^2)}{\mathrm{d}q^2}\bigg|_{q^2=0}$$

实验测得的中子电荷半径并不为零，显示总体上表现为电中性的中子内部有复杂的电荷分布。质子的电磁形状因子和中子的磁形状因子的实验值见图1和图2。

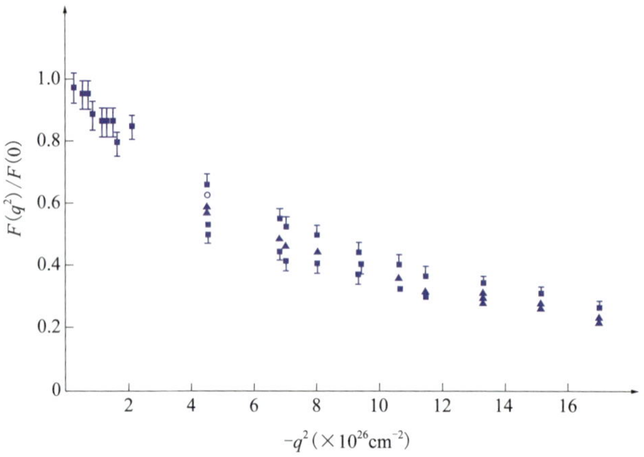

图1　质子的电磁形状因子的实验值

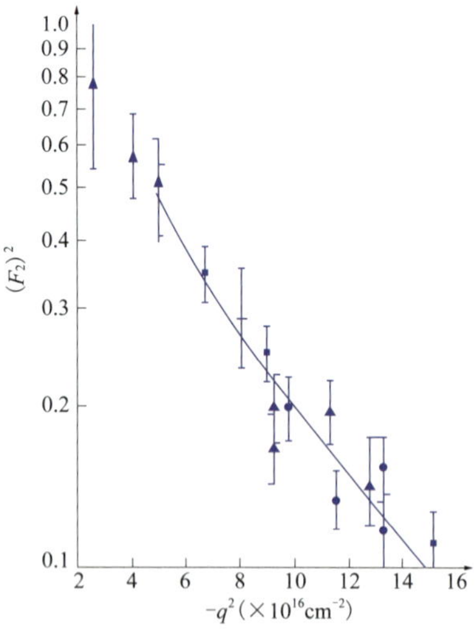

图2　中子的磁形状因子的实验值

这些结果有助于了解核子内部的电磁分布性质，揭示了核子由**夸克**与**胶子**组成的本质。

强子的电磁形状因子在高动量转移（$-q^2$很大）下的行为与强子内部可能存在的组分粒子（夸克）之间在小距离时的相互作用密切相关。当$-q^2\gg1(\text{GeV}/c)^2$时，实验显示出核子的电磁形状因子近似地正比于$(q^2)^{-1}$，π介子的电磁形状因子近似地正比于$(q^2)^{-1}$。这些实验资料有助于对夸克间相互作用动力学的研究。

除了通过散射实验对强子的电磁形状因子在类空区域（$q^2<0$）的行为积累了丰富的知识之外，还通过电子－正电子湮没实验对它们在类时区域（$q^2>0$）的行为进行了研究。

实验上对重味介子（由一个**重夸克**即b夸克或c夸克及一个反轻夸克组成）的弱衰变过程（如半轻子衰变）的形状因子的测量，不仅对理解强相互作用机制，而且对检验轻子普适性等都有重要意义。

（赵光达）

休伊什，A. Antony Hewish（1924-05-11～2021-09-13） 英国天体物理学家。生于康沃尔郡的福伊。1942年入剑桥大学学习。第二次世界大战期间，他和**M.赖尔**一起参与空载抗雷达装置的战事科学研究。战后回剑桥大学继续学习，1948年毕业后在该校卡文迪什实验室工作，成为赖尔的助手，并于1952年获博士学位。1971年任射电天文学教授。

休伊什于1946年参加了由赖尔领导的射电天文学研究小组。1966年，他与合作者用相距90千米的两天线同时观测一射电源的行星际闪烁现象，并测定了太阳风的速度。1967年7月主持建成了高时间分辨率的特殊射电望远镜。10月，他和助手在剑桥大学穆拉德射电天文台用射电望远镜研究行星际闪烁过程中，发现有来自确定方向的、周期极稳定和短暂的射电脉冲源，经系统观测后，定为第一颗脉冲星—— CP1919。这是科学史上第一次观测到脉冲星，它实质上是高速自转的中子星。脉冲星的发现进一步推动了诸如中子星一类的晚期恒星演化的研究，并为研究高能天体物理学开辟了一条新的途径。由此，休伊什和赖尔获1974年诺贝尔物理学奖。

（郭奕玲）

虚功原理 principle of virtual work 具有理想、双侧、定常约束的**质点系**在给定位形平衡的充要条件，即主动力在质点系任一组虚位移上元功之和为零。又称虚位移原理。数学表达式为：

$$\delta W^{(a)}=0 \quad 或 \quad \sum_{i=1}^{N}\boldsymbol{F}_i\cdot\delta\boldsymbol{r}_i=0 \qquad (1)$$

式中$\boldsymbol{F}_i$为第i个质点上的主动力；$\delta\boldsymbol{r}_i$为其**虚位移**。

简史 将平衡条件与主动力之功联系起来的思想很早就存在。在研究杠杆这种简单机械的平衡时就已发现小力$\boldsymbol{F}$可以支承大重量$\boldsymbol{P}$，当作用力的作用点下移时，重物上升的高度却小得多，即所谓“得之于力而失之于位移”，作用力$\boldsymbol{F}$的正功与重力的负功相等，或者说主动力做功之和为零。1717年J.伯努利提出，如果诸力平衡，力与力方向上的虚速度的乘积之和必为零。在他的公式中虚位移只限于系统做刚体运动的情况。1788年**J.-L.拉格朗日**把它推广到符合约束条件的任意虚位移，建立了虚功原理的普遍形式，因此虚功原理本质上适用于任意非自由质点系，是静力学普遍方程。拉格朗日使静力学由几何静力学进入分析静力学时期。

表达式 当质点系的位形用广义坐标描述时，虚功原理（1）的表达式为：

$$\delta W^{(a)}=\sum_{j=1}^{k}Q_j\delta q_j=0 \qquad (2)$$

式中δq_j为广义虚位移；Q_j为广义力。对完整系统，δq_j相互独立，由此得：

$$Q_j=0 \quad (j=1,2,\cdots,k) \qquad (3)$$

亦即对完整系统，在理想、双侧、定常约束情况下，质点系在给定位形平衡的充要条件是所有广义力为零。当主动力是势力（保守力）时，存在势能函数$V=V(q_1,q_2,\cdots,q_k)$，并有关系式$Q_j=-\partial V/\partial q_j$，代入式（3）得：

$$\delta V=0 \qquad (4)$$

上式表明，保守系统的平衡条件是势能具有驻值。进一步研究表明，当势能极小（$\delta^2V>0$）时，平衡位形稳定，否则是不稳定平衡或随遇平衡。如图在重力场中小球的三种平衡情况。虚功原理不仅能求出平衡条件，而且能进一步判断平衡位形的稳定性，这也是矢量静力学方法办不到的。

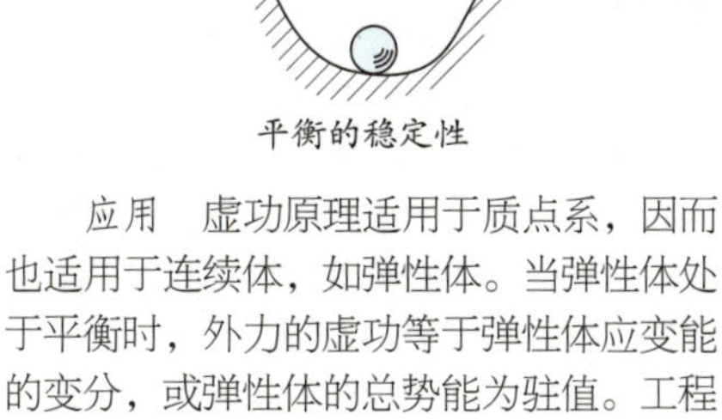

平衡的稳定性

应用 虚功原理适用于质点系，因而也适用于连续体，如弹性体。当弹性体处于平衡时，外力的虚功等于弹性体应变能的变分，或弹性体的总势能为驻值。工程上大量使用的求解弹性体平衡问题的有限元法即以虚功原理为基础。

（贾书惠）

虚位移 virtual displacement 在给定瞬时，**质点系**中各质点所做的、为约束所允许的、假想的无限小位移。以$\delta\boldsymbol{r}_i(i=1,2,\cdots,N)$表示，式中$N$为质点的个数；$\delta$为变分符号。虚位移表示在约束情况下质点系可能有的微小运动，亦即表示约束的局部性质或微变性质。虚位移$\delta\boldsymbol{r}$与实位移$\mathrm{d}\boldsymbol{r}$不同，实位移是真实发生的，除必须满足约束条件外，还取决于主动力的作用；而虚位移只满足约束条件，与主动力无关。在虚位移的定义中强调满足给定瞬时的约束。因此，对非定常约束，虚位移应满足“冻结”在给定瞬时的约束。如质点受到固定曲面$f(x,y,z)=0$的约束，则质点M的虚位移$\delta\boldsymbol{r}$位于曲面在M点的切面上，有无穷多的可能（图a）；而实位移$\mathrm{d}\boldsymbol{r}$只是其中的一个（图b）。如果曲面还在运动，可表示为$f(x,y,z,t)=0$，即为非定常约束情况，则在瞬时t，质点M的虚位移仍位于t瞬时约束曲面的切面上，而实位移的末端位于$f(x,y,z,t+\mathrm{d}t)=0$的曲面上，实位移不再是虚位移中间的一个。

求虚位移有两种方法。①几何法：用运动学中速度分析的方法确定质点系中各质点虚位移的关系。②解析法：对约束方程进行变分。在用**虚功原理**解**静力学**问题或用**动力学普遍方程**解**动力学**问题时，都需要首先分析虚位移。

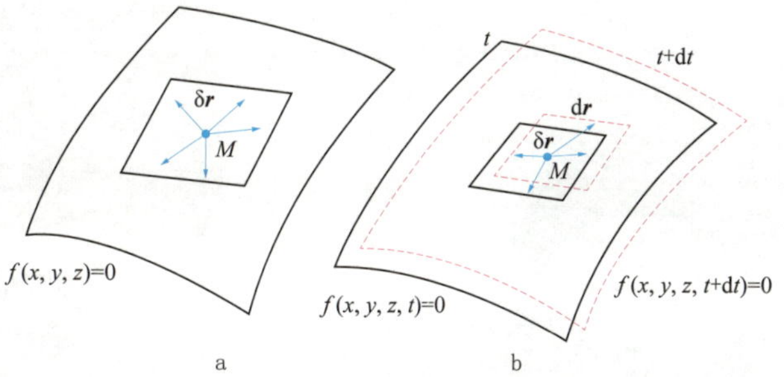

虚位移与实位移

（贾书惠）

徐叙瑢 Xu Xurong（1922-04-22～2022-07-12） 中国物理学家。生于山东济南，卒于北京。1945年毕业于西南联合大学。后任教于北京大学物理系。1951～1955年在苏联科学院物理研究所攻读研究生，获数理科学副博士学位。回国后，历任中国科学

院物理研究所研究员（1951～1955），长春物理研究所研究员（1965～1987）、所长（1978～1985）、名誉所长（1985年后）、激发态物理开放研究室主任（1988～1993），长春分院副院长（1980～1985）。1987年后先后任天津理工学院材料物理研究所所长（1987～1996）、北京交通大学物理系教授（1996年起）。1980年当选为中国科学院学部委员（院士）。

徐叙瑢是中国发光学的开创者和奠基人，长期从事发光物理及其应用的研究。20世纪50年代，他开创了固体中电子激发态行为的研究，在**电致发光**材料及其应用方面做了大量研究。70年代验证了电致发光过程中的电子倍增过程，探讨了激发能在晶体中的传输现象，进而研究了激发态的发光动力学及其瞬态光学性质，提出了分层优化设计薄膜电致发光屏的思想，从而大幅度提高了这种发光屏的性能。在建立发光研究基地、培养相关人才、创建发光学会、开展国际学术交流方面也做了大量工作。（戴念祖）

徐至展 Xu Zhizhan（1938-12-16～ ） 中国物理学家。祖籍江苏常州。生于湖南衡阳。1962年复旦大学物理系毕业。1965年北京大学物理系研究生毕业。毕业后进入中国科学院上海光学精密机械研究所从事科研工作，历任研实员、助理研究员、副研究员、研究员。1967年以来历任上海光机所激光核聚变研究室主任、激光等离子体研究室主任，中科院强光光学开放（重点）实验室主任、强场激光物理国家重点实验室学术委员会主任等职。1992～2001年担任中国科学院上海光学精密机械研究所所长，2001年起担任上海光机所学术委员会主任。先后任中国光学学会副理事长，中科院-北京大学激光物理与超快光科学联合中心主任，华南师范大学精密光谱科学与技术国家重点实验室学术委员会主任，中山大学光电材料与技术国家重点实验室学术委员会主任，国家“973”计划项目首席科学家，《光学学报》、*Chinese Optics Letters*主编等职。1991年当选为中国科学院学部委员（院士），2004年当选为第三世界科学院（发展中国家科学院）院士，1997年当选为美国光学学会会士。2000年起担任国际量子电子学会理事会理事。

主要从事激光物理、现代光学与等离子体物理领域的研究，是中国激光核聚变等离子体物理研究领域的主要领导人之一，是中国超强超短激光科学与强场物理新领域的开拓者。在上海光学精密机械研究所所长期主持激光核聚变研究，做出开拓性贡献。在强激光与物质相互作用的重要前沿领域，进行了系统的深入研究。首次在国际上用类锂和类钠离子方案获得8条新波长的X射线激光，发现新跃迁能级并创类锂离子X射线激光最短波长。在开拓与发展新型超短超强激光及强场超快物理等方面取得重大创新成果。2004年获国家科技进步一等奖，1995年、2001年两次获国家自然科学奖二等奖，1999年获国家发明奖二等奖。1998年获何梁何利基金科学与技术进步奖。2006年被国际超快强激光科学会议授予“激光科学杰出贡献”金牌奖等。（尹晓冬）

许祖彦 Xu Zuyan（1940-02-25～ ） 中国激光技术专家。生于四川邛崃。1963年中国科学技术大学技术物理系毕业。1963～2008年在中国科学院物理研究所工作，历任助理研究员、高级工程师、研究员。1991～1994年任美国西北大学和香港科技大学访问学者。2008年转入中国科学院理化技术研究所。曾任中国科学院光物理重点实验室副主任，国家自然基金委信息学部评审专家组长、咨询委员会委员，中国科学技术大学光学与光学工程系主任，中国科学院“功能晶体与激光技术重点实验室”学术委员会主任，北京光学学会理事长等职。2001年当选中国工程院院士。

主要从事光学非线性过程、可调谐和**全固态激光器**研究，是中国全固态激光技术的先驱者和激光显示的奠基人之一。发明多种激光波长的调控技术，实现了从深紫外到中红外波段宽调谐激光输出。指导学生发现光学参量效应相位匹配折返现象的普遍性，并以此科学发现为原理提出专利设计，合作研制出多波长光参量激光器，首次实现多波长激光宽调谐，获国家发明二等奖。首次实现LBO光参量振荡和高效三倍频。首先将BBO光参量振荡效率和功率提高到商业水平，获中科院科技进步一等奖。发明光参量激光复合腔调谐技术，获中科院发明二等奖。合作研制YAG-染料-拉曼移频激光器，获国家科技进步二等奖。率先在国内研究大功率全固态激光器，合作研制出千瓦级基频（1064纳米）器件、100瓦级二倍频（532纳米）器件、10瓦级三倍频（355纳米）和四倍频（266纳米）器件、KBBF晶体棱镜耦合专利技术，首次实现六倍频（177.3纳米）激光输出。领导研究组在中国率先开展了激光全息照相研究。在中国首次实现激光全色投影显示，推动了中国大色域显示技术的发展。率先在中国开展半导体激光二极管（LD）泵浦的大功率全固态激光（DPL）研究，领导研究团队研制出各种DPL，用于激光制造、医疗仪器、科研设备和其他国家需要的重大装置。2006年获何梁何利科学与技术进步奖。2007年获得“求是”杰出科技成就集体奖。（尹晓冬）

序参量 order parameter 定量描述系统发生**相变**前后变化的物理量。系统发生相变以前的序参量取值为零，相变发生后序参量变为非零值。序参量与系统的无序度和对称性相关。高温的时候，系统处在无序和对称的状态，序参量为零。温度降到低于相变点以下，系统变得有序，对称性随之降低，系统发生**对称破缺**。温度经过相变点的时候，若序参量出现了不连续的变化，则系统发生不连续（一级）相变。若序参量在相变点连续，则系统发生连续相变、展现临界现象。序参量由苏联物理学家L.D.**朗道**首先提出。不同物理问题中的序参量也不相同。气液相变中的序参量是气液两相的密度差($\rho_L-\rho_G$)（ρ_L为液体的密度，ρ_G为气体的密度），铁磁相变的序参量是**磁化强度**。发生在临界点附近的气液相变与无外场铁磁相变都是连续相变，虽然两种临界现象的序参量物理意义不一样，但它们都是标量，因而两种临界现象具有相同的临界指数、属于相同的普适类。序参量还可以是矢量，例如^{4}He普通液体到超流液体的相变，序参量为描述超流相的波函数，是一个复数，可看成复平面上的一个矢量。它与粒子自旋处在一个平面上的**XY模型**具有相同临界指数，同属一个普适类。（陈晓松）

悬键 dangling bond 原子存在未成键电子的状态。在许多固体材料中，原子之间通过电子配对的方式，形成稳定的价电子壳层结构，也即原子通过化学键结合。当两个原子之间的化学键因某种原因断裂时，原本参与成键的电子成为未配对电子，而这个断裂的化学键则对应一个悬键。

很多因素可以导致悬键的产生，常见的有表面、界面及晶格缺陷（如空位）的形成。例如，在纯净的硅晶体（111）表面，由于晶格的中断，每个表面硅原子都会有一个未配对的电子，对应一个悬键。又如，非晶硅中许多硅原子没有处于理想的四配位环境中，因此也含有大量的悬键。在实验中，悬键电子可以通过电子自旋共振技术进行探测。

悬键对固体，特别是半导体材料的性质有着显著的影响。悬键中未配对电子所对应的电子能态往往处于半导体的带隙之中，并高度局域在悬键的周围，形成深能级的表面态、界面态或缺陷态。这些深能级电子态可以是施主或受主，能够给出或从晶体中得到电子，并且很容易成为载流子的复合中心，对半导体器件的性能有着不利的影响，例如降低载流子寿命、引发非辐射复合、产生钉扎能级等。

悬键可以通过在材料中引入额外的原子或化学基团进行消除。这些原子或基团将提供电子，与悬键电子进行配对成键，而相应的电子态也将从带隙中移除，进入价带或导带，这个过程称为钝化。钝化所用的原子或化学基团有很多种，常见的有氢原子、氧原子、有机分子基团等。例如，非晶硅中的悬键常用氢原子来进行钝化。而在半导体纳米结构（如量子点、量子线等）的合成中，表面悬键则通常采用有机分子基团，如油酸、油胺等进行钝化。经过钝化处理后，因悬键产生的深能级数量将大大减小，器件的性能也有显著提高。

（李京波）

旋磁材料 gyromagnetic material 具有旋磁性的材料。平面偏振的电磁波在磁化介质中沿磁化方向传播时，其偏振面会不断绕传播方向旋转，称为旋磁性。金属、合金材料虽然也具有一定的旋磁性，但由于电阻率低、涡流损耗太大，电磁波不能深入其内部，所以无法利用。因而，旋磁材料主要是高度绝缘的铁氧体，包括：①尖晶石型，如$MgFe_2O_4$系、$NiFe_2O_4$系、LiFe系、Mg-Mn-Al系、Nb-Co-Al系、Li-Zn-Ti-Co系等；②石榴石型，如$Y_3Fe_5O_{12}$、Y-Al系、Y-Gd系、Y-Gd-Al系等；③磁铅石型，如$BaFe_{12}O_{19}$等。旋磁材料大都与输送微波的波导管或传输线等组成各种微波器件，主要用于雷达、通信、导航、遥测等电子设备中。

（孙　阳）

旋磁效应 gyromagnetic effect 由磁性材料的角动量和磁矩之间的特殊关系产生的效应。一般包括两个方面。首先，通过旋转磁性材料会引起材料中磁矩的变化，这一现象于1909年由S.J.巴尼特首先发现；其次，通过翻转一个悬挂的磁性材料的磁矩，材料会发生相应转动，这一现象于1915年由A.爱因斯坦和W.J.德哈斯提出并经实验证实。虽然效应微弱，旋磁效应也常被应用于磁性材料旋磁比的测量。这一测量一般可以通过以下过程实现：在一块自由悬挂的磁性介质上施加一个磁场，当磁场的方向发生改变时，介质内部的磁矩也会产生变化。为了产生这样的变化，原子需要改变它的角动量。由于没有外部力矩作用于这个体系，体系总角动量必须守恒，因此为了平衡由于磁矩变化导致的角动量变化，磁性材料本身将会产生一个宏观可测量的机械转动。这就是旋磁效应，由此可以得到物质的旋磁比。通过旋磁比的测量，可以了解磁性材料中轨道磁矩和自旋磁矩对于总磁矩的贡献。（吴义政）

旋光晶体 gyrotropic crystal 具有旋光性的晶体。线偏振光通过某些晶体其振动面会发生旋转，旋转的角度θ和光所经过的旋光晶体的厚度d成正比：$\theta=\sigma_0 d$，其中σ_0称为晶体的旋光率。

旋光晶体分为右旋和左旋两类：当迎着光线射来的方向看去，如果线偏振光的振动面在旋光晶体内连续地沿顺时针方向旋转，这种晶体为右旋晶体；反之，则为左旋晶体。旋光现象与晶体结构有关。石英晶体就分为右旋石英和左旋石英。这两种石英结构，一个是另一个的反射镜像，它们是镜像对称的，称为对映型晶体。

旋光晶体一般只有在非常接近光轴方向，旋光性才比较明显。旋光现象一般总是叠加于通常的双折射上。但旋光现象和双折射现象是两种不同的光学现象。旋光现象是由于物质对于左旋圆偏振光和右旋圆偏振光的折射率不同，即$n_R \neq n_L$，导致左旋圆偏振光和右旋圆偏振光在该晶体中的传播速度不同（$v_R \neq v_L$）。

（孔勇发　许京军）

旋光性 optical activity 使线偏振光的振动面旋转的性质。1811年D.-F.-J.阿拉戈发现，线偏振光通过石英晶片（晶片表面与光轴垂直）后，其振动面旋转了一个角度（图1）。石英（各向异性晶体）、氯酸钠（各向同性晶体）、松节油、糖溶液以及很多有机化合物都具有旋光性。

石英晶体有两种：一种使线偏振光的

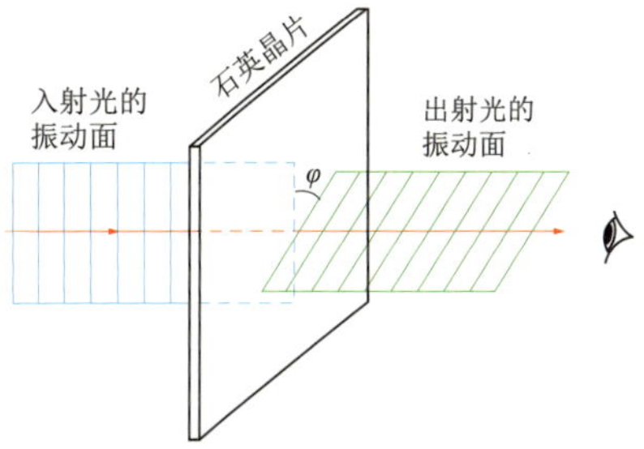

图1　石英的旋光性

振动面往右旋转，叫作右旋石英；另一种使线偏振光的振动面往左旋转，叫作左旋石英。这两种石英外形上互为镜像，如图2所示。很多旋光性物质（特别是有机物）也有左旋和右旋两种，两者的分子式相同，但分子的空间结构不同，而是互为镜像，叫作旋光异构体。天然的葡萄糖和蔗糖都是右旋的；而组成蛋白质的20种氨基酸除最简单的甘氨酸无旋光性外，其他19种氨基酸全都是左旋的。人工合成的抗生素一般都有左、右旋两种，如制药厂生产氯霉素时，左旋和右旋各一半，但只有左旋氯霉素有疗效。

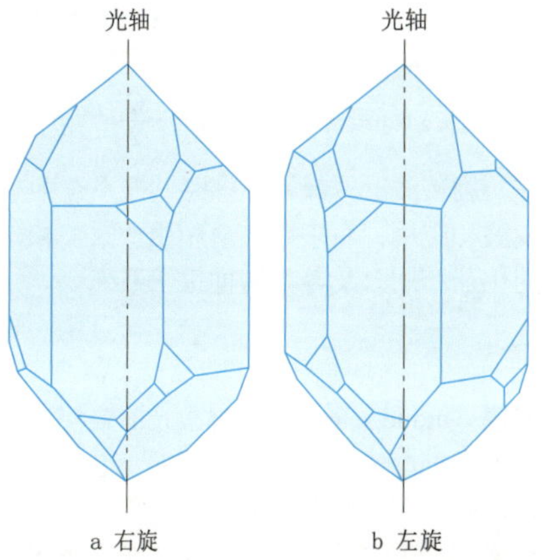

图2　左、右旋两种石英晶体互为镜像

实验得出，旋光晶体中线偏振光的振动面旋转过的角度ψ与光通过的晶片厚度d成正比，即：

$$\psi=\alpha d$$

式中比例常量α为旋光率。对旋光液体来说，ψ与溶液的浓度c和光通过溶液的长度l都成正比，即：

$$\psi=[\alpha]cl$$

式中$[\alpha]$为溶液的比旋光率。工业生产中根据这个规律制成了专门的仪器（如量糖计），用来测量溶液的浓度。（胡望雨）

旋转波近似 rotating wave approximation 忽略哈密顿量中的高频振荡项的近似方法。考虑一个有基态$|g\rangle$和激发态$|e\rangle$的二能级量子系统（如二能级原子），能级差为E，该系统受到圆频率为ω的外场驱

动，引发两个能级之间的跃迁。此时系统哈密顿量通常可写成（以下采用自然单位$\hbar=1$）：

$$H=E|e\rangle\langle e|+\Omega\cos(\omega t)(|e\rangle\langle g|+|g\rangle\langle e|)$$

式中Ω为外场和量子系统的耦合强度。先考虑外场和二能级系统共振，即$E=\omega$的情况。此时在相互作用绘景中系统哈密顿量可以写成：

$$H_I=\frac{\Omega}{2}(1+e^{2i\omega t})|e\rangle\langle g|+\frac{\Omega}{2}(1+e^{-2i\omega t})|g\rangle\langle e|$$

如果耦合强度Ω远小于圆频率ω，则上述哈密顿量中正比于$e^{\pm 2i\omega t}$的两项为振幅很小的高频振荡项，可以忽略。该近似为旋转波近似。

旋转波近似可以推广到外场和量子系统不共振但接近共振的情况。在如下两个条件：接近共振条件$|E-\omega|\ll|E+\omega|$和弱耦合条件$\Omega\ll|\omega|$同时满足时，可以采用旋波近似，忽略高频振荡项。此时，在相互作用绘景中，哈密顿量近似为：

$$H_I=\Delta|e\rangle\langle e|+\frac{\Omega}{2}|e\rangle\langle g|+\frac{\Omega}{2}|g\rangle\langle e|$$

式中$\Delta=E-\omega$为量子系统和外场的失谐。相应的，在旋波近似下，薛定谔绘景的哈密顿量可以写成：

$$H=E|e\rangle\langle e|+\frac{\Omega}{2}e^{-i\omega t}|e\rangle\langle g|+\frac{\Omega}{2}e^{i\omega t}|g\rangle\langle e|$$

旋转波近似最初在核磁共振系统中被发展和应用，后来被广泛应用于原子和光的相互作用以及各类其他量子系统。

（张　芃）

选模　mode selection　对激光谐振腔的振荡模式进行选择的过程和技术。电磁场理论表明，在光学谐振腔中，只有具有一定频率和一定空间分布的光场才能够在腔内形成“自再现”振荡。这些能在腔中进行稳定“自再现”振荡的光场分布称之为**腔模**。不同的谐振腔具有不同的振荡模式，同一谐振腔里也有众多不同的腔模。激光许多应用领域要求对激光谐振腔的模式进行选择。

腔模沿腔轴线方向的稳定场分布称为纵模，而在垂直于腔轴的横截面内的稳定场分布称为横模。激光器的选模技术分为两个部分，一部分是对激光纵模的选取，另一部分是对激光横模的选取。前者对激光的输出频宽影响较大，若选出单个纵模能够大大提高激光的相干性，常常也称作激光的选频技术；后者主要影响激光输出的光束品质，如选出单个基横模有利于提高激光的光束质量和亮度。

横模选择技术　横模选择技术能从振荡模式中选出基横模TEM_{00}模，并抑制其他高阶模振荡。基模衍射损耗最小，能量集中在腔轴附近，使光束发散角得到压缩，从而改善其方向性。横模选择方法可分为两类：一类是改变谐振腔的结构和参数以获得各模衍射损耗的较大差别，提高谐振腔的选模性能；另一类是在谐振腔内插入附加的选模元件（最简单的如光阑）来提高选模性能。

纵模选择技术　纵模选择技术能限制多纵模中的振荡频率数目，选出单纵模振荡，从而改善激光的单色性。纵模选择的基本思想是：激光器中某一个纵模能否起振和维持振荡取决于这个纵模的增益与损耗值的相对大小，因此在腔内引入一定的选择性损耗（如插入标准具），使欲选的纵模损耗最小，而其余纵模的损耗较大，即增大纵模间净增益差异。在激光形成的过程中，通过多纵模间的模式竞争机制，最终形成振荡的模式是净增益最大的单纵模。

（李建郎）

选择定则　selection rule　物理学中（如原子分子光谱学和核物理学）规定系统从一种量子态到另一种量子态的可能跃迁的规则。只有遵从选择定则的量子态之间的辐射跃迁才是可能的。选择定则是体系某种对称性（常见的有宇称守恒，角动量守恒即旋转不变性等）的体现，可以用含时微扰的结果来解释。跃迁概率$|C_{nk}(t)|^2$与初态和末态以及相互作用哈密顿量H'的性质有关。特别是当H'具有某种对称性，使得矩阵元$H'_{nk}=0$，则跃迁概率$|C_{nk}(t)|^2=0$，即在一级微扰下不能从初态$|\psi\rangle$跃迁到末态$|\psi_n\rangle$，这就形成了某种选择定则。

原子分子体系的**量子跃迁**，如电偶极跃迁、磁偶极跃迁、电四极跃迁等，都有各自的选择定则。选择定则是确定原子分子光谱结构的重要规律。电四极矩辐射、磁偶极辐射以及更高级的辐射都比电偶极辐射要弱得多。通常最关注的是电偶极辐射跃迁。

（庄鹏飞　周小计）

薛定谔，E.　Erwin Schrödinger（1887-08-12～1961-01-04）　奥地利理论物理学家，波动力学创始人。生于维也纳，卒于维也纳。1906年，进入维也纳大学物理系，1910年获得博士学位。毕业后，在维也纳大学第二物理研究所担任助教。1913年与K.W.F.科尔劳施合写的关于“泽海姆大气中镭A（即^{218}Po）含量”测定的论文获得了奥地利帝国科学院的海廷格奖金，并于1914年初取得大学教师资格。

第一次世界大战期间，薛定谔服役于

一个偏僻的炮兵要塞，战争后期主要是在后方为防空军官讲授气象学入门知识。利用闲暇他潜心研究了**A.爱因斯坦**当时刚刚提出的**广义相对论**，以及统计力学和涨落理论、原子物理学等物理学最新进展，并写了关于大气声学、布朗运动、统计力学等方面的若干篇文章。战后，他回到维也纳大学第二物理研究所。1920年移居德国耶拿，任**W.维恩**的物理学实验室助手。此后曾先后短期任斯图加特大学副教授和布雷斯劳大学教授。

1921～1926年，薛定谔任苏黎世大学理论物理学教授。1927年，继任柏林大学普朗克理论物理学教授，得以与**M.普朗克**、爱因斯坦、M.von **劳厄**、**L.迈特纳**、W.H.能斯特等一流物理学家一起工作，并与普朗克、爱因斯坦等人建立了亲密的友谊。1933年，纳粹上台后，薛定谔对于纳粹政权迫害犹太人科学家的倒行逆施深为愤慨，借口休假于同年11月初移居英国牛津，在马格达伦学院任访问教授。到达后不久，他即获知“由于新型原子理论的发现和应用”而被授予当年的诺贝尔物理学奖。1936年，薛定谔回到奥地利的格拉茨大学。1938年奥地利被德国吞并后，他陷入了十分不利的处境。同年9月，在友人的协助下，他回到英国牛津。1939年10月转到爱尔兰，在都柏林新建的高等研究院理论物理学部工作了17年。1956年苏军撤离后，薛定谔才回到奥地利。1957年，薛定谔幸免于一场危及生命的重病，但他再也没有完全恢复健康。他去世后安葬于他所喜爱的蒂罗尔山下的阿尔卑巴赫小山村。

科学成就　在苏黎世大学期间，薛定谔的创造力达到了一个高峰。他先是就原子结构、量子比热、气体统计、生理光学和颜色理论及相对论等论题发表了约20篇论文。他提出的色觉理论对于红-绿色盲和蓝-黄色盲频率之间的关系等许多观测数据都能做出很好的解释，被生理学家广泛接受。这使他在色论研究方面成为世界范围内的权威。而他在此期间的主要成就，当然是他所创立的波动形式的**量子力学**。

1925年底至1926年初，薛定谔在爱因斯坦关于单原子理想气体的量子理论和

L.V.德布罗意的物质波假说的启发下，借助于光学－力学相似性，把经典力学处理原子现象时遇到的困难，理解为类似几何光学面对波动现象的图景，提出了对应于波动光学的波动力学方程，把核外电子轨道或分立的能级理解为波动方程的本征值，由此来说明多种原子物理学现象。他起初试图建立一个相对论性理论，得出了后来称之为克莱因－戈登方程的波动方程，但由于当时还不知道电子有自旋，所以在关于氢原子光谱的精细结构的理论上与实验数据不符。后又改为非相对论性波动方程，后来称之为薛定谔方程，并用其处理电子，得出了与实验数据相符的结果。1926年1～6月，他一连发表了四篇论文，题目都是《作为本征值问题的量子化》，从推导建立波动力学方程求解氢原子的玻尔能级，到应用波动方程于线性谐振子、定轴和自由转动、双原子分子等均得出了与实验一致的能量值。论文还把新理论推广到定态微扰理论上，对斯塔克效应做了很好的说明。他创建了与时间有关的波动方程和含时微扰理论，系统地阐明了波动力学理论。

波动力学方法由于物理图像清晰，所用数学形式推导自然，并能普遍说明多种现象，受到了物理学界广泛的好评和欢迎，也为薛定谔赢得了世界性的声誉。普朗克、爱因斯坦等都给予了高度评价。在此之前，德国物理学家W.K.海森伯、M.玻恩和E.P.约旦于1925年7～9月通过另一途径建立了矩阵形式的量子力学。1926年3月，薛定谔在《关于海森伯、玻恩和约旦的量子力学与薛定谔的量子力学的关系》一文中，证明了波动力学和矩阵力学是数学上等价的量子力学的两种形式，可以通过变换，从一个理论转到另一个理论。在此期间他还发表了数篇论文，以阐明将波动力学应用于从微观力学到宏观力学的转换、康普顿效应、物质波的能量－动量定理等方面。

在量子力学形式体系的物理解释问题上，薛定谔起初试图把波函数Ψ解释为三维空间中的振动振幅，把$\Psi\Psi^*$解释为电荷密度，把粒子解释为波包，但无法解决波包扩散、光电效应等困难。最后物理学界普遍接受了玻恩提出的波函数的概率解释。

科学活动 1927年，薛定谔在莱比锡出版了他的《波动力学论文集》，收集了他关于波动力学的9篇论文。在柏林期间，他一方面致力于完善和推广波动力学，尤其是发展相对论波动力学，即狄拉克电子理论，并曾试图在广义相对论的时空框架中，用波动力学来描述暗物质的分布；另一方面，他积极加入了玻尔－爱因斯坦关于量子力学诠释问题的争论，提出了著名的薛定谔猫佯谬，对哥本哈根学派的量子力学解释提出了批评。

在都柏林时期，薛定谔的研究领域包括波动力学的应用及统计诠释，新统计力学的数学特征，时空结构和宇宙学理论等。他在讲课的基础上写作了《统计热力学》(英文版，1946）一书，其中对那些通常被忽略的重要问题，如能斯特定理和吉布斯佯谬等，做了较详细的讨论。宇宙学方面的研究则反映在《时空结构》(英文版，1950）和《膨胀着的宇宙》(英文版，1956）这两本书中。与晚年的爱因斯坦一样，这个时期薛定谔以特别的热情致力于把爱因斯坦的引力理论推广为一个统一场论，但也没有取得成功。

出于对科学统一的追求，1944年薛定谔还发表了《生命是什么——活细胞的物理面貌》一书（英文版，1948；中译本，1973)。在此书中，薛定谔试图用热力学、量子力学和化学理论来解释生命的本性，引进了非周期性晶体、负熵、遗传密码、量子跃迁式的突变等概念。这本书使许多青年物理学家开始注意生命科学中提出的问题，引导人们用物理学、化学方法去研究生命的本性。其中既包括第二次世界大战中服务于军事部门的F.H.C.克里克和M.H.F.威尔金斯，也包括正在大学学生物，因读了这本书而“深深地为发现基因的奥秘所吸引”的J.D.沃森。正是这三人于1953年发现了遗传物质DNA的双螺旋结构，并于1962年获诺贝尔生理学或医学奖。这使得薛定谔成为今天蓬勃发展的分子生物学的先驱。

薛定谔对哲学有浓厚的兴趣。早在第一次世界大战期间，他就深入研究过B.斯宾诺莎、A.叔本华、E.马赫、R.阿芬那留斯等人的著作，并对古印度哲学很感兴趣。他曾结合科学中的事例，探讨过许多认识论的问题，认为形而上学在科学认识中能起到“先遣队”和“脚手架”的辅助作用，但它并不足以回答“我们从哪儿来，又去往何处”等终极性问题。晚年，他致力于物理学基础和有关哲学问题的研究，写了《科学与人文主义——当代的物理学》(英文版，1951)、《自然与希腊人》(英文版，1954)、《科学理论与人》(英文版，1957)、《心与物》(英文版，1958)、《我的世界观》(英文版，1961）和他去世后出版的论文集《自然规律是什么》(英文版，1962）等哲学性著作。

回到故国奥地利之后，薛定谔任维也纳大学终身教授，并继续授课一年。奥地利政府给予他极大的荣誉，设立了以薛定谔的姓氏命名的国家奖金，由奥地利科学院颁发。第一次奖金于1957年授予薛定谔本人。他也曾被国内外许多大学和学术团体授予各种荣誉学位和称号，包括梵蒂冈教皇科学院、英国皇家学会、德国科学院和奥地利科学院。（戴念祖）

薛定谔方程 Schrödinger equation 量子力学中描述量子态随时间演化的方程，是量子力学的基本方程。薛定谔方程为线性偏微分方程，其最为一般的形式为：

$$i\hbar\frac{\partial}{\partial t}\Psi(r,t)=\hat{H}\Psi(r,t)$$

式中$\hat{H}$为哈密顿算符，表征体系的总能量。坐标表象的薛定谔方程常用来描述一个在势场$V(r,t)$中运动的粒子：

$$i\hbar\frac{\partial}{\partial t}\Psi(r,t)=-\frac{\hbar}{2m}\nabla^2\Psi(r,t)+V(r,t)\Psi(r,t)$$

当哈密顿算符不显含时间时，可以求解不含时薛定谔方程或称定态薛定谔方程：

$$-\frac{\hbar}{2m}\nabla^2\psi(r)+V(r)\psi(r)=E\psi(r)$$

得到定态解：

$$\Psi(r,t)=\psi(r)e^{-\frac{i}{\hbar}Et}$$

这相当于求解哈密顿算符的本征值和本征向量，因此E和$\psi(r)$又称为能量本征值和本征态。（庄鹏飞）

雪崩光电二极管 avalanche photodiode; APD 利用PN结在高反向电压下产生的雪崩效应来工作的一种高灵敏度半导体光电检测二极管。APD利用载流子的雪崩倍增效应来放大光电信号，以提高检测的灵敏度。其基本结构常采用容易产生雪崩倍增效应的里德二极管结构，工作时加较高的反向偏压，使其达到雪崩倍增状态，造成内部电流增益。这种器件具有小型、灵敏、快速等优点，适用于微弱光信号的探测和接收，在光纤通信、激光测距和其他光电转换数据处理等系统中应用较广。

当一个半导体二极管加上足够高的反向偏压时，在耗尽层内运动的载流子就可能因碰撞电离效应而获得雪崩倍增。最初在研究半导体二极管的反向击穿机制时发现了这种现象。1965年，K.约翰逊及L.K.安德森等分别报道了在微波频率下仍然具有相当高光电流增益的、均匀击穿的半导体APD。从此APD作为一种新型、高速、灵敏的固态光电探测器件渐渐受到重视。

图中给出了两种APD的基本器件结构。与常规光电二极管的主要区别为结周围附加保护环以控制高偏压下的漏电流。保护环结构必须有低的杂质梯度和足够大的曲率半径，以使得在中央p^+-n或p-i-n（图a）结击穿前保护环不被击穿。对于金属-半导体APD（图b），必须采用保护环以消除接触周围的高电场集中现象。

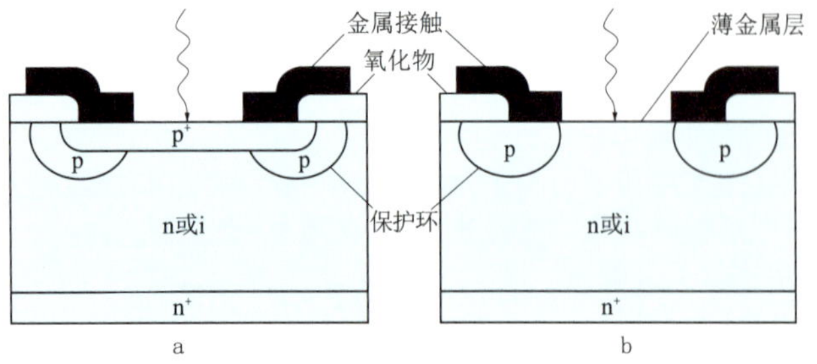

雪崩光电二极管器件基本结构

APD一方面具有电流增益大、灵敏度高、频率响应快的优点，是目前响应最快的一种光敏二极管，在微弱辐射信号的探测，光子计数方向被广泛应用。另一方面，在设计APD时，要保证载流子在整个光敏区的均匀倍增，这就需要选择无缺陷的材料，且要保证结面的平整，对工艺水平要求很高，且受温度影响大。

APD常见的使用范围包括：①作为响应最快的一种光敏二极管，在微弱辐射信号的探测，光子计数方向被广泛应用。②因为有着极高的响应度和极短的上升和下降时间，主要用于激光测距机和长距离光纤通信，也开始被用于正电子断层摄影和粒子物理等领域，现APD阵列也已被商业化。③增益带宽积可以大于300吉赫，可对微波频率调制光发生响应。

APD的用途取决于许多性能指标。主要的性能指标为量子效率（表示APD吸收入射光子并产生原始载流子的效率）和总漏电流（为暗电流、光电流与噪声之和）。暗电噪声包括串联和并联噪声，其中串联噪声为散粒噪声，它大致正比于APD的电容，而并联噪声则与APD的体暗电流和表面暗电流的波动有关。此外，还存在用噪声系数表示的超额噪声，它是随机的APD倍增过程中所固有的统计噪声。

（杨富华）

寻常光线 ordinary ray 自然光照射到单轴晶体上时，产生的两条折射光线（**双折射**）中遵从通常折射定律的折射光线。简称寻常光、o光。寻常光的偏振方向垂直于自己的主平面（包含晶体光轴与晶体中寻常光传播方向的平面）。讨论寻常光在晶体中的传播时，可以将晶体看作一个各向同性介质，如利用球面子波前定性描述寻常光的传输，利用斯涅耳定律计算折射方向等。

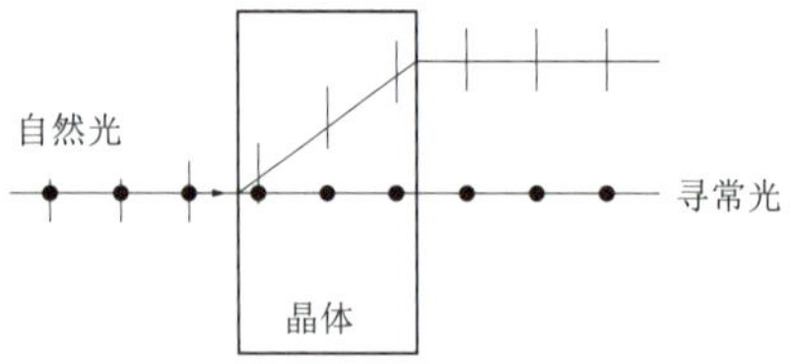

寻常光线

（孙 骞）

寻常折射率 ordinary refractive index 寻常光对应的折射率。通常记为n_o。寻常折射率不依赖于光的传播方向，可用光速比来表示：$n_o=c/v_o$，其中c和v_o分别代表真空和晶体中寻常光的相速度。正单轴晶体中寻常折射率小于**非寻常折射率**，负单轴晶体中寻常折射率则大于非寻常折射率。

（孙 骞）

巡游电子磁性 itinerant electron magnetism 过渡金属中的d电子并不是被某个特定的金属原子核束缚的核外电子，而是在整个金属的不同原子（晶格周期场）中巡游，这种电子所表现的磁性。巡游电子磁性的研究工作始于F.**布洛赫**，其早期的研究成果主要限于E.C.斯托纳的单体激发模型。在这一模型中单个电子能从自旋朝上的子带改变其自旋方向跃迁到自旋朝下的子带。**铁磁性**的斯托纳理论是有关巡游铁磁体的平均场理论，巡游电子铁磁性能否出现决定于相互作用常数和**费米面**上态密度乘积的大小，即铁磁性斯托纳判据。斯托纳理论可以解释过渡金属的许多实验事实：①单原子的平均磁矩不是**玻尔磁子**的整数倍；②过渡金属合金的磁矩大多数遵从**斯莱特-鲍林曲线**；③比一般金属有更高熔点；④低温比热容比一般金属大5～10倍。

巡游电子磁性的量子理论模型是J.哈伯德在不考虑d带同s带混合并且略去不同原子间电子相互作用条件下提出的，称为**哈伯德模型**。它是所建立的电子局域性比较强的最简单的巡游电子模型，对它取哈特里-福克近似就是斯托纳模型。相较斯托纳模型，其改进主要有：①能导出低温下的自旋波；②能导出高温下的居里-外斯定律，并且计算出的居里温度大为降低，更接近实际值。巡游电子模型的计算结果与利用德哈斯-范阿尔芬实验观察到的3d电子所形成的费米面的结果相符。

（任卫军 张志东）

循环过程 cycle process 从某个状态出发，经过一系列热力学过程后回到初始的热力学平衡状态的过程。在**热机**（蒸汽机、内燃机等将热能转化为机械能的机械）与**制冷机**（冰柜、冰箱等通过外界做功使一定区域内系统温度降低的机械）中，循环过程是很重要的一类过程。将这一系列过程看作准静态过程，基于热力学第一定律，可以分析热机的效率或制冷机的制冷系数，优化机械设计。

（王建波）

循环坐标 cyclic coordinate 拉格朗日函数不显含的广义坐标。见**拉格朗日方程**。

Y

压电力显微术 piezoresponse force microscopy 运用扫描探针，在纳米尺度表征并调控压电铁电材料微观畴结构及局域响应的原子力显微技术。压电力显微术的成像原理是通过具有导电特性的扫描探针，对压电和铁电材料施加电压，诱导其压电形变，并通过光探测器予以测量。其形变振幅对应压电系数大小、位相对应压电系数正负和极化矢量取向，因此能够实现畴结构成像与压电响应测量。

压电力显微术成像分垂直模式、平行模式、矢量模式三种。垂直模式测量垂直于样品表面的压电正应变，通常对应于压电系数d_{33}和垂直样品表面的极化分量。平行模式测量平行于样品表面的压电剪切应变，通常对应于压电系数d_{15}和平行样品表面的极化分量。矢量模式则结合垂直模式和平行模式以确定极化矢量的三维空间分布。

压电力显微术的调控模式是在交流激励样品压电形变的同时，施加一系列的直流电压，以诱导调控铁电材料局域的电畴翻转，可得到压电形变振幅与直流电压之间的蝴蝶曲线以及压电形变相位与直流电压之间的电滞回线，表征其矫顽场与偏置。此外，可通过光刻模式，在探针扫描过程中根据模板对样品施加特定分布的正负电压，书写特定分布的畴结构。

压电力显微术广泛应用于压电、铁电、多铁材料的研究，表征其畴结构和局域压电铁电性能。特别适合纳米材料与结构的铁电和压电性能研究。（李江宇）

压电驱动 piezoelectric actuation 一种利用逆压电效应，通过直接的机电耦合或波动耦合等方式，将电能转化为机械能，实现微纳米操作或更大范围的宏观运动与驱动。相比传统的基于**电磁感应**原理的电磁电机驱动方式，压电驱动器一般属于微小型精密驱动器，具有高分辨率、高功率密度、不产生磁、不受电磁干扰、容易微型化等优势。常见的压电驱动器大多是利用锆钛酸铅基陶瓷制备的。在某些特殊使用环境下，也采用压电晶体材料如铌镁酸铅-锆钛酸铅来制作低温压电驱动器；或者采用高居里温度压电陶瓷材料钪酸铋-钛酸铅陶瓷制作高温压电驱动器。还在发展不含铅的压电陶瓷材料，包括钛酸钡（$BaTiO_3$）基、钛酸铋钠［$(Bi_{0.5}Na_{0.5})TiO_3$］基、铌酸钾钠［$(K,Na)NbO_3$］基无铅压电陶瓷。压电驱动器因其优异的精密定位能力，已经广泛应用于许多科学仪器，如**原子力显微镜**中的纳米操作、共聚焦光学显微镜中的z轴驱动、照相机和内窥镜中的光学聚焦与变焦驱动、光通信中的多轴驱动、生物医学中的细胞精细操作、基因排序测试与扫描，以及要求苛刻的航空航天领域中的精密驱动等。

压电驱动方法 压电陶瓷或单晶材料在外加电场激励下所产生的压电变形通常非常小（～0.1%）。为了对外产生所需要的纳米～数十微米的位移，甚至实现纳米～宏观可见的直线或旋转运动，过去数十年发展了许多压电驱动方法。一般来说压电驱动器按照工作模式可以划分为非谐振驱动和谐振驱动。

非谐振驱动。压电驱动器在非谐振条件下工作，直接利用压电材料的电场变形，再结合位移累加效应可产生纳米～数十微米运动。结合某些位移放大机构，可以产生数百微米至毫米级的位移。非谐振驱动器一般为直线、刚性变形致动器，产生的位移运动十分有限。但是数个压电致动器通过蠕虫仿生协同运作，可以产生几乎不受限制的直线运动。

谐振驱动。通过交变电场在谐振频率下激发波动，依靠摩擦传递波动能量，可产生旋转或直线驱动，也常常称为压电超声马达。压电马达驱动器可以是简单的一个或多个压电元件，或者压电元件与弹性体的复合结构；在谐振频率点压电驱动器具有最大的机电耦合，可以在压电体或弹性体中激发具有较大振动幅度的行波或驻波，从而使压电驱动器产生最大的功率输出。

几种典型的压电驱动器 *多层压电结构驱动器* 多层结构压电堆通常是利用流延法制备压电陶瓷厚膜、丝网印刷电极、叠层与切割，以及共烧方法来制备的。电极化后，压电堆中的每一个陶瓷片构成了一个位移产生单元，而多层结构中多达数百层的单元再通过外部电极并联连接在一起，可以获得位移累加效应。除了共烧方法制备压电堆，也可以利用传统的固相烧结法预先制备多个片状压电元件，再利用电极薄片交替的同压电陶瓷元件直接黏结在一起构成压电堆。压电堆驱动器通常工作在非谐振模式，虽然产生的位移有限，但却有最高的机械负载能力。

压电单晶、压电双晶驱动器 如果只有一个压电陶瓷片与一个弹性片黏结（或共烧）到一起，称为压电单晶片。如果有一对压电陶瓷片粘接在一起，或者这一对压电陶瓷片对称地与一个弹性片复合在一起，则称为压电双晶片。压电单晶片、双晶片元件在一个电场作用下都会因不对称的伸缩产生弯曲变形。注意外电场方向与上压电片中的极化方向相反，而与下压电片极化方向相同，这会使上下两个压电片在电场作用下分别产生伸长和收缩效果，结果导致双晶片产生弯曲运动。注意压电单晶片、双晶片也常常制备成圆片（圆盘）形结构，其驱动力比矩形结构要大一些，但位移输出也小一些。近来报道了一种改进型的圆环状压电单晶片、双晶片，称为环形变压电致动器，因其变刚度变形方式，其位移输出性能得到了进一步改进。压电单晶、压电双晶均是通过不对称的小应变伸缩产生放大的弯曲变形和较大位移输出。研究者还报道了一个真正的压电单晶片驱动器：一个钪酸铋-钛酸铅压电陶瓷圆环片致动器，它利用压电圆环的轴对称剪切应变来产生放大的弯应变。同多层压电堆相比，压电单晶片/双晶片致动器一般可以产生大得多的弯应变位移，典型的可以达到毫米量级位移，但机械负载能力却大为降低。

这种弯变形效应被广泛应用于各种压电扬声器、激振器、微驱动器。压电双晶片因为弯曲变形又会产生诱导电压，这种电压效应可应用于压电加速计。

月牙形/钹形压电驱动器 由一个单块或多层陶瓷元件，与两个具有月牙形或钹形空腔的金属板黏结在一起构成，它们产生的力和位移通常介于常规多层致动器和压电双晶片致动器之间，有一些优点，如它产生的位移比一个相当尺寸的多层压电堆大一个量级，但驱动力也会小很多。另外，它比压电双晶片有更快的响应时间，产生的力也更大一些。就这两个致动器而言，月牙形致动器似乎具有更多的优点，它可以简单地通过金属板一步冲压获得。

压电超声马达驱动 压电超声马达驱动是压电驱动中的一种。包括高频电源、振子和滑块。振子由压电驱动部件和弹性振动部件组成，而滑块则由弹性滑块部件和耐磨层组成。

从运动方式分析，压电马达可以分为旋转和直线两类马达。从振动特性角度分析，压电马达可以分为行波型和驻波型两类。

行波马达 结合了在空间和时间上都

有90°相差的两个驻波。由于横波和纵波的耦合，弹性体的任一表面粒子的运动会形成椭圆轨迹。一般来说，这种类型的马达需要两个振动源来产生一个行波，因此效率较低（不超过50%），但是它在两个旋转方向都是可以控制的。

驻波马达　驻波型有时也叫作振动耦合型或者“啄木鸟”型，其中振动片连接到一个压电驱动部件上，其尖端部分能够产生椭圆振动。该运动能够通过摩擦给转子提供了一个单向力，这就产生了一个间歇的扭转扭矩或推力。

压电蠕动步进马达驱动　主要通过模仿自然界中尺蠖的步进运动原理来实现马达的运转。定子和滑块之间存在两组压电驱动足，两组驱动足在压电PZT发生形变时交替与滑块之间形成夹持或脱离。每个驱动足由两部分PZT陶瓷构成，连接定子的PZT做伸缩运动，与滑块接触的切变PZT做剪切运动。重复这一过程即可实现滑块的连续运动。尺蠖压电驱动装置在获得较大输出行程的同时能够保证较高的步进精度与负载能力，受到了研究学者和工程师的广泛关注，在精密机械中具有重要应用前景。

压电惯性马达驱动　惯性马达是利用压电晶体的逆压电效应和惯性位移原理，由定子的静变形，通过摩擦力的作用，以惯性位移的形式把运动传递出去。该电机主要由定子和动子两部分构成，定子由压电驱动器和金属杆组成，动子为金属杆上的一个小质量滑块，当驱动器发生快速变形时，滑块不会随金属杆一起运动。而当变形速度小时，由于静摩擦作用滑块会随杆一起运动，重复这一过程可实现滑块的连续运动。

基于柔性铰链机构放大位移的压电驱动器　柔性铰链将柔性位移放大机构作为一类特殊的传动机构，在保证工作精度和输出刚度的同时，对压电陶瓷驱动器输出位移进行放大以满足工作要求。柔性位移放大机构的工作原理是依靠柔性铰链的弹性变形进行运动，为了避免寄生运动和温载带来的误差，机构的构型大多采用对称式设计，其位移放大原理主要包含两种：杆式柔性位移放大机构；桥式柔性位移放大机构。

基于杠杆原理的柔性位移放大机构结构简单，刚性好，其输入输出位移保持近似的线性关系，但机构受到空间布局的约束其位移放大倍数较小，一般结构采用多级杠杆串联的形式对位移进行放大。

桥式柔性位移放大机构是基于力学中的变刚度原理和杆失稳原理进行位移放大，具有结构紧凑、位移放大倍数较高和易加工等特点。

（高翔宇　吴金根　辛旭东　董蜀湘）

压电探测　piezoelectric detection　利用晶体或陶瓷材料的直接或者非直接的压电效应进行某些力学物理量的探测。一些**电介质**因其晶体结构具有不对称中心，在外力作用下晶胞内部的正、负电荷中心分离而产生电极化。压电效应便是指这一类电介质在受力后因极化在表面感应电荷现象。最早发现的石英晶体就是一种具有弱压电效应的压电体。具有钙钛矿结构的铁电陶瓷材料，它们的晶粒结构也具有不对称中心，但它们拥有很强的自发电极化现象，因此具有很强的压电效应。常见的压电铁电材料主要有钛酸钡（$BaTiO_3$）、锆钛酸铅［$Pb(Zr,Ti)O_3$(PZT)］、弛豫基铁电陶瓷［$Pb(Mg_{1/3}Nb_{2/3})O_3$-$PbTiO_3$(PMN-PT)和$Pb(Zn_{1/3}Nb_{2/3})O_3$-$PbTiO_3$(PZN-PT)］、弛豫铁电单晶［$Pb(Mg_{1/3}Nb_{2/3})O_3$-$PbTiO_3$(PMN-PT)和$Pb(Zn_{1/3}Nb_{2/3})O_3$-$PbTiO_3$(PZN-PT)］、有机压电体（PVDF），以及最近发展的$(Bi,Na)TiO_3$基和［$(K,Na)NbO_3$(KNN)］基无铅压电材料。

外界的某些力学物理量，包括应变（变形）、应力、振动，速度包括旋转速度、加速度、声波，甚至温度等，作用到压电体后，由于内部电荷的极化现象，会在其表面产生电荷而被检测到。另外，也可利用压电体的非直接压电效应，比如压电体的谐振频率对某些物理量敏感，来探测微质量和气体变化。将压电体同某些铁磁性材料复合，可以探测磁场变化。压电探测及其应用已遍及日常生活中的每个角落，每人每天都离不开压电应用，比如每个手机、电脑中都拥有众多的压电元件。基于压电效应的探测大致可分为压电力敏探测、压电声敏探测、压电气敏、热敏探测及压电磁敏探测等。

压电力敏探测　压力传感器　压电式压力传感器是利用压电材料的压电效应将被测压力转换为电信号的一种传感器，输出的电荷量与作用力成正比。如图1所示，应力的改变会导致压电材料内部极化状态的改变，压电体两端会输出一定的电压值。压电力敏探测器是一种典型的有源传感器，又称自发电式传感器。它具有体积小、重量轻、频率宽、灵敏度高、结构简单、动态测试可靠等特点。缺点是直流响应差，静态或准静态测试时需要采用高输入阻抗电路或电荷放大器来克服这一缺陷。另外使用中注意压电材料需要防潮，防止感应电荷的泄漏。压电探测器已经广泛用于重要结构的健康监测、水深和水压测试、机床动态切削力的监测等。

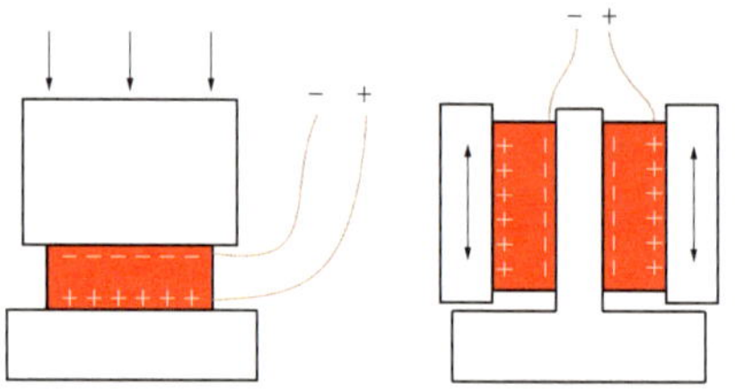

图1　压电式测力传感器原理图

压电加速度传感器　又称压电加速度计。工作原理如图1所示，只不过外力$\boldsymbol{F}$是由一个附在压电晶片上的质量块m的惯性力施加的，且$\boldsymbol{F}$与加速度$\boldsymbol{a}$成正比$\boldsymbol{F}=m\boldsymbol{a}$。当压电晶片感受到加速度振动时，质量块$m$施加在压电晶片的力与被测加速度$\boldsymbol{a}$成正比。因此可以通过压电晶片感应电荷的变化来测试加速度$\boldsymbol{a}$。压电加速度传感器可广泛应用于检测导弹、飞机、车辆的冲击和振动。

压电速度传感器　一个旋转机械通常会在机器设备上激发一个与旋转周期相同的机械振动。根据这一原理，将一个压电晶片附在机器振动部位，就可以利用压电效应将非电量的振动转变为电量（电压信号）的周期变化。该电压信号经过速度传感器内的低噪放大/积分混合电路转换成振动速度的周期信号，并可直接在示波器上显示出旋转机械的运转速度。与传统的电动速度传感器相比，压电速度传感器的优越性在于内部无运动部件磨损，使用寿命长，可安装在机器的垂直、水平或其他任意方向。压电速度传感器还具有对交叉轴振动不敏感、线性动态范围大、测试频率范围宽、安装方便、重量较轻和成本低等优点。

压电陀螺仪（角速度位移传感器）　压电陀螺仪是一种对角速度敏感的传感器，其工作原理如图2所示：一个压电圆棒的圆柱面上共制备了3对电极，电极对①是用于激发水平方向的振动；电极对②和③用于检测垂直方向的振动。当存在一个沿压电棒轴方向的角速度$\boldsymbol{\Omega}$时，因**科里奥利力**的作用，会激发一个沿垂直方向的振动。电极对②和③的差分输出就反映了一个与角速度$\boldsymbol{\Omega}$成正比的电压信号。压电陀螺仪是一种角速度十分敏感的传感器，具有使用寿命长、耗电少、中等精度、性价比高等优点。可应用于无人机、宇航设备、汽车电子、手机等领域。

压电声敏探测　压电声敏探测主要有水声以及超声方面的应用。在声学方面，压电材料是制备声换能器的核心材料。基

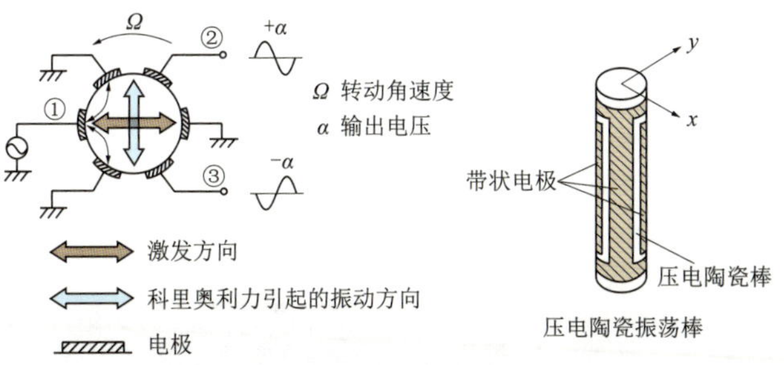

图2　压电陀螺仪原理图

于正反压电效应，声换能器的基本功能是声发射和声接收。一般成熟的压电声敏探测系统基本上同时具有声发射和接收的功能。

压电水听器　水听器又称水下传声器，是把水下声信号转换为电信号的换能器。声压水听器是水声测量中不可少的设备，是被动声呐系统中的核心部分。根据所用灵敏材料的不同，声压水听器可以分为：压电陶瓷声压水听器、PVDF声压水听器、压电复合材料声压水听器和光纤声压水听器。

压电声呐　*声呐*是英文缩写“SONAR”的音译，其中文全称为：声音导航与测距。典型的声呐换能器属于朗之万型压电换能器。水下声呐是通过压电声换能器的电声转换产生声信号，再通过在水中的发射、传播、反射、接收和声信息处理，完成水下探测和通信。压电声呐换能器有主动式和被动式两种类型，属于声学定位的范畴。电声转换为压电声呐的核心部件，包括高功率水声发射和高灵敏度水声接收。在民用方面，声呐被广泛用于鱼群探测，水下地貌和暗礁探测等。在军事方面，声呐是潜艇探测不可缺少的元件。

超声医学　压电声敏探测的另一个重要应用领域是超声医学。这是一个集声学、医学、光学及电子学相结合的综合性学科。超声医学包括超声诊断学、超声治疗学和生物医学超声工程，均依赖压电声换能器产生、发射和接收高频声波。以医学常见的B超为例，压电超声探头通过基于压电效应的电声转换，向人体发射一组超声波束并按照一定方向进行扫描。根据监测其回声的延迟时间、强弱就可以判断人体器官的距离及组织性质。经过声信号处理与成像，就形成了人们今天看到的B超图像。

超声无损检测　它和一般医学超声成像有着共同的原理：基于正反压电效应进行电-超声波能量的转换，再通过向被测工件发射脉冲超声波束，研究它的反射、透射和散射波，可以对试件进行宏观缺陷检测、几何特性测量，甚至可以对试件的组织结构、力学性能的变化进行测试和表征，并进而对其特定应用性进行评价。

超声流量测量　超声流量计是一项发展较早也比较成熟的技术。其基本原理是超声波在流动的流体中传播时，相对于固定坐标系统来说，超声波在静止流体与流动流体中的传播速度有所不同，其变化值就反映了流体的流速。因此，根据超声波速度的变化可以求出流体的流速，从而求出流量。根据对超声信号处理和检测的方式不同，超声波流量计可分为速度差法、多普勒法、波束偏移法等。超声流量计结构一般由波导部分与压电声换能器组成。波束偏移法是利用超声波束在流体中的传播方向随流体流速变化而产生偏移来反映流体流速的。

利用压电超声发生和压电超声探头还可以进行超声清洗、超声加工、超声液位测量等。

压电气敏、热敏探测　压电声表面波器件（SAW）是一种滤波器件。所谓SAW，是在压电固体材料表面产生和传播的弹性波。声表面波器是利用半导体平面工艺在压电材料基片表面制作出叉指状的金属电极（称作叉指换能器），通过高频电压信号即可在基片表面激发出*声表面波*，电信号可借此声表面波传递。许多研究者尝试将各种对外界物理、化学或气体分子变化敏感的薄膜材料覆盖在SAW器件表面，这样可以改变声表面波的传播特性（速度、频率和幅度），就变成对某一物理、化学量或分子敏感的传感器。例如，通过在SAW器件表面生长ZnO纳米线，利用ZnO紫外吸收的特性来制作紫外传感器；通过覆盖氧化石墨烯增强对水分子的吸收制成湿度传感器；通过ZnO/SiO_2薄膜吸附不同分子来实现用于化工安全监测领域的气体传感器；此外，还在SAW器件表面生长特异性抗体成为可检测癌胚抗原的生物传感器等。SAW是近代声学中的表面波、压电学和微电子技术结合的产物。SAW结构通常可分为两种类型：延迟线型和谐振器型。

SAW气敏传感器　声表面波器件之波速和频率会随外界环境的变化而发生漂移。声表面波气敏传感器就是利用这种性能在压电晶体表面涂覆一层选择性吸附某气体的气敏薄膜，当该气敏薄膜与待测气体相互作用（化学作用或生物作用，或者是物理吸附），使得气敏薄膜的膜层质量和导电率发生变化时，引起压电晶体的声表面波频率发生漂移；气体浓度不同，膜层质量和导电率变化程度亦不同，即引起声表面波频率的变化也不同。通过测量声表面波频率的变化就可以准确地反映气体浓度的变化。

SAW热敏传感器　SAW振荡器的振荡频率随温度变化，基于这个现象可以设计热（温度）传感器。日本松下公司研制的辐射热敏传感器，SAW振荡器为热敏元件，其灵敏度在100～140℃是8.4Hz/℃，在60～100℃是4.8Hz/℃。该传感器的分辨率为0.2～0.6℃。

压电磁敏探测　*磁电效应*是指材料在外加磁场的作用下产生电极化响应，或者在外加电场下产生磁化响应的性质。通过压电效应和磁致伸缩效应的乘积效应，可以实现磁信号到电信号的转换，从而获得一种磁探测的有效手段。磁电传感器已经获得了广泛的研究，其交流磁场灵敏度接近10^{-12}特斯拉量级，直流磁场灵敏度达到了10^{-9}特斯拉量级。

（储昭强　余中辉　董蜀湘）

压电性　piezoelectricity　在外加应力作用下，某些绝缘体材料表面会积累电荷的物理性质。

微观机制　压电性本质上源于固体中电偶极矩的存在。离子晶体中如果正负电荷中心不重合，或者分子体系中分子极性集团存在，都可以导致电偶极矩出现。这些电偶极矩可能因为外斯有效场而形成局部微畴，称之为外斯畴。这些畴在一定温度之下，施加电场可以将这些畴排列起来，称之为极化处理。当然，并非所有压电体都可以被极化。与此同时，对压电体施加应力也可以改变铁电极化，源于应力可以改变电偶极矩的周围环境和排列方式。

压电性主要考虑材料应力应变与外场之间的线性本构关系，因此可以利用弹性力学的基本理论来构建压电响应理论。例如，应力应变与电场电位移之间的关系可以写为：

$$\{S\}=[s^E]\{T\}+[d^t]\{E\}$$
$$\{D\}=[d]\{T\}+[\varepsilon^T]\{E\}$$

式中S是应变；T是应力；E是电场；D是电位移；$[s^E]$为电场短路条件下的顺度系数矩阵；$[d^t]$为逆压电效应矩阵；$[d]$为压电系数矩阵；$[\varepsilon^T]$为无应力条件下的介电极化率矩阵。

与铁电微观机制丰富的物理内容比较，对压电微观机制的理解并不深入，相关研究更多是唯象理论层面和实验总结的结构-性能关系规律，完备的压电量子理论基础尚未建立起来。

众所周知，32类晶体点群中有21类是非中心对称群，而其中又有20类晶体点群具有压电性，这20类压电晶体群中只有10类是极性晶体：1, 2, m, mm2, 4, 4mm, 3, 3m, 6, 6mm；有压电性的另外10个点群是：222, $\bar{4}$, 422, $\bar{4}$2m, 32, $\bar{6}$, 622, $\bar{6}$2m, 23, $\bar{4}$3m。

材料类别　具有压电性的材料类别非常广泛，难以枚举。这里将主要的压电材料分门别类归纳如下，在此基础上还可以通过材料科学得到更多拓展材料体系。

①天然晶体：如石英、板磷铝矿（$AlPO_4$）、砂糖、罗谢勒盐、黄玉、电气石类矿物、钛酸铅（$PbTiO_3$）。

②骨头：干骨具有压电性，源于其中的胶原蛋白存在极性单轴。

③生物天然材料：如筋、丝绸、有压电结构的木材、搪瓷、牙质、脱氧核糖核酸、病毒蛋白。

④人工晶体：如硅酸镓镧（$La_3Ga_5SiO_{14}$）、磷酸镓（$GaPO_4$）、铌酸锂（$LiNbO_3$）、钽酸锂（$LiTaO_3$）等。

⑤人造陶瓷：钛锆酸铅（$Pb[Zr_xTi_{1-x}]O_3$）、铌酸钾（$KNbO_3$）、钨酸钠（Na_2WO_3）、$Ba_2NaNb_5O_5$、$Pb_2KNb_5O_{15}$、氧化锌钎锌矿结构等。

⑥无铅压电陶瓷：体系很多，但相关材料环评和市场形势都未明朗。典型体系包括$(K,Na)NbO_3$、$BiFeO_3$、$NaNbO_3$、$BaTiO_3$、$Bi_4Ti_3O_{12}$、$NaBi(TiO_3)_2$。

⑦Ⅲ-Ⅴ和Ⅱ-Ⅵ族半导体材料也具有一定的压电性。

⑧聚合物（PVDF）。

⑨若干有机物纳米结构。

应用　压电材料因为能够提供高品质的压电响应，应用非常广泛，例如：①高压功率电源；②传感器；③驱动器；④频率发生器与频率基准；⑤压电马达；⑥消声器和减震器；⑦生殖医学应用；⑧外科手术应用；⑨其他用于能源采集和微电子器件等应用。

（刘俊明）

压力　pressure　物体间由于相互挤压而垂直作用在物体表面上的**力**。压力的一个特点是：它的作用方向与作用面积垂直并与作用面积的外法线方向相反。一个重1牛，底面积为1平方米的盒子置于地板上，地板承受的压力等于作用力除以被作用的面积，即1牛/米²（N/m^2）。地球表面单位面积所承受的大气重量构成大气压强，简称大气压，海平面上的大气压约为1.033牛/米²。容器中气体呈现的压力，是大量气体分子连续快速冲击容器壁面而产生的作用力的统计平均结果。流体（液体或气体）在容器内部任一点上所呈现的各向均等的压力称为静压。静压是静止流体所呈现的唯一的应力。气体或液体的绝对压力是其表面压力与大气压之和。绝对压力为零表示完全**真空**。地球上用普通压力计测量压力时表示的压力是高出于大气压的压力。如轮胎压力计指示2牛/米²的压力是表压，把大气压考虑进去后，胎内空气所呈现的压力应当为3牛/米²。低于大气压的压力为负表压，表示部分真空。

关于压力的单位，历史上各国广泛采用各自不同的单位制，近几十年才趋于统一用国际单位制（SI制），其单位是帕（Pa），$1Pa=1N/m^2$。但由于历史原因，在气象学、医学、工程技术等领域中常用一些其他单位，如巴（bar）、毫米汞柱（mmHg）、毫米水柱（mmH_2O）、标准大气压（atm）、工程大气压（at）、千克力每平方厘米（kgf/cm^2）、千克力每平方毫米（kgf/mm^2）、托（Torr）等，为统一起见规定了下列换算关系：

$1bar=10^5Pa$（准确值）

$1mmHg=133.322Pa$

$1mmH_2O=9.806\ 65Pa$（准确值）

$1atm=101\ 325Pa$（准确值）

$1at=98\ 066.5Pa$（准确值）

$1kgf/cm^2=1at=98\ 066.5Pa$（准确值）

$1kgf/mm^2=9.806\ 65\times10^6Pa$（准确值）

$1Torr=133.322Pa$

（牛家玉）

压强　pressure　单位面积所受的压力。见**压力**。

压水堆　pressurized water reactor; PWR　以加压轻水作为冷却剂和慢化剂的**热中子核反应堆**。由于轻水的慢化能力特别强，而热中子吸收截面较大，前者使得堆芯体积小、结构紧凑、功率密度高（约110千瓦/升），后者要求使用低富集铀燃料（U-235含量约3%）。压水堆（PWR）是世界上公认技术最成熟、运行安全、经济实用的反应堆堆型，其总装机容量约占所有类型核电站的64%。1961年美国建成世界上第一座商用压水堆，由于安全可靠、操作灵活、体积小、重量轻，现在核潜艇与核动力水面舰船也多采用它来作为动力装置。PWR的发展趋势是提高安全目标，简化系统和操作，加深燃耗，延长使用寿命。PWR主要由反应堆压力容器、堆芯、堆内构件及控制棒组件等组成。

压力容器　压力容器的主要作用是装载反应堆堆芯，密封高温高压冷却剂，防止放射性物质外逸，以及屏蔽部分放射性辐射等。在安全等级上属安全一级设备，是反应堆冷却剂压力边界的一个重要组成部分，反应堆压力容器的寿命约为40年。压力容器由可拆卸的半球形顶盖、O形密封环和筒体组合件组成，主要采用锻焊结构制成。筒体组合件由大直径厚壁圆柱形筒体段、法兰接管段，以及半球形底封头焊接而成。顶盖和筒体组合件用螺栓连接，镀银O形密封环起密封作用。

堆芯　PWR的堆芯设有121或157个燃料组件，燃料组件的数量和燃料棒排列方式，各个国家设计略有不同。美国、法国和日本等国通常为15×15或17×17排列，德国通常为16×16或18×18排列。60万千瓦压水堆核电站堆芯的铀燃料总装载量为56吨，90万千瓦压水堆约为72吨。燃料棒的直径国际通用标准为9.5毫米，锆-4合金的包壳管壁厚为0.57毫米或0.64毫米，各国标准略有不同。包壳管内装有小圆柱状的二氧化铀燃料芯块，链式裂变反应在此发生。裂变产生的核能由流过燃料棒的冷却剂（水）带走。用因科镍合金或锆合金制的定位格架将燃料棒夹紧和定位，同时允许燃料棒轴向膨胀，但要抑制燃料棒的振动磨蚀。PWR核燃料的更换一般为每年一次，每次换料三分之一。换料时控制棒驱动机构和反应堆压力容器的半球形顶盖作为一个组件吊出，并吊出位于堆芯吊篮内侧以及堆芯格板以上的所有内部构件。换料操作的通常程序是反应堆停堆，打开反应堆压力容器的顶盖，拆装堆内构件，装卸货倒换燃料（为了提高燃料的燃耗深度以充分利用核燃料，需要把燃料组件从内到外或从外到内倒换），然后封闭顶盖，重新启动反应堆。换料前反应堆应先停堆，并降压、冷却到40℃左右，一回路（反应堆冷却剂回路）水位降至反应堆压力容器法兰面以下，在反应堆附近进行剂量检查，并检查换料系统各设备的性能，做好换料前的各项准备工作。

堆内构件　堆内构件是反应堆压力容器内使用堆芯定位的构件，主要作用是支承和精确定位燃料组件，构成适当的反应堆冷却剂通道，合理分配流量，支承和固定压力容器辐照监督管等。它由吊篮部件、压紧部件和辐照监督管部件等组成。冷却剂进入压力容器，沿堆芯吊篮和压力容器壁之间的环形通道向下流动，然后冷却剂在反应堆的堆腔下部转向上流，通过燃料组件，带走核裂变产生的热量，再由压力容器流出，进入蒸汽发生器。水既是冷却剂又是慢化剂。反应堆装、换核燃料由反应堆大厅环行吊车和装卸料机来完成。环行吊车用来吊装反应堆压力容器顶盖、压紧组件、堆内构件等设备。装卸料机用来装卸和倒换核燃料。

控制棒组件　控制棒组件用以补偿反应堆功率变化时的反应性变化，并执行热态停堆、调节反应性的瞬时变化、维持功率在一定水平以及对冷态停堆起补偿作用等。反应堆正常运行时，控制棒组件在控制棒驱动机构的带动下在导向筒和燃料组件导向管中运动自如，在紧急停堆时能在2.5秒内连同驱动轴依靠重力迅速降落。

（王　琳　石伟群）

雅满干涉仪　Jamin's interferometer　由法国人J.雅满于1856年发明的**干涉仪**。雅满干涉仪装置示意图如下。

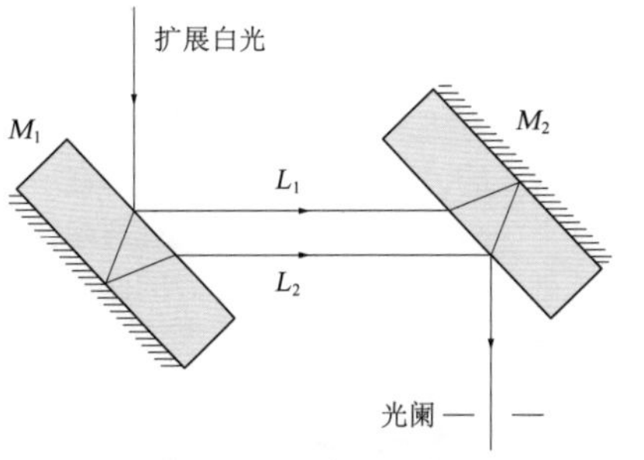

雅满干涉仪装置示意图

雅满干涉仪主体部分由两块完全相同的平板玻璃构成。玻璃前后表面严格平行，后表面镀有高反射率的银膜。两个玻璃板之间基本平行，存在一个很小的夹角。扩展白光以45°角入射到玻璃板M_1上，通过M_1前后表面的反射，形成两束相互平行但空间位置分离的光。经过M_2的反射后，两束光重新汇合在一起，且具有相同的光强、光程，在望远镜焦平面等处可观察到清晰的白光条纹。在光臂L_1或L_2上插入待测物体后，白光条纹发生位移，从而可以实现对折射率等物理参数的高精确测量。为提高测量精度，通常利用光阑阻挡M_1及M_2上的多次反射光，避免多次反射光对干涉图样的影响。

（孙　骞）

亚波长光学　subwavelength optics　研究亚波长尺寸光学器件和光学系统中光的行为和性质，在亚波长范围内实现对光的控制和利用的学科。是**光学**的一个新的分支。相比于传统光学，这一领域中把光学分辨率提升到亚波长尺度。传统光学中分辨率受衍射极限的限制，光的聚焦和图像的分辨只能达到光波长量级。当亚波长器件工作在近场区域非常短的距离内，亚波长的分辨率可以实现，如光学天线、亚波长光波导、负折射率材料实现的超分辨透镜等。

亚波长光学研究内容主要包括两部分：近场光学超分辨成像和光谱分析、亚波长尺度光学器件与应用。扫描近场光学显微镜通过探测高空间频谱成分——**隐失波**，实现超衍射极限成像。亚波长尺度光学器件，如光学天线、负折射率透镜，可实现亚波长尺寸聚焦，促进半导体光刻技术向更小尺度延伸，也有利于实现高密度光学存储。亚波长光纤，使得纳米光学元件的光互联更加便捷。更重要的是，亚波长光学是连接经典光学与更小尺度的纳米科技的桥梁。

亚波长光学得益于微纳加工技术和纳米技术的发展，同时也是近场光学、等离激元光子学和纳米光子学发展的产物，并为新兴技术提供了研究基础和广阔的发展机会。亚波长光学作为一个交叉学科，已经在物理学、化学、生命科学等领域展现出巨大的影响力。

（方哲宇）

亚泊松光　sub-Poisson light　一种非经典光场。

非经典光场　非经典光场的研究始于20世纪60年代。通过对不同分布的光子计数的方差值和平均值之间的关系，依赖于光源特性可将光子统计分布划分为泊松、超泊松和亚泊松三种。1960年**激光**发明出来后，学者们用光子计数方法实验显示了热光场的光子数统计分布是玻色-爱因斯坦分布，而激光场是泊松分布（见图），两者的量子统计性质有很大不同。

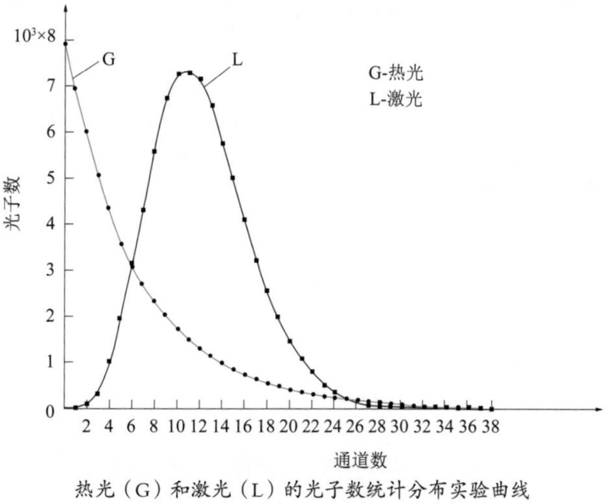

热光（G）和激光（L）的光子数统计分布实验曲线

人们进一步寻找分布比泊松分布窄的光场，即亚泊松分布光场，1983年在共振荧光实验中首次观察到，后来在其他体系也观察到同样现象。

亚泊松统计特性　具有亚泊松统计特性的光是不能用经典电磁理论描述的。可以用Q参数来表示光场是否为亚泊松分布：

$$Q=\frac{\langle \Delta n^2\rangle-\langle n\rangle}{\langle n\rangle}$$

对于相干态的激光，光子数统计是泊松分布，公式分子上的光子数的方差值正好等于平均值，$Q=0$。光子数分布比泊松分布窄的，分子上的光子数的方差值小于平均值，Q为负值，是亚泊松分布光场。

具有亚泊松统计特性的另一个典型例子是合适参数下的压缩光（不是所有压缩光）。测量压缩光的一个有用技术是零拍探测方案。

（吴金辉）

亚毫米波　submillimeter wave　波长为1～0.1毫米（频率300～3000吉赫）的电磁波。该频段的上界频率已达到3太赫（1太赫＝10^{12}赫），欧美国家又称亚毫米波频段为太赫频段。亚毫米波频段及与其相邻的远红外频段是电磁波频谱中被认识和应用得最少的部分，对亚毫米波的应用仅来自科学领域。由于半导体和超导体外差接收技术和傅里叶变换技术的进展，使得天文、化学、地球、行星及空间科学家可对多种轻分子的热发射谱线作测量、编目、制图，从而建立起高分辨亚毫米波分子谱学。在其他电磁波频段则不可能获得水、氧、碳和一氧化碳等丰富的轻分子信息。

亚毫米波段的高分辨检测技术已在天文学和宇宙起源的研究中起到重要作用。从对可观察星系的能谱分布的检测得知，自宇宙大爆炸以来，有近一半的发光和大部分光子发射能量落在亚毫米和远红外频段。这些能量的大部分被冷星际尘埃辐射，老龄星系（如太阳所在的银河系）有大量宇宙尘，因此亚毫米检测是探测早期宇宙的重要手段。1998年底升空的亚毫米波天文卫星已发回了星际空间的水、氧、碳和一氧化碳的数据。

T射线成像技术可显示牙齿中的空洞，引起医学界的兴趣，有可能导致太赫技术的第一项与公众有关的应用。

（龚中麟）

亚结构　substructure　金属多晶材料、合金和陶瓷复合材料中晶粒之间、不同相之间及材料加工所形成的微米尺度或更小结构的总称。又称微结构。利用高分辨电子显微镜和其他设备及各种测试，可探明微结构的特征与宏观物性之间的关联，用以研究材料中形成的各个固相及其成分，各相的结构特征、晶界和相界的结构以及它们随加工工艺的变化规律，材料断裂的机理和影响它的因素。目的是提高材料强度、增加韧性和改善材料物性，发展满足各种特殊需要的金属、合金、非金属以及复合材料。随着纳米科学和技术的发展，微结构的研究已经延伸到纳米尺度。

（陆 栋）

亚里士多德 Aristotle（公元前384～前322）古希腊哲学家，形式逻辑的创始人，对自然哲学、科学分类学等有不少贡献，是希腊古典文化的集大成者。他的著作对后来西方哲学与科学思想的发展产生过巨大影响。生于希腊北部的斯塔吉拉，卒于哈尔基斯。17岁起随柏拉图学习和工作了20年。曾被聘为亚历山大大帝少年时的导师。公元前335年起在雅典创立吕克昂学园，其中建有图书室、自然陈列馆等，常以和学生一起散步的形式进行教学，后世称为“逍遥学派”。他的很多著作经其弟子整理而流传下来，成为西方古代的百科全书。与物理学关系较多的有《物理学》（8卷，有中译本）、《天论》（4卷）、《起源与衰灭》（2卷）、《气象学》（4卷）。另有一本《力学问题》为后人伪作。

在古希腊，亚里士多德是最后一个提出一套世界体系的人，也是最早从事广泛经验考察（特别是在生物学方面）的人。他一反其师柏拉图的“理念论”，把自然作为科学研究的客观对象，并首先进行科学分类，促使自然科学与社会科学逐渐演变为若干门独立科学。他所命名的“物理学”是泛指研究无生命物质的构成形式、运动现象及其原因与目的的科学。他首先提出了自然科学中一系列基本理论问题，如物质、空间、时间、运动等，并认为它们是彼此密切相关的，主张物质、空间与时间的连续性，反对存在“真空”的观点。在科学方法论上，他首先提出归纳与演绎两类方法。强调数学公理体系与逻辑推理的作用，主张应当严格地用数学来证明科学原理。他的这一系列基本理论观点和方法，后来对科学的发展产生了很大的促进作用。在他的影响下，不但出现了欧几里得《几何原本》这样罕见的传世名著，而且也把后来西方一代又一代学者们的注意力引导到对自然界基本法则进行深入的考察上来。这些观点和方法正是亚里士多德学说中的灵魂。

亚里士多德的物理学，今天看来，有几条根本性的缺陷。

第一，在方法论上，他只注意简单的观察和严格的推理。他认为研究“应从我们最明白易知的事物开始”，但却错误地过分引申，以为从简单的感性知觉通过理性活动可以一下子到达普遍抽象的顶点，从而对所谓的封闭而有限的宇宙给出一幅最终的科学图像。他这样的推断过程是错误的，不可避免地导致将生产力水平很低的社会中人们积累的一些原始直觉经验和哲学思想，上升为绝对化的真理。因此，亚里士多德的物理学实质上只是一种经验科学性质的自然哲学体系。

第二，他这种根据人的感觉经验和逻辑理性建立起来的体系，力图用生物机体（包括人体）有目的的运动现象来统一解释无生命物质的运动及其原因，如他列举出物质的运动变化有“四因”：质料因、形式因、动力因和目的因。一切物体都具有某种天赋的目的或“自然本性”：天体永远围绕地球这一宇宙中心做匀速圆周运动；组成地上物体的四种基本元素（水、火、气、土）都“趋向于自己特有的空间”，具有寻找自己“天然处所”并停留在那里的本性，从而形成重者向下，轻者向上的“天然运动”（“因本性运动”）。由此可见，亚里士多德的自然观带有浓厚的目的论的拟人色彩，正是这一内在因素导致他的原始型理论很容易为后来的宗教势力利用来宣扬宇宙和谐和神的意志。

第三，亚里士多德在总结前人的具体成就时，抛弃了原子论，主张地心说。他首先利用直觉经验和数学比例关系来研究物体的位移运动，建立了两条影响深远但不准确的比例定律。其一，他认为“下落运动的快慢有两个原因：运动所通过的媒质不同（如通过水或土或空气）；运动物体自身轻或重的程度不同，如果运动的其他条件相同的话”。因此他关于落体运动的定律是：“物体下落的时间与重量成反比，如一物重量是另一物的两倍，则在同一下落中只用一半的时间。”“如果空气比水稀两倍，则同一运动物体在水中运动时要耗费两倍时间。”其二，除上升下落外，地上物体的其他一切运动，他都认为是强迫运动：“任何运动着的事物都必然有推动者。”这种强迫运动的比例定律为：“设动力为α，运动物体为β，经过距离为γ，发生位置移动的时间为δ，则同一动力α在同一时间内将使$\beta/2$移动2γ，或在$\delta/2$内使$\beta/2$移动距离γ。”由于教会的吹捧，这些定律在16～17世纪以前还是神圣不可侵犯的教条。

此外，亚里士多德还对虹、视觉、管长与乐音的关系等物理现象做过一些初步的观察和解释，他还从月食和星座的变迁推证了地球是圆形等。

列宁在《哲学笔记》中指出：“僧侣主义扼杀了亚里士多德学说中活的东西，而使僵化的东西永世长存。”对亚里士多德在物理学和自然科学发展中的作用和影响以及其局限性，应进行历史的分析。一方面，对物理学的发展来说，亚里士多德初步提出以物质运动及其与时间、空间、周围物体的关系及物质本原为研究对象形成一门独立的自然学科，重视对近身事物的具体观察，强调思维逻辑的作用，首先引用数学方法来考察具体物理定律，从而引起众多的讨论与研究等。这些都在一定程度上为欧洲文艺复兴以后物理科学在实验基础上的奠基起了某些先导的作用。这一成就不应被抹杀。另一方面，他在理论和方法上的重大缺陷，又造成了被教会加以神圣化的条件，成为继后物理学发展的严重障碍。当伽利略等纠正了亚里士多德的错误，把物理学牢固地建立在观察与实验的基础上，恢复与发展了他重视逻辑推理和运用数学工具的传统以后，物理学在欧洲社会生产力蓬勃发展的条件下得到了迅速的发展。

（邹延肃）

亚铁磁性 ferrimagnetism 一种从磁结构的角度看，磁矩的大小不相等的反铁磁性。物质中所有磁矩的空间取向两两反平行排列，但磁矩的大小不同，自发磁化强度不为零，这也属于共线型磁有序结构。物质中的原子磁矩由于自旋间的交换作用为负值而产生反平行排列，而相邻磁矩并不相等时，则原子磁矩不完全抵消，使总的合磁矩不为零。亚铁磁性物质的宏观磁特性具有铁磁性物质的所有特征，由于自发磁化强度一般较低，故而将这种在微观上类似于反铁磁性的磁有序称为亚铁磁性。大多数铁氧体，如镍铁氧体（$NiFe_2O_4$）和锰铁氧体（$MnFe_2O_4$）等，均为亚铁磁性材料。

（赵同云 蔡建旺）

亚铁电性 ferrielectricity 伴生于铁电性和反铁电性的一个概念或者物理现象。唯象上亚铁电性指在一类具有自发电极化的电介质中，电偶极子长程有序，形成两套铁电亚点阵。两套铁电亚点阵按照相反极化方向交叉嵌套，形成类似于反铁电点阵排列，但两套亚点阵的铁电极化大小不同，表现是剩余的宏观铁电极化。如图所示为一个二维亚铁电点阵模型图案及对应的极化P-温度T依赖关系。

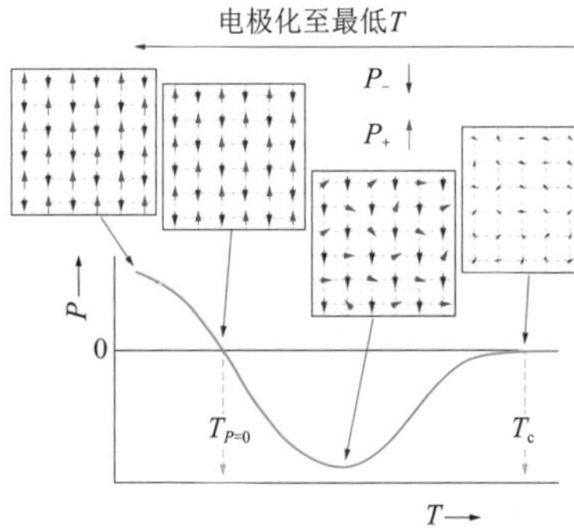

二维亚铁电点阵模型图案及对应的极化－温度依赖关系

图中在特征温度T_c以下两套铁电亚点阵反向交叉嵌套，构成一亚铁电点阵，其宏观极化P与温度T关系可能显示复杂行为：中间温区，蓝色箭头标识的铁电亚点阵P形成，而红色箭头标识的亚点阵依然是无序的，因此宏观极化为负。低温区红色箭头标识的亚点阵形成，且电极化大于蓝色点阵，整个亚铁电点阵展示宏观极化为正。

自然界中，无机介电陶瓷材料中亚铁电性并不常见，报道有亚铁电性的无机介电化合物不超过20种。亚铁电性常见于反铁电液晶体系或有机铁电体系中，第一个报道的亚铁电体就是$(CH_3NHCH_2COOH)_3CaCl_2$。在多铁性体系中发现有亚铁电性。在一些铁电或反铁电体系，如$CaTiO_3$，其中的铁电孪晶畴壁处也观测到局域的亚铁电行为。

对亚铁电性形成的物理理解尚处于初级阶段，原因在于亚铁电性的应用前景有限，研究工作不多。宏观上基于反铁电性的朗道唯象理论能够给出亚铁电的定性图像。微观上铁电亚点阵的软模理论依然可以用于定性刻画亚铁电性。亚铁电性形成的一个主要图像是，存在两种或以上的铁电产生机制，它们可能存在相互耦合。一方面，这些机制分别形成各自的电极化分量，另一方面它们之间的耦合导致各自铁电极化方向有序排列，驱动亚铁电性的出现。（刘俊明）

亚稳态 metastable state 具有纳秒量级或更长寿命的核激发态。又称同核异能态。在某些情况下，亚稳态寿命可达分钟、小时、年，^{180m}Ta是已知的寿命最长的亚稳态，其寿命大于10^{15}年。亚稳态的长寿命经常是由于其退激跃迁涉及大角动量变化或衰变能很小，即通过禁戒跃迁衰变。如^{180m}Ta的自旋宇称为9−，其基态为1+，激发能也只有77千电子伏。

有时亚稳态也能通过内转换电子退激发，即核激发能通过电磁相互作用直接交给内层电子，使内层电子以一定能量飞出。在远离稳定线区域，亚稳态还可以通过其他方式衰变，如$^{53m}Co\ (\frac{19}{2}-)$，可以通过β衰变和发射质子衰变。

有时亚稳态的形状与基态形状非常不同，这种形状亚稳态既可以通过γ跃迁退激发，在重核中也可以通过裂变衰变，如^{241}Pu的亚稳态。这种通过裂变衰变的亚稳态用f标记，即^{241f}Pu。（任中洲）

氩离子激光器 argon ion laser 一种惰性气体离子激光器。利用气体放电使得氩原子电离并激发，输出的激光主要是在可见光区域的连续激光。氩离子（Ar^+）激光的谱线很多，常见的有454.5纳米、457.9纳米、465.8纳米、472.7纳米、476.5纳米、488.0纳米、496.5纳米、510.7纳米、514.5纳米、528.7纳米，其中典型的激光谱线主要为514.5纳米和488.0纳米，占总输出功率的50%以上，甚至可达60%。

氩离子激光器最关键的部件是毛细放电管，直径为几个毫米，通过的工作电流几安培到几十安培，电流密度可达数百安培每平方厘米。由于氩离子激光的能量转换效率很低，最高也只有0.6%左右，因此需要良好的冷却系统，小功率时可采用风冷，大功率时必须采用水冷方式。氩离子激光输出功率可达500瓦，是可见光范围内输出连续功率最高的激光器件之一。

氩离子激光的稳定性很高，频率稳定性可达30pm。广泛应用于拉曼光谱、泵浦染料激光、全息技术以及非线性光学等光学研究。

氩离子激光也可以辐射出351.1纳米和363.8纳米的紫外激光，这些紫外辐射是氩二次离化的离子Ar^{++}的受激辐射谱线，只有在电流密度很大时才能观察到。（袁 孝）

延森，J.H.D. Johannes Hans Daniel Jensen（1907-06-25～1973-02-11） 德国核物理学家。生于汉堡，卒于海德堡。1933年获汉堡大学理学博士学位。先后任汉堡大学（1933～1941）、汉诺威工学院（1941～1949）、海德堡大学（1949～1955）教授，海德堡大学理学院院长（1954～1955）。1955～1973年任德国《物理杂志》编辑。

延森1947年与人合作研究在晶体和分子中核辐射的反射分布，研究有关核壳层结构的一些经验证据。1949年，他与美国迈耶夫人各自独立提出原子核壳层结构模型。壳层模型主张不应该将原子核理解为质子和中子的任意集合，而应理解为不同半径的壳层或球层结构，每层布满质子和中子。壳层结构可相当好地解释大多数核基态的自旋和宇称，对核的基态磁矩也可得到与实验大致相符的结果。为此，他与迈耶夫人、E.P.维格纳同获1963年诺贝尔物理学奖。（郭奕玲）

严济慈 Yan Jici（1900-12-04～1996-11-02） 中国物理学家。全国人大第六、第七届常务委员会副委员长。字慕光。生于浙江东阳，卒于北京。1923年毕业于南京高等师范学校数理化部。同年赴法留学。1927年获法国国家理学博士学位。回国后，在大同大学、中国公学、暨南大学和国立第四中山大学等校任教授，并兼任中央研究院物理研究所筹备委员。1928年再度赴法，在巴黎大学法布里物理实验室和法国科学院大电磁铁实验室进行研究工作。1931年初回国，任北平研究院物理研究所研究员、所长，并兼任镭学研究所所长。1934年，与F.约里奥-居里和P.L.卡皮察一同当选为法国物理学会理事。1932年参与筹建中国物理学会，先后任秘书长和理事长。1945年应美国国务院邀请，作为访问教授赴美讲学。1946年回国。1948年当选中央研究院院士。1949年中国科学院成立后，任中国科学院办公厅主任兼应用物理研究所所长。1952年任东北分院院长。1955年当选为中国科学院学部委员（院士）。1978～1981年任中国科学院副院长。1958年中国科学技术大学成立后，兼任物理教授，1960年起兼任副校长，1978～1984年兼任校长和研究生院院长，1985年任名誉校长、名誉院长。1950年任中华全国自然科学专门学会联合会秘书长，1980～1986年任中国科学技术协会副主席。任《中国大百科全书》第一版总编辑委员会副主任。

1983年被选为第六届全国人大常委会副委员长。

严济慈是中国现代物理学研究的开创人之一，在压电晶体学、**光谱学**、大气物理学等方面进行了卓有成效的工作。如对水晶在电场作用下的伸缩和光学性能的改变，对氢、氖的连续光谱，氧和臭氧的紫外吸收光谱，压力对照相乳剂感光性能的影响，水晶柱的被扭起电和振荡，电场和外加气体对钠、铯、铷吸收光谱的影响，铷分子光谱及其离解能，以及有关空心水晶圆柱的各种振荡问题等方面都有研究成果。

抗日战争期间，在严济慈的主持下，北平研究院物理研究所迁往昆明黑龙潭，进行水晶振荡器、五角测距镜和1500倍显微镜的研制，供军事和医疗之用。由于此项工作，1946年严济慈获当时政府颁发的胜利勋章。

严济慈很早就重视青少年的科学训练和教育，他曾为青少年编写《几何证题法》和《初中算术》。1947～1949年，他先后编写的《普通物理学》《高中物理学》和《初中物理学》等书，对推动中国基础物理教学起到了重要作用。

中华人民共和国成立后，严济慈在建设中国科学院，组织领导中国科学技术事业和培养新一代科技人才，推动中国自然科学和技术科学的发展，以及促进中国同世界各国开展学术交流和科技合作等方面，都做出了重要的贡献。 （戴念祖）

研究性反应堆 research reactor 供科学研究用的反应堆。又称实验性反应堆。研究性反应堆是一种基于可控核裂变链式反应的装置。由该装置产生的不同能量和通量的中子可供各类科学实验利用，以此区别于以生产核燃料为目的的生产堆和以发电或提供动力为目的的动力堆。

原 理 1939年O.哈恩和F.斯特拉斯曼发现铀核在吸收一个中子后，可分裂成两个新核，新核的电荷和质量大约为铀核的一半，并具有相当高的动能；与此同时，还放出2～3个中子（如1个^{235}U核裂变时，平均放出2.44个中子；Pu核裂变时，平均放出2.89个中子）。以^{235}U为例，其裂变反应为：

$$^{235}U+n \rightarrow A+B+2\sim3n+\gamma$$

上述裂变过程中，先由^{235}U核俘获中子，形成受激复合核[$^{236}U]^*$，该复合核的寿命很短，为10^{-15}～10^{-14}秒，几乎立刻分裂成两块大的碎片A和B，这种初级裂变产物具有中等质量数。裂变碎片的质量数与其**裂变产额**之间的相关性见图1。此外，

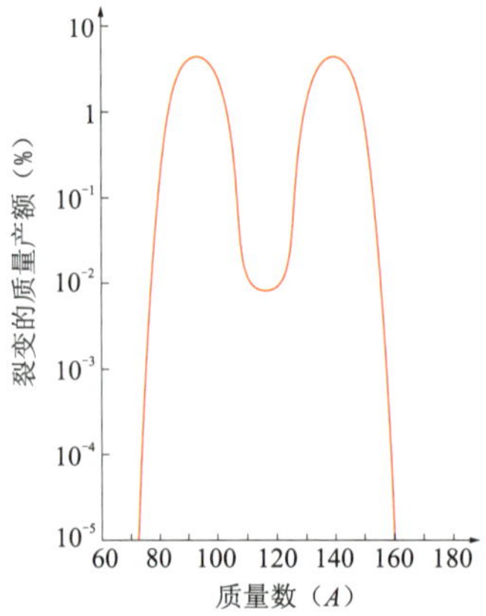

图1 裂变碎片的质量数与裂变产额的关系（裂变碎片产额曲线）

裂变过程中还放出2～3个中子及γ射线辐射。一个铀核分裂成两个中等质量数的裂片的质量亏损约为0.215原子质量单位，根据**狭义相对论**导出的质能关系$E=mc^2$，可计算出上述质量亏损相应于放出约200兆电子伏的能量，该能量的分配情况见表。

铀核裂变质量亏损放能分配

瞬发放出	裂变碎片的动能	165MeV
	瞬发 γ 辐射	8MeV
	裂变中子的动能	5MeV
缓发放出	裂变碎片衰变时放出的 β 粒子	7MeV
	裂变碎片衰变时放出的 γ 射线	6MeV
	裂变碎片衰变时放出的中微子	10MeV
合计		201MeV

^{235}U的裂变碎片有200多种，质量数在95和140附近的裂变产额最高，这表明铀核裂变是一种非对称性裂变（图1）。

类 型 据1999年国际原子能机构统计，全世界现有研究性反应堆500余座，分布在60余个国家，中国现有11座研究性反应堆。按其研究用途的不同，大体可分为：①高中子通量工程试验堆；②游泳池堆；③脉冲试验堆；④微型中子源反应堆；⑤重水型试验堆；⑥零功率堆。中国已有能力研制上述所有堆型。

结 构 尽管堆型繁多，但堆的基本结构大体相同。主要由核燃料元件构成的堆芯、慢化剂、冷却剂、控制棒、反射层、屏蔽层、操作系统以及实验孔道等所组成。图2a、2b表示中国第一座重水型研究性反应堆的基本结构。

用 途 研究性反应堆在科学实验中具有重要价值，广泛应用于材料辐照试验、核燃料元件辐照实验、医用和工业用放射性同位素的生产、单晶硅中子嬗变掺杂、中子活化分析、中子衍射和中子散射实

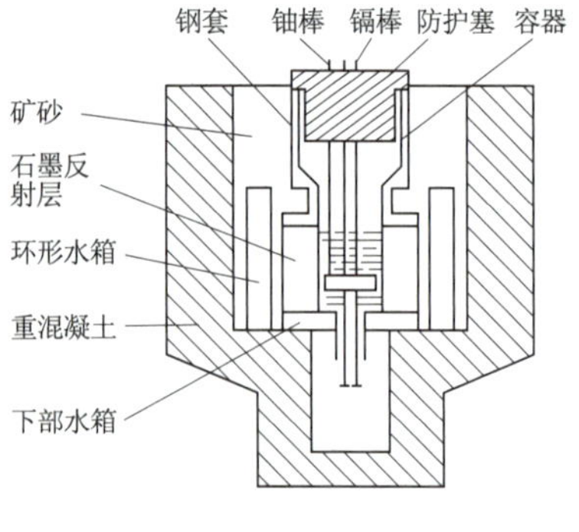

a 反应堆剖面图

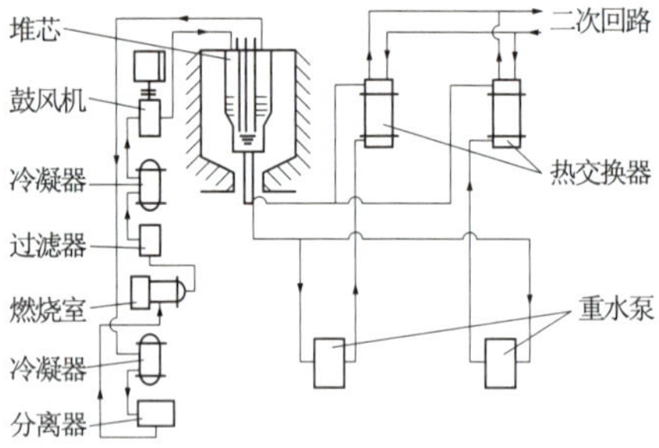

b 反应堆辅助系统图

图2 中国第一座重水型研究性反应堆的基本结构

验、中子照相、辐射化学与物理研究等领域，在工业、农业、生物医学、环境科学、材料科学等领域中起到重要作用。

（柴之芳）

颜任光 Yan Renguang（1888～1968） 中国物理学家。又名颜嘉禄，字耀秋。广东崖县（今海南省三亚市崖城镇）人。卒于上海。1912年入美国康奈尔大学，先学机械工程，后专攻物理。1916年入芝加哥大学。1918年获哲学博士学位。曾任该校物理学讲师。1920年回国。1920～1925年任北京

大学物理系教授、系主任。1925～1937年他和物理学家丁佐成（又名佐臣）共同开办中国第一个现代科学仪器工厂——上海大华科学仪器公司，从此中国有了自己生产的物理仪器、仪表。同时他还历任海南岛海南大学校长，上海光华大学物理系教授、系主任、理学院院长、副校长，交通部电政司司长，建设委员会委员，资源委员会委员等职。抗日战争期间，他曾主办桂林无线电器材厂。中华人民共和国成立后，历任上海大华科学仪器公司研究室

主任、工程师，华东工业部电器工业局电表制造指导，上海电表厂副厂长兼总工程师。他还是中国物理学会理事。

颜任光在美国芝加哥大学曾从事气体离子的研究，对某些气体离子的迁移率和黏滞系数的绝对值做了测定。他主持北京大学物理学系，和丁西林一起对该系和物理实验室的建立做出了贡献。（戴念祖）

衍射 diffraction 波绕过障碍物边缘或通过孔隙时的扩展现象。孔隙越小，波长越长，衍射现象越显著。如水面波遇到障碍物时，能绕过其边缘而到达其后面。光通过小孔时，在孔后的屏上出现一个亮斑，其周缘的亮度向外逐渐减弱，还有明暗相间的圆环。波的衍射程度和障碍物的大小有关。波通过小孔（图a）的衍射情况，与小孔的直径有关。直径越小，衍射波的波线弯曲越甚。当小孔直径远小于波长时，小孔就成为衍射波的波源，发出球面波；当直径大于波长时，衍射后新的波面中间部分与原波面平行。在小孔边缘处，则弯成曲面。如图b所示。衍射是波的特性

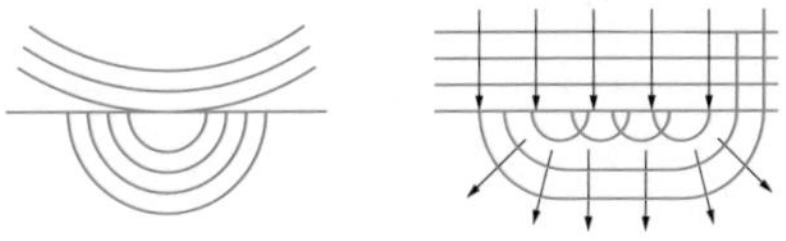

a b

小孔衍射示意图

之一，可用惠更斯－菲涅耳原理做定性解释。声和电磁辐射（光、X射线、γ射线）能产生衍射；极小的运动粒子（如原子、中子和电子）具有波粒二象性，也能产生衍射。（杜功焕）

衍射动力学理论 dynamical theory of diffraction 考虑入射束和衍射束之间相互作用的理论。晶体对X射线衍射现象发现后不久，M.von劳厄即提出一种简单的理论进行衍射强度的计算。该理论称为衍射的运动学理论，独立地考虑各原子对X射线的散射，完全忽略了入射束与衍射束之间的相互作用。通常实验条件下，晶体的X射线衍射强度都很小，运动学理论不失为一良好近似，在晶体结构分析中采用的衍射理论多半限于运动学理论范畴。

衍射动力学理论最初是由C.G.达尔文于1914年提出的。他采用物理光学的处理方法，将产生布拉格反射的原子层划分为菲涅耳带以求出入射波与反射波的相位关系。然后逐层考虑透射束－反射束及多次反射束之间的消长，建立动力学相互作用的关系，提出由于入射束与多次反射束之间的干涉，在大块晶体中会引起消光效应。他还进一步探讨了动力学理论计算的反射曲线宽度和积分强度与许多实测数据存在明显差异的根源，指出实际晶体多存在不完整性。20世纪20年代中期发现了电子衍射现象。由于原子对电子的散射本领要比对X射线的大得多，使衍射的动力学效应更为突出。H.A.贝特因此提出了简明而完整的电子衍射动力学理论，将问题归结为德布罗意波在三维周期场中的传播，并应满足薛定谔方程和相应的边界条件。随后劳厄也将X射线衍射的动力学理论表示为类似的形式，即归结为电磁波在三维周期性介质中的传播，需要满足麦克斯韦方程组和相应的边界条件。贝特和劳厄的处理方法就成为衍射动力学理论最通用的形式。

70年代初期，低能电子衍射（LEED）开始成功地应用于固体材料表面结构的鉴定。原子对低能电子的散射本领要比对X射线的散射大好多数量级，衍射的运动学理论已对结构鉴定完全失效，必须采用衍射的动力学理论。计入原子对电子波的散射本领、内部势、电子波的非弹性散射和电子在表面区经受的动力学多重散射等因素，根据动力学理论计算衍射束的强度与入射电子束能量之间的关系，即I-V曲线，并与实验比较，已成为用低能电子衍射确定表面结构的常规手段。（陆栋）

衍射二元光学 diffractive binary optics 基于光波衍射理论发展出的一个应用光学分支。衍射二元光学的原理、基础和主要研究内容与衍射光学一致，但更强调计算机辅助设计和微米级加工技术的结合与应用，在器件设计和制备工艺方面借鉴集成电路生产的方法。由于制作中使用的掩模用二元编码形式进行分层，故称二元光学。二元光学元件是相位型衍射光学元件，可做成多相位阶数的结构。一方面在材料选择和器件结构方面具有很高的自由度，又可以方便地实现光场调控，另一方面衍射二元光学器件自身体积小、重量轻、容易复制，因此衍射二元光学在微光学、微电子学、微工程技术三个学科等领域有广阔的应用前景。（汪力）

衍射光学 diffraction optics 基于光学衍射的原理，通过专门设计的光学元件对入射光的振幅和相位进行调制，获得具有所需确定特性的输出光的学科。是光学近代发展的一个分支。衍射光学发展得益于微电子技术和计算机技术的发展。衍射光学的研究，涉及特定结构光学元件的设计、制作加工和使用方法。衍射光学的典型问题是，从已知的入射场和所要求的输出光特性出发，通过特殊的计算得出合适的电磁场振幅和相位调控元件（衍射光学元件，DOE），实现入射场到出射场之间整个光束传播过程的操控。衍射光学元件的结构一般需要针对特定的要求通过计算得到，在功能器件的实现方面，具有更高的设计自由度和更宽广的材料选择性。和传统的光学元件相比，衍射光学元件也具有更高和更丰富的性能。衍射光学元件一般都具有微结构，借助微结构加工工艺制作。

在衍射光学的研究中，按照器件的工作原理可以分为光束的强度调控、相位调控以及强度－相位联合调控等不同方式。按照工作方式还可分为固定工作方式和可调工作方式两种，后者可以通过电磁、机械和温度等外在条件的控制来改变其工作特性。

衍射光学的一个核心问题是计算所需衍射光学元件的结构，相当于求解光束衍射的逆过程。这个问题一般不能直接求解，需要通过最优化算法得到近似解，针对具体的问题，使用比较多的有吉赫伯格－萨克斯通算法、杨－顾算法、模拟退火算法、遗传算法和最陡下降算法等。

通过应用衍射光学技术，原则上可以实现满足麦克斯韦方程约束条件下的任意光场分布。一个典型的应用是激光光束整形技术，利用专门设计的光学元件把近似为高斯分布的入射激光束转变为几乎任意强度分布的激光束，如圆形或长方形的均匀光束，还可转变为其他复杂强度分布的光束，用于激光热处理、机械和电子器件的表面退火、激光直写头、光学信号处理等。（汪力）

衍射极限 diffraction limit 电磁场衍射效应导致成像空间分辨率的理论极限。一个物点即使经过理想的光学系统成像，因为衍射的存在，也不能形成理想的像点，而是生成一个夫琅禾费衍射像，通常称为艾里斑，其大小正比于电磁场的波长。这就从原理上限制了可以测量的两个相近空间点的间隔。

衍射极限的存在，来自电磁场的本性和其传播规律，从原理上对远场成像的细节分辨能力施加了限制。因为艾里斑的大小正比于电磁场的波长，所以用更短波长的电磁场就可以减小艾里斑的尺寸，进而提高成像的空间分辨率。比如，蓝光比红光的波长短，用蓝光对物体成像就可以得到更多的细节；一张所谓的“蓝光光盘”可以比用红光读写的光盘存储更多的信

息，就是利用这里的原理，把光盘上记录0和1的结构做得更细小和密集，因而提高了光盘的数据存储密度。进一步提高成像空间分辨率的根本方法是采用新的成像机理突破衍射极限的限制，如采用近场成像的技术，可以实现远小于波长的成像分辨率；最近发展起来的光激活定位显微镜（PALM）和受激发射损耗显微镜（STED）等，其分辨率都已大大突破衍射极限的限制。（汪　力）

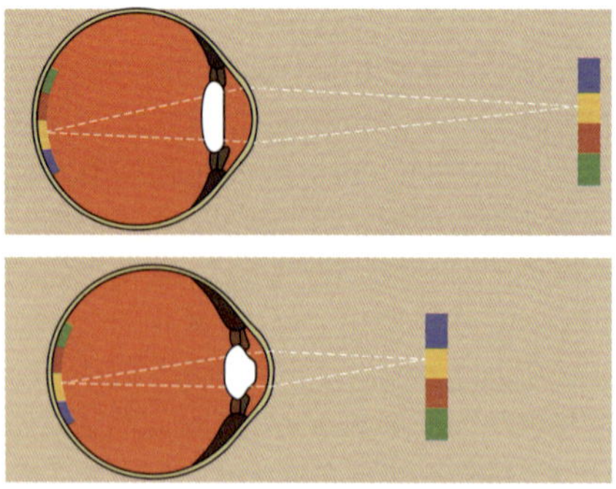
图2　正常人眼晶状体的调节作用

眼睛和视觉　eye and vision　眼睛是一种特殊的感觉器官，感知外界光带来的各种形状、颜色、位置等视觉信息。来自外界的光进入眼内，落在视网膜上，引起人对其形状、颜色、位置等的感觉叫作视觉。眼睛和依其仿造的照相机相似，由两大部分组成。一部分是光学成像系统，能保证在视网膜上形成外界物体清晰的像；另一部分是与照相底片相似的感光层，即视网膜上的感光细胞及其外段的光敏色素。当然，眼睛比照相机要复杂得多，除了有一套自动调节控制机制外，还能把光携带的信息变成神经电信号，并经过初步加工处理，传到大脑。

屈光系统　眼睛（图1）的最前面是透明的角膜，它像手表的表面玻璃一样嵌入白色的巩膜中。角膜在眼睛的屈光系统中屈光能力最大，把光折向中心。角膜后面的空间叫前房，内部充满透明的水状液。在正常情况下水状液的生成量和流出量相等，使眼内压保持25毫米汞柱。水状液含营养物质，与供给有关。晶状体由大约2200片透明纤维薄层构成，外包一层透明而有弹性的囊。折射率由边缘的1.386到中心的1.406逐渐变化。光线通过时发生一次次轻微的折射，但光线的弯曲仍是平滑的。晶状体具有能将不同远近的物体成像于视网膜上的调节能力。有一些细丝将它和由纵行平滑肌构成的环形睫状肌连接。正常眼远看时，睫状肌放松，晶状体受到的拉力增加而变得扁平，屈光能力变小；当睫状肌收缩时，晶状体受到的拉力减小，并靠自身的弹力变得圆凸，增加了对光的折射，使眼睛能看清近物（图2）。晶状体不断生成新的纤维层，逐渐把老的挤向中心，结果使总体积增加（80岁时比20岁时大50%），弹性变小，调节能力减退。14岁少年的眼睛能达1000度的调节能力，到45岁时，仅有300度，而到55岁时，调节能力几乎为零。晶状体之后是玻璃体，它是透明的胶状物，占眼球容积的4/5。

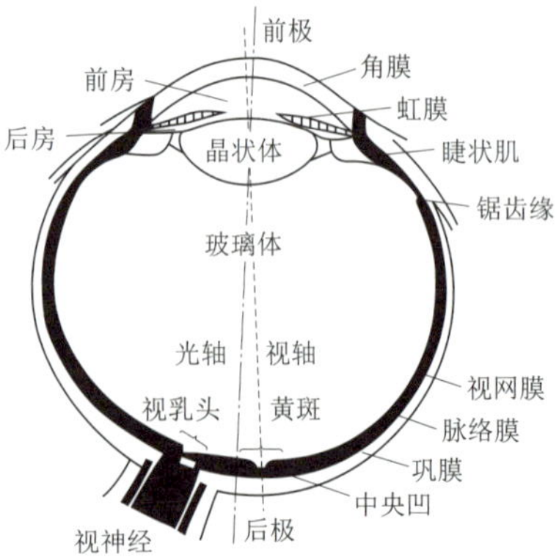

图1　人眼的水平切面

在眼科学的实践中为了计算和测定屈光系统的成像过程，常采用简约眼，即在测量分析正常眼的基础上做出的简化的眼模式图。已提出了各种简约眼模型，其中最通用的是古尔斯特兰简约眼（图3），它给出了主平面（p, p'）、节点（N, N'）、焦点（F, F'）位置等主要参量，图中f表示各项焦距。

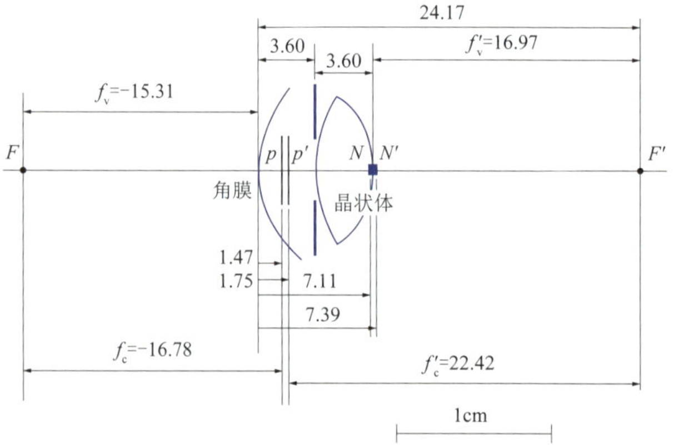

图3　古尔斯特兰简约眼

眼光学系统最常见的缺陷是散光、近视和远视。角膜的缺陷可能造成它在一个平面（如垂直平面）内对光的折射比在另一个平面（例如水平平面）内大，导致眼睛所看到的物像失真，这叫散光，这种缺陷可用柱面透镜矫正。如果角膜-晶状体形成的远方物体的像落在视网膜的前方，只有近处物体的像才能落在视网膜上，此为近视，可用凹透镜矫正（图4）。

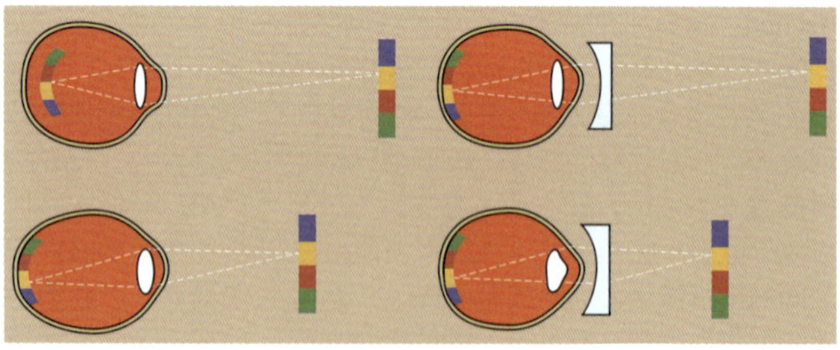
图4　近视眼的矫正

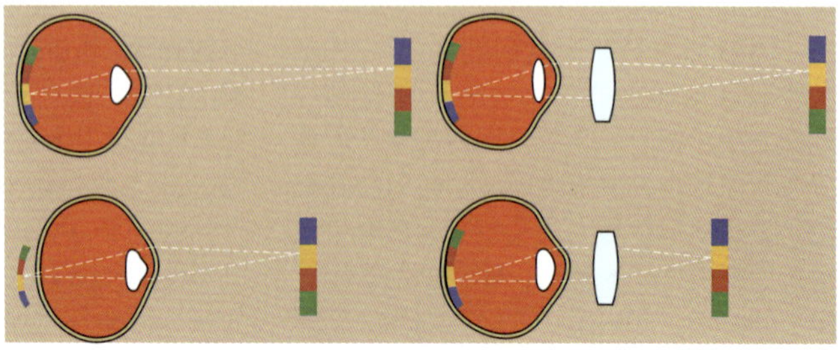
图5　远视眼的矫正

反之，如果远物被角膜和晶状体所成的像位于视网膜之后，则为远视，需以凸透镜来矫正（图5）。有些人的眼睛经过矫正之后，视力仍然很差，或一只眼的视力较另一只眼差。临床上将这种情况称为弱视。这类患者的眼底无病变，据信它是由神经中枢原因引起的。

眼睛和照相机一样，晶状体前面瞳孔及有关的神经回路是对入射光加以控制的机构。在明亮条件下，虹膜形成的瞳孔自行缩小，直径仅约2毫米；在微光下它自动开大，直径可达8毫米。瞳孔对进入眼内的光量可作10^2的调节。

视网膜　视网膜是眼睛的感光部分。感光物质位于感光细胞内。感光细胞有两种类型，分别叫作视杆细胞和视锥细胞。它们的外段含有大量光敏色素，叫视觉色素。以视杆为例，视觉色素（视紫红质）位于一系列膜盘之上。大量膜盘叠在一起构成感光细胞的外段。视紫红质系由视蛋白和称为视黄醛的生色团组成。视蛋白只是作为基质存在，视黄醛紧贴在它的上面。光落在视紫红质上时，被视黄醛吸收，使其原子基团发生重排，由11-顺-视黄醛变为全反视黄醛，原来卷曲形结构伸直(图6)。此后，物体的信息就不以光的形式存在了。视黄醛的空间异构化过程引起一系列化学反应，导致感光细胞膜电位变化，并将此电信号传到下一级神经细胞。

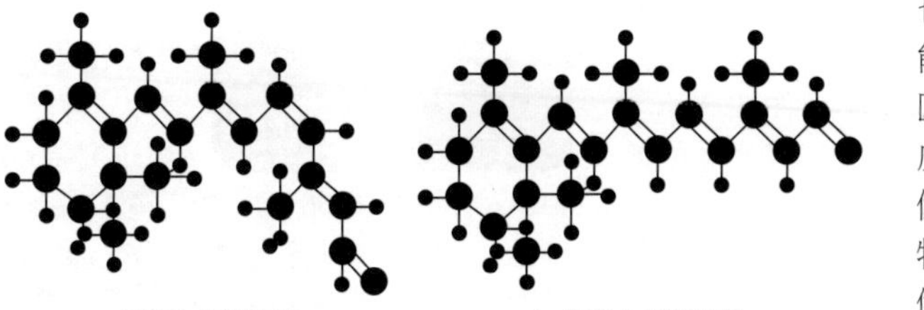

a 黑暗中的视黄醛　　b 光亮中的视黄醛

图6 视黄醛分子结构的变化

有三种色素分别存在于不同的视锥细胞中，它们分别吸收光谱的不同部分，这是色觉的基础。如果眼睛缺少某种色素或某种色素异常，就会造成各种色觉缺陷，统称色盲。

在眼球后极视轴（注视点与节点的连线）上的黄斑区，视锥细胞紧密排列。在中央凹的黄斑中心，只有视锥细胞。因视锥细胞的兴奋阈值较高，且每个视锥细胞与中间细胞通过中间细胞与神经节细胞形成一对一的联系，所以眼睛的这部分视网膜分辨率最高，适于白昼视觉。视网膜的其他部分既有视杆细胞也有视锥细胞，它们与中间细胞不是一对一地联系。在视网膜的边缘，绝大多数感光细胞是视杆细胞，很多视杆细胞会聚到一个中间细胞上。这个特点，加上有极其灵敏的视觉色素，使视杆细胞具有低亮度检测性能。

视网膜的感光细胞、中间细胞及神经节细胞共同构成一个极其复杂的神经网络——数据采集系统。其输出纤维就是神经节细胞的轴突，它们在一点集中起来，形成视神经，像电缆一样通到脑。视神经穿出眼球处的视网膜无感光细胞，为盲点。

适应　眼睛有根据环境照明变化而调节自己的敏感性的能力，称为适应。从亮处进入暗处，人眼需约45分钟才能达到最敏感状态，这个过程叫作暗适应，包括主要涉及明视机能与暗视机能的两个适应过程。由暗到亮的适应过程则非常迅速。视锥细胞与视杆细胞的共同作用可使眼睛适应于外界有10^{10}的光强变化。

在明视时人眼对黄绿光最为敏感，对同样强度的蓝光与红光主观感觉亮度相同。但在低照明条件下，人眼对蓝光的感觉比同样强度的红光明亮。也就是说人眼由亮适应向暗适应过渡时，它的相对光谱灵敏度曲线向短波方向移动。这移动称为浦尔金耶位移，是由于视杆细胞与视锥细胞的光谱敏感性不同所致。

视敏度　视觉器官辨别形象细节的能力称为视敏度。通常以最近可分辨的两点对节点的张角表示。视敏度不仅与眼睛屈光系统的分辨率及视网膜的结构有关，它也涉及脑的高级功能。受刺激的视网膜区域大小、眼睛的适应状态、照明状况、像与背景的对比度、物体的颜色及视网膜像的特征等都对测量视敏度有影响。临床上把正常眼睛视敏度（称视力）定为一分。

双眼视觉　由于两眼在水平方向上是分开的，前方一个点光源在两个视网膜上所成的像在位置上有所不同，这就造成双眼视差。脑对双眼视差的综合就产生立体视觉。为了有双眼视觉，两眼必须交换部分信息，从两个眼睛出发的视神经经视过交叉后，各有约一半纤维交叉到对侧脑去。

交叉的与不交叉的视神经纤维一起到外侧膝状体神经核。视觉信号在此换神经元后被送到大脑皮层17区，经过分类与分析，继续被送到更高级的皮层区做进一步分析，最后综合成“神经像”。

眼的运动　眼的视觉功能与眼球的运动是分不开的。晶状体调节及眼注视运动目标时都伴随两眼的协调运动。即使注视静止目标，眼的非随意运动也是维持清晰的视觉所不可缺少的。

借助于现代生物医学技术，人们在视觉的神经机制方面已经积累了丰富的资料，但是距离了解视知觉的形成过程还有很长的路程。（刁云程）

验电器　electroscope　检验物体是否带电的器具。第一只验电器是16世纪英国W.吉尔伯特制作的，它是一根支在轴尖上可以自由旋转的金属针。当它接近带电体时，能显示即时的吸引效果。1730年前后，法国的C.-F.迪费改进了验电器，用两片金箔替代吉尔伯特的金属针来研究**电荷**之间的相互作用，当两片金箔与带电体接触，就会被彼此排斥而张开。之后有人将两片下垂的金箔连接在金属杆下方，放入一玻璃瓶中以避免空气流动的影响；还有人用两根麻线在其自由端各系一个木髓小球来替代下垂的金箔。如此制成的验电器不仅可以检验物体是否带电，还能用于鉴别带电体所带电荷的符号。迪费就是利用它制成的验电器确定了电荷只有两种，同性相斥，异性相吸。

放射性物质的射线可使空气中的气体电离，验电器金箔上的电荷在电离气体中会逐渐漏逸，已充电的验电器金箔回复到未充电时下垂位置的速率与辐射强度成正比。因此验电器在近代还用来测定放射性物质的辐射强度。（陈熙谋）

赝能隙　pseudogap　在欠掺杂铜氧化物**高温超导体**的超导转变温度（T_c）以上正常态的单粒子谱中，仍然能观测到的低能具有类似超导能隙的谱权重的压制。最早指由于库仑排斥或无序在费米能级附近产生的电子态密度压制。这种压制现象可以反映在样品的比热、磁化率、**光电导谱**、电子谱等物理量上。在一些其他材料体系中，人们也发现并提出了类似赝能隙的现象。对于赝能隙现象的理解尚未有完全定论。

实验现象　多种实验手段中都在欠掺杂的铜氧化物超导体中观测到了赝能隙现象。

①直流电阻。高温超导体正常态和传统金属有一个显著的不同，即它的电阻温度曲线在很大温度区间范围内呈现线性。在欠掺杂区域某个特征温度（T^*）之下，电阻显著减小并偏离线性，通常认为是由赝能隙态的出现而导致。实验表明T^*随着空穴掺杂浓度的减小而升高。

②光电导谱。在特征温度T^*以下，沿ab面的散射率$1/\tau(\omega)$在低能呈现明显的压制。此外，沿c轴光电导谱中也观测到了赝能隙。随着温度升高，赝能隙大小不变，能隙内谱权重逐渐填充，这与ab面光电导以及下文提到的光电子谱和隧道谱测量结果均一致。

③**核磁共振**。对高温超导体不同原子核自旋的测量发现，其奈特频移和自旋晶格弛豫均在大约T^*以下呈现明显降低，表明此时费米能处态密度降低，并且自旋低能激发具有能隙。

④**角分辨光电子能谱**（ARPES）和**扫描隧道能谱**（STS）。ARPES发现除了在T_c以下具有一个d波对称性的超导能隙，在T_c以上正常态具有同样对称性的能隙，并且主要来源于$(\pi, 0)$方向。STS也发现温度升高到正常态仍然存在能隙，与ARPES一样，赝能隙大小随着空穴掺杂浓度减小而增加。

⑤在比热、拉曼散射、中子散射等实验测量中，也观测到了电荷或自旋的低能响应中存在赝能隙，并且在T_c以上仍然存在。

物理起源　赝能隙的可能成因如下

所述。

①超导预配对。在T_c以上已经发生超导库珀配对，产生能隙，但由于极低的超流密度和二维特性，超导相位强烈涨落从而无法形成长程相干。

②自旋能隙。在核磁共振、中子散射等实验中观测到低能的自旋能隙，与输运和电子能谱等测量得到的温度依赖行为一致，表明赝能隙可能是一种自旋能隙。

③电荷或自旋序导致的能隙。实验发现欠掺杂铜氧化物中普遍存在多种长程或短程的电荷或自旋有序态，均有可能是赝能隙形成的原因。

其他材料　在过渡金属二硫族化物如$TaSe_2$、$NbSe_2$中，其中非公度的电荷密度波仅在费米面某些部分打开部分能隙，也被称为赝能隙。此外，ARPES在庞磁阻材料$La_{1.2}Sr_{1.8}Mn_2O_7$中也发现了类似赝能隙的现象。（王亚愚）

扬-特勒效应　Jahn-Teller effect　各种非线链结构的分子，其基态如为简并态均应产生畸变，即原设想的对称性应降低，同时原来简并的基态发生劈裂的现象。1937年H.A.扬和E.特勒两人首次从理论上给出证明。扬-特勒效应物理上看是讨论在各种系统中由于电子和**声子**的相互作用而引起的对称破缺和电子态简并破坏现象。电子在简并轨道中的不对称占据会导致分子的几何构型发生畸变，从而降低分子的对称性和轨道的简并度。因此扬-特勒效应的前提是电子存在简并，同时对同一个能级存在不同的占据方式。对于基态为由时间反演对称性引起的克喇末简并，亦即对于奇数个电子的体系，在不加外磁场的情况下，任一能级都是偶数重简并的，即至少是二重简并的，则不产生扬-特勒效应。

在固体中如果有Mn^{2+}、Cr^{2+}……处于氧八面体配位集团的中心，则因阳离子基态的简并分裂，分子的位形结构从立方对称畸变成$c/a\neq1$（轴长比不为1）的四方对称。在温度较高时，热扰动使各个TrO_4（Tr代表过渡元素）的畸变取向不一致，且随时间无规地变动，这种现象称为扬-特勒动力学效应。当温度足够低时，c轴取一致的方向，晶体的对称性改变，这种现象称为扬-特勒合作效应所导致的相变，常略写作CJTE。此相变温度记作T_D。如果过渡族离子（如Mn^{2+}）在晶体中部分被Al^{3+}或Mg^{2+}所代替，则T_D下降；替代离子的百分比过大时，CJTE相变便不能出现。早期观察到这种相变的晶体为含过渡族离子的尖晶石类，如$CuCrO_4$、FeV_2O_4以及Mn_3O_4等，其T_D各不相等，均在10^2～10^4K，畸变度$|c-a|/a$为0.1～0.2。20世纪60年代在含稀土金属（RE）的$REVO_4$一类晶体中也发现有这种现象，其中钒可代以砷或磷，其T_D数值分布在3～30K，而畸变度只有0.02，但这种晶体的透明度高，极易观察到它由对称性为D_{4h}的单轴晶体变为对称性为D_{2h}的双轴晶体的相变。引起扬-特勒合作效应相变的对称破缺的运动模式为声频支软模的“凝聚”。

在巨磁阻、高温超导和碳60分子等方面研究的进展进一步激起物理学家和化学家对扬-特勒效应研究的兴趣，是因为扬-特勒效应的材料在工业上的应用潜力。扬-特勒效应所涉及的领域非常广泛，它研究的电子和声子相互作用是固体物理最重要的作用之一，因此在决定各种物质内的宏观磁、声、电介质光学等性质起了关键的作用。

分子物理学中有所谓绝热近似或**玻恩-奥本海默近似**（BO近似），即认为分子中核的振动比电子运动慢，电子运动时核的状态只发生相对慢的变化。对那些对称性高、电子态是简并的分子，若分子是对称振动的，其振动不使分子的对称性降低，这时振动仍然可以用玻恩-奥本海默近似来描述。但对于非对称振动，其电子态简并的条件不再成立，电子态能级将发生劈裂，即发生扬-特勒效应，分子的电子-核振动能级不能用BO近似来描述。描述分子振动的电子基态势能面将出现对称分布的势阱和势垒。当劈裂形成的势垒较小时，分子中的原子绕对称轴做有阻尼的转动，这称为动态扬-特勒效应；当劈裂形成的势垒较高时，分子的几何结构变为了非对称的结构，分子在势阱附近振动，实际上就是具有非对称结构的分子，这称为静态扬-特勒效应。

扬-特勒效应在描述含过渡金属原子络合物分子的几何结构及一些晶体的几何结构中有重要的应用。

（李荫远　王垂林　莫宇翔）

杨，T.　Thomas Young（1773-06-13～1829-05-10）　英国物理学家、考古学家。生于米尔弗顿，卒于伦敦。自幼天资过人，14岁就通晓拉丁、希腊、法、意、希伯来、波斯、阿拉伯等多种语言，一生在物理学、化学、生物学、医学、天文学、哲学、语言学、考古学等广泛的领域做了大量工作。

杨在行医时就开始研究感官的知觉作用。1793年写了第一篇关于视觉的论文，发现了眼睛中晶状体的聚焦作用。1801年发现眼睛散光的原因，由此进入了光学的研究领域。当时**I.牛顿**的微粒说已经统治了100多年，1800年杨在《关于声和光的实验与研究提纲》中，对比声与光的性质，怀疑微粒说的正确性。1801年他让光通过两个靠近的针孔投射到屏上，发现两束光被散开并重叠，出现了明暗相间的条纹。这就是物理学上著名的**杨氏实验**。后来又把针孔改成缝，后称杨氏双缝实验。他用这个实验首先引入干涉概念论证了波动说，又利用波动说解释了**牛顿环**的成因和薄膜的彩色。他还第一个测量了七种颜色光的波长。1817年他得知**A.-J.菲涅耳**和**D.-F.-J.阿拉戈**关于**偏振光**的干涉实验后，提出光是横波。

杨对人眼感知颜色的问题做了研究。他提出：只要有三种基本颜色就可以构成全部彩色。这就是三原色理论。三原色理论是现代绘画、印刷、电视、照相等技术的基本原理。杨还有其他一些物理成就，如首先使用运动物体的能量一词来代替活力；描述材料弹性的杨氏模量就是以他的姓氏命名的。

1814年杨开始研究考古发现的古埃及石碑，他用了几年时间破译了碑上的文字，对考古学做出了贡献。（戴念祖）

杨澄中　Yang Chengzhong（1913-04-17～1987-12-28）　中国物理学家。生于江苏武进（今属常州），卒于甘肃兰州。1937年毕业于中央大学理学院物理系。后留校

任教。1945年赴英深造。1950年获利物浦大学哲学博士学位。1951年回国，任中国科学院近代物理研究所（后改为原子能研究所）副研究员、研究员。1957年领导创建了兰州物理研究室，并任主任、研究员。1962年该室与电子研究室合并，成立中国科学院近代物理研究所，先后任副所长、所长、名誉所长。1978～1983年兼任中国科学院兰州分院副院长等职。1980年当选为中国

科学院学部委员（院士）。

杨澄中是中国原子核科学事业的开拓者之一，也是国际上最早从事氘的削裂反应的先驱者之一。回国后，他对中国的**粒子加速器**（静电加速器、高压倍加器、回旋加速器）技术、快中子物理、核物理及其前沿领域——重离子核物理事业的开拓和发展做出了贡献。为了取得中国自己的热核材料的核参数，他对（d,d）、（d,t）反应总截面、对^{6}Li和^{7}Li的非弹性碰撞截面的精密测量，达到了当时的国际先进水平。20世纪70年代，他组织领导兰州重离子加速器方案的制定和重离子核物理实验研究。他为中国培养了一大批核物理科研人员。（戴念祖）

杨福家 Yang Fujia（1936-07-28～2022-07-17） 中国核物理学家。生于上海，卒于上海。籍贯浙江镇海。1958年毕业于复旦大学物理系，留校做助教。1960年任原子核科学系副主任。

1963～1965年被选派到丹麦哥本哈根大学理论物理研究所（1965年改名为玻尔研究所）做访问学者。1978年，任复旦大学原子核系主任，并升为副教授。1980年晋升为教授，后又担任研究生院院长。1987～2001年任中国科学院上海原子核研究所所长。1991年担任复旦大学副校长。1993～1999年任复旦大学校长、复旦大学发展研究院院长。1992年当选为上海市科学技术协会主席。2001年，当选为中国科学技术协会副主席，并应邀成为设在美国的“防核恐怖倡议”董事会会员。2000～2009年任英国诺丁汉大学校长，2004年任宁波诺丁汉大学校监（校长）。1991年当选为中国科学院学部委员（院士）和第三世界科学院（发展中国家科学院）院士。

1964年，杨福家在原子核反应能谱学方面，在实验中发现一些新的核能级，证实理论上预言的核内的一种运动状态，至今仍为国际同行采用。1975年对复杂能级的衰变规律做过深入研究，所给出的衰变一般公式概括了已有的各种公式，为放射性厂矿普遍采用。推广至核能级寿命测量，给出图心法测量核寿命的普适公式，领导实验组用g共振吸收法发现了国际上用此法找到的最窄的双重态。1978年用**离子束分析**技术揭秘越王剑和秦箭簇，在国内开创离子束技术分析研究领域。在束箔相互作用方面，首次采用双箔（直箔加斜箔）研究斜箔引起的极化转移，提出了用单晶金箔研究沟道效应对极化的影响，确认极化机制。担任上海原子核研究所所长期间，领导、组织并建成复旦大学“基于加速器的原子、原子核物理实验室”，完成一批得到国际认可的研究成果。长期从事高等教育与教育管理，为中外合作办学做出了突出贡献。著有《离子束分析》《原子物理学》《原子核物理》《应用核物理》《现代原子与原子核物理》等。（尹晓冬）

杨国桢 Yang Guozhen（1938-03-14～ ） 中国物理学家。生于湖南湘潭。籍贯江苏无锡。1962年毕业于北京大学物理系，1965年该系研究生毕业，留校从事研究工作。

1967年分配到中国科学院物理研究所工作，历任副研究员、研究室主任、开放实验室主任、副所长、所长（1985～1999）。1983年任美国劳伦斯-伯克利实验室访问学者。1984年任美国哈佛大学应用科学系访问副教授。2001～2009年任中国科学技术大学理学院院长。2003～2011年任中国物理学会理事长。2006～2008年任中国科学院数学物理学部主任。1999年当选为中国科学院院士。2008年当选为英国物理学会荣誉会士。

杨国桢长期从事理论物理、光学物理和凝聚态物理等的研究。在光学一般性变换、光学系统相位恢复问题、超短脉冲激光谱线加宽理论、表面和界面的非线性光学、激光分子束外延技术及其氧化物薄膜等方面，取得了开创性的研究成果。率先在国内开展**光计算**研究，提出利用单个全息透镜组成的光学系统实现多种给定变换的理论，并在实验上成功地实现了一些典型例证。发展了光学系统相位恢复的理论，提出一种处理有损耗系统的相位恢复的新算法。研究光脉冲在非线性介质中传播的理论，解释了光脉冲谱线的超加宽现象和超加宽的非对称性。在中国液氮温区氧化物超导体的研究中做出了重要贡献。曾组织领导国家有关部门的重大科技项目。发表学术论文500余篇。负责和主要参加的研究工作中曾获得国家自然科学奖一等奖1项（1989），国家自然科学奖二等奖2项，其他省部级科技奖5项。1988年被选为国家级有突出贡献的中青年科学家，2004年获何梁何利基金科学与技术进步奖。2015年被聘为《中国大百科全书·物理学》卷第三版主编。（尹晓冬）

杨立铭 Yang Liming（1919-02-05～2003-01-12） 中国核物理学家、物理教育家。生于江苏溧水，卒于北京。1942年获重庆中央大学机械系工程学士学位。后在

昆明中央机器厂、中央大学工作。1946～1948年，赴英国爱丁堡大学研究院深造，获博士学位。后在该校做博士后研究工作。1951年回国，先后任清华大学物理系副教授（1951～1952），北京大学物理系教授（1952～2003）。1982年任中国核物理学会理事长，1984年任中国核数据委员会特约顾问，1985年任原子能科学研究院串列加速器核物理国家实验室学术委员会主任，1997年任兰州重离子加速器国家实验室原子核理论中心顾问。1991年当选中国科学院学部委员（院士）。

杨立铭长期从事核理论研究和物理教育工作。早年提出原子核幻数的统计解释。20世纪70年代起，致力于原子核低激发集体运动的微观理论并加以推广。80年代后又从事原子核深层次的结构研究，提出普遍的**强子结构**理论框架。杨立铭还培养了一大批理论物理和原子核物理人才。他对学生十分耐心，经常把最新的知识不厌其烦地传授给学生，使受教育者能很快投身于研究领域。（戴念祖）

杨士莪 Yang Shi'e（1931-08-09～2024-03-19） 中国水声工程专家。生于天津，卒于哈尔滨。1950年清华大学肄业。1950年11月底在大连第一海军学校入伍。1952年调到哈尔滨军事工程学院工作，历任讲师、副教授。1957年在苏联进行两年的水声专业进修学习。1970～1995年在哈尔滨船舶工程学院，历任副教授、教授、系主任、水声研究所所长、副院长。先后担任中国声学学会副理事长、总装备部国防水声专业组组长、海军装备部预研专家组管理科学组成员、总装备部国防水声专业组顾问等职。1995年

当选为中国工程院院士。

杨士莪是中国水下噪声学研究的开拓者和水声学术带头人之一。1959年回国后，倡导水声物理、水声换能与水声设备的结合，并在军事工程学院创建了中国第一个理工结合、完整配套的综合性水声工程专业，开辟了水声专业新的专业化领域。20世纪70年代初作为水声测量系统的负责人，领导洲际导弹海上深水靶场水声落点测量系统的研制工作，1980年被评为国防科工委科技进步奖三等奖。后研制船载式鱼雷轨迹跟踪测量系统，获得中国船舶工业总公司1996年科技进步奖一等奖，以及1997年国家科技进步奖二等奖。首先开展国内水声定位系统研制，领导完成一系列用于不同目的的长基线、短基线和超短基线水声定位系统；解决了水面、水下和海底目标位置，以及水下航行体轨迹定位问题。他是中国最早开展水下噪声和舰船降噪科研的倡导者和工作者，主持建设中国第一个低噪声水洞，倡导开展水雷目标识别等国际前沿研究课题。积极推动和领导完成了中国多次大型水声海上考察，包括中国首次独立大型深海水声综合考察试验，获取了大批不同海洋环境条件下水声传播等方面的宝贵资料。中国南海重点海域水声综合考察在1998年被中国船舶总公司评为科技进步奖一等奖。领导了矢量传感器在国内的研制，并积极进行推广应用；在国际上首先进行了低噪声水洞的设计、建造与测量方法研究；提出了探雷声呐目标识别的新途径；领导了国内借助地声手段对水中目标进行探测的研究。曾获得多项国家级和省部级奖励，发表论文百余篇，出版著作4部。

（尹晓冬）

杨氏模量　Young's modulus　材料单向拉伸时，在弹性变形阶段内应力与应变的比值。可视为线弹性范围内应力应变曲线的斜率，其值表征材料抵抗弹性变形的能力，是表征材料力学性能的重要参数之一。又称弹性模量。因T. 杨最早给出上述比值的定义，所以常称之为杨氏模量。对于单向拉压情形可表示为$E=\sigma/\varepsilon$，单位为帕，E的数值随材料而异，需通过实验测定。对于大多数材料，其压缩弹性模量与拉伸弹性模量相同。对于一般的三向弹性应力应变状态，杨氏模量仍是表征材料弹性特性的胡克定律中的重要弹性常数。

杨氏模量是工程技术设计中常用的参数。杨氏模量的测定对研究金属材料、光纤材料、半导体、纳米材料、聚合物、陶瓷、橡胶等各种材料的力学性质有着重要

部分材料的弹性模量及泊松比的约值

材料名称	牌号	E/GPa	ν
低碳钢	Q235	200～210	0.24～0.28
中碳钢	45	205	
	Q345（16Mn）	200	0.25～0.30
合金钢	40CrNiMoA	210	
灰铸铁		60～162	0.23～0.27
球墨铸铁		150～180	
铝合金	LY12	71	0.33
硬质合金		380	
混凝土		15.2～36	0.16～0.18
木材（顺纹）		9～12	

意义。测量杨氏模量的方法一般有拉伸法、梁弯曲法、振动法、内耗法等，此外还可利用光纤位移传感器、莫尔条纹、电涡流传感器和波动传递技术（微波或超声波）等实验技术和方法测量杨氏模量。一些代表性材料的杨氏模量见表。

（高原文　王省哲）

杨氏实验　Young's experiment　1801年，英国科学家T. 杨所做的光干涉实验。杨使同一光源来的光，通过两个靠近的小孔投射到屏幕上，观察到了光的干涉图样。后来他用两个靠近的平行狭缝代替两个小孔，使光的强度增大，光的干涉现象更为显著。这就是历史上有名的杨氏双狭缝实验。这是第一个只能用波动说解释而不能用微粒说解释的光学实验。

杨氏双狭缝实验如图所示，S是光源，S_1和S_2是两个平行的狭缝（两缝都与纸面垂直），从S出发的光波到达S_1和S_2后，S_1和S_2便成为两个新的波源。这两个新波源由于对称性发出的光波的初相位相同，它们便在空间形成一个干涉区域，将屏幕放在这个区域内便可在屏幕上看到干涉条纹。如果用的是单色光，条纹便是单色的；如果用的是白光（如日光），条纹便是彩色的。

杨还根据他的实验，算出了光的波长。他在1807年发表的论文中说，比较各次实验，空气中极红端的波的宽度约为三万六千分之一英寸（1英寸＝2.54厘米），而极紫端则为六万分之一英寸。他所说的“波的宽度”就是现在说的波长。把他的

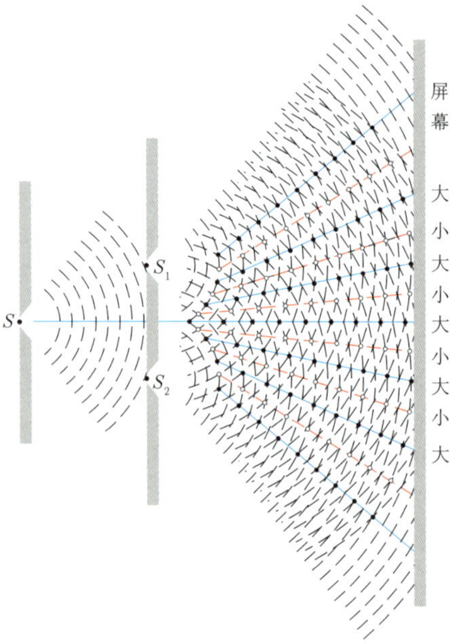

杨氏双狭缝实验示意图

结果换算成现在通用的单位，便是$\lambda_{极红}=0.7$微米，$\lambda_{极紫}=0.4$微米。可见他的观测结果是正确的。

（胡望雨）

杨应昌　Yang Yingchang（1934-05-17～　）中国物理学家，1934年5月生于北京市。1953～1958年就读于北京大学物理系，1958年留校任教。曾在法国国家科研中心路易·奈耳实验室和美国密苏里大学罗拉分校材料研究中心工作。现任北京大学物理系教授、凝聚态物理博士生导师。1991年和1993年两次获得国家教委科技进步一等奖，2004年获何梁何利基金科学与技术进步奖，2014年在第23届国际稀土永磁会议上获颁杰出成就奖。1997年当选为中国科学院院士。

杨应昌主要从事物质磁性的研究工作，是中国新型稀土永磁材料的开拓者。20世纪50年代后期至60年代，研究了具有石榴石、尖晶石和磁铅石等不同晶体结构铁氧体的磁性及其在旋磁、软磁和永磁等方面的应用。20世纪70年代，结合中国资源特点，重点研究稀土－过渡族金属间化合物的结构与磁性，开发代钴代镍的磁性材料，领导其科研集体开展稀土－铁为基的金属间化合物研究，于1980年在国际上首次合成了具有$ThMn_{12}$型结构的富铁的新相，简称1:12相，并通过中子衍射研究阐明了该相的结构特点、形成条件

及可能具有的优良磁学性能，成为国际上这一研究方向的开拓者，引起磁学界广泛重视。1985年最早研制成功多元$Nd_2(Fe, Al, Co)_{14}B$型磁体，可同时提高磁体的矫顽力和居里温度。1990年发现在稀土合金中的间隙原子效应，进而从理论上阐明它的起源并发明了Nd-Fe-N系新型稀土永磁材料。其研究成果“新型稀土–铁金属间化合物研究”获1991年度国家自然科学奖二等奖。20世纪90年代以来，其研究组进一步研究发现稀土铁合金中氮的间隙原子效应，其研究成果“氮的间隙原子效应及新型磁性材料研究”获2003年国家自然科学奖二等奖。（尹晓冬）

杨振宁 Chen Ning Yang（1922–09–22～ ）中国理论物理学家。生于中国安徽合肥。在西南联合大学物理学系学习，在**吴大猷**指导下完成学士论文。1942年毕业后即入研究院深造，在**王竹溪**指导下研究统计物理学。他的群论知识得益于其父、数学家杨武之。1945年赴美，入芝加哥大学做研究生，深受**E.费米**的熏陶，在导师E.特勒的指导下完成博士论文，1948年获博士学位。1948～1949年任芝加哥大学教员。1949～1955年在普林斯顿高级研究院工作，1955～1966年任该院教授。1966年任纽约州立大学石溪分校的爱因斯坦物理学讲座教授，并任新创办的该校理论物理研究所所长。美国总统授予他1985年的国家科学技术奖章。退休后于20世纪90年代在香港中文大学执教。于2015年4月1日正式放弃美国国籍转入中国国籍。

杨振宁对理论物理学的贡献范围很广，包括基本粒子、统计物理和凝聚态物理等领域。对理论结构和唯象分析他都有多方面的贡献。他的工作有特殊的风格：独立性与创见性强，眼光深远。

在粒子物理学方面，杨振宁最杰出的贡献是1954年与R.L.米尔斯共同提出杨–米尔斯场理论，开辟了非阿贝尔规范场的新研究领域，为现代规范场理论（包括**电弱统一理论**、**量子色动力学理论**、**大统一理论**、引力场的规范理论等）打下了基础。杨–米尔斯场方程已被数学家S.K.唐纳森引用，获得了拓扑学上的重大突破。

杨振宁在粒子物理学方面的另一项杰出贡献是：1956年和**李政道**合作，深入研究了当时令人困惑的θ-τ之谜。即后来所谓的K介子有两种不同的衰变方式，一种衰变成偶宇称态，一种衰变成奇宇称态。如果弱衰变过程宇称守恒，则它们必定是两种宇称状态不同的K介子。但从质量和寿命来看，它们又应是同一种介子。杨振宁和李政道通过分析认识到，很可能在弱相互作用中宇称不守恒。他们仔细检查了过去的所有实验，确认这些实验并未证明弱相互作用中宇称守恒。在此基础上他们进一步提出了几种检验弱相互作用中宇称不守恒的实验途径。次年，这一理论预见得到**吴健雄**小组的实验证实。因此，杨振宁和李政道的工作迅速得到了学术界的承认，并获得1957年诺贝尔物理学奖。

在粒子物理学方面，杨振宁的其他贡献包括：费米–杨模型（1949），与李政道合作的二分量中微子的理论（1957），与李政道和R.奥赫梅合作的关于C（电荷共轭变换）和T（时间反演变换）不守恒的分析（1957），与李政道合作的高能中微子实验分析（1959）和关于W粒子的研究（1960～1962），与吴大峻合作的CP（宇称）不守恒分析（1964）和规范场的积分形式理论（1974）、规范场与纤维丛的关系（1975），与邹祖德合作的高能碰撞理论（1967～1985）等。

在统计力学方面，杨振宁的贡献包括：二维伊辛模型的自发磁化强度（1952），与李政道合作的关于相变的理论（1952），与杨振平合作的关于数种模型的严格解（1966～1969）等。

在凝聚态物理方面，杨振宁的贡献包括：与N.拜尔斯合作对磁通量量子化的解释（1961），非对角长程序观念（1962）等。

杨振宁于1971年夏访问中国，是美籍知名学者访问新中国的第一人。他回美以后，对促进中美建交、促进两国人民的相互了解，促进中美科学技术教育交流都做了大量工作。杨振宁受聘为北京大学、复旦大学、中国科学技术大学、中山大学、清华大学等校的名誉教授，中国科学院高能物理研究所学术委员会委员。晚年在清华大学定居。

杨振宁发表过约200篇科学论文和报告。（戴念祖）

氧化物分子束外延 oxide molecular beam epitaxy; OMBE 一种可以实现氧化物单晶薄膜生长的分子束外延技术。**分子束外延**（MBE）技术由于其无与伦比的薄膜生长控制精度常常被称作“原子喷印术”。其基本原理是在超高真空的环境中，利用热蒸发等各种手段形成中性分子束流并沉积到单晶衬底上。形成的薄膜将会延续衬底的晶格结构并同时具有可准确调控的化学成分，形成所谓的外延生长。这种实验手段在20世纪70年代最早应用于高纯度半导体薄膜的生长；而在此基础上，通过在生长的过程中引入合适分压的氧化剂，例如O_2、O_3、NO_2等，原则上可以实现氧化物单晶薄膜的分子束外延生长。当然，由于氧化物材料对成分和结构极度敏感，实际的OMBE生长技术比传统半导体MBE要复杂得多：首先为了减少杂质引起的掺杂，生长需要在超高真空的环境中进行，但是同时又需要保证一定浓度的氧化剂来完成氧化过程，这就要求MBE系统具备更大的真空泵抽速；其次，由于要求更加严苛准确，生长速率通常被控制在非常低的水平，一般来说在每秒0.1埃量级，而且通常需要结合原位高能电子衍射（RHEED）和元素吸收谱（AAS）等先进实验手段对氧化物薄膜生长过程进行原位实时监控，以达到更精确的束流控制。

具体来说，OMBE的基本原理如图所示。沿腔体中心对称分布安装有独立可控的蒸发源和一套臭氧注入系统。每个蒸发源都可以通过独立控制的电阻丝加热来调整在坩埚口附近的饱和蒸气压，进而实现束流的精确控制；同时，注入腔体的臭氧/纯氧气体可通过注入系统的泄漏阀精确控制。此外，在每一个蒸发源出口正上面安装有计算机控制的气动挡板，通过挡板的开关可以实现按设定次序定时定量生长某一元素，实现对薄膜的人工设计和控制。由于挡板的控制精度通常可以达到0.1秒，薄膜厚度的生长精度可以达到单一原子层级别。在蒸发源的焦点处是衬底所在的位置，其温度可以通过红外线温度计和热偶监测，并利用PID算法进行精确控制。同时，系统的侧面安装有可以伸缩的晶振测厚器，可以在衬底所在的位置处测量分子束流的密度绝对值，从而在晶体生长前可以对蒸发源进行束流校正，并在生长后进行确认。系统通常还装备有质谱仪、AAS和RHEED系统，可以进行薄膜生长的实时表征和监控。其中，高灵敏度的RHEED系统是OMBE薄膜生长监控的“心脏”，一方面，它可以监控薄膜从初期的成核到最终一层原子层成膜的完整演化过程；另一方面，对于生长过程中出现的中间反应产物或一些杂质相，RHEED也可以迅速反映出来，使得在生长过程中实时的参数调节成为可能；更重要的是，对于一些特殊的体系，如某些具有钙钛矿结构的过渡金属氧化物，还可以通过观察

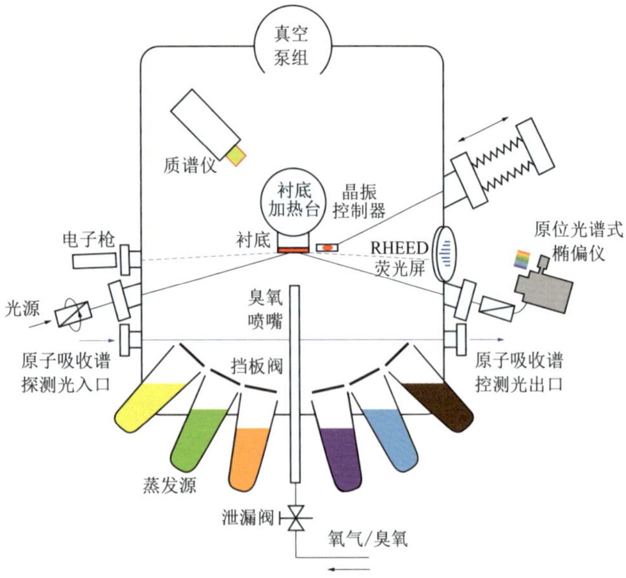

OMBE原理示意图

相应衍射斑点强度随时间演化的震荡曲线，在1%精度范围内定量进行化学计量的判断。整个系统一般通过大抽速的涡轮分子泵进行超高真空维持，本底真空可以达到1×10^{-10}毫巴量级，从而为OMBE生长提供必要的超高真空环境。

从分子动力学的角度上考虑，OMBE的生长过程一般应在较低温下进行。首先，较高的生长温度有可能导致生成的亚稳态二维超晶格界面分解，不利于单晶薄膜的生长；其次，降低生长温度可以减小复杂金属氧化物体的体扩散率，从而有效降低破坏二维薄膜形成的层间原子扩散概率。利用氧化物材料中远大于体的表面扩散速率特性，在合适的生长参数下就有可能在维持亚稳态人工超结构形成的同时获得较为完美的单晶薄膜生长。这是可以实现亚稳态的二维复杂氧化物薄膜的根本原理。最早的OMBE薄膜生长技术可以追溯到1985年，当时人们利用它来生长$LiNbO_3$薄膜。自此，这种技术已经被广泛应用于生长各类氧化物超导体，包括$(Ba,K)BiO_3$、$(Ba, Rb)BiO_3$、$(La, Sr)_2CuO_4$、$YBa_2Cu_3O_{7-d}$、$NdBa_2Cu_3O_{7-d}$、$SmBa_2Cu_3O_{7-d}$、$DyBa_2Cu_3O_{7-d}$和$Bi_2Sr_2Ca_{n-1}Cu_nO_{2n}$等；各类氧化物铁电材料，如$LiNbO_3$、$LiTaO_3$、$BaTiO_3$、$PbTiO_3$和$Bi_4Ti_3O_{12}$；各类铁磁材料，如$(La,Ca)MnO_3$、$(La,Sr)MnO_3$、EuO以及相关的各种人工超结构。超高真空下的生长环境、数字化的晶格生长控制、原位实时的表征以及各自独立且束流可精确控制的多蒸发源生长模式等一些独特优势，赋予了OMBE薄膜生长有较好的重复性和控制精度，从而使其非常适合人工可控复杂氧化物薄膜微结构的制备和研究。尽管OMBE这一手段还远远没有达到半导体或是金属MBE薄膜的生长水平，但经过多年的发展，通过研究生长条件（气氛、温度、束流）对薄膜质量的影响，人们已经可以实现复杂氧化物外延薄膜的单原子层精度的可控生长，并且还可以在原子层的微观尺度对体系的化学成分和晶体结构进行细微的调制，并在此基础上获得具有磁、光、电等功能特性的氧化物单晶薄膜、异质结、多层膜和超晶格材料。这方面的研究已经成为人工薄膜微结构的最前沿领域之一。

（沈大伟　封东来）

幺正性　unitary　微观粒子散射过程和反应过程中概率守恒的一种数学表述。微观现象的根本特点是物质具有**波粒二象性**，L.V.**德布罗意**建议使用波函数$\boldsymbol{\Psi}(\boldsymbol{x},t)$描述系统的状态，E.**薛定谔**正确地给出了波函数的运动方程，M.**玻恩**概率假设又给出了波函数的物理诠释（见**量子力学**）。如$|\boldsymbol{\Psi}(\boldsymbol{x},t)|^2\mathrm{d}^3\boldsymbol{x}$是$t$时刻在空间$\boldsymbol{x}$点附近体积元$\mathrm{d}^3\boldsymbol{x}$中找到粒子的概率，而在全空间找到粒子的总概率应该等于1，即：

$$\int \mathrm{d}^3\boldsymbol{x}\boldsymbol{\Psi}^*(\boldsymbol{x},t)\boldsymbol{\Psi}(\boldsymbol{x},t)=1$$

这一等式又称波函数的归一化条件。波函数所满足的运动方程可保证：在微观粒子不能产生和湮没时，如果在某时刻波函数满足归一化条件，则在任何时刻波函数都将保持归一化，即概率守恒。这是微观过程物质不灭的物理叙述。

微观粒子数可变的普遍情形中，描写系统状态的波函数$\boldsymbol{\Psi}(t)$随时间的演化可通过矩阵U来描写：

$$\boldsymbol{\Psi}(t)=U(t,t_0)\boldsymbol{\Psi}(t_0)$$

这时概率（粒子数）守恒的要求表现为矩阵U必须满足幺正性条件：

$$U^*(t,t_0)U(t,t_0)=U(t,t_0)U^*(t,t_0)=1$$

因此矩阵U具有幺正性是微观运动过程概率守恒的充分必要条件。进行微观散射或反应实验时，测量都是在远离微观系统散射和反应的地点并在散射和反应过程后很长的时刻进行的，因此实际上要知道的是波函数的渐近行为，通常用矩阵S表述为$\boldsymbol{\Psi}(\infty)=S\boldsymbol{\Psi}(-\infty)$，式中$S=U(\infty,-\infty)$。这时幺正性条件为：

$$S^*S=SS^*=1$$

它反映了所有可能的始态和所有可能的终态的完备性和概率守恒的要求。

幺正性的要求是一个普遍的要求，它并不依赖于相互作用的具体机制，因此根据幺正性导出的推论也具有普遍性。根据矩阵S的幺正性可导出光学定理：

$$\mathrm{Im}T=\frac{qW}{\pi^2}\sigma_t(W)$$

它把前向散射振幅的虚部ImT和总截面σ_t联系起来。式中W为质心系总能量，q为质心动量。

（阮图南）

叶朝辉　Ye Chaohui（1942-03-01～　）中国物理学家。生于四川简阳。1965年毕业于北京大学无线电电子学系。1981～1983在美国加州大学伯克利分校化学系做访问学者。1985～1986年在科罗拉多州立大学做访问学者。1986～1993年担任波谱与原子分子物理国家重点实验室主任。1987～1996年担任中国科学院武汉物理所所长。1996～1999年担任武汉物理与数学所所长。1999～2007年担任中科院武汉分院院长。任中国科学院武汉物理与数学研究所研究员。2001年当选为中国科学院院士。

长期从事波谱学与**量子电子学**领域的研究，在建立波谱与原子分子物理国家重点实验室和发展中国铷光抽运原子频标等研究方面做出了重要贡献。在固体高分辨及多量子核磁共振研究方面做了系统研究，在国内率先建立了固体高分辨核磁共振的实验设备，研制成功当时世界上工作频率最高、微波功率最大的动态核极化（DNP）谱仪等磁共振仪器。在固体高分辨率核磁共振波谱学方面提出旋转固体中非均匀相互作用的普遍性，提出一种快速测定魔角的方法，并在一种固体中发现了纵向弛豫时间的空间取向相关性。发展了拉曼磁共振波谱学，并提出直接测量多量子弛豫时间的方法。与合作者研究辐射阻尼效应及其对核磁共振线型的影响，并发展了研究核自旋动力学的转动算符方法。研制成功动态核极化谱仪等重要实验装置。曾获得国防科委一等奖和国家科技进步奖一等奖、中科院科技进步奖二等奖。1988年获“有突出贡献的中青年专家”

称号。 （尹晓冬）

叶恒强 Ye Hengqiang（1940-07-08～ ） 中国材料科学专家。生于香港。1964年毕业于北京钢铁学院物理化学系金属物理专业。1967年中国科学院金属研究所研究生毕业。

毕业后在中国科学院金属研究所工作，历任实习研究员、助理研究员、副研究员、研究员。1990～2001年先后任中国科学院金属研究所副所长、所长。1980～1981年先后在美国亚利桑那州立大学高分辨电子显微镜中心、比利时安特卫普大学高压电子显微镜中心任访问学者。1991年当选为中国科学院学部委员（院士）。

叶恒强主要从事固体物质及材料学的电子显微学研究。与国外同时独立地发现传统晶体学不允许的五次对称性，进而发现并研究了二十面体对称、八次、立方对称等准晶相，为中国在准晶相实验研究方面居于国际前列做出了贡献。在国内率先用高分辨原子像对固体材料结构与缺陷进行系统研究，发展了在原子尺度研究材料精细结构的技术与理论，在高温合金拓扑密堆相发现多种新相及畴结构。用超结构像显示有序合金中不同种类原子的方法，确定了几种新结构，直观揭示合金非公度结构生成机制，对合金结构理论提出独创性见解。曾四次获国家自然科学奖："晶体精细结构的电子衍射与电子显微镜研究"1981年获三等奖（第二作者），"五次对称和镍钛钒准晶的发现"1987年获一等奖（第二作者），"微衍射及其图像分析"1989年获四等奖，另一项关于材料界面结构研究的项目1999年获四等奖。"低维材料的微观结构表征和分析研究"1993年获冶金工业部科技进步奖二等奖。"氧化物超导体显微结构特征及其对性能影响的研究"1994年获中科院自然科学奖二等奖。 （尹晓冬）

叶铭汉 Ye Minghan（1925-04-02～ ） 中国高能实验物理学家。生于上海。1949年清华大学物理系毕业。1949～1950年在清华大学读研究生，师从**钱三强**。1950年7月到中国科学院近代物理研究所参加工作，历任研究实习员、助理研究员、研究员。该所后来扩建为物理研究所，1958

年更名为原子能研究所，后分出部分成立高能物理研究所，他曾在以上研究所工作。1984～1988年担任高能物理研究所所长。1984～1989年担任中国物理学会高能物理分会理事长。1985～1990年担任中国核学会核电子学与核探测技术分会理事长。1994年起先后担任中国高等科学技术中心学术副主任、主任。曾先后任美国普林斯顿大学、美国犹他大学、日本高能物理学研究所、美国布鲁克海文国家实验室、德国DESY的访问学者或访问教授。1995年当选为中国工程院院士。

20世纪50年代叶铭汉参加中国第一、第二台带电粒子加速器（700千电子伏和2.5兆电子伏静电加速器）的研制，建成后负责其运行和改进，并开展核物理实验研究，对中国低能加速器的发展做出了贡献。率先开展高能物理粒子探测器的研制，致力于创建中国核物理和高能物理实验基地，发展其关键的实验技术，以开展核物理和高能物理实验研究。70年代开展**多丝正比室**、**漂移室**等高能物理实验常用的粒子探测器的研制，首先在国内实现多丝正比室计算机在线数据获取。1982年起主持大型高能物理实验粒子探测装置"北京谱仪"的研制。他是大型科研工程"北京正负电子对撞机和北京谱仪"的主要科技领导人之一。作为主要主持人和参加者完成的"北京正负电子对撞机和北京谱仪"于1990年获国家科技进步奖特等奖。他为中国核物理、高能物理实验基地的建设做出了重要贡献。著有《静电加速器》。 （尹晓冬）

叶企孙 Ye Qisun（1898-07-16～1977-01-13） 中国物理学家、教育家。生于上海，卒于北京。1918年清华学校毕业。同年赴

美，1923年获哈佛大学博士学位。1924年回国。历任东南大学理学院教授（1924～1925），清华大学（1928年以前为清华学校）物理系教授、系主任、理学院院长（1925～1948），西南联合大学物理系教授（1938～1946），中央研究院总干事（1941～1943）。1948年当选中央研究院院士。中华人民共和国成立后，历任清华大学校务委员会主任委员、物理系教授、系主任、理学院院长（1949～1953），北京大学物理系教授（1953～1977），中国科学院自然科学史研究所（前身是中国科学院自然科学史研究室）研究员（1954～1977）。1955年当选为中国科学院学部委员（院士）。

1921年叶企孙和W.杜安、H.H.帕耳默合作测定了**普朗克常数**。他们的测定值在当时是最精确的，16年后才有更精确的测定。1923年他从事高压下铁、镍、钴的**磁导率**的研究；改进了实验方法，并把压强从200多大气压提高到12 000大气压，取得了不同于前人的新成果，为这一领域的研究工作开辟了新的途径。叶企孙回国以后，从事建筑声学、**铁磁性**等方面的研究工作。他是中国研究磁学的第一人，开创了这一领域的研究道路。

叶企孙从事教育工作50多年。1925年在清华学校创办物理学系。在教学方面，提倡着重基础、着重质量、重启发不重灌输、理论与实验并重。重视并提倡在大学开展科学研究。30年代，在他办教育的方针指导下，清华大学物理学系培养了大批人才，如著名物理学家王淦昌、施士元、周同庆、龚祖同、王竹溪、彭桓武、钱伟长、钱三强、王大珩、林家翘以及傅永义、赵九章、陆学善、周长宁、翁文波、张宗燧、胡宁、葛庭燧等人。叶企孙培养物理人才的成就不仅处于国内高等院校前列，而且在国际物理学界也是不多见的事例。

1937年抗日战争全面爆发，叶企孙留在北平组织抢运清华大学的仪器设备南下。不久北平沦陷，又去天津组织清华等校学生从事抗日活动，为游击区制造炸药、装配无线电收发报机，并秘密送往游击区。

1938年秋叶企孙离天津到昆明，在西南联合大学任教。当时西南联合大学集中了北大、清华、南开三校的教授，在抗战期间，物理学系培养了大批人才，其中有著名物理学家杨振宁、李政道等。他还担任清华大学特种研究所委员会主任委员，组建了金属、无线电、航空、农业、社会学等研究所，开创中国大学办研究所的先河。

叶企孙在中华人民共和国成立后一直坚持在教学第一线，培养研究生，开展铁磁学和自然科学史的研究工作。

叶企孙是中国物理学界最早的组织者

之一。1932年中国物理学会成立，任学会的第一届副会长，1936年任第三届会长，1946年又一次任理事长（会长改名为理事长）。

（戴念祖）

液滴模型　liquid-drop model　从原子核内核子-核子强耦合这一性质出发而建立的一种原子核模型。最初提出的液滴模型只是将原子核视为一个带电荷的理想液滴，根据液滴的运动规律对原子核进行动力学描述。以后逐步增加了一些自由度，如将质子、中子分别看成两类流体，甚至将自旋取向也看成不同流体，并引入可压缩性、黏滞性等性质（见**原子核结构**）。

（范宝新）

液化　liquefaction　物质由气态转变为液态的过程。又称凝结。见**汽化**。

液晶　liquid crystal　介于各向同性液体与晶体之间的一种物质状态。液晶物质分子排列的有序度介于理想晶体的长程有序和液体的长程无序之间；液晶物质既有固体的各向异性，同时也具备液体的流动性能，因此液晶相又称中介相。液晶物质可分为热致性和溶致性两种：前者指液晶相的产生和转变是由温度的变化导致的；后者指液晶物质溶解于某种溶剂时，液晶相的形成取决于物质在溶液中的浓度。

液晶的发现可追溯到19世纪末。1888年奥地利植物学家F.莱尼策尔在研究胆甾醇苯甲酸酯时，首次观察到该化合物在晶态和熔融态之间存在一个不透明的流动态。翌年，德国物理学家O.莱曼将这种物质状态命名为液晶。液晶的化学和物理性质丰富，随科学技术的发展，人们对液晶的认识也在不断深化。

化学结构　能导致热致液晶现象的分子或化学结构称为液晶基元，通常具有形状上的各向异性。大多数液晶分子为长棒或长条状，其中心具有一定刚性的核，由苯环、脂环、杂环或双键等构成，分子的尾端含有较柔顺的基团。理论和实验都表明，只有当分子的长宽比大于4左右，才能呈现液晶态。盘状分子也能形成液晶，其中心通常为刚性的平板状芳香结构，外围连着较柔顺的尾链。图1a、1b是人工合成的第一个棒状液晶分子和第一个盘状液晶分子的化学结构简式。

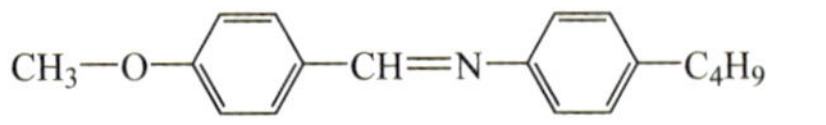

a 棒状液晶分子

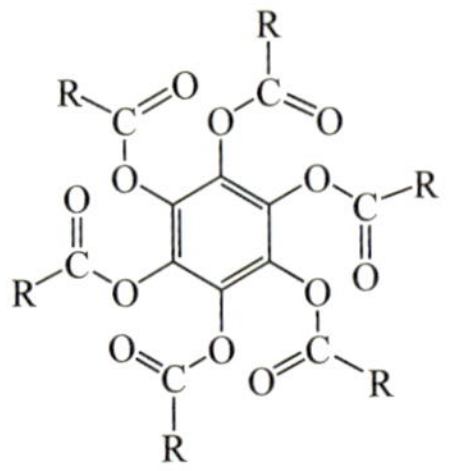

b 盘状液晶分子

图1　液晶分子化学结构简式

除一些形状各向异性的分子可在溶液中表现出溶致液晶行为外，有一大类溶致液晶分子具有双亲性，分子的一端是亲水极性头，另一端是疏水的非极性链，称为**表面活性剂**，典型的如十二烷基磺酸钠。

热致液晶　液晶分子的排列存在一定的有序性，但同时至少在空间的某一维上呈现某种程度的无序，这种情况可分为三类：①具有分子取向有序，但无位置有序；②一维位置有序；③二维位置有序。热致液晶中分别对应三种最主要的液晶模式，即向列相（N）、近晶相（S）和柱状相（Φ）。不同类型的液晶相之间的差别可通过分子取向有序、键取向有序、位置有序以及它们的相关性来理解并确定。以棒状液晶分子为例，图2列出了不同液晶相的有序度情况。图上端的各向同性态（I）代表了完全无序的液态，由上往下体系进入向列相、近晶相及高级有序近晶相，对应了有序度的增加。一种分子能形成何种液晶相取决于其具体的化学结构。通常在降温过程中，各向同性态首先转变成有序度较低的液晶相，而后进入高有序度的液晶相，如I→N→S。研究中也观察到一些特殊的“重入”现象，如降温中的I→N→S→N→S转变，其中N和S均出现了两次。

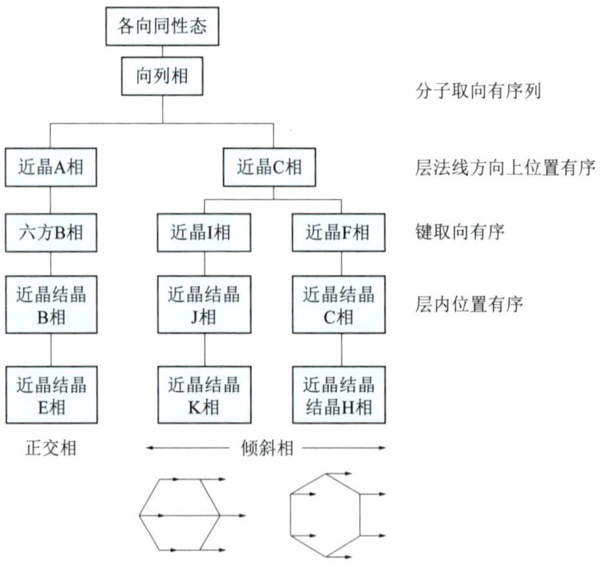

图2　棒状分子的液晶相及其所对应的有序性

向列相（N）是最常见且有序度最低的液晶相，分子取向具有长程有序，但没有位置和键取向有序（图3a）。向列相中液晶基元倾向于彼此平行排列，n表示这种平行排列的择优方向，称为**指向矢**。一般情况下，分子长轴和总指向矢并非完全一致，分子的取向程度可用有序参数$S=\frac{1}{2}\langle 3\cos^2\theta-1\rangle$来定量描述。式中$\theta$是分子长轴与总指向矢之间的夹角，〈 〉符号表示空间平均。向列型液晶最显著的特征是其线形缺陷（线向错），这也是它名称的由来。

近晶相中位置有序和取向有序都是必需的。这类液晶相以棒状分子排成的层状结构为基础。液晶基元的指向矢与层面垂直时，液晶基元排列形成近晶A相，称为S_A（图3b）；当指向矢与层面法线方向有一不为零的夹角，则构成近晶C相，称为S_C（图3c）。处在S_A和S_C相层内的分子是液态无序的，不同层之间的分子排列也不存在任何位置相关性。但沿着层法线方向，S_A和S_C相的层状结构具有长程位置有序。如果位置有序和键取向有序在近晶相的层内发展，则可导致更高的有序度。根据层内有序度以及分子指向矢和层面

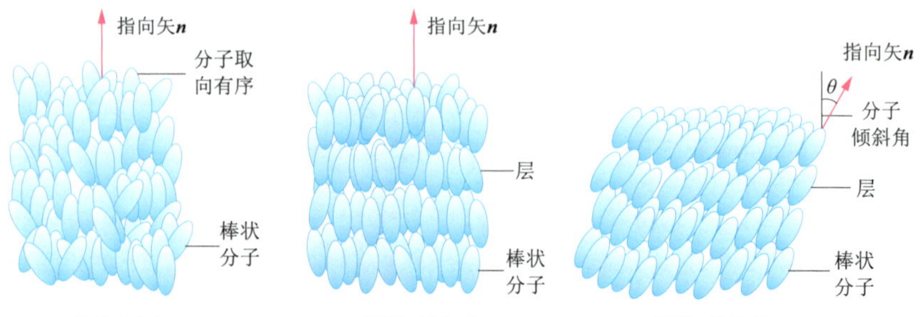

a 向列相(N)　b 近晶A相(S_A)　c 近晶C相(S_C)

图3　液晶模式示意图

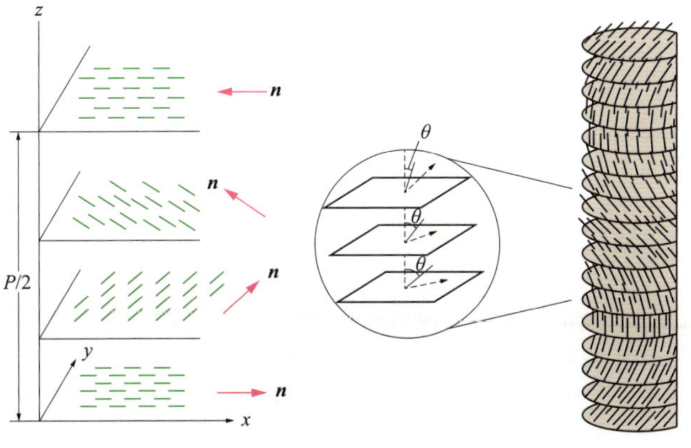

a 胆甾相(Ch)　　b 手性近晶相(S_C^*)

图4　与螺旋结构相关的液晶相的结构示意图

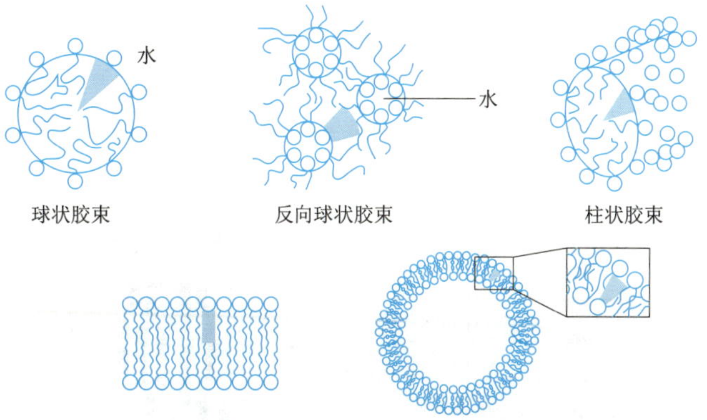

图6　几种典型的溶致液晶（两亲性分子）的自组装结构

法线夹角之间的不同组合，已经严格表征了一系列高级有序近晶相。如图2所示，它们可分为两组：一组是六方近晶相，包括六方B（S_B^h）、近晶I（S_I）和F（S_F）相，液晶基元在层中具有键取向有序的六方排列；另一组包括有序度更高的近晶结晶相（如S_B, S_J, …, S_H等），它们与真正的晶体之间的区别很小。

手征性分子含有不对称原子。手征性液晶分子形成的液晶相具有螺旋结构。手征性液晶分子加入其他非手征性液晶分子中，螺旋结构也可被诱导产生。两种最主要的与这种螺旋结构相关的液晶相是：①扭曲或手性向列相（N^*），因为该相是首先从胆甾类分子中发现的，故也称为胆甾相（Ch）；②扭曲或手性近晶C相（S_C^*）。图4a是Ch相的示意图。图中P为Ch相的螺距，$\boldsymbol{n}$为指向矢。Ch相的分子分层排列，分子躺在层内，层与层相互平行。每一层内分子像向列相一样倾向于彼此平行排列；沿层的法线方向看，液晶基元的指向矢连续转动形成螺旋。Ch相的螺距和手征性分子的手性度有关，一般为数百纳米以上；对掺入手征性分子诱导形成的Ch相，螺距可长达几个微米。Ch相的光学性质非常奇妙，具有圆偏振光的选择反射、强烈的旋光性以及圆二色性等特性。通常具有胆甾相的体系若能发育出近晶相，则其近晶相为S_A或S_C。但某些情况下分子扭转的倾向相当大，导致手性近晶相S_C^*，如图4b所示。S_C^*相具有层状结构，每一层内分子的排列和S_C相似，液晶基元的指向矢和层面有一个夹角，该角是固定的。但从一层到下一层，这一指向矢不断地转动，从层的法线方向看过去，指向矢绕成了一个锥角。由此产生的S_C^*相的螺旋周期一般比Ch相长，可以散射可见光。

盘状（又称碟状）分子也可具有向列相，如图5a所示。盘状分子的法线方向具有相近的择优取向，但分子缺乏长程位置有序，形成盘状向列相液晶（N_D）。这些盘状分子可进一步排成柱状相液晶，最重要的特征是：柱的内部没有长程位置有序，但在柱的横截面上，柱体的排列可像二维晶体那样有序。图5b、5c描述了两种不同对称性的柱状相液晶。由盘状分子构成的柱子的排列主要可分成六方（Φ_H）、矩形（Φ_R）和倾斜（Φ_{Ob}）三种。理论上柱状相液晶的种类取决于空间群在二维平面上对称群的数目，因其液态性状仅存于柱轴方向，所以不影响另外二维的有序度。实验已观察到的柱状液晶相约10种。

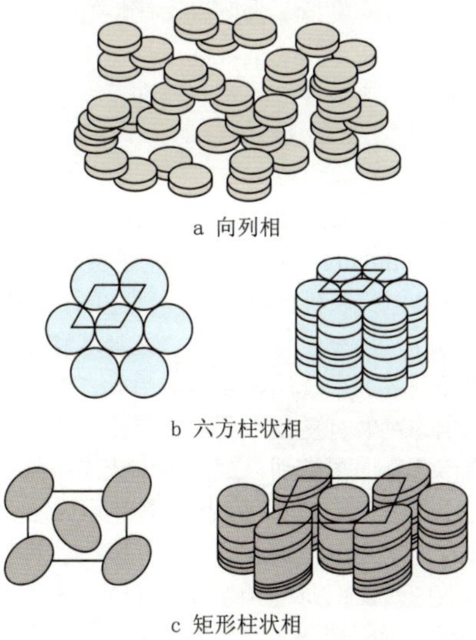

a 向列相

b 六方柱状相

c 矩形柱状相

图5　盘状液晶的几种主要相结构

溶致液晶　其产生主要取决于分子在溶液中的浓度。这类液晶中研究最深入的是两亲性分子。两亲性分子由亲水性和疏水性两部分构成。如果把两亲性分子溶于水中，当浓度高于一临界值，分子的疏水部分倾向于聚集排列，而亲水部分则保持和水接触在一起，由此可产生不同形状的分子聚集体。这一分子的自组装过程称为胶束化，其临界浓度称为临界胶束浓度。这种分子自组装体包括球状、柱状和反向胶束、双层薄片和囊泡等。图6所示的圆圈表示亲水端，曲线表示疏水部分，阴影表示疏水部分占有的体积。随溶液浓度的增加，聚集体结构可在三维空间中进一步排列，形成热力学平衡的液晶相，包括向列相、近晶相或片状相以及柱状相。

溶致液晶在生物体中特别重要。如磷脂是一类两亲性分子，它们参与构成细胞膜。多数生物体组织，如脑、神经、肌肉、血液等与生命现象密切相关的主要组织，都是由溶致液晶构成的。因此，深入研究溶致液晶行为对认识生命有重要意义。

应用　通常液晶是介电材料，具有**抗磁性和非线性光学性质**。液晶物质在化学结构上的各向异性决定了其液晶态中分子排列的各向异性，同时导致了其物理性质的各向异性。如棒状分子中平行分子长轴方向的物理性质（如折射率、介电常数、磁化率、电导率和黏度等）与垂直方向上的有所不同。液晶的弹性系数很小，分子排列很容易受电场、磁场和应力等外场的作用而发生变化。如果对一般的向列相液晶施加磁场，磁场强度超过一临界值时，分子轴将会沿平行于磁场方向排列，称为弗里德里克斯转变；外加电场时，类似的转变也会发生，并伴随有光学性质的变化，表现出**电光效应**。应用上就是利用液晶的各向异性及其在外场（包括温度）下的响应行为。液晶广泛应用于显示、检测、传感和分离等方面，也作为各向异性介质用于化学反应。液晶还为凝聚态物理学和生物学的研究提供了模型体系。

液晶中最具代表性的应用是显示器件。它以向列相和胆甾相的电光效应为基础。图7是扭曲向列型（TN）液晶显示器件的工作原理图。涂布了透明电极的两块玻璃基板之间，夹入厚约10微米具有正介电各向异性的向列型液晶，做成液晶盒。经处理的电极表面可诱导液晶分子长轴沿电极面平行排列。若上下电极的诱导方向正交，则可使液晶分子在两块基板间

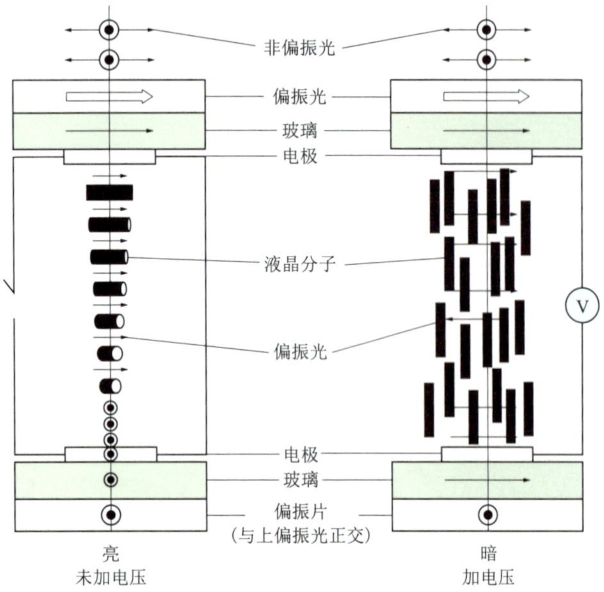

图7 扭曲向列型（TN）液晶显示器件的工作原理示意图

连续转动90°。这种扭曲液晶盒的上下另附有正交的偏振片。未加电压时，入射到玻璃基板的线偏振光在通过盒的过程中，其偏振方向沿着液晶分子的扭转方向旋转90°，可通过液晶盒。但当外加电压超过一阈值，液晶分子将沿电场方向取向，入射的偏振光将不能通过。这种液晶显示器的工作电压低、耗能很小，而响应很快。现有许多种液晶盒大量用于不同的显示技术中，如计算机、手机和电视机显示屏。

液晶高分子在液晶材料的应用中具有特殊的重要性。第一个成功的商业液晶高分子是20世纪60年代研制的基于聚对二甲酰对二苯胺（PPD-T）的芳香聚合物纤维Kevlar。PPD-T是主链型刚性高分子，溶于浓硫酸后，可形成溶致向列相。由此纺制的Kevlar纤维的强度高于合金钢，具有高模量、高化学稳定性和耐高温等特点。将液晶基元引入高分子中，合成出许多不同类型的液晶高分子，并不断开发其作为结构材料和功能材料的各种用途。

（郑如青　陈尔强）

液晶聚合物 liquid crystal polymer　在玻璃化或熔点温度以上，或者在溶液中可以形成液晶相的一类聚合物。前者称为热致性液晶聚合物，后者称为溶致性液晶聚合物。液晶聚合物中含有液晶基元。根据液晶基元在聚合物分子链上的位置，可以将液晶聚合物分为主链型液晶聚合物和侧链型液晶聚合物。在主链型液晶聚合物中，液晶基元位于分子链上；在侧链型液晶聚合物中，液晶基元位于分子链的侧基上。

液晶聚合物可以形成向列相、近晶相和胆甾相等液晶结构。具体结果依赖于聚合物中液晶基元的化学结构、溶剂性质或温度。在溶致性液晶聚合物溶液中，只有当浓度大于某一临界浓度C_1时，才能形成液晶相；继续提高浓度，在超过临界浓度C_2时，溶液中可以形成连续液晶相。液晶聚合物可以是天然高分子或合成高分子。天然高分子中，蛋白质、纤维素及其衍生物和壳聚糖等均可以形成溶致性液晶。合成液晶高分子聚合物大部分含有芳香环结构，具有良好的耐温性。

液晶聚合物应用最为成功的例子是对苯二甲酸对苯二胺（PPTA），其在浓硫酸中可以形成向列相液晶溶液。通过液晶纺丝，可以制备分子链高度取向的PPTA纤维（即芳纶1414纤维）。该纤维由美国杜邦公司在1972年实现工业化生产。PPTA纤维具有密度低、强度高、韧性好、耐高温、易于加工和成型等优点，可用于防弹等领域。热致性液晶聚合物在工程塑料领域也有广泛的应用。

（刘瑞刚）

液晶空间光调制器 liquid crystal spatial light modulator　利用外加电场或磁场控制液晶电光特性的变化以实现空间光调制的器件。是光学信息处理、光计算和光学神经网络等系统的重要组成单元，对信息光学的发展有重要作用。液晶空间光调制器包含有很多空间上组成一维或二维阵列的小单元（像素），每个像素都可以独立接收光学或电学输入信号，并依据各种物理效应改变自身的光学性质（透过率、反射率、折射率等），从而改变输入待调制的光的强度、相位、波长，还可实现非相干光到相干光的转换等。

液晶空间光调制器的强度调制和相位调制原理主要依据液晶的特殊光学特性，即液晶分子的电控双折射效应与扭曲向列效应。液晶的分子结构是非对称的，这就决定了液晶材料是各向异性的。液晶中大量分子指向的平均方向用单位矢量$\boldsymbol{n}$表示，称作**指向矢**。由于分子之间的互相碰撞和挤压，各个分子的指向总是处于变化之中。但是从宏观来看，总是存在一个整体的取向，用指向矢$\boldsymbol{n}$来描述。在向列液晶中，一般都把液晶分子看作长棒状，液晶沿轴向的性质和垂直于轴向的性质有较大不同。如果某种因素导致了液晶指向矢的变化，液晶对外表现出来的电学性质、光学性质等就会发生明显变化，实际中就是通过外加电场或磁场控制其电光特性的变化来实现光调制。液晶的电光特性已经发现了15种以上，主要有电控双折射（ECB）效应、扭曲向列（TN）效应、动态散射模式（DSM）、混合场效应等。

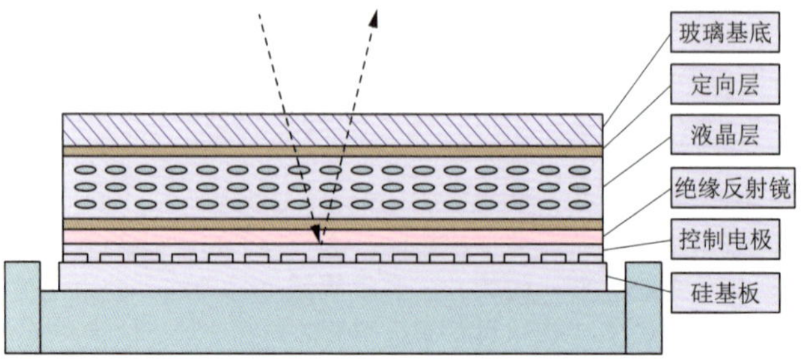

液晶空间光调制器的结构

液晶空间光调制器的结构如图所示。向列相液晶层夹在两个平行极板之间，上下表面被透明的定向层所固定，通常使用聚酰亚胺使液晶分子的取向平行或垂直于定向层表面。最上边是一层玻璃基底，一般采用钠钙玻璃、硼玻璃及熔凝石英，玻璃基底内表面沉积有透明导电薄膜，多用氧化铟锡（ITO）来制备，最下边是硅基板，利用大规模集成电路半导体制造工艺在硅片上制作驱动面板，再利用化学方法将其表面抛光磨平，并把高反射铝膜镀在像素表面，输入的数字信号通过DAC变换为模拟电压作用在各个像素上，从而对入射光实现调制。

（朱伟利）

液晶缺陷 defect in liquid crystal　液晶相中发生的结构缺陷。液晶是物质的一个基本相结构，多为人造材料，也见于自然界微观分子和介观物体排列。其重要特性为分子在方向上有序排列，分子质心空间位置无序或部分有序。以棒状分子为例，其空间位置无序的向列相在理想情况下并无方向上的排列奇点（图a），但是在劈形向错的二维截面上可以出现+1奇点（图b）、+1/2奇点（图c）、−1/2奇点（图d）、以及−1奇点（图e）。在奇点处，分子方向排列无规。另外，液晶种类中在某空间方向有序的近晶相（又称层列相）也可出现边缘错位（图f）。由于液晶本身的结构复杂，液晶缺陷结构有多种形式。“缺陷”一词，是指偏离

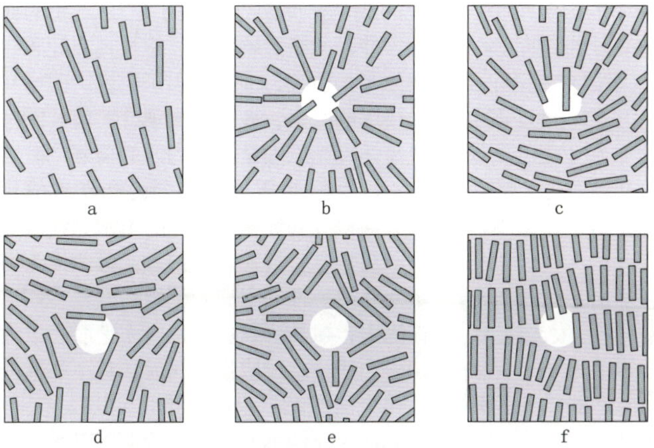

液晶结构平面图

理想情况，原意含贬义成分。科学家提出可以有效利用液晶缺陷结构，从微观到介观，堆积出多层次的新软物质结构。

（陈征宇）

液晶相变　phase transition in liquid crystal　液晶出现方向性排列的现象。液晶为微观上有方向排列的物质统称，有多种相结构。一般在高温与低密度情况下，处于方向无序状态，与平常流体无异，低于相变温度或高于相变密度才出现方向排列。液晶相结构有多种，如图1a的向列相，分子空间位置无序排列，方向有序排列，总方向称作向列方向，数学上由相列矢来表征。处于向列相的系统具有各向异性流体性质。再如图1b的近晶A相以及图1c的近晶C相，在方向排列的基础上，分子在空间位置有一个方向像晶体一样有序排列，另外两个方向无序排列。近晶C相的向列方向与空间排列方向成一非零角度。处在近晶相的液晶只在垂直于向列方向的平面有流体性质。圆片状的分子也可形成向列相，其圆片法线有统一指向。在低温高密度条件下，如图1d的圆片状分子自组装成柱体相，形成有旋转对称的晶体结构。在一定物理或化学条件下，这些相之间可以转换（相变）。液晶也可以形成手性相和蓝相（见**蓝相液晶**），互相转变。

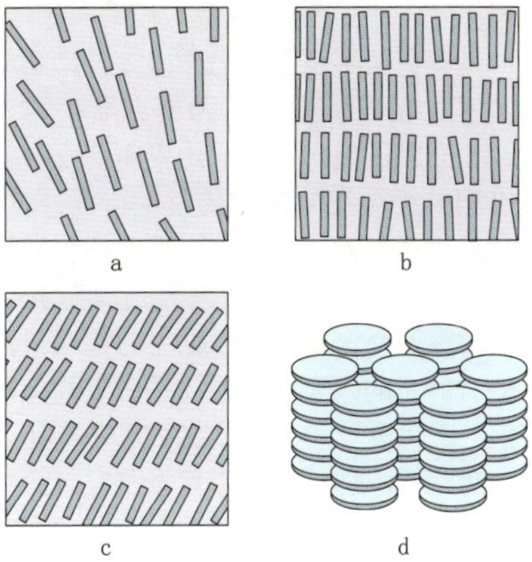

图1　液晶相变特殊结构

液晶与固体物质表面的作用，可以导致在表面的特殊排列，引起表面分聚或是表面耗竭。随温度和密度的变化，表面层厚度可以只有几个分子长度，也可变成可观的厚度。由方向排列而引起的表面浸润现象，是液晶独有的性质。图2描述三种可以通过液晶表面浸润相变互相转换的例子，左右为平面夹板。

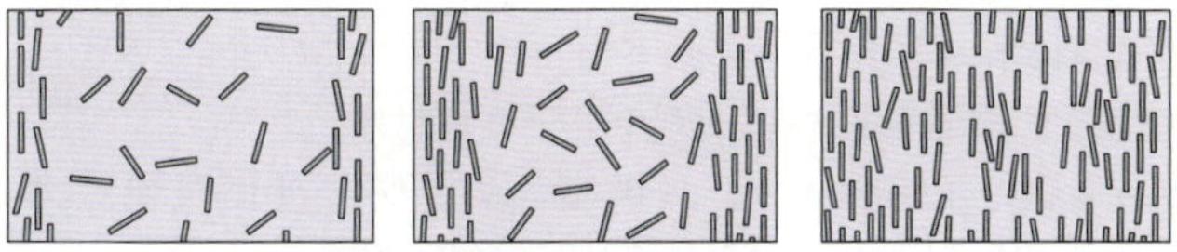

图2　液晶的近A相和近C相

液晶可以吸附在有限的二维曲面上，也可通过乳胶方法形成液晶气泡。以球面为例，方向排列导致**液晶缺陷**结构必然存在。总缺陷卷绕数由曲面和分子的几何性质定义，但是平衡态时缺陷的种类、个数和位置由自由能极小确定。图3是棒状分子在球面的排列例子。缺陷点由蓝色标出，直线为局部的向列方向。各种稳定缺陷相之间，根据物理参数可以有相变转换。

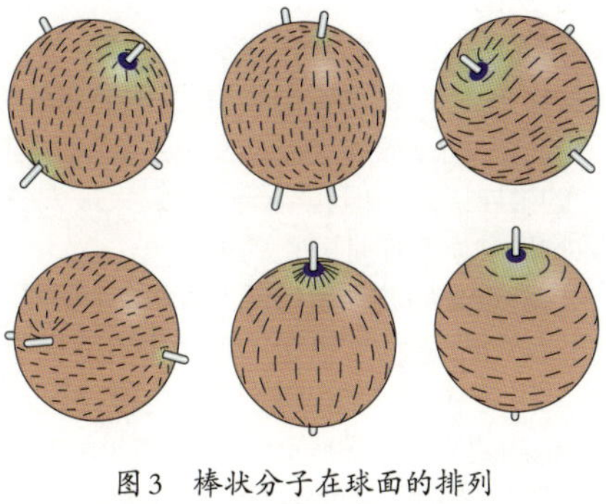

图3　棒状分子在球面的排列

液晶相也见于高分子嵌段共聚物系统中。伴随嵌段共聚物的自组装和相分离，各种液晶相之间也可通过相变互相转换。

（陈征宇）

液相外延　liquid phase epitaxy　一种生长晶体的方法。液相外延是将生长外延层的原料在溶剂中溶解成饱和溶液，当溶液与衬底温度相同时，将溶液覆盖在衬底上并缓慢降温，使溶质按基底晶向析出单晶的方法。是一种从过饱和溶液中生长与溶质成分相同的基质半导体薄膜材料的技术。主要应用于Ⅲ-Ⅴ族、Ⅱ-Ⅵ族化合物半导体薄膜材料和器件的研究及其生产。液相外延与从过饱和的食盐水溶液中析出氯化钠晶体的原理类似，所不同的是在液相外延时，过饱和溶液中插入一片半导体单晶衬底，析出结晶过程在该单晶衬底表面上进行，生长出来的外延层是与衬底表面取向相同的单晶层。

以砷化镓（GaAs）材料的液相外延为例。先在较高的温度下（如750℃）让一定量的GaAs多晶材料溶解进镓（Ga）母液中，形成Ga和GaAs饱和溶液，再使Ga和GaAs饱和溶液缓慢降温，溶液处于过饱和状态。溶液温度降至某一特定值时（如720℃）插入具有特定表面取向的GaAs单晶衬底，液相外延层开始在GaAs单晶衬底表面生长。溶液温度降至另一个特定值时（假定700℃）拉出衬底，液相外延过程结束。

液相外延是一种准热平衡生长过程，生长出的外延层的晶体完整性好。液相外延的技术和设备比较简单，成本低廉，毒性小，容易实现。在Ⅲ-Ⅴ族化合物光电子材料和太阳能电池领域研究的早期发挥了重要作用。主要缺点是难以实现多层复杂结构的生长，对外延层的厚度也难以实现精确的控制。

（任治安）

一般力学　general mechanics　主要研究**经典力学**的一般原理及离散系统力学现象的学科。力学的分支。离散系统包括刚体、刚体系统及有限多自由度质点系。离散系统与连续系统不同，前者具有集中参数，而后者具有分布参数；前者的动力学方程是常微分方程，而后者是偏微分方程。在中国，“一般力学”这一学科名词是20世纪50年代由苏联引入的，原文为**общая механика**；在西方国家，同样内容的学科则称为动力学、振动与控制。

在力学发展史中，一般力学发展得最早。从研究天体运动开始，到**I.牛顿**时代已经形成一门精确学科；其后**J.-L.拉格朗日**、**W.R.哈密顿**等人建立的**分析力学**则达到了更完美的地步。一般力学的理论和方法是发展物理学及其他力学学科的理论基础，工程技术中也有重要作用。一般力学已有许多分支学科，如天体力学、振动理论、控制理论、非线性动力学、多体系统动力学、近代分析力学等，还有密切结合工程实际及高科技的分支学科，如陀螺力学、机器人学、运动生物力学、飞行力学、轨道理论、航天器姿态动力学等。

随着科学技术的发展，一般力学的研究对象不再局限于离散系统。如多体系统动力学中的多柔体系统动力学，将系统中的刚体换成可变形的柔性体，并着重研究刚柔耦合问题；而航天器姿态动力学研究的充有液体推进剂的航天器中还出现刚、柔、液的耦合问题。非线性动力学中的混沌揭示了确定性系统中的内在随机性，更使人们对丰富多彩的客观世界的认识提高到一个新境界。 （贾书惠）

伊辛模型 Ising model 由E.伊辛提出的描述物质结构变化的物理模型。1920年，德国物理学家W.楞次为描述铁磁物质的原子自旋状态及宏观磁矩，提出了铁磁物质的自旋模型。该模型刻画的系统由大量处在格点上的自旋构成。每个自旋只有上下两个方向，且只与最近邻的自旋发生相互作用。1922年，伊辛在楞次的指导下开始研究铁磁性，并于1924年获得了该模型的一维精确解。人们后来将此模型称为伊辛模型。20世纪30至40年代，L.布拉格、E.J.威廉斯、H.贝特和R.E.派尔斯等人采用不同版本的平均场方法对二维伊辛模型进行了研究。1944年，L.昂萨格得到了二维伊辛模型在没有外场时的精确解，其临界指数与平均场理论的不同。这显示涨落在临界现象中的重要性，从而开启了相变临界现象的新纪元。

伊辛模型可称得上是兼具简洁、有效、应用广泛三种优点的一个统计物理模型。它所具备的数学抽象性，使得人们可以很容易将伊辛模型应用扩展到其他研究领域之中。在社会科学中，可将社会系统的个体与自旋相对应，个体的两种不同政治观点对应于自旋的上、下方向，个体之间观点的相互影响对应于自旋的相互作用，个体对自己观点的坚持程度与铁磁系统环境温度相对应，从而可以利用伊辛模型研究社会系统的观点动力学。对于神经系统，将神经元的激活与抑制与自旋上下方向对应，可以用扩展的伊辛模型研究神经系统。因此，可以利用伊辛模型研究自然、社会、人工系统的集体及临界现象。 （陈晓松）

以太 ether 物理学史上一种假想的物质观念，其内涵随物理学发展而演变。“以太”一词是英文ether或aether的音译。古希腊人以其泛指青天或上层大气。在亚里士多德看来，物质元素除了水、火、气、土之外，还有一种居于天空上层的以太。在科学史上，它起初带有一种神秘色彩。后来人们逐渐增加其内涵，使它成为某些历史时期物理学家赖以思考的假想物质。

借用古希腊以太观念，17世纪时，法国哲学家R.笛卡儿建立了以太旋涡说。他以此解释太阳系内各行星的运动。笛卡儿的以太观念，既有助于推翻亚里士多德体系，又为后来物理学发展提供了一幅可供想象的空间媒介物。荷兰C.惠更斯和英国R.胡克提倡光的波动说，他们都假定空间具有无所不在的以太，以此作为波动媒介。这时期的以太便称为“发光以太”或“光以太”。I.牛顿虽然在光学上提倡射流说（微粒说），但他也借助以太的稀疏和压缩来解释光反射和折射，甚至假想以太是造成引力作用的可能原因。整个17世纪是发光以太的重要历史时期。

18世纪，波动说被放弃，微粒说占据上风。同时，万有引力被认为是超距作用的。整个18世纪，人们以为空间是空虚的。以太观念处于沉寂时期。

19世纪，以太观念真正展现威力。1825年前后，英国T.杨和法国A.-J.菲涅耳提出光的波动说理论，以波动说成功地解释了干涉、衍射、双折射、偏振，甚至光的直线传播现象。鉴于光的波动说需要传播光的媒介，因此，19世纪大多数物理学家相信以太的存在。1817年，菲涅耳进一步假定，以太静止在自由空间和不透明物体中；同时推导出，在透明物体内，以太以小于透明体运动速度的一定比率（此比率与透明体物质的折射率相关，并被称为菲涅耳系数）而运动。菲涅耳的推论被法国物理学家A.H.L.斐索在1815年的实验所证实。斐索在这实验中测量了光在水流中的速度，得出水中的以太只是部分被拖曳而慢速前进。其拖曳系数与菲涅耳的推导一致。但在空气中，以太被大多数物理学家看作是静止的。

随着光的波动说的顺利发展，以太及其力学性质的假定也给物理学带来诸多负担。因为杨和菲涅耳假定光是横波，这就必然要求有一种弹性固体的以太。但是，它的存在又如何对天体的运动毫无阻碍呢？英国G.G.斯托克斯和开尔文又提出，以太就像鞋匠的擦线蜡。它既可能发生振动（如激烈打击之下），又塑性地允许重物穿过它缓慢运动。不同颜色的光有不同的频率，当它们穿过透明体时折射率也不同，于是菲涅耳和斐索的拖曳系数也不同。这样有多少种频率的光在透明体内就会有多少种不同的以太。

纵使如此，以太的观念毕竟助波动说获得了成功。其后，以太在电磁学中也获得了地位。

1831年，M.法拉第关于电磁感应实验的成功，促使他建立了电磁力线的概念，并以此概念解释电、磁及其彼此感应的作用，后来，他又提出了电场、磁场和力线场的概念，放弃以太观念，但其间他也曾怀疑光以太是否为力线的荷载物。

19世纪60年代，J.C.麦克斯韦借用以太观念成功地将法拉第的电磁力线表述为一组数学方程式。它被人们称为麦克斯韦方程组。在导出这方程组时，麦克斯韦曾提出，磁感应强度就是以太速度；以太绕磁力线转动形成带电涡元；甚至将他的位移电流概念从绝缘体推广到以太范围。人们将麦克斯韦的以太称为电磁以太。从麦克斯韦方程组中可以导出，电磁扰动的传播速度与已知的光速在实验误差范围内是一致的。因此，麦克斯韦又指出，“光就是产生电磁现象的媒质（以太）的横振动”，传播电磁与传播光“只不过是同一种介质而已”。这样，麦克斯韦在统一光和电磁现象的同时也统一了发光以太和电磁以太。1888年，H.R.赫兹以实验证明电磁扰动的传播及其速度，也即发现电磁波的真实存在。这个事实曾一度被人们理解为证实以太存在的决定性实验。

尽管麦克斯韦在电磁理论上取得了很大进展，但他和赫兹等人试图将电磁理论推广到运动物质上并未成功，因为这理论的一个难题是物质本身并不会衰变为以太。

19世纪90年代H.A.洛伦兹提出了电子的概念。他将物质的电磁性质归之为物质中同原子相关的电子的效应，至于物质中的以太则同真空中以太在密度和弹性方面并无区别。他还假定，以太是静止的，不参与任何运动。洛伦兹依据他的电子论也推导出菲涅耳关于运动物质中的光速公式，并且根据束缚电子的强迫振动可以推出折射率随频率的变化，从而解决了菲涅耳理论所遇到的困难，即不同频率的光应有不同的以太。这样，在19世纪结束之前，所有的物理似乎都可以简化为以太的物理。

当麦克斯韦试图用力学以太模型解释“场论”，当人们深入思考麦克斯韦方程组时，问题还是出现了。由麦克斯韦方程组推出的光波与电磁波的常定传播速度，究竟是相对于哪一个参照系而言的？从麦克斯韦的电磁理论看，以太是测定光速的绝对参照系。整个麦克斯韦方程组只对于绝对静止的以太参照系才是成立的。事实上，以太在这里成了牛顿力学中物化了的绝对空间。那么，是否可以测定以太的绝对运动？以太会否随地球运动而漂移？1887年，A.A.迈克耳孙和E.W.莫雷以高精度的实验却没有发现任何以太漂移。此后其他一些实验也得到同样的结果。于是以太失去了它作为绝对参照系的特质。这个结果被称为19、20世纪之交物理学天空上的第一朵乌云。突破以太观念与实验不合的唯一办法就是放弃以太。它作为可供思考的假想物质的功用已经发挥到了极点。

在19世纪末20世纪初，虽然还有些科学家努力拯救以太，但在1905年A.**爱因斯坦**建立狭义相对论之后，它终于被物理学家所抛弃。爱因斯坦在《论动体的电动力学》一文的前言中说："'光以太'的引用将被证明是多余的。"人们从此接受了电磁场本身就是物质存在的一种形式的概念，而场可以在真空中以波的形式传播。随后**量子力学**的建立使人们认识到粒子与波实为一个硬币的两面。那种仅仅把波动理解为某种媒介物质的力学振动的狭隘观点已完全被冲破。

在相对论建立之后，无论发光以太还是电磁以太都被排除了。但现代物理学的空间观念中仍然保留了某些和以太相似的看法。例如，不存在超距作用；真空不可视为空无一物，而应当看作是许多能量作用的场所。（戴念祖）

异核分子 heteronuclear molecule 具有不相同原子核的原子组成的双原子分子。异核双原子分子（如CO等）具有永久电偶极矩，因此可观察到红外光谱和远红外光谱。另外，HD分子虽然是异核分子，但它是等电荷异核分子，所以HD分子也不具有振动红外吸收光谱，而只具有拉曼光谱。（高克林 郑雨军）

易失性存储器 volatile memory 需要电源供电才能进行数据保存的存储器。静态随机存取存储器（SRAM）和动态随机存取存储器（DRAM）是两种常见的易失性存储器。这两种存储器通常包括由数据存储单元组成的一个或多个矩形存储阵列，以及负责完成地址译码和数据输入输出功能的外围接口电路。每个存储单元都通过字线和位线与它所在行和列中的其他存储单元建立起电学连接的关系。字线在水平方向上把一行存储单元连在一起，用于选出需要进行读写操作的存储单元。位线在垂直方向上把一列存储单元连在一起，是数据输入和输出存储单元的通路。而每个存储单元都对应一个唯一的地址，每一个地址都和特定的数据输入输出端口是相连的。这两种存储器都采用先进的半导体加工工艺实现。

在SRAM中，典型的数据存储单元包括由四个晶体管组成的双稳态触发器和两个起开关作用的晶体管。其中晶体管的栅极与字线相连，而双稳态触发器的两个信号输出端口通过开关晶体管与位线相连，开关是否导通取决于地址选择信号。只要电源持续供电，触发器可保持在两种稳定状态中的任意一种状态，这两种稳定状态可由外围电路区分出来，并判断为数据"1"或数据"0"。因此只要电源持续供电，SRAM中保存的数据就不会丢失，无须对存储单元进行定时刷新。与DRAM相比，SRAM的优点是外围电路结构简单、功耗低和速度快。但由于存储单元中晶体管数目较多，它的缺点是存储密度较低且单位数据的存储成本较高。SRAM主要作为高速缓存应用于微处理器、微控制器、专用集成电路芯片、现场可编程门阵列芯片及其他电子设备中。

在DRAM中，典型的数据存储单元是由一个用于存储电荷的电容和一个起开关作用的晶体管组成。其中晶体管的栅极与字线相连，而电容的信号输出端口通过开关晶体管与位线相连，开关是否导通取决于地址选择信号。DRAM根据存储单元电容上有无存储电荷来区分数据"1"或数据"0"，且电容上存储的电荷即便在电源持续供电的情况下也存在不可避免的泄漏，因此DRAM需要对存储单元进行定时读取和刷新，以保证存储数据不丢失。与SRAM相比，DRAM的存储单元仅有一个晶体管和一个电容，因此其优点是存储密度较高且单位数据的存储成本较低。由于存储单元需要定时读取和刷新，其主要缺点是外围电路结构复杂、功耗较高和速度慢。DRAM主要作为低成本大容量主存应用于服务器、个人计算机、手机、平板电脑及其他电子设备中。

在20世纪70年代出现的早期SRAM中，存储单元由四个晶体管和两个多晶硅负载电阻组成，但其缺点是工作电压高、静态功耗较大且工作速度较慢。新一代SRAM中的存储单元由六个晶体管组成，具有工作电压低、静态功耗小且速度快的优点，并已被大规模应用。为了进一步降低SRAM的工作电压并提高其工作速度，业已出现采用鳍式场效应晶体管（FinFET）的SRAM。其中，美国英特尔公司于2015年基于14纳米FinFET互补式金属氧化物半导体工艺实现了一款工作电压可降低至0.6伏，工作频率达到1.5吉赫，存储容量为84兆比特的SRAM。

第一个商用DRAM是由美国英特尔公司在1970年发布，其存储容量为1千比特，存储单元采用P沟道硅栅工艺制作并包含三个晶体管。DRAM的发展过程中最重要的改进是从三晶体管存储单元转向单晶体管存储单元。为了进一步提高DRAM的存储密度并降低功耗，已经出现基于硅通孔（TSV）技术的DRAM。其中，韩国三星公司于2015年基于2X纳米工艺并采用TSV技术推出了存储容量达到12吉比特，速度达到2400兆比特/秒的商用DRAM。（冯 鹏）

益川敏英 Masukawa Toshihide（1940-02-07～2021-07-23） 日本物理家。生于爱知县，卒于东京。1967年获得名古屋大学博士学位。1980年4月，任京都大学基础物理学研究所教授。1990年11月，任京都大学理学部教授。1997年4月至1999年3月任京都大学基础物理学研究所所长。京都大学名誉教授、京都产业大学理学部教授，日本京都大学汤川理论物理研究所（YITP）名誉退休教授。

物质结构的研究已从早先的原子层次深入到**夸克**和**轻子**这一新层次。20世纪60年代大量的实验证实了质子、中子、π介子等强子是由三种更基本的夸克（上夸克u、下夸克d和奇异夸克s）组成的，并提出了夸克模型理论。1973年**小林诚**和益川敏英提出了"小林-益川理论"，指出如果自然界中还（至少）存在第三代夸克（顶夸克t和底夸克b），微观粒子系统中的**CP破坏**现象就可得到解释。从而预言了底夸克b和顶夸克t的存在。1974～1995年发现了粲夸克c、底夸克b、顶夸克t，至此理论预期的六种夸克都被发现。他们还认识到B介子（包含b夸克的介子）有可能是研究CP对称性破坏的最理想的场所。90年代末美国和日本斥巨资建造了**B介子工厂**就是为了寻找在B介子中CP不守恒现象。此后几年两个B介子工厂的实验（美国的BaBar和日本的Belle）证实了他们提出的**CKM矩阵**。虽然小林和益川机制给出CP破坏的起源，但定量计算给出的正、反物质不对称量远远小于观察到的10^{-10}。主要原因是小林和益川（CKM）机制给出的CP破坏量不够大。因此寻找新的CP破坏机制是粒子物理学和宇宙学的重要课题。

益川敏英长期致力于量子场论研究，由于他的卓越贡献，曾获仁科纪念奖（1979），美国物理学会J.J.樱井奖（1985），名古屋大学大学院理学研究所坂田早川讲座奖（2002），欧洲物理学会2007年度高能基本粒子物理学奖。益川敏英与小林诚因发现对称性破缺的来源并预言了自然界至少存在三代夸克，获2008年诺贝尔物理学奖。（张绍宗）

阴极射线 cathode ray 从低气压放电管阴极发射出来的电子束。19世纪30年代M.法拉第首先研究低压气体的放电现象，1858年德国人J.普吕克发现气压更低时的阴极射线。为了弄清楚阴极射线的本质，19世纪下半叶它成为研究的热点。英国物理学家大都倾向于阴极射线是带电粒子流，而德国物理学家大都倾向于它是类似于紫外线的电磁波。1897年J.J.汤姆孙最终得出结论，阴极射线是由带负电的粒子即电子组成的流，从而导致电子的发现。阴极射线通常在低气压下产生，阴极可是冷的，也可是热的，电子可通过外加电场的场致发射、离子轰击或热电子发射过程从阴极射出，然后用电场加速电子，用电场、磁场或两者兼用使电子束聚焦和偏转。阴极射线的深入研究导致其广泛的应用，如各种类型的阴极射线示波器中的示波管、电视摄像管和显像管，以及经高能量加速的电子束打在金属靶上产生X射线的X射线管。电子束还可直接用于一些材料加工，如切割、熔化和焊接等。（陈熙谋）

阴极射线发光 cathodoluminescence 电子束激发的发光。阴极射线发光曾广泛用于电视、雷达、示波器、计算机的荧光屏。

真空阴极射线发光 真空阴极射线发光是在低压气体放电中发现的现象。早在1858年德国人J.普吕克就称它为阴极射线发光，但对其本质却争论多年。直到1897年，J.J.汤姆孙才直接测量了阴极射线携带的电荷、电荷质量比及静电对射线的偏转，并将这个带电粒子定名为**电子**，才最终确定阴极射线发光是电子激发的发光。这种发光的激发过程是：高速电子打到荧光粉表面时，大部分都进入材料内部，产生速度越来越低的“次级”电子，直到发光体中出现大量能量在几电子伏到十几电子伏的低速电子，这些低能量的电子激发发光材料发出光来。但并不是所有的阴极射线发光都使用高电压，荧光数码管（也叫真空荧光管）就是只用20～30伏电压的阴极射线发光显示，用的发光材料是ZnO。

在技术应用上，1893年K.F.布劳恩就用阴极射线做了图像管，成为最早的阴极射线发光显示器。后来提高了它的发光屏的亮度，发光屏含有大量微米量级的发光微晶。阴极射线管主要用于显示。阴极射线发光还可以作为一种分析手段来研究物质的结构和成分。如**扫描电子显微镜**就有专门的检测发光的部件，可以观察样品的阴极射线发光像，并同样品的形貌像以及次级电子像进行对比，以进行结构分析比较。

对真空阴极射线发光的研究，包括电子射入发光体的进深，入射电子引起的俄歇电子、二次电子、背散射电子等的能量分布，发光强度随电压、电流的变化等。

阴极射线发光中所用的发光体是半导体或绝缘体，并在其中掺有发光中心。阴极射线发光主要是依靠电荷在晶体中的移动，使所产生的电子-空穴对在发光中心上的复合发光，而直接激发发光中心所引起的发光只占少数。但这两种发光都靠发光中心，所以发光中心浓度的影响就很重要。

固态阴极射线发光 源于无机场致发光的分层优化。该方案设立了分离的电子加速层，经这层加速的电子有超过10电子伏的能量。以典型的阴极射线发光材料Y_2O_2S:Eu作为发光体，得到了红色的铕（Eu）的发光。后来用有机小分子或聚合物则很容易地得到这种发光。提高电子加速层的加速能力后，发光随之增大。因为它的激发是靠固体中加速的电子，而非真空中加速的电子，所以称它为固态阴极射线发光。（徐 征 赵谡玲）

阴极条室 cathode strip chamber 在**多丝正比室**的基础上发展起来的一种阴极由金属条构成的粒子探测器。发展于20世纪90年代初，典型的平板型阴极条室结构如图所示。室的中间平面为相互平行的阳极丝，直径一般为30微米，丝间距s=2.5毫米。由于阳极与阴极间距离d可选得很窄（d=1.5毫米），致使在二电极间电子和正离子的渡越时间很短。因此时间响应较好，可得到较高的计数率，如200赫/(秒·厘米^2)，与时间分辨率。阴极平面为敷着于绝缘板上的密集平行金属条，并与阳极丝相互垂直。

当带电粒子射入时，可由阳极丝输出的负电脉冲信号和由阴极条输出的感应正电脉冲信号确定粒子的两维位置坐标。为了节约电子学读出的电路数，阴极条常分成窄条和宽条，按周期W排列，如图中右侧所示，周期为3条，W约6毫米。而只从一组中的窄条读出信号。利用相邻几组感应读出的脉冲高度分布（即重心法）可得到很高的位置分辨率（如70微米）。由于上述优点，可以节约读出电子学道数，易于制成多层大面积室体。现已应用于大型强子对撞机LHC上的几个大型实验（ATLAS、CMS、LHCB等）的μ子定位和快触发实验中。（谢一冈）

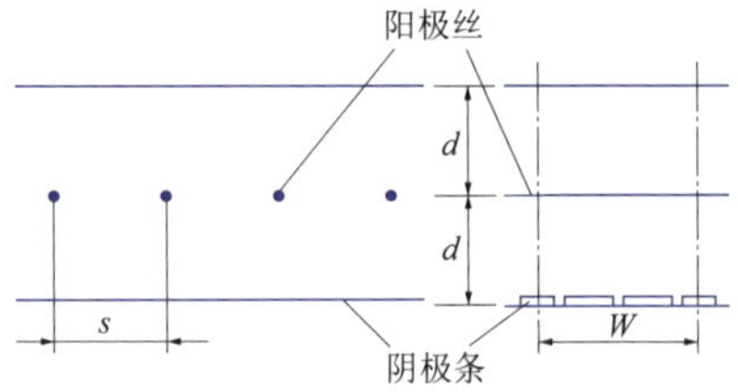

阴极条室示意图

音叉 tuning fork 由金属（多为钢）制成的U形声学器件（见图），它能产生频率稳定单纯的纯音，提供频率标准。音叉受到敲击时产生的振动包含共振频率的基频振动和频率比较高的谐频振动。谐频振动很快衰减，剩下的基频振动能维持很长时间。这时音叉发出频率稳定单纯的长音，其频率是由音叉的材料和形状决定的共振频率。音叉受到敲击后所发出的音非常微弱，为此有时在敲击后将音叉压在桌面或专门的共振箱上，以增大音量。音叉主要用于乐器调音，音乐家使用的音叉的频率多为440赫。音叉也用来测试病人的听力。（张海澜）

置于共振箱上的音叉

音色 timbre 声音产生的听觉的一种属性。决定听觉的基本属性是声音的频率和声强，频率决定音高，声强决定响度。但是两个具有相同的音高和响度的音也可以产生不同的感觉，如不同人的发声，不同乐器的演奏。产生这种不同感觉的属性称为音色。音色受声音的很多参数的影响，从频率看，音色主要决定于声音的频谱。一般的声音是由不同频率成分的声音叠加而成，这些频率成分组成频谱。一个声音的频谱包含的频率以及各种频率成分的相对强度决定声音的音色。如悦耳的乐音的谐频是由一个比较低的基频和一些比较高的谐频组成，谐频与基频成倍数关系。而噪声的频谱常常是不规则的连续谱。根据音色的不同，听众能区分出男音和女音，高音、中音和低音，弦乐和管乐等。

（张海澜）

银盐感光材料 silver halide photosensitive material 以卤化银晶体制成的感光材料。卤化银照相胶片可接收从被照对象表面反射的光而形成图像。胶片中的敏感部分为卤化银晶体，它可被光（光子）激发而改变结构。一般说来，具有较细晶粒的胶片有着较低的敏度，而具较粗晶粒的胶片则有较高的敏度。晶粒的敏度与颗粒尺寸的关系，与颗粒如何从稳定而不能显影的态，转换成稳定而可化学显影的潜影态有关，即与晶粒所吸收的光子能量，是否足以改变这一晶粒进入潜影态有关。一般说来，胶片曝光的过程常需几个光子方能有效（依据晶粒大小与活性），而与此同时，热振动使之丢失能量回到它原有的状态。因此在给定的时间内，需有足够的光子使晶粒转变为潜影态，并于此处固定，形成了一个能化学转换的图像点，即建立起一个可被显影的潜影。影像的黑度，大体与光对胶片的感光程度成比例。由于大晶粒可接收较多的光子，因此多数大晶粒易被转变。这后一现象就使具大颗粒的胶片于摄影时可更快（或更敏感）地发生转变。但胶片所摄图像的分辨能力与晶粒大小的关系恰与上述的敏度关系相反，即由小晶粒所构成的胶片具有较高的分辨能力，而大的则较低。因此，如何获得具有微粒-高感的乳剂配方就成为照相科学中的一个重要问题。

（吴世康）

引力波 gravitational wave 时空变形以波纹的形式向外传播的波动引力场。它能脱离引力场源在真空中传播。*广义相对论*中，引力波是以光速传播的横波，具有两个偏振，并携带能量，其频率范围极宽。其他相对论引力理论中的引力波可能以不同于光速的速度传播，且具有其他偏振。

引力波的性质 基于引力和电磁力都是平方反比力以及电磁波的存在，O. *亥维赛*在1893年就提出了引力波的概念。H.庞加莱于1905年进一步指出引力波以光速传播。1915年年底A. *爱因斯坦*给出引力所满足的相对论场方程——爱因斯坦场方程。爱因斯坦场方程把质量（能量）和曲率关联起来，就跟*胡克定律*把力和弹性形变关联起来一样，即时空是一种弹性介质。爱因斯坦利用平直时空背景下的线性近似，于1916年推导出引力波所满足的波动方程及引力辐射的四极矩公式，预言了引力波的存在及引力波以光速传播。1918年爱因斯坦指出引力波只有两个独立自由度，即两个偏振方向，并计算了引力波辐射的能量。爱因斯坦的四极矩公式表明，加速运动的物体会产生引力波。一个质量分布不对称的体系做加速运动的时候时空就会变形，这种变形以波纹的形式向外传播，这就是引力波。引力波在本质上不同于电磁波，由加速运动物体产生的引力波是时空纤维本身的波。由于电荷守恒定律，电磁辐射最低阶是偶极矩辐射；而能量守恒、动量守恒及角动量守恒定律则要求引力辐射最低阶是四极辐射，即典型的引力波源为类似转动哑铃的双星系统。因此那些球对称的引力效应不会产生引力辐射，而非球状的塌缩则会辐射引力波。自然界中存在的引力辐射源主要分为：由诸如星体的轨道运动或星体的脉动等因素引起的周期性源，由超新星爆发、星体的坍缩、星体或黑洞的碰撞等因素引起的爆发源，宇宙暴涨和相变等因素引起的引力源。

直到20世纪50年代，一些相对论理论物理学家，特别是H.邦迪严格证明了引力辐射实际上是一个可观测的物理现象。引力波携带能量，所以一个辐射引力波的系统会损失能量。而且引力波会扭曲时空，它们会改变两个自由宏观物体之间的距离。当一列引力波穿过太阳系时，会在空间产生一个随时间变化的拉力，从而会在垂直于波的传播方向上周期性改变太阳系中所有物体间的距离。由于引力波的通过而导致的相对长度变化是很小的，如受到典型白矮星双星系统辐射的引力波的影响，相距10^{13}米的两个检验物体之间的距离的周期性改变只有10^{-10}米。

引力波探测 引力波的强度是物体运动速度与光速之比的五次方（v^5/c^5），其强度极小，非常难探测。为探测引力波，从20世纪50年代末开始相继设计出许多探测引力波的方法，并于60年代开始建造引力波探测天线。人造引力波天线分为：①调振型探测器。它依靠引力波与天线的本征频率共振达到在较小空间内获得较高灵敏度的目的。最早建造的韦伯棒就属这一类。因为球状探测器对所有方向都敏感，莱顿大学的minGRAIL探测器是第一个设计成球形的探测器，其直径为68厘米，重1300千克，共振频率约为3000赫，带宽为230赫，预期工作温度在20毫开。巴西圣保罗大学计划建造的Mario Schenberg引力波探测器具有类似的设计，其直径为65厘米，重1.15吨，工作温度为20毫开。这些探测器的灵敏度可达到10^{-21}。调振型探测器的主要问题在于其工作频率只限于在本征频率附近的一个很窄的频率范围内。②用激光干涉仪作为引力波探测天线。它克服了调振型天线工作频带窄的问题。美、法、意、英、德、日以及澳大利亚等国相继投巨资兴建干涉仪臂长达数百米乃至数千米的大型激光干涉引力波探测天线。2002年LIGO搭建完成并开始对引力波的探测。2004年LIGO升级，新的高级LIGO开始搭建，并在2015年运行。高级LIGO由分别位于美国利文斯顿及汉福德两个相距3002千米的相同激光干涉仪构成，每个探测器由两个相互垂直的长度为4千米的干涉臂组成。2016年2月11日，LIGO研究人员宣布他们在2015年9月14日观测到了来自距离410百万光年的两个黑洞并合时释放的引力波GW150914，这是人类历史上第一次直接观测到了引力波。随后的2016年6月15日，他们又宣布观察到第二个引力波信号GW151226，这个信号发生在2015年12月26日。除了LIGO探测器之外，还有位于意大利的Virgo（臂长为3千米）、德国的GEO600（臂长为600米）。计划中的澳大利亚国际引力天文台（AIGO，也称为LIGO-澳大利亚，臂长为5千米）、印度的INDIGO（也称为LIGO-印度，臂长为4千米）、日本的低温激光干涉天文台（CLIO，臂长为100米，其前身为臂长为300米的TAMA300）及神冈引力波探测器（KAGRA，臂长为3千米）等。这些激光干涉仪一起构成的网络可用来定位引力波源。下一代的激光干涉仪计划如爱因斯坦望远镜（ET）将建造在地下，由三个10千米长的臂构成等边三角形，每个角上放两个探测器，ET可以用来探测引力波的偏振。中国相关大学及研究所也在计划建造地下激光干涉引力波探测器。除上述两种引力波探测天线以外，还可通过监测卫星发回的光脉冲频率的变化，以及监测脉冲星的脉冲周期来探测引力波。特别是监测脉冲星的脉冲周期的方法可探测到更低频（10^{-9}～10^{-6}赫）的引力波。

宇宙极早期暴涨时期的量子涨落会产生*原初引力波*，其频谱范围为10^{-18}到10^{7}赫。原初引力波会在微波背景辐射极化中产生所谓的B模极化，所以通过测量微波背景辐射中的B模极化不但可以探测原初引力波，而且还可用来研究极早期宇宙的物理。对B模极化测量也分为地面及空间探测两种方式。地面探测实验主要有位于智利的POLARBEAR及位于南极的BICEP与QUaD。空间项目主要有欧洲航天局于2009年发射的普朗克卫星。原初引力波还没有被发现。

意义　由于引力辐射不会被屏蔽，故有极强的穿透性，可带来巨型星体内部的丰富信息。另一方面，引力波与任何物质（包括那些尚未被看到的物质）都有相互作用，在引力波的传播过程中将会记录下宇宙中所有物质的信息。探测引力波将为探索宇宙打开一个极其重要的窗口，从中了解借助其他方法无法得到的大量信息。引力波是对爱因斯坦理论在强引力场情况及一个前所未有的精度范围内的检验，为研究引力理论及天文现象打开了一个全新的窗口。（郜　青　龚云贵）

引力场量子化　quantization of the gravitational field　用量子性质的理论来描述引力场。已知的所有物质场都呈现量子化的特征，物理客体应该具有量子性质已经成为物理学公认的一个基本原则。但描述引力场的*广义相对论*却是一个经典理论，引力场体现为光滑的时空几何的弯曲效应。由于物质场是量子的，即使延续广义相对论的思想，物质场与时空几何的相互影响也会导致时空几何的量子性质。此外，引力场的量子化还极有可能同时解决经典广义相对论的奇点问题和*量子场论*的无穷大问题。鉴于从经典的电磁场理论出发，可经过系统的量子化过程得到量子的电磁场理论，对广义相对论或其他经典引力理论作量子化处理，将成为得到量子引力理论的一种可能途径。对引力场作量子化所努力的时间虽然与广义相对论存在的时间几乎一样长，但仍然没有建立起一个完备的量子引力理论。

引力场量子化的方案有很多种，研究思路大体遵循三个途径：一是从量子场论出发的途径。即沿用或发展物质场的量子场论中行之有效的量子化方法，将引力场包含到一个统一的量子理论框架中。这个途径中的候选者以*超弦理论*为代表，但弦论与通常的量子场论有一个明显的不同，即将最基本的物理客体理解为时空中的1+1维的弦，而不是点粒子。从量子场论发展出的引力场量子化方案还包括微扰量子引力、超对称量子引力、渐进安全量子引力、哈莱瓦－利夫希兹引力理论、因果动力学三角剖分等。二是从广义相对论出发的途径。即强调时空几何本身是需要作量子化的动力学客体，将广义相对论的背景无关性和微分同胚不变性的思想贯彻到引力场量子化的过程中。该途径的候选理论以圈量子引力为代表，还包括群场论、简单量子引力、欧几里得量子引力、量子几何动力学等。三是用量子力学的原则修改引力理论或量子论的数学基础的途径。其中的候选理论包括非对易几何、因果集等。

引力场量子化的问题是涉及整个物理学的理论基础的根本性问题，该问题的解决无疑会带来时空观和量子观的一场革命。（马永革）

引力规范理论　gauge theory of gravitation　仿照杨－米尔斯规范场论的标准方法建立的引力理论。它是广义相对论的一种推广。广义相对论的动力学变量只有度规张量，其四维时空几何是黎曼（无挠率）几何。引力规范理论的动力学变量则有标架场和自旋联络场，其四维时空几何是包含挠率的嘉当几何，因而可以描写物质的自旋与引力场的相互作用。

发展引力规范理论的动机有两个：一是引入自旋与引力场的相互作用；二是寻找引力场的量子化理论。

广义相对论的作用量是引力的作用量加上物质的作用量。该作用量对度规张量的变分即得到*爱因斯坦引力场方程*，而对物质场变分则给出物质在引力作用下的运动方程。这两类方程在四维弯曲时空的任意坐标变换下具有协变形式，因而称为广义相对论的张量表述。但由于洛伦兹群不是任意坐标变换群的子群，因而不能将描写费米子的狄拉克旋量场纳入广义相对论的张量表述。为描写狄拉克旋量场，需要在每个时空点x（附近）建立一个正交归一的4-余标架（场）$e^{a}_{\mu}(x)$，其中阿拉伯数字$a=0,1,2,3$是标架指标［由闵可夫斯基度规η_{ab}及其逆η^{ab}进行升降，余标架场是标架场$e^{\mu}_{a}(x)$的逆］，其对应于弯曲时空中的四个矢量（由下标的希腊字母μ表示，该矢量指标由度规张量$g_{\mu\nu}$及其逆$g^{\mu\nu}$进行升降），标架指标是局部洛伦兹变换下的矢量。弯曲时空度规张量可由余标架场表达为$g_{\mu\nu}=\eta_{ab}e^{a}_{\mu}e^{b}_{\nu}$。由于标架指标具有洛伦兹对称性，其旋量表示即是狄拉克旋量。这样就可以把平直时空的费米子的作用量自然地推广到广义相对论中。这样的表述称为广义相对论的标架表述。

虽然使用标架表述可以把费米子与引力的相互作用纳入广义相对论的动力学方程，但无法确定费米子的自旋如何影响引力场。为解决此问题，可以将标架场指标的局部对称性扩充到局部庞加莱对称性（或者局部德西特对称性、局部反德西特对称性，以下仅限于局部庞加莱对称性），用局部庞加莱对称群作为规范群，仿照杨－米尔斯规范场论的标准方法建立引力的规范理论。其步骤是：庞加莱群有10个无穷小生成元，其中6个是无穷小洛伦兹转动生成元，可相应定义出6个转动规范势即自旋联络$\omega^{a}_{b\mu}(x)$，对应的杨－米尔斯场强是曲率场：

$$R^{a}_{b\mu\nu}=\omega^{a}_{b\mu,\nu}-\omega^{a}_{b\nu,\mu}-\omega^{a}_{c\mu}\omega^{c}_{b\nu}+\omega^{a}_{c\nu}\omega^{c}_{b\mu}$$

而其余4个是无穷小时空平移生成元，可定义出4个平移规范势即余标架场$e^{a}_{\mu}(x)$，相应的杨－米尔斯场强是挠率场：

$$Q^{a}_{\mu\nu}=2(e^{a}_{[\mu,\nu]}+\omega^{a}_{b\ [\nu}e^{b}_{\mu]})$$

其中角标中的方括号表示括号内的两个指标反对称。

引力规范理论中的引力作用量可由这两个杨－米尔斯场强联同标架场$e^{\mu}_{a}(x)$及其逆$e^{a}_{\mu}(x)$构造出来：

$$I_{\mathrm{G}}=\int \mathrm{d}^{4}x\sqrt{-g}\sum_{1}^{n}\alpha_{i}L_{i}$$

式中α_i为耦合常数；在要求引力场方程保持为二阶偏微分方程的条件下，L_i共计有下面10项：

$$L_1=R,\ L_2=R_{\alpha\beta\mu\nu}R^{\alpha\beta\mu\nu},\ L_3=R_{\alpha\beta\mu\nu}R^{\mu\nu\alpha\beta},$$
$$L_4=R_{\alpha\beta\mu\nu}R^{\alpha\mu\beta\nu},\ L_5=R_{\alpha\beta}R^{\alpha\beta},\ L_6=R_{\alpha\beta}R^{\beta\alpha},$$
$$L_7=Q_{\alpha\beta\gamma}Q^{\alpha\beta\gamma},\ L_8=Q_{\alpha\beta\gamma}Q^{\beta\gamma\alpha},\ L_9=Q^{\beta}_{\alpha\beta}\ Q^{\beta\alpha}_{\beta}\ ,$$
$$L_{10}=\Lambda$$

这里已用标架场及其逆将曲率场和挠率场的标架指标换成了时空指标，如$Q^{\beta}_{\alpha\beta}\equiv e^{\beta}_{a}Q^{a}_{\alpha\beta}$等，$L_{10}=\Lambda$是宇宙学常数项，$R_{\alpha\beta}=e^{b}_{\alpha}e^{\mu}_{a}R^{a}_{b\mu\beta}$，$R=\eta^{ab}e^{\alpha}_{a}e^{\beta}_{b}R_{\alpha\beta}$。注意，考虑挠率后，黎曼曲率张量$R_{\alpha\beta\mu\nu}$的前两指标不再是反对称的，里奇张量$R_{\mu\nu}$也不再是对称张量。文献中引力规范理论的作用量常选取这10项中的一项或多项，再加上物质场的作用量。这种理论有两类动力学变量，即两种类型的引力场，它们是标架场和自旋联络场；作用量对标架场变分给出爱因斯坦型的引力场方程，而对自旋联络变分则给出（广义相对论中没有的）嘉当型的引力场方程。

物质的作用量中包含无自旋部分和有自旋的部分。自由的无自旋粒子在引力规范理论中的运动方程仍然是短程线方程，即满足**等效原理**；但自由的有自旋的粒子的运动方程由于存在自旋与引力的耦合而偏离短程线即破坏了等效原理。

引力规范理论不同于广义相对论的内容在于其包含了挠率场。挠率场的物理效应很小，在宇宙观测和实验室测量中均未发现挠率非零的确切证据。如果在引力规范理论中取挠率为零则变成广义相对论型的度规理论，所以广义相对论也可看作局域洛伦兹不变的规范理论。

包含挠率的引力理论最早是由E.嘉

当于1922年提出的（称为引力的嘉当理论），其作用量只有$L_1=R$的项，不包含挠率场的动力学（挠率场的运动方程是个代数方程，没有对时间的二阶导数项，即没有动能项，因而挠率场是非传播场）。

（张元仲　黄超光）

引力红移　gravitational redshift　光从较强引力场传播到较弱引力场时频率发生红移；反之，频率发生蓝移。这种频移源自引力引起的时间膨胀。1907年，A.爱因斯坦首先利用等效原理预言：不仅当光源相对观察者运动时，光的频率会发生变化；而且当光源与观察者静止于静态引力场中不同位置时，光的频率也会改变。对于静态球对称引力场其改变量为：

$$z\equiv\frac{\lambda_o-\lambda_e}{\lambda_e}=\sqrt{\frac{g_{00}|_{r_o}}{g_{00}|_{r_e}}}-1$$

式中的脚标e为光源处；脚标o为观察者处。

在实验室中，观察者位于光源上方h时，引力红移为：

$$z\approx\frac{gh}{c^2}$$

式中g为地球表面重力加速度。若观察者位于光源下方h，则会观测到相同大小的引力蓝移。当观察者位于无穷远处，而光源位于星体表面，则引力红移为：

$$z=\frac{1}{\sqrt{1-\dfrac{2GM}{c^2R}}}-1\approx\frac{GM}{c^2R}$$

式中M为星体的质量；R为星体表面半径。若光源位置趋于$2GM/c^2$，则引力红移将趋于无穷。

20世纪60～70年代，R.V.庞德、G.A.雷布卡、J.L.斯奈德利用穆斯堡尔效应所做的一系列地面实验及J.W.卜劳特、斯奈德等对太阳谱线的观测，都令人信服地证实了这种现象。后来利用飞机、火箭、人造卫星等对这一效应的检验无一不证实爱因斯坦的预言。对恒星、活动星系核光谱等的观测同样证实了这一预言。全球定位系统的运行也要考虑这种效应的修正。

（黄超光）

引力/流体对偶　gravity/fluid duality　在AdS/CFT对应之后系统建立起来的引力与流体之间的全息对应关系。是AdS/CFT对应的低能长波极限。早在20世纪70年代中期，T.达莫尔就发现黑洞视界的动力学行为类似于具有黏滞性的流体。黑洞的视界就类似于一张流体膜。其后K.S.索恩、R.H.普赖斯和D.A.麦克唐纳将相关讨论系统地阐述在黑洞的近视界面上，称之为黑洞的膜范式。进一步的数值结果也表明，黑洞视界的并合行为与肥皂膜有很多类似之处。但在这一类早期的引力流体类比研究中，黑洞视界或者近视界面上的引力动力学与流体力学间的关系并未建立在一个简单统一的原则基础上，且与史瓦西黑洞对应的流体体积黏滞系数是负的（非物理）。

AdS/CFT提出后不久，由于一般地说流体力学是有相互作用量子场论的低能长波有效理论，当讨论低能长波微扰时，在线性响应的意义上可建立起AdS引力与边界共形流体间的全息对偶关系。2001年G.波利卡斯特罗、D.T.宋和A.O.斯塔里涅托斯计算了标准AdS/CFT对应下$N=4$超对称规范场论流体（等离子体）的切变黏滞系数η，得到了η与熵密度s之比为常数$\frac{1}{4\pi}$这一著名结果。

2007年，S.巴塔恰里亚等利用低能长波展开（导数展开）首次在非线性的层次上给出AdS引力和边界共形流体间的全息对偶关系。在非相对论极限下，对偶流体的动力学退化为不可压缩流体的纳维-斯托克斯方程。这一重要进展被正式称为引力/流体对偶。此后，Y.奥兹等给出了与平面对称视界对偶的不可压缩流体的纳维-斯托克斯方程。A.施特罗民格等和T.帕德马纳班等给出了近视界面上对偶流体的纳维-斯托克斯方程。施特罗民格等和蔡荣根等将引力/流体对偶推广到AdS共形边界和黑洞视界之间的有限远截断面（全息屏）上。凌意等利用施特罗民格等提出的彼得罗夫边界条件方法将引力/流体对偶推广到内禀弯曲的近视界面上。同时引力/流体对偶也在引力时空中具有各种物质场和各种修改引力理论框架下加以广泛研究。　（田　雨）

引力/凝聚态对偶　AdS/CMT duality　利用引力理论来研究凝聚态物理中的相关问题。是引力全息性质的具体应用和引力/规范对偶的重要分支。20世纪60～70年代J.贝肯斯坦和S.W.霍金发现黑洞不仅具有熵，而且其取值与黑洞视界的面积成正比，这不同于通常热力学系统中熵与体积成正比的规律。在此基础上，90年代G.霍夫特和L.萨斯坎德相继提出现实三维世界的所有信息可能完全包含在一个二维曲面之上，这被称为引力的全息原理。现其主要实现途径是从超弦理论中发展起来的引力/规范对偶（AdS/CFT对应）。由此广义相对论不仅能研究引力相关现象，还能作为一个研究强耦合系统的有力工具，应用到粒子物理和凝聚态物理等领域。其主要原因是因为AdS/CFT对应同时是一种强弱耦合的对偶，强耦合量子场论或多体系统的诸多性质可通过研究经典时空背景下对偶引力场和物质场的扰动来获得，而这些扰动完全由经典场方程来控制。引力/凝聚态对偶发端于全息超导模型的构建，在AdS黑洞背景下引入复标量场，通过U(1)规范对称性自发破缺使得标量场产生凝聚，形成黑洞的毛发。现已证实凝聚后边界上的对偶量子场具有超导行为，而且因为强弱耦合对偶，全息超导所描述的是强耦合量子现象。这为研究高温超导理论机理提供了新方法和新思路。随后将引力/凝聚态对偶应用于费米子系统，构建了全息非费米液体与奇异金属模型。这类物质相可有费米面，但没有准粒子激发，且其激发态能量与温度的关系与通常费米液体不一样，这为理解凝聚态实验中发现的新奇物态现象提供了新方案。引力/凝聚态对偶为研究强耦合系统中的输运性质、远离平衡态的热力学和动力学性质以及量子临界现象提供了新途径和新视角。如从对偶引力的角度看，量子相变的发生对应于重正化群流向不同的红外固定点。自引力方面的研究还给出混沌量子多体系统中信息传输的限制，并提出任何满足这个限制上界的量子系统都存在一个经典的对偶引力系统。这为引力/凝聚态对偶理论的实验验证提供了指导。引力/凝聚态对偶已日渐成为广义相对论、凝聚态物理及量子信息理论的交叉领域，并将促进对时空本性和量子纠缠的理解。

（凌　意）

引力透镜　gravitational lens　背景源（恒星、类星体、超新星、星系等）发出的光经过大质量物体（如黑洞、星系、星系团）时，光线会像通过凸透镜一样发生弯曲的现象。光线弯曲的程度主要取决于引力场的强弱。分析光源的扭曲，可帮助研究“透镜”引力场的性质。根据引力场强弱及光线偏折程度的不同，引力透镜可分为强引力透镜、弱引力透镜及微引力透镜。当透镜体面质量密度超过临界面质量密度时，可产生强引力透镜现象。在强引力透镜区域一般可形成源的多个像，甚至圆弧，又称“爱因斯坦环”（图1）。而弱引力透镜区域则只产生比较小的变形。引力透镜使得光源被拉伸放大，所以引力透镜对于遥远天体起着放大镜的作用，利用引力透镜更容易观测到它们。

强引力透镜方法可通过对爱因斯坦环的大小和多个像的位置的分析，估计产生透镜的天体质量。弱引力透镜方法通过对

图1　爱因斯坦环

大量源与像进行统计分析，可估算大尺度范围天体质量分布，并被认为是宇宙学中最好的测量**暗物质**的方法。弱引力透镜效应也可用于研究宇宙微波背景辐射及星系巡天。微引力透镜既没有多个像，也没有明显变形，天文学家利用微引力透镜来探测围绕恒星的行星。1979年天文学家观测到类星体Q0957+561发出的光在它前方的一个星系的引力作用下发生弯曲，形成了两个一模一样的类星体的像。这是人类第一次观察到引力透镜效应。典型的强引力透镜为1985年发现的由80亿光年外的类星体Q2237+0305形成的爱因斯坦十字（图2）。天文学家利用微引力透镜于2006年发现了太阳系外行星OGLE-2005-BLG-390-Lb。

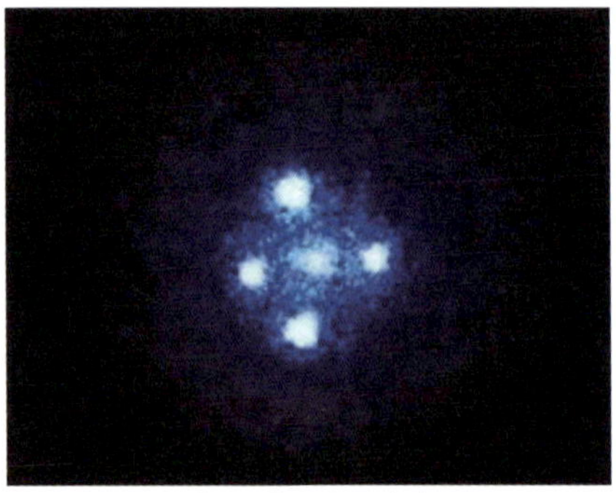

图2　爱因斯坦十字

与光学透镜不同，引力透镜产生的光线偏折大小与光源的波长无关。另外，当光线离大质量天体最近时引力透镜把光偏折到最大，当光远离时其偏折变小，所以引力透镜没有单一焦点，而是一条焦线。如果光源、大质量透镜体以及观测者在一条直线上，则光源显现为围绕大质量透镜体的圆环。如果它们不完全在一条直线上，则观测者看到的是圆弧。更普遍的情况是观测者看到相同光源的多个变形的像。这个现象最早由O.奇沃尔松于1924年提到。1936年爱因斯坦给出了详细的理论计算，所以引力透镜效应中的圆环通常称为爱因斯坦环。如果强引力透镜产生多个像，由于每个像对应的光线传播路径不同，它们的时间延迟也不同，则观测者不是同时看到所有的像，即观测者会先看到其中的某个像。（龚云贵）

引力相互作用　gravitational interaction　自然界普遍存在的一种基本相互作用。不论是宏观物体还是微观粒子，所有具有质量的物体之间都存在引力作用。引力是长程力，没有饱和性，随质量增大而增大。引力相互作用是自然界四种基本相互作用中最弱的作用，远小于**强相互作用**、**电磁相互作用**和**弱相互作用**，因此在**粒子物理学**研究中，通常不予以考虑。能量的增加将使质量增加，引力作用加大。在极高的能量下，引力相互作用会增强到可与电磁相互作用比拟。引力相互作用的研究历史很长，物理学家**I.牛顿**和**A.爱因斯坦**都曾做出卓越的贡献，现在对它的研究仍在进行。（刘东风）

引力质量　gravitational mass　**万有引力定律**中引入的用来表示物体产生和接受引力强弱的物理量。见**质量**。

隐藏自旋极化　hidden spin polarization　中心对称晶体中的自旋极化效应。在中心对称晶体中，因局域势缺少反演对称中心而存在局域自旋极化，互成反演对称的两部分局域自旋极化因晶体的反演对称互相补偿而被隐藏起来。自旋极化指的是电子、原子核等带电粒子的自旋都朝某一个特定的方向排列。自旋极化可被用来进行信息编码。传统上自旋极化是通过材料自发磁化或者外加磁场产生，或者在中心反演对称破缺的非磁性体系中，自旋轨道相互作用同样能够引起自旋极化。最新研究发现，在中心反演对称晶体中同样存在自旋极化。

隐藏自旋极化是在中心对称晶体中的自旋极化效应。在非反演对称的原子位群支配下，自旋轨道耦合效应在原子局域晶体势场中表现出的局域拉什巴（Rashba）效应或者德雷塞尔豪斯（Dresselhaus）效应。中心对称晶体中，该局域效应由于反演对称的两部分互相补偿而被隐藏起来。

在不具有反演对称性的晶体中，晶体微观势的反演不对称性引起了Dresselhaus自旋轨道耦合效应，导致能带的Dresselhaus自旋劈裂。包括异质结在内的低维结构中，由于结构的宏观势引入的反演不对称性引起了Rashba自旋轨道耦合效应，导致能带的Rashba自旋劈裂。Dresselhaus和Rashba效应的共同特点是：（加了外场后）体系的空间群不具有反演对称中心。也就是说如果一个材料的晶体结构空间群含有一个反演对称中心，则这个材料就被认为没有Dresselhaus或者Rashba效应。但最近发现的存在于三维半导体材料中的Rashba效应推翻了这个理论。

新发展的理论认为，晶体中如果某个原子的位群缺少反演对称中心，则该原子的局域势可以是非极性的或者极性的，缺少反演对称中心的原子非极性局域势产生局域的Dresselhaus效应，而原子极性局域势产生局域的Rashba效应。如果这个晶体的空间群同时不具有反演对称中心，则所有原子的非极性局域势叠加产生了众所周知的Dresselhaus效应，而所有原子的极性局域势叠加产生了Rashba效应；如果这个晶体的空间群含有反演对称中心，则互成反演对称的局域自旋极化效应会互相抵消掉，这个晶体作为一个整体不能显示出Dresselhaus或Rashba效应，表现在能带结构中就是所有的能带仍然是双重（自旋）简并的，但是这类晶体含有隐藏的Dresselhaus或Rashba自旋极化效应。即属于非中心对称和非极性的位群（包括D_2、D_3、D_4、D_6、S_4、D_{2d}、C_{3h}、D_{3h}、T、T_d和O群）的原子存在于晶体中，同时该晶体的空间群含有反演对称中心，该中心对称晶体则含有隐藏的Dresselhaus自旋极化效应，如类BN晶体结构（$P6_3/mmc$），类ZrBeSi晶体结构（$P6_3/mmc$）和金刚石结构（Fd3m）；属于非对称中心和极性原子位群（包括C_1、C_2、C_3、C_{4v}、C_{1v}、C_{2v}、C_{3v}、C_{4v}和C_{6v}群）的原子存在于晶体中，同时该晶体的空间群含有反演对称中心，这类中心对称晶体则含有隐藏的Rashba自旋极化效应，如类MoS_2晶体结构（$P6_3/mmc$）、类Bi_2Te_3晶体结构（$R\bar{3}m$）和类$LaOBiS_2$晶体结构（P4/nmm）。（骆军委）

隐失波　evanescent wave　透入光疏介质表面层内的波。光由光密介质射向光疏介质，并在界面上发生全反射时，透射光强为零，但是光波会透入到光疏介质很薄的一层（光波长量级）范围内，并沿着界面传播，其振幅沿垂直界面方向迅速衰减。又称消逝波。光从光密介质射向光疏介质，在界面上发生**全反射**，透射光强为零。但是光波会透入到光疏介质很薄的一层（光波长量级）范围内成为隐失波。隐失波沿界面传播，其振幅沿垂直界面方向迅速衰减。

假设光密介质与光疏介质的界面为xy平面，入射面为xz平面（见图），可将光疏介质中透射光场E_t表示为：

$$E_t = E_{0t}e^{-i(\omega t - k_t x\sin\theta_2 - k_t z\cos\theta_2)}$$

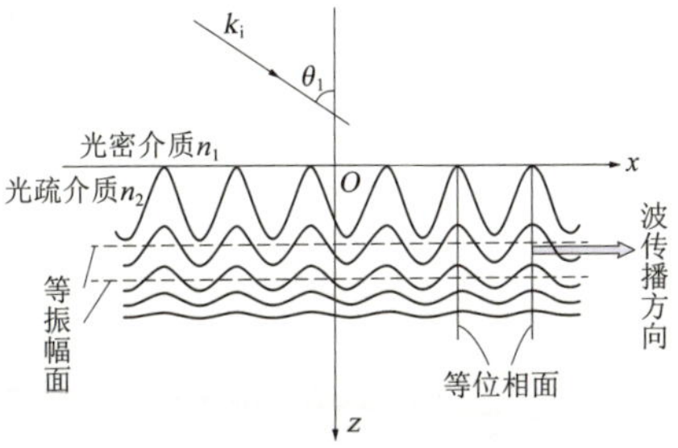

隐失波示意图

式中k_t表示透射光场波元，θ_2是k_t与Z方向的光用，考虑到斯涅耳定律$n_1\sin\theta_1=n_2\sin\theta_2$，上式可改写为：

$$E_t = E_{0t}e^{-i[\omega t-k_t x\sin\theta_2-ik_t z\sqrt{(\frac{n_1\sin\theta_1}{n_2})^2-1}\ ]}$$
$$= E_{0t}e^{-k_t z\sqrt{(\frac{n_1\sin\theta_1}{n_2})^2-1}}e^{-i(\omega t-k_t x\sin\theta_2)}$$

这是一个沿着z方向振幅衰减，沿着界面x方向传播的非均匀波。

综上所述，过临界角入射时，一方面是全反射，另一方面是隐失波存在于第二种介质。这就是说，在第二种介质中仍有光波场存在，已然满足电磁场边值关系。虽然在第二种介质中有光波场存在，但进一步的计算表明，垂直界面的能流时间平均为零，能流往返流动，但没有持续不断地流进第二种介质。隐失波的穿透深度d定义为使振幅衰减为原来的1/e的空间距离，表示为：

$$d=\frac{1}{k_t z\sqrt{(\frac{n_1\sin\theta_1}{n_2})^2-1}}$$
$$=\frac{\lambda_0}{2\pi\sqrt{(n_1\sin\theta_1)^2-n_2^2}}$$

隐失波的穿透深度为一波长量级。

隐失波场对于理解亚波长尺度的光场来说至关重要，因此隐失波场在近场光学、纳米光学中起着重要作用。（方哲宇）

应崇福 Ying Chongfu（1918-06-15～2011-06-30） 中国物理学家、声学家。生于浙江宁波，卒于北京。1940年毕业于时在广西桂林的华中大学物理系。1944年在西南联大清华研究院获硕士学位。1948～1952年赴美国布朗大学物理系深造，获理学博士学位。后任该校应用数学系助理教授。1955年回国，先后在中国科学院应用物理研究所、物理研究所、电子学研究所、声学研究所任研究员、室主任、副所长。1993年当选中国科学院院士。曾任中国声学学会理事长。

应崇福是中国**超声学**奠基人之一。研究了固体规则缺陷对超声脉冲的散射，并以光弹法对此做出实验验证，建立了固体中声散射的经典理论。他还研究了超声换能器的原理及其应用。在超声检测、医学超声、激光超声、晶体材料生长和功率超声以及表面声波等方面都有建树。对中国超声事业的发展和建立中国超声研究基地多有贡献。著有《超声学》《超声在固体中的散射》等。（戴念祖）

荧光 fluorescence 原子、离子或分子通过一次或多次**自发跃迁**而产生的光发射现象。荧光的余辉一般比较短。在无机物中，自发跃迁产生的发光都称为荧光。与原子内层电子跃迁相应的光发射现象称为X射线荧光。利用发光现象发展了对物质成分进行分析的方法，称为荧光分析，也称为发光分析。（聂玉昕）

荧光灯 fluorescent lamp 一种通过低压（约0.8帕）汞蒸气放电制成的光源。灯内也充有启动所需的少量惰性气体（约30帕）。工作时由于汞蒸气放电先将电能主要转化为人眼不可见的253.7纳米紫外线，然后再依靠在灯管内壁涂敷匀薄的卤磷酸钙荧光粉或三基色荧光粉，使253.7纳米紫外线转变成可见光，成为照明光源。这也是该灯称为荧光灯的来由。荧光灯发明于1938年，具有发光效率高（约90流明/瓦）、寿命长（约10 000小时）和光色好（显色指数约80）的优点。尤其在20世纪70年代，由于细管径（10毫米左右）低压Hg-Ar放电理论突破进展，同时稀土荧光粉和电子镇流器的研制成功，导致一体化紧凑型节能荧光灯（CFL，俗称节能灯）新品种的诞生。它的良好节能效果和紧凑尺寸，使它适于取代白炽灯，并使荧光灯的应用达到巅峰。21世纪以来，由于LED光源的崛起，荧光灯的应用日渐萎缩，正被LED日光灯和球泡灯逐步取代。（陈大华）

荧光光谱 fluorescence spectrum 荧光发射强度按波长的分布。物质吸收光或通过其他激发后短时间发出的光称为荧光。激发物质产生荧光的方式有多种，而激发源为光的过程称为**光致发光**。将物质中的电子激发到高能量态的激发光可以是任意波长的电磁波，包括X射线、γ射线、紫外光和可见光等。然后物质通过发射荧光回到低能量状态。气体、液体和固体材料都可以发生荧光，大多数情况荧光的波长比吸收辐射的波长要长，由物质特性决定。一般荧光发射不具有方向选择性。通常将波长处于可见光或近旁的荧光称为光学荧光，以区别于波长甚短的X射线荧光。

最简单的光致发光是共振荧光，又称共振散射。即发光体吸收某一波长的激发光后发射同一波长的光。此时激发光光子的能量恰好等于物质原子或分子基态和某激发态间的能量差，相应于光吸收与发射的跃迁正是在这两能级间发生。但多数情况下发射带与吸收带间发生频移，且通常是发射波长长于吸收波长。原因是入射光将物质分子由电子基态的最低振动能级激发到某一电子激发态的较高振动能级上，此后经无辐射弛豫到该电子激发态的较低振动能级，继而向电子基态某一振动能级跃迁并发射荧光，最后再次无辐射弛豫回到基态最低振动能级。可见发射带与吸收带间的频移相应于数倍的振动能级间隔，典型值在0.01～100纳米范围。所以荧光光谱反映了物质分子的能级结构。利用荧光光谱也可以研究固体中的电子能态。电子能态可以是本征的，是周期排列的理想固体本身所固有的；电子能态也可以是非本征的，与固体中杂质和缺陷相关。固体荧光可区分为本征和非本征荧光。本征荧光和非本征荧光是两个互相竞争的发光过程。

荧光光谱为物质成分的检测提供了很好的手段，特别是激光诱导荧光技术在生物学、医学、环境监测、疾病诊断、食品卫生等领域都得到广泛的应用。（阎吉祥 古英 陈涌海）

应变 strain 外力和非均匀温度场等因素作用下物体局部的相对变形。应变主要有正应变和切应变两类。正应变是某一方向上微小线段因变形产生的长度改变量（伸长为正）与原长度的比值。切应变是两个互相垂直的微小线段在变形后夹角的改变量，用弧度表示，角度减小时为正。应变与所考虑的点的位置和所选取的方位有关。物体内一点在各个不同方位的应变状况，称为该点处的应变状态。它可由一点在3个正交坐标轴（x_1,x_2,x_3）方向的应变分量ε_{ij}（$i、j=1,2,3$）来确定。当下标$i=j$时，ε_{ij}为三个坐标轴方向的正应变；$i\neq j$时，ε_{ij}为切应变，等于x_i和x_j方向微小线段间夹角改变量的一半。过一点的所有截面中，切应变为零的截面称为应变主平面，法向称为应变主方向，该方向上的应变称为主应变。应变是一个二阶对称张量，在九个应变分量中$\varepsilon_{ij}=\varepsilon_{ji}$，即只有6个独立分量。
（蒋持平）

应力 stress 物体内任意截面单位面积上的内力。应力由外力、非均匀温度场、残余永久变形等因素引起。如图1，物体中M点在以$\boldsymbol{n}$为法向的截面上的应力可按如下方法确定：过M点在$\boldsymbol{n}$的截面上取微面元ΔS，其上的内力合力为$\Delta \boldsymbol{F}$，则M点在该截面上应力$\boldsymbol{\sigma}$为：

$$\boldsymbol{\sigma}=\lim_{\Delta S\to 0}\frac{\Delta \boldsymbol{F}}{\Delta S}$$

通常将应力$\boldsymbol{\sigma}$沿截面法向和切向分解，沿截面法向的分量称为正应力，沿截面切向的分量称为切应力。

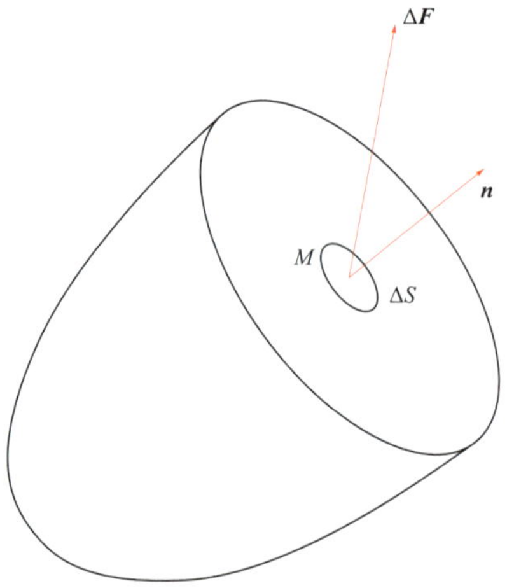

图1 点的应力

应力的大小和方向与所考虑的点的位置和截面方位有关。物体内一点在各方位的微截面的应力状况，称为该点的应力状态。它可由该点在三个互相垂直的截面上

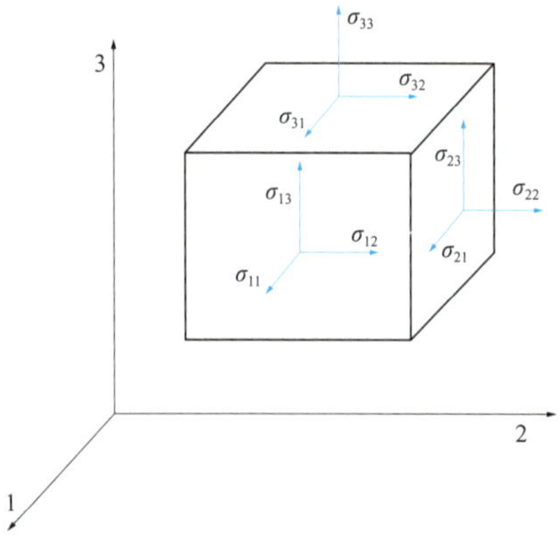

图2 应力分量

的应力来描述。如图2（坐标轴用1，2，3表示）微体上九个应力分量可用矩阵表示为：

$$\begin{pmatrix}\sigma_{11} & \sigma_{12} & \sigma_{13}\\ \sigma_{21} & \sigma_{22} & \sigma_{23}\\ \sigma_{31} & \sigma_{32} & \sigma_{33}\end{pmatrix}$$

应力分量的第一个下标表示与所作用的截面垂直的坐标轴，第二个下标表示它是沿哪个坐标轴的分量。用上述九个应力分量σ_{ij}可将该点任一方位截面上的应力表示为$\sigma_j=\sigma_{ij}n_i$（$i,j=1,2,3$），式中σ_j为所考虑截面上的应力在坐标系中的分量，n_i为所考虑截面的方向余弦，等式右端重复下标表示约定求和。在9个应力分量σ_{ij}中，$\sigma_{ij}=\sigma_{ji}$，即只有6个是独立的。σ_{ij}构成一个二阶对称张量，称为应力张量。

在过一点所有截面中，切应力为零的截面称为应力主平面，法向称为应力主方向，对应的正应力称为主应力。过物体中任意一点总存在三个互相垂直的主方向，有三个对应的主应力。应力张量能够分解为：

$$\begin{pmatrix}\sigma_{11} & \sigma_{12} & \sigma_{13}\\ \sigma_{21} & \sigma_{22} & \sigma_{23}\\ \sigma_{31} & \sigma_{32} & \sigma_{33}\end{pmatrix}=\begin{pmatrix}\sigma_m & 0 & 0\\ 0 & \sigma_m & 0\\ 0 & 0 & \sigma_m\end{pmatrix}+\begin{pmatrix}S_{11} & S_{12} & S_{13}\\ S_{21} & S_{22} & S_{23}\\ S_{31} & S_{32} & S_{33}\end{pmatrix}$$

上式右端第一项称为应力球张量，对角线元素$\sigma_m=\sigma_{ii}/3$称为平均应力，第二项称为应力偏张量。

$$\begin{pmatrix}S_{11} & S_{12} & S_{13}\\ S_{21} & S_{22} & S_{23}\\ S_{31} & S_{32} & S_{33}\end{pmatrix}=\begin{pmatrix}\sigma_{11}-\sigma_m & \sigma_{12} & \sigma_{13}\\ \sigma_{21} & \sigma_{22}-\sigma_m & \sigma_{23}\\ \sigma_{31} & \sigma_{32} & \sigma_{33}-\sigma_m\end{pmatrix}$$

对某些金属材料，塑性变形与应力球张量无关，只与应力偏张量有关。
（蒋持平）

应力磁各向异性 stress magnetic anisotropy 由于磁弹耦合，材料中的应力及其应变导致的**磁各向异性**。又称磁弹各向异性。磁体被磁化时，体内各方向上的原子间的耦合作用发生变化，从而使磁体发生微小的形变。形变量的大小是各向异性的，如果该磁体在不同方向上受到外力或存在内应力则形成各向异性的应力能。对于各向同性磁致伸缩情况，应力磁各向异性能为$F_\sigma=-\dfrac{3}{2}\lambda_s\sigma\cos\theta$，式中$\lambda_s$为饱和磁致伸缩系数，$\sigma$为应力，$\theta$为应力与磁化强度之间的夹角。
（颜世申）

应力双折射 stress birefringence 固体材料受到**应力**作用发生**弹性形变**导致**双折射**的现象。当固体材料受到应力作用发生弹性形变时，其折射率将发生变化。原来光学各向同性材料可能会变成各向异性，会产生双折射；若材料原来就是各向异性的，那么可能会改变其各向异性的情况，使它产生附加的双折射变化。
（白本锋）

应用光学 applied optics 以应用为中心，专注于将光用于实际目的的学科。是光学和光子学的一个分支学科。应用光学的内容很广泛，只要是光学中应用背景较强的部分都可以看成属于应用光学范畴，如光学系统设计相关理论、光学仪器理论、光度学与色度学、辐射度学、光学制造、光学检测、干涉度量学、光学显示、薄膜光学、纤维光学、红外技术、激光技术、集成光学、环境光学等。在发展过程中应用光学主要包含几何光学、像差理论、光学仪器和光学设计。发展成现在这样广阔的技术领域，除了光学学科自身的飞速发展外，还有赖于光学与材料科学、电子技术、计算机技术的紧密结合。

应用光学是一个充满活力的开放的领域，光学新材料、新元件、新工艺、新技术不断为它带来新的活力，在保持完整体系的同时，其内容和方法在不断发展中。
（吴 兰 李晓彤）

硬球系统的状态方程 equation of state for hard ball 表征硬球模型中热力学系统状态参量间的函数关系式。状态方程在热力学和统计力学中，通常是表征系统压强、密度以及温度的函数关系式。其中硬球系统的状态方程具有尤为重要的基础地位。基于硬球系统的状态方程其相关的输运系数计算、相变问题、多体效应和遍历性问题等，仍是研究的前沿。硬球模型是由具有半径且不可压缩的全同刚性圆球组成的系统，其相互间的作用力为碰撞相互作用。最早L.**玻尔兹曼**在推导玻尔兹曼分布时，就考虑分子间相互作用为硬球势的情况，只是未考虑粒子所占体积的影响。J.D.**范德瓦耳斯**在他1873年的博士论文中，为解释流体的临界现象，提出了著名的范德瓦耳斯方程，就考虑了硬球本身体积所带来的影响，他也因这项工作获得了1910年的诺贝尔物理学奖。

20世纪后，状态方程的研究经历了几个阶段，工作的热点集中在硬球模型的流体区域，这一系统被认为是最简化的多体系统之一，最有可能被解析求解。对于软的相互作用势，可当作等效半径的硬球模型研究。L.汤克斯最早给出了一维硬球模型的解析解。20世纪30年代，由J.E.迈耶等建立的集团展开方法，引起一波研究硬球状态方程的高潮。这一方法原则上可以以任意精度推导出各阶维里系数。但由于该方法在推导高阶项时难度几何级增加，人工推导仅能推导前几阶（范德瓦耳斯方程相当于展开到二阶），即使通过计算机推导，也没能超过20阶，且精度有限。这一时期，H.R.赖斯、H.L.弗里施和J.L.莱波维奇通过标度粒子理论推导出二维硬圆盘系统的准确解。到1963

年M.S.韦特海姆才推导出三维硬球系统的准确解。60年代计算机模拟实验引领出硬球气体状态方程研究的高潮。首先是B.J.阿尔德和T.E.温赖特等发现了即硬圆盘或硬球系统在极端高密度下会出现相变。同时计算机模拟验证表明之前得到的准确解公式并不完全准确。这些认识改变了随后的研究模式，由解析推导转向寻求经验公式，如比较广泛应用的是亨德森二维经验公式，以及卡纳汉-斯塔林三维近似公式。这些公式虽然缺乏严格推导，但与实验或模拟能较好符合。对于硬球系统的状态方程研究主要集中在如下几个方向：通过唯象理论得到更准确的状态方程；研究二元或多元硬球系统的状态方程；推求高密度、颗粒流和相变区的硬球模型状态方程等。 （赵汗青 赵 鸿）

永动机 perpetual motion machine 永远对外做功的机械，是不能实现的空想机械。第一类永动机，是不消耗任何能量，却可以源源不断地对外做有用功的机械。从热功转化的角度看，第一类永动机即效率大于100%的热机。第二类永动机，是从单一热源吸热使之完全变为有用功而不产生其他影响的热机。第二类永动机是热转变为功的效率等于100%的热机。

热力学第一定律从能量守恒的角度指出了第一类永动机的不可能性，**热力学第二定律**从能量转化方向性的角度指出了第二类永动机的不可能性。其方向性反映为功可以自发100%地转变为热，但是热不可能自发100%地转变为功。

（黄凤珍）

有机超导体 organic superconductor 一类含有碳和氢元素的化合物超导体。早在BCS理论提出之前，美国物理学家W.利特尔就提出交换**激子**产生高温超导的机制，并具体设想出了一种特殊结构的有机分子（图1），预言其超导转变温度可高达上千开尔文，但这种结构的有机分子在实验上却无法被合成出来。在实验上，第一个被发现的有机超导体是贝希加德盐（Bechgaard salt），化学式为$(TMTSF)_2X$（X=PF_6、ClO_4等），其超导转变温度不足1开。随后与其十分类似的准二维有机金属有机化合物（BEDT-TTF）$_2$X也被发现具有**超导电性**，在这一超导家族中，常压下超导转变温度最高的是κ-(BEDT-TTF)$_2$Cu[N(CN)$_2$]Br，其超导转变温度可达到11.8开。这一类超导体通常由有机电子施主分子（BEDT-TTF）和无机电子受主（X）组成，大多数情况下两个有机施主分子

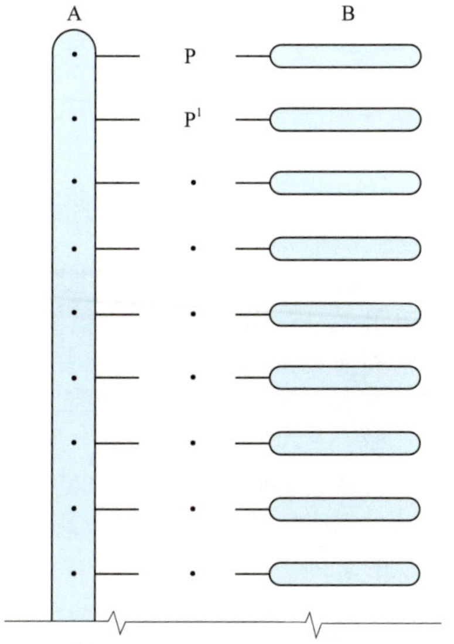

图1 利特尔预言的可能实现高温超导的有机分子结构

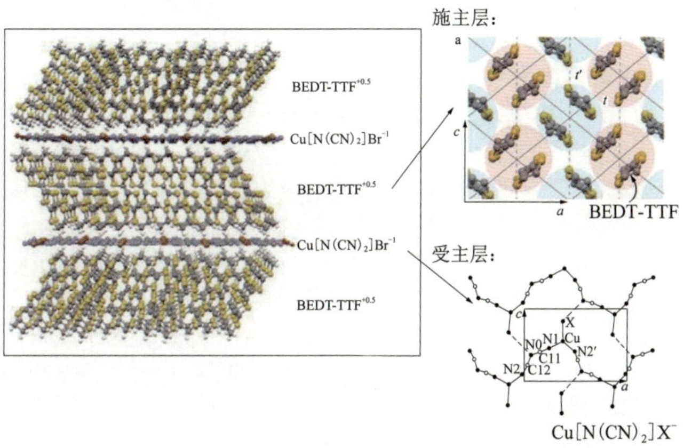

图2 准二维有机金属有机化合物(BEDT-TTF)$_2$X的典型晶体结构

BEDT-TTF会转移一个电子到无机受主X中（图2）。虽然这一类超导体的超导转变温度并不高，但也被认为有可能是非常规超导体。以κ-(BEDT-TTF)$_2$Cu[N(CN)$_2$]Cl为例，在常压下，κ-(BEDT-TTF)$_2$Cu[N(CN)$_2$]Cl为反铁磁绝缘体，当施加外压时，绝缘体行为逐渐被压制并出现金属行为，随着压力的进一步增加，最终在大约300个大气压的静水压下，κ-(BEDT-TTF)$_2$Cu[N(CN)$_2$]Cl展现出超导电性，超导转变温度为12.8开。这一随外界压力，由一个反铁磁绝缘体转变为超导体的转变过程与铜氧化物通过化学掺杂，由一个**莫特绝缘体**最终变为超导体的过程十分类似，符合非常规超导的特性。但这一类材料的配对机制和对称性仍然存在很多争议。如比热和穿透深度测量结果表明，κ-(BEDT-TTF)$_2$X的超导配对对称性为各向同性的s-波，但核磁共振的结果却发现κ-(BEDT-TTF)$_2$X的能隙有节点，支持其对称性为d-波。因此对于这一类材料仍有许多谜团亟待后续的研究。 （陈仙辉）

有机发光二极管 organic light emitting diode; OLED 一种有机材料构成的**电致发光**的器件。其发光原理与**发光二极管**（LED）类似。根据制造所用材料和工艺，有两类OLED。第一类为δ-羟基喹啉铝材料，以真空热蒸发工艺涂覆制成的小分子OLED。第二类为高分子聚合物共轭化合物聚乙炔、聚苯胺等材料，以旋转涂布或喷墨工艺制成的高分子OLED（也可称为PLED）。

OLED具有重量轻、厚度薄、体积小、发热低、光色柔和无眩光等特点，材质柔软可任意弯曲，甚至于可在其上任意打洞或裁切，也无损它的正常发光，在工作时无须特殊的散热措施，制造工艺相对简便，也无须价格昂贵的金属有机化学气相沉淀（MOCVD）设备，制造原材料丰富而又廉价等诸多优点，尤其适用于大面积面光源和调光速度快的应用场合。

OLED产品已广泛用于手机、MP3、MP4、游戏机、数码相机、汽车仪表和电视机等各种显示设备，也正逐步进入照明市场。随着OLED的亮度、使用寿命、发光效率和价格的进一步突破，OLED极可能成为照明光源的主导器件。

（陈大华）

有机聚合物 organic polymer 由无数有机小分子化合物（单体）通过**聚合反应**经共价键连接而形成的具有重复结构单元的、相对分子质量为10^4～10^7的长链分子。根据参与聚合的单体种类以及聚合类型的不同，有机聚合物中的重复结构单元可取不同的形式。由烯类单体通过加成聚合得到的长链聚合物中的重复结构单元与单体的结构单元在原子种类和个数上完全相同，但电子结构不同；由具有双官能团的单体通过官能团的缩合聚合得到的长链聚合物中的重复结构单元则与参与缩合的各单体的总结构单元不同，其中缺失了缩合中脱去的小分子的原子。 （陆 云）

有机凝胶 organogel 凝胶剂液态相为有机介质的一种凝胶。依据凝胶因子的不同，可分为聚合体有机凝胶和小分子有机凝胶。前者可通过化学交联或物理缠绕的方式固定有机溶剂；而小分子有机凝胶的驱动力通常为非共价键的分子间弱的相互作用，具有低分子质量和低凝胶浓度

的特性。

有机凝胶作为载体物质，可以控制性释放生物活性化合物和功能性成分。在油脂工业上，有机凝胶的增稠能力可抑制油脂迁移，减缓生产制作过程中霜化或多相分离等质量缺陷。此外，有机凝胶具有固定原油或植物油等疏水性液体成分，并呈现类似于固体流变学特性的基本属性，在构建超分子物质结构方面发挥越来越重要的作用，是在食品、化妆品和药品上迅速发展的新型分子功能材料。（刘鸣华）

有限尺寸效应 finite size effect 对于纳米颗粒材料，当其尺寸小到与光波波长、磁相干长度或声子平均自由程等物理特征长度相当甚至更小时，导致材料在声、光、电、磁、热等方面出现新的有别于宏观状态下的物理性质的变化。一般的宏观物体尺寸总是有限的，但物理性质上并不表现出尺寸带来的影响。

纳米颗粒光学效应和宽频带强吸收 当金属颗粒小到几百纳米以下时，都会失去原有的光泽而呈深红色或黑色。这表明金属纳米颗粒对光的反射率很低，一般低于1%，强吸收和低反射导致颗粒变色。另外，纳米Si_3N_4、SiC和Al_2O_3粉末对红外光有一个宽频带强吸收谱。产生这个现象的原因主要在于它们属半导体性材料，量子尺寸效应使满带与空带间的能隙变宽。纳米颗粒的这一特性被用于军事上飞机对红外和微波的隐身作用。这种优异性能的产生在于纳米颗粒尺寸远小于红外波长和雷达电磁波波长，因此纳米颗粒材料对这种波的透过率比常规材料要强得多，这就大大减少了波的反射；纳米颗粒材料比表面积比常规粗粉大三四个数量级，对红外的雷达波的吸收率也大大提高。其他奇特的光学效应还有因能级间隙变宽或变窄引起的蓝移和红移现象。

纳米颗粒反常磁学性能 纳米颗粒反常的磁学性能包括超顺磁性和高的矫顽力。纳米磁性颗粒尺寸小到一定临界值时，进入超顺磁状态。如α-Fe、Fe_3O_4和α-Fe_2O_3在块体时都呈很强的铁磁性；但当α-Fe颗粒直径小到5纳米，Fe_3O_4小到16纳米，α-Fe_2O_3小到20纳米时，它们都会变成超顺磁体。其原因大致是，在小尺寸下当各向异性能减小到与热运动能可比拟时，各个纳米颗粒的磁化方向就不再一致，而是向易磁化方向做无规则的变化，导致纳米铁磁颗粒材料呈现超顺磁性。但纳米尺度的强磁性颗粒（铁钴合金、铁氧体等），随着颗粒变小，虽然饱和磁化强度M_s下降，但矫顽力却显著地增加。其原因在于，当颗粒尺寸小到某一尺度，每个颗粒就是一个单磁畴，每个单磁畴的纳米颗粒实际上成为一个永久磁铁，若要使这个磁体去掉磁性，需要很大的反向磁场，故表现出极强的矫顽力。纳米铁磁颗粒材料的高矫顽力可应用于制作磁性信用卡、磁性钥匙和磁性车票等。

纳米颗粒特殊热学性能 纳米颗粒的熔点和开始烧结温度均比常规粉体低得多。常规金（Au）的熔点为1336开左右，当其纳米颗粒尺寸小于10纳米时，熔点急剧下降，当在2纳米时，373开就开始熔化；大块铅（Pb）的熔点为600开，而20纳米球形铅颗粒熔点降低到288开。熔点降低的原因在于，纳米颗粒尺寸小，比表面积大，表面能高，表面原子近邻配位不全。欲使大块金属熔化，就是要使其从固态的有序排列变为长程无序、短程有序的液态，这个相变所需的能量远比使纳米颗粒集合变为长程无序、短程有序所需的能量大，这就是纳米颗粒熔点要比常规粉体低很多的原因。所谓烧结温度是指把粉末先用高压压制成形，然后在低于熔点的温度下使这些粉末相互结合在一起，密度接近常规材料的最低加热温度。与纳米颗粒熔点降低的原理类似，纳米颗粒压制后，界面蕴藏的高界面能有利于界面间空洞的收缩。因此，在较低的温度下烧结就能达到致密化的目的。（金国钧）

有限时间热力学 finite time thermodynamics 现代热力学理论的一个新分支，即经典热力学的延伸和推广。主要研究非平衡系统在有限时间中或在有限尺度下能流和熵流的规律。现已广泛应用于物理、化学和工程热物理等学科领域，建立起一系列相应的新理论。有限时间热力学不同于不可逆过程热力学。不可逆热力学的中心点是建立一组与所研究的系统相关的热力学变量的动力学方程，并在各种假设下求解这一组方程。以动力学方程为主要研究方法的不可逆热力学必然导致用微分方程来表示和对系统局域微分行为的考查。而以过程变量的净变化为中心的有限时间热力学则导致积分方程、变分原理和对系统的整体描述。它是昂萨格微分观点的一种积分补充。

有限时间热力学也不同于工程热力学。在工程热力学中采用的模型是对工程师想要建造或应用的特殊系统采取尽可能详细的描述。这无疑是导致一种复杂的特定模型。有限时间热力学中采用的模型是一类包含确定实际系统典型特征的理想化模型，构造能表示大量实际过程普遍特征的模型是有限时间热力学的中心任务。模型大多包含所要研究的实际系统的全部重要参数，而不是所有的各个细节，否则将会使物理内容含糊不清，计算十分困难，甚至无法进行。

有限时间热力学的主要方法是最优控制理论。它用来解由可用性分析、最小熵产生、不可逆运动方程的变分公式等所要求的最佳决策和最佳轨迹问题。优化问题的复杂性直接与约束的种类和复杂性相联系。对于各种不同的系统，约束方程可以是代数的、微分的、积分的等。复杂模型的优化问题通常导致一组耦合的、非线性微分方程，从这样一组方程出发，以期进行定性分析和数值求解，寻找和建立具有解析解的简单而普遍的模型，如内可逆卡诺循环模型就是典型的一例。

有限时间热力学的主要目的是寻找热力学过程的有限时间运行方式的普适极限。有限时间过程除了比经典热力学提供的过程更为实际和普遍，有助于更深刻理解不可逆性如何影响热力学过程的性能。

有限时间热力学的发展和应用，对于提出新概念、发展新技术、开发新能源、高效利用能源、改善生态环境、保护自然资源、开拓交叉学科研究等具有重要意义。（陈金灿）

有效理论 effective theory 能对一类物理现象进行有效描述的理论或模型。物理学的经验表明，在每一个距离、时间尺度或能量尺度，都有丰富的物理现象和相应的物理规律或（有效）理论。在这个意义上，物理学的全部知识可以看成是有效理论的一个序列，最终或许能把它们归结为一个描述万物的理论。下面以几个典型例子加以阐释。

日常生活中宏观物体的运动可以用牛顿力学很好地描述。如在描述铅球的运动时，把它等效为一个质点，质量就是其全部物理属性。它在地球引力作用下的运动可以用牛顿力学很好地刻画。如果必要，还可以把空气对运动的影响抽象为一个附加力包括进来。在这样的描述里，质量是一个经验测量值，尽管原则上可用强相互作用理论计算出来。而力的概念相当于瞬时作用，虽然相互作用的传播速度是有限的，但远大于铅球的速度。因此质点牛顿力学就是描述铅球运动的有效理论。它之所以“有效”，是因为铅球的运动速度远小于光速。但试图描述以接近光速运动的电子时，电子的运动学不能用伽利略协变性正确描述，必须使用洛伦兹协变性。因此建立在伽利略协变性基础上的牛顿力学不再是有效的理论。在描述宏观带电体或介质的电磁性质时，建立在麦克斯韦方程基础上的**经典电动力学**提供了一个有效理论。如用一个连续分布的电荷密度来描述宏观带电体，虽然实际上它源于一个个荷电粒子。这样的描述之所以有效，是因为宏观电磁性质涉及的距离尺度远大于荷电粒子之间的距离，从而可以将电荷近似看成连续分布。

粒子物理学的现代理论是建立在**量子场论**基础上的。虽然确信强相互作用、弱相互作用和电磁相互作用的基本理论是以$SU(3)_C\times SU(2)_L\times U(1)_Y$为对称群的规范理论，但仍然针对不同距离或能量尺度的物理现象发展了大量的有效理论，即有效量子场论。这是因为有效（量子）场论能抓住最重要的物理要素，并提供了更有效的计算方法。在微扰理论适用的区域，有效场论为重整化群分析提供了便利，能得到比朴素微扰论更好的结果。在非微扰区，有效场论提供了描述物理现象的一个系统的解析方法，一个很好的范例是手征微扰论。虽然强子（如π介子）由夸克构成，但在低能区域很难用强相互作用的基本理论——**量子色动力学**（QCD）进行研究，这是因为相互作用太强而缺乏处理强作用的系统方法。手征微扰论提供了描述π介子在低能区物理过程的一个有效理论。它将低能实验中直接观测到的π介子（而不是夸克、胶子）作为动力学变量，利用它们是手征对称性自发破缺产生的南部－戈德斯通赝标粒子这一重要信息，对π介子的有效相互作用做系统、自洽的分类和处理，其中出现的有效耦合常数可从实验测量得到，原则上可以从基本的QCD理论得到。手征微扰论自从20世纪80年代建立以来，在低能强子物理研究中取得了巨大成功。（廖　益）

有效热力学势　effective thermodynamic potential　包含序参量信息的热力学特征函数。**朗道二级相变理论**是借助于序参量，通过构造有效热力学势（朗道自由能）描述连续相变的普适理论，其本质是一种平均场理论。朗道理论假定系统的自由能函数由解析部分和包含序参量信息的奇异部分（有效热力学势）组成。有效热力学势按照序参量幂级数展开得到，要求包含系统所有的对称性要求，并假定非平庸的温度依赖关系主要决定于最低阶展开项系数，忽略其他系数的温度依赖关系，根据能量最低原理，通过对序参量取极小值来决定稳定相（平衡态）对应的序参量和热力学势。这样有效热力学势关于序参量的二阶导数大于零的相为稳定相；有效热力学势关于序参量的二阶导数小于零的相为不稳定相；有效热力学势关于序参量的二阶导数等于零的状态即为相变的临界状态。因此有效热力学势关于序参量的二阶导数常作为相（不）稳定和相变的判据。（刘玉鑫）

有效值　effective value　当**交流电**在一个周期的时间内通过电阻R产生的焦耳热与直流电在相同时间内通过同一电阻产生的焦耳热相等，通常称此条件下交流电与直流电等效，此直流电的量值就称为交流电的有效值。交流电电流和电压的有效值和它们峰值之间的关系分别为：

$$I=I_0/\sqrt{2}\,,\ U=U_0/\sqrt{2}$$

例如在中国市电的电压是220伏，就是说它的有效值是U=220伏，它的峰值是$U_0=\sqrt{2}U\approx310$伏。通常电表均以有效值来刻度，因此电表测出的均为有效值。交流电的有效值反映了交流电做功能力的大小。（陈熙谋）

有效质量　effective mass　描述固体中电子对外场响应的一个重要物理量，在半导体中尤其重要。固体中电子由于**能带**结构的存在，质量与真空中的不同，把复杂的能量动量关系简化后，用有效质量描述电子的物理性质以及对外场的响应等是一种重要理论。

在晶体中，由群速度$\boldsymbol{v}_g$和能量为ϵ的波函数满足的关系式$\boldsymbol{v}_g=\dfrac{1}{\hbar}\dfrac{d\epsilon}{dk}$得到群速度的微分表示为：

$$\frac{d\boldsymbol{v}_g}{dt}=\frac{1}{\hbar}\frac{d^2\epsilon}{d\boldsymbol{k}dt}=\frac{1}{\hbar}\frac{d^2\epsilon}{d\boldsymbol{k}^2}\frac{d\boldsymbol{k}}{dt}$$

式中$\hbar$等于普朗克常数h除以2π。根据在外加电场或磁场中，作用在晶体中特定波矢量的电子上的合外力$\boldsymbol{F}$满足的重要关系式：$\boldsymbol{F}=\hbar\dfrac{d\boldsymbol{k}}{dt}$，可以得到$\dfrac{d\boldsymbol{v}_g}{dt}=\dfrac{1}{\hbar^2}\dfrac{d^2\epsilon}{d\boldsymbol{k}^2}\boldsymbol{F}$，即$\boldsymbol{F}=\hbar^2\dfrac{d\boldsymbol{v}_g}{dt}\left(\dfrac{d^2\epsilon}{d\boldsymbol{k}^2}\right)^{-1}$。类比于牛顿第二定律，将$\hbar^2\left(\dfrac{d^2\epsilon}{d\boldsymbol{k}^2}\right)^{-1}$定义为质量，即为电子的有效质量$m^*$。当考虑等能面的各向异性时，此处定义的有效质量为一个张量，在由μ、ν表示的笛卡儿坐标系下，有效质量张量形式为：

$$\left(\frac{1}{m^*}\right)_{\mu\nu}=\frac{1}{\hbar^2}\frac{d^2\epsilon}{dk_\mu dk_\nu}$$

一旦确定了等能面就可以确定有效质量张量。

在能带理论中，有效质量是波矢量$\boldsymbol{k}$的函数，与电子状态及能带结构有关。若电子态所在的等能面为复杂曲面或椭球面时，其张量性使电子在该处的速度与波矢量、加速度与外场力没有简单的同向性。

半导体中载流子（电子或空穴）数目较少，一般集中在导带底（电子）或价带顶（空穴）附近。半导体的电学、光学性质主要由这些电子决定。有效质量概念尤其重要，对于简单抛物型能带，电子能量E与动量$\boldsymbol{k}$的关系可以写为：

$$E(\boldsymbol{k})=\frac{\hbar^2}{2m^*}\boldsymbol{k}^2$$

半导体能带有的就不是简单的抛物带，如硅、锗的导带底不在Γ点（$\boldsymbol{k}=0$），而在$\boldsymbol{k}\neq0$的几个对称点上。硅的导带底在6个对称的X点上，其中一个在$(k_0,0,0)$点上，则在该点附近的能带可以写为：

$$E(\boldsymbol{k})=\frac{\hbar^2}{2m_x^*}(k_x-k_0)^2+\frac{\hbar^2}{2m_y^*}k_y^2+\frac{\hbar^2}{2m_z^*}k_z^2$$

$$m_y^*=m_z^*,\ m_x^*\neq m_y^*$$

半导体的价带顶，一般是由p_x,p_y,p_z三个原子波函数组成，因此是三重简并的（不考虑自旋轨道耦合），不能用一个简单的数定义有效质量。在价带顶附近，价带能量可近似地用一个矩阵表示：

$$E(\boldsymbol{k})=\frac{\hbar^2}{2m_0}\begin{vmatrix}Lk_x^2+M(k_y^2+k_z^2) & Nk_xk_y & Nk_xk_z\\ Nk_xk_y & Lk_y^2+M(k_z^2+k_x^2) & Nk_yk_z\\ Nk_xk_z & Nk_yk_z & Lk_z^2+M(k_x^2+k_y^2)\end{vmatrix}$$

式中L、M、N称为有效质量参数，又称拉廷格（Lüttinger）参数。

有效质量理论就是简单地将能带底（顶）附近的能量表示式中的动量分量k_ν变成相应的动量算符p_ν，式中$\nu=x,y,z$，方程变成相应的本征值方程，称为有效质量方程。如上面最简单抛物型能带情况变成有效质量方程为：

$$\left[\frac{\hbar^2}{2m^*}\boldsymbol{p}^2+V(\boldsymbol{r})\right]\psi=E\psi$$

式中相应的波函数ψ为电子的有效质量波函数；$V(\boldsymbol{r})$为外界的微扰势，如电离杂质势、外加电场或磁场势等；E为相对于导带底的本征能量。有效质量方程可以用$\boldsymbol{k}\cdot\boldsymbol{p}$微扰理论严格证明，成立的条件是外界微扰势的变化相对于晶体中原子尺度是很小的。

有效质量理论自提出以来，成为一个研究半导体性质的重要工具。用它研究了施主能级、受主能级、超晶格、量子阱电子能级以及有应变、电场、磁场等情况下的电子能级等，得到了与实验非常一致的结果，大大推动了半导体物理研究的发展。（夏建白　夏　钶）

有序－无序相变 order-disorder transition 在凝聚态物理范围，由大量粒子组成的系统，从一种内部有序的状态转变成一种内部无序的过程。如对冰块加热，冰将变成水，这个转变过程破坏了冰块中有序的原子排列。对磁化了的铁加热，当温度超过居里温度时会发生铁磁态到顺磁态的转变，这个过程破坏了原有的磁序。

“有序”和“无序”分别对应着一个多粒子系统的对称性或关联性的有无。一般，系统的有序可以分为位置有序、取向有序以及与电子或粒子自旋有关的有序。

位置序 位置序是最明显的一种序。在由大量原子组成的经典系统中，不同原子之间存在着相互关联。如果这种关联范围无限大，系统则倾向于一种长程有序状态，如晶体中原子的周期性排布；如果这种关联仅限于邻近的一些原子，系统则倾向于一种短程有序状态；如果各原子之间没有关联，各个原子的位置随机分布，系统则处于无位置序状态，如气体。

取向序 若系统由各向异性的分子构成，分子的取向也变得重要了，这种序称为取向序。如液晶中的分子取向。

与电子或粒子自旋有关的有序 具有自旋的粒子组成的系统中还存在与自旋有关的序。如不同粒子的自旋态呈周期性的排布会导致铁磁体或反铁磁体，而在顺磁体中不同粒子的自旋态随机分布。

有序－无序相变可按热力学理论来加以理解。原则上来讲，一个多粒子组成的体系可以有非常多的状态，但使得体系的自由能或吉布斯自由能最低的那个态才是它的稳定平衡态。自由能和吉布斯自由能的定义分别是$F=U-TS$和$G=U-TS+PV$。式中U、T、S、P、V分别为系统的内能、绝对温度、熵（反映系统混乱度的量）、压强和体积。一般地，相变的发生是内能项与熵项相互竞争的结果。一方面，粒子间的相互作用使得系统的内能降低，倾向有序化；另一方面，温度和熵的增加也可使自由能下降，而熵增加意味着系统的无序度增加，倾向无序化。

（卢海舟）

有序液体相 liquid-order phase 脂质分子的尾链有序，取向几乎完全一致的相。不饱和磷脂、胆固醇和鞘磷脂三种组分形成的脂质双分子层中，通常发生相分离，形成脂畴结构。不饱和磷脂分子具有较低的熔点，形成的脂畴中磷脂分子在面内像液体一样没有长程序，其尾链没有明显的方向序，这种脂畴被称为液体无序相。鞘磷脂分子有较大的亲水头部基团，胆固醇分子有很小的头部和较大且刚性的尾部。胆固醇分子倾向于插入鞘磷脂分子疏水域，鞘磷脂分子则像伞一样遮蔽着胆固醇。二者形成致密的区域，具有较高的熔点。脂质分子在面内像液体一样没有长程序，但脂质分子的尾链非常有序，取向几乎完全一致。这种相称为液体有序相。不少研究表明，细胞膜上可能存在一类称为脂筏的特殊脂畴结构，脂筏内富含胆固醇和鞘磷脂，处于液体有序相。

理论与实验均表明，膜的弯曲刚度与膜厚度的二次方成正比。在脂质双分子层中，尾链有序的液体有序相区域的厚度大于液体无序相区域的厚度，因此液体有序相区域相对液体无序相区域有较大的弯曲刚度。

（涂展春）

有源噪声控制 active noise control 使用电声技术人为地产生一个与原已存在且有待控制的声场（一般称初级声场）幅值相同、相位相反的次级声场，并使两个声场产生相消作用的方法和技术。又称反声技术。相对于吸声、隔声、减振等传统的噪声控制技术，有源消声具有低频效果好，体积和重量小，基本不影响原有声场中的其他物理性质（如温度、流速、压力等）的优点。

产生次级声场的系统称为有源消声系统，一般由信号拾取传感器、控制器和次级声源构成。传感器通常为传声器，有时也使用加速度计等其他类型的传感器拾取与声场相关的信号。控制器主要由数字电路实现，常使用各种自适应算法实现自适应控制。次级声源可以是直接产生声场的扬声器，也可以是激励结构产生振动声辐射的激振器等驱动器。

有源消声的有效频率范围通常在几十赫至几千赫，上限一般由控制器的计算速度及系统延时决定，下限由次级声源的低频响应决定。较成功的应用包括管道有源消声器和电子抗噪声耳罩等，降噪指数可达10～20分贝。

（田 静）

有质动力 ponderomotive force 带电粒子在非均匀电磁波场中感受到的非线性力。在各向同性情况下有质动力通常可以表示成如下形式：

$$F_{\mathrm{p}}=-\frac{e^2}{4m\omega^2}\nabla E^2$$

式中E为波动电场的幅度；ω为波的频率。可以看出，有质动力可以表示成一个“势”的负梯度：

$$F_{\mathrm{p}}=-\nabla\Phi$$

式中Φ为有质动力势。在磁化等离子体中（假设磁场方向在z方向），有质动力势可以表示为：

$$\Phi=\frac{1}{4\omega}\left[\frac{|E_{z1}+\mathrm{i}E_{y1}|^2}{2(\omega-\omega_{\mathrm{c}})}+\frac{|E_{z1}-\mathrm{i}E_{y1}|^2}{2(\omega+\omega_{\mathrm{c}})}+\frac{|E_{z1}|^2}{\omega}\right]$$

式中ω_{c}为回旋频率。

有质动力的物理机制可以理解为：在非均匀静电波下，带电粒子从强场区到弱场区运动的半周和从弱场区到强场区运动的半周相比，前者运动得更远，因此存在一个净的推动效果；在电磁波下非线性洛伦兹力也贡献为有质动力的一部分。

有质动力的直接效应是，在非均匀的波动场中，粒子不仅会随着波动电场一起振荡，还会被整体推向弱场方向。这种情况下波动场就如同有质量的物体推动粒子一样，有质动力由此得名。在另外一些场合里，有质动力被称为光压或者辐射压。通常情形下这种辐射压是很小的，但当用高功率微波、激光约束或加热等离子体时，其辐射压强可达几十万个大气压。借助有质动力的概念，可对许多非线性现象做出非常直观的解释，典型的例子包括等离子体中激光束的自聚焦及成丝不稳定性。

（高 喆）

诱发裂变 induced fission 某种入射粒子轰击重原子靶核引起的核裂变。记作A(a, f)。粒子与靶核形成的复合核称为裂变核。诱发裂变概率的大小用裂变截面σ_{f}表示，裂变截面代表单位面积有一个靶核时入射一个粒子发生核裂变的概率。裂变截面σ_{f}可由实验测定。

与α衰变的势垒穿透类似，原子核诱发裂变也要穿透势垒，这种裂变穿透的势垒称为裂变势垒。当裂变核的激发能超过裂变势垒的高度时，裂变概率显著增大。在诱发裂变中，中子诱发裂变比其他粒子引起的裂变更重要，也研究得最多。由于中子与靶核的作用没有库仑势垒，能量很低的中子就可以进入核内，使核激发而裂变。裂变过程又有中子发射，因此可能形成链式反应，释放能量，这也是中子诱发裂变更受到重视的原因，如核电站（可控链式反应）和原子弹（自持链式反应）。

中子诱发裂变可以表示为：

$$\mathrm{n}+{}^{235}\mathrm{U}\rightarrow{}^{236}\mathrm{U}^{*}\rightarrow\mathrm{X}+\mathrm{Y}+Q_{\mathrm{f}}$$

式中X和Y表示两个裂变碎片；Q_{f}为裂变能。对应的裂变碎片有产额分布、质量分布和总动能分布等。

热中子引起重核裂变的核素称为易裂变核，如^{233}U、^{235}U和^{239}Pu等，这些核素的热中子裂变截面很大，可作为核燃料。有些锕系区的偶－偶原子核不能由热中子诱发裂变，只有当入射中子能量增高到一定值时才能发生裂变，这样的裂变称为有阈裂变，这些核素称为可裂变核。

（林承键 贾会明）

于渌 Yu Lu（1937-08-22～ ） 中国理论物理学家。生于江苏镇江。1961年毕业于苏联哈尔科夫大学理论物理专业。同年回国到中国科学院物理研究所工作，历任研究实习员、助理研究员、副研究员。1978年转入中国科学院理论物理研究所，1983年晋升为研究员，主要研究凝聚态理论与统计物理。1979～1981年在美国哈佛大学和加州大学圣巴巴拉分校理论物理研究所做访问学者。1986～2002年受聘于联合国教科文组织与意大利政府合办的国际理论物理中心（ICTP），任研究员、凝聚态物理部主任。2002年1月回国工作，任中国科学院交叉学科理论研究中心主任。2006年转中国科学院物理研究所工作。自1985年起先后被清华大学和浙江大学聘为兼职教授。1990年当选为第三世界科学院（发展中国家科学院）院士。2005年当选为美国物理学会会士。1999年当选为中国科学院学部委员（院士）。

于渌主要从事高温超导、强关联电子体系、低维量子系统等方面的研究。在强关联系统理论与超导理论、相变和重正化群、非平衡统计物理方法、低维量子系统理论等多个领域进行了大量的研究工作。从理论上预言含顺磁杂质超导体中存在束缚态，这一预言已被实验证实，推动了磁性杂质对超导体影响的系列理论与实验研究。参与倡导闭路格林函数研究，给出了描述平衡与非平衡统计物理的统一理论框架。提出导电高分子准一维系统中孤子型元激发应满足的拓扑性边界条件。他与**郝柏林**合作，用骨架图方法计算连续相变临界指数，准确到小参量ε（$\varepsilon=4-d$，d是空间维数）的3阶，是当时国际上最前沿的成果。他与**苏肇冰**合作，发展了**黄昆**的晶格弛豫理论，研究了准一维导体中局域性元激发的动力学和物理效应。用自洽方法研究了空穴在反铁磁背景上的运动，研究了超导涨落并预言电阻在转变温度附近有极大值。用规范场理论研究了高温超导体问题。1987年晶格弛豫理论研究获中国科学院科技进步奖一等奖。1999年获中国科学院自然科学奖一等奖。2000年获国家自然科学奖二等奖、美国科学信息研究所（ISI）经典引文奖。2007年获国家科技进步二等奖。2007被授予美国物理联合会（AIP）泰特（Tate）国际物理学领导才能奖。

（尹晓冬）

于敏 Yu Min（1926-08-16～2019-01-16） 中国核物理学家、核武器科学和技术专家。生于河北宁河（今属天津），卒于北京。1944年就读于北京大学工学院电机系，1946年转入北京大学理学院物理系。1949年毕业后，师从**张宗燧**、**胡宁**攻读研究生并兼任助教。1951年初调入中国科学院近代物理研究所（1956年改为原子能研究所）任助理研究员，1956年为副研究员；1965年起历任第二机械工业部九院（中国核武器研究院）理论部副主任、副院长（1980）、高级科学顾问；能源部核工业总公司科技委副主任，中国工程物理研究院科技委副主任（1983）。1980年当选为中国科学院学部委员（院士）。

于敏在原子核结构及其反应方面，尤其是对原子核相干结构、原子核平均场的独立粒子运动有深入研究。他及其合作者曾提出相干结构的核模型，位居国际先列。1959年，他和**杨立铭**在成都开办原子核理论培训班，培养了一批核物理工作者；他们合编的《原子核理论讲义》为中国当时第一部相关论著。1961年起，于敏在原子能研究所从理论上先行探索氢弹原理，研究或指导他人研究了相关的一些物理作用、特性及某些物理参数。在核物理、中子物理、统计物理、等离子体物理、爆炸物理和辐射流体力学等方面取得了多项重要成果。1965年入第二机械工业部后，立即从事氢弹设计和爆炸过程的研究，提出了氢弹试验核装置的理论设计方案，在氢弹的突破性研究中起了关键作用。他在核武器的理论基础研究、核装置武器化和小型实用化以及向高科技发展方面，在长远目标、技术途径与关键技术的解决方案等方面都做出了突出贡献。

于敏曾获1982年中国自然科学奖一等奖，1985年、1987年和1989年三次获国家科学技术进步奖特等奖，1986年获全国劳动模范称号，1999年荣获“两弹一星功勋奖章”。获2014年度国家最高科学技术奖。2019年获共和国勋章。1996年，中国工程物理研究院设立“于敏数理科学奖”。

（戴念祖）

余瑞璜 Yu Ruihuang（1906-03-10～1997-05-19） 中国物理学家、教育家。生于江西宜黄，卒于吉林。1928年毕业于中央大学物理系。1935年留学于英国曼彻斯特大学，1937年获博士学位。随后又到北威尔士大学物理系和伯明翰大学冶金系学习和研究一年。1938年底回到昆明。1939～1952年，先后任清华大学金属研究所教授、物理系教授。1948～1949年曾赴美访问研究。1949～1952年，兼任北京大学地质系和北京师范大学教授，并兼任中国科学院应用物理研究所研究员、东北人民大学（今吉林大学）物理系主任。此后，长期任吉林大学物理系教授、系主任，兼暨南大学教授。1955年当选中国科学院学部委员（院士）。

余瑞璜主要从事X射线晶体学、金属物理和固体物理理论等方面的研究与教学工作。1930年，他在清华大学成功制造盖革计数器，并对氩的X射线吸收和散射做了研究。在英国深造期间，余瑞璜进行了X射线晶体结构分析的研究。他做出两项重要成就：一是在对$Zn(BrO_3)_2 \cdot 6H_2O$晶体配位式化合结构分析中，开创性地对溴（Br）原子利用傅里叶综合分析法确定其**晶体结构**，并改造了摆动谱仪中的摆动器；二是发现立方晶体$Ni(NO_3)_2 \cdot 6NH_3$中的硝酸根（NO_3^-）具有反常振动行为，对此做出正确解释，并且获得了观测其X射线谱的新方法。1942年前后，身处昆明艰难的抗战条件下，余瑞璜创立了晶体分析X射线数据的新综合法，改进了此前帕特森矢量图诠释困难及其效率不高的缺点，从而获得晶体结构中原子坐标的更为丰富的信息资料，开辟了X射线强度统计学的新领域。50年代以来，提出“固体与分子经验电子理论”，发现具体计算分子或晶体的原子杂化状态及其共价键络的方法，利用这种方法在一级近似下可以确定分子或固体的价电子结构，成为国内外固体理论研究的一个新的发展方向。

余瑞璜在北京师范大学筹建了X射线实验室，1950年研制出国内第一个医疗用X射线管，第一台细聚焦X射线机。在长春筹建东北人民大学物理系，创建了中国第一个金属物理专业。在发展教育、培养人才方面做出了卓有成效的工作。

（戴念祖）

俞昌旋 Yu Changxuan（1941-07-07～2017-05-23） 中国等离子体物理学家。生于印度尼西亚爪哇岛安褥埠，卒于安徽合肥。籍贯福建福清。1948年随父母归国。1965年毕业于中国科学技术大学近代物理系。后留校任教，历任讲师（1979）、副教授（1985）、教授（1992）。

1980～1983年、1989～1991年、2000～2001年，先后三次在美国加州大学洛杉矶分校、得克萨斯大学奥斯汀分校访问研究。历任中国科学技术大学近代物理系主任（1994～1998）、校学术委员会委员、中国核学会核聚变与等离子体物理学会理事、安徽省物理学会常务理事、国家磁约束聚变专家委员会委员、国家重大科技专项专家组成员、国家“863”计划专题专家组成员及顾问、高温高密度等离子体物理重点实验室学术委员会主任、国家自然科学基金委员会物理学科评审组成员等职。2007年当选中国科学院院士。

长期从事等离子体物理实验研究，是中国等离子体物理与**受控热核聚变**研究领域的领军人物之一。开创了中国等离子体湍流实验研究、等离子体非线性现象实验研究等学科方向，在磁约束等离子体湍流和反常输运、等离子体非线性现象、等离子体诊断等领域取得了多项有重要创新意义的研究成果。首次实验证实了湍流雷诺胁强是驱动极向流和径向电场剪切增强，并触发低-高约束模式转换的主要机制。首次观察到测地声模带状流完整的环向和极向对称性特征。实验发现测得的线性欧姆约束等离子体中湍流色散关系与电子漂移波的理论预言一致。合作发现密度极限破裂存在早期先兆。最先观察到无外驱动等离子体向混沌态过渡的三条途径，首次实现利用小扰动方法对无外驱动的等离子体混沌实施控制。在国内率先研制了激光相干散射等诊断系统，发展了电子速度为超高斯分布时的汤姆孙散射理论和考虑等离子体波阻尼效应的极小角散射理论。曾获中国科学院自然科学奖二等奖、中国科学院科技成果奖二等奖、中国科学院科技进步奖三等奖、军队科技进步奖三等奖等多项科技奖项。

（尹晓冬）

虞福春 Yu Fuchun（1914-12-09～2003-02-12） 中国物理学家。生于上海，卒于北京。祖籍福建福州。1936年北京大学物理系毕业。1936～1937年任中央研究院物理研究所见习助理研究员。1939～1946年在西南联大物理系先后任助教、讲师。1946年去美国俄亥俄州立大学物理系深造，1949年获哲学博士学位。

1949～1951年在斯坦福大学物理系随诺贝尔物理学奖得主F.**布洛赫**做博士后。1951年2月回国，任北京大学教授。1951～1952年任北京大学物理系代理系主任。1953～1955年任普通物理教研室主任。1955年创建北京大学物理研究室（后改名为北京大学技术物理系）并担任副主任。1982～1983年任北京大学物理系主任。1983～1986年为首任北京大学重离子物理研究所所长。1984～1990年任原国家教委理科物理教材编审委员会主任及物理实验教材编审组长。

虞福春是国际**核磁共振**应用开拓者，核磁共振谱学奠基人之一，中国核教育的主要开拓者和奠基人之一。虞福春和W.G.普洛克特合作，发现了核磁共振谱线的化学位移效应和自旋耦合劈裂现象，奠定了核磁共振应用的基础。首次测定^{17}O自旋值为5/2，证实存在自旋-轨道耦合的核壳层结构理论。首次应用核磁共振谱仪以极高的精度测定20多个稳定核素磁矩，对核基本参数测定和核结构研究做出了显著贡献。还在中国加速器射频电子学研究、多种加速器设计和离子束应用研究等方面做出了贡献。虞福春为创建、发展中国第一个核教育基地——北京大学技术物理系及重离子物理研究所，为办好北京大学物理系做出了卓越贡献。还为提高全国高校物理基础教学水平，培养物理人才做出重要贡献。著有《原子核物理实验方法》等。

（尹晓冬）

宇称 parity 表征粒子或粒子组成的系统在空间反射下变换性质的物理量。在空间反射变换下，粒子的场量只改变一个相因子，这相因子称为该粒子的内禀宇称，简称为该粒子的宇称（见**P宇称**）。

（徐德之）

宇宙和超新星中微子 cosmic and supernova neutrinos 各种来自宇宙的**中微子**，包括宇宙大爆炸的原初中微子、恒星和超新星爆炸产生的中微子、高能宇宙线作用所产生的中微子等。这些中微子也被称为天体中微子。由于中微子相互作用较弱，在传播过程中能量损失很少，也不发生方向偏转，因此通过探测天体中微子可以直接获取高能天体源的各种信息。2002年R.**戴维斯**和**小柴昌俊**因为在探测宇宙中微子方面的贡献获得了诺贝尔物理学奖。

①原初中微子。它是宇宙早期大爆炸过程中产生的中微子。在宇宙早期极高温的环境中，中微子可以与其他粒子达成热平衡。随着宇宙膨胀降温至1兆电子伏左右，弱相互作用不足以维持中微子的热平衡，中微子从热辐射中退耦，形成类似微波背景辐射的各向同性中微子背景。中微子背景的等效温度可以通过微波背景辐射的温度求得，大约为1.9K（等于1.7×10^{-4}电子伏）；如果只考虑左手中微子和右手反中微子两个自由度，它们今天的数密度大约为112厘米$^{-3}$。20世纪80年代天文学家曾经尝试用中微子解释观测到的**暗物质**。这要求中微子至少需具有几十电子伏量级的质量，这明显与实验观测不符。并且原初中微子运动速度很高，只能作为热暗物质，这与天文观测所要求的暗物质性质不符。由于原初中微子的能量很低，这使得它与普通物质的相互作用极弱，因此很难在实验上被观测。

②超新星中微子。它是由中心塌缩的大质量超新星在爆炸过程中产生的。当一颗恒星质量大于8倍太阳质量时，其燃烧后期形成不同元素的壳层，中心会形成一个铁核心。铁核质量大于钱德拉塞卡极限时，电子简并压也不足以支撑核心引力，核心就会塌缩并爆炸形成超新星。在这个超新星的核心塌缩和爆炸过程中，不同味道的中微子大量产生，其平均能量在10兆电子伏左右。塌缩过程中核心重力自能的绝大部分（约99%）转化为中微子的能量，并且在数秒内释放出去。最后来自恒星内部的激波引起爆发，将外层物质抛出，形成光学可观测的超新星现象。这个过程持续时间可能是小时或者天的量级，即光子信号将比中微子信号更晚被探测到。由于光子和恒星物质的相互作用较强，来自恒

星内部的光子很难逃逸。因此只有中微子可能携带来自恒星内部的信息。

唯一观测到的超新星中微子源是SN1987A，位于大麦哲伦星云，距离地球约50千秒差距。1987年2月23日，神冈、IMB和Baksan实验分别探测到了这次超新星事件对应的11个、8个和5个中微子事例。这些事例主要是反电子中微子事例，能量为几兆电子伏到几十兆电子伏，分布在一个10秒左右的时间段内。根据实验结果可以反推超新星爆发能量约为3×10^{53}尔格。以上这些特征都符合中心塌缩超新星理论的预言。

银河系范围内单个超新星爆发事件虽然很稀有（平均每世纪1～2次），其具体发生时间不可预计。但在宇宙更大的时空范围内曾经发生过很多次超新星爆发事件，它们发射出的中微子积累为一种弥散超新星中微子背景，能量从几兆电子伏到几十兆电子伏。由于这种中微子背景流强较弱，尚未被实验探测到。

③高能中微子。在高能天体源（如活动星系核或γ暴）或宇宙空间中高能宇宙线通过质子-质子、质子-光子碰撞产生介子，然后介子会衰变产生高能中微子。在源处三种中微子初始流强比一般为$\varphi_{\nu_e}:\varphi_{\nu_\mu}:\varphi_{\nu_\tau}=1:2:0$。通过长距离的真空振荡，到达地球的三种味道中微子流强比应为1:1:1。许多高能天体源产生的中微子可能形成一个弥散天体中微子背景，其能谱在几十太电子伏以上的能区可能是$\sim E^{-2}$的幂律谱。而相应能区的大气中微子流强衰减的很快，因此非常有利于探测天体中微子。2014年，冰立方实验组通过分析3年的运行数据，宣布在5.7σ的置信度上发现了高能天体中微子，实验一共收集到了37个候选事例，能量从30太电子伏到2拍电子伏。

极高能宇宙线在宇宙空间传播时可能与微波背景辐射的光子发生碰撞，因此其传播距离是有限的。如来自100兆秒差距外的质子流强在3×10^{19}电子伏能量以上将迅速下降，这就是所谓的GZK截断。高能宇宙线与微波背景辐射光子的碰撞过程中可以产生极高能中微子被称为GZK中微子。但实验上尚未确认发现GZK中微子。 （毕效军 殷鹏飞）

宇宙加速膨胀 cosmic accelerated expansion 通过观察超新星爆发发现的宇宙膨胀变得越来越快的观测事实。自E.P.哈勃发现宇宙膨胀以来，人们一直理所当然地认为，由于星系之间通过**万有引力**互相吸引，宇宙的膨胀必然会变得越来越慢。但出乎所有人意料，1998年两个超新星观测小组通过测量遥远的Ⅰa型超新星爆发，分别独立发现宇宙的膨胀正变得越来越快。这与万有引力是吸引力的经验事实明显不符。宇宙加速膨胀的发现震惊世界，影响深远。到底是何种神秘力量推动宇宙加速膨胀？主流的看法是，宇宙中存在一种特殊的能量组分，所产生的万有引力不是吸引力，而是排斥力，当它主导宇宙演化时，就可推动宇宙加速膨胀。这种能够产生排斥性万有引力并导致宇宙加速膨胀的能量组分被称为“**暗能量**”。在**广义相对论**中，引力场的源除了能量密度之外，还有压强。如果场源的压强是负的，则所产生的万有引力就有可能是排斥力而不是吸引力。因此暗能量是一种具有负压强的能量组分。

宇宙学常数是暗能量的头号候选者，它等效于空间本身具有的均匀的能量密度。在自然单位制中，它的压强等于密度的负值，因此宇宙学常数可自然地解释宇宙的加速膨胀。但宇宙学常数在理论上存在困扰人们已久的疑难问题，仍然没有被解决。暗能量也可能源于某种空间分布均匀的标量场。如果暗能量是一种弥漫在整个宇宙中的均匀的场，则它就不可能始终保持为一个常数，而是随着宇宙的膨胀非常缓慢地发生变化。自从宇宙加速膨胀发现以来，物理学家已提出了很多暗能量的候选模型，并不断利用最新观测数据对它们进行检验。还有一种观点认为，宇宙加速膨胀可能源于爱因斯坦引力理论在宇宙大尺度上变得不再正确，如果对引力理论进行修改，也可在不引入暗能量的情况下解释宇宙加速膨胀现象。宇宙加速膨胀仍是科学界的一大未解之谜。 （张 鑫）

宇宙轻子数产生 cosmic leptogenesis 轻子数不对称的产生机制的一种有待检验的模型。根据粒子物理标准模型理论，每种轻子携带一个单位轻子数，反轻子携带负的轻子数。对于粒子物理标准模型的物理过程，总轻子数是守恒的（见**轻子数**）。根据宇宙学大爆炸理论，如果原初宇宙是从高温的真空中来，则有理由认为原初的物质和**反物质**是等量的。也就是原初宇宙有等量的重子数、反重子数和等量的轻子数、反轻子数，因此期待宇宙早期总重子数和总轻子数应该是零。

通过对宇宙早期原初核合成过程以及随后的复合过程的实验观测表明，当时宇宙总重子数密度（重子数密度减掉反重子数密度）为宇宙中光子数密度的十亿分之一（明确不为零），满足原初核合成和复合过程需要的物质、反物质不对称性（即物质多于反物质）。这即需要某种重子数生成的机制产生出来这一不对称性。另一方面，至今观察到和直接接收到的宇宙中的发光物质基本是物质而不是反物质。

尽管原初核合成中并不涉及轻子和反轻子数之间的不对称性，但如果重子数密度和轻子数密度之间能够直接联系，从而可以通过宇宙在更高能标（高温）时生成的轻子和反轻子之间的不对称性，来造成重子和反重子之间的不对称性。这样宇宙轻子数的产生可以导致**重子数产生**。这一机制是解释宇宙学中物质反物质不对称性的一种方案。由于标准模型中总轻子数是守恒的，宇宙轻子数的生成需要超出标准模型的新物理。

在众多的标准模型扩展方案中，宇宙轻子数产生方案是通过引入新的**马约拉纳中微子**（这一新的中微子其自身是自己的反粒子）来实现轻子数破坏，同时解释中微子的微小质量。如果它有质量，它的质量是破坏轻子数的，而这样马约拉纳中微子可以衰变到轻子，也可以衰变到反轻子。如果马约拉纳中微子衰变到轻子的产率大于反轻子的产率，就有可能导致宇宙中存在更多的轻子。

为了实现马约拉纳中微子衰变到轻子的产生率大于反轻子的产生率，需要两个条件：衰变过程中存在电荷共轭（C）和电荷共轭-宇称（CP）的破坏（**CP破坏**），而且轻子和反轻子衰变过程存在某种联系。在轻子衰变过程中，反轻子的效应存在于量子辐射修正中，从而导致量子相干。在反轻子衰变过程也存在类似效应。电荷共轭破坏导致不同手征性的轻子和反轻子密度有所不同，CP破坏则直接导致轻子衰变中的量子相干和反轻子衰变中的量子相干存在相反的相，造成电荷共轭的不对称性，成为轻子不对称性的来源。

通常所谓的热轻子生成机制中，马约拉纳中微子一般质量比较大，为10^{12}～10^{16}个质子质量，这决定了马约拉纳中微子在宇宙膨胀中脱离热平衡的温度。在高于马约拉纳中微子质量的温度时，马约拉纳中微子和其他标准模型的粒子处于热平衡中。到了马约拉纳中微子质量的温度范围，如果马约拉纳中微子的寿命远大于这时的宇宙膨胀的时间标度，就会产生脱离热平衡的残余马约拉纳中微子。残余马约拉纳中微子衰变到轻子的概率比反轻子的概率大，同时由于偏离热平衡，衰变的逆过程发生的概率很小，不会冲洗掉已经生成的过量轻子。随着温度的降低，生成的过量轻子数在电弱相变（大约100个质子质量）过程中，由于量子手征反常和真空拓扑效应，转化成重子数，导致原初核合成时期所需要的重子数密度。

上述机制不仅解释了宇宙中的**强子**产生，而且也解释了重子的产生。重子不对称的产率强烈依赖于CP不对称的强度和中微子衰变逆过程的冲洗效应大小。CP不对称的强度直接联系到中微子质量矩阵。由于马约拉纳中微子同时要解释中微子质量的来源，这对CP不对称的强度造成一定的限制。同时冲洗效应也很重要，需要考虑。如果冲洗效应比较强，即使CP不对称的强度很强，也可以被冲洗掉。如果冲洗效应很弱，则不利于极高能量下马约拉纳中微子和标准模型粒子之间处于热平衡，不能产生足够的CP不对称性。

相比其他可能的宇宙重子生成机制，上述机制的优势明显。但由于该机制的重要过程发生在很高的能量（温度）尺度，并且马约拉纳中微子很重，当前的天文观测和实验条件检验这一机制还不容易。尽管在未来的实验中可能探测到中微子CP破坏效应，但是仍难将低能中微子CP破坏和高能标轻子生成直接联系，除非中微子质量矩阵存在某种对称性。

最后应该指出，还存在其他的轻子生成机制，其中马约拉纳中微子的质量可以降低到对撞机实验可以探索的尺度，甚至马约拉纳中微子可以不存在，这时需要利用其他的轻子数破坏效应来实现轻子数的产生。在所有的这些机制中，可以在现有的实验尺度检验轻子数破坏效应，如**无中微子双β衰变**。在可见的未来这一过程的发现将对轻子数破坏的检验至关重要。

（于江浩）

宇宙微波背景辐射　cosmic microwave background radiation　在宇宙复合过程中残余下来的热辐射。在大爆炸理论中，随着宇宙的膨胀，温度在不断降低。当温度降到大约4000开（大约0.35电子伏）时，质子和电子开始复合成中性氢，自由电子的数密度迅速减少，光子与电子的散射概率随之降低。当温度降到大约3000开（大约0.26电子伏，相应的红移大约为1100，相应的宇宙年龄大约为37万年）时，由于宇宙的膨胀，光子与电子不再产生相互作用，光子的平均自由程大于哈勃尺度，宇宙变得透明。这些光子经过大约138亿年到达探测器，温度变成大约2.73开，从各个方向到达探测器的光子来自一个红移为1100的最后散射面。宇宙微波背景辐射在宇宙任何空间和任何方向测量都有相同的温度，这与宇宙学原理是一致的。

1964年美国贝尔实验室的无线电工程师**A.彭齐亚斯**和**R.W.威耳孙**在测试卫星通信实验时意外地发现，在频率为4080兆赫上存在一个额外且没有时间变化的各向同性的微波背景辐射。这正是大爆炸宇宙学残余下来的宇宙微波背景辐射，他们因这一重大发现获得了1978年诺贝尔物理学奖。宇宙微波背景辐射的发现有力地支持了宇宙学原理，支持了大爆炸理论。1989年11月18日美国航空航天局发射了宇宙背景探测器（COBE）卫星来探测宇宙微波背景辐射的性质，取得了两个重大发现：第一个是宇宙微波背景辐射在相当宽的波段范围是一个非常完美的黑体谱，相应的温度大约为2.73开，这表明光子在复合之前与重子处于热平衡，与大爆炸理论的预言非常吻合；另一个是宇宙微波背景辐射的温度在不同方向存在十万分之一的涨落，这表明宇宙早期物质分布存在微弱的涨落。这两个重大发现使得两个研究组的首席研究人员**J.C.马瑟**和**G.F.斯穆特**获得了2006年诺贝尔物理学奖。继COBE卫星之后，有一系列地面的、气球承载的和空间的实验在不同尺度上探测宇宙微波背景辐射的各向异性。

宇宙微波背景辐射的各向异性在现代宇宙学中扮演着重要的角色。各向异性的物理起源仍然是一个开放的研究课题。主流观点认为，各向异性来自宇宙极早期的暴胀过程，暴胀预言的原初标量扰动（也称为原初曲率扰动）和原初张量扰动（也称为**原初引力波**）导致了宇宙微波背景辐射的温度涨落和极化。在标准宇宙学模型中，给定宇宙学参数的值，通过联合求解扰动的爱因斯坦场方程、非相对论物质的扰动的能动张量协变守恒方程和相对论物质的扰动的玻尔兹曼方程，可以数值计算宇宙微波背景辐射的温度和极化的角功率谱。但这里也需要考虑宇宙再电离和弱透镜效应对角功率谱的影响。通过数值计算并与实验数据比较，就可得到宇宙学参数的拟合值。尤其是美国航空航天局2001年6月发射的威尔金森微波各向异性探测器（WMAP）卫星提供了精确的实验数据，给出完美的宇宙学参数手册，把宇宙学带入了精确时代。对宇宙微波背景辐射温度的角功率谱的测量已经给出很高的精度，但仍未探测到原初引力波引起的B模极化。

（郭宗宽）

宇宙线　cosmic ray　泛指一切来自地球之外的高能粒子、高能γ射线乃至现在还未知的各种粒子，比如可能存在的**暗物质**粒子等。已知的宇宙线主要由原子核构成，86%为氢原子核（质子），12%为氦原子核，1%为碳、氮、氧及铁的原子核，还有1%的电子，是**初级宇宙线**。附图给出了太阳系和宇宙线各个元素的相对丰度的比较。质子、氦核和电子在宇宙的早期生成，是宇宙可见物质的主要构成材料；碳、氮、氧和铁等则来自恒星演化。初级宇宙线在传播过程中，与气体尘埃、背景光子场和磁场作用，可以产生γ射线、中微子、正电子、反质子等**次级宇宙线**，但它们只占宇宙线总量的0.1%。早期的研究中，人们受X射线、γ射线性质的影响，**R.A.密立根**以为这种能电离空气的来自地球之外的辐射也是一种电磁辐射，因而为它取名为宇宙射线（简称宇宙线），并一直沿用至今。

银河系宇宙线的数密度约为10^{-9}/厘米^3，能量密度约为1电子伏/厘米^3，与银河系磁场的能量密度相当。宇宙线粒子的能量主要分布于10^9～10^{20}电子伏。其中低于10^9电子伏的宇宙线，一些人称之为低能宇宙线；10^9～10^{12}电子伏的称为高能宇宙线；10^{12}～10^{15}电子伏的称为甚高能宇宙线；10^{15}～10^{18}电子伏的称为超高能宇宙线；大于10^{18}电子伏的称为极高能宇宙线。需要注意的是，γ射线和中微子等的各种类似名称会对应不同的能量范围，基本表现为幂率谱。宇宙线的寿命大约为10^7年，根据银河系的体积，可以估计出银河宇宙

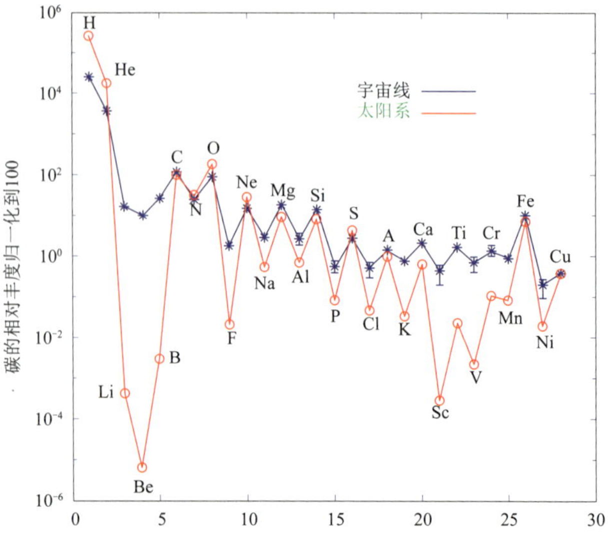

太阳系和宇宙线各个元素的相对丰度比较

线的总功率大概为10^{41}尔格/秒。宇宙线的起源、加速和传播问题是宇宙线研究的基本问题。当前，所观测到的最高宇宙线粒子的能量达到3×10^{20}电子伏，约50焦耳。如此高能的粒子是从什么地方，又是如何被加速到这样的能量的是人们极为关心的科学问题。在这样的能量下，已知物理学基本规律在此能量下是否还成立也是重要的科学问题。此外，次级宇宙射线粒子包含了原初宇宙线与环境相互作用的大量信息，这些信息对于量子引力、天体物理学和宇宙学研究有重要意义。

（胡红波）

宇宙线的观测 cosmic ray observation 通过测量各种粒子辐射，探索天体物理和粒子物理新现象的行为。宇宙线的观测和发现源于20世纪初叶对大气导电率的研究，人们发现密封容器内验电器会发生自发放电。很多欧洲和北美的物理学家都为大气电离研究做出过重要贡献，他们在地面上、隧道里、海面上、海水下、铁塔上、高山上以及高空气球上进行了测量。其中集大成者是奥地利的物理学家V.F.**赫斯**。赫斯设计的验电器使用了3毫米厚的铜壁以承受高海拔的条件。1911～1913年，他带着验电器做了10次气球飞行。1912年8月7日的决定性飞行中，赫斯的实验揭示出高海拔空气电离率有显著加强的现象。1个月后，赫斯在德国明斯特的一个会议上报告了他的结果："这次观测结果可能最容易的解释是假设有穿透能力很强的辐射自上而下进入大气层，并且仍能够在低海拔的密闭容器中产生部分观测到的电离。"赫斯的实验是发现宇宙线的标志性发现。赫斯为此获得了1936年的诺贝尔物理学奖。

发现宇宙线之后，开始使用新发展的粒子探测技术，对宇宙线开展了系列的研究。通过所观测到的宇宙线强度的东西不对称性，意识到宇宙线主要为带正电荷的粒子，地磁场的偏转效应导致东西方向的宇宙线粒子轨迹发生了不对称的改变。实验发现，分布在不同位置上的探测器可同时探测到宇宙线，由此意识到宇宙线具有广延的性质，并最终理解到这是由于原初宇宙线在大气中与气体物质发生反应，产生次级粒子，而这些次级粒子继续与大气相互作用，又产生新的次级粒子，如此级联簇射，可散布在一个方圆几百米的范围内。此外，通过宇宙线实验，还发现了正电子、μ子、π介子、K介子、奇异重子、重核子等许多"基本粒子"，这些发现为粒子物理的发展奠定了基础。20世纪中后叶，通过太阳中微子和大气中微子实验，发现了不同种类的中微子具有可以互相转化的性质（**中微子振荡**），这是宇宙线对粒子物理研究所做出的新贡献。

宇宙线流强随能量快速变小。能量每增加10倍，单位能量间隔内的宇宙线流强下降约$10^{2.7}$倍。为此只有较低能量的宇宙线可以通过空间实验进行探测，而高能的宇宙线则需要通过地面探测器进行测量。宇宙线观测实际上就是针对各种粒子或辐射，测量它们的原初方向分布、时间分布和能量分布，从中寻找宇宙线的起源，研究宇宙线的加速机制和宇宙线的传播规律，探索天体物理和粒子物理的新现象。

空间实验包含气球实验、卫星实验和空间站实验，受限于空间载荷，空间实验的探测器比较小，一般不超过1平方米的探测面积。由于PeV（10^{15}电子伏特）宇宙线的流强是一年一平方米一个，空间实验的观测能量最大不超过1PeV。空间实验直接探测未与大气发生反应的宇宙线，通过粒子谱仪和量能器等粒子探测器，可以测量原初宇宙线粒子的电荷，从而确定粒子种类、能量和方向信息。

地面实验通常测量宇宙线与大气发生反应之后产生的次级级联簇射粒子，或它们所产生的大气**切伦科夫辐射**（切伦科夫光），或激发大气分子所发出的荧光信号。级联簇射过程中高能次级粒子会产生多个低能次级粒子，使粒子数量不断增加。但次级粒子随能量减小和电离能损的加剧作用会导致粒子数减小，竞争的过程使次级粒子数量在某个大气深度处达到极大，这个位置被称为簇射发展极大位置，在此位置观测可以获得最高的观测效率。但簇射极大位置依赖于原初宇宙线粒子的能量，PeV宇宙线的簇射极大位置约在海拔4000米高度，100太电子伏宇宙线约在5000米海拔高度。这也是地面宇宙线观测需要到4000米以上海拔的原因。地面实验可以通过测量簇射粒子在观测平面上的位置分布信息，估计出原初宇宙线的能量，通过测量簇射粒子在观测平面上的时间分布，估计出原初宇宙线的方向。大气簇射阵列实验的优点是全天候，可同时观测很大的空间区域，缺点是角度和能量分辨率比较差。

簇射中的接近光速运动的带电粒子在大气中能产生切伦科夫光，可用大气切伦科夫成像望远镜来观测。大气切伦科夫光与次级簇射粒子间的夹角不过1°，具有很好的方向性，可以用来测量原初宇宙线的方向。大气切伦科夫光主要来自簇射发展极大位置处的次级粒子，因而可以用来准确地测量原初宇宙线粒子的能量，但缺点是切伦科夫光子数很少，只能在无月的夜晚进行观测，且现有的望远镜技术一次只能观测一个很小的空间区域。

簇射粒子还能激发大气中的氮分子发出荧光，这些光子也包含能量信息和方向信息，该类实验的优点是具有很大的观测面积，但由于荧光没有方向性，可供观测的光子更少，因而只有极高能宇宙线事件适合用这个方法进行观测。地面实验通常通过联合测量多个簇射参数以确定原初宇宙线的种类。另外，这个方法也正为试验性的空间实验所采用。2016年，俄罗斯发射的一颗卫星上载有一台大气荧光望远镜，从空中探测极高能宇宙线在大气层中产生的荧光。

宇宙线实验的观测方法极为广泛，高能中微子的观测就是通过探测布置在海面或南极冰下几千米的光电倍增管，探测次级簇射粒子在水中或冰中产生的切伦科夫光来实现的。长期以来，人们还探索级联簇射粒子在大气中、在冰里或盐层里所发出的射电信号来进行探测。甚至还有人探索把声呐装置放在海水里探测因宇宙线簇射的次级粒子发出的声音信号。

（胡红波）

宇宙线的起源和传播 origin and propagation of cosmic ray **宇宙线**研究中的基本问题。尚未得到很好的解决。宇宙线起源于剧烈的天体演化（比如超新星爆发、微类星体和活动星系核的吸积、**γ射线暴**等）并被其产生的激波所加速。激波是由剧烈爆发过程所产生出来的超声速物质与环境中的介质相撞时挤压而成。在这高速运动的薄层里，高温高压使物质电离成为含有湍流的等离子体。当一个带电的粒子和这个激波面相碰时，会有一定的概率被激波里的无规磁场反弹回去。在质心坐标系里这是一个弹性的散射，但在实验室坐标系里则是激波把一部分机械能传递给了粒子，使粒子得到了加速。加速后的粒子会飞向远处，但由于普遍存在的磁场，一部分粒子又会回转过来，被激波再次加速。正是由于再次加速的只是部分的粒子，其他粒子已经逃逸出加速区。高能的粒子就越来越少，其能谱将呈现幂率谱的形式。尽管描述具体过程的数学方程有些复杂，但其最重要的一个特性也可以有个很简单的描述。与粒子物理实验室中的加速器类似，宇宙粒子加速器能够加速的最大粒子的能量正比于被加速粒子的电荷、宇宙加速器的磁场强度、加速器的尺度和激波面的速度。这个关系最早由A.M.希拉斯指出。根据这个关系，**极高能宇宙线**的候选源应该是河外的一些天体，艾电子伏（10^{18}eV）能量以下的源可以是来自银河系内的天体。此外，太阳表面和行星际空间的激波可以把宇宙线加速到吉电子伏能量，而这些太阳高能粒子事件已多次被观测到。

对银河系宇宙线的传播已有系统的研究，但由于对有关磁场和星际介质分布认识得不完备，仍存在细节上的不确定性。针对带电粒子构成的宇宙线，其传播可以在最简单的近似下用一个扩散方程来描述。银河系磁场形成了一个包裹着银盘的“扁箱子”，把宇宙线束缚在里面，但通过箱子的边界，大量的宇宙线仍会泄漏（或扩散）出去。泄漏或扩散的速度与能量有关，高能的快而低能的慢。宇宙线的扩散系数张量和各处的磁场直接关联。在传播过程中，宇宙线还会因为电离或库仑散射而损失能量，也会因为和环境中的电磁波的相互作用而获得能量。此外，宇宙线在传播过程中和星际介质发生反应可以产生**初级宇宙线**中所不包含的锂、铍、硼和亚铁元素（锰、铬、钒、钛等）等**次级宇宙线**粒子。正是通过这些元素的丰度和能谱的测量，人们发现宇宙线的平均寿命大概是千万年，而且发现在此期间，它们仅有三分之一的时间处于银盘里，其他时间则在物质稀少的银晕里。通过测量弥散γ射线的能谱，可以推算出和星际介质发生反应的宇宙线的流强，从中我们可以得到宇宙线在银河系各处的分布信息并发现宇宙线在银盘各处的分布还是相当均匀的，差别应在一个量级以内，这也表明宇宙线在银河系内的传播还是比较有效的。

由于99%的宇宙线粒子为带正电的原子核，银河宇宙线在泄漏（或扩散）的过程中伴随有电荷的流动，会产生宏观的电流和宏观的磁场。银河宇宙线的能量密度与银河磁场的能量密度几乎相等，约1电子伏/厘米^3，这或许表明宇宙线和银河磁场间存在某种作用和关联。如同运动的空气会产生风，运动的宇宙线会导致宇宙线强度的各向异性。太电子伏（10^{12}eV）～拍电子伏（10^{15}eV）能区宇宙线各向异性的测量不断取得新结果，为研究银河宇宙线的整体运动带来了新的信息。根据各向异性推测的宇宙线流动及其所产生的银河系磁场在形态上与观测到的银河系大尺度磁场有相似的结构，这是一个有趣的情况。

（胡红波）

宇宙线物理 cosmic ray physics 研究**宇宙线**的物理学分支学科。宇宙线是来自太阳系外唯一的物质样本，是连接无穷大宇宙和无穷小粒子的桥梁，是理解物质大尺度结构及其演化，理解微观粒子的复杂多样性及其相互作用的重要手段。尽管世界上最大的强子对撞机（LHC）加速器可以把质子能量加速到7太电子伏左右，但与自然的加速器相比，最大加速能量仍相差千万倍的量级。有关宇宙线起源、加速和传播问题是当今基础科学的前沿问题。此外，宇宙线及其相关研究也是研究极端条件下天体辐射和演化，研究星系际电磁辐射背景，间接暗物质粒子探测及研究宇宙演化的重要手段。宇宙线研究将对太阳高能活动及空间气象监测和预报发挥重要的作用。

宇宙线起源和加速研究　由于银河宇宙线的功率和成分，人们普遍认为，银河宇宙线主要来源于超新星爆发以及爆发后形成的超新星遗迹上的扩散激波，最大加速能量可以达到拍电子伏（10^{15}eV），形成了宇宙线能谱“膝”结构。根据近几十年γ射线观测的研究发现，银河宇宙线的候选者应该还包含诸如脉冲星云、γ射线双星、微类星体、OB星协、恒星形成区以及银心黑洞等天体。观测这些银河系天体在太电子伏～拍电子伏能区的γ射线辐射，为发现银河宇宙线的加速源并研究其加速机制具有重要意义。

由于宇宙线能谱在拍电子伏处发生拐折，而后在艾电子伏（10^{18}eV）能量又变得平坦，人们一般认为艾电子伏以上的宇宙线来自银河系外。活动星系核（AGN）和γ射线爆（GRB）是最可能的候选源。

银河宇宙线的传播研究　银河系普遍存在微高斯强度的磁场，宇宙线受此磁场偏转失去了源的方向，主要通过扩散过程进行传播，表现出高度的各向同性。由于存在密度梯度及各地磁场结构的差异，宇宙线强度表现出微弱的各向异性。精确测量宇宙线的各向异性对于宇宙线传播模型的研究具有重要意义。

在传播过程中，银河宇宙线会与物质尘埃和背景光子场发生作用，产生包括正负电子、反质子、γ和中微子等次级粒子，重核会碎裂成轻核，如硼等。电子在磁场中通过同步辐射或逆康普顿过程辐射γ光子。观测太电子伏～拍电子伏能区原初宇宙线能谱、次级粒子和原初粒子比、电子能谱和弥散γ射线的辐射对于研究银河宇宙线的传播具有重要意义。

宇宙线能谱的精确测量　自从1958年发现宇宙线全粒子能谱在10^{15}～10^{16}电子伏存在一个“膝”的结构以来，“膝”的成因一直是宇宙线物理中的一个重要的研究课题。精确测量分成分的宇宙线能谱对于揭开这个谜团有重要意义。LHC实验针对宇宙线实验所需要的强相互作用模型问题，在接近束流的方向上开展了LHCf和TOTEM实验，强相互作用模型更加精确，为分成分的能谱测量提供了重要的基础。根据大量地面EAS实验和大气荧光实验的结果，“膝”以上的宇宙线能谱还有丰富的结构，精确测量这些结构并理解其起因对于研究**超高能宇宙线**的起源具有重要意义。

暗物质粒子的探测及基本物理学规律的研究　天文学和宇宙学研究表明，宇宙中存在大量的**暗物质**粒子，在星系的中心区密度尤其高。根据粒子物理的理论，这些暗物质粒子很可能是弱相互作用大质量粒子（WIMP）。WIMP可以通过湮灭或衰变而产生高能γ射线，正负电子或中微子等，并且衰变产物的能谱具有显著的独特结构，可以被宇宙线实验中发现。如果WIMP的质量超过几个太电子伏，地面宇宙线实验将成为主要的探测手段。

量子引力理论尚未成熟，其中一些研究认为量子引力效应会破坏洛伦兹不变性（LIV），导致不同能量的光子在真空中具有不同的速度。通过诸如GRB这样的快速时变现象，可以研究量子引力和LIV效应，最强的模型限制结果来自Fermi-LAT的GRB观测。大视场和全天候实验能有效地监测GRB和AGN的时变，开展量子引力效应和LIV研究。

太阳高能活动及交叉学科的研究　太阳是离人们最近的宇宙线加速源，可以把宇宙线加速到吉电子伏能区。太阳活动导致的高能粒子爆发是很多灾害性空间环境事件的起因。监测太阳系宇宙线强度的变化、研究太阳宇宙线的加速过程，对于宇宙线加速和太阳物理研究具有重要意义。此外，太阳临近范围（1AU）内磁场的变化，不仅可以对磁暴做出预报，还有重要的研究价值。

通过宇宙线与大气物理过程的同步观测，建立大气层过程与效应观测平台，研究大气臭氧层变化、辐射与气溶胶变化，以及云、雷暴、闪电和降水过程及其与高能宇宙射线之间可能存在的关系，是探索中的研究课题，对于国民经济和人类社会发展及安全具有重要意义。（胡红波）

宇宙学 cosmology 把宇宙作为一个整体来研究其大尺度结构形成和特性，以及其起源和演化的学科。宇宙学与天体物理学不同，后者研究的是宇宙中的天体（如星系）的起源和演化。物理宇宙学是物理学和天体物理学的分支，主要运用引力理论来研究宇宙起源、演化和终极命运，以及研究宇宙在大尺度上的特征。

“宇宙学”这一词首次出现于英国T.布朗特于1656年写的《词集》(*Glossographia*)一书中，而且在1731年被德国哲学家C.沃尔夫用拉丁语Cosmologia Generalis采用。虽然宇宙学这个词是最近才有的，但对宇宙的研究已经有很长的历史，它牵涉科学、哲学、神学及宗教。

宇宙的结构及形成自古以来就是人们关心的话题，中外历史上都曾出现过多种宇宙学说。如中国的浑天说、盖天说和宣夜说，古希腊阿利斯塔克提出的日心说、统治中世纪欧洲上千年的地心说、N.哥白尼提出的日心说等。牛顿万有引力定律表明地球上的物体和宇宙中的天体遵从相同的物理规律，这对于物理宇宙学而言是一个巨大的进步。

现代宇宙学是在爱因斯坦**广义相对论**的基础上建立起来的。**A.爱因斯坦**于1917年首次提出宇宙空间均匀且各向同性的假定，并且利用广义相对论提出了静态宇宙学模型，开创了现代相对论宇宙学。

相对论宇宙学可大致分为运动学和动力学模型两个部分。前者以宇宙学原理为基础，利用弗里德曼-罗伯逊-沃克度规来分析、概括宇宙学尺度上的运动学观察事实；后者则要根据宇宙演化各个不同阶段的物质状态来求解爱因斯坦场方程，并进一步说明各种有关宇宙演化的规律性。

为使宇宙保持静态，爱因斯坦在他的场方程中引入了一个相当于斥力的常数项，这个常数只在宇宙学涉及的大尺度上才有明显效应，故称为**宇宙学常数**。同年W.德西特证明这个模型并不是唯一的，他发现一个空虚而膨胀的宇宙同样满足引力场方程。德西特宇宙模型尽管在当时被认为是神秘难懂的，但它在宇宙学后来的发展中起着重要作用。A.弗里德曼于1922年发现只有物质存在的爱因斯坦场方程的膨胀解，G.勒梅特利用这些解最早建立了大爆炸模型的雏形。按照这个理论，宇宙是在过去有限的时间之前，由一个密度极大且温度极高的原初状态演变而来，并经过不断的膨胀到达今天的状态。E.P.哈勃在1929年发现大多数星系谱线的红移（若用**多普勒效应**解释则体现为星系退行速度）同距离大致成正比，现称为哈勃定律。这一观测事实意味着宇宙在膨胀，从而否定了宇宙整体静止的传统观念。哈勃定律的发现使爱因斯坦放弃了他引入的宇宙学常数。耐人寻味的是，这个被宣判已经死亡的宇宙学常数，在爱因斯坦去世半个世纪以后，竟然又作为主宰宇宙加速膨胀的**暗能量**的一种可能性而恢复了“生命”。基于爱因斯坦广义相对论及宇宙学原理的**大爆炸宇宙模型**很好地解释了宇宙的膨胀、演化及大尺度结构形成。大爆炸理论框架下宇宙先后经历了早期暴涨、辐射为主时期、物质为主时期，以及现在的加速膨胀时期。微波背景辐射及宇宙轻元素丰度的观测结果强有力地支持了大爆炸宇宙模型。

如果放弃宇宙学原理，利用广义相对论研究非均匀各向异性的宇宙，则这些宇宙学模型可分成比安基9类模型。结合宇宙学原理及其他非广义相对论的引力理论，则可得到其他的宇宙学模型。

20世纪90年代后，宇宙背景辐射探测器（COBE）、威尔金森微波背景各向异性探测器（WMAP）以及普朗克卫星对微波背景辐射的精确测量，与大尺度巡天、超新星、引力透镜等天文观测把宇宙学带入了精确宇宙学时代。

（黄玉梅　郜　青　龚云贵）

宇宙学常数 cosmological constant **广义相对论**爱因斯坦场方程中的常数项。**A.爱因斯坦**于1917年利用他在1915年提出的广义相对论理论研究整个宇宙的演化规律。由于那个年代普遍认为宇宙是稳定不变的，爱因斯坦当时提出的宇宙模型是一个稳态宇宙模型。要保持宇宙为稳态，就需要克服物质之间的引力作用，在不破坏**广义协变原理**的情况下，爱因斯坦在他的场方程中增加了一个正比于度规的项，其正比系数为一常数Λ。在宇宙学中该常数Λ直接出现在弗里德曼方程中，通常称为宇宙学常数，其引力作用表现为排斥力。1929年E.P.哈勃发现宇宙实际上是膨胀的，在观测上否定了稳态宇宙模型，爱因斯坦因此放弃了宇宙学常数。尽管如此，有人还是经常利用含有宇宙学常数的宇宙模型讨论各种宇宙学问题。自从美国两个超新星小组于1998年发现宇宙现在正处于加速膨胀以来，宇宙学常数作为暗能量的候选者之一更是被大家普遍接受。如果把宇宙学常数当成是真空的能量，并利用普朗克能量作为截断计算得到宇宙学常数对应的能量密度约为10^{91}克/厘米^3。而天文观测发现暗能量的能量密度约为10^{-29}克/厘米^3，即理论计算得到的结果比观测结果大10^{120}倍，此即著名的宇宙学常数问题。

（龚云贵）

宇宙学原理 cosmological principle 宇宙在大尺度（大于几亿光年的尺度）上是均匀各向同性的。即不管是何人身处何地，宇宙看起来都是一样的。宇宙学原理中的观测者是指和宇宙一起运动的共动观测者。从N.哥白尼时代开始到今天，宇宙中没有特殊的优越位置的思想逐渐在现代科学中占据主导地位。宇宙中的任何一个部分在本质上都是等价的，任何方向都是平权的，这个有关宇宙空间和物质分布均匀且各向同性的假设就是宇宙学原理的基本内容。为了纪念否定地球中心说的哥白尼，这个原理也称为哥白尼原理。

A.爱因斯坦于1917年首次提出宇宙空间均匀各向同性的假定，并利用**广义相对论**提出了静态宇宙学模型，开创了现代相对论宇宙学。20世纪20年代A.弗里德曼利用宇宙学原理找到爱因斯坦场方程的一个膨胀宇宙解，这个度规解的形式非常简单，后来H.P.罗伯逊与A.G.沃克基于均匀各向同性的假设推导出罗伯逊-沃克度规。它包含一个表示宇宙空间几何性质的参量k，以及一个描述宇宙时间演化的标度因子。现代宇宙学基本上都是建立在罗伯逊-沃克度规的基础上的。

宇宙学原理的两个可检验的结论是均匀性和各向同性。均匀性意味着空间每一点都相同；各向同性是指从任意方向上都看到相同的宇宙。这是指在典型星系邻域中以该星系平均速度运动的观测者，在可以通过空间坐标转动相联系的任意点上同时观察到相同的结果。由于空间中的任意两点都可以通过一系列的转动变换联系起来，如果宇宙中没有一个特殊的位置，则各向同性就意味着均匀性。

所有的天文观测表明，宇宙中的天体分布在大尺度上是均匀的，且不存在任何明显的不对称性。而对遥远星系和类星体的观测表明，这些天体存在红移，这些红移是均匀且各向同性的，也即在观测者看来，任意方向上的天体都会发生均匀分布的红移，这支持着宇宙在各个方向上看起来都相同这一宇宙学原理。

A.彭齐亚斯和**R.W.威耳孙**于1964年发现来自宇宙的波长为7.35厘米的3.5开微波背景噪声。宇宙背景探测器（COBE）卫星、威尔金森微波各向异性探测器（WMAP）及普朗克卫星对微波背景辐射更加精确的测量表明其温度为2.725开，且温度分布是各向同性的。对微波背景辐射在不同波段上的大量测量结果表明，**宇宙微波背景辐射**在一个相当宽的波段范围内都很好地符合黑体辐射谱，且是高度各向同性的。这些结果都强有力地支持了宇

宙学原理。（黄玉梅　邹　青　龚云贵）

语言声学 acoustics of speech communication　研究语言通信过程中有关语言信号的产生、传递、接收和处理中声学问题的学科。语言声学有时也用于专指有关语音产生过程的声学研究。

发展简史　17世纪末人们就认识到，嗓音是由声带振动对通过声门的气流加以调节产生的。匈牙利工程师W.冯·肯佩伦18世纪曾设计建造了一架会说话的机器，还著有《人类言语机制》一书。稍后德国的生理学家、物理学家H.von亥姆霍兹首先阐明了内耳的耳蜗是如何工作的，他还利用足够数量的音叉使其在选定的一些频率上振动用来合成元音。20世纪30年代利用电子线路制作的连续言语合成器和语音编码装置声码器出现。40年代一种可对声音进行三维频谱分析的仪器——声谱仪问世。这种仪器也叫语图仪。它原是为把语音变成可视的图形，帮助聋人理解电话。这种烧在特殊的热敏纸上的语音的三维谱图叫语图，又称为“可见言语”。语图仪的出现是语言声学发展史上的一个重要的里程碑。此外，自1876年电话发明以来，电话通信的言语可懂度问题和言语知觉研究，受到了声学家、心理学家和电信工程师的普遍注意。实验证明，通过几个小时的训练，使通话人与通信设备取得最佳匹配所得到的通信频率的提高，比一个工程师用几年时间改进传声器设计的效果还好，所以言语通信系统应该包括说话人和听话人在内。由于电子技术、计算技术和信息技术发展所提出的应用要求和技术支持，各种人—机语音通信装置不断得到应用，助听、助讲装置日益推广普及。

研究内容　语言声学的多学科交叉与相互渗透的特征，主要体现在研究内容上。

语音的产生　研究语音发音过程和各种语音产生的机理，不但有助于改善言语通信系统的设计和提高其工作性能，亦是进行语音合成、建造会说话机器所必需的内容。语音产生的过程可分成三部分：①声源激励。发元音和辅音时声带振动。这是由肺部呼出的气流，经声门在伯努利效应作用下，声带作准周期振动，产生脉冲激励。发清辅音的发音器官的某部分在声道中对气流形成阻塞，由于阻塞方式和持续时间的不同，使气流产生各种不同的声激励。②声道滤波。从声门到双唇和鼻孔的声道，在声源激励下，在一系列频率（简正频率）上产生共振，频率与振幅的分布模与声道的形状（发什么音）有直接关系。声道可用多节不同长度和不同截面积的圆管相连接来近似。一般四节就可取得相当好的近似。③声波辐射。声源产生的声波经声道加以频谱成型，再由口鼻的开口向大气中辐射，这便是语音。整个发音过程，从肺提供能源到语音辐射输出，都可采用声学分析和借助声学元件构成的等效电路的方法来加以定量地描述。C.G.M.方特根据语音产生的原理，提出了一个语音产生的模型——声源滤波器模型（见图）。这一模型构成了现代语音信号处理的基础。20世纪80年代方特等又注意到，声源的滤波器（声道）间并不是完全相互独立的，而是存在相互作用的。特别是在声门打开时影响更大。因此，他又将这一线性模型发展为非线性模型。

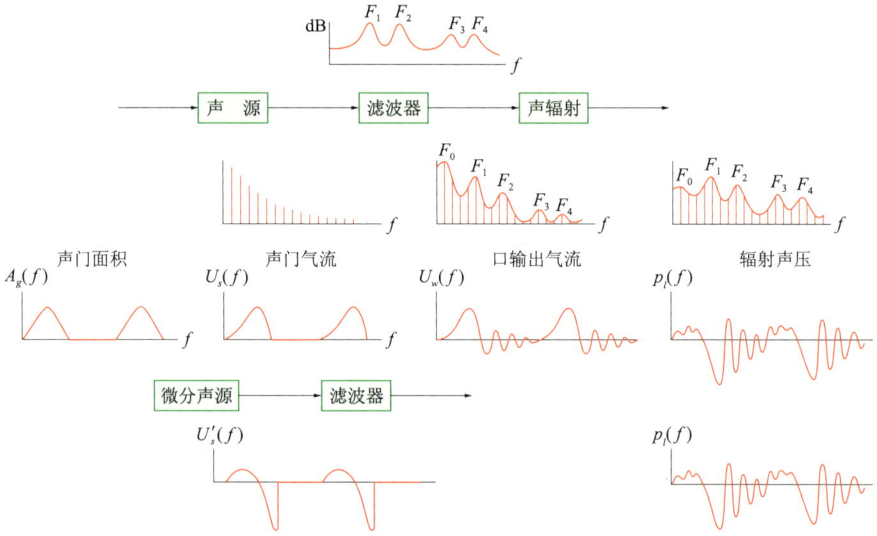

浊音的声源滤波器模型

语音分析　用分析的方法研究语言的自然特性。主要内容包括：①频谱分析。由于自然频率（或简正方式）的概念是对语音的简明描述，加之人耳也是对语音先进行频率分析的，所以语音信息的频率域表示最有用处。通常采用傅里叶变换线性预测分析或倒频谱分析等方法进行短时频谱分析。现已有许多规范化的计算机软件可方便地做此工作。电信工程中常需要某一语种的大多数说话人长时间平均功率谱。以前多采用带通滤波器，其整流后积分时间很长（约1分钟），以便包括连续言语中的停顿以及音节时长变化。②共振峰分析。这是一种特殊的谱分析，目的是从随时间变化的语音信号中确定出声道的复杂的自然频率——共振峰。由于声门激励或鼻通路系统零点对口腔的影响，使得准确提取共振峰比较困难。一般采用语音频谱包络的峰值点作为前几个共振峰的工程近似。但对高元音、高基频的情况，就很难用此法找出第一共振。共振峰带宽也是影响元音音色的重要参数。③嗓音基频分析。声带准周期振动的基本频率是嗓音基频，它的听觉感受为音高。声门波的周期、振幅和波形都是随时间变化的，所以准确、精细地提取嗓音基频非常困难。有许多方法提取基频，用得较多的是倒频谱技术。④发音生理分析。采用仪器设备对发音器官发音时的构造和动态变化进行分析研究。如G.方特根据X射线照相得出了声道面积函数以及声道形状与共振模式之间的关系。此后又发展了一些发音生理分析研究的专用设备。⑤统计分析。语言具有双重属性，即自然属性和社会属性。社会属性在语言交际中起重要作用。采用统计分析方法可定量对语言的社会属性加以描述，同时也可揭示人类语言行为的某些规律。用统计方法研究语言已形成了数理语言学。言语工程中常用的统计数据为各种语言单位独立和联合出现的频率，常用的数学模型为隐马尔可夫模型。

语音合成　人们早就想让机器能说话。8世纪中国唐代将作大匠杨务廉刻木为僧，可发出“布施”的音。匈牙利工程师W.冯·肯佩伦1791年建造并演示了能连续发音的机器。但用现代方法实现语音合成则是在20世纪30年代。第一台由电子线路构造的说话机器是由美国科学家H.W.达德利等于1939年发明的。此后，采用不同方法的语音合成装置不断涌现，主要的类型有：①声学模型参数语音合成。利用声源和声道的声学参数和一系列发音规则对发音过程在声学上进行模拟产生语音。这是自20世纪30年代普遍采用的语音合成方法。它容易用电子线路实现，且输出语音的音质可直接与声学参数联系，方法灵活，适用于各种语音合成。但语音复杂多变，协同发音使得语音之间互相影响，特别是声源特性更为复杂。这种方法产生的合成语音的自然度还不能令人满意。世界上已有许多不同语种的这种类型的合成器，如共振峰语音合成器、线性预测语音合成器等。②发音器官参数语音合成。利用发音器官的生理参数，如声带张力、舌高度和位置、唇开度及圆扁、软腭状态等，在生理上模拟发音过程。由于准确测量生理参数相当困难，因此这种合成方法只在研究阶段，并未建成可用系统。③语音波形编辑合成。利用录音存储经适当选择的语音基元，根据需要将其适当拼接成语音输出。存储的语音基元可是双音、音节，甚至是单词或短语。20世纪80年代出现的基音同步波形叠加技术是这种方法的代表。它可取得较好的自然度，但不够灵活。此外，在语音合成的基础上进一步又发展了把文字文本直接转换成语音的文语转换系统。这就需要对文本进行大范围的语言学和语音学加工，不仅要做出正确的字音转换，而且要判定重音分布和语调模式。文语转换技术已在诸多领域中得到应用。

自动语音识别　简称语音识别。基本任务是建立能准确识别出输入语音信号的语音单元（音素、双音或音节）并按要求给出某种形式的输出系统。如将输入语音转换成文字输出的听写机；将一种语音转换成其他语种的翻译机；将语音指令变成相应动作的控制机器。广义的语音识别也包括能理解连续语音意义的言语理解系统。语音识别系统的复杂程度，直接与它的工作条件有关。自动语音识别早期多采用语音频谱模式匹配方法进行识别。20世纪70年代采用统计方法者以隐马尔可夫模型为代表，成功建立了几个大词汇连续言语识别系统，并使其成为主导方法。此外，还有人工神经网络方法，但未见实用系统问世。

说话人识别　利用语音进行说话人识别有两种任务：①说话人确认。根据说话人已有的语音样本，由识别系统确认一个语音输入（与已有样本的内容相同或不同）是否属于他本人。②说话人辨别。在众多说话人的发音材料中，识别系统根据说话人的语音输入，辨别出他是众多说话人中的哪一个。语音识别利用的是不同说话人发音时的共性特征，而说话人识别则要找出发音时的个人特征加以利用。

语音编码　为提高语音通信的有效性和可靠性，常需要对语音信号进行编码处理，以达到压缩和加密的目的。语音信号处理可在3个层次上进行：①波形处理。基本保持波形不变，如各种声电换能器、脉冲编码调制及数字信号处理。②参数处理。采用语音分析-合成技术，将语音信号分解成某种参数组加以编码传递，在接收端进行解码、合成重建初始语音信号。最常用的有线性预测编码和信道编码，可较大幅度压缩传递的比特率。2400比特/秒的线性预测声码器已经标准化，言语可懂度可接近普通电话（36 000比特/秒）的水平，但自然度稍差。③信息处理。在对语音信号进行全面的语言学和语音学分析（包括语音、词汇、句法、语用和话语分析）的基础上，模拟人类语言交际的编解码过程，有望接近人类信息处理速率的极限（实验表明约为50比特/秒）。现在按概念语音合成、对话系统等均已出现。

言语感知　语音信号是多维的有相互作用的复杂信号。言语感知是一个自适应过程。可将言语感知分成两部分：①外围部分。听觉作为一个声信号的力学-神经换能器。②中枢部分。听音人根据在一定的语言学框架中呈现的声信号所产生的听觉模式进行分类和辨认。

在经典的听觉心理物理资料（如响度、音调、掩蔽、双耳效应等）的基础上，利用语音合成技术进行心理物理实验，得到了元音共振峰的频率差别阈为共振峰频率的3%～5%；共振峰带宽的差别阈为20%～40%带宽；共振峰振幅的差别阈，第一共振峰约为1.5分贝，第二共振峰约为3分贝。人们对语音基频的感知最敏感，基频的差别阈为基频的0.3%～0.5%。采用绝对辨认和相对辨认ABX测试，揭示出第二共振峰过渡对浊塞音（b、d、g）辨认的重要线索。

语音信号在听觉中枢是如何进行处理的还不清楚，什么是言语知觉的基本单元也不确定。从实用的观点来看，清晰度试验和可懂度理论不但可用于评价言语传递系统的工作性能，而且有助于认识影响言语感知的因素。实验表明，词汇大小、语境关系、声调语调都直接影响言语感知。实验导出的清晰度指数AI可用于通过计算（根据传递系统和工作条件的物理参数）预测模拟线性语音通信系统的可懂度。汉语的清晰度指数可参见中华人民共和国国家标准GB/T 15485—1995《声学　语言清晰度指数的计算方法》。（张家騄）

阈效应　threshold effects　系统的某个参数经过某个特定值后，系统发生显著变化的效应。这个特定值称为阈值。如当两个碰撞粒子的对撞能量达到某个阈值时，这两个粒子的散射截面会显著增强。这种现象的原因是在阈值附近，系统具有了新的结构。

一种典型的阈效应是在正负电子对撞机上，当质心系能量接近共振态粒子的质量时，散射截面具有共振峰结构，如图所示。横轴代表正负电子对撞机的质心系能量$\sqrt{s}$，纵轴代表正负电子对撞产生完全强子末态的散射截面与产生正负μ子的散射截面之比R。图中的不同的峰即代表末态产生了新的共振态粒子（由于J/ψ和Υ等共振态的宽度非常窄，这里用红线表示它们的位置，由于分辨率的限制无法标记它们宽度的大小）。如在质心系能量大于10吉电子伏的区域，存在一个（最右边）明显的峰状结构，它代表产生一个传递电弱中性流相互作用的矢量玻色子，而共振峰的中心值约为91.2吉电子伏，正好是该矢量玻色子的质量，即阈值。从图中可以明显地看出，随着质心系能量的增加，开始的时候R值比较稳定，但当接近该矢量玻色子质量时，R值显著增加，当到达该矢量玻色子质量时，R值的大小达到一个峰值，这种效应被称为阈效应。

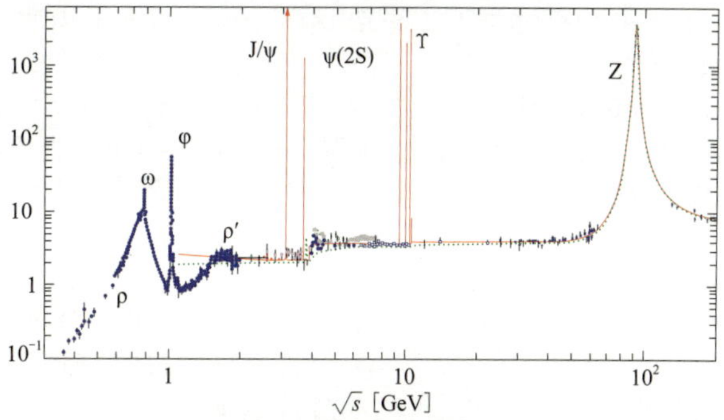

散射截面具有共振峰结构

另一种典型阈效应是，当对撞机上硬散射的质心系能量与产生的粒子的不变质量相当时，由于末态相空间的限制所导致的显著高阶量子色动力学（QCD）效应。如正负电子对撞机上顶夸克对的产生，当质心系能量约为单个顶夸克质量的两倍时，所产生的顶夸克的速度很小，产生截面的高阶精确计算需要运用非相对论QCD的方法，并考虑其他非QCD的效应。又如强子对撞机上轻子对的产生过程，在参与硬散射粒子的质心系能量与末态轻子对的不变质量相当时，散射过程中会辐射出能量很低的不可分辨的低能部分子，使得微扰论固定阶计算的预言趋于发散，给出非物理的结果。此时需要应用专门的量子色动力学重求和方法来得到更可靠的理论预言。（李重生）

元素核合成 element nucleosynthesis 宇宙演化中通过核反应或核衰变产生新元素的过程。核过程是宇宙中除氢以外所有元素赖以合成的唯一机制，在宇宙演化中起极为重要的作用。元素核合成主要包括四大类机制：大爆炸核合成、恒星核合成、宇宙射线引发的散裂过程、重元素核合成。

在大爆炸后10^{-4}秒的时间尺度，夸克和胶子已经凝聚成中子和质子（^{1}H）。大爆炸核合成（也称为*原初核合成*）发生于大爆炸后3分钟左右，该过程中质子和中子合成为氘（^{2}H）、氦-3（^{3}He）、氦-4（^{4}He）、锂-6（^{6}Li）和锂-7（^{7}Li）等原子核。按质量计算，大爆炸核合成使早期宇宙中的气体含有约75%的氢（主要是^{1}H）、25%的氦（主要是^{4}He）和极少量的锂（几乎都是^{7}Li）。

由氢和氦构成的气体在*万有引力*的作用下凝聚形成质量不等的恒星，恒星内部的高温导致热核反应（主要包括氢燃烧、氦燃烧、碳燃烧、氖燃烧、氧燃烧、硅燃烧）发生，把氢和氦合成为更重的元素，这称为恒星核合成。恒星核合成可以产生氦以及从碳到铁这些元素。由于在恒星核合成研究中的杰出贡献，美国科学家W.A.*福勒*获得了1983年诺贝尔物理学奖。

宇宙射线（主要是高能带电粒子）与星际介质发生散裂反应，导致介质中的碳氮氧等较重元素碎裂并产生锂（^{7}Li）、铍（^{9}Be）、硼（^{10}B和^{11}B）。后两者在大爆炸核合成和恒星核合成中都难以产生。奥地利物理学家V.F.*赫斯*因发现宇宙射线而获得了1936年诺贝尔物理学奖。

铁以后的元素统称为重元素，由于受到比结合能和库仑势垒的影响，恒星核合成机理难以产生这些重元素。它们主要是通过小到中等质量恒星内部的慢速中子俘获过程（s过程）以及与大恒星有关的快速中子俘获过程（r过程）产生。此外，快速质子俘获过程（rp过程）和p过程对产生重元素也有一定贡献。s过程和rp过程研究得相对较多，但仍有不少问题需要解决；r过程和p过程的研究非常缺乏。重元素核合成被誉为“物理学11个未解之谜”之一，国际上普遍认为该课题的研究中将孕育重大科学发现。 （郭 冰）

元素周期表 periodic table of elements 按照元素的原子序数从小到大的顺序排成横行，并将同样化学、物理性质的元素排在一个纵列的表。元素按照原子序数从小到大的顺序排列，它们的化学和物理性质具有周期性，这就是元素周期律。横向按原子序数递增，纵列具有同样的化学、物理性质，就形成大体呈长方形的元素周期表。

历史上最早的较完整的元素周期表，是俄国化学家D.I.门捷列夫于1869～1871年根据63种元素的*原子量*顺序排列的。他还预言了表中三个空位所代表的尚未发现的元素的性质，这些元素分别是类铝（镓）、类硼（钪）、类硅（锗），不久它们都先后被发现了，测得的化学与物理性质和门捷列夫预言的基本一致。元素周期表的建立是化学发展史上重要的里程碑。1897年发现电子，1909～1911年发现原子核。1913年确立正确的核式原子结构模型后，同年英国物理学家H.G.J.莫塞莱发现，元素周期表按照原子量顺序排列有三处与元素周期律不一致，即氩（Ar）与钾（K）、钴（Co）与镍（Ni）、碲（Te）与碘（I）的位置颠倒，而按照元素的特征X射线频率规律排列的顺序与元素周期律符合。莫塞莱进一步指出，元素的这种正确排列顺序即原子序数应是该元素原子核的电荷数Z（即质子数）或中性原子的核外电子数。如碳元素的核内质子数是6，它的原子序数$Z=6$。

有各种类型的周期表，现在普遍使用的是长式表，将已发现的118种元素排列成七个周期（横行）九个族（纵列），族数用罗马数字表示。除Ⅷ和0族外，从第4周期开始Ⅰ～Ⅶ族还分为主族（后面加A）和副族（后面加B）。在周期表主体下面另有两个横行是镧系元素和锕系元素，它们均属于ⅢB族。元素的化学和物理性质随原子序数的周期性变化，可以用原子中电子分布的壳层结构的周期性来解释，最外层价电子的个数是决定化学键特性的主要因素。详细的元素周期表中的每一元素的方格内，除给出它的符号、中文与英文名字和原子量外，在右下方还给出原子基态的最外层电子组态。周期表很多元素特别是后面的元素在自然界不存在，是人工合成的。由于周期表能够准确预测各种元素的化学和物理性质，它在化学及其他科学范畴中被广泛使用。 （徐克尊）

袁家骝 Luke Chia-Liu Yuan（1912-04-05～2003-02-11） 美籍华裔物理学家。生于河南安阳，卒于北京。1932年毕业于燕京大学物理学系，1934年获该校硕士学位。1936年赴美入加利福尼亚理工学院研究院研读，1940年获该校博士学位，后留校任物理研究员两年。1942～1946年在美国无线电公司研究所作为物理学家参与研究工作。1946～1949年在普林斯顿大学任物理研究员。1949～1979年在布鲁克海文国立

实验室任物理研究员、高级物理研究员，1979年退休后仍担任该实验室顾问。1954年入美国籍。1972～1973年在法国沙克雷原子研究中心和欧洲核子中心任访问教授。1979年受聘为苏联沙波夫高能物理研究所访问教授。1982年受聘为法国巴黎大学访问教授。1979年受聘为中国科学院高能物理研究所学术委员会委员。1981年受聘为中国科学技术大学名誉教授。1983年受聘为中国台湾同步辐射研究中心董事会主席。1984年受聘为南开大学名誉教授。

袁家骝的研究工作涉及高能物理、高能加速器和粒子探测系统、宇宙线、无线电定向探测、调频雷达系统等。他在普林斯顿大学时，用自动跟踪设备和分析系统探测分析宇宙线，对其中中子的高度分布做了精心的研究，第一个证明了地球上空中子不是来自太空，而是*初级宇宙线*在大气中产生的次级粒子。1949年布鲁克海文国立实验室建造3吉电子伏高能质子加速器，袁家骝负责设计并建造了国际上第一个特殊高频系统（要求频率在1秒内增加13倍）；1953年这台当时全世界能量最高的质子加速器运转成功。他用π-p散射第一个证明了π介子和质子有共振现象。他测定了K-p反应截面和能量的关系。他是最早将电子学运用于高能粒子探测的一批物理学家之一，还是早期运用闪烁计数器描迹仪和用自动化方法收集数据较有成效的研究人员。1967年开始，袁家骝利用高能质子、介子和电子做实验，证实了在X射线区域内，任何粒子产生出来的穿越辐射X射线总能量同这粒子的能量成正比等特殊性质；后来对这种*穿越辐射探测器*又做了改进，利用超低温金属颗粒（过热超导颗粒，约15微米大小）能同时作穿越辐射的产生和探测的性质，增强了这种探测器的实用性。

袁家骝于1964年编著了《物质的本性：高能物理学的目的》，又和*吴健雄*于1961年合作编著了《实验物理学方法·原子核物理》。

1972年获美国古根海姆奖金。

（姚蜀平）

原胞 primitive cell *晶格*的最小周期性单元。用来描述晶格的周期性。又称初基原胞。

原胞是晶体中最基本单元。每个阵点(格点)的位矢可表示为：$\boldsymbol{R}_n=n_1\boldsymbol{a}_1+n_2\boldsymbol{a}_2+n_3\boldsymbol{a}_3$。这里$n_1$、$n_2$、$n_3$是一组整数，$\boldsymbol{a}_1$、$\boldsymbol{a}_2$和$\boldsymbol{a}_3$是三个不共面的基矢。以基矢为棱边的平行六面体称为原胞。其基本特征是：原胞是晶体结构的最小重复性单元，体积最小；一个原胞内只含一个格点。原胞的选取方式可有多种，但体积相等。

（施宏龙　王文忠）

原胞基矢　primitive vector　形成*原胞*的三个棱边矢量。一般用$\boldsymbol{a}_1$、$\boldsymbol{a}_2$和$\boldsymbol{a}_3$表示。

（施宏龙　王文忠）

原初核合成　primordial nucleosynthesis　宇宙温度从10^{10}开降到略低于10^9开这段时间内，宇宙中氢、氘、氦-3、氦-4、锂-7等轻元素的原子核经核反应而合成的过程。这些原子核几乎都在宇宙演化的最初三分钟内产生出来。原子核物理学告诉我们，原子核中核子的结合能大约为1兆电子伏，因此当宇宙的温度高于1兆电子伏(约10^{10}K)时，中子与质子丰度相等并且几乎为重子数的一半，其他元素的丰度几乎为0。当所有由弱相互作用产生的反应率低于哈勃膨胀率时，中子-质子比冻结在1/6附近。由于中子衰变及破坏平衡的弱转变，这个比值在温度略低于10^9K时进一步降低为1/7左右，中子数密度约为1/8。此时因为氦-4是单位核子结合能最大的轻元素，作为一个良好的近似，所有中子都组成了氦-4。因为氦-4由两个质子和两个中子构成，氦-4占的重量比例等于由中子组成的所有核子比重的两倍，其丰度为2×1/8=1/4。所以宇宙中的元素主要由75%的氢及25%的氦-4组成。

20世纪40年代G.*伽莫夫*、R.阿尔菲与H.贝特等在大爆炸理论框架下提出了原初核合成理论，计算各种核子丰度的关键参数是重子与光子数目比值。对这些理论结果进行观测检验的困难在于：在这些元素的原初核合成之后，宇宙继续演化了上百亿年，其间恒星的不断形成及死亡会改变这些元素的含量。因此要检验原初核合成理论，则必须通过各元素含量现在的观测值来推断它们受恒星演化影响前的原初值。显然要做到足够精确并不是一件很容易的事情。经过多年努力，天文学家还是得到了一系列肯定的结果，很好地验证了原初核合成理论。附图是理论与观测值的比较（黄色阴影带部分为观测与理论相符合的区域）。

根据核物理和粒子物理，当宇宙的温度高于1兆电子伏时，质子和中子可通过

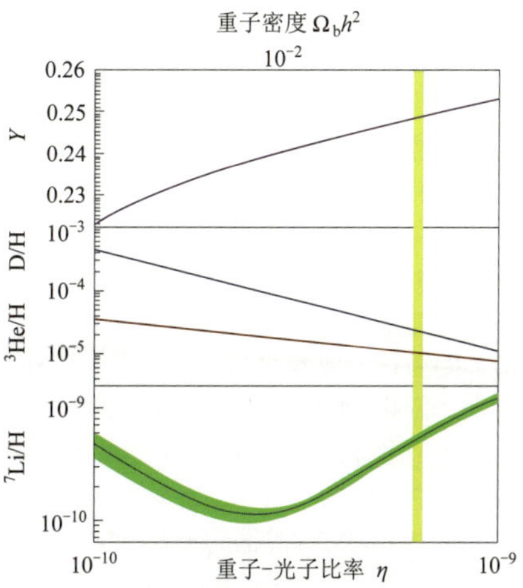

原初核合成理论与观测曲线

这些弱相互作用过程互相转换：

$n+\nu_e \rightleftharpoons p+e^-$，$n+e^+ \rightleftharpoons p\bar{\nu}_e$，$n \rightleftharpoons p+e^-+\bar{\nu}_e$

当温度低于1兆电子伏后，则更重的原子核通过这些两体反应链产生：先是产生氘核，$p+n\rightarrow d+\gamma$，然后产生氚核及氦-3，$d+d\rightarrow {}^3H+p$，$d+d\rightarrow {}^3He+n$，最后产生氦-4，$d+{}^3H\rightarrow {}^4He+n$，$d+{}^3He\rightarrow {}^4He+p$。形成氦核之前必然要先形成中间产物氘核。核合成发生前，宇宙的温度很高，所以光子的能量高于氘的束缚能，任何氘在形成后会立刻被毁掉，此情况称为氘瓶颈。从而氦-4的形成要等到宇宙变得足够冷才能使得氘能够存活。所以在处于热平衡中的氦-4大量出现后的很长时间内氘都会很稀少。氘的稀少，使两氘过程$d+d\rightarrow {}^3H+p$和$d+d\rightarrow {}^3He+n$的反应率很小，从而阻止了进一步的核合成。随着温度进一步降低，中子会迅速组合成结构更加稳定的氦-4。由于原子数为5的稳定元素不存在，反应链至此中断。在氘的数量足够多而使得更重的原子核能够形成的时候，氦-4作为主要产物逐渐积累，直至数量足够多时核反应才能够继续，结果在氦-4基础上会产生很少量的锂-7。由于不存在原子数为8的稳定核素，反应链至此终结。

（龚云贵）

原初密度扰动　primordial density perturbation　宇宙在原初时期的密度扰动。被视为宇宙后期演化过程中形成大尺度结构的种子。从观测上讲，原初密度扰动的物理性质通常由它的功率谱所刻画。该功率谱不仅可以描述原初密度扰动的特征振幅，还能给出该扰动对空间尺度的依赖关系。以原初密度扰动为研究对象的宇宙学扰动理论已经成为当代宇宙学的一大基石。该理论在描述宇宙中结构形成和演化，以及计算微波背景辐射中所存在的微小各向异性涨落等诸多重大宇宙学问题中，扮演了至关重要的角色。

从数学上讲，在*广义相对论*中，描述微小的扰动由于引力不稳定性而呈增长演化的问题，可归结为求解在均匀膨胀的宇宙学背景下对爱因斯坦场方程进行线性展开并求解的过程。虽然这一描述看似简单，但由于广义坐标变换具有规范任意性，从而导致该研究分析非常复杂。并不是所有扰动度规的分量都能对应于扰动的时空，因此在引力扰动的经典理论中对物理的扰动量和仅仅由于坐标变换带来的非均匀性进行区分变得极为必要。在线性近似下，时空度规的标量扰动与其他扰动成分各自独立演化，从而能够将它们分开逐一讨论。计算表明，度规标量扰动与原初物质场的涨落相结合，可给出规范不变的原初密度扰动参量，基于此参量宇宙学扰动的研究过程可以被大大简化，并可被有效场论方法所描述。

早在20世纪70年代，物理学家Y.B.泽利多维奇、P.J.E.皮布尔斯和E.R.哈里森等就分别独立指出原初密度扰动的功率谱应该具有标度不变性。当前的*宇宙微波背景辐射*和大尺度结构等天文观测数据表明，这一功率谱正是近标度不变的，并满足绝热条件，以及服从高斯统计分布。这意味着导致原初密度扰动的早期宇宙学模型可能自由度较低，如单场；在该模型下，原初扰动的统计几乎完全由它的两点相关函数决定；在不同的空间尺度上所产生的原初涨落大小差别不大。

最被广泛接受并能成功解释原初密度扰动实验观测的极早期宇宙学模型，即为*暴涨宇宙学说*。根据该学说，原初密度扰动来自宇宙极早期近指数加速膨胀过程中暴胀场的真空量子涨落。这一量子涨落可出现在哈勃视界以内的任何一个角落，但由于暴胀可将该涨落的物理波长迅速红移并拉出到哈勃视界以外，这一量子涨落会退相干成为经典的原初密度扰动。通过这一满足因果性的物理机理，不仅可以解释传统热大爆炸宇宙学所存在的视界问题，而且所给出的功率谱也恰好精确符合当前的天文观测。

随着现代宇宙学研究的深入，能够给出符合观测的原初密度扰动功率谱的极早期宇宙学模型并非只有暴胀这个单一图像，还有其他不同的理论学说也能同等成功地解释当前天文观测数据。同时新一代的天文实验观测正在有条不紊地开展中，将极大丰富宇宙学数据并进一步提高实验精度。由此可见，围绕极早期宇宙的研究以及宇宙学扰动理论的发展，只有将理论与实验紧密结合才能够获得更深入的

突破。（蔡一夫）

原初引力波 primordial gravitational wave 极早期宇宙暴胀过程的引力波。按照爱因斯坦广义相对论，四维时空自身存在扰动，时空度规$g_{\mu\nu}=\eta_{\mu\nu}+h_{\mu\nu}$。式中$\eta_{\mu\nu}$为背景时空度规，如平直时空或均匀各向同性膨胀宇宙；而$h_{\mu\nu}$为时空扰动，可分为标量型、矢量型（通常可忽略）、张量型的三部分之和。

类型 标量型扰动包括通常天体附近的引力场（如地球引力），存在于物质附近，随物质分布变化而变化。标量型扰动是纵波（类似于声波）、有迹，具有两个独立偏振，其场方程可以是波动型方程，或非波动型方程。在波动情况下，其传播速度等于物质的声速，幅度$|h_{\mu\nu}|$正比于物质分布扰动的幅度。标量型扰动也称为密度扰动。张量型扰动就是引力波，可以离开物质，在空间中以光速传播，携带能量、动量、角动量，能传到无穷远处。通常物质分布的扰动对于引力波的影响很小。引力波是横波（类似于电磁波），无迹，具有两个独立偏振，其场方程是双曲型波动方程$\Box h_{\mu\nu}=0$。在引力波经过的时空区域，时空发生伸缩现象。其特点是：一个空间方向伸长，则另一垂直方向就缩短，反之亦然。激光干涉探测器即据此原理探测引力波。

演化 基于广义相对论的现代宇宙学认为，膨胀宇宙的背景时空是均匀各向同性的，而宇宙时空扰动主要有，原初密度扰动和残余引力波，二者都起源于极早期宇宙暴胀过程，当时的幅度$|h_{\mu\nu}|\sim10^{-6}$。而根据观测，张量/标量的幅度比值的上限约为0.1。在暴胀时期这两种扰动，可描述为各自相应的量子场的真空零点振动。扰动的长波部分跨出视界，幅度保持不变，而波长小于视界的短波部分，幅度反比于宇宙尺度，随膨胀而变小。在线性近似中，不同波长的扰动独立的演化。

在宇宙红移$z=1100$的复合时期进入视界的密度扰动，直接诱导出微波背景辐射的温度各向异性谱、梯度型偏振谱、交叉谱C^{TT}、C^{EE}、C^{TE}，这已被宇宙学观测所证实。复合之后，作为宇宙物质分布不均匀性的种子，密度扰动幅度正比于宇宙尺度而得以增长。而在小尺度上，逐渐进入复杂的非线性演化阶段，原初密度扰动的信息被抹掉。这就是宇宙学中所关注的大尺度结构和成团问题。

而残余引力波相应的部分，在复合时期进入视界，在微波背景辐射中留下一种独特的痕迹，即旋度型偏振谱C^{BB}。这是密度扰动所不能产生的。由于残余引力波在演化过程中受到物质影响甚微，携带了极早期宇宙的一系列重要信息，比微波背景辐射所携带的更早，这些主要包含在残余引力波的功率谱中。作为一种充满宇宙的随机背景，残余引力波是在引力辐射之外的一类波源，其鲜明特点是，始终存在、到处存在，因而可以方便地重复探测验证。由演化导致的残余引力波谱的基本轮廓是，低频的幅度高，高频的幅度低，谱的频率范围非常宽，$10^{-18}\sim10^{11}$赫，对应的幅度$10^{-6}\sim10^{-36}$，因而成为各类的不同工作频段的引力波探测器的重要科学目标。（张 扬）

原子 atom 构成分子和凝聚态物质的基本单元。

原子的组成 原子由中心的原子核和外围分布的若干电子组成。通常定义原子是电中性的，不是电中性的原子称为离子。中性原子吸附电子就成为负离子，丢掉电子就成为正离子。若原子含有Z个电子，每个电子带电荷$-e$，则原子核就带电荷$+Ze$。实际上原子核是由核子即质子和中子组成，每个质子带电荷$+e$，中子不带电，因此核内有Z个质子。若中子数为N，则核子数$A=Z+N$。元素是具有确定质子数Z的原子，物质的化学性质基本上由原子的核外电子数或质子数Z决定，因此不同元素具有不同的化学性质。核素是具有确定质子数Z和中子数N的原子，同一种元素的原子核内的中子数不一定相同，包括有多种核素，具有不同中子数的核素互为同位素。因此，一个中性原子的完全描述需要知道Z和N，或Z和A，用$^A_Z\mathrm{X}$表示，简写为$^A\mathrm{X}$，X是化学元素符号。如氦-4或$^4\mathrm{He}$，表示具有2个质子和2个中子的氦原子。

原子的质量和原子量 原子的质量很小，通常使用相对质量计算更方便。现在原子质量的计量单位是原子质量单位u，定义为一个$^{12}\mathrm{C}$原子质量的1/12，即$1\mathrm{u}=m(^{12}\mathrm{C})/12=1.660\,54\times10^{-24}\mathrm{g}=931.494\,95\ \mathrm{MeV}$。用u表示的原子质量$m$的数值就是原子量$A$，即有$m=A\mathrm{u}$，这样$A$就是原子的相对质量，不是很小的数，没有单位，如$^{12}\mathrm{C}$原子的$A=12$，$^1\mathrm{H}$原子的$A=1.008\,66$，$m(^1\mathrm{H})=1.008\,66\mathrm{u}=1.674\,92\times10^{-24}\mathrm{g}$。

原子的大小和半径 原子很小，一般方法很难观测到。可以这样来估计，设某元素物质的密度为ρ，ρ即为单位体积该物质具有的质量，因而每个原子平均占有的空间体积$V=A/(\rho N_A)$。为了估计原子的大小，假设原子是球形，这样估计出的原子半径$R=[3A/(4\pi\rho N_A)]^{1/3}$，由此算得的各种金属晶体原子的半径大致在$(1.4\sim1.9)\times10^{-10}$米范围，$Z$大的原子半径大些。

除以上经典性质外，原子还有如下量子性质，即角动量、磁矩、宇称等。（徐克尊）

原子操纵 atom manipulation 利用辐射场的散射力和偶极力使原子受力，对原子或原子束进行减（加）速、准直、偏转、分离、合并和沟道化，以改变原子或原子束的运动状况（速率、方向和发散性等）。激光和磁场是操控原子的最基本方式。如利用负失谐的平面波激光，从原子束行进相反的方向照射原子束，光对原子的共振散射力可以使原子不断降低速率。采用焦点对准焦源且稍有会聚的负失谐激光束进行原子减速过程中，也可以实现准直原子束。因为轴向成分的光可以抵消原子的横向扩散。利用激光的共振辐射压力来偏转原子束可以使原子束偏转90°。这里原子吸收光子受到横向动量，水平方向的原子束偏转以后可以成为垂直的。广义的原子操纵也包括使原子内态即内部能级发生改变。（周小计）

原子常数 atomic constants 在原子物理领域内广泛使用的一些基本常数。

阿伏伽德罗常数 用符号N_A表示。$N_A=6.022\,140\,76\times10^{23}$摩尔$^{-1}$（精确），用来度量1摩尔微观粒子系统所含有的微粒数。对任何种类的1摩尔元素物质来说，都含有N_A个原子。

基本电荷 用符号e表示。$e=1.602\,176\,634\times10^{-19}$库（精确），用来度量微观粒子具有的电荷量$Q$。例如，电子的电荷$Q=-e$，质子的电荷$Q=e$，氧原子核的电荷$Q=8e$。

原子质量单位 用符号u表示。$\mathrm{u}=931.494\,102\,42(28)\mathrm{MeV}/c^2$，用来度量微观粒子具有的质量。如电子的质量$m_e=0.000\,548\,579\,403\ \mathrm{u}$，质子的质量$m_p=1.007\,275\,538\,39\mathrm{u}$，氘核的质量$m_d=2.013\,551\,36\mathrm{u}$。

玻尔半径 用符号a_0表示。$a_0=4\pi\varepsilon_0\hbar^2/(m_e e^2)=0.529\,177\,210\,903(80)\times10^{-10}$米，用来度量原子的半经典电子轨道半径。如氢原子$^1\mathrm{H}$基态的电子轨道半径为$a_0$，第一激发态的电子轨道半径为$4a_0$。

玻尔磁子 用符号μ_B表示。$\mu_B=\hbar e/(2m_e)=5.788\,381\,806\,0(17)\times10^{-5}$电子伏/特，用来度量电子和原子具有的磁矩。例如，电子的磁矩$\mu_e=-1.001\,159\,652\,180\,91\mu_B$，氢原子$^1\mathrm{H}$基态的总磁矩也等于$\mu_e$。

核磁子　用符号μ_N表示。$\mu_N=\hbar e/(2m_p)=3.152\ 451\ 260\ 5(22)\times10^{-8}$电子伏/特，用来度量原子核具有的磁矩。如质子即氢核的磁矩$\mu_p=2.792\ 847\ 350\ 8\mu_N$。

普朗克常数　**普朗克常数**用符号h表示，$h=4.135\ 667\ 696\times10^{-15}$电子伏·秒（精确）。约化普朗克常数用符号$\hbar$表示，$\hbar=h/(2\pi)=6.582\ 119\ 514\times10^{-16}$电子伏·秒。普朗克常数用来描述微观世界物理量的量子化大小。物体或原子发射或吸收频率为ν的电磁波的能量$E=nh\nu$，n是光子数，$h\nu$为一个光子的能量。再如，在同时测量微观粒子的位置和动量或能量和时间时，普朗克常数也给出测量的精度极限或不确定范围，由不确定关系决定，即有$\Delta x\cdot\Delta p_x\geqslant\hbar/2$，$\Delta E\cdot\Delta t\geqslant\hbar/2$等。

里德伯常数　用符号R表示。$R_\infty=m_ec\alpha^2/(2h)=1.097\ 373\ 156\ 816\ 0(21)\times10^7$米$^{-1}$，用来度量原子分裂能级的能量，如氢原子分裂能级的能量$E_n=-hcR/n^2$。里德伯常数起初是在表示氢原子光谱的里德伯公式$1/\lambda=R(1/m^2-1/n^2)$中引入的。

精细结构常数　用符号α表示。$\alpha=e^2/(4\pi\varepsilon_0\hbar c)=1/137.035\ 999\ 084(21)$。精细结构常数近似地表示在氢原子基态的电子运动速度和光速的比值，由于电子与氢原子核之间的库仑静电力$f=e^2/(4\pi\varepsilon_0r^2)=\alpha\hbar c/r^2$，本质上精细结构常数是电磁相互作用中电荷之间耦合强度的一种度量。（徐克尊）

原子磁矩　atomic magnetic moment　原子的磁偶极矩。原子磁矩来源于电子磁矩和原子核磁矩。后者约比前者小三个数量级，一般可忽略。因此原子磁矩可看成原子中所有电子的磁矩的总和。1896年**P.塞曼**从外磁场对原子光谱影响的实验中发现了原子磁矩的存在，1921年**O.斯特恩**和W.革拉赫通过银原子在外磁场中的取向量子化实验提供了一种测量原子磁矩的方法。

原子中某个电子的磁矩，来源于电子自身内禀角动量$\boldsymbol{p}_s$对应的自旋磁矩μ_s，以及该电子绕核运动的轨道角动量$\boldsymbol{p}_l$对应的轨道磁矩μ_l：

$$\mu_s=-g_s(e/2m_e)\boldsymbol{p}_s$$

$$\mu_l=-g_l(e/2m_e)\boldsymbol{p}_l$$

式中$g_s=2$和$g_l=1$分别为电子自旋磁矩和轨道磁矩对应的g因子；e为电子电量的绝对值；m_e为电子质量。结合微观粒子角动量的量子化特征，电子的自旋磁矩和轨道磁矩在外磁场方向上的投影为：

$$(\mu_s)_z=2m_s\mu_B$$

$$(\mu_l)_z=m_l\mu_B$$

式中$m_l=0,\pm1,\pm2,\cdots\pm1$，$m_s=\pm1/2$；$l$为轨道量子数；$\mu_B=\mu_0e\hbar/2m_e$为**玻尔磁子**。

孤立原子的磁矩主要来自未配对外壳层电子。按照电子的轨道角动量和自旋角动量是L-S耦合还是j-j耦合的方式不同，可以有两种结果。当电子的轨道角动量之间有较强耦合时，电子的自旋角动量和轨道角动量先各自耦合成总的自旋角动量$\boldsymbol{P}_S=\sum\boldsymbol{p}_s$和轨道角动量$\boldsymbol{P}_L=\sum\boldsymbol{p}_l$，然后两者再合成为原子的总角动量$\boldsymbol{P}_J=\boldsymbol{P}_S+\boldsymbol{P}_L$，称之为$L$-$S$耦合。对于原子序数较小的原子，以及多数铁磁体中的原子，通常属于此类耦合。此时原子磁矩的大小为$\mu_J=g_J[J(J+1)]^{1/2}\mu_B$，其中$g_J$为朗德因子。类似地，$j$-$j$耦合意味着电子的轨道角动量与自旋角动量耦合较强，因而首先耦合成该电子的总角动量，然后各电子的总角动量再合成原子的总角动量，从而确定了原子磁矩的大小。

固体中的原子磁矩一般与孤立原子的磁矩不同。因固体中原子间相互作用的存在，改变了孤立原子外壳层电子的分布，形成了价电子能态。同种原子在不同的固体中表现出的原子磁矩可能有较大差异。（薛德胜）

原子磁力仪　atomic magnetometer　一种测量**磁场强度**的仪器。原子能级在外磁场中会发生塞曼分裂，原子磁力仪通过测量与此相关的物理量来探测磁场。原子磁力仪具有高灵敏度和稳定性的特点，在空间、海洋、地学，以及生物等领域微弱磁场的测量中有着广泛的应用前景。原子磁力仪一般由极化部分、探测部分和原子系统组成。极化部分用于产生需要的原子自旋分布，极化元件可以是与原子吸收线共振的抽运光或者外部极化磁场。探测信号可以来自探测光的吸收或相位偏转信号、退激发原子的荧光信号或者进动自旋辐射的电磁信号。原子类型的选择根据具体的要求而定，已使用过的原子系统涵盖了固、液、气三种物态形式。最常用的系统是基于碱金属原子或惰性气体原子，并利用激光作为极化和探测元件的光抽运气态原子磁力仪。

磁场灵敏度是表征原子磁力仪最重要的参数，最好的灵敏度达到了0.1飞特/赫$^{1/2}$量级。原子磁力仪的灵敏度由系统噪声和原子退极化时间决定。噪声的来源包括技术噪声、散粒噪声和原子自旋投影噪声。原子的退极化时间决定了原子磁力仪的带宽，一般受系统的电磁场环境、机械稳定性和原子碰撞等因素制约。

按测量的类型划分，原子磁力仪可分为标量磁力仪和矢量磁力仪。标量磁力仪直接测量原子自旋的拉莫尔进动频率。对使用光抽运的系统，当外磁场方向与抽运光方向接近垂直时，原子的极化效率会大幅降低，这个区域被称为探测死区。受原子非线性塞曼分裂的影响，抽运光与外磁场的相对夹角也会影响测量结果的准确性，这被称为标量磁力仪的指向误差。矢量磁力仪只探测某个磁场分量，它的重要参数是非测量方向上的磁场对测量结果的干扰。

除了高灵敏度和稳定性，小型化也是原子磁力仪的重要发展方向。微纳加工技术、小尺度的多反射腔和小型低功耗激光器已经在不同类型的原子磁力仪中实现了融合。基于原子磁力仪发展出的系统，可以拓展到其他类型的物理量的测量中。将两个原子磁力仪按一定距离放置，可以测量磁场的梯度，被称为原子梯度磁力仪。另一种重要的系统是共磁力仪，它利用两种原子同时同地测量同一磁场，来消除磁场漂移和噪声的影响，这样就可以更加准确测量其他影响自旋进动的物理量，在精密物理测量和原子陀螺中有着重要的应用。原子磁力仪和它衍生发展出来的系统，已成为原子物理与工程科学交叉发展的重要领域。（盛　东）

原子单层　atomic monolayer　由一层原子构成的薄层材料。原子单层的厚度取决于组成材料的种类及结构，一般在3埃左右。随着材料制备技术的发展，人们可以控制制备出一个原子层厚度的材料，即单原子层材料。可制备原子单层材料的技术主要有化学气相沉积技术、分子束外延技术、原子层沉积等技术。具有独特性能的原子单层材料的代表是**石墨烯**。（曾一平）

原子的第一性原理　first principle calculation of atom　**第一性原理计算**在原子范畴的应用。在物理学中，第一性原理计算或**从头计算**被定义为直接基于物理学定律的计算，而不是基于经验模型和拟合参数。举个例子，使用**薛定谔方程**计算电子结构属于从头计算，因为这个计算中不包括基于实验数据拟合的模型参数。（吴　勇）

原子的基态　ground state of atom　原子能量的最低状态。处于基态的原子最为稳定。不受外界作用时，原子可无限长时间处于基态，因此原子基态能级的宽度为零。通常在没有外加激发条件下，由于热运动，并非全部原子都处于基态。热平衡时，原子在各能态上的分布遵从玻尔兹曼分布律。根据原子核外电子的壳层结构（$2n^2$）和排布所遵循的能量最低原理，整个原子的能量处于最低状态，此时原子称作基态原子。基态原子的电子吸收能量后，电子会跃迁到较高能级，变成激发态原子；反之，如果没有能量继续维持，激发态原子将通过自发电子跃迁转化为基态原子，并且以光子的形式释放能量。

原子除基态之外的其他可能定态，即当原子受到激发时，其内部的电子跃迁至较高能级但尚未电离而可能处于的状态，称之为激发态（电子激发态）。处在激发态的原子是不稳定的，可以自发地跃迁到能量较低的其他激发态，直至基态。当原子处在激发态时，电子云的分布会发生某些变化，也是不稳定的，其**平均寿命**是有限的，因而激发态能级有一定的宽度。原子激发态的寿命各不相同，差别很大，一般为10^{-9}～10^{-8}秒，能级宽度为10^{-7}～10^{-6}电子伏。产生激发态的方法主要有：①光激发。处于基态或低激发态的原子吸收一定能量的光子，可跃迁至较高能级的激发态。②放电。带电粒子与原子碰撞产生激发态。如高压汞灯、氙弧光灯。③化学激活。某些放热化学反应可能使电子被激发，导致化学发光。激发态寿命短，原子很容易从高激发态跃迁到低激发态或基态而退激发去活。激发态去活的途径有：①辐射跃迁。荧光或磷光。②无辐射跃迁。系间窜越或内部转变。③传能和猝灭。激发态原子将能量传递给另一个原子并使其激发。

一般激发态有单激发态、双激发态等，通常双激发态处于原子电离极限之上，很容易发生自电离或辐射衰落回到单激发态。随着科学技术的发展，高激发态的研究取得了很大进展，如里德伯态、自电离态、超激发态等，为天体物理、空间物理、武器物理和聚变能源研究提供了大量基础原子参数。（蒋　刚）

原子的激发态　excited state of atom　当原子受到激发时，其内部的电子跃迁至较高能级但尚未电离而可能处于的状态，称之为激发态。见**原子的基态**。

原子的亚稳态　metastable state of atom　平均寿命较长的一种特殊的原子激发态。由于受到跃迁选择定则的限制，原子的亚稳态不能通过电偶极辐射跃迁到任何较低的能态，但可通过磁偶极辐射或电四极辐射跃迁到较低能态，也可在电场或磁场作用下发生强迫电偶极辐射。不过这些辐射的强度都很弱，因而亚稳态的寿命很长，可达10^{-3}秒或更长，比通常激发态能级寿命10^{-9}～10^{-8}秒要大好几个量级。例如，氦原子的$1s2s\,^3S_1$和$1s2s\,^1S_0$态就是亚稳态。原子可从较高的能态跃迁到亚稳态，或在与电子的碰撞中获得能量而从基态跃迁到亚稳态。亚稳态原子比处于基态的原子更易于电离，也易于发生碰撞转移出激发能而返回基态。由于亚稳态寿命长，谱线自然宽度窄，可用于精密测量氢和类氢原子的**兰姆移位**和里德伯常数，检验**量子电动力学**理论的正确性。亚稳态研究具有重要意义。（蒋　刚）

原子电离　atom ionization　在外界的作用下，电中性原子或分子脱去电子，变为带正电荷的离子的过程。在物质的各种物相态中都可以发生电离过程。电离过程在自然界以及化学和物理科学实验中普遍存在和经常发生，可以应用于物质的电解制备和光、电信号的产生和检测。（马新文）

原子干涉仪　atom interferometer　利用原子波动特性的干涉仪器。干涉测量法不可避免地依赖于产生干涉的波的性质。L.V.**德布罗意**在1924年指出，包括原子在内的实物粒子也像光一样会表现出波动性。物质波的引入导致后来量子力学中**波粒二象性**概念的出现，物质波的衍射、干涉逐步在实验中显示。在激光冷却原子技术出现后产生了**原子光学**，原子干涉仪研究也应运而生。

与光学干涉仪类似，沿着不同路径的原子物质波之间有确定相位差，就会出现干涉现象。相对于光学干涉仪，在许多利用原子的实验中光和物质的角色发生了逆转，即由原子物质波作为干涉波而由激光充当原子波包的分离器和反射镜。早期的原子干涉仪利用狭缝或细丝来充当物质波的分束器和反射镜，后来的原子干涉仪才利用光力效应来实现物质波的分束和反射，即原子在吸收或受激辐射光子的同时得到光子反冲动量，使原子波包分束和合束。典型的原子干涉仪包含原子初态制备、原子波包相干分束、不同路径控制后相干合束、原子末态检测等部分。

由于原子的德布罗意波长较短，原子干涉仪正在越来越多地用于高精度实验。一些实验甚至利用分子来获得更短的德布罗意波长。尽管利用原子实现干涉测量有望得到更高的精度，但产生并保持原子的相干性并非易事，而且原子会受到重力影响。在一些装置中，原子被向上抛出，干涉测量发生在原子上升或下降的飞行途中，自由加速的重力效应需要额外进行补偿。

原子干涉仪在基础物理方面有许多用途，包括引力常数和精细结构常数的测量，引力波的有效探测，制作加速计、转动传感器和重力梯度计等。原子干涉仪的进一步改善主要在制备优质原子束源（如**玻色－爱因斯坦凝聚**）和寻找操纵原子的新技术。（吴金辉）

原子光谱　atomic spectrum　由原子或其离子中的电子在发生能级跃迁时发射或吸收的有特定频率的光所组成的光谱。原子吸收光源中部分波长的光形成吸收光谱，在光谱仪上表现为淡条纹；发射光子时则形成**发射光谱**，为明亮彩色条纹。两种光谱都不是连续的，且吸收光谱条纹可与发射光谱一一对应，这两种光谱统称为原子光谱，其各条谱线的强度互不相同，这与相应的两能级间的跃迁概率有关。而每一种原子的光谱都不同，遂称为特征光谱。原子光谱覆盖的面很宽，从无线电波一直延伸到X射线频段。狭义的原子光谱多指红外、可见、紫外区域的光谱。

发出光子的频率可以这样来理解：原子中的电子可处于许多不同的运动状态，每一状态都具有一定能量，在一定条件下，分布在各个能级上的原子数是一定的，大多数原子都处于能量最低的状态，即基态。当原子受到外场或碰撞作用，许多原子可以由能量较低的状态跃迁到能量较高的状态，这称为激发态。但跃迁到高能级E_2的原子是不稳定的，还要跃迁到某一低能级E_1，并伴随着发出能量为$\Delta E=E_2-E_1$的光子。根据公式$E=h\nu$，可得到发出光子的频率。

研究原子光谱的意义是人们认识**原子结构**的基本方法，通过原子光谱，可以了解原子外层电子的能量状态，它们是不连续的，称为能级。原子可以处在各种可能的激发态的能级，这由光谱线的波长决定。谱线强度正比与跃迁概率，谱线的自然线宽决定激发态寿命，多普勒线宽取决于发射或吸收原子的速度分布及样品温度，谱线的压力加宽位移给出碰撞过程和原子间势能信息。因此研究新的理论计算方法和光谱实验方法，发现新的物理过程，积累新的数据，这对于原子物理学、分子物理学、化学、凝聚态物理学、物理力学等学科都有重要意义。原子光谱对于化学、天体物理学、空间物理学、大气物理学等学科是直接的研究手段。而在各种学科以及工程、技术和生产中，当需要原子组分分析和物理诊断时，许多地方都要应用原子光谱技术。

原子光谱技术作为现代分析检测技术中的一个重要组成部分，主要包括原子发射光谱、原子吸收光谱、原子荧光光谱、X射线荧光光谱等原子光谱技术。

（周小计）

原子光学 atom optics 研究原子与电场、磁场和光场等物质相互作用及其冷却、囚禁、操控与应用的光学分支学科。原子光学是光学的一个重要分支学科。类似于光子光学（即通常意义的光学）、电子光学、中子光学和离子光学等。

自1975年T.W.亨施等人提出激光冷却原子的物理思想以来，激光冷却、囚禁与操控原子的理论与实验研究取得了一系列重大进展和丰硕成果，使得激光科学、量子光学和冷原子物理等发生了历史性变革，开创了一个全新的研究领域。特别是20世纪90年代以来，原子的激光冷却、囚禁与操控理论、实验及其技术得到了飞速发展，并相继诞生了以原子导引、原子漏斗、原子反射镜和原子透镜等为代表的几何原子光学；以原子波导、原子衍射、原子干涉和原子全息术等为代表的波动原子光学；以微结构中的原子微波导、微磁囚禁、微阱玻色–爱因斯坦凝聚（BEC）及BEC列阵等为代表的微结构集成原子光学与原子芯片；以原子气体中的BEC、原子激光、原子自旋压缩态、原子纠缠态和以BEC为研究对象的量子原子光学；以及以光速减慢、原子物质波中的四波混频、原子孤子和BEC中的超流、涡流等为代表的非线性原子光学，从而形成了一门新的“原子光学”学科。

根据与光子光学的类比，原子光学可分为几何原子光学、波动原子光学、量子原子光学、非线性原子光学、集成原子光学、暗束原子光学和应用原子光学等分支。原子光学器件主要包括原子导管、原子漏斗、原子镊子、原子反射镜、原子透镜、原子光栅、原子分束器、原子干涉仪、原子马达、原子陀螺仪、原子开关和原子磁晶格、原子光晶格及原子芯片和原子激光器等。

原子光学与光子光学的比较 虽然原子光学的分类及其研究内容与光子光学十分相似，但是与光子光学相比，原子光学具有一些独特的基础物理问题、物理效应和研究内容，并要求具备一些特殊的实验条件。

首先，光子的几何尺寸可以忽略，且静质量为零，因而它的穿透能力很强，可以透过所有的透明介质。然而，由于原子具有一定的大小与质量，其穿透能力非常弱，无法穿过任一实物介质，故原子的操纵与控制必须利用原子与电场、磁场和激光场等物质间的偶极相互作用力来实现，相应的原子束偏转（折射）、准直、反射、聚焦成像和原子物质波的衍射、分束、干涉、波导和原子全息术等只能采用由电场、磁场和激光场等构成的各种原子光学器件来完成，而无法采用传统的实物光学器件（如光学棱镜、反射镜、透镜和光栅等）来实现。

在几何光子光学中，光束的传播遵循三大定律，即直线传播定律、反射定律和折射定律。类似地，在几何原子光学中，当忽略重力场的作用时（如在微重力条件下），原子束的传播同样遵循直线传播定律；而当忽略原子的自发辐射或激光冷却等耗散作用，同时忽略重力场的作用，并且入射原子束的速度足够快（即热原子束入射）时，原子束的反射同样遵循反射定律。然而，由于原子与光子本质上的不同，而且在地球上重力场是始终存在的，因此，虽然原子束可以被传播、反射和折射（偏转）等，但一般说来，原子束的传播（特别是冷原子束的传播）既不会遵循严格的直线传播定律，也不会遵循严格的反射和折射定律。因此，冷原子束的产生（或冷原子的收集与传输）需要借助于原子漏斗与导引技术，原子束的反射、偏转（折射）、准直与聚焦等需要用到特殊的磁、光操控技术，相应的几何原子光学器件需要采用特殊的磁场或激光场等来构造。

由于原子与电场、磁场和激光场之间的偶极相互作用力一般较弱，而且热原子的德布罗意波长较短，其原子物质波的波动性不太明显，因而为了有效地操纵与控制原子的运动，必须首先对热原子进行激光冷却，大大降低原子运动的平动动能（即原子温度），使原子运动的动能远低于偶极相互作用势能，并有效增加原子运动的波动性以便研究冷原子的反射、衍射和干涉等。显然，在光子运动的操纵与控制中，直接采用相应的光学器件即可实现，而无须对光子进行冷却。这是原子光学与光子光学最显著的不同之处。

正是由于光子的静质量为零，且其几何尺寸很小，以至于可以忽略不计，它可以在真空中传播，或在空气或透明介质中传播，也可以在重力场中沿直线传播。换句话说，光子的传播不需要特殊的条件。然而，由于原子具有一定的大小与质量，在传播过程中，它可能与组成空气或介质的基本粒子（如电子、原子、分子等）发生碰撞而偏离其运动方向。因此，在原子光学实验中，冷原子的操纵与控制都必须在一定的高真空条件，甚至在微重力条件下进行。

最后，原子束与光束的显著不同之处是，光束在真空中传播时所有光子的运动速度均为3×10^8米/秒，因而不存在光子运动速度的分布。然而，原子束中原子的运动速度相对于光速是非常低的，通常其纵向平均速度为5～500米/秒，甚至更低（如原子激光束）；而且原子束中每一个原子的运动速度是不相同的，存在着一个纵向速度分布（即纵向温度）；除了上述纵向平均速度及其分布外，原子束还具有横向平均速度及其横向速度分布（即横向温度）。此外，原子还具有复杂的内部能级结构，极大地丰富了原子光学的研究内容与应用背景。由此可见，所有这些原子的特殊性，决定着原子光学具有一系列新的研究内容、新的物理效应、新的元器件及其新的潜在应用。

冷原子操控的基本原理 冷原子的操控主要包括原子导引、囚禁、反射、偏转（折射）、准直、聚焦成像以及衍射、分束和干涉等。根据塞曼效应、斯塔克效应和交流斯塔克效应，冷原子的操控依赖于磁场（电场或光场）与原子磁偶极矩（电偶极矩或感应电偶极矩）的相互作用。因此，冷原子的操控技术主要可分为磁、电、光操控三种方式，相应的冷原子操控原理分别简述如下。

静磁操控 虽然一个原子没有永久电偶极矩（或者说无限小），但是因原子内部电子或原子核的自旋运动，原子将具有永久磁偶极矩μ。于是，当原子在外磁场$\boldsymbol{B}$中运动时，如果μ平行于$\boldsymbol{B}$，则相互作用势是吸引势，原子将被吸引到磁场强度的最大处；反之，如果μ反平行于$\boldsymbol{B}$，则相互作用势是排斥势，原子将被排斥到磁场强度最弱的地方。因此，采用静磁场与原子的磁偶极相互作用，即可实现冷原子的静磁操控。

静电操控 当一个没有永久电偶极矩（或电偶极矩非常小）的原子在非均匀强静电场$E(\boldsymbol{r})$中运动时，由于二级斯塔克效应，它将感受到感应电偶极相互作用势$U(\boldsymbol{r})=-\dfrac{1}{2}\alpha E(\boldsymbol{r})^2$。因此，利用强的静电场也可实现冷原子的静电操纵与控制。

激光操控 众所周知，在没有外场作用时，原子是电中性的，并且内部电子分布是球对称的，因而原子没有电偶极矩。但是，当一个二能级原子在非均匀激光场中运动时，原子将被感应出一个电偶极矩，从而因受到激光场的偶极相互作用而改变原子的运动状态。这一原子电偶极矩的激光感应现象通常称之为交流斯塔克效应。如果光场为红失谐时，上述相互作用的势为吸引势，原子被吸引到光强最强处；光场为蓝失谐时，相互作用势为排斥势，原子被推向光强最弱处。因此，利用红失谐（或蓝失谐）激光场与原子间的偶极相互作用，即可实现冷原子的激光操纵与控制。

几何原子光学　几何原子光学的发展历史可追溯到1929年，O. 斯特恩利用金属和晶格表面做了第一个有关原子束反射与衍射的原子光学实验；1933年，为了验证光辐射压力的存在，O.R. 弗里施进行了第一个有关原子束偏转（折射）的实验研究；1951年，W. 保尔等人采用六极磁场开展了第一个有关原子束聚焦成像的实验研究，并研制成功了第一个原子透镜。保尔因对离子陷阱技术的贡献分享了1989年诺贝尔物理学奖。由于微制作技术和强光源的缺乏，原子光学的发展十分缓慢。然而，随着可调谐强激光光源的诞生与微电子制作技术的发展，特别是20世纪70年代末以后，随着原子激光冷却与磁、光操控技术的不断发展和日趋成熟，原子光学（包括几何原子光学）获得了新生，得到了飞速发展，并取得了一系列理论与实验研究成果，也研制成功了一系列新颖的原子光学器件，例如原子漏斗、原子反射镜、原子透镜等。

波动原子光学　众所周知，光子具有波粒二象性。在原子光学中，根据德布罗意假定，原子也具有波动性，特别是，随着激光冷却与囚禁技术的不断发展，相干的原子物质波（如BEC）和超冷原子样品及其原子激光已被相继产生，原子的冷却温度已分别达到300纳开和3纳开（最低记录已低于0.5纳开），相应的德布罗意波长分别为1.7微米和17微米，因而原子的波动性变得十分明显，原子的相干性变得越来越好。因此，有关原子物质波的衍射、波导、干涉和原子全息学等波动原子光学的理论与实验研究得到了快速发展，并取得了一系列丰硕成果。

量子原子光学　量子原子光学是一门研究BEC的量子统计特性以及采用全量子理论研究BEC原子与电场、磁场和光场等物质相互作用的新兴分支学科，主要包括原子气体中BEC的实现、原子量子态的制备、BEC凝聚体中的量子光学效应、原子激光的输出及其相干性、费米原子的量子简并和BEC凝聚体与物质相互作用产生的量子光学效应等。

非线性原子光学　20世纪90年代初，P. 迈斯特等人和D. 沃尔斯等人首先提出了非线性原子光学的概念，并预言了原子物质波中非线性效应（如原子孤子）的存在。1999年，世界上第一台全方位、可调谐原子激光器产生及第一个原子物质波中四波混频实验成功。在非线性光学中，强光与物质相互作用产生的非线性效应可以用非线性微分方程中的非线性项来描述，同样物质波中的非线性效应也可用宏观物质波函数的非线性微分方程中的非线性项来描述。由于原子物质波中的非线性效应起源于物质波中原子之间的相互作用，也即原子物质波本身起着非线性介质的作用，因而在原子物质波中不再需要其他的非线性介质即可产生四波混频等非线性原子光学效应。

人们已在实验上成功观测到了许多原子物质波中的非线性效应。如BEC凝聚体中的原子孤子、原子物质波中的四波混频、超流及涡流、量子混沌效应、约瑟夫森效应、原子物质波的相位相干放大、量子冲击波效应、超辐射效应等。

晶格原子光学　晶格原子光学是一门研究各种原子晶格（包括传统光学晶格、新颖光学晶格、磁晶格和磁光晶格）的形成结构、超冷原子物质波和相干的原子物质波（如BEC）在晶格中的传播与囚禁特性、晶格界面的衍射现象及其应用的分支学科。

由一维、二维和三维驻波激光场构成的冷原子微光学囚禁列阵即为原子光学晶格。在这样的光学晶格中，利用超冷原子气体与空间周期性调制光场偶极相互作用可将冷原子囚禁在红失谐光学晶格的最大光学势处，或囚禁在蓝失谐光学晶格的最小光学势处。原子光学晶格为精确操控原子和研究某些基本物理问题提供了一种新的方法。因此，光学晶格技术已被广泛应用于超冷原子和BEC的受限与控制研究、晶格原子自旋和磁学性质的研究。

类似地，采用一维、二维和三维的载流导线列阵（或永久磁铁等）也可实现冷原子的磁囚禁或磁光囚禁列阵，从而形成一维、二维和三维的原子磁晶格或磁光晶格。同样，磁光晶格不仅可用于基本物理问题的基础研究，而且在原子光学实验中也有着重要的应用，例如磁光晶格可用于磁晶格的冷原子装载，甚至用于实现原子BEC列阵及其连续原子激光的耦合输出等。

集成原子光学及其原子芯片　冷原子的波粒二象性与光子或电子的波粒二象性有着许多相似之处。在电子学和普通光学领域中，人们利用微电子技术将许多分立的电子元器件（或光学元器件）微型化和集成化在半导体芯片（或光学芯片）上，并获得了巨大的成功，相继诞生了集成电子学（集成电路）和集成光学（集成光路）两门应用学科。类似地，利用微电子制作技术可将各种原子光学元器件制作在基底的表面上，并将这些元器件按照一定的要求排列组合并集成起来，在基底表面上构成一微结构集成原子光学芯片，简称“原子芯片”，其势场的尺度能与原子的德布罗意波长相匹配，以便在基底表面上实现冷原子的单模波导或德布罗意波包的各种相干的量子操控。　（印建平）

原子轨道线性组合法　linear combination of atomic orbital method; LCAO method　利用量子力学方法求解分子轨道的一种方法。这种方法是通过对相关的原子轨道进行线性叠加来构造分子轨道，描述单电子在所有原子核和电子产生的平均场中的运动。因属于分子轨道方法的一种，又称原子轨道线性组合的分子轨道方法（LCAO-MO）。在量子力学里，原子的电子组态由波函数来描述，这些原子轨道波函数构成了函数基组，通过哈特里－福克方法自洽变分求解得到线性组合系数，进而获得分子轨道波函数。　（闫　冰）

原子核　atomic nucleus　原子中心的很小区域。原子的尺度是10^{-10}米量级，原子核的尺度是10^{-15}米量级，但原子的质量几乎全部集中在原子核上。

原子核的组成　通常物质的原子是由原子核和外围的电子组成，而原子核是由质子和中子组成，质子和中子总称为核子。原子核的质子数以Z表示，即原子序数，中子数以N表示，核子数以A表示，有$A=Z+N$。原子的核外电子数也为Z。

通常把具有特定质子数Z和中子数N的一类原子称为核素，用符号${}^{A}_{Z}\mathrm{X}_{N}$表示，X是元素的名称，如${}^{1}_{1}\mathrm{H}$、${}^{4}_{2}\mathrm{He}_{2}$，实际上常简写为${}^{A}\mathrm{X}$或${}^{A}_{Z}\mathrm{X}$。根据$Z$、$N$和$A$的关系，可以把核素分成以下几类：$Z$相同$N$不同的称为同位素，如${}^{1}\mathrm{H}$、${}^{2}\mathrm{H}$和${}^{3}\mathrm{H}$；$N$相同$Z$不同的称为同中子异荷素，简称同中子素，如${}^{12}_{6}\mathrm{C}_{6}$和${}^{13}_{7}\mathrm{N}_{6}$；$A$相同而$N$及$Z$不同的称为同量异位素，如${}^{40}_{18}\mathrm{Ar}$和${}^{40}_{19}\mathrm{K}$；$N$和$Z$相同但能量状态不同的称为同质异能素，或同核异能态，通常是指处在亚稳激发态和基态的同种核素，如${}^{60m}\mathrm{Co}$和${}^{60}\mathrm{Co}$。

原子核的电荷　原子是电中性的，原子核所带电荷与核外电子所带的总电荷在数值上相等，符号相反。即原子核带正电荷，电荷数等于核外电子数或核内质子数或原子序数Z，电荷数值等于Ze，e是基本电荷，$1e=1.602\,176\,6\times10^{-19}$库。

原子核的大小和形状 实验表明，原子核的内部密度近似为常数，在原子核表面以外，核物质存在的概率很快下降到零，原子核有比较明确的边界，特别是重原子核更是这样。一部分核的形状近于球形，其余核的形状为椭球形，但相对球形的变形是较小的。因此，可以用原子核半径R来近似表示原子核的大小，$R=r_0A^{1/3}$，$r_0\approx1.4\times10^{-15}$米，是由实验确定的系数，即原子核的尺寸是$10^{-15}$米的量级。

原子核的质量 原子核质量很小，通常也像原子质量一样用原子质量单位u来相对表示，1u等于碳同位素^{12}C的质量的1/12，即$1u=m(^{12}C)/12=1.660\,539\times10^{-27}$千克$=931.494\,95MeV/c^2$。

原子核的质量应等于组成这个核的所有质子质量和中子质量之和再减去它们的结合能。实际上核子结合能比核子质量能小3个量级，粗略地看，原子核的质量近似等于组成它的所有质子和中子的质量之和。此外，原子核的质量也应等于由它组成的原子质量减去核外电子质量再加上它们的结合能，电子在原子中的结合能比核子质量能小8个量级，粗略地看，原子核的质量也近似等于由它组成的原子质量减去核外所有电子的质量。由于电子的质量比核子的质量小3个数量级，原子核的质量近似等于原子质量。后一方法得到的原子核质量比前一方法得到的精度高得多，因此通常用后一方法近似得到原子核的质量。例如，电子质量$m_e=0.000\,548\,6u$，由于氢原子^{1}H的质量$m(^1H)=1.007\,825u$，因而氢原子核的质量m(氢原子核)$=m(^1H)-m_e=1.007\,276u$，这就是质子质量；而氦-4原子^{4}He的质量$m(^4He)=4.002\,603u$，因而氦-4原子核的质量m(^{4}He原子核)$=m(^4He)-2m_e=4.001\,506u$。使用u作为质量单位后，中子与质子的质量都接近1，电子的质量比核子质量小三个量级，原子核质量与原子质量相近，都接近整数，这个整数就是质量数，实际上就是核子数A。但实验上要完全剥离核外电子比较难，实际上测量的是原子质量，书上通常给出的都是原子质量表，而不是原子核质量表，精密的原子核质量可以从上述公式由原子质量表算出。

原子核素的数目 现已知核素约有2790种，其中276种是稳定核素，68种是天然存在的长寿命放射性核素，其余的都是在实验室内人工产生的。

（徐克尊 任中洲）

原子核代数模型 algebraic model of nucleus 利用代数的方法描述原子核结构的理论模型。又称原子核相互作用模型。原子核的单粒子运动和集体运动都显示出一些对称性的特征。如果具有共同内禀性质的核态可看作一个对称群的某一不可约表示空间中的状态，这一对称性称为原子核的动力学对称性。对于具有典型的动力学对称性的原子核，其波函数可由其最大对称群及其子群的不可约表示分类，哈密顿量可表示为相应对称群及其子群的卡西米尔算子的线性叠加的形式，从而可由群表示理论得到原子核的能谱和电磁跃迁概率。原子核代数模型的突出优点是计算简单，关键是确定原子核运动状态对应的对称群。现已经建立了一些代数模型，其中很成功的主要有SU(3)模型、相互作用玻色子模型、相互作用玻色子–费米子模型等。

根据原子核壳模型的研究，对于各向同性且无自旋轨道耦合的谐振子势阱中运动的核子，如果仅考虑四极–四极相互作用，且忽略跨壳激发，则可利用坐标算符和相应方向上的动量算符的线性叠加构成产生、湮没算符，将这些产生算符与湮没算符耦合即可构成张量算符，容易证明这些张量算符构成一个U(3)代数。据此，英国核物理学家J.P.埃利奥特提出了原子核结构的SU(3)模型。利用这一模型可较好地描述轻核的集体激发能谱和电磁跃迁概率。

研究表明，无规位相近似（RPA）方法可从微观上较好地描述原子核的集体运动，将RPA中的准玻色子近似方法推广提出了玻色展开方法。玻色展开方法的哈密顿量中既包含有保证粒子数守恒的项，也包含有破坏粒子数守恒的项，通过具体计算，F.雅克洛发现，破坏粒子数守恒的项的贡献很小，并且粒子数守恒的项也构成一个代数。将核内核子的关联对近似为玻色子、原子核的集体运动状态近似为玻色子的相干态的模型即相互作用玻色子模型（简称为IBA或IBM）。最早的仅考虑四极对（近似为d玻色子）和零极对（近似为s玻色子）且不区分质子和中子的模型成为IBM1。IBM1中原子核具有U(6)对称性，且具有U(5)、SU(3)和O(6)三种动力学对称性极限，这些对称性极限分别对应于集团模型中的振动、轴对称转动、不定轴转动。将质子玻色子和中子玻色子区分开来，就是IBM2。IBM2中原子核的最大对称群为$U_\pi(6)\otimes U_\nu(6)$，并具有SU(5)、SU(3)、$SU^*(3)$、SO(6)等对称性极限，分别对应振动、长椭球定轴转动、扁椭球定轴转动、不定轴转动等集体运动模式。对于轻核，价质子和价中子处于相同的壳层，不仅考虑质子–质子、中子–中子形成的玻色子，还考虑质子–中子形成的玻色子，这样形成核态的玻色子不仅具有角动量自由度，还具有自旋和同位旋自由度。全同性原理要求自旋和同位旋应有组合关系$s=0,\tau=1$或$s=1,\tau=0$，仅考虑前一种组合提出了IBM3，同时考虑这两种组合提出了IBM4，IBM3和IBM4分别具有最大对称群U(18)、U(36)，并都具有SU(5)、SU(3)和SO(6)等对称性极限，利用IBM3和IBM4可较好地描述轻核的性质。另一方面，为描述大形变核，需要将IBM扩展到不仅包含s、d玻色子，还包含g玻色子，从而提出了sdgIBM；为描述八极形变核态，不仅需要包含s、d玻色子，还应该包含f、p玻色子，从而提出了spdfIBM。利用IBM不仅可很好地描述某一确定集体运动模式的原子核状态，还可通过数字计算研究原子核的集体运动模式相变及共存（又称为形状相变、形状共存）。最近还给出了不同集体运动模式间的相变临界点附近原子核状态的解析形式，以及一个原子核的晕带中振动到转动相变的描述方法；同时，在超形变核态的描述方面，IBM也已取得了很大成功。IBM在原子核结构的唯象描述和与集团模型的关系等方面取得了极大的成功，但关于IBM的微观基础的研究仍是该领域的重要课题。对于奇核子数核，将其偶–偶核心近似为玻色子组成的相干态，并考虑偶–偶核心外的单个核子（费米子）与偶–偶核心的相互作用，提出了相互作用玻色子–费米子模型（简称IBFM）。在IBFM的基础上，还发现原子核还具有超对称性。

为避免玻色子结构不清楚的问题，提出了直接考虑由核子对组成的系统来描述原子核状态的思想，从而建立了SO(8)模型、费米子动力学对称模型（简称FDSM）等，这些模型在描述原子核结构的性质方面都取得了一些成功，但仍存在一些基本问题需要深入研究。另外，比较成功地描述原子核集体运动性质的代数模型还有赝SU(3)模型等。

（刘玉鑫）

原子核电荷半径 nuclear charge radius 衡量原子核的一个基本物理量。原子核电荷半径表征了*原子核势能*的作用范围和大小，也是原子核外电子和核*电磁相互作用*的重要参数，在理论计算中扮演着重要的角色。原子核电荷半径的尺度在$10^{-15}\sim10^{-14}$米的量级。如果把该尺度放大到一根头发丝直径大小，则相同放大倍数下，普通人身高将被放大到约和地球到太阳的距离相当。

对于一些简单原子，如氢、氦原子的原子核电荷半径的测定，是检验**量子电动力学**理论及计算基本物理学常数的基本方法。而对一些简单原子的异核丰中子同位素（如^{6}He、^{8}He）的原子核电荷半径的分析，又是研究极端条件下原子核相互作用的重要手段，将帮助发展原子核力的有效模型，使得原子核结构、核相互作用，以及核反应可以被更精确地描述。原子核电荷均方半径被定义为：

$$r_c^2 = \frac{1}{Z_e}\int \rho_c(r) r^2 \mathrm{d}^3 r$$

式中$\rho_c(r)$为原子核电荷密度，满足：

$$Z_e = \int \rho_c(r) \mathrm{d}^3 r$$

实验上测量原子核电荷半径的方法主要有光谱测量方法、电子弹性散射测量方法。

光谱测量方法　原子或离子核外电子通常可以作为一个原子核结构的探针。理论上不同同位素之间，由于质量效应和原子核的**有限尺寸效应**，将导致电子跃迁谱线的能量有微弱的变化。其中质量效应占主导作用约在吉赫的量级，而原子核的有限大小效应，与原子核电荷半径相关，约为兆赫量级。如果能够精确地测量这一能级偏移，则通过和理论的比对就可以计算出原子核电荷半径的大小。该比对同时可以非常有效地检验量子电动力学理论。另外，通过μ子取代原子中的电子将得到对应的μ原子。μ原子的光谱跃迁受原子核的影响更大。其光谱数据得到的原子核电荷半径的大小，通常和普通原子光谱测量得到的原子核电荷半径比对，以检验当前的标准模型。

电子弹性散射测量方法　高能量的电子弹性散射实验，利用散射理论来分析可得到相关的原子核电荷分布。理论上电子弹性散射的微分截面与原子核的电荷半径相关，通过实验测量能量E的电子，对应不同角度的微分截面，即可分析计算得到原子核的电荷半径。其中比较经典的实验是电子和质子散射实验，以及电子和氘核散射实验，它们和氢光谱和氘光谱实验一起决定了国际科技数据委员会（CODATA）中推荐的质子半径0.841 4(19)飞米和氘核半径2.127 99(74)飞米。

（孙　羽）

原子核结构　nuclear structure　原子核的组成及其基本性质。研究**核子**（也就是中子和质子）在**核力**的作用下如何在核内运动，以及原子核的性质如何由核子的运动所决定。由于核子由**夸克**组成，夸克间的相互作用由**胶子**传递，所以核结构的研究也会涉及夸克、胶子自由度在核内的表现。在一定条件下，**超子**也会被束缚在核内，形成**超核**。超核性质的研究，也构成核结构的一个研究领域。

现代核结构的知识，主要来源于稳定的和长寿命的核素。但随着放射性核素物理的发展，来自不稳定核素的信息也越来越丰富。总的来讲，原子核是致密的几乎不可压缩的由核子组成的强子物质，它的总结合能近似正比于核内的核子数目。据此，20世纪30年代中期以后，把原子核类比液滴，产生了最早的核模型——液滴模型。人们曾应用液滴模型给出了核结合能的定量公式，为核的集体运动和裂变提供了形象化的几何模型。液滴模型现在仍然经常被使用，特别是在超重核的研究中，它依然发挥作用。另一方面，核素表中幻数的存在，即当质子数或中子数为2、8、20、28、50、82和中子数为126时，原子核最稳定，在自然界的丰度也最高，对比元素周期表，使人们建立了原子核的**核壳模型**。核壳模型的物理基础是，**泡利不相容原理**大大限制了核内有着强相互作用的核子的可能运动状态，可近似地用平均场中的独立粒子运动描述原子核的状态。从实验中导出的核内核子平均自由程很长，几乎与原子核的尺寸相当。这也支持了核内核子近似独立粒子运动的假定。最简单的独立粒子运动模型是费米气体模型。它能给出原子核的平均密度、平均动能等整体性质的定性估计，但真正能定量计算原子核性质的还是壳模型。早期的壳模型的平均场是带有大的自旋－轨道耦合项的球形位势，成功地解释了幻数和大量球形核的基态性质。**迈耶夫人**和**J.H.D.延森**为“关于核粒子壳层结构方面的发现”与**E.P.维格纳**分享1963年诺贝尔物理学奖。几十年来，随着各种剩余相互作用的引入以及计算方法的改进，原子核壳模型不断在发展，出现了各种改进的壳模型，如针对非球形的原子核，发展了变形的壳层模型，即得到广泛应用的尼尔森模型；能考虑原子核转动的推转壳模型、投影壳模型以及才发展起来的有可能对重核做“精确”计算的蒙特卡罗壳模型。这样就使得壳模型能解释的实验数据越来越多，适用的范围越来越大，几乎成为各种宏观的、唯象模型的微观基础。壳层模型是非常成功的核模型。

最稳定的双幻数核都是球形的。但在两个幻数之间的核却是变形的。这可由它们具有大的电四极矩所表征。同时还发现，与分子光谱相似，在核谱中也有振动和转动特征的谱线。这表明，除了近似的独立粒子运动模式之外，原子核还有很多核子相干参与的集体运动模式。虽然原则上壳模型也可描写这种集体运动，但实际计算中却会变得非常复杂，甚至难以进行。因此，对原子核的集体运动，经常应用的是更唯象的**A.N.玻尔**等最先提出的集体模型。集体模型中，与液滴模型的想法类似，仍把原子核看成无旋的流体，对相应的哈密顿量量子化，就可成功描述原子核的振动和低激发的转动能级。又可在固定在原子核上的坐标系里描述核内的多粒子运动，同时在实验室坐标系内描述原子核的集体运动，然后把二者结合起来，给出原子核运动的全貌。这就是原子核的综合模型。1975年，玻尔、**B.R.莫特森**和**J.雷恩沃特**因为发现了原子核中集体运动和粒子运动的联系，并在此基础上发展了核结构理论，共同获得了诺贝尔物理学奖。

随着重离子加速器的建造，通过**重离子核反应**，可使原子核得到自然界最高的旋转频率（每秒10^{20}～10^{21}次）。这时的原子核会显示出很多独特的性质。对这种高速旋转的原子核性质的研究，已经成为核物理的重要分支领域——高自旋物理。

当原子核的激发能超过单核子发射阈能时，还会出现另一种集体运动模式，即原子核的各种**巨共振**。宏观的流体力学模型把巨共振看成各种核子流的整体运动，微观模型则把它看成粒子－空穴激发模式的相干叠加。

低激发的转动能级反映原子核处于非球形的变形状态。但这种形变是不大的。20世纪80年代中期，通过重离子反应，可使原子核具有很大的形变。当原子核的长轴与短轴之比接近2∶1时形变比较稳定，称为超变形核态。这时的原子核具有很高的激发能。这样高的激发能是原子核的混沌状态区。但原子核的超形变态是出现在混沌区的规则运动。超变形核态的研究已成为核结构研究的一个重要前沿领域。

对原子核的集体运动的研究揭示出许多新的物理内容。原子核的形变，除了大量的对称椭球形外，还可有三轴不对称形变和其他很多种奇异形变。绕x轴的对称性，使原子核有了新的状态量子数——旋称。手征带和磁转动带的发现，表明原子核转动方式的多样化。形变使原子核发生转动，而转动的不断加快又使原子核向球形转化，导致转动带的死亡，也就是“带终结”的发生，这已经在一些核中被观察到。

壳模型强调的是核子的独立粒子运动，集体运动强调的是多核子的相干运动。

但原子核内少数核子间的关联，特别是两个核子间的对关联，同样是很重要的。核子也可配成**库珀对**，导致核超导。对关联是核结构计算中最重要的核子关联。少数核子可结合成比较稳定的集团（如α粒子等），再由这些集团组成原子核。这就是原子核的集团模型。轻核的结构研究中，集团模型起着重要作用。重核的α衰变中，也需要α集团的形成。中子和质子都是费米子，它们可配成角动量为0、1、2、3、4等整数值的对结构，然后把这些对结构近似看成玻色子，用多个玻色子来描写原子核的集体运动。这就是20世纪70年代中期提出的原子核相互作用玻色子模型，简称IBM。它能统一地描写原子核的振动、转动以及处于二者中间的集体运动模式。IBM在描述原子核集体运动上取得了重要突破，是群论方法在核结构研究中的巨大成功。

20世纪50年代，用高能电子散射得到原子核的密度分布，基本上可用费米分布表示，即在中心区大体为均匀分布，在外区有一个弥散的表面层。**R.霍夫斯塔特**为开创了电子被原子核散射的研究以及用此获得的有关原子核结构方面的发现与**R.L.穆斯堡尔**分享1961年诺贝尔物理学奖。高能电子至今还是研究核结构的重要手段。世纪之交建成的连续束流的高能电子加速器CEBAF，致力于在轻核上的散射，研究轻核的结构，特别是核内的夸克、胶子效应。宇宙大爆炸之后的初期，宇宙处于原子核合成阶段，这时的核反应，包括现在太阳中的核反应，都是在轻核之间进行的，所以轻核结构的研究具有特殊的意义。严格地讲，由电子散射得到原子核的密度分布，实际上是核内电磁物质的分布。中子在核内的分布是否与质子一致，特别是对于中子数明显多于质子数的重核是否存在一个纯中子的外表层，一直是核物理界所关注的问题。20世纪末，首先在非常丰中子的轻核中观察到纯中子的外表层。如^{11}Li，在正常的^{9}Li核心之外有两个中子，它们分布在一个很宽广的范围内，就像^{9}Li的周围有一个晕，使得^{11}Li的物质分布尺寸几乎与^{208}Pb一样。这样的原子核称晕核，已经发现了多个晕核。

由于核子的平均结合能只有7～8兆电子伏，核子在核内的平均动能只有几十兆电子伏，与核子静止质量（938兆电子伏）相比是很小的量，所以核现象大多都可用非相对论量子力学来描述。尽管如此，**相对论修正**效应不可忽略。相对论的核多体理论最突出的成就是能自然地给出核子间的自旋–轨道相互作用，并有希望应用到远离β稳定线的原子核。

很多科学上的新发现、新规律都和事物处于极端条件有关。20世纪90年代初，开始致力于把原子核推向极端条件。前面讲过的高速旋转、奇特形变就是这种极端条件的例子。而新发展起来的放射性核束加速器是提供新的极端条件的重要手段。它能产生很多远离β稳定线的短寿命、弱束缚的核素。由于宇宙发展过程中，星体的演化、元素的形成都和这些远离β稳定线的核素密切相关，所以对它们性质的研究具有非常重要的科学意义。对这种弱束缚体系的研究，也促进了多体理论的发展，把体系的连续态与束缚态不可分割地联系起来。

天然存在的最重的元素是第92号元素铀。比铀重的元素以及相应的核素都是用核物理的方法在实验室产生的，有时称105号以上的元素为超重元素。探索超重稳定岛的存在是当代核物理的重大前沿领域。

（赵恩广）

原子核结合能 nuclear binding energy 由于**核力**的作用（包括质子之间的库仑力作用），将一个原子核分解为一个个独立的核子（包括质子、中子）时所需要的能量。反过来说，即是一个个核子组成一个原子核时所放出的能量。结合能与原子核的质量亏损（即原子核的质量与组成原子核的独立核子的总质量之差）是相应的。根据**A.爱因斯坦**的质能联系方程，质量亏损对应的能量为$\Delta E=\Delta mc^2$，这个能量也叫原子核的结合能。

不同的原子核有不相同的结合能。结合能除以原子核的核子数所得到的值称为每个核子的平均结合能，即比结合能。其意义为：把原子核拆散成独立核子时，外界必须提供给每个核子的平均能量。可见，比结合能的大小表征着原子核的稳定程度。

原子核的比结合能曲线（见图）的左端有几处突起的地方，分别为^{4}He、^{8}Be、^{12}C、^{16}O等核素，表示这些核要比临近的核具有更大的结合能。从这一曲线可以看出，当把更轻的原子核聚合，如^{2}H和^{3}H聚合成^{5}He原子核时，就要放出大量的能量。重核裂变为两个较轻的原子核时，也要放出能量。例如，当中子打击铀核时，铀核分裂为两个中等质量的原子核。由于中等质量原子核的比结合能比重核大，从而放出能量。从能量的角度来看，这些核子结合成两个中等质量原子核时放出的能量大于这些核子结合成一个重核时放出的能量。显然，这个能量差就是重核分裂成两个中等原子核时要释放出来的能量。

此外，比结合能曲线的形状还可以用核力的作用来说明。对于最轻的那些原子核，由于核子数很少，全部核子都处在核的表面，即每个核子都没有被其他核子完全包围起来，只是向着核中心的那一面受核力的作用，因此核子的平均结合能比较小。随着核子数的增加，就有越来越多的核子被周围的核子包围起来，各方面都受到核力的作用，因此核子的比结合能也随着增加。但是，由于核力发生作用的距离非常短，只对相邻核子起作用，因此核子数增加到一定程度，核子的比结合能就不再增加。另一方面，随着核内质子数的增加，正电荷之间的斥力作用也随着增大，它将抵消一部分核力的作用，使结合能减小，这就是结合能曲线经过最高点以后向下弯的原因。质量数过大的核，由于比结合能减小，变得越来越不稳固，以致能自发地放出某种粒子而衰变成质量数较小的核，这就是天然放射现象。在自然界中不容易看到质量数比铀还大的超铀元素，就是这个缘故。在20世纪60年代末，物理学家预言：在原子序数等于114，质量数等于298附近，可能有特别稳定的原子核，这一区域叫“超重岛”。不过至2017年，不论在自然界还是人工方法，都还没有发现这种超重元素。

原子核最后一个核子的结合能是一个独立的核子与原子核的其余部分相结合时

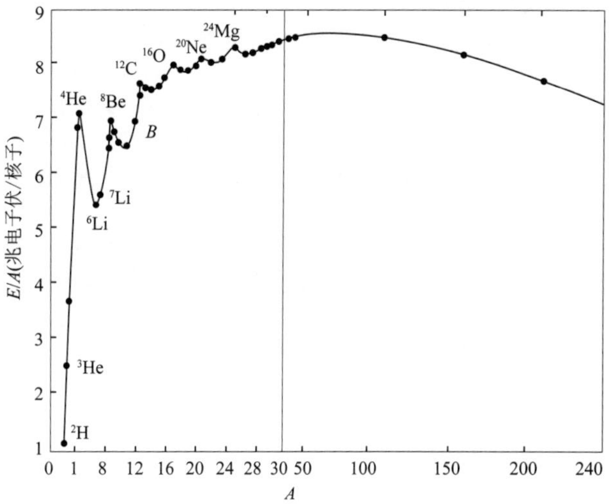

原子核的比结合能曲线

所放出的能量，或者说从原子核中分离出一个核子所需要给予的能量。原子核最后一个核子结合能的大小反映了这种原子核相对临近原子核的稳定程度。

基于液滴模型，原子核结合能的半径验公式为：

$$\begin{aligned}B(Z,N) &= B_v+B_s+B_c+B_a+B_p \\ &= a_vA+2a_sA/3-a_cZ^2A^{-1/3} \\ &\quad -a_a(A/2-Z)^2A^{-1}+a_p\delta A^{-1/2}\end{aligned}$$

式中B_v为体积项；B_s为表面项；B_c为库仑项；B_a为同位旋项；B_p为对能项。

（靳根明）

原子核能级 nuclear levels 原子核所处的各种能量状态。原子核是服从量子力学规律的微观体系，处在量子态上。不同的量子态有不同的能量。原子核物理学中，通常把原子核的量子态按量子数和能量高低次序画成图表，构成核能级纲图，每一条能量线对应一条核能级。原子核的能级特性反映核子间的相互作用和核子体系的运动规律。原子核都具有某种转动不变性和空间对称性，所以角动量I和宇称π是核态的好量子数（守恒量子数），即每条核能级有确定的角动量和宇称。核物理中用角动量I和宇称π标识核能级，通常写成I^π，如0^+、1^-等。偶偶原子核的基态能级都是0^+态，奇A（质量数）和奇奇核基态能级的角动量I和宇称π比较复杂，由奇核子的轨道性质决定。具有相同角动量和宇称但不同能量的能级可能有许多条，表示原子核具有别的对称性或不同的激发机制，如原子核可有转动能级、振动能级、准粒子激发能级等。不同能级之间可受对称性的制约，在基本相互作用下发生跃迁。每条可跃迁到其他能级的能级都有一定的能级宽度Γ。基于量子力学不确定度关系，能级宽度反映出这个能级的寿命，宽度越大寿命越短。

现在对原子核的集体转动态了解得相对比较透彻，实验能测量到很有规律的能级及跃迁序列，称为转动带，如形变偶偶核都有规则的0^+、2^+、4^+…态序列，组成基态转动带。推转壳模型能很好地描述集体转动带。由于不配对奇核子的影响，奇A和奇奇核的能级分布相对比较复杂。高激发能区能级数量非常多，能级密度很高，分布非常复杂，能级性质也很难搞清楚。有些情况下，能级分布几乎是连续的。这种情况下可用统计方法处理能级，如用费米气体模型。通过测量分析原子核能级，可获得很多原子核性质及其核子间相互作用的信息。

（许甫荣）

原子核势能 nuclear potential energy 原子核内部核子之间的势能；两个原子核相互作用的势能也称为原子核势能。在原子核内，核子通过强相互作用力结合在一起，弱相互作用力只为某些衰变，例如β衰变，提供势能。在原子核内，组成原子核的每个核子（质子和中子）的质量要比自由的质子、中子的质量小。这部分质量差称为结合能，在核反应中以热或辐射的方式释放出来。这表明核内核子之间具有势能。

在核反应或核碰撞过程中，入射粒子（核）除受到靶核的库仑势场的作用外，还受到靶核内所有核子的核力共同形成的核力势场的作用，也具有一定的势能（核势），同时，入射粒子（核）还可能具有离心势。核势的计算比较复杂。从核子-核子相互作用出发计算的核势称为微观势，这涉及核多体理论。微观势的计算有折叠法，自洽方法（哈特里-福克或哈特里-福克-博戈留波夫计算方法）等。通过符合实验数据得到的核势称为唯象势，唯象势往往是不唯一的。常用的唯象势是带有多个参数的伍兹-萨克森势。（靳根明）

原子核物理学 atomic nuclear physics 研究原子核的相互作用和转化、原子核的组成和结构规律的学科。简称核物理。20世纪新建的物理学分支。内容包括：原子核的内部结构和量子多体性质，核子（质子、中子）间、核子与原子核间和原子核与原子核间的相互作用力（核力），核子（及其他强子）的基本单元在核力作用下形成原子核、核物质的规律，原子核的基态和激发态的衰变规律，原子核之间碰撞和转化规律等。作为一门高新技术科学，它还研究粒子束的获得、探测、分析和应用，核能的利用，同位素的应用，以及为核武器提供原理和理论基础。原子核物理学已经有很大的发展，但仍有许多未知的领域。因此，它是一门既有深刻理论意义，又有重大实际应用价值且不断发展的学科。

发展简史 1896年，H.贝可勒尔发现天然放射性，这是第一次观察到的核现象。此后，放射性衰变研究证明了主要有α、β、γ放射线，并且一种核素，如果它是放射性的，可通过放射α射线或β射线衰变成另一种核素，推翻了之前的核素不可改变的观念。随后并确立了衰变规律的统计性。统计性是微观世界物质运动的一个重要特点。α、β、γ射线分别是能量可达数百万电子伏特间的由氦核、电子、光子构成的粒子束。

α射线曾为探索原子和原子核的结构提供了一种前所未有的“武器”。1911年，E.卢瑟福等利用α射线轰击各种原子，观测α射线所发生的偏折，从而确立原子核在原子中心占据极小的空间，并几乎集中了原子的全部质量，提出了原子有核结构的“行星模型”。这一成就为原子结构的研究奠定了基础，处在原子中心的原子核这个名称亦是这时被提出。

在认识原子结构和运动规律的原子物理过程中，原子物理学为建立和发展描述微观世界物质运动规律的量子力学发挥了重要作用，而从一开始，无人怀疑原子核的物理规律也是服从量子力学规律的。

1919年，卢瑟福等又发现用α粒子轰击氮核会放出质子（氢原子的原子核），首次用人工方法实现了核蜕变(核反应)。用射线轰击原子核引起核反应的方法在那段时间里逐渐成为研究原子核反应的主要手段。核反应的初期研究中，最主要的成果是1932年中子的发现和1934年人工放射性核素的合成。由此人们认识到原子核主要由中子和质子组成。另外，中子不带电荷，不受核电荷的排斥，容易进入原子核而引起核反应。从此核物理进入大发展时期。

原子核物理学理论 通过大量的实验和理论研究，对原子核的基本结构和变化规律有了较深入的认识。基本弄清了核子之间相互作用的各种性质及其表现形式。原子核有的是稳定的、有的是不稳定的。中子、质子结合成原子核是靠强相互作用（核力），中子、质子在强相互作用下的效应基本相同。但质子比中子质量小且带正电，质子之间的电磁力是排斥的，使得稳定的原子核，特别是重的原子核中的中子数目都比质子数目多。每种核素这两者有确定的数目。通常在直角坐标系中以每个核素的质子数做纵坐标、中子数做横坐标，让每个核素占据一个位置作图，称核素图。每个核素在图中占据一个位置。在图中所有不发生β衰变的核素构成的带状区，称为β稳定线。自然界存在的稳定原子核都在β稳定线附近。远离β稳定线的原子核会通过发射电子或正电子（或俘获电子）发生一次或多次β衰变，最终使衰变后的原子核回到β稳定线附近。对稳定核素或寿命较长的放射性核素的基态和低激发态的性质已积累了系统的实验数据，且研究得比较充分。幻数核的存在，大量原子核呈现出类似元素周期律那种壳层结构的规律，在此基础上，核物理学建立了原子核独立粒子自洽平均的壳层模型理论，成功地解释了这一原子核的壳层结构分布规律。同时还指出原子核壳模型的局限性，主要是满壳层外核子之间的相互作用可以相当强，以及对其如何处理的问题。离满壳层（壳模型认为单核子由低能到高能逐层填充壳层时，达到了相应的最后一个满壳层后，尚有大数目核子剩余）原子核激发形态能呈现出转动、振动等集体运动模式。由此原子核物理学建立了集体运动的综合模型。对于满壳附近的核素，认为核子与核子、核子与空穴、空穴与空穴的相互作用，其突出特点是关联力能使它们两两成对，形成角动量为整数的核子对，从而提出了解释偶偶核（包含偶数质子和偶数中子的原子核）和一些奇核子数的某些超导行为的模型。在分析核子运动某些动力学对称性基础上，还提出和发展了相互作用玻色子模型等。直接从量子力学多体方程式和实际核力出发的核多体理论也有很大发展，如近年来发展的大规模核多体计算和直接从核子相互作用出发计算核基态性质等。原子核物理学还发展了相对论平均场自恰方法等，可计算许多核和核物质的性质，处理核和核物质的核多体理论问题等，期望把上述各种核模型置于更加坚实的理论基础之上。

在核-核碰撞反应方面，在**N.玻尔**于20世纪30年代提出的复合核模型的基础上，不仅发展了核反应光学模型和直接反应理论，逐步发展了复合核和核子直接反应之间的预平衡态和门槛态，还发展和完善了深度非弹性散射，非完全熔合和多重碎裂等核反应机制。

核物理的新进展 随着粒子物理和高能物理所取得的进展，人们对强相互作用有了深入认识，发展了揭示包括核力在内的强相互作用本质的**量子色动力学**（QCD）。实验上随着采用高能探针（高能电子、光子或强子）研究原子核方法的发展，已经有明显的证据表明原子核中存在核子（质子、中子）以外的“自由度”（超子、介子、组成核子的夸克等），从而开辟了原子核物理研究的新领域。从人类已知的最基本单元，即夸克、胶子组成核子的角度研究原子核，形成了核物理研究的一个新的方向——中高能核物理。它使人们对原子核的认识推向深入，而且对QCD有更多的检验。QCD对原子核领域中所发现的新现象的研究，既把相关理论模型提高到QCD的基础上，又把QCD扩大应用到高能核反应和重离子核反应中。

由于多台重离子加速器和对撞机的建造，实现了多种类型重离子在不同能量区间的核反应，极大地丰富了核反应的类型，以及把核激发到新型的高激发态（大变型、高自旋、远离β稳定线的放射性核素及其激发态等），使核物质发生相变等，形成了核物理研究的新的生长方向。

自中子发现以来，利用中子、质子、重离子束等，通过核反应已成功地人工合成了20多种原子序数（原子核中的质子数）大于92的超铀元素和2000多种新核素。这类研究进一步表明核素仅仅在一定条件下是相对稳定的。人们在实验上不断改进和开发高新技术（重离子加速器、放射性核束和先进的探测器），在理论的指导下努力发现比铀元素包含更多质子数的新元素，并期望在这一方向上发现相对稳定的由众多未知元素形成的“岛”，所谓“超重岛”。另外，利用放射性核束，力图发现和研究新的远离β稳定线的多中子和缺中子核素的结构特性及其各种反应机制是原子核物理的另一个主攻方向。近年来实验已经意外地观察到了中子晕核（中子偏多、半径异常大的原子核）及质子晕核（质子偏多、半径异常大的原子核）存在的迹象。理论上对这些晕核尚无满意的解释。在相同或类似的技术条件下，研究和测量不稳定的核或激发态间的转化概率或截面，对于开发利用核能和了解天体内部核反应过程极其重要。这是核物理的又一重要发展方向。由于技术手段的进步，通过核反应可把原子核激发到极高的能量状态，原子核的大角动量、高激发态实验研究取得了长足的发展，推动了高自旋、大变形原子核理论的研究。

核物理的交叉领域 天体物理学、宇宙学的研究表明，宇宙演化的早期和某些天体演化的特定阶段，核过程起关键和主导的作用。恒星演化、超新星爆发是最典型的例子。恒星不间断地放出的大量能量以及超新星爆发短时间释放出的巨大能量主要是核能。早期宇宙演化、元素形成时期和残留至今宇宙中的元素及同位素丰度及天体演化的各个阶段，充满了各种原子核（包括寿命极短的原子核）的形成和演变的过程，只有完全了解这些原子核的基本过程，才能对这些天体和宇宙学的演化过程认识清楚。另外，像中子星这样的天体，除了其核心可能是夸克物质形态外，包围核心的主要成分是中子，特质密度达到了原子核的程度，好比是半径约为10千米的巨大“原子核”。为适应这些研究的需要，近年诞生了核宇宙学、核天体物理学、粒子天体物理学等核物理学与天体科学交叉的学科。

核物理应用 **A.爱因斯坦**相对论的质量-能量公式（$E=mc^2$）是指导核能的转化和释放的理论基础。1939年**O.哈恩**和F.斯特拉斯曼发现了中子引起核裂变的现象。之后又发现了每次裂变平均放出两个以上的中子，完成了核裂变的链式反应的理论，奠定了利用裂变释放核能的原理。基于对所有核素质量的系统测量，总结出轻核聚变后释放大量能量的原理。利用核裂变释放的能量“点火”，克服轻核间的电磁库仑势垒，使轻核聚到一起引起核聚变，成为热核武器的物理原理。1942年，**E.费米**建立了第一个链式裂变反应堆。这是人类掌握核能的开端。利用核裂变发电和为舰艇提供动力的核反应堆技术十分成熟，并广为应用。而轻核聚变能的应用，由于未能有合适的技术，克服轻核间的电磁势垒，达到利用的目的，故尚处研究探索中。核物理为核能反应堆装置的设计提供日益精确的数据，为提高核裂变能利用的效率和经济指标，以及为更大规模的核能利用准备条件，也为裂变反应堆的核废料后处理提供了理论基础。

人工制备各种同位素的技术和应用是核物理衍生出的一项重要技术，已广泛应用到理工农医各个部门。核磁共振、穆斯堡尔谱学、晶体的沟道效应和阻塞效应，以及扰动角关联技术等都是迅速得到广泛应用的新的核技术。核技术的应用已成为现代科学技术的标志之一。

核技术是在核物理实验方法和射线探测技术不断开拓和发展的推动下而改进和发展的。特别要指出的是，与计算机、数据获取和处理系统的结合，对核物理实验技术本身产生深刻的影响，也对核技术的应用产生重大影响。下面简要列出由核物理发展出来的一些技术应用。

①核能。为核能源的开发提供大量的核数据，提高了核能利用的效率和经济指标，以及探索更有效地利用核能的途径等。

②同位素的应用。同位素示踪技术已应用于各个科学技术领域。同位素药剂已应用于某些疾病的诊断和治疗。同位素仪表在各工业部门已用作生产自动监测或质量控制装置及火灾警报装置等。

③射线辐照的应用。粒子加速器及同位素辐射源已应用于工业的辐照加工、食品的保藏和医药的消毒、辐照探伤、辐照育种及放射医疗等方面。为研究辐射与物质相互作用及辐照技术，已经建立了辐射物理、辐射化学、辐射生物学等边缘学科，以及辐照工艺等技术部门。

④中子束的应用。中子束、中子活化技术在物质结构、固体物理学、高分子物理学和大分子生物学等方面广泛应用，已建立了专用的高中子通量的反应堆和散裂

中子源来提供强中子束。中子束已应用于辐照、分析、测井及探矿等方面。中子的生物效应是一个重要的方向，快中子治癌已取得一定的疗效。

⑤离子束的应用。这是越来越受到注意的一个核技术部门。大量的小加速器是为了提供离子束而设计的，**离子注入**技术是半导体物理学和制备半导体器件的重要手段。离子束已广泛地应用于材料科学技术和固体物理的置备和精密加工。离子束也已用来作为无损、快速分析的重要手段，特别是质子微米束可用来对表面进行细致扫描分析，其精度是其他方法难以比拟的。

⑥同位素分析方法。已应用于考古、测定岩石、地层、地球年龄等领域。

核物理和核技术是高新科学技术中极为重要的一个方面，在核武器研制和国民经济、日常生活中有极大发展潜力。核物理研究不仅是学科自身理论发展需要，而且还受上述应用的推动而快速发展，成为国际竞争十分剧烈的科技领域。

（张肇西）

原子激光 atom laser 与激光行为十分相似的一种类激光相干原子束。对于宏观数量玻色子处于相同量子态的玻色-爱因斯坦凝聚体，通常被捕获在磁阱或者光阱中时，使用射频或者光场的方法，将囚禁的凝聚粒子从阱中连续不断地耦合出来，就会在空间形成相干原子束。原子束中的每个原子就如同激光束中的光子一样具有相干性，故将其称之为原子激光。原子激光并非激光，而是与激光行为十分相似的一种类激光相干原子束。这种相干的原子源是未来原子器件的基础。

（周小计）

原子结构 atomic structure 物质结构的一个层次。原子是构成元素的最小单元。人类对物质结构的认识有一个演变和逐步深入的过程。在原子中心直径约10^{-14}米的范围内有一个原子核，它的质量占原子质量的绝大部分，并带有正电荷。核外约10^{-10}米的范围内分布着若干个带有负电荷的电子。电子的分布是不均匀的。在原子物理中，原子结构通常指原子中电子的组态结构，即在量子力学以前，电子是作为围绕着原子核旋转的经典粒子，它们处在不同的轨道或壳层中。“组态结构”指电子在不同轨道或壳层电子在原子轨道中的分布。在量子力学出现之后，电子轨道或壳层概念仍在继续使用，但“轨道”或“壳层”代表作为物质波的电子的概率分布。电子轨道采用主量子数（n）、角量子数（l）和磁量子数（m_l）表征。主量子数表征电子壳层，角量子数和磁量子数表征由电子角动量和角动量取向不同而产生的“亚”（或“次”）壳层。电子在原子轨道中的排布服从能量最低原理、**泡利不相容原理**和**洪德定则**等。

（杨玉军）

原子晶体 atomic crystal 相邻原子之间只通过强烈的共价键结合形成的晶体。又称同极晶体。构成晶体的微粒为原子。内部原子以共价键形式结合形成固体物质。原子晶体中共价键的方向性和饱和性规定了原子晶体中原子间成键的方向和配位数。

（杨槐馨 李建奇）

原子阱痕量分析 atom trap trace analysis 一种基于激光的超灵敏同位素检测技术。原子阱痕量分析可以探测丰度低至10^{-16}的同位素，具备检测单原子的能力。该方法利用激光操纵原子，通过使用原子光学、激光冷却与囚禁等技术手段实现对样品中被测同位素原子的高灵敏、高选择以及高效率检测。其中检测部分是在一个磁光阱（MOT）中完成的。磁光阱具有高度的选择性，当激光的频率调到特定同位素原子的共振频率时，只有该同位素原子与激光发生相互作用而被原子阱捕获，其他同位素的原子则穿过阱，不和激光作用。被囚禁在磁光阱中心的原子的散射荧光通过高灵敏度的EMCCD相机进行检测。通过测量荧光的强度可以知道磁光阱中同位素原子的数目。原子阱在这里相当于一个原子筛选机，可以“数”出样品中特定同位素原子的数目。通过测量一定时间内检测到的被测同位素原子的个数，可以计算出该同位素的丰度。该技术是唯一可以同时测量氪-85、氪-81和氩-39这三种稀有的长寿命放射性惰性气体同位素的分析方法。这三种同位素是地球与环境科学以及环境监测的重要示踪同位素。在冰川、海洋、地下水资源、气候、环境监测、核安全等研究领域有重大应用。

（蒋 蔚）

原子冷却 atomic cooling 使原子热运动的速度在短时间内大幅下降的现象。通常指**激光冷却**。用激光去照射原子，光子被吸收后，激光的光子动量传递给原子，形成原子热运动的辐射压力阻尼，使原子气体的温度降低。在常温下原子在空间的运动速度可达每秒500米左右。而激光束是由大量光子所组成。当激光照射原子时，原子会吸收光子，原子每吸收一个光子不仅吸收其能量，同时也吸收了光子的动量，使原子速度减慢。这一过程很快，对一些原子只要几十纳秒量级，所以在一秒钟内，原子可吸收极大数量的光子，这就使原子在光的传播方向受到的光压力比重力大几百到十万倍。利用如此巨大的光压力，最终使原子速度减小四五个量级，从而实现原子冷却。

（周小计）

原子力显微镜 atomic force microscope; AFM 一种具有实空间原子分辨本领的表面分析仪器。原子力显微镜（AFM）由瑞士IBM苏黎世实验室的**G. 宾尼希**、C. 格贝尔和美国斯坦福大学C. F. 库特等人于1986年设计发明，AFM完全是在**扫描隧道显微术**的基础上发明的，因而其大部分的结构与扫描隧道显微镜相同。两者主要的区别在于，扫描隧道显微镜利用的是量子隧道效应，而AFM则利用的是样品和探针原子间的范德瓦耳斯力或化学力。它能对包括绝缘材料在内的任何材料表面成像，克服了扫描隧道显微镜仅能适用于导电样品的缺点。

原子力显微镜的工作原理如图1所示。与扫描隧道显微镜相比，主要区别包含一个对纳牛顿量级的微弱力极其敏感的悬臂梁作为力传感器。悬臂梁的厚度为几个微米或更小，长度可在100微米以上，大多是在硅上蒸镀SiO_2或Si_3N_4制成。使用时将它的一端固定，另一端放上一个针尖。工作时用一束激光照射悬臂的背面，反射的光束用一个光电检测器检测。当针尖与样品表面离得很近时，针尖尖端原子与样品表面原子间的极微弱的相互作用力，使悬臂梁弯曲。悬臂梁的弯曲程度与力的大小成正比。检测反射激光光束的位置变化，可得到由于弯曲程度不同对应的力的大小。当用压电陶瓷驱动微悬梁在表面上进行两维扫描时，记录下每个扫描点

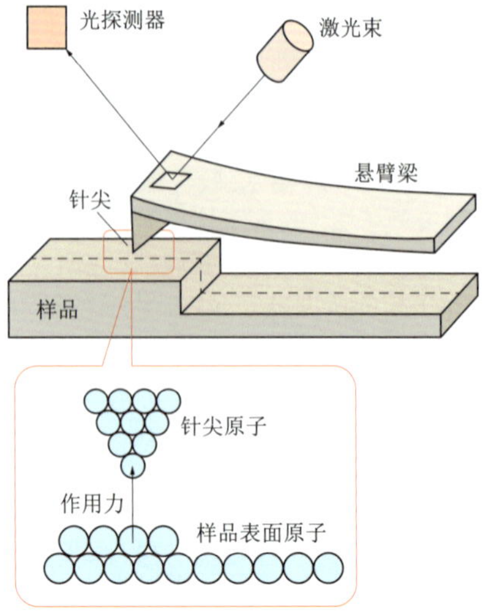

图1 原子力显微镜工作原理图

处对应的反射激光束位置，就会得到样品表面形貌的信息。

微悬臂的弯曲是几种力共同作用的结果，其中最普遍的是范德瓦耳斯力。如果不考虑针尖与样品表面的具体情况，随着针尖与样品表面的距离的逐渐变小，范德瓦耳斯力将由吸引力变为排斥力，如图2所示。根据扫描时受力所在的区域，可以把其工作模式分为接触模式、非接触模式以及间歇接触模式三种。

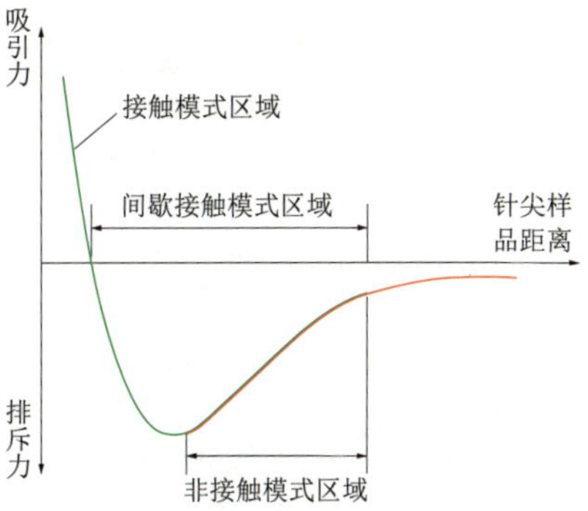

图2 针尖样品间范德瓦耳斯力曲线

在接触模式中，针尖与样品表面的距离非常近（几纳米），排斥力起主要作用。扫描时，探针在样品表面滑行，摩擦力和表面机械形貌的变化会对悬臂施加横向力，从而引起悬臂梁的横向偏转。记录这个信息的就是横向力(或摩擦力）显微镜。接触模式中横向力的存在不利于表面结合弱和软的样品分析，这是因为针尖的横向滑动会破坏样品表面形貌特征。在非接触模式中，扫描过程中针尖不接触样品，针尖与样品之间的相互作用力主要为长程吸引力。这时通过石英振荡器等外界因素激发悬臂使其以共振频率振动，这个吸引力会导致振动中的悬臂的振幅、相位以及频率发生改变，记录这些变化就能得到样品表面的形貌和结构信息。在这种扫描模式中，针尖作用力主要是垂直方向的，没有横向力，图像受针尖以及样品表面弱化效应的影响相应减小。间歇接触模式与非接触模式类似，只是针尖在扫描过程中在振幅的底点轻轻敲击样品表面，接触到表面时会导致振幅衰减并由此记录表面的信息。它也是一种较常用的成像模式。

原子力显微镜能达到原子级分辨本领，用以观察典型的离子晶体氯化钠的表面，可清晰地分辨各个离子在表面的位置。此外，AFM在化学、生命科学领域也有重要应用。1992年有人用它清晰地摄下了感染活细胞的全过程。病毒入侵几分钟后细胞上出现大突起，六小时后突起物恶性膨胀爆发，最后突起消失，细胞上留下疤，表明病毒已离细胞。（陆 栋）

原子量 atomic mass 原子质量单位表示的原子质量的数值。原子的质量很小，通常使用相对质量计算更方便。1960年国际物理和化学会议决定：以一个^{12}C原子质量的1/12作为微观粒子质量的基本单位u：1u = $m(^{12}\mathrm{C})/12 = 1.660\,54\times10^{-24}$克。用原子质量单位u表示的原子质量$m$的数值就是原子量$A$，$m=A\,\mathrm{u}$，即某原子的原子量是它的质量除以^{12}C质量的1/12。因此A就是原子的相对质量，不是很小的数，没有单位，如^{12}C原子的$A=12$，^{1}H原子的$A=1.008\,66$，$m(^{1}\mathrm{H})=1.008\,66$，$\mathrm{u}=1.674\,92\times10^{-24}$克。

结合摩尔和原子量的定义，得到1摩尔原子系统具有A克质量，它又含有N_A个原子，因此以克为单位的一个原子的质量m也可以表示为$m=A/N_A$克。

各种原子的质量已精确地测出，周期表列出的是原子量。例如，^{13}C原子的$A=13.003\,355$，它的质量$m=A\mathrm{u}=A/N_A=2.159\,26\times10^{-23}$克，它含有6个质子和7个中子，此值除以13就与1 u相近。

原子的质量应等于组成它的所有电子、质子和中子的质量之和再减去它们的结合能。实际上电子质量比质子质量小三个量级，电子和核子的结合能也远小于它们本身，因此原子的质量近似等于组成它的所有质子和中子的质量之和。由于质子和中子的质量都近于1u，使原子量都接近整数，实际上这个整数就是核子数。这里核子数和原子量虽然用了相同符号A，但意义和数值不同，一个是整数，另一个不是整数，但接近它。选择^{12}C原子作标准正是为了使各种原子的原子量都接近整数。天然化学元素常含有多种同位素，它的原子量是其各种同位素原子量的加权平均值。如天然碳元素主要含^{12}C，但还有约1.11%的^{13}C，因而碳元素的原子量为12.0111。（徐克尊）

原子能 atomic energy 原子核（简称核）中隐藏的能量。又称核能。见**核能**。

原子喷泉 atomic fountain 利用冷原子的铯束频率标准的一种工作模式。经过选态后的原子束经过拉姆齐分离场（见**光学拉姆齐条纹**）微波谐振腔与辐射场相互作用，发生了能级跃迁，然后通过检测跃迁原子数来确定外加辐射场频率是否符合原子跃迁频率，起到鉴频作用。拉姆齐分离场使原子与辐射场的相互作用从一般的原子频标中的一次相互作用分成为两次，其间有时间间隔T。犹如光的双缝干涉产生干涉条纹，这种前后两次相互作用也会发生干涉效应，它使一条跃迁谱线成为如图1所示的拉姆齐线形。其中央谱线的线宽显著小于同样相互作用时间的单次作用线宽$\Delta\nu$。理论和实验表明，线宽$\Delta\nu\propto1/T$，两次相互作用间隔愈长，谱线宽度愈窄。因此最长的实验室铯束频标的拉姆齐分离场微波腔的两臂相互作用区之间的长度一般大于1米，有的甚至达到5米。要得到校好的干涉效应，两个相互作用区中微波辐射场的相位必须严格一致。铯束的行进方向是水平的，即使对速度较快的铯原子（约几百米每秒），在地球重力场作用下，T时间内下落的距离也可相当可观（达到毫米量级），有的慢速原子甚至达不到第二个相互作用区。为此20世纪50年代，曾提出将慢速原子上抛，在上升和以自由落体下降时两次通过同一谐振腔，从而保持相位严格一致的原子喷泉方案。但实验未获成功。

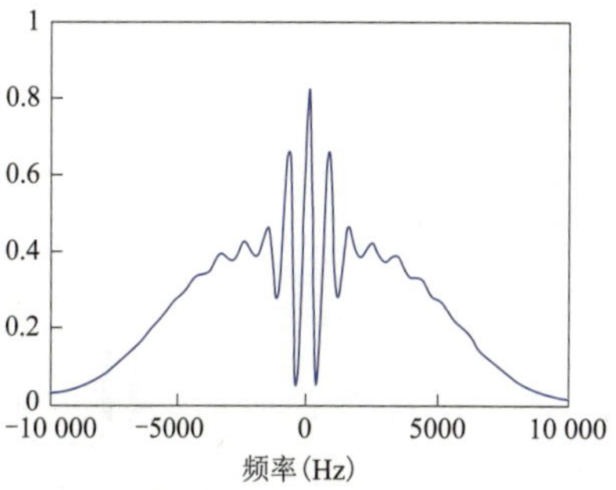

图1 原子与分离场谐振腔中微波场两次相互作用形成的拉姆齐线形

20世纪80年代，**激光冷却**与陷俘原子的技术迅速发展，利用**多普勒冷却**和偏振梯度冷却，可以将原子团冷却到温度只有1微开左右光学黏团，原子在其中行走的速度仅为厘米/秒数量级。这样的原子团可以在激光的光压作用下上抛，实现原子喷泉。1989年美国**朱棣文**小组第一次实现了钠原子的原子喷泉。1995年法国巴黎天文台时间频率基准实验室用铯原子研制成了世界上第一台原子喷泉频率基准样机。其结构图原理如图2所示。它用六束激光束将铯原子冷却为光学黏团，温度约2.5微开。然后用运动黏团法（上下运行的两束激光有频率差，造成以一定速度向上运动的驻波，在其带动下原子团获得该速度的向上运行初速度）将原子团上抛。在冷却光的作用下可以使这些原子都处于两个超精细能级中的一个。在重力场中这团原子将减速并下落，两次通过微波谐振腔，完成超精细能级跃迁，然后在检测区用特定频率的激光检测完成跃迁的原子，从而鉴别外加振荡器所产生的微波信号是否与跃迁频率一致，并使该信号锁定在原子跃迁频率上。由于两次相互作用时间间隔可达1秒左右，得到谱线的拉姆齐干涉信号如图2a所示，其中央线宽小于1赫。

除法国外，美、德、意、英、日本、中国和俄罗斯都已经研制成功这类原子喷泉频率基准。除了铯原子外，还有用铷原子的。各实验室的实验方案互有差异。

这种原子频标是脉冲式工作的，从形成冷原子到完成跃迁检测是一个循环。两次循环间原子与微波辐射场的作用有间隙。虽然原子团中的原子温度很低，但其中原子间还有碰撞。原子上下两次穿过谐振腔时地点会有所变化，因而感受到的微波场相位稍有不同。谐振腔两端有开口，就会有微波场泄漏，这会造成附加**多普勒频移**。原子跃迁还会感受周围环境的**黑体辐射**而产生频移。凡此种种，以及一些别的因数，多少都会影响原子跃迁频率，因此它们产生的频率也不是严格处在国际单位制秒定义的频率上。最好的原子喷泉频率基准所达到的频率不确定度为小系数的10^{-16}。2017年年初中国计量科学研究院的铯原子喷泉NIM5经评估达到的频率不确定度为1.2×10^{-15}，他们已向国际计量局报送数据。

（王义遒）

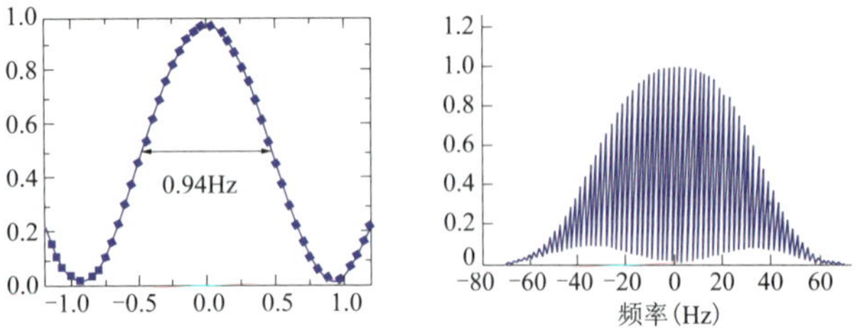

a 拉姆齐线形

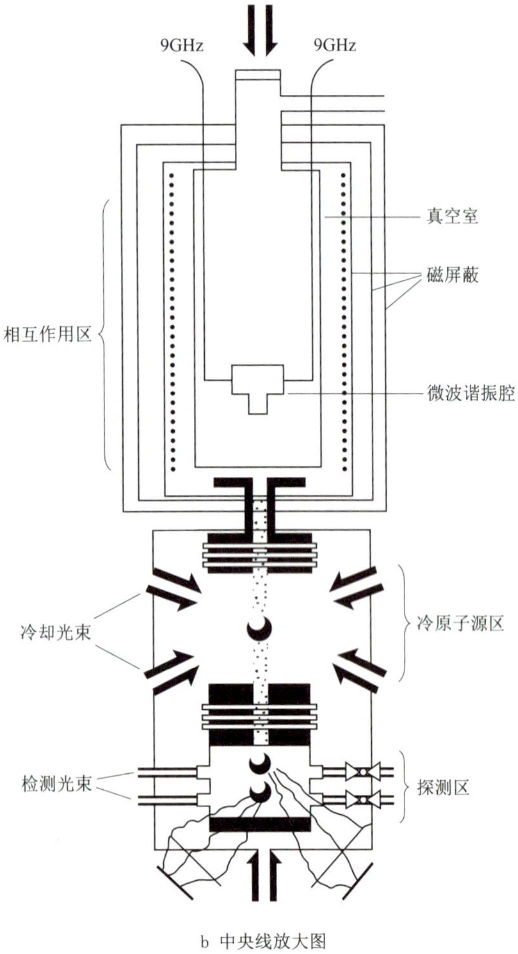

b 中央线放大图

图2 原子喷泉装置结构原理图

原子频标 atomic frequency standard 当前最为准确和稳定的一大类频率标准的统称。是原子频率标准的简称。原子频标利用的是原子（含分子、离子等，下面统称为“原子”）内电子与原子核之间的相互作用能量的稳定性。当原子从一种能量状态过渡到另一种能量状态时（即发生能级跃迁时），原子会吸收或发射频率十分确定的电磁波辐射，其频率ν_0为两个能级的能量差除以普朗克常数h，即$\nu_0=(E_2-E_1)/h$。其中E_2、E_1为能量较高与较低的两个状态的相互作用能。由于原子相互作用能量的确定性和稳定性，与其相关的电磁波频率也十分确定与稳定，从而可以做成频率标准。

原理 为了实现原子频标，还要解决以下三方面的问题。①使原子产生能级跃迁，取得电磁波准确的吸收或发射频率。②原子吸收或发射的电磁波信号频率一般不是用户所需要的实用频率（往往是整数，如5兆赫、10兆赫、100兆赫等），为此需要有一个信号频率为实用频率的较稳定的单一频率信号发生器，通常是石英晶体振荡器，通过自动控制系统将它的振荡频率锁定在原子频率上。所以原子频标实际上是一个将“晶振”频率锁定在原子跃迁频率上的自动控制系统。③上述原子内部相互作用能量的稳定性具有一定先决条件，即原子不受干扰。实际上原子的这种相互作用还会受到相邻原子的作用、碰撞、周围电磁场（包括静止的和交变的，如电磁波）、引力场，以及原子本身的运动（吸收或发射信号频率会因原子运动的**多普勒效应**而引起移动）。因此为了研制原子频标需要选择对干扰相对不敏感的原子及其特定能级，并且还要尽量减小各种干扰因素。在微波和射频波段，自从1948年以来的70年中，科学家们研究了大量原子、分子和离子，筛选出铷、氢、铯三种原子做成通用的商品频标。此外，还有少量汞离子频标在使用。这些原子（或离子）的外层电子轨道只有一个电子，原子核都带有磁矩。核磁矩与外层电子相互作用使原子能量基态产生两个超精细结构能级，除了氢原子和汞离子的最低能级（标号为$F=0$）外，其他各基态能级在磁场中还因**塞曼效应**而分裂成几个塞曼子能级，其能量都随磁场强度而线性变化，但每个原子的基态两个超精细能级中，各有一个标号为$m_F=0$的能级在弱磁场下不随磁场强度而线性变化，而是随强度的平方而变，且在微弱磁场下其变化很小。原子频标利用此两能级间的跃迁频率。在光频段，还有更多原子和离子及其能级在进行研究，并已步入计量应用（见**光频标**）。

为了取得原子能级跃迁过程中的吸收或发射信号，在微波或射频波段，需要对原子进行“选态”，其作用在于使原子处于某些或某个特定的能量状态。一个原子存在许多可能的能量状态，一般原子处于某能级的数目与该能级的能量高低有关，遵从玻尔兹曼关系：$N_n\propto\exp(-E_n/kT)$。其中k为玻尔兹曼常数，T为原子所处环境的绝对温度。因此E_2、E_1两能级的原子布居数之比为$N_2/N_1=\exp[-(E_2-E_1)/kT]=\exp(-h\nu_0/kT)$。在普通温度下，对微波波段，这个比数接近于1，即上能级原子数比下能级的略少些。原子系统在外加频率接近于跃迁频率的辐射场激励下产生吸收或受激发射时，原子向上与向下跃迁的数目相差不多，这就几乎没有净的能量吸收或发射，因而难以检测到原子跃迁信号。“选态”使原子只存在于某一态或某些态，就可显著增强跃迁所产生的电磁场辐射的吸收或发射效应，从而易于获得跃迁信号，用以控制外加振荡器的信号频率。跃迁信号越强，频标的稳定度越好。

通用的选态方法有两种：①原子束磁选态。利用原子总体带有磁矩且要求不同超精细能级的磁矩不同，当原子以细小的原子束形式通过强度不均匀磁场后，将偏向不同方向，从而可以收集所需能级的原子。磁选态铯束和氢激射器频标使用本方法。②光抽运。在光照射下，原子基态两个超精细结构能级上的原子都可被激发到更高的激发态，然后通过自发辐射回倒基态。不同超精细能级的光激发频率不同，可使用特定频率的光将某一基态能级激发，而自发辐射回到两个基态的概率相近。多次循环之后，基态几乎所有原子将聚集到所需的超精细结构能级。铷气室、光抽运铯束、汞离子频标使用本方法。

类型 按控制方式不同，原子频标分成被动型和主动型（自激振荡型）两种。

被动型频标 被动型频标需要外加电磁辐射场，当其频率接近于原子跃迁频率时，原子发生吸收或受激发射的能级跃迁。跃迁原子数与外加辐射频率的关系呈现如图1所示的“谱线”形状，其峰值即

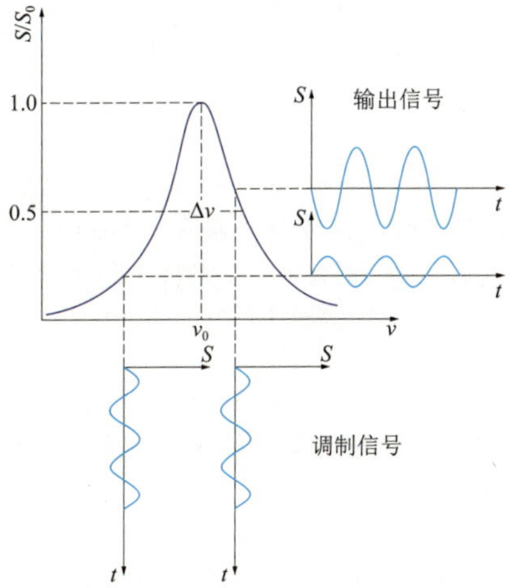

图1 原子的误差信号及其鉴频作用

为原子跃迁频率。外加辐射场信号由晶体振荡器产生，经过倍频与频率综合，使其频率接近于原子跃迁频率。对该信号进行频率调制，则谱线信号以调制频率变化，检波后形成“误差信号”，用以鉴别外加辐射场频率是否与原子跃迁频率符合，并据以调整其频率，达到将它控制在谱线峰值的目的。谱线两个半高度处的频率间隔称为“线宽”，用$\Delta\nu$表示。线宽越窄“鉴频”越灵敏，频标的稳定度越好。图2展

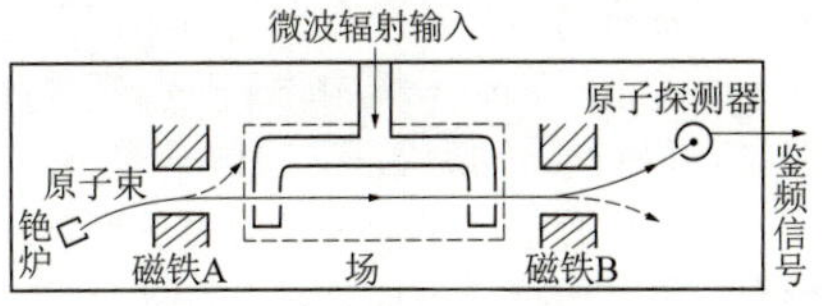

图2 铯原子束量子频标的量子跃迁装置原理图

示铯频标中原子束经过强不均匀磁铁A选态后，通过拉姆齐分离场微波谐振腔与辐射场相互作用，发生跃迁的原子再经过相同的磁铁B进入处于适当位置的原子检测器，以检测跃迁的原理。铷气室频标利用光抽运选态，再通过处于微波腔内铷吸收泡中跃迁原子对特定频率的光的吸收，来检测跃迁的发生，即所谓光抽运、光检测方法。一般这种光由高频激发的铷灯泡产生。图3显示被动型频标的框架结构。它们的短期频率稳定度与原子的跃迁频率ν_0、跃迁谱线的信号噪声比S/N（与检测装置的接收带宽有关，通常取1赫）和线宽$\Delta\nu$有关，即$\sigma(\tau)\propto\Delta\nu/[\nu_0(S/N)]$。

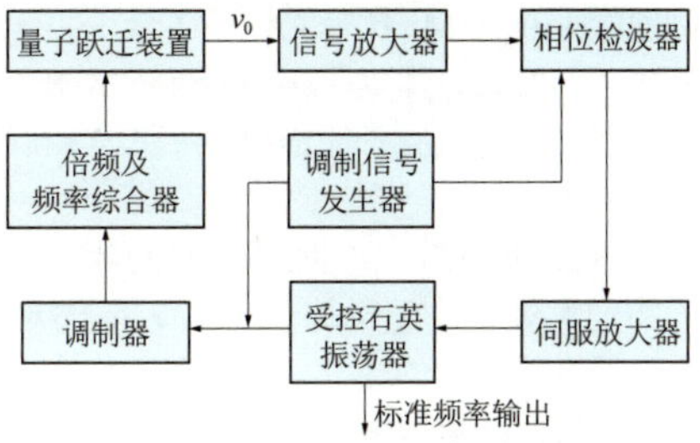

图3 被动型量子频标方框图

主动型频标 主动型频标不需外加辐射场。经选态后使大量处于上能级的原子进入高Q谐振腔内的储存泡。泡壁涂敷着长链分子，以避免原子与泡壁碰撞时发生状态变化。在腔内符合原子跃迁频率的噪声信号激励下，原子能在较长时间内发生雪崩式的受激发射过程，产生自激振荡。这种振荡信号一般十分微弱，需要用高灵敏的锁相接收机接收该信号，并通过相位锁定将本机振荡器频率通过倍频与频率综合锁定在原子跃迁频率上。氢激射器频标就是这样工作的。图4显示自激型频标的原理方框图。自激型频标要求具有很高Q值的谐振腔，氢原子频标的标准频率为1 420 405 751.768赫，处于21厘米波段，高Q谐振腔体积大。也有体积较小的被动型氢频标，它利用微弱的受激发射信号来“鉴频”，工作模式与被动型相同。由于受激发射信号的线宽极窄，被动氢原子频标也可得到很高的稳定度。

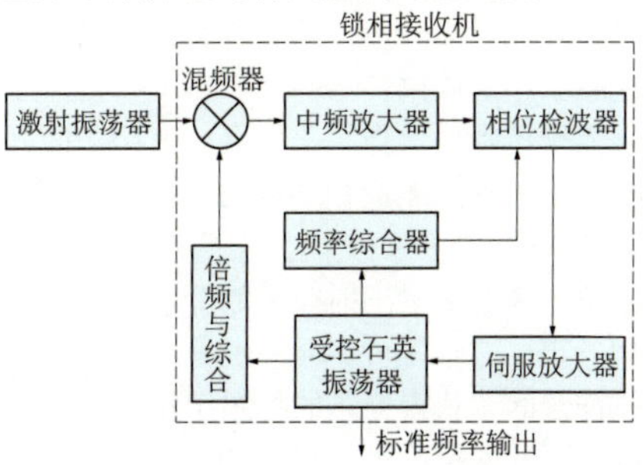

图4 自激型量子频标方框图

不同原子频标的物理部分分别采用原子束、储存泡涂敷长链分子膜、铷气室充惰性缓冲气体和离子阱囚禁离子等方法，以及安装磁屏蔽和温度控制等，都是为了尽量减小外部环境对原子状态的干扰和避免多普勒效应使原子跃迁频率移动。

实用原子频标中较好的时阈稳定度指标随取样时间的变化大体如图5所示。其中铯束频标具有最好的准确度，氢激射器频标次之。因此磁选态铯原子束频标被认为是一级频率标准。几个国家计量实验室研制、运行的实验室铯束频标曾长期作为频率基准使用，其频率不确定度可达到10^{-15}数量级（德国物理技术研究院PTB，是国际上唯一继续使用铯束频率基准的实验室，其他具有频率基准的国家计量实验室已改用“**原子喷泉**”）。1967年第13届国际计量大会通过国际单位制时间单位“秒”定义的决定：“秒是铯133原子（^{133}Cs）基态两个超精细能级间跃迁辐射的9 192 631 770个周期的持续时间”。“秒”定义由铯束频率基准来实现，它给出的是在海平面上原子不受干扰情况下的跃迁信号频率。

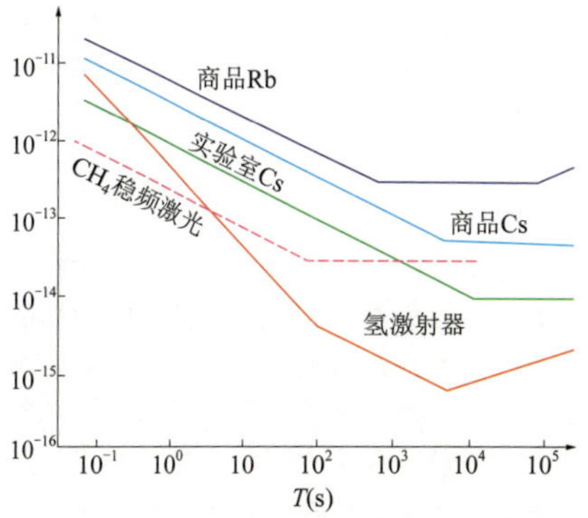

图5 频率源的相对稳定度与取样时间的关系

除了铷、氢、铯三种已有商品的实用频标之外，还有多种采用激光、冷原子和微加工、微电子技术的新型微波原子频标出现，其中有激光抽运铯束、激光抽运铷气室、脉冲激光抽运气室（POP，铯或铷）、自激型POP、积分球及其他冷原子、微型或芯片式相干布居数囚禁（CPT）等频标，个别的也已有商品问世，但总体上还处于研发阶段，期望它们会有更好的性能指标。

应用 原子频标的应用很广，如守时、授时、时间同步、导航、定位、通信、网络、制导、交通管理、天体与大地测量等，在全球化时代，人们生活节奏日益快速，原子频标在民用和军事上都是不可或缺的。国际上使用的卫星导航系统的卫星上也都载有原子频标。铷频标的稳定度较好，体积小、重量轻，且结构简单，易于生产，是星载上最常用的频标。

时间频率是七个基本物理量之一。利用原子频标所做的时间频率测量是能得到测量不确定度最小的物理量。国际上最好的频率基准的不确定度为10^{-16}数量级，因此在计量上有一种趋势，就是将其他各种物理量通过一定的物理关系转化为时间频

率量来加以测量。如通过在一定时间t内光所走过的距离$l=ct$。1983年第17届国际计量大会就确定长度单位“米”的定义为：“米是1/299 792 458秒的时间间隔内光在真空中行程的长度”（这样也就确定了真空中光速的定义值为$c=299\ 792\ 458$米/秒）。时间与空间的计量就这样统一了。因此原子频标还是科学研究和精密测量的利器。物理理论的检验、物理常数的精密准确确定，它们是否随时间或空间方向等变化，都需要利用高度精密、准确与稳定的原子频标。（王义遒）

原子物理学 atomic physics 研究原子结构、运动规律及相互作用的物理学分支学科。原子由微小的电子和原子核组成，同时又是分子及各宏观物质组成的基本单元。因此，原子物理学已渗入多种基础学科与技术学科，与研究更小世界的核物理学和粒子物理学有密切关系，又与研究更大尺度和世界的分子物理学、光物理学、凝聚态物理学、激光技术、核聚变、化学、材料科学、生物学、空间与大气物理、天体物理学、物理力学等基础与技术学科发生交叉。原子物理利用了其他一些学科的理论和技术，如激光原理和技术、核探测技术等；同时，原子物理的光谱和碰撞数据、方法及技术也广泛应用到其他学科和技术中，如荧光和激光光谱分析、激光与X射线激光、微波与光学频率标准、磁共振技术、医学物理、核裂变和核聚变研究中有关的原子数据等。

起源和发展 “原子”作为物质组成的基本单元在古希腊就已提出，但仅是一种哲学假说。18世纪末通过实验发现，在化学反应中每种化合物的各元素都有确定的组成，不同化合物中同种元素的量成一定的整数比。因此，1803年英国物理学家J.道尔顿提出了原子论，认为宏观物质是由少数几种原子组成的，同种原子具有相同的质量。19世纪时逐步认识到，原子是电中性的，它的大小和质量都很小；对原子光谱也有较多的研究，发现了部分原子谱线频率值分布的规律。

1897年英国物理学家J.J.汤姆孙通过阴极射线实验发现了电子，确定了电子的电荷和质量。1904年他提出原子正电荷均匀分布于整个原子球体的汤姆孙原子模型。1911年英国物理学家E.卢瑟福通过α粒子散射实验提出了原子的核模型：原子是由处于中心的带正电荷的原子核和外围分布的若干个带负电荷的电子组成。1913年，丹麦科学家N.玻尔部分抛弃了经典概念，提出了电子在分立的轨道运动和原子具有不连续的定态能级结构的假设，并用他的观念正确地解释了氢光谱的结构。1925年，法国理论物理学家L.V.德布罗意提出物质波设想，奥地利物理学家E.薛定谔等发展了量子力学，真正令人满意的原子理论才被找到。这个基本理论，以薛定谔方程为表示形式，结合电子具有自旋且遵从泡利不相容原理，从而能够解释复杂原子的结构和光谱。1928年，英国理论物理学家P.A.M.狄拉克统一了量子力学和狭义相对论，建立了相对论性的量子力学方程，它对氢原子光谱提供了非常精确的描述。

研究新方向 20世纪的前30年，原子物理学处于物理学的前沿，发展很快，促进了量子力学的建立，开创了近代物理的新时代。随后很多物理学家都把注意力集中到研究原子核和基本粒子上，原子物理的发展较为缓慢。70年代后，随着窄线宽调谐激光器而发展的激光光谱学，以及高分辨电子能谱仪和进一步发展的电子碰撞谱学，还有射频和微波波谱学、电子学、超低温冷却、超强电和磁场、计算机等技术的诞生与发展，光谱分辨达到10^{-7}赫，时间分辨达到10^{-12}秒，空间分辨达到光谱波长的数量级，可以进行更大、更复杂的理论计算，原子物理学的研究又重新被重视并取得很大进展。发现了很多新现象和问题，形成如下新的研究高潮。

原子光谱 薛定谔方程只对氢原子有精确解，复杂原子的能级结构和碰撞动力学的研究必须有更好的实验测量和理论计算手段。大型计算机的应用和多种有效的近似计算方法的发展，使复杂计算得以进行，计算精度大大提高。高分辨激光光谱、强激光饱和吸收和多光子吸收光谱、束箔光谱、同步辐射光谱等实验技术和方法的出现，使光谱学的测量在能量、时间和空间上实现了高分辨，从而得到和积累了大量原子光谱数据。

原子碰撞 当原子与另一个粒子接近时，可能发生能量和动量的交换，以及电子的获得、丢失或交换，这就是原子碰撞。原子碰撞能测量出射粒子的能量、强度和角分布，得到各种与原子的量子态有关的碰撞截面，获得原子的能级结构、能级宽度和跃迁速率等动力学数据，是研究原子的一种主要实验方法。早期的α散射实验和夫兰克-赫兹实验是简单的碰撞实验，后来发展了电子束、离子束、激光束、同步辐射、中性原子分子束、冷原子等多种粒子源，特别是电子能量损失谱和动量谱还能得到原子和分子的波函数信息。此外，还发展了各种新的探测器、能谱仪和信号检测技术，以及新的实验数据处理和理论计算方法，可以进行和分析各种复杂的碰撞过程，如超弹性散射、顺磁共振、振激和振离、碰撞后作用、电离激发、共振俄歇效应、受激拉曼效应、潘宁电离、电子脱附、电荷交换过程、化学位移等，使原子碰撞物理研究的内容和应用更加广泛。

原子激发态结构和精细结构 通过上述原子光谱和碰撞方法，再加上极端物理条件（高温、低温、高压、强场等），积累了大量的有关原子能级结构、跃迁速率、碰撞截面等的数据资料，从而对原子的激发态结构和精细结构有了更多的了解，如里德伯态、自电离态和超激发态、高离化态、双电子激发态、X射线吸收精细结构、费希巴赫共振、形状共振、玻色-爱因斯坦凝聚等。

精密测量 随着物理学、计量学以及受控核聚变、核武器、激光武器、空间技术等的发展，对各种物理量数据的准确度要求越来越高。精密测量内容涵盖原子核的电、磁矩与原子内、外电磁场作用和高阶量子电动力学效应等产生的原子超精细能级结构的精确分析与量度，基本物理常数和各种物理量的精密测量，以及精密物理实验与其所需要使用的一些新技术。由于其理论和应用意义，这方面测量和研究不断进行，一直是一个活跃前沿。如波谱技术、激光光谱技术和电子能谱技术等高分辨技术的发展；磁共振、离子阱、冷原子和光梳等技术的发展；原子能级、光谱、跃迁概率、碰撞截面等各种精确数据、基本物理常数的精确测量；通过兰姆移位和电子反常磁矩的精确测量对量子电动力学进行的精确检验；频率、时间和长度的计量标准以及在频标方面的应用；磁共振成像技术在医学和生物学中的广泛应用。许多从事这方面工作的物理学家获得诺贝尔物理学奖。

奇特原子物理 普通原子由质子和中子组成的带正电的核与核外带负电的电子形成的，它们具有一定的稳定性，在周期表上有一定位置。实际上还存在一类奇特原子，甚至奇特分子。在它们内部，普通原子中的电子和原子核内质子分别或两者都被其他种粒子替代，这些粒子有$m^{\pm}$轻子、$p^{\pm}$、$K^{\pm}$介子、正电子、反质子等。奇特原子也是一种通过电磁相互作用形成的量子力学体系，也称为奇异原子，如由电子和正电子形成的是电子偶素，由质子和反质子形成的是质子偶素，由正电子和反质子形成的是反氢原子等。此外，两个高原子序数的离子和原子反应形成的超高原子序数原子或离子的性质也较为特殊，对生产新核素有重要意义。

由μ^-子取代普通原子中一个电子形成的μ原子是最早发现的奇特原子，中国物理学家**张文裕**在云室中最早发现μ原子能级之间跃迁时放出X射线。大多数奇特原子都是由高能作用产生的轻子、介子和重子形成，它们的寿命都大于电磁相互作用引起的转化和跃迁过程的特征时间（10^{-11}秒），在它们衰变之前有足够的时间形成奇特原子。还有些粒子，如$\tau^{\pm}$轻子、$D^{\pm}$介子、$\Sigma^{\pm}$重子等，寿命较短或产生数量较小，对它们研究较少。此外，在实验研究中更容易实现的是带负电荷的粒子与原子核形成的奇特原子。

奇特原子的性质与这些粒子的性质有密切关系，它们的光谱和能级结构涉及原子物理、粒子物理、核物理、天体物理、化学和量子电动力学，因而对奇特原子和上述粒子的研究能够促进它们相互渗透，具有重要意义。例如，可以检验狄拉克方程以外的其他方程；研究静电力与库仑力的偏离、原子核大小效应；用μ原子验证**电弱统一理论**；用奇特原子的形成和衰变以及能级的分裂和移动，测量生成奇特原子的粒子的基本物理量和性质等。

强场效应　普通的**塞曼效应**、**斯塔克效应**和**电子顺磁共振**现象研究的是在实验室内通常有的电场和磁场对基态原子的能级和光谱结构的影响，这种影响相对较小，是一种精细结构和超精细结构效应。强场效应研究的是在外加的静电场、静磁场、交变电磁场或激光场的场强大到不能作为微扰时对原子的物理特性的影响。这种影响与弱场情况有很大不同，不仅影响能级和光谱结构，还发现一些新现象，如强激光场中的阈上电离、隧道电离、越垒电离、多光子电离，以及高次谐波与X射线、γ射线的产生。此外，强场效应也获得许多应用，如高能电子在强扭摆磁场中产生激光、强激光场诱导核聚变等。

冷原子物理　几乎处于静止状态的冷原子或带电粒子具有独特的性质，如由于密度稀薄，相互之间作用很小，在极稀薄状态下作用甚至可以忽略，不受环境影响，其能级宽度和辐射线宽很小，跃迁谱线很窄。研究它们首先需要一个能囚禁它们并使之冷却到近乎静止的系统，这就是原子阱和离子阱。冷原子物理除了需要制备冷原子或带电粒子的技术外，主要是研究冷原子或带电粒子的特有性质以及它们的应用。如激光减速和聚集原子，激光阱和磁光阱囚禁原子，玻色子在极低温度下的玻色-爱因斯坦凝聚。将这些凝聚体输出阱外可以形成一个相干的原子束，即所谓“**原子激光**”；超冷原子和离子在频标中的应用促进频率准确度的进一步提高。

原子分子测控　原子分子测控就是按人的愿望测量和操控一个个原子分子，包括原子分子工程和单原子分子测控两方面。原子分子工程涉及许多个粒子的**系综**，已得到广泛应用。如用光学、电子或扫描探针显微镜观测材料和生物细胞的原子和分子结构，由各种元素合成新的化合物分子，生成各种新材料。单原子分子测控则是对单个原子分子进行测量和操控，要解决四方面课题：在确定的空间和时间内实现对单个原子、分子或微小粒子的俘获和成像；识别这是何种原子或分子及其量子态；操控它们，包括提取、移动或转动，以及多个粒子及相互作用的控制；最后组合或分解它们以形成新的分子或器件。因此，如果能实现单原子测控，就可以用一个个原子或不同材料的微小粒子来构造新的分子或功能器件，或反过来把材料上一个个原子分子取下来，把大分子分解或修饰为较小的原子分子。但要完全实现这些操作还有很长的路要走。20世纪80年代以来，许多新技术和手段的出现和发展，使人们向这个梦想前进了很多。如用一束强聚焦的激光形成的光镊囚禁单个细胞分子；用反向激光干涉或载流线圈阵列形成的驻波场建立一维、二维和三维光晶格，如果将原子装入其中，通过调节激光场操控，使每个格点中只含有一个原子，就形成一维、二维和三维的单原子阵列，即原子光晶格。用上述三维激光驻波场和磁场形成的一个中心的激光阱和磁光阱来囚禁单个原子分子，还可以操控原子处于势阱的基态或激发态。

量子信息　经典存储信息的基本单元（比特或位）通常用二进制0或1表示，某时刻只能是0或1中的一个。量子信息学是量子力学与信息科学结合的产物，于20世纪末兴起。一个量子位可以处在两个逻辑态$|0\rangle$和$|1\rangle$的任意组合叠加态$|\psi\rangle$上，是二维希尔伯特空间中的任意单位矢量，即：

$$|\psi\rangle=c_0|0\rangle+c_1|1\rangle$$

系数有归一关系：

$$|c_0|^2+|c_1|^2=1$$

物理上一个量子比特用一个具有双态$|0\rangle$和$|1\rangle$的微观粒子来表征，如有水平和垂直两种偏振态的光子，1/2自旋的电子，二能级的原子或离子，磁场中能分裂为二能级的角动量为1/2的离子、原子或原子核；也可以用有二能级的量子点、超导约瑟夫森结、金刚石的氮-空穴色心和晶体的自旋量子态、半导体硅基等固体材料作量子比特。由于量子态是概率幅，系统一般处于两个态的相干叠加态上，在特定情况下才处于$|0\rangle$或$|1\rangle$态。

量子信息的基本单元和处理过程（包括传输、存取和变换等）必须遵从量子力学原理，使量子力学的许多基本特性（如叠加性、相干性、纠缠性、测量塌缩性、不可克隆性等）在信息处理过程中发挥出重要和独特的作用，使量子信息系统的信息功能突破现有经典信息系统的极限，并给出许多新奇的结果。如由于叠加性，c_0和c_1也是信息，上述一个量子位原则上包含无限多的信息量。而且一个量子位可以同时存储$|0\rangle$和$|1\rangle$，L位量子存储器则可以同时存储2^L个数据，而L位经典存储器一次只能存储2^L个数据中的任一个，因此量子存储器具有巨大的存储数据的能力。此外，运算是对存储数据进行操作（变换），量子计算机能够在一次操作中对所存储的这2^L个量子位进行并行的运算，而经典计算机要完成相同的计算需要重复2^L次相同的操作或使用2^L个并行工作的处理器。由此可见，两者具有本质的区别。随L增加量子计算机的优势更加明显。

对有相同双态、$|0\rangle$和$|1\rangle$的两粒子a和b纠缠态的测量，当对一个粒子测量时会发生关联塌缩。如对处于纠缠态$|\psi\rangle=(|0\rangle_a|1\rangle_b-|1\rangle_a|0\rangle_b)/\sqrt{2}$的a粒子测量，若a粒子塌缩到$|0\rangle$态，则b粒子一定塌缩到$|1\rangle$态；反之，若a粒子塌缩到$|1\rangle$态，b粒子一定塌缩到$|0\rangle$态，两种取向是随机的，概率各为1/2。这种纠缠塌缩是与测量同时进行的，具有非局域、超空间特性，不管纠缠态的两粒子在空间相距多远，对一个粒子的测量必然影响另一个粒子，从而可以获得它们的状态信息。在经过测量塌缩后，纠缠态系统不再具有纠缠性，各子系统变成确定状态。因此对一个未知量子态进行精确复制的物理过程是不可能实现的，即量子信息在信道中传输，不可能被第三方复制窃取而不发生改变，由此就能够被察觉，保证了量子通信的绝对安全。

量子信息学主要包括**量子计算**和量子通信，此外还有用于揭示复杂系统中的物理学、化学和生命科学规律的量子模拟，以及在精密测量、计量和深度学习中的应用。它们需要量子信息网络，包括对量子信息单元和纠缠态的制备、传送、存储、纠缠纯化、操控和读出。这些内容的研究是很困难的，特别是实验研究，但各方面研究已取得很大进展。　（徐克尊）

原子陷俘　atom trapping　一种将原子囚禁在一个空间极小范围内使之与周围环境

孤立起来的方法。为了进行**原子冷却**，通常的做法是将原子囚禁到一个势阱中，使动能低于势阱阱深的原子，使其不致逃逸和扩散出去，并避免它们与周围环境发生接触而提高温度。这里物理上所谓的“阱”，是一种能把自由运动的物体俘获并囚禁起来的装置，同时也起到装载这些物体的作用。对中性原子进行陷俘的阱包含有光场和磁场形成的磁光阱、光偶极阱、静磁阱、磁光混合阱等。不同阱对原子的囚禁能力不同，捕获原子的温度也不同。如磁光阱通常可以将中性原子冷却到毫开量级，其基本原理：用一对反向电流线圈和三对（上下左右前后）相互垂直的圆偏振激光束照射气体原子，使原子受到耗散力被冷却，而且还会因受到非均匀光电场的梯度力作用而被囚禁于光束交汇中心，从而达到囚禁原子的目的。

（周小计）

原子相干　atomic coherence　处于基态和激发态的原子具有某种相位相关性的原子系综所具有的属性。利用相干的光场将原子的两个能级耦合起来形成新的叠加态，就会改变原子的基本特性，形成原子相干效应特有的现象。如**量子拍**、光学章动、自由感应衰变、**超辐射**、超荧光、相干布居捕获、电磁诱导透明、非线性过程增强等。

（周小计）

原子钟　atomic clock　利用石英振荡器驱动计数器输出计时脉冲的一种精确计时装置。石英振荡器以设定的频率（周期）振荡，则振荡周期数目乘以设定周期即为时间间隔。然而，石英振荡器本身准确度有限，而且在外界环境的影响下，振荡器的频率还可能会发生大小未知的随机漂移，造成附加误差，因此必须有一个更高精度的频标对振荡器频率进行校准。为完成校准，首先必须对振荡器的真实频率$f_{石英}$进行准确测量。在原子钟系统中，利用频率综合技术，产生频率为$f_{参考}$的参考比较信号，再让该信号与选定原子跃迁频率做比较。原子能级间跃迁频率由原子结构决定，属于已知的参数，且准确度、稳定度高。于是该比较测量可以将$f_{石英}$根据结果通过控制电子电路进行相应调节，即可完成校准工作，准确度锁定到原子跃迁的精度（见图）。

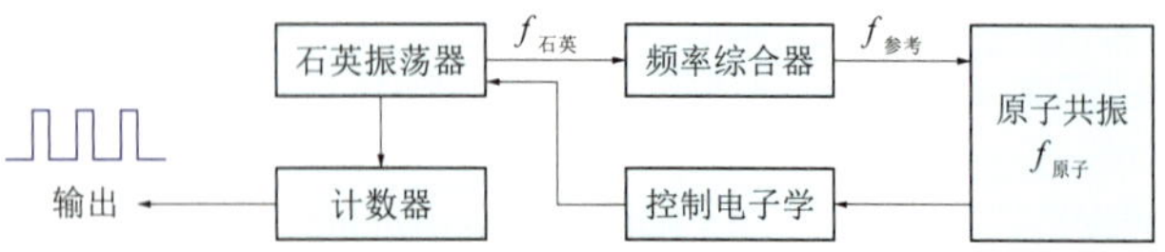

原子钟工作示意图

由于激发态原子有**自发辐射**，因此严格来说原子的能级差E也有不确定度，即原子线宽γ。该线宽限制了原子钟的精度。为了提高精度，应选择γ/E较小的两个原子能级构造二能级原子。通常的原子钟选择氢原子或碱金属原子铷、铯外层电子轨道运动基态中的两个不同的超精细能级来构造二能级系统。此时能级差E对应频率在微波量级。原子钟是卫星定位系统的核心，也被应用在其他各类科学研究中。

（张　芃）

圆偏振光　circularly polarized light　电矢量端点描写的曲线为圆时的一种偏振光。见**偏振光**。

圆偏振光电流效应　circular photogalvanic effect　圆偏振光入射到固体材料中产生定向电流的一种**光电流**现象。圆偏振光产生的电流方向取决于入射光的螺旋度。圆偏振光电流可看成是把光子角动量转化成自由载流子的定向运动。圆偏振光电流效应只能发生在中心反演不对称的旋光材料中。对于非旋光的非中心对称材料，如砷化镓，电场、应力或量子限制会导致材料的对称性降低，从而具有旋光性和伴随而来的圆偏振光电流效应。圆偏振光电流通常还与入射光相对晶格的晶向密切相关。从微观图像来说，圆偏振光电流效应起源于旋光晶体中的能带自旋分裂。由于光学跃迁中的**选择定则**，圆偏振光在动量空间中激发出非对称分布的光生载流子，从而形成净的电流流动。可以通过圆偏振光电流效应来研究晶体中能带自旋分裂等自旋相关性质。

（陈涌海）

远场　far field　远离辐射源所在位置的电磁场。通常距离辐射源大于几个波长处的电磁场即可称为远场，可在空间自由传播。在各向同性介质中，远场电磁辐射的性质可由无源的麦克斯韦方程描述，电场、磁场和传播方向相互垂直。

绝大多数光学和电磁学测量在远场区域进行。对于远场成像存在一个空间分辨率的理论极限，即便采用理想的光学元件和成像系统，一个无限小的空间点也会由于衍射效应形成一个大小正比于波长的光斑，称为艾里斑，这就从原理上限制了可以测量的两个相近空间点的间隔。如果被测物体存在小于波长尺度的细微结构，远场成像测量是无法探测到的。远场衍射通常也称为**夫琅禾费衍射**。

（汪　力）

远摄物镜　telephoto objective　焦距比标准镜头（焦距与成像传感器的对角线长度接近的物镜）的焦距要长的摄影物镜。分为普通远摄物镜和超远摄物镜两类。又称长焦距镜头。普通远摄物镜的焦距长度接近标准镜头，而超远摄物镜的焦距却远大于标准镜头，二者之间没有明确分界线。

由于远摄物镜的焦距很长，如果采用常规结构，其镜筒长度必然比焦距还长，给生产、装配以及携带、使用等带来诸多不便，因此多采用图1所示的远摄结构以减小镜筒长度。

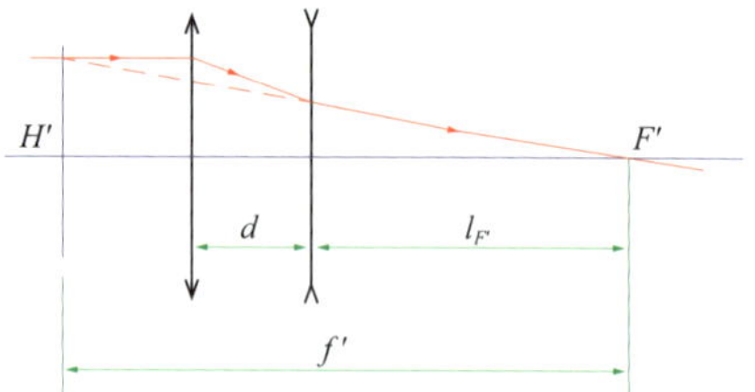

图1　远摄结构

远摄结构由正负两个分离的透镜组构成，正组在前，负组在后，使组合后的像方主平面H'位于物空间，从而让筒长（$d+l_{F'}$）短于焦距（f'），缩短物镜的轴向尺寸。筒长与焦距之比$(d+l_{F'})/f'$称为远摄比。远摄比是远摄物镜的重要指标，并且越小越好。

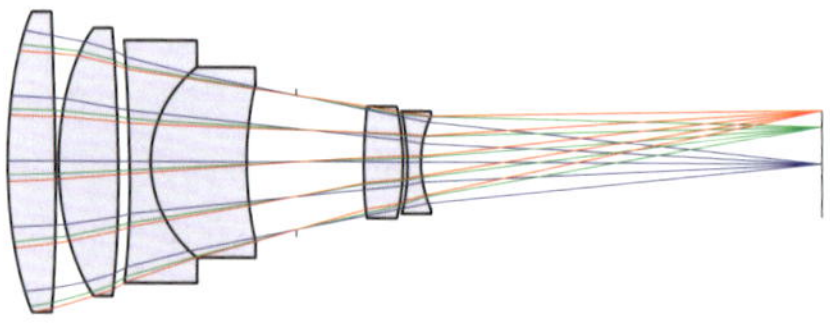

图2　远摄物镜

按照上述原理构成的远摄物镜，结构型式是各种各样的。前组由于光焦度负担较大，结构一般要比后组复杂，如图2所示。在远摄比很小时往往需要引入萤石玻璃来校正**像差**。焦距长于135毫米的单反镜头一般都需要采用远摄结构，超薄物镜或特别小的物镜也会用到这个结构，来减小镜头的体积。

（谢洪波　郁道银）

远心物镜　telecentric objective　一种具有无限远入瞳或出瞳的复合透镜。用直尺测量物体长度时，必须让视线（瞳孔中心与被测点的连线）垂直于直尺，否则会因为视差而带来测量误差。在光学成像测量系统中如果采用常规物镜，常常因为下面三个问题而产生测量误差：①边缘视场属于斜视成像，存在视差问题和遮挡效应问题；②测量过程中发生对焦不准、工件定位不准或被测物不在一个平面内等情况，都会导致测量物镜的成像倍率$\beta=y'/y=l'/l$发生变化，也会产生测量误差；③即使物距是固定的，如果成像敏感器没有精确调整在像平面上（即“离焦”情况），同样会产生测量误差。

如果让物方主光线平行于**光轴**，即垂直于被测表面，则上述①②问题都可以得到解决。由于满足这种关系的物镜，其入瞳位于物方无限远，所以称为物方远心物镜。图1给出常规物镜与物方远心物镜的成像对比。上半部分为常规物镜成像，下半部分为物方远心物镜对相同工件成像。

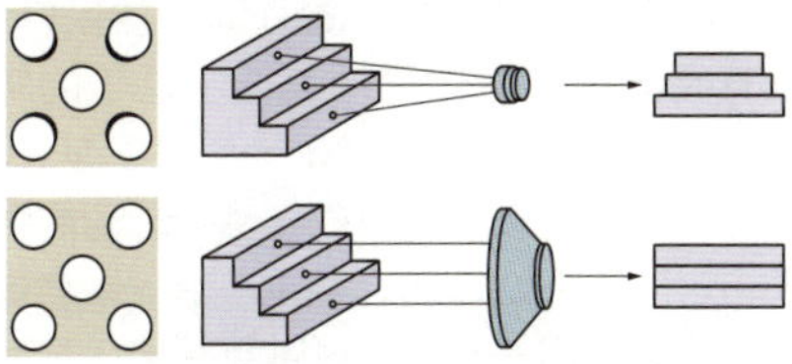

图1 常规物镜与物方远心物镜的成像对比

物方远心物镜纠正了传统成像物镜的视差问题和遮挡问题，且允许被测件在一定景深范围内变动而不引入测量误差，所以大量应用于工业精密测量。

除物方远心物镜外，远心镜头还有像方远心和双侧远心两种类型。

像方远心镜头通过在物方焦平面上放置孔径光阑，使像方主光线平行于光轴，从而对成像敏感器的安装精度不敏感，解决了问题③。

图2为双侧远心镜头，它具有上面两种远心物镜的优点，但设计难度大、价格比较高，使用率不高。

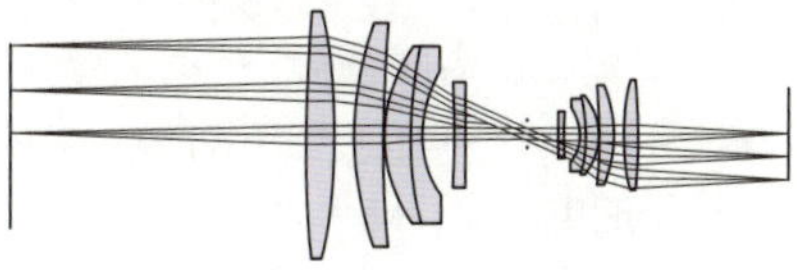

图2 双侧远心光路

远心物镜除了在测量领域应用外，在光纤耦合、4f系统等领域也有应用。如图3所示，为了与光纤的数值孔径匹配，光纤传像束前端成像系统为像方远心光路，后端耦合系统为物方远心光路。

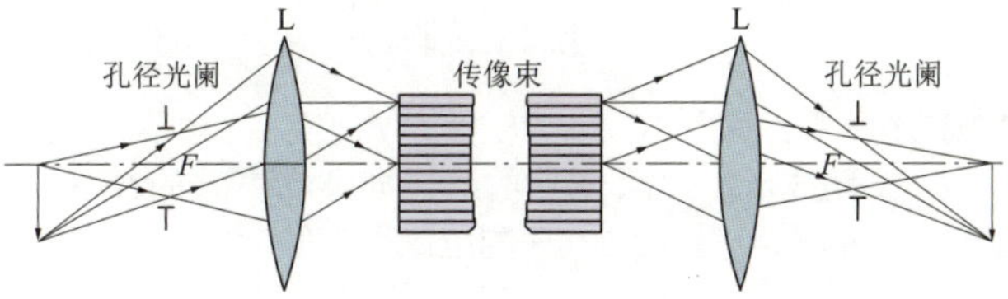

图3 光纤传像束（前端像方远心，后端物方远心）

（谢洪波 郁道银）

约飞，A.F. Abram Fedorovich Ioffe（1880-10-29～1960-10-14） 苏联物理学家。生于俄国波尔塔瓦，卒于列宁格勒（今圣彼得堡）。1902年毕业于彼得堡工业大学后，赴德国慕尼黑大学师从物理学家**W.C.伦琴**，1905年以优异成绩获得博士学位。随即回俄担任彼得堡工业大学物理实验室的高级实验人员，1914年任教授。当时他在圣彼得堡组织领导的物理学讨论会是圣彼得堡物理研究的中心。十月革命后，他对苏联物理学的发展功绩卓著。他建议并参与筹建设立在苏联各地的16所物理研究机构，其中有他任所长多年的列宁格勒的苏联科学院物理技术研究所、独具一格的苏联农业物理研究所以及1954年成立的苏联科学院半导体研究所。

约飞毕生致力于固体物理的研究。他在慕尼黑时除了完成关于研究石英的博士论文外，还做了电解质的导电机制和晶体强度方面的工作，这些都是当时亟待解决的问题。20世纪30年代初，他就指出半导体材料是电子技术的新材料，他和Y.I.弗仑克尔在半导体的导电性的研究中提出阻挡层的概念，他的有关半导体中的两种载流子和它们的迁移率的研究开辟了对N型和P型半导体的研究方向。他从开发新能源着眼，研究半导体的光电转换以及半导体制冷，在当时都是开创性的工作。

约飞对苏联物理学发展的贡献，不限于研究机构的组织领导工作和自己的研究工作（他发表过数以百计的论文）这两个方面，他还培养了不少知名的苏联物理学家，像诺贝尔奖获得者**P.L.卡皮察**和**L.D.朗道**这样卓越的物理学家都是他的学生。他对科学知识的普及工作也很热心，写过不少很受欢迎的科普文章。在国际物理学界约飞也很知名，约飞在20年代末曾应邀去美国讲学，1928年在美国出版了以他在美国讲学的讲义为基础的专著《晶体物理学》。他的其他主要著作有1933年的《电子半导体》、1954年的《近代物理学中的半导体》，后者1955年就有了中文译本，对中国半导体物理的发展曾起了很大作用。

1920年，约飞被选为苏联科学院的前身俄罗斯科学院的院士，并曾两度当选为苏联科学院副院长。他曾获得许多国际物理学界授予的荣誉，中国物理学会在1949年也选举他为名誉会员。（何成钧）

约瑟夫森，B.D. Brian David Josephson（1940-01-04～ ） 英国理论物理学家。生于威尔士加迪夫。1964年获剑桥大学三一学院哲学博士学位，1962～1965年被选为剑桥大学三一学院研究员。1965～1966年任美国伊利诺伊大学研究教授，1967年回剑桥大学任研究部副主任，1972年任高级讲师，1974年起任物理学教授。以后在剑桥大学卡文迪什实验室的凝聚态理论组任智力-物质统一研究计划部主任。1970年当选皇家学会会员。

1962年，约瑟夫森钻研两块超导体之间的结的性质，这个结后来被称为约瑟夫森结。他计算了超导结的隧道效应并得出结论：如果两个超导体距离足够近，电子可以作为一种辐射波穿透超导体之间的极薄绝缘层而形成电流，而超导结上并不出现电压；如果超导结上加有电压，电流就停止流动并产生高频振荡。这就是**约瑟夫森效应**。此时，约瑟夫森刚满22岁。为此，约瑟夫森同**江崎玲於奈**、**I.贾埃沃**共获1973年诺贝尔物理学奖。

（俞 敏）

约瑟夫森效应 Josephson effect 电子对通过两块超导体间的薄绝缘层（厚度为1纳米）时发生的量子力学隧道效应。见**超导隧道效应**。

约束 constraint 非自由质点系中，对各质点的运动预加的限制。约束的作用是限制物体的位置或速度，这些限制通过力的作用来实现。工程中的典型约束有柔索、二力杆、光滑接触面、光滑铰链等。

约束力 约束对被约束物体的作用力称为约束力或约束反力。约束力是一种被动力，它的大小与方向不能事先确定，要由约束性质、主动力及运动情况被动地确定。约束力的方向总是与约束所能阻止的运动方向相反。在**静力学**中，约束力完全由主动力引起，又称静约束力或静反力；在**动力学**中，约束力中除由主动力引起的静约束力外还有由运动引起的附加部分，称为动约束力或动反力。

约束方程　对非自质点系运动的限制条件一般可用约束方程来表示，即：

$$f(x_1,y_1,z_1,\cdots,x_i,y_i,z_i,\cdots,x_N,y_N,z_N;\dot{x}_1,\dot{y}_1,\dot{z}_1,\cdots,\dot{x}_i,\dot{y}_i,\dot{z}_i,\cdots,\dot{x}_N,\dot{y}_N,\dot{z}_N;t)\geqslant 0$$

式中x_i、y_i、z_i为质点i的直角坐标；N为质点总数。约束的分类如下：①几何约束。约束方程中只显含位置，不显含速度。②运动约束。约束方程中既显含位置，也显含速度。③定常约束。约束方程中不显含时间。④非定常约束。约束方程中显含时间。⑤双侧约束。约束方程为等式。⑥单侧约束。约束方程为不等式。⑦完整约束。几何约束及可积分的运动约束。⑧非完整约束。不可积分的运动约束。

理想约束　约束力在质点系虚位移上做功之和为零的约束称为理想约束。常见的典型如柔索、绝对光滑接触面、绝对粗糙接触面、光滑铰链、刚体约束等都是理想约束。这里所说的理想约束与矢量力学的**动能定理**中定义的理想约束有所不同，那里指的是在实位移上做功之和为零，因而在定常约束情况下两种定义一致，在非定常约束情况下不同。如变长度的球摆，摆绳拉力在摆锤实位移上做功不为零，但在与实位移垂直的虚位移上却不做功，故按这里的定义仍认为是理想约束。

（贾书惠）

跃迁　transition　微观系统的粒子从一个运动状态转变为另一运动状态的过程。跃迁是一种概率性过程。跃迁的实现需要满足能量守恒、动量守恒、角动量守恒、电荷守恒等基本守恒规律，大多跃迁需要满足**重子数**守恒和**轻子数**守恒等守恒规律。这些规律被概括为制约跃迁过程的**选择定则**。即使不受外场的作用，微观粒子系统可自发地从高能运动状态过渡到低能运动状态，同时释放出相应的能量，这时称为自发跃迁；微观粒子在外场的作用下，从低能运动状态吸收相应的能量过渡到高能运动状态，称为受激跃迁。吸收或发射的能量都是普朗克常数h的整数倍。

（高崇寿　周小计）

云袋模型　cloudy bag model　唯象符合**量子色动力学**基本原则、具有夸克禁闭行为的**强子结构模型**中的一种。见**口袋模型**。

云室　cloud chamber　利用粒子进入有过饱和可凝蒸气的气体空间时，沿粒子径迹出现可见液滴使粒子径迹显示的粒子探测器。它是最早的带电粒子径迹探测器。C.T.R.**威耳孙**于1911年用他研制成的云室首先观察到并照相记录了α和β粒子的径迹，故又称威耳孙云室，并获得1927年诺贝尔物理学奖。

带电粒子进入有过饱和蒸气的气体空间时，使沿其径迹附近的气体分子电离，这部分气体在绝热条件下急速膨胀，蒸气温度骤降，形成过饱和状态，以离子作为凝聚中心，使蒸气凝结成微小的液滴。这样粒子经过的路径上就出现一条白色的雾，在适当的照明下就能看到或拍摄到粒子运动的径迹，根据径迹上液滴的密度、径迹的长短，以及在磁场中弯曲的情况，就可分辨粒子的种类和性质。常利用云室外部的计数管符合系统给出的输出信号来触发膨胀机构，使云室恰在粒子进入云室时膨胀。对于在一个大气压下工作的云室，灵敏时间也就是液滴生长到明显可见的时间，是10^{-2}～10^{-1}秒。在此时间内利用照相机拍照，再对照片进行分析。通常在膨胀后50～200毫秒内闪光拍照。因为室体温度恢复到常态需要一定的时间，这样云室最大重复频率仅为每分钟几次到几分钟一次。一般云室的底板都与可伸缩的膜（橡皮等）和活塞相连作为膨胀机构，如图a所示。后来又出现了利用改变气压以获得过饱和条件灵敏空间的云室，如图b所示，即用下室橡皮膜使上面的灵敏室获得低气压。

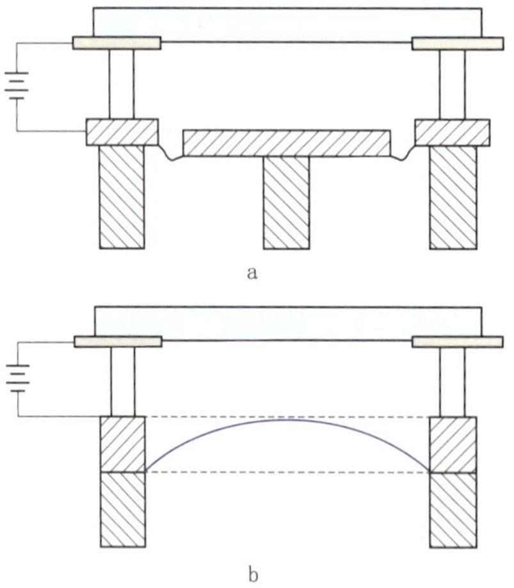

云室示意图

云室所用的气体为空气或氩气等，蒸气大多是乙醇等。室体直径大的可达1米，为了克服膨胀云室的灵敏时间短的缺点，后来又发展了一种利用重力使饱和蒸气由高温区向低温区扩散形成过饱和区的方法，这种云室称为扩散云室。利用在磁场中的云室径迹弯曲程度可以测定粒子动量。

云室在粒子物理早期研究中曾起到重要作用，正电子、μ子和几种奇异粒子（K^0介子、Λ超子）的发现以及首次观察到宇宙线中的簇射现象都利用了云室。在中国宇宙线研究方面大型云室的使用持续到20世纪80年代初。由于云室灵敏时间短，重复频率太低等原因，云室现已很少使用。

（谢一冈）

运动带电粒子的电磁场　electromagnetic field of moving charged particle　微观带电粒子在运动中所产生的电磁场。这个问题虽然已经超出**经典电动力学**的范围，但经典理论仍有一定的意义。因为在某些情况下，量子效应并不重要，经典理论的结果仍近似正确，可以在实践中直接应用（如计算高温等离子体或加速器中粒子的辐射）。还有一些情况，量子效应虽然显著，但经典结果可按一定方式与量子理论的结果相对应。另外，通过经典理论结果与量子理论结果间的对比，可以更好地认识量子效应的特点。

在经典理论中，通常把带电粒子当作一个线度极小的带电体，且一般不考虑它的自旋磁矩。这时一个作任意运动的带电粒子所产生的电磁势可表示为：

$$\phi(\boldsymbol{r},t)=\frac{1}{4\pi\varepsilon_0}\frac{q}{R-\boldsymbol{\beta}\cdot\boldsymbol{R}}$$

$$\boldsymbol{A}(\boldsymbol{r},t)=\frac{\boldsymbol{v}_r}{c^2}\phi$$

此结果称为李纳－维谢尔势。式中$\boldsymbol{\beta}=\frac{\boldsymbol{v}}{c}$；$q$为粒子的电荷；$c$为真空中的光速；$R$为从粒子到所讨论的场点$(x,y,z)$的距离；$\boldsymbol{v}$为粒子的速度；下标$r$为这些值不是取$t$时刻的值而是取某一较早时刻的值，这是因为电磁影响以有限速度c传播的缘故。从李纳－维谢尔势可以计算出任意运动的带电粒子的电磁场，结果为：

$$\boldsymbol{E}=-\nabla\phi-\partial\boldsymbol{A}/\partial t=\boldsymbol{E}_{\mathrm{near}}+\boldsymbol{E}_{\mathrm{rad}}$$

$$\boldsymbol{E}_{\mathrm{near}}=\frac{q}{4\pi\varepsilon_0}\left[\frac{1}{R^2}(\boldsymbol{n}-\boldsymbol{\beta})\frac{1-\boldsymbol{\beta}^2}{(1-\boldsymbol{n}\cdot\boldsymbol{\beta})^3}\right]_{\mathrm{r}}$$

$$\boldsymbol{E}_{\mathrm{rad}}=\frac{q}{4\pi\varepsilon_0 c^2}\left\{\frac{1}{R}\frac{\boldsymbol{n}\times[(\boldsymbol{n}-\boldsymbol{\beta})\times\boldsymbol{a}]}{(1-\boldsymbol{n}\cdot\boldsymbol{\beta})^3}\right\}_{\mathrm{r}}$$

$$\boldsymbol{B}=\nabla\times\boldsymbol{A}=\boldsymbol{B}_{\mathrm{near}}+\boldsymbol{B}_{\mathrm{rad}}=\frac{\boldsymbol{n}}{c}\times\boldsymbol{E}$$

式中$\boldsymbol{a}$为粒子的加速度。上述第一个公式中，$\boldsymbol{E}$中的第一项（以及相应的$\boldsymbol{B}$）只与t_r时刻粒子的位置和速度有关，而与加速度无关。它在R_r大时衰减较快。此项对辐射没有贡献，代表依附于带电粒子的那一部分场，有时称为粒子的自场。在粒子静止的情况，自场就化为通常的库仑场。第二项不仅与t_r时刻粒子的位置和速度有关，还正比于粒子在t_r时刻的加速度。此项电场和磁场，$\boldsymbol{E}$和$\boldsymbol{B}$大小相等，而且$\boldsymbol{E}$、$\boldsymbol{B}$和$\boldsymbol{R}_r$三者互相垂直。所对应的能流就在$\boldsymbol{R}_r$

方向，其数值为EB/μ_0，此项为粒子的辐射场。以上特点显示了辐射场的横波性。

粒子途经空间某点P时所激发的电磁波即以该点为中心向外传播，粒子一路上放射的全部辐射场，即形成一系列不同心的球面波。辐射场的能流即在球面法线方向，辐射场的$\boldsymbol{E}$、$\boldsymbol{B}$都与球面相切。

对于带电粒子作等速运动的简单情况，$\boldsymbol{v}$为常矢量。这时$\boldsymbol{E}$和$\boldsymbol{B}$可以通过即时的R（从t时刻粒子位置到场点的距离）表示出来。

这时**电力线**仍为以粒子为中心的直线族。**磁力线**形成一个个以速度$\boldsymbol{v}$为轴的圆圈。等速运动粒子的电场与静止粒子不同之处在于，现在电力线在各方向的分布不是均匀的，它在垂直于$\boldsymbol{v}$的平面附近比较密集。速度愈高，密集程度愈大。

等速带电粒子没有辐射，上述电磁场整体地随着粒子向前移动，一定程度上具有库仑电场和毕奥－萨伐尔磁场的形式。

关于速度很高而又有加速度的粒子的辐射，对应于**轫致辐射**、**回旋加速器辐射**和**同步加速器辐射**。

（曹昌祺　陈熙谋　陈晓林）

运动定律　law of motion　**牛顿运动定律**中的第二定律。表述为：物体运动量的变化永远与所施加的力成正比，并沿该力作用线的方向发生。牛顿第一定律建立了力与运动之间的定性关系，第二定律则建立了定量关系。第二定律中的“物体”应理解为质点，质点的“运动量”是指质点的动量，即质点质量与速度的乘积。定律中的“变化”应理解为单位时间的变化。如果选用适当的单位制使比例系数为1，则第二定律的数学表达式为：

$$\frac{d(m\boldsymbol{v})}{dt}=\boldsymbol{F} \tag{1}$$

在牛顿时代，人们认为物体的质量与它的运动速度无关，是常量；因此式（1）可写为：

$$m\boldsymbol{a}=\boldsymbol{F} \tag{2}$$

它表示质点的质量与加速度$\boldsymbol{a}$的乘积等于作用于质点的力。当有几个力作用于质点时，则$\boldsymbol{F}$是合力。国际单位制中，质量的单位是千克，加速度的单位是米/秒^2，力的单位是牛顿。1牛顿是使1千克质量的物体获得1米/秒^{2}加速度的力。

式（2）建立了质点受力与运动的定量关系，故称为质点动力学基本方程。引入质点的矢径$\boldsymbol{r}$则有：

$$m\frac{d^2\boldsymbol{r}}{dt^2}=\boldsymbol{F} \tag{3}$$

式(3)是质点运动微分方程的矢量式。直角坐标系中的投影式为：

$$m\frac{d^2x}{dt^2}=F_x,\ m\frac{d^2y}{dt^2}=F_y,\ m\frac{d^2z}{dt^2}=F_z \tag{4}$$

利用质点运动微分方程可求解动力学的两个基本问题，即已知运动求力，或已知力求运动，后者还需要知道运动的初始条件。

牛顿第二定律只适用于**惯性参考系**，对非惯性参考系中物体的运动应使用相对运动微分方程。在牛顿力学的范畴内，式（1）、（2）等价，但式（1）应视为第二定律的普遍形式。因为物理学中**动量**的概念比**加速度**更为普遍和重要，并且当物体的速度接近光速时，其质量明显变化，式（2）不再适用，但式（1）却被证明仍然成立。

（贾书惠）

运动稳定性　stability of motion　系统的运动受到干扰后是否远离原来运动的特性。讨论的无干扰系统运动称为无扰运动，受干扰后系统的运动称为受扰运动。当受扰运动与无扰运动接近时，无扰运动是稳定的；受扰运动远离无扰运动时，无扰运动是不稳定的。最简单的例子是单摆平衡位置的稳定性：当单摆处于正摆位置（摆锤在支点正下方）时，平衡是稳定的；当单摆处于倒摆位置（摆锤在支点正上方）时，平衡位置是不稳定的。由于不可避免的干扰，只有稳定平衡的位置是实际上可实现的。运动也是一样，只有稳定的运动才是实际上可实现的。

A.M.李雅普诺夫是运动稳定性理论的奠基者之一。他对运动稳定性给出了严格的定义。设系统的运动微分方程为：

$$\dot{y}_i=Y_i(y_1,y_2,\cdots,y_n,t)\quad(i=1,2,\cdots,n) \tag{1}$$

满足某组初始条件的特解，即无扰运动为$y_i=f_i(t)$。当初始条件受到微小干扰后，运动微分方程的新解为受扰运动$y_i=y_i(t)$。称两种运动之差为扰动，$x_i=y_i(t)-f_i(t)$，则x_i满足的方程：

$$\dot{x}_i=X_i(x_1,x_2,\cdots,x_n,t)(i=1,2,\cdots,n) \tag{2}$$

称为扰动微分方程。无扰运动$y_i=f_i(t)$的稳定性等价于扰动微分方程（2）零解的稳定性。李雅普诺夫定义：对任意给定的小数$\varepsilon>0$，如果总可找到一个$\delta(\varepsilon)>0$，使得当初始扰动满足$\sum_i^n x_{i0}^2\leqslant\delta$时，对任意的$t\geqslant t_0$总有$\sum_i^n x_i^2\leqslant\varepsilon$，则无扰运动稳定；如果还有$\lim_{t\to\infty}x_i(t)=0$，则无扰运动渐近稳定；否则无扰运动不稳定。无扰运动的稳定性可用n维**相空间**中代表点的相轨线形象地表示（见图）。李雅普诺夫还提出了解决运动稳定性问题的两个方法。第一种方法是求解微分方程（1）的分析方法，第二种方法（直接法）是所谓的定性方法，不需求解运动微分方程（1），这种直接法在现代科技中有重要的应用。

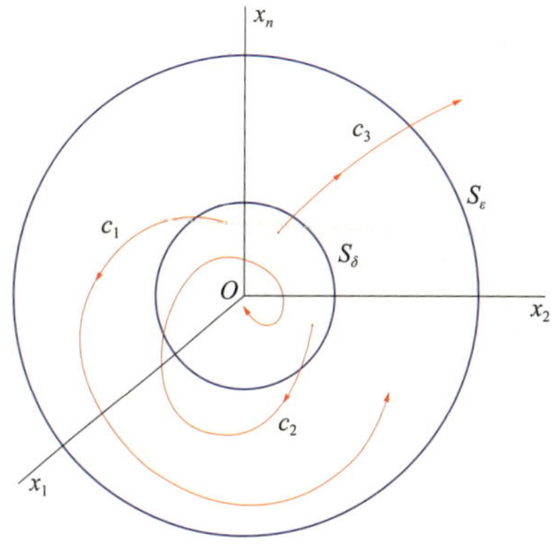

c_1 稳定　c_2 渐近稳定　c_3 不稳定

描述稳定性的相轨线

上述考虑初始干扰的稳定性称为李雅普诺夫意义下的稳定性。此外还有其他稳定性定义，如轨道稳定性、持续摄动下的稳定性、结构稳定性等。但李雅普诺夫意义下的稳定性理论是研究其他稳定性的基础。

（贾书惠）

运动学　kinematics　研究物体机械运动的几何性质而不涉及运动的原因——物体的受力的力学分支。运动学的首要任务是描述物体相对所选**参考系**的运动，重点研究物体的轨迹、位移、速度、加速度等运动特性。运动学中只研究位置变化，不需要考虑质量。描述物体运动的一般方法是从建立运动轨迹的方程出发，通过数学上对时间求导数获得速度、加速度与运动特性。运动学与**静力学**和**动力学**一起构成了力学的基础，但运动学本身也有独立存在的价值，如在机械设计中广泛使用运动学知识分析或设计机构的运动。

（贾书惠）

晕核　halo nucleus　具有晕结构的原子核。所谓晕结构，就是一个原子核的最后一个或两个，甚至几个中子或者质子填充在s，p轨道或可能的d轨道，结合能较低（有的非常低）、空间分布较远离核中心，使得整个原子核的半径比一般的$A^{1/3}$规律大许多。1985年日本核物理学家谷畑勇夫利用高能重离子弹核的碎裂反应产生了^{11}Li、^{14}Be、^{17}B等，并通过对它们的相互作用截面的测量，推出它们的核半径非常大，如^{11}Li的核半径与由208个核子组成的铅核的大小相当。晕核的判据理论上还没有定量的标准。实验上一般是通过测量其相互作用截面，或测量核子在核内的动量分布并结合量子力学的不确定度关系推得是否具有晕结构。可以说，晕结构是原子核的一种特殊结构形态。经过20年的研究，发现存在单中子（质子）晕核、双中子晕核。理论还预言了巨中子晕核，即由4个甚至6个中子组成的晕结构的存在。实验上还发现某些核的激发态也有晕的结构，称为激发态晕核。

（靳根明）

Z

杂聚物 heteropolymer 由两种或两种以上的具有相似组成的结构单元构成的聚合物。**共聚物**的一种。如半纤维素通常是由结构相似的五碳糖和六碳糖共聚而成的聚合物，蛋白质是由结构相似的多种氨基酸缩合共聚而成的聚合物，所以二者都可以称为杂聚物。（张望清）

杂散参量 stray parameter 在任何电路里，电场和磁场都不会绝对地集中在集总元件里。当交流电路的频率较高时，在导线的周围、电子管或晶体管的电极之间等地方或多或少总还有一些杂散的电磁场，从而在这些地方也就具有一定的电容和电感的性质，这种电容和电感分散在整个电路各处，称为分布电容和分布电感，或统称为杂散参量。当交流电路的频率较高时，需要把它们看作等效的集总参量计入电路方程加以考虑。（陈熙谋）

杂质模 impurity mode 当固体中含有杂质或缺陷时，杂质原子或缺陷附近原子不同于理想晶格下该处原子振动模式的振动模式。当杂质原子质量比主晶原子质量小时，杂质原子的振动频率比主晶原子振动频率大。但振动不能传播，只是杂质及附近原子会有显著位移，称为局域模。某些情况下，如果理想晶格存在声子态密度为零的禁带频域，杂质的掺入可能会引起频率位于禁带中的杂质模。

研究杂质模可以提供杂质种类、掺杂位置、杂质附近化学键及力常数等信息，有助于分析杂质对电子结构的影响。实验研究方法有中子散射、低能电子隧道谱、红外光谱和拉曼光谱等。杂质模在红外或拉曼光谱上表现为尖锐的峰。（姚道新 曾宜杰）

杂质态 impurity state 杂质导致的局域化电子态。杂质原子取代半导体基体原子，使严格周期晶格势场受到破坏，将电子或空穴束缚在它们的周围，产生了局域化的电子态。杂质导致的局域化电子态的能级通常处于半导体带隙中。

施主能级 如果杂质原子的电子数要多于被取代的原子，就像硅晶格中一个磷原子取代一个硅原子所形成的一个替位杂质，多余的电子应填充在导带中，可以在周期晶格中自由运动。此外，杂质原子的引入还会使晶格的周期势遭到破坏而导致其他效应。这类杂质效应的原理可以理解为：在多余电子离开杂质原子占据的格点后，同时在该格点上增加了等电量的正电荷。即在基体晶格的周期势场上叠加了一个由正电荷产生的且对电子具有吸引性的库仑势。当上述多余电子的能量较高，足以克服杂质离子正电中心的吸引时，它可以在晶体中自由运动，成为自由载流子；若电子能量较低；则被杂质离子正电中心束缚，而不能参与导电。这类能够向晶体提供自由电子的同时，杂质原子本身变成带正电的离子的杂质称为施主杂质。当电子被束缚于施主中心时，在库仑吸引的作用下，其能量显然低于导带底的能量E_c，相应的能级称为施主能级E_d。施主向导带释放电子所需的最低能量称为施主电离能。施主杂质替位及能级结构示意见图1（图中的E_v是价带顶的能量）。

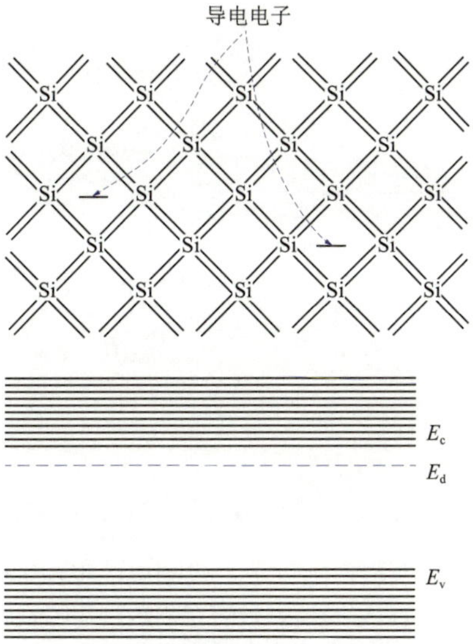

图1 硅中的代位施主杂质和施主能级示意图

受主能级 和施主杂质类似，如果杂质原子的电子数要少于被取代的原子，就像硅晶格中一个硼原子取代一个硅原子所形成的一个替位杂质，则在与四个硅近邻原子形成共价键时会形成电子空位，这些电子空位可以从邻近原子的晶格共价键上获得相应的电子。这相当于在晶格价带中出现了空穴，这些空穴可以在晶格中自由运动。在杂质原子接受电子后，也等效于晶格中在格点处引入了一个带负电的中心。在空穴能量较低时，该负电中心将空穴束缚在自己的周围，形成空穴的束缚态。这种能够接受电子，即能够向晶格价带提供空穴，并使自身带负电的杂质称为受主杂质。受库仑势吸引的作用，受主杂质所接受的电子的能量显然要高于晶格的价带顶E_v，相应的能级称为受主能级E_a。受主电离能为受主能级和晶格价带顶能量之差。受主杂质替位及能级结构示意见图2。

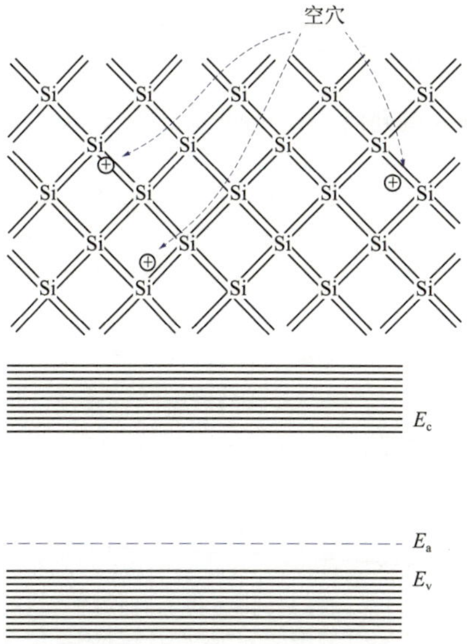

图2 硅中的代位受主杂质和受主能级示意图

浅能级杂质 对于杂质能级离开导带很近的施主杂质，或者离开价带很近的受主杂质，它们都是**浅能级杂质**。一般杂质原子和被取代晶格原子只差一个电子的杂质为浅能级杂质。如ⅢA族和VA族元素在硅和锗中所产生的施主和受主能级一般分别距离导带边和价带边都很近。在Ⅲ-Ⅴ化合物中，当Ⅳ族元素和Ⅵ族元素分别占据晶体的Ⅲ族元素和Ⅴ族元素，一般形成浅能级的施主；当Ⅱ族元素和Ⅳ族元素分别占据晶体的Ⅲ族元素和Ⅴ族元素，一般形成浅能级的受主。在Ⅱ-Ⅵ化合物中，当Ⅲ族元素和Ⅶ族元素分别占据晶体的Ⅱ族元素和Ⅵ族元素，一般形成浅能级的施主；当Ⅰ族元素和Ⅴ族元素分别占据晶体的Ⅱ族元素和Ⅵ族元素，一般形成浅能级的受主。

深能级杂质 当杂质原子和被取代晶格原子相差多于一个电子，这样的杂质一般为**深能级杂质**。这是由于带正电离子中心与杂质引起的多余电子或者带负电离子中心与杂质引起多余空穴间的束缚能显著增加导致的。

杂质态可对半导体的电学性质和光学性质产生重要影响。在绝大多数半导体应用中，杂质态占有至关重要的作用。在理想的纯净和完整的本征半导体中，只能通过把电子从价带激发到导带，即通过本征激发，产生导电能力。利用这种方式产生的载流子通常很少，不能实际应用。通过人为地、精准可控地掺入杂质来控制半导体材料的导电性质，就可用来制备各种高性能的电子、光电子器件。此外，杂质和**缺陷态**对超过平衡的过剩载流子的复合有重要作用。它们还可以对半导体的光吸收和光发射产生重要影响。各种半导体器件的研发历程其实就是相应杂质和缺陷控制的研究历程。（骆军委）

再入向列相 reentrant nematic phase 两种液晶混合物在降温中第二次形成的向列相。1975年美国P.E.克拉笛斯在实验中首次发现，两种液晶（HBAB、CBOOA）的混合物在降温过程中会发生向列相—近晶A相—向列相的相变，在降温中混合物第二次形成的向列相便称为再入向列相。能产生再入向列相的相变有多种，如1980年德国W.维斯弗洛格等在降温过程中发现了这样的相变，即向列相—近晶A相—近晶C相—再入向列相。1981年德国G.佩尔兹等发现了这样的相变：向列相—近晶A相—近晶C相—再入向列相—近晶C相。一般可用“向列相—近晶相—再入向列相”来描述降温过程中产生再入向列相的相变过程。

1982年加拿大R.Y.董等的研究表明，液晶分子的序参数在由向列相转变为近晶相时是连续变化的，而在由近晶相转变为再入向列相时，液晶分子的序参数变换是不连续的。这种区别在宏观上也有体现：向列相与再入向列相虽然有着基本相同的材料参数和物理性质，但电学性质却有着明显差别。令$\sigma_{\parallel}$为液晶分子长轴方向的电导率，$\sigma_{\perp}$为与液晶分子长轴垂直方向的电导率，虽然在直流或低频电场下，两种材料的导电性基本相同，但是当电场频率达到千赫兹以上时，再入向列相长轴和短轴方向的电导率之比$\sigma_{\parallel}/\sigma_{\perp}$会变得非常大。（王琼华）

再生放大器 regenerative amplification 一种基于光学谐振腔的多通放大器。需放大的脉冲注入有增益介质的谐振腔内，来回在腔内放大。利用电光调制器配合偏振器件，实现信号脉冲的注入与导出控制。放大的程数受电光开关控制，通常可实现数十乃至上百程的放大次数，因此可获得极高的增益能力，典型增益能力为百万倍至千万倍。再生放大器是一种适用于有高增益倍数需求，输出能量在微焦耳至数十毫焦耳水平的放大器，通常用于短脉冲放大（如飞秒、皮秒或纳秒）。

再生放大器具有以下特点：近饱和工作，输出能量稳定性高；谐振腔选模效应，光束质量高；增益倍数高，体积小；技术环节多，结构复杂。

再生放大器主要集中在要求光束质量高的短脉冲毫焦级应用方面，如：①高质量的金属材料加工。②高端科研激光装备。典型代表如激光光核聚变驱动器装置，美国国家点火装置的前级预放就采用再生放大器技术。（李学春）

载流线圈与磁偶极子的等效性 equivalency of current-carrying coils and magnetic dipoles 以分子电流观点为立足点载流小线圈产生的磁场与以磁荷观点为立足点磁偶极子产生的磁场，以及它们分别在外磁场中所受的力和力矩具有高度的相似性，表明载流小线圈与磁偶极子具有等价性。按照分子电流观点，磁相互作用的本源是电流之间的相互作用，描述磁场的基本量是磁感应强度$\boldsymbol{B}$，经计算得到载流小线圈产生的磁场公式为$\boldsymbol{B}=\dfrac{\mu_0 I}{4\pi}\nabla\Omega$，式中$\mu_0$是真空磁导率，$I$是小线圈中的电流，$\Omega$为小线圈对场点所张的立体角；按照磁荷观点认为，磁相互作用是磁荷之间的相互作用，描述磁场的基本量是磁场强度$\boldsymbol{H}$，经计算得到磁偶极子（磁偶极层）产生的磁场公式为$\boldsymbol{H}=\dfrac{\tau_m}{4\pi\mu_0}\nabla\Omega$，式中$\mu_0$是真空磁导率，$\tau_m$是单位面积上的磁偶极矩，$\Omega$是磁偶极层对场点所张的立体角。比较这两个磁场公式，可以看出只要把电流I理解为单位面积的磁矩$I=\dfrac{m}{s}$，做如下的代换，$\boldsymbol{B}=\mu_0\boldsymbol{H}$，$\boldsymbol{P}_m=\mu_0\boldsymbol{m}$，式中$\boldsymbol{P}_m$为磁偶极矩，$\boldsymbol{m}$为磁矩，两种观点的公式完全相同。同样，它们分别在外场中所受的力和力矩在上述代换下也具有相同的结果。因此，虽然两种观点下所假设的微观模型很不同，但它们具有相同形式的磁介质基本规律。在处理实际问题时有两种解决磁介质问题的分析和计算方法，在有些场合用分子电流观点来分析问题比较方便，在另外一些场合用磁荷观点来分析问题则更为方便。（陈熙谋）

暂态过程 transient process 电路中线圈的自感作用或电容器的充、放电作用，致使电路经过开关切换从一个稳态过渡到另一个稳态之间的过程。一般地，暂态过程的电流和电压从一个稳态遵循指数曲线过渡到新的稳态。暂态过程所经历的时间理论上是无限长，但实际上往往只经过数秒、数毫秒、数微秒甚至更短的时间就可认为已经结束并建立起新的稳态。暂态过程所经历的时间用时间常量来标记。时间常量是指电流或电压从零增加到恒定值的1/e所需的时间，或者是指电流或电压从稳定值减少到稳定值的1/e所需的时间，其中e为自然对数的底。时间常量取决于电路的参量，上表中给出两种基本的暂态电路的数学模型、暂态过程的解、时间常量和暂态过程图线。

两种基本的暂态电路

电 路	数学模型	暂态过程解	曲 线
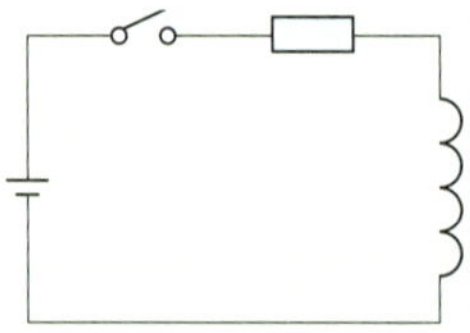	$L\dfrac{\mathrm{d}i}{\mathrm{d}t}+Ri=E$ $i(0)=0$	$i(t)=E(1-\mathrm{e}^{-\frac{R}{L}t})/R$ 时间常量	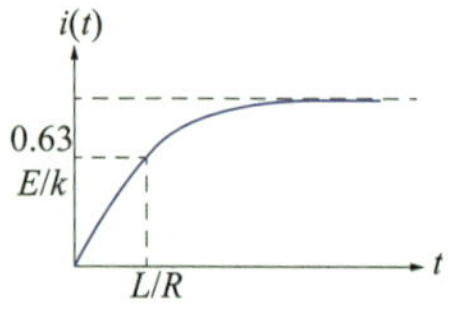
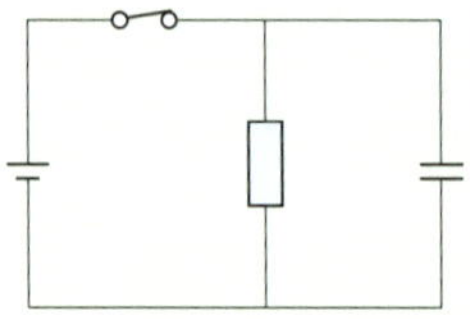	$CR\dfrac{\mathrm{d}u_C}{\mathrm{d}t}+u_R=0$ $u_C(0)=E$	$u_C(t)=E\mathrm{e}^{-\frac{t}{RC}}$ 时间常量 $\tau=RC$	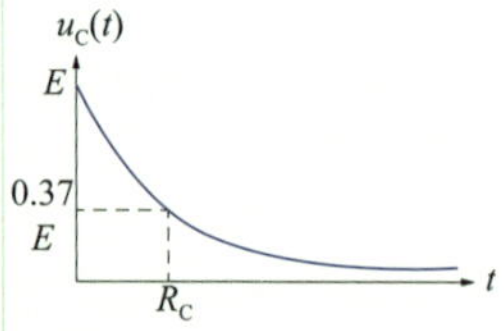

暂态过程是电路理论研究的课题之一，有许多实际问题需要考虑。例如，电力网在暂态过程中可能出现危险的过电压或过电流烧坏电气设备，因而需要采取可靠的保护措施；汽油内燃机则利用感应圈断流时产生的高电压激发电火花等。（陈熙谋）

噪声 noise 紊乱、断续或统计上随机的声振动。单频的声音称为纯音，具有与基频成整倍数比例关系的谐波的声音称为谐音。这些都是有调的谐和音。与此相对，噪声称为无调声。但从声波对人的干扰来说，噪声是不需要的声音，它可以是无规则的，也可以是谐和的。从这个角度讲，噪声是由人在不同的环境中判定为不需要或有干扰的声音，因此它是由人的主观评价或引起的生理损伤来决定的。噪声的评价标准最终要由对人的干扰或危害来确定。

分类 如果噪声的幅值和频谱的变化小到可略而不计，这种噪声称为稳态噪声，否则称为非稳态噪声或瞬态噪声。间断的噪声如果持续的时间较短（如小于1秒）则为脉冲噪声。

噪声的幅值（能量）随频率而变化的状况称为噪声谱。在等带宽的频带中具有相同能量的噪声称为白噪声，如电子设备中的热噪声就是白噪声。而在等比带宽的频带中具有相同能量的噪声称为粉红噪声。“白色”和“粉红色”两词是从光学引用来的。在光谱中，高低频各种波长的光含量均等时呈白色（如日光），而低频长波的光含量占优势时呈粉红色。当噪声幅值的时间特性满足正态分布时，称为无规噪声。无规噪声不一定是白噪声，而白噪声也不一定是无规噪声。

在任何固体、液体、气体的弹性介质中，都能产生不同程度和不同特性的噪声。凡是能产生噪声的振动源，均称为噪声源。由于构件碰撞或摩擦等所辐射的噪声，称为机械噪声。由于流体运动或物体相对于流体运动所辐射的噪声，称为气流噪声或水动力噪声。

噪声概念还从声学扩展到电子学。电路中的干扰声也称噪声。为区别起见，这种噪声有时称为电子管噪声或电噪声。

环境中所有远近不同、方向不同、自身或周围反射的噪声，统称为环境噪声。

危害 主要是物理效应、心理效应和生理效应。①噪声的物理效应。高强度的噪声能够损坏建筑物，如超声速飞机的轰声、爆破声等会使建筑物的玻璃破碎，抹灰开裂，瓦损毁等。②噪声对人的心理效应。吵闹的噪声使人厌烦，精神不易集中，影响工作效率，妨碍休息和睡眠等。噪声影响睡眠的程度大致与声级成正比，在40分贝时大约10%的人受到影响，在70分贝时受影响的人就有50%。突然一声响把人惊醒的情况也基本与声级成正比，40分贝的突然噪声惊醒约10%的睡眠者，60分贝的突然噪声惊醒约70%的睡眠者。③噪声的生理效应。噪声引起耳聋，在强噪声下暴露一段时间后，引起听觉暂时性听阈上移，听力变迟钝，称为听觉疲劳，经休息后可以恢复。如长期在强噪声下工作，听觉疲劳就不能复原，内耳听觉器官发生病变暂时性阈移，后变成永久性阈移，称噪声性耳聋，又称职业性听力损失。长期在强噪声下工作的工人，除了耳聋外，还有头痛、神经衰弱、消化不良等症状，往往会导致高血压和心血管病。

噪声控制 噪声传播过程主要有三个要素，即声源、传播途径和接受者。噪声控制的基本方法也要从这三个环节入手：对声源进行控制、在传播途径中控制、对接受者进行防护。

声源控制 对声源进行控制是最根本的噪声控制措施。运转的机械设备和运输工具等是主要的噪声源，控制它们的噪声有两条途径：一是改进结构，提高其中部件的加工精度和装配质量，采用合理的操作方法等，以降低声源的噪声发射功率。二是利用声的吸收、反射、干涉等特性，采用吸声、隔声、减振、隔振等技术，以及安装消声器等，以控制声源的噪声辐射。

传播途径中的控制 常用的方法有：①声在传播中的能量是随着距离的增加而衰减的，因此使噪声源远离需要安静的地方，可以达到降噪的目的。②声的辐射一般有指向性，处在与声源距离相同而方向不同的地方，接收到的声强度也就不同。不过多数声源以低频辐射噪声时，指向性很差，随着频率的增加，指向性就增强。因此，控制噪声的传播方向（包括改变声源的发射方向）是降低噪声尤其是高频噪声的有效措施。③建立隔声屏障，或利用天然阻挡噪声的传播。④应用吸声材料和吸声结构。⑤在城市建设中，采用合理的城市防噪声规划。此外，对于固体振动产生的噪声采取隔振措施，以减弱噪声的传播。下面介绍降噪过程中主要应用的基本原理：

一是隔声原理。噪声在传输路径上可利用隔声技术予以隔离，按板振动的特性，从原理上看板的隔声可分成四个不同的区（图1）。①Ⅰ区是质量控制区，这就是建筑隔声的质量定律区。②Ⅱ区是共振区，处在质量控制区的频率以下。在这个区域中，隔板作共振运动，隔声量在共振频率变得很低。这种效应在建筑隔声中是不重要的，但对轻结构间壁特别是用于隔声罩的薄板结构有重要影响。共振效应可用增加阻尼予以抑制。③Ⅲ区是波的吻合效应区。④Ⅳ区是低频的劲度控制区。这个区域以前没有引起足够重视，原因是一般建筑物中并不关心100赫以下的隔声，隔声测量按标准也不测这一频段。但近来噪声控制常采用金属薄板的隔声间或隔声罩，劲度控制区的频率就可能提高，而且低频隔声问题也日益提上日程，所以近几年来隔声中对劲度的研究开始引起重视。有人对薄板结构在不增加重量的前提下采取提高劲度的办法（如采用蜂窝或夹心板），可以获得比质量定律大5～10分贝的隔声量。对隔声罩采取加筋的办法以提高劲度，也能增加隔声的效果。

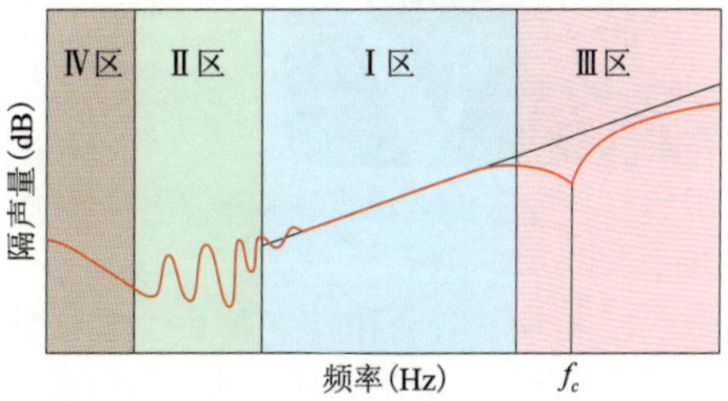

图1 板的隔声分区

二是吸声原理。吸声是把入射到材料表面上的声能转变成热耗散，以达到减噪目的。用于噪声控制的几种新型吸声材料有微孔板吸声结构、多孔水泥复合吸声砖、无规分布共振吸声板。①微孔板吸声结构是中国首先研制成的，图2是在混响室内利用双层微孔板测得的数据（板厚0.5毫米，孔径0.75毫米，孔距5.8毫米，两板距离80毫米，距离墙壁160毫米）。可看到，低、中、高各频段都有相当高的吸声系数，特别在100赫左右有这样高的系数是常规吸声材料无法比拟的。②多孔水泥复合吸声砖是多孔材料同共振器结合的一种复合材料，这种材料是20世纪70年代初由美国首先研制出的，不仅高低频吸声性能很好，还能作为承重块使用，可降低建筑造价，特别适用于地下工程中的噪声控制。③无规共振吸声板是利用单个共振吸声器在共振频率有高吸收但频带很狭的特点，在一块板上设计很多这种共振器，并让它们各自的共振频率无规地分布，以得到在较宽频率范围内有良好的吸声性能。

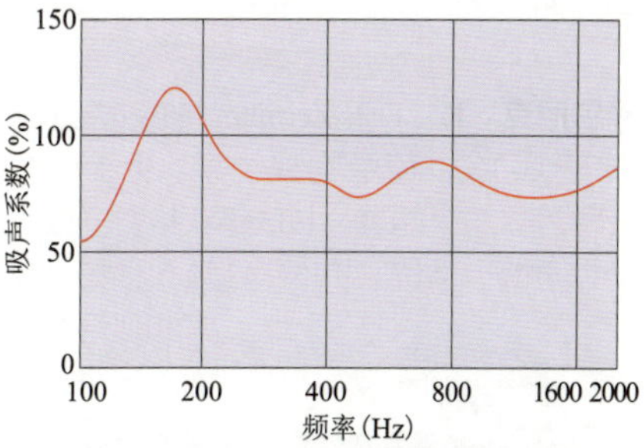

图2 双层微孔板的吸声系数随频率变化

三是消声原理。可以消除通过管道或狭窄空间传播的噪声。消声器分为：阻式消声器、抗式消声器、电子消声器（或称有源消声器）。①阻式消声器是在噪声通过的管壁或腔壁上加吸声材料，使声能在传播过程中逐渐衰减。②抗式消声器是利用声阻抗失配的原理，让入射声能向声源端返回，使消声器下游达到安静的目的。③电子有源消声器是利用声波抵消的原理，用电子设备产生一个与噪声振幅相等、相位相反的声音来抵消原有的噪声。

降噪工程中常用的降噪隔振材料有：①吸声材料。如吸声板、玻璃纤维、矿棉、穿孔板、泡沫塑料板、开槽切块、吸声涂料、棉纺织品等。②隔声材料。如金属贴面板、纤维板、玻璃、石膏板、铅板、加重塑料板、加重泡沫塑料板、密封胶等。③振动阻尼材料。如黏性材料、橡胶、阻尼板、塑料板、半流体阻尼材料等。④隔振材料。如橡胶垫、纤维板、弹簧等。

常用的降噪隔振系统有：①隔声系统。如隔声窗、隔声门、隔声间、隔声罩、隔声屏障等。②吸声系统。如天棚吸声结构、墙面吸声结构、吸声器和吸声板、墙面涂料等。③消声系统。如扩散消声器、排气消声器、进气消声器、敷设吸收材料管道、管道消声器、冲噪声消声器、有源消声器等。④隔振系统。振动和噪声有非常密切的关系，有许多噪声是由振动诱发产生的，因此在降低噪声时，在许多情况下进行隔振。隔振系统主要有有源隔声系统、管道连接隔振系统、浮筑地板系统、机器隔振座、吊顶天棚、振动阻尼器、隔振器等。

接受者的防护　如果噪声已传到人耳的附近，就要采取护耳器加以保护。护耳器分耳塞和耳罩两大类。耳塞有很多种，减噪性质大同小异。低频段主要是由耳塞与耳道的密闭性决定的。密闭得好，降噪量可达20～25分贝；高频是由耳塞质量控制的，但考虑到配戴舒适，质量不宜过大，降噪量一般约为30～35分贝。耳罩的降噪量一般不及耳塞，一般只有10～15分贝，高频的降噪量比耳塞高，可达40～45分贝。（丁　辉）

泽尔尼克，F.　Frits Zernike（1888-07-16～1966-03-10）　荷兰物理学家。生于阿姆斯特丹，卒于纳登。1915年获格罗宁根大学哲学博士学位。1915年任该大学数学物理和理论力学教授，1920～1958年任专职教授。1946年当选荷兰皇家科学院院士。

泽尔尼克的研究涉及光学、分子统计和仪器制造。1934年，他发明了一种能检测和补偿天文望远镜曲面反射镜不均匀度的相衬法。1938年研制成相衬显微镜。该镜可以在不玷污和不杀死细胞的情况下研究生物细胞的结构，在生物学、医学和癌细胞研究中具有重大价值。相衬法是通过空间滤波器，将物体的位相信息转换为相应的振幅信息，大大提高了透明物体的可分辨性。从这个意义上说，相衬法是一种光学信息处理方法，而且是最早的信息处理的成果之一，因此在光学的发展史上具有重要意义。为此，他获得1953年诺贝尔物理学奖。（郭奕玲）

增益系数　gain coefficient　表示单位长度介质光放大比率的量。在激光物理中，当光通过具有放大能力（如粒子数反转）的介质时，介质将一部分自身的能量转移给光，产生光增益（或称放大）。增益系数G表示单位长度介质光放大的比率，定义为：

$$\frac{\mathrm{d}P}{\mathrm{d}z} = GP$$

式中P为介质内位置z处的光功率。因此可得到：

$$P(z) = P_0 \mathrm{e}^{Gz}$$

P_0是介质在$z=0$处的光功率，易推出：

$$G = \frac{\mathrm{d}\ln P}{\mathrm{d}z}$$

（王树峰）

张伯伦，O.　Owen Chamberlain（1920-07-10～2006-02-28）　美国实验物理学家。生于旧金山，卒于伯克利。1941年毕业于达特茅斯学院。1949年获芝加哥大学哲学博士学位。1942～1945年加入美国研制原子弹的曼哈顿工程。1947～1949年到阿贡国家实验室工作。随后任加州大学伯克利分校副教授、教授。1960年当选美国国家科学院院士。1989年退休。

1948年张伯伦和其老师E.G.塞格雷合作，开始做一系列质子-质子散射实验和极化效应的研究。1955年和塞格雷以质子同步稳相加速器发现了反质子，为此他们同获1959年诺贝尔物理学奖。1956年，他们又证实存在反中子。张伯伦还研究了反质子与氢和氘的相互作用、π介子散射等问题。（郭奕玲）

张殿琳　Zhang Dianlin（1934-11-13～　）中国物理学家。生于陕西三原。籍贯陕西临潼。1956年西北大学物理系毕业。同年考取北京俄语学院留苏预备部。1957年7月至1958年8月由留苏预备部派往中国科学院物理研究所低温实验室实习，师从洪朝生，1958年秋季开学返回。1959年暑假派往西北大学物理系任教。1964年考取中科院物理研究所洪朝生的研究生，1967年留所后一直在物理所工作。1990年晋升为研究员。2001年当选为中国科学院院士。

长期从事凝聚态物理运输性质的实验研究。在准晶物理性质研究中，他领导的研究组发现了沿准周期方向电子-声子相互作用的质量增强效应。首先发现了D相准晶在电导、热导、热电势及霍尔系数等一系列输运性质的强烈各向异性。这方面的工作已经成为D相准晶物性的重要文献。首次成功观察到并证实D相铝镍钴准晶的隧道谱存在丰富的结构，这些结构对磁场很敏感。首次发现D相准晶强烈各向异性的电子-声子相互作用。观察到D相准晶电子能谱中多个很小能量尺度的态密度反常峰。首次成功生长出完全取向（十次对称轴垂直膜面）的D相准晶膜，是当时世界上唯一生长成这种膜的实验。在电荷密度波方面，与合作者用隧道实验成功跟踪了$NbSe_3$在通过高温（145开）电荷密度波相变点时电子态密度的变化。在高于相变点直接观察到赝能隙的存在。1995年，与合作者设计了一种调制方法，证明本征a-Si：H在光照后，Si：H键增加，退火处理又会使样品恢复到原来的状态，这个实验成为研究a-Si：H光致退化效应的经典实验之一。与合作者利用测量纯钛和钛铝合金的超导临界场，证明纯钛是第二类超导体。在准晶、电荷密度波以及氢化非晶硅的物性研究中，发展了一系列新的测量方法。1994年获中国科学院自然科学一等奖，1997年获国家自然科学三等奖，同年获中国物理学会胡刚复奖，2000年获中国科学院自然科学二等奖。（尹晓冬）

张焕乔　Zhang Huanqiao（1933-12-13～　）实验核物理学家。生于四川省巴县土主场（今重庆市沙坪坝区）。1952年考入武汉大学物理系。1955年秋被选调到北京大学物理研究室学习。1956年毕业于北京大学物理系。同年被分配到中国科学院物理研究

所做实习研究员，在戴传曾领导下从事中子物理实验研究，参与建立核反应堆上的两台中子晶体谱仪。1958年10月被派往苏联科学院库尔恰托夫原子能研究所实习。1960年1月底回国，负责将一台晶体谱仪改建成中子衍射仪。同年9月由中子衍射组调到裂变物理组。1960年起历任中国科学院原子能研究所助理研究员、副研究员、研究员。1982～1984年、1993～1994年在意大利国家核物理研究院里亚洛国家实验室做工作访问。1994年任中国原子能研究院核物理研究所科技委主任。2000年起任北京大学兼职教授，2001年起任华中科技大学兼职教授。曾任北京串列加速器国家核物理实验室主任。1997年当选为中国科学院院士。

张焕乔从事中子物理、裂变物理和重离子反应的实验研究。为中国第一台中子晶体谱仪和第一台中子衍射仪的建立做出了重要贡献。参与压电石英单晶中子衍射增强现象的发现过程，并提出合理解释。为国防需要测量部分重要核数据提供若干测试手段和方法。1965年底承担检验国产核石墨性能任务，为天然铀石墨生产堆的安全运行提供必要的数据。1966年5月在含热核材料的原子弹和同年12月氢弹模型爆炸试验中，负责测定现场取样的铀含量。20世纪70年代完成^{239}Pu快中子裂变的瞬发中子平均数随入射能量变化$\bar{\nu}_p(E_n)$的精确测量，最先揭示出在0.15～2.0兆电子伏能区$\bar{\nu}_p(E_n)$的斜率有减小的趋势。系统研究自发裂变和中子诱发裂变的中子数及其与碎片特性的关联，提供了高精度^{252}Cf自发裂变的平均中子数，被收入国际标准。观测到^{12}B第二、第三激发态和^{13}C第一激发态为中子晕态，扩大了晕核研究范围。1982年1月应邀访问意大利国家核物理研究院里亚洛国家实验室，参加在XTU-16串列加速器上的重离子熔合反应实验研究，建成静电偏转分离器，负责完成重离子熔合反应的检验实验。1984年2月回国后，持续8年系统研究了熔合裂变碎片角分布，发现了碎片各向异性的异常现象。1984年后6次访问意大利里亚洛国家实验室，合作研究垒下重离子熔合反应的平均角动量激发函数和势垒分布，揭示了双声子激发引起熔合势垒分布劈裂成三个峰。1999年提出用转移反应作探针研究稳定核的激发态中子晕，观测到^{12}B第二、第三激发态和^{13}C第一激发态为单中子晕，扩大了晕核研究范围。1998年向中国科学院近代物理研究所提出了在质子滴线附近寻找质子晕核的实验计划，2001年春得到束流时间，做了寻找29S质子晕的实验。张焕乔获中国物理学会1990～1991年吴有训物理奖，1982年、1999年两次获国家自然科学奖三等奖，2004年获何梁何利基金科学与技术进步奖。

（尹晓冬）

张力仪　tensiometer　用来测量液体表面张力的专业仪器。将固体表面与一系列已知表面张力的液体相接触，可以通过液体的浸润情况（接触角）计算得到固体的表面张力。有时用来测量土壤水分含量或环张力的仪器也被称作张力仪，这里张力仪特指用于界面张力测量的仪器。液体表面张力的常用测量方法包括脱环法、吊板法、最大泡压法、旋转液滴法等几种，相应的张力仪也有多种类型。

脱环法　脱环法是最早出现的表面张力测量方法，早期的张力仪基本采用这种测量方式。测量时将一个白金环浸入液体中，然后缓慢提升，当环离开液面时环下面会形成一个液柱，随着环的进一步提升液柱会与环分离，在将分离而未分离时，白金环的高度与液体的表面张力直接相关。通过检测这一高度，可以得到液体的表面张力。

吊板法　吊板法测量中需要将一片白金板悬吊与待测液体接触，液体的表面张力会产生一个向下的力使白金板向下运动，白金板上方的悬吊装置会产生一个向上的应力。当白金板的重力（向下）、浮力（向上）、液体拖拽力（表面张力引起的，向下）和悬吊装置应力（向上）平衡时，白金板停止运动。通过测量此时白金板的位置就可以得到液体拖拽力，从而求得液体的表面张力。

最大泡压法　最大泡压法利用垂直放置的毛细管底端与待测液面接触时，由于待测液外压降低产生气泡的现象进行测量。随着外压的降低，气泡逐渐长大至与毛细管曲率半径相等时脱落，此时外压降低的量与液体表面张力、气泡尺寸满足定量关系。通过测量外压降低幅度，可以测定液体的表面张力。

旋转液滴法　旋转液滴法测量的是界面张力，它需要有两相界面存在。测量时将一种液体的液滴置于另一种不相容的液体中，装入水平放置的毛细管内，在毛细管沿长轴旋转的情况下，测量液滴赤道宽度及赤道到液滴顶点的高度，利用杨-拉普拉斯方程得到两种液体的界面张力。这种方法适合极低界面张力的测量，有时也被称作超低界面张力仪。

（邱　东）

张量重正化群　tensor renormalization group　将经典配分函数与量子波函数的张量网络表示，和数值的重正化群技术相结合的一类强耦合数值计算方法的统称。在这里，张量泛指高维数组，是相对密度矩阵而言的。重正化群是对局域自由度或希尔伯特空间的基矢变换，遴选出相关的基矢，扔掉不相关的基矢。张量重正化群可视为是密度矩阵重正化群的高维推广，因此严格来说，这里的基矢变换也是不可逆的，仅构成了一个半群。

张量网络模型　任何一个只具有局域相互作用的经典统计模型，其配分函数都可以表示成为一个张量乘积求和的形式。通过这种方式，经典统计模型就被精确映射为一个张量网络模型，对经典配分函数的计算，就化为对张量网络模型的求解。一维配分函数的转移矩阵表示，就是张量网络模型的一个特例。

纠缠熵的面积定律　假设把整个量子系统分为子系统和环境两部分，就可以用约化密度矩阵的谱来定义纠缠熵，以刻画两部分之间纠缠的强弱。对于一个任意的量子态，可以期望纠缠熵正比于子系统的粒子数或体积。但实际上对于很多只具有局域相互作用的量子多体系统的基态和低能激发态，纠缠要弱得多，纠缠熵的渐近行为仅正比于子系统边界的面积。虽然面积定律只在少数几个具体情形被证明，但一般认为只具有局域相互作用的有能隙系统的基态波函数甚至低能激发态，其纠缠熵是满足面积定律的。这是密度矩阵重正化群在一维取得成功的关键，也是在二维只能处理有限系统的根本原因。

张量网络态　张量网络态是格点系统量子波函数的一类特殊表示形式。它对基矢在波函数中的叠加系数做出了限制，即该系数可以表示成一个张量T的乘积（$\prod$）求和（Tr或者$\sum$）的形式。一维量子波函数的矩阵乘积态表示，是张量网络态的一个特例。在二维情形下，有多种不同的张量网络态波函数表示，常见的有投影纠缠对态和投影纠缠单形态，两者都能够忠实刻画满足面积定律的纠缠熵行为，因此被广泛用于求解局域相互作用的有能隙哈密顿系统的基态和低能激发态。图中给出了张量网络态，其中图a是配

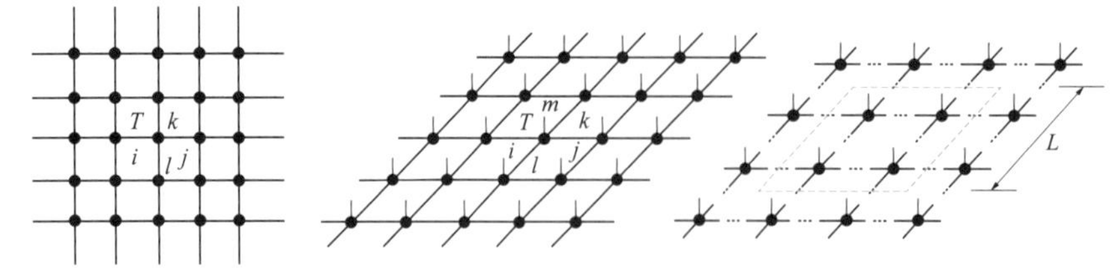

a 配分函数的张量网络表示　b 量子波函数的张量网络表示　c 纠缠熵的面积定律

张量网络态示意图

分函数Z的张量网络表示：$Z=\mathrm{Tr}\prod T_{ijkl}$；图b是量子波函数$|\psi\rangle$的张量网络表示：$|\psi\rangle=\sum_{\{\cdots m\cdots\}}\left(\mathrm{Tr}\prod T_{ijkl}[m]\right)|\cdots m\cdots\rangle$；图c是纠缠熵$S$的面积定律示意：$S\propto L^{d-1}$，其中$L$为边界尺寸，$d$代表空间维度。

张量网络态的求解方法　张量网络态波函数作为一种变分波函数，其中的局域张量都是待定的变分参数，这些变分参数可以通过能量极值或虚时演化的方法求解得到。一旦得到具体的波函数表示，物理量期望值的求解，就完全转化为对一个二维张量网络的求和，这等价于对经典配分函数或张量网络模型的求解。

张量网络的求和方法　物理学家基于重正化群的思想发展了一系列的近似求解方法，这些近似方法大致可以分为转移矩阵和粗粒化重正化群两类。前者将求和化为转移矩阵的最大本征值问题，进而化为求解转移矩阵自身或其最大本征向量的有效低维表示，这包括密度矩阵重正化群、转移矩阵重正化群、时间演化块消减算法、角转移矩阵重正化群等；后者使用局域近似来模拟卡达诺夫的块自旋消减过程，实现对不同尺度上局域自由度的重正化群变换，直到变换后的自由度可以被精确处理，这包括基于奇异值分解和高阶奇异值分解的重正化群方法、二次重正化群方法，以及后来为去除局域纠缠而提出的改进，如纠缠过滤重正化等。

应用　张量重正化群方法由于没有负符号问题，并可直接处理热力学极限，因此被广泛用于对格点自旋系统的研究。如对经典统计模型的相变研究，以及对量子格点自旋模型的基态和热力学行为的研究。随着方法的发展，它在费米子系统、格点规范理论、一维量子场论、经典自旋玻璃、一维多体局域化，甚至机器学习等领域都发挥着越来越重要的作用，与分子动力学、蒙特卡罗方法、深度学习之间的相互渗透也越来越多。　（谢志远）

张量力　tensor force　由核子自旋和位置构成的张量来表征的相互作用。核子-核子相互作用是自旋和同位旋相关的，当中子和质子自旋平行时，相互吸引作用最强，相互作用由核子自旋和位置构成的张量来表征。张量力是氘核能够结合的主要贡献力，其结合能为2.22兆电子伏。张量力是非中心力。　（冯兆庆）

张仁和　Zhang Renhe（1936-11-05～　）中国声学家。生于重庆。1958年毕业于北京大学物理系。1958年11月调入中国科学院电子学研究所第七研究室，在汪德昭的指导下开始水声学研究。1959年被调到中国科学院南海研究站，开始中国最早的海洋声学研究。1978年被调回北京中国科学院声学研究所，任第一研究室副主任、副研究员。1980年5月调往上海中国科学院东海研究站，任研究室主任，1983年任研究员。1990年调往中国科学院声学研究所声场声信息国家重点实验室，任室主任。2000年任中国科学院声学研究所声场声信息国家重点实验室学术委员会主任。1991年当选为中国科学院学部委员（院士）。

张仁和是中国具有国际影响的水声物理学领域的优秀学术带头人与开拓者。长期从事水声物理与应用基础研究并取得了多项成果，在水声理论与应用技术方面做出了系统性、创新性的贡献。对浅海与深海水声物理规律做了系统研究，在中国沿海和西北太平洋进行海上实验上百次，取得大量实验数据和资料。在浅海声传播、脉冲波形多途结构、浅海声场空间相干性和浅海混响等方面的系列研究成果，使中国的浅海声学研究处于国际先进地位。在国际上领先发表了简正波衰减与群速的普遍表达式，阐明了浅海声速结构与边界条件对声场影响的规律，给出了清晰的简正波物理图像，已成为射线-简正波理论的基本公式。最先发现负跃层浅海中信号波形的多途结构，给出了简明的计算公式，能准确地预报波形结构。从理论上预言了“在一定距离范围内，浅海声场的空间相关随距离增大而增强，远距离低频声场具有很强的空间相干性”，经海上实验已得到证明。领先获得最大间距达600米、最远距离达130千米的空间相干实验结果。在大洋远程声传播研究中取得重要成果，并应用于水下探测与定位。1962年完成《声波在海洋中传播的理论》讲义，初步建立起浅海声场简正波理论的基本框架，提出了浅海声场中由声速剖面及海底边界所制约的声场基本特性，获得了浅海声波传播的清晰物理图像。1974年在理论上推断出在一定距离范围内，浅海声场的空间相干性随距离增大而增强，远距离低频声场具有很强的空间相干性。20世纪70～80年代开展了“海洋声场数值预报”与“浅海混响理论”研究。90年代在中国与俄罗斯科学院合作开展的大洋声学研究中，作为中方首席科学家率团在1990～1995年进行了三次太平洋远程声传播实验。1996～2001年作为中方首席科学家率团进行了两次中美联合浅海声学实验。1982年获国家自然科学奖二等奖。　（尹晓冬）

张淑仪　Zhang Shuyi（1935-12-02～　）中国声学家。生于浙江温州。1956年毕业于南京大学物理系。1960年南京大学声学专业研究生毕业。后留校工作，历任物理系助教、讲师、副教授及信息物理系教授。1985～1986年应邀为美国韦恩大学物理系访问副教授，1988年应邀为法国巴黎理化学院访问教授。曾任南京大学声学研究所所长。1991年当选为中国科学院学部委员（院士）。

张淑仪长期从事超声物理和光声科学研究工作。在声光互作用、声表面波、光声热波效应和激光超声，以及对凝聚态物质的结构分析、参量定征和无损评价的研究中，在机理、技术和方法等方面有所发现、创新和发展。20世纪50年代末，从事乙酸乙酯类溶液的超声弛豫现象的研究，证实在这类溶液中在所测量的频段范围内只存在一个由两种同分异构体形成的声弛豫吸收峰，澄清了乙酸乙酯中超声弛豫过程的两种分歧论点。70年代在国内首先建成检测表面波声场的激光探针系统，在石英晶体中首次从实验上观察到漏波（伪表面波），并研究其传播规律。此后，利用探针对圆弧形叉指换能器在各向异性铌酸锂基片上激发的表面波声场进行了实验和理论研究，提出了“焦散”概念。80年代初率先在国内开展光声热波物理及其应用研究，主持研制成中国第一台扫描光声显微镜，并首次利用相位选择方法对集成电路进行光声成像，得到了国际上最好的分层成像。对半导体材料的线性和非线性光声效应进行了系统的实验和理论研究，发展了光声技术应用于半导体超晶格等多层薄膜的研究。她主持的研究成果多次获奖。其中“光声热波成像”“激光探针研究声场及表面振动位移”和“光声热波技术研究半导体材料及器件”分别获1986年、1990年和1992年国家教委科技进步二等奖，“激光扫描显微镜”获1990年机械电子工业部重大科技成果一等奖和1992年国家科技进步二等奖，“光声光谱仪”和“光声显微镜及光电显微镜”双获1986年江苏省妇女科技发明竞赛一等奖。1991年获机械电子工业部科技进步奖一等奖。 （尹晓冬）

张文裕 Zhang Wenyu（1910-01-09～1992-11-05） 中国物理学家。生于福建惠安，卒于北京。1931年毕业于燕京大学物理学系，1933年获该校硕士学位。1935年赴英，在剑桥大学卡文迪什实验室师从E.卢瑟福研究核物理，1938年获博士学位。同年年底回国，先后在四川大学、南开大学和西南联合大学任物理学教授。1943～1949年任美国普林斯顿大学帕尔麦实验室研究教授。1949～1956年任美国普渡大学物理学教授。1956年回国，任中国科学院近代物理研究所和原子能研究所研究员兼室主任。1961年任苏联杜布纳联合核子研究所的中国组长，并领导一个联合研究组。1964年回国，任原子能研究所副所长。1972年组建高能物理研究所并任所长，并曾兼任高能物理实验中心筹备处主任。1984年任该所名誉所长。他多年任《中国科学》和《科学通报》的正副主编、中国核学会名誉理事。1957年当选为中国科学院学部委员（院士）。

张文裕在卡文迪什实验室从事核反应研究，验证了N.玻尔的液滴模型，观察到一些重要的光激放射性现象的反应过程。在帕尔麦实验室的七年间，他和合作者建造了α粒子能谱仪，测量了多种放射性元素的α粒子能谱；最为重要的是，他发现了μ介原子，在国际上被称为“张原子”或“张辐射”，从而开创了奇异原子研究的新领域。在普渡大学期间，他系统研究了大气贯穿簇射，并对Λ^0奇异粒子做了全面研究。回国后，筹建云南高山宇宙线实验室，培养了一批宇宙线研究人才。在杜布纳联合核子研究所期间，领导研究中子照射丙烷气泡室产生的粒子及其衰变性质，特别是在Λ^0超子与核子散射方面做出了一定贡献。

张文裕重视实验科学和实验基地的建设，为中国高能物理的发展、北京正负电子对撞机的建成奠定了坚实基础，同时培养了大批核科学人才。 （戴念祖）

张裕恒 Zhang Yuheng（1938-02-28～ ） 中国凝聚态物理学家。生于江苏宿迁。1961年南京大学物理系毕业。1965年中国科学院物理研究所研究生毕业，后留物理所工作，任研究实习员。1971年2月到长春半导体厂任技术员。1974年4月调安徽光机所受控站（即中科院等离子体所前身），任研究实习员。1976年9月调中国科学技术大学任教，历任讲师、副教授、教授（1985）。1982年当选为中国制冷学会安徽省分会理事长、中国制冷学会理事。1983年任中国电子学会超导电子学专业委员会副主任、中国电子学会理事。1989～1997年任中国科学院结构分析开放实验室主任、中国科学技术大学结构分析中心主任。2005年当选为中国科学院数理学部院士。2006年任中国科学院强磁场科学中心首席科学家兼副主任。

张裕恒多年来从事超导电性、自旋电子学、低维物理研究。他提出的判别实验阐明了高温超导体在磁场中超导体转变展宽的物理起源。他设计的$(YBCO)_n/(PrBCO)_8$超晶格实验澄清了高温超导相变后的负Hall系数的困惑。在自旋电子学研究中澄清了两种极化子导电的争论，发现两种机制导致从极化子到可变程跃迁导电的渡越。提出并实验证实了不同元素间的双交换作用。制备了发光强度强、不衰减、不蓝移的多孔硅，并在实验上观察到硅纳米微晶中载流子的量子限域效应。著有《超导物理》。1993年他主持的“高温超导体微结构与超导电性的基础研究”获中科院自然科学奖一等奖。2007年他领导的“过渡族金属氧化物自旋电子材料研究”获安徽省科学技术奖一等奖。2009年他领导的“过渡族金属氧（硫）化物电磁行为研究”获国家自然科学奖二等奖。1995年获全国先进工作者称号。

（尹晓冬）

张肇西 Zhang Zhaoxi（1940-07-09～ ） 中国粒子物理学家。生于广西，祖籍河北唐山。1963年毕业于中国科学技术大学近代物理系。同年师从中国科学院原子能所的朱洪元继续研究生的学习和工作。1978年被派到瑞士日内瓦的欧洲核子中心（CERN）的理论部进修一年。后被美国普林斯顿高等研究所接受为两个学期的成员。1981年由中国科学院高能物理研究所调到中国科学院理论物理研究所。1996年晋升为研究员。2011年当选为中国科学院院士。

张肇西主要从事理论物理研究。1964～1966年参加了建立“*层子模型*”的研究工作，1982年“层子模型”获国家二等奖。20世纪70年代前后开展处理量子场论的束缚态问题的研究。1980年基于微扰量子色动力学在国际上最早提出了重夸克偶素的强产生机制，成为该机制的代表性论文而常被引用。理论上正确地计算了b夸克到B_c介子的碎裂函数，强产生B_c介子基态和激发态的横动量分布和总截面，计算了B_c介子的主要衰变道的宽度及B_c介子的寿命等，明确预言了实验发现B_c介子的途径和可能性。1998年美国TEVATRON的实验率先如理论预言发现了B_c介子。所撰写和及时升级的蒙特卡罗强产生“双重味”粒子的理论产生子BCVEGPY和GENXICC，对实验研究十分有用，被多个实验组采用。由于强产生重夸克偶素色单态机制的提出、双重味介子破碎函数的计算和对B_c介子的系统研究，其作为领衔者获得了1996年中国科学院自然科学一等奖和1999年中国物理学会吴有训物理奖。他注重结合中国中、高能物理的实验，开展了相关的理论研究，并为中国的实验提出过有价值的建议。

（尹晓冬）

张志三　Zhang Zhisan（1920-06-22～2003-09-29）　中国光谱学家。生于河北玉田，卒于北京。1943年毕业于西南联合大学物理系。1943～1946年在北平研究院物理研究所（昆明）任助理员。1946年，他随北平研究院物理研究所回到北平，1946～1949年任助理研究员。1949～1989年任中国科学院应用物理研究所（1958年起改名为物理研究所）助理研究员、副研究员、研究员。从1959年起长期担任光学研究室主任。曾任中国物理学会主办的刊物《物理通报》主编，《物理》副主编，中国物理学会常务理事，原子与分子物理专业委员会主任，中国光学学会第一、第二届副理事长，并兼任基础光学专业委员会主任等职务。

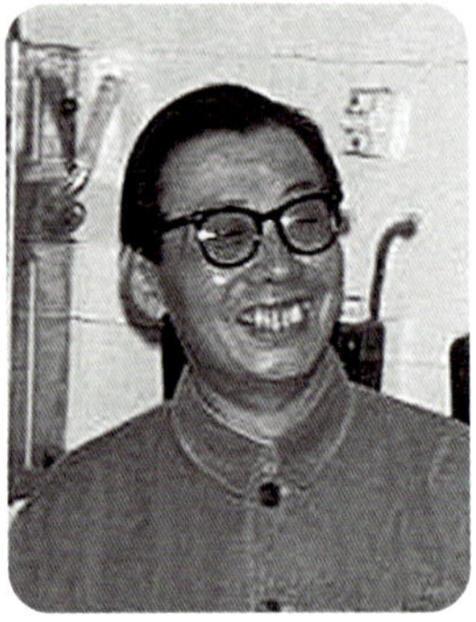

张志三在北平研究院物理研究所工作期间，参与制造光学显微镜的工作。20世纪50年代初，在中科院应用物理所利用光谱分析技术，完成了检查美国在朝鲜战场上投掷的细菌弹各组成部分的元素成分的任务。50年代先后参与建立了发射光谱分析实验室、拉曼光谱实验室和红外光谱实验室，进行红宝石激光器和色心激光器的研究以及激光光谱的应用等研究工作。60年代和徐积仁等设计了共轴螺旋脉冲氙灯，利用物理所晶体室生长的红宝石晶体，制成与国外报道结构不同的红宝石激光器。1977年后，他带领研究生进行了色心激光器的研究，研究结果对色心激光器的发展提供了有益的参考。还研究过利用激光方法获得特殊性能材料，制备碳化硅微粒。他长期担任物理所光学教研室主任，多次参与制订中国光学的发展规划。他在研究生和年轻科技人才培养及光学与光谱学教育方面发挥了重要作用。

（尹晓冬）

张宗燧　Zhang Zongsui（1915-06-01～1969-06-30）　中国物理学家。生于浙江杭县（今杭州），卒于北京。1934年毕业于清华大学物理系。1936年赴英国深造。1938年获剑桥大学博士学位。后在丹麦哥本哈根大学理论物理学研究所随N.玻尔、在瑞士随W.泡利研究量子场论。回国后，1940年春任重庆中央大学物理系教授。1945年冬以英国文化协会高级研究员身份再次到剑桥大学工作。1947年秋同P.A.M.狄拉克一起到美国普林斯顿高级研究院进行研究工作。1948年春在美国费城卡内基工业大学任教。1948年冬回国，仍在中央大学任教。后任北京大学教授。1952年起任北京师范大学教授、理论物理教研室主任。1956年起任中国科学院数学研究所研究员、理论物理室主任，并在中国科学技术大学任教。1957年当选为中国科学院学部委员（院士）。

张宗燧从事理论物理学研究。1936～1938年，从事统计物理学方面的研究工作，在合作现象特别是固溶体的统计物理理论等方面做出了有价值的贡献，受到国际上的重视。回国后，他继续在合作现象和量子系统的各态历经问题上做了有价值的工作。他也从事量子场论研究。从1938年开始，他在量子场论的形式体系的建立，特别是在高阶微商、高自旋粒子的量子场论方面的研究，有许多工作达到了国际先进水平。有《电动力学和狭义相对论》《色散关系引论》（上、下）等专著。

张宗燧从事教育工作多年，在理论物理研究和人才培养方面贡献了自己的一生。"文化大革命"中受迫害于北京去世，1978年平反昭雪。

（戴念祖）

张宗烨　Zhang Zongye（1935-01-29～　）　中国理论核物理学家。生于北京。祖籍浙江杭州。1956年毕业于北京大学物理系。1956～1958年在中国科学院近代物理研究所任实习研究员。1958～1973年在中国科学院原子能研究所任助理研究员。1973年起在中国科学院高能物理研究所先后任助理研究员（1973～1978）、副研究员（1978～1985）、研究员（1985～　）。1984～1992年多次访问德国蒂宾根大学理论物理研究所，任访问教授。1985年任高能物理研究所理论物理研究室副主任。1999年当选为中国科学院院士。

张宗烨在原子核的相干结构、超核的超对称态、强子结构和强子－强子相互作用的夸克模型，以及多夸克态的研究等方面做出了一系列有特色的创新成果。20世纪60年代，在于敏指导下共同提出了原子核的相干结构，认为核内核子之间的短程力促成的两两核子配成"相干对"，这些状态的能量最低。随后又提出了相干对涨落模型，成功解释了^{16}O附近原子核低激发态的主要特性。1975～1980年，张宗烨和厉光烈把E.P.维格纳在自旋同位旋空间中$SU_S(2) \times SUS(2)$超级多重态分类方法做了推广，用群论方法给出了自旋味道空间$SUS(2) \times SUS(3)$超级多重态分类的结构。采用包含SU(2)和SU(3)群的卡西米尔算子的相互作用普遍形式，研究了一系列轻超核1p壳激发态的性质。1976年从理论上预言了$^{9}_{\Lambda}$Be和$^{13}_{\Lambda}$C的第一激发态分别为超对称态[5]和[54]，此项成果获1986年中科院科技进步奖二等奖。80年代以来，张宗烨在强子结构和强子－强子相互作用、核力的夸克模型理论方面开展了系统和深入的研究：从单胶子交换导出了产生正反夸克对的传递势，得到合理的核子－介子顶角函数，为从夸克层次认识核力的介子交换机制提供了一个途径；提出了用手征SU(3)夸克模型来统一描述u、d、s夸克系统，成功解释了氘核结合能、核子－核子各个分波的散射相移，以及超子－核子的散射截面。同时，她还研究了一系列重子－介子系统的相互作用和多夸克态，指出了$(\Omega\Omega)_{0+}$是具有夸克聚集效应的双重子态，并预言了它的能量、生成概率和一些衰变性质。她还将手征SU(3)夸克模型推广到含有重味夸克的系统，研究了XYZ等新强子态的结构。在长达60年的科研工作中，她为中国中高能物理事业的发展和人才培养做出了重要的贡献。

（尹晓冬）

章综　Zhang Zong（1929-05-16～2019-08-27）　中国物理学家。生于江苏宜兴，卒于北京。1948年考入中央大学理学院物理系。1952年毕业于南京大学物理系。毕业后一直在中国科学院物理研究所（1958年前称应用物理研究所）工作。1959～1962年在苏联科学院半导体研究所铁氧体、铁电体实验室进修。1978年起先后任物理研

究所研究员、磁学研究室主任、副所长。曾任中国科学院凝聚态物理中心学术委员会副主任、物理研究所磁学国家重点实验室学术委员会主任、全国科学技术名词审定委员会副主任等。1982～1983年任中国科学院数学物理学部副主任，1984～1992年任数学物理学部主任。1987～1995年为中国物理学会常务理事。1980年当选为中国科学院学部委员（院士）。

章综长期从事X射线晶体学和磁学方面的研究。20世纪50年代初期在陆学善的指导下，用X射线粉末衍射为主的方法研究了铝-铜-镍三元合金的部分相图，解决了其中τ相晶体结构变迁问题，首次发现单相区内晶体结构可按一定规律变化，修正了“一个单相区内只能有一种晶体结构”的传统观念。在苏联期间，研究了单晶和多晶体石榴石型铁氧体的软磁特性及其机理，阐明了Fe^{2+}-Fe^{3+}间的电子扩散过程对石榴石型铁氧体射频磁谱的影响。1962年回国后主要研究软磁铁氧体材料和变价离子对镍锌铁氧体的磁导率和磁后效的影响。70年代完成几项特殊用途的小型接收天线的任务。1969年后作为任务组组长承担了铁氧交叉环形接收天线等国防科研任务，该成果获1978年全国科学大会奖。“歼击机导航天线的改进”工作获中国科学院科技成果三等奖。1976年唐山地震后，参加了北京市为地震预报组织的用核磁共振方法全自动、高精度测量地磁场分量的会战任务。1980年起主要从事科研管理工作，同时在中国科学院与法国原子能委员会合作在中国建造研制的三台中子散射谱仪的项目中担任中方负责人。后期关注散裂中子源的建造和有关中子散射方面的研究工作。先后带出了10多名博士生，为国家培养了一批高级人才。（尹晓冬）

涨落耗散定理 fluctuation-dissipation theorem　描述系统在平衡态附近的涨落与表征耗散的广义导纳之间的关系的定理。当处于热力学平衡的宏观系统受到外部扰动的时候，通常会做出响应。比如，当一根铜棒两端的温度不同时，内部会出现热流。滴入清水中的墨汁会迅速地向周围弥散。电阻的两端接上电池时，电阻内部立即出现电流。将电介质放到电场中会出现极化。这些不可逆过程总会伴随着能量的耗散和熵的产生。如果扰动非常微弱，系统的响应与扰动成简单的线性关系，可定量引入广义导纳来描述。以上述过程为例，广义导纳是热导率、扩散系数、电导和极化率等。

热力学平衡态对应着系统大量的微观状态。从时间演化的角度，系统在这些微观状态之间进行变化，与微观状态直接依赖的物理量（运动积分除外）相应发生变化，物理量出现涨落。物理量从偏离统计平均的某个值出发时，该值对应的系统微观状态数目是巨大的，从这些状态出发的物理量涨落历史可以非常不同。即使如此，这些涨落历史的平均等同于系统从一个由这些特定微观状态构成的热力学状态向着平衡态的回归。这个热力学状态和由于外部微弱扰动而产生的非平衡热力学状态并没有物理上的区别，时间方向的平衡态涨落与表征耗散的广义导纳之间存在必然的联系，这个联系由涨落耗散定理来描述。

涨落耗散定理适用于经典和量子热力学系统。该定理表明，系统的物理参数诸如电导、电容率等，可以通过计算平衡态附近涨落的关联函数或谱表示得到。统计物理学中，涨落耗散定理的重要意义在于，它将平衡态统计物理的应用范围从热力学平衡态扩展到了近平衡态，已成为线性不可逆统计热力学的基础理论之一。（柳　飞）

赵光达 Zhao Guangda（1939-10-24～　）中国理论物理学家，生于陕西西安。1957～1963年就读于北京大学物理系，毕业后留校任教。1985年获得国家教育委员会（今教育部）科技进步二等奖；1994年被国家人事部评为国家有突出贡献中青年专家；1997年获首届周培源物理奖。2001年当选为中国科学院院士。曾任中国物理学会副理事长和高能物理学会主任。

主要研究粒子物理和量子场论，着重于强子物理和量子色动力学的研究。首次从量子色动力学轴矢流反常的基本关系出发，研究了赝标介子间特别是π^0、η、η′与重夸克偶素ηc等之间的混合及现象学，解释了J/Ψ的辐射衰变实验，对Ψ(2S)的预言与之后的实验一致。1980～1981年率先对含有粲夸克的**四夸克态**，特别是由两个粲夸克和两个反粲夸克组成的四夸克态进行了研究，此类超越传统夸克模型分类的新型强子态已被实验所发现。与研究生一起对非相对论量子色动力学和重夸克偶素物理进行了研究，首次给出了粲偶素强衰变中色八重态对QCD辐射修正的贡献，证明了红外发散的抵消；指出色八重态机制可将D波粲偶素在强子-强子碰撞、B介子衰变等过程中的产生率提高一两个数量级，是对非相对论量子色动力学产生机制的关键性检验；揭示了QCD辐射修正对于粲偶素在强子对撞机和正负电子对撞机中产生机制的重要作用，得到了大型强子对撞机和B介子工厂实验结果的支持。与合作者预言了奇异数等于−2,−3的重子谱，并被之后发现的Ω^*（2250）等重子所验证。有关夸克模型和重子谱、重子磁矩、胶子球及B介子衰变等论文被国际粒子物理界权威评述机构“粒子数据组”连续引用。（尹晓冬）

赵广增 Zhao Guangzeng（1902-04-23～1987-02-09）中国物理学家。生于河北安国，卒于北京。1930年北京大学物理系毕业。1936年赴美国密歇根大学留学，1938年获硕士学位，1939年获哲学博士学位。1940年回国。先后任重庆中央大学教授（1940～1946），北京大学物理系教授（1946～1986）、物理系代系主任（1950～1952）、光学教研室主任（1952～1966）。1950～1960年兼任中国科学院应用物理研究所研究员。1958～1960年兼任中国科学技术大学教授。1957～1958年在苏联列宁格勒（今圣彼得堡）技术物理研究所和莫斯科大学光学教研室从事研究工作。

赵广增是中国最早开展晶体激子光谱研究的学者之一，在气体放电光谱学、原子和分子的高分辨光谱学以及晶体的激子光谱等研究方面做出了高水平的工作。1936年在密歇根大学气体放电光谱学实验室从事关于电子与原子分子的碰撞激发、原子和分子的激发和离化的研究。1939年转到克伦实验室，利用直线加速器研究高能电子与原子核的相互作用。回国后仍继续研究电子与原子和分子的碰撞及离化问题，指导研究生或与他人合作发表了多篇论文。1957年赴苏联从事高分辨率光谱和晶体光谱的研究工作。回国后从事氧化亚铜的吸收边、黄系激子及蓝系激子的光谱、这两个光谱系的压力效应和空间色散等研究工作。赵广增从事物理教学50余年，讲授过多门基础和专业课程，编写出中国最早的一部系统论述分子光谱理论和实验的教材《多原子分子光谱学》。

（尹晓冬）

赵凯华 Zhao Kaihua（1930-05-26～　）中国物理学家。浙江杭州人。生于美国纽约。1950年北京大学物理系毕业，毕业后留校任助教。1954年公派赴苏联莫斯科大学攻读研究生，1958年获副博士学位后回国，在北京大学物理系任副教授、教授。曾任中国物理学会副理事长兼教学委员会和名词委员会主任等职。

赵凯华长期从事物理学教学和科研工作。所著《电磁学》《光学》《定性与半定量物理学》《新概念物理教程》《新概念高中物理读本》等多部教材，被多所学校采用为教材或参考书。他的《定性与半定量物理学》于1988年连载于《大学物理》，后于1991年出版。该专著率先在物理学前沿和基础物理教学之间架起一座桥梁，打开了面向21世纪物理教学内容和课程体系之间的通道，在中国物理教学界产生了重要影响。主持制定了《物理学名词》（1996年版）。他为提高中国高校物理基础教学水平、推动物理学教学改革、培养物理学人才和物理名词规范化做出了重要贡献。20世纪80年代带领研究生从事等离子体理论研究，后来转向非线性物理研究方面，于1986年发起并组建了北京大学非线性科学中心，并担任首届主任，从事神经网络、元胞自动机、格点玻尔兹曼方程方法等方面的研究工作。

（尹晓冬）

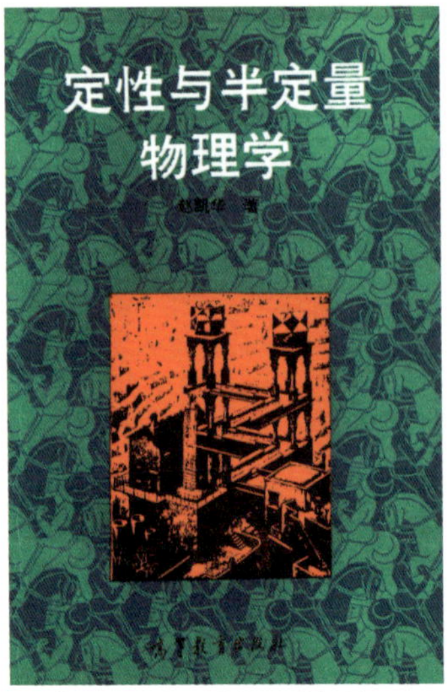

《定性与半定量物理学》封面

赵友钦 Zhao Youqin（约1260～1330）中国元代光学家、天文学家。宋太宗赵炅的十三世孙。又名敬，字子恭，或字敬夫、饶之，自号缘督，人称缘督先生或缘督子。一说鄱阳（今属江西）人，一说德兴（今属江西）人。少年好学，习天官、遁甲诸书，欲以事功自奋。宋代亡，隐遁自晦，游匿于江西、浙江山水间，并曾游江苏，后寓居浙江龙游。在龙游鸡鸣山筑观星台，置表、窥筒等仪器，观测天象、经纬度、日影和北极高度。尤其在此构筑两层楼房专用于小孔成像实验，下层置光源，上层置活动屏，中间作小孔，以改变光源（从几十支到上千支蜡烛作为光源，任意改变光源的形状和强度），改变小孔形状和大小，改变光源与小孔之距离，改变小孔至屏之距离，一一记录了小孔成像之大小与浓淡程度，探讨其中之规律，并以光直进性加以解释。这是中国古代史上乃至欧洲中世纪，世界上规模最大、记录最详细的光学实验。在天文和数学方面，赵友钦也有一定成就。

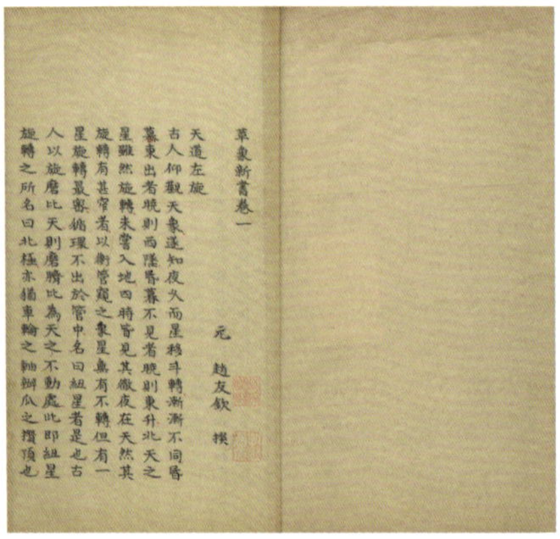
革象新書卷一
元 趙友欽 撰
天道左旋
古人仰觀天象遂知夜久而星移斗轉漸漸不同昏
暮東出者曉則西墜昏暮不見者曉則東升北天之
星雖然旋轉未嘗入地四時皆見其徹夜在天然其
旋轉有甚窄者以衡管窺之衆星皆有不轉但有一
星旋轉最密循環不出於管中名曰紐星者是也古
人以旋磨比天則磨臍比為天之不動處此即紐星
旋轉之所名曰北極亦猶車輪之軸瓣瓜之攢頂也

《革象新书》

赵友钦有著作《周易注》《金丹正理》《金丹问难》《革象新书》等。唯后者传于世。

（戴念祖）

赵忠贤 Zhao Zhongxian（1941-01-30～　）中国超导物理学家。生于辽宁新民。1964年毕业于中国科技大学。同年到中国科学院物理研究所工作，历任副研究员、研究员。1974～1975年赴英国剑桥大学，在冶金与材料科学系超导组进修。1979年参与组织筹建中国科学院物理研究所超导体材料研究室，并担任研究室副主任。1984年11月至1985年12月，在美国能源部艾姆斯实验室等地做访问学者。1986年1～3月在美国休斯敦大学参加有关铋酸铅钡氧化物超导电性的短期合作研究。1987年任国家超导研究开发中心副主任。1991～2000年任国家超导重点实验室主任。曾任中国科协副主席、中国科学院数学物理学部主任、学部咨询评议工作委员会主任等。1987年当选为第三世界科学院（发展中国家科学院）院士。1991年当选为中国科学院学部委员（院士）。

赵忠贤长期从事低温与超导研究。1964年在物理研究所低温室开展低温物理和超导电性的研究。1964～1966年参加超导极端及器件的研制工作。1967～1972年参加所里承担的国防任务。1976年开始探索高临界温度超导体研究。所发表的论文包括第Ⅱ类超导体的磁通钉扎与临界电流问题；非晶态合金的超导电性。1983年开始研究氧化物超导体BPB系统及重费米子超导性。1986年底在钡镧铜氧超导体系统研究中注意到杂质的影响，并于1987年初与合作者独立发现了临界温度为92.8开的钡钇铜氧超导体。2004年与薛其坤合作发现了量子尺寸效应导致的超导临界温度振荡。2008年领导研究组采用高压方法，制备了绝大多数临界温度50开以上的铁基超导体和系列的无氟缺氧铁基超导体，并创造了铁基超导临界温度55开的记录。赵忠贤及其研究集体的工作一直处于国际超导研究前沿，在高临界温度超导体领域做出了重要贡献。他长期致力于推动中国高临界温度超导体的研究，培养年轻学术带头人，促进国内外学术交流，并在科技咨询方面做出了重要贡献。

赵忠贤获得过多项科学奖励。基于对铜氧化合物超导体研究的贡献，获第三世界科学院（发展中国家科学院）物理奖（1987）、首届陈嘉庚物质科学奖（1988），所在集体获1990年国家自然科学奖一等奖。2002年作为化学所的合作者获国家自然科学奖二等奖。2005年作为成员获中国科学院杰出成就集体奖。基于铁基超导研究的贡献，2009年与其他7位学者一起获“求是”杰出科技成就集体奖。2011年因对超导量子尺寸效应的贡献，作为成员获国家自然科学奖二等奖。2013年获国家自然科学奖一等奖，2014年获何梁何利基金科学成就奖，2015年获马蒂亚斯奖，2016年获得国家最高科学技术奖和2016—2017年度“影响世界华人大奖”提名。

（尹晓冬）

赵忠尧 Zhao Zhongyao（1902-06-27～1998-05-28） 中国物理学家。生于浙江诸暨，卒于北京。1920年考入南京高等师范学校数理化部。1925年东南大学毕业后去清华大学任助教。1927年在美国加利福尼亚理工学院师从物理学家R.A.密立根，1930年获哲学博士学位。1930～1931年在德国哈勒大学研究物理学。1931年回国，历任清华大学、西南联合大学物理系教授。1946年在重庆中央大学短期任教后，以观察员身份出访美国，参观原子弹爆炸试验。1948年当选中央研究院院士。1950年回国后，历任中国科学院近代物理研究所、原子能研究所（今中国原子能科学研究院）、中国科学院高能物理研究所研究员、副所长。1958年起，兼任中国科学技术大学近代物理系主任。1955年当选中国科学院学部委员（院士）。从中国物理学会建立起，长期担任副理事长，中国核学会名誉理事长。他一生从事核科学技术和同位素的研究与教学工作。

1929～1930年，他和欧洲的几位学者同时各自独立发现：用2.6兆电子伏的硬γ射线在轻元素中散射时测得的吸收系数和克莱因-仁科公式符合得相当好，但在重元素中散射时测得吸收系数比理论公式所预计的要大得多，这显示存在一种“反常吸收”。为探索“反常吸收”的机制，赵忠尧进一步进行硬γ射线被铅散射的实验。结果发现，除了*康普顿效应*以外，铅还放出一种“特殊辐射”。用铅片吸收法测定这种辐射的波长和角分布，从对这些结果的分析中断定反常吸收是原子核所引起的。两年以后，C.D.安德森在宇宙线的云室照片中发现正电子的径迹后，才认识到上述的“反常吸收”是由于部分γ射线在原子核周围转化为正负电子对，而特殊辐射的发现是正电子发现的前奏，也是P.A.M.*狄拉克*在电子论的实验论证中重要的一环。赵忠尧是最早观测到正负电子对的产生和湮没的人。在清华大学任教期间，曾利用*盖革-米勒计数器*进行γ射线、人工放射性和中子物理等方面的研究工作。1946年赴美后，积极筹备为中国开展原子核物理工作急需的加速器和实验设备。在此期间曾用云室研究宇宙射线，观察到“混合簇射”。这是电子和光子的电磁相互作用所形成的大角度簇射和穿透能力很大的贯穿粒子所形成的小角度簇射的混合。1949年重返加利福尼亚理工学院，进行了一段时间原子核反应的研究。1950年他冲破重重困难，毅然回国，还带回当时国内尚无条件制备的静电加速器部件，为中国开创核技术和核物理方面的实验研究打下了基础。回国后主持建造中国最早的*静电加速器*，并进行低能核物理和核技术的研究，为开创中国原子核科学技术事业和培养核科学技术学者做出了重要贡献。 （戴念祖）

照明光源 illumination source 用作照明的光源。*热辐射光源*、*气体放电光源*和*固态照明光源*是用作照明的三大类主要人造光源。 （陈大华）

照相机 camera 利用光学成像原理将外界物体成像在感光器件上的设备，简称相机，已广泛应用于医学、军事、遥感、生产及文化生活等多个领域。照相机通常由照相物镜、取景器和调焦组件三部分组成。其中，照相物镜的作用是把外界景物成像在感光底片上，使底片曝光产生景物像。照相物镜可分为三片型、双高斯型、鲁沙广角型、摄远型等多种光学型，可根据相机不同光学性能和成像质量的需求来选用。取景器的作用是用来观察被摄景物，以便在摄影时选取合适的摄影范围。常用的取景器可分为牛顿型、逆伽利略型、单/双镜头反光型和亮框型取景器，可根据相机拍摄的景物范围来进行选用。调焦组件的作用是用来调节照相物镜和底片之间的距离，从而使得被摄景物能清晰成像在感光底片上。常用的调焦组件和方法分为用毛玻璃调焦、用光楔调焦、用微型棱镜调焦、用测距和联动法调焦，可根据相机对调焦精确度和调焦范围的需求来选用。

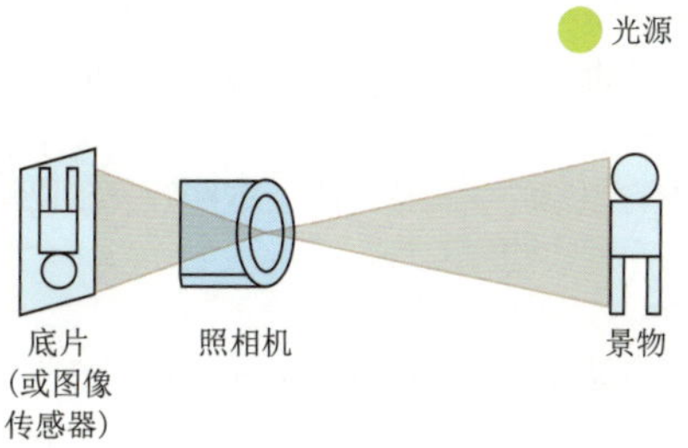

照相机成像原理

数码相机与传统相机的比较 随着照相技术和感光器件的发展，相机已由传统的胶片感光相机发展为目前的数码相机，数码相机和传统相机有如下几个方面的区别。

在感光器件方面，数码相机和传统相机的主要区别是传统相机在胶卷上靠感光材料溴化银的化学变化来记录图像，而数码相机的传感器是电荷耦合器件（CCD）或互补金属氧化物半导体（CMOS），因此数码相机可以实现立即成像，实时监视影像效果，随时删除不理想的照片。

在光学系统设计方面，由于数码相机和传统相机的核心部件即照相物镜的原理和作用是一致的，都是将景物清晰的成像在感光器上，并具备对焦、光圈和快门功能。因此，数码相机与传统相机的光学系统设计基本是一致的，需校正球差、彗差、像散、场曲、畸变和色差等。与传统的照相机物镜相比，数码相机的镜头结构要复杂一些，因为数码相机需要较大的相对孔径、较短的焦距和较长的后工作距离。

在成像质量方面，由于传统相机底片分辨率的限制，因此对相机的成像质量要求并没有很高；而对于数码相机来说，由于CCD/CMOS的像元尺寸在可见光波段可低于10微米，因此其成像分辨率和成像质量的要求比传统相机高得多。

数码相机根据镜头基本结构又可分为单反镜头和普通镜头。单反镜头一般用于质量较高或专业型的高档数码相机中，同一厂家的镜头可以拆换；普通镜头与一般胶卷式傻瓜相机镜头类似，其中单焦距和双焦距式的结构比较简单，制造容易、成本低。

发展趋势 在未来，随着成像技术与器件的不断发展，相机的发展趋势有以下几个方面。

①相机的成像范围、成像质量将有大幅提升，镜头焦距将更长，视场将更大，成像分辨率将进一步提升，同时相机的变焦范围将进一步扩大。

②通过感光元件的不断升级和技术变革，感光元件的感光度、动态范围、分辨率、暗电流噪声等性能将大幅度提升，可使拍摄者在光线较暗或者拍摄环境恶劣的情况下，也能拍出曝光准确的照片。

③通过镜头的改进和成像技术的变革，实现机身、镜头小型化、轻量化。由于光学设计和检测手段的提升，镜头设计由采用原始的球面到非球面发展到现如今的自由曲面，未来随着衍射元件的发展普及，镜头设计的像差校正能力将进一步增强，从而使得相机中的镜片和元件更少、质量更轻。

④内置图像处理软件，相机智能化。例如：随着人工智能和图像处理技术的发展，相机可根据智能场景的识别选取合适的拍摄参数组合，以获得最佳的成像效

果，同时依据人脸识别和图像技术，还可进行智能美化。

⑤内建无线网络，实现照片实时传输，实现网络共享化。现在已经有很多相机在机身内置WIFI或蓝牙功能，通过手机进行连接，使拍摄后的照片第一时间传输到手机上。　（张　新）

折叠腔　folded cavity　由三块及三块以上腔镜组成的谐振腔。如常用的三镜V型折叠腔、四镜Z型折叠腔等。相对于线性腔，折叠腔可以在较小的空间实现较长的谐振腔腔长，而且具有模式参数设计灵活、输出激光光束质量好等优点。此外，折叠腔腔内可实现两个或两个以上的束腰，在激光倍频、被动调Q及锁模激光器等应用中被广泛采用。　（文双春）

折射定律　law of refraction　光从一种介质进入另一种介质发生传播方向的改变时所遵循的定律。见**光折射**。

折射率　refractive index　定量描述光从一种介质进入另一种介质发生传播角变化的介质常数。见**光折射**。

折射率椭球　refractive index ellipsoid　描述晶体各向异性的一种几何表示方法。又称波法线椭球。折射率椭球是晶体光学最常用的几何表示法之一，其曲面方程为：

$$\frac{x^2}{n_1^2}+\frac{y^2}{n_2^2}+\frac{z^2}{n_3^2}=1$$

式中n_1、n_2、n_3为晶体的三个**主折射率**，为椭球的三个半轴长度（见图）。当晶体的

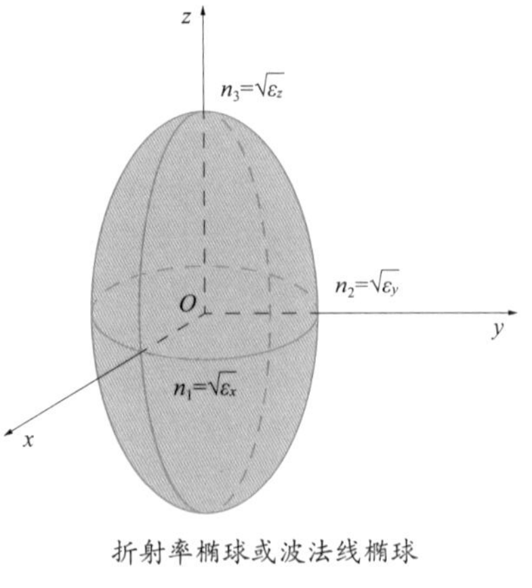

折射率椭球或波法线椭球

三个主折射率彼此不相等时，总可假设$n_1<n_2<n_3$。对于单轴晶体（有两个主折射率相同），折射率椭球变成回转椭球。

折射率椭球形状与晶体本身的结构有关，还与晶体所处的环境（如电场、外力）条件有关。折射率椭球的形状和方位可随光波波长变化，称为折射率椭球的色散。　（孔勇发　许京军）

真空　vacuum　本义虚空，即一无所有的空间。量子场论认为，场是物质的基本存在形式，每种粒子都有相对应的场。真空为场能量最低的状态（基态），而粒子是场的激发态。在量子场论中，为了定义真空，首先需要写出场的作用量，对作用量做变分导出场方程；求解场方程，得到描述场的完备的场模解，并将场算符用这些场模展开；根据场算符及其对应的共轭动量算符满足的对易关系，导出产生、湮没算符的对易关系，并将湮没算符作用后为零的态定义为真空。

如前所述，量子场论中真空的定义与正频场模的选取有关，而正频场模的选取又与类时基灵矢量的选择有关。平直闵可夫斯基时空具有庞加莱对称性。在庞加莱群的作用下，时空线元具有不变性。闵可夫斯基空间具有一个与类空超平面正交的基灵矢量$\partial/\partial t$，如果选取直角坐标系(t,x,y,z)对场量子化，可得到一组完备正交的场模。对一般弯曲时空而言，庞加莱群不再是时空的对称群，并不像平直闵可夫斯基时空那样具有一组优越的坐标，类时基灵矢量往往也有不同的选择方式，因此真空的定义也不唯一，它们分别反映不同的物理意义。以静态球对称史瓦西时空为例，常见的真空有三种，分别是布尔瓦雷真空、安鲁真空和哈特利-霍金真空。在距离引力场源无穷远处，布尔瓦雷真空接近平直闵可夫斯基真空，它描述一个静态球对称天体外部场的真空态；安鲁真空描述一个向外辐射能量的黑洞；而哈特利-霍金真空则描述一个与黑洞霍金辐射处于热平衡的环境。

根据量子场论对真空的定义，处于真空态的量子场仍然在不停地涨落。自由空间的真空涨落并不一定是可观测的。一些物理量诸如能动张量，在真空中没有很好的定义，需要进行重正化以避免发散。但一般真空涨落的改变会导致可观测的物理效应，其中著名的例子包括卡西米尔效应、原子的兰姆移动等，这些效应都已被精密的实验所验证。　（余宏伟）

真空波长　wavelength in vacuum　单色电磁波在一个振荡周期里在真空传播的距离。通常用符号λ表示。电磁场可以脱离电荷在空间自由传播，在这一过程中，电场强度和磁感应强度在时间和空间中均表现为周期性的振荡。单色电磁波在单位时间里振荡的周期数称为电磁场的频率ν，频率和波长的乘积即为电磁场传播的速度。频率和波长呈反比关系。

电磁场在真空中的传播速度c是一个和频率无关的重要物理常数，并由**A.爱因斯坦**的**相对论**进一步确定了其在物理学中的重要地位。1983年召开的第17届国际计量大会已将光速$c=299\ 792\ 458$米/秒确定为定义值，因此真空中电磁场的波长即为$\lambda=c/\nu$。

除了真空环境以外，电磁场也可以在各种介质中传播，实际工作、科学研究和生活中，光在绝大多数场合都是在空气或其他介质中传输的。这一过程中，频率为描述电磁场性质的基本物理量，与传播介质的性质无关；也可采用光的真空波长来标记不同频率的光。由于光传播的速度在不同的介质中各有不同（通常小于真空中的传播速度），因此光在介质中的波长与介质的性质有关，有别于真空波长。　（汪　力　王嘉辉）

真空及稳定性问题　vacuum and its stability　从现代量子场论的观点来理解**真空**及真空涨落与相变的问题。什么是真空？在科学的不同发展阶段，这个问题有不同的回答。

按照牛顿力学和爱因斯坦狭义相对论，真空就是空的空间。微观粒子（如电子和原子核）和传递粒子相互作用的场（如电磁场）都是在空的空间中运动或传播的。

爱因斯坦广义相对论则认为，真空是引力场的一种特殊状态。

现代**量子场论**则认为，真空是所有量子场形成的物理世界的基态。按照量子场论，每种基本粒子都对应于一种量子场，充斥弥散在空间中。它的离散的能量激发单元即场量子，就是相应的基本粒子（如电磁场的量子就是光子；相应于电子就有电子场，它的量子就是电子）。在观测不到任何场量子的空间中，物理世界处于能量最低的状态，叫作基态，亦即量子场论的真空态。所以真空并非空的空间，其中其实充满了各种量子场，很像是具有特殊性质的一种介质。

这样，真空（或处于基态的量子场）不再是一个静态的概念：它包含了运动。真空中的一个粒子可能在某处突然消失，然后在附近另一处又冒出来。有相互作用时，粒子也会被其他粒子发射和吸收，甚至彼此转化。这种可以在量子场基态中发生的现象，叫作真空涨落。量子力学的测不准关系，允许这些在真空涨落中出现的粒子不满足狭义相对论的能量-动量关系；它们叫作虚粒子。真实的物理粒子在

被探测到时，总是满足狭义相对论的能量-动量关系的。所以真空不是平静的大海，而是虚粒子起伏的海洋。真空涨落的物理效应，可由精密实验观测数据予以检验。

一个量子场系统和量子的多体系统其实并无原则的差别。由于温度或者某些参数的变化，一个多体系统会处于不同的物相中。如水可处于气相、液相或固相中；金属中的电子液体会处于正常电导相或者奇妙的超导相中。与此类似，量子场系统也会处于不同的物相（经常简称为相）中。不同相中的量子场真空态，通常有定性（而非仅仅定量的）的不同。当真空从一种相变到另一种相时，就说发生了真空相变。如在基本粒子的标准模型中，**希格斯粒子**是一种自旋为零的玻色子。在早期宇宙中温度很高时，希格斯粒子相应的希格斯场系统处于正常的（玻色）气体或液体的状态；其相应的真空态是正常的玻色场真空。当宇宙温度降到某个临界温度以下时，希格斯场系统的真空就会发生相变，从正常真空变成了有**玻色-爱因斯坦凝聚**的真空。这个现象类似于接近绝对零度时液氦从有黏滞性的正常流体变成没有黏滞性的超流体。伴随希格斯场的真空相变，原来是零质量的多种基本粒子，除光子和胶子外，都通过和希格斯场凝聚的相互作用而获得了非零质量；粒子的速度也从光速变成低于光速。

类似于通常多体系统的相变，真空相变也有一级相变和二级相变之分。一级相变类似于（低于临界点温度时的）蒸汽凝结到水的相变。二级相变则类似于液氦从正常相到超导相的相变。一般的希格斯场（或零自旋玻色子或标量场）系统，除了标准模型中的二级相变外，也可能有一级相变。

标量场的真空相变会不会发生，取决于真空的不稳定性。亦即是否存在一个定性上不同的能量较高的激发态与之竞争：在系统参数变化时，该激发态的能量变低，以致等于然后小于原真空态的能量。若存在这样的态，使二者能量相等的参数给出相变点。在相变点原来的真空态变得不稳定；在通过相变点后，系统的基态发生重组，出现新的真空态。

在一级相变的情况下，在参数的特定范围中，系统可能处于亚稳态。以水为例，在特定情况下水可以有过饱和的气态，一点微扰就会造成气态变液态；也可以有过热的液态，一点微扰就造成液态变气态。这两种现象在粒子物理实验的粒子探测器中都有重要的应用：前者是威耳孙云室，后者是气泡室。对于可发生一级相变的量子场系统，在特定的情况下，在一些空间区域中可能出现亚稳的真空态，叫作伪真空态。其能量其实高于相应参数下真正的基态。这种亚稳的伪真空态，由于量子涨落的存在，会以一定的概率衰变成真正的真空态。这样的真空不稳定现象，假如在早期宇宙中发生过，可能会以引力波的形式把多余的能量辐射出去。（吴咏时）

真空极化 vacuum polarization **量子电动力学**（即带电粒子与电磁场相互作用的量子理论）中出现的一种物理现象。按照现代量子场论，真空是能量最低的状态（基态）。真空中充满了处于基态的各种量子场。**量子场论**认为，真空不空，存在着量子涨落，有各种类型的虚粒子出没。它们不断被发射、吸收，且可彼此转化，这种现象称为真空涨落。

真空极化是一种特殊类型的真空涨落过程。在真空中，光子（即电磁场的量子）转化为一对带电的正、反粒子（如电子和正电子），这对正、反粒子再湮没变回原来的光子。这个过程就叫作真空极化。它可能单独发生，也可能伴随其他过程发生，或者作为一个更复杂的真空涨落过程的一部分。之所以叫作真空极化，是因为可以把微扰型量子场论的真空类比为某种介质，则真空极化就很像在（稳恒或变化的）外电场中介质的极化现象：中性的电介质分子在外电场的作用下成为有极性的分子，其正电荷分布的中心（和正电子类比）与负电荷分布的中心（和电子类比）拉开了一定的距离。

在量子电动力学中，电磁相互作用的强度可用精细结构常数来表征，其数值约为1/137，显然是个小量，所以真空极化的物理效应都很微弱。有关氢原子谱线移动（见**兰姆移位**）、电子（或μ子）的反常磁矩等极其精密的实验，都和理论预言完美地定量符合。现在科学界公认，量子电动力学中的真空极化现象已被实验以史无前例的高精度所证实。

除量子电动力学外，任何微扰型量子场论中，包括电磁-弱作用统一的标准模型，在渐进自由区域的量子色动力学（描写大动量传递的夸克散射过程），都可出现相应的类似真空极化的现象。其理论预言也均被大加速器上的实验所证实。

（吴咏时）

真空紫外谱学 vacuum ultraviolet spectroscopy 由德国V.舒曼和美国T.莱曼于19世纪末共同建立的光谱学分支。主要应用于原子、分子光谱学和高温等离子物理的研究，在空间探测研究中也有一定的应用。真空紫外指的是波段为1～200纳米的电磁波。而此处说的“真空”主要是因为大气中的氧气几乎吸收了所有低于200纳米的光谱，所以对于这种波段紫外光谱的研究需要在真空中进行。考虑到这一点，通过将萤石制造的棱镜和透镜装置封闭在真空容器中，舒曼第一次成功地将当时对紫外光谱的探测延伸到20纳米。而在1905年，美国的莱曼进一步将这个范围延伸到了5纳米。不同于萤石光学系统，他选用了凹面光栅反射系统。随着光源、光栅刻线等技术的发展和改进，真空紫外光谱的范围已经进一步延伸到软X射线光谱区（0.1～1纳米），实现了光波段短波方向与X射线的连接。而长波段150～200纳米的真空紫外光可以穿过氮气，因此对这个波段的研究可以在去除了氧气的仪器中进行，比如含纯氮气的仪器中，如常用于半导体制作的193纳米光刻设备，以及圆二色光谱分析仪。

波段在100～200纳米的真空紫外相干辐射可以由气体中的非线性四波混频产生，这个过程通常会在气体（如氪气、氮气，都在193纳米附近出现双光子共振现象）中或是在金属蒸气（如镁）中进行。也可用特殊的非线性晶体（KBBF）倍频产生。

真空紫外光谱学最新的发展方向是对地球大气之外天体的直接探测。天体的真空紫外光谱可以用来了解星际介质的化学成分、密度、温度，以及高温年轻恒星的温度与组成。同时，星系演化的信息也可从真空紫外谱线的观测中得知。20世纪中叶，火箭和人造卫星技术得到飞速发展，人类第一次将衍射光栅摄谱仪送到大气层外，从而获得了波长短于300纳米的太阳光谱信息，以及其他恒星、行星和星云的光谱信息。正是由于真空紫外光谱在太阳天文学上的应用，真空紫外光谱仪器技术得到了很大的发展。

真空紫外光谱学的另一个重要应用与**等离子体**和热核聚变研究有关。因为大部分等离子体辐射落在真空紫外区，对这种辐射的测量是提供等离子体诊断的主要技术。真空紫外辐射可以引起大量的化学反应和跃迁，这方面的研究成了真空紫外化学的内容。因为很多元素如碳、硫、磷等最灵敏谱线的波长都在200纳米以下，对这类谱线的分析是真空紫外光谱学另一个有价值的应用领域。（曾和平）

真空自发破缺 vacuum spontaneous breaking 对称性自发破缺现象在量子场系统

的基态（真空态）中的表现。如果一个系统的动力学性质在某些物理操作下是不变的，则这些操作的集合就叫作系统的一个**对称性**。如对一个没有相互作用的多粒子系统，由于空间的均匀性，所有粒子的位置做同样的移动，即空间的平移操作，就是一个对称性操作。

对一个单粒子（或少数粒子）系统可以证明，该系统的基态总是唯一的，而且在该系统的对称性操作下总是不变的。但对一个多体系统，当粒子数目极大且系统的基态不止一个时，该系统只能处于可能的基态之一。这时该系统所处的基态，在系统的某些对称性的操作下可能不是不变的，则就说相应的对称性发生了自发破缺。虽然系统的动力学规律具有某种对称性，但动力学上实现的状态不再具有相同的对称性。

量子场论所描写的系统也是一种多体系统，具有无穷多的自由度。当系统可能的基态多于一个时，系统的某些对称性操作会把其中的一个基态变为另一个不同的基态。如果系统只处于某一个基态之中，则这个基态在那些改变它的对称操作下就不是不变的。这时就说该真空态自发破坏了相关的对称性。这就是真空的（对称性）自发破缺现象。

在凝聚态物理中，场论可用来描写多体系统的大尺度物相。基态的自发破缺，往往导致多体系统的二级相变（又叫作连续相变）现象。如在晶体中空间的连续平移对称性自发破缺为离散平移对称性。顺磁-铁磁相变伴随空间的转动对称性的自发破缺。超导或超流相变都是伴随基态的（相位对称性）自发破缺而出现的。

在**粒子物理标准模型**中，所谓**希格斯机制**，也是一种建立在真空自发破缺上的，可使基本粒子（包括夸克、轻子等物质粒子以及传递弱力的W和Z中间玻色子）获得质量的基本机制。　（吴咏时）

阵列波导光栅 arrayed waveguide grating; AWG　光纤同时传输众多不同波长光信号时，实现波复用、解复用的最重要核心器件。在光纤通信中常采用波分复用（WDM）技术。利用复用器将多个波长的光波输入进同一光纤，然后一起传输，让数据传输速度和容量获得倍增。在接收端，解复用器将各种波长的光波分离，然后通过光接收机，处理发射端发送的不同波长运载的各种不同的信息。这种在同一波导中同时传输众多不同波长光信号的技术称之为WDM。在WDM传输系统中，AWG构成波分复用/解复用器，是最重要的核心器件。

图中表示的是AWG的结构，它由输入波导、输入平板波导、阵列波导、输出平板波导和输出波导等五个部分组成。输入和输出两部分是对称的，因此可以交换使用，输入端可变为输出端，反之亦然。从图中可以看出，AWG就是利用衍射光栅及罗兰圆构成输入和输出的两组波导阵列，实现对波长的复用和解复用的功能。

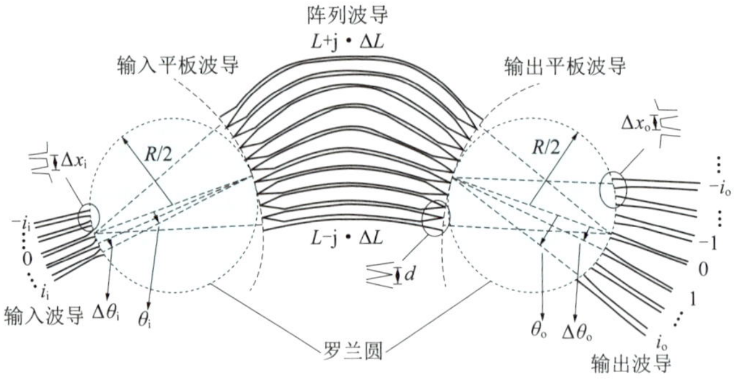

阵列波导光栅型复用/解复用器

AWG的特性包括信道中心波长λ_0、通道间隔$\Delta\lambda$、信道波长精度、光学插入损耗、光串扰、通带宽度、损耗的非均匀性、回波损耗、偏振相关损耗、偏振模色散和波长色散等参数。

AWG既能作为复用器使用，也能作为解复用器使用，它们的工作原理相同，因此具有互换性。AWG不仅能在WDM系统作为复用器、解复用器、路由器使用，而且能够与其他器件混合或单片集成，实现更为复杂的功能，包括复用/解复用器、光上下路复用器、AWG-WDM集成光接收芯片、光波长选择器等。　（余金中）

振动 vibration　物体经过它的平衡位置的往复运动，或某个物理量围绕其平衡值的来回变动。振动是自然界中最普遍的现象之一。大至宇宙，如月盈、月亏引发的潮汐；小至原子内部，如电子围绕原子核的旋转。经常遇到的振动物体不胜枚举，如钟摆、琴弦、按摩器、振动筛、阵风中的吊桥、大浪里的轮船等。不同物体的振动各具特点，但仍可对它们分类。按振动激励特性，可分为线性振动和非线性振动；按产生原因，可分为自由振动、受迫振动和自激振动；按时间变化规律，可分为简谐振动、非简谐振动和随机振动。

线性振动　质量不随运动参量（坐标、速度、加速度等）的变化而变化，且其弹性恢复力和阻尼力可用线性式表示的系统的振动。它实际是具体的弹性体的小振幅振动的一个抽象模型。其最基本的特征是适用叠加原理，即如果在激励x_1作用下，系统的响应为y_1，而在激励x_2作用下响应为y_2，则在x_1和x_2的共同作用下系统的总响应为y_1+y_2。叠加原理给系统的线性振动的分析带来极大方便，可把任意一个总激励分解为一系列分激励，在求得系统对各个分激励的响应后，就可根据叠加原理求得总响应。如果总激励是周期性的，则可应用傅里叶分析，求得线性系统在时域中的脉冲响应和在频域中的频率响应。

单自由度系统的线性振动　只用一个坐标就可确定系统位置的线性振动。它是最简单最基本的振动，通过对它的研究，可得到振动的许多基本概念和特征。一个质量块缚于一端固定的、其弹性恢复力与位移大小成正比的、方向相反的弹簧上，这样构成的系统就是单自由度系统，称为简单振子。

自由振动　如简单振子除质量块的惯性力和弹簧的弹性恢复力外，再无其他外力作用其上，则简单振子做自由振动，图1是质量块自由转动位移时间特性曲线。自由振动的一般规律可从质量块的位移$\xi=\xi_a\cos(\omega_0 t-\varphi_0)$得到充分了解。$\xi_a$为$\xi$的最大值，称为位移振幅；$\omega_0$为振动的圆频率，$\omega_0=\sqrt{K_m/M_m}$，$K_m$为弹簧的弹性系数，$M_m$为质量块的质量；$\varphi_0$为振动的初相位。从位移的表示式可看出，$\xi$随时间$t$按余弦（或正弦）规律运动，这种运动称为简谐运动。

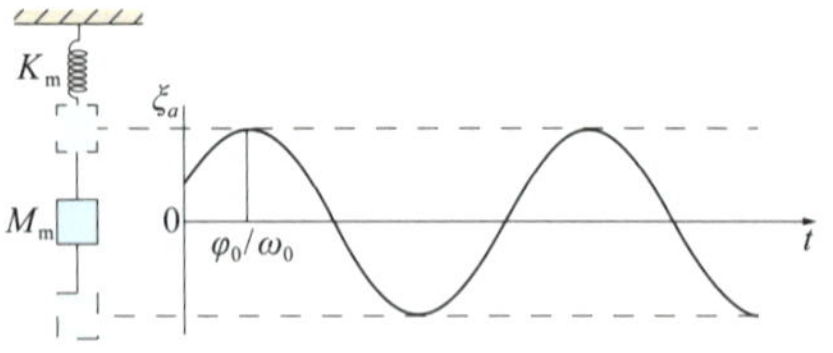

图1　质量块自由振动位移时间特性曲线

简单振子的自由振动最显著的特性是圆频率ω_0仅由K_m和M_m决定，而与振子是以多大的初始位移或多大的初始速度开始运动没有关系，正因为这个原因，ω_0也称为固有频率。自由振动的这一特性是常见的，敲击某个音叉或弹击钢琴的某个琴键时，不管敲击或弹击的轻重如何，它们发出的声音的频率总是一定的，轻重只影响声音的强弱。

阻尼振动　讨论自由振动时，忽略了事实上总是存在的影响振子振动的阻尼力（简称阻力）。在线性振动的范畴，约定阻力F_R的大小与运动速度成线性关系，而其方向与运动方向相反：$F_R=-R_m(dx/dt)$。定义$\delta=R_m/(2M_m)$，称为阻尼系数。按δ的大小，分三种情况考虑阻力的影响：

①小阻尼($\omega_0>\delta$)时，质量块的位移ξ为：

$$\xi=\xi_0e^{-\delta t}\cos(\omega_0't-\varphi_0)=A(t)\cos(\omega_0't-\varphi_0)$$

式中$A(t)=\xi_0e^{-\delta t}$，近似表示阻尼振动的振幅，它按指数规律衰减，δ越大，衰减越快；ω_0'为阻尼固有频率，$\omega_0'=\sqrt{\omega_0^2-\delta^2}$，小阻尼时，$\omega_0'=\omega_0-\dfrac{\delta^2}{2\omega_0}$。它小于自由振动固有频率$\omega_0$。图2是质量块阻尼自由振动的位移时间特性曲线。

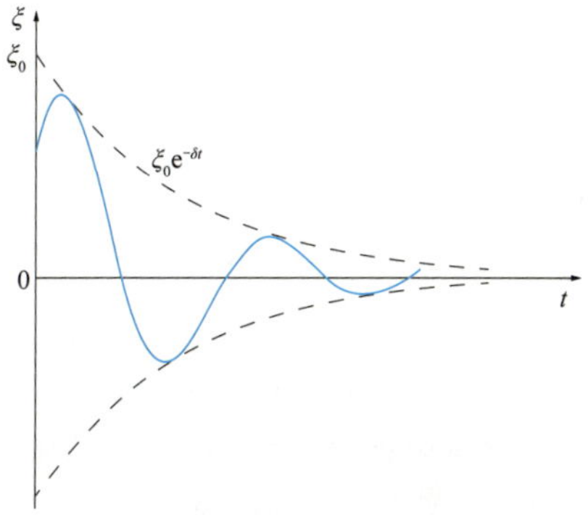

图2　质量块阻尼自由振动的位移时间特性曲线

②临界阻尼($\omega_0=\delta$)时，质量块的位移将视初始条件而以不同的方式衰减，事实上质量块的运动已不再是振动。

③大阻尼($\omega_0<\delta$)时，系统根本就不再算振动系统。

受迫振动　又称强迫振动。设有一外力或强迫力$F_a\cos(\omega t)$作用于一有阻尼的简单振子的质量块上，此时质量块位移有两项：第一项称为瞬态振动，它描述简单振子的自由振动，此项与系统的初始条件有关，只是在振动的开始阶段起作用。第二项称为稳态振动，它描述振子在外力作用下所作的受迫振动，它比瞬态振动重要得多。稳态振动质量块位移ξ为：

$$\xi=\xi_a\cos(\omega t-\theta)$$

式中$\xi_a=F_a/(\omega|Z_m|)$，$Z_m=R_m+jX_m$为振子的复阻抗。频率给定后，ξ_a就为常数，不随时间变化，所以是一种等幅简谐运动，振动圆频率就是外力的圆频率。归一化位移A（ξ_a与静态位移F_a/K_m之比）与频率比ω/ω_0的关系见图3。图中参数$Q_m=\omega_0M_m/R_m$称为品质因数。由图可见，在以上$Q_m>1/\sqrt{2}$，在$\omega=\omega_0$附近质量块位移振幅将大大超过静态位移。这一现象称为位移共振，Q_m越大，共振位移振幅也越大。强烈的共振会造成机器失灵，甚至招致建筑物毁坏。历史上曾有美国华盛顿州塔科马悬索桥在阵风的猛烈袭击下引起桥梁共振，顷刻间倒塌的记载。共振必须尽量避免。但超声学和水声学常采用单频声波，此时应使工作频率接近换能器振子的共振频率，以提高其灵敏度和增强抗干扰能力。

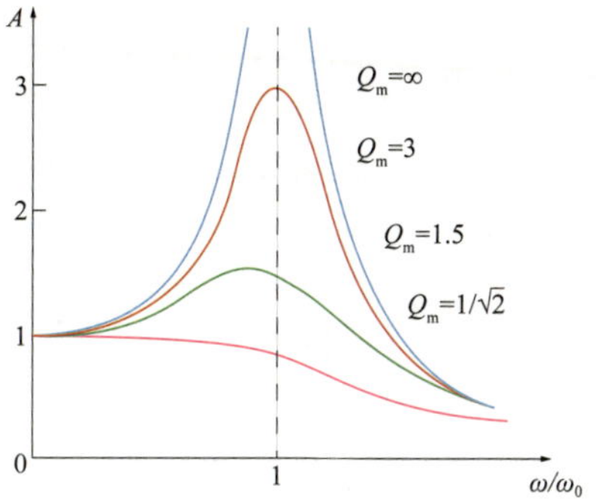

图3　归一化位移的频率特性曲线

弹性体振动　任何机械系统都具有与质量有关的惯性，与劲度或张力有关的弹性，以及与运动速度有关的阻尼。惯性、弹性和阻尼是连续分布的机械系统，称为弹性体。弹性体具有无限多个自由度，具有无限多个固有频率和与之对应的振动方式，称为简正振动方式。弹性体的任何振动都可表示为全部简正振动方式的线性叠加。弦、梁、膜和板是形状最简单的四种弹性体。许多振动系统都可用以上四种中的一种或几种近似。如胡琴可近似认为由弦、膜、琴身制作；输电铁塔可近似认为由粗细不同、长短不等的梁构成；悬索桥可近似认为由一些弦和板建造。

以弦和梁的自由振动为例，对弹性体振动做简要介绍。弦是具有一定质量、一定长度、性质柔顺、被张紧在两个支柱上的细绳。弦的弹性恢复力是它的张力T，劲度可忽略。弦长为l，线密度为ρ，η为x处的弦离开平衡位置的垂直位移。弦的自由振动的第n阶简正振动方式为：

$$\eta_n(x,t)=A_n\sin(\frac{n\pi}{l}x)\cos(\omega_nt-\varphi_n)$$

A_n由初始条件确定；$\omega_n=(n\pi c)/l=(n\pi/l)\sqrt{T/\rho}$如同简单振子一样，$\omega_n$仅由弦的力学参量决定，称为弦的固有频率或简正频率，各个简正频率彼此成谐和关系。波的传播速度$c=\sqrt{T/\rho}$也仅由弦本身的力学参量决定。图4是按上式计算出来的1阶、2阶和3阶简正方式的振幅分布。根据叠加原理，弦的总位移为：

$$\sum_{n=1}^{\infty}\eta_n(x,t)$$

梁与弦不同，梁有一定的横向尺寸，但比长度小，而且梁的弹性恢复力由梁本身的劲度产生，张力可忽略。梁既可承载

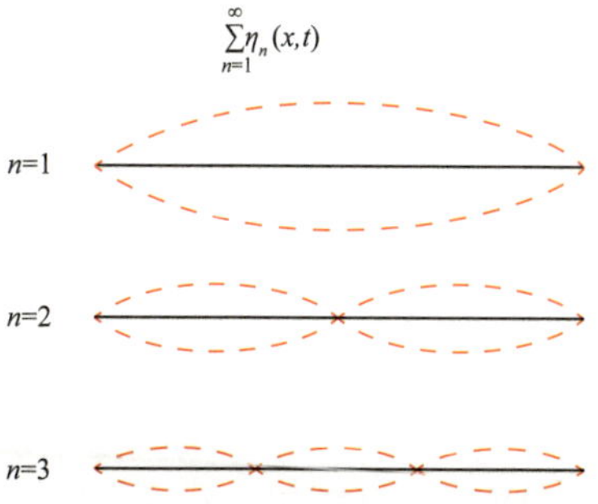

图4　弦的前3阶简正振动方式

横波，也可承载纵波。梁上纵波的特性与弦上的波相仿，纵波速度仅决定于梁的劲度和密度，各个简正频率是彼此谐和的。梁上横波的传播速度不仅与它的密度和劲度有关，还与作用力频率的平方根成正比，各个固有频率也不再成谐和关系。梁是横波的频散载体。梁的简正振动方式的振幅分布比弦上的波复杂得多。图5是一端嵌定一端自由的梁的前5个简正振动方式。

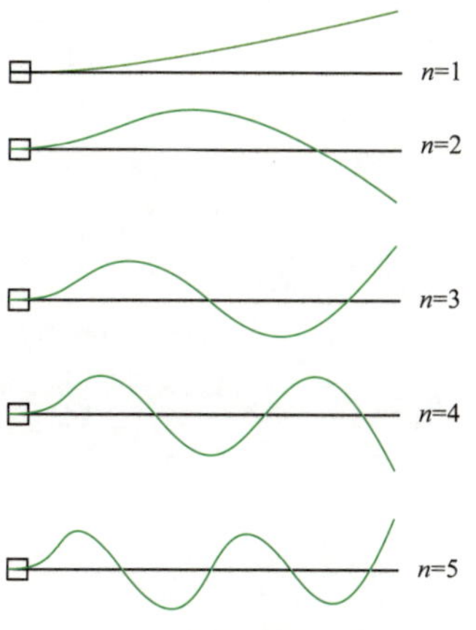

图5　一端嵌定一端自由的梁的前5个简正振动方式

近似解法　复杂弹性体的振动需求助于近似解法。近似解法的要点是变无限为有限。有限元法是近似解法之一，它将复杂结构简化为有限个单元，并在有限个结点处对接而成组合结构。每个单元是一个弹性元件，单元的分布位移用结点位移的插入函数表示，将各个单元的分布参量按一定的格式集中到各个结点上，由此得到有限离散系统的力学模型。在求得各个单元的力学参量后，用矩阵法得到结构的总刚等矩阵，由此最后解得各阶固有频率和简正振动方式，以及应力分布等。模态分析法是另一种近似解法，它将一个复杂结构分解为若干个较为简单的子结构，这些子结构的振动是已知的或容易得到的，在求得子结构的振动后，根据对接面上的协调条件，得到总体结构的振动。

振动对人的影响和评价标准　振动对

人的影响有两个方面：一是振动直接作用于人，使人感到不适，长期接触振动能致病，如白手指；二是振动产生声音，声音再影响人的思考、娱乐、休息，甚至引起听力损伤。人体对振动的反应与一个弹性体相当。人体全身垂直振动在4～8赫有一个大的共振峰，主要由胸部共振产生。4～8赫的外部振动对胸腔内脏影响最大。在10赫附近还有一个大的共振峰，由腹部共振产生。腹部内脏对10赫的外界振动反应最甚。此外，头部共振频率为2～30赫和500～1000赫，手为30～40赫，窦腔、鼻、喉等为20～30赫和1000～1500赫，上下颌的共振频率为6～8赫。

人体刚能感觉到的振动称为“感觉阈”，此时多数人能承受；振动的振幅增大，人就感觉不舒服，此时的振动强度称为“不舒适阈”，“不舒适阈”的振动只有心理影响，而无生理反应；振动继续增强进到“疲劳阈”，生理反应产生，如注意力不能集中等。“疲劳阈”的振动停止后，生理反应即时消失；振动进一步增强，到达“危险阈”，此时不仅有心理和生理影响，还能致病。图6是工作场所适用的振

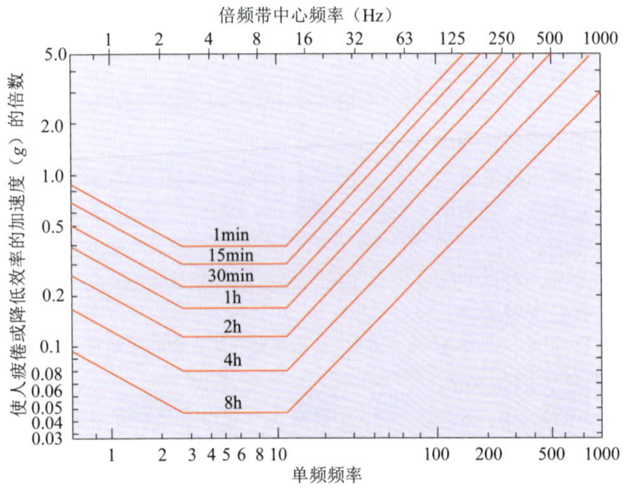

图6　工作场所适用的振动评价标准

动评价标准。图中的纵坐标为使人疲倦或降低工作效率的加速度的数值（g=9.8米/秒²），指单频振动的加速度峰值，或倍频带有效值乘以$\sqrt{2}$。暴露极限（相当于“危险阈”）为其两倍；而“不舒适阈”为其1/3.16倍。横坐标的频率指单频振动的频率，或倍频带的中心频率；纵坐标的加速度，各条曲线上标注的时间指8小时内的许可累计暴露时间。人体对水平振动要敏感些。　（戴根华）

振动测量　vibration measurement　对振动的频率和质点偏离平衡位置的位移、速度、加速度的幅值的测量。振动可分为确定的（包括周期的和非周期的）和随机的（包括稳态的和非稳态的）两类。对于简谐振动，质点偏离平衡位置的位移d、速度v及加速度a之间有以下关系：

$$d = A\sin\omega t$$

$$v = A\omega\sin\left(\omega t + \frac{\pi}{2}\right)$$

$$a = A\omega^2\sin(\omega t + \pi)$$

式中$\omega = \dfrac{2\pi}{T}$，T为振动的周期；A为位移的幅值；t为时间。如果测量设备直接响应于加速度，可以通过积分电路得到速度及位移。表示振动大小的最有用的值是振动的有效值，对位移d（v与a也相同）有效值：

$$d_{rms} = \left[\frac{1}{T}\int_0^T d^2(t)\mathrm{d}t\right]^{1/2}$$

对于简谐振动，有$d_{rms} = \dfrac{A}{\sqrt{2}}$；对满足一定条件的周期性非简谐振动，可通过傅里叶变换求出它的频谱分布，这时振动可表示为：

$$d(t) = d_0 + \sum_{n=1}^{\infty} d_n \sin(n\omega t + \varphi_n)$$

对随机振动，其频谱是连续的。如果随机振动统计特性随时间改变，称为非稳态振动；如果振动的统计特性不随时间改变，称为稳态振动。随机的稳态振动可以利用振动的时间平均自相关函数的傅里叶变换求得它的频率谱。

主要测试程序包括：①振动拾取，即利用拾振器（或称传感器），将机械振动转变为电信号或直接图示；②将电信号经前置放大器进行阻抗变换和放大；③如果需要可用积分器将加速度变为速度或位移，或经振动感觉计权回路转变为振动感觉级；④经放大器放大和频谱分析；⑤显示记录与计算系统。也可以将②的输出信号用磁带记录后，再经过④⑤两步。

拾振器　拾振器大多数与振动物体表面接触，拾振器一般根据它的换能性质命名。下面按所响应的量来进行分类。

位移计　常用的有以下几种：①机械位移显示器，利用指针将位移幅值直接画在参考系统上，此参考系统可转动或平移。多用来测量低频、大振幅振动。②可见位移指示器，用光学显微镜方法观测小的振幅。③惯性拾振器，常用于测地震，将一有阻尼质量弹簧系统装在一个匣内，将匣固定在振动物体表面。当所测振动频率大于系统共振频率时，可测量位移。④电位计型拾振器，它通过振动物体的位移引起输出电压变化。⑤电容拾振器，它是一种位移灵敏元件，电容器的一极与振动物体相连（导电），另一极放在振动物体对面，由相对位移变化而引起电容改变。电容系统较一般换能电路复杂一些，优点是装置简单，对振动元件无负荷，灵敏度高，测量位移范围大且频率范围宽。在测量绝缘体振动时，可在物体表面粘贴金属片、加金属涂料或涂石墨导电。

速度计　主要为感应拾振器。其共振频率f_0很低，在f_0以上工作。有电动和电磁两种形式。振动体可与线圈或磁铁相连，振动产生的电压与振速成正比，也可以因产生磁场变化而有电压输出。它是常用的速度计。

拾振器的安装对测量精度有很大影响。速度计可用螺栓固定，或用磁铁片吸附。拾振器和振动物体表面应清洗或涂润滑脂。速度计可用于工厂环境测量，可用来测强振动，但体积比较大并且重，也受强电流和强磁场的干扰。它的另一缺点是测量幅度和频率有限。

加速度计　主要为压电拾振器。压电材料受到振动时，由于惯性而产生畸变，由压电效应产生的电压与受到的力成正比。因此，这种拾振器响应于振动物体的加速度，故称为加速度计。它是应用最广泛的一种拾振器。温度范围在−100～250摄氏度，灵敏度在（0.001～30）伏/g，g为重力加速度。在它的共振频率f_0以下工作。高频限为$f_0/4$，低频限由连接系统决定。

加速度计比速度计有许多优点，如体积小而且轻，对振动体的负荷相对小、灵敏度高，频带宽，易于用积分网络测量速度和位移。加速度计的安装要求很高。除与上述速度计有同样安装要求外，需要用一个绝缘的螺栓和垫片，以保证加速度计只有一点接地，避免形成回路而引入电噪声。电缆与加速度计接点应密封，以减少湿度的影响。要防止由电缆振动引入的电噪声，并应注意环境噪声对加速度计的干扰，可利用在振动和非振动表面间的输出加以比较。

每个拾振器应提供以下参量：电荷或电压灵敏度、电容、频率响应、共振频率、横向灵敏度、灵敏度和电容随温度的变化、拾振器的重量等。

拾振器的校准方法，常用的有显微镜法、光干涉法、振动台的重力平衡法及互易校准法等。

前置放大器　一般直接从拾振器得到的电信号很弱，需要前置放大，并且需要阻抗变换和拾振器与分析、显示系统间的电隔离。这种放大可以是电荷放大或电压放大。电荷放大可以忽略拾振器电缆电容。而电压放大器对电缆电容比较灵敏，并且受到输入阻抗的影响。但电压放大器易于制作，价格便宜，有灵敏度高、频响宽和线性范围大等良好性能，且能满足拾振器与各种分析器之间的连接作用，因此较为常用。

积分器　使测得的加速度值变为速度或位移值的装置，时常放于前置放大器与加速度计之间，有时也与前置放大器装在一起。

振动计　加有振动计权特性曲线。为了与人对各种频率、强度的振动的主观感觉一致。它是按照国际标准化组织ISO2631给出的振动暴露标准制成的。测量累积作用的积分振动计，取基准值$a_0=1$微米/秒^{2}计算分贝值$L_V=20\lg\frac{a}{a_0}$，a是所测的加速度。积分振动计能测量一段时间振动能量平均值，可用来测量工人每天的等效振动暴露。此外，尚有闪光测频仪、激光测振装置等。

振动台　用机械、电磁等方法产生可变频率和振幅的振动设备称为振动台，主要用作振动实验的振动发生器或拾振器的校准器。主要有机械式和电动式两种形式。机械式一般用于低频大振幅振动，而电动式的应用则广泛得多。

振动的放大、频率分析、数据处理和显示系统均与噪声测量分析等相同。频率分析可用倍频程、1/3倍频程、中心频率连续可变的恒定百分带宽分析器或恒定带宽的（如1～5赫兹）分析器等。但应着重分析1～90赫兹的低频振动，因为它对人体的影响更大些。常用的振动数据记录、处理和显示系统有磁带记录器、示波器和辅助照相设备、实时分析仪、能级记录器、电子计算机和打印设备及统计分析仪等。（冯瑀正）

振动光谱　vibrational spectrum　分子中同一电子能态中不同振动能级之间跃迁产生的光谱。分子的振动能量是量子化的。如果一个分子由N个原子组成，对非线性分子应有$3N-6$（线性分子为$3N-5$）个独立的振动模式，每一种振动模式的量子化都可以用一个振动量子数表示，若振动的频率分别为$\nu_1,\nu_2,\cdots$，相应的振动量子数分别为$n_1,n_2,\cdots$，分子的振动态按量子数的次序表示为$(n_1,n_2,\cdots)$。如果把这些振动近似地看成是简谐的，分子的振动能级可以表示为$E_v=\sum h\nu_i(n_i+1/2)$，其中h为普朗克常数；ν_i为第i个振动模式的频率。最低振动态（$n_1=0,n_2=0,\cdots$）的能量不等于零，而是有一确定值，这个能量称为零点能。

分子中振动能级的间隔一般为0.05～1电子伏，对应光子波长为1～25微米，这种光谱位于近红外区和中红外区，所以振动光谱又称为红外光谱。例如，二氧化碳分子从（001）态跃迁到（100）态时可辐射10.6微米的光，从（001）跃迁到（020）态时则辐射9.6微米的光。对于双原子分子，在电偶极跃迁条件下，同核双原子分子偶极矩为零，因此没有红外光谱。谐振子振动量子数需满足选择定则$\Delta n=\pm1$，如考虑非谐性，则振动光谱没有严格的选择定则，$\Delta n=\pm1,\pm2,\cdots$。分子的振动跃迁过程中会伴随有转动能级的变化（转动能级间隔是振动能级间隔的百分之一左右），因此整个分子的振动光谱包含若干条转动跃迁谱带，可称之为振动-转动光谱。

振动光谱中谱线的频率、强度及其所包含的转动精细结构由分子的几何结构以及其中原子核的质量、位置及其运动位能或键能所决定，从中可以获得分子的形状、成分、力常数等信息，每种分子的振动光谱皆为各分子的特性，因此红外光谱可做化合物的定性及定量分析。（徐海峰）

振动态　vibrational state　分子振动的状态，可用量子数的次序表示。见**振动光谱**。

振动跃迁　vibrational transition　分子振动态之间的跃迁。见**振动光谱**。

振幅　amplitude　振动或波的物理量相对其中心值可达到的最大值，是表示振动或波动范围和强度的物理量。在机械振动中，振幅是物体振动时离开平衡位置最大位移的绝对值；作为非机械振动的例子，在交流电路中，电流振幅或电压振幅是指电流或电压的最大值，也称作电压或电流的峰值。简谐振动中$A=A_0\sin(\omega t+\varphi)$，$A_0$就是振幅，它由初始状态确定。阻尼振动的振幅会逐渐衰减。受迫振动的振幅，一方面与策动力的大小正相关；另一方面，策动力频率与体系固有频率越相近，则振幅越大。（张海澜）

振子强度　oscillator strength　描述原子、分子和离子两个能级之间跃迁概率大小的一个无量纲的物理量。振子强度f，有时又叫光学振子强度，设k和i分别代表上能级和下能级，则由上能级向下能级跃迁的发射振子强度f_{ki}为：

$$f_{ki}=-\frac{2m_e\omega_{ki}}{3\hbar g_k}\sum_{m_k m_i}\left|\left\langle\Psi_{im_i}\left|\sum_j r_j\right|\Psi_{km_k}\right\rangle\right|^2$$

式中m_e是电子的静止质量；ω_{ki}为两个能级之间的跃迁频率；Ψ_{km_k}和Ψ_{im_i}分别是上、下能级的波函数；m_k和m_i分别是上、下能级的磁量子数；r_j是原子中第j个电子的位置矢量；g_k是上能级的简并度。

对于从下能级i到上能级k的跃迁，吸收振子强度f_{ik}可由下式获得：

$$g_i f_{ik}=-g_k f_{ki}$$

式中g_i是下能级的简并度。

由于振子强度描述了两个能级之间的跃迁概率，它可以和其他描述能级之间跃迁概率的物理量，例如自发辐射系数、寿命、自然线宽、积分光吸收截面等互相转换。振子强度在天体物理、等离子体物理、大气物理等学科领域有重要的应用。（张卫平）

蒸发模型　evaporation model　采用液滴蒸发的图像来处理复合核衰变的模型。核反应系统达到统计平衡时，形成了一个处于激发态的复合核，复合核中的粒子随机获得了足够克服结合能的动能，发射出复合核。这种处于激发态的复合核发射过程就像一个液滴通过蒸发分子而降低其能量，从中出射的分子能量具有麦克斯韦分布，在适当的条件下角分布各向同性。

蒸发模型是建立在玻尔复合核衰变与形成无关的独立假设基础上，根据能量守恒原理建立的经典核反应理论。能较好地描述复合核反应中，复合核处于连续能级态时发射粒子和γ射线的截面和能谱，适用于具有较高激发能的复合核反应。

蒸发模型没有考虑角动量和宇称守恒，不能反映原子核能级的自旋和宇称的性质；不能处理原子核分立能级。要解决以上问题，需要应用角动量和宇称守恒的豪泽尔-费希巴赫（Hauser-Feshbach）平衡态复合核反应理论。

蒸发模型是建立在核反应系统处于统计平衡态的基础上，对于核反应系统处于非平衡态的情况，需要应用非平衡态理论（如**激子模型**）处理。（韩银录）

蒸汽机　steam engine　以蒸汽作为工作物质，将能量转换为对外输出机械功的热机。如图给出蒸汽机的工作循环示意。锅

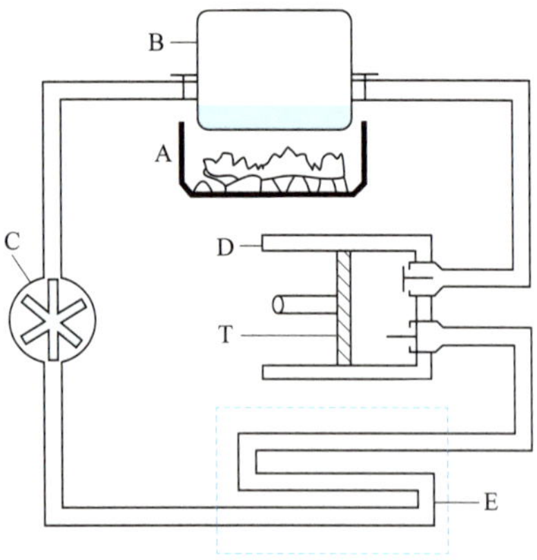

蒸汽机工作循环示意图

炉B中的工作物质水从高温热源B吸收热量，转变成蒸汽后输入到汽缸D中，此时上阀门打开，下阀门关闭，蒸汽推动活塞T从左向右运动对外做功；随后下阀门打开，上阀门关闭，T从右向左运动对蒸汽做功。蒸汽向低温热源即冷却器放热凝结成水后，经工作物质泵C输入到B，完成一个循环。

（班士良　刘志锋　邢　燕）

整合放电模型　integrate-and-fire model　一个简化的神经元模型。最早由L.E.拉皮格于1907年提出。整合放电模型不考虑介导动作电位的生物物理机制，只模拟神经元阈下膜电位活动，并当膜电位达到阈值时产生脉冲，随后复位到静息电位。根据阈下膜电位模拟的精确度的不同又可以分为不同的种类。

在最简化的整合发放模型中，所有主动膜电导均被略去，只考虑突触电流相和外源输入相。整个跨膜电流被模拟为一被动的漏电流相，并通过公式$I_m = g_L \cdot (V_m - E_L)$计算，式中$g_L$为膜漏电导，$V_m$为膜电位，$E_L$为漏电流反转电位。该模型又称漏整合发放模型。模型假设当神经元膜电位在阈下电位区间扰动时，膜电导维持不变，这样神经元的电活动行为近似为一电阻与电容并联电路。细胞膜电位的动力学过程描述如下：

$$C_m \frac{dV_m}{dt} = I_{stim} - g_L \cdot (V_m - E_L)$$

式中V_m、g_L及E_L与上述相同；C_m为膜电容；I_{stim}为外源输入电流。在模型演化过程中，V_m一旦达到或超过阈电位V_{th}，则认为神经元放电，并人为将V_m重置回V_{reset}。

整合发放模型特别是漏整合发放模型，因其为线性，可得到解析解；同时因为其相对简单，可显著减少数值模拟的计算量，被大量用于大型神经网络的建模与计算中。

（于玉国）

整数量子霍尔效应　integer quantum Hall effect　具有高迁移率载流子的二维电子体系，在低温、强磁场等条件下，其霍尔电阻（横向电阻）出现一系列不随磁场变化的整数量子化平台的效应。整数量子霍尔效应由德国物理学家K.von *克利青*于1980年在硅的金属－氧化物－半导体场效应晶体管中率先发现。在经典霍尔效应中，霍尔电阻的大小正比于磁场强度。但是如果考虑量子力学的效应，二维体系中的电子在强磁场下，将形成朗道能级结构。在低温下高迁移率载流子的平均自由程，可以与强磁场下载流子回转运动的周长相比拟，因此电子能够在*朗道能级*中进行完整的回转运动。当n个（这里n为正整数。若n为分数，见*分数量子霍尔效应*）朗道能级被电子完全占据时，霍尔电阻（以欧姆Ω为单位）出现大小为$\frac{1}{n}\frac{h}{e^2} \approx \frac{1}{n}25\,812.107$的一系列不随磁场变化的平台（见图）。其中$h$为普朗克常数，

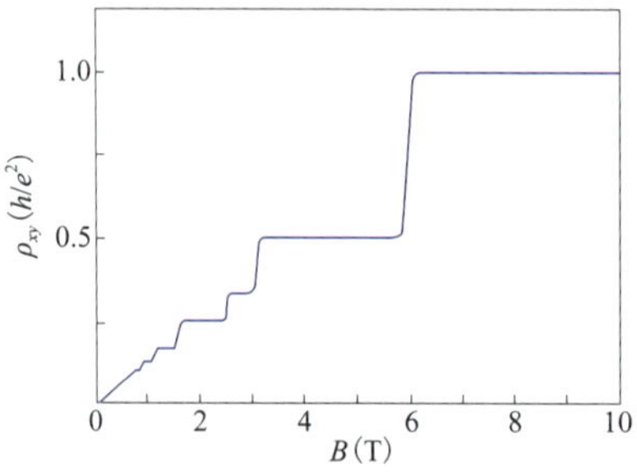

整数量子霍尔效应示意图

e为元电荷电量。$h/e^2 \approx 25\,812.107\Omega$被称之为克利青常数。同时，纵向电阻则出现一系列零值。此时，由于朗道能级之间存在的能隙，二维电子体系内部为绝缘态，而边界处的电子则不受背散射影响传导电流。整数量子霍尔电阻平台只取决于基本的物理常数，与被测量材料的化学成分、晶体结构等细节无关。因此，整数量子霍尔电阻平台的电阻值具有相当高的稳定性和精度（可达10^{-10}量级），可应用于标准电阻的标定和基本物理常数的测量等。

整数量子霍尔效应的观测，需要制备具有高迁移率载流子的二维电子体系。在硅的金属－氧化物－半导体场效应晶体管中的氧化物和半导体之间的界面上，或者在GaAs和AlGaAs的半导体异质结界面上，电子被束缚在这些界面中，做近独立的准二维运动，且电子具有很高的迁移率。因此，上述材料成为观测整数量子霍尔效应的传统体系。21世纪以来，具有线性电子色散关系的*石墨烯*、三维拓扑绝缘体表面态等一系列新颖的二维电子体系相继在实验上得到实现。在这些新体系中，也先后观测到了整数量子霍尔效应。

20世纪80年代以来，物理学家逐步认识到整数量子霍尔效应也可以通过朗道能级的非平庸拓扑性质进行解释。整数量子霍尔效应的发现，推动了贝里曲率、拓扑等概念在凝聚态物理中的深入运用，并由此发展出包括量子反常霍尔效应、量子自旋霍尔效应、拓扑绝缘体等在内的一系列新概念。因此，整数量子霍尔效应被视作凝聚态物理中的经典现象和范例。克利青也凭借该成果，获得了1985年诺贝尔物理学奖。

（吴宜家　谢心澄）

整体反常　global anomaly　规范场位形的非连通性导致的反常。见*量子反常*。

正比计数器　proportional counter　一种用气体作为工作介质，输出脉冲幅度或电荷与射线在计数器内引起的气体电离成正比关系的粒子探测器。结构形式大多采用圆柱形，中心是阳极丝。阳极丝直径为20～50微米，圆柱筒外壳是阴极，内充工作气体。阳极丝与阴极间加正高压（如图中V_0所示，2～4千伏）。

入射粒子进入管内使气体沿粒子径迹电离，产生一定数量的电子和离子，称原电离（或初电离）。在电场的作用下电子向阳极丝运动，而正离子以比电子慢得多的速度向阴极运动。丝直径很小，在丝附近有很高的场强（一般大于10^4伏/厘米），当这些原电离产生的电子运动到丝附近的区域内时，可使气体原子多次电离产生电子倍增，形成“雪崩”式气体放大。每个电子可产生10^4～10^5个电子－正离子对。这个倍增量称为气体放大倍数。这样在正比管的阳极丝上就可得到很大的同原电离成正比的负脉冲信号，其电荷量或幅度分别约为10^{-1}皮库或约几毫伏（在10^3欧姆电阻上）。

正比计数器的工作气体一般选产生电离量大且稳定的惰性气体（氩气、氖气或氙气等）和少量能吸收光子的多原子分子气体（如甲烷、二氧化碳或异丁烷等）的混合物。正比计数器输出脉冲波形主要决定于外电路时间常数和雪崩生成的正离子鞘向阴极运动的贡献。如果选取的时间常数RC（如图中的泄漏电阻R和探测器、电子学输入电路的等效电容C）得当，则输出脉冲幅度仍与原电离成正比且能得到较高的计数率上限（如10^5/秒甚至更高）。在入射粒子束确定的情况下，正比计数器的输出脉冲计数率随所加工作电压变化的曲线常有一段计数率变化缓慢的相对平坦

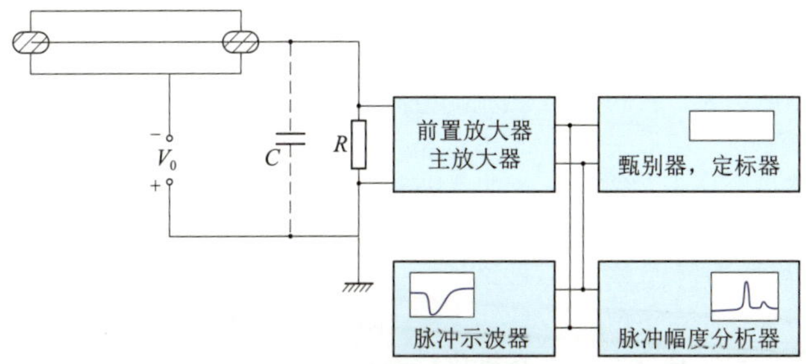

正比计数器结构原理图

的区域称为坪区。坪特性是正比管重要性能指标之一，可用图中所示的放大器、脉冲幅度甄别器和定标器系统测量。若粒子完全停止在管内，则由其全部电离量可确定粒子能量。正比计数器具有比较好的能量分辨率和能量线性响应，其能谱可用图中所示的脉冲幅度分析器等进行测量。对带电粒子的探测效率可接近100%。

正比计数器既可用来作计数器，又可用来测量能量，广泛应用于原子核物理和粒子物理实验、核医学、地质勘探、冶金等国民经济领域。在中子、X射线、低能γ射线和电子（或β射线）的探测以及精确的放射性绝对测量中，正比计数器是应用最广泛的探测器之一。利用正比计数器的原理在20世纪70年代发展出了**多丝正比室**和**漂移室**等粒子物理领域极重要的探测器。（谢一冈）

正电子　positron　电子的**反粒子**。带负电荷，质量与电子相同。在粒子分类中属轻子类。它是在1932年被美国物理学家C.D.**安德森**在宇宙线作用于云室时发现的，为首个被发现的反粒子。在此之前，中国物理学家**赵忠尧**发现了正电子产生和湮没现象，为正电子的发现做出了重要贡献。（郑志鹏）

正反粒子对产生　particle-antiparticle pair production　微观粒子反应过程中出现的某种粒子与其反粒子成对产生的现象。1932年实验发现，能量足够高的γ射线的粒子（**光子**）经过**原子核**附近时可转化为电子与正电子对。这是最早发现的正反粒子对产生的事例。后来知道，只要能量足够大，还可转化为其他种类的正反粒子对。

某种正反粒子对也可在正反粒子对湮没过程中产生，如正负电子对湮没可产生$\mu^+\mu^-$对、$\tau^+\tau^-$对或D^+D^-对；质子反质子对湮没可产生中子反中子对等。此外，正反粒子对也可在其他反应中产生，如用能量足够高的质子去轰击另一质子所产生的许多粒子中可出现质子反质子对、$\mu^+\mu^-$对、$\pi^+\pi^-$对、K^+K^-对等。

某种正反粒子对的产生过程是该种正反粒子对湮没过程的逆过程。正反粒子对不仅可通过虚光子产生，也可通过虚的Z^0粒子、虚的胶子产生。这三种产生机制可分别用**量子电动力学**、**电弱统一理论**和**量子色动力学**相当好地描写。（岳宗五　杜东生）

正反粒子湮灭　particle-antiparticle annihilation　粒子和它的反粒子相遇时发生的完全的物质到能量的转换，产生光子等能量形式的过程。自然界中存在一类物质与伴随粒子，它们很多属性都相同，但部分内部属性（如电荷、奇异数等）正好相反，犹如正数与负数。为了区分它们，人们称之为正物质与反物质。最早发现的反物质为反质子与反电子（历史原因也称正电子），它们和构成人们身边物质的基本粒子仅有极其微小但却是原则性的差别：它们与对应的基本粒子具有相同质量，但具有相反的电荷等属性，如质子带正电，反质子就带负电；电子带负电，反电子则带正电。那些没有电荷的粒子如中子，也有它们对应的反粒子。

普遍认为宇宙起源于一次大爆炸。大

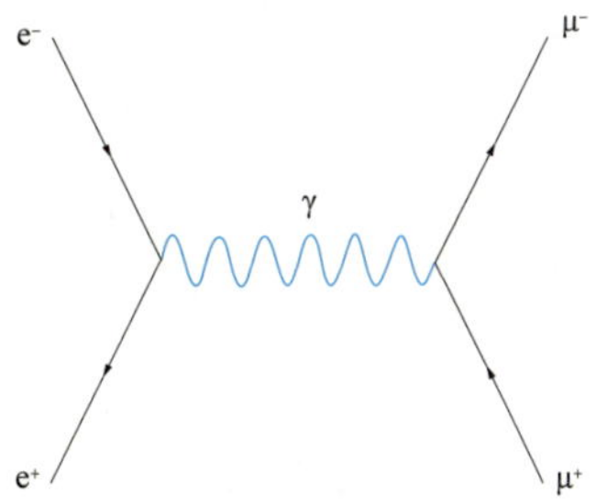

电子与其反粒子湮灭成纯中性光子，μ子与反μ子产生的物理过程

爆炸后的很短时期内，物质与反物质总量相等，宇宙中充斥着物质与反物质的湮灭与产生。几乎所有已知粒子的反粒子都被发现了，而光子等是个例外，因为反光子就是光子本身，是纯中性粒子。一旦成对的粒子与反粒子相遇，便会在释放出γ射线、π^0介子等纯中性粒子和极大能量的同时同归于尽，发生湮灭反应。粒子湮灭过程与产生过程相对应，互为逆过程，很多时候伴随出现。图为电子与它的反粒子（正电子）湮灭成纯中性光子，然后μ子与反μ子产生的物理过程。（王　伟）

正反μ子偶素　true muonium　正反μ轻子（μ轻子）组成的束缚态。正反μ子偶素记为$(\mu^+\mu^-)$，类似于电子偶素(e^+e^-)，是在电磁作用下由第二代轻子形成的量子态（第一玻尔半径为512飞米）。但实验上至今还没有发现。历史上，由于实验最先发现μ轻子和电子组成的电磁束缚态(μ^+e^-)或者$(e^+\mu^-)$，在文献里被称为“μ子偶素”。所以正反μ子偶素被命名为“真”μ子偶素，又称为双μ子偶素。（李海波）

正负电子湮没中的*R*值　*R* value in electron-positron annihilation　正负电子对撞产生强子的零阶总截面与产生轻子对的零阶截面之比。高能正负电子湮没中的R值定义为：

$$R=\frac{\sigma^0(e^+e^-\to \mathrm{hadrons})}{\sigma^0(e^+e^-\to\mu^+\mu^-)}$$

分子是正负电子对撞产生强子的零阶总截面，分母是产生$\mu^+\mu^-$轻子对的零阶截面，可由量子电动力学（QED）理论计算，而正负电子对撞产生强子过程的本质是正负电子湮没产生正反夸克对$e^+e^-\to q\bar{q}$。轻子和夸克都是最基本的费米子，因此上述两个过程有相同的产生机制，二者的最低阶**费曼图**分别如图1a、1b所示。

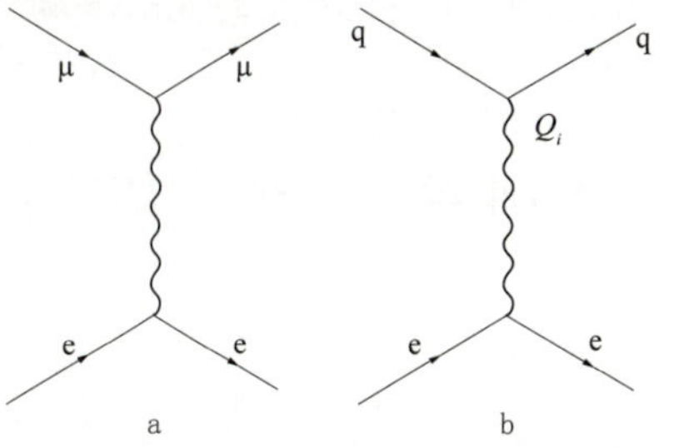

图1　e^+e^-碰撞产生正反夸克对的最低阶费曼图

QED计算给出，在质心能量$E_{cm}\equiv\sqrt{s}$下，e^+e^-湮没产生自旋为1/2的类点费米子对$f\bar{f}$（轻子$\mu^+\mu^-$、$\tau^+\tau^-$和夸克$q\bar{q}$）的最低阶微分截面为：

$$\frac{d\sigma^0_{f\bar{f}}}{d\Omega}=\frac{\alpha^2Q_f^2}{4s}[1+\cos^2\theta]$$

式中α为精细结构常数；Q_f为费米子电荷（以电子电荷为单位）；θ为出射f相对于e^-入射方向的夹角。对其相空间积分得到相应的玻恩截面：

$$\sigma^0_{f\bar{f}}=\frac{4\pi\alpha^2Q_f^2}{3s}$$

可见轻子对与夸克对的产生截面具有相似的形式，差别仅在于电磁作用顶点的电荷不同。轻子电荷为1，所以$\mu^+\mu^-$的零阶截面可以简单写成：

$$\sigma^0_{\mu\mu}=\frac{4\pi\alpha^2}{3s}$$

根据夸克模型，e^+e^-碰撞产生强子的过程是通过湮没为虚光子γ^*或中性中间玻色子Z^0、随后产生夸克－反夸克对即夸克碎裂为强子来实现的。不同味道的夸克都可能出现在$q\bar{q}$顶点，只要质心能量在该夸克对的产生阈（2倍夸克质量）以上，即$\sqrt{s}>2m_i$。所以，在特定能量下产生强子末态的总截面可以看作各种可能的夸克对产生截面相加：

$$\sigma^0_{\text{had}}=\sum_i\frac{4\pi\alpha^2Q_i^2}{3s}=\frac{4\pi\alpha^2}{3s}\sum_i Q_i^2$$

式中Q_i为夸克q_i的电荷，为1/3的整数倍。由此：

$$R=\frac{\sigma^0_{\text{had}}}{\sigma^0_{\mu\mu}}=\sum_i Q_i^2$$

如果下标i只表示夸克的味道，那么还应该引入色因子3，即：

$$R=3\sum_i Q_i^2$$

因此R值直接反映了夸克的种数，早期R值测量曾是夸克具有颜色自由度的有力证据之一。在非共振区域R是常数，随着质心能量升高新的夸克种类产生，R值会有跳变，形成阶梯式的平台。带色的原初夸克、反夸克经过后续一系列碎裂强子化过程演化为可观测的色中性强子，此过程会给电磁作用顶点引入附加的修正，即量子色动力学（QCD）高阶微扰贡献，与强相互作用耦合常数α_s有关：

$$R=3\sum_i Q_i^2\left[1+\frac{\alpha_s}{\pi}+c_2\left(\frac{\alpha_s}{\pi}\right)^2+c_3\left(\frac{\alpha_s}{\pi}\right)^3+\cdots\right]$$

这里c_2、c_3是常数。根据上述关系，精确测量的R值反过来可用于确定α_s。

实验上，R值可通过下面的表达式来测定：

$$R=\frac{N_{\text{had}}}{\sigma^0_{\mu\mu}\cdot\varepsilon_{\text{had}}\cdot\varepsilon_{\text{trg}}\cdot(1+\delta)\cdot L}$$

式中N_{had}为强子事例数，ε_{had}为强子探测效率，ε_{trg}为触发效率，$(1+\delta)$为初态辐射修正因子，L为数据积分亮度，$\mu^+\mu^-$截面$\sigma^0_{\mu\mu}$由上面的零阶截面公式计算，所以R值测量实质上是强子总截面测量。历史上很多实验组测量过R值，能量范围从强子产生阈到Z^0能标都有数据，图2显示粒子数据组（PDG）收录的测量结果，总的说来与QCD理论预言是一致的，若干矢量介子共振峰除外。北京谱仪合作组BES Ⅱ在2000年、2002年发表了2～5吉电子伏能区R值的测量结果，将该能区误差从15%～20%降低到6%～7%；北京正负电子对撞机/北京谱仪2008年完成升级改造后，BES Ⅲ继续这一工作，争取使误差再降低到约3%。

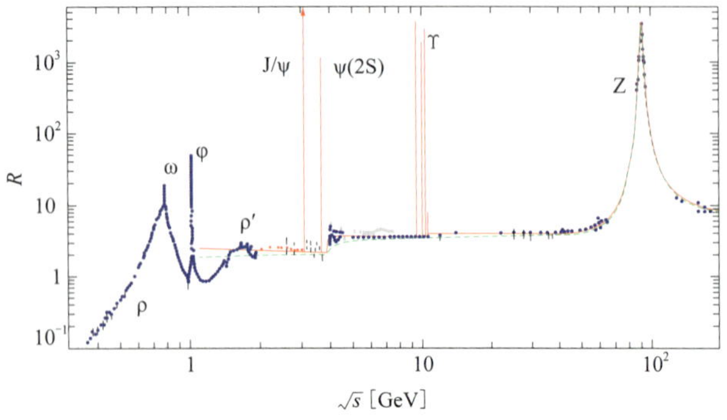

图2　e^+e^-碰撞中的R值

R值是重要的基本物理量，对粒子物理标准模型的发展和精确检验具有重要意义。由于5吉电子伏以下能区微扰QCD不适用，在电弱理论的精确计算中，涉及强相互作用的贡献都需要用强子产生截面（即R值）作为基本输入参数，最典型的例子如电磁跑动耦合常数$\alpha(s)$和μ子反常磁矩$g_\mu-2$的理论计算，都强烈依赖于低能区的R值。（黄光顺）

正规过程　normal process　在声子间相互“碰撞”时，声子的动量没有发生变化（倒格矢$\boldsymbol{G}_n=0$）的过程。又称N过程。声子是晶格振动（格波）的能量量子，声子之间的相互碰撞作用过程分为正规过程和倒逆过程。与正规过程相应，在声子间相互作用过程中，倒格子矢量不为零的过程称为倒逆过程（翻转过程）或U过程。

非简谐作用中能量的三次方项对应于三声子相互作用的过程，如图所示为二声子碰撞产生另一个声子的三声子过程：

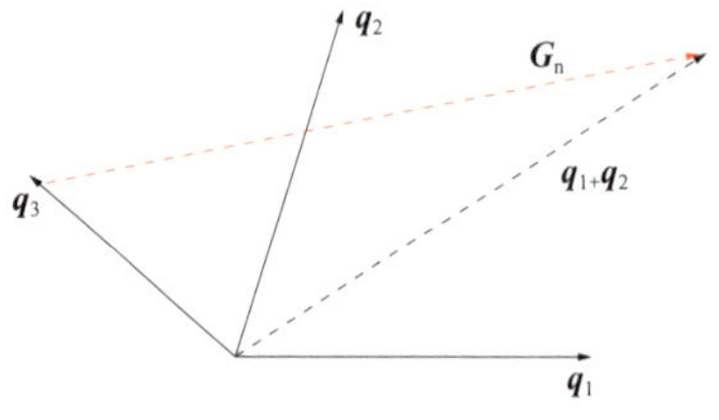

二声子碰撞过程

满足能量守恒和准动量守恒关系式：

$$\hbar\omega(\boldsymbol{q}_1)+\hbar\omega(\boldsymbol{q}_2)=\hbar\omega(\boldsymbol{q}_3)$$

$$\hbar\boldsymbol{q}_1+\hbar\boldsymbol{q}_2=\hbar\boldsymbol{q}_3+\hbar\boldsymbol{G}_n$$

当$\boldsymbol{G}_n=0$时为正规过程，$\boldsymbol{G}_n\neq0$时为倒逆过程。

在热传导问题中，声子的碰撞限制着声子平均自由程。正规过程只是改变了动量的分布，而不影响热流的方向（声子平均的定向运动的方向），不影响声子的平均自由程，对热阻没有贡献。倒逆过程使声子的动量发生了很大的改变，破坏了热流的方向，限制了声子的平均自由程，对热传导产生了贡献。当温度低于德拜温度时，随着温度的下降，倒逆过程的中短波声子数减少，声子的平均自由程会迅速地增长。（夏　钶）

正规化　regularization　实现重整化时需要处理的“无穷大”方法。见**重整化**。

正晶体　positive uniaxial crystal　寻常光折射率n_o小于非常光折射率n_e的**单轴晶体**。全称正单轴晶体。由于相速度$v=c/n$，因此在正单轴晶体中，寻常光传播的相速度v_o大于非常光传播的相速度v_e，即$v_o>v_e$，寻常光要传播得快一些。（孔勇发　许京军）

正离子型表面活性剂　cationic surfactant　亲水基团带正电的**表面活性剂**。正离子表面活性剂几乎都是人造的，其离子部分是带正电荷的。它们是良好的乳化剂，不会形成含有带正电的硬水离子的不溶性浮渣。这些表面活性剂是良好的杀菌剂，一些用作局部防腐剂。其杀菌特性使它们在浴室和洗手液中特别有用。此外，正离子表面活性剂被吸引到大多数织物上的带负电荷位点，它们可以绑定到这些位点，使织物显得柔软、舒适。因此，正离子表面活性剂通常用作织物柔软剂。（邢向军）

正能定理　positive energy theorem　一般稳定物理系统的总能量总有下界，而能量处于最小值的状态称为系统的基态。物理上期望引力系统也有这样的性质，这被称为正能定理。能量、动量和角动量是物理学中的重要守恒量，对于理解物理系统的行为有着重要意义。广义相对论所描述的引力场是非线性长程力，与其他物理场有着根本的区别。对于孤立引力系统，R.阿尔诺维特、S.德赛尔和C.W.米斯纳于20世纪60年代引入ADM能量和ADM动量来描述系统的总能量和总动量。但一个未解决的问题是如何定义局部的引力能量、动量和角动量，使其满足物理上的所有要求。

零宇宙常数时，孤立引力系统是用“渐近平坦时空”描述，在远离引力源区域，时空趋于闵氏时空。对于渐近平坦的柯西初始数据集(M,g_{ij},h_{ij})，三维黎曼度量在空间无穷远处$1/r$阶趋向于三维欧氏度量，M在四维时空中的第二基本形式

h_{ij}在空间无穷远处$1/r^2$阶趋向于0。这时ADM总能量E、ADM总动量P定义为：

$$E=\frac{1}{16\pi}\int_{S_\infty}(\partial_j g_{ij}-\partial_i g_{jj})n^i\mathrm{d}S$$

$$P_i=\frac{1}{8\pi}\int_{S_\infty}(h_{ki}-g_{ki}\mathrm{tr}_g h)n^k\mathrm{d}S$$

式中$i,j,k=1,2,3$；积分是在空间无穷远球面S_∞上积分；n^i是空间无穷远球面的外法向。

正能定理提出时被称为“正能量猜想”。20世纪70年代末和80年代初，正能量猜想首先由R.舍恩和丘成桐用极小曲面方法证明，稍后E.威滕用旋量分析方法给出新的证明。考虑到总质量$\sqrt{E^2-P_1^2-P_2^2-P_3^2}$是相对论不变的，而总能量$E$本身并不具有相对论不变性，正能量定理的数学表达为：

“如果时空中的物质分布满足主能量条件，则任意渐近平坦的柯西初始数据集的ADM总能量与ADM总动量满足$E\geqslant\sqrt{P_1^2+P_2^2+P_3^2}$，且当$E=0$时，时空沿柯西初始数据集平坦。”

当时空可被渐近平坦的柯西初始数据集穷竭时，$E=0$可推出时空一定是闵氏的，不存在引力场。另外，正能量定理确保时空总质量可以定义。

后来又引入了渐近平坦柯西初始数据集的总角动量J的定义。对于存在角动量的引力系统，为避免时空裸奇点的出现，物理上猜想时空的总能量与总角动量也需满足类似正能量定理的不等式$E\geqslant\sqrt{J_1^2+J_2^2+J_3^2}$，这称为“克尔约束”。当时空中的物质分布满足适当物理要求时，克尔约束在1999年被证明。

为了研究引力波能量和动量的辐射问题，20世纪60年代初H.邦迪引入了邦迪能量和动量，表述经由引力辐射携带能量和动量后引力系统的剩余能量和动量。当引力波news函数在某延迟时刻为零时，数学上可以严格证明在该延迟时刻及之前，邦迪能量非负，邦迪能量和动量也要满足同样类似的不等式。

当宇宙常数为正和负时，孤立引力系统分别是渐近德西特时空和反德西特时空。正宇宙常数正能量定理已被证明，负宇宙常数正能量定理也已被证明。需要指出的是，正宇宙常数正能量定理在宇宙体积增长率不超过由哈勃常数决定的某一常数时正确，超过该常数时不正确。

（张　晓　吴小宁）

正则变换 canonical transformation 由一组正则变量到另一组能保持**正则方程**形式不变的变量的变换。设有两组变量q、p及Q、P，变换式为：

$$Q_j=Q_j(q,p,t),P_j=P_j(q,p,t)(j=1,2,\cdots,n)\quad(1)$$

且存在逆变换：

$$q_j=q_j(Q,P,t),\ p_j=p_j(Q,P,t)\ (j=1,2,\cdots,n)\quad(2)$$

若老变量q、p满足正则方程：

$$\dot{q}_j=\frac{\partial H}{\partial p_j},\ \dot{p}_j=-\frac{\partial H}{\partial q_j}\quad(j=1,2,\cdots,n)\quad(3)$$

经过上述变换后，对新变量Q、P方程仍保持正则形式：

$$\dot{Q}_j=\frac{\partial K}{\partial P_j},\ \dot{P}_j=-\frac{\partial K}{\partial Q_j}\quad(j=1,2,\cdots,n)\quad(4)$$

则称此变换为正则变换，$K=K(Q,P,t)$是变换后的新哈密顿函数。如果新的哈密顿函数K比老的哈密顿函数H简单，则新的动力学方程就比较容易积分。由于在$2n$个正则变量中，q、p是等价的，所以并非任何变换（1）和（2）都是正则变换。

存在下述的正则变换判别定理。如果F是新老正则变量及时间的函数，且满足正则变换判别式：

$$\sum_{j=1}^{n}p_j\mathrm{d}q_j-H\mathrm{d}t=\sum_{j=1}^{n}P_j\mathrm{d}Q_j-K\mathrm{d}t+\mathrm{d}F$$

则变换（1）和（2）是正则变换。函数F称为变换的生成函数或母函数，由于$4n$个新老正则变量中有$2n$个关系式（1）或（2），实际上母函数F只包含n个老正则变量、n个新正则变量及时间t。

当母函数中只包含新老广义坐标时，有$F=S(q,Q,t)$，称为第一类母函数。代入判别式并考虑$\mathrm{d}q$、$\mathrm{d}Q$相互独立，即得变换关系式：

$$\frac{\partial S}{\partial q_j}=p_j,\ \ \frac{\partial S}{\partial Q_j}=-P_j$$

由此可解出：

$$Q_j=Q_j(q,p,t),\quad P_j=P_j(q,p,t)\quad(j=1,2,\cdots,n)$$

此式即为新变量完全由老变量表示出的式（1）。新变量满足的正则方程（4）中的新哈密顿函数K为$K=H+\partial S/\partial t$。类似地，在母函数$F$中可包含不同类型的正则变量，相应地有四种不同形式的正则变换。这四种正则变换的母函数之间可以由勒让德变换联系起来，例如$S_2(q,P,t)=S_1(q,Q,t)+\sum_j P_jQ_j$。使用正则变换简化动力学方程时，各变量完全用数学变换方法得到，不必再考虑其物理意义。

（贾书惠）

正则方程 canonical equation 对完整、理想、有势系统，用广义坐标$q(q_1,q_2,\cdots,q_n)$及广义动量$p(p_1,p_2,\cdots,p_n)$描述系统状态的方程。正则方程可写作：

$$\dot{q}_j=\frac{\partial H}{\partial p_j},\ \dot{p}_j=-\frac{\partial H}{\partial q_j}\quad(j=1,2,\cdots,n)\quad(1)$$

$$H=\sum_{j=1}^{n}P_j\dot{q}_j-L\quad(2)$$

式中n为完整系统的自由度数；$L=T-V$为拉格朗日函数（见**拉格朗日方程**）；H为哈密顿函数，物理意义为系统的广义能量。式（1）称为正则方程，由W.R.哈密顿于1834年提出，故又名哈密顿正则方程。建立系统的正则方程时需要经过几个步骤。根据拉格朗日函数L的构造方法可知：

$$L=L(q,\dot{q},t)$$

式中$\dot{q}(\dot{q}_1,\dot{q}_2,\cdots,\dot{q}_n)$为广义速度。再由广义动量的定义：

$$p_j=\frac{\partial L}{\partial \dot{q}_j}=p_j(q,\dot{q},t)\quad(j=1,2,\cdots,n)$$

可反解出：

$$\dot{q}_j=\dot{q}_j(q,\dot{p},t)$$

代入L中消去$\dot{q}_j$，就能将哈密顿函数H用q,p表示：$H=H(q,p,t)$。这时才可将H代入式（1），获得系统动力学方程的具体表达式。因此，单纯从建立动力学方程角度看，正则方程不如拉氏二类方程，但在其他方面正则方程则显露出优越性。

用拉格朗日变量（广义坐标q，广义速度$\dot{q}$）描述运动的拉氏方程是n个二阶常微分方程，而用正则变量（广义坐标q，广义动量p）描述运动的正则方程是$2n$个一阶常微分方程，且已相对一阶导数解出，即为标准形式，在数学上更容易处理。正则方程形式简单、结构对称，这种特殊的对称形式在数学上称为“耦对方程”，正则方程的耦对性决定了在相空间（由正则变量张成的$2n$维空间）存在一个独特的“辛几何结构”，因而提供了分析系统动力特性的新途径。

求解动力学方程的一个重要方法是寻找尽可能多的首次积分，以使方程降阶。在拉氏方程中，可以通过选择不同的广义坐标方案，以便出现较多的循环坐标并获得较多的循环积分。正则方程中，由于$2n$个独立变量p、q彼此完全等价，有更多的选择灵活性，可获得更多的首次积分，因而有可能不必直接积分，而是通过变量变换的方法求解动力学方程。正是由于这些优点，正则方程在统计力学、天体力学及近代物理中得到了应用。

（贾书惠）

郑复光 Zheng Fuguang（1780～约1854）中国清中期光学家。字元甫，号浣香，又作漸香、浣芗。安徽歙县人。监生出身。幼年好科学、数学，喜潜思。青年时曾游扬州、北京，游粤、滇、陇、晋等地。见取影灯戏和望远镜，则流连忘返。在明末清初传入中国零散、点滴的光学知识甚而错误的光路图的启发下，潜心研制光学仪器。他制造了伽利略式和开普勒式望远镜，研究了反射式望远镜并绘下正确的光路图；还制造了多种多类眼镜、显微镜、取景镜（照相机）、放字镜（幻灯机）、取火镜（包括阳燧、凸透镜和冰透镜）、地灯镜（探照灯）、诸葛灯镜（无影灯）、三棱镜、多宝镜（多面多棱球面镜）、柱镜、万花筒、视日镜（太阳镜）、测日食镜、测量高远仪镜以及中国传统的透光镜等。他揭示了古代制造点火冰透镜的简易方法，科学地解释了透光镜可以透光的原因。他以传统光学知识为主，结合西方传进的一些光学知识，并根据制镜工人和他自己的经验，写下了中国第一部几何光学著作《镜镜詅痴》

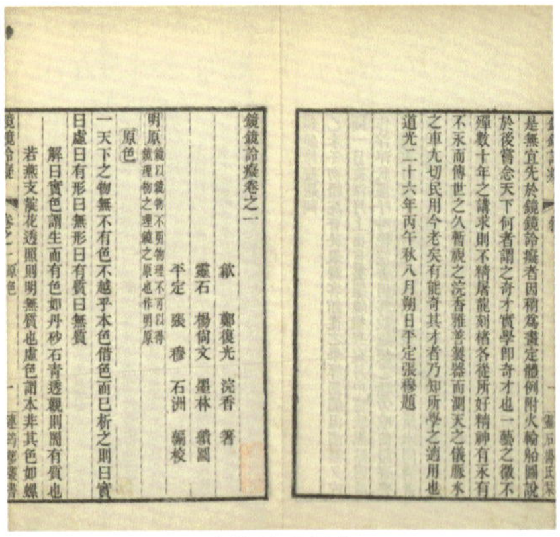
是無宜先於鏡鏡詅癡者因稍爲畫定體例附火輪船圖說
於後嘗念天下何者謂之奇才實學即奇才也一藝之微不
殫數十年之講求則不精居龍刻楮各從所好精神有求有
不泯而傳世之久暫視之浣香雅善製器而測天之儀脈水
之車九切民用今老矣有能奇其才者乃知所學之適用也
道光二十六年丙午秋八月朔日平定張穆題

鏡鏡詅癡卷之一
歙 鄭復光 浣香 著
靈石 楊尚文 墨林 續圖
平定 張穆 石洲 編校
明原 鏡以鑑物不明物理不可以得鏡理物之理鏡之原也作明原
原色
一 天下之物無不有色不越乎本色借色而已析之則曰實
曰虛曰有形曰無形曰有質曰無質
解曰實色謂生而有色如丹砂石青透覩則罔有質也
若燕支靛花透照則明無質也虛色謂本非其色如螺
鏡鏡詅癡 卷之一 原色 一 連筠簃叢書

《镜镜詅痴》

（1846），还著有光学常识性著作《费隐与知录》（1842）。 （戴念祖）

郑厚植 Zheng Houzhi（1942-08-26～ ） 中国物理学家。生于江苏常州。1965年毕业于清华大学无线电电子学系半导体物理专业。同年到中国科学院半导体研究所工作，1978年任副研究员，1986年晋升为研究员。1989年任半导体超晶格国家重点实验室主任，1994年任半导体研究所所长。1979～1981年作为洪堡基金会奖学金获得者，在德国慕尼黑技术大学物理系从事研究工作。1981～1983年在中国科学院半导体研究所担任"六五"中国科学院重点课题"二维电子气物理"课题组组长。1983～1986年参与中国科学院和美国物理学会关于原子、分子和凝聚态物理合作研究备忘录计划，在美国普林斯顿大学电机工程系从事研究工作。1988～1989年被聘为中国高等科学技术中心（CCAST）特别成员。曾任半导体超晶格国家重点实验室学术委员会主任，国家"973"计划IT前沿中的量子结构、量子器件及其集成技术项目首席科学家。1995年当选为中国科学院院士。

郑厚植在半导体低维物理的系统研究中取得多项重要成果。揭示了量子霍尔效应的尺寸效应、量子霍尔电势分布特性，提出和研究了用分裂栅实现准一维电子气的办法和特性。在空穴多体作用诱导的磁阻现象、各类共振隧穿现象、量子霍尔区的磁阻现象及扩散系数、朗道态密度测量和低维激子光谱等方面做出许多有价值的成果。20世纪70年代初在MOS大规模动态RAM电路发展的初期，在1024位动态RAM芯片的动态逻辑电路、版图总体设计和逻辑功能检测等方面做了一系列开创性工作，推动了国内DRAM研制的起步。80年代，他和英国T.J.桑顿同时并独立在国际上最早提出了分裂栅控技术，并用其实现了具有高迁移率一维异质结量子线，并成功用分裂栅控异质结构研究了局域化由二维至一维的维度变换行为，从实验上证实了相位损失时间随电导变化的理论关系。90年代，他针对双势垒共振隧穿现象做了系统的工作。2000年以后，他从事微纳结构中量子调控的物理原理和应用量子调控的新奇器件效应的研究。1992年被授予国家有突出贡献的中青年科学家称号。曾获1994年、1995年中国科学院自然科学一等奖、二等奖。

（尹晓冬）

郑华炽 Zheng Huachi（1903-08-18～1990-02-07） 中国光谱学家。生于广东中山，卒于北京。1928年毕业于南开大学。同年前往德国柏林工科大学深造。1932年到奥地利格拉兹工科大学攻读博士学位，1934年获得工学博士学位。后赴法国蒙彼利埃大学与卡班教授合作，共同研究与拉曼光谱相关的问题。1935年秋回国。先后任教于中央大学（1935～1936）、北京大学（1936～1937）、西南联合大学（1938～1945）、北京大学（1946～1949）、北京师范大学（1952～1990）。曾任西南联合大学四川叙永分校教务主任、北京大学教务长，以及北京师范大学的副教务长、校研究部副主任、校学术委员会常务委员、理科学术委员会副主任。

郑华炽是中国光谱学研究的先驱者之一，是中国最早研究**拉曼效应**的学者。1934年，通过实验得出氯衍生物的分子振动频率和卤已烷分子的振动形式，这是中国应用红外吸收光谱对物质结构进行研究的首例。1936～1938年和吴大猷、薛琴访合作，应用拉曼光谱对苯进行观测，从实验和理论上验证了同位素效应产生的原因，得到了国际同行的认可。1954年在北京师范大学物理系创办研究生班并亲自授课，1964年招收首批光谱学研究生。郑华炽执教50余年，为中国培养科技人才做出了重要贡献。 （尹晓冬）

郑建宣 Zheng Jianxuan（1903-06-28～1987-06-25） 中国金属物理学家。生于广西宁明，卒于广西南宁。1928年毕业于武昌大学。1928～1931年先后在广西省立第二师范学校和广西省立第四高中任教。1931～1933年在广西大学任教。1933年被广西大学选送到英国曼彻斯特大学物理系深造，1936年获硕士学位。回国后历任广西大学教授、物理系主任、理工学院院长等职。1951～1952年任大连工学院物理系主任。1952～1958年任东北人民大学（今吉林大学）物理系教授、金属物理教研室主任。1958年任广西大学副校长。1963～1982年任中国物理学会理事。1981～1984年任中国物理学会相图专业委员会主任委员。1982～1987年任中国物理学会X射线衍射专业委员会顾问。

郑建宣用X射线粉末衍射法首次测定了Co_2Al_5的晶体结构，该研究成果于1938年发表在德国结晶学期刊上。该结构作为一种金属间化合物的结构类型被列入国际无机化合物晶体结构数据库和皮尔森手册中，为以后发现的与其结构基本相同的合金相的研究奠定了基础。1954年在中国首次开设"X射线金属学"课程，首次开展了二元系和三元系合金相图的研究工作，组织并推动了中国相图的研究工作，为材料的制备、开发和应用提供了重要的基础依据。带领课题组成员完成中国第一篇相图学术论文《Ag-Sn-Al三元富银合金固相平衡图》，并于1958年发表在《物理学报》上。在任广西大学副校长近30年的时间里，为广西大学的重建和发展做出了巨大的贡献。1978年获广西科学大会奖，1987年获国家自然科学四等奖。（尹晓冬）

郑耀宗　Zheng Yaozong（1939-02-09～　）中国微电子学专家。籍贯广东中山。生于香港。1963年毕业于香港大学，获理学士学位。1967年获加拿大卑诗大学博士学位。

1978年返回香港大学电机电子工程系任教，担任讲座教授及工程学院院长等职。1989年出任香港城市理工学院院长，该校更名为香港城市大学后任首任校长。1996～2000年任香港大学校长。1994年受聘为港事顾问，1995年被委任为香港特别行政区筹备委员会委员。1999年当选为中国科学院学部委员（院士）。

郑耀宗长期以来对金属-氧化硅-硅（MOS）及其器件物理和工艺技术进行了系统研究。发明了掺氯化氢硅氧化技术，解决了当时MOS器件和集成电路阈值电压漂移、不能稳定工作的难题，使MOS器件和电路的性能、可靠性和成品率大大提高。在国际上首先提出了MOS反型层载流子表面粗糙度散射理论，在MOS集成电路进入深亚微米阶段后，这一机理已成为决定MOS反型层载流子迁移率的主要因素，这是对MOS器件物理的一大发展。他是较早开展氮化硅技术的研究者之一。在深亚微米器件模型研究工作中取得重要成果。（尹晓冬）

支撑团簇　supported cluster　由气相团簇淀积于衬底表面或在基底直接生长团簇的复合体系。团簇在衬底表面运动并与衬底表面存在相互作用，所以支撑团簇与自由团簇有很大的不同。衬底不仅仅对团簇有支撑作用，也可以影响团簇的性能。载能团簇与固体表面的碰撞还会引起团簇能量的再分配，并最终可能引起团簇的熔解、分散、裂解或重新成键。研究这种体系中团簇结构和物理化学性质随尺寸、衬底及不同制备方式等的变化规律，不仅是制备和研究团簇组装材料和器件奇异性质的关键，而且对表面修饰、刻蚀和超薄膜的形成规律，以及团簇碰撞反应等方面的研究具有潜在的用途。常见的衬底有碳膜、硅、氧化物等。如金或者铂团簇沉积在氧化物（氧化镁、氧化钛等）表面，可以利用氧化物衬底中的氧作为氧化反应的催化剂。（王保林）

支路　branch　电路中连接两个节点之间的电路部件。在直流电路中，支路上可以有电阻、电源等元件；在交流电路中，支路上可以有电阻、电容、电感、交流电源等元件。（陈熙谋）

枝状聚合物　dendritic polymer　每个重复单元上带有树枝化基元的线状聚合物，是一种高度支化、对称、呈辐射状的新型功能高分子。一个枝状聚合物大分子往往包含几百至几千个树枝化基元。对于枝状聚合物，少数几个树枝化基元会连接到一个各向同性的点。根据代数的不同，枝状聚合物会有不同的粗细度（即直径）。中性的枝状聚合物通常溶于有机溶剂，带电的枝状聚合物可溶于水。

与普通高分子聚合物不同，枝状聚合物具有低黏度、高溶解性、可混合性以及高反应性等特点，从而在主客体化学、催化剂、金属纳米材料、纳米复合材料、膜材料、表面活性剂、医学等研究领域都有广泛的用途。（赵汉英）

脂畴　lipid domain　脂质双分子层中不同种类脂质分子之间因亲和力不同而发生相分离，从而形成的不同的脂质区域。细胞膜的主要架构是脂质双分子层，蛋白质镶嵌在脂质双分子层中。1998年，D.A.布朗和E.伦敦用鞘脂、胆固醇和不饱和的磷脂分子合成了巨型脂质囊泡。他们发现在一定温度下，当三种组分比例恰当时，巨型脂质囊泡上的脂质分子发生相分离。鞘脂和胆固醇形成有序液体相脂畴，而不饱和的磷脂分子则形成无序液体相脂畴。有序液体相脂畴又被称为脂筏，通常认为一些功能蛋白锚定在脂筏中在细胞膜上进行输运。

细胞膜上的脂筏是一种动态结构，其尺寸饱受争议。有研究组用单分子追踪办法观察到直径为700纳米的脂筏，也有研究者用免疫电子显微镜观察到44纳米的脂筏，更有研究者认为一些锚定蛋白附近的脂筏只有80多个脂质分子，寿命不到1毫秒。（涂展春）

脂双层结构　lipid bilayer structure　由两层磷脂排列组成的膜结构。细胞膜和线粒体都有脂双层结构，但脂双层和双层膜不是一个概念，细胞膜是脂双层构成的单层膜结构，由磷脂双分子层构成的流动镶嵌模型被人们普遍接受。

磷脂双分子层是指磷脂围成的两层，磷脂分子由一个亲水的头部和一个疏水的尾部组成，磷脂分子正是凭借疏水的尾巴要躲避水分子（疏水效应）才形成双分子层结构。因为疏水基团在水溶液中不能像亲水基团一样和水分子形成静电相互作用，所以水分子只能形成笼状结构将疏水基团围起来。线粒体是双层膜（内膜和外膜，包含两个磷脂双分子层），外膜主要和细胞环境隔离，保持线粒体的相对独立，线粒体细胞器的内环境和细胞的内环境有较大的差异。线粒体内膜主要是提供各种酶附着位点和离子通道（P泵，H泵）的位置，产生ATP。

脂质体具有双层分子结构，在生物和医学中拥有广泛的应用。生物学定义的脂质体为当两性分子如磷脂和鞘脂分散于水相时，分子的疏水尾部倾向于聚集在一起，避开水相，而亲水头部暴露在水相，形成具有双分子层结构的封闭囊泡。药剂学定义的脂质体系指将药物包封于类脂质双分子层内而形成的微型泡囊体。（侯　旭　涂展春）

脂质泡　lipid vesicle　在细胞中，脂质双分子层形成的泡状结构。在细胞中存在着各种脂质泡，包括转运囊泡、溶酶体以及包裹神经递质的囊泡等，其尺度在几十纳米至上百纳米不等。磷脂分子是双亲分子，包含亲水的头部基团和疏水的长尾链。由于疏水相互作用，当一定量的磷脂分子分散在水中，锥形磷脂分子（其头部基团相对尾部较大）通常形成胶束。亲水头部基团在胶束表面与水分子接触，而疏水尾链被遮挡在内部不与水分子接触。当一定量的棒形磷脂分子（其头部基团横向尺度与尾链横向尺度接近）分散在水中，疏水相互作用使得它们形成脂质双分子层结构，磷脂分子头部朝向水相而疏水尾链两两相对埋于膜内。脂质双分子层裸露疏水边界的能量代价正比于脂质双分子层的边长。当脂质双分子层面积较大时，边界的疏水能量代价大于形成闭合囊泡的弯曲能量，脂质双分子层结构更倾向于形成闭合的脂质囊泡。通常将脂质囊泡简称为脂质泡。实验中还可以用磷脂分子合成出尺度在几微米的巨型脂质泡。

（涂展春）

蜘蛛丝纤维 spider fiber 一种天然高分子纤维。属于蛋白质纤维。蜘蛛丝是由其腹部成对的纺绩器纺丝。不同的腺体分泌不同的丝蛋白，随着腺体内丝蛋白的流动，经过漏斗进入锥状的S形导管内，在该区域内液晶状纺丝液被拉伸并取向。当纺丝液进入蜘蛛吐丝口前的牵伸区时，纺丝液被快速拉伸，纺丝液分子进一步取向，并形成以氢键连接的反平行β-折叠构造。丝纤维出吐丝口后，在空气中被进一步拉伸，阀门夹持住已基本成纤的蜘蛛丝，使其在空气中的拉伸效果更显著。

蜘蛛丝主要成分是蛋白质，基本单元为带不同侧链的酰胺结构，其氨基酸的含量随蜘蛛的种类不同而存在一定的差异。丙氨酸是蜘蛛丝结晶区的主要成分。蜘蛛丝的酸性氨基酸分别为天门冬氨酸、谷氨酸、丝氨酸和苏氨酸，碱性氨基酸包括赖氨酸、精氨酸和组氨酸，极性氨基酸的多少直接影响氨基酸的化学性质和分子构向结构。

蜘蛛丝具有透明外观。在超倍电子显微镜下，其超分子结构由原纤丝组成，而原纤丝又由120纳米微原纤组成。微原纤是由蜘蛛丝蛋白构成的高分子化合物组成，蜘蛛丝的横截面呈圆形或接近圆形。蜘蛛丝是单丝，表面没有水溶性物质，没有丝胶，每根蜘蛛丝含有数十根细纤维，丝条之间空隙也较小，其横断面的内外层为结构一致的材料，纵向形态有明显的收缩。丝中央有一道凹缝痕迹，它在水中有较大的溶胀性，截面会发生膨胀，而纵向则会发生明显的收缩。

不同蜘蛛丝纤维有不同的物理性能，其韧性和弹性好，密度一般为1.2～1.35克/厘米^3，表面光滑柔和，有光泽，抗紫外线能力强，热分析表明蜘蛛丝在200℃以下表现热稳定性，300℃以上才黄变。蜘蛛丝摩擦系数小，抗静电性能优于合成纤维，导湿性能优于蚕丝，因此蜘蛛丝纤维除具有天然纤维和合成纤维的优良性能外，还具有其他纤维所无法比拟的独特性能。蜘蛛丝是一种原纤蛋白质，具有独特的溶解性，不溶于水、稀酸和稀碱，但溶于溴化锂、甲酸、浓硫酸等，对蛋白水解酶具有抵抗性，不能被其分解，遇高温加热时可溶于乙醇。

蜘蛛丝虽然性能优越，但丝的来源较少，直接获取的天然蜘蛛丝杂乱无章且黏附着污物和杂质，不能够直接使用，需将其再生加工成为可直接使用的纤维材料。随着基因重组蜘蛛丝蛋白技术的发展和成熟，可以获得大量与天然蜘蛛丝蛋白相近或相同的重组蜘蛛丝蛋白，随后通过纺丝加工成纤维。除了在纺织上的应用，蜘蛛丝纤维由于具有超过其他纤维的综合性能，在其他各个领域也有广泛的开发应用价值。在医疗卫生方面，可加工许多伤口封闭材料和生理组织工程材料，如用来加工手术用的缝合线、人工关节、韧带、人造肌腱、假肢等产品。还能够自然生物降解，不会对环境有污染，同时这些产品与人体组织接触后不会产生排斥作用，使用寿命较长。随着科学技术的不断发展，蜘蛛丝的工业应用必将不断深入和扩展，使蜘蛛丝性能更加完善，同时要努力降低成本和技术难度，使其实现工业化生产。

（刘向阳）

直接和间接CP破坏 direct and indirect CP violation 对电荷共轭变换和空间反射联合变换下对称性破坏起源的探索。见**CP破坏**。

直接核反应 direct nuclear reaction 入射粒子同靶核碰撞，不经过复合核阶段的直接过程的核反应。通常的核反应实验结果中包含了**复合核反应**和直接核反应两种过程的结果。入射粒子能量低，复合核反应是主要的，角分布基本上90°对称；入射粒子能量高，又不处在相应的共振能量附近时，直接核反应是主要的，角分布出现朝前峰。角分布测量是实验上判别这两种核反应过程的最重要的方法。

属于直接核反应过程的各种具体反应有：不经过复合核的弹性散射势的（形状）弹性散射、直接非弹性散射、削裂反应、拾取反应和敲出反应等。削裂反应中入射核的某子结构（核子或集团）被靶核俘获，其余部分向外飞出。拾取反应是削裂反应的逆反应，即入射核拾取靶核的某子结构形成出射核。入射核敲出靶核的某子结构，而自身被俘获的反应称为敲出反应（也可包括弹核未被俘获的情况）。前两者又统称为转移反应。转移反应中，出射核和入射核的动量差较小，使得角分布有朝前峰。某些特殊转移反应中，如重粒子削裂反应，角分布有后翘现象。

现在已有能够较好地处理各种直接核反应的各种模型和近似方法。最常用的是扭曲波玻恩近似（DWBA），它认为入射粒子首先在靶核的平均场作用之下发生扭曲（不扭曲时称为平面波近似），尔后同靶核中的核子或集团直接碰撞，引起反应。很多情况下这种理论能够较好地同实验符合。通过理论计算同实验结果的拟合，可确定原子核的能级的自旋、宇称、组态和激发方式，可研究核的壳层结构，也可研究集团的成团概率及集团之间的相对运动状态（见**核集团模型**），得到有关核反应机制、核力、核的形变大小等一系列重要知识。对于更准确计算考虑各种反应道耦合效应的耦合道理论（CCBA）的使用也越来越普遍。

（庄 斐）

直接流 direct flow 重离子碰撞集体流出射粒子方位角分布傅里叶分解的一阶分量。用公式表示$v_1=<\cos(\Phi)>=<p_x/p_t>$，符号$<\cdots>$表示统计平均。反映在重离子碰撞中，粒子（包括质子、中子、轻带电粒子和π、K介子等产生粒子）在平面的发射。800A·MeV Au+Au碰撞出射质子和α粒子的平均在平面横动量的快度分布见图，图中$y/y_{\rm beam}<0$的点由反射得到。从图可以看出直接流的特征：直接流的快度分布呈S形，并且在中心快度区基本上为线性关系。通常采用如下公式描写流的形状：$v_1=Fy(y\approx 0)$；$v_1=Fy+cy^3(|y|<1)$。其中$F=\frac{{\rm d}<p_x/A>}{{\rm d}y_n}|_{y_n=0}$给出曲线的斜率，$y_n=y/y_{\rm beam}$为归一化的快度。$F$与核

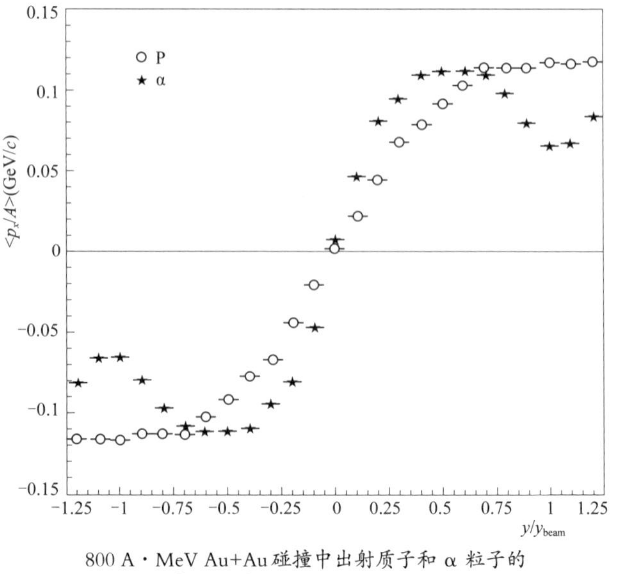

800 A·MeV Au+Au碰撞中出射质子和α粒子的平均在平面横动量对归一化快度的依赖

物质状态方程有密切关系，如核物质的抗压缩系数K等，K越大，F越大，即核态方程越硬，相应的直接流的斜率就越大。直接流的大小还与核体系、能量以及碰撞参数有关。对于产生粒子的直接流，由于不同的产生粒子的性质不同，直接流斜率的大小与正负都会与具体的产生粒子相关，情况比较复杂。与直接流有关的重要观测量还有流消失和平衡能。对于确定的体系，直接流在某一能量时为零，称为流消失，该能量为平衡能。它反映了两反应核之间相互作用随能量的升高由吸引到排斥的变化。平衡能的值与核体系及核子间相互作用有关。直接流与核物质状态方程（如抗压缩系数）以及核子-核子两体碰撞的介质修正等均密切相关，通过理论和实验研究，直接流对确定核物质状态方程（如抗压缩系数）以及核子-核子两体碰撞的介质修正等均有重要意义。而对产生粒子，如π介子、K介子等的直接流的研究，对获取其在核介质中的势和在核介质中的重散射有重要意义。（李祝霞）

直接驱动 direct drive 惯性约束聚变驱动方式之一。直接驱动一般将高功率驱动器输出的激光脉冲或者粒子束脉冲直接均匀地辐照在聚变靶丸的表面上，产生球对称烧蚀压，驱动聚变靶丸内爆，从而实现燃料发生热核聚变。

直接驱动的优点是驱动器与聚变靶丸之间的能量耦合效率高，但难以满足球对称内爆对辐照均匀性的要求。（郑　坚）

直接跃迁 direct transition 半导体中发生在布里渊区同一个波矢的能带间的光学跃迁。半导体中电子在跃迁过程中不但要满足能量守恒，即跃迁过程中电子初态和末态的能量差等于所发射或吸收光子的能量；同时还要满足动量守恒，即跃迁过程中电子初态和末态的波矢差等于所发射或吸收光子的波矢。光子的波矢与光子的波长间的关系是波矢$=2\pi$/波长，约10^{-3}/埃，而简约布里渊区的倒格矢一般约为10^{-1}/埃，因此，通常光子的波矢都被忽略。所以，电子跃迁动量守恒要求光跃迁前后电子初态和末态的波矢保持不变。从能带图来看，这相当于电子由价带垂直地跃迁到导带，称为直接跃迁。在氮化镓、砷化镓、锑化镓、磷化铟、砷化铟、锑化铟和所有的Ⅱ-Ⅵ族等直接带隙半导体的带边吸收是直接跃迁，吸收光子的能量对应于带隙能量。在硅、碳化硅、锗、砷化铝、锑化铝和磷化镓等间接带隙半导体中，电子从价带顶向具有不同波矢的导带底跃迁，过程涉及电子动量的改变要远远大于吸收光子的波矢，需要一个额外的声子来提供所需的动量差，称为间接跃迁。下图为直接跃迁和间接跃迁的示意图。声子辅

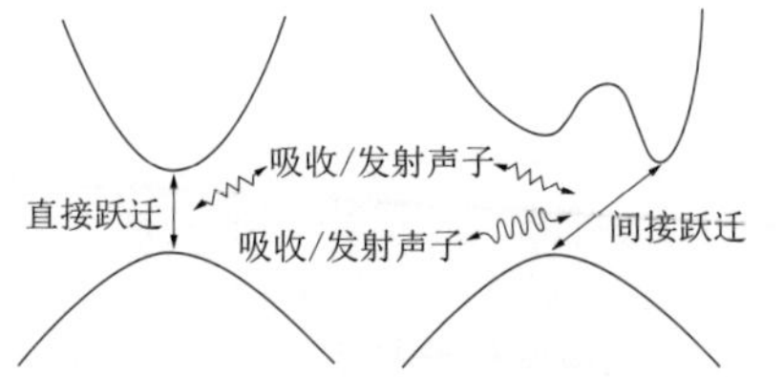

直接跃迁和间接跃迁示意图

助的间接跃迁是二阶微扰过程，相对于一阶直接跃迁过程，它的跃迁效率要小几个数量级。实验上可根据半导体吸收光谱的吸收边形状来判断它是直接带隙还是间接带隙。（骆军委）

直流电 direct current 电荷流动方向不随时间改变的电流。常用符号DC或dc表示。另一种含义较狭窄而更为常用的直流电是指恒定电流，即电路中电流的方向和大小都不随时间改变。直流电由电动势较为稳定的电源通过电阻组成的电路产生，这种电源有化学电池、燃料电池、温差电池、太阳能电池、直流发电机等，还可借助于整流器将交流电整流再滤波得到。恒定电流情形电流场满足恒定电流条件，电场为静电场，静电场的高斯定理和环路定理均成立。恒定电流情形其导电的基本实验定律是欧姆定律，即导体两端的电压U等于通过导体的电流I与导体电阻R的乘积，$U=IR$。欧姆定律的微分形式是导体中一点的电流密度$\boldsymbol{j}$等于该点的电导率σ乘以该点的电场强度$\boldsymbol{E}$，$\boldsymbol{j}=\sigma\boldsymbol{E}$。解恒定电流电路问题的理论基础是基尔霍夫电路定律。

直流电主要应用于各种电子仪器、电解、电镀、直流电力拖动等方面。在电力传输上，19世纪80年代以后，由于不便于将直流电由低电压升高至高电压以进行远距离传输，直流电输电曾让位于交流电。20世纪60年代以来，由于采用高电压大功率变流器将直流电变为交流电，直流输电系统又重新受到重视并获得新的发展。（陈熙谋）

直流电源 direct current power supply 维持电路中形成恒定电流的装置。如干电池、蓄电池、温差电源、直流发电机等。恒定电流的一个特征是电路中电荷分布不随时间改变，即恒定电流时的电场类似于静电场。但仅靠静电场不可能维持恒定电流，因为电流最终的结果将使原来的静止电荷越来越少，从而削弱静电场的作用。为维持恒定电流，必须有非静电的作用将其他形式的能量补充进来，将流过来的电荷移去，维持恒定电场。这种提供非静电力的装置就是电源。干电池、蓄电池等化学电源中，非静电力是与离子的溶解和沉积过程相联系的化学作用。温差电源中，非静电力是与温差和电子浓度差相联系的扩散作用。直流发电机中，非静电力是电磁感应作用等。直流电源中有正负两极，非静电力由负极指向正极。

直流电源与用电器接通后，电源外部即外电路中在电场力的驱动作用下，形成由正极指向负极的电流；电源内部则是电流与电场方向相反，是在非静电力的驱动下，使电流由负极指向正极，形成闭合循环。表征电源性能的特征量是电源的电动势E和内阻r。前者从电源非静电力做功的能力来反映电源的性能；后者说明电源内部存在电阻，电流I流过电源内阻上会产生电压降，并产生焦耳热。当电源与用电器没有接通时，电源处于断路状态，电路中的电流为零，正负极间的电压降等于电源的电动势。当用电器接到电源正负极上，两极之间的电压降U等于电源电动势E减去内阻上的电压降Ir，即$U=E-Ir$。电源所提供的功率EI等于输送到外电路的功率UI与内阻上损耗的热功率I^2r之和，即$EI=UI+I^2r$。当用另一个电动势更大的电源与该电源连接，正极接正极，负极接负极，这是对该电源充电情形，则两端的电压U等于电动势E与内阻上电压降Ir之和，即$U=E+Ir$。外界提供的电功率UI等于该电源中单位时间内储存的能量EI与内阻上损耗的热功率之和，即$UI=EI+I^2r$。（陈熙谋）

直流放电 direct current discharge 通过在两导电电极间施加直流电压、击穿气体介质产生的一种气体放电形式。其放电的环境气压覆盖了从10^{-1}～10^{7}帕甚至更广阔的压强范围。直流放电的研究与人造照明设备的研究相伴发展，其研究历史可以追溯到1675年法国天文学家J.F.皮卡尔以及1705年英国人F.豪克斯比关于气体放电灯的研究。

如图所示是氖气在不同放电模式下，低压直流放电的典型伏安特性曲线。当电流小于纳安量级时，气体的击穿特性是非自持的。即这种放电形式下，电流的传导需要外界其他因素（如宇宙射线、加热气体或电极等）的帮助，向放电区提供电子或离子来维持。当电压超过一定值以后，气体被击穿，但对应的放电发光强度很

低，称为暗放电；又因为符合汤森放电理论，称为汤森放电。在汤森放电中，电流增大，但电压基本不变，逐渐由非自持放电到自持放电发展。当电流进一步增加且电场很不均匀时，可能发生电晕放电。

在更大电流下发生亚正常**辉光放电**，电压反而随着电流的增大而减小，即伏安特性曲线呈现负斜率变化，直到正常辉光放电模式，电压又随着电流的增加再次基本保持不变。在更大的电流下，放电模式转化为反常辉光放电。以上的几种放电模式均可通过调节电压或者电流进行相互转化。但当放电电流继续增大到几十安甚至上百安时，辉光放电经过一个快速的过渡区不可逆地转变为电弧放电模式。电弧放电的特性是大电流、低电压，且等离子体发光强度较辉光放电显著增强。

在各种直流放电等离子体中，低气压辉光放电管和大气压自由燃烧电弧是两类具有代表性的直流放电等离子体模式体系，它们不仅是开展等离子体基本过程和特性研究的代表性模式体系，也是两类具有广泛应用的气体放电等离子体源。

直流放电等离子体在电光源、机械、化工、冶金、环保、先进材料制备与表面改性等诸多领域具有重要的应用，如高强度放电灯、等离子体焊接与切割、等离子体材料表面改性与球化处理、等离子体喷涂与化学气相沉积等方法制备各种微/纳尺度量级的功能材料，钛白、炭黑、乙炔等化工原料的生产，废弃物特别是高危废弃物的无害化处理，废钢和有色金属等

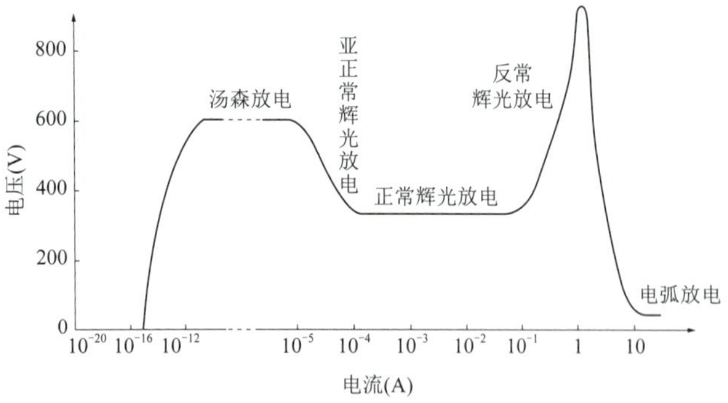

不同放电模式下低压直流放电的伏安特性曲线

的熔化、重熔或提炼，钢水包的保温与加热等。　　（李和平）

直线加速器　linear accelerator　一种利用高频电场加速沿着直线型轨道运动的带电粒子的谐振加速装置。直线加速器是世界上最早出现的几种加速器之一。1924年瑞典的G.A.伊辛首先提出了直线加速器的设想。1928年德国科学家R.维德罗建成了第一台直线加速器，主要利用3个漂浮管，两端接地，中间加上1兆赫的25千伏高频电压，实现了钾和钠等正离子的加速，成为谐振加速器原理的首次运用。

直线加速器采用的射频电场可分为驻波场和行波场两种。离子直线加速器通常采用驻波场；而电子直线加速器早期多采用行波场。后来发展起来的边耦合等双周期结构及超导腔采用的则是驻波场。对于利用行波场进行加速的直线加速器，大多采用盘荷波导结构，使得盘荷波导内加速电子用的电磁行波具有与电子相近的速度，行波传输至终端时，用吸收负载将其剩余功率吸收掉，或者将其剩余功率引出并传至行波入口再加以利用，即反馈行波直线加速器。相反，驻波加速器则要在终端适当位置加上导体面，使入射波多次反射，并与各次反射的波叠加构成驻波。

一台直线加速器通常有以下几个部分组成：①注入器。用于提供足够能量、流强及符合品质的粒子束。②束流输运线。主要用于直线加速器粒子的输运。③加速腔。这是直线加速器的主体，它将由高频功率源馈入的能量有效地转换成适宜于粒子加速的高频电磁场。④高频功率源。它向加速腔提供所需的高频功率。⑤真空系统。由机械泵、分子泵、离子泵等真空机组及真空检测、控制装置组成。⑥聚焦透镜系统。主要由四级磁铁、电源等组成，用于粒子束的横向聚焦。⑦冷却系统。用于通用设备的冷却，如高频腔、高频机、磁铁线圈等发热部件。对于超导加速器，将有专门的低温系统，目前常用的为2开的液氦系统。⑧束流检测系统。用于管理和控制加速器运行的各个步骤和保护。⑨束流输出系统。主要用于将从加速器出来的束流输运到实验工作区。

直线加速器不仅具有粒子注入、引出方便、高效、束流强的优点，而且可以方便地根据需要增接加速结构、提高能量，因而可以适应在很宽范围内加速不同种类和能量的粒子，具有较大的灵活性。这些优点使得直线加速器成为应用广泛的加速器之一，不仅是高能物理及核物理研究的重要设备，而且在其他学科，如工业辐照、粒子注入、治癌、同位素生产、武器研究等领域得到了广泛的应用。此外，相对于环形加速器，其能量将不受同步辐射的限制，因此在高能量领域，具有环形加速器不能比拟的优点。

国际上设计最为成熟的能量前沿正负电子对撞机、国际直线对撞机（ILC）和紧凑型直线加速器（CLIC）均为直线加速器结构，分别采用了超导驻波和常温行波加速器技术。　　（高　杰）

指南针　compass　一种利用磁性指示方向的仪器，是古代中国人的发明之一。指南针在航海、测量、军事和日常生活中应用广泛，在人类文明史上有重要的地位。

最古老的磁性指向器，大约是汉代人发明的“司南”（见图）。将天然磁铁加工成一外形似小勺的磁体，其勺底光滑，将其置于栻占用的光滑地盘上，其勺柄即指南。司南一直被人们沿用至唐代。汉唐之际，本草药物学家、炼丹家已知道以磁感应方法使钢针磁化。南朝齐梁间，陶弘景曾言及磁石悬连三四针。唐初苏恭（生活于7世纪）曾观察过好磁石悬连十针。晚唐段成式（约803～863）写下了“勇带磁针石”“遇钵更投针”的辞章。它表明，指南针诞生于约9世纪中叶。约200年后，成书于北宋庆历元年（1041）的杨维德（生卒年不详）的堪舆著作《茔原总录》记述了堪舆家使用指南针而发现的地磁偏角。几乎同时成书的曾公亮（999～1078）的《武经总要》又记述了以地磁场磁化炽热的鱼形钢片而制造指南鱼的方法。在《武经总要》之后约半个世纪，沈括就在其著作《梦溪笔谈》（成书于1080年）中详细记述了“方家”以磁感应方法造指南针、测地磁偏角和安装指南针的多种方法。

司南和地盘复原模型

人们最初亦是将指南针放置于栻占用的方形地盘上以确定方位。地盘中央是光滑的盘面，其四周分层布列天干、地支、二十八宿。以地盘作为方位盘并不方便。经堪舆家改进，方形变为圆形，在圆形板外周布之八干（甲、乙、丙、丁、庚、辛、壬、癸）、十二地支（子、丑、寅、卯、辰、巳、午、未、申、酉、戌、亥）和四维（八卦中乾、坤、艮、巽），共24向以示方位度数。与360°的罗盘比较，每个方位为15°。由于两个方向之间，即两个汉字间缝也示方向，因此中国方位盘实为48向，每向含7.5°。将指南针置于这种方位盘内，就成为罗盘。

罗盘起初被堪舆师用作占卜。航海中用罗盘导航始于11世纪末，也即沈括在《梦溪笔谈》记述指南针之后10年左右。北宋朱彧《萍洲可谈》(成书于1119年)曾记述其父为“广州帅”时（1099～1102年）之见闻，其时广州市舶舟师在海上已知“阴晦观指南针”以辨识方向。其后，徐兢（1091～1153）于宣和五年（1123）作为宋朝使者赴高丽。他在其著《宣和奉使高丽图经》中记载在海上“用指南浮针，以揆南北”。所谓“指南浮针”即水罗盘。其后有关记载渐多，并将罗盘称之为“地螺”。

在罗盘中央设置圆池以盛水，将贯穿在灯芯草上的磁针放入水池中，就成为水罗盘。也可以用碗盛水、投放磁针，在碗外圈套接一个圆形方位盘。甚至还可以在瓷盘内底直接釉绘方位，盘盛水后放入磁针即成罗盘。这样的罗盘在宋元考古发掘中累被发现。水罗盘是古代中国人的发明。旱罗盘也是中国人最早发明的。1988年在江西临川宋墓中出土两件“张仙人瓷俑”，俑的右手竖持一旱罗盘置于左胸前，磁针是以回旋枢轴式装接的。瓷俑的墓主人下葬于南宋庆元四年（1198）。可见，在12世纪下半叶，中国人已使用了旱罗盘。

一般认为，指南针或罗盘是经阿拉伯人传播到欧洲的。实际上，宋元明各代，中国人的海上活动，横渡印度洋直抵非洲东海岸，全靠罗盘导向。一旦指南针或罗盘上了航船，船所到之处，指南针或罗盘也随之传到该地。（戴念祖）

指向矢 director 液晶中的杆状分子由于分子间的相互作用，其倾向于彼此平行排列的长轴的优先指向。用单位矢量记为 $\boldsymbol{n}$。液晶分子取向有序，但并不是完全一致的，热运动使得分子不停转变方向和位置。取某一时刻的状态绘制下来，如图所示。指向矢实际上是宏观上无穷小，但微观上包含相当多分子的一个局部体积中的分子的从优方向。在整个液晶中，除了在一些奇异点、奇异线、奇异壁（如畴的边界、样品边界等）外，指向矢是连续变化的。准确地说，液晶分子只是大致沿某一从优方向排列，这个方向就是指向矢的方向。指向矢表示的是液晶取向的宏观特征，它很好表征了液晶的取向有序性。

液晶分子指向矢可以通过外加电场来控制，指向矢一般情况下会沿着电场方向排列，某些特殊液晶（如负性液晶）的指向矢会垂直于电场排列。向列相中，棍状液晶分子沿指向矢的波动是其光散射的主要原因。

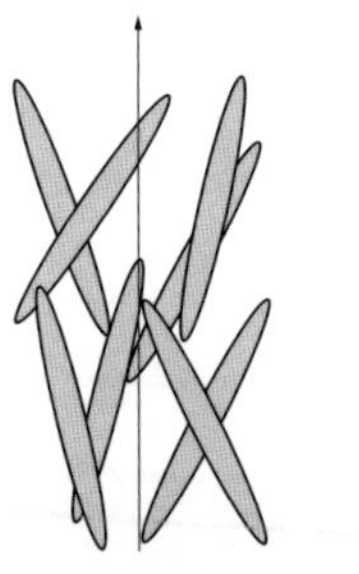

指向矢

由于液晶分子的长短轴有着不同的折射率，因此在光学器件中，液晶分子指向矢的变化将直接关系到该器件的光学性质。若入射光波的偏振方向沿着液晶分子的指向矢方向，光学效果可以等效为光波在折射率为液晶分子长轴折射率的介质中传播。若入射光波的偏振方向垂直于液晶分子的指向矢方向，光学效果可以等效为光波在折射率为液晶分子短轴折射率的介质中传播。若入射光波的偏振方向与液晶分子的指向矢方向呈一定角度，那么光波将会发生双折射。液晶分子指向矢变化对光波的影响是液晶光学研究的主要内容。（王琼华）

制冷机 refrigerating machine 外界对工作物质做功将热量从低温热源（物体）输入到高温热源（物体）的热机。常见的制冷机有电冰箱、制冷空调等。（班士良 刘志锋 邢 燕）

质点 particle 研究物体机械运动时所使用的一种物理模型。如果不考虑物体的大小只考虑其质量，就称为质点。物体简化为质点是有条件的。如研究人造地球卫星的轨道问题时，由于卫星的尺寸比起卫星轨道的尺寸小得多，可将卫星简化为质点。但如果研究卫星的姿态运动（如对地定向问题）就必须考虑卫星的转动，因而不能忽略卫星的尺寸，卫星就不能简化为质点。刚体做平移运动时，因其上各点的运动完全相同，可将刚体简化为位于质心的质点。运动过程中可在空间占有任意位置的质点称为自由质点，如炮弹、飞机、卫星等都可简化为自由质点。运动受到约束的质点称为非自由质点，如单摆的摆锤、沿轨道运行的火车等可简化为非自由质点。（贾书惠）

质点系 system of particles 两个或两个以上质点所组成的系统。如果质点系中各质点均为自由质点，称为自由质点系，否则是非自由质点系。太阳系可简化为自由质点系，天体力学中的二体问题、三体问题等都是自由质点系动力学问题。动力学研究中最常使用的物体模型之一是刚体，它是一个特殊的非自由质点系。刚体约束是指刚体中任两质点间的距离保持不变，因而刚体是不变质点系。弹性体、流体、气体等物体模型都是质点系。质点系以外的物体对质点系中各质点的作用力称为质点系的外力，质点系内部各质点的相互作用力称为质点系的内力。内力成对出现，根据动力学普遍定理，内力不会影响质点系动量、动量矩或质心运动的变化，但可影响质点系动能的变化。（贾书惠）

质量 mass 物体的一个属性，指其所含物质的量的多少。质量的概念在物理学中具有举足轻重的地位，对质量的理解是物理学发展的一条主线。关于物体的感知，重量的概念是本原的。在日常生活中，人们关心一个物体的量的常用词是重量、分量，物理学意义上的质量概念从重量概念的剥离等到很晚的时候才显得必要。I. 牛顿在其《自然哲学的数学原理》一书中最早引入质量的概念来表示物质的量，但他也交替使用了重量等概念。牛顿认为，物质的量为物质的密度乘上其体积。物质的量是体积那样的广延量，即质量具有可加性且由体积的可加性来保证，物质在量上的区别应该在致密度这个更深、更抽象的层次上讨论。物质所含的量是测量的结果，这句话具有哲学和方法论层面的意义。日常生活中不同物体之间的质量比，借助于在重力场中的平衡性质得以度量，这是秤、天平的工作原理。

牛顿认为所有物体之间都存在着同质量之积成正比、与距离平方成反比的吸引力：$f=Gm_1m_2/r^2$，这里的质量就是物体所含物质的量的量度。万有引力解释了J. 开普勒的行星运动定律。在牛顿力学中，质量出现在方程$ma=f$中，由此，质量被理解为一个物体抵抗加速的量度。依据E. 马赫对牛顿力学的表述，不受外力影响的两个相互作用着的物体，其动量之和是守恒的，$m_1v_1+m_2v_2=\text{const.}$ 微分得到$m_1/m_2=a_2/a_1$，即质量之比由加速度之比表征。这样，运动成了度量质量的基础。若两质量不同的物体置于一与质量无关的力场中，通过测量加速度之比可获得质量之比。利用谐振子可以借由振动频率之比获得质量比。基于质量比的测量，选定一特定对象的质量作为质量标准，这提供了确定质量体系的方案。

质量标准 历史上，一定地域内都会选择合适的质量标准。据信，具有稳定质量的物体可以作为质量标准。1795年，规定0℃下1立方厘米的水为1克。当前的国际千克原器是一个保存在法国国际计量局的铂铱合金（90%铂+10%铱）圆柱，于1875年启用。近年来，人们制作出了球状硅单晶的千克标准，并将其与阿伏伽德罗常数的精确定义一起考虑。2018年11月通过决议，2019年5月20日以后质量标准将由普朗克常数、真空中的光速以及秒标准（由铯-133的一条超精细光谱线表征）加以定义。

原子、分子的质量会用原子质量单位表示。原子质量单位定义为一个碳-12原子质量的1/12，其值为$1.660\ 539\ 040(20)\times10^{-27}$千克。原子质量单位可以作为团簇、分子和原子的恰当的质量单位。研究团簇、分子、原子随质量分布的谱学为质谱学。基本粒子的质量以及微观过程中的质量变化会根据质能关系用能量加以表示，一般为兆电子伏，如电子的质量为0.511兆电子伏。在天文学中，一个常见的质量单位是太阳质量，符号为$M_{\odot}$，比如钱德拉塞卡极限，即一个稳定的白矮星能拥有的最大质量，就约为$1.4M_{\odot}$。

质能关系　对质量的认识是科学深度的标识。A.-L.拉瓦锡注意到反应产物的质量为反应物质量的和，提出了质量守恒律，完成了化学从定性科学到定量科学的转变。更重要的是，注意到反应物和生成物的质量比接近小的整数比，这暗示了原子内部结构的存在。这个层次上的对整数比的微小偏离导致了同位素概念的提出。而原子质量同核子质量总和的微小偏离，则由A.爱因斯坦提出的质能关系给出了解释。

物理学家很早就有关于质能关系的认识。牛顿就曾写道“物体和光之间难道不是可以互相转换的吗”。其后，O.亥维赛和H.庞加莱都对这个问题做出过回答，庞加莱甚至在1900年得出过质量密度ρ同假想的辐射流体的能量密度j之间存在关系：$j=\rho c^2$。1903年，意大利人O.D.普雷托基在对以太放射性现象的研究中，认为粒子自身蕴涵着巨大的能量，由粒子的质量所表示的能量，其振动的速度是以太的速度。1905年，爱因斯坦研究一个原子向相反方向发射两个全同的光量子的过程。依据不管原子是静止还是运动，光量子的速度始终是常数c的原则，得到关系式$\Delta mc^2=E$，式中Δm是原子因发射光量子而引起的质量损失；E是光量子的能量。若粒子全部转换成了光，比如电子-正电子湮没过程，则公式可写为$E=mc^2$，意思是质量m对应的能量为$E=mc^2$。此公式可被引申为一个质量为m的粒子，其在静止时具有的能量为$E=mc^2$。不可以把公式$E=mc^2$理解为质量转化成了抽象的能量。在电子-正电子湮没过程中，如同质量有其载体一样，能量依然有其载体，即光子。

依据狭义相对论，运动速度为v的粒子，其能量为$E=\dfrac{mc^2}{\sqrt{1-v^2/c^2}}$。有人根据$E=mc^2$，提出了静止质量和相对论质量的概念，认为存在关系$m=\dfrac{m_0}{\sqrt{1-v^2/c^2}}$，其中$m_0$是静止质量，从而得出粒子质量随运动速度的增加而变大的结论。这是罔顾公式所对应的物理图像以及物理框架整体的自洽性而随意改写物理公式所造成的错误认识。在现代物理的体系内，一个粒子的质量是基本粒子的特征，是粒子的内禀参数，不是变量。在薛定谔方程$\mathrm{i}\hbar\partial_t\psi=(-\dfrac{\hbar^2}{2m}\nabla^2+V)\psi$和狄拉克方程$(-\mathrm{i}\gamma^{\mu}\partial_{\mu}+m)\psi=0$中，粒子的质量都是常数。狄拉克方程是相对论性的量子力学方程，它和相对性粒子质量随速度的增加而变大的说法格格不入。在相对论量子力学中，质量是庞加莱群不可约表示的指标之一，其他指标为自旋，在$m=0$时还包括螺旋性。光子是无质量的粒子，其行为由克莱因-戈登方程描述。满足$m=0$的狄拉克方程的无质量费米子称为外尔费米子。

引力质量、惯性质量与等价原理　牛顿的万有引力形式为$f=Gm_1m_2/r^2$，牛顿第二定律形式为$ma=f$，这两个公式里的质量m分别被称为引力质量和惯性质量。惯性质量是抵抗加速的量度，而引力质量表征一个物体产生引力场的强度。那么，若认定这两种质量等价，哪怕仅仅是成正比的关系，则被同一物体吸引的两个不同质量的小物体，其下落应该是同步的。构造广义相对论时，爱因斯坦采用了引力质量与惯性质量等价的原则。在操作上，这相当于考察一个具有引力质量为M_g的物体所造成的引力场中另一个引力质量为m_g、惯性质量为m_i的物体的运动时，可以将运动方程$m_i\dfrac{\mathrm{d}^2r}{\mathrm{d}t^2}=-G\dfrac{m_gM_g}{r^2}$中的$m_g$和$m_i$相消，从而得到方程$\dfrac{\mathrm{d}^2r}{\mathrm{d}t^2}=-G\dfrac{M_g}{r^2}$。对爱因斯坦来说，质量的等价进一步意味着加速度和引力之间的等价。在广义相对论中，质量引入了能量-动量张量表示。引力是由能量-动量张量所引起的时空弯曲的表现，在重力场中的物体并不受到任何的力，它沿着测地线匀速直线前进，只不过这些发生在一个弯曲的时空里。

质量起源　质量的起源是一个未完全解决的问题。量子色动力学是理解质量起源的基础，关键是质能关系。每一存在层面上的质量由其组成单元的质量之和加上结合能之和所构成。物质的质量来自原子，原子质量主要来自核子，核子由夸克组成，夸克是无惯性质量的存在。囚禁夸克的能量在核子层面上表现为质量，这算是核子质量起源的图像。关于质量的起源，最终落在无质量的存在上。希格斯机制是当前主流的质量起源解释，但希格斯理论本身无力给出具体粒子的质量。此外，标准模型的质量起源涉及引力以外的相互作用，由此得到的质量如何与引力的物理图像相协调是个问题。

作为虚数和复数的质量　在近代物理中，有把质量当作虚数处理的做法，比如在关于快子（速度大于光速的粒子）的量子场论中，快子的质量是纯虚数。不过，快子还只是一个假想的概念。

不稳定的带质量粒子的衰变过程，可以形式上用复数质量加以描述，其实部是常规意义上的质量，虚部是衰变速率。在量子场论中，粒子被定义为不随时间改变的状态。不稳定粒子只是近似不随时间改变。如果其寿命长到足以被当作粒子测量到，其质量的实部应大于虚部；若实部与虚部相当，则被当作共振态。把质量同衰变速率放到一起当作复数处理，如同把时间和温度放到一起当作复数处理，是技术性的策略。相关的两个物理量连成的复数是否必然满足复数的代数，未见严肃的讨论。

（曹则贤）

质量亏损　mass defect　原子核的质量与组成它的相应自由质子和中子质量的总和之间的差额。现代质谱仪可精确地测定原子的质量。用原子质量单位u（碳-12原子质量的1/12，1u=931.494兆电子伏）表示，各原子质量可精确到百万分之一甚至千万分之一以上。原子核的质量$m'(Z,A)$等于中性原子的质量$m(Z,A)$减去所含电子的质量，再加上这些电子在原子中具有的结合能$E_B(Z)$：

$$m'(Z,A)=m(Z,A)-Zm_e+E_B(Z)$$

式中m_e为电子的静止质量。事实上与$m'(Z,A)$相比，$E_B(Z)$可以略去，于是：

$$m'(Z,A)=m(Z,A)-Zm_e$$

原子质量（以及相应的原子核质量）之所以要测准到六七位有效数字以上，是因为根据质量和能量相互联系的关系，相对来说很小的质量变化，可伴随着核内能量状态相当大的变化，从而给出关于核力和核结构的重要信息。由于核子间有强烈相互吸引的核力作用，当若干原来彼此相距很远的核子聚合成一原子核时，核力做功会产生巨大的能量，这就是该核的结合能。按照质能相互联系的原理，放出的结合能使核的质量比组成它的Z个质子和$A-Z$个中子的质量总和小。核的质量与组成它的相应自由质子和中子质量的总和之间的差额定义为质量亏损Δm：

$$\Delta m = Zm_p + (A-Z)m_n - m'(Z,A)$$
$$= Zm_H + (A-Z)m_n - m(Z,A)$$

式中m_p和m_n分别为质子和中子的质量，$m_H = m_p + m_e = 1.007\,825\,2\text{u}$是氢原子的质量。

设$E_B(Z,A)$是核(Z,A)的结合能，单位兆电子伏（MeV），质量用原子质量单位u，便可得到核的结合能与质量亏损间的关系：$E_B(Z,A) = 931.49\Delta m$。（黄祖洽）

质量作用律 law of mass action 化学反应达到平衡时，反应（含生成）物的比例与系统温度、压强等热力学量的依赖关系。对单相混合理想气体发生的等温等压化学反应，化学反应方程式可写为：

$$\sum_i \nu_i A_i = 0$$

式中A_i代表第i种组元的化学式，ν_i为其参加反应的摩尔数。在化学热力学中，通常将主要生成物的系数配为1。质量作用律为：

$$\prod_i x_i^{\nu_i} = K$$

式中x_i为第i种组元的摩尔浓度或组分，$x_i = n_i/n$；K为平衡恒量，满足$\ln K \equiv -\sum_i \nu_i \ln p - \sum_i \nu_i \varphi_i$，其中$p$为混合理想气体的压强，$\varphi_i$仅依赖于温度$T$，且有$\varphi_i(T) = \frac{h_{i0}}{RT} - \frac{s_{i0}}{R} - \int \frac{\mathrm{d}T}{RT^2}\int c_{pi}\mathrm{d}T$。这里，$h_{i0}$、$s_{i0}$和$c_{pi}$分别为第$i$种组元的摩尔零点焓、摩尔零点熵和摩尔定压比热容；$R$为气体普适常数。质量作用律可用来研究化学反应进行的方向。如增大平衡恒量K，则可使反应朝正向进行。此外，研究K对温度和压强的依赖关系，将为控制化学反应提供重要依据。

（班士良 崔 鑫 官 箭）

质能关系 mass-energy relation 惯性质量与总能量间的关系。质能关系用公式表述为：$\Delta E = \Delta mc^2$或$E = mc^2$，式中E为物质的能量，m为物质的质量，c为真空中的光速，ΔE为能量的变化量，Δm为质量的变化量。这个关系式是狭义相对论的重要结果之一。对质能关系的检验是通过测量能量（及质量）的转化过程实现的。在转化过程中，物体的动能变化量ΔE_k与静止质量的变化量Δm_0在数量上由质能关系和能量守恒定律给出：$\Delta E_k = \Delta m_0 c^2$。一般情况下，物体静止质量的改变量与它的静止质量$m_0$相比简直小得无法观测出来，但在原子核反应中，这种改变则明显地表现出来。在核裂变反应和核聚变反应中释放出的巨大能量，非常精确地证明了质能关系的正确性。（张元仲）

质心 center of mass 物体或质点系的质量中心。质心所在空间点C的位置由下式确定：

$$\boldsymbol{r}_C = \frac{\Sigma m_i \boldsymbol{r}_i}{m}$$

或：

$$x_C = \frac{\Sigma m_i x_i}{m} \quad y_C = \frac{\Sigma m_i y_i}{m} \quad z_C = \frac{\Sigma m_i z_i}{m}$$

式中m_i为物体或质点系所含各质点的质量；$m = \Sigma m_i$为质点系的质量；$\boldsymbol{r}_i$为确定各质点位置的矢径；$\boldsymbol{r}_C$为质心C的矢径。质心是质点系质量分布的中心，它的位置只与质点系质量分布有关。质心在刚体上是一个固定的点；而变形体的质心随变形而变动位置。（贾书惠）

质心参考系 center-of-mass frame 以质心为原点，相对于惯性系平动的参考系。采用质心参考系，可以方便地讨论质点系内部的相对运动。记质点系第i个质点的质量为m_i，在惯性系的位移、速度、加速度分别为$\boldsymbol{r}_i$、$\boldsymbol{v}_i$、$\boldsymbol{a}_i$；质点系总质量为m_C，在惯性系的位移、速度、加速度分别为$\boldsymbol{r}_C$、$\boldsymbol{v}_C$、$\boldsymbol{a}_C$；第i个质点在质心系的位移、速度、加速度分别为$\boldsymbol{r}'_i$、$\boldsymbol{v}'_i$、$\boldsymbol{a}'_i$，那么：

$$\boldsymbol{r}_i = \boldsymbol{r}_C + \boldsymbol{r}'_i, \quad \boldsymbol{v}_i = \boldsymbol{v}_C + \boldsymbol{v}'_i, \quad \boldsymbol{a}_i = \boldsymbol{a}_C + \boldsymbol{a}'_i$$

孤立的质点系没有受到外力作用，质心系是惯性系，动量定理、角动量定理、动能定理都适用。当合外力不为零时，质心参考系不是惯性系，角动量定理、动能定理仍然成立。

质心参考系中质点系的动量（相对动量）为零：

$$\boldsymbol{p}' \stackrel{\text{def}}{=} \sum_i \boldsymbol{p}'_i = \sum_i m_i \boldsymbol{v}'_i \equiv 0$$

无论质心系是否为惯性系，质点系的总动量：

$$\boldsymbol{p} = \sum_i \boldsymbol{p}_i = \sum_i m_i \boldsymbol{v}_i$$

等于质心动量。

质点系的总角动量可以分解为质心角动量与相对角动量之和：

$$\boldsymbol{J} = \boldsymbol{J}_C + \boldsymbol{J}'$$

总动能可以分解为质心动能与相对动能之和（柯尼希定理）：

$$T = T_C + T'$$

在质心系中有角动量定理：

$$\boldsymbol{M}' = \frac{\mathrm{d}\boldsymbol{J}'}{\mathrm{d}t}$$

其中力矩为：

$$\boldsymbol{M}' = \sum_i \boldsymbol{r}'_i \times \boldsymbol{F}_i^{(外)}$$

$\boldsymbol{F}_i^{(外)}$为第i个质点所受的外力，无须考虑惯性力和质点系内部的相互作用力。当力矩为零时，相对角动量$\boldsymbol{J}'$守恒。

质心系中的质点系动能满足动能定理：

$$\mathrm{d}T' = \sum_i \mathrm{d}T'_i = \sum_i \boldsymbol{F}_i \cdot d\boldsymbol{r}'_i$$

式中$\boldsymbol{F}_i$为第i个质点所受的合力。即使在质心系不是惯性系的情况下，也无须考虑惯性力。（朱界杰）

质心运动定理 motion theorem of mass centers 建立质点系质心的运动与质点系受力之间关系的定理。数学表达式为：

$$m\frac{\mathrm{d}^2\boldsymbol{r}_C}{\mathrm{d}t^2} = \boldsymbol{F}_R^{(e)} = \sum \boldsymbol{F}_i^{(e)}$$

式中m为质点系的总质量；$\boldsymbol{r}_C$为质心的矢径；$\boldsymbol{F}_R^{(e)}$为质点系中所有质点所受外力的和。只需将质点系动量$\boldsymbol{p}$的表达式：

$$\boldsymbol{p} = m\frac{\mathrm{d}\boldsymbol{r}_C}{\mathrm{d}t}$$

代入动量定理：

$$\frac{\mathrm{d}\boldsymbol{p}}{\mathrm{d}t} = \boldsymbol{F}_R^{(e)}$$

即可推导出上式。定理的物理内容为：质点系的质量与质心加速度的乘积等于外力的主矢量。因此，当求质心的运动时，可将质心系质量及外力全部集中于质心，然后求此集中质点的运动。质点系的内力不

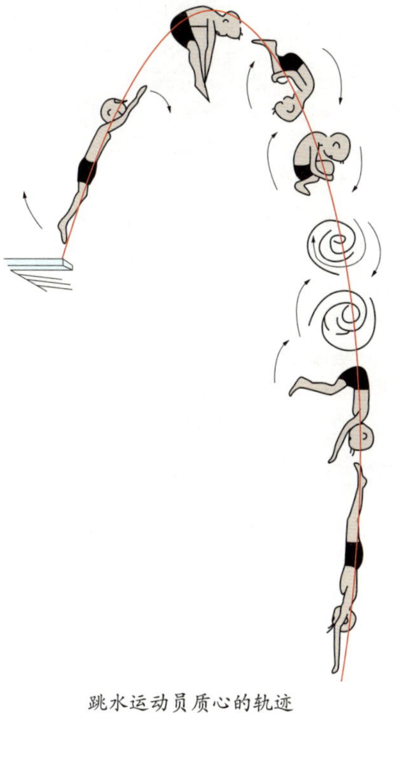

跳水运动员质心的轨迹

能改变质心的运动，所以跳水运动员从跳板上弹跳后，运动员可做各种翻滚转体的花样动作，却改变不了质心的抛物线运动（见图）。（贾书惠）

质子 proton 组成原子核的重子之一。根据量子色动力学，质子是由三个称为组分（或价）夸克（u、u、d）结合成的具有与一个电子等量但符号相反的电荷。质子的质量为938.272 00兆电子伏，即1.007 276原子质量单位，1.672 621 58(13)×10^{-27}千克，是电子的1836倍。除氢核外，质子和中子组成全部原子核。任何化学元素的原子序数就是其原子核中的质子数。反质子是质子的反粒子，质量和它全等但带单位负电荷。氢电离而得阳质子在粒子加速器中获得很高速度，用它可作为入射粒子（见**对撞机**），产生核反应。质子是初级宇宙线的主要部分，也是某些人工核反应的产物。（靳根明）

质子电荷半径 proton charge radius 质子内部的夸克电荷分布成球状。球半径数值为飞米量级。**质子**是夸克在强相互作用下结合成的基态（最低能态）重子。质子内部的夸克带有电荷，其空间分布成球状，所以常用电荷半径r_c来表述质子的大小。r_c在10^{-15}米量级，比氢原子半径还要小5个数量级。国际科技数据委员会（CODATA）给出r_c的推荐值为0.8414(19)飞米。利用质子与带电粒子之间的相互作用，可以对r_c做精确测量，具体情况概括如下。

电子在氢靶上的弹性散射 将能量约100兆电子伏的电子束射向氢靶，导致电子与质子之间发生弹性碰撞，测量其散射截面，可以推导出r_c。该方法需要获得散射截面中当动量转移趋于零时的一个形状因子的变化值。散射实验只能在动量转移非零的情况下完成，所以需要模型外推出动量转移为零时的值。用此方法得到r_c值0.831(14)飞米，其误差包含了外推模型的不确定性。

氢原子光谱 由于氢原子结构简单，理论上可对原子能级做高精度计算，其中除了质子电荷半径效应外，还包括相对论以及量子电动力学中的高阶修正项效应等。氢原子能级主要取决于两个相互独立的基本物理常数：里德伯常数与r_c。为了解出这两个常数，需要精确测量至少两个不同跃迁的频率。氢原子只有2S激发态是长寿命的亚稳态，与之对应的也就只有1S-2S这一个自然线宽在赫兹量级的窄线宽跃迁，便于做高精度频率测量。用双光子跃迁光谱及光梳测频方法，将这个深紫外跃迁的频率测量到±11赫兹的精度，相对频率测量精度达4.5×10^{-15}。第二个跃迁就不理想了，只能选自然线宽在兆赫量级的跃迁。国际上有多个实验组选用不同第二个跃迁对r_c做了测量，其中精度最高的有：0.8482(38)飞米、0.8584(51)飞米。

μ氢原子光谱 μ子是类似电子的一种轻子，在其仅有约2微秒的生存时间内可被注入氢气靶，形成由一个μ子与一个质子组成的μ氢原子。因为μ子比电子约重200倍，它的轨道更接近质子，导致μ氢原子的跃迁频率对r_c的灵敏度相比普通氢原子要高7个量级。通过测量，μ氢原子的2S-2P跃迁频率所得到的r_c值为0.8409(4)飞米，是所有方法中精度最高的。

2013年，用μ氢原子光谱测得的r_c值与之前通过其他几种不同方法所得到的值相互之间不吻合，这个问题在当时被称为“质子半径之谜”。2013年以来，新一轮电子散射与氢原子光谱实验对之前的实验结果做了修正，从而产生了上述新的CODATA推荐值。用几种不同方法测量同一物理量，得到的结果互相不符合，这在精密测量领域时有发生，反映出我们对实验测量或者理论计算中的理解尚有缺陷，或是疏忽了某个已知物理现象，但也有可能是由未知的物理现象导致的。精密测量可以促使新物理的发现、新技术的发明，比如对氢原子兰姆移位的观察与测量促使了**量子电动力学**的诞生。

质子的大小也可以由质量分布等效应来给出不同的半径定义，在多种不同意义下的半径中，电荷半径的测量精确度最高。值得一提的是中子也有电荷半径。这是因为中子内部的正电荷与负电荷虽然整体上互相抵消，但它们具有不同空间分布，可由电子－中子散射来测量，也可通过观察中子在物质中的透射率来测量。（卢征天 孙 羽）

质子放射性 proton radioactivity 不稳定原子核自发地发射出**质子**而发生转变的性质。该过程方程式可表示为：

$$^{A}_{Z}X \rightarrow {}^{A-1}_{Z-1}Y + {}^{1}_{1}H$$

式中X为母核；Y为子核；H为质子。实验上已经发现一些球形或形变的原子核具有质子放射性，还发现一些原子核的基态和激发态均有质子放射性现象。这些具有质子放射性的原子核一般远离β稳定线，靠近质子滴线，它们的中质比远小于稳定核的中质比。质子放射性过程和**α衰变**过程类似，是量子力学隧道效应所导致，通过计算质子穿透库仑位垒的概率，可以得到质子放射性的半衰期。质子放射性核通常还具有β^+衰变或轨道电子俘获衰变模式，它们之间相互竞争。因此，通常质子放射性核的总寿命取决于不同衰变模式之间的竞争。（许 昌）

质子自旋危机 proton spin crisis 在轻子核子深度非弹散射实验中测量到的夸克自旋对质子自旋的贡献远小于夸克模型中的预言。又称质子自旋之谜。质子自旋危机产生于20世纪80年代末，位于欧洲核子中心的EMC合作组通过极化μ子核子深度非弹散射实验，首次发现夸克自旋对质子自旋的贡献只占一小部分。结合21世纪初期更精准的实验数据，美国杰弗逊实验室角动量合作组2016年的分析给出夸克自旋贡献占质子自旋的28±4%。这一实验结果与朴素夸克模型中所描述的质子自旋等于夸克自旋之和差别很大，在物理学界引起巨大轰动，以至于曾一度质疑夸克模型对核子自旋结构的描述。

20世纪90年代初，中国学者马伯强指出夸克模型中定义的夸克自旋与深度非弹性散射实验中测量的夸克自旋是不同的概念。前者是在核子静止系中定义的夸克自旋，而后者则对应于无穷大动量坐标系中的夸克自旋或者是在光锥量子化下定义的夸克自旋。因此两者的巨大差异很大程度是相对论效应的体现，称为维格纳转动。但相对论效应并不是理解质子自旋结构的全部内容。在当前所接受的描述强相互作用的基本理论量子色动力学的框架下，结合部分子模型，质子“丢失”的自旋被分配给夸克轨道角动量和胶子角动量。1990年R.L.贾菲和A.马诺哈尔首次给出了角动量分解方案，将质子自旋分解为夸克自旋、夸克轨道、胶子自旋和胶子轨道四个部分。1997年，季向东通过对量子色动力学规范不变性的分析，给出不同于贾菲和马诺哈尔的分解方案，并得出胶子角动量不可能规范不变地分解为自旋与轨道两部分的结论，在这个分解中，除夸克自旋项外的其余各项并不满足量子理论中角动量算符应遵循的代数关系。直至2008年，陈相松等重新提出将胶子场分解为纯规范项与物理项的思想，其中物理项包含全部的物理自由度，在规范变化下不变，而纯规范项保证了理论形式的规范不变性，没有可观测物理效应，对场强张量贡献为零。基于这个思想，陈相松等人提出新的核子角动量分解方案，并成功地将胶子角动量以规范不变的形式分解为自旋与轨道两部分。此后有更多的分解方案被陆续提出。

在相对论系统中，将胶子场划分为纯规范项与物理项的方式并不唯一，而不同的划分方式是对物理自由度的不同定义，不可以通过规范变换相联系。物理观测量并不依赖于这个划分方式的选择，但它会影响对观测量的物理解释。对应于部分子模型，物理解释的划分方式是由光锥规范诱导的规范不变拓展。现有的众多角动量分解方案本质上分为两类：正则分解和运动学分解。它们的区别在于如何分配一项同时含有夸克场和胶子场自由度的角动量，也称为势角动量。也有观点认为，完整的角动量分解应包含夸克自旋、夸克轨道、胶子自旋、胶子轨道和势角动量五项。除角动量分解方案的争论外，理解质子自旋危机的另一方面是如何测量角动量分解中的每一项，特别是轨道角动量部分。由于纵向轨道角动量是夸克和胶子横向分布和运动信息的反映，包含横向动量分布信息的横动量所依赖的部分子分布函数，以及亦包含横向位置分布信息的广义部分子分布函数，成为测量夸克和胶子轨道角动量分布的可能途径。而与夸克和胶子轨道运动分布直接联系的维格纳分布函数和广义横动量依赖的部分子分布函数，在实验上的测量方法仍然未知。（马伯强）

中村修二 Nakamura Shuji（1954–05–22～ ）日裔美籍电子工程学家。生于日本爱媛县伊方町。1977年、1979年和1994年分别获日本德岛大学学士学位、硕士学位和电气工程博士学位。2000年起任美国加州大学圣巴巴拉分校工程学院材料系教授。美国国家工程院院士。

相比于荧光灯和白炽灯，发光二极管（LED）寿命更长、更节能环保。LED的核心部件是一个半导体晶片，发光颜色由材料类型和成分决定。科学家首先研制出红色LED和绿色LED，而蓝色LED的研制则相对困难。一旦研制出蓝色LED，基于红、绿、蓝三种基本色光，便可实现全彩LED显示和白光LED照明。1979～1999年，中村修二供职于日本日亚化学工业株式会社（Nichia Corporation）。这是一家小型家族企业，主要生产显像管和日光灯用荧光材料。1979～1988年，中村修二先后开发出三种含镓化合物：磷化镓（GaP）、砷化镓（GaAs）和砷化铝镓（GaAlAs）半导体材料，掌握了高质量焊接石英管技术。1988年，中村修二开始致力于研制蓝色LED，并于当年赴美国佛罗里达州立大学学习金属有机化合物气相外延生长技术。随后，中村修二在日本改造由美国购置的气相外延生长装置及其相关设备。1992年9月，中村修二及其团队试制出氮化镓（GaN）/氮化铟镓（InGaN）双异质结发光二极管，即蓝色LED。随后，日亚公司组织实施蓝色LED的工业化生产，并在20世纪90年代后期得到广泛应用。2014年，中村修二与日本名古屋大学的**赤崎勇**和**天野浩**因发明“高效率蓝色发光二极管”共同分享诺贝尔物理学奖。（白　欣）

中国环流器二号M装置 HL-2M　中国自主设计建造的先进托卡马克装置。新一代“人造太阳”中国环流器二号M装置（HL-2M）由中国自主设计建造，采用了先进的结构和控制方式，具备先进偏滤器位形等优势，于2020年12月在四川成都核工业西南物理研究院建成并实现首次放电，是当时中国规模最大、等离子体电流能力等参数最高的先进托卡马克装置。

HL-2M真空室采用D形截面的双层薄壁高镍合金全焊接式结构，容积为42立方米，各类窗口210个；主机线圈系统由20饼可拆卸D形环向场线圈，16饼内置、整体结构的极向场线圈和两组内置欧姆螺线管线圈等组成；装置大半径1.78米，小半径0.65米，环径比为2.8，拉长比可达1.8，等离子体体积约16立方米；其芯部离子温度可达1.5亿摄氏度；等离子体电流可超过2.5兆安。此外，HL-2M具有相对低的环径比，可以使其获得更高性能等离子体运行，能实现高密度、高比压、高自举电流运行。

在建设HL-2M装置过程中，核工业西南物理研究院联合国内多家研制单位，在装置物理与结构设计、特殊材料研制、材料连接与关键部件研发、总装集成等方面取得了多项突破，实现了可拆卸线圈结构，增强了控制运行水平，提升了装置物理实验研究能力。HL-2M装置是中国开展堆芯级聚变等离子体物理研究重要的试验平台，也将成为中国核聚变能开发的重要国际合作平台。

HL-2M装置的总体科学目标为研究堆芯级等离子体物理及发展聚变堆关键工程技术。其具备堆芯级等离子体运行能力，可实现聚变堆相关混合运行、完全非感应电流驱动运行等多种运行模式，其最大比压可超过4，并开展燃烧等离子体相关的

HL-2M装置

物理研究。先进偏滤器位形是未来聚变反应堆控制能量流、粒子流和杂质流的关键，HL-2M将是国际上具备在兆安级等离子体电流下实现多种先进偏滤器位形能力的装置，是聚变堆高热负载缓解技术验证的先进平台。该装置的先进性和独特优势将支撑聚变堆技术的发展，解决关键的科学和工程技术问题，为中国参加ITER实验积累经验，培养锻炼人才队伍，并为中国核聚变堆的自主设计与建造打下坚实基础。（段旭如）

中国物理学会 Chinese Physical Society　中国物理学工作者自愿结成的全国性、学术性、非营利性社会组织，接受业务主管单位中国科学技术协会和社团登记管理机关国家民政部的业务指导和监督管理。宗旨是促进物理学发展和普及。主要任务是积极开展学术交流活动，促进物理学科发展，促进物理学人才培养；普及物理学和有关科学技术知识，传播科学精神、思想和方法，推广先进技术；编辑出版物理书籍报刊；反映物理学工作者的意见和要求，维护其合法权益；举荐优秀物理学工作者，开展奖励活动；参与国家科技政策、科技发展战略、有关法律法规的咨询制定和科技决策工作，参与国家经济建设重大决策的科学论证和科技咨询，提出政策建议；承担科技项目评估、科技成果评价、技术职务资格评审，组织科技文献和标准的编审；开展民间国际科技交流与合作；开展继续教育和培训工作。

中国物理学会成立于1932年8月。下设31个分会、专业委员会，学术交流、科普、出版、物理教学、物理名词、咨询、女物理工作者、国际交流等8个工作委员会及学会办公室。学会还对31个省、自治区、直辖市物理学会进行业务指导。

中国物理学会及其分支机构主办的刊物共20种。每年举办各类国内、国际学术活动80余次。先后设立胡刚复、饶毓泰、叶企孙、吴有训、王淦昌物理奖，谢希德物理奖，黄昆物理奖，以及萨本栋应用物理奖。每年组织全国中学生物理竞赛，

并选派选手参加国际物理奥林匹克竞赛，2004～2019年的16年间，学会选派80名选手共斩获79枚金牌、1枚银牌。1984年10月学会正式加入国际纯粹与应用物理学联合会（IUPAP），派代表（团）出席了每一届的代表大会，周光召（1993～1999）、杨国桢（1999～2002）、陈佳洱（2005～2008）、詹文龙（2011～2017）、王恩哥（2017年至今）先后担任IUPAP副主席。1990年8月作为发起学会之一创建了亚太物理学会联合会（AAPPS）。陈佳洱（1997～1999）、张杰（2008～2010）、龙桂鲁（2017～2019）先后任AAPPS主席。学会已经与美国物理学会、英国物理学会、欧洲物理学会、韩国物理学会等多个国家/地区的物理学会建立广泛的交流与合作关系，进一步提高了学会在国际物理学界的影响力。

从1932年中国物理学会成立时起，物理学家李书华、叶企孙、吴有训、严济慈、周培源、钱三强、黄昆、冯端、陈佳洱、杨国桢、詹文龙、张杰先后担任会长（前期）或理事长。（胡兴华）

中国物理学史 history of physics in China 物理学在中华民族史上的起源与发展进程。鉴于世界上各个民族的生产、生活乃至思维方式之差别，各个民族不仅包括物理学在内的科学认知的程度与深度有别，而且认知的方法、获得知识的经验本身与经验范式也有差别。直到近代科学及其方法从曾经领先的民族向暂时落后的民族传播并被后者接受为止，这种差别逐渐趋于消失。中国物理学史在15世纪之前具有丰富内容，某些成就及思想曾对近代物理学的形成与发展有过影响，而且亦有一些显著的特点。

历史沿革 中文“物理”一词初见于汉代《淮南子·览冥训》。它写道：“夫燧之取火于日，慈石引铁，蟹之败漆，葵之向日，虽有明智弗能然也。故耳目之察，不足以分物理；心意之论，不足以定是非。”可见，古代人所谓“物理”已包含了光学、磁学和生物物理现象。但总的看来，它是指一般事物的道理，与今日物理一词并不等同。明代末起，人们将传入中国的西方physics译为格物学或格致学。19世纪90年代后，随着翻译日本教科书，才有中文物理学一词的定名。当然，日文“物理”一词源于中文。

中国物理学史大致可分为三个时期：①从远古到明代后期（16世纪初）的传统时期；②从明代后期到清末(1910)，传统物理学逐渐终结、近代物理学在中国传播的时期，这也是近代物理学在中国的启蒙时期；③从20世纪初期起，近代物理学在中国的兴起与发展时期。其中，1950年以前为草创时期，1950年之后为初步发展时期。传统物理学的起源与发展经历了几千年，获得了在古代史上物理认知的许多成就。第二个时期是以耶稣会士入华，将古希腊、古罗马和文艺复兴初期的科学知识传播到中国开始的，但近代科学和物理学传入中国是在1840年鸦片战争之后的时期。传教士入华而传播了近代物理学知识和方法，19世纪下半叶洋务运动中兴建了一些近代型学校，20世纪初五四新文化运动扫除了某些反科学的因素，近代物理学在中国才逐渐建立和发展起来。

传统物理学的重要特色是经验物理学，物理知识起源于经验和技术。传统的物理学史的研究方法主要是收集、整理、分析和解释历代典籍或简册的相关记载文字，也有少量的模拟实验或复原制作。

传统物理学的主要成就 古代学者和哲学家对宇宙天体的形成、演变和万物组成曾提出种种看法。在古代，不可分割的“原子”思想虽然比较薄弱，但是连续性的物质观念即“元气”说成为中国的传统。在某种意义上，传统物理学的认知模式是与元气说密切相关的。

关于运动和力的知识 先秦时期，简单机械中的杠杆、滑轮、尖劈、斜面、齿轮已得到普遍应用。汉代长安巧工丁缓创制的“被中香炉”，后代称之为“熏球”“灯球”“香球”等，是近代陀螺仪或回转仪的始祖。

《墨经》记述了许多力学知识，如讨论了杠杆、滑轮和斜面的力学原理，对自由落体、平动、转动和滚动作出了正确的定义。它还定义了时间、空间，并将时空与运动相结合进行讨论。在时空问题上，明代方以智提出“宇中有宙，宙中有宇”（《物理小识》卷二）的观念。

古代人对于力、力和运动的关系有相当的认识。《墨经》将力定义为“刑（形）之所以奋也”。“奋”字的应用已接近加速度的概念。魏晋时期，刘徽在注《九章算术》中将近代科学中的加速度称为“益疾里”和“减迟里”。《考工记》描述了滚动摩擦力和惯性力现象。《淮南子·主术训》提出了合力概念，并且对力、重物和滑动摩擦的关系作出了定性描述：“夫举重鼎者，力少而不能胜也，及至其移徙之，不待其多力者。”战国始，人们知道一个力学系统的内力无作用效果的观念。《韩非子·观行》和《论衡·效力篇》都曾言及力大之人“不能自举”，“使之自举，不能离地”。汉代成书的《尚书纬·考灵曜》最早表述了力学相对性原理：“地恒动不止，而人不知。譬如人在大舟中，闭牖而坐，舟行而人不觉也。”五代王朴在天文观测中发现行星运动速度变化的实质，他说：“星之行也，近日而疾，远日而迟”（《旧五代史·历志》）。

在流体力学方面，《墨经》最早记述了“沉形之衡”的浮体理论。墨翟以为，如市上以一件甲商品换取五件乙商品一样，浮体沉在水中那一部分换来了整个浮体的平衡。他没有看到，沉在水中的那一部分正是浮体所排开的水的体积。但在实际上，人们已充分掌握了浮体理论。

汉代起，人们知道液体的表面张力，发明了用以测试桐油质地的表面张力演示器。宋代以来，人们发明了以莲子、鸡蛋等物测试卤水比重的方法。明代人知道异重液体的分层叠置现象。《徐霞客游记》和方以智《物理小识》都记述了喷泉高度与泉源高度相同，尤其是方以智及其学生揭暄等人知道层流流速分布，指出“中流者恒迅于边”，并发现旋涡的径向流速各点不同，越近旋涡中心，流速越大。明代水利专家徐有贞做了水箱放水实验，在条件相同之下，诸小孔放水比同面积大孔放水速度快。称之为“喝乌”“过山龙”的虹吸管从汉代起就被人们用以取水灌溉。因此，从南北朝起，在元气思想指导下，人们对大气压现象作出了许多讨论。

就人们对固体的认识而言，在历代炼丹和本草著作中记载了大量的玉石及晶体，对每种晶体的形态结构、几何对称、热学与光学性质、识别方法，甚至某些晶体的赝形性都有描写。汉代韩婴《韩诗外传》最早叙述了雪花的六重对称性。

在材料力学知识方面，《墨经》和《列子·汤问》讨论了发绳的应力集中与断裂问题，《墨经》还定义了刚性材料和柔性材料。《考工记》叙述了许多材料问题，尤其对皮革形变与其应力关系做了描述。东汉郑玄和唐代贾公彦根据测试弓力的经验积累，在注解《考工记·弓人》中提出了弹性定律。郑玄指出，在弓干的弹性限度内，弓干“每加物一石，则张一尺”。贾公彦在疏解郑玄之说时又道：“乃加物一石张一尺，二石张二尺，三石张三尺。”这正是关于弓的变形位移与其外力成正比关系的叙述。宋代大将杨承信和弓箭制作使魏丕曾以此弹性定律改造弓弩，并提出了测定弓弩刚性的新方法：“令悬弩于架，以重坠其两端”（江少虞《事实类苑》；《宋史·魏丕传》），从而消除了测定其刚性过程中的非线性影响。宋代李诫在《营造法式》中规定横梁的高宽比数为3∶2，他大概考虑了材料的刚度和强度两方面因素。

光学知识　中国古代玻璃业不发达，青铜镜的铸造成为中国传统。铜镜产生于齐家文化时期（前2800～前2000）。对日取火的凹面镜即阳燧产生于西周时期。《考工记·栗氏》记述了制造青铜镜的合金比例："金（铜）锡半谓之鉴（镜）燧（阳燧）之齐"。《墨经》集春秋战国光学知识之大成，连续写下了八条文字：①定义影并解释影子形成的道理；②光与影的关系；③光的直进性质，并以小孔照相匣实验证明它；④光反射特性；⑤从物与光源的相对位置确定影子的大小；⑥平面镜成像；⑦凹面镜成像；⑧凸面镜成像。这八条文字既论影又论像，大体上奠定了几何光学的基础。

汉代起，人们关注复镜及其成像。淮南王刘安的门客中有人创制了开管式潜望镜。道家与佛家都以复镜成像宣扬其道法、佛法。唐初陆德明在注释《庄子·天下》中指出："鉴以鉴影，而鉴亦有影。两鉴相鉴，则重影无穷。"

汉代人还知道凹面镜的焦距和焦点位置。宋代沈括提出以称为"格术"的几何光学方法来探求凹面镜的成像规律。对于柱面镜成像也有许多记载。《淮南子·齐俗训》说，光滑的杯面成像是椭圆形。刘昼指出"镜纵（纵柱镜）则面长，镜横（横柱镜）则面广"（《刘子·正赏》）。

小孔成像受到历代学者的注意。沈括以光的直进性及其过小孔后"本末相格"解释小孔成倒像的原因。元代赵友钦以一间两层楼房和从几十支到上千支烛光而实验小孔成像，他分别在两层安装光源和像屏，在两层楼夹板上开小孔以改变光源的大小和强弱，改变小孔形状与大小，改变光源、小孔与像屏三者之二的距离，作出了关于小孔成像的许多正确结论，并在理论上得到照度的概念。

水晶和水晶透镜在考古工作中屡被发现。至晚从西晋朝起，人们知道用透镜取火。汉代人还掌握了制造冰透镜及其点火方法。《淮南万毕术》写道："削冰令圆，举以向日，以艾承其影，则得火。"从此，冰透镜及其点火方法在历代流传。汉唐之际，西域商旅或使臣每每贡"火珠""火齐珠"，也就是专用于对日取火的玻璃凸透镜。明代方以智知道凹、凸透镜的不同光路："凹者光交在前，凸者光交在后。"

值得称道的是，南唐谭峭掌握了四种透镜成像知识。这四种透镜是平凸透镜、双凸透镜、平凹透镜、凹凸透镜。谭峭是中世纪掌握透镜种类及其成像知识最多的人。唐宋人发明了放大镜。刘跂在《暇日记》中言及侦刑人员以放大镜辨识那些不清的文牍。同样，如无放大镜的使用，唐宋以来，繁杂精细的微雕工艺品就不可能出现。宋代人还发明了一种特殊的复合透镜，即在酒杯的内底装一凸透镜，在该镜焦点外近处装上鱼、花等细纤之形物。当杯内盛白酒后，酒与凸透镜成一复合透镜，人眼则见杯内那些物体的放大的虚像。

古代人发现了多种冷光：磷光、荧光、微生物与菌类发光、秦皮素等化学发光。唐宋起，画家掌握了用荧光物质作画的技巧，画中的牛"昼则啮草栏外，夜则归卧栏中"（宋僧文莹《湘山野录》）。

东汉张衡以月、地的影子解释日食、月食。沈括、赵友钦等还以两个或三个小球演示实验说明日食、月食的现象。人们在以光反射解释月光成因和月相变化中，唐代段成式指出"月势如丸，其影，日烁其凸处也"（《酉阳杂俎前集·天咫》）。段成式的说法远走在科学发现的前面。

神奇的透光镜创制于战国时期。透光镜实乃不等曲率的平面镜。由于镜面曲率与镜背花纹图案一致，且曲率变化甚微，因而感官觉察不出。这种镜传到日本后被称为"魔镜"。19世纪传到欧洲，引起一些光学家的兴趣。中国人从宋代起就极为关注透光镜的制造及其透光成因的问题。沈括最早提出解释："铸时薄处先冷，唯背纹上差厚，后冷而铜缩多，文虽在背，而鉴面隐然有迹，所以于光中现。"（《梦溪笔谈·器用》）元代吾衍（又作吾丘衍）、清代郑复光等人都曾作出自己的解释。尤其是郑复光，将沈括提出的镜面"隐然有迹"一语道破为"凹凸之迹"，在解释凹凸对反射光影响之后，又以"静水"之水面与镜面作类比。郑复光在世界上最早对透光镜作出了科学解释。他还提醒人们，平板玻璃的制造过程中会出现类似现象。这成为当代精密光学仪器制造家的警世之言。

关于雨虹成因，唐代孔颖达知道"日照雨滴则虹生"（《礼记·月令》孔颖达疏）。唐宋人还做了"背日喷水成虹霓"的人造虹实验。宋代程大昌提出，冰珠和雨露的分光现象"是乃日光光品著色于水，而非雨露有此五色"（《演繁露》卷九）。他或许猜想到阳光本身具有各种色光。宋代杨億指出："菩萨石（水晶）日光射之，有五色"（《杨文公谈苑》）。明代方以智总结性地写道："凡宝石面凸，则光成一条，有数棱则必有一面五色。"（《物理小识》卷八）

中国古代人认为，眼睛靠火光而见物。他们对色盲、视觉负后现象和颜色学也都有所发现。

声学知识　声学一词见于宋代沈括《梦溪笔谈》。与发声相关的振动一词最早见于《考工记》。波与波动的概念见之于汉代王充《论衡》。《考工记·凫氏》提出，声音是由物体的振动产生的："厚薄之所振动，清浊之所由生。"唐代武则天敕撰《乐书要录》以为，振动的形体与气是声源，"形动气彻"，因而听闻声音。在声音的分类方面，古代人也有许多独到的见解。

《礼记·乐记》等典籍将乐音定义为具有"成文""成章"变化的声音，也即有一定音高规律和节奏的声音。噪声被定义为"扰也"，"群呼烦扰耳也"（宋陈彭年等《重修玉篇》）。

古代人知道弦与管的音高与其诸物理因素的关系。在笙一类簧管乐器中，中国人从来就是安装"自由簧"，在簧上点蜡或锡以控制簧振动。这种方法在18世纪传到欧洲后，引起了欧洲的簧乐器革命。对于鼓膜振动，中国人知道鼓面的大小、共鸣器的长短和鼓面张力对其发声的影响。以板振动发声的乐器，其"声在短长厚薄之间"，板"愈薄而声愈下"（沈括《梦溪笔谈》）。《考工记·磬氏》不仅规定了磬板长短的定量比数，还指出其调声方法："已上（声太高）则摩其旁，已下（声太低）则摩其端。"对于铜鼓一类金属板，其磨锉调音方式极为类似圆形板振动的纵、横节线。

商代人创制了遵照壳振动原理的编钟。公元前10世纪，钟工能在一个钟壳上调制出成三度关系的两个基音。《周礼·春官宗伯·典同》和《考工记·凫氏》是世界上最早的两篇有关钟壳形状与声音关系、壳振动知识与设计规范的文献。北宋年间，人们创制的喷水鱼洗（或龙洗）是用于表演壳振动及其水面驻波的一种玩具。

董仲舒称发声的共振现象为"自鸣"（《春秋繁露》）。战国《庄子·徐无鬼》最早记述琴瑟的共振。此后，有关记载屡见不鲜。晋代张华最早发现消除共振的方法，当他得知朝中"铜澡盘"（今称为"钹"）共振，便告知"可错令轻，则韵乖，鸣自止也"（刘敬叔《异苑》）。唐代曹绍夔为僧人锉磬治病这一消除共振的故事流传至今。

古代人发现了许多声波反射和折射的事例。方以智《物理小识》记述了风速梯度和温度梯度对声传播的影响，他还实验了夹墙孔洞的声反射。

三分损益法是古代人创建的计算音程和音阶的数学方法，该方法包括“先下（乘以2/3）后上（乘以4/3）、蕤宾重上”的计算程序。这样计算而得的十二律就全在一个八度内。三分损益的计算过程见表。

用三分损益法计算得到的十二律弦长比值表

律名古名	相当今名	音名	弦长比	音分值	相邻两律的音程	相邻两音的音程
黄钟	C	宫	1	0	114	204
大吕	#C		0.9364	114	90	
太簇	D	商	0.8888	204	114	204
夹钟	#D		0.8324	318	90	
姑洗	E	角	0.7901	408	114	204
仲吕	F		0.7399	522	90	
蕤宾	#F	变徵	0.7023	612	90	90
林钟	G	徵	0.6666	702	114	
夷则	#G		0.6243	816	90	204
南吕	A	羽	0.5926	906	114	
无射	#A		0.5549	1020	90	204
应钟	B	变宫	0.5267	1110		
清黄钟	C^1	清宫	0.4933	1224		

以起始音“黄钟”弦长为基准，由三分损益法可以算得“仲吕”及其之前十一律。因为1/3或2/3是除不尽的数，因此“清黄钟”是直接从“黄钟”弦长的倍半关系中得到的。

明朝王子朱载堉在明万历九年（1581）之前创建了十二等程律。在他获得了开口管的管口校正数的同时，也建立了十二等程管律。他还制造了演奏等程律的弦乐器和管乐器。

先秦墨家最早在军中利用混响在地下埋设陶瓮，以监听敌军人马声。唐宋两代军事家将此方法称为“瓮听”“地听”。明代姚广孝在世界上最早用陶瓮建造了隔声房。明初建筑天坛的回音壁和圜丘，初建于隋唐、重建于明嘉靖年间的山西永济县普救寺莺莺塔等，都利用了声波反射的特点。至晚从汉代起，人们知道利用声响捕鱼。明清两代渔民发明了以去节竹筒探听海下鱼群的方法，其功能类似现代的声呐。在历代所发明的种种音乐与语言机械中，唐代将作大匠杨务廉成功地人工合成言语声。他制作木僧乞钱，钱满，“关键忽发，自然作声云‘布施’”（张鷟《朝野佥载》卷六）。

电和磁　至晚，秦汉人已清楚知道摩擦琥珀和玳瑁的静电感应现象，西晋张华发现用漆梳梳头、解脱毛皮或丝绸衣服时产生的静电闪光和放电声（《博物志》）。唐代段成式发现用手抚摩猫的静电闪光（《酉阳杂俎》续集卷八）。宋代张邦基和郭象分别记述了孔雀毛和鸡羽的静电感应现象。明代张居正和都邛也分别发现貂裘、绮丽之服以及丝绸工人打摩丝绸的静电闪光。而虞翻少年时就知道琥珀“不取腐芥”。

古代中国人并不认为上述摩擦起电是电，而认为雷电是电。《淮南子·墬形训》首先将雷声电光统一在阴阳概念中，指出“阴阳相薄为雷，激扬为电”。最有意义的是，王充提出“雷者，火也”，并以其烧焦皮肤、草木、有火气味、火光、爆裂声等五方面作出验证。从汉代起，人们不断发现兵器、屋脊鳌口、塔尖的尖端放电现象，在一些特殊的雷电事故中观察到雷电熔化金属而不焦灼漆木器，方以智因此总结道：“雷火所及，金石销熔，而漆器不坏”（《物理小识》卷二）。这是近代关于导体和绝缘体概念的滥觞。

磁石（磁铁矿，Fe_3O_4）的“磁”，先秦写作“慈”，意指其吸铁“如母之招子”。磁石吸铁现象早被人们所发现。唐宋年间，人们又将出产天然磁石的地方称为“慈山”“慈州”。历代本草著作还以磁石吸铁数量的多少作为判别其优劣的标准。人们总是将磁与电现象并列，指出“磁石吸铁，玳瑁取芥”，它们之所以有吸引性，是因为它们的“气”会相互潜通的结果。

汉代《淮南万毕术》和南宋庄绰《鸡肋篇》等都记述了人造磁体（如棋子、磁瓢）的方法。将钢锉锉下的铁末、针末用鸡血胶粘，涂在棋头或瓢外，待其干燥后即可表演“斗棋”，或在水中表演“斗瓢”。将磁石放在这些棋子附近，人们发现有“慈石提棋”和“慈石拒棋”两种现象，也即磁的吸引与排斥现象。汉晋人观察到“磁石上飞”和“隔阔潜应”的超距作用，又知道铜、肌肉和纸等不能隔断磁作用，并称其为“隔碍潜通”。清初刘献廷在《广阳杂记》中最早记述了磁屏蔽现象，即用铁包围磁石，从而隔断磁的作用。

司南是中国人创造的最早的磁性指向器。**指南针**问世于唐代晚期。指南针的发明是堪舆家的功劳。北宋初，杨维德在庆历元年（1041）完稿的《茔原总录》中已述及指南针和磁偏角。之后，沈括在《梦溪笔谈》中描写了堪舆方家以磁感应造指南针并发现地磁偏角：“方家以磁石磨针锋，则能指南，然常微偏东，不全南也。”沈括还记述了指南针的极性及其四种安装方法：水浮、缕悬，或分别置于指甲、碗唇。此后，有关记载屡见不鲜。指南针问世不久，罗盘随之诞生。在江西临川县曾发掘出安葬于南宋庆元四年（1198）的宋墓中两个“张仙人瓷俑”，其右手持一旱罗盘。从9世纪到12世纪，旱罗盘、水罗盘或指南针已被堪舆占卜家普遍用于相墓、看风水。指南针或罗盘用于航海导向，较早记载见之于11世纪末12世纪初朱彧的《萍洲可谈》，该书成稿于北宋宣和元年（1119）。其后，人们航海都用罗盘导航。没有罗盘，就不会有元朝的大规模海上运输，也不会有明初郑和七次下西洋的大型船队。罗盘随船出航，其向世界的传播速度犹如航速一样快。

除了以磁感应造指南针外，在日本曾公亮在《武经总要》中记述了钢片淬火中利用地磁场和地磁倾角而造指南鱼。南宋陈元靓在《事林广记》中记述了以磁棒安装于鱼形或龟形木片内而造成指南鱼、指南龟。

热的知识　远古人知道钻木取火、敲击取火。前者所用工具称为钻燧、木燧，后者称为钢镰、火石镰。尤有意义的是，景颇族的祖先发明了一种特殊的点火器：以牛角作套筒，木制推杆，杆前端黏附艾绒。取火时，一手握套筒，一手猛推杆入筒，并随即将杆拔出，艾绒即燃。口吹艾绒，立见火苗。19世纪之前，任何一个民族都不可能在理论上知道热力学的绝热压缩过程。而在实践中，景颇族却发明了符合绝热压缩过程的取火器。该取火器在18世纪通过东南亚传到欧洲，欧洲称其为活塞式点火器。

先秦人曾将热看作是一种物质，他们将火纳入五行元素之中。但是，不少人主张热或火都是一种运动的结果。《庄子·外物》说：“木与木相摩则燃。”谭峭《化书》说：“动静相摩所以化火也。”直到清代郑光祖还强调：“火因动而生，得木而燃。”

大约从公元前300年始，热胀冷缩原理被人们用于开凿河道、粉碎巨石。汉代以降，人们常常在工艺制作中，根据热胀冷缩，将不同大小的物体套接在一起。

水表现为雨、露、霜、雪、冰等物态的变化及其与气温高低的定性关系早为先秦人所知晓，例如《荀子·劝学篇》说：“冰，水为之，而寒于水。”炼丹家知道汞的物态及其与温度的定性关系。汉代人还观察到，霜露不从天降，而是水汽从地升遇气温变化的结果。刘向《五经通义》说："寒风，露凝以为霜，从地升也。"

煮茶作饮料的传统，使中国人在宋代就发现了水的递次沸腾现象。蔡襄、苏轼等人在煮水中，分别以"盲眼""蟹眼""鱼眼""飕飕风声"的水泡状态与声音来描述不同温度阶段的热水。古代人还知道以人的体温、特别是人体腋下温度作为环境和其他事物的温度判别标准。做奶酪、做豉、养蚕、焙烧茶叶莫不如此。

汉代王充对热传导现象有许多经验叙述："夫近水则寒，近火则温，远之渐微。何则？气之所加，远近有差也。"(《论衡·寒温篇》)明代方以智亦写道："以针插地，雪时遍满，而此处独化。"(《物理小识》卷二)省油灯是与热传导相关的宋初的发明。它是一种夹灯盏，夹层中通过孔窍可注入冷水，使油不致因灯火影响而蒸发。据洪迈《夷坚志·丁志》的描述，宋代巧工发明的"琉璃瓶"是近代热水瓶、保温瓶的始祖。在琉璃瓶的夹层内，巧工先贴进金箔，后灌入少许水银，然后封闭夹层缝隙，以此防止热辐射并起保温的效果。还有许多与热相关的技术发明，如热气球、走马灯等。

西方物理学的传播与传统物理学的终结 西方物理学知识开始传入中国是以耶稣会士利玛窦于明万历十年（1582）入华为标志，到清雍正五年（1727）雍正帝颁布驱逐教士令，此期间为西方物理学传入中国的第一个高潮时期。这个时期传入中国的科学知识主要是古希腊和古罗马的科学体系，包括被神化了的托勒密体系、阿基米德力学、欧几里得几何学、四元素说，以及钟表、单摆、三棱镜和望远镜。这些知识虽然很点滴、零散，但是包括逻辑推演和作图等有别于中国传统的科学方法，使中国学者产生了极大兴趣。中国学者吸收其中的知识，并与中国传统相结合，使传统物理学在闭关锁国至鸦片战争之前有了较大发展。中国人学会了造眼镜、望远镜，修理钟表，诞生了如**薄珏**、**孙云球**和**黄履庄**等一批光学器具制造家。郑复光结合传统与西方知识，不仅设计、制造了如眼镜、三棱镜、望远镜、显微镜、照相机等十几种光学器具，而且以传统方式正确地描述了凹凸透镜及其组合透镜的焦点、焦距和成像规律。当然，其中有关光路图因受耶稣会士的错误影响，终亦绘画错误。**邹伯奇**亦制造了多种望远镜、照相机等器具，他与欧洲几乎同时以摄影测绘地图，又是成功地以玻璃板摄影术拍摄人物肖像的第一人。邹伯奇的《格术补》一书，是以数学总结几何光学的第一本中文著作，他独自获得了透镜和透镜组的成像公式、透镜组焦距的计算公式、复式显微镜各参数与成像关系等等。

1840年鸦片战争之后直到清王朝灭亡（1911），是西方科学在中国传播的第二个高潮时期，也是近代物理学真正在中国传播的时期。此时来华的传教士主要是基督教新教派，其科学素养高于前一时期的耶稣会士。他们在中国译述西方科学著作，创立教会学校，编译教科书，办报办刊，创立出版印刷机构，乃至成立学会，都有利于近代科学和物理学在中国的传播。**李善兰**分别和英国教士伟烈亚力、艾约瑟合译天文学著作《谈天》、力学著作《重学》以及数学著作《代微积拾级》，为经典物理学及其数学方法在中国的传播打下了基础。译完此三书后，李善兰还翻译了牛顿的《自然哲学的数学原理》之第一编共14章。李善兰在《谈天·序》中向世人宣告：日心地动、椭圆轨道和万有引力之理"定论如山，不可移矣"，声称自己"主地动及椭圆之说"。这是以李善兰为代表的一批先进学者接受新科学宇宙观的宣言书，也是中国人在学习经典物理中从传统走向新科学的历史界标。加之一些光学和声学著作的翻译出版及其逐渐普及，以经验描述为主的传统物理学终于走到了尽头。19世纪60～90年代兴起洋务运动。中国人在第一次接触机器生产的同时亦开办了一些新式学校，讲授力、声、光、电等科学知识和方法，推进了此时期西方科学知识在中国的传播和发展。戊戌（1898）变法运动之后，随着新式学校的建立、新教育体制的逐步推广，物理学成为学校教育的必修课，为下一时期近代物理学在中国的诞生打下了一定的基础。可以说，这个时期是中国近代物理学的启蒙时期。

20世纪物理学在中国的诞生和发展 中国的物理学历经20世纪上半叶的草创时期、下半叶的起步和发展时期，逐渐发展壮大，名师荟萃，人才辈出，取得了一系列令人瞩目的成就。

草创时期 20世纪上半叶是中国近代物理学的草创时期。从20世纪头十年开始，赴欧美留学学习物理的学生逐渐增多。他们回国后，大多在大学从事物理学的教学。1912年京师大学堂改名北京大学，1918年设物理系。继之而起的，1918年南京高等师范学校（后改名东南大学），1925年清华大学、燕京大学，1928年交通大学、浙江大学等，相继设立物理系。迄30年代中期，设立物理系或数理系的高等院校逾30所。从1916年北京大学有了第一届学物理的三个大学毕业生开始，中国从此有了自己培养的物理学专门人才。从20世纪20年代中期到30年代，王守競、饶毓泰执掌北大物理系，叶企孙、吴有训登坛清华大学物理系，谢玉铭主持燕京大学物理系。此时，各大学培养的物理大学生已成为后来物理学各个领域的栋梁之材。1929年，清华大学成立研究院，招收研究生，开展科学研究。继之，燕京大学、北京大学、中央大学等也成立类似机构。1928年和1929年，中央研究院物理研究所和北平研究院物理研究所相继成立。1932年，**中国物理学会**宣告成立，1933年创办《中国物理学报》。它们标志着中国物理学的诞生。

20世纪30年代是中国物理学发展的黄金时期。然而在这年代后期，遭遇了第二次世界大战和日本军国主义的疯狂侵华，使正在兴起的中国物理学事业顿时受挫。战区各学校、各研究所辗转内迁，仪器设备和图书资料大量散失，师生们历尽艰苦，生活、教学和实验条件极差。即使如此，物理学工作者仍坚持教学、开展学术活动和一些可能的研究工作。如西南联合大学恢复了研究部。其中，清华大学建立了五个特种研究所，而与物理相关的无线电研究所和金属研究所都有一些出色的研究成果。特别是此期间培养了如**杨振宁**、**李政道**等一大批优秀人才。在这草创时期的上半叶，物理学工作者的研究大多在国外进行，其成果亦都发表在国外各期刊上。但在国内也有一些值得称道的研究工作，如**严济慈**及其所领导的北平研究院物理研究所关于分子和原子光谱的实验研究，**周培源**的广义相对论和湍流理论的研究，**吴大猷**关于多原子分子光谱的研究，**范绪筠**关于半导体的研究，**余瑞璜**关于晶体分析X射线数据的新综合法的研究，**王淦昌**提出探测中微子的建议等。

起步和发展时期 物理学在20世纪下半叶得到真正的起步和发展。虽然50年代至70年代中期，先是以学习苏联模式而开展教学和研究，稍有单调和生硬；后是"文化大革命"的风暴延误了十年之久的教学与科研工作。但从1978年起，物理学在较好的学术气氛中获得了前所未有的进展。原先的两个物理研究所加上1948年以北平研究院镭学研究所为基础而改组成的结晶学实验室（在上海）和原子能研究所（在北京），在1950年经过调整，成为中国科学院下属的两个研究所：应用物理研究所和近代物理研究所。前者在

1952年改为物理研究所；后者在1958年改为原子能研究所，继而又发展为原子能研究院。随着科学事业的发展，中国科学院所属的物理领域的研究所已增加到十几个。在北京有物理研究所、高能物理研究所、声学研究所、理论物理研究所，在上海有技术物理研究所、原子核研究所，在合肥有等离子体物理研究所、固体物理研究所，在长春、武汉和乌鲁木齐也分别设有物理研究所，在兰州有近代物理研究所。此外，还有侧重技术方面的电子学研究所、半导体研究所、应用物理研究所。至于光学一门又成为一个大系统，在长春、上海、西安、合肥、成都等地先后建立了光学精密机械研究所。还有一些与物理学密切相关和交叉性的研究所，如生物物理、化学物理方面的研究所。

研究成果　20世纪后半叶，物理学者从事光学、声学、高能物理学、原子核物理学、等离子体物理学、凝聚态物理学、统计物理和复杂系统理论、量子信息学以及低温物理学、高压物理学、空间物理、生物物理学等方面的研究，且都取得了一些令人称喜的成就。如王淦昌及其领导的小组于1959年在苏联杜布纳联合核子研究所发现反西格马负超子。中国于1988年建成北京正负电子对撞机（BEPC）、北京谱仪（BES）和同步辐射实验室，2009年完成了升级改造工程（BEPCⅡ+BESⅢ）。1989年建成了合肥国家同步辐射实验室（NSLR），2004年完成了升级（NSLRⅡ）。1988年建成了兰州重离子加速器（HIRFL），2007年建成了兰州重离子加速器冷却储存环工程（HIRFL-CSR）。分别在合肥和成都建成了用于核聚变研究的先进超导托卡马克（EAST）和中国环流器二号M型托卡马克装置（HL-2M）。2009年建成了上海同步辐射光源（SSRF）。2017年在广东东莞建成了中国散裂中子源（CSNS）。在广东建成和运行了大亚湾中微子实验站，江门中微子实验站正在建设中。在已建成的大科学装置上，已经作出了许多重要的研究成果并受到国际关注。它们都是中国物理学史上具有时代标志的工程，可供国内外同行进行相关的物理学实验研究工作。中国物理学者还在原子弹、氢弹、导弹、反导系统、载人航天工程和探月工程等重要工作中发挥了积极的作用。

大学物理教育和研究　大学物理教育的活跃和物理学研究的开展是20世纪上半叶所不能比拟的。各大学陆续建立了与物理学相关的研究所或研究室，如北京大学固体物理研究所、理论物理研究所，南开大学光学研究所，复旦大学现代物理研究所、电光源研究所，吉林大学原子物理与分子物理研究所，四川大学原子核科学技术研究所，南京大学声学研究所，兰州大学原子核物理研究所等。尤其是80年代以来，中国科学院和高校都普遍设立研究生院，培养了一大批硕士、博士研究生，其中包括物理学研究生，他们在国内所做的许多研究成果刊载于国内外各种学术期刊上。在产业、企业系统，国防系统以及各省、市、自治区数以百计的科学技术研究机构中，也不乏涉及物理学的研究工作。

中国物理学会　2020年学会下设31个分会、专业委员会，有学术交流、科普、出版、物理教学、物理学名词、咨询、女物理工作者、国际交流等8个工作委员会及学会办公室，有个人会员4万余人。中国物理学会及所属的分会和专业委员每年举办各类国内、国际学术活动80余次。先后设立胡刚复、饶毓泰、叶企孙、吴有训、王淦昌物理奖，谢希德物理奖，黄昆物理奖，以及萨本栋应用物理奖。每年组织全国中学生物理竞赛，并选派选手参加国际物理奥林匹克竞赛，2004～2019年，学会选派80名选手共斩获79枚金牌、1枚银牌。1984年10月学会正式加入国际纯粹与应用物理学联合会（IUPAP），派代表（团）出席了每一届的代表大会。1990年8月作为发起学会之一，创建了亚太物理学会联合会（AAPPS）。近年来，学会与美国物理学会、英国物理学会、欧洲物理学会、韩国物理学会等多个国家/地区的物理学会建立了广泛的交流与合作关系，进一步提高了学会在国际物理学界的影响力。

出版刊物　1950年以前，《中国物理学报》在17年间共出版了7卷14期。1953年以后改名《物理学报》，80年代起改为月刊，2012年起改为半月刊。中国物理学会及其分支机构主办的物理学期刊有20种。除了中文版的《物理学报》《物理》《物理学进展》《大学物理》《物理教学》等以外，还有英文版的《中国物理快报》《理论物理通讯》《中国物理B》《中国物理C》和《中国化学物理》等期刊，通过与国外物理学会出版机构的合作，已将中国的英文物理期刊及时推送到国际物理学界。

国际交流　进入20世纪80年代以后，物理学的学术交流之活跃是前所未有的。20世纪上半叶只有屈指可数的几位知名物理学家来中国访问讲学。20年代初，为邀请A.爱因斯坦来华，动员了全国所有学术机构和北京各大学的努力，但终未如愿。现今，不仅中国物理学研究生和工作者在世界一流的学术机构和实验室与国外同行共同进行研究，而且中国的开放实验室和各大学研究机构也有来自国外的物理学工作者和许多知名学者作访问研究和学术交流，还在中国召开了多次物理领域的国际性大型学术会议。同时，台湾和港澳地区的物理学也从无到有，有了一定程度的发展。

（戴念祖）

中间玻色子　intermediate boson　传递弱相互作用的矢量粒子。见弱中间玻色子。

中微子　neutrino　电中性，自旋为1/2的费米子。中微子几乎无处不在，可来自宇宙大爆炸、星系活动、超新星爆发、太阳和地球内部，以及核反应堆与加速器。在粒子物理标准模型中，中微子只有左手征（而反中微子只有右手征），只参与弱相互作用，没有静止质量，以光速传播。中微子分为电子型、μ子型和τ子型三种不同的类型，分别记为ν_e、ν_μ和ν_τ（相应的反中微子记为$\bar{\nu}_e$、$\bar{\nu}_\mu$和$\bar{\nu}_\tau$），它们和对应的带电轻子共同构成了轻子的三个家族。

中微子的概念最早是由奥地利理论物理学家W.泡利于1930年底提出的。为了解释原子核的β衰变实验中所观测到的末态电子的连续能谱，泡利假设这类反应并非先前预期的二体过程$(A,Z)\rightarrow(A,Z+1)+e^-$，而是三体过程$(A,Z)\rightarrow(A,Z+1)+e^-+\bar{\nu}_e$，即末态包含一个电中性且质量很小的费米子$\bar{\nu}_e$，它无法被当时的实验技术捕捉到，但却带走了一部分能量和动量，因此相应的电子能谱呈现出的是连续谱而不是预期的分立谱。泡利最初将自己臆想的新粒子称作“中子”，但1932年英国物理学家J.查德威克发现了构成原子核的真正中子后，意大利理论物理学家E.费米把泡利的假想粒子改称为“中微子”，并在此基础上于1933年底建立了描述β衰变的有效理论。利用逆β衰变过程$\bar{\nu}_e+p\rightarrow e^++n$，美国科学家C.L.科恩和F.莱因斯于1956年成功探测到核反应堆所产生的电子型反中微子，首次确认了中微子的存在。1962年美国物理学家L.M.莱德曼、M.施瓦茨和J.施泰因贝格尔借助加速器，发现了μ子型中微子。2000年τ子型中微子也在美国费米实验室的加速器上被发现。是否存在新型的中微子，即不直接参与标准弱相互作用的惰性中微子，至今仍无确切答案。

自1998年以来，一系列令人信服的中微子振荡实验表明中微子具有微小的静止质量，而且轻子的味混合效应很大。这是迄今为止唯一具有坚实实验证据、超越标准模型的新物理现象。携带微小质量的中微子既可以是狄拉克粒子，也可能是马约拉纳粒子，后者的反粒子即其自身。倘若中微子的确是马约拉纳粒子，则无中微子的双β衰变就能够发生，但实验上尚未观测到这类轻子数破坏的稀有过程。

（邢志忠）

中微子的PMNS混合 neutrino PMNS flavor mixing 描述中微子在带电流弱相互作用过程中相互转化的强度。见轻子的PMNS味混合矩阵。

中微子工厂 neutrino factory 大型的加速器装置，主要目的是产生中微子束，研究中微子的物理规律。中微子工厂是20世纪90年代为彻底研究中微子特性所提出的大型加速器装置，其特点是通过产生强度极高、定向性非常好、能量在几至十几吉电子伏的中微子束，在距离中微子源10万米～百万米之外放置超大型的探测器，从而检验中微子在飞行过程发生振荡的规律，在不同中微子类型（轻子的味道）之间发生转变的情况。由于其测量精度非常高，理论上估计，可以精确地测量出中微子振荡的混合角、不同中微子类型之间的质量顺序和发生CP破坏的相角。

为了能够产生如此要求的中微子束，自20世纪90年代后期起，国际合作组通过多年的努力，设计了复杂的加速器装置：利用质子能量在几至几十吉电子伏的高功率质子加速器（称为质子驱动器，束流功率为4兆瓦），轰击放在由超导螺线管提供的20特斯拉强磁场中的细长靶，从而产生大量的π粒子，收集形成π束并让其沿一个衰变通道衰变，从而产生μ束；束流品质很差的μ束经过一个称为μ束电离冷却的系统，在牺牲较小束流强度的情况下，将其束流发射度降低约两个量级。因低能μ寿命很短（静止寿命2.2微秒），需要通过快速加速到较高能量，以通过相对论效应延长寿命，这通常采用循环直线加速器或固定磁场交变梯度加速器来完成。能量达到约10吉电子伏的μ束被送到有很长直边的衰变环中进行衰变，就可以在长直边的方向上获得高强度的中微子束。依据储存的是μ^+还是μ^-，提供能量在吉电子伏量级的一对μ中微子－反电子中微子或一对电子中微子－反μ中微子。

国际上主要有两个设计版本，即国际合作设计研究的中微子工厂（简称IDS-NF）和一个美国版本NuMAX，是基于美国费米实验室的园区条件和现有的加速器装置的延伸。

μ子对撞机通常与中微子工厂一起研究，它们采用几乎完全相同的质子驱动器、μ子产生和冷却以及低能量μ束的快加速。主要的不同是μ子对撞机要将束流能量进一步提高到几百吉电子伏甚至太电子伏量级，并进行μ^+和μ^-的对撞。与正负电子对撞机比较，它在很大程度上克服了同步辐射效应的限制，从而将轻子对撞机提高到更高的能量，开展粒子物理的研究。

（唐靖宇）

中微子跷跷板机制 seesaw mechanism of neutrino 给予中微子微小质量的一种猜想机制。20世纪70年代末，由P.闵可夫斯基、柳田勉、S.L.格拉肖、R.N.莫哈帕恰和G.森雅诺维奇等分别提出。

基本思想是把中微子的微小质量解释为极轻微的轻子数破坏的效应。如引入带有马约拉纳质量（见马约拉纳中微子）的右手中微子，当该马约拉纳质量很重时，这些重粒子在低能标的物理现象中退耦。马约拉纳质量引起的低能轻子数破坏效应反比于马约拉纳质量，该质量越大，则低能标的轻子数破坏效应越小，残留的轻子数破坏效应就保留在标准模型中微子的微小马约拉纳质量之中。由于重的右手中微子诱导出了轻中微子的马约拉纳质量，这一机制被形象地称为跷跷板机制。

诱导出轻中微子质量的重粒子可以是标准模型单态费米子（第一类跷跷板机制），也可以是单态玻色子（第二类），还可以是三重态费米子（第三类）。此外，还有其他一些推广的跷跷板机制。跷跷板机制的一个关键预言是，轻中微子的质量是马约拉纳质量，必定破坏标准模型中轻子数守恒的规律。无中微子双β衰变实验可以检验是否存在这类轻子数破坏效应，因而对于中微子物理以及寻找超出标准模型的新物理具有非常重要的意义。

跷跷板机制的一个重要问题是，重粒子的质量标度不能确定。为理解这些重粒子，一些研究者认为应该把跷跷板机制放入大统一规范理论的框架之内。例如，右手中微子可与标准模型中费米子一起完美植入S0(10)大统一模型之中，其质量标度由S0(10)规范理论的破缺标度决定，因而大统一模型可以自然实现跷跷板机制。换句话说，跷跷板机制对轻中微子微小质量的成功解释为这类大统一模型给予了支持。

跷跷板机制可以为宇宙中的重子－反重子不对称的产生提供机制。例如，具有马约拉纳质量的右手中微子可以衰变为标准模型粒子，并在衰变中产生轻子－反轻子不对称（轻子数产生）。由于非微扰的sphaleron效应，这个不对称可以在宇宙早期传递到夸克和反夸克部分，最终产生宇宙中的重子－反重子不对称（重子数产生）。由于轻子数产生依赖于与右手中微子相关的CP破坏，因而间接地和轻中微子部分的CP破坏相关，对中微子部分的CP破坏（如中微子振荡中的CP破坏）的研究，对于跷跷板机制以及理解宇宙中的重子－反重子不对称都具有重要的意义。

（廖 玮）

中微子深度非弹散射 neutrino deep-inelastic scattering 核子从高能中微子获得大动量转移被击碎并产生大量粒子的反应过程。见轻子－核子深度非弹散射。

中微子振荡 neutrino oscillation 一种宏观可测的中微子量子相干效应。通过带电流弱相互作用过程所产生的一种类型的中微子（ν_α）束流，在空间传播适当的距离进入探测器之后，触发新的带电流弱相互作用反应，意味着它可能部分或全部转化成其他类型的中微子（ν_β），这就是中微子振荡现象（其中下标α、β可取e、μ或τ三种味指标）。中微子振荡的发生表明中微子具有微小的非简并的静止质量，而且存在显著的味混合效应。在太阳、大气、反应堆和加速器中微子（或反中微子）实验中，都观测到了令人信服的振荡现象，从而确定或限制了中微子的质量平方差和味混合参数。

整个中微子振荡过程可以分为ν_α型中微子的产生、中微子质量本征态ν_i的传播（下标i取1、2、3）和ν_β型中微子的探测三部分。其中中微子味本征态与质量本征态之间的关联是由PMNS矩阵U描述的，后者包含混合角θ_{12}、θ_{13}和θ_{23}以及CP破坏相位δ(见轻子的PMNS味混合矩阵)。第一部分通过带电流弱相互作用$W^+ + \alpha \rightarrow \nu_\alpha$实现，对应的味混合系数为$U^*_{\alpha i}$；第三部分通过带电流弱相互作用$\nu_\beta \rightarrow W^+ + \beta$实现，对应的味混合系数为$U_{\beta i}$。两者之间的中微子质量本征态$\nu_i$传播过程在平面波近似下依赖一个相位因子$\exp(-\mathrm{i}m_i^2 L/2E)$，其中$m_i$为中微子的质量、$E \gg m_i$为中微子束流的能量、$L$为中微子源到探测器的距离。这样中微子振荡的概率公式在真空中以及自然单位制下可以表达为：

$$P(\nu_\alpha \to \nu_\beta) = \left| U_{\alpha i}^{*} \exp - \frac{\mathrm{i} m_i^2 L}{2E} U_{\beta i} \right|^2$$

$$= \delta_{\alpha\beta} - 4\sum_{i<j} \mathrm{Re}(U_{\alpha i} U_{\beta j} U_{\alpha j}^{*} U_{\beta i}^{*}) \sin^2 \frac{\Delta m_{ji}^3 L}{4E}$$

$$+8\mathrm{Im}(U_{\alpha i} U_{\beta j} U_{\alpha j}^{*} U_{\beta i}^{*}) \prod_{i<j} \sin \frac{\Delta m_{ji}^2 L}{4E}$$

式中$\Delta m_{ji}^2 \equiv m_j^2 - m_i^2$为中微子的质量二次方差，下标$\alpha$、$\beta$取e、μ、τ，而下标$i$、$j$取1、2、3。反中微子振荡$\bar{\nu}_\alpha \to \bar{\nu}_\beta$的概率公式可由上式直接读出，只需做$U \to U^*$的替换。注意PMNS矩阵$U$中的马约拉纳相位不会出现在中微子振荡公式中，因为形如$\nu_\alpha \to \nu_\beta$的过程并不破坏轻子数。

考虑到探测器对不同种类、不同能量的中微子束流的鉴别能力不同，通常把中微子振荡分为两类：一种是“出现”型振荡，即$\beta \neq \alpha$，探测器可以确认从ν_α到ν_β的味转化；另一种是“消失”型振荡，即$\beta = \alpha$，探测器只能确认ν_α中微子的减少。实验观测到的太阳中微子振荡（$\nu_e \to \nu_e$）和反应堆反中微子振荡（$\bar{\nu}_e \to \bar{\nu}_e$）都属于“消失”型；大气中微子振荡主要也是“消失”型（$\nu_\mu \to \nu_\mu$和$\bar{\nu}_\mu \to \bar{\nu}_\mu$）；而加速器中微子振荡可以是“出现”型（$\nu_\mu \to \nu_e$或$\nu_\mu \to \nu_\tau$），也可以是“消失”型。在只包含$\nu_e$和$\nu_\mu$的“二味”中微子混合与振荡的框架内，相应的“出现”型和“消失”型振荡概率的公式简化为：

$$P(\nu_\mu \to \nu_\mu) = P(\nu_e \to \nu_e)$$

$$= 1 - \sin^2 2\theta \sin^2 \frac{1.27\Delta m^2 L}{E}$$

$$P(\nu_\mu \to \nu_e) = P(\nu_e \to \nu_\mu)$$

$$= \sin^2 2\theta \sin^2 \frac{1.27\Delta m^2 L}{E}$$

式中θ为中微子混合角，Δm^2为质量二次方差，而Δm^2、L和E的单位分别为电子伏^2、千米和吉电子伏。在给定L和E的前提下，对中微子振荡概率的测量可以限定由θ和Δm^2构成的二维参数空间。

但是绝大多数现实的中微子振荡现象都不免受到物质效应的影响。当中微子束流在物质中传播时，ν_e、ν_μ、ν_τ型中微子（或它们的反粒子）会与物质中的电子、质子和中子发生中性流弱相互作用，而ν_e（或$\bar{\nu}_e$）还会与物质中的电子发生带电流弱相互作用。这类相干的向前散射过程会修正真空中的中微子振荡行为。以“二味”中微子混合与振荡为例，在考虑物质效应的情形下，上面振荡概率公式中的θ和Δm^2要换成有效的味混合角$\tilde{\theta}$和有效的质量二次方差$\widetilde{\Delta m}^2$。两套参数之间的解析关系为：

$$\widetilde{\Delta m}^2 = \sqrt{(\Delta m^2 \cos 2\theta - 2\sqrt{2} G_F N_e E)^2 + (\Delta m^2 \sin 2\theta)^2}$$

$$\tan 2\tilde{\theta} = \frac{\Delta m^2 \sin 2\theta}{\Delta m^2 \cos 2\theta - 2\sqrt{2} G_F N_e E}$$

式中G_F为费米耦合常数，N_e为物质中的电子数密度。当物质密度与中微子束流的能量恰好满足$\Delta m^2 \cos 2\theta = 2\sqrt{2} G_F N_e E$的共振条件时，即便真空中的混合角$\theta$取值很小，也会导致物质中$\tilde{\theta} \to 45°$的显著振荡行为，这就是著名的MSW（Mikheyev-Smirnov-Wolfenstein）共振效应。另一方面，在$N_{e\to\infty}$的情况下$\tilde{\theta} \to 90°$，意味着在致密的物质中ν_e和ν_μ其实分别等价于有效的质量本征态$\tilde{\nu}_2$和$\tilde{\nu}_1$，这将有助于理解太阳^{8}B中微子的振荡行为。

迄今，已经观测到的令人信服的中微子振荡现象来自太阳、大气、反应堆和加速器中微子（或反中微子）振荡实验。

太阳中微子振荡 1968年，美国物理学家R.戴维斯在Homestake实验中首次观测到太阳中微子，并发现其通量仅约为标准太阳模型预期值的1/3。这就是著名的太阳中微子失踪之谜，直到2002年才在SNO实验中被破解。加拿大物理学家A.B.麦克唐纳所领导的SNO合作组利用重水（D_2O）作为探测介质，成功测量了太阳^{8}B中微子所触发的带电流反应（$\nu_e + D \to e^- + p + p$）、中性流反应（$\nu_\alpha + D \to \nu_\alpha + p + n$）和弹性散射反应（$\nu_\alpha + e^- \to \nu_\alpha + e^-$），其中$\alpha$=e、μ、τ。测量结果表明，通过带电流和中性流反应率所得到的太阳中微子的通量之比的确只有约32%，另外约68%的电子型中微子已经转化成了μ子型和τ子型中微子。考虑物质效应的影响，$P(\nu_e \to \nu_e) \approx \sin^2\theta_{12} \approx 32\%$，从而可以估算出混合角$\theta_{12} \approx 34°$。此外，意大利的Borexino实验也成功探测到能量较低的太阳^{7}Be中微子，发现其通量约为标准太阳模型预期值的56%。这一结果可以近似理解为电子型中微子在真空中振荡的平均效应，$P(\nu_e \to \nu_e) \approx 1 - \sin^2 2\theta_{12}/2 \approx 56\%$，从而也可以得到$\theta_{12} \approx 34°$的数值结果。

大气中微子振荡 1998年，日本物理学家户塚洋二和梶田隆章领导的超级神冈实验成功探测到大气μ子型中微子及其反粒子的振荡效应，并因此确定了中微子混合角θ_{23}的大小。超级神冈探测器是一个装有5万吨纯净水和上万个光电倍增管的大型地下装置，可以探测来自大气层的电子型或μ子型中微子与水中的原子核发生带电流弱相互作用所产生的电子或μ子，后者发出的切伦科夫辐射光信号使得鉴别这两种类型的大气中微子成为可能。考虑到大气层的球对称性，倘若没有发生振荡，则从上方直接进入探测器的中微子数目与从下方先经过地球再进入探测器的中微子数目应该相等，即$\Phi_e(\theta_z) = \Phi_e(\pi - \theta_z)$，以及$\Phi_\mu(\theta_z) = \Phi_\mu(\pi - \theta_z)$，其中$\theta_z$为方位角。实验结果表明，电子型中微子的通量确实具有简单的上下几何对称性，但μ子型中微子的通量却表现为$\Phi_\mu(\pi) \approx \Phi_\mu(0)/2$，意味着从下方经过地球进入探测器的μ子型中微子数目仅约为预期值的1/2，另外约1/2转化成了不容易探测的τ子型中微子。在$P(\nu_\mu \to \nu_\mu) \approx 1 - \sin^2 2\theta_{23}/2 \approx 1/2$的近似下，可得相应的混合角$\theta_{23} \approx 45°$。

加速器中微子振荡 日本的K2K实验和美国的MINOS实验都是基于加速器的$\nu_\mu \to \nu_\mu$型中微子振荡实验，它们对于验证大气中微子振荡的实验结果起了重要作用。但最重要的加速器中微子振荡实验是日本的T2K实验，它的ν_μ束流产生于J-PARC加速器，探测器就是位于295千米之外的超级神冈探测器。自2011年以来，T2K首次令人信服地观测到“出现”型的$\nu_\mu \to \nu_e$中微子振荡现象，精确测量了“消失”型的$\nu_\mu \to \nu_\mu$振荡，并获取了$\bar{\nu}_\mu \to \bar{\nu}_e$振荡的初步证据，从而有效地限定了$\theta_{13}$、$\theta_{23}$和$\delta$等味混合参数。尤其是T2K的实验结果本身以及T2K和NOvA的结果与大亚湾等反应堆反中微子的观测数据相结合后，预示着轻子的CP破坏相位角$\delta \sim -\pi/2$，这意味着未来的长基线中微子振荡实验很可能会观测到显著的CP破坏效应。另一方面，最近西欧的OPERA加速器中微子振荡实验也观测到了“出现”型的$\nu_\mu \to \nu_\tau$振荡现象。

反应堆反中微子振荡 1956年，美国物理学家C.L.科万和F.莱因斯成功探测到核反应堆所产生的电子型反中微子，首次确认了中微子的存在。自此，反应堆一直是研究中微子各种性质的最重要装置之一。2003年日本的KamLAND合作组发现了长基线（约180千米）反应堆$\bar{\nu}_e \to \bar{\nu}_e$振荡，并因此测定了味混合角$\theta_{12}$，其数值与太阳中微子振荡的结果一致。2012年中国的大亚湾合作组发现了短基线（约2千米）反应堆$\bar{\nu}_e \to \bar{\nu}_e$振荡，并因此测定了最小的中微子混合角$\theta_{13}$，其数值结果为$\theta_{13} \approx 8.8°$，标志着中微子物理学从此进入了精确测量的时代。

位于中国深圳的大亚湾和岭澳核电站可产生大量的电子型反中微子，它们的初始通量可由近点探测器测定。在空间传播大约2千米的距离后，这些反中微子的通量会被远点探测器再次测定，后者的数值若小于近点探测器所测得的通量，就意味着一部分电子型反中微子在传播过程中转化成了无法探测的μ子型和τ子型反中微子。大亚湾实验自2012年以来获取了对

θ_{13}的世界最精确测量结果，为下一代长基线或中等基线中微子振荡实验的设计提供了重要依据。

上述四类最具代表性的中微子（或反中微子）振荡实验确定了中微子质量二次方差Δm_{21}^2和Δm_{31}^2以及混合角θ_{12}、θ_{13}和θ_{23}的数值，并给出了CP破坏相位δ非零的初步迹象。接下来的中微子振荡实验的重要科学目标包括确定Δm_{31}^2的符号、确定θ_{23}对45°的偏离程度以及测定δ的大小。在建中的中国江门中微子实验（JUNO）是一个中等基线（约50千米）的反应堆反中微子振荡实验项目，旨在测量Δm_{31}^2的符号（见**中微子质量等级**）。该实验将利用台山和阳江核反应堆作为电子型反中微子的源，并建造一个2万吨的液体闪烁体探测器，2023年开始运行取数。另一方面，美国（NOvA和DUNE）与日本（T2K等）的长基线加速器中微子振荡实验项目也将致力于测定中微子质量等级，以及轻子的CP破坏效应。后者或将有助于理解宇宙的原初反物质消失之谜。

（邢志忠）

中微子质量等级 neutrino mass hierarchy 所有费米子的质量重整化到电弱能标下具有的明显的代等级性。中微子质量的等级问题有待实验确定。在粒子物理学中，通过标准弱相互作用所定义的中微子分别是ν_e、ν_μ和ν_τ，对应于电子、μ子和τ子这三种带电轻子。另一方面，中微子处于自由传播的状态时也可以分为三种类型，分别具有确定的质量m_1、m_2和m_3，被称作质量本征态ν_1、ν_2和ν_3。在由$W^\pm$玻色子所传递的带电流弱相互作用拉氏量中，中微子和带电轻子的质量本征态之间存在确定的对应关系，即(e, μ, τ)对应于(ν_1, ν_2, ν_3)。这种“代”际之间的对应关系也存在于夸克所参与的带电流弱相互作用拉氏量中，即(u, c, t)对应于(d, s, b)。

三种带电轻子的质量已经在相关的实验中被精确测定。借助于大量实验数据、量子色动力学及其延伸的理论技术，物理学家也获得了六种夸克的质量值。将所有这些带电费米子的质量重整化到统一的参考能标，如图所示，它们呈现出明显的“等级性”：第一代粒子最轻，第三代粒子最重。换句话说，$m_e \ll m_\mu \ll m_\tau$，$m_u \ll m_c \ll m_t$和$m_d \ll m_s \ll m_b$。图中已假设三种中微子的质量具有正等级，而且所有费米子的质量已被重整化到电弱能标（这里取为Z玻色子的质量）。三种中微子是否也像带电的费米子那样呈现出$m_1 \ll m_2 \ll m_3$的质量谱，这一点还不得而知。基于太阳中微子振荡的实验数据可以得出$m_1 < m_2$的结论，但其他类型的中微子振荡实验尚无法确定$m_1 < m_2 < m_3$（正等级）或$m_3 < m_1 < m_2$（倒等级），亦即Δm_{31}^2的符号。这就是中微子的质量等级或质量顺序问题，是下一代更精确的中微子振荡实验项目所关注的主要科学问题之一。

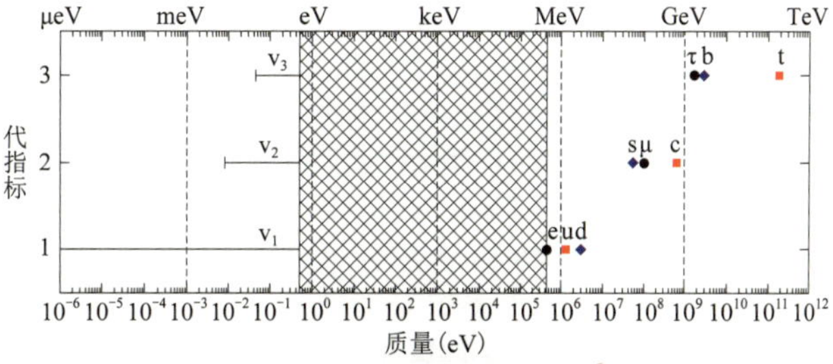

基本费米子的质量谱

未来十年内旨在测量中微子质量等级的振荡实验可分为两类：一类是以中国的江门地下中微子观测站（JUNO）为代表的中等基线核反应堆实验，试图通过鉴别中微子质量二次方差Δm_{31}^2所驱动的振荡对Δm_{21}^2所驱动的振荡行为的微小修正来确定Δm_{31}^2的符号；另一类是基于加速器的长基线振荡实验或大气中微子振荡实验，试图通过物质效应对$\nu_\mu \to \nu_e$或$\nu_\mu \to \nu_\mu$振荡行为的修正来测定Δm_{31}^2的符号。测定中微子的质量顺序将有助于长基线振荡实验对轻子CP破坏效应的测量、限定无中微子的双β衰变过程的有效质量项、深刻理解中微子的质量起源与味混合结构等。

（邢志忠）

中心场近似 central-field approximation 多电子原子的一种近似方法。将原子中的每一个电子都视为是在一个对原子核是球形对称的势场中做独立运动。在多电子原子中，每个电子都受到其他$N-1$个电子的相互作用，这些电子相互作用的叠加并对其粒子密度分布（电子云）做平均，在零级近似下，将产生一个平均势场。中心场近似则是假设每一个电子是在原子核的有心力场和其他电子所产生的平均力场中运动，并进一步假设这个平均力场也是有心力场。这样多电子问题被简化为单电子问题，可以对每一个电子列一个单电子的薛定谔方程求解。在该近似下电子轨道波函数的角向部分的具体形式和类氢离子完全相同，径向函数则取决于中心势场的具体形式。

（吴　勇）

中心点火 central ignition 惯性约束聚变点火方案的一种。在这个方案中，通过对驱动器输出能量时间波形的精确控制，使得内爆过程中球对称聚变靶丸主燃料在被绝热压缩的同时，芯部的点火燃烧（热斑）在强冲击波的作用下温度和密度上升，达到点火的条件（见图）。在点火发生之前，主燃料和热斑燃料的压强基本相等。

中心点火方案的优点是理论上可以实现高增益聚变，缺点是极易受到流体力学不稳定性的干扰，导致点火失败。

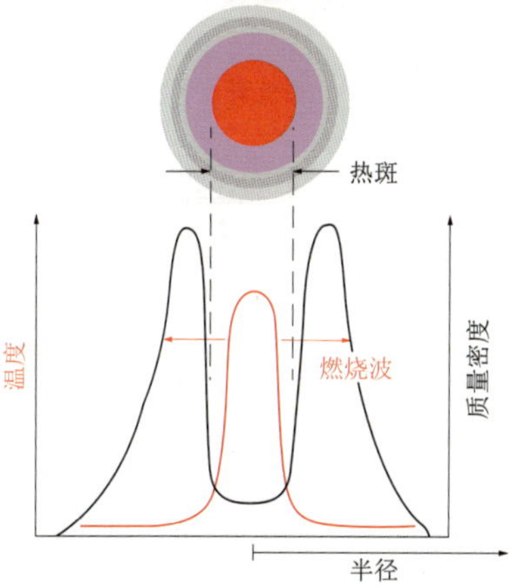

中心点火原理

（郑　坚）

中心势散射 central potential scattering 两体弹性碰撞中，相互作用力为有心力的相对运动过程。中心势场具有各向同性，系统的角动量守恒，相对位移在以角动量为法向量的平面内。采用平面极坐标系，系统的拉氏量是：

$$L = \frac{1}{2}m(\dot{r}^2 + r^2\dot{\varphi}^2) - V(r)$$

式中m为单粒子系统的粒子质量或两体系统的折合质量。该拉氏量不显含时间，并且φ为循环坐标，因此系统的能量$E = \frac{1}{2}m(\dot{r}^2 + r^2\dot{\varphi}^2) + V(r)$和角动量$J = mr^2\dot{\varphi}$守恒。由此可得粒子的轨道：

$$\varphi = \pm\int \frac{\frac{J\mathrm{d}r}{r^2}}{\sqrt{2m[(E - V(r))] - \frac{J}{r^2}}}$$

如图所示，记入射粒子的瞄准距离为b。瞄准距离是从势场的中心O到粒子速度所在直线的距离。A是轨道上距离中心最近的点，OA的距离$r_{\min}$可由能量和角动量守恒确定：

$$\frac{b^2}{r_{\min}^2} + \frac{1}{E}V(r_{\min}) = 1$$

散射角为：

$$\theta = \pi - 2\varphi_0$$

其中：

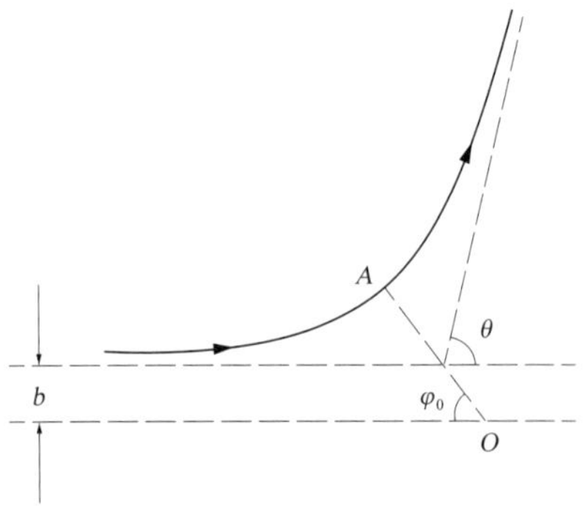

中心势散射示意图

$$\varphi_0=\int_{r_{\min}}^{+\infty}\frac{\frac{b}{r^2}\mathrm{d}r}{\sqrt{1-\frac{b^2}{r^2}-\frac{V(r)}{E}}}$$

对微观系统，难以确定粒子的轨道和瞄准距离，只有粒子的始末状态可测。

散射到θ到$\theta+\mathrm{d}\theta$角度范围的粒子，是瞄准距离在$b(\theta)$到$b(\theta)+\mathrm{d}b(\theta)$的粒子。当均匀束流入射时，散射到角度区间$[\theta,\theta+\mathrm{d}\theta]$的粒子正比于截面（圆环面积）：

$$\mathrm{d}\sigma=2\pi b\mathrm{d}b$$

而角度区间$[\theta,\theta+\mathrm{d}\theta]$对应的立体角为：

$$\mathrm{d}\Omega=2\pi\sin\theta\mathrm{d}\theta$$

定义微分散射截面：

$$\frac{\mathrm{d}\sigma}{\mathrm{d}\Omega}=\frac{b}{\sin\theta}\left|\frac{\mathrm{d}b}{\mathrm{d}\theta}\right|$$

它可以与探测器测量值直接比较：

$$\frac{\mathrm{d}\sigma}{\mathrm{d}\Omega}=\frac{\Delta N}{N\Delta\Omega}$$

式中N为束流强度，即在单位时间内，通过束流横截面上的单位面积的粒子数目；ΔN为单位时间内进入探测器的散射粒子数目；$\Delta\Omega$为探测器对中心O点张开的立体角。

通过比较微分截面的理论值和实验值，可以检验理论模型的正确性，获得微观系统的相互作用信息。（朱界杰）

中性重轻子 heavy neutral lepton 不带电、不参与强相互作用的带有轻子数的重费米子。其质量可以是狄拉克类型（见**狄拉克中微子**），也可以是马约拉纳类型（见**马约拉纳中微子**）。对于后一种情况，中性重轻子的马约拉纳质量代表了对轻子数的破坏效应。由于其带有轻子数，这要求中性重轻子与标准模型的轻子有耦合或混合。标准模型中没有这类粒子。它是超出标准模型的新物理模型中常出现的一类粒子。

中性重轻子可以参加弱相互作用，如四代费米子模型中的第四代中微子。如果质量合适，这样的费米子可以直接在对撞机上产生出来。背景干净的对撞机实验，如欧洲的正负电子对撞机（LEP），可以搜寻这类粒子的信号。现还没有找到这类粒子的信号。对Z衰变宽度的精确测量表明，这类粒子的质量不小于Z玻色子质量的一半，对其可能的衰变道的探测表明，这类中性重轻子的质量不能小于约90～100GeV/c^2（c为光速）。

中性重轻子也可以不直接参与弱相互作用，但可通过与标准模型中微子的混合参与弱相互作用，其参与弱作用的强度由其与标准模型中微子混合的强度决定。如**惰性中微子**，或者**中微子跷跷板机制**中的右手中微子就是这样的中性重轻子。因为与标准模型中微子的混合可以很小，Z玻色子衰变到这类粒子的衰变分宽度可以很小，因而这类粒子可以不受Z玻色子衰变宽度精确测量的限制。原则上这类粒子的质量可以在任意标度。众多不同的实验可以探测不同质量区间的中性重轻子，对其与标准模型中微子的混合做出限制。如可以在中微子束流中探测可能的三体衰变$\mathrm{N}\to\nu e^+e^-$，以探测这类粒子。也可以在高能强子对撞机实验中寻找来自移位顶点的衰变事例，如$\mathrm{N}\to\nu\mu^+e^-(\nu\mu^-e^+)$。对于质量较低的中性重轻子，还可以探测其对$\pi\to\nu e$和$\mathrm{K}\to\nu e(\nu\mu)$等衰变的能谱形变。此外，如果这类中性重轻子的质量不太大，而且其与标准模型粒子的混合比较大，它可以在宇宙早期大量产生，因而可以改变早期宇宙的演化历史和核合成。现还没有实验或观测证实中性重轻子的存在。（廖 玮）

中重核 medium-mass nucleus 质量数处于81～160之间的原子核。如^{107}Ag、^{118}Sn、^{129}Xe、^{140}Ce、^{156}Gd等。（任中洲）

中子 neutron 一种同质子（p）组成原子核的中性粒子。用n表示。英国实验物理学家**J. 查德威克**于1932年用α粒子轰击铍时发现。为此，他获得了1935年诺贝尔物理学奖。

基本参数 中子的质量比质子的质量略大，但相差很少。用原子质量单位u[1u=(1.660 540 2±0.000 001 0×10^{-27}千克)]和能量单位兆电子伏表示。它们的质量分别是：

$m_n=1.008\,665\mathrm{u}=939.565\,6$ 兆电子伏$/c^2$

$m_p=1.000\,727\,6\mathrm{u}=938.272\,3$兆电子伏$/c^2$

式中c为光速。中子和质子的自旋均为1/2。中子不带电，但有磁矩，其值可用核磁共振方法，通过与质子磁矩值进行比较测量出来。这样定出的值为：

$$\mu_n=1.910\mu_N$$

式中$\mu_N=e\hbar/2m_pc$叫核磁子，是核磁矩单位，e是电子电荷绝对值，$\hbar$是约化普朗克常数，m_p是质子质量。质子磁矩已知为：

$$\mu_p=2.793\mu_N$$

可见，中子磁矩相对于其自旋的方向与具有同样自旋的质子（可比拟成一旋转着的正电荷）磁矩方向相反。

发现意义 中子的发现对于认识原子核结构是一个关键，具有重大理论意义。中子发现之前，人们认为一个质量数为A、原子序数为Z的原子核应由A个质子和A-Z个电子组成。这一假说可保证原子核的质量和净正电荷具有应有的值。而且，核内存在带负电的电子还可起到抗衡质子间库仑斥力的黏合剂作用。但该模型遇到了两大困难。第一，假使核是由质子和电子组成，便无法解释许多原子核的自旋值。如果质量数为14，原子序数为7的氮核是由14个质子和7个电子组成，由于质子和电子都是自旋为1/2的粒子，21个粒子合成的自旋只能是1/2的奇数倍。但氮核自旋实验值为1/2的偶数倍。第二，根据W.K.**海森伯**的不确定度关系，当电子被局限到原子核大小的范围时，其动量会达到100MeV/c量级，相应的能量量级为100MeV。但实验上没有迹象表明核内存在这么高能量的电子。由β衰变核放出的电子，能量最大也只是兆电子伏量级。中子发现后不久，理论物理学家D.D.伊万年科和海森伯相继独立提出了原子核是由质子和中子组成的假说。这就不用再假设原子核中有电子存在。只要中子和质子的自旋都是1/2，便可圆满解释由它们组成的原子核的自旋。作为组成原子核的成分，中子和质子统称为核子。

中子核反应 中子与各种核碰撞时可产生两类过程：被散射或被吸收。散射可以是弹性或非弹性的。核吸收中子后，可把多余的能量以辐射的形式放出（称辐射俘获），也可引发瞬间放出某种粒子的核反应。重核吸收中子后会发生核裂变，同时放出两个以上中子，引发中子裂变链式反应。1942年**E. 费米**在美国领导建成了世界上第一个利用这种反应释放核能的反应堆。反应堆也是强大的中子源。反应堆和低能核物理中涉及的中子能量低，都是非相对论性的。动能E的表达式：

$$E=\frac{1}{2}m_nv^2=\frac{p^2}{2m_n}$$

m_n是中子质量；p是中子动量；v是中子速度，可改写为：

$$v=1.383\times10^{-11}\sqrt{E}\ 米/秒$$

相应的德布罗意波长$\lambda=\frac{h}{p}=h/\sqrt{2m_nE}$，可得出：

$$\lambda=2.860\times10^{-11}/\sqrt{E}\text{米}$$

利用中子波在物质中的衍射，可用来探测物质的结构。

中子在介质中运动时，被介质的原子核多次散射后，其能量会逐步和介质达到热平衡成为热中子。从中子质量可算出热中子的最可几速度v_m与介质绝对温度T的关系：

$$v_m=1.24\times10^2\sqrt{T}\text{ 米/秒}$$

室温（293开）时，v_m约为2.2千米/秒，相应的能量约为1/40电子伏。一般将能量在毫电子伏数量级以下的中子叫冷中子，在电子伏数量级左右的叫慢中子，千电子伏数量级左右的叫中能中子，百万电子伏数量级以上的叫快中子。中子的质量比质子的质量略大，它可通过β衰变变成质子，并同时放出电子和反中微子。自由中子β衰变的半衰期为14分45.7秒，比中子在物质中被吸收的平均时间长得多。这半衰期必须通过在真空中测量速度极小的冷中子衰变时生成的质子和电子的符合记数随时间的变化来推算。

高能核物理的实验和理论研究中，中子可看成是由一个上夸克及两个下夸克的三个组分夸克组成的强子。在量子色动力学（QCD）理论中，中子是包含一个上夸克和两个下夸克的三个价夸克的重子。

（黄祖洽）

中子电偶极矩 neutron electric dipole 衡量中子内部正电荷与负电荷分布的物理量。电偶极矩是负点电荷指向正点电荷的矢径$\boldsymbol{r}$和电量q的乘积。只有当正电量重心与负电量重心不重叠在同一位置时，中子电偶极矩才不等于零。从20世纪50年代开始，科学家就安排实验测量中子电偶极矩。经过使用热中子束、冷中子束和将超冷中子储存在冷阱内等多种实验，尚未发现中子电偶极矩的存在。劳厄-朗之万研究院的研究团队使用水银原子磁强计补偿磁场，于2006年获得中子电偶极矩上限为$|d_n|<2.9\times10^{-26}$电子电量·厘米（可信度90%）。

从理论上讲，如果中子存在内秉电偶极矩，则宇称对称性和时间反演对称性都会被破坏。时间反演（T）会逆反磁偶极矩的方向，不会改变电偶极矩的方向；空间反射（P）会逆反电偶极矩的方向，不会改变磁偶极矩的方向。假定CPT对称性正确无误，则电偶极矩的存在破坏了这些对称性。

（唐洪庆）

中子防护 neutron protection 减小或防止中子照射造成人体损伤的措施和办法。中子是一种穿透能力很强的间接电离粒子，可在人体组织中被慢化而沉积能量，同时产生次级带电粒子能够引起电离和激发，从而使肌体受到外照射损伤。中子防护的措施除了尽量缩短受照时间、尽可能远离中子源以外，还需对中子源进行有效的屏蔽。中子在物质中的减弱是一个复杂的物理过程，在其屏蔽计算时一般应考虑这些物理过程。

由于不同能量的中子同物质相互作用有不同的特点，因此应针对不同的中子能量采用不同的屏蔽方法。屏蔽热中子要用含吸收截面大、俘获辐射γ光子能量低的材料，如硼、锂以及它们的化合物等。屏蔽快中子时，首先需要用慢化能力强的材料将快中子的能量降低，然后再用吸收截面大、俘获辐射γ光子能量低的材料加以吸收。快中子慢化的主要过程对于重核及中重核是非弹性散射；对于轻核是同原子核发生弹性散射。对于一次弹性散射，靶原子核的质量越接近中子的质量，中子损失的能量也就越大。因此，屏蔽能量不很高的快中子最有效的元素是氢，通常采用的是含氢成分较多的水、石蜡、聚乙烯等轻材料。对于几兆电子伏以上能量的中子，可以用含重核或中重核的材料通过非弹性散射，使其能量迅速降低，然后再用含氢材料进一步使其慢化，最后被含硼-10（^{10}B）或锂-6（^{6}Li）材料吸收。因此，在规划屏蔽层的布局和确定屏蔽层厚度时，必须知道中子能谱及各类材料的不同中子能量的有关反应截面数据，并根据上述特点对屏蔽层填料做合理安排，根据某种理论模型进行数学运算。

对于中子的屏蔽，除了反应堆、高能加速器、克级以上锎-252（^{252}Cf）中子源需要进行较为复杂的精确计算外，一般小型的同位素中子源、中子发生器多采用较为简单的计算方法，如以实验为基础的分出截面法、张弛长度法、实验曲线法等。对于大型中子源，常用的屏蔽计算方法有双群法、多群法和移出扩散法等。

在中子辐射防护中，除了中子以外，还应当特别注意对γ辐射的防护。这是因为反应堆、加速器和很多放射性同位素中子源都伴有很强的γ辐射。在很多情况下，γ辐射的剂量当量大大超过中子的剂量当量。例如，镭-铍中子源的γ剂量当量率约比中子剂量当量率高50倍。即使是被认为γ剂量较少的镅-铍中子源，γ辐射剂量当量率也占总剂量当量率的百分之几十。

在使用放射性同位素中子源时，要严格防止放射性物质的泄漏。特别是使用镭-铍中子源时，应经常检查是否有氡气漏出。一旦发现有漏出，就应及时采取措施。

（戴雄新）

中子放射性 neutron radioactivity 不稳定原子核自发地发射出中子而发生的转变。该过程方程式可表示为：

$${}^{A}_{Z}X\rightarrow{}^{A-1}_{Z}Y+n$$

式中X表示母核，Y为子核，n为中子。已经发现一些丰中子的原子核具有中子放射性，如^{4}H、^{5}He、^{7}He、^{9}He和^{10}Li等。还发现一些更加丰中子的原子核具有双中子放射性，如^{5}H、^{10}He、^{13}Li和^{16}Be等。中子放射性的物理机理与质子放射性不同，中子出射是瞬发过程，不存在库仑位垒穿透过程。具有中子放射性的原子核通常半衰期极短。

（许 昌）

中子核反应 neutron induced nuclear reaction 中子与原子核相互作用引起的核反应。一般用n+X→α+Y或X(n, α)Y来表示。是研究核结构和核反应机制的重要手段之一。1932年发现中子后，对中子与原子核及中子和大块核物质的相互作用进行了广泛、深入的研究。在此基础上，核能应用得到迅速发展。同原子核物理学其他分支相比，中子物理同实际应用结合得更加紧密。中子不带电，不存在库仑势垒的阻挡，这就使得几乎任何能量的中子同任何核素都能发生反应。实际应用中，低能中子反应往往起着更加重要的作用。

中子核反应主要是研究中子反应截面随核素变化、中子反应截面随入射中子能量变化（激发曲线）、中子反应截面随产物的出射角度变化（角分布）、中子反应截面随产物能量的变化（能谱），以及反应截面随反应产物的角度和能量的变化（双微分截面）等内容。

根据入射中子能量的大小，中子核反应可分为热能区、共振区、快中子能区、中能区、高能区。

根据核反应类型，低能中子核反应大致有弹性散射（n,n）、非弹性散射（n,n′）、辐射俘获（n,γ）、裂变（n,f）以及（n,p）、（n,α）、（n,2n）、（n,3n）等几种。对于中高能中子核反应，还会包含发射更多粒子的反应过程，以及散裂反应、多重碎裂反应等。

通过实验测量可获得多种核反应数据。但由于受实验条件的限制，很多中子核反应数据要通过理论计算而获得。常用的低能和中能核反应理论模型有共振理论、光学模型、耦合道理论、直接反应理论、蒸发模型、豪泽尔-费希巴赫理论、预平衡理论、核内级联模型、量子分子动

力学模型等。（申庆彪）

中子慢化 neutron moderation 在无明显俘获的情况下，中子与介质核碰撞不断损失能量而减速的过程。中子慢化在热中子反应堆中是必须的。对于热中子反应堆来讲，慢化过程是一个非常重要的物理过程。在裂变反应堆中，裂变释放出的中子为快中子（平均能量约为2兆电子伏），而在以^{235}U和^{239}Pu为燃料的热中子堆中，因为热中子与^{235}U和^{239}Pu作用的裂变截面比快中子大得多，所以必须要把快中子变成热中子，让热中子去引发裂变。将快中子变成热中子主要靠中子与轻核慢化剂之间的弹性散射来降低中子的能量，当然重核的非弹性散射也有慢化作用，但对热中子堆来说，这一作用很小。

对反应堆慢化剂材料性能的要求是：①具有较大的中子散射截面，慢化中子能力强；②具有较小的中子吸收截面，吸收中子少；③与反应堆冷却剂材料及燃料（棒）包壳材料有良好相容性；④核辐照性能稳定。通常用慢化比$\xi\Sigma_s/\Sigma_a$来全面衡量慢化材料的性能。式中$\xi\Sigma_s$为慢化剂的中子慢化能力，ξ为中子平均对数能降，Σ_s为材料的宏观散射截面，Σ_a为材料的宏观吸收截面。

此外，固体慢化剂还要求传热性能好，结构强度高，抗腐蚀性能好，易于加工。液体慢化剂要求具有良好的传热性能和热稳定性，不腐蚀结构材料，熔点在室温以下，高温时具有低的蒸气压。

常用的慢化剂有纯净水、重水、铍、氧化铍、石墨等，纯净水的慢化能力比重水和石墨强，但重水和石墨的慢化比好于纯净水。（唐洪庆）

中子慢化长度 neutron slowing-down length 中子年龄（中子慢化面积）的二次方根。热中子慢化长度是裂变中子慢化到热中子的慢化面积的二次方根，与裂变中子从产生点到慢化至热能区上限时所在地点的平均直线距离成正比。（唐洪庆）

中子慢化理论 neutron slowing-down theory 研究反应堆内中子与介质原子核碰撞而不断减速过程的理论。在热中子反应堆中，核裂变主要由能量小于1电子伏的热中子引起，而核裂变产生的次级中子是快中子，其平均能量为2兆电子伏。因此，慢化过程在热中子反应堆内是一个非常重要的物理过程。中子与介质原子核的散射反应包括弹性散射和非弹性散射。在热中子反应堆内，中子慢化主要依靠弹性散射。

能量为E的中子与质量数为A的静止靶核弹性碰撞一次后能量变为E'，表示为：

$$E'=E[(1+\alpha)+(1-\alpha)\cos\theta]^{\frac{1}{2}}$$

式中θ为质心系散射角；$\alpha=[(A-1)/(A+1)]^2$，$0\leqslant\alpha\leqslant1$。经过一次碰撞后，中子能量在$\alpha E$和$E$之间。对于氢，$A=1$，$\alpha=0$，碰撞一次有可能损失全部能量。

假设在质心系内散射是各向同性的，则一次碰撞后中子的能量分布概率函数为$P(E')=1/[(1-\alpha)E]$，为常数。即碰撞后中子能量变为αE和E之间的任何值的分布概率是相同的。碰撞后的中子平均能量为$(1+\alpha)E/2$，一次碰撞后的平均能量损失为$(1-\alpha)E/2$。

反应堆内中子能量变化很大，达8个数量级。为方便起见，用勒变量（定义为初始中子能量与散射中子能量之比的自然对数）$u=\ln(E/E')$来描述中子碰撞前后的能量损失，碰撞后的中子能量损失对应于勒变量的增加。中子与质量数为A的原子核发生一次弹性碰撞时的平均勒变量的增量，即平均对数能降$\xi=1+\alpha/(1-\alpha)\ln\alpha$，与中子能量无关。

慢化剂的慢化能力除了与介质的平均对数降能ξ有关外，还与慢化剂核的散射概率（即介质的宏观散射截面Σ_s）大小有关，是二者的乘积$\xi\Sigma_s$。好的慢化剂除了慢化能力强之外，还要求其宏观吸收截面Σ_a小。通常定义慢化比$\xi\Sigma_s/\Sigma_a$来描述慢化剂的慢化效率。常用的慢化剂有水、重水、石墨等，水的慢化能力比重水和石墨强，但重水和石墨的慢化比高于普通水。

在无限介质内，裂变中子（平均能量约2兆电子伏）慢化到热能E_T所需要的平均时间称为慢化时间。描述慢化过程的另一个极为重要的量是慢化密度$q(r,E)$，它定义为r处每秒每单位体积内慢化到能量E以下的中子数。

通过非弹性散射的中子慢化在快中子反应堆中起着重要作用。在非弹性散射中，中子的大部分动能变成靶核内能，使核处于激发态，然后靶核通过发射射线返回到基态。（唐洪庆）

中子年龄 neutron age 表征介质对中子的慢化特性的一个重要参数。无限大无吸收的介质内的各向同性单能点源（能量为E_0）在空间r处所产生的能量小于等于E的中子注量率（或能量在E处的中子慢化密度）$q(E,r)$的二次空间矩平均值的1/6，即：

$$\tau(E)=\frac{\frac{1}{6}\int_0^\infty r^2\{4\pi r^2[r^2q(E,r)]\}\mathrm{d}r}{\int_0^\infty 4\pi r^2q(E,r)\,\mathrm{d}r}$$

式中r为由点源算起的直线距离。在反应堆物理中，中子年龄又称中子费米年龄，与中子在介质中的散射平均自由程和靶核的质量数有关。与自由中子的寿命（或半衰期）是两个概念，其量纲是长度的二次方，而不是时间单位。热中子年龄$\tau(E_T)$的物理意义是裂变中子自产生点慢化到热能上限（E_T）时所在点的直线距离均方值的1/6，也称慢化面积。它是用来确定中子慢化过程中有限大小热中子反应堆泄漏程度的一个重要的物理量。几种常用的慢化剂或典型堆的热中子年龄见表。

常用慢化剂或典型堆得热中子年龄表

慢化剂或典型堆	H_2O	D_2O	Be	BeO	石墨	压水堆	沸水堆	高温气冷堆
$\tau(E_T)$ /cm^2	26	131	102	100	368	约40	约50	约300

（唐洪庆）

中子散射 neutron scattering 当中子穿过物质时，中子与物质中的原子核发生相互作用，从而发生散射现象。中子具有波粒二象性，其波长由德布罗意方程给出：

$$\lambda=\frac{h}{mv}$$

式中h、m、v分别为普朗克常数、中子质量、速率。光和X射线散射的基本规律也适用于中子散射。根据中子与原子核作用的方式，既可以发生能量传递，也可以只发生方向改变。前者称作非弹性中子散射，后者称作弹性中子散射。

中子主要是与物质中的原子核发生相互作用，而不同原子核之间的中子散射截面差异很大，即使是同位素之间差异也很大。中子散射的这一特性经常被用来改变物质的衬度，即通过同位素取代来调节物质中不同组分的散射能力，实现选择性获得某一组分的散射信号及其对应的结构信息。同位素取代效应是中子散射的显著优点之一，因为同位素取代不会带来物质化学性质的改变。由于中子只与原子核作用，而原子核在物质中所占体积极小，因此中子具有很高的穿透性，适宜进行较厚样品内部结构的探索。

通常使用的中子波长在几个埃左右，对应的能量很低，基本对样品无损伤，因此对于易损伤的有机物体系非常适合。中子散射探测的尺度范围在1～10^2纳米级，是聚合物、胶体、复合材料等的理想研究工具。

相应仪器设备称作中子散射谱仪。一般建在大型中子科学中心，可以是散裂中子源，也可以是反应堆源。（邱 东）

中子散射分析 neutron scattering analysis 利用中子与靶核发生弹性散射或非弹性散射，研究靶物质组成和结构的分析方法。弹性散射过程中，n+X→X+n，反应能为零。入射中子n和靶核X的状态均不发生变化，因此中子在任何能量时都可与靶核发生弹性散射。在实验室坐标系中，与中重核及重核发生弹性散射作用后的中子主要是方向变化，但与轻核发生弹性散射作用后，由于靶核的反冲效应，致使中子的动能显著降低。如与质量数为1的氢核发生弹性散射作用后，中子的能量降低一半。在非弹性散射过程中，$n+X\rightarrow X^{*}+n'+Q$，反应能$Q<0$，入射中子n与靶核X发生非弹性散射作用后产生受激核X^{*}，而中子损失的能量为激发该核所需的能量。利用上述原理，有可能分析靶物质的组成和结构。（柴之芳）

中子输运理论 neutron transport theory 利用玻尔兹曼输运方程处理中子在介质内徙动问题的理论。研究中子群体在大块散射、吸收和增值介质中运动的精确方法。中子输运方程是一个含有空间坐标$r(x,y,z)$、中子能量E、中子运动方向$\Omega(\theta,\varphi)$和时间t七个自变量的微分－积分方程。要精确求解这一方程是十分困难的，通常采用近似的数值方法，例如球谐函数方法（P_n方法）、离散纵标方法（S_n方法）、积分输运方法对其近似求解，或用蒙特卡罗方法对中子在介质中的输运过程进行模拟。

中子输运理论主要用于核反应堆的研究和设计，是核反应堆设计的理论基础。求解某系统的中子输运方程，可以得到该介质内中子的空间、能量和运动方向分布随时间的变化。在稳态的情况下，可以得到介质内中子的空间、能量和运动方向分布。要进行这样的研究和计算，必须已知单个中子与多种核素发生碰撞的大量信息，即微观核反应［包括裂变反应、辐射俘获反应、弹性散射和非弹性散射及(n, 2n)、(n, 3n)、(n, p)、(n, d)、(n, α)等核反应］的截面、能谱和角分布数据。（唐洪庆）

中子探测 neutron detection 基于中子与物质原子核相互作用产生的次级带电粒子或γ射线，采用相应核辐射探测器，记录产生的次级带电粒子或γ射线而进行的中子探测。中子与探测介质原子核的相互作用有：产生带电粒子的核反应、产生带电反冲核的弹性散射、产生裂变碎片的核裂变、产生放射性核的中子辐射俘获等。常用的中子探测器有电离室、正比计数器、闪烁探测器、半导体探测器、核固体径迹探测器等。

中子探测方法　中子探测方法有核反应法、核反冲法、核裂变法、活化法、飞行时间法等。在核反应法中最常用的中子核反应有$n+{}^{3}He\rightarrow p+T+0.764MeV$［${}^{3}He(n,p)T$］、$n+{}^{6}Li\rightarrow\alpha+T+4.80MeV$［${}^{6}Li(n,\alpha)T$］、$n+{}^{10}B\rightarrow\alpha+{}^{7}Li+2.792MeV$［${}^{10}B(n,\alpha){}^{7}Li$］和$n+{}^{10}B\rightarrow\alpha+{}^{7}Li^{*}+2.310MeV$，通过反应产物的测量实现中子探测。核反冲法中最常用的是中子和氢的弹性碰撞，产生反冲氢或反冲质子。核反冲法一般主要用于快中子探测，通过记录反冲质子能谱，便可测定中子能量和中子注量或中子注量率。核裂变法是中子引起的重原子核裂变，裂变产生两个质量相近带电裂变碎片，通过记录裂变碎片来探测中子。活化法是原子核吸收中子或中子辐射俘获后，变成同一元素的另一种放射性核素，通过放射性核素活度测量可以探测中子。如果采用一组不同反应阈能的活化探测器，可以测量中子能谱。飞行时间方法是依据不同能量的中子飞过相同距离的飞行时间不同，由中子通过固定距离l的时间t的测量，获得中子速度和能量$E=\frac{1}{2}mv^{2}$，由测量的时间谱可以导出中子能谱。飞行时间法可以用于慢中子和快中子能谱测量。

中子与原子核的作用与中子能量密切相关，因此不同能量的中子探测方法不同，采用的探测器也不同。中子探测器可以分为慢中子探测器和快中子探测器。

慢中子探测器　用于慢中子探测的探测器有气体探测器、半导体探测器、自给能探测器、核固体径迹探测器、闪烁探测器、活化探测器、热释光探测器、慢中子飞行时间谱仪等。

慢中子气体探测器有BF_3正比计数管、${}^{3}He$正比计数管、硼电离室和裂变电离室。BF_3正比计数管和${}^{3}He$正比计数管分别通过${}^{10}B(n,\alpha)Li$反应和${}^{3}He(n,P)T$反应产生的α和Li与p和T在计数管内产生电离离子，经气体放大输出电信号，用于中子注量或注量率测量。硼电离室是在一个电极上涂浓缩${}^{10}B$，慢中子入射硼涂层由${}^{10}B(n,\alpha){}^{7}Li$核反应产物引起气体电离，记录电离电流测定中子注量率。裂变电离室是在电极上涂${}^{235}U$或${}^{238}U$或${}^{239}Pu$等裂变物质，中子入射到裂变涂层发生裂变，记录裂变碎片产生的电离，记录电离脉冲或电离电流。

慢中子半导体探测器包括${}^{6}LiF$夹心半导体探测器、${}^{3}He$半导体探测器、裂变半导体探测器等。${}^{6}LiF$夹心半导体探测器是两个金－硅面垒型半导体探测器中间夹一层${}^{6}LiF$薄膜。中子在薄膜上由${}^{6}Li(n,\alpha)T$反应产生α和T，分别被两个金－硅面垒型半导体探测器记录，两个输出相加的输出脉冲幅度正比于入射中子能量。${}^{3}He$半导体探测器是夹心式半导体探测器中间充以${}^{3}He$气体替代${}^{6}Li$，两个半导体探测器记录${}^{3}He(n,p)T$产生的T和p，输出相加的输出脉冲幅度正比于入射中子能量。裂变半导体探测器是在半导体金膜上蒸镀一层可裂变物质，测量由中子引起裂变的裂变碎片记录中子。

慢中子核固体径迹探测器有载B或Li核乳胶和外面包有B或Li或裂变物质的云母等固体径迹探测器。

慢中子闪烁探测器有含${}^{6}Li$或${}^{10}B$的ZnS(Ag)闪烁探测器、Li玻璃（$LiO_2\cdot 2SiO_2Ce$）闪烁探测器、LiI(Eu)闪烁探测器和载${}^{10}B$或${}^{6}Li$的液体闪烁体探测器等。

活化法是慢中子探测的一种常用方法，常用于慢中子探测的活化探测片有${}^{23}Na$、${}^{55}Mn$、${}^{59}Co$、${}^{113}In$、${}^{115}In$、${}^{164}Dy$、${}^{197}Au$等。

慢中子飞行时间谱仪通过测量中子飞过给定飞行距离的时间测定中子速度或能量。在飞行时间测量中，中子飞行的开始时刻电脉冲信号一般由机械斩波器给出，飞行的终止信号由快时间响应的闪烁探测器或半导体探测器或气体探测器给出，由开始和终止间的时间差得到飞行时间。慢中子飞行时间谱仪方法是测量中子能谱的常用方法。

最常用的热释光探测器是${}^{6}LiF$热释光探测器。它利用中子与${}^{6}Li$核反应产生的带电粒子的能量损失，沉积在探测器中能量导致热发光。

自给能探测器主要用于反应堆内的中子测量。如图所示，中子入射到位于探测器的铑（Rh）或钒（V）中心电极丝（发射体），中子辐照使中心电极丝活化发射β粒子，产生的β粒子通过亚毫米厚无机绝缘体材料层在收集极产生电流，输出电流

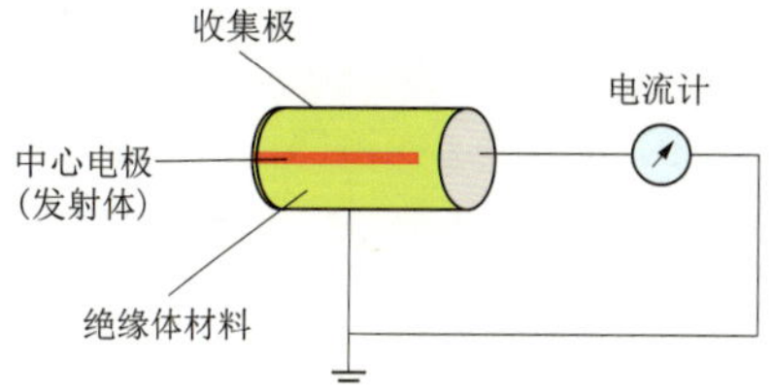

自给能探测器示意图

与β放射性活度或入射中子数成正比。这种探测器的信号电流全来自中心电极发射的β粒子，不需要外加电源，所以叫自给能探测器。探测器的外径是几个毫米，长度按需要从厘米到米。

快中子探测器　常用于快中子探测的探测器有气体探测器、半导体探测器、核固体径迹探测器、闪烁探测器、阈能探测器、慢化球探测器、飞行时间谱仪等。

用于快中子探测的气体探测器有含氢气体正比计数管、^{238}U或^{232}Th裂变电离室、长中子计数器等。含氢气体正比计数器主要用于中子注量或注量率和能量或能谱测量，一般是圆柱形结构，中心金属丝是阳极，圆柱形外壳是阴极，内充氢或甲烷或丙烷气体。入射中子与氢原子碰撞，氢原子核或质子发生反冲，计数器输出的反冲质子谱的最大幅度正比于入射中子能量，谱计数正比入射中子数。^{238}U或^{232}Th裂变电离室是在电离室电极涂^{238}U或^{232}Th，中子引起^{238}U或^{232}Th裂变，裂变碎片产生电离，输出脉冲电流正比于入射中子数。^{238}U和^{232}Th裂变中子阈能都是约1.1兆电子伏，^{238}U和^{232}Th裂变电离室主要用于大于1兆电子伏能量的快中子注量测量，而且可以在强γ辐射场中测量。长中子计数器是在BF_3正比计数管外包一定厚度和结构的聚四氟乙烯等含氢中子慢化材料，入射快中子在慢化层中慢化，慢化后的热中子由中心BF_3正比计数管记录。长中子计数器的探测效率及其随中子能量变化一般都预先用标准中子源刻度，14兆电子伏以下长中子计数器探测效率几乎不随中子能量变化。长中子计数器测量效率高，使用方便，是最常用的热中子到14兆电子伏快中子注量或注量率测量和快中子剂量监视器。

快中子测量的半导体探测器有反冲半导体探测器和裂变半导体探测器。反冲半导体探测器是在半导体探测器前放置含氢聚乙烯薄膜，快中子与薄膜中氢碰撞产生反冲质子由半导体探测器记录，由反冲质子谱获得中子能量或能谱和注量或注量率。半导体裂变探测器是在半导体探测器上涂^{238}U或^{232}Th膜，大于1兆电子伏的快中子轰击膜发生裂变，半导体探测器记录裂变碎片，测量快中子注量或注量率。

快中子探测的核固体径迹探测器有含氢核乳胶（如国产核-4乳胶）和塑料（如CR-39）固体径迹探测器，它们都含氢，快中子与氢的n-p散射产生的反冲质子形成径迹。

快中子探测的闪烁探测器有有机闪烁探测器、塑料闪烁探测器、液体闪烁探测器、气体闪烁探测器和ZnS（Ag）闪烁探测器等。蒽和芪晶体等有机闪烁探测器的闪烁体含有大量氢原子，快中子与氢散射产生反冲质子引起闪烁体的发光而被光电倍增管记录。有机闪烁体具有光输出高、时间响应快、有n-γ甄别性能等优点，但是具有难制成大体积晶体、易裂和光输出有方向等缺点，已被其他闪烁体替代。塑料闪烁探测器也是利用中子与氢散射产生的反冲质子，反冲质子引起闪烁体发光而被光电倍增管记录。塑料闪烁体具有能做得很薄、可制成任意形状、时间响应快等优点，是一种使用广泛的中子闪烁探测器，尤其在高能粒子物理实验中。液体闪烁探测器是含氢液体作为闪烁体的探测器，也是记录中子与氢散射产生的反冲质子进行中子探测。液体闪烁探测器能按需要做成各种形状、光输出较高、时间响应较快、具有n-γ甄别性能，是广泛使用的一种中子闪烁探测器。气体闪烁探测器中常用的是^{4}He气体闪烁探测器，快中子与^{4}He散射的反冲核^{4}He(α)在气体中产生荧光，由光电倍增管记录。探测器时间响应快，对γ射线的灵敏度很低，可在高γ射线本底环境进行中子探测。ZnS(Ag)闪烁探测器的闪烁体是ZnS(Ag)粉与有机玻璃粉合成，快中子与有机玻璃中氢散射产生的反冲质子，使ZnS(Ag)发光，由光电倍增管等记录。

阈能探测器用于热能到几十兆电子伏范围的中子能谱测量。中子与不同核素活化核反应阈值不同，阈能探测器是一组不同阈值并且均匀分布在测量中子能量范围的活化核反应的阈能探测器。例如，测量14兆电子伏以下的中子能谱可以采用下述核反应组合的阈能探测器：^{197}Au(n,γ)、^{75}As(n,γ)、^{237}Np(n,f)、^{238}U(n,f)、^{115}In(n,n′)^{115m}In、^{179}Hg(n,n′)^{179m}Hg、^{32}P(n,p)、^{32}S(n,p)、^{27}Al(n,p)、^{28}Si(n,p)、^{56}Fe(n,p)、^{27}Al(n,α)、^{63}Cu(n,2n)等。

慢化球探测器的原理与阈能探测器相同，不同的是探测器的阈能值根据需要可以任意选择。慢化球探测器又称为邦纳球探测器，由多个不同直径或厚度的含氢材料（聚乙烯等）的球壳组成，球壳中心是^{3}He、BF_3、^{6}Li、^{235}U等热中子探测器。球壳厚度不同，相当于不同的中子核反应阈能，一组不同厚度的慢化球探测器，好似一组不同阈能的阈能探测器。慢化球探测器主要用于热能到几十兆电子伏范围内的中子能谱测量和中子剂量的监测。

快中子飞行时间谱仪可以精确地测量快中子能谱。在快中子飞行时间测量中，中子飞行的开始时刻信号可由多种方法获得，由中子微通道板探测器、平行板雪崩探测器、闪烁薄膜与快光电倍增管构成的闪烁探测器等产生零时信号，由核反应伴随粒子测量给出零时信号，由加速器脉冲系统直接给出零时信号。飞行的终止信号由快时间响应的中子探测器给出，例如闪烁探测器、半导体探测器或气体探测器等。由开始和终止的时间差得到飞行时间和获得中子能量。增加飞行距离可以改善时间分辨率。中子飞行时间谱方法一直是测量中子能谱的一种主要方法，现在也逐渐扩展到原子物理学、化学、生物医学等方面。

（朱升云）

中子探测器　neutron counter　探测、记录中子的探测器。中子是电中性的，探测中子必须通过其次级效应。中子能量覆盖很宽的范围。能量小于1千电子伏的称慢中子，慢中子又分为冷中子（小于0.002电子伏）、热中子（0.025电子伏）、共振中子（1～1000电子伏）。能量为1千电子伏至0.5兆电子伏的称中能中子。能量在0.5～100兆电子伏范围的称快中子。能量为100兆电子伏以上的称高能中子。对不同能区的中子要选用不同的转换体，使中子的转换效率尽可能高，产生的次级粒子易于探测。几乎所有粒子探测器与中子转换体相结合，就构成各种中子探测器。

用于中子探测的方法主要有以下几种。

①核反应法。常用的有中子轰击硼-10（^{10}B）产生α粒子与锂-7和轰击氦-3（^{3}He）产生氢和氚核的反应。前者的热中子反应截面达3800靶恩（b，$1b=10^{-24}cm^2$），后者更高，大约为5300靶恩。它们在慢中子能量的宽范围内有很高的计数效率，并且效率与中子的速度成反比。常用的有氦-3正比计数管、涂硼多电极电离室、三氟化硼正比计数管和含硼硫化锌闪烁计数器等。另外，慢中子轰击锂（^{6}Li）产生氦和氚的核反应也常用于固体探测器，如锂玻璃闪烁计数器和掺锂碳化硅半导体探测器等。利用中子与钆作用生成内变换电子的核反应也有很好的效果。

②反冲法。利用中子与氢（质子）或其他轻核（氘核、氦核等）的弹性散射，记录反冲质子或带电反冲核。适用于快中子测量。典型的探测器如有机闪烁计数器、充含氢气体的正比计数管和电离室等。

③裂变法。慢中子和快中子俘获都能引起重核（如铀等）的核裂变反应，而且带电裂变碎片的动能可达100兆电子伏或更高，电离本领大。可利用这个过程进行中子探测，典型的探测器有裂变电离室等。

④激活法（活化法）。利用中子辐照物质产生的核反应产物的放射性（如与铟和金作用产生β射线等），通过记录β衰变的强度随时间的变化可得到中子强度（或中子通量），适合于测量高强度热中子和共振中子。利用在铟片外包有强烈吸收热中子的镉片的方法可分别得到共振中子与热中子强度。也常利用具有不同阈能的快中子核反应的活化产物作为快中子阈探测器。但这种方法只能测量中子的累积强度或相对强度。一些新技术如高灵敏锂玻璃慢中子闪烁计数器、中子-γ射线联合探测、中子-γ射线甄别技术、对热中子特别灵敏的硅酸钆晶体、氟化锂薄膜半导体探测器，以及基于活化法的"自给能"探测器等都有快速发展。

中子探测器广泛用于核能利用、中子物理、原子核物理、高能物理，以及军事和国民经济的许多领域如石油测井、中子治癌、中子衍射固体结构分析和矿物活化分析等。21世纪初，在中国广东已经建成以散裂中子源为主体的中子研究与应用平台。（谢一冈）

中子物理 neutron physics 研究中子基本性质、中子与物质相互作用、中子产生、中子探测技术以及中子应用的学科。原子核物理学的一个分支。中子基本性质的研究包括中子的大小和质量、中子自旋、自由中子寿命、中子电荷、中子电偶极矩和中子磁矩等的高精度测量。

中子与物质相互作用分为微观和宏观两大类，分别属于微观中子物理和宏观中子物理两大范畴。微观中子物理以研究中子与原子核之间相互作用的微观物理过程及其表述的物理量为基本内容。中子与原子核之间相互作用的微观物理过程主要有弹性散射和非弹性散射、核裂变、辐射俘获、(n, 2n)、(n, 3n)、(n, p)、(n, d)、(n, α)等。其表述量除反应Q值外，相应的中子反应截面包括：全截面、弹性截面、非弹性截面、裂变截面、中子辐射俘获截面、次级中子微分和双微分截面及(n,2n)、(n, 3n)、(n, p)、(n, d)、(n, α)截面，以及反应出射粒子的能谱和角分布等。对于裂变反应，其表述量还有裂变产物产额、裂变瞬发中子能谱、平均裂变瞬发中子数及其分布、缓发中子等。中子不带电与核外电子几乎没有作用，而与原子核发生强相互作用。由于没有库仑势垒，极低能量的中子也能进入原子核，发生核反应。宏观中子物理研究中子在大块物质（即宏观介质）中的输运过程，涉及中子与物质中原子核的碰撞、散射、慢化和扩散等。

自然界中不存在自由中子，需通过核反应产生，产生中子的装置叫作中子源。主要有三类中子源，即放射性中子源、反应堆中子源和加速器中子源。加速器中子源是通过带电粒子与靶核的核反应得到的，常用的产生单能中子的核反应有：$T(p,n)^3He$、$^7Li(p,n)^7Be$、$D(d,n)^3He$、$T(d,n)^4He$等反应；还有通过高能强流质子打重靶产生高强度的、能量连续的散裂中子源。

由于中子不带电，与物质不发生电离作用，很难探测，需要通过中子引起的核反应、核散射来探测中子。常用来探测中子的核反应有：$^3He(n,p)T$、$^6Li(n,t)^4He$、$^{10}B(n,\alpha)^7Li$以及^{235}U、^{238}U裂变等；常用来探测中子的核散射主要是n-p散射，通过测量中子引起的反冲质子来达到探测中子的目的。根据上述核反应已建立了多种形式的中子探测器，例如，^3He正比计数器，^6Li玻璃探测器，BF_3正比计数管，^{235}U、^{238}U裂变室等；根据核散射建立的中子探测器主要有含氢正比管、液体闪烁体、塑料闪烁体等。此外，还有可用于中子探测的核乳胶、固体径迹探测器等。

中子和中子物理有着广泛的应用。首先，中子能引起铀和钚核的裂变，并且一次裂变能放出两个以上的中子，能形成链式裂变反应，可持续地放出大量的核裂变能，其中中子是核能应用的关键。核裂变能是一种清洁能源，没有大气污染，基于核裂变能的核电站在世界能源中已占有一定份额。核武器则是核能利用的另一种方式。除核能和核武器外，中子的其他应用主要有下述两大方面：①利用中子散射技术研究凝聚态物质、大分子聚合物和大生物分子等的结构和性质，已成为材料科学、生命科学、纳米科学等众多学科前沿研究的重要手段。②中子技术已广泛应用于工业、农业、医学、环境和国防等领域，例如放射性同位素生产、中子掺杂、中子辐照育种、中子测水、中子测井、中子俘获治癌、中子照相、中子活化分析等。（唐洪庆）

中子衍射 neutron diffraction 中子通过晶态物质时发生的衍射现象。这里中子的波长范围为10^{-10}～10^{-9}米。中子不带电荷，但具有磁矩。原子对中子的散射有原子核的散射（核散射）和原子磁矩的散射（磁散射）两种机制。中子衍射是研究晶体结构和磁结构的重要手段。

原理与分类 中子（核散射）晶体结构分析的原理与X射线结构分析的基本相同，差别仅在于散射体。X射线的散射体是电子，因此原子的X射线散射长度与其原子序数成正比。这使得较轻原子特别是氢原子的位置不易精确确定，元素周期表上的近邻原子不易区分。核散射是一复杂的核过程。原子的中子散射长度各不相同，且无规律可循，因此可精确测定较轻原子，特别是氢原子的位置。这对于某些生物或化学样品的结构分析非常重要。中子衍射易于区分元素周期表上近邻原子，这对于某些近邻原子合金的结构研究有重要意义。在晶体结构分析领域，中子弥补了X射线的一些不足。

中子磁散射的散射体是未配对的电子形成的磁矩。原子对中子的磁散射长度是一矢量，因此磁散射能够测定原子磁矩的大小和方向。中子衍射是直接测定磁结构的唯一手段。

与X射线不同，中子能识别同一种元素的不同的同位素。这一特点在某些研究中有独特的作用，如在生物样品的小角散射研究中，利用氘化技术有助于得到更多的结构信息。

中子具有极强的穿透力，因此在中子衍射实验中很容易使用高温、低温以及高压等容器。一些大型机械构件可完整地进行中子衍射实验，无破坏地研究其疲劳损伤的程度。

仪器设备 用于中子衍射研究的谱仪主要有三种：①粉末衍射仪。利用粉末样品进行晶体结构和磁结构研究。②单晶衍射仪。利用单晶样品进行晶体结构和磁结构研究。③小角散射谱仪。用于空间尺度在10^{-9}～10^{-6}米范围内的原子、分子团簇的大小、形状等结构特性和磁结构的研究。中子小角散射广泛应用于材料科学、生物物理和结构生物学、高分子聚合体以及凝聚态物理等领域。

中子源 用于中子衍射研究的中子源主要有两种：反应堆中子源和散裂中子源。反应堆中的裂变反应能产生连续稳定的中子束。散裂中子源是基于加速器的中子源，经加速器加速的质子轰击重金属靶可产生脉冲中子。这两种中子源的规模都很大，且技术复杂，造价昂贵。这也是影响中子散射研究广泛开展的原因之一。与X射线特别是同步辐射光源的强度相比，中子通量偏低，使得中子衍射实验周期较长，所需样品较大。

两种中子源的中子束特性不同，实验技术也不同。反应堆谱仪与X射线谱仪采用相似的实验技术：将利用单色器得到的单色中子入射到样品上（单晶样品需要先调整晶面取向），利用探测器进行角度扫描收集散射到各个角度的中子。散裂中子源谱仪采用的是飞行时间技术，即在探测器位置保持不变的条件下，利用测量中子从样品到探测器的飞行时间来标定中子的波长。这里变化的是波长。利用粉末样品，每支探测器得到的都是一支中子衍射谱。单晶衍射仪的探测器需要覆盖一定的区域，得到的是劳厄相。

1936年发现了中子的波动性，但中子衍射是在1945年反应堆技术成熟后才得以实现的。随着反应堆在世界各地的兴建以及散裂中子源的发展，中子衍射作为多学科的研究手段得到了长足的发展。

（张泮霖）

中子衍射分析 neutron diffraction analysis 利用中子衍射作用测定物质结构和组成的分析方法。

原理 中子衍射一般指德布罗意波长为10^{-8}厘米左右的中子（热中子）通过晶体物质时发生的布拉格衍射。中子衍射的基本原理与晶体的X射线衍射十分相似，不同之处在于：①X射线是与原子核外的电子相互作用，而中子则是与原子核发生作用，因此X射线衍射的强度与原子序数Z成正比，而中子则不随Z值单调变化。这样中子就特别适合确定点阵中轻元素的位置，如蛋白质结构中氢原子的位置。中子衍射还可区分Z值邻近元素的位置。②对同一元素，中子可区别其同位素，如可区分氢和氘。③中子具有磁矩，能与原子磁矩相互作用而产生中子特有的磁衍射。借此可分析磁性材料点阵中磁性原子的磁矩大小和取向，因而中子衍射是研究材料磁结构的重要分析方法。④一般情况下，中子在物质中的穿透性比X射线高，因而更适用于研究需在低温、高压等条件下保存在厚容器中的材料的结构。

方法 中子衍射分析的方法大体与X射线衍射分析的方法相似。中子衍射仪有多种类型。简易的有二轴中子衍射仪，以及利用不同波长的中子具有不同速度的原理建立的飞行时间中子衍射仪（见图），需要后者使用加速器产生的强脉冲中子源。

应用 中子衍射分析主要用在固体物理、生命科学和材料研究等领域中。①晶体材料中轻元素的定位，如各种无机碳、

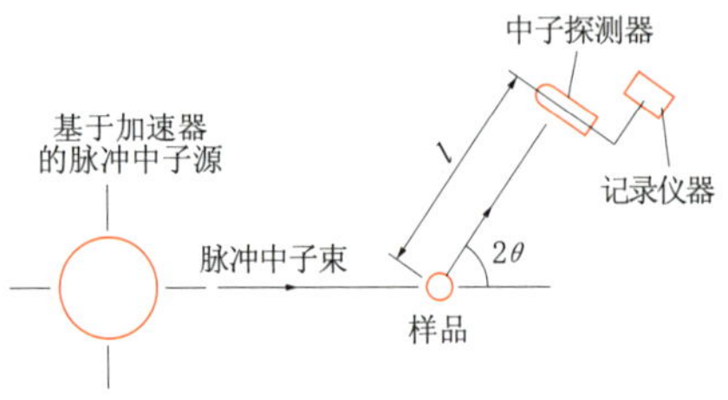

飞行时间中子衍射仪示意图

氢、氧化物中轻元素的定位。②蛋白质等生物大分子的结构研究，如氨基酸、维生素B_{12}、肌红蛋白、脱氧核糖核酸（DNA）等的结构测定。③由近邻元素组成的合金的、有序度的研究，如Fe-Co、Fe-Co-V、Ni-Cr等合金。④磁结构研究。用中子衍射研究磁结构的最早工作是测定液氮温度下MnO的反铁磁结构。现已应用于各种反铁磁体、尖晶石型铁氧体、石榴石型铁氧体、稀土及其合金等各种磁性材料的磁结构研究。⑤结构相变、择优取向、晶体形貌、位错缺陷及非晶态等研究。

中子衍射分析方法需要高强度中子源，世界上已有和正在建造的强中子源的中子通量可达10^{15}～10^{16}中子/(厘米^2·秒)。

（柴之芳）

中子源 neutron source 能够产生**中子**的装置。由于自由中子是不稳定的，平均寿命只有约15分钟，无法长期储存，使用中子时需要用适当的方法产生中子。主要有三种形式的中子源。

放射性同位素中子源 包括(α,n)和(γ,n)两种核反应形式的中子源和自发裂变中子源。前者利用放射性同位素发出的α粒子与铍-9进行的核反应（$^{9}Be+\alpha\rightarrow{}^{12}C+n+5.701$兆电子伏）产生中子，常用的有Am-Be、Pu-Be、Ra-Be、Po-Be中子源等。(γ,n)中子源利用放射性核素衰变放出的γ射线引起核反应来产生中子，如^{24}Na-Be源、^{124}Sb-Be源、^{24}Na-D源等。这些源产生的中子是非单能的快中子，前者的中子能量为兆电子伏量级，强度一般小于10^8个中子每秒；后者为几十到百千电子伏量级，强度一般小于10^6个中子每秒。自发裂变中子源则依靠核素的自发裂变来产生中子，如^{252}Cf中子源。其中子能谱是裂变谱，强度与所用自发裂变材料多少有关，每克^{252}Cf每秒能产生2.3×10^{12}个中子。这些源的优点是体积小、制备简单、使用方便。

加速器中子源 利用加速器加速的带电粒子轰击适当的靶核，通过核反应产生中子。最常用的核反应有$T(d,n)^{4}He$、$D(d,n)^{3}He$、$T(p,n)^{3}He$、$^{7}Li(p,n)^{7}Be$等，它们能在10千电子伏～8兆电子伏和13～18兆电子伏的能区内提供较强（最强可达每秒·球面度10^{11}个中子）的单能中子。其靶核、弹核互换反应，例如$H(^{7}Li,n)^{7}Be$，也能产生单能中子。$T(d,n)^{4}He$和$^{7}Li(p,n)^{7}Be$反应还能在18兆电子伏以上能区提供准单能中子。这些中子源一般可以在低能加速器上得到。能量连续的中子源（俗称白光中子源），可用能量大于100兆电子伏的电子加速器和1吉电子伏左右的质子加速器得到。前者通过高能电子在物质中产生韧致辐射，然后再通过(γ,n)反应产生中子；后者通过高能质子的散裂反应直接产生中子，强度可分别达到10^{14}个中子每秒和10^{16}个中子每秒。这类加速器一般都有脉冲调制，可成为脉冲中子源，通过飞行时间法标定反应出射中子的能量。这两类加速器中子源可分别覆盖几兆电子伏和几百兆电子伏以下的中子能区。加速器中子源不仅可在很宽的能区内提供单能或连续能量的中子，而且其强度比放射性同位素中子源大得多。由于高能强流质子加速器可以得到强度很高的热中子、冷中子和超冷中子，而且可以脉冲化，因此在中子散射和超冷中子的应用方面，其重要性已与核反应堆并驾齐驱，甚至在某些方面还优于核反应堆。

核反应堆中子源 裂变反应堆可产生大量中子（中子通量密度可达10^{14}个中子每秒·平方厘米以上），其能量是连续分布的：在快堆中中子能谱很接近描述核裂变中子的麦克斯韦分布，在热堆中中子能谱偏软一些。采取一些措施，可获得不同能量的中子束。例如，采用铁过滤器，可以得到24千电子伏的单能中子；采用长达几米的石墨棱柱，可以得到镉比很高的热中子束；采用机械速度选择器和晶体衍射法，可以得到所感兴趣能量的单能中子；采用低温慢化剂还可以得到冷中子和超冷中子。一般通过反应堆的垂直孔道进行中子辐照实验，利用反应堆的水平孔道将中子引出，进行各种各样的物理实验。地球上最强的中子源应是核爆中子源，1945年美国投向日本长崎的2万吨TNT当量的钚弹的中子强度就达10^{24}个中子每秒以上。另外，在地球上也还存在非人工产生的中子。例如，在大气层中由宇宙线（主要是μ子）与大气物质原子核散裂反应产生的中子；在地壳中铀、钍自发裂变产生的中子，其强度很低，但对中子测量构成本底。

中子源在物理、工程、医药、核武器、石油勘探、生物、化学、核动力和其他工业中有着广泛应用。（唐洪庆）

中子注量 neutron fluence 在给定的时间间隔内，进入以该点为中心的小球体的中子数目除以该球体的最大截面积所得的商。对于定向中子，中子注量就是在与中子运动方向垂直的平面上单位面积所通过的中子数，亦即对**中子注量率**在该测量时间段的积分。（唐洪庆）

中子注量率 neutron fluence rate 在空间一定点上，单位时间内接收到的以任何方向进入以该点为中心的小球体的中子数目除以该球体最大截面积所得的商。在反应堆物理中称为中子通量密度。对于定向中子，中子注量率就是在与中子运动方向垂直的平面上单位面积、单位时间所通过的中子数，单位是n/(cm^2·s)。中子注量率的测量是中子物理和反应堆物理及其应用不可避免的一个重要环节。由于中子不带电，不能使物质直接产生电离，通常要通过它与物质原子核发生作用产生带电粒子或产生放射性剩余核来实现。这些相互作用有核反冲、产生带电粒子的核反应、核裂变和活化等。核反冲则主要是中子引起的氢核反冲（俗称反冲质子或n-p散射），因为n-p散射截面已精确知道，因此通过测量反冲质子，能精确得到中子注量率。基于反冲质子法测量中子注量率的装置主要有含氢正比计数管（用于0.1～1.5兆电子伏中子）和反冲质子望远镜（用于1.5～20兆电子伏中子）。基于产生带电粒子核反应的方法，最常用的有$^{10}B(n,\alpha)^7Li$、$^6Li(n,\alpha)T$、$^3He(n,p)T$等反应。基于核裂变的方法，用得最多的是^{235}U、^{238}U裂变室。^{235}U裂变室多用于热中子注量率测量。因^{238}U是有阈裂变，对阈下中子不灵敏，受散射中子影响小，所以多用于测量6兆电子伏以上的中子。活化法较为简单，用得较多。例如，利用$^{197}Au(n,\gamma)^{198}Au$反应来测量热中子注量率，用$^{56}Fe(n,p)^{56}Mn$和$^{27}Al(n,\alpha)^{24}Na$等反应来测量14兆电子伏中子强度，最早使用的锰浴法实际上也属于活化法，通过测定中子活化生成核^{56}Mn的γ放射性来绝对测定中子源的强度，测量误差小于1%。常用此法来测定作为标准的Ra-Be、Am-Be中子源的绝对强度。

除了上述测量中子注量率的方法外，还可利用产生中子的核反应的特殊性质来测量中子注量率。常用的方法有两种：①伴随粒子法。例如，在T(d,n)α反应中，因为中子和α粒子是一一对应且发射角度是关联的，因此可通过伴随产生的α粒子的测量得到该反应的中子数。②测量反应剩余核的放射性。例如，在$^7Li(p,n)^7Be$反应中，反应剩余核^7Be是放射性的，在衰变过程中放出能量为0.478兆电子伏的γ射线。绝对测定其强度，就可确定反应剩余核的数目，从而得到放出的中子数目。

（唐洪庆）

肿瘤细胞生物物理 biophysics of cancer cells 应用物理学的概念、理论和方法，研究肿瘤细胞的产生、发展、转移、胞内分子的调控和信号通路、在宏观和微观环境中与各种物质之间的相互作用，以及相关肿瘤疾病诊断和治疗等过程中的物理现象和物理规律的学科。是一门新兴的多学科相融合的交叉学科。在实验方面，利用物理学的技术和方法研究肿瘤细胞的各种特性和结构。如用原子力显微技术和光镊技术研究各种肿瘤细胞表面超微结构成像和生物力学特性；用功能化纳米材料和微流控芯片技术研究如何对各种肿瘤细胞进行分离。在理论方面，利用物理学的概念和理论对肿瘤细胞进行研究。如建立肿瘤细胞的生长模型；建立各种基因调控机制和信号通路模型，从基因表达和调控的层次揭示与肿瘤细胞生长、发育、转化、转移或侵染、治疗相关的内在关联。

（贾 亚）

重费米子 heavy fermion 在一类特殊的金属间化合物中，由于电子之间的强关联效应，导致低温下具有很大有效质量的准粒子激发态。又称重电子。其有效质量可以比自由电子质量大两三个量级。这类材料被称为重费米子材料。重费米子材料一般为包含f电子的铈（Ce）、镱（Yb）、铀（U）等镧系或锕系元素的金属间化合物（如$CeCoIn_5$、$YbRh_2Si_2$、UPt_3、$PuCoGa_5$等），也有少量的过渡金属化合物（如LiV_2O_4、$CaCu_3Ir_4O_{12}$等）。由于自旋、轨道、电荷等多自由度的相互纠缠以及电子之间因电和磁相互作用而导致的关联效应，重费米子材料呈现出非常丰富的奇异量子效应，如非常规超导电性、量子临界现象、非费米液体行为等，但还缺乏统一认识，有待实验和理论的进一步探索。

理论基础 重费米子物理的核心是f电子局域与巡游两种趋势的竞争。重费米子材料中的f电子由于很强的库仑相互作用，电荷涨落被抑制，形成局域磁矩。这些局域磁矩与巡游的导带电子之间存在反铁磁交换相互作用，这又诱导了局域磁矩之间的磁交换相互作用。在低温下，两种作用的竞争导致了两种相反的物理趋势：前者驱动导带电子对局域磁矩发生屏蔽，产生巡游重电子，形成非磁性的费米液体基态；后者则倾向于驱动局域磁矩形成磁性长程序。在压力、磁场、掺杂等外界调控下，重费米子体系在两种基态之间转变，在零温相变点附近导致丰富的量子物态与量子临界现象，不能用传统的朗道相变理论描述。在有限温度下局域磁矩只被部分屏蔽，未屏蔽的局域磁矩形成自旋液体，与屏蔽产生的巡游重电子两种流体共存，呈现出奇异的二流体行为，以及随温度演化的普适标度律。

历史发展 1975年，科学家首次在$CeAl_3$中观测到重费米子现象。在温度0.2开之下，$CeAl_3$呈现出典型的费米液体行为，其比热正比于温度，电阻率与温度的平方成线性关系，但是比热系数（比热/温度）却高达1620毫焦/（摩尔·开^2），是常规金属的上千倍，如铜的比热系数为0.69毫焦/（摩尔·开^2）。根据L.D.朗道的*费米液体理论*，比热系数正比于准粒子的有效质量，表明$CeAl_3$中重电子的有效质量高达自由电子质量的上千倍。

1979年又在$CeCu_2Si_2$中观测到重费米子超导，超导源自重电子的配对，无法用基于电子-声子耦合的传统超导理论解释。考虑到重费米子材料中存在局域磁矩，这一发现突破了先前普遍认为的超导与磁性不能共存的观念，打开了非常规超导研究的大门。已发现超过50个*重费米子超导体*，其中超导往往出现在竞争序的边界，如反铁磁或铁磁长程序、电四极矩序等，两者之间存在复杂的共存或竞争关系。

此外，重费米子材料中还陆续发现了众多其他的奇异量子态，如URu_2Si_2中所谓的隐藏序（尚未知其序参量），$CeCoIn_5$中强磁场诱导的奇异的超导/磁性共存态（被称作Q相），$PrOs_4Sb_{12}$等材料中的电四极矩序，UPt_3中的自旋三重态超导等，其物理根源都有待深入研究。

（杨义峰）

重费米子超导体 heavy fermion superconductor 由重费米子材料形成的超导体。重费米子主要存在于镧系和锕系金属间化合物中，其局域的f电子和巡游电子通过近藤效应杂化而导致电子有效质量大幅增加，可高达自由电子的上千倍，重费米子因此而得名。重费米子化合物是一类典型的强关联电子体系。1979年德国物理学家F.斯太格利希教授首次在重费米子金属$CeCu_2Si_2$中发现超导，这也是第一个与磁性紧密相关的非常规超导体。至今科学家们已经发现了40余个重费米子超导体，主要存在于铈基、铀基以及镨基等重费米子材料中，其中有相当一部分重费米子超导是通过压力诱导产生的。

重费米子超导体的转变温度普遍较低，大部分都低于2开尔文，但$PuCoGa_5$的超导转变温度仍高达18开尔文。重费米子超导的微观物理机制尚待进一步研究。由于其电子有效质量大，费米温度远低于德拜温度，因而重费米子超导不太可能通过常规的电-声子相互作用而产生配对。另一方面，重费米子体系的基态能量尺度较低，很容易通过压力和磁场等外界参量进行调控。重费米子超导体的电子相图与铜基和铁基高温超导体类似，超导通常出现在反铁磁量子临界点附近，但亦有远离磁性量子临界点的，如β-$YbAlB_4$中的超导相。由于量子涨落效应，电子比热会在量子临界点附近可能表现出发散行为，并产生熵的积聚，这些积聚的熵通常以形成超导等长程序而得以释放。相比其他高温超导体，重费米子超导表现出更丰富的性质，其超导可以出现在反铁磁、铁磁、变磁、电多极矩序以及电子价态等多种临界点附近。相应地，已提出了不同的超导配对机制。实验还表明，重费米子超导可以与其他量子序（如反铁磁序）微观共存或者竞争。

由于极低温和高压等实验条件的限制，重费米子超导序参量的研究还比较少，且主要集中在热力学等宏观性质的测量。此外，部分重费米子超导体的序参量对称性仍很有争议。实验表明，重费米子超导体表现出多种形式的超导配对态，如自旋单态、自旋三重态或这两者的混合态，具有比其他超导体系更丰富的性质。

（袁辉球）

重核 heavy nucleus 质量数大于160的原子核，如^{197}Au、^{200}Hg、^{208}Pb、^{232}Th、^{235}U、^{238}U、^{244}Pu。日常生活中，金、汞（俗称水银）和铅的原子核是重核。原子能工业中的钍、铀和钚的原子核也是重核。有的重核会发生α衰变或裂变，放出能量。质量数特别大的重核有时也叫超重核，如质量数大于260的原子核，^{265}Bh、^{270}Ds、^{288}Fl、^{292}Lv等。

（任中洲）

重夸克 heavy quark 标准模型中存在的质量在吉电子伏/c^2以上的三种夸克。标准模型认为存在六种夸克（原则上可以更多），即u、d、s、c、b、t夸克。由于夸克不能独立存在，无法像测量质子、中子那样测量夸克的质量，但根据它们构成的强子质量和参加反应所涉及的能量，可以大致决定这些夸克的质量范围。将这六个夸克分为两组，u、d、s为轻夸克，c、b、t为重夸克。轻夸克的质量在10～100MeV/c^2（数量级），c夸克质量大约在1.5GeV/c^2，b夸克质量在4～5Gev/c^2，t夸克的质量为176GeV/c^2。由重夸克构成的强子称为重强子，如J/ψ、Υ、D、B、Λ_c、Λ_b等。由于它们比较重，相对论效应相对较小，可用势模型较好地计算重强子能谱。对重夸克和重强子的研究是从丁肇中发现J/ψ矢量粒子开始的。此外，由于t（顶）夸克太重，它的寿命很短，因而不可能构成强子态。

（李学潜）

重夸克偶素理论 theory of heavy quarkonium 基于量子色动力学研究重夸克偶素的质量谱及其产生和衰变的规律，理解相关的量子色动力学微扰及非微扰性质的理论。与重夸克偶素理论相关的概念有：量子色动力学（QCD）、格点量子色动力学、QCD因子化、重夸克偶素、粲偶素、底偶素、重夸克有效理论、势模型、（X,Y,Z）强子。

重夸克偶素的特性 重夸克偶素是由一个重夸克和一个相同味道的反重夸克在强相互作用下构成的束缚态，包括粲夸克偶素和底夸克偶素。描述重夸克偶素的基本理论是QCD。重夸克的质量远大于QCD中的典型非微扰能量标度Λ_{QCD}，因而重夸克偶素的产生和衰变过程要受微扰效应支配。但由于重夸克偶素中重夸克的束缚能与Λ_{QCD}可比拟，重夸克偶素的产生过程和衰变过程及其质量谱中又都含有重要的非微扰效应。

重夸克偶素的质量谱 原则上格点量子色动力学可以从QCD第一原理出发，通过数值模拟严格求解出重夸克偶素的质量谱，该领域已取得较大进展。但由于重夸克质量较大，要求格点计算时的格距很小，导致计算量相当庞大。此外，格点上计算高激发态质量谱时，需要先减除基态及低激发态的贡献，这将导致信号变弱而难于求解。

QCD求和规则从夸克、胶子与强子之间的对偶性出发，考虑微扰和非微扰真空凝聚的效应，也可以计算重夸克偶素的质量，该方法虽然可以较容易计算出基态的质量，但很难得到激发态质量。

计算重夸克偶素质量谱的另外一个办法是利用势模型。在势模型中，包含了代表色禁闭效应的线性势和代表单胶子交换效应的库仑势，通过求解薛定谔方程可以得到基态和激发态的质量谱，且理论预言能较好地描述实验测量结果。在此基础上，通过引入动能和势能的相对论修正项以及耦合道效应，势模型可以得到更加精细的理论预言。但势模型在理论上与QCD第一原理没有直接关系，因而很难定量估计其理论误差。

重夸克偶素产生理论 重夸克偶素在强子对撞机和正负电子对撞机及其他实验的产生过程中，微扰效应和非微扰效应同时起作用，这两种效应可以通过QCD因子化的方法被分离。分离后，微扰效应部分的描述在短距离一对正反重夸克的产生，可以由微扰QCD计算得到；非微扰效应部分描述在正反重夸克对如何在长距离上通过强子化转化为重夸克偶素，可以定义为与过程无关的普适量。这些普适量的值可以通过格点量子色动力学、势模型等计算得到，或者通过某些产生过程拟合得到，而得到的值可用于预言其他的产生过程。这正是因子化方法的预言能力所在。通过对各种正反重夸克对中间态贡献大小的假设，可以导致不同的因子化方法。

在20世纪70年代第一个重夸克偶素J/ψ粒子发现后不久，提出了色单态模型和色蒸发模型。色单态模型假设只有与重夸克偶素具有相同量子数的中间态才对重夸克偶素产生有贡献。色蒸发模型则假设任意量子数的中间态对重夸克偶素的产生都有相同的贡献。色单态模型和色蒸发模型图像清晰，实现起来也较容易，对早期实验的理解提供了重要的理论工具。但色单态模型在理论上并不完备，导致微扰效应和非微扰效应无法完全分离，微扰系数计算会出现红外发散；另一方面，随着实验精度的进一步提高，发现色单态模型和色蒸发模型均与实验之间存在一些难以化解的矛盾。

20世纪90年代中期，提出了非相对论量子色动力学因子化理论。在该有效理论中，任意量子数的中间态对重夸克偶素产生都有贡献，但每个量子数贡献大小与重夸克的速度标度密切相关，满足非相对论量子色动力学中的速度展开律。相比于色单态模型和色蒸发模型，该理论无论从理论上还是唯象学上都取得了更大的成功。特别是利用其色八重态机制，实现了红外发散相消，并对J/ψ和ψ(2S)超额产生问题提供了新的理解。但非相对论量子色动力学因子化理论依然存在一些问题，包括非微扰矩阵元的普适性和极化疑难等。此外，因子化依然没有在微扰论框架下得到严格的证明。

重夸克偶素衰变理论 重夸克偶素的衰变主要分为两类：第一类是湮灭衰变，即正反重夸克对湮灭为胶子或光子，或再进一步转化为轻夸克或轻子，典型的过程如J/ψ衰变为轻强子或正负电子对；第二类是跃迁衰变，此时正反重夸克均不衰变，但其构成的重夸克偶素的状态发生改变，典型的过程如J/ψ通过电磁跃迁衰变到η_c并放出光子。

对于正反重夸克湮灭衰变，其过程发生在时空的一个很小区域，由大动量交换的微扰效应支配；而正反重夸克在重夸克偶素中的分布是由非微扰效应决定的。故湮灭衰变的物理图像与重夸克偶素产生过程类似，同时存在微扰效应和非微扰效应。因此，部分湮灭衰变过程可以利用非相对论量子色动力学因子化理论来处理，而有些衰变过程中因子化并不成立，只能求助于模型近似处理。

跃迁衰变中涉及的能量标度与重夸克偶素的束缚能相近，故该过程由非微扰效应决定。当前处理跃迁衰变较为系统的方法是势模型。在势模型中，可以计算跃迁前后重夸克偶素态波函数重叠概率的大小，进而得到跃迁衰变宽度。与计算质量谱类似，由于势模型并非第一原理理论，理论误差难以准确估计。

以上两类衰变都属于强衰变和电磁衰变。重夸克偶素还存在第三种衰变，即其中单独一个重夸克或单独一个重反夸克发生衰变，这种衰变是弱衰变，概率很小。此外，重夸克偶素的某些稀有衰变，原则上还可以为检验标准模型和探索超出标准模型的新物理提供依据。

（赵光达　马滟青）

重夸克有效理论　heavy quark effective theory; HQET　量子色动力学理论在重夸克极限下的一种有效理论。重夸克有效理论可以简化对在*重夸克*与轻自由度之间通过软胶子交换而形成的*强相互作用*的描述。在重夸克极限下，重夸克有效理论展示了完整量子色动力学理论所不具有的新的对称性。以B介子为例，由于其中的*底夸克*（或者反底夸克）比其他轻组分重几千倍，在B介子的静止系里，可以把重夸克近似看作为一个不运动的色荷源，它能将其他运动很快的轻组分束缚在自己的周围。在这种近似下，B介子和氢原子十分类似，重夸克的质量和自旋的影响都可忽略，使得B介子中的轻组分将无法感知重夸克的味道和自旋方向。重夸克有效理论所展现的整体的“自旋–味对称性”表明，在无穷质量极限下，含有单个重夸克的强子体系的性质将对重夸克的自旋和味道不敏感。

20世纪80年代末，M.B.沃洛申、M.A.希夫曼、N.伊斯格和M.B.怀斯等都意识到了这种新的对称性：如果将重夸克的质量取成无穷大，就可以得到一种简化的量子色动力学理论；当改变重夸克的味道和自旋方向时，该理论具有明显的不变性。而这种新的对称性是完整量子色动力学理论所不具有的。1990年，H.乔治进一步将其发展为一种新的有效理论，即重夸克有效理论。利用这些对称性，能够很好描述重夸克与轻自由度之间的强相互作用。

重夸克有效理论在*重味物理*中有着非常重要的应用，如在对包含单个重夸克的强子体系的质量、寿命、衰变常数之间关系的定性分析，对重强子的半轻衰变和CKM矩阵元的测量，以及对B介子单举过程的描述等。该理论所给出的预言和大多数实验符合得很好。理论本身所面临的问题主要包括两个方面：一是对由夸克–强子对偶假设所带来的理论不确定性的估计；二是对由有限重夸克质量所带来的幂次修正大小的估计。伴随着理论和实验的不断发展，期望这些问题可以得到更好的回答。

（杨亚东）

重离子放射性　heavy ion radioactivity　不稳定原子核自发地发射出重离子而发生的转变。重离子一般指比α粒子更重的离子，如^{14}C、^{18}O、^{20}O、^{22}Ne、^{24}Ne、^{28}Mg、^{30}Mg等。重离子放射性可以看成是处于*α衰变*和*自发裂变*之间的一种衰变模式。重离子放射性核主要分布在重核区域（质量数$A>220$），发射出重离子后生成的子核均位于双幻核^{208}Pb附近。重离子放射性的产生机理与质子放射性和α衰变相同，即量子力学隧道效应。重离子放射性核一般同时具有α衰变和重离子放射性两种衰变模式，但重离子放射性的分支比相对α衰变要小得多。这是由于与α衰变相比，重离子在原子核内的形成并发生库仑势垒穿透要困难许多，重离子放射性的半衰期一般较长。在超重质量区域，理论上预言也会存在重离子放射性，但实验上还未观测到。

（许　昌）

重离子核反应　heavy ion nuclear reaction　反应前的弹核和靶核都是重离子的核反应。重离子一般是指质量数$A>4$或者电荷数$Z\geqslant3$的原子核。重离子核反应需要借助重离子加速器实现。按照碰撞的方式分类，重离子反应有两种：一种是固定靶实验，即靶核在实验室系里是固定不动的，弹核以一定速度轰击靶核；另一种是在对撞机上实现的对撞实验，弹核与靶核同时加速后对撞。在垂直于入射束流的方向上，弹核和靶核之间的距离称为碰撞参数。

按照能量区分，重离子核反应可以分为低能重离子反应、中能重离子反应、中高能重离子反应和相对论性重离子碰撞。

各类反应之间的能量区分没有明显的界限。通常而言，在低能重离子反应中，束流能量从库仑势垒附近增加至库仑势垒以上一二十兆电子伏，此时的反应资用能（质心系中入射离子与靶核的相对动能）略低于核子在原子核内的平均费米运动动能，因此入射的弹核和靶核可以分别视为一个整体，反应之后具有很大的概率形成一个高度激发的复合核，之后发生裂变或者融合蒸发的过程。即使弹核没有全融入到靶核内部，参与融合的弹靶两体依然会形成一个具有较高激发能的核，进而通过发射轻粒子或者*γ射线*到达基态，或者发生裂变。

中能重离子反应的入射能量在每核子一二十兆电子伏（计为10～20MeV/u）至两三百兆电子伏。其高能之界限在π介子的产生阈附近。此时弹靶之间除了平均场的相互作用之外，核内核子的两两碰撞效应同等重要。巨大的入射能转化为原子核的激发能，核力已经不能将核子束缚在一个原子核之内，因此碰撞体系将发生*多重碎裂*，即原子核体系解体为多个质量更小的可能处于高激发状态的核碎片。根据这些碎片的质量数分布满足的费歇尔标度律，可以判断在多重碎裂反应中，可能已经出现原子核的液–气相变和液–气共存现象。

中高能核反应的入射能量在每核子100兆电子伏以上、几个千兆电子伏以下。此时重离子核反应的最主要特征是能够实现核物质的压缩，并出现集体流现象，即反应产物出现某种共同的集体运动特征。在中心碰撞中，弹核和靶核相互挤压，达到最大压缩态后开始径向膨胀，反应产物共有一个径向方向的膨胀速度，这一现象叫径向流。在非中心碰撞中，垂直于反应平面的方向，中间快度区容易出现挤出流，或称椭圆流，平行于反应平面的方向，则容易出现直接流，或者边流。

相对论性重离子碰撞指入射能量在每核子数千兆电子伏至数万亿特电子伏之间的重离子反应。在这一能区产生的高温高密核物质中，核子内的夸克和胶子可能突破核子的束缚边界，形成短暂存在的夸克胶子等离子体，这是一种全新的物质状态。实验结果表明，这种物态的比熵黏滞系数（即黏滞系数除以熵密度）接近理想流体的比熵黏滞系数。

（肖志刚）

重离子核物理　heavy ion nuclear physics　利用加速到各种不同能量的重离子（质量大于α粒子的离子）轰击原子核，研究核的结构和运动变化规律，以及原子核物质的性质的学科。原子核物理的分支。近30年来原子核物理学的一个活跃的前沿领域。重离子束也用来研究原子、分子以及凝聚态的结构和性质。

历史 20世纪50年代以前，利用氦核（α粒子）、氘核、氚核、质子、中子、电子和γ射线等轰击原子核，研究核的结构和演化规律，取得了很大成就。50年代末开始加速碳、氮、氧的原子核，进行弹性散射和少数核子转移反应研究。从60年代中期开始，重离子核反应逐步成为获得人工合成超铀元素的主要手段，先后合成了102～109、110、111、112、114和116号元素。从70年代末开始，重离子核反应已成为原子核高自旋态结构研究的主要途径，发现了诸如核的回弯现象、超形变、形状共存、旋称反转、手征二重带和磁转动等现象。80年代中期开始，重离子核反应又被用来产生放射性核束，合成和研究了一大批质量数较小的远离β稳定线的核素，并发现了新的衰变模式（β延发质子、β延发裂变、单质子放射性、双质子放射性）和核的晕结构（见**晕核**）。同时，利用中高能重离子束对核物质的性质（状态方程）、核物质的液气相变，以及夸克胶子等离子体的产生等进行了研究。

根据理论估计，可能存在的核素有6000多种。多年来，实验中发现并研究了近3000种核素，其中大部分都是处于β稳定线附近的核。也就是说，还可能有3000多种远离β稳定线的核素有待进一步探索。对于这些核素性质的研究，将大大丰富对核结构的了解。

20世纪60年代后期，根据已有的核理论，推断质子数为114、中子数为184附近可能存在着一系列寿命较长的原子核，即超重核，遂预测了其物理、化学性质，并提出了合成它们的各种途径。在这种理论预言的推动下，有条件的实验室改装已有的加速器或筹建新的加速器（如美国的LBNL、德国的GSI、俄罗斯的Dubuna、法国的GANIL、日本的RIKEN和中国的Lanzhou等）来加速重离子，核子能量从几兆电子伏到100兆电子伏，用来研究重离子核反应和合成超重核。尽管这种努力在合成预言的超重核上还没有取得肯定的结果，但重离子核反应的研究却取得了重要的进展，开辟了一系列对核结构和核反应机制以及对核物质性质研究有重要意义的研究领域。应用重离子束研究原子、分子、固体及应用于生物和医学等学科领域的工作也逐步开展起来，形成了一些交叉学科研究方向，受到了人们的普遍重视。

重离子核反应 重离子是具有结构的复合粒子，所引起的核反应同轻粒子核反应有很大的差别。可以选择各种靶核和弹核的组合，这是重离子核反应的一个独特的优点。与轻粒子相比，重离子相对运动的德布罗意波长λ很短，典型的量级为10^{-16}米，比原子核的直径小很多，因此重离子碰撞过程的典型情况可利用经典粒子碰撞的轨道图像来描述（图1），l_{cr}、l_{max}和l_{gr}分别为临界轨道角动量、最大轨道角动量和掠射轨道角动量，θ_3、θ_2、θ_1分别为各自的出射角度。重离子碰撞过程的反应机制可按照碰撞参量b或轨道角动量l来进行分类，即随着b或l的减少，两个原子核的相互作用由表面到内部，顺次发生弹性散射或非弹性散射（主要是库仑激发）或转移反应（一般将弹性散射、非弹性散射和转移反应统称为准弹性散射）、重离子深度非弹性碰撞和全熔合反应（有时随着b的减小，会先发生全熔合反应，后发生深度非弹性碰撞）。它们的反应截面σ随着碰撞系统轨道角动量l值的分布$(d\sigma/dl)$的典型情况可用图2来描述，σ_{CN}、σ_{DIC}、σ_D、σ_{EL}和σ_{CE}分别为复合核反应、深度非弹性碰撞、直接核反应、弹性散射和库仑激发的截面，k_∞为渐进波数。

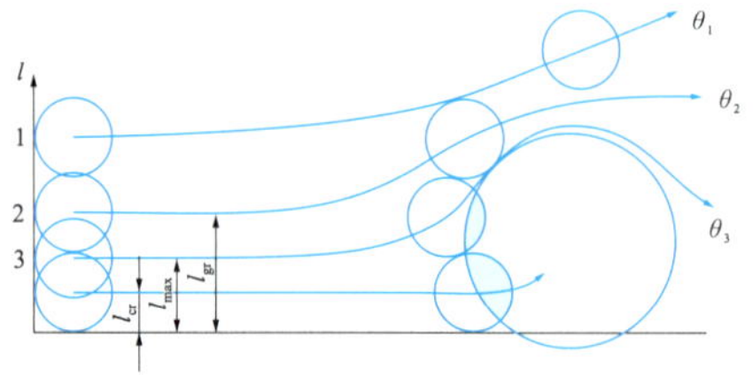

图1 重离子碰撞的典型情况的经典描述

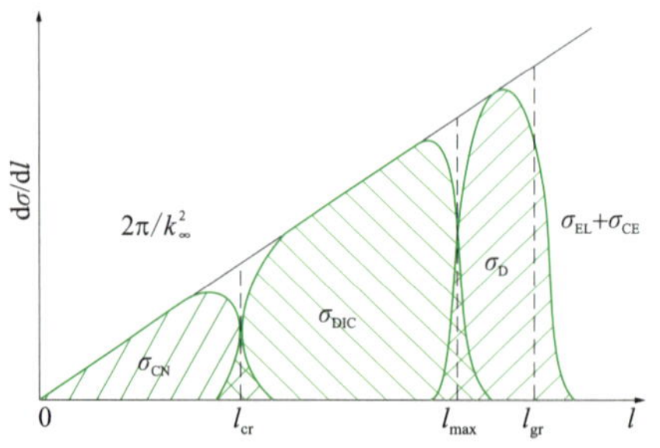

图2 反应截面随角动量的分布

准弹性散射 重离子弹性散射基本上是库仑散射和黑体衍射的组合，如果用核反应光学模型计算弹性散射角分布和吸收截面，则可获得同实验基本符合的结果。重离子的非弹性散射是研究原子核集体运动的一种途径。重离子转移反应中，从一个到多个核子转移都有可能发生，从而提供了研究两个、三个、四个乃至更多的核子结合成大块核物质转移的可能性。这种研究在理论处理上有不少困难，如重离子核反应的开道问题、多步转移、反冲效应、有限力程效应等，导致数值计算繁难，均有待于逐步解决。

深度非弹性碰撞 处于少数自由度参与的直接核反应和全熔合反应之间的过渡区域，是一种非平衡态的过程。实验上已揭示出各种宏观物理量（如能量、质量、电荷、角动量、中子质子比、角分布）随相互作用时间而弛豫的一些规律，以及它们之间的一些相互制约关系。理论上用非平衡态统计理论对上述现象进行了一些计算和解释。

弹核碎裂反应 中高能重离子轰击靶核时，产生许多速度与弹核相近的类弹核碎片，其质量（电荷）分布可用理论进行较好的描述。这种反应是产生放射性核束的主要反应之一，也是产生和研究远离β稳定线奇异核素的主要途径。

全熔合反应 当$l < l_{cr}$时体系发生全熔合反应。全熔合是很复杂的动力学过程，库仑位垒以上能区简单的半经典模型可给出截面随入射粒子能量变化的基本特征。但当能量很高或很低以及两个重核相碰时，简单的模型就不适用，其他因素对全熔合反应机制的影响还有待进一步研究。近库仑位垒的全熔合反应是合成超重元素的主要反应机制。

多重碎裂反应 中高能区重离子碰撞时出现多重碎裂反应，特征是反应产物中有相当数量的中等质量碎片。随入射能量增加，产物核的电荷分布重心将逐步向低端移动，直至产物几乎全部是轻粒子。理论上可对其进行定性的描述，定量的描述还有待于进一步研究。

原子核高自旋态的性质 重离子核反应可产生非常高的角动量的核激发态，加之探测器及探测技术的进步，大大促进了原子核的高自旋态性质研究的发展。实验和理论研究表明，当核的自旋逐步增大时，由于壳层效应，对力、科里奥利力和离心力之间的竞争，导致原子核内部结构发生一系列变化，出现了许多新现象，如角动量顺排和带交叉、单粒子运动和集体运动的关联、全顺排和带终结、形状共存和形态演化、超形变和巨超形变、原子核超导性的逐渐破坏、磁转动带、全同带、原子核的C_4对称性及高K同质异能态等。理论预言，具有极端中子质子比或极高自旋的原子核很可能具有一些更新的物理现象，如新的形变区、新奇异形变和新激发模式等。这需要进一步利用不断发展的探测设备和放射性核束进行深入研究和探索。

放射性核束物理 放射性核束的产生有两种方法：一是中高能弹核轰击靶核而碎裂，利用在线电磁装置，将所需碎裂产物核分离出来形成束流；二是将初级核反应产物电离后，经在线同位素分离器分离，再加速而形成束流。21世纪以来，利用放射性核束研究原子核的结构、性质随系统同位旋的变化（通常称为放射性核束物理）已成为重离子核物理的重要前沿研究领域之一。现已发现了原子核的奇特结构，如中子（质子）晕、中子（质子）皮、奇特衰变模式（如双质子衰变，β延发粒子衰变），以及远离核中$N=20$幻数的消失和新的核激发模式（软偶极巨共振）等。利用放射性核束还从实验上研究了核反应的同位旋效应。放射性核束不仅可用来合成大量远离β稳定线的奇特核，并可系统地研究它们的性质、结构和反应动力学，还有希望用来合成超重核，达到理论预言的超重核稳定岛中心。随着远离β稳定线程度的增加，原子核的结构和性质的变化规律、质子滴线和中子滴线的位置、能否合成新的超重元素等，都需要进一步的理论和实验探索。

中高能重离子核反应　中高能重离子与靶核碰撞或相互对撞可产生高密度、高温度核物质或强子物质。中高能重离子核反应过程是非常复杂的动力学过程，特别是在高能重离子碰撞中，能够在很短时间内将大量能量集中在很小的空间范围内，产生大量的介子和奇异粒子，非核子自由度变得重要。因此，利用中高能重离子碰撞可探索核物质更深层次的微观结构和性质，并理解和检验基本粒子间的强相互作用。研究内容包括：确立处于极端条件下核物质的状态方程、探索可能的核物质相变（如液气相变等）、寻找新的物理现象和物质形态（如介子凝聚态等）、研究核物质环境中介子性质的介质效应等。20世纪80年代以来，一些中高能重离子加速装置（如德国GSI的SIS和美国BNL的RHIC等）能够将重离子加速到很高的能量，促进了中高能核物理的发展。近20年来，理论上发展了描述中高能重离子碰撞过程的输运模型，如BUU模型、QMD模型、相对论性BUU模型、核内级联模型、相对论流体动力学模型等；实验上探测了高温高密核物质的一些可能观测量，如集体流、出射粒子和碎片多重性及产额分布、粒子-粒子关联等。这一领域还存在许多有争议的问题，如对核温度的理解和测量、多重碎裂机制、液气相变的存在和性质等。

极端相对论能区重离子碰撞　在对撞机CERN/SPS、BNL/RHIC和将要在CERN的LHC/ALICE上的超相对论重离子碰撞，可探索强子-夸克胶子等离子体和验证退禁闭和手征对称性完全恢复等研究。已提出探测夸克胶子等离子体（QGP）的许多信号，如J/ψ压低、奇异粒子增强、电荷的涨落、高横动量压低、高能直接光子和喷注淬灭等信号，但都没有肯定的结论。

交叉学科　深入进行重离子核物理基础研究的同时，重离子在其他学科中也得到广泛的应用，并形成了一些新的交叉学科研究方向。

原子物理学中的应用　重离子特别是高电荷态重离子，为研究强场中的QED效应、多电子体系的原子结构等提供了极其有利的条件，已形成了原子物理学的新分支——高电荷态原子物理。

材料科学中的应用　重离子与凝聚态物质的相互作用研究已成为一个重要的交叉学科。重离子束是改变材料表面性质，研制特殊功能新材料的有效工具。重离子束也是模拟研究裂变反应堆或聚变反应堆中释热元件、结构材料的辐照损伤和航天器件的单粒子效应的重要手段。

生物和医学中的应用　同其他射线相比，重离子在生物体中线能量转移值高，可精确地控制剂量及射程，定位性能好，射程末端释放的能量集中且生物学效应高，能使杀伤效果集中在需要照射的局部范围内，而减小对周围健康组织的损伤，因此已成为先进的放射治疗癌症方法。重离子辐照诱变育种也得到了较广泛的应用和明显的效果。（杨澄中　靳根明）

重离子熔合反应　heavy ion fusion reaction　相应于两个核的中心碰撞，具有一定动能的重离子克服库仑势垒被势阱俘获并形成复合核的核反应。由于守恒定律的要求，复合核的激发能、自旋等是从入射道带入的，即入射道的相对运动能量转化为激发能，相对运动角动量转化为自旋。熔合反应形成的复合核是具有较高激发能的转动核，带有较高的角动量（约几十$\hbar$），寿命约10^{-18}秒。处于激发态的复合核是通过蒸发轻粒子和裂变而衰变的，即熔合反应由熔合蒸发和熔合裂变两部分组成。对于较轻熔合体系主要是蒸发中子、带电轻粒子和生成蒸发残物的熔合蒸发反应，以测量蒸发残物的电荷、质量、角度、速度分布等来研究其反应机理；对于重熔合体系主要发生裂变反应，通常以测量裂变碎片的电荷、质量、能量和角分布等来研究熔合裂变反应机理（见**重离子熔合裂变**）。对于相对运动能量高于库仑势垒的重离子熔合反应，称垒上熔合反应，通常用半经验理论和耦合道理论可以很好地解释熔合激发函数，得出熔合势垒参数。对于相对运动能量低于库仑势垒的熔合反应，称垒下熔合反应。对于轻的重离子系统，量子隧道理论很好地解释了垒下熔合激发函数；对于中重和重核反应系统，垒下熔合截面实验值相对量子隧道理论计算值有很大增强，并且在一些系统存在明显的同位素效应。实验与理论的这种差异不能通过合理地调整核势参数来解决。按照现有理解，这种增强涉及碰撞核的内部自由度（如静态形变、表面振动、非弹激发和核子转移等）与入射道相对运动耦合的多维势垒穿透，由于反应动力学与碰撞核的结构之间有非常丰富的相互联系，垒下重离子熔合反应已成为这方面研究的活跃领域。弱束缚核的破裂和正Q值（反应释放的能量）的多中子转移对垒下熔合过程的影响是研究的热点。

（林承键　贾会明）

重离子熔合裂变　heavy ion fusion-fission　具有一定相对运动能量的重离子a与靶核A作用，克服库仑势垒形成具有一定激发能的复合核CN^*而发生裂变的反应过程。记为$a+A\rightarrow CN^*\rightarrow X+Y+Q_f$。对于复合核裂变，所有自由度均达到平衡。裂变过程除了一般产生两个裂变碎片（X、Y）外，通常发射中子和γ射线，并释放能量Q_f。对于较重复合核，当激发能较高时，易克服裂变势垒，核裂变是复合核衰变的主要方式。高激发能时（壳效应消失），复合核裂变产生的两个碎片的质量通常是对称分布。原子核分裂成两个碎片后，在库仑力作用下，分离开的碎片具有很大的动能。两个碎片的总动能占裂变释放能量的绝大部分。同时，裂变碎片又具有较高的激发能，是很不稳定的原子核，会有粒子发射出来。（林承键　贾会明）

重离子直线加速器　heavy ion linear accelerator　用沿直线轨道分布的高频电场加速重离子的装置。见**直线加速器**。

重力　gravity　物体在行星及其他星体表面所受到的**万有引力**。I.**牛顿**关于万有引力的计算公式是针对两个质点的，如果考虑两个物体的相互吸引力，则应将两物体分割成许多质点，分别计算质点间的引力再求矢量和。牛顿证明，一个由多层均质空心球组成的球体（各层空心球的密度可不同）对球外一质点的引力同整个球体质量集中于球心时的情况一样。地球可近似看成由多层密度不同的均质空心球组成，因此计算地球对球外一点的引力时，可把地球看成质量集中于地心的质点，即地球对球外一点的引力应通过地球中心。进一步研究表明，由于地球绕南北极轴缓慢自转，地球是一个非惯性系；对地面的观察者而言，地面上的物体除受地心引力外，还应叠加上离心力，因此地垂线（单摆的指向或水平面的垂线方向）不再经过地心。不过，因为偏角不大，在一般工程技术中均以地垂线方向作为地球上重力的方向，以地心引力和离心力合力的大小作为重力的大小。地球表面上不大的范围内，重力场可视为方向平行且强度相等的均匀力场；物体的重力是物体中各质点重力的合力，作用线通过物体的重心。

重力的大小称为重量。物体的重量W与物体的质量m是两个完全不同的概念。物体在地面上的**重力加速度**为g，根据牛顿第二定律可知重量与质量的关系$W=mg$。地球表面上各处的重力加速度值有微小差异，赤道上小，两极地区大。因此，同一物体的重量在赤道上小，在两极地区大，而其质量是不变的。月球表面上的重力加速度值是地面上的1/6，物体在月球上的重量是地面上的1/6，因此登月的航天员可轻而易举地跳过很长距离。

（贾书惠）

重力加速度 gravitational acceleration 地面附近的物体在重力作用下在真空中自由下落的加速度。在月球或其他天体附近物体自由下落的加速度则分别称月球重力加速度或某天体的重力加速度。早期普遍认为重的物体下落快、轻的物体下落慢。伽利略通过研究与实验得出结论：任何时刻在地球表面以上任何地点所有自由落体的加速度值g都相等。这一论断后来被许多科学家用非常精密的实验证实是一条严格的物理定律。但由于地球本身的非均匀性和非对称性，而且地球绕地轴自转所造成的离心力，地球上不同纬度φ处的重力加速度的数值也有所不同。1967年的国际重力公式为：

$$g=9.780\,318\,5\,(1+0.005\,278\,895\sin^2\varphi+0.000\,023\,462\sin^4\varphi)\ \text{米/秒}^2$$

赤道上$g=9.780\,32$米/秒²，两极处$g=9.832\,45$米/秒²，一般工程计算中可取$g=9.81$米/秒²。此外，在地球表面的同一地点，重力加速度g和物体离地面的高度h也有关，表示为：

$$g=G\cdot\frac{m_e}{(R_e+h)^2}$$

式中G、m_e和R_e分别为引力常数、地球质量和地球半径。由地面上各点的重力加速度的异常变化，可间接了解地下密度和地质构造以及矿藏分布等情况。重力加速度的测定对于地球物理学、重力探矿、空间科学都有重要意义。

（贾书惠）

重水堆 heavy water reactor; HWR 以重水作慢化剂的核反应堆堆型。见**动力堆**。

重味物理 heavy flavor physics 研究重味费米子性质以及与其他基本粒子相互作用的科学。广义上讲，粲夸克、底夸克、顶夸克以及τ轻子都属于重味费米子。由于顶夸克以及τ轻子的研究都形成了更加专业的学科，因此狭义上重味物理学指研究粲夸克和底夸克的产生、衰变以及相关性质的学科。

实验上研究粲味物理已经进入了精确测量的阶段，主要实验装置有位于美国康奈尔大学已经关闭的CLEO-c和基于北京正负电子对撞机（BEPC）的北京谱仪（BES、BES Ⅱ、BES Ⅲ）。为了精确测量CKM（Cabibbo-Kobayashi-Maskawa）矩阵参数和底夸克性质，主要有三个实验组专门从事底夸克实验，分别是位于日本KEK的Belle，美国斯坦福大学的BaBar和欧洲核子中心的LHCb实验组。其中，Belle和BaBar完成历史使命后分别在2010年和2008年关闭，总积分亮度分别为1000fb^{-1}和514fb^{-1}。LHCb于2009年开始运行，此外还有于2018年运行的Belle Ⅱ实验（规划亮度为50ab^{-1}）以及规划中的环形电子对撞机和超级Z工厂都可以作高精度的B物理实验。

重味粒子 粲夸克带电量为(2/3)e，裸质量为1.29吉电子伏，其和奇异夸克同属于第二代夸克。1970年，S.L.**格拉肖**、J.伊略普洛斯和L.马亚尼提出了GIM机制，并预言了第四种夸克的存在。1974年，粲夸克偶数J/ψ在SLAC和BNL同时发现，证实了粲夸克的存在，历史上称为“十一月革命”。1976年，两个实验组负责人B.**里克特**和**丁肇中**获得诺贝尔物理学奖。粲夸克与轻夸克构成的基态强子为赝标介子$D^{\pm}$、D^0、D_s和重子Λ_c。正反粲夸克构成的粲偶素称为η_c、J/ψ、ψ(nS)。底夸克又称美夸克，是唯一可以构成强子的第三代夸克，它带电量为−(1/3)e，质量为4.2吉电子伏。1973年，日本物理学家**小林诚**和**益川敏英**为了解释K介子系统的电荷–宇称破坏，第一次在理论中提出底夸克。1977年，底夸克偶素Υ在费米实验室被发现，证实了底夸克的存在。2008年，小林诚和益川敏英获得了诺贝尔物理学奖。底夸克与轻夸克构成的基态强子为赝标介子B_u、B_d、B_s、B_c和重子Λ_b，正反底夸克形成的束缚态为η_b、Υ(nS)。各粒子的详细属性可以参看粒子数据表。

与K介子系统类似，正反中性重味介子（如D^0与$\overline{D}^0$，B^0与$\overline{B}^0$，B_s^0与$\overline{B}_s^0$）也可以通过箱图进行相互转化，继而发生混合，即中性重味介子由实验室产生后，在飞行过程中可以变身为自身的反粒子。图1描述了B_s^0与$\overline{B}_s^0$发生转化的箱图过程。对于中性重味介子，实验上看到是二者的混合后质量本征态M_H和M_L，实验上测量二者的质量差为$\Delta m_{B_d}=3.33\times10^{-10}$兆电子伏；$\Delta m_{B_s}=1.17\times10^{-8}$兆电子伏。

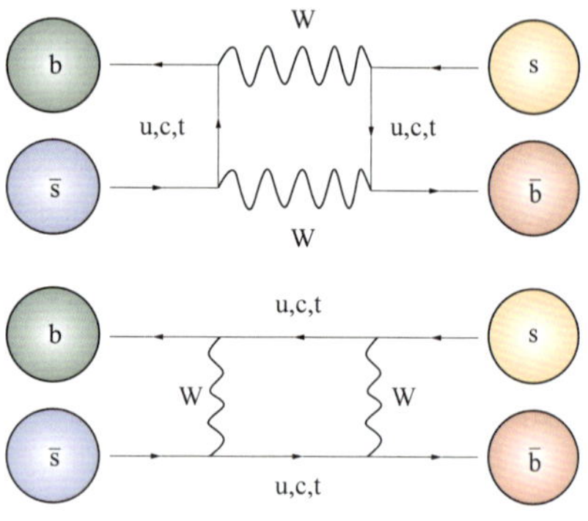

图1 中性重味介子混合示意图

重味物理研究的重要意义 前面提及的描述夸克混合的CKM矩阵是一个幺正矩阵，根据幺正关系可以在复平面构成一个幺正三角形，科学家可以通过测定三角形的三个内角（α，β，γ）以及三边，从而精确检验标准模型，并间接探寻超出标准模型的新物理的痕迹。在底味夸克衰变中，人们可以通过测量B→J/ψ K测定$\sin2\beta=0.682\pm0.019$；通过B→ππ，ρπ测定$\alpha=(85.4^{+3.9}_{-3.8})^\circ$；通过B→DK测定$\gamma=(68.0^{+8.0}_{-8.5})^\circ$。根据法国CKM Fitter和意大利UT Fitter两个研究小组的整体拟合结果来看，实验数值和标准模型的预言基本一致。CKM幺正三角形的拟合情况可以见图2。由于CKM矩阵中允许弱相位的存在，它们在电荷–宇称（CP）变换下是变号的。衰变过程中同时存在CP变换下不变的强相位，二者的干涉可能会造成直接的CP破坏。2004年，科学家分别在Belle和BaBar两个探测器中第一次观测到重味介子衰变过程B→ππ，Kπ中的直接CP破坏现象。2016年，LHCb实验组在Λ_b重子衰变过程中发现了CP破坏现象，这是第一次在重子衰变中观测到CP破坏现象。此外，借助于大量的实验数据，还观测到许多衰变中对时间依赖的CP破坏现象。粒子物理的标准模型对许多自然现象无法给予完美解释，其中宇宙中正反物质数目不对称需要比较大的电荷–宇称破坏来解释。在粒子物理标准模型中，电荷–宇称破坏所需要的弱相位来自夸克混合矩阵——

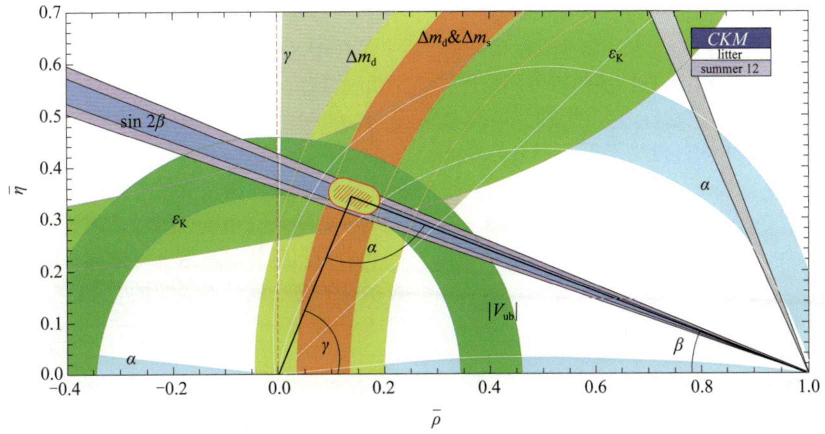

图2 对幺正三角形的测量与拟合限制

CKM矩阵。在CKM矩阵中，最重要的两个矩阵元V_{ub}、V_{cb}都与底夸克有关，因此重味物理的研究对于探寻电荷－宇称破坏和检验标准模型有着非常重要的地位。尽管实验室发现的CP破坏现象还不足以解释宇宙中正反物质的不对称性，但会为解决这个难题提供一定的方向。

对于底味夸克构成的强子，除了通过b→c+W衰变到含粲的强子外，还可以通过CKM压低过程b→u+W衰变到无粲的强子，这一类过程称之为树图过程。此外，在标准模型下，树图级的味道改变中性流b→d(s)由于GIM机制是严格禁戒的，但是此类过程可以通过圈图发生，称为企鹅图过程。由于此类过程只能通过圈图才能实现，通常情况下，分支比较小。另外，在该过程中，如果有新物理存在，其预言的大质量粒子（如超对称粒子）可能会通过虚粒子形式进入圈图中，从而影响物理观测量，通过和标准模型的预言做比较，人们可以判断新物理是否存在；若在其他实验直接发现新物理，也可以通过这类过程对新物理中的参数进行限制或测定。除了分支比外，还可以测量CP破坏、末态粒子的角分布、末态粒子前后数量比、末态粒子的极化、自旋等物理量。因此，这些由味道改变中性流诱导的稀有衰变过程通常被认为是间接寻找新物理的黄金平台。此外，底夸克还是顶夸克和希格斯粒子的主要衰变产物，因此底夸克对于研究顶夸克和希格斯粒子也起着非常重要的作用。

重味物理理论研究现状　重味夸克质量较大，因此重味强子的衰变主要衰变形式为弱衰变，底味夸克的主要衰变产物为粲夸克，而粲夸克的主要衰变产物为奇异夸克。若衰变产物中只有轻子，称为纯轻衰变；若衰变产物中既有轻子又有强子，称之为半轻衰变；若衰变产物只有强子，则为非轻衰变；若衰变产物中含有光子，称之为辐射衰变。

由于重味夸克的质量远远大于轻夸克的质量，在构成重味介子（B介子和D介子）后，重味夸克的动量很小，可以近似地认为静止，而轻夸克围绕重夸克转动，这种行为类似氢原子系统。对于轻夸克而言，粲夸克和底夸克的质量都可以认为是无穷大，在这种近似下，粲夸克和底夸克可以认为是等价的，人们通常把这种近似叫作重夸克对称性。在重夸克对称性下，重味介子的性质主要决定于轻夸克而不是重夸克，这也类似于氢原子以及其他各种原子的性质主要决定于核外电子而不是原子核。由于底夸克的主要衰变产物是粲夸克，所以重夸克对称性在研究底味强子衰变到粲味强子过程中发挥着重要作用。利用重夸克对称性发展起来的重夸克有效理论，在$1/m_b$展开下可以有效地研究一些**量子色动力学**（QCD）的非微扰性质，其中最著名的是B→D跃迁的形状因子—— Isgur-Wise函数。

由于轻子相互作用不涉及强子化过程，因此重味强子的纯轻衰变过程在理论上计算较为简单。实验上除了末态τ轻子不容易观测外，其他轻子都比较容易探测，所以纯轻衰变研究得较为清楚。在重味介子纯轻衰变过程中，中间媒介粒子除了带电的玻色子$W^{\pm}$外，还有可能是新物理理论中的带电希格斯粒子，因此纯轻衰变也是寻找新物理信号的重要场所。重味强子的半轻衰变对于抽取CKM矩阵元具有重要的意义。理论上，半轻衰变中的轻子部分可以计算清楚，但强子部分涉及非微扰参量强子变化矩阵元，其计算是模型相关的；实验上，涉及共振态本底的减除，所以半轻衰变处理起来比较困难。对于非轻衰变，实验可以测量的比较准确，理论上由于涉及的能标、自由度较多，处理起来更加复杂。理论上的处理主要采取“因子化”的方法（见**非轻子衰变的QCD因子化**）。虽然有多种方法，但是它们的基础出发点都是重夸克有效理论。此外还有依赖于夸克味道SU(3)对称性的拓扑图方法等其他唯象学方法。底味介子的重子衰变、多体末态衰变以及重子衰变目前尽管有一些研究，但还处在起始阶段。对于粲味强子衰变，由于涉及的能标处在微扰与非微扰交界处，而且此能标共振态较多，容易造成再散射，因此对于粲味强子的衰变处理起来比较复杂，只能借助于手征微扰论或者拓扑图方法、光锥求和规则等非微扰方法。

在粒子物理中，人们把由相同味道正反夸克构成的系统称为夸克偶素，如前面提及的J/ψ与ϒ是由两个重夸克组成的，则称为重夸克偶素。重夸克偶素的产生和衰变研究对于我们理解微扰QCD和非微扰QCD有重要意义，目前也是重味物理的重要研究方向。由于存在色禁闭，重夸克偶素的研究不可避免地涉及非微扰QCD，处理重夸克偶素的主要方法是色单态模型和色蒸发模型。重夸克偶素质量大，可能的衰变方式（道）多，衰变相空间大，应该有较宽的宽度，但是实验发现其宽度很窄，原因是所谓的OZI规则造成的。重夸克偶素内部的重夸克相对运动慢，可以通过做非相对论近似处理。相应地，这个领域最成功的理论方法是非相对论QCD有效理论（NRQCD）。除了重味夸克和轻夸克构成强子外，两个不同味的重夸克也可以构成双重强子，例如B_c。但双重强子的质量大，难以产生，衰变道多，两个夸克都可以弱衰变，寿命较短。此外，理论上计算双重味的介子、重子和重味夸克偶素的产生和衰变都可以应用NRQCD理论。

最初的夸克模型虽然只包括介子（由正反两个夸克组成）和重子（由三个夸克组成），但是描述强相互作用的理论QCD也预言了可以存在胶子束缚态——胶球，以及夸克和胶子形成的束缚态——混杂态，但是迄今为止胶球和混杂态都还没有被发现，只有一些候选者。粲味物理是研究胶球最好的平台，如J/ψ衰变是产生和发现胶球的最为理想方式。此外，QCD也预言了四夸克态和五夸克态的存在。人们把正、反夸克结合成的介子和三个夸克结合成的重子之外的介子、重子统称为**奇特强子**。如果强子中包含重夸克（粲味或底味），由于这重夸克的质量彼此相差很大，同时又远大于u、d、s夸克的质量，因此含重夸克的奇特强子与普通强子的混合要简单得多。在Belle、BaBar和中国的BEPC加BES上陆续发现许多奇特强子，被称为X、Y和Z介子，有的还在强子对撞实验LHCb中得到证实；LHCb实验也在$\Lambda b \to J/\psi pK$中观测到$P_c^+(4450)$和$P_c^+(4380)$两个重子奇特态。目前实验上发现的很多类粲偶素的强子态很难用传统的夸克模型来解释，它们很可能是四夸克态和五夸克态，但是也有可能是双介子或者介子和重子形成的分子态。现在还不能做出肯定的结论。这些研究给重味物理的研究提供了新的活力和挑战。（吕才典）

重心 center of gravity 重力场中物体中各微元所受重力的合力的作用点。如果物体的尺寸相对地球很小，则地球附近的重力场可视为相互平行的均匀力场。物体的重心就是各微元重力形成的平行力系的中心，其位置C由下式确定：

$$r_C = \frac{\sum \Delta p_i r_i}{p}$$

$$x_C = \frac{\sum \Delta p_i x_i}{p} \quad y_C = \frac{\sum \Delta p_i y_i}{p} \quad z_C = \frac{\sum \Delta p_i z_i}{p} \tag{1}$$

式中Δp_i为各微元的重量；$p = \sum \Delta p_i$为物体的重量；$\boldsymbol{r}_i(x_i, y_i, z_i)$为各微元的位置矢径及坐标。

由于地球附近是均匀力场，各处重力加速度g均相同，故有$\Delta p_i = \Delta m_i g$，式中$\Delta m_i$为各微元的质量，$m = \sum \Delta m_i$为物体质量。式（1）变为：

$$r_C = \frac{\sum \Delta m_i r_i}{m}$$

$$x_C = \frac{\sum \Delta m_i x_i}{m} \quad y_C = \frac{\sum \Delta m_i y_i}{m} \quad z_C = \frac{\sum \Delta m_i z_i}{m} \tag{2}$$

C点位置与重力无关，只与物体的质量分布有关，称为物体的质心。这样均匀重力场中物体的重心与质心重合。

如果物体还是均质的，即物体中各微元的密度相同，均为ρ，则有$\Delta m_i = \Delta V_i \rho$；式中$\Delta V_i$为各微元的体积，$V = \sum \Delta V_i$为物体的体积。式（2）变为：

$$r_C = \frac{\sum \Delta V_i r_i}{V}$$

$$x_C = \frac{\sum \Delta V_i x_i}{V} \quad y_C = \frac{\sum \Delta V_i y_i}{V} \quad z_C = \frac{\sum \Delta V_i z_i}{V} \tag{3}$$

C点的位置与质量无关，只与物体的形状有关，称为物体的形心。这样均匀力场中均质物体的重心、质心与物体的形心重合。对形状规则的均质物体大都可迅速判断其重心的位置，如重心一定在对称平面、对称轴或对称中心上。

也可用实测的方法测定物体的重心，一般用悬挂法或称重法。图1所示为一棘轮的棘爪，先用绳在A处悬挂，待棘爪平衡后沿绳作一直线a，它就是棘爪各点重力合力的作用线；再将棘爪在点B处悬挂并沿绳作直线b，它也是重力合力的作用线，直线a及b的交点就是棘爪的重心。图2所示为一活塞杆，先称出其重量大小

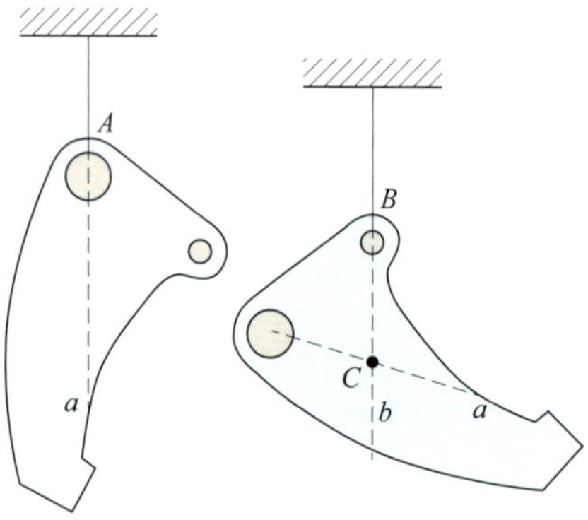

图1 悬挂法定重心

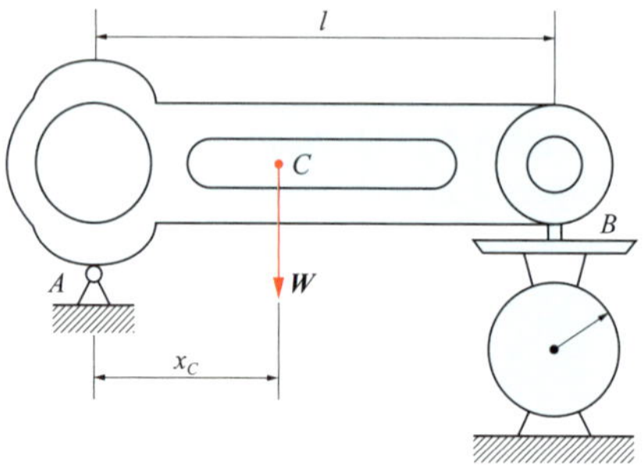

图2 称重法定重心

W，然后将其一端支承于固定支点A，另一端支承于台秤上；量出A、B两点间的水平距离l并读出磅秤的读数F，则活塞杆重心的位置由式$x_C = Fl/W$确定。

重心的位置在工程上有重要意义，如高速旋转机械的重心如果不在旋转轴线上，就会引起机械的剧烈振动。飞机、导弹的操纵性和稳定性也与其重心的位置密切相关。（贾书惠）

重要性采样 importance sampling 通过选取一个分布函数对其参数取样，用以提高计算精度的方法。利用**蒙特卡罗方法**计算积分$\int_0^1 f(t)\mathrm{d}r$时，可以选择对r进行均匀采样，这样积分就可以近似写为$\sum_{i=1}^{N} f(r_i)/N$。但如果被积函数并不太均匀时，则误差会大幅增加，一些大权重的点也可能被漏掉。如图所示［图中$f(r)$为被积分的函数，r_i为均匀抽样得到的点］，通过均匀抽样，大部分的点都落到了$f=5$以下的位置，而两个尖峰内却极少有点分布，这样就会造成积分值的误差变大。假设可以找到一个函数$g(r)$，可以使$f(r)/g(r)$变得更均匀，那么当按照分布函数$g(r)$来抽样r时，原有的积分变为$\int_0^1 \frac{f(r)}{g(r)} g(r)\mathrm{d}r \approx \sum f(r_i)/g(r_i)/N$，两个尖峰内会有更多的抽样点存在，从而提高模拟结果的精度。所以，通过选取另外一个分布函数对参数进行抽样，提高计算精度的方法就是重要性抽样。

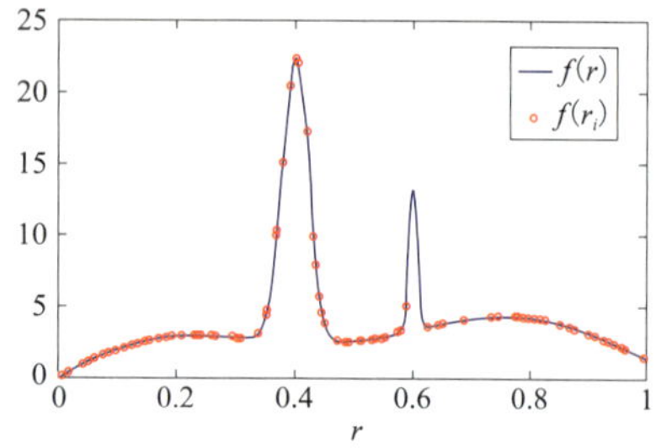

均匀抽样分布示意图

在统计物理中，利用蒙特卡罗方法计算物理量$\langle O \rangle = \int_r O(r)\mathrm{e}^{-\beta E(r)}\mathrm{d}r / \int_r \mathrm{e}^{-\beta E(r)}\mathrm{d}r$时，当β很大且对应能量$E(r)$越低的参数对积分的贡献越大。因此，可以直接按照玻尔兹曼分布$\mathrm{e}^{-\beta E(r)} / \int \mathrm{e}^{-\beta E(r)}\mathrm{d}r$来对$r$进行重要性抽样，则积分近似地变为$\langle O \rangle \approx \sum_{i=1}^{N} O(r_i)/N$。由于样本需要通过特定的分布函数抽样，并且保证相邻样本近似无关联，即所有样本形成一条马尔可夫链，同时参数空间一般也非常大，所以常会采用梅特罗波利斯－黑斯廷斯算法。

但重要性抽样也有其局限性，对于参数空间内存在多个能量极小点，并且能量值相差不大，且彼此之间又离得很远的情况，按照配分函数进行抽样并不能很好地进行重要性抽样。因此，需要综合其他方法，如多重系综抽样和模拟退火方法。（张学锋）

重子 baryon 重子数为1，参与强相互作用，自旋为半整数的强子。其反粒子称为反重子，重子数为－1。因为重子及其反粒子的自旋均为半整数，所以它们两个全同粒子波函数在交换时反对称（改变符号），遵循费米－狄拉克统计。最为常见和人们最早发现的重子是质子和中子。它们是原子核的基本组成部分，也是宇宙中重子类物质的绝大多数组成。由于重子中的质子、中子和超子性质的相似性（对称性），**M.盖耳－曼**在20世纪60年代对当时已发现的重子进行分类，所预言的新重子得到实验的证实，在此基础上提出了由夸克组成所有强子（重子和介子的统称）

的夸克模型。在该模型的框架下，重子一般由三个夸克组成；除了三个夸克组成的常见重子外，还允许存在由五个或者更多个夸克或反夸克组成的奇异重子。欧洲核子中心的LHCb实验组在LHC对撞机上观测到了五夸克态重子的产生，是对夸克模型的最新的实验支持。夸克模型已经成为粒子物理标准模型的重要组成内容。

（舒 菁）

重子共振态 baryon resonance 能够通过强相互作用衰变到一个较轻的重子加一个或多个介子的重子。见*重子谱*。

重子谱 baryon spectrum 关于各类*重子*的质量和衰变性质的知识集合。通常把能够通过强相互作用衰变到一个较轻的重子加一个或多个介子的重子称为重子共振态。重子是由三个夸克加上任何数目的夸克-反夸克对组成的费米子。最轻的重子是核子，可见物质世界99%的质量来自核子。所有已被实验确立的重子都可以用三夸克组态夸克模型来描述。夸克有六味，最重的顶夸克寿命太短，无法参与组成重子，可组成重子的五味夸克可以处于不同的自旋、轨道基态或激发态，从而形成的重子可以具有不同的质量和衰变性质。由各种味道夸克组成的最轻的重子中，只有由uud三夸克组成的质子是稳定的，其他的通过弱相互作用或电磁相互作用衰变，寿命都比重子共振态长很多个数量级。

重子是构成世界、人类能够分割出来的最基本单元，是体现强相互作用理论量子色动力学（QCD）三种颜色合成无色及夸克禁闭特性的最简单的体系，研究其内部夸克-胶子结构是人类探索物质微观结构的最前沿。而各类重子谱的研究是人们了解禁闭区QCD本质及重子内部结构的重要途径。由于禁闭区QCD非微扰计算的复杂性，尚无法直接从QCD理论计算出重子谱，其理论研究主要基于各种唯象的夸克模型。经典的三夸克组态夸克模型在解释重子基态的性质方面相当成功。然而，在解释重子共振态的性质时，遇到了两个突出的困难：①在解释几个最轻的重子共振态的质量及衰变等其他性质方面与实验严重不符；②“失踪”的重子共振态问题。经典的夸克模型预言的很多重子共振态，实验都还没有观测到。这个问题有两种可能的解释：一是没有观测到并不等于不存在，需要采用新的实验手段去产生和探测新的重子共振态；二是它们可能的确不存在，经典的夸克模型三夸克图像有问题，需要引入五夸克组态。不管是哪种解释，都需要更多的关于重子共振态的实验信息。

以往的实验信息主要来源于20世纪70～80年代的π、K介子束流实验。考虑其重要性，新一代采用电磁探针研究核子激发态N^*的新实验设施纷纷上马，如美国的CEBAF、德国的ELSA和日本的SPRING8等。中国北京正负电子对撞机实验通过粲偶素衰变研究重子谱独具特色，已引起国际关注。美国、日本、欧洲也在考虑建造新一代高流强的π、K介子束流实验。

21世纪以来，先后有两项关于发现五夸克态的实验热点报道。一项是由俄国科学家预言、由日本SPRING8的一个实验组在2003年首先声称发现的由$\bar{s}uudd$组成的θ^+（1540）五夸克态。尽管包括美国、德国、日本、俄罗斯等国家的十余个著名实验室的实验组相继给出基本一致的结果，使得具有国际权威的粒子数据组也不得不将θ^+（1540）列为2004年度《粒子数据表》基本确立的粒子，最终高统计量的实验否定了θ^+（1540）五夸克态的存在。另一项是由中国和西班牙科学家首先预言的一类由$\bar{c}cuud$组成可衰变到$J/\psi p$的五夸克态，2015年由在欧洲核子研究中心做实验的LHCb实验组观测到。中国物理学家在其中发挥了重要作用。该类五夸克态的确立还需其他实验的进一步验证。

（邹冰松）

重子数 baryon number 描述*重子*的一个相加性的量子数。重子数这个概念的提出是在夸克发现之前，为说明质子的稳定性而引入的。后来发现通常重子是由三个夸克组成，因此夸克的重子数定义为1/3，反夸克的重子数为−1/3。即三个夸克结合成的重子的重子数为1，三个反夸克结合成的重子的重子数为−1，正、反夸克结合成的介子的重子数为0。其他不是由夸克及反夸克组成的粒子如轻子、胶子、光子、弱玻色子和希格斯粒子等的重子数均为0。在*粒子物理标准模型*中，在绝大多数相互作用下重子数都是一个守恒量，唯一的例外是量子反常造成的重子数破坏。由于其需要的能标高，因此一般发生速率非常低。在宇宙早期的高温环境中，这反而可提供一种*重子数产生*的机制。

（舒 菁）

重子数产生 production of baryon number 解释宇宙中物质对于反物质超出所需要的物理机制。1928年英国理论物理学家P.A.M.*狄拉克*写下了微观粒子的相对论运动方程，即狄拉克方程，通过求解这一方程，首次预言了正电子（反物质）的存在。几十年来，粒子物理实验证实了每个粒子都有相应的反粒子（光子的反粒子是其自身）。早期宇宙暴涨之时，正、反物质对应的整体物质数（重子数）归零，这意味着暴涨之后最初时刻正物质和反物质应该一样多。然而，来自天文和宇宙学的观测证据都表明现在的宇宙中两者的数量严重失衡：在浩瀚的宇宙里，人们只观测到物质，而没有看到反物质。如果某些区域中存在反物质，则存在的反物质区域边界上会与物质发生湮灭，发射出很强的伽马（光子）射线。在高能宇宙线中观测到的反物质，例如反质子，是宇宙线传播过程中发生碰撞而产生的次级粒子，并不是来自宇宙深处的原初反物质。这说明宇宙学从早期标准大爆炸暴涨模型之后到当前观测宇宙的中间，呈现出了明显的整体重子数（正物质）的产生，即宇宙中有正、反物质不对称性的起源机制。

宇宙中主要以普通物质而非反物质组成。按质量构成来看，*物质-反物质不对称性*基本体现为重子类物质和反重子类物质的不对称。1967年苏联科学家A.D.萨哈罗夫提出了这一不对称性产生的机制所应满足的三个条件即：①存在重子数不守恒机制；②存在电荷共轭（C）变换和电荷共轭-宇称（CP）联合变换不守恒机制；③在远离热平衡的条件下该不对称得以保持。

在*粒子物理标准模型*中，重子数守恒仅被非微扰的量子反常效应破坏。虽然在零温下这种效应极小，但在宇宙早期的高温环境下这种效应十分显著，从而提供了一种有效的重子数破坏机制。在标准模型的弱相互作用中电荷共轭变换不守恒普遍存在，而CP变换的不守恒是由卡比博-小林-益川矩阵（CKM矩阵）中的一个复的相角所提供。当重子数破坏的速率小于宇宙膨胀速率，偏离热平衡的条件是可以得到满足，或者由早期宇宙高温高密度的等离子体环境中发生一阶相变过程提供。

虽然标准模型可以提供重子数破坏，但是由于不同代夸克的质量差巨大，标准模型CP破坏复相位角组成的规范不变量太小，从而远远不足以生成人们所观测到的宇宙中的重子数，即标准模型不足以解释宇宙中重子数的不对称，而需要诉诸超出标准模型的新物理。比较流行的机制包括大统一模型中相关产生的机制、超对称理论模型中的Affleck-Dine机制、自发的物质－反物质不对称产生机制、借助轻子数的产生机制，以及电弱能标下通过某种一阶相变过程的产生重子数的机制，即电弱重子数产生机制。其中轻子数产生机制和电弱重子数产生机制得到比较广泛的重视，这是因为这些机制和现有以及未来的实验探测紧密相连，能够近期被验证。而轻子数产生机制和中微子物理紧密相连。电弱重子数产生机制依赖于电弱能标的新物理机制，可以在对撞机上探测，同时可能产生一个随机的引力波背景，也可以在未来的空间引力波探测器上探测等。

重子数产生是粒子宇宙学的前沿问题，上述所列举的机制各有特点，都还处于发展理论以及接受实验的检验中。

（舒　菁）

重子数和轻子数破坏模型　model with local gauged B and L　在粒子物理标准模型之外解释**重子数**、**轻子数**不守恒的模型。粒子物理标准模型中作为整体对称性的重子数（B）和轻子数（L）是守恒的，因而不能自洽地解释宇宙中物质和反物质的不对称。高能标下额外引入的标量场的非零真空期望值使定域规范对称性 $U(1)_B \times U(1)_L$ 自发破缺，同时给出重的中性规范场。在这类模型中，重子数的动力学破缺可以自然地解释宇宙中物质和反物质的不对称，同时轻子数的动力学破缺所诱导的跷跷板机制可以自然给出中微子的微小质量（见**中微子跷跷板机制**）。事实上存在很多可能破坏重子数和（或）轻子数的模型，如很多大统一模型就可以破坏重子数和轻子数，所要求的自发破缺机制 $U(1)_B \times U(1)_L \rightarrow U(1)_{B-L}$ 保持了 B-L 守恒。轻子部分的马约拉纳质量项破坏轻子数，通过“回旋体”（原文 sphaleron 来源于对希腊语的音译，意为准备衰落）模型转成重子数破坏。

（冯太傅）

周本濂　Zhou Benlian（1931－10－20～2000－06－21）　中国材料物理专家。生于江苏扬州，卒于北京。原籍安徽合肥。1952 年清华大学物理系毕业，由国家分配投入沈阳中国科学院金属研究所的建设中，历任研究实习员、助理研究员、副研究员和研究员。1958 年起先后担任中国科学院金属研究所高温热物性测试及高温热源研究室副主任、主任。1961 年担任全国高温测试基地专业组成员。1981 年 7 月至 1982 年 8 月在美国康涅狄格大学物理系和材料科学研究所进修。1997 年当选为中国科学院技术科学学部委员（院士）。

周本濂主要从事材料与物理领域研究，在创建材料物理性能测试基地、钢水连续测温、碳/碳复合材料应力损毁机理、固体的非平衡性质和复合材料的仿生探索领域取得一系列重要成果。1953～1958 年，周本濂参与“金属中的内耗和力学性质的研究”，该项目获国家自然科学奖三等奖。1958 年开始研究材料热物性，建成全国高温热物性测试基地金属所部分。为重要国防任务的关键材料物性测试做出了贡献。在烧蚀过程测热导、移动边界方程解析解和激光脉冲加热－降温法测比热等均有创新。20 世纪 80 年代初主持承担了碳/碳复合材料热应力损毁机理研究任务，导出非线性各向异性温度场和应力场表达式，对照 CT 检测，阐明了再入工况下，碳/碳复合材料的热应力损毁机理，为热设计提供了重要依据。该任务获得中国科学院科技进步奖一等奖和三等奖。开展材料热物性微观过程理论研究，用自制装置观测性能瞬时变化的动态过程，成功测定了薄膜的膨胀性能，为空间站热设计提供了数据。1986 年提出固体热膨胀动态过程的概念。80 年代中期开始复合材料的仿生探索，提出“最差界面设计”、过程仿生等研究理念，取得明显效果，如仿骨哑铃型晶须比平直晶须的增强效果提高一倍以上。

（尹晓冬）

周光召　Zhou Guangzhao（1929－05－15～　）　中国物理学家。生于湖南长沙。1951 年在清华大学物理学系毕业。1954 年北京大学研究生毕业，留校在物理学系任教，后为教授。1961～1980 年参加第二机械工业部的研究工作。1982 年任中国科学院理论物理研究所所长。1984 年任中国科学院副院长，1987 年任院长。1998 年以后任中国科学技术协会主席、全国人民代表大会常务委员会副委员长、《中国大百科全书》第二版总编辑委员会主任等。曾先后在苏联杜布纳联合核子研究所、美国弗吉尼亚理工学院和日内瓦欧洲核子研究中心长期工作和访问。1980 年当选为中国科学院学部委员（院士）。1985 年被选为第三世界科学院院士。

周光召在理论物理学各个领域做出了许多重要贡献。在粒子物理学方面，曾严格证明了 CP 破坏的一个重要定理，即在 CPT 联合反演不变的情况下，尽管粒子和反粒子的衰变总宽度相同，但 T 反演不守恒，它们到不同过程的衰变分宽度仍可以不相同。1960 年简明地推导出赝矢量流部分守恒定理（PCAC），这是他在强子物理的研究中获得的出色成果，对弱相互作用理论起了重大推进作用，因此世界公认他是 PCAC 的奠基人之一。由于分析高能散射振幅的需要，他第一次引入螺旋振幅的概念和相应的数学描述。最先提出用漏失质量方法寻找共振态和用核吸收方法探测弱相互作用中弱磁效应等实验的建议。此外，他还用色散关系理论对非常重要的光核反应做了大量理论研究工作。周光召还组织领导了许多中青年学者对相互作用统一、CP 破坏、陪集规范场、非线性 σ 模型、有效拉氏量理论、超对称性破缺、量子场论的大范围拓扑性质及其与反常的联系等方面的研究工作，其中许多结果（如关于量子场论的大范围拓扑性质及其与反常的联系）引起了国内外学者的普遍重视。

在凝聚态物理方面，周光召领导的小组发展了非平衡态统一理论中的数学形式——闭路格林函数方法，并把所发展的方法尝试应用到激光、等离子体、临界力学、随机淬火系统等方面，不仅得到有成效的具体结果，而且显示出这种方法的优越性。

周光召不仅在理论研究方面成绩卓著，而且将一生中精力旺盛的最好时光献给了祖国的核能事业。他参加并组织领导了中国核武器的理论研究、设计和试验工作。开展了爆轰理论、内爆动力学、高温高压物理、中子物理、计算物理等领域与核武器有关的研究工作，为认识核武器内在过程的物理规律，掌握其设计原理，直至制造工作建立了基础。1999 年荣获“两弹一星功勋奖章”。

周光召很重视人才的培养。他主张理论和实践并重，不仅深入研究理论，也深入实际，在核武器研制过程中，经常到试验现场解决问题。他一再主张理论工作者应当承担国民经济和国防等方面提出的重大实际任务，同时还十分注意科学研究中可能有重大前景的动向，指导并加强基础理论的研究。对于中国科学院的规划、建设，对中国科协团结科技工作者的作用，都做了大量的工作。

（戴念祖）

周培源 Zhou Peiyuan（1902-08-28～1993-11-24） 中国物理学家、力学家。江苏宜兴人。卒于北京。1924年毕业于清华学校（清华大学前身）。1926年毕业于美国芝加哥大学，获学士、硕士学位。1927～1928年在美国加利福尼亚理工学院从事广义相对论的研究工作，获博士学位。1928年赴德国，在莱比锡大学W.K.海森伯领导下从事科学研究；1929年在瑞士苏黎世联邦理工学院W.泡利领导下从事科学研究。1929年回国任清华大学教授。1936～1937年在美国普林斯顿高级研究院参加A.爱因斯坦主持的讨论班，从事相对论、引力论和宇宙论的研究。1938年起在西南联合大学带领林家翘、张守廉、胡宁、郭永怀、黄授书、谢毓章等人从事流体力学的湍流理论研究。中华人民共和国建立后，任清华大学教务长、校务委员会副主任委员。1952～1981年，历任北京大学教授、教务长、副校长、校长等职。1955年当选中国科学院学部委员（院士）。1978～1981年任中国科学院副院长。1951～1982年任中国物理学会理事长。1980～1986年担任中国科学技术协会主席。曾任中国人民政治协商会议全国委员会常务委员、全国委员会副主席，九三学社中央主席，中国外交学会副会长，《中国大百科全书》第一版总编辑委员会副主任。

周培源的研究工作集中在两个方面：①广义相对论和宇宙论。早期的研究主要是求爱因斯坦引力场方程的严格解。20世纪80年代又致力于广义相对论的基本问题研究，即经过坐标变换联系起来的引力场方程究竟有几个解。他对照流体力学中保角变换，认为这种情形应该是几个解而不应该是一个解。产生这种不确定的原因在于爱因斯坦方程缺少必要的坐标条件。②湍流。30年代初，他认识到湍流场和边界条件关系密切，后来参照广义相对论中把质量作为积分常数的处理方法，求出了雷诺应力等所满足的微分方程，并希望能把边界的影响通过边界条件引入雷诺应力的表达式中。1940～1948年，他发表了这方面的一系列论文。这个理论有很多方面的应用，并发展成为湍流的模式理论。接着，他认识到湍流理论中封闭方案的局限性，必须弄清湍流结构，才能彻底解决湍流问题。1955年以后，又发表一系列论文，首先参照量子力学中氢原子角动量守恒求出了作为湍流基元的轴对称涡旋，然后通过统计平均求物理量，成为别开生面的先求解后平均的湍流理论。他的湍流理论在1982年获得国家科学二等奖。他致力于把研究涡旋结构时得到的准相似性用到剪切湍流中去。

周培源又是一位教育家和社会活动家。他的学生遍及国内外，早期的学生王竹溪、彭桓武、林家翘、胡宁等都是著名的科学家。（戴念祖）

周期性放电 periodic firing 一种节律性的，在一定范围内神经元放电峰间期稳定不变的放电现象。根据神经元放电峰间期（ISI）序列的不同，理论模型中的放电序列模式被区分为不同的节律模式，如周期峰放电节律和混沌峰放电节律等。在一定参数范围，神经元的放电峰间期稳定不变，就形成周期放电。当有参数改变如外界刺激增强时，峰间期会重复地交替出现两个值，这种放电行为称为周期2的倍周期放电。周期性放电，对应动力系统中的极限环吸引子；在神经元系统中，周期放电分为周期峰放电和周期簇放电。周期峰放电：神经元周期性地产生一个动作电位（放电尖峰），相应于一个稳定的大极限环吸引子（图1）。周期簇放电：神经元的放电活动表现为静息状态和反复峰放电状态的周期性交替（图2）。反复峰放电状态对应于一个稳定的极限环，如果静息状态对应于一个稳定平衡点，则簇放电是点-环型的；如果静息状态对应于一小振幅的阈下极限环吸引子，则簇放电是环-环型的。（王大辉）

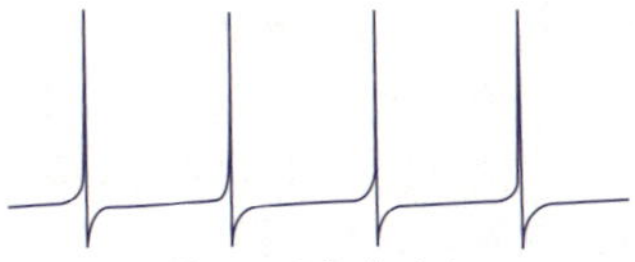

图1 周期峰放电

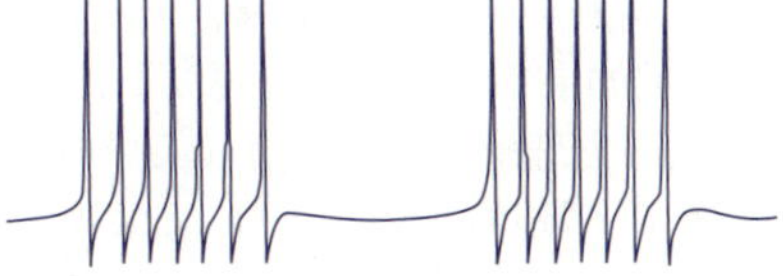

图2 周期簇放电

周同庆 Zhou Tongqing（1907-12-21～1989-02-13） 中国物理学家、教育家。生于江苏昆山，卒于上海。1929年毕业于清华大学。1929～1933年在美国普林斯顿大学深造，并获哲学博士学位。回国后，历任北京大学物理系教授（1933～1936），中央大学物理系主任（1936～1943），交通大学物理系主任、理学院院长（1943～1952），复旦大学物理系教授（1952～1989）。1955年当选为中国科学院学部委员（院士）。

在普林斯顿大学期间，周同庆研究了氩放电管中的振动和移动辉纹、二氧化硫的光谱。此后长期从事**光学**、**光谱学**、**气体放电**、**等离子体**以及物质结构等研究。抗日战争期间，中央大学内迁重庆，他在此研制出中国第一台自动回声探测仪。1953年带领研究小组，制成中国第一个医用封闭式X射线管，推动了中国真空器件的设计制造工作。1954年又研制出高压整流管，并指导蔡祖泉等制造玻璃高真空扩散泵，为中国X射线管和高压整流器的独立生产奠定了基础。（戴念祖）

周远 Zhou Yuan（1938-07-16～ ） 中国低温工程和制冷技术专家。生于江苏金坛。1961年毕业于清华大学热能工程系。1961～1966年在中国科学院物理研究所工作。1966～1983年在中国科学院半导体研究所工作，历任研究实习员、工程师、高级工程师。1983～1999年在中国科学院低温中心工作，先后任室主任、高级工程师、研究员、低温中心主任。1999年起在中国科学院理化技术研究所任研究员。还兼任中国科学院学部第四、第五届科学道德建设委员会副主任，中国科学院理化技术研究所学术委员会荣誉主任，中国工程热物理学会副理事长，中国制冷学会荣誉理事长，北京制冷学会常务副理事长等职。2003年当选为中国科学院技术科学部院士。

周远主要从事低温工程和微、小型制冷技术研究，开展低温和极低温度的获得和应用研究。1964年，周远在国内首先研制成功直拉进排气阀式长活塞型膨胀机

型氦液化器，为中国开展低温物理实验和低温超导技术研究极低温条件的建设提供了保证，并为大型空间环境设备和卫星辐射制冷等国家重大科学实验创造了条件。1977年成功研制一台Vuilleumier制冷机，1978年进一步改进使其制冷功率加大，该成果获中科院科技成果二等奖。1985年带领团队建成冷中子源低温系统，是亚洲地区最早的两台液氢冷却的反应堆冷中子源之一，该成果获得中科院科技进步二等奖。周远和洪朝生一起建立了新中国液氦、液氢温区条件和应用，为国内低温物理研究和低温工程应用奠定了坚实的基础。1989年他们共同获得中国物理学会胡刚复物理奖。开展了脉冲管制冷技术研究，用实验验证和揭示了双向进气脉冲管的优异性能，1988年他在国际上首先研制成二级脉冲管制冷机。20世纪90年代后提出的多路旁通流程，将同轴结构、多路旁通和非对称喷嘴结构用在微型高频脉冲管制冷机上。领导进行混合工质节流技术的基础研究，其核心技术已成功应用到深冷冰箱的研制上。1999年由于对脉冲管制冷机的研制以及理论和结构的重要发展获得国家技术发明奖三等奖和国家自然科学奖四等奖。（尹晓冬）

啁啾脉冲 chirped pulse　在脉冲持续时间内波长发生变化的脉冲。激光光场作为一种电磁波，其在时间域与频率域的分布满足傅里叶变换关系，由此得到脉冲激光的脉宽与光谱带宽存在着时间－带宽不确定关系，即$\Delta t\cdot\Delta\nu\geqslant k$，式中$k$为与脉冲形状有关的常数。由此可见，对于固定带宽的脉冲，其脉宽存在一个下限，即可实现的最短脉冲宽度。带宽越宽，所能得到的脉宽也就越窄。对于脉宽达到由前式带宽所决定的最短结果的脉冲，通常称之为“变换极限脉冲”。

在具有色散的介质中传播时，由于超短激光脉冲具有很宽的光谱，不同频谱光的分量其传播速度是不同的。对于正色散的介质，超短脉冲频率低的部分比频率高的部分传播快，这样光脉冲在时间上被逐渐拉宽，形成低频成分在前、高频成分在后的结果，这样的脉冲也就称之为正啁啾脉冲。相反，在负色散介质中，超短脉冲频率低的部分比频率高的部分传播慢，光脉冲被拉宽为高频成分在前、低频成分在后的结果，这样的脉冲就是负啁啾脉冲。因此，所谓啁啾脉冲就是不同时刻频率分量不同的脉冲，由于啁啾的存在，其脉宽要远大于无啁啾的变换极限脉冲。一个变换极限的超短脉冲通过色散介质，就成了啁啾脉冲。（魏志义）

轴反常 axial anomaly　一种对整体对称性破坏的量子反常。又称手征反常。见*量子反常*。

轴子 axion　解决强CP问题的佩切伊－奎因机制中出现的质量很小、与其他粒子相互作用很弱的赝标量粒子。

强CP问题　在强相互作用的基本理论*量子色动力学*（QCD）中，夸克具有手征对称性。如仅考虑上夸克和下夸克时，在忽略它们很小的质量后，QCD拉格朗日量具有$U(2)_L\times U(2)_R$对称性。但在强子谱中只看到矢量型的$U(2)_V=SU(2)_I\times U(1)_B$对称性。它们对应于同位旋和重子数守恒，而强作用引起的真空夸克凝聚似乎将轴矢型$U(2)_A$对称性都自发破缺了。如果是这样，将产生四个南部－戈德斯通（NG）赝标介子，在计入上夸克和下夸克的小质量后，它们理应获得同量级的质量。但在强子谱中，只有三个轻的π介子，它们对应于$SU(2)_A$自发破缺，而不存在对应于$U(1)_A$自发破缺的低质量赝标介子。此即$U(1)_A$问题。

在QCD中，由于手征反常，实际上并没有$U(1)_A$对称性，但这只是转移了问题。像QCD这样的非阿贝尔规范理论存在着复杂的真空结构，即真空按场位形的拓扑绕数分类，而欧氏空间的瞬子会造成不同拓扑绕数真空之间的隧道贯穿，使得规范不变的物理真空是拓扑真空的线性叠加，其叠加系数依赖于一个未知实参数$0\leqslant\theta\leqslant2\pi$。这一真空性质导致了QCD胶子场的一个有效相互作用，其作用强度即θ参数。该相互作用破坏空间反演P和时间反演T对称性，而保持电荷共轭C不变性，因此能诱导出比如破坏CP和T对称性的中子电偶极矩。另一方面，实验上一直没有观测到中子电偶极矩，因此QCD的θ参数如果不为零，就必须极小，这在物理上很难理解。这样$U(1)_A$问题转换成为什么θ参数这么小的问题，此即强CP问题。

轴子　在试图解决强CP问题的诸多方案中，一般认为，R.D.佩切伊和H.R.A.奎因于1977年提出的解决途径比较可行。引入一个整体的、手征U(1)对称性［称为$U(1)_{PQ}$对称性］和带有$U(1)_{PQ}$荷的标量场，并假设至少有一个费米子与该标量场耦合。这样θ项可以通过场的手征变换消除，避免了强作用CP破坏，而$U(1)_{PQ}$对称性自发破缺后产生的NG粒子称为轴子，并通过QCD反常使其获得质量。原始的佩切伊－奎因模型假设$U(1)_{PQ}$对称性自发破缺能标与电弱对称性破缺能标一样，由此得到的轴子性质早已被实验观测排除。为了解决这个问题，发展出不可见轴子模型，引入的标量场携带$U(1)_{PQ}$荷但不携带标准模型规范群的量子数，使得$U(1)_{PQ}$对称性的破缺能标可以远高于电弱能标，这样轴子质量更轻，与标准模型粒子的耦合更弱。这些模型基本上分为两类。第一类以KSVZ模型为代表，它引入一个标量场和一个超重夸克；第二类以DFSZ模型为代表，它在佩切伊－奎因模型基础上再引入一个标量场。在这些模型中，轴子质量与电磁场的耦合参数都反比于$U(1)_{PQ}$对称性的破缺能标，而且二者之间有确定的关系。在实验室实验和天体物理观测中都没有发现轴子，从而给出了其质量、耦合参数的限制。因此在这个意义上，强CP问题还没有获得解决。实际上在很多理论与实验研究中，经常将轴子质量和耦合参数看成独立的物理量，甚至假定轴子是宇称为正或没有确定宇称的标量粒子，这类粒子通常称为类轴子粒子，以区别佩切伊－奎因机制中的QCD轴子。最后需要提及的是，轴子仍然是暗物质粒子的最佳候选者之一。（廖　益）

朱邦芬 Zhu Bangfen（1948-01-05～　）中国物理学家。籍贯江苏宜兴。生于上海。1970年毕业于清华大学工程物理系，1981年获清华大学固体物理硕士学位。1981～

2000年在中国科学院半导体研究所工作，先后任助理研究员、副研究员、研究员。2000～2003年任清华大学高等研究中心教授。2003年起任清华大学物理系教授、系主任。2008年起任清华大学理学院院长。曾是瑞典林雪平大学访问学者，曾任美国伊利诺伊大学厄巴纳－香槟分校、加州大学圣迭戈分校、伊利诺伊州立大学、犹他大学和香港科技大学客座教授。2003年当选为中国科学院院士。

长期从事凝聚态物理理论研究。与黄昆一起确立了半导体超晶格光学声子模式的理论，被国际学术界命名为“黄－朱模型”。建立了量子阱中激子旋量态理论。和黄昆等人合作建立了一个系统的量子阱中拉曼散射的微观理论，解决了宏观对称性分析不能解释的疑难问题，证明了在体材料中禁戒的弗洛里希散射在量子阱中允许的原因主要在于轻重空穴混合，并给出声子对称性、电声子互作用机制与光散射偏振配置三者之间的关系。关于半导体量子阱中激子旋量态理论和半导体超晶格拉曼散射的微观理论，在国际上有较大影响。提出了时间域介观物理概念。与他的学生一起，提出了半导体中动力学费诺共振原理，预言激子稳化现象。1993年、2004年两次获国家自然科学奖二等奖，曾获中国科学院自然科学奖一等奖1项、二等奖2项。 （尹晓冬）

朱棣文 Steven Chu（1948-02-28～ ） 美籍华裔物理学家。生于密苏里州圣路易斯。祖籍江苏太仓。1970年在罗切斯特大学获得物理和数学双学士学位，1976年在加州大学伯克利分校获博士学位，并留校做了两年博士后研究。1978～1983年入美国电话电报公司任技术部成员，1983年任该公司贝尔实验室量子电子学研究部主任。1987年任斯坦福大学物理学教授，1990年任该校物理系主任。美国国家科学院院士。

1985年朱棣文和他的同事用两两相对，沿三个正交方向的六束激光使原子减速（又称冷却）。真空中的一束钠原子先是被迎面而来的激光束阻止下来，然后他们把钠原子引进六束激光的交会处。这六束激光相比静止钠原子吸收的特征频率都稍微有些红移。其效果就是不管钠原子企图向何方向运动，都会遇上具有恰当能量的光子，并被推回到六束激光交会的区域。在这个小区域里，聚集了大量的冷却下来的原子。这种方法把冷却了的原子悬浮或拘捕在“原子陷阱”里，为研究单个原子及其内部结构提供了可能。因发现激光冷却和捕获原子的方法，朱棣文和**C.科昂-塔努吉**及**W.D.菲利普斯**共获1997年诺贝尔物理学奖。朱棣文还致力于运用物理方法研究聚合物和生物学。

（郭奕玲）

朱光亚 Zhu Guangya（1924-12-25～2011-02-06） 中国核物理学家，核武器科学和技术专家。生于湖北武汉，卒于北京。1945年毕业于西南联合大学物理系。

1946年赴美国密歇根大学深造。1950年获该校哲学博士学位，旋即回国。历任北京大学物理系、东北人民大学（今吉林大学）物理系副教授、教授。1956年起，历任第二机械工业部原子能研究所研究员、第二研究室副主任、九院（核武器研究院）副院长、国防科学技术委员会副主任，国防科学工业委员会科技委副主任、主任，中国人民解放军总装备部科学技术委员会主任，国务院学位委员会副主任等职。1980年当选中国科学院学部委员（院士）。1991年当选中国科协第四届主席，后为名誉主席。1994年当选中国工程院首任院长和党组书记。曾任全国政协第八、第九届副主席，中共第九、第十届中央候补委员，第十一届至第十四届中央委员。

朱光亚从事原子核物理、原子能技术的研究。1950～1959年，以符合测量的方法，先后探讨了^{198}Au和^{181}Hf的衰变方式、β能谱、^{154}Eu的内变换电子谱，研究了重水反应堆的物理参数的测定。1959年，苏联毁约停援，中国决定自力更生研制核武器。朱光亚受命负责组织、计划中国原子弹、氢弹的试验研究和制造工作。1962年参与制定有关原子弹、氢弹的科研、设计、制造、试验、爆破方式的设施等计划纲要和相关决策。在相继实现原子弹与氢弹成功爆炸之后，又在组织实施和领导决策两弹结合、装备部队、导弹运载、地下核试验、高技术研究发展计划、军备控制问题等方面做出了重要贡献。1985年获国家科技进步奖特等奖，1999年荣获“两弹一星功勋奖章”。 （戴念祖）

朱洪元 Zhong Hongyuan（1917-02-08～1992-11-04） 中国物理学家。生于江苏宜兴，卒于北京。1939年毕业于同济大学机械工程系。1945年留学英国。1948年获英国曼彻斯特大学哲学博士学位，同年任该校物理系帝国化学工业科学基金研究员。1950年回国。自1951年起在中国科学院先后任近代物理研究所、原子能研究所和高能物理研究所研究员，1961年兼任原子能研究所理论物理研究室主任。其间，1957～1959年兼任北京大学教授。1959年8月至1961年8月在苏联杜布纳联合核子研究所担任高级科学家，1959～1965年任

该所学者会议代表。1978年起任中国科学院高能物理研究所副所长，并兼任中国科学技术大学研究生院物理部主任。1980年当选为中国科学院学部委员（院士）。

朱洪元从事核物理、高能物理和宇宙线物理研究，他是同步辐射实验和理论的最早发现者。1947年在英国对高能电子在磁场中运动时放出的电磁辐射的性质进行了研究，得到了这种电磁辐射的能谱、角分布和极化状态的表达式，结果于1948年在英国发表。美国的J.S.施温格也得到了相同结果，于1949年在美国发表。这种辐射后来被称为**同步辐射**，得到了广泛的应用。

1947年朱洪元曾对奇异粒子做出先导性研究。回国后，探讨介子和超子的衰变过程，提出μ^-介子辐射俘获所必须遵从的严格的选择定则。在低能强相互作用研究中利用色散关系，推导出不含发散积分的π-π及π-N低能散射方程。1962～1964年，他从事包括光子、电子、中子和原子核在内的高温高密度系统的输运过程、反应过程和流体力学过程的研究。1965年秋，他与合作者建立和发展了关于强子结构的“**层子模型**”理论。对中国高能物理实验基地的建立、高能物理研究事业的发展和理论物理人才的培养，做出了重要贡献。 （戴念祖）

朱经武 Paul Ching-wu Chu（1941-12-02～ ） 美籍华裔物理学家。生于中国湖南长沙。1962年毕业于台湾成功大学。1965年、1968年分别获美国福德姆大学、加州大学圣迭戈分校硕士、博士学位。1989年当选为美国国家科学院院士、人文科学院院士和英国皇家学会外籍会员。1994年获超导科学卓越成就奖。任美国得克萨斯州休斯敦大学超导研究中心主任、物理系教授，香港科技大学校长。1996年当选为中国科学院外籍院士。

朱经武是高温超导研究的先驱者和液氮温度超导电性发现者之一，这一成就对整个超导研究和凝聚态物理的发展起到了巨大的推动作用。朱经武是美籍华裔学者中较早与中国科技界和教育界建立友好关系的教授之一。1979年帮助中国科学院物理研究所发展盒式高压技术和物理的研究，被聘为该所荣誉研究员；1988年、1991年先后被聘为中山大学、南开大学名誉教授，积极协助南开大学开发新能源镍-氢电池技术。 （仲 佰）

朱静 Zhu Jing（1938-10-10～ ） 中国材料科学专家。祖籍浙江杭州。生于上海。1962年毕业于复旦大学物理系。1962～1996年在冶金工业部钢铁研究总院金属物理室工作。

1980～1982年作为中国访问学者被派遣到美国亚利桑那州立大学的固体科学中心深造。1984年9月至1985年4月，在美国亚利桑那州立大学天文和物理系做访问教授。1996年任清华大学材料学院教授。1997～2007年任清华大学材料科学与工程研究院院长。1999年起，任清华大学校务委员会委员。2006年7～9月任日本东北大学访问教授。2008～2014年任北京电子显微镜中心主任。1995年当选为中国科学院院士。2007年被选为发展中国家科学院院士。

朱静是中国分析电子显微学研究领域的开拓者与学术带头人之一。长期从事材料结构、缺陷、界面的实验观察和控制及其性能关系研究，应用现代显微分析技术在研制新材料和材料科学基础与应用基础研究中做出了创新性贡献。20世纪60年代末至80年代末从事超高强度马氏体时效钢的合金化原理、强韧化本质等一系列应用基础研究，据此提出的合金化及热处理制度已在铀分离机用钢中实施成功。80年代初开始电子微衍射研究，她在国际上运用相干电子波微衍射实验及原理，发现和确定了有序结构单个畴界及单个原子面缺陷的性质，发表的原始论文作为该领域开拓性文献被引用。提出了测定纳米区域有序度的方法。发展了实验测定电荷密度分布的方法，是中国分析电子显微学研究的开拓者和带头人之一。在中国本土首先开展了亚埃尺度的材料表征的技术和应用研究，透射电子的占位分辨定量磁结构测定方法研究；从事铁电氧化物材料、高速列车车轴、纳米力学、纳米能源等研究。获国家及部委奖9项，2004年获何梁何利基金科学与技术进步奖。 （尹晓冬）

朱诗尧 Zhu Shiyao（1945-12～ ） 中国量子光学专家。籍贯江苏镇江。生于上海，1962～1968年就读于华东师范大学物理系，获学士学位。1979～1981年就读于山西大学，获硕士学位。

1984～1986年就读于上海交通大学，获博士学位。1982～1983年担任山西科技情报研究中心研究员。1986～1988年任上海交通大学物理学讲师、副教授。1988～1992年任美国新墨西哥大学助理研究员。1992～1993年任美国得克萨斯A&M大学助理研究员。1993～2011年任香港浸会大学副教授、教授。2010～2016年任北京计算科学研究中心千人计划教授。2016年任浙江大学物理系教授。2015年当选中国科学院院士。

长期从事量子光学领域的研究。在量子相干方面，特别在无翻转激光和自发辐射相消方面做出了重要创新性贡献。从事量子相干特别是相位衰退的干涉效应、特殊材料中的量子相干现象，以及相干光和部分相干光传播的研究。在光子晶体中研究了利用负折射率材料实现互正交跃迁之间的量子干涉和自发辐射抑制，取得一系列研究成果，对光子晶体的研制提供了重要参考数据。在无旋波近似的自发辐射动力学和兰姆移位研究中取得重要进展，修改了反Zeno效应的普适性，对于激光物理、量子力学、量子光学的基础研究具有重要意义。首次证明了可以用量子干涉效应去抑制（或增强）多能级体系中的自发辐射，同时还创造性地提出了用量子干涉效应导致双下能级连续运转下的受激吸收相消理论。他将经典光学中相干现象引申到量子光学的能级跃迁问题中，提出并验证了通过量子干涉控制和调制自发辐射及受激吸收的原理，发展了由爱因斯坦和狄拉克创建起来的自发辐射及受激吸收理论，是量子光学基础理论研究的一大创新。由于在无粒子数反转激光和自发辐射噪声的抑制等方面的开创性研究成果，2004年8月被遴选为英国物理学会会员，2005年被遴选为美国光学学会会员；因其在量子光学特别是自发辐射抑制和无反转激光方面的开创性贡献，以及推动中美双方关于量子光学和基础物理方面的合作所做出的努力，2011年成为美国物理学会会士（APS Fellow）。1999年获国家自然科学奖三等奖，2004年获伊朗政府花拉子模国际二等奖，2014年获量子光学“兰姆奖”。 （尹晓冬）

朱物华 Zhu Wuhua（1902-01-03～1998-03-11） 中国电子学家、水声工程专家。祖籍浙江绍兴。生于江苏扬州邵伯镇，卒于上海。1923年毕业于上海交通大学机电系，

之后留学美国，1924年获麻省理工学院硕士学位，1926年获美国哈佛大学博士学位。1927年回国后，先后受聘于中山大学（1927）、唐山交通大学（1930）、北京大学（1933）、西南联合大学（1937）、交通大学（1945）、哈尔滨工业大学（1955）、上海交通大学（1961）。曾担任哈尔滨工业大学副校长（1955），上海交通大学副教务长、副校长（1961）、校长（1978）等职务。1955年当选为中国科学院学部委员（院士）。

朱物华是中国第一代电子学家，中国水声工程学科的先驱与开拓者，培养了大批优秀学生。20世纪30年代中期，针对关于有限段终端无损耗低通滤波器瞬流计算的局限，首次提出终端有损耗的T形低通与高通滤波器瞬流计算公式。50年代开设的天线课程中，依据火箭技术、厘米波、毫米波技术的发展，融入了当时出现不久的超高频天线的特点和发展趋势等内容。60年代，应国家所需从事水声工程的教学和研究工作，在船舶噪声控制、噪声预报等方面进行了深入研究，在课堂讲授声全息系统、声全息技术发展用途等新兴知识，并翻译了300余篇国外论文。在68年执教生涯中，讲授过无线电原理、电视、信息论等21门课程，编写了电信网络、无线电原理、电视学、电力传输、电力系统自动化、电气自动化、电力系统中的频率自动调整、信息论、水声工程原理和声全息技术等教材，培养出杨振宁、朱光亚、邓稼先、马大猷、严恺、刘恢先、张维等知名科学家。 （尹晓冬）

朱载堉 Zhu Zaiyu（1536～1611） 中国明代声学家和乐律学家、音乐家，十二等程律（又称十二平均律）理论的首创者。字伯勤，号句曲山人，又自称狂生、山阳酒狂仙客等。明宗室（郑恭王厚烷之子）。怀庆府（今河南沁阳）人。

图1 朱载堉像

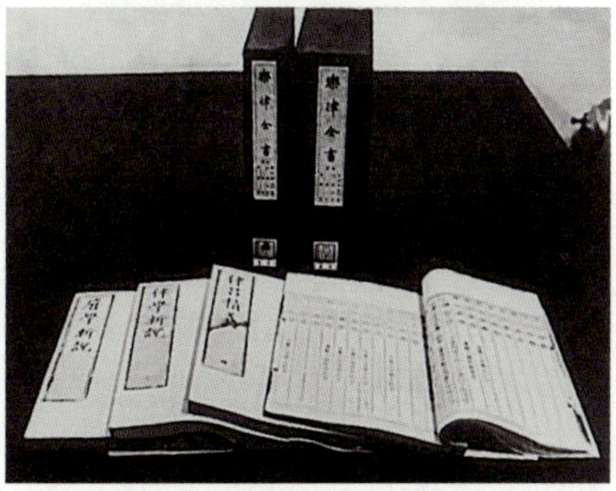

图2 《乐律全书》(明万历刊本)

朱载堉于明万历九年（1581）之前创建“新法密率”，即今之十二等程律。他先定八度音程比为2，再将2开12次方，得十二等程律的半音，也是八度内13个律构成的等比数列的公比数，以此求得八度内其他11个律。朱载堉为此还最早获得了由四项构成的等比数列（已知首项和末项）的求解公式。朱载堉发明的“异径管律”，令管长与十二等程律弦长一致，而相邻音高的任两支律管的内径之比为$2^{1/24}$。这是历史上最早以缩小管径方法成功地进行管口校正的尝试。经理论与实验检验，他的“异径管律”完全正确。朱载堉最早发现管乐器的末端效应，指出两支成倍半关系的同径管不正好是八度，而是约略的大七度。他还创制了按十二等程律发音的弦乐器——“律准”、管乐器——“编管”，它们也都是音高标准器或称为“定律器”。朱载堉还创作了多首十二等程律乐曲。

在历法上，朱载堉编制了“黄钟历”和“圣寿万年历”，获得了比前人更为精确的回归年长度值，也推算出比前人精确的北京地理纬度值，实测了洛阳附近地磁偏角为4°48′，并指出地磁偏向“八方之地各有不同”。他还研究了历代度量衡制的变迁，其方法与结论一直影响至今。在数学上，他又制造了81档大算盘，最早用算盘进行开平方和开立方运算。他不仅用算盘计算了乐律上几百个数据，而且每个数据都算到25位数，如：$2^{1/12}$=1.059 463 094 359 295 264 561 825。以当代计算机对此做过验算的众多今日科学家，对于朱载堉运算的准确性无不感到惊讶。

朱载堉谱写了大量乐谱、操缦谱、旋宫谱，撰写了大量的充满激情的歌词，制作或改进了许多乐器，探讨了一些乐器的发音规律及其物理功能，研究了音乐史、乐器史。他最早明确提出音乐教学法，也是有量记谱法的先行者。此外，朱载堉还描绘了中国历史上最详尽的舞图和舞谱，他是中国历史上舞谱之集大成者。

明嘉靖二十九年（1550），朱厚烷受诬告而被夺爵，并被禁锢于中都凤阳。朱载堉时值15岁，他“痛父非罪见系，筑土室宫门外，席藁独处者十九年”（《明史》本传）。隆庆二年（1568），朱厚烷在新皇登基、大赦天下之时得以平反，朱载堉亦复王子冠戴。父子俩合作，潜心研究乐律。万历十九年（1591）朱厚烷卒。朱载堉理当承父王位，但他累疏恳辞，执意让爵。经过15年七疏之后，朱载堉将爵位让予当初诬告其父的族系。仅凭这点精神，足令后人肃然起敬。让出国爵后，朱载堉专心雕刻自己著作，箪食瓢饮，自称道人，迁居城外，过着纯学者式生活，时而加入民间艺人行列，为他人婚丧喜庆吹打弹唱。作为皇室嫡系子孙，他是一个叛逆者。他痛斥钱财“为富不仁”，诅咒权势“狗畜生”。著有《律历融通》（1581年序）、《律学新说》（1584年序）、《算学新说》（1584年前完稿）、《律吕精义》（1596年序）和《圣寿万年历》等书。大部分著作收集在《乐律全书》之中。 （戴念祖）

主动光谱 active spectroscopy 将激光束或离子束注入等离子体以激发并探测发射谱线的诊断方法。系相对于被动光谱，或通常所说的发射光谱而言的。接受和分析等离子体的发射光谱是一种简单易行的无接触测量方法，广泛用于各种类型等离子体的诊断。但发射光谱诊断也有一些缺点，如通常所接收的是测量光路上一条弦上所发光的积分，必须对多路测量数据进行变换才能做到准确的空间分辨。此外，一些高温等离子体中，多数离子处于完全剥离态，缺乏诊断所需要的辐射谱线。针对发射光谱方法的这些缺陷，在实验室等离子体诊断中，广泛采用主动光谱的方法。经常用于低温等离子体诊断的吸收光谱也可认为是主动光谱。

主动光谱技术多采用激光束和粒子束注入等离子体中的方法。激光束注入的典型是激光诱导荧光诊断。这种诊断使用可调谐的染料激光器，选择等离子体中某种组分的特定谱线波长，激发电子三能级或二能级系统能级间的跃迁，测量电子经辐射跃迁回低态能级时发射的荧光，以测量选定组分在等离子体中的态密度、温度、宏观速度等物理量。具体探测光路多采取与入射激光方向垂直探测荧光，以避免激光产生的散射光和引起的受激发射光的影响。它具有很好的空间分辨和组分分辨。

主动光谱的另一重要发展方向是注入中性粒子束（见图）。中性粒子束的产生

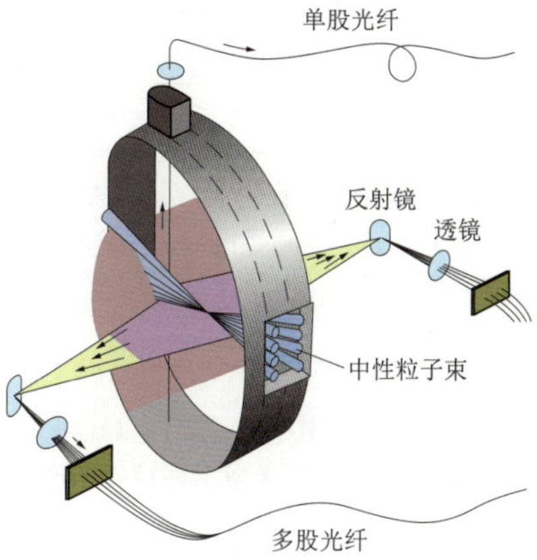

中性粒子束注入主动光谱诊断布局

方法有三种：一为热粒子源，如加热金属锂使其气化形成锂原子束；二为激光吹气法，即将激光聚焦到镀有金属薄膜的载体表面，使金属气化并部分电离，产生原子或离子束射入等离子体；三为用离子源产生能量较高的离子束，再中性化后，产生中性粒子束射入等离子体。其中第二种方法主要用于金属杂质在等离子体中的输运研究。

在等离子体中的中性粒子束与等离子体粒子主要有两种相互作用形式：一为被等离子体中的电子碰撞激发，发射出特征谱线，称为束发射光谱，可以用来研究等离子体电子分量参数，如计算电子密度及其涨落，也可计算电子温度；二为中性粒子与等离子体中的离子进行电荷交换，使等离子体中的离子中性化为原子或者成为低电离态离子，从所发射的谱线可以研究等离子体中的离子分量的行为，称为电荷交换复合光谱。一般有很好的空间分

辨能力。

很高能量的氢或氦原子束还用于测量磁约束等离子体装置中的磁场方向，称动态斯塔克效应。这样的高能粒子束在磁化等离子体中运动时，会在自己的运动坐标系中产生电场：

$$\boldsymbol{E}=\boldsymbol{v}\times\boldsymbol{B}$$

式中$\boldsymbol{v}$为粒子速度；$\boldsymbol{B}$为磁感应强度。在这个电场作用下，粒子发射谱线发生斯塔克分裂。从分裂产生的两分量的偏振性质可以决定磁场方向，从它们之间的距离可以决定磁场强度。在粒子速度充分高和磁场充分强时，这一斯塔克分裂宽度超过磁场引起的塞曼分裂，可用以计算磁场的方向和强度，特别用于测定托卡马克型聚变装置中局域极向磁场强度的径向轮廓。

（王 龙）

主方程 master equation 马尔可夫过程中描述系统概率分布的演化方程。一个可以由随机变量Y描写的系统演化时，在随机变量的不同值之间将发生转移过程。通过转移，一给定的状态中发现系统的概率将发生变化。对于马尔可夫过程，每一步的转移概率只依赖于前一步，而不依赖于任何过去的历史。这时系统概率分布的演化方程为主方程：

$$\frac{\partial P_1(y,t)}{\partial t}=\int \mathrm{d}y'[W(y',y)P_1(y',t)-W(y,y')P_1(y,t)]$$

式中$P_1(y,t)$为随机变量Y在t时刻取y值的概率；$W(y,y')$为从态y到y'的转移速率。概率密度$P_1(y,t)$的改变率由两部分引起：从所有其他的状态y'转移到y和从态y转移到所有其他的态y'。当这两部分相等时，转移过程不能引起概率分布的进一步变化，系统达到一个最终平衡的定态。如果随机变量Y只能取离散值，主方程可以写成矩阵的形式。

主方程是非平衡统计物理中最重要的方程之一，适用范围非常广泛，已被应用于激光物理学、布朗运动、流体、半导体物理以及化学、生物学、人口动力学等领域。对于量子系统，早在1928年奥地利物理学家W.泡利就为密度矩阵的对角元素推出了主方程。量子系统密度矩阵演化更普遍的主方程为林德布拉德方程。

（史华林）

主折射率 principle refractive index 各向异性光学介质中主介电轴对应的折射率。介质的折射率是光在真空中的传播速度c与相速度v之比：$n=c/v$。各向异性光学介质中，不同的方向光波传播的相速度不同，因此不同的方向有不同的折射率。

晶体的各向异性体现在其介电常量ε在不同的方向上有不同的值，是一个二阶张量ε_{ij}，一般有9个分量。电磁学中可证明介电张量是对称张量，即$\varepsilon_{ij}=\varepsilon_{ji}$，因此介电张量最多只有6个独立分量。另外，数学上再经过适当的坐标变换，介电张量还可进一步约化为对角张量。此时ε_x、ε_y、ε_z，3个对角元称为晶体的主介电常数，对应的3个坐标轴称为主介电轴，3个折射率为主折射率：

$$n_1^2=\varepsilon_x,\ n_2^2=\varepsilon_y,\ n_3^2=\varepsilon_z$$

这是由于晶体的折射率n和介质的电磁学常数ε、μ之间的关系为：

$$n=\sqrt{\varepsilon\mu}$$

对一般的非铁磁物质，$\mu\approx 1$。

（孔勇发 许京军）

助溶剂生长法 solvent growth method 在高温下把晶体原料溶解于能在较低温度下熔融的盐溶剂中，通过缓慢降温形成过饱和溶液而析出晶体的晶体生长方法。又称溶盐法或熔盐法。晶体材料溶解在低熔点的助溶剂中，使晶体在远低于其熔点的温度下进行生长，晶体生长过程与在水溶液中生长类似。这种方法要求助溶剂对晶体具有高的溶解度和合适的溶解温度系数，不与晶体生成稳定的化合物。助溶剂的熔点低，沸点高，黏滞性小，不侵蚀坩埚。助溶剂生长法能够生长许多直接从熔体中生长有困难的晶体，其缺点是生长速率低，不易得到大尺寸的晶体。

（任治安）

驻波 standing wave 局限于某一区域而不向外传播的波动现象。又称立波或定波。由振幅相同、频率相同、振动方向相同、传播速度相同而传播方向相反的两列简谐波叠加而成，是波的干涉的特例。最简单的获得方法：在介质的确定边界上使入射波反射，并使入射波与反射波叠加。在张紧且两端固定的弦上，满足弦长等半波长的整数倍就能形成驻波。弦上的波被分成几段，每段两端的点驻定不动，称为波节，每段中各质点同步地上下振动，中间点振幅最大，称为波腹。波腹、波节的位置不随时间改变，振动能量也不随时间逐点传播，故称驻波。因为波节和波节（或波腹与波腹）之间的距离是半波长，所以利用形成的驻波可测定波长。 （张海澜）

驻极体传声器 electret microphone 一种预先极化的电容传声器。工作原理与电容传声器完全相同，但驻极体传声器无须极化电压，使用起来更为方便。驻极体是一种准永久保持电极化状态的电介质。驻极体传声器的结构为一绷紧的导电薄膜与一个刚性的金属板构成的平行板电容器，驻极体可置于任一极。声音作用于薄膜上时使电容器的电容量改变，既可将声音转换为电信号。这种转换是可逆的，既可用作传声器，也可做成耳机和扬声器。

驻极体传声器具有灵敏度高、频率响应平直、体积小巧、对振动等外界干扰不敏感等优点，几乎覆盖了通信（电话及移动电话）、助听器、广播录声和声学测量等一切声电转换领域。利用微电子工艺开发的硅微驻极体传声器，体积可以非常微小。驻极体传声器由于其准永久电极化导致的电荷衰减，因此长期稳定性稍差。中国科学院声学研究所于20世纪70年代首先提出了金属膜后驻极体传声器原理，并以此原理首先做成了可用作声学测量的驻极体传声器，已在国际上获得广泛应用。

（陶中达）

转移反应 transfer reaction 弹核和靶核之间发生单核子或结团的转移，形成两个新的原子核的反应过程。转移的方式有两种：一种是核子或者结团从弹核向靶核转移，剩余部分继续飞行前进；另一种是靶核中的核子或结团转移至弹核，形成一个新的原子核继续飞行前进。这两种过程分别称为削裂反应和拾取反应。

转移反应是属于直接反应的一种反应机制。相对于剧烈的中心碰撞而言，转移反应中，参与反应的自由度较少，且属于快时标过程。

最重要的转移反应是氘核引起的转移反应，如${}^{A}\mathrm{X}(\mathrm{d},\mathrm{p})^{A+1}\mathrm{X}$类型的反应。由于组成氘核的质子和中子结合松散，因此氘核与靶核发生相互作用时，其一个质子或者一个中子很容易转移至靶核中。早期氘核引起的嬗变就是这种转移反应的一个很重要的应用。

转移反应应该区别于**敲出反应**。它们最大的区别在于，出射的这个粒子或结团不包含原来入射核的成分。

转移反应提供一种方法，可方便地获得靶核或者产物核的能级自旋和宇称信息。

随着放射性束流装置的建成和使用，转移反应被广泛用于远离β稳定线的结构特性研究。

（肖志刚）

转动惯量 moment of inertia 描述刚体质量分布的物理量。又称惯性矩。转动惯量在刚体动力学中有重要意义，它只取决于刚体的质量分布，与刚体的运动无关。

转动惯量又称对轴的转动惯量，刚体对某轴的转动惯量J定义为$J=\sum_i \Delta m_i r_i^2$（或$\int r^2 \mathrm{d}m$），式中$\Delta m_i$（或$\mathrm{d}m$）为微元$i$的质量；$r_i$（或$r$）为微元$\Delta m_i$（或$\mathrm{d}m$）至转轴的距离。转动惯量恒为正值，其单位是千克·米^2。对形状规则的均质刚体，有手册及公式可查。如半径为R的均质薄圆盘对直径的转动惯量为$J_x=J_y=mR^2/4$，对过中心且垂直于盘面的轴的转动惯量则为$J_z=mR^2/2$；长为l的均质细杆对过质心C的垂直轴z_C的转动惯量为$J_{zC}=ml^2/12$；若欲求对过端点O的平行轴z的转动惯量，可用平行轴定理$J_z=J_{zC}+ma^2$，式中a为两轴间的距离（图1）。经计算得$J_z=ml^2/3$。

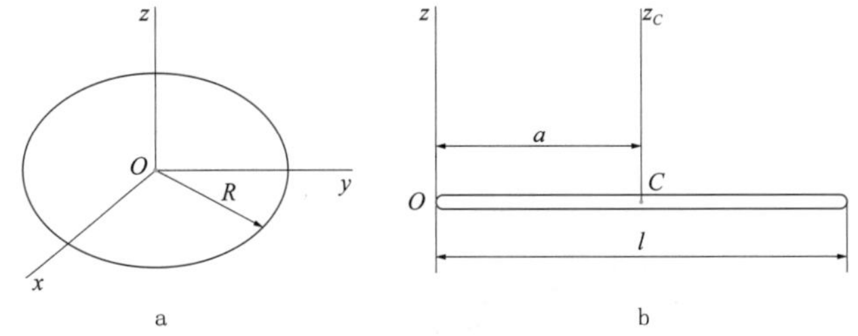

图1 简单刚体的转动惯量

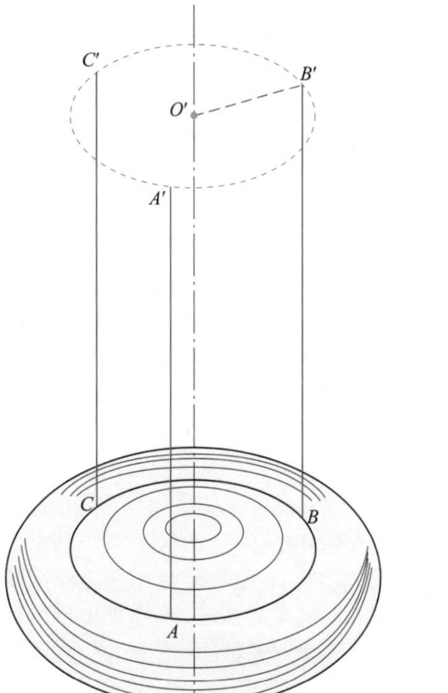

图2 三线摆

由平行轴定理可知，在所有的平行轴中，对过质心的轴的转动惯量为最小。

对于不规则不均质的刚体，可用实验方法测定其转动惯量。三线摆是一种常用的测量装置（图2）。将被测物体置于用三根线吊起的底盘上，给底盘一初始扭角，系统绕铅直轴做扭转振动，测量其振动周期，即可根据公式计算出系统对铅直轴的转动惯量，再减去已知的底盘的转动惯量，即得被测物体的转动惯量。

（贾书惠）

转动光谱 rotational spectrum 分子同一电子能态中不同转动能级之间跃迁产生的光谱。分子吸收或放射电磁波时，其转动状态会改变，但改变过程受选择定则限制。例如仅当分子有永久偶极矩时方有纯转动吸收光谱，此时直线形分子的选择定则为$\Delta J=\pm1$，而对称陀螺形分子为$\Delta J=0, \pm1$，$\Delta K=0$（其中J为角动量量子数，K为在分子对称轴投影角动量量子数）。在拉曼散射光谱中，直线分子的选择定则为$\Delta J=0, \pm2$。在对称陀螺分子中，$\Delta J=0, \pm1, \pm2, \Delta K=0$。球形分子中的选择定则为$\Delta J=0$，故球形分子无纯转动红外线光谱，亦无纯转动拉曼光谱。

转动光谱通常可附带于振动及电子光谱中，因ΔJ值不同而构成许多支谱，$\Delta J=-2, -1, 0, +1, +2$分别称为O、P、Q、R及S支谱。

（徐海峰）

转动瞬心 instantaneous rotation center 刚体平面运动时的瞬时转动中心，该点的瞬时速度为零。简称瞬心。见**刚体平面运动**。

转动瞬轴 instantaneous axis of rotation 刚体的瞬时转动轴。见**刚体的一般运动**。

转动态 rotational state 分子转动过程中具有不同转动角动量的状态。转动态的能量是量子化的，对于双原子分子，转动能级为：

$$E_r = BJ(J+1)$$

式中B为转动常数；J为总转动角动量。对于多原子分子，转动能级通常由三个转动常数（对应分子三个空间轴的转动惯量）决定。

（徐海峰）

转动跃迁 rotational transition 分子的转动能级间的跃迁。对应分子角动量的改变，转动跃迁需要转动角动量满足一定的选择定则。转动跃迁可以发生在分子同一个振动态，同一电子态的不同振动态或不同电子态间产生纯转动光谱、振转光谱或转动分辨的电子谱。解析分子的转动光谱，可获得分子转动常数及几何结构信息。

（徐海峰）

转动振动耦合 rotation-vibration coupling 分子振动和转动运动间的耦合。分子振动和转动运动是相互影响、不可分割的。分子转动周期通常比其振动周期大一两个数量级，在转动过程中，分子转动惯量会由于分子振动引起的核间距变化而出现周期性变化，因此分子转动能量在通常意义下是指多个振动周期时间平均的转动能量。同时，在不同振动能级的分子转动常数也是不同的，转动能量也与振动直接关联。

（徐海峰 丁大军）

状态参量 state parameter 定量描述热力学系统宏观性质的物理量。当热力学系统处于平衡态时，其宏观性质不再随时间变化，可用具有确定值的一组状态参量来表征其属性。通常可选取的状态参量有五类：①几何状态参量。即描述热力学系统几何性质的状态参量，如长度、面积和体积等。②力学状态参量。即描述热力学系统力学性质的状态参量，如压强、应力和表面张力等。③化学状态参量。即描述热力学系统化学成分的状态参量，如摩尔数、浓度和质量等。④电磁状态参量。即描述热力学系统处在电磁场中时各种电磁性质的状态参量，如电场强度、电极化强度和磁场强度等。⑤热学状态参量。即指温度，是热学所特有的直接表征热力学系统冷热程度的状态参量，简称为热学参量。针对具体问题确定对系统的状态进行完整描述的参量，决定于系统本身的性质。

（邢 燕 官 箭 班士良）

状态方程 equation of state 在平衡态下热力学系统的**状态参量**之间满足的函数关系式。如对于简单均匀系统，状态参量之间的函数关系$f(p, V, T)=0$就是其状态方程。通常还表示为$p=p(V, T)$，或$V=V(p, T)$，或$T=T(p, V)$。从理论角度，状态方程即系统的压强与能量密度之间的函数关系。利用统计物理方法也可以确定系统的状态方程。

（崔 鑫 班士良 宋铁磊）

撞击聚变 impact fusion 使用高速宏观粒子撞击聚变材料靶，产生高温高密度等离子体，以实现聚变反应的方案。美国内华达大学的F.温特贝格教授在1964年首次提出撞击聚变方案。当时与此有关的一些研究认为，平面撞击速度达到50千米/秒，球形汇聚内爆速度达到30千米/秒，即可实现热核聚变点火。20世纪60～70年代，在激光技术尚未起步或功率不足，其他脉冲功率技术还没有发展起来的条件下，高速撞击聚变被认为是除磁约束聚变之外很有希望的一类惯性聚变方案。

撞击聚变研究的主要内容包括宏观粒子加速、靶动力学及聚变燃烧过程、概念堆等。该概念的主要技术挑战来自宏观粒子加速。由于大型宏观物体加速的困难，点火条件设定为靶丸质量0.5克，速度200千米/秒，动能10兆焦。加速方案包括二级轻气炮、轨道炮加速器、磁行波加速器、等离子脉冲加速器、烧蚀加速器及静电加速器等。研究中发现，要将宏观粒子加速到所需的速度非常困难，因此该项研究只取得有限的进展。（雷奕安）

缀饰原子　dressed atom　在相干电磁场（微波或光波）的作用下，相互作用引起其能量改变的两能级原子。相对原来的“裸”原子来说，就像被电磁场“穿”上了衣服。又称着衣原子、衣冠原子。在电磁场与原子强相互作用下，两个体系可以看作是一个“原子+量子化的电磁场”的整体，也可画出量子化能级图。缀饰原子概念首先于1964年由法国的N.波隆斯基和S.哈罗什在一篇学位论文中提出。后被同一实验室的C.科昂-塔努吉进一步发展和广泛使用。他通过理论上对包括光-原子相互作用后的系统哈密顿量的对角化，获得被光“缀饰”后的原子能级，从物理图像上成功地描绘了光场引起的原子能级的分裂以及拉比振荡现象，这个被光场驱动的原子常被称为缀饰原子，常用于分析光抽运和激光冷却原子等原子与电磁场的强相互作用实验中。（张卫平）

准单色光　quasi-monochromatic light　在频谱上具有窄带宽、能量集中紧邻中心波长的光。准单色光满足：

$$\Delta\lambda \ll \lambda_0$$

式中$\Delta\lambda$为光谱线型半高宽；λ_0为中心波长。

自然界中不存在严格意义上的理想单色光，因为它要求是一个无限长时间的等幅正弦（或余弦）振荡的电磁波。因此，通常说的单色光源发出的都是接近单色光的准单色光，即使是最先进的激光器，它所产生的激光的波长也有一定的分布（即线宽）。至于自然界中的光，都是持续有限时间的波列或衰减振荡的。如果振荡波列持续的时间远远大于中心频率的倒数，或者衰减因子很小，则频谱分布的宽度极窄，可以认为是接近单色光的准单色光。

光的单色性可由光谱线型半高宽与中心波长的比值大小决定，比值越小，单色性越好。对于非激光光源，如氘灯、氙灯、氪灯等气体放电光源发射的光，其半高宽与波长比值可以达到10^{-6}。而对于激光，上述比值可以达到10^{-10}或更好。（包燕军）

准分子　excimer　分子的一种特殊形式。事实上这类分子处于基态上是不稳定的，只是在激发态才存在。英文excimer为组合词，来源于excited dimer。准分子的激发态是一个具有有限深度而寿命较短的能态，能态结构与其他分子有所不同，基态是一个排斥态（见图）。因此，当电子被激发时，两个组成准分子的原子相互吸引形成稳定的分子，但在基态时两个原子却互相排斥。这使准分子成为非常理想的激光介质，因为只要在激发态有分子存在，就有粒子数反转，就存在激射条件，所以准分子跃迁增益很高。

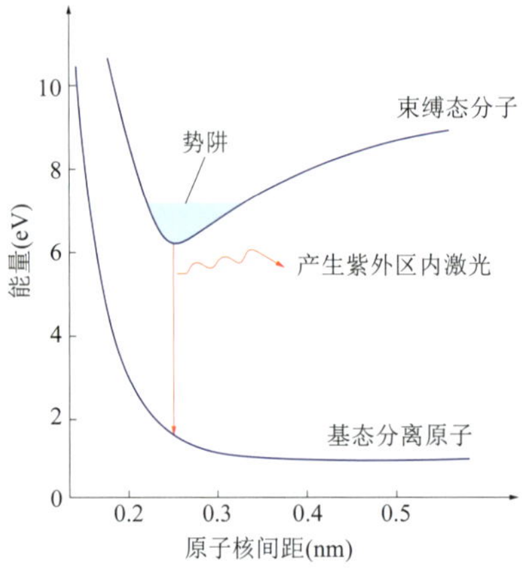

能态结构示意图

准分子大致可分为稀有气体准分子、稀有气体卤化物准分子、异核双卤化物准分子、稀有气体碱金属准分子、卤化汞准分子、稀有气体氧化物准分子、异核三原子稀有气体卤化物准分子和稀有气体碱金属离子准分子等。由于准分子激光具有高平均功率、超短脉宽（10^{-12}～10^{-6}秒）以及可达紫外的极短波长等特点，它的应用已经广泛涉及光学、分子动力学、生物学、监控污染、材料科学技术、等离子体物理学和医学等领域。它已经成为科学研究和激光加工的重要工具。（丁大军）

准分子激光器　excimer laser　一种特殊的气体激光器。这种激光器的激光介质的上能态形成受激的二聚物（准分子），激光下能态则是不稳定的缔合物，一旦受激辐射跃迁到激光下能级，10^{-13}秒内就离解为单原子状态。准分子激光介质有稀有气体氧化物准分子，如氧化氪、氧化氙、氧化氩等；金属蒸气-稀有气体准分子，如氙化钠等；稀有气体单卤化物准分子，如氟化氙、氟化氩、氟化氪、氯化氙、溴化氙、碘化氙、氯化氪等；金属卤化物准分子，如氯化汞、溴化汞等；金属准分子，如钠准分子等。准分子激光器通常用相对论电子束（能量大于200千电伏）或紫外预电离横向快速脉冲放电方式激励。

准分子激光器是苏联莫斯科物理研究所的N.G.巴索夫、V.A.丹尼里切夫和Yu.M.波波夫等人于1970年首先研制成功的。当时使用电子束激发氙气二聚物，产生的准分子激光波长为172纳米。1979年，民主德国生产出世界上第一台商品准分子激光器。主要使用的准分子激光器为稀有气体卤化物准分子激光器，可以获得高峰值功率和高平均功率。主要的气体卤化物准分子激光及其波长分别为：ArF（193纳米）、KrF（248纳米）、XeCl（308纳米）、XeF（480～520纳米）。

准分子激光具有以下特点：①准分子以激发态形式存在，寿命很短，约为10纳秒量级，激光下能态寿命约为0.1皮秒量级。下能态的离子迅速离解，基本是抽空的，极易实现粒子数反转，因此量子效率很高，可以实现高重复频率运转，可以获得较宽的光谱。②输出激光波长主要在紫外线到可见光段，波长短、能量大、可聚焦能力强、加工分辨率高，广泛应用于精密光刻、激光微细加工、激光医疗、激光退火和激光光谱等领域。（袁　孝）

准晶　quasicrystal　准周期晶体材料的简称。又称准晶体。准晶体是有严格“长程取向序”而没有“平移对称性”的固体，它是一类既区别于晶体，又区别于非晶体的固体材料。具有准周期平移格子的基本构造，其中原子呈定向有序排列，但不作周期性平移重复，具有晶体所不允许的宏观对称性。而传统的晶体具有周期性结构和与周期性相容的点群对称性。1984年以色列化学家D.谢特曼等在急冷凝固特殊比例的铝锰（Al-Mn）合金中发现一种具有二十面体点群对称的相，在这二十面体相中含有与周期性不相容的五重旋转轴对称，从而突破了传统的概念。早期发现的准晶体都是用快速凝固（10^4～10^6开/秒）的方法获得的，它们都是亚稳相。随后，相继发现了10多种稳定的二十面体相准晶和十重对称相准晶。

准晶的发现　在准晶发现之前，为了区别于非晶，晶体的一般要求是该固体具有规则外形，而其内部结构中的原子、离子或分子在空间排列成具有三维周期性的格子。根据这个定义，传统的晶体学理论在19世纪就已基本发展成熟，它包括7个晶系、14种布拉菲格子、32种晶体学点群，以及由此得到的230个空间群。这一理论在20世纪初被X射线晶体学所“证实”。但这一传统定义的最大缺陷是把原子排列有序和三维周期性混为一谈，因为从一个更自然的角度，非晶与晶体的区分在于其内部结构中的原子、离子或分子是否呈有序排列，而有序是否会导致三维周期性在没有被证实的情况下作为常识已被默认。由于三维周期性的限制，传统定义的晶体中只能出现1、2、3、4、6次旋转轴，其他如5次以及6次以上的旋转轴被认为是禁止的。

1982年4月，谢特曼在美国工业技术标准局（NIST）实验室首次从Al-Mn合金的电子衍射图中发现5次对称的衍射图像，但未受到重视。他返回以色列和其他人合作进行研究，撰文投寄给《应用物理期刊》，也因晶体对称性不允许存在5次轴而未能发表。不久，他改投给《物理评论快报》，基于实验现象的真实性，该论文于1984年11月发表，标题是“具有长程取向序但无平移对称性的金属相”，文中报道该衍射图中5次对称轴和3次及2次轴一起形成二十面体点群对称性（$\frac{2}{m}\bar{3}\bar{5}$，$m\bar{3}\bar{5}$）。这篇论文的发表为准晶研究揭开了序幕。

随后，中国郭可信等研究人员于1984年夏在钛-镍（Ti-Ni）合金体系电子衍射图中发现了具有5次对称轴的衍射图像。郭可信还和研究生一起于1984年冬独立发现Ti_2Ni含5次轴对称准晶和锆-镍（Zr-Ni）5次孪晶。

5次对称性和准晶的发现，对传统晶体学产生了强烈的冲击，它为物质微观结构的研究增添了新的内容，为新材料的发展开拓了新的领域。以后又陆续发现了具有8次、10次、12次对称的准晶结构。最终，国际晶体学会（IUCr）在1992年将晶体的定义由“拥有规则有序，重复三维图案的固体”改写为“衍射图谱具有明确图案的固体”。

瑞典皇家科学院2011年10月5日宣布，将2011年诺贝尔化学奖授予以色列科学家谢特曼，以表彰他“发现了准晶”这一突出贡献。瑞典皇家科学院称，准晶的发现从根本上改变了化学家对物体的构想。

自然界的准晶　2009年7月15日，据美国《科学》杂志在线新闻报道，自从科学家在25年前首次制造出这种物质以来，他们一直在思考自然界是否也有能力形成这种物质。为了找到答案，研究人员在那些包含有形成准晶的物质——铝、铜和铁的岩石中展开了搜索。最终，科学家们在俄罗斯的一条河流中找到一种矿石，在其中发现了成分为$Al_{63}Cu_{24}Fe_{13}$的准晶。这一发现使得准晶被列为一种真实存在的矿物质。

准晶体的研究始于合金领域，它的出现有历史的必然。首先，航空航天技术的发展需要高强度而质轻的合金，促使对镁、铝、钛等轻合金和快速冷却技术的重视。这类合金结构中常含有三角二十面体和五角十二面体等含5次轴对称的原子排列骨架和密堆积结构，它们为准晶的发现和深入研究提供了晶体学基础。其次，高分辨电子显微成像技术和亚微米晶体结构的纳米电子衍射技术在20世纪70年代已经兴起，为准晶的研究提供了有力工具。准晶物质是一些金属元素（也含有少数非金属元素）组合形成的合金。准晶的发现为探索改善合金的性能开辟了新路径，也拓展了认识晶体结构的眼界。

准晶的结构描述　尽管准晶和晶体周期性有本质的区别，但在根本上它的原子排列是有序的，即原子按某种规律排列，这种规律是准晶研究的重要基础问题。传统的晶体具有三维周期性，其电子云密度函数（有效势能）只需要3个基矢量就可以展开，即它的电子衍射或X射线衍射中的衍射点可以用3个基矢量进行指标化。可以证明，对于谢特曼观察到的电子衍射图，需要用4个基矢量才能用整数指标化所有的衍射点，而整个三维的十二面体准晶需要6个基矢量才能描述。这样的有序结构在三维空间中不具有平移对称性，但在六维空间中具有平移对称性。在此基础上，可从建立结构模型上去理解准晶的结构，分析准晶的形成机理。另外，借助超空间群，还可以讨论准晶详细的结构特性。

斐波那契链　对于一个一维准晶结构，往往可以和斐波那契链联系起来。如有两类原子L和S（见表），它们可以形成一维的链结构。如果更长的链一直是比它短的两条链的直接组合，最终的长链将是一个斐波那契链，相邻两条链的原子数之比最终也会无限趋近于黄金分割值$\tau\left(\frac{\sqrt{5}+1}{2}\right)$。这样的一维链结构没有平移对称性，但却具有很强的规律性，在其傅里叶变换上也能看到很尖锐的峰。它具有准晶所特有的自相似特征，因此可以认为是一维准晶。

彭罗斯拼砌　二维准晶的结构可以用二维斐波那契拼砌来理解。该拼砌由宽、窄两种菱形形成（图1），分别具有36°和72°锐角。而真实的结构可以是对宽、窄两种菱形的修饰，整个结构可以认为是两种单胞在二维空间中按自相似原则的有规律排列。

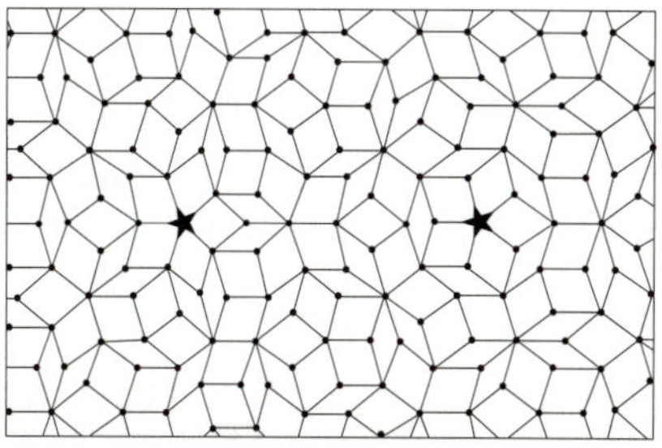

图1　彭罗斯图

用夹角分别为36°和72°的两种菱形拼砌出布满平面、没有缝隙、具有5次对称轴的图形，图中用五角星标明5次对称轴。

高维空间晶体学　虽然准晶中观察到的衍射对称性（8/*mmm*、12/*mmm*、10/*mmm*和$\bar{3}\bar{5}m$）与三维平移对称性是不相容的，但早在1949年，C.赫尔曼在其研究中就已发现，这些对称性可以和高维空间的平移对称性相容。高维空间晶体学与准周期拼砌之间的联系首先由N.G.德布瑞金在1981年发现。他指出，彭罗斯拼砌可以用五维超立方点阵在一个无理点阵平面上的特殊的投影而得到。这里用一维准周期拼砌斐波那契链这个简单的例子来做实例说明。

斐波那契链可以由二维正方点阵向一维物理空间投影来得到。如图2所示，在二维正方点阵中，先选取投影带，该带与x轴的夹角为θ，满足

$$\tan\theta=\left(\frac{\sqrt{5}-1}{2}\right)=\frac{1}{\tau},$$

在y轴上的宽度为τ。如果把投影带所有的原子投影到与之平行的一维空间上，就得到以长和短的两种单胞形成的斐

斐波那契数和它的形象表示

斐波那契数	τ渐近值	斐波那契链	斐波那契数	τ渐近值	斐波那契链
1		S	8	8/5=1.6	LSLLSLSL
1	1/1=1	L	13	13/8=1.625	LSLLSLSLLSLLS
2	2/1=2	LS	⋮	⋮	⋮
3	3/2=1.5	LSL	⋮	⋮	⋮
5	5/3=1.667	LSLLS		1.618 033⋯	

波那契链。通过改变投影带的θ及其宽度，就可以得到其他类型的一维准晶。如果$\tan\theta$是一个有理数，就可以得到一个一维准晶近似相。对于复杂的高维准晶，其高维空间描述的数学原理基本相同，只是难以直观想象。

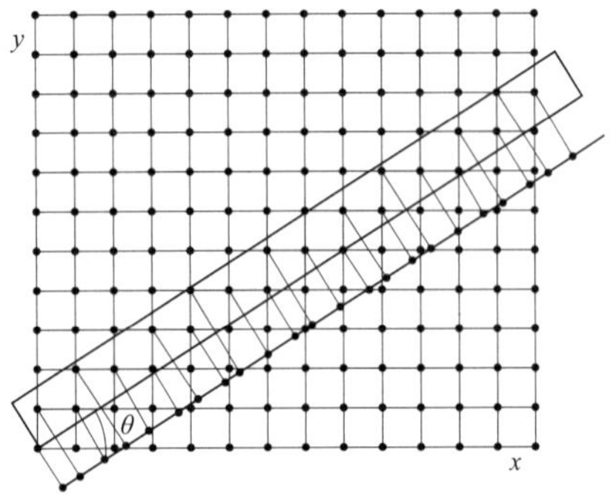

图2 由二维空间投影得到的一维准晶斐波那契链

准晶的制备及应用 从$Mg_{32}(Al, Zn)_{49}$的二十面体对称壳层结构得到启发，若要使合金中含有5次轴对称结构，需要按原子的大小和成分比例配料。加热熔融，逐渐降低温度，使其形成有5次轴对称壳层的纳米量级微粒，再急冷凝固得到准晶。由这些包含5次轴多面体的结构单元构筑具有周期平移对称性的晶体结构时，多面体几何形状一定要有畸变，使5次对称轴不再存在，才能满足晶体必须具有平移对称的条件。另一方面，这种含5次轴多面体结构单元对称性高、堆积密度大，在铝合金及过渡金属合金中经常出现，这是局域的点对称性与长程的平移对称性相互制约协调的结果。在颗粒尺寸较小时，二十面体对称占主导地位，使得在急冷的合金中出现准晶。个别的如Al-Li-Cu合金，以稳定的二十面体准晶相出现，可获得Al_5Li_3Cu的准晶颗粒大到毫米量级。

经过30多年的发展，全世界已获得近千种准晶体，准晶研究已能够为发展高强超轻的Al、Ti、Li、Mg合金提供理论基础和制备方法。

准晶的结构不论是以三角二十面体、五角十二面体，还是菱形三十面体或截顶二十面体（三十二面体）等结合的方式出现，都具有较高的堆积密度和对称性，使其形成有较高硬度、低摩擦系数、低电导和热导、耐腐蚀性材料。准晶容易和软磁材料结合，磁矩转动容易，能有效降低矫顽力和铁芯消耗，改善磁性材料的性能。但准晶不易制成纯品，在常温下呈脆性，因而限制了它作为纯品材料的应用。若将准晶颗粒弥散分布于结构材料中，形成复合材料中的增强相，用作表面涂层，可用于航空航天机翼和机身表面以及其他民用物品，如不粘锅涂层和医疗用手术针头等器件。更多的（如在柴油发动机、催化、热电等方面）应用正在进一步开发中。

（陆 栋）

准晶光子晶体 photonic quasi-crystal 由元胞按照准周期规则在空间上排列而成的一类特殊光子晶体。普通的光子晶体由元胞按照周期性规则在空间上排列而成，准晶光子晶体则由元胞按照准周期规则在空间上排列而成。

对于二维光子晶体而言，周期性晶格类型为正方晶格和三角晶格等，分别具有四次和六次旋转对称性，以及严格的平移对称性。对于三维的光子晶体而言，晶格类型常见的有简单立方、面心立方和体心立方，以及严格的空间平移对称性。

二维准晶光子晶体没有严格的平移对称性，只有五次、八次、十次、十二次、二十次等旋转对称性，是一类短程有序、长程无序的光子晶体。准晶光子晶体因为没有长程平移对称性，没有周期结构特有的布拉格散射，但是短程有序结构对光也将产生足够强的相干散射，形成光子带隙。因此，准晶光子晶体和普通光子晶体一样，拥有许多特殊的物理性质，如光子带隙、缺陷态、光子局域、特异色散传播效应（如负折射等），可以利用准晶光子晶体构建集成波导、谐振腔、负折射平板超透镜等。另一方面，准晶光子晶体具有比普通光子晶体更高的旋转对称性，因此它拥有比普通光子晶体某些优越的物理性质，如各向同性的色散效应和全向的负折射效应。另外，准晶非线性光子晶体拥有更加丰富的倒格矢满足准相位匹配的条件，从而可以获得更好的非线性频率转换效应。

（李志远）

准裂变 quasi-fission 由入射重离子靶核形成的复合体系在没有越过无条件鞍点就重新分开，没有经历复合核形成的裂变。一种非平衡裂变。在重离子熔合反应中，准裂变与熔合过程之间相互竞争。准裂变时标短（约为10^{-21}秒），复合体系转动不到一圈，质量自由度和K自由度（复合体系总自旋在对称轴上的投影）等都未平衡，这时准裂变碎片角分布各向异性增大，质量较小的碎片角分布显著前倾。早期发现准裂变碎片质量分布明显不对称，且碎片总动能分布宽度较大。最新研究表明，准裂变碎片可能存在质量分布不对称和对称两种成分。在重离子熔合反应中，对于形变核的尖碰撞，相应于准裂变；变形核的腰碰撞，相应于熔合反应。准裂变碎片的质量－角度分布含有质量弛豫时标的信息。实验中，利用重离子熔合裂变来人工合成超重核，准裂变机理的存在大大降低了超重核的合成概率。

（林承键 贾会明）

准同型相界 morphotropic phase boundary; MPB 在温度－成分相图中，由于化合物的组成变化而引起的晶相变化所对应的边界。MPB分隔的两种晶体构型是相似的（离子的配位没有变化），但是分属于不同对称性的晶相。由于在此种相界附近的热力学自由能十分接近，因此微小的组成变化容易引起相结构转变，而且当化合物组成位于MPB区域时，构成相界的两种晶相很容易同时存在。在多晶陶瓷中，不同晶粒的组成有涨落，MPB现象更是难以避免的。

准同型性作为晶体化学的一个概念由来已久。准同型相界则是20世纪50年代日本和美国学者在研究锆钛酸铅的固溶体（$PbZrO_3$-$PbTiO_3$，简称PZT）压电陶瓷时发现的。在以组成为变量的$PbZrO_3$-$PbTiO_3$二元系固溶体相图中，当Zr/Ti比在52/48附近时，固溶体的相结构发生突变，PZT陶瓷的介电和压电等性能出现极大值，而且有相变存在。这个相变的分界处即MPB。从相结构看，富锆侧为三方相（标记为R相），富钛侧为四方相（标记为T相），二者都具有铁电性，其自发极化方向分别取三方晶胞的对角线<111>和四方晶胞c轴<001>方向。由于两相共存效应，PZT陶瓷的介电和压电等性能在MPB处出现极大值。

准同型相变不同于金属合金中常见的析出型相变，后者是由于组成超出固溶度而引起的，析出相的组成与基体有很大差别。而MPB两侧组成的变化是微小且连续的，只是相结构发生了变化。通常在温度－成分相图上还存在另一种在组成并不变化而起因于温度变化的相变。这种相变更常见，但它属于多晶形相变（PPT）。PPT和MPB虽然都能出现相变而导致性能增强效应，但是其起因及其对材料性能的作用机制（如温度稳定性）还是有明显差别的。

MPB在材料科学中具有重要意义，特别在铁电压电材料研究中一直受到关注。在MPB附近，构成晶体的离子具有很大活性，而这种强离子活性有利于激发强的电物理效应。这在锆钛酸铅压电陶瓷中得到了充分反映和利用。许多PZT压电陶瓷都是在MPB附近选取配方，或者在此基础上掺杂改性。随着分析技术的进步，对PZT等体系的MPB研究不断取得进展，高分辨率同步辐射X射线分析发现在MPB处可能会存在介于R-O相变过程中的过渡相——单斜相。在理论上，这可以用体系自由能变动引起的极化矢量取向变化这一角度来解释。多数学者已经接受这样的认识：很多体系的相图中MPB不再是早期给出的一条线，而是一个窄小的成分区域，也不是一个简单的两相共存区的认识。

在电子陶瓷广泛应用的钙钛矿型化合物中，存在MPB的材料体系很多。以压电陶瓷为例，除上述$PbZrO_3$-$PbTiO_3$系外，在$PbTiO_3$-$PbSnO_3$、$PbTiO_3$-$PbHfO_3$、Pb($Mg_{1/3}Nb_{2/3}$)O_3-$PbTiO_3$等二元系及bTiO_3-$PbZrO_3$-Pb($Mg_{1/3}Nb_{2/3}$)O_3等三元体系中均存在这种相界。MPB的概念在无铅压电陶瓷($Bi_{1/2}Na_{1/2}$)TiO_3-($Bi_{1/2}K_{1/2}$)O_3等体系设计中也得到了利用。（李敬锋）

准稳条件 quasi-stationary condition 电流、电压随时间周期性变化的电路问题可作稳恒情形来近似处理的限定性条件。电磁场随时间的变化以光速c（约3×10^8米/秒）量级的速度传播，这种电磁波从一点传播到另一点需要时间，这就导致推迟效应，在一个周期T的时间内电磁波传播的距离等于一个波长，$\lambda=cT$。若电源的频率很高，波长则很短。当波长λ与电路的尺寸l可比拟，甚至更小时，电源中的电流或电荷分布发生的变化就不能及时地影响到整个电路，电路中不同部分的电磁场以及电流、电荷的变化将按照距离的远近而落后不同的相位，这时即使在同一条无分支的导线上，同一时刻也会有不同的电流，即基尔霍夫第一定律不再适用；另一方面，频率高了，电路中到处都产生较强的涡旋电场，电压的概念也不再成立，基尔霍夫第二定律也不再适用。与此相反，若电源的频率很低，波长很长且远大于电路的尺寸时，电磁场的变化传布整个电路所需的时间l/c远小于一个周期T，电磁波传播的推迟效应则可以忽略，可以认为每一时刻的电磁场随着同一时刻的电流、电荷分布同步地做缓慢变化。此种情形稳恒电路的规律如欧姆定律、基尔霍夫定律均很好成立，此种情形的电路称为准稳电路，保证电路准稳的基本条件称为准稳条件，为$l\ll\lambda$或$f\ll c/l$。通常实验室中电子仪器的尺寸为几十厘米量级，故准稳条件要求电磁波的波长远大于此量级，即频率$f\ll c/l\approx10^9$。对于工频或音频交流电来说，最高频率为10^4量级，远小于10^9，准稳条件可很好地被满足。在这种情形下，准稳电路的计算方法是交流电路中的矢量图解法和复数法。

当交流电的频率较高达到1～100兆赫兹量级，即通常收音机的短波段以及电视频道，准稳条件有微小破坏，散布在空间的电磁场变化引起电路各部分的相互影响已不可忽略。这些影响可用分布电容和分布电感来表征，把它们看作等效的集总参量计入电路方程之后，仍可近似地用准稳电路方程和概念来分析问题。当交流电的频率更高，准稳条件遭到彻底破坏，电路的概念完全由电磁场的概念所取代，处理问题必须从麦克斯韦方程组出发。（陈熙谋）

准相位匹配 quasi-phase match 一种非线性光学相位匹配技术。自1960年人类发明激光器以来，非线性光学成为扩充激光频率窗口的重要手段。非线性晶体材料（BBO、LBO、KBBF、KDP、$LiNbO_3$等）与激光的各种非线性效应，如倍频、和频、差频、参量振荡和放大、四波混频、自相位调制等，极大地丰富和提升了激光技术的功能。高效率的非线性频率转换要求满足相位匹配的条件，在非线性介质中，不同位置产生的光才能有效地相干叠加，得到最大强度的辐射光。常用的方法有双折射匹配以及准相位匹配方法。

双折射匹配利用非线性晶体的双折射效应，即两个折射光（在单轴晶体时是e光、o光）的折射率及其色散不同，可以选择合适的泵浦光相对于晶体光轴的传播角度，在特定的波长处，满足相位匹配条件。双折射匹配有一系列的优点，如晶体适用范围广，操作简单等。但也存在一些弱点，如存在走离效应，即在晶体中传播时，不同频率的光因传播方向不一致而到一定的作用距离后，两个光束在空间上不再重叠，相互作用停止。

准相位匹配方法适用于铁电非线性晶体材料，如$LiNbO_3$和$LiTaO_3$等，晶体的铁电畴指向（向上、向下）对应于二阶非线性系数$\chi^{(2)}$不同符号（正号、负号）。利用高压电脉冲极化的技术在晶体内部形成铁电畴指向的规则排列，使得$\chi^{(2)}$沿光束传播方向上形成正负交替的超晶格（也称一维或二维非线性光子晶体）排列。以二次谐波产生为例，超晶格的倒格矢能够为基频光和倍频光的转化提供额外的相位，在特定条件下完全弥补基频光和倍频光的相位失配，这就是准相位匹配方法。该方法有一系列优点，如：所有光束共线传播，因而不存在走离效应；可以选择光束电场偏振方向而利用晶体最大的非线性系数；晶体长度可以做得很大等。也存在一些弱点，如：现有极化技术不能制备很厚的非线性超晶格样品；不能应用于特别高功率的泵浦激光；非线性晶体必须为铁电材料，其种类有限等。（李志远）

准直分子 aligned molecule 相对于参考系所有分子轴都具有确定指向的分子。准直和取向是用来描述角动量的两个最常用的立体化学、动力学名词，通常指平行或垂直某一特定方向。在一般实验条件下，气体分子的空间分布是各向同性的，这时化学反应的方向性特征将被分子轴向的随机分布所抹杀。分子的准直是指分子轴向相对于外部参考系具有确定的指向性，即所有分子轴都平行于实验室参考系中的某一固定轴。静电场和激光场都可以用于作用分子来改变分子轴的空间分布状况，进而产生准直分子。如通常用各向同性的静电场来取向具有永久偶极矩的分子。

处于静电场中的分子其永久偶极矩与静电场E相互作用，相当于在分子上施加一个扭力使得分子转向偶极矩与电场平行方向，此时分子与静电场的相互作用势能最低。静电场的强度受到电极放电的限制并不能无限增大，因此静电场方法只适合取向永久偶极矩较大的分子。另外，分子处在激光电场中会被极化产生诱导偶极矩，诱导偶极矩又和激光电场相互作用产生扭力使得分子被准直。与静电场取向相比较，激光准直的优点是不必受到分子必须具有永久偶极矩的限制，分子只需具有不对称的极化率就可以被准直，并且得到的准直程度也较高。相对于激光的脉冲宽度，对于分子的转动周期$\frac{1}{2Bc}$（B是分子的转动常数，c是真空中的光速）小于光场脉宽，即场的变化慢于分子的转动时，激光与分子间的相互作用是绝热的，此时的准直方式叫作绝热准直。在激光绝热准直过程中，在激光的作用下，分子由自由转子演化到激光场下的本征态，即自由场本征态的叠加态，也就是相对于激光偏振方向摆动的摆态。当激光与分子相互作用结束后，分子绝热返回最初的自由场的状态，因此分子的准直程度随着激光场变化。当脉冲光出现时分子被准直，当脉冲光强度达到最大时分子准直程度达到最大；当脉冲结束后，分子的准直现象也随之消失，回到最初的各向同性的状态。但当激光脉冲宽度远小于分子的转动周期$\frac{1}{2Bc}$时，激光与分子相互作用在分子还没来得及转动结束即已结束。此时短激光脉冲的作用相当于“踢”了分子一下，分子受到激发，形成一个相干的转动叠加态即形成一个转动波包。在脉冲光作用结束后，这一波包自由演化，不断地重相和退相形成周期性的准直。由于这种准直出现在激光脉冲作用结束之后的无外场条件下，因此也叫无场准直。（马 日）

准直镜 collimator lens 用于激光和红外光学系统中确保光束准直的器件。准直镜可分为反射式和透射式两类。较常见的透射式准直镜通常采用平凸透镜，其主要形状参数指标包括：直径（英寸）、焦距边缘厚度（毫米）、边缘厚度（英寸）、涂层厚度（毫米）等。

准直镜与望远镜系统不同。望远镜系统通常分为伽利略型和开普勒型，伽利略型望远镜一般用于观察，开普勒型望远镜一般用于测量。但是准直镜一般只采用伽利略型，不但尺寸紧凑，而且更容易校正像差；此外，也可以采用非球面镜结构设计准直镜，尺寸更加紧凑。

光纤准直器是一种结构小巧、性能优异的光学器件，其功能是将光纤中出射的光变成近乎平行的准直光，或者把平行光以非常小的损耗会聚耦合到光纤中。光纤准直器广泛应用于光开关、光信号处理、光测量系统中。常用的光纤准直器有三种，分别使用径向变化折射率（GRIN）透镜、固定折射率透镜（C-lens）和球状镜（见图）。

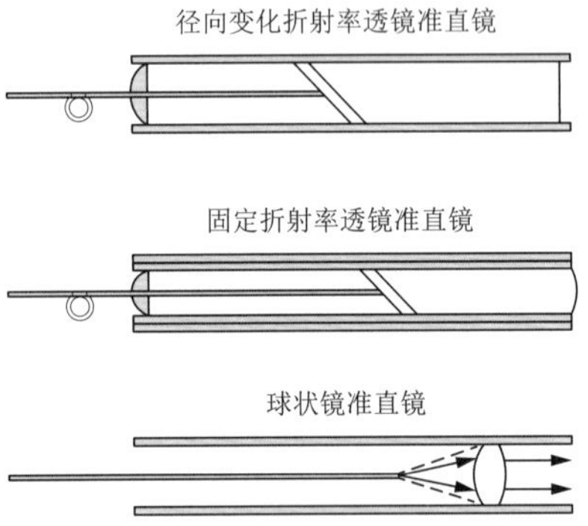

三种主要的光纤准直器件

在科研和工业界，常常把双胶合、双分离或密接三片式望远物镜也称为准直镜，它们具有将点光源发射的发散光束变换为平行光束的功能（见**望远镜物镜**）。（刘 琨 郁道银）

准中性 quasi-neutrality 等离子体中正负电荷近似相等的现象。是等离子体基本物理性质之一。等离子体具有电中性，是因为等离子体由自由流动的电子和离子组成，即使在很微弱的电场作用下，带正负电荷的粒子也会相对运动，补偿原来的电场而使等离子体呈电中性。如果离子仅为一次电离的正离子，则电中性表为离子和电子密度相等，即以电子密度（一般采用数密度）表示等离子体的密度。假如包含高次电离离子，则电中性条件为：

$$n_e = \sum_i Z_i n_i$$

式中 n_e 为电子密度，n_i 为第 i 种离子密度，Z_i 为相应的离子电荷数。

之所以称为准中性，或者说这种电中性是近似的，是因为这种电中性只发生在一定时空范围内。在带电粒子周围的德拜球内不存在电中性。在等离子体与固体壁或探针接触的边界处形成的尺度为德拜长度 λ_D 的鞘层内，也不存在电中性。此外，如果电荷分布偏离电中性，恢复到电中性的时间尺度是 $1/f_p$，f_p 是等离子体频率。在这一时间内，等离子体是偏离电中性的。

传统的等离子体皆符合准中性条件。但后来发现一些带电粒子的集合，如磁场约束的纯电子等离子体也具有等离子体的许多特性，但不具有准中性。（王 龙）

紫外光源 ultraviolet light source 辐射波长在10～380纳米的光源。根据生物效应又可细分为紫外A段（黑斑320～380纳米）、紫外B段（红斑275～320纳米）、紫外C段（杀菌200～275纳米）和仅能在真空中传播的真空紫外（10～200纳米）的光源。低压汞灯是常用的辐射253.7纳米谱线为主的光源，中压汞灯的辐射在300～380纳米较强，高压汞灯长波紫外辐射丰富。紫外金属卤化物灯的辐射谱线由所充填金属决定，其规格较多，应用颇广。准分子放电灯又常称为介质阻挡放电灯（俗称DBD光源），它采用准分子工作物质，如KrF、ArP、NeF和XeCl等，辐射谱线在真空紫外线范围，在消毒、化工和环保中应用有特殊的功效。氙灯能辐射连续的紫外光谱。锆灯发光点很小，是理想的点光源，其连续辐射一直延伸到200纳米。氘灯也是一种点光源，能产生稳定的和高强度的连续紫外辐射。LED紫外光源也已出现，但它的效率太低，尚未得到推广应用。（陈大华）

紫外激光器 ultraviolet laser 工作波段在紫外波段的激光器。紫外激光器可以输出紫外波段的激光。紫外波段介于可见光和X射线波段之间，覆盖大约400纳米到10纳米。紫外激光器主要可以分为固体紫外激光器、气体紫外激光器、紫外半导体激光器和紫外自由电子激光器等，还可用非线性频率转换（和频、倍频等），以及高次谐波产生等过程获得紫外相干辐射。

固体紫外激光器 按泵浦方式分为灯泵紫外激光器以及激光二极管（LD）泵浦全固态激光器。灯泵固体紫外激光器光电转换效率一般较低，而LD全固态紫外激光器则具有效率高、性能可靠、体积小及功率稳定等特点。例如，全固态Nd:YAG四倍频泵浦的Ce^{3+}:LiCAF紫外固体激光器。另外，借助非线性光学晶体频率转换技术，可以从可见光区的全固态激光器得到紫外波段的相干辐射。使用特殊的非线性光学晶体KBBF已可达到深紫外区。

气体紫外激光器 包括以脉冲方式工作的准分子（如ArF、KrCl、KrF）激光器、N_2分子激光器，以连续方式工作的离子（如Ar^+）激光器和氦-镉激光器。其中在紫外光刻领域广泛使用的准分子激光器是一种脉冲激光器，其激励方式有电子束激励、放电激励、光激励、微波激励和质子束激励等，平均功率一般在10～100瓦，脉冲宽度一般在纳秒量级。

紫外半导体激光二极管 是新型的紫外相干光源，具有较高的峰值功率和较低的能耗，且它的发射脉宽也较窄，本身不需要温度和光学补偿，比传统的发射光源具有明显的优势，如新型AlGaN半导体激光二极管能够直接输出波长短至239纳米的紫外激光。

紫外自由电子激光器 是一种新型高功率紫外相干辐射光源。它利用通过周期性摆动磁场的高速电子束和光辐射场之间的相互作用，使电子的动能传递给光辐射而使其辐射强度增大。它具有高功率、宽可调光谱范围，以及准连续运转等特点。此外，利用超强超短激光与气体或固体物质相互作用，通过高次谐波产生过程也可以产生紫外波段的相干辐射输出，其特点是波长短，可达到接近X射线的极紫外，脉冲宽度也短，甚至可以进入阿秒（10^{-18}秒）的领域。

紫外激光在前沿科学研究、工业制造装备等方面具有广泛而重要的应用。在科学研究方面，紫外激光器可以用于原子分析光谱、化学动力学、生物学、医学等领域。工业方面，基于紫外激光器的光刻技术是集成电路制造的核心技术之一，在微加工方面有重要的应用价值。紫外激光技术将进一步推动纳米技术、材料科学、生物技术、化学分析、等离子体物理等学科的发展。（杜 鹏 张泽宇）

紫外线 ultraviolet ray 处于紫色光外人眼看不见的波段的电磁辐射。波长为10～400纳米。紫外线可分成不同的区，按辐射照度的国际标准（ISO 21348）与可见光的紫端相接的是长波紫外（UVA，315～400纳米），接着依次是近紫外（NUV，300～400纳米）、中波紫外（UVB，280～315纳米）、中紫外（MUV，200～300纳米）、短波紫外（UVC，100～280纳米）、远紫外（FUV，122～200纳米）、真空紫外（VUV，10～200纳米）、极紫外（EUV，10～121纳米）。真空紫外区（波长短于200纳米）与X射线相接；空气对这一波段的紫外线有较强吸收，紫外线必须在真空中才能有效地传播，故名真空紫外区。大气层外的臭氧层对紫外线有强烈吸收，可保护地球上的生物免遭太阳辐射中紫外线的伤害。普通玻璃对紫外线有较强吸收，因而在紫外区使用的光学元件必须采用能透过紫外线的材料，如石英等。天文学中紫外线探测器用在人造卫星上，可提供地面上无法获得的天体数据。

自然界中的紫外线光源主要是太阳；人工紫外线光源一般是利用气体的弧光放电，如汞弧灯和氙弧灯等；同步辐射源可辐射连续谱紫外线。检测紫外线一般用光电管、半导体光电元件及感光乳胶。

紫外线能使多种物质激发荧光，常见的荧光灯就是利用荧光粉将放电管产生的紫外线转换成可见光以供照明。紫外线能杀菌，医学上可用来治疗皮肤病。强紫外线对皮肤和眼睛可造成伤害。

（郭奕玲）

自猝灭流光管 self-quenching streamer tube 一种粒子探测器。见*流光管*。

自电光效应器件 self electro-optic effect device; SEED 一种基于半导体多量子阱区光探测和光调制功能的光电混合型光逻辑开关器件。1984年，D.A.B.米勒等报道了自电光效应器件（SEED）的光双稳现象，其机理涉及半导体多量子阱室温激子效应、激子吸收饱和效应和量子限制斯塔克效应。

当能量略小于带隙的光入射到半导体材料中，价带顶的电子将被激发到高能态，但未能进入导带，处于激发态的电子-空穴对通过库仑力的作用结合在一起，作为一个整体称为*激子*。其在实空间中可以自由运动，因此称之为自由激子。在体材料半导体中，电子-空穴的库仑作用力比较弱，自由激子的半径很大。在纯砷化镓材料中，自由激子的半径达300埃，离化能约为4.2毫电子伏，晶格热振动就可使它离化，因此在室温下很难观察到自由激子的存在，只能在低温下对激子的物理特征进行研究。而在量子阱中，由于阱壁势垒的存在，使阱中的自由激子受到阱壁势垒的限制，在垂直阱壁平面的方向增强了激子的局域化程度，激子等效半径减小到5～10纳米，库仑作用得到增强，离化能提高到8～12毫电子伏，大部分激子在室温下未被离化，可在室温下对激子的物理行为加以研究和利用。

激子的吸收取决于价带顶的电子被激发，由于价带顶有很高的态密度，而二维量子阱中局域化的电子、空穴波函数交叠度较大，跃迁概率很大，因此激子有很强的吸收系数，同时当大量激子产生后将会形成很强的屏蔽效应，导致跃迁概率下降，直至出现吸收饱和。

SEED器件基于上述效应和量子受限斯塔克效应，一般采用p-i-n结构，其中i区为多量子阱（30～100个）吸收区，工作时与一定负载连接并施加反向电压。根据光路形式不同，SEED器件分为透射型和反射型两种。透射型器件需对衬底刻蚀形成透射光窗口；反射型器件一般在底部生长多层高反射膜。根据入射光波长不同，SEED器件的工作状态分为常关型和常开型两种。如果入射光的波长在零电场时的激子峰附近，则随着电场的增大，吸收系数减小，光电流减小，反射的光增大，称为常关型工作，即在零电场下反射光小；如果入射光波长在零电场时激子峰的长波一侧，则随着电场的增大，吸收系数增大，光电流增大，反射的光减小，称为常开型工作。对于常关型工作的器件，光电流与偏置电压的关系曲线中会出现负阻区，利用这一特性可制成光双稳器件；对于常开型工作的器件，由于零电场时与施加电场时吸收系数变化较大，更适合制成高对比度、低插入损耗的光调制器。

SEED器件具有结构简单、高速、极低能耗、室温工作以及易于集成等特点，可实现光逻辑、光存储、光开关、光调制、光探测等多种功能。

（韩 勤）

自发辐射 spontaneous emission 原子、分子和离子等量子系统在没有外界干扰的情况下，由较高能态向较低能态跃迁并辐射能量的过程。自发辐射是一个基本量子过程，对很多物理现象有着重要意义。很多辐射体发光主要就是自发辐射，激光也是由自发辐射开始，逐渐通过受激辐射放大，最终形成振荡的。

自发辐射理论 自发辐射的完满解释需要全量子理论。在半经典理论里，原子或分子等处于激发态，因没有外界场的作用，没有理由往低能态跃迁。在这种理论里，是由外界场与原子相互作用时的受激辐射，利用受激辐射系数与自发辐射系数的关系间接推算自发辐射的。在全量子理论里，不但要将原子量子化，还要将辐射场量子化，将*量子力学*拓展到*量子电动力学*（QED）。在量子电动力学中，把原子和辐射场看成一个整体，辐射前，原子处于激发态，电磁场为真空态；辐射后，原子回到基态，电磁场是光子数为1的态。机制上说是原子与真空场涨落相互作用，导致自发辐射的。

自发辐射的频率等于上、下能级之间的频差，强度正比于两能级间的跃迁矩阵元，自发辐射率和线宽（称自然宽度）反比于上能级的寿命。值得注意的是，虽然原子同样从激发态到基态跃迁，但是电磁场从真空态到一个光子的态却有很多情况。自发辐射是各向同性的，自发辐射的光子可能具有不同的波矢和偏振，因为电磁场有对应不同光子辐射方向的无穷多自由度，正是光子辐射的无限自由度导致了明显不可逆的自发辐射过程。自发辐射理论最初是由V.F.魏斯科普夫和E.P.维格纳提出的。

自发辐射模式 如前所述，在自由空间，自发辐射光子可以有无穷多个不同模式。如果原子处于谐振腔中，由于谐振腔中允许存在的电磁场模式是确定的、分立的，模的分布不同于自由空间，因此谐振腔内原子的自发辐射率将发生变化。众多实验证实了这一点，由此催生了一个量子光学分支——*腔量子电动力学*。近些年，已将谐振腔扩展到类腔结构，如半导体量子阱微腔、光子晶体等。

多个原子集合的自发辐射一般是互不相干的原子的辐射行为，总体的辐射强度正比于原子数。但原子的集合在特定条件下会发生集体的合作自发发射过程（超辐射、超荧光），这时总体的辐射强度正比于原子数的二次方。

（吴金辉）

自发裂变 spontaneous fission 处于基态或同核异能态的重原子核在没有外加粒子或能量的情况下发生的核裂变。*原子核*的能量虽然低于*裂变势垒*，但是由于量子力学隧道效应，裂变仍能发生。自发裂变半衰期简化的量子力学公式为：

$$T_f \propto 1+\exp\left[\frac{2\pi(E_f-E)}{E_w}\right]$$

式中E为核激发能；E_f和E_w分别为裂变势垒高度和曲率能。对基态自发裂变，$E=0$。裂变势垒高度的一般趋势为：核的Z^2/A

值越大（Z为质子数，A为质量数），裂变势垒就越低，其自发裂变半衰期越短。^{238}U和^{252}Cf核素的自发裂变半衰期分别为9.86×10^{15}年和85.5年，而$Z=104$的^{260}Rf自发裂变半衰期只有21毫秒。自发裂变是重核不稳定的主要因素，构成重元素的边界。早期液滴模型预言重核的Z^2/A值不能超过50。20世纪60年代后期理论预言，在$Z=114$、$A=184$附近存在超重元素岛，人工合成已到118号的超重核。（韩洪银）

自发曲率 spontaneous curvature 脂质双分子层两叶脂质分子不同或双分子层两侧化学环境不同，导致在自然状态下脂质双分子层所具有的曲率。这种情况下，脂质双分子层的自由能最低状态不是平面构形，而是具有一定曲率的曲面构形。磷脂分子本身的形状可以导致膜的自发曲率。如DOPC、DOPE和胆固醇头部基团较小，倾向于产生负的自发曲率；而尾链比头部基团小的磷脂分子（如PE），则倾向于形成正的自发曲率。另一方面，蛋白质也可以诱导自发曲率。如网格蛋白能够黏附并聚合在细胞膜上，产生较大的自发曲率。有不少蛋白包含有BAR区域，这个区域呈现香蕉形状且刚性较大，当其结合到膜上时能诱导膜的曲率。Epsin蛋白中的一些α螺旋能够插入到脂质双层膜其中一叶的疏水区域，从而改变双层膜其中一叶脂质单层的面积，等效地诱导出膜的自发曲率。（涂展春）

自发跃迁 spontaneous transition 不存在原子与外界实体的作用而发生的跃迁。从原子（或分子）的一个能态（或能级）过渡到另一个称为跃迁，原子（或分子）若从外界获得能量跃迁到较高能态是激发，若处于较高能态的原子跃迁到较低能态则是退激发。这里外界实体是指电磁场或者其他粒子诸如电子、原子、分子。在退激发过程中，有三种方式把多余的能量传递给其他粒子：传给发射的光子即辐射，传给核外电子使其激发或离开原子电离，传给其他原子或分子即弛豫。

有两种类型使原子发生跃迁：自发跃迁或*受激跃迁*。自发跃迁是不存在原子与外界实体的作用而发生的跃迁，仅由原子的能级特性决定。激发过程由于能量不守恒是不能发生自发跃迁的，只有退激发过程才有可能发生自发跃迁。受激跃迁是存在原子与外界实体的作用而发生的跃迁，原子既可在吸收光子或与其他粒子碰撞过程中获得能量而激发到高能态，又可在与外界实体的作用过程中由高能态退激发到低能态。例如，当外界激光场的光子能量等于激发能时，两种受激跃迁都会发生：原子共振吸收一个激光光子从基态跃迁到激发态（受激吸收），或者受此激光场作用从激发态跃迁到基态并发射一个光子（受激辐射）。在受激吸收时没有出射光子，在受激发射时出射的除原有入射光子外，还会发射一个与入射光子能量相同的光子，这就是激光工作的原理。（徐克尊）

自感 self-induction 电流随时间变化时在线圈自身内部产生感应电动势的效应。通电线圈所激发的磁场通过线圈自身的磁通匝链数ψ与线圈中的电流成正比，$\psi=LI$，比例系数L由线圈的几何形状、大小、匝数等因素确定，且当磁介质的磁导率与磁场无关时，比例系数是常量。当线圈中的电流随时间变化时，线圈自身中产生的自感电动势为：

$$E=-\frac{\mathrm{d}\psi}{\mathrm{d}t}=-L\frac{\mathrm{d}I}{\mathrm{d}t}$$

对于相同的电流变化率，比例系数L越大，自感电动势则越大。L是描述线圈自感性能的基本参数，称为自感系数，亦简称自感。自感系数的单位是亨利，$1亨=\frac{1韦}{1安}=\frac{1伏\cdot1秒}{1安}$。自感器件是交流电路中广泛应用的安元件，在电工无线电技术中应用很多，自感线圈与电容、电阻的组合可构成谐振电路和滤波电路，还可用于稳定电路中的电流和储能；在某些问题中自感常常是有害的，大自感线圈电路切断时产生的强烈自感电动势引起的电弧可烧坏电闸开关或线圈的绝缘保护。（陈熙谋）

自回避无规行走 self-avoiding random walk; SARW 模拟聚合物长链的真实运动行为的模型。1953年，由化学家P.弗洛里提出。数学上，自回避无规行走指的是在晶格上的一系列运动行为，每一步通过的晶格点不同。在聚合物长链体系中，由于真实的聚合物分子链具有体积排斥效应，即高分子链段间存在着排斥力，高分子链段占据的空间无法被其他链段所占据，因此高分子长链不能穿越自身的链。高分子链通过一个晶格后，下一步走向相邻的任何一个晶格的概率是相等的，但要避开已经走过的晶格。长链不同部分之间相互回避，这种情况的无规行走是自回避无规行走，每一步的行走步长代表分子链段长度。自回避无规行走模型最直观地描述了真实聚合物分子链的运动。

使真实聚合物分子链运动可视化。数值模拟是研究自回避无规行走的主要方法，可以采用马尔可夫链蒙特卡罗模拟方法研究自回避无规行走。常采用的算法是节点算法，先在行走轨迹中任意选择一点作为起点，然后对下一步的行走实施对称运算。已有许多估算自回避无规行走步数的方法，但还没有准确计算自回避无规行走步数的公式。（张晓华）

自激振动 self-excited vibration 恒定能源支持下，系统依靠内部各部分之间的相互耦合作用而产生的稳态周期运动。又称自振。系统中存在不可避免的能量消耗，在做振幅不衰减的稳态振动时，就需要外部能源的支持。如果通过外部的交变作用支持，则振动称为*受迫振动*，其振幅与频率均与外部交变作用有关。如果支持能源是常值的，则由系统内部的相互作用而产生的稳态振动就是自激振动。自激振动的形态、振幅与频率均只取决于系统的结构与参数。自激振动只存在于非线性系统中。当振幅较小时，非线性效应呈负阻尼效果使振幅增大；当振幅较大时，非线性效应呈正阻尼效果使振幅减小。因此，自激振动保持恒定的振幅。拉小提琴时，以一定的弓速拉动琴弦，干摩擦的非线性会导致琴弦的自激振动而发出声音。在一定的风速下，旗帜做垂直于风向的振动是自激振动。工程中许多自激振动是有害的，如机床和刀具在加工时的振动、飞行起落架的前轮摆振、高速飞行时机翼的颤振等。自激振动也有可利用的一面，如开凿隧洞用的凿岩机及风镐、电学系统中的电子振荡器等。

能产生自激振动的系统称为自振系统。受到外界交变激励作用时，自振系统只对激励中与自振频率相同的成分做出响应，称为频率捕获或自动同步。

分析自激振动通常使用相平面法及近似解法。相平面适用于二阶系统，状态变量$(x,\dot{x})$为两个坐标，相平面的原点对应系统的不稳定平衡位置，与自激振动对应的是一条封闭曲线，称为极限环。不管初始相点位于极限环的内侧或外侧，相轨迹都趋向于极限环，因而此极限环是稳定的。近似解法适用于具有小参数的非线性系统，可获得近似的解析解，便于分析系统各参数的作用。（贾书惠）

自举电流 bootstrap current 环形磁约束等离子体装置中的一种自生环向电流。自举电流发现的历史可追溯到20世纪60～

80年代，环效应对等离子体碰撞输运影响的新经典输运理论蓬勃发展。1971年，英国科学家R.J.毕克顿、J.W.康纳、J.B.泰勒和苏联科学家B.B.卡多姆采夫、V.D.沙夫拉诺夫分别独立发现环形磁约束等离子体碰撞扩散的同时，会自发产生一个环向电流。该电流由捕获粒子引起，其机制可以理解为均匀磁场中由粒子有限回旋半径和密度梯度引起的垂直于磁场的逆磁电流的推广。

托卡马克装置约束带电粒子依赖于一个不可或缺的等离子体环向电流以产生小环方向的磁场，这一环向电流通常利用变压器的原理，以感应电场驱动或外部中性束注入、射频波注入等辅助手段驱动。应该说这是托卡马克聚变方案的一个不利因素。伴随着新经典碰撞扩散自发产生的环向电流，为消除或弥补托卡马克方案的这一不利因素提供了可能。该电流原文称为靴带电流。自举电流这一新经典输运理论预言已经在1988年为美国物理学家M.C.扎恩斯托夫等人在普林斯顿大学等离子体实验室的TFTR托卡马克上的实验所证实。在未来的聚变反应堆中，由于要实现稳态运行，其中的等离子体电流的很大成分要由自举电流承担。 （王少杰）

自聚焦透镜 self-focusing lens 梯度折射率透镜的另一种更形象化的表述。见*梯度折射率透镜*。

自洽场方法 self-consistent field method 求解单电子波函数的基本数值方法。对于电子个数大于1的原子分子体系，其电子波函数满足的多电子薛定谔（或全相对论的狄拉克）方程只能近似求解，变分原理是最基本的近似方法之一。根据变分原理，薛定谔方程的解等价于体系能量期望值取极值。在平均场（或独立电子）近似下，多电子原子分子中电子受到的原子核及其他电子的相互作用可以近似用一个平均场来代替。这样基于变分原理可以得到各个单电子波函数需要满足的方程。自洽场方法就是求解单电子波函数的基本数值方法。

在平均场近似下应用变分原理的过程中，需要首先对波函数的形式和变分的目标泛函做出一些假定（不同的假定对应着不同名称的自洽场方法，如哈特里自洽场方法、哈特里-福克自洽场方法、多组态自洽场方法等），再应用变分原理可以得到电子波函数需满足的方程。该方程一般为非线性微分积分方程，可以通过迭代的方式进行求解。具体来说，从一个初始的势场开始，可以解出电子的波函数，由前一次解出的波函数可以构筑该非线性方程中新的势场，从而解出新的电子波函数。重复上述计算过程，直到前后两次计算出的势场在要求的精度范围内一致，也即达到了“自洽”，该自洽场也就是电子感受到的平均场。值得注意的是，通过单电子波函数可以构筑多电子波函数完备基，利用如组态相互作用的方法，还可以进一步超越平均场近似。

下面是几种不同自洽场方法。①哈特里自洽场方法。假设多电子波函数是单电子波函数直接乘积构成的单组态波函数，满足薛定谔方程，不考虑电子间的交换反对称特性，变分的泛函是由该单组态波函数计算出的能量期望值。②哈特里-福克自洽场方法。假设多电子波函数是单电子波函数的斯莱特行列式构成的单组态波函数，满足薛定谔方程，严格考虑电子间的交换反对称特性，变分的泛函是由该单组态波函数计算出的能量期望值。③狄拉克-福克自洽场方法。是哈特里-福克自洽场方法的相对论推广，即多电子波函数满足狄拉克方程，其余同哈特里-福克方法。④哈特里-斯莱特（狄拉克-斯莱特）方法。哈特里-福克（狄拉克-福克）方程由于有非局域交换势的存在，因而对应的单电子方程为微分积分方程，求解较为复杂。J.C.斯特莱提出一种简化交换关联项的方案，对电子间非局域的交换能采用统计平均近似，得到只与电子密度有关的局域交换关联势，从而把微分积分方程简化为微分方程，大大加快了求解速度。该方法实际上等价于局域密度近似下的密度泛函方法。⑤多组态自洽场方法。假设多电子波函数是多个（大于1）单电子波函数构筑的组态波函数的线性组合，变分的泛函可以是某个基态或激发态的能量期望值或者某几个能态能量期望值的权重和，严格考虑电子间的交换反对称特性。因此，多组态自洽场方法是哈特里-福克（狄拉克-福克）自洽场方法的推广，具有很高的灵活性。根据不同原子分子体系的特点，选择合适的组态和变分泛函进行多组态自洽场计算，可以较好地描述不同原子体系基态、激发态的特性。 （高　翔）

自然单位制 natural unit system 粒子物理学中普遍采用的一种特殊的单位制。在微观现象的研究中所遇到的物理量，都是直接有微观含义的物理量，或者是通过统计性质与微观含义相联系的物理量。这些量都可以通过几个基本的物理量表达出来，其单位也都可以用基本物理量来表示。基本物理量及其单位的不同选取，就构成了不同的单位制。

微观物理学中涉及的基本物理量原有长度、时间、质量、电荷和温度等五种，为了减少独立的基本物理量的数目，利用库仑定律并规定真空的介电常数为无量纲的数1或$\frac{1}{4\pi}$来定义电荷，从而使电荷不再是基本物理量。在粒子物理学中，考虑到所处理问题都属于微观高速运动范围，利用三个普适常数来减少独立的基本物理量的个数，从而把独立的量纲减少到只有1。

利用玻尔兹曼常数$k=1.380\,649\times10^{-23}$焦耳/开$=(8.617\,35\pm0.000\,28)\times10^{-11}$兆电子伏/开，规定其值为无量纲的1，这样温度和能量将具有同一量纲，从而可以用同一单位来度量。这样规定后，原有的温度与能量单位的换算关系为：1电子伏=（$11\,604.50\pm0.38$）开。利用真空光速$c=2.997\,924\,58\times10^{10}$厘米/秒，规定其值为无量纲的1，这样时间和长度将具有同一量纲，从而可以用同一单位来度量。这样规定后，原有的时间和长度单位的换算关系为：1秒$=2.997\,924\,58\times10^{10}$厘米。利用普朗克常数$\hbar=h/2\pi=(1.054\,588\,7\pm0.000\,005\,7)\times10^{-27}$尔格·秒$=(6.582\,173\pm0.000\,017)\times10^{-22}$兆电子伏·秒，规定其值为无量纲的1，这样时间和能量的倒数将具有同一量纲，从而可以用同一单位来度量。这样规定后，原有的时间和能量单位之间的关系为：1/兆电子伏=（$6.582\,173\pm0.000\,017$）$\times10^{-22}$秒。

经过以上的规定，只剩下一种独立的量纲，它可以选作能量、长度、时间，或其他任何一种有量纲的物理量。以这种物理量的单位作为基本单位导出其他物理量的单位，这就是自然单位制。

自然单位制中只有一种独立的量纲，相应地只有一种基本单位，但并未统一规定取哪个单位为基本单位。在粒子物理学中，根据实际工作的需要，常选能量为基本量纲，选能量的单位兆电子伏或吉电子伏为基本单位。在这样的选取下，质量也取兆电子伏或吉电子伏为单位，长度和时间都取1/兆电子伏或1/吉电子伏为单位，角动量为无量纲的量。有时根据需要也用fermi（10^{-13}厘米）作为长度的单位，它与能量单位之间的关系为：1fermi=（$5.067\,689\,6\pm0.000\,013\,1$）/吉电子伏。

精细结构常数$\alpha=1/(137.036\,04\pm0.000\,11)$在自然单位制中的表达式对应于两种定义电荷的方式分别为$\alpha=e^2/4\pi$和$\alpha=e^2$，即在自然单位制中为无量纲的量。

粒子物理学中研究的主要是微观高速现象，在研究中经常要考虑和处理量子效应和相对论效应，它们分别由$\hbar$和c体现。在粒子物理学中采用自然单位制，可以把物理量和物理规律的物理意义比较直接地体现出来，并使计算过程大大简化。例如，在自然单位制中速度是无量纲的量，其数值的含义是等于以真空光速为单位所得到的值；又如，对于不稳定粒子，表现为有一个平均寿命τ，量子效应又决定其能级有一定宽度Γ，在自然单位制中，它们的关系简单地为$\Gamma\tau=1$。在与粒子物理学密切有关的其他物理学科中，有时也采用自然单位制。（高崇寿）

自然寿命 natural lifetime 原子激发态寿命。见*激发态寿命*。

《自然哲学的数学原理》 *Mathematical Principles of Natural Philosophy* 英国物理学家、天文学家和数学家I.*牛顿*的科学代表作，也是有史以来最重要的科学著作之一。简称《原理》。成书于1686年，用拉丁文写作，初版于1687年，1713年和1725年分别出版第二版和第三版，均由牛顿本人修订。世界各主要语种均有译本，中文文言文版和语体文版分别出版于1931年和1992年。

《原理》仿照《几何原本》写作，建立起包含当时所有已知自然知识的公理化体系。全书分为四个部分。第一部分是“定义”和“运动的公理或定律”。牛顿首先定义和讨论了当时“鲜为人知的概念”，即经典力学中的质量、运动的量、力的概念，随后详尽讨论了绝对的和相对的时间、空间和位置（处所）的概念，建立起力学体系的概念基础。在“公理或定律”中，牛顿表述了著名的运动三定律。随后，牛顿在推论中讨论了作用力的分解与合成、重心等概念。第一篇是《原理》的核心，包含几乎全部经典力学的数学基础和物理意义。首先介绍极限概念和无穷小方法，用以求解圆锥曲线的切线和面积，求解各种轨道运动物体所受的力，以及由已知力求解多种轨道运动，涉及地面物体、天体、潮汐运动等所有形式。第二篇和第三篇是第一篇的应用。第二篇介绍了球曲线切线和函数导数的流数（微分）方法，以及它的反向运用（积分）方法，还介绍了近似求解方法、处理数据误差方法等。演示了怎样把第一篇中的理论用于求解地面上（考虑阻力）具体的物体运动，包括在空气中、液体中和受到摩擦阻力的运动。推导出宇宙涡旋运动各部分的速度与它到涡旋中心的距离是成正比的，然而实际上行星的速度与它们到太阳的距离的3/2次方成正比，这个命题及其推论摧毁了R.笛卡儿的涡旋说。第三篇是《原理》中气势恢宏的篇章。牛顿曾为《原理》写过两个第三篇：一个题为“宇宙体系（使用数学的论述）”；另一个题为“宇宙体系”，是一个非数学的通俗写法。这一篇写下了四条“哲学中的推理规则”，作为在现象与理论之间建立联系的基本准则，实际上也是科学研究的基本准则。随后论述了木星系统、海洋潮汐运动与月球运动的关系，以及彗星运动，首次指出彗星是与普通行星一样的天体。

《原理》的第二版较之第一版有较大变化，开头增加了牛顿学生科茨所写的序言，其中猛烈回击了G.W.莱布尼茨等人对牛顿学说的批评。牛顿本人则在全书末尾增加了“总释”。“总释”正式表述了万有引力定律：“它（引力）取决于它们（粒子）所包含的固体物质的量，并可向所有方向传递到极远距离，总是反比与距离的平方减弱。”然后牛顿表达了融合有绝对时空观的神学见解。他认为上帝的存在是绝对的，它不是无限和永恒的，无限和永恒只是它的属性。它是不可知的，人只能通过认识它的创造物的特性来认识上帝。“要做到通过事物的现象了解上帝，实在是非自然哲学莫属。”牛顿还拒绝讨论引力的成因，写下了引起广泛误解的句子：“我不构造假说。”尽管牛顿拒绝谈论引力的起源，但他的《原理》还是构造了人类文明史上最大的假说，用力学规律统一描述地球上的物体和天体的轨道运动，形成有史以来最庞大的、结构严谨的、无所不包的理论体系。牛顿的《原理》是经典力学的研究纲领，主张在对现象进行考察的基础上进行理论概括，用数学的和公理化的体系来包容经验和观察数据，其影响遍及18世纪以后所有的人类知识领域，特别是物理学和哲学。（王克迪）

自适应光学 adaptive optics *光学*的一个应用技术分支，研究实时校正光学波前误差的技术。在自适应光学中，通过对光波前误差的探测－控制－校正，使光学系统能够自动克服外界扰动，保持良好成像分辨率和能量集中度。

人类用*望远镜*观测天体以来，早就发现大气湍流的动态干扰造成光学成像模糊和抖动。1953年美国天文学家H.W.巴布科克首次提出测量－控制－校正波前误差的设想，成为自适应光学的最初技术设想。但是当时并没有实现他设想的技术，因此在很长时间内，没有出现能够实时补偿动态干扰的自适应光学系统。到20世纪70年代，美国科学家J.W.哈迪研制成功第一个自适应光学系统，并将该系统扩大为补偿成像系统，1982年实现了卫星目标的高分辨率成像。与此同时，还开始研制用于激光束大气传输补偿的自适应光学系统。到90年代初，自适应光学开始在天文望远镜中应用，并于90年代末实现人眼视网膜的高分辨率成像。

自适应光学系统一般由波前传感、波前控制和波前校正三个部分组成。波前传感是利用从远方的信号源（信标）发出的、经传输介质后到达接收光学系统的光束，将其分割成与波前误差尺度一致的子孔径进行探测。由于缺乏参考基准，不能直接探测波前相位，而只能探测波前的斜率（一阶导数）或曲率（二阶导数）。探测波前斜率的夏克－哈特曼传感器是最常用的波前传感器，入射波前被微透镜阵列分割成许多子孔径，用其焦面上的两维光电探测阵列（如电荷耦合器件）探测子孔径焦斑的位置，其相对标定位置的偏移量正比于子孔径内的波前斜率。

波前校正器是由多个驱动器驱动、在外加控制信号下产生变形的光学反射镜（变形反射镜），驱动器一般是压电或电磁式的，其间隔也要与波前误差的尺度相匹配，变形的灵敏度要小于校正波长的1/10，响应速度要达到毫秒量级。

波前控制器连接波前传感器和波前校正器，通过波前复原算法将测量到的子孔径波前斜率，计算出各个节点处的波前相位，再通过一定的控制算法，产生对波前校正器的控制电压，实现对误差波前的闭环校正。

自适应光学系统的时间－空间特性要与被校正的动态波前误差的时间－空间特性相匹配，对于大气湍流校正而言，其空间尺度（大气相干长度）一般在10厘米上下，其时间尺度（特征频率）在几百赫兹，因此对1米口径的光学系统，约需要100个校正单元（变形镜驱动器和传感器子孔径数），而且随口径二次方增大；系统的误差抑制带宽要达100赫兹左右，系统的采样频率还要高一个量级，常常需要达1000～3000赫兹，波前处理机的时间延迟要小于1毫秒，而波前校正精度需要在1/10波长量级。因此，自适应光学系统是一个以光学波前误差为校正对象的多路平行、高带宽、高精度的自动控制系统。

波前探测时，所用子孔径不大（只有10厘米量级）的探测器的积分时间很短（只有1毫秒量级），因此每个子孔径、每个积分时间所能用的光子数十分有限。如果系统观测的目标不够亮，就需要采用人造信标，即向目标附近发射激光，利用大气后向反射形成足够亮的光斑，提供波前探测用的光源。波长589纳米的钠激光在90千米高的钠离子层产生的共振散射，是应用很广的人造信标。

对于变化速度不是很快的波前误差校正，还可以采用自动爬山优化的方法，即对每个校正单元施加试验扰动，测量反映扰动效果的评价函数，使系统向指标优化的方向变化，最后达到全局优化，使波前误差得到校正。评价函数常常是光束聚焦后焦斑形态的特征值，如通过焦面上小孔的光强或焦斑光强的二阶矩。施加扰动方法有多元高频振动法和随机并行梯度下降法。前者对每一校正单元施加不同扰动频率，并对扰动造成的评价函数的变化进行锁相放大，获得优化校正的方向。后者对每一校正单元施加相互独立并符合伯努利分布的随机扰动，根据正反两个方向扰动时评价函数的变化确定优化方向，在此方向上施加校正量直到评价函数达到极值。这种方法不需要进行波前测量，避免了运算量很大的波前复原计算，但因为要靠多次迭代实现优化，校正速度受到一定限制。

经过发展，几乎所有的大型天文望远镜都配备了自适应光学系统，使大口径望远镜接近衍射极限分辨率。许多强激光系统用自适应光学来校正热变形造成的激光光束发散，提高激光的能量集中度。随着望远镜向几十米口径发展，自适应光学的规模也在迅速向极大规模发展，并不断提出一系列新的挑战。 （姜文汉）

自旋 spin 微观粒子的一种内禀属性。为了解释原子光谱的精细结构和反常塞曼效应，G.E.乌伦贝克和S.A.古兹密特提出了电子自旋的假设，并且在斯特恩-革拉赫实验中得到了直接的证实。自旋具有角动量的性质，然而与轨道角动量不同，自旋与粒子的空间运动无关。同时，自旋也并非是粒子自身绕轴的转动。粒子自旋也是量子化的，自旋的最小单位为$\hbar/2$。对一种特定的粒子，其自旋的大小是固定的，用自旋量子数表述。自旋为$\hbar$整数倍的粒子服从玻色-爱因斯坦统计，而半整数倍的粒子服从费米-狄拉克统计，由此分别被称为玻色子和费米子。粒子的磁矩也与自旋相关：

$$\mu=\frac{gq}{2m}S$$

式中g称为g因子，不同类别的粒子有不同的值；q是粒子的电荷（中性粒子另外考虑）。

对于自旋不为零的粒子的量子态，除了描述空间运动的波函数$\Psi(x,y,z)$之外，还需要描述自旋状态的波函数。如电子自旋为$\hbar/2$，它的自旋态可用二分量波函数来描述。 （庄鹏飞）

自旋玻璃 spin glass 凝聚态物理学中一种特殊的磁体模型。传统上自旋玻璃的研究对象是一些含大量局域磁矩的金属或合金，磁矩之间存在着铁磁相互作用与反铁磁相互作用的竞争。随着温度的降低，整个磁矩系统的取向状态经历一个较为复杂的过程，最终冻结为自旋玻璃态。从时间坐标上看，每个磁矩冻结在固定的方向而失去转动的自由度；从空间上看，各个磁矩的冻结方向是无序的。自旋玻璃状态不同于长程序的铁磁或反铁磁态，但它却表现出类似长程序磁状态所具有的合作行为。自旋玻璃系统有两个基本特点：①体系内存在无序，无序包括自旋磁矩空间位置无序和相邻两自旋交换作用的正负键分布无序；②体系存在阻挫行为，阻挫指不能同时调和的自旋间相互作用的冲突，是由铁磁和反铁磁作用之间的相互竞争引起的。自旋玻璃是自然界中许多复杂体系的代表，其规律和特性对于认识其他复杂体系有触类旁通之效。 （王永田）

自旋场效应晶体管 spin field effect transistor 通过操控电子自旋来工作的半导体自旋电子器件。自旋场效应晶体管是S.达塔和B.达斯在1990年提出的。自旋场效应晶体管的源极（自旋注入端）和漏极（自旋探测端）是磁化方向相同的铁磁材料，而中间的通道为含有Rashba自旋轨道耦合作用的半导体。

自旋轨道耦合作用在半导体通道中产生一个有效磁场，该有效磁场可通过门电压来控制。有效磁场的作用在于使通过半导体通道中的电子自旋发生进动。电子从源极向漏极输运过程中，当处于半导体通道中时，电子自旋会发生进动。当电子到达漏极端的铁磁材料时，如果自旋进动转过偶数倍的π角度，则电子自旋方向未发

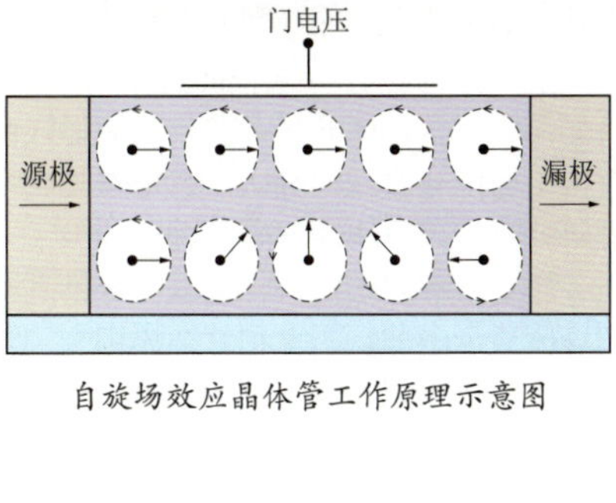

自旋场效应晶体管工作原理示意图

生改变，通过晶体管的电流最大。如果自旋进动转过奇数倍的π角度，则电子自旋方向改变到与其在源极时的相反，此时通过晶体管的电流最小。通过调节门电压可以改变自旋轨道耦合的强度，可改变有效磁场强度，进而改变电子自旋进动，以达到晶体管的开关效应。自旋场效应晶体管具备很多应用上的优点。首先，自旋场效应晶体管通过改变自旋方向来控制电流，能耗低，速度快；而传统晶体管通过耗尽电子的方法来实现开关效应，能耗大，速度慢。其次，由于自旋场效应晶体管基于半导体材料，可以利用成熟的微电子技术将自旋电子器件与光电子器件相结合，从而发展出更加高效的新型器件。

要实现自旋场效应晶体管需要解决以下问题：①自旋注入。如何有效地产生自旋极化。②自旋操控。如何让自旋极化保持足够长的时间和输运距离。③自旋探测。如何将自旋信号转化为电信号。2010年一个由美国、英国和捷克等国的科学家组成的研究小组在《科学》杂志上宣布，他们研制出了首个能在高温条件下工作的自旋场效应晶体管，该晶体管的输出信号在高温下仍能保持很高的强度。 （李京波）

自旋陈数 spin Chern number 描述量子自旋霍尔效应体系的体能带非平庸拓扑性质的一种新的拓扑不变量。研究**量子自旋霍尔效应**的过程中，发现量子自旋霍尔效应体系的体能带非平庸拓扑性质不能用传统的陈数描写，因为对量子自旋霍尔体系，第一陈数为零（即总的霍尔电导率为零），需要用一种新的拓扑不变量，即Z2拓扑数或自旋陈数来刻画。这些拓扑不变量可以将具有量子自旋霍尔效应的绝缘体和普通的绝缘体从本质上区分开来。

在理想的情况下，即当电子自旋守恒时，一个量子自旋霍尔体系的两个自旋组分电子的运动就像两个独立的无朗道能级的量子霍尔体系。当电子的费米能处于体能带带隙之中时，自旋陈数指的就是自旋朝上和自旋朝下两个自旋组分被电子占据的能带的陈数。两个自旋组分的陈数大小相等，符号相反，量子自旋霍尔体系的自旋电导率由两个自旋陈数之差决定。此外，自旋陈数直接决定了样品边缘的自旋朝上和朝下的边缘态的数目。

当电子自旋不守恒时，如当拉什巴型自旋-轨道耦合存在时，会导致两个自旋组分混合，自旋霍尔电导率将会偏离量子化的值。但只要保证体系的时间反演对称性不被破坏并且体能带带隙依然存在，则自旋流依然可以无耗散地在量子自旋霍尔

样品的边缘上传导，这表明系统的非平庸拓扑性质仍然保持完好。这种情况下，如何定义自旋陈数，需要将被电子占据的能带空间适当地分割为两个自旋最大极化的子空间，可以通过在电子占据的空间中对角化自旋算符实现，而自旋陈数就是自旋朝上和朝下最大极化的两个子空间的陈数。与Z2拓扑数不同，自旋陈数的鲁棒性即使在时间反演对称性被破坏的情况下仍然保持不变，这意味着时间反演对称性破缺将以微扰的方式，逐步破坏量子自旋霍尔效应。（盛 利）

自旋弛豫 spin relaxation 晶格中不同自旋的能级因外磁场而分裂的动态过程需要一定时间达到平衡的现象。1927年，W.泡利研究了外磁场中的顺磁体，发现了所谓的泡利自旋顺磁性。泡利自旋顺磁性的磁矩很小，大约是每个原子$10^{-4}\mu_B$（μ_B是玻尔磁子），它是由磁场$\boldsymbol{H}$在顺磁性材料中产生的，来自自旋向上和自旋向下的导带电子数目的差别，指向$\boldsymbol{H}$的方向，与之相关的磁化率与温度无关。泡利自旋顺磁性的产生过程如图，考虑简单的顺磁性金属，

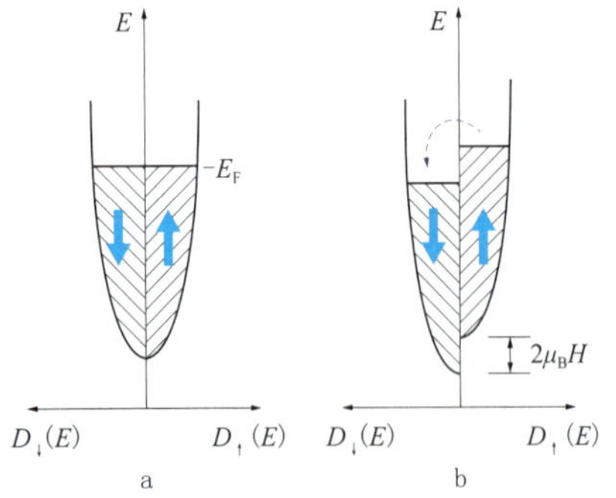

泡利顺磁性的产生过程

两个自旋态具有抛物线形态密度$D_\uparrow(E)$和$D_\downarrow(E)$。图a为没有磁场的时候，金属中自旋向上和自旋向下的电子数相等，没有磁性。图b为刚加上磁场的时候，马上出现两个自旋态对应的两个费米能级$E_F^\downarrow$和$E_F^\uparrow$，$E_F^\downarrow > E_F^\uparrow$，它们之间的间距为$2\mu_B H$。经过时间$t \gg \tau_{se}$以后，由于自旋弛豫，两个费米能级在自旋弛豫时间$\tau_{se}$的尺度上达到平衡，电子在能级上的分布如图c所示。由于费米能级的分裂$2\mu_B H$非常小，可以根据费米能级处的态密度$D(E_F)$计算出达到平衡时两类电子数目之差：

$$N^\downarrow - N^\uparrow = 2\mu_B H D\ (E_F)$$

对于磁场$H=10^6$安/米，s、p导带态密度为$D(E_F)=10^{-1}$/（电子伏·原子数），得到$N^\downarrow - N^\uparrow$。因此，每个原子的磁矩$m=10^{-4}\mu_B$很小。泡利磁化率$\chi_P = m/\mu_0 H < 10^{-4}$非常小。

利用**磁光克尔效应**，1996年A.Y.埃莱扎比等测量到了多晶金薄膜中自旋-晶格弛豫时间（即自旋平衡时间）为45±5皮秒。实验的原理是金属突然加磁场以后，如图b所示，在费米能级E_F附近的非平衡态出现了自旋极化，测量自旋极化消失的时间，就是自旋-晶格弛豫时间。室温下铜的$\tau_{se}=10$皮秒。

磁材料中自旋弛豫机制至今还不太清楚，不像半导体中电子的动量弛豫和能量弛豫，它们的机制已经研究得非常清楚，包括杂质散射、声子散射和缺陷散射等。铁磁体中由于有自旋交换作用，它的自旋弛豫时间远远小于顺磁体中的相应时间。（夏建白）

自旋-电荷分离 spin-charge separation 凝聚态强关联电子材料研究中的一个关键性概念。在描述传统金属的费米液体理论中，L.D.朗道的准粒子概念处于中心位置。作为元激发的准粒子与单个电子除了有效质量不同，其费米统计、电荷、自旋以及所带的动量与后者在无相互作用情况下完全相同，即一对一对应原理成立。随着1986年铜氧化合物高温超导体的发现，人们意识到对于掺杂莫特绝缘体为代表的多电子系统，由于强关联相互作用，朗道的费米液体理论可能不再适用，即准粒子概念需要在基本层面得到修正。自旋-电荷分离概念在此背景下得到了深入和广泛的研究。

自旋-电荷分离指的是朗道准粒子不稳定而分解成为只带自旋不带电荷的自旋子（spinon）和只带电荷的无自旋“空穴子”（holon）或“电荷子”（chargon）。自旋子与电荷子并不能由单电子构成，而是作为集体激发从多体强关联电子系统里衍生出来。自旋子与电荷子的存在性已在一维系统中（称为朝永-拉廷格液体）得到了理论证明，并在准一维莫特绝缘体$SrCuO_2$材料中观察到。但其在二维和二维以上材料如铜氧化合物里的存在性和具体形式仍有待于理论和实验的确认。这是强关联物理研究中最具挑战性的问题之一。

作为二维层状材料，铜氧化合物高温超导体显示出非常丰富和复杂的相图。它很难用一个单带的费米液体中的元激发，即朗道准粒子来自洽统一描述。作为典型的掺杂莫特绝缘体，在其半满时变成莫特绝缘体，对应一个极端的自旋-电荷分离情况，即电荷在低能下完全消失。带电的电荷子只在掺杂情况下重新出现，但其数量与自旋子的数目在低掺杂下仍极度不匹配，原则上无法用朗道准粒子来完整描述。自旋-电荷分离提供了一个自然的替代描述构架。

形式上电子可以看成是由自旋子与电荷子组成的束缚态。数学上这样的组合有各种可能性，如自旋子是玻色粒子而电荷子是费米粒子的“玻色奴役子”表象，以及自旋子是费米粒子而电荷子是玻色粒子的“费米奴役子”表象。另外，还有自旋子与电荷子可以是互为任意子的“相位弦”表象。这些被称为分数化的分解若严格处理在数学上都是等价的。关键是从何种分数化方案中得到的基本元激发是稳定的。如果后者在低能下能独立存在，则可以认为准粒子在低能下是解禁闭的，即自旋-电荷分离成立。这时一个强纠缠多电子体系，其低能长波极限下的物理行为可以由相对简单的多体自旋子与电荷子的平均场描述来表征。

研究表明，即便给定任一种上述分数化方案，自旋子与电荷子的定义也不是唯一的。如自旋子的相位可以任意变化，只要电荷子得到一种相反的变化，从而使电子不变。这被称为分数化表象中的规范自由度。它意味着任意一种自旋-电荷的数学分解都会带来自旋子与电荷子之间的规范相互作用，具有重要的物理含义。即任何形式上的分数化，尽管数学严格等价，但如果有强烈的规范相互作用，可以让不正确分解的自旋子与电荷子重新禁闭，微扰论方法失效，问题没有得到简化。只有在找到正确的（即物理上存在的）自旋-电荷分离方式后，这种规范作用的禁闭效应才有可能变得不再重要。故若要确定一个多体量子态是否真正的有自旋-电荷分离，必须超越平均场近似，检查其在规范涨落下是否稳定。（翁征宇）

自旋电子学 spintronics 基于电子的自旋、轨道和电荷自由度，研究利用磁、光、电、力、热、声等物理场来调控与自旋相关的电子输运性质的磁学分支学科。自旋电子学的兴起得益于巨磁电阻效应的发现。早期的自旋电子学主要研究电子自旋-自旋相互作用、自旋-轨道相互作用如何影响电子的输运行为。如**巨磁电阻效应**和隧穿磁电阻效应，这两类效应均可在核心层为磁性导体/非磁导体（非磁绝缘

体）/磁性导体三明治结构或自旋阀结构中观察到。其中间层为非磁导体和非磁绝缘体的情况分别对应巨磁电阻效应和隧穿磁电阻效应。通常当两层磁性导体层的磁化强度平行排列时，该体系处于低电阻R_P状态；当两层磁性导体层的磁化强度反平行排列时，该体系则处于高电阻R_{AP}状态，高低阻态之间的磁电阻比值$GMR=(R_{AP}-R_P)/R_P\times100\%$可高达100%以上，远高于各向异性磁电阻效应等。因此，它很快被应用于磁敏传感器、硬盘磁读头等方面，从而大幅度提高了磁信息存储密度。A.费尔和P.格伦贝格因1988年发现巨磁电阻效应而获得2007年诺贝尔物理学奖。随后，自旋转移力矩效应的发现，进一步推动了自旋电子学的发展。业已发现，不仅可以通过磁矩调控自旋极化电流的输运性质，且自旋极化电流的输运行为也能改变局域磁矩的磁化状态，甚至发生180°的翻转。这一效应表明，通过电学方法可以有效操控和翻转磁矩的方向，并很快被应用于磁随机存储器和自旋纳米振荡器等工作原理方面。

随着自旋电子学的迅速发展，相继发现了大量的新奇自旋量子效应，优化出众多新型自旋电子功能材料，以及开发出多种实用型自旋电子核心器件，并发展出很多学科分支及研究方向。例如：①最早期的自旋电子学又被称为磁电子学，主要研究磁性金属及其氧化物材料、磁性金属异质结构和复合材料中的自旋输运性质，是自旋电子学中研究相对成熟、内容十分丰富、应用比较成功的最基础部分；②基于磁性半导体、稀磁半导体、氧化物磁性半导体材料和磁性/半导体异质结构的半导体自旋电子学；③基于有机材料及其异质结构中自旋输运性质的有机自旋电子学；④基于富勒烯、碳纳米管、石墨烯和金刚石等碳材料的碳基自旋电子学；⑤涉及铁磁、铁电、铁弹耦合的多铁性自旋电子学；⑥关注光和自旋相互作用的光自旋电子学；⑦研究诸如自旋塞贝克效应、自旋能斯特效应和自旋珀耳帖效应等自旋相关热电输运性质的热自旋电子学；⑧研究自旋波的激发、调控、传输和检测以及YIG等磁性绝缘体中磁激子（简称磁振子）输运的磁振子自旋电子学；⑨研究谐振腔中磁子与光子耦合的谐振腔自旋电子学；⑩研究自旋-轨道耦合作用的自旋轨道电子学；⑪研究具有拓扑磁结构（如斯格明子等）或者具有拓扑能带结构（如拓扑绝缘体等）材料体系的拓扑自旋电子学；⑫研究心磁、脑磁、生物磁导航等与生命科学相关联的生物磁（自旋）效应的生物自旋电子学等。21世纪将是自旋电子学交叉学科研究蓬勃发展和自旋电子器件深入开发及广泛应用的黄金时期。自旋电子器件将对计算机和信息科学技术的发展起到升级换代的推动作用。

（韩秀峰）

自旋阀　spin valve　利用材料的电子自旋属性，实现阀门般开关两个状态的功能器件。自旋阀的阀门开关是针对电流而言的。自旋阀的原理与巨磁阻效应类似，但与电阻随外磁场在一个范围内连续缓变的一般巨磁阻现象不同，自旋阀器件的电阻随着外磁场通常仅在两个电阻态之间发生突变。自旋阀广泛应用于硬盘读出磁头，是磁性信息存储的重要组成部分。

下面以最简单的“铁磁/非磁/铁磁”金属三层膜结构介绍自旋阀的工作原理，器件结构如图a所示。通常情况下，自旋阀结构中有一层铁磁金属的磁化矢量被固定在某一个方向，称为钉扎层；而另一层铁磁金属的磁化矢量未被固定，称为自由层。当外磁场与样品的磁化矢量在同一个平面内时，磁场大小的改变会使自由层的磁化矢量发生翻转，样品电阻相应地在高电阻态和低电阻态之间跳变。简单起见，这里讨论两层铁磁薄膜均未被钉扎的自旋阀情况，其电阻随外磁场的变化曲线如图b所示。其中棕色和红色分别表示磁场正向和负向扫描的情况，电阻跳变处对应的

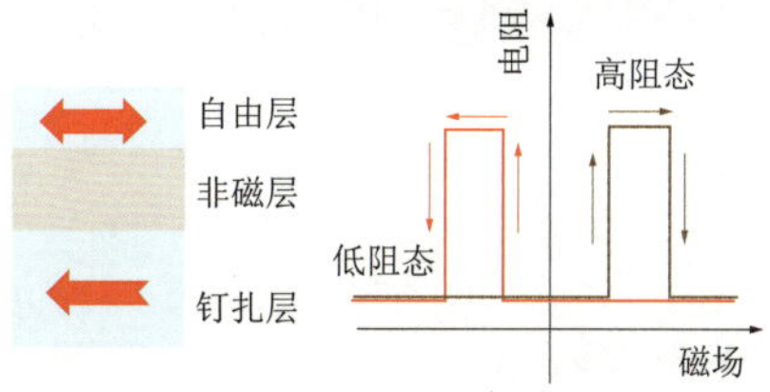

a　　　　　　　　　b

a 自旋阀的器件结构　b 自旋阀的典型磁阻曲线

自旋阀器件结构

磁场大小分别是两层铁磁薄膜的矫顽力。

（赵建华　王海龙）

自旋霍尔效应　spin Hall effect　自旋流可以在垂直于电荷流和自旋极化方向上产生的效应。自旋霍尔效应起源于由于自旋轨道耦合所导致的电荷流和自旋流的相互转化。类似于**霍尔效应**，在样品源漏两端施加一个偏置电场时，电荷流诱发的自旋流会在样品沟道两侧形成不同方向自旋的积累，但自旋的积累不会在横向产生电势差。通过自旋霍尔效应，可以在非磁性的晶体中，通过外加电场而不是磁场来操控电子的自旋，从而形成极化的自旋流。

自旋霍尔效应的形成机制可以分为本征和非本征两种机制。非本征机制分为边跳跃（side jump）和斜散射（srew scattering）两种。边跳跃机制是由于散射过程中波函数的横向位移导致位置和速度算符出现修正，使电势能出现额外的自旋轨道耦合项，杂质附近不同自旋的电子会感受到方向不同的有效场，使电子发生横向偏移；而斜散射则是源于外在的自旋轨道耦合作用下，不同的自旋态散射后所对应的散射角不同，导致自旋向上和向下的电子在横向发生相反方向的偏移。本征机制源于自旋轨道耦合而导致的能带劈裂，不依赖于散射对自旋的依赖关系。在电场下，来自自旋轨道耦合的有效磁场产生的力矩可以使自旋发生旋转，从而产生横向的自旋流。预期的本征自旋霍尔效应比上述的非本征效应大几个数量级，吸引了很多人的关注。

自旋霍尔效应首先在砷化镓和铟镓砷薄膜上，利用光学的方法被加藤雄一郎等观测到。当用一束线偏振光照射在样品上，自旋聚集的地方都会使反射光的偏振发生旋转（克尔效应），因此通过扫描光学显微镜，借助来自样品的反射光，可以观测到沟道两侧自旋的积累。（唐　宁）

自旋极化率　spin polarization ratio　用以描述材料中的电子或者自旋量子数不为零的自由粒子束（如中子、质子、电子，也包括圆偏振光等）中的向上和向下的两种自旋取向的电子或者粒子的数目差异程度的物理量。实际中一般用两种取向的电子（或者自由粒子）数之差占总电子（或者自由粒子）数的比例来表示自旋极化率。两种自旋取向的电子（或者自由粒子）数目相同的情况，自旋极化率为零，只有一种取向的情况，自旋极化率为100%。对于凝聚态材料的自旋极化率，通常采用传导电子的电子隧道谱和安德烈耶夫反射以及自旋极化的光电子能谱等实验手段测量；对于自由电子的自旋极化，可以采用莫特探测器进行检测。（赵同云）

自旋密度波　spin density wave　金属电子体系在特殊条件下出现的自旋密度周期性分布的有序状态。自旋密度波同样源于费米面拓扑结构的嵌套不稳定性，因此电子的林哈德响应函数在相应嵌套波矢（$q=2k_F$）处也出现发散或显著增大（见**电荷密度波**）。但引发费米面失稳的扰动因素不是电子-声子相互作用，而是电子-电子相互作用。由于电子-电子相互作用与晶格并不耦合，所以不引起晶格结构的改变，但会导致电子系统自旋密度发生波

矢为 $q=2k_F$ 的调制。形式上可以看成自旋方向相反的具有不同相位的两支电子密度波合成的状态。由于自旋密度的上下起伏，自旋密度波等效于调制波矢为 $q=2k_F$ 的反铁磁格子。该反铁磁格子对应的新布里渊区会折叠原有的能带，导致原来形成嵌套费米面的能带在费米能附近杂化从而打开能隙，嵌套的费米面因能隙打开而消失。与电荷密度波类似，能隙的打开会使得系统低能激发相关的物理性质发生改变。

对于自旋密度波，其相变后形成的磁结构及其低能激发与局域自旋（磁矩）形成的反铁磁体是相似的。但由于其巡游性的本质，所形成的有效磁矩一般会很小。另一方面，局域自旋形成的反铁磁体一般是绝缘体，高温已经有局域磁矩形成，只是在某一温度发生从无序到有序的相变；而自旋密度波是在巡游性的金属上发生相变。虽然自旋密度波与局域自旋反铁磁体在磁结构上是相似的，但识别相变温度以下单粒子激发谱上是否有能隙打开是区别它们的主要途径之一。

与电荷密度波类似，自旋密度波也存在集体激发，但表现更加复杂。自旋密度波可以看成是两支不同自旋方向的电荷密度波的叠加，同时自旋磁矩方向的交替排列又形成反铁磁结构，因此自旋密度波既包含有电荷密度波具有的相位子和振幅子集体激发模式，又存在反铁磁体具有的磁振子（自旋波）集体激发行为。实验上在很低能的电荷激发谱上观察到一些特征，但对于是否真正探测到相位子或振幅子集体激发还存在较大争议。（王楠林）

自旋塞贝克效应 spin Seebeck effect 对诸如磁性绝缘体/重金属双层膜等体系施加温度梯度时，可在重金属层探测到依赖于磁性绝缘体磁化强度的电压信号的现象。自旋塞贝克效应的物理图像为：温度梯度可在磁性绝缘体材料内部形成磁子自旋流（简称磁子流），并流向重金属层。在磁性绝缘体层和重金属层界面处，磁子流可转化成重金属层中的电子自旋流。该自旋流进一步通过逆自旋霍尔效应产生电信号，从而在该磁性绝缘体/重金属双层膜体系中实现温度梯度到电压信号的转换。自旋塞贝克效应已在磁性金属、磁性绝缘体、磁性半导体和反铁磁等材料分别与重金属薄膜构成的多种磁性/重金属双层膜体系中被逐一观测到，特别是在磁性绝缘体/重金属双层膜体系中观测到的自旋塞贝克效应，由于没有磁性导体中的电子自旋流的混入，使得其物理效应研究更加清晰和明确。

因自旋塞贝克效应而在磁性材料内部产生磁子流的物理机制可通过一个简单的模型来理解：无论是在磁性导体还是在磁性绝缘体中，热流和自旋流均可通过磁矩涨落来输运，声子、磁子以及它们的相互作用在整个过程中扮演着重要的角色。首先通过热效应激发声子，声子进而通过磁子–声子交互作用拖拽磁子，由于声子沿温度梯度方向非均匀分布，其在不同空间位置处也会拖拽出非均匀分布的非平衡磁子，最后形成以磁子方式进行输运的纯磁子自旋流（磁子流）。

自旋塞贝克效应作为一种热–自旋–电荷转换的机制，有望用于开发热驱动的自旋电池、热电电池和热敏传感器等器件。（韩秀峰）

自旋统计关系 spin statistics 多粒子系统中粒子的德布罗意波波长与粒子间的距离可比较，甚至比粒子间的距离还要大时，系统多粒子遵从的量子统计规则。粒子统计分为玻色–爱因斯坦统计和费米–狄拉克统计，分别简称为玻色统计和费米统计。定域的相对论性量子场论由微观因果性定性要求，可证明自旋量子数为整数的全同粒子系统的波函数必须是对称的；自旋量子数为半整数的全同粒子系统的波函数必须是反对称的。由此推知，自旋量子数为整数的粒子服从玻色统计，并称其中的粒子为玻色子；自旋量子数为半整数的全同粒子系统的波函数必须全反对称，服从费米统计，称其中的粒子为费米子。这就是自旋统计定理。当粒子的德布罗意波长比粒子间的距离小得多时，两种统计的差别趋于消失，两者都与经典统计力学的结果相一致。（吴丹迪）

自旋液体 spin liquid 凝聚态物理学的重要研究课题之一。又称量子自旋液体。自旋液体不同于由基态宏观简并导致的剩余熵或热涨落造成的经典自旋无序态。在量子自旋液体中，自旋是量子化的，由于存在强烈的自旋量子涨落，从而无法形成有序的量子基态。“液体”一词用于形容基态自旋的量子涨落。与此相应，铁磁或反铁磁等自旋有序态可以看作自旋晶体；自旋玻璃虽然是无序态，但其中的自旋是冻结的，不随时间变化，没有量子涨落。这两者都是自旋固体而非液体。

因研究对象和内容的差异，量子自旋液体在不同场合常有不同的定义。其中比较严格的定义如下：量子自旋液体是一种晶格上的量子自旋系统。其特性如下：每个晶胞中包含半奇数的量子自旋（莫特绝缘体）；没有任何晶格对称性或自旋旋转对称性的自发破缺。这个定义意味着该自旋体系是莫特绝缘体，而上面提到的两种对称性自发破缺不排除显性破缺的可能性，即在系统的原始哈密顿量中就已经发生对称性破缺。这种排除性的定义不足以刻画自旋液体的特征。因此，有时候用体系中是否存在分数化的自旋激发来界定量子自旋液体。

分数化 在具有磁长程有序的系统中，自旋旋转对称性在基态发生自发破缺，激发态则倾向于恢复这种被破缺的对称性。这种试图恢复自旋旋转对称性的元激发称为自旋波或磁子。自旋波是自旋 $S=1$、电中性，并且可以在晶格中传播（具有固定动量）的集体激发。与之相反，量子自旋液体中的元激发称为自旋子，其是自旋 $S=1/2$、电中性，具有固定动量的集体激发。因此，一个自旋子可以看作一半的自旋波激发，这个过程称为分数化。

规范场与自旋子的禁闭 量子自旋液体中的自旋子伴随着规范场出现。规范场数学上来自将自旋（或电子）分解成自旋子（或电荷）时产生的冗余自由度。因此，此类系统中的规范场总是与自旋子耦合，或者说自旋子通过规范场产生相互作用。所有的物理可观测量都必须不依赖于具体的自旋自由度分解或规范选取，即必须是规范不变的。如果一个体系中规范相互作用过强，导致两个自旋子必须束缚在一起而不能单独存在，就称为自旋子禁闭；反之则称为解禁闭。在空间维度高于一维的系统，可以用规范场禁闭与否来判断是否发生分数化；但在一维系统，这个标准不成立。

维度、阻挫与量子涨落 霍恩伯格–默明–瓦格纳定理说明一维短程相互作用系统存在强烈的量子涨落，即使在绝对零度也不可能发生连续对称性的自发破缺。因此，量子自旋液体在一维体系中是普遍存在的，该领域的主要研究在于二维和三维的系统。在高于一维的自旋系统中，如果存在阻挫，体系不容易形成自旋有序态，量子涨落就有可能使该系统形成量子自旋液体基态。三角晶格是典型的阻挫晶格，如图所示。当近邻是反铁磁相互作用时，近邻的两个自旋倾向于反平行排列从而获得较低的能量，因此第三个与这两个自旋都近邻的自旋难以选择一个方向降低能量，称为自旋阻挫。

波函数的构造与量子自旋液体态的分类 美国物理学家P.W.安德森在1973年指出，可以用共振价键态来构造量子自旋液体的基态波函数与激发态（自旋子）波

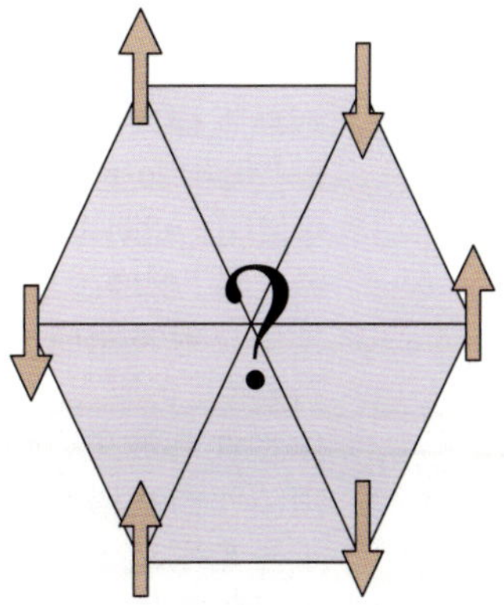

三角晶格示意图

函数（见**共振价键理论**）。这是理论上构造量子自旋液体态最简单的方法。作为推广，通过投影分数化粒子（有时称为部分子）的办法来构造量子自旋液体波函数，并通过投影对称群对这类量子自旋液体进行分类。

实现量子自旋液体的具体材料　真实材料体系中的量子自旋液体态通常指在莫特绝缘体中形成的电子态。此类绝缘体中电子相互作用占主导地位，纯电荷的激发具有能隙，能量低于电荷能隙的电子激发主要反映在自旋自由度上，其主导的磁相互作用均为反铁磁相互作用。第一个量子自旋液体材料κ-$(ET)_2Cu_2(CN)_3$由日本科学家研究组在2003年发现。这是一个具有准二维三角晶格结构的有机材料，在一定压力下会转变成超导体。研究较多的其他量子自旋液体候选材料包括：准二维三角晶格有机物Pd-$(dmit)_2(EtMe_3Sb)$、具有准二维kagome晶格结构的材料$ZnCu_3(OH)_6Cl_2$，以及具有三维hyper-kagome晶格结构的材料$Na_4Ir_3O_8$等。

探测量子自旋液体的实验方法　核磁共振是判断量子自旋液体存在的有效手段，对原子核的磁环境极为敏感，可以准确探测原子核周围静态磁场的分布，从微观上分辨磁有序态、量子自旋液体与自旋玻璃等不同的物质态。μ子自旋共振/旋转也是探测静态磁矩的有效方法。中子散射可以通过测量自旋谱函数，间接地判断自旋子的存在，是所知唯一能用于确定自旋子能量-动量色散关系的方法。此外，通常要通过电阻判断具体材料是否是绝缘体，用比热、磁化率测量判断是否发生低温磁相变，用热导率判断自旋子的传输特性及体系是否存在能隙等。光电导可以反映具体量子自旋液体材料中自旋子与规范场带来的电子态特性。（周　毅）

自旋涨落　spin fluctuation　在磁性金属的巡游磁性理论中特指电子自旋密度的起伏。这种起伏可能是由热涨落或零点量子涨落等引起的。具体例子是金属费米面嵌套而导致的电子自旋翻转的单粒子激发（电子-空穴激发）。这种激发往往是由于关联效应的存在所引起的可以传播的集体激发（如自旋波等）。自旋涨落对金属磁性的某些方面有决定性的作用。在弱铁磁金属中，考虑自旋涨落的巡游磁性理论能较为准确地计算体系的居里温度，并可以解释高温磁化率的居里-外斯行为。守谷亨等发展的自旋涨落的自洽重正化理论是理解和研究金属磁性的重要工具。

在强关联电子体系的研究中，自旋涨落泛指自旋（或磁矩）的一切激发（或运动）形式，包括单粒子激发和集体激发。“自旋涨落”与“自旋激发”“磁激发”在多数情况下可以互换，但自旋涨落在自旋无序态中更为常用，如超导背景上的自旋涨落。自旋涨落一般由自旋对关联函数$<S_i(t_1)S_j(t_2)>$描述，其中i、j表示自旋的位置，t_1、t_2表示时刻。当磁性系统处于自旋无序的状态时，其磁序参量$<S>$为零，但是序参量场的涨落$<S_i(t_1)S_j(t_2)>$却并不一定为零，即体系虽无磁序，但可能存在不同能量和动量的磁激发。

自旋涨落可以由非弹性中子散射测量材料的动力学结构因子$S(Q,w)$直接得到［$S(Q,w)$中包含了自旋对关联函数］。已经证明$S(Q,w)$和广义磁化率的虚部$X''(Q,w)$可以通过涨落耗散定理联系起来，而一个体系的广义磁化率可以由线性响应理论来进行计算。因此，自旋涨落是联系实验和理论的桥梁。

从20世纪90年代开始，用**中子散射**对高温超导体的研究发现，自旋涨落很可能是非常规超导电性的微观驱动力。在铜氧化物和铁基高温超导体及重费米子超导体中，超导电性往往出现在静态的反铁磁序消失的边缘。随着载流子掺杂浓度的增加，虽然静态的反铁磁序逐渐被抑制，但在整个超导区域都存在很强的反铁磁自旋涨落。重要的是低能反铁磁自旋涨落在进入超导态时出现一个自旋共振峰。自旋共振峰（强度、能量）随温度和载流子掺杂的演化与超导电性（超导转变温度、能隙、超流密度）的演化高度一致。已经在几十种铜氧化物高温超导、铁基高温超导和重费米子超导体中发现了自旋共振峰。自旋共振峰与超导转变温度和超导能隙的普适关系也被揭示出来。这表明在以上非常规超导体中反铁磁自旋涨落和超导电性存在直接的关联。高温超导电性的自旋涨落理论也是凝聚态物理研究的重要前沿领域。（鲁兴业　戴鹏程）

自旋-自旋耦合　spin-spin coupling　自旋波量子系统的散射弛豫过程。自旋波的量子称为磁波子，具有能量$E=\hbar\omega$和动量$p=\hbar \boldsymbol{k}$。低密度、低能量的磁波子系统就像“理想气体”，磁波子-磁波子之间相互作用很弱，色散小，非线性可以忽略。相反，高密度、高能量磁波子系统像实际气体，磁波子-磁波子之间相互作用强，色散不能忽略，具有明显的非线性。磁波子系统是一种玻色子系统。磁波子的低有效质量意味着磁波子凝聚在室温下很容易形成。

磁波子系统中的阻尼和弛豫机制大致可分为两类：①自旋-自旋弛豫机制，它将能量在磁波子系统的各个模之间重新分配。这种弛豫过程是本质的。②自旋-晶格弛豫、自旋-晶体缺陷弛豫等过程，这些是非本质的。

磁波子散射弛豫过程如图所示。图a～d分别是三磁波子散射、三磁波子汇聚、四磁波子散射、二磁波子散射，这些都是自旋-自旋弛豫过程。图e～h都是属于磁波子-声子弛豫过程，其中图e和f分别是一个磁波子分裂成两个声子和两个声子汇聚成一个磁波子；图g和h则分别是一个磁波子分裂成第二个磁波子加一个声子及与它相反的由一个磁波子和一个声子汇聚成第二个磁波子，g和h的过程又被称为切伦科夫过程。

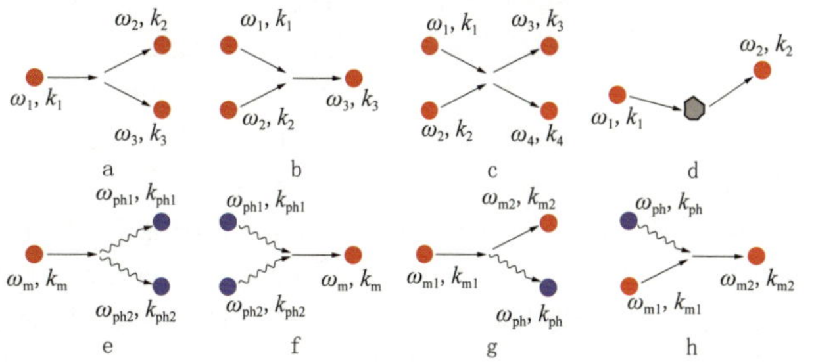

磁波子散射过程

在散射过程中必须同时满足能量和动量守恒。实际上主要的弛豫过程是图b所示的三磁波子的汇聚，其中第二个入射磁波子（动量$\boldsymbol{k}_2$）和输出磁波子（动量$\boldsymbol{k}_3$）属于谱的交换部分。

在高质量的YIG（钇铁石榴石）单晶中，本质散射的贡献占了0.02～0.03毫特斯拉线宽的约三分之一。（夏建白）

自旋阻塞　spin blockade　量子点电路中一种特有的输运现象。考虑一个或多个量子点耦合到左右电极的输运体系。量子点内的电子数通常为整数值N。通过改变栅电压可以调节量子点内的能级，当量子点能级处于左右电极化学势之间时，这时电子隧穿现象发生，并在电导或者电流曲线上出现一个峰，以及量子点内的电子数将改变一个。但在一些特殊情况下，由于自旋不匹配，导致这电导峰消失，这称为自旋阻塞现象。例如，考虑一个量子点耦合到左右电极体系，如果量子点的N个电子基态和$N+1$个电子基态的总自旋差大于$\hbar/2$，那么量子点内电子数从N变到$N+1$时将发生自旋阻塞，从而电导峰消失。再如，考虑串联双量子点耦合到左右电极体系，当调节栅电压，使得量子点内电子数在(1,1)到(0,2)变化时，将发生自旋阻塞，导致电流几乎是零。这里(n,m)指左右量子点内的电子数。对于(0,2)态，双量子点处于自旋单重态；而对于(1,1)态，双量子点可以处于自旋单重态和三重态。当双量子点处于(1,1)自旋三重态时，它不能通过隧穿转变到(0,2)自旋单重态，因此自旋阻塞发生。这是一个典型的自旋阻塞例子。利用自旋阻塞，可以测量一些自旋弛豫强度等。　（孙庆丰）

自由电子激光　free electron laser　基于加速器技术与激光技术的亮度很高的新型相干光源。由电子加速器产生的高品质电子束流，进入到波荡器产生的周期性变化的静磁场中，产生自发辐射，辐射与电子束相互作用，电子将能量传递给辐射使辐射强度增大，产生一个高亮度的相干辐射光源。下图是自由电子激光的基本原理图，一组扭摆磁铁沿z轴方向产生一个周期性变化的摆动磁场。磁场方向是y轴方向。加速器产生的高速电子束经偏转磁铁D导入到摆动磁场。磁场作用下电子轨迹发生偏转并沿着正弦曲线运动，其运动周期与摆动磁场的相同。电子在xoz面内摇摆前进，沿x方向有一加速度，因而将在前进的方向上自发地发射电磁波。辐射的方向在以电子运动方向为中心的一个角度范围内。

加速器产生的高能自由电子束通过周期性变化的磁场，相对论性电子将能量转换成相干辐射的激光输出，这与传统的束缚电子的能级跃迁产生的激光不同。自由电子激光的激光波长和脉冲结构与电子能量与波荡器磁场结构等有关，能够在大范围内连续调节。一般电子束能量在0.5～100兆电子伏范围，产

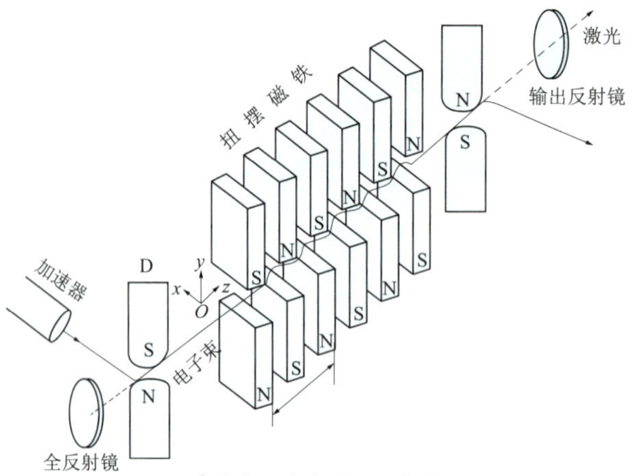

自由电子激光原理示意图

生的自由电子激光的波长为微米量级到紫外光区。自由电子激光的主要特点亮度高、能散度小、束流发散度小、波长连续可调。

20世纪70年代美国斯坦福大学建成了世界上第一台自由电子激光器。这台激光器是基于超导直线电子加速器，它提供43兆电子伏的电子束。由于电子能量可以连续改变，自由电子激光器的光束能在很宽的频率（或波长）范围内连续调谐。

自由电子激光装置最早是为军事服务的，用于定向高能武器。在凝聚态物理学、化学、生物医学、核聚变等领域中也有重要应用价值。自由电子激光产生的X射线快脉冲，可用于生物大分子等的物质结构研究，它不仅能进行静态结构测量，还可以进行动态结构测量，为极小、极快领域的分析提供了一种重要的科学研究手段。自由电子激光特别适宜于光与原子、分子和凝聚态物质的相互作用研究，因此可以用于表面物理学、半导体物理学、超导物理学、凝聚态物理学、化学、光谱学、非线性光学、生物学、医学、材料科学、能源、通信、国防和技术科学等多个方面。　（王　丹）

自由电子激光器　free electron laser; FEL　一种采用高品质相对论电子束通过周期性N/S极交替变化的波荡器静磁场，以受激辐射方式放大电磁辐射的新型强相干光源。与普通激光不同，**自由电子激光**是基于加速器技术发展起来的相干辐射光源，激光是加速器中的电子束经过微聚束和相干辐射以指数放大而产生的。自由电子激光具有峰值亮度高、脉冲长度极短、波长覆盖范围宽且可以连续调谐等优异特性，自由电子激光的峰值亮度比同步辐射光源高9个量级，激光脉冲宽度可达飞秒量级，输出波长可覆盖从太赫兹到硬X射线的整个波段。

自由电子激光由美国斯坦福大学的科学家J.马代于20世纪70年代年发明。初期的自由电子激光属于低增益类型，需要由反射镜组成的光学谐振腔进行放大，一般工作在红外波段。可产生短波长的高增益自由电子激光原理于80年代提出。高增益自由电子激光由高品质电子束一次通过长的波荡器来产生并达到饱和，不需要光学谐振腔，可在从太赫兹至硬X射线的任何波长工作。2009年美国SLAC国家加速器实验室建成了世界第一台硬X射线波段的自由电子激光器LCLS，波长短至0.15纳米。

自由电子激光一般由高亮度电子枪、直线加速器和波荡器所组成。直线加速器提供品质优异的高能电子束，之后电子束被注入磁铁极性交替变换的波荡器中。电子在波荡器的磁场中做扭摆运动而在其前进方向上自发地发射电磁辐射，辐射场与电子束相互作用，满足共振关系时，电子的动能将被不断地传递给电磁辐射，从而使其场强不断增大。自由电子激光的辐射波长由下式决定：

$$\lambda_s = \frac{\lambda_u}{2\gamma^2}\frac{1+K^2}{2}$$

式中λ_s为辐射波长；λ_u为波荡器周期；γ为洛伦兹因子，正比于电子束能量；K为波荡器参数，正比于波荡器峰值场强。由此可见，通过改变电子束能量和波荡器磁场，可对自由电子激光的输出波长进行连续调节，从而覆盖广阔的光谱范围。从量子物理学角度来看，自由电子激光的产生就是电子对电磁波的受激康普顿散射的结果。

由于自由电子激光具备许多其他光源所不具备的优秀品质，使其在凝聚态物理、化学、生物学、医学、材料、能源、通信和国防技术等领域中都有极其重要的应用价值。　（赵振堂　邓海啸　冯　超）

自由电子气　free electron gas　描述固体中电子性质的一种模型。由于固体中存在大量运动的电子，1900年德国物理学家P.德鲁德为了解释金属的电、热、光等性质，借用气体分子运动论的概念，提出了一个著名的自由电子气模型。该模型主要有两个理论假设：①忽略电子之间相互作用；②忽略周期离子势。假设①中电子

间的相互作用可以忽略，这实际上就是独立电子假设。在假设②中由于忽略周期离子势，这些带负电的电子在固定的正离子背景中运动，就好像理想气体中大量气体分子的运动行为一样，所以称为自由电子气。

早期的自由电子气主要基于经典的麦克斯韦－玻尔兹曼统计，但模型给出的金属电子比热容太大，与实验不符。其原因主要在于，对于金属$n\lambda^3\gg1$，因此属于强简并情形，不遵从经典的麦克斯韦－玻尔兹曼统计，其中n为电子的密度，λ为电子的热波长。以金属铜为例，在室温情况$n\lambda^3=3400\gg1$，所以属于强简并费米气体。1928年，德国物理学家A.J.W.**索末菲**对自由电子气体采用了量子特性的费米－狄拉克统计，成功解决了这个问题。

根据费米－狄拉克统计，温度为T时处在能量为ε的一个量子态上的平均占据数为：

$$f(\varepsilon)=\frac{1}{e^{\frac{\varepsilon-\mu}{kT}}+1}$$

式中μ为化学势，k为玻尔兹曼常数。由于电子自旋向上与自旋向下的两种自旋态有相同的能量，在体积V内，在$\varepsilon\sim\varepsilon+d\varepsilon$能量范围内，电子的量子态数为：

$$D(\varepsilon)=2\frac{2\pi V}{h^3}(2m)^{\frac{3}{2}}\varepsilon^{\frac{1}{2}}$$

于是，可以很方便地计算出金属中自由电子的数目N，获得化学势$\mu(T)$和内能$U(T)$：

$$\int_0^\infty D(\varepsilon)f(\varepsilon)d\varepsilon=N=nV$$

$$\int_0^\infty D(\varepsilon)f(\varepsilon)\varepsilon d\varepsilon=U$$

当$T=0$开，$f(\varepsilon)=\theta(\mu_0-\varepsilon)$，式中$\theta$为阶跃函数；$\mu_0$为温度为0开的化学势：

$$\mu_0=\frac{\hbar^2}{2m}(3\pi^2n)^{\frac{2}{3}}$$

可见，化学势与电子的浓度成正比。以铜为例，μ_0为7.0电子伏，折合成费米温度为8.2×10^4开，远高于室温。故常把μ_0称为费米能级ε_F。U_0为温度0开的电子气内能：

$$U_0=\frac{4\pi V}{h^3}(2m)^{\frac{3}{2}}\int_0^{\varepsilon_F}\varepsilon^{\frac{3}{2}}d\varepsilon=\frac{3}{5}N\varepsilon_F$$

由此可见，自由电子气体在0开时，平均电子能量远远大于0。这时电子气体压强在0开时为：

$$p_0=\frac{2}{3}\frac{U_0}{V}=\frac{2}{5}n\varepsilon_F$$

以金属铜为例，其电子气体压强为3.8×10^{10}帕。这个极大的简并压是泡利不相容原理和电子高密度的共同结果。当$T>0$时，由于μ_0对应的费米温度很高，只有能量在μ_0附近，数量级为kT范围内电子对热容有贡献。

$$U\approx U_0\left[1-\frac{\pi^2}{12}\left(\frac{kT}{\mu_0}\right)^2\right]^{\frac{5}{2}}\left[1+\frac{5\pi^2}{8}\left(\frac{kT}{\mu_0}\right)^2\right]$$

$$=\frac{3}{5}N\mu_0\left[1+\frac{5\pi^2}{12}\left(\frac{kT}{\mu_0}\right)^2\right]$$

这时，计算比热容不难发现：

$$C_V=\frac{\partial U}{\partial T}=\frac{\pi^2}{2}Nk\left(\frac{kT}{\varepsilon_F}\right)=\gamma_0T$$

如果还以金属铜为例，实验$\gamma=0.688\pm0.002$毫焦/（摩尔·开^2），而根据上式得到的理论数值为$\gamma_0=0.50$毫焦/（摩尔·开^2）。两者在数量级上保持一致。实验和理论的差异主要来源于在自由电子气模型中，忽略了电子和周期离子的相互作用以及电子和电子相互作用。

亦可以用强简并理想费米气体作为一种理想化的模型，近似描写具有很高密度的中子星、白矮星和核物质等。如高密度中子星由大量费米中子气组成，一个典型的中子星的密度可以高达5×10^{16}千克/米^3，因此同样具有很高的费米温度。原子核中的质子和中子的平均间距很小（约10^{-14}米），也可以导致费米温度高达10^{10}开。

（杨德政）

自由度 degree of freedom 完整地描述一个力学系统的运动所需要的独立参量的个数，通常以n表示。由N个质点组成的质点系，受有s个完整约束时，自由度$n=3N-s$。由于广义坐标的数目也是$k=3N-s$，所以在完整系统中$n=k$。如自由质点$n=k=3$，自由刚体$n=k=6$，曲柄滑块机构$n=k=1$。

自由度反映了运动的自由程度或运动的受约束程度。由N个质点组成的系统，有s个完整约束及r个非完整约束时，为考虑非完整约束，应定义非完整系统的自由度为$n=3N-s-r$，因而$n<k$。

由于非自由质点系独立的虚位移数是$3N-s-r$，所以也可将质点系独立的虚位移数定义为自由度。

以上所讨论的自由度都是局限在时间和空间上的自由度，称为时空自由度。因为任何力学体系总在一定时间和空间中运动。但是，除了时空自由度以外，可能在物质内部还隐藏着在一定条件下才被激发出来的自由度，称为内部自由度。把这种内部自由度的性质弄清楚了，也可能仍然归结为时空自由度，也可能有更为深刻的原因。这就需要根据不同的对象，分别考察它的不同性质了。

自由度的数目可以是有限的，也可以是无限的。连续的流体、固体以及电场和磁场等都具有无限的自由度。

（何祚庥　贾书惠）

自由基 free radical 具有未成对价电子的原子、分子或离子。有时自由基也用于表示具有顺磁基态的分子或者表示具有很高化学活性或很短寿命的分子。由于自由基具有未成对的价电子，通常情况下自由基具有较高的化学活性和较短的寿命，非常容易与周围的物质发生反应，它们自身之间也会发生相互结合，生成二聚物或者多聚物。例如氢氧自由基（HO·）、甲基自由基（·CH3）、氯自由基（·Cl）等。这类自由基只能稳定存在于浓度非常低的环境中。自由基在许多化学反应中非常重要，如大气化学、生物化学、等离子体化学等。

（郑雨军）

自由连接链 freely jointed chain 描述理想高分子链的一种最简单的模型。高分子链具有十分复杂的构象。由于高分子链中有多个可自由旋转的化学键，其所有可能构象的数目是一个天文数字，不可能进行精确计算，只能利用统计的方法来讨论。理想的高分子链在链内以及非近邻链段之间都不存在相互作用，即使单体在空间位置很近也没有。自由连接链模型的几个重要假设包括：①高分子由足够多的不占有体积的化学键自由结合而得。②主链化学键内旋转时没有键角限制和势垒障碍，每个键在任何方向取向的概率相等。③单体间的任何相互作用可忽略。在这个模型下，单体被看成是一个具有固定长度的硬棒，具有各自独立的取向，而且与邻近的单体互相不影响，甚至两个（多个）单体可以同时存在于一个位置上。对于自由连接链，其均方末端距$\langle R^2\rangle$与其键长l和键数目n之间存在简单的关系：

$$\langle R^2\rangle=nl^2$$

（张文彬）

自由落体运动 free fall 物体只在地球重力作用下无初速地沿铅垂线降落的运动。在物理学史上，人们对自由落体运动的认识经历过较长期的争论。希腊哲学家亚里士多德曾错误地认为，物体越重，下落越快。**伽利略**在1604年否定了上述观点，他通过实验证明：自由落体运动是匀加速度运动；落体速度与时间成正比，下落高度与时间的二次方成正比；不同重量的物体从同样的高度自由下落，同时到达地面。他所提出的加速度概念和他所发现的匀加速度运动规律促进了**动力学**的重大发展。

当存在其他外力，如空气阻力时，物体运动就不是自由落体。（贾书惠）

自由能 free energy 在化学热力学中用以判断物理或化学变化方向的体系的热力学函数。自由能有亥姆霍兹自由能F和吉布斯自由能G两种形式，定义分别为：

$$F=U-TS$$

$$G=U+pV-TS=H-TS$$

式中U、H、S分别是体系的内能、焓和熵，T、p、V分别是体系的热力学温度、压力和体积。F和G都具有能量的量纲，其量值都只取决于体系的状态，而与系统的历史无关。它们都是广度量，其值与体系所含物质的量有关。自由能的改变值ΔF和ΔG可以用来判断体系在特定条件下自发变化的方向。在等温、等容且不做非体积功的条件下，封闭体系中的自发过程向着体系F减小的方向进行；而在等温、等压且不做非体积功的条件下，封闭体系中的自发过程向着体系G减小的方向进行。（薛芳渝）

自由体积理论 free volume theory 玻璃转变和非晶流变理论中最简单、最直观的理论。该理论模型可以定性预言和解释与非晶形成、玻璃转变、形变、非晶强度、晶化等相关的实验结果，能够很好地解释玻璃转变附近的黏度和热熔随温度的变化关系。自由体积模型的主要物理思想是：液体流动对应于液体结构重排，结构重排起因于液体中粒子运动。而运动的前提条件是液体中存在与粒子体积密切关联的过剩（多余）体积。自由体积理论定义一个约化体积（即自由体积v_f，$v_f=V_f/V$，V_f为过剩体积，V为平均粒子体积），描述黏流松弛时间和温度的方程就可转换为一个只含单一参量v_f的公式。可以看出，自由体积模型非常直观，特别适用于简单非晶和液体体系，如金属液体和非晶合金等。

自由体积理论的理论基础是*热力学*。美国物理化学家H.艾林在1936年提出自由体积的概念。D.特恩布尔和M.H.科恩发展了艾林的想法，在20世纪50～60年代，采用自由体积参量描述玻璃转变过程中非晶物性的变化，建立了非晶流变的自由体积模型。非晶和液体的自由体积理论认为，液体的物性变化与体系的密度变化直接有关。液态体系中体积可以简单分为两类：一为基本单元所占有的体积；二是基本单元可以自由运动的体积。后者称为自由体积，只占系统很小的一部分体积，而且是为系统基本单元所共有的。自由体积的大小是温度和压力的函数，随着压力的增加和温度的降低而减小。液体中的自由体积可以连续移动和随机、自由的分布。自由体积的运动不影响系统的能量。当液体冷却时，基本单元的体积和自由体积将收缩。当自由体积小到一定临界值时，体系中的基本单元将不再能够自由移动，非晶就形成了。非晶不同于液体之处是，非晶态中存在着过剩而且不能自由运动的自由体积。非晶中的过剩自由体积是不依赖于温度的常量，而决定于非晶形成的条件和历史。一定压力条件下，非晶形成的冷却速度越高，其自由体积越多。根据自由体积的模型，玻璃转变是自由体积微观分布的宏观表现，液态时有足够多的自由体积，因而具有流动性，随着温度的降低或压力的增大，自由体积减少，当足够多的自由体积从体系中被挤出时，体系的原子就失去流动性，即发生了玻璃转变。科恩和G.S.格雷斯特采用渗流模型通过模拟，验证了自由体积理论。模拟还表明玻璃转变是系统自由体积达到一定临界值时出现的一个现象，在玻璃转变温度以下应该存在一个非0开温度点。理想条件下在该温度处，液体将通过一级相变而转变成玻璃。这一温度的存在支持理想相变玻璃的转变。实验观察到的玻璃转变是具有相变特征的理想玻璃转变在实验中的表现。

哈佛大学的F.斯潘朋又进一步发展了自由体积理论，在特恩布尔工作的基础上，推导出自由体积和扩散系数D，或黏滞系数η的关系。即液体的黏度随温度的变化符合方程：

$$\eta^{-1}=A\exp\left(-\frac{bv_m}{v_f}\right)$$

式中v_m为液体系统中基本单元的平均体积，v_f为系统的原子平均自由体积。v_f是温度和压力的函数，一定压力下v_f可以表示为：

$$v_f=\frac{T-T_0}{B}$$

上述公式中的A、b、T_0、B都是常数。斯潘朋的主要贡献是把流动性和自由体积定量地联系起来，并且能够与实验结果相吻合。根据黏度随温度变化的关系，可以获得自由体积随温度的变化关系。后来，A.范登伯克尔和J.西茨马根据斯潘朋双空位消失模型，成功解释了热分析测量中的玻璃转变和非晶弛豫现象，并能根据热分析参量定量估算自由体积随温度、压力的变化。（魏炳忱）

自由旋转链模型 freely rotating chain model 理想高分子链模型的一种，它假设分子主链中所有共价键具有固定的键长和键角，可独立在键角所允许的方向自由转动。共价键是有方向性的，键在空间的取向不可能是任意的，只能在一定范围内取向。自由旋转链模型不考虑势能随旋转角的变化以及邻近键之间的相互影响。它假设分子链中所有键的键长和键角都是固定的，可以独立在键角所允许的方向自由转动（见图），也就是说，空间位阻对于

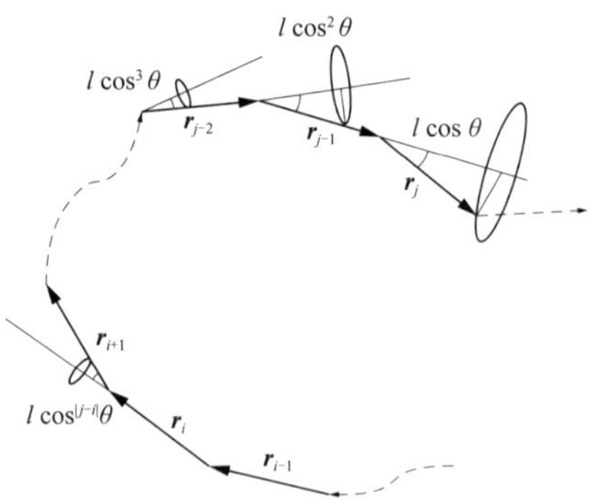

自由旋转链模型

旋转的影响可以忽略。在这种情况下，计算其均方末端距的时候，就必须知道键矢量$\boldsymbol{r}_i$和$\boldsymbol{r}_j$之间的相关性。这种相关性是通过连接两者之间的键来传递的。因为键可以自由旋转，所以$\boldsymbol{r}_j$与其相邻的$\boldsymbol{r}_{j-1}$之间彼此垂直的成分就会完全抵消，只有顺着$\boldsymbol{r}_{j-1}$方向的相关性被保留下来。于是，键矢量$\boldsymbol{r}_i$和$\boldsymbol{r}_j$之间的相关性可以表示为：

$$\langle\boldsymbol{r}_i\cdot\boldsymbol{r}_j\rangle=l^2(\cos\theta)^{|j-i|}$$

随着$\boldsymbol{r}_i$和$\boldsymbol{r}_j$之间相隔键的数目增加，$(\cos\theta)^{|j-i|}$呈现出指数衰减，可以表示成：

$$(\cos\theta)^{|j-i|}=\mathrm{e}^{|j-i|\ln(\cos\theta)}=\mathrm{e}^{-\frac{|j-i|l}{l_p}}$$

式中定义了一个物理量，即持续长度$l_p=-\dfrac{l}{\ln(\cos i)}$，它的物理意义即沿着高分子链的两个键矢量相关性衰减的特征长度。这样其均方末端距可以表示为：

$$\langle R^2\rangle=\sum_{i=1}^{n}\sum_{j=1}^{n}\langle\boldsymbol{r}_i\cdot\boldsymbol{r}_j\rangle$$

$$=nl^2+l^2\sum_{i=1}^{n}\left(\sum_{k=1}^{i-1}\cos^k\theta+\sum_{k=1}^{n-i}\cos^k\theta\right)$$

因为$(cos\theta)^{|j-i|}$衰减极快，当k值趋于无穷大时，上式可以简化为：

$$\langle R^2\rangle\cong nl^2+2l^2\sum_{i=1}^{n}\sum_{k=1}^{\infty}\cos^k\theta$$

$$=nl^2+2nl^2\sum_{k=1}^{\infty}\cos^k\theta$$

$$=nl^2+2nl^2\frac{\cos\theta}{1-\cos\theta}=nl^2\frac{1+\cos\theta}{1-\cos\theta}$$

对于主链为C-C单键的高分子，其弗洛里极限特征比约为2。该值远远小于真实高分子的C_∞，提示真实链的键旋转过程中的位阻和能垒是不可忽视的。

在自由旋转链模型中，相邻化学键之间的夹角固定为θ，但键的旋转是自由且没有能垒的。（张文彬）

自由中子衰变　free neutron decay　自由中子通过β衰变转变成质子、电子和反中微子的过程。由于**中子**质量大于质子质量和电子质量之和，因此自由中子是不稳定的，其衰变能为0.782兆电子伏。鉴于中子衰变的重要意义，自20世纪50年代以来，人们用不同的实验方法对中子衰变的平均寿命进行了许多测量，但结果相差很大。80年代以后，科学家采用“束法”和“瓶法”进行测量，得到了较为精确的结果。所谓“束法”，就是让中子束通过探测器，测量中子衰变时出现的质子数目。所谓“瓶法”，是将自由中子捕获在一个接近绝对零度的真空瓶中，借磁力抵消重力让中子悬浮起来，计算衰变剩余中子的数量。“束法”已经在美国国家标准技术研究所（NIST）使用了30余年。2013年他们报道了887.7±3.1秒的中子平均寿命。“瓶法”已被美国洛斯·阿拉莫斯国家实验室（LANL）和法国格勒诺布尔的劳厄-朗之万研究所（ILL）用于测量。2008年，法俄科学家的联合实验给出了878.5±1秒的结果，比“束法”短了约9秒。这大大超出了两种方法的测量不确定度，原因目前还不清楚，是一个尚待解决的问题。2017～2019年，美国LANL采用“瓶法”，将超冷中子存放在一个接近绝对0°的容器中，然后在30～90分钟检测剩余中子数目，共计检测了3800余万个中子，得到了877.75±0.28秒自由中子衰变的平均寿命。这是迄今为止最精确的结果。根据标准模型理论，约有千分之一的自由中子在衰变时会释放出γ射线，这种γ射线是内轫致辐射的结果，即当衰变中释放出的电子在质子产生的电磁场中运动时，高速运动的电子骤然减速所发出的辐射。还有大约百万分之四的自由中子衰变时会发生所谓的双体衰变，即在此衰变中，电子在产生后未能获得13.6电子伏以上的足够能量脱离质子，于是和质子生成一个中性的氢原子。此衰变反应的所有能量几乎都转换为反电子中微子的动能。在原子核中的中子大多数是稳定的，因为根据原子核壳模型，原子核中的中子和质子都处于能量较低的量子态中；在稳定的原子核中，比中子能态更低的质子能态已被质子填满，中子衰变产生的质子不能进入更低的质子能态，因此没有中子衰变发生。在不稳定的原子核中存在着能量上允许的质子的量子态，供中子衰变产生的质子占用，因此就有可能发生原子核内中子的衰变。例如，^{14}C（6个质子，8个中子）β衰变成^{14}N（7个质子，7个中子）的过程中，就有一个中子衰变。一般来说，处于β稳定线的原子核中的中子是稳定的，但在远离β稳定线的丰中子核和中子滴线核中，中子则是不稳定的，要进行β衰变。这些核中的中子衰变寿命就是这些核的β衰变寿命。（唐洪庆）

自准直望远镜　autocollimator　能自行校准光束平行性的**平行光管**。自准直望远镜是无须其他仪器就能校准光束平行性的自准平行光管。实际的自准直望远镜除将针孔换为分划板外，后面还配上相应的照明机构和观测目镜。自准直望远镜是工厂、实验室常用的光学仪器，用来检验角度或角度的变化。一般自准直望远镜测角度的精度在分的量级（格值）；若备有测微装置，可测至秒级，甚至十分之几秒级。

自准直望远镜主要有两种类型：高斯型和阿贝型（图1）。高斯型自准直望远镜

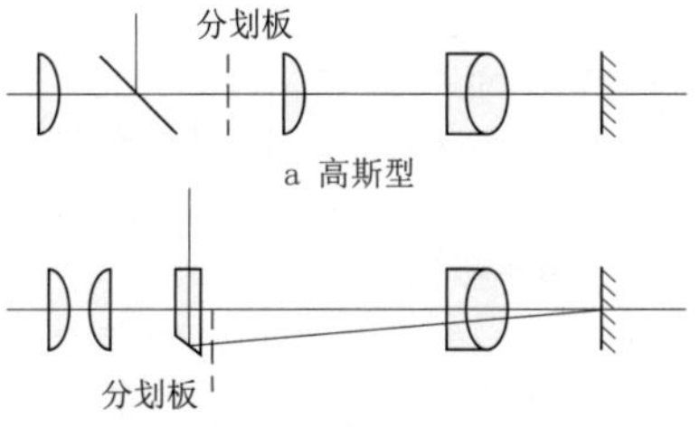

图1　两种典型自准直望远镜

的特点是：分划板中心在光轴上，能严格的自准，视场内瞄准的目标是亮视场上的暗标记（例如十字叉线或标尺），亮度稍低；而阿贝型自准直望远镜的特点是：分划板中心不在光轴上，不能严格自准，瞄准的目标是暗视场上的亮标记，亮度较高。两者各有优劣。另外还有双分划板型，兼有上两型的一些优点。通常在光学车间里使用阿贝型来测量玻璃棱镜的内外角度；而高斯型则多用到装校车间，以检测导轨、平台的平直性及各种部件的准直，例如利用自准直望远镜检测沿导轨移动的反射镜法线方向变化，可测出导轨的平直度等。

图2所示是一种综合型的自准直望远镜，它的特点是把分划板刻在当作反射镜的铝层上（要刻透，光从后面照明），既能使分划板中心位在光轴上，又能取亮标记。它综合了高斯型和阿贝型的优点。若在其中加上内对焦机构，便成为得到广泛使用的内对焦自准直望远镜。

图3所示是一种干涉自准直望远镜，它以科斯特斯（Ksters）双像棱镜为主要部件，结构紧凑，携带使用方便，测角精

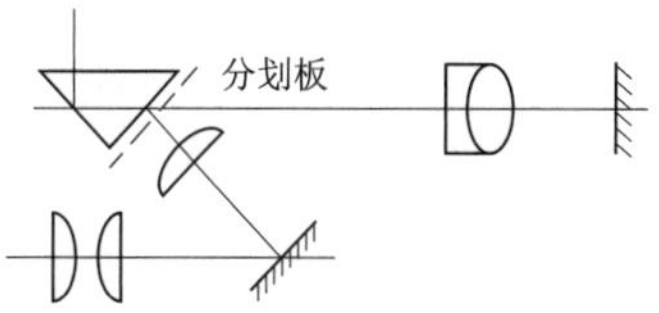

图2　综合型自准直望远镜

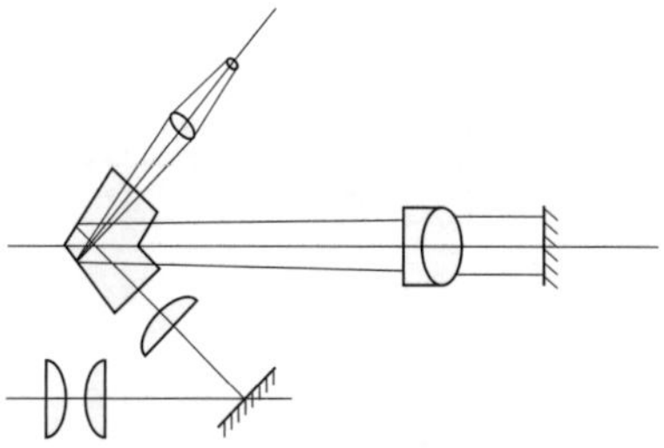

图3　干涉自准直望远镜

度达到0.01″（百分之一秒量级）。（顾去吾　江俊峰　郁道银）

自组织　self-organization　自然界中自发形成的宏观有序现象。自然界中这种现象大量存在，研究较多的典型实例有：瑞利-贝纳尔德流中的对流花纹、别鲁索夫-扎勃京斯基化学振荡花纹与化学波、反应-扩散系统的图灵斑图、激光器中的自激振荡等。为解释自组织现象，I.普里戈金于1969年提出耗散结构理论。该理论指出，开放系统在远离平衡的条件下与外界交换物质和能量，由于能量耗散和内部非线性动力学机制的作用，经过突变会形成持久稳定的宏观有序结构。但这一理论还不能对自组织现象做出完整的解释，对自组织现象的探讨仍是物理学、化学和生物学诸学科共同关心的研究领域。（刘寄星）

自作用　self-action　强光束使介质产生与光强有关的折射率变化，进而使光束在介质中传输时波前发生畸变，产生自聚焦、自散焦、自相位调制等现象的统称。当一束强激光入射到介质中，强场与介质的相互作用使得介质的折射率成为与光强有关的非线性折射率。（白本锋）

纵波　longitudinal wave　振动方向和传播方向一致的波。在介质中传播时，任何时刻各质点的相位不同，从而形成相间的密部和疏部。波的传播因此就像密部和疏部在向前移动，故又称疏密波。两相邻密部或疏部之间的距离为一个波长。纵波可以在气体、液体和固体中传播。（张海澜）

纵模间距　longitudinal mode spacing　光学谐振腔中相邻两个纵模的频率差。电磁

场理论表明，在光学谐振腔中，只有具有一定频率和一定空间分布的光场，才能够在腔内形成“自再现”振荡。这些能在腔中进行稳定“自再现”振荡的光场分布称之为腔模。腔模沿腔轴线方向的稳定场分布称为纵模，而在垂直于腔轴的横截面内的稳定场分布称为横模。纵模用以表征能在腔中“自再现”光场的频率。这些频率是分立式分布的，它们必须满足谐振腔长是其相应半波长的整数倍这一条件：

$$L = q \cdot \frac{\lambda_{0q}}{2}$$

式中q为整数，表示第q个纵模；λ_{0q}为该模在真空中的波长；L为腔的光学长度。

上式也可用频率$\nu_q = c/\lambda_{0q}$来表示：

$$\nu_q = q \cdot \frac{c}{2L}$$

不同q值对应于不同的纵模。腔的相邻两个纵模的频率之差就是纵模间隔：

$$\Delta\nu_q = \nu_{q+1} - \nu_q = \frac{c}{2L}$$

（李建郎）

纵向弛豫时间 longitudinal relaxation time 表征能级的寿命的物理量。见弛豫时间。

纵向绝热不变量 longitudinal adiabatic invariant 与约束在磁镜场中的带电粒子反弹运动有关的一个绝热不变量。当一个带电粒子在两端强磁场区的反射点之间往返做反弹运动时，一个反弹周期内的路径积分：

$$J = m\oint v_{\parallel}\mathrm{d}z = 2\int_{z_1}^{z_2}[2m(W-\mu B)]^{\frac{1}{2}}\mathrm{d}z$$

称纵向绝热不变量。式中m为粒子质量；$v_{\parallel}$为粒子平行磁场方向运动速度；z为纵向即磁场方向坐标；W为粒子动能；μ为粒子磁矩；B为磁感应强度；z_1和z_2是两个反射点坐标。图中上图表示磁场形态和粒子运动轨迹，下图曲线所围面积表示积分J。

可以证明，当磁场缓慢变化，特征时间远大于粒子反弹周期时，这一积分是不变量。

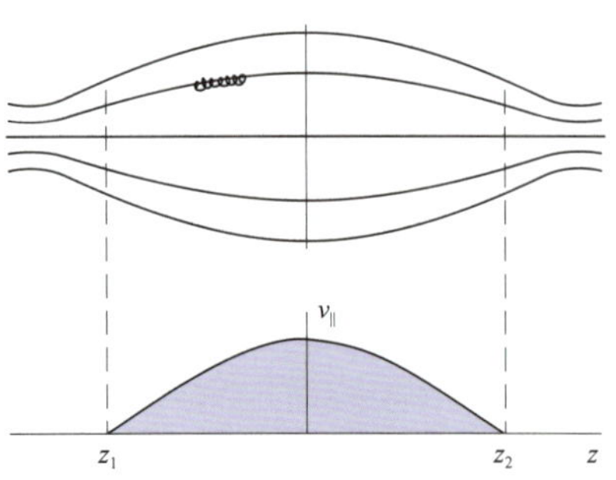

上图表示带电粒子在磁镜场中的运动，下图中曲线下方面积表示纵向绝热不变量J

纵向绝热不变量

如果磁镜的两端最强区域之间距离缓慢减小，即粒子运动反射点距离逐渐缩短，由于积分J不变，粒子平行速度不断增加，最后可能进入速度空间的损失锥从终端逸出磁镜。这是高能宇宙线的一种可能产生机制，称为费米加速。（王 龙）

邹伯奇 Zou Boqi（1819-08-05～1869-06-16） 中国清代光学家。字一谔、特夫，号徵君。广东南海人。平生喜经史、名物制度，尤爱数学和科学技术，淡泊仕途。

道光十五年（1835）读宋代沈括《梦溪笔谈》而受其“格术”（几何光学方法）的启发，从此兴趣于各类镜子的成像研究。道光二十四年（1844）制成“摄影器”（照相机），并立即用其绘制平面地图。咸丰七年（1857）受聘为广州学海堂学长，后又任广雅书院教习。同治三年（1864）曾一度入广州府学署参与测绘地图事。

除制造摄影器外，邹伯奇制造了多种望远镜、显微镜。他特别研究了制造J.格里高利式和N.卡塞格林式反射望远镜的方法、光学特性和光路走向；在制造开普勒式望远镜中，加入一个转像目镜系统，使普通开普勒式望远镜的倒像变成正像。1846年，广州市已有外国人携照相机为人拍照。此时利用的是L.-J.-M.达盖尔于1839年发明的银板照相术，或碘化银纸照相术。1847年玻璃板照相术在欧洲问世，但此后一段时间未曾解决用其拍照人物肖像的工艺。邹伯奇受外来照相术启发，于1850年前后改进自制“摄影器”，装上光圈、快门，自制感光玻璃底板，尤其是以本土原料自制感光药水和鸡蛋胶，在世界上最早成功地以玻璃板照相术拍摄人物肖像，从而开创了中国摄影事业。同治三年（1864），广东巡抚郭嵩焘（1818～1891）聘请邹伯奇测绘广东沿海地图，他曾指导其弟子以摄影法绘制《浔岗洲图》《桑园围全图》等。邹伯奇曾于1844年比西方人更早提出以摄影测绘地图的思想，又与西方几乎同时实施摄影测绘术。

在光学理论上，邹伯奇探讨了小孔成像、透镜原理，眼睛与视觉的光学原理，望远镜和显微镜的结构和原理，独立地获得了透镜和透镜组的焦距与成像的正确的数学公式，在中国创立了以几何学演算光学问题的方法。邹伯奇卒后，西方有关光学知识才传入中国。他是中国传统光学的继承者，亦是中国近代光学的开创者，并享有中国“以算术释物理，自特夫始”（梁启超语）之盛誉。邹伯奇还自制对数尺，绘舆地全图、赤道南北恒星图等。

邹伯奇有著作《学计一得》（涉及天文、数学、地理、力学、建筑等学术札记，1845年完稿）、数学著作《乘方捷术》、光学著作《格术补》《摄影之具记》以及《邹徵君存稿》等，均收录于《邹徵君遗书》之中。广州市博物馆还收藏有邹伯奇制作的望远镜、七政仪、地图、摄影底板及其他文字手稿。（戴念祖）

邹广田 Zou Guangtian（1938-07-18～ ） 中国物理学家。生于吉林长春。1962年毕业于吉林大学物理系，1965年该校研究生毕业，后留校任教。1981～1982年赴美国华盛顿卡内基研究院地球物理实验室做访问学者，1983年成为吉林大学第一个从讲师破格晋升为教授的中青年教师。2004年起兼任河南大学教授。

曾任国际高压科学与技术协会（AIRAPT）执行委员（1995）、副主席（1997），国际地球内部物质的物理性质委员会委员，超硬材料国家重点实验室主任，中国力学学会物理力学专业委员会副主任等职，并多次担任国际学术会议主席和顾问委员会委员。除此之外，还任美国《金刚石沉积科学与技术》杂志国际科学顾问、乌克兰《超硬材料》杂志编委、中国《高压物理学报》副主编和《物理学进展》《中国物理快报》等5种学术刊物的编委。1990年被国家人事部评为国家有突出贡献中青年专家。2001年当选为中国科学院院士。

邹广田长期从事静态高压物理和超硬材料及金刚石薄膜的研究工作。领导创建的超硬材料国家重点实验室，是国际上前5个获得百万大气压的实验室之一。发展了静水压实验技术，曾创造国际上静水压的产生与标定的记录。在国际上首次发现和确定了200余个高压新相、多种新的压致相变类型和新奇的压力效应，提出了一些新的压致相变机制，拓展了对高压下物质世界的认识。是国际上最早开展地球及行星内部物质的高压研究的物理学家之一，在该领域做出了许多开拓性工作。所承担项目“超高压技术与超高压下固体的相变研究”于1986年获国家教委科技进步一等奖。是国内超硬多功能薄膜材料和多功能高压相材料的主要开拓者之一。“七五”期间，他领导的课题组于1987年研制出国内第一片金刚石薄膜、世界上第一片按设计图案选择性生长的金刚石薄膜、第一片异质外延单晶金刚石膜，在国际上首次将化学气相沉积（CVD）金刚石膜用做半导体激光器的热沉，现在此技术已成为大功率半导体激光器散热的主要方法之一。这些成果引发了大量后续工作，为CVD金刚石的应用打下了良好的基础。获2013年吉林省科学技术特殊贡献奖、2014年国家自然科学奖二等奖等奖项。

（尹晓冬）

邹世昌 Zou Shichang（1931-07-27～　）中国凝聚态物理学家和半导体器件专家。原籍江苏太仓。生于上海。1952年毕业于唐山交通大学冶金工程系。1952～1953年在中国科学院上海冶金陶瓷研究所任研究实习员。1953～1954年在北京俄语专修学校学习。1954～1958年在苏联莫斯科有色金属学院学习，获得副博士学位。1958～1983年在中国科学院上海冶金研究所工作，历任助理研究员、副研究员、研究员（1997）。1979～1980年任慕尼黑弗朗霍夫学会固体技术研究所客座教授。1983～1997年任中国科学院上海冶金研究所所长。2001年起任华虹NEC公司副董事长。1991年当选为中国科学院学部委员（院士）。

20世纪60年代，邹世昌负责国防重点任务甲种分离膜加工成形部分工作，对技术路线进行优选决策。70年代起在离子束与固体相互作用以及离子束材料改性、合成、加工和分析等方面进行了系统的研究工作。独创用二氧化碳激光背面辐照获得了离子注入损伤的增强退火效应。用全离子注入技术研制成中国第一块120门砷化镓门阵列电路，用反应离子束加工成中国第一批闪光全息光栅。研究SOI材料并制成CMOS/SOI电路。发展了离子束增强沉积技术，并合成了氮化硅、氮化钛薄膜。卸任所长后，邹世昌受上海市政府的派遣，参加华虹NEC公司的筹建，组建了一支掌握全新方法的集成电路设计队伍。邹世昌获得国家级、中国科学院和上海市自然科学奖、科技进步奖、发明奖等共14项。2003年被评为上海浦东开发建设杰出人才。2008年被国际半导体设备材料协会SEMI授予中国半导体产业开拓奖。

（尹晓冬）

走离角 walk-off angle 在各向异性光学晶体中，光相速度和光线速度之间的夹角。这个夹角称为离散角，在非线性光学中习惯称为走离角。单色平面光波等相面（波阵面）沿其法线方向传播的速度称为光波的相速度$\boldsymbol{v}$，若$\boldsymbol{k}$为波法线方向上的单位矢量，则相速度$\boldsymbol{v}$和$\boldsymbol{k}$的方向一致。光波的能量传播方向即坡印亭矢量方向（$\boldsymbol{S}$），能量传播速度称为光线速度$\boldsymbol{v}_r$，光线速度$\boldsymbol{v}_r$和$\boldsymbol{S}$的方向一致。人眼观察到的一般是光线的传播方向。相速度垂直于电位移矢量$\boldsymbol{D}$和磁场强度$\boldsymbol{H}$，而光线速度则垂直于电场强度$\boldsymbol{E}$和磁场强度$\boldsymbol{H}$。

在各向异性光学晶体中，电位移矢量$\boldsymbol{D}$和电场强度$\boldsymbol{E}$的方向一般不平行，导致光相速度$\boldsymbol{v}$和光线速度$\boldsymbol{v}_r$的方向一般也不一致，其间的夹角α即走离角（见图）。

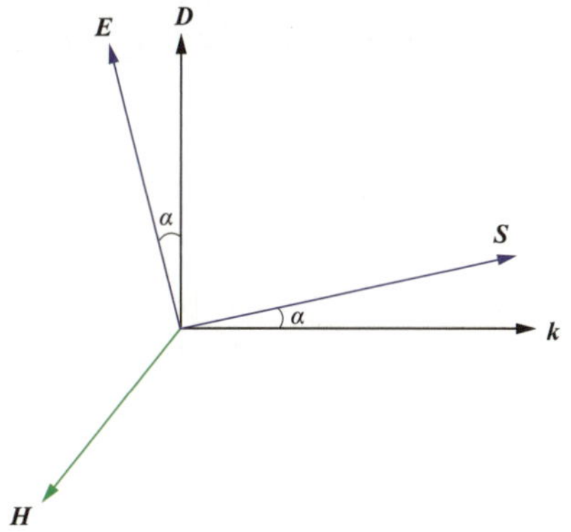

光波各矢量之间的关系

（孔勇发　许京军）

阻变效应 resistive switching and memristive effects 介电材料在外场作用下可往复循环切换高低电阻态的效应，以及依此效应构建有记忆功能的非线性电阻效应。介电材料的电阻可在电场（或电流）作用下产生高低电阻态相切换，去掉电场后还能保持所产生的高低电阻态并可往复循环切换，即阻变效应。通常阻变结构为金属/介电层/金属的电容结构，这种简单结构可用于建构新型非易失的电阻式存储器件。1971年，美国加州大学伯克利分校蔡少棠曾预测继电容、电感、电阻之后的第四种基本电路元件，即忆阻器，后来被惠普公司的D.斯鲁科夫等采用阻变材料建构出来，有望用于模拟神经元记忆及神经元网络计算。忆阻效应是指以阻变材料为基础还可建构易阻器件，即具有记忆功能的非线性电阻器，其电阻大小依赖于所通过的电流量，具有类似神经元记忆特征。

阻变特征　可分为单极性和双极性两类，见图1。双极性阻变行为指的是高低电阻切换可分别通过施加两个相反方向的电激励实现，而单极性阻变行为则是高低阻切换都是由施加同一个方向的电激励实现。除了以上两种外，还有材料的阻变特征可在以上两种类型之间转变，称为非极性。

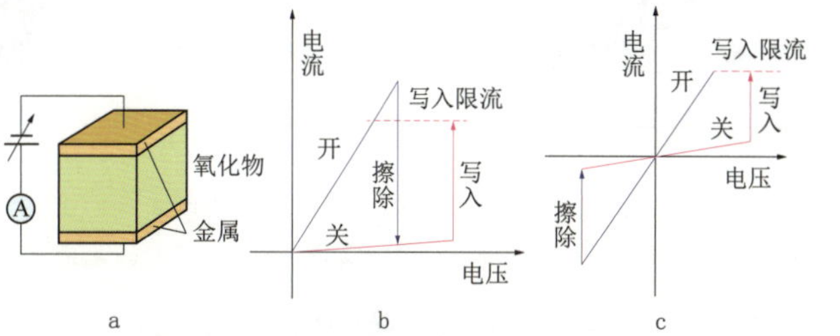

图1　阻变单元结构及两种类型的阻变特征类型

材料体系　阻变特性一开始在简单金属氧化物介质如TiO_2中发现，后来发现大量具有阻变特征的体系，主要有以下体系：①二元过渡性金属氧化物NiO、CuO、CoO、Fe_2O_3、HfO、TiO_2、Ta_2O_5、Nb_2O_5等。②三元（或多元）过渡性金属钙钛矿氧化物，包括三元过渡性金属氧化物$SrTiO_3$、$SrZrO_3$等，铁电材料$BiFeO_3$、$BaTiO_3$、$Pb(Zr,Ti)O_3$等，庞磁电阻材料$(La,Sr)MnO_3$、$(Pr,Ca)MnO_3$、$(La,Ca)MnO_3$、$(Pr,La)CaMnO_3$等和高温超导材料$YBaCuO_3$等。③相变型硫族化合物$Ge_2Sb_2Te_5$、AgInSbTe等。④固态电解质GeSe、GeS、CuS、SiO_x等。⑤有机材料CuTCNQ、Al、AIDCN等。

阻变机制　不同材料体系的阻变机制存在较大不同，还缺乏很好的模型描述不同类阻变特征。其中较有代表性的机制为以下四种：①导电细丝（通道）型。这一类阻变较具代表性，通常工作前需要初始化过程，即先施加足够加大的电脉冲产生导电细丝（通道），而后续施加电压使得导电细丝断开或连接，从而导致高低电阻切换。②电子注入捕获型。通过界面（或内部势阱、窄能带）捕获或释放电子，导致高低电阻态的切换。③热相变型。即通过焦耳热导致晶态–非晶态可逆相变产生高低电阻切换。④电极化调控铁电界面势垒型。即通过极化反转改变界面势垒，导致产生高低组态，包括超薄膜的铁电隧道结类型，以及较厚薄膜的极化调控反转二极管类型。

阻变应用　阻变材料及忆阻材料可应用于新型电阻式存储器或神经元存储与神经元网络计算。利用阻变效应可建构非失型电阻式随机存储器，具有比闪存更高速度、更长寿命、更低能耗、更高密度等优点，有望从下一代众多新存储候选材料中脱颖而出。主要技术障碍在于稳定性、耐受性、存储单元之间串扰、规模化等问题。如果这些关键技术问题得以有效解决，电阻式存储有望实现大规模产业化。图2为中国科学院微电子研究所与中芯国际联合开发的电阻式存储。（高兴森　樊　贞）

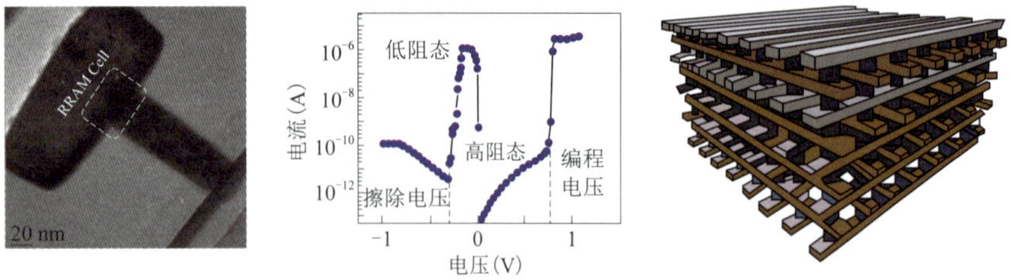

a 电阻式存储单元截面　b 存储单元的阻变曲线　c 3D叠层存储架构

图2　中国科学院微电子研究所与中芯国际联合开发的电阻式存储

阻尼　damping　使机械振动能量耗散的作用，是组成机械系统的一个元素。物体在其平衡位置附近做自由振动时，振幅总是随着时间增长而逐渐衰减，这表明有阻尼存在。在机械系统中，多数阻尼以阻力形式出现，如两物体表面的摩擦阻力，加入润滑剂后油膜的黏性阻力，物体在流体中运动受到的介质阻力等。此外，还有振荡电路中的电阻、材料和结构的内阻引起的结构阻尼等。

在机械系统中，线性黏性阻尼是最常用的一种阻尼模型。阻尼力R的大小与运动质点的速度v的大小成正比，方向相反，记作$R=-Cv$，C为黏性阻尼系数，其数值需由振动试验确定。由于线性系统数学求解简单，在工程上常将其他形式的阻尼按照它们在一个周期内能量损耗相等的原则，折算成等效黏性阻尼。物体的运动随着系统阻尼系数的大小而改变。如在一个自由度的振动系统中，$C_c=2\sqrt{mk}$，称临界阻尼系数。式中m为质点的质量，k为弹簧的刚度。实际的黏性阻尼系数C与临界阻尼系数C_c之比称为阻尼比ξ。$\xi<1$称欠阻尼，物体做对数衰减振动；$\xi>1$称过阻尼，物体没有振动，缓慢返回平衡位置。欠阻尼对系统的固有频率值影响甚小，但自由振动的振幅却衰减得很快。阻尼还能使受迫振动的振幅在共振区附近显著下降，在远离共振区、阻尼对振幅则影响不大。新出现的大阻尼材料和挤压油膜轴承有显著减振效果。

在某些情况下，黏性阻尼并不能充分反映机械系统中能量耗散的实际情况。因此，在研究机械振动时，还建立有迟滞阻尼、比例阻尼和非线性阻尼等模型。

（韩二中）

阻尼振动　damped vibration　受阻尼力影响的自由振动，这时振动就会随时间衰减。在线性振动范畴，阻尼力与运动速度呈线性关系，则随着**阻尼**由小到大，系统的运动类型依次为欠阻尼、临界阻尼和过阻尼。欠阻尼情形的运动是衰减振荡，而临界阻尼和过阻尼情形则没有振荡，分别是只有一种指数成分的衰减和两种指数成分的衰减。（秦　敢）

阻塞效应　jamming　没有热运动的、具有纯排斥相互作用的颗粒在堆积密度增大过程中形成有刚性的类固堆积的过程。广义的阻塞效应是多体无序体系由类液状态转变为非晶类固状态的统称，阻塞效应可由密度、温度或剪切应力等因素驱动。随机堆积的颗粒，如沙粒，在较低的密度下表现出很好的流动性，与液体类似。当堆积的密度达到一定阈值之后，开始表现出抗剪切的能力，与固体类似。同时，颗粒间的结构和应力分布也发生了变化，表现出类似一级相变的跃变和类似二级相变的标度关系，这一转变过程就是阻塞转变。进一步的研究发现，除了密度以外，温度和剪切应力在使无序体系发生阻塞转变方面具有一定的等效性。因此，广义的阻塞效应也涵盖了温度驱动的玻璃化转变和剪切应力驱动的固体的屈服。由于阻塞效应广泛存在于物理世界中，包括道路交通、颗粒、粉末、高分子材料、非晶材料以及复杂流体，因此通过对阻塞效应的研究，有助于建立一个描述无序多体体系的广泛适用的物理理论框架。（陈　科）

阻性板室　resistive plate chamber; RPC　利用高电阻板两侧的瞬时电压降使气体放电猝灭的双板型气体粒子探测器。阻性板室（RPC）为20世纪80年代初由意大利R.圣尼科发明，为已发展很快的新型粒子探测器。基本结构如图所示。

在两块体电阻率为10^{10}～10^{12}欧·厘米、厚度为2毫米左右的电木板或玻璃板间充以工作气体。两块板之间相距2毫米。两板外侧敷以薄石墨层作为导电阳极和阴极，阳极和阴极间加约数千伏或更高的电压。带电粒子穿过室体时，产生有大量光子参加的气体电离雪崩放电，称为流光。放电时在阻性板内壁上产生的电荷可考虑为放电电流，引起两个阻性板间产生瞬时附加电压，使气体间隙中的电场急剧下降而导致放电猝灭（见**电离室**、**流光室**）。产生的信号通过电半透明石墨层后紧贴在两侧石墨层外面，并用高绝缘薄膜隔开的金属条传输系统上得到感应电信号。由互相垂直的金属条上的感应正负脉冲即可得到两维读出，从而可确定粒子位置。由于这种探测器的信号大（50欧负载电阻上可得300～500毫伏）、时间响应快且易于制成大面积等优点，已广泛用于加速器或对撞机的大型高能物理实验和粒子天体物理实验。为了满足更高计数率要求，如于2006年运行的强子对撞机LHC上要求计数率高达1千赫/厘米^2，已选用工作在雪

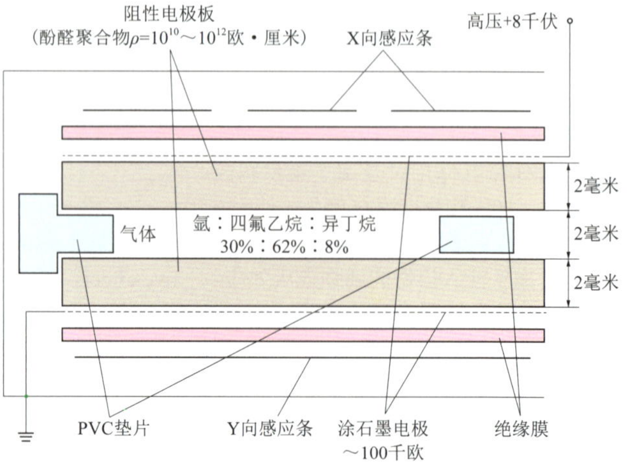

阻性板室示意图

崩模式（见**正比计数器**）的RPC。多间隙阻性板室（MRPC）也可达到上述要求，并有很快的时间分辨率（80皮秒），已用于大型高能物理实验中的飞行时间测量，如北京谱仪的飞行时间计数器。

（谢一冈）

组态相互作用　configuration interaction　计算电子相关能的方法之一。又称组态混合、组态叠加。对于多电子原子或分子体系，由于任意两个电子之间存在的库仑相互作用和电子全同性导致的费米效应，使得任意一个电子在空间所处位置上均存在一个库仑洞和一个费米洞，这种原子或分子中某个电子的运动或其波函数要受到其他电子影响和制约的库仑相关效应与费米相关效应，称为电子关联效应（或电子相关）。对于费米相关效应，斯莱特行列式波函数就可以处理；而组态相互作用就是计算电子相关能的方法之一。组态相互作用的理论基础（或逻辑）是：由于在一般情况下，假设原子处于某一特定组态，即各电子具有一定的主量子数n、轨道角动量l值，以这个组态的波函数为基函数，不同组态之间独立无关，没有相互作用。事实上这只是一种近似，真实的波函数应是这些组态波函数的叠加（或线性组合），称为组态相互作用。

通常组态相互作用不大，可看成单电子近似的二级微扰。对于给定的组态，不是所有的其他组态对它都有影响，如两组态不可能有相同的总角动量J值时，它们之间则不可能有相互作用。通常认为具有相互作用的两个组态应该满足：①组态的能量相差不多。②组态的宇称相同。③对LS耦合的谱项，组态之间具有相同的L和S量子数。④组态间最多只允许有两个轨道量子数不同。组态相互作用计算原子或分子态的波函数和能量时，选取多少组态和哪些组态均由人为控制，一般兼顾研究对象、精度要求以及计算能力等因素，按照组态相互作用应满足的条件可验证筛选。

根据组态相互作用理论，相互作用的两个能级将相互排斥而向相反的方向移位，能级越近，影响越大；能级越远，影响越小。因位于较高能量的能级相对密集，相互作用较强，较低能量的能级间隔较大，相互作用相对弱一些，所以较高的能级向下的排斥作用大于较低能级向上的排斥作用，从而导致原子总能量下降，能级下移。

（蒋　刚）

钻铤波　drill collar wave　安装在钻铤上的随钻声波测井仪器，在进行声学参数随钻测量过程中，发射器向地层辐射声波的同时沿钻铤传播的那部分声波。钻铤位于钻柱的最下部，钻铤比钻杆的壁厚大、刚度强。接收器在接收地层信号的同时也会接收到钻铤波的干扰，一般采用隔声体技术减小这种干扰。在圆管状的钻铤中，声波主要包括周向导波和纵向导波两种形式，纵向导波包括对称模态（纵向模态和扭转模态）和非对称模态（弯曲模态），每种振动模态都有无穷多个分支，其频散曲线与频率和钻铤壁厚度的乘积有关。一般钻井测井中所说的钻铤波是指纵向导波。

应用钻铤、钻杆等钻具组合形成的通带和阻带传输特性，可以在某些频率范围发射与接收信号，实现井下数据无线传输。但由于频带、频散、幅度衰减和传输速率等原因，现场实际应用受到了一定的限制。

（丛键生）

最大熵方法　maximum entropy method　用来处理未知随机分布，使其随机变量统计特性最可能符合客观情况准则的一种方法。面对未知随机分布，在所有可能的解中选择熵最大的那一个，其中熵指的是信息熵。最大熵方法被广泛应用于包括统计力学、频谱分析和图像处理等多个领域。

最大熵方法的特点之一是在研究的问题中，利用信息熵对问题进行建模，再把信息熵最大作为一个假设条件用于问题的求解中，这个方法得到的结果往往具有有效性。在复杂的实际问题中，随机量的概率分布往往是很难精确测定的，一般只能测得其数学期望、方差等信息，或在已知某些限定条件下测得峰值等。但符合这些测量值的分布可能存在多种，通常其中有一种分布的熵最大，它有望能在已知信息的基础上保留最大的不确定性。选用这种具有最大熵的分布作为该随机变量的分布，能很大程度上将信息损失风险降到最低，是一种有效的处理方法和准则。

信息熵是从**热力学**中借用提出的，热力学中的热力学熵一般是表示分子状态混乱程度的物理量，而信息熵则是用来描述信源的不确定度与信息量。假设事件发生的概率为p，不确定性函数为f。当不确定性函数f是对数函数时，f是概率p的单调递降函数，且具有可加性，满足两个独立信号所产生的不确定性应等于各自不确定性之和，即$f(p_1,p_2)=f(p_1)+f(p_2)$，$f(p)=\log\left(\frac{1}{p}\right)=-\log(p)$。在信源中，信息熵通常考虑的是所有可能发生情况的平均不确定性，如果一个信号源的变量X可取n个离散值x_1，x_2，…，x_n，对应的概率是p_1，p_2，…，p_n，且彼此独立，则信号源的熵是：$H=-\sum_{k=1}^{n}p_k\log(p_k)$。

（沈红斌）

最低未占据分子轨道　lowest unoccupied molecular orbital; LUMO　未占据电子的分子轨道中能量最低的轨道。一般而言，最低未占据轨道的能量比最高占据电子轨道的能量要高。能量最高的占据分子轨道（最高占据轨道HOMO）和没有被电子占据的能量最低的分子轨道（最低未占轨道LUMO）是日本理论化学家福井谦一提出的前线轨道理论中的核心概念。分子中的电子可填充到具有不同能量的分子轨道中，HOMO和LUMO称为前线轨道，是理解两个体系化学反应机制的关键。一般情况下，电子从HOMO跃迁到LUMO可形成分子的电子激发态，HOMO与LUMO的能量差常用来度量电子激发的

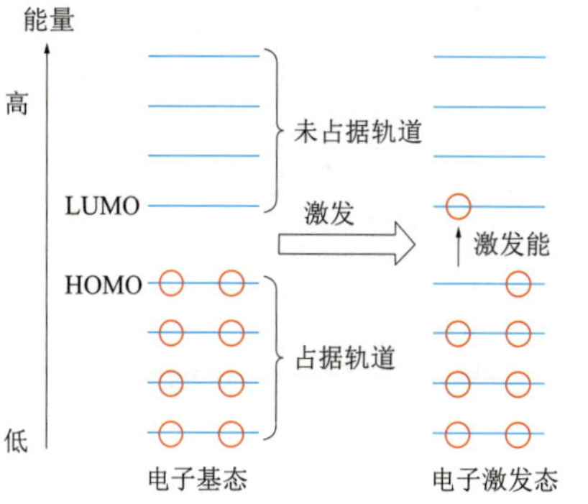

分子占据轨道示意图

难易程度。在自由基中，单电子占据的HOMO也称为SOMO。

（闫　冰）

最高占据分子轨道　highest occupied molecular orbital; HOMO　已占据电子的分子轨道中能量最高的轨道。见**最低未占据分子轨道**。

最小熵产生原理　principle of minimum entropy production　随着时间的变化，系统在线性非平衡区经历的过程总是向熵产生减小的方向进行，达到稳恒态时熵产生最小。由于系统在经历稳恒态过程中，其热力学流量和热力学动力均与时间无关，再利用**昂萨格倒易关系**可以证明最小熵产生原理。

（班士良　崔　鑫　宫　箭）

最小作用量原理　principle of least action　机械能守恒系统在**位形空间**真实轨道上运动时所遵循的一个基本原理。二倍动能

T对时间$\mathrm{d}t$的积分$\int 2T\mathrm{d}t$称为拉格朗日作用量：

$$S=\int_{t_1}^{t_2} 2T\mathrm{d}t$$

在N维位形空间$(q_1,q_2,\cdots,q_N)$中，表示点沿着具有相同机械能端点的真实路径上的作用量和沿邻近的可能路径上的作用量比较，沿真实路径的作用量取驻值（包括极值）。考虑在N维q空间自始点$A(q_{10},q_{20},\cdots,q_{N0})$出发的两条运动的真实路径，这两条路径是相邻的，只是出发的方向略有不同。这两条路径除A外可能还有其他交点，若B是靠近A的第一个交点（见图），当两条路径的出发方向趋于一致时，B的极限点称为动焦点。当代表点的路径长超过$\widehat{AB}$时，作用量积分既非极小也非极大。长度不超过始点和第一个动焦点之间的路径长时，真实路径的作用量是极小值。

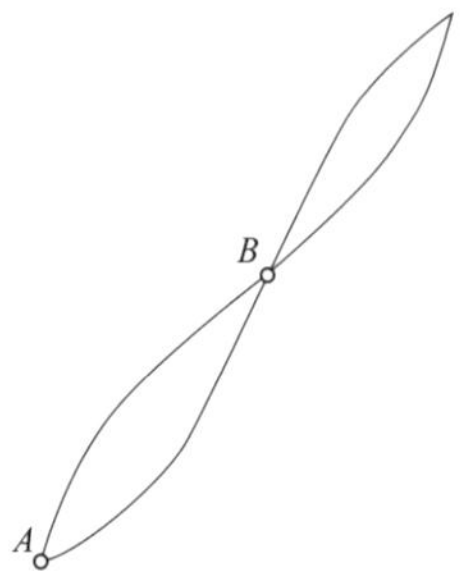

A点的动焦点

拉格朗日作用量$S=\int_{t_1}^{t_2} 2T\mathrm{d}t$同哈密顿作用量$w=\int_{t_1}^{t_2} 2L\mathrm{d}t$（见**哈密顿原理**）的关系式为：

$$w=S-H\ (t_2-t_1)$$

式中H为哈密顿函数。在空间运动的质点的作用量为：

$$S=\int_{t_1}^{t_2} 2T\mathrm{d}t=\int_{t_1}^{t_2} mv^2\mathrm{d}t=\int_{s_1}^{s_2} mv\mathrm{d}s$$

于是，质点运动的最小作用量原理可用变分表示为：

$$\delta=\int_{s_1}^{s_2} v\mathrm{d}s$$

上式是P.-L.M.de莫培督在1744年提出来的最小作用量原理的表示式。他是受到17世纪所建立的**费马原理**启发，用微粒说来解释光在空间的行进规律。L.欧拉认为这个原理很有价值，在1744年用力学方法证明它在**保守力场**中成立。对质点系的最小作用量原理的证明是J.-L.拉格朗日在1760年得出的。在物理学上，微粒和波动的对偶关系是L.V.德布罗意在1923年提出物质波后，再经过C.J.戴维孙和L.H.革末于1927～1928年的实验所证实才得到公认的。德布罗意就是在费马原理和最小作用量原理的启发下发展了物质波理论。　（汪家訸）

左手材料　left-handed material　介电常数ε和磁导率μ同时为负值的材料。又称双负材料。材料的电磁特性一般可以用介电常数和磁导率这两个参数来表征，电磁波在材料中的传播行为也被这两个参数所决定。例如平面电磁波在材料中传播时，电场强度$\boldsymbol{E}$、磁场强度$\boldsymbol{H}$和波矢$\boldsymbol{k}$三者之间满足关系$\boldsymbol{k}\times\boldsymbol{E}=\omega\mu\boldsymbol{H}$和$\boldsymbol{k}\times\boldsymbol{H}=-\omega\varepsilon\boldsymbol{E}$，其中$\omega$是电磁波的角频率。对于自然界中常见的材料，介电常数和磁导率均为正值，平面电磁波的电场强度、磁场强度和波矢满足右手螺旋关系，因此也称为右手材料。而对于左手材料，由于其介电常数和磁导率均为负值，平面电磁波的电场、磁场和波矢则满足左手螺旋关系，这也是左手材料名称的由来。

自然界尚未发现天然的左手材料。2001年，美国加州大学圣迭戈分校D.R.史密斯教授等人利用周期性排列的人工微结构，首次实现了具备等效负介电常数和等效负磁导率的微波左手材料，并实验证实了负折射现象。左手材料研究突破了传统电磁理论的一些重要概念，具有许多新奇的电磁特性，如反向波传播、负折射现象、逆多普勒效应、逆切伦科夫辐射等。　（李　超　李　芳）

作用和反作用定律　principle of action and reaction　**牛顿运动定律**中的第三定律。表述为：对于每一个作用，总有一个大小相等、方向相反的反作用；或者说，两个物体之间的相互作用总是大小相等、方向相反。用公式表达时有：

$$\boldsymbol{F}_{12}=-\boldsymbol{F}_{21}$$

式中$\boldsymbol{F}_{12}$为物体1对物体2的作用力，$\boldsymbol{F}_{21}$为物体2对物体1的反作用力。显然，这两个力虽然大小相等、方向相反，但作用在不同物体上，它们不构成作用在单一物体上的零力系，不存在它们的平衡问题。第三定律涉及两个物体（质点），因此是研究质点系动力学的基础。在质点系中，质点之间的相互作用力是系统的内力，根据第三定律，它们总是成对出现，因而不会影响质点系的**动量**、**动量矩**及**质心**的运动。

在牛顿力学范畴内，第三定律是正确的，但在物理学的其他领域中却不一定正确。如电磁学中，两个运动着的带电粒子之间的磁力就不满足第三定律。但如果说到电磁场的动量，则系统的总动量仍然守恒。　（贾书惠）

坐标时和固有时　coordinate time and proper time　由同一只标准时钟记录的时间（间隔）称为固有时（间隔）；放在不同地点的两只标准时钟记录的时间之间的差值称为坐标时（间隔）。物理时间（指实际直接测量的时间）对应于固有时，而坐标时与同时性定义相关。　（张元仲）

字母数字

ADD模型 ADD model 为解决粒子物理标准模型规范层次问题提出的一个膜世界模型。又称大额外维模型。在标准模型中，为了得到质量为125吉电子伏的希格斯粒子，需要引入精度高达16位的微调。该微调的本质是弱力能标（约250吉电子伏）与引力能标（10^{19}吉电子伏）间存在的巨大差异，因此在粒子物理中被称为规范层次问题。该问题可通过引入超对称机制等途径得到解决。1998年N.阿卡尼-哈麦德、S.迪莫普洛斯和G.德瓦利提出ADD模型，为解决规范层次问题提供了新的机制。

ADD模型的背景流形是M_4+T^n，其中M_4表示一张四维膜，即我们的四维宇宙，物质场和非引力的相互作用都束缚在该膜上，而额外维为n维环面T^n。每个额外维的半径R可以相同也可以不同，但通常假定额外维半径都相同。引力可在高维时空中传播，当引力相互作用尺度远大于额外维半径时，有效的相互作用是四维的，满足牛顿反平方定律；而当相互作用尺度远小于额外维半径时，相互作用则是高维的，将偏离牛顿反平方定律。在该理论中，描述四维引力相互作用强度的牛顿引力常数G不再是基本常数，而是高维时空中基本的引力常数G_*约化得到的，满足$G=G_*/V_n$，其中V_n为额外维体积。当额外维体积V_n足够大时，作用强度G_*很大的高维引力可以约化得到一个强度G很小的四维引力常数。形象地说就是由于引力在额外维中传播而强度受到“稀释”。而适当调节额外维的数目和半径，可以使得高维时空中的基本引力能标$M_*=\frac{1}{\sqrt[n+2]{G_*}}$，约$10^3$吉电子伏，接近弱力能标，从而解决规范层次问题。如对两个额外维$n=2$的ADD模型，为了解决规范层次问题，要求额外维半径大小为$R\approx0.38$毫米，而对三个额外维$n=3$的ADD模型，要求半径大小为$R\approx1.66\times10^{-6}$毫米。

ADD模型虽然解决了规范层次问题，但它引入了额外维尺度和普朗克尺度间的层次问题。在1999年L.兰道尔和R.桑卓姆提出RS模型（也称卷曲额外维模型），这个模型通过额外维的卷曲来解决规范层次问题。（刘玉孝）

AdS/CFT对应 AdS/CFT correspondence 一定条件下一个在反德西特时空中的量子引力理论可以等价于该时空边界上的一个共形场论。各种反德西特（AdS）时空的量子引力理论与该时空边界上的一个共形场论（CFT）对应（AdS/CFT）中最早也是研究最透彻的版本是AdS_5/CFT_4或者AdS_5/SYM_4对应，它是J.玛达切纳在1997年底提出的。随后发现在其他的时空维数也可能存在类似的对应关系，包括AdS_3/CFT_2、AdS_4/CFT_3和AdS_7/CFT_6等。其中AdS_3/CFT_2对应指的是AdS_3中的量子引力理论与边界上的二维共形场论等价，其建立不依赖于弦理论，为研究AdS/CFT对应提供了新的视角。而AdS_7/CFT_6对应指的是在AdS_7时空中的量子引力理论与六维共形场论等价，有助于研究M理论中M5膜的物理。

这个对应关系蕴含着深刻的物理。首先，这是一个高维引力理论与低维量子场论间的等价关系。具体实现了量子引力中的全息原理。20世纪70年代，J.D.贝肯斯坦和S.W.霍金指出，黑洞具有熵，而且这个熵正比于黑洞视界的面积，而非黑洞视界内部的体积。黑洞熵是一种量子引力效应，它的面积律暗示黑洞内部的物理可以全息地通过视界上的自由度来描述。G.特霍夫特和L.萨斯坎德在1993年先后提出了量子引力的全息原理。AdS/CFT对应明确体现了这一原理。这个对应关系可认为源于可能的开弦-闭弦的对偶关系，同时也暗示杨-米尔斯理论的大N展开对应于弦理论的微扰展开。

AdS/CFT对应关系提供了研究量子引力的新窗口，或者提供了一种定义量子引力的新方法。超弦理论中一些棘手的问题，如非微扰弦理论、M理论的构造问题可以通过AdS/CFT对应的研究获得线索。而一些长期困扰人们的量子引力问题，如黑洞的信息丢失问题、黑洞奇点附近的物理等，也可利用这个对应来研究。如信息丢失问题，由于量子场论总是保证幺正性的，这个对应关系阐明黑洞的信息并不会丢失，尽管其中的物理过程并不清楚。

另外，AdS/CFT对应也提供了研究量子场论，特别是量子场论中强耦合问题的新工具。AdS/CFT对应是一个强-弱对偶关系，即一个理论的强耦合极限对应着对偶理论的弱耦合极限。因此量子场论的强耦合对应着引力的弱耦合，这就为研究量子场论强耦合下的各种性质提供了新工具。一个典型的例子是对量子色动力学（QCD）强耦合性质的研究。量子色动力学在低能下是强耦合的，通常是利用格点QCD的方法来进行研究。但在夸克-胶子等离子体（QGP）物理性质的研究中，由于QGP是处于流体状态，格点QCD的办法是无能为力的。谭青山等利用AdS/CFT对应来研究QGP的物态性质，特别是黏滞系数与熵密度之比，指出QGP可能是一种近似理想流体，与实验结果接近。此外，人们也利用AdS/CFT对应来研究QCD的其他性质，如介子、重子的谱，手征对称破缺和相变等，取得了一定的成功。人们也试图利用AdS/CFT对应来研究凝聚态物理中的一些困难问题，包括高温超导、超流、玻色-爱因斯坦凝聚（BEC）、非费米流体和量子相变等，发展出了一个新的研究方向，即AdS/CMT（CMT指的是凝聚态物理理论）。但必须强调，这些利用AdS/CFT对应对具体现实物理问题的研究绝大多数是一种唯象性的研究，对获得的结论要慎重。

AdS/CFT对应是过去20年中理论物理研究的热点之一，它蕴含的丰富物理亟待进一步挖掘和研究。（陈 斌）

AdS/QCD对应 AdS/QCD correspondence 利用引力/规范对应研究量子色动力学中的若干强耦合问题。量子色动力学（QCD）在强耦合区域的非微扰性质如色禁闭性质及手征对称性的自发破缺等一直是粒子物理和核物理中的难点问题，手征相变和退禁闭相变一直是QCD相结构的核心课题。引力/规范对偶或AdS/CFT对应的发展为理解强耦合规范理论问题提供了一种全新的方法，因此激发了理论物理学家的兴趣，希望能够用引力/规范对偶方法来解决QCD在强耦合区域的物理问题。真实的QCD系统不是共形不变的，因此需要发展非共形不变的规范/引力对偶方法。现有自上而下从十维弦理论推导的五维全息模型如D4-D8模型、D3-D7模型等；也有从下而上的基于QCD的实验和格点结果建立的五维全息QCD模型诸如硬墙、软墙AdS_5模型以及改进的软墙全息QCD模型如动力学全息QCD模型等。

动力学全息QCD模型在紫外边界引入QCD动力学算子与五维场对应，这些动力学在红外会自然地修改背景度规，从而体现了重整化群的思想。这个模型可以很好描述胶子谱、轻强子谱，实现QCD在真空中的手征对称性自发破缺和线性禁闭。在这个模型框架里，也可以比较好地描述QCD的手征相变和退禁闭相变，得到与格点结果一致的状态方程，包括能量密度、压强密度、声速等。此外，相对于四维有效QCD模型，利用五维全息QCD模型研究热密物质的输运性质具有一定的优越性，在动力学全息QCD的模型框架里，可以得到温度依赖的输运系数，如切变黏滞系数、体黏滞系数、喷注淬火参量、电导率等输运系数等，并且发现切变黏滞系数与熵的比值、体黏滞系数与熵的比值、喷注淬火参量与温度三次方的比值及电导率等在相变附近均能体现相变的特征。（黄 梅）

AdS_5/SYM_4对应 AdS_5/SYM_4correspondence *AdS/CFT对应*中的一种。最早是由J. 玛达切纳在1997年底提出。

在第二次超弦革命中，*弦理论*中的非微扰解D膜是建立各种对偶关系的重要钥匙。*D膜*物理既可以通过开弦的激发，也可以通过闭弦的相干态来研究。玛达切纳注意到D3膜在所谓的退偶极限下由其引力位形的近视界几何即$AdS_5\times S^5$时空描述，其中的闭弦模式与渐近平坦时空中的自由度退偶合，而D3膜的另一种开弦描述在此极限下成为四维时空中的最大超对称杨-米尔斯理论。同一个动力学客体在该极限下具有两种不同的描述，因此应该是等价的。玛达切纳首先意识到这种等价性，提出了AdS_5/SYM_4对应。

这个对应关系的建立一方面源于开弦和闭弦间可能的对偶关系，另一方面也实现了长期以来期待的杨-米尔斯理论在大N极限下与弦理论的对应关系。1974年，G. 特霍夫特指出，如果杨-米尔斯理论中规范群的阶N非常大，而让耦合参数g趋于零但保持g^2N较小但固定，则杨-米尔斯理论表现为一个弦理论。这个想法尽管很吸引人，但一直没有真正实现，其中一个重大障碍是弦理论只有在临界维数才是很好定义的。而AdS_5/SYM_4对应很好地实现了此联系。

AdS_5/SYM_4对应是各种AdS/CFT对应中研究得最透彻、取得成果最丰硕的典范。通过对它的研究，人们了解了AdS/CFT对应中半经典弦和可积性，并利用AdS/CFT对应研究了场论中散射振幅、非局域算子的全息描述，也探讨了时空的层展现象等深刻的问题。此外，通过对AdS_5/SYM_4对应进行适当的变形和推广，研究*量子色动力学*的低能强耦合性质，发展出一个新的研究分支*AdS/QCD对应*。

更一般地，有人猜测这个对应关系也许在有限N的情形也是成立的。此时弦的相互作用和非微扰效应都需要考虑。这个更强版本的AdS_5/SYM_4对应需要更加深入的研究。（陈 斌）

ALICE实验 ALICE experiment 欧洲核子研究中心（CERN）的*大型强子对撞机*（LHC）上，致力于精确测量净重子数接近于零的*夸克-胶子等离子体*（QGP）并研究其性质的大型国际合作实验。ALICE实验旨在通过太电子伏能区铅核-铅核对撞，重建“大爆炸”后宇宙初期形态，期望解决夸克禁闭和手征对称性破缺等重大物理问题。这对认识宇宙的起源及其演化规律和当今物质世界的组分具有重大科学意义。

ALICE合作组是从事科技合作研究最大的国际合作组织之一，由来自世界上39个国家的2000余名科技工作者组成。合作组共同建造的ALICE实验装置由十几个子探测器组成，重1万吨，高16米，长26米。采用大量世界最先进的粒子探测技术，能够全面探测不同身份的强子、电子、μ子和光子，以精确研究QGP的性质。

ALICE的微电子学系统能够快速处理1500万路电子信号。这些微弱的电子信号经预放大、整形放大、模数转换后，由光纤传输到ALICE数据获取系统和在线数据处理系统，经过排序、过滤、压缩和打包等预处理后，被存储在磁带上。ALICE一年存储的数据量大约5PB（$1PB=10^{15}$Byte），相当于4千米高的光盘叠片的储存量。

ALICE实验数据处理需要十分庞大的计算机资源。为此，ALICE采用正在蓬勃发展的计算机网格技术，利用分布于全球的数以万计的计算机进行数据处理和物理分析。

中国科学家于1993年加入ALICE合作组，先后成功研制ALICE光子谱仪（PHOS）前端电子学、一个双喷注电磁量能器（Dcal）的超级模块，研制了EMCal、DCal和PHOS的新一代读出控制单元，参与了ALICE内部寻迹系统硅像素探测器的升级研究，参与了硅像素芯片设计以及研制了硅像素探测器的五分之一的像素模块。研制了ALICE前向μ子径迹探测器（MFT）读出电子学全套母版。这些都已用于ALICE实验采集数据。中国组开展的物理研究主要集中在夸克物质硬探针信号、集体运动性质、奇特物质结构及现象，以及小碰撞系统中的新物理现象。（周代翠）

AMS实验 AMS experiment 利用国际空间站上最早的大型高能粒子探测器所做的实验。AMS的科学目标是寻找宇宙中的反物质、暗物质及精确测量宇宙线的成分和能谱，研究解决天体物理、粒子物理和宇宙学面临的若干重大疑难问题。AMS实验是美国麻省理工学院*丁肇中*教授领导的国际合作项目，参加的科研人员来自16个国家或地区的60所大学或研究机构，共600多人。

AMS实验分为两个阶段。第一阶段的探测器AMS-01于1998年6月2日搭载美国发现号航天飞机在距离地面约400千米的太空运行了180小时，并在赤道附近低纬度地区上空观测到三个意外的物理现象：①观测到大量地磁场内的低能质子；②观测到大量地磁场内的低能正负电子，并且正电子的数目约为负电子的4倍。这个结果显示次级粒子的成因与宇宙线中正负电子的产生原因完全不同；③观测到大量地磁场内的低能氦原子核，几乎全都是^{3}He，而在极区附近，^{4}He占主要部分，即^{3}He和^{4}He是完全分开的。

第二阶段的AMS-02探测器于2011年5月16日搭载美国奋进号航天飞机发射升空并安装在国际空间站上开始工作。AMS-02在AMS-01探测器的基础上做了重大改进，增加了几个重要的子探测器。AMS-02探测器的基本指标如下：重量7.5吨，外部尺寸5米×4米×3米，功耗2500瓦，平均磁场强度0.134特斯拉，轨道高度约400千米，轨道周期90分钟。AMS-02探测器的组成部分包括：永磁铁、*穿越辐射探测器*、*飞行时间计数器*、径迹探测器、环像切伦科夫探测器、*电磁量能器*、反符合计数器、径迹室准直系统、星迹仪与全球定位系统、电子学系统等。AMS-02将一直工作到空间站使命结束（不早于2024年），也将是运行时间最长的空间实验之一。

截至2016年6月，AMS-02合作组已经发表了6篇物理结果文章，包括宇宙线正负电子、质子、氦核的精确测量等。后续还有反质子及更多原子核的精确测量结果公布。公布的结果中AMS以前所未有的高精度测量了地磁场外的初级宇宙线随能量、时间、空间方向的变化关系，并测量了正电子比例、质子、氦核与现有宇宙线理论模型的差异。测量结果将对深入理解宇宙线的起源与传播，以及寻找暗物质提供重要的线索。（陈国明）

ATLAS实验 ATLAS experiment 欧洲核子研究中心（CERN）的*大型强子对撞机*（LHC）上的四个主要大型探测器实验之一。该实验位于日内瓦，横跨瑞士、法国边界的地下约100米处。ATLAS探测器为圆桶形，长46米，直径25米，重7000吨，是迄今为止在粒子对撞机上建造的体积最大的探测器。该探测器主要由四个部分组成：①内部探测器。用于测量带电粒子的方向、动量及电荷。内部探测器主要由硅像素、硅微条探测器、跃迁辐射径迹探测器组成。②量能器。用于测量粒子在穿过探测器时所沉积的能量。量能器主要包括电磁量能器和强子量能器。电磁量能器测量的是电子和光子与介质相互作用时沉积的能量，而强子量能器则以取样的形式测量强子（包含夸克的粒子，如质子和中子）与原子核相互作用时损失的能量。除了μ子和中微子，大多数粒子都将其能量沉积在量能器中而停止。③μ子探测器。由采用四种不同的技术建造的4000多个独立的μ子探测器单元组成，其子探测器由薄气隙室探测器、电阻性板室、位置监控漂移管以及阴极条室组成，以用于识别μ子和测量其动量。④磁铁系统。主要用于使带电粒子在各层探测器中发生偏转，使探测器更好测量粒子的径迹。磁体系统主要分为三部分：内层的螺线管磁铁、外筒层的环状磁体及位于两个端盖处的环状磁体。

完整的ATLAS探测器除了上述四个探测器子系统，还包括其他组成部分，如触发和数据获取系统，用于挑选不同特征物理事例的专门的多级计算机系统，以及位于世界上130个计算中心的用于存储、处理、分析庞大对撞机数据的计算机系统。

来自LHC的能量高达7万亿电子伏特或高于99.999 999%光速的粒子束在ATLAS探测器的中心碰撞，产生的碰撞碎片以新粒子的形式向各个方向飞去。在ATLAS探测器中每秒发生超过十亿个粒子的相互作用，相当于地球上每个人都使用20部电话同时对话的数据速率。在每一百万次碰撞中只有一次被标记为潜在的感兴趣对象，并记录下来进一步研究。来自ATLAS探测器的数据由ATLAS数据管理系统刻度、重建并自动分配到世界各地。然后ATLAS数据处理系统会过滤这些事例并选择那些被特定分析类型所需的事例，使数据样本减小到合适水平，以便研究者在自己的电脑上进行分析。

ATLAS的主要物理目标是通过极高能量的质子－质子或质子－重离子的对碰来发现新的物理现象，探索影响宇宙起源和演化的基本粒子间的相互作用；寻找重大科学问题的答案，如空间的额外维度，基本相互作用的统一，以及宇宙中的暗物质。在发现希格斯玻色子之后，更大统计量的数据能够用于更深入研究**玻色子**的性质，从而研究质量的起源。

ATLAS实验合作团队由来自世界各地38个国家的180多个研究所和大学的5000多名科学家组成，其中包括约1200名研究生。它是科学史上最大的合作实验之一。这样的大合作依赖于无数工程师、技术人员、行政管理和支撑人员的共同努力。

（赵政国）

B介子工厂　B factory　能大量产生B介子进行物理研究的大型实验项目。产生10^9量级或更多B介子用于物理研究的工厂，一般指日本高能加速器研究机构（KEK）的加速器KEKB及其上的Belle实验，美国斯坦福直线加速器中心（SLAC）的加速器PEP－Ⅱ上的BaBar实验，有时也包括欧洲核子研究中心（CERN）的LHCb实验——**大型强子对撞机**（LHC）上的实验之一。

1973年日本物理学家**小林诚**和**益川敏英**指出，在6种夸克混合的情况下会有一个不可约的复位相存在，并导致CP破坏；1981年I.比基、A.卡特和三田一郎指出，通过B介子衰变可以进行相应研究。1993年美国决定将其在SLAC的加速器PEP改造为PEP－Ⅱ，1994年日本决定将其在KEK的加速器TRISTAN改造为KEKB，进行CP**破坏**研究，设计亮度分别为3×10^{33}/（厘米^2·秒）（2000年达到）和10^{34}/（厘米^2·秒）（2003年达到）。BaBar和Belle两个实验均于1999年开始采集数据，并于2001年确立了B介子系统中的CP破坏，2008年小林诚和益川敏英获得诺贝尔物理学奖。

为了得到最多的B介子，PEP－Ⅱ和KEKB主要在质心系能量10.58吉电子伏，即Υ(4S)共振峰上运行（此处B介子对产生截面为1.1nb），也在Υ(1S)，Υ(2S)，Υ(3S)，Υ(5S)，Υ(6S)以及非共振区域采集了部分数据。最后运行阶段的主要参数指标见下表。

2个B介子工厂的主要参数指标

	PEP－Ⅱ	KEKB
运行起止时间	1999～2008	1999～2010
总积分亮度（fb^{-1}）	557	1040
储存环周长（km）	2.2	3.016
束流能量（GeV）	9.0（e^-），3.1（e^+）	8.0（e^-），3.5（e^+）
束流流强（A）	1.8（e^-），2.7（e^+）	1.2（e^-），1.6（e^+）
对撞点束团尺寸	140mm（x），3mm（y），8.5mm（z）	80mm（x），1mm（y），5mm（z）
亮度（$cm^{-2}\cdot s^{-1}$）	1.2×10^{34}	2.1×10^{34}
束团数目	1732	1584
束流间夹角（mrad）	0（对头碰撞）	±11（大交叉角对撞）

除了发现B介子系统中的CP破坏，BaBar和Belle还对b和c夸克以及τ轻子的弱衰变进行了大量研究，发现了强相互作用系统中的类粲偶素如X(3872)、Y(4260)、Y(4660)、Z(4430)和类底偶素如$Z_b(10610)$、$Z_b(10650)$等。由于该能区丰富的物理以及对新物理的敏感性，KEKB正将加速器升级为SuperKEKB，称为**超级B介子工厂**，设计亮度为8×10^{35}/（厘米^2·秒）。

LHCb实验于2001年开始建造，2008年开始运行，利用LHC上的高能质子－质子对撞产生的B、B_s、B_c介子和b重子进行相关物理研究。在质心系能量7太电子伏和8太电子伏分别积累了$1fb^{-1}$和$2fb^{-1}$数据，并将在质心系能量13太电子伏和14太电子伏积累更多数据。由于b夸克产额很高，LHCb每年可积累10^{12}～10^{13}个含正负b夸克对的事例，尤其适用于高精度测量和稀有信号的寻找。LHCb除精确测量了跟b夸克相关的CKM矩阵元，发现了稀有过程$B_s\to\mu^+\mu^-$，还发现了五夸克态候选者$P_c(4380)$和$P_c(4450)$。LHCb计划进行两次升级改造，一直运行到2035年或更后。

BaBar合作组鼎盛时期（2005年）有来自12个国家和地区80个单位的600余名成员，中国科学院高能物理研究所是唯一的中国单位；Belle合作组（2016年）有来自20个国家和地区88个单位的近500名成员，包括中国科学院高能物理研究所、中国科学技术大学、北京大学和北京航空航天大学等四个中国的单位；LHCb合作组（2016年）有来自16个国家和地区69个单位的近800名成员，中国有清华大学、华中师范大学和中国科学院大学三个单位。

截至2016年8月，BaBar合作组发表了569篇论文，Belle合作组发表了466篇论文，LHCb合作组发表了330篇论文。

（苑长征）

BaBar实验 BaBar experiment 在美国斯坦福直线加速器中心（SLAC）的PEP-Ⅱ加速器上进行的粒子物理实验。见B介子工厂。

BB84协议 BB84 protocol C.H.贝内特和G.布拉萨德于1984年提出的一种量子密钥分配协议的简称。在BB84协议中，通信双方选取4个非正交量子态，如使用单光子的4种偏振态，即水平和垂直两种偏振态，以及45°斜向上和−45°斜向下偏振态，对经典比特串进行编码。水平或斜向下−45°的光子偏振方向代表比特0，另外两个偏振方向编码1。

信息发送方将编码后的光子逐一发送给接收方。接收方随机选择水平垂直基或正负斜向基测量光子。所有光子分发完成后，除发送方和接收方公开使用的基，基不同的结果全部丢弃。然后发送方和接收方公开对比部分测量结果，计算出误码率。2000年，P.肖尔和J.普里斯基尔证明，若误码率不高于11%，则可以进行纠错和私密放大，获得安全的密钥。

BB84协议安全性证明要求通信者使用的是量子态，对应于实验，要求发送方使用理想单光子光源，接收方使用理想单光子探测器。在理想条件下，BB84协议是无条件安全的，即窃听者所能得到的关于密钥的信息可以任意小。

在实际中，一般使用弱相干光源代替理想单光子光源，单光子探测器探测效率一般远小于1。这些器件的非理想性，为侧信道攻击带来了可能。比较著名的针对BB84协议的侧信道攻击方案包括脉冲时移攻击、强光致盲攻击等。（蔡庆宇）

B_c介子 B_c meson 由粲夸克和反底夸克结合或者由反粲夸克和底夸克结合组成的双重味夸克偶素家族。处于最低能级且自旋为零的带正电荷的由粲夸克和反底夸克组成的B_c^+介子或带负电荷的由底夸克和反粲夸克组成的B_c^-介子是此类束缚态的基态（1^1S_0，$J^P=0^-$）。通常将B_c^+介子作为此类夸克偶素家族的代表，并简单称为B_c介子。该双重味夸克偶素家族的质量谱及能谱可通过位势模型理论系统估算，它们均是实验可直接观测到的处于颜色单态的稳定束缚态。基于非相对论性量子色动力学有效理论，该类夸克偶素在形成过程中，其组分夸克可率先形成处于颜色八重态的中间态，再通过吸收或发射软胶子（或轻夸克）形成最终的处于颜色单态的稳定束缚态。

中国的高能物理理论家基于单举产生这一最有利的强产生机制，于20世纪90年代初率先指出，只有当时美国正在运行的高能强子对撞机（TEVATRON）和欧洲拟建的大型强子对撞机（LHC）上能够产生足够多的B_c介子事例，可供实验详细观测。1998年，正是TEVATRON上的CDF实验组从质子−反质子对撞实验中发现了B_c介子，它的质量约为6.3吉电子伏，寿命约为0.46皮秒。该项发现也为随后建成的LHC上的LHCb、CMS和ATLAS实验组的多项测量进一步证实。ATLAS实验组最近还发现了质量值约为6.8吉电子伏的一个径向激发态。TEVATRON和LHC上的各实验组普遍采用由中国理论家所撰写的高效产生子程序BCVEGPY模拟B_c介子及其激发态的强产生。

正负电子对撞机的对撞能量虽然难以达到强子对撞机的对撞能量，但正负电子对撞机实验具有初态正反电子的能量−动量确定、背景干净且所有末态粒子的运动学信息可测量等优点。因此除了强子对撞机，正负电子对撞机也有机会成为研究B_c介子性质的实验平台。20世纪90年代，欧洲核子研究中心（CERN）的早期大型正负电子对撞机实验（LEP-Ⅰ）因为积分亮度不够，积累的高出本底的事例数也不够多，没能做出“发现B_c介子”的结论。但如果将来的正负电子对撞机能够运行在Z^0玻色子共振峰处，由于Z^0玻色子共振峰增强效应，只要能够达到足够积分亮度，它仍有机会成为研究B_c介子及其激发态性质的重要实验平台。

与粲夸克偶素和底夸克偶素不同，B_c介子是显“双重味”介子。明显的两种重味道使得B_c介子的组分夸克之间只能存有胶子或光子的交换而没有胶子、光子的直接湮没过程。B_c介子主要通过弱相互作用过程衰变，这导致它的寿命很长，TEVATRON和LHC实验正是利用这一特性，通过顶点探测器非常有效地从复杂本底中将其鉴别出来。B_c介子的弱衰变有三种典型机制：一是B_c介子中的粲夸克衰变，而另一组分反底夸克作为“旁观者”基本不变；二是B_c介子中的反底夸克衰变，而另一组分粲夸克作为“旁观者”基本不变；三是B_c介子中粲夸克与反底夸克湮没到虚的W^+玻色子。B_c介子含有的两种重味夸克具有相对大小可比的弱衰变概率，这解释了为什么B_c介子有着非常丰富的衰变道，以及为什么它可以用来同时研究两种重味夸克的弱衰变机制。（吴兴刚）

Belle实验 Belle experiment 在日本高能加速器研究机构（KEK）的KEKB加速器上进行的粒子物理实验。见B介子工厂。

BelleⅡ实验 Belle Ⅱ Experiment 在日本高能加速器研究机构（KEK）的超级KEKB加速器上进行的粒子物理实验。见超级B介子工厂。

c数和q数 c-number and q-number 建立量子力学的过程中，P.A.M.狄拉克提出的两个名词。q数是由狄拉克构造的量子代数关系定义的，即量子力学的算符。和一切q数都对易的数称为c数，即普通数。一些人曾经认为c代表经典，q代表量子。而狄拉克本人用c代表可交换，q代表怪异。（裴寿镛）

C宇称 C parity C变换下波函数变化的相位。把一个粒子变换成它的反粒子称为电荷共轭变换，或称为C变换。在C变换下粒子的电荷变成相反符号的电荷。只有电荷为中性的粒子才可能是它自身的反粒子，这样的粒子在C变换下波函数（或描述它的场）只变化一个相位，这个相位称为该粒子的C宇称。粒子的C宇称一般为+1或−1。粒子的C宇称可以根据描述粒子的场方程在C变换下的行为求得。所有的带电粒子都不是C变换的本征态，因此带电粒子不具有C宇称。但一个由粒子和它的反粒子构成的系统是C变换的本征态，这个系统的C宇称与正反粒子间的相对轨道角动量和它们的总自旋有关，即$C=(-1)^{L+S}$，其中L和S分别是正反粒子之间的相对轨道角动量量子数和总自旋量子数。

强相互作用和电磁相互作用都具有C变换下的不变性，而弱相互作用是破坏C变换下的不变性的。（杨茂志）

CDF实验 CDF experiment 一项历经近30年的大型高能物理实验，最著名的结果是与另一项实验共同发现了顶夸克。全称费米实验室对撞探测实验。采用美国费米国家实验室的高能正反质子对撞机（TEVATRON）所做的两个大型高能物理实验之一（另一个是D0实验）。对撞机的对撞质心能量最高达到约2万亿电子伏。在大型强子对撞机（LHC）实验开始前，此对撞机是世界上能量最高的加速器。这么高能量的对撞可以产生包括顶夸克、W和Z玻色子等比质子（或反质子）重得多的基本粒子。

CDF实验在1982年开始建设，于1985年开始在对撞机上采集数据。此后又分别在1989年和2001年经历了两次主要升级。该实验的物理分析数据采集至2011年结束。因此这三个取数阶段分别被称为：RUN 0（1985～1989），RUN Ⅰ（1989～2001），RUN Ⅱ（2001～2011）。该实验最著名的研究成果是在1995年2月与DZero实验共同发现了标准模型预言的组成宇宙物质的基本单元顶夸克。

在2001年升级完成后，CDF的主要硬件组成是一个重约5000吨，长、宽、高均约12米的大型高能粒子探测器。其内部结构包括如下几个部分：束流管、硅径迹探测器、中心外层径迹室、螺线管磁铁、电磁量能器、强子量能器和μ子探测器。主要物理研究目标是寻找和研究组成宇宙的基本粒子的特征与性质，以及这些粒子间的相互作用。其中包括：寻找超出粒子物理标准模型的新现象；测量和研究如顶夸克、**底夸克**、W和Z玻色子等重粒子的产生与衰变性质；测量和研究高能粒子喷注和光子的产生等。

在2011年CDF实验停止采集物理分析数据之前，该国际合作组的成员包括来自美国大学或国家实验室的约30个研究团队，以及其他国家和地区（包括意大利、日本、英国、加拿大、德国、西班牙、俄罗斯、芬兰、法国、韩国和瑞士等）的大学和国家实验室约30个研究团队，总共约有600名物理学家。

（郑阳恒）

CEPC对撞机　circular electron positron collider; CEPC　中国设计建造中的周长在百千米级的环形高能正负电子对撞机。2012年9月，在“第二届中国高能物理加速器物理战略发展研讨会”上，中国科学家提出了建造周长在50～70千米环形加速器的建议。该项目一期工程为质心能量为240吉电子伏的高能正负电子对撞机（CEPC），作为对撞亮度大于2×10^{34}/（厘米^2·秒）的**希格斯工厂**，对**希格斯粒子**的物理性质进行精细测量同时开展标准模型以外的新物理的研究。同时CEPC在设计上还要满足在Z-Pole能量（45吉电子伏）处达到对撞亮度至少要大于1×10^{34}/（厘米^2·秒），基于不同的设计方案甚至大于1×10^{35}/（厘米^2·秒）。设想在完成正负电子对撞实验之后，可在同一隧道建造质心能量为50～100太电子伏的强子对撞机（SPPC）。按此方案考虑，CEPC周长约为100千米。

CEPC由2856兆赫、常温10吉电子伏正负电子直线注入器、能量增强器、环形对撞机、两个位于对称位置的探测器组成。增强器采用1.3吉赫超导加速器系统，对撞机主环采用650兆赫超导加速器系统。

除了地下隧道工程，地上也将建成包括一个面积约为5000亩的现代化实验园区，以及若干个百亩量级的实验分部。地下实验大厅和地表部分将通过若干直径为20米左右的大型垂直孔道相连，以运送对撞机和探测器部件在隧道里安装。CEPC地表部分除实验区、工作区外，还将建立伺服区，给CEPC项目的供电、冷却以及通风提供重要保障。CEPC实验园区将可容纳数千或上万名科学家和工作人员，因此园区将包括相应工作、生活和服务设施（办公、会议场所、食堂、招待所、医疗急救、消防抢险设施等）。CEPC建成后将成为加速器技术、探测技术和粒子物理的国际研究中心，形成一批多学科交叉研究的创新基地，成为培养高水平研究生与博士后教育的场所，也将聚集一批国内外高新技术企业。CEPC研究中心将采用国际一流科研机构的运作模式，与世界各国在科技合作、人才培养、科技交流、联合建立科研机构等方面展开实质性合作，最终成为一个国际科学城，促使中国科技水平进一步提高，使高能物理领域走在世界的前列。

（高　杰）

CKM矩阵　CKM matrix　粒子物理标准模型的一个重要组成部分。以意大利物理学家N.卡比玻和日本物理学家小林诚、益川敏英三人姓氏（Cabbibo、Kobayashi、Maskawa）的首字母命名。CKM矩阵描述夸克通过**弱相互作用**发生味道改变的可能方式，以及各种方式之间的相对强度，提供了电荷宇称对称性破缺的有效理论。

1963年，卡比玻为了统一描述奇异数改变和奇异数不变弱衰变模式之间的相对强度，发展出了两代夸克混合理论。根据此理论，参加味道改变弱作用过程的不是d夸克和s夸克，而是它们的线性组合：

$$d' = d\cos\theta_C + s\sin\theta_C$$

$$s' = -d\sin\theta_C + s\cos\theta_C$$

写成矩阵形式为：

$$\begin{pmatrix} d' \\ s' \end{pmatrix} = \begin{pmatrix} \cos\theta_C & \sin\theta_C \\ -\sin\theta_C & \cos\theta_C \end{pmatrix} \begin{pmatrix} d \\ s \end{pmatrix}$$

式中θ_C为卡比玻角，可以通过测量$\pi^-\to\mu^-\bar{\nu}_\mu$和$K^-\to\mu^-\bar{\nu}_\mu$的衰变率确定。但此理论不能解释J.W.**克罗宁**和V.L.**菲奇**于1964年在实验上发现的K^0介子CP**破坏**现象。1973年，小林诚和益川敏英将卡比玻理论加以推广，引入第三代夸克t和b，形成三代夸克混合机制。参与弱相互作用的三代夸克为：

$$\begin{pmatrix} u \\ d' \end{pmatrix},\ \begin{pmatrix} c \\ s' \end{pmatrix},\ \begin{pmatrix} t \\ b' \end{pmatrix}$$

下型夸克的弱相互作用本征态d′，s′和b′和自由传播的量子态d、s、b之间由一个3×3的夸克混合矩阵相联系：

$$\begin{pmatrix} d' \\ s' \\ b' \end{pmatrix} = \boldsymbol{V}_{CKM} \begin{pmatrix} d \\ s \\ b \end{pmatrix} = \begin{pmatrix} V_{ud} & V_{us} & V_{ub} \\ V_{cd} & V_{cs} & V_{cb} \\ V_{td} & V_{ts} & V_{tb} \end{pmatrix} \begin{pmatrix} d \\ s \\ b \end{pmatrix}$$

此矩阵$\boldsymbol{V}_{CKM}$被称为卡比玻－小林－益川矩阵，简称CKM矩阵，或KM矩阵。$\boldsymbol{V}_{CKM}$为复幺正矩阵，其矩阵元的模二次方$|V_{ij}|^2$代表带+2/3电荷的上型夸克i通过放出W^+玻色子转换为带−1/3电荷的下型夸克j的相对概率。

通过重新定义夸克波函数的相位角，3×3的CKM矩阵可以用4个独立参数加以描述。一种标准化的选取方法为$N(N-1)/2=3$个转动角（θ_{12}，θ_{13}和θ_{23}）和$(N-1)(N-2)/2=1$个相位角δ（$N=3$，为夸克代数），CKM矩阵写为：

$$\boldsymbol{V}_{CKM} = \begin{pmatrix} c_{12}c_{13} & s_{12}c_{13} & s_{13}e^{-i\delta} \\ -s_{12}c_{23}-c_{12}s_{23}s_{13}e^{i\delta} & c_{12}c_{23}-s_{12}s_{23}s_{13}e^{i\delta} & s_{23}c_{13} \\ s_{12}s_{23}-c_{12}c_{23}s_{13}e^{i\delta} & -c_{12}s_{23}-s_{12}c_{23}s_{13}e^{i\delta} & c_{23}c_{13} \end{pmatrix}$$

此处缩写符号定义为$s_{ij}\equiv\sin\theta_{ij}$，$c_{ij}\equiv\cos\theta_{ij}$。

现还没有更深层的理论能给出转动角θ_{ij}和相位角δ的数值，它们需要从实验数据中提取。实验结果表明，$\boldsymbol{V}_{CKM}$的对角元都很接近1，而非对角元是小量。L.沃芬斯坦对$\boldsymbol{V}_{CKM}$做了一个新的参数化：

$$\boldsymbol{V}_{CKM} = \begin{pmatrix} 1-\lambda^2/2 & \lambda & A\lambda^3(\rho-i\eta) \\ -\lambda & 1-\lambda^2/2 & A\lambda^2 \\ A\lambda^3(1\quad\rho-i\eta) & -A\lambda^2 & 1 \end{pmatrix} + O(\lambda^4)$$

如果$\eta\neq0$，CKM矩阵的部分矩阵元就具有非零复相位，从而使弱作用中正反夸克与W玻色子的耦合常数有相反的相位，导致某些过程$A\to B$和其电荷共轭过程$\bar{A}\to\bar{B}$的跃迁振幅存在差别（$\bar{A}$、$\bar{B}$是A、B的反粒子），这意味着弱相互作用中电荷共轭与宇称变换的联合对称性的破缺（简称CP破坏）。基于早期对K介子CP破坏的测量结果，CKM机制预言$B^0\to J/\psi K_S$过程存在较大的CP破坏。美国和日本在20世纪90年代分别建造了**BaBar实验**和**Belle实验**，利用正负电子对撞机产生大量的B介子并研究其衰变，确认了CKM机制对$B^0\to J/\psi K_S$过程CP破坏的预言，并且对一系列B介子衰变的性质进行了精确测量，结果都与CKM理论的预期一致，证明了此理论的有效性。这是继**李政道**、**杨振宁**提出宇称不守恒，**吴健雄**实验上发现宇称不守恒后的又一个物理学重大进展，进一步加深了对自然界基本对称性的认识。小林诚和益川敏英因此于2008年与**南部阳一郎**一起荣获诺贝尔物理学奖。

继Babar和Belle实验之后，欧洲核子研究中心的大型强子对撞机底夸克实验（LHCb实验）成为研究B介子衰变和CP破坏的新一代实验平台。通过对Babar、Belle和LHCb等实验中关于B、D和K介子衰变的大量测量结果进行全局拟合，CKMfitter研究组精确地确定了CKM矩阵的四个参数，结果为：

$$\lambda=0.225\,35\pm0.000\,65$$
$$A=0.811^{+0.022}_{-0.012},$$
$$\bar{\rho}=0.131^{+0.026}_{-0.013},$$
$$\bar{\eta}=0.345^{+0.013}_{-0.014}$$

式中$\bar{\rho}=\rho\left(1-\frac{\lambda^2}{2}\right)$，$\bar{\eta}=\eta\left(1-\frac{\lambda^2}{2}\right)$。

全局拟合结果如下图所示。图中的三角形对应于由CKM矩阵的幺正性导致的b列与d列的复正交关系$V_{ub}V_{ud}^*+V_{cb}V_{cd}^*+V_{tb}V_{td}^*=0$。此三角形的三个内角为：

$$\alpha=\arg\left(-\frac{V_{td}V_{tb}^*}{V_{ud}V_{ub}^*}\right)$$

$$\beta=\arg\left(-\frac{V_{cd}V_{cb}^*}{V_{td}V_{tb}^*}\right)$$

$$\gamma=\arg\left(-\frac{V_{ud}V_{ub}^*}{V_{cd}V_{cb}^*}\right)$$

三角形的每条边和每个角都可以独立测量。比如β角可以通过测量$B^0\to J/\psi K_S$过程的CP破坏得到，γ角所对的边的长度可以通过测量B^0介子和反粒子的振荡频率加以估计。各项测量结果对参数$(\bar{\rho},\bar{\eta})$的限制，在附图中用不同颜色加以表示。各种不同颜色带交于一点，体现了CKM理论对夸克参与的弱作用过程具有普适性。

尽管标准模型的CKM矩阵在描述夸克有关的CP破坏现象方面取得了惊人成功，但是从整个宇宙的尺度看，它所产生的CP破坏远远不足以解释宇宙中的正反物质不平衡，可能意味着存在CKM矩阵以外的CP破坏来源，在大爆炸后宇宙演化的初期发挥作用，最终形成了今天正物质组成的宇宙。开展更高精度的味物理和CP破坏研究，对精确检验CKM机制和最终理解宇宙反物质消失之谜具有关键意义。

（谢跃红）

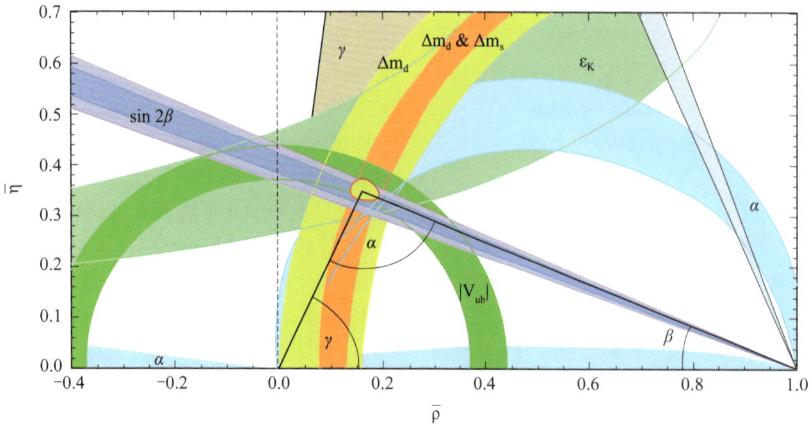

CKM矩阵拟合图

CMS实验　CMS experiment　紧凑式μ子螺线管实验的缩写。实验用于寻找粒子物理学标准模型预测的**希格斯粒子**、超出标准模型新物理诸如超对称粒子、额外维和暗物质粒子等；精确测量**顶夸克**等标准模型粒子的性质以及重离子对撞物理等。CMS实验探测器是工作在欧洲核子研究中心（CERN）的**大型强子对撞机**（LHC）上的两个大型通用谱仪之一。CMS实验装置于2008年建成，2010年3月开始运行。运行多年来取得了一批重要物理成果，2012年7月，CMS实验与LHC上的ATLAS实验共同发现了一个质量约为125吉电子伏的标量粒子，是标准模型希格斯粒子的最佳候选者。

CMS探测器是一个大型粒子探测装置（见图），长21.6米、横截面直径15米、重约14 000吨，是世界上最重的探测器。探测器主体是围绕一个能够产生4特斯拉磁场的大型圆筒形超导磁铁而建。位于磁铁内部的系统由里向外依次为硅径迹探测器，钨酸铅晶体电磁量能器和取样型强子量能器。超导磁铁外部为μ子探测器和能够构成磁场线封闭循环的轭铁。此外，还包括触发系统、电子学系统、数据获取在线系统及离线分析系统等。

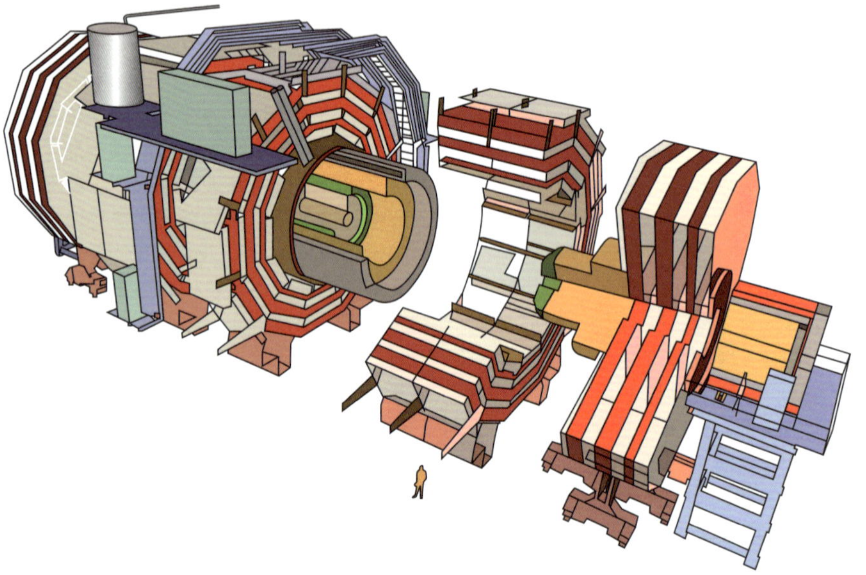

CMS探测器示意图

CMS实验的任务是测量质子-质子或重离子-重离子对撞后产生的光子、电子和μ子、强子喷注、b夸克以及其他末态粒子的能量、动量等运动学参数，重建出各种初态粒子，研究它们的特性和相互作用规律，期望发现包括希格斯粒子在内的新粒子和新的物理规律。

CMS国际合作组是由全球40多个国家，200多个研究所和高等院校的3000多位工程师、物理学家组成。中国的中国科学院高能物理研究所、北京大学、中国科学院上海硅酸盐研究所等单位参加了紧凑式μ子螺线管实验研制、建造、安装和调试、以及后续的运行取数和数据分析工作，并为希格斯粒子的发现做出了贡献。

（陈国明）

CP破坏　CP violation　电荷共轭变换和空间反射联合变换下对称性的破坏。电荷共轭变换又称为C变换，空间反射变换又称为宇称变换或P变换。C变换下粒子变成反粒子，P变换下粒子的运动方向变成相反的方向而角动量和自旋方向不改变。因此CP变换下，粒子变成反粒子，同时它的运动方向也变成相反的方向。

根据宇宙大爆炸模型，宇宙起源于原初奇点的大爆炸。宇宙产生之初电荷、轻子数、重子数等各种量子数都是中性的，因此宇宙在起源的时候物质与反物质是等量的。但现在的观测表明，宇宙中物质远远多于反物质。为了解释宇宙中物质远多于反物质的结果，1967年A.D.萨哈罗夫提出了产生物质与反物质数量不相等的三个必要条件：①存在重子数破坏的相互作用；②C和CP必须同时是破坏的；③宇宙在演化过程中必须偏离热平衡。因此宇宙中正、反粒子在相互作用和随时间演化的过程中CP对称性必须是破坏的，这是解释宇宙中正反物质数量不相等的必要条件之一，仅有C破坏是不够的。

1964年J.W.**克罗宁**、V.L.**菲奇**等在中性K介子衰变中发现了微弱的CP破坏现象，其破坏度为千分之几的数量级。

至今描述粒子及其间相互作用最成功的理论是粒子物理的标准模型。在标准模型中存在三代夸克，实验上三代夸克都已发现，并且仅仅发现三代夸克。三代夸克之间存在混合，在标准模型中夸克混合由CKM**矩阵**描述。只有在夸克代数大于等于3的情况下，夸克混合矩阵才会出现复相角。不为零的复相角会在理论上导致CP破坏。根据CKM矩阵元的结构，标准模型预言除了K介子系统之外，在B介子的衰变过程中也会存在CP破坏现象。对电中性B介子向粲夸克偶素衰变过程中CP破坏的测量能够精确测定与CKM矩阵相关的一个复相角β。1999年位于美国斯坦福直线加速器中心（SLAC）和日本高能加速器研究机构（KEK）的两个**B介子工厂**开始投入运行并取数，工作于其上的两个实验组成功地在B介子衰变过程中测量到了CP破坏。后又经进一步的精确测量，发现CP破坏现象与标准模型一致。2019年3月，欧洲核子研究中心（CERN）的LHCb实验组首次在D介子衰变中发现了CP破坏现象，破坏度为$(-1.54\pm0.29)\times10^{-3}$。这样的CP破坏程度过于微小，还不能用于解释宇宙中物质－反物质的不对称性，但这已经在理解这个问题的方向上给出了重要启示。

至今还没有在重子弱衰变中发现任何CP破坏的证据，寻找超子、含粲和底夸克重子弱衰变中CP不对称是实验研究的重要方向。

实验测量在**弱相互作用**中确立了CP破坏的存在，但在**强相互作用**中实验数据对CP破坏的测量几乎为零。另外，在强相互作用的理论保持规范对称性的情况下，理论上是允许破坏CP对称性的项存在的。为什么强相互作用中CP破坏项会如此之小，这在理论上是有深刻原因的问题。关于强相互作用的CP破坏问题，请参阅**轴子**。（杨茂志）

CPT对称性　CPT symmetry　粒子物理的基本规律在电荷共轭变换、空间和时间反演的联合变换下具有的不变性。所以CPT对称性实际上包含了三种分立的对称性操作：电荷共轭变换（C）是指相互作用中所有粒子变为其对应反粒子的操作；空间反演（P）则是空间坐标矢量的方向完全反向的操作；时间反演（T）则是时间箭头反向的操作。

历史上空间反演不变性（有些文献也简单地称之为镜像反演不变性）一直被奉为圭臬，与之相关的粒子守恒量被称为**P宇称**。然而为解决θ-τ疑难，1956年**李政道**、**杨振宁**提出弱衰变中P宇称可能存在破缺，随后为**吴健雄**实验组钴-60衰变实验所证实。随后L.D.**朗道**建议CP宇称仍可能守恒，然而1964年J.W.**克罗宁**和V.L.**菲奇**等人在K^0介子的衰变（$K^0\to\pi^++\pi^-$）中发现了CP破缺的证据，除在K^0介子中观测到CP破缺外，更多的CP破缺证据在B介子中也相继被观测到。CP破缺在标准模型中可通过**CKM矩阵**来描述，同样也是解释当前宇宙中物质占主导的观测事实的萨哈罗夫三条件中必不可少的条件之一。但人们仍然可以加上时间反演变换后要求在CPT联合变换下基本物理规律具有不变性。可以证明，任何满足**幺正性**的洛伦兹不变的定域相互作用的量子场论都必然满足CPT对称性，这也被称为CPT定理。在这个意义上，CPT对称性被认为是严格满足的。

基于量子引力的研究，人们认为也许CPT对称性也不是严格成立的，仍有可能存在极其微弱的破缺，比如CPT对称性所要求的定域相互作用，或者洛伦兹不变性两者中任一不成立，则CPT定理未必满足。2002年O.W.格林伯格证明了CPT反定理，表明如果CPT对称性破缺，则必然意味着**洛伦兹对称性**的破缺，反之未必成立。CPT对称性是否存在破缺，仍然需要更加精密广泛的实验验证。

（肖　智　马伯强）

CPT破坏　CPT violation　超出标准模型的新物理，与CPT不变性所依赖的条件相悖的情形。CPT破坏往往与新物理的探索联系在一起。见**CPT对称性**。

D膜　D-brane　弦理论中一类带所谓Ramond-Ramond荷的非微扰动力学高维延展体。这些膜与基本弦一样是**弦理论**中基本的动力学客体，保持一半时空超对称性，满足所谓的BPS界，因此稳定。但D膜也有很多与基本弦不同的属性，如D膜的质量或其张力（单位长度、单位面积或单位体积的能量）与相关的闭弦耦合常数成反比（或对应的开弦耦合常数二次方成反比），因此相对于基本弦它是非微扰客体，有重要的非微扰效应。该属性与通常场论中非微扰解（如孤子）类似，但其动力学可以用满足一定边界条件的开弦微扰理论来描述（在基本弦的耦合常数比较小的情况）。这是弦理论之前从没有过的，也是D膜最重要且最有用的属性。这种开弦的端点在沿膜方向与通常的开弦理论一样满足所谓的纽曼边界条件，保证开弦沿这些方向没有动量流流出，但在垂直膜方向满足所谓的狄利克雷边界条件，即开弦的端点沿这些方向固定在一个超曲面上（实际定义了刚性D膜），从而破缺了沿这些方向的时空平移不变性，动量沿这些方向不再守恒。D膜的“D”正是起源于这一边界条件的起始字母D。这样定义的开弦不仅给出了D膜的一种定义，也为其提供了一种最有用的（微扰）开弦描述。D膜的空间维数p（又称为Dp膜）可以取0、1、2等，一直到时空的最大空间维度值9。其中D0膜通常称为D粒子，D1膜为D弦，更高维的就称为Dp膜，而具有最大空间维度的D9膜又称为时空填充膜，其占据的就是时空本身。D膜的空间维数在ⅡA弦理论中仅取偶数值如0、2、4等而在ⅡB弦理论中仅取奇数值1、3等（这里$p=-1$也是可以的，对应所谓D瞬子）。在Ⅰ类弦理论中，$p=1$和$p=5$两个值。

D膜的另一种描述是，作为对应闭弦理论的带Ramond-Ramond荷的孤子位形。通常这种D膜孤子解是从对应弦理论的低能有效理论即**超引力**中发现的。从现代观点看，超引力理论的发现早于弦理论，完全基于超对称的局域化，与弦理论的耦合常数也没有显然的关系，亦即超引力应该理解为非微扰弦理论或**M理论**的低能有效理论。所以这种D膜孤子解虽然是从超引力中发现的，但应该理解为非微扰弦理论中的解。另外，D膜也可以用微扰闭弦的边界态来表示（一种闭弦相干态），其可通过开弦描述加上一些特殊的共型变换来确定。这也是所谓开弦/闭弦对偶（见**对偶性**）的基础。

D膜具备这两种截然不同的等价描述有着深刻的物理内涵和实用价值。首先这种等价描述使得首次能为一些带电黑洞熵提供微观解释。这也是第二次弦理论革命最重要成果之一。其次由此等价描述取退耦极限而获得的AdS/CFT对应（或引力／规范对应）或对偶不仅为引力的全息特性提供了第一个成功具体实例，也为几乎所有物理领域涉及的强耦合（或强关联)现象提供了一种可能的普适唯象描述。尤其值得强调的是这种对应所暗含的深刻物理还有待进一步发掘。如这种对应说明AdS背景下的弦理论或引力理论等价于一个基于点粒子图像的非引力规范理论，这是否暗示着弦或引力相互作用与非引力规范相互作用之间的模糊性。进一步，同一个物理系统的相互作用到底是引力还是非引力的规范相互作用取决于对其描述语言的选择（有点类似描述一个系统参照系的选择)，这是否暗示着通常熟知的相互作用的非基本性。（卢建新）

DAMPE实验卫星 DAMPE satellite 中国第一颗以研究暗物质粒子等为目标的实验探测卫星。该卫星是中国科学院空间科学战略性先导专项首批研制的四颗卫星之一，其科学目标主要包括：寻找暗物质粒子存在的证据、研究宇宙线物理、研究伽马射线天文学。卫星平台的主要指标为：采用晨昏太阳同步轨道，平均高度500千米，周期95分钟，温控范围−15～20℃，总质量1850千克，功耗500瓦。作为卫星的唯一有效载荷，DAMPE探测器由4个子探测器组成，沿粒子入射方向依次为塑料闪烁体探测器、硅微条径迹探测器、BGO电磁量能器、中子探测器，主要性能指标满足：能量探测范围5吉电子伏～10太电子伏，能量分辨率1.5%（对800吉电子伏的电子／光子)、<40%（对800吉电子伏的重离子)，空间分辨0.5°（对800吉电子伏的电子／光子)、1.0°（对1太电子伏的重离子)。与同类探测器相比在分辨率、观测能量范围、本底抑制能力、几何接收度等方面都处于国际领先水平。其中BGO量能器为核心子探测器，由308根BGO晶体单元组成，分为14层，每层22根晶体，相邻两层交错为直角排列，纵向深度为32个电磁辐射长度、1.6个核作用长度，能够提供良好的电子、质子鉴别本领。单根晶体长60厘米、端面2.5厘米×2.5厘米，是专门研制的世界上最长的BGO晶体；入射粒子在BGO晶体中产生的荧光由后续光电倍增管收集，采用多打拿极读出方案实现了10^5的超大动态范围。DAMPE项目由中国科学院紫金山天文台承担，4个子探测器分别由近代物理研究所、高能物理研究所、中国科学技术大学、紫金山天文台负责建造，卫星平台由中国空间科学中心提供。另外，瑞士、意大利参与了硅微条径迹探测器的研制。卫星于2009年开始预研，2011年正式立项，2015年12月17日8时12分在酒泉发射中心搭乘长征二号丁运载火箭成功发射，并于2015年12月24日传回首轨科学数据。通过网络征名，卫星在发射前被命名为“悟空”，寓意领悟、探索太空。

DAMPE是空间先导专项发射的第一颗卫星，卫星设计寿命为三年，实际在轨运行超过六年仍状态良好，继续超期服役。DAMPE实验运行以来，在空间宇宙线直接探测方面取得了一系列重要研究成果。2017年11月发表了国际上最精确的高能电子宇宙射线探测结果，首次直接测量到电子宇宙射线能谱在约1太电子伏处的拐折，其精确的下降行为对于判定能量低于1太电子伏的电子宇宙射线是否来自暗物质起着关键性作用。2019年9月发表了40吉电子伏～100太电子伏区间高能质子宇宙射线能谱，是10太电子伏以上高能质子最精确的观测结果，以较高置信度观测到了13.6太电子伏处能谱变软的迹象，对揭示高能宇宙线的起源以及加速机制具有十分重要的意义。2021年5月发表了70吉电子伏～80太电子伏氦核素微分通量谱，对应于每核子能量17.5吉电子伏～20太电子伏，确认了氦核能谱在1.3太电子伏附近变硬的现象，首次直接观测到氦核素在约34太电子伏处的能谱软化现象。此外，DAMPE实验还在伽马射线天文观测、宇宙线硼碳比测量、分数电荷寻找等方面做出了重要贡献。

（黄光顺）

DNA纳米结构自组装 DNA self-assembled nanostructure 用DNA作为材料，设计并利用自组装过程建造二维或三维点阵、纳米管、多边形以及其他功能结构或者任意结构（如纳米机器，DNA计算机等）的技术。DNA纳米结构自组装是DNA纳米科技的核心。与其他纳米结构相比，DNA纳米结构具有很多优势，如相对容易设计，其三维结构可预测，并且被越来越多的实验室实现。

这一技术的物理化学机制是DNA碱基的严格配对机制。组成DNA的四种碱基中，包括A、C、G、T，其中A只能和T结合配对，C只能和G结合配对，从而降低系统的能量，这样只有当两个序列互补时才能结合在一起并形成稳定结构。这使得设计复杂的目标结构精确控制其空间特征成为可能。

自组装技术通常包括，从小的瓦片结构开始的自组装技术、DNA折纸技术、基于链位移和重配方法的技术等。以DNA折纸技术为例，首先需要设计能折叠成特定形状的DNA序列，包括一条长的DNA序列和很多所谓DNA订书钉，设计的主要依据是沃森－克里克碱基配对原则。这些DNA序列经过表达、混合、加热和冷却，自发地折叠成事先设计好的形状，然后可用多种手段（如电镜、荧光显微镜等）进行观察。（张 建）

DNA损伤 DNA damage DNA化学结构的改变，如链的断裂、碱基缺失或碱基改变。DNA损伤可以是内源的，即来自细胞自身的原因，也可以是外源的。内源的损伤可来自新陈代谢过程产生的自由基或水解作用。外源的DNA损伤可来自如紫外线（200～400纳米）照射、X射线或其他射线照射、一些植物毒素、某些人造的化学小分子、病毒等。DNA损伤不同于DNA突变，前者指DNA的化学结构的异常改变，而后者指DNA碱基序列的改变。DNA损伤的频率依赖于细胞的类型、细胞的年龄和外界环境。一个积累了大量损伤的细胞，如果不能有效修复其损伤的细胞，可以进入三个细胞状态，衰老、凋亡或某种非特定状态，这种非特定的状态可能导致肿瘤。

损伤的DNA也可以自发地修复，这对细胞维持其完整的基因组和正常的生命状态极端重要。在进化过程中，细胞发展了多种方式进行DNA修复。如果存在互补链的话，细胞可利用互补链的信息进行修复。否则细胞可利用跨损伤合成的机制来修复损伤。DNA损伤可导致双螺旋相应部分的空间结构畸变，而这些畸变可以被细胞探测到。一旦细胞探测到这些畸变，特定的DNA修复分子将绑定在这些位点或其附近，并招募其他相关分子以形成大的复合体，从而开始修复过程。

直接修复机制 细胞可以通过化学反转的方法直接修复三类损伤。这一机制不需要模板。以紫外照射导致的嘧啶二聚化为例，辐射导致相邻的嘧啶之间异常共价键的形成，DNA光解酶通过光致活化作用直接修复这一损伤。另外一种损伤，如鸟嘌呤的甲基化，可以被鸟嘌呤甲基转移酶直接修复。

单链损伤 当DNA双链中的一条链出现缺陷时，另外一条链可以作为模板来指导修复过程。这类修复主要有三类：碱基切除修复、核苷酸切除修复和错配修复。碱基切除修复使用糖苷酶切除单个含氮碱基，然后AP内切酶和DNA聚合酶共同作用，利用互补链作为指导来修复这一位点。核苷酸切除修复用于DNA链存在畸变时的损伤修复。它通常需要切除损伤位点上下游的12～24个核苷酸，然后重新合成这一段。错配修复用于纠正DNA校对机制没有纠正的错误。它也使用内切酶对相应位点进行切除，然后重新合成。

双链断裂　DNA双链断裂对细胞尤其有害，因为它可能导致基因的重组。这类损伤的修复也分为三类：非同源重组末端连接（NHEJ）、微同源介导的末端连接（MMEJ）和同源重组（HR）。

（张　建）

DNA物理特性　physical properties of DNA　DNA的结构和相互作用方面的特性。DNA即脱氧核糖核酸，是染色体的主要组成成分，也是主要的遗传物质。DNA的组成元素有C、H、O、N、P等，基本组成单位为脱氧核糖核苷酸，每个脱氧核糖核苷酸含有一个脱氧核糖、一个磷酸基和一个含氮碱基，并带有约一个单位负电荷。脱氧核糖核苷酸中的碱基有两类：一是嘌呤碱基，主要包含鸟嘌呤（简写为G）和腺嘌呤（简写为A）；二是嘧啶碱基，主要包含胞嘧啶（简写为C）和胸腺嘧啶（简写为T）。

DNA的结构　DNA的一级结构是由四种核苷酸按照一定的排列顺序通过磷酸二酯键连接形成的多核苷酸，而基因的功能主要取决于DNA的一级结构。由于DNA中A-T配对和G-C配对，DNA通常以B型双螺旋结构存在，即两条反向平行的脱氧核糖核苷酸链围绕同一中心轴以右手螺旋的方式互相缠绕。碱基位于双螺旋的内侧，而磷酸与核糖位于外侧，碱基平面与中心轴接近垂直，糖环的平面则与中心轴平行。双螺旋结构上有两条螺形凹沟，一条宽约1.2纳米、深约0.85纳米称为大沟，而另一条宽约0.6纳米、深约0.75纳米称为小沟。DNA的平均直径为2纳米，两个相邻的碱基对之间间距约为0.34纳米、扭转角约为36°。除了B型，DNA双螺旋在特定的条件下可转变为A型和Z型。双螺旋DNA可进一步扭曲盘绕形成三级结构，超螺旋是DNA三级结构的主要形式。DNA超螺旋可以是右手螺旋，也可以是左手螺旋。其他DNA的复杂结构还包括DNA三链螺旋结构和DNA四链螺旋结构。通常的三链DNA是第三条核苷酸链插入到W-C双螺旋结构的大沟中，平行或反平行缠绕在一起形成。实验结果还显示，富含鸟嘌呤的DNA单链内部或多链DNA之间可相互结合形成由四个碱基相互作用形成的G-四链体结构。此种结构在人类癌细胞天然而短暂地存在，主要出现在染色体核和染色体端粒区域，可以保护染色体免受损害。

DNA中的相互作用　DNA的双螺旋结构主要由配对碱基间的氢键和相邻碱基间堆积作用保持稳定。由于其相互作用的强度为k_BT量级且DNA骨架上带有高密度负电荷，DNA的结构和物理性质与环境条件紧密相关，主要包含以下几个方面。首先，DNA在溶液环境中具有强烈的结构涨落，包括弯曲、拉伸以及扭转，其相关特性可由弯曲持久长度、拉伸模量和扭转模量这三个参量表征。在室温和生理溶液条件下，DNA的弯曲持久长度约为50纳米，拉伸模量和扭转模量分别约为1500皮牛和400皮牛·纳米^2。其次，DNA在不同外力下呈现多样的结构相变。单分子实验表明，DNA在低拉伸外力(约<20皮牛)时基本能维持B-form形态，在此过程中有负的拉伸-扭转耦合效应，而在外力约大于65皮牛时，DNA会形成过度拉伸态，并随着拉力的增加熔解为两条单链。再次，温度变化可导致DNA结构的变化。温度增加会导致DNA氢键断裂的概率上升，从而DNA在某个(熔解)温度会熔解为两条单链，DNA的熔解温度会随其G-C配对含量的增加以及DNA浓度的增加而增加。最后，由于DNA强的负电性，其结构涨落、力学特性，以及热力学性质都与溶液中的离子条件紧密相关。特别是高价离子，高价离子可极大程度地稳定DNA螺旋结构，并可能导致DNA片段间有效吸引作用，进而产生DNA螺旋的进一步凝聚现象。

（谭志杰）

D0实验　DZero experiment　高能物理通用探测器的粒子物理国际合作实验之一，对**顶夸克**等测量有重要贡献。D0实验是美国费米国家实验室质子-反质子对撞机（TEVATRON）上，两大基于高能物理通用探测器的粒子物理实验国际合作之一（另一个为**CDF实验**）。

D0探测器从靠近束流的中心，由内而外，依次分布着硅微条顶点探测器、光纤径迹探测器、采样型贫铀液氩电磁量能器和铜吸收体强子量能器，以及最外层μ谱仪等。依靠良好的探测器性能，D0实验能够对高能电子、μ子、强子喷注、b夸克以及中微子逃逸造成的横动量丢失进行鉴别和精确测量。2011年9月30日，随着TEVATRON关闭，D0探测器最终停止物理取数。在其运行中，D0实验已取得了一系列重要物理成果：首次观测顶夸克的产生，首次以90%置信度确认顶夸克2/3分数电荷，并精确测量顶夸克质量；首次发现含b夸克Ξ_b新重子态，并发表大量B介子正反物质振荡实验观测；完成强子对撞实验中最精确的W质量以及轻夸克相关弱混合角测量；2012年8月，与CDF实验联合发表Z/W+H（bb）规范场伴随产生模式中探测**希格斯粒子**实验结果，指出希格斯粒子质量在120～135GeV/c^2质量区间内，以3.3σ标准偏差观测到希格斯粒子存在迹象。这些物理结果对标准模型精确检验、探测新物理间接效应以及**大型强子对撞机**（LHC）实验物理都具有重要意义。

（韩　良）

E模与B模极化　E-mode and B-mode polarization　宇宙微波背景辐射存在的极化各向异性。**宇宙微波背景辐射**除具有温度的各向异性，还存在极化的各向异性。宇宙微波背景辐射的极化是在复合接近结束时由强度为四极矩（$l=2$）各向异性的辐射与电子的汤姆孙散射产生的。复合之前，散射因太快而无法产生四极矩各向异性。在复合接近结束时，光子的扩散导致四极矩的形成，从而产生极化；复合之后，散射却变得非常稀少。宇宙微波背景辐射的极化强度为百万分之一开尔文。不像温度的各向异性，极化只能通过散射产生。强度为偶极（$l=1$）各向异性的辐射通过汤姆孙散射后不会产生线性极化，只有四极矩的入射光才会产生线性极化，并且极化方向与四极矩的冷区域轴线方向一致。

宇宙微波背景辐射的线极化一般由斯托克斯参数Q和U来描述，由于汤姆孙散射不产生圆极化，因此不需要斯托克斯参数V。斯托克斯参数Q和U为线性极化提供了一个局域的可操作性定义，但对坐标的依赖为宇宙学解释带来不便，因此通常采用非局域的E场和B场来描述宇宙微波背景辐射的线性极化。类似于把一个矢量场分解为一个梯度部分和无散度的卷曲部分，在正交基中由斯托克斯参数Q和U构成的无迹的对称的2阶极化张量也可分解为梯度部分(E)和无散度的卷曲部分(B)。与温度场一样E场在宇称变换下是标量，而B场是伪标量，因此若没有宇称破坏的物理，B场与温度场、B场与E场之间没有关联。

四极矩各向异性的源来自标量扰动（也称为曲率扰动）、矢量扰动和张量扰动

（也称为引力波）。对于标量扰动，光子从热区域到冷区域的运动产生方位角对称的四极矩（$m=0$），这类四极矩只能产生E模极化，而不能产生B模极化。对于矢量扰动，产生$m=1$的四极矩，但模型预言的这类扰动非常小，可以忽略。对于张量扰动，经过的引力波导致空间的各向异性拉伸和压缩，辐射相应地出现红移和蓝移，形成非对称的四极矩（$m=2$）。这类四极矩既可以产生E模极化，也可产生B模极化。因此可以通过探测宇宙微波背景辐射的B模极化来分离标量扰动和张量扰动。另外，引力透镜和宇宙再电离过程也会导致宇宙微波背景辐射的B模极化。

对宇宙微波背景辐射极化的测量可以提高限制宇宙学参数的精度，更重要的是有助于了解宇宙极早期的物理过程。在观测方面，2002年度角尺度干涉仪（DASI）第一次探测到宇宙微波背景辐射的E模极化，2013年南极望远镜（SPT）第一次探测到引力透镜产生的B模极化，但仍未探测到原初引力波导致的B模极化。

（郭宗宽）

EPR佯谬 Einstein-Podolsky-Rosen paradox 由A.爱因斯坦、B.波多尔斯基和N.罗森提出的关于量子力学完备性争论的思想实验。

物理实在性 1935年，爱因斯坦等发表了题为《量子力学对物理实在性的描述能被认为是完备的吗》的论文，对量子力学的完备性提出质疑。该文首先定义说，如果能够确定地知道一个物理量的值且对系统不带来任何扰动，那么这个物理量就是一个物理实在的元素。他们认为一个完备理论中的每一个物理实在的元素都应有一个元素（变量）和它对应。显然经典物理中粒子的位置和动量是同时具有这样的物理实在性的物理量。但在量子力学中，由于存在不确定关系，不可对易的算符对应的物理量不能同时具有物理实在性。位置和动量算符是不可对易的，动量和位置不能同时具有物理实在性。例如，一个处于动量本征态的粒子，动量就是确定知道的。但是要确定地知道它的位置就一定会改变系统的状态，爱因斯坦等人声称，要么量子力学用波函数描述的物理实在性不完备，要么这两个不可对易算符对应的物理量不能同时具有实在性。为此他们提出一个思想实验，在定域性假设下，他们得出一个粒子的位置和动量可以同时具有物理实在性，进而得出量子力学是不完备的结论。

EPR佯谬 爱因斯坦等人考虑了一个两粒子状态，他们假设这两个粒子处于量子态$\Psi=\delta(x_1-x_2-L)$，其中x_1和x_2是两个粒子的位置变量。同时假设处于这个态后两个粒子间不再有相互作用，从波函数可以知道两个粒子的位置差恒等于L，两个粒子的动量守恒等于零。因此，测得粒子1的坐标为x_1^0，立即可确定粒子2的坐标为$L-x_1^0$。测得粒子1的动量为p_1^0，立即可确定粒子2的动量为$-p_1^0$。两个粒子之间是没有相互作用的，测量也是局域的。爱因斯坦等人认为，对粒子1的测量就不会影响到粒子2这个系统。因此在这个思想实验中，就能做到不扰动粒子2而确定地知道它的动量或者位置。根据物理实在性的定义，在这里粒子2的动量和位置都具有了物理实在性。根据爱因斯坦等人提出的完备性要求，具有物理实在性的物理量就应该有相对应的变量来描述，但在波函数的描述中，我们只能用动量或者位置做变量，所以波函数描述不是完备的，这就是所谓的EPR佯谬。

思想发展 针对爱因斯坦等人的文章，N.玻尔用互补性原理的思想对此做了定性的回应。他说对于互不相容的测量（位置和动量）的可能结果进行比较是得不出任何结论的。玻尔并没有对局域性问题给出明确的回答，这样的回复没能使爱因斯坦信服，但他坚信两个在空间上远离的物体的真实状态是彼此独立的。这个观点此后被称为“定域性要求”。在对波函数表述物理实在性不完备的批评基础上，爱因斯坦等人猜想应该存在一种理论，在它的描述下物理实在性是完备的，即每一个具有物理实在性的物理量都应该有一个和它对应的实在的变量，沿着这个思想后来的发展被称为隐变量理论。

1957年，D.玻姆等将EPR佯谬用两粒子的自旋单态重新做了表述，在这里不可对易的物理量换成了不同方向的自旋。1964年，J.S.贝尔给出了两个自旋粒子自旋方向符合测量的联合概率的一个上限，并证明量子力学给出的这个联合概率可以超出这个上限，最终在理论上解决了EPR佯谬的争论，这就是所谓的贝尔不等式。从20世纪70年代起陆续进行了一些实验，实验值都显示违背贝尔不等式，实验结果都支持量子力学。

EPR佯谬质疑量子力学虽然没能成功，但人们知道爱因斯坦等人提出的两粒子态是有非局域关联的。这种关联现在被称为量子纠缠，具有这样关联的两粒子也被称为EPR对。

（傅立斌）

FFLO态 FFLO state 超导序参量在实空间呈现出非均匀的周期性结构。超导电性现象于1911年发现，但直到1957年，J.巴丁、L.N.库珀和J.R.施里弗提出BCS理论，其微观机理才得到一个令人满意的解释。BCS理论提出，金属中自旋和动量相反的电子可以配对形成所谓库珀对。库珀对在晶格当中可以无损耗地运动，形成超导电流。该理论所描述的库珀对具有零质心动量，超导序参量在空间均匀分布。

1964年P.富勒迪和R.A.费雷尔、A.拉金和Y.奥夫钦尼科夫两个研究组分别独立理论预言超导体在强磁场下会导致库珀对具有有限的动量，从而使得超导序参量在实空间呈现出非均匀的周期性结构，即所谓的Fulde-Ferrel-Larkin-Ovchinnkov态（FFLO态）。FFLO态产生的原因是：通常的BCS超导体中库珀对是自旋单态并具有零质心动量。在有限外磁场下的金属态，塞曼能的产生会导致体系中电子包含不相同的自旋向上/向下数目，两者之间的费米面产生差异并具有有限的动量位移。当体系进入超导态时，费米面附近的自旋向上/向下电子所形成的库珀对就会自然具有有限的动量，使得超导序参量在实空间呈现出相应的周期性的非均匀分布，平移不变性被破坏。

几十年来，大量的实验工作用来寻找和证实这一新奇超导态的存在。FFLO态的研究工作对于核物理和高能天体物理等领域都具有意义。但由于在超导体中FFLO态容易被杂质效应、磁场的轨道效应、自旋轨道耦合等压制，尚未在超导体中发现其存在的直接证据，仅在低温高磁场情形下的超导薄膜、重费米子超导体、层状有机物超导体中发现了一些间接证据。由于在超冷费米气体研究领域的巨大进展，人们实现了两种自旋数目不相同的费米系统中的超流态，在一维系统中发现了FFLO态存在的间接证据。（陈焱）

FPU问题 Fermi-Pasta-Ulam problem 由弹簧连接的一维质点链的非线性动力学问题。N个质量均为m的质点由弹簧连接成两端固定的一条链，质点间弹簧收缩产生的力导致系统沿链方向运动，且只考虑近邻相互作用：第i个质点仅仅受到第$i-1$和第$i+1$个质点的影响，见图。设$x_i=x_i(t)$为第i个质点离开平衡位置的位移，则由牛顿第二定律得运动方程：

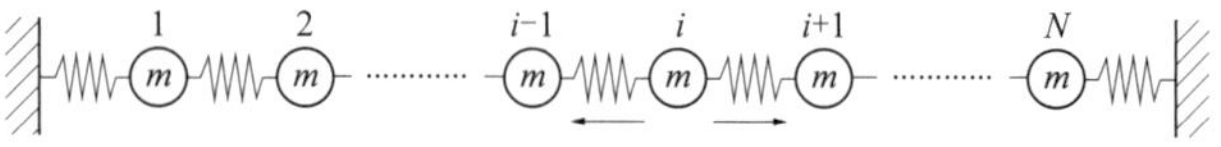

FPU振动模型

$$m\frac{d^2x_i}{dt^2}=F(x_i-x_{i-1})-F(x_{i+1}-x_i)$$

$$(i=1,2,\cdots,N)$$

当弹簧服从**胡克定律**即$F(\Delta)=-k\Delta$时，上述方程为二阶线性常系数常微分方程组：

$$\frac{d^2x_i}{dt^2}=x_{i+1}-2x_i+x_{i-1}\quad(i=1,2,\cdots,N)$$

式中$\frac{k}{m}=1$。该问题的解可通过引入傅里叶模或简正模$a_k=a_k(t)$得到：$a_k=\sqrt{\frac{2}{N+1}}\cdot\sum_{j=1}^{N}x_j\sin\left(\frac{jk\pi}{N+1}\right)$，相应频率为$\omega_k=2\sin\left[\frac{k\pi}{2(N+1)}\right]$。每个简正模对应于一种振动模式，而线性系统的任意一种振动可以由简正模叠加而成。在振动过程中，每一个简正模的能量保持不变：若系统以某一种简正模为初始振动，则它永远保持这种振动模式。因此在线性情况下，系统的能量在各简正模之间没有交换。

20世纪50年代初，美籍意大利物理学家E.**费米**、J.R.帕斯塔和S.M.乌拉姆（FPU）用历史上首台电子计算机MANIAC研究了上述线性问题的非线性扰动，非线性源自弹簧的回复力$F(\Delta)$。FPU研究了三类问题，其中之一为：$F(\Delta)=-k(\Delta+\alpha\Delta^2)$，$\alpha$为小量参数。此时系统的动力学方程为：

$$\frac{d^2x_i}{dt^2}=\frac{k}{m}(x_{i+1}-2x_i+x_{i-1})$$

$$+\frac{k}{m}\alpha[(x_{i+1}-x_i)^2-(x_i-x_{i-1})^2]$$

$$(i=1,2,\cdots,N)$$

在FPU的研究中，参数取值为$\frac{k}{m}=1$，$N=16,32,64$。FPU的主要目的是探讨非线性系统的能量分配。该非线性系统不能精确求解，所以FPU借助于MANIAC进行数值实验。作为数值实验的初始条件，FPU将能量集中于最低阶模$k=1$，等价于最低阶模的激发。基于统计物理中能量均分定理，FPU所期望的结论是：通过非线性相互作用，初始能量逐渐传输到其他模，直到能量最终在各模之间平均分配。但数值实验结果却出乎意料：尽管在初期阶段模$k=2$、模$k=3$等的确被激发，但在一定时间之后，几乎所有（97%）的能量又返回到最低阶模$k=1$，这一现象被称为FPU递归或FPU悖论。1972年J.L.塔克和M.T.门泽尔用更先进的计算机研究了FPU递归现象，并发现存在"超级递归"现象：以更高的精度返回到初始状态。

FPU问题开启了计算物理和实验数学的先河，也是非线性科学诞生的标志。为了给FPU递归现象以合理的解释，数学物理学家们做了多方面的探索，从而引发了孤子理论的诞生，推动了混沌理论的发展。一方面，1965年M.D.克鲁斯卡尔和N.J.扎布斯基通过对动力学方程取连续极限得到浅水波模型科特韦格–德弗里斯方程（KdV方程），并对其做了数值求解，引入了孤子的概念。另一方面，1966年F.M.伊兹赖列夫和B.V.奇里科夫的研究说明强非线性的确可以导致能量均分。FPU问题的研究极大推进了非线性科学的发展，与它相关的问题仍然是科学家们探索的课题。 （刘青平）

G宇称 G parity 粒子在G变换下波函数改变的常数相因子。电荷共轭变换和绕同位旋空间第二轴旋转180°的联合变换称为G变换。在这样的联合变换下，可以使强子构成的系统**同位旋**状态恢复原状。对于介子系统，在G变换下不但介子系统的同位旋状态会恢复原状，而且该介子系统本身的状态还会保持不变，此时描述系统状态的波函数只会改变一个常数相因子，该常数相因子称为粒子的G宇称。G宇称的可能取值为+1和−1。根据夸克模型，介子是由正反夸克对构成的，介子的G宇称量子数一般为$G=(-1)^{L+S+I}$，其中L为正反夸克之间相对轨道角动量量子数，S为正反夸克对总自旋，I为该介子的同位旋量子数。由于在**强相互作用**下，同位旋和电荷共轭变换都守恒，因此G宇称在强相互作用下是守恒的。 （杨茂志）

GHZ态 GHZ state 由D.M.格林伯格、M.A.霍恩和A.蔡林格于1989年提出的展现出特殊纠缠性质的多（3及3以上）量子比特态。数学上GHZ态可以写成如下形式：

$$|GHZ\rangle=\frac{|00\cdots0\rangle+|11\cdots1\rangle}{\sqrt{2}}$$

式中$\{|0\rangle,|1\rangle\}$为单个量子比特希尔伯特空间的正交归一化基矢。

贝尔不等式刻画了量子理论和经典局域性隐变量理论的区别。GHZ态特殊的纠缠性质具体体现在其量子理论的预言确定性地违反了经典局域隐变量理论，而不需要借助不等式来描述。贝尔不等式对GHZ态的这种推广通常称之为无不等式的贝尔定理。 （周端陆）

***H*定理** *H* theorem 1872年，奥地利物理学家L.**玻尔兹曼**为了论证麦克斯韦分布的唯一性问题而引入的速度分布函数$f(r,v,t)$的一个特殊的泛函遵循的定理。全称玻尔兹曼H定理。定理表述为：$H\equiv\iint f(r,v,t)\ln f(r,v,t)\,d^3v\,d^3r$，而且函数$H$遵守$\frac{dH}{dt}\leqslant0$。

建立 19世纪中叶，英国物理学家J.C.**麦克斯韦**首先认识到气体分子的速度不同，并采用数学统计的方法导出了麦克斯韦速度分布规律，从而使分子运动论建立在更加可靠的理论基础上。1868～1871年，玻尔兹曼将麦克斯韦速度分布律推广到多原子体系，并得到麦克斯韦–玻尔兹曼分布定律。但麦克斯韦分布的唯一性问题（无论从什么样的分布出发，最终都将过渡到平衡态问题）没有得到可靠的论证。1872年，玻尔兹曼完成《气体分子热平衡问题的进一步研究》论文。文中玻尔兹曼引入速度分布函数的一个泛函H，并证明在分子相互碰撞的影响下，H函数随时间单调减少，当H函数减少到最小时，系统达到平衡态。此时细致平衡原理成立，而麦克斯韦速度分布函数是细致平衡条件的普遍解。H定理指明了过程的方向性，且与**热力学第二定律**相当。1877年，玻尔兹曼进一步研究了热力学第二定律的统计解释：在孤立系统中熵的增加对应于分子运动状态的概率趋向最大值，熵减小的过程（H增大）不是不可能，系统达到平衡后，熵值可以在极大值附近稍有涨落。实际上玻尔兹曼的H函数就是熵在非平衡态下的推广。

意义 首先，H定理从微观上看是一个具有统计性质的规律。H函数是速度分布函数f的泛函，而速度分布函数f本身就是统计平均量，因此H函数是统计平均量，且具有双重平均的性质。其次，H函数给出了系统达到平衡态的判据：只有当H减少到它的极小值而不再改变时，系统才达到平衡态。再次，H定理从统计物理的观点解释了非平衡系统有趋向平衡态并停留于平衡态的自然趋势，同时证明了这一趋势是不可逆的。最后，H定理与热力学中的熵增加原理是等价的。从H函数与熵的关系式$S=-kH+C$（k为玻尔兹曼常数）可以看出，H函数的减少就是熵的增加。

讨论 首先是"可逆佯谬"。1876年，J.J.洛施密特对H定理提出了质疑，指出分子的微观运动遵从牛顿力学，必然是可逆的。通过对质疑的辩论，玻尔兹曼明确了H定理不是纯粹力学规律的结果，而是统计性质的。宏观不可逆性是统计规律的结果，与微观可逆性并不矛盾。对于由大量粒子组成的孤立体系，体系中发生的过程向着H函数减少的方向进行。由于涨落因素的存在，某个体系有可能存在H函数增大的可能性，但H函数增大的概率远远小于H函数减少的概率。其次是“重归佯谬”。1896年E.策梅洛根据法国科学家H.**庞加莱**证明的微观运动可复原性定理（一个保守力学系统在足够长时间后，将回复到起始运动状态附近），指出当H函数随时间减少后，只要经过足够长的时间，它将回复到最初的值，因此H函数不可能单向减少。玻尔兹曼强调H定理是统计性质的，对于大量粒子系统，回复时间非常长，远超出了平常的观察时间，因此微观运动回复到原来状态的机会非常小。H定理本身具有统计性质，它并不排斥由于某种涨落引起的H函数偶然增加的情形，所以它与微观运动可复原性实际上是不矛盾的。（艾保全）

HBT实验 HBT experiment 由R.汉伯里-布朗和R.Q.特威斯设计的一种新型干涉仪实验。HBT实验是对同一辐射场源（光源）照射的两个探测器的强度信号的涨落间的相关检测。20世纪50年代，汉伯里-布朗和特威斯进行了干涉仪相关的实验，发展出了射频强度干涉仪（图a）和光学强度干涉仪（图b）。他们利用相隔一定距离的两个反射镜将恒星发出的光收集到不同的光电倍增管中，发现有明显的干涉效应，揭示了两个信号光强之间的正关联特性。这种干涉信号可用来确定双星体系的角间隔，并有很高的分辨率。强度-强度相关实验激发了对光场高阶相干性的研究。

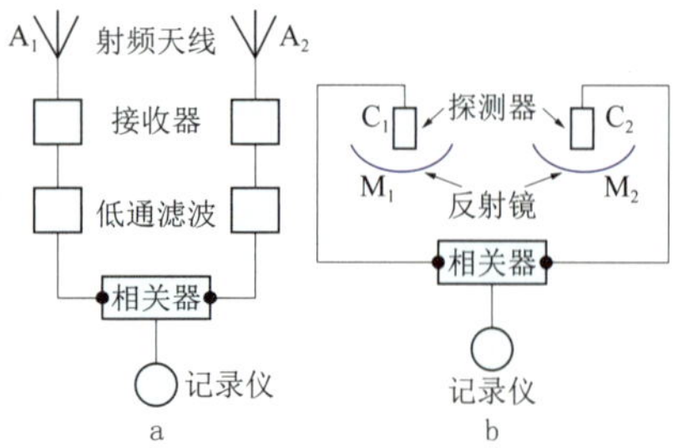

射频强度干涉仪和光学强度干涉仪

1960年激光器出现后人们进一步研究发现，在这种强度干涉仪中，如果光源是过滤的单模热辐射可以观测到正关联；如果光源是相干激光则观测不到关联。在热光束和相干光束中光子的关联特性之间的这种差异的理论解释最初是由R.J.**格劳伯**给出的，他由于创立了光学相干的量子理论获得了2005年诺贝尔物理学奖。

实验室内的HBT实验（高压汞灯作光源）进一步证实了这样的事实：热光源的光子趋向于群聚到达两个分离的探测器。随后L.曼德尔和其合作者利用一个低压汞放电灯作热光源，也发现了多个光子群聚抵达单个探测器的趋势。这两个实验都利用了光的波动性来创建抵达时间上的关联。

21世纪以来，物质波的HBT实验也已陆续进行。物质粒子有**玻色子**、**费米子**之分，实验中玻色子有群聚的趋势，已在介子、玻色原子和光子中观测到。然而，费米子由于**泡利不相容原理**，趋向于相互分离，即反群聚，已在中子、电子和费米原子中观测到。超冷玻色原子的HBT实验还观察到较热（类似热光源）时有群聚，而形成**玻色-爱因斯坦凝聚**（类似激光）时则没有群聚的现象。超冷费米原子的HBT实验观察到反群聚现象。（吴金辉）

JC模型 Jaynes-Cummings model; JC model 由E.T.杰恩斯和F.W.卡明斯于1963年提出的**量子光学**中最著名的理论模型之一。JC模型描述单模量子光场与单个二能级原子的相互作用，是光和原子间量子相互作用的最简形式，并且是一个数学上准确可解的模型。人们围绕着标准JC模型及其各种推广形式做了大量的理论与实验研究工作。JC模型在量子光学、原子（分子）物理学和固态量子信息器件等领域都具有重要的科学意义。

JC模型的最初提出是试图研究电磁场与原子（分子）相互作用的量子理论与半经典理论的关系。**半经典理论**中的电磁场用麦克斯韦经典理论描述，已能够解释许多光与原子相互作用系统的物理现象，例如单模电磁场与二能级原子相互作用系统的**拉比振荡**。而JC模型的研究表明，光场的量子化处理会导致二能级系统的时间演化具有不同的特征，例如当单模光场是相干态时原子上能级布居数随时间出现崩塌-回复的周期性演化，这是纯量子效应。1987年，G.伦珀、H.瓦尔特和N.克莱因在实验中观察到了量子崩塌-回复型的时间演化。

利用单原子**微波激射器**可以在微波腔内实现标准JC模型的物理属性，因此单原子微波激射器实际上就是标准JC模型的实物原型。人们已经能够在微波腔中制备各种非经典光场态，并利用单原子微波激射器来研究单模电磁场与原子相互作用系统中电磁场与原子的动力学过程，以及各种线性和非线性效应的物理机制。

标准JC模型是在对原子与量子化光场的相互作用做了**旋转波近似**以后得到的。计入非旋转波相互作用后，JC模型被推广为量子拉比模型。此外，JC模型也被推广到多个二能级原子与单模腔电磁场相互作用的系统，例如塔维斯-卡明斯（T-C）模型。20世纪60年代后，这些模型都得到了深入的理论和实验研究。（郑杭）

***jj*耦合** *jj* coupling 由给定电子组态确定多电子原子能级结构的一种近似方法。它适用于原子中各电子的自旋-轨道相互作用远大于电子间静电库仑相互作用的情形，即*jj*耦合条件。在*jj*耦合方案中，角动量按下述耦合方式构成：首先将每个电子的自旋与其自身的轨道角动量耦合起来$\boldsymbol{l}_i+\boldsymbol{s}_i=\boldsymbol{j}_i$，$i=1, 2, \cdots, N$，以得到在该耦合条件下的近似好量子数$j_i$，目的在于计算电子自旋轨道相互作用因$j_i$的不同而具有不同的能量。然后按照某个任意的次序将每个电子的总角动量$\boldsymbol{j}_i$耦合起来得到原子总角动量，即$\sum_{i=1}^{N} j_i = J$，以得到好量子数J。*jj*耦合一般适用于轻元素原子的高激发态和重元素原子的激发态。

以两电子原子为例说明。电子的自旋角动量和轨道角动量合成各自的总角动量$\boldsymbol{j}$，自旋角动量$\boldsymbol{s}$和轨道角动量$\boldsymbol{l}$都绕着各自的总角动量$\boldsymbol{j}$旋进。然后两个电子的总角动量$\boldsymbol{j}$又合成原子的总角动量$\boldsymbol{J}$，其量子数为J，$J=j_1+j_2, j_1+j_2-1, \cdots, |j_1-j_2|$。下图是*jj*耦合的矢量图。对于仅包括两个电子的组态，这种耦合方案可以用简化的符号表示：$[(l_1, s_1)\ j_1, (l_2, s_2)\ j_2]JM$，常用的*jj*耦合能级符号为$(j_1, j_2)_J$。如*sp*组态，*jj*耦合时的能级为$\left(\frac{1}{2}, \frac{1}{2}\right)_{0,1}$和$\left(\frac{1}{2}, \frac{3}{2}\right)_{1,2}$。

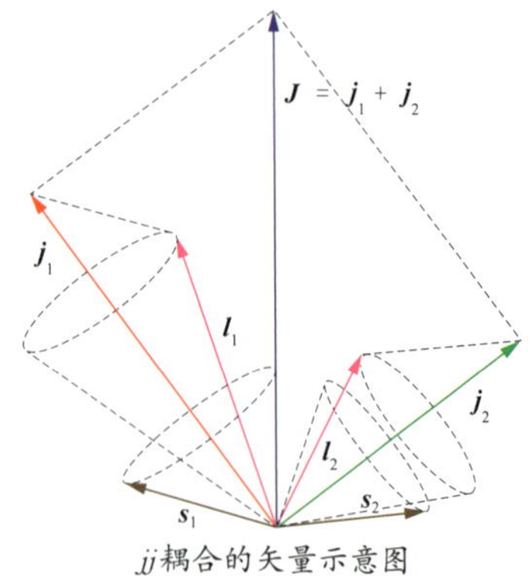

*jj*耦合的矢量示意图

（杨玉军）

KAM定理 KAM theorem 关于可积哈密顿系统受摄动后其解的长期性态的一个定

理。此定理于1954年由苏联学者A.N.科尔莫戈罗夫提出，1963年为他的学生V.I.阿诺尔德所证明，并在略为不同的提法下1962年为美国学者J.K.莫塞所证明。KAM即以上三人姓氏的缩写。

由**正则方程**描述的n个自由度哈密顿系统，如果能找到n个彼此独立的运动积分，则成为可积系统，并可通过**正则变换**用作用－角变量(I,θ)描述，且哈密顿函数只与作用变量有关，$H_0=H_0(I)$，可积系统的解在$2n$维相空间中分布在一个n维环面上。如果系统受到微小摄动，$H(I,\theta)=H_0(I)+\varepsilon H_1(I,\theta)$，则称为近可积系统，其中$\varepsilon$是一小参数。

KAM定理的数学表述比较复杂，大意是：在满足一定条件下（如摄动微小、可积系统的H_0远离共振、H_1光滑等）近可积系统绝大多数解是规则的，其相轨迹被限制在一个n维环面上，该环面与可积系统的环面相比有微小的变形，但拓扑结构不变，称为KAM环面；也有一些“随机”解（随机二字打上引号表示并非真正的随机，而是因为系统的性态随物值的敏感而呈现混乱，这仍然是混沌现象的决定性的表现），但被限制在KAM环面之间，成为“随机”层。因此，近可积系统与可积系统的解相差不多，这时确定性与“随机性”共存。随着摄动的加大，上述条件受到破坏，KAM定理不再适用。分隔相邻“随机”层的KAM环面将逐个破裂，“随机”层也相应变大，这时系统的所有可能解中大部分都是混沌解。（贾书惠）

KT相变 Kosterlitz-Thouless(KT)phase transition 二维XY模型中从低温下涡旋－反涡旋束缚态到高温下解对的涡旋和反涡旋态的相变。因物理学家J.M.**科斯特利兹**与D.J.**索利斯**的相关研究得名。又因苏联物理学家V.L.别列津斯基做出了相同的独立研究而称BKT相变。所有能用**XY模型**近似描写的二维凝聚态系统均会发生BKT相变，包括铁磁薄膜、约瑟夫森阵列和超导薄膜。二维XY模型的对偶是正弦戈登模型，后者常作为一维量子模型玻色化后的低能有效模型，因此BKT相变的概念也促进了对一维量子模型的理解。

二维XY模型描写具有固定长度的自旋矢量通过近邻在空间上耦合，具有U(1)或SO(2)旋转对称性（其他相关系统可以映射为自旋XY模型）。尽管自旋矢量取向一致的构型能量最低，但这种有序态打破了上述连续对称性。在有限温度下，在有序态基础上的横向涨落，即戈德斯通模式，随着系统尺寸的增加而对数发散。因此这种系统不会发生通常意义上的二级相变。这也是梅尔曼－瓦格纳（Mermin-Wagner）定理的一个特例。但这个模型仍然存在两种相，表现为高温下自旋－自旋关联函数随距离指数衰减，即系统处在短程关联的无序相；而在低温下自旋－自旋关联只以距离的幂率倒数形式减小，即系统具有代数关联或代数序。这两种相之间的转变就是BKT相变。

导致BKT相变的关键因素是二维XY模型中的拓扑稳定的涡旋激发。沿着一条闭合的路径考察自旋矢量的变化。如果把这些矢量映射到一个单位圆上，则其轨迹要么能连续收缩为一个点，要么绕单位圆整数次，可以用一个取整数的绕数来刻画。不同的绕数在拓扑上不等价，不能通过自旋矢量场的连续变化相互转换。绕数非零的自旋构型称为涡旋。能量最小的涡旋的绕数为正1（或负1），称为涡旋（或反涡旋）。涡旋/反涡旋的自由移动能有效破坏自旋矢量的有序态。系统中的总涡旋数和反涡旋数必须平衡，否则总能量随系统尺寸增加而发散。涡旋（或反涡旋）之间具有对数型排斥势，而相反极性的涡旋－反涡旋之间则具有对数型吸引势。这类似于由正负电荷组成的二维库仑气体，有两种可能的状态。在低温下，能量降低是主导因素，涡旋/反涡旋形成束缚对，类似于介电体中的电偶极。在大尺度上涡旋/反涡旋对等效于绕数为零的构型，除了改变自旋－自旋耦合的有效强度。此时系统处在具有代数有序相。在高温下，熵的效果使涡旋/反涡旋形成类似于等离子体的状态，涡旋/反涡旋自由运动从而屏蔽相互作用，反过来又有利于自由运动，使系统处在短程关联的无序相。因此存在涡旋/反涡旋从束缚到解对的相变。因为驱动相变的是拓扑型的涡旋/反涡旋，BKT相变也被认为是一种**拓扑相变**。

关于BKT相变的重正化群理论表明，转变温度以下系统具有有效的广义刚度，针对超导薄膜情况，这意味着二维系统可以存在超导态，具有有限的超流密度。在转变温度以上，广义刚度为零。在转变温度处，广义刚度有一个普适的跳变。在高温相，关联函数中的衰减特征长度，即关联长度，是以BKT转变温度为参考点的相对温度的二次方根倒数的指数函数，在转变温度附近其发散的速度无穷快于通常二级相变中的相对温度的幂率倒数，因此BKT相变也被认为是无穷级相变。

（王强华）

***LS*耦合** *LS* coupling 由给定电子组态确定多电子原子能级结构的一种近似方法。它适用于原子中各电子间的静电库仑相互作用远大于电子的自旋－轨道相互作用的情形，即*LS*耦合条件。原子中各个角动量耦合的次序可以按照不同方式选择，任何一种特定的选择就称为一种耦合方案。如果采用的耦合方案是按照各种相互作用的强度减小为序依次耦合相应的角动量，则耦合的波函数将会最接近于原子的各种物理状态，用相应的量子数标识能级也最符合实际。

在*LS*耦合条件下，原子（电子数为N，$N>1$）中最强的相互作用是电子之间的库仑排斥，这种相互作用仅影响轨道角动量而不影响自旋，全部电子的轨道运动作为一个整体没有任何外力矩的作用，原子的总轨道角动量（由所有电子的轨道角动量耦合成）$L=\sum_{i=1}^{N}l_i$的平方$\boldsymbol{L}^2$构成近似的守恒量，相应的量子数L是近似的好量子数。同时，哈密顿算符中剩下的各项均与电子自旋无关，所以总自旋角动量（由所有电子的自旋角动量耦合成）$S=\sum_{i=1}^{N}s_i$的平方$\boldsymbol{S}^2$也是近似的守恒量，相应的量子数S也是近似的好量子数。最后把总轨道角动量$\boldsymbol{L}$和总自旋角动量耦合成原子的总角动量$\boldsymbol{J}$，这种耦合方案称为*LS*耦合或罗素－桑德斯耦合。*LS*耦合形成的谱项一般用^{2S+1}L表示，相应的能级用$^{2S+1}L_J$表示。*LS*耦合常适用于确定较轻元素原子的较低激发态和基态，是计算原子能级时最常用的耦合方案。

以两电子原子为例说明：两个电子各自的轨道角动量$\boldsymbol{l}_1$和$\boldsymbol{l}_2$耦合成总轨道角动量$\boldsymbol{L}=\boldsymbol{l}_1+\boldsymbol{l}_2$，其量子数为$L$，$L=l_1+l_2$，$l_1+l_2-1,\cdots,|l_1-l_2|$，两个轨道角动量绕着$\boldsymbol{L}$旋进；两个自旋角动量$\boldsymbol{s}_1$和$\boldsymbol{s}_2$也要耦合成一个总自旋角动量$\boldsymbol{S}=\boldsymbol{s}_1+\boldsymbol{s}_2$，其量子数

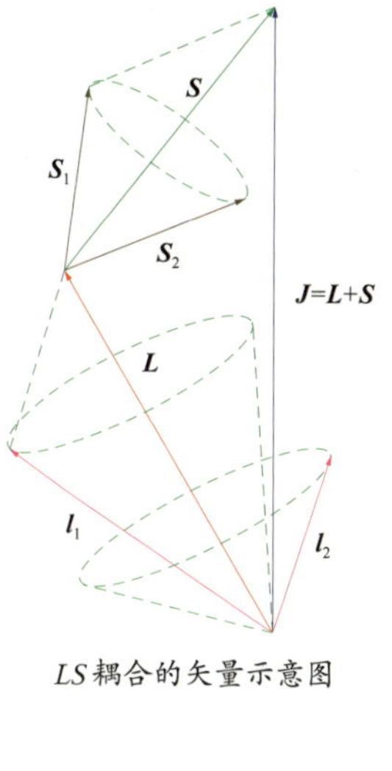

*LS*耦合的矢量示意图

为S，$S=s_1+s_2, s_1+s_2-1, \cdots, |s_1-s_2|$，两个自旋角动量也绕着它旋进。最后总轨道角动量$\boldsymbol{L}$和总自旋角动量$\boldsymbol{S}$耦合成总角动量$\boldsymbol{J}$，$\boldsymbol{L}$和$\boldsymbol{S}$绕着$\boldsymbol{J}$旋进。可以用矢量图表示这个关系（见图）。

如两个非同科s电子的组态ss'，$l_1=l_2=0$，故$L=0$，能级符号为S；$s_1=s_2=1/2$，故$S=0,1$。由此得知存在谱项^1S和^3S，相应的能级为$^1S_0$和$^3S_1$。如果是同科电子，还需要考虑**泡利不相容原理**，一般l^2的允许谱项只能是那些$L+S$为偶数的谱项，对于s^2组态，只有^1S存在，而^3S则不存在。

（杨玉军）

M理论 M theory 一种时空维度为11维的量子引力理论。可实现对五种**超弦理论**以及十一维**超引力**的统一。最早是由普林斯顿大学高等研究院的E.威滕在1995年弦理论大会上提出。通过对超弦理论间各种对偶关系的研究，威滕指出ⅡA超弦理论的强耦合极限并非是一个在十维时空中的**超弦理论**，而是一个在十一维时空中的未知理论。这个理论被命名为M理论。M代表着神奇（magic）、神秘（mysterious）、膜（membrane）或者矩阵（matrix），取决于从何角度来理解这个理论。

M理论统一了看起来不同的五种微扰弦理论以及十一维超引力。通过各种对偶关系可以与其他超弦理论联系起来。亦即五种超弦理论可认为是M理论在不同极限下的表现，如图所示。

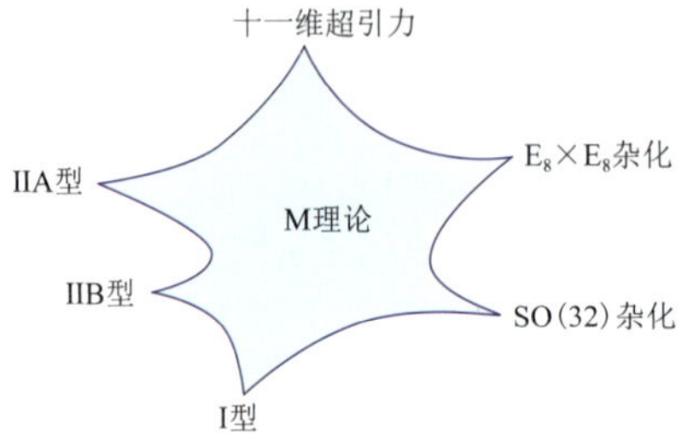

M理论示意图

M理论神秘之处在于不清楚如何准确定义它的物理自由度和动力学。由于它是超弦理论的强耦合极限，通常在十维下的一维弦，在十一维下变成了一个二维的膜，因此有理由猜测M理论是一个膜理论。但通常的膜理论并没有自洽的微扰展开。尽管缺乏对M理论的精确描述，但其低能有效描述是已知的十一维时空中的超引力理论。在这个超引力理论中存在着两种非微扰的膜位形，即二维的M2膜和五维的M5膜。对这两种膜的物理研究是理解M理论的重要窗口。

1997年T.班克斯、W.菲施勒、S.H.申克和L.萨斯坎德等基于膜的矩阵正规化以及与D0膜的关联提出了具有二次量子化特点的所谓M理论的矩阵模型，即所谓的BFSS矩阵模型。利用此模型研究了M理论的低能有效作用量，以及与其他**弦理论**的联系等问题，获得了成功。但该矩阵理论无法描述所谓横向M5膜。

对M理论的另一种定义是通过AdS/CFT**对应**。这个对应关系指出在反德西特时空中的量子引力理论可以通过此时空边界上的**共形场论**来定义。通过研究M2膜和M5膜的超引力位形近视界几何下的物理自由度，提出了以下两种M理论的定义：①$AdS_4\times S^7$上的M理论与三维的ABJM共形场论等价。这里$AdS_4\times S^7$是M2膜对应的引力位形的近视界几何，而ABJM是由O.阿哈洛里、O.伯格曼、D.贾费里斯和J.玛达切纳等提出的一种描述M2膜的低能有效理论。②$AdS_7\times S^4$上的M理论与六维的(2,0)型超对称共形场论等价。这儿的$AdS_7\times S^4$时空是M5膜对应的引力位形的近视界几何；而(2,0)型共形场论是一类很特殊的场论，来自M5膜的低能有效作用量。对这个六维场论的研究是M理论研究中的核心问题之一。

尽管从多个角度对M理论进行了研究，也得到关于M理论的不少理解，但M理论仍然有很多未解之谜等待着进一步的研究。

（陈　斌）

MIT模型 MIT model 用一个不可穿透的口袋来描述强子的唯象模型。又称MIT袋模型。见**口袋模型**。

OZ方程 Ornstein-Zernike equation 描述各向同性液体中粒子密度分布函数的积分方程。全称奥恩斯坦-泽尔尼克方程。在粒子密度为ρ的各向同性液体系统中，以位置$\boldsymbol{r}_1$作为参考点，空间任一位置$\boldsymbol{r}_2$处的平均粒子密度为$\rho g(r_{12})$，这里$g(r_{12})$为**径向分布函数**，$r_{12}=|\boldsymbol{r}_1-\boldsymbol{r}_2|$为观测点与参考点之间的距离。

由径向分布函数可得到总关联函数$h(r_{12})=g(r_{12})-1$。1914年，荷兰物理学家L.S.奥恩斯坦和F.**泽尔尼克**提出将总关联函数分成直接和间接两个部分。直接关联部分用$c(r_{12})$表示，被称为直接关联函数。间接关联部分来自参考点$\boldsymbol{r}_1$对空间某一位置$\boldsymbol{r}_3$的直接关联乘以$\boldsymbol{r}_3$对位置$\boldsymbol{r}_2$的总关联，然后对所有粒子在空间所有位置的贡献求和。数学上表示为：

$$h(r_{12})=c(r_{12})+\rho\int c(r_{13})h(r_{32})\mathrm{d}^3r_3$$

后被人们称为OZ方程，这是一个积分方程。

采用关联函数的傅里叶变换：

$$h(r)=\sum_k H(k)\exp(\mathrm{i}k\cdot r)$$

$$c(r)=\sum_k C(k)\exp(\mathrm{i}k\cdot r)$$

OZ方程在频谱空间可以重写为：

$$H(\boldsymbol{k})=C(\boldsymbol{k})+\rho C(\boldsymbol{k})H(\boldsymbol{k})$$

为了求解系统关联函数，除了OZ方程以外，还需要找出直接关联函数与总关联函数之间的一个封闭关系，这个封闭关系一般只能在近似条件下得到。

径向分布函数也可表示为：

$$g(r)=\exp[-w(r)/k_BT]$$

这里$w(r)$为平均力势。将$w(r)$减去相互作用势$u(r)$后，我们可得到平均力势的间接部分，相应可定义一个间接径向分布函数：

$$g_{\text{indirect}}(r)=\exp(-[w(r)-u(r)]/k_BT)$$

1958年，J.K.珀克斯和G.J.耶维克提出了如下的近似关系：

$$c(r)=g(r)-g_{\text{indirect}}(r)$$
$$=g(r)-g(r)\exp[u(r)/k_BT]$$

被称为PY方程。对于硬球系统，OZ方程与PY方程结合，可求得系统关联函数的解析解。另一个常用的封闭关系为超网链近似：

$$g(r)=\exp[-u(r)/k_BT+h(r)-c(r)]$$

对于各类不同系统，将其相互作用势$u(r)$代入封闭关系，并与OZ方程联立求解，可计算系统在不同温度和密度下的关联函数，利用关联函数可得到系统的热力学性质。

（陈晓松）

P宇称 P parity 表征空间反射变换性质。又称宇称变换。空间反射变换是指空间位置矢量改变符号的变换：$\boldsymbol{r}\rightarrow-\boldsymbol{r}$，这里$\boldsymbol{r}$是空间位置矢量。在宇称变换下，物理系统具有确定的变换性质。奇次依赖于空间坐标的物理量在宇称变换下会改变一个负号，而偶次依赖于空间坐标的物理量不改变符号。例如速度、动量、电场强度等在宇称变换下会改变符号，而角动量、磁感应强度等在宇称变换下保持不变。粒子的自旋在宇称变换下的行为与轨道角动量的变换性质相同。

微观粒子是由量子化的场来描述的。根据量子场所满足的场方程或相互作用在宇称变换下的不变性，可以推出量子场在宇称变换下的行为。描述粒子的场在宇称变换下会改变一个相位因子，这个相位因子称为粒子的内禀宇称。多个粒子构成的粒子系统在宇称变化下也具有特定的行为。描述多粒子系统的状态函数在宇称变换下也会改变一个相因子，这个相因子称为这个粒子系统的宇称。多粒子系统的宇称是由单个粒子的内禀宇称乘积和表征粒子相对状态的空间波函数给出的空间宇称共同构成的。对于两个相对轨道角动量量子数为l的粒子，其空间宇称为$(-1)^l$。

费米子的旋量波函数在宇称变化下具有一个任意可约定的相角，而且对于不同的费米子这个任意相角可以不同，因此费米子的内禀宇称是依赖于对这个相角的约定的。这使得费米子没有绝对宇称，但物理上的实际可观测量并不依赖于这个任意相角。在实际处理费米子的宇称问题时，为了处理上的方便，可以任意取定这个相角。如在粒子物理学中，一般规定质子和中子的宇称为+1。再根据特定的守恒规则，就可以确定其他粒子的宇称。这样的宇称是相对宇称。

两个正反费米子对构成的系统，由于两个任意相角相反，并大小严格相等，所以这个系统的宇称不依赖于任意相角，正反费米子对的宇称是绝对宇称。对于相对轨道角动量量子数为l的正反费米子系统，它的宇称量子数为$(-1)^{l+1}$。相对轨道角动量量子数为l的正反玻色子系统的宇称为$(-1)^l$。

实验表明，宇称在**电磁相互作用**和**强相互作用**下守恒，在**弱相互作用**下不守恒。在弱相互作用下宇称不守恒，是**李政道**和**杨振宁**于1956年在分析了弱作用粒子衰变的实验结果后首先从理论上提出来的，随后于1957年初被**吴健雄**为首的实验组利用钴-60的β衰变实验所证实。

（杨茂志）

PHENIX实验 the Pioneering High Energy Nuclear Interaction eXperiment; PHENIX 在美国布鲁克海文国家实验室的**相对论重离子对撞机**（RHIC）上的4个大型国际合作项目之一。研究内容包括：核子自旋问题及相对论性重离子碰撞中产生的高温高密度的极端条件下核物质的性质，在实验室内再现宇宙形成最初10^{-5}秒时物质的状态——**夸克-胶子等离子体**（QGP）。

PHENIX的实验装置包括：多重性/顶点探测器、束流计数器、飞行时间探测器、μ子磁铁（北）、μ子磁铁（南）、**切伦科夫探测器**、中心磁铁、**漂移室**、**时间扩展室**、PAD室、**电磁量能器**、μ子鉴别钢板、μ子鉴别器和μ子径迹室等。

参与合作研究的有来自11个国家的约52个研究单位的500多名人员。理论预计，在RHIC上进行金原子核与金原子核对撞时，将产生如早期宇宙那样高温高密度的环境，温度可达太阳表面温度的3亿倍。通常情况下禁锢在质子和中子中的夸克和胶子会逸出，形成夸克-胶子等离子体。而金原子核与氘核相撞时，产生的热量和压缩都不很高，不足以形成夸克-胶子等离子体。

通过对PHENIX实验测量的带电粒子的多重性、横能量、产额比，宽横动量范围的强子产额比，椭圆流，两粒子关联，非统计涨落，高横动量粒子的压低等，以及RHIC上另外3个实验（BRAMS、PHOBOS、STAR）的测量数据综合分析，科学家们在2003年6月18日宣布在RHIC的实验中已生成地球上最热最密的物质。很像是具有强相互作用的类似液体的夸克-胶子等离子体。对碰撞产生的丰富数据深入分析还得到更多关于产物性质的信息。

（周书华）

PN结 PN junction 由P型半导体和N型半导体冶金学接触形成的区域。半导体中存在两种载流子，即导带（带底为E_c）中的电子以及价带（带顶为E_v）中的空穴。当半导体中的空穴浓度大于电子浓度时，该半导体的导电性主要依靠价带中的空穴，则该类型的半导体称为P型半导体。相反，当半导体中的电子浓度大于空穴浓度时，该半导体的导电性主要依靠导带中的电子，则该类型的半导体称为N型半导体。

任何两种物质（绝缘体除外）的冶金学接触都称为结，而由P型半导体和N型半导体实现冶金学接触所形成结构称为PN结。除金属-半导体接触器件之外，所有的结型器件都基于PN结。PN结又分为两种类型：由同种半导体（如硅）构成的结称为同质结，由不同种半导体如（如硅、锗）构成的结称为异质结。

根据PN结热平衡状态下的能带示意图（图1），在热平衡状态下，P型半导体和N型半导体的费米能级（E_F）持平。由于P型半导体和N型半导体的载流子浓度不相同，P型半导体中的空穴向N型半导体中扩散，同时N型半导体中的电子会向P型半导体中扩散。由于电子和空穴的扩散，在相互靠近的P侧和N侧的区域会出现未被补偿的、固定的施主离子和受主离子。这些离子的存在建立起了一个空间

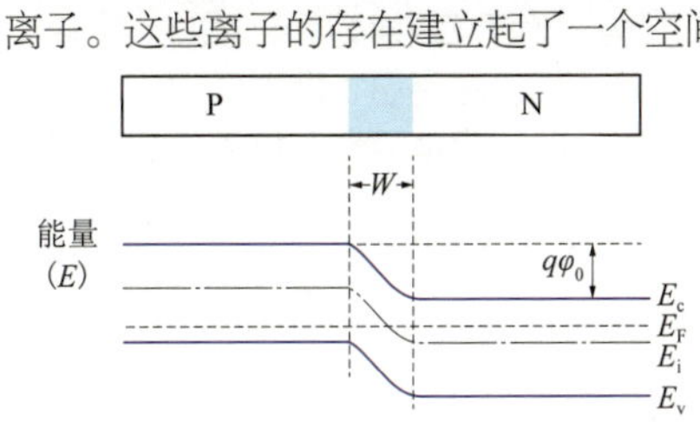

图1 PN结热平衡下能带示意图

电荷区（W）电场，即内建电场（E_i相应的电势为φ_0）。该电场的存在会抑制载流子的扩散，并使得载流子向与扩散方向相反的方向进行漂移运动。在热平衡状态下，载流子的扩散运动和漂移运动达到动态平衡状态。

如图2所示，当有外接电源在PN结两侧时，热平衡状态将会被破坏，将会有电流在半导体中流过。但流过PN结的传导电流强烈依赖于外加电压的极性。当P侧电势比N侧高V时，PN结的势垒下降qV，减小了势垒的高度，有助于载流子的扩散，形成较大的电流，这种电压为正向偏压。

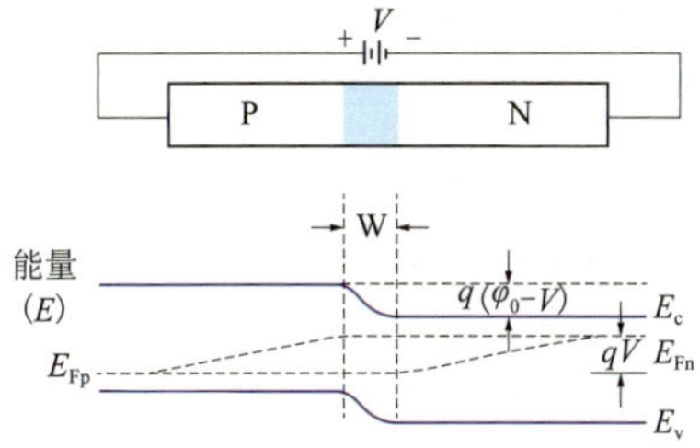

图2 PN结正向偏压示意图

如图3所示，当P侧电势比N侧的低V_R时，PN结的势垒增加了qV_R，增加的势垒阻挡了载流子的扩散，此时通过PN结的电流很小，结的阻抗很高。这种电压称为反向偏压。

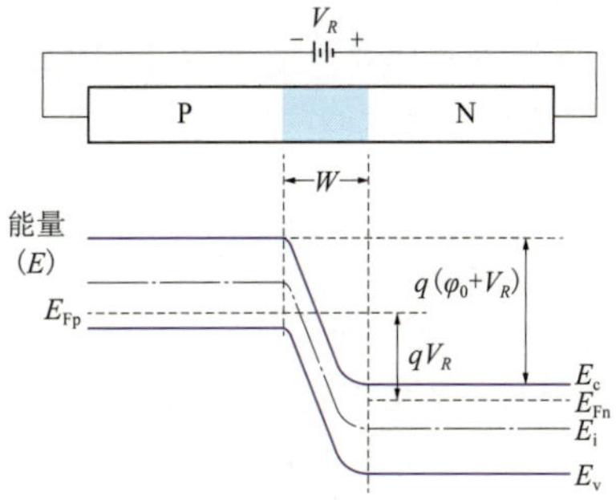

图3 PN结反向偏压示意图

在正反两种偏压条件下，PN结表现出了不同的导电状态，这说明PN结具有单向导电性，又称为整流特性。

当PN结处于反向偏压很大时，电流急剧增加，这种现象叫作反向击穿。发生击穿的过程主要有两种机理：一种是雪崩击穿，另一种是齐纳击穿。当反向偏压增大时，从P型区域移动到N型区域的电子在到达N型区域时具有很大的能量。这时，高能电子与晶格碰撞，使电子由价带激发到导带，产生电子-空穴对。新产生的电子-空穴对被电场加速，通过碰撞又产生电子-空穴对。这种过程反复发生，引起载流子的倍增效应，使反向电流急剧增加而产生雪崩击穿。对于齐纳击穿，当

反向偏压增大时，由于P侧区域的价带与P侧区域的导带之间的距离变得极小，所以P侧区域的价带电子可因隧道效应穿过势垒，到达N侧区域的导带中。当反向偏压逐渐增加时发生隧道效应，使电流急剧增加。

PN结在正向偏压时，空间电荷区宽度*W*减小，空间电荷区内空间电荷的数量减少；反向偏压时，空间电荷区宽度*W*增大，空间电荷区内空间电荷的数量增多。因此在不同偏压下，空间电荷区内空间电荷的数量会发生变化，即在偏压的作用下，PN结具有充放电的电容作用。这种由于空间电荷区内空间电荷随偏压变化所引起的电容称为PN结的耗尽层电容。按照杂质分布的不同，PN结可分为杂质分布急剧变化的突变结和杂质分布缓慢变化的缓变结两种。根据杂质分布的不同，结电容也发生变化。

根据PN结的材料、掺杂分布、几何结构和偏置条件的不同，利用其基本特性可制造多种功能的晶体二极管。如利用PN结单向导电性可制作整流二极管、检波二极管和开关二极管；利用击穿特性可制作稳压二极管和雪崩二极管；利用高掺杂PN结隧道效应可制作隧道二极管。使半导体的光电效应与PN结相结合还可制作多种光电器件。如利用前向偏置异质结的载流子注入与复合可制造半导体激光二极管与半导体发光二极管；利用光辐射对PN结反向电流的调制作用可制成光电探测器；利用光生伏特效应可制成太阳电池。此外，利用两个PN结之间的相互作用可产生放大、振荡等多种电子功能。PN结是构成双极型晶体管和场效应晶体管的核心，是现代电子技术的基础。

（王开友）

QCD求和规则 QCD sum rules 基于算符乘积展开的量子色动力学理论计算中，对具有相同量子数和夸克成分的强子的求和规则。量子色动力学（QCD）是描述强相互作用的理论，具有相互作用强度随距离增加的独特性质，导致长程禁闭效应，即部分子（夸克和胶子）由于受到强相互作用力而被禁闭在其构成的强子之内。由于强相互作用的这个特性，“看到”的部分子都是间接观测的结果，也为研究、计算强子物理性质带来了困难。QCD求和规则是能实现从QCD第一原理出发，计算出由部分子决定的强子的性质和转化的为数不多的理论。

QCD求和规则最早由M.A.希夫曼、A.I.瓦什泰恩和V.扎哈罗夫提出，因此该理论方法也被称为SVZ求和规则。QCD求和规则的理论基础是1969年K.G.威耳孙发展起来的算符乘积展开（OPE）。它成功地将强子特征参数，如质量、衰变常数、中子磁矩等，同若干QCD真空参数（胶子和夸克的凝聚）联系起来，可以近似计算几乎所有基态强子的各种性质。QCD求和规则中的“QCD”是指基于OPE的QCD理论计算，“求和规则”是指对具有相同量子数和夸克成分的强子的求和，两者通过色散积分这一数学工具而建立等式，称为主方程。主方程是关联函数$\Pi(q^2)$二重性的表现形式。

QCD求和规则的基本思想和计算方法大致如下：QCD真空中的价夸克会对物理真空造成扰动，强子的性质依赖于其价夸克如何与真空涨落发生相互作用。真空涨落可以由若干种凝聚来表示，如夸克对凝聚$\langle\bar{q}q\rangle$、两胶子凝聚$\langle G^2\rangle$、混合凝聚$\langle\bar{q}\sigma Gq\rangle$等。在实际计算所要求的近似下，只需要考虑算符乘积展开中低量纲的凝聚就够了。

20世纪80年代以后，QCD求和规则衍生出许多分支，从最早侧重计算典型共振态的质量和衰变常数，发展出可计算诸如磁矩、形状因子、弱衰变、深度非弹结构函数、重夸克偶素和奇特态能谱等许多强子性质的方法。QCD求和规则对真空结构的定性结论还催生出了瞬子流体理论和其他有关QCD真空的理论模型。它的核心思想为光锥求和规则以及AdS/QCD对偶理论的发展发挥了重要作用。

QCD求和规则发展实践表明，它仍然是计算涉及非微扰QCD的强子问题的强有力工具。由于实际操作中需要对OPE的算符做截断，并在强子谱中采用简单的δ函数+连续谱的近似，视具体情况，这会造成相当的理论误差，但误差一般不会超过20%。在未来的发展中，除做更广泛的应用外，如何提高QCD求和规则的计算精度是一个很值得关注的课题。

（乔从丰　汤　亮）

QCD相结构 QCD phase structure 强相互作用理论量子色动力学在极端条件下的物态结构。量子色动力学（QCD）具有丰富的对称性。在高温，高重子数密度，高同位旋密度，强电磁场，剧烈的涡旋等极端条件下，这些对称性质会改变，发生QCD相变。例如色退禁闭相变对应Z(3)对称性的自发破缺，手征相变对应SU(3)手征对称性的自发破缺，π介子超流对应SU(2)同位旋对称性的自发破缺，色超导对应色SU(3)对称性的自发破缺等。观测这些QCD相变的信号是相对论重离子碰撞实验的主要目标。

（庄鹏飞）

QCD因子化 QCD factorization 量子色动力学中的因式分解方法。由于量子色动力学（QCD）的颜色紧闭和渐近自由特性，许多强相互作用过程可分解为短程可微扰计算的及非微扰的两个因子的卷积的过程。

（张肇西）

QMD模型 QMD model; model of quantum molecular dynamics 在分子动力学基础上考虑了量子效应的一种模型。全称量子分子动力学模型。分子动力学是基于力学原理研究分子和分子系统结构及其演化规律的方法，分子动力学模型已广泛应用于化学化工、生命科学、材料科学、原子物理、团簇物理等领域物质结构和碰撞动力学研究。20世纪80年代，J.艾其林等人在分子动力学基础上考虑了核子的量子效应如泡利不相容原理后建立了量子分子动力学模型，主要应用于中能重离子碰撞物理研究，如原子核多重碎裂、核物质状态方程、粒子产生机制等。QMD模型是微观多体输运理论，主要用于描述原子核碰撞过程中核子和碰撞后产生的粒子动力学演化过程，主要由系统哈密顿量构造的平均场、费米子量子修正和级联碰撞三部分构成。在QMD模型中将核子看作高斯形的波包分布，系统波函数是每个核子波函数的直积，经维格纳变换后得到了核子在相空间中密度分布，由核子–核子相互作用势和相空间密度得到系统的哈密顿量。哈密顿量决定了核子的动力学演化。核子级联碰撞采用了分子混沌假设，即碰撞前后核子在坐标空间位置不变，动量分布由其碰撞微分截面随机抽样确定。核子–核子发生非弹性碰撞后，还可以产生共振态、介子和奇异粒子等，其动量分布也由其微分截面随机给出。

在QMD基础上，考虑了核子波函数反对称化后，H.费尔德迈和堀内昶等人分别建立了费米子分子动力学模型（FMD）和反对称分子动力学模型（AMD）。德国法兰克福研究组发展了QMD模型中平均场，即采用相对论协变形式（RQMD），级联碰撞部分并推广到了极端相对论重离子碰撞，建立了极端相对论量子分子动力学模型（UrQMD）。中国原子能研究院研究组基于斯格明能量密度泛函改进了平均场和核子费米子属性，建立了改进的量子分子动力学模型（ImQMD模型），主要用于近垒重离子熔合反应、超重核形成机制和同位旋物理研究。中国科学院近代物理研究所研究人员建立了兰州量子分子动力学模型（LQMD模型），用于描述近垒重离子熔合动力学和壳效应影响，中高能重离子碰撞中同位旋物理研究，反质子引起的核反应动力学，超核形成机制分析，强子介质效应研究等。

QMD模型及其发展已在近垒重离子熔合反应机制，中高能重离子碰撞同位旋物理和强子产生机制，极端相对论重离子碰撞物理和夸克-胶子等离子体产生等方面取得了重要进展，能够解释大量实验数据。量子效应在QMD模型还需要进一步完善，如描述原子核的结团效应、壳效应等。（冯兆庆）

RKKY模型 Ruderman-Kittel-Kasuya-Yosida model; RKKY model 描述原子核磁矩或者原子内层电子磁矩（如d或f层电子）之间通过传导电子作为媒介，完成间接交换作用的理论模型。M.A.鲁德尔曼和C.基特尔首先提出一个相互作用模型，即利用二阶微扰理论，描述了原子核磁矩通过交换作用使传导电子自旋极化，以其为媒介，通过它与另一原子核磁矩产生**交换作用**，实现两个原子核磁矩之间的间接耦合。此模型成功解释了^{110}Ag核磁共振吸收谱线展宽的实验现象。糟谷忠雄以及芳田奎将上述模型推广形成RKKY模型，提出以传导电子为媒介的原子内层d或f电子磁矩之间的间接交换作用。以稀土金属为例，内层4f电子提供局域磁矩，4f电子与周围传导的s电子通过直接交换作用，使s电子自旋极化。当自旋极化的传导电子通过另一个原子时，又与该原子的4f电子产生直接交换作用，影响其磁矩的取向，导致两原子间4f-4f电子的间接耦合。由于电子关联效应所导致的屏蔽电荷的干涉效应，使得4f电子局域磁矩对s电子的自旋极化呈现随距离增加的弗里德尔振荡衰减特性，所以随着与稀土原子距离的增加，以s电子为媒介引起的两个原子4f电子磁矩可以是平行或反平行取向，实现铁磁或反铁磁磁结构。RKKY模型的一个重要应用在于解释由非磁性层分隔的磁性多层薄膜随非磁层厚度的变化，呈现铁磁与反铁磁振荡变化的现象。

（马 嵩 张志东）

RNA结构理论预测 RNA structure theoretical prediction 通过计算的方法对非编码RNA的二级结构和三级结构进行预测。由于通过实验手段（主要包括X射线晶体衍射和核磁共振）测定RNA结构相当困难，且成本较高，导致结构数据库中RNA数量相对于蛋白质非常少。因此，从理论计算的角度开发预测RNA结构的方法具有现实的重要性。同时这类方法预测质量的好坏，也是检测对RNA折叠的物理化学过程理解程度的试金石。RNA的折叠过程一般是层级式的，二级结构中的螺旋部分首先形成，然后在共轴螺旋堆积，以及三级接触相互作用下形成紧凑的三级结构。由于碱基堆积和碱基配对相互作用非常强，RNA的二级结构通常非常稳定，因此一般认为RNA折叠过程中二级结构折叠和三级结构折叠的耦合不是很强。与蛋白质结构预测一样，RNA结构预测也分为二级结构预测和三级结构预测。RNA二级结构预测方法发展比较早，也比较成熟。二级结构预测方法可粗略地分为支持赝结的方法和不支持赝结的方法。所谓RNA赝结是指，如果序列编号为i的核苷酸和编号为j的核苷酸形成碱基对，同时k与l也形成碱基对，如果出现$i<k<j<l$，则称这是一个赝结。表现在一维图上，用连线表示两个核苷酸之间形成了碱基对，碱基对连线出现了交叉，形成了一个赝结。否则称为嵌套结构。

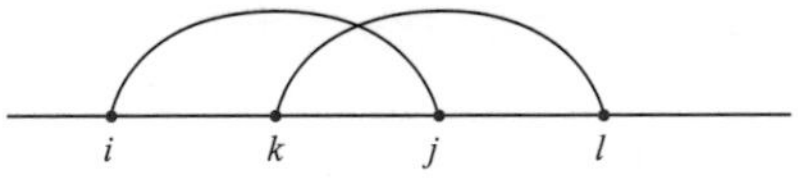

一个RNA赝结

对于不含赝结的RNA，通常采用动态规划的办法生成大量待检测结构，然后计算它们的自由能。自由能最小的结构即认为是其天然态结构。下面对一些典型方法进行简要介绍。

基于图像的方法 通常基于图像的方法会提供一个图形界面，允许用户通过操作或组装片段来构建RNA三级结构。

MANIP。作为一个交互的工具，在通过序列比对得到的二级结构基础上，允许用户通过组装已知的三维模体来形成一个完整的RNA结构。尽管不是一个自动预测方法，但是它提供了一个快速且简单的构建RNA三级结构的途径。尤其是对大尺寸的RNA，如RNase PRNA和group I introns。另外，多连接和碱基配对信息可以为精确模拟分子内的相互作用提供参考。

ERNA-3D。该方法提供了一个图形界面，允许用户在已知一级和二级结构的基础上，自由地安放螺旋的位置，并可直接拖拽螺旋间的单链。这个方案的优点是对RNA的尺寸大小几乎没有限制。该方案已经成功产生了mRNA，tRNA和rRNA(包括5SrRNA、16SrRNA和23S RNA）的三级结构。

RNA2D3D。该方法在二级结构的基础上可以快速地产生大RNA的粗糙的三级结构。但要得到满意的三级结构需要通过图形界面进行人工操作，这些操作工具包括压紧、螺旋堆积、片段定位和能量优化。

S2S/Assemble。该算法可以让用户很容易通过一个交互的图形界面呈现、操纵和连接RNA从序列到结构的数据，同时可以分析和构建RNA的三级结构。

尽管上述基于图形的预测方法可以快速和直观地对含有几百个核苷酸的大RNA进行结构构建，但它们都需要根据一些原则使用一些软件包进行人工的设置与操作，这需要用户深入掌握和理解RNA结构的相关知识，这对于一般的用户是很困难的。

基于同源建模的方法 因大分子的三级结构进化速度远远慢于其一级结构，进化上相关的大分子尽管序列水平上趋异，但通常保有相似的三级结构。基于这个事实，一个大分子的三级结构可以通过比对目标分子和模板分子的序列来进行构建。同源建模方法因此也称模板建模或比对建模方法，并且已经成功应用在蛋白质的三级结构预测上面。

ModeRNA。该算法可以简单通过对相关模板进行序列比对进行结构预测，并允许人工操纵结构，如片段组装。与其他的预测方法比，该算法可以识别和模拟后转录修饰的核苷。该方法虽然不是一个基于图形界面的算法，但仍然需要用户提供模板RNA和目标RNA的比对，且需要指定插入的片段和剩下的核苷酸间的碱基配对关系。

RNABuilde。该算法利用模板比对区域的距离和二面角信息作为约束来进行建模。该算法的一个特点是使用了一个包含碱基配对、碱基堆积、三级相互作用和体排斥相互作用的粗粒化力场。该算法还提供了一个框架，可以将实验得到的约束条件和用户自己的经验信息统一地加入算法中。

3dRNA。通过对数据库中得到的A型螺旋和各种环结构模板进行组装，该算法可以更快和更自动化地产生RNA三级结构。对于300个测试RNA（包括螺旋、发夹结构、赝结结构和分枝结构），该算法在二级结构的基础上可以产生可靠的三级结构。另外，对于其网页服务器版本，用户可以方便地在线使用，用户只要提供序列和二级结构信息就可以很快地得到预测的三级结构。

同源建模的一个优势就是对RNA尺寸大小没有限制，然而同源建模的结果的好坏取决于比对序列和模板结构的好坏。尽管PDB/NDB数据库中的RNA结构越来越多，但对于一个特定的目标RNA可能仍然很难找到一个合适的模板RNA。另外，由于RNA的高度柔性，其结构会随着温度、离子浓度以及有无配体而发生改变。因此，同源建模方法并不总是有效的。

基于物理的预测方法 根据物理化学的原则，通过搜索最小自由能构象的方式来预测结构。因为全原子的RNA模型牵扯到许多的自由度并带来巨大的计算复杂度，因此人们提出了一些不同尺度上的粗粒化预测模型。

全原子模型 人们使用基于全原子分子力场（比如AMBER和CHARMM力场）的**分子动力学模拟**方法来对生物大分子进行模拟，来深入理解原子尺度上的运动情况。但由于海量的自由度个数，即使使用最先进的计算资源，在合理的运行时间内，一个RNA分子很难在这些全原子分子力场下进行折叠。因此在已知二级结构的基础上，提出了全原子的片段组装法，如MC-Fold/MC-Sym，FARNA/FARFAR，RNAnbds和rsRNASP。

MC-Fold/MC-Sym。该方法通过MC-Fold法根据RNA的序列来预测其二级结构，MCSym使用预测出的二级结构作为结构约束条件来预测三级结构。MC-Fold使用一个基于核苷酸循环模体数据库的统计打分函数来预测包括标准和非标准碱基配对的RNA二级结构。MC-Sym使用拉斯维加斯算法来进行片段的插入模拟。

FARNA/FARFAR。R.达斯和D.贝克发展出一套自动的基于能量的方法FARNA用来预测RNA的三级结构。利用**蒙特卡罗方法**和一个偏好碱基配对和碱基堆积构象的简化统计势，FARNA通过组装三核苷酸片段得到全原子结构。该粗粒化的碱基对势通过统计一个核糖体中碱基之间的距离、角度的概率分布，并通过逆玻尔兹曼公式而得到，且加入了回旋半径大小和原子空间位阻因素。FARFAR使用了一个精度更高的统计势，对小的非标准的RNA可以取得原子级别的准确度。

RNAnbds。该方法根据序列或空间近邻的碱基间的相对位置关系做成了一个数据库，然后使用数据库中的碱基间的相对位置关系通过片段组装的方法来预测RNA的三级结构。利用一个统计势（包括碱基配对和碱基堆积势能）和序贯蒙特卡罗方法，该方法对小于15个核苷酸的片段尤其是环结构，可以得到RMSD值小于4Å的预测结构。

rsRNASP。该全原子统计势包含短程与长程相互作用，其区分依据是所属核苷酸在RNA序列上的距离。该统计势的相互作用形式是逆玻尔兹曼公式。测试表明，rsRNASP具有优于或持平于其他势函数的性能。并且，该统计势便于人们分析不同RNA结构单元对能量的贡献，具有物理机制清晰的特点。此外，rsRNASP还具有运算速度快的优势。

粗粒化模型 另一个减少计算量的途径是通过将一组功能团原子当成一个珠子（bead）来减少粒子的个数。一个珠子可以代表几个原子，也可能代表一个大团原子。

①YUP。该方法可以用来进行粗粒化和多尺度的模拟，是一个非常灵活的分子力学方法。基于能量函数和蒙特卡罗方法、分子动力学方法和能量极小化，这些方法可以用来模拟RNA的结构，同时也可以用来模拟蛋白质和DNA的结构。在这些方法的RNA模型中，一个核苷酸用一个位于磷原子质心的虚拟原子代替，可以大大减少计算量。尽管该方法需要用户提供RNA的二级结构和力场信息，但它仍然是一个适应性很好的自动化进行粗粒化模拟RNA结构的方法。

②NAST。和YUP方法相似，该方法也是一个bead模型，用C3′原子来代表一个核苷酸。利用一个针对RNA的统计势和一个简单的分子动力学算法，可以在满足二级结构和三级接触作用的约束条件下进行构象采样。该方法的一个优势是能够整合实验信息（如小角度X射线散射数据和溶剂及表面积数据）来对不同的结构团簇进行排序从而过滤掉一些结构。该方法对两个长度分别为76和158个核苷酸的RNA预测的结果分别是8埃和16埃。

③iFoldRNA。该方法提供了线上和线下的版本，从序列出发用来预测RNA的三级结构。为了快速地搜索可能的构象空间，采用了3-bead的RNA模型和高效的离散分子动力学模拟方法。iFoldRNA经测试对不同序列的150个RNA中的大部分得到了RMSD值小于4埃的预测结构。

④Vfold。基于实验上得到的螺旋热力学参数和通过在金刚石点阵上虚拟键的随机行走得到的loop熵，该方法通过枚举所有的二级结构（包括赝结结构）得到自由能面。自由能最小和局域极小的二级结构对应的三级结构可以通过片段组装的方法得到，然后用AMBER做能量极小化。

⑤5珠模型。在该模型中，一个核苷酸用5个虚拟原子来代替，其中的2个用来表征骨架，另外3个表征碱基用来描述碱基配对和碱基堆积相互作用。使用分子动力学模拟方法和模拟退火算法，该方法可以用来预测小尺寸的RNA，并且通过整合有限的实验数据可以用来预测大尺寸RNA的结构。该方法得到的粗粒化模型可以直接映射回全原子结构并通过全原子力场进行结构的优化。

⑥HiRE-RNA。该方法是一个高精度的粗粒化模型，使用6/7个珠来代替一个核苷酸。其中1个代表磷原子，4个代表核糖，嘧啶碱基用1个表示，嘌呤碱基用2个表示。碱基配对通过氢键相互作用来描述，包括2体、3体和4体作用项，相互作用的碱基对包括标准的Watson-Crick和摇摆碱基对，以及相对少见的A-C、A-G和U-C碱基配对。该方法采用分子动力学采样法来研究RNA发夹结构和双螺旋结构的稳定性。但这个模型的参数需要进一步调节来匹配预测的热力学性质和实验数据。

⑦考虑盐效应的3珠模型。大多数预测的方法都只考虑进行三级结构预测，但RNA是一个高度带负电的聚合物，其结构对温度和离子浓度很敏感，该方法考虑了盐浓度对RNA结构的影响，该方法使用了3珠模型，分别用3个原子P，C4′以及N9（对于嘌呤）或N1（对于嘧啶）来代表一个核苷酸。使用蒙特卡罗模拟退火算法，不仅可以预测三级结构，同时给出对小尺寸RNA结构稳定性和盐效应的可靠的预测结果。 （张　建）

***S*矩阵** *S*-matrix 微观粒子散射过程和反应过程的一种描述。考察微观粒子所组成的系统散射或反应过程时，需要研究的是在一定的相互作用下，系统从一定的初始状态如何随时间演化。绝热近似下，微观粒子系统从时间$t=-\infty$的初始状态跃迁到时间$t=\infty$的末态过程的概率振幅就是S矩阵的一个矩阵元，它的绝对值二次方就是该跃迁过程的概率。所以当某S矩阵元为零时，该跃迁过程就是禁戒的。所有可能的S矩阵元的整体构成S矩阵。

S矩阵与微观粒子间的相互作用有关，但S矩阵的某些普遍性质则并不依赖于相互作用的具体机制。从任一特定初态出发，到一切可能末态概率之和必须等于1，这在数学上反映为S矩阵是幺正矩阵，即具有**幺正性**：

$$S^{+}S=SS^{+}=1$$

一切物理过程必须符合相对论的因果性条件，这在数学上反映为S矩阵元的解析性。一切物理过程都保持能量守恒和动量守恒，这在数学上反映为S矩阵元中包含有体现这些守恒定律的δ函数因子。此外，角动量守恒定律、**电荷守恒定律**以及各种不同相互作用分别具有的特殊的对称性和守恒律，都会对S矩阵元给出一定的限制。这些限制中最常见的是给出某些S矩阵元之间满足一定的等式或给出某些S矩阵元必须等于零，后者即通常所说的选择定则。

即使已知微观粒子之间相互作用的基本规律，要从理论上计算S矩阵仍是困难的。相互作用很弱的情形下，可用微扰论的方法在足够好的近似下求出S矩阵元。但在相互作用较强时，微扰论的方法就不再适用。

20世纪50～60年代，从S矩阵的幺正性、解析性以及满足的一些基本的对称性要求出发，建立和发展了**色散关系**的理论，得到了一些不依赖于**微扰论**的普遍结果，并为以后用非微扰方法研究S矩阵的性质打下了基础。

S矩阵理论在研究**散射振幅**、**共形场论**的性质等方面业已焕发了生机。

（罗蓓玲）

s-d交换作用　s-d exchange interaction　铁磁性金属（如铁、铬、镍等）中4s传导电子和未填满的3d壳层电子之间的交换作用。由S.V.冯索夫斯基和C.齐纳分别提出。其本质是由多体相互作用效应引起的关联和交换作用，结合能带理论构成了巡游电子模型。利用s-d交换作用模型，在s电子和d电子之间存在的交换作用可以说明原子磁矩的非整数性来源，但也会导致过渡金属具有反铁磁性的结果。

（刘　伟　张志东）

Skyrme哈特里-福克方法　Skyrme Hartree-Fock mehtod　用Skyrme力的哈特里-福克计算。见**哈特里-福克方法**。

Skyrme模型　Skyrme model　一个低能量子色动力学有效理论。又称斯格明模型。见**手征拓扑孤粒子模型**。

STAR实验　the solenoidal tracker at RHIC　利用在**相对论重离子对撞机**（RHIC）上由多个子探测器构成的大型谱仪——STAR，组成国际实验合作组开展的实验。谱仪具有中心快度区域的全方位角接收度（$|\eta|<1,2\pi$），能够直接提供大动量范围（0.2～30GeV/c）的带电粒子信息。STAR的磁铁是桶形结构，能够提供沿桶轴方向最大为$B=0.5$ T的均匀磁场。**时间投影室**（TPC）是STAR主要的带电粒子径迹探测器，它覆盖赝快度$|\eta|<1.0$。飞行时间计算器（TOF）是基于多间隙阻性板室（MRPC）技术的探测器，覆盖赝快度$|\eta|<0.9$，其时间分辨率小于90皮秒，对动量大于0.5GeV/c的带电粒子探测效率高于95%。MRPC技术首先由欧洲核子研究中心（CERN）的**ALICE实验**发展起来，并应用到TOF探测器上。STAR-TOF的MRPC硬件部分由STAR中国组负责研制，它是国际上首次将该技术用于高能对碰撞机物理实验的飞行时间谱仪。TOF的触发系统是升级后的赝顶点的位置探测器（pVPD），能够为TOF提供对撞起始时间信息，也提供测量束流方向的对撞点位置信息。最接近束流的探测器是重味夸克探测器（HFT）。有两层像素（pixel）探测（30 μm×30 μm/pixel）分别在距离束流中心2.5厘米和7厘米的位置，并且加上位于束流管和TPC之间的内层硅径迹探测器（IST）和硅条探测器（SSD）组成。2014年以来，HFT成功加入STAR探测器系统。前向TPC能够覆盖对称的赝快度$2.5<\eta<4$接收度，用于前向快度的径迹探测。电磁量能器由桶部电磁量热器（BEMC）和端部电磁量能器（EEMC）构成。BEMC位于TPC外层，覆盖赝快度$|\eta|<1$，与BEMC相对应的EEMC在TPC的端部，覆盖赝快度$1<\eta<2$，电磁量热器能够测量事件的横能量，以及高动量的光子，电子和电磁衰变的强子，并且能够提供高动量粒子事件的触发。基于TOF技术STAR发展了测量μ子的望远探测器（MTD）。它是离束流位置最远的探测器，通过STAR的BEMC以及磁铁吸收电子和π介子以及飞行时间从而实现对μ子的测量。光子多重数探测器（PMD），覆盖赝快度$2.3<\eta<3.5$接收度，PMD可以测量前向高粒子密度区间的光子多重数以及空间分布。前向π^0介子探测器（FPD），用来测量大快度区域的π^0介子。前向介子探测器（FMS），可以测量$2.5<\eta<4$快度区域的中性粒子。STAR探测器系统可以提供宽的快度区域覆盖和优良的粒子鉴别。除了中微子以外，探测器能测量从电子到重味（粲和底夸克）强子和轻核的所有粒子。自2000年RHIC运行以来，STAR实验首先发现了椭圆流对组分夸克的标度性，它是在RHIC上发现强耦合的**夸克-胶子等离子体**（QGP）的重要证据之一。除了寻找夸克物质之外，STAR还可以进行奇特粒子的寻找，已发现了第一个反超子和最重的反物质：反氦-4核。

（刘　峰　许　怒）

TeV级加速器　TEVATRON　美国费米国家实验室的束流能量为太电子伏级的加速器设施。全称太电子伏级加速器。1992年建成，2011年终止运行，在**大型强子对撞机**（LHC）建成前，是世界上能量最高的加速器。TEVATRON是一台质子-反质子对撞机。离子源产生的负氢离子束在高压倍加器中加速到750千电子伏，进入150米长的直线加速器，束流能量提高到400兆电子伏，再注入一台增强器。在增强器里，负氢离子中的电子被剥离而转换成质子，并被加速到8吉电子伏，再注入主注入器进一步加速到150吉电子伏，最后注入TEVATRON中。同时质子束在主注入器加速到120吉电子伏时被引出打靶，产生反质子束流，经过反质子源、主注入器和返航器进行冷却、积累和加速，最后注入TEVATRON。TEVATRON采用超导磁铁对质子束和反质子束进行偏转和聚焦，利用射频腔的电场将束流加速到0.98太电子伏的高能量，其运动速度达到0.999 999 5倍光速，并进行对撞。对撞亮度达4.3×10^{32}/（厘米^2·秒）。在TEVATRON中，安装了两台大型谱仪CDF和D0，探测质子与反质子对撞的产物，开展高能物理实验研究。在TEVATRON中还开展了质子打静止靶的实验。1995年2月科学家宣布，在TEVATRON上的质子-反质子对撞中发现了**顶夸克**。此外，在此对撞机上还获得许多重要的粒子物理实验成果。

（张　闯）

***t-J*模型**　*t-J* model　**哈伯德模型**在哈伯德相互作用U大于能带宽度情况下的低能有效模型。t-J模型经常用来描写强关联电子系统，如铜氧化物高温超导体。考虑一个单带哈伯德模型：

$$H=H_t+H_U$$

$$H_t=-t\sum_{\langle ij\rangle\sigma}\left(c_{i\sigma}^{\dagger}c_{j\sigma}+h.c.\right)$$

$$H_U=U\sum_{i}n_{i\uparrow}n_{i\downarrow}$$

式中H_t为电子的动能；H_U为局域库仑排斥作用。为了得到t-J模型，先考虑半满情况，即每个格点平均占据一个电子。把多体系统的希尔伯特空间划分为两个子空间P和Q，在P中的任何多体态不含双占据，而在Q中的每个多体态至少包含一个双占据。这样做的目的是寻求（远低于能量尺度U的）低能子空间的有效哈密顿量。在半满情况下，P中的每个态描写的是每个格点精确占有一个电子的构型，但不同的态中电子的自旋构型不一样。如果$U \gg t$，可以把t当成小量来作微扰处理。在t的零级近似下，所有位于P的态能量为0，具有高度的简并，而在Q中的态的最低能量为U。现在考虑t的一阶修正对于P中的态的能量修正，这个修正实际上为0，因为H_t作用于P中的态必然导致双占据而变成Q中的态，从而与P中的任何态都正交。接着考虑二阶修正，即从P中的一个态出发，经过H_t的一次作用到达Q（这是一个量子力学虚过程），能量增加为U，再经过一次H_t的作用回到P中的一个态的过程。

根据标准的量子力学二阶微扰理论，得到的低能有效哈密顿量为：

$$H_{\text{eff}} = -P\frac{H_t^2}{U}P$$

式中P为投影算符，它排除双占据。重新整理并忽略包含三个格点的项，容易得到：

$$H_{\text{eff}} = -\frac{t^2}{U}\sum_{\langle ij\rangle}P\Big[\sum_{\sigma}(c_{i\sigma}^{\dagger}c_{j\sigma}+h.c.)\Big]^2P$$
$$=J\sum_{\langle ij\rangle}\left(S_i\cdot S_j-\frac{1}{4}n_in_j\right)$$

式中$J=\frac{4t^2}{U}$；S_i为电子的自旋算符；$n_i=1$为电子占据数。这实际上是一个反铁磁海森伯模型。现在考虑低于半满的情况。此时在没有双占据的格点上必然有一些空位，而电子往这些空位进行跃迁并不会导致双占据，因此这种过程也必须包含在低能有效理论中，这就得到t-J模型的哈密顿量：

$$H_{t-J} = -t\sum_{\langle ij\rangle\sigma}P(c_{i\sigma}^{\dagger}c_{j\sigma}+h.c.)P$$
$$+J\sum_{\langle ij\rangle}\left(S_i\cdot S_j-\frac{1}{4}n_in_j\right)$$

这里的投影算符P是有必要的，它保证上述t-J模型只作用于不含双占据的希尔伯特子空间。如果模型中的平均电子数是高于半满的，则可以先在哈伯德模型的框架内作粒子－空穴变换。在空穴图像下，模型变为低于半满情况，之后的处理同上。

t-J模型仍是一个强关联模型，其强关联性体现在无双占据这一约束条件，即：

$$\sum_{\sigma}c_{i\sigma}^{\dagger}c_{i\sigma}\leqslant 1$$

（王强华）

U形压力计　U type pressure gauge　一种测量压力的仪器。水银U形压力计构造简单，无须校准，可在压力不太低时使用。一般压力计一端封闭，另一端接入真空系统，封闭端为真空。这样压力计可直接指示总压力。两边水银柱的高度差即为总压力。对于精密工作则需进行温度修正。对于压力较低（低于帕）的测量，油压力计比水银压力计更精确，因为油的密度低，高度差变化更明显，绝对压力由下式给出：

$$p=\rho gh$$

式中h为油压力计的高度差读数。

（吴小山）

W粒子　W particle　传递带电流弱相互作用的中间矢量玻色子。见**弱中间玻色子**。

WKB近似　WKB approximation　一种在外势随位置变化缓慢的情况下求解**薛定谔方程**的近似方法，常用于一维系统。该方法由G.文策尔、H.A.克喇末和L.N.布里渊在1926年发展。数学家H.杰弗里斯在1923年已经针对一般微分方程发展了此种方法，而WKB三人的工作可视为杰弗里斯方法对薛定谔方程的应用。因此WKB近似也称为JWKB近似或WKBJ近似。针对单纯的经典禁区或经典允许区，WKB近似与波动光学中的几何光学近似等方法具有相同的思想。而针对上述两区域的交界处的近似手段则是上述四人的贡献。

（张　芃）

X箍缩　X-pinch　丝阵负载**Z箍缩**的简单变形。它将两根（或多根）金属细丝交叉并接触于一点，作为放电负载连接于快脉冲（约100纳秒）电流源输出端的阴阳极之间。和Z箍缩一样，X箍缩等**离子体**也经历了动力箍缩和平衡箍缩两种过程，只不过这些箍缩过程只发生在金属细丝的交叉点处，其原因是交叉点半径最小而电流最大，导致该处磁场以及磁压力远大于叉丝的其他地方。当幅值为100千安左右的脉冲大电流通过时，在金属细丝的交叉点处产生高温度、高密度的箍缩等离子体，并辐射出亚纳秒脉冲X射线。由于交叉于一点的金属细丝呈字母X形状，如图所示，故称之为X箍缩。

X箍缩的一个突出优点是其X射线辐射区为位置高度确定的微米级点源，这使得X箍缩常被用于背光照相或相衬照相的X射线源，在高温等离子体诊断和生物医学研究方面有重要的应用。

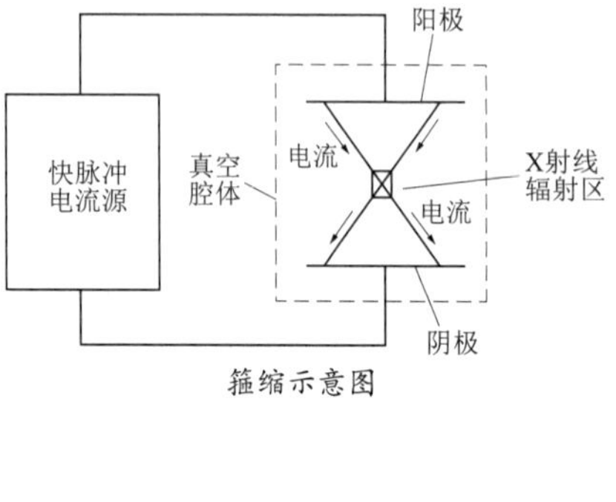

箍缩示意图

（王新新）

X射线　X-ray　电子加速或原子内壳层电子跃迁所发射的**电磁辐射**。通常X射线波长在10^{-11}～10^{-8}米之间，短波端与**γ射线**谱区连接，长波端与紫外线谱区连接；频率介于3×10^{19}～3×10^{16}赫兹之间，对应的光子能量介于10^5～10^2电子伏之间。通常波长介于10^{-11}～10^{-10}米之间的称硬X射线，波长介于10^{-10}～10^{-8}米之间的称软X射线。X射线通常由高速电子在真空中撞击靶产生的**韧致辐射**或由带电粒子加速器产生的**同步辐射**而获得，过程中电子减速或加速其动能的变化会以光子形式放出，形成X光光谱的连续部分。原子外层电子跃迁回内层放出光子形成X光谱中的特征线。

X射线有强的物质穿透力，波长愈短，穿透力愈强。

一般认为X射线是1895年W.C.**伦琴**在观察阴极射线的过程中发现的，开始时人们不知其本质，故命名其为X射线。实际上N.特斯拉先于伦琴发现了X射线，但他的发现没被众人所知。1905年及其后几年，C.G.巴克拉发现X射线的偏振现象。1912年M.von**劳厄**发现了X射线通过晶体时产生的衍射现象，显示了X射线具有波动性，晶体内部结构具有周期性。随后W.L.布拉格解释了X射线晶体衍射的形成，W.H.布拉格于1913年设计出第一台X射线分光计，并发现了特征X射线。

X射线通过物质并与原子相互作用时会发生：①光电吸收效应。光子与核外电子相碰把全部能量交给电子，使电子离开原子成为光电子。②康普顿效应。光子与核外电子发生非弹性碰撞，其能量和运动方向改变。③瑞利散射。散射光的波长与入射光相同，散射强度与波长的四次方成反比。对硬X射线高能康普顿效应主导；对软X射线光电吸收效应主导。X射线对物质的作用有：①穿透作用。照到物质上只少部分被吸收，大部分透过。②电离作用。物质受照射后可使核外电子电离。③荧光作用。照射到某些化合物可使其发出可见光或紫外线。④热作用。物质吸收X射线转变成热能使其温度升高。⑤感光作用。使胶片感光。⑥着色作用。长期照射某些物质可使其结晶体脱水颜色改变。⑦干涉、衍射、反射、折射作用。⑧照射到生物机体可使生物细胞受到抑制、破坏以至坏死。

X射线的波长通常用晶体的点阵衍射来测定。X射线探测可用荧光透视法（在某些物质中会激发荧光）、照相感光（使感光底片曝光）、电离计数器（使气体电离）、闪烁计数器、半导体电离计数器等。

X射线有强的穿透物质能力并引起荧光和照相乳胶感光，在医疗中广泛应用于人体透视，在工业中用于零件探伤，在机场、港口、车站进行安全检查。长期受X射线辐射对人体有害，但也在医疗上用来杀死癌细胞。晶体的点阵结构对X射线可产生显著的衍射效应，因此可用来研究晶体结构、形貌和各种缺陷。观测来自星际太空的X射线还用来研究天体物理。

（王　青）

X射线防护　X-ray protection　减小或防止X射线辐射对人体损伤的措施和办法。X射线照射可以诱发各种生物效应，对人体造成伤害，其症状包括脱发、皮肤烧伤、视力障碍及白血病等。X射线的防护主要考虑的是外照射的辐射防护，通过防护控制X射线所带来的外照射的剂量，使其保持在合理的最低水平。

X射线防护的主要方法是时间防护、距离防护和屏蔽防护。由于在辐射场内的人员所受照射的累积剂量与时间成正比，因此在照射率不变的情况下，缩短照射时间便可减少所接受的剂量，从而达到防护目的。在辐射源为点源的情况下，剂量率与距离的平方成反比，因此增加射线源与人体之间的距离便可减少剂量率或照射量。X射线屏蔽防护的要点是在射线源与人体之间放置一种能有效吸收射线的屏蔽材料。常用的屏蔽材料有铅板、混凝土或者钡水泥（添加有硫酸钡粉末的水泥）材料。屏蔽材料的厚度估算通常利用半减弱厚度的概念。X射线的半减弱厚度定义为将入射X射线照射率减弱一半所需的屏蔽层厚度。

在屏蔽防护计算中，需要考虑两个方面的因素：①由X射线源直接穿过屏蔽物的初级辐射屏蔽。对此，首先要确定屏蔽透射量，然后根据从实验中测得的射线减弱曲线求出所需要的屏蔽层厚度。②X射线在屏蔽物上引起的散射辐射的屏蔽。初级X射线照射到屏蔽物上将产生散射X射线。如果把散射体看作辐射源，散射X射线照射量的大小一般用距离散射体1米处散射X射线的照射量与入射初级X射线的照射量之比来表示。它与初级射线的性质、射线源到物体的距离、散射体受初级射线照射的面积和散射角度等多种因素有关。

（戴雄新）

X射线粉末衍射仪　powder X-ray diffractometer　用对X射线辐射敏感的探测器记录多晶衍射线的角度、强度和峰型的衍射设备。粉末衍射仪由X射线源、测角仪和辐射探测器组成。X射线源的强度、角度及衍射强度都是通过计算机控制和采集的。衍射仪中采用聚焦原理，使发散的X射线束照射在样品表面较大的区域上，而由样品产生的衍射线仍能聚焦在同一位置。最常用的是准聚焦几何的布拉格－布伦塔诺型衍射仪。其测角仪的准聚焦原理如图1所示。线光源F及接收狭缝D_2均在

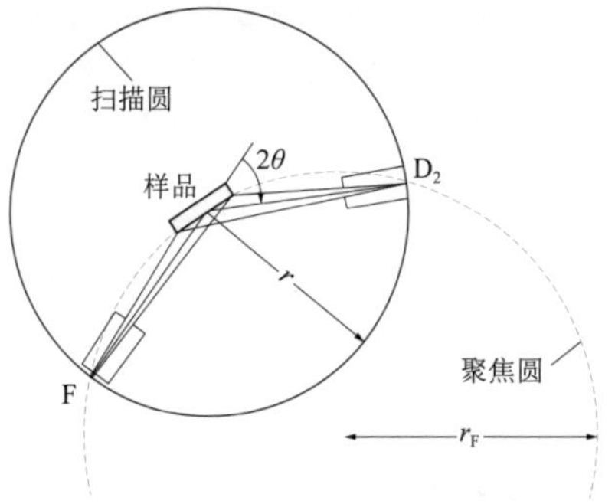

图1　聚焦原理示意图

同一个扫描圆的圆周上。样品制成平板型，置于测角仪样品台中心，样品表面与扫描圆的圆心重合。X射线照射到样品上，相当于反射作用。若保持入射光束固定，样品与探测器同轴旋转，转动角速度比为1∶2（$\theta\sim2\theta$测角仪），则探测器总是在符合布拉格方程的衍射光束的接收位置上。扫描圆的半径r不变，而聚焦圆的半径r_F则随衍射角变化：$r_F=r/(2\sin\theta)$。r也称为测角仪半径，使光源焦点F、样品及衍射线会聚处的接收狭缝始终处于聚焦圆的圆周上。

图2为X射线衍射仪的测角仪结构及光学布局原理图。F为线光源的阳极靶，呈线状焦斑$h\times w$。S为平板试样，试样外表面中心与样品台及测角仪中心轴相重合。DS为发散狭缝，用以限制入射线水平方向的发散度γ。RS为接收狭缝，衍射线通过它进入探测器计数器。SS和SS′为散射狭缝，它的作用是阻止空气散射和其他寄生散射进入探测器。S_1和S_2为索拉狭缝，它们是由相互平行、间距很小并对X射线吸收大的重金属薄片所组成，用于分别限制入射线和衍射线在垂直方向的发散度，改善线焦斑X射线源轴向发散度引起的在聚焦处的散焦现象，提高测角仪的分辨率。为消除试样荧光辐射的影响，尽量减少衍射强度的损失，提高信噪比，通常在索拉狭缝S_2、接收狭缝RS和探测器的同一支架上放置热解定向石墨面弯晶单色器C（图2）。

当衍射线在RS处准聚焦后，射到单色器C上，经弯晶C单色化后，只有某一特定的波长被反射，经过接收狭缝被探测器AS接收。由于弯晶单色器与接收狭缝RS安装在同一支架上绕中心轴转动，因此对于从不同衍射角入射到单色器上的方向是相同的，即对所有衍射角单色器反射聚焦的几何条件是相同的，聚焦圆半径r_F不变。对于某一种波长的辐射原则上只需调整一次单色器的曲率和探测器的位置。X射线粉末衍射仪能够准确记录数值化的衍射角、衍射强度及衍射峰形状，主要用于精确测定晶胞的点阵常数、原子位置和晶粒度以及应力、畸变等晶体的不完整性。

（饶光辉）

X射线光电子能谱　X-ray photoelectron spectroscopy; XPS　一种基于光电效应的表面定量分析技术。可以测量物体表面元素构成，元素所处化学状态及电子态等，

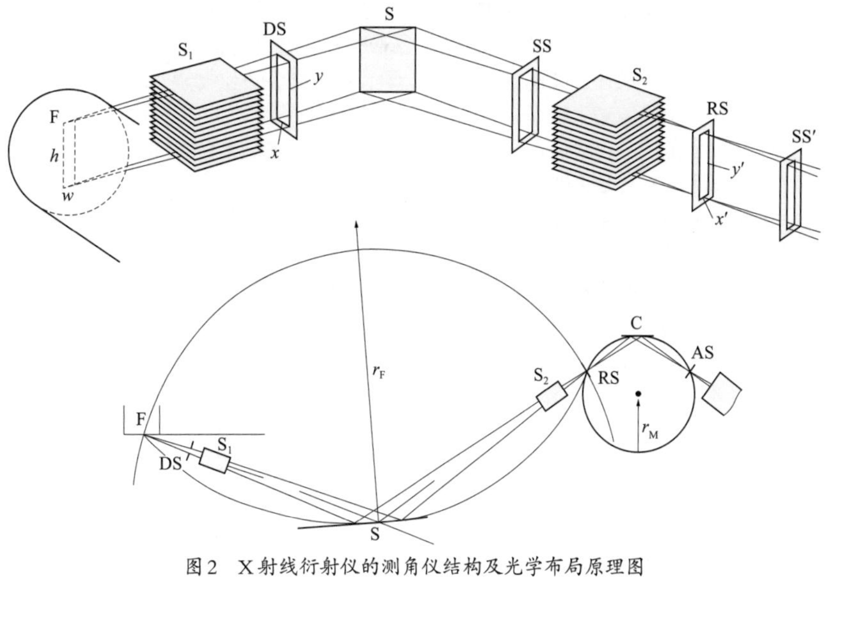

图2　X射线衍射仪的测角仪结构及光学布局原理图

具有较高的灵敏度。当X射线照射到物体时，物体中元素内层电子或价电子受激发而产生特征吸收，同时释放出电子，称为光电子。测量光电子的动能和相对强度，以其动能为横坐标，相对强度为纵坐标，得到的谱图称为X射线光电子能谱图。不同元素、元素不同化学态等产生的光电子的动能不同，可用来进行定性分析，而相应光电子的相对强度可用作定量分析。由于X射线穿透力及光电子逸出能力所限，只有物体表面附近的元素产生的光电子能被检测到，因此X射线光电子能谱对物体表面性质非常敏感。为了避免空气分子的干扰，X射线光电子能谱测量需要在超高真空下进行。

X射线光电子对锂以上元素均有响应，是一种广泛使用的表征技术。

（邱　东）

X射线激光器　X-ray laser　产生X射线激光的装置。主要包括等离子体X射线激光器、X射线自由电子激光器、核激励X射线激光器和强激光诱导的高次谐波产生等。

等离子体X射线激光器　是以强激光脉冲照射物质表面，形成存在粒子数反转的等离子体，并由此等离子体充当放大介质，对X射线波段的自发辐射进行放大以产生X射线激光。激光等离子体已经在软X射线区产生受激辐射，其输出脉冲长度与照射的强激光的脉冲宽度相当，可以在纳秒、皮秒甚至飞秒量级。

X射线自由电子激光器　采用相对论电子束为媒介，在由波荡器产生的周期磁场中以受激辐射的方式放大X射线辐射。高能电子束与辐射光在波荡器中相互作用产生微聚束，微聚束会进一步增强相干辐射，从而产生指数增益直至激光饱和。与传统激光相比，由于自由电子激光采用电子束在真空环境中单次通过波荡器产生相干激光，故其输出峰值功率较高，且输出波长可以在很大范围内连续调谐。

核激励X射线激光器　借助核爆产生的巨大能量在激射介质中产生受激放大所需要的粒子数反转并产生非常强的X射线激光。核激励X射线激光器的特点是在特定的方向上有极高的亮度，因而适合用于定向武器。在核激励X射线激光器中，首先要引爆核爆炸装置，产生大量X射线辐射，这时其周围的激光棒将吸收X射线能量，激发电子并沿激光棒所指方向放射出很强的X射线激光，随后整个激光器将被核爆摧毁。

强激光诱导的高次谐波产生　是采用超强激光与惰性气体相互作用以产生超快的高次谐波激光脉冲。其原理为：原子的外层电子在强激光的作用下产生电离，并在激光场的作用下运动，在满足一定条件的基础上，电子可以回到原来的能级，并释放出一个高能量的光子，其能量等于电子返回的动能与电离能之和。强激光诱导的高次谐波产生已经可以用于产生软X射线波段的阿秒量级的超快激光脉冲串，是迄今时间尺度最短的探测工具。

X射线激光器用于极高分辨率的成像，在光刻技术和生物医学中有广泛应用。

军事上X射线激光器可用于研制激光反导弹武器。生物医学上可用X射线激光研究活组织中的分子结构及细胞机能。新一代的X射线自由电子激光器能够帮助科学家观察到最微小最精妙的分子构造，可以破解复杂的蛋白质和完整的病毒结构，甚至可能获得DNA的三维图像。

（赵振堂　冯　超　邓海啸）

X射线纳米CT　nano-CT of X-ray　基于X射线的三维显微成像技术，结合X射线显微技术与计算机重构技术，在几十纳米的空间分辨率上解析样品内部的精确三维结构信息的技术。

方法　实现X射线纳米CT的方法有多种，其中一种是基于椭球聚焦镜的方法：利用椭球镜汇聚X射线光源发出的X射线，形成空心光锥照射在样品上；波带片将样品放大成像在X射线CCD（电荷耦合器件，一种影像传感器）上，把纳米尺寸的信息放大为微米尺寸，CCD可以记录放大的样品像；纳米精密转台逐步旋转，CCD逐幅采集放大像；不同角度的图像经计算机重构，实现几十纳米分辨的CT成像。

应用　无论是在工业领域，还是在基础研究领域，如材料科学、生命科学与医学、考古学、古生物学、环境科学等，纳米CT都有着广泛的应用前景。

特点　通常制约X射线成像分辨率的关键因素是微焦点X射线源的尺寸和CCD探测器的像素尺寸。目前，微纳加工技术能够提供几百纳米甚至几十纳米的微焦点射线源，使用这种射线源可达到150～200纳米的空间分辨率。优点是技术成熟、结构简单；缺点是尺寸小、功率低、价格高、寿命低，很难得到广泛的使用。与之相比，结合同步辐射光源和具有透镜功能的X射线光学元件，可实现几十纳米的高分辨成像。同步辐射光源具有高亮度、可调谐、单色性等特点，可提供优异的成像光源，能实现吸收、荧光、化学态、自旋、相位等多种成像模式，可观察分析多种微观物理、化学变化和微纳米结构。随着X射线聚焦和成像元件的发展，已开发出多种具有透镜功能的X射线光学元件，如波带片、复合透镜、K-B镜、施瓦氏镜、沃特镜、毛细管等射线聚焦和成像光学元件。其中，波带片是X射线显微镜普遍采用的透镜，具有分辨率高和像差小的特点。目前，软X射线波带片显微镜已高达15纳米分辨率，硬X射线波带片显微镜能高达25纳米分辨率。世界上主要同步辐射装置（如北京同步辐射、上海光源等）大多建造了基于波带片的高分辨射线成像的光束线和实验站。

（陈春英）

X射线能量色散谱仪　energy dispersive X-ray spectrometer; EDS　用来测量X射线能量色散谱的仪器。主要用于样品元素组成的分析。主要工作原理是基于原子内层电子受激发后发射X射线这一物理现象。每一种元素都有其特征X射线发射谱，这是X射线能量色散谱定性分析的依据。

当原子内层电子被激发后向更高能级跃迁，此时将产生一个电子空穴，外层高能级电子填补此空穴时多余的能量以发射X射线的形式得以释放。X射线能量色散谱仪通过检测原子发射的X射线来进行元素定性分析。

用以激发的射线可以是X射线或电子束，前者通常称为X射线荧光光谱，而后者才是通常所指的X射线能量色散谱。由于电子束可以聚焦，可与电子显微技术联用，如扫描电子显微镜、扫描透射电子显微镜等。X射线能量色散谱仪可用于样品微观元素分布的测量，因此也被称作X射线能量色散微分析方法，其空间分辨率随电子束大小和位置控制的精确度而定。

（邱　东）

X射线谱　X-ray spectrum　X射线强度随波长变化的分布图。通常由连续谱和叠加其中的分立波长的谱线（特征谱）所组成。X射线谱一般是指发射谱。X射线是一种电磁辐射，波长范围从10^{-3}纳米到几十纳米。连续谱是从某一短波限开始，连续变化到长波区域，短波限只取决于带电粒子的能量。它是由于高速运动的带电粒子与物质相互作用时，与物质原子核碰撞导致速度骤然减小而伴随产生的轫致辐射。连续谱的积分强度随带电粒子的能量和被撞击物质的原子序数的增加而增强，但连续谱的形状与被撞击物质的材料无关，它存在一个最小波长（短波限），只与带电粒子的能量有关，与物质的原子序数无关。

这可以由量子理论很好解释，称之为量子极限。特征谱的分立谱线的波长值与物质的材料密切相关，它是粒子撞击物质使物质原子内壳层产生空穴，外层电子跃迁至内壳层填补空位并发射一定波长X射线，该射线的波长取决于原子的电子结构，与原子序数相关。特征X射线是不同元素原子的指纹特征，因此又被用来标识元素。特征谱线的标记方法：凡是外层电子跃迁到K壳层空穴时所发射的X射线称为K-X射线，外层电子跃迁到L壳层空穴时所发射的X射线称为L-X射线，依此类推。

（马新文）

X射线吸收精细结构 X-ray absorption fine structure; XAFS X射线吸收近边结构和扩展X射线吸收精细结构的统称。X射线通过物质时会受到通光物质一定程度的吸收。物质的线吸收系数与入射X射线的光子能量有关。原子的内层电子被具有足够大能量的光子激发到外层空能态，发生光电吸收，线吸收系数呈现突变，称之为**吸收边**。1s电子激发形成K吸收边，2s、$2p_{1/2}$、$2p_{3/2}$电子激发分别形成$L_{Ⅰ}$、$L_{Ⅱ}$、$L_{Ⅲ}$吸收边。X射线吸收引起的电子跃迁过程，与吸收物质的原子结构和电子结构有关。凝聚态物质中，吸收原子被X射线激发出的光电子波，在向外传播过程中遇到邻近原子会产生散射，出射波和散射波发生干涉，末态密度被调制，使得吸收系数在吸收边高能一侧随能量变化而呈现振荡起伏的精细结构。吸收边附近约30～50电子伏的部分，光电子能量较低，散射截面较大，光电子波受到近邻原子多次散射。当入射X射线在此范围内进行能量扫描时，测得的谱称为X射线吸收近边结构（XANES）。吸收边以上约30～50电子伏到1000电子伏范围内，光电子能量较高，散射截面较小，光电子波主要经历近邻原子的单次散射，入射X射线在此范围内进行能量扫描时，测得的谱的振荡起伏称之为扩展X射线吸收精细结构（EXAFS）。有时将EXAFS和XANES合在一起统称为X射线吸收精细结构（XAFS）。

不同元素的吸收边能量不同，通过改变入射X射线的能量范围，可测量样品中指定种类原子的XAFS谱。入射波和散射波之间的干涉由电子波波长和原子间距决定。XAFS谱由吸收原子及其周围近邻原子的贡献形成。对EXAFS谱做适当的数据处理和分析，可研究吸收原子的近邻结构和配位环境，得到配位数、原子间距、原子平均位移等结构参数，并可用于研究有序或无序体系物质的结构。分析XANES谱，可得到吸收原子费米能级附近空态电子结构和一些原子配位结构信息，可用于研究有序或无序体系物质的电子结构和配位结构。对于孤立原子，如单原子气体原子，其连续的末态波函数为从吸收原子向外传播的球面波，传播过程中几乎遭遇不到其他原子的影响，因而吸收谱基本不出现精细结构，观测不到EXAFS。EXAFS振荡信号只有吸收边跳变的百分之几，要用强X射线源才可获得信噪比较好的数据，实验一般利用同步辐射X射线源进行。探测XAFS方法有多种。一般用双探测器同时分别探测入射光强和透射光强的透射法测量；同时探测入射光强和光电跃迁导致的荧光光强的荧光法可用于研究少量杂质原子或低含量原子的近邻结构；探测光电跃迁导致的电子产额方法的EXAFS谱可用于研究表面的原子结构称为表面EXAFS（SEXAFS）。此外，还发展了其他探测方法。利用偏振X射线探测XAFS可研究有取向的样品的局域结构和电子结构的对称性。利用左右旋圆偏振X射线使得激发出的光电子自旋取向为向上或向下，并用外磁场将样品自旋理顺，测量X射线吸收的磁二色性（XMCD），可研究样品的磁学特性。XAFS方法能用于解决一些其他方法不能或难以解决的物质结构问题，从而得到了广泛应用。由于XAFS本身的发展和同步辐射的应用，XAFS已成为研究晶态和非晶态物质、液态、催化剂、生化体系、表面等结构的重要方法。

（李晨曦）

X射线形貌术 X-ray topography 利用X射线获得晶体中缺陷图像的技术。晶体缺陷破坏了晶体的周期性，对X射线衍射强度和方向与基质有异而构成晶体的X射线形貌，显示缺陷图像。通常用底片记录X射线衍射强度，亦可用转换系统直接显示形貌图像。X射线形貌术大体可分为反射形貌术、透射形貌术和双晶形貌术三类。

反射形貌术 1931年W.G.白格斯拍摄了岩盐理面的形貌，建立起最初的反射形貌术。1945年C.S.巴雷特加以改进，1958年J.B.纽柯克使晶体与记录底片之间距离缩短到0.1毫米，能观察到位错线。所以，反射形貌术又称B-B-N形貌术，如图1所示。X射线以很小掠射角入射于晶体，经布拉格反射后（见**布拉格定律**）被底片吸收，可得到晶体表面的形貌。这种技术曝光时间短，适合于半导体外延层的缺陷研究。但对实验技术要求很高，要选择好布拉格反射面。

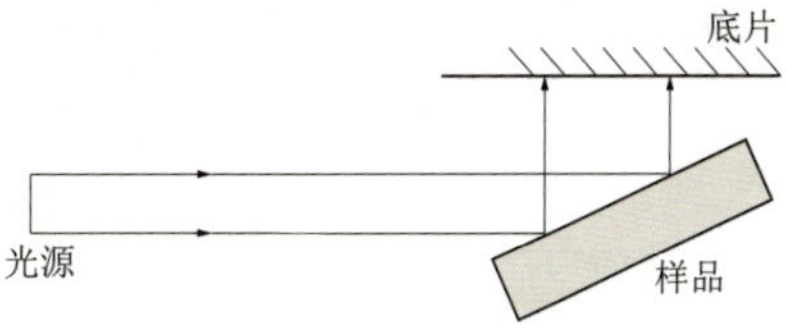

图1 反射形貌术实验布置几何示意图

透射形貌术 又称投影形貌术。1945年G.N.拉曼钱德伦开始了先驱性工作，用多色光源在金刚石中观察到了消光衬度。1957年A.R.兰做了重大改进，采用单色光源，提高了分辨率，引入扫描装置，可直接观测位错。该方法成为形貌术的主流。

如图2，X射线经光闸S_1和S_2准直后，入射于晶体表面，经晶体衍射后从晶体另一表面出射，对晶体样品表面下方向进行扫描，可获得整个晶体的形貌图。

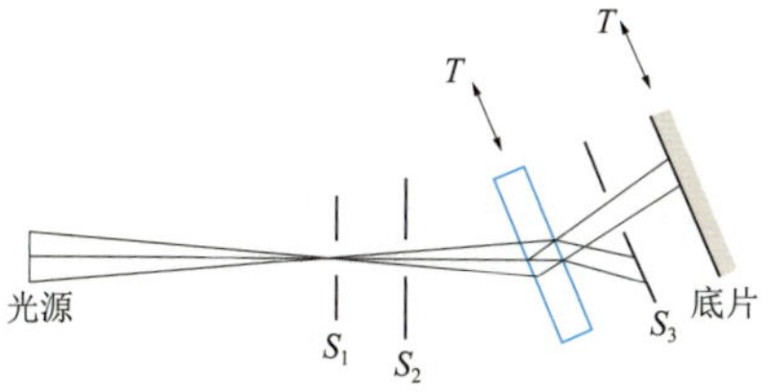

图2 透射形貌术实验布置几何示意图

双晶形貌术 第一块是高度完整的晶体作为参考晶体，产生高度单色X射线。第二块是晶体样品，通过比较可获得清晰的缺陷图像（图3）。此方法是1952年W.L.邦德和U.邦泽在研究天然水晶表面和锗单晶单个位错应力场时各自独立建立的技术。

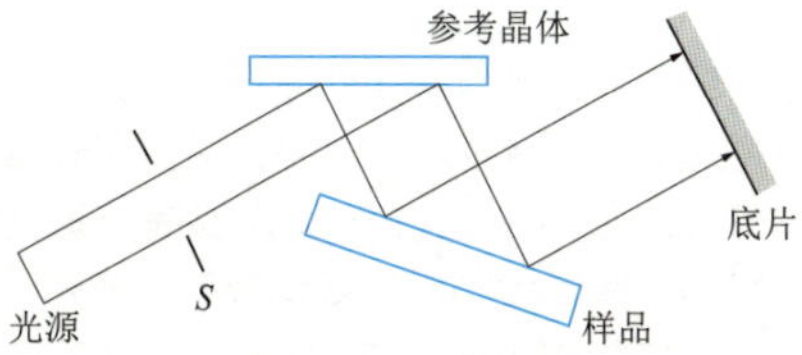

图3 双晶形貌术实验布置几何示意图

同步辐射源可提供高强度、连续谱、偏振性高、准直性好的X射线光源，为形貌术的发展提供新的技术条件（见**同步辐射**）。

（陆 栋）

X射线荧光分析 X-ray fluorescence analysis 基于对试样中元素的原子受外界辐射激发时放出的特征X射线荧光谱的测量，实现对待测元素进行定性和定量分析的方法。通过确定能谱中X射线的能量，可给出元素的种类；通过测量特征X射线的强度，可进行元素的定量分析。

原理 当外界辐射（如X射线发生器、同位素X射线源或带电粒子加速器等）轰击样品中的待测原子时，有可能使位于内层的电子电离，而留下空穴，接着处于外层的电子向内层跃迁，由此产生的X射线的能量取决于外层和内层的电子轨道的能量之差值，反映了该元素的特征（图1）。这种特征X射线可用硅锂漂移探测器或波长色散分析谱仪来测定，实现元素的定性和定量分析。

方法 根据激发源的不同，可分为质子激发X射线荧光分析、能量色散X射线荧光分析、同步辐射X射线荧光分析等。

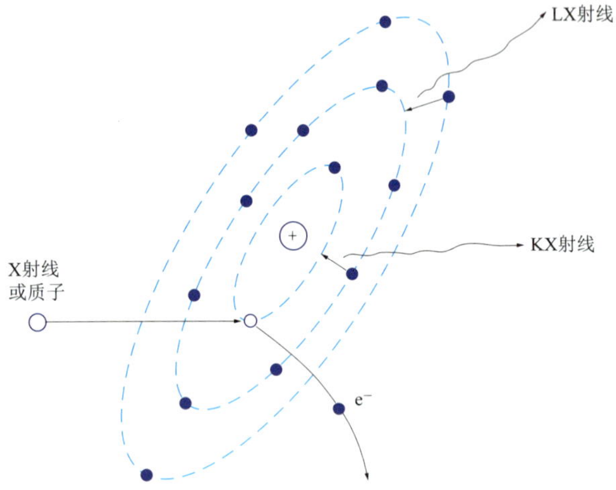

图1 X射线荧光分析原理示意图

质子激发X射线荧光分析（PIXE）。系用带电粒子加速器产生的质子（能量为兆电子伏特量级）轰击样品使待测元素的原子的内层电子电离，导致特征X射线的发射，实现元素的分析（图2）。在具体的PIXE实验工作中，有厚靶和薄靶之分。厚靶指将待测样品（如大气颗粒物、生物组织、河流沉积物等）直接作为靶样进行分析。这种厚靶方法虽然制样简便，但由于X射线在样品基体中的吸收和增强效应，致使获得的**X射线谱**的数据处理比较复杂，准确度和灵敏度均较差。薄靶是将样品灰化和溶解，然后把样品溶液置于特定的衬膜上，蒸发至干后进行分析。这种薄靶方法虽然需要制靶操作，但可不考虑质子在样品靶中的能量损失和X射线的基体效应，因此数据处理相对简单，且灵敏度也有改善。在元素定量分析时，还可区分为绝对法和相对法两种。薄靶的绝对法计算公式如下：

$$W_i=\frac{N_i A_i}{n_i\sigma_i\,(Q/4\pi)\,\varepsilon_i t N_0}$$

式中W_i为第i个元素在样品中的含量；N_i为第i个元素的特征X射线峰计数；A_i为第i个元素的原子量；n_i为单位面积样品靶接收的质子数目；σ_i为特征X射线的产生截面；Q为硅锂探测器与样品所成的几何立体角；ε_i为该探测器对第i个元素的X射线的探测效率；N_0为阿伏伽德罗常数。由于实验参数的不确定性，绝对定量分析方法在实际使用中相当困难。为此，常采用相对法，其中以内标法较为普遍。具体做法是在样品靶中添加已知量的元素作为标准，通过与已知内标的比较来确定待测元素的含量。

PIXE方法的最大优点是绝对灵敏度相当高，可达10^{-12}克量级，相对灵敏度一般在毫克/千克量级。因此，可实现小样品的定量分析。此外，这是一种多元素分析方法，可同时给出样品中十几种甚至更多元素的定性和定量结果。另一个优点是分析速度快，一个样品的分析过程一般仅需几分钟。如果将质子束聚焦成直径为微米量级的细束，并对样品进行逐点扫描分析，便可获得有空间分辨的元素含量分布图。最适用于PIXE方法分析的是元素周期表中原子序数中等的元素。对于原子序数小于11的轻元素，由于探测器窗的吸收等原因，灵敏度很差。

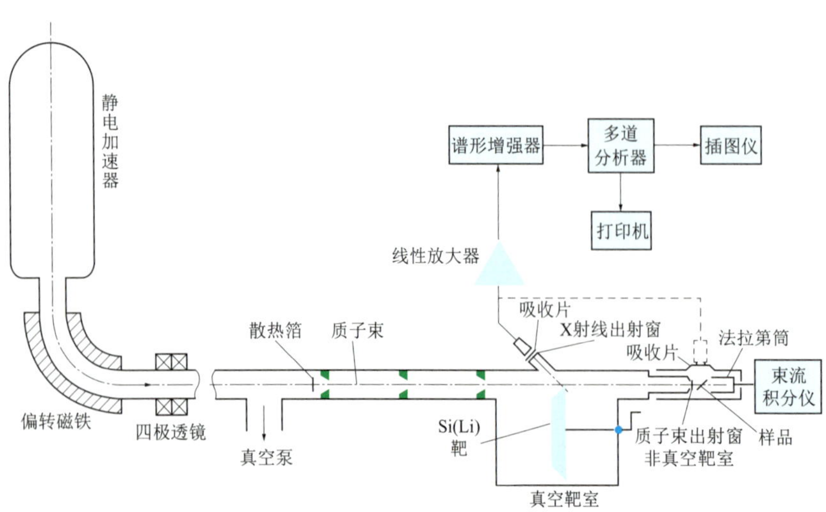

图2 质子激发X射线分析（PIXE）装置示意图

能量色散X射线荧光分析（EDXRF）又称电磁辐射激发X射线荧光分析。作为激发源的是X射线管或放射性同位素源^{55}Fe、^{238}Pu、^{241}Am、^{57}Co等，其原理与PIXE相同，但分析灵敏度比PIXE差。然而，由于用放射性同位素作激发源，因此整套仪器非常紧凑简便，不仅可用于实验室分析，还可用于野外现场分析。

同步辐射X射线荧光分析（SRXRF）。指用**同步辐射**作为激发源的X射线荧光分析方法。由于同步辐射源的高强度，因此SRXRF的分析灵敏度很高，元素探测极限比PIXE方法还高几个量级。若再使用晶体单色器，可实现同步辐射X射线微探针的扫描分析。

应用 X射线荧光分析是一种无损分析方法，因此特别适用于珍贵文物和犯罪现场遗物的非破坏分析。X射线荧光分析由于可使用不同的激发源，因此可适用从主量元素到微量元素的分析。在生物、环境、材料、地质勘探中有广泛的应用价值。此外，尚有利用光学晶体测量X射线能量和强度的波长色散X射线荧光分析。

（柴之芳）

XY模型 XY model 一种原子自旋分布在一个二维平面内的模型。此模型系统的原子（自旋）分布在一个二维（XY）平面格点上。只有最近邻原子之间有相互作用，对应能量为$-J\cos\theta$，θ为相互作用自旋之间的夹角，对所有原子间相互作用能量求和后，我们可得到系统的哈密顿量，此系统具有整体的O(2)连续对称性。

1966年，N.D.梅尔曼和H.瓦格纳证明该模型的整体O(2)连续对称性不会发生破缺，系统不能形成有序相。这与**伊辛模型**的情形完全不同，二维伊辛模型在温度足够低的时候，会发生整体对称性的破缺，系统形成有序的铁磁相。1973年，J.M.**科斯特利兹**和D.J.**索利斯**发现二维XY模型会发生一类新的相变。在该系统中，格点上原子的自旋在二维（XY）平面上的取向可形成涡旋，温度足够低的时候，涡旋与反涡旋成对产生，形成涡旋-反涡旋对。随着温度的升高达到某个阈值后，涡旋-反涡旋对被解开，变成自由的涡旋，系统发生了由低温准有序到高温无序的**KT相变**，这类新相变是**拓扑相变**。2016年，因为拓扑相变和物质拓扑相的理论发现，索利斯、D. 霍尔丹和科斯特利兹三人获诺贝尔物理学奖。

XY模型与^{4}He液体超流相变属于同一个临界普适类。这是因为^{4}He液体的超流相由波函数描述，而波函数为复数，可看作复平面上的矢量，数学上与XY模型自旋为二维平面上的矢量等价。为确定XY普适类的临界指数，有三种方法可以采用：①XY模型的蒙特卡罗模拟计算；②φ^4场论的高阶计算与重正化群理论；③^{4}He液体的实验研究。以三维XY普适类的比热临界指数α为例，蒙特卡罗模拟计算得到的精度最高结果为$\alpha=-0.0169(24)$，场论七圈展开的结果为$\alpha=-0.0112(21)$。由于重力会导致液氦实验样品的不均匀性，使得实验系统各部分不能同时逼近临界点，因而需要在太空微重力条件进行实验研究。美国斯坦福大学J.A.利帕实验组经过多年努力，最后得到临界指数$\alpha=-0.0127(3)$，其精确度比场论计算和蒙特卡罗模拟的结果高出一个量级。（陈晓松）

（X,Y,Z）强子 X,Y,Z hadrons 实验上观测到的极有可能是**奇特强子**的暂未正式命名的强子。自从2003年实验上观测到粲夸克偶素谱中的X(3872)以来，陆续在粲夸克偶素和底夸克偶素的能谱中观测到了许多新的“类粲偶素”和“类底偶素”强子态信号。这些态的质量与已知的成功的夸克势模型计算的结果有明显的差别，甚至相去甚远，即这些新观测到的态很难被纳入基于传统夸克模型的普通强子态图像之中，因此被暂时以X,Y,Z来命名，并用兆电子伏（MeV=10^6eV）作为质量单位来表征其质量，如X(3872)、Y(4260)、Z(4430)、Zc(3900)、Zc(4020)、Zb(10610)和Zb（10650）等。这些态极有可能是实验和理论研究中寻找的奇特强子。对这些态的研究主要在以下几个方面开展。

产生机制研究。X,Y,Z奇特强子态的候选者分别在不同的高能物理实验中被观测到，如正负电子湮没（Belle和BES Ⅲ）和强子对撞实验（BaBar、CDF、LHCb）。另外，电子－核子散射实验也是潜在的发现过程（HERA，JLab@12GeV）。

内部结构研究。奇特强子的内部结构不同于普通强子结构，但其内部结构可能并不唯一，常常一种具有奇特量子数的强子内部结构可以用多种不同的夸克－胶子内部结构解释，如由多夸克构成的色单态奇特强子通常也能被两个或多个色单态的强子集团所解释。在多夸克图像下，夸克之间通过单胶子交换势束缚在一起，形成稳定的强子态；而在强子集团图像下，奇特强子是由两个或更多的强子通过类似核力的长程相互作用束缚在一起，形成**强子分子态**。

衰变机制研究。奇特强子的内部结构信息通常可以通过其衰变行为表现出来。如一个多夸克奇特强子可以通过夸克重组而衰变到不同的末态，这样的过程其动力学机制很相似，因此可以简单推断其衰变到结构相似的强子末态的概率（分支比）。但如果该奇特强子是强子分子态，则它应该在相空间允许的情况下倾向于衰变到构成该强子的组分强子；衰变到非组分的强子末态则要经过重散射的过程，因此会受到压低。研究奇特强子的不同衰变模式可以在一定程度上区别其究竟倾向于具有什么样的内部结构，不过由于非微扰强相互作用的复杂性，很多情况下这样的判断并不是准确或可靠的。（赵　强）

YAG激光器 YAG laser **固体激光器**的一种。YAG是钇铝石榴石晶体（$Y_3Al_5O_{12}$）的英文缩写。这种晶体是一种综合性能（光学、力学和热学）优良的激光基质，可以掺入钕（Nd）、铒（Er）、钬（Ho）、铥（Tm）、铬（Cr）等离子或这些成分的组合，获得多种波长的激光振荡。其中Nd：YAG激光器（掺钕钇铝石榴石激光器）是迄今使用最广泛的固体激光器。因为能够掺进去的钕浓度很高，掺杂原子数可达每立方厘米1.38×10^{20}以上，故单位工作物质体积能提供比较高的激光功率。Nd：YAG激光器与**钕玻璃激光器**一样，都是以Nd^{3+}作为激活离子，只是钕玻璃中Nd^{3+}的能级宽度较大。Nd：YAG激光器为四能级系统，在正常工作条件下，在室温时以最强的$^4F_{3/2}\rightarrow{}^4I_{11/2}$跃迁产生1.064微米波长的振荡，激光线宽小于1纳米。如果在谐振腔中插入标准具、色散棱镜或使用镀有高度选择性介质膜的反射镜，也能获得其他波长的跃迁，这种技术可在Nd：YAG中产生20多种跃迁。

YAG激光器一般由激光工作物质、泵浦光源、泵浦光耦合装置和谐振腔组成。从泵浦方式上，可分为闪光灯泵浦和半导体激光抽运两种方式。图为连续工作方式的YAG闪光灯抽运激光器示意图，表面镀上金、银反射膜或者漫反射聚光器将抽运灯光汇聚在YAG棒上，通常用氙闪光灯做抽运光源。若除掺杂Nd^{3+}外，再掺入Cr^{3+}，则可使用氙灯泵浦，这时受激发的Cr^{3+}将能量转换给Nd^{3+}。也可用半导体激光泵浦抽运YAG激光器。常用的有侧面泵浦和端面泵浦两种方式：侧面抽运主要用于高功率或大能量输出；端面抽运用于低功率高光束质量输出，或者作为高功率、大能量输出的种子光源。YAG激光器的特点是阈值低，晶体使用寿命长，具有非常高的荧光量子效率，在0.7～0.8纳米吸收光谱范围内荧光量子效率接近1。YAG材料导热性能远比钕玻璃好，可制成重复率较高的脉冲激光器，甚至能够实现室温条件下的连续运转。此外，由于YAG材料可以被切割、制备成不同的几何形状，用来降低激光光束畸变，提高激光的输出功率及获得良好的激光光束质量。

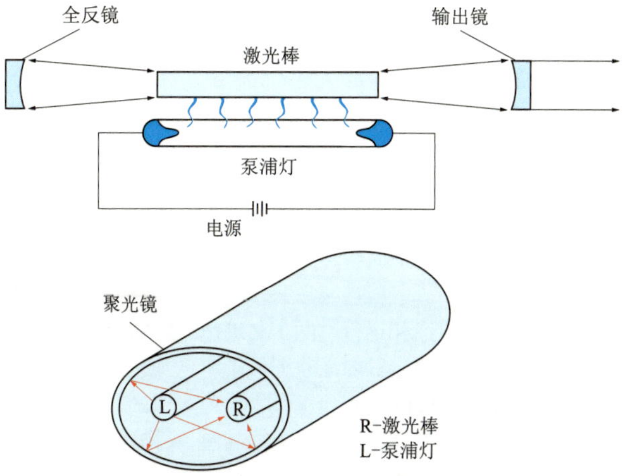

连续工作方式的YAG激光器示意图

YAG晶体传统的生长方式为提拉法，采用的有电阻炉和感应炉，其缺点是很难生长出大尺寸的晶体，原因在于晶体的生长速率慢，通过感应炉生长的晶体直径为80毫米左右、长度是210毫米左右，且由于其硬度高，仅能加工成较为简单的几何形状如板条、薄片等。但YAG陶瓷制备技术在不断进步，为YAG的大尺寸、复杂结构制备提供了更广阔的空间，从而为YAG激光器的设计提供了更为灵活的工作物质构型，在功率提升和光束质量改善方面更具有优势。Nd：YAG激光器几乎是所有固体激光器中应用最广泛的一种，可用于科研、医学、工业和军事应用等领域。（林位株　孟冬冬　文锦辉）

Z玻色子工厂 Z-boson factory 正负电子对撞机运行在Z玻色子共振区（质心能量91吉电子伏附近）及与其配套的探测器所构成的综合性粒子物理实验设施。按命名的惯例能够称作某种粒子的“工厂”的一个重要条件是有“免费增强”的共振效应，即相应粒子的产生率能够大大增强的实验平台。正负电子对撞机运行的质心系能量在91吉电子伏（Z玻色子的质量）时，将发生共振，Z玻色子的产生率大大提高，所以才有Z玻色子工厂之称。

因为所产生的Z玻色子将迅速衰变到(除顶夸克）正反夸克对或正反轻子对，因此Z玻色子工厂也是这些夸克和轻子的“工厂”。

世界上曾经建造和运行过两个Z玻色子工厂，其一是在瑞士日内瓦欧洲核子研究中心（CERN）的LEP-I，运行时间为1989～1998年，对撞亮度为2.4×10^{31}/（厘米^2·秒），以及同期运行的美国斯坦福直线加速器中心（SLAC）的SLC，对撞亮度为2.5×10^{30}/（厘米^2·秒）。在它们上面对标准模型的物理参数的测量，对标准模型的精确检验的结论等至今是最严格（误差最小）的，记录在粒子物理数据库（PDG）中。由于应用了这些参数和其他实验已确定的参数，通过标准模型量子场论的精确计算，限定了标准模型中的**顶夸克**和**希格斯粒子**的质量等，随后对顶夸克质量的直接测量和希格斯粒子实验的最终发现，证明了标准模型的成功，同时也表明了LEP-I和SLC在精确检验标准模型理论中的重要作用。

自LEP-I和SLC停止运行以来，加速器对撞机和探测器等的技术有飞跃发展，有质的提高，如果现在再建造Z玻色子工厂，其对撞机的亮度可达前所未有的高度：10^{35}～10^{36}/（厘米^2·秒）（LEP-I和SLC的万倍），可将粒子物理“精确前沿”的研究推进到从来未有的高度。因此现已确实开始认真考虑再建造如此高亮度的Z玻色子工厂的建议。其中包括有设计对撞能量优化在91吉电子伏（Z玻色子质量）附近，保证亮度在10^{35}～10^{36}/（厘米^2·秒）以上的超级Z玻色子工厂（SZF）建议；有设计对撞能量优化在240吉电子伏附近的环形正负电子对撞机（CEPC）加超导质子－质子对撞机（SPPC）建议，但涵盖对撞能量在91吉电子伏附近运行［只保证亮度在10^{34}/（厘米^2·秒）以上］的阶段；和有能够使对撞能量在91吉电子伏附近，240吉电子伏附近和360吉电子伏附近的亮度都能达到10^{35}～10^{36}/（厘米^2·秒）以上的FCC_{ee}建议等。

无论何种建议，如果对撞能量在91吉电子伏（Z玻色子质量）附近时，亮度能够达到10^{35}～10^{36}/（厘米^2·秒）以上且运行3～5年，都会对如下七个方面做出任何其他实验平台不可替代的、人们渴望的实验结果：①标准模型精确检验和Z玻色子物理；②超出标准模型新物理线索的寻找；③奇异稀有过程发现；④τ轻子物理；⑤**量子色动力学**（QCD）中的一些未解决问题；⑥味物理和CP**破坏**研究；⑦重味、**双重味强子**和**奇特强子**物理。此外，略加添适当设备还能在双光子物理和固定靶电子－质子（e-p）实验上有所作为。

2012年在**大型强子对撞机**（LHC）发现希格斯粒子以来，粒子物理标准模型理论的粒子谱已经完备，亟待发现超出标准模型的新物理的迹象。在高能前沿方面，LHC正在努力发现以超对称为代表的新物理，而所有新物理将出现的能标没有理论的准确预言。依靠上述超级Z玻色子工厂，通过实验和理论的精确对比，走“精确前沿”的道路，

通过量子涨落的圈图效应确定新物理出现的能标是探索新物理的另一有效途径。

特别是在超级Z工厂上的τ轻子物理、QCD中的问题、味物理和CP破坏研究、重味和双重味强子和奇特态强子物理等方面的特色实验研究中，虽然许多都是标准模型内的内容，对深入理解和预言标准模型所决定的物理现象和规律仍然是不可缺，而且极其重要的。即使客观世界新物理的能标要求出奇地高，超级Z玻色子工厂上的精确实验还是未能触及新物理出现的能标，但仅这些在超级Z玻色子工厂平台上能够肯定得到明确结果的标准模型内物理，也足以体现出建造超级Z玻色子工厂的意义。（张肇西）

Z箍缩　Z-pinch　沿轴向流过圆柱形等离子体的电流所产生的磁场，对等离子体产生压缩的现象。带电粒子在**磁场**中将受到洛伦兹力（$\boldsymbol{F}=\boldsymbol{J}\times\boldsymbol{B}$）的作用，式中$\boldsymbol{J}$和$\boldsymbol{B}$分别为电流密度和磁场。因此，在合适的磁场位形下，**等离子体**将受到磁场的压缩。如果压缩等离子体的磁场是由流过等离子体的电流产生的，则称之为箍缩。根据电流的方向，箍缩可分为Z箍缩、θ箍缩和X箍缩等几种。

下图是Z箍缩示意图，其工作原理简述如下：圆柱形等离子体表面流过Z方向的电流，该电流产生环绕等离子体柱的角

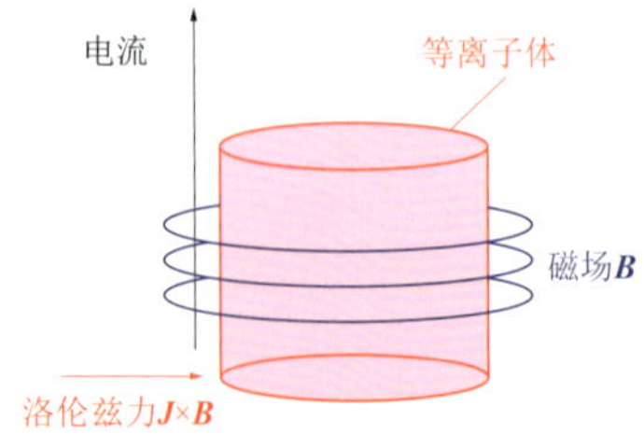

Z箍缩示意图

向磁场。洛伦兹力沿半径方向将等离子体柱向其轴线方向压缩。在起始阶段，由于磁压力（洛伦兹力）大于等离子体内部的热压力，等离子体加速向轴线运动，即所谓动力箍缩，也称为内爆阶段。随着内爆的进行，等离子体的热压力不断增大，当它与磁压力达到平衡时，即平衡箍缩状态，等离子体将停止内爆而被压缩在轴线附近的小区域内，即所谓的滞止阶段。在滞止阶段，等离子体的动能及后续电能转变为等离子体内能，使等离子体温度急剧升高，并辐射出强烈的脉冲X射线。

20世纪50年代，为了探索受控核聚变，人们提出了许多方法和实验装置，Z箍缩是其中之一。早期的Z箍缩研究发现：等离子体的瑞利－泰勒不稳定性过早破坏了平衡箍缩状态，使得等离子体难以达到受控核聚变所要求的劳逊条件。这些状况极大地阻碍了Z箍缩研究的进展，并使研究一度处于低潮。80年代发展起来的快脉冲功率加速器（功率几十太瓦、脉宽约100纳秒），使人们看到了抑制这种不稳定性发展的可能性。90年代，利用这种快脉冲功率加速器驱动Z箍缩，使等离子体不稳定性没有充分的时间得以发展。更为重要的是用几百根直径为几个微米的金属细丝围成圆筒形丝阵负载，使放电时产生一个比较均匀的初始等离子体鞘层，以减少等离子体不稳定性的“种子”源。

上述关键技术的采用，使Z箍缩研究取得了突破性进展。1996年，美国桑地亚国家实验室利用土星快脉冲加速器驱动丝阵负载，每次脉冲产生的**X射线**总能量急剧增大到240～440千焦。受此鼓舞，1997年，桑地亚实验室将PBFA－Ⅱ装置改造为PBFA-Z装置，该Z箍缩装置每次放电产生的脉冲X射线总能量上升到1.75 ± 0.20兆焦，X射线辐射功率达到280 ± 40太瓦。初级储能到X射线转换效率高达16%。由于Z箍缩展示出超强的X射线辐射能力和电能-X射线转换效率，从而提出了Z箍缩驱动的X射线惯性约束聚变，它可能成为激光惯性约束聚变的强有力竞争者。为此桑地亚实验室已经提出了X-1脉冲加速器的概念设计，用以驱动Z箍缩，实现X射线惯性约束聚变，并用于核武器模拟。预计其X射线输出为16兆焦，聚变能输出为400～1200兆焦。Z箍缩研究已经成为美国、俄罗斯、中国、英国和法国等核大国的一个研究热点。（王新新）

Z粒子　Z particle　传递中性流弱相互作用的中间矢量玻色子。见**弱中间玻色子**。

Z扫描技术 *Z*-scan technique 非线性光学中用来测量三阶非线性系数的实验方法之一。最早由M.谢赫－巴哈于1989年提出。在该技术中，利用紧聚焦光束，在焦点产生径向依赖的高光强分布，将样品薄膜沿光传播方向移动并通过焦点，焦点的高光强引起显著的非线性效应，导致光束的聚焦或散焦。根据其非线性响应，可以推断样品的三阶非线性折射率的正负和强度，以及非线性吸收的贡献。由于其光路简单灵敏度高等特点获得广泛应用，并在理论和实验中不断完善，如双色*Z*扫描和时间分辨*Z*扫描等。

典型的*Z*扫描实验装置如图所示。入射光通常具有高斯型截面并在聚焦处形成一个具有同样截面的焦点，由于非线性响应，薄膜折射率沿径向变化，表现为等效的正透镜或负透镜，引起光束的聚焦或散焦，从而使小孔透过的光强发生变化。当样品从$-Z$向$+Z$方向运动时，探测器2

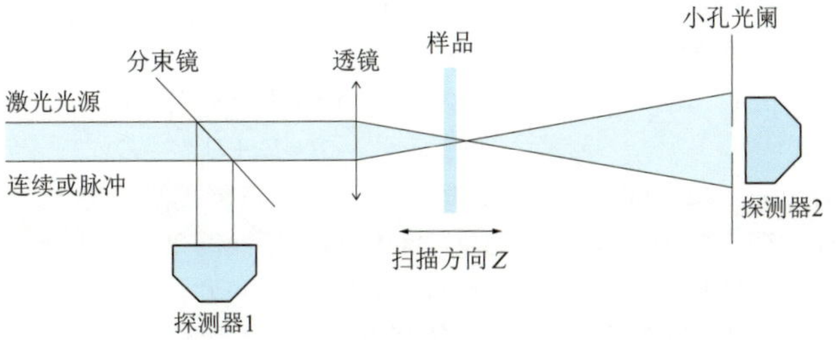

*Z*扫描实验装置

的信号表现为先谷后峰（正n_2）或先峰后谷（负n_2）。在小孔足够小时，可以精确估算出非线性折射率n_2的数值。当系统存在非线性吸收时，可以打开小孔，用探测器收集全部透射光。此时探测器2对于非线性折射率变化不敏感，但对于非线性吸收有所响应，其信号不再是峰－谷结构，而是对称形式。由于材料非线性吸收的多样性，如多光子吸收、饱和吸收等，信号呈现出不同特性。在存在非线性吸收的样品中，可以先求得非线性吸收，再利用小孔获得纯的非线性折射率。

（朱　星　白本锋　王树峰）

Zeta电位 Zeta-potential 剪切面的电位。是表征胶体分散系稳定性的重要指标，通常用ζ表示。又称电动电位、电动电势。根据斯特恩双电层理论可将**双电层**分为两部分，即斯特恩层（紧密层）和扩散层。当在电场作用下，固液之间发生电动现象时，紧密层与扩散层的相对运动边界处与溶液本体之间的电势差则称为Zeta电位。外加电解质对Zeta电位的数值会有显著的影响，因此Zeta电位随着离子的浓度而改变。通常状况下，随着电解质浓度的增加，Zeta电位的数值降低。但当某些高价反离子或大的反离子（如表面活性剂离子）由于具有较高的吸附能而大量进入紧密层时，溶剂化层内可能吸附了过多的异性离子，Zeta电位可能会产生正负值的改变。

Zeta电位的重要意义在于它的数值与胶态分散的稳定性相关。分散粒子越小，Zeta电位绝对值（正或负）越高，体系越稳定；反之，Zeta电位绝对值越低，越倾向于凝结或凝聚。Zeta电位的测量使得可以详细了解分散机理，对静电分散控制至关重要。对于酿造、陶瓷、制药、矿物处理和水处理等多个行业，Zeta电位是极其重要的参数。

（崔基炜　郝京诚）

α弛豫 α relaxation 液态系统主要的动力学过程。又称结构弛豫、主弛豫。一般由系统的热力学参数（如温度、压强、体积等）和动力学参数（如**弛豫时间**或黏度、扩散系数等）共同描述。在弛豫时间（τ_α）尺度上，系统中绝大多数粒子的状态（如位置和动量等）不再与初始状态有关，只有观察时间大于τ_α，系统才称为具有流动性的液体。在实验中，α弛豫可以通过介电弛豫谱、动态力学谱等测量，显示为一个不对称峰形。在一般动态力学谱或内耗测量中，α弛豫发生在玻璃转变温度附近。在计算模拟中，τ_α可通过关联函数方法求得。

α弛豫的动力学特征，如弛豫时间，随着热力学参数的变化构成了非晶态物理研究的重要内容，也与玻璃态物质的工业应用密切相关。

（于海滨）

α磁谱仪 α magnetic spectrometer 利用磁场分析测量**α射线**能量分布的装置。测量α粒子的能谱通常采用半导体探测器、正比管、闪烁计数器等较简单的探测器，但只有用α磁谱仪进行测量才可获得最精确的结果。

α粒子的质量是电子质量的4×1840倍，电荷是电子电荷的两倍，因此α磁谱仪的体积和磁场强度都比β磁谱仪大得多。20世纪30年代，**E.卢瑟福**等研究天然**α衰变**所用180°聚焦的α磁谱仪就是早期典型的α磁谱仪。α磁谱仪和β磁谱仪原则上无大区别，只是α磁谱仪体积、磁场强度和放射源制备等有其特点。α粒子在固体中的射程很短，它在射源体中的自吸收将影响能谱的测量精度。当要求α能谱的线宽度达到2～4千电子伏的水平时，射源的制备要特别注意。制备极薄的α射源可使α能谱的线宽度达到1千电子伏的水平。一般使用的α磁谱仪只有半圆聚焦和双聚焦两种类型，主要用于原子核物理学的实验研究。

（王　曼）

α粒子能谱学 α particle spectroscopy 对原子核发生**α衰变**放出的α粒子能谱规律的研究。原子核发生α衰变到子核不同状态时会放出一组不同能量的α粒子，这些不同能量的α粒子形成α粒子能谱，例如四极形变原子核发生α衰变到形变子核基态转动带时α衰变能量有一定规律，形成α粒子能谱，研究α粒子能谱规律对核结构和核衰变都很重要。

（任中洲）

α谱仪 α spectroscope 测量α射线能量分布的仪器。α谱仪一般用横磁场分析法和对能量响应的探测器方法，由闪烁计数器、正比计数器或半导体探测器等射线探测器与相应的数字化电子学设备组成。其在核素能级研究、放射性安全防护、核燃料监测等领域广泛应用。α粒子属于重带电粒子。磁场下偏转重带电粒子需要很强的磁场，如一个偏转半径为50厘米的**α磁谱仪**，为获得高的测量能量精度要用10^4特，重量为几十吨的普通磁铁。因其立体角或孔径很小，不易进行弱源测量。双聚焦方式的发展有一定改善，在加速器上已发展了第三代磁谱仪，即增加四极矩和偶极矩透镜以改善聚焦可以获得最佳能量分辨率。

正比计数器相比早期利用脉冲屏栅电离室测量α粒子的优点是，其有较大的气体放大因子可得到大信号噪声比，从而改善能量分辨率。若选用20世纪末发展起来的新一代气体探测器（GEM）等（见**微结构气体探测器**）结合多路电子学读出信号可得到α粒子能量沉积及其空间分布。

利用**闪烁计数器**测量α粒子谱一般只用无机晶体碘化铯CsI，对5.3兆电子伏的^{210}Po源能量分辨率最好可达1.8%。

半导体探测器因其比气体探测器电离能小约一个数量级，即产生的电子－空穴对比气体产生的电子离子对要多约10倍，很大的统计量可得到很窄的单能谱宽度。放射性物质发出的α粒子大约都在4～10兆电子伏，它们在硅中射程都非常短。如5兆电子伏的射程只有28微米。因此较普遍使用金－硅面垒型探测器，其灵敏面积小于10平方厘米，厚度小于2毫米，足以测量到40兆电子伏的α粒子谱。对^{241}Am

的5.486兆电子伏α粒子，其能谱半高宽度可达11千电子伏（能量分辨率约0.22%），这对研究超重核素的衰变有重要意义。半导体探测器另外的优点是动态范围很宽，由于体积小可以做成半导体阵列探测器，已在核反应末态测量等方面得到应用。

（谢一冈）

α射线　α-ray　以一定能量运动的氦原子核组成的粒子束。α射线是*E.卢瑟福*1898年研究铀元素的放射性时发现的。

来源　α射线有两种来源：一种来自天然放射性衰变，另一种来自*粒子加速器*。原子核能级是分离的，天然α射线能量是不连续的。依据原子核退激前后的能级差可以求出α射线的能量，一般天然放射性衰变可以发射几个不同能量的射线。利用静电加速器或串列加速器可以产生能量可连续改变的α射线。

特点　α粒子由两个中子和两个质子组成，静止质量6.64×10^{-27}千克，大约是电子质量的7300倍，电荷量是3.20×10^{-19}库。α射线能量范围通常在4～9兆电子伏。α射线的穿透能力较弱，在空气中的射程只有几厘米，一张普通纸就可以将其阻拦掉，但具有较强的电离本领。天然存在的α射线来自较重原子核的自发衰变，一般情况下能够产生*α衰变*的原子核质量数大于200。

α射线入射到物质，通过与原子核和核外电子库仑相互作用损失能量。α射线与核外电子发生非弹性碰撞可以使原子电离或激发：①电离。α粒子通过库仑相互作用，使原子的核外电子获得足够能量，脱离原子的束缚，变为自由电子，形成自由电子和正离子对。②激发。原子核外壳层电子获得的能量不足以脱离原子核的束缚，从能级较低的量子态跃迁到较高的量子态。

α粒子也可以与物质原子核发生碰撞，发生核反应截面大约是10^{-26}平方厘米，比库仑相互作用的截面10^{-16}平方厘米小很多。因此，通常α射线与物质相互作用仅考虑库仑相互作用。

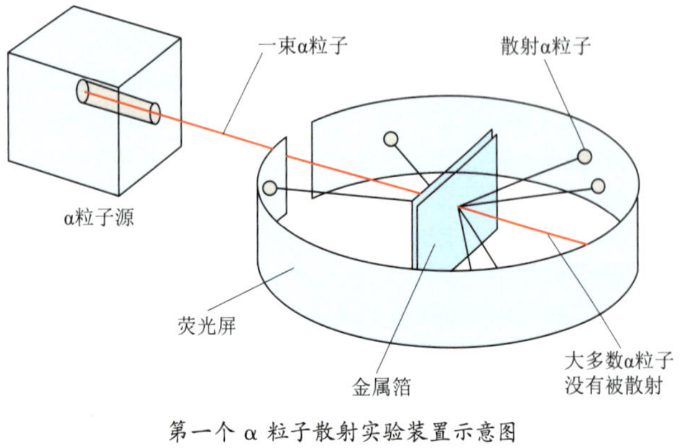

第一个α粒子散射实验装置示意图

应用　α射线与原子的散射实验为建立原子核模型提供了依据。E.卢瑟福、H.盖革和E.马斯登在1909年利用α粒子进行原子散射实验时发现，绝大多数α粒子散射后只有2°～3°的偏转，然而有很少一部分的α粒子散射角度大于90°，甚至有一部分的散射角接近180°。他们的实验装置见图。大角度的α粒子散射很难用小角度散射的积累来解释，也不能用*汤姆孙原子模型*解释。在实验观测基础上，1911年卢瑟福提出了原子核模型。

人类实现的第一次核反应也是利用α射线完成的。1919年卢瑟福利用α粒子轰击氮原子核引起核反应：

$$^{14}_{7}N+^{4}_{2}He\rightarrow^{17}_{8}O+^{1}_{1}H$$

上式中α粒子（$^{4}_{2}He$）与氮核$^{14}_{7}N$反应，使氮核$^{14}_{7}N$变成$^{17}_{8}O$同时放出一个质子$^{1}_{1}H$。由于天然放射源产生的α射线的强度不高，能量也不高，而且能量范围不能连续可调，所以，大都采用加速器产生的α粒子进行有关核反应。

（张丰收）

α射线防护　α-ray protection　减小或防止α放射性核素造成人体损伤的措施和办法。由于α粒子在物质中射程很短，在人体组织中的射程只有几十个微米，无法穿透体表皮肤，故α粒子对人体的危害主要来自α放射性核素摄入体内后所造成的内照射损伤。

α内照射的防护主要包括以下具体措施：①防止放射性物质经呼吸道进入体内。空气污染是造成放射性物质经呼吸道进入体内的主要途径，因此可以通过空气净化和稀释，采用吸附、过滤和除尘净化空气以及通风稀释等方法，降低空气中的放射性浓度。在开放型放射性核素工作场所中，通过“围封隔离”，将放射性物质与人体隔离，如使用热室、手套箱及通风橱。同时，加强人员防护措施，通过佩戴防护口罩、隔绝式防护面具及穿着全身气衣等防护器具以防止放射性物质吸入体内。②防止放射性物质经口进入体内。主要是防止食物和水源污染，工作人员必须严格遵守放射性安全操作规程，严禁在放射性工作场所进食、饮水、吸烟等，防止放射性物质食入体内。③建立污染控制和内照射监测系统。加强工作场所表面污染、空气污染及人员设备表面污染的监测，控制工作环境及污染范围，以降低内照射风险。必要时，应对某些工作人员进行定期放射性生物检定分析，以便及时发现体内α放射性核素的污染事件。

（戴雄新）

α衰变　α-decay　原子核自发地放射出α粒子的衰变。一般只有重原子核（A大于140）能进行α衰变。α粒子是氦原子核$^{4}_{2}He$。

α衰变的性质　设衰变前的原子核（称母核）为$^{A}_{Z}X$，这里A为质量数，Z为原子序数，衰变后的剩余核（称子核）为$^{A-4}_{Z-2}Y$，则α衰变可表示为：

$$^{A}_{Z}X\rightarrow^{A-4}_{Z-2}Y+^{4}_{2}He$$

α衰变能Q_α可表示为：

$$Q_\alpha=(m_X-m_Y-m_\alpha)c^2$$

式中m_X、m_Y和m_α分别是母核、子核和α粒子的静止质量，c是真空中的光速。

α衰变能Q_α以α粒子的动能E_α和子核的反冲能E_Y的形式表现出来：

$$Q_\alpha=E_\alpha+E_Y$$

α粒子的动能一般约占衰变能的98%，子核的反冲能约占衰变能的2%。实验测得α粒子的动能因母核而异，一般在4～9兆电子伏之间。因而子核反冲能约为100千电子伏量级。这个能量足以引起一些重要的反冲效应。

绝大多数的α放射体放出的α粒子的能量不止一组，而有强度不等的若干组。这是由于α衰变不仅在母核基态至子核基态之间进行，而且可在母核基态至子核激发态之间进行，少数情形可在母核激发态至子核基态之间进行。

不同的α放射性核素具有不同的半衰期，半衰期的长短同α粒子的能量有很强的依赖关系。1911年，H.盖革和J.M.努塔耳总结实验结果，得出衰变常量λ和α粒子能量之间的经验规律。这个规律可以表示为：

$$\lg\lambda=A+B\lg E_\alpha$$

衰变常量λ同半衰期$T_{1/2}$的关系为$T_{1/2}=\ln2/\lambda$，B是常量（约86），A对同一个天然放射系也是常量。

α衰变机制　通常认识是量子力学的“势垒穿透”。α粒子和子核之间的*库仑势垒*一般高达20兆电子伏以上。如前所述，α粒子动能比库仑势垒高度低得多。按照经典力学，由于库仑势垒的阻挡，α粒子不能跑到核外，根本不可能发生α衰变。但根据量子力学的隧道效应，α粒子有一定的概率穿透势垒跑出原子核。描述势垒穿透概率P的伽莫夫公式是：

$$P\propto \exp\left\{-\frac{2}{\hbar}\int_{R}^{R_c}\sqrt{2\mu[V(r)-E]}\,\mathrm{d}r\right\}$$

式中$V(r)$为α粒子和子核的相互作用势；r表示α粒子与子核之间的距离；E为相对运动动能；μ为α粒子和子核的约化质量；R是α粒子与子核的半径之和；R_c为$V(r)=E$时的r值。可见，α粒子的能量E越大，穿透势垒的概率就越大，衰变概率就越大，从而半衰期就越短。能量因子由于出现在伽莫夫公式的指数幂上，因而它的微小变化将引起衰变常量的巨大变化。

但是，α衰变常量的定量计算一直还没有得到圆满解决。尤其对于奇A核和奇奇核，实验值可比理论值小几个数量级。这主要有赖于所谓α形成因子的计算。研究表明，α粒子不大可能在α衰变前就存在于核内，而是在衰变过程中形成的。因此，在计算衰变常量时，必须乘上一个有关α粒子形成概率的因子，通常称它为α形成因子。显然，α形成因子应该和原子核的结构有关。正因为如此，对α衰变的深入研究可进一步了解原子核内部结构的运动规律。（卢希庭）

β弛豫 β relaxation 非晶态存在的一种类型的弛豫过程。又称次级弛豫或慢β弛豫。20世纪30～40年代，在高分子材料研究中发现，在动态力学谱（或内耗）测量中除了α弛豫外，会在玻璃态出现较弱的弛豫过程。按照从高温到低温出现的顺序，用α、β、γ等希腊字母表示，其中**α弛豫**固定表示与玻璃转变相联系的弛豫过程，这种命名不考虑机理。当时认为β弛豫与高分子内部某些官能团运动有关。1970年左右G.P.约哈里和M.戈德斯坦在一系列刚性小分子玻璃中测量到明显的β弛豫，改变了这个认识。这说明β弛豫也可来自分子之间的相互作用。另外，在金属玻璃中也发现了明显的β弛豫。所以认为存在类似于α弛豫，β弛豫的过程是玻璃态材料的普遍特征。2004年K. L. 盖和M.巴鲁曾对多种有机物材料的β弛豫进行分类，将分子之间相互作用引起的β弛豫称为约哈里-戈德斯坦β弛豫。研究表明，β弛豫与非晶态材料的多种物理性质有重要的联系，如力学性能、塑性变形能力、热稳定性等。

历史上非晶态物理中弛豫过程的命名是非常混乱的。曾将模式耦合理论预测的一个快弛豫过程称为β弛豫，与上文β弛豫没有明显联系，现将耦合理论的β弛豫称为笼子运动或快β弛豫。

（于海滨）

β磁谱仪 β-magnetic spectrometer 利用运动带电粒子在磁场中的偏转特性测量β射线或电子动量（能量）分布的实验装置。

原理 电荷为e、质量为m、速度为v的带电粒子，在垂直于均匀磁场B的平面中运动时，满足方程：

$$p=mv=eB\rho$$

式中p为带电粒子的动量；ρ为带电粒子运动的曲率半径。在已知磁场B中，只要测出ρ就可求出带电粒子的动量（能量）。1910年O.拜耳、O.哈恩和L.迈特纳首先利用这一性质测量了电子的能量。β磁谱仪通常由偏转磁场、电子渡越空间（一般为真空）及带电粒子探测器组成。主要性能指标是能量分辨率和透射率。前者表示磁谱仪能够分辨的最小能量差别的百分比；后者表征磁谱仪能收集到的入射电子的比例。通常要求β磁谱仪具有小的动量（能量）分辨率和高（大）的透射率。

类型 β磁谱仪分为横向磁谱仪和纵向磁谱仪两大类。横向磁谱仪中磁场方向基本上与电子运动轨道相垂直。下图是J.K.达内什在1912年提出的半圆磁聚焦原理示意图。电子在横向均匀磁场中做圆周运动，横向磁场对一定宽度的单能电子束具有聚焦特性。这种聚焦仅在垂直于磁场的平面内，称为径向聚焦。后来，在此基础上改进磁场分布，增加一个平行于磁场方向的轴向聚焦，发展成为径向和轴向都有聚焦的双聚焦磁谱仪（如$\sqrt{2}\pi$双聚焦的磁谱仪）。双聚焦β磁谱仪的能量分辨率较好，可达0.1%的水平，而透射率也可达0.1%的量级。

纵向磁谱仪的磁场方向基本上与电子运动轨道平行，电子在纵向均匀磁场中作螺旋线运动。磁场对电子束有空间聚焦作用。纵向磁谱仪有单磁透镜、双磁透镜、中间成像以及螺旋管均匀磁场式等几种，它们的分辨率和透射率均为1%的水平。一般横向磁谱仪的能量分辨率较好，而纵向磁谱仪的透射率较高。

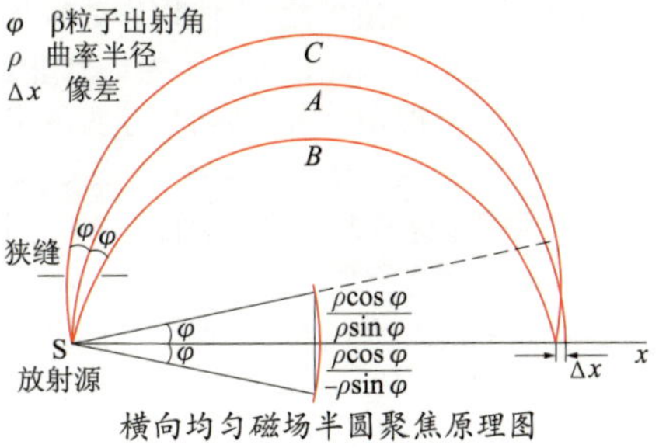

横向均匀磁场半圆聚焦原理图

应用 β磁谱仪是测量β粒子能谱的重要仪器。可以精确地对β能谱形状进行分析研究，进而研究中微子的质量这个与基本粒子相互作用密切相关的问题。还可用来测量**γ射线**的内、外转换电子的能量，提供建立原子核衰变图所必须的数据，较好地了解原子核能级。它不仅用于低能和中能核物理研究，也应用于分析与鉴定放射性同位素的工作。β磁谱仪的发展和应用与人造同位素的生产有密切关系，20世纪40年代后β磁谱仪的飞速发展正是与反应堆及加速器的普遍发展有关。

（谢一冈）

β谱仪 β spectrometer 测量β射线能量分布的仪器。原子核**β衰变**过程发射电子（正电子），其能量不是单一的线谱，而是从零一直到某一确定极大值（Q_β）的连续谱。β谱仪也就是电子能谱测量装置，分为磁分析法和对能量响应的各种粒子探测器。

磁分析法 利用在磁场下电子偏转原理的方法，偏转半径ρ与磁场强度B的乘积$B\rho$同粒子的动量成正比，其优点是具有极好的能量分辨率（能量大于100千电子伏时动量与能量有线性关系），缺点是可接受粒子的立体角和光栏孔径太小，限制了传射率，不能测量很弱的源。**β磁谱仪**中的横向平面半圆聚焦型等，能量大于100千电子伏时，动量分辨率为0.013%～0.25%，将多个组成橘瓣形可以提高传射率20%～30%，便于测量低强度电子束。另外一类为纵向透镜型，即使电子通过单或双短螺线管透镜使其聚焦到计数器上，动量分辨率稍差，为0.4%～3.2%，但制造简单。

对能量响应的各种粒子探测器 利用**正比计数器**和20世纪70年代高速发展的**多丝正比室**等以及20世纪末发展起来的新一代气体探测器（GEM）等（见**微结构气体探测器**），因为它们都有较大的气体放大因子可以得到大的信号噪声比，有利于改进能量分辨率（高斯分布的半高宽）若选用结合多路电子学读出信号也可得到二维空间分布，获得较好的空间分辨率。但是不可能测量较高能量的电子能谱，如1大气压下1兆电子伏的电子射程长达1米以上。因此一般根据电离空间的深度、工作气体种类和气压确定可测定电子能量的上限。通常用于测量20千电子伏以下的电子。具有中等能量分辨率。例如对^{55}Fe的5.9千电子伏的5.3千电子伏的全能峰电子的能量分辨率为15%左右。如用高气压或昂贵的氙气等可测量50千电子伏左右的电子。

利用**闪烁计数器**测量电子能谱也不是很有利。利用较薄（几个毫米）的有机晶体蒽或无机晶体碘化钠和碘化铯都可以测量β谱或电子谱，但能量分辨率也较差，有时作为符合计数器用来剔除电子本底。

半导体探测器因其很低的电离能为3电子伏比气体探测器小约一个数量级，亦即粒子在半导体内产生的电子日空穴对比气体中产生的电子离子对要多约10倍，因此很大的统计量可得到很窄的单能谱宽度。在测量粒子能谱方面有很大的优势。20世纪60年代已经开始用硅面垒型探测器测量β谱和内转换电子谱。如对铯（^{137}Cs）的661千电子伏的K壳层内转换电子谱线半宽度小到13千电子伏（～0.2%），在低温下135开使用更好到2.1千电子伏。加深耗尽层可以提高测量电子能量上限。如10兆电子伏电子在锗中射程约10毫米，在硅中约30毫米。用锂漂移技术耗尽层虽然可以加长到几个毫米，但测量较高能量电子谱还是受到一定限制。发展较常用的是硅锂探测器和高纯锗探测器。高纯锗探测器可满足兆电子伏级电子能谱测量要求。

（谢一冈）

β射线 β-ray β放射性核素在衰变过程中放出的高速运动的电子e^-或正电子e^+束。e^-和e^+是一对正反轻子，它们的质量相同（$m=9.109\times10^{-31}$千克），都是自旋为1/2的**费米子**，都带有1个单位电荷（1.602×10^{-19}库），但电荷符号相反，遵从费米统计和**泡利不相容原理**。β粒子是纵向极化的，没有确定的内禀宇称，在弱作用下宇称不守恒。**β衰变**在放出β粒子的同时还放出**中微子**，β射线的能量在零至衰变能区间连续分布，最大能量为几兆电子伏。β衰变的半衰期在10^{-2}秒至10^{18}年之间。β射线源的活度变化遵从指数衰减规律。

来源 β射线除了来自天然β放射源，还有大量利用反应堆和加速器产生的人工β放射性核素，这些核素分布于整个元素周期表。宇宙线中有1%的高能电子。β射线和由电子加速器产生的电子束本质上都是电子，区别在于β放射性核素的β射线的能量是连续分布的，而加速器产生的电子能量近于单一。

特点 β粒子带电，是轻子，通过电磁力与弱作用力与其他物质发生相互作用。它与靶物质作用时，主要通过与靶原子核外束缚电子和靶原子核的非弹性碰撞而损失能量。β粒子与束缚电子发生非弹性碰撞使靶原子激发和电离，β粒子损失一部分能量，发生散射，改变运动方向。电离损失可以用碰撞阻止本领$(-dE/dx)_e$来表示，它近似与靶物质的原子密度N和原子序数Z成正比，与β粒子能量E成反比，即有$(-dE/dx)_e\propto NZ/E$。另一种能量损失是原子核库仑场的非弹性散射，运动速度减慢，同时将部分动能转换为**电磁辐射**（**X射线**），此种辐射称为**轫致辐射**。由于衰变能是在散射电子、X射线和散射核三者之间分配，所以轫致辐射的能量不是单一的，而是在零到入射电子能量之间连续分布。电子的辐射能量损失可以用辐射阻止本领$(-dE/dx)_r$来表示，它近似与β粒子能量E、靶物质的原子密度N和原子序数Z二次方成正比，与入射电子质量m二次方成反比，即有$(-dE/dx)_r\propto ENZ^2/m^2$。由于辐射能量损失与β粒子能量成正比，所以低能β粒子的电离损失占劣势，高能β粒子的辐射损失占优势。对于常用的β放射源，电子能量一般几兆电子伏，所以电离损失是主要的。

测量 β放射源活度有多种测量方法，包括小立体角法、4π立体角法、符合法、内充气法、液体闪烁计数器法等。β射线能谱的测量主要用**β磁谱仪**，它利用带电粒子在磁场中的偏转特性可以精确测定β粒子的动量（能量）分布。

应用 在原子核和粒子物理研究中，β射线的研究对放射性核素的鉴别和衰变纲图的建立、对弱相互作用下宇称不守恒理论的证明、对中微子质量的确定都做出过重要贡献。在固体材料科学研究中，正电子湮灭技术为金属缺陷、固体中的电子结构、分子物质缺陷和相变等方面的研究提供了有效手段。在医学中以发射正电子的短寿命放射性核素为基础的正电子计算机断层扫描（PET）技术成为诊断心血管疾病和癌症的最有效的工具。

（周宏余）

β射线防护 β-ray protection 减小或防止**β射线**造成人体损伤的措施和办法。β射线通过同人体组织（或其他物质）发生相互作用而沉积能量造成辐射损伤。人体表皮的质量厚度大多数在5～10毫克/厘米^2，若平均质量厚度取为7毫克/厘米^2，电子穿透这种质量厚度的组织至少需要70千电子伏的能量。因此，可以不考虑低能β射线的外照射损伤。虽然β射线在肌体组织中的射程很短（大多数不到1厘米），但在空气中的射程较长（可达几十米）。因而操作β放射性物质时，不仅要防止β放射性物质进入人体内造成内照射，而且还必须防止β射线的外照射对人眼和皮肤的损伤。

能量低于几兆电子伏的β射线同物质发生相互作用时，主要是使物质分子的原子电离（或激发）而损失自身的能量。对β射线屏蔽材料厚度的选择主要考虑的是：①要能阻止在β谱中能量最大的电子；②产生的轫致辐射要最少。对一定的β射线源，所选吸收体的厚度随吸收体材料的密度增加而减少，但**轫致辐射**都随着吸收体材料原子序数的升高而增加。因此对能量较高、辐射较强的β放射源要采用复合屏蔽，即先用原子序数较低的材料（如铝、有机玻璃和混凝土）来阻挡β粒子，然后用原子序数较高的材料（铅板、铁板）来减弱轫致辐射。

（戴雄新）

β衰变 β-decay 强子和原子核自发地放射出电子或正电子或俘获一个轨道电子但同时都伴有一个中微子而发生的转变的衰变。放出电子的衰变过程称为β^-衰变；放出正电子的衰变过程称为β^+衰变。原子核从核外电子壳层中俘获一个轨道电子的衰变过程称为轨道电子俘获，俘获K层电子叫K俘获，俘获L层的叫L俘获，其余类推。通常，K俘获的概率最大。β衰变中原子核的质量数不变，只是电荷数改变了一个单位。β衰变中放出的能量称为β衰变能。它可通过衰变前后体系的静止质量之差计算而得到。

β衰变的半衰期分布在接近10^{-2}秒到10^{18}年的范围内，发射出粒子的能量最大为几兆电子伏。β衰变不仅在重核范围内发生，元素周期表内全部元素都存在β放射性核素。因此，对β衰变的研究比**α衰变**的研究更重要。

β衰变中，原子核发生下列三种类型的变化：

$${}^A_ZX\rightarrow{}^{A}_{Z+1}Y+e^-+\bar{\nu}\quad(\beta^-衰变)$$

$${}^A_ZX\rightarrow{}^{A}_{Z-1}Y+e^++\nu\quad(\beta^+衰变)$$

$${}^A_ZX+e^-\rightarrow{}^{A}_{Z-1}Y+\nu\quad(轨道电子俘获)$$

式中X和Y分别表示母核和子核；A和Z为母核的质量数和质子数；e^-和e^+为电子和正电子；ν和$\bar{\nu}$为中微子和反中微子。

轨道电子俘获过程所形成的子核原子，由于缺少了一个内层电子，原子处于激发状态，它可通过发射特征X射线或俄歇电子而退激。

现在已经认识到，β衰变本质是构成强子和原子核中核子内的u、c、t上夸克和d、s、b下夸克，通过电弱玻色子发射（或吸收）电子和电子中微子的弱相互作用衰变。

β衰变的电子中微子理论 β衰变中放出的β粒子的能量是从$E_e=0$到E_m（E_m等于β衰变能）连续分布的。为解释这一现象，1931年W.**泡利**提出了β衰变放出中性微粒的假说。1933年，E.**费米**在此基础上提出了β衰变的包括电子中微子β衰变有效理论。这个理论认为：中子和质子可看作同一种粒子（核子）的两个不同的量子状态，它们之间的相互转变相当于核子从一个量子态跃迁到另一个量子态，跃迁过程中放出电子和中微子。β粒子是核子不同状态之间跃迁的产物，事先并不存在于核内。这一有效理论经过多年发展，最终确定为允许宇称破坏的V-A型，建立了在夸克之间和轻子之间的弱相互作用的基础上成功地解释了β谱的形状，给出了β衰变的定量的描述。

β跃迁概率 根据量子力学的**微扰论**，费米理论给出单位时间发射动量在p到$p+\mathrm{d}p$间β粒子的概率为：

$$I(p)\mathrm{d}p=\frac{g^2|M_{if}|^2}{2\pi^2c^3\hbar^7}F(Z,E)(E_m-E)^2p^2\mathrm{d}p$$

式中g为弱相互作用常量，M_{if}为跃迁矩阵元，$\hbar$为普朗克常数h除以2π，$F(Z,E)$为库仑改正因子，它描述核的库仑场对发射β粒子的影响，是子核电荷数Z和β粒子能量E的函数。跃迁概率的大小主要由跃迁矩阵元$|M_{if}|$的大小决定。

根据跃迁矩阵元的大小，可将β跃迁分为容许跃迁、一级禁戒跃迁、二级禁戒跃迁等。级次越高，跃迁概率越小；相邻两极间，概率可相差几个数量级。

β衰变的库里厄图 β衰变的研究中，常将上式改写为：

$$\sqrt{\frac{I(p)}{Fp^2}}=K(E_m-E)$$

式中：

$$K=\frac{g|M_{if}|}{(2\pi^2c^3\hbar^7)^{1/2}}$$

对于容许跃迁，$|M_{if}|$与β粒子的能量无关，K为常量。此时若以$\sqrt{\frac{I(p)}{Fp^2}}$为纵坐标，E为横坐标作图，则得一条直线。直线同横轴的交点为β粒子的最大能量E_m。这种图称为库里厄图，也称费米-库里厄图。这样库里厄图可用来精确测定E_m，也可用来分解复杂的β谱，定出禁戒跃迁级次。

β衰变中的宇称不守恒 β衰变研究中的一个重要的突破是1956年**李政道**和**杨振宁**提出的弱相互作用中宇称不守恒。第二年**吴健雄**等人利用极化核^{60}Co的β衰变实验首次证实了宇称不守恒。这一发现结合系统分析β衰变的大量数据，总结出β衰变是左手的V-A型的结论，不仅促进了β衰变本身的研究，也促进粒子物理标准模型的确立。 （卢希庭）

β稳定线 β-stability line **核素图**中，通过稳定核集中的狭长带状区域中心近于直线的曲线。稳定线上及其附近的核，相对于**β衰变**是稳定的。对于质量数$A<40$的原子核，β稳定线基本上是直线，即中子质子比N/Z近似为1。对于$A>40$的原子核，β稳定线的$N/Z>1$。A为中等值时，N/Z约为1.4。对于$A>208$的原子核，N/Z约为1.54。β稳定线可用经验公式：$Z=A/(1.98+0.0155A^{2/3})$来表示，式中$A=Z+N$（质子数与中子数之和）。这表明重核中随着核内质子数增多，库仑排斥作用增大，要构成稳定原子核，就需要含有更多的中子以抵消库仑排斥作用，所以随着A的增大，具有β稳定性的核素的N/Z值也逐渐增大。位于β稳定区外的核素属放射性核素，在β稳定线左上部分的称为缺中子核（或丰质子核）。右下部分的称为丰中子核（或缺质子核）。它们可分别通过β^+或电子俘获衰变和β^-衰变而到达β稳定区，从而成为稳定核。

合成和鉴别远离β稳定线的新核素并研究它们的性质是原子核物理的重要研究方向之一。 （郭俊盛 靳根明）

β延迟裂变 β-delayed fission; β-DF 母核发生**β衰变**后处于激发态的子核发生裂变的一个两步过程。β延迟裂变最早于1966年苏联杜布纳研究所在研究^{233,234}Am时发现。这种衰变模式影响恒星爆炸中重元素的形成，并提供了一个研究低激发能裂变的独特探针。一般β延迟裂变的子核激发能与其**裂变势垒**能量接近，因此称为低能裂变。低能裂变中有显著的壳效应，另外裂变核的角动量很小，理论分析简单。

母核发生β衰变（β^-、β^+/EC）后，子核布居激发态。如果激发能与子核的裂变势垒能量相当或者高于裂变势垒能量，那么子核就有一定的概率发生裂变。这种衰变模式通常与**γ射线**和/或粒子（中子或质子）发射等衰变模式竞争。在非常缺中子的超铀核区和铅区观察到约20个β^+/EC延迟裂变，在丰中子区观察到约6个β^-延迟裂变。对于重的缺中子核，尤其是通过β衰变布居到接近或高于裂变势垒能量的高激发能时，电子俘获衰变相比β^+衰变占优。因此，文献中通常称这种衰变为电子俘获延迟裂变。

子核的最大激发能由母核的β衰变Q值（Q_{EC}）决定，在铀核区一般不超过5～6兆电子伏，对铅区最缺中子的核不超过11～12兆电子伏。而对应感兴趣的铀核区和铅核区的裂变势垒的计算值为3～7兆电子伏和9～12兆电子伏。因此这些Q_{EC}值与各自质量区的典型裂变势垒高度的计算值可比，且大多数已知β-DF发生在垒下，即$Q_{EC}-B_f\leqslant 0$。

β延迟裂变产生的裂变碎片的质量分布规律为：逐渐从^{180}Tl不对称质量分布过渡到^{196}At和^{202}Fr的对称与不对称质量分布的混合。铅核区（^{178,180}Tl、^{200,202}Fr、^{192,194,196}At和^{186,188}Bi）的β延迟裂变是继已发现的超铀核非对称裂变后的又一非对称裂变区域。例如，最近在ISOLDE（CERN）装置上对^{180}Tl的β延迟裂变的研究发现一种“丰质子区的新型非对称裂变”，即其两个碎片的质量分别集中在质量数100（^{100}Ru）和80（^{80}Kr），相应的动能分布也是非对称的，没有观察到对称裂变（^{90}Zr），这是出乎意料的。新研究得到^{180}Tl发生β延迟裂变的概率为$3.2(2)\times10^{-5}$，半衰期为0.94(25)秒，母核^{180}Tl的$Q_{EC}=10.840(120)$兆电子伏，子核^{180}Hg的裂变势垒估计在6.76～8.96兆电子伏之间，子核的中子分离能为$S_n(^{180}\mathrm{Hg})=11.390(30)$兆电子伏。由于子核激发能低，且缺中子的子核和裂变碎片有较高的中子分离能，因此基于能量守恒，最多能蒸发一个中子。 （林承键 贾会明）

γ谱仪 γ spectrometer 测量γ射线能量分布的仪器。通常由**闪烁计数器**、**正比计数器**或**半导体探测器**等射线探测器与相应的数字化电子学读出设备组成。**γ射线**是指较高能量光子（一般高于0.6兆电子伏）向较低能的光子（诸如千电子伏级的X射线）方面延伸。γ射线能谱的测量主要依靠物质的**光电效应**、**康普顿效应**、电子对效应产生的电子、正电子、光子等次生效应，和其能量全部被吸收后所得到的电子学脉冲电量或幅度进行测定。

碘化钠（碘化铯）是γ谱仪中最常用的闪烁晶体，它的等效原子序数（Z）和密度比较大，对γ射线的吸收效率较高。γ射线经过闪烁晶体与物质作用，当次级粒子能量被闪烁晶体全部吸收时，即得到γ射线谱的全能峰。次级效应产生的光子或电子还可逃逸出晶体，对应于γ射线谱中能量较低的连续谱和逃逸峰。能量明显高于1兆电子伏的γ射线，由于有电子对产生效应还可能出现全能峰和逃逸峰等。利用电子学的符合、反符合方法可获得明显的全能峰以便于进行复杂的γ谱分析。例如锗酸铋（BGO）、钨酸铅和稀土族的晶体阵列，可用来测量高能光子的能量。

利用γ射线与正比计数器内气体作用产生的次级光电子的脉冲信号分布也常用来进行γ谱测量，但一般只限于测量100千电子伏以下能量的γ射线，且能量分辨率不够高。但要求测量能量小于10千电子伏且能量分辨率低于1%的光子，几乎只有正比型气体探测器才能使用。这是因为气体有很大的气体倍增因子，而半导体只能靠电子学放大，严重影响信号噪声比。

半导体探测器在测量能谱方面有很大优势，特别适用于测量较低能量的γ与X射线，在开发灵敏耗尽区已有明显进展，不仅能量分辨率高，而且测量的动态范围也很宽。错锂探测器测量γ射线能区在60千电子伏到10兆电子伏，灵敏体积可达200立方厘米，在低温77开下，对^{60}Co1.332兆电子伏的γ射线的谱线半宽度小于2千电子伏。由于探测器要在液氮中保存和使用，很不方便。对60千电子伏以下的X射线，已被硅锂探测器代替，不仅因为可在室温下保存，且"死层"小等。典型产品已做到灵敏面积200平方毫米，^{55}Fe的5.9千电子伏的谱线半宽度小到300电子伏（约为5%）。同轴型高纯锗探测器可用于5千电子伏到10兆电子伏能区的灵敏体积可达400立方厘米左右。在低温下77开条件下，^{60}Co1.332兆电子伏的γ射线的谱线半高宽达1.77千电子伏。不测量时高纯锗探测器可以在室温下保存。新型化合物半导体主要有碲化镉、碘化汞、砷化镓，它们的共同特点是都能在常温下工作和具有较高的γ射线探测效率。

γ谱仪广泛用于原子核物理、粒子物理、放射性同位素应用（如医疗器械、地质探矿、中子-γ射线探井）等领域。

（谢一冈）

γ射线 γ-ray 核子内能级跃迁或粒子湮没时发射的**电磁辐射**。γ射线是1900年法国化学和物理学家P.维拉德在研究放射性同位素衰变的铀辐射时发现的。这一射线是继**α射线**、**β射线**后发现的第三种铀辐射的成分，E.**卢瑟福**在1903年将其命名为γ射线，之前他发现并命名了α射线和β射线。

通常γ射线的波长短于10^{-11}米，或频率大于10^{19}赫，对应的光子能量大于10^5电子伏。核反应或其他粒子反应中也会产生γ射线。在地球上可以来自放射性核素，大气与宇宙线粒子的次级作用，或少数非核来源的如闪电和地面γ射线闪等，还可来自很多天体物理过程，如恒星聚变过程。

γ射线波长短，频率高，能量大，穿透性强，不带电。γ射线通过物质并与原子相互作用时会产生：①**光电效应**。γ光子与核外电子相碰把全部能量交给电子，使电子离开原子成为光电子。②**康普顿效应**。γ光子与核外电子发生碰撞，其能量和运动方向改变。③正负电子对生成效应。高能γ光子受原子核库仑场作用而转变成正负电子对。④相干散射。低能光子与受原子核束缚较紧的内层电子碰撞时传给原子的能量很小，几乎保留原波长，也叫汤姆孙散射或**瑞利散射**。⑤光致核反应。大于一定能量的γ光子与物质原子的原子核作用，能发射出粒子，也称为光核吸收。⑥核共振反应。入射光子把原子核激发到激发态，然后退激时再放出γ光子。

利用γ光子造成的各种效应可间接测量γ射线，如通过测量光电子或正负电子对的能量推算；还可用γ谱仪，利用晶体对γ射线的衍射，直接测量γ光子的能量；也可由荧光晶体、光电倍增管和电子仪器组成的闪烁计数器来探测。屏蔽γ射线需要大质量的物质，高原子量高密物质会更好地吸收γ射线，通常采用铅来做屏蔽物质。

γ射线对细胞的杀伤力可用于治疗肿瘤。γ射线还可用于工业中进行探伤。核爆炸是γ射线光源，如原子弹、氢弹的爆炸。若核爆炸的能量主要以γ射线的形式释放且作用时间更长，就形成γ射线弹。研究由核衰变和核反应所产生的γ射线的能谱及其他性质，可了解原子核的能级特征，获得核结构和反应机制的信息。在天文学观测中，探测来自太空的各种γ射线，包括各种源如脉冲星、**γ射线爆**等，以及弥散的γ射线，可以研究天体物理学和宇宙学。

（王　青）

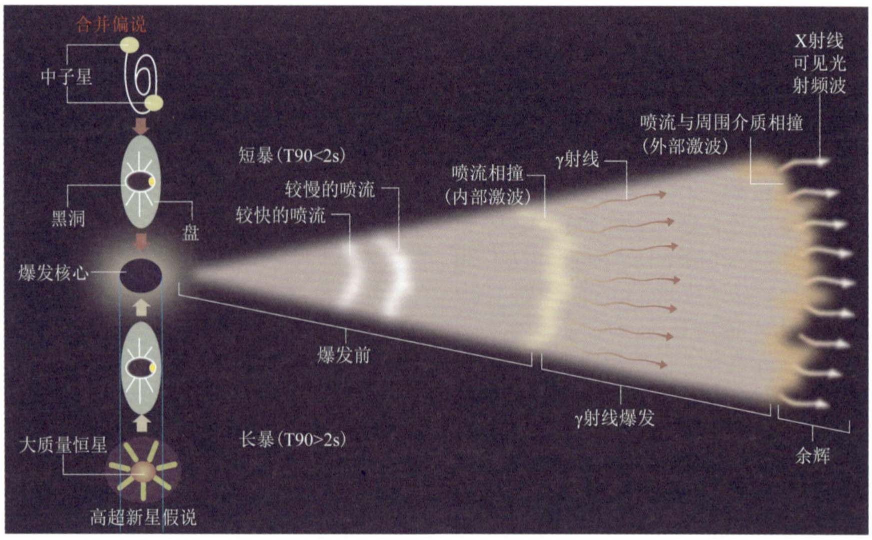

γ射线暴火球激波模型图

γ射线暴 γ-ray burst 宇宙中最强的电磁辐射事件。γ射线暴于20世纪60年代由美国间谍卫星（为监测苏联的太空核试验）偶然发现。γ射线暴发生的时间和方位不定，而且各向同性，是银河系外的事件。γ射线暴持续的时间很短，分布在10毫秒到几百秒之间，但在300毫秒和50秒处各有一个明显的峰，表明有两种不同类型的γ射线暴：短暴（短于2秒）和长暴（长于2秒）。短暴占1/3的比例，而长暴占2/3的比例。γ射线暴的能量很大，爆发瞬间的能量与全宇宙在此γ射线波段的总能量相当。γ射线暴的事例率约为每天1～2个。所幸这些事件发生在远离银河系的地方，否则巨大的能量有可能在地球上导致灾难性事件。γ射线暴的典型红移是3（发生于约116亿年前），迄今所知的最大红移γ射线暴于2009年4月23日观测到，其红移是8.2（约131亿年前）。在初始爆发之后，γ射线暴在更长的波长范围内（X射线、紫外、光学、红外和射电）伴有长时间的余辉，正是通过余辉的观测，人们可以找到其宿主星系并测量到它的红移。研究认为，长暴与大质量恒星塌缩（超新星爆炸生成中子星、夸克星或**黑洞**）相关，而短暴则与双中子星或中子星–黑洞并合相关。下图为两种γ射线暴模型的示意图。1998年，通过余辉观测，人们首次发现γ射线暴的确与一颗大质量超新星关联，此后又发现了多起类似的事例。2015年人们已首次观测到双黑洞并合的**引力波**事件，将来有望观测到双中子星和中子星–黑洞的并合事例，再联合γ射线暴实验的观测，有望解开短暴起源之谜。

1994年EGRET实验发现，在一个γ射线暴爆发约一个半小时后，探测到一个18吉电子伏的高能γ光子。2008年以来，Fermi-LAT实验观测到十多个具有10吉电子伏以上γ光子的γ射线暴。2013年，在一个γ射线暴爆发之后的200多秒，Fermi-LAT探测到迄今为止最大能量的γ射线暴光子，其能量是95吉电子伏。人们发现，高能γ光子通常比低能的γ光子出现得晚，这表明高能粒子的加速需要一个时间过程。Fermi-LAT的有效探测面积只有1平方米，地面宇宙线观测站（LHAASO）建成之后，在100吉电子伏能区的有效面积将达到近万平方米，可有效观测高能γ射线暴。

γ射线暴爆发的时标很短，且它们距地球很远，光子在宇宙空间已传播了上百亿年，它们是测量光速**色散关系**，从而是检验量子引力效应的重要方法。一些量子引力理论认为，真空具有泡沫结构，高能光子的光速较低能光子的光速要小。哪怕10千电子伏到数十吉电子伏的光子光速存在极其微小的差别，长时间的传播也可以使这个差别得到很大的放大。事实上，Fermi-LAT实验通过测量一些γ射线暴里的高能和低能爆发时间之差，对光速不随能量而变的问题做出了最严格的限制。γ射线暴由于具有极高的亮度使得人们可以观测到很高红移的事件。这也为研究宇宙的早期演化提供了重要的手段。 （胡红波）

γ射线防护 γ-ray protection 减小或防止γ射线对人体损伤的措施和办法。与**α射线**、**β射线**相比，γ射线的电离能力最弱，但穿透能力极强，可以穿透上百米的空气。因此，γ射线的主要危害是外照射。对于外照射的防护，所采取的基本措施包括时间防护（充分做好操作前的准备工作以缩短受照时间）、距离防护（远距离操作放射源）、屏蔽防护（增加屏蔽）。

在操作γ放射性物质时，需用高原子序数的物质进行屏蔽，常用的屏蔽材料有铁、铅、高度的重混凝土等材料。γ射线穿过物质时近似地服从指数衰减规律，因而通过屏蔽层后的剂量率可用下式表示：

$$N=N_0Be^{-\mu d}$$

式中N和N_0为经过屏蔽层之后和之前的剂量率；B为γ射线在屏蔽层中的剂量积累因子（无量纲），表征γ射线在屏蔽层中因多次散射而造成的次级γ射线积累的结果，与屏蔽层的厚度d（单位厘米）和材料有关；μ为γ射线在该屏蔽材料中的线衰减系数（单位厘米$^{-1}$）。 （戴雄新）

γ射线激光器 γ-ray laser 输出波长在γ射线波段的激光器。一般波长小于0.01纳米。γ射线波长极短，光子能量高，穿透力很强，在原子物理、工业和医疗等方面具有重要的应用前景。

γ射线是由原子核能级间的跃迁而产生，因此γ射线激光极难产生。γ射线激光器还主要停留在理论方案和概念设计上，是物理学研究中重要的问题之一。要产生γ射线激光必须确定一个合适的原子核激发态，并形成一个能导致相干γ射线发射的结构。γ射线激光的研究是跨学科的，包括量子力学、核与光学光谱学、化学、固态物理学、冶金学，以及中子的产生、调节和相互作用，并涉及这些领域的专门知识和研究。

美国马里兰大学科学家介绍了一种在接近绝对零度的条件下使用物质-反物质湮灭产生γ射线激光的原理，涉及**玻色-爱因斯坦凝聚**等理论。俄罗斯莫斯科大学核物理专家利用钍原子核受激产生的γ辐射发出相干光。他们采用一种锂-钙-铝-氟混合物，并用钍替代了其中一些钙，当足够数量的同质异能钍原子核被外部激光激发后，原子核跟周围的电磁场发生反应，产生了粒子数反转，使整个系统中激发态的原子核多于非激发态原子核。

（杜　鹏　张泽宇）

γ跃迁 γ transition 原子核通过发射千电子伏到兆电子伏之间能量的光子（或称**γ射线**）从激发态跃迁到较低能态的过程。又称γ衰变。γ跃迁的性质与跃迁前后能级的性质有关，通过对它的研究可了解原子核能级特性。γ光子的能量约等于跃迁前后核能级能量之差。

类型从γ光子所带有的角动量和**宇称**可定出，γ跃迁分电的和磁的多极性。**跃迁**的电磁性质和辐射的多极性是γ跃迁的重要特性之一。通常用符号E表示电跃迁，用符号M表示磁跃迁。当辐射带走的角动量为$L\hbar$时，其多极次为2^L，L是角动量量子数，$\hbar=h/2\pi$，h为普朗克常数。如$L=1$的辐射称为**偶极辐射**，$L=2$的辐射称为**四极辐射**，$L=3$的辐射称为八极辐射，其余类推。符号E1、E2、E3等分别表示电偶极辐射、电四极辐射、电八极辐射等；符号M1、M2、M3等分别表示磁偶极辐射、磁四极辐射、磁八极辐射等。

辐射带走的宇称和角动量量子数的奇偶性相同的，为电多极辐射；相反的为磁多极辐射。因此，电多极辐射的宇称为$(-1)^L$，磁多极辐射的宇称为$(-1)^{L+1}$。

γ跃迁概率 指单位时间内发生γ衰变的概率，是γ跃迁的又一重要性质。

由多极辐射理论，可得到电2^L极辐射的跃迁概率$\lambda_E(L)$和磁2^L极辐射的跃迁概率$\lambda_M(L)$的公式如下：

$$\lambda_E(L)=\frac{8\pi(L+1)}{L[(2L+1)!!]^2}\cdot\frac{k^{2L+1}}{\hbar}B(EL)$$

$$\lambda_M(L)=\frac{8\pi(L+1)}{L[(2L+1)!!]^2}\cdot\frac{k^{2L+1}}{\hbar}B(ML)$$

式中$B(EL)$和$B(ML)$分别为EL跃迁和ML跃迁的约化跃迁概率，k为γ光子的波数，它与γ光子能量E_γ的关系是：

$$k=\frac{E_\gamma}{\hbar c}$$

c为光速。由跃迁概率数量级的比较可知，跃迁能量越大，γ跃迁概率也越大。同级的电跃迁概率大于磁跃迁概率；多极级越低，跃迁概率越大。一般，磁2^L极的跃迁概率与电2^{L+1}极的跃迁概率有相同的数量级。实验上可通过测量γ衰变的半衰期或平均寿命求得γ跃迁概率，以便和理论值进行比较。

γ跃迁的选择定则 由角动量守恒和宇称守恒以及跃迁概率数量级的比较，可得出始态到末态的跃迁选择定则，如表所示。表中ΔI和$\Delta\pi$分别表示始末态自旋角动量和宇称的变化，括号内的跃迁多极性表示有可能与括号前的跃迁同时出现。根据跃迁选择定则，可从始末态的自旋和宇称定出概率最大的跃迁多极性。如$2^+\to0^+$跃迁的多极性为E2，$4^-\to0^+$跃迁的多极性为M2(E3)。

如果已知跃迁的多极性和始末态中一个能级的自旋和宇称，由选择定则可推出另一能级的自旋和宇称。不过这样定出的能级自旋一般有两种或三种可能值，需配合其他数据才能肯定其中之一。由实验测得的跃迁多极性推出能级的自旋和宇称是核谱学的一项重要内容。

跃迁选择定则

ΔI		0或1	2	3	4	5
$\Delta\pi$	+	M1 (E2)	E2	M3 (E4)	E4	M5 (E6)
	−	E1	M2 (E3)	E3	M4 (E5)	E5

如果核初始处于较高的激发态，由角动量守恒和宇称守恒的讨论及跃迁概率数量级的比较，可知道它往往不能直接跃迁到基态，而要经过一系列中间态之间的跃迁，这种多次相联的γ跃迁称为级联γ跃迁。 （卢希庭）

θ温度 θ temperature 在给定溶剂中，使高分子溶液呈θ态的温度。理想溶液指溶液中溶质分子间、溶剂分子间和溶质溶剂分子间的相互作用力能都相等，溶解过程既没有体积的变化，也没有焓的变化。在溶液中高分子链的构象会受到溶剂的影响。高分子链段和链段间的内排斥与高分子链段和溶剂分子之间的相互作用存在竞争，使得实际溶液偏离理想溶液。在给定溶剂中，有可能通过改变温度，使高分子溶液中分子链段间的相互吸引力，与溶剂化以及排斥体积效应所表现出的相斥力相等，无远程相互作用，高分子处于无扰状态，此时溶液的行为符合理想溶液行为，也就是所谓的θ条件或θ状态。θ状态下所处的温度称为θ温度，又称弗洛里温度。真正的理想溶液在任何温度下都呈现理想行为，而θ温度时高分子稀溶液的熵变和焓变其实都不是理想值，只是二者的效应相互抵消而已。（张文彬）

μ子 mu lepton 1936年，由C.D.安德森和他的学生S.H.尼德迈耶利用云室研究宇宙射线时发现的粒子。又称μ轻子。μ子发现之初，一直被认为是汤川秀树所预言的传递核力的π介子，因此称为μ介子。但后来实验上发现它几乎不参与核子反应，自然不可能参与强相互作用。随后实验陆续发现它的性质更像电子，其反粒子为μ^+，带正电荷。在标准模型中知道μ子是第二代带电轻子，带一个单位电荷，自旋为1/2，轻子数$L=1$，这些性质与电子相同，但μ子的质量是电子的207倍。μ子与电子一样不参与强相互作用，而参与其他三种相互作用，即引力相互作用、电磁相互作用和弱相互作用。μ子的寿命为2.2微秒，其寿命几乎百分之百为弱作用主导，主要衰变模式为：$\mu^- \to e^- \bar{\nu}_e \nu_\mu$，通过带电流跃迁到电子，并释放两个中微子（反电子中微子和μ型中微子）。

μ子自发现以来一直是粒子物理学家研究的重要对象，通过研究其产生和衰变来寻找可能超出标准模型的新物理现象。μ子主要通过带电π介子的弱衰变大量产生。通过收集大量的μ子，实验上可以研究其稀有衰变，如轻子味破坏的衰变：$\mu^- \to e^- \gamma$过程，或者寻找带电轻子数破坏$\mu^- + N(A,Z) \to e^- + N(A,Z)$相干转换过程等。

精确测量μ子的磁矩也是热门实验之一，对μ子反常磁矩的测量已经达到0.5ppm（ppm指百万分之一的概念）精度，由美国布鲁克海文国家实验室完成。新的实验也在美国费米实验室进行，将来对于μ子反常磁矩的测量精度可以达到0.14ppm。（李海波）

μ子对撞机 muon collider 研讨中的一种粒子对撞机。μ子是第二代轻子，质量是电子的207倍，固有寿命是2.2微秒，其他性质与电子基本类似。这使得$\mu^+\mu^-$对撞机有许多突出的优点。从物理上讲，$\mu^+\mu^-$对撞机直接产生希格斯的能力是电子对撞机的40 000多倍。同时，高能$\mu^+\mu^-$对撞机的能散可以达到0.01%［国际电子直线对撞机（ILC）的能散为0.1%］，拥有更好的能量分辨率，这是电子对撞机目前难以做到的。并且，$\mu^+\mu^-$对撞的实验也较容易实现。

从加速器技术上讲，由于同步辐射损失的限制，高能正负电子对撞机不得不向直线发展。但是，$\mu^+\mu^-$对撞机采用环型加速器，不仅可以达到高能量，而且尺寸比正负电子对撞机小得多。$\mu^+\mu^-$对撞机是一个非常复杂的实验装置，主要包括以下几个主要的部分。①质子驱动系统。可提供大量的μ子。②粒子靶与收集系统。理论计算给出，平均一个质子最多只能产生0.95个可利用的μ子。③聚束和相旋转系统。在一定的能散区域，用加速单元收集尽可能多的粒子。④冷却系统。为了得到高品质的束流，有希望对μ子进行冷却的方法是电离冷却方法。⑤加速系统。针对不同的实验设计方案，可以采用跑道形加速设计或快循环同步加速方案。⑥对撞系统。保证μ^+和μ^-束流在实验选定的能量下完成对撞。国际上的设计方案有质心能量126吉电子伏的希格斯工厂，以及1.5太电子伏、3太电子伏和6太电子伏三种高能量对撞机，同时要求达到指定的亮度10^{34}/（厘米^2·秒）以上。

尽管μ子对撞机在原理上有很多优势，但其在加速器技术方面还需进行建造前的大量预研和验证工作。（高 杰）

μ子回磁比 muon gyromagnetic ratio μ子的自旋磁矩与自旋角动量的比值。μ子回磁比的公式为$\gamma_\mu = g_\mu \dfrac{e}{2m_\mu}$，式中$e$是电荷；$m_\mu$为μ子质量；$g_\mu$为μ子的$g$因子。作为第二代带电轻子，μ子性质上与电子有相似之处。μ子回磁比可参考电子回磁比的相关解释。同样，实验测量中μ子的g因子与2也相差大约千分之一，这个差异称为μ子的反常磁矩，定义为$a_\mu = \dfrac{1}{2}(g_\mu - 2)$。标准模型框架内对μ子的反常磁矩的理论预言来源于量子电动力学辐射修正、电弱圈图修正，以及强子真空极化修正。目前量子电动力学中精确至5圈的辐射修正结果为$a_\mu^{\mathrm{QED}} = 116\,584\,718.95(0.08) \times 10^{11}$；包含了双圈图电弱修正结果为$a_\mu^{\mathrm{EW}} = 153.6(1.0) \times 10^{11}$；理论预言误差主要来源于利用色散关系由$e^+e \to h$（h为强子）给出的强子真空极化修正。结合实验数据，标准模型框架内理论预言是$a_\mu^{\mathrm{SM}} = 116\,591\,803(1)(42)(26) \times 10^{11}$，其中三个误差分别来自电弱辐射修正、领头阶以及高阶强子真空极化修正。目前实验测量给出的μ子反常磁矩是$a_\mu^{\mathrm{EXP}} = 11\,659\,209.1(6.3) \times 10^{10}$，实验与理论误差为$\Delta a_\mu = 288(63)49 \times 10^{11}$，即理论与实验之间存在3.6倍玻尔磁子的偏差。（冯太傅）

μ子计数器 muon counter 测量μ子的方向和位置的一种探测器。又称μ子鉴别器。μ子计数器是组成大型磁谱仪的子探测器之一，放置于谱仪的最外层。配合谱仪磁场，可测量μ子的电荷符号和动量。

μ子与物质相互作用主要是电离，没有强子簇射过程，发生电磁簇射的概率非常小，因此能量损失相对较小，可穿透多层介质抵达磁谱仪的外层。为了与高动量的强子（主要是π介子）区分，需要加一定物质层的吸收体，以吸收强子，得到较纯的μ子样本。μ子计数器通常采用多层结构，由取样探测器和吸收体交叠组成。取样探测器常用的有多丝正比室、漂移室、流光室、阻性板室和阴极条室等。这些探测器都能提供较好的空间分辨率。吸收体常用的是铁板，在磁谱仪中它往往又是轭铁。有些磁谱仪中，μ子计数器还可起到强子量能器的部分作用。（郑志鹏）

μ子偶素 muonium 带正电的μ轻子（μ子）和电子形成的束缚态。类似于电子偶素，其相互作用为电磁相互作用。在量子电动力学框架下，μ子偶素是最简单的包含两代轻子的量子态。1957年理论上首次讨论了μ子偶素的性质，1960年实验上首次发现μ子偶素的存在。（李海波）

μ子深度非弹散射 μ deep inelastic scattering 核子从高能μ子获得大动量转移而被击碎并产生大量粒子的反应过程。见轻子-核子深度非弹散射、深度非弹性散射。

μ子自旋转动弛豫 muon spin rotation/relaxation/resonance; mu SR 运用μ子具有1/2自旋和单位电荷的本征属性，研究凝聚态物质中电磁环境的一种实验手段。μ子自旋转动/弛豫/共振统称为μSR。μ子磁矩是质子的3.18倍，电子的1/206，可感知最小为0.1Oe的磁场。实验室里，通过高速质子轰击碳或铍等轻核，可以产生π子，π子在26纳秒内衰变成μ子。由于宇称不守恒，衰变产生的μ子的自旋和动量方向完全相反。通过对动量的筛选，可以得到100%极化的μ子束。μ子的寿命为2.2微秒，进入样品后在内场中发生进动，在衰变时沿自旋方向发射一个正电子。通过收集正电子在空间和时间上的统计分布，可以反推出μ子在样品中所处的电磁环境。μSR可以在不施加外磁场（zero field，即ZF）的情况下进行。μSR也可以在施加外磁场的环境中进行，根据外磁场的方向，可以有横场（trasverse field，即TF）和纵场（longitudinal field，即LF）两种形式。外磁场方向垂直于μ子的自旋方向，即TF-μSR；外磁场方向平行于μ子的自旋方向，即LF-μSR。由于μSR对材料内部的磁场反应灵敏，样品可以是气体、液体、固体，也可以是多晶、单晶或薄膜等多种形式，在超导体的穿透深度、磁性材料的有序体积分数、样品内场的测定等方面都有重要的应用。

（宁凡龙）

μ^-子原子 μ⁻atom 被原子核俘获在核外玻尔轨道上的μ^-子代替电子所形成的**奇特原子**。又称μ子原子。这一现象首先由中国科学家**张文裕**在宇宙线中观察到。而μ^-子在核外玻尔轨道上跃迁时所放出的X射线当时曾被称为张氏辐射。

μ^-子的质量比电子的重206倍，因此μ^-子在核外的玻尔轨道就比相应的电子轨道半径小206倍。μ^-子原子的玻尔半径约为2.6×10^{-11}厘米，另一方面，原子核的半径约为$1.2\times10^{-13}A^{1/3}$，式中A为原子核的质量数。这样，原子核的电荷分布将灵敏影响到核外μ^-子所处的能级。反之，通过对μ^-子原子能级的精细研究，就能测定出相应原子核的电磁半径以及电荷密度的分布来。因此通过对μ^-子原子能级结构的研究，就能对原子核的电磁性质提供许多重要的信息。

μ^-子的特点是仅参与**电磁相互作用**和**弱相互作用**，其寿命也比较长，为$(2.197\ 090\pm0.000\ 050)\times10^{-6}$秒。这就使得原子中的$\mu^-$子在核外被俘获后可生存较长的时间，有可能在实验中观察它被俘获时放出的**电磁辐射**，以及通过弱作用被**原子核**吸收而转化为μ子中微子ν_μ的过程：

$$\begin{aligned}\mu^-+(Z,A)&\rightarrow(Z-1,\ A)+\nu_\mu\\&\rightarrow(Z-1,\ A)+\nu_\mu+\gamma\\&\rightarrow(Z-1,\ A-1)+n+\nu_\mu\\&\rightarrow\cdots\end{aligned}$$

上述这两种过程都与核结构的细微性质有关，因而这两类现象就被利用来研究原子核的各种性质。

被俘获到原子轨道上的μ^-子，除了衰变以外，还会以相当大的概率通过**弱相互作用**而被原子核吸收。这时除了放出μ子中微子以外，相应的原子核状态也将改变。因为μ^-子的静止质量很大，所以吸收了μ^-子的原子核往往能处在很高的激发态上，并可通过释放中子，或者**核裂变**等各种途径释放能量。这样μ^-子吸收就成为获得激发态原子核，特别是一些较高激发态原子核的一种手段。通过研究μ^-子吸收中各种类型的原子核能态跃迁，可以测定相应的核矩阵元，为研究核结构模型提供了令人感兴趣的知识。如研究在μ^-吸收中发射中子的能谱及角分布等，将有助于确定中子对$(Z-1,A-1)$核的等效光学势。此外，研究μ^-子吸收时所释放出的内**韧致辐射**以及由内韧致辐射产生的电子对、内转换电子、内康普顿散射等高级过程，均有助于理解各有关核的弱相互作用、电磁相互作用的各种性质。μ^-子原子可作为研究核物质的一种十分有用的探针，从中可以获得许多有关核性质的信息。

（庆承瑞）

π-N散射 π-N scattering 利用一定动能的π介子束流轰击核子（N）靶的反应过程。由于π介子是最轻的**强子**，又是核子–核子强相互作用中交换的介子，π介子探针对强相互作用最敏感，因此，π-N散射是研究**强相互作用**的有力工具。

π介子同位旋为1，具有3个电荷态（π^+、π^-和π^0），因此，在π-N散射中可以有电荷交换反应（$\pi^- p\rightarrow\pi^0 n$和$\pi^+ n\rightarrow\pi^0 p$）。由于$\pi^0$介子的寿命太短，实验上无法形成束流，因此，实验上只有$\pi^\pm$介子与核子的散射。

π-N系统的同位旋为1/2和3/2，所以，π-N散射实验为研究核子激发态（N^*和Δ^*共振态）提供了主要实验信息，是研究这些共振态的有效手段。实验和理论研究表明，当入射π介子的能量在200兆电子伏以下时，π-N散射主要以弹性散射和单电荷交换反应为主，并且主要是S波和P波的贡献；当入射π介子的能量大于200兆电子伏时，π-N散射有可能引起介子的产生，一些较轻的介子最早就是在π-N散射中发现的。

π-N散射是研究π介子与原子核相互作用的基础，对于利用π介子束流研究原子核结构具有十分重要的意义。π介子与原子核相互作用可以发生双电荷交换反应，即将原子核内的两个中子变成质子或把两个质子变成中子，这是研究原子核内核子关联的有效途径。

（谢聚军）

τ子 τ lepton 一种基本粒子。又称τ轻子。τ轻子是继电子、μ轻子之后发现的第三种带电轻子，是所知三种轻子中质量最大的一种。τ子于1975年在美国斯坦福直线加速器中心（SLAC）的正负电子对撞机——SPEAR上通过$e^+e^-\rightarrow\tau^+\tau^-$过程发现，有$\tau^+$和$\tau^-$两种带电状态，互为反粒子。τ子的自旋为1/2，质量为$1776.86\pm0.12\text{MeV}/c^2$，寿命为$(290.3\pm0.5)\times10^{-15}$秒。τ子只参与**电磁相互作用**和**弱相互作用**，不参与**强相互作用**。

由于τ子质量较大，除了可衰变成纯轻子$e^-\bar{\nu}_e\nu_\tau$（分支比为17.8%）和$\mu^-\bar{\nu}_\mu\nu_\tau$（分支比为17.4%）外，还以较大的分支比通过半轻子过程衰变成强子，包括$\pi^-\nu_\tau$、$\rho^-\nu_\tau$、$a_1^-\nu_\tau$以及$K^-\nu_\tau$、$K^{*-}\nu_\tau$等，从而可通过τ衰变进行弱相互作用和强相互作用相关的研究。

τ子衰变的研究（米歇尔参数的测量）表明，τ-W-ν_τ弱作用顶点也是V-A型的，另外和$(e^-,\nu_e)_L$、$(\mu^-,\nu_\mu)_L$一样，τ^-和ν_τ也在标准模型中形成弱作用二重态。尽管τ子的质量比其他轻子大得多，但在已有的实验精度内尚未发现τ子有内部结构，仍然认为τ子是点粒子。

τ子的性质在多个正负电子对撞实验中得到精确测量，数据被用来精确检验e-μ-τ轻子普适性、矢量流守恒假设，测量强相互作用耦合常数α_s、CKM矩阵元V_{us}、奇异夸克质量m_s，以及计算强子的真空极化效应等。在τ子的衰变中寻找轻子味破坏的过程是寻找新物理的一个重要手段。2018年开始运行的位于日本高能加速器研究机构（KEK）的超级B工厂实验Belle Ⅱ将以更高的精度和灵敏度对τ子的性质进行研究。

1992年**北京正负电子对撞机**（BEPC）上的北京谱仪实验，在τ子对的产生阈附近首次精确测量了τ子的质量，精度(3×10^{-4})较之前实验提高了近一个数量级且中心值显著减小，解决了当时数据与轻子普适性预言的偏离。这是中国在粒子物理实验研究上的首个重要成果。

（苑长征）

Ⅱ类超晶格 type Ⅱ superlattice 组成超晶格材料的能带带隙的相对位置排列为彼此错开型的**超晶格**，即一种材料的导带在另一种材料的价带之下。InAs/GaSb超晶格是一种典型的Ⅱ类超晶格，其能带结构如图1所示。超晶格使得InAs阱中电子能级展宽后形成类似导带的微带，同时也使得GaSb垒中的重空穴能级展宽后形成了类似价带的微带，两者之间形成了与红外光子能量相当的有效带隙E_g，改变量子阱或者垒的宽度可以改变E_g的大小。通过使用掺杂技术，InAs/GaSb超晶

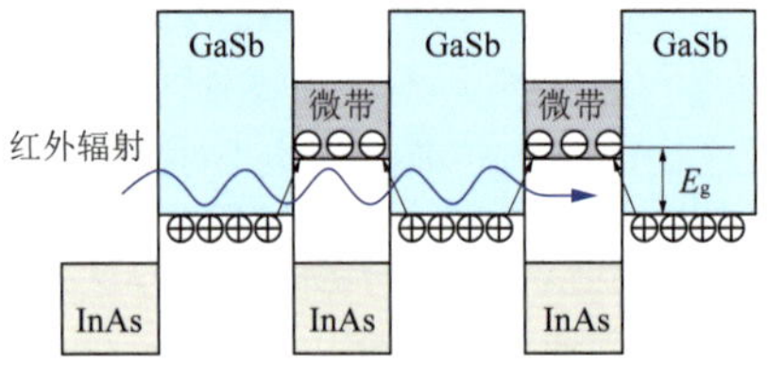

图 1 InAs/GaSb 超晶格的能带结构

格材料可实现不同的导电类型，进而可用于制备光伏型器件。这些特点使得InAs/GaSb超晶格在材料性能上非常接近碲镉汞（HgCdTe）材料，正因如此，近年来InAs/GaSb超晶格探测器的发展非常迅速。

InAs/GaSb超晶格的阱或垒宽度都只有几个到几十个原子层，随着InAs层的增厚或GaSb层的减薄，材料的带隙随之减小。InAs/GaSb超晶格材料中微带之间的电子跃迁为带间跃迁，能直接吸收垂直入射光，量子效率理论上能做到50%以上。

利用Ⅱ类超晶格材料可制成光导或光伏红外探测器件。Ⅱ类超晶格材料由于其特殊的能带结构，可制作对应的工作波长范围在3～25微米、性能优良的红外探测器。有人预言Ⅱ类超晶格材料将是下一代

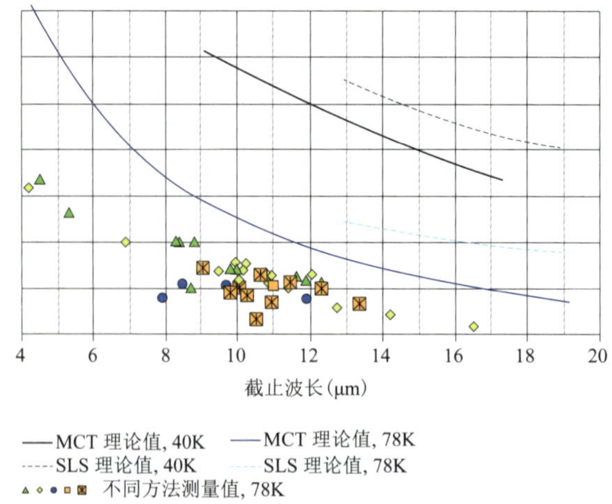

图 2 Ⅱ类超晶格和 HgCdTe 探测器探测率的比较

红外光子探测器的首选材料。对于研究最多的InAs/GaInSb Ⅱ类超晶格器件，其能带结构决定了电子主要是限制在InAs层中，空穴主要限制在GaInSb层中，其禁带宽度依赖于材料的厚度和组分。从器件的角度，通过选择不同的材料厚度和组分便可调整所需的禁带宽度，从而控制探测器的截止波长。以实现对不同波段红外辐射信号的探测。

此外，InAs/GaInSb Ⅱ类超晶格材料的设计选择范围很宽，通过优化材料参数能使一些重要参数得到提高。例如，电子空穴的空间分离分布有助于抑制材料的**俄歇复合**，提高载流子寿命，从而降低暗电流；InAs/GaInSb超晶格材料的**有效质量**并不直接依赖于禁带宽度，在具有相同禁带宽度（如E_g≈0.1电子伏）的情况下，InAs/GaInSb超晶格的有效电子质量比HgCdTe的大。因此用此超晶格材料制备的二极管的隧道电流比HgCdTe的小；通过设计不同的InAs厚度与GaInSb厚度以及引入应力平衡等措施，可改善材料的吸收系数。现已能获得与HgCdTe的光吸收系数相当的InAs/GaInSb Ⅱ类超晶格材料。其在LWIR和VLWIR方面有着广阔的应用前景，性能比具有相同截止波长的HgCdTe高。图2是Ⅱ类超晶格（SLS）和碲镉汞（MCT）探测器理论计算和实际测试的探测率比较。

（陆 卫）

大事年表

约公元前 624～前 547 年	· 古希腊学者泰勒斯记述了摩擦后的琥珀能吸引轻小物体和天然磁石吸铁的现象
公元前 6 世纪	· 《管子》中总结和声规律；阐述标准调音频率，具体记载三分损益法
约公元前 5 世纪下半叶	· 《考工记》中记述了**滚动摩擦**、斜面运动、惯性、**浮力**等现象
	· 留基伯和德谟克利特提出万物是由大小不同的不可分和不可变的**原子**组成的
公元前 5～前 4 世纪	· 《墨经》中记述了杠杆、滑轮、斜面平衡现象，以及光直进、光影、小孔成像等现象
公元前 4 世纪	· **亚里士多德**在其著作《物理学》中讨论了一些力学问题，涉及落体和杠杆等
公元前 3 世纪	· 欧几里得论述了光的直线传播和**反射定律**，叙述了影的定义和针孔成像等
	· **阿基米德**发现了流体的浮力原理和斜面、杠杆、滑轮原理
公元前 1 世纪上半叶	· 卢克莱修的《物性论》阐述了古代原子论，记载了磁石间相吸或相斥作用
1015 年前后	· A. 海赛姆发表光学著作，记述了眼睛构造的知识和视觉与光线的关系，以及**光反射**、**光折射**、球面镜成像等
1075 年	· **沈括**制成新计时器“玉壶浮漏”，直接量度了太阳视行速度变化引起的每日时差
1086～1095 年	· 沈括著《梦溪笔谈》，记载了一种人工磁化方法、地磁的磁偏角的发现和球面镜成像原理等
15 世纪	· **达·芬奇**最早研究了**永动机**不可能问题
1543 年	· N. 哥白尼出版了《天体运行论》，该书成为“自然科学的独立宣言”
1581 年	· **朱载堉**《律学新说》成书。他在乐律学上首次以等比数列方法创建十二等程律的理论
1586 年	· S. 斯蒂文著《静力学原理》，提出了力的分解原理
1589～1591 年	· **伽利略**进行了自由落体加速运动的研究，确认了物体在**重力**作用下的运动规律和物体的重量无关
1590～1609 年	· Z. 詹森和 H. 李普希发明**显微镜**
1600 年	· W. 吉尔伯特的《论磁》出版。记载了**磁极**必然成对出现；地球是个大磁石和地磁现象；许多物质经摩擦后有吸引小物体的性质
1608 年	· H. 李普希发明**望远镜**
1609～1619 年	· J. 开普勒提出行星运动的三个定律
1621 年前后	· W. 斯涅耳提出光的**折射定律**

1632年	·伽利略的《两大世界体系的对话》出版，支持了地动学说，首先阐明了运动的相对性原理
1638年	·伽利略的《两门新科学的谈话》出版，讨论了许多力学问题
1643年	·E.托里拆利和V.维维亚尼提出气压概念，发明了水银气压计
1651～1654年	·B.帕斯卡发现静止流体中压力传递的原理（即帕斯卡原理）
1657年	·P.de费马提出光线在介质中循最短光程传播的规律（即费马原理）
约1660年	·F.M.格里马尔迪发现光的衍射现象
1662年	·R.玻意耳和E.马略特发现了在给定温度下气体体积与压力关系的经验定律（即玻意耳定律）
1666～1672年	·I.牛顿用三棱镜观察到太阳光的色散，制成第一台反射式望远镜，倡导光的微粒说
1676年	·O.C.罗麦发表他根据木星卫星被木星掩食的观测，推算出光在真空中的传播速度
1678年	·R.胡克阐述了在弹性极限内、表示力和形变之间的线性关系的定律（即胡克定律）
1687年	·I.牛顿在《自然哲学的数学原理》中，阐述了牛顿运动定律（牛顿力学）和万有引力定律
1690年	·C.惠更斯出版《光论》，提出光的波动说，导出了光的直线传播和光的反射、折射定律，并解释了双折射现象
1714年	·D.G.华伦海特改良水银温度计，定出第一个经验温标——华氏温标
1738年	·D.伯努利的《水动力学，关于流体中力和运动的说明》出版，提出了描述流体定常流动的伯努利方程；导出了玻意耳定律
1743年	·J.Le R.达朗贝尔在《动力学论文》中阐述了达朗贝尔原理，使一些力学问题简化，为分析力学的建立打下了基础
1755年	·L.欧拉建立了无黏性流体力学的基本方程（即欧拉方程）
1785～1789年	·C.-A.de库仑用扭秤证明静电力的平方反比定律
1788年	·J.-L.拉格朗日的《分析力学》出版
1798年	·H.卡文迪什用扭秤测定了万有引力常数G
1799年	·A.伏打发明伏打电堆
1801年	·T.杨做光的干涉实验，提出光波干涉原理
1808年	·É.-L.马吕斯发现反射光的偏振现象
1811年	·A.阿伏伽德罗根据气体化学反应中的倍比容积定律提出了阿伏伽德罗定律
1814年	·J.von夫琅禾费发现了太阳光谱中的大量暗线（夫琅禾费线），并测出了它们的波长
1815年	·A.-J.菲涅耳以杨氏干涉实验原理补充了惠更斯原理，形成了惠更斯－菲涅耳原理，解释了光的传播和光的衍射问题
1820年	·H.C.奥斯特发表关于电流磁效应的论文
	·J.-B.毕奥、F.萨伐尔由实验得出通电导线对磁极作用力的定律（即毕奥－萨伐尔定律）

1820～1822 年	· A.-M. 安培发现两根通电导线之间的相互作用，建立了安培定律
1821 年	· T.J. 塞贝克发现温差电现象
1822 年	· J.B.J. 傅里叶的《热的分析理论》出版，详细研究了热在介质中的传导问题
1824 年	· S. 卡诺提出一种只有两个热源的简单循环，被命名为卡诺循环
1826 年	· G.S. 欧姆发表一条恒定电路的基本规律，通过导体的电流强度与其两端的电压成正比，即欧姆定律
1827 年	· R. 布朗用显微镜观察到悬浮在液体中的微粒的无规则涨落运动（即布朗运动）
1831 年	· M. 法拉第发现电磁感应现象
1833 年	· H.F.E. 楞次发表确定感应电流方向的楞次定律
1833～1834 年	· M. 法拉第提出了关于电解的定律
1834～1835 年	· W.R. 哈密顿提出变分原理和正则方程
1837 年	· J.P. 焦耳公布他实验发现的电流的热效应定律
1841 年	· C.F. 高斯阐明了几何光学的理论
1842 年	· J.C. 多普勒发现了波源和观测者相对运动时，观测者接收到的振动频率与波源的振动频率不同的多普勒效应
	· J.R. 迈尔提出热功当量的概念和能量守恒的基本思想，后焦耳用大量实验测定热功当量，并确定能量守恒与转换定律，亥姆霍兹论证和总结了各种运动中的能量守恒定律
1845 年	· M. 法拉第发现磁致旋光现象，并发现大多数物质具有抗磁性
	· J.J. 沃特斯顿根据气体动理论假说，导出了理想气体状态方程，并提出能量均分定理
	· G.R. 基尔霍夫建立了稳恒电路的两条定律，为分支电路的运算奠定了基础
1848 年	· 开尔文提出热力学温标，指出绝对零度是温度的下限
1849 年	· A.H.L. 斐索用旋转齿轮法首次在实验室中测定了光速
1850 年	· R. 克劳修斯提出热力学第二定律的定性表述，提出熵为态函数；次年开尔文提出另一种表述
1851 年	· J.-B.-L. 傅科设计了证实地球自转的装置（即傅科摆）
1852 年	· J.P. 焦耳和 W. 汤姆孙做气体自由膨胀实验，发现了焦耳－汤姆孙效应
1858 年	· J.C. 麦克斯韦提出气体分子的速度分布率（即麦克斯韦速度分布律）
1859 年	· G.R. 基尔霍夫证明一切物体的辐射本领和吸收本领之比与物体特性无关，只是温度和波长的函数
1860 年	· J.C. 麦克斯韦发表气体中输运过程的初级理论
1861～1862 年	· J.C. 麦克斯韦引进位移电流概念

1865 年	· J.C. 麦克斯韦提出电磁场的基本方程组（后称为麦克斯韦方程组），并推断电磁波的存在，预测光是一种电磁波
1868 年	· L. 玻尔兹曼建立了平衡态气体分子的能量分布律——玻尔兹曼分布律
1872 年	· L. 玻尔兹曼提出气体分子非平衡分布函数的方程（后称为玻尔兹曼方程）、H 定理和熵的统计诠释
1873 年	· J.D. 范德瓦耳斯提出实际气体状态方程
	· J.C. 麦克斯韦预言了光压，1899 年由 P.N. 列别捷夫实验证实
1876～1878 年	· J.W. 吉布斯提出了化学势的概念、相平衡定律，建立了粒子数可变系统的热力学基本方程
1877 年	· 瑞利的《声学原理》出版，为近代声学奠定了基础
1879 年	· J. 斯忒藩建立了黑体的面辐射强度与绝对温度关系的经验公式，1884 年 L. 玻尔兹曼从理论上证明了此公式，后称为斯忒藩－玻尔兹曼定律
1880 年	· P. 居里和 J. 居里发现晶体的压电效应
1887 年	· H.R. 赫兹做电磁波实验，证实了麦克斯韦的电磁场理论，发现光电效应
	· A.A. 迈克耳孙和 E.W. 莫雷用迈克耳孙干涉仪测“以太风”，否定了以太的存在
1889 年	· J.R. 里德伯发表碱金属和氢原子光谱线通用的波长公式
1893 年	· W. 维恩导出黑体辐射强度分布与温度关系的位移定律
1895 年	· H.A. 洛伦兹发表电磁场对运动电荷作用力的公式，后称该力为洛伦兹力
	· W.C. 伦琴发现 X 射线
1896 年	· W. 维恩发表黑体辐射的能量分布公式
	· P. 塞曼发现原子光谱线在磁场中分裂的现象（即塞曼效应）
	· A.-H. 贝可勒尔发现铀的放射性
1897 年	· J.J. 汤姆孙指出阴极射线是由带负电荷的粒子组成，导致电子的发现
1898 年	· 居里夫妇对放射性元素进行了深入研究，先后发现了钋和镭
1900 年	· M. 普朗克提出了能量子的概念，假设辐射能是分立的，导出了符合整个波长范围的黑体辐射公式
1902 年	· J.W. 吉布斯出版《统计力学的基本原理》，创立统计系综理论
1905 年	· A. 爱因斯坦发表关于布朗运动的论文
	· A. 爱因斯坦发表光量子假说，解释了光电效应等现象
	· A. 爱因斯坦发表《论动体的电动力学》一文，提出狭义相对论的基本原理，建立了狭义相对论，发现质能之间的相当性
	· P. 朗之万发表顺磁性的经典理论

1908年 · H. 开默林·昂内斯液化了最后一种“永久气体”氦

1909～1913年 · R.A. 密立根和他的学生对电子的电荷进行了精密的测量（即密立根油滴实验）

1911年 · 第一次索尔维物理学会议在布鲁塞尔召开

· H. 开默林·昂内斯发现汞、铅、锡等金属在低温下的超导电性

· E. 卢瑟福对 α 粒子大角度散射实验做出解释，提出具有实验依据的原子有核模型

1912年 · W.H. 能斯特提出不能达到绝对零度的定律，即热力学第三定律

1912～1913年 · M.von 劳厄等发现 X 射线通过晶体的衍射现象，后布拉格父子由此发展了 X 射线衍射技术

1913年 · J. 斯塔克在实验中发现原子光谱在电场中分裂的现象（斯塔克效应）

· N. 玻尔发表氢原子结构模型，解释了氢原子光谱

· H.G.J. 莫塞莱发现元素的原子光谱谱线频率与该元素的原子序数间的关系，后称莫塞莱定律

1914年 · J. 夫兰克和 G.L. 赫兹发表了电子轰击气体原子的实验结果，证实原子分立能态的存在

1915年 · A. 爱因斯坦建立了广义相对论

· E. 诺特证明了物理体系每一个可微的动力学对称性都对应一个守恒量，称为诺特定理

1916年 · A. 爱因斯坦提出受激辐射理论

1919年 · A.S. 爱丁顿等人分别在日食观测中证实了爱因斯坦关于引力使光线弯曲的预言

1921年 · O. 斯特恩和 W. 革拉赫发表利用原子束在不均匀磁场中的偏转测定原子磁矩的实验结果，为原子在磁场中取向量子化提供了证据

1922年 · A.H. 康普顿用光子和电子的非弹性碰撞解释了散射光波长的改变，得出波长移动的公式。中国学者吴有训在其中起了重要作用

1924年 · L.V. 德布罗意提出物质波假设，认为微观粒子具有波粒二象性

· S. 玻色提出光子所服从的统计规律，后经 A. 爱因斯坦补充，建立了玻色－爱因斯坦统计，并预言玻色－爱因斯坦凝聚现象

1925年 · W. 泡利发表不相容原理（即泡利不相容原理）

· M. 玻恩、W.K. 海森伯、E.P. 约旦用矩阵方法发展了海森伯提出的矩阵力学

· G.E. 乌伦贝克和 S.A. 古兹密特提出电子自旋理论

1926年 · E. 薛定谔发表波动力学，并证明矩阵力学和波动力学的等价性

· E. 费米、P.A.M. 狄拉克提出受泡利不相容原理约束粒子所遵从的统计规律，后称费米－狄拉克统计

1927年 · W.K. 海森伯发表测不准关系（不确定度关系）

· C.J. 戴维森、L.H. 革末和 G.P. 汤姆孙分别用实验获得电子的衍射图样，证实电子具有波动性

1927～1928年	·I. 朗缪尔系统研究了电离气体中的振荡，并将这种物质状态命名为等离子体
1928年	·C.V. 拉曼和L.Y. 曼杰斯塔姆与G.S. 兰茨贝格独立地发现了拉曼效应
	·P.A.M. 狄拉克发表相对论电子波动方程
1928～1930年	·F. 布洛赫等为固体的能带理论奠定了基础
1930年	·W. 泡利通过研究 β 衰变过程，提出中微子假说
1932年	·中国物理学会在北京成立
	·C.D. 安德森首次发现物质的反粒子，即正电子。在此之前，赵忠尧等人于1929～1930年发现了与此有关的“特殊辐射”
	·E.O. 劳伦斯和M.S. 利文斯顿建成回旋加速器
	·J.D. 考克饶夫和E.T.S. 瓦耳顿建成高压倍加器
	·J. 查德威克发现中子
1933年	·E. 费米提出弱相互作用的 β 衰变理论
1934年	·E. 费米发现慢中子能强有力地诱发核反应
	·P.A. 切伦科夫和S.I. 瓦维洛夫在实验中发现切伦科夫辐射
1935年	·汤川秀树发表了核力的介子场论，预言了传递核力的介子存在
	·N. 玻尔和Ya.I. 弗伦克尔提出原子核液滴模型，把原子核看成是带电荷的理想液滴
1937年	·I.Ye. 塔姆和I.M. 夫兰克一起提出解释切伦科夫辐射的理论
	·P.L. 卡皮察由实验证实液态氦的超流性
1938年	·O. 哈恩、F. 斯特拉斯曼证明了中子照射铀能放出中等质量的核，导致核裂变的发现
	·I.I. 拉比等人发明利用原子束或分子束的射频共振磁谱仪，精确测定核自旋和核磁矩
1939年	·L. 迈特纳和O.R. 弗里施指出，哈恩－斯特拉斯曼的实验结果是一种原子核的裂变现象
1940年	·W. 泡利证明了自旋量子数为整数的粒子服从玻色－爱因斯坦统计规律；自旋为半整数的粒子服从费米－狄拉克统计规律
1940～1941年	·L.D. 朗道提出氦Ⅱ超流性的量子理论
1942年	·在E. 费米主持下，美国建成世界上第一座裂变反应堆
1944年	·I.I. 拉比和他的学生提出了建造原子钟的原理，原子钟在20世纪50年代问世
1945年	·美国爆炸了世界上第一颗原子弹
	·E.M. 珀塞尔和F. 布洛赫等人分别在实验上实现了固体石蜡和液体水分子中氢核的共振吸收（核磁共振）
1946年	·钱三强和何泽慧发现了铀核三分裂和四分裂现象

	·L.D. 朗道根据无碰撞等离子体动理学方程预言了“朗道阻尼”（1965年被实验证实），标志等离子体物理学成为独立学科
1947年	·W.E. 兰姆和R.C. 雷瑟福发现原有量子力学理论认为的氢原子两个简并能级之间有能量差（即兰姆移位）
	·C.F. 鲍威尔等用核乳胶的方法在宇宙线中发现 π 介子，证实汤川秀树的预言
1947～1948年	·J. 巴丁、W.H. 布拉坦和W.B. 肖克莱发明晶体三极管
1948年	·张文裕发现 μ 子系弱作用粒子，并发现了 μ^- 子原子
	·D. 伽柏提出现代全息照相术前身的波阵面再现原理
	·G. 伽莫夫与G. 勒梅特提出宇宙“大爆炸”理论
1948～1949年	·朝永振一郎、J.S. 施温格、R.P. 费曼等分别发表相对论协变的重正化的量子电动力学理论，逐步形成消除发散困难的重正化方法
1950年	·黄昆与A. 里斯一起提出了多声子的光辐射和无辐射跃迁的量子理论
1952年	·美国在太平洋一环礁上成功爆炸首个热核装置
1954年	·杨振宁和R.L. 米尔斯发表非阿贝耳规范场理论
	·C.H. 汤斯等人获得了氨分子微波激射放大和振荡，N.G. 巴索夫和A.M. 普罗霍罗夫也几乎在同时独立研制了同样的微波激射器
1955年	·O. 张伯伦与E.G. 塞格雷发现反质子
1956年	·李政道、杨振宁提出弱相互作用中宇称不守恒
1957年	·吴健雄等用实验验证了弱相互作用中宇称不守恒
	·J. 巴丁、J.R. 施里弗和L.N. 库珀发表超导微观理论（即BCS理论）
	·江崎玲於奈发明隧道二极管
	·R.L. 穆斯堡尔发现无反冲 γ 射线共振吸收现象，后发展为穆斯堡尔谱学
	·苏联发射成功首颗人造地球卫星，开始太空研究时代
1958年	·在苏联援助下，中国建成第一座核反应堆和第一台回旋加速器，标志中国进入原子能时代
	·王淦昌、王祝翔、丁大钊等发现反西格马负超子 Σ^-
1958～1968年	·1958年，P.W. 安德森探讨了无序体系中电子态局域化的条件；1968年，N.F. 莫特在此基础上建立了非晶态半导体的能带模型
1960年	·T.H. 梅曼用红宝石制成第一台激光器
1962年	·B.D. 约瑟夫森预言了库珀对和正常电子一样，也有隧道效应，后称约瑟夫森效应
1963年	·R.J. 格劳伯建立了光相干的量子理论
1964年	·M. 盖耳－曼等提出强子结构的夸克模型

	·中国爆炸了第一颗原子弹
	·N. 布洛姆伯根建立了非线性光学的基本理论
1965 年	·北京基本粒子理论组提出强子结构的层子模型
	·A. 彭齐亚斯和 R. 威尔孙首次观测到宇宙微波背景辐射
	·高锟发表论文提出光纤用于通讯的理论
1967 年	·中国在西部地区爆炸了第一颗氢弹
1967～1968 年	·S. 温伯格、A. 萨拉姆、S.L. 格拉肖提出电弱统一理论
1971 年	·K.G. 威耳孙发表处理相变临界现象的重正化群理论
1973 年	·G. 霍夫特、D.J. 格罗斯等发现描述强相互作用的量子色动力学理论有渐近自由性质
1974 年	·丁肇中、B. 里希特分别发现 J/ψ 粒子，意味着 c 夸克的发现
1977 年	·L.M. 莱德曼等在费米国家加速器实验室发现 Υ 粒子
1980 年	·K.von 克利青发现量子霍尔效应
1982 年	·崔琦等人发现分数量子霍尔效应
	·G. 宾尼希与 H. 罗雷尔发明了扫描隧道显微镜
1982～1988 年	·朱棣文、C.C. 塔诺季和 W.D. 菲利普斯等的激光冷却和捕获原子的方法取得重要进展
1983 年	·C. 鲁比亚等发现中间玻色子 W^+、W^-、和 Z^0
1986 年	·K.A. 缪勒和 J.G. 柏诺兹提出了用金属氧化物获得高温超导电性的可能性
1987 年	·美国、中国和日本的科学家成功研制出液氮温区的高温超导体
1988 年	·北京正负电子对撞机（BEPC）和同步辐射装置投入运行
	·A. 费尔和 P. 格伦贝格发现了巨磁电阻效应
1995 年	·E.A. 科纳尔、C.E. 韦曼和 W. 凯特勒实现了铷原子和钠原子玻色－爱因斯坦凝聚（BEC）
1996 年	·小柴昌俊等人利用超级神冈探测器观测到中微子振荡现象
1999 年	·J.L. 霍尔和 T.W. 汉施将飞秒光频率梳用于光学频率的精密测量
2003 年	·威尔金森微波各向异性探测器（WMAP）通过对宇宙微波背景辐射的测量，给出了宇宙的年龄和组成成分
2013 年	·欧洲核子中心（CERN）宣布探测到希格斯玻色子
2016 年	·D.J. 索利斯、D. 霍尔丹和 J.M. 科斯特利兹发现拓扑相变和拓扑相物质
2017 年	·R. 韦斯、B.C. 巴里什、K.S. 索恩用 LIGO 探测器观测到引力波

诺贝尔物理学奖获得者

说　明

诺贝尔奖是根据瑞典化学家 A.B. 诺贝尔的遗嘱设立，并以他的姓氏命名的系列奖项。最初包括诺贝尔物理学奖、诺贝尔化学奖、诺贝尔生理学或医学奖、诺贝尔文学奖和诺贝尔和平奖 5 个奖项。于 1901 年 12 月 10 日诺贝尔逝世 5 周年时首次颁发。此后，除第二次世界大战时曾停发外，每年颁发。1968 年，瑞典银行在其成立 300 周年时增设诺贝尔经济学奖，并提供奖金，于 1969 年首次颁发，以后每年与上述 5 个奖项同时颁发。

此表以颁奖年份为序，列入获奖者的中译名、外文名、获奖时国籍及获奖原因。

年份	中译名	外文名	获奖时国籍	获奖原因
1901	伦琴	Wilhelm Conrad Röntgen	德国	发现 X 射线
1902	洛伦兹	Hendrik Antoon Lorentz	荷兰	发现磁场使光谱线分裂（塞曼效应）
	塞曼	Pieter Zeeman	荷兰	
1903	贝可勒尔	Henri Becquerel	法国	发现天然放射性
	P. 居里	Pièrre Curie	法国	研究放射性，发现钋和镭两种元素
	M. 居里	Marie Curie	法国	
1904	瑞利	3rd Baron Rayleigh	英国	发现氩
1905	勒纳	Phillip Eduard Anton von Lenard	德国	阴极射线方面的研究成果
1906	汤姆孙	Sir Joseph John Thomson	英国	发现电子
1907	迈克耳孙	Albert Abraham Michelson	美国	设计光学精密仪器，并利用它测量地球上光传播的干涉条纹没发生移动，否定了以太的存在
1908	李普曼	Gabriel Lippmann	法国	彩色照片复制法（李普曼法）
1909	马可尼	Guglielmo Marconi	意大利	发展无线电报术
	布劳恩	Karl Ferdinand Braun	德国	
1910	范德瓦耳斯	Johannes Diderik van der Waals	荷兰	导出气体和液体的状态方程
1911	维恩	Wilhelm Wien	德国	发现热辐射定律
1912	达伦	Nils Gustaf Dalén	瑞典	发明航标灯自动调节器

年份	中译名	外文名	获奖时国籍	获奖原因
1913	开默林·昂内斯	H.Kamerlingh Onnes	荷兰	研究物质在低温下的性质，制得液氦
1914	劳厄	Max von Laue	德国	建立晶体的 X 射线衍射理论
1915	W.H. 布拉格	William Henry Bragg	英国	用 X 射线分析晶体结构
	W.L. 布拉格	William Lawrence Bragg	英国	
1916	无人获奖			
1917	巴克拉	Charles Glover Barkla	英国	发现各种元素的标识 X 射线辐射
1918	普朗克	Max (Karl Ernst Ludwig) Planck	德国	提出能量子概念和普朗克常数
1919	斯塔克	Johannes Stark	德国	发现极隧射线的多普勒效应和光谱线在电场中的劈裂
1920	纪尧姆	Charles Édouard Guillaume	瑞士	发现合金的反常特性
1921	爱因斯坦	Albert Einstein	瑞士	提出光量子理论，发现光电效应定律
1922	玻尔	Niels (Henrik David) Bohr	丹麦	在原子结构和原子辐射方面的贡献
1923	密立根	Robert Andrews Millikan	美国	基元电荷和光电效应方面的工作
1924	西格班	Karl Manne Georg Siegbahn	瑞典	X 射线谱学方面的工作
1925	夫兰克	James Franck	德国	发现电子同原子碰撞的规律
	赫兹	Gustav Hertz	德国	
1926	佩兰	Jean Baptiste Perrin	法国	物质结构的不连续性方面的工作
1927	康普顿	Arthur Holly Compton	美国	证实散射 X 射线的波长变化（康普顿效应）
	威耳孙	Charles Thomson Rees Wilson	英国	记录带电粒子径迹的方法
1928	里查森	Owen Willans Richardson	英国	发现电子发射特性及其规律
1929	德布罗意	Louis Victor de Broglie	法国	发现电子的波动性
1930	拉曼	Sir Chandrasekhara Venkata Raman	印度	在光散射方面的工作，发现拉曼效应
1931	无人获奖			
1932	海森伯	Werner Karl Heisenberg	德国	创建量子力学，提出不确定度关系
1933	薛定谔	Erwin Schrödinger	奥地利	建立量子力学的理论形式
	狄拉克	Paul Adrien Maurice Dirac	英国	
1934	无人获奖			

年份	中译名	外文名	获奖时国籍	获奖原因
1935	查德威克	Sir James Chadwick	英国	发现中子
1936	赫斯	Victor Franz Hess	奥地利	发现宇宙射线
1936	安德森	Carl David Anderson	美国	发现正电子
1937	戴维森	Clinton Joseph Davisson	美国	发现电子在晶体中的衍射现象
1937	汤姆孙	Sir George Paget Thomson	英国	发现电子在晶体中的衍射现象
1938	费米	Enrico Fermi	意大利	用中子辐照产生人工放射性元素
1939	劳伦斯	Ernest Orlando Lawrence	美国	发明回旋加速器
1940～1942	未颁奖			
1943	斯特恩	Otto Stern	美国	用分子束方法证明质子磁矩存在
1944	拉比	Isidor Isaac Rabi	美国	用共振法精确测定原子核的磁性质
1945	泡利	Wolfgang Pauli	奥地利	发现不相容原理
1946	布里奇曼	Percy Williams Bridgman	美国	高压物理学领域的一系列发现
1947	阿普顿	Sir Edward Victor Appleton	英国	发现大气上层的阿普顿层
1948	布莱克特	Patrick Maynard Stuart Blackett	英国	核物理和宇宙辐射领域的一些发现
1949	汤川秀树	Yukawa Hideki	日本	预言介子的存在
1950	鲍威尔	Cecil Frank Powell	英国	研究核过程以照相法发现了一些介子
1951	考克饶夫	John Douglas Cockcroft	英国	用人工方法加速粒子使原子核嬗变
1951	瓦尔顿	Ernest Thomas Sinton Walton	爱尔兰	用人工方法加速粒子使原子核嬗变
1952	布洛赫	Felix Bloch	美国	发现凝聚态物质中的核磁共振现象
1952	珀塞耳	Edward Mills Purcell	美国	发现凝聚态物质中的核磁共振现象
1953	泽尔尼克	Frits Zernike	荷兰	发明相衬法
1954	玻恩	Max Born	联邦德国	波函数的统计研究
1954	博特	Walther Bothe	联邦德国	发明符合计数法
1955	兰姆	Willis Eugene Lamb, Jr.	美国	氢光谱中的一些新发现
1955	库什	Polykarp Kusch	美国	测定电子磁矩
1956	肖克莱	William Bradford Shockley	美国	研究半导体并发现晶体管的效用
1956	巴丁	John Bardeen	美国	研究半导体并发现晶体管的效用
1956	布拉坦	Walter Houser Brattain	美国	研究半导体并发现晶体管的效用

年份	中译名	外文名	获奖时国籍	获奖原因
1957	杨振宁	Chen Ning Yang	中国	发现宇称原理的破坏
	李政道	Tsung-Dao Lee	中国	
1958	切伦科夫	Pavel Alekseyevich Cherenkov	苏联	发现并解释切伦科夫辐射
	夫兰克	Ilya Mikhailovich Frank	苏联	
	塔姆	Igor Yevgenyerich Tamm	苏联	
1959	塞格雷	Emilio Gino Segrè	美国	确证反质子的存在
	张伯伦	Owen Chamberlain	美国	
1960	格拉泽	Donald Arthur Glaser	美国	发明气泡室
1961	霍夫斯塔特	Robert Hofstadter	美国	原子核对电子散射的研究，并据此提出了原子核结构的相关理论
	穆斯堡尔	Rudolf Ludwig Mössbauer	联邦德国	对 γ 辐射共振吸收的研究，发现穆斯堡尔效应
1962	朗道	Lev Davidovich Landou	苏联	创立凝聚态理论
1963	维格纳	Eugene Paul Wigner	美国	原子核中质子和中子作用遵循的原则
	迈耶	Maria Goeppert-Mayer	美国	创立原子核结构的壳模型理论
	延森	J(ohannes) Hans D(aniel) Jensen	联邦德国	
1964	汤斯	Charles Hard Townes	美国	从事量子电子学方面的工作，导致制成微波激射器和激光器
	巴索夫	Nikolay Gennadiyevich Basov	苏联	
	普罗霍罗夫	Aleksandr Mikhailovich Prokhorov	苏联	
1965	朝永振一郎	Tomonaga Shinichir ō	日本	量子电动力学的基本原理研究
	施温格	Julian Seymour Schwinger	美国	
	费曼	Richard Phillips Feynman	美国	
1966	卡斯特勒	Alfred Kastler	法国	发现和发展了研究原子中赫兹共振的光学方法
1967	贝特	Hans Albrecht Bethe	美国	发现恒星的能量来源
1968	阿尔瓦雷茨	Luis Walter Alvarez	美国	在基本粒子研究方面发现共振态
1969	盖耳－曼	Murray Gell-Mann	美国	对于基本粒子分类和相互作用研究的贡献

年份	中译名	外文名	获奖时国籍	获奖原因
1970	阿尔文	Hannes Alfvén	瑞典	在磁流体动力学和等离子体物理学方面的工作
	奈耳	Louis-Eugène-Félix Néel	法国	反铁磁性和铁氧体磁性的基础研究和发现
1971	伽柏	Dennis Gabor	英国	发明全息术
1972	巴丁	John Bardeen	美国	创立超导电性理论
	库珀	Leon Neil Cooper	美国	
	施里弗	John Robert Schrieffer	美国	
1973	江崎玲於奈	Leo Esaki	日本	发现半导体和超导体的隧道效应
	贾埃沃	Ivar Giaever	美国	
	约瑟夫森	Brian David Josephson	英国	从理论上预言了穿过隧道势垒的超导电流的性质，特别是约瑟夫森效应
1974	赖尔	Sir Martin Ryle	英国	在射电天文学方面的工作并用其发现脉冲星
	休伊什	Antony Hewish	英国	
1975	玻尔	Aage Niels Bohr	丹麦	原子核的理论研究
	莫特森	Ben Roy Mottelson	丹麦	
	雷恩沃特	James Rainwater	美国	
1976	里克特	Burton Richter	美国	独立发现一类新的基本粒子 J/ψ
	丁肇中	Samuel Chao Chung Ting	美国	
1977	安德森	Philip Warren Anderson	美国	磁性非晶态固体中电子性状的研究工作
	莫特	Nevill Francis Mott	英国	
	范扶累克	John Hasbrouk van Vleck	美国	
1978	卡皮察	Pyotr Leonidovich Kapitsa	苏联	发明并应用氦的液化器
	彭齐亚斯	Arno Penzias	美国	发现宇宙微波背景辐射，为大爆炸理论提供支持
	威耳孙	Robert W. Wilson	美国	
1979	格拉肖	Sheldon Lee Glashow	美国	提出粒子的弱相互作用和电磁相互作用的统一理论
	萨拉姆	Abdus Salsm	巴基斯坦	
	温伯格	Steven Weinberg	美国	

年份	中译名	外文名	获奖时国籍	获奖原因
1980	克罗宁	James Watson Cronin	美国	验证电荷共轭和宇称反演对称性的同时破坏
	菲奇	Val Logsdon Fitch	美国	
1981	布洛姆伯根	Nicolaas Bloembergen	美国	在发展激光光谱学方面所做的贡献
	肖洛	Arthur Leonard Schawlow	美国	
	西格班	Kai Manne Börje Siegbahn	瑞典	发展高分辨率的电子光谱技术
1982	威耳孙	Kenneth G. Wilson	美国	从事相变理论研究所做的贡献
1983	钱德拉塞卡	Subrahmanyan Chandrasekhar	美国	对恒星结构认识方面的贡献
	福勒	William Alfred Fowler	美国	与化学元素有关的核反应方面的重要实验和理论探索
1984	鲁比亚	Carlo Rubbia	意大利	领导发现 $W^{\pm}$ 和 Z^0 粒子
	范德梅尔	Simon van der Meer	荷兰	
1985	克利青	Klaus von Klitzing	联邦德国	发现量子霍尔效应
1986	鲁斯卡	Ernst Ruska	联邦德国	发明电子透镜及研制成世界第一台电子显微镜
	宾尼希	Gerd Binnig	联邦德国	研制扫描隧道效应显微镜
	罗雷尔	Heinrich Rohrer	瑞士	
1987	贝德诺尔茨	Johannes Georg Bednorz	联邦德国	最先成功发现高温超导材料
	缪勒	Karl Alexander Müller	瑞士	
1988	莱德曼	Leon Max Lederman	美国	从事中微子方面的研究，证实中微子至少有两种类型
	施瓦茨	Melvin Schwartz	美国	
	施泰因贝格尔	Jack Steinberger	美国	
1989	拉姆齐	Norman Foster Ramsey	美国	发明了具有分立振荡场的分子束共振方法，并将此法用于原子钟
	德梅尔特	Hans Georg Dehmelt	美国	发明捕捉粒子的离子阱技术
	保尔	Wolfgang Paul	联邦德国	
1990	弗里德曼	Jerome Isaac Friedman	美国	证实中子和质子中可能存在更小的物质单元——夸克
	肯德尔	Henry Way Kendall	美国	
	泰勒	Richard Edward Taylor	加拿大	

年份	中译名	外文名	获奖时国籍	获奖原因
1991	热纳	Pierre-Gilles de Gennes	法国	液态物理和聚合物研究，阐明其从有序态过渡到无序态的过程
1992	夏帕克	Georges Charpak	法国	发明多丝正比室
1993	赫尔斯	Russel Alan Hulse	美国	于 1974 年发现了第一对脉冲双星
	泰勒	Joseph Hooton Taylor, Jr.	美国	
1994	布罗克豪斯	Bertram Niville Brockhouse	加拿大	发展中子谱学
	沙尔	Clifford Glenwood Shull	美国	中子衍射研究，创造中子干涉系统新方法
1995	佩尔	Martin Lewis Perl	美国	发现 τ 轻子
	莱因斯	Frederick Reines	美国	发现中微子
1996	李	David M. Lee	美国	发现氦-3 的超流现象
	奥谢罗夫	Douglas Dean Osheroff	美国	
	里查森	Robert C. Richardson	美国	
1997	朱棣文	Steven Chu	美国	发明用激光冷却和俘获原子的方法
	科昂－塔努吉	Claude Cohen-Tannoudji	法国	
	菲利普斯	William Daniel Phillips	美国	
1998	劳克林	Robert B. Laughlin	美国	发现分数量子霍尔效应
	施特默	Horst L. Störmer	美国	
	崔琦	Daniel Chee Tsui	美国	
1999	霍夫特	Gerardus't Hooft	荷兰	重正化规范理论方面的工作，阐述电弱相互作用的量子结构，使电弱统一理论广被接受
	韦特曼	Martinus J. G. Veltman	荷兰	
2000	阿尔费罗夫	Zhores Ivanovich Alferov	俄罗斯	发展用于高速电子学和光电子学的半导体异质结构
	克勒默	Herbert Kroemer	美国	
	基尔比	Jack S. Kilby	美国	发明集成电路
2001	科纳尔	Eric Allin Cornell	美国	独立获得玻色－爱因斯坦凝聚体和对其早期的基础研究
	克特勒	Wolfgang Ketterle	德国	
	威曼	Carl E. Wieman	美国	

年份	中译名	外文名	获奖时国籍	获奖原因
2002	戴维斯	Raymond Davis, Jr.	美国	在天体物理学，特别是在探测宇宙中微子领域做出的先驱性贡献
	小柴昌俊	Koshiba Masatoshi	日本	
	贾科尼	Riccardo Giacconi	美国	领导研制了世界上第一个宇宙X射线探测器，第一次发现了太阳系外的X射线源，第一次证实宇宙存在着X射线背景辐射
2003	阿布里科索夫	Alexei Alexeyevich Abrikosov	美国	在超导电性和超流理论方面的先驱性贡献
	京茨堡	Vitaly Lazarevich Ginzburg	俄罗斯	
	莱格特	Anthony J. Leggett	英国/美国	
2004	格罗斯	David J. Gross	美国	提出粒子物理强相互作用理论中的渐近自由理论
	波利策	Hugh David Politzer	美国	
	威尔切克	Frank Wilczek	美国	
2005	格劳伯	Roy J. Glauber	美国	对光学相干的量子理论的贡献
	霍尔	John L. Hall	美国	对基于激光的精密光谱学发展做出了贡献
	亨施	Theodor W. Hänsch	德国	
2006	马瑟	John C. Mather	美国	对宇宙起源的大爆炸理论提供了新的有力支持，将宇宙学推进到精确科学的时代
	斯穆特	George F. Smoot	美国	发表了首张全天宇宙微波背景图
2007	费尔	Albert Fert	法国	发现巨磁电阻效应
	格伦贝格	Peter Grünberg	德国	
2008	南部阳一郎	Nambu Yoichiro	美国	发现亚原子物理学中的自发性对称破缺机制
	小林诚	Kobayashi Makoto	日本	有关对称性破缺起源的发现
	益川敏英	Maskawa Toshihide	日本	
2009	高锟	Charles Kuen Kao	英国/美国	在光线通过光纤传输，以用于光通信方面取得重大突破
	博伊尔	Willard (Sterling) Boyle	加拿大/美国	发明了用于成像的半导体电路－电荷耦合器件（CCD）
	史密斯	George Elwood Smith	美国	
2010	盖姆	Andre (Konstantin) Geim	荷兰	在二维材料石墨烯方面做出开创性实验
	诺沃肖罗夫	Konstantin (Sergeevich) Novoselov	英国/俄国	

年份	中译名	外文名	获奖时国籍	获奖原因
2011	玻尔马特	Saul Perlmutter	美国	通过观测遥远超新星发现宇宙的加速膨胀
	施密特	Brian Paul Schmidt	美国 / 澳大利亚	
	赖斯	Adam Guy Riess	美国	
2012	阿罗什	Serge Haroche	法国	创造突破性的实验方法使得测量和控制单个量子系统成为可能
	维因兰德	David Jeffrey Wineland	美国	
2013	恩格勒特	François Englert	比利时	理论解释了粒子如何获得质量，有助于了解亚原子粒子质量的起源。他们预言的基本粒子——希格斯玻色子，被欧洲核子研究中心运行的大型强子对撞机通过实验发现。
	希格斯	Peter (Ware) Higgs	英国	
2014	赤崎勇	Akasaki Isamu	日本	发明了高性能蓝色发光二极管，可作为高亮度节能的白光光源
	天野浩	Amano Hiroshi	日本	
	中村修二	Nakamura Shuji	美国	
2015	梶田隆章	Kajita Takaaki	日本	发现了中微子振荡现象，表明中微子具有质量
	麦克唐纳	Arthur Bruce McDonald	加拿大	
2016	索利斯	David James Thouless	美国	理论发现拓扑相变和拓扑相物质
	霍尔丹	Duncan Haldane	美国	
	科斯特利兹	John Michael Kosterlitz	美国	
2017	韦斯	Rainer Weiss	美国	在 LIGO 探测器和引力波观测方面做出了决定性贡献
	巴里什	Barry Clark Barish	美国	
	索恩	Kip Stephen Thorne	美国	
2018	阿斯金	Arthur Ashkin	美国	发明光镊并应用于生物系统
	穆鲁	Gérard Mourou	法国	发明啁啾脉冲放大技术
	斯特里克兰	Donna Strickland	加拿大	
2019	皮布尔斯	Phillip James Edwin Peebles	美国	在物理宇宙学中做出重要理论发现
	麦耶	Michel Mayor	瑞士	发现一颗围绕类太阳恒星运行的系外行星
	奎洛兹	Didier Queloz	瑞士	
2020	彭罗斯	Roger Penrose	英国	发现黑洞的形成是广义相对论的有力预测
	根策尔	Reinhard Genzel	德国	在银河系中心发现了超大质量的致密天体
	盖兹	Andrea Ghez	美国	

年份	中译名	外文名	获奖时国籍	获奖原因
2021	真锅淑郎	Manabe Syukuro	美国	建立了地球气候的物理模型，量化可变性和可靠地预测全球变暖
	哈塞尔曼	Klaus Hasselmann	德国	
	帕里西	Giogio Parisi	意大利	发现从原子到行星尺度的物理系统中无序和涨落之间的相互影响
2022	阿斯佩克特	Alain Aspect	法国	用纠缠光子验证了量子不遵循贝尔不等式，开创了量子信息学
	克劳泽	John Francis Clauser	美国	
	蔡林格	Anton Zeilinger	奥地利	
2023	阿戈斯蒂尼	Pierre Agostini	法国	为研究物质中电子动力学而产生阿秒激光脉冲的实验方法
	克劳斯	Ferenc Krausz	匈牙利 / 奥地利	
	吕利耶	Anne L’Huillier	法国 / 瑞典	

条目标题汉字笔画索引

说　明

1. 本索引供读者按条目标题的汉字笔画查检条目。

2. 条目标题按第一字的笔画由少到多的顺序排列。笔画数相同的，按起笔笔形横(一)、竖(丨)、撇(丿)、点(丶)、折(乛，包括㇆、㇄、𡿨等)的顺序排列。第一字相同的，依次按后面各字的笔画数和起笔笔形顺序排列。

3. 以外文字母、罗马数字和阿拉伯数字开头的条目标题，依次排在汉字条目标题的后面。

一画

二画

三画

四画

五画

六画

七画

八画

九画

十画

十一画

十二画

十三画

十四画

十五画

十六画

十七画

十九画

二十画

二十二画

字母 数字

条目标题外文索引

(Index of Articles)

说　明

1. 本索引按照条目标题外文的逐词排列法顺序排列。无论是单词条目，还是多词条目，均以单词为单位，按字母顺序、单词在条目标题外文中所处的先后位置，顺序排列。如果第一个单词相同，再依次按第二个、第三个排列，余类推。

2. 条目标题外文中英文以外的字母，按与其对应形式的英文字母顺序排列。

3. 为便于检索，部分条目标题外文将人名中的姓放在最前面，用逗号与其他词分开。

4. 条目标题外文中有罗马数字和阿拉伯数字的，排列时分为两种情况：

①数字前有拉丁字母，先按字母顺序再按数字顺序排列；英文字母相同时，含有罗马数字的排在阿拉伯数字前。

②以数字开头的条目标题外文，排在条目标题外文索引的最后。

A

B

C

D

E

F

G

H

I

J

K

L

M

N

O

P

Q

R

S

W

X

Y

Z

Others

内容索引

说明

1. 本索引是全书条目和条目内容的主题分析索引。索引主题按汉语拼音字母的顺序并辅以汉字笔画、起笔笔形顺序排列。同音时，按汉字笔画由少到多的顺序排列，笔画数相同的按起笔笔形横(一)、竖(丨)、撇(丿)、点(丶)、折(乛，包括㇆、乚、く等)的顺序排列。第一字相同时按第二字排列，余类推。索引主题中夹有外文字母、罗马数字和阿拉伯数字的，依次排在相应的汉字索引主题之后。索引主题以外文字母、罗马数字和阿拉伯数字开头的，依次排在全部汉字索引主题之后。

2. 设有条目的主题用黑体字，未设条目的主题用宋体字。

3. 不同概念(含人物)具有同一主题名称时，分别设置索引主题；未设条目的同名索引主题后括注简单说明或所属类别，以利检索。

4. 索引主题之后的阿拉伯数字是主题内容所在的页码，数字之后的小写拉丁字母表示索引内容所在的版面区域。本书正文的版面区域划分如右图。

a	c	e
b	d	f

E

F

G

J

K

L

N

O

P

Q

T

X

Y

Z

字母 数字

外国人名译名对照表

说　明

1. 本表收录的人名包括外国人物条目的条目标题和在释文中涉及的部分外国人名（包括本名、简称、习称和笔名等）。按照外国人名的逐段（即人名中的姓、教名、名、父名、夫名、母家姓以及其他各种独立成分）排列法顺序排列，以段为单位，按字母顺序排列。如果第一段相同，则按第二段字母顺序排列，余类推。

2. 人名中英文以外的字母，按与其对应形式的英文字母顺序排列。

例如：ë ě é——e　　ö ø ō ó——o

3. 为便于检索，本表按习惯将某些人名中的姓放在最前面，用逗号与其他部分分开。

例如：Anderson，P.W.　　安德森，P.W.

A

B

Barrett, W.F.	巴雷特，W.F.
Barrow, I.	巴罗，I.
Bartholinus, E.	巴托莱纳斯，E.
Basov, N.G.	巴索夫，N.G.
Baumgarte, T.W.	鲍姆加特，T.W.
Baxter, R.J.	巴克斯特，R.J.
Bear, M.	比尔，M.
Beaurepaire, E.	博勒佩尔，E.
Becquerel, A.-C.	贝可勒尔，A.-C.
Becquerel, A.-E.	贝可勒尔，A.-E.
Becquerel, H.	贝可勒尔，H.
Bednorz, J.G.	贝德诺尔茨，J.G.
Beer, A.	比尔，A.
Bekenstein, J.D.	贝肯斯坦，J.D.
Belavin, A.A.	别拉温，A.A.
Bell (Burnell), J.	贝尔，J.
Bell, A.G.	贝尔，A.G.
Bell, J.S.	贝尔，J.S.
Bell, L.D.	贝尔，L.D.
Belousov, B.P.	别鲁索夫，B.P.
Belov, N.V.	别洛夫，N.V.
Bénard, H.	贝纳德，H.
Beneke, M.	贝内克，M.
Bennett, B.	贝内特，B.
Bennett, C.H.	贝内特，C.H.
Bennett, W.H.	贝内特，W.H.
Bentley, R.	本特利，R.
Benvenuti, A.	本韦努蒂，A.
Berezinskii, V.L.	别列津斯基，V.L.
Berger, H.	贝格尔，H.
Bergman, O.	伯格曼，O.
Bernal, J.D.	贝尔纳，J.D.
Bernevig, A.	伯涅维格，A.
Bernoulli, D.	伯努利，D.
Bernoulli, J.	伯努利，J.
Berry, M.	贝里，M.
Berzelius, J.J.	贝采利乌斯，J.J.
Bethe, H.A.	贝特，H.A.
Betzig, E.	白兹格，E.
Beukel, A.	范登伯克尔，A.
Bhabha, H.J.	巴巴，H.J.
Bhattacharyya, S.	巴塔恰里亚，S.
Bickerton, R.J.	毕克顿，R.J.
Bigi, I.	比基，I.
Bingham, E.C.	宾厄姆，E.C.
Binnig, G.	宾尼希，G.
Biot, J.-B.	毕奥，J.-B.
Biot, M.A.	毕奥，M.A.
Birdsall, C.K.	伯德索，C.K.
Birkeland, K.	伯克兰，K.
Birkhoff, G.D.	伯克霍夫，G.D.
Birks, J.	伯克斯，J.
Bitter, F.	毕特，F.
Bjorken, J.D.	布约肯，J.D.
Black, J.	布莱克，J.
Blackett, P.M.S.	布莱克特，P.M.S.
Bliss, T.	布利斯，T.
Bloch, F.	布洛赫，F.

Blodgett, K.	布洛杰特，K.
Bloembergen, N.	布洛姆伯根，N.
Blount, E.I.	布朗特，E.I.
Blount, T.	布朗特，T.
Bodendorfer, N.	博登德菲，N.
Boerhaave, H.	布尔哈维，H.
Bogolyubov, N.N.	博戈留波夫，N.N.
Bohm, D.	玻姆，D.
Bohr, A.N.	玻尔，A.N.
Bohr, N.	玻尔，N.
Bojowald, M.	博约沃尔德，M.
Bollmann, W.	博尔曼，W.
Boltzmann, L.	玻尔兹曼，L.
Bond, W.L.	邦德，W.L.
Bondi, H.	邦迪，H.
Bonse, U.	邦泽，U.
Boole, G.	布尔，G.
Born, N.	玻恩，N.
Borrmann, G.	博尔曼，G.
Bose, S.	玻色，S.
Boswell, R.	鲍斯韦尔，R.
Bothe, W.	博特，W.
Bouguer, P.	布格，P.
Bouissières, G.	布依西爱，G.
Boyle, R.	玻意耳，R.
Boyle, W.	博伊尔，W.
Brackett, B.B.	布雷克特，B.B.
Bradley, A.J.	布莱德雷，A.J.
Bradley, C.	布雷德利，C.
Bradley, J.	布拉德雷，J.
Bragg, W.H.	布拉格，W.H.
Bragg, W.L.	布拉格，W.L.
Braginskiĭ, V.B.	布拉金斯基，V.B.
Brandenberger, R.	布兰登伯格，R.
Brandt, U.	布兰特，U.
Brans, C.H.	布朗斯，C.H.
Brassard, G.	布拉萨德，G.
Brattain, W.H.	布拉坦，W.H.
Brault, J.W.	卜劳特，J.W.
Braun, K.F.	布劳恩，K.F.
Bravais, A.	布拉菲，A.
Breskin, A.	布莱斯金，A.
Bressani, T.	布列萨尼，T.
Brewster, D.	布儒斯特，D.
Bridgman, P.W.	布里奇曼，P.W.
Brillouin, L.N.	布里渊，L.N.
Brillouin, M.	布里渊，M.
Brockhouse, B.N.	布罗克豪斯，B.N.
Brody, T.P.	布罗迪，T.P.
Brooks, R.E.	布鲁克斯，R.E.
Brosa, U.	布罗萨，U.
Brout, R.	布鲁特，R.
Brown, D.A.	布朗，D.A.
Brown, R.	布朗，R.
Brown, S.	布朗，S.
Bruno, G.	布鲁诺，G.
Buchdahl, H.A.	布赫达尔，H.A.
Budker, G.I.	布德克尔，G.I.

Buneman, O.	布里曼，O.
Bunsen, R.W.E.	本生，R.W.E.
Buonanno, A.	布奥那诺，A.
Burgers, J.M.	伯格斯，J.M.
Burgers, W.G.	伯格斯，W.G.
Bursian, E.V.	布尔西安，E.V.
Burton, W.	伯顿，W.
Butler, C.C.	巴特勒，C.C.
Büttiker, M.	布提克，M.
Byers, N.	拜尔斯，N.

C

Cabrera, B.	卡夫雷拉，B.
Cabrera, N.	卡夫雷拉，N.
Callan, C.G.	卡伦，C.G.
Callen, H.B.	卡伦，H.B.
Canham, L.T.	坎汉，L.T.
Carlson, J.F.	卡尔森，J.F.
Carlson, W.L.	卡尔森，W.L.
Carnot, S.	卡诺，S.
Carter, B.	卡特，B.
Casimir, H.B.G.	卡西米尔，H.B.G.
Cassegrain, N.	卡塞格林，N.
Castelli, B.	卡斯泰里，B.
Cauchy, A.-L.	柯西，A.-L.
Cavendish, H.	卡文迪什，H.
Ceperley, D.M.	塞珀利，D.M.
Chadwick, J.	查德威克，J.
Chalmers, T.A.	查尔默斯，T.A.
Chamberlain, O.	张伯伦，O.
Chandrasekhar, S.	钱德拉塞卡，S.
Chapin, D.	恰宾，D.
Chapman, D.L.	查普曼，D.L.
Chapman, S.	查普曼，S.
Charles, J.A.C.	查理，J.A.C.
Charpak, G.	夏帕克，G.
Chastel, R.	沙士戴勒，R.
Cherenkov, P.A.	切伦科夫，P.A.
Chetaev, N.G.	切塔耶夫，N.G.
Chikovani, G.E.	奇科瓦尼，G.E.
Chirikov, B.V.	奇里科夫，B.V.
Chladni, E.F.F.	克拉尼，E.F.F.
Choptuik, M.	肖普图艾克，M.
Choquet-Bruhat, Y.	肖凯－布吕埃，Y.
Christenson, J.H.	克里斯坦森，J.H.
Christie, S.H.	克里斯蒂，S.H.
Christofilos, N.C.	克里斯托菲洛斯，N.C.
Chu, Paul Ching-wu	朱经武
Chu, Steven	朱棣文
Cladis, P.E.	克拉笛斯，P.E.
Clark, A.G.	克拉克，A.G.
Clark, L.	克拉克，L.
Clausius, R.	克劳修斯，R.
Cochran, W.	科克伦，W.
Cockcroft, J.D.	考克饶夫，J.D.
Codling, K.	科德林，K.
Coey, J.M.D.	科埃，J.M.D.
Cohen, M.H.	科恩，M.H.

D

E

Folen, V.J.	弗仑，V.J.
Foley, H.M.	福里，H.M.
Foner, S.	方尔，S.
Forbes, J.D.	福布斯，J.D.
Ford, W.K.	福特，W.K.
Fork, R.L.	福克，R.L.
Forrester, A.T.	福雷斯特，A.T.
Forsbergh, P.W.	福斯贝格，P.W.
Foucault, J.-B.-L.	傅科，J.-B.-L.
Fourier, J.	傅里叶，J.
Fowler, W.A.	福勒，W.A.
Fox, G.	弗克斯，G.
Franck, J.	夫兰克，J.
Frank, F.C.	夫兰克，F.C.
Frank, I.M.	夫兰克，I.M.
Franken, P.A.	弗兰肯，P.A.
Franklin, B.	富兰克林，B.
Franz, R.	夫兰兹，R.
Fraunhofer, J. von	夫琅禾费，J. von
Fredenhagen, K.	弗雷登哈根，K.
Freedericksz, V.	弗里德利克斯，V.
Freedman, D.Z.	弗里德曼，D.Z.
Freedman, M.H.	弗里德曼，M.H.
Frenkel, Y.I.	弗仑克尔，Y.I.
Fresnel, A.-J.	菲涅耳，A.-J.
Fridkin, V.M.	弗里德金，V.M.
Friedman, J.I.	弗里德曼，J.I.
Friedmann, A.	弗里德曼，A.
Friend, R.H.	弗伦德，R.H.
Frisch, H.L.	弗里施，H.L.
Frisch, O.R.	弗里施，O.R.
Frith, J.	弗里思，J.
Fritz, B.	弗里茨，B.
Fröhlich, H.	弗洛里希，H.
Fröhlich, J.	弗洛里希，J.
Froome, K.D.	弗罗姆，K.D.
Fujikawa Kazuo	藤川和男
Fukui Kenich	福井谦一
Fulde, P.	富勒迪，P.
Fuller, R.B.	富勒，R.B.
Fulling, S.A.	富林，S.A.
Furnas, T.C.	福纳斯，T.C.

G

Gabor, D.	伽柏，D.
Gale, H.G.	盖尔，H.G.
Galeev, A.A.	加列耶夫，A.A.
Galilei, Galileo	伽利略
Galle, J.G.	伽勒，J.G.
Galois, E.	伽罗瓦，E.
Galwani, L.	伽伐尼，L.
Gamow, G.	伽莫夫，G.
Gassendi, P.	伽森狄，P.
Gauss, C.F.	高斯，C.F.
Gay-Lussac, J.-L.	盖－吕萨克，J.-L.
Geiger, H.W.	盖革，H.W.
Geim, A.	盖姆，A.
Gell-Mann, M.	盖耳－曼，M.

Gennes, P.-G.de	热纳，P.-G.de
Georges, A.	乔治，A.
Georgi, H.	乔治，H.
Gerber, C.	格贝尔，C.
Gerlach, W.	革拉赫，W.
Germer, L.H.	革末，L.H.
Gersho, A.	戈休，A.
Giacconi, R.	贾科尼，R.
Giaever, I.	贾埃沃，I.
Giauque, W.F.	吉奥克，W.F.
Gibbs, J.W.	吉布斯，J.W.
Gilbert, W.	吉尔伯特，W./吉伯，W.
Ginzburg, V.L.	京茨堡，V.L.
Giomataris, I.	乔马塔里斯，I.
Glan, P.	格兰，P.
Glaser, D.A.	格拉泽，D.A.
Glashow, S.L.	格拉肖，S.L.
Glass, A.M.	格拉斯，A.M.
Glauber, R.J.	格劳伯，R.J.
Gliner, E.	格林纳，E.
Glogower, J.	格洛高尔，J.
Gold, T.	戈尔德，T.
Goldberger, M.L.	戈德伯格，M.L.
Goldhaber, M.	戈德哈伯，M.
Goldstein, E.	戈德斯坦，E.
Goldstein, M.	戈德斯坦，M.
Golfand, Yu.A.	盖尔仿德，Yu.A.
Goodkind, J.	古坎德，J.
Gorter, C.J.	戈特，C.J.
Gorter, E.	戈特，E.
Gossard, A.	戈萨德，A.
Goudsmit, S.A.	古兹密特，S.A.
Graham, T.	格雷姆，T.
Gray, S.	格雷，S.
Grebogi, C.	格瑞博基，C.
Green, M.B.	格林，M.B.
Greenberg, O.W.	格林伯格，O.W.
Gregory, J.	格里高利，J.
Greiner, W.	格赖纳，W.
Grendel, F.	格林德尔，F.
Grest, G.S.	格雷斯特，G.S.
Griffith, A.A.	格里菲思，A.A.
Griffiths, R.	格里菲思，R.
Grimaldi, F.M.	格里马尔迪，F.M.
Gross, D.J.	格罗斯，D.J.
Gross, E.K.U.	格罗斯，E.K.U.
Grossmann, M.	格罗斯曼，M.
Grünberg, P.	格伦贝格，P.
Grüneisen, E.	格吕奈森，E.
Gudmundsen, R.A.	古德蒙森，R.A.
Guericke, O.von	盖利克，O.von
Guillaume, C.É.	纪尧姆，C.É.
Gunn, J.B.	耿，J.B.
Guralnik, G.	古拉尔尼克，G.
Gurney, R.W.	格尼，R.W.
Guth, A.	古斯，A.
Gutzwiller, M.C.	古茨维勒，M.C.

H

Haag, R.	哈格，R.
Hagen, C.R.	哈根，C.R.
Hahn, O.	哈恩，O.
Hahn, S.G.	哈恩，S.G.
Haken, H.	哈肯，H.
Haldane, D.	霍尔丹，D.
Hale, G.E.	海尔，G.E.
Halioua, M.	哈利瓦，M.
Hall, E.H.	霍尔，E.H.
Hall, J.L.	霍尔，J.L.
Hall, R.N.	霍尔，R.N.
Halley, E.	哈雷，E.
Hamilton, W.R.	哈密顿，W.R.
Hänsch, T.W.	亨施，T.W.
Hardy, J.W.	哈迪，J.W.
Härm, R.	黑尔姆，R.
Haroche, S.	阿罗什，S.
Harrison, E.R.	哈里森，E.R.
Hartle, J.B.	哈特尔，J.B.
Hartline, H.K.	哈特兰，H.K.
Hartmann, J.F.	哈特曼，J.F.
Hartree, D.R.	哈特里，D.R.
Harvey, J.A.	哈维，J.A.
Hasert, F.J.	哈塞特，F.J.
Hauksbee, F.	豪克斯比，F.
Haus, H.A.	豪斯，H.A.
Hawking, S.W.	霍金，S.W.
Hayward, S.A.	海沃德，S.A.
Heaviside, O.	亥维赛，O.
Hebb, D.	赫布，D.
Heisenberg, W.K.	海森伯，W.K.
Heitler, W.H.	海特勒，W.H.
Helfrich, W.	赫尔弗里希，W.
Hell, S.	黑尔，S.
Helmholtz, H.von	亥姆霍兹，H.von
Henderson, R.	亨德森，R.
Henry, C.H.	亨利，C.H.
Henry, J.	亨利，J.
Hepp, K.	赫普，K.
Herbert, W.S.	赫伯特，W.S.
Heremans, J.	赫尔曼斯，J.
Herlach, F.	海拉赫，F.
Herman, R.	赫尔曼，R.
Hermann, C.	赫尔曼，C.
Hero of Alexanderia	希罗
Herschbach, D.R.	赫施巴赫，D.R.
Herschel, W.	赫歇耳，W.
Hertz, H.R.	赫兹，H.R.
Herzberg, G.	赫兹伯格，G.
Hess, H.	赫斯，H.
Hess, V.F.	赫斯，V.F.
Hessel, J.F.C.	赫塞尔，J.F.C.
Hevesy, G.C.de	赫维西，G.C.de
Hewish, A.	休伊什，A.
Higgs, P.	希格斯，P.
Hilbert, D.	希尔伯特，D.

I

J

L

Lazarev, P.P.	拉扎列夫，P.P.
Le Verrier, U.-J.-J.	勒威耶，U.-J.-J.
Lebedev, P.N.	列别捷夫，P.N.
Lebowitz, J.L.	莱波维奇，J.L.
Lederman, L.M.	莱德曼，L.M.
Lee, B.W.	李，B.W.
Lee, D.	李，D.
Lee, D.M.	李，D.M.
Lee, H.W.	李，H.W.
Lee, Patrick A.	李雅达
Lee, Tsung-Dao	李政道
Leggett, A.J.	莱格特，A.J.
Lehmann, O.	莱曼，O.
Leibniz, G.W.	莱布尼茨，G.W.
Leinaas, J.M.	雷纳斯，J.M.
Leith, E.N.	利思，E.N.
Lely, J.A.	莱利，J.A.
Lemaître, G.	勒梅特，G.
Lenard, P.	勒纳，P.
Lenz, H.F.E.	楞次，H.F.E.
Lenz, W.	楞次，W.
Leonardo da Vinci	达·芬奇
Leroux, F.-P.	勒鲁，F.-P.
Lessing, G.E.	莱辛，G.E.
Levi, H.	莱维，H.
Lewandowski, J.	莱万多夫斯基，J.
Lewis, G.N.	刘易斯，G.N.
Lieb, E.H.	利布，E.H.
Liebig, J.von	李比希，J.von
Lifshitz, E.M.	栗弗席兹，E.M.
Lifshitz, I.M.	栗弗席兹，I.M.
Likhtman, E.P.	里希特曼，E.P.
Linde, A.	林德，A.
Lindquist, R.W.	林德吉斯特，R.W.
Liouville, J.	刘维尔，J.
Lipa, J.A.	利帕，J.A.
Lippershey, H.	李普希，H.
Lippmann, G.	李普曼，G.
Lipson, H.	利普森，H.
Little, W.	利特尔，W.
Livingood, J.J.	利文古德，J.J.
Livingston, M.S.	利文斯顿，M.S.
Locke, J.	洛克，J.
Loeb, L.B.	罗普，L.B.
Lohmann, A.W.	罗曼，A.W.
Lømo, T.	罗莫，T.
Lomonosov, M.V.	罗蒙诺索夫，M.V.
London, E.	伦敦，E.
London, F.	伦敦，F.
London, H.	伦敦，H.
Lorentz, H.A.	洛伦兹，H.A.
Lorenz, E.N.	洛伦茨，E.N.
Loschmidt, J.J.	洛施密特，J.J.
Losev, O.	洛谢夫，O.
Lovelock, D.	洛夫洛克，D.
Low, F.E.	洛，F.E.
Lucas, R.	卢卡斯，R.
Lucretius	卢克莱修

Menzel, M.T.	门泽尔，M.T.
Merli, P.	梅利，P.
Mermin, N.D.	梅尔曼，N.D.
Meshchersky, I.V.	密歇尔斯基，I.V.
Metcalf, H.J.	麦特卡夫，H.J.
Metzner, W.	梅茨纳，W.
Meyer, S.	迈耶，S.
Meystre, P.	迈斯特，P.
Michel, J.	米歇尔，J.
Michelangelo	米开朗琪罗
Michelson, A.A.	迈克耳孙，A.A.
Mie, G.	米，G.
Mielsch, C.	米尔施，C.
Migdal, A.	米格达尔，A.
Milgrom, M.	米格罗姆，M.
Miller, D.A.B.	米勒，D.A.B.
Millikan, R.A.	密立根，R.A.
Mills, A.P.	米尔斯，A.P.
Mills, R.L.	米尔斯，R.L.
Milne, E.A.	米尔恩，E.A.
Mimura Takashi	三村高志
Minkowski, H.	闵可夫斯基，H.
Minkowski, P.	闵可夫斯基，P.
Misener, A.D.	米塞纳，A.D.
Misner, C.W.	米斯纳，C.W.
Miyahara Akira	宫原昭
Moerner, W.	莫纳尔，W.
Mohapatra, R.N.	莫哈帕恰，R.N.
Molenkamp, L.W.	莫连坎普，L.W.
Montgomery, D.	蒙哥马利，D.
Montonen, C.	蒙托宁，C.
Moon, P.B.	穆恩，P.B.
Moore, G.	摩尔，G.
Morley, E.W.	莫雷，E.W.
Morse, S.F.B.	莫尔斯，S.F.B.
Moseley, H.G.J.	莫塞莱，H.G.J.
Moser, J.K.	莫塞，J.K.
Mössbauer, R.L.	穆斯堡尔，R.L.
Moszkowski, S.A.	莫斯科夫斯基，S.A.
Mott, N.F.	莫特，N.F.
Mottelson, B.R.	莫特森，B.R.
Motz, H.	莫兹，H.
Mourão, J.	穆罗，J.
Mourou, G.	穆鲁，G.
Mouton, H.	穆顿，H.
Moyal, J.	莫叶儿，J.
Mueller, R.M.	米勒，R.M.
Müller, E.W.	弥勒，E.W.
Müller, K.A.	缪勒，K.A.
Müller, W.	米勒，W.
Müller-Hartmann, E.	米勒－哈特曼，E.
Musschenbroek, P. van	穆钦布罗克，P. van
Myrheim, J.	迈海姆，J.

N

Nabarro, F.R.N.	纳巴罗，F.R.N.
Nath, N.	奈斯，N.
Nagumo Jin' ichi	南云仁一

Nakagawa Masami	中川昌美
Nakamura Shuji	中村修二
Nakamura Takashi	中村隆
Nakano Tadao	中野董夫
Nambu Yoichiro	南部阳一郎
Nauenberg, M.	瑙恩伯，M.
Navier, H.	纳维，H.
Neddermeyer, S.H.	尼特迈耶，S.H.
Néel, L.-E.-F.	奈耳，L.-E.-F.
Neéman, Y.	奈曼，Y.
Neher, E.	内尔，E.
Nelson, D.	尼尔森，D.
Nernst, W.H.	能斯特，W.H.
Neumann, F.E.	诺伊曼，F.E.
Newkirk, J.B.	纽柯克，J.B.
Newman, E.B.	纽曼，E.B.
Newman, E.T.	纽曼，E.T.
Newton, I.	牛顿，I.
Nicolson, G.	尼克森，G.
Niemi, A.J.	尼米，A.J.
Nightingale, M.P.	南丁格尔，M.P.
Nilsson, S.G.	尼尔森，S.G.
Nishijima Kazuhiko	西岛和彦
Nishimura Jun	西村纯
Nix, J.R.	尼克斯，J.R.
Noda Susumu	野田进
Noether, A.E.	诺特，A.E.
Nollet, J.-A.	诺莱，J.-A.
Nordgren, J.	诺德格伦，J.
Nosanow, L.	偌萨诺伍，L.
Noue Akihisa	井上明久
Novoselov, K.	诺沃肖罗夫，K.
Nuss, M.C.	努斯，M.C.
Nuttall, J.M.	努塔耳，J.M.
Nygren, D.R.	奈格林，D.R.
Nyquist, H.	尼奎斯特，H.

O

Obukhov, A.M.	奥布霍夫，A.M.
Occhialini, G.P.S.	奥恰利尼，G.P.S.
Ochsenfeld, R.	奥克森菲尔德，R.
Oed, A.	奥德，A.
Oehme, R.	奥赫梅，R.
Oen, O.S.	厄恩，O.S.
Ohm, G.S.	欧姆，G.S.
Ohno Hideo	大野英男
Okun, L.B.	奥肯，L.B.
Oliphant, M.L.	奥利芬特，M.L.
Olive, D.I.	奥利弗，D.I.
Omnès, R.	翁内斯，R.
Onsager, L.	昂萨格，L.
Oort, J.H.	奥尔特，J.H.
Oppenheimer, J.R.	奥本海默，J.R.
Ornstein, L.S.	奥恩斯坦，L.S.
Orowan, E.	奥罗万，E.
Ørsted, H.C.	奥斯特，H.C.
Osheroff, D.D.	奥谢罗夫，D.D.
Ostwald, W.	奥斯特瓦尔德，W.

Ott, E.	奥特，E.
Otto, A.	奥托，A.
Ovchinnikov, Y.	奥夫钦尼科夫，Y.
Overton, E.	欧弗顿，E.
Ovshinsky, S.R.	奥弗申斯基，S.R.
Oz, Y.	奥兹，Y.

P

Padmanabhan, T.	帕德马纳班，T.
Pais, A.	派斯，A.
Pak Hyuk Kyu	朴贤奎
Palmberg, P.W.	帕尔姆贝格，P.W.
Palmer, H.H.	帕耳默，H.H.
Paluch, M.	巴鲁，M.
Panofsky, W.K.H.	潘诺夫斯基，W.K.H.
Panov, V.I.	潘诺夫，V.I.
Parker, L.E.	派克，L.E.
Parrinello, M.	帕里内洛，M.
Pascal, B.	帕斯卡，B.
Paschen, F.	帕邢，F.
Paschos, E.A.	帕索斯，E.A.
Pasta, J.R.	帕斯塔，J.R.
Paul, W.	保尔，W.
Pauli, W.	泡利，W.
Pauling, L.	鲍林，L.
Pearson, G.	皮尔逊，G.
Pearson, K.	皮尔逊，K.
Peccei, R.D.	佩切伊，R.D.
Pecora, L.M.	佩科拉，L.M.
Peebles, P.J.E.	皮布尔斯，P.J.E.
Pegg, D.T.	佩格，D.T.
Peierls, R.E.	佩尔斯，R.E.
Pekar, S.I.	佩卡尔，S.I.
Peltier, J.C.A.	珀耳帖，J.C.A.
Pendry, J.	彭德里，J.
Pennypacker, C.R.	彭尼帕克，C.R.
Penrose, R.	彭罗斯，R.
Penzias, A.	彭齐亚斯，A.
Percus, J.K.	珀克斯，J.K.
Périer, F.	佩里埃，F.
Perl, M.L.	佩尔，M.L.
Perlmutter, S.	玻尔马特，S.
Pérot, A.	珀罗，A.
Perrin, J.B.	佩兰，J.B.
Perutz, M.F.	佩鲁兹，M.F.
Petrov, V.V.	彼得罗夫，V.V.
Petrzhak, K.A.	彼得扎克，K.A.
Pfirsch, D.	普菲耳斯，D.
Pfleumer, F.	普卢默，F.
Phelan, R.	费伦，R.
Phillips, J.C.	菲利普斯，J.C.
Phillips, W.D.	菲利普斯，W.D.
Picard, J.F.	皮卡尔，J.F.
Pickard, G.	皮卡德，G.
Pickering, W.H.	皮克林，W.H.
Pines, D.	派尼斯，D.
Pintilie, L.	平蒂列，L.
Pippard, A.B.	皮帕德，A.B.

Q

R

Rainwater, J. 雷恩沃特，J.
Ramachandran, G.N. 拉曼钱德伦，G.N.
Raman, C.V. 拉曼，C.V.
Ramesh, R. 拉梅斯，R.
Ramond, P. 拉蒙，P.
Ramsay, W. 拉姆齐，W.
Ramsden, J. 冉斯登，J.
Ramsey, N.F. 拉姆齐，N.F.
Rasing, T. 拉辛，T.
Ratliff, F. 拉特利夫，F.
Rayleigh, 3rd Baron 瑞利
Readman, P.W. 里德曼，P.W.
Rebka, G.A. 雷布卡，G.A.
Redlich, A.N. 雷德利克，A.N.
Reich, F. 赖希，F.
Reid, A. 里德，A.
Reines, F. 莱因斯，F.
Reinitzer, F. 莱尼茨尔，F.
Reisenberger, M. 瑞森贝格，M.
Reiss, H.R. 赖斯，H.R.
Rempe, G. 伦珀，G.
Resta, R. 雷斯塔，R.
Retherford, R.C. 雷瑟福，R.C.
Reynolds, O. 雷诺，O.
Rhys, A. 里斯，A.
Richardson, O.W. 里查森，O.W.
Richardson, R.C. 里查森，R.C.
Richter, B. 里克特，B.
Richter, G. 里希特，G.
Richter, H.T. 里希特，H.T.
Riemann, B. 黎曼，B.
Riess, A.G. 赖斯，A.G.
Ritchie, R. 里奇，R.
Ritter, J.W. 里特，J.W.
Ritz, W. 里兹，W.
Rivest, R.L. 里维斯特，R.L.
Roberson, R.E. 罗伯森，R.E.
Roberts, M.S. 罗伯茨，M.S.
Robertson, J. 罗伯逊，J.
Robinson, M.T. 罗宾逊，M.T.
Rochester, G.D. 罗切斯特，G.D.
Rohm, R. 罗姆，R.
Rohrer, H. 罗雷尔，H.
Rømer, O. 罗默，O.
Röntgen, W.C. 伦琴，W.C.
Roscoe, H.E. 罗斯科，H.E.
Rosen, N. 罗森，N.
Rosenblatt, F. 罗森布拉特，F.
Rosenbluth, M.N. 罗森布拉斯，M.N.
Rosencwaig, A. 罗森斯威格，A.
Rosenfeld, L. 罗森菲尔德，L.
Rosenthal, A.H. 罗森塔尔，A.H.
Ross, M. 罗斯，M.
Rossi, B. 罗西，B.
Rots, A.H. 罗梯斯，A.H.
Rouse, E. 劳色，E.
Rovelli, C. 罗维里，C.
Rowell, J.M. 罗厄耳，J.M.

S

Schwinger, J.S.	施温格，J.S.
Scifres, D.R.	西弗勒斯，D.R.
Scott-Thomas, J.	斯科特－托马斯，J.
Seaborg, G.T.	西博格，G.T.
Seebeck, T.J.	塞贝克，T.J.
Segrè, E.G.	塞格雷，E.G.
Seiberg, N.	塞博格，N.
Selmi, F.	塞尔米，F.
Semenoff, G.W.	谢苗诺夫，G.W.
Senjanovic, G.	森雅诺维奇，G.
Shafranov, V.D.	沙夫拉诺夫，V.D.
Shamir, A.	沙米尔，A.
Shank, C.V.	香克，C.V.
Shapiro, I.	夏皮罗，I.
Shapiro, S.L.	夏皮罗，S.L.
Shechtman, D.	谢特曼，D.
Shelby, R.A.	谢尔比，R.A.
Shen, Yuen-Ron	沈元壤
Shenker, S.H.	申克，S.H.
Shibata Masaru	柴田大
Shifman, M.A.	希夫曼，M.A.
Shimony, A.E.	希莫尼，A.E.
Shockley, W.B.	肖克莱，W.B.
Shor, P.	肖尔，P.
Shorthill, R.W.	肖特希尔，R.W.
Shubnikov, A.V.	舒布尼科夫，A.V.
Shull, C.G.	沙尔，C.G.
Shur, V.Y.	舒尔，V.Y.
Sibbett, W.	西贝特，W.

Siday, R.E.	西代，R.E.
Siegbahn, K.M.B.	西格班，K.M.B.
Siegbahn, K.M.G.	西格班，K.M.G.
Sietsma, J.	西茨马，J.
Simon, F.E.	西蒙，F.E.
Singer, S.J.	辛格，S.J.
Singh, P.	辛格，P.
Skyrme, T.H.R.	斯格明，T.H.R.
Slater, J.C.	斯莱特，J.C.
Smalley, R.E.	斯莫利，R.E.
Smekal, A.	斯梅卡尔，A.
Smeulders, D.M.J.	斯迈德，D.M.J.
Smith, D.R.	史密斯，D.R.
Smith, G.E.	史密斯，G.E.
Smith, S.	史密斯，S.
Smith, S.J.	史密斯，S.J.
Smith, W.	史密斯，W.
Smolenskii, G.A.	斯摩棱斯基，G.A.
Smolin, L.	斯莫林，L.
Smoluchowski, M.von	斯莫卢霍夫斯基，M.von
Smoot, G.F.	斯穆特，G.F.
Snellius, W.	斯涅耳，W.
Snider, J.L.	斯奈德，J.L.
Snitzer, E.	斯尼泽，E.
Snyder, H.S.	施耐德，H.S.
Soddy, F.	索迪，F.
Sokolov, S.	索科洛夫，S.
Sollner, G.	索尔纳，G.
Sommerfeld, A.J.W.	索末菲，A.J.W.

Son, D.T.	宋，D.T.
Soref, R.A.	索里夫，R.A.
Soret, C.	索雷特，C.
Spaepen, F.	斯潘朋，F.
Spear, W.E.	斯皮尔，W.E.
Spencer, A.	斯宾塞，A.
Spinoza, B.	斯宾诺莎，B.
Spitzer, L.	斯必泽，L.
Spivak, B.Z.	斯皮瓦克，B.Z.
Srednicki, M.	斯莱德尼奇，M.
Stahl, G.E.	施塔尔，G.E.
Starinets, A.O.	斯塔里涅托斯，A.O.
Stark, J.	斯塔克，J.
Starobinsky, A.	斯塔罗宾斯基，A.
Statz, H.	施塔茨，H.
Steane, A.	斯特恩，A.
Stefan, J.	斯忒藩，J.
Steglich, F.	斯太格利希，F.
Steinberger, J.	施泰因贝格尔，J.
Steinhardt, P.J.	斯坦哈特，P.J.
Stern, E.A.	斯特恩，E.A.
Stern, O.	斯特恩，O.
Stevens, S.S.	史蒂文斯，S.S.
Stockbarger, D.	斯托克巴杰，D.
Stockmayer, W.	斯托克迈耶，W.
Stodart, J.	斯托达特，J.
Stoddart, J.F.	斯托达特，J.F.
Stöhr, H.	施特尔，H.
Stokes, G.G.	斯托克斯，G.G.
Stone, A.D.	斯通，A.D.
Stoner, E.C.	斯托纳，E.C.
Stoney, G.J.	斯托尼，G.J.
Størmer, F.C.M.	斯托默，F.C.M.
Störmer, H.L.	施特默，H.L.
Stranski, I.N.	斯特兰斯基，I.N.
Strassmann, F.	斯特拉斯曼，F.
Strathdee, J.	斯特拉斯迪，J.
Strickland, D.	斯特里克兰，D.
Strominger, A.	施特罗民格，A.
Strukov, D.	斯鲁科夫，D.
Strutinsky, V.M.	斯特鲁金斯基，V.M.
Sturman, B.	斯特曼，B.
Stwalley, W.	斯特瓦勒，W.
Sudarshan, G.	苏达珊，G.
Sundrum, R.	桑卓姆，R.
Suris, R.	苏里斯，R.
Susskind, L.	萨斯坎德，L.
Sutherland, I.	萨瑟兰，I.
Suzuki Masuo	铃木增雄
Swan, J.W.	斯旺，J.W.
Symanzik, K.	西曼吉克，K.
Synge, E.H.	辛格，E.H.
Szilárd, L.	西拉德，L.

T

Tajima Toshiki	田岛俊树
Takens, F.	塔肯斯，F.
Tamm, I.Ye.	塔姆，I.Ye.

Tanihata Isao	谷畑勇夫
Tatarskii, V.I.	塔塔尔斯基，V.I.
Tavger, B.	陶格尔，B.
Taylor, G.I.	泰勒，G.I.
Taylor, J.B.	泰勒，J.B.
Taylor, J.H.	泰勒，J.H.
Taylor, R.E.	泰勒，R.E.
Teale, R.W.	蒂尔，R.W.
Teller, E.	特勒，E.
Tesla, N.	特斯拉，N.
Thales	泰勒斯
Thévenin, L.C.	戴维南，L.C.
Thiemann, T.	梯也曼，T.
Thirring, W.	蒂林，W.
Thomas, L.H.	托马斯，L.H.
Thompson, S.P.	汤普森，S.P.
Thomson, G.P.	汤姆孙，G.P.
Thomson, J.J.	汤姆孙，J.J.
Thorne, K.S.	索恩，K.S.
Thornton, T.J.	桑顿，T.J.
Thouless, D.J.	索利斯，D.J.
Thurn, A.	瑟恩，A.
Ting, Samuel Chao-chung	丁肇中
Tolpygo, K.	托尔皮戈，K.
Tomonaga Shinichiro	朝永振一郎
Tonks, L.	汤克斯，L.
Torrey, H.C.	托雷，H.C.
Torricelli, E.	托里拆利，E.
Touschek, B.	托歇克，B.
Towneley, R.	汤利，R.
Townes, C.H.	汤斯，C.H.
Townsend, J.S.	汤森，J.S.
Tsui, Daniel Chee	崔琦
Tuck, J.L.	塔克，J.L.
Turing, A.M.	图灵，A.M.
Turnbull, D.	特恩布尔，D.
Turner, M.S.	特纳，M.S.
Twiss, R.Q.	特威斯，R.Q.
Tycho Brahe	第谷
Tyndall, J.	廷德尔，J.

U

Uhlenbeck, G.E.	乌伦贝克，G.E.
Uhlir, A.	乌利尔，A.
Ulam, S.N.	乌拉姆，S.N.
Unruh, W.G.	安鲁，W.G.
Upatnieks, J.	乌帕特尼克斯，J.

V

Vafa, C.	瓦法，C.
Vainshtein, A.I.	瓦什泰恩，A.I.
Valasek, J.	瓦拉塞克，J.
Vali, V.	瓦利，V.
Van Aken, B.	范阿肯，B.
Van de Graaff, R.J.	范德格拉夫，R.J.
van der Meer, S.	范德梅尔，S.
van der Waals, J.D.	范德瓦耳斯，J.D.
van Duyne, R.P.	范德伊内，R.P.

W

Werbos, P.	韦伯斯，P.
Wertheim, M.S.	韦特海姆，M.S.
Wess, J.	外斯，J.
Weyl, H.	外尔，H.
Wheeler, J.A.	惠勒，J.A.
Whewell, W.	休厄尔，W.
White, S.R.	怀特，S.R.
Whitney, H.	惠特尼，H.
Widerøe, R.	维德罗，R.
Wiedemann, G.H.	维德曼，G.H.
Wieman, C.E.	威曼，C.E.
Wien, W.	维恩，W.
Wiener, N.	维纳，N.
Wiersma, E.C.	魏斯马，E.C.
Wiesner, S.	威斯纳，S.
Wigner, E.P.	维格纳，E.P.
Wilczek, F.	威尔切克，F.
Wilczyński, J.	威尔钦斯基，J.
Wilkins, M.H.F.	威尔金斯，M.H.F.
Williams, A.	威廉斯，A.
Williams, A.L.W.	威廉斯，A.L.W.
Williams, E.G.	威廉斯，E.G.
Williams, E.J.	威廉斯，E.J.
Williams, E.R.	威廉斯，E.R.
Wilson, A.H.	威耳孙，A.H.
Wilson, C.T.R.	威耳孙，C.T.R.
Wilson, K.G.	威耳孙，K.G.
Wilson, R.W.	威耳孙，R.W.
Wineland, D.J.	维因兰德，D.J.
Winterberg, F.	温特贝格，F.
Wise, M.B.	怀斯，M.B.
Witten, E.	威滕，E.
Wittenburg, J.	维滕堡，J.
Wohlfarth, E.P.	沃尔法斯，E.P.
Wolfenstein, L.	沃芬斯坦，L.
Wolff, C.	沃尔夫，C.
Wolfram, S.	沃尔夫拉姆，S.
Wollaston, W.H.	沃拉斯顿，W.H.
Woltjer, L.	沃尔特耶，L.
Wood, E.A.	伍德，E.A.
Wood, M.F.	伍德，M.F.
Wood, R.W.	伍德，R.W.
Woolfson, M.M.	沃尔夫森，M.M.
Wootters, W.K.	伍特斯，W.K.
Wren, C.	雷恩，C.
Wu Tai Tsun	吴大峻
Wu, Chien-Shiung	吴健雄
Wüthrich, K.	维特里希，K.

Y

Yablonovitch, E.	亚布洛诺维奇，E.
Yanagida Tsutomu	柳田勉
Yevick, G.J.	耶维克，G.J.
Yorke, J.A.	约克，J.A.
Yosida Kei	芳田奎
Young, T.	杨，T./杨氏
Yuan, Luke Chia-Liu	袁家骝
Yukawa Hideki	汤川秀树

Z

Zabusky, N.J.	扎布斯基，N.J.
Zachariasen, F.W.H.	扎卡利亚森，F.W.H.
Zaikovskii, O.I.	扎伊科夫斯基，O.I.
Zakharov, V.	扎哈罗夫，V.
Zare, R.N.	扎尔，R.N.
Zarnstorff, M.C.	扎恩斯托夫，M.C.
Zaslow, E.	扎斯洛，E.
Zeeman, P.	塞曼，P.
Zeh, D.H.	策，D.H.
Zehnder, L.	曾德尔，L.
Zeilinger, A.	蔡林格，A.
Zeiss, C.	蔡司，C.
Zel' dovich, Y.B.	泽利多维奇，Y.B.
Zener, C.	齐纳，C.
Zermelo, E.	策梅洛，E.
Zernike, F.	泽尔尼克，F.
Zhabotinsky, A.M.	扎勃京斯基，A.M.
Zienkiewicz, O.C.	辛克维奇，O.C.
Zimmermann, W.	齐默尔曼，W.
Zöllner, J.K.F.	策尔纳，J.K.F.
Zumino, B.	朱米诺，B.
Żurek, W.H.	茹雷克，W.H.
Zweig, G.	兹韦克，G.
Zwicky, F.	兹威基，F.

本卷主要编辑、出版人员

总 主 编　杨牧之

副总主编
社　　长　刘祚臣

副总编辑　刘　杭

主任编辑　郭继艳　马　蕴

责任编辑　李玥琦　薛　钊

特约编审（按姓氏笔画顺序）

朱杰军　朱明秀　刘东风　李　静　李玉莲
傅祚华

索引编辑（按姓氏笔画顺序）

马　蕴　李心慧　宋　娴　林建敏　崇　岩
梁嫵曦

编　　辑（按姓氏笔画顺序）

崇　岩　韩晓玲

美术编辑　辛　宁　李　雯

责任校对　王　丽　梁嫵曦

校　　对（按姓氏笔画顺序）

谷玥昕　狄　爽　闵　娇　邵桄炜　徐怀谦

责任印制　李　鹏　魏　婷

中国大百科全书

第三版·网络版

网址

www.zgbk.com

国家社会科学基金

特别委托项目